CODICE CIVILE
E LEGGI COMPLEMENTARI

CODICE CIVILE

E LEGGI COMPLEMENTARI

a cura di
FRANCESCO BARTOLINI

44ª Edizione

La Tribuna

La Tribuna Srl | www.latribuna.it
29121 Piacenza – Via Campo della Fiera, 4
Tel. 0523.46311 – Fax 0523.757219

PRESENTAZIONE

L'Opera è aggiornata con:

– la L. 27 dicembre 2017, n. 205 (Legge di bilancio 2018) che ha recato modifiche al Codice civile in materia di diritto societario e ha introdotto nuove norme sull'equo compenso per gli avvocati e sull'esercizio della professione forense in forma societaria nonché in materia di ammortizzatori sociali;

– il D.D.L. sul biotestamento approvato definitivamente dal Parlamento il 14 dicembre 2017.

L'Editore

AVVERTENZA

Come si sa, la legislazione è in continua, perenne evoluzione. Può, quindi, essere avvenuto che, nelle more di stampa di questo volume, siano intervenuti ulteriori provvedimenti legislativi. In questo caso essi sono stati riprodotti in fondo all'Opera, in seno alla voce "Modifiche intervenute in corso di stampa", alla quale si rimanda il lettore.

L'elaborazione redazionale e tipografica di una raccolta normativa può comportare errori, inesattezze od omissioni.

L'Autore e l'Editore ringraziano fin d'ora i lettori che provvederanno a segnalare eventuali manchevolezze riscontrate all'interno dell'Opera.

I suggerimenti possono essere trasmessi al seguente indirizzo:
Casa Editrice La Tribuna, Via Campo della Fiera, 4 – 29121 Piacenza
Fax 0523.757219
oppure all'indirizzo di posta elettronica *redazione@latribuna.it*

ABBREVIAZIONI

art., artt.	=	articolo, articoli
att.	=	disposizioni di attuazione
c.c.	=	codice civile
circ.	=	circolare
c.n.	=	codice della navigazione
C.C.N.L.	=	contratto collettivo nazionale di lavoro
CEE	=	Comunità Economica Europea
conv.	=	convenzione
coord.	=	disposizioni di coordinamento
Cost.	=	Costituzione
c.p.	=	codice penale
c.p.c.	=	codice di procedura civile
c.p.m.g.	=	codice penale militare di guerra
c.p.m.p.	=	codice penale militare di pace
c.p.p.	=	codice di procedura penale
c.s.	=	codice della strada
Delib. Corte Cost./D.C.C.	=	Deliberazione Corte costituzionale
Delib.C.D./D.C.D.	=	Deliberazione Camera dei deputati
D.C.G.	=	decreto del Capo del governo
D.C.P.S.	=	decreto del Capo provvisorio dello Stato
D.Dirig.	=	decreto dirigenziale
decis.	=	decisione
delib.	=	deliberazione
dir.	=	direttiva
D.D.L.	=	disegno di legge
D.L.	=	decreto legge
D.Lgt.	=	decreto luogotenenziale
D.L.Lgt.	=	decreto legge luogotenenziale
D.L.vo C.P.S./D.L.C.P.S.	=	decreto legislativo del Capo provvisorio dello Stato
D.L.vo/D.L.G.	=	decreto legislativo
D.L.vo Lgt.	=	decreto legislativo luogotenenziale
D.L.vo Pres./D.L.P.	=	decreto legislativo presidenziale
D.M.	=	decreto ministeriale
D.P.C.M.	=	decreto del presidente del Consiglio dei ministri
D.P.C.C.	=	decreto del presidente della Corte dei conti
D.P.R.	=	decreto del presidente della Repubblica
Delib.S.R.	=	deliberazione del Senato della Repubblica
Dir.P.C.M.	=	direttiva del presidente del Consiglio dei ministri
G.U.	=	Gazzetta Ufficiale
L.	=	legge
l. ass.	=	legge sugli assegni
L.C./L. cost.	=	legge costituzionale
l. camb.	=	legge cambiaria

l. fall.	=	legge fallimentare
L.P. (+ località)	=	legge provinciale
L.R. (+ località)	=	legge regionale
min.	=	ministeriale
n., nn.	=	numero, numeri
O.M.	=	ordinanza ministeriale
ord.	=	ordinanza
P.G.	=	polizia giudiziaria
P.M.	=	pubblico ministero
prel.	=	disposizioni sulla legge in generale (preleggi)
P.S.	=	pubblica sicurezza
Reg. Corte Cost.	=	regolamento della Corte costituzionale
R.D.	=	regio decreto
R.D.L.	=	regio decreto legge
R.D.L.vo	=	regio decreto legislativo
reg.	=	regolamento
ris.	=	risoluzione
R.M.	=	risoluzione ministeriale
ss.	=	seguenti
tel.	=	telegramma
trans.	=	disposizioni transitorie
T.U.	=	testo unico
T.U. di P.S.	=	testo unico di pubblica sicurezza

N.B. – Nell'articolato di ciascun codice, i numeri tra parentesi richiamano articoli del medesimo testo di legge. Qualora siano richiamati articoli di testi di legge diversi, al numero si accompagna la relativa abbreviazione. Il numero esponente indica il comma dell'articolo cui è apposto.

INDICE SOMMARIO

INDICE SOMMARIO

Libro Primo
Delle persone e della famiglia

Libro Secondo
Delle successioni

Libro Terzo
Della proprietà

Libro Quarto
Delle obbligazioni

Libro Quinto
Del lavoro

Libro Sesto
Della tutela dei diritti

LEGGI COMPLEMENTARI

Disabili

Fallimento

Locazioni

Matrimonio (Scioglimento del)

Mediazione

CODICE CIVILE
E LEGGI COMPLEMENTARI

COSTITUZIONE DELLA REPUBBLICA ITALIANA

1.

Delib.ne Assemblea Costituente 22 dicembre 1947. Costituzione della Repubblica Italiana (*Gazzetta Ufficiale* n. 298 del 27 dicembre 1947), entrata in vigore il 1° gennaio 1948.

PRINCIPI FONDAMENTALI

1. L'Italia è una Repubblica democratica, fondata sul lavoro.

La sovranità appartiene al popolo, che la esercita nelle forme e nei limiti della Costituzione.

2. La Repubblica riconosce e garantisce i diritti inviolabili dell'uomo, sia come singolo sia nelle formazioni sociali ove si svolge la sua personalità, e richiede l'adempimento dei doveri inderogabili di solidarietà politica, economica e sociale.

3. ([1]) Tutti i cittadini hanno pari dignità sociale e sono eguali davanti alla legge, senza distinzione di sesso, di razza, di lingua, di religione, di opinioni politiche, di condizioni personali e sociali.

È compito della Repubblica rimuovere gli ostacoli di ordine economico e sociale, che, limitando di fatto la libertà e l'eguaglianza dei cittadini, impediscono il pieno sviluppo della persona umana e l'effettiva partecipazione di tutti i lavoratori all'organizzazione politica, economica e sociale del Paese.

([1]) *In attuazione di questo articolo si veda la L. 2 dicembre 1991, n. 390, contenente norme sul diritto agli studi universitari.*

4. La Repubblica riconosce a tutti i cittadini il diritto al lavoro e promuove le condizioni che rendano effettivo questo diritto.

Ogni cittadino ha il dovere di svolgere, secondo le proprie possibilità e la propria scelta, un'attività o una funzione che concorra al progresso materiale o spirituale della società.

5. La Repubblica, una e indivisibile, riconosce e promuove le autonomie locali; attua nei servizi che dipendono dallo Stato il più ampio decentramento amministrativo; adegua i principi ed i metodi della sua legislazione alle esigenze dell'autonomia e del decentramento.

6. La Repubblica tutela con apposite norme le minoranze linguistiche.

7. Lo Stato e la Chiesa cattolica sono, ciascuno nel proprio ordine, indipendenti e sovrani.

I loro rapporti sono regolati dai Patti Lateranensi. Le modificazioni dei Patti, accettate dalle due parti, non richiedono procedimento di revisione costituzionale.

8. Tutte le confessioni religiose sono egualmente libere davanti alla legge.

Le confessioni religiose diverse dalla cattolica hanno diritto di organizzarsi secondo i propri statuti, in quanto non contrastino con l'ordinamento giuridico italiano.

I loro rapporti con lo Stato sono regolati per legge sulla base di intese con le relative rappresentanze.

9. ([1]) La Repubblica promuove lo sviluppo della cultura e la ricerca scientifica e tecnica.

Tutela il paesaggio e il patrimonio storico e artistico della Nazione.

([1]) *In attuazione di questo articolo si veda la L. 6 dicembre 1991, n. 394, recante legge quadro sulle aree protette, e il D.L.vo 22 gennaio 2004, n. 42, recante il Codice dei beni culturali e del paesaggio.*

10. L'ordinamento giuridico italiano si conforma alle norme del diritto internazionale generalmente riconosciute.

La condizione giuridica dello straniero è regolata dalla legge in conformità delle norme e dei trattati internazionali.

Lo straniero, al quale sia impedito nel suo paese l'effettivo esercizio delle libertà democratiche garantite dalla Costituzione italiana, ha diritto d'asilo nel territorio della Repubblica, secondo le condizioni stabilite dalla legge.

Non è ammessa l'estradizione dello straniero per reati politici.

11. L'Italia ripudia la guerra come strumento di offesa alla libertà degli altri popoli e come mezzo di risoluzione delle controversie internazionali; consente, in condizioni di parità con gli altri Stati, alle limitazioni di sovranità necessarie ad un ordinamento che assicuri la pace e la giustizia fra le Nazioni; promuove e favorisce le organizzazioni internazionali rivolte a tale scopo.

12. La bandiera della Repubblica è il tricolore italiano: verde, bianco e rosso, a tre bande verticali di eguali dimensioni (1).

(1) *Si veda la L. 5 febbraio 1998, n. 22, recante disposizioni generali sull'uso della bandiera della Repubblica italiana e di quella dell'Unione europea.*

Parte I
Diritti e doveri dei cittadini

Titolo I
Rapporti civili

13. La libertà personale è inviolabile.

Non è ammessa forma alcuna di detenzione, di ispezione o perquisizione personale, né qualsiasi altra restrizione della libertà personale, se non per atto motivato dell'autorità giudiziaria e nei soli casi e modi previsti dalla legge.

In casi eccezionali di necessità ed urgenza, indicati tassativamente dalla legge, l'autorità di pubblica sicurezza può adottare provvedimenti provvisori, che devono essere comunicati entro quarantotto ore all'autorità giudiziaria e, se questa non li convalida nelle successive quarantotto ore, si intendono revocati e restano privi di ogni effetto.

È punita ogni violenza fisica e morale sulle persone comunque sottoposte a restrizioni di libertà.

La legge stabilisce i limiti massimi della carcerazione preventiva (1).

(1) *L'art. 11 della L. 28 luglio 1984, n. 398, recante nuove norme in tema di diminuzione dei termini di carcerazione cautelare, prescrive che le espressioni «carcerazione preventiva» e «custodia preventiva» siano sostituite dalla locuzione «custodia cautelare».*

14. Il domicilio è inviolabile.

Non vi si possono eseguire ispezioni o perquisizioni o sequestri, se non nei casi e modi stabiliti dalla legge secondo le garanzie prescritte per la tutela della libertà personale.

Gli accertamenti e le ispezioni per motivi di sanità e di incolumità pubblica o a fini economici e fiscali sono regolati da leggi speciali.

15. La libertà e la segretezza della corrispondenza e di ogni altra forma di comunicazione sono inviolabili.

La loro limitazione può avvenire soltanto per atto motivato dell'autorità giudiziaria con le garanzie stabilite dalla legge.

16. Ogni cittadino può circolare e soggiornare liberamente in qualsiasi parte del territorio nazionale, salvo le limitazioni che la legge stabilisce in via generale per motivi di sanità o di sicurezza. Nessuna restrizione può essere determinata da ragioni politiche.

Ogni cittadino è libero di uscire dal territorio della Repubblica e di rientrarvi, salvo gli obblighi di legge.

17. I cittadini hanno diritto di riunirsi pacificamente e senz'armi.

Per le riunioni, anche in luogo aperto al pubblico, non è richiesto preavviso.

Delle riunioni in luogo pubblico deve essere dato preavviso alle autorità, che possono vietarle soltanto per comprovati motivi di sicurezza o di incolumità pubblica.

18. I cittadini hanno diritto di associarsi liberamente, senza autorizzazione, per fini che non sono vietati ai singoli dalla legge penale.

Sono proibite le associazioni segrete e quelle che perseguono, anche indirettamente, scopi politici mediante organizzazioni di carattere militare.

19. Tutti hanno diritto di professare liberamente la propria fede religiosa in qualsiasi forma, individuale o associata, di farne propaganda e di esercitarne in privato o in pubblico il culto, purché non si tratti di riti contrari al buon costume.

20. Il carattere ecclesiastico e il fine di religione o di culto d'una associazione od istituzione non possono essere causa di speciali limitazioni legislative, né di speciali gravami fiscali per la sua costituzione, capacità giuridica e ogni forma di attività.

21. Tutti hanno diritto di manifestare liberamente il proprio pensiero con la parola, lo scritto e ogni altro mezzo di diffusione.

La stampa non può essere soggetta ad autorizzazioni o censure.

Si può procedere a sequestro soltanto per atto motivato dell'autorità giudiziaria nel caso di delitti, per i quali la legge sulla stampa espressamente lo autorizzi, o nel caso di violazione delle norme che la legge stessa prescriva per l'indicazione dei responsabili.

In tali casi, quando vi sia assoluta urgenza e non sia possibile il tempestivo intervento dell'autorità giudiziaria, il sequestro della stampa periodica può essere eseguito da ufficiali di polizia giudiziaria, che devono immediatamente, e non mai oltre ventiquattro ore, fare denunzia all'autorità giudiziaria. Se questa non lo convalida nelle ventiquattro ore successive, il sequestro s'intende revocato e privo d'ogni effetto.

La legge può stabilire, con norme di carattere generale, che siano resi noti i mezzi di finanziamento della stampa periodica.

Sono vietate le pubblicazioni a stampa, gli spettacoli e tutte le altre manifestazioni contrarie al buon costume. La legge stabilisce provvedimenti adeguati a prevenire e a reprimere le violazioni.

22. Nessuno può essere privato, per motivi politici, della capacità giuridica, della cittadinanza, del nome.

23. Nessuna prestazione personale o patrimoniale può essere imposta se non in base alla legge.

24. Tutti possono agire in giudizio per la tutela dei propri diritti e interessi legittimi.

La difesa è diritto inviolabile in ogni stato e grado del procedimento.

Sono assicurati ai non abbienti, con appositi istituti, i mezzi per agire e difendersi davanti ad ogni giurisdizione.

La legge determina le condizioni e i modi per la riparazione degli errori giudiziari.

25. Nessuno può essere distolto dal giudice naturale precostituito per legge.

Nessuno può essere punito se non in forza di una legge che sia entrata in vigore prima del fatto commesso.

Nessuno può essere sottoposto a misure di sicurezza se non nei casi previsti dalla legge.

26. L'estradizione del cittadino può essere consentita soltanto ove sia espressamente prevista dalle convenzioni internazionali.

Non può in alcun caso essere ammessa per reati politici.

27. La responsabilità penale è personale.

L'imputato non è considerato colpevole sino alla condanna definitiva.

Le pene non possono consistere in trattamenti contrari al senso di umanità e devono tendere alla rieducazione del condannato.

Non è ammessa la pena di morte [, se non nei casi previsti dalle leggi militari di guerra] ([1]).

([1]) *Le parole tra parentesi quadrate sono state soppresse dall'art. 1, comma 1, della L. cost. 2 ottobre 2007, n. 1. L'art. 1 della L. 13 ottobre 1994, n. 589, ha sostituito la pena di morte prevista dal codice penale militare di guerra e dalle leggi militari di guerra con la pena massima prevista dal codice penale.*

28. I funzionari e i dipendenti dello Stato e degli enti pubblici sono direttamente responsabili, secondo le leggi penali, civili e amministrative, degli atti compiuti in violazione di diritti. In tali casi la responsabilità civile si estende allo Stato e agli enti pubblici.

Titolo II
Rapporti etico-sociali

29. La Repubblica riconosce i diritti della famiglia come società naturale fondata sul matrimonio.

Il matrimonio è ordinato sulla eguaglianza morale e giuridica dei coniugi, con i limiti stabiliti dalla legge a garanzia dell'unità familiare.

30. È dovere e diritto dei genitori mantenere, istruire ed educare i figli, anche se nati fuori dal matrimonio.

Nei casi di incapacità dei genitori, la legge provvede a che siano assolti i loro compiti.

La legge assicura ai figli nati fuori dal matrimonio ogni tutela giuridica e sociale, compatibile con i diritti dei membri della famiglia legittima.

La legge detta le norme e i limiti per la ricerca della paternità.

31. La Repubblica agevola con misure economiche e altre provvidenze la formazione della famiglia e l'adempimento dei compiti relativi, con particolare riguardo alle famiglie numerose.

Protegge la maternità, l'infanzia e la gioventù, favorendo gli istituti necessari a tale scopo.

32. (1) La Repubblica tutela la salute come fondamentale diritto dell'individuo e interesse della collettività, e garantisce cure gratuite agli indigenti.

Nessuno può essere obbligato a un determinato trattamento sanitario se non per disposizione di legge. La legge non può in nessun caso violare i limiti imposti dal rispetto della persona umana.

(1) *In attuazione di questo articolo si veda la L. 6 dicembre 1991, n. 394, recante legge quadro sulle aree protette.*

33. L'arte e la scienza sono libere e libero ne è l'insegnamento.

La Repubblica detta le norme generali sull'istruzione ed istituisce scuole statali per tutti gli ordini e gradi.

Enti e privati hanno il diritto di istituire scuole ed istituti di educazione, senza oneri per lo Stato.

La legge, nel fissare i diritti e gli obblighi delle scuole non statali che chiedono la parità, deve assicurare ad esse piena libertà e ai loro alunni un trattamento scolastico equipollente a quello degli alunni di scuole statali.

È prescritto un esame di Stato per l'ammissione ai vari ordini e gradi di scuole o per la conclusione di essi e per l'abilitazione all'esercizio professionale.

Le istituzioni di alta cultura, università ed accademie, hanno il diritto di darsi ordinamenti autonomi nei limiti stabiliti dalle leggi dello Stato.

34. (1) La scuola è aperta a tutti.

L'istruzione inferiore, impartita per almeno otto anni, è obbligatoria e gratuita.

I capaci e meritevoli, anche se privi di mezzi, hanno diritto di raggiungere i gradi più alti degli studi.

La Repubblica rende effettivo questo diritto con borse di studio, assegni alle famiglie ed altre provvidenze, che devono essere attribuite per concorso.

(1) *In attuazione di questo articolo si veda la L. 2 dicembre 1991, n. 390, contenente norme sul diritto agli studi universitari.*

Titolo III
Rapporti economici

35. La Repubblica tutela il lavoro in tutte le sue forme ed applicazioni.

Cura la formazione e l'elevazione professionale dei lavoratori.

Promuove e favorisce gli accordi e le organizzazioni internazionali intesi ad affermare e regolare i diritti del lavoro.

Riconosce la libertà di emigrazione, salvo gli obblighi stabiliti dalla legge nell'interesse generale, e tutela il lavoro italiano all'estero.

36. Il lavoratore ha diritto ad una retribuzione proporzionata alla quantità e qualità del suo lavoro e in ogni caso sufficiente ad assicurare a sè e alla famiglia una esistenza libera e dignitosa.

La durata massima della giornata lavorativa è stabilita dalla legge.

Il lavoratore ha diritto al riposo settimanale e a ferie annuali retribuite, e non può rinunziarvi.

37. La donna lavoratrice ha gli stessi diritti e, a parità di lavoro, le stesse retribuzioni che spettano al lavoratore. Le condizioni di lavoro devono consentire l'adempimento della sua essenziale funzione familiare e assicurare alla madre e al bambino una speciale adeguata protezione.

La legge stabilisce il limite minimo di età per il lavoro salariato.

La Repubblica tutela il lavoro dei minori con speciali norme e garantisce ad essi, a parità di lavoro, il diritto alla parità di retribuzione.

38. Ogni cittadino inabile al lavoro e sprovvisto dei mezzi necessari per vivere ha diritto al mantenimento e all'assistenza sociale.

I lavoratori hanno diritto che siano preveduti ed assicurati mezzi adeguati alle loro esigenze di vita in caso di infortunio, malattia, invalidità e vecchiaia, disoccupazione involontaria.

Gli inabili ed i minorati hanno diritto all'educazione e all'avviamento professionale.

Ai compiti previsti in questo articolo provvedono organi ed istituti predisposti o integrati dallo Stato.

L'assistenza privata è libera.

39. L'organizzazione sindacale è libera.

Ai sindacati non può essere imposto altro obbligo se non la loro registrazione presso uffici locali o centrali, secondo le norme di legge.

È condizione per la registrazione che gli statuti dei sindacati sanciscano un ordinamento interno a base democratica.

I sindacati registrati hanno personalità giuridica. Possono, rappresentati unitariamente in proporzione dei loro iscritti, stipulare contratti collettivi di lavoro con efficacia obbligatoria per tutti gli appartenenti alle categorie alle quali il contratto si riferisce.

40. Il diritto di sciopero si esercita nell'ambito delle leggi che lo regolano.

41. (1) L'iniziativa economica privata è libera.

Non può svolgersi in contrasto con l'utilità sociale o in modo da recare danno alla sicurezza, alla libertà, alla dignità umana.

La legge determina i programmi e i controlli opportuni perché l'attività economica pubblica e privata possa essere indirizzata e coordinata a fini sociali.

(1) *In attuazione di questo articolo si veda la L. 10 ottobre 1990, n. 287, cosiddetta legge antitrust, contenente norme per la tutela della concorrenza e del mercato.*

42. La proprietà è pubblica o privata. I beni economici appartengono allo Stato, ad enti o a privati.

La proprietà privata è riconosciuta e garantita dalla legge, che ne determina i modi di acquisto, di godimento e i limiti allo scopo di assicurarne la funzione sociale e di renderla accessibile a tutti.

La proprietà privata può essere, nei casi preveduti dalla legge, e salvo indennizzo, espropriata per motivi d'interesse generale.

La legge stabilisce le norme ed i limiti della successione legittima e testamentaria e i diritti dello Stato sulle eredità.

43. A fini di utilità generale la legge può riservare originariamente o trasferire, mediante espropriazione e salvo indennizzo, allo Stato, ad enti pubblici o a comunità di lavoratori o di utenti determinate imprese o categorie di imprese, che si riferiscano a servizi pubblici essenziali o a fonti di energia o a situazioni di monopolio ed abbiano carattere di preminente interesse generale.

44. Al fine di conseguire il razionale sfruttamento del suolo e di stabilire equi rapporti sociali, la legge impone obblighi e vincoli alla proprietà terriera privata, fissa limiti alla sua estensione secondo le regioni e le zone agrarie, promuove ed impone la bonifica delle terre, la trasformazione del latifondo e la ricostituzione delle unità produttive; aiuta la piccola e la media proprietà.

La legge dispone provvedimenti a favore delle zone montane.

45. La Repubblica riconosce la funzione sociale della cooperazione a carattere di mutualità e senza fini di speculazione privata. La legge ne promuove e favorisce l'incremento con i mezzi più idonei e ne assicura, con gli opportuni controlli, il carattere e le finalità.

La legge provvede alla tutela e allo sviluppo dell'artigianato.

46. Ai fini della elevazione economica e sociale del lavoro e in armonia con le esigenze della produzione, la Repubblica riconosce il diritto dei lavoratori a collaborare, nei modi e nei limiti stabiliti dalle leggi, alla gestione delle aziende.

47. La Repubblica incoraggia e tutela il risparmio in tutte le sue forme; disciplina, coordina e controlla l'esercizio del credito.

Favorisce l'accesso del risparmio popolare alla proprietà dell'abitazione, alla proprietà diretta coltivatrice e al diretto e indiretto investimento azionario nei grandi complessi produttivi del Paese.

Titolo IV
Rapporti politici

48. Sono elettori tutti i cittadini, uomini e donne, che hanno raggiunto la maggiore età.

Il voto è personale ed eguale, libero e segreto. Il suo esercizio è dovere civico.

La legge stabilisce requisiti e modalità per l'esercizio del diritto di voto dei cittadini residenti all'estero e ne assicura l'effettività. A tale fine è istituita una circoscrizione Estero per l'elezione delle Camere, alla quale sono assegnati seggi nel numero stabilito da norma costituzionale e secondo criteri determinati dalla legge (1).

Il diritto di voto non può essere limitato se non per incapacità civile o per effetto di sentenza penale irrevocabile o nei casi di indegnità morale indicati dalla legge.

(1) *Questo comma è stato inserito dall'art. 1 della L. cost. 17 gennaio 2000, n. 1.*

49. Tutti i cittadini hanno diritto di associarsi liberamente in partiti per concorrere con metodo democratico a determinare la politica nazionale.

50. Tutti i cittadini possono rivolgere petizioni alle Camere per chiedere provvedimenti legislativi o esporre comuni necessità.

51. Tutti i cittadini dell'uno o dell'altro sesso possono accedere agli uffici pubblici e alle cariche elettive in condizioni di eguaglianza, secondo i requisiti stabiliti dalla legge. A tale fine la Repubblica promuove con appositi provvedimenti le pari opportunità tra donne e uomini ([1]).

La legge può, per l'ammissione ai pubblici uffici e alle cariche elettive, parificare ai cittadini gli italiani non appartenenti alla Repubblica.

Chi è chiamato a funzioni pubbliche elettive ha diritto di disporre del tempo necessario al loro adempimento e di conservare il suo posto di lavoro.

([1]) *L'ultimo periodo di questo comma è stato aggiunto dall'art. 1 della L. cost. 30 maggio 2003, n. 1.*

52. La difesa della Patria è sacro dovere del cittadino.

Il servizio militare è obbligatorio nei limiti e modi stabiliti dalla legge. Il suo adempimento non pregiudica la posizione di lavoro del cittadino, né l'esercizio dei diritti politici.

L'ordinamento delle Forze armate si informa allo spirito democratico della Repubblica.

53. Tutti sono tenuti a concorrere alle spese pubbliche in ragione della loro capacità contributiva.

Il sistema tributario è informato a criteri di progressività.

54. Tutti i cittadini hanno il dovere di essere fedeli alla Repubblica e di osservare la Costituzione e le leggi.

I cittadini cui sono affidate funzioni pubbliche hanno il dovere di adempierle con disciplina ed onore, prestando giuramento nei casi stabiliti dalla legge.

Parte II
Ordinamento della Repubblica

Titolo I
Il Parlamento

Sezione I
Le Camere

55. Il Parlamento si compone della Camera dei deputati e del Senato della Repubblica.

Il Parlamento si riunisce in seduta comune dei membri delle due Camere nei soli casi stabiliti dalla Costituzione.

56. ([1]) La Camera dei deputati è eletta a suffragio universale e diretto.

Il numero dei deputati è di seicentotrenta, dodici dei quali eletti nella circoscrizione Estero ([2]).

Sono eleggibili a deputati tutti gli elettori che nel giorno delle elezioni hanno compiuto i venticinque anni di età.

La ripartizione dei seggi tra le circoscrizioni, fatto salvo il numero dei seggi assegnati alla circoscrizione Estero, si effettua dividendo il numero degli abitanti della Repubblica, quale risulta dall'ultimo censimento generale della popolazione, per seicentodiciotto ([3]) e distribuendo i seggi in proporzione alla popolazione di ogni circoscrizione, sulla base dei quozienti interi e dei più alti resti.

([1]) *Questo articolo è stato dapprima sostituito dall'art. 1 della L. cost. 9 febbraio 1963, n. 2, e poi modificato dalla L. cost. 23 gennaio 2001, n. 1.*

([2]) *Questo comma è stato così sostituito dall'art. 1, comma 1, della L. cost. 23 gennaio 2001, n. 1.*

([3]) *Le parole: «si effettua dividendo il numero degli abitanti della Repubblica, quale risulta dall'ultimo censimento generale della popolazione, per seicentotrenta» sono state così sostituite dalle attuali: «fatto salvo il numero dei seggi assegnati alla circoscrizione Estero, si effettua dividendo il numero degli abitanti della Repubblica, quale risulta dall'ultimo censimento generale della popolazione, per seicentodiciotto» dall'art. 1, comma 2, della L. cost. 23 gennaio 2001, n. 1.*

57. ([1]) Il Senato della Repubblica è eletto a base regionale, salvi i seggi assegnati alla circoscrizione Estero ([2]).

Il numero dei senatori elettivi è di trecentoquindici, sei dei quali eletti nella circoscrizione Estero ([3]).

Nessuna Regione può avere un numero di senatori inferiore a sette; il Molise ne ha due, la Valle d'Aosta uno.

La ripartizione dei seggi tra le Regioni, fatto salvo il numero dei seggi assegnati alla circoscrizione Estero, ([4]) previa applicazione delle disposizioni del precedente comma, si effettua in proporzione alla popolazione delle Regioni quale risulta dall'ultimo censimento generale, sulla base dei quozienti interi e dei più alti resti.

([1]) *Questo articolo è stato dapprima sostituito dalla L. cost. 9 febbraio 1963, n. 2 e poi modificato dalla L. cost. 27 dicembre 1963, n. 3.*

([2]) *Questo comma è stato così sostituito dall'art. 2, comma 1, della L. cost. 23 gennaio 2001, n. 1.*

([3]) *Questo comma è stato così sostituito dall'art. 2, comma 2, della L. cost. 23 gennaio 2001, n. 1.*

([4]) *Le parole: «fatto salvo il numero dei seggi assegnati alla circoscrizione Estero,» sono state inserite dall'art. 2, comma 3, della L. cost. 23 gennaio 2001, n. 1.*

58. I senatori sono eletti a suffragio universale e diretto dagli elettori che hanno superato il venticinquesimo anno di età.

Sono eleggibili a senatori gli elettori che hanno compiuto il quarantesimo anno.

59. È senatore di diritto e a vita, salvo rinunzia, chi è stato Presidente della Repubblica.

Il Presidente della Repubblica può nominare senatori a vita cinque cittadini che hanno illustrato la Patria per altissimi meriti nel campo sociale, scientifico, artistico e letterario.

60. ([1]) La Camera dei deputati e il Senato della Repubblica sono eletti per cinque anni.

La durata di ciascuna Camera non può essere prorogata se non per legge e soltanto in caso di guerra.

([1]) *Questo articolo è stato così modificato dalla L. cost. 9 febbraio 1963, n. 2, contenente modifiche alla Costituzione.*

61. Le elezioni delle nuove Camere hanno luogo entro settanta giorni dalla fine delle precedenti. La prima riunione ha luogo non oltre il ventesimo giorno dalle elezioni.

Finché non siano riunite le nuove Camere sono prorogati i poteri delle precedenti.

62. Le Camere si riuniscono di diritto il primo giorno non festivo di febbraio e di ottobre.

Ciascuna Camera può essere convocata in via straordinaria per iniziativa del suo Presidente o del Presidente della Repubblica o di un terzo dei suoi componenti.

Quando si riunisce in via straordinaria una Camera, è convocata di diritto anche l'altra.

63. Ciascuna Camera elegge fra i suoi componenti il Presidente e l'Ufficio di presidenza.

Quando il Parlamento si riunisce in seduta comune, il Presidente e l'Ufficio di presidenza sono quelli della Camera dei deputati.

64. Ciascuna Camera adotta il proprio regolamento a maggioranza assoluta dei suoi componenti.

Le sedute sono pubbliche; tuttavia ciascuna delle due Camere e il Parlamento a Camere riunite possono deliberare di adunarsi in seduta segreta.

Le deliberazioni di ciascuna Camera e del Parlamento non sono valide se non è presente la maggioranza dei loro componenti, e se non sono adottate a maggioranza dei presenti, salvo che la Costituzione prescriva una maggioranza speciale.

I membri del Governo, anche se non fanno parte delle Camere, hanno diritto, e se richiesti obbligo, di assistere alle sedute. Devono essere sentiti ogni volta che lo richiedono.

65. La legge determina i casi di ineleggibilità e di incompatibilità con l'ufficio di deputato e di senatore.

Nessuno può appartenere contemporaneamente alle due Camere.

66. Ciascuna Camera giudica dei titoli di ammissione dei suoi componenti e delle cause sopraggiunte di ineleggibilità e di incompatibilità.

67. Ogni membro del Parlamento rappresenta la Nazione ed esercita le sue funzioni senza vincolo di mandato.

68. ([1]) ([2]) I membri del Parlamento non possono essere chiamati a rispondere delle opinioni espresse e dei voti dati nell'esercizio delle loro funzioni.

Senza autorizzazione della Camera alla quale appartiene, nessun membro del Parlamento può essere sottoposto a perquisizione personale o domiciliare, né può essere arrestato o altrimenti privato della libertà personale, o mantenuto in detenzione, salvo che in esecuzione di una sentenza irrevocabile di condanna, ovvero se sia colto nell'atto di commettere un delitto per il quale è previsto l'arresto obbligatorio in flagranza.

Analoga autorizzazione è richiesta per sottoporre i membri del Parlamento ad intercettazioni, in qualsiasi forma, di conversazioni o comunicazioni e a sequestro di corrispondenza.

([1]) *Questo articolo è stato così sostituito dall'art. 1 della L. cost. 29 ottobre 1993, n. 3.*

([2]) *Si veda la L. 20 giugno 2003, n. 140, recante disposizioni per l'attuazione di questo articolo nonché in materia di processi penali nei confronti delle alte cariche dello Stato.*

69. I membri del Parlamento ricevono una indennità stabilita dalla legge.

Sezione II
La formazione delle leggi

70. La funzione legislativa è esercitata collettivamente dalle due Camere.

71. L'iniziativa delle leggi appartiene al Governo, a ciascun membro delle Camere ed agli organi ed enti ai quali sia conferita da legge costituzionale.

Il popolo esercita l'iniziativa delle leggi, mediante la proposta, da parte di almeno cinquantamila elettori, di un progetto redatto in articoli.

72. Ogni disegno di legge, presentato ad una Camera è, secondo le norme del suo regolamento, esaminato da una commissione e poi dalla Camera stessa, che lo approva articolo per articolo e con votazione finale.

Il regolamento stabilisce procedimenti abbreviati per i disegni di legge dei quali è dichiarata l'urgenza.

Può altresì stabilire in quali casi e forme l'esame e l'approvazione dei disegni di legge sono deferiti a commissioni, anche permanenti, composte in modo da rispecchiare la proporzione dei gruppi parlamentari. Anche in tali casi, fino al momento della sua approvazione definitiva, il disegno di legge è rimesso alla Camera, se il Governo o un decimo dei componenti della Camera o un quinto della commissione richiedono che sia discusso o votato dalla Camera stessa oppure che sia sottoposto alla sua approvazione finale con sole dichiarazioni di voto. Il regolamento determina le forme di pubblicità dei lavori delle commissioni.

La procedura normale di esame e di approvazione diretta da parte della Camera è sempre adottata per i disegni di legge in materia costituzionale ed elettorale e per quelli di delegazione legislativa, di autorizzazione a ratificare trattati internazionali, di approvazione di bilanci e consuntivi.

73. Le leggi sono promulgate dal Presidente della Repubblica entro un mese dall'approvazione.

Se le Camere, ciascuna a maggioranza assoluta dei propri componenti, ne dichiarano l'urgenza, la legge è promulgata nel termine da essa stabilito.

Le leggi sono pubblicate subito dopo la promulgazione ed entrano in vigore il quindicesimo giorno successivo alla loro pubblicazione, salvo che le leggi stesse stabiliscano un termine diverso.

74. Il Presidente della Repubblica, prima di promulgare la legge, può con messaggio motivato alle Camere chiedere una nuova deliberazione.

Se le Camere approvano nuovamente la legge, questa deve essere promulgata.

75. È indetto «referendum» popolare per deliberare la abrogazione, totale o parziale, di una legge o di un atto avente valore di legge, quando lo richiedono cinquecentomila elettori o cinque Consigli regionali.

Non è ammesso il «referendum» per le leggi tributarie e di bilancio, di amnistia e di indulto, di autorizzazione a ratificare trattati internazionali.

Hanno diritto di partecipare al «referendum» tutti i cittadini chiamati ad eleggere la Camera dei deputati.

La proposta soggetta a «referendum» è approvata se ha partecipato alla votazione la maggioranza degli aventi diritto, e se è raggiunta la maggioranza dei voti validamente espressi.

La legge determina le modalità di attuazione del «referendum».

76. L'esercizio della funzione legislativa non può essere delegato al Governo se non con determinazione di principi e criteri direttivi e soltanto per tempo limitato e per oggetti definiti.

77. Il Governo non può, senza delegazione delle Camere, emanare decreti che abbiano valore di legge ordinaria.

Quando, in casi straordinari di necessità e d'urgenza, il Governo adotta, sotto la sua responsabilità, provvedimenti provvisori con forza di legge, deve il giorno stesso presentarli per la conversione alle Camere che, anche se sciolte, sono appositamente convocate e si riuniscono entro cinque giorni.

I decreti perdono efficacia sin dall'inizio, se non sono convertiti in legge entro sessanta giorni dalla loro pubblicazione. Le Camere possono tuttavia regolare con legge i rapporti giuridici sorti sulla base dei decreti non convertiti.

78. Le Camere deliberano lo stato di guerra e conferiscono al Governo i poteri necessari.

79. ([1]) L'amnistia e l'indulto sono concessi con legge deliberata a maggioranza dei due terzi dei componenti di ciascuna Camera, in ogni suo articolo e nella votazione finale.

La legge che concede l'amnistia o l'indulto stabilisce il termine per la loro applicazione.

In ogni caso l'amnistia e l'indulto non possono applicarsi ai reati commessi successivamente alla presentazione del disegno di legge.

(1) *Questo articolo è stato così sostituito dall'art. 1 della L. cost. 6 marzo 1992, n. 1.*

80. Le Camere autorizzano con legge la ratifica dei trattati internazionali che sono di natura politica, o prevedono arbitrati o regolamenti giudiziari, o importano variazioni del territorio od oneri alle finanze o modificazioni di leggi.

81. (1) Lo Stato assicura l'equilibrio tra le entrate e le spese del proprio bilancio, tenendo conto delle fasi avverse e delle fasi favorevoli del ciclo economico.

Il ricorso all'indebitamento è consentito solo al fine di considerare gli effetti del ciclo economico e, previa autorizzazione delle Camere adottata a maggioranza assoluta dei rispettivi componenti, al verificarsi di eventi eccezionali.

Ogni legge che importi nuovi o maggiori oneri provvede ai mezzi per farvi fronte.

Le Camere ogni anno approvano con legge il bilancio e il rendiconto consuntivo presentati dal Governo.

L'esercizio provvisorio del bilancio non può essere concesso se non per legge e per periodi non superiori complessivamente a quattro mesi.

Il contenuto della legge di bilancio, le norme fondamentali e i criteri volti ad assicurare l'equilibrio tra le entrate e le spese dei bilanci e la sostenibilità del debito del complesso delle pubbliche amministrazioni sono stabiliti con legge approvata a maggioranza assoluta dei componenti di ciascuna Camera, nel rispetto dei principi definiti con legge costituzionale (2).

(1) *Questo articolo è stato così sostituito dall'art. 1 della L. cost. 20 aprile 2012, n. 1.*

A norma dell'art. 6 della medesima legge tali disposizioni si applicano a decorrere dall'esercizio finanziario relativo all'anno 2014.

Si riporta il testo previgente:

«Le Camere approvano ogni anno i bilanci e il rendiconto consuntivo presentati dal Governo.

L'esercizio provvisorio del bilancio non può essere concesso se non per legge e per periodi non superiori complessivamente a quattro mesi.

Con la legge di approvazione del bilancio non si possono stabilire nuovi tributi e nuove spese.

Ogni altra legge che importi nuove e maggiori spese deve indicare i mezzi per farvi fronte.».

(2) *Si veda la L. 24 dicembre 2012, n. 243, recante attuazione del principio del pareggio di bilancio. Tali disposizioni si applicano a decorrere dal 1° gennaio 2014, ad eccezione del capo IV e dell'articolo 15, che si applicano a decorrere dal 1° gennaio 2016.*

82. Ciascuna Camera può disporre inchieste su materie di pubblico interesse.

A tale scopo nomina fra i propri componenti una commissione formata in modo da rispecchiare la proporzione dei vari gruppi. La commissione d'inchiesta procede alle indagini e agli esami con gli stessi poteri e le stesse limitazioni dell'autorità giudiziaria.

Titolo II
Il Presidente della Repubblica

83. Il Presidente della Repubblica è eletto dal Parlamento in seduta comune dei suoi membri.

All'elezione partecipano tre delegati per ogni Regione eletti dal Consiglio regionale in modo che sia assicurata la rappresentanza delle minoranze. La Valle d'Aosta ha un solo delegato.

L'elezione del Presidente della Repubblica ha luogo per scrutinio segreto a maggioranza di due terzi dell'assemblea. Dopo il terzo scrutinio è sufficiente la maggioranza assoluta.

84. Può essere eletto Presidente della Repubblica ogni cittadino che abbia compiuto cinquanta anni d'età e goda dei diritti civili e politici.

L'ufficio di Presidente della Repubblica è incompatibile con qualsiasi altra carica.

L'assegno e la dotazione del Presidente sono determinati per legge.

85. Il Presidente della Repubblica è eletto per sette anni.

Trenta giorni prima che scada il termine il Presidente della Camera dei deputati convoca in seduta comune il Parlamento e i delegati regionali, per eleggere il nuovo Presidente della Repubblica.

Se le Camere sono sciolte, o manca meno di tre mesi alla loro cessazione, la elezione ha luogo entro quindici giorni dalla riunione delle Camere nuove. Nel frattempo sono prorogati i poteri del Presidente in carica.

86. Le funzioni del Presidente della Repubblica, in ogni caso che egli non possa adempierle, sono esercitate dal Presidente del Senato.

In caso di impedimento permanente o di morte o di dimissioni del Presidente della Repubblica, il Presidente della Camera dei deputati indice la elezione del nuovo Presidente della Repubblica entro quindici giorni, salvo il maggior termine previsto se le Camere sono sciolte o manca meno di tre mesi alla loro cessazione.

87. Il Presidente della Repubblica è il capo dello Stato e rappresenta l'unità nazionale.

Può inviare messaggi alle Camere.

Indice le elezioni delle nuove Camere e ne fissa la prima riunione.

Autorizza la presentazione alle Camere dei disegni di legge di iniziativa del Governo.

Promulga le leggi ed emana i decreti aventi valore di legge e i regolamenti.

Indice il «referendum» popolare nei casi previsti dalla Costituzione.

Nomina, nei casi indicati dalla legge, i funzionari dello Stato.

Accredita e riceve i rappresentanti diplomatici, ratifica i trattati internazionali, previa, quando occorra, l'autorizzazione delle Camere.

Ha il comando delle Forze Armate, presiede il Consiglio supremo di difesa costituito secondo la legge, dichiara lo stato di guerra deliberato dalle Camere.

Presiede il Consiglio superiore della magistratura.

Può concedere grazia e commutare le pene.

Conferisce le onorificenze della Repubblica.

88. Il Presidente della Repubblica può, sentiti i loro Presidenti, sciogliere le Camere o anche una sola di esse.

Non può esercitare tale facoltà negli ultimi sei mesi del suo mandato, salvo che essi coincidano in tutto o in parte con gli ultimi sei mesi della legislatura ([1]).

([1]) *Questo comma è stato così sostituito dall'art. 1 della L. cost. 4 novembre 1991, n. 1, recante modifiche a questo articolo della Costituzione.*

89. Nessun atto del Presidente della Repubblica è valido se non è controfirmato dai ministri proponenti, che ne assumono la responsabilità.

Gli atti che hanno valore legislativo e gli altri indicati dalla legge sono controfirmati anche dal Presidente del Consiglio dei ministri.

90. Il Presidente della Repubblica non è responsabile degli atti compiuti nell'esercizio delle sue funzioni, tranne che per alto tradimento o per attentato alla Costituzione.

In tali casi è messo in stato di accusa dal Parlamento in seduta comune, a maggioranza assoluta dei suoi membri.

91. Il Presidente della Repubblica, prima di assumere le sue funzioni, presta giuramento di fedeltà alla Repubblica e di osservanza della Costituzione dinanzi al Parlamento in seduta comune.

Titolo III
Il Governo

Sezione I
Il Consiglio dei ministri

92. Il Governo della Repubblica è composto del Presidente del Consiglio e dei ministri, che costituiscono insieme il Consiglio dei ministri.

Il Presidente della Repubblica nomina il Presidente del Consiglio dei ministri e, su proposta di questo, i ministri.

93. Il Presidente del Consiglio dei ministri e i ministri, prima di assumere le funzioni, prestano giuramento nelle mani del Presidente della Repubblica.

94. Il Governo deve avere la fiducia delle due Camere.

Ciascuna Camera accorda o revoca la fiducia mediante mozione motivata e votata per appello nominale.

Entro dieci giorni dalla sua formazione il Governo si presenta alle Camere per ottenerne la fiducia.

Il voto contrario di una o entrambe le Camere su una proposta del Governo non importa obbligo di dimissioni.

La mozione di sfiducia deve essere firmata da almeno un decimo dei componenti della Camera e non può essere messa in discussione prima di tre giorni dalla sua presentazione.

95. Il Presidente del Consiglio dei ministri dirige la politica generale del Governo e ne è responsabile. Mantiene l'unità di indirizzo politico ed amministrativo, promuovendo e coordinando l'attività dei ministri.

I ministri sono responsabili collegialmente degli atti del Consiglio dei ministri, e individualmente degli atti dei loro dicasteri.

La legge provvede all'ordinamento della Presidenza del Consiglio e determina il numero, le attribuzioni e l'organizzazione dei ministeri.

96. ([1]) Il Presidente del Consiglio dei ministri ed i ministri, anche se cessati dalla carica, sono sottoposti, per i reati commessi nell'esercizio delle loro funzioni, alla giurisdizione ordinaria, previa autorizzazione del Senato della Repubblica o della Camera dei deputati, secondo le norme stabilite con legge costituzionale.

([1]) *Questo articolo è stato così sostituito dalla L. cost. 16 gennaio 1989, n. 1, recante modifiche alla Costituzione.*

Sezione II
La Pubblica Amministrazione

97. ([1]) Le pubbliche amministrazioni, in coerenza con l'ordinamento dell'Unione europea, assicurano l'equilibrio dei bilanci e la sostenibilità del debito pubblico ([2]).

I pubblici uffici sono organizzati secondo disposizioni di legge, in modo che siano assicurati il buon andamento e l'imparzialità dell'amministrazione.

Nell'ordinamento degli uffici sono determinate le sfere di competenza, le attribuzioni e le responsabilità proprie dei funzionari.

Agli impieghi nelle pubbliche amministrazioni si accede mediante concorso, salvo i casi stabiliti dalla legge.

([1]) *A norma dell'art. 18, comma 4, del D.L. 22 giugno 2012, n. 83, convertito, con modificazioni, nella L. 7 agosto 2012, n. 134, le disposizioni del predetto articolo costituiscono diretta attuazione dei princìpi di legalità, buon andamento e imparzialità sanciti dall'articolo 97 della Costituzione, e ad esse si conformano entro il 31 dicembre 2012, ai sensi dell'articolo 117, comma 2, lettere* g), h), l), m), r) *della Costituzione, tutte le pubbliche amministrazioni centrali, regionali e locali, le aziende speciali e le società* in house *delle pubbliche amministrazioni. Le regioni ad autonomia speciale vi si conformano entro il medesimo termine secondo le previsioni dei rispettivi Statuti.*

([2]) *Questo comma è stato premesso dall'art. 2 della L. cost. 20 aprile 2012, n. 1. A norma dell'art. 6 della medesima legge tali disposizioni si applicano a decorrere dall'esercizio finanziario relativo all'anno 2014.*

98. I pubblici impiegati sono al servizio esclusivo della Nazione.

Se sono membri del Parlamento, non possono conseguire promozioni se non per anzianità.

Si possono con legge stabilire limitazioni al diritto d'iscriversi ai partiti politici per i magistrati, i militari di carriera in servizio attivo, i funzionari ed agenti di polizia, i rappresentanti diplomatici e consolari all'estero.

Sezione III
Gli organi ausiliari

99. Il Consiglio nazionale della economia e del lavoro è composto, nei modi stabiliti dalla legge, di esperti e di rappresentanti delle categorie produttive, in misura che tenga conto della loro importanza numerica e qualitativa.

È organo di consulenza delle Camere e del Governo per le materie e secondo le funzioni che gli sono attribuite dalla legge.

Ha l'iniziativa legislativa e può contribuire alla elaborazione della legislazione economica e sociale secondo i principi ed entro i limiti stabiliti dalla legge.

100. Il Consiglio di Stato è organo di consulenza giuridico-amministrativa e di tutela della giustizia nell'amministrazione.

La Corte dei conti esercita il controllo preventivo di legittimità sugli atti del Governo, e anche quello successivo sulla gestione del bilancio dello Stato. Partecipa, nei casi e nelle forme stabiliti dalla legge, al controllo sulla gestione finanziaria degli enti a cui lo Stato contribuisce in via ordinaria. Riferisce direttamente alle Camere sul risultato del riscontro eseguito.

La legge assicura l'indipendenza dei due Istituti e dei loro componenti di fronte al Governo.

Titolo IV
La magistratura

Sezione I
Ordinamento giurisdizionale

101. La giustizia è amministrata in nome del popolo.

I giudici sono soggetti soltanto alla legge.

102. La funzione giurisdizionale è esercitata da magistrati ordinari istituiti e regolati dalle norme sull'ordinamento giudiziario.

Non possono essere istituiti giudici straordinari o giudici speciali. Possono soltanto istituirsi presso gli organi giudiziari ordinari sezioni specializzate per determinate materie, anche con la partecipazione di cittadini idonei estranei alla magistratura.

La legge regola i casi e le forme della partecipazione diretta del popolo all'amministrazione della giustizia.

103. Il Consiglio di Stato e gli altri organi di giustizia amministrativa hanno giurisdizione per la tutela nei confronti della pubblica amministrazione degli interessi legittimi e, in particolari materie indicate dalla legge, anche dei diritti soggettivi.

La Corte dei conti ha giurisdizione nelle materie di contabilità pubblica e nelle altre specificate dalla legge.

I tribunali militari in tempo di guerra hanno la giurisdizione stabilita dalla legge. In tempo di pace hanno giurisdizione soltanto per i reati militari commessi da appartenenti alle Forze Armate.

104. La magistratura costituisce un ordine autonomo e indipendente da ogni altro potere.

Il Consiglio superiore della magistratura è presieduto dal Presidente della Repubblica.

Ne fanno parte di diritto il primo presidente e il procuratore generale della Corte di cassazione.

Gli altri componenti sono eletti per due terzi da tutti i magistrati ordinari tra gli appartenenti alle varie categorie, e per un terzo dal Parlamento in seduta comune tra professori ordinari di università in materie giuridiche ed avvocati dopo quindici anni di esercizio.

Il Consiglio elegge un vice presidente fra i componenti designati dal Parlamento.

I membri elettivi del Consiglio durano in carica quattro anni e non sono immediatamente rieleggibili.

Non possono, finché sono in carica, essere iscritti negli albi professionali, né far parte del Parlamento o di un Consiglio regionale.

105. Spettano al Consiglio superiore della magistratura, secondo le norme dell'ordinamento giudiziario, le assunzioni, le assegnazioni ed i trasferimenti, le promozioni e i provvedimenti disciplinari nei riguardi dei magistrati.

106. Le nomine dei magistrati hanno luogo per concorso.

La legge sull'ordinamento giudiziario può ammettere la nomina, anche elettiva, di magistrati onorari per tutte le funzioni attribuite a giudici singoli.

Su designazione del Consiglio superiore della magistratura possono essere chiamati all'ufficio di consiglieri di cassazione, per meriti insigni, professori ordinari di università in materie giuridiche e avvocati che abbiano quindici anni di esercizio e siano iscritti negli albi speciali per le giurisdizioni superiori ([1]).

([1]) *In attuazione di questo comma, si veda la L. 5 agosto 1998, n. 303, recante nomina di professori universitari e di avvocati all'ufficio di consigliere di cassazione.*

107. I magistrati sono inamovibili. Non possono essere dispensati o sospesi dal servizio né destinati ad altre sedi o funzioni se non in seguito a decisione del Consiglio superiore della magistratura, adottata o per i motivi e con le garanzie di difesa stabilite dall'ordinamento giudiziario o con il loro consenso.

Il ministro della giustizia ha facoltà di promuovere l'azione disciplinare.

I magistrati si distinguono fra loro soltanto per diversità di funzioni.

Il pubblico ministero gode delle garanzie stabilite nei suoi riguardi dalle norme sull'ordinamento giudiziario.

108. Le norme sull'ordinamento giudiziario e su ogni magistratura sono stabilite con legge.

La legge assicura l'indipendenza dei giudici delle giurisdizioni speciali, del pubblico ministero presso di esse, e degli estranei che partecipano all'amministrazione della giustizia.

109. L'autorità giudiziaria dispone direttamente della polizia giudiziaria.

110. Ferme le competenze del Consiglio superiore della magistratura, spettano al Ministro della giustizia l'organizzazione e il funzionamento dei servizi relativi alla giustizia.

Sezione II
Norme sulla giurisdizione

111. La giurisdizione si attua mediante il giusto processo regolato dalla legge ([1]).

Ogni processo si svolge nel contraddittorio tra le parti, in condizioni di parità, davanti a giudice terzo e imparziale. La legge ne assicura la ragionevole durata ([1]).

Nel processo penale, la legge assicura che la persona accusata di un reato sia, nel più breve tempo possibile, informata riservatamente della natura e dei motivi dell'accusa elevata a suo carico; disponga del tempo e delle condizioni necessari per preparare la sua difesa; abbia la facoltà, davanti al giudice, di interrogare o di far interrogare le persone che rendono dichiarazioni a suo carico, di ottenere la convocazione e l'interrogatorio di persone a sua difesa nelle stesse condizioni dell'accusa e l'acquisizione di ogni altro mezzo di prova a suo favore; sia assistita da un interprete se non comprende o non parla la lingua impiegata nel processo ([1]).

Il processo penale è regolato dal principio del contraddittorio nella formazione della prova. La colpevolezza dell'imputato non può essere provata sulla base di dichiarazioni rese da chi, per libera scelta, si è sempre volontariamente sottratto all'interrogatorio da parte dell'imputato o del suo difensore ([1]).

La legge regola i casi in cui la formazione della prova non ha luogo in contraddittorio per consenso dell'imputato o per accertata impossibilità di natura oggettiva o per effetto di provata condotta illecita ([1]).

Tutti i provvedimenti giurisdizionali devono essere motivati.

Contro le sentenze e contro i provvedimenti sulla libertà personale, pronunciati dagli organi giurisdizionali ordinari o speciali, è sempre ammesso ricorso in Cassazione per violazione di legge. Si può derogare a tale norma soltanto per le sentenze dei tribunali militari in tempo di guerra.

Contro le decisioni del Consiglio di Stato e della Corte dei conti il ricorso in cassazione è ammesso per i soli motivi inerenti alla giurisdizione.

([1]) *Questo comma è stato inserito dalla L. cost. 23 novembre 1999, n. 2. Si vedano inoltre il D.L. 7 gennaio 2000, n. 2, convertito, con modificazioni, nella L. 25 febbraio 2000, n. 35, e gli artt. 2 ss. della L. 24 marzo 2001, n. 89.*

112. Il Pubblico ministero ha l'obbligo di esercitare l'azione penale.

113. Contro gli atti della pubblica amministrazione è sempre ammessa la tutela giurisdizionale dei diritti e degli interessi legittimi dinanzi agli organi di giurisdizione ordinaria o amministrativa.

Tale tutela giurisdizionale non può essere esclusa o limitata a particolari mezzi di impugnazione o per determinate categorie di atti.

La legge determina quali organi di giurisdizione possono annullare gli atti della pubblica amministrazione nei casi e con gli effetti previsti dalla legge stessa.

Titolo V

Le Regioni, le Province, i Comuni ([1])

([1]) *Si veda la L. 5 giugno 2003, n. 131. Disposizioni per l'adeguamento dell'ordinamento della Repubblica alla legge costituzionale 18 ottobre 2001, n. 3.*

114. ([1]) La Repubblica è costituita dai Comuni, dalle Province, dalle Città metropolitane, dalle Regioni e dallo Stato.

I Comuni, le Province, le Città metropolitane e le Regioni sono enti autonomi con propri statuti, poteri e funzioni secondo i principi fissati dalla Costituzione.

Roma è la capitale della Repubblica. La legge dello Stato disciplina il suo ordinamento.

([1]) *Questo articolo è stato così sostituito dall'art. 1 della L. cost. 18 ottobre 2001, n. 3.*

115. ([1]) [Le Regioni sono costituite in enti autonomi con propri poteri e funzioni secondo i princìpi fissati nella Costituzione].

([1]) *Questo articolo è stato abrogato dall'art. 9, comma 2, della L. cost. 18 ottobre 2001, n. 3.*

116. ([1]) Il Friuli Venezia Giulia, la Sardegna, la Sicilia, il Trentino-Alto Adige/Südtirol e la Valle d'Aosta/Vallee d'Aoste dispongono di forme e condizioni particolari di autonomia, secondo i rispettivi statuti speciali adottati con legge costituzionale.

La Regione Trentino-Alto Adige/Südtirol è costituita dalle Province autonome di Trento e di Bolzano.

Ulteriori forme e condizioni particolari di autonomia, concernenti le materie di cui al terzo comma dell'articolo 117 e le materie indicate dal secondo comma del medesimo articolo alle lettere *l*), limitatamente all'organizzazione della giustizia di pace, *n*) e *s*), possono essere attribuite ad altre Regioni, con legge dello Stato, su iniziativa della Regione interessata, sentiti gli enti locali, nel rispetto dei principi di cui all'articolo 119. La legge è approvata dalle Camere a maggioranza assoluta dei componenti, sulla base di intesa fra lo Stato e la Regione interessata.

([1]) *Questo articolo è stato così sostituito dall'art. 2 della L. cost. 18 ottobre 2001, n. 3.*

117. ([1]) La potestà legislativa è esercitata dallo Stato e dalle Regioni nel rispetto della Costituzione, nonché dei vincoli derivanti dall'ordinamento comunitario e dagli obblighi internazionali.

Lo Stato ha legislazione esclusiva nelle seguenti materie:

a) politica estera e rapporti internazionali dello Stato; rapporti dello Stato con l'Unione europea; diritto di asilo e condizione giuridica dei cittadini di Stati non appartenenti all'Unione europea;

b) immigrazione;

c) rapporti tra la Repubblica e le confessioni religiose;

d) difesa e Forze armate; sicurezza dello Stato; armi, munizioni ed esplosivi;

e) moneta, tutela del risparmio e mercati finanziari; tutela della concorrenza; sistema valutario; sistema tributario e contabile dello Stato; armonizzazione dei bilanci pubblici; ([2]) perequazione delle risorse finanziarie;

f) organi dello Stato e relative leggi elettorali; referendum statali; elezione del Parlamento europeo;

g) ordinamento e organizzazione amministrativa dello Stato e degli enti pubblici nazionali;

h) ordine pubblico e sicurezza, ad esclusione della polizia amministrativa locale;

i) cittadinanza, stato civile e anagrafi;

l) giurisdizione e norme processuali; ordinamento civile e penale; giustizia amministrativa;

m) determinazione dei livelli essenziali delle prestazioni concernenti i diritti civili e sociali che devono essere garantiti su tutto il territorio nazionale;

n) norme generali sull'istruzione;

o) previdenza sociale;

p) legislazione elettorale, organi di governo e funzioni fondamentali di Comuni, Province e Città metropolitane;

q) dogane, protezione dei confini nazionali e profilassi internazionale;

r) pesi, misure e determinazione del tempo; coordinamento informativo statistico e informatico dei dati dell'amministrazione statale, regionale e locale; opere dell'ingegno;

s) tutela dell'ambiente, dell'ecosistema e dei beni culturali.

Sono materie di legislazione concorrente quelle relative a: rapporti internazionali e con l'Unione europea delle Regioni; commercio con l'estero; tutela e sicurezza del lavoro; istruzione, salva l'autonomia delle istituzioni scolastiche e con esclusione della istruzione e della formazione professionale; professioni; ricerca scientifica e tecnologica e sostegno all'innovazione per i settori produttivi; tutela della salute; alimentazione; ordinamento sportivo; protezione civile; governo del territorio; porti e aeroporti civili; grandi reti di trasporto e di navigazione; ordinamento della comunicazione; produzione, trasporto e distribuzione nazionale dell'energia; previdenza complementare e integrativa; [armonizzazione dei bilanci pubblici e] ([3]) coordinamento della finanza pubblica e del sistema tributario; valorizzazione dei beni culturali e ambientali e promozione e organizzazione di attività culturali; casse di risparmio, casse rurali, aziende di credito a carattere regionale; enti di credito fondiario e agrario a carattere regionale. Nelle materie di legislazione concorrente spetta alle Regioni la potestà legislativa, salvo che per la determinazione dei principi fondamentali, riservata alla legislazione dello Stato.

Spetta alle Regioni la potestà legislativa in riferimento ad ogni materia non espressamente riservata alla legislazione dello Stato.

Le Regioni e le Province autonome di Trento e di Bolzano, nelle materie di loro competenza, partecipano alle decisioni dirette alla formazione degli atti normativi comunitari e provvedono all'attuazione e all'esecuzione degli accordi internazionali e degli atti dell'Unione europea, nel rispetto delle norme di procedura stabilite da legge dello Stato, che disciplina le modalità di esercizio del potere sostitutivo in caso di inadempienza.

La potestà regolamentare spetta allo Stato nelle materie di legislazione esclusiva, salva delega alle Regioni. La potestà regolamentare spetta alle Regioni in ogni altra materia. I Comuni, le Province e le Città metropolitane hanno potestà regolamentare in ordine alla disciplina dell'organizzazione e dello svolgimento delle funzioni loro attribuite.

Le leggi regionali rimuovono ogni ostacolo che impedisce la piena parità degli uomini e delle donne nella vita sociale, culturale ed economica e promuovono la parità di accesso tra donne e uomini alle cariche elettive.

La legge regionale ratifica le intese della Regione con altre Regioni per il migliore esercizio delle proprie funzioni, anche con individuazione di organi comuni.

Nelle materie di sua competenza la Regione può concludere accordi con Stati e intese con enti territoriali interni ad altro Stato, nei casi e con le forme disciplinati da leggi dello Stato.

([1]) *Questo articolo è stato così sostituito dall'art. 3 della L. cost. 18 ottobre 2001, n. 3.*

([2]) *Le parole: «armonizzazione dei bilanci pubblici;» sono state inserite dall'art. 3, comma 1, lett.* a)*, della L. cost. 20 aprile 2012, n. 1. A norma dell'art. 6 della medesima legge tali disposizioni si applicano a decorrere dall'esercizio finanziario relativo all'anno 2014.*

([3]) *Le parole fra parentesi quadrate sono state soppresse dall'art. 3, comma 1, lett.* b)*, della L. cost. 20 aprile 2012, n. 1. A norma dell'art. 6 della medesima legge tali disposizioni si applicano a decorrere dall'esercizio finanziario relativo all'anno 2014.*

118. ([1]) Le funzioni amministrative sono attribuite ai Comuni salvo che, per assicurarne l'esercizio unitario, siano conferite a Province, Città metropolitane, Regioni e Stato, sulla base dei principi di sussidiarietà, differenziazione ed adeguatezza.

I Comuni, le Province e le Città metropolitane sono titolari di funzioni amministrative proprie e di quelle conferite con legge statale o regionale, secondo le rispettive competenze.

La legge statale disciplina forme di coordinamento fra Stato e Regioni nelle materie di cui alle lettere *b*) e *h*) del secondo comma dell'articolo 117, e disciplina inoltre forme di intesa e coordinamento nella materia della tutela dei beni culturali.

Stato, Regioni, Città metropolitane, Province e Comuni favoriscono l'autonoma iniziativa dei cittadini, singoli e associati, per lo svolgimento di attività di interesse generale, sulla base del principio di sussidiarietà.

(1) *Questo articolo è stato così sostituito dall'art. 4 della L. cost. 18 ottobre 2001, n. 3.*

119. (1) I Comuni, le Province, le Città metropolitane e le Regioni hanno autonomia finanziaria di entrata e di spesa, nel rispetto dell'equilibrio dei relativi bilanci, e concorrono ad assicurare l'osservanza dei vincoli economici e finanziari derivanti dall'ordinamento dell'Unione europea (2).

I Comuni, le Province, le Città metropolitane e le Regioni hanno risorse autonome. Stabiliscono e applicano tributi ed entrate propri, in armonia con la Costituzione e secondo i principi di coordinamento della finanza pubblica e del sistema tributario. Dispongono di compartecipazioni al gettito di tributi erariali riferibile al loro territorio.

La legge dello Stato istituisce un fondo perequativo, senza vincoli di destinazione, per i territori con minore capacità fiscale per abitante.

Le risorse derivanti dalle fonti di cui ai commi precedenti consentono ai Comuni, alle Province, alle Città metropolitane e alle Regioni di finanziare integralmente le funzioni pubbliche loro attribuite.

Per promuovere lo sviluppo economico, la coesione e la solidarietà sociale, per rimuovere gli squilibri economici e sociali, per favorire l'effettivo esercizio dei diritti della persona, o per provvedere a scopi diversi dal normale esercizio delle loro funzioni, lo Stato destina risorse aggiuntive ed effettua interventi speciali in favore di determinati Comuni, Province, Città metropolitane e Regioni.

I Comuni, le Province, le Città metropolitane e le Regioni hanno un proprio patrimonio, attribuito secondo i principi generali determinati dalla legge dello Stato. Possono ricorrere all'indebitamento solo per finanziare spese di investimento, con la contestuale definizione di piani di ammortamento e a condizione che per il complesso degli enti di ciascuna Regione sia rispettato l'equilibrio di bilancio (3). È esclusa ogni garanzia dello Stato sui prestiti dagli stessi contratti.

(1) *Questo articolo è stato così sostituito dall'art. 5 della L. cost. 18 ottobre 2001, n. 3.*

(2) *Le parole: «, nel rispetto dell'equilibrio dei relativi bilanci, e concorrono ad assicurare l'osservanza dei vincoli economici e finanziari derivanti dall'ordinamento dell'Unione europea» sono state aggiunte dall'art. 4, comma 1, lett.* a), *della L. cost. 20 aprile 2012, n. 1. A norma dell'art. 6 della medesima legge tali disposizioni si applicano a decorrere dall'esercizio finanziario relativo all'anno 2014.*

(3) *Le parole: «, con la contestuale definizione di piani di ammortamento e a condizione che per il complesso degli enti di ciascuna Regione sia rispettato l'equilibrio di bilancio» sono state aggiunte dall'art. 4, comma 1, lett.* b), *della L. cost. 20 aprile 2012, n. 1. A norma dell'art. 6 della medesima legge tali disposizioni si applicano a decorrere dall'esercizio finanziario relativo all'anno 2014.*

120. (1) La Regione non può istituire dazi di importazione o esportazione o transito tra le Regioni, nè adottare provvedimenti che ostacolino in qualsiasi modo la libera circolazione delle persone e delle cose tra le Regioni, nè limitare l'esercizio del diritto al lavoro in qualunque parte del territorio nazionale.

Il Governo può sostituirsi a organi delle Regioni, delle Città metropolitane, delle Province e dei Comuni nel caso di mancato rispetto di norme e trattati internazionali o della normativa comunitaria oppure di pericolo grave per l'incolumità e la sicurezza pubblica, ovvero quando lo richiedono la tutela dell'unità giuridica o dell'unità economica e in particolare la tutela dei livelli essenziali delle prestazioni concernenti i diritti civili e sociali, prescindendo dai confini territoriali dei governi locali. La legge definisce le procedure atte a garantire che i poteri sostitutivi siano esercitati nel rispetto del principio di sussidiarietà e del principio di leale collaborazione.

(1) *Questo articolo è stato così sostituito dall'art. 6 della L. cost. 18 ottobre 2001, n. 3.*

121. Sono organi della Regione: il Consiglio regionale, la Giunta e il suo presidente.

Il Consiglio regionale esercita le potestà legislative [e regolamentari] (1) attribuite alla Regione e le altre funzioni conferitegli dalla Costituzione e dalle leggi. Può fare proposte di legge alle Camere.

La giunta regionale è l'organo esecutivo delle Regioni.

Il Presidente della Giunta rappresenta la Regione; dirige la politica della Giunta e ne è responsabile; promulga le leggi ed emana i regolamenti regionali; dirige le funzioni amministrative delegate dallo Stato alla Regione, conformandosi alle istruzioni del Governo della Repubblica (2).

(1) *Le parole tra parentesi quadre sono state soppresse dall'art. 1, lett.* a), *della L. cost. 22 novembre 1999, n. 1.*

(2) *Questo comma è stato così sostituito dall'art. 1, lett.* b), *della L. cost. 22 novembre 1999, n. 1.*

122. (1) Il sistema di elezione e i casi di ineleggibilità e di incompatibilità del Presidente e degli altri componenti della Giunta regionale nonché dei consiglieri regionali sono disciplinati con legge della Regione nei limiti dei principi fondamentali stabiliti con legge della Repubblica, che stabilisce anche la durata degli organi elettivi (2).

Nessuno può appartenere contemporaneamente a un Consiglio o a una Giunta regionale e ad una delle Camere del Parlamento, ad un altro Consiglio o ad altra Giunta regionale, ovvero al Parlamento europeo.

Il Consiglio elegge tra i suoi componenti un Presidente e un ufficio di presidenza.

I consiglieri regionali non possono essere chiamati a rispondere delle opinioni espresse e dei voti dati nell'esercizio delle loro funzioni.

Il Presidente della Giunta regionale, salvo che lo statuto regionale disponga diversamente, è eletto a suffragio universale e diretto. Il Presidente eletto nomina e revoca i componenti della Giunta.

(1) *Questo articolo è stato così sostituito dall'art. 2 della L. cost. 22 novembre 1999, n. 1.*

(2) *Si veda la L. 2 luglio 2004, n. 165, recante disposizioni di attuazione di questo comma.*

123. (1) Ciascuna Regione ha uno statuto che, in armonia con la Costituzione, ne determina la forma di governo e i principi fondamentali di organizzazione e funzionamento. Lo statuto regola l'esercizio del diritto di iniziativa e del *referendum* su leggi e provvedimenti amministrativi della Regione e la pubblicazione delle leggi e dei regolamenti regionali.

Lo statuto è approvato e modificato dal Consiglio regionale con legge approvata a maggioranza assoluta dei suoi componenti, con due deliberazioni successive adottate ad intervallo non minore di due mesi. Per tale legge non è richiesta l'apposizione del visto da parte del Commissario del Governo. Il Governo della Repubblica può promuovere la questione di legittimità costituzionale sugli statuti regionali dinanzi alla Corte costituzionale entro trenta giorni dalla loro pubblicazione.

Lo statuto è sottoposto a *referendum* popolare qualora entro tre mesi dalla sua pubblicazione ne faccia richiesta un cinquantesimo degli elettori della Regione o un quinto dei componenti il Consiglio regionale. Lo statuto sottoposto a *referendum* non è promulgato se non è approvato dalla maggioranza dei voti validi.

In ogni Regione, lo statuto disciplina il Consiglio delle autonomie locali, quale organo di consultazione fra la Regione e gli enti locali (2).

(1) *Questo articolo è stato così sostituito dall'art. 3 della L. cost. 22 novembre 1999, n. 1.*

(2) *Questo comma è stato aggiunto dall'art. 7 della L. cost. 18 ottobre 2001, n. 3.*

124. (1) [Un commissario del Governo, residente nel capoluogo della Regione, sopraintende alle funzioni amministrative esercitate dallo Stato e le coordina con quelle esercitate dalla Regione].

(1) *Questo articolo è stato abrogato dall'art. 9, comma 2, della L. cost. 18 ottobre 2001, n. 3.*

125. [Il controllo di legittimità sugli atti amministrativi della Regione è esercitato, in forma decentrata, da un organo dello Stato, nei modi e nei limiti stabiliti da leggi della Repubblica. La legge può in determinati casi ammettere il controllo di merito, al solo effetto di promuovere, con richiesta motivata, il riesame della deliberazione da parte del Consiglio regionale] (1).

Nella Regione sono istituiti organi di giustizia amministrativa di primo grado, secondo l'ordinamento stabilito da legge della Repubblica. Possono istituirsi sezioni con sede diversa dal capoluogo della Regione.

(1) *Questo comma è stato abrogato dall'art. 9, comma 2, della L. cost. 18 ottobre 2001, n. 3.*

126. (1) Con decreto motivato del Presidente della Repubblica sono disposti lo scioglimento del Consiglio regionale e la rimozione del Presidente della Giunta che abbiano compiuto atti contrari alla Costituzione o gravi violazioni di legge. Lo scioglimento e la rimozione possono altresì essere disposti per ragioni di sicurezza nazionale. Il decreto è adottato sentita una Commissione di deputati e senatori costituita, per le questioni regionali, nei modi stabiliti con legge della Repubblica.

Il Consiglio regionale può esprimere la sfiducia nei confronti del Presidente della Giunta mediante mozione motivata, sottoscritta da almeno un quinto dei suoi componenti e approvata per appello nominale a maggioranza assoluta dei componenti. La mozione non può essere messa in discussione prima di tre giorni dalla presentazione.

L'approvazione della mozione di sfiducia nei confronti del Presidente della Giunta eletto a suffragio universale e diretto, nonché la rimozione, l'impedimento permanente, la morte o le dimissioni volontarie dello stesso comportano le dimissioni della Giunta e lo scioglimento del Consiglio. In ogni caso i medesimi effetti conseguono alle dimissioni contestuali della maggioranza dei componenti il Consiglio.

(1) *Questo articolo è stato così sostituito dall'art. 4 della L. cost. 22 novembre 1999, n. 1.*

127. (1) Il Governo, quando ritenga che una legge regionale ecceda la competenza della Regione, può promuovere la questione di legittimità costituzionale dinanzi alla Corte costituzionale entro sessanta giorni dalla sua pubblicazione.

La Regione, quando ritenga che una legge o un atto avente valore di legge dello Stato o di un'altra Regione leda la sua sfera di competenza, può promuovere la questione di legittimità costituzionale dinanzi alla Corte costituzionale entro sessanta giorni dalla pubblicazione della legge o dell'atto avente valore di legge.

(1) *Questo articolo è stato così sostituito dall'art. 8 della L. cost. 18 ottobre 2001, n. 3.*

128. (1) [Le Provincie e i Comuni sono enti autonomi nell'ambito dei principi fissati da leggi generali della Repubblica, che ne determinano le funzioni].

(1) *Questo articolo è stato abrogato dall'art. 9, comma 2, della L. cost. 18 ottobre 2001, n. 3.*

129. (1) [Le Province e i Comuni sono anche circoscrizioni di decentramento statale e regionale.

Le circoscrizioni provinciali possono essere suddivise in circondari con funzioni esclusivamente amministrative per un ulteriore decentramento].

(1) *Questo articolo è stato abrogato dall'art. 9, comma 2, della L. cost. 18 ottobre 2001, n. 3.*

130. (1) [Un organo della Regione, costituito nei modi stabiliti da legge della Repubblica, esercita, anche in forma decentrata, il controllo di legittimità sugli atti delle Province, dei Comuni e degli altri enti locali.

In casi determinati dalla legge può essere esercitato il controllo di merito, nella forma di richiesta motivata agli enti deliberanti di riesaminare la loro deliberazione].

(1) *Questo articolo è stato abrogato dall'art. 9, comma 2, della L. cost. 18 ottobre 2001, n. 3.*

131. (1) Sono costituite le seguenti Regioni: Piemonte; Valle d'Aosta; Lombardia; Trentino-Alto Adige; Veneto; Friuli-Venezia Giulia; Liguria; Emilia-Romagna; Toscana; Umbria; Marche; Lazio; Abruzzi; Molise; Campania; Puglia; Basilicata; Calabria; Sicilia; Sardegna.

(1) *Questo articolo è stato così modificato dalla L. cost. 27 dicembre 1963, n. 3, contenente modifiche alla Costituzione.*

132. Si può, con legge costituzionale, sentiti i Consigli regionali, disporre la fusione di Regioni esistenti o la creazione di nuove Regioni con un minimo di un milione d'abitanti, quando ne facciano richiesta tanti Consigli comunali che rappresentino almeno un terzo delle popolazioni interessate, e la proposta sia approvata con «*referendum*» dalla maggioranza delle popolazioni stesse.

Si può, con l'approvazione della maggioranza delle popolazioni della Provincia o delle Province interessate e del Comune o dei Comuni interessati espressa mediante (1) «*referendum*» e con legge della Repubblica, sentiti i Consigli regionali, consentire che Province e Comuni, che ne facciano richiesta, siano staccati da una Regione ed aggregati ad un'altra.

(1) *Le parole*: *«l'approvazione della maggioranza delle popolazioni della Provincia o delle Province interessate e del Comune o dei Comuni interessati espressa mediante» sono state inserite dall'art. 9, comma 1, della L. cost. 18 ottobre 2001, n. 3.*

133. Il mutamento delle circoscrizioni provinciali e la istituzione di nuove Province nell'ambito di una Regione sono stabiliti con leggi della Repubblica, su iniziative dei Comuni, sentita la stessa Regione.

La Regione, sentite le popolazioni interessate, può con sue leggi istituire nel proprio territorio nuovi Comuni e modificare le loro circoscrizioni e denominazioni.

Titolo VI
Garanzie costituzionali

Sezione I
La Corte costituzionale

134. La Corte costituzionale giudica:

sulle controversie relative alla legittimità costituzionale delle leggi e degli atti, aventi forza di legge, dello Stato e delle Regioni;

sui conflitti di attribuzione tra i poteri dello Stato e su quelli tra lo Stato e le Regioni, e tra le Regioni;

sulle accuse promosse contro il Presidente della Repubblica [ed i Ministri] (1), a norma della Costituzione.

(1) *Queste parole sono state soppresse dall'art. 2 della L. cost. 16 gennaio 1989, n. 1, contenente modifiche alla Costituzione.*

135. (1) La Corte costituzionale è composta di quindici giudici nominati per un terzo dal Presidente della Repubblica, per un terzo dal Parlamento in seduta comune e per un terzo dalle supreme magistrature ordinaria ed amministrativa.

I giudici della Corte costituzionale sono scelti tra i magistrati anche a riposo delle giurisdizioni superiori ordinaria ed amministrative, i professori ordinari di università in materie giuridiche e gli avvocati dopo venti anni d'esercizio.

I giudici della Corte costituzionale sono nominati per nove anni, decorrenti per ciascuno di essi dal giorno del giuramento, e non possono essere nuovamente nominati.

Alla scadenza del termine il giudice costituzionale cessa dalla carica e dall'esercizio delle funzioni.

La Corte elegge tra i suoi componenti, secondo le norme stabilite dalla legge, il presidente, che rimane in carica per un triennio, ed è rieleggibile, fermi in ogni caso i termini di scadenza dall'ufficio di giudice.

L'ufficio di giudice della Corte è incompatibile con quello di membro del Parlamento o d'un Consiglio regionale, con l'esercizio della professione d'avvocato, e con ogni carica ed ufficio indicati dalla legge.

Nei giudizi d'accusa contro il Presidente della Repubblica [e contro i Ministri] (2) intervengono, oltre i giudici ordinari della Corte, sedici membri tratti a sorte da un elenco di cittadini aventi i requisiti per l'eleggibilità a senatore, che il Parlamento compila ogni nove anni mediante elezione con le stesse modalità stabilite per la nomina dei giudici ordinari.

(1) *Questo articolo è stato così modificato dall'art. 1 della L. cost. 22 novembre 1967, n. 2, contenente modifiche alla Costituzione.*

(2) *Queste parole sono state soppresse dall'art. 2 della L. cost. 16 gennaio 1989, n. 1, contenente modifiche alla Costituzione.*

136. Quando la Corte dichiara la illegittimità costituzionale di una norma di legge o di atto avente forza di legge, la norma cessa di avere efficacia dal giorno successivo alla pubblicazione della decisione.

La decisione della Corte è pubblicata e comunicata alle Camere ed ai Consigli regionali interessati, affinché, ove lo ritengano necessario, provvedano nelle forme costituzionali.

137. Una legge costituzionale stabilisce le condizioni, le forme, i termini di proponibilità dei giudizi di legittimità costituzionale, e le garanzie di indipendenza dei giudici della Corte.

Con legge ordinaria sono stabilite le altre norme necessarie per la costituzione e il funzionamento della Corte.

Contro le decisioni della Corte costituzionale non è ammessa alcuna impugnazione.

Sezione II
Revisione della Costituzione
Leggi costituzionali

138. Le leggi di revisione della Costituzione e le altre leggi costituzionali sono adottate da ciascuna Camera con due successive deliberazioni ad intervallo non minore di tre mesi, e sono approvate a maggioranza assoluta dei componenti di ciascuna Camera nella seconda votazione.

Le leggi stesse sono sottoposte a «referendum» popolare quando, entro tre mesi dalla loro pubblicazione, ne facciano domanda un quinto dei membri di una Camera o cinquecentomila elettori o cinque Consigli regionali. La legge sottoposta a «referendum» non è promulgata, se non è approvata dalla maggioranza dei voti validi.

Non si fa luogo a «referendum» se la legge è stata approvata nella seconda votazione da ciascuna delle Camere a maggioranza di due terzi dei suoi componenti.

139. La forma repubblicana non può essere oggetto di revisione costituzionale.

DISPOSIZIONI TRANSITORIE E FINALI

I. Con l'entrata in vigore della Costituzione il Capo provvisorio dello Stato esercita le attribuzioni di Presidente della Repubblica e ne assume il titolo.

II. Se alla data della elezione del Presidente della Repubblica non sono costituiti tutti i Consigli regionali, partecipano alla elezione soltanto i componenti delle due Camere.

III. Per la prima composizione del Senato della Repubblica sono nominati senatori, con decreto del Presidente della Repubblica, i deputati dell'Assemblea Costituente che posseggono i requisiti di legge per essere senatori e che:

sono stati presidenti del Consiglio dei Ministri o di Assemblee legislative;

hanno fatto parte del disciolto Senato;

hanno avuto almeno tre elezioni, compresa quella all'Assemblea costituente;

sono stati dichiarati decaduti nella seduta della Camera dei deputati del 9 novembre 1926;

hanno scontato la pena della reclusione non inferiore a cinque anni in seguito a condanna del tribunale speciale fascista per la difesa dello Stato.

Sono nominati altresì senatori con decreto del Presidente della Repubblica, i membri del disciolto Senato che hanno fatto parte della Consulta Nazionale.

Al diritto di essere nominati senatori si può rinunciare prima della firma del decreto di nomina. L'accettazione della candidatura alle elezioni politiche implica rinuncia al diritto di nomina a senatore.

IV. Per la prima elezione del Senato il Molise è considerato come Regione a sè stante, con il numero dei senatori che gli compete in base alla sua popolazione.

V. La disposizione dell'articolo 80 della Costituzione, per quanto concerne i trattati internazionali che importano oneri alle finanze o modificazioni di legge, ha effetto dalla data di convocazione delle Camere.

VI. Entro cinque anni dall'entrata in vigore della Costituzione si procede alla revisione degli organi speciali di giurisdizione attualmente esistenti, salvo le giurisdizioni del Consiglio di Stato, della Corte dei conti e dei tribunali militari.

Entro un anno dalla stessa data si provvede con legge al riordinamento del Tribunale supremo militare in relazione all'articolo 111.

VII. Fino a quando non sia emanata la nuova legge sull'ordinamento giudiziario in conformità con la Costituzione, continuano ad osservarsi le norme dell'ordinamento vigente.

Fino a quando non entri in funzione la Corte costituzionale, la decisione delle controversie indicate nell'articolo 134 ha luogo nelle forme e nei limiti delle norme preesistenti all'entrata in vigore della Costituzione.

(*Omissis*) ([1]).

([1]) *Seguiva un terzo comma che è stato abrogato dall'art. 7 della L. cost. 22 novembre 1967, n. 2, contenente modifiche alla Costituzione.*

VIII. Le elezioni dei Consigli regionali e degli organi elettivi delle amministrazioni provinciali sono indette entro un anno dall'entrata in vigore della Costituzione.

Leggi della Repubblica regolano per ogni ramo della pubblica amministrazione il passaggio delle funzioni statali attribuite alle Regioni. Fino a quando non sia provveduto al riordinamento e alla distribuzione delle funzioni amministrative fra gli enti locali restano alle Province ed ai Comuni le funzioni che esercitano attualmente e le altre di cui le Regioni deleghino loro l'esercizio.

Leggi della Repubblica regolano il passaggio alle Regioni di funzionari e dipendenti dello Stato, anche delle amministrazioni centrali, che sia reso necessario dal nuovo ordinamento. Per la formazione dei loro uffici le Regioni devono, tranne che in casi di necessità, trarre il proprio personale da quello dello Stato e degli enti locali.

IX. La Repubblica, entro tre anni dall'entrata in vigore della Costituzione, adegua le sue leggi alle esigenze delle autonomie locali e alla competenza legislativa attribuita alle Regioni.

X. Alla Regione del Friuli-Venezia Giulia, di cui all'articolo 116, si applicano provvisoriamente le norme generali del Titolo V della parte seconda, ferma restando la tutela delle minoranze linguistiche in conformità con l'articolo 6.

XI. Fino a cinque anni dall'entrata in vigore della Costituzione si possono, con leggi costituzionali, formare altre Regioni a modificazione dell'elenco di cui all'articolo 131, anche senza il concorso delle condizioni richieste dal primo comma dell'articolo 132, fermo rimanendo tuttavia l'obbligo di sentire le popolazioni interessate.

XII. È vietata la riorganizzazione, sotto qualsiasi forma, del disciolto partito fascista.

In deroga all'articolo 48, sono stabilite con leggi, per non oltre un quinquennio dalla entrata in vigore della Costituzione, limitazioni temporanee al diritto di voto e alla eleggibilità per i capi responsabili del regime fascista.

XIII. I membri e i discendenti di Casa Savoia non sono elettori e non possono ricoprire uffici pubblici né cariche elettive ([1]).

Agli *ex* re di Casa Savoia, alle loro consorti e ai loro discendenti maschi sono vietati l'ingresso e il soggiorno nel territorio nazionale ([1]).

I beni esistenti nel territorio nazionale, degli *ex* re di Casa Savoia, delle loro consorti e dei loro discendenti maschi, sono avocati allo Stato. I trasferimenti e le costituzioni di diritti reali sui beni stessi, che siano avvenuti dopo il 2 giugno 1946, sono nulli.

([1]) *Questo comma ha esaurito i suoi effetti, ai sensi dell'art. 1 della L. cost. 23 ottobre 2002, n. 1.*

XIV. I titoli nobiliari non sono riconosciuti.

I predicati di quelli esistenti prima del 28 ottobre 1922, valgono come parte del nome.

L'Ordine mauriziano è conservato come ente ospedaliero e funziona nei modi stabiliti dalla legge.

La legge regola la soppressione della Consulta araldica.

XV. Con l'entrata in vigore della Costituzione si ha per convertito in legge il decreto legislativo 25 giugno 1944, n. 151, sull'ordinamento provvisorio dello Stato.

XVI. Entro un anno dall'entrata in vigore della Costituzione si procede alla revisione e al coordinamento con essa delle precedenti leggi costituzionali che non siano state finora esplicitamente o implicitamente abrogate.

XVII. L'Assemblea Costituente sarà convocata dal suo Presidente per deliberare, entro il 31 gennaio 1948, sulla legge per la elezione del Senato della Repubblica, sugli statuti regionali speciali e sulla legge per la stampa.

Fino al giorno delle elezioni delle nuove Camere, l'Assemblea Costituente può essere convocata, quando vi sia necessità di deliberare nelle materie attribuite alla sua competenza dagli articoli 2, primo e secondo comma, e 3, comma primo e secondo, del decreto legislativo 16 marzo 1946, n. 98.

In tale periodo le Commissioni permanenti restano in funzione. Quelle legislative rinviano al Governo i disegni di legge, ad esse trasmessi, con eventuali osservazioni e proposte di emendamenti.

I deputati possono presentare al Governo interrogazioni con richiesta di risposta scritta.

L'Assemblea Costituente, agli effetti di cui al secondo comma del precedente articolo, è convocata dal suo presidente su richiesta motivata del Governo o di almeno duecento deputati.

XVIII. La presente Costituzione è promulgata dal Capo provvisorio dello Stato entro cinque giorni dalla sua approvazione da parte dell'Assemblea Costituente, ed entra in vigore il 1° gennaio 1948.

Il testo della Costituzione è depositato nella sala comunale di ciascun Comune della Repubblica per rimanervi esposto, durante tutto l'anno 1948, affinché ogni cittadino possa prenderne cognizione.

La Costituzione, munita del sigillo dello Stato, sarà inserita nella Raccolta ufficiale delle leggi e dei decreti della Repubblica.

La Costituzione dovrà essere fedelmente osservata come Legge fondamentale della Repubblica da tutti i cittadini e dagli organi dello Stato.

2.

L. cost. 16 gennaio 1989, n. 1. Modifiche degli artt. 96, 134 e 135 della Costituzione e della L. cost. 11 marzo 1953, n. 1, e norme in materia di procedimenti per i reati di cui all'art. 96 della Costituzione (*Gazzetta Ufficiale* Serie gen. - n. 13 del 17 gennaio 1989) (1).

(1) *Le modifiche recate da questo provvedimento sono state riportate in seno agli articoli e alle leggi relativi.*

(*Estratto*)

4. Per i reati commessi nell'esercizio delle loro funzioni dal Presidente del Consiglio dei ministri o dai ministri, la pena è aumentata fino ad un terzo in presenza di circostanze che rivelino la eccezionale gravità del reato.

5. L'autorizzazione prevista dall'art. 96 della Costituzione spetta alla Camera cui appartengono le persone nei cui confronti si deve procedere, anche se il procedimento riguardi altresì soggetti che non sono membri del Senato della Repubblica o della Camera dei deputati. Spetta al Senato della Repubblica se le persone appartengono a Camere diverse o si deve procedere esclusivamente nei confronti di soggetti che non sono membri delle Camere.

6. I rapporti, i referti e le denunzie concernenti i reati indicati dall'art. 96 della Costituzione sono presentati o inviati al procuratore della Repubblica presso il tribunale del capoluogo del distretto di corte d'appello competente per territorio.

Il procuratore della Repubblica, omessa ogni indagine, entro il termine di quindici giorni, trasmette con le sue richieste gli atti relativi al collegio di cui al successivo art. 7, dandone immediata comunicazione ai soggetti interessati perché questi possano presentare memorie al collegio o chiedere di essere ascoltati.

7. Presso il tribunale del capoluogo del distretto di corte d'appello competente per territorio è istituito un collegio composto di tre membri effettivi e tre supplenti, estratti a sorte tra tutti i magistrati in servizio nei tribunali del distretto che abbiano da almeno cinque anni la qualifica di magistrato di tribunale o abbiano qualifica superiore. Il collegio è presieduto dal magistrato con funzioni più elevate, o, in caso di parità di funzioni, da quello più anziano d'età.

Il collegio si rinnova ogni due anni ed è immediatamente integrato, con la procedura di cui al comma 1, in caso di cessazione o di impedimento grave di uno o più dei suoi componenti. Alla scadenza del biennio, per i procedimenti non definiti, è prorogata la funzione del collegio nella composizione con cui ha iniziato le indagini previste dall'art. 8.

8. Il collegio di cui all'art. 7, entro il termine di novanta giorni dal ricevimento degli atti, compiute indagini preliminari e sentito il pubblico ministero, se non ritiene che si debba disporre l'archiviazione, trasmette gli atti con relazione motivata al procuratore della Repubblica per la loro immediata rimessione al Presidente della Camera competente ai sensi dell'art. 5.

In caso diverso, il collegio, sentito il pubblico ministero, dispone l'archiviazione con decreto non impugnabile.

Prima del provvedimento di archiviazione, il procuratore della Repubblica può chiedere al collegio, precisandone i motivi, di svolgere ulteriori indagini; il collegio adotta le sue decisioni entro il termine ulteriore di sessanta giorni.

Il procuratore della Repubblica dà comunicazione dell'avvenuta archiviazione al Presidente della Camera competente.

9. Il Presidente della Camera competente ai sensi dell'art. 5 invia immediatamente alla Giunta competente per le autorizzazioni a procedere in base al regolamento della Camera stessa gli atti trasmessi a norma dell'art. 8.

La Giunta riferisce all'Assemblea della Camera competente con relazione scritta, dopo aver sentito i soggetti interessati ove lo ritenga opportuno o se questi lo richiedano; i soggetti interessati possono altresì ottenere di prendere visione degli atti.

L'Assemblea si riunisce entro sessanta giorni dalla data in cui gli atti sono pervenuti al Presidente della Camera competente e può, a maggioranza assoluta dei suoi componenti, negare l'autorizzazione a procedere ove reputi, con valutazione insindacabile, che l'inquisito abbia agito per la tutela di un interesse dello Stato costituzionalmente rilevante ovvero per il perseguimento di un preminente interesse pubblico nell'esercizio della funzione di Governo.

L'Assemblea, ove conceda l'autorizzazione, rimette gli atti al collegio di cui all'art. 7 perché continui il procedimento secondo le norme vigenti.

10. Nei procedimenti per i reati indicati dall'art. 96 della Costituzione, il Presidente del Consiglio dei Ministri, i ministri, nonché gli altri inquisiti che siano membri del Senato della Repubblica o della Camera dei deputati non possono essere sottoposti a misure limitative della libertà personale, a intercettazioni telefoniche o sequestro o violazione di corrispondenza ovvero a perquisizioni personali o domiciliari senza l'autorizzazione della Camera competente ai sensi dell'art. 5, salvo che siano colti nell'atto di commettere un delitto per il quale è obbligatorio il mandato o l'ordine di cattura (1).

Non si applica il secondo comma dell'art. 68 della Costituzione.

La Camera competente, nel caso previsto dal comma 1, è convocata di diritto e delibera, su relazione della Giunta di cui all'art. 9, non oltre quindici giorni dalla richiesta.

Nei confronti del Presidente del Consiglio dei ministri e dei ministri non può essere disposta l'applicazione provvisoria di pene accessorie che comportino la sospensione degli stessi dal loro ufficio.

(1) *L'art. 1 della L. 5 giugno 1989, n. 219, dispone che dopo l'entrata in vigore del nuovo codice di procedura penale, questa indicazione si intende riferita ai delitti menzionati nella seconda parte del comma 3 dell'art. 343 del nuovo codice.*

11. Per i reati commessi dal Presidente del Consiglio dei ministri e dai ministri nell'esercizio delle loro funzioni, e in concorso con gli stessi da altre persone, la competenza appartiene in primo grado al tribunale del capoluogo del distretto di corte d'appello competente per territorio. Non possono partecipare al procedimento i magistrati che hanno fatto parte del collegio di cui all'art. 7 nel tempo in cui questo ha svolto indagini sui fatti oggetto dello stesso procedimento.

Si applicano per le impugnazioni e gli ulteriori gradi di giudizio le norme del codice di procedura penale.

12. Salvo quanto disposto dal precedente art. 3, nella legge costituzionale 11 marzo 1953, n. 1, è soppresso ogni riferimento al Presidente del Consiglio dei ministri e ai ministri ed è abrogata ogni disposizione relativa agli stessi.

È altresì abrogata ogni disposizione incompatibile con la presente legge costituzionale.

13. Per i procedimenti pendenti alla data di entrata in vigore della presente legge costituzionale, la Commissione parlamentare per i procedimenti di accusa trasmette gli atti al procuratore della Repubblica, competente ai sensi dell'art. 6, comma 1, perché abbiano applicazione le norme stabilite dalla legge costituzionale stessa.

14. La presente legge costituzionale entra in vigore il giorno successivo a quello della sua pubblicazione nella *Gazzetta Ufficiale* della Repubblica italiana.

CONVENZIONI PER LA SALVAGUARDIA DEI DIRITTI DELL'UOMO E DELLE LIBERTÀ FONDAMENTALI

1.

L. 4 agosto 1955, n. 848. Ratifica ed esecuzione della Convenzione per la salvaguardia dei diritti dell'uomo e delle libertà fondamentali, firmata a Roma il 4 novembre 1950 e del Protocollo addizionale alla Convenzione stessa, firmato a Parigi il 20 marzo 1952 (*Gazzetta Ufficiale* n. 221 del 24 settembre 1955).

(*Estratto*)

CONVENZIONE ([1])

([1]) *L'intitolazione del Titolo I e degli articoli da 1 a 18 della Convenzione è stata attribuita dall'art. 2, comma 2, del Protocollo n. 11, ratificato con L. 28 agosto 1997, n. 296. A norma dell'art. 4 dello stesso Protocollo, l'entrata in vigore è differita al primo giorno del mese successivo allo scadere di un periodo di un anno dopo la data alla quale tutte le Parti alla Convenzione avranno espresso il loro consenso ad essere vincolati dal Protocollo ratificato con L. n. 296/1997.*

1. Obbligo di rispettare i diritti dell'uomo. – Le Alte Parti contraenti riconoscono ad ogni persona sottoposta alla loro giurisdizione i diritti e le libertà indicate nel Titolo I della presente Convenzione.

Titolo I

Diritti e libertà

2. Diritto alla vita. – 1. Il diritto di ogni persona alla vita è protetto dalla legge. Non può essere volontariamente inflitta la morte ad alcuno, eccetto che in esecuzione di una sentenza capitale, pronunziata da un tribunale nel caso in cui un delitto è punito dalla legge con questa pena.

2. La morte non è considerata come data in violazione di questo articolo nel caso in cui fosse determinata da un ricorso alla forza resosi assolutamente necessario:

a) per difendere ogni persona da una violenza illegittima;

b) per eseguire un arresto regolare o per impedire l'evasione di una persona regolarmente arrestata;

c) per reprimere, conformemente alla legge, una sommossa o una insurrezione.

3. Divieto della tortura. – Nessuno può essere sottoposto a torture nè a pene o trattamenti inumani o degradanti.

4. Divieto di schiavitù e del lavoro forzato. – 1. Nessuno può essere tenuto in schiavitù né in servitù.

2. Non è considerato come «lavoro obbligatorio o forzato» ai sensi del presente articolo:

a) ogni lavoro richiesto normalmente ad una persona detenuta nelle condizioni previste dall'art. 5 della presente Convenzione, o durante il periodo di libertà condizionale;

b) ogni servizio di carattere militare, o nel caso di obiettori di coscienza nei Paesi ove l'obiezione di coscienza è legale, ogni altro servizio sostitutivo del servizio militare obbligatorio;

c) ogni servizio richiesto in occasioni di crisi o di calamità che pongono in pericolo la vita o il benessere della comunità;

d) ogni lavoro o servizio che fa parte delle normali obbligazioni civili.

5. Diritto alla libertà ed alla sicurezza. – 1. Ogni persona ha diritto alla libertà e alla sicurezza. Nessuno può essere privato della sua libertà, eccetto che nei casi seguenti e per via legale:

a) se è detenuto legittimamente dopo una condanna da parte di un tribunale competente;

b) se è stato oggetto di un arresto o di una detenzione legittima per inosservanza di una ordinanza emessa, conformemente alla legge, da un tribunale o per garantire l'esecuzione di una obbligazione prescritta dalla legge;

c) se è stato arrestato o detenuto per essere condotto avanti l'autorità giudiziaria competente, quando si ha fondato motivo di supporre che abbia commesso un reato o si ha motivo di credere che è necessario impedire che commetta un reato o che fugga dopo il compimento di questo;

d) se si tratta della detenzione legittima di un minore, stabilita per la sua educazione controllata o della detenzione disposta al fine di tradurlo avanti l'autorità competente;

e) se si tratta della detenzione legittima di una persona capace di diffondere una malattia contagiosa, di un pazzo, di un alcoolizzato, di un tossicomane o di un vagabondo;

f) se si tratta dell'arresto o della detenzione legittima di una persona per impedirle di entrare nel territorio clandestinamente o contro la quale è in corso un procedimento di espulsione o di estradizione.

2. Ogni persona arrestata deve essere informata, nel più breve tempo e in una lingua a lei comprensibile, dei motivi dell'arresto e degli addebiti contestati.

3. Ogni persona arrestata o detenuta, alle condizioni previste dal paragrafo 1 *c*) del presente articolo, deve essere, al più presto, condotta davanti ad un giudice o ad un altro magistrato designato dalla legge ad esercitare funzioni giudiziarie e ha il diritto di essere giudicata in un tempo congruo, o liberata durante il corso del procedimento. La concessione della libertà può essere subordinata ad una garanzia che assicuri la comparizione dell'interessato all'udienza.

4. Ogni persona privata della libertà con un arresto o una detenzione ha il diritto di presentare un ricorso davanti ad un tribunale, affinché decida in breve tempo sulla legittimità della sua detenzione e ordini la sua liberazione se la detenzione è illegittima.

5. Ogni persona vittima di un arresto o di una detenzione, eseguiti in violazione alle disposizioni di questo articolo, ha diritto ad un indennizzo.

6. Diritto ad un processo equo. – 1. Ogni persona ha diritto che la sua causa sia esaminata imparzialmente, pubblicamente e in un tempo ragionevole, da parte di un tribunale indipendente ed imparziale, costituito dalla legge, che deciderà sia in ordine alle controversie sui suoi diritti ed obbligazioni di natura civile, sia sul fondamento di ogni accusa in materia penale elevata contro di lei. Il giudizio deve essere pubblico, ma l'ingresso nella sala di udienza può essere vietato alla stampa e al pubblico durante tutto o parte del processo nell'interesse della moralità, dell'ordine pubblico o della sicurezza nazionale in una società democratica, quando lo esigono gli interessi dei minori o la protezione della vita delle parti in causa, o in quella misura ritenuta strettamente indispensabile dal tribunale, quando in circostanze speciali la pubblicità potesse ledere gli interessi della giustizia.

2. Ogni persona accusata di un reato si presume innocente fino a quando la sua colpevolezza non sia stata legalmente accertata.

3. Ogni accusato ha diritto soprattutto a:

a) essere informato, nel più breve tempo, in una lingua che comprende e in maniera dettagliata, del contenuto dell'accusa elevata contro di lui;

b) disporre del tempo e della possibilità necessari a preparare la difesa;

c) difendersi personalmente o con l'assistenza di un difensore di sua scelta e, se non ha i mezzi per pagare il difensore, poter essere assistito gratuitamente da un avvocato di ufficio, quando lo esigono gli interessi della giustizia;

d) interrogare o fare interrogare i testimoni a carico ed ottenere la citazione e l'interrogatorio dei testimoni a discarico a pari condizioni dei testimoni a carico;

e) farsi assistere gratuitamente da un interprete se non comprende o non parla la lingua usata in udienza.

7. Nessuna pena senza legge. – 1. Nessuno può essere condannato per una azione od omissione che, nel momento in cui è stata commessa, non costituiva reato secondo la legge nazionale o internazionale. Parimenti non può essere inflitta una pena più grave di quella che sarebbe stata applicata al tempo in cui il reato è stato consumato.

2. Il presente articolo non vieterà il giudizio o la punizione di una persona colpevole di una azione od omissione che, al momento in cui è stata commessa, era ritenuta crimine secondo i principi generali del diritto riconosciuto dalle nazioni civili.

8. Diritto al rispetto della vita privata e familiare. – 1. Ogni persona ha diritto al rispetto della sua vita privata e familiare, del suo domicilio e della sua corrispondenza.

2. Non può aversi interferenza di una autorità pubblica nell'esercizio di questo diritto a meno che questa ingerenza sia prevista dalla legge e costituisca una misura che, in una società democratica, è necessaria per la sicurezza nazionale, per la sicurezza pubblica, per il benessere economico del paese, per la difesa dell'ordine e per la prevenzione dei reati, per la protezione della salute o della morale, o per la protezione dei diritti e delle libertà degli altri.

9. Libertà di pensiero, di coscienza e di religione. – 1. Ogni persona ha diritto alla libertà di pensiero, di coscienza e di religione; questo diritto importa la libertà di cambiare religione o pensiero, come anche la libertà di manifestare la propria religione o il proprio pensiero individualmente o collettivamente, in pubblico o in privato, per mezzo del culto, dell'insegnamento, di pratiche e compimento di riti.

2. La libertà di manifestare la propria religione o il proprio pensiero non può essere oggetto di altre limitazioni oltre quelle previste dalla legge, e che costituiscono misure necessarie, in una società democratica, per la sicurezza pubblica, la protezione dell'ordine, della salute o della morale pubblica o la protezione dei diritti e delle libertà di altri.

10. Libertà di espressione. – 1. Ogni persona ha diritto alla libertà di espressione.

Questo diritto comprende la libertà di opinione e la libertà di ricevere o di comunicare informazioni o idee senza che vi possa essere interferenza di pubbliche autorità e senza riguardo alla nazionalità. Il presente articolo non impedisce agli Stati di sottoporre le imprese radiotelevisive e di cinema ad un regime di autorizzazioni.

2. L'esercizio di queste libertà che importano dei doveri e delle responsabilità può essere subordinato a determinate formalità, condizioni, restrizioni o sanzioni, previste dalla legge, che costituiscono misure necessarie, in una società democratica, per la sicurezza nazionale, per l'integrità territoriale o per la sicurezza pubblica, per la difesa dell'ordine e per la prevenzione dei delitti, per la protezione della salute o della morale, per la protezione della reputazione o dei diritti di altri, per impedire la diffusione di informazioni riservate o per garantire l'autorità e l'imparzialità del potere giudiziario.

11. Libertà di riunione e di associazione. – 1. Ogni persona ha diritto alla libertà di riunione e alla libertà di associazione ivi compreso il diritto di fondare con altri sindacati e iscriversi a sindacati per la difesa dei propri interessi.

2. L'esercizio di questi diritti non può essere oggetto di altre limitazioni oltre quelle previste dalla legge, e che costituiscono misure necessarie, in una società democratica, per la sicurezza nazionale, per la sicurezza pubblica, per la difesa dell'ordine e per la prevenzione dei delitti, per la protezione della salute o della morale o per la protezione dei diritti e delle libertà degli altri. Il presente articolo non impedisce che legali limitazioni vengano poste all'esercizio di questi diritti da organi delle forze armate, della polizia o dell'amministrazione dello Stato.

12. Diritto al matrimonio. – A partire dall'età maritale, l'uomo e la donna hanno diritto di sposarsi e di formare una famiglia, secondo le leggi nazionali che regolano l'esercizio di questo diritto.

13. Diritto ad un ricorso effettivo. – Ogni persona i cui diritti e libertà riconosciuti nella presente Convenzione fossero violati, ha diritto di presentare un ricorso avanti ad una magistratura nazionale, anche quando la violazione fosse stata commessa da persone che agiscono nell'esercizio di funzioni ufficiali.

14. Divieto di discriminazione. – Il godimento dei diritti e delle libertà riconosciuti nella presente Convenzione deve essere garantito, senza alcuna distinzione, fondata soprattutto sul sesso, la razza, il colore, la lingua, la religione, le opinioni politiche o altre opinioni, l'origine nazionale o sociale, l'appartenenza ad una minoranza nazionale, sui beni di fortuna, nascita o ogni altra condizione.

15. Deroga in caso di stato di urgenza. – 1. In caso di guerra o in caso di altre pubbliche calamità che minaccino la vita della nazione, ogni Alta Parte contraente può prendere misure che deroghino agli obblighi previsti da questa Convenzione, nello stretto limite richiesto dalla situazione e a condizione che esse non siano in contrasto con altri obblighi derivanti dal diritto internazionale.

2. La precedente disposizione non autorizza alcuna deroga all'articolo 2, salvo per il caso di morte derivante da atti di guerra conformi alle convenzioni, e agli artt. 3, 4 (paragrafo 1) e 7.

3. Ogni Alta Parte contraente, che esercita il diritto di deroga, comunica al Segretario Generale del Consiglio d'Europa le misure prese e i motivi che le hanno determinate. Deve ugualmente informare il Segretario Generale del Consiglio d'Europa della data in cui queste misure sono revocate e le disposizioni della Convenzione ritornano nuovamente e pienamente in vigore.

16. Restrizioni all'attività politica di stranieri. – Nessuna delle disposizioni degli articoli 10, 11 e 14 può essere interpretata nel senso che vieta alle Alte Parti contraenti di imporre limitazioni alla attività politica degli stranieri.

17. Divieto dell'abuso del diritto. – Nessuna disposizione della presente Convenzione può essere interpretata come contenente per uno Stato, un raggruppamento, o un individuo, un diritto a dedicarsi ad una attività o a compiere un atto che mira alla sospensione dei diritti o delle libertà riconosciuti nella presente Convenzione o ad una limitazione di questi diritti e libertà maggiore di quella prevista dalla Convenzione.

18. Restrizione dell'uso di restrizioni ai diritti. – Le limitazioni apportate, ai sensi della presente Convenzione, a detti diritti e libertà non possono essere applicate che per lo scopo per cui sono state previste.

Titolo II
Corte europea dei diritti dell'uomo (1)

(1) Il testo dei Titoli da II a IV della Convenzione ed il Protocollo n. 2 che attribuisce alla Corte europea dei Diritti dell'Uomo, competenza a fornire pareri consultivi, sono stati sostituiti da questo Titolo, per effetto dell'art. 1 del protocollo n. 11, ratificato con L. 28 agosto 1997, n. 296. A norma dell'art. 4 dello stesso Protocollo, l'entrata in vigore è differita al primo giorno del mese successivo allo scadere di un periodo di un anno dopo la data alla quale tutte le Parti alla Convenzione avranno espresso il loro consenso ad essere vincolati dal Protocollo ratificato con L. n. 296/1997.

19. Istituzione della Corte. – Per assicurare il rispetto degli impegni derivanti alle Alte Parti contraenti dalla presente Convenzione e dai suoi protocolli, è istituita una Corte europea dei Diritti dell'Uomo, di seguito denominata "la Corte". Essa funziona in maniera permanente.

20. Numero dei giudici. – La Corte si compone di un numero di giudici eguale a quello delle Alte Parti contraenti.

21. Condizioni per l'esercizio delle funzioni. – 1. I giudici devono godere della più alta considerazione morale e possedere i requisiti richiesti per l'esercizio delle più alte funzioni giudiziarie, o essere dei giurisconsulti di riconosciuta competenza.

2. I giudici siedono alla Corte a titolo individuale.

3. Per tutta la durata del loro mandato, i giudici non possono esercitare alcuna attività incompatibile con le esigenze di indipendenza, di imparzialità o di disponibilità richieste da una attività esercitata a tempo pieno. Ogni problema che sorga nell'applicazione di questo paragrafo è deciso dalla Corte.

26. Assemblea plenaria della Corte. – La Corte riunita in Assemblea plenaria:

a) elegge per un periodo di tre anni il suo presidente ed uno o due vice-presidenti; essi sono rieleggibili;

b) costituisce Camere per un determinato periodo;

c) elegge i presidenti delle Camere della Corte che sono rieleggibili;

d) adotta il regolamento della Corte;

e) elegge il cancelliere ed uno o più vice-cancellieri.

27. Comitati, Camere e Grande Camera. – 1. Per la trattazione di ogni affare che le viene sottoposto, la Corte si costituisce in un comitato di tre giudici, in una Camera composta da sette giudici ed in una Grande Camera di diciassette giudici. Le Camere della Corte istituiscono i comitati per un determinato periodo.

2. Il giudice eletto a titolo di uno Stato Parte alla controversia è membro di diritto della Camera e della Grande Camera; in caso di assenza di questo giudice, o se egli non è in grado di svolgere la sua funzione, lo Stato Parte nomina una persona che siede in qualità di giudice.

3. Fanno altresì parte della Grande Camera il presidente della Corte, i vice-presidenti, i presidenti delle Camere e altri giudici designati in conformità con il regolamento della Corte. Se la controversia è deferita alla Grande Camera ai sensi dell'articolo 43, nessun giudice della Camera che ha pronunciato la sentenza può essere presente nella Grande Camera, ad eccezione del presidente della Camera e del giudice che siede a titolo dello Stato parte interessato.

28. Dichiarazioni di irricevibilità da parte dei comitati. – Un comitato può, con voto unanime, dichiarare irricevibile o cancellare dal ruolo un ricorso individuale presentato ai sensi dell'articolo 34 quando tale decisione può essere adottata senza un esame complementare. La decisione è definitiva.

29. Decisioni delle Camere sulla ricevibilità ed il merito. – 1. Se nessuna decisione è stata adottata ai sensi dell'articolo 28, una delle Camere si pronuncia sulla irricevibilità e sul merito dei ricorsi individuali presentati ai sensi dell'articolo 34.

2. Una delle Camere si pronuncia sulla ricevibilità e sul merito dei ricorsi governativi presentati in virtù dell'articolo 33.

3. Salvo diversa decisione della Corte in casi eccezionali, la decisione sulla ricevibilità è adottata separatamente.

30. Dichiarazione d'incompetenza a favore della Grande Camera. – Se la questione oggetto del ricorso all'esame di una Camera solleva gravi problemi di interpretazione della Convenzione o dei suoi protocolli, o se la sua soluzione rischia di condurre ad una contraddizione con una sentenza pronunciata anteriormente dalla Corte, la Camera, fino a quando non abbia pronunciato la sua sentenza, può spogliarsi della propria competenza a favore della Grande Camera a meno che una delle parti non vi si opponga.

31. Competenze della Grande Camera. – La Grande Camera:

a) si pronuncia sui ricorsi presentati ai sensi dell'articolo 33 o dell'articolo 34 quando il caso le sia stato deferito dalla Camera ai sensi dell'articolo 30 o quando il caso le sia stato deferito ai sensi dell'articolo 43; e

b) esamina le richieste di pareri consultivi presentate ai sensi dell'articolo 47.

32. Competenza della Corte. – 1. La competenza della Corte si estende a tutte le questioni concernenti l'interpretazione e l'applicazione della Convenzione e dei suoi protocolli che siano sottoposte ad essa nelle condizioni previste dagli articoli 33, 34 e 37.

2. In caso di contestazione sulla questione della propria competenza, è la Corte che decide.

33. Ricorsi interstatali. – Ogni Alta Parte contraente può deferire alla Corte ogni inosservanza delle disposizioni della Convenzione e dei suoi protocolli che essa ritenga possa essere imputata ad un'altra Parte contraente.

34. Ricorsi individuali. – La Corte può essere investita di una domanda fatta pervenire da ogni persona fisica, ogni organizzazione non governativa o gruppo di privati che pretenda d'essere vittima di una violazione da parte di una delle Alte Parti contraenti dei diritti riconosciuti nella Convenzione o nei suoi protocolli. Le Alte Parti contraenti si impegnano a non ostacolare con alcuna misura l'effettivo esercizio efficace di tale diritto.

35. Condizioni di ricevibilità. – 1. La Corte non può essere adita se non dopo l'esaurimento delle vie di ricorso interne, qual'è inteso secondo i principi di diritto internazionale generalmente riconosciuti ed entro un periodo di sei mesi a partire dalla data della decisione interna definitiva.

2. La Corte non ritiene alcuna domanda singola avanzata sulla base dell'art. 34, se:

a) è anonima; oppure

b) è essenzialmente la stessa di una precedentemente esaminata dalla Corte o già sottoposta ad un'altra istanza internazionale d'inchiesta o di regolamentazione e non contiene fatti nuovi.

3. La Corte dichiara irricevibile ogni singola domanda avanzata sulla base dell'art. 34 quand'essa giudichi tale domanda incompatibile con le disposizioni della Convenzione o dei suoi protocolli, manifestamente infondata o abusiva.

4. La Corte respinge ogni domanda che consideri irricevibile in applicazione del presente articolo. Essa può procedere in tal modo in ogni fase della procedura.

36. Intervento di terzi. – 1. Per qualsiasi questione all'esame di una Camera e o della Grande Camera, un'Alta Parte contraente in cui un cittadino sia ricorrente ha diritto di presentare osservazioni per iscritto e di partecipare alle udienze.

2. Nell'interesse di una corretta amministrazione della giustizia, il presidente della Corte può invitare ogni Alta Parte, contraente che non è parte in causa o ogni persona interessata diversa dal ricorrente a presentare osservazioni per iscritto o a partecipare alle udienze.

37. Cancellazione. – 1. In ogni momento della procedura la Corte può decidere di cancellare un ricorso dal ruolo quando le circostanze consentono di concludere:

a) che il ricorrente non intende mantenerlo; oppure

b) che la controversia è stata risolta; oppure

c) che non è più giustificato, per ogni altro motivo di cui la Corte accerta l'esistenza, proseguire l'esame del ricorso.

Tuttavia la Corte prosegue l'esame del ricorso qualora ciò sia richiesto dal rispetto dei Diritti dell'Uomo garantiti dalla Convenzione e dai suoi protocolli.

2. La Corte può decidere di riiscrivere il ricorso sul ruolo quando ritenga che ciò è giustificato dalle circostanze.

38. Esame in contraddittorio del caso e procedura di composizione amichevole. – 1. Quando dichiara che il ricorso è ricevibile, la Corte:

a) procede all'esame della questione in contraddittorio con i rappresentanti delle Parti e, se del caso, ad un'inchiesta per la quale tutti gli Stati interessati forniranno tutte le facilitazioni necessarie ai fini della sua efficace conduzione;

b) si mette a disposizione degli interessati per pervenire ad una regolamentazione amichevole della controversia sulla base del rispetto dei Diritti dell'Uomo come riconosciuti dalla Convenzione e dai suoi protocolli.

2. La procedura descritta al paragrafo 1.*b*) è riservata.

39. Ottenimento di una composizione amichevole. – Se consegue una regolamentazione amichevole, la Corte cancella il ricorso dal ruolo mediante una decisione che si limita ad una breve esposizione dei fatti e della soluzione adottata.

40. Udienza pubblica e accesso ai documenti. – 1. L'udienza è pubblica a meno che la Corte non decida diversamente a causa di circostanze eccezionali.

2. I documenti depositati presso l'Ufficio di cancelleria sono accessibili al pubblico a meno che il presidente della Corte non decida diversamente.

41. Equa soddisfazione. – 1. Se la Corte dichiara che vi è stata violazione della Convenzione o dei suoi protocolli e se il diritto interno dell'Alta Parte contraente non permette che in modo incompleto di riparare le conseguenze di tale violazione, la Corte accorda, quando è il caso, un'equa soddisfazione alla parte lesa.

42. Sentenza delle Camere. – 1. Le sentenze delle Camere divengono definitive in conformità con le disposizioni dell'articolo 44, paragrafo 2.

43. Rinvio dinnanzi alla Grande Camera. – 1. Entro un termine di tre mesi a decorrere dalla data della sentenza di una Camera, ogni Parte alla controversia può, in casi eccezionali, chiedere che il caso sia rinviato dinnanzi alla grande Camera.

2. Un Collegio di cinque giudici della Grande Camera accoglie la domanda quando la questione oggetto del ricorso solleva gravi problemi di interpretazione o di applicazione della Convenzione o dei suoi protocolli o di carattere generale.

3. Quando il Collegio ha accolto la domanda, la Grande Camera si pronuncia sul caso mediante una sentenza.

44. Sentenze definitive. – 1. La sentenza della grande Camera è definitiva.

2. La sentenza di una Camera diviene definitiva:

a) quando le parti dichiarano che non richiederanno il rinvio del caso dinnanzi alla Grande Camera; oppure

b) tre mesi dopo la data della sentenza, se non è stato richiesto il rinvio del caso dinnanzi alla Grande Camera; oppure

c) se il Collegio della Grande Camera respinge una richiesta di rinvio formulata secondo l'art. 43.

3. La sentenza definitiva è pubblicata.

45. Motivazione delle sentenze e delle decisioni. – 1. Le sentenze e le decisioni che dichiarano i ricorsi ricevibili o non ricevibili devono essere motivate.

2. Se la sentenza non esprime in tutto o in parte l'opinione unanime dei giudici, ogni giudice avrà diritto di unirvi l'esposizione della sua opinione individuale.

46. ([1]) **Forza vincolante ed esecuzione delle sentenze.** – 1. Le Alte Parti contraenti s'impegnano a conformarsi alle sentenze definitive della Corte per le controversie di cui sono parte.

2. La sentenza definitiva della Corte è trasmessa al Comitato dei Ministri che ne sorveglia l'esecuzione.

3. Ove il Comitato dei Ministri ritenga che la sorveglianza di una sentenza definitiva è intralciata dalla difficoltà d'interpretare tale sentenza, esso può investire la Corte affinché si pronunzi su tale questione d'interpretazione. La decisione di investire la Corte è presa con un voto a maggioranza di due terzi dei rappresentanti aventi diritto ad un seggio nel Comitato.

4. Ove il Comitato dei Ministri ritenga che un' Alta Parte contraente rifiuti di attenersi ad una sentenza definitiva in una controversia di cui é parte, esso può, dopo aver messo in mora questa Parte e mediante una decisione adottata con un voto a maggioranza dei due terzi dei rappresentanti aventi diritto ad un seggio nel Comitato, investire la Corte della questione dell'osservanza di questa Parte degli obblighi relativi al paragrafo 1.

5. Se la Corte accerta una violazione del paragrafo 1, essa rinvia il caso al Comitato dei Ministri affinché esamini i provvedimenti da adottare. Qualora la Corte accerti che non vi è stata violazione del paragrafo 1, essa rinvia il caso al Comitato dei Ministri, il quale decide di porre fine al suo esame.

(1) *Questo articolo è stato così modificato dall'art. 16 della L. 15 dicembre 2005, n. 280.*

47. Pareri consultivi. – 1. La Corte può, su richiesta del Comitato dei Ministri, fornire pareri consultivi su questioni giuridiche relative all'interpretazione della Convenzione e dei suoi protocolli.

2. Tali pareri non devono vertere su questioni inerenti al contenuto o alla portata dei diritti e libertà definiti nel Titolo I della Convenzione e nei protocolli, né su altre questioni che la Corte o il Comitato dei Ministri si troverebbero a dover giudicare per via della presentazione di un ricorso previsto dalla Convenzione.

3. La decisione del Comitato dei Ministri di chiedere un parere alla Corte è adottata con un voto di maggioranza dei rappresentanti che hanno il diritto di avere un seggio al Comitato.

48. Competenza consultiva della Corte. – La Corte decide se la domanda di parere consultivo presentata dal Comitato dei Ministri è di sua competenza secondo l'articolo 47.

49. Motivazione dei pareri consultivi. – 1. Il parere della Corte è motivato.

2. Se il parere non esprime in tutto o in parte l'opinione unanime dei giudici, ogni giudice avrà diritto di unirvi l'esposizione della sua opinione individuale.

3. Il parere della Corte è trasmesso al Comitato dei Ministri.

51. Privilegi ed immunità dei giudici. – I giudici beneficiano durante l'esercizio delle loro funzioni, dei privilegi e delle immunità previste all'articolo 40 dello Statuto del Consiglio d'Europa e negli accordi conclusi a titolo di detto articolo.

PROTOCOLLO ADDIZIONALE

1. Protezione della proprietà. – Ogni persona fisica o giuridica ha diritto al rispetto dei suoi beni.

Nessuno può essere privato della sua proprietà se non per causa di pubblica utilità e alle condizioni previste dalla legge e dai principi generali di diritto internazionale.

Le disposizioni precedenti non ledono il diritto degli Stati di applicare quelle leggi che giudicano necessarie per disciplinare l'uso dei beni in relazione all'interesse generale o per assicurare il pagamento delle imposte o di altri tributi o ammende.

2. Diritto all'istruzione. – A nessuno può essere interdetto il diritto all'istruzione.

Lo Stato, nell'attività che svolge nel campo dell'educazione e dell'insegnamento, rispetterà il diritto dei genitori di assicurare questa educazione e questo insegnamento secondo le loro convinzioni religiose e filosofiche.

3. Diritto a libere elezioni. – Le Alte Parti contraenti si impegnano ad indire, a intervalli ragionevoli, libere elezioni a scrutinio segreto, in condizioni che assicurino la libera manifestazione dell'opinione pubblica sulla scelta del corpo legislativo.

4. Applicazione territoriale. – Ogni Alta Parte contraente può, al momento della firma o della ratifica del presente Protocollo o in ogni altro momento successivo, comunicare al Segretario Generale del Consiglio d'Europa una dichiarazione che indichi i limiti entro cui si impegna a che le disposizioni del presente Protocollo siano valide nei territori indicati in detta dichiarazione e dei quali ha la rappresentanza internazionale.

Ogni Alta Parte contraente che ha comunicato una dichiarazione ai sensi del paragrafo precedente può, in altro momento, comunicare una nuova dichiarazione che modifichi il contenuto di ogni precedente dichiarazione o che denunzi la validità del Protocollo su uno dei territori.

Una dichiarazione fatta ai sensi del presente articolo sarà ritenuta come fatta ai sensi del paragrafo 1 dell'art. 56 (1) della Convenzione.

(1) *I termini: «dell'art. 63», sono stati così sostituiti dagli attuali, in forza dell'art. 2, comma 4, lett.* b), *del Protocollo n. 11, ratificato con L. 28 agosto 1997, n. 296. A norma dell'art. 4 dello stesso Protocollo, l'entrata in vigore è differita al primo giorno del mese successivo allo scadere di un periodo di un anno dopo la data alla quale tutte le Parti alla Convenzione avranno espresso il loro consenso ad essere vincolati dal Protocollo ratificato con L. n. 296/1997.*

5. Relazioni con la Convenzione. – Le Alte Parti contraenti considereranno gli articoli 1, 2, 3 e 4 di questo Protocollo come articoli addizionali alla Convenzione e, di conseguenza, si applicheranno tutte le disposizioni della Convenzione.

2.

D.P.R. 14 aprile 1982, n. 217. Esecuzione del protocollo n. 4 addizionale della convenzione per la salvaguardia dei diritti dell'uomo e delle libertà fondamentali, che riconosce taluni diritti e libertà oltre quelli che già figurano nella detta convenzione e nel suo primo protocollo addizionale, adottato a Strasburgo il 16 settembre 1963 (1) (*Gazzetta Ufficiale* n. 124 del 7 maggio 1982).

(1) *I titoli degli articoli di questo Protocollo sono stati inseriti dall'art. 2, comma 5, lett.* a), *del Protocollo n. 11, ratificato con L. 28 agosto 1997, n. 296. A norma dell'art. 4 dello stesso Protocollo, l'entrata in vigore è differita al primo giorno del mese successivo allo scadere di un periodo di un anno dopo la data alla quale tutte le Parti alla Convenzione avranno espresso il loro consenso ad essere vincolati dal Protocollo ratificato con L. n. 296/1997.*

Traduzione non ufficiale

N.B. — I testi facenti fede sono unicamente quelli indicati nel protocollo.

1. Divieto di imprigionamento per debiti. - Nessuno può essere privato della propria libertà per il solo motivo di non essere in grado di mantenere un impegno contrattuale.

2. Libertà di circolazione. - 1. Chiunque si trovi regolarmente sul territorio di uno Stato ha il diritto di circolarvi liberamente e di sceglIervi liberamente la propria residenza.

2. Ogni persona è libera di lasciare qualsiasi Paese ivi compreso il proprio.

3. L'esercizio di questi diritti non può essere soggetto ad altre restrizioni che non siano quelle che, previste dalla legge, costituiscono delle misure necessarie, in una società democratica, per la sicurezza nazionale, per la sicurezza pubblica, per il mantenimento dell'ordine pubblico, per la prevenzione dei reati penali, per la protezione della salute o della morale, per la salvaguardia dei diritti e delle libertà altrui.

4. I diritti riconosciuti al paragrafo 1 possono inoltre, in alcune zone determinate, essere oggetto di restrizioni che, previste dalla legge, sono giustificate dall'interesse pubblico in una società democratica.

3. Divieto di espellere i cittadini. - 1. Nessuno può essere espulso, mediante provvedimento individuale o collettivo, dal territorio dello Stato di cui è cittadino.

2. Nessuno può essere privato del diritto di entrare sul territorio dello Stato di cui è cittadino.

4. Divieto di espulsioni collettive di stranieri. - Le espulsioni collettive di stranieri sono proibite.

5. Applicazione territoriale. - 1. Ciascuna Alta Parte contraente può, al momento della firma o della ratifica del presente protocollo o in qualsiasi momento successivo, trasmettere al Segretario generale del Consiglio d'Europa una dichiarazione in cui indichi in quale misura essa si impegna affinché le disposizioni del presente protocollo si applichino a quei territori che sono designati in detta dichiarazione e di cui essa assicura le relazioni internazionali.

2. Ciascuna Alta Parte contraente che ha trasmesso una dichiarazione in virtù del paragrafo precedente può, di volta in volta, trasmettere una nuova dichiarazione che modifichi i termini delle dichiarazioni precedenti o che ponga fine alla applicazione delle disposizioni del presente protocollo su un qualsiasi territorio.

3. Una dichiarazione fatta in conformità col presente articolo sarà considerata conforme al paragrafo 1 dell'art. 56 (1) della convenzione.

4. Il territorio di ogni Stato al quale si applica il presente protocollo in virtù della sua ratifica o della sua accettazione da parte di detto Stato, e ciascuno dei territori ai quali si applica il protocollo in virtù di una dichiarazione sottoscritta da detto Stato conformemente al presente articolo saranno considerati come territori distinti ai fini dei riferimenti al territorio di uno Stato fatti dagli articoli 2 e 3.

5. Ogni Stato che ha reso una dichiarazione in conformità con il paragrafo 1 o 2 del presente articolo può in qualsiasi successivo momento, dichiarare relativamente ad uno o più dei territori indicati in tale dichiarazione, che accetta la competenza della Corte a giudicare i ricorsi di persone fisiche, di organizzazioni non governative o di gruppi di privati, come previsto dall'articolo 34 della Convenzione a titolo degli articoli 1 a 4 del presente Protocollo o di alcuni tra di essi (2).

(1) *I termini: «dell'art. 63» sono stati così sostituiti dagli attuali dall'art. 2, comma 5, lett.* b), *del Protocollo n. 11, ratificato con L. 28 agosto 1997, n. 296. Per l'entrata in vigore si veda quanto riportato nella nota* (1) *al D.P.R. 14 aprile 1982, n. 217.*

(2) *Questo paragrafo è stato aggiunto dall'art. 2, comma 5, lett.* b), *del Protocollo n. 11, ratificato con L. 28 agosto 1997, n. 296. Per l'entrata in vigore si veda*

quanto riportato nella nota (¹) al D.P.R. 14 aprile 1982, n. 217.

6. Relazioni con la Convenzione. – 1. Le Alte Parti contraenti considereranno gli articoli da 1 a 5 del presente protocollo come articoli aggiuntivi alla convenzione e, di conseguenza, saranno applicate tutte le disposizioni della convenzione.

[2. Tuttavia, il diritto di ricorso individuale riconosciuto mediante dichiarazione fatta ai sensi dell'articolo 25 della convenzione o il riconoscimento della giurisdizione obbligatoria del tribunale fatto mediante dichiarazione ai sensi dell'articolo 46 della convenzione si eserciterà, per quanto concerne il presente protocollo, soltanto nella misura in cui l'Alta Parte contraente interessata abbia dichiarato di riconoscere detto diritto o di accettare detta giurisdizione per gli articoli da 1 a 4 del protocollo per alcuni di essi] (¹).

(¹) *Questo paragrafo è stato soppresso dall'art. 2, comma 5, lett. c), del Protocollo n. 11, ratificato con L. 28 agosto 1997, n. 296. Per l'entrata in vigore si veda quanto riportato nella nota (¹) al D.P.R. 14 aprile 1982, n. 217.*

7. Firma e ratifica. – 1. Il presente protocollo è aperto alla firma dei Membri del Consiglio d'Europa, firmatari della convenzione; esso sarà ratificato contemporaneamente alla convenzione o dopo la ratifica di quest'ultima. Entrerà in vigore dopo il deposito dei cinque strumenti di ratifica. Per ogni firmatario che lo ratificherà successivamente, il protocollo entrerà in vigore dal momento del deposito dello strumento di ratifica.

2. Gli strumenti di ratifica saranno depositati presso il Segretario generale del Consiglio d'Europa che notificherà a tutti i membri i nomi di coloro che l'avranno ratificata.

(*Seguono le firme*)

3.

L. 27 maggio 1991, n. 176. Ratifica ed esecuzione della convenzione sui diritti del fanciullo, fatta a New York il 20 novembre 1989 (Suppl. ord. alla *Gazzetta Ufficiale* Serie gen. - n. 135 dell'11 giugno 1991).

(*Estratto*)

3. 1. La presente legge entra in vigore il giorno successivo a quello della sua pubblicazione nella *Gazzetta Ufficiale.*

Prima Parte

1. Ai sensi della presente convenzione si intende per fanciullo ogni essere umano avente un'età inferiore a diciott'anni, salvo se abbia raggiunto prima la maturità in virtù della legislazione applicabile.

2. 1. Gli Stati parti si impegnano a rispettare i diritti enunciati nella presente convenzione ed a garantirli ad ogni fanciullo che dipende dalla loro giurisdizione, senza distinzione di sorta ed a prescindere da ogni considerazione di razza, di colore, di sesso, di lingua, di religione, di opinione politica o altra del fanciullo o dei suoi genitori o rappresentanti legali, dalla loro origine nazionale, etnica o sociale, dalla loro situazione finanziaria, dalla loro incapacità, dalla loro nascita o da ogni altra circostanza.

2. Gli Stati parti adottano tutti i provvedimenti appropriati affinché il fanciullo sia effettivamente tutelato contro ogni forma di discriminazione o di sanzione motivate dalla condizione sociale, dalle attività, opinioni professate o convinzioni dei suoi genitori, dei suoi rappresentanti legali o dei suoi familiari.

3. 1. In tutte le decisioni relative ai fanciulli, di competenza sia delle istituzioni pubbliche o private di assistenza sociale, dei tribunali, delle autorità amministrative o degli organi legislativi, l'interesse superiore del fanciullo deve essere una considerazione preminente.

2. Gli Stati parti si impegnano ad assicurare al fanciullo la protezione e le cure necessarie al suo benessere, in considerazione dei diritti e dei doveri dei suoi genitori, dei suoi tutori o di altre persone che hanno la sua responsabilità legale, ed a tal fine essi adottano tutti i provvedimenti legislativi ed amministrativi appropriati.

3. Gli Stati parti vigilano affinché il funzionamento delle istituzioni, servizi ed istituti che hanno la responsabilità dei fanciulli e che provvedono alla loro protezione sia conforme alle norme stabilite dalle autorità competenti in particolare nell'ambito della sicurezza e della salute e per quanto riguarda il numero e la competenza del loro personale nonché l'esistenza di un adeguato controllo.

4. Gli Stati parti si impegnano ad adottare tutti i provvedimenti legislativi, amministrativi ed altri, necessari per attuare i diritti riconosciuti dalla presente convenzione. Trattandosi di diritti economici, sociali e culturali essi adottano tali provvedimenti entro i limiti delle risorse di cui dispongono e, se del caso, nell'ambito della cooperazione internazionale.

5. Gli Stati parti rispettano la responsabilità, il diritto ed il dovere dei genitori o, se del caso, dei membri della famiglia allargata o della collettività, come previsto dagli usi locali, dei tutori o altre persone legalmente responsabili del fanciullo, di dare a quest'ultimo, in maniera corrispondente allo sviluppo delle sue capacità, l'orientamento ed i consigli adeguati all'esercizio dei diritti che gli sono riconosciuti dalla presente convenzione.

6. 1. Gli Stati parti riconoscono che ogni fanciullo ha un diritto inerente alla vita.

2. Gli Stati parti assicurano in tutta la misura del possibile la sopravvivenza e lo sviluppo del fanciullo.

7. 1. Il fanciullo è registrato immediatamente al momento della sua nascita e da allora ha diritto ad un nome, ad acquisire una cittadinanza e, nella misura del possibile, a conoscere i suoi genitori ed a essere allevato da essi.

2. Gli Stati parti vigilano affinché questi diritti siano attuati in conformità con la loro legislazione nazionale e con gli obblighi che sono imposti loro dagli strumenti internazionali applicabili in materia, in particolare nei casi in cui se ciò non fosse fatto, il fanciullo verrebbe a trovarsi apolide.

8. 1. Gli Stati parti si impegnano a rispettare il diritto del fanciullo a preservare la propria identità, ivi compresa la sua nazionalità, il suo nome e le sue relazioni familiari, così come sono riconosciute dalla legge, senza ingerenze illegali.

2. Se un fanciullo è illegalmente privato degli elementi costitutivi della sua identità o di alcuni di essi, gli Stati parti devono concedergli adeguata assistenza e protezione affinché la sua identità sia ristabilita il più rapidamente possibile.

9. 1. Gli Stati parti vigilano affinché il fanciullo non sia separato dai suoi genitori contro la loro volontà a meno che le autorità competenti non decidano, sotto riserva di revisione giudiziaria e conformemente con le leggi di procedura applicabili, che questa separazione è necessaria nell'interesse preminente del fanciullo. Una decisione in questo senso può essere necessaria in taluni casi particolari, ad esempio quando i genitori maltrattano o trascurano il fanciullo oppure se vivono separati ed una decisione debba essere presa riguardo al luogo di residenza del fanciullo.

2. In tutti i casi previsti al paragrafo 1 del presente articolo, tutte le parti interessate devono avere la possibilità di partecipare alle deliberazioni e di far conoscere le loro opinioni.

3. Gli Stati parti rispettano il diritto del fanciullo separato da entrambi i genitori o da uno di essi, di intrattenere regolarmente rapporti personali e contatti diretti con entrambi i suoi genitori, a meno che ciò non sia contrario all'interesse preminente del fanciullo.

4. Se la separazione è il risultato di provvedimenti adottati da uno Stato parte, come la detenzione, l'imprigionamento, l'esilio, l'espulsione o la morte (compresa la morte, quale ne sia la causa, sopravvenuta durante la detenzione) di entrambi i genitori o di uno di essi, o del fanciullo, lo Stato parte fornisce dietro richiesta ai genitori, al fanciullo oppure, se del caso, ad un altro membro della famiglia, le informazioni essenziali concernenti il luogo dove si trovano il familiare o i familiari, a meno che la divulgazione di tali informazioni possa mettere a repentaglio il benessere del fanciullo. Gli Stati parti vigilano inoltre affinché la presentazione di tale domanda non comporti di per sé conseguenze pregiudizievoli per la persona o per le persone interessate.

10. 1. In conformità con l'obbligo che incombe agli Stati parti in virtù del paragrafo 1 dell'art. 9, ogni domanda presentata da un fanciullo o dai suoi genitori in vista di entrare in uno Stato parte o di lasciarlo ai fini di un ricongiungimento familiare sarà considerata con uno spirito positivo, con umanità e diligenza. Gli Stati parti vigilano inoltre affinché la presentazione di tale domanda non comporti conseguenze pregiudizievoli per gli autori della domanda e per i loro familiari.

2. Un fanciullo i cui genitori risiedono in Stati diversi ha diritto ad intrattenere rapporti personali e contatti diretti regolari con entrambi i suoi genitori, salvo circostanze eccezionali.

A tal fine, ed in conformità con l'obbligo incombente agli Stati parti, in virtù del paragrafo 1 dell'art. 9, gli Stati parti rispettano il diritto del fanciullo e dei suoi genitori di abbandonare ogni Paese, compreso il loro e di fare ritorno nel proprio Paese. Il diritto di abbandonare ogni Paese può essere regolamentato solo dalle limitazioni stabilite dalla legislazione, necessarie ai fini della protezione della sicurezza interne, dell'ordine pubblico, della salute o della moralità pubbliche, o dei diritti e delle libertà di altrui, compatibili con gli altri diritti riconosciuti nella presente convenzione.

11. 1. Gli Stati parti adottano provvedimenti per impedire gli spostamenti ed i non-ritorni illeciti di fanciulli all'estero.

2. A tal fine, gli Stati parti favoriscono la conclusione di accordi bilaterali o multilaterali oppure l'adesione ad accordi esistenti.

12. 1. Gli Stati parti garantiscono al fanciullo capace di discernimento il diritto di esprimere liberamente la sua opinione su ogni questione che lo interessa, le opinioni del fanciullo essendo debitamente prese in considerazione tenendo conto della sua età e del suo grado di maturità.

2. A tal fine, si darà in particolare al fanciullo la possibilità di essere ascoltato in ogni procedura giudiziaria o amministrativa che lo concerne, sia direttamente, sia tramite un rappresentante o un organo appropriato, in maniera compatibile con le regole di procedura della legislazione nazionale.

13. 1. Il fanciullo ha diritto alla libertà di espressione. Questo diritto comprende la libertà di ricercare, di ricevere e di divulgare informazioni ed idee di ogni specie, indipendentemente dalle frontiere, sotto forma orale, scritta, stampata o artistica, o con ogni altro mezzo a scelta del fanciullo.

2. L'esercizio di questo diritto può essere regolamentato unicamente dalle limitazioni stabilite dalla legge e che sono necessarie:

a) al rispetto dei diritti o della reputazione di altrui; oppure

b) alla salvaguardia della sicurezza nazionale, dell'ordine pubblico, della salute o della moralità pubbliche.

14. 1. Gli Stati parti rispettano il diritto del fanciullo alla libertà di pensiero, di coscienza e di religione.

2. Gli Stati parti rispettano il diritto ed il dovere dei genitori oppure, se del caso, dei rappresentanti legali del bambino, di guidare quest'ultimo nell'esercizio del summenzionato diritto in maniera che corrisponda allo sviluppo delle sue capacità.

3. La libertà di manifestare la propria religione o convinzioni può essere soggetta unicamente alle limitazioni prescritte dalla legge, necessarie ai fini del mantenimento della sicurezza pubblica, dell'ordine pubblico, della sanità e della moralità pubbliche, oppure delle libertà e diritti fondamentali dell'uomo.

15. 1. Gli Stati parti riconoscono i diritti del fanciullo alla libertà di associazione ed alla libertà di riunirsi pacificamente.

2. L'esercizio di tali diritti può essere oggetto unicamente delle limitazioni stabilite dalla legge, necessarie in una società democratica nell'interesse della sicurezza nazionale, della sicurezza o dell'ordine pubblico, oppure per tutelare la sanità o la moralità pubbliche, o i diritti e le libertà altrui.

16. 1. Nessun fanciullo sarà oggetto di interferenze arbitrarie o illegali nella sua vita privata, nella sua famiglia, nel suo domicilio o nella sua corrispondenza, e neppure di affronti illegali al suo onore e alla sua reputazione.

2. Il fanciullo ha diritto alla protezione della legge contro tali interferenze o tali affronti.

17. Gli Stati parti riconoscono l'importanza della funzione esercitata dai mass-media e vigilano affinché il fanciullo possa accedere ad una informazione ed a materiali provenienti da fonti nazionali ed internazionali varie, soprattutto se finalizzati a promuovere il suo benessere sociale, spirituale e morale nonché la sua salute fisica e mentale. A tal fine, gli Stati parti:

a) incoraggiano i mass-media a divulgare informazioni e materiali che hanno una utilità sociale e culturale per il fanciullo e corrispondono allo spirito dell'art. 29;

b) incoraggiano la cooperazione internazionale in vista di produrre, di scambiare e di divulgare informazioni e materiali di questo tipo provenienti da varie fonti culturali, nazionali ed internazionali;

c) incoraggiano la produzione e la diffusione di libri per l'infanzia;

d) incoraggiano i mass-media a tenere conto in particolar modo delle esigenze linguistiche dei fanciulli autoctoni o appartenenti ad un gruppo minoritario;

e) favoriscono l'elaborazione di principi direttivi appropriati destinati a proteggere il fanciullo dalle informazioni e dai materiali che nuocciono al suo benessere in considerazione delle disposizioni degli artt. 13 e 18.

18. 1. Gli Stati parti faranno del loro meglio per garantire il riconoscimento del principio comune secondo il quale entrambi i genitori hanno una responsabilità comune per quanto riguarda l'educazione del fanciullo ed il provvedere al suo sviluppo. La responsabilità di allevare il fanciullo e di provvedere al suo sviluppo incombe innanzitutto ai genitori del fanciullo oppure, se del caso ai suoi rappresentanti legali i quali devono essere guidati principalmente dall'interesse preminente del fanciullo.

2. Al fine di garantire e di promuovere i diritti enunciati nella presente convenzione, gli Stati parti accordano gli aiuti appropriati ai genitori ed ai rappresentanti legali del fanciullo nell'esercizio della responsabilità che incombe loro di allevare il fanciullo e provvedono alla creazione di istituzioni, istituti e servizi incaricati di vigilare sul benessere del fanciullo.

3. Gli Stati parti adottano ogni appropriato provvedimento per garantire ai fanciulli i cui genitori lavorano, il diritto di beneficiare dei servizi e degli istituti di assistenza all'infanzia, per i quali essi abbiano i requisiti necessari.

19. 1. Gli Stati parti adottano ogni misura legislativa, amministrativa, sociale ed educativa per tutelare il fanciullo contro ogni forma di violenza, di oltraggio o di brutalità fisiche o mentali, di abbandono o di negligenza, di maltrattamenti o di sfruttamento, compresa la violenza sessuale, per tutto il tempo in cui è affidato all'uno o all'altro, o ad entrambi, i suoi genitori, al suo rappresentante legale (o rappresentanti legali), oppure ad ogni altra persona che ha il suo affidamento.

2. Le suddette misure di protezione comporteranno, in caso di necessità, procedure efficaci per la creazione di programmi sociali finalizzati a fornire l'appoggio necessario al fanciullo e a coloro ai quali egli è affidato, nonché per altre forme di prevenzione, ed ai fini dell'individuazione, del rapporto dell'arbitrato, dell'inchiesta, della trattazione e dei seguiti da dare ai casi di maltrattamento del fanciullo di cui sopra; esse dovranno altresì includere, se necessario, procedure di intervento giudiziario.

20. 1. Ogni fanciullo il quale è temporaneamente o definitivamente privato del suo ambiente familiare oppure che non può essere lasciato in tale ambiente nel suo proprio interesse, ha diritto ad una protezione e ad aiuti speciali dello Stato.

2. Gli Stati parti prevedono per questo fanciullo una protezione sostitutiva, in conformità con la loro legislazione nazionale.

3. Tale protezione sostitutiva può in particolare concretizzarsi per mezzo di sistemazione in una famiglia, della *kafalah* di diritto islamico, dell'adozione o in caso di necessità, del collocamento in un adeguato istituto per l'infanzia. Nell'effettuare una selezione tra queste soluzioni, si terrà debitamente conto della necessità di una certa continuità nell'educazione del fanciullo, nonché della sua origine etnica, culturale e linguistica.

21. Gli Stati parti che ammettono e/o autorizzano l'adozione, si accertano che l'interesse superiore del fanciullo sia la considerazione fondamentale in materia, e:

a) vigilano affinché l'adozione di un fanciullo sia autorizzata solo dalle autorità competenti le quali verificano, in conformità con la legge e con le procedure applicabili ed in base a tutte le informazioni affidabili relative al caso in esame, che l'adozione può essere effettuata in considerazione della situazione del bambino in rapporto al padre ed alla madre, genitori e rappresentanti legali e che, ove fosse necessario, le persone interessate hanno dato il loro consenso all'adozione in cognizione di causa, dopo aver acquisito i pareri necessari;

b) riconoscono che l'adozione all'estero può essere presa in considerazione come un altro mezzo per garantire le cure necessarie al fanciullo, qualora quest'ultimo non possa essere messo a balia in una famiglia, oppure in una famiglia di adozione oppure essere allevato in maniera adeguata;

c) vigilano, in caso di adozione all'estero, affinché il fanciullo abbia il beneficio di garanzie e di norme equivalenti a quelle esistenti per le adozioni nazionali;

d) adottano ogni adeguata misura per vigilare affinché, in caso di adozione all'estero, il collocamento del fanciullo non diventi fonte di profitto materiale indebito per le persone che ne sono responsabili;

e) ricercano le finalità del presente articolo stipulando accordi o intese bilaterali o multilaterali a seconda dei casi, e si sforzano in questo contesto di vigilare affinché le sistemazioni di fanciulli all'estero siano effettuate dalle autorità o dagli organi competenti.

22. 1. Gli Stati parti adottano misure adeguate affinché un fanciullo il quale cerca di ottenere lo statuto di rifugiato, oppure è considerato come rifugiato ai sensi delle regole e delle procedure del diritto internazionale o nazionale applicabile, solo o accompagnato dal padre e dalla madre o da ogni altra persona, possa beneficiare della protezione e della assistenza umanitaria necessarie per consentirgli di usufruire dei diritti che gli sono riconosciuti dalla presente convenzione e dagli altri strumenti internazionali relativi ai diritti dell'uomo o di natura umanitaria di cui detti Stati sono parti.

2. A tal fine, gli Stati parti collaborano, a seconda di come lo giudichino necessario, a tutti gli sforzi compiuti dall'Organizzazione delle Nazioni Unite e le altre organizzazioni intergovernative o non governative competenti che collaborano con l'Organizzazione delle Nazioni Unite, per proteggere ed aiutare i fanciulli che si trovano in tale situazione e per ricercare i genitori o altri familiari di ogni fanciullo rifugiato al fine di ottenere le informazioni necessarie per ricongiungerlo alla sua famiglia. Se il padre, la madre o ogni altro familiare sono irreperibili, al fanciullo sarà concessa, secondo i principi enunciati nella presente convenzione, la stessa protezione di quella di ogni altro fanciullo definitivamente oppure temporaneamente privato del suo ambiente familiare per qualunque motivo.

23. 1. Gli Stati parti riconoscono che i fanciulli mentalmente o fisicamente handicappati devono condurre una vita piena e decente, in condizioni che garantiscano la loro dignità, favoriscano la loro autonomia ed agevolino una loro attiva partecipazione alla vita della comunità.

2. Gli Stati parti riconoscono il diritto dei fanciulli handicappati di beneficiare di cure speciali ed incoraggiano e garantiscono, in considerazione delle risorse disponibili, la concessione, dietro richiesta, ai fanciulli handicappati in possesso dei requisiti richiesti, ed a coloro i quali ne hanno la custodia, di un aiuto adeguato alle condizioni del fanciullo ed alla situazione dei suoi genitori o di coloro ai quali egli è affidato.

3. In considerazione delle particolari esigenze dei minori handicappati, l'aiuto fornito in conformità con il paragrafo 2 del presente articolo è gratuito ogni qualvolta ciò sia possibile, tenendo conto delle risorse finanziarie dei loro genitori o di coloro ai quali il minore è affidato. Tale aiuto è concepito in modo tale che i minori handicappati abbiano effettivamente accesso alla educazione, alla formazione, alle cure sanitarie, alla riabilitazione, alla preparazione al lavoro ed alle attività ricreative e possano beneficiare di questi servizi in maniera atta a concretizzare la più completa integrazione sociale ed il loro sviluppo personale, anche nell'ambito culturale e spirituale.

4. In uno spirito di cooperazione internazionale, gli Stati parti favoriscono lo scambio di informazioni pertinenti nel settore delle cure sanitarie preventive e del trattamento medico, psicologico e funzionale dei minori handicappati, anche mediante la divulgazione di informazioni concernenti i metodi di riabilitazione ed i servizi di formazione professionale, nonché l'accesso a tali dati, in vista di consentire agli Stati parti di migliorare le proprie capacità e competenze e di allargare la loro esperienza in tali settori. A tal riguardo, si terrà conto in particolare delle necessità dei Paesi in via di sviluppo.

24. 1. Gli Stati parti riconoscono il diritto del minore di godere del miglior stato di salute possibile e di beneficiare di servizi medici e di riabilitazione. Essi si sforzano di garantire che nessun minore sia privato del diritto di avere accesso a tali servizi.

2. Gli Stati parti si sforzano di garantire l'attuazione integrale del summenzionato diritto ed in particolare, adottano ogni adeguato provvedimento per:

a) diminuire la mortalità tra i bambini lattanti ed i fanciulli;

b) assicurare a tutti i minori l'assistenza medica e le cure sanitarie necessarie, con particolare attenzione per lo sviluppo delle cure sanitarie primarie;

c) lottare contro la malattia e la malnutrizione, anche nell'ambito delle cure sanitarie primarie, in particolare mediante l'utilizzazione di tecniche agevolmente disponibili e la fornitura di alimenti nutritivi e di acqua potabile, tenendo conto dei pericoli e dei rischi di inquinamento dell'ambiente naturale;

d) garantire alle madri adeguate cure prenatali e postnatali;

e) fare in modo che tutti i gruppi della società, in particolare i genitori ed i minori, ricevano informazioni sulla salute e sulla nutrizione del minore, sui vantaggi dell'allattamento al seno, sull'igiene e sulla salubrità dell'ambiente e sulla prevenzione degli incidenti e beneficino di un aiuto che consenta loro di mettere in pratica tali informazioni;

f) sviluppare le cure sanitarie preventive, i consigli ai genitori e l'educazione ed i servizi in materia di pianificazione familiare.

3. Gli Stati parti adottano ogni misura efficace atta ad abolire le pratiche tradizionali pregiudizievoli per la salute dei minori.

4. Gli Stati parti si impegnano a favorire ed a incoraggiare la cooperazione internazionale in vista di attuare gradualmente una completa attuazione del diritto riconosciuto nel presente articolo. A tal fine saranno tenute in particolare considerazione le necessità dei Paesi in via di sviluppo.

25. Gli Stati parti riconoscono al fanciullo che è stato collocato dalle autorità competenti al fine di ricevere cure, una protezione oppure una terapia fisica o mentale, il diritto ad una verifica periodica di detta terapia e di ogni altra circostanza relativa alla sua collocazione.

26. 1. Gli Stati parti riconoscono ad ogni fanciullo il diritto di beneficiare della sicurezza sociale, compresa la previdenza sociale, ed adottano le misure necessarie per garantire una completa attuazione di questo diritto in conformità con la loro legislazione nazionale.

2. Le prestazioni, se necessarie, dovranno essere concesse in considerazione delle risorse e della situazione del minore e delle persone responsabili del suo mantenimento e tenendo conto di ogni altra considerazione relativa ad una domanda di prestazione effettuata dal fanciullo o per suo conto.

27. 1. Gli Stati parti riconoscono il diritto di ogni fanciullo ad un livello di vita sufficiente per consentire il suo sviluppo fisico, mentale, spirituale, morale e sociale.

2. Spetta ai genitori o ad altre persone che hanno l'affidamento del fanciullo la responsabilità fondamentale di assicurare, entro i limiti della loro possibilità e dei loro mezzi finanziari, le condizioni di vita necessarie allo sviluppo del fanciullo.

3. Gli Stati parti adottano adeguati provvedimenti, in considerazione delle condizioni nazionali e compatibilmente con i loro mezzi, per aiutare i genitori ed altre persone aventi la custodia del fanciullo ad attuare questo diritto ed offrono, se del caso, una assistenza materiale e programmi di sostegno, in particolare per quanto riguarda l'alimentazione, il vestiario e l'alloggio.

4. Gli Stati parti adottano ogni adeguato provvedimento, al fine di provvedere al ricupero della pensione alimentare del fanciullo presso i suoi genitori o altre persone aventi una responsabilità finanziaria nei suoi confronti, sul loro territorio o all'estero. In particolare, per tener conto dei casi in cui la persona che ha una responsabilità finanziaria nei confronti del fanciullo vive in uno Stato diverso da quello del fanciullo, gli Stati parti favoriscono l'adesione ad accordi internazionali oppure la conclusione di tali accordi, nonché l'adozione di ogni altra intesa appropriata.

28. 1. Gli Stati parti riconoscono il diritto del fanciullo all'educazione, ed in particolare, al fine di garantire l'esercizio di tale diritto gradualmente ed in base all'uguaglianza delle possibilità:

a) rendono l'insegnamento primario obbligatorio e gratuito per tutti;

b) incoraggiano l'organizzazione di varie forme di insegnamento secondario sia generale che professionale, che saranno aperte ed accessibili ad ogni fanciullo e adottano misure adeguate come la gratuità dell'insegnamento e l'offerta di una sovvenzione finanziaria in caso di necessità;

c) garantiscono a tutti l'accesso all'insegnamento superiore con ogni mezzo appropriato, in funzione delle capacità di ognuno;

d) fanno in modo che l'informazione e l'orientamento scolastico e professionale siano aperte ed accessibili ad ogni fanciullo;

e) adottano misure per promuovere la regolarità della frequenza scolastica e la diminuzione del tasso di abbandono della scuola.

2. Gli Stati parti adottano ogni adeguato provvedimento per vigilare affinché la disciplina scolastica sia applicata in maniera compatibile con la dignità del fanciullo in quanto essere umano ed in conformità con la presente convenzione.

3. Gli Stati parti favoriscono ed incoraggiano la cooperazione internazionale nel settore dell'educazione, in vista soprattutto di contribuire ad eliminare l'ignoranza e l'analfabetismo nel mondo e facilitare l'accesso alle conoscenze scientifiche e tecniche ed ai metodi di insegnamento moderni. A tal fine, si tiene conto in particolare delle necessità dei Paesi in via di sviluppo.

29. 1. Gli Stati parti convengono che l'educazione del fanciullo deve avere come finalità:

a) di favorire lo sviluppo della personalità del fanciullo nonché lo sviluppo delle sue facoltà e delle sue attitudini mentali e fisiche, in tutta la loro potenzialità;

b) di inculcare al fanciullo il rispetto dei diritti dell'uomo e delle libertà fondamentali e dei principi consacrati nella Carta delle Nazioni Unite;

c) di inculcare al fanciullo il rispetto dei suoi genitori, della sua identità, della sua lingua e dei suoi valori culturali, nonché il rispetto dei valori nazionali del Paese nel quale vive, del Paese di cui può essere originario e delle civiltà diverse dalla sua;

d) preparare il fanciullo ad assumere le responsabilità della vita in una società libera, in uno spirito di comprensione, di pace, di tolleranza, di uguaglianza tra i sessi e di amicizia tra tutti i popoli e gruppi etnici, nazionali e religiosi, con le persone di origine autoctona;

e) di inculcare al fanciullo il rispetto dell'ambiente naturale.

2. Nessuna disposizione del presente articolo o dell'art. 28 sarà interpretata in maniera da nuocere alla libertà delle persone fisiche o morali di creare e di dirigere istituzioni didattiche a condizione che i principi enunciati al paragrafo 1 del presente articolo siano rispettati e che l'educazione impartita in tali istituzioni sia conforme alle norme minime prescritte dallo Stato.

30. Negli Stati in cui esistono minoranze etniche, religiose o linguistiche oppure persone di origine autoctona, un fanciullo autoctono o che appartiene a una di tali minoranze non può essere privato del diritto di avere una propria vita culturale, di professare e di praticare la propria religione o di far uso della propria lingua insieme agli altri membri del suo gruppo.

31. 1. Gli Stati parti riconoscono al fanciullo il diritto al riposo ed al tempo libero, di dedicarsi al gioco e ad attività ricreative proprie della sua età e di partecipare liberamente alla vita culturale ed artistica.

2. Gli Stati parti rispettano e favoriscono il diritto del fanciullo di partecipare pienamente alla vita culturale ed artistica ed incoraggiano l'organizzazione, in condizioni di uguaglianza, di mezzi appropriati di divertimento e di attività ricreative, artistiche e culturali.

32. 1. Gli Stati parti riconoscono il diritto del fanciullo di essere protetto contro lo sfruttamento economico e di non essere costretto ad alcun lavoro che comporti rischi o sia suscettibile di porre a repentaglio la sua educazione o di nuocere alla sua salute o al suo sviluppo fisico, mentale, spirituale, morale o sociale.

2. Gli Stati parti adottano misure legislative, amministrative, sociali ed educative per garantire l'applicazione del presente articolo. A tal fine, ed in considerazione delle disposizioni pertinenti degli altri strumenti internazionali, gli Stati parti, in particolare:

a) stabiliscono un'età minima oppure età minime di ammissione all'impiego;

b) prevedono un'adeguata regolamentazione degli orari di lavoro e delle condizioni d'impiego;

c) prevedono pene o altre sanzioni appropriate per garantire l'attuazione effettiva del presente articolo.

33. Gli Stati parti adottano ogni adeguata misura, comprese misure legislative, amministrative, sociali ed educative per proteggere i fanciulli contro l'uso illecito di stupefacenti e di sostanze psicotrope, così come definite dalle convenzioni internazionali pertinenti e per impedire che siano utilizzati fanciulli per la produzione ed il traffico illecito di queste sostanze.

34. Gli Stati parti si impegnano a proteggere il fanciullo contro ogni forma di sfruttamento sessuale e di violenza sessuale. A tal fine, gli Stati adottano in particolare ogni adeguata misura a livello nazionale, bilaterale e multilaterale per impedire:

a) che dei fanciulli siano incitati o costretti a dedicarsi ad una attività sessuale illegale;

b) che dei fanciulli siano sfruttati a fini di prostituzione o di altre pratiche sessuali illegali;

c) che dei fanciulli siano sfruttati ai fini della produzione di spettacoli o di materiale a carattere pornografico.

35. Gli Stati parti adottano ogni adeguato provvedimento a livello nazionale, bilaterale e multilaterale per impedire il rapimento, la vendita o la tratta di fanciulli per qualunque fine e sotto qualsiasi forma.

36. Gli Stati parti proteggono il fanciullo contro ogni altra forma di sfruttamento pregiudizievole al suo benessere in ogni suo aspetto.

37. Gli Stati parti vigilano affinché:

a) nessun fanciullo sia sottoposto a tortura o a pene o trattamenti crudeli, inumani o degradanti. Né la pena capitale né l'imprigionamento a vita senza possibilità di rilascio devono essere decretati per reati commessi da persone di età inferiore a diciotto anni;

b) nessun fanciullo sia privato di libertà in maniera illegale o arbitraria. L'arresto, la detenzione o l'imprigionamento di un fanciullo devono essere effettuati in conformità con la legge, costituire un provvedimento di ultima risorsa ed avere la durata più breve possibile;

c) ogni fanciullo privato di libertà sia trattato con umanità e con il rispetto dovuto alla dignità della persona umana ed in maniera da tener conto delle esigenze delle persone della sua età. In particolare, ogni fanciullo privato di libertà sarà separato dagli adulti, a meno che si ritenga preferibile di non farlo nell'interesse preminente del fanciullo, ed egli avrà diritto di rimanere in contatto con la sua famiglia per mezzo di corrispondenza e di visite, tranne che in circostanze eccezionali;

d) i fanciulli privati di libertà abbiano diritto ad avere rapidamente accesso ad un'assistenza giuridica o ad ogni altra assistenza adeguata, nonché il diritto di contestare la legalità della loro privazione di libertà dinanzi un tribunale o altra autorità competente, indipendente ed imparziale, ed una decisione sollecita sia adottata in materia.

38. 1. Gli Stati parti si impegnano a rispettare ed a far rispettare le regole del diritto umanitario internazionale loro applicabili in caso di conflitto armato, e la cui protezione si estende ai fanciulli.

2. Gli Stati parti adottano ogni misura possibile a livello pratico per vigilare che le persone che non hanno raggiunto l'età di quindici anni non partecipino direttamente alle ostilità.

3. Gli Stati parti si astengono dall'arruolare nelle loro forze armate ogni persona che non ha raggiunto l'età di quindici anni. Nell'incorporare persone aventi più di quindici anni ma meno di diciotto anni, gli Stati parti si sforzano di arruolare con precedenza i più anziani.

4. In conformità con l'obbligo che spetta loro in virtù del diritto umanitario internazionale di proteggere la popolazione civile in caso di conflitto armato, gli Stati parti adottano ogni misura possibile a livello pratico affinché i fanciulli coinvolti in un conflitto armato possano beneficiare di cure e di protezione.

39. Gli Stati parti adottano ogni adeguato provvedimento per agevolare il riadattamento fisico e psicologico ed il reinserimento sociale di ogni fanciullo vittima di ogni forma di negligenza, di sfruttamento o di maltrattamenti; di torture o di ogni altra forma di pene o di trattamenti crudeli, inumani o degradanti, o di un conflitto armato. Tale riadattamento e tale reinserimento devono svolgersi in condizioni tali a favorire la salute, il rispetto della propria persona e la dignità del fanciullo.

40. 1. Gli Stati parti riconoscono ad ogni fanciullo sospettato, accusato o riconosciuto colpevole di reato penale il diritto ad un trattamento da favorire il suo senso della dignità e del valore personale, che rafforzi il suo rispetto per i diritti dell'uomo e le libertà fondamentali e che tenga conto della sua età nonché della necessità di facilitare il suo reinserimento nella società e di fargli svolgere un ruolo costruttivo in seno a quest'ultima.

2. A tal fine, e tenendo conto delle disposizioni pertinenti degli strumenti internazionali, gli Stati parti vigilano in particolare:

a) affinché nessun fanciullo sia sospettato, accusato o riconosciuto colpevole di reato penale a causa di azioni o di omissioni che non erano vietate dalla legislazione nazionale o internazionale nel momento in cui furono commesse;

b) affinché ogni fanciullo sospettato o accusato di reato penale abbia almeno diritto alle seguenti garanzie:

i) di essere ritenuto innocente fino a quando la sua colpevolezza non sia stata legalmente stabilita;

ii) di essere informato il prima possibile e direttamente, oppure, se del caso, tramite i suoi genitori o rappresentanti legali, delle accuse portate contro di lui, e di beneficiare di un'assistenza legale o di ogni altra assistenza appropriata per la preparazione e la presentazione della sua difesa;

iii) che il suo caso sia giudicato senza indugio da un'autorità o istanza giudiziaria competenti, indipendenti ed imparziali per mezzo di un procedimento equo ai sensi di legge in presenza del suo legale o di altra assistenza appropriata, nonché in presenza dei suoi genitori o rappresentanti legali a meno che ciò non sia ritenuto contrario all'interesse preminente del fanciullo a causa in particolare della sua età o della sua situazione;

iv) di non essere costretto a rendere testimonianza o dichiararsi colpevole; di interrogare o far interrogare i testimoni a carico e di ottenere la comparsa e l'interrogatorio dei testimoni a suo discarico a condizioni di parte;

v) qualora venga riconosciuto che ha commesso reato penale, poter ricorrere contro questa decisione ed ogni altra misura decisa di conseguenza dinnanzi una autorità o istanza giudiziaria superiore competente, indipendente ed imparziale, in conformità con la legge;

vi) farsi assistere gratuitamente da un interprete se non comprende o non parla la lingua utilizzata;

vii) che la sua vita privata sia pienamente rispettata in tutte le fasi della procedura.

3. Gli Stati parti si sforzano di promuovere l'adozione di leggi, di procedere, la costituzione di autorità e di istituzioni destinate specialmente ai fanciulli sospettati, accusati o riconosciuti colpevoli di aver commesso reato, ed in particolar modo:

a) di stabilire un'età minima al di sotto della quale si presume che i fanciulli non abbiano la capacità di commettere reato;

b) di adottare provvedimenti ogni qualvolta ciò sia possibile ed auspicabile per trattare questi fanciulli senza ricorrere a procedure giudiziarie rimanendo tuttavia inteso che i diritti dell'uomo e le garanzie legali debbono essere integralmente rispettate.

4. Sarà prevista tutta una gamma di disposizioni concernenti in particolar modo le cure, l'orientamento, la supervisione, i consigli, la libertà condizionata, il collocamento in famiglia, i programmi di formazione generale e professionale, nonché soluzioni alternative all'assistenza istituzionale, in vista di assicurare ai fanciulli un trattamento conforme al loro benessere e proporzionato sia alla loro situazione che al reato.

41. Nessuna delle disposizioni della presente convenzione pregiudica disposizioni più propizie all'attuazione dei diritti del fanciullo che possono figurare:

a) nella legislazione di uno Stato parte; oppure

b) nel diritto internazionale in vigore per questo Stato.

Seconda Parte

42. Gli Stati parti si impegnano a far largamente conoscere i principi e le disposizioni della presente convenzione, con mezzi attivi ed adeguati sia agli adulti che ai fanciulli.

43. 1. Al fine di esaminare i progressi compiuti dagli Stati parti nell'esecuzione degli obblighi da essi contratti in base alla presente convenzione, è istituito un Comitato dei diritti del fanciullo che adempie alle funzioni definite in appresso.

2. Il Comitato si compone di dieci esperti di alta moralità ed in possesso di una competenza riconosciuta nel settore oggetto della presente convenzione.

I suoi membri sono eletti dagli Stati parti tra i loro cittadini e partecipano a titolo personale, secondo il criterio di un'equa ripartizione geografica ed in considerazione dei principali ordinamenti giuridici.

3. I membri del Comitato sono eletti a scrutinio segreto su una lista di persone designate dagli Stati parti. Ciascuno Stato parte può designare un candidato tra i suoi cittadini.

4. La prima elezione avrà luogo entro sei mesi a decorrere dalla data di entrata in vigore della presente convenzione. Successivamente, si svolgeranno elezioni ogni due anni. Almeno quattro mesi prima della data di ogni elezione, il segretario generale dell'Organizzazione delle Nazioni Unite inviterà per iscritto gli Stati parti a proporre i loro candidati entro un termine di due mesi. Quindi il segretario generale stabilirà l'elenco alfabetico dei candidati in tal modo designati, con l'indicazione degli Stati parti che li hanno designati, e sottoporrà tale elenco agli Stati parti alla presente convenzione.

5. Le elezioni avranno luogo in occasione delle riunioni degli Stati parti, convocate dal segretario generale presso la sede dell'Organizzazione delle Nazioni Unite. In queste riunioni per le quali il numero legale sarà rappresentato da due terzi degli Stati parti, i candidati eletti al Comitato sono quelli che ottengono il maggior numero di voti, nonché la maggioranza assoluta degli Stati parti presenti e votanti.

6. I membri del Comitato sono eletti per quattro anni. Essi sono rieleggibili se la loro candidatura è ripresentata. Il mandato di cinque dei membri eletti nella prima elezione scade alla fine di un periodo di due anni; i nomi di tali cinque membri saranno estratti a sorte dal presidente della riunione immediatamente dopo la prima elezione.

7. In caso di decesso o di dimissioni di un membro del Comitato oppure se, per qualsiasi altro motivo, un membro dichiara di non poter più esercitare le sue funzioni in seno al Comitato, lo Stato parte che aveva presentato la sua candidatura nomina un altro esperto tra i suoi cittadini per coprire il seggio resosi vacante, fino alla scadenza

del mandato corrispondente, sotto riserva dell'approvazione del Comitato.

8. Il Comitato adotta il suo regolamento interno.

9. Il Comitato elegge il suo ufficio per un periodo di due anni.

10. Le riunioni del Comitato si svolgono normalmente presso la sede della Organizzazione delle Nazioni Unite, oppure in ogni altro luogo appropriato determinato dal Comitato. Il Comitato si riunisce di regola ogni anno. La durata delle sue sessioni è determinata e se necessario modificata da una riunione degli Stati parti alla presente convenzione, sotto riserva dell'approvazione dell'assemblea generale.

11. Il segretario generale dell'Organizzazione delle Nazioni Unite mette a disposizione del Comitato il personale e le strutture di cui quest'ultimo necessita per adempiere con efficacia alle sue mansioni in base alla presente convenzione.

12. I membri del Comitato istituito in base alla presente convenzione ricevono con l'approvazione dell'assemblea generale, emolumenti prelevati sulle risorse dell'Organizzazione delle Nazioni Unite alle condizioni e secondo le modalità stabilite dall'assemblea generale.

44. 1. Gli Stati parti si impegnano a sottoporre al Comitato, tramite il segretario generale dell'Organizzazione delle Nazioni Unite, rapporti sui provvedimenti che essi avranno adottato per dare effetto ai diritti riconosciuti nella presente convenzione e sui progressi realizzati per il godimento di tali diritti:

a) entro due anni a decorrere dalla data dell'entrata in vigore della presente convenzione per gli Stati parti interessati;

b) in seguito, ogni cinque anni.

2. I rapporti compilati in applicazione del presente articolo debbono se del caso indicare i fattori e le difficoltà che impediscono agli Stati parti di adempiere agli obblighi previsti nella presente convenzione. Essi debbono altresì contenere informazioni sufficienti a fornire al Comitato una comprensione dettagliata dell'applicazione della convenzione del Paese in esame.

3. Gli Stati parti che hanno presentato al Comitato un rapporto iniziale completo non sono tenuti a ripetere nei rapporti che sottoporranno successivamente — in conformità con il capoverso *b*) del paragrafo 1 del presente articolo — le informazioni di base in precedenza fornite.

4. Il Comitato può chiedere agli Stati parti ogni informazione complementare relativa all'applicazione della convenzione.

5. Il Comitato sottopone ogni due anni all'Assemblea generale, tramite il Consiglio economico e sociale, un rapporto sulle attività del Comitato.

6. Gli Stati parti fanno in modo affinché i loro rapporti abbiano una vasta diffusione nei loro Paesi.

45. Al fine di promuovere l'attuazione effettiva della convenzione ed incoraggiare la cooperazione internazionale nel settore oggetto della convenzione:

a) le Istituzioni Specializzate, il Fondo delle Nazioni Unite per l'Infanzia ed altri organi delle Nazioni Unite hanno diritto di farsi rappresentare nell'esame dell'attuazione di quelle disposizioni della presente convenzione che rientrano nell'ambito del loro mandato. Il Comitato può invitare le Istituzioni Specializzate, il Fondo delle Nazioni Unite per l'Infanzia ed ogni altro organismo competente che riterrà appropriato, a dare pareri specializzati sull'attuazione della convenzione in settori di competenza dei loro rispettivi mandati. Il Comitato può invitare le Istituzioni Specializzate, il Fondo delle Nazioni Unite per l'Infanzia ed altri organi delle Nazioni Unite a sottoporgli rapporti sull'attuazione della convenzione in settori che rientrano nell'ambito delle loro attività;

b) il Comitato trasmette, se lo ritiene necessario, alle Istituzioni Specializzate, al Fondo delle Nazioni Unite per l'Infanzia ed agli altri organismi competenti ogni rapporto degli Stati parti contenente una richiesta di consigli tecnici o di assistenza tecnica, o che indichi una necessità in tal senso, accompagnato da eventuali osservazioni e proposte del Comitato concernenti tale richiesta o indicazione;

c) il Comitato può raccomandare all'assemblea generale di chiedere al segretario generale di procedere, per conto del Comitato, a studi su questioni specifiche attinenti ai diritti del fanciullo;

d) il Comitato può fare suggerimenti e raccomandazioni generali in base alle informazioni ricevute in applicazione degli artt. 44 e 45 della presente convenzione. Questi suggerimenti e raccomandazioni generali sono trasmessi ad ogni Stato parte interessato e sottoposti all'assemblea generale insieme ad eventuali osservazioni degli Stati parti.

Terza Parte

46. La presente convenzione è aperta alla firma di tutti gli Stati.

47. La presente convenzione è soggetta a ratifica. Gli strumenti di ratifica saranno depositati presso il segretario generale dell'Organizzazione delle Nazioni Unite.

48. La presente convenzione rimarrà aperta all'adesione di ogni Stato. Gli strumenti di adesione saranno depositati presso il segretario generale dell'Organizzazione delle Nazioni Unite.

49. 1. La presente convenzione entrarà in vigore il trentesimo giorno successivo alla data del deposito presso il segretario generale dell'Organizzazione delle Nazioni Unite del ventesimo strumento di ratifica o di adesione.

2. Per ciascuno degli Stati che ratificheranno la presente convenzione o che vi aderiranno dopo il deposito del ventesimo strumento di ratifica o di adesione la convenzione entrerà in vigore il trentesimo giorno successivo al deposito da parte di questo Stato del suo strumento di ratifica o di adesione.

50. 1. Ogni Stato parte può proporre un emendamento e depositarne il testo presso il segretario generale dell'Organizzazione delle Nazioni Unite. Il Segretario Generale comunica quindi la proposta di emendamento agli Stati parti, con la richiesta di far sapere se siano favorevoli ad una conferenza degli Stati parti al fine dell'esame delle proposte e della loro votazione. Se, entro quattro mesi a decorrere dalla data di questa comunicazione, almeno un terzo degli Stati parti si pronuncia a favore di tale conferenza, il segretario generale convoca la conferenza sotto gli auspici dell'Organizzazione delle Nazioni Unite. Ogni emendamento adottato da una maggioranza degli Stati parti presenti e votanti alla conferenza è sottoposto per approvazione all'assemblea generale.

2. Ogni emendamento adottato in conformità con le disposizioni del paragrafo 1 del presente articolo entra in vigore dopo essere stato approvato dall'Assemblea Generale delle Nazioni Unite ed accettato da una maggioranza di due terzi degli Stati parti.

3. Quando un emendamento entra in vigore esso ha valore obbligatorio per gli Stati parti che lo hanno accettato, gli altri Stati parti rimanendo vincolati dalle disposizioni della presente convenzione e da tutti gli emendamenti precedenti da essi accettati.

51. 1. Il segretario generale dell'Organizzazione delle Nazioni Unite riceverà e comunicherà a tutti gli Stati il testo delle riserve che saranno state formulate dagli Stati all'atto della ratifica o dell'adesione.

2. Non sono autorizzate riserve incompatibili con l'oggetto e le finalità della presente convenzione.

3. Le riserve possono essere ritirate in ogni tempo per mezzo di notifica indirizzata in tal senso al segretario generale delle Nazioni Unite il quale ne informerà quindi tutti gli Stati. Tale notifica avrà effetto alla data in cui è ricevuta dal segretario generale.

52. Ogni Stato parte può denunciare la presente convenzione per mezzo di notifica scritta indirizzata al segretario generale dell'Organizzazione delle Nazioni Unite. La denuncia avrà effetto un anno dopo la data di ricezione della notifica da parte del segretario generale.

53. Il segretario generale dell'Organizzazione delle Nazioni Unite è designato come depositario della presente convenzione.

54. L'originale della presente convenzione i cui testi in lingua araba, cinese, francese, inglese, russa e spagnola fanno ugualmente fede, sarà depositato presso il segretario generale dell'Organizzazione delle Nazioni Unite.

In fede di che i plenipotenziari sottoscritti debitamente abilitati a tal fine dai loro rispettivi governi, hanno firmato la presente convenzione.

DIRITTO INTERNAZIONALE PRIVATO

1.

L. 31 maggio 1995, n. 218. Riforma del sistema italiano di diritto internazionale privato (Suppl. ord. alla *Gazzetta Ufficiale* Serie gen. - n. 128 del 3 giugno 1995).

Titolo I
Disposizioni generali

1. Oggetto della legge. – 1. La presente legge determina l'ambito della giurisdizione italiana, pone i criteri per l'individuazione del diritto applicabile e disciplina l'efficacia delle sentenze e degli atti stranieri.

2. Convenzioni internazionali. – 1. Le disposizioni della presente legge non pregiudicano l'applicazione delle convenzioni internazionali in vigore per l'Italia.

2. Nell'interpretazione di tali convenzioni si terrà conto del loro carattere internazionale e dell'esigenza della loro applicazione uniforme.

Titolo II
Giurisdizione italiana

3. Ambito della giurisdizione. – 1. La giurisdizione italiana sussiste quando il convenuto è domiciliato o residente in Italia o vi ha un rappresentante che sia autorizzato a stare in giudizio a norma dell'art. 77 del codice di procedura civile e negli altri casi in cui è prevista dalla legge.

2. La giurisdizione sussiste inoltre in base ai criteri stabiliti dalle sezioni 2, 3 e 4 del titolo II della Convenzione concernente la competenza giurisdizionale e l'esecuzione delle decisioni in materia civile e commerciale e protocollo, firmati a Bruxelles il 27 settembre 1968, resi esecutivi con la legge 21 giugno 1971, n. 804, e successive modificazioni in vigore per l'Italia, anche allorché il convenuto non sia domiciliato nel territorio di uno Stato contraente, quando si tratti di una delle materie comprese nel campo di applicazione della Convenzione. Rispetto alle altre materie la giurisdizione sussiste anche in base ai criteri stabiliti per la competenza per territorio.

4. Accettazione e deroga della giurisdizione. – 1. Quando non vi sia giurisdizione in base all'art. 3, essa nondimeno sussiste se le parti l'abbiano convenzionalmente accettata e tale accettazione sia provata per iscritto, ovvero il convenuto compaia nel processo senza eccepire il difetto di giurisdizione nel primo atto difensivo.

2. La giurisdizione italiana può essere convenzionalmente derogata a favore di un giudice straniero o di un arbitrato estero se la deroga è provata per iscritto e la causa verte su diritti disponibili.

3. La deroga è inefficace se il giudice o gli arbitri indicati declinano la giurisdizione o comunque non possono conoscere della causa.

5. Azioni reali relative a immobili siti all'estero. – 1. La giurisdizione italiana non sussiste rispetto ad azioni reali aventi ad oggetto beni immobili situati all'estero.

6. Questioni preliminari. – 1. Il giudice italiano conosce, incidentalmente, le questioni che non rientrano nella giurisdizione italiana e la cui soluzione è necessaria per decidere sulla domanda proposta.

7. Pendenza di un processo straniero. – 1. Quando, nel corso del giudizio, sia eccepita la previa pendenza tra le stesse parti di domanda avente il medesimo oggetto e il medesimo titolo dinanzi a un giudice straniero, il giudice italiano, se ritiene che il provvedimento straniero possa produrre effetto per l'ordinamento italiano, sospende il giudizio. Se il giudice straniero declina la propria giurisdizione o se il provvedimento straniero non è riconosciuto nell'ordinamento italiano, il giudizio in Italia prosegue, previa riassunzione ad istanza della parte interessata.

2. La pendenza della causa innanzi al giudice straniero si determina secondo la legge dello Stato in cui il processo di svolge.

3. Nel caso di pregiudizialità di una causa straniera, il giudice italiano può sospendere il processo se ritiene che il provvedimento straniero possa produrre effetti per l'ordinamento italiano.

8. Momento determinante della giurisdizione. – 1. Per la determinazione della giurisdizione italiana si applica l'art. 5 del codice di procedura civile. Tuttavia la giurisdizione sussiste se i fatti e le norme che la determinano sopravvengono nel corso del processo.

9. Giurisdizione volontaria. – 1. In materia di giurisdizione volontaria, la giurisdizione sussiste, oltre che nei casi specificamente contemplati dalla presente legge e in quelli in cui è prevista la competenza per territorio di un giudice italiano, quando il provvedimento richiesto concerne un cittadino italiano o una persona residente in Italia o quando esso riguarda situazioni o rapporti ai quali è applicabile la legge italiana.

10. Materia cautelare. – 1. In materia cautelare, la giurisdizione italiana sussiste quando il provvedimento deve essere eseguito in Italia o quando il giudice italiano ha giurisdizione nel merito.

11. Rilevabilità del difetto di giurisdizione. – 1. Il difetto di giurisdizione può essere rilevato, in qualunque stato e grado del processo, soltanto dal convenuto costituito che non abbia espressamente o tacitamente accettato la giurisdizione italiana. È rilevato dal giudice d'ufficio, sempre in qualunque stato e grado del processo, se il convenuto è contumace, se ricorre l'ipotesi di cui all'art. 5, ovvero se la giurisdizione italiana è esclusa per effetto di una norma internazionale.

12. Legge regolatrice del processo. – 1. Il processo civile che si svolge in Italia è regolato dalla legge italiana.

Titolo III
Diritto applicabile

Capo I
Disposizioni generali

13. Rinvio. – 1. Quando negli articoli successivi è richiamata la legge straniera, si tiene conto del rinvio operato dal diritto internazionale privato straniero alla legge di un altro Stato:

a) se il diritto di tale Stato accetta il rinvio;

b) se si tratta di rinvio alla legge italiana.

2. L'applicazione del comma 1 è tuttavia esclusa:

a) nei casi in cui le disposizioni della presente legge rendono applicabile la legge straniera sulla base della scelta effettuata in tal senso dalle parti interessate;

b) riguardo alle disposizioni concernenti la forma degli atti;

c) in relazione alle disposizioni del Capo XI del presente Titolo.

3. Nei casi di cui agli artt. 33, 34 e 35 si tiene conto del rinvio soltanto se esso conduce all'applicazione di una legge che consente lo stabilimento della filiazione.

4. Quando la presente legge dichiara in ogni caso applicabile una convenzione internazionale si segue sempre, in materia di rinvio, la soluzione adottata dalla convenzione.

14. Conoscenza della legge straniera applicabile. – 1. L'accertamento della legge straniera è compiuto d'ufficio dal giudice. A tal fine questi può avvalersi, oltre che degli strumenti indicati dalle convenzioni internazionali, di informazioni acquisite per il tramite del Ministero di grazia e giustizia; può altresì interpellare esperti o istituzioni specializzate.

2. Qualora il giudice non riesca ad accertare la legge straniera indicata, neanche con l'aiuto delle parti, applica la legge richiamata mediante altri criteri di collegamento eventualmente previsti per la medesima ipotesi normativa. In mancanza si applica la legge italiana.

15. Interpretazione e applicazione della legge straniera. – 1. La legge straniera è applicata secondo i propri criteri di interpretazione e di applicazione nel tempo.

16. Ordine pubblico. – 1. La legge straniera non è applicata se i suoi effetti sono contrari all'ordine pubblico.

2. In tal caso si applica la legge richiamata mediante altri criteri di collegamento eventualmente previsti per la medesima ipotesi normativa. In mancanza si applica la legge italiana.

17. Norme di applicazione necessaria. – 1. È fatta salva la prevalenza sulle disposizioni che seguono delle norme italiane che, in considerazione del loro oggetto e del loro scopo, debbono essere applicate nonostante il richiamo alla legge straniera.

18. Ordinamenti plurilegislativi. – 1. Se nell'ordinamento dello Stato richiamato dalle disposizioni della presente legge coesistono più sistemi normativi a base territoriale o personale, la legge applicabile si determina secondo i criteri utilizzati da quell'ordinamento.

2. Se tali criteri non possono essere individuati, si applica il sistema normativo con il quale il caso di specie presenta il collegamento più stretto.

19. Apolidi, rifugiati e persone con più cittadinanze. – 1. Nei casi in cui le disposizioni della presente legge richiamano la legge nazionale di una persona, se questa è apolide o rifugiata si applica la legge dello Stato del domicilio o, in mancanza, la legge dello Stato di residenza.

2. Se la persona ha più cittadinanze, si applica la legge di quello tra gli Stati di appartenenza con il quale essa ha il collegamento più stretto. Se tra le cittadinanze vi è quella italiana, questa prevale.

Capo II
Capacità e diritti
delle persone fisiche

20. Capacità giuridica delle persone fisiche. – 1. La capacità giuridica delle persone fisiche è regolata dalla loro legge nazionale. Le condizioni speciali di capacità, prescritte dalla legge regolatrice di un rapporto, sono disciplinate dalla stessa legge.

21. Commorienza. – 1. Quando occorre stabilire la sopravvivenza di una persona ad un'altra e non consta quale di esse sia morta prima, il momento della morte si accerta in base alla legge regolatrice del rapporto rispetto al quale l'accertamento rileva.

22. Scomparsa, assenza e morte presunta. – 1. I presupposti e gli effetti della scomparsa, dell'assenza e della morte presunta di una persona sono regolati dalla sua ultima legge nazionale.

2. Sussiste la giurisdizione italiana per le materie di cui al comma 1:

a) se l'ultima legge nazionale della persona era quella italiana;

b) se l'ultima residenza della persona era in Italia;

c) se l'accertamento della scomparsa, dell'assenza o della morte presunta può produrre effetti giuridici nell'ordinamento italiano.

23. Capacità di agire delle persone fisiche. – 1. La capacità di agire delle persone fisiche è regolata dalla loro legge nazionale. Tuttavia, quando la legge regolatrice di un atto prescrive condizioni speciali di capacità di agire, queste sono regolate dalla stessa legge.

2. In relazione a contratti tra persone che si trovano nello stesso Stato, la persona considerata capace dalla legge dello Stato in cui il contratto è concluso può invocare l'incapacità derivante dalla propria legge nazionale solo se l'altra parte contraente, al momento della conclusione del contratto, era a conoscenza di tale incapacità o l'ha ignorata per sua colpa.

3. In relazione agli atti unilaterali, la persona considerata capace dalla legge dello Stato in cui l'atto è compiuto può invocare l'incapacità derivante dalla propria legge nazionale soltanto se ciò non rechi pregiudizio a soggetti che senza loro colpa hanno fatto affidamento sulla capacità dell'autore dell'atto.

4. Le limitazioni di cui ai commi 2 e 3 non si applicano agli atti relativi a rapporti di famiglia e di successione per causa di morte, né agli atti relativi a diritti reali su immobili situati in uno Stato diverso da quello in cui l'atto è compiuto.

24. Diritti della personalità. – 1. L'esistenza ed il contenuto dei diritti della personalità sono regolati dalla legge nazionale del soggetto; tuttavia i diritti che derivano da un rapporto di famiglia sono regolati dalla legge applicabile a tal rapporto.

2. Le conseguenze della violazione dei diritti di cui al comma 1 sono regolate dalla legge applicabile alla responsabilità per fatti illeciti.

Capo III
Persone giuridiche

25. Società ed altri enti. – 1. Le società, le associazioni, le fondazioni ed ogni altro ente, pubblico o privato, anche se privo di natura associativa, sono disciplinati dalla legge dello Stato nel cui territorio è stato perfezionato il procedimento di costituzione. Si applica, tuttavia, la legge italiana se la sede dell'amministrazione è situata in Italia, ovvero se in Italia si trova l'oggetto principale di tali enti.

2. In particolare sono disciplinati dalla legge regolatrice dell'ente:

a) la natura giuridica;

b) la denominazione o ragione sociale;

c) la costituzione, la trasformazione e l'estinzione;

d) la capacità;

e) la formazione, i poteri e le modalità di funzionamento degli organi;

f) la rappresentanza dell'ente;

g) le modalità di acquisto e di perdita della qualità di associato o socio nonché i diritti e gli obblighi inerenti a tale qualità;

h) la responsabilità per le obbligazioni dell'ente;

i) le conseguenze delle violazioni della legge o dell'atto costitutivo.

3. I trasferimenti della sede statutaria in altro Stato e le fusioni di enti con sede in Stati diversi hanno efficacia soltanto se posti in essere conformemente alle leggi di detti Stati interessati.

Capo IV
Rapporti di famiglia

26. Promessa di matrimonio. – 1. La promessa di matrimonio e le conseguenze della sua violazione sono regolate dalla legge nazionale comune dei nubendi o, in mancanza, dalla legge italiana.

27. Condizioni per contrarre matrimonio. – 1. La capacità matrimoniale e le altre condizioni per contrarre matrimonio sono regolate dalla legge nazionale di ciascun nubendo al momento del matrimonio. Resta salvo lo stato libero che uno dei nubendi abbia acquistato per effetto di un giudicato italiano o riconosciuto in Italia.

28. Forma del matrimonio. – 1. Il matrimonio è valido, quanto alla forma, se è considerato tale dalla legge del luogo di celebrazione o dalla legge nazionale di almeno uno dei coniugi al momento della celebrazione o dalla legge dello Stato di comune residenza in tale momento.

29. Rapporti personali tra coniugi. – 1. I rapporti personali tra coniugi sono regolati dalla legge nazionale comune.

2. I rapporti personali tra coniugi aventi diverse cittadinanze o più cittadinanze comuni sono regolati dalla legge dello Stato nel quale la vita matrimoniale è prevalentemente localizzata.

30. Rapporti patrimoniali tra coniugi. – 1. I rapporti patrimoniali tra coniugi sono regolati dalla legge applicabile ai loro rapporti personali. I coniugi possono tuttavia convenire per iscritto che i loro rapporti patrimoniali sono regolati dalla legge dello Stato di cui almeno uno di essi è cittadino o nel quale almeno uno di essi risiede.

2. L'accordo dei coniugi sul diritto applicabile è valido se è considerato tale dalla legge scelta o da quella del luogo in cui l'accordo è stato stipulato.

3. Il regime dei rapporti patrimoniali fra coniugi regolato da una legge straniera è opponibile ai terzi solo se questi ne abbiano avuto conoscenza o lo abbiano ignorato per loro colpa. Relativamente ai diritti reali su beni immobili, l'opponibilità è limitata ai casi in cui siano state rispettate le forme di pubblicità prescritte dalla legge dello Stato in cui i beni si trovano.

30 *bis*. ([1]) **Contratti di convivenza.** – 1. Ai contratti di convivenza si applica la legge nazionale comune dei contraenti. Ai contraenti di diversa cittadinanza si applica la legge del luogo in cui la convivenza è prevalentemente localizzata.

2. Sono fatte salve le norme nazionali, europee ed internazionali che regolano il caso di cittadinanza plurima.

([1]) *Questo articolo è stato inserito dall'art. 1, comma 64, della L. 20 maggio 2016, n. 76.*

31. Separazione personale e scioglimento del matrimonio. – 1. La separazione personale e lo scioglimento del matrimonio sono regolati dalla legge nazionale comune dei coniugi al momento della domanda di separazione o di scioglimento del matrimonio; in mancanza si applica la legge dello Stato nel quale la vita matrimoniale risulta prevalentemente localizzata.

2. La separazione personale e lo scioglimento del matrimonio, qualora non siano previsti dalla legge straniera applicabile, sono regolati dalla legge italiana.

32. Giurisdizione in materia di nullità, annullamento, separazione personale e scioglimento del matrimonio. – 1. In materia di nullità e di annullamento del matrimonio, di separazione personale e di scioglimento del matrimonio, la giurisdizione italiana sussiste, oltre che nei casi previsti dall'art. 3, anche quando uno dei coniugi è cittadino italiano o il matrimonio è stato celebrato in Italia.

32 *bis*. ([1]) **Matrimonio contratto all'estero da cittadini italiani dello stesso sesso.** – 1. Il matrimonio contratto all'estero da cittadini italiani con persona dello stesso sesso produce gli effetti dell'unione civile regolata dalla legge italiana.

([1]) *Questo articolo è stato inserito dall'art. 1, comma 1, lett.* a), *del D.L.vo 19 gennaio 2017, n. 7.*

32 *ter*. ([1]) **Unione civile tra persone maggiorenni dello stesso sesso.** – 1. La capacità e le altre condizioni per costituire unione civile sono regolate dalla legge nazionale di ciascuna parte al momento della costituzione dell'unione civile. Se la legge applicabile non ammette l'unione civile tra persone maggiorenni dello stesso sesso si applica la legge italiana. Le disposizioni di cui all'articolo 1, comma 4, della legge 20 maggio 2016, n. 76, sono di applicazione necessaria.

2. Ai fini del nulla osta di cui all'articolo 116, primo comma, del codice civile, non rilevano gli impedimenti relativi al sesso delle parti. Qualora la produzione del nulla osta sia preclusa in ragione del mancato riconoscimento, secondo la legge dello Stato di cui lo straniero è cittadino, dell'unione civile tra persone dello stesso sesso o di analogo istituto, il nulla osta è sostituito da un certificato o altro atto comunque idoneo ad attestare la libertà di stato, ovvero da dichiarazione sostitutiva ai sensi del decreto del Presidente della Repubblica 28 dicembre 2000, n. 445. Resta salva la libertà di stato accertata o acquisita per effetto di un giudicato italiano o riconosciuto in Italia.

3. L'unione civile è valida, quanto alla forma, se è considerata tale dalla legge del luogo di costituzione o dalla legge nazionale di almeno una delle parti o dalla legge dello Stato di comune residenza al momento della costituzione.

4. I rapporti personali e patrimoniali tra le parti sono regolati dalla legge dello Stato davanti alle cui autorità l'unione è stata costituita. A richiesta di una delle parti il giudice può disporre l'applicazione della legge dello Stato nel quale la vita comune è prevalentemente localizzata. Le parti possono convenire per iscritto che i loro rapporti patrimoniali sono regolati dalla legge dello Stato di cui almeno una di esse è cittadina o nel quale almeno una di esse risiede.

5. Alle obbligazioni alimentari si applica l'articolo 45.

(1) *Questo articolo è stato inserito dall'art. 1, comma 1, lett.* a), *del D.L.vo 19 gennaio 2017, n. 7.*

32 *quater*. (1) Scioglimento dell'unione civile. – 1. In materia di scioglimento dell'unione civile la giurisdizione italiana sussiste, oltre che nei casi previsti dagli articoli 3 e 9, anche quando una delle parti è cittadina italiana o l'unione è stata costituita in Italia. I medesimi titoli di giurisdizione si applicano anche in materia di nullità o di annullamento dell'unione civile.

2. Lo scioglimento dell'unione civile è regolato dalla legge applicabile al divorzio in conformità al regolamento n. 1259/2010/UE del Consiglio del 20 dicembre 2010 relativo ad una cooperazione rafforzata nel settore della legge applicabile al divorzio e alla separazione personale.

(1) *Questo articolo è stato inserito dall'art. 1, comma 1, lett.* a), *del D.L.vo 19 gennaio 2017, n. 7.*

32 *quinquies*. (1) Unione civile costituita all'estero tra cittadini italiani dello stesso sesso. – 1. L'unione civile, o altro istituto analogo, costituiti all'estero tra cittadini italiani dello stesso sesso abitualmente residenti in Italia produce gli effetti dell'unione civile regolata dalla legge italiana.

(1) *Questo articolo è stato inserito dall'art. 1, comma 1, lett.* a), *del D.L.vo 19 gennaio 2017, n. 7.*

33. (1) Filiazione. – 1. Lo stato di figlio è determinato dalla legge nazionale del figlio o, se più favorevole, dalla legge dello Stato di cui uno dei genitori è cittadino, al momento della nascita.

2. La legge individuata ai sensi del comma 1 regola i presupposti e gli effetti dell'accertamento e della contestazione dello stato di figlio; qualora la legge così individuata non permetta l'accertamento o la contestazione dello stato di figlio si applica la legge italiana.

3. Lo stato di figlio, acquisito in base alla legge nazionale di uno dei genitori, non può essere contestato che alla stregua di tale legge; se tale legge non consente la contestazione si applica la legge italiana.

4. Sono di applicazione necessaria le norme del diritto italiano che sanciscono l'unicità dello stato di figlio.

(1) *Questo articolo è stato così sostituito dall'art. 101, comma 1, lett.* a), *del D.L.vo 28 dicembre 2013, n. 154, a decorrere dal trentesimo giorno successivo a quello della sua pubblicazione nella* Gazzetta Ufficiale *(G.U. n. 5 dell'8 gennaio 2014).*

34. (1) [Legittimazione. – 1. La legittimazione per susseguente matrimonio è regolata dalla legge nazionale del figlio nel momento in cui essa avviene o dalla legge nazionale di uno dei genitori nel medesimo momento.

2. Negli altri casi, la legittimazione è regolata dalla legge dello Stato di cui è cittadino, al momento della domanda, il genitore nei cui confronti il figlio viene legittimato. Per la legittimazione destinata ad avere effetto dopo la morte del genitore legittimante, si tiene conto della sua cittadinanza al momento della morte].

(1) *Questo articolo è stato abrogato dall'art. 106, comma 1, lett.* c), *del D.L.vo 28 dicembre 2013, n. 154, a decorrere dal trentesimo giorno successivo a quello*

della sua pubblicazione nella Gazzetta Ufficiale (G.U. *n. 5 dell'8 gennaio 2014).*

35. Riconoscimento di figlio [naturale] (1). – 1. Le condizioni per il riconoscimento del figlio sono regolate dalla legge nazionale del figlio al momento della nascita, o se più favorevole, dalla legge nazionale del soggetto che fa il riconoscimento, nel momento in cui questo avviene; se tali leggi non prevedono il riconoscimento si applica la legge italiana (2).

2. La capacità del genitore di fare il riconoscimento è regolata dalla sua legge nazionale.

3. La forma del riconoscimento è regolata dalla legge dello Stato in cui esso è fatto o da quella che ne disciplina la sostanza.

(1) *La parola tra parentesi quadrate è stata soppressa dall'art. 101, comma 1, lett.* b), *del D.L.vo 28 dicembre 2013, n. 154, a decorrere dal trentesimo giorno successivo a quello della sua pubblicazione nella* Gazzetta Ufficiale (G.U. *n. 5 dell'8 gennaio 2014).*

(2) *Questo comma è stato così sostituito dall'art. 101, comma 1, lett.* b), *del D.L.vo 28 dicembre 2013, n. 154, a decorrere dal trentesimo giorno successivo a quello della sua pubblicazione nella* Gazzetta Ufficiale (G.U. *n. 5 dell'8 gennaio 2014).*

36. Rapporti tra genitori e figli. – 1. I rapporti personali e patrimoniali tra genitori e figli, compresa la responsabilità genitoriale (1), sono regolati dalla legge nazionale del figlio.

(1) *Le parole: «potestà dei genitori» sono state così sostituite dalle seguenti: «responsabilità genitoriale» dall'art. 101, comma 1, lett.* c), *del D.L.vo 28 dicembre 2013, n. 154, a decorrere dal trentesimo giorno successivo a quello della sua pubblicazione nella* Gazzetta Ufficiale (G.U. *n. 5 dell'8 gennaio 2014).*

36 *bis*. (1) 1. Nonostante il richiamo ad altra legge, si applicano in ogni caso le norme del diritto italiano che:

a) attribuiscono ad entrambi i genitori la responsabilità genitoriale;

b) stabiliscono il dovere di entrambi i genitori di provvedere al mantenimento del figlio;

c) attribuiscono al giudice il potere di adottare provvedimenti limitativi o ablativi della responsabilità genitoriale in presenza di condotte pregiudizievoli per il figlio.

(1) *Questo articolo è stato inserito dall'art. 101, comma 1, lett.* d), *del D.L.vo 28 dicembre 2013, n. 154, a decorrere dal trentesimo giorno successivo a quello della sua pubblicazione nella* Gazzetta Ufficiale (G.U. *n. 5 dell'8 gennaio 2014).*

37. Giurisdizione in materia di filiazione. – 1. In materia di filiazione e di rapporti personali fra genitori e figli la giurisdizione italiana sussiste, oltre che nei casi previsti rispettivamente dagli artt. 3 e 9, anche quando uno dei genitori o il figlio è cittadino italiano o risiede in Italia.

Capo V
Adozione

38. Adozione. – 1. I presupposti, la costituzione e la revoca dell'adozione sono regolati dal diritto nazionale dell'adottante o degli adottanti se comune o, in mancanza, dal diritto dello Stato nel quale gli adottanti sono entrambi residenti, ovvero da quello dello Stato nel quale la loro vita matrimoniale è prevalentemente localizzata, al momento dell'adozione. Tuttavia si applica il diritto italiano quando è richiesta al giudice italiano l'adozione di un minore, idonea ad attribuirgli lo stato di figlio [legittimo] (1).

2. È in ogni caso salva l'applicazione della legge nazionale dell'adottando maggiorenne per la disciplina dei consensi che essa eventualmente richieda.

(1) *La parola tra parentesi quadrate è stata soppressa dall'art. 101, comma 1, lett.* e), *del D.L.vo 28 dicembre 2013, n. 154, a decorrere dal trentesimo giorno successivo a quello della sua pubblicazione nella* Gazzetta Ufficiale (G.U. *n. 5 dell'8 gennaio 2014).*

39. Rapporti fra adottato e famiglia adottiva. – 1. I rapporti personali e patrimoniali fra l'adottato e l'adottante o gli adottanti e i parenti di questi sono regolati dal diritto nazionale dell'adottante o degli adottanti se comune o, in mancanza, dal diritto dello Stato nel quale gli adottanti sono entrambi residenti ovvero da quello dello Stato nel quale la loro vita matrimoniale è prevalentemente localizzata.

40. Giurisdizione in materia di adozione. – 1. I giudici italiani hanno giurisdizione in materia di adozione allorché:

a) gli adottanti o uno di essi o l'adottando sono cittadini italiani ovvero stranieri residenti in Italia;

b) l'adottando è un minore in stato di abbandono in Italia.

2. In materia di rapporti personali o patrimoniali fra l'adottato e l'adottante o gli adottanti ed i parenti di questi i giudici italiani hanno giurisdizione, oltre che nelle ipotesi previste dall'art. 3,

ogni qualvolta l'adozione si è costituita in base al diritto italiano.

41. Riconoscimento dei provvedimenti stranieri in materia di adozione. – 1. I provvedimenti stranieri in materia di adozione sono riconoscibili in Italia ai sensi degli artt. 64, 65 e 66.

2. Restano ferme le disposizioni delle leggi speciali in materia di adozione dei minori.

Capo VI
Protezione degli incapaci e obblighi alimentari

42. Giurisdizione e legge applicabile in materia di protezione dei minori. – 1. La protezione dei minori è in ogni caso regolata dalla Convenzione dell'Aja del 5 ottobre 1961, sulla competenza delle autorità e sulla legge applicabile in materia di protezione dei minori, resa esecutiva con la legge 24 ottobre 1980, n. 742.

2. Le disposizioni della Convenzione si applicano anche alle persone considerate minori soltanto dalla loro legge nazionale, nonché alle persone la cui residenza abituale non si trova in uno degli Stati contraenti.

43. Protezione dei maggiori d'età. – 1. I presupposti e gli effetti delle misure di protezione degli incapaci maggiori di età, nonché i rapporti fra l'incapace e chi ne ha la cura, sono regolati dalla legge nazionale dell'incapace. Tuttavia, per proteggere in via provvisoria e urgente la persona o i beni dell'incapace, il giudice italiano può adottare le misure previste dalla legge italiana.

44. Giurisdizione in materia di protezione dei maggiori d'età. – 1. La giurisdizione italiana in materia di misure di protezione degli incapaci maggiori di età sussiste, oltre che nei casi previsti dagli artt. 3 e 9, anche quando esse si rendono necessarie per proteggere, in via provvisoria e urgente, la persona o i beni dell'incapace che si trovino in Italia.

2. Quando in base all'art. 66 nell'ordinamento italiano si producono gli effetti di un provvedimento straniero in materia di capacità di uno straniero, la giurisdizione italiana sussiste per pronunciare i provvedimenti modificativi o integrativi eventualmente necessari.

45. (¹) **Obbligazioni alimentari nella famiglia.** – 1. Le obbligazioni alimentari nella famiglia sono regolate dalla legge designata dal regolamento 2009/4/CE del Consiglio del 18 dicembre 2008 relativo alla competenza, alla legge applicabile, al riconoscimento e all'esecuzione delle decisioni e alla cooperazione in materia di obbligazioni alimentari, e successive modificazioni.

(¹) *Questo articolo è stato così sostituito dall'art. 1, comma 1, lett.* b), *del D.L.vo 19 gennaio 2017, n. 7.*

Capo VII
Successioni

46. Successione per causa di morte. – 1. La successione per causa di morte è regolata dalla legge nazionale del soggetto della cui eredità si tratta, al momento della morte.

2. Il soggetto della cui eredità si tratta può sottoporre, con dichiarazione espressa in forma testamentaria, l'intera successione alla legge dello Stato in cui risiede. La scelta non ha effetto se al momento della morte il dichiarante non risiedeva più in tale Stato. Nell'ipotesi di successione di un cittadino italiano, la scelta non pregiudica i diritti che la legge italiana attribuisce ai legittimari residenti in Italia al momento della morte della persona della cui successione si tratta.

3. La divisione ereditaria è regolata dalla legge applicabile alla successione, salvo che i condividenti, d'accordo fra loro, abbiano designato la legge del luogo d'apertura della successione o del luogo ove si trovano uno o più beni ereditari.

47. Capacità di testare. – 1. La capacità di disporre per testamento, di modificarlo o di revocarlo è regolata dalla legge nazionale del disponente al momento del testamento, della modifica o della revoca.

48. Forma del testamento. – 1. Il testamento è valido, quanto alla forma, se è considerato tale dalla legge dello Stato nel quale il testatore ha disposto, ovvero dalla legge dello Stato di cui il testatore, al momento del testamento o della morte, era cittadino o dalla legge dello Stato in cui aveva il domicilio o la residenza.

49. Successione dello Stato. – 1. Quando la legge applicabile alla successione, in mancanza di successibili, non attribuisce la successione allo Stato, i beni ereditari esistenti in Italia sono devoluti allo Stato italiano.

50. Giurisdizione in materia successoria. – 1. In materia successoria la giurisdizione italiana sussiste:

a) se il defunto era cittadino italiano al momento della morte;

b) se la successione si è aperta in Italia;

c) se la parte dei beni ereditari di maggiore consistenza economica è situata in Italia;

d) se il convenuto è domiciliato o residente in Italia o ha accettato la giurisdizione italiana, salvo che la domanda sia relativa a beni immobili situati all'estero;

e) se la domanda concerne beni situati in Italia.

Capo VIII
Diritti reali

51. Possesso e diritti reali. – 1. Il possesso, la proprietà e gli altri diritti reali sui beni mobili ed immobili sono regolati dalla legge dello Stato in cui i beni si trovano.

2. La stessa legge ne regola l'acquisto e la perdita, salvo che in materia successoria e nei casi in cui l'attribuzione di un diritto reale dipenda da un rapporto di famiglia o da un contratto.

52. Diritti reali su beni in transito. – 1. I diritti reali su beni in transito sono regolati dalla legge del luogo di destinazione.

53. Usucapione di beni mobili. – 1. L'usucapione di beni mobili è regolata dalla legge dello Stato in cui il bene si trova al compimento del termine prescritto.

54. Diritti su beni immateriali. – 1. I diritti su beni immateriali sono regolati dalla legge dello Stato di utilizzazione.

55. Pubblicità degli atti relativi ai diritti reali. – 1. La pubblicità degli atti di costituzione, trasferimento ed estinzione dei diritti reali è regolata dalla legge dello Stato in cui il bene si trova al momento dell'atto.

Capo IX
Donazioni

56. Donazioni. – 1. Le donazioni sono regolate dalla legge nazionale del donante al momento della donazione.

2. Il donante può, con dichiarazione espressa contestuale alla donazione, sottoporre la donazione stessa alla legge dello Stato in cui egli risiede.

3. La donazione è valida, quanto alla forma, se è considerata tale dalla legge che ne regola la sostanza oppure dalla legge dello Stato nel quale l'atto è compiuto.

Capo X
Obbligazioni contrattuali

57. Obbligazioni contrattuali. – 1. Le obbligazioni contrattuali sono in ogni caso regolate dalla Convenzione di Roma del 19 giugno 1980 sulla legge applicabile alle obbligazioni contrattuali, resa esecutiva con la legge 18 dicembre 1984, n. 975, senza pregiudizio delle altre convenzioni internazionali, in quanto applicabili.

Capo XI
Obbligazioni non contrattuali

58. Promessa unilaterale. – 1. La promessa unilaterale è regolata dalla legge dello Stato in cui viene manifestata.

59. Titoli di credito. – 1. La cambiale, il vaglia cambiario e l'assegno sono in ogni caso regolati dalle disposizioni contenute nelle Convenzioni di Ginevra del 7 giugno 1930, sui conflitti di legge in materia di cambiale e di vaglia cambiario, di cui al regio decreto legge 25 agosto 1932, n. 1130, convertito dalla legge 22 dicembre 1932, n. 1946, e del 19 marzo 1931, sui conflitti di legge in materia di assegni bancari, di cui al regio decreto legge 24 agosto 1933, n. 1077, convertito dalla legge 4 gennaio 1934, n. 61.

2. Tali disposizioni si applicano anche alle obbligazioni assunte fuori dai territori degli Stati contraenti o allorché esse designino la legge di uno Stato non contraente.

3. Gli altri titoli di credito sono regolati dalla legge dello Stato in cui il titolo è stato emesso. Tuttavia le obbligazioni diverse da quella principale sono regolate dalla legge dello Stato in cui ciascuna è stata assunta.

60. Rappresentanza volontaria. – 1. La rappresentanza volontaria è regolata dalla legge dello Stato in cui il rappresentante ha la propria sede d'affari sempre che egli agisca a titolo professionale e che tale sede sia conosciuta o conoscibile dal terzo. In assenza di tali condizioni si applica la legge dello Stato in cui il rappresentante esercita in via principale i suoi poteri nel caso concreto.

2. L'atto di conferimento dei poteri di rappresentanza è valido, quanto alla forma, se considerato tale dalla legge che ne regola la sostanza oppure dalla legge dello Stato in cui è posto in essere.

61. Obbligazioni nascenti dalla legge. – 1. La gestione di affari altrui, l'arricchimento senza causa, il pagamento dell'indebito e le altre obbligazioni legali, non diversamente regolate dalla presente legge, sono sottoposti alla legge dello Stato in cui si è verificato il fatto da cui deriva l'obbligazione.

62. Responsabilità per fatto illecito. – 1. La responsabilità per fatto illecito è regolata dalla legge dello Stato in cui si è verificato l'evento. Tuttavia il danneggiato può chiedere l'applicazione della legge dello Stato in cui si è verificato il fatto che ha causato il danno.

2. Qualora il fatto illecito coinvolga soltanto cittadini di un medesimo Stato in esso residenti, si applica la legge di tale Stato.

63. Responsabilità extracontrattuale per danno da prodotto. – 1. La responsabilità per danno da prodotto è regolata, a scelta del danneggiato, dalla legge dello Stato in cui si trova il domicilio o l'amministrazione del produttore, oppure da quella dello Stato in cui il prodotto è stato acquistato, a meno che il produttore provi che il prodotto vi è stato immesso in commercio senza il suo consenso.

Titolo IV
Efficacia di sentenze ed atti stranieri ([1])

([1]) *A norma dell'art. 74 di questa legge, come da ultimo modificato dall'art. 10 del D.L. 23 ottobre 1996, n. 542, convertito, con modificazioni, nella L. 23 dicembre 1996, n. 649, gli articoli dal 64 al 71 entrano in vigore il 31 dicembre 1996.*

64. Riconoscimento di sentenze straniere. – 1. La sentenza straniera è riconosciuta in Italia senza che sia necessario il ricorso ad alcun procedimento quando:

a) il giudice che l'ha pronunciata poteva conoscere della causa secondo i principi sulla competenza giurisdizionale propri dell'ordinamento italiano;

b) l'atto introduttivo del giudizio è stato portato a conoscenza del convenuto in conformità a quanto previsto dalla legge del luogo dove si è svolto il processo e non sono stati violati i diritti essenziali della difesa;

c) le parti si sono costituite in giudizio secondo la legge del luogo dove si è svolto il processo o la contumacia è stata dichiarata in conformità a tale legge;

d) essa è passata in giudicato secondo la legge del luogo in cui è stata pronunziata;

e) essa non è contraria ad altra sentenza pronunziata da un giudice italiano passata in giudicato;

f) non pende un processo davanti a un giudice italiano per il medesimo oggetto e fra le stesse parti, che abbia avuto inizio prima del processo straniero;

g) le sue disposizioni non producono effetti contrari all'ordine pubblico.

65. Riconoscimento di provvedimenti stranieri. – 1. Hanno effetto in Italia i provvedimenti stranieri relativi alla capacità delle persone nonché all'esistenza di rapporti di famiglia o di diritti della personalità quando essi sono stati pronunciati dalle autorità dello Stato la cui legge è richiamata dalle norme della presente legge o producono effetti nell'ordinamento di quello Stato, anche se pronunciati da autorità di altro Stato, purché non siano contrari all'ordine pubblico e siano stati rispettati i diritti essenziali della difesa.

66. Riconoscimento di provvedimenti stranieri di giurisdizione volontaria. – 1. I provvedimenti stranieri di volontaria giurisdizione sono riconosciuti senza che sia necessario il ricorso ad alcun procedimento, sempre che siano rispettate le condizioni di cui all'art. 65, in quanto applicabili, quando sono pronunciati dalle autorità dello Stato la cui legge è richiamata dalle disposizioni della presente legge, o producono effetti nell'ordinamento di quello Stato ancorché emanati da autorità di altro Stato, ovvero sono pronunciati da un'autorità che sia competente in base a criteri corrispondenti a quelli propri dell'ordinamento italiano.

67. Attuazione di sentenze e provvedimenti stranieri di giurisdizione volontaria e contestazione del riconoscimento. – 1. In caso di mancata ottemperanza o di contestazione del riconoscimento della sentenza straniera o del provvedimento straniero di volontaria giurisdizione, ovvero quando sia necessario procedere ad esecuzione forzata, chiunque vi abbia interesse può chiedere all'autorità giudiziaria ordinaria ([1]) l'accertamento dei requisiti del riconoscimento.

1 *bis*. Le controversie di cui al comma 1 sono disciplinate dall'articolo 30 del decreto legislativo 1° settembre 2011, n. 150 ([2]).

2. La sentenza straniera o il provvedimento straniero di volontaria giurisdizione, unitamente al provvedimento che accoglie la domanda di cui

al comma 1, costituiscono titolo per l'attuazione e per l'esecuzione forzata.

3. Se la contestazione ha luogo nel corso di un processo, il giudice adito pronuncia con efficacia limitata al giudizio.

(1) *Le parole: «alla Corte d'appello del luogo di attuazione» sono state così sostituite dalle attuali: «all'autorità giudiziaria ordinaria» dall'art. 34, comma 38, lett.* a)*, del D.L.vo 1 settembre 2011, n. 150. A norma dell'art. 36 del medesimo provvedimento tali disposizioni si applicano ai procedimenti instaurati successivamente alla data di entrata in vigore dello stesso. Le norme abrogate o modificate dal medesimo decreto continuano ad applicarsi alle controversie pendenti alla data di entrata in vigore dello stesso* (G.U. *Serie gen. - n. 220 del 21 settembre 2011*).

(2) *Questo comma è stato inserito dall'art. 34, comma 38, lett.* b)*, del D.L.vo 1 settembre 2011, n. 150. A norma dell'art. 36 del medesimo provvedimento tali disposizioni si applicano ai procedimenti instaurati successivamente alla data di entrata in vigore dello stesso. Le norme abrogate o modificate dal medesimo decreto continuano ad applicarsi alle controversie pendenti alla data di entrata in vigore dello stesso* (G.U. *Serie gen. - n. 220 del 21 settembre 2011*).

68. Attuazione ed esecuzione di atti pubblici ricevuti all'estero. – 1. Le norme di cui all'art. 67 si applicano anche rispetto all'attuazione e all'esecuzione forzata in Italia di atti pubblici ricevuti in uno Stato estero e ivi muniti di forza esecutiva.

69. Assunzione di mezzi di prova disposti da giudici stranieri. – 1. Le sentenze e i provvedimenti di giudici stranieri riguardanti esami di testimoni, accertamenti tecnici, giuramenti, interrogatori o altri mezzi di prova da assumersi nella Repubblica sono resi esecutivi con decreto della corte d'appello del luogo in cui si deve procedere a tali atti.

2. Se l'assunzione dei mezzi di prova è chiesta dalla parte interessata, l'istanza è proposta alla corte mediante ricorso, al quale deve essere unita copia autentica della sentenza o del provvedimento che ha ordinato gli atti chiesti. Se l'assunzione è domandata dallo stesso giudice, la richiesta deve essere trasmessa in via diplomatica.

3. La corte delibera in camera di consiglio e, qualora autorizzi l'assunzione, rimette gli atti al giudice competente.

4. Può disporsi l'assunzione di mezzi di prova o l'espletamento di altri atti istruttori non previsti dall'ordinamento italiano sempreché essi non contrastino con i principi dell'ordinamento stesso.

5. L'assunzione o l'espletamento richiesti sono disciplinati dalla legge italiana. Tuttavia si osservano le forme espressamente richieste dall'autorità giudiziaria straniera in quanto compatibili con i principi dell'ordinamento italiano.

70. Esecuzione richiesta in via diplomatica. – 1. Se la richiesta per l'assunzione di mezzi di prova di atti di istruzione è fatta in via diplomatica e la parte interessata non ha costituito un procuratore che ne promuova l'assunzione, i provvedimenti necessari per questa sono pronunciati d'ufficio dal giudice procedente e le notificazioni sono fatte a cura del cancelliere.

71. Notificazione di atti di autorità straniere. – 1. La notificazione di citazioni a comparire davanti ad autorità straniere o di altri atti provenienti da uno Stato estero è autorizzata dal pubblico ministero presso il tribunale nella cui giurisdizione la notificazione si deve eseguire.

2. La notificazione richiesta in via diplomatica è eseguita, a cura del pubblico ministero, da un ufficiale giudiziario da lui richiesto.

3. La notificazione avviene secondo le modalità previste dalla legge italiana. Tuttavia si osservano le modalità richieste dall'autorità straniera in quanto compatibili con i principi dell'ordinamento italiano. In ogni caso l'atto può essere consegnato, da chi procede alla notificazione, al destinatario che lo accetti volontariamente.

Titolo V
Disposizioni transitorie e finali

72. Disposizioni transitorie. – 1. La presente legge si applica in tutti i giudizi iniziati dopo la data della sua entrata in vigore, fatta salva l'applicabilità alle situazioni esaurite prima di tale data delle previgenti norme di diritto internazionale privato.

2. I giudizi pendenti sono decisi dal giudice italiano se i fatti e le norme che determinano la giurisdizione sopravvengono nel corso del processo.

73. (1) **Abrogazioni. –** 1. Sono abrogati gli articoli dal 17 al 31 delle disposizioni sulla legge in generale premesse al codice civile, nonché gli artt. 2505 e 2509 del codice civile e gli artt. 2, 3, 4 e 37, secondo comma, del codice di procedura civile, gli articoli dal 796 all'805 del codice di procedura civile sono abrogati a far data dal 31 dicembre 1996.

([1]) *Questo articolo, sostituito dall'art. 8 del D.L. 28 agosto 1995, n. 361, convertito, con modificazioni, nella L. 27 ottobre 1995, n. 437, è stato da ultimo così sostituito dall'art. 10 del D.L. 23 ottobre 1996, n. 542, convertito, con modificazioni, nella L. 23 dicembre 1996, n. 649.*

74. ([1]) **Entrata in vigore.** – 1. La presente legge entra in vigore il 1° settembre 1995; gli articoli dal 64 al 71 entrano in vigore il 31 dicembre 1996.

([1]) *Questo articolo, sostituito dall'art. 8 del D.L. 28 agosto 1995, n. 361, convertito, con modificazioni, nella L. 27 ottobre 1995, n. 437, è stato da ultimo così sostituito dall'art. 10 del D.L. 23 ottobre 1996, n. 542, convertito, con modificazioni, nella L. 23 dicembre 1996, n. 649.*

2.

D.L.vo 1 settembre 2011, n. 150. Disposizioni complementari al codice di procedura civile in materia di riduzione e semplificazione dei procedimenti civili di cognizione, ai sensi dell'articolo 54 della legge 18 giugno 2009, n. 69 (*Gazzetta Ufficiale* Serie gen. - n. 220 del 21 settembre 2011) e avviso di rettifica in *Gazzetta Ufficiale* Serie gen. - n. 246 del 21 ottobre 2011.

(*Estratto*)

Capo III
Delle controversie regolate
dal rito sommario di cognizione

30. Delle controversie in materia di attuazione di sentenze e provvedimenti stranieri di giurisdizione volontaria e contestazione del riconoscimento. – 1. Le controversie aventi ad oggetto l'attuazione di sentenze e provvedimenti stranieri di giurisdizione volontaria di cui all'articolo 67 della legge 31 maggio 1995, n. 218, sono regolate dal rito sommario di cognizione.

2. È competente la corte di appello del luogo di attuazione del provvedimento.

Capo V
Disposizioni finali
ed abrogazioni

36. Disposizioni transitorie e finali. – 1. Le norme del presente decreto si applicano ai procedimenti instaurati successivamente alla data di entrata in vigore dello stesso.

2. Le norme abrogate o modificate dal presente decreto continuano ad applicarsi alle controversie pendenti alla data di entrata in vigore dello stesso.

CODICE CIVILE

R.D. 16 marzo 1942, n. 262. Approvazione del testo del Codice civile (Pubblicato nella edizione straordinaria della *Gazzetta Ufficiale* n. 79 del 4 aprile 1942).

VITTORIO EMANUELE III
PER GRAZIA DI DIO
E PER VOLONTÀ
DELLA NAZIONE
RE D'ITALIA E DI ALBANIA
IMPERATORE D'ETIOPIA

Visti i Regi decreti 12 dicembre 1938, n. 1852, 26 ottobre 1939, n. 1586, 30 gennaio 1941, n. 15, 30 gennaio 1941, n. 17 e 30 gennaio 1941, n. 18, che danno facoltà al Governo di provvedere alla riunione ed al coordinamento dei libri del Codice civile delle persone, delle successioni per causa di morte e delle donazioni, della proprietà, delle obbligazioni, del lavoro e della tutela dei diritti, approvati con gli stessi Regi decreti;

Udito il Consiglio dei Ministri;

Sulla proposta del Nostro Guardasigilli, Ministro Segretario di Stato per la grazia e giustizia;

Abbiamo decretato e decretiamo:

1. È approvato il testo del Codice civile, il quale, preceduto dalle Disposizioni sulla legge in generale, avrà esecuzione a cominciare dal 21 aprile 1942, sostituendo da questa data i libri del Codice stesso, approvati con i Regi decreti 12 dicembre 1938, n. 1852, 26 ottobre 1939, n. 1586, 30 gennaio 1941, n. 15, 30 gennaio 1941, n. 16, 30 gennaio 1941, n. 17, e 30 gennaio 1941, n. 18.

2. Un esemplare del testo del Codice civile, firmato da Noi e contrassegnato dal Nostro Ministro Segretario di Stato per la grazia e giustizia, servirà di originale e sarà depositato e custodito nell'Archivio del Regno.

Ordiniamo che il presente decreto, munito del sigillo dello Stato, sia inserito nella Raccolta ufficiale delle leggi e dei decreti del Regno d'Italia, mandando a chiunque spetti di osservarlo e di farlo osservare.

Dato a Roma, addì 16 marzo 1942.

VITTORIO EMANUELE
Mussolini - Grandi

Visto, il Guardiasigilli: Grandi.

Registrato alla Corte dei Conti, addì 16 marzo 1942 - Atti del Governo, registro n. 443, foglio n. 53.

MANCINI

Capo I
Delle fonti del diritto

1. Indicazione delle fonti. – Sono fonti (70, 87, 121, 138, Cost.) del diritto:
1) le leggi (2, 10 ss.);
2) i regolamenti (3, 4);
3) le norme corporative ([1]);
4) gli usi (8 ss.).

([1]) *Il R.D.L. 9 agosto 1943, n. 721, soppressione degli organi corporativi centrali, del comitato interministeriale prezzi e del comitato interministeriale per l'autarchia, ha soppresso l'ordinamento corporativo fascista.*

2. Leggi. – La formazione delle leggi (1, n. 1) e l'emanazione degli atti del Governo aventi forza di legge sono disciplinate da leggi di carattere costituzionale (70 ss., 87, 128 Cost.).

3. Regolamenti. – Il potere regolamentare del Governo è disciplinato da leggi di carattere costituzionale.

Il potere regolamentare di altre autorità è esercitato nei limiti delle rispettive competenze, in conformità delle leggi particolari (4, 77, 87 Cost.).

4. Limiti della disciplina regolamentare. – I regolamenti non possono contenere norme contrarie alle disposizioni delle leggi.

I regolamenti emanati a norma del secondo comma dell'art. 3 non possono nemmeno dettare norme contrarie a quelle dei regolamenti emanati dal Governo.

5 - 7. (*Omissis*) ([1]).

([1]) *Articoli riguardanti le norme corporative, abrogati dal R.D.L. 9 agosto 1943, n. 721.*

8. Usi. – Nelle materie regolate dalle leggi (1, n. 1) e dai regolamenti (1, n. 2) gli usi hanno efficacia solo in quanto sono da essi richiamati (1, n. 4, 9).

Le norme corporative prevalgono sugli usi, anche se richiamati dalle leggi e dai regolamenti, salvo che in esse sia diversamente disposto ([1]).

([1]) *Comma da ritenere abrogato a seguito della soppressione dell'ordinamento corporativo fascista disposta dal R.D.L. 9 agosto 1943, n. 721.*

9. Raccolte di usi. – Gli usi pubblicati nelle raccolte ufficiali degli enti e degli organi a ciò autorizzati si presumono esistenti fino a prova contraria.

Capo II
Dell'applicazione della legge in generale

10. Inizio dell'obbligatorietà delle leggi e dei regolamenti. – Le leggi (1, n. 1) e i regolamenti (1, n. 2) divengono obbligatori nel decimoquinto giorno successivo a quello della loro pubblicazione (73 Cost.), salvo che sia altrimenti disposto.

Le norme corporative divengono obbligatorie nel giorno successivo a quello della pubblicazione, salvo che in esse sia altrimenti disposto ([1]).

([1]) *Comma da ritenere abrogato a seguito della soppressione dell'ordinamento corporativo fascista, disposta dal R.D.L. 9 agosto 1943, n. 721.*

11. Efficacia della legge nel tempo. – La legge non dispone che per l'avvenire: essa non ha effetto retroattivo (25 Cost.; 2 c.p.).

I contratti collettivi di lavoro (2067 ss. c.c.) possono stabilire per la loro efficacia una data anteriore alla pubblicazione, purché non preceda quella della stipulazione (2074 c.c.).

12. Interpretazione della legge. – Nell'applicare la legge non si può ad essa attribuire altro senso che quello fatto palese dal significato proprio delle parole secondo la connessione di esse, e dalla intenzione del legislatore (1362, 1363 c.c.).

Se una controversia non può essere decisa con una precisa disposizione, si ha riguardo alle disposizioni che regolano casi simili o materie analoghe; se il caso rimane ancora dubbio, si decide secondo i principi generali dell'ordinamento giuridico dello Stato.

13. Esclusione dell'applicazione analogica delle norme corporative. – (*Omissis*) ([1]).

([1]) *L'ordinamento corporativo fascista è stato soppresso dal R.D.L. 9 agosto 1943, n. 721.*

14. Applicazione delle leggi penali ed eccezionali. – Le leggi penali e quelle che fanno eccezione a regole generali o ad altre leggi non si applicano oltre i casi e i tempi in esse considerati (25 Cost.; 1, 2 c.p.).

15. Abrogazione delle leggi. – Le leggi non sono abrogate che da leggi posteriori per dichiarazione espressa del legislatore, o per incompatibilità tra le nuove disposizioni e le precedenti o perché la nuova legge regola l'intera materia già regolata dalla legge anteriore (75 Cost.).

16. Trattamento dello straniero. – Lo straniero è ammesso a godere dei diritti civili attribuiti al cittadino a condizione di reciprocità e salve le disposizioni contenute in leggi speciali (29).

Questa disposizione vale anche per le persone giuridiche straniere (29; 10 Cost.; 2508 ss. cc.).

17. ([1]) [**Legge regolatrice dello stato e delle capacità delle persone e dei rapporti di famiglia.** – Lo stato e la capacità delle persone e i rapporti di famiglia sono regolati dalla legge dello Stato al quale esse appartengono (115, 116 c.c.).

Tuttavia uno straniero, se compie nella Repubblica un atto per il quale sia incapace secondo la sua legge nazionale, è considerato capace se per tale atto secondo la legge italiana sia capace il cittadino, salvo che si tratti di rapporti di famiglia, di successioni per causa di morte (456 ss. c.c.), di donazioni (769 ss. c.c.), ovvero di atti di disposizione di immobili situati all'estero].

([1]) *Articolo abrogato dall'art. 73 della L. 31 maggio 1995, n. 218, a decorrere dal 1° settembre 1995. Si vedano ora i Capi II e IV della citata L. n. 218/1995.*

18. ([1]) [**Legge regolatrice dei rapporti personali tra coniugi.** – I rapporti personali tra coniugi (143 ss. c.c.) di diversa cittadinanza sono regolati dall'ultima legge nazionale che sia stata loro comune durante il matrimonio o, in mancanza di essa, dalla legge nazionale del marito al tempo della celebrazione del matrimonio (143 c.c.)].

([1]) *Articolo abrogato dall'art. 73 della L. 31 maggio 1995, n. 218, a decorrere dal 1° settembre 1995. Si veda ora l'art. 29 della citata L. n. 218/1995.*

19. ([1]) [**Legge regolatrice dei rapporti patrimoniali tra coniugi.** – I rapporti patrimoniali tra coniugi (159 ss. c.c.) sono regolati dalla legge nazionale del marito al tempo della celebrazione del matrimonio.

Il cambiamento di cittadinanza dei coniugi non influisce sui rapporti patrimoniali, salve le convenzioni tra i coniugi in base alla nuova legge nazionale comune].

([1]) *Articolo abrogato dall'art. 73 della L. 31 maggio 1995, n. 218, a decorrere dal 1° settembre 1995. Si veda ora l'art. 30 della citata L. n. 218/1995.*

20. ([1]) [**Legge regolatrice dei rapporti tra genitori e figli.** – I rapporti tra genitori e figli (315 ss. c.c.) sono regolati dalla legge nazionale del padre, ovvero da quella della madre se soltanto la maternità è accertata o se soltanto la madre ha legittimato il figlio (250, 269, 280 c.c.).

I rapporti tra adottante e adottato sono regolati dalla legge nazionale dell'adottante al tempo dell'adozione (291 ss. c.c.)].

([1]) *Articolo abrogato dall'art. 73 della L. 31 maggio 1995, n. 218, a decorrere dal 1° settembre 1995. Si vedano ora gli artt. 33-41 della citata L. n. 218/1995.*

21. ([1]) [**Legge regolatrice della tutela.** – La tutela (343 ss., 424 c.c.) e gli altri istituti di protezione degli incapaci (401 c.c.) sono regolati dalla legge nazionale dell'incapace].

([1]) *Articolo abrogato dall'art. 73 della L. 31 maggio 1995, n. 218, a decorrere dal 1° settembre 1995. Si vedano ora gli artt. 42-44 della citata L. n. 218/1995.*

22. ([1]) [**Legge regolatrice del possesso, della proprietà e degli altri diritti sulle cose.** – Il possesso (1140 ss. c.c.), la proprietà (832 ss. c.c.) e gli altri diritti sulle cose mobili e immobili (978 ss. c.c.) sono regolati dalla legge del luogo nel quale le cose si trovano (6 c.n.)].

([1]) *Articolo abrogato dall'art. 73 della L. 31 maggio 1995, n. 218, a decorrere dal 1° settembre 1995. Si vedano ora gli artt. 51-55 della citata L. n. 218/1995.*

23. ([1]) [**Legge regolatrice delle successioni per causa di morte.** – Le successioni per causa di morte (456 ss. c.c.) sono regolate, ovunque siano i beni, dalla legge dello Stato al quale apparteneva, al momento della morte, la persona della cui eredità si tratta].

([1]) *Articolo abrogato dall'art. 73 della L. 31 maggio 1995, n. 218, a decorrere dal 1° settembre 1995. Si vedano ora gli artt. 46-50 della citata L. n. 218/1995.*

24. ([1]) [**Legge regolatrice delle donazioni.** – Le donazioni (769 ss. c.c.) sono regolate dalla legge nazionale del donante].

([1]) *Articolo abrogato dall'art. 73 della L. 31 maggio 1995, n. 218, a decorrere dal 1° settembre 1995. Si veda ora l'art. 56 della citata L. n. 218/1995.*

25. ([1]) [**Legge regolatrice delle obbligazioni.** – Le obbligazioni che nascono da contratto (1321 ss. c.c.) sono regolate dalla legge nazionale dei contraenti, se è comune; altrimenti da quella del luogo nel quale il contratto è stato conchiuso (1326 c.c.). È salva in ogni caso la diversa volontà delle parti.

Le obbligazioni non contrattuali (1324, 1987 ss., 2028 ss., 2043 ss. c.c.) sono regolate dalla legge del luogo ove è avvenuto il fatto dal quale esse derivano (5, 9 c.n.)].

([1]) *Articolo abrogato dall'art. 73 della L. 31 maggio 1995, n. 218, a decorrere dal 1° settembre 1995. Si vedano ora gli artt. 57-63 della citata L. n. 218/1995.*

26. ([1]) [**Legge regolatrice della forma degli atti.** – La forma degli atti tra vivi (1350 c.c.) e degli atti di ultima volontà (601 c.c.) è regolata dalla legge del luogo nel quale l'atto è compiuto (115 c.c.) o da quella che regola la sostanza dell'atto, ovvero dalla legge nazionale del disponente o da quella dei contraenti, se è comune (5, 12 c.n.).

Le forme di pubblicità (2643 ss. c.c.) degli atti di costituzione, di trasmissione e di estinzione dei diritti sulle cose sono regolate dalla legge del luogo in cui le cose stesse si trovano].

([1]) *Articolo abrogato dall'art. 73 della L. 31 maggio 1995, n. 218, a decorrere dal 1° settembre 1995. Si vedano ora gli artt. 48, 55, 56 della citata L. n. 218/1995.*

27. ([1]) [**Legge regolatrice del processo.** – La competenza e la forma del processo sono regolate dalla legge del luogo in cui il processo si svolge (5 ss., 163 ss. c.p.c.)].

([1]) *Articolo abrogato dall'art. 73 della L. 31 maggio 1995, n. 218, a decorrere dal 1° settembre 1995. Si vedano ora gli artt. 3-12 della citata L. n. 218/1995.*

28. ([1]) [**Efficacia delle leggi penali e di polizia.** – Le leggi penali e quelle di polizia e sicurezza pubblica obbligano tutti coloro che si trovano nel territorio dello Stato (3, 4 c.p.; 4 c.n.)].

([1]) *Articolo abrogato dall'art. 73 della L. 31 maggio 1995, n. 218, a decorrere dal 1° settembre 1995. Si veda l'art. 62 della citata L. n. 218/1995.*

29. ([1]) [**Apolidi.** – Se una persona non ha cittadinanza (16), si applica la legge del luogo dove risiede in tutti i casi nei quali, secondo le disposizioni che precedono, dovrebbe applicarsi la legge nazionale (43 c.c.; 4 c.p.)].

([1]) *Articolo abrogato dall'art. 73 della L. 31 maggio 1995, n. 218, a decorrere dal 1° settembre 1995. Si veda ora l'art. 19 della citata L. n. 218/1995.*

30. ([1]) [**Rinvio ad altra legge.** – Quando, ai termini degli articoli precedenti, si deve applicare una legge straniera, si applicano le disposizioni della legge stessa senza tener conto del rinvio da essa fatto ad altra legge].

([1]) *Articolo abrogato dall'art. 73 della L. 31 maggio 1995, n. 218, a decorrere dal 1° settembre 1995. Si veda ora l'art. 13 della citata L. n. 218/1995.*

31. ([1]) [**Limiti derivanti dall'ordine pubblico e dal buon costume.** – Nonostante le disposizioni degli articoli precedenti, in nessun caso le leggi e gli atti di uno Stato estero, gli ordinamenti e gli atti di qualunque istituzione o ente, o le private disposizioni o convenzioni possono avere effetto nel territorio dello Stato, quando siano contrari all'ordine pubblico o al buon costume.

L'ordine corporativo fa parte integrante dell'ordine pubblico] ([2]).

([1]) *Articolo abrogato dall'art. 73 della L. 31 maggio 1995, n. 218, a decorrere dal 1° settembre 1995. Si veda ora l'art. 16 della citata L. n. 218/1995.*

([2]) *L'ultimo comma doveva intendersi già abrogato dall'art. 3, D.L.vo Lgt. 14 settembre 1944, n. 287, provvedimenti relativi alla riforma della legislazione civile.*

Libro I
Delle persone e della famiglia

Titolo I
Delle persone fisiche

1. Capacità giuridica. – La capacità giuridica si acquista dal momento della nascita (22 Cost.).

I diritti che la legge riconosce a favore del concepito sono subordinati all'evento della nascita (320, 462, 687, 715).

(*Omissis*) ([1]).

([1]) *Seguiva un terzo comma abrogato dall'art. 1 del R.D.L.vo 20 gennaio 1944, n. 25 e dall'art. 3 del D.L.vo Lgt. 14 settembre 1944, n. 287.*

2. ([1]) **Maggiore età. Capacità di agire.** – La maggiore età è fissata al compimento del diciottesimo anno. Con la maggiore età si acquista la capacità di compiere tutti gli atti per i quali non sia stabilita una età diversa.

Sono salve le leggi speciali che stabiliscono un'età inferiore in materia di capacità a prestare il proprio lavoro. In tal caso il minore è abilitato all'esercizio dei diritti e delle azioni che dipendono dal contratto di lavoro.

([1]) *Articolo così sostituito dall'art. 1, L. 8 marzo 1975, n. 39, in vigore dal 10 marzo 1975, attribuzione della maggiore età.*

3. [Capacità in materia di lavoro. – (*Omissis*)] ([1]).

([1]) *Articolo abrogato dall'art. 2, L. 8 marzo 1975, n. 39, attribuzione della maggiore età.*

4. Commorienza. – Quando un effetto giuridico dipende dalla sopravvivenza di una persona a un'altra (462, 791) e non consta quale di esse sia morta prima, tutte si considerano morte nello stesso momento (61, 69, 2697, 2728).

5. Atti di disposizione del proprio corpo. – Gli atti di disposizione del proprio corpo sono vietati quando cagionino una diminuizione permanente dell'integrità fisica, o quando siano altrimenti contrari alla legge, all'ordine pubblico o al buon costume (1343, 1354, 1418; 32 Cost.) ([1]).

([1]) *A norma dell'art. 1 della L. 19 settembre 2012, n. 167, in deroga al divieto di cui a questo articolo è ammesso disporre a titolo gratuito di parti di polmone, pancreas e intestino al fine esclusivo del trapianto tra persone viventi.*

6. Diritto al nome. – Ogni persona ha diritto al nome (22 Cost.) che le è per legge attribuito.

Nel nome si comprendono il prenome e il cognome (602[2]).

Non sono ammessi cambiamenti, aggiunte o rettifiche al nome, se non nei casi e con le formalità dalla legge indicati (149) ([1]).

([1]) *Si veda l'art. 89 del D.P.R. 3 novembre 2000, n. 396, ordinamento stato civile. Si veda, anche, la L. 19 novembre 1984, n. 950, ratifica ed esecuzione della convenzione relativa al rilascio di un certificato matrimoniale e della convenzione sulla legge applicabile ai cognomi e ai nomi, adottate a Monaco il 5 settembre 1980.*

7. Tutela del diritto al nome. – La persona, alla quale si contesti il diritto all'uso del proprio nome o che possa risentire pregiudizio dall'uso che altri indebitamente ne faccia, può chiedere giudizialmente (8, 9, 2563 ss.; 9 c.p.c.) la cessazione del fatto lesivo, salvo il risarcimento dei danni.

L'autorità giudiziaria può ordinare che la sentenza sia pubblicata in uno o più giornali (120 c.p.c.).

8. Tutela del nome per ragioni familiari. – Nel caso previsto dall'articolo precedente, l'azione può essere promossa anche da chi, pur non portando il nome contestato o indebitamente usato, abbia alla tutela del nome un interesse (100 c.p.c.) fondato su ragioni familiari degne d'essere protette.

9. Tutela dello pseudonimo. – Lo pseudonimo, usato da una persona in modo che abbia acquistato l'importanza del nome (602), può essere tutelato ai sensi dell'art. 7 ([1]).

([1]) *Si vedano gli artt. 8, 21, 27, 28, L. 22 aprile 1941, n. 633, diritto d'autore; e gli artt. 1, 2, 13, D.P.R. 18 maggio 1942, n. 1369, regolamento.*

10. Abuso dell'immagine altrui. – Qualora l'immagine di una persona o dei genitori, del coniuge o dei figli sia stata esposta o pubblicata fuori dei casi in cui l'esposizione o la pubblicazione è dalla legge consentita, ovvero con pregiudizio al decoro o alla reputazione della persona stessa o dei detti congiunti, l'autorità giudiziaria, su richiesta dell'interessato, può disporre che cessi l'abuso, salvo il risarcimento dei danni ([1]).

([1]) *Si vedano gli artt. 96 ss., L. 22 aprile 1941, n. 633, diritto d'autore.*

Titolo II
Delle persone giuridiche

Capo I
Disposizioni generali ([1])

([1]) *Si veda il D.P.R. 10 febbraio 2000, n. 361 recante norme per la semplificazione dei procedimenti di riconoscimento di persone giuridiche private e di approvazione delle modifiche dell'atto costitutivo e dello statuto.*

11. Persone giuridiche pubbliche. – Le province e i comuni, nonché gli enti pubblici riconosciuti come persone giuridiche godono dei diritti secondo le leggi e gli usi osservati come diritto pubblico (822, 824, 826, 828, 830, 831, 862[4], 863[2], 2093, 2201; 115, 128 Cost.).

12. ([1]) [**Persone giuridiche private.** – Le associazioni, le fondazioni e le altre istituzioni di carattere privato acquistano la personalità giuridica mediante il riconoscimento concesso con decreto del Presidente della Repubblica.

Per determinate categorie di enti che esercitano la loro attività nell'ambito della provincia, il Governo può delegare ai prefetti la facoltà di riconoscerli con loro decreto].

([1]) *Questo articolo è stato abrogato dall'art. 11, comma 1, lett.* a), *del D.P.R. 10 febbraio 2000, n. 361. Il riconoscimento avviene mediante l'iscrizione nel registro apposito istituito presso le Prefetture. Il registro è istituito presso la regione se la persona giuridica opera nelle materie attribuite alla competenza delle regioni dall'art. 14 del D.P.R. 24 luglio 1977, n. 616.*

13. Società. – Le società sono regolate dalle disposizioni contenute nel libro V (2200, 2247 ss., 2642; 99 ss. att.).

Capo II
Delle associazioni
e delle fondazioni

14. Atto costitutivo. – Le associazioni e le fondazioni (12) devono essere costituite (16, 33) con atto pubblico (1350, 2643 n. 10, 2699).

La fondazione può essere disposta anche con testamento (587, 600, 786; 3 att.).

15. Revoca dell'atto costitutivo della fondazione. – L'atto di fondazione può essere revocato dal fondatore fino a quando non sia intervenuto il riconoscimento (12) ovvero il fondatore non abbia fatto iniziare l'attività dell'opera da lui disposta (555, 786, 2331).

La facoltà di revoca non si trasmette agli eredi.

16. Atto costitutivo e statuto. Modificazioni. – L'atto costitutivo e lo statuto devono contenere la denominazione dell'ente, l'indicazione dello scopo, del patrimonio e della sede (33, 34, 46), nonché le norme sull'ordinamento e sull'amministrazione (25). Devono anche determinare, quando trattasi di associazioni, i diritti e gli obblighi degli associati e le condizioni della loro ammissione; e, quando trattasi di fondazioni, i criteri e le modalità di erogazione delle rendite.

L'atto costitutivo e lo statuto possono inoltre contenere le norme relative alla estinzione dell'ente (27) e alla devoluzione del patrimonio (21[3], 31, 32), e, per le fondazioni, anche quelle relative alla loro trasformazione (28).

[Le modificazioni dell'atto costitutivo e dello statuto devono essere approvate dall'autorità governativa nelle forme indicate nell'art. 12] ([1]).

([1]) *Questo comma è stato abrogato dall'art. 11, comma 1, lett.* b), *del D.P.R. 10 febbraio 2000, n. 361.*

17. ([1]) [**Acquisto di immobili e accettazione di donazioni, eredità e legati.** – La persona giuridica non può acquistare beni immobili (812), né accettare donazioni (782) o eredità (473), né conseguire legati (649) senza l'autorizzazione governativa.

Senza questa autorizzazione l'acquisto e l'accettazione non hanno effetto (5, 6, 7 att.)].

([1]) *Questo articolo è stato abrogato dall'art. 13, comma 1, della L. 15 maggio 1997, n. 127. Le disposizioni previste dall'art. 13, comma 1, si applicano anche alle acquisizioni deliberate o verificatesi in data anteriore a quella di entrata in vigore della citata L. n. 127/1997, a norma dell'art. 13, comma 2, medesima legge.*

18. Responsabilità degli amministratori. – Gli amministratori sono responsabili (22, 25, 29, 33) verso l'ente secondo le norme del mandato (1710, 2260, 2392). È però esente da responsabilità quello degli amministratori il quale non abbia partecipato all'atto che ha causato il danno, salvo il caso in cui, essendo a cognizione che l'atto si stava per compiere, egli non abbia fatto constare del proprio dissenso (9 att.).

19. Limitazioni del potere di rappresentanza. – Le limitazioni del potere di rappresentanza (25), che non risultano dal registro indicato nell'art. 33, non possono essere opposte ai terzi, salvo che si provi che essi ne erano a conoscenza (34, 1396, 2193, 2207, 2298, 2384).

20. Convocazione dell'assemblea delle associazioni. – L'assemblea delle associazioni deve essere convocata dagli amministratori una volta l'anno per l'approvazione del bilancio (2364^{2}).

L'assemblea deve essere inoltre convocata quando se ne ravvisa la necessità o quando ne è fatta richiesta motivata da almeno un decimo degli associati. In quest'ultimo caso, se gli amministratori non vi provvedono, la convocazione può essere ordinata dal presidente del tribunale (2367; 8 att.).

21. Deliberazioni dell'assemblea. – Le deliberazioni dell'assemblea sono prese a maggioranza di voti e con la presenza di almeno la metà degli associati. In seconda convocazione la deliberazione è valida qualunque sia il numero degli intervenuti. Nelle deliberazioni di approvazione del bilancio e in quelle che riguardano la loro responsabilità (22) gli amministratori non hanno voto.

Per modificare l'atto costitutivo e lo statuto, se in essi non è altrimenti disposto, occorrono la presenza di almeno tre quarti degli associati e il voto favorevole della maggioranza dei presenti (16, 34; 4 att.).

Per deliberare lo scioglimento dell'associazione (29, 30; 11 att.) e la devoluzione del patrimonio (16, 28^{2}, 31, 32, 34) occorre il voto favorevole di almeno tre quarti degli associati (11 att.).

22. Azioni di responsabilità contro gli amministratori. – Le azioni di responsabilità contro gli amministratori delle associazioni per fatti da loro compiuti (18) sono deliberate dall'assemblea (21) e sono esercitate dai nuovi amministratori o dai liquidatori (25^{3}).

23. Annullamento e sospensione delle deliberazioni. – Le deliberazioni dell'assemblea contrarie alla legge, all'atto costitutivo o allo statuto (16) possono essere annullate su istanza degli organi dell'ente, di qualunque associato o del pubblico ministero (25, 2377^{2}; 69 c.p.c.).

L'annullamento della deliberazione non pregiudica i diritti acquistati dai terzi di buona fede in base ad atti compiuti in esecuzione della deliberazione medesima (25^{2}, 1445, 2377, 2391^{3}).

Il presidente del tribunale o il giudice istruttore (175 ss. c.p.c.), sentiti gli amministratori dell'associazione, può sospendere, su istanza di colui che ha proposto l'impugnazione, l'esecuzione della deliberazione impugnata, quando sussistono gravi motivi. Il decreto di sospensione deve essere motivato ed è notificato agli amministratori (2378^{4}; 10 att.).

L'esecuzione delle deliberazioni contrarie all'ordine pubblico o al buon costume (5, 25^{1}) può essere sospesa anche dall'autorità governativa (9 att.).

24. Recesso ed esclusione degli associati. – La qualità di associato non è trasmissibile, salvo che la trasmissione sia consentita dall'atto costitutivo o dallo statuto (2284, 2322).

L'associato può sempre recedere dall'associazione se non ha assunto l'obbligo di farne parte per un tempo determinato. La dichiarazione di recesso deve essere comunicata per iscritto agli amministratori e ha effetto con lo scadere dell'anno in corso, purché sia fatta almeno tre mesi prima (2285).

L'esclusione d'un associato non può essere deliberata dall'assemblea che per gravi motivi; l'associato può ricorrere all'autorità giudiziaria entro sei mesi dal giorno in cui gli è stata notificata la deliberazione (2286).

Gli associati, che abbiano receduto o siano stati esclusi o che comunque abbiano cessato di appartenere all'associazione, non possono ripetere i contributi versati, né hanno alcun diritto sul patrimonio dell'associazione (37).

25. Controllo sull'amministrazione delle fondazioni. – L'autorità governativa esercita il controllo e la vigilanza sull'amministrazione delle fondazioni; provvede alla nomina e alla sostituzione degli amministratori (18) o dei rappresentanti, quando le disposizioni contenute nell'atto di fondazione non possono attuarsi; annulla, sentiti gli amministratori, con provvedimento definitivo, le deliberazioni contrarie a norme imperative, all'atto di fondazione, all'ordine pubblico o al buon costume (5, 23^{4}); può sciogliere l'amministrazione e nominare un commissario straordinario, qualora gli amministratori non agiscano in conformità dello statuto o dello scopo della fondazione o della legge.

L'annullamento della deliberazione non pregiudica i diritti acquistati dai terzi di buona fede in base ad atti compiuti in esecuzione della deliberazione medesima (23^{2}, 2377^{3}, 2391^{3}).

Le azioni contro gli amministratori per fatti riguardanti la loro responsabilità devono essere autorizzate dall'autorità governativi e sono esercitate dal commissario straordinario, dai liquidatori o dai nuovi amministratori (18, 22).

26. Coordinamento di attività e unificazione di amministrazione. – L'autorità governativa può disporre il coordinamento dell'attività di più fondazioni ovvero l'unificazione della loro amministrazione, rispettando, per quanto è possibile, la volontà del fondatore (28).

27. Estinzione della persona giuridica. – Oltre che per le cause previste nell'atto costitutivo e nello statuto (16), la persona giuridica si estingue quando lo scopo è stato raggiunto o è divenuto impossibile (2272 n. 2).

Le associazioni si estinguono inoltre quando tutti gli associati sono venuti a mancare (2272 n. 4).

[L'estinzione è dichiarata dall'autorità governativa, su istanza di qualunque interessato o anche d'ufficio] ([1]).

([1]) *Questo comma è stato abrogato dall'art. 11, comma 1, lett.* c), *del D.P.R. 10 febbraio 2000, n. 361.*

28. Trasformazione delle fondazioni. – Quando lo scopo è esaurito o divenuto impossibile o di scarsa utilità, o il patrimonio è divenuto insufficiente, l'autorità governativa, anziché dichiarare estinta la fondazione, può provvedere alla sua trasformazione, allontanandosi il meno possibile dalla volontà del fondatore (16, 26, 32; 10 att.).

La trasformazione non è ammessa quando i fatti che vi darebbero luogo sono considerati nell'atto di fondazione (16) come causa di estinzione della persona giuridica e di devoluzione dei beni a terze persone (31, 32).

Le disposizioni del primo comma di questo articolo e dell'articolo 26 non si applicano alle fondazioni destinate a vantaggio soltanto di una o più famiglie determinate.

29. Divieto di nuove operazioni. – Gli amministratori non possono compiere nuove operazioni, appena è stato loro comunicato il provvedimento che dichiara l'estinzione della persona giuridica (27) o il provvedimento con cui l'autorità, a norma di legge, ha ordinato lo scioglimento dell'associazione, o appena è stata adottata dall'assemblea la deliberazione di scioglimento dell'associazione medesima (21). Qualora trasgrediscano a questo divieto, assumono responsabilità personale e solidale (18, 22, 34, 1292 ss., 2279, 2449).

30. Liquidazione. – Dichiarata l'estinzione della persona giuridica (27) o disposto lo scioglimento dell'associazione (21^{3}), si procede alla liquidazione del patrimonio secondo le norme di attuazione del codice (11 ss. att.).

31. Devoluzione dei beni. – I beni della persona giuridica, che restano dopo esaurita la liquidazione (30), sono devoluti (21^{3}, 28^{2}) in conformità dell'atto costitutivo o dello statuto (16).

Qualora questi non dispongano, se trattasi di fondazione, provvede l'autorità governativa, attribuendo i beni ad altri enti che hanno fini analoghi (32); se trattasi di associazione, si osservano le deliberazioni dell'assemblea che ha stabilito lo scioglimento (21^{3}) e, quando anche queste mancano, provvede nello stesso modo l'autorità governativa (42).

I creditori che durante la liquidazione non hanno fatto valere il loro credito possono chiedere il pagamento a coloro ai quali i beni sono stati devoluti, entro l'anno dalla chiusura della liquidazione (2964 ss.), in proporzione e nei limiti di ciò che hanno ricevuto (2312^{2}, 2324, 2456^{2}).

32. Devoluzione dei beni con destinazione particolare. – Nel caso di trasformazione o di scioglimento di un ente, al quale sono stati donati o lasciati beni con destinazione a scopo diverso da quello proprio dell'ente, l'autorità governativa devolve tali beni, con lo stesso onere, ad altre persone giuridiche che hanno fini analoghi (28, 31, 42).

33. ([1]) [**Registrazione delle persone giuridiche.** – In ogni provincia è istituito un pubblico registro delle persone giuridiche.

Nel registro devono indicarsi la data dell'atto costitutivo e quella del decreto di riconoscimento, la denominazione, lo scopo, il patrimonio, la durata, qualora sia stata determinata, la sede della persona giuridica e il cognome e il nome degli amministratori con la menzione di quelli ai quali è attribuita la rappresentanza.

La registrazione può essere disposta anche d'ufficio.

Gli amministratori di un'associazione o di una fondazione non registrata, benché riconosciuta, rispondono personalmente e solidalmente, insieme con la persona giuridica, delle obbligazioni assunte].

([1]) *Questo articolo è stato abrogato dall'art. 11, comma 1, lett.* d), *del D.P.R. 10 febbraio 2000, n. 361. L'art. 9 del decreto dispone che le nuove norme da esso dettate si applicano anche ai procedimenti di riconosci-*

mento delle associazioni previste dall'articolo 10 della legge 20 maggio 1985, n. 222 (Disposizioni sugli enti e beni ecclesiastici in Italia e per il sostentamento del clero cattolico in servizio nelle diocesi), salvo quanto disposto dal secondo e terzo comma del detto art. 10.

34. (1) [**Registrazione di atti.** – Nel registro devono iscriversi anche le modificazioni dell'atto costitutivo e dello statuto, dopo che sono state approvate dall'autorità governativa, il trasferimento della sede e l'istituzione di sedi secondarie, la sostituzione degli amministratori con indicazione di quelli ai quali spetta la rappresentanza, le deliberazioni di scioglimento, i provvedimenti che ordinano lo scioglimento o dichiarano l'estinzione, il cognome e il nome dei liquidatori.

Se l'iscrizione non ha avuto luogo, i fatti indicati non possono essere opposti ai terzi, a meno che si provi che questi ne erano a conoscenza].

(1) *Questo articolo è stato abrogato dall'art. 11, comma 1, lett.* a), *del D.P.R. 10 febbraio 2000, n. 361.*

35. Disposizione penale. – Gli amministratori e i liquidatori che non richiedono le iscrizioni prescritte [dagli articoli 33 e 34, nel termine e secondo le modalità stabiliti dalle norme di attuazione del codice] (1), sono puniti con la sanzione amministrativa del pagamento di una somma da € 10 a € 516 (2).

(1) *Le parole fra parentesi quadre sono state abrogate dall'art. 11, comma 1, lett.* e), *del D.P.R. 10 febbraio 2000, n. 361.*

(2) *A norma dell'art. 8, comma 2, del D.P.R. 10 febbraio 2000, n. 361, le sanzioni previste da questo articolo si applicano alle ipotesi di mancata richiesta di iscrizione nei termini e secondo le modalità previste nel predetto D.P.R. n. 361/2000.*

Capo III
Delle associazioni non riconosciute e dei comitati

36. Ordinamento e amministrazione delle associazioni non riconosciute. – L'ordinamento interno e l'amministrazione delle associazioni non riconosciute come persone giuridiche (12) sono regolati dagli accordi degli associati.

Le dette associazioni possono stare in giudizio nella persona di coloro ai quali, secondo questi accordi, è conferita la presidenza o la direzione (41²; 19, 75, 78, 145 c.p.c.).

37. Fondo comune. – I contributi degli associati e i beni acquistati con questi contributi costituiscono il fondo comune dell'associazione (38). Finché questa dura, i singoli associati non possono chiedere la divisione del fondo comune, né pretenderne la quota in caso di recesso (24).

38. Obbligazioni. – Per le obbligazioni assunte dalle persone che rappresentano l'associazione i terzi possono far valere i loro diritti sul fondo comune (37). Delle obbligazioni stesse rispondono anche personalmente e solidalmente (1292 ss.) le persone che hanno agito in nome e per conto dell'associazione (33⁴, 41¹, 2267, 2317², 2320¹, 2331², 2508, 2615).

39. Comitati. – I comitati di soccorso o di beneficenza e i comitati promotori di opere pubbliche, monumenti, esposizioni, mostre, festeggiamenti e simili sono regolati dalle disposizioni seguenti, salvo quanto è stabilito nelle leggi speciali.

40. Responsabilità degli organizzatori. – Gli organizzatori e coloro che assumono la gestione dei fondi raccolti sono responsabili personalmente e solidalmente (1292 ss.) della conservazione dei fondi e della loro destinazione allo scopo annunziato.

41. Responsabilità dei componenti. Rappresentanza in giudizio. – Qualora il comitato non abbia ottenuto la personalità giuridica (12), i suoi componenti rispondono personalmente e solidalmente (1292 ss.) delle obbligazioni assunte (33⁴, 38, 2267, 2291, 2317², 2320¹, 2331², 2508, 2615). I sottoscrittori sono tenuti soltanto a effettuare le oblazioni promesse.

Il comitato può stare in giudizio nella persona del presidente (36²; 75, 78 c.p.c.).

42. Diversa destinazione dei fondi. – Qualora i fondi raccolti siano insufficienti allo scopo, o questo non sia più attuabile, o, raggiunto lo scopo, si abbia un residuo di fondi, l'autorità governativa stabilisce la devoluzione dei beni, se questa non è stata disciplinata al momento della costituzione (31, 32).

42 *bis*. (1) **Trasformazione, fusione e scissione.** – Se non è espressamente escluso dall'atto costitutivo o dallo statuto, le associazioni riconosciute e non riconosciute e le fondazioni di cui al presente titolo possono operare reciproche trasformazioni, fusioni o scissioni.

La trasformazione produce gli effetti di cui all'articolo 2498. L'organo di amministrazione deve predisporre una relazione relativa alla situazione patrimoniale dell'ente in via di trasformazione contenente l'elenco dei creditori, aggiornata a non più di centoventi giorni precedenti la delibera di trasformazione, nonché la relazione di cui all'articolo 2500 *sexies*, secondo comma. Si applicano inoltre gli articoli 2499, 2500, 2500 *bis*, 2500 *ter*, secondo comma, 2500 *quinquies* e 2500 *nonies*, in quanto compatibili.

Alle fusioni e alle scissioni si applicano, rispettivamente, le disposizioni di cui alle sezioni II e III del capo X, titolo V, libro V, in quanto compatibili.

Gli atti relativi alle trasformazioni, alle fusioni e alle scissioni per i quali il libro V prevede l'iscrizione nel Registro delle imprese sono iscritti nel Registro delle Persone Giuridiche ovvero, nel caso di enti del Terzo settore, nel Registro unico nazionale del Terzo settore.

(1) *Questo articolo è stato inserito dall'art. 98 del D.L.vo 3 luglio 2017, n. 117.*

Titolo III
Del domicilio e della residenza

43. Domicilio e residenza. – Il domicilio di una persona è nel luogo in cui essa ha stabilito la sede principale dei suoi affari e interessi (45, 46) (1).

La residenza è nel luogo in cui la persona ha la dimora abituale (144; 49 l. fall.).

(1) *Il domicilio, agli effetti fiscali, è disciplinato dall'art. 2, D.P.R. 29 settembre 1973, n. 597, istituzione e disciplina dell'imposta sul reddito delle persone fisiche, e dall'art. 2, D.P.R. 22 dicembre 1986, n. 917, approvazione del testo unico delle imposte sui redditi.*

44. Trasferimento della residenza e del domicilio. – Il trasferimento della residenza non può essere opposto ai terzi di buona fede, se non è stato denunciato nei modi prescritti dalla legge (31 att.).

Quando una persona ha nel medesimo luogo il domicilio e la residenza e trasferisce questa altrove, di fronte ai terzi di buona fede si considera trasferito pure il domicilio, se non si è fatta una diversa dichiarazione nell'atto in cui è stato denunciato il trasferimento della residenza.

45. (1) **Domicilio dei coniugi, del minore e dell'interdetto.** – Ciascuno dei coniugi ha il proprio domicilio nel luogo in cui ha stabilito la sede principale dei propri affari o interessi (43) (2).

Il minore (2) ha il domicilio nel luogo di residenza della famiglia o quello del tutore (343). Se i genitori sono separati (150) o il loro matrimonio è stato annullato (117 ss.) o sciolto o ne sono cessati gli effetti civili (3) o comunque non hanno la stessa residenza, il minore ha il domicilio del genitore con il quale convive.

L'interdetto ha il domicilio del tutore (424).

(1) *Articolo così sostituito dall'art. 1, L. 19 maggio 1975, n. 151, riforma del diritto di famiglia.*

(2) *La Corte costituzionale, con sentenza n. 171 del 14 luglio 1976, ha dichiarato l'illegittimità dell'art. 45 primo comma, in riferimento agli artt. 3 e 29 Cost., nella parte in cui, in caso di separazione di fatto dei coniugi ed ai fini della competenza per territorio nel giudizio di separazione, prevede che la moglie, la quale abbia fissato altrove la propria residenza, conservi legalmente il domicilio del marito.*

(3) *Si veda la L. 1° dicembre 1970, n. 898, disciplina dei casi di scioglimento del matrimonio.*

46. Sede delle persone giuridiche. – Quando la legge fa dipendere determinati effetti dalla residenza o dal domicilio, per le persone giuridiche (11 ss.) si ha riguardo al luogo in cui è stabilita la loro sede.

Nei casi in cui la sede stabilita ai sensi dell'articolo 16 o la sede risultante dal registro (34) è diversa da quella effettiva, i terzi possono considerare come sede della persona giuridica anche quest'ultima (33, 34).

47. Elezione di domicilio. – Si può eleggere domicilio speciale per determinati atti o affari (30, 139, 141, 170, 366, 480, 543 c.p.c.).

Questa elezione deve farsi espressamente per iscritto (1350 n. 13).

Titolo IV
Dell'assenza
e della dichiarazione
di morte presunta

Capo I
Dell'assenza

48. Curatore dello scomparso. – Quando una persona non è più comparsa nel luogo del suo ultimo domicilio o dell'ultima residenza e non se ne hanno più notizie, il tribunale dell'ultimo domicilio o dell'ultima residenza (43), su istanza degli interessati o dei presunti successori legittimi (565 ss.) o del pubblico ministero, può nominare un curatore che rappresenti la persona in giudizio (1) o nella formazione degli inventari e dei conti e nelle liquidazioni o divisioni in cui sia interessata, e può dare gli altri provvedimenti necessari alla conservazione del patrimonio dello scomparso (65; 721 ss. c.p.c.; 206 ss., 834 ss. c.n.).

Se vi è un legale rappresentante, non si fa luogo alla nomina del curatore. Se vi è un procuratore, il tribunale provvede soltanto per gli atti che il medesimo non può fare.

(1) *La Corte costituzionale, con sentenza n. 220 del 16 ottobre 1986, ha dichiarato illegittimi gli artt. 75 e 300 c.p.c. nella parte in cui non prevedono, ove emerga una situazione di scomparsa del convenuto, l'interruzione del processo e la segnalazione, ad opera del giudice, del caso al pubblico ministero perché promuova la nomina di un curatore nei cui confronti l'attore debba riassumere il giudizio.*

49. Dichiarazione di assenza. – Trascorsi due anni dal giorno a cui risale l'ultima notizia (58), i presunti successori legittimi (565 ss.) e chiunque ragionevolmente creda di avere sui beni dello scomparso diritti dipendenti dalla morte di lui possono domandare al tribunale competente, secondo l'articolo precedente, che ne sia dichiarata l'assenza (722 ss. c.p.c.).

50. Immissione nel possesso temporaneo dei beni. – Divenuta eseguibile la sentenza che dichiara l'assenza (730 c.p.c.), il tribunale, su istanza di chiunque vi abbia interesse o del pubblico ministero, ordina l'apertura degli atti di ultima volontà dell'assente (587, 620[3]), se vi sono.

Coloro che sarebbero eredi testamentari (592) o legittimi (565), se l'assente fosse morto nel giorno a cui risale l'ultima notizia di lui, o i loro rispettivi eredi (479) possono domandare l'immissione nel possesso temporaneo dei beni (52; 725 c.p.c.).

I legatari (588), i donatari (769) e tutti quelli ai quali spetterebbero diritti dipendenti dalla morte dell'assente possono domandare di essere ammessi all'esercizio temporaneo di questi diritti.

Coloro che per effetto della morte dell'assente sarebbero liberati da obbligazioni possono essere temporaneamente esonerati dall'adempimento di esse, salvo che si tratti delle obbligazioni alimentari previste dall'art. 434 (63[3]).

Per ottenere l'immissione nel possesso, l'esercizio temporaneo dei diritti o la liberazione temporanea dalle obbligazioni si deve dare cauzione nella somma determinata dal tribunale (119 c.p.c.); se taluno non sia in grado di darla, il tribunale può stabilire altre cautele (725 c.p.c.), avuto riguardo alla qualità delle persone e alla loro parentela con l'assente (63[4]).

51. (1) **Assegno alimentare a favore del coniuge dell'assente.** – Il coniuge dell'assente (117), oltre ciò che gli spetta per effetto del regime patrimoniale dei coniugi (159) e per titolo di successione (540 ss., 581 ss.), può ottenere dal tribunale, in caso di bisogno, un assegno alimentare (433) da determinarsi secondo le condizioni della famiglia e l'entità del patrimonio dell'assente (438).

(1) *Articolo così sostituito dall'art. 2 della L. 19 maggio 1975, n. 151, riforma del diritto di famiglia.*

52. Effetti della immissione nel possesso temporaneo. – L'immissione nel possesso temporaneo dei beni (50) deve essere preceduta dalla formazione dell'inventario dei beni (769 ss. c.p.c.).

Essa attribuisce a coloro che l'ottengono e ai loro successori l'amministrazione dei beni dell'assente, la rappresentanza di lui in giudizio e il godimento delle rendite dei beni nei limiti stabiliti nell'articolo seguente (64; 725 c.p.c.).

53. Godimento dei beni. – Gli ascendenti, i discendenti e il coniuge immessi nel possesso temporaneo dei beni ritengono a loro profitto la totalità delle rendite. Gli altri devono riservare all'assente il terzo delle rendite (55, 56; 725 c.p.c.).

54. Limiti alla disponibilità dei beni. – Coloro che hanno ottenuto l'immissione nel possesso temporaneo dei beni (50) non possono alienarli, ipotecarli (2808 ss.) o sottoporli a pegno (2784 ss.), se non per necessità o utilità evidente riconosciuta dal tribunale (56, 63, 66[1]).

Il tribunale nell'autorizzare questi atti dispone circa l'uso e l'impiego delle somme ricavate (725, 737 c.p.c.).

55. Immissione di altri nel possesso temporaneo. – Se durante il possesso temporaneo taluno prova di avere avuto, al giorno a cui risale l'ultima notizia dell'assente, un diritto prevalente o uguale a quello del possessore, può escludere questo dal possesso o farvisi associare; ma non ha diritto ai frutti se non dal giorno della domanda giudiziale (53, 535, 820, 821, 1148).

56. Ritorno dell'assente o prova della sua esistenza. – Se durante il possesso temporaneo l'assente ritorna o è provata l'esistenza di lui, cessano gli effetti della dichiarazione di assenza, salva, se occorre, l'adozione di provvedimenti per la conservazione del patrimonio a norma dell'art. 48.

I possessori temporanei dei beni devono restituirli; ma fino al giorno della loro costituzione in mora (71, 1219) continuano a godere i vantaggi attribuiti dagli articoli 52 e 53, e gli atti compiuti ai sensi dell'articolo 54 restano irrevocabili.

Se l'assenza è stata volontaria e non è giustificata, l'assente perde il diritto di farsi restituire le rendite riservategli dalla norma dell'art. 53 (57²).

57. Prova della morte dell'assente. – Se durante il possesso temporaneo è provata la morte dell'assente, la successione si apre a vantaggio di coloro che al momento della morte erano suoi eredi o legatari (456, 588).

Si applica anche in questo caso la disposizione del secondo comma dell'articolo precedente.

Capo II
Della dichiarazione di morte presunta

58. Dichiarazione di morte presunta dell'assente. – Quando sono trascorsi dieci anni dal giorno a cui risale l'ultima notizia dell'assente (49), il tribunale competente secondo l'articolo 48, su istanza del pubblico ministero o di taluna delle persone indicate nei capoversi dell'art. 50, può con sentenza (56) dichiarare presunta la morte dell'assente nel giorno a cui risale l'ultima notizia (66, 620³).

In nessun caso la sentenza può essere pronunziata se non sono trascorsi nove anni dal raggiungimento della maggiore età dell'assente (2) (¹).

Può essere dichiarata la morte presunta anche se sia mancata la dichiarazione di assenza (49, 60, 62³; 726 ss. c.p.c.).

(¹) *Questo secondo comma non si applica in relazione alle persone scomparse a seguito di deportazione avvenuta fra l'8 settembre 1943 e il 25 aprile 1945 (art. un. L. 14 febbraio 1951, n. 103).*

59. Termine per la rinnovazione dell'istanza. – L'istanza, quando è stata rigettata, non può essere riproposta prima che siano decorsi almeno due anni.

60. Altri casi di dichiarazione di morte presunta. – Oltre che nel caso indicato nell'articolo 58, può essere dichiarata la morte presunta nei casi seguenti:

1) quando alcuno è scomparso in operazioni belliche alle quali ha preso parte, sia nei corpi armati, sia al seguito di essi, o alle quali si è comunque trovato presente, senza che si abbiano più notizie di lui, e sono trascorsi due anni dall'entrata in vigore del trattato di pace o, in mancanza di questo, tre anni dalla fine dell'anno in cui sono cessate le ostilità;

2) quando alcuno è stato fatto prigioniero dal nemico, o da questo internato o comunque trasportato in paese straniero, e sono trascorsi due anni dall'entrata in vigore del trattato di pace, o, in mancanza di questo, tre anni dalla fine dell'anno in cui sono cessate le ostilità, senza che si siano avute notizie di lui dopo l'entrata in vigore del trattato di pace ovvero dopo la cessazione delle ostilità;

3) quando alcuno è scomparso per un infortunio e non si hanno più notizie di lui, dopo due anni dal giorno dell'infortunio o, se il giorno non è conosciuto, dopo due anni dalla fine del mese o, se neppure il mese è conosciuto, dalla fine dell'anno in cui l'infortunio è avvenuto (61).

61. Data della morte presunta. – Nei casi previsti dai numeri 1 e 3 dell'articolo precedente, la sentenza (729 c.p.c.) determina il giorno e possibilmente l'ora a cui risale la scomparsa nell'operazione bellica o nell'infortunio, e nel caso indicato dal n. 2 il giorno a cui risale l'ultima notizia (66).

Qualora non possa determinarsi l'ora, la morte presunta si ha per avvenuta alla fine del giorno indicato (4, 66³).

62. Condizioni e forme della dichiarazione di morte presunta. – La dichiarazione di morte presunta nei casi indicati dall'articolo 60 può essere domandata quando non si è potuto procedere agli accertamenti richiesti dalla legge per la compilazione dell'atto di morte (¹).

Questa dichiarazione è pronunziata con sentenza del tribunale su istanza del pubblico ministero o di alcuna delle persone indicate nei capoversi dell'articolo 50 (726 c.p.c.).

Il tribunale, qualora non ritenga di accogliere l'istanza di dichiarazione di morte presunta, può dichiarare l'assenza dello scomparso (49 ss.).

(¹) *Si vedano gli artt. 71 ss. del D.P.R. 3 novembre 2000, n. 396, ordinamento dello stato civile.*

63. Effetti della dichiarazione di morte presunta dell'assente. – Divenuta eseguibile la sentenza indicata nell'articolo 58 (730 c.p.c.), coloro che ottennero l'immissione nel possesso temporaneo dei beni dell'assente (50 ss.) o i loro successori possono disporre liberamente dei beni (54, 72).

Coloro ai quali fu concesso l'esercizio temporaneo dei diritti o la liberazione temporanea dalle obbligazioni di cui all'articolo 50 conseguono l'esercizio definitivo dei diritti o la liberazione definitiva dalle obbligazioni (66).

Si estinguono inoltre le obbligazioni alimentari indicate nel quarto comma dell'articolo 50.

In ogni caso cessano le cauzioni e le altre cautele che sono state imposte (50^{5}, 73; 119 c.p.c.).

64. Immissione nel possesso e inventario. – Se non v'è stata immissione nel possesso temporaneo dei beni (52), gli aventi diritto indicati nei capoversi dell'art. 50 o i loro successori conseguono il pieno esercizio dei diritti loro spettanti, quando è diventata eseguibile la sentenza menzionata nell'art. 58 (730 c.p.c.).

Coloro che prendono possesso dei beni devono fare precedere l'inventario dei beni (72; 769 ss. c.p.c.).

Parimenti devono far precedere l'inventario dei beni coloro che succedono per effetto della dichiarazione di morte presunta nei casi indicati dall'art. 60 (72).

65. Nuovo matrimonio del coniuge. – Divenuta eseguibile la sentenza (730 c.p.c.) che dichiara la morte presunta, il coniuge può contrarre nuovo matrimonio (68, 117, 149).

66. Prova dell'esistenza della persona di cui è stata dichiarata la morte presunta. – La persona di cui è stata dichiarata la morte presunta (58), se ritorna o ne è provata l'esistenza, ricupera i beni nello stato in cui si trovano e ha diritto di conseguire il prezzo di quelli alienati, quando esso sia tuttora dovuto (535), o i beni nei quali sia stato investito (54, 73).

Essa ha altresì diritto di pretendere l'adempimento delle obbligazioni considerate estinte ai sensi del secondo comma dell'art. 63.

Se è provata la data della sua morte (61^{2}), il diritto previsto nel primo comma di questo articolo compete a coloro che a quella data sarebbero stati suoi eredi o legatari. Questi possono inoltre pretendere l'adempimento delle obbligazioni considerate estinte ai sensi del secondo comma dell'art. 63 per il tempo anteriore alla data della morte.

Sono salvi in ogni caso gli effetti delle prescrizioni (2934 ss.) e delle usucapioni (1158 ss.).

67. Dichiarazione di esistenza o accertamento della morte. – La dichiarazione di esistenza della persona di cui è stata dichiarata la morte presunta e l'accertamento della morte (66) possono essere sempre fatti, su richiesta del pubblico ministero o di qualunque interessato, in contraddittorio di tutti coloro che furono parti nel giudizio in cui fu dichiarata la morte presunta (62; 726 c.p.c.).

68. Nullità del nuovo matrimonio. – Il matrimonio contratto a norma dell'art. 65 è nullo, qualora la persona della quale fu dichiarata la morte presunta ritorni o ne sia accertata l'esistenza (117).

Sono salvi gli effetti civili del matrimonio dichiarato nullo (128).

La nullità non può essere pronunziata nel caso in cui è accertata la morte (66, 67, 149), anche se avvenuta in una data posteriore a quella del matrimonio (117^{4}).

Capo III
Delle ragioni eventuali
che competono alla persona
di cui si ignora l'esistenza
o di cui è stata dichiarata
la morte presunta

69. Diritti spettanti alla persona di cui si ignora l'esistenza. – Nessuno è ammesso a reclamare un diritto in nome della persona di cui si ignora l'esistenza, se non prova che la persona esisteva quando il diritto è nato (4, 58, 60 ss., 66).

70. Successione alla quale sarebbe chiamata la persona di cui si ignora l'esistenza. – Quando s'apre una successione alla quale sarebbe chiamata in tutto o in parte una persona di cui s'ignora l'esistenza, la successione è devoluta a coloro ai quali sarebbe spettata in mancanza della detta persona, salvo il diritto di rappresentazione (467 ss.).

Coloro ai quali è devoluta la successione devono innanzi tutto procedere all'inventario dei beni (769 ss. c.p.c.), e devono dare cauzione (1179; 119, 725 c.p.c.).

71. Estinzione dei diritti spettanti alla persona di cui si ignora l'esistenza. – Le disposizioni degli articoli precedenti non pregiudicano la petizione di eredità (73, 533 ss.) né gli altri diritti spettanti alla persona di cui s'ignora l'esistenza o ai suoi eredi o aventi causa, salvi gli effetti della prescrizione (2934 ss.) o dell'usucapione (1158 ss.).

La restituzione dei frutti (1148) non è dovuta se non dal giorno della costituzione in mora (53, 56^{2}, 73, 1219).

72. Successione a cui sarebbe chiamata la persona della quale è stata dichiarata la morte pre-

sunta. – Quando s'apre una successione (456) alla quale sarebbe chiamata in tutto o in parte una persona di cui è stata dichiarata la morte presunta (58 ss.), coloro ai quali, in sua mancanza, è devoluta la successione devono innanzi tutto procedere all'inventario dei beni (64^2, 70^2; 769 ss. c.p.c.).

73. Estinzione dei diritti spettanti alla persona di cui è stata dichiarata la morte presunta. – Se la persona di cui è stata dichiarata la morte presunta (58 ss.) ritorna o ne è provata l'esistenza (66) al momento dell'apertura della successione (456), essa o i suoi eredi o aventi causa possono esercitare la petizione di eredità (71, 533) e far valere ogni altro diritto, ma non possono recuperare i beni se non nello stato in cui si trovano, e non possono ripetere che il prezzo di quelli alienati, quando è ancora dovuto (535), o i beni nei quali esso è stato investito (66), salvi gli effetti della prescrizione (2934) o della usucapione (1158).

S'applica la disposizione del secondo comma dell'art. 71.

Titolo V
Della parentela e dell'affinità

74. (1) **Parentela.** – La parentela è il vincolo tra le persone che discendono da uno stesso stipite (77), sia nel caso in cui la filiazione è avvenuta all'interno del matrimonio, sia nel caso in cui è avvenuta al di fuori di esso, sia nel caso in cui il figlio è adottivo. Il vincolo di parentela non sorge nei casi di adozione di persone maggiori di età, di cui agli articoli 291 e seguenti.

(1) *Questo articolo è stato così sostituito dall'art. 1, comma 1, della L. 10 dicembre 2012, n. 219. Per le disposizioni transitorie si veda l'art. 104 del D.L.vo 28 dicembre 2013, n. 154.*

75. Linee della parentela. – Sono parenti in linea retta le persone di cui l'una discende dall'altra; in linea collaterale quelle che, pur avendo uno stipite comune, non discendono l'una dall'altra.

76. Computo dei gradi. – Nella linea retta si computano altrettanti gradi quante sono le generazioni, escluso lo stipite.

Nella linea collaterale i gradi si computano dalle generazioni, salendo da uno dei parenti fino allo stipite comune e da questo discendendo all'altro parente, sempre restando escluso lo stipite.

77. Limite della parentela. – La legge non riconosce il vincolo di parentela oltre il sesto grado (572), salvo che per alcuni effetti specialmente determinati (87, 583).

78. Affinità. – L'affinità è il vincolo tra un coniuge e i parenti dell'altro coniuge (76).

Nella linea e nel grado in cui taluno è parente d'uno dei coniugi, egli è affine dell'altro coniuge.

L'affinità non cessa per la morte, anche senza prole, del coniuge da cui deriva, salvo che per alcuni effetti specialmente determinati (434 n. 2). Cessa se il matrimonio è dichiarato nullo, salvi gli effetti di cui all'art. 87, n. 4 (117 ss.).

Titolo VI
Del matrimonio

Capo I
Della promessa di matrimonio

79. Effetti. – La promessa di matrimonio non obbliga a contrarlo né ad eseguire ciò che si fosse convenuto per il caso di non adempimento (80, 81).

80. Restituzione dei doni. – Il promittente può domandare la restituzione dei doni fatti a causa della promessa di matrimonio, se questo non è stato contratto (785, 2058).

La domanda non è proponibile dopo un anno dal giorno in cui s'è avuto il rifiuto di celebrare il matrimonio o dal giorno della morte di uno dei promittenti (2964 ss.).

81. Risarcimento di danni. – La promessa di matrimonio fatta vicendevolmente per atto pubblico (2699 ss.) o per scrittura privata (2702 ss.) da una persona maggiore di età (2) o dal minore ammesso a contrarre matrimonio a norma dell'art. 84, oppure risultante dalla richiesta della pubblicazione (96), obbliga il promittente che senza giusto motivo ricusi di eseguirla a risarcire il danno (1223) cagionato all'altra parte per le spese fatte e per le obbligazioni contratte a causa di quella promessa. Il danno è risarcito entro il limite in cui le spese e le obbligazioni corrispondono alla condizione delle parti (1).

Lo stesso risarcimento è dovuto dal promittente che con la propria colpa ha dato giusto motivo al rifiuto dell'altro.

La domanda non è proponibile dopo un anno dal giorno del rifiuto di celebrare il matrimonio (2964 ss.).

(1) *Comma così sostituito dall'art. 3, L. 19 maggio 1975, n. 151, riforma del diritto di famiglia.*

Capo II
Del matrimonio celebrato
davanti a ministri del culto cattolico
e del matrimonio celebrato
davanti a ministri dei culti
ammessi nello Stato

82. Matrimonio celebrato davanti a ministri del culto cattolico. – Il matrimonio celebrato davanti a un ministro del culto cattolico è regolato in conformità del Concordato con la Santa Sede e delle leggi speciali sulla materia.

83. Matrimonio celebrato davanti a ministri dei culti ammessi nello Stato. – Il matrimonio celebrato davanti a ministri dei culti ammessi nello Stato è regolato dalle disposizioni del capo seguente, salvo quanto è stabilito nella legge speciale concernente tale matrimonio.

Capo III
Del matrimonio celebrato
davanti all'ufficiale dello stato civile

Sezione I
Delle condizioni necessarie
per contrarre matrimonio

84. (1) **Età.** – I minori di età (2) non possono contrarre matrimonio (117).

Il tribunale, su istanza dell'interessato, accertata la sua maturità psico-fisica e la fondatezza delle ragioni addotte, sentito il pubblico ministero, i genitori o il tutore, può con decreto emesso in camera di consiglio ammettere per gravi motivi al matrimonio chi abbia compiuto i sedici anni (90, 165, 390; 737 ss. c.p.c.).

Il decreto è comunicato al pubblico ministero, agli sposi, ai genitori o al tutore.

Contro il decreto può essere proposto reclamo, con ricorso alla corte d'appello (38 att.), nel termine perentorio di dieci giorni dalla comunicazione (737-739 c.p.c.).

La corte d'appello decide con ordinanza non impugnabile, emessa in camera di consiglio.

Il decreto acquista efficacia quando è decorso il termine previsto nel quarto comma, senza che sia stato proposto reclamo (741 c.p.c.).

(1) *Articolo così sostituito dall'art. 4, L. 19 maggio 1975, n. 151, riforma del diritto di famiglia.*

85. Interdizione per infermità di mente. – Non può contrarre matrimonio l'interdetto per infermità di mente (102^5, 116, 119, 414).

Se l'istanza di interdizione è soltanto promossa (417), il pubblico ministero può chiedere che si sospenda la celebrazione del matrimonio; in tal caso la celebrazione non può aver luogo finché la sentenza che ha pronunciato sull'istanza non sia passata in giudicato (324 c.p.c.).

86. Libertà di stato. – Non può contrarre matrimonio chi è vincolato da un matrimonio o da un'unione civile tra persone dello stesso sesso (1) precedente (65, 68, 102, 116, 117, 124, 149; 556, 562 c.p.).

(1) *Le parole: «o da un'unione civile tra persone dello stesso sesso» sono state inserite dall'art. 1, comma 32, della L. 20 maggio 2016, n. 76.*

87. (1) **Parentela, affinità, adozione [e affiliazione]** (2). – Non possono contrarre matrimonio fra loro:

1) gli ascendenti e i discendenti in linea retta [, legittimi o naturali] (3) (75, 116, 117);

2) i fratelli o le sorelle germani, consanguinei o uterini;

3) lo zio e la nipote, la zia e il nipote;

4) gli affini in linea retta (78); il divieto sussiste anche nel caso in cui l'affinità deriva da matrimonio dichiarato nullo o sciolto o per il quale è stata pronunziata la cessazione degli effetti civili;

5) gli affini in linea collaterale in secondo grado;

6) l'adottante, l'adottato e i suoi discendenti (291 ss.);

7) i figli adottivi della stessa persona;

8) l'adottato e i figli dell'adottante;

9) l'adottato e il coniuge dell'adottante, l'adottante e il coniuge dell'adottato (300).

[I divieti contenuti nei numeri 6, 7, 8 e 9 sono applicabili all'affiliazione (409, 413)] (4).

[I divieti contenuti nei numeri 2 e 3 si applicano anche se il rapporto dipende da filiazione naturale (250 ss.)] (5).

Il tribunale, su ricorso degli interessati, con decreto emesso in camera di consiglio ($38^{2,3}$ att.), sentito il pubblico ministero, può autorizzare il matrimonio nei casi indicati dai numeri 3 e 5, anche se si tratti di affiliazione [o di filiazione naturale] (6). L'autorizzazione può essere accordata anche nel caso indicato dal numero 4, quando l'affinità derivava da matrimonio dichiarato nullo (7).

Il decreto è notificato agli interessati e al pubblico ministero.

Si applicano le disposizioni dei commi quarto, quinto e sesto dell'art. 84.

(1) *Articolo così sostituito dall'art. 5, L. 19 maggio 1975, n. 151, riforma del diritto di famiglia.*

(2) *Le parole fra parentesi quadrate sono state soppresse dall'art. 1, comma 1, lett.* a), *del D.L.vo 28 dicembre 2013, n. 154, a decorrere dal trentesimo giorno successivo a quello della sua pubblicazione nella* Gazzetta Ufficiale *(G.U. n. 5 dell'8 gennaio 2014).*

(3) *Le parole fra parentesi quadrate sono state soppresse dall'art. 1, comma 1, lett.* b), *del D.L.vo 28 dicembre 2013, n. 154, a decorrere dal trentesimo giorno successivo a quello della sua pubblicazione nella* Gazzetta Ufficiale *(G.U. n. 5 dell'8 gennaio 2014).*

(4) *Questo comma è stato abrogato dall'art. 1, comma 1, lett.* c), *del D.L.vo 28 dicembre 2013, n. 154, a decorrere dal trentesimo giorno successivo a quello della sua pubblicazione nella* Gazzetta Ufficiale *(G.U. n. 5 dell'8 gennaio 2014).*

(5) *Questo comma è stato abrogato dall'art. 1, comma 1, lett.* d), *del D.L.vo 28 dicembre 2013, n. 154, a decorrere dal trentesimo giorno successivo a quello della sua pubblicazione nella* Gazzetta Ufficiale *(G.U. n. 5 dell'8 gennaio 2014).*

(6) *Le parole fra parentesi quadrate sono state soppresse dall'art. 1, comma 1, lett.* e), *del D.L.vo 28 dicembre 2013, n. 154, a decorrere dal trentesimo giorno successivo a quello della sua pubblicazione nella* Gazzetta Ufficiale *(G.U. n. 5 dell'8 gennaio 2014).*

(7) *Quarto comma ulteriormente modificato dall'art. 78 della L. 4 maggio 1983, n. 184, disciplina dell'adozione e dell'affidamento dei minori.*

88. Delitto. – Non possono (116, 117) contrarre matrimonio tra loro le persone delle quali l'una è stata condannata per omicidio consumato o tentato sul coniuge dell'altra (56, 575 ss. c.p.).

Se ebbe luogo soltanto rinvio a giudizio ovvero fu ordinata la cattura, si sospende la celebrazione del matrimonio fino a quando non è pronunziata sentenza di proscioglimento.

89. (1) **Divieto temporaneo di nuove nozze.** – Non può contrarre matrimonio (116, 140) la donna, se non dopo trecento giorni dallo scioglimento, dall'annullamento o dalla cessazione degli effetti civili del precedente matrimonio. Sono esclusi dal divieto i casi in cui lo scioglimento o la cessazione degli effetti civili del precedente matrimonio siano stati pronunciati in base all'art. 3, numero 2, lettere *b)* ed *f)*, della legge 1 dicembre 1970, n. 898, e nei casi in cui il matrimonio sia stato dichiarato nullo per impotenza, anche soltanto a generare, di uno dei coniugi (2).

Il tribunale con decreto emesso in camera di consiglio ($38^{2,3}$, att.), sentito il pubblico ministero, può autorizzare il matrimonio quando è inequivocabilmente escluso lo stato di gravidanza o se risulta da sentenza passata in giudicato che il marito non ha convissuto con la moglie nei trecento giorni precedenti lo scioglimento, l'annullamento o la cessazione degli effetti civili del matrimonio. Si applicano le disposizioni dei commi quarto, quinto e sesto dell'articolo 84 e del comma quinto dell'articolo 87.

Il divieto cessa dal giorno in cui la gravidanza è terminata.

(1) *Articolo così sostituito dall'art. 6, L. 19 maggio 1975, n. 151, riforma del diritto di famiglia.*

(2) *Primo comma così ulteriormente modificato dall'art. 22, L. 6 marzo 1987, n. 74, nuove norme sulla disciplina dei casi di scioglimento di matrimonio.*

90. (1) **Assistenza del minore.** – Con il decreto di cui all'art. 84 il tribunale (38 att.) o la corte d'appello nominano, se le circostanze lo esigono (165), un curatore speciale che assista il minore nella stipulazione delle convenzioni matrimoniali (159 ss.).

(1) *Articolo così sostituito dall'art. 7, L. 19 maggio 1975, n. 151, riforma del diritto di famiglia.*

91. [**Diversità di razza o di nazionalità.** – (*Omissis*)] (1).

(1) *Articolo abrogato dall'art. 1, L. 20 gennaio 1944, n. 25 e dall'art. 3 del D.L.vo Lgt. 14 settembre 1944, n. 287.*

92. [**Matrimonio del Re Imperatore e dei Principi reali.** – (*Omissis*)] (1).

(1) *Articolo abrogato, per effetto della caduta della monarchia.*

Sezione II
Delle formalità preliminari del matrimonio

93. Pubblicazione. – La celebrazione del matrimonio dev'essere preceduta dalla pubblicazione fatta a cura dell'ufficiale dello stato civile (100, 101, 115^2, 116^3, 134, 135) (1).

[La pubblicazione consiste nell'affissione alla porta della casa comunale di un atto dove si indica il nome, il cognome, la professione, il luogo di nascita e la residenza degli sposi, se essi siano maggiori o minori di età, nonché il luogo dove intendono celebrare il matrimonio. L'atto deve anche indicare il nome del padre e il nome e il cognome della madre degli sposi, salvi i casi in cui la legge vieta questa menzione] (2).

(1) *Si vedano gli artt. 50-62 del D.P.R. 3 novembre 2000, n. 396, revisione e semplificazione dell'ordinamento dello stato civile, in vigore dal 30 marzo 2001.*

Codice Civile

([2]) *Questo comma è stato abrogato dall'art. 110, comma 3, del D.P.R. 3 novembre 2000, n. 396, a decorrere dal 30 marzo 2001.*

94. Luogo della pubblicazione. – La pubblicazione deve essere richiesta (96) all'ufficiale dello stato civile del comune dove uno degli sposi ha la residenza (43, 106) ed è fatta nei comuni di residenza degli sposi ([1]).

[Se la residenza non dura da un anno, la pubblicazione deve farsi anche nel comune della precedente residenza] ([2]).

[L'ufficiale dello stato civile cui si domanda la pubblicazione provvede a chiederla agli ufficiali degli altri comuni nei quali la pubblicazione deve farsi. Essi devono trasmettere all'ufficiale dello stato civile richiedente il certificato dell'eseguita pubblicazione] ([2]).

([1]) *Si veda l'art. 53 del D.P.R. 3 novembre 2000, n. 396, citato.*

([2]) *Questo comma è stato abrogato dall'art. 110, comma 3, del D.P.R. 3 novembre 2000, n. 396, a decorrere dal 30 marzo 2001.*

95. ([1]) [**Durata della pubblicazione.** – L'atto di pubblicazione resta affisso alla porta della casa comunale almeno per otto giorni, comprendenti due domeniche successive].

([1]) *Questo articolo è stato abrogato dall'art. 110, comma 3, del D.P.R. 3 novembre 2000, n. 396, a decorrere dal 30 marzo 2001.*

96. ([1]) **Richiesta della pubblicazione.** – La richiesta della pubblicazione (94) deve farsi da ambedue gli sposi o da persona che ne ha da essi ricevuto speciale incarico (135).

([1]) *Si vedano gli artt. da 50 a 53 del D.P.R. 3 novembre 2000, n. 396.*

97. ([1]) [**Documenti per la pubblicazione.** – Chi richiede la pubblicazione deve presentare all'ufficiale di stato civile un estratto per riassunto dell'atto di nascita di entrambi gli sposi, nonché ogni altro documento necessario a provare la libertà degli sposi.

Coloro che esercitano o hanno esercitato la potestà debbono dichiarare all'ufficiale di stato civile al quale viene rivolta la richiesta di pubblicazione, sotto la propria personale responsabilità, che gli sposi non si trovano in alcuna delle condizioni che impediscono il matrimonio a norma dell'art. 87, di cui debbono prendere conoscenza attraverso la lettura chiara e completa fatta dall'ufficiale di stato civile, con ammonizione delle conseguenze penali delle dichiarazioni mendaci.

La dichiarazione prevista al comma precedente è resa e sottoscritta dinanzi all'ufficiale di stato civile ed autenticata dallo stesso. Si applicano le disposizioni degli artt. 20, 24 e 26 della legge 4 gennaio 1968, n. 15.

In difetto della dichiarazione prevista nel secondo comma, l'ufficiale di stato civile accerta d'ufficio, esclusivamente mediante esame dell'atto integrale di nascita, l'assenza di impedimento di parentela o di affinità a termini e per gli effetti di cui all'art. 87.

Qualora i richiedenti non presentino i documenti necessari, l'ufficiale di stato civile provvede su loro domanda a richiederli].

([1]) *Questo articolo è stato abrogato dall'art. 110, comma 3, del D.P.R. 3 novembre 2000, n. 396, a decorrere dal 30 marzo 2001.*

98. Rifiuto della pubblicazione. – L'ufficiale dello stato civile che non crede di poter procedere alla pubblicazione rilascia un certificato coi motivi del rifiuto (112, 136, 138).

Contro il rifiuto è dato ricorso al tribunale, che provvede in camera di consiglio, sentito il pubblico ministero (112; 737 c.p.c.).

99. Termine per la celebrazione del matrimonio. – Il matrimonio non può essere celebrato prima del quarto giorno dopo compiuta la pubblicazione (95, 109, 138).

Se il matrimonio non è celebrato nei centottanta giorni successivi, la pubblicazione si considera come non avvenuta (111^5).

100. ([1]) **Riduzione del termine e omissione della pubblicazione.** – Il tribunale (38 att.), su istanza degli interessati, con decreto non impugnabile emesso in camera di consiglio, sentito il pubblico ministero, può ridurre, per gravi motivi, il termine della pubblicazione (95). In quel caso la riduzione del termine è dichiarata nella pubblicazione.

Può anche autorizzare, con le stesse modalità, per cause gravissime, l'omissione della pubblicazione, quando gli sposi davanti al cancelliere dichiarano sotto la propria responsabilità che nessuno degli impedimenti stabiliti dagli articoli 85, 86, 87, 88 e 89 si oppone al matrimonio ([2]).

Il cancelliere deve far precedere alla dichiarazione la lettura di detti articoli e ammonire i dichiaranti sull'importanza della loro attestazione e sulla gravità delle possibili conseguenze ([2]).

[Quando è stata autorizzata l'omissione della pubblicazione, gli sposi, per essere ammessi alla celebrazione del matrimonio, devono presentare all'ufficiale dello stato civile, insieme col decreto di autorizzazione, gli atti previsti dall'articolo 97] ([3]).

([1]) *Questo articolo è stato così sostituito dall'art. 9 della L. 19 maggio 1975, n. 151, riforma del diritto di famiglia.*

([2]) *Questo comma è stato così sostituito dall'art. 137 del D.L.vo 19 febbraio 1998, n. 51, recante l'istituzione del giudice unico, a decorrere dal 2 giugno 1999.*

([3]) *Questo comma è stato abrogato dall'art. 110, comma 3, del D.P.R. 3 novembre 2000, n. 396, a decorrere dal 30 marzo 2001.*

101. Matrimonio in imminente pericolo di vita. – Nel caso di imminente pericolo di vita di uno degli sposi, l'ufficiale dello stato civile del luogo può procedere alla celebrazione del matrimonio senza pubblicazione (93) e senza l'assenso al matrimonio, se questo è richiesto ([1]), purché gli sposi prima giurino che non esistono tra loro impedimenti non suscettibili di dispensa (84 ss., 86, 87 nn. 1, 2-4, 88).

L'ufficiale dello stato civile dichiara nell'atto di matrimonio il modo con cui ha accertato l'imminente pericolo di vita (204, 834 c.n.).

([1]) *Non più richiesto, dopo la riformulazione dell'art. 90 c.c., disposta dall'art. 7 della L. 19 maggio 1975, n. 151.*

Sezione III
Delle opposizioni al matrimonio

102. Persone che possono fare opposizione. – I genitori e, in mancanza loro, gli altri ascendenti e i collaterali entro il terzo grado (76) possono fare opposizione al matrimonio dei loro parenti per qualunque causa che osti alla sua celebrazione (84-90).

Se uno degli sposi è soggetto a tutela (343 ss.) o a curatela (392, 424), il diritto di fare opposizione compete anche al tutore o al curatore.

Il diritto di opposizione compete anche al coniuge della persona che vuole contrarre un altro matrimonio (86).

Quando si tratta di matrimonio in contravvenzione all'art. 89, il diritto di opposizione spetta anche, se il precedente matrimonio fu sciolto (149), ai parenti del precedente marito e, se il matrimonio fu dichiarato nullo (17 ss.), a colui col quale il matrimonio era stato contratto e ai parenti di lui.

Il pubblico ministero deve sempre fare opposizione al matrimonio, se sa che vi osta un impedimento (84 ss.) o se gli consta l'infermità di mente di uno degli sposi, nei confronti del quale, a causa dell'età, non possa essere promossa l'interdizione (85, 120, 414, 416, 424) ([1]).

([1]) *Si vedano gli artt. da 59 a 62, del D.P.R. 3 novembre 2000, n. 396.*

103. Atto di opposizione. – L'atto di opposizione deve dichiarare la qualità che attribuisce all'opponente il diritto di farla (102), le cause dell'opposizione, e contenere l'elezione di domicilio (47) nel comune dove siede il tribunale nel cui territorio si deve celebrare il matrimonio.

[L'atto deve essere notificato nella forma della citazione agli sposi e all'ufficiale dello stato civile del comune nel quale il matrimonio deve essere celebrato] ([1]).

([1]) *Questo comma è stato abrogato dall'art. 110, comma 3, del D.P.R. 3 novembre 2000, n. 396, a decorrere dal 30 marzo 2001.*

104. Effetti dell'opposizione. – [L'opposizione fatta da chi ne ha facoltà, per causa ammessa dalla legge, sospende la celebrazione del matrimonio sino a che con sentenza passata in giudicato sia rimossa l'opposizione] ([1]).

Se l'opposizione è respinta, l'opponente, che non sia un ascendente o il pubblico ministero, può essere condannato al risarcimento dei danni.

([1]) *Questo comma è stato abrogato dall'art. 110, comma 3, del D.P.R. 3 novembre 2000, n. 396, a decorrere dal 30 marzo 2001.*

105. [Matrimonio del Re Imperatore e dei Principi reali. – (*Omissis*)] ([1]).

([1]) *Articolo abrogato, per effetto della caduta della monarchia.*

Sezione IV
Della celebrazione del matrimonio

106. Luogo della celebrazione. – Il matrimonio deve essere celebrato pubblicamente nella casa comunale (110) davanti all'ufficiale dello stato civile (113, 136) al quale fu fatta la richiesta di pubblicazione (94, 109, 137, 138; 116 trans.).

107. ([1]) **Forma della celebrazione. –** Nel giorno indicato dalle parti l'ufficiale dello stato civile, alla presenza di due testimoni (110, 137; 116 trans.), anche se parenti (74), dà lettura agli sposi degli articoli 143, 144 e 147; riceve da ciascuna delle parti personalmente (111), l'una dopo l'altra, la dichiarazione che esse si vogliono prendere rispettivamente in marito e in moglie, e di seguito dichiara che esse sono unite in matrimonio (109²).

L'atto di matrimonio deve essere compilato immediatamente dopo la celebrazione (109, 130 ss., 138).

(¹) *Articolo così sostituito dall'art. 10, L. 19 maggio 1975, n. 151, riforma del diritto di famiglia.*

108. Inapponibilità di termini e condizioni. – La dichiarazione degli sposi di prendersi rispettivamente in marito e in moglie non può essere sottoposta né a termine (1184) né a condizione (1353 ss.).

Se le parti aggiungono un termine o una condizione, l'ufficiale dello stato civile non può procedere alla celebrazione del matrimonio. Se ciò nonostante il matrimonio è celebrato, il termine e la condizione si hanno per non apposti (138).

109. Celebrazione in un comune diverso. – Quando vi è necessità o convenienza di celebrare il matrimonio in un comune diverso da quello indicato nell'art. 106, l'ufficiale dello stato civile, trascorso il termine stabilito nel primo comma dell'articolo 99, richiede per iscritto l'ufficiale del luogo dove il matrimonio si deve celebrare.

La richiesta è menzionata nell'atto di celebrazione (107) e in esso inserita. Nel giorno successivo alla celebrazione del matrimonio, l'ufficiale davanti al quale esso fu celebrato invia, per la trascrizione, copia autentica dell'atto all'ufficiale da cui fu fatta la richiesta (131, 138) (¹).

(¹) *Si vedano l'art. 125 del R.D. 9 luglio 1939, n. 1238, ordinamento dello stato civile, e l'art. 68 del D.P.R. 3 novembre 2000, n. 396, revisione e semplificazione dell'ordinamento dello stato civile.*

110. Celebrazione fuori della casa comunale. – Se uno degli sposi, per infermità o per altro impedimento giustificato all'ufficio dello stato civile, è nell'impossibilità di recarsi alla casa comunale (106), l'ufficiale si trasferisce col segretario nel luogo in cui si trova lo sposo impedito, e ivi, alla presenza di quattro testimoni, procede alla celebrazione del matrimonio secondo l'articolo 107 (137, 138).

111. (¹) **Celebrazione per procura.** – I militari e le persone che per ragioni di servizio si trovano al seguito delle forze armate possono, in tempo di guerra, celebrare il matrimonio per procura (287).

La celebrazione del matrimonio per procura può anche farsi se uno degli sposi risiede all'estero e concorrono gravi motivi da valutarsi dal tribunale (38²·³ att.) nella cui circoscrizione risiede l'altro sposo. L'autorizzazione è concessa con decreto non impugnabile emesso in camera di consiglio, sentito il pubblico ministero (737 c.p.c.).

La procura deve contenere l'indicazione della persona con la quale il matrimonio si deve contrarre (287).

La procura deve essere fatta per atto pubblico (2699); i militari e le persone al seguito delle forze armate, in tempo di guerra, possono farla nelle forme speciali ad essi consentite.

Il matrimonio non può essere celebrato quando sono trascorsi centottanta giorni da quello in cui la procura è stata rilasciata (99²).

La coabitazione, anche temporanea, dopo la celebrazione del matrimonio, elimina gli effetti della revoca della procura, ignorata dall'altro coniuge al momento della celebrazione (1396).

(¹) *Articolo così sostituito dall'art. 11, L. 19 maggio 1975, n. 151, riforma del diritto di famiglia.*

112. Rifiuto della celebrazione. – L'ufficiale dello stato civile non può rifiutare la celebrazione del matrimonio se non per una causa ammessa dalla legge (84 ss., 93 ss., 98, 138).

Se la rifiuta, deve rilasciare un certificato con l'indicazione dei motivi (98).

Contro il rifiuto è dato ricorso al tribunale, che provvede in camera di consiglio, sentito il pubblico ministero (737 ss. c.p.c.).

113. Matrimonio celebrato davanti a un apparente ufficiale dello stato civile. – Si considera celebrato davanti all'ufficiale dello stato civile il matrimonio che sia stato celebrato dinanzi a persona la quale, senza avere la qualità di ufficiale dello stato civile, ne esercita pubblicamente le funzioni, a meno che entrambi gli sposi, al momento della celebrazione, abbiano saputo che la detta persona non aveva tale qualità (116 trans.).

114. [**Matrimonio del Re Imperatore e dei Principi reali.** – (*Omissis*)] (¹).

(¹) *Articolo abrogato in conseguenza della caduta della monarchia.*

Sezione V
Del matrimonio dei cittadini
in Paese straniero
e degli stranieri nella Repubblica

115. Matrimonio del cittadino all'estero. – Il cittadino è soggetto alle disposizioni contenute nella sezione prima di questo capo (84 ss.), anche quando contrae matrimonio in paese straniero secondo le forme ivi stabilite ([1]).

[La pubblicazione deve anche farsi nella Repubblica a norma degli articoli 93, 94 e 95. Se il cittadino non risiede nella Repubblica, la pubblicazione si fa nel comune dell'ultimo domicilio] ([2]).

([1]) *Occorre anche il certificato di capacità matrimoniale previsto dalla L. 19 novembre 1984, n. 950, di ratifica ed esecuzione della convenzione adottata a Monaco il 5 settembre 1980.*

([2]) *Questo comma è stato abrogato dall'art. 110, comma 3, del D.P.R. 3 novembre 2000, n. 396.*

116. Matrimonio dello straniero nella Repubblica. – Lo straniero che vuole contrarre matrimonio nella Repubblica deve presentare all'ufficiale dello stato civile una dichiarazione dell'autorità competente del proprio paese, dalla quale risulti che giusta le leggi a cui è sottoposto nulla osta al matrimonio nonché un documento attestante la regolarità del soggiorno nel territorio italiano ([1]) ([2]).

Anche lo straniero è tuttavia soggetto alle disposizioni contenute negli articoli 85, 86, 87, numeri 1, 2 e 4, 88 e 89.

Lo straniero che ha domicilio o residenza (43) nella Repubblica deve inoltre far fare la pubblicazione secondo le disposizioni di questo codice (93 ss.).

([1]) *Le parole: «nonché un documento attestante la regolarità del soggiorno nel territorio italiano» sono state aggiunte dall'art. 1, comma 15, della L. 15 luglio 2009, n. 94.*

([2]) *La Corte costituzionale, con sentenza n. 245 del 25 luglio 2011, ha dichiarato l'illegittimità costituzionale di questo comma, come modificato dall'art. 1, comma 15, della legge 15 luglio 2009, n. 94, limitatamente alle parole «nonché un documento attestante la regolarità del soggiorno nel territorio italiano».*

Sezione VI
Della nullità del matrimonio

117. ([1]) **Matrimonio contratto con violazione degli articoli 84, 86, 87 e 88.** – Il matrimonio contratto con violazione degli articoli 86, 87 e 88 può essere impugnato dai coniugi (124), dagli ascendenti prossimi, dal pubblico ministero (125) e da tutti coloro che abbiano per impugnarlo un interesse legittimo e attuale (127; 100 c.p.c.).

Il matrimonio contratto in violazione dell'articolo 84 può essere impugnato dai coniugi, da ciascuno dei genitori e dal pubblico ministero. La relativa azione di annullamento può essere proposta personalmente dal minore non oltre un anno dal raggiungimento della maggiore età. La domanda, proposta dal genitore o dal pubblico ministero, deve essere respinta ove, anche in pendenza del giudizio, il minore abbia raggiunto la maggiore età ovvero vi sia stato concepimento o procreazione e in ogni caso sia stata accertata la volontà del minore di mantenere in vita il vincolo matrimoniale.

Il matrimonio contratto dal coniuge dell'assente non può essere impugnato finché dura l'assenza (56, 65, 68).

Nei casi in cui si sarebbe potuta accordare l'autorizzazione ai sensi del quarto comma dell'articolo 87, il matrimonio non può essere impugnato dopo un anno dalla celebrazione.

La disposizione del primo comma del presente articolo si applica anche nel caso di nullità del matrimonio previsto dall'articolo 68 (69, 70, 100).

([1]) *Articolo così sostituito dall'art. 12, L. 19 maggio 1975, n. 151, riforma del diritto di famiglia, della quale l'art. 224 dispone:*

«224. Le cause di invalidità dei matrimoni celebrati anteriormente all'entrata in vigore della presente legge e le relative azioni sono regolate dalle disposizioni anteriori».

118. [**Difetto di età.** – (*Omissis*)] ([1]).

([1]) *Articolo abrogato dall'art. 13, L. 19 maggio 1975, n. 151, riforma del diritto di famiglia.*

119. ([1]) **Interdizione.** – Il matrimonio di chi è stato interdetto per infermità di mente (85, 414) può essere impugnato dal tutore, dal pubblico ministero (125) e da tutti coloro che abbiano un interesse legittimo se, al tempo del matrimonio, vi era già sentenza di interdizione passata in giudicato, ovvero se la interdizione (421) è stata pronunziata posteriormente ma l'infermità esisteva al tempo del matrimonio (427). Può essere impugnato, dopo revocata l'interdizione (429), anche dalla persona che era interdetta.

L'azione non può essere proposta se, dopo revocata l'interdizione, vi è stata coabitazione per un anno (69, 70 c.p.c.).

([1]) *Articolo così sostituito dall'art. 14, L. 19 maggio 1975, n. 151, riforma del diritto di famiglia.*

120. (¹) **Incapacità di intendere o di volere.** – Il matrimonio può essere impugnato da quello dei coniugi che, quantunque non interdetto (102[5]), provi di essere stato incapace di intendere o di volere, per qualunque causa, anche transitoria, al momento della celebrazione del matrimonio (428).

L'azione non può essere proposta se vi è stata coabitazione per un anno dopo che il coniuge incapace ha recuperato la pienezza delle facoltà mentali (119[2]).

(¹) *Articolo così sostituito dall'art. 15, L. 19 maggio 1975, n. 151, riforma del diritto di famiglia.*

121. [**Mancanza di assenso.** – (*Omissis*)] (¹).

(¹) *Articolo abrogato dall'art. 16, L. 19 maggio 1975, n. 151, riforma del diritto di famiglia.*

122. (¹) **Violenza ed errore.** – Il matrimonio può essere impugnato da quello dei coniugi il cui consenso è stato estorto con violenza (1434) o determinato da timore di eccezionale gravità (1437) derivante da cause esterne allo sposo.

Il matrimonio può altresì essere impugnato da quello dei coniugi il cui consenso è stato dato per effetto di errore sull'identità della persona o di errore essenziale su qualità personali dell'altro coniuge.

L'errore sulle qualità personali è essenziale qualora, tenute presenti le condizioni dell'altro coniuge, si accerti che lo stesso non avrebbe prestato il suo consenso se le avesse esattamente conosciute e purché l'errore riguardi:

1) l'esistenza di una malattia fisica o psichica o di una anomalia o deviazione sessuale, tali da impedire lo svolgimento della vita coniugale;

2) l'esistenza di una sentenza di condanna per delitto non colposo alla reclusione non inferiore a cinque anni, salvo il caso di intervenuta riabilitazione prima della celebrazione del matrimonio. L'azione di annullamento non può essere proposta prima che la sentenza sia divenuta irrevocabile;

3) la dichiarazione di delinquenza abituale o professionale (102, 105 c.p.);

4) la circostanza che l'altro coniuge sia stato condannato per delitti concernenti la prostituzione a pena non inferiore a due anni. L'azione di annullamento non può essere proposta prima che la condanna sia divenuta irrevocabile;

5) lo stato di gravidanza causato da persona diversa dal soggetto caduto in errore, purché vi sia stato disconoscimento ai sensi dell'articolo 233, se la gravidanza è stata portata a termine.

L'azione non può essere proposta se vi è stata coabitazione per un anno dopo che siano cessate la violenza o le cause che hanno determinato il timore ovvero sia stato scoperto l'errore (119, 120, 123).

(¹) *Articolo così sostituito dall'art. 17, L. 19 maggio 1975, n. 151, riforma del diritto di famiglia.*

123. (¹) **Simulazione.** – Il matrimonio può essere impugnato da ciascuno dei coniugi quando gli sposi abbiano convenuto di non adempiere agli obblighi e di non esercitare i diritti da esso discendenti.

L'azione non può essere proposta decorso un anno dalla celebrazione del matrimonio ovvero nel caso in cui i contraenti abbiano convissuto come coniugi successivamente alla celebrazione medesima.

(¹) *Articolo così sostituito dall'art. 18, L. 19 maggio 1975, n. 151, riforma del diritto di famiglia.*

124. Vincolo di precedente matrimonio. – Il coniuge può in qualunque tempo impugnare il matrimonio o l'unione civile tra persone dello stesso sesso (¹) dell'altro coniuge (86, 117); se si oppone la nullità del primo matrimonio, tale questione deve essere preventivamente giudicata (34, 295, 337 c.p.c.).

(¹) *Le parole: «o l'unione civile tra persone dello stesso sesso» sono state inserite dall'art. 1, comma 33, della L. 20 maggio 2016, n. 76.*

125. Azione del pubblico ministero. – L'azione di nullità non può essere promossa dal pubblico ministero dopo la morte di uno dei coniugi (69, 70 c.p.c.).

126. Separazione dei coniugi in pendenza del giudizio. – Quando è proposta domanda di nullità del matrimonio, il tribunale può, su istanza di uno dei coniugi, ordinare la loro separazione temporanea durante il giudizio (150 ss.); può ordinarla anche d'ufficio, se ambedue i coniugi o uno di essi sono minori o interdetti (2, 414).

127. Intrasmissibilità dell'azione. – L'azione per impugnare il matrimonio non si trasmette agli eredi se non quando il giudizio è già pendente alla morte dell'attore.

128. (¹) **Matrimonio putativo.** – Se il matrimonio è dichiarato nullo (68, 117-127), gli effetti del matrimonio valido si producono, in favore dei coniugi, fino alla sentenza che pronunzia la nullità, quando i coniugi stessi lo hanno contratto in buona fede, oppure quando il loro consenso è stato estorto con violenza o determinato da timore di eccezionale gravità derivante da cause esterne agli sposi (122, 584, 785).

Il matrimonio dichiarato nullo ha gli effetti del matrimonio valido rispetto ai figli ([2]).

Se le condizioni indicate nel primo comma si verificano per uno solo dei coniugi (139), gli effetti valgono soltanto in favore di lui e dei figli (129, 129 *bis*, 139).

Il matrimonio dichiarato nullo, contratto in malafede da entrambi i coniugi, ha gli effetti del matrimonio valido rispetto ai figli nati o concepiti durante lo stesso, salvo che la nullità dipenda da [bigamia o] ([3]) incesto.

Nell'ipotesi di cui al quarto comma, rispetto ai figli si applica l'articolo 251 ([4]).

([1]) *Articolo così sostituito dall'art. 19, L. 19 maggio 1975, n. 151, riforma del diritto di famiglia.*

([2]) *Questo comma è stato così sostituito dall'art. 2, comma 1, lett.* a), *del D.L.vo 28 dicembre 2013, n. 154, a decorrere dal trentesimo giorno successivo a quello della sua pubblicazione nella* Gazzetta Ufficiale (G.U. *n. 5 dell'8 gennaio 2014).*

([3]) *Le parole fra parentesi quadrate sono state soppresse dall'art. 2, comma 1, lett.* b), *del D.L.vo 28 dicembre 2013, n. 154, a decorrere dal trentesimo giorno successivo a quello della sua pubblicazione nella* Gazzetta Ufficiale (G.U. *n. 5 dell'8 gennaio 2014).*

([4]) *Questo comma è stato così sostituito dall'art. 2, comma 1, lett.* c), *del D.L.vo 28 dicembre 2013, n. 154, a decorrere dal trentesimo giorno successivo a quello della sua pubblicazione nella* Gazzetta Ufficiale (G.U. *n. 5 dell'8 gennaio 2014).*

129. ([1]) **Diritti dei coniugi in buona fede.** – Quando le condizioni del matrimonio putativo (128) si verificano rispetto ad ambedue i coniugi, il giudice può disporre a carico di uno di essi e per un periodo non superiore a tre anni l'obbligo di corrispondere somme periodiche di denaro, in proporzione alle sue sostanze, a favore dell'altro, ove questi non abbia adeguati redditi propri e non sia passato a nuove nozze.

Per i provvedimenti che il giudice adotta riguardo ai figli, si applica l'art. 155.

([1]) *Articolo così sostituito dall'art. 20, L. 19 maggio 1975, n. 151, riforma del diritto di famiglia.*

129 *bis*. ([1]) **Responsabilità del coniuge in mala fede e del terzo.** – Il coniuge al quale sia imputabile la nullità del matrimonio (117 ss.) è tenuto a corrispondere all'altro coniuge in buona fede, qualora il matrimonio sia annullato, una congrua indennità, anche in mancanza di prova del danno sofferto. L'indennità deve comunque comprendere una somma corrispondente al mantenimento per tre anni. È tenuto altresì a prestare gli alimenti al coniuge in buona fede, sempre che non vi siano altri obbligati (433).

Il terzo al quale sia imputabile la nullità del matrimonio è tenuto a corrispondere al coniuge in buona fede, se il matrimonio è annullato, l'indennità prevista nel comma precedente.

In ogni caso il terzo che abbia concorso con uno dei coniugi nel determinare la nullità del matrimonio è solidalmente responsabile (1292 ss.) con lo stesso per il pagamento dell'indennità.

([1]) *Articolo aggiunto dall'art. 21, L. 19 maggio 1975, n. 151, riforma del diritto di famiglia.*

Sezione VII
Delle prove della celebrazione del matrimonio

130. Atto di celebrazione del matrimonio. – Nessuno può reclamare il titolo di coniuge e gli effetti del matrimonio, se non presenta l'atto di celebrazione estratto dai registri dello stato civile (107, 109).

Il possesso di stato (131), quantunque allegato da ambedue i coniugi, non dispensa dal presentare l'atto di celebrazione (132).

131. Possesso di stato. – Il possesso di stato, conforme all'atto di celebrazione del matrimonio, sana ogni difetto di forma (107, 132).

132. Mancanza dell'atto di celebrazione. – Nel caso di distruzione o di smarrimento dei registri dello stato civile l'esistenza del matrimonio può essere provata a norma dell'articolo 452.

Quando vi sono indizi che per dolo o per colpa del pubblico ufficiale o per un caso di forza maggiore l'atto di matrimonio non è stato inserito nei registri a ciò destinati, la prova dell'esistenza del matrimonio è ammessa, sempre che risulti in modo non dubbio un conforme possesso di stato (131).

133. Prova della celebrazione risultante da sentenza penale. – Se la prova della celebrazione del matrimonio risulta da sentenza penale, l'iscrizione della sentenza nel registro dello stato civile assicura al matrimonio, dal giorno della sua celebrazione, tutti gli effetti riguardo tanto ai coniugi quanto ai figli.

Sezione VIII
Disposizioni penali

134. Omissione di pubblicazione. – Sono puniti con la sanzione amministrativa del pagamento di una somma da € 41 a € 206 gli sposi e l'ufficiale dello stato civile che hanno celebrato matrimonio senza che la celebrazione sia stata preceduta dalla prescritta pubblicazione (93 ss.).

135. Pubblicazione senza richiesta o senza documenti. – È punito con la sanzione amministrativa del pagamento di una somma da € 20 a € 103 l'ufficiale dello stato civile che ha proceduto alla pubblicazione di un matrimonio senza la richiesta di cui all'articolo 96 o quando manca alcuno dei documenti prescritti dal primo comma dell'articolo 97.

136. Impedimenti conosciuti dall'ufficiale dello stato civile. – L'ufficiale dello stato civile che procede alla celebrazione del matrimonio, quando vi osta qualche impedimento o divieto di cui egli ha notizia (98), è punito con la sanzione amministrativa del pagamento di una somma da € 51 a € 309.

137. Incompetenza dell'ufficiale dello stato civile. Mancanza dei testimoni. – È punito con la sanzione amministrativa del pagamento di una somma da € 30 a € 206 l'ufficiale dello stato civile che ha celebrato un matrimonio per cui non era competente (106, 109).

La stessa pena si applica all'ufficiale dello stato civile che ha proceduto alla celebrazione di un matrimonio senza la presenza dei testimoni (107, 110; 116 trans.).

138. Altre infrazioni. – È punito con la sanzione amministrativa del pagamento di una somma stabilita nell'articolo 135 l'ufficiale dello stato civile che in qualunque modo contravviene alle disposizioni degli articoli 93, 95, 98, 99, 106, 107, 108, 109, 110 e 112 o commette qualsiasi altra infrazione per cui non sia stabilita una pena speciale in questa sezione.

139. ([1]) **Cause di nullità note a uno dei coniugi.** – Il coniuge il quale, conoscendo prima della celebrazione una causa di nullità del matrimonio (84-90), l'abbia lasciata ignorare all'altro, è punito, se il matrimonio è annullato, con la sanzione amministrativa del pagamento di una somma da € 41 a € 206.

([1]) *Articolo così sostituito dall'art. 22, L. 19 maggio 1975, n. 151, riforma del diritto di famiglia.*

140. ([1]) **Inosservanza del divieto temporaneo di nuove nozze.** – La donna che contrae matrimonio contro il divieto dell'articolo 89, l'ufficiale che lo celebra e l'altro coniuge sono puniti con la sanzione amministrativa del pagamento di una somma da € 20 a € 82.

([1]) *Articolo così sostituito dall'art. 23, L. 19 maggio 1975, n. 151, riforma del diritto di famiglia.*

141. Competenza. – I reati previsti nei precedenti articoli sono di competenza del tribunale ([1]).

([1]) *Le inosservanze non costituiscono più reato ma unicamente illecito amministrativo. Per la competenza ad irrogare le sanzioni, spettante al prefetto, si vedano gli artt. 17 e 18 della L. 24 novembre 1981, n. 689.*

142. Limiti d'applicazione delle precedenti disposizioni. – Le disposizioni della presente sezione si applicano quando i fatti ivi contemplati non costituiscono reato [più grave] ([1]).

([1]) *Da coordinare con la depenalizzazione delle contravvenzioni conseguente alla L. 24 dicembre 1975, n. 706, e alla L. 24 novembre 1981, n. 689.*

Capo IV
Dei diritti e dei doveri
che nascono dal matrimonio

143. ([1]) **Diritti e doveri reciproci dei coniugi.** – Con il matrimonio il marito e la moglie acquistano gli stessi diritti e assumono i medesimi doveri (Cost. 29, 30).

Dal matrimonio deriva l'obbligo reciproco alla fedeltà, all'assistenza morale e materiale, alla collaborazione nell'interesse della famiglia e alla coabitazione (146).

Entrambi i coniugi sono tenuti, ciascuno in relazione alle proprie sostanze e alla propria capacità di lavoro professionale o casalingo, a contribuire ai bisogni della famiglia (193).

([1]) *Articolo così sostituito dall'art. 24, L. 19 maggio 1975, n. 151, riforma del diritto di famiglia.*

143 *bis*. ([1]) **Cognome della moglie.** – La moglie aggiunge al proprio cognome quello del marito e lo conserva durante lo stato vedovile, fino a che passi a nuove nozze (156 *bis*) ([2]).

([1]) *Articolo aggiunto dall'art. 25, L. 19 maggio 1975, n. 151, riforma del diritto di famiglia.*

([2]) *Dispone l'art. 5, secondo comma, L. 1 dicembre 1970, n. 898, disciplina dei casi di scioglimento del matrimonio, che la donna perde il cognome che aveva aggiunto al proprio a seguito del matrimonio.*

143 *ter*. ([1]) [**Cittadinanza della moglie.** – La moglie conserva la cittadinanza italiana, salvo sua espressa

Codice Civile

rinunzia (36 att.), anche se per effetto del matrimonio o del mutamento di cittadinanza da parte del marito assume una cittadinanza straniera].

(¹) *Questo articolo è stato abrogato dall'art. 26 della L. 5 febbraio 1992, n. 91, recante norme sulla cittadinanza, a decorrere dal 17 agosto 1992.*

144. (¹) **Indirizzo della vita familiare e residenza della famiglia.** – I coniugi concordano tra loro l'indirizzo della vita familiare e fissano la residenza della famiglia secondo le esigenze di entrambi e quelle preminenti della famiglia stessa.

A ciascuno dei coniugi spetta il potere di attuare l'indirizzo concordato.

(¹) *Articolo così sostituito dall'art. 26, L. 19 maggio 1975, n. 151, riforma del diritto di famiglia.*

145. (¹) **Intervento del giudice.** – In caso di disaccordo ciascuno dei coniugi può chiedere, senza formalità, l'intervento del giudice il quale, sentite le opinioni espresse dai coniugi e, per quanto opportuno, dai figli conviventi che abbiano compiuto il sedicesimo anno, tenta di raggiungere una soluzione concordata (316^3; 41 att.).

Ove questa non sia possibile e il disaccordo concerna la fissazione della residenza o altri affari essenziali (144), il giudice, qualora ne sia richiesto espressamente e congiuntamente dai coniugi, adotta, con provvedimento non impugnabile (737 c.p.c.), la soluzione che ritiene più adeguata alle esigenze dell'unità e della vita della famiglia.

(¹) *Articolo così sostituito dall'art. 27, L. 19 maggio 1975, n. 151, riforma del diritto di famiglia.*

146. (¹) **Allontanamento dalla residenza familiare.** – Il diritto all'assistenza morale e materiale previsto dall'articolo 143 è sospeso nei confronti del coniuge che, allontanatosi senza giusta causa dalla residenza familiare (144), rifiuta di tornarvi.

La proposizione della domanda di separazione (150 ss.), o di annullamento (117 ss), o di scioglimento o di cessazione degli effetti civili del matrimonio costituisce giusta causa di allontanamento dalla residenza familiare.

Il giudice ($38^{2\text{-}3}$ att.) può, secondo le circostanze, ordinare il sequestro (670 c.p.c.) dei beni del coniuge allontanatosi, nella misura atta a garantire l'adempimento degli obblighi previsti dagli articoli 143, terzo comma, e 147.

(¹) *Articolo così sostituito dall'art. 28, L. 19 maggio 1975, n. 151, riforma del diritto di famiglia.*

147. (¹) **Doveri verso i figli.** – Il matrimonio impone ad ambedue i coniugi l'obbligo di mantenere, istruire, educare e assistere moralmente i figli, nel rispetto delle loro capacità, inclinazioni naturali e aspirazioni, secondo quanto previsto dall'articolo 315 *bis* (30 Cost.).

(¹) *Questo articolo è stato così, da ultimo, sostituito dall'art. 3 del D.L.vo 28 dicembre 2013, n. 154, a decorrere dal trentesimo giorno successivo a quello della sua pubblicazione nella* Gazzetta Ufficiale (G.U. *n. 5 dell'8 gennaio 2014*).

148. (¹) **Concorso negli oneri.** – I coniugi devono adempiere l'obbligo di cui all'articolo 147, secondo quanto previsto dall'articolo 316 *bis*.

(¹) *Questo articolo è stato così, da ultimo, sostituito dall'art. 4 del D.L.vo 28 dicembre 2013, n. 154, a decorrere dal trentesimo giorno successivo a quello della sua pubblicazione nella* Gazzetta Ufficiale (G.U. *n. 5 dell'8 gennaio 2014*).

Capo V
Dello scioglimento del matrimonio e della separazione dei coniugi

149. (¹) **Scioglimento del matrimonio.** – Il matrimonio si scioglie con la morte di uno dei coniugi e negli altri casi previsti dalla legge (²).

Gli effetti civili del matrimonio celebrato con rito religioso, ai sensi dell'articolo 82, o dell'articolo 83, e regolarmente trascritto, cessano alla morte di uno dei coniugi e negli altri casi previsti dalla legge.

(¹) *Articolo così sostituito dall'art. 31, L. 19 maggio, 1975, n. 151, riforma del diritto di famiglia.*

(²) *Legge 1 dicembre 1970, n. 898, disciplina dei casi di scioglimento del matrimonio. Si veda altresì, l'art. 4, L. 14 aprile 1982, n. 164, norme in materia di rettificazione di attribuzione di sesso, il quale dispone*:

«4. *La sentenza di rettificazione di attribuzione di sesso non ha effetto retroattivo. Essa provoca lo scioglimento del matrimonio o la cessazione degli effetti civili conseguenti alla trascrizione del matrimonio celebrato con rito religioso. Si applicano le disposizioni del codice civile e della legge 1 dicembre 1970, n. 898, e successive modificazioni*».

150. (¹) **Separazione personale.** – È ammessa la separazione personale dei coniugi.

La separazione può essere giudiziale (151) o consensuale (158).

Il diritto di chiedere la separazione giudiziale (706 c.p.c.) o l'omologazione di quella consensuale (711 c.p.c.) spetta esclusivamente ai coniugi.

(1) *Articolo così sostituito dall'art. 32, L. 19 maggio 1975, n. 151, riforma del diritto di famiglia, e della quale l'art. 226, dispone*:

«226. *Le disposizioni sulla separazione personale, comprese quelle di natura patrimoniale, si applicano anche ai matrimoni anteriori e ai giudizi in corso al momento dell'entrata in vigore della presente legge.*

«*Nel provvedere sulle domande di revisione delle disposizioni patrimoniali a norma della presente legge, il giudice deve tener conto anche degli accordi intervenuti fra le parti in sede di separazione consensuale omologata anteriormente all'entrata in vigore della presente legge*».

151. (1) **Separazione giudiziale.** – La separazione (150) può essere chiesta quando si verificano, anche indipendentemente dalla volontà di uno o di entrambi i coniugi, fatti tali da rendere intollerabile la prosecuzione della convivenza o da recare grave pregiudizio alla educazione della prole.

Il giudice, pronunziando la separazione, dichiara, ove ne ricorrano le circostanze e ne sia richiesto, a quale dei coniugi sia addebitabile la separazione, in considerazione del suo comportamento contrario ai doveri che derivano dal matrimonio.

(1) *Articolo così sostituito dall'art. 33, L. 19 maggio 1975, n. 151, riforma del diritto di famiglia.*

152 - 153. (*Omissis*) (1).

(1) *Articoli riguardanti: separazione per condanna penale e separazione per non fissata residenza; abrogati dall'art. 34, L. 19 maggio 1975, n. 151, riforma del diritto di famiglia.*

154. (1) **Riconciliazione.** – La riconciliazione tra i coniugi comporta l'abbandono della domanda di separazione personale già proposta (157; 708 c.p.c.).

(1) *Articolo così sostituito dall'art. 35, L. 19 maggio 1975, n. 151, riforma del diritto di famiglia.*

155. (1) **Provvedimenti riguardo ai figli.** – In caso di separazione, riguardo ai figli, si applicano le disposizioni contenute nel Capo II del titolo IX.

(1) *Questo articolo è stato così, da ultimo, sostituito dall'art. 5 del D.L.vo 28 dicembre 2013, n. 154, a decorrere dal trentesimo giorno successivo a quello della sua pubblicazione nella* Gazzetta Ufficiale (G.U. *n. 5 dell'8 gennaio 2014*).

155 *bis*. (1) [**Affidamento a un solo genitore e opposizione all'affidamento condiviso.** – Il giudice può disporre l'affidamento dei figli ad uno solo dei genitori qualora ritenga con provvedimento motivato che l'affidamento all'altro sia contrario all'interesse del minore.

Ciascuno dei genitori può, in qualsiasi momento, chiedere l'affidamento esclusivo quando sussistono le condizioni indicate al primo comma. Il giudice, se accoglie la domanda, dispone l'affidamento esclusivo al genitore istante, facendo salvi, per quanto possibile, i diritti del minore previsti dal primo comma dell'articolo 155. Se la domanda risulta manifestamente infondata, il giudice può considerare il comportamento del genitore istante ai fini della determinazione dei provvedimenti da adottare nell'interesse dei figli, rimanendo ferma l'applicazione dell'articolo 96 del codice di procedura civile].

(1) *Questo articolo, inserito dall'art. 1, comma 2, della L. 8 febbraio 2006, n. 54, è stato abrogato dall'art. 106, comma 1, lett.* a), *del D.L.vo 28 dicembre 2013, n. 154, a decorrere dal trentesimo giorno successivo a quello della sua pubblicazione nella* Gazzetta Ufficiale (G.U. *n. 5 dell'8 gennaio 2014*).

155 *ter*. (1) [**Revisione delle disposizioni concernenti l'affidamento dei figli.** – I genitori hanno diritto di chiedere in ogni tempo la revisione delle disposizioni concernenti l'affidamento dei figli, l'attribuzione dell'esercizio della potestà su di essi e delle eventuali disposizioni relative alla misura e alla modalità del contributo].

(1) *Questo articolo, inserito dall'art. 1, comma 2, della L. 8 febbraio 2006, n. 54, è stato abrogato dall'art. 106, comma 1, lett.* a), *del D.L.vo 28 dicembre 2013, n. 154, a decorrere dal trentesimo giorno successivo a quello della sua pubblicazione nella* Gazzetta Ufficiale (G.U. *n. 5 dell'8 gennaio 2014*).

155 *quater*. (1) [**Assegnazione della casa familiare e prescrizioni in tema di residenza.** – Il godimento della casa familiare è attribuito tenendo prioritariamente conto dell'interesse dei figli. Dell'assegnazione il giudice tiene conto nella regolazione dei rapporti economici tra i genitori, considerato l'eventuale titolo di proprietà. Il diritto al godimento della casa familiare viene meno nel caso che l'assegnatario non abiti o cessi di abitare stabilmente nella casa familiare o conviva more uxorio o contragga nuovo matrimonio. Il provvedimento di assegnazione e quello di revoca sono trascrivibili e opponibili a terzi ai sensi dell'articolo 2643.

Nel caso in cui uno dei coniugi cambi la residenza o il domicilio, l'altro coniuge può chiedere, se il mutamento interferisce con le modalità dell'affidamento, la ridefinizione degli accordi o dei provvedimenti adottati, ivi compresi quelli economici].

([1]) *Questo articolo, inserito dall'art. 1, comma 2, della L. 8 febbraio 2006, n. 54, è stato abrogato dall'art. 106, comma 1, lett.* a), *del D.L.vo 28 dicembre 2013, n. 154, a decorrere dal trentesimo giorno successivo a quello della sua pubblicazione nella* Gazzetta Ufficiale *(G.U. n. 5 dell'8 gennaio 2014).*

155 *quinquies*. ([1]) **[Disposizioni in favore dei figli maggiorenni. –** Il giudice, valutate le circostanze, può disporre in favore dei figli maggiorenni non indipendenti economicamente il pagamento di un assegno periodico. Tale assegno, salvo diversa determinazione del giudice, è versato direttamente all'avente diritto.

Ai figli maggiorenni portatori di handicap grave ai sensi dell'articolo 3, comma 3, della legge 5 febbraio 1992, n. 104, si applicano integralmente le disposizioni previste in favore dei figli minori].

([1]) *Questo articolo, inserito dall'art. 1, comma 2, della L. 8 febbraio 2006, n. 54, è stato abrogato dall'art. 106, comma 1, lett.* a), *del D.L.vo 28 dicembre 2013, n. 154, a decorrere dal trentesimo giorno successivo a quello della sua pubblicazione nella* Gazzetta Ufficiale *(G.U. n. 5 dell'8 gennaio 2014).*

155 *sexies*. ([1]) **[Poteri del giudice e ascolto del minore. –** Prima dell'emanazione, anche in via provvisoria, dei provvedimenti di cui all'articolo 155, il giudice può assumere, ad istanza di parte o d'ufficio, mezzi di prova. Il giudice dispone, inoltre, l'audizione del figlio minore che abbia compiuto gli anni dodici e anche di età inferiore ove capace di discernimento.

Qualora ne ravvisi l'opportunità, il giudice, sentite le parti e ottenuto il loro consenso, può rinviare l'adozione dei provvedimenti di cui all'articolo 155 per consentire che i coniugi, avvalendosi di esperti, tentino una mediazione per raggiungere un accordo, con particolare riferimento alla tutela dell'interesse morale e materiale dei figli].

([1]) *Questo articolo, inserito dall'art. 1, comma 2, della L. 8 febbraio 2006, n. 54, è stato abrogato dall'art. 106, comma 1, lett.* a), *del D.L.vo 28 dicembre 2013, n. 154, a decorrere dal trentesimo giorno successivo a quello della sua pubblicazione nella* Gazzetta Ufficiale *(G.U. n. 5 dell'8 gennaio 2014).*

156. ([1]) **Effetti della separazione sui rapporti patrimoniali tra i coniugi. –** Il giudice (38 att.), pronunziando la separazione, stabilisce a vantaggio del coniuge cui non sia addebitabile la separazione il diritto di ricevere dall'altro coniuge quanto è necessario al suo mantenimento, qualora egli non abbia adeguati redditi propri (548, 585).

L'entità di tale somministrazione è determinata in relazione alle circostanze e ai redditi dell'obbligato.

Resta fermo l'obbligo di prestare gli alimenti di cui agli artt. 433 e seguenti.

Il giudice che pronunzia la separazione può imporre al coniuge di prestare idonea garanzia reale (2784, 2808) o personale (1936) se esiste il pericolo che egli possa sottrarsi all'adempimento degli obblighi previsti dai precedenti commi e dall'art. 155.

La sentenza costituisce titolo per l'iscrizione dell'ipoteca giudiziale ai sensi dell'art. 2818.

In caso di inadempienza, su richiesta dell'avente diritto, il giudice può disporre il sequestro (671) di parte dei beni del coniuge obbligato e ordinare ai terzi, tenuti a corrispondere anche periodicamente somme di denaro all'obbligato, che una parte di esse venga versata direttamente agli aventi diritto ([2]) ([3]).

Qualora sopravvengano giustificati motivi il giudice, su istanza di parte, può disporre la revoca o la modifica dei provvedimenti di cui ai commi precedenti ([4]).

([1]) *Articolo così sostituito dall'art. 37, L. 19 maggio 1975, n. 151, riforma del diritto di famiglia.*

([2]) *La Corte costituzionale, con sentenza n. 144 del 31 maggio 1983, ha dichiarato l'illegittimità costituzionale di questo comma, nella parte in cui non prevede che le disposizioni ivi contenute si applichino a favore dei figli di coniugi consensualmente separati.*

La Corte costituzionale, con sentenza n. 278 del 6 luglio 1994, ha dichiarato l'illegittimità costituzionale di questo comma, nella parte in cui non prevede che il giudice istruttore possa adottare nel corso della causa di separazione il provvedimento di ordinare ai terzi debitori del coniuge obbligato al mantenimento di versare una parte delle somme direttamente agli aventi diritto.

([3]) *La Corte costituzionale, con sentenza n. 258 del 19 luglio 1996, ha dichiarato l'illegittimità costituzionale di questo comma, nella parte in cui non prevede che il giudice istruttore possa adottare, nel corso della causa di separazione, il provvedimento di sequestro di parte dei beni del coniuge obbligato al mantenimento.*

([4]) *La Corte costituzionale, con sentenza n. 5 del 19 gennaio 1987, ha dichiarato l'illegittimità costituzionale del sesto comma, nella parte in cui non prevede che le disposizioni ivi contenute si applichino ai coniugi separati consensualmente.*

156 *bis*. (¹) **Cognome della moglie.** – Il giudice può vietare alla moglie l'uso del cognome del marito (143 *bis*), quando tale uso sia a lui gravemente pregiudizievole e può parimenti autorizzare la moglie a non usare il cognome stesso, qualora dall'uso possa derivarle grave pregiudizio.

(¹) *Articolo aggiunto dall'art. 38, L. 19 maggio 1975, n. 151, riforma del diritto di famiglia.*

157. (¹) **Cessazione degli effetti della separazione.** – I coniugi possono di comune accordo far cessare gli effetti della sentenza di separazione, senza che sia necessario l'intervento del giudice, con una espressa dichiarazione o con un comportamento non equivoco che sia incompatibile con lo stato di separazione (154).

La separazione può essere pronunziata nuovamente soltanto in relazione a fatti e comportamenti intervenuti dopo la riconciliazione.

(¹) *Articolo così sostituito dall'art. 39, L. 19 maggio 1975, n. 151, riforma del diritto di famiglia.*

158. (¹) **Separazione consensuale.** – La separazione per il solo consenso dei coniugi non ha effetto senza l'omologazione del giudice (711 c.p.c.) (²).

Quando l'accordo dei coniugi relativamente all'affidamento e al mantenimento dei figli è in contrasto con l'interesse di questi il giudice riconvoca i coniugi indicando ad essi le modificazioni da adottare nell'interesse dei figli e, in caso di inidonea soluzione, può rifiutare allo stato l'omologazione.

(¹) *Articolo così sostituito dall'art. 40, L. 19 maggio 1975, n. 151, riforma del diritto di famiglia.*

(²) *La Corte costituzionale, con sentenza n. 186 del 18 febbraio 1988, ha dichiarato l'illegittimità costituzionale di questo articolo, nella parte in cui non prevede che il decreto di omologazione della separazione consensuale costituisce titolo per l'iscrizione dell'ipoteca giudiziale ai sensi dell'art. 2818 del codice civile.*

Capo VI
Del regime patrimoniale della famiglia

Sezione I
Disposizioni generali

159. (¹) **Del regime patrimoniale legale tra i coniugi.** – Il regime patrimoniale legale della famiglia, in mancanza di diversa convenzione stipulata a norma dell'art. 162, è costituito dalla comunione dei beni, regolata dalla sezione III del presente capo (177-197).

(¹) *Articolo così sostituito dall'art. 41, L. 19 maggio 1975, n. 151, riforma del diritto di famiglia.*

160. (¹) **Diritti inderogabili.** – Gli sposi non possono derogare né ai diritti né ai doveri previsti dalla legge per effetto del matrimonio (143 ss.).

(¹) *Articolo così sostituito dall'art. 42, L. 19 maggio 1975, n. 151, riforma del diritto di famiglia.*

161. Riferimento generico a leggi o agli usi. – Gli sposi non possono pattuire in modo generico che i loro rapporti patrimoniali siano in tutto o in parte regolati da leggi alle quali non sono sottoposti o dagli usi, ma devono enunciare in modo concreto il contenuto dei patti con i quali intendono regolare questi loro rapporti.

162. (¹) **Forma delle convenzioni matrimoniali.** – Le convenzioni matrimoniali (159, 167 ss., 210 ss., 215 ss.) debbono essere stipulate per atto pubblico (2699) sotto pena di nullità (1350, 1418 ss., 2725; 34 *bis* att.).

La scelta del regime di separazione (215 ss.) può anche essere dichiarata nell'atto di celebrazione del matrimonio (107).

Le convenzioni possono essere stipulate in ogni tempo, ferme restando le disposizioni dell'art. 194 (²).

Le convenzioni matrimoniali non possono essere opposte ai terzi quando a margine dell'atto di matrimonio non risultano annotati la data del contratto, il notaio rogante e le generalità dei contraenti, ovvero la scelta di cui al secondo comma.

(¹) *Articolo così sostituito dall'art. 43, L. 19 maggio 1975, n. 151, riforma del diritto di famiglia.*

(²) *Comma così sostituito dall'art. 1, L. 10 aprile 1981, n. 142, modifiche ad alcune norme relative alle convenzioni tra coniugi, in vigore dal 6 maggio 1981. L'art. 2 della medesima legge, dispone:*

«L'autorizzazione del giudice è prevista soltanto per il mutamento, dopo la celebrazione del matrimonio, di convenzioni matrimoniali stipulate per atto pubblico prima dell'entrata in vigore della presente legge».

163. (¹) **Modifica delle convenzioni.** – Le modifiche delle convenzioni matrimoniali (167 ss., 210 ss., 215 ss.), anteriori o successive al matrimonio, non hanno effetto se l'atto pubblico (2699) non è stipulato col consenso di tutte le persone che sono state parti nelle convenzioni medesime, o dei loro eredi.

Se uno dei coniugi muore dopo aver consentito con atto pubblico alla modifica delle convenzioni, questa produce i suoi effetti se le altre parti esprimono anche successivamente il loro consenso, salva l'omologazione del giudice. L'omologazione può essere chiesta da tutte le persone che hanno partecipato alla modificazione delle convenzioni o dai loro eredi.

Le modifiche convenute e la sentenza di omologazione hanno effetto rispetto ai terzi solo se ne è fatta annotazione in margine all'atto del matrimonio.

L'annotazione deve inoltre essere fatta a margine della trascrizione delle convenzioni matrimoniali ove questa sia richiesta a norma degli artt. 2643 ss. (2647; 34 *bis* att.).

(1) *Articolo così sostituito dall'art. 44, L. 19 maggio 1975, n. 151, riforma del diritto di famiglia.*

164. (1) **Simulazione delle convenzioni matrimoniali.** – È consentita ai terzi la prova della simulazione (1414 ss.) delle convenzioni matrimoniali (167 ss., 210 ss., 215 ss.).

Le controdichiarazioni scritte possono aver effetto nei confronti di coloro tra i quali sono intervenute, solo se fatte con la presenza ed il simultaneo consenso di tutte le persone che sono state parti nelle convenzioni matrimoniali.

(1) *Articolo così sostituito dall'art. 45, L. 19 maggio 1975, n. 151, riforma del diritto di famiglia.*

165. (1) **Capacità del minore.** – Il minore ammesso a contrarre matrimonio (84^2) è pure capace di prestare il consenso per tutte le relative convenzioni matrimoniali (162), le quali sono valide se egli è assistito dai genitori esercenti la responsabilità genitoriale (2) su di lui o dal tutore o dal curatore speciale nominato a norma dell'art. 90.

(1) *Articolo così sostituito dapprima dall'art. 4 della L. 8 marzo 1975, n. 39, attribuzione della maggiore età e successivamente dall'art. 46, L. 19 maggio 1975, n. 151, riforma del diritto di famiglia.*

(2) *La parola: «potestà» è stata così sostituita dalle parole: «responsabilità genitoriale» dall'art. 6 del D.L.vo 28 dicembre 2013, n. 154, a decorrere dal trentesimo giorno successivo a quello della sua pubblicazione nella* Gazzetta Ufficiale (G.U. *n. 5 dell'8 gennaio 2014*).

166. Capacità dell'inabilitato. – Per la validità delle stipulazioni e delle donazioni, fatte nel contratto di matrimonio dall'inabilitato (415, 774) o da colui contro il quale è stato promosso giudizio di inabilitazione (417), è necessaria l'assistenza del curatore già nominato (424; 712 c.p. c.). Se questi non è stato ancora nominato, si provvede alla nomina di un curatore speciale (732 c.p.c.).

166 *bis*. (1) **Divieto di costituzione di dote.** – È nulla ogni convenzione che comunque tenda alla costituzione di beni in dote.

(1) *Articolo aggiunto dall'art. 47, L. 19 maggio 1975, n. 151, riforma del diritto di famiglia.*

Sezione II

Del fondo patrimoniale (1)

(1) *Intitolazione così modificata dall'art. 48, L. 19 maggio 1975, n. 151, riforma del diritto di famiglia.*

L'art. 227 stessa legge, dispone:

«Le doti e i patrimoni familiari costituiti prima dell'entrata in vigore della presente legge continuano ad essere disciplinate dalle norme anteriori».

167. (1) **Costituzione del fondo patrimoniale.** – Ciascuno o ambedue i coniugi, per atto pubblico (2699), o un terzo, anche per testamento (587, 601), possono costituire un fondo patrimoniale, destinando determinati beni, immobili o mobili iscritti in pubblici registri o titoli di credito, a far fronte ai bisogni della famiglia (32 att.).

La costituzione del fondo patrimoniale per atto tra vivi, effettuata dal terzo, si perfeziona con l'accettazione dei coniugi. L'accettazione può essere fatta con atto pubblico posteriore.

La costituzione può essere fatta anche durante il matrimonio.

I titoli di credito devono essere vincolati rendendoli nominativi (2021 ss.) con annotazione del vincolo o in altro modo idoneo.

(1) *Articolo così sostituito dall'art. 49, L. 19 maggio 1975, n. 151, riforma del diritto di famiglia.*

L'art. 227 stessa legge detta la seguente disposizione transitoria:

«227. Le doti e i patrimoni familiari costituiti prima dell'entrata in vigore della presente legge continuano ad essere disciplinati dalle norme anteriori».

168. (1) **Impiego ed amministrazione del fondo.** – La proprietà dei beni costituenti il fondo patrimoniale spetta ad entrambi i coniugi, salvo che sia diversamente stabilito nell'atto di costituzione.

I frutti dei beni costituenti il fondo patrimoniale sono impiegati per i bisogni della famiglia.

L'amministrazione dei beni costituenti il fondo patrimoniale è regolata dalle norme relative all'amministrazione della comunione legale (180 ss.).

(1) *Articolo così sostituito dall'art. 50, L. 19 maggio 1975, n. 151, riforma del diritto di famiglia.*

169. (1) **Alienazione dei beni del fondo.** – Se non è stato espressamente consentito nell'atto di costituzione, non si possono alienare, ipotecare, dare in pegno o comunque vincolare beni del fondo patrimoniale se non con il consenso di entrambi i coniugi e, se vi sono figli minori, con l'autorizzazione concessa dal giudice (38[2-3] att.), con provvedimento emesso in camera di consiglio, nei soli casi di necessità od utilità evidente (32 att.).

([1]) *Articolo così sostituito dall'art. 51, L. 19 maggio 1975, n. 151, riforma del diritto di famiglia.*

170. ([1]) **Esecuzione sui beni e sui frutti.** - L'esecuzione sui beni del fondo e sui frutti di essi non può avere luogo per debiti che il creditore conosceva essere stati contratti per scopi estranei ai bisogni della famiglia.

([1]) *Articolo così sostituito dall'art. 52, L. 19 maggio 1975, n. 151, riforma del diritto di famiglia.*

171. ([1]) **Cessazione del fondo.** - La destinazione del fondo termina a seguito dell'annullamento (117) o dello scioglimento (149) o della cessazione degli effetti civili del matrimonio.

Se vi sono figli minori il fondo dura fino al compimento della maggiore età dell'ultimo figlio. In tale caso il giudice può dettare, su istanza di chi vi abbia interesse, norme per l'amministrazione del fondo (168).

Considerate le condizioni economiche dei genitori e dei figli ed ogni altra circostanza, il giudice può altresì attribuire ai figli, in godimento o in proprietà, una quota dei beni del fondo (32 att.).

Se non vi sono figli, si applicano le disposizioni sullo scioglimento della comunione legale (191, 192).

([1]) *Articolo così sostituito dall'art. 53, L. 19 maggio 1975, n. 151, riforma del diritto di famiglia.*

172 - 176. (*Omissis*) ([1]).

([1]) *Articoli riguardanti: riduzione, amministrazione, sostituzione del coniuge amministratore, cessazione del vincolo, amministrazione dopo lo scioglimento del matrimonio. Abrogati dall'art. 54, L. 19 maggio 1975, n. 151, riforma del diritto di famiglia.*

Sezione III
Della comunione legale ([1])

([1]) *Intitolazione così sostituita dall'art. 55, L. 19 maggio 1975, n. 151, riforma del diritto di famiglia. È stata altresì soppressa la suddivisione delle sezioni in paragrafi. L'intera sezione concerneva l'istituto della dote. La L. 19 maggio 1975, n. 151 (riforma del diritto di famiglia) ha soppresso la dote istituendo i regimi di comunione o separazione dei beni, di costituzione del fondo patrimoniale e di comunione convenzionale. A norma dell'art. 277, legge predetta, le doti costituite prima dell'entrata in vigore di essa continuano ad essere disciplinate dalle norme anteriori.*

177. ([1]) ([2]) ([3]) **Oggetto della comunione.** - Costituiscono oggetto della comunione:

a) gli acquisti compiuti dai due coniugi insieme o separatamente durante il matrimonio, ad esclusione di quelli relativi ai beni personali (179);

b) i frutti dei beni propri di ciascuno dei coniugi, percepiti e non consumati allo scioglimento della comunione (191);

c) i proventi dell'attività separata di ciascuno dei coniugi se, allo scioglimento della comunione, non siano stati consumati;

d) le aziende gestite da entrambi i coniugi e costituite dopo il matrimonio.

Qualora si tratti di aziende appartenenti ad uno dei coniugi anteriormente al matrimonio ma gestite da entrambi, la comunione concerne solo gli utili e gli incrementi.

([1]) *Articolo così sostituito dall'art. 56, L. 19 maggio 1975, n. 151, riforma del diritto di famiglia.*

([2]) *L'art. 228 della legge citata detta la seguente disposizione transitoria:*

«228. *Le famiglie già costituite alla data di entrata in vigore della presente legge, decorso il termine di due anni dalla detta data, sono assoggettate al regime della comunione legale per i beni acquistati successivamente alla data medesima a meno che entro lo stesso termine (*) uno dei coniugi non manifesti volontà contraria in un atto ricevuto da notaio o dall'ufficiale dello stato civile del luogo in cui fu celebrato il matrimonio.*

«*Entro lo stesso termine (*) i coniugi possono convenire che i beni acquistati anteriormente alla data indicata nel primo comma siano assoggettati al regime della comunione, salvi i diritti dei terzi.*

«*Gli atti di cui al presente articolo compresi i trasferimenti eventuali e conseguenti di diritti sono esenti da imposte e tasse e gli onorari professionali ad essi relativi sono ridotti alla metà. Essi non possono essere opposti a terzi se non sono annotati a margine dell'atto di matrimonio*».

(*) *Il termine, che scadeva il 20 settembre 1977, è stato prorogato al 15 gennaio 1978 con D.L. 9 settembre 1977, n. 688, conv. nella L. 31 ottobre 1977, n. 804.*

([3]) *Legge 8 agosto 1977, n. 574, modifiche al regio decreto 28 marzo 1929, n. 499, per il coordinamento con la legge 19 maggio 1975, n. 151, sul nuovo diritto di famiglia:*

«1. *La lettera* a) *dell'art. 19 del nuovo testo della legge generale sui libri fondiari allegato al regio decreto 28 marzo 1929, n. 499, modificato dalla legge 29 ottobre 1974, n. 594, è sostituita con la seguente:*

«a) *la costituzione del fondo patrimoniale, agli effetti previsti dal codice civile per la trascrizione*».

«2. *Dopo l'art. 33 del nuovo testo della legge generale sui libri fondiari è inserito il seguente art. 33* bis:

Codice Civile

«Il diritto spettante ai coniugi in regime di comunione legale o convenzionale è intavolato in forza dell'atto di acquisto, corredato, ove da esso non risulti il rapporto di coniugio, dell'estratto dell'atto di matrimonio o di altra idonea documentazione».

«3. *All'art. 84 del nuovo testo della legge generale sui libri fondiari è aggiunto il seguente comma:*

«Se l'acquisto di un diritto è soggetto alla comunione dei beni fra coniugi, l'iscrizione nel libro fondiario deve in ogni caso essere domandata a questo titolo dal solo coniuge che ha effettuato l'acquisto, in favore di entrambi i coniugi, anche se si tratti di acquisto compiuto separatamente da uno di essi senza menzione della comunione».

«4. *Dopo l'art. 94 del nuovo testo della legge generale sui libri fondiari è inserito il seguente art. 94* bis:

«La domanda di iscrizione dell'acquisto di un diritto al nome del solo acquirente non è giustificata se dal titolo o da altri documenti non risulta lo stato libero dell'acquirente o l'esclusione del diritto dalla comunione dei beni col coniuge.

«Qualora l'iscrizione sia ostacolata dalla mancanza dei documenti richiesti dal comma precedente e dall'art. 33 bis, *si applicano corrispondentemente le disposizioni dell'art. 88, secondo e terzo comma».*

Norme transitorie:

«5. *I diritti soggetti alla disciplina di cui al primo comma dell'art. 228 della legge 19 maggio 1975, n. 151, devono d'ufficio essere iscritti con riserva degli effetti previsti da detto articolo. Tale riserva deve essere indicata, in quanto ne emergono i presupposti, anche per le iscrizioni già eseguite».*

«6. *Per le iscrizioni di diritti al nome del solo acquirente, eseguite prima dell'entrata in vigore della presente legge, deve essere indicata d'ufficio, in quanto non risultino esclusi i presupposti, la riserva del regime previsto dall'art. 159 del codice civile».*

178. (1) **Beni destinati all'esercizio di impresa.** – I beni destinati all'esercizio dell'impresa di uno dei coniugi costituita dopo il matrimonio e gli incrementi dell'impresa costituita anche precedentemente si considerano oggetto della comunione solo se sussistono al momento dello scioglimento di questa (191).

(1) *Articolo così sostituito dall'art. 57, L. 19 maggio 1975, n. 151, riforma del diritto di famiglia.*

179. (1) **Beni personali.** – Non costituiscono oggetto della comunione e sono beni personali del coniuge (185, 217):

a) i beni di cui, prima del matrimonio, il coniuge era proprietario o rispetto ai quali era titolare di un diritto reale di godimento;

b) i beni acquisiti successivamente al matrimonio per effetto di donazione (769) o successione (456), quando nell'atto di liberalità (782) o nel testamento (587) non è specificato che essi sono attribuiti alla comunione;

c) i beni di uso strettamente personale di ciascun coniuge ed i loro accessori (210);

d) i beni che servono all'esercizio della professione (2094, 2222) del coniuge, tranne quelli destinati alla conduzione di un'azienda facente parte della comunione (177, 210);

e) i beni ottenuti a titolo di risarcimento del danno nonché la pensione attinente alla perdita parziale o totale della capacità lavorativa;

f) i beni acquisiti con il prezzo del trasferimento dei beni personali sopraelencati o col loro scambio, purché ciò sia espressamente dichiarato all'atto dell'acquisto.

L'acquisto di beni immobili, o di beni mobili elencati nell'art. 2683, effettuato dopo il matrimonio, è escluso dalla comunione, ai sensi delle lettere *c*), *d*) ed *f*) del precedente comma, quando tale esclusione risulti dall'atto di acquisto se di esso sia stato parte anche l'altro coniuge.

(1) *Articolo così sostituito dall'art. 58, L. 19 maggio 1975, n. 151, riforma del diritto di famiglia.*

180. (1) **Amministrazione dei beni della comunione.** – L'amministrazione dei beni della comunione (177) e la rappresentanza in giudizio per gli atti ad essa relativi spettano disgiuntamente ad entrambi i coniugi.

Il compimento degli atti eccedenti l'ordinaria amministrazione, nonché la stipula dei contratti con i quali si concedono o si acquistano diritti personali di godimento e la rappresentanza in giudizio per le relative azioni spettano congiuntamente ad entrambi i coniugi (181, 210).

(1) *Articolo così sostituito dall'art. 59, L. 19 maggio 1975, n. 151, riforma del diritto di famiglia.*

181. (1) **Rifiuto di consenso.** – Se uno dei coniugi rifiuta il consenso per la stipulazione di un atto di straordinaria amministrazione o per gli altri atti per cui il consenso è richiesto, l'altro coniuge può rivolgersi al giudice (38^{2-3} att.) per ottenere l'autorizzazione nel caso in cui la stipulazione dell'atto è necessaria nell'interesse della famiglia o dell'azienda che a norma della lettera *d*) dell'art. 177 fa parte della comunione.

(1) *Articolo così sostituito dall'art. 60, L. 19 maggio 1975, n. 151, riforma del diritto di famiglia.*

182. (1) **Amministrazione affidata ad uno solo dei coniugi.** – In caso di lontananza o di altro impedimento di uno dei coniugi l'altro, in mancanza di procura del primo risultante da atto pubblico (2699) o da scrittura privata autenticata (2703), può compiere, previa autorizzazione del giudice (38^{2-3} att.) e con le cautele eventualmente da questo stabilite, gli atti necessari per i quali è richiesto, a norma dell'art. 180, il consenso di entrambi i coniugi.

Nel caso di gestione comune di azienda (177), uno dei coniugi può essere delegato dall'altro al compimento di tutti gli atti necessari all'attività dell'impresa (2204).

(1) *Articolo così sostituito dall'art. 61, L. 19 maggio 1975, n. 151, riforma del diritto di famiglia.*

183. (1) **Esclusione dall'amministrazione.** – Se uno dei coniugi è minore (2) o non può amministrare ovvero se ha male amministrato, l'altro coniuge può chiedere al giudice (38^{2-3} att.) di escluderlo dall'amministrazione (33 att.).

Il coniuge privato dell'amministrazione può chiedere al giudice (38^{2-3} att.) di esservi reintegrato, se sono venuti meno i motivi che hanno determinato l'esclusione.

La esclusione opera di diritto riguardo al coniuge interdetto (414 ss.) e permane sino a quando non sia cessato lo stato di interdizione (429).

(1) *Articolo così sostituito dall'art. 62, L. 19 maggio 1975, n. 151, riforma del diritto di famiglia.*

184. (1) **Atti compiuti senza il necessario consenso.** – Gli atti compiuti da un coniuge senza il necessario consenso (180) dell'altro coniuge e da questo non convalidati (1444) sono annullabili (1441 ss.) se riguardano beni immobili o beni mobili elencati nell'art. 2683.

L'azione può essere proposta dal coniuge il cui consenso era necessario entro un anno dalla data in cui ha avuto conoscenza dell'atto (2935) e in ogni caso entro un anno dalla data di trascrizione (2643 ss.). Se l'atto non sia stato trascritto e quando il coniuge non ne abbia avuto conoscenza prima dello scioglimento della comunione (191) l'azione non può essere proposta oltre l'anno dallo scioglimento stesso.

Se gli atti riguardano beni mobili diversi da quelli indicati nel primo comma, il coniuge che li ha compiuti senza il consenso dell'altro è obbligato su istanza di quest'ultimo a ricostruire la comunione nello stato in cui era prima del compimento dell'atto (2058) o, qualora ciò non sia possibile, al pagamento dell'equivalente secondo i valori correnti all'epoca della ricostruzione della comunione.

(1) *Articolo così sostituito dall'art. 63, L. 19 maggio 1975, n. 151, riforma del diritto di famiglia.*

185. (1) **Amministrazione dei beni personali del coniuge.** – All'amministrazione dei beni che non rientrano nella comunione o nel fondo patrimoniale (167-171) si applicano le disposizioni dei commi secondo, terzo e quarto dell'art. 217.

(1) *Articolo così sostituito dall'art. 64, L. 19 maggio 1975, n. 151, riforma del diritto di famiglia.*

186. (1) **Obblighi gravanti sui beni della comunione.** – I beni della comunione rispondono:

a) di tutti i pesi ed oneri gravanti su di essi al momento dell'acquisto;

b) di tutti i carichi dell'amministrazione;

c) delle spese per il mantenimento della famiglia e per l'istruzione e l'educazione dei figli (143 ss.) e di ogni obbligazione contratta dai coniugi, anche separatamente, nell'interesse della famiglia;

d) di ogni obbligazione contratta congiuntamente dai coniugi.

(1) *Articolo così sostituito dall'art. 65, L. 19 maggio 1975, n. 151, riforma del diritto di famiglia.*

187. (1) **Obbligazioni contratte dai coniugi prima del matrimonio.** – I beni della comunione, salvo quanto disposto nell'art. 189, non rispondono delle obbligazioni contratte da uno dei coniugi prima del matrimonio.

(1) *Articolo così sostituito dall'art. 66, L. 19 maggio 1975, n. 151, riforma del diritto di famiglia.*

188. (1) **Obbligazioni derivanti da donazioni o successioni.** – I beni della comunione (177), salvo quanto disposto nell'art. 189, non rispondono delle obbligazioni da cui sono gravate le donazioni (437 ss.) e le successioni (752 ss.) conseguite dai coniugi durante il matrimonio e non attribuite alla comunione (179).

(1) *Articolo così sostituito dall'art. 67, L. 19 maggio 1975, n. 151, riforma del diritto di famiglia.*

189. (1) **Obbligazioni contratte separatamente dai coniugi.** – I beni della comunione (177), fino al valore corrispondente alla quota del coniuge obbligato, rispondono, quando i creditori non possono soddisfarsi sui beni personali (179), delle obbligazioni contratte, dopo il matrimonio, da uno dei coniugi per il compimento di atti eccedenti l'ordinaria amministrazione senza il necessario consenso dell'altro (180, 184).

I creditori particolari di uno dei coniugi, anche se il credito è sorto anteriormente al matrimonio (187), possono soddisfarsi in via sussidiaria (190) sui beni della comunione, fino al valore corrispondente alla quota del coniuge obbligato. Ad essi, se chirografari, sono preferiti i creditori della comunione (192).

(1) *Articolo così sostituito dall'art. 68, L. 19 maggio 1975, n. 151, riforma del diritto di famiglia.*

190. (1) **Responsabilità sussidiaria dei beni personali.** – I creditori possono agire in via sussidiaria (189) sui beni personali di ciascuno dei coniugi, nella misura della metà del credito, quando i beni della comunione non sono sufficienti a soddisfare i debiti su di essa gravanti.

(1) *Articolo così sostituito dall'art. 69, L. 19 maggio 1975, n. 151, riforma del diritto di famiglia.*

191. (1) **Scioglimento della comunione.** – La comunione si scioglie per la dichiarazione di assenza (49) o di morte presunta (58, 60) di uno dei coniugi, per l'annullamento (117, 119-129 *bis*), per lo scioglimento (149) o per la cessazione degli effetti civili del matrimonio, per la separazione personale (151-158), per la separazione giudiziale dei beni (193), per mutamento convenzionale del regime patrimoniale (210), per il fallimento di uno dei coniugi.

Nel caso di separazione personale, la comunione tra i coniugi si scioglie nel momento in cui il presidente del tribunale autorizza i coniugi a vivere separati, ovvero alla data di sottoscrizione del processo verbale di separazione consensuale dei coniugi dinanzi al presidente, purchè omologato. L'ordinanza con la quale i coniugi sono autorizzati a vivere separati è comunicata all'ufficiale dello stato civile ai fini dell'annotazione dello scioglimento della comunione (2).

Nel caso di azienda di cui alla lettera *d*) dell'art. 177, lo scioglimento della comunione può essere deciso, per accordo dei coniugi, osservata la forma prevista dall'art. 162.

(1) *Articolo così sostituito dall'art. 70, L. 19 maggio 1975, n. 151, riforma del diritto di famiglia.*

(2) *Questo comma è stato inserito dall'art. 2 della L. 6 maggio 2015, n. 55. A norma dell'art. 3 della medesima legge tali disposizioni si applicano ai procedimenti in corso alla data di entrata in vigore della presente legge* (G.U. *Serie gen. - n. 107 dell'11 maggio 2015*)*, anche nei casi in cui il procedimento di separazione che ne costituisce il presupposto risulti ancora pendente alla medesima data.*

192. (1) **Rimborsi e restituzioni.** – Ciascuno dei coniugi è tenuto a rimborsare alla comunione le somme prelevate dal patrimonio comune per fini diversi dall'adempimento delle obbligazioni previste dall'art. 186.

È tenuto altresì a rimborsare il valore dei beni di cui all'art. 189, a meno che, trattandosi di atto di straordinaria amministrazione da lui compiuto, dimostri che l'atto stesso sia stato vantaggioso per la comunione o abbia soddisfatto una necessità della famiglia.

Ciascuno dei coniugi può richiedere la restituzione delle somme prelevate dal patrimonio personale ed impiegate in spese ed investimenti del patrimonio comune.

I rimborsi e le restituzioni si effettuano al momento dello scioglimento della comunione; tuttavia il giudice (38^{2-3} att.) può autorizzarli in un momento anteriore se l'interesse della famiglia lo esige o lo consente.

Il coniuge che risulta creditore può chiedere di prelevare beni comuni sino a concorrenza del proprio credito. In caso di dissenso si applica il quarto comma. I prelievi si effettuano sul denaro, quindi sui mobili e infine sugli immobili.

(1) *Articolo così sostituito dall'art. 71, L. 19 maggio 1975, n. 151, riforma del diritto di famiglia.*

193. (1) **Separazione giudiziale dei beni.** – La separazione giudiziale dei beni può essere pronunziata in caso di interdizione (414 ss.) o di inabilitazione (415 ss.) di uno dei coniugi o di cattiva amministrazione della comunione (183).

Può altresì essere pronunziata quando il disordine degli affari di uno dei coniugi o la condotta da questi tenuta nell'amministrazione dei beni (183) mette in pericolo gli interessi dell'altro o della comunione o della famiglia, oppure quando uno dei coniugi non contribuisce ai bisogni di questa in misura proporzionale alle proprie sostanze e capacità di lavoro (143, 148).

La separazione può essere chiesta da uno dei coniugi o dal suo legale rappresentante.

La sentenza che pronunzia la separazione retroagisce al giorno in cui è stata proposta la domanda ed ha l'effetto di instaurare il regime di separazione dei beni regolato nella sezione V del presente capo (215-219), salvi i diritti dei terzi.

La sentenza è annotata a margine dell'atto di matrimonio e sull'originale delle convenzioni matrimoniali (2647).

(1) *Articolo così sostituito dall'art. 72, L. 19 maggio 1975, n. 151, riforma del diritto di famiglia.*

194. ([1]) **Divisione dei beni della comunione.** – La divisione dei beni della comunione legale si effettua ripartendo in parti eguali l'attivo e il passivo (210[3]).

Il giudice, in relazione alle necessità della prole e all'affidamento di essa, può costituire a favore di uno dei coniugi l'usufrutto su una parte dei beni spettanti all'altro coniuge.

([1]) *Articolo così sostituito dall'art. 73, L. 19 maggio 1975, n. 151, riforma del diritto di famiglia.*

195. ([1]) **Prelevamento dei beni mobili.** – Nella divisione i coniugi o i loro eredi hanno diritto di prelevare i beni mobili che appartenevano ai coniugi stessi prima della comunione (179) o che sono ad essi pervenuti durante la medesima per successione o donazione. In mancanza di prova contraria si presume (2727) che i beni mobili facciano parte della comunione (177).

([1]) *Articolo così sostituito dall'art. 74, L. 19 maggio 1975, n. 151, riforma del diritto di famiglia.*

196. ([1]) **Ripetizione del valore in caso di mancanza delle cose da prelevare.** – Se non si trovano i beni mobili che il coniuge o i suoi eredi hanno diritto di prelevare a norma dell'articolo precedente essi possono ripeterne il valore, provandone l'ammontare anche per notorietà, salvo che la mancanza di quei beni sia dovuta a consumazione per uso o perimento o per altra causa non imputabile all'altro coniuge.

([1]) *Articolo così sostituito dall'art. 75, L. 19 maggio 1975, n. 151, riforma del diritto di famiglia.*

197. ([1]) **Limiti al prelevamento nei riguardi dei terzi.** – Il prelevamento autorizzato dagli articoli precedenti non può farsi, a pregiudizio dei terzi, qualora la proprietà individuale dei beni non risulti da atto avente data certa. È fatto salvo al coniuge o ai suoi eredi il diritto di regresso sui beni della comunione spettanti all'altro coniuge nonché sugli altri beni di lui.

([1]) *Articolo così sostituito dall'art. 76, L. 19 maggio 1975, n. 151, riforma del diritto di famiglia.*

198 - 209. (*Omissis*) ([1]).

([1]) *Articoli riguardanti i frutti della dote e la separazione della dote dai beni del marito abrogati dall'art. 77, L. 19 maggio 1975, n. 151, riforma del diritto di famiglia.*

Premesso che l'art. 227 della legge citata ha stabilito che le doti e i patrimoni familiari costituiti prima dell'entrata in vigore della novella continuano ad essere disciplinati dalle norme anteriori, la Corte costituzionale con sentenza 19 gennaio 1987, n. 6, ha dichiarato l'illegittimità costituzionale dell'art. 202[1] del cod. civ. nella parte in cui non prevede la separazione della dote dai beni del marito, su domanda della moglie, quando la separazione personale sia stata pronunciata senza che sia addebitabile all'uno o all'altro dei coniugi.

Sezione IV
Della comunione convenzionale ([1])

([1]) *Intitolazione così modificata dall'art. 78, L. 19 maggio 1975, n. 151, riforma del diritto di famiglia.*

210. ([1]) **Modifiche convenzionali alla comunione legale dei beni.** – I coniugi possono, mediante convenzione (2647) stipulata a norma dell'articolo 162, modificare il regime della comunione legale dei beni purché i patti non siano in contrasto con le disposizioni dell'articolo 161.

I beni indicati alle lettere *c*), *d*) ed *e*) dell'articolo 179 non possono essere compresi nella comunione convenzionale.

Non sono derogabili le norme della comunione legale relative all'amministrazione dei beni della comunione e all'uguaglianza delle quote limitatamente ai beni che formerebbero oggetto della comunione legale.

([1]) *Articolo così sostituito dall'art. 79, L. 19 maggio 1975, n. 151, riforma del diritto di famiglia.*

211. ([1]) **Obbligazioni dei coniugi contratte prima del matrimonio.** – I beni della comunione rispondono delle obbligazioni contratte da uno dei coniugi prima del matrimonio limitatamente al valore dei beni di proprietà del coniuge stesso prima del matrimonio che, in base a convenzione stipulata a norma dell'articolo 162, sono entrati a far parte della comunione dei beni.

([1]) *Articolo così sostituito dall'art. 80, L. 19 maggio 1975, n. 151, riforma del diritto di famiglia.*

212 - 214. (*Omissis*) ([1]).

([1]) *Articoli riguardanti i beni parafernali ora abrogati dall'art. 81, L. 19 maggio 1975, n. 151, riforma del diritto di famiglia.*

Sezione V
Del regime di separazione dei beni (1)

(1) *Intitolazione così modificata dall'art. 82, L. 19 maggio 1975, n. 151, riforma del diritto di famiglia.*

215. (1) **Separazione dei beni.** – I coniugi possono convenire che ciascuno di essi conservi la titolarità esclusiva dei beni acquistati durante il matrimonio.

(1) *Articolo così modificato dall'art. 83, L. 19 maggio 1975, n. 151, riforma del diritto di famiglia.*

216. [**Fonti del regolamento della comunione.** – (*Omissis*)] (1).

(1) *Articolo abrogato dall'art. 84, L. 19 maggio 1975, n. 151, riforma del diritto di famiglia.*

217. (1) **Amministrazione e godimento dei beni.** – Ciascun coniuge ha il godimento e l'amministrazione dei beni di cui è titolare esclusivo (179, 185).

Se ad uno dei coniugi è stata conferita la procura ad amministrare i beni dell'altro con l'obbligo di rendere conto dei frutti, egli è tenuto verso l'altro coniuge secondo le regole del mandato (1703 ss.).

Se uno dei coniugi ha amministrato i beni dell'altro con procura senza l'obbligo di rendere conto dei frutti, egli e i suoi eredi, a richiesta dell'altro coniuge o allo scioglimento o alla cessazione degli effetti civili del matrimonio (149), sono tenuti a consegnare i frutti esistenti e non rispondono per quelli consumati.

Se uno dei coniugi, nonostante l'opposizione dell'altro, amministra i beni di questo o comunque compie atti relativi a detti beni risponde dei danni e della mancata percezione dei frutti.

(1) *Articolo così sostituito dall'art. 85, L. 19 maggio 1975, n. 151, riforma del diritto di famiglia.*

218. (1) **Obbligazioni del coniuge che gode dei beni dell'altro coniuge.** – Il coniuge che gode i beni dell'altro coniuge (217) è soggetto a tutte le obbligazioni dell'usufruttuario (1001 ss.).

(1) *Articolo così sostituito dall'art. 86, L. 19 maggio 1975, n. 151, riforma del diritto di famiglia.*

219. (1) **Prova della proprietà dei beni.** – Il coniuge può provare con ogni mezzo nei confronti dell'altro la proprietà esclusiva di un bene (179, 197).

I beni di cui nessuno dei coniugi può dimostrare la proprietà esclusiva sono (2728) di proprietà indivisa per pari quota di entrambi i coniugi.

(1) *Articolo così sostituito dall'art. 87, L. 19 maggio 1975, n. 151, riforma del diritto di famiglia.*

220 - 230. (*Omissis*) (1).

(1) *Articoli riguardanti la comunione dei beni tra i coniugi; abrogati dall'art. 88, L. 19 maggio 1975, n. 151, riforma del diritto di famiglia.*

Sezione VI
Dell'impresa familiare (1)

(1) *Sezione aggiunta dall'art. 89, L. 19 maggio 1975, n. 151, riforma del diritto di famiglia.*

230 *bis*. Impresa familiare. – Salvo che sia configurabile un diverso rapporto (2094, 2222, 2251 ss., 2291 ss., 2549) il familiare che presta in modo continuativo la sua attività di lavoro nella famiglia o nell'impresa familiare ha diritto al mantenimento secondo la condizione patrimoniale della famiglia e partecipa agli utili dell'impresa familiare ed ai beni acquistati con essi nonché agli incrementi dell'azienda, anche in ordine all'avviamento, in proporzione alla quantità e qualità del lavoro prestato. Le decisioni concernenti l'impiego degli utili e degli incrementi nonché quelle inerenti alla gestione straordinaria, agli indirizzi produttivi e alla cessazione dell'impresa sono adottate, a maggioranza, dai familiari che partecipano alla impresa stessa. I familiari partecipanti alla impresa che non hanno la piena capacità di agire sono rappresentati nel voto da chi esercita la responsabilità genitoriale (1) su di essi (316 ss.).

Il lavoro della donna è considerato equivalente a quello dell'uomo (2).

Ai fini della disposizione di cui al primo comma si intende come familiare il coniuge, i parenti entro il terzo grado (74 ss.); gli affini entro il secondo (78); per impresa familiare quella cui collaborano il coniuge, i parenti entro il terzo grado, gli affini entro il secondo.

Il diritto di partecipazione di cui al primo comma è intrasferibile, salvo che il trasferimento avvenga a favore di familiari indicati nel comma precedente col consenso di tutti i partecipi (2284). Esso può essere liquidato in danaro alla cessazione, per qualsiasi causa, della prestazione del lavoro, ed altresì in caso di alienazione dell'azienda. Il pagamento può avvenire in più annualità, determinate, in difetto di accordo, dal giudice (38 att.).

In caso di divisione ereditaria (713 ss.) o di trasferimento dell'azienda (2557 ss.) i partecipi di cui al primo comma hanno diritto di prelazione sulla azienda. Si applica, nei limiti in cui è compatibile, la disposizione dell'articolo 732.

Le comunioni tacite familiari nell'esercizio dell'agricoltura sono regolate dagli usi che non contrastino con le precedenti norme.

(1) *La parola*: «*potestà*» *è stata così sostituita dalle attuali*: «*responsabilità genitoriale*» *dall'art. 105, comma 1, del D.L.vo 28 dicembre 2013, n. 154, a decorrere dal trentesimo giorno successivo a quello della sua pubblicazione nella* Gazzetta Ufficiale (G.U. *n. 5 dell'8 gennaio 2014*).

(2) *Si veda il D.L.vo 11 aprile 2006, n. 198, recante codice delle pari opportunità tra uomo e donna.*

230 *ter*. (1) **Diritti del convivente.** – Al convivente di fatto che presti stabilmente la propria opera all'interno dell'impresa dell'altro convivente spetta una partecipazione agli utili dell'impresa familiare ed ai beni acquistati con essi nonché agli incrementi dell'azienda, anche in ordine all'avviamento, commisurata al lavoro prestato. Il diritto di partecipazione non spetta qualora tra i conviventi esista un rapporto di società o di lavoro subordinato.

(1) *Questo articolo è stato aggiunto dall'art. 1, comma 46, della L. 20 maggio 2016, n. 76.*

Titolo VII
Dello stato di figlio (1)

(1) *La rubrica*: «*Della filiazione*» *è stata così sostituita dall'attuale dall'art. 7, comma 1, del D.L.vo 28 dicembre 2013, n. 154, a decorrere dal trentesimo giorno successivo a quello della sua pubblicazione nella* Gazzetta Ufficiale (G.U. *n. 5 dell'8 gennaio 2014*).

Capo I
Della presunzione di paternità (1)

(1) *La rubrica*: «*Della filiazione legittima*» *è stata così sostituita dall'attuale dall'art. 7, comma 2, del D.L.vo 28 dicembre 2013, n. 154, a decorrere dal trentesimo giorno successivo a quello della sua pubblicazione nella* Gazzetta Ufficiale (G.U. *n. 5 dell'8 gennaio 2014*). *La Sezione I -* Dello stato di figlio legittimo *- contenuta nel Capo I è stata soppressa dall'art. 7, comma 3, dello stesso provvedimento.*

231. (1) **Paternità del marito.** – Il marito è padre del figlio concepito (232) o nato durante il matrimonio (243, 253, 280).

(1) *Questo articolo è stato così sostituito dall'art. 8 del D.L.vo 28 dicembre 2013, n. 154, a decorrere dal trentesimo giorno successivo a quello della sua pubblicazione nella* Gazzetta Ufficiale (G.U. *n. 5 dell'8 gennaio 2014*).

232. (1) **Presunzione di concepimento durante il matrimonio.** – Si presume concepito durante il matrimonio il figlio nato quando non sono ancora trascorsi trecento giorni dalla data dell'annullamento (117 ss.), dello scioglimento (149) o della cessazione degli effetti civili del matrimonio (2).

La presunzione non opera decorsi trecento giorni dalla pronuncia di separazione giudiziale (151), o dalla omologazione di separazione consensuale (158), ovvero dalla data della comparizione dei coniugi avanti al giudice (708 c.p.c.) quando gli stessi sono stati autorizzati a vivere separatamente nelle more del giudizio di separazione o dei giudizi previsti nel comma precedente (126).

(1) *Articolo così sostituito dall'art. 90, L. 19 maggio 1975, n. 151, riforma del diritto di famiglia.*

(2) *Questo comma è stato così sostituito dall'art. 9 del D.L.vo 28 dicembre 2013, n. 154, a decorrere dal trentesimo giorno successivo a quello della sua pubblicazione nella* Gazzetta Ufficiale (G.U. *n. 5 dell'8 gennaio 2014*).

233. (1) [**Nascita del figlio prima dei centottanta giorni.** – Il figlio nato prima che siano trascorsi centottanta giorni dalla celebrazione del matrimonio è reputato legittimo se uno dei coniugi, o il figlio stesso, non ne disconoscono la paternità (235, 238)].

(1) *Questo articolo è stato abrogato dall'art. 106, comma 1, lett.* a), *del D.L.vo 28 dicembre 2013, n. 154, a decorrere dal trentesimo giorno successivo a quello della sua pubblicazione nella* Gazzetta Ufficiale (G.U. *n. 5 dell'8 gennaio 2014*).

234. (1) **Nascita del figlio dopo i trecento giorni.** – Ciascuno dei coniugi e i loro eredi possono provare che il figlio, nato dopo i trecento giorni dall'annullamento (117 ss.), dallo scioglimento o dalla cessazione degli effetti civili del matrimonio (149), è stato concepito durante il matrimonio (232).

Possono analogamente provare il concepimento durante la convivenza quando il figlio sia nato dopo i trecento giorni dalla pronuncia di separazione giudiziale (151), o dalla omologazione di separazione consensuale (158), ovvero dalla data di comparizione dei coniugi avanti al giudice (708 c.p.c.) quando gli stessi sono stati autorizzati a vivere separatamente nelle more del giudizio di separazione o dei giudizi previsti nel comma precedente (126).

In ogni caso il figlio può provare di essere stato concepito durante il matrimonio (2).

(1) *Articolo così sostituito dall'art. 92, L. 19 maggio 1975, n. 151, riforma del diritto di famiglia.*

([2]) *Questo comma è stato così sostituito dall'art. 10 del D.L.vo 28 dicembre 2013, n. 154, a decorrere dal trentesimo giorno successivo a quello della sua pubblicazione nella* Gazzetta Ufficiale (G.U. *n. 5 dell'8 gennaio 2014*).

235. ([1]) [**Disconoscimento di paternità.** – L'azione per il disconoscimento di paternità (244 ss.) del figlio concepito durante il matrimonio è consentita solo nei casi seguenti:

1) se i coniugi non hanno coabitato nel periodo compreso fra il trecentesimo ed il centottantesimo giorno prima della nascita;

2) se durante il tempo predetto il marito era affetto da impotenza, anche se soltanto di generare (122);

3) se nel detto periodo la moglie ha commesso adulterio o ha tenuto celata al marito la propria gravidanza e la nascita del figlio. In tali casi il marito è ammesso a provare che il figlio presenta caratteristiche genetiche o del gruppo sanguigno incompatibili con quelle del presunto padre, o ogni altro fatto tendente ad escludere la paternità.

La sola dichiarazione della madre non esclude la paternità (231).

L'azione di disconoscimento può essere esercitata anche dalla madre o dal figlio che ha raggiunto la maggiore età in tutti i casi in cui può essere esercitata dal padre].

([1]) *Questo articolo è stato abrogato dall'art. 106, comma 1, lett.* a), *del D.L.vo 28 dicembre 2013, n. 154, a decorrere dal trentesimo giorno successivo a quello della sua pubblicazione nella* Gazzetta Ufficiale (G.U. *n. 5 dell'8 gennaio 2014*).

Capo II
Delle prove della filiazione ([1])

([1]) *A norma dell'art. 7, comma 4, del D.L.vo 28 dicembre 2013, n. 154, a decorrere dal trentesimo giorno successivo a quello della sua pubblicazione nella* Gazzetta Ufficiale (G.U. *n. 5 dell'8 gennaio 2014*), *la* Sezione II - Delle prove della filiazione legittima - *del capo I del titolo VII del libro primo c.c. è sostituita dalla seguente:* «Capo II. Delle prove della filiazione»

236. Atto di nascita e possesso di stato. – La filiazione [legittima] ([1]) si prova con l'atto di nascita (452) iscritto nei registri dello stato civile (238, 240, 241, 451) ([2]).

Basta, in mancanza di questo titolo, il possesso continuo dello stato (131) di figlio [legittimo] ([1]) (237, 240).

([1]) *Le parole fra parentesi quadrate sono state soppresse dall'art. 11 del D.L.vo 28 dicembre 2013, n. 154, a decorrere dal trentesimo giorno successivo a quello della sua pubblicazione nella* Gazzetta Ufficiale (G.U. *n. 5 dell'8 gennaio 2014*).

([2]) *Si vedano gli artt. 29 ss., del D.P.R. 3 novembre 2000, n. 396, ordinamento dello stato civile, in vigore dal 1° marzo 2001.*

237. ([1]) **Fatti costitutivi del possesso di stato.** – Il possesso di stato (131) risulta da una serie di fatti che nel loro complesso valgano a dimostrare le relazioni di filiazione (231) e di parentela (74) fra una persona e la famiglia a cui essa pretende di appartenere (131).

In ogni caso devono concorrere i seguenti fatti:

che il genitore abbia trattato la persona come figlio ed abbia provveduto in questa qualità al mantenimento, alla educazione e al collocamento di essa;

che la persona sia stata costantemente considerata come tale nei rapporti sociali;

che sia stata riconosciuta in detta qualità dalla famiglia ([2]).

([1]) *La Corte costituzionale, con sentenza n. 286 del 21 dicembre 2016, ha dichiarato l'illegittimità costituzionale della norma desumibile dagli artt. 237, 262 e 299 c.c.; 72, primo comma, del R.D. 9 luglio 1939, n. 1238 e 33 e 34 del D.P.R. 3 novembre 2000, n. 396, nella parte in cui non consente ai coniugi, di comune accordo, di trasmettere ai figli, al momento della nascita, anche il cognome materno.*

([2]) *Questo comma è stato così sostituito dall'art. 12 del D.L.vo 28 dicembre 2013, n. 154, a decorrere dal trentesimo giorno successivo a quello della sua pubblicazione nella* Gazzetta Ufficiale (G.U. *n. 5 dell'8 gennaio 2014*).

238. ([1]) **Irreclamabilità di uno stato di figlio contrario a quello attribuito dall'atto di nascita** ([2]). – Salvo quanto disposto dagli articoli 128, 234, 239, 240 e 244 ([3]), nessuno può reclamare uno stato contrario a quello che gli attribuiscono l'atto di nascita di figlio nato nel matrimonio ([4]) e il possesso di stato conforme all'atto stesso (131, 236, 237).

[Parimenti non si può contestare la legittimità di colui il quale ha un possesso di stato conforme all'atto di nascita] (253) ([5]).

([1]) *Articolo così sostituito dall'art. 94, L. 19 maggio 1975, n. 151, riforma del diritto di famiglia.*

([2]) *La rubrica:* «Atto di nascita conforme al possesso di stato» *è stata così sostituita dall'attuale dall'art. 13, comma 1, lett.* a), *del D.L.vo 28 dicembre 2013, n. 154, a decorrere dal trentesimo giorno succes-*

sivo a quello della sua pubblicazione nella Gazzetta Ufficiale (G.U. *n. 5 dell'8 gennaio 2014*).

(3) *Le parole: «233, 234, 235 e 239» sono state così sostituite dalle attuali: «234, 239, 240 e 244» dall'art. 13, comma 1, lett.* b), *del D.L.vo 28 dicembre 2013, n. 154, a decorrere dal trentesimo giorno successivo a quello della sua pubblicazione nella* Gazzetta Ufficiale (G.U. *n. 5 dell'8 gennaio 2014*).

(4) *Le parole: «figlio legittimo» sono state così sostituite dalle attuali: «figlio nato nel matrimonio» dall'art. 105, comma 2, del D.L.vo 28 dicembre 2013, n. 154, a decorrere dal trentesimo giorno successivo a quello della sua pubblicazione nella* Gazzetta Ufficiale (G.U. *n. 5 dell'8 gennaio 2014*).

(5) *Questo comma è stato abrogato dall'art. 13, comma 1, lett.* c), *del D.L.vo 28 dicembre 2013, n. 154, a decorrere dal trentesimo giorno successivo a quello della sua pubblicazione nella* Gazzetta Ufficiale (G.U. *n. 5 dell'8 gennaio 2014*).

239. (1) **Reclamo dello stato di figlio.** – Qualora si tratti di supposizione di parto (566 c.p.) o di sostituzione di neonato (567 c.p.), il figlio può reclamare uno stato diverso.

L'azione di reclamo dello stato di figlio può essere esercitata anche da chi è nato nel matrimonio ma fu iscritto come figlio di ignoti, salvo che sia intervenuta sentenza di adozione.

L'azione può inoltre essere esercitata per reclamare uno stato di figlio conforme alla presunzione di paternità da chi è stato riconosciuto in contrasto con tale presunzione e da chi fu iscritto in conformità di altra presunzione di paternità.

L'azione può, altresì, essere esercitata per reclamare un diverso stato di figlio quando il precedente è stato comunque rimosso.

(1) *Questo articolo è stato così sostituito dall'art. 14 del D.L.vo 28 dicembre 2013, n. 154, a decorrere dal trentesimo giorno successivo a quello della sua pubblicazione nella* Gazzetta Ufficiale (G.U. *n. 5 dell'8 gennaio 2014*).

240. (1) **Contestazione dello stato di figlio.** – Lo stato di figlio può essere contestato nei casi di cui al primo e secondo comma dell'articolo 239.

(1) *Questo articolo è stato così sostituito dall'art. 15 del D.L.vo 28 dicembre 2013, n. 154, a decorrere dal trentesimo giorno successivo a quello della sua pubblicazione nella* Gazzetta Ufficiale (G.U. *n. 5 dell'8 gennaio 2014*).

241. Prova in giudizio (1). – Quando mancano l'atto di nascita e il possesso di stato (236, 237), la prova della filiazione può darsi in giudizio con ogni mezzo (239; 244 c.p.c.) (2).

[Questa prova non può essere ammessa che quando vi è un principio di prova per iscritto (242, 2724), ovvero quando le presunzioni (2727, 2728) e gli indizi sono abbastanza gravi da determinare l'ammissione della prova] (3).

(1) *La precedente rubrica: «*Prova con testimoni*» è stata così sostituita dall'attuale dall'art. 16, comma 1, lett.* a), *del D.L.vo 28 dicembre 2013, n. 154, a decorrere dal trentesimo giorno successivo a quello della sua pubblicazione nella* Gazzetta Ufficiale (G.U. *n. 5 dell'8 gennaio 2014*).

(2) *Questo comma è stato così sostituito dall'art. 16, comma 1, lett.* b), *del D.L.vo 28 dicembre 2013, n. 154, a decorrere dal trentesimo giorno successivo a quello della sua pubblicazione nella* Gazzetta Ufficiale (G.U. *n. 5 dell'8 gennaio 2014*).

(3) *Questo comma è stato abrogato dall'art. 16, comma 1, lett.* c), *del D.L.vo 28 dicembre 2013, n. 154, a decorrere dal trentesimo giorno successivo a quello della sua pubblicazione nella* Gazzetta Ufficiale (G.U. *n. 5 dell'8 gennaio 2014*).

242. (1) [**Principio di prova per iscritto.** – Il principio di prova per iscritto (241, 2724 n. 1) risulta dai documenti di famiglia, dai registri e dalle carte private del padre o della madre, dagli atti pubblici e privati provenienti da una delle parti che sono impegnate nella controversia o da altra persona, che, se fosse in vita, avrebbe interesse nella controversia].

(1) *Questo articolo è stato abrogato dall'art. 106, comma 1, lett.* a), *del D.L.vo 28 dicembre 2013, n. 154, a decorrere dal trentesimo giorno successivo a quello della sua pubblicazione nella* Gazzetta Ufficiale (G.U. *n. 5 dell'8 gennaio 2014*).

243. (1) [**Prova contraria.** – La prova contraria può darsi con tutti i mezzi atti a dimostrare che il reclamante (249) non è figlio della donna che egli pretende di avere per madre, oppure che non è figlio del marito della madre (231 ss.), quando risulta provata la maternità].

(1) *Questo articolo è stato abrogato dall'art. 106, comma 1, lett.* a), *del D.L.vo 28 dicembre 2013, n. 154, a decorrere dal trentesimo giorno successivo a quello della sua pubblicazione nella* Gazzetta Ufficiale (G.U. *n. 5 dell'8 gennaio 2014*).

243 *bis*. (1) **Disconoscimento di paternità.** – L'azione di disconoscimento di paternità del figlio nato nel matrimonio può essere esercitata dal marito, dalla madre e dal figlio medesimo.

Chi esercita l'azione è ammesso a provare che non sussiste rapporto di filiazione tra il figlio e il presunto padre.

La sola dichiarazione della madre non esclude la paternità.

([1]) *Questo articolo è stato inserito dall'art. 17 del D.L.vo 28 dicembre 2013, n. 154, a decorrere dal trentesimo giorno successivo a quello della sua pubblicazione nella* Gazzetta Ufficiale (G.U. *n. 5 dell'8 gennaio 2014*).

Capo III
Dell'azione di disconoscimento e delle azioni di contestazione e di reclamo dello stato di figlio ([1])

([1]) *A norma dell'art. 7, comma 5, del D.L.vo 28 dicembre 2013, n. 154, a decorrere dal trentesimo giorno successivo a quello della sua pubblicazione nella* Gazzetta Ufficiale (G.U. *n. 5 dell'8 gennaio 2014*), *la Sezione III* - Dell'azione di disconoscimento e delle azioni di contestazione e di reclamo di legittimità - *del capo I del titolo VII del libro primo c.c. è sostituita dalla seguente*: *«Capo III - Dell'azione di disconoscimento e delle azioni di contestazione e di reclamo dello stato di figlio».*

244. ([1]) **Termini dell'azione di disconoscimento. –** L'azione di disconoscimento della paternità da parte della madre deve essere proposta nel termine di sei mesi dalla nascita del figlio ovvero dal giorno in cui è venuta a conoscenza dell'impotenza di generare del marito al tempo del concepimento.

Il marito può disconoscere il figlio nel termine di un anno che decorre dal giorno della nascita quando egli si trovava al tempo di questa nel luogo in cui è nato il figlio; se prova di aver ignorato la propria impotenza di generare ovvero l'adulterio della moglie al tempo del concepimento, il termine decorre dal giorno in cui ne ha avuto conoscenza.

Se il marito non si trovava nel luogo in cui è nato il figlio il giorno della nascita il termine, di cui al secondo comma, decorre dal giorno del suo ritorno o dal giorno del ritorno nella residenza familiare se egli ne era lontano. In ogni caso, se egli prova di non aver avuto notizia della nascita in detti giorni, il termine decorre dal giorno in cui ne ha avuto notizia.

Nei casi previsti dal primo e dal secondo comma l'azione non può essere, comunque, proposta oltre cinque anni dal giorno della nascita.

L'azione di disconoscimento della paternità può essere proposta dal figlio che ha raggiunto la maggiore età. L'azione è imprescrittibile riguardo al figlio.

L'azione può essere altresì promossa da un curatore speciale nominato dal giudice, assunte sommarie informazioni, su istanza del figlio minore che ha compiuto i quattordici anni ovvero del pubblico ministero o dell'altro genitore, quando si tratti di figlio di età inferiore.

([1]) *Questo articolo è stato, da ultimo, così sostituito dall'art. 18 del D.L.vo 28 dicembre 2013, n. 154, a decorrere dal trentesimo giorno successivo a quello della sua pubblicazione nella* Gazzetta Ufficiale (G.U. *n. 5 dell'8 gennaio 2014*). *Per le disposizioni transitorie si veda l'art. 104 del D.L.vo 28 dicembre 2013, n. 154.*

245. ([1]) **Sospensione del termine. –** Se la parte interessata a promuovere l'azione di disconoscimento di paternità si trova in stato di interdizione per infermità di mente ovvero versa in condizioni di abituale grave infermità di mente, che lo renda incapace di provvedere ai propri interessi, la decorrenza del termine indicato nell'articolo 244 è sospesa nei suoi confronti, sino a che duri lo stato di interdizione o durino le condizioni di abituale grave infermità di mente.

Quando il figlio si trova in stato di interdizione ovvero versa in condizioni di abituale grave infermità di mente, che lo renda incapace di provvedere ai propri interessi, l'azione può essere altresì promossa da un curatore speciale nominato dal giudice, assunte sommarie informazioni, su istanza del pubblico ministero, del tutore, o dell'altro genitore. Per gli altri legittimati l'azione può essere proposta dal tutore o, in mancanza di questo, da un curatore speciale, previa autorizzazione del giudice.

([1]) *Questo articolo è stato, da ultimo, così sostituito dall'art. 19 del D.L.vo 28 dicembre 2013, n. 154, a decorrere dal trentesimo giorno successivo a quello della sua pubblicazione nella* Gazzetta Ufficiale (G.U. *n. 5 dell'8 gennaio 2014*).

246. ([1]) **Trasmissibilità dell'azione. –** Se il presunto padre o la madre titolari dell'azione di disconoscimento di paternità sono morti senza averla promossa, ma prima che sia decorso il termine previsto dall'articolo 244, sono ammessi ad esercitarla in loro vece i discendenti o gli ascendenti; il nuovo termine decorre dalla morte del presunto padre o della madre, o dalla nascita del figlio se si tratta di figlio postumo o dal raggiungimento della maggiore età da parte di ciascuno dei discendenti.

Se il figlio titolare dell'azione di disconoscimento di paternità è morto senza averla promossa sono ammessi ad esercitarla in sua vece il coniuge o i discendenti nel termine di un anno che decorre dalla morte del figlio o dal raggiungimento della maggiore età da parte di ciascuno dei discendenti.

Si applicano il sesto comma dell'articolo 244 e l'articolo 245.

([1]) *Questo articolo è stato così sostituito dall'art. 19 del D.L.vo 28 dicembre 2013, n. 154, a decorrere dal trentesimo giorno successivo a quello della sua pubblicazione nella* Gazzetta Ufficiale (G.U. *n. 5 dell'8 gennaio 2014*).

247. ([1]) **Legittimazione passiva. –** Il presunto padre, la madre ed il figlio sono litisconsorti necessari (102 c.p.c.) nel giudizio di disconoscimento.

Se una delle parti è minore o interdetta (414), l'azione è proposta in contraddittorio con un curatore (78 c.p.c.) nominato dal giudice davanti al quale il giudizio deve essere promosso.

Se una delle parti è un minore emancipato (390) o un maggiore inabilitato (415 ss.), l'azione è proposta contro la stessa assistita da un curatore (78 c.p.c.) parimenti nominato dal giudice.

Se il presunto padre o la madre o il figlio sono morti, l'azione si propone nei confronti delle persone indicate nell'articolo precedente o, in loro mancanza, nei confronti di un curatore (78 c.p.c.) parimenti nominato dal giudice.

([1]) *Articolo così modificato dall'art. 98, L. 19 maggio 1975, n. 151, riforma del diritto di famiglia.*

248. ([1]) **Legittimazione all'azione di contestazione dello stato di figlio. Imprescrittibilità** ([2]). **–** L'azione di contestazione dello stato di figlio spetta a chi dall'atto di nascita del figlio risulti suo genitore e a chiunque vi abbia interesse ([3]).

L'azione è imprescrittibile (2934).

Quando l'azione è proposta nei confronti di persone premorte o minori o altrimenti incapaci, si osservano le disposizioni dell'articolo precedente.

Nel giudizio devono essere chiamati entrambi i genitori (102 c.p.c.).

Si applicano il sesto comma dell'articolo 244 e il secondo comma dell'articolo 245 ([4]).

([1]) *Articolo così sostituito dall'art. 99, L. 19 maggio 1975, n. 151, riforma del diritto di famiglia.*

([2]) *La precedente rubrica:* «Legittimazione all'azione di contestazione della legittimità. Imprescrittibilità» *è stata così sostituita dall'attuale dall'art. 20, comma 1, lett.* a), *del D.L.vo 28 dicembre 2013, n. 154, a decorrere dal trentesimo giorno successivo a quello della sua pubblicazione nella* Gazzetta Ufficiale (G.U. *n. 5 dell'8 gennaio 2014*).

([3]) *Questo comma è stato così sostituito dall'art. 20, comma 1, lett.* b), *del D.L.vo 28 dicembre 2013, n. 154, a decorrere dal trentesimo giorno successivo a quello della sua pubblicazione nella* Gazzetta Ufficiale (G.U. *n. 5 dell'8 gennaio 2014*).

([4]) *Questo comma è stato aggiunto dall'art. 20, comma 1, lett.* c), *del D.L.vo 28 dicembre 2013, n. 154, a decorrere dal trentesimo giorno successivo a quello della sua pubblicazione nella* Gazzetta Ufficiale (G.U. *n. 5 dell'8 gennaio 2014*).

249. ([1]) **Legittimazione all'azione di reclamo dello stato di figlio. Imprescrittibilità. –** L'azione per reclamare lo stato di figlio spetta al medesimo.

L'azione è imprescrittibile.

Quando l'azione è proposta nei confronti di persone premorte o minori o altrimenti incapaci, si osservano le disposizioni dell'articolo 247.

Nel giudizio devono essere chiamati entrambi i genitori.

Si applicano il sesto comma dell'articolo 244 e il secondo comma dell'articolo 245.

([1]) *Questo articolo è stato così sostituito dall'art. 21 del D.L.vo 28 dicembre 2013, n. 154, a decorrere dal trentesimo giorno successivo a quello della sua pubblicazione nella* Gazzetta Ufficiale (G.U. *n. 5 dell'8 gennaio 2014*).

Capo IV
Del riconoscimento dei figli nati fuori del matrimonio ([1])

([1]) *A norma dell'art. 7, comma 8, del D.L.vo 28 dicembre 2013, n. 154, a decorrere dal trentesimo giorno successivo a quello della sua pubblicazione nella* Gazzetta Ufficiale (G.U. *n. 5 dell'8 gennaio 2014*), *la rubrica del paragrafo 1-* Del riconoscimento dei figli naturali *- della Sezione I del capo II del libro primo del codice civile è sostituita dalla seguente: «Capo IV -* Del riconoscimento dei figli nati fuori del matrimonio».

250. ([1]) **Riconoscimento. –** Il figlio nato fuori del matrimonio può essere riconosciuto, nei modi previsti dall'articolo 254, dalla madre e dal padre, anche se già uniti in matrimonio con altra persona all'epoca del concepimento. Il riconoscimento può avvenire tanto congiuntamente quanto separatamente (235) ([2]).

Il riconoscimento del figlio che ha compiuto i quattordici anni ([3]) non produce effetto senza il suo assenso.

Il riconoscimento del figlio che non ha compiuto i quattordici anni ([4]) non può avvenire senza il consenso dell'altro genitore che abbia già effettuato il riconoscimento.

Il consenso non può essere rifiutato se risponde all'interesse del figlio. Il genitore che vuole riconoscere il figlio, qualora il consenso dell'altro genitore sia rifiutato, ricorre al giudice competente, che fissa un termine per la notifica del ricorso all'altro genitore. Se non viene proposta opposizione entro trenta giorni dalla notifica, il giudice decide con sentenza che tiene luogo del consenso mancante; se viene proposta opposizione, il giudice, assunta ogni opportuna informazione, dispone l'audizione del figlio minore che abbia compiuto i dodici anni, o anche di età inferiore, ove capace di discernimento, e assume eventuali provvedimenti provvisori e urgenti al fine di instaurare la relazione, salvo che l'opposizione non sia palesemente fondata. Con la sentenza che tiene luogo del consenso mancante, il giudice assume i provvedimenti opportuni in relazione all'affidamento e al mantenimento del minore ai sensi dell'articolo 315 *bis* e al suo cognome ai sensi dell'articolo 262 ([5]).

Il riconoscimento non può essere fatto dai genitori che non abbiano compiuto il sedicesimo anno di età, salvo che il giudice li autorizzi, valutate le circostanze e avuto riguardo all'interesse del figlio ([6]).

([1]) *Articolo così sostituito dall'art. 102, L. 19 maggio 1975, n. 151, riforma del diritto di famiglia e della quale gli artt. 230 e 231 dispongono:*

«230. *Le disposizioni della presente legge relative al riconoscimento dei figli naturali si applicano anche ai figli nati o concepiti prima della sua entrata in vigore.*

«Il riconoscimento di figli naturali, compiuto prima di tale data fuori dei casi in cui era ammesso secondo le leggi anteriori, non può essere annullato, se al momento in cui fu fatto concorrevano le condizioni per cui sarebbe ammissibile secondo le disposizioni della presente legge.

«Tale riconoscimento vale anche agli effetti delle successioni aperte prima dell'entrata in vigore della presente legge, purché i diritti successori del figlio non siano stati esclusi con sentenza passata in giudicato o definiti con convenzione tra le parti interessate o non siano trascorsi tre anni dall'apertura della successione senza che il figlio abbia fatto valere alcuna ragione ereditaria sui beni della successione».

«231. *Nel caso di riconoscimento di minori che alla data di entrata in vigore della presente legge risultino affiliati od affidati a norma della legge 5 giugno 1967, n. 431* (adozione speciale), *il tribunale per i minorenni decide in ordine all'affidamento, tenendo conto dell'interesse morale e materiale del minore».*

L'art. 12 della L. 1 dicembre 1970, n. 898, disciplina dei casi di scioglimento del matrimonio, ha poi disposto: «Le disposizioni del codice civile in tema di riconoscimento del figlio naturale si applicano, per quanto di ragione, anche nel caso di scioglimento o di cessazione degli effetti civili del matrimonio».

([2]) *Questo comma è stato così sostituito dall'art. 1, comma 2, lett.* a), *della L. 10 dicembre 2012, n. 219.*

([3]) *Le parole: «sedici anni» sono state così sostituite dalle attuali: «quattordici anni» dall'art. 1, comma 2, lett.* b), *della L. 10 dicembre 2012, n. 219.*

([4]) *Le parole: «sedici anni» sono state così sostituite dalle attuali: «quattordici anni» dall'art. 1, comma 2, lett.* c), *della L. 10 dicembre 2012, n. 219.*

([5]) *Questo comma è stato così sostituito dall'art. 1, comma 2, lett.* d), *della L. 10 dicembre 2012, n. 219.*

([6]) *Le parole: «, salvo che il giudice li autorizzi, valutate le circostanze e avuto riguardo all'interesse del figlio» sono state aggiunte dall'art. 1, comma 2, lett.* e), *della L. 10 dicembre 2012, n. 219.*

251. ([1]) **Autorizzazione al riconoscimento.** – Il figlio nato da persone, tra le quali esiste un vincolo di parentela in linea retta all'infinito o in linea collaterale nel secondo grado, ovvero un vincolo di affinità in linea retta, può essere riconosciuto previa autorizzazione del giudice avuto riguardo all'interesse del figlio e alla necessità di evitare allo stesso qualsiasi pregiudizio.

Il riconoscimento di una persona minore di età è autorizzato dal giudice ([2]).

([1]) *Questo articolo è stato da ultimo così sostituito dall'art. 1, comma 3, della L.10 dicembre 2012, n. 219.*

([2]) *Le parole: «tribunale per i minorenni» sono state così sostituite dall'attuale: «giudice» dall'art. 22 del D.L.vo 28 dicembre 2013, n. 154, a decorrere dal trentesimo giorno successivo a quello della sua pubblicazione nella* Gazzetta Ufficiale (G.U. *n. 5 dell'8 gennaio 2014*).

252. ([1]) **Affidamento del figlio nato fuori del matrimonio e suo inserimento nella famiglia del genitore** ([2]). – Qualora il figlio nato fuori del matrimonio ([3]) di uno dei coniugi sia riconosciuto durante il matrimonio il giudice, valutate le circostanze, decide in ordine all'affidamento del minore e adotta ogni altro provvedimento a tutela del suo interesse morale e materiale.

L'eventuale inserimento del figlio nato fuori del matrimonio ([4]) nella famiglia legittima di uno dei genitori può essere autorizzato dal giudice (38 att.) qualora ciò non sia contrario all'interesse del minore e sia accertato il consenso dell'altro coniuge convivente e degli altri figli ([5]) che abbiano compiuto il sedicesimo anno di età e siano conviventi, nonché dell'altro genitore ([6]) che abbia effettuato il riconoscimento (250, 317 *bis*). In questo caso il giudice (38 att.) stabilisce le condizioni cui ciascun genitore deve attenersi ([7]).

Qualora il figlio [naturale] ([8]) sia riconosciuto anteriormente al matrimonio, il suo inserimento nella famiglia [legittima] ([8]) è subordinato al consenso dell'altro coniuge, a meno che il figlio fosse già convivente con il genitore all'atto del matrimonio o l'altro coniuge conoscesse l'esistenza del figlio [naturale] ([8]).

È altresì richiesto il consenso dell'altro genitore [naturale] ([9]) che abbia effettuato il riconoscimento.

In caso di disaccordo tra i genitori, ovvero di mancato consenso degli altri figli conviventi, la decisione è rimessa al giudice tenendo conto dell'interesse dei minori. Prima dell'adozione del provvedimento, il giudice dispone l'ascolto dei figli minori che abbiano compiuto gli anni dodici e anche di età inferiore ove capaci di discernimento ([10]).

([1]) *Articolo così sostituito dall'art. 104, L. 19 maggio 1975, n. 151, riforma del diritto di famiglia.*

([2]) *La precedente rubrica:* «Affidamento del figlio naturale e suo inserimento nella famiglia legittima» *è stata così sostituita dall'attuale dall'art. 23, comma 1, lett.* a), *del D.L.vo 28 dicembre 2013, n. 154, a decorrere dal trentesimo giorno successivo a quello della sua pubblicazione nella* Gazzetta Ufficiale (G.U. *n. 5 dell'8 gennaio 2014*).

([3]) *La parola: «naturale» è stata così sostituita dalle attuali: «nato fuori del matrimonio» dall'art. 23, comma 1, lett.* b), *del D.L.vo 28 dicembre 2013, n. 154, a decorrere dal trentesimo giorno successivo a quello della sua pubblicazione nella* Gazzetta Ufficiale (G.U. *n. 5 dell'8 gennaio 2014*).

([4]) *La parola: «naturale» è stata così sostituita dalle attuali: «nato fuori del matrimonio» dall'art. 23, comma 1, lett.* c), *del D.L.vo 28 dicembre 2013, n. 154, a decorrere dal trentesimo giorno successivo a quello della sua pubblicazione nella* Gazzetta Ufficiale (G.U. *n. 5 dell'8 gennaio 2014*).

([5]) *Le parole: «e dei figli legittimi» sono state così sostituite dalle attuali: «convivente e degli altri figli» dall'art. 23, comma 1, lett.* c), *del D.L.vo 28 dicembre 2013, n. 154, a decorrere dal trentesimo giorno successivo a quello della sua pubblicazione nella* Gazzetta Ufficiale (G.U. *n. 5 dell'8 gennaio 2014*).

([6]) *Le parole: «genitore naturale» sono state così sostituite dall'attuale: «genitore» dall'art. 23, comma 1, lett.* c), *del D.L.vo 28 dicembre 2013, n. 154, a decorrere dal trentesimo giorno successivo a quello della sua pubblicazione nella* Gazzetta Ufficiale (G.U. *n. 5 dell'8 gennaio 2014*).

([7]) *Questo periodo è stato così sostituito dall'art. 23, comma 1, lett.* c), *del D.L.vo 28 dicembre 2013, n. 154, a decorrere dal trentesimo giorno successivo a quello della sua pubblicazione nella* Gazzetta Ufficiale (G.U. *n. 5 dell'8 gennaio 2014*).

([8]) *Le parole fra parentesi quadrate sono state soppresse dall'art. 23, comma 1, lett.* d), *del D.L.vo 28 dicembre 2013, n. 154, a decorrere dal trentesimo giorno successivo a quello della sua pubblicazione nella* Gazzetta Ufficiale (G.U. *n. 5 dell'8 gennaio 2014*).

([9]) *La parola fra parentesi quadrata è stata soppressa dall'art. 23, comma 1, lett.* e), *del D.L.vo 28 dicembre 2013, n. 154, a decorrere dal trentesimo giorno successivo a quello della sua pubblicazione nella* Gazzetta Ufficiale (G.U. *n. 5 dell'8 gennaio 2014*).

([10]) *Questo comma è stato inserito dall'art. 23, comma 1, lett.* f), *del D.L.vo 28 dicembre 2013, n. 154, a decorrere dal trentesimo giorno successivo a quello della sua pubblicazione nella* Gazzetta Ufficiale (G.U. *n. 5 dell'8 gennaio 2014*).

253. ([1]) **Inammissibilità del riconoscimento. –** In nessun caso è ammesso un riconoscimento in contrasto con lo stato di figlio [legittimo o legittimato] ([2]) in cui la persona si trova.

([1]) *Articolo così sostituito dall'art. 105, L. 19 maggio 1975, n. 151, riforma del diritto di famiglia.*

([2]) *Le parole fra parentesi quadrate sono state soppresse dall'art. 24 del D.L.vo 28 dicembre 2013, n. 154, a decorrere dal trentesimo giorno successivo a quello della sua pubblicazione nella* Gazzetta Ufficiale (G.U. *n. 5 dell'8 gennaio 2014*).

254. ([1]) **Forma del riconoscimento. –** Il riconoscimento del figlio nato fuori del matrimonio ([2]) è fatto nell'atto di nascita, oppure con una apposita dichiarazione, posteriore alla nascita o al concepimento, davanti ad un ufficiale dello stato civile ([3]) [o davanti al giudice tutelare] ([4]) (344) o in un atto pubblico (2699) o in un testamento (256, 587) qualunque sia la forma di questo (601).

[La domanda di legittimazione di un figlio naturale presentata al giudice (284, 288) o la dichiarazione della volontà di legittimarlo espressa dal genitore in un atto pubblico o in un testamento importa riconoscimento, anche se la legittimazione non abbia luogo] ([5]).

([1]) *Articolo così sostituito dall'art. 106, L. 19 maggio 1975, n. 151, riforma del diritto di famiglia.*

([2]) *La parola: «naturale» è stata così sostituita dalle attuali: «nato fuori del matrimonio» dall'art. 25, comma 1, lett.* a), *del D.L.vo 28 dicembre 2013, n. 154, a decorrere dal trentesimo giorno successivo a quello della sua pubblicazione nella* Gazzetta Ufficiale (G.U. *n. 5 dell'8 gennaio 2014*).

([3]) *Si vedano gli artt. 42 ss. del D.P.R. 3 novembre 2000, n. 396, ordinamento dello stato civile, in vigore dal 1° marzo 2001.*

([4]) *Le parole: «o davanti al giudice tutelare» sono state soppresse dall'art. 138 del D.L.vo 19 febbraio*

1998, n. 51, recante l'istituzione del giudice unico, a decorrere dal 2 giugno 1999.

([5]) *Questo comma è stato abrogato dall'art. 25, comma 1, lett.* b), *del D.L.vo 28 dicembre 2013, n. 154, a decorrere dal trentesimo giorno successivo a quello della sua pubblicazione nella* Gazzetta Ufficiale *(G.U. n. 5 dell'8 gennaio 2014).*

255. Riconoscimento di un figlio premorto. – Può anche aver luogo il riconoscimento del figlio premorto, in favore dei suoi discendenti [legittimi e dei suoi figli naturali riconosciuti] ([1]) (254, 282).

([1]) *Le parole fra parentesi quadrate sono state soppresse dall'art. 26 del D.L.vo 28 dicembre 2013, n. 154, a decorrere dal trentesimo giorno successivo a quello della sua pubblicazione nella* Gazzetta Ufficiale *(G.U. n. 5 dell'8 gennaio 2014).*

256. ([1]) **Irrevocabilità del riconoscimento.** – Il riconoscimento è irrevocabile. Quando è contenuto in un testamento (254, 587 ss.) ha effetto dal giorno della morte del testatore, anche se il testamento è stato revocato (679 ss.).

([1]) *Articolo così sostituito dall'art. 107, L. 19 maggio 1975, n. 151, riforma del diritto di famiglia.*

257. Clausole limitatrici. – È nulla ogni clausola diretta a limitare gli effetti del riconoscimento.

258. ([1]) **Effetti del riconoscimento.** – Il riconoscimento produce effetti riguardo al genitore da cui fu fatto (261, 262, 317 *bis*, 578, 687) e riguardo ai parenti di esso ([2]).

L'atto di riconoscimento di uno solo dei genitori non può contenere indicazioni relative all'altro genitore. Queste indicazioni, qualora siano state fatte, sono senza effetto.

Il pubblico ufficiale che le riceve e l'ufficiale dello stato civile che le riproduce sui registri dello stato civile (449 ss.) sono puniti con la sanzione amministrativa del pagamento di una somma da € 20 a € 82. Le indicazioni stesse devono essere cancellate.

([1]) *Articolo così sostituito dall'art. 108, L. 19 maggio 1975. n. 151, riforma del diritto di famiglia.*

([2]) *Questo comma è stato così sostituito dall'art. 1, comma 4, della L. 10 dicembre 2012, n. 219.*

259 - 260. (*Omissis*) ([1]).

([1]) *Articoli riguardanti l'introduzione del figlio naturale nella casa coniugale e i poteri dei genitori; abrogati dall'art. 109, L. 19 maggio 1975, n. 151, riforma del diritto di famiglia.*

261. ([1]) [**Diritti e doveri derivanti al genitore dal riconoscimento.** – Il riconoscimento (250) comporta da parte del genitore l'assunzione di tutti i doveri e di tutti i diritti che egli ha nei confronti dei figli (143 ss., 317 *bis*)].

([1]) *Questo articolo è stato abrogato dall'art. 106, comma 1, lett.* a), *del D.L.vo 28 dicembre 2013, n. 154, a decorrere dal trentesimo giorno successivo a quello della sua pubblicazione nella* Gazzetta Ufficiale *(G.U. n. 5 dell'8 gennaio 2014).*

262. ([1]) ([2]) ([3]) **Cognome del figlio nato fuori del matrimonio** ([4]). – Il figlio [naturale] ([5]) assume il cognome del genitore che per primo lo ha riconosciuto. Se il riconoscimento è stato effettuato contemporaneamente da entrambi i genitori il figlio [naturale] ([5]) assume il cognome del padre ([6]).

Se la filiazione nei confronti del padre è stata accertata o riconosciuta successivamente al riconoscimento da parte della madre, il figlio può assumere il cognome del padre aggiungendolo, anteponendolo o sostituendolo a quello della madre ([7]).

Se la filiazione nei confronti del genitore è stata accertata o riconosciuta successivamente all'attribuzione del cognome da parte dell'ufficiale dello stato civile, si applica il primo e il secondo comma del presente articolo; il figlio può mantenere il cognome precedentemente attribuitogli, ove tale cognome sia divenuto autonomo segno della sua identità personale, aggiungendolo, anteponendolo o sostituendolo al cognome del genitore che per primo lo ha riconosciuto o al cognome dei genitori in caso di riconoscimento da parte di entrambi ([8]).

Nel caso di minore età del figlio, il giudice decide circa l'assunzione del cognome del genitore, previo ascolto del figlio minore, che abbia compiuto gli anni dodici e anche di età inferiore ove capace di discernimento ([9]).

([1]) *Articolo così sostituito dall'art. 111, L. 19 maggio 1975, n. 151, riforma del diritto di famiglia.*

([2]) *La Corte costituzionale, con sentenza n. 297 del 23 luglio 1996, ha dichiarato l'illegittimità costituzionale di questo articolo, nella parte in cui non prevede che il figlio naturale, nell'assumere il cognome del genitore che lo ha riconosciuto, possa ottenere dal giudice il riconoscimento del diritto a mantenere, anteponendolo o, a sua scelta, aggiungendolo a questo, il cognome precedentemente attribuitogli con atto formalmente legittimo, ove tale cognome sia divenuto autonomo segno distintivo della sua identità personale.*

([3]) *La Corte costituzionale, con sentenza n. 286 del 21 dicembre 2016, ha dichiarato l'illegittimità costituzionale della norma desumibile dagli artt. 237, 262 e 299 c.c.; 72, primo comma, del R.D. 9 luglio 1939, n.*

1238 e 33 e 34 del D.P.R. 3 novembre 2000, n. 396, nella parte in cui non consente ai coniugi, di comune accordo, di trasmettere ai figli, al momento della nascita, anche il cognome materno.

([4]) *Le parole: «nato fuori del matrimonio» sono state aggiunte dall'art. 27, comma 1, lett.* a), *del D.L.vo 28 dicembre 2013, n. 154, a decorrere dal trentesimo giorno successivo a quello della sua pubblicazione nella* Gazzetta Ufficiale (G.U. *n. 5 dell'8 gennaio 2014*).

([5]) *La parola fra parentesi quadrate è stata soppressa dall'art. 27, comma 1, lett.* b), *del D.L.vo 28 dicembre 2013, n. 154, a decorrere dal trentesimo giorno successivo a quello della sua pubblicazione nella* Gazzetta Ufficiale (G.U. *n. 5 dell'8 gennaio 2014*).

([6]) *La Corte costituzionale, con sentenza n. 286 del 21 dicembre 2016, ha dichiarato l'illegittimità costituzionale di questo comma nella parte in cui non consente ai genitori, di comune accordo, di trasmettere al figlio, al momento della nascita, anche il cognome materno.*

([7]) *Questo comma è stato così sostituito dall'art. 27, comma 1, lett.* c), *del D.L.vo 28 dicembre 2013, n. 154, a decorrere dal trentesimo giorno successivo a quello della sua pubblicazione nella* Gazzetta Ufficiale (G.U. *n. 5 dell'8 gennaio 2014*).

([8]) *Questo comma è stato aggiunto dall'art. 27, comma 1, lett.* d), *del D.L.vo 28 dicembre 2013, n. 154, a decorrere dal trentesimo giorno successivo a quello della sua pubblicazione nella* Gazzetta Ufficiale (G.U. *n. 5 dell'8 gennaio 2014*).

([9]) *Le parole: «l'assunzione del cognome del padre» sono state così sostituite dalle attuali: «l'assunzione del cognome del genitore, previo ascolto del figlio minore, che abbia compiuto gli anni dodici e anche di età inferiore ove capace di discernimento» dall'art. 27, comma 1, lett.* e), *del D.L.vo 28 dicembre 2013, n. 154, a decorrere dal trentesimo giorno successivo a quello della sua pubblicazione nella* Gazzetta Ufficiale (G.U. *n. 5 dell'8 gennaio 2014*).

263. ([1]) **Impugnazione del riconoscimento per difetto di veridicità.** – Il riconoscimento (250) può essere impugnato (268) per difetto di veridicità dall'autore del riconoscimento, da colui che è stato riconosciuto e da chiunque vi abbia interesse (100 c.p.c.).

L'azione è imprescrittibile riguardo al figlio (248, 249, 2934).

L'azione di impugnazione da parte dell'autore del riconoscimento deve essere proposta nel termine di un anno che decorre dal giorno dell'annotazione del riconoscimento sull'atto di nascita. Se l'autore del riconoscimento prova di aver ignorato la propria impotenza al tempo del concepimento, il termine decorre dal giorno in cui ne ha avuto conoscenza; nello stesso termine, la madre che abbia effettuato il riconoscimento è ammessa a provare di aver ignorato l'impotenza del presunto padre. L'azione non può essere comunque proposta oltre cinque anni dall'annotazione del riconoscimento.

L'azione di impugnazione da parte degli altri legittimati deve essere proposta nel termine di cinque anni che decorrono dal giorno dall'annotazione del riconoscimento sull'atto di nascita. Si applica l'articolo 245.

([1]) *Questo articolo è stato così sostituito dall'art. 28 del D.L.vo 28 dicembre 2013, n. 154, a decorrere dal trentesimo giorno successivo a quello della sua pubblicazione nella* Gazzetta Ufficiale (G.U. *n. 5 dell'8 gennaio 2014*). *Per le disposizioni transitorie si veda l'art. 104 del D.L.vo 28 dicembre 2013, n. 154.*

264. ([1]) **Impugnazione da parte del figlio minore.** – L'impugnazione del riconoscimento per difetto di veridicità può essere altresì promossa da un curatore speciale nominato dal giudice, assunte sommarie informazioni, su istanza del figlio minore che ha compiuto quattordici anni, ovvero del pubblico ministero o dell'altro genitore che abbia validamente riconosciuto il figlio, quando si tratti di figlio di età inferiore.

([1]) *Questo articolo è stato così, da ultimo, sostituito dall'art. 29 del D.L.vo 28 dicembre 2013, n. 154, a decorrere dal trentesimo giorno successivo a quello della sua pubblicazione nella* Gazzetta Ufficiale (G.U. *n. 5 dell'8 gennaio 2014*).

265. Impugnazione per violenza. – Il riconoscimento (250) può essere impugnato per violenza (1434 ss.) dall'autore del riconoscimento entro un anno dal giorno in cui la violenza è cessata.

Se l'autore del riconoscimento è minore, l'azione può essere promossa entro un anno dal conseguimento dell'età maggiore (2, 267, 2964).

266. Impugnazione del riconoscimento per effetto di interdizione giudiziale. – Il riconoscimento può essere impugnato per l'incapacità che deriva da interdizione giudiziale (414) dal rappresentante dell'interdetto e, dopo la revoca dell'interdizione (429), dall'autore del riconoscimento, entro un anno dalla data della revoca (267).

267. Trasmissibilità dell'azione. – Nei casi indicati dagli articoli 265 e 266, se l'autore del riconoscimento è morto senza aver promosso l'azione, ma prima che sia scaduto il termine, l'azione può essere promossa dai discendenti, dagli ascendenti o dagli eredi (246, 270).

Nel caso indicato dal primo comma dell'articolo 263, se l'autore del riconoscimento è morto senza aver promosso l'azione, ma prima che sia decorso il termine previsto dal terzo comma dello stesso articolo, sono ammessi ad esercitarla in sua vece i discendenti o gli ascendenti, entro un anno decorrente dalla morte dell'autore del riconoscimento o dalla nascita del figlio se si tratta di figlio postumo o dal raggiungimento della maggiore età da parte di ciascuno dei discendenti ([1]).

Se il figlio riconosciuto è morto senza aver promosso l'azione di cui all'articolo 263, sono ammessi ad esercitarla in sua vece il coniuge o i discendenti nel termine di un anno che decorre dalla morte del figlio riconosciuto o dal raggiungimento della maggiore età da parte di ciascuno dei discendenti ([1]).

La morte dell'autore del riconoscimento o del figlio riconosciuto non impedisce l'esercizio dell'azione da parte di coloro che ne hanno interesse, nel termine di cui al quarto comma dell'articolo 263 ([1]).

Si applicano il sesto comma dell'articolo 244 e l'articolo 245 ([1]).

([1]) *Questo comma è stato aggiunto dall'art. 30, comma 1, del D.L.vo 28 dicembre 2013, n. 154, a decorrere dal trentesimo giorno successivo a quello della sua pubblicazione nella* Gazzetta Ufficiale *(G.U. n. 5 dell'8 gennaio 2014). Per le disposizioni transitorie si veda l'art. 104 del D.L.vo 28 dicembre 2013, n. 154.*

268. Provvedimenti in pendenza del giudizio. – Quando è impugnato il riconoscimento (263 ss.), il giudice può dare, in pendenza del giudizio, i provvedimenti che ritenga opportuni nell'interesse del figlio ([1]).

([1]) *Si veda l'art. 46 del D.P.R. 3 novembre 2000, n. 396, ordinamento dello stato civile, in vigore dal 1° marzo 2001.*

Capo V
Della dichiarazione giudiziale della paternità e della maternità ([1])

([1]) *A norma dell'art. 7, comma 9, del D.L.vo 28 dicembre 2013, n. 154, a decorrere dal trentesimo giorno successivo a quello della sua pubblicazione nella* Gazzetta Ufficiale *(G.U. n. 5 dell'8 gennaio 2014), la rubrica del paragrafo 2 - Della dichiarazione giudiziale della paternità e della maternità naturale - della sezione I del capo II del libro primo c.c. è sostituita dalla seguente: «Capo V -* Della dichiarazione giudiziale della paternità e della maternità*».*

269. ([1]) **Dichiarazione giudiziale di paternità e maternità.** – La paternità e la maternità [naturale] ([2]) possono essere giudizialmente dichiarate (30 Cost.) nei casi in cui il riconoscimento è ammesso (250, 251, 253).

La prova della paternità e della maternità può essere data con ogni mezzo.

La maternità è dimostrata provando la identità di colui che si pretende essere figlio e di colui che fu partorito dalla donna, la quale si assume essere madre.

La sola dichiarazione della madre e la sola esistenza di rapporti tra la madre e il preteso padre all'epoca del concepimento non costituiscono prova della paternità [naturale] ([2]).

([1]) *Articolo così sostituito dall'art. 113, L. 19 maggio 1975, n. 151, riforma del diritto di famiglia e del quale l'art. 232 dispone:*

«232. Le disposizioni della presente legge relative all'azione per la dichiarazione giudiziale di paternità e maternità, nonché alle azioni previste dall'art. 279 del codice civile, si applicano anche ai figli nati o concepiti prima della entrata in vigore».

([2]) *La parola fra parentesi quadrate è stata soppressa dall'art. 30, comma 2, del D.L.vo 28 dicembre 2013, n. 154, a decorrere dal trentesimo giorno successivo a quello della sua pubblicazione nella* Gazzetta Ufficiale *(G.U. n. 5 dell'8 gennaio 2014).*

270. ([1]) **Legittimazione attiva e termine.** – L'azione per ottenere che sia dichiarata giudizialmente la paternità o la maternità [naturale] ([2]) è imprescrittibile (2934) riguardo al figlio.

Se il figlio muore prima di avere iniziato l'azione, questa può essere promossa dai discendenti [legittimi, legittimati o naturali riconosciuti] ([3]), entro due anni dalla morte.

L'azione promossa dal figlio, se egli muore, può essere proseguita dai discendenti [legittimi, legittimati o naturali riconosciuti] ([4]).

Si applica l'articolo 245 ([5]).

([1]) *Articolo così sostituito dall'art. 114, L. 19 maggio 1975, n. 151, riforma del diritto di famiglia.*

([2]) *La parola fra parentesi quadrate è stata soppressa dall'art. 31, comma 1, lett.* a), *del D.L.vo 28 dicembre 2013, n. 154, a decorrere dal trentesimo giorno successivo a quello della sua pubblicazione nella* Gazzetta Ufficiale *(G.U. n. 5 dell'8 gennaio 2014).*

([3]) *Le parole fra parentesi quadrate sono state soppresse dall'art. 31, comma 1, lett.* b), *del D.L.vo 28 dicembre 2013, n. 154, a decorrere dal trentesimo giorno successivo a quello della sua pubblicazione nella* Gazzetta Ufficiale *(G.U. n. 5 dell'8 gennaio 2014).*

([4]) *L'art. 31 del D.L.vo 28 dicembre 2013, n. 154, recante modifiche a questo articolo non ricomprende fra le modifiche anche l'abrogazione delle parole: «legittimi, legittimati o naturali riconosciuti» riportate al terzo comma. Si ritiene però che si tratti di un errore e lo si segnala in attesa di* errata corrige.

([5]) *Questo comma è stato inserito dall'art. 31, comma 1, lett. c), del D.L.vo 28 dicembre 2013, n. 154, a decorrere dal trentesimo giorno successivo a quello della sua pubblicazione nella* Gazzetta Ufficiale *(G.U. n. 5 dell'8 gennaio 2014).*

271 - 272. (*Omissis*) ([1]).

([1]) *Articoli riguardanti la legittimazione attiva e il termine per la dichiarazione giudiziale della paternità e la dichiarazione giudiziale di maternità; abrogati dall'art. 115, L. 19 maggio 1975, n. 151, riforma del diritto di famiglia.*

273. ([1]) **Azione nell'interesse del minore o dell'interdetto.** – L'azione per ottenere che sia giudizialmente dichiarata la paternità o la maternità [naturale] ([2]) (269, 271, 272) può essere promossa, nell'interesse del minore, dal genitore che esercita la responsabilità genitoriale ([3]) prevista dall'art. 316 o dal tutore (357). Il tutore però deve chiedere l'autorizzazione del giudice (374; 38 att.), il quale può anche nominare un curatore speciale.

Occorre il consenso del figlio per promuovere o per proseguire l'azione se egli ha compiuto l'età di quattordici ([4]) anni.

Per l'interdetto l'azione può essere promossa dal tutore (424) previa autorizzazione del giudice.

([1]) *Articolo così sostituito dall'art. 116, L. 19 maggio 1975, n. 151, riforma del diritto di famiglia.*

([2]) *La parola fra parentesi quadrate è stata soppressa dall'art. 32, comma 1, lett. a), del D.L.vo 28 dicembre 2013, n. 154, a decorrere dal trentesimo giorno successivo a quello della sua pubblicazione nella* Gazzetta Ufficiale *(G.U. n. 5 dell'8 gennaio 2014).*

([3]) *La parola: «potestà» è stata così sostituita dalle attuali: «responsabilità genitoriale» dall'art. 32, comma 1, lett. a), del D.L.vo 28 dicembre 2013, n. 154, a decorrere dal trentesimo giorno successivo a quello della sua pubblicazione nella* Gazzetta Ufficiale *(G.U. n. 5 dell'8 gennaio 2014).*

([4]) *La parola: «sedici» è stata così sostituita dall'attuale: «quattordici» dall'art. 32, comma 1, lett. b), del D.L.vo 28 dicembre 2013, n. 154, a decorrere dal trentesimo giorno successivo a quello della sua pubblicazione nella* Gazzetta Ufficiale *(G.U. n. 5 dell'8 gennaio 2014).*

274. ([1]) ([2]) **Ammissibilità dell'azione.** – L'azione per la dichiarazione giudiziale di paternità o di maternità naturale è ammessa solo quando concorrono specifiche circostanze tali da farla apparire giustificata ([3]) ([4]).

Sull'ammissibilità il tribunale (38 att.) decide in camera di consiglio con decreto motivato (737 c.p.c.), su ricorso di chi intende promuovere l'azione (270 ss.), sentiti il pubblico ministero e le parti e assunte le informazioni del caso. Contro il decreto si può proporre reclamo con ricorso alla corte d'appello, che pronuncia anch'essa in camera di consiglio.

L'inchiesta sommaria compiuta dal tribunale ha luogo senza alcuna pubblicità e deve essere mantenuta segreta. Al termine dell'inchiesta gli atti e i documenti della stessa sono depositati in cancelleria ed il cancelliere deve darne avviso alle parti le quali, entro quindici giorni dalla comunicazione di detto avviso, hanno facoltà di esaminarli e di depositare memorie illustrative.

Il tribunale, anche prima di ammettere l'azione, può, se trattasi di minore o d'altra persona incapace (414 ss.), nominare un curatore speciale (78 c.p.c.) che la rappresenti in giudizio.

([1]) *Questo articolo è stato così sostituito dall'art. 2 della L. 23 novembre 1971, n. 1047.*

([2]) *La Corte costituzionale, con sentenza n. 50 del 10 febbraio 2006, ha dichiarato l'illegittimità costituzionale di questo articolo.*

([3]) *Questo comma è stato così sostituito dall'art. 117 della L. 19 maggio 1975, n. 151, riforma del diritto di famiglia.*

([4]) *La Corte costituzionale, con sentenza n. 341 del 20 luglio 1990, ha dichiarato l'illegittimità costituzionale di questo comma nella parte in cui, se si tratta di minore infrasedicenne, non prevede che l'azione promossa dal genitore esercente la potestà sia ammessa solo quando sia ritenuta dal giudice rispondente all'interesse del figlio.*

275. [**Pena in caso di inammissibilità.** – (*Omissis*)] ([1]).

([1]) *Articolo abrogato dall'art. 118, L. 19 maggio 1975, n. 151, riforma del diritto di famiglia.*

276. ([1]) **Legittimazione passiva.** – La domanda per la dichiarazione di paternità o di maternità [naturale] ([2]) deve essere proposta nei confronti del presunto genitore o, in sua mancanza, nei confronti dei suoi eredi (247). In loro mancanza, la domanda deve essere proposta nei confronti di un curatore nominato dal giudice davanti al quale il giudizio deve essere promosso.

Alla domanda può contraddire chiunque vi abbia interesse (100 c.p.c.).

([1]) *Questo articolo è stato così sostituito dall'art. 1, comma 5, della L. 10 dicembre 2012, n. 219.*

([2]) *La parola fra parentesi quadrate è stata soppressa dall'art. 33 del D.L.vo 28 dicembre 2013, n. 154, a decorrere dal trentesimo giorno successivo a quello della sua pubblicazione nella* Gazzetta Ufficiale *(G.U. n. 5 dell'8 gennaio 2014).*

277. Effetti della sentenza. – La sentenza che dichiara la filiazione [naturale] ([1]) produce gli effetti del riconoscimento (258).

Il giudice può anche dare i provvedimenti che stima utili per l'affidamento, ([2]) il mantenimento, l'istruzione e l'educazione del figlio e per la tutela degli interessi patrimoniali di lui ([3]).

([1]) *La parola fra parentesi quadrate è stata soppressa dall'art. 34, comma 1, lett.* a), *del D.L.vo 28 dicembre 2013, n. 154, a decorrere dal trentesimo giorno successivo a quello della sua pubblicazione nella* Gazzetta Ufficiale (G.U. *n. 5 dell'8 gennaio 2014*).

([2]) *Le parole: «l'affidamento,» sono state inserite dall'art. 34, comma 1, lett.* b), *del D.L.vo 28 dicembre 2013, n. 154, a decorrere dal trentesimo giorno successivo a quello della sua pubblicazione nella* Gazzetta Ufficiale (G.U. *n. 5 dell'8 gennaio 2014*).

([3]) *Comma così sostituito dall'art. 119, L. 19 maggio 1975, n. 151, riforma del diritto di famiglia.*

278. ([1]) **Autorizzazione all'azione.** – Nei casi di figlio nato da persone, tra le quali esiste un vincolo di parentela in linea retta all'infinito o in linea collaterale nel secondo grado, ovvero un vincolo di affinità in linea retta, l'azione per ottenere che sia giudizialmente dichiarata la paternità o la maternità non può essere promossa senza previa autorizzazione ai sensi dell'articolo 251.

([1]) *Questo articolo è stato così, da ultimo, sostituito dall'art. 35 del D.L.vo 28 dicembre 2013, n. 154, a decorrere dal trentesimo giorno successivo a quello della sua pubblicazione nella* Gazzetta Ufficiale (G.U. *n. 5 dell'8 gennaio 2014*).

279. ([1]) **Responsabilità per il mantenimento e l'educazione.** – In ogni caso in cui non può proporsi l'azione per la dichiarazione giudiziale di paternità o di maternità (269), il figlio nato fuori del matrimonio ([2]) può agire per ottenere il mantenimento, l'istruzione e l'educazione. Il figlio nato fuori del matrimonio ([2]) se maggiorenne e in stato di bisogno può agire per ottenere gli alimenti (433 ss.) ([3]) a condizione che il diritto al mantenimento di cui all'articolo 315 *bis*, sia venuto meno ([4]).

L'azione è ammessa previa autorizzazione del giudice ai sensi dell'articolo 251 ([5]).

L'azione può essere promossa nell'interesse del figlio minore da un curatore speciale (78 c.p.c.) nominato dal giudice su richiesta del pubblico ministero o del genitore che esercita la responsabilità genitoriale ([6]) (316, 317 *bis*).

([1]) *Articolo così sostituito dall'art. 121, L. 19 maggio 1975, n. 151, riforma del diritto di famiglia.*

([2]) *La parola: «naturale» è stata così sostituita dalle attuali: «nato fuori del matrimonio» dall'art. 36, comma 1, lett.* a), *del D.L.vo 28 dicembre 2013, n. 154, a decorrere dal trentesimo giorno successivo a quello della sua pubblicazione nella* Gazzetta Ufficiale (G.U. *n. 5 dell'8 gennaio 2014*).

([3]) *A norma dell'art. 34 att., la competenza spetta al tribunale per i minorenni.*

([4]) *Le parole: «a condizione che il diritto al mantenimento di cui all'articolo 315* bis, *sia venuto meno» sono state inserite dall'art. 36, comma 1, lett.* a), *del D.L.vo 28 dicembre 2013, n. 154, a decorrere dal trentesimo giorno successivo a quello della sua pubblicazione nella* Gazzetta Ufficiale (G.U. *n. 5 dell'8 gennaio 2014*).

([5]) *Questo comma è stato così sostituito dall'art. 36, comma 1, lett.* b), *del D.L.vo 28 dicembre 2013, n. 154, a decorrere dal trentesimo giorno successivo a quello della sua pubblicazione nella* Gazzetta Ufficiale (G.U. *n. 5 dell'8 gennaio 2014*).

([6]) *La parola: «potestà» è stata così sostituita dalle attuali: «responsabilità genitoriale» dall'art. 36, comma 1, lett.* c), *del D.L.vo 28 dicembre 2013, n. 154, a decorrere dal trentesimo giorno successivo a quello della sua pubblicazione nella* Gazzetta Ufficiale (G.U. *n. 5 dell'8 gennaio 2014*).

Sezione II

Della legittimazione dei figli naturali ([1])

([1]) *Questa sezione, originariamente appartenente al Capo II, del Titolo VII del Libro primo c.c., è stata abrogata dall'art. 1, comma 10, della L. 10 dicembre 2012, n. 219.*

Si riporta dopo il Capo V per rispettare la numerazione degli articoli.

280. ([1]) [**Legittimazione.** – La legittimazione attribuisce a colui che è nato fuori del matrimonio la qualità di figlio legittimo (231 ss., 283).

Essa avviene per susseguente matrimonio dei genitori del figlio naturale (283) o per provvedimento del giudice] (284).

([1]) *Articolo così sostituito dall'art. 122, L. 19 maggio 1975, n. 151, riforma del diritto di famiglia.*

281. ([1]) [**Divieto di legittimazione.** – Non possono essere legittimati i figli che non possono essere riconosciuti (250, 251, 253)].

([1]) *Articolo così sostituito dall'art. 123, L. 19 maggio 1975, n. 151, riforma del diritto di famiglia.*

282. [**Legittimazione dei figli premorti.** – La legittimazione dei figli premorti può anche aver luogo in favore dei loro discendenti legittimi e dei loro figli naturali riconosciuti] (255).

283. ([1]) **[Effetti e decorrenza della legittimazione per susseguente matrimonio.** – I figli legittimati per susseguente matrimonio (280) acquistano i diritti dei figli legittimi dal giorno del matrimonio, se sono stati riconosciuti da entrambi i genitori nell'atto di matrimonio o anteriormente, oppure dal giorno del riconoscimento se questo è avvenuto dopo il matrimonio].

([1]) *Articolo così sostituito dall'art. 124, L. 19 maggio 1975, n. 151, riforma del diritto di famiglia.*

284. ([1]) **[Legittimazione per provvedimento del giudice.** – La legittimazione può essere concessa con provvedimento del giudice (288) soltanto se corrisponde agli interessi del figlio ed inoltre se concorrono le seguenti condizioni:

1) che sia domandata dai genitori stessi o da uno di essi e che il genitore abbia compiuto l'età indicata nel quinto comma dell'articolo 250;

2) che per il genitore vi sia l'impossibilità o un gravissimo ostacolo a legittimare il figlio per susseguente matrimonio;

3) che vi sia l'assenso dell'altro coniuge se il richiedente è unito in matrimonio e non è legalmente separato;

4) che vi sia il consenso del figlio legittimando se ha compiuto gli anni sedici, o dell'altro genitore o del curatore speciale, se il figlio è minore degli anni sedici, salvo che il figlio sia già riconosciuto (250).

La legittimazione può essere chiesta anche in presenza di figli legittimi o legittimati. In tal caso il presidente del tribunale deve ascoltare i figli legittimi o legittimati, se di età superiore ai sedici anni] ([2]).

([1]) *Articolo così sostituito dall'art. 125, L. 19 maggio 1975, n. 151, riforma del diritto di famiglia.*

([2]) *L'art. 233, L. 19 maggio 1975, n. 151, riforma del diritto di famiglia, così dispone:*

«233. La legittimazione per provvedimento del giudice si applica anche ai figli nati anteriormente all'entrata in vigore della presente legge.

«Dalla stessa data non possono essere proseguiti procedimenti per la legittimazione per decreto del Capo dello Stato, ma della presentazione della domanda di legittimazione a norma delle disposizioni anteriori si tiene conto agli effetti del secondo comma dell'articolo 290 del codice civile».

285. ([1]) **[Condizioni per la legittimazione dopo la morte dei genitori.** – Se uno dei genitori ha espresso in un testamento (587 ss.) o in un atto pubblico (2699) la volontà di legittimare (254) i figli naturali, questi possono, dopo la morte di lui, domandare la legittimazione se sussisteva la condizione prevista nel numero 2 dell'articolo precedente.

In questo caso la domanda deve essere comunicata agli ascendenti, discendenti e coniuge o, in loro mancanza, a due tra i prossimi parenti del genitore entro il quarto grado].

([1]) *Articolo così sostituito dall'art. 126, L. 19 maggio 1975, n. 151, riforma del diritto di famiglia.*

286. [Legittimazione domandata dall'ascendente. – La domanda di legittimazione di un figlio naturale riconosciuto (254) può in caso di morte del genitore essere fatta da uno degli ascendenti legittimi di lui, se il genitore non ha comunque espressa una volontà in contrasto con quella di legittimare (285, 289)].

287. ([1]) **[Legittimazione in base alla procura per il matrimonio.** – Nei casi in cui è consentito di celebrare matrimonio per procura (111), quando concorrono le condizioni per la legittimazione per susseguente matrimonio (281) la legittimazione dei figli naturali con provvedimento del giudice può essere domandata in base alla procura a contrarre il matrimonio, se questo non potè essere celebrato per la sopravvenuta morte del mandante (285).

Quando i figli non sono stati riconosciuti, per domandarne la legittimazione è necessario che dalla procura risulti la volontà di riconoscerli (254) o di legittimarli] (289).

([1]) *Articolo così sostituito dall'art. 127, L. 19 maggio 1975, n. 151, riforma del diritto di famiglia.*

288. ([1]) **[Procedura.** – La domanda di legittimazione accompagnata dai documenti giustificativi deve essere diretta al presidente del tribunale nella cui circoscrizione il richiedente ha la residenza (35 att.).

Il tribunale, sentito il pubblico ministero, accerta la sussistenza delle condizioni stabilite negli articoli precedenti e delibera, in camera di consiglio (737 c.p.c.), sulla domanda di legittimazione.

Il pubblico ministero e la parte possono, entro venti giorni dalla comunicazione, proporre reclamo (739 c.p.c.) alla corte d'appello. Questa, richiamati gli atti dal tribunale, delibera in camera di consiglio, sentito il pubblico ministero.

In ogni caso la sentenza che accoglie la domanda è annotata in calce all'atto di nascita del figlio].

([1]) *Articolo così sostituito dall'art. 128, L. 19 maggio 1975, n. 151, riforma del diritto di famiglia.*

289. ([1]) [**Azioni esperibili dopo la legittimazione.** - La legittimazione per provvedimento del giudice non impedisce l'azione ordinaria per la contestazione dello stato di figlio legittimato per la mancanza delle condizioni indicate nel numero 1 dell'articolo 284, negli artt. 285, 286 e 287, ferma restando la disposizione dell'articolo 263.

Se manca la condizione indicata nel numero 3 dell'articolo 284 la contestazione può essere promossa soltanto dal coniuge del quale è mancato l'assenso].

([1]) *Articolo così sostituito dall'art. 129, L. 19 maggio 1975, n. 151, riforma del diritto di famiglia.*

290. ([1]) [**Effetti e decorrenza della legittimazione per provvedimento del giudice.** - La legittimazione per provvedimento del giudice produce gli stessi effetti della legittimazione per susseguente matrimonio (280, 283), ma soltanto dalla data del provvedimento (288) e nei confronti del genitore riguardo al quale la legittimazione è stata concessa (252[4]).

Se il provvedimento interviene dopo la morte del genitore, gli effetti risalgono alla data della morte, purché la domanda di legittimazione non sia stata presentata dopo un anno da tale data].

([1]) *Articolo così sostituito dall'art. 130, L. 19 maggio 1975, n. 151, riforma del diritto di famiglia.*

Titolo VIII
Dell'adozione di persone maggiori di età ([1])

([1]) *Intitolazione così modificata dall'art. 58, L. 4 maggio 1983, n. 184, disciplina dell'adozione e dell'affidamento dei minori.*

Capo I
Dell'adozione di persone maggiori di età e dei suoi effetti ([1])

([1]) *Intitolazione così modificata dall'art. 59, L. 4 maggio 1983, n. 184, disciplina dell'adozione e dell'affidamento dei minori. Per l'art. 60 stessa legge, le disposizioni di questo capo non si applicano ai minori.*

Per l'adozione di minori stranieri, si veda la L. 31 dicembre 1998, n. 476, di ratifica ed esecuzione della Convenzione per la tutela dei minori, fatta a l'Aja il 29 maggio 1993.

291. ([1]) ([2]) **Condizioni.** - L'adozione è permessa alle persone che non hanno discendenti legittimi (231 ss.) o [legittimati] ([3]) (280 ss.), che hanno compiuto gli anni trentacinque e che superano almeno di diciotto anni l'età di coloro che intendano adottare.

Quando eccezionali circostanze lo consigliano, il tribunale (312) può autorizzare l'adozione se l'adottante ha raggiunto almeno l'età di trenta anni, ferma restando la differenza di età di cui al comma precedente ([4]).

([1]) *Articolo così sostituito dall'art. 1 della L. 4 maggio 1983, n. 184.*

([2]) *La Corte costituzionale, con sentenza n. 245 del 20 luglio 2004, ha dichiarato l'illegittimità costituzionale di questo articolo, nella parte in cui non prevede che l'adozione di maggiorenni non possa essere pronunciata in presenza di figli naturali, riconosciuti dall'adottante, minorenni o, se maggiorenni, non consenzienti.*

([3]) *La parola: «legittimati» è stata soppressa dall'art. 105, comma 4, del D.L.vo 28 dicembre 2013, n. 154, a decorrere dal trentesimo giorno successivo a quello della sua pubblicazione nella* Gazzetta Ufficiale *(G.U. n. 5 dell'8 gennaio 2014).*

([4]) *La Corte costituzionale, con sentenza n. 557 del 19 maggio 1988, ha dichiarato l'illegittimità costituzionale di questo articolo, nella parte in cui non consente l'adozione a persone che abbiano discendenti legittimi o legittimati maggiorenni e consenzienti.*

Il contenuto precettivo residuo della disposizione è pressoché nullo: essa è applicabile esclusivamente all'adozione di maggiorenni e pertanto non ha più significato il riferimento all'età minima di 35 anni e il secondo comma è da ritenere implicitamente abrogato.

292. [**Divieto di adozione per diversità di razza.** - (*Omissis*)] ([1]).

([1]) *Articolo abrogato dall'art. 1, R.D.L. 20 gennaio 1944, n. 25 e dall'art. 3, D.L.vo Lgt. 14 settembre 1944, n. 287, provvedimenti relativi alla riforma della legislazione civile.*

293. ([1]) **Divieto d'adozione dei figli [nati fuori del matrimonio]** ([2]). - I figli [nati fuori del matrimonio] ([2]) non possono essere adottati dai loro genitori.

(*Omissis*).

([1]) *Articolo così sostituito dall'art. 131, L. 19 maggio 1975, n. 151, riforma del diritto di famiglia. I due commi successivi sono stati abrogati dall'art. 67, L. 4 maggio 1983, n. 184, disciplina dell'adozione e dell'affidamento dei minori.*

([2]) *Le parole fra parentesi quadrate sono state soppresse dall'art. 37, comma 1, del D.L.vo 28 dicembre 2013, n. 154, a decorrere dal trentesimo giorno successivo a quello della sua pubblicazione nella* Gazzetta Ufficiale *(G.U. n. 5 dell'8 gennaio 2014).*

294. Pluralità di adottati o di adottanti. – È ammessa l'adozione di più persone, anche con atti successivi (87 n. 7) (1).

Nessuno può essere adottato da più d'una persona, salvo che i due adottanti siano marito e moglie (299³, 303).

(1) *Comma così sostituito dall'art. 2, L. 5 giugno 1967, n. 431, adozione speciale.*

295. Adozione da parte del tutore. – Il tutore (357) non può adottare la persona della quale ha avuto la tutela, se non dopo che sia stato approvato il conto della sua amministrazione (385 ss.), sia stata fatta la consegna dei beni e siano state estinte le obbligazioni risultanti a suo carico o data idonea garanzia (1179) per il loro adempimento.

296. Consenso per l'adozione. – Per l'adozione si richiede il consenso dell'adottante e dell'adottando (298, 311).

(*Omissis*) (1).

(1) *Due successivi commi sono stati abrogati dall'art. 67, L. 4 maggio 1983, n. 184, disciplina dell'adozione e dell'affidamento dei minori.*

297. (1) **Assenso del coniuge e dei genitori.** – Per l'adozione è necessario l'assenso dei genitori dell'adottando e l'assenso del coniuge dell'adottante e dell'adottando, se coniugati e non legalmente separati (150, 311).

Quando è negato l'assenso previsto dal primo comma, il tribunale (35 att.), sentiti gli interessati, su istanza dell'adottante, può, ove ritenga il rifiuto ingiustificato o contrario all'interesse dell'adottando, pronunziare ugualmente l'adozione, salvo che si tratti dell'assenso dei genitori esercenti la responsabilità genitoriale (2) (316 ss.) o del coniuge, se convivente, dell'adottante o dell'adottando. Parimenti il tribunale può pronunziare l'adozione quando è impossibile ottenere l'assenso per incapacità (414) o irreperibilità delle persone chiamate ad esprimerlo.

(1) *Articolo così sostituito dall'art. 132, L. 19 maggio 1975, n. 151, riforma del diritto di famiglia.*

(2) *La parola: «potestà» è stata così sostituita dalle attuali: «responsabilità genitoriale» dall'art. 37, comma 2, del D.L.vo 28 dicembre 2013, n. 154, a decorrere dal trentesimo giorno successivo a quello della sua pubblicazione nella* Gazzetta Ufficiale *(G.U. n. 5 dell'8 gennaio 2014).*

298. Decorrenza degli effetti dell'adozione. – L'adozione produce i suoi effetti dalla data del decreto che la pronunzia (290, 313, 314; 35 att.).

Finché il decreto non è emanato, tanto l'adottante quanto l'adottando possono revocare il loro consenso.

Se l'adottante muore dopo la prestazione del consenso e prima dell'emanazione del decreto, si può procedere al compimento degli atti necessari per l'adozione.

Gli eredi dell'adottante possono presentare al tribunale (1) memorie e osservazioni per opporsi all'adozione.

Se l'adozione è ammessa, essa produce i suoi effetti (87, 299 ss.) dal momento della morte dell'adottante.

(1) *La competenza è stata così determinata dall'art. 3 della L. 5 giugno 1967, n. 431, sull'adozione speciale (poi abrogata).*

299. (1) (2) **Cognome dell'adottato.** – L'adottato assume il cognome dell'adottante e lo antepone al proprio (6).

Nel caso in cui la filiazione sia stata accertata o riconosciuta successivamente all'adozione si applica il primo comma (3).

Se l'adozione è compiuta da coniugi (294 ss.), l'adottato assume il cognome del marito.

Se l'adozione è compiuta da una donna maritata (297), l'adottato, che non sia figlio del marito, assume il cognome della famiglia di lei (4).

(1) *Articolo così sostituito dall'art. 61, L. 4 maggio 1983, n. 184, disciplina dell'adozione e dell'affidamento dei minori.*

(2) *La Corte costituzionale, con sentenza n. 286 del 21 dicembre 2016, ha dichiarato l'illegittimità costituzionale della norma desumibile dagli artt. 237, 262 e 299 c.c.; 72, primo comma, del R.D. 9 luglio 1939, n. 1238 e 33 e 34 del D.P.R. 3 novembre 2000, n. 396, nella parte in cui non consente ai coniugi, di comune accordo, di trasmettere ai figli, al momento della nascita, anche il cognome materno.*

(3) *Questo comma è stato così sostituito dall'art. 38 del D.L.vo 28 dicembre 2013, n. 154, a decorrere dal trentesimo giorno successivo a quello della sua pubblicazione nella* Gazzetta Ufficiale *(G.U. n. 5 dell'8 gennaio 2014).*

(4) *La Corte costituzionale, con sentenza n. 286 del 21 dicembre 2016, ha dichiarato l'illegittimità costituzionale di questo comma nella parte in cui non consente ai coniugi, in caso di adozione compiuta da entrambi, di attribuire, di comune accordo, anche il cognome materno al momento dell'adozione.*

300. Diritti e doveri dell'adottato. – L'adottato conserva tutti i diritti (147) e i doveri (315 ss.) verso la sua famiglia di origine, salve le eccezioni stabilite dalla legge.

L'adozione non induce alcun rapporto civile tra l'adottante e la famiglia dell'adottato né tra l'adottato e i parenti dell'adottante, salve le eccezioni stabilite dalla legge (87, 433, 436, 468, 567).

301 - 303. (*Omissis*) (1).

(1) *Articoli riguardanti la patria potestà e l'amministrazione di beni dell'adottato, l'inventario, la cessazione della patria potestà dell'adottante; ora abrogati dall'art. 67 della L. 4 maggio 1983, n. 184, disciplina dell'adozione e dell'affidamento dei minori.*

304. Diritti di successione. – L'adozione non attribuisce all'adottante alcun diritto di successione.

I diritti dell'adottato nella successione dell'adottante sono regolati dalle norme contenute nel libro II (468, 536, 567).

305. Revoca dell'adozione. – L'adozione si può revocare soltanto nei casi preveduti dagli articoli seguenti (314²; 35 att.).

306. Revoca per indegnità dell'adottato. – La revoca dell'adozione (307) può essere pronunziata dal tribunale (35 att.) su domanda dell'adottante, quando l'adottato abbia attentato alla vita di lui o del suo coniuge, dei suoi discendenti o ascendenti, ovvero si sia reso colpevole verso loro di delitto punibile con pena restrittiva della libertà personale (18 c.p.) non inferiore nel minimo a tre anni (314).

Se l'adottante muore in conseguenza dell'attentato, la revoca dell'adozione può essere chiesta da coloro ai quali si devolverebbe l'eredità in mancanza dell'adottato e dei suoi discendenti (309, 463, 536).

307. (1) **Revoca per indegnità dell'adottante.** – Quando i fatti previsti nell'articolo precedente sono stati compiuti dall'adottante contro l'adottato, oppure contro il coniuge o i discendenti o gli ascendenti di lui, la revoca può essere pronunziata su domanda dell'adottato.

(1) *Articolo così sostituito dall'art. 62, L. 4 maggio 1983, n. 184, disciplina dell'adozione e dell'affidamento dei minori.*

308. [**Revoca promossa dal pubblico ministero.** – (*Omissis*)] (1).

(1) *Articolo abrogato dall'art. 67, L. 4 maggio 1983, n. 184, disciplina dell'adozione e dell'affidamento dei minori.*

309. Decorrenza degli effetti della revoca. – Gli effetti dell'adozione (298 ss.) cessano quando passa in giudicato la sentenza di revoca (324 c.p.c.).

Se tuttavia la revoca è pronunziata dopo la morte dell'adottante per fatto imputabile all'adottato, l'adottato e i suoi discendenti sono esclusi dalla successione dell'adottante (463 ss., 567).

310. [**Cessazione degli effetti dell'adozione.** – (*Omissis*)] (1).

(1) *Articolo abrogato dall'art. 67, L. 4 maggio 1983, n. 184, disciplina dell'adozione e dell'affidamento dei minori.*

Capo II
Delle forme dell'adozione di persone di maggiore età (1)

(1) *Intitolazione così modificata dall'art. 63, L. 4 maggio 1983, n. 184, disciplina dell'adozione e dell'affidamento dei minori.*

311. (1) **Manifestazione del consenso.** – Il consenso dell'adottante e dell'adottato o del legale rappresentante di questo deve essere manifestato personalmente al presidente del tribunale nel cui circondario l'adottante ha la residenza (43; 35 att.).

L'assenso delle persone indicate negli articoli 296 e 297 può essere dato da persona munita di procura speciale rilasciata per atto pubblico (2699) o per scrittura privata autenticata (2703).

(1) *Articolo così modificato dall'art. 3, L. 5 giugno 1967, n. 431, disciplina dell'adozione e dell'affidamento dei minori, che ha soppresso l'originario secondo comma, qui non riportato. A norma dell'art. 3 della stessa legge, per l'adozione è competente il tribunale nel cui circondario l'appellante ha la residenza.*

312. (1) **Accertamenti del tribunale.** – Il tribunale, assunte le opportune informazioni, verifica:

1) se tutte le condizioni della legge sono state adempiute (291 ss.);

2) se l'adozione conviene all'adottando (291 ss; 35 att.).

(1) *Articolo così sostituito dall'art. 64, L. 4 maggio 1983, n. 184, disciplina dell'adozione e dell'affidamento dei minori.*

313. (1) **Provvedimento del tribunale.** – Il tribunale, in camera di consiglio (737 c.p.c.), sentito il pubblico ministero e omessa ogni altra formalità di procedura, provvede con sentenza decidendo di far luogo o non far luogo alla adozione (298).

L'adottante, il pubblico ministero, l'adottando, entro trenta giorni dalla comunicazione, possono proporre impugnazione avanti la corte d'appello, che decide in camera di consiglio, sentito il pubblico ministero.

([1]) *Questo articolo è stato così sostituito dall'art. 30 della L. 28 marzo 2001, n. 149.*

314. ([1]) **Pubblicità.** - La sentenza definitiva che pronuncia l'adozione è trascritta a cura del cancelliere del tribunale competente, entro il decimo giorno successivo a quello della relativa comunicazione, da effettuarsi non oltre cinque giorni dal deposito, da parte del cancelliere del giudice dell'impugnazione, su apposito registro e comunicata all'ufficiale di stato civile per l'annotazione a margine dell'atto di nascita dell'adottato.

Con la procedura di cui al primo comma deve essere altresì trascritta ed annotata la sentenza di revoca della adozione, passata in giudicato.

L'autorità giudiziaria può inoltre ordinare la pubblicazione della sentenza che pronuncia l'adozione o della sentenza di revoca nei modi che ritiene opportuni.

([1]) *Questo articolo è stato così sostituito dall'art. 31 della L. 28 marzo 2001, n. 149.*

Capo III
[Dell'adozione speciale] ([1])

([1]) *Questo capo era stato inserito dall'art. 4, L. 5 giugno 1967, n. 431, adozione speciale, e successivamente è stato abrogato dall'art. 67, L. 4 maggio 1983, n. 184, disciplina dell'adozione e dell'affidamento dei minori (suppl. ord. alla* G.U. *n. 133 del 17 maggio 1983).*

Titolo IX
Della responsabilità genitoriale
e dei diritti e doveri del figlio ([1])

([1]) *La precedente intestazione: «Della potestà dei genitori» è stata sostituita dalla seguente: «Della potestà dei genitori e dei diritti e doveri del figlio» dall'art. 1, comma 6, della L. 10 dicembre 2012, n. 219. Successivamente l'art. 7, comma 10, del D.L.vo 28 dicembre 2013, n. 154, a decorrere dal trentesimo giorno successivo a quello della sua pubblicazione nella* Gazzetta Ufficiale *(G.U. n. 5 dell'8 gennaio 2014), ha sostituito le parole: «potestà dei genitori» con le attuali: «responsabilità genitoriale».*

Capo I
Dei diritti e doveri del figlio ([1])

([1]) *Questo capo è stato inserito dall'art. 11 del D.L.vo 28 dicembre 2013, n. 154, a decorrere dal trentesimo giorno successivo a quello della sua pubblicazione nella* Gazzetta Ufficiale *(G.U. n. 5 dell'8 gennaio 2014).*

315. ([1]) **Stato giuridico della filiazione.** - Tutti i figli hanno lo stesso stato giuridico.

([1]) *Questo articolo è stato così sostituito dall'art. 1, comma 7, della L. 10 dicembre 2012, n. 219.*

315 *bis*. ([1]) **Diritti e doveri del figlio.** - Il figlio ha diritto di essere mantenuto, educato, istruito e assistito moralmente dai genitori, nel rispetto delle sue capacità, delle sue inclinazioni naturali e delle sue aspirazioni.

Il figlio ha diritto di crescere in famiglia e di mantenere rapporti significativi con i parenti.

Il figlio minore che abbia compiuto gli anni dodici, e anche di età inferiore ove capace di discernimento, ha diritto di essere ascoltato in tutte le questioni e le procedure che lo riguardano.

Il figlio deve rispettare i genitori e deve contribuire, in relazione alle proprie capacità, alle proprie sostanze e al proprio reddito, al mantenimento della famiglia finchè convive con essa.

([1]) *Questo articolo è stato inserito dall'art. 1, comma 8, della L. 10 dicembre 2012, n. 219.*

316. ([1]) **Responsabilità genitoriale.** - Entrambi i genitori hanno la responsabilità genitoriale che è esercitata di comune accordo tenendo conto delle capacità, delle inclinazioni naturali e delle aspirazioni del figlio. I genitori di comune accordo stabiliscono la residenza abituale del minore.

In caso di contrasto su questioni di particolare importanza ciascuno dei genitori può ricorrere senza formalità al giudice indicando i provvedimenti che ritiene più idonei.

Il giudice, sentiti i genitori e disposto l'ascolto del figlio minore che abbia compiuto gli anni dodici e anche di età inferiore ove capace di discernimento, suggerisce le determinazioni che ritiene più utili nell'interesse del figlio e dell'unità familiare. Se il contrasto permane il giudice attribuisce il potere di decisione a quello dei genitori che, nel singolo caso, ritiene il più idoneo a curare l'interesse del figlio.

Il genitore che ha riconosciuto il figlio esercita la responsabilità genitoriale su di lui. Se il riconoscimento del figlio, nato fuori del matrimonio, è fatto dai genitori, l'esercizio della responsabilità genitoriale spetta ad entrambi.

Il genitore che non esercita la responsabilità genitoriale vigila sull'istruzione, sull'educazione e sulle condizioni di vita del figlio.

([1]) *Questo articolo è stato così sostituito dall'art. 39 del D.L.vo 28 dicembre 2013, n. 154, a decorrere dal trentesimo giorno successivo a quello della sua pubblicazione nella* Gazzetta Ufficiale (G.U. *n. 5 dell'8 gennaio 2014*).

316 *bis*. ([1]) **Concorso nel mantenimento.** – I genitori devono adempiere i loro obblighi nei confronti dei figli in proporzione alle rispettive sostanze e secondo la loro capacità di lavoro professionale o casalingo. Quando i genitori non hanno mezzi sufficienti, gli altri ascendenti, in ordine di prossimità, sono tenuti a fornire ai genitori stessi i mezzi necessari affinchè possano adempiere i loro doveri nei confronti dei figli.

In caso di inadempimento il presidente del tribunale, su istanza di chiunque vi ha interesse, sentito l'inadempiente ed assunte informazioni, può ordinare con decreto che una quota dei redditi dell'obbligato, in proporzione agli stessi, sia versata direttamente all'altro genitore o a chi sopporta le spese per il mantenimento, l'istruzione e l'educazione della prole.

Il decreto, notificato agli interessati ed al terzo debitore, costituisce titolo esecutivo, ma le parti ed il terzo debitore possono proporre opposizione nel termine di venti giorni dalla notifica.

L'opposizione è regolata dalle norme relative all'opposizione al decreto di ingiunzione, in quanto applicabili.

Le parti ed il terzo debitore possono sempre chiedere, con le forme del processo ordinario, la modificazione e la revoca del provvedimento.

([1]) *Questo articolo è stato inserito dall'art. 40 del D.L.vo 28 dicembre 2013, n. 154, a decorrere dal trentesimo giorno successivo a quello della sua pubblicazione nella* Gazzetta Ufficiale (G.U. *n. 5 dell'8 gennaio 2014*).

317. Impedimento di uno dei genitori. – Nel caso di lontananza, di incapacità (414) o di altro impedimento che renda impossibile ad uno dei genitori l'esercizio della responsabilità genitoriale ([1]), questa è esercitata in modo esclusivo dall'altro.

La responsabilità genitoriale di entrambi i genitori non cessa a seguito di separazione, scioglimento, cessazione degli effetti civili, annullamento, nullità del matrimonio; il suo esercizio, in tali casi, è regolato dal capo II del presente titolo ([2]).

([1]) *La parola: «potestà» è stata così sostituita dalle attuali: «responsabilità genitoriale» dall'art. 41, comma 1, lett.* a), *del D.L.vo 28 dicembre 2013, n. 154, a decorrere dal trentesimo giorno successivo a quello della sua pubblicazione nella* Gazzetta Ufficiale (G.U. *n. 5 dell'8 gennaio 2014*).

([2]) *Questo comma è stato così sostituito dall'art. 41, comma 1, lett.* b), *del D.L.vo 28 dicembre 2013, n. 154, a decorrere dal trentesimo giorno successivo a quello della sua pubblicazione nella* Gazzetta Ufficiale (G.U. *n. 5 dell'8 gennaio 2014*).

317 *bis*. ([1]) **Rapporti con gli ascendenti.** – Gli ascendenti hanno diritto di mantenere rapporti significativi con i nipoti minorenni.

L'ascendente al quale è impedito l'esercizio di tale diritto può ricorrere al giudice del luogo di residenza abituale del minore affinchè siano adottati i provvedimenti più idonei nell'esclusivo interesse del minore. Si applica l'articolo 336, secondo comma.

([1]) *Questo articolo, aggiunto dall'art. 140, L. 19 maggio 1975, n. 151, riforma del diritto di famiglia, è stato, da ultimo, così sostituito dall'art. 42 del D.L.vo 28 dicembre 2013, n. 154, a decorrere dal trentesimo giorno successivo a quello della sua pubblicazione nella* Gazzetta Ufficiale (G.U. *n. 5 dell'8 gennaio 2014*).

318. ([1]) **Abbandono della casa del genitore.** – Il figlio, sino alla maggiore età o all'emancipazione, ([2]) non può abbandonare la casa dei genitori o del genitore che esercita su di lui la responsabilità genitoriale ([3]) né la dimora da essi assegnatagli. Qualora se ne allontani senza permesso, i genitori possono richiamarlo ricorrendo, se necessario, al giudice tutelare (344).

([1]) *Articolo così sostituito dall'art. 141, L. 19 maggio 1975, n. 151, riforma del diritto di famiglia.*

([2]) *Le parole: «, sino alla maggiore età o all'emancipazione,» sono state inserite dall'art. 43, comma 1, lett.* a), *del D.L.vo 28 dicembre 2013, n. 154, a decorrere dal trentesimo giorno successivo a quello della sua pubblicazione nella* Gazzetta Ufficiale (G.U. *n. 5 dell'8 gennaio 2014*).

([3]) *La parola: «potestà» è stata così sostituita dalle attuali: «responsabilità genitoriale» dall'art. 43, comma 1, lett.* b), *del D.L.vo 28 dicembre 2013, n. 154, a decorrere dal trentesimo giorno successivo a quello della sua pubblicazione nella* Gazzetta Ufficiale (G.U. *n. 5 dell'8 gennaio 2014*).

319. [**Cattiva condotta del figlio.** – (*Omissis*)] ([1]).

([1]) *Articolo abrogato dall'art. 142, L. 19 maggio 1975, n. 151, riforma del diritto di famiglia.*

320. ([1]) **Rappresentanza e amministrazione.** – I genitori congiuntamente (316), o quello di essi che esercita in via esclusiva la responsabilità genitoriale ([2]) (155, 317, 317 *bis*), rappresentano i figli nati e nascituri, fino alla maggiore età o all'emancipazione, ([3]) in tutti gli atti civili e ne amministrano i beni. Gli atti di ordinaria amministrazione, esclusi i contratti con i quali si concedono o si acquistano diritti personali di godimento (1380, 1571, 1615), possono essere compiuti disgiuntamente da ciascun genitore.

Si applicano, in caso di disaccordo o di esercizio difforme dalle decisioni concordate, le disposizioni di cui all'articolo 316.

I genitori non possono alienare (777), ipotecare o dare in pegno (2784, 2806) i beni pervenuti al figlio a qualsiasi titolo, anche a causa di morte, accettare o rinunziare ad eredità (471, 519) o legati, accettare donazioni (356, 782, 784), procedere allo scioglimento di comunioni (713 ss., 1111 ss.), contrarre mutui (1813) o locazioni ultranovennali (1572) o compiere altri atti eccedenti la ordinaria amministrazione né promuovere, transigere (1965 ss.) o compromettere in arbitri (806 c.p.c.) giudizi relativi a tali atti, se non per necessità o utilità evidente del figlio dopo autorizzazione del giudice tutelare (322, 344; 45 att.).

I capitali non possono essere riscossi senza autorizzazione del giudice tutelare, il quale ne determina l'impiego (322; 45 att.).

L'esercizio di una impresa commerciale (2195, 2198) non può essere continuato se non con l'autorizzazione del tribunale (38 att.) su parere del giudice tutelare (344). Questi può consentire l'esercizio provvisorio dell'impresa, fino a quando il tribunale abbia deliberato sulla istanza (2198, 2294).

Se sorge conflitto di interessi patrimoniali tra i figli soggetti alla stessa responsabilità genitoriale (2), o tra essi e i genitori o quello di essi che esercita in via esclusiva la responsabilità genitoriale (2), il giudice tutelare nomina ai figli un curatore speciale (78 c.p.c.). Se il conflitto sorge tra i figli e uno solo dei genitori esercenti la responsabilità genitoriale (2), la rappresentanza dei figli spetta esclusivamente all'altro genitore.

(1) *Articolo così sostituito dall'art. 143, L. 19 maggio 1975, n. 151, riforma del diritto di famiglia.*

(2) *La parola: «potestà» è stata così sostituita dalle attuali: «responsabilità genitoriale» dall'art. 44, comma 1, lett.* a), *del D.L.vo 28 dicembre 2013, n. 154, a decorrere dal trentesimo giorno successivo a quello della sua pubblicazione nella* Gazzetta Ufficiale (G.U. *n. 5 dell'8 gennaio 2014).*

(3) *Le parole: «, fino alla maggiore età o all'emancipazione,» sono state inserite dall'art. 44, comma 1, lett.* b), *del D.L.vo 28 dicembre 2013, n. 154, a decorrere dal trentesimo giorno successivo a quello della sua pubblicazione nella* Gazzetta Ufficiale (G.U. *n. 5 dell'8 gennaio 2014).*

321. (1) **Nomina di un curatore speciale.** – In tutti i casi in cui i genitori congiuntamente (316), o quello di essi che esercita in via esclusiva la responsabilità genitoriale (2) (155, 317, 317 *bis*), non possono o non vogliono compiere uno o più atti di interesse del figlio, eccedente l'ordinaria amministrazione, il giudice (38[2,3]), su richiesta del figlio stesso, del pubblico ministero o di uno dei parenti (77) che vi abbia interesse, e sentiti i genitori, può nominare al figlio un curatore speciale (78 c. p.c.) autorizzandolo al compimento di tali atti (45 att.).

(1) *Articolo così sostituito dall'art. 144, L. 19 maggio 1975, n. 151, riforma del diritto di famiglia.*

(2) *La parola: «potestà» è stata così sostituita dalle attuali: «responsabilità genitoriale» dall'art. 45 del D.L.vo 28 dicembre 2013, n. 154, a decorrere dal trentesimo giorno successivo a quello della sua pubblicazione nella* Gazzetta Ufficiale (G.U. *n. 5 dell'8 gennaio 2014).*

322. (1) **Inosservanza delle disposizioni precedenti.** – Gli atti compiuti senza osservare le norme dei precedenti articoli del presente titolo possono essere annullati su istanza dei genitori esercenti la responsabilità genitoriale (2) o del figlio o dei suoi eredi o aventi causa (323[2], 1425, 1441).

(1) *Articolo così sostituito dall'art. 145, L. 19 maggio 1975, n. 151, riforma del diritto di famiglia.*

(2) *La parola: «potestà» è stata così sostituita dalle attuali: «responsabilità genitoriale» dall'art. 46 del D.L.vo 28 dicembre 2013, n. 154, a decorrere dal trentesimo giorno successivo a quello della sua pubblicazione nella* Gazzetta Ufficiale (G.U. *n. 5 dell'8 gennaio 2014).*

323. (1) **Atti vietati ai genitori.** – I genitori esercenti la responsabilità genitoriale (2) sui figli non possono, neppure all'asta pubblica (503, 733 c. p.c.), rendersi acquirenti direttamente o per interposta persona dei beni e dei diritti del minore (1471, n. 3).

Gli atti compiuti in violazione del divieto previsto nel comma precedente possono essere annullati su istanza del figlio, o dei suoi eredi o aventi causa (322, 1425, 1441).

I genitori esercenti la responsabilità genitoriale (2) non possono diventare cessionari di alcuna ragione o credito verso il minore (1261).

(1) *Articolo così sostituito dall'art. 146, L. 19 maggio 1975, n. 151, riforma del diritto di famiglia.*

(2) *La parola: «potestà» è stata così sostituita dalle attuali: «responsabilità genitoriale» dall'art. 47 del D.L.vo 28 dicembre 2013, n. 154, a decorrere dal trentesimo giorno successivo a quello della sua pubblicazione nella* Gazzetta Ufficiale (G.U. *n. 5 dell'8 gennaio 2014).*

324. ([1]) **Usufrutto legale.** – I genitori esercenti la responsabilità genitoriale ([2]) hanno in comune l'usufrutto dei beni del figlio, fino alla maggiore età o all'emancipazione ([3]) (978, 1002).

I frutti percepiti sono destinati al mantenimento della famiglia e all'istruzione ed educazione dei figli (147, 315).

Non sono soggetti ad usufrutto legale:

1) i beni acquistati dal figlio con i proventi del proprio lavoro;

2) i beni lasciati o donati (769 ss.) al figlio per intraprendere una carriera, un'arte o una professione;

3) i beni lasciati o donati con la condizione (633, 1353) che i genitori esercenti la responsabilità genitoriale ([2]) o uno di essi non ne abbiano l'usufrutto: la condizione però non ha effetto per i beni spettanti al figlio a titolo di legittima (536 ss.);

4) i beni pervenuti al figlio per eredità (456 ss.), legato (649 ss.) o donazione (769 ss.) e accettati nell'interesse del figlio (321) contro la volontà dei genitori esercenti la responsabilità genitoriale ([2]). Se uno solo di essi era favorevole all'accettazione, l'usufrutto legale spetta esclusivamente a lui.

([1]) *Articolo così sostituito dall'art. 147, L. 19 maggio 1975, n. 151, riforma del diritto di famiglia.*

([2]) *La parola: «potestà» è stata così sostituita dalle attuali: «responsabilità genitoriale» dall'art. 48, comma 1, lett.* a), *del D.L.vo 28 dicembre 2013, n. 154, a decorrere dal trentesimo giorno successivo a quello della sua pubblicazione nella* Gazzetta Ufficiale (G.U. *n. 5 dell'8 gennaio 2014).*

([3]) *Le parole: «, fino alla maggiore età o all'emancipazione» sono state inserite dall'art. 48, comma 1, lett.* b), *del D.L.vo 28 dicembre 2013, n. 154, a decorrere dal trentesimo giorno successivo a quello della sua pubblicazione nella* Gazzetta Ufficiale (G.U. *n. 5 dell'8 gennaio 2014).*

325. ([1]) **Obblighi inerenti all'usufrutto legale.** – Gravano sull'usufrutto legale gli obblighi propri dell'usufruttuario (1001 ss.).

([1]) *Articolo così sostituito dall'art. 148, L. 19 maggio 1975, n. 151, riforma del diritto di famiglia.*

326. ([1]) **Inalienabilità dell'usufrutto legale. Esecuzione sui frutti.** – L'usufrutto legale non può essere oggetto di alienazione, di pegno (2784) o di ipoteca (2808, 2810) né di esecuzione (2910) da parte dei creditori.

L'esecuzione sui frutti dei beni del figlio da parte dei creditori dei genitori o di quello di essi che ne è titolare esclusivo non può aver luogo per debiti che il creditore conosceva essere stati contratti per scopi estranei ai bisogni della famiglia (170).

([1]) *Articolo così sostituito dall'art. 149, L. 19 maggio 1975, n. 151, riforma del diritto di famiglia.*

327. ([1]) **Usufrutto legale di uno solo dei genitori.** – Il genitore che esercita in modo esclusivo (155, 317, 317 *bis*) la responsabilità genitoriale ([2]) è il solo titolare dell'usufrutto legale (324).

([1]) *Articolo così sostituito dall'art. 150, L. 19 maggio 1975, n. 151, riforma del diritto di famiglia.*

([2]) *La parola: «potestà» è stata così sostituita dalle attuali: «responsabilità genitoriale» dall'art. 49 del D.L.vo 28 dicembre 2013, n. 154, a decorrere dal trentesimo giorno successivo a quello della sua pubblicazione nella* Gazzetta Ufficiale (G.U. *n. 5 dell'8 gennaio 2014).*

328. ([1]) **Nuove nozze.** – Il genitore che passa a nuove nozze conserva l'usufrutto legale, con l'obbligo tuttavia di accantonare in favore del figlio quanto risulti eccedente rispetto alle spese per il mantenimento, l'istruzione e l'educazione di quest'ultimo (147).

([1]) *Articolo così sostituito dall'art. 151, L. 19 maggio 1975, n. 151, riforma del diritto di famiglia.*

329. Godimento dei beni dopo la cessazione dell'usufrutto legale. – Cessato l'usufrutto legale, se il genitore ha continuato a godere i beni del figlio convivente con esso senza procura ma senza opposizione, o anche con procura ma senza l'obbligo di rendere conto dei frutti, egli o i suoi eredi non sono tenuti che a consegnare i frutti esistenti al tempo della domanda (217, 1148).

330. ([1]) **Decadenza dalla responsabilità genitoriale ([2]) sui figli.** – Il giudice può pronunziare la decadenza dalla responsabilità genitoriale ([2]) quando il genitore viola o trascura i doveri (320, 324) ad essa inerenti o abusa dei relativi poteri con grave pregiudizio del figlio (332 ss.; 51 att.).

In tale caso, per gravi motivi, il giudice può ordinare l'allontanamento del figlio dalla residenza familiare (333) ovvero l'allontanamento del genitore o convivente che maltratta o abusa del minore ([3]).

([1]) *Articolo così sostituito dall'art. 152, L. 19 maggio 1975, n. 151, riforma del diritto di famiglia.*

Si vedano gli artt. 19, 32, 34 c.p., per la disciplina dei casi di decadenza o sospensione dalla responsabilità genitoriale come pena accessoria.

(2) *La parola: «potestà» è stata così sostituita dalle attuali: «responsabilità genitoriale» dall'art. 50 del D.L.vo 28 dicembre 2013, n. 154, a decorrere dal trentesimo giorno successivo a quello della sua pubblicazione nella* Gazzetta Ufficiale *(G.U. n. 5 dell'8 gennaio 2014).*

(3) *Le parole da: «ovvero l'allontanamento ...» sino alla fine del comma sono state aggiunte dall'art. 37, comma 1, della L. 28 marzo 2001, n. 149.*

331. [**Passaggio della patria potestà alla madre. –** (*Omissis*)] (1).

(1) *Articolo abrogato dall'art. 153, L. 19 maggio 1975, n. 151, riforma del diritto di famiglia.*

332. (1) **Reintegrazione nella responsabilità genitoriale** (2). – Il giudice può reintegrare nella responsabilità genitoriale (2) il genitore che ne è decaduto, quando, cessate le ragioni per le quali la decadenza è stata pronunciata, è escluso ogni pericolo di pregiudizio per il figlio (330, 336).

(1) *Articolo così sostituito dall'art. 154, L. 19 maggio 1975, n. 151, riforma del diritto di famiglia.*

(2) *La parola: «potestà» è stata così sostituita dalle attuali: «responsabilità genitoriale» dall'art. 51 del D.L.vo 28 dicembre 2013, n. 154, a decorrere dal trentesimo giorno successivo a quello della sua pubblicazione nella* Gazzetta Ufficiale *(G.U. n. 5 dell'8 gennaio 2014).*

333. (1) **Condotta del genitore pregiudizievole ai figli. –** Quando la condotta di uno o di entrambi i genitori non è tale da dare luogo alla pronuncia di decadenza prevista dall'articolo 330, ma appare comunque pregiudizievole al figlio, il giudice (2), secondo le circostanze, può adottare i provvedimenti convenienti e può anche disporre l'allontanamento di lui dalla residenza familiare (330, 336; 51 att.) ovvero l'allontanamento del genitore o convivente che maltratta o abusa del minore (3).

Tali provvedimenti sono revocabili in qualsiasi momento (742 c.p.c.).

(1) *Articolo così sostituito dall'art. 155, L. 19 maggio 1975, n. 151, riforma del diritto di famiglia.*

(2) *A norma dell'art. 38, primo comma, att., la competenza appartiene al tribunale per i minorenni. L'art. 38 att. stabilisce che per i procedimenti di cui a questo articolo resta esclusa la competenza del tribunale per i minorenni nell'ipotesi in cui sia in corso, tra le stesse parti, giudizio di separazione o divorzio o giudizio ai sensi dell'articolo 316 c.c; in tale ipotesi per tutta la durata del processo la competenza, anche per i provvedimenti contemplati dalle disposizioni richiamate nel primo periodo, spetta al giudice ordinario.*

(3) *Le parole da: «ovvero l'allontanamento» sino alla fine del comma sono state aggiunte dall'art. 37, comma 2, della L. 28 marzo 2001, n. 149.*

334. (1) **Rimozione dall'amministrazione. –** Quando il patrimonio del minore è male amministrato, il tribunale (38[1], 51 att.) può stabilire le condizioni a cui i genitori devono attenersi nell'amministrazione (337) o può rimuovere entrambi o uno solo di essi dall'amministrazione stessa e privarli, in tutto o in parte, dell'usufrutto legale (324).

L'amministrazione è affidata ad un curatore (78 c.p.c.), se è disposta la rimozione di entrambi i genitori.

(1) *Articolo così sostituito dall'art. 156, L. 19 maggio 1975, n. 151, riforma del diritto di famiglia.*

335. Riammissione nell'esercizio dell'amministrazione. – Il genitore rimosso dall'amministrazione ed eventualmente privato dell'usufrutto legale (324, 334) può essere riammesso dal tribunale (38[1], 51 att.) nell'esercizio dell'una e nel godimento dell'altro, quando sono cessati i motivi che hanno provocato il provvedimento (336).

336. (1) **Procedimento. –** I provvedimenti indicati negli articoli precedenti (330, 332, 333, 334, 335) sono adottati su ricorso (125, 737 c.p.c.) dell'altro genitore, dei parenti o del pubblico ministero e, quando si tratta di revocare deliberazioni anteriori, anche del genitore interessato.

Il tribunale provvede in camera di consiglio, assunte informazioni e sentito il pubblico ministero; dispone, inoltre, l'ascolto del figlio minore che abbia compiuto gli anni dodici e anche di età inferiore ove capace di discernimento. Nei casi in cui il provvedimento è richiesto contro il genitore, questi deve essere sentito (2).

In caso di urgente necessità il tribunale può adottare, anche d'ufficio, provvedimenti temporanei nell'interesse del figlio (330, 333).

Per i provvedimenti di cui ai commi precedenti, i genitori e il minore sono assistiti da un difensore, [anche a spese dello Stato nei casi previsti dalla legge] (3) (4) (5).

(1) *Articolo così sostituito dall'art. 157, L. 19 maggio 1975, n. 151, riforma del diritto di famiglia.*

(2) *Questo comma è stato così sostituito dall'art. 52 del D.L.vo 28 dicembre 2013, n. 154, a decorrere dal trentesimo giorno successivo a quello della sua pubblicazione nella* Gazzetta Ufficiale *(G.U. n. 5 dell'8 gennaio 2014).*

(3) *Questo comma è stato aggiunto dall'art. 37, comma 3, della L. 28 marzo 2001, n. 149.*

(4) Le parole fra parentesi quadrate sono state abrogate dall'art. 299 del D.P.R. 30 maggio 2002, n. 115.

(5) Si veda l'art. 1 del D.L. 1° luglio 2002, n. 126, convertito, con modificazioni, nella L. 2 agosto 2002, n. 175, che così dispone:

«1. In via transitoria, fino alla emanazione di una specifica disciplina sulla difesa d'ufficio e sul patrocinio a spese dello Stato nei procedimenti disciplinati dalla legge 4 maggio 1983, n. 184, e successive modificazioni, e comunque non oltre il 30 giugno 2003 (*), ai predetti procedimenti e ai relativi giudizi di opposizione continuano ad applicarsi le disposizioni processuali vigenti anteriormente alla data di entrata in vigore del decreto legge 24 aprile 2001, n. 150, convertito, con modificazioni, dalla legge 23 giugno 2001, n. 240.

«2. In via transitoria e fino alla emanazione di nuove disposizioni che regolano i procedimenti di cui all'articolo 336 del codice civile, e comunque non oltre il 30 giugno 2003 (*), ai medesimi procedimenti continuano ad applicarsi le disposizioni processuali vigenti anteriormente alla data di entrata in vigore del decreto legge 24 aprile 2001, n. 150, convertito, con modificazioni, dalla legge 23 giugno 2001, n. 240».

(*) Le disposizioni previste dal D.L. 1° luglio 2002, n. 126, convertito, con modificazioni, nella L. 2 agosto 2002, n. 175, già prorogate al 30 giugno 2004 dall'art. 15 del D.L. 24 giugno 2003, n. 147, convertito, con modificazioni, nella L. 1° agosto 2003, n. 200, sono state ulteriormente prorogate dapprima al 30 giugno 2005 per effetto dell'art. 2 del D.L. 24 giugno 2004, n. 158, convertito, con modificazioni, nella L. 27 luglio 2004, n. 188; al 30 giugno 2006, ai sensi dell'art. 8, comma 2, del D.L. 30 giugno 2005, n. 115, convertito, con modificazioni, nella L. 17 agosto 2005, n. 168, e da ultimo al 30 giugno 2007 dall'art. 1, comma 2, della L. 12 luglio 2006, n. 228.

336 *bis*. (1) **Ascolto del minore.** – Il minore che abbia compiuto gli anni dodici e anche di età inferiore ove capace di discernimento è ascoltato dal presidente del tribunale o dal giudice delegato nell'ambito dei procedimenti nei quali devono essere adottati provvedimenti che lo riguardano. Se l'ascolto è in contrasto con l'interesse del minore, o manifestamente superfluo, il giudice non procede all'adempimento dandone atto con provvedimento motivato.

L'ascolto è condotto dal giudice, anche avvalendosi di esperti o di altri ausiliari. I genitori, anche quando parti processuali del procedimento, i difensori delle parti, il curatore speciale del minore, se già nominato, ed il pubblico ministero, sono ammessi a partecipare all'ascolto se autorizzati dal giudice, al quale possono proporre argomenti e temi di approfondimento prima dell'inizio dell'adempimento.

Prima di procedere all'ascolto il giudice informa il minore della natura del procedimento e degli effetti dell'ascolto. Dell'adempimento è redatto processo verbale nel quale è descritto il contegno del minore, ovvero è effettuata registrazione audio video.

(1) Questo articolo è stato inserito dall'art. 53 del D.L.vo 28 dicembre 2013, n. 154, a decorrere dal trentesimo giorno successivo a quello della sua pubblicazione nella Gazzetta Ufficiale *(G.U. n. 5 dell'8 gennaio 2014).*

337. (1) **Vigilanza del giudice tutelare.** – Il giudice tutelare (344) deve vigilare sull'osservanza delle condizioni che il tribunale abbia stabilito per l'esercizio della responsabilità genitoriale (2) (333) e per l'amministrazione dei beni (334; 43 ss. att.).

(1) Articolo così sostituito dall'art. 158, L. 19 maggio 1975, n. 151, riforma del diritto di famiglia.

(2) La parola: «potestà» è stata così sostituita dalle attuali: «responsabilità genitoriale» dall'art. 54 del D.L.vo 28 dicembre 2013, n. 154, a decorrere dal trentesimo giorno successivo a quello della sua pubblicazione nella Gazzetta Ufficiale *(G.U. n. 5 dell'8 gennaio 2014).*

Capo II
Esercizio della responsabilità genitoriale a seguito di separazione, scioglimento, cessazione degli effetti civili, annullamento, nullità del matrimonio ovvero all'esito di procedimenti relativi ai figli nati fuori del matrimonio (1)

(1) Questo Capo è stato inserito dall'art. 7, comma 12, del D.L.vo 28 dicembre 2013, n. 154, a decorrere dal trentesimo giorno successivo a quello della sua pubblicazione nella Gazzetta Ufficiale *(G.U. n. 5 dell'8 gennaio 2014).*

337 *bis*. (1) **Ambito di applicazione.** – In caso di separazione, scioglimento, cessazione degli effetti civili, annullamento, nullità del matrimonio e nei procedimenti relativi ai figli nati fuori del matrimonio si applicano le disposizioni del presente capo.

(1) Questo articolo è stato inserito dall'art. 55 del D.L.vo 28 dicembre 2013, n. 154, a decorrere dal trentesimo giorno successivo a quello della sua pubblicazione nella Gazzetta Ufficiale *(G.U. n. 5 dell'8 gennaio 2014).*

337 *ter*. (1) **Provvedimenti riguardo ai figli.** – Il figlio minore ha il diritto di mantenere un rapporto equilibrato e continuativo con ciascuno dei genitori, di ricevere cura, educazione, istruzione e assistenza morale da entrambi e di conservare rapporti significativi con gli ascendenti e con i parenti di ciascun ramo genitoriale.

Per realizzare la finalità indicata dal primo comma, nei procedimenti di cui all'articolo 337 *bis*, il giudice adotta i provvedimenti relativi alla prole con esclusivo riferimento all'interesse morale e materiale di essa. Valuta prioritariamente la possibilità che i figli minori restino affidati a entrambi i genitori oppure stabilisce a quale di essi i figli sono affidati, determina i tempi e le modalità della loro presenza presso ciascun genitore, fissando altresì la misura e il modo con cui ciascuno di essi deve contribuire al mantenimento, alla cura, all'istruzione e all'educazione dei figli. Prende atto, se non contrari all'interesse dei figli, degli accordi intervenuti tra i genitori. Adotta ogni altro provvedimento relativo alla prole, ivi compreso, in caso di temporanea impossibilità di affidare il minore ad uno dei genitori, l'affidamento familiare. All'attuazione dei provvedimenti relativi all'affidamento della prole provvede il giudice del merito e, nel caso di affidamento familiare, anche d'ufficio. A tal fine copia del provvedimento di affidamento è trasmessa, a cura del pubblico ministero, al giudice tutelare.

La responsabilità genitoriale è esercitata da entrambi i genitori. Le decisioni di maggiore interesse per i figli relative all'istruzione, all'educazione, alla salute e alla scelta della residenza abituale del minore sono assunte di comune accordo tenendo conto delle capacità, dell'inclinazione naturale e delle aspirazioni dei figli. In caso di disaccordo la decisione è rimessa al giudice. Limitatamente alle decisioni su questioni di ordinaria amministrazione, il giudice può stabilire che i genitori esercitino la responsabilità genitoriale separatamente. Qualora il genitore non si attenga alle condizioni dettate, il giudice valuterà detto comportamento anche al fine della modifica delle modalità di affidamento.

Salvo accordi diversi liberamente sottoscritti dalle parti, ciascuno dei genitori provvede al mantenimento dei figli in misura proporzionale al proprio reddito; il giudice stabilisce, ove necessario, la corresponsione di un assegno periodico al fine di realizzare il principio di proporzionalità, da determinare considerando:

1) le attuali esigenze del figlio.

2) il tenore di vita goduto dal figlio in costanza di convivenza con entrambi i genitori.

3) i tempi di permanenza presso ciascun genitore.

4) le risorse economiche di entrambi i genitori.

5) la valenza economica dei compiti domestici e di cura assunti da ciascun genitore.

L'assegno è automaticamente adeguato agli indici ISTAT in difetto di altro parametro indicato dalle parti o dal giudice.

Ove le informazioni di carattere economico fornite dai genitori non risultino sufficientemente documentate, il giudice dispone un accertamento della polizia tributaria sui redditi e sui beni oggetto della contestazione, anche se intestati a soggetti diversi.

([1]) *Questo articolo è stato inserito dall'art. 55 del D.L.vo 28 dicembre 2013, n. 154, a decorrere dal trentesimo giorno successivo a quello della sua pubblicazione nella* Gazzetta Ufficiale *(G.U. n. 5 dell'8 gennaio 2014).*

337 *quater*. ([1]) Affidamento a un solo genitore e opposizione all'affidamento condiviso. – Il giudice può disporre l'affidamento dei figli ad uno solo dei genitori qualora ritenga con provvedimento motivato che l'affidamento all'altro sia contrario all'interesse del minore.

Ciascuno dei genitori può, in qualsiasi momento, chiedere l'affidamento esclusivo quando sussistono le condizioni indicate al primo comma. Il giudice, se accoglie la domanda, dispone l'affidamento esclusivo al genitore istante, facendo salvi, per quanto possibile, i diritti del minore previsti dal primo comma dell'articolo 337 *ter*. Se la domanda risulta manifestamente infondata, il giudice può considerare il comportamento del genitore istante ai fini della determinazione dei provvedimenti da adottare nell'interesse dei figli, rimanendo ferma l'applicazione dell'articolo 96 del codice di procedura civile.

Il genitore cui sono affidati i figli in via esclusiva, salva diversa disposizione del giudice, ha l'esercizio esclusivo della responsabilità genitoriale su di essi; egli deve attenersi alle condizioni determinate dal giudice. Salvo che non sia diversamente stabilito, le decisioni di maggiore interesse per i figli sono adottate da entrambi i genitori. Il genitore cui i figli non sono affidati ha il diritto ed il dovere di vigilare sulla loro istruzione ed educazione e può ricorrere al giudice quando ritenga che siano state assunte decisioni pregiudizievoli al loro interesse.

([1]) *Questo articolo è stato inserito dall'art. 55 del D.L.vo 28 dicembre 2013, n. 154, a decorrere dal tren-*

tesimo giorno successivo a quello della sua pubblicazione nella Gazzetta Ufficiale (G.U. *n. 5 dell'8 gennaio 2014).*

337 *quinquies*. (1) **Revisione delle disposizioni concernenti l'affidamento dei figli.** – I genitori hanno diritto di chiedere in ogni tempo la revisione delle disposizioni concernenti l'affidamento dei figli, l'attribuzione dell'esercizio della responsabilità genitoriale su di essi e delle eventuali disposizioni relative alla misura e alla modalità del contributo.

(1) *Questo articolo è stato inserito dall'art. 55 del D.L.vo 28 dicembre 2013, n. 154, a decorrere dal trentesimo giorno successivo a quello della sua pubblicazione nella* Gazzetta Ufficiale (G.U. *n. 5 dell'8 gennaio 2014).*

337 *sexies*. (1) **Assegnazione della casa familiare e prescrizioni in tema di residenza.** – Il godimento della casa familiare è attribuito tenendo prioritariamente conto dell'interesse dei figli. Dell'assegnazione il giudice tiene conto nella regolazione dei rapporti economici tra i genitori, considerato l'eventuale titolo di proprietà. Il diritto al godimento della casa familiare viene meno nel caso che l'assegnatario non abiti o cessi di abitare stabilmente nella casa familiare o conviva *more uxorio* o contragga nuovo matrimonio. Il provvedimento di assegnazione e quello di revoca sono trascrivibili e opponibili a terzi ai sensi dell'articolo 2643.

In presenza di figli minori, ciascuno dei genitori è obbligato a comunicare all'altro, entro il termine perentorio di trenta giorni, l'avvenuto cambiamento di residenza o di domicilio. La mancata comunicazione obbliga al risarcimento del danno eventualmente verificatosi a carico del coniuge o dei figli per la difficoltà di reperire il soggetto.

(1) *Questo articolo è stato inserito dall'art. 55 del D.L.vo 28 dicembre 2013, n. 154, a decorrere dal trentesimo giorno successivo a quello della sua pubblicazione nella* Gazzetta Ufficiale (G.U. *n. 5 dell'8 gennaio 2014).*

337 *septies*. (1) **Disposizioni in favore dei figli maggiorenni.** – Il giudice, valutate le circostanze, può disporre in favore dei figli maggiorenni non indipendenti economicamente il pagamento di un assegno periodico. Tale assegno, salvo diversa determinazione del giudice, è versato direttamente all'avente diritto.

Ai figli maggiorenni portatori di handicap grave si applicano integralmente le disposizioni previste in favore dei figli minori.

(1) *Questo articolo è stato inserito dall'art. 55 del D.L.vo 28 dicembre 2013, n. 154, a decorrere dal trentesimo giorno successivo a quello della sua pubblicazione nella* Gazzetta Ufficiale (G.U. *n. 5 dell'8 gennaio 2014).*

337 *octies*. (1) **Poteri del giudice e ascolto del minore.** – Prima dell'emanazione, anche in via provvisoria, dei provvedimenti di cui all'articolo 337 *ter*, il giudice può assumere, ad istanza di parte o d'ufficio, mezzi di prova. Il giudice dispone, inoltre, l'ascolto del figlio minore che abbia compiuto gli anni dodici e anche di età inferiore ove capace di discernimento. Nei procedimenti in cui si omologa o si prende atto di un accordo dei genitori, relativo alle condizioni di affidamento dei figli, il giudice non procede all'ascolto se in contrasto con l'interesse del minore o manifestamente superfluo.

Qualora ne ravvisi l'opportunità, il giudice, sentite le parti e ottenuto il loro consenso, può rinviare l'adozione dei provvedimenti di cui all'articolo 337 *ter* per consentire che i coniugi, avvalendosi di esperti, tentino una mediazione per raggiungere un accordo, con particolare riferimento alla tutela dell'interesse morale e materiale dei figli.

(1) *Questo articolo è stato inserito dall'art. 55 del D.L.vo 28 dicembre 2013, n. 154, a decorrere dal trentesimo giorno successivo a quello della sua pubblicazione nella* Gazzetta Ufficiale (G.U. *n. 5 dell'8 gennaio 2014).*

338 - 341. (*Omissis*) (1).

(1) *Articoli riguardanti le condizioni imposte alla madre superstite, il curatore del nascituro, le nuove nozze della madre, la responsabilità del nuovo marito, ora abrogati dall'art. 159, L. 19 maggio 1975, n. 151, riforma del diritto di famiglia.*

342. [**Nuove nozze del genitore non ariano.** – (*Omissis*)] (1).

(1) *Articolo abrogato dall'art. 1, R.D.L. 20 gennaio 1944, n. 25 e dall'art. 3, D.L.vo Lgt. 14 settembre 1944, n. 287, provvedimenti relativi alla riforma della legislazione civile.*

Titolo IX *bis*
Ordini di protezione contro gli abusi familiari ([1])

([1]) *Questo titolo è stato inserito dall'art. 2 della L. 4 aprile 2001, n. 154. Si vedano gli artt. 5 e 8 della predetta legge, che così dispongono:*

«5. (Pericolo determinato da altri familiari). *1. Le norme di cui alla presente legge si applicano, in quanto compatibili, anche nel caso in cui la condotta pregiudizievole sia stata tenuta da altro componente del nucleo familiare diverso dal coniuge o dal convivente, ovvero nei confronti di altro componente del nucleo familiare diverso dal coniuge o dal convivente. In tal caso l'istanza è proposta dal componente del nucleo familiare in danno del quale è tenuta la condotta pregiudizievole».*

«8. (Ambito di applicazione). *1. Le disposizioni degli articoli 2 e 3 della presente legge non si applicano quando la condotta pregiudizievole è tenuta dal coniuge che ha proposto o nei confronti del quale è stata proposta domanda di separazione personale ovvero di scioglimento o di cessazione degli effetti civili del matrimonio se nel relativo procedimento si è svolta l'udienza di comparizione dei coniugi davanti al presidente prevista dall'articolo 706 del codice di procedura civile ovvero, rispettivamente, dall'articolo 4 della legge 1° dicembre 1970, n. 898, e successive modificazioni. In tal caso si applicano le disposizioni contenute, rispettivamente, negli articoli 706 e seguenti del codice di procedura civile e nella legge 1° dicembre 1970, n. 898, e successive modificazioni, e nei relativi procedimenti possono essere assunti provvedimenti aventi i contenuti indicati nell'articolo 342* ter *del codice civile.*

«2. L'ordine di protezione adottato ai sensi degli articoli 2 e 3 perde efficacia qualora sia successivamente pronunciata, nel procedimento di separazione personale o di scioglimento o cessazione degli effetti civili del matrimonio promosso dal coniuge istante o nei suoi confronti, l'ordinanza contenente provvedimenti temporanei ed urgenti prevista, rispettivamente, dall'articolo 708 del codice di procedura civile e dall'articolo 4 della legge 1° dicembre 1970, n. 898 e successive modificazioni».

342 *bis*. Ordini di protezione contro gli abusi familiari. – Quando la condotta del coniuge o di altro convivente è causa di grave pregiudizio all'integrità fisica o morale ovvero alla libertà dell'altro coniuge o convivente, il giudice, [qualora il fatto non costituisca reato perseguibile d'ufficio,] ([1]) su istanza di parte, può adottare con decreto uno o più dei provvedimenti di cui all'articolo 342 *ter*.

([1]) *Le parole: «qualora il fatto non costituisca reato perseguibile d'ufficio,» sono state soppresse dall'art. 1 della L. 6 novembre 2003, n. 304.*

342 *ter*. ([1]) Contenuto degli ordini di protezione. – Con il decreto di cui all'articolo 342 *bis* il giudice ordina al coniuge o convivente, che ha tenuto la condotta pregiudizievole, la cessazione della stessa condotta e dispone l'allontanamento dalla casa familiare del coniuge o del convivente che ha tenuto la condotta pregiudizievole prescrivendogli altresì, ove occorra, di non avvicinarsi ai luoghi abitualmente frequentati dall'istante, ed in particolare al luogo di lavoro, al domicilio della famiglia d'origine, ovvero al domicilio di altri prossimi congiunti o di altre persone ed in prossimità dei luoghi di istruzione dei figli della coppia, salvo che questi non debba frequentare i medesimi luoghi per esigenze di lavoro.

Il giudice può disporre, altresì, ove occorra l'intervento dei servizi sociali del territorio o di un centro di mediazione familiare, nonché delle associazioni che abbiano come fine statutario il sostegno e l'accoglienza di donne e minori o di altri soggetti vittime di abusi e maltrattati; il pagamento periodico di un assegno a favore delle persone conviventi che, per effetto dei provvedimenti di cui al primo comma, rimangono prive di mezzi adeguati, fissando modalità e termini di versamento e prescrivendo, se del caso, che la somma sia versata direttamente all'avente diritto dal datore di lavoro dell'obbligato, detraendola dalla retribuzione allo stesso spettante.

Con il medesimo decreto il giudice, nei casi di cui ai precedenti commi, stabilisce la durata dell'ordine di protezione, che decorre dal giorno dell'avvenuta esecuzione dello stesso. Questa non può essere superiore a un anno ([2]) e può essere prorogata, su istanza di parte, soltanto se ricorrano gravi motivi per il tempo strettamente necessario.

Con il medesimo decreto il giudice determina le modalità di attuazione. Ove sorgano difficoltà o contestazioni in ordine all'esecuzione, lo stesso giudice provvede con decreto ad emanare i provvedimenti più opportuni per l'attuazione, ivi compreso l'ausilio della forza pubblica e dell'ufficiale sanitario.

([1]) *Si veda l'art. 6 della L. 4 aprile 2001, n. 154, che si riporta:*

«6. (Sanzione penale). *1. Chiunque elude l'ordine di protezione previsto dall'articolo 342* ter *del codice civile, ovvero un provvedimento di eguale contenuto assunto nel procedimento di separazione personale dei coniugi o nel procedimento di scioglimento o di cessazione degli effetti civili del matrimonio è punito*

Codice Civile

con la pena stabilita dall'articolo 388, primo comma, del codice penale. Si applica altresì l'ultimo comma del medesimo articolo 388 del codice penale».

(2) *Le parole:«sei mesi» sono state così sostituite dalle attuali: «un anno» dall'art. 10 del D.L. 23 febbraio 2009, n. 11, convertito, con modificazioni, nella L. 23 aprile 2009, n. 38.*

Titolo X
Della tutela
e dell'emancipazione

Capo I
Della tutela dei minori

343. Apertura della tutela. – Se entrambi i genitori sono morti o per altre cause (48 ss., 330) non possono esercitare la responsabilità genitoriale (1) dei genitori, si apre la tutela presso il tribunale del circondario (2) dove è la sede principale degli affari e interessi del minore (43, 354).

Se il tutore è domiciliato o trasferisce il domicilio in altro circondario (3), la tutela può essere ivi trasferita (45) con decreto del tribunale (38, 46 att.).

(1) *La parola: «potestà» è stata così sostituita dalle attuali: «responsabilità genitoriale» dall'art. 56 del D.L.vo 28 dicembre 2013, n. 154, a decorrere dal trentesimo giorno successivo a quello della sua pubblicazione nella* Gazzetta Ufficiale *(G.U. n. 5 dell'8 gennaio 2014).*

(2) *Le parole: «la pretura del mandamento» sono state sostituite dalle parole: «il tribunale del circondario» dall'art. 139 del D.L.vo 19 febbraio 1998, n. 51, recante l'istituzione del giudice unico, a decorrere dal 2 giugno 1999.*

(3) *La parola: «mandamento» è stata sostituita dall'attuale: «circondario» dall'art. 139 del D.L.vo 19 febbraio 1998, n. 51, recante l'istituzione del giudice unico, a decorrere dal 2 giugno 1999.*

Sezione I
Del giudice tutelare

344. Funzioni del giudice tutelare. – Presso ogni tribunale (1) il giudice tutelare soprintende alle tutele e alle curatele ed esercita le altre funzioni affidategli dalla legge (43 ss. att.; 739 ss. c.p.c.).

Il giudice tutelare può chiedere l'assistenza degli organi della pubblica amministrazione e di tutti gli enti i cui scopi corrispondono alle sue funzioni (43 ss. att.).

(1) *La parola: «pretura» è stata sostituita dall'attuale: «tribunale» dall'art. 140 del D.L.vo 19 febbraio 1998, n. 51, recante l'istituzione del giudice unico, a decorrere dal 2 giugno 1999.*

Sezione II
Del tutore e del protutore

345. Denunzie al giudice tutelare. – L'ufficiale dello stato civile, che riceve la dichiarazione di morte di una persona la quale ha lasciato figli in età minore ovvero la dichiarazione di nascita di un figlio di genitori ignoti, e il notaio, che procede alla pubblicazione di un testamento (620, 621) contenente la designazione di un tutore (348) o di un protutore (360), devono darne notizia al giudice tutelare entro dieci giorni.

Il cancelliere, entro quindici giorni dalla pubblicazione o dal deposito in cancelleria, deve dare notizia al giudice tutelare delle decisioni dalle quali derivi l'apertura di una tutela.

I parenti entro il terzo grado (76) devono denunziare al giudice tutelare il fatto da cui deriva l'apertura della tutela entro dieci giorni da quello in cui ne hanno avuto notizia. La denunzia deve essere fatta anche dalla persona designata quale tutore (348) o protutore (360) entro dieci giorni da quello in cui ha avuto notizia della designazione.

346. Nomina del tutore e del protutore. – Il giudice tutelare (344), appena avuta notizia del fatto da cui deriva l'apertura della tutela (345), procede alla nomina del tutore e del protutore (348, 350, 354, 360, 361, 384, 389).

347. (1) **Tutela di più fratelli.** – È nominato un solo tutore (348) a più fratelli e sorelle, salvo che particolari circostanze consiglino la nomina di più tutori. Se vi è conflitto di interessi tra minori soggetti alla stessa tutela, il giudice tutelare nomina ai minori un curatore speciale (78 c.p.c.).

(1) *Articolo così sostituito dall'art. 160, L. 19 maggio 1975, n. 151, riforma del diritto di famiglia.*

348. Scelta del tutore. – Il giudice tutelare nomina tutore la persona designata dal genitore che ha esercitato per ultimo la responsabilità genitoriale (1) (316, 330, 331). La designazione può essere fatta per testamento (424^3, 587), per atto pubblico (2699) o per scrittura privata autenticata (2703).

Se manca la designazione ovvero se gravi motivi si oppongono alla nomina della persona designata, la scelta del tutore avviene preferibilmente tra gli ascendenti o tra gli altri prossimi parenti (74, 77) o affini (78) del minore, i quali, in quanto sia opportuno, devono essere sentiti (424).

Il giudice, prima di procedere alla nomina del tutore, dispone l'ascolto del minore che abbia compiuto gli anni dodici e anche di età inferiore ove capace di discernimento ([2]).

In ogni caso la scelta deve cadere su persona idonea all'ufficio, di ineccepibile condotta, la quale dia affidamento di educare e istruire il minore conformemente a quanto è prescritto nell'art. 147.

(*Omissis*) ([3]).

([1]) *Le parole: «potestà dei genitori» sono state così sostituite dalle attuali: «responsabilità genitoriale» dall'art. 57, comma 1, lett.* a), *del D.L.vo 28 dicembre 2013, n. 154, a decorrere dal trentesimo giorno successivo a quello della sua pubblicazione nella* Gazzetta Ufficiale (G.U. *n. 5 dell'8 gennaio 2014*).

([2]) *Questo comma è stato così sostituito dall'art. 57, comma 1, lett.* b), *del D.L.vo 28 dicembre 2013, n. 154, a decorrere dal trentesimo giorno successivo a quello della sua pubblicazione nella* Gazzetta Ufficiale (G.U. *n. 5 dell'8 gennaio 2014*).

([3]) *Seguiva un ultimo comma, concernente la tutela dei cittadini di razza ariana, abrogato dall'art. 1, del R.D.L. 20 gennaio 1944, n. 25, riguardante i cittadini di razza ebraica, e dall'art. 3, D.L.vo Lgt. 14 settembre 1944, n. 287, provvedimenti relativi alla riforma della legislazione civile.*

349. Giuramento del tutore. – Il tutore, prima di assumere l'ufficio, presta davanti al giudice tutelare giuramento di esercitarlo con fedeltà e diligenza (353).

350. Incapacità all'ufficio tutelare. – Non possono essere nominati tutori (407) e, se sono stati nominati, devono cessare dall'ufficio (393):

1) coloro che non hanno la libera amministrazione del proprio patrimonio;

2) coloro che sono stati esclusi dalla tutela per diposizione scritta del genitore il quale per ultimo ha esercitato la responsabilità genitoriale (348) ([1]);

3) coloro che hanno o sono per avere o dei quali gli ascendenti, i discendenti o il coniuge hanno o sono per avere col minore una lite, per effetto della quale può essere pregiudicato lo stato del minore o una parte notevole del patrimonio di lui;

4) coloro che sono incorsi nella perdita (19, 32, 34, 541, 569 c.p.) della responsabilità genitoriale ([1]) o nella decadenza (330) da essa, o sono stati rimossi da altra tutela (384);

5) il fallito che non è stato cancellato dal registro dei falliti (50, 142 l. fall.).

([1]) *Le parole: «potestà dei genitori» sono state così sostituite dalle attuali: «responsabilità genitoriale» dall'art. 58 del D.L.vo 28 dicembre 2013, n. 154, a decorrere dal trentesimo giorno successivo a quello della sua pubblicazione nella* Gazzetta Ufficiale (G.U. *n. 5 dell'8 gennaio 2014*).

351. Dispensa dall'ufficio tutelare. – Sono dispensati dall'ufficio di tutore:

1) (*Omissis*) ([1]);

2) il Presidente del Consiglio dei ministri;

3) i membri del Sacro Collegio;

4) i Presidenti delle Assemblee legislative;

5) i Ministri Segretari di Stato.

Le persone indicate nei numeri 2, 3, 4 e 5 possono far noto al giudice tutelare che non intendono valersi della dispensa.

([1]) *Il n. 1) è implicitamente abrogato a seguito della caduta della monarchia; si riferiva ai Principi della famiglia reale.*

352. Dispensa su domanda. – Hanno diritto di essere dispensati su loro domanda (353) dall'assumere o dal continuare l'esercizio della tutela:

1) i grandi ufficiali dello Stato non compresi nell'articolo precedente;

2) gli arcivescovi, i vescovi e i ministri del culto aventi cura d'anime;

3) [le donne] ([1]);

4) i militari in attività di servizio;

5) chi ha compiuto gli anni sessantacinque;

6) chi ha più di tre figli minori;

7) chi esercita altra tutela;

8) chi è impedito di esercitare la tutela da infermità permanente;

9) chi ha missione dal Governo fuori della Repubblica o risiede per ragioni di pubblico servizio fuori della circoscrizione del tribunale dove è costituita la tutela.

([1]) *Numero abrogato dall'art. 161, L. 19 maggio 1975, n. 151, riforma del diritto di famiglia.*

353. Domanda di dispensa. – La domanda di dispensa per le cause indicate nell'articolo precedente deve essere presentata al giudice tutelare (344) prima della prestazione del giuramento (349), salvo che la causa di dispensa sia sopravvenuta.

Il tutore è tenuto ad assumere e a mantenere l'ufficio fino a quando la tutela non sia stata conferita ad altra persona (360).

354. Tutela affidata a enti di assistenza. – La tutela dei minori, che non hanno nel luogo del loro domicilio parenti conosciuti o capaci di esercitare l'ufficio del tutore, può essere deferita dal giudice tutelare (344; 43 att.) a un ente di assistenza nel comune dove ha domiciliato il minore (43) o all'ospizio in cui questi è ricoverato. L'amministrazione dell'ente o dell'ospizio delega uno dei propri membri a esercitare le funzioni di tutela (402).

È tuttavia in facoltà del giudice tutelare (344) di nominare un tutore al minore quando la natura o l'entità dei beni o altre circostanze lo richiedano (346 ss. 43 att.).

355. Protutore. – Sono applicabili al protutore le disposizioni stabilite per il tutore in questa sezione (360).

Non si nomina il protutore nei casi contemplati nel primo comma dell'art. 354.

356. Donazione o disposizione testamentaria a favore del minore. – Chi fa una donazione (769) o dispone con testamento (587) a favore di un minore, anche se questi è soggetto alla responsabilità genitoriale (1), può nominargli un curatore speciale per l'amministrazione dei beni donati o lasciati (366).

Se il donante o il testatore non ha disposto altrimenti, il curatore speciale deve osservare le forme stabilite dagli articoli 374 e 375 per il compimento di atti eccedenti l'ordinaria amministrazione (1572).

Si applica in ogni caso al curatore speciale l'art. 384 (78 ss. c.p.c.).

(1) *Le parole: «potestà dei genitori» sono state così sostituite dalle attuali: «responsabilità genitoriale» dall'art. 59 del D.L.vo 28 dicembre 2013, n. 154, a decorrere dal trentesimo giorno successivo a quello della sua pubblicazione nella* Gazzetta Ufficiale (G.U. *n. 5 dell'8 gennaio 2014*).

Sezione III
Dell'esercizio della tutela

357. Funzioni del tutore. – Il tutore ha la cura della persona del minore (45, 2048), lo rappresenta in tutti gli atti civili e ne amministra i beni (362, 372, 379, 381; 46 att.).

358. Doveri del minore. – Il minore deve rispetto e obbedienza al tutore. Egli non può abbandonare la casa o l'istituto al quale è stato destinato, senza il permesso del tutore (318).

Qualora se ne allontani senza permesso, il tutore ha diritto di richiamarvelo, ricorrendo, se è necessario, al giudice tutelare (344; 43, 45 att.).

359. [Cattiva condotta del minore. – (*Omissis*)] (1).

(1) *Articolo abrogato dall'art. 162, L. 19 maggio 1975, n. 151, riforma del diritto di famiglia.*

360. Funzioni del protutore. – Il protutore (346, 355, 363, 371) rappresenta il minore nei casi in cui l'interesse di questo è in opposizione con l'interesse del tutore (320^6, 380, 382, 386).

Se anche il protutore si trova in opposizione d'interessi col minore, il giudice tutelare nomina un curatore speciale (360; 78 c.p.c.).

Il protutore è tenuto a promuovere la nomina di un nuovo tutore nel caso in cui il tutore è venuto a mancare o ha abbandonato l'ufficio. Frattanto egli ha cura della persona del minore, lo rappresenta (357) e può fare tutti gli atti conservativi (669 *bis* ss. c.p.c.) e gli atti urgenti di amministrazione (371 ss.).

361. Provvedimenti urgenti. – Prima che il tutore o il protutore abbia assunto le proprie funzioni, spetta al giudice tutelare (344) di dare, sia d'ufficio sia su richiesta del pubblico ministero, di un parente (74) o di un affine (78) del minore, i provvedimenti urgenti che possono occorrere per la cura del minore o per conservare e amministrare il patrimonio (369^2, 370, 375). Il giudice può procedere, occorrendo, all'apposizione dei sigilli, nonostante qualsiasi dispensa (43, 45 att.; 752 c.p.c.).

362. Inventario. – Il tutore, nei dieci giorni successivi a quello in cui ha avuto legalmente notizia della sua nomina, deve procedere all'inventario (363 ss.) dei beni del minore, nonostante qualsiasi dispensa (370; 46 att.).

L'inventario deve essere compiuto nel termine di trenta giorni, salva al giudice tutelare la facoltà di prorogare il termine se le circostanze lo esigono.

363. Formazione dell'inventario. – L'inventario si fa col ministero del cancelliere del tribunale (1) o di un notaio a ciò delegato dal giudice tutelare (344), con l'intervento del protutore (360) e, se è possibile, anche del minore che abbia compiuto gli anni sedici, e con l'assistenza di due testimoni scelti preferibilmente fra i parenti o gli amici della famiglia (769 c.p.c.; 46 att.).

Il giudice (344) può consentire che l'inventario sia fatto senza ministero di cancelliere o di notaio, se il valore presumibile del patrimonio non eccede gli € 7,75 (367^2).

L'inventario è depositato presso il tribunale (1).

Nel verbale di deposito il tutore e il protutore ne dichiarano con giuramento la sincerità.

(1) *Le parole: «della pretura» e «la pretura» sono state rispettivamente sostituite dalle seguenti: «del tribunale» e «il tribunale» dall'art. 141 del D.L.vo 19 feb-*

braio 1998, n. 51, recante l'istituzione del giudice unico, a decorrere dal 2 giugno 1999.

364. Contenuto dell'inventario. – Nell'inventario si indicano gli immobili, i mobili (812 ss.), i crediti e i debiti e si descrivono le carte, note e scritture relative allo stato attivo e passivo del patrimonio, osservando le formalità stabilite nel codice di procedura civile (389; 769 ss. c.p.c.).

365. Inventario di aziende. – Se nel patrimonio del minore esistono aziende commerciali (2195, 2555) o agricole (2135), si procede con le forme usate nel commercio o nell'economia agraria alla formazione dell'inventario (366) dell'azienda (2214 ss.), con l'assistenza e l'intervento delle persone indicate nell'art. 363. Questi particolari inventari sono pure depositati presso il tribunale ([1]) e il loro riepilogo è riportato nell'inventario generale (371 n. 3, 389).

([1]) *Le parole*: «*la pretura*» *sono state sostituite dalle parole*: «*il tribunale*» *dall'art. 141 del D.L.vo 19 febbraio 1998, n. 51, recante l'istituzione del giudice unico, a decorrere dal 2 giugno 1999.*

366. Beni amministrati da curatore speciale. – Il tutore deve comprendere nell'inventario generale del patrimonio del minore anche i beni, la cui amministrazione è stata deferita a un curatore speciale (356; 78 c.p.c.). Se questi ha formato un inventario particolare di tali beni, deve rimetterne copia al tutore, il quale lo unirà all'inventario generale.

Il curatore deve anche comunicare al tutore copia dei conti periodici della sua amministrazione, salvo che il disponente lo abbia esonerato.

367. Dichiarazione di debiti o crediti del tutore. – Il tutore, che ha debiti, crediti o altre ragioni verso il minore, deve esattamente dichiararli prima della chiusura dell'inventario. Il cancelliere o il notaio hanno l'obbligo di interpellarlo al riguardo (368).

Nel caso d'inventario senza opera di cancelliere o di notaio (363[2]), il tutore è interpellato dal giudice tutelare (344) all'atto del deposito.

In ogni caso si fa menzione dell'interpellazione e della dichiarazione del tutore nell'inventario o nel verbale di deposito (368).

368. Omissione della dichiarazione. – Se il tutore, conoscendo il suo credito o le sue ragioni, espressamente interpellato non li ha dichiarati (367), decade da ogni suo diritto.

Qualora, sapendo di essere debitore, non abbia dichiarato fedelmente il proprio debito, può essere rimosso dalla tutela (384).

369. Deposito di titoli e valori. – Il tutore deve depositare il denaro, i titoli di credito al portatore (2003) e gli oggetti preziosi esistenti nel patrimonio del minore presso un istituto di credito designato dal giudice tutelare (344), salvo che questi disponga diversamente per la loro custodia.

Non è tenuto a depositare le somme occorrenti per le spese urgenti di mantenimento e di educazione del minore e per le spese di amministrazione (361).

370. Amministrazione prima dell'inventario. – Prima che sia compiuto l'inventario (362 ss.), l'amministrazione del tutore deve limitarsi agli affari che non ammettono dilazione (361).

371. Provvedimenti circa l'educazione e l'amministrazione. – Compiuto l'inventario, il giudice tutelare (344), su proposta del tutore e sentito il protutore (360), delibera (38, 43 att.):

1) sul luogo dove il minore deve essere cresciuto e sul suo avviamento agli studi o all'esercizio di un'arte, mestiere o professione, disposto l'ascolto dello stesso minore che abbia compiuto gli anni dieci e anche di età inferiore ove capace di discernimento e richiesto, quando opportuno, l'avviso dei parenti prossimi ([1]);

2) sulla spesa annua occorrente per il mantenimento e l'istruzione del minore e per l'amministrazione del patrimonio, fissando i modi di impiego del reddito eccedente;

3) sulla convenienza di continuare ovvero alienare o liquidare le aziende commerciali (2195, 2555), che si trovano nel patrimonio del minore (365), e sulle relative modalità e cautele (2294).

Nel caso in cui il giudice stimi evidentemente utile per il minore la continuazione dell'esercizio dell'impresa, il tutore deve domandare l'autorizzazione del tribunale (38[1] att.). In pendenza della deliberazione del tribunale il giudice tutelare (344) può consentire l'esercizio provvisorio dell'impresa (2198; 208 trans.; 90 l. fall.).

([1]) *Questo numero è stato così sostituito dall'art. 60 del D.L.vo 28 dicembre 2013, n. 154, a decorrere dal trentesimo giorno successivo a quello della sua pubblicazione nella* Gazzetta Ufficiale (G.U. *n. 5 dell'8 gennaio 2014*).

372. Investimento di capitali. – I capitali del minore devono, previa autorizzazione del giudice tutelare (344; 43, 45 att.), essere dal tutore investiti:

1) in titoli dello Stato o garantiti dallo Stato;

2) nell'acquisto di beni immobili posti nella Repubblica;

3) in mutui (1813) garantiti da idonea ipoteca (2808) sopra beni posti nella Repubblica, o in obbligazioni emesse da pubblici istituti autorizzati a esercitare il credito fondiario;

4) in depositi (1834) fruttiferi presso le casse postali o presso altre casse di risparmio o monti di credito su pegno. Il giudice, sentito il tutore e il protutore, può autorizzare il deposito presso altri istituti di credito, ovvero, per motivi particolari, un investimento diverso da quelli sopra indicati (43, 45 att.).

373. Titoli al portatore. – Se nel patrimonio del minore si trovano titoli al portatore (2003), il tutore deve farli convertire in nominativi (1999, 2021), salvo che il giudice tutelare (344) disponga che siano depositati in cauta custodia (369; 45 att.).

374. Autorizzazione del giudice tutelare. – Il tutore non può senza l'autorizzazione del giudice tutelare (344, 377; 43, 45 att.):

1) acquistare beni, eccettuati i mobili necessari per l'uso del minore, per l'economia domestica e per l'amministrazione del patrimonio;

2) riscuotere capitali, consentire alla cancellazione di ipoteche (2883, 2885) o allo svincolo di pegni (2794), assumere obbligazioni, salvo che queste riguardino le spese necessarie per il mantenimento del minore e per l'ordinaria amministrazione del suo patrimonio;

3) accettare eredità (471) o rinunciarvi (519 ss.), accettare donazioni (782 ss., 793 ss.) o legati (649[1], 671) soggetti a pesi o a condizioni (668, 671);

4) fare contratti di locazione d'immobili oltre il novennio (1572) o che in ogni caso si prolunghino oltre un anno dopo il raggiungimento della maggiore età;

5) promuovere giudizi, salvo che si tratti di denunzie di nuova opera (1171; 688 ss. c.p.c.) o di danno temuto (1172; 688 ss. c.p.c.), di azioni possessorie (1168 ss.) o di sfratto (657 ss. c.p.c.) e di azioni per riscuotere frutti o per ottenere provvedimenti conservativi (669 *bis* ss. c.p.c.).

375. Autorizzazione del tribunale. – Il tutore (394) non può senza l'autorizzazione del tribunale (732 c.p.c.; 38 att.):

1) alienare beni, eccettuati i frutti (820) e i mobili soggetti a facile deterioramento;

2) costituire pegni (2784) o ipoteche (2808, 2821, 2860);

3) procedere a divisioni o promuovere i relativi giudizi (713 ss., 1111; 784 c.p.c.);

4) fare compromessi (806 c.p.c.) e transazioni (1965) o accettare concordati (127, 128, 160 l. fall.).

L'autorizzazione è data su parere del giudice tutelare (344, 377; 732 c.p.c.).

376. Vendita di beni. – Nell'autorizzare la vendita di beni (375 n. 1), il tribunale determina se debba farsi all'incanto o a trattative private, fissandone in ogni caso il prezzo minimo (38, 45 att.; 733, 734 c.p.c.).

Quando nel dare l'autorizzazione il tribunale non ha stabilito il modo di erogazione o di reimpiego del prezzo, lo stabilisce il giudice tutelare (344).

377. Atti compiuti senza l'osservanza delle norme dei precedenti articoli. – Gli atti compiuti senza osservare le norme dei precedenti articoli possono essere annullati su istanza del tutore o del minore o dei suoi eredi o aventi causa (799, 1425, 1441).

378. Atti vietati al tutore e al protutore. – Il tutore o il protutore (360) non possono (396[2]), neppure all'asta pubblica (503 c.p.c.), rendersi acquirenti direttamente o per interposta persona (599) dei beni e dei diritti del minore (1471 n. 3).

Non possono prendere in locazione (1571 ss.) i beni del minore senza l'autorizzazione e le cautele fissate dal giudice tutelare (344; 43, 45 att.).

Gli atti compiuti in violazione di questi divieti possono essere annullati (1441 ss.) su istanza delle persone indicate nell'articolo precedente, ad eccezione del tutore e del protutore che li hanno compiuti (387, 388, 1425).

Il tutore e il protutore non possono neppure diventare cessionari di alcuna ragione o credito verso il minore (596, 1268).

379. Gratuità della tutela. – L'ufficio tutelare è gratuito (381).

Il giudice tutelare (344) tuttavia, considerando l'entità del patrimonio e le difficoltà dell'amministrazione, può assegnare al tutore un'equa indennità. Può altresì, se particolari circostanze lo richiedono, sentito il protutore (360), autorizzare il tutore a farsi coadiuvare nell'amministrazione, sotto la sua personale responsabilità, da una o più persone stipendiate (43 att.).

380. Contabilità dell'amministrazione. – Il tutore deve tenere regolare contabilità della sua amministrazione e renderne conto ogni anno al giudice tutelare (344, 385; 46 att.).

Il giudice può sottoporre il conto annuale all'esame del protutore (360) e di qualche prossimo parente (74 ss.) o affine del minore (78).

381. Cauzione. – Il giudice tutelare, tenuto conto della particolare natura ed entità del patrimonio, può imporre al tutore di prestare una cauzione, determinandone l'ammontare e le modalità (357).

Egli può anche liberare il tutore in tutto o in parte dalla cauzione che avesse prestata.

382. Responsabilità del tutore e del protutore. – Il tutore deve amministrare il patrimonio del minore con la diligenza del buon padre di famiglia (384, 1176). Egli risponde verso il minore di ogni danno a lui cagionato violando i propri doveri (357).

Nella stessa responsabilità incorre il protutore (360) per ciò che riguarda i doveri del proprio ufficio (2941 n. 3).

Sezione IV
Della cessazione del tutore dall'ufficio

383. Esonero dall'ufficio. – Il giudice tutelare (344) può sempre esonerare il tutore dall'ufficio (43 att.), qualora l'esercizio di esso sia al tutore soverchiatamente gravoso e vi sia altra persona atta a sostituirlo (352).

384. Rimozione e sospensione del tutore. – Il giudice tutelare (344) può rimuovere dall'ufficio (368[2]) il tutore che si sia reso colpevole di negligenza (382) o abbia abusato dei suoi poteri, o si sia dimostrato inetto all'adempimento di essi, o sia divenuto immeritevole dell'ufficio per atti anche estranei alla tutela, ovvero sia divenuto insolvente (350 nn. 4 e 5, 368, 402).

Il giudice non può rimuovere il tutore se non dopo averlo sentito o citato; può tuttavia sospenderlo dall'esercizio della tutela nei casi che non ammettono dilazione (43 att.).

Sezione V
Del rendimento del conto finale

385. Conto finale. – Il tutore che cessa dalle funzioni (383, 384) deve fare subito la consegna dei beni e deve presentare nel termine di due mesi il conto finale dell'amministrazione al giudice tutelare. Questi può concedere una proroga (263 c.p.c.; 46 att.).

386. Approvazione del conto. – Il giudice tutelare invita il protutore (360), il minore divenuto maggiore o emancipato (390 ss.), ovvero, secondo le circostanze, il nuovo rappresentante legale a esaminare il conto e a presentare le loro osservazioni (388).

Se non vi sono osservazioni, il giudice che non trova nel conto irregolarità o lacune lo approva (295); in caso contrario nega l'approvazione.

Qualora il conto non sia stato presentato o sia impugnata la decisione del giudice tutelare, provvede l'autorità giudiziaria nel contradditorio degli interessati (389; 38, 43, 45 att.).

387. Prescrizione delle azioni relative alla tutela. – Le azioni del minore contro il tutore e quelle del tutore contro il minore relative alla tutela si prescrivono (2941 n. 3, 2946) in cinque anni dal compimento della maggiore età (2) o dalla morte del minore. Se il tutore ha cessato dall'ufficio e ha presentato il conto prima della maggiore età o della morte del minore, il termine decorre dalla data del provvedimento col quale il giudice tutelare pronunzia sul conto stesso.

Le disposizioni di quest'articolo non si applicano all'azione per il pagamento del residuo che risulta dal conto definitivo (2946).

388. Divieto di convenzioni prima dell'approvazione del conto. – Nessuna convenzione tra il tutore e il minore divenuto maggiore può aver luogo prima che sia decorso un anno dall'approvazione (1) del conto (386) della tutela (295, 596, 779).

La convenzione può essere annullata su istanza del minore o dei suoi eredi o aventi causa (378, 1425, 1441 ss.).

(1) *Le originarie parole*: «*prima dell'approvazione*» *sono state così sostituite dall'art. 3, comma 2, della L. 9 gennaio 2004, n. 6, a decorrere dal sessantesimo giorno dalla pubblicazione sulla* Gazzetta Ufficiale, *avvenuta il 19 gennaio 2004.*

389. Registro delle tutele. – Nel registro delle tutele (47, 48 att.), istituito presso ogni giudice tutelare (344), sono iscritti a cura del cancelliere l'apertura e la chiusura della tutela, la nomina, l'esonero e la rimozione del tutore e del protutore, le risultanze degli inventari (363, 365) e dei rendiconti (385) e tutti i provvedimenti che portano modificazione nello stato personale o patrimoniale del minore.

Dell'apertura e della chiusura della tutela il cancelliere dà comunicazione entro dieci giorni all'ufficiale dello stato civile per l'annotazione in margine all'atto di nascita del minore (1).

(1) *Si veda l'art. 49 del D.P.R. 3 novembre 2000, n. 396, ordinamento dello stato civile, in vigore dal 1° marzo 2001.*

Capo II
Dell'emancipazione

390. Emancipazione di diritto. – Il minore è di diritto emancipato col matrimonio (84, 90, 165, 392).

391. [Emancipazione con provvedimento del giudice tutelare. – (*Omissis*)] (1).

(1) *Articolo abrogato dall'art. 6, L. 8 marzo 1975, n. 39, attribuzione della maggiore età.*

392. (1) **Curatore dell'emancipato.** – Curatore del minore sposato con persona maggiore di età è il coniuge.

Se entrambi i coniugi sono minori di età (2), il giudice tutelare (344) può nominare un unico curatore, scelto preferibilmente fra i genitori.

Se interviene l'annullamento per una causa diversa dall'età (117 ss.), o lo scioglimento o la cessazione degli effetti civili del matrimonio (149) o la separazione personale (150 ss.), il giudice tutelare (344) nomina (43, 45 att.) curatore uno dei genitori, se idoneo all'ufficio, o, in mancanza, altra persona. Nel caso in cui il minore contrae successivamente matrimonio, il curatore lo assiste altresì negli atti previsti nell'articolo 165.

(1) *Articolo così sostituito dall'art. 7, L. 8 marzo 1975, n. 39, attribuzione della maggiore età.*

393. Incapacità o rimozione del curatore. – Sono applicabili al curatore le disposizioni degli articoli 348, ultimo comma (1), 350 e 384.

(1) *L'ultimo comma dell'art. 348 è stato abrogato dall'art. 1, R.D.L. 20 gennaio 1944, n. 25 e dall'art. 3, D.L.vo Lgt. 14 settembre 1944, n. 287.*

394. Capacità dell'emancipato. – L'emancipazione conferisce al minore la capacità di compiere gli atti che non eccedono l'ordinaria amministrazione (320, 374, 397, 472, 1572; 807[2] c.p.c.).

Il minore emancipato può con l'assistenza del curatore riscuotere i capitali sotto la condizione di un idoneo impiego e può stare in giudizio sia come attore sia come convenuto (75 c.p.c.).

Per gli altri atti eccedenti l'ordinaria amministrazione (374), oltre il consenso del curatore (395), è necessaria l'autorizzazione del giudice tutelare (344). Per gli atti indicati nell'art. 375 l'autorizzazione, se curatore non è il genitore, deve essere data dal tribunale (38[3] att.) su parere del giudice tutelare (397).

Qualora nasca conflitto di interessi fra il minore e il curatore, è nominato un curatore speciale a norma dell'ultimo comma dell'art. 320 (395, 396; 38, 45 att.; 732 c.p.c.).

395. Rifiuto del consenso da parte del curatore. – Nel caso in cui il curatore rifiuta il suo consenso, il minore può ricorrere al giudice tutelare (344), il quale, se stima ingiustificato il rifiuto, nomina un curatore speciale (320; 78 c.p.c.) per assistere il minore nel compimento dell'atto, salva, se occorre (394[3]), l'autorizzazione del tribunale (38, 43, 45 att.).

396. Inosservanza delle precedenti norme. – Gli atti compiuti senza osservare le norme stabilite nell'art. 394 possono essere annullati su istanza del minore o dei suoi eredi o aventi causa (1441 ss.).

Sono applicabili al curatore le disposizioni dell'art. 378.

397. Emancipato autorizzato all'esercizio di un'impresa commerciale. – Il minore emancipato può esercitare un'impresa commerciale (2195) senza l'assistenza del curatore, se è autorizzato dal tribunale (38[3] att.), previo parere del giudice tutelare (344) e sentito il curatore (394, 2198; 38 att.).

L'autorizzazione può essere revocata dal tribunale su istanza del curatore o d'ufficio, previo, in entrambi i casi, il parere del giudice tutelare e sentito il minore emancipato.

Il minore emancipato, che è autorizzato all'esercizio di un'impresa commerciale, può compiere da solo gli atti che eccedono l'ordinaria amministrazione (374), anche se estranei all'esercizio dell'impresa (394, 774, 2294).

398 - 399. (*Omissis*) (1).

(1) *Articoli riguardanti la revoca dell'emancipazione e la pubblicità; ora abrogati dall'art. 6 L. 8 marzo 1975, n. 39, attribuzione della maggiore età.*

Titolo XI
Dell'affiliazione e dell'affidamento (1) (2)

(1) *Intitolazione così sostituita dall'art. 163, 19 maggio 1975, n. 151, riforma del diritto di famiglia.*

(2) *Gli originari artt. 404-413 riguardanti l'affidamento dei minori e l'affiliazione, sono stati abrogati dall'art. 77, L. 4 maggio 1983, n. 184, disciplina dell'adozione e dell'affidamento dei minori, che ha dettato anche le disposizioni transitorie.*

400. Norme regolatrici dell'assistenza dei minori. – L'assistenza dei minori è regolata, oltre che dalle leggi speciali, dalle norme del presente titolo (31 Cost.; 344^2; 46 att.).

401. Limiti di applicazione delle norme. – Le disposizioni del presente titolo si applicano anche ai minori che sono figli di genitori non conosciuti, ovvero figli di genitori che si trovino (1) nell'impossibilità di provvedere al loro mantenimento (2) (3).

Le stesse disposizioni si applicano ai minori ricoverati in un istituto di pubblica assistenza o assistiti da questo per il mantenimento, l'educazione o la rieducazione, ovvero in istato di abbandono materiale o morale.

(1) *Le parole: «figli naturali riconosciuti dalla sola madre che si trovi» sono state così sostituite dalle attuali: «figli di genitori che si trovino» dall'art. 61 del D.L.vo 28 dicembre 2013, n. 154, a decorrere dal trentesimo giorno successivo a quello della sua pubblicazione nella* Gazzetta Ufficiale *(G.U. n. 5 dell'8 gennaio 2014).*

(2) *La parola: «allevamento» è stata così sostituita dall'attuale: «mantenimento» dall'art. 61 del D.L.vo 28 dicembre 2013, n. 154, a decorrere dal trentesimo giorno successivo a quello della sua pubblicazione nella* Gazzetta Ufficiale *(G.U. n. 5 dell'8 gennaio 2014).*

(3) *Comma così sostituito dall'art. 8, L. 8 marzo 1975, n. 39, attribuzione della maggiore età.*

402. Poteri tutelari spettanti agli istituti di assistenza. – L'istituto di pubblica assistenza esercita i poteri tutelari sul minore ricoverato o assistito, secondo le norme del titolo X, capo I di questo libro (343 ss.), fino a quando non si provveda alla nomina di un tutore (348), e in tutti i casi nei quali l'esercizio della responsabilità genitoriale (1) o della tutela sia impedito (317, 330, 384). Resta salva la facoltà del giudice tutelare di deferire la tutela all'ente di assistenza o all'ospizio, ovvero di nominare un tutore a norma dell'art. 354.

Nel caso in cui il genitore riprende l'esercizio della responsabilità genitoriale (1), l'istituto deve chiedere al giudice tutelare di fissare eventualmente limiti o condizioni a tale esercizio (332, 338^1, 406^2, 411).

(1) *Le parole: «potestà dei genitori» sono state così sostituite dalle attuali: «responsabilità genitoriale» dall'art. 62 del D.L.vo 28 dicembre 2013, n. 154, a decorrere dal trentesimo giorno successivo a quello della sua pubblicazione nella* Gazzetta Ufficiale *(G.U. n. 5 dell'8 gennaio 2014).*

403. Intervento della pubblica autorità a favore dei minori. – Quando il minore è moralmente o materialmente abbandonato o è allevato in locali insalubri o pericolosi, oppure da persone per negligenza, immoralità, ignoranza o per altri motivi incapaci di provvedere alla educazione di lui, la pubblica autorità, a mezzo degli organi di protezione dell'infanzia, lo colloca in luogo sicuro, sino a quando si possa provvedere in modo definitivo alla sua protezione.

Titolo XII
Delle misure di protezione delle persone prive in tutto od in parte di autonomia ([1]) ([2])

([1]) *Questa rubrica è stata così sostituita dall'art. 2 della L. 9 gennaio 2004, n. 6, a decorrere dal sessantesimo giorno dalla pubblicazione sulla* Gazzetta Ufficiale, *avvenuta il 19 gennaio 2004.*

([2]) *Si veda il* Capo *I della legge 9 gennaio 2004, n. 6 intitolato «FINALITÀ DELLA LEGGE», del cui art. 1 si riporta il testo:*

«Art. 1. *1. La presente legge ha la finalità di tutelare, con la minore limitazione possibile della capacità di agire, le persone prive in tutto o in parte di autonomia nell'espletamento delle funzioni della vita quotidiana, mediante interventi di sostegno temporaneo o permanente*».

Capo I
Dell'amministrazione di sostegno ([1])

([1]) *Questo capo è stato inserito dall'art. 3 della L. 9 gennaio 2004, n. 6, a decorrere dal sessantesimo giorno dalla pubblicazione sulla* Gazzetta Ufficiale, *avvenuta il 19 gennaio 2004. Gli originari artt. 404-413 erano stati abrogati dall'art. 77 della legge 4 maggio 1983, n. 184.*

404. ([1]) **Amministrazione di sostegno.** – La persona che, per effetto di una infermità ovvero di una menomazione fisica o psichica, si trova nella impossibilità, anche parziale o temporanea, di provvedere ai propri interessi, può essere assistita da un amministratore di sostegno, nominato dal giudice tutelare del luogo in cui questa ha la residenza o il domicilio.

([1]) *Si veda la nota* ([1]) *al Capo I.*

405. ([1]) **Decreto di nomina dell'amministratore di sostegno. Durata dell'incarico e relativa pubblicità.** – Il giudice tutelare provvede entro sessanta giorni dalla data di presentazione della richiesta alla nomina dell'amministratore di sostegno con decreto motivato immediatamente esecutivo, su ricorso di uno dei soggetti indicati nell'articolo 406.

Il decreto che riguarda un minore non emancipato può essere emesso solo nell'ultimo anno della sua minore età e diventa esecutivo a decorrere dal momento in cui la maggiore età è raggiunta.

Se l'interessato è un interdetto o un inabilitato, il decreto è esecutivo dalla pubblicazione della sentenza di revoca dell'interdizione o dell'inabilitazione.

Qualora ne sussista la necessità, il giudice tutelare adotta anche d'ufficio i provvedimenti urgenti per la cura della persona interessata e per la conservazione e l'amministrazione del suo patrimonio. Può procedere alla nomina di un amministratore di sostegno provvisorio indicando gli atti che è autorizzato a compiere.

Il decreto di nomina dell'amministratore di sostegno deve contenere l'indicazione:

1) delle generalità della persona beneficiaria e dell'amministratore di sostegno;

2) della durata dell'incarico, che può essere anche a tempo indeterminato;

3) dell'oggetto dell'incarico e degli atti che l'amministratore di sostegno ha il potere di compiere in nome e per conto del beneficiario;

4) degli atti che il beneficiario può compiere solo con l'assistenza dell'amministratore di sostegno;

5) dei limiti, anche periodici, delle spese che l'amministratore di sostegno può sostenere con utilizzo delle somme di cui il beneficiario ha o può avere la disponibilità;

6) della periodicità con cui l'amministratore di sostegno deve riferire al giudice circa l'attività svolta e le condizioni di vita personale e sociale del beneficiario.

Se la durata dell'incarico è a tempo determinato, il giudice tutelare può prorogarlo con decreto motivato pronunciato anche d'ufficio prima della scadenza del termine.

Il decreto di apertura dell'amministrazione di sostegno, il decreto di chiusura ed ogni altro provvedimento assunto dal giudice tutelare nel corso dell'amministrazione di sostegno devono essere immediatamente annotati a cura del cancelliere nell'apposito registro.

Il decreto di apertura dell'amministrazione di sostegno e il decreto di chiusura devono essere comunicati, entro dieci giorni, all'ufficiale dello stato civile per le annotazioni in margine all'atto di nascita del beneficiario. Se la durata dell'incarico è a tempo determinato, le annotazioni devono essere cancellate alla scadenza del termine indicato nel decreto di apertura o in quello eventuale di proroga.

([1]) *Si veda la nota* ([1]) *al Capo I.*

406. ([1]) **Soggetti.** – Il ricorso per l'istituzione dell'amministrazione di sostegno può essere proposto dallo stesso soggetto beneficiario, anche se minore, interdetto o inabilitato, ovvero da uno dei soggetti indicati nell'articolo 417.

Se il ricorso concerne persona interdetta o inabilitata il medesimo è presentato congiuntamente all'istanza di revoca dell'interdizione o dell'inabilitazione davanti al giudice competente per quest'ultima.

I responsabili dei servizi sanitari e sociali direttamente impegnati nella cura e assistenza della persona, ove a conoscenza di fatti tali da rendere opportuna l'apertura del procedimento di amministrazione di sostegno, sono tenuti a proporre al giudice tutelare il ricorso di cui all'articolo 407 o a fornirne comunque notizia al pubblico ministero.

(1) *Si veda la nota* (1) *al Capo I.*

407. (1) **Procedimento.** – Il ricorso per l'istituzione dell'amministrazione di sostegno deve indicare le generalità del beneficiario, la sua dimora abituale, le ragioni per cui si richiede la nomina dell'amministratore di sostegno, il nominativo ed il domicilio, se conosciuti dal ricorrente, del coniuge, dei discendenti, degli ascendenti, dei fratelli e dei conviventi del beneficiario.

Il giudice tutelare deve sentire personalmente la persona cui il procedimento si riferisce recandosi, ove occorra, nel luogo in cui questa si trova e deve tener conto, compatibilmente con gli interessi e le esigenze di protezione della persona, dei bisogni e delle richieste di questa.

Il giudice tutelare provvede, assunte le necessarie informazioni e sentiti i soggetti di cui all'articolo 406; in caso di mancata comparizione provvede comunque sul ricorso. Dispone altresì, anche d'ufficio, gli accertamenti di natura medica e tutti gli altri mezzi istruttori utili ai fini della decisione.

Il giudice tutelare può, in ogni tempo, modificare o integrare, anche d'ufficio, le decisioni assunte con il decreto di nomina dell'amministratore di sostegno.

In ogni caso, nel procedimento di nomina dell'amministratore di sostegno interviene il pubblico ministero.

(1) *Si veda la nota* (1) *al Capo I.*

408. (1) **Scelta dell'amministratore di sostegno.** – La scelta dell'amministratore di sostegno avviene con esclusivo riguardo alla cura ed agli interessi della persona del beneficiario. L'amministratore di sostegno può essere designato dallo stesso interessato, in previsione della propria eventuale futura incapacità, mediante atto pubblico o scrittura privata autenticata. In mancanza, ovvero in presenza di gravi motivi, il giudice tutelare può designare con decreto motivato un amministratore di sostegno diverso. Nella scelta, il giudice tutelare preferisce, ove possibile, il coniuge che non sia separato legalmente, la persona stabilmente convivente, il padre, la madre, il figlio o il fratello o la sorella, il parente entro il quarto grado ovvero il soggetto designato dal genitore superstite con testamento, atto pubblico o scrittura privata autenticata.

Le designazioni di cui al primo comma possono essere revocate dall'autore con le stesse forme.

Non possono ricoprire le funzioni di amministratore di sostegno gli operatori dei servizi pubblici o privati che hanno in cura o in carico il beneficiario.

Il giudice tutelare, quando ne ravvisa l'opportunità, e nel caso di designazione dell'interessato quando ricorrano gravi motivi, può chiamare all'incarico di amministratore di sostegno anche altra persona idonea, ovvero uno dei soggetti di cui al titolo II al cui legale rappresentante ovvero alla persona che questi ha facoltà di delegare con atto depositato presso l'ufficio del giudice tutelare, competono tutti i doveri e tutte le facoltà previste nel presente capo.

(1) *Si veda la nota* (1) *al Capo I.*

409. (1) **Effetti dell'amministrazione di sostegno.** – Il beneficiario conserva la capacità di agire per tutti gli atti che non richiedono la rappresentanza esclusiva o l'assistenza necessaria dell'amministratore di sostegno.

Il beneficiario dell'amministrazione di sostegno può in ogni caso compiere gli atti necessari a soddisfare le esigenze della propria vita quotidiana.

(1) *Si veda la nota* (1) *al Capo I.*

410. (1) **Doveri dell'amministratore di sostegno.** – Nello svolgimento dei suoi compiti l'amministratore di sostegno deve tener conto dei bisogni e delle aspirazioni del beneficiario.

L'amministratore di sostegno deve tempestivamente informare il beneficiario circa gli atti da compiere nonché il giudice tutelare in caso di dissenso con il beneficiario stesso. In caso di contrasto, di scelte o di atti dannosi ovvero di negligenza nel perseguire l'interesse o nel soddisfare i bisogni o le richieste del beneficiario, questi, il pubblico ministero o gli altri soggetti di cui all'articolo 406 possono ricorrere al giudice tutelare, che adotta con decreto motivato gli opportuni provvedimenti.

L'amministratore di sostegno non è tenuto a continuare nello svolgimento dei suoi compiti oltre dieci anni, ad eccezione dei casi in cui tale incarico è rivestito dal coniuge, dalla persona stabilmente convivente, dagli ascendenti o dai discendenti.

(1) *Si veda la nota (1) al Capo I.*

411. (1) **Norme applicabili all'amministrazione di sostegno.** – Si applicano all'amministratore di sostegno, in quanto compatibili, le disposizioni di cui agli articoli da 349 a 353 e da 374 a 388. I provvedimenti di cui agli articoli 375 e 376 sono emessi dal giudice tutelare.

All'amministratore di sostegno si applicano altresì, in quanto compatibili, le disposizioni degli articoli 596, 599 e 779.

Sono in ogni caso valide le disposizioni testamentarie e le convenzioni in favore dell'amministratore di sostegno che sia parente entro il quarto grado del beneficiario, ovvero che sia coniuge o persona che sia stata chiamata alla funzione in quanto con lui stabilmente convivente.

Il giudice tutelare, nel provvedimento con il quale nomina l'amministratore di sostegno, o successivamente, può disporre che determinati effetti, limitazioni o decadenze, previsti da disposizioni di legge per l'interdetto o l'inabilitato, si estendano al beneficiario dell'amministrazione di sostegno, avuto riguardo all'interesse del medesimo ed a quello tutelato dalle predette disposizioni. Il provvedimento è assunto con decreto motivato a seguito di ricorso che può essere presentato anche dal beneficiario direttamente.

(1) *Si veda la nota (1) al Capo I.*

412. (1) **Atti compiuti dal beneficiario o dall'amministratore di sostegno in violazione di norme di legge o delle disposizioni del giudice.** – Gli atti compiuti dall'amministratore di sostegno in violazione di disposizioni di legge, od in eccesso rispetto all'oggetto dell'incarico o ai poteri conferitigli dal giudice, possono essere annullati su istanza dell'amministratore di sostegno, del pubblico ministero, del beneficiario o dei suoi eredi ed aventi causa.

Possono essere parimenti annullati su istanza dell'amministratore di sostegno, del beneficiario, o dei suoi eredi ed aventi causa, gli atti compiuti personalmente dal beneficiario in violazione delle disposizioni di legge o di quelle contenute nel decreto che istituisce l'amministrazione di sostegno.

Le azioni relative si prescrivono nel termine di cinque anni. Il termine decorre dal momento in cui è cessato lo stato di sottoposizione all'amministrazione di sostegno.

(1) *Si veda la nota (1) al Capo I.*

413. (1) **Revoca dell'amministrazione di sostegno.** – Quando il beneficiario, l'amministratore di sostegno, il pubblico ministero o taluno dei soggetti di cui all'articolo 406, ritengono che si siano determinati i presupposti per la cessazione dell'amministrazione di sostegno, o per la sostituzione dell'amministratore, rivolgono istanza motivata al giudice tutelare.

L'istanza è comunicata al beneficiario ed all'amministratore di sostegno.

Il giudice tutelare provvede con decreto motivato, acquisite le necessarie informazioni e disposti gli opportuni mezzi istruttori.

Il giudice tutelare provvede altresì, anche d'ufficio, alla dichiarazione di cessazione dell'amministrazione di sostegno quando questa si sia rivelata inidonea a realizzare la piena tutela del beneficiario. In tale ipotesi, se ritiene che si debba promuovere giudizio di interdizione o di inabilitazione, ne informa il pubblico ministero, affinchè vi provveda. In questo caso l'amministrazione di sostegno cessa con la nomina del tutore o del curatore provvisorio ai sensi dell'articolo 419, ovvero con la dichiarazione di interdizione o di inabilitazione.

(1) *Si veda la nota (1) al Capo I.*

Capo II
Della interdizione,
della inabilitazione
e della incapacità naturale ([1])

([1]) *Le parole: «Capo II - Della interdizione, della inabilitazione e della incapacità naturale» sono state inserite dall'art. 4, comma 1, della L. 9 gennaio 2004, n. 6, a decorrere dal sessantesimo giorno dalla pubblicazione sulla* Gazzetta Ufficiale, *avvenuta il 19 gennaio 2004.*

414. ([1]) **Persone che possono essere interdette. –** Il maggiore di età e il minore emancipato, i quali si trovano in condizioni di abituale infermità di mente che li rende incapaci di provvedere ai propri interessi, sono interdetti quando ciò è necessario per assicurare la loro adeguata protezione.

([1]) *Questo articolo è stato così sostituito dall'art. 4, comma 2, della L. 9 gennaio 2004, n. 6, a decorrere dal sessantesimo giorno dalla pubblicazione sulla* Gazzetta Ufficiale, *avvenuta il 19 gennaio 2004.*

415. Persone che possono essere inabilitate. – Il maggiore di età (416) infermo di mente, lo stato del quale non è talmente grave da far luogo all'interdizione (418), può essere inabilitato (166, 417, 432).

Possono anche essere inabilitati coloro che, per prodigalità (776[2]) o per abuso abituale di bevande alcooliche o di stupefacenti, espongono sé o la loro famiglia a gravi pregiudizi economici.

Possono infine essere inabilitati il sordomuto ([1]) e il cieco dalla nascita o dalla prima infanzia, se non hanno ricevuto un'educazione sufficiente, salvo l'applicazione dell'art. 414 quando risulta che essi sono del tutto incapaci di provvedere ai propri interessi (776).

([1]) *A norma dell'art. 1 della L. 20 febbraio 2006, n. 95, in tutte le disposizioni legislative vigenti, il termine «sordomuto» è sostituito con l'espressione «sordo».*

416. Interdizione e inabilitazione nell'ultimo anno di minore età. – Il minore non emancipato può essere interdetto o inabilitato nell'ultimo anno della sua minore età (2). L'interdizione o l'inabilitazione ha effetto (421) dal giorno in cui il minore raggiunge l'età maggiore (40 att.).

417. Istanza d'interdizione o d'inabilitazione. – L'interdizione e l'inabilitazione possono essere promosse dalle persone indicate negli articoli 414 e 415, dal coniuge, dalla persona stabilmente convivente ([1]), dai parenti entro il quarto grado (76), dagli affini entro il secondo grado (78), dal tutore (357) o curatore (392) ovvero dal pubblico ministero (418; 69 c.p.c.).

Se l'interdicendo o l'inabilitando si trova sotto la responsabilità genitoriale ([2]) (155, 316, 317 *bis*) o ha per curatore uno dei genitori, l'interdizione o l'inabilitazione non può essere promossa che su istanza del genitore medesimo o del pubblico ministero (712 ss. c.p.c.).

([1]) *Le originarie parole: «possono essere promosse dal coniuge» sono state così sostituite dall'art. 5 della L. 9 gennaio 2004, n. 6, a decorrere dal sessantesimo giorno dalla pubblicazione sulla* Gazzetta Ufficiale, *avvenuta il 19 gennaio 2004.*

([2]) *Le parole: «potestà dei genitori» sono state così sostituite dalle attuali: «responsabilità genitoriale» dall'art. 63 del D.L.vo 28 dicembre 2013, n. 154, a decorrere dal trentesimo giorno successivo a quello della sua pubblicazione nella* Gazzetta Ufficiale (G.U. *n. 5 dell'8 gennaio 2014).*

418. Poteri dell'autorità giudiziaria. – Promosso il giudizio d'interdizione (712 ss. c.p.c.) può essere dichiarata anche d'ufficio l'inabilitazione per infermità di mente (432).

Se nel corso del giudizio d'inabilitazione si rivela l'esistenza delle condizioni richieste per l'interdizione (414), il pubblico ministero fa istanza al tribunale di pronunziare l'interdizione, e il tribunale provvede nello stesso giudizio, premessa l'istruttoria necessaria (40 att.; 69, 713, 714 c.p.c.).

Se nel corso del giudizio di interdizione o di inabilitazione appare opportuno applicare l'amministrazione di sostegno, il giudice, d'ufficio o ad istanza di parte, dispone la trasmissione del procedimento al giudice tutelare. In tal caso il giudice competente per l'interdizione o per l'inabilitazione può adottare i provvedimenti urgenti di cui al quarto comma dell'articolo 405 ([1]).

([1]) *Questo comma è stato aggiunto dall'art. 6 della L. 9 gennaio 2004, n. 6, a decorrere dal sessantesimo giorno dalla pubblicazione sulla* Gazzetta Ufficiale, *avvenuta il 19 gennaio 2004.*

419. Mezzi istruttori e provvedimenti provvisori. – Non si può pronunziare l'interdizione o l'inabilitazione senza che si sia proceduto all'esame dell'interdicendo o dell'inabilitando (713 ss. c.p.c.).

Il giudice può in questo esame farsi assistere da un consulente tecnico (61 c.p.c.). Può anche d'ufficio disporre i mezzi istruttori utili ai fini del giudizio, interrogare i parenti prossimi (77) dell'interdicendo o inabilitando e assumere le necessarie informazioni (40 att.).

Dopo l'esame, qualora sia ritenuto opportuno, può essere nominato un tutore provvisorio all'interdicendo o un curatore provvisorio all'inabilitando (422, 424, 776; 681, 717 ss. c.p.c.).

420. [Internamento definitivo in manicomio. – (*Omissis*)] ([1]).

([1]) *Articolo abrogato dall'art. 11, L. 13 maggio 1978, n. 180, accertamenti e trattamenti sanitari volontari e obbligatori.*

La materia dei trattamenti sanitari volontari e obbligatori è poi stata ridisciplinata dagli artt. 34 e 35 della L. 23 dicembre 1978, n. 833, istituzione del servizio sanitario nazionale.

421. Decorrenza degli effetti dell'interdizione e dell'inabilitazione. – L'interdizione e l'inabilitazione producono i loro effetti dal giorno della pubblicazione della sentenza (427; 133 c.p.c.), salvo il caso previsto dall'art. 416.

422. Cessazione del tutore e del curatore provvisorio. – Nella sentenza che rigetta l'istanza d'interdizione o d'inabilitazione, può disporsi che il tutore o il curatore provvisorio (419[3]) rimanga in ufficio fino a che la sentenza non sia passata in giudicato (324 c.p.c.).

423. Pubblicità. – Il decreto di nomina del tutore o del curatore provvisorio (419[3]) e la sentenza d'interdizione o d'inabilitazione devono essere immediatamente annotati a cura del cancelliere nell'apposito registro (48, 49 att.) e comunicati (42 att.) entro dieci giorni all'ufficiale dello stato civile per le annotazioni in margine all'atto di nascita (430) ([1]).

([1]) *Si veda l'art. 49 del D.P.R. 3 novembre 2000, n. 396, ordinamento dello stato civile, in vigore dal 1° marzo 2001.*

424. Tutela dell'interdetto e curatela dell'inabilitato. – Le disposizioni sulla tutela dei minori (343 ss.) e quelle sulla curatela dei minori emancipati (392 ss.) si applicano rispettivamente alla tutela degli interdetti e alla curatela degli inabilitati (2294; 100 att.).

Le stesse disposizioni si applicano rispettivamente anche nei casi di nomina del tutore provvisorio dell'interdicendo e del curatore provvisorio dell'inabilitando a norma dell'art. 419. Per l'interdicendo non si nomina il protutore provvisorio (355, 360).

Nella scelta del tutore dell'interdetto e del curatore dell'inabilitato il giudice tutelare individua di preferenza la persona più idonea all'incarico tra i soggetti, e con i criteri, indicati nell'articolo 408 ([1]).

([1]) *Questo comma è stato così sostituito dall'art. 7 della L. 9 gennaio 2004, n. 6, a decorrere dal sessantesimo giorno dalla pubblicazione sulla* Gazzetta Ufficiale, *avvenuta il 19 gennaio 2004.*

425. Esercizio dell'impresa commerciale da parte dell'inabilitato. – L'inabilitato può continuare l'esercizio dell'impresa commerciale (2195) soltanto se autorizzato dal tribunale (38 att.) su parere del giudice tutelare (344; 43, 45 att.). L'autorizzazione può essere subordinata alla nomina di un institore (2198, 2203, 2294; 100 att.).

426. Durata dell'ufficio. – Nessuno è tenuto a continuare nella tutela dell'interdetto o nella curatela dell'inabilitato oltre dieci anni, ad eccezione del coniuge, della persona stabilmente convivente, ([1]) degli ascendenti o dei discendenti (424[3]).

([1]) *Le parole*: «*della persona stabilmente convivente,*» *sono state inserite dall'art. 8 della L. 9 gennaio 2004, n. 6, a decorrere dal sessantesimo giorno dalla pubblicazione sulla* Gazzetta Ufficiale, *avvenuta il 19 gennaio 2004.*

427. Atti compiuti dall'interdetto e dall'inabilitato. – Nella sentenza che pronuncia l'interdizione o l'inabilitazione, o in successivi provvedimenti dell'autorità giudiziaria, può stabilirsi che taluni atti di ordinaria amministrazione possano essere compiuti dall'interdetto senza l'intervento ovvero con l'assistenza del tutore, o che taluni atti eccedenti l'ordinaria amministrazione possano essere compiuti dall'inabilitato senza l'assistenza del curatore ([1]).

Gli atti compiuti dall'interdetto dopo la sentenza di interdizione (421) possono essere annullati su istanza del tutore, dell'interdetto o dei suoi eredi o aventi causa (1425, 1441). Sono del pari annullabili gli atti compiuti dall'interdetto dopo la nomina del tutore provvisorio, qualora alla nomina segua la sentenza d'interdizione.

Possono essere annullati su istanza dell'inabilitato o dei suoi eredi o aventi causa gli atti eccedenti l'ordinaria amministrazione (374, 432, 1572) fatti dall'inabilitato, senza l'osservanza delle prescritte formalità, dopo la sentenza di inabilitazione o dopo la nomina del curatore provvisorio

(419), qualora alla nomina sia seguita l'inabilitazione (377, 776).

Per gli atti compiuti dall'interdetto prima della sentenza di interdizione o prima della nomina del tutore provvisorio si applicano le disposizioni dell'articolo seguente.

(1) *Questo comma è stato inserito dall'art. 9 della L. 9 gennaio 2004, n. 6, a decorrere dal sessantesimo giorno dalla pubblicazione sulla* Gazzetta Ufficiale, *avvenuta il 19 gennaio 2004.*

428. Atti compiuti da persona incapace d'intendere o di volere. – Gli atti compiuti da persona che, sebbene non interdetta, si provi essere stata per qualsiasi causa, anche transitoria, incapace d'intendere o di volere al momento in cui gli atti sono stati compiuti (120, 591 n. 3, 775), possono essere annullati (1425, 1441) su istanza della persona medesima o dei suoi eredi o aventi causa (377, 775[1], 779), se ne risulta un grave pregiudizio all'autore.

L'annullamento dei contratti non può essere pronunziato se non quando, per il pregiudizio che sia derivato o possa derivare (1443) alla persona incapace d'intendere o di volere o per la qualità del contratto o altrimenti, risulta la malafede dell'altro contraente.

L'azione si prescrive nel termine di cinque anni dal giorno in cui l'atto o il contratto è stato compiuto (1442).

Resta salva ogni diversa disposizione di legge (482[2], 526[2]).

429. Revoca dell'interdizione e dell'inabilitazione. – Quando cessa la causa dell'interdizione o dell'inabilitazione, queste possono essere revocate (2942 n. 1) su istanza del coniuge, dei parenti entro il quarto grado (76) o degli affini entro il secondo grado (78), del tutore dell'interdetto, del curatore dell'inabilitato (424) o su istanza del pubblico ministero (42 att.; 720 c.p.c.).

Il giudice tutelare (344) deve vigilare per riconoscere se la causa dell'interdizione o dell'inabilitazione continui. Se ritiene che sia venuta meno, deve informarne il pubblico ministero (750 c.p.c.).

Se nel corso del giudizio per la revoca dell'interdizione o dell'inabilitazione appare opportuno che, successivamente alla revoca, il soggetto sia assistito dall'amministratore di sostegno, il tribunale, d'ufficio o ad istanza di parte, dispone la trasmissione degli atti al giudice tutelare (1).

(1) *Questo comma è stato aggiunto dall'art. 10 della L. 9 gennaio 2004, n. 6, a decorrere dal sessantesimo giorno dalla pubblicazione sulla* Gazzetta Ufficiale, *avvenuta il 19 gennaio 2004.*

430. Pubblicità. – Alla sentenza di revoca dell'interdizione o dell'inabilitazione si applica l'art. 423.

431. Decorrenza degli effetti della sentenza di revoca. – La sentenza che revoca l'interdizione o l'inabilitazione produce i suoi effetti appena passata in giudicato (432[1-2]; 324 c.p.c.).

Tuttavia gli atti compiuti dopo la pubblicazione della sentenza di revoca non possono essere impugnati se non quando la revoca è esclusa con sentenza passata in giudicato (421; 324 c.p.c.).

432. Inabilitazione nel giudizio di revoca dell'interdizione. – L'autorità giudiziaria che pur riconoscendo fondata l'istanza di revoca dell'interdizione, non crede che l'infermo abbia riacquistato la piena capacità, può revocare l'interdizione e dichiarare inabilitato l'infermo medesimo (415, 418).

Si applica anche in questo caso il primo comma dell'articolo precedente.

Gli atti non eccedenti l'ordinaria amministrazione (426), compiuti dall'inabilitato dopo la pubblicazione della sentenza che revoca l'interdizione (429), possono essere impugnati solo quando la revoca è esclusa con sentenza passata in giudicato (324 c.p.c.).

Titolo XIII
Degli alimenti

433. ([1]) **Persone obbligate.** – All'obbligo di prestare gli alimenti (438, 2751, n. 4) sono tenuti, nell'ordine:

1) il coniuge (51, 129 *bis*, 156, 548, 585);

2) i figli, anche adottivi, e, in loro mancanza, i discendenti prossimi ([2]);

3) i genitori e, in loro mancanza, gli ascendenti prossimi; gli adottanti ([3]);

4) i generi e le nuore (434);

5) il suocero e la suocera;

6) i fratelli e le sorelle germani o unilaterali (439) con precedenza dei germani sugli unilaterali (279, 439, 801, 2948; 47 l. fall.).

([1]) *Articolo così sostituito dall'art. 168, L. 19 maggio 1975, n. 151, riforma del diritto di famiglia.*

([2]) *Questo numero è stato così sostituito dall'art. 64, comma 1, lett.* a), *del D.L.vo 28 dicembre 2013, n. 154, a decorrere dal trentesimo giorno successivo a quello della sua pubblicazione nella* Gazzetta Ufficiale (G.U. *n. 5 dell'8 gennaio 2014*).

([3]) *Questo numero è stato così sostituito dall'art. 64, comma 1, lett.* b), *del D.L.vo 28 dicembre 2013, n. 154, a decorrere dal trentesimo giorno successivo a quello della sua pubblicazione nella* Gazzetta Ufficiale (G.U. *n. 5 dell'8 gennaio 2014*).

434. Cessazione dell'obbligo tra affini. – L'obbligazione alimentare del suocero e della suocera e quella del genero e della nuora (433 nn. 4 e 5) cessano (50[4]):

1) quando la persona che ha diritto agli alimenti è passata a nuove nozze;

2) quando il coniuge, da cui deriva l'affinità, e i figli nati dalla sua unione con l'altro coniuge e i loro discendenti sono morti (78).

435. [Obbligo dei genitori e dei figli naturali. – (*Omissis*)] ([1]).

([1]) *Articolo abrogato dall'art. 169, L. 19 maggio 1975, n. 151, riforma del diritto di famiglia.*

436. ([1]) **Obbligo tra adottante e adottato.** – L'adottante (291) deve gli alimenti al figlio adottivo con precedenza sui genitori [legittimi o naturali] ([2]) di lui.

([1]) *Articolo così sostituito dall'art. 170, L. 19 maggio 1975, n. 151, riforma del diritto di famiglia.*

([2]) *Le parole fra parentesi quadrate sono state soppresse dall'art. 65 del D.L.vo 28 dicembre 2013, n. 154, a decorrere dal trentesimo giorno successivo a quello della sua pubblicazione nella* Gazzetta Ufficiale (G.U. *n. 5 dell'8 gennaio 2014*).

437. Obbligo del donatario. – Il donatario (438[3], 769) è tenuto, con precedenza su ogni altro obbligato, a prestare gli alimenti al donante, a meno che si tratti di donazione fatta in riguardo di un matrimonio (785) o di una donazione rimuneratoria (770).

438. Misura degli alimenti. – Gli alimenti possono essere chiesti (445) solo da chi versa in istato di bisogno e non è in grado di provvedere al proprio mantenimento.

Essi devono essere assegnati in proporzione del bisogno di chi li domanda e delle condizioni economiche di chi deve somministrarli. Non devono tuttavia superare quanto sia necessario per la vita dell'alimentando, avuto però riguardo alla sua posizione sociale (51, 435, 439, 440, 446, 660).

Il donatario (437) non è tenuto oltre il valore della donazione tuttora esistente nel suo patrimonio (660).

439. Misura degli alimenti tra fratelli e sorelle. – Tra fratelli e sorelle gli alimenti sono dovuti nella misura dello stretto necessario.

Possono comprendere anche le spese per l'educazione e l'istruzione, se si tratta di minore ([1]).

([1]) *Comma così sostituito dall'art. 9, L. 8 marzo 1975, n. 39, attribuzione della maggiore età.*

440. Cessazione, riduzione e aumento. – Se dopo l'assegnazione degli alimenti mutano le condizioni economiche di chi li somministra o di chi li riceve (438), l'autorità giudiziaria provvede per la cessazione, la riduzione o l'aumento, secondo le circostanze. Gli alimenti possono pure essere ridotti per la condotta disordinata o riprovevole dell'alimentato.

Se, dopo assegnati gli alimenti, consta che uno degli obbligati di grado anteriore (433) è in condizione di poterli somministrare, l'autorità giudiziaria non può liberare l'obbligato di grado posteriore se non quando abbia imposto all'obbligato di grado anteriore di somministrare gli alimenti.

441. Concorso di obbligati. – Se più persone sono obbligate nello stesso grado (433 ss.) alla prestazione degli alimenti, tutte devono concorrere alla prestazione stessa, ciascuna in proporzione delle proprie condizioni economiche (438, 446).

Se le persone chiamate in grado anteriore alla prestazione non sono in condizioni di sopportare l'onere in tutto o in parte, l'obbligazione stessa è posta in tutto o in parte a carico delle persone chiamate in grado posteriore.

Se gli obbligati non sono concordi sulla misura (438), sulla distribuzione e sul modo (443) di somministrazione degli alimenti, provvede l'autorità giudiziaria secondo le circostanze (446).

442. Concorso di aventi diritto. – Quando più persone hanno diritto agli alimenti nei confronti di un medesimo obbligato (433), e questi non è in grado di provvedere ai bisogni di ciascuna di esse, l'autorità giudiziaria dà i provvedimenti opportuni, tenendo conto della prossimità della parentela (74) e dei rispettivi bisogni (438), e anche della possibilità che taluno degli aventi diritto abbia di conseguire gli alimenti da obbligati di grado ulteriore (433, 441, 446).

443. Modo di somministrazione degli alimenti. – Chi deve somministrare gli alimenti ha la scelta di adempiere questa obbligazione o mediante un assegno alimentare corrisposto in periodi anticipati (2948 n. 2), o accogliendo e mantenendo nella propria casa colui che vi ha diritto (1285).

L'autorità giudiziaria può però, secondo le circostanze, determinare il modo di somministrazione (441, 1287).

In caso di urgente necessità l'autorità giudiziaria può altresì porre temporaneamente (446) l'obbligazione degli alimenti a carico di uno solo tra quelli che vi sono obbligati, salvo il regresso verso gli altri (1299).

444. Adempimento della prestazione alimentare. – L'assegno alimentare prestato secondo le modalità stabilite non può essere nuovamente richiesto, qualunque uso l'alimentando ne abbia fatto.

445. Decorrenza degli alimenti. – Gli alimenti sono dovuti dal giorno della domanda giudiziale (163 c.p.c.) o dal giorno della costituzione in mora dell'obbligato (1219), quando questa costituzione sia entro sei mesi seguita dalla domanda giudiziale (2948, n. 2).

446. Assegno provvisorio. – Finché non sono determinati definitivamente il modo (443) e la misura (438) degli alimenti, [il pretore o] (1) il presidente del tribunale può, sentita l'altra parte, ordinare un assegno in via provvisoria ponendolo, nel caso di concorso di più obbligati (441, 1292), a carico anche di uno solo di essi, salvo il regresso verso gli altri (1299; 282 c.p.c.).

(1) *Le parole tra parentesi quadre sono state soppresse dall'art. 142 del D.L.vo 19 febbraio 1998, n. 51, recante l'istituzione del giudice unico, a decorrere dal 2 giugno 1999.*

447. Inammissibilità di cessione e di compensazione. – Il credito alimentare non può essere ceduto (1260).

L'obbligato agli alimenti non può opporre all'altra parte la compensazione (1241, 1246, n. 5), neppure quando si tratta di prestazioni arretrate (545 c.p.c.; 46 l. fall.).

448. Cessazione per morte dell'obbligato. – L'obbligo degli alimenti cessa con la morte dell'obbligato, anche se questi li ha somministrati in esecuzione di sentenza.

448 *bis*. (1) Cessazione per decadenza dell'avente diritto dalla responsabilità genitoriale (2) sui figli. – Il figlio, anche adottivo, e, in sua mancanza, i discendenti prossimi non sono tenuti all'adempimento dell'obbligo di prestare gli alimenti al genitore nei confronti del quale è stata pronunciata la decadenza dalla responsabilità genitoriale (2) e, per i fatti che non integrano i casi di indegnità di cui all'articolo 463, possono escluderlo dalla successione.

(1) *Questo articolo è stato inserito dall'art. 1, comma 9, della L. 10 dicembre 2012, n. 219.*

(2) *La parola: «potestà» è stata così sostituita dalle attuali: «responsabilità genitoriale» dall'art. 66 del D.L.vo 28 dicembre 2013, n. 154, a decorrere dal trentesimo giorno successivo a quello della sua pubblicazione nella* Gazzetta Ufficiale *(G.U. n. 5 dell'8 gennaio 2014).*

Titolo XIV
Degli atti dello stato civile

449. Registri dello stato civile. – I registri dello stato civile sono tenuti in ogni comune in conformità delle norme contenute nella legge sull'ordinamento dello stato civile ([1]).

([1]) *Si veda il D.P.R. 3 novembre 2000, n. 396, ordinamento dello stato civile.*

450. Pubblicità dei registri dello stato civile. – I registri dello stato civile sono pubblici.

Gli ufficiali dello stato civile devono rilasciare gli estratti e i certificati che vengono loro domandati con le indicazioni dalla legge prescritte.

Essi devono altresì compiere negli atti affidati alla loro custodia le indagini domandate dai privati ([1]).

([1]) *Si veda il D.P.R. 3 novembre 2000, n. 396, ordinamento dello stato civile.*

451. Forza probatoria degli atti. – Gli atti dello stato civile fanno prova, fino a querela di falso (221 c.p.c.), di ciò che l'ufficiale pubblico attesta essere avvenuto alla sua presenza o da lui compiuto (2700).

Le dichiarazioni dei comparenti fanno fede fino a prova contraria (2697).

Le indicazioni estranee all'atto non hanno alcun valore (2739).

452. Mancanza, distruzione o smarrimento di registri. – Se non si sono tenuti i registri o sono andati distrutti o smarriti o se, per qualunque altra causa, manca in tutto o in parte la registrazione dell'atto, la prova della nascita (236) o della morte può essere data con ogni mezzo (132, 241).

In caso di mancanza, di distruzione totale o parziale, di alterazione o di occultamento accaduti per dolo del richiedente, questi non è ammesso alla prova consentita nel comma precedente.

453. Annotazioni. – Nessuna annotazione può essere fatta sopra un atto già iscritto nei registri se non è disposta per legge ovvero non è ordinata dall'autorità giudiziaria.

454. ([1]) [**Rettificazioni.** – La rettificazione degli atti dello stato civile si fa in forza di sentenza del tribunale passata in giudicato, con la quale si ordina all'ufficiale dello stato civile di rettificare un atto esistente nei registri o di ricevere un atto omesso o di rinnovare un atto smarrito o distrutto.

Le sentenze devono essere trascritte nei registri].

([1]) *Questo articolo è stato abrogato dall'art. 110, comma 3, del D.P.R. 3 novembre 2000, n. 396, a decorrere dal 30 marzo 2001.*

455. Efficacia della sentenza di rettificazione. – La sentenza di rettificazione non può essere opposta a quelli che non concorsero a domandare la rettificazione, ovvero non furono parti in giudizio o non vi furono regolarmente chiamati (2909).

Libro II
Delle successioni

Titolo I
Disposizioni generali
sulle successioni

Capo I
Dell'apertura della successione,
della delazione e dell'acquisto dell'eredità

456. Apertura della successione. – La successione si apre al momento della morte (4, 58 ss.), nel luogo dell'ultimo domicilio (43) del defunto (52, 53 att.; 22 c.p.c.).

457. Delazione dell'eredità. – L'eredità si devolve per legge (565 ss.) o per testamento (587 ss.).

Non si fa luogo alla successione legittima se non quando manca, in tutto o in parte, quella testamentaria.

Le disposizioni testamentarie non possono pregiudicare i diritti che la legge riserva ai legittimari (536 ss.).

458. Divieto di patti successori. – Fatto salvo quanto disposto dagli articoli 768 *bis* e seguenti, (1) è nulla (1418) ogni convenzione con cui taluno dispone della propria successione. È del pari nullo ogni atto col quale taluno dispone dei diritti che gli possono spettare su una successione non ancora aperta, o rinunzia ai medesimi (557, 679, 2122[4]).

(1) *Le parole*: «*Fatto salvo quanto disposto dagli articoli 768* bis *e seguenti,*» *sono state premesse dall'art. 1 della L. 14 febbraio 2006, n. 55.*

459. Acquisto dell'eredità. – L'eredità si acquista con l'accettazione (470). L'effetto dell'accettazione (321, 460, 470 ss., 478, 485, 527, 586; 35 l. fall.) risale al momento nel quale si è aperta la successione (456, 1146).

460. Poteri del chiamato prima dell'accettazione. – Il chiamato alla eredità può esercitare le azioni possessorie (1168 ss.; 703 c.p.c.) a tutela dei beni ereditari, senza bisogno di materiale apprensione (486, 1146).

Egli inoltre può compiere atti conservativi (669 *bis* c.p.c.), di vigilanza e di amministrazione temporanea (486), e può farsi autorizzare dall'autorità giudiziaria a vendere i beni che non si possono conservare o la cui conservazione importa grave dispendio (747, 748 c.p.c.).

Non può il chiamato compiere gli atti indicati nei commi precedenti, quando si è provveduto alla nomina di un curatore dell'eredità a norma dell'art. 528.

461. Rimborso delle spese sostenute dal chiamato. – Se il chiamato rinunzia all'eredità (519), le spese sostenute per gli atti indicati dall'articolo precedente sono a carico dell'eredità (511).

Capo II
Della capacità di succedere

462. Capacità delle persone fisiche. – Sono capaci di succedere tutti coloro che sono nati o concepiti al tempo dell'apertura della successione (1, 592 ss., 600).

Salvo prova contraria, si presume concepito al tempo dell'apertura della successione chi è nato entro i trecento giorni dalla morte della persona della cui successione si tratta (232).

Possono inoltre ricevere per testamento i figli di una determinata persona vivente al tempo della morte del testatore, benché non ancora concepiti (643, 687, 715).

Capo III
Dell'indegnità

463. Casi d'indegnità. – È escluso dalla successione come indegno (468[2]):

1) chi ha volontariamente ucciso o tentato di uccidere (575 ss. c.p.) la persona della cui successione si tratta, o il coniuge, o un discendente, o un ascendente della medesima, purché non ricorra alcuna delle cause che escludono la punibilità a norma della legge penale (45 ss. c.p.);

2) chi ha commesso, in danno di una di tali persone, un fatto al quale la legge [penale] (1)

dichiara applicabili le disposizioni dell'omicidio (397, 579[3], 580[2] c.p.);

3) chi ha denunciato una di tali persone per reato punibile [con la morte] ([2]), con l'ergastolo o con la reclusione per un tempo non inferiore nel minimo a tre anni (21 ss. c.p.), se la denunzia è stata dichiarata calunniosa in giudizio penale (368 c.p.); ovvero ha testimoniato contro le persone medesime imputate dei predetti reati, se la testimonianza è stata dichiarata, nei confronti di lui, falsa in giudizio penale (372 c.p.);

3 *bis*) chi, essendo decaduto dalla responsabilità genitoriale ([3]) nei confronti della persona della cui successione si tratta a norma dell'articolo 330, non è stato reintegrato nella responsabilità genitoriale ([3]) alla data di apertura della successione della medesima ([4]);

4) chi ha indotto con dolo (1439) o violenza (1434 ss.) la persona, della cui successione si tratta, a fare, revocare o mutare il testamento, o ne l'ha impedita (679);

5) chi ha soppresso, celato o alterato il testamento dal quale la successione sarebbe stata regolata;

6) chi ha formato un testamento falso o ne ha fatto scientemente uso (491 c.p.).

([1]) *La parola: «penale» è stata soppressa dall'art. 1, comma 1, lett.* a), *della L. 8 luglio 2005, n. 137.*

([2]) *Le parole: «con la morte» sono state soppresse dall'art. 1, comma 1, lett.* b), *della L. 8 luglio 2005, n. 137.*

([3]) *La parola: «potestà» è stata così sostituita dalle attuali: «responsabilità genitoriale» dall'art. 105, comma 1, del D.L.vo 28 dicembre 2013, n. 154, a decorrere dal trentesimo giorno successivo a quello della sua pubblicazione nella* Gazzetta Ufficiale (G.U. *n. 5 dell'8 gennaio 2014*).

([4]) *Questo numero è stato inserito dall'art. 1, comma 1, lett.* c), *della L. 8 luglio 2005, n. 137.*

464. Restituzione dei frutti. – L'indegno è obbligato a restituire (1148) i frutti (820) che gli sono pervenuti dopo l'apertura della successione (456, 535).

465. Indegnità del genitore. – Colui che è escluso per indegnità dalla successione (463) non ha sui beni della medesima, che siano devoluti ai suoi figli, i diritti di usufrutto (324) o di amministrazione (320) che la legge accorda ai genitori (467).

466. Riabilitazione dell'indegno. – Chi è incorso nell'indegnità (463) è ammesso a succedere quando la persona, della cui successione si tratta, ve lo ha espressamente abilitato con atto pubblico (2699) o con testamento (587 ss.).

Tuttavia l'indegno non espressamente abilitato, se è stato contemplato nel testamento quando il testatore conosceva la causa dell'indegnità, è ammesso a succedere nei limiti della disposizione testamentaria (1444).

Capo IV
Della rappresentazione

467. ([1]) **Nozione. –** La rappresentazione (70[1]) fa subentrare i discendenti [legittimi o naturali] ([2]) nel luogo e nel grado del loro ascendente (564, 740), in tutti i casi (599[2]) in cui questi non può (463) o non vuole (459, 470 ss., 519 ss.) accettare l'eredità o il legato (522, 523, 649 ss.).

Si ha rappresentazione nella successione testamentaria quando il testatore non ha provveduto (688) per il caso in cui l'istituito non possa o non voglia accettare l'eredità o il legato, e sempre che non si tratti di legato di usufrutto (678, 978) o di altro diritto di natura personale (70, 72, 463, 522).

([1]) *Articolo così sostituito, con l'aggiunta dei discendenti naturali fra i soggetti legittimati, dall'art. 171, L. 19 maggio 1975, n. 151, riforma del diritto di famiglia. In precedenza la Corte costituzionale, con sentenza n. 79 del 14 aprile 1969, aveva dichiarato l'illegittimità costituzionale di questo e del successivo art. 468, limitatamente alla parte in cui escludevano dalla rappresentazione il figlio naturale di chi, figlio o fratello del* de cuius, *non potendo o non volendo accettare, non lasciasse o non avesse discendenti legittimi.*

([2]) *Le parole fra parentesi quadrate sono state soppresse dall'art. 67 del D.L.vo 28 dicembre 2013, n. 154, a decorrere dal trentesimo giorno successivo a quello della sua pubblicazione nella* Gazzetta Ufficiale (G.U. *n. 5 dell'8 gennaio 2014*).

468. ([1]) **Soggetti. –** La rappresentazione ha luogo, nella linea retta (75), a favore dei discendenti dei figli (231 ss.), anche adottivi ([2]) (291 ss.), [nonché dei discendenti dei figli naturali del defunto,] ([3]) e, nella linea collaterale (75), a favore dei discendenti dei fratelli e delle sorelle del defunto.

I discendenti possono succedere per rappresentazione anche se hanno rinunziato (519 ss.) all'eredità della persona in luogo della quale subentrano (479), o sono incapaci (462) o indegni (463) di succedere rispetto a questa.

([1]) *Si veda la sentenza della Corte costituzionale 14 aprile 1969, n. 79 citata in nota* sub *art. precedente.*

([2]) *Le parole: «legittimi, legittimati e adottivi» sono state così sostituite dalle attuali: «anche adottivi» dall'art. 68 del D.L.vo 28 dicembre 2013, n. 154, a decorrere dal trentesimo giorno successivo a quello della sua pubblicazione nella* Gazzetta Ufficiale (G.U. *n. 5 dell'8 gennaio 2014*).

([3]) *Le parole fra parentesi quadrate sono state soppresse dall'art. 68 del D.L.vo 28 dicembre 2013, n. 154, a decorrere dal trentesimo giorno successivo a quello della sua pubblicazione nella* Gazzetta Ufficiale (G.U. *n. 5 dell'8 gennaio 2014*).

469. Estensione del diritto di rappresentazione. Divisione. – La rappresentazione ha luogo in infinito, siano uguali o disuguali il grado dei discendenti e il loro numero in ciascuna stirpe (731).

La rappresentazione ha luogo anche nel caso di unicità di stirpe (564).

Quando vi è rappresentazione, la divisione si fa per stirpi (726).

Se uno stipite ha prodotto più rami, la suddivisione avviene per stirpi anche in ciascun ramo, e per capi tra i membri del medesimo ramo.

Capo V
Dell'accettazione dell'eredità

Sezione I
Disposizioni generali

470. Accettazione pura e semplice e accettazione col beneficio d'inventario. – L'eredità può essere accettata (459, 2648, 2685) puramente e semplicemente (474, 475, 476) o col beneficio d'inventario (484 ss.).

L'accettazione col beneficio d'inventario può farsi nonostante qualunque divieto del testatore (634).

471. Eredità devolute a minori o interdetti. – Non si possono accettare le eredità devolute ai minori (320) e agli interdetti (414), se non col beneficio d'inventario (484 ss., 489), osservate le disposizioni degli articoli 321 e 374.

472. Eredità devolute a minori emancipati o a inabilitati. – I minori emancipati (390 ss.) e gli inabilitati (415 ss.) non possono accettare l'eredità, se non col beneficio d'inventario (489), osservate le disposizioni dell'art. 394.

473. ([1]) **Eredità devolute a persone giuridiche o ad associazioni, fondazioni ed enti non riconosciuti.** – L'accettazione delle eredità devolute alle persone giuridiche o ad associazioni, fondazioni ed enti non riconosciuti non può farsi che col beneficio d'inventario.

Il presente articolo non si applica alle società.

([1]) *Questo articolo è stato così sostituito dall'art. 1, comma 2, della L. 22 giugno 2000, n. 192.*

474. Modi di accettazione. – L'accettazione può essere espressa (475) o tacita (476 ss.).

475. Accettazione espressa. – L'accettazione è espressa quando, in un atto pubblico (2699) o in una scrittura privata (2702), il chiamato all'eredità ha dichiarato di accettarla oppure ha assunto il titolo di erede (2648, 2685).

È nulla la dichiarazione di accettare sotto condizione (1353 ss.) o a termine (1184, 1326^5).

Parimenti è nulla la dichiarazione di accettazione parziale di eredità (1326^5, 1419).

476. Accettazione tacita. – L'accettazione è tacita quando il chiamato all'eredità compie un atto che presuppone necessariamente la sua volontà di accettare e che non avrebbe il diritto di fare se non nella qualità di erede (460, 477, 478, 485, 527, 703^5, 2648).

477. Donazione, vendita e cessione dei diritti di successione. – La donazione (769), la vendita (1470, 1542) o la cessione (1260), che il chiamato all'eredità faccia dei suoi diritti di successione a un estraneo o a tutti gli altri chiamati o ad alcuno di questi, importa accettazione dell'eredità (476).

478. Rinunzia che importa accettazione. – La rinunzia ai diritti di successione, qualora sia fatta verso corrispettivo o a favore di alcuni soltanto dei chiamati, importa accettazione (459, 519 ss.).

479. Trasmissione del diritto di accettazione. – Se il chiamato all'eredità muore senza averla accettata, il diritto di accettarla si trasmette agli eredi (459).

Se questi non sono d'accordo per accettare o rinunziare, colui che accetta l'eredità acquista tutti i diritti e soggiace a tutti i pesi ereditari, mentre vi rimane estraneo chi ha rinunziato.

La rinunzia all'eredità propria del trasmittente include rinunzia all'eredità che al medesimo è devoluta (468, 519 ss.).

480. Prescrizione. – Il diritto di accettare l'eredità si prescrive in dieci anni (481, 485, 487, 525, 2946).

Il termine decorre dal giorno dell'apertura della successione (456) e, in caso d'istituzione condizionale (633 ss.), dal giorno in cui si verifica la condizione (1353, 1359, 2935). In caso di accertamento giudiziale della filiazione il termine decorre dal passaggio in giudicato della sentenza che accerta la filiazione stessa ([1]).

Il termine non corre per i chiamati ulteriori (688), se vi è stata accettazione da parte di precedenti chiamati e successivamente il loro acquisto ereditario è venuto meno (525).

([1]) *Questo periodo è stato aggiunto dall'art. 69 del D.L.vo 28 dicembre 2013, n. 154, a decorrere dal trentesimo giorno successivo a quello della sua pubblicazione nella* Gazzetta Ufficiale *(G.U. n. 5 dell'8 gennaio 2014).*

481. Fissazione di un termine per l'accettazione. – Chiunque vi ha interesse può chiedere che l'autorità giudiziaria fissi un termine (749 c. p.c.) entro il quale il chiamato dichiari se accetta o rinunzia all'eredità. Trascorso questo termine senza che abbia fatto la dichiarazione, il chiamato perde il diritto (2694) di accettare (488, 650).

482. Impugnazione per violenza o dolo. – L'accettazione dell'eredità si può impugnare (483, 1324) quando è effetto di violenza (1434 ss.) o di dolo (1439).

L'azione si prescrive in cinque anni dal giorno in cui è cessata la violenza o è stato scoperto il dolo (1442).

483. Impugnazione per errore. – L'accettazione dell'eredità (1324) non si può impugnare se è viziata da errore (482, 1427 ss.).

Tuttavia, se si scopre un testamento (587) del quale non si aveva notizia al tempo dell'accettazione, l'erede non è tenuto a soddisfare i legati (649, 662, 663) scritti in esso oltre il valore dell'eredità, o con pregiudizio della porzione legittima che gli è dovuta (536 ss.). Se i beni ereditari non bastano a soddisfare tali legati, si riducono proporzionalmente anche i legati scritti in altri testamenti. Se alcuni legatari sono stati già soddisfatti (649) per intero, contro di loro è data azione di regresso.

L'onere di provare il valore dell'eredità incombe all'erede (2697).

Sezione II
Del beneficio d'inventario

484. Accettazione col beneficio d'inventario. – L'accettazione col beneficio d'inventario (470, 490, 510, 511) si fa mediante dichiarazione, ricevuta da un notaio o dal cancelliere del tribunale del circondario ([1]) in cui si è aperta la successione (456), e inserita nel registro delle successioni conservato nello stesso tribunale ([1]) (52, 53 att.).

Entro un mese dall'inserzione, la dichiarazione deve essere trascritta, a cura del cancelliere, presso l'ufficio dei registri immobiliari del luogo in cui si è aperta la successione (456, 2648, 2830).

La dichiarazione deve essere preceduta o seguita dall'inventario, nelle forme prescritte dal codice di procedura civile (494; 769 ss. c.p.c.).

Se l'inventario è fatto prima della dichiarazione, nel registro deve pure menzionarsi la data in cui esso è stato compiuto.

Se l'inventario è fatto dopo la dichiarazione, l'ufficiale pubblico che lo ha redatto deve, nel termine di un mese, far inserire nel registro l'annotazione della data in cui esso è stato compiuto (495, 511).

([1]) *Le parole: «della pretura del mandamento» e «nella stessa pretura» sono state rispettivamente sostituite dalle parole: «del tribunale del circondario» e dalle parole: «nello stesso tribunale» dall'art. 143 del D.L.vo 19 febbraio 1998, n. 51, recante l'istituzione del giudice unico, a decorrere dal 2 giugno 1999.*

485. Chiamato all'eredità che è nel possesso dei beni. – Il chiamato all'eredità, quando a qualsiasi titolo è nel possesso di beni ereditari, deve fare l'inventario entro tre mesi dal giorno dell'apertura della successione (456) o della notizia della devoluta eredità. Se entro questo termine lo ha cominciato ma non è stato in grado di completarlo, può ottenere dal tribunale ([1]) del luogo in cui si è aperta la successione una proroga che, salvo gravi circostanze, non deve eccedere i tre mesi (487; 749, 774 c.p.c.).

Trascorso tale termine senza che l'inventario sia stato compiuto, il chiamato all'eredità è considerato erede puro e semplice.

Compiuto l'inventario, il chiamato che non abbia ancora fatto la dichiarazione a norma dell'art. 484 ha un termine di quaranta giorni da quello del compimento dell'inventario medesimo, per deliberare se accetta (470 ss.) o rinunzia (519 ss.) all'eredità. Trascorso questo termine senza che abbia deliberato, è considerato erede puro e semplice (476, 488).

([1]) *La parola: «pretore» è stata sostituita dalla parola: «tribunale» dall'art. 144 del D.L.vo 19 febbraio 1998, n. 51, recante l'istituzione del giudice unico, a decorrere dal 2 giugno 1999.*

486. Poteri. – Durante i termini stabiliti dall'articolo precedente per fare l'inventario e per deliberare, il chiamato, oltre che esercitare i poteri indicati nell'art. 460, può stare in giudizio come convenuto per rappresentare l'eredità.

Se non compare, l'autorità giudiziaria nomina un curatore all'eredità affinché la rappresenti in giudizio (529; 78 ss., 780 c.p.c.).

487. Chiamato all'eredità che non è nel possesso di beni. – Il chiamato all'eredità, che non è nel possesso di beni ereditari, può fare la dichiarazione di accettare con beneficio d'inventario (484) fino a che il diritto di accettare non è prescritto (480).

Quando ha fatto la dichiarazione, deve compiere l'inventario nel termine di tre mesi dalla dichiarazione, salva la proroga accordata dall'autorità giudiziaria a norma dell'art. 485; in mancanza, è considerato erede puro e semplice (476, 488).

Quando ha fatto l'inventario non preceduto da dichiarazione di accettazione, questa deve essere fatta nei quaranta giorni successivi al compimento dell'inventario; in mancanza, il chiamato perde il diritto di accettare l'eredità.

488. Dichiarazione in caso di termine fissato dall'autorità giudiziaria. – Il chiamato all'eredità, che non è nel possesso di beni ereditari, qualora gli sia stato assegnato un termine a norma dell'art. 481, deve, entro detto termine, compiere anche l'inventario; se fa la dichiarazione e non l'inventario, è considerato erede puro e semplice (487, 496, 500).

L'autorità giudiziaria può accordare una dilazione (749 c.p.c.).

489. Incapaci. – I minori (2), gli interdetti (414) e gli inabilitati (415) non si intendono decaduti dal beneficio d'inventario (471, 472), se non al compimento di un anno dalla maggiore età o dal cessare dello stato d'interdizione o d'inabilitazione (431), qualora entro tale termine non si siano conformati alle norme della presente sezione.

490. Effetti del beneficio d'inventario. – L'effetto del beneficio d'inventario consiste nel tener distinto il patrimonio del defunto da quello dell'erede (2830, 2941, n. 5).

Conseguentemente:

1) l'erede conserva verso l'eredità tutti i diritti e tutti gli obblighi che aveva verso il defunto, tranne quelli che si sono estinti per effetto della morte (448);

2) l'erede non è tenuto al pagamento dei debiti ereditari e dei legati oltre il valore dei beni a lui pervenuti (564, 586[2]; 11, 12 l. fall.);

3) i creditori dell'eredità e i legatari hanno preferenza sul patrimonio ereditario di fronte ai creditori dell'erede (495, 499, 502). Essi però non sono dispensati dal domandare la separazione dei beni, secondo le disposizioni del capo seguente (512 ss.), se vogliono conservare questa preferenza anche nel caso che l'erede decada dal beneficio d'inventario (493, 494, 505, 564) o vi rinunzi.

491. Responsabilità dell'erede nell'amministrazione. – L'erede con beneficio d'inventario non risponde dell'amministrazione dei beni ereditari se non per colpa grave (496, 531, 1176).

492. Garanzia. – Se i creditori o altri aventi interesse lo richiedono (750 c.p.c.), l'erede deve dare idonea garanzia per il valore dei beni mobili (812) compresi nell'inventario, per i frutti (820) degli immobili e per il prezzo dei medesimi che sopravanzi al pagamento dei creditori ipotecari (1179).

493. Alienazione dei beni ereditari senza autorizzazione. – L'erede decade dal beneficio d'inventario (494, 505, 509, 564), se aliena o sottopone a pegno (2784) o ipoteca (2808) beni ereditari, o transige (1965) relativamente a questi beni senza l'autorizzazione giudiziaria e senza osservare le forme prescritte dal codice di procedura civile (747, 748 c.p.c.).

Per i beni mobili l'autorizzazione non è necessaria trascorsi cinque anni dalla dichiarazione di accettare con beneficio d'inventario.

494. Omissioni o infedeltà nell'inventario. – Dal beneficio d'inventario decade l'erede (493, 505, 509, 564) che ha omesso in mala fede di denunziare nell'inventario beni appartenenti all'eredità (762), o che ha denunziato in mala fede, nell'inventario stesso, passività non esistenti (484, 527).

495. Pagamento dei creditori e legatari. – Trascorso un mese dalla trascrizione prevista nell'art. 484 o dall'annotazione disposta nello stesso articolo per il caso che l'inventario sia posteriore alla dichiarazione, l'erede, quando creditori o legatari non si oppongono (498) ed egli non intende promuovere la liquidazione a norma dell'art. 503, paga i creditori e i legatari (649 ss.) a misura che si presentano, salvi i loro diritti di poziorità (499, 503, 2741, 2830).

Esaurito l'asse ereditario, i creditori rimasti insoddisfatti hanno soltanto diritto di regresso contro i legatari, ancorché di cosa determinata appartenente al testatore (649), nei limiti del valore del legato.

Tale diritto si prescrive in tre anni dal giorno dell'ultimo pagamento, salvo che il credito sia anteriormente prescritto (2934 ss.).

496. Rendimento del conto. – L'erede ha l'obbligo di rendere conto (263 c.p.c.) della sua amministrazione ai creditori e ai legatari, i quali possono fare assegnare un termine all'erede (2946 ss.; 749 c.p.c.; 109, 178, att. c.p.c.).

497. Mora nel redimento del conto. – L'erede non può essere costretto al pagamento con i propri beni, se non quando è stato costituito in mora (1219) a presentare il conto e non ha ancora soddisfatto a quest'obbligo (496).

Dopo la liquidazione del conto, non può essere costretto al pagamento con i propri beni se non fino alla concorrenza delle somme di cui è debitore (263 c.p.c.).

498. Liquidazione dell'eredità in caso di opposizione. – Qualora entro il termine indicato nell'art. 495 gli sia stata notificata opposizione da parte di creditori o di legatari (530, 2906), l'erede non può eseguire pagamenti (502), ma deve provvedere alla liquidazione dell'eredità nell'interesse di tutti i creditori e legatari (499 ss., 503).

A tal fine egli, non oltre un mese dalla notificazione dell'opposizione, deve, a mezzo di un notaio del luogo dell'aperta successione, invitare i creditori e i legatari a presentare, entro un termine stabilito dal notaio stesso e non inferiore a giorni trenta (504), le dichiarazioni di credito (505, 507).

L'invito è spedito per raccomandata ai creditori e ai legatari dei quali è noto il domicilio o la residenza ed è pubblicato nel foglio degli annunzi legali della provincia ([1]) (501, 505, 506[3], 530).

([1]) *A norma dell'art. 31, comma 1, della L. 24 novembre 2000, n. 340, a decorrere dal novantesimo giorno successivo alla data di entrata in vigore della stessa legge sono aboliti i fogli degli annunzi legali delle province.*

499. Procedura di liquidazione. – Scaduto il termine entro il quale devono presentarsi le dichiarazioni di credito (498), l'erede provvede, con l'assistenza del notaio, a liquidare le attività ereditarie facendosi autorizzare alle alienazioni necessarie (493; 747, 748 c.p.c.). Se l'alienazione ha per oggetto beni sottoposti a privilegio (2745 ss.) o a ipoteca (2808 ss.), i privilegi non si estinguono, e le ipoteche non possono essere cancellate (2882 ss.) sino a che l'acquirente non depositi il prezzo nel modo stabilito dal giudice o non provveda al pagamento dei creditori collocati nello stato di graduazione previsto dal comma seguente (2885).

L'erede forma, sempre con l'assistenza del notaio, lo stato di graduazione (506). I creditori sono collocati secondo i rispettivi diritti di prelazione (2741). Essi sono preferiti ai legatari. Tra i creditori non aventi diritto a prelazione l'attivo ereditario è ripartito in proporzione dei rispettivi crediti (495, 501).

Qualora, per soddisfare i creditori, sia necessario comprendere nella liquidazione anche l'oggetto di un legato di specie (649 ss.), sulla somma che residua dopo il pagamento dei creditori il legatario di specie è preferito agli altri legatari.

500. Termine per la liquidazione. – L'autorità giudiziaria, su istanza di alcuni dei creditori o legatari, può assegnare un termine all'erede per liquidare le attività ereditarie e per formare lo stato di graduazione (488, 496, 505; 749 c.p.c.).

501. Reclami. – Compiuto lo stato di graduazione (499), il notaio ne dà avviso con raccomandata ai creditori e legatari di cui è noto il domicilio o la residenza, e provvede alla pubblicazione di un estratto dello stato nel foglio degli annunzi legali della provincia ([1]). Trascorsi senza reclami (778 c.p.c) trenta giorni dalla data di questa pubblicazione, lo stato di graduazione diviene definitivo (502).

([1]) *A norma dell'art. 31, comma 1, della L. 24 novembre 2000, n. 340, a decorrere dal novantesimo giorno successivo alla data di entrata in vigore della stessa legge sono aboliti i fogli degli annunzi legali delle province.*

502. Pagamento dei creditori e dei legatari. – Divenuto definitivo lo stato di graduazione (501) o passata in giudicato (324 c.p.c.) la sentenza che pronunzia sui reclami, l'erede deve soddisfare i creditori e i legatari in conformità dello stato medesimo. Questo costituisce titolo esecutivo contro l'erede (474 c.p.c.).

La collocazione dei crediti condizionali non impedisce il pagamento dei creditori posteriori, sempre che questi diano cauzione (1179).

I creditori e i legatari che non si sono presentati hanno azione contro l'erede solo nei limiti della somma che residua dopo il pagamento dei creditori e dei legatari collocati nello stato di graduazione (508). Questa azione si prescrive (2934 ss.) in tre anni dal giorno in cui lo stato è divenuto definitivo o è passata in giudicato (324 c.p.c.) la sentenza che ha pronunziato sui reclami, salvo che il credito sia anteriormente prescritto (495, 2946 ss.).

503. Liquidazione promossa dall'erede. – Anche quando non vi è opposizione di creditori o di legatari, l'erede può valersi della procedura di liquidazione prevista dagli articoli precedenti (495, 504).

Il pagamento fatto a creditori privilegiati o ipotecari non impedisce all'erede di valersi di questa procedura (498, 505).

504. Liquidazione nel caso di più eredi. – Se vi sono più eredi con beneficio d'inventario (510), ciascuno può promuovere la liquidazione (503); ma deve convocare i propri coeredi davanti al notaio nel termine che questi ha stabilito per la dichiarazione dei crediti (498, 510). I coeredi che non si presentano sono rappresentati nella liquidazione dal notaio.

505. Decadenza dal beneficio. – L'erede che, in caso di opposizione, non osserva le norme stabilite dall'art. 498 o non compie la liquidazione o lo stato di graduazione nel termine stabilito dall'art. 500, decade dal beneficio d'inventario (490, 493, 494, 509).

Parimenti decade dal beneficio d'inventario l'erede che, nel caso previsto dall'art. 503, dopo l'invito ai creditori di presentare le dichiarazioni di credito, esegue pagamenti prima che sia definita la procedura di liquidazione o non osserva il termine che gli è stato prefisso a norma dell'art. 500.

La decadenza non si verifica quando si tratta di pagamenti a favore di creditori previlegiati o ipotecari.

In ogni caso la decadenza dal beneficio d'inventario può essere fatta valere solo dai creditori del defunto e dai legatari (509).

506. Procedure individuali. – Eseguita la pubblicazione prescritta dal terzo comma dell'art. 498, non possono essere promosse procedure esecutive a istanza dei creditori. Possono tuttavia essere continuate quelle in corso, ma la parte di prezzo che residua dopo il pagamento dei creditori privilegiati e ipotecari deve essere distribuita in base allo stato di graduazione previsto dall'art. 499.

I crediti a termine diventano esigibili (1186). Resta tuttavia il beneficio del termine, quando il credito è munito di garanzia reale su beni la cui alienazione non si renda necessaria ai fini della liquidazione, e la garanzia stessa è idonea ad assicurare il soddisfacimento integrale del credito.

Dalla data di pubblicazione dell'invito ai creditori previsto dal terzo comma dell'art. 498 è sospeso il decorso degli interessi dei crediti chirografari (1282). I creditori tuttavia hanno diritto, compiuta la liquidazione, al collocamento degli interessi sugli eventuali residui (51, 55 l. fall.).

507. Rilascio dei beni ai creditori e ai legatari. – L'erede, non oltre un mese dalla scadenza del termine stabilito per presentare le dichiarazioni di credito (498), se non ha provveduto ad alcun atto di liquidazione, può rilasciare tutti i beni ereditari a favore dei creditori e dei legatari (1977 ss.).

A tal fine l'erede deve, nelle forme indicate dall'articolo 498, dare avviso ai creditori e ai legatari dei quali è noto il domicilio o la residenza (43); deve iscrivere la dichiarazione di rilascio nel registro delle successioni (52, 53 att.), annotarla in margine alla trascrizione prescritta dal secondo comma dell'art. 484, e trascriverla presso gli uffici dei registri immobiliari dei luoghi in cui si trovano gli immobili ereditari (2643 ss.) e presso gli uffici dove sono registrati i beni mobili (2649, 2663, 2683, 2687).

Dal momento in cui è trascritta la dichiarazione di rilascio, gli atti di disposizione dei beni ereditari compiuti dall'erede sono senza effetto rispetto ai creditori e ai legatari (509, 2644, 2649).

L'erede deve consegnare i beni al curatore nominato secondo le norme dell'articolo seguente. Eseguita la consegna, egli resta liberato da ogni responsabilità per i debiti ereditari.

508. Nomina del curatore. – Trascritta la dichiarazione di rilascio, il tribunale ([1]) del luogo dell'aperta successione (456), su istanza dell'erede o di uno dei creditori o legatari, o anche d'ufficio, nomina un curatore, perché provveda alla liquidazione secondo le norme degli articoli 498 e seguenti.

Il decreto di nomina del curatore è iscritto nel registro delle successioni (52, 53 att.).

Codice Civile

Le attività che residuano, pagate le spese della curatela e soddisfatti i creditori e i legatari collocati nello stato di graduazione (499², 501), spettano all'erede, salva l'azione dei creditori e legatari, che non si sono presentati, nei limiti determinati dal terzo comma dell'articolo 502.

(¹) *La parola: «pretore» è stata sostituita dalla parola: «tribunale» dall'art. 144 del D.L.vo 19 febbraio 1998, n. 51, recante l'istituzione del giudice unico, a decorrere dal 2 giugno 1999.*

509. Liquidazione proseguita su istanza dei creditori o legatari. – Se, dopo la scadenza del termine stabilito per presentare le dichiarazioni di credito (498), l'erede incorre nella decadenza dal beneficio d'inventario (493, 494, 505), ma nessuno dei creditori o legatari la fa valere, il tribunale (¹) del luogo dell'aperta successione (456), su istanza (779 c.p.c.) di uno dei creditori o legatari, sentiti l'erede e coloro che hanno presentato le dichiarazioni di credito (498 ss.), può nominare un curatore con l'incarico di provvedere alla liquidazione dell'eredità secondo le norme degli articoli 499 e seguenti. Dopo la nomina del curatore, la decadenza dal beneficio non può più essere fatta valere.

Il decreto di nomina del curatore è iscritto nel registro delle successioni (52, 53 att.), annotato a margine della trascrizione prescritta dal secondo comma dell'art. 484, e trascritto negli uffici dei registri immobiliari dei luoghi dove si trovano gli immobili ereditari (507⁴, 2643) e negli uffici dove sono registrati i beni mobili (2649, 2663, 2683, 2687).

L'erede perde l'amministrazione dei beni ed è tenuto a consegnarli al curatore (507). Gli atti di disposizione che l'erede compie dopo trascritto il decreto di nomina del curatore sono senza effetto rispetto ai creditori e ai legatari (2644).

(¹) *La parola: «pretore» è stata sostituita dalla parola: «tribunale» dall'art. 144 del D.L.vo 19 febbraio 1998, n. 51, recante l'istituzione del giudice unico, a decorrere dal 2 giugno 1999.*

510. Accettazione o inventario fatti da uno dei chiamati. – L'accettazione con beneficio d'inventario (484) fatta da uno dei chiamati giova a tutti gli altri, anche se l'inventario è compiuto da un chiamato diverso da quello che ha fatto la dichiarazione (504).

511. Spese. – Le spese dell'apposizione dei sigilli, dell'inventario e di ogni altro atto dipendente dall'accettazione con beneficio d'inventario sono a carico dell'eredità (461, 484, 712).

Capo VI
Della separazione dei beni del defunto da quelli dell'erede

512. Oggetto della separazione. – La separazione dei beni del defunto da quelli dell'erede assicura il soddisfacimento, con i beni del defunto, dei creditori di lui e dei legatari che l'hanno esercitata (514), a preferenza dei creditori dell'erede (490).

Il diritto alla separazione spetta anche ai creditori o legatari che hanno altre garanzie sui beni del defunto.

La separazione non impedisce ai creditori e ai legatari che l'hanno esercitata, di soddisfarsi anche sui beni propri dell'erede (11 l. fall.).

513. Separazione contro i legatari di specie. – I creditori del defunto possono esercitare la separazione anche rispetto ai beni che formano oggetto di legato di specie (649 ss., 756).

514. Rapporti tra creditori separatisti e non separatisti. – I creditori e i legatari che hanno esercitato la separazione hanno diritto di soddisfarsi sui beni separati a preferenza dei creditori e dei legatari che non l'hanno esercitata, quando il valore della parte di patrimonio non separata sarebbe stato sufficiente a soddisfare i creditori e i legatari non separatisti.

Fuori di questo caso, i creditori e i legatari non separatisti possono concorrere con coloro che hanno esercitato la separazione; ma, se parte del patrimonio non è stata separata, il valore di questa si aggiunge al prezzo dei beni separati per determinare quanto spetterebbe a ciascuno dei concorrenti, e quindi si considera come attribuito integralmente ai creditori e ai legatari non separatisti (54 att.).

Quando la separazione è esercitata da creditori e legatari, i creditori sono preferiti ai legatari. La preferenza è anche accordata, nel caso previsto dal comma precedente, ai creditori non separatisti di fronte ai legatari separatisti (756).

Restano salve in ogni caso le cause di prelazione (2721, 2741 ss.).

515. Cessazione della separazione. – L'erede può impedire o far cessare la separazione pagando i creditori e i legatari, e dando cauzione (1179) per il pagamento di quelli il cui diritto è sospeso da condizione o sottoposto a termine, oppure è contestato (119, 750 c.p.c.; 11 l. fall.).

516. Termine per l'esercizio del diritto alla separazione. – Il diritto alla separazione deve essere esercitato entro il termine di tre mesi dall'apertura della successione (456, 518; 729 c.p.c.).

517. Separazione riguardo ai mobili. – Il diritto alla separazione riguardo ai mobili (812) si esercita mediante domanda giudiziale.

La domanda si propone con ricorso al tribunale (1) del luogo dell'aperta successione (456), il quale ordina l'inventario (769 ss. c.p.c.) se non è ancora fatto, e dà le disposizioni necessarie per la conservazione dei beni stessi.

Riguardo ai mobili già alienati dall'erede, il diritto alla separazione comprende soltanto il prezzo non ancora pagato (518²).

(1) *La parola: «pretore» è stata sostituita dalla parola: «tribunale» dall'art. 144 del D.L.vo 19 febbraio 1998, n. 51, recante l'istituzione del giudice unico, a decorrere dal 2 giugno 1999.*

518. Separazione riguardo agli immobili. – Riguardo agli immobili (812) e agli altri beni capaci d'ipoteca (2810), il diritto alla separazione si esercita mediante l'iscrizione del credito o del legato sopra ciascuno dei beni stessi. L'iscrizione si esegue nei modi stabiliti per iscrivere le ipoteche (2827 ss.), indicando il nome del defunto e quello dell'erede, se è conosciuto, e dichiarando che l'iscrizione stessa viene presa a titolo di separazione dei beni. Per tale iscrizione non è necessario esibire il titolo (2839).

Le iscrizioni a titolo di separazione, anche se eseguite in tempi diversi, prendono tutte il grado (2852) della prima e prevalgono sulle trascrizioni ed iscrizioni contro l'erede o il legatario, anche se anteriori (517³).

Alle iscrizioni a titolo di separazione sono applicabili le norme sulle ipoteche (2808 ss.).

Capo VII
Della rinunzia all'eredità

519. Dichiarazione di rinunzia. – La rinunzia all'eredità (320², 467, 468, 481, 524, 527, 552, 586, 683) deve farsi (374 n. 3) con dichiarazione, ricevuta da un notaio o dal cancelliere del tribunale del circondario (1) in cui si è aperta la successione (456), e inserita nel registro delle successioni (52, 53, 133 att.).

La rinunzia fatta gratuitamente (461) a favore di tutti coloro ai quali si sarebbe devoluta la quota del rinunziante non ha effetto finché, a cura di alcuna delle parti, non siano osservate le forme indicate nel comma precedente (477, 478, 527, 674).

(1) *Le parole: «della pretura del mandamento» sono state sostituite dalle parole: «del tribunale del circondario» dall'art. 146 del D.L.vo 19 febbraio 1998, n. 51, recante l'istituzione del giudice unico, a decorrere dal 2 giugno 1999.*

520. Rinunzia condizionata, a termine o parziale. – È nulla la rinunzia fatta sotto condizione (1353 ss.) o a termine (1184) o solo per parte (475).

521. Retroattività della rinunzia. – Chi rinunzia all'eredità è considerato come se non vi fosse mai stato chiamato (524 ss.).

Il rinunziante può tuttavia ritenere la donazione (769 ss.) o domandare il legato (649 ss.) a lui fatto sino alla concorrenza della porzione disponibile (536 ss.), salve le disposizioni degli articoli 551 e 552.

522. Devoluzione nelle successioni legittime. – Nelle successioni legittime (565 ss.) la parte di colui che rinunzia si accresce a coloro che avrebbero concorso col rinunziante, salvo il diritto di rappresentazione (467 ss.) e salvo il disposto dell'ultimo comma dell'art. 571. Se il rinunziante è solo, l'eredità si devolve a coloro ai quali spetterebbe nel caso egli mancasse.

523. Devoluzione nelle successioni testamentarie. – Nelle successioni testamentarie (587 ss.), se il testatore non ha disposto una sostituzione (688 ss.) e se non ha luogo il diritto di rappresentazione (467 ss.), la parte del rinunziante si accresce ai coeredi a norma dell'art. 674, ovvero si devolve agli eredi legittimi a norma dell'art. 677.

524. Impugnazione della rinunzia da parte dei creditori. – Se taluno rinunzia, benché senza frode, a un'eredità con danno dei suoi creditori, questi possono farsi autorizzare ad accettare l'eredità in nome e luogo del rinunziante (2652 n. 1), al solo scopo di soddisfarsi sui beni ereditari fino alla concorrenza dei loro crediti (1).

Il diritto dei creditori si prescrive in cinque anni dalla rinunzia (2934 ss.).

(1) *Si veda l'art. 35 della legge fallimentare R.D. 16 marzo 1942, n. 267.*

525. Revoca della rinunzia. – Fino a che il diritto di accettare l'eredità non è prescritto contro i chiamati che vi hanno rinunziato (480), questi possono sempre accettarla, se non è già stata acquistata da altro dei chiamati, senza pregiudizio delle ragioni acquistate da terzi sopra i beni dell'eredità.

526. Impugnazione per violenza o dolo. – La rinunzia all'eredità si può impugnare solo se è l'effetto di violenza o di dolo (482, 483, 1324, 1434, 1435, 1439).

L'azione si prescrive in cinque anni dal giorno in cui è cessata la violenza o è stato scoperto il dolo (428[3], 482[2], 1442, 2934).

527. Sottrazione di beni ereditari. – I chiamati all'eredità, che hanno sottratto o nascosto beni spettanti all'eredità stessa, decadono dalla facoltà di rinunziarvi e si considerano eredi puri e semplici, nonostante la loro rinunzia (476, 494).

Capo VIII
Dell'eredità giacente

528. Nomina del curatore. – Quando il chiamato non ha accettato l'eredità (460, 470 ss.) e non è nel possesso di beni ereditari (487), il tribunale del circondario (1) in cui si è aperta la successione (456), su istanza delle persone interessate o anche d'ufficio, nomina un curatore dell'eredità (460, 529 ss.).

Il decreto di nomina del curatore, a cura del cancelliere, è pubblicato per estratto nel foglio degli annunzi legali della provincia (2) e iscritto nel registro delle successioni (52, 53 att.; 781 ss. c.p.c.; 193 att. c.p.c.).

(1) *Le parole: «pretore del mandamento» sono state sostituite dalle parole: «tribunale del circondario» dall'art. 145 del D.L.vo 19 febbraio 1998, n. 51, recante l'istituzione del giudice unico, a decorrere dal 2 giugno 1999.*

(2) *A norma dell'art. 31, comma 1, della L. 24 novembre 2000, n. 340, a decorrere dal novantesimo giorno successivo alla data di entrata in vigore della stessa legge sono aboliti i fogli degli annunzi legali delle province.*

529. Obblighi del curatore. – Il curatore è tenuto a procedere all'inventario dell'eredità (769 ss. c.p.c.), a esercitarne e promuoverne le ragioni, a rispondere alle istanze proposte contro la medesima, ad amministrarla, a depositare presso le casse postali o presso un istituto di credito designato dal tribunale (1) il danaro che si trova nell'eredità o si ritrae dalla vendita dei mobili o degli immobili, e, da ultimo, a rendere conto della propria amministrazione (531; 263, 782 c.p.c.).

(1) *La parola: «pretore» è stata sostituita dalla parola: «tribunale» dall'art. 144 del D.L.vo 19 febbraio 1998, n. 51, recante l'istituzione del giudice unico, a decorrere dal 2 giugno 1999.*

530. Pagamento dei debiti ereditari. – Il curatore può provvedere al pagamento dei debiti ereditari e dei legati, previa autorizzazione del tribunale (1) (2830; 782 c.p.c.).

Se però alcuno dei creditori o dei legatari fa opposizione, il curatore non può procedere ad alcun pagamento, ma deve provvedere alla liquidazione dell'eredità secondo le norme degli articoli 498 e seguenti (782, 783 c.p.c.).

(1) *La parola: «pretore» è stata sostituita dalla parola: «tribunale» dall'art. 144 del D.L.vo 19 febbraio 1998, n. 51, recante l'istituzione del giudice unico, a decorrere dal 2 giugno 1999.*

531. Inventario, amministrazione e rendimento dei conti. – Le disposizioni della sezione II del capo V di questo titolo, che riguardano l'inventario, l'amministrazione e il rendimento di conti da parte dell'erede con beneficio d'inventario (484 ss.), sono comuni al curatore dell'eredità giacente, esclusa la limitazione della responsabilità per colpa (491, 1176; 263 c.p.c.).

532. Cessazione della curatela per accettazione dell'eredità. – Il curatore cessa dalle sue funzioni quando l'eredità è stata accettata (470, 586).

Capo IX
Della petizione di eredità

533. Nozione. – L'erede può chiedere il riconoscimento della sua qualità ereditaria contro chiunque possiede tutti o parte dei beni ereditari a titolo di erede o senza titolo alcuno, allo scopo di ottenere la restituzione dei beni medesimi (71, 73, 534, 535, 2652, n. 7; 22 c.p.c.).

L'azione è imprescrittibile (948[3], 2934), salvi gli effetti della usucapione (1158 ss.) rispetto ai singoli beni.

534. Diritti dei terzi. – L'erede può agire anche contro gli aventi causa da chi possiede a titolo di erede o senza titolo.

Sono salvi i diritti acquistati, per effetto di convenzioni a titolo oneroso con l'erede apparente, dai terzi i quali provino di avere contrattato in buona fede (1147, 1153, 1189, 1396, 1415, 1445, 1729).

La disposizione del comma precedente non si applica ai beni immobili e ai beni mobili iscritti nei pubblici registri (2683), se l'acquisto a titolo di erede (2648) e l'acquisto dall'erede apparente non sono stati trascritti anteriormente alla trascrizione dell'acquisto da parte dell'erede o del legatario vero, o alla trascrizione della domanda giudiziale contro l'erede apparente (2652, n. 7).

535. Possessore di beni ereditari. - Le disposizioni in materia di possesso si applicano anche al possessore di beni ereditari, per quanto riguarda la restituzione dei frutti, le spese, i miglioramenti e le addizioni (1148 ss.).

Il possessore in buona fede, che ha alienato pure in buona fede una cosa dell'eredità (1153 ss., 1260), è solo obbligato a restituire all'erede il prezzo o il corrispettivo ricevuto. Se il prezzo o il corrispettivo è ancora dovuto, l'erede subentra nel diritto di conseguirlo (1203, n. 5, 2038).

È possessore in buona fede colui che ha acquistato il possesso dei beni ereditari, ritenendo per errore di essere erede. La buona fede non giova se l'errore dipende da colpa grave (1147).

Capo X
Dei legittimari

Sezione I
Dei diritti riservati ai legittimari

536. (1) **Legittimari.** - Le persone, a favore delle quali la legge riserva una quota di eredità o altri diritti nella successione sono: il coniuge (548), i figli, (231 ss.) gli ascendenti (538) (2).

Ai figli [legittimi] (3) sono equiparati [i legittimati e] (3) gli adottivi (291 ss., 304).

A favore dei discendenti dei figli [legittimi o naturali] (4), i quali vengono alla successione in luogo di questi (467), la legge riserva gli stessi diritti che sono riservati ai figli [legittimi o naturali] (4).

(1) *Articolo così sostituito dall'art. 172 della legge di riforma del diritto di famiglia, L. 19 maggio 1975, n. 151.*

(2) *Le parole: «i figli legittimi, i figli naturali, gli ascendenti legittimi» sono state così sostituite dalle attuali: «i figli, gli ascendenti» dall'art. 70, comma 1, lett.* a)*, del D.L.vo 28 dicembre 2013, n. 154, a decorrere dal trentesimo giorno successivo a quello della sua pubblicazione nella* Gazzetta Ufficiale (G.U. *n. 5 dell'8 gennaio 2014).*

(3) *Le parole fra parentesi quadrate sono state soppresse dall'art. 70, comma 1, lett.* b)*, del D.L.vo 28 dicembre 2013, n. 154, a decorrere dal trentesimo giorno successivo a quello della sua pubblicazione nella* Gazzetta Ufficiale (G.U. *n. 5 dell'8 gennaio 2014).*

(4) *Le parole fra parentesi quadrate sono state soppresse dall'art. 70, comma 1, lett.* c)*, del D.L.vo 28 dicembre 2013, n. 154, a decorrere dal trentesimo giorno successivo a quello della sua pubblicazione nella* Gazzetta Ufficiale (G.U. *n. 5 dell'8 gennaio 2014).*

537. (1) **Riserva a favore dei figli [legittimi e naturali]** (2). - Salvo quanto disposto dall'art. 542, se il genitore lascia un figlio solo, [legittimo o naturale,] (3) a questi è riservata la metà del patrimonio.

Se i figli sono più, è loro riservata la quota dei due terzi, da dividersi in parti uguali tra tutti i figli [, legittimi e naturali] (4).

[I figli legittimi possono soddisfare in denaro o in beni immobili ereditari la porzione spettante ai figli naturali che non vi si oppongano. Nel caso di opposizione decide il giudice (38 att.), valutate le circostanze personali e patrimoniali (542, 566)] (5).

(1) *Articolo così sostituito dall'art. 173 della legge di riforma del diritto di famiglia, L. 19 maggio 1975, n. 151.*

(2) *Le parole fra parentesi quadrate sono state soppresse dall'art. 71, comma 1, lett.* a)*, del D.L.vo 28 dicembre 2013, n. 154, a decorrere dal trentesimo giorno successivo a quello della sua pubblicazione nella* Gazzetta Ufficiale (G.U. *n. 5 dell'8 gennaio 2014).*

(3) *Le parole fra parentesi quadrate sono state soppresse dall'art. 71, comma 1, lett.* b)*, del D.L.vo 28 dicembre 2013, n. 154, a decorrere dal trentesimo giorno successivo a quello della sua pubblicazione nella* Gazzetta Ufficiale (G.U. *n. 5 dell'8 gennaio 2014).*

(4) *Le parole fra parentesi quadrate sono state soppresse dall'art. 71, comma 1, lett.* c)*, del D.L.vo 28 dicembre 2013, n. 154, a decorrere dal trentesimo giorno successivo a quello della sua pubblicazione nella* Gazzetta Ufficiale (G.U. *n. 5 dell'8 gennaio 2014).*

(5) *Questo comma è stato abrogato dall'art. 71, comma 1, lett.* d)*, del D.L.vo 28 dicembre 2013, n. 154, a decorrere dal trentesimo giorno successivo a quello della sua pubblicazione nella* Gazzetta Ufficiale (G.U. *n. 5 dell'8 gennaio 2014).*

538. (1) **Riserva a favore degli ascendenti [legittimi]** (2). - Se chi muore non lascia figli [legittimi né naturali] (3) (250 ss.), ma ascendenti [legittimi] (3), a favore di questi è riservato un terzo del patrimonio, salvo quanto disposto dall'art. 544.

In caso di pluralità di ascendenti, la riserva è ripartita tra i medesimi secondo i criteri previsti dall'art. 569.

(1) *Articolo così sostituito dall'art. 174 della legge di riforma del diritto di famiglia, L. 19 maggio 1975, n. 151.*

(2) *La parola fra parentesi quadrate è stata soppressa dall'art. 72, comma 1, lett.* a)*, del D.L.vo 28 dicembre 2013, n. 154, a decorrere dal trentesimo gior-*

no successivo a quello della sua pubblicazione nella Gazzetta Ufficiale (G.U. *n. 5 dell'8 gennaio 2014*).

([3]) *Le parole fra parentesi quadrate sono state soppresse dall'art. 72, comma 1, lett.* b), *del D.L.vo 28 dicembre 2013, n. 154, a decorrere dal trentesimo giorno successivo a quello della sua pubblicazione nella* Gazzetta Ufficiale (G.U. *n. 5 dell'8 gennaio 2014*).

539. [**Riserva a favore dei figli naturali.** – (*Omissis*)] ([1]).

([1]) *Articolo abrogato dall'art. 175 della legge di riforma del diritto di famiglia, L. 19 maggio 1975, n. 151.*

540. ([1]) **Riserva a favore del coniuge.** – A favore del coniuge è riservata la metà del patrimonio dell'altro coniuge, salve le disposizioni dell'art. 542 per il caso di concorso con i figli (548).

Al coniuge, anche quando concorra con altri chiamati, sono riservati i diritti di abitazione sulla casa adibita a residenza familiare (144) e di uso sui mobili che la corredano, se di proprietà del defunto o comuni. Tali diritti gravano sulla porzione disponibile (556) e, qualora questa non sia sufficiente, per il rimanente sulla quota di riserva del coniuge ed eventualmente sulla quota riservata ai figli (566).

([1]) *Articolo così sostituito dall'art. 176 della legge di riforma del diritto di famiglia, L. 19 maggio 1975, n. 151.*

541. [**Concorso di figli legittimi e naturali.** – (*Omissis*)] ([1]).

([1]) *Articolo abrogato dall'art. 177 della legge di riforma del diritto di famiglia, L. 19 maggio 1975, n. 151.*

542. ([1]) **Concorso di coniuge e figli.** – Se chi muore lascia, oltre al coniuge, un solo figlio, [legittimo o naturale,] ([2]) a quest'ultimo è riservato un terzo del patrimonio ed un altro terzo spetta al coniuge.

Quando i figli [, legittimi o naturali] ([3]), sono più di uno, ad essi è complessivamente riservata la metà del patrimonio e al coniuge spetta un quarto del patrimonio del defunto. La divisione tra tutti i figli [, legittimi e naturali] ([3]), è effettuata in parti uguali.

[Si applica il terzo comma dell'art. 537] ([4]).

([1]) *Articolo così sostituito dall'art. 178 della legge di riforma del diritto di famiglia, L. 19 maggio 1975, n. 151.*

([2]) *Le parole fra parentesi quadrate sono state soppresse dall'art. 73, comma 1, lett.* a), *del D.L.vo 28 dicembre 2013, n. 154, a decorrere dal trentesimo giorno successivo a quello della sua pubblicazione nella* Gazzetta Ufficiale (G.U. *n. 5 dell'8 gennaio 2014*).

([3]) *Le parole fra parentesi quadrate sono state soppresse dall'art. 73, comma 1, lett.* b), *del D.L.vo 28 dicembre 2013, n. 154, a decorrere dal trentesimo giorno successivo a quello della sua pubblicazione nella* Gazzetta Ufficiale (G.U. *n. 5 dell'8 gennaio 2014*).

([4]) *Questo comma è stato abrogato dall'art. 73, comma 1, lett.* c), *del D.L.vo 28 dicembre 2013, n. 154, a decorrere dal trentesimo giorno successivo a quello della sua pubblicazione nella* Gazzetta Ufficiale (G.U. *n. 5 dell'8 gennaio 2014*).

543. [**Concorso di coniuge e figli naturali.** – (*Omissis*)] ([1]).

([1]) *Articolo abrogato dall'art. 179 della legge di riforma del diritto di famiglia, L. 19 maggio 1975, n. 151.*

544. ([1]) **Concorso di ascendenti [legittimi]** ([2]) **e coniuge.** – Quando chi muore non lascia figli ([3]), ma ascendenti [legittimi] ([4]) e il coniuge, a quest'ultimo è riservata la metà del patrimonio, ed agli ascendenti un quarto.

In caso di pluralità di ascendenti, la quota di riserva ad essi attribuita ai sensi del precedente comma è ripartita tra i medesimi secondo i criteri previsti dall'art. 569.

([1]) *Articolo così sostituito dall'art. 180 della legge di riforma del diritto di famiglia, L. 19 maggio 1975, n. 151.*

([2]) *La parola fra parentesi quadrate è stata soppressa dall'art. 74, comma 1, lett.* a), *del D.L.vo 28 dicembre 2013, n. 154, a decorrere dal trentesimo giorno successivo a quello della sua pubblicazione nella* Gazzetta Ufficiale (G.U. *n. 5 dell'8 gennaio 2014*).

([3]) *Le parole: «né figli legittimi né figli naturali» sono state così sostituite dalle attuali: «figli» dall'art. 74, comma 1, lett.* b), *del D.L.vo 28 dicembre 2013, n. 154, a decorrere dal trentesimo giorno successivo a quello della sua pubblicazione nella* Gazzetta Ufficiale (G.U. *n. 5 dell'8 gennaio 2014*).

([4]) *La parola fra parentesi quadrate è stata soppressa dall'art. 74, comma 1, lett.* b), *del D.L.vo 28 dicembre 2013, n. 154, a decorrere dal trentesimo giorno successivo a quello della sua pubblicazione nella* Gazzetta Ufficiale (G.U. *n. 5 dell'8 gennaio 2014*).

545 - 547. (*Omissis*) ([1]).

([1]) *Articoli abrogati dall'art. 181 della legge di riforma del diritto di famiglia, L. 19 maggio 1975, n. 151. Riguardavano il concorso del coniuge con altri chiamati.*

548. ([1]) **Riserva a favore del coniuge separato.** – Il coniuge cui non è stata addebitata la separazione con sentenza passata in giudicato, ai sensi del secondo comma dell'art. 151, ha gli stessi diritti successori del coniuge non separato (585).

Il coniuge cui è stata addebitata (151) la separazione con sentenza passata in giudicato ha diritto soltanto ad un assegno vitalizio se al momento dell'apertura della successione godeva degli alimenti a carico del coniuge deceduto. L'assegno è commisurato alle sostanze ereditarie e alla qualità e al numero degli eredi legittimi, e non è comunque di entità superiore a quella della prestazione alimentare goduta. La medesima disposizione si applica nel caso in cui la separazione sia stata addebitata ad entrambi i coniugi.

(¹) *Articolo così sostituito dall'art. 182 della legge di riforma del diritto di famiglia, L. 19 maggio 1975, n. 151.*

549. Divieto di pesi o condizioni sulla quota dei legittimari. – Il testatore non può imporre pesi (551, 647) o condizioni (634) sulla quota spettante ai legittimari, salva l'applicazione delle norme contenute nel titolo IV di questo libro (713 ss.).

550. Lascito eccedente la porzione disponibile. – Quando il testatore dispone di un usufrutto (978 ss.) o di una rendita vitalizia (1872) il cui reddito eccede quello della porzione disponibile (556), i legittimari (536), ai quali è stata assegnata la nuda proprietà della disponibile o di parte di essa, hanno la scelta o di eseguire tale disposizione o di abbandonare la nuda proprietà della porzione disponibile. Nel secondo caso il legatario, conseguendo la disponibile abbandonata, non acquista la qualità di erede.

La stessa scelta spetta ai legittimari quando il testatore ha disposto della nuda proprietà di una parte eccedente la disponibile.

Se i legittimari sono più, occorre l'accordo di tutti perché la disposizione testamentaria abbia esecuzione.

Le stesse norme si applicano anche se dell'usufrutto (978 ss.), della rendita (1872) o della nuda proprietà è stato disposto con donazione (769).

551. Legato in sostituzione di legittima. – Se a un legittimario (536) è lasciato un legato in sostituzione della legittima, egli può rinunziare al legato (649, 650) e chiedere la legittima (521).

Se preferisce di conseguire il legato, perde il diritto di chiedere un supplemento, nel caso che il valore del legato sia inferiore a quello della legittima, e non acquista la qualità di erede. Questa disposizione non si applica quando il testatore ha espressamente attribuito al legittimario la facoltà di chiedere il supplemento.

Il legato in sostituzione della legittima grava sulla porzione indisponibile. Se però il valore del legato eccede quello della legittima spettante al legittimario, per l'eccedenza il legato grava sulla disponibile (556).

552. Donazione e legati in conto di legittima. – Il legittimario (536) che rinunzia all'eredità (519 ss.), quando non si ha rappresentazione (467 ss.), può sulla disponibile ritenere le donazioni (769 ss.) o conseguire i legati a lui fatti (521); ma quando non vi è stata espressa dispensa dall'imputazione (553, 564, 724), se per integrare la legittima spettante agli eredi è necessario ridurre (533 ss.) le disposizioni testamentarie o le donazioni (554), restano salve le assegnazioni, fatte dal testatore sulla disponibile, che non sarebbero soggette a riduzione se il legittimario accettasse l'eredità, e si riducono le donazioni e i legati fatti a quest'ultimo.

Sezione II
Della reintegrazione della quota riservata ai legittimari

553. Riduzione delle porzioni degli eredi legittimi in concorso con legittimari. – Quando sui beni lasciati dal defunto si apre in tutto o in parte la successione legittima (565 ss.), nel concorso di legittimari (536 ss.) con altri successibili, le porzioni che spetterebbero a questi ultimi si riducono proporzionalmente (558) nei limiti in cui è necessario per integrare la quota riservata ai legittimari, i quali però devono imputare a questa, ai sensi dell'art. 564, quanto hanno ricevuto dal defunto in virtù di donazioni o di legati (735, 746).

554. Riduzione delle disposizioni testamentarie. – Le disposizioni testamentarie eccedenti la quota di cui il defunto poteva disporre (556) sono soggette a riduzione nei limiti della quota medesima (558, 2652, n. 8, 2690, n. 5).

555. Riduzione delle donazioni. – Le donazioni (769 ss., 809), il cui valore eccede la quota della quale il defunto poteva disporre, sono soggette a riduzione (559) fino alla quota medesima.

Le donazioni non si riducono se non dopo esaurito il valore dei beni di cui è stato disposto per testamento (554, 1923²).

556. Determinazione della porzione disponibile. – Per determinare l'ammontare della quota di cui il defunto poteva disporre si forma una massa di tutti i beni che appartenevano al defunto al tempo della morte, detraendone i debiti. Si riuniscono quindi fittiziamente i beni di cui sia stato disposto a titolo di donazione (562, 737 ss.), secondo il loro valore determinato in base alle regole dettate negli articoli 747 a 750, e sull'asse così formato si calcola la quota di cui il defunto poteva disporre (537 ss.).

557. Soggetti che possono chiedere la riduzione. – La riduzione delle donazioni e delle disposizioni lesive della porzione di legittima non può essere domandata (2652, n. 8, 2690, n. 5) che dai legittimari (536) e dai loro eredi o aventi causa.

Essi non possono rinunziare a questo diritto, finché vive il donante, né con dichiarazione espressa, né prestando il loro assenso alla donazione (458).

I donatari e i legatari non possono chiedere la riduzione, né approfittarne. Non possono chiederla né approfittarne nemmeno i creditori del defunto, se il legittimario avente diritto alla riduzione ha accettato con il beneficio di inventario (484 ss., 564, 2652, n. 8, 2690, n. 5).

558. Modo di ridurre le disposizioni testamentarie. – La riduzione delle disposizioni testamentarie avviene proporzionalmente, senza distinguere tra eredi e legatari (553, 554).

Se il testatore ha dichiarato che una sua disposizione deve avere effetto a preferenza delle altre, questa disposizione non si riduce, se non in quanto il valore delle altre non sia sufficiente a integrare la quota riservata ai legittimari (536).

559. Modo di ridurre le donazioni. – Le donazioni si riducono (555) cominciando dall'ultima e risalendo via via alle anteriori (562, 563).

560. Riduzione del legato o della donazione d'immobili. – Quando oggetto del legato (649) o della donazione (769) da ridurre è un immobile, la riduzione si fa separando dall'immobile medesimo la parte occorrente per integrare la quota riservata, se ciò può avvenire comodamente (720).

Se la separazione non può farsi comodamente e il legatario o il donatario ha nell'immobile un'eccedenza maggiore del quarto della porzione disponibile (556), l'immobile si deve lasciare per intero nell'eredità, salvo il diritto di conseguire il valore della porzione disponibile. Se l'eccedenza non supera il quarto, il legatario o il donatario può ritenere tutto l'immobile, compensando in danaro i legittimari.

Il legatario o il donatario che è legittimario può ritenere tutto l'immobile, purché il valore di esso non superi l'importo della porzione disponibile e della quota che gli spetta come legittimario (536).

561. Restituzione degli immobili. – Gli immobili restituiti in conseguenza della riduzione sono liberi da ogni peso o ipoteca (2808 ss.) di cui il legatario o il donatario può averli gravati, salvo il disposto del n. 8 dell'art. 2652. I pesi e le ipoteche restano efficaci se la riduzione è domandata dopo venti anni dalla trascrizione della donazione, salvo in questo caso l'obbligo del donatario di compensare in denaro i legittimari in ragione del conseguente minor valore dei beni, purché la domanda sia stata proposta entro dieci anni dall'apertura della successione ([1]). Le stesse disposizioni si applicano per i mobili iscritti in pubblici registri ([1]).

I frutti (820, 1284) sono dovuti a decorrere dal giorno della domanda giudiziale (1148).

([1]) *Il secondo periodo di questo comma è stato così sostituito dagli attuali secondo e terzo periodo dall'art. 2, comma 4* novies, *lett.* a), *n. 1), del D.L. 14 marzo 2005, n. 35, convertito, con modificazioni, nella L. 14 maggio 2005, n. 80.*

562. Insolvenza del donatario soggetto a riduzione. – Se la cosa donata è perita per causa imputabile al donatario o ai suoi aventi causa o se la restituzione della cosa donata non può essere richiesta contro l'acquirente (563), e il donatario è in tutto o in parte insolvente, il valore della donazione che non si può recuperare dal donatario si detrae dalla massa ereditaria (556), ma restano impregiudicate le ragioni di credito del legittimario e dei donatari antecedenti contro il donatario insolvente.

563. Azione contro gli aventi causa dai donatari soggetti a riduzione. – Se i donatari contro i quali è stata pronunziata la riduzione (559) hanno alienato a terzi gli immobili donati e non sono trascorsi venti anni dalla trascrizione della ([1]) donazione ([2]), il legittimario, premessa l'escussione dei beni del donatario, può chiedere ai successivi acquirenti, nel modo e nell'ordine in cui si potrebbe chiederla ai donatari medesimi (559), la restituzione degli immobili (2652, n. 8, 2690, n. 5).

L'azione per ottenere la restituzione deve proporsi secondo l'ordine di data delle alienazioni, cominciando dall'ultima. Contro i terzi acquirenti può anche essere richiesta, entro il termine di cui al primo comma, ([3]) la restituzione dei beni mobili, oggetto della donazione, salvi gli effetti del possesso di buona fede (1153 ss.).

Il terzo acquirente può liberarsi dall'obbligo di restituire in natura le cose donate pagando l'equivalente in danaro.

Salvo il disposto del numero 8) dell'articolo 2652, il decorso del termine di cui al primo comma e di quello di cui all'articolo 561, primo comma, è sospeso nei confronti del coniuge e dei parenti in linea retta del donante che abbiano notificato e trascritto, nei confronti del donatario e dei suoi aventi causa ([4]), un atto stragiudiziale di opposizione alla donazione. Il diritto dell'opponente è personale e rinunziabile. L'opposizione perde effetto se non è rinnovata prima che siano trascorsi venti anni dalla sua trascrizione ([5]).

([1]) *Le parole: «trascrizione della» sono state inserite dall'art. 3, comma 1, lettera* a)*, della L. 28 dicembre 2005, n. 263.*

([2]) *Le parole: «e non sono trascorsi venti anni dalla donazione» sono state inserite dall'art. 2, comma 4* novies*, lett.* a)*, n. 2), del D.L. 14 marzo 2005, n. 35, convertito, con modificazioni, nella L. 14 maggio 2005, n. 80.*

([3]) *Le parole: «, entro il termine di cui al primo comma,» sono state inserite dall'art. 2, comma 4* novies*, lett.* a)*, n. 3), del D.L. 14 marzo 2005, n. 35, convertito, con modificazioni, nella L. 14 maggio 2005, n. 80.*

([4]) *Le parole: «e dei suoi aventi causa» sono state inserite dall'art. 3, comma 1, lettera* b)*, della L. 28 dicembre 2005, n. 263.*

([5]) *Questo comma è stato aggiunto dall'art. 2, comma 4* novies*, lett.* a)*, n. 4), del D.L. 14 marzo 2005, n. 35, convertito, con modificazioni, nella L. 14 maggio 2005, n. 80.*

564. Condizioni per l'esercizio dell'azione di riduzione. – Il legittimario (536) che non ha accettato l'eredità col beneficio d'inventario (484 ss., 557) non può chiedere la riduzione delle donazioni e dei legati, salvo che le donazioni e i legati siano stati fatti a persone chiamate come coeredi, ancorché abbiano rinunziato all'eredità (519 ss.). Questa disposizione non si applica all'erede che ha accettato col beneficio d'inventario e che ne è decaduto (493 ss., 505).

In ogni caso il legittimario, che domanda la riduzione di donazione (555) o di disposizioni testamentarie (554), deve imputare alla sua porzione legittima le donazioni e i legati a lui fatti, salvo che ne sia stato espressamente dispensato (552, 553, 724).

Il legittimario che succede per rappresentazione (467 ss.) deve anche imputare le donazioni e i legati fatti, senza espressa dispensa, al suo ascendente (740).

La dispensa non ha effetto a danno dei donatari anteriori.

Ogni cosa, che, secondo le regole contenute nel capo II del titolo IV di questo libro, è esente da collazione, è pure esente da imputazione (737 ss.).

Titolo II
Delle successioni legittime

565. (1) (2) **Categorie dei successibili.** – Nella successione legittima l'eredità si devolve al coniuge (581), ai discendenti [legittimi e naturali] (3), agli ascendenti [legittimi] (3), ai collaterali (570), agli altri parenti (572) e allo Stato (586), nell'ordine e secondo le regole stabilite nel presente titolo.

(1) *Articolo così sostituito dall'art. 183 della L. 19 maggio 1975, n. 151, sulla riforma del diritto di famiglia.*

(2) *La Corte costituzionale, con sentenza n. 55 del 4 luglio 1979, ha dichiarato l'illegittimità costituzionale di questo articolo nella parte in cui esclude dalla categoria dei chiamati alla successione legittima, in mancanza di altri successibili, e prima dello Stato, i fratelli e le sorelle naturali riconosciuti o dichiarati.*

La Corte costituzionale, con sentenza n. 184 del 12 aprile 1990, ha dichiarato l'illegittimità dell'articolo nella parte in cui, in mancanza di altri successibili all'infuori dello Stato, non prevede la successione legittima tra fratelli e sorelle naturali, dei quali sia legalmente accertato il rispettivo status di filiazione nei confronti del comune genitore.

(3) *Le parole fra parentesi quadrate sono state soppresse dall'art. 75 del D.L.vo 28 dicembre 2013, n. 154, a decorrere dal trentesimo giorno successivo a quello della sua pubblicazione nella* Gazzetta Ufficiale (G.U. *n. 5 dell'8 gennaio 2014*).

Capo I
Della successione dei parenti (1)

(1) *L'intitolazione è stata così modificata dall'art. 184, L. 19 maggio 1975, n. 151. Con la stessa disposizione sono stati unificati i capi I e II e, conseguentemente, il capo III e il IV sono divenuti, rispettivamente, capo II e capo III, restando invariate le rubriche.*

566. (1) **Successione dei figli.** – Al padre ed alla madre succedono i figli, in parti uguali.

(1) *Questo articolo è stato, da ultimo, così sostituito dall'art. 76 del D.L.vo 28 dicembre 2013, n. 154, a decorrere dal trentesimo giorno successivo a quello della sua pubblicazione nella* Gazzetta Ufficiale (G.U. *n. 5 dell'8 gennaio 2014*).

567. Successione dei figli adottivi (1). – Ai figli (231 ss.) sono equiparati gli adottivi (291, 304, 309, 687) (2).

I figli adottivi sono estranei alla successione dei parenti dell'adottante (300).

(1) *La precedente rubrica:* «Successione dei figli legittimati e adottivi» *è stata così sostituita dall'attuale dall'art. 77, comma 1, lett.* a), *del D.L.vo 28 dicembre 2013, n. 154, a decorrere dal trentesimo giorno successivo a quello della sua pubblicazione nella* Gazzetta Ufficiale (G.U. *n. 5 dell'8 gennaio 2014*).

(2) *Questo comma è stato così sostituito dall'art. 77, comma 1, lett.* b), *del D.L.vo 28 dicembre 2013, n. 154, a decorrere dal trentesimo giorno successivo a quello della sua pubblicazione nella* Gazzetta Ufficiale (G.U. *n. 5 dell'8 gennaio 2014*).

568. Successione dei genitori. – A colui che muore senza lasciare prole, né fratelli o sorelle o loro discendenti (467 ss.), succedono il padre e la madre in eguali porzioni, o il genitore che sopravvive (538, 644).

569. Successione degli ascendenti. – A colui che muore senza lasciare prole, né genitori, né fratelli o sorelle o loro discendenti (467 ss.), succedono per una metà gli ascendenti della linea paterna e per l'altra metà gli ascendenti della linea materna (538, 644).

Se però gli ascendenti non sono di eguale grado (76), l'eredità è devoluta al più vicino senza distinzione di linea (75, 538, 571).

570. Successione dei fratelli e delle sorelle. – A colui che muore senza lasciare prole, né genitori, né altri ascendenti, succedono i fratelli e le sorelle in parti uguali.

I fratelli e le sorelle unilaterali conseguono però la metà della quota che conseguono i germani.

571. (1) **Concorso di genitori o ascendenti con fratelli e sorelle.** – Se coi genitori o con uno soltanto di essi concorrono fratelli e sorelle germani del defunto, tutti sono ammessi alla successione del medesimo per capi, purché in nessun caso la quota, in cui succedono i genitori o uno di essi, sia minore della metà.

Se vi sono fratelli e sorelle unilaterali, ciascuno di essi consegue la metà della quota che consegue ciascuno dei germani o dei genitori, salva in ogni caso la quota della metà in favore di questi ultimi.

Se entrambi i genitori non possono (463) o non vogliono venire alla successione e vi sono ulteriori ascendenti, a questi ultimi si devolve, nel modo determinato dall'art. 569, la quota che sarebbe spettata a uno dei genitori in mancanza dell'altro (522, 582).

(1) *Articolo così sostituito dall'art. 186 della L. 19 maggio 1975, n. 151, riforma del diritto di famiglia.*

572. Successione di altri parenti. – Se alcuno muore senza lasciare prole, né genitori, né altri ascendenti (583), né fratelli o sorelle o loro discendenti, la successione si apre a favore del parente o dei parenti prossimi (76), senza distinzione di linea (75).

La successione non ha luogo tra i parenti oltre il sesto grado (77).

573. Successione dei figli nati fuori del matrimonio ([1]). – Le disposizioni relative alla successione dei figli nati fuori del matrimonio ([1]) si applicano quando la filiazione è stata riconosciuta (250 ss.) o giudizialmente dichiarata (269), salvo quanto è disposto dall'art. 580.

([1]) *La parola: «naturali» è stata così sostituita dalle attuali: «nati fuori del matrimonio» dall'art. 78 del D.L.vo 28 dicembre 2013, n. 154, a decorrere dal trentesimo giorno successivo a quello della sua pubblicazione nella* Gazzetta Ufficiale (G.U. *n. 5 dell'8 gennaio 2014*).

574 - 576. (*Omissis*) ([1]).

([1]) *Articoli abrogati dall'art. 187 L. 19 maggio 1975, n. 151, riforma del diritto di famiglia. Riguardavano il concorso e la successione dei figli naturali.*

577. ([1]) **Successione del figlio naturale all'ascendente legittimo immediato del suo genitore.** – Il figlio naturale succede all'ascendente legittimo immediato del suo genitore che non può o non vuole accettare l'eredità, se l'ascendente non lascia né coniuge, né discendenti o ascendenti, né fratelli o sorelle o loro discendenti, né altri parenti legittimi entro il terzo grado.

([1]) *La Corte costituzionale, con sentenza n. 79 del 14 aprile 1969, ha dichiarato l'illegittimità costituzionale dell'intero articolo.*

578. ([1]) [**Successione dei genitori al figlio naturale.** – Se il figlio naturale muore senza lasciar prole né coniuge, la sua eredità è devoluta a quello dei genitori che lo ha riconosciuto (258) o del quale è stato dichiarato figlio (250 ss., 269).

Se è stato riconosciuto o dichiarato figlio di entrambi i genitori, l'eredità spetta per metà a ciascuno di essi.

Se uno solo dei genitori ha legittimato il figlio (280 ss.), l'altro è escluso dalla successione].

([1]) *Questo articolo è stato abrogato dall'art. 106, comma 1, lett.* a), *del D.L.vo 28 dicembre 2013, n. 154, a decorrere dal trentesimo giorno successivo a quello della sua pubblicazione nella* Gazzetta Ufficiale (G.U. *n. 5 dell'8 gennaio 2014*).

579. ([1]) [**Concorso del coniuge e dei genitori.** – Se al figlio naturale morto senza lasciare prole, né genitori, sopravvive il coniuge, l'eredità si devolve per intero al medesimo.

Se vi sono genitori, l'eredità è devoluta per due terzi al coniuge e per l'altro terzo ai genitori].

([1]) *Questo articolo è stato abrogato dall'art. 106, comma 1, lett.* a), *del D.L.vo 28 dicembre 2013, n. 154, a decorrere dal trentesimo giorno successivo a quello della sua pubblicazione nella* Gazzetta Ufficiale (G.U. *n. 5 dell'8 gennaio 2014*).

580. ([1]) **Diritti dei figli nati fuori del matrimonio** ([2]) **non riconoscibili.** – Ai figli nati fuori del matrimonio ([2]) aventi diritto al mantenimento, all'istruzione e alla educazione, a norma dell'art. 279, spetta un assegno vitalizio pari all'ammontare della rendita della quota di eredità alla quale avrebbero diritto, se la filiazione fosse stata dichiarata (269 ss.) o riconosciuta (250 ss.).

I figli nati fuori del matrimonio ([2]) hanno diritto di ottenere su loro richiesta la capitalizzazione dell'assegno loro spettante a norma del comma precedente, in denaro, ovvero, a scelta degli eredi legittimi, in beni ereditari.

([1]) *Articolo così sostituito dall'art. 188 della L. 19 maggio 1975, n. 151, riforma del diritto di famiglia, della quale l'art. 237 dispone:*

«237. Le disposizioni degli artt. 580 e 594 del codice civile si applicano anche alle successioni apertesi prima dell'entrata in vigore della presente legge se i diritti dei figli naturali non riconoscibili non sono stati definiti con sentenza passata in giudicato o mediante convenzione».

([2]) *La parola: «naturali» è stata così sostituita dalle attuali: «nati fuori del matrimonio» dall'art. 79, comma 1, del D.L.vo 28 dicembre 2013, n. 154, a decorrere dal trentesimo giorno successivo a quello della sua pubblicazione nella* Gazzetta Ufficiale (G.U. *n. 5 dell'8 gennaio 2014*).

Capo II
Della successione
del coniuge ([1])

([1]) *Capo così rinumerato dall'art. 184, L. 19 maggio 1975, n. 151, riforma del diritto di famiglia.*

581. ([1]) **Concorso del coniuge con i figli.** – Quando con il coniuge concorrono figli [legittimi o figli naturali, o figli legittimi e naturali] ([2]), il coniuge ha diritto alla metà dell'eredità, se alla successione concorre un solo figlio, e ad un terzo negli altri casi.

([1]) *Articolo così modificato dall'art. 189 della L. 19 maggio 1975, n. 151, riforma del diritto di famiglia.*

([2]) *Le parole fra parentesi quadrate sono state soppresse dall'art. 80 del D.L.vo 28 dicembre 2013, n. 154, a decorrere dal trentesimo giorno successivo a quello della sua pubblicazione nella* Gazzetta Ufficiale (G.U. *n. 5 dell'8 gennaio 2014*).

582. ([1]) **Concorso del coniuge con ascendenti [legittimi] ([2]), fratelli e sorelle.** – Al coniuge sono devoluti i due terzi dell'eredità se egli concorre con ascendenti [legittimi] ([2]) o con fratelli e sorelle anche se unilaterali, ovvero con gli uni e con gli altri. In questo ultimo caso la parte residua è devoluta agli ascendenti, ai fratelli e alle sorelle, secondo le disposizioni dell'art. 571, salvo in ogni caso agli ascendenti il diritto a un quarto della eredità.

([1]) *Articolo così sostituito dall'art. 190 della L. 19 maggio 1975, n. 151, riforma del diritto di famiglia.*

([2]) *La parola fra parentesi quadrate è stata soppressa dall'art. 81 del D.L.vo 28 dicembre 2013, n. 154, a decorrere dal trentesimo giorno successivo a quello della sua pubblicazione nella* Gazzetta Ufficiale (G.U. *n. 5 dell'8 gennaio 2014*).

583. ([1]) **Successione del solo coniuge.** – In mancanza di figli [legittimi o naturali] ([2]), di ascendenti, di fratelli o sorelle, al coniuge si devolve tutta l'eredità.

([1]) *Articolo così sostituito dall'art. 191 della L. 19 maggio 1975, n. 151, riforma del diritto di famiglia.*

([2]) *Le parole fra parentesi quadrate sono state soppresse dall'art. 82 del D.L.vo 28 dicembre 2013, n. 154, a decorrere dal trentesimo giorno successivo a quello della sua pubblicazione nella* Gazzetta Ufficiale (G.U. *n. 5 dell'8 gennaio 2014*).

584. ([1]) **Successione del coniuge putativo.** – Quando il matrimonio è stato dichiarato nullo dopo la morte di uno dei coniugi, al coniuge superstite di buona fede (128) spetta la quota attribuita al coniuge dalle disposizioni che precedono. Si applica altresì la disposizione del secondo comma dell'art. 540.

Egli è però escluso dalla successione, quando la persona della cui eredità si tratta è legata da valido matrimonio al momento della morte.

([1]) *Articolo così sostituito dall'art. 192 della L. 19 maggio 1975, n. 151, riforma del diritto di famiglia.*

585. ([1]) **Successione del coniuge separato.** – Il coniuge cui non è stata addebitata la separazione con sentenza (151) passata in giudicato ha gli stessi diritti successori del coniuge non separato.

Nel caso in cui al coniuge sia stata addebitata la separazione con sentenza passata in giudicato, si applicano le disposizioni del secondo comma dell'art. 548.

([1]) *Articolo così sostituito dall'art. 193 della L. 19 maggio 1975, n. 151, riforma del diritto di famiglia.*

Capo III ([1])
Della successione
dello Stato

([1]) *Capo così rinumerato dall'art. 184, L. 19 maggio 1975, n. 151, riforma del diritto di famiglia.*

586. Acquisto dei beni da parte dello Stato. – In mancanza di altri successibili, l'eredità è devoluta allo Stato (565). L'acquisto si opera di diritto senza bisogno di accettazione (459) e non può farsi luogo a rinunzia (519, 827).

Lo Stato non risponde dei debiti ereditari e dei legati oltre il valore dei beni acquistati (490 n. 2).

Titolo III
Delle successioni testamentarie

Capo I
Disposizioni generali

587. Testamento. – Il testamento è un atto revocabile (679 ss.) con il quale taluno dispone, per il tempo in cui avrà cessato di vivere, di tutte le proprie sostanze o di parte di esse (2821).

Le disposizioni di carattere non patrimoniale, che la legge consente siano contenute in un testamento, hanno efficacia, se contenute in un atto che ha la forma del testamento (601), anche se manchino disposizioni di carattere patrimoniale.

588. Disposizioni a titolo universale e a titolo particolare. – Le disposizioni testamentarie, qualunque sia l'espressione o la denominazione usata dal testatore, sono a titolo universale (637) e attribuiscono la qualità di erede (625 ss.), se comprendono l'universalità o una quota dei beni del testatore (674). Le altre disposizioni sono a titolo particolare (631) e attribuiscono la qualità di legatario (649 ss.).

L'indicazione di beni determinati o di un complesso di beni non esclude che la disposizione sia a titolo universale, quando risulta che il testatore ha inteso assegnare quei beni come quota del patrimonio (734).

589. Testamento congiuntivo o reciproco. – Non si può fare testamento da due o più persone nel medesimo atto, né a vantaggio di un terzo, né con disposizione reciproca (458, 635).

590. Conferma ed esecuzione volontaria di disposizioni testamentarie nulle. – La nullità della disposizione testamentaria (606), da qualunque causa dipenda, non può essere fatta valere da chi, conoscendo la causa della nullità, ha, dopo la morte del testatore, confermato la disposizione o dato ad essa volontaria esecuzione (627^2, 799, 2034).

Capo II
Della capacità
di disporre per testamento

591. Casi d'incapacità. – Possono disporre per testamento tutti coloro che non sono dichiarati incapaci dalla legge (32 c.p.).

Sono incapaci di testare:

1) coloro che non hanno compiuto la maggiore età (2);

2) gli interdetti per infermità di mente (414 ss.);

3) quelli che, sebbene non interdetti, si provi essere stati, per qualsiasi causa, anche transitoria, incapaci di intendere o di volere nel momento in cui fecero testamento (428) (1).

Nei casi d'incapacità preveduti dal presente articolo il testamento può essere impugnato da chiunque vi ha interesse. L'azione si prescrive nel termine di cinque anni dal giorno in cui è stata data esecuzione alle disposizioni testamentarie.

(1) *Comma così sostituito dall'art. 10, L. 8 marzo 1975, n. 39, attribuzione della maggiore età.*

Capo III
Della capacità
di ricevere per testamento

592. (1) **Figli nati fuori del matrimonio** (2) **riconosciuti o riconoscibili.** – Se vi sono discendenti legittimi, i figli nati fuori del matrimonio (2), quando la filiazione è stata riconosciuta o dichiarata, non possono ricevere per testamento più di quanto avrebbero ricevuto se la successione si fosse devoluta in base alla legge.

I figli nati fuori del matrimonio (2) riconoscibili, quando la filiazione risulta nei modi indicati dall'art. 279, non possono ricevere più di quanto, secondo la disposizione del comma precedente, potrebbero conseguire se la filiazione fosse stata riconosciuta o dichiarata.

(1) *La Corte costituzionale, con sentenza n. 205 del 18 dicembre 1970, ha dichiarato incostituzionale l'intero articolo.*

(2) *Le parole: «figli naturali» sono state così sostituite dalle seguenti: «figli nati fuori del matrimonio» dall'art. 105, comma 3, del D.L.vo 28 dicembre 2013, n. 154, a decorrere dal trentesimo giorno successivo a quello della sua pubblicazione nella* Gazzetta Ufficiale (G.U. *n. 5 dell'8 gennaio 2014*).

593. [Figli naturali non riconoscibili. – (*Omissis*)] (1).

(1) *Articolo abrogato dall'art. 194 L. 19 maggio 1975, n. 151, riforma del diritto di famiglia.*

594. (1) (2) **Assegno ai figli nati fuori del matrimonio** (3) **non riconoscibili.** – Gli eredi, i legatari e i donatari sono tenuti, in proporzione a quanto hanno ricevuto, a corrispondere ai figli nati fuori del matrimonio (3) di cui all'art. 279, un assegno vitalizio nei limiti stabiliti dall'art. 580, se il genitore non ha disposto per donazione o testamento in favore dei figli medesimi. Se il genitore ha disposto in loro favore, essi possono rinunziare alla disposizione e chiedere l'assegno.

([1]) *Articolo così sostituito dall'art. 195 della L. 19 maggio 1975, n. 151, riforma del diritto di famiglia.*

([2]) *Si veda l'art. 237, della legge citata in nota* ([1]) *che dispone:*

«237. Le disposizioni degli artt. 580 e 594 del codice civile si applicano anche alle successioni apertesi prima dell'entrata in vigore della presente legge se i diritti dei figli naturali non riconoscibili non sono stati definiti con sentenza passata in giudicato o mediante convenzione».

([3]) *La parola: «naturali» è stata così sostituita dalle attuali: «nati fuori del matrimonio» dall'art. 83 del D.L.vo 28 dicembre 2013, n. 154, a decorrere dal trentesimo giorno successivo a quello della sua pubblicazione nella* Gazzetta Ufficiale *(G.U. n. 5 dell'8 gennaio 2014).*

595. [**Coniuge del binubo.** – (*Omissis*)] ([1]).

([1]) *Articolo abrogato dall'art. 196 della L. 19 maggio 1975, n. 151, riforma del diritto di famiglia. Il testo vigente prima dell'abrogazione era stato dichiarato incostituzionale con sentenza 20 dicembre 1979, n. 153 della Corte costituzionale.*

596. Incapacità del tutore e del protutore. – Sono nulle le disposizioni testamentarie della persona sottoposta a tutela in favore del tutore, se fatte dopo la nomina di questo (346) e prima che sia approvato il conto (386; 263 c.p.c.) o sia estinta l'azione per il rendimento del conto medesimo (387), quantunque il testatore sia morto dopo l'approvazione. Questa norma si applica anche al protutore, se il testamento è fatto nel tempo in cui egli sostituiva il tutore (360, 378[4], 599, 799).

Sono però valide le disposizioni fatte in favore del tutore o del protutore che è ascendente, discendente, fratello, sorella o coniuge del testatore.

597. Incapacità del notaio, dei testimoni e dell'interprete. – Sono nulle le disposizioni a favore del notaio o di altro ufficiale (609, 611, 616, 617) che ha ricevuto il testamento pubblico (603), ovvero a favore di alcuno dei testimoni o dell'interprete intervenuti al testamento medesimo (599).

598. Incapacità di chi ha scritto o ricevuto il testamento segreto. – Sono nulle le disposizioni a favore della persona che ha scritto il testamento segreto (604), salvo che siano approvate di mano dello stesso testatore o nell'atto della consegna. Sono pure nulle le disposizioni a favore del notaio a cui il testamento segreto è stato consegnato in plico non sigillato (599, 605).

599. Persone interposte. – Le disposizioni testamentarie a vantaggio delle persone incapaci indicate dagli artt. 592, 593, 595, 596, 597 e 598 sono nulle anche se fatte sotto nome d'interposta persona ([1]).

Sono reputate persone interposte il padre, la madre, i discendenti (467[1]) e il coniuge della persona incapace, anche se chiamati congiuntamente con l'incapace (323, 378, 738, 740, 779 ss., 2728).

([1]) *La Corte costituzionale, con sentenza n. 205 del 28 dicembre 1970, ha dichiarato l'illegittimità costituzionale nella parte in cui si riferisce agli artt. 592 e 593 cod. civ.; e con sentenza 20 dicembre 1979, n. 153 ha dichiarato l'illegittimità costituzionale nella parte in cui richiama l'art. 595.*

600. ([1]) [**Enti non riconosciuti.** – Le disposizioni a favore di un ente non riconosciuto (36) non hanno efficacia, se entro un anno dal giorno in cui il testamento è eseguibile (620 ss.) non è fatta l'istanza per ottenere il riconoscimento (12, 33, 786).

Fino a quando l'ente non è costituito possono essere promossi gli opportuni provvedimenti conservativi (715[4]; 3 att.; 670 c.p.c.)].

([1]) *Questo articolo è stato abrogato dall'art. 13, comma 1, della L. 15 maggio 1997, n. 127, così come sostituito dall'art. 1, comma 1, della L. 22 giugno 2000, n. 192. Le disposizioni previste dall'art. 13, comma 1, si applicano anche alle acquisizioni deliberate o verificatesi in data anteriore a quella di entrata in vigore della citata L. n. 127/1997, a norma dell'art. 13, comma 2, medesima legge.*

Capo IV
Della forma dei testamenti

Sezione I
Dei testamenti ordinari

601. Forme. – Le forme ordinarie di testamento sono il testamento olografo (602) e il testamento per atto di notaio.

Il testamento per atto di notaio è pubblico (603) o segreto (604 ss., 607, 685).

602. Testamento olografo. – Il testamento olografo deve essere scritto per intero, datato e sottoscritto di mano del testatore (606, 684, 685).

La sottoscrizione deve essere posta alla fine delle disposizioni. Se anche non è fatta indicando nome e cognome (6[2], 9), è tuttavia valida quando designa con certezza la persona del testatore.

La data deve contenere l'indicazione del giorno, mese e anno. La prova della non verità della data è ammessa soltanto quando si tratta di giudicare della capacità del testatore (591), della priorità di data tra più testamenti (682) o di altra questione da decidersi in base al tempo del testamento (651, 656, 657, 687).

603. Testamento pubblico. – Il testamento pubblico è ricevuto dal notaio in presenza di due testimoni (597) (1).

Il testatore, in presenza dei testimoni, dichiara al notaio la sua volontà, la quale è ridotta in iscritto a cura del notaio stesso. Questi dà lettura del testamento al testatore in presenza dei testimoni. Di ciascuna di tali formalità è fatta menzione nel testamento (606).

Il testamento deve indicare il luogo, la data del ricevimento e l'ora della sottoscrizione, ed essere sottoscritto dal testatore, dai testimoni e dal notaio. Se il testatore non può sottoscrivere, o può farlo solo con grave difficoltà, deve dichiararne la causa, e il notaio deve menzionare questa dichiarazione prima della lettura dell'atto (606, 609[2]).

Per il testamento del muto, sordo o sordomuto (2) si osservano le norme stabilite dalla legge notarile per gli atti pubblici di queste persone. Qualora il testatore sia incapace anche di leggere, devono intervenire quattro testimoni (605[5], 606[1]).

(1) *Per le formalità dell'atto notarile, si vedano gli artt. 50 ss. della legge sul notariato 16 febbraio 1913, n. 89.*

(2) *A norma dell'art. 1 della L. 20 febbraio 2006, n. 95, in tutte le disposizioni legislative vigenti, il termine «sordomuto» è sostituito con l'espressione «sordo».*

604. Testamento segreto. – Il testamento segreto può essere scritto dal testatore o da un terzo (598). Se è scritto dal testatore, deve essere sottoscritto da lui alla fine delle disposizioni; se è scritto in tutto o in parte da altri, o se è scritto con mezzi meccanici, deve portare la sottoscrizione del testatore anche in ciascun mezzo foglio, unito o separato (607).

Il testatore che sa leggere ma non sa scrivere, o che non ha potuto apporre la sottoscrizione quando faceva scrivere le proprie disposizioni, deve altresì dichiarare al notaio, che riceve il testamento, di averlo letto ed aggiungere la causa che gli ha impedito di sottoscriverlo: di ciò si fa menzione nell'atto di ricevimento.

Chi non sa o non può leggere non può fare testamento segreto (1).

(1) *Gli artt. 1, 2, 3 e 4 della L. 3 febbraio 1975, n. 18, provvedimenti in favore dei ciechi, dispongono:*

«1. *La persona affetta da cecità congenita o contratta successivamente, per qualsiasi causa, è a tutti gli effetti giuridici pienamente capace di agire, purché non sia inabilitata o interdetta a norma degli artt. 414, 415 e 416 del codice civile».*

«2. *La firma apposta su qualsiasi atto, senza alcuna assistenza, dalla persona affetta da cecità, è vincolante ai fini delle obbligazioni e delle responsabilità connesse.*

«Resta fermo il divieto di cui all'art. 604, ultimo comma, del codice civile».

«3. *Per espressa richiesta della persona affetta da cecità è ammessa ad assistere la medesima, nel compimento degli atti di cui all'art. 2, o a partecipare alla loro redazione, nei limiti indicati dall'interessato, altra persona cui egli accordi la necessaria fiducia.*

«La persona che, ai sensi del comma precedente, presta assistenza nel compimento di un atto, deve apporre su di esso, dopo la firma del cieco la propria, premettendo ad essa le parole "il testimone".

«La persona che, ai sensi del primo comma, partecipa alla redazione di un atto, deve apporre su di esso, dopo la firma del cieco, la propria, premettendo le parole "partecipante alla redazione dell'atto"».

«4. *Quando la persona affetta da cecità non è in grado di apporre la firma, effettua la sottoscrizione con un segno di croce; se non può sottoscrivere neppure con il segno di croce ne è fatta menzione sul documento con la formula "impossibilitato a sottoscrivere".*

«Nei casi previsti dal comma precedente il documento è perfezionato con l'intervento e la sottoscrizione di due persone designate ai sensi dell'art. 3».

605. Formalità del testamento segreto. – La carta su cui sono stese le disposizioni o quella che serve da involto deve essere sigillata con un'impronta, in guisa che il testamento non si possa aprire né estrarre senza rottura o alterazione.

Il testatore, in presenza di due testimoni, consegna personalmente al notaio la carta così sigillata, o la fa sigillare nel modo sopra indicato in presenza del notaio e dei testimoni, e dichiara che in questa carta è contenuto il suo testamento. Il testatore, se è muto o sordomuto (1), deve scrivere tale dichiarazione in presenza dei testimoni e deve pure dichiarare per iscritto di aver letto il testamento, se questo è stato scritto da altri (604).

Sulla carta in cui dal testatore è scritto o involto il testamento, o su un ulteriore involto predisposto dal notaio e da lui debitamente sigillato, si scrive l'atto di ricevimento nel quale si indicano il fatto della consegna e la dichiarazione del testatore, il numero e l'impronta dei sigilli, e l'assistenza dei testimoni a tutte le formalità (606).

L'atto deve essere sottoscritto dal testatore, dai testimoni e dal notaio.

Se il testatore non può, per qualunque impedimento, sottoscrivere l'atto della consegna, si osserva quel che è stabilito circa il testamento per atto pubblico (603, 619). Tutto ciò deve essere fatto di seguito e senza passare ad altri atti (607, 608).

(¹) *A norma dell'art. 1 della L. 20 febbraio 2006, n. 95, in tutte le disposizioni legislative vigenti, il termine «sordomuto» è sostituito con l'espressione «sordo».*

606. Nullità del testamento per difetto di forma. – Il testamento è nullo quando manca l'autografia o la sottoscrizione nel caso di testamento olografo (602), ovvero manca la redazione per iscritto, da parte del notaio, delle dichiarazioni del testatore o la sottoscrizione dell'uno o dell'altro, nel caso di testamento per atto di notaio (603).

Per ogni altro difetto di forma il testamento può essere annullato su istanza di chiunque vi ha interesse. L'azione di annullamento si prescrive nel termine di cinque anni dal giorno in cui è stata data esecuzione alle disposizioni testamentarie (590).

607. Validità del testamento segreto come olografo. – Il testamento segreto, che manca di qualche requisito suo proprio (605), ha effetto come testamento olografo, qualora di questo abbia i requisiti (602, 685).

608. Ritiro di testamento segreto od olografo. – Il testamento segreto (604, 605) e il testamento olografo (602) che è stato depositato (620) possono dal testatore essere ritirati in ogni tempo dalle mani del notaio presso il quale si trovano (685).

A cura del notaio si redige verbale della restituzione; il verbale è sottoscritto dal testatore, da due testimoni e dal notaio; se il testatore non può sottoscrivere, se ne fa menzione.

Quando il testamento è depositato in un pubblico archivio, il verbale è redatto dall'archivista e sottoscritto dal testatore, dai testimoni e dall'archivista medesimo.

Della restituzione del testamento si prende nota in margine o in calce all'atto di consegna o di deposito.

Sezione II
Dei testamenti speciali

609. Malattie contagiose, calamità pubbliche o infortuni. – Quando il testatore non può valersi delle forme ordinarie (601), perché si trova in luogo dove domina una malattia reputata contagiosa, o per causa di pubblica calamità o di infortunio, il testamento è valido se ricevuto da un notaio, [dal pretore o] (¹) dal giudice di pace del luogo, dal sindaco o da chi ne fa le veci, o da un ministro di culto, in presenza di due testimoni di età non inferiore a sedici anni.

Il testamento è redatto e sottoscritto da chi lo riceve; è sottoscritto anche dal testatore e dai testimoni. Se il testatore o i testimoni non possono sottoscrivere, se ne indica la causa (603³, 610, 619).

(¹) *Le parole tra parentesi quadre sono state soppresse dall'art. 147 del D.L.vo 19 febbraio 1998, n. 51, recante l'istituzione del giudice unico, a decorrere dal 2 giugno 1999.*

610. Termine di efficacia. – Il testamento ricevuto nel modo indicato dall'articolo precedente perde la sua efficacia tre mesi dopo la cessazione della causa che ha impedito al testatore di valersi delle forme ordinarie (601 ss.).

Se il testatore muore nell'intervallo, il testamento deve essere depositato, appena è possibile, nell'archivio notarile del luogo in cui è stato ricevuto (608³, 613, 614).

611. Testamento a bordo di nave. – Durante il viaggio per mare il testamento può essere ricevuto a bordo della nave dal comandante di essa (612, 615, 619; 296 c.n.).

Il testamento del comandante può essere ricevuto da colui che lo segue immediatamente in ordine di servizio (203, 296, 321, 322 c.n.).

612. Forme. – Il testamento indicato dall'articolo precedente è redatto in doppio originale alla presenza di due testimoni e deve essere sottoscritto dal testatore, dalla persona che lo ha ricevuto e dai testimoni (619); se il testatore o i testimoni non possono sottoscrivere, si deve indicare il motivo che ha impedito la sottoscrizione.

Il testamento è conservato tra i documenti di bordo ed è annotato sul giornale di bordo ovvero sul giornale nautico e sul ruolo d'equipaggio (203, 296, 321, 322 c.n.).

613. Consegna. – Se la nave approda a un porto estero in cui vi sia un'autorità consolare, il comandante è tenuto a consegnare all'autorità medesima uno degli originali del testamento e una copia dell'annotazione fatta sul giornale di bordo ovvero sul giornale nautico e sul ruolo d'equipaggio.

Al ritorno della nave nella Repubblica, i due originali del testamento, o quello non depositato durante il viaggio, devono essere consegnati all'autorità marittima locale insieme con la copia della predetta annotazione.

Della consegna si rilascia dichiarazione, di cui si fa cenno in margine all'annotazione sopraindicata.

614. Verbale di consegna. – L'autorità marittima o consolare locale deve redigere verbale della consegna del testamento e trasmettere il verbale e gli atti ricevuti al Ministro della difesa o al Ministero della marina mercantile (1), secondo che il testamento sia stato ricevuto a bordo di una nave della marina militare o di una nave della marina mercantile. Il Ministero ordina il deposito di uno degli originali nel suo archivio, e trasmette l'altro all'archivio notarile del luogo del domicilio o dell'ultima residenza (43) del testatore (608^3, 617^2).

(1) *Questo Ministero è stato soppresso, unitamente al Ministero dei trasporti e dell'aviazione civile dall'art. 1 della L. 24 dicembre 1993, n. 537, interventi correttivi di finanza pubblica, la quale ha istituito, in loro vece, il Ministero dei trasporti e della navigazione.*

615. Termine di efficacia. – Il testamento fatto durante il viaggio per mare, nella forma stabilita dagli artt. 611 e seguenti, perde la sua efficacia tre mesi dopo lo sbarco del testatore in luogo dove è possibile fare testamento nelle forme ordinarie (601 ss.).

616. Testamento a bordo di aeromobile. – Al testamento fatto a bordo di un aeromobile durante il viaggio si applicano le disposizioni degli artt. 611 a 615.

Il testamento è ricevuto dal comandante, in presenza di uno o, quando è possibile, di due testimoni (888 c.n.).

Le attribuzioni delle autorità marittime a norma degli artt. 613 e 614 spettano alle autorità aeronautiche.

Il testamento è annotato sul giornale di rotta (772 c.n.) (1).

(1) *Ora: giornale di bordo (art. 11, L. 13 maggio 1983, n. 213, modifiche di alcune disposizioni del codice della navigazione relative alla navigazione aerea).*

617. Testamento dei militari e assimilati. – Il testamento dei militari e delle persone al seguito delle forze armate dello Stato può essere ricevuto da un ufficiale o da un cappellano militare o da un ufficiale della Croce Rossa, in presenza di due testimoni; esso deve essere sottoscritto dal testatore, dalla persona che lo ha ricevuto e dai testimoni. Se il testatore o i testimoni non possono sottoscrivere, si deve indicare il motivo che ha impedito la sottoscrizione (619).

Il testamento deve essere al più presto trasmesso al quartiere generale e da questo al Ministero competente, che ne ordina il deposito nell'archivio notarile del luogo del domicilio o dell'ultima residenza (43) del testatore.

618. Casi e termini d'efficacia. – Nella forma speciale stabilita dall'articolo precedente possono testare soltanto coloro i quali, appartenendo a corpi o servizi mobilitati o comunque impegnati in guerra, si trovano in zona di operazioni belliche o sono prigionieri presso il nemico, e coloro che sono acquartierati o di presidio fuori della Repubblica o in luoghi dove siano interrotte le comunicazioni.

Il testamento perde la sua efficacia tre mesi dopo il ritorno del testatore in un luogo dove è possibile far testamento nelle forme ordinarie (601 ss., 615).

619. Nullità. – I testamenti previsti in questa sezione sono nulli quando manca la redazione in iscritto della dichiarazione del testatore ovvero la sottoscrizione della persona autorizzata a riceverla o del testatore.

Per gli altri difetti di forma si osserva il disposto del secondo comma dell'art. 606 (590).

Sezione III
Della pubblicazione dei testamenti olografi e dei testamenti segreti

620. Pubblicazione del testamento olografo. – Chiunque è in possesso di un testamento olografo (602) deve presentarlo a un notaio per la pubblicazione (608), appena ha notizia della morte del testatore.

Chiunque crede di avervi interesse può chiedere, con ricorso al tribunale del circondario (1) in cui si è aperta la successione (456), che sia fissato un termine per la presentazione (621; 749 c.p.c.).

Il notaio procede alla pubblicazione del testamento (623) in presenza di due testimoni, redigendo nella forma degli atti pubblici un verbale nel quale descrive lo stato del testamento, ne riproduce il contenuto e fa menzione della sua apertura, se è stato presentato chiuso con sigillo. Il verbale è sottoscritto dalla persona che presenta il testamento, dai testimoni e dal notaio. Ad esso sono uniti la carta in cui è scritto il testamento, vidimata in ciascun mezzo foglio dal notaio e dai testimoni, e l'estratto dell'atto di morte del testatore o copia del provvedimento che ordina l'apertura degli atti di ultima volontà dell'assente (50) o della sentenza che dichiara la morte presunta (58, 63).

Nel caso in cui il testamento è stato depositato dal testatore presso un notaio, la pubblicazione è eseguita dal notaio depositario (685).

Avvenuta la pubblicazione, il testamento olografo ha esecuzione (623; 3, 7 att.).

Per giustificati motivi, su istanza di chiunque vi ha interesse, il tribunale (2) può disporre che periodi o frasi di carattere non patrimoniale (587) siano cancellati dal testamento e omessi nelle copie che fossero richieste, salvo che l'autorità giudiziaria ordini il rilascio di copia integrale.

(1) *Le parole: «pretore del mandamento» sono state sostituite dalle parole: «tribunale del circondario» dall'art. 145 del D.L.vo 19 febbraio 1998, n. 51, recante l'istituzione del giudice unico, a decorrere dal 2 giugno 1999.*

(2) *La parola: «pretore» è stata sostituita dalla parola: «tribunale» dall'art. 144 del D.L.vo 19 febbraio 1998, n. 51, recante l'istituzione del giudice unico, a decorrere dal 2 giugno 1999.*

621. Pubblicazione del testamento segreto. – Il testamento segreto (604) deve essere aperto e pubblicato dal notaio appena gli perviene la notizia della morte del testatore. Chiunque crede di avervi interesse può chiedere, con ricorso al tribunale del circondario (1) in cui si è aperta la successione, che sia fissato un termine per l'apertura e la pubblicazione (7 att.; 749 c.p.c.).

Si applicano le disposizioni del terzo comma dell'art. 620.

(1) *Le parole: «pretore del mandamento» sono state sostituite dalle parole: «tribunale del circondario» dall'art. 145 del D.L.vo 19 febbraio 1998, n. 51, recante l'istituzione del giudice unico, a decorrere dal 2 giugno 1999.*

622. Comunicazione dei testamenti alla pretura (1). – Il notaio deve trasmettere alla cancelleria del tribunale (2), nella cui giurisdizione si è aperta la successione (456), copia in carta libera dei verbali previsti dagli artt. 620 e 621 e del testamento pubblico (603; 55 att.).

(1) *Ai sensi del D.L.vo 19 febbraio 1998, n. 51, l'ufficio del pretore è soppresso a decorrere dal 2 giugno 1999, fatta salva l'attività necessaria per l'esaurimento degli affari pendenti, e le relative competenze sono trasferite al tribunale ordinario, fuori dei casi in cui è diversamente disposto dal predetto provvedimento.*

(2) *Le parole: «della pretura» sono state sostituite dalle parole: «del tribunale» dall'art. 148 del D.L.vo 19 febbraio 1998, n. 51, recante l'istituzione del giudice unico, a decorrere dal 2 giugno 1999.*

623. Comunicazione agli eredi e legatari. – Il notaio che ha ricevuto un testamento pubblico (603), appena gli è nota la morte del testatore, o, nel caso di testamento olografo (602) o segreto (604), dopo la pubblicazione (620, 621), comunica l'esistenza del testamento agli eredi e legatari di cui conosce il domicilio o la residenza (43).

Capo V
Dell'istituzione di erede e dei legati

Sezione I
Disposizioni generali

624. Violenza, dolo, errore. – La disposizione testamentaria può essere impugnata da chiunque vi abbia interesse quando è l'effetto di errore (625), di violenza o di dolo (1427 ss.).

L'errore sul motivo (626), sia esso di fatto o di diritto, è causa di annullamento della disposizione testamentaria, quando il motivo risulta dal testamento ed è il solo che ha determinato il testatore a disporre (634, 647, 648).

L'azione si prescrive in cinque anni dal giorno in cui si è avuta notizia della violenza, del dolo o dell'errore (2652, n. 7, 2690, n. 4, 2948).

625. Erronea indicazione dell'erede o del legatario o della cosa che forma oggetto della disposizione. – Se la persona dell'erede o del legatario è stata erroneamente indicata, la disposizione ha effetto, quando dal contesto del testamento o altrimenti risulta in modo non equivoco quale persona il testatore voleva nominare (628).

La disposizione ha effetto anche quando la cosa che forma oggetto della disposizione è stata erroneamente indicata o descritta, ma è certo a quale cosa il testatore intendeva riferirsi (632).

626. Motivo illecito. – Il motivo illecito rende nulla la disposizione testamentaria, quando risulta dal testamento ed è il solo che ha determinato il testatore a disporre (634, 647, 648).

627. Disposizione fiduciaria. – Non è ammessa azione in giudizio per accertare che le disposizioni fatte a favore di persona dichiarata nel testamento sono soltanto apparenti e che in realtà riguardano altra persona, anche se espressioni del testamento possono indicare o far presumere che si tratta di persona interposta.

Tuttavia la persona dichiarata nel testamento, se ha spontaneamente eseguito (590) la disposizione fiduciaria trasferendo i beni alla persona voluta dal testatore, non può agire per la ripetizione, salvo che sia un incapace (2034, 2039).

Le disposizioni di questo articolo non si applicano al caso in cui l'istituzione o il legato sono impugnati come fatti per interposta persona (599) a favore di incapaci a ricevere (462, 592 ss.).

628. Disposizioni a favore di persona incerta. – È nulla ogni disposizione fatta a favore di persona che sia indicata in modo da non poter essere determinata (625).

629. Disposizioni a favore dell'anima. – Le disposizioni a favore dell'anima sono valide qualora siano determinati i beni o possa essere determinata la somma da impiegarsi a tale fine.

Esse si considerano come un onere (647) a carico dell'erede o del legatario, e si applica l'art. 648.

Il testatore può designare una persona che curi l'esecuzione della disposizione, anche nel caso in cui manchi un interessato a richiedere l'adempimento (700 ss.).

630. Disposizioni a favore dei poveri. – Le disposizioni a favore dei poveri e altre simili, espresse genericamente, senza che si determini l'uso o il pubblico istituto a cui beneficio sono fatte, s'intendono fatte in favore dei poveri del luogo in cui il testatore aveva il domicilio (43) al tempo della sua morte, e i beni sono devoluti all'ente comunale per l'assistenza.

La precedente disposizione si applica anche quando la persona incaricata dal testatore di determinare l'uso o il pubblico istituto non può o vuole accettare l'incarico (631).

631. Disposizioni rimesse all'arbitrio del terzo. – È nulla ogni disposizione testamentaria con la quale si fa dipendere dall'arbitrio di un terzo l'indicazione dell'erede o del legatario (632, 664), ovvero la determinazione della quota di eredità.

Tuttavia è valida la disposizione a titolo particolare (588) in favore di persona da scegliersi dall'onerato o da un terzo tra più persone determinate dal testatore o appartenenti a famiglie o categorie di persone da lui determinate, ed è pure valida la disposizione a titolo particolare a favore di uno tra più enti (600) determinati del pari dal testatore. Se sono indicate più persone in modo alternativo e non è stabilito chi deve fare la scelta, questa si considera lasciata all'onerato (699, 778²).

Se l'onerato o il terzo non può o non vuole fare la scelta, questa è fatta con decreto dal presidente del tribunale del luogo in cui si è aperta la successione (456), dopo avere assunto le opportune informazioni (751 c.p.c.).

632. Determinazione di legato per arbitrio altrui. – È nulla la disposizione che lascia al mero arbitrio dell'onerato o di un terzo di determinare l'oggetto o la quantità del legato (664).

Sono validi i legati fatti a titolo di rimunerazione per i servizi prestati al testatore, anche se non ne sia indicato l'oggetto o la quantità.

Sezione II

Delle disposizioni condizionali, a termine e modali

633. Condizione sospensiva o risolutiva. – Le disposizioni a titolo universale o particolare (588) possono farsi sotto condizione sospensiva o risolutiva (480, 549, 638, 646).

634. Condizioni impossibili o illecite. – Nelle disposizioni testamentarie si considerano non apposte (647³, 794) le condizioni impossibili e quelle contrarie a norme imperative, all'ordine pubblico o al buon costume, salvo quanto è stabilito dall'art. 626 (636, 692).

635. Condizione di reciprocità. – È nulla la disposizione a titolo universale o particolare (588) fatta dal testatore a condizione di essere a sua volta avvantaggiato nel testamento dell'erede o del legatario (458, 589).

636. Divieto di nozze. – È illecita la condizione (1353) che impedisce le prime nozze o le ulteriori (634).

Tuttavia il legatario di usufrutto (978 ss.) o di uso (1021), di abitazione (1022) o di pensione, o di altra prestazione periodica per il caso o per il tempo del celibato o della vedovanza, non può goderne che durante il celibato o la vedovanza.

637. Termine. – Si considera non apposto (634) a una disposizione a titolo universale (588) il termine dal quale l'effetto di essa deve cominciare o cessare (702²).

638. Condizione di non fare o di non dare. – Se il testatore ha disposto sotto la condizione che l'erede o il legatario non faccia o non dia qualche cosa per un tempo indeterminato, la disposizione si considera fatta sotto condizione risolutiva (633, 1353), salvo che dal testamento risulti una contraria volontà del testatore (639).

639. Garanzia in caso di condizione risolutiva. – Se la disposizione testamentaria è sottoposta a condizione risolutiva (633, 638, 1353), l'autorità giudiziaria, qualora ne ravvisi l'opportunità, può imporre all'erede o al legatario di prestare idonea garanzia (1179; 119 c.p.c.) a favore di coloro ai quali l'eredità o il legato dovrebbe devolversi nel caso che la condizione si avverasse (750 c.p.c.).

640. Garanzia in caso di legato sottoposto a condizione sospensiva o a termine. – Se a taluno è lasciato un legato sotto condizione sospensiva (633, 1353) o dopo un certo tempo (637), l'onerato può essere costretto a dare idonea garanzia (1179) al legatario, salvo che il testatore abbia diversamente disposto (641; 119, 750 c.p.c.).

La garanzia può essere imposta anche al legatario quando il legato è a termine finale (637, 707).

641. Amministrazione in caso di condizione sospensiva o di mancata prestazione di garanzia. – Qualora l'erede sia istituito sotto condizione sospensiva (633, 1353), finché questa condizione non si verifica o non è certo che non si può più verificare, è dato all'eredità un amministratore (642, 693).

Vale la stessa norma anche nel caso in cui l'erede o il legatario non adempie l'obbligo di prestare la garanzia prevista dai due articoli precedenti (643).

642. Persone a cui spetta l'amministrazione. – L'amministrazione spetta alla persona a cui favore è stata disposta la sostituzione (688), ovvero al coerede o ai coeredi, quando tra essi e l'erede condizionale vi è il diritto di accrescimento (674 ss.).

Se non è prevista la sostituzione o non vi sono coeredi a favore dei quali abbia luogo il diritto di accrescimento, l'amministrazione spetta al presunto erede legittimo (565 ss.).

In ogni caso l'autorità giudiziaria, quando concorrono giusti motivi, può provvedere altrimenti (643; 22 c.p.c.).

643. Amministrazione in caso di eredi nascituri. – Le disposizioni dei due precedenti articoli si applicano anche nel caso in cui sia chiamato a succedere un non concepito, figlio di una determinata persona vivente (462). A questa spetta la rappresentanza del nascituro, per la tutela dei suoi diritti successori, anche quando l'amministratore dell'eredità è una persona diversa.

Se è chiamato un concepito, l'amministrazione spetta al padre e alla madre ([1]).

([1]) *Questo comma è stato così sostituito dall'art. 84 del D.L.vo 28 dicembre 2013, n. 154, a decorrere dal trentesimo giorno successivo a quello della sua pubblicazione nella* Gazzetta Ufficiale (G.U. *n. 5 dell'8 gennaio 2014*).

644. Obblighi e facoltà degli amministratori. – Agli amministratori indicati dai precedenti articoli sono comuni le regole che si riferiscono ai curatori dell'eredità giacente (528 ss.; 781 c.p.c.).

645. Condizione sospensiva potestativa senza termine. – Se la condizione apposta all'istituzione di erede o al legato è sospensiva potestativa (1355) e non è indicato il termine per l'adempimento, gli interessati possono adire l'autorità giudiziaria perché fissi questo termine (749 c.p.c.).

646. Retroattività della condizione. – L'adempimento della condizione (633) ha effetto retroattivo (456, 1360); ma l'erede o il legatario, nel caso di condizione risolutiva, non è tenuto a restituire i frutti (820) se non dal giorno in cui la condizione si è verificata (1361). L'azione per la restituzione dei frutti si prescrive in cinque anni (2948).

647. Onere. – Tanto all'istituzione di erede quanto al legato può essere apposto un onere (549, 629, 671, 690).

Se il testatore non ha diversamente disposto, l'autorità giudiziaria, qualora ne ravvisi l'opportunità, può imporre all'erede o al legatario gravato dall'onere una cauzione (1179; 119, 750 c.p.c.).

L'onere impossibile o illecito si considera non apposto; rende tuttavia nulla la disposizione, se ne ha costituito il solo motivo determinante (626, 647).

648. Adempimento dell'onere. – Per l'adempimento dell'onere può agire qualsiasi interessato (629).

Nel caso d'inadempimento dell'onere, l'autorità giudiziaria può pronunziare la risoluzione della disposizione testamentaria (677), se la risoluzione è stata prevista dal testatore, o se l'adempimento dell'onere ha costituito il solo motivo determinante della disposizione (626, 647^2, 2652 n. 1).

Sezione III
Dei legati

649. Acquisto del legato. – Il legato si acquista (17, 483) senza bisogno di accettazione (470 ss.), salva la facoltà di rinunziare (519, 650).

Quando oggetto del legato è la proprietà di una cosa determinata o altro diritto appartenente al testatore (651), la proprietà o il diritto si trasmette dal testatore al legatario al momento della morte del testatore (2648).

Il legatario però deve domandare all'onerato il possesso (1140) della cosa legata, anche quando ne è stato espressamente dispensato dal testatore (622, 672).

650. Fissazione di un termine per la rinunzia. – Chiunque ha interesse può chiedere che l'autorità giudiziaria fissi un termine entro il quale il legatario dichiari se intende esercitare la facoltà di rinunziare (519, 645). Trascorso questo termine senza che abbia fatto alcuna dichiarazione, il legatario perde il diritto di rinunziare (749 c.p.c.).

651. Legato di cosa dell'onerato o di un terzo. – Il legato di cosa dell'onerato (649) o di un terzo (652, 686) è nullo (654, 673), salvo che dal testamento o da altra dichiarazione scritta dal testatore risulti che questi sapeva che la cosa legata apparteneva all'onerato o al terzo (656, 669, 673). In quest'ultimo caso l'onerato è obbligato ad acquistare la proprietà della cosa dal terzo e a trasferirla al legatario, ma è in sua facoltà di pagarne al legatario il suo giusto prezzo.

Se però la cosa legata, pur appartenendo ad altri al tempo del testamento, si trova in proprietà del testatore al momento della sua morte, il legato è valido (656, 657, 686).

652. Legato di cosa solo in parte del testatore. – Se al testatore appartiene una parte della cosa legata o un diritto sulla medesima, il legato è valido solo relativamente a questa parte o a questo diritto, salvo che risulti la volontà del testatore di legare la cosa per intero, in conformità dell'articolo precedente.

653. Legato di cosa genericamente determinata. – È valido il legato di cosa determinata solo nel genere, anche se nessuna del genere ve n'era nel patrimonio del testatore al tempo del testamento e nessuna se ne trova al tempo della morte (654, 664, 666).

654. Legato di cosa non esistente nell'asse. – Quando il testatore ha lasciato una sua cosa particolare (513, 649), o una cosa determinata soltanto nel genere da prendersi dal suo patrimonio, il legato non ha effetto se la cosa non si trova nel patrimonio del testatore al tempo della sua morte (651, 653).

Se la cosa si trova nel patrimonio del testatore al tempo della sua morte, ma non nella quantità determinata, il legato ha effetto per la quantità che vi si trova (652).

655. Legato di cosa da prendersi da certo luogo. – Il legato di cose da prendersi da certo luogo ha effetto soltanto se le cose vi si trovano, e per la parte che vi si trova; ha tuttavia effetto per l'intero quando, alla morte del testatore, le cose non vi si trovano, in tutto o in parte, perché erano state rimosse temporaneamente dal luogo in cui di solito erano custodite.

656. Legato di cosa del legatario. – Il legato di cosa che al tempo in cui fu fatto il testamento era già di proprietà del legatario è nullo, se la cosa si trova in proprietà di lui anche al tempo dell'apertura della successione (456).

Se al tempo dell'apertura della successione la cosa si trova in proprietà del testatore, il legato è valido, ed è altresì valido se in questo tempo la cosa si trova in proprietà dell'onerato o di un terzo, e dal testamento risulta che essa fu legata in previsione di tale avvenimento (651).

657. Legato di cosa acquistata dal legatario. – Se il legatario, dopo la confezione del testamento, ha acquistato dal testatore, a titolo oneroso o a titolo gratuito, la cosa a lui legata, il legato è senza effetto in conformità dell'art. 686.

Se dopo la confezione del testamento la cosa legata è stata dal legatario acquistata, a titolo gratuito, dall'onerato o da un terzo, il legato è senza effetto; se l'acquisto ha avuto luogo a titolo oneroso, il legatario ha diritto al rimborso del prezzo, qualora ricorrano le circostanze indicate dall'art. 651.

658. Legato di credito o di liberazione da debito. – Il legato di un credito o di liberazione da un debito ha effetto per la sola parte del credito o del debito che sussiste al tempo della morte del testatore.

L'erede è soltanto tenuto a consegnare al legatario i titoli del credito legato che si trovavano presso il testatore (1237, 1262).

659. Legato a favore del creditore. – Se il testatore, senza far menzione del debito, fa un legato al suo creditore, il legato non si presume fatto per soddisfare il legatario del suo credito.

660. Legato di alimenti. – Il legato di alimenti, a favore di chiunque sia fatto, comprende le somministrazioni indicate dall'art. 438, salvo che il testatore abbia altrimenti disposto (670).

661. Prelegato. – Il legato a favore di uno dei coeredi e a carico di tutta l'eredità si considera come legato per l'intero ammontare.

662. Onere della prestazione del legato. – Il testatore può porre la prestazione del legato a carico degli eredi ovvero a carico di uno o più legatari (671). Quando il testatore non ha disposto, alla prestazione sono tenuti gli eredi.

Su ciascuno dei diversi onerati il legato grava in proporzione della rispettiva quota ereditaria o del legato, se il testatore non ha diversamente disposto (752).

663. Legato imposto a un solo erede. – Se l'obbligo di adempiere il legato è stato particolarmente imposto a uno degli eredi, questi solo è tenuto a soddisfarlo (483, 1315).

Se è stata legata una cosa propria di un coerede (651), i coeredi sono tenuti a compensarlo del valore di essa con danaro o con beni ereditari, in proporzione della loro quota ereditaria, quando non consta una contraria volontà del testatore (752).

664. Adempimento del legato di genere. – Nel legato di cosa determinata soltanto nel genere (653), la scelta, quando dal testatore non è affidata al legatario o a un terzo, spetta all'onerato. Questi è obbligato a dare cose di qualità non inferiore alla media (1178); ma se nel patrimonio ereditario vi è una sola delle cose appartenenti al genere indicato, l'onerato non ha facoltà né può essere obbligato a prestarne un'altra, salvo espressa disposizione contraria del testatore.

Se la scelta è lasciata dal testatore al legatario o a un terzo (631), questi devono scegliere una cosa di media qualità; ma se cose del genere indicato si trovano nell'eredità, il legatario può scegliere la migliore.

Se il terzo non può o non vuole fare la scelta, questa è fatta a norma del terzo comma dell'art. 631 (666; 751 c.p.c.).

665. Scelta nel legato alternativo. – Nel legato alternativo la scelta spetta all'onerato (666), a meno che il testatore l'abbia lasciata al legatario o a un terzo (1286).

666. Trasmissione all'erede della facoltà di scelta. – Tanto nel legato di genere (653) quanto in quello alternativo (665), se l'onerato o il legatario a cui compete la scelta non ha potuto farla, la facoltà di scegliere si trasmette al suo erede.

La scelta fatta è irretrattabile (1286).

667. Accessioni della cosa legata. – La cosa legata, con tutte le sue pertinenze (817 ss.), deve essere prestata al legatario (649) nello stato in cui si trova al tempo della morte del testatore.

Se è stato legato un fondo, sono comprese nel legato anche le costruzioni fatte nel fondo (934 ss.), sia che esistessero già al tempo della confezione del testamento, sia che non esistessero, salva in ogni caso l'applicabilità del secondo comma dell'art. 686.

Se il fondo legato è stato accresciuto con acquisti posteriori, questi sono dovuti al legatario, purché siano contigui al fondo e costituiscano con esso una unità economica (846).

668. Adempimento del legato. – Se la cosa legata è gravata da una servitù (1027 ss.), da un canone o da altro onere inerente al fondo, ovvero da una rendita fondiaria (1863, 1869), il peso ne è sopportato dal legatario.

Se la cosa legata è vincolata per una rendita semplice (1863 ss.), un censo o altro debito dell'eredità, o anche di un terzo, l'erede è tenuto al pagamento delle annualità o degli interessi e della somma principale, secondo la natura del debito, qualora il testatore non abbia diversamente disposto (374, 756).

669. Frutti della cosa legata. – Se oggetto del legato è una cosa fruttifera (820, 821), appartenente al testatore al momento della sua morte, i frutti o gli interessi sono dovuti al legatario da questo momento (820, 821).

Se la cosa appartiene all'onerato o a un terzo (651), ovvero se si tratta di cosa determinata per genere (653) o quantità, i frutti o gli interessi sono dovuti dal giorno della domanda giudiziale (163 c.p.c.) o dal giorno in cui la prestazione del legato è stata promessa, salvo che il testatore abbia diversamente disposto.

670. Legato di prestazioni periodiche. – Se è stata legata una somma di danaro o una quantità di altre cose fungibili, da prestarsi a termini periodici, il primo termine decorre dalla morte del testatore, e il legatario acquista il diritto a tutta la prestazione dovuta per il termine in corso, ancorché fosse in vita soltanto al principio di esso (1880). Il legato però non può esigersi se non dopo scaduto il termine.

Si può tuttavia esigere all'inizio del termine il legato a titolo di alimenti (445, 660).

671. Legati e oneri a carico del legatario. – Il legatario è tenuto all'adempimento del legato (662) e di ogni altro onere (647) a lui imposto entro i limiti del valore della cosa legata (793).

672. Spese per la prestazione del legato. – Le spese per la prestazione del legato sono a carico dell'onerato (662, 1196).

673. Perimento della cosa legata. Impossibilità della prestazione. – Il legato non ha effetto se la cosa legata è interamente perita durante la vita del testatore (651).

L'obbligazione dell'onerato si estingue se, dopo la morte del testatore, la prestazione è divenuta impossibile per causa a lui non imputabile (649, 1256 ss.).

Sezione IV
Del diritto di accrescimento

674. Accrescimento tra coeredi. – Quando più eredi sono stati istituiti con uno stesso testamento nell'universalità dei beni (588), senza determinazioni di parti o in parti uguali, anche se determinate, qualora uno di essi non possa (459, 462, 463) o non voglia (519) accettare, la sua parte si accresce agli altri (523, 642).

Se più eredi sono stati istituiti in una stessa quota, l'accrescimento ha luogo a favore degli altri istituiti nella quota medesima (588).

L'accrescimento non ha luogo quando dal testamento risulta una diversa volontà del testatore (523, 688 ss.).

È salvo in ogni caso il diritto di rappresentazione (467 ss.).

675. Accrescimento tra collegatari. – L'accrescimento ha luogo anche tra più legatari (649 ss.) ai quali è stato legato uno stesso oggetto, salvo che dal testamento risulti una diversa volontà (688) e salvo sempre il diritto di rappresentazione (467 ss.).

676. Effetti dell'accrescimento. – L'acquisto per accrescimento ha luogo di diritto.

I coeredi o i legatari, a favore dei quali si verifica l'accrescimento, subentrano negli obblighi a cui era sottoposto l'erede o il legatario mancante, salvo che si tratti di obblighi di carattere personale (572, 677).

677. Mancanza di accrescimento. – Se non ha luogo l'accrescimento, la porzione dell'erede mancante si devolve agli eredi legittimi (523, 565 ss.), e la porzione del legatario mancante va a profitto dell'onerato.

Gli eredi legittimi e l'onerato (662) subentrano negli obblighi che gravavano sull'erede o sul legatario mancante, salvo che si tratti di obblighi di carattere personale (676).

Le disposizioni precedenti si applicano anche nel caso di risoluzione di disposizioni testamentarie per inadempimento dell'onere (648).

678. Accrescimento nel legato di usufrutto. – Quando a più persone è legato un usufrutto (667, 698, 978 ss.) in modo che tra di loro vi sia il diritto di accrescimento, l'accrescimento ha luogo anche quando una di esse viene a mancare dopo conseguito il possesso della cosa su cui cade l'usufrutto.

Se non vi è diritto di accrescimento, la porzione del legatario mancante si consolida con la proprietà (1014).

Sezione V
Della revocazione
delle disposizioni testamentarie

679. Revocabilità del testamento. – Non si può in alcun modo rinunziare alla facoltà di revocare (587) o mutare le disposizioni testamentarie: ogni clausola o condizione contraria non ha effetto (463, n. 4, 1412).

680. Revocazione espressa. – La revocazione può farsi soltanto con un nuovo testamento (587 ss.), o con un atto ricevuto da notaio in presenza di due testimoni, in cui il testatore personalmente dichiara di revocare, in tutto o in parte, la disposizione anteriore (681, 682, 684).

681. Revocazione della revocazione. – La revocazione totale o parziale di un testamento (680) può essere a sua volta revocata sempre con le forme stabilite dall'articolo precedente. In tal caso rivivono le disposizioni revocate.

682. Testamento posteriore. – Il testamento posteriore (602), che non revoca in modo espresso i precedenti (680), annulla in questi soltanto le disposizioni che sono con esso incompatibili.

683. Testamento posteriore inefficace. – La revocazione fatta con un testamento posteriore conserva la sua efficacia anche quando questo rimane senza effetto perché l'erede istituito o il legatario è premorto al testatore, o è incapace (592 ss.) o indegno (463 ss.), ovvero ha rinunziato all'eredità o al legato (519, 649 ss.).

684. Distruzione del testamento olografo. – Il testamento olografo (602) distrutto, lacerato o cancellato, in tutto o in parte, si considera in tutto o in parte revocato, a meno che si provi che fu distrutto, lacerato o cancellato da persona diversa dal testatore, ovvero si provi che il testatore non ebbe l'intenzione di revocarlo (463 n. 5).

685. Effetti del ritiro del testamento segreto. – Il ritiro del testamento segreto (604, 608), a opera del testatore, dalle mani del notaio o dell'archivista presso cui si trova depositato, non importa revocazione del testamento quando la scheda testamentaria può valere come testamento olografo (607).

686. Alienazione e trasformazione della cosa legata. – L'alienazione che il testatore faccia della cosa legata (651) o di parte di essa, anche mediante vendita con patto di riscatto (1500 ss.), revoca il legato riguardo a ciò che è stato alienato, anche quando l'alienazione è annullabile per cause diverse dai vizi del consenso (1427 ss.), ovvero la cosa ritorna in proprietà del testatore (637, 651²).

Lo stesso avviene se il testatore ha trasformato la cosa legata in un'altra, in guisa che quella abbia perduto la precedente forma e la primitiva denominazione (667, 940).

È ammessa la prova di una diversa volontà del testatore.

687. Revocazione per sopravvenienza di figli. – Le disposizioni a titolo universale o particolare (588), fatte da chi al tempo del testamento non aveva o ignorava di aver figli o discendenti, sono revocate di diritto (566 ss.) per l'esistenza o la sopravvenienza di un figlio o discendente [legittimo] (¹) del testatore, benché postumo (232, 234), anche (²) adottivo (291 ss.), ovvero per il riconoscimento di un figlio nato fuori del matrimonio (³) (250, 254).

La revocazione ha luogo anche se il figlio è stato concepito al tempo del testamento (⁴).

La revocazione non ha invece luogo qualora il testatore abbia provveduto al caso che esistessero o sopravvenissero figli o discendenti da essi.

Se i figli o discendenti non vengono alla successione (4, 463, 521) e non si fa luogo a rappresentazione (467 ss.), la disposizione ha il suo effetto.

(¹) *La parola fra parentesi quadrate è stata soppressa dall'art. 85, comma 1, lett.* a), *del D.L.vo 28 dicembre 2013, n. 154, a decorrere dal trentesimo giorno successivo a quello della sua pubblicazione nella* Gazzetta Ufficiale *(G.U. n. 5 dell'8 gennaio 2014).*

(²) *Le parole: «o legittimato o» sono state così sostituite dall'attuale: «anche» dall'art. 85, comma 1, lett.* a), *del D.L.vo 28 dicembre 2013, n. 154, a decorrere dal trentesimo giorno successivo a quello della sua pubblicazione nella* Gazzetta Ufficiale *(G.U. n. 5 dell'8 gennaio 2014).*

(³) *La parola: «naturale» è stata così sostituita dalle attuali: «nato fuori del matrimonio» dall'art. 85, comma 1, lett.* a), *del D.L.vo 28 dicembre 2013, n. 154, a decorrere dal trentesimo giorno successivo a quello della sua pubblicazione nella* Gazzetta Ufficiale *(G.U. n. 5 dell'8 gennaio 2014).*

(⁴) *Questo comma è stato così sostituito dall'art. 85, comma 1, lett.* b), *del D.L.vo 28 dicembre 2013, n. 154, a decorrere dal trentesimo giorno successivo a quello della sua pubblicazione nella* Gazzetta Ufficiale *(G.U. n. 5 dell'8 gennaio 2014).*

Capo VI
Delle sostituzioni

Sezione I
Della sostituzione ordinaria

688. Casi di sostituzione ordinaria. – Il testatore può sostituire all'erede istituito (691) altra persona per il caso che il primo non possa o non voglia accettare l'eredità.

Se il testatore ha disposto per uno solo di questi casi, si presume che egli si sia voluto riferire anche a quello non espresso, salvo che consti una sua diversa volontà.

689. Sostituzione plurima. Sostituzione reciproca. – Possono sostituirsi più persone a una sola e una sola a più.

La sostituzione può anche essere reciproca tra i coeredi istituiti. Se essi sono stati istituiti in parti disuguali, la proporzione fra le quote fissate nella prima istituzione si presume ripetuta anche nella sostituzione. Se nella sostituzione insieme con gli istituiti è chiamata un'altra persona, la quota vacante viene divisa in parti uguali tra tutti i sostituiti.

690. Obblighi dei sostituiti. – I sostituiti devono adempiere gli obblighi imposti agli istituiti (647 ss.), a meno che una diversa volontà sia stata espressa dal testatore o si tratti di obblighi di carattere personale (676, 677).

691. Sostituzione ordinaria nei legati. – Le norme stabilite in questa sezione si applicano anche ai legati (649 ss.).

Sezione II
Della sostituzione fedecommissaria

692. ([1]) **Sostituzione fedecommissaria.** – Ciascuno dei genitori o degli altri ascendenti in linea retta o il coniuge dell'interdetto (414) possono istituire rispettivamente il figlio, il discendente, o il coniuge con l'obbligo di conservare e restituire alla sua morte i beni anche costituenti la legittima (536 ss.), a favore della persona o degli enti che, sotto la vigilanza del tutore, hanno avuto cura dell'interdetto medesimo.

La stessa disposizione si applica nel caso del minore di età, se trovasi nelle condizioni di abituale infermità di mente tali da far presumere che nel termine indicato dall'art. 416 interverrà la pronuncia di interdizione.

Nel caso di pluralità di persone o enti di cui al primo comma i beni sono attribuiti proporzionalmente al tempo durante il quale gli stessi hanno avuto cura dell'interdetto.

La sostituzione è priva di effetto nel caso in cui l'interdizione sia negata o il relativo procedimento non sia iniziato entro due anni dal raggiungimento della maggiore età del minore abitualmente infermo di mente. È anche priva di effetto nel caso di revoca dell'interdizione (429) o rispetto alle persone o agli enti che abbiano violato gli obblighi di assistenza.

In ogni altro caso la sostituzione è nulla.

([1]) *Articolo così sostituito dall'art. 197 della L. 19 maggio 1975, n. 151, sulla riforma del diritto di famiglia, della quale l'art. 238, dispone*:

«238. *La disposizione dell'art. 692 del codice civile si applica anche alle successioni apertesi prima dell'entrata in vigore della presente legge a meno che la nullità della sostituzione non sia stata già pronunziata con sentenza passata in giudicato.*

«*Salvo quanto previsto dal comma precedente, le sostituzioni fedecommissarie anteriori all'entrata in vigore della presente legge sono regolate dalle disposizioni anteriori*».

693. Diritti e obblighi dell'istituito. – L'istituito ha il godimento e la libera amministrazione dei beni che formano oggetto della sostituzione, e può stare in giudizio per tutte le azioni relative ai beni medesimi. Egli può altresì compiere tutte le innovazioni dirette ad una migliore utilizzazione dei beni.

All'istituito sono comuni, in quanto applicabili, le norme concernenti l'usufruttuario (981 ss.).

(*Omissis*) ([1]).

([1]) *Seguiva un terzo comma, abrogato dall'art. 198 L. 19 maggio 1975, n. 151, riforma del diritto di famiglia.*

694. Alienazione dei beni. – L'autorità giudiziaria può consentire l'alienazione dei beni che formano oggetto della sostituzione in caso di utilità evidente, disponendo il reimpiego delle somme ricavate. Può anche essere consentita, con le necessarie cautele, la costituzione d'ipoteche sui beni medesimi a garanzia di crediti destinati a miglioramenti e trasformazioni fondiarie (692; 747, 748 c.p.c.).

695. Diritti dei creditori personali dell'istituito. – I creditori personali dell'istituito possono agire soltanto sui frutti (820) dei beni che formano oggetto della sostituzione.

696. ([1]) **Devoluzione al sostituito.** – L'eredità si devolve al sostituito al momento della morte dell'istituito.

Se le persone o gli enti che hanno avuto cura dell'incapace muoiono o si estinguono prima della morte di lui, i beni o la porzione dei beni che spetterebbe loro è devoluta ai successori legittimi dell'incapace.

([1]) *Articolo così sostituito dall'art. 199 della L. 19 maggio 1975, n. 151, riforma del diritto di famiglia.*

697. Sostituzione fedecommissaria nei legati. – Le norme stabilite in questa sezione sono applicabili anche ai legati (649 ss.).

698. Usufrutto successivo. – La disposizione, con la quale è lasciato a più persone successivamente l'usufrutto (978 ss.), una rendita (1872 ss.) o un'annualità (670), ha valore soltanto a favore di quelli che alla morte del testatore si trovano primi chiamati a goderne (678, 1014).

699. Premi di nuzialità, opere di assistenza e simili. – È valida la disposizione testamentaria avente per oggetto l'erogazione periodica, in perpetuo o a tempo, di somme determinate per premi di nuzialità o di natalità, sussidi per l'avviamento a una professione o a un'arte, opere di assistenza, o per altri fini di pubblica utilità, a favore di persone da scegliersi entro una determinata categoria o tra i discendenti di determinate famiglie (28[3], 631). Tali annualità possono riscattarsi secondo le norme dettate in materia di rendita (1865, 1879).

Capo VII
Degli esecutori testamentari

700. Facoltà di nomina e di sostituzione. – Il testatore può nominare uno o più esecutori testamentari (629[3]) e, per il caso che alcuni o tutti non vogliano o non possano accettare (702), altro o altri in loro sostituzione.

Se sono nominati più esecutori testamentari, essi devono agire congiuntamente (708), salvo che il testatore abbia diviso tra loro le attribuzioni, o si tratti di provvedimento urgente per la conservazione di un bene o di un diritto ereditario.

Il testatore può autorizzare l'esecutore testamentario a sostituire altri a se stesso, qualora egli non possa continuare nell'ufficio (710).

701. Persone capaci di essere nominate. – Non possono essere nominati esecutori testamentari coloro che non hanno la piena capacità di obbligarsi (2, 394, 424, 1425).

Anche un erede o un legatario può essere nominato esecutore testamentario.

702. Accettazione e rinunzia alla nomina. – L'accettazione della nomina di esecutore testamentario o la rinunzia alla stessa (700) deve risultare da dichiarazione fatta nella cancelleria del tribunale ([1]) nella cui giurisdizione si è aperta la successione (456), e deve essere annotata nel registro delle successioni (52, 53 att.).

L'accettazione non può essere sottoposta a condizione (633, 1353) o a termine (637, 1184).

L'autorità giudiziaria, su istanza di qualsiasi interessato (749 c.p.c.), può assegnare all'esecutore un termine per l'accettazione, decorso il quale l'esecutore si considera rinunziante (481, 650, 1399[4]; 749 c.p.c.).

([1]) *Le parole: «della pretura» sono state sostituite dalle parole: «del tribunale» dall'art. 148 del D.L.vo 19 febbraio 1998, n. 51, recante l'istituzione del giudice unico, a decorrere dal 2 giugno 1999.*

703. Funzioni dell'esecutore testamentario. – L'esecutore testamentario deve curare che siano esattamente eseguite le disposizioni di ultima volontà del defunto (706).

A tal fine, salvo contraria volontà del testatore, egli deve amministrare la massa ereditaria, prendendo possesso dei beni che ne fanno parte (709).

Il possesso non può durare più di un anno dalla dichiarazione di accettazione (702), salvo che l'autorità giudiziaria, per motivi di evidente necessità, sentiti gli eredi, ne prolunghi la durata, che non potrà mai superare un altro anno.

L'esecutore deve amministrare come un buon padre di famiglia (1176, 2030) e può compiere tutti gli atti di gestione occorrenti. Quando è necessario alienare beni dell'eredità, ne chiede l'autorizzazione all'autorità giudiziaria, la quale provvede sentiti gli eredi (747 c.p.c.).

Qualsiasi atto dell'esecutore testamentario non pregiudica (476) il diritto del chiamato a rinunziare all'eredità (519 ss.) o ad accettarla col beneficio d'inventario (484 ss.).

704. Rappresentanza processuale. – Durante la gestione dell'esecutore testamentario, le azioni relative all'eredità (533 ss.) devono essere proposte anche nei confronti dell'esecutore (102 c.p.c.). Questi ha facoltà d'intervenire (105 c.p.c.) nei giudizi promossi dall'erede e può esercitare le azioni relative all'esercizio del suo ufficio.

705. Apposizione di sigilli e inventario. – L'esecutore testamentario fa apporre i sigilli (752 ss. c.p.c.) quando tra i chiamati all'eredità vi sono minori (2), assenti (48 ss.), interdetti (414) o persone giuridiche (11 ss.).

Egli in tal caso fa redigere l'inventario dei beni dell'eredità in presenza dei chiamati all'eredità o dei loro rappresentanti, o dopo averli invitati (769 ss. c.p.c.).

706. Divisione da compiersi dall'esecutore testamentario. – Il testatore può disporre che l'esecutore testamentario, quando non è un erede o un legatario, proceda alla divisione (713) tra gli eredi dei beni dell'eredità. In questo caso si osserva il disposto dell'art. 733.

Prima di procedere alla divisione l'esecutore testamentario deve sentire gli eredi.

707. Consegna dei beni all'erede. – L'esecutore testamentario deve consegnare all'erede, che ne fa richiesta, i beni dell'eredità che non sono necessari all'esercizio del suo ufficio.

Egli non può rifiutare tale consegna a causa di obbligazioni che debba adempiere conformemente alla volontà del testatore, o di legati condizionali o a termine (633, 637), se l'erede dimostra di averli già soddisfatti, od offre idonea garanzia (640, 1179) per l'adempimento delle obbligazioni, dei legati o degli oneri.

708. Disaccordo tra più esecutori testamentari. – Se gli esecutori che devono agire congiuntamente (700) non sono d'accordo circa un atto del loro ufficio, provvede l'autorità giudiziaria, sentiti, se occorre, gli eredi.

709. Conto della gestione. – L'esecutore testamentario deve rendere il conto (263 ss. c.p.c.) della sua gestione al termine della stessa, e anche spirato l'anno dalla morte del testatore, se la gestione si prolunga oltre l'anno (703).

Egli è tenuto, in caso di colpa (710), al risarcimento dei danni verso gli eredi e verso i legatari (703, 2043 ss.).

Gli esecutori testamentari, quando sono più (700), rispondono solidalmente per la gestione comune (1292 ss.; 22 n. 4 c.p.c.).

Il testatore non può esonerare l'esecutore testamentario dall'obbligo di rendere il conto o dalla responsabilità della gestione (109 att. c.p.c.).

710. Esonero dell'esecutore testamentario. – Su istanza di ogni interessato, l'autorità giudiziaria può esonerare l'esecutore testamentario dal suo ufficio per gravi irregolarità nell'adempimento dei suoi obblighi (703, 709[2]), per inidoneità all'ufficio o per aver commesso azione che ne menomi la fiducia.

L'autorità giudiziaria, prima di provvedere, deve sentire l'esecutore e può disporre opportuni accertamenti (750[4] c.p.c.).

711. Retribuzione. – L'ufficio dell'esecutore testamentario è gratuito. Tuttavia il testatore può stabilire una retribuzione a carico dell'eredità.

712. Spese. – Le spese fatte dall'esecutore testamentario per l'esercizio del suo ufficio sono a carico dell'eredità (511).

Titolo IV
Della divisione

Capo I
Disposizioni generali

713. Facoltà di domandare la divisione. – I coeredi possono sempre domandare la divisione (1111, 1350 n. 11, 2646, 2685; 22, 784 ss. c.p.c.).

Quando però tutti gli eredi istituiti o alcuni di essi sono minori di età (2), il testatore può disporre che la divisione non abbia luogo prima che sia trascorso un anno dalla maggiore età dell'ultimo nato (715).

Egli può anche disporre che la divisione dell'eredità o di alcuni beni di essa non abbia luogo prima che sia trascorso dalla sua morte un termine non eccedente il quinquennio.

Tuttavia in ambedue i casi l'autorità giudiziaria, qualora gravi circostanze lo richiedano, può, su istanza di uno o più coeredi, consentire che la divisione si effettui senza indugio o dopo un termine minore di quello stabilito dal testatore.

714. Godimento separato di parte dei beni. – Può domandarsi la divisione anche quando uno o più coeredi hanno goduto separatamente parte dei beni ereditari, salvo che si sia verificata l'usucapione (1158 ss.) per effetto di possesso esclusivo (1102).

715. Casi d'impedimento alla divisione. – Se tra i chiamati alla successione vi è un concepito (462, 643), la divisione non può aver luogo prima della nascita del medesimo. Parimenti la divisione non può aver luogo durante la pendenza di un giudizio sulla filiazione ([1]) di colui che, in caso di esito favorevole del giudizio, sarebbe chiamato a succedere, né può aver luogo durante lo svolgimento della procedura amministrativa per l'ammissione del riconoscimento previsto dal quarto comma dell'art. 252 o per il riconoscimento dell'ente istituito erede (12, 600).

L'autorità giudiziaria può tuttavia autorizzare la divisione, fissando le opportune cautele.

La disposizione del comma precedente si applica anche se tra i chiamati alla successione vi sono nascituri non concepiti (462[3], 643).

Se i nascituri non concepiti sono istituiti senza determinazione di quote, l'autorità giudiziaria può attribuire agli altri coeredi tutti i beni ereditari o parte di essi, secondo le circostanze, disponendo le opportune cautele nell'interesse dei nascituri (600).

(1) *Le parole: «sulla legittimità o sulla filiazione naturale» sono state così sostituite dalle attuali: «sulla filiazione» dall'art. 86 del D.L.vo 28 dicembre 2013, n. 154, a decorrere dal trentesimo giorno successivo a quello della sua pubblicazione nella* Gazzetta Ufficiale *(G.U. n. 5 dell'8 gennaio 2014).*

716. [Divisione di beni costituiti in patrimonio familiare. – (*Omissis*)] (1).

(1) *Articolo abrogato dall'art. 200, L. 19 maggio 1975, n. 151, riforma del diritto di famiglia.*

717. Sospensione della divisione per ordine del giudice. – L'autorità giudiziaria (786, 787 c.p.c.), su istanza di uno dei coeredi, può sospendere, per un periodo di tempo non eccedente i cinque anni, la divisione dell'eredità o di alcuni beni, qualora l'immediata sua esecuzione possa recare notevole pregiudizio al patrimonio ereditario (1111).

718. Diritto ai beni in natura. – Ciascun coerede può chiedere la sua parte in natura dei beni mobili e immobili dell'eredità (733, 734, 1114), salve le disposizioni degli articoli seguenti.

719. Vendita dei beni per il pagamento dei debiti ereditari. – Se i coeredi aventi diritto a più della metà dell'asse concordano nella necessità della vendita per il pagamento dei debiti (530) e pesi ereditari (752 ss.), si procede alla vendita all'incanto dei beni mobili (747 c.p.c.) e, se occorre, di quei beni immobili la cui alienazione rechi minor pregiudizio agli interessi dei condividenti (2646; 747, 787, 788 c.p.c.).

Quando concorre il consenso di tutte le parti, la vendita può seguire tra i soli condividenti e senza pubblicità, salvo che vi sia opposizione dei legatari o dei creditori.

720. Immobili non divisibili. – Se nell'eredità vi sono immobili non comodamente divisibili, o il cui frazionamento recherebbe pregiudizio alle ragioni della pubblica economia (722, 846) o dell'igiene, e la divisione dell'intera sostanza non può effettuarsi senza il loro frazionamento, essi devono preferibilmente essere compresi per intero, con addebito dell'eccedenza, nella porzione di uno dei coeredi aventi diritto alla quota maggiore, o anche nelle porzioni di più coeredi, se questi ne richiedono congiuntamente l'attribuzione. Se nessuno dei coeredi è a ciò disposto, si fa luogo alla vendita all'incanto (2646; 748, 788 c.p.c.).

721. Vendita degli immobili. – I patti e le condizioni della vendita degli immobili, qualora non siano concordati dai condividenti, sono stabiliti dall'autorità giudiziaria (788 c.p.c.).

722. Beni indivisibili nell'interesse della produzione nazionale. – In quanto non sia diversamente disposto dalle leggi speciali (1), le disposizioni dei due articoli precedenti si applicano anche nel caso in cui nell'eredità vi sono beni che la legge dichiara indivisibili nell'interesse della produzione nazionale (846 ss.).

(1) *Si veda L. 3 giugno 1940, n. 1078, contenente norme per evitare il frazionamento delle unità poderali assegnate a contadini piccoli coltivatori, come modificata con la legge 19 febbraio 1992, n. 191, la quale ha precisato che il vincolo ha durata trentennale dalla prima assegnazione.*

723. Resa dei conti. – Dopo la vendita, se ha avuto luogo, dei mobili o degli immobili si procede ai conti che i condividenti si devono rendere, alla formazione dello stato attivo e passivo dell'eredità e alla determinazione delle porzioni ereditarie e dei conguagli (728) o rimborsi che si devono tra loro i condividenti (2817 n. 2; 263 ss. c.p.c.).

724. Collazione e imputazione. – I coeredi tenuti a collazione, a norma del capo II di questo titolo (737 ss.), conferiscono tutto ciò che è stato loro donato (747 ss., 750).

Ciascun erede deve imputare alla sua quota le somme di cui era debitore verso il defunto e quelle di cui è debitore verso i coeredi in dipendenza dei rapporti di comunione (725).

725. Prelevamenti. – Se i beni donati non sono conferiti in natura (746, 750), o se vi sono debiti da imputare alla quota di un erede a norma del secondo comma dell'articolo precedente, gli altri eredi prelevano dalla massa ereditaria beni in proporzione delle loro rispettive quote (1113).

I prelevamenti, per quanto è possibile, si formano con oggetti della stessa natura e qualità di quelli che non sono stati conferiti in natura.

726. Stima e formazione delle parti. – Fatti i prelevamenti, si provvede alla stima di ciò che rimane nella massa, secondo il valore venale dei singoli oggetti (753).

Eseguita la stima, si procede alla formazione di tante porzioni quanti sono gli eredi o le stirpi condividenti in proporzione delle quote (469, 727).

727. Norme per la formazione delle porzioni. – Salvo quanto è disposto dagli artt. 720 e 722, le porzioni devono essere formate, previa stima dei beni (726), comprendendo una quantità di mobili, immobili e crediti (760) di eguale natura e qualità, in proporzione dell'entità di ciascuna quota (718, 1114).

Si deve tuttavia evitare, per quanto è possibile, il frazionamento delle biblioteche, gallerie e collezioni che hanno un'importanza storica, scientifica o artistica (816).

728. Conguagli in danaro. – L'ineguaglianza in natura nelle quote ereditarie si compensa con un equivalente in danaro (723, 2817, n. 2, 2834).

729. Assegnazione o attribuzione delle porzioni. – L'assegnazione delle porzioni eguali è fatta mediante estrazione a sorte. Per le porzioni diseguali si procede mediante attribuzione. Tuttavia, rispetto a beni costituenti frazioni eguali di quote diseguali, si può procedere per estrazione a sorte (2646; 789 c.p.c.).

730. Deferimento delle operazioni a un notaio. – Le operazioni indicate negli articoli precedenti possono essere, col consenso di tutti i coeredi, deferite a un notaio. La nomina di questo, in mancanza di accordo, è fatta con decreto del tribunale ([1]) del luogo dell'aperta successione (456; 786, 790, 791 c.p.c.).

Qualora sorgano contestazioni nel corso delle operazioni, esse sono riservate e rimesse tutte insieme alla cognizione dell'autorità giudiziaria competente (22 c.p.c.), che provvede con unica sentenza (789 c.p.c.).

([1]) *La parola: «pretore» è stata sostituita dalla parola: «tribunale» dall'art. 144 del D.L.vo 19 febbraio 1998, n. 51, recante l'istituzione del giudice unico, a decorrere dal 2 giugno 1999.*

731. Suddivisione tra stirpi. – Le norme sulle divisioni dell'intero asse si osservano anche nelle suddivisioni tra i componenti di ciascuna stirpe (469).

732. Diritto di prelazione. – Il coerede, che vuole alienare (1542 ss.) a un estraneo la sua quota o parte di essa, deve notificare la proposta di alienazione, indicandone il prezzo, agli altri coeredi, i quali hanno diritto di prelazione. Questo diritto deve essere esercitato nel termine di due mesi dall'ultima delle notificazioni. In mancanza della notificazione, i coeredi hanno diritto di riscattare la quota dall'acquirente e da ogni successivo avente causa, finché dura lo stato di comunione ereditaria (1502).

Se i coeredi che intendono esercitare il diritto di riscatto sono più, la quota è assegnata a tutti in parti uguali.

733. Norme date dal testatore per la divisione. – Quando il testatore ha stabilito particolari norme per formare le porzioni, queste norme sono vincolanti per gli eredi, salvo che l'effettivo valore dei beni non corrisponda alle quote stabilite dal testatore (718).

Il testatore può disporre che la divisione si effettui secondo la stima di persona da lui designata che non sia erede o legatario (706): la divisione proposta da questa persona non vincola gli eredi, se l'autorità giudiziaria, su istanza di taluno di essi, la riconosce contraria alla volontà del testatore o manifestamente iniqua (1349[2]).

734. Divisione fatta dal testatore. – Il testatore può dividere i suoi beni tra gli eredi comprendendo nella divisione anche la parte non disponibile (536 ss., 556, 588[2]).

Se nella divisione fatta dal testatore non sono compresi tutti i beni lasciati al tempo della morte (763), i beni in essa non compresi sono attribuiti conformemente alla legge (565 ss.), se non risulta una diversa volontà del testatore (566 ss., 713, 735).

735. Preterizione di eredi e lesione di legittima. – La divisione nella quale il testatore non abbia compreso qualcuno dei legittimari (536 ss.) o degli eredi istituiti è nulla.

Il coerede che è stato leso nella quota di riserva può esercitare l'azione di riduzione contro gli altri coeredi (554, 767).

736. Consegna dei documenti. – Compiuta la divisione, si devono rimettere a ciascuno dei condividenti i documenti relativi ai beni e diritti particolarmente loro assegnati (2646).

I documenti di una proprietà che è stata divisa rimangono a quello che ne ha la parte maggiore, con l'obbligo di comunicarli agli altri condividenti che vi hanno interesse, ogni qualvolta se ne faccia richiesta. Gli stessi documenti, se la proprietà è divisa in parti uguali, e quelli comuni all'intera eredità si consegnano alla persona scelta a tal fine da tutti gli interessati, la quale ha obbligo di comunicarli a ciascuno di essi, a ogni loro domanda. Se vi è contrasto nella scelta, la persona è determinata con decreto dal tribunale (1) del luogo dell'aperta successione (456), su ricorso di alcuno degli interessati, sentiti gli altri.

(1) *La parola: «pretore» è stata sostituita dalla parola: «tribunale» dall'art. 144 del D.L.vo 19 febbraio 1998, n. 51, recante l'istituzione del giudice unico, a decorrere dal 2 giugno 1999.*

Capo II
Della collazione

737. (1) **Soggetti tenuti alla collazione.** – I figli [legittimi e naturali] (2) e i loro discendenti (740) [legittimi e naturali] (2) ed il coniuge che concorrono alla successione (565) devono conferire ai coeredi tutto ciò che hanno ricevuto dal defunto per donazione direttamente o indirettamente, salvo che il defunto non li abbia da ciò dispensati.

La dispensa da collazione non produce effetto se non nei limiti della quota disponibile (556).

(1) *Articolo così sostituito dall'art. 201, L. 19 maggio 1975, n. 151, riforma del diritto di famiglia.*

(2) *Le parole fra parentesi quadrate sono state soppresse dall'art. 87 del D.L.vo 28 dicembre 2013, n. 154, a decorrere dal trentesimo giorno successivo a quello della sua pubblicazione nella* Gazzetta Ufficiale *(G.U. n. 5 dell'8 gennaio 2014).*

738. (1) **Limiti della collazione per il coniuge.** – Non sono soggette a collazione le donazioni di modico valore fatte al coniuge (783).

(1) *Articolo così sostituito dall'art. 202 della L. 19 marzo 1975, n. 151, riforma del diritto di famiglia.*

739. Donazioni ai discendenti o al coniuge dell'erede. Donazioni a coniugi. – L'erede non è tenuto a conferire le donazioni (769 ss.) fatte ai suoi discendenti o al coniuge (599), ancorché succedendo a costoro ne abbia conseguito il vantaggio.

Se le donazioni sono state fatte congiuntamente ai coniugi di cui uno è discendente del donante, la sola porzione a questo donata è soggetta a collazione.

740. (1) **Donazioni fatte all'ascendente dell'erede.** – Il discendente che succede per rappresentazione (467) deve conferire ciò che è stato donato all'ascendente, anche nel caso in cui abbia rinunziato all'eredità di questo (519 ss.).

(1) *Articolo così sostituito dall'art. 203 della L. 19 maggio 1975, n. 151, riforma del diritto di famiglia.*

741. (1) **Collazione di assegnazioni varie.** – È soggetto a collazione ciò che il defunto ha speso a favore dei suoi discendenti per assegnazioni fatte a causa di matrimonio, per avviarli all'esercizio di una attività produttiva o professionale, per soddisfare premi relativi a contratti di assicurazione sulla vita a loro favore (1920, 1923) o per pagare i loro debiti.

(1) *Articolo così sostituito dall'art. 204 della L. 19 maggio 1975, n. 151, riforma del diritto di famiglia.*

742. Spese non soggette a collazione. – Non sono soggette a collazione le spese di mantenimento e di educazione (147) e quelle sostenute per malattia, né quelle ordinarie fatte per abbigliamento o per nozze (741, 809).

Le spese per il corredo nuziale e quelle per l'istruzione artistica o professionale sono soggette a collazione solo per quanto eccedono notevolmente la misura ordinaria, tenuto conto delle condizioni economiche del defunto (780²; 64 l. fall.).

Non sono soggette a collazione le liberalità previste dal secondo comma dell'art. 770.

743. Società contratta con l'erede. – Non è dovuta collazione di ciò che si è conseguito per effetto di società (2247 ss.) contratta senza frode (765) tra il defunto e alcuno dei suoi eredi, se le condizioni sono state regolate con atto di data certa (2704).

744. Perimento della cosa donata. – Non è soggetta a collazione la cosa perita per causa non imputabile al donatario (1256).

745. Frutti e interessi. – I frutti (820 ss.) delle cose e gli interessi sulle somme soggette a collazione non sono dovuti che dal giorno in cui si è aperta la successione (456).

746. Collazione d'immobili. – La collazione di un bene immobile si fa o col rendere il bene in natura (748) o con l'imputarne il valore alla propria porzione, a scelta di chi conferisce (747).

Se l'immobile è stato alienato o ipotecato, la collazione si fa soltanto con l'imputazione (747, 749).

747. Collazione per imputazione. – La collazione per imputazione (746) si fa avuto riguardo al valore dell'immobile al tempo dell'aperta successione (456, 556).

748. Miglioramenti, spese e deterioramenti. – In tutti i casi, si deve dedurre a favore del donatario il valore delle migliorie apportate al fondo nei limiti del loro valore al tempo dell'aperta successione (456).

Devono anche computarsi a favore del donatario le spese straordinarie da lui sostenute per la conservazione della cosa, non cagionate da sua colpa (1150, 1152)

Il donatario dal suo canto è obbligato per i deterioramenti che, per sua colpa, hanno diminuito il valore dell'immobile.

Il coerede che conferisce un immobile in natura (746) può ritenerne il possesso (1150) sino all'effettivo rimborso delle somme che gli sono dovute per spese e miglioramenti (556, 749).

749. Miglioramenti e deterioramenti dell'immobile alienato. – Nel caso in cui l'immobile è stato alienato dal donatario (746^2), i miglioramenti e i deterioramenti fatti dall'acquirente devono essere computati a norma dell'articolo precedente (556).

750. Collazione di mobili. – La collazione dei mobili si fa soltanto per imputazione (747), sulla base del valore che essi avevano al tempo dell'aperta successione (456).

Se si tratta di cose delle quali non si può far uso senza consumarle, e il donatario le ha già consumate, si determina il valore che avrebbero avuto secondo il prezzo corrente al tempo dell'aperta successione.

Se si tratta di cose che con l'uso si deteriorano, il loro valore al tempo dell'aperta successione è stabilito con riguardo allo stato in cui si trovano.

La determinazione del valore dei titoli dello Stato, degli altri titoli di credito (1992 ss.) quotati in borsa e delle derrate e delle merci il cui prezzo corrente è stabilito dalle mercuriali, si fa in base ai listini di borsa e alle mercuriali del tempo dell'aperta successione (556).

751. Collazione del danaro. – La collazione del danaro donato si fa prendendo una minore quantità del danaro che si trova nell'eredità, secondo il valore legale della specie donata o di quella ad essa legalmente sostituita all'epoca dell'aperta successione (456).

Quando tale danaro non basta e il donatario non vuole conferire altro danaro o titoli dello Stato, sono prelevati mobili o immobili ereditari, in proporzione delle rispettive quote (725, 727).

Capo III

Del pagamento dei debiti

752. Ripartizione dei debiti ereditari tra gli eredi. – I coeredi contribuiscono tra loro (1295, 1315, 1318, 1319, 1546) al pagamento dei debiti e pesi ereditari in proporzione delle loro quote ereditarie (753, 754), salvo che il testatore abbia altrimenti disposto (662, 663).

753. Immobili gravati da rendita redimibile. – Ogni coerede, quando i beni immobili dell'eredità sono gravati con ipoteca da una prestazione di rendita redimibile (1865 ss., 1869), può chiedere che gli immobili ne siano affrancati e resi liberi prima che si proceda alla formazione delle quote ereditarie (726 ss.). Se uno dei coeredi si oppone, decide l'autorità giudiziaria. Se i coeredi dividono l'eredità nello stato in cui si trova, l'immobile gravato deve stimarsi con gli stessi criteri con cui si stimano gli altri beni immobili, detratto dal valore di esso il capitale corrispondente alla prestazione, secondo le norme relative al riscatto della rendita (1866), salvo che esista un patto speciale intorno al capitale da corrispondersi per l'affrancazione.

Alla prestazione della rendita è tenuto solo l'erede, nella cui quota cade detto immobile, con l'obbligo di garantire i coeredi.

754. Pagamento dei debiti e rivalsa. – Gli eredi sono tenuti verso i creditori al pagamento dei debiti e pesi ereditari personalmente in proporzione della loro quota ereditaria (1295, 1315, 1316, 1318) e ipotecariamente per l'intero (755, 2809). Il coerede che ha pagato oltre alla parte a lui incombente può ripetere dagli altri coeredi (1299) soltanto la parte per cui essi devono contribuire a norma dell'art. 752, quantunque si sia fatto surrogare nei diritti dei creditori (1201 ss.).

Il coerede conserva la facoltà di chiedere il pagamento del credito a lui personale e garantito da ipoteca, non diversamente da ogni altro creditore, detratta la parte che deve sopportare come coerede (752, 755).

755. Quota di debito ipotecario non pagata da un coerede. – In caso d'insolvenza di un coerede, la sua quota di debito ipotecario (754) è ripartita in proporzione tra tutti gli altri coeredi (759, 1299).

756. Esenzione del legatario dal pagamento dei debiti. – Il legatario non è tenuto a pagare i debiti ereditari (495, 668), salvo ai creditori l'azione ipotecaria sul fondo legato (2858; 602 c.p.c.) e l'esercizio del diritto di separazione (513); ma il legatario che ha estinto il debito di cui era gravato il fondo legato subentra nelle ragioni del creditore contro gli eredi (1203, 2866).

Capo IV
Degli effetti della divisione
e della garanzia delle quote

757. Diritto dell'erede sulla propria quota. - Ogni coerede è reputato solo e immediato successore in tutti i beni componenti la sua quota o a lui pervenuti dalla successione, anche per acquisto all'incanto (719, 720), e si considera come se non avesse mai avuto la proprietà degli altri beni ereditari.

758. Garanzia tra coeredi. - I coeredi si devono vicendevole garanzia per le sole molestie ed evizioni (1483 ss.) derivanti da causa anteriore alla divisione (759, 760; 22 n. 1 c.p.c.).

La garanzia non ha luogo, se è stata esclusa con clausola espressa nell'atto di divisione, o se il coerede soffre l'evizione per propria colpa (1487[2]).

759. Evizione subita da un coerede. - Se alcuno dei coeredi subisce evizione (1483 ss.), il valore del bene evitto, calcolato al momento dell'evizione, deve essere ripartito tra tutti i coeredi ai fini della garanzia stabilita dall'articolo precedente, in proporzione del valore che i beni attribuiti a ciascuno di essi hanno al tempo dell'evizione e tenuto conto dello stato in cui si trovano al tempo della divisione (754).

Se uno dei coeredi è insolvente, la parte per cui è obbligato deve essere egualmente ripartita tra l'erede che ha sofferto l'evizione e tutti gli eredi solventi (755).

760. Inesigibilità di crediti. - Non è dovuta garanzia per l'insolvenza del debitore di un credito assegnato a uno dei coeredi (727, 1267), se l'insolvenza è sopravvenuta soltanto dopo che è stata fatta la divisione.

La garanzia della solvenza del debitore di una rendita (1861 ss., 1868) è dovuta per i cinque anni successivi alla divisione (1267, 1864).

Capo V
Dell'annullamento e della rescissione
in materia di divisione

761. Annullamento per violenza o dolo. - La divisione può essere annullata quando è l'effetto di violenza (1435 ss.) o di dolo (768, 1439).

L'azione si prescrive in cinque anni dal giorno in cui è cessata la violenza o in cui il dolo è stato scoperto (1442).

762. Omissione di beni ereditari. - L'omissione di uno o più beni dell'eredità non dà luogo a nullità della divisione, ma soltanto a un supplemento della divisione stessa (734, 494).

763. Rescissione per lesione. - La divisione può essere rescissa (1448) quando taluno dei coeredi prova di essere stato leso oltre il quarto.

La rescissione è ammessa anche nel caso di divisione fatta dal testatore (734, 735), quando il valore dei beni assegnati ad alcuno dei coeredi è inferiore di oltre un quarto all'entità della quota ad esso spettante (733, 767).

L'azione si prescrive in due anni dalla divisione (2652, n. 1; 22, n. 1 c.p.c.).

764. Atti diversi dalla divisione. - L'azione di rescissione è anche ammessa contro ogni altro atto che abbia per effetto di far cessare tra i coeredi la comunione dei beni ereditari (767).

L'azione non è ammessa contro la transazione con la quale si è posta fine alle questioni insorte a causa della divisione o dell'atto fatto in luogo della medesima, ancorché non fosse al riguardo incominciata alcuna lite (765, 1965 ss., 1970 ss.).

765. Vendita del diritto ereditario fatta al coerede. - L'azione di rescissione non è ammessa (764) contro la vendita del diritto ereditario (477, 1542 ss.) fatta senza frode (734, 2910; 66 ss. l. fall.) a uno dei coeredi, a suo rischio e pericolo, da parte degli altri coeredi o di uno di essi.

766. Stima dei beni. - Per conoscere se vi è lesione si procede alla stima dei beni secondo il loro stato e valore al tempo della divisione.

767. Facoltà del coerede di dare il supplemento. - Il coerede contro il quale è promossa l'azione di rescissione (763, 1448) può troncarne il corso e impedire una nuova divisione, dando il supplemento della porzione ereditaria, in danaro o in natura, all'attore e agli altri coeredi che si sono a lui associati (1450).

768. Alienazione della porzione ereditaria. - Il coerede che ha alienato la sua porzione o una parte di essa non è più ammesso a impugnare la divisione per dolo o violenza (1434 ss.), se l'alienazione è seguita quando il dolo era stato scoperto o la violenza era cessata (761).

Il coerede non perde il diritto di proporre l'impugnazione, se la vendita è limitata a oggetti di facile deterioramento o di valore minimo in rapporto alla quota.

Capo V *bis*

Del patto di famiglia ([1])

([1]) *Questo capo è stato aggiunto dall'art. 2 della L. 14 febbraio 2006, n. 55.*

768 *bis*. Nozione. – È patto di famiglia il contratto con cui, compatibilmente con le disposizioni in materia di impresa familiare e nel rispetto delle differenti tipologie societarie, l'imprenditore trasferisce, in tutto o in parte, l'azienda, e il titolare di partecipazioni societarie trasferisce, in tutto o in parte, le proprie quote, ad uno o più discendenti.

768 *ter*. Forma. – A pena di nullità il contratto deve essere concluso per atto pubblico.

768 *quater*. Partecipazione. – Al contratto devono partecipare anche il coniuge e tutti coloro che sarebbero legittimari ove in quel momento si aprisse la successione nel patrimonio dell'imprenditore.

Gli assegnatari dell'azienda o delle partecipazioni societarie devono liquidare gli altri partecipanti al contratto, ove questi non vi rinunzino in tutto o in parte, con il pagamento di una somma corrispondente al valore delle quote previste dagli articoli 536 e seguenti; i contraenti possono convenire che la liquidazione, in tutto o in parte, avvenga in natura.

I beni assegnati con lo stesso contratto agli altri partecipanti non assegnatari dell'azienda, secondo il valore attribuito in contratto, sono imputati alle quote di legittima loro spettanti; l'assegnazione può essere disposta anche con successivo contratto che sia espressamente dichiarato collegato al primo e purchè vi intervengano i medesimi soggetti che hanno partecipato al primo contratto o coloro che li abbiano sostituiti.

Quanto ricevuto dai contraenti non è soggetto a collazione o a riduzione.

768 *quinquies*. Vizi del consenso. – Il patto può essere impugnato dai partecipanti ai sensi degli articoli 1427 e seguenti.

L'azione si prescrive nel termine di un anno.

768 *sexies*. Rapporti con i terzi. – All'apertura della successione dell'imprenditore, il coniuge e gli altri legittimari che non abbiano partecipato al contratto possono chiedere ai beneficiari del contratto stesso il pagamento della somma prevista dal secondo comma dell'articolo 768 *quater*, aumentata degli interessi legali.

L'inosservanza delle disposizioni del primo comma costituisce motivo di impugnazione ai sensi dell'articolo 768 *quinquies*.

768 *septies*. Scioglimento. – Il contratto può essere sciolto o modificato dalle medesime persone che hanno concluso il patto di famiglia nei modi seguenti:

1) mediante diverso contratto, con le medesime caratteristiche e i medesimi presupposti di cui al presente capo;

2) mediante recesso, se espressamente previsto nel contratto stesso e, necessariamente, attraverso dichiarazione agli altri contraenti certificata da un notaio.

768 *octies*. Controversie. – Le controversie derivanti dalle disposizioni di cui al presente capo sono devolute preliminarmente a uno degli organismi di conciliazione previsti dall'articolo 38 del decreto legislativo 17 gennaio 2003, n. 5.

Titolo V

Delle donazioni

Capo I

Disposizioni generali

769. Definizione. – La donazione è il contratto (1321) col quale, per spirito di liberalità (770, 809), una parte arricchisce l'altra, disponendo a favore di questa di un suo diritto o assumendo verso la stessa un'obbligazione (770, 771, 772).

770. Donazione rimuneratoria. – È donazione anche la liberalità fatta per riconoscenza o in considerazione dei meriti del donatario o per speciale rimunerazione (437, 632, 742, 797 n. 3, 805).

Non costituisce donazione la liberalità che si suole fare in occasione di servizi resi o comunque in conformità agli usi (809; 64 l. fall.).

771. Donazione di beni futuri. – La donazione non può comprendere che i beni presenti del donante. Se comprende beni futuri (1348), è nulla rispetto a questi (1419, 1421 ss.), salvo che si tratti di frutti non ancora separati (820).

Qualora oggetto della donazione sia un'universalità di cose (816) e il donante ne conservi il godimento trattenendola presso di sé, si considerano comprese nella donazione anche le cose che vi si aggiungono successivamente, salvo che dall'atto risulti una diversa volontà.

772. Donazione di prestazioni periodiche. – La donazione che ha per oggetto prestazioni periodiche si estingue alla morte del donante, salvo che risulti dall'atto una diversa volontà (769).

773. Donazione a più donatari. – La donazione fatta congiuntamente a favore di più donatari s'intende fatta per parti uguali, salvo che dall'atto risulti una diversa volontà.

È valida la clausola con cui il donante dispone che, se uno dei donatari non può o non vuole accettare, la sua parte si accresca agli altri (674 ss.).

Capo II
Della capacità di disporre e di ricevere per donazione

774. Capacità di donare. – Non possono fare donazione coloro che non hanno la piena capacità di disporre dei propri beni (2, 394, 424, 427). È tuttavia valida la donazione fatta dal minore e dall'inabilitato nel loro contratto di matrimonio a norma degli artt. 165 e 166 (776, 785).

Le disposizioni precedenti si applicano anche al minore emancipato autorizzato all'esercizio di un'impresa commerciale (397, 2195).

775. Donazione fatta da persona incapace d'intendere o di volere. – La donazione fatta da persona che, sebbene non interdetta (414), si provi essere stata per qualsiasi causa, anche transitoria, incapace di intendere o di volere al momento in cui la donazione è stata fatta (428, 591 n. 3), può essere annullata su istanza del donante, dei suoi eredi o aventi causa (377, 428, 799).

L'azione si prescrive in cinque anni dal giorno in cui la donazione è stata fatta (1442 ss.).

776. Donazione fatta dall'inabilitato. – La donazione fatta dall'inabilitato (415, 774), anche se anteriore alla sentenza d'inabilitazione (421) o alla nomina del curatore provvisorio (419), può essere annullata se fatta dopo che è stato promosso il giudizio d'inabilitazione (712 ss. c.p.c.).

Il curatore dell'inabilitato per prodigalità (415^2) può chiedere l'annullamento della donazione, anche se fatta nei sei mesi anteriori all'inizio del giudizio d'inabilitazione.

777. Donazioni fatte da rappresentanti di persone incapaci. – Il padre e il tutore non possono fare donazioni per la persona incapace da essi rappresentata (320, 374).

Sono consentite, con le forme abilitative richieste (375), le liberalità in occasione di nozze a favore dei discendenti dell'interdetto o dell'inabilitato (785).

778. Mandato a donare. – È nullo (1418) il mandato (1703) con cui si attribuisce ad altri la facoltà di designare la persona del donatario o di determinare l'oggetto della donazione.

È peraltro valida la donazione a favore di persona che un terzo sceglierà tra più persone designate dal donante o appartenenti a determinate categorie, o a favore di una persona giuridica tra quelle indicate dal donante stesso (631^2).

È del pari valida la donazione che ha per oggetto una cosa che un terzo determinerà tra più cose indicate dal donante o entro i limiti di valore dal donante stesso stabiliti (631).

779. Donazione a favore del tutore o protutore. – È nulla (1418) la donazione (799) a favore di chi è stato tutore o protutore del donante, se fatta prima che sia stato approvato il conto (386) o sia estinta l'azione per il rendimento del conto medesimo (323, 378, 387, 596, 1471).

Si applicano le disposizioni dell'art. 599.

780. [Donazione al figlio naturale non riconoscibile. – (*Omissis*)] ([1]).

([1]) *Articolo abrogato dall'art. 205, L. 19 maggio 1975, n. 151, riforma del diritto di famiglia.*

781. ([1]) **Donazione tra coniugi.** – I coniugi non possono, durante il matrimonio, farsi l'uno all'altro alcuna liberalità, salve quelle conformi agli usi.

([1]) *La Corte costituzionale, con sentenza n. 91 del 27 giugno 1973, ha dichiarato l'illegittimità costituzionale dell'intero articolo.*

Capo III
Della forma e degli effetti della donazione

782. Forma della donazione. – La donazione deve essere fatta per atto pubblico (2699), sotto pena di nullità (1350, 1875, 2725). Se ha per oggetto cose mobili, essa non è valida che per quelle specificate con indicazione del loro valore nell'atto medesimo della donazione, ovvero in una nota a parte sottoscritta dal donante, dal donatario e dal notaio (783).

L'accettazione può essere fatta nell'atto stesso o con atto pubblico posteriore (785). In questo caso la donazione non è perfetta (769) se non dal momento in cui l'atto di accettazione è notificato (1326, 1335; 137 c.p.c.) al donante (785).

Prima che la donazione sia perfetta, tanto il donante quanto il donatario possono revocare la loro dichiarazione (1328).

[Se la donazione è fatta a una persona giuridica, il donante non può revocare la sua dichiarazione dopo che gli è stata notificata la domanda diretta a ottenere dall'autorità governativa l'autorizzazione ad accettare (17, 473, 1329). Trascorso un anno dalla notificazione senza che l'autorizzazione sia stata concessa, la dichiarazione può essere revocata (17, 786, 1872)] (1).

(1) *Questo comma è stato abrogato dall'art. 13, comma 1, della L. 15 maggio 1997, n. 127, così come sostituito dall'art. 1, comma 1, della L. 22 giugno 2000, n. 192. Le disposizioni previste dall'art. 13, comma 1, si applicano anche alle acquisizioni deliberate o verificatesi in data anteriore a quella di entrata in vigore della citata L. n. 127/1997, a norma dell'art. 13, comma 2, medesima legge.*

783. Donazioni di modico valore. – La donazione di modico valore che ha per oggetto beni mobili è valida anche se manca l'atto pubblico (782), purché vi sia stata la tradizione (781).

La modicità deve essere valutata anche in rapporto alle condizioni economiche del donante.

784. Donazione a nascituri. – La donazione può essere fatta anche a favore di chi è soltanto concepito (462), ovvero a favore dei figli di una determinata persona vivente al tempo della donazione, benché non ancora concepiti (463, 785).

L'accettazione della donazione a favore di nascituri, benché non concepiti, è regolata dalle disposizioni degli artt. 320 e 321.

Salvo diversa disposizione del donante, l'amministrazione dei beni donati spetta al donante o ai suoi eredi, i quali possono essere obbligati a prestare idonea garanzia (1179). I frutti maturati prima della nascita sono riservati al donatario se la donazione è fatta a favore di un nascituro già concepito. Se è fatta a favore di un non concepito, i frutti sono riservati al donante sino al momento della nascita del donatario (785^3).

785. Donazione in riguardo di matrimonio. – La donazione fatta in riguardo di un determinato futuro matrimonio (165, 166, 774), sia dagli sposi tra loro (80), sia da altri a favore di uno o di entrambi gli sposi o dei figli nascituri da questi, si perfeziona senza bisogno che sia accettata (782), ma non produce effetto finché non segua il matrimonio (80, 805).

L'annullamento del matrimonio (117 ss.) importa la nullità della donazione. Restano tuttavia salvi i diritti acquistati dai terzi di buona fede (1445) tra il giorno del matrimonio e il passaggio in giudicato (324 c.p.c.) della sentenza che dichiara la nullità del matrimonio. Il coniuge di buona fede (128) non è tenuto a restituire i frutti (820) percepiti anteriormente alla domanda di annullamento del matrimonio (1148).

La donazione in favore di figli nascituri (784) rimane efficace per i figli rispetto ai quali si verificano gli effetti del matrimonio putativo (128).

786. (1) **[Donazione a ente non riconosciuto.** – La donazione a favore di un ente non riconosciuto (36 ss.) non ha efficacia, se entro un anno non è notificata al donante l'istanza per ottenere il riconoscimento (12; 2, 3 att.). La notificazione produce gli effetti indicati dall'ultimo comma dell'art. 782 (600).

Salvo diversa disposizione del donante, i frutti (820) maturati prima del riconoscimento sono riservati al donatario].

(1) *Questo articolo è stato abrogato dall'art. 13, comma 1, della L. 15 maggio 1997, n. 127, così come sostituito dall'art. 1, comma 1, della L. 22 giugno 2000, n. 192. Le disposizioni previste dall'art. 13, comma 1, si applicano anche alle acquisizioni deliberate o verificatesi in data anteriore a quella di entrata in vigore della citata L. n. 127/1997, a norma dell'art. 13, comma 2, medesima legge.*

787. Errore sul motivo della donazione. – La donazione può essere impugnata per errore sul motivo, sia esso di fatto o di diritto, quando il motivo risulta dall'atto ed è il solo che ha determinato il donante a compiere la liberalità (624, 794, 1428 ss.).

788. Motivo illecito. – Il motivo illecito (626, 794, 1345) rende nulla la donazione quando risulta dall'atto ed è il solo che ha determinato il donante alla liberalità (634, 1418).

789. Inadempimento o ritardo nell'esecuzione. – Il donante, in caso di inadempimento o di ritardo nell'eseguire la donazione, è responsabile soltanto per dolo o per colpa grave (798).

790. Riserva di disporre di cose determinate. – Quando il donante si è riservata la facoltà di disporre di qualche oggetto compreso nella donazione o di una determinata somma (1355) sui beni donati, e muore senza averne disposto, tale facoltà non può essere esercitata dagli eredi (796).

791. Condizione di riversibilità. – Il donante può stipulare la riversibilità (792) delle cose donate, sia per il caso di premorienza del solo donatario, sia per il caso di premorienza del donatario e dei suoi discendenti.

Nel caso in cui la donazione è fatta con generica indicazione della riversibilità, questa riguarda la premorienza, non solo del donatario, ma anche dei suoi discendenti.

Non si fa luogo a riversibilità che a beneficio del solo donante. Il patto a favore di altri si considera non apposto.

792. Effetti della riversibilità. – Il patto di riversibilità produce l'effetto di risolvere tutte le alienazioni dei beni donati (1504) e di farli ritornare al donante liberi da ogni peso o ipoteca, ad eccezione dell'ipoteca iscritta a garanzia della dote (166 *bis*) o di altre convenzioni matrimoniali (162), quando gli altri beni del coniuge donatario non sono sufficienti (560 ss.), e nel caso soltanto in cui la donazione è stata fatta con lo stesso contratto matrimoniale da cui l'ipoteca risulta.

È valido il patto per cui la riversione non deve pregiudicare la quota di riserva spettante al coniuge superstite (540) sul patrimonio del donatario, compresi in esso i beni donati.

793. Donazione modale. – La donazione può essere gravata da un onere (794, 797).

Il donatario è tenuto all'adempimento dell'onere entro i limiti del valore della cosa donata.

Per l'adempimento dell'onere può agire, oltre il donante, qualsiasi interessato (1174), anche durante la vita del donante stesso.

La risoluzione per inadempimento (1453) dell'onere, se preveduta nell'atto di donazione, può essere domandata dal donante o dai suoi eredi (2652 n. 1).

794. Onere illecito o impossibile. – L'onere illecito o impossibile si considera non apposto; rende tuttavia nulla la donazione se ne ha costituito il solo motivo determinante (788, 793).

795. Divieto di sostituzione. – Nelle donazioni non sono permesse le sostituzioni se non nei casi e nei limiti stabiliti per gli atti di ultima volontà (688 ss.).

La nullità delle sostituzioni non importa nullità della donazione.

796. Riserva di usufrutto. – È permesso al donante di riservare (790) l'usufrutto (978 ss., 1002) dei beni donati a proprio vantaggio, e dopo di lui a vantaggio di un'altra persona o anche di più persone, ma non successivamente.

797. Garanzia per evizione. – Il donante è tenuto a garanzia verso il donatario, per l'evizione (1483 ss.) che questi può soffrire delle cose donate, nei casi seguenti:

1) se ha espressamente promesso la garanzia (758[2]);

2) se l'evizione dipende dal dolo o dal fatto personale di lui (1487[2]);

3) se si tratta di donazione che impone oneri al donatario (793), o di donazione rimuneratoria (770), nei quali casi la garanzia è dovuta fino alla concorrenza dell'ammontare degli oneri o dell'entità delle prestazioni ricevute dal donante.

798. Responsabilità per vizi della cosa. – Salvo patto speciale, la garanzia del donante non si estende ai vizi della cosa, a meno che il donante sia stato in dolo (789).

799. Conferma ed esecuzione volontaria di donazioni nulle. – La nullità della donazione, da qualunque causa dipenda, non può essere fatta valere dagli eredi o aventi causa (377, 428, 775[1]) dal donante che, conoscendo la causa della nullità, hanno, dopo la morte di lui, confermato la donazione o vi hanno dato volontaria esecuzione (1423, 1444, 2034).

Capo IV
Della revocazione delle donazioni

800. Cause di revocazione. – La donazione può essere revocata (805, 806) per ingratitudine (801, 802) o per soppravenienza di figli (803).

801. Revocazione per ingratitudine. – La domanda di revocazione per ingratitudine non può essere proposta che quando il donatario ha commesso uno dei fatti previsti dai numeri 1, 2 e 3 dell'art. 463, ovvero si è reso colpevole d'ingiuria grave verso il donante o ha dolosamente arrecato grave pregiudizio al patrimonio di lui o gli ha rifiutato indebitamente gli alimenti dovuti ai sensi degli art. 433, 435 e 436 (802, 806).

802. Termini e legittimazione ad agire. – La domanda di revocazione per causa d'ingratitudine deve essere proposta dal donante o dai suoi eredi, contro il donatario o i suoi eredi, entro l'anno dal giorno in cui il donante è venuto a conoscenza del fatto che consente la revocazione (2652, n. 1, 2964).

Se il donatario si è reso responsabile di omicidio volontario (575 ss. c.p.) in persona del donante o gli ha dolosamente impedito di revocare la donazione, il termine per proporre l'azione è di un anno dal giorno in cui gli eredi hanno avuto notizia della causa di revocazione.

803. (1) **Revocazione per sopravvenienza di figli.** – Le donazioni fatte da chi non aveva o ignorava di avere figli o discendenti al tempo della donazione, possono essere revocate per la sopravvenienza o l'esistenza di un figlio o discendente del donante. Possono inoltre essere revocate per il riconoscimento di un figlio, salvo che si provi che al tempo della donazione il donante aveva notizia dell'esistenza del figlio.

La revocazione può essere domandata anche se il figlio del donante era già concepito al tempo della donazione. (462).

(1) *Questo articolo è stato così sostituito dall'art. 88 del D.L.vo 28 dicembre 2013, n. 154, a decorrere dal trentesimo giorno successivo a quello della sua pubblicazione nella* Gazzetta Ufficiale (G.U. *n. 5 dell'8 gennaio 2014*).

804. Termine per l'azione. – L'azione di revocazione per sopravvenienza di figli deve essere proposta entro cinque anni dal giorno della nascita dell'ultimo figlio nato nel matrimonio (1) o discendente [legittimo] (2) ovvero della notizia dell'esistenza del figlio o discendente, ovvero dell'avvenuto riconoscimento del figlio nato fuori del matrimonio (3) (250 ss., 803, 2964 ss.).

Il donante non può proporre o proseguire l'azione dopo la morte del figlio o del discendente.

(1) *Le parole: «nato nel matrimonio» sono state aggiunte dall'art. 89 del D.L.vo 28 dicembre 2013, n. 154, a decorrere dal trentesimo giorno successivo a quello della sua pubblicazione nella* Gazzetta Ufficiale (G.U. *n. 5 dell'8 gennaio 2014*).

(2) *La parola fra parentesi quadrate è stata soppressa dall'art. 89 del D.L.vo 28 dicembre 2013, n. 154, a decorrere dal trentesimo giorno successivo a quello della sua pubblicazione nella* Gazzetta Ufficiale (G.U. *n. 5 dell'8 gennaio 2014*).

(3) *La parola: «naturale» è stata così sostituita dalle attuali: «nato fuori del matrimonio» dall'art. 89 del D.L.vo 28 dicembre 2013, n. 154, a decorrere dal trentesimo giorno successivo a quello della sua pubblicazione nella* Gazzetta Ufficiale (G.U. *n. 5 dell'8 gennaio 2014*).

805. Donazioni irrevocabili. – Non possono revocarsi per causa d'ingratitudine, né per sopravvenienza di figli, le donazioni rimuneratorie (770) e quelle fatte in riguardo di un determinato matrimonio (785).

806. Inammissibilità della rinunzia preventiva. – Non è valida la rinunzia preventiva alla revocazione della donazione per ingratitudine o per sopravvenienza di figli.

807. Effetti della revocazione. – Revocata la donazione per ingratitudine o sopravvenienza di figli, il donatario deve restituire i beni in natura, se essi esistono ancora, e i frutti (820) relativi, a partire dal giorno della domanda (1148).

Se il donatario ha alienato i beni, deve restituirne il valore, avuto riguardo al tempo della domanda, e i frutti relativi, a partire dal giorno della domanda stessa.

808. Effetti nei riguardi dei terzi. – La revocazione per ingratitudine o per sopravvenienza di figli non pregiudica i terzi che hanno acquistato diritti anteriormente alla domanda, salvi gli effetti della trascrizione di questa (2652, nn. 1, 5).

Il donatario, che prima della trascrizione della domanda di revocazione ha costituito sui beni donati diritti reali che ne diminuiscono il valore, deve indennizzare il donante della diminuzione di valore sofferta dai beni stessi.

809. Norme sulle donazioni applicabili ad altri atti di liberalità. – Le liberalità, anche se risultano da atti diversi da quelli previsti dall'art. 769, sono soggette alle stesse norme che regolano la revocazione delle donazioni per causa d'ingratitudine (801) e per sopravvenienza di figli (803), nonché a quelle sulla riduzione delle donazioni per integrare la quota dovuta ai legittimari (553 ss.).

Questa disposizione non si applica alle liberalità previste dal secondo comma dell'art. 770 e a quelle che a norma dell'art. 742 non sono soggette a collazione.

Libro III
Della proprietà

Titolo I
Dei beni

Capo I
Dei beni in generale

810. Nozione. – Sono beni le cose che possono formare oggetto di diritti.

Sezione I
Dei beni dell'ordine corporativo

811. (*Omissis*) ([1]).

([1]) *Articolo abrogato dall'art. 3, D.L.vo 14 settembre 1944, n. 287, provvedimenti relativi alla riforma della legislazione civile.*

Sezione II
Dei beni immobili e mobili

812. Distinzione dei beni. – Sono beni immobili il suolo, le sorgenti e i corsi d'acqua, gli alberi, gli edifici e le altre costruzioni, anche se unite al suolo a scopo transitorio, e in genere tutto ciò che naturalmente o artificialmente è incorporato al suolo.

Sono reputati immobili i mulini, i bagni e gli altri edifici galleggianti quando sono saldamente assicurati alla riva o all'alveo e sono destinati ad esserlo in modo permanente per la loro utilizzazione (1350, 2810).

Sono mobili tutti gli altri beni (814).

813. Distinzione dei diritti. – Salvo che dalla legge risulti diversamente, le disposizioni concernenti i beni immobili si applicano anche ai diritti reali che hanno per oggetto beni immobili e alle azioni relative (555 ss. c.p.c.); le disposizioni concernenti i beni mobili si applicano a tutti gli altri diritti.

814. Energie. – Si considerano beni mobili le energie naturali che hanno valore economico (624^2 c.p.).

815. Beni mobili iscritti in pubblici registri. – I beni mobili iscritti in pubblici registri sono soggetti alle disposizioni che li riguardano e, in mancanza, alle disposizioni relative ai beni mobili.

816. Universalità di mobili. – È considerata universalità di mobili la pluralità di cose che appartengono alla stessa persona e hanno una destinazione unitaria (727^2, 771, 994, 1010, 1156, 1160, 1170, 2784, 2914 n. 3).

Le singole cose componenti l'universalità possono formare oggetto di separati atti e rapporti giuridici (2555; 670 c.p.c.).

817. Pertinenze. – Sono pertinenze le cose destinate in modo durevole a servizio o ad ornamento di un'altra cosa.

La destinazione può essere effettuata dal proprietario della cosa principale o da chi ha un diritto reale sulla medesima (29, 246, 862 c.n.).

818. Regime delle pertinenze. – Gli atti e i rapporti giuridici che hanno per oggetto la cosa principale comprendono anche le pertinenze, se non è diversamente disposto (667, 1477, 1617, 2811, 2912).

Le pertinenze possono formare oggetto di separati atti o rapporti giuridici (816^2; 515 c.p.c.).

La cessazione della qualità di pertinenza non è opponibile ai terzi i quali abbiano anteriormente acquistato diritti sulla cosa principale (819; 247, 862, 863 c.n.).

819. Diritti dei terzi sulle pertinenze. – La destinazione di una cosa al servizio o all'ornamento di un'altra non pregiudica i diritti preesistenti su di essa a favore dei terzi. Tali diritti non possono essere opposti ai terzi di buona fede se non risultano da scrittura avente data certa anteriore (2704), quando la cosa principale è un bene immobile (812) o un bene mobile iscritto in pubblici registri (815, 2683, 2762; 247, 263, 863 c.n.).

Sezione III
Dei frutti

820. Frutti naturali e frutti civili. – Sono frutti naturali quelli che provengono direttamente dalla cosa, vi concorra o no l'opera dell'uomo, come i prodotti agricoli, la legna, i parti degli animali, i prodotti delle miniere, cave e torbiere.

Finché non avviene la separazione, i frutti formano parte della cosa (516 c.p.c.). Si può tuttavia disporre di essi come di cosa mobile futura (771, 1348, 1472; 531 c.p.c.).

Sono frutti civili quelli che si ritraggono dalla cosa come corrispettivo del godimento che altri ne abbia. Tali sono gli interessi dei capitali (1224, 1282 ss., 1815), i canoni enfiteutici (960 ss.), le rendite vitalizie (1861 ss., 1872) e ogni altra rendita, il corrispettivo delle locazioni (1571, 1587 n. 2).

821. Acquisto dei frutti. – I frutti naturali appartengono al proprietario della cosa che li produce (1477, 1775), salvo che la loro proprietà sia attribuita ad altri. In quest'ultimo caso la proprietà si acquista con la separazione.

Chi fa propri i frutti deve, nei limiti del loro valore, rimborsare colui che abbia fatto spese per la produzione e il raccolto (984, 1149, 2041).

I frutti civili si acquistano giorno per giorno, in ragione della durata del diritto (1263[3], 1531[1], 1880).

Capo II
Dei beni
appartenenti allo Stato,
agli enti pubblici
e agli enti ecclesiastici

822. Demanio pubblico. – Appartengono allo Stato e fanno parte del demanio pubblico il lido del mare, la spiaggia, le rade e i porti (28 ss., 692 ss. c.n.); i fiumi, i torrenti, i laghi e le altre acque definite pubbliche dalle leggi in materia; le opere destinate alla difesa nazionale (879).

Fanno parimenti parte del demanio pubblico, se appartengono allo Stato, le strade, le autostrade e le strade ferrate; gli aerodromi; gli acquedotti; gli immobili riconosciuti di interesse storico, archeologico e artistico a norma delle leggi in materia; le raccolte dei musei, delle pinacoteche, degli archivi, delle biblioteche; e infine gli altri beni che sono dalla legge assoggettati al regime proprio del demanio pubblico (942, 945; 247, 248, 863 c.n.).

823. Condizione giuridica del demanio pubblico. – I beni che fanno parte del demanio pubblico sono inalienabili e non possono formare oggetto di diritti a favore di terzi (1145), se non nei modi e nei limiti stabiliti dalle leggi che li riguardano (30 ss., 694 ss. c.n.).

Spetta all'autorità amministrativa la tutela dei beni che fanno parte del demanio pubblico. Essa ha facoltà sia di procedere in via amministrativa, sia di valersi dei mezzi ordinari a difesa della proprietà (948 ss.) e del possesso (1168 ss.) regolati dal presente codice.

824. Beni delle province e dei comuni soggetti al regime dei beni demaniali. – I beni della specie di quelli indicati dal secondo comma dell'art. 822, se appartengono alle province o ai comuni, sono soggetti al regime del demanio pubblico.

Allo stesso regime sono soggetti i cimiteri e i mercati comunali.

825. Diritti demaniali su beni altrui. – Sono parimenti soggetti al regime del demanio pubblico (823) i diritti reali che spettano allo Stato, alle province e ai comuni su beni appartenenti ad altri soggetti, quando i diritti stessi sono costituiti per l'utilità di alcuno dei beni indicati dagli articoli precedenti o per il conseguimento di fini di pubblico interesse corrispondenti a quelli a cui servono i beni medesimi.

826. Patrimonio dello Stato, delle province e dei comuni. – I beni appartenenti allo Stato, alle province e ai comuni, i quali non siano della specie di quelli indicati dagli articoli precedenti (829), costituiscono il patrimonio dello Stato o, rispettivamente, delle province e dei comuni (828).

Fanno parte del patrimonio indisponibile dello Stato le foreste che a norma delle leggi in materia costituiscono il demanio forestale dello Stato, le miniere, le cave e torbiere quando la disponibilità ne è sottratta al proprietario del fondo (840), le cose d'interesse storico, archeologico, paletnologico, paleontologico e artistico, da chiunque e in qualunque modo ritrovate nel sottosuolo (839, 840, 932), i beni costituenti la dotazione della Presidenza della Repubblica, le caserme, gli armamenti, gli aeromobili militari (745 c.n.) e le navi da guerra.

Fanno parte del patrimonio indisponibile dello Stato o, rispettivamente, delle province e dei comuni, secondo la loro appartenenza, gli edifici destinati a sede di uffici pubblici, con i loro arredi, e gli altri beni destinati a un pubblico servizio.

827. Beni immobili vacanti. – I beni immobili che non sono in proprietà di alcuno spettano al patrimonio dello Stato (923; 119 Cost.).

828. Condizione giuridica dei beni patrimoniali. – I beni che costituiscono il patrimonio dello Stato, delle province e dei comuni sono soggetti alle regole particolari che li concernono e, in quanto non è diversamente disposto, alle regole del presente codice.

I beni che fanno parte del patrimonio indisponibile non possono essere sottratti alla loro destinazione, se non nei modi stabiliti dalle leggi che li riguardano (830).

829. Passaggio di beni dal demanio al patrimonio. – Il passaggio dei beni dal demanio pubblico (822) al patrimonio dello Stato (826) dev'essere dichiarato dall'autorità amministrativa. Dell'atto deve essere dato annunzio nella *Gazzetta Ufficiale* della Repubblica.

Per quanto riguarda i beni delle province e dei comuni, il provvedimento che dichiara il passaggio al patrimonio dev'essere pubblicato nei modi stabiliti per i regolamenti comunali e provinciali ([1]).

([1]) *Si veda il D.L.vo 18 agosto 2000, n. 267, Testo unico delle leggi sull'ordinamento degli enti locali.*

830. Beni degli enti pubblici non territoriali. – I beni appartenenti agli enti pubblici non territoriali sono soggetti alle regole del presente codice, salve le disposizioni delle leggi speciali.

Ai beni di tali enti che sono destinati a un pubblico servizio si applica la disposizione del secondo comma dell'art. 828.

831. Beni degli enti ecclesiastici ed edifici di culto. – I beni degli enti ecclesiastici sono soggetti alle norme del presente codice, in quanto non è diversamente disposto dalle leggi speciali che li riguardano ([1]).

Gli edifici destinati all'esercizio pubblico del culto cattolico, anche se appartengono a privati, non possono essere sottratti alla loro destinazione neppure per effetto di alienazione, fino a che la destinazione stessa non sia cessata in conformità delle leggi che li riguardano.

([1]) *Si vedano gli artt. 21 ss. della normativa 8 agosto 1984 tra la Santa Sede e il Governo italiano, approvata con protocollo del 15 novembre 1984 e ratificata con legge 20 maggio 1985, n. 206, disposizioni sugli enti e beni ecclesiastici in Italia e per il sostentamento del clero cattolico in servizio nelle diocesi.* (*suppl. ord. alla* G.U. *n. 123 del 27 maggio 1985*).

Titolo II
Della proprietà

Capo I
Disposizioni generali

832. Contenuto del diritto. – Il proprietario ha diritto di godere (959) e disporre delle cose in modo pieno ed esclusivo, entro i limiti e con l'osservanza degli obblighi stabiliti dall'ordinamento giuridico (833, 838, 869; 42 ss. Cost.).

833. Atti d'emulazione. – Il proprietario non può fare atti i quali non abbiano altro scopo che quello di nuocere o recare molestia ad altri (844).

834. Espropriazione per pubblico interesse. – Nessuno può essere privato in tutto o in parte dei beni di sua proprietà, se non per causa di pubblico interesse, legalmente dichiarata, e contro il pagamento di giusta indennità (836, 838, 851, 865; 42^3, 43 Cost.).

Le norme relative all'espropriazione per causa di pubblico interesse sono determinate da leggi speciali.

835. Requisizioni. – Quando ricorrono gravi e urgenti necessità pubbliche, militari o civili, può essere disposta la requisizione dei beni mobili o immobili (812 ss.). Al proprietario è dovuta una giusta indennità.

Le norme relative alle requisizioni sono determinate da leggi speciali ([1]).

([1]) *Si vedano*: *L. 8 giugno 1925, n. 969, e T.U. 31 gennaio 1926, n. 452, sulla requisizione dei quadrupedi o veicoli per le forze armate, e successive modificazioni.*

836. Vincoli e obblighi temporanei. – Per le cause indicate dall'articolo precedente l'autorità amministrativa, nei limiti e con le forme stabiliti da leggi speciali, può sottoporre a particolari vincoli od obblighi di carattere temporaneo le aziende commerciali (2195) e agricole (963^5, 2135; 44 Cost.).

837. Ammassi. – Allo scopo di regolare la distribuzione di determinati prodotti agricoli o industriali nell'interesse della produzione nazionale sono costituiti gli ammassi (2617).

Le norme per il conferimento dei prodotti negli ammassi sono contenute in leggi speciali.

838. Espropriazione di beni che interessano la produzione nazionale o di prevalente interesse pubblico. – Salve le disposizioni delle leggi penali (499 ss. c.p.) e di polizia, nonché le norme dell'ordinamento corporativo (1) e le disposizioni particolari concernenti beni determinati, quando il proprietario abbandona la conservazione, la coltivazione o l'esercizio di beni che interessano la produzione nazionale, in modo da nuocere gravemente alle esigenze della produzione stessa (811), può farsi luogo all'espropriazione dei beni da parte dell'autorità amministrativa (2), premesso il pagamento di una giusta indennità (56 att.).

La stessa disposizione si applica se il deperimento dei beni ha per effetto di nuocere gravemente al decoro delle città o alle ragioni dell'arte, della storia o della sanità pubblica.

(1) *L'espressione «nonché le norme dell'ordinamento corporativo» è da ritenere abrogata dal R.D.L. 9 agosto 1943, n. 721.*

(2) *Si vedano, art. 7, legge sul contenzioso amministrativo 20 marzo del 1865, n. 2248, All. E; art. 2, R.D. 18 giugno 1931, n. 773, T.U. leggi di pubblica sicurezza.*

839. Beni d'interesse storico e artistico. – Le cose di proprietà privata, immobili o mobili, che presentano interesse artistico, storico, archeologico o etnografico, sono sottoposte alle disposizioni delle leggi speciali (826^2, 879^1).

Capo II
Della proprietà fondiaria

Sezione I
Disposizioni generali

840. Sottosuolo e spazio sovrastante al suolo. – La proprietà del suolo si estende al sottosuolo (955, 959), con tutto ciò che vi si contiene, e il proprietario può fare qualsiasi escavazione od opera che non rechi danno al vicino. Questa disposizione non si applica a quanto forma oggetto delle leggi sulle miniere, cave e torbiere. Sono del pari salve le limitazioni derivanti dalle leggi sulle antichità e belle arti (826), sulle acque, sulle opere idrauliche e da altre leggi speciali.

Il proprietario del suolo non può opporsi ad attività di terzi che si svolgano a tale profondità nel sottosuolo o tale altezza nello spazio sovrastante (934), che egli non abbia interesse ad escluderle (826, 833, 1174; 823 c.n.).

841. Chiusura del fondo. – Il proprietario può chiudere in qualunque tempo il fondo (842, 843, 1054, 1064).

842. Caccia e pesca. – Il proprietario di un fondo non può impedire che vi si entri per l'esercizio della caccia, a meno che il fondo sia chiuso nei modi stabiliti dalla legge sulla caccia o vi siano colture in atto suscettibili di danno.

Egli può sempre opporsi a chi non è munito della licenza rilasciata dall'autorità.

Per l'esercizio della pesca occorre il consenso del proprietario del fondo.

843. Accesso al fondo. – Il proprietario deve permettere l'accesso e il passaggio nel suo fondo, sempre che ne venga riconosciuta la necessità, al fine di costruire o riparare un muro o altra opera propria del vicino oppure comune.

Se l'accesso cagiona danno, è dovuta una adeguata indennità (924, 925, 1038, 1053).

Il proprietario deve parimenti permettere l'accesso a chi vuole riprendere la cosa sua che vi si trovi accidentalmente o l'animale che vi si sia riparato sfuggendo alla custodia (1053). Il proprietario può impedire l'accesso consegnando la cosa o l'animale (896, 924, 925).

844. Immissioni. – Il proprietario di un fondo non può impedire le immissioni di fumo o di calore, le esalazioni, i rumori, gli scuotimenti e simili propagazioni derivanti dal fondo del vicino, se non superano la normale tollerabilità (659 c.p.), avuto anche riguardo alla condizione dei luoghi (833; 674 c.p.).

Nell'applicare questa norma l'autorità giudiziaria deve contemperare le esigenze della produzione con le ragioni della proprietà (912). Può tener conto della priorità di un determinato uso (890).

845. Regole particolari per scopi di pubblico interesse. – La proprietà fondiaria è soggetta a regole particolari per il conseguimento di scopi di pubblico interesse nei casi previsti dalle leggi speciali e dalle disposizioni contenute nelle sezioni seguenti.

Sezione II
Del riordinamento
della proprietà rurale

846. ([1]) [**Minima unità colturale.** – Nei trasferimenti di proprietà, nelle divisioni e nelle assegnazioni a qualunque titolo, aventi per oggetto terreni destinati a coltura o suscettibili di coltura, e nella costituzione o nei trasferimenti di diritti reali sui terreni stessi non deve farsi luogo a frazionamenti che non rispettino la minima unità colturale.

S'intende per minima unità colturale l'estensione di terreno necessaria e sufficiente per il lavoro di una famiglia agricola e, se non si tratta di terreno appoderato, per esercitare una conveniente coltivazione secondo le regole della buona tecnica agraria].

([1]) *Questo articolo è stato abrogato dall'art. 5* bis, *comma 10, del D.L.vo 18 maggio 2001, n. 228, così come inserito dall'art. 7 del D.L.vo 29 marzo 2004, n. 99.*

847. ([1]) [**Determinazione della minima unità colturale.** – L'estensione della minima unità colturale sarà determinata distintamente per zone, avuto riguardo all'ordinamento produttivo e alla situazione demografica locale, con provvedimento dell'autorità amministrativa, da adottarsi sentite le associazioni professionali].

([1]) *Questo articolo è stato abrogato dall'art. 5* bis, *comma 10, del D.L.vo 18 maggio 2001, n. 228, così come inserito dall'art. 7 del D.L.vo 29 marzo 2004, n. 99.*

848. ([1]) [**Sanzione dell'inosservanza.** – Gli atti compiuti contro il divieto dell'art. 846 possono essere annullati dall'autorità giudiziaria, su istanza del pubblico ministero. L'azione si prescrive in tre anni dalla data della trascrizione dell'atto].

([1]) *Questo articolo è stato abrogato dall'art. 5* bis, *comma 10, del D.L.vo 18 maggio 2001, n. 228, così come inserito dall'art. 7 del D.L.vo 29 marzo 2004, n. 99.*

849. Fondi compresi entro maggiori unità fondiarie. – Indipendentemente dalla formazione del consorzio previsto dall'articolo seguente, il proprietario di terreni entro i quali sono compresi appezzamenti appartenenti ad altri, di estensione inferiore alla minima unità colturale (846), può domandare che gli sia trasferita la proprietà di questi ultimi (2932), pagandone il prezzo, allo scopo di attuare una migliore sistemazione delle unità fondiarie. In caso di contrasto decide l'autorità giudiziaria, sentite le associazioni professionali circa la sussistenza delle condizioni che giustificano la richiesta di trasferimento (57 att.) ([1]).

([1]) *Le parole a partire da «sentite» fino alla fine dell'articolo sono da considerarsi inefficaci in forza della soppressione dell'ordinamento corporativo fascista disposta dall'art. 1 del D.L.vo Lgt. 23 novembre 1944, n. 369.*

850. Consorzi a scopo di ricomposizione fondiaria. – Quando più terreni contigui e inferiori alla minima unità colturale (846) appartengono a diversi proprietari, può, su istanza di alcuno degli interessati o per iniziativa dell'autorità amministrativa, essere costituito un consorzio tra gli stessi proprietari, allo scopo di provvedere a una ricomposizione fondiaria idonea alla migliore utilizzazione dei terreni stessi (851 ss.).

Per la costituzione del consorzio si applicano le norme stabilite per i consorzi di bonifica (851, 862 ss.).

851. Trasferimenti coattivi. – Il consorzio indicato dall'articolo precedente può predisporre il piano di riordinamento.

Per la migliore sistemazione delle unità fondiarie può procedersi a espropriazioni e a trasferimenti coattivi (852, 853); può anche procedersi a rettificazioni di confini e ad arrotondamento di fondi (856).

852. Terreni esclusi dai trasferimenti. – Dai trasferimenti coattivi previsti dall'articolo precedente sono esclusi:

1) gli appezzamenti forniti di casa di abitazione civile o colonica;

2) i terreni adiacenti ai fabbricati e costituenti dipendenze dei medesimi;

3) le aree fabbricabili;

4) gli orti, i giardini, i parchi;

5) i terreni necessari per piazzali o luoghi di deposito di stabilimenti industriali o commerciali;

6) i terreni soggetti a inondazioni, a scoscendimenti o ad altri gravi rischi;

7) i terreni che per la loro speciale destinazione, ubicazione o singolarità di coltura presentano caratteristiche di spiccata individualità (856).

853. Trasferimento dei diritti reali. – Nei trasferimenti coattivi (851) le servitù prediali (1027 ss.) sono abolite, conservate o create in relazione alle esigenze della nuova sistemazione (854, 1031).

Gli altri diritti reali di godimento (978 ss.) sono trasferiti sui terreni assegnati in cambio e, qualora non siano costituiti su tutti i terreni dello stesso proprietario, sono trasferiti soltanto su una parte determinata del fondo assegnato in cambio, che corrisponda in valore ai terreni su cui esistevano.

Le ipoteche (2808 ss.) che non siano costituite su tutti i terreni dello stesso proprietario sono trasferite sul fondo di nuova assegnazione per una quota corrispondente in valore ai terreni su cui erano costituite. In caso di espropriazione forzata dell'immobile gravato da ipoteca su una quota, l'immobile è espropriato per intero e il credito è collocato, secondo il grado dell'ipoteca (2852), sulla parte del prezzo corrispondente alla quota soggetta all'ipoteca medesima (2809).

854. Notifica e trascrizione del piano di riordinamento. – Il piano di riordinamento dev'essere preventivamente portato a cognizione degli interessati, e contro di esso è ammesso reclamo in via amministrativa, nelle forme e nei termini stabiliti da leggi speciali.

Il provvedimento amministrativo di approvazione definitiva del piano dev'essere trascritto presso l'ufficio dei registri immobiliari nella cui circoscrizione sono situati i beni (2645).

855. Effetti dell'approvazione del piano di riordinamento. – Con l'approvazione del piano di riordinamento si operano i trasferimenti di proprietà e degli altri diritti reali; sono anche costituite le servitù imposte nel piano stesso (853).

856. Competenza dell'autorità giudiziaria. – Nelle materie indicate dagli art. 850 e seguenti è salva la competenza dell'autorità giudiziaria per la tutela dei diritti degli interessati. L'autorità giudiziaria non può tuttavia con le sue decisioni provocare una revisione del piano di riordinamento, ma può procedere alla conversione e liquidazione in danaro dei diritti da essa accertati.

Il credito relativo è privilegiato a norma delle leggi speciali.

Sezione III
Della bonifica integrale

857. Terreni soggetti a bonifica. – Per il conseguimento di fini igienici, demografici, economici o di altri fini sociali possono essere dichiarati soggetti a bonifica i terreni che si trovano in un comprensorio, in cui sono laghi, stagni, paludi e terre paludose, ovvero costituito da terreni montani dissestati nei riguardi idrogeologici e forestali, o da terreni estensivamente coltivati per gravi cause di ordine fisico o sociale, i quali siano suscettibili di una radicale trasformazione dell'ordinamento produttivo (852, 947).

858. Comprensorio di bonifica e piano delle opere. – Il comprensorio di bonifica e il piano generale dei lavori e di attività coordinate sono determinati e pubblicati a norma della legge speciale (1044).

859. Opere di competenza dello Stato. – Il piano generale indicato dall'articolo precedente stabilisce quali opere di bonifica siano di competenza dello Stato.

860. Concorso dei proprietari nella spesa. – I proprietari dei beni situati entro il perimetro del comprensorio sono obbligati a contribuire nella spesa necessaria per l'esecuzione, la manutenzione e l'esercizio delle opere in ragione del beneficio che traggono dalla bonifica.

861. Opere di competenza dei privati. – I proprietari degli immobili indicati dall'articolo precedente sono obbligati a eseguire, in conformità del piano generale di bonifica e delle connesse direttive di trasformazione agraria, le opere di competenza privata che siano d'interesse comune a più fondi o d'interesse particolare a taluno di essi (865, 868).

862. Consorzi di bonifica. – All'esecuzione, alla manutenzione e all'esercizio delle opere di bonifica può provvedersi a mezzo di consorzi tra i proprietari interessati.

A tali consorzi possono essere anche affidati l'esecuzione, la manutenzione e l'esercizio delle altre opere d'interesse comune a più fondi o d'interesse particolare a uno di essi (850).

I consorzi sono costituiti per decreto del Presidente della Repubblica e, in mancanza dell'iniziativa privata, possono essere formati anche d'ufficio.

Essi sono persone giuridiche pubbliche (11) e svolgono la loro attività secondo le norme dettate dalla legge speciale (852).

863. Consorzi di miglioramento fondiario. – Nelle forme stabilite per i consorzi di bonifica (862) possono essere costituiti anche consorzi per l'esecuzione, la manutenzione e l'esercizio di opere di miglioramento fondiario comuni a più fondi e indipendenti da un piano generale di bonifica (914, 918 ss.).

Essi sono persone giuridiche private (12). Possono tuttavia assumere il carattere di persone giuridiche pubbliche (11) quando, per la loro vasta estensione territoriale o per la particolare importanza delle loro funzioni ai fini dell'incremento della produzione, sono riconosciuti d'interesse nazionale con provvedimento dell'autorità amministrativa.

864. Contributi consorziali. – I contributi dei proprietari nella spesa di esecuzione, manutenzione ed esercizio delle opere di bonifica e di miglioramento fondiario sono esigibili con le norme e i privilegi stabiliti per l'imposta fondiaria (852, 2775).

865. Espropriazione per inosservanza degli obblighi. – Quando l'inosservanza degli obblighi imposti ai proprietari risulta tale da compromettere l'attuazione del piano di bonifica, può farsi luogo all'espropriazione parziale o totale del fondo appartenente al proprietario inadempiente, osservate le disposizioni della legge speciale (834) ([1]).

L'espropriazione ha luogo a favore del consorzio, se questo ne fa richiesta, o, in mancanza, a favore di altra persona che si obblighi ad eseguire le opere offrendo opportune garanzie (1179).

([1]) *Si veda R.D. 13 febbraio 1933, n. 215, nuove norme per la bonifica integrale, convertito in L. 30 marzo 1933, n. 323.*

Sezione IV
Dei vincoli idrogeologici e delle difese fluviali

866. Vincoli per scopi idrogeologici e per altri scopi. – Anche indipendentemente da un piano di bonifica (858), i terreni di qualsiasi natura e destinazione possono essere sottoposti a vincolo idrogeologico, osservate le forme e le condizioni stabilite dalla legge speciale, al fine di evitare che possano con danno pubblico subire denudazioni, perdere la stabilità o turbare il regime delle acque.

L'utilizzazione dei terreni e l'eventuale loro trasformazione, la qualità delle colture, il governo dei boschi e dei pascoli sono assoggettati, per effetto del vincolo, alle limitazioni stabilite dalle leggi in materia.

Parimenti, a norma della legge speciale, possono essere sottoposti a limitazione nella loro utilizzazione i boschi che per la loro speciale ubicazione difendono terreni o fabbricati dalla caduta di valanghe, dal rotolamento di sassi, dal sorrenamento e dalla furia dei venti, e quelli ritenuti utili per le condizioni igieniche locali.

867. Sistemazione e rimboschimento dei terreni vincolati. – Al fine del rimboschimento e del rinsaldamento i terreni vincolati possono essere assoggettati a espropriazione, a occupazione temporanea o a sospensione dell'esercizio del pascolo, nei modi e con le forme stabiliti dalle leggi in materia.

868. Regolamento protettivo dei corsi d'acqua. – I proprietari di immobili situati in prossimità di corsi d'acqua che arrecano o minacciano danni all'agricoltura, ad abitati o a manufatti d'interesse pubblico sono obbligati, anche indipendentemente da un piano di bonifica, a contribuire all'esecuzione delle opere necessarie per il regolamento del corso d'acqua nelle forme stabilite dalle leggi speciali.

Sezione V
Della proprietà edilizia

869. Piani regolatori. – I proprietari d'immobili nei comuni dove sono formati piani regolatori devono osservare le prescrizioni dei piani stessi nelle costruzioni e nelle riedificazioni o modificazioni delle costruzioni esistenti.

870. Comparti. – Quando è prevista la formazione di comparti, costituenti unità fabbricabili con speciali modalità di costruzione e di adattamento, gli aventi diritto sugli immobili compresi nel comparto devono regolare i loro reciproci rapporti in modo da rendere possibile l'attuazione del piano. Possono anche riunirsi in consorzio per l'esecuzione delle opere. In mancanza di accordo, può procedersi all'espropriazione a norma delle leggi in materia.

871. Norme di edilizia e di ornato pubblico. – Le regole da osservarsi nelle costruzioni sono stabilite dalla legge speciale e dai regolamenti edilizi comunali.

La legge speciale stabilisce altresì le regole da osservarsi per le costruzioni nelle località sismiche.

872. Violazione delle norme di edilizia. – Le conseguenze di carattere amministrativo della violazione delle norme indicate dall'articolo precedente sono stabilite da leggi speciali.

Colui che per effetto della violazione ha subito danno deve esserne risarcito, salva la facoltà di chiedere la riduzione in pristino (2933) quando si tratta della violazione delle norme contenute nella sezione seguente o da questa richiamate (873 ss., 2043).

Sezione VI
Delle distanze
nelle costruzioni,
piantagioni e scavi,
e dei muri, fossi e siepi
interposti tra i fondi

873. Distanze nelle costruzioni. – Le costruzioni su fondi finitimi, se non sono unite o aderenti, devono essere tenute a distanza non minore di tre metri (878). Nei regolamenti locali può essere stabilita una distanza maggiore.

874. Comunione forzosa del muro sul confine. – Il proprietario di un fondo contiguo al muro altrui può chiederne la comunione per tutta l'altezza o per parte di essa, purché lo faccia per tutta l'estensione della sua proprietà (876). Per ottenere la comunione (888) deve pagare la metà del valore del muro, o della parte di muro resa comune, e la metà del valore del suolo su cui il muro è costruito. Deve inoltre eseguire le opere che occorrono per non danneggiare il vicino (876, 885, 888, 904).

875. Comunione forzosa del muro che non è sul confine. – Quando il muro si trova a una distanza dal confine minore di un metro e mezzo ovvero a distanza minore della metà di quella stabilita dai regolamenti locali (873), il vicino può chiedere la comunione (874) del muro soltanto allo scopo di fabbricare contro il muro stesso, pagando, oltre il valore della metà del muro, il valore del suolo da occupare con la nuova fabbrica, salvo che il proprietario preferisca estendere il suo muro sino al confine (877, 882).

Il vicino che intende domandare la comunione deve interpellare preventivamente il proprietario se preferisca di estendere il muro al confine o di procedere alla sua demolizione. Questi deve manifestare la propria volontà entro il termine di giorni quindici e deve procedere alla costruzione o alla demolizione entro sei mesi dal giorno in cui ha comunicato la risposta (904).

876. Innesto nel muro sul confine. – Se il vicino vuole servirsi del muro esistente sul confine solo per innestarvi un capo del proprio muro, non ha l'obbligo di renderlo comune a norma dell'art. 874, ma deve pagare un'indennità per l'innesto.

877. Costruzioni in aderenza. – Il vicino, senza chiedere la comunione del muro posto sul confine, può costruire sul confine stesso in aderenza, ma senza appoggiare la sua fabbrica a quella preesistente.

Questa norma si applica anche nel caso previsto dall'art. 875; il vicino in tal caso deve pagare soltanto il valore del suolo (879, 904).

878. Muro di cinta. – Il muro di cinta e ogni altro muro isolato che non abbia un'altezza superiore ai tre metri non è considerato per il computo della distanza indicata dall'art. 873.

Esso, quando è posto sul confine, può essere reso comune (874) anche a scopo d'appoggio, purché non preesista al di là un edificio a distanza inferiore ai tre metri (886, 892).

879. Edifici non soggetti all'obbligo delle distanze o a comunione forzosa. – Alla comunione forzosa non sono soggetti gli edifici appartenenti al demanio pubblico (822) e quelli soggetti allo stesso regime (824, 825), né gli edifici che sono riconosciuti di interesse storico, archeologico o artistico, a norma delle leggi in materia (839). Il vicino non può neppure usare della facoltà concessa dall'art. 877.

Alle costruzioni che si fanno in confine con le piazze e le vie pubbliche non si applicano le norme relative alle distanze (873), ma devono osservarsi le leggi e i regolamenti che le riguardano.

880. Presunzione di comunione del muro divisorio. – Il muro che serve di divisione tra edifici si presume comune (874, 881) fino alla sua sommità e, in caso di altezze ineguali, fino al punto in cui uno degli edifici comincia ad essere più alto (882, 897, 903).

Si presume parimenti comune il muro che serve di divisione tra cortili, giardini e orti o tra recinti nei campi (881, 886).

881. Presunzione di proprietà esclusiva del muro divisorio. – Si presume che il muro divisorio tra i campi, cortili, giardini od orti appartenga al proprietario del fondo verso il quale esiste il piovente e in ragione del piovente medesimo (880).

Se esistono sporti, come cornicioni, mensole e simili, o vani che si addentrano oltre la metà della grossezza del muro, e gli uni e gli altri risultano costruiti col muro stesso, si presume che questo spetti al proprietario dalla cui parte gli sporti o i vani si presentano, anche se vi sia soltanto qualcuno di tali segni.

Se uno o più di essi sono da una parte, e uno o più dalla parte opposta, il muro è reputato comune: in ogni caso la positura del piovente prevale su tutti gli altri indizi (880, 897).

882. Riparazioni del muro comune. – Le riparazioni e le ricostruzioni necessarie del muro comune sono a carico di tutti quelli che vi hanno diritto (877, 880) e in proporzione del diritto di ciascuno (1104), salvo che la spesa sia stata cagionata dal fatto di uno dei partecipanti.

Il comproprietario di un muro comune può esimersi dall'obbligo di contribuire nelle spese di riparazione e ricostruzione, rinunziando al diritto di comunione (1350, n. 5, 2643, n. 5), purché il muro comune non sostenga un edificio di sua spettanza (1123).

La rinunzia non libera il rinunziante dall'obbligo delle riparazioni e ricostruzioni a cui abbia dato causa col fatto proprio (887).

883. Abbattimento di edificio appoggiato al muro comune. – Il proprietario che vuole atterrare un edificio sostenuto da un muro comune può rinunziare alla comunione di questo (882), ma deve farvi le riparazioni e le opere che la demolizione rende necessarie per evitare ogni danno al vicino.

884. Appoggio e immissione di travi e catene nel muro comune. – Il comproprietario di un muro comune può fabbricare appoggiandovi le sue costruzioni e può immettervi travi, purché le mantenga a distanza di cinque centimetri dalla superficie opposta, salvo il diritto dell'altro comproprietario di fare accorciare la trave fino alla metà del muro, nel caso in cui egli voglia collocare una trave nello stesso luogo, aprirvi un incavo o appoggiarvi un camino. Il comproprietario può anche attraversare il muro comune con chiavi e catene di rinforzo, mantenendo la stessa distanza. Egli è tenuto in ogni caso a riparare i danni causati dalle opere compiute.

Non può fare incavi nel muro comune, né eseguirvi altra opera che ne comprometta la stabilità o che in altro modo lo danneggi (1120, 1122).

885. Innalzamento del muro comune. – Ogni comproprietario può alzare il muro comune, ma sono a suo carico tutte le spese di costruzione e conservazione della parte sopraedificata (903). Anche questa può dal vicino essere resa comune a norma dell'art. 874.

Se il muro non è atto a sostenere la sopraedificazione, colui che l'esegue è tenuto a ricostruirlo o a rinforzarlo a sue spese. Per il maggiore spessore che sia necessario, il muro deve essere costruito sul suolo proprio, salvo che esigenze tecniche impongano di costruirlo su quello del vicino. In entrambi i casi il muro ricostruito o ingrossato resta di proprietà comune, e il vicino deve essere indennizzato di ogni danno prodotto dall'esecuzione delle opere. Nel secondo caso il vicino ha diritto di conseguire anche il valore della metà del suolo occupato per il maggiore spessore.

Qualora il vicino voglia acquistare la comunione della parte sopraelevata del muro, si tiene conto, nel calcolare il valore di questa, anche delle spese occorse per la ricostruzione o per il rafforzamento.

886. Costruzione del muro di cinta. – Ciascuno può costringere il vicino a contribuire per metà nella spesa di costruzione dei muri di cinta che separano le rispettive case, i cortili e i giardini posti negli abitati. L'altezza di essi, se non è diversamente determinata dai regolamenti locali o dalla convenzione, deve essere di tre metri (880, 888).

887. Fondi a dislivello negli abitati. – Se di due fondi posti negli abitati uno è superiore e l'altro inferiore, il proprietario del fondo superiore deve sopportare per intero le spese di costruzione e conservazione del muro dalle fondamenta all'altezza del proprio suolo, ed entrambi i proprietari devono contribuire per tutta la restante altezza.

Il muro deve essere costruito per metà sul terreno del fondo inferiore e per metà sul terreno del fondo superiore.

888. Esonero dal contributo nelle spese. – Il vicino si può esimere dal contribuire nelle spese di costruzione del muro di cinta (886) o divisorio, cedendo, senza diritto a compenso, la metà del terreno su cui il muro di separazione deve essere costruito (882). In tal caso il muro è di proprietà di colui che l'ha costruito, salva la facoltà del vicino di renderlo comune ai sensi dell'art. 874, senza l'obbligo però di pagare la metà del valore del suolo su cui il muro è stato costruito.

889. Distanze per pozzi, cisterne, fosse e tubi. – Chi vuole aprire pozzi, cisterne, fosse di latrina o di concime presso il confine, anche se su questo si trova un muro divisorio, deve osservare la distanza di almeno due metri tra il confine e il punto più vicino del perimetro interno delle opere predette.

Per i tubi d'acqua pura o lurida, per quelli di gas e simili e loro diramazioni deve osservarsi la distanza di almeno un metro dal confine.

Sono salve in ogni caso le disposizioni dei regolamenti locali.

890. Distanze per fabbriche e depositi nocivi o pericolosi. – Chi presso il confine, anche se su questo si trova un muro divisorio, vuole fabbricare forni, camini, magazzini di sale, stalle e simili, o vuol collocare materie umide o esplodenti o in altro modo nocive, ovvero impiantare macchinari, per i quali può sorgere pericolo di danni, deve osservare le distanze stabilite dai regolamenti e, in mancanza, quelle necessarie a preservare i fondi vicini da ogni danno alla solidità, salubrità e sicurezza (844).

891. Distanze per canali e fossi. – Chi vuole scavare fossi o canali presso il confine, se non dispongono in modo diverso i regolamenti locali, deve osservare una distanza eguale alla profondità del fosso o canale. La distanza si misura dal confine al ciglio della sponda più vicina, la quale deve essere a scarpa naturale ovvero munita di opere di sostegno. Se il confine si trova in fosso comune o in una via privata, la distanza si misura da ciglio a ciglio o dal ciglio al lembo esteriore della via (911).

892. Distanze per gli alberi. – Chi vuole piantare alberi presso il confine deve osservare le distanze stabilite dai regolamenti e, in mancanza, dagli usi locali. Se gli uni e gli altri non dispongono, devono essere osservate le seguenti distanze dal confine:

1) tre metri per gli alberi di alto fusto. Rispetto alle distanze, si considerano alberi di alto fusto quelli il cui fusto, semplice o diviso in rami, sorge ad altezza notevole, come sono i noci, i castagni, le querce, i pini, i cipressi, gli olmi, i pioppi, i platani e simili;

2) un metro e mezzo per gli alberi di non alto fusto. Sono reputati tali quelli il cui fusto, sorto ad altezza non superiore a tre metri, si diffonde in rami;

3) mezzo metro per le viti, gli arbusti, le siepi vive, le piante da frutto di altezza non maggiore di due metri e mezzo.

La distanza deve essere però di un metro, qualora le siepi siano di ontano, di castagno, o di altre piante simili che si recidono periodicamente vicino al ceppo, e di due metri per le siepi di robinie.

La distanza si misura dalla linea del confine alla base esterna del tronco dell'albero nel tempo della piantagione, o dalla linea stessa al luogo dove fu fatta la semina (894).

Le distanze anzidette non si devono osservare se sul confine esiste un muro divisorio, proprio o comune (878, 880), purché le piante siano tenute ad altezza che non ecceda la sommità del muro.

893. Alberi presso strade, canali e sul confine di boschi. – Per gli alberi che nascono o si piantano nei boschi, sul confine con terreni non boschivi, o lungo le strade o le sponde dei canali, si osservano, trattandosi di boschi, canali e strade di proprietà privata, i regolamenti ([1]) e, in mancanza, gli usi locali. Se gli uni e gli altri non dispongono, si osservano le distanze prescritte dall'articolo precedente (894).

([1]) *Si vedano gli artt. 15 e ss. del nuovo codice della strada.*

894. Alberi a distanza non legale. – Il vicino può esigere che si estirpino gli alberi e le siepi che sono piantati o nascono a distanza minore di quelle indicate dagli articoli precedenti.

895. Divieto di ripiantare alberi a distanza non legale. – Se si è acquistato il diritto di tenere alberi a distanza minore di quelle sopra indicate, e l'albero muore o viene reciso o abbattuto, il vicino non può sostituirlo, se non osservando la distanza legale (892).

La disposizione non si applica quando gli alberi fanno parte di un filare situato lungo il confine.

896. Recisione di rami protesi e di radici. – Quegli sul cui fondo si protendono i rami degli alberi del vicino può in qualunque tempo costringerlo a tagliarli, e può egli stesso tagliare le radici che si addentrano nel suo fondo, salvi però in ambedue i casi i regolamenti e gli usi locali.

Se gli usi locali non dispongono diversamente, i frutti naturalmente caduti dai rami protesi sul fondo del vicino appartengono al proprietario del fondo su cui sono caduti.

Se a norma degli usi locali i frutti appartengono al proprietario dell'albero, per la raccolta di essi si applica il disposto dell'art. 843.

896 *bis*. ([1]) Distanze minime per gli apiari. – Gli apiari devono essere collocati a non meno di dieci metri da strade di pubblico transito e a non meno di cinque metri dai confini di proprietà pubbliche o private.

Il rispetto delle distanze di cui al primo comma non è obbligatorio se tra l'apiario e i luoghi ivi indicati esistono dislivelli di almeno due metri o se sono interposti, senza soluzioni di continuità, muri, siepi o altri ripari idonei a non consentire il passaggio delle api. Tali ripari devono avere una altezza di almeno due metri. Sono comunque fatti salvi gli accordi tra le parti interessate.

Nel caso di accertata presenza di impianti industriali saccariferi, gli apiari devono rispettare una distanza minima di un chilometro dai suddetti luoghi di produzione.

(¹) *Questo articolo è stato inserito dall'art. 8 della L. 24 dicembre 2004, n. 313.*

897. Comunione di fossi. – Ogni fosso interposto tra due fondi si presume comune.

Si presume che il fosso appartenga al proprietario che se ne serve per gli scoli delle sue terre, o al proprietario del fondo dalla cui parte è il getto della terra o lo spurgo ammucchiatovi da almeno tre anni (1095).

Se uno o più di tali segni sono da una parte e uno o più dalla parte opposta, il fosso si presume comune.

898. Comunione di siepi. – Ogni siepe tra due fondi si presume comune ed è mantenuta a spese comuni, salvo che vi sia termine di confine o altra prova in contrario (880, 897).

Se uno solo dei fondi è recinto, si presume che la siepe appartenga al proprietario del fondo recinto, ovvero di quello dalla cui parte si trova la siepe stessa in relazione ai termini di confine esistenti.

899. Comunione di alberi. – Gli alberi sorgenti nella siepe comune sono comuni.

Gli alberi sorgenti sulla linea di confine si presumono comuni, salvo titolo o prova in contrario (895, 898).

Gli alberi che servono di limite o che si trovano nella siepe comune non possono essere tagliati, se non di comune consenso o dopo che l'autorità giudiziaria abbia riconosciuto la necessità o la convenienza del taglio (1105).

Sezione VII
Delle luci e delle vedute

900. Specie di finestre. – Le finestre o altre aperture sul fondo del vicino sono di due specie: luci (901 ss.), quando danno passaggio alla luce e all'aria, ma non permettono di affacciarsi sul fondo del vicino; vedute o prospetti (905 ss.), quando permettono di affacciarsi e di guardare di fronte, obliquamente o lateralmente.

901. Luci. – Le luci che si aprono sul fondo del vicino devono:

1) essere munite di un'inferriata idonea a garantire la sicurezza del vicino e di una grata fissa in metallo le cui maglie non siano maggiori di tre centimetri quadrati;

2) avere il lato inferiore a un'altezza non minore di due metri e mezzo dal pavimento o dal suolo del luogo al quale si vuole dare luce e aria, se esse sono al piano terreno, e non minore di due metri, se sono ai piani superiori;

3) avere il lato inferiore a un'altezza non minore di due metri e mezzo dal suolo del fondo vicino, a meno che si tratti di locale che sia in tutto o in parte a livello inferiore al suolo del vicino e la condizione dei luoghi non consenta di osservare l'altezza stessa.

902. Apertura priva dei requisiti prescritti per le luci. – L'apertura che non ha caratteri di veduta o di prospetto è considerata come luce, anche se non sono state osservate le prescrizioni indicate dall'art. 901.

Il vicino ha sempre il diritto di esigere che essa sia resa conforme alle prescrizioni dell'articolo predetto.

903. Luci nel muro proprio o nel muro comune. – Le luci possono essere aperte dal proprietario del muro contiguo al fondo altrui.

Se il muro è comune (880), nessuno dei proprietari può aprire luci senza il consenso dell'altro (1108); ma chi ha sopraelevato il muro comune (885) può aprirle nella maggiore altezza a cui il vicino non abbia voluto contribuire.

904. Diritto di chiudere le luci. – La presenza di luci in un muro non impedisce al vicino di acquistare la comunione del muro medesimo (874) né di costruire in aderenza (875, 877).

Chi acquista la comunione del muro non può chiudere le luci se ad esso non appoggia il suo edificio.

905. Distanza per l'apertura di vedute dirette e balconi. – Non si possono aprire vedute dirette (900) verso il fondo chiuso o non chiuso e neppure sopra il tetto del vicino, se tra il fondo di questo e la faccia esteriore del muro in cui si aprono le vedute dirette non vi è la distanza di un metro e mezzo (907).

Non si possono parimenti costruire balconi o altri sporti, terrazze, lastrici solari e simili, muniti di parapetto che permetta di affacciarsi sul fondo del vicino, se non vi è la distanza di un metro e mezzo tra questo fondo e la linea esteriore di dette opere.

Il divieto cessa allorquando tra i due fondi vicini vi è una via pubblica.

906. Distanze per l'apertura di vedute laterali od oblique. – Non si possono aprire vedute laterali od oblique sul fondo del vicino se non si osserva la distanza di settantacinque centimetri, la quale deve misurarsi dal più vicino lato della finestra o dal più vicino sporto.

907. Distanza delle costruzioni dalle vedute. – Quando si è acquistato il diritto di avere vedute dirette verso il fondo vicino, il proprietario di questo non può fabbricare a distanza minore di tre metri, misurata a norma dell'art. 905 (1027 ss.).

Se la veduta diretta forma anche veduta obliqua, la distanza di tre metri deve pure osservarsi dai lati della finestra da cui la veduta obliqua si esercita.

Se si vuole appoggiare la nuova costruzione al muro in cui sono le dette vedute dirette od oblique, essa deve arrestarsi almeno a tre metri sotto la loro soglia.

Sezione VIII
Dello stillicidio

908. Scarico delle acque piovane. – Il proprietario deve costruire i tetti in maniera che le acque piovane scolino sul suo terreno e non può farle cadere nel fondo del vicino.

Se esistono pubblici colatoi, deve provvedere affinché le acque piovane vi siano immesse con gronde o canali. Si osservano in ogni caso i regolamenti locali e le leggi sulla polizia idraulica.

Sezione IX
Delle acque

909. Diritto sulle acque esistenti nel fondo. – Il proprietario del suolo ha il diritto di utilizzare le acque in esso esistenti, salve le disposizioni delle leggi speciali per le acque pubbliche e per le acque sotterranee.

Egli può anche disporre a favore d'altri, qualora non osti il diritto di terzi (1094); ma, dopo essersi servito delle acque, non può divertirle in danno d'altri fondi.

910. (1) **[Uso delle acque che limitano o attraversano un fondo.** – Il proprietario di un fondo limitato o attraversato da un'acqua non pubblica, che corre naturalmente e sulla quale altri non ha diritto, può, mentre essa trascorre, farne uso per l'irrigazione dei suoi terreni e per l'esercizio delle sue industrie, ma deve restituire le colature e gli avanzi al corso ordinario (913, 1047)].

(1) *Questo articolo è stato abrogato dall'art. 2 del D.P.R. 18 febbraio 1999, n. 238.*

911. Apertura di nuove sorgenti e altre opere. – Chi vuole aprire sorgenti, stabilire capi o aste di fonte e in genere eseguire opere per estrarre acque dal sottosuolo o costruire canali o acquedotti, oppure scavarne, profondarne o allargarne il letto, aumentarne o diminuirne il pendio o variarne la forma, deve, oltre le distanze stabilite nell'art. 891, osservare le maggiori distanze ed eseguire le opere che siano necessarie per non recare pregiudizio ai fondi altrui, sorgenti, capi o aste di fonte, canali o acquedotti preesistenti e destinati all'irrigazione dei terreni o agli usi domestici o industriali.

912. Conciliazione di opposti interessi. – Se sorge controversia tra i proprietari a cui un'acqua non pubblica può essere utile, l'autorità giudiziaria deve valutare l'interesse dei singoli proprietari nei loro rapporti e rispetto ai vantaggi che possono derivare all'agricoltura o all'industria dall'uso a cui l'acqua è destinata o si vuol destinare (844, 1044).

L'autorità giudiziaria può assegnare un'indennità ai proprietari che sopportino diminuzione del proprio diritto.

In tutti i casi devono osservarsi le disposizioni delle leggi sulle acque e sulle opere idrauliche.

913. Scolo delle acque. – Il fondo inferiore è soggetto a ricevere le acque che dal fondo più elevato scolano naturalmente, senza che sia intervenuta l'opera dell'uomo (1094 ss.).

Il proprietario del fondo inferiore non può impedire questo scolo, né il proprietario del fondo superiore può renderlo più gravoso (1043).

Se per opere di sistemazione agraria dell'uno o dell'altro fondo si rende necessaria una modificazione del deflusso naturale delle acque, è dovuta un'indennità al proprietario del fondo a cui la modificazione stessa ha recato pregiudizio (1044).

914. Consorzi per regolare il deflusso delle acque. – Qualora per esigenze della produzione si debba provvedere a opere di sistemazione degli scoli, di soppressione di ristagni o di raccolta di acque, l'autorità amministrativa, su richiesta della maggioranza degli interessati o anche d'ufficio, può costituire un consorzio tra i proprietari dei fondi che traggono beneficio dalle opere stesse (863, 918 ss.).

Si applicano a tale consorzio le disposizioni del secondo e del terzo comma dell'art. 921 (865, 947).

915. Riparazione di sponde e argini. – Qualora le sponde o gli argini che servivano di ritegno alle acque siano stati in tutto o in parte distrutti o atterrati, ovvero per la naturale variazione del corso delle acque si renda necessario costruire nuovi argini o ripari, e il proprietario del fondo non provveda sollecitamente a ripararli o a costruirli, ciascuno dei proprietari che hanno sofferto o possono ricevere danno può provvedervi, previa autorizzazione del tribunale (1), che provvede in via d'urgenza (700 c.p.c.).

Le opere devono essere eseguite in modo che il proprietario del fondo, in cui esse si compiono, non ne subisca danno, eccetto quello temporaneo causato dall'esecuzione delle opere stesse (916, 917).

(1) *La parola: «pretore» è stata sostituita dalla parola: «tribunale» dall'art. 149 del D.L.vo 19 febbraio 1998, n. 51, recante l'istituzione del giudice unico, a decorrere dal 2 giugno 1999.*

916. Rimozione degli ingombri. – Le disposizioni dell'articolo precedente si applicano anche quando si tratta di togliere un ingombro formatosi sulla superficie di un fondo o in un fosso, rivo, colatoio o altro alveo, a causa di materie in essi impigliate, in modo che le acque danneggino o minaccino di danneggiare i fondi vicini.

917. Spese per la riparazione, costruzione o rimozione. – Tutti i proprietari, ai quali torna utile che le sponde e gli argini siano conservati o costruiti e gli ingombri rimossi, devono contribuire nella spesa in proporzione del vantaggio che ciascuno ne ritrae.

Tuttavia, se la distruzione degli argini, la variazione delle acque o l'ingombro nei loro corsi deriva da colpa di alcuno dei proprietari, le spese di conservazione, di costruzione o di riparazione gravano esclusivamente su di lui, salvo in ogni caso il risarcimento dei danni (882).

918. Consorzi volontari. – Possono costituirsi in consorzio (921) i proprietari di fondi vicini che vogliono riunire e usare in comune le acque defluenti dal medesimo bacino di alimentazione o da bacini contigui.

L'adesione degli interessati e il regolamento del consorzio devono risultare da atto scritto (1350, 2725).

Il regolamento del consorzio è deliberato dalla maggioranza calcolata in base all'estensione dei terreni a cui serve l'acqua.

919. Scioglimento del consorzio. – Lo scioglimento del consorzio non ha luogo se non quando è deliberato da una maggioranza eccedente i tre quarti, o quando, potendosi la divisione effettuare senza grave danno, essa è domandata da uno degli interessati (1111).

920. Norme applicabili. – Salvo quanto è disposto dagli articoli precedenti, si applicano ai consorzi volontari ivi indicati le norme stabilite per la comunione (1100 ss.).

921. Consorzi coattivi. – Nel caso indicato dall'art. 918, il consorzio può anche essere costituito d'ufficio dall'autorità amministrativa, allo scopo di provvedere a una migliore utilizzazione delle acque.

Per le forme di costituzione e il funzionamento si osservano le norme stabilite per i consorzi di miglioramento fondiario (863).

Il consorzio può anche procedere all'espropriazione dei singoli diritti, mediante il pagamento delle dovute indennità (865, 914).

Capo III
Dei modi di acquisto della proprietà

922. Modi di acquisto. – La proprietà si acquista per occupazione (923 ss.), per invenzione (927 ss.), per accessione (934 ss.), per specificazione (940), per unione o commistione (934 ss., 939), per usucapione (1158 ss.), per effetto di contratti (1321 ss., 1376 ss.), per successione a causa di morte (456 ss., 470 ss.) e negli altri modi stabiliti dalla legge (1153 ss.; 236, 240 c.p.).

Sezione I
Dell'occupazione
e dell'invenzione

923. Cose suscettibili di occupazione. – Le cose mobili (812) che non sono proprietà di alcuno si acquistano con l'occupazione.

Tali sono le cose abbandonate e gli animali che formano oggetto di caccia o di pesca (842) (¹).

(¹) *Si veda l'art. 1, comma 1, della L. 11 febbraio 1992, n. 157, norme per la protezione della fauna selvatica omeoterma e per il prelievo venatorio, che dispone:*

«La fauna selvatica è patrimonio indisponibile dello Stato ed è tutelata nell'interesse della comunità nazionale ed internazionale».

924. Sciami di api. – Il proprietario di sciami di api ha diritto d'inseguirli sul fondo altrui, ma deve indennità per il danno cagionato al fondo; se non li ha inseguiti entro due giorni o ha cessato durante due giorni d'inseguirli, può prenderli e ritenerli il proprietario del fondo (843).

925. Animali mansuefatti. – Gli animali mansuefatti possono essere inseguiti dal proprietario nel fondo altrui, salvo il diritto del proprietario del fondo a indennità per il danno.

Essi appartengono a chi se ne è impossessato, se non sono reclamati entro venti giorni da quando il proprietario ha avuto conoscenza del luogo dove si trovano (843, 923, 926, 2045).

926. Migrazione di colombi, conigli e pesci. – I conigli o pesci che passano ad un'altra conigliera o peschiera si acquistano dal proprietario di queste, purché non vi siano stati attirati con arte o con frode (923).

La stessa norma si osserva per i colombi che passano ad altra colombaia, salve le diverse disposizioni di legge sui colombi viaggiatori.

927. (¹) **Cose ritrovate.** – Chi trova (1257) una cosa mobile deve restituirla al proprietario (931), e, se non lo conosce, deve consegnarla senza ritardo al sindaco del luogo in cui l'ha trovata, indicando le circostanze del ritrovamento (930; 501 ss. c.n.; 647, n. 1 c.p.).

(¹) *Disposizioni particolari ha dettato la L. 18 maggio 1967, n. 401, istituzione di uffici oggetti rinvenuti negli aeroporti del territorio nazionale.*

928. Pubblicazione del ritrovamento. – Il sindaco rende nota la consegna per mezzo di pubblicazione nell'albo pretorio del comune, da farsi per due domeniche successive e da restare affissa per tre giorni ogni volta.

929. Acquisto di proprietà della cosa ritrovata. – Trascorso un anno dall'ultimo giorno della pubblicazione senza che si presenti il proprietario (931), la cosa oppure il suo prezzo, se le circostanze ne hanno richiesto la vendita, appartiene a chi l'ha trovata.

Così il proprietario come il ritrovatore, riprendendo la cosa o ricevendo il prezzo, devono pagare le spese occorse (1152).

930. Premio dovuto al ritrovatore. – Il proprietario deve pagare a titolo di premio al ritrovatore, se questi lo richiede, il decimo della somma o del prezzo della cosa ritrovata.

Se tale somma o prezzo eccede gli € 5,16, il premio per il sovrappiù è solo del ventesimo.

Se la cosa non ha valore commerciale, la misura del premio è fissata dal giudice secondo il suo prudente apprezzamento.

931. Equiparazione del possessore o detentore al proprietario. – Agli effetti delle disposizioni contenute negli articoli 927 e seguenti, al proprietario sono equiparati, secondo le circostanze, il possessore e il detentore (1140).

932. Tesoro. – Tesoro è qualunque cosa mobile di pregio, nascosta o sotterrata, di cui nessuno può provare d'essere proprietario.

Il tesoro appartiene al proprietario (959, 988) del fondo in cui si trova (647 c.p.). Se il tesoro è trovato nel fondo altrui, purché sia stato scoperto per solo effetto del caso, spetta per metà al proprietario del fondo e per metà al ritrovatore. La stessa disposizione si applica se il tesoro è scoperto in una cosa mobile altrui.

Per il ritrovamento degli oggetti d'interesse storico, archeologico, paletnologico, paleontologico e artistico si osservano le disposizioni delle leggi speciali (¹).

(¹) *Si vedano gli artt. 90-93 del D.L.vo 22 gennaio 2004, n. 42, Codice dei beni culturali e del paesaggio.*

933. Rigetti del mare e piante sul lido. Relitti aeronautici. – I diritti sopra le cose gettate in mare o sopra quelle che il mare rigetta e sopra le piante e le erbe che crescono lungo le rive del mare sono regolati dalle leggi speciali (510 ss. c.n.).

Parimenti si osservano le leggi speciali per il ritrovamento di aeromobili e di relitti di aeromobili (993 ss. c.n.).

Sezione II
Dell'accessione, della specificazione, dell'unione e della commistione

934. Opere fatte sopra o sotto il suolo. – Qualunque piantagione, costruzione od opera esistente sopra o sotto il suolo appartiene al proprietario di questo (667), salvo quanto è disposto dagli articoli 935, 936, 937 e 938 e salvo che risulti diversamente dal titolo e dalla legge (952, 959^{2}, 975, 986^{2}, 1150^{5}, 1593, 2811, 2873).

935. Opere fatte dal proprietario del suolo con materiali altrui. – Il proprietario del suolo che ha fatto costruzioni, piantagioni od opere con materiali altrui deve pagarne il valore, se la separazione non è chiesta dal proprietario dei materiali, ovvero non può farsi senza che si rechi grave danno all'opera costruita o senza che perisca la piantagione. Deve inoltre, anche nel caso che si faccia la separazione, il risarcimento dei danni, se è in colpa grave (2043).

In ogni caso la rivendicazione dei materiali non è ammessa trascorsi sei mesi dal giorno in cui il proprietario ha avuto notizia dell'incorporazione (936^{5}, 937^{2}, 948, 2964).

936. Opere fatte da un terzo con materiali propri. – Quando le piantagioni, costruzioni od opere sono state fatte da un terzo con suoi materiali, il proprietario del fondo ha diritto di ritenerle o di obbligare colui che le ha fatte a levarle.

Se il proprietario preferisce di ritenerle, deve pagare a sua scelta il valore dei materiali e il prezzo della mano d'opera oppure l'aumento di valore recato al fondo (1150, 2040).

Se il proprietario del fondo domanda che siano tolte, esse devono togliersi a spese di colui che le ha fatte (2933). Questi può inoltre essere condannato al risarcimento dei danni.

Il proprietario non può obbligare il terzo a togliere le piantagioni, costruzioni ed opere, quando sono state fatte a sua scienza e senza opposizione o quando sono state fatte dal terzo in buona fede (1147, 1148).

La rimozione non può essere domandata trascorsi sei mesi dal giorno in cui il proprietario ha avuto notizia dell'incorporazione (935^{2}, 937^{2}, 1150^{5}, 2964 ss.).

937. Opere fatte da un terzo con materiali altrui. – Se le piantagioni, costruzioni o altre opere sono state fatte da un terzo con materiali altrui, il proprietario di questi può rivendicarli (948), previa separazione a spese del terzo, se la separazione può ottenersi senza grave danno delle opere e del fondo.

La rivendicazione non è ammessa trascorsi sei mesi dal giorno in cui il proprietario ha avuto notizia della incorporazione (936^{5}, 955^{2}, 2964 ss.).

Nel caso che la separazione dei materiali non sia richiesta o che i materiali siano inseparabili, il terzo che ne ha fatto uso e il proprietario del suolo che sia stato in mala fede sono tenuti in solido (1292 ss.) al pagamento di un'indennità pari al valore dei materiali stessi. Il proprietario dei materiali può anche esigere tale indennità dal proprietario del suolo, ancorché in buona fede, limitatamente al prezzo che da questo fosse ancora dovuto. Può altresì chiedere il risarcimento dei danni, tanto nei confronti del terzo che ne abbia fatto uso senza il suo consenso, quanto nei confronti del proprietario del suolo che in mala fede abbia autorizzato l'uso.

938. Occupazione di porzione di fondo attiguo. – Se nella costruzione di un edificio si occupa in buona fede una porzione del fondo attiguo, e il proprietario di questo non fa opposizione entro tre mesi (2964) dal giorno in cui ebbe inizio la costruzione, l'autorità giudiziaria, tenuto conto delle circostanze, può attribuire al costruttore la proprietà dell'edificio e del suolo occupato (2932). Il costruttore è tenuto a pagare al proprietario del suolo il doppio del valore della superficie occupata, oltre il risarcimento dei danni.

939. Unione e commistione. – Quando più cose appartenenti a diversi proprietari sono state unite o mescolate in guisa da formare un sol tutto, ma sono separabili senza notevole deterioramento, ciascuno conserva la proprietà della cosa sua e ha diritto di ottenere la separazione. In caso diverso, la proprietà ne diventa comune in proporzione del valore delle cose spettanti a ciascuno.

Quando però una delle cose si può riguardare come principale o è di molto superiore per valore, ancorché serva all'altra di ornamento, il proprietario della cosa principale acquista la proprietà del tutto. Egli ha l'obbligo di pagare all'altro il valore della cosa che vi è unita o mescolata; ma se l'unione o la mescolanza è avvenuta senza il suo consenso ad opera del proprietario della cosa accessoria, egli non è obbligato a corrispondere che la somma minore tra l'aumento di valore apportato alla cosa principale e il valore della cosa accessoria (936).

È inoltre dovuto il risarcimento dei danni in caso di colpa grave (2043).

940. Specificazione. – Se taluno ha adoperato una materia che non gli apparteneva per formare una nuova cosa, possa o non possa la materia riprendere la sua prima forma, ne acquista la proprietà pagando al proprietario il prezzo della materia (939[3]), salvo che il valore della materia sorpassi notevolmente quello della mano d'opera. In quest'ultimo caso la cosa spetta al proprietario della materia, il quale deve pagare il prezzo della mano d'opera.

941. Alluvione. – Le unioni di terra e gli incrementi, che si formano successivamente e impercettibilmente nei fondi posti lungo le rive dei fiumi o torrenti, appartengono al proprietario del fondo, salvo quanto è disposto dalle leggi speciali (947).

942. ([1]) **Terreni abbandonati dalle acque correnti.** – I terreni abbandonati dalle acque correnti, che insensibilmente si ritirano da una delle rive portandosi sull'altra, appartengono al demanio pubblico, senza che il confinante della riva opposta possa reclamare il terreno perduto.

Ai sensi del primo comma, si intendono per acque correnti i fiumi, i torrenti e le altre acque definite pubbliche dalle leggi in materia.

Quanto stabilito al primo comma vale anche per i terreni abbandonati dal mare, dai laghi, dalle lagune e dagli stagni appartenenti al demanio pubblico.

([1]) *Articolo così sostituito dall'art. 1 della L. 5 gennaio 1994, n. 37, recante norme per la tutela ambientale delle aree demaniali.*

943. Laghi e stagni. – Il terreno che l'acqua copre quando essa è all'altezza dello sbocco del lago o dello stagno appartiene al proprietario del lago o dello stagno, ancorché il volume dell'acqua venga a scemare.

Il proprietario non acquista alcun diritto sopra la terra lungo la riva che l'acqua ricopre nei casi di piena straordinaria.

944. Avulsione. – Se un fiume o torrente stacca per forza istantanea una parte considerevole e riconoscibile di un fondo contiguo al suo corso e la trasporta verso un fondo inferiore o verso l'opposta riva, il proprietario del fondo al quale si è unita la parte staccata ne acquista la proprietà. Deve però pagare all'altro proprietario un'indennità nei limiti del maggior valore recato al fondo dall'avulsione.

945. Isole e unioni di terra. – Le isole e unioni di terra che si formano nel letto dei fiumi o torrenti appartengono al demanio pubblico (822).

[Se l'isola si è formata per avulsione (944), il proprietario del fondo da cui è avvenuto il distacco, ne conserva la proprietà] ([1]).

[La stessa regola si osserva se un fiume o un torrente, formando un nuovo corso, attraversa e circonda il fondo o parte del fondo di un proprietario confinante, facendone un'isola] (947) ([1]).

([1]) *Comma abrogato dall'art. 2 della L. 5 gennaio 1994, n. 37.*

946. ([1]) **Alveo abbandonato.** – Se un fiume o un torrente si forma un nuovo letto, abbandonando l'antico, il terreno abbandonato rimane assoggettato al regime proprio del demanio pubblico.

([1]) *Articolo così sostituito dall'art. 3 della L. 5 gennaio 1994, n. 37, citata.*

947. ([1]) **Mutamenti del letto dei fiumi derivanti da regolamento del loro corso.** – Le disposizioni degli articoli 942, 945 e 946 si applicano ai terreni comunque abbandonati sia a seguito di eventi naturali che per fatti artificiali indotti dall'attività antropica, ivi comprendendo anche i terreni abbandonati per i fenomeni di inalveamento.

La disposizione dell'art. 941 non si applica nel caso in cui le alluvioni derivano da regolamento del corso dei fiumi, da bonifiche o da altri fatti artificiali indotti dall'attività antropica.

In ogni caso è esclusa la sdemanializzazione tacita dei beni del demanio idrico.

([1]) *Articolo così sostituito dall'art. 4 della L. 5 gennaio 1994, n. 37.*

Capo IV
Delle azioni a difesa della proprietà

948. Azione di rivendicazione. – Il proprietario (1706, 2789) può rivendicare la cosa (1994) da chiunque la possiede o detiene (1153, 1140) e può proseguire l'esercizio dell'azione anche se costui, dopo la domanda, ha cessato, per fatto proprio, di possedere o detenere la cosa. In tal caso il convenuto è obbligato a ricuperarla per l'attore a proprie spese, o, in mancanza, a corrispondergliene il valore, oltre a risarcigli il danno (15, 21 c.p.c.).

Il proprietario, se consegue direttamente dal nuovo possessore o detentore la restituzione della cosa, è tenuto a restituire al precedente possessore o detentore la somma ricevuta in luogo di essa.

L'azione di rivendicazione non si prescrive (2934), salvi gli effetti dell'acquisto della proprietà da parte di altri per usucapione (1158 ss., 2653, n. 1).

949. Azione negatoria. - Il proprietario (1012^2) può agire per far dichiarare l'inesistenza di diritti affermati da altri sulla cosa, quando ha motivo di temerne pregiudizio (2653, n. 1; 15 c.p.c.).

Se sussistono anche turbative o molestie, il proprietario può chiedere che se ne ordini la cessazione, oltre la condanna al risarcimento del danno (1170).

950. Azione di regolamento di confini. - Quando il confine tra due fondi è incerto, ciascuno dei proprietari può chiedere che sia stabilito giudizialmente.

Ogni mezzo di prova è ammesso.

In mancanza di altri elementi, il giudice si attiene al confine delineato dalle mappe catastali (15 c.p.c.).

951. Azione per apposizione di termini. - Se i termini tra fondi contigui mancano o sono diventati irriconoscibili, ciascuno dei proprietari ha diritto di chiedere che essi siano apposti o ristabiliti a spese comuni (7 c.p.c.).

Titolo III
Della superficie

952. Costituzione del diritto di superficie. - Il proprietario può costituire il diritto di fare e mantenere al disopra del suolo una costruzione a favore di altri, che ne acquista la proprietà (934, 955, 956, 2812^3).

Del pari può alienare la proprietà della costruzione già esistente, separatamente dalla proprietà del suolo (1350, n. 2, 2643, n. 2, 2810, n. 3).

953. Costituzione a tempo determinato. - Se la costituzione del diritto è stata fatta per un tempo determinato, allo scadere del termine il diritto di superficie si estingue e il proprietario del suolo diventa proprietario della costruzione (934, 954).

954. Estinzione del diritto di superficie. - L'estinzione del diritto di superficie per scadenza del termine importa l'estinzione dei diritti reali imposti dal superficiario (953, 2816). I diritti gravanti sul suolo si estendono alla costruzione, salvo, per le ipoteche, il disposto del primo comma dell'articolo 2816.

I contratti di locazione (1571), che hanno per oggetto la costruzione, non durano, se non per l'anno in corso alla scadenza del termine (976, 999).

Il perimento della costruzione non importa, salvo patto contrario, l'estinzione del diritto di superficie.

Il diritto di fare la costruzione sul suolo altrui si estingue per prescrizione (2934 ss.) per effetto del non uso protratto per venti anni (970, 1014, n. 1, 1073, 2946 ss.).

955. Costruzioni al disotto del suolo. - Le disposizioni precedenti si applicano anche nel caso in cui è concesso il diritto di fare e mantenere costruzioni al disotto del suolo altrui (840, 934).

956. Divieto di proprietà separata delle piantagioni. - Non può essere costituita o trasferita la proprietà delle piantagioni separatamente dalla proprietà del suolo.

Titolo IV
Dell'enfiteusi

957. Disposizioni inderogabili. - L'enfiteusi, salvo che il titolo disponga altrimenti, è regolata dalle norme contenute negli articoli seguenti.

Il titolo (587, 1350, n. 2, 2643, n. 2) non può tuttavia derogare alle norme contenute negli articoli 958, secondo comma, 961, secondo comma, 962, 965, 968, 971 e 973.

958. Durata. - L'enfiteusi può essere perpetua o a tempo.

L'enfiteusi temporanea non può essere costituita per una durata inferiore ai venti anni (957^2, 971, 2815^2).

959. Diritti dell'enfiteuta. - L'enfiteuta ha gli stessi diritti che avrebbe il proprietario sui frutti del fondo (820, 832), sul tesoro (932) e relativamente alle utilizzazioni del sottosuolo (840) in conformità delle disposizioni delle leggi speciali (1077, 1078).

Il diritto dell'enfiteuta si estende alle accessioni (817 ss., 934 ss.).

960. Obblighi dell'enfiteuta. - L'enfiteuta ha l'obbligo di migliorare (975) il fondo e di pagare al concedente un canone periodico (820^3, 972; 13 c.p.c.). Questo può consistere in una somma di danaro ovvero in una quantità fissa di prodotti naturali (2763, 2948).

L'enfiteuta non può pretendere remissione o riduzione del canone per qualunque insolita sterilità del fondo o perdita di frutti (1635).

961. Pagamento del canone. – L'obbligo del pagamento del canone grava solidalmente (1292) su tutti i coenfiteuti e sugli eredi dell'enfiteuta finché dura la comunione.

Nel caso in cui segua la divisione e il fondo venga goduto separatamente dagli enfiteuti o dagli eredi, ciascuno risponde per gli obblighi inerenti all'enfiteusi proporzionalmente al valore della sua porzione (957).

962. [**Revisione del canone.** – (*Omissis*)] ([1]).

([1]) *Articolo abrogato dall'art. 18, della L. 22 luglio 1966, n. 607, norme in materia di enfiteusi e prestazioni fondiarie perpetue.*

963. Perimento totale o parziale del fondo. – Quando il fondo enfiteutico perisce interamente, l'enfiteusi si estingue.

Se è perita una parte notevole del fondo e il canone risulta sproporzionato al valore della parte residua, l'enfiteuta, secondo le circostanze, può chiedere una congrua riduzione del canone, o rinunziare al suo diritto, restituendo il fondo al concedente, salvo il diritto al rimborso dei miglioramenti sulla parte residua (975).

La domanda di riduzione del canone e la rinunzia al diritto non sono ammesse, decorso un anno dall'avvenuto perimento (2964).

Qualora il fondo sia assicurato e l'assicurazione sia fatta anche nell'interesse del concedente, l'indennità è ripartita tra il concedente e l'enfiteuta in proporzione del valore dei rispettivi diritti (1891).

Nel caso di espropriazione per pubblico interesse (834), l'indennità si ripartisce a norma del comma precedente.

964. Imposte e altri pesi. – Le imposte e gli altri pesi che gravano sul fondo sono a carico dell'enfiteuta, salve le disposizioni delle leggi speciali (1009).

Se in virtù del titolo costitutivo sono a carico del concedente, tale obbligo non può eccedere l'ammontare del canone.

965. Disponibilità del diritto dell'enfiteuta. – L'enfiteuta può disporre del proprio diritto, sia per atto tra vivi (1350, 2643), sia per atto di ultima volontà (587).

Per l'alienazione del diritto dell'enfiteuta non è dovuta alcuna prestazione al concedente.

Nell'atto costitutivo può essere vietato all'enfiteuta di disporre per atto tra vivi, in tutto o in parte, del proprio diritto, per un tempo non maggiore di venti anni (958, 1379).

Nel caso di alienazione compiuta contro tale divieto, l'enfiteuta non è liberato dai suoi obblighi verso il concedente ed è tenuto a questi solidalmente (1292 ss.) con l'acquirente (957).

966. [**Prelazione a favore del concedente.** – (*Omissis*)] ([1]).

([1]) *Articolo abrogato dall'art. 10, L. 18 dicembre 1970, n. 1138, nuove norme in materia di enfiteusi.*

967. Diritti e obblighi dell'enfiteuta e del concedente in caso di alienazione. – In caso di alienazione, il nuovo enfiteuta è obbligato solidalmente (1292) col precedente al pagamento dei canoni non soddisfatti (965).

Il precedente enfiteuta non è liberato dai suoi obblighi, prima che sia stato notificato l'atto di acquisto al concedente (1264).

In caso di alienazione del diritto del concedente, l'acquirente non può pretendere l'adempimento degli obblighi dell'enfiteuta prima che a questo sia stata notificata l'alienazione (137 c.p.c.).

968. Subenfiteusi. – La subenfiteusi non è ammessa (957^2, 965).

969. Ricognizione. – Il concedente può richiedere la ricognizione del proprio diritto da chi si trova nel possesso del fondo enfiteutico, un anno prima del compimento del ventennio (2720; 13 c.p.c.).

Per l'atto di ricognizione non è dovuta alcuna prestazione. Le spese dell'atto sono a carico del concedente (2720).

970. Prescrizione del diritto dell'enfiteuta. – Il diritto dell'enfiteuta si prescrive per effetto del non uso protratto per venti anni (954^4, 1014. n. 1, 1073, 1077, 2815, 2934).

971. Affrancazione. – (*Omissis*) ([1]).

Se più sono gli enfiteuti, l'affrancazione può promuoversi anche da uno solo di essi, ma per la totalità. In questo caso l'affrancante subentra nei diritti del concedente verso gli altri enfiteuti, salva, a favore di questi, una riduzione proporzionale del canone (2815).

Se più sono i concedenti, l'affrancazione può effettuarsi per la quota che spetta a ciascun concedente.

L'affrancazione si opera mediante il pagamento di una somma risultante dalla capitalizzazione del canone annuo sulla base dell'interesse legale (1284). Le modalità sono stabilite da leggi speciali (957; 58 att.).

(1) *I primi tre commi (omessi nel presente testo) sono stati abrogati dall'art. 10 della L. 18 dicembre 1970, n. 1138, nuove norme in materia di enfiteusi.*

972. Devoluzione. – Il concedente può chiedere la devoluzione (1077, 1078, 2653, n. 2) del fondo enfiteutico (2815[2]):

1) se l'enfiteuta deteriora il fondo o non adempie all'obbligo di migliorarlo (960);

2) se l'enfiteuta è in mora nel pagamento di due annualità di canone (960, 1219). La devoluzione non ha luogo se l'enfiteuta ha effettuato il pagamento dei canoni maturati prima che sia intervenuta nel giudizio sentenza, ancorché di primo grado, che abbia accolto la domanda (1453[3]).

La domanda di devoluzione non preclude all'enfiteuta il diritto di affrancare, sempre che ricorrano le condizioni previste dall'art. 971 (1) (2).

(1) *Comma così modificato dall'art. 8, L. 22 luglio 1966, n. 607, norme in materia di enfiteusi e prestazioni fondiarie perpetue.*

(2) *Si riporta il comma secondo dell'art. 10, L. 18 dicembre 1970, n. 1138:*

«Le domande di riscatto e di devoluzione esercitate dal concedente a norma dell'art. 972 del codice civile non precludono in nessun caso all'enfiteuta il diritto di affrancazione».

973. (1) **Clausola risolutiva espressa.** – La dichiarazione del concedente di valersi della clausola risolutiva espressa (1456) non impedisce l'esercizio del diritto di affrancazione (971).

(1) *Articolo così modificato dall'art. 9 della L. 22 luglio 1966, n. 607, norme in materia di enfiteusi e prestazioni fondiarie perpetue.*

974. Diritti dei creditori dell'enfiteuta. – I creditori dell'enfiteuta possono intervenire nel giudizio di devoluzione (972, 2900; 105 c.p.c.) per conservare le loro ragioni, valendosi all'uopo anche del diritto di affrancazione (971) che spetti all'enfiteuta; possono offrire il risarcimento dei danni e dare cauzione per l'avvenire.

I creditori, che hanno iscritto ipoteca contro l'enfiteuta anteriormente alla trascrizione (2653, n. 2) della domanda di devoluzione (2815) e ai quali questa non è stata notificata in tempo utile per poter intervenire, conservano il diritto di affrancazione anche dopo avvenuta la devoluzione.

975. Miglioramenti e addizioni. – Quando cessa l'enfiteusi, all'enfiteuta spetta il rimborso dei miglioramenti (1078) nella misura dell'aumento di valore conseguito dal fondo per effetto dei miglioramenti stessi, quali sono accertati al tempo della riconsegna (958, 963, 970, 972, 1150, 2815).

Se in giudizio è stata fornita qualche prova della sussistenza in genere dei miglioramenti, all'enfiteuta compete la ritenzione del fondo fino a quando non è soddisfatto il suo credito (748, 985).

Per le addizioni fatte dall'enfiteuta, quando possono essere tolte senza nocumento del fondo, il concedente, se vuole ritenerle, deve pagarne il valore al tempo della riconsegna. Se le addizioni non sono separabili senza nocumento e costituiscono miglioramento, si applica la disposizione del primo comma di questo articolo (986, 1593).

976. Locazioni concluse dall'enfiteuta. – Per le locazioni concluse dall'enfiteuta si applicano le norme dell'art. 999 (1571, 1596, 1599[1]).

977. Enfiteusi costituite dalle persone giuridiche. – Le disposizioni contenute negli articoli precedenti si applicano anche alle enfiteusi costituite dalle persone giuridiche (11, 12), salvo che sia disposto diversamente dalle leggi speciali (979).

Titolo V
Dell'usufrutto, dell'uso
e dell'abitazione

Capo I
Dell'usufrutto

Sezione I
Disposizioni generali

978. Costituzione. – L'usufrutto è stabilito dalla legge (324, 327, 329, 540) o dalla volontà dell'uomo (587, 649, 1350, n. 2, 2025, 2352, 2643, n. 2, 2684, n. 2, 2810). Può anche acquistarsi per usucapione (1158 ss.).

979. Durata. – La durata dell'usufrutto non può eccedere la vita dell'usufruttuario (678, 698, 796, 1014, 2814).

L'usufrutto costituito a favore di una persona giuridica (11 ss.) non può durare più di trent'anni.

980. Cessione dell'usufrutto. – L'usufruttuario può cedere il proprio diritto per un certo tempo o per tutta la sua durata, se ciò non è vietato dal titolo costitutivo (1002^2, 1350, n. 2, 2643, n. 2).

La cessione dev'essere notificata al proprietario; finché non sia stata notificata, l'usufruttuario è solidalmente obbligato con il cessionario verso il proprietario (1002, 1292; 137 c.p.c.).

Sezione II
Dei diritti nascenti
dall'usufrutto

981. Contenuto del diritto di usufrutto. – L'usufruttuario ha diritto di godere della cosa, ma deve rispettarne la destinazione economica (986, 996, 1015, 1060, 2561).

Egli può trarre dalla cosa ogni utilità che questa può dare, fermi i limiti stabiliti in questo capo (1078, 1998, 2352).

982. Possesso della cosa. – L'usufruttuario ha il diritto di conseguire il possesso (1140 ss.) della cosa di cui ha l'usufrutto, salvo quanto è disposto dall'articolo 1002.

983. Accessioni. – L'usufrutto si estende a tutte le accessioni della cosa (817 ss., 934 ss., 1998).

Se il proprietario dopo l'inizio dell'usufrutto, con il consenso dell'usufruttuario, ha fatto nel fondo costruzioni o piantagioni, l'usufruttuario è tenuto a corrispondere gli interessi (1284) sulle somme impiegate (1005^3, 1009). La norma si applica anche nel caso in cui le costruzioni o piantagioni sono state fatte per disposizione della pubblica autorità.

984. Frutti. – I frutti naturali e i frutti civili (820 ss.) spettano all'usufruttuario per la durata del suo diritto.

Se il proprietario e l'usufruttuario si succedono nel godimento della cosa entro l'anno agrario o nel corso di un periodo produttivo di maggiore durata, l'insieme di tutti i frutti si ripartisce fra l'uno e l'altro in proporzione della durata del rispettivo diritto nel periodo stesso (199).

Le spese per la produzione e il raccolto sono a carico del proprietario e dell'usufruttuario nella proporzione indicata dal comma precedente ed entro i limiti del valore dei frutti (1821).

985. Miglioramenti. – L'usufruttuario ha diritto a un'indennità per i miglioramenti (1078) che sussistono al momento della restituzione della cosa.

L'indennità si deve corrispondere nella minor somma tra l'importo della spesa e l'aumento di valore conseguito dalla cosa per effetto dei miglioramenti (1150).

L'autorità giudiziaria, avuto riguardo alle circostanze, può disporre che il pagamento dell'indennità prevista dai commi precedenti sia fatto ratealmente, imponendo in questo caso idonea garanzia (975, 1151, 1176, 1179, 1592; 119 c.p.c.).

986. Addizioni. – L'usufruttuario può eseguire addizioni che non alterino la destinazione economica della cosa (981).

Egli ha diritto di toglierle alla fine dell'usufrutto, qualora ciò possa farsi senza nocumento della cosa, salvo che il proprietario preferisca ritenere le addizioni stesse. In questo caso deve essere corrisposta all'usufruttuario una indennità pari alla minor somma tra l'importo della spesa e il valore delle addizioni al tempo della riconsegna (975^3, 1593).

Se le addizioni non possono separarsi senza nocumento della cosa e costituiscono miglioramento di essa, si applicano le disposizioni relative ai miglioramenti (985).

987. Miniere, cave e torbiere. – L'usufruttuario gode delle cave e torbiere già aperte e in esercizio all'inizio dell'usufrutto. Non ha facoltà di aprirne altre senza il consenso del proprietario.

Per le ricerche e le coltivazioni minerarie, di cui abbia ottenuto il permesso, l'usufruttuario deve indennizzare il proprietario dei danni che saranno accertati alla fine dell'usufrutto.

Se il permesso è stato ottenuto dal proprietario o da un terzo, questi devono all'usufruttuario un'indennità corrispondente al diminuito godimento del fondo durante l'usufrutto.

988. Tesoro. – Il diritto dell'usufruttuario non si estende al tesoro che si scopra durante l'usufrutto, salve le ragioni che gli possono competere come ritrovatore (930, 932).

989. Boschi, filari e alberi sparsi di alto fusto. – Se nell'usufrutto sono compresi boschi o filari cedui ovvero boschi o filari di alto fusto (892) destinati alla produzione di legna, l'usufruttuario può procedere ai tagli ordinari, curando il mantenimento dell'originaria consistenza dei boschi o dei filari e provvedendo, se occorre, alla loro ricostituzione.

Circa il modo, l'estensione, l'ordine e l'epoca dei tagli, l'usufruttuario è tenuto a uniformarsi, oltre che alle leggi e ai regolamenti forestali, alla pratica costante della regione (992, 993).

Le stesse regole si applicano agli alberi di alto fusto sparsi per la campagna, destinati ad essere tagliati.

990. Alberi di alto fusto divelti, spezzati o periti. – Gli alberi di alto fusto divelti, spezzati o periti per accidente spettano al proprietario. L'usufruttuario può servirsi di essi soltanto per le riparazioni che sono a suo carico (1004, 1005).

991. Alberi fruttiferi. – Gli alberi fruttiferi che periscono e quelli divelti o spezzati per accidente appartengono all'usufruttuario, ma questi ha l'obbligo di sostituirne altri.

992. Pali per vigne e per altre coltivazioni. – L'usufruttuario può prendere nei boschi i pali occorrenti per le vigne e per le altre coltivazioni che ne abbisognano, osservando sempre la pratica costante della regione (989², 993).

993. Semenzai. – L'usufruttuario può servirsi dei piantoni dei semenzai, ma deve osservare la pratica costante della regione (989², 992) per il tempo e il modo dell'estrazione e per la rimessa dei virgulti.

994. Perimento delle mandre o dei greggi. – Se l'usufrutto è stabilito sopra una mandra o un gregge, l'usufruttuario è tenuto a surrogare gli animali periti, fino alla concorrente quantità dei nati, dopo che la mandra o il gregge ha cominciato ad essere mancante del numero primitivo (1645).

Se la mandra o il gregge perisce interamente per causa non imputabile all'usufruttuario, questi non è obbligato verso il proprietario che a rendere conto delle pelli o del loro valore.

995. Cose consumabili. – Se l'usufrutto comprende cose consumabili (750²), l'usufruttuario ha diritto di servirsene e ha l'obbligo di pagarne il valore al termine dell'usufrutto secondo la stima convenuta.

Mancando la stima, è in facoltà dell'usufruttuario di pagare le cose secondo il valore che hanno al tempo in cui finisce l'usufrutto o di restituirne altre in eguale qualità e quantità (1001, 1258).

996. Cose deteriorabili. – Se l'usufrutto comprende cose che, senza consumarsi in un tratto, si deteriorano a poco a poco, l'usufruttuario ha diritto di servirsene secondo l'uso al quale sono destinate, e alla fine dell'usufrutto è soltanto tenuto a restituirle nello stato in cui si trovano (1001, 1003).

997. Impianti, opifici e macchinari. – Se l'usufrutto comprende impianti, opifici o macchinari, che hanno una destinazione produttiva, l'usufruttuario è tenuto a riparare e a sostituire durante l'usufrutto le parti che si logorano, in modo da assicurare il regolare funzionamento delle cose suddette. Se l'usufruttuario ha sopportato spese che eccedono quelle delle ordinarie riparazioni (1004), il proprietario, al termine dell'usufrutto, è tenuto a corrispondergli una congrua indennità.

998. Scorte vive e morte. – Le scorte vive e morte di un fondo devono essere restituite in eguale quantità e qualità (1640 ss., 2163, 2169). L'eccedenza o la deficienza di esse deve essere regolata in danaro, secondo il loro valore al termine dell'usufrutto.

999. Locazioni concluse dall'usufruttuario. – Le locazioni concluse dall'usufruttuario, in corso al tempo della cessazione dell'usufrutto, purché constino da atto pubblico (2699) o da scrittura privata di data certa anteriore (2704), continuano per la durata stabilita, ma non oltre il quinquennio dalla cessazione dell'usufrutto (954², 976, 1596, 1599¹).

Se la cessazione dell'usufrutto avviene per la scadenza del termine stabilito, le locazioni non durano in ogni caso se non per l'anno, e, trattandosi di fondi rustici dei quali il principale raccolto è biennale o triennale, se non per il biennio o triennio che si trova in corso al tempo in cui cessa l'usufrutto (976, 1078).

1000. Riscossione di capitali. – Per la riscossione di somme che rappresentano un capitale gravato d'usufrutto (1250, 1254, 1265²), è necessario il concorso del titolare del credito e dell'usufruttuario. Il pagamento fatto a uno solo di essi non è opponibile all'altro, salve in ogni caso le norme relative alla cessione dei crediti (1260 ss.).

Il capitale riscosso dev'essere investito in modo fruttifero e su di esso si trasferisce l'usufrutto. Se le parti non sono d'accordo sul modo d'investimento, provvede l'autorità giudiziaria (1998).

Sezione III
Degli obblighi nascenti dall'usufrutto

1001. Obbligo di restituzione. Misura della diligenza. – L'usufruttuario deve restituire le cose che formano oggetto del suo diritto, al termine dell'usufrutto, salvo quanto è disposto dall'art. 995.

Nel godimento della cosa egli deve usare la diligenza del buon padre di famiglia (192, 1176).

1002. Inventario e garanzia. – L'usufruttuario prende le cose nello stato in cui si trovano (982).

Egli è tenuto a fare a sue spese l'inventario dei beni (777 c.p.c.), previo avviso al proprietario (769 c.p.c.). Quando l'usufruttuario è dispensato dal fare l'inventario, questo può essere richiesto dal proprietario a sue spese.

L'usufruttuario deve inoltre dare idonea garanzia (1003, 1179). Dalla prestazione della garanzia sono dispensati i genitori che hanno l'usufrutto legale sui beni dei loro figli minori (324, 327). Sono anche dispensati il venditore e il donante con riserva d'usufrutto (796); ma, qualora questi cedano l'usufrutto, il cessionario è tenuto a prestare garanzia (980, 1015).

L'usufruttuario non può conseguire il possesso dei beni prima di avere adempiuto agli obblighi su indicati (982).

1003. Mancanza o insufficienza della garanzia. – Se l'usufruttuario non presta la garanzia a cui è tenuto (1002³), si osservano le disposizioni seguenti:

gli immobili sono locati o messi sotto amministrazione, salva la facoltà dell'usufruttuario di farsi assegnare per propria abitazione (1022) una casa compresa nell'usufrutto. L'amministrazione è affidata, con il consenso dell'usufruttuario, al proprietario o altrimenti a un terzo scelto di comune accordo tra proprietario e usufruttuario o, in mancanza di tale accordo, nominato dall'autorità giudiziaria (59 att.);

il danaro è collocato a interesse (1000);

i titoli al portatore (2003) si convertono in nominativi (2021) a favore del proprietario con il vincolo dell'usufrutto (1999, 2025), ovvero si depositano presso una terza persona, scelta dalle parti, o presso un istituto di credito, la cui designazione, in caso di dissenso, è fatta dall'autorità giudiziaria;

le derrate sono vendute e il loro prezzo è parimenti collocato a interesse (1000).

In questi casi appartengono all'usufruttuario gli interessi dei capitali, le rendite, le pigioni e i fitti.

Se si tratta di mobili i quali si deteriorano con l'uso (996), il proprietario può chiedere che siano venduti e ne sia impiegato il prezzo come quello delle derrate. L'usufruttuario può nondimeno domandare che gli siano lasciati i mobili necessari per il proprio uso (996).

1004. Spese a carico dell'usufruttuario. – Le spese e, in genere, gli oneri relativi alla custodia, amministrazione e manutenzione ordinaria della cosa sono a carico dell'usufruttuario (997).

Sono pure a suo carico le riparazioni straordinarie (1005) rese necessarie dall'inadempimento degli obblighi di ordinaria manutenzione (997, 1015).

1005. Riparazioni straordinarie. – Le riparazioni straordinarie sono a carico del proprietario (1004, 1150¹, 1576).

Riparazioni straordinarie sono quelle necessarie ad assicurare la stabilità dei muri maestri e delle volte, la sostituzione delle travi, il rinnovamento, per intero o per una parte notevole, dei tetti, solai, scale, argini, acquedotti, muri di sostegno o di cinta (1007).

L'usufruttuario deve corrispondere al proprietario, durante l'usufrutto, l'interesse (1284) delle somme spese per le riparazioni straordinarie (1009¹).

1006. Rifiuto del proprietario alle riparazioni. – Se il proprietario rifiuta di eseguire le riparazioni poste a suo carico o ne ritarda l'esecuzione senza giusto motivo, è in facoltà dell'usufruttuario di farle eseguire a proprie spese. Le spese devono essere rimborsate alla fine dell'usufrutto senza interesse.

A garanzia del rimborso l'usufruttuario ha diritto di ritenere l'immobile riparato (1011, 2756).

1007. Rovina parziale di edificio accessorio. – Le disposizioni dei due articoli precedenti si applicano anche nel caso in cui, per vetustà o caso fortuito, rovini soltanto in parte l'edificio che formava accessorio necessario del fondo soggetto a usufrutto.

1008. Imposte e altri pesi a carico dell'usufruttuario. – L'usufruttuario è tenuto, per la durata del suo diritto, ai carichi annuali, come le imposte, i canoni, le rendite fondiarie e gli altri pesi che gravano sul reddito.

Per l'anno in corso al principio e alla fine dell'usufrutto questi carichi si ripartiscono tra il proprietario e l'usufruttuario in proporzione della durata del rispettivo diritto (984).

1009. Imposte e altri pesi a carico del proprietario. – Al pagamento dei carichi imposti sulla proprietà durante l'usufrutto, salvo diverse disposizioni di legge, è tenuto il proprietario, ma l'usufruttuario gli deve corrispondere l'interesse (1284) della somma pagata (983^2, 1005^3).

Se l'usufruttuario ne anticipa il pagamento, ha diritto di essere rimborsato del capitale alla fine dell'usufrutto (1010, 1011).

1010. Passività gravanti su eredità in usufrutto. – L'usufruttuario di un'eredità o di una quota di eredità (588) è obbligato a pagare per intero, o in proporzione della quota, le annualità e gli interessi dei debiti o dei legati da cui l'eredità stessa sia gravata.

Per il pagamento del capitale dei debiti o dei legati, che si renda necessario durante l'usufrutto, è in facoltà dell'usufruttuario di fornire la somma occorrente, che gli deve essere rimborsata senza interesse alla fine dell'usufrutto (1009, 1011).

Se l'usufruttuario non può o non vuole fare questa anticipazione, il proprietario può pagare tale somma, sulla quale l'usufruttuario deve corrispondergli l'interesse (1284) durante l'usufrutto, o può vendere una porzione dei beni soggetti all'usufrutto fino alla concorrenza della somma dovuta.

Se per il pagamento dei debiti si rende necessaria la vendita dei beni, questa è fatta d'accordo tra proprietario e usufruttuario, salvo ricorso all'autorità giudiziaria in caso di dissenso. L'espropriazione forzata deve seguire contro ambedue (102 c.p.c.).

1011. Ritenzione per le somme anticipate. – Nelle ipotesi contemplate dal secondo comma dell'articolo 1009 e dal secondo comma dell'articolo 1010, l'usufruttuario ha diritto di ritenzione sui beni che sono in suo possesso fino alla concorrenza della somma a lui dovuta (748^4, 1006).

1012. Usurpazioni durante l'usufrutto e azioni relative alle servitù. – Se durante l'usufrutto un terzo commette usurpazione sul fondo o altrimenti offende le ragioni del proprietario, l'usufruttuario è tenuto a fargliene denunzia e, omettendola, è responsabile dei danni che eventualmente siano derivati al proprietario (1168, 1586).

L'usufruttuario può far riconoscere l'esistenza delle servitù (1079) a favore del fondo o l'inesistenza di quelle che si pretende di esercitare sul fondo medesimo (949); egli deve in questi casi chiamare in giudizio il proprietario (102, 103, 106 c.p.c.).

1013. Spese per le liti. – Le spese delle liti che riguardano tanto la proprietà quanto l'usufrutto sono sopportate dal proprietario e dall'usufruttuario in proporzione del rispettivo interesse (90 c.p.c.).

Sezione IV
Estinzione e modificazioni dell'usufrutto

1014. Estinzione dell'usufrutto. – Oltre quanto è stabilito dall'art. 979, l'usufrutto si estingue (1350, n. 5, 2643, n. 5, 2814):

1) per prescrizione per effetto del non uso durato per venti anni (954^4, 970, 1073, 1158, 2934 ss.);

2) per la riunione dell'usufrutto e della proprietà nella stessa persona (1072, 1233);

3) per il totale perimento della cosa su cui è costituito (1016 ss.).

1015. Abusi dell'usufruttuario. – L'usufrutto può anche cessare per l'abuso (2814) che faccia l'usufruttuario del suo diritto alienando i beni o deteriorandoli o lasciandoli andare in perimento per mancanza di ordinarie riparazioni (981, 1004).

L'autorità giudiziaria può, secondo le circostanze, ordinare che l'usufruttuario dia garanzia (119 c.p.c.), qualora ne sia esente (1002^3), o che i beni siano locati o posti sotto amministrazione a spese di lui, o anche dati in possesso al proprietario con l'obbligo di pagare annualmente all'usufruttuario, durante l'usufrutto, una somma determinata.

I creditori dell'usufruttuario possono intervenire nel giudizio per conservare le loro ragioni (2900; 105 c.p.c.), offrire il risarcimento dei danni e dare garanzia per l'avvenire.

1016. Perimento parziale della cosa. – Se una sola parte della cosa soggetta all'usufrutto perisce, l'usufrutto si conserva sopra ciò che rimane (1014, n. 3, 1018).

1017. Perimento della cosa per colpa o dolo di terzi. – Se il perimento della cosa non è conseguenza di caso fortuito (2050; 45 c.p.c.), l'usufrutto si trasferisce sull'indennità dovuta dal responsabile del danno (1000, 1019, 1020).

1018. Perimento dell'edificio. – Se l'usufrutto è stabilito sopra un fondo, del quale fa parte un edificio, e questo viene in qualsiasi modo a perire, l'usufruttuario ha diritto di godere dell'area e dei materiali (1016).

La stessa disposizione si applica se l'usufrutto è stabilito soltanto sopra un edificio. In tal caso, però, il proprietario, se intende costruire un altro edificio, ha il diritto di occupare l'area e di valersi dei materiali, pagando all'usufruttuario, durante l'usufrutto, gli interessi (1284) sulla somma corrispondente al valore dell'area e dei materiali.

1019. Perimento di cosa assicurata dall'usufruttuario. – Se l'usufruttuario ha provveduto all'assicurazione della cosa o al pagamento dei premi (1901) per la cosa già assicurata, l'usufrutto si trasferisce sull'indennità dovuta dall'assicuratore (1000, 1017, 1882).

Se è perito un edificio e il proprietario intende di ricostruirlo con la somma conseguita come indennità, l'usufruttuario non può opporsi. L'usufrutto in questo caso si trasferisce sull'edificio ricostruito. Se però la somma impiegata nella ricostruzione è maggiore di quella spettante in usufrutto, il diritto dell'usufruttuario sul nuovo edificio è limitato in proporzione di quest'ultima.

1020. Requisizione o espropriazione. – Se la cosa è requisita o espropriata per pubblico interesse (834), l'usufrutto si trasferisce sull'indennità relativa (1000, 1017, 1019).

Capo II
Dell'uso e dell'abitazione

1021. Uso. – Chi ha il diritto d'uso di una cosa può servirsi di essa (636^2) e, se è fruttifera, può raccogliere i frutti (821) per quanto occorre ai bisogni suoi e della sua famiglia (1023).

I bisogni si devono valutare secondo la condizione sociale del titolare del diritto (438, 1022, 1350, n. 4).

1022. Abitazione. – Chi ha il diritto di abitazione di una casa può abitarla (636^2) limitatamente ai bisogni suoi e della sua famiglia (1003, 1021, 1023).

1023. Ambito della famiglia. – Nella famiglia (1022) si comprendono anche i figli nati dopo che è cominciato il diritto d'uso o d'abitazione, quantunque nel tempo in cui il diritto è sorto la persona non avesse contratto matrimonio. Si comprendono inoltre i figli adottivi (291 ss.) e i figli riconosciuti (250 ss.), anche se l'adozione o il riconoscimento sono seguiti dopo che il diritto era già sorto ([1]). Si comprendono infine le persone che convivono con il titolare del diritto per prestare a lui o alla sua famiglia i loro servizi (2240).

([1]) *Questo periodo è stato così sostituito dall'art. 90 del D.L.vo 28 dicembre 2013, n. 154, a decorrere dal trentesimo giorno successivo a quello della sua pubblicazione nella* Gazzetta Ufficiale *(G.U. n. 5 dell'8 gennaio 2014).*

1024. Divieto di cessione. – I diritti di uso e di abitazione non si possono cedere o dare in locazione (965, 980, 999).

1025. Obblighi inerenti all'uso e all'abitazione. – Chi ha l'uso di un fondo e ne raccoglie tutti i frutti o chi ha il diritto di abitazione e occupa tutta la casa è tenuto alle spese di coltura, alle riparazioni ordinarie (1004 ss.) e al pagamento dei tributi come l'usufruttuario (1010).

Se non raccoglie che una parte dei frutti o non occupa che una parte della casa, contribuisce in proporzione di ciò che gode.

1026. Applicabilità delle norme sull'usufrutto. – Le disposizioni relative all'usufrutto (978 ss.) si applicano, in quanto compatibili, all'uso e all'abitazione.

Titolo VI
Delle servitù prediali

Capo I
Disposizioni generali

1027. Contenuto del diritto. – La servitù prediale consiste nel peso imposto sopra un fondo per l'utilità di un altro fondo appartenente a diverso proprietario (1072).

1028. Nozione dell'utilità. – L'utilità può consistere anche nella maggiore comodità o amenità del fondo dominante. Può del pari essere inerente alla destinazione industriale del fondo.

1029. Servitù per vantaggio futuro. – É ammessa la costituzione di una servitù per assicurare a un fondo un vantaggio futuro.

É ammessa altresì a favore o a carico di un edificio da costruire o di un fondo da acquistare; ma in questo caso la costituzione non ha effetto se non dal giorno in cui l'edificio è costruito o il fondo è acquistato (1472).

1030. Prestazioni accessorie. – Il proprietario del fondo servente non è tenuto a compiere alcun atto per rendere possibile l'esercizio della servitù da parte del titolare, salvo che la legge o il titolo disponga altrimenti (1069, 1070, 1090, 1091).

1031. Costituzione delle servitù. – Le servitù prediali possono essere costituite coattivamente (853, 1032 ss.) o volontariamente (1058 ss.). Possono anche essere costituite per usucapione (1061, 1065, 1158) o per destinazione del padre di famiglia (1062).

Capo II
Delle servitù coattive

1032. Modi di costituzione. – Quando, in forza di legge (1031), il proprietario di un fondo ha diritto di ottenere da parte del proprietario di un altro fondo la costituzione di una servitù, questa, in mancanza di contratto, è costituita con sentenza (2643, n. 14, 2932). Può anche essere costituita con atto dell'autorità amministrativa nei casi specialmente determinati dalla legge (853, 855).

La sentenza stabilisce le modalità della servitù e determina l'indennità dovuta (1038, 1039, 1047, 1049, 1053).

Prima del pagamento dell'indennità il proprietario del fondo servente può opporsi all'esercizio della servitù (1063 ss., 2742[3]).

Sezione I
Dell'acquedotto
e dello scarico coattivo

1033. Obbligo di dare passaggio alle acque. – Il proprietario è tenuto a dare passaggio per i suoi fondi alle acque di ogni specie che si vogliono condurre da parte di chi ha, anche solo temporaneamente, il diritto di utilizzarle per i bisogni della vita o per usi agrari o industriali.

Sono esenti da questa servitù le case, i cortili, i giardini e le aie ad esse attinenti (1046, 1051).

1034. Apertura di nuovo acquedotto. – Chi ha diritto di condurre acque per il fondo altrui (1033) deve costruire il necessario acquedotto, ma non può far defluire le acque negli acquedotti già esistenti e destinati al corso di altre acque (1035).

Il proprietario del fondo soggetto alla servitù può tuttavia impedire la costruzione, consentendo il passaggio nei propri acquedotti già esistenti, qualora ciò non rechi notevole pregiudizio alla condotta che si domanda. In tal caso al proprietario dell'acquedotto è dovuta un'indennità da determinarsi avuto riguardo all'acqua che s'introduce, al valore dell'acquedotto, alle opere che si rendono necessarie per il nuovo passaggio e alle maggiori spese di manutenzione.

La facoltà indicata dal comma precedente non è consentita al proprietario del fondo servente nei confronti della pubblica amministrazione (1037, 1046).

1035. Attraversamento di acquedotti. – Chi vuol condurre l'acqua per il fondo altrui può attraversare al disopra o al disotto gli acquedotti preesistenti, appartengano essi al proprietario del fondo o ad altri, purché esegua le opere necessarie a impedire ogni danno o alterazione degli acquedotti stessi (1046).

1036. Attraversamento di fiumi o di strade. – Se per la condotta delle acque occorre attraversare strade pubbliche o corsi di acque pubbliche, si osservano le leggi e i regolamenti sulle strade e sulle acque (1046).

1037. Condizioni per la costituzione della servitù. – Chi vuol far passare le acque sul fondo altrui deve dimostrare che può disporre dell'acqua durante il tempo per cui chiede il passaggio; che la medesima è sufficiente per l'uso al quale si vuol destinare; che il passaggio richiesto è il più conveniente e il meno pregiudizievole al fondo servente, avuto riguardo alle condizioni dei fondi vicini, al pendio e alle altre condizioni per la condotta, per il corso e lo sbocco delle acque.

1038. Indennità per l'imposizione della servitù. – Prima d'imprendere la costruzione dell'acquedotto, chi vuol condurre acqua per il fondo altrui deve pagare il valore, secondo la stima, dei terreni da occupare, senza detrazione delle imposte e degli altri carichi inerenti al fondo, oltre l'indennità (843^2, 1049, 1053, 2045) per i danni, ivi compresi quelli derivanti dalla separazione in due o più parti o da altro deterioramento del fondo da intersecare.

Per i terreni, però, che sono occupati soltanto per il deposito delle materie estratte e per il getto dello spurgo non si deve pagare che la metà del valore del suolo, e sempre senza detrazione delle imposte e degli altri carichi inerenti; ma nei terreni medesimi, il proprietario del fondo servente può fare piantagioni e rimuovere e trasportare le materie ammucchiate, purché tutto segua senza danno dell'acquedotto, del suo spurgo e della sua riparazione.

1039. Indennità per il passaggio temporaneo. – Qualora il passaggio delle acque sia domandato per un tempo non maggiore di nove anni, il pagamento dei valori e delle indennità indicati dall'articolo precedente è ristretto alla sola metà, ma con l'obbligo, scaduto il termine, di rimettere le cose nel primitivo stato.

Il passaggio temporaneo può essere reso perpetuo prima della scadenza del termine mediante il pagamento dell'altra metà con gli interessi legali (1284) dal giorno in cui il passaggio è stato praticato; scaduto il termine, non si tiene più conto di ciò che è stato pagato per la concessione temporanea.

1040. Uso dell'acquedotto. – Chi possiede un acquedotto nel fondo altrui non può immettervi maggiore quantità d'acqua, se l'acquedotto non ne è capace o ne può venir danno al fondo servente.

Se l'introduzione di una maggior quantità d'acqua esige nuove opere, queste non possono farsi, se prima non se ne determinano la natura e la qualità e non si paga la somma dovuta per il suolo da occupare e per i danni nel modo stabilito dall'articolo 1038.

La stessa disposizione si applica anche quando per il passaggio attraverso un acquedotto occorre sostituire una tomba a un ponte-canale o viceversa.

1041. Letto dell'acquedotto. – É sempre in facoltà del proprietario del fondo servente di far determinare stabilmente il letto dell'acquedotto con l'apposizione di capisaldi o soglie da riportarsi a punti fissi. Se però di tale facoltà egli non ha fatto uso al tempo della concessione dell'acquedotto, deve sopportare la metà delle spese occorrenti.

1042. Obblighi inerenti all'uso di corsi contigui a fondi altrui. – Se un corso d'acqua impedisce ai proprietari dei fondi contigui l'accesso ai medesimi, o la continuazione dell'irrigazione o dello scolo delle acque, coloro che si servono di quel corso sono obbligati, in proporzione del beneficio che ne ritraggono, a costruire e a mantenere i ponti e i loro accessi sufficienti per un comodo e sicuro transito, come pure le botti sotterranee, i ponti-canali o altre opere simili per continuare l'irrigazione o lo scolo, salvi i diritti derivanti dal titolo o dall'usucapione (1158).

1043. Scarico coattivo. – Le disposizioni contenute negli articoli precedenti per il passaggio delle acque si applicano anche se il passaggio è domandato al fine di scaricare acque sovrabbondanti che il vicino non consente di ricevere nel suo fondo (913).

Lo scarico può essere anche domandato per acque impure, purché siano adottate le precauzioni atte a evitare qualsiasi pregiudizio o molestia.

1044. Bonifica. – Ferme le disposizioni delle leggi sulla bonifica (858) e sul vincolo forestale, il proprietario che intende prosciugare o bonificare le sue terre con fognature, con colmate o altri mezzi ha diritto, premesso il pagamento dell'indennità e col minor danno possibile, di condurre per fogne o per fossi le acque di scolo attraverso i fondi che separano le sue terre da un corso d'acqua o da qualunque altro colatoio (913).

Se il prosciugamento risulta in contrasto con gli interessi di coloro che utilizzano le acque provenienti dal fondo paludoso, e se gli opposti interessi non si possono conciliare con opportune opere che importino una spesa proporzionata allo scopo, l'autorità giudiziaria dà le disposizioni per assicurare l'interesse prevalente, avuto in ogni caso riguardo alle esigenze generali della produzione (912). Se si fa luogo al prosciugamento, può essere assegnata una congrua indennità a coloro che al prosciugamento si sono opposti (858, 1046).

1045. Utilizzazione di fogne o di fossi altrui. – I proprietari dei fondi attraversati da fogne o da fossi altrui, o che altrimenti possono approfittare dei lavori fatti in forza dell'articolo precedente, hanno facoltà di servirsene per risanare i loro fondi, a condizione che non ne venga danno ai fondi già risanati e che essi sopportino le nuove spese occorrenti per modificare le opere già eseguite, affinché queste siano in grado di servire anche ai fondi attraversati, e inoltre sopportino una parte proporzionale delle spese già fatte e di quelle richieste per il mantenimento delle opere, le quali divengono comuni.

1046. Norme per l'esecuzione delle opere. – Nell'esecuzione delle opere indicate dagli articoli precedenti sono applicabili le disposizioni del secondo comma dell'articolo 1033 e degli articoli 1035 e 1036.

Sezione II
Dell'appoggio
e dell'infissione di chiusa

1047. Contenuto della servitù. – Chi ha diritto di derivare acque da fiumi, torrenti, rivi, canali, laghi o serbatoi può, qualora sia necessario, appoggiare o infiggere una chiusa alle sponde, con l'obbligo però di pagare l'indennità e di fare e mantenere le opere atte ad assicurare i fondi da ogni danno.

1048. Obblighi degli utenti. – Nella derivazione e nell'uso delle acque a norma del precedente articolo, deve evitarsi tra gli utenti superiori e gli inferiori ogni vicendevole pregiudizio che possa provenire dallo stagnamento, dal rigurgito o dalla diversione delle acque medesime.

Sezione III
Della somministrazione
coattiva di acqua a un edificio
o a un fondo

1049. Somministrazione di acqua a un edificio. – Se a una casa o alle sue dipendenze manca l'acqua necessaria per l'alimentazione degli uomini o degli animali e per gli altri usi domestici, e non è possibile procurarla senza eccessivo dispendio, il proprietario del fondo vicino deve consentire che sia dedotta l'acqua di sopravanzo nella misura indispensabile per le necessità anzidette.

Prima che siano iniziati i lavori, deve pagarsi il valore dell'acqua, che si chiede di dedurre, calcolato per un'annualità. Si devono altresì sostenere tutte le spese per le opere di presa e di derivazione. Si applicano inoltre le disposizioni del primo comma dell'articolo 1038.

In mancanza di convenzione, la sentenza (1032) determina le modalità della derivazione e l'indennità dovuta (2643, n. 14, 2932).

Qualora si verifichi un mutamento nelle condizioni originarie, la derivazione può essere soppressa su istanza dell'una o dell'altra parte (1082 ss.).

1050. Somministrazione di acqua a un fondo. – Le norme stabilite dall'articolo precedente si applicano anche se il proprietario di un fondo non ha acqua per irrigarlo, quando le acque del fondo vicino consentono una parziale somministrazione, dopo soddisfatto ogni bisogno domestico, agricolo o industriale.

Le disposizioni di questo articolo e del precedente non si applicano nel caso in cui delle acque si dispone in forza di concessione amministrativa.

Sezione IV
Del passaggio coattivo

1051. Passaggio coattivo. – Il proprietario, il cui fondo è circondato da fondi altrui, e che non ha uscita sulla via pubblica né può procurarsela senza eccessivo dispendio o disagio, ha diritto di ottenere il passaggio sul fondo vicino per la coltivazione e il conveniente uso del proprio fondo (843, 1053).

Il passaggio si deve stabilire (1350, n. 4) in quella parte per cui l'accesso alla via pubblica è più breve e riesce di minore danno al fondo sul quale è consentito. Esso può essere stabilito anche mediante sottopassaggio, qualora ciò sia preferibile, avuto riguardo al vantaggio del fondo dominante e al pregiudizio del fondo servente (1055).

Le stesse disposizioni si applicano nel caso in cui taluno, avendo un passaggio sul fondo altrui, abbia bisogno ai fini suddetti di ampliarlo per il transito dei veicoli anche a trazione meccanica.

Sono esenti da questa servitù le case, i cortili, i giardini e le aie ad esse attinenti.

1052. Passaggio coattivo a favore di fondo non intercluso. – Le disposizioni dell'articolo precedente si possono applicare anche se il proprietario del fondo ha un accesso alla via pubblica, ma questo è inadatto o insufficiente ai bisogni del fondo e non può essere ampliato.

Il passaggio può essere concesso dall'autorità giudiziaria (1032, 2908) solo quando questa riconosce che la domanda risponde alle esigenze dell'agricoltura o dell'industria ([1]).

([1]) *La Corte costituzionale, con sentenza n. 167 del 10 maggio 1999, ha dichiarato l'illegittimità costituzionale di questo comma, nella parte in cui non prevede che il passaggio coattivo di cui al primo comma possa essere concesso dall'autorità giudiziaria quando questa riconosca che la domanda risponde alle esigenze di accessibilità - di cui alla legislazione relativa ai portatori di* handicap *- degli edifici destinati ad uso abitativo.*

1053. Indennità. - Nei casi previsti dai due articoli precedenti è dovuta un'indennità proporzionata al danno cagionato dal passaggio (843[2], 1038, 2045).

Qualora, per attuare il passaggio, sia necessario occupare con opere stabili o lasciare incolta una zona del fondo servente, il proprietario che lo domanda deve, prima d'imprendere le opere o d'iniziare il passaggio, pagare il valore della zona predetta nella misura stabilita dal primo comma dell'articolo 1038.

1054. Interclusione per effetto di alienazione o di divisione. - Se il fondo è divenuto da ogni parte chiuso per effetto di alienazione a titolo oneroso, il proprietario ha diritto di ottenere dall'altro contraente il passaggio senza alcuna indennità.

La stessa norma si applica in caso di divisione (1111).

1055. Cessazione dell'interclusione. - Se il passaggio cessa di essere necessario, può essere soppresso in qualunque tempo a istanza del proprietario del fondo dominante o del fondo servente. Quest'ultimo deve restituire il compenso ricevuto; ma l'autorità giudiziaria può disporre una riduzione della somma, avuto riguardo alla durata della servitù e al danno sofferto. Se l'indennità fu convenuta in annualità, la prestazione cessa dall'anno successivo.

Sezione V
Dell'elettrodotto coattivo
e del passaggio coattivo
di linee teleferiche

1056. Passaggio di condutture elettriche. - Ogni proprietario è tenuto a dare passaggio per i suoi fondi alle condutture elettriche, in conformità delle leggi in materia.

1057. Passaggio di vie funicolari. - Ogni proprietario è parimenti tenuto a lasciar passare sopra il suo fondo le gomene di vie funicolari aeree a uso agrario o industriale e a tollerare sul fondo le opere, i meccanismi e le occupazioni necessarie a tale scopo, in conformità delle leggi in materia.

Capo III
Delle servitù volontarie

1058. Modi di costituzione. - Le servitù prediali possono essere costituite con contratto (1321, 1350 n. 4, 2643 n. 4) o per testamento (587, 2648).

1059. Servitù concessa da uno dei comproprietari. - La servitù concessa da uno dei comproprietari di un fondo indiviso non è costituita se non quando gli altri l'hanno anch'essi concessa unitamente o separatamente (1073[5], 1108).

La concessione, però, fatta da uno dei comproprietari, (1103) indipendentemente dagli altri, obbliga il concedente e i suoi eredi o aventi causa a non porre impedimento all'esercizio del diritto concesso (1424).

1060. Servitù costituite dal nudo proprietario. - Il proprietario può, senza il consenso dell'usufruttuario (981), imporre sul fondo le servitù che non pregiudicano il diritto di usufrutto (978 ss., 1078).

Capo IV
Delle servitù acquistate per usucapione e per destinazione del padre di famiglia

1061. Servitù non apparenti. – Le servitù non apparenti non possono acquistarsi per usucapione (1031, 1158) o per destinazione del padre di famiglia (1062).

Non apparenti sono le servitù quando non si hanno opere visibili e permanenti destinate al loro esercizio (1095, 1489).

1062. Destinazione del padre di famiglia. – La destinazione del padre di famiglia (1031) ha luogo quando consta, mediante qualunque genere di prova, che due fondi, attualmente divisi, sono stati posseduti dallo stesso proprietario, e che questi ha posto o lasciato le cose nello stato dal quale risulta la servitù.

Se i due fondi cessarono di appartenere allo stesso proprietario, senza alcuna disposizione relativa alla servitù, questa s'intende stabilita attivamente e passivamente a favore e sopra ciascuno dei fondi separati (1072).

Capo V
Dell'esercizio delle servitù

1063. Norme regolatrici. – L'estensione e l'esercizio delle servitù sono regolati dal titolo e, in mancanza, dalle disposizioni seguenti.

1064. Estensione del diritto di servitù. – Il diritto di servitù comprende tutto ciò che è necessario per usarne.

Se il fondo viene chiuso (841), il proprietario deve lasciarne libero e comodo l'ingresso a chi ha un diritto di servitù che renda necessario il passaggio per il fondo stesso (843).

1065. Esercizio conforme al titolo o al possesso. – Colui che ha un diritto di servitù non può usarne se non a norma del suo titolo o del suo possesso. Nel dubbio circa l'estensione e le modalità di esercizio, la servitù deve ritenersi costituita in guisa da soddisfare il bisogno del fondo dominante col minor aggravio del fondo servente.

1066. Possesso delle servitù. – Nelle questioni di possesso delle servitù si ha riguardo alla pratica dell'anno antecedente e, se si tratta di servitù esercitate a intervalli maggiori di un anno, si ha riguardo alla pratica dell'ultimo godimento (1140).

1067. Divieto di aggravare o di diminuire l'esercizio della servitù. – Il proprietario del fondo dominante non può fare innovazioni che rendano più gravosa la condizione del fondo servente.

Il proprietario del fondo servente non può compiere alcuna cosa che tenda a diminuire l'esercizio della servitù o a renderlo più incomodo.

1068. Trasferimento della servitù in luogo diverso. – Il proprietario del fondo servente non può trasferire l'esercizio della servitù in luogo diverso da quello nel quale è stata stabilita originariamente.

Tuttavia, se l'originario esercizio è divenuto più gravoso per il fondo servente o se impedisce di fare lavori, riparazioni o miglioramenti, il proprietario del fondo servente può offrire al proprietario dell'altro fondo un luogo egualmente comodo per l'esercizio dei suoi diritti, e questi non può ricusarlo.

Il cambiamento di luogo per l'esercizio della servitù si può del pari concedere su istanza del proprietario del fondo dominante, se questi prova che il cambiamento riesce per lui di notevole vantaggio e non reca danno al fondo servente.

L'autorità giudiziaria può anche disporre che la servitù sia trasferita su altro fondo del proprietario del fondo servente o di un terzo che vi acconsenta, purché l'esercizio di essa riesca egualmente agevole al proprietario del fondo dominante (2643, n. 4).

1069. Opere sul fondo servente. – Il proprietario del fondo dominante, nel fare le opere necessarie per conservare la servitù, deve scegliere il tempo e il modo che siano per recare minore incomodo al proprietario del fondo servente (843, 1064, 1067).

Egli deve fare le opere a sue spese, salvo che sia diversamente stabilito dal titolo o dalla legge (1030).

Se però le opere giovano anche al fondo servente, le spese sono sostenute in proporzione dei rispettivi vantaggi.

1070. Abbandono del fondo servente. – Il proprietario del fondo servente, quando è tenuto in forza del titolo o della legge alle spese necessarie per l'uso o per la conservazione della servitù (1030), può sempre liberarsene, rinunziando alla proprietà del fondo servente a favore del proprietario del fondo dominante (1104, 1350, n. 5, 2643, n. 5).

Nel caso in cui l'esercizio della servitù sia limitato a una parte del fondo, la rinunzia può limitarsi alla parte stessa (1030, 1069).

1071. Divisione del fondo dominante o del fondo servente. – Se il fondo dominante viene diviso, la servitù è dovuta a ciascuna porzione, senza che però si renda più gravosa la condizione del fondo servente (1067).

Se il fondo servente viene diviso e la servitù ricade su una parte determinata del fondo stesso, le altre parti sono liberate.

Capo VI
Dell'estinzione delle servitù

1072. Estinzione per confusione. – La servitù (1027) si estingue quando in una sola persona si riunisce la proprietà del fondo dominante con quella del fondo servente (1062, 1253, 2862).

1073. Estinzione per prescrizione. – La servitù si estingue per prescrizione quando non se ne usa per venti anni (1014, n. 1, 1158, 1166^2, 2934 ss.).

Il termine decorre dal giorno in cui si è cessato di esercitarla; ma, se si tratta di servitù negativa o di servitù per il cui esercizio non è necessario il fatto dell'uomo, il termine decorre dal giorno in cui si è verificato un fatto che ne ha impedito l'esercizio.

Nelle servitù che si esercitano a intervalli, il termine decorre dal giorno in cui la servitù si sarebbe potuta esercitare e non ne fu ripreso l'esercizio.

Agli effetti dell'estinzione si computa anche il tempo per il quale la servitù non fu esercitata dai precedenti titolari.

Se il fondo dominante appartiene a più persone in comune, l'uso della servitù fatto da una di esse impedisce l'estinzione riguardo a tutte (1059, 1102).

La sospensione (2941 ss.) o l'interruzione (2943 ss.) della prescrizione (2941 ss.) a vantaggio di uno dei comproprietari giova anche agli altri (1074 ss.).

1074. Impossibilità di uso e mancanza di utilità. – L'impossibilità di fatto di usare della servitù e il venir meno dell'utilità della medesima non fanno estinguere la servitù, se non è decorso il termine indicato dall'articolo precedente.

1075. Esercizio limitato della servitù. – La servitù esercitata in modo da trarne un'utilità minore di quella indicata dal titolo si conserva per intero.

1076. Esercizio della servitù non conforme al titolo o al possesso. – L'esercizio di una servitù in tempo diverso da quello determinato dal titolo o dal possesso non ne impedisce l'estinzione per prescrizione (1065, 1073, 1085 ss.).

1077. Servitù costituite sul fondo enfiteutico. – Le servitù costituite dall'enfiteuta sul fondo enfiteutico cessano quando l'enfiteusi si estingue per decorso del termine (958), per prescrizione (970) o per devoluzione (972).

1078. Servitù costituite a favore del fondo enfiteutico, dotale o in usufrutto. – Le servitù costituite dall'enfiteuta a favore del fondo enfiteutico (965) non cessano con l'estinguersi dell'enfiteusi (975). Lo stesso vale per le servitù costituite dall'usufruttuario a favore del fondo di cui ha l'usufrutto (981, 985) o dal marito a favore del fondo dotale (184) ([1]).

([1]) *L'art. 166* bis *vieta la costituzione di nuove doti.*

Capo VII
Delle azioni a difesa delle servitù

1079. Accertamento della servitù e altri provvedimenti di tutela. – Il titolare della servitù (1012^2) può farne riconoscere in giudizio l'esistenza contro chi ne contesta l'esercizio (949) e può far cessare gli eventuali impedimenti e turbative (1168 ss.; 15 c.p.c.). Può anche chiedere la rimessione delle cose in pristino, oltre il risarcimento dei danni (2933; 15, 21 c.p.c.).

Capo VIII
Di alcune servitù in materia di acque

Sezione I
Della servitù di presa o di derivazione di acqua

1080. Presa d'acqua continua. – Il diritto alla presa d'acqua continua si può esercitare in ogni istante (1084 ss.).

1081. Modulo d'acqua. – Nelle servitù in cui è convenuta ed espressa una costante quantità di acqua, la quantità deve esprimersi in relazione al modulo.

Il modulo è l'unità di misura dell'acqua corrente.

Esso è un corpo d'acqua che scorre nella costante quantità di cento litri al minuto secondo e si divide in decimi, centesimi e millesimi.

1082. Forma della bocca e dell'edificio derivatore. – Quando, per la derivazione di una data e costante quantità di acqua corrente, è stata determinata la forma della bocca e dell'edificio derivatore, le parti non possono chiederne la modificazione per eccedenza o deficienza d'acqua, salvo che l'eccedenza o la deficienza provenga da variazioni seguite nel canale dispensatore o nel corso delle acque in esso correnti.

Se la forma non è stata determinata, ma la bocca e l'edificio derivatore sono stati costruiti e posseduti per cinque anni, non è neppure ammesso dopo tale tempo alcun reclamo delle parti per eccedenza o deficienza d'acqua, salvo nel caso di variazione seguita nel canale o nel corso delle acque.

In mancanza di titolo o di possesso, la forma è determinata dall'autorità giudiziaria (1082).

1083. Determinazione della quantità d'acqua. – Quando la quantità d'acqua non è stata determinata, ma la derivazione è stata fatta per un dato scopo, s'intende concessa la quantità necessaria per lo scopo medesimo, e chi vi ha interesse può in ogni tempo fare stabilire la forma della derivazione in modo che ne venga assicurato l'uso necessario e impedito l'eccesso.

Se però è stata determinata la forma della bocca e dell'edificio derivatore, o se, in mancanza di titolo, si è posseduta per cinque anni la derivazione in una data forma, non è ammesso reclamo delle parti, se non nel caso indicato dall'articolo precedente.

1084. Norme regolatrici della servitù. – Per l'esercizio della servitù di presa d'acqua, quando non dispone il titolo o non è possibile riferirsi al possesso, si osservano gli usi locali.

In mancanza di tali usi si osservano le disposizioni dei tre articoli seguenti.

1085. Tempo d'esercizio della servitù. – Il diritto alla presa d'acqua si esercita, per l'acqua estiva, dall'equinozio di primavera a quello d'autunno; per l'acqua iemale, dall'equinozio d'autunno a quello di primavera.

La distribuzione d'acqua per giorni e per notti si riferisce al giorno e alla notte naturali.

L'uso delle acque nei giorni festivi è regolato dalle feste di precetto vigenti al tempo in cui l'uso fu convenuto o in cui si è incominciato a possedere (1076).

1086. Distribuzione per ruota. – Nelle distribuzioni per ruota il tempo che impiega l'acqua per giungere alla bocca di derivazione dell'utente si consuma a suo carico, e la coda dell'acqua appartiene a quello di cui cessa il turno.

1087. Acque sorgenti o sfuggite. – Nei canali soggetti a distribuzione per ruota le acque sorgenti o sfuggite, ma contenute nell'alveo del canale, non possono trattenersi o derivarsi da un utente che al tempo del suo turno.

1088. Variazione del turno tra gli utenti. – Gli utenti dei medesimi canali possono variare o permutare tra loro il turno, purché tale cambiamento non rechi danno agli altri.

1089. Acqua impiegata come forza motrice. – Chi ha diritto di servirsi dell'acqua come forza motrice non può, senza espressa disposizione del titolo, impedirne o rallentarne il corso, procurandone il ribocco o ristagno.

1090. Manutenzione del canale. – Nella servitù di presa o di condotta d'acqua, quando il titolo non dispone altrimenti, il proprietario del fondo servente può domandare che il canale sia mantenuto convenientemente spurgato e le sue sponde siano tenute in istato di buona manutenzione a spese del proprietario del fondo dominante (916, 1069).

1091. Obblighi del concedente fino al luogo di consegna dell'acqua. – Se il titolo non dispone diversamente, il concedente dell'acqua di una fonte o di un canale è tenuto verso gli utenti a eseguire le opere ordinarie e straordinarie per la derivazione e condotta dell'acqua fino al punto in cui ne fa la consegna, a mantenere in buono stato gli edifici, a conservare l'alveo e le sponde della fonte o del canale, a praticare i consueti spurghi e a usare la dovuta diligenza, affinché la derivazione e la regolare condotta dell'acqua siano in tempi debiti effettuate (1030).

1092. Deficienza dell'acqua. – La deficienza dell'acqua deve essere sopportata da chi ha diritto di prenderla e di usarla nel tempo in cui la deficienza si verifica.

Tra diversi utenti la deficienza dell'acqua deve essere sopportata prima da quelli che hanno titolo o possesso più recente, e tra utenti in parità di condizione dall'ultimo utente.

Tuttavia l'autorità giudiziaria, con provvedimento in camera di consiglio (737 c.p.c.), sentiti gli uffici tecnici competenti (60 att.), può modificare o limitare i turni di utilizzazione e dare le altre disposizioni necessarie in relazione alla quantità di acqua disponibile, agli usi e alle colture a cui l'acqua è destinata.

Il concedente dell'acqua è tenuto a una proporzionale diminuzione del corrispettivo per la deficienza dell'acqua verificatasi per causa naturale o per fatto altrui. Parimenti si fa luogo alle dovute indennità in conseguenza delle modificazioni o limitazioni di turni, che siano state disposte dall'autorità giudiziaria (60 att.).

1093. Riduzione della servitù. – Se la servitù dà diritto di derivare acqua da un fondo e per fatti indipendenti dalla volontà del proprietario si verifica una diminuzione dell'acqua tale che essa non possa bastare alle esigenze del fondo servente, il proprietario di questo può chiedere una riduzione della servitù, avuto riguardo ai bisogni di ciascun fondo. In questo caso è dovuta una congrua indennità al proprietario del fondo dominante.

Sezione II
Della servitù degli scoli e degli avanzi di acqua

1094. Servitù attiva degli scoli. – Gli scoli o acque colaticce derivanti dall'altrui fondo possono costituire oggetto di servitù a favore del fondo che li riceve, all'effetto di impedire la loro diversione (909).

1095. Usucapione della servitù attiva degli scoli. – Nella servitù attiva degli scoli il termine per l'usucapione (1061, 1158) comincia a decorrere dal giorno in cui il proprietario del fondo dominante ha fatto sul fondo servente opere visibili e permanenti destinate a raccogliere e condurre i detti scoli a vantaggio del proprio fondo.

Quando sul fondo servente è aperto un cavo destinato a raccogliere e condurre gli scoli, il regolare spurgo e la manutenzione delle sponde fanno presumere che il cavo sia opera del proprietario del fondo dominante, purché non vi sia titolo, segno o prova in contrario (897).

Si reputa segno contrario l'esistenza sul cavo di opere costruite o mantenute dal proprietario del fondo in cui il cavo è aperto.

1096. Diritti del proprietario del fondo servente. – La servitù degli scoli non toglie al proprietario del fondo servente il diritto di usare liberamente dell'acqua a vantaggio del suo fondo, di cambiare la coltivazione di questo e di abbandonarne in tutto o in parte l'irrigazione.

1097. Diritto agli avanzi d'acqua. – Quando l'acqua è concessa, riservata o posseduta per un determinato uso, con restituzione al concedente o ad altri di ciò che ne sopravanza, tale uso non può variarsi a danno del fondo a cui la restituzione è dovuta.

1098. Divieto di deviare acque di scolo o avanzi d'acqua. – Il proprietario del fondo vincolato alla restituzione degli scoli e degli avanzi d'acqua (910, 1094, 1097) non può deviarne una parte qualunque adducendo di avervi introdotto una maggiore quantità di acqua viva o un diverso corpo, ma deve lasciarli discendere nella totalità a favore del fondo dominante (1069).

1099. Sostituzione di acqua viva. – Il proprietario del fondo soggetto alla servitù degli scoli o degli avanzi d'acqua può sempre liberarsi da tale servitù mediante la concessione e l'assicurazione al fondo dominante di un corpo d'acqua viva, la cui quantità è determinata dall'autorità giudiziaria, tenuto conto di tutte le circostanze (912).

Titolo VII
Della comunione

Capo I
Della comunione in generale

1100. Norme regolatrici. – Quando la proprietà o altro diritto reale spetta in comune a più persone, se il titolo o la legge (177, 210; 258 ss., 872 ss. c.n.) non dispone diversamente, si applicano le norme seguenti (1350, n. 3, 2248).

1101. Quote dei partecipanti. – Le quote dei partecipanti alla comunione si presumono eguali (1103, 1118, 2248, 2728).

Il concorso dei partecipanti, tanto nei vantaggi quanto nei pesi della comunione, è in proporzione delle rispettive quote (1104, 1123; 68 att.).

1102. Uso della cosa comune. – Ciascun partecipante può servirsi della cosa comune, purché non ne alteri la destinazione e non impedisca agli altri partecipanti di farne parimenti uso secondo il loro diritto (1108, 2256). A tal fine può apportare a proprie spese le modificazioni necessarie per il miglior godimento della cosa.

Il partecipante non può estendere il suo diritto sulla cosa comune in danno degli altri partecipanti, se non compie atti idonei a mutare il titolo del suo possesso (714, 1164).

1103. Disposizione della quota. – Ciascun partecipante può disporre del suo diritto e cedere ad altri il godimento della cosa nei limiti della sua quota (1059, 1101, 1104[3], 1113, 2825; 873 c.n.).

Per le ipoteche costituite da uno dei partecipanti si osservano le disposizioni contenute nel capo IV del titolo III del libro VI (1108[4], 2808 ss., 2825; 263, 872 c.n.).

1104. Obblighi dei partecipanti. – Ciascun partecipante deve contribuire nelle spese necessarie per la conservazione e per il godimento della cosa comune e nelle spese deliberate dalla maggioranza a norma delle disposizioni seguenti (1105, 1106, 1107, 1108), salva la facoltà di liberarsene con la rinunzia al suo diritto (882, 888, 1070, 1118, 1128; 63 att.).

La rinunzia non giova al partecipante che abbia anche tacitamente approvato la spesa.

Il cessionario del partecipante è tenuto in solido (1292 ss.) con il cedente a pagare i contributi da questo dovuti e non versati.

1105. Amministrazione. – Tutti i partecipanti hanno diritto di concorrere nell'amministrazione della cosa comune (2257).

Per gli atti di ordinaria amministrazione le deliberazioni della maggioranza dei partecipanti, calcolata secondo il valore delle loro quote (918[3], 920), sono obbligatorie per la minoranza dissenziente (1109[1], 1137; 259, 872 c.n.).

Per la validità delle deliberazioni della maggioranza si richiede che tutti i partecipanti siano stati preventivamente informati dell'oggetto della deliberazione (1109, n. 2).

Se non si prendono i provvedimenti necessari per l'amministrazione della cosa comune o non si forma una maggioranza, ovvero se la deliberazione adottata non viene eseguita, ciascun partecipante può ricorrere all'autorità giudiziaria. Questa provvede in camera di consiglio (737 c.p.c.; 261, 872 c.n.) e può anche nominare un amministratore (1129[3], 2409).

1106. Regolamento della comunione e nomina di amministratore. – Con la maggioranza calcolata nel modo indicato dall'articolo precedente, può essere formato un regolamento per l'ordinaria amministrazione e per il miglior godimento della cosa comune (918[3], 1138).

Nello stesso modo l'amministrazione può essere delegata ad uno o più partecipanti, o anche a un estraneo, determinandosi i poteri e gli obblighi dell'amministratore (1129, 2257 ss.).

1107. Impugnazione del regolamento. – Ciascuno dei partecipanti dissenzienti può impugnare davanti all'autorità giudiziaria il regolamento della comunione entro trenta giorni dalla deliberazione che lo ha approvato (1138). Per gli assenti il termine decorre dal giorno in cui è stata loro comunicata la deliberazione. L'autorità giudiziaria decide con unica sentenza sulle opposizioni proposte (1109).

Decorso il termine indicato dal comma precedente senza che il regolamento sia stato impugnato, questo ha effetto anche per gli eredi e gli aventi causa dai singoli partecipanti.

1108. Innovazioni e altri atti eccedenti l'ordinaria amministrazione. – Con deliberazione della maggioranza dei partecipanti che rappresenti almeno due terzi del valore complessivo della cosa comune, si possono disporre tutte le innovazioni dirette al miglioramento della cosa o a renderne più comodo o redditizio il godimento, purché esse non pregiudichino il godimento di alcuno dei partecipanti e non importino una spesa eccessivamente gravosa (1109, n. 3, 1120, 1121; 260, 872 c.n.).

Nello stesso modo si possono compiere gli altri atti eccedenti l'ordinaria amministrazione, sempre che non risultino pregiudizievoli all'interesse di alcuno dei partecipanti (1109, n. 3).

È necessario il consenso di tutti i partecipanti per gli atti di alienazione o di costituzione di diritti reali sul fondo comune e per le locazioni di durata superiore a nove anni (1350, n. 8, 1572).

L'ipoteca può essere tuttavia consentita dalla maggioranza indicata dal primo comma, qualora abbia lo scopo di garantire la restituzione delle somme mutuate per la ricostruzione o per il miglioramento della cosa comune (1103[3], 2825; 262, 872 c.n.).

1109. Impugnazione delle deliberazioni. – Ciascuno dei componenti la minoranza dissenziente può impugnare davanti all'autorità giudiziaria (1107) le deliberazioni della maggioranza (23, 1137, 2377):

1) nel caso previsto dal secondo comma dell'articolo 1105, se la deliberazione è gravemente pregiudizievole alla cosa comune;

2) se non è stata osservata la disposizione del terzo comma dell'articolo 1105;

3) se la deliberazione relativa a innovazioni o ad altri atti eccedenti l'ordinaria amministrazione è in contrasto con le norme del primo e del secondo comma dell'articolo 1108 (1137).

L'impugnazione deve essere proposta, sotto pena di decadenza, entro trenta giorni dalla deliberazione (2964 ss.). Per gli assenti il termine decorre dal giorno in cui è stata loro comunicata la deliberazione. In pendenza del giudizio, l'autorità giudiziaria può ordinare la sospensione del provvedimento deliberato ($23^{3,4}$, 2378^{4}).

1110. Rimborso di spese. – Il partecipante che, in caso di trascuranza degli altri partecipanti o dell'amministratore, ha sostenuto spese necessarie per la conservazione della cosa comune, ha diritto al rimborso (1104).

1111. Scioglimento della comunione. – Ciascuno dei partecipanti può sempre domandare (375, n. 3; 784 c.p.c.) lo scioglimento della comunione (1506, 2817, n. 2); l'autorità giudiziaria può stabilire una congrua dilazione, in ogni caso non superiore a cinque anni, se l'immediato scioglimento può pregiudicare gli interessi degli altri (717).

Il patto di rimanere in comunione per un tempo non maggiore di dieci anni è valido e ha effetto anche per gli aventi causa dai partecipanti. Se è stato stipulato per un termine maggiore, questo si riduce a dieci anni (713).

Se gravi circostanze lo richiedono, l'autorità giudiziaria può ordinare lo scioglimento della comunione prima del tempo convenuto (260, 872 c.n.; 23, 784 c.p.c.).

1112. Cose non soggette a divisione. – Lo scioglimento della comunione non può essere chiesto quando si tratta di cose che, se divise, cesserebbero di servire all'uso a cui sono destinate (720, 1114, 1119).

1113. Intervento nella divisione e opposizioni. – I creditori e gli aventi causa da un partecipante possono intervenire (105, 267 c.p.c.) nella divisione a proprie spese, ma non possono impugnare la divisione già eseguita, a meno che abbiano notificato un'opposizione anteriormente alla divisione stessa e salvo sempre ad essi l'esperimento dell'azione revocatoria (2901 ss.) o dell'azione surrogatoria (2900).

Nella divisione che ha per oggetto beni immobili (1350, n. 11), l'opposizione, per l'effetto indicato dal comma precedente, deve essere trascritta prima della trascrizione dell'atto di divisione e, se si tratta di divisione giudiziale, prima della trascrizione della relativa domanda (2646, 2685).

Devono essere chiamati (2844, 2845) a intervenire, perché la divisione abbia effetto (2825) nei loro confronti, i creditori iscritti e coloro che hanno acquistato diritti sull'immobile in virtù di atti soggetti a trascrizione e trascritti prima della trascrizione dell'atto di divisione o della trascrizione della domanda di divisione giudiziale.

Nessuna ragione di prelevamento in natura per crediti nascenti dalla comunione (724, 725, 1153) può opporsi contro le persone indicate dal comma precedente, eccetto le ragioni di prelevamento nascenti da titolo anteriore alla comunione medesima, ovvero da collazione (737 ss.).

1114. Divisione in natura. – La divisione ha luogo in natura, se la cosa può essere comodamente divisa in parti corrispondenti alle quote dei partecipanti (718 ss., 1112, 1506^{2}).

1115. Obbligazioni solidali dei partecipanti. – Ciascun partecipante può esigere che siano estinte le obbligazioni in solido (1292) contratte per la cosa comune (1108), le quali siano scadute o scadano entro l'anno dalla domanda di divisione (1108).

La somma per estinguere le obbligazioni si preleva dal prezzo di vendita della cosa comune, e, se la divisione ha luogo in natura, si procede alla vendita di una congrua frazione della cosa, salvo diverso accordo tra i condividenti (599 c.p.c.).

Il partecipante che ha pagato il debito in solido e non ha ottenuto rimborso concorre nella divisione per una maggiore quota corrispondente al suo diritto verso gli altri condividenti (1299).

1116. Applicabilità delle norme sulla divisione ereditaria. – Alla divisione delle cose comuni si applicano le norme sulla divisione dell'eredità, in quanto non siano in contrasto con quelle sopra stabilite (713 ss., 757 ss, 1350, n. 11).

Capo II
Del condominio negli edifici

1117. (1) **Parti comuni dell'edificio.** – Sono oggetto di proprietà comune dei proprietari delle singole unità immobiliari dell'edificio, anche se aventi diritto a godimento periodico e se non risulta il contrario dal titolo (61, 62 att.):

1) tutte le parti dell'edificio necessarie all'uso comune, come il suolo su cui sorge l'edificio, le fondazioni, i muri maestri, i pilastri e le travi portanti, i tetti e i lastrici solari, le scale, i portoni di ingresso, i vestiboli, gli anditi, i portici, i cortili e le facciate;

2) le aree destinate a parcheggio nonché i locali per i servizi in comune, come la portineria, incluso l'alloggio del portiere, la lavanderia, gli stenditoi e i sottotetti destinati, per le caratteristiche strutturali e funzionali, all'uso comune;

3) le opere, le installazioni, i manufatti di qualunque genere destinati all'uso comune, come gli ascensori, i pozzi, le cisterne, gli impianti idrici e fognari, i sistemi centralizzati di distribuzione e di trasmissione per il gas, per l'energia elettrica, per il riscaldamento ed il condizionamento dell'aria, per la ricezione radiotelevisiva e per l'accesso a qualunque altro genere di flusso informativo, anche da satellite o via cavo, e i relativi collegamenti fino al punto di diramazione ai locali di proprietà individuale dei singoli condomini, ovvero, in caso di impianti unitari, fino al punto di utenza, salvo quanto disposto dalle normative di settore in materia di reti pubbliche (1118, 1122, 1123, 1128^{2}, 1130, n. 2, 1131^{2}, 1134, 1138).

(1) *Questo articolo è stato così sostituito dall'art. 1 della L. 11 dicembre 2012, n. 220* (*in vigore dal 18 giugno 2013*). *Si riporta il testo previgente:*

«1117. (Parti comuni dell'edificio) *Sono oggetto di proprietà comune dei proprietari dei diversi piani o porzioni di piani di un edificio, se il contrario non risulta dal titolo:*

1) il suolo su cui sorge l'edificio, le fondazioni, i muri maestri, i tetti e i lastrici solari, le scale, i portoni d'ingresso, i vestiboli, gli anditi, i portici, i cortili e in genere tutte le parti dell'edificio necessarie all'uso comune;

2) i locali per la portineria e per l'alloggio del portiere, per la lavanderia, per il riscaldamento centrale, per gli stenditoi e per altri simili servizi in comune;

3) le opere, le installazioni, i manufatti di qualunque genere che servono all'uso e al godimento comune, come gli ascensori, i pozzi, le cisterne, gli acquedotti e inoltre le fognature e i canali di scarico, gli impianti per l'acqua, per il gas, per l'energia elettrica, per il riscaldamento e simili, fino al punto di diramazione degli impianti ai locali di proprietà esclusiva dei singoli condomini.».

1117 *bis*. (1) **Ambito di applicabilità.** – Le disposizioni del presente capo si applicano, in quanto compatibili, in tutti i casi in cui più unità immobiliari o più edifici ovvero più condominii di unità immobiliari o di edifici abbiano parti comuni ai sensi dell'articolo 1117.

(1) *Questo articolo è stato inserito dall'art. 2, comma 1, della L. 11 dicembre 2012, n. 220* (*in vigore dal 18 giugno 2013*).

1117 *ter*. (1) **Modificazioni delle destinazioni d'uso.** – Per soddisfare esigenze di interesse condominiale, l'assemblea, con un numero di voti che rappresenti i quattro quinti dei partecipanti al condominio e i quattro quinti del valore dell'edificio, può modificare la destinazione d'uso delle parti comuni.

La convocazione dell'assemblea deve essere affissa per non meno di trenta giorni consecutivi nei locali di maggior uso comune o negli spazi a tal fine destinati e deve effettuarsi mediante lettera raccomandata o equipollenti mezzi telematici, in modo da pervenire almeno venti giorni prima della data di convocazione.

La convocazione dell'assemblea, a pena di nullità, deve indicare le parti comuni oggetto della modificazione e la nuova destinazione d'uso.

La deliberazione deve contenere la dichiarazione espressa che sono stati effettuati gli adempimenti di cui ai precedenti commi.

Sono vietate le modificazioni delle destinazioni d'uso che possono recare pregiudizio alla stabilità o alla sicurezza del fabbricato o che ne alterano il decoro architettonico.

(1) *Questo articolo è stato inserito dall'art. 2, comma 1, della L. 11 dicembre 2012, n. 220* (*in vigore dal 18 giugno 2013*).

1117 *quater*. (1) **Tutela delle destinazioni d'uso.** – In caso di attività che incidono negativamente e in modo sostanziale sulle destinazioni d'uso delle parti comuni, l'amministratore o i condomini, anche singolarmente, possono diffidare l'esecutore e possono chiedere la convocazione dell'assemblea per far cessare la violazione, anche mediante azioni giudiziarie. L'assemblea delibera in merito alla cessazione di tali attività con la maggioranza prevista dal secondo comma dell'articolo 1136.

(1) *Questo articolo è stato inserito dall'art. 2, comma 1, della L. 11 dicembre 2012, n. 220* (*in vigore dal 18 giugno 2013*).

1118. ([1]) **Diritti dei partecipanti sulle parti comuni.** – Il diritto di ciascun condomino sulle parti comuni, salvo che il titolo non disponga altrimenti, è proporzionale al valore dell'unità immobiliare che gli appartiene.

Il condomino non può rinunziare al suo diritto sulle parti comuni (1104, 1121, 1123 ss., 1138).

Il condomino non può sottrarsi all'obbligo di contribuire alle spese per la conservazione delle parti comuni, neanche modificando la destinazione d'uso della propria unità immobiliare, salvo quanto disposto da leggi speciali.

Il condomino può rinunciare all'utilizzo dell'impianto centralizzato di riscaldamento o di condizionamento, se dal suo distacco non derivano notevoli squilibri di funzionamento o aggravi di spesa per gli altri condomini. In tal caso il rinunziante resta tenuto a concorrere al pagamento delle sole spese per la manutenzione straordinaria dell'impianto e per la sua conservazione e messa a norma.

([1]) *Questo articolo è stato così sostituito dall'art. 3 della L. 11 dicembre 2012, n. 220 (in vigore dal 18 giugno 2013). Si riporta il testo precedente: «1118.* (Diritti dei partecipanti sulle cose comuni). *Il diritto di ciascun condomino sulle cose indicate dall'articolo precedente è proporzionato al valore del piano o porzione di piano che gli appartiene, se il titolo non dispone altrimenti.*

Il condomino non può, rinunziando al diritto sulle cose anzidette, sottrarsi al contributo nelle spese per la loro conservazione.».

1119. Indivisibilità. – Le parti comuni dell'edificio non sono soggette a divisione, a meno che la divisione possa farsi senza rendere più incomodo l'uso della cosa a ciascun condomino e con il consenso di tutti i partecipanti al condominio (1112, 1138; 61, 62 att.) ([1]).

([1]) *Le parole: «e con il consenso di tutti i partecipanti al condominio» sono state aggiunte dall'art. 4 della L. 11 dicembre 2012, n. 220 (in vigore dal 18 giugno 2013).*

1120. Innovazioni. – I condomini, con la maggioranza indicata dal quinto comma dell'art. 1136, possono disporre tutte le innovazioni dirette al miglioramento o all'uso più comodo o al maggior rendimento delle cose comuni (1108).

I condomini, con la maggioranza indicata dal secondo comma dell'articolo 1136, possono disporre le innovazioni che, nel rispetto della normativa di settore, hanno ad oggetto:

1) le opere e gli interventi volti a migliorare la sicurezza e la salubrità degli edifici e degli impianti;

2) le opere e gli interventi previsti per eliminare le barriere architettoniche, per il contenimento del consumo energetico degli edifici e per realizzare parcheggi destinati a servizio delle unità immobiliari o dell'edificio, nonché per la produzione di energia mediante l'utilizzo di impianti di cogenerazione, fonti eoliche, solari o comunque rinnovabili da parte del condominio o di terzi che conseguano a titolo oneroso un diritto reale o personale di godimento del lastrico solare o di altra idonea superficie comune;

3) l'installazione di impianti centralizzati per la ricezione radiotelevisiva e per l'accesso a qualunque altro genere di flusso informativo, anche da satellite o via cavo, e i relativi collegamenti fino alla diramazione per le singole utenze, ad esclusione degli impianti che non comportano modifiche in grado di alterare la destinazione della cosa comune e di impedire agli altri condomini di farne uso secondo il loro diritto ([1]).

L'amministratore è tenuto a convocare l'assemblea entro trenta giorni dalla richiesta anche di un solo condomino interessato all'adozione delle deliberazioni di cui al precedente comma. La richiesta deve contenere l'indicazione del contenuto specifico e delle modalità di esecuzione degli interventi proposti. In mancanza, l'amministratore deve invitare senza indugio il condomino proponente a fornire le necessarie integrazioni ([1]).

Sono vietate le innovazioni che possano recare pregiudizio alla stabilità o alla sicurezza del fabbricato, che ne alterino il decoro architettonico o che rendano talune parti comuni dell'edificio (1117) inservibili all'uso o al godimento anche di un solo condomino (1108, 1121, 1123, 1136[5], 1138).

([1]) *Questo comma è stato inserito dall'art. 5 della L. 11 dicembre 2012, n. 220 (in vigore dal 18 giugno 2013).*

1121. Innovazioni gravose o voluttuarie. – Qualora l'innovazione importi una spesa molto gravosa o abbia carattere voluttuario rispetto alle particolari condizioni e all'importanza dell'edificio, e consista in opere, impianti o manufatti suscettibili di utilizzazione separata, i condomini che non intendono trarne vantaggio sono esonerati da qualsiasi contributo nella spesa.

Se l'utilizzazione separata non è possibile, l'innovazione non è consentita, salvo che la maggioranza dei condomini che l'ha deliberata o accettata intenda sopportarne integralmente la spesa.

Nel caso previsto dal primo comma i condomini e i loro eredi o aventi causa possono tuttavia, in qualunque tempo, partecipare ai vantaggi dell'innovazione, contribuendo nelle spese di esecuzione e di manutenzione dell'opera (1108).

1122. (1) **Opere su parti di proprietà o uso individuale.** – Nell'unità immobiliare di sua proprietà ovvero nelle parti normalmente destinate all'uso comune, che siano state attribuite in proprietà esclusiva o destinate all'uso individuale, il condomino non può eseguire opere che rechino danno alle parti comuni ovvero determinino pregiudizio alla stabilità, alla sicurezza o al decoro architettonico dell'edificio (1117, 1120², 1121, 1123, 1138).

In ogni caso è data preventiva notizia all'amministratore che ne riferisce all'assemblea.

(1) *Questo articolo è stato così sostituito dall'art. 6 della L. 11 dicembre 2012, n. 220 (in vigore dal 18 giugno 2013). Si riporta il testo precedente: «1122. (Opere sulle parti dell'edificio di proprietà comune) Ciascun condomino, nel piano o porzione di piano di sua proprietà, non può eseguire opere che rechino danno alle parti comuni dell'edificio».*

1122 *bis*. (1) **Impianti non centralizzati di ricezione radiotelevisiva e di produzione di energia da fonti rinnovabili.** – Le installazioni di impianti non centralizzati per la ricezione radiotelevisiva e per l'accesso a qualunque altro genere di flusso informativo, anche da satellite o via cavo, e i relativi collegamenti fino al punto di diramazione per le singole utenze sono realizzati in modo da recare il minor pregiudizio alle parti comuni e alle unità immobiliari di proprietà individuale, preservando in ogni caso il decoro architettonico dell'edificio, salvo quanto previsto in materia di reti pubbliche.

È consentita l'installazione di impianti per la produzione di energia da fonti rinnovabili destinati al servizio di singole unità del condominio sul lastrico solare, su ogni altra idonea superficie comune e sulle parti di proprietà individuale dell'interessato.

Qualora si rendano necessarie modificazioni delle parti comuni, l'interessato ne dà comunicazione all'amministratore indicando il contenuto specifico e le modalità di esecuzione degli interventi. L'assemblea può prescrivere, con la maggioranza di cui al quinto comma dell'articolo 1136, adeguate modalità alternative di esecuzione o imporre cautele a salvaguardia della stabilità, della sicurezza o del decoro architettonico dell'edificio e, ai fini dell'installazione degli impianti di cui al secondo comma, provvede, a richiesta degli interessati, a ripartire l'uso del lastrico solare e delle altre superfici comuni, salvaguardando le diverse forme di utilizzo previste dal regolamento di condominio o comunque in atto. L'assemblea, con la medesima maggioranza, può altresì subordinare l'esecuzione alla prestazione, da parte dell'interessato, di idonea garanzia per i danni eventuali.

L'accesso alle unità immobiliari di proprietà individuale deve essere consentito ove necessario per la progettazione e per l'esecuzione delle opere. Non sono soggetti ad autorizzazione gli impianti destinati alle singole unità abitative.

(1) *Questo articolo è stato inserito dall'art. 7, comma 1, della L. 11 dicembre 2012, n. 220 (in vigore dal 18 giugno 2013).*

1122 *ter*. (1) **Impianti di videosorveglianza sulle parti comuni.** – Le deliberazioni concernenti l'installazione sulle parti comuni dell'edificio di impianti volti a consentire la videosorveglianza su di esse sono approvate dall'assemblea con la maggioranza di cui al secondo comma dell'articolo 1136.

(1) *Questo articolo è stato inserito dall'art. 7, comma 1, della L. 11 dicembre 2012, n. 220 (in vigore dal 18 giugno 2013).*

1123. Ripartizione delle spese. – Le spese necessarie per la conservazione e per il godimento delle parti comuni (1117, 1130, n. 3) dell'edificio, per la prestazione dei servizi nell'interesse comune e per le innovazioni deliberate dalla maggioranza sono sostenute dai condomini in misura proporzionale al valore della proprietà di ciascuno, salvo diversa convenzione (1101², 1104, 1118).

Se si tratta di cose destinate a servire i condomini in misura diversa, le spese sono ripartite in proporzione dell'uso che ciascuno può farne.

Qualora un edificio abbia più scale, cortili, lastrici solari, opere o impianti destinati a servire una parte dell'intero fabbricato, le spese relative alla loro manutenzione sono a carico del gruppo di condomini che ne trae utilità (1134, 1135; 63, 68, 69 att.).

1124. Manutenzione e sostituzione delle scale e degli ascensori (1). – Le scale e gli ascensori sono mantenuti e sostituiti dai proprietari delle unità immobiliari a cui servono. La spesa relativa è ripartita tra essi, per metà in ragione del valore delle singole unità immobiliari e per l'altra metà esclusivamente in misura proporzionale all'altezza di ciascun piano dal suolo (2).

Al fine del concorso nella metà della spesa, che è ripartita in ragione del valore, si considerano come piani le cantine, i palchi morti, le soffitte o camere a tetto e i lastrici solari, qualora non siano di proprietà comune (68, 69 att.).

(1) *La precedente rubrica:* «Manutenzione e ricostruzione delle scale» *è stata così sostituita dall'attuale:* «Manutenzione e sostituzione delle scale e degli ascensori» *dall'art. 8, comma 1, lett.* b), *della L. 11 dicembre 2012, n. 220 (in vigore dal 18 giugno 2013).*

(2) *Questo comma è stato così sostituito dall'art. 8, comma 1, lett.* a), *della L. 11 dicembre 2012, n. 220 (in vigore dal 18 giugno 2013). Si riporta il testo precedente: «Le scale sono mantenute e ricostruite dai proprietari dei diversi piani a cui servono. La spesa relativa è ripartita tra essi, per metà in ragione del valore dei singoli piani o porzioni di piano, e per l'altra metà in misura proporzionale all'altezza di ciascun piano dal suolo.».*

1125. Manutenzione e ricostruzione dei soffitti, delle volte e dei solai. – Le spese per la manutenzione e ricostruzione dei soffitti, delle volte e dei solai sono sostenute in parti eguali dai proprietari dei due piani l'uno all'altro sovrastanti, restando a carico del proprietario del piano superiore la copertura del pavimento e a carico del proprietario del piano inferiore l'intonaco, la tinta e la decorazione del soffitto.

1126. Lastrici solari di uso esclusivo. – Quando l'uso dei lastrici solari o di una parte di essi non è comune a tutti i condomini, quelli che ne hanno l'uso esclusivo sono tenuti a contribuire per un terzo nella spesa delle riparazioni o ricostruzioni del lastrico: gli altri due terzi sono a carico di tutti i condomini dell'edificio o della parte di questo a cui il lastrico solare serve, in proporzione del valore del piano o della porzione di piano di ciascuno (68, 69 att.).

1127. Costruzione sopra l'ultimo piano dell'edificio. – Il proprietario dell'ultimo piano dell'edificio può elevare nuovi piani o nuove fabbriche, salvo che risulti altrimenti dal titolo (885). La stessa facoltà spetta a chi è proprietario esclusivo del lastrico solare.

La sopraelevazione non è ammessa se le condizioni statiche dell'edificio non la consentono.

I condomini possono altresì opporsi alla sopraelevazione, se questa pregiudica l'aspetto architettonico dell'edificio ovvero diminuisce notevolmente l'aria o la luce dei piani sottostanti.

Chi fa la sopraelevazione deve corrispondere agli altri condomini un'indennità pari al valore attuale dell'area da occuparsi con la nuova fabbrica, diviso per il numero dei piani, ivi compreso quello da edificare, e detratto l'importo della quota a lui spettante. Egli è inoltre tenuto a ricostruire il lastrico solare di cui tutti o parte dei condomini avevano il diritto di usare.

1128. Perimento totale o parziale dell'edificio. – Se l'edificio perisce interamente o per una parte che rappresenti i tre quarti del suo valore, ciascuno dei condomini può richiedere la vendita all'asta del suolo e dei materiali, salvo che sia stato diversamente convenuto.

Nel caso di perimento di una parte minore, l'assemblea dei condomini delibera circa la ricostruzione delle parti comuni dell'edificio (1117, 1136[4]), e ciascuno è tenuto a concorrervi in proporzione dei suoi diritti sulle parti stesse (1127).

L'indennità corrisposta per l'assicurazione relativa alle parti comuni è destinata alla ricostruzione di queste (1882).

Il condomino che non intende partecipare alla ricostruzione dell'edificio è tenuto a cedere agli altri condomini i suoi diritti, anche sulle parti di sua esclusiva proprietà, secondo la stima che ne sarà fatta, salvo che non preferisca cedere i diritti stessi ad alcuni soltanto dei condomini (2932).

1129. (1) **Nomina, revoca ed obblighi dell'amministratore. –** Quando i condomini sono più di otto, se l'assemblea non vi provvede, la nomina di un amministratore è fatta dall'autorità giudiziaria su ricorso di uno o più condomini o dell'amministratore dimissionario (1106, 1130, 1131).

Contestualmente all'accettazione della nomina e ad ogni rinnovo dell'incarico, l'amministratore comunica i propri dati anagrafici e professionali, il codice fiscale, o, se si tratta di società, anche la sede legale e la denominazione, il locale ove si trovano i registri di cui ai numeri 6) e 7) dell'articolo 1130, nonché i giorni e le ore in cui ogni interessato, previa richiesta all'amministratore, può prenderne gratuitamente visione e ottenere, previo rimborso della spesa, copia da lui firmata.

L'assemblea può subordinare la nomina dell'amministratore alla presentazione ai condomini di una polizza individuale di assicurazione per la responsabilità civile per gli atti compiuti nell'esercizio del mandato.

L'amministratore è tenuto altresì ad adeguare i massimali della polizza se nel periodo del suo incarico l'assemblea deliberi lavori straordinari. Tale adeguamento non deve essere inferiore all'importo di spesa deliberato e deve essere effettuato contestualmente all'inizio dei lavori. Nel caso in cui l'amministratore sia coperto da una polizza di assicurazione per la responsabilità civile professionale generale per l'intera attività da lui svolta, tale polizza deve essere integrata con una dichiarazione dell'impresa di assicurazione che garantisca le condizioni previste dal periodo precedente per lo specifico condominio.

Sul luogo di accesso al condominio o di maggior uso comune, accessibile anche ai terzi, è affissa l'indicazione delle generalità, del domicilio e dei recapiti, anche telefonici, dell'amministratore.

In mancanza dell'amministratore, sul luogo di accesso al condominio o di maggior uso comune, accessibile anche ai terzi, è affissa l'indicazione delle generalità e dei recapiti, anche telefonici, della persona che svolge funzioni analoghe a quelle dell'amministratore.

L'amministratore è obbligato a far transitare le somme ricevute a qualunque titolo dai condomini o da terzi, nonché quelle a qualsiasi titolo erogate per conto del condominio, su uno specifico conto corrente, postale o bancario, intestato al condominio; ciascun condomino, per il tramite dell'amministratore, può chiedere di prendere visione ed estrarre copia, a proprie spese, della rendicontazione periodica.

Alla cessazione dell'incarico l'amministratore è tenuto alla consegna di tutta la documentazione in suo possesso afferente al condominio e ai singoli condomini e ad eseguire le attività urgenti al fine di evitare pregiudizi agli interessi comuni senza diritto ad ulteriori compensi.

Salvo che sia stato espressamente dispensato dall'assemblea, l'amministratore è tenuto ad agire per la riscossione forzosa delle somme dovute dagli obbligati entro sei mesi dalla chiusura dell'esercizio nel quale il credito esigibile è compreso, anche ai sensi dell'articolo 63, primo comma, delle disposizioni per l'attuazione del presente codice.

L'incarico di amministratore ha durata di un anno e si intende rinnovato per eguale durata. L'assemblea convocata per la revoca o le dimissioni delibera in ordine alla nomina del nuovo amministratore.

La revoca dell'amministratore può essere deliberata in ogni tempo dall'assemblea, con la maggioranza prevista per la sua nomina oppure con le modalità previste dal regolamento di condominio. Può altresì essere disposta dall'autorità giudiziaria, su ricorso di ciascun condomino, nel caso previsto dal quarto comma dell'articolo 1131, se non rende il conto della gestione, ovvero in caso di gravi irregolarità. Nei casi in cui siano emerse gravi irregolarità fiscali o di non ottemperanza a quanto disposto dal numero 3) del dodicesimo comma del presente articolo, i condomini, anche singolarmente, possono chiedere la convocazione dell'assemblea per far cessare la violazione e revocare il mandato all'amministratore. In caso di mancata revoca da parte dell'assemblea, ciascun condomino può rivolgersi all'autorità giudiziaria; in caso di accoglimento della domanda, il ricorrente, per le spese legali, ha titolo alla rivalsa nei confronti del condominio, che a sua volta può rivalersi nei confronti dell'amministratore revocato.

Costituiscono, tra le altre, gravi irregolarità:

1) l'omessa convocazione dell'assemblea per l'approvazione del rendiconto condominiale, il ripetuto rifiuto di convocare l'assemblea per la revoca e per la nomina del nuovo amministratore o negli altri casi previsti dalla legge;

2) la mancata esecuzione di provvedimenti giudiziari e amministrativi, nonché di deliberazioni dell'assemblea;

3) la mancata apertura ed utilizzazione del conto di cui al settimo comma;

4) la gestione secondo modalità che possono generare possibilità di confusione tra il patrimonio del condominio e il patrimonio personale dell'amministratore o di altri condomini;

5) l'aver acconsentito, per un credito insoddisfatto, alla cancellazione delle formalità eseguite nei registri immobiliari a tutela dei diritti del condominio;

6) qualora sia stata promossa azione giudiziaria per la riscossione delle somme dovute al condominio, l'aver omesso di curare diligentemente l'azione e la conseguente esecuzione coattiva;

7) l'inottemperanza agli obblighi di cui all'articolo 1130, numeri 6), 7) e 9);

8) l'omessa, incompleta o inesatta comunicazione dei dati di cui al secondo comma del presente articolo.

In caso di revoca da parte dell'autorità giudiziaria, l'assemblea non può nominare nuovamente l'amministratore revocato.

L'amministratore, all'atto dell'accettazione della nomina e del suo rinnovo, deve specificare analiticamente, a pena di nullità della nomina stessa, l'importo dovuto a titolo di compenso per l'attività svolta.

Per quanto non disciplinato dal presente articolo si applicano le disposizioni di cui alla sezione I del capo IX del titolo III del libro IV.

Il presente articolo si applica anche agli edifici di alloggi di edilizia popolare ed economica, realizzati o recuperati da enti pubblici a totale partecipazione pubblica o con il concorso dello Stato, delle regioni, delle province o dei comuni, nonché a quelli realizzati da enti pubblici non economici o società private senza scopo di lucro con finalità sociali proprie dell'edilizia residenziale pubblica.

(1) *Questo articolo è stato così sostituito dall'art. 9 della L. 11 dicembre 2012, n. 220 (in vigore dal 18 giugno 2013). Si riporta il testo precedente: «1129.* (Nomina e revoca dell'amministratore) *Quando i condomini sono più di quattro, l'assemblea nomina un amministratore.*

Se l'assemblea non provvede, la nomina è fatta dall'autorità giudiziaria, su ricorso di uno o più condomini. L'amministratore dura in carica un anno e può essere revocato in ogni tempo dall'assemblea.

Può altresì essere revocato dall'autorità giudiziaria, su ricorso di ciascun condomino, oltre che nel caso previsto dall'ultimo comma dell'art. 1131, se per due anni non ha reso il conto della sua gestione, ovvero se vi sono fondati sospetti di gravi irregolarità. La nomina e la cessazione per qualunque causa dell'amministratore dall'ufficio sono annotate in apposito registro.».

1130. (1) **Attribuzioni dell'amministratore.** – L'amministratore, oltre a quanto previsto dall'articolo 1129 e dalle vigenti disposizioni di legge, deve:

1) eseguire le deliberazioni dell'assemblea (1135 ss.), convocarla annualmente per l'approvazione del rendiconto condominiale di cui all'articolo 1130 *bis* e curare l'osservanza del regolamento di condominio (1138);

2) disciplinare l'uso delle cose comuni e la fruizione dei servizi nell'interesse comune, in modo che ne sia assicurato il miglior godimento a ciascuno dei condomini (1117);

3) riscuotere i contributi (1123 ss.) ed erogare le spese occorrenti per la manutenzione ordinaria (1135, n. 4) delle parti comuni dell'edificio e per l'esercizio dei servizi comuni (63 att.);

4) compiere gli atti conservativi relativi alle parti comuni dell'edificio;

5) eseguire gli adempimenti fiscali;

6) curare la tenuta del registro di anagrafe condominiale contenente le generalità dei singoli proprietari e dei titolari di diritti reali e di diritti personali di godimento, comprensive del codice fiscale e della residenza o domicilio, i dati catastali di ciascuna unità immobiliare, nonché ogni dato relativo alle condizioni di sicurezza delle parti comuni dell'edificio (2). Ogni variazione dei dati deve essere comunicata all'amministratore in forma scritta entro sessanta giorni. L'amministratore, in caso di inerzia, mancanza o incompletezza delle comunicazioni, richiede con lettera raccomandata le informazioni necessarie alla tenuta del registro di anagrafe. Decorsi trenta giorni, in caso di omessa o incompleta risposta, l'amministratore acquisisce le informazioni necessarie, addebitandone il costo ai responsabili;

7) curare la tenuta del registro dei verbali delle assemblee, del registro di nomina e revoca dell'amministratore e del registro di contabilità. Nel registro dei verbali delle assemblee sono altresì annotate: le eventuali mancate costituzioni dell'assemblea, le deliberazioni nonché le brevi dichiarazioni rese dai condomini che ne hanno fatto richiesta; allo stesso registro è allegato il regolamento di condominio, ove adottato. Nel registro di nomina e revoca dell'amministratore sono annotate, in ordine cronologico, le date della nomina e della revoca di ciascun amministratore del condominio, nonché gli estremi del decreto in caso di provvedimento giudiziale. Nel registro di contabilità sono annotati in ordine cronologico, entro trenta giorni da quello dell'effettuazione, i singoli movimenti in entrata ed in uscita. Tale registro può tenersi anche con modalità informatizzate;

8) conservare tutta la documentazione inerente alla propria gestione riferibile sia al rapporto con i condomini sia allo stato tecnico-amministrativo dell'edificio e del condominio;

9) fornire al condomino che ne faccia richiesta attestazione relativa allo stato dei pagamenti degli oneri condominiali e delle eventuali liti in corso;

10) redigere il rendiconto condominiale annuale della gestione e convocare l'assemblea per la relativa approvazione entro centottanta giorni.

(1) *Questo articolo è stato così sostituito dall'art. 10 della L. 11 dicembre 2012, n. 220 (in vigore dal 18 giugno 2013). Si riporta il testo precedente: «1130.* (Attribuzioni dell'amministratore) *L'amministratore deve:*

1) eseguire le deliberazioni dell'assemblea dei condomini e curare l'osservanza del regolamento di condominio;

2) disciplinare l'uso delle cose comuni e la prestazione dei servizi nell'interesse comune, in modo che ne sia assicurato il miglior godimento a tutti i condomini;

3) riscuotere i contributi ed erogare le spese occorrenti per la manutenzione ordinaria delle parti comuni dell'edificio e per l'esercizio dei servizi comuni;

4) compiere gli atti conservativi dei diritti inerenti alle parti comuni dell'edificio.

Egli, alla fine di ciascun anno, deve rendere il conto della sua gestione.».

(2) *Le parole: «delle parti comuni dell'edificio» sono state inserite dall'art. 1, comma 9, lett. c), del D.L. 23 dicembre 2013, n. 145, convertito, con modificazioni, nella L. 21 febbraio 2014, n. 9.*

1130 *bis*. (1) **Rendiconto condominiale.** – Il rendiconto condominiale contiene le voci di entrata e di uscita ed ogni altro dato inerente alla situazione patrimoniale del condominio, ai fondi disponibili ed alle eventuali riserve, che devono essere espressi in modo da consentire l'immediata verifica. Si compone di un registro di contabilità, di un riepilogo finanziario, nonché di una nota sintetica esplicativa della gestione con l'indicazione anche dei rapporti in corso e delle questioni pendenti. L'assemblea condominiale può, in qualsiasi momento o per più annualità specificamente identificate, nominare un revisore che verifichi la contabilità del condominio. La deliberazione è assunta con la maggioranza prevista per la nomina dell'amministratore e la relativa spesa è ripartita fra tutti i condomini sulla base dei millesimi di proprietà. I condomini e i titolari di diritti reali o di godimento sulle unità immobiliari possono prendere visione dei documenti giustificativi di spesa in ogni tempo ed estrarne copia a proprie spese. Le scritture e i documenti giustificativi devono essere conservati per dieci anni dalla data della relativa registrazione.

L'assemblea può anche nominare, oltre all'amministratore, un consiglio di condominio composto da almeno tre condomini negli edifici di almeno dodici unità immobiliari. Il consiglio ha funzioni consultive e di controllo.

(1) *Questo articolo è stato inserito dall'art. 11, comma 1, della L. 11 dicembre 2012, n. 220 (in vigore dal 18 giugno 2013).*

1131. Rappresentanza. – Nei limiti delle attribuzioni stabilite dall'art. 1130 (1) o dei maggiori poteri conferitigli dal regolamento di condominio o dall'assemblea, l'amministratore ha la rappresentanza dei partecipanti e può agire in giudizio sia contro i condomini sia contro i terzi (1135, 1138).

Può essere convenuto in giudizio per qualunque azione concernente le parti comuni dell'edificio (1117); a lui sono notificati i provvedimenti dell'autorità amministrativa che si riferiscono allo stesso oggetto.

Qualora la citazione o il provvedimento abbia un contenuto che esorbita dalle attribuzioni dell'amministratore, questi è tenuto a darne senza indugio notizia all'assemblea dei condomini (1136[4]).

L'amministratore che non adempie a quest'obbligo può essere revocato (1129[3]) ed è tenuto al risarcimento dei danni (1138[4]; 64, 65 att.).

(1) *Le parole: «dall'articolo precedente» sono state così sostituite dalle attuali: «dall'art. 1130» dall'art. 12 della L. 11 dicembre 2012, n. 220. A norma dell'art. 32 della medesima legge tali disposizioni entrano in vigore dal 18 giugno 2013.*

1132. Dissenso dei condomini rispetto alle liti. – Qualora l'assemblea dei condomini abbia deliberato di promuovere una lite o di resistere a una domanda (1131[1-2], 1136[4]; 65 att.), il condomino dissenziente, con atto notificato (137 c.p.c.) all'amministratore, può separare la propria responsabilità in ordine alle conseguenze della lite per il caso di soccombenza. L'atto deve essere notificato entro trenta giorni da quello in cui il condomino ha avuto notizia della deliberazione.

Il condomino dissenziente ha diritto di rivalsa per ciò che abbia dovuto pagare alla parte vittoriosa.

Se l'esito della lite è stato favorevole al condominio, il condomino dissenziente che ne abbia tratto vantaggio è tenuto a concorrere nelle spese del giudizio che non sia stato possibile ripetere dalla parte soccombente (1138[4]; 90 ss. c.p.c.).

1133. Provvedimenti presi dall'amministratore. – I provvedimenti presi dall'amministratore nell'ambito dei suoi poteri sono obbligatori per i condomini (1130, 1131). Contro i provvedimenti dell'amministratore è ammesso ricorso all'assemblea, senza pregiudizio del ricorso all'autorità giudiziaria nei casi e nel termine previsti dall'articolo 1137.

1134. (1) **Gestione di iniziativa individuale.** – Il condomino che ha assunto la gestione delle parti comuni (1117) senza autorizzazione dell'amministratore o dell'assemblea non ha diritto al rimborso, salvo che si tratti di spesa urgente (1110, 1135[2]).

(1) *Questo articolo è stato così sostituito dall'art. 13, comma 1, della L. 11 dicembre 2012, n. 220 (in vigore dal 18 giugno 2013).*

Si riporta il testo precedente: «1134. (Spese fatte dal condomino) *Il condomino che ha fatto spese per le cose comuni senza autorizzazione dell'amministratore o dell'assemblea non ha diritto al rimborso, salvo che si tratti di spesa urgente.».*

1135. Attribuzioni dell'assemblea dei condomini. – Oltre a quanto è stabilito dagli articoli precedenti, l'assemblea dei condomini provvede (66, 67 att.):

1) alla conferma dell'amministratore e all'eventuale sua retribuzione (1292);

2) all'approvazione del preventivo delle spese occorrenti durante l'anno e alla relativa ripartizione tra i condomini (1123);

3) all'approvazione del rendiconto annuale dell'amministratore e all'impiego del residuo attivo della gestione (1130[2]);

4) alle opere di manutenzione straordinaria e alle innovazioni, costituendo obbligatoriamente un fondo speciale di importo pari all'ammontare dei lavori; se i lavori devono essere eseguiti in base a un contratto che ne prevede il pagamento graduale in funzione del loro progressivo stato di avanzamento, il fondo può essere costituito in relazione ai singoli pagamenti dovuti ([1]) ([2]).

L'amministratore non può ordinare lavori di manutenzione straordinaria, salvo che rivestano carattere urgente, ma in questo caso deve riferirne nella prima assemblea (1134).

L'assemblea può autorizzare l'amministratore a partecipare e collaborare a progetti, programmi e iniziative territoriali promossi dalle istituzioni locali o da soggetti privati qualificati, anche mediante opere di risanamento di parti comuni degli immobili nonché di demolizione, ricostruzione e messa in sicurezza statica, al fine di favorire il recupero del patrimonio edilizio esistente, la vivibilità urbana, la sicurezza e la sostenibilità ambientale della zona in cui il condominio è ubicato ([3]).

([1]) *Questo numero è stato così sostituito dall'attuale dall'art. 13, comma 2, lett.* a), *della L. 11 dicembre 2012, n. 220* (*in vigore dal 18 giugno 2013*). *Si riporta il testo precedente: «4) alle opere di manutenzione straordinaria, costituendo, se occorre, un fondo speciale.».*

([2]) *Il secondo periodo di questa lettera è stato aggiunto dall'art. 1, comma 9, lett.* d), *del D.L. 23 dicembre 2013, n. 145, convertito, con modificazioni, nella L. 21 febbraio 2014, n. 9.*

([3]) *Questo comma è stato aggiunto dall'art. 13, comma 2, lett.* b), *della L. 11 dicembre 2012, n. 220* (*in vigore dal 18 giugno 2013*).

1136. ([1]) **Costituzione dell'assemblea e validità delle deliberazioni.** – L'assemblea in prima convocazione è regolarmente costituita con l'intervento di tanti condomini che rappresentino i due terzi del valore dell'intero edificio e la maggioranza dei partecipanti al condominio ([2]).

Sono valide le deliberazioni approvate con un numero di voti che rappresenti la maggioranza degli intervenuti e almeno la metà del valore dell'edificio ([3]).

Se l'assemblea in prima convocazione non può deliberare per mancanza di numero legale, l'assemblea in seconda convocazione delibera in un giorno successivo a quello della prima e, in ogni caso, non oltre dieci giorni dalla medesima. L'assemblea in seconda convocazione è regolarmente costituita con l'intervento di tanti condomini che rappresentino almeno un terzo del valore dell'intero edificio e un terzo dei partecipanti al condominio. La deliberazione è valida se approvata dalla maggioranza degli intervenuti con un numero di voti che rappresenti almeno un terzo del valore dell'edificio.

Le deliberazioni che concernono la nomina e la revoca dell'amministratore o le liti attive e passive relative a materie che esorbitano dalle attribuzioni dell'amministratore medesimo, le deliberazioni che concernono la ricostruzione dell'edificio o riparazioni straordinarie di notevole entità e le deliberazioni di cui agli articoli 1117 *quater*, 1120, secondo comma, 1122 *ter* nonché 1135, terzo comma, devono essere sempre approvate con la maggioranza stabilita dal secondo comma del presente articolo.

Le deliberazioni di cui all'articolo 1120, primo comma, e all'articolo 1122 *bis*, terzo comma, devono essere approvate dall'assemblea con un numero di voti che rappresenti la maggioranza degli intervenuti ed almeno i due terzi del valore dell'edificio.

L'assemblea non può deliberare, se non consta che tutti gli aventi diritto sono stati regolarmente convocati.

Delle riunioni dell'assemblea si redige processo verbale da trascrivere nel registro tenuto dall'amministratore (1129, 1138[4]; 67, 68 att.).

([1]) *Questo articolo è stato così sostituito dall'art. 14 della L. 11 dicembre 2012, n. 220* (*in vigore dal 18 giugno 2013*). *Si riporta il testo precedente: «1136.* (Costituzione dell'assemblea e validità delle deliberazioni) *L'assemblea è regolarmente costituita con l'intervento di tanti condomini che rappresentino i due terzi del valore dell'intero edificio e i due terzi dei partecipanti al condominio.*

Sono valide le deliberazioni approvate con un numero di voti che rappresenti la maggioranza degli intervenuti e almeno la metà del valore dell'edificio.

Se l'assemblea non può deliberare per mancanza di numero, l'assemblea di seconda convocazione delibera in un giorno successivo a quello della prima e, in ogni caso, non oltre dieci giorni dalla medesima; la deliberazione è valida se riporta un numero di voti che rappresenti il terzo dei partecipanti al condominio e almeno un terzo del valore dell'edificio.

Le deliberazioni che concernono la nomina e la revoca dell'amministratore o le liti attive e passive relative a materie che esorbitano dalle attribuzioni dell'amministratore medesimo, nonché le deliberazioni che concernono la ricostruzione dell'edificio o riparazioni straordinarie di notevole entità devono essere sempre prese con la maggioranza stabilita dal secondo comma.

Le deliberazioni che hanno per oggetto le innovazioni previste dal primo comma dell'articolo 1120 devono essere sempre approvate con un numero di voti che rappresenti la maggioranza dei partecipanti al condominio e i due terzi del valore dell'edificio.

L'assemblea non può deliberare, se non consta che tutti i condomini sono stati invitati alla riunione.

Delle deliberazioni dell'assemblea si redige processo verbale da trascriversi in un registro tenuto dall'amministratore.».

(2) *L'art. 10 della L. 27 luglio 1978, n. 392, disciplina delle locazioni di immobili urbani, dispone:*

«10. (Partecipazione del conduttore all'assemblea dei condomini). *Il conduttore ha diritto di voto, in luogo del proprietario dell'appartamento locatogli, nelle delibere dell'assemblea condominiale relative alle spese e alle modalità di gestione dei servizi di riscaldamento e di condizionamento d'aria.*

«Egli ha inoltre diritto di intervenire, senza diritto di voto, sulle delibere relative alla modificazione degli altri servizi comuni.

«La disciplina di cui al primo comma si applica anche qualora si tratti di edificio non in condominio.

«In tale ipotesi i conduttori si riuniscono in apposita assemblea convocati dal proprietario dell'edificio o da almeno tre conduttori.

«Si osservano, in quanto applicabili, le disposizioni del codice civile sull'assemblea dei condomini».

(3) *A norma dell'art. 17* quinquies, *comma 2 e 3, del D.L. 22 giugno 2012, n. 83, convertito, con modificazioni, nella L. 7 agosto 2012, n. 134, fatto salvo il regime di cui all'articolo 1102 del codice civile, le opere edilizie per l'installazione delle infrastrutture di ricarica elettrica dei veicoli in edifici in condominio sono approvate dall'assemblea di condominio, in prima o in seconda convocazione, con le maggioranze previste da questo comma. Nel caso in cui il condominio rifiuti di assumere, o non assuma entro tre mesi dalla richiesta fatta per iscritto, le deliberazioni di cui al comma 2, il condomino interessato può installare, a proprie spese, i dispositivi di cui al citato comma 2, secondo le modalità ivi previste. Resta fermo quanto disposto dagli articoli 1120, secondo comma, e 1121, terzo comma, c.c.*

1137. (1) **Impugnazione delle deliberazioni dell'assemblea. –** Le deliberazioni prese dall'assemblea a norma degli articoli precedenti sono obbligatorie per tutti i condomini (1105).

Contro le deliberazioni contrarie alla legge o al regolamento di condominio ogni condomino assente, dissenziente o astenuto può adire l'autorità giudiziaria chiedendone l'annullamento nel termine perentorio di trenta giorni, che decorre dalla data della deliberazione per i dissenzienti o astenuti e dalla data di comunicazione della deliberazione per gli assenti.

L'azione di annullamento non sospende l'esecuzione della deliberazione, salvo che la sospensione sia ordinata dall'autorità giudiziaria (1138^4) (2).

L'istanza per ottenere la sospensione proposta prima dell'inizio della causa di merito non sospende nè interrompe il termine per la proposizione dell'impugnazione della deliberazione. Per quanto non espressamente previsto, la sospensione è disciplinata dalle norme di cui al libro IV, titolo I, capo III, sezione I, con l'esclusione dell'articolo 669 octies, sesto comma, del codice di procedura civile.

(1) *Questo articolo è stato così sostituito dall'art. 15 della L. 11 dicembre 2012, n. 220 (in vigore dal 18 giugno 2013). Si riporta il testo precedente: «1137.* (Impugnazione delle deliberazioni dell'assemblea) *Le deliberazioni prese dall'assemblea a norma degli articoli precedenti sono obbligatorie per tutti i condomini. Contro le deliberazioni contrarie alla legge o al regolamento di condominio ogni condomino dissenziente può fare ricorso all'autorità giudiziaria, ma il ricorso non sospende l'esecuzione del provvedimento, salvo che la sospensione sia ordinata dall'autorità stessa.*

Il ricorso deve essere proposto, sotto pena di decadenza, entro trenta giorni, che decorrono dalla data della deliberazione per i dissenzienti e dalla data di comunicazione per gli assenti.».

(2) *La Corte costituzionale, con sentenza n. 49 del 2 febbraio 1990, ha dichiarato l'illegittimità costituzionale dell'art. 1 della legge 7 ottobre 1969, n. 742, nella parte in cui non dispone che la sospensione ivi prevista si applichi anche al termine di trenta giorni di cui all'art. 1137 del codice civile, per l'impugnazione delle delibere dell'assemblea di condominio.*

1138. Regolamento di condominio. – Quando in un edificio il numero dei condomini è superiore a dieci, deve essere formato un regolamento, il quale contenga le norme circa l'uso delle cose comuni (1117) e la ripartizione delle spese (1123), secondo i diritti e gli obblighi spettanti a ciascun condomino, nonché le norme per la tutela del decoro dell'edificio e quelle relative all'amministrazione (1106; 68, 70, 72 att.).

Ciascun condomino può prendere l'iniziativa per la formazione del regolamento di condominio o per la revisione di quello esistente.

Il regolamento deve essere approvato dall'assemblea con la maggioranza stabilita dal secondo comma dell'art. 1136 ed allegato al registro indicato dal numero 7) dell'articolo 1130. Esso può essere impugnato a norma dell'articolo 1107 ([1]).

Le norme del regolamento non possono in alcun modo menomare i diritti di ciascun condomino, quali risultano dagli atti di acquisto e dalle convenzioni, e in nessun caso possono derogare alle disposizioni degli articoli 1118, secondo comma, 1119, 1120, 1129, 1131, 1132, 1136 e 1137 (68, 70, 71, 72 att.).

Le norme del regolamento non possono vietare di possedere o detenere animali domestici ([2]).

([1]) *Questo comma è stato così sostituito dall'art. 16, comma 1, lett.* a), *della L. 11 dicembre 2012, n. 220 (in vigore dal 18 giugno 2013).*

Si riporta il testo precedente: «Il regolamento deve essere approvato dall'assemblea con la maggioranza stabilita dal secondo comma dell'art. 1136 (918[3]) e trascritto nel registro indicato dall'ultimo comma dell'art. 1129. Esso può essere impugnato a norma dell'articolo 1107.».

([2]) *Questo comma è stato aggiunto dall'art. 16, comma 1, lett.* b), *della L. 11 dicembre 2012, n. 220 (in vigore dal 18 giugno 2013).*

1139. Rinvio alle norme sulla comunione. – Per quanto non è espressamente previsto da questo capo si osservano le norme sulla comunione in generale (1100 ss.; 61 ss. att.).

Titolo VIII
Del possesso

Capo I
Disposizioni generali

1140. Possesso. – Il possesso è il potere sulla cosa che si manifesta in un'attività corrispondente all'esercizio della proprietà (832) o di altro diritto reale (1066).

Si può possedere direttamente o per mezzo di altra persona, che ha la detenzione della cosa.

1141. Mutamento della detenzione in possesso. – Si presume il possesso in colui che esercita il potere di fatto, quando non si prova che ha cominciato a esercitarlo semplicemente come detenzione (2728).

Se alcuno ha cominciato ad avere la detenzione, non può acquistare il possesso finché il titolo non venga a essere mutato per causa proveniente da un terzo o in forza di opposizione da lui fatta contro il possessore (1164). Ciò vale anche per i successori a titolo universale (588, 1146).

1142. Presunzione di possesso intermedio. – Il possessore attuale che ha posseduto in tempo più remoto si presume che abbia posseduto anche nel tempo intermedio (2728).

1143. Presunzione di possesso anteriore. – Il possesso attuale non fa presumere il possesso anteriore, salvo che il possessore abbia un titolo a fondamento del suo possesso; in questo caso si presume che egli abbia posseduto dalla data del titolo (2728).

1144. Atti di tolleranza. – Gli atti compiuti con l'altrui tolleranza non possono servire di fondamento all'acquisto del possesso.

1145. Possesso di cose fuori commercio. – Il possesso delle cose di cui non si può acquistare la proprietà è senza effetto.

Tuttavia nei rapporti tra privati è concessa l'azione di spoglio (1168) rispetto ai beni appartenenti al pubblico demanio (822) e ai beni delle province e dei comuni soggetti al regime proprio del demanio pubblico (824).

Se trattasi di esercizio di facoltà, le quali possono formare oggetto di concessione da parte della pubblica amministrazione, è data altresì l'azione di manutenzione (1170).

1146. Successione nel possesso. Accessione del possesso. – Il possesso continua nell'erede con effetto dall'apertura della successione (456, 460, 1141[2]).

Il successore a titolo particolare può unire al proprio possesso quello del suo autore per goderne gli effetti (649).

1147. Possesso di buona fede. – È possessore di buona fede chi possiede ignorando di ledere l'altrui diritto (535, 1153, 1159 ss.).

La buona fede non giova se l'ignoranza dipende da colpa grave.

La buona fede è presunta e basta che vi sia stata al tempo dell'acquisto (534, 1153, 1159, 1415, 1445, 2728).

Capo II
Degli effetti del possesso

Sezione I
Dei diritti e degli obblighi
del possessore
nella restituzione della cosa

1148. Acquisto dei frutti. – Il possessore di buona fede (1147) fa suoi i frutti naturali separati fino al giorno della domanda giudiziale (163 c.p.c.) e i frutti civili maturati fino allo stesso giorno (820, 821). Egli, fino alla restituzione della cosa, risponde verso il rivendicante (948) dei frutti percepiti dopo la domanda giudiziale (163 c.p.c.) e di quelli che avrebbe potuto percepire dopo tale data, usando la diligenza di un buon padre di famiglia (56, 71, 535, 561, 1147, 1176, 2033).

1149. Rimborso delle spese per la produzione e il raccolto dei frutti. – Il possessore che è tenuto a restituire i frutti (820) indebitamente percepiti (1148) ha diritto al rimborso delle spese a norma del secondo comma dell'art. 821 (1150^4, 1282, 2040).

1150. Riparazioni, miglioramenti e addizioni. – Il possessore, anche se di mala fede, ha diritto al rimborso delle spese fatte per le riparazioni straordinarie (748, 1005).

Ha anche diritto a indennità per i miglioramenti (985) recati alla cosa, purché sussistano al tempo della restituzione.

L'indennità si deve corrispondere nella misura dell'aumento di valore conseguito dalla cosa per effetto dei miglioramenti, se il possessore è di buona fede (1147, 1502); se il possessore è di mala fede, nella minor somma tra l'importo della spesa e l'aumento di valore (2040).

Se il possessore è tenuto alla restituzione dei frutti (1149), gli spetta anche il rimborso delle spese fatte per le riparazioni ordinarie, limitatamente al tempo per il quale la restituzione è dovuta.

Per le addizioni fatte dal possessore sulla cosa si applica il disposto dell'art. 936. Tuttavia, se le addizioni costituiscono miglioramento e il possessore è di buona fede, è dovuta un'indennità nella misura dell'aumento di valore conseguito dalla cosa (535, 1147, 2040).

1151. Pagamento delle indennità. – L'autorità giudiziaria, avuto riguardo alle circostanze, può disporre che il pagamento delle indennità previste dall'articolo precedente sia fatto ratealmente, ordinando, in questo caso, le opportune garanzie (1152^2, 1179, 2040; 119 c.p.c.).

1152. Ritenzione a favore del possessore di buona fede. – Il possessore di buona fede può ritenere la cosa finché non gli siano corrisposte le indennità dovute (2756), purché queste siano state domandate nel corso del giudizio di rivendicazione (948) e sia stata fornita una prova generica della sussistenza delle riparazioni e dei miglioramenti (748, 1006, 1011, 1502, 2756).

Egli ha lo stesso diritto finché non siano prestate le garanzie ordinate dall'autorità giudiziaria nel caso previsto dall'articolo precedente (2040, 2864).

Sezione II
Del possesso di buona fede
di beni mobili

1153. Effetti dell'acquisto del possesso. – Colui al quale sono alienati beni mobili da parte di chi non ne è proprietario, ne acquista la proprietà mediante il possesso (1994, 2920), purché sia in buona fede (1147) al momento della consegna e sussista un titolo idoneo al trasferimento della proprietà (1161, 1192, 1599^2).

La proprietà si acquista libera da diritti altrui sulla cosa, se questi non risultano dal titolo e vi è la buona fede dell'acquirente.

Nello stesso modo si acquistano i diritti di usufrutto (978), di uso (1021) e di pegno (2784, 2913).

1154. Conoscenza dell'illegittima provenienza della cosa. – A colui che ha acquistato conoscendo l'illegittima provenienza della cosa non giova l'erronea credenza che il suo autore o un precedente possessore ne sia divenuto proprietario.

1155. Acquisto di buona fede e precedente alienazione ad altri. – Se taluno con successivi contratti aliena a più persone un bene mobile, quella tra esse che ne ha acquistato in buona fede (1147) il possesso è preferita alle altre, anche se il suo titolo è di data posteriore (1153, 1265, 1380).

1156. Universalità di mobili e mobili iscritti in pubblici registri. – Le disposizioni degli articoli precedenti non si applicano alle universalità di mobili (816) e ai beni mobili iscritti in pubblici registri (815, 816, 1162, 2683 ss.; 146, 753 c.n.).

1157. Possesso di titoli di credito. – Gli effetti del possesso di buona fede dei titoli di credito sono regolati dal titolo V del libro IV (1992 ss.).

Sezione III
Dell'usucapione

1158. Usucapione dei beni immobili e dei diritti reali immobiliari. – La proprietà dei beni immobili (812) e gli altri diritti reali di godimento (957, 970, 978, 1021, 1022, 1031) sui beni medesimi si acquistano in virtù del possesso continuato per venti anni (66 u.c., 1166).

1159. Usucapione decennale. – Colui che acquista in buona fede (1147) da chi non è proprietario un immobile (812), in forza di un titolo che sia idoneo a trasferire la proprietà (922) e che sia stato debitamente trascritto (2643, n. 1), ne compie l'usucapione in suo favore col decorso di dieci anni dalla data della trascrizione.

La stessa disposizione si applica nel caso di acquisto degli altri diritti reali di godimento sopra un immobile (1160).

1159 *bis*. (1) Usucapione speciale per la piccola proprietà rurale. – La proprietà dei fondi rustici con annessi fabbricati situati in comuni classificati montani dalla legge si acquista in virtù del possesso continuato per quindici anni.

Colui che acquista in buona fede (1144) da chi non è proprietario, in forza di un titolo che sia idoneo a trasferire la proprietà e che sia debitamente trascritto (2643), un fondo rustico con annessi fabbricati, situati in comuni classificati montani dalla legge, ne compie l'usucapione in suo favore col decorso di cinque anni dalla data di trascrizione.

La legge speciale stabilisce la procedura, le modalità e le agevolazioni per la regolarizzazione del titolo di proprietà.

Le disposizioni di cui ai commi precedenti si applicano anche ai fondi rustici con annessi fabbricati, situati in comuni non classificati montani dalla legge, aventi un reddito non superiore ai limiti fissati dalla legge speciale.

(1) Questo articolo è stato aggiunto dall'art. 1 della L. 10 maggio 1976, n. 346 (usucapione speciale per la piccola proprietà rurale) (G.U. n. 144 del 3 giugno 1976).

1160. Usucapione delle universalità di mobili. – L'usucapione di un'universalità di mobili (816) o di diritti reali di godimento sopra la medesima si compie in virtù del possesso continuato per venti anni.

Nel caso di acquisto in buona fede (1147) da chi non è proprietario, in forza di titolo idoneo (922), l'usucapione si compie con il decorso di dieci anni (1159, 1163).

1161. Usucapione dei beni mobili. – In mancanza di titolo idoneo (922, 1153), la proprietà dei beni mobili e gli altri diritti reali di godimento sui beni medesimi si acquistano in virtù del possesso continuato per dieci anni, qualora il possesso sia stato acquistato in buona fede (1147).

Se il possessore è di mala fede, l'usucapione si compie con il decorso di venti anni (1163).

1162. Usucapione di beni mobili iscritti in pubblici registri. – Colui che acquista in buona fede (1147) da chi non è proprietario un bene mobile iscritto in pubblici registri (815, 1156, 2683 ss.; 146 ss., 753 ss. c.n.), in forza di un titolo che sia idoneo a trasferire la proprietà e che sia stato debitamente trascritto (922, 2683), ne compie in suo favore l'usucapione col decorso di tre anni dalla data della trascrizione.

Se non concorrono le condizioni previste dal comma precedente, l'usucapione si compie col decorso di dieci anni.

Le stesse disposizioni si applicano nel caso di acquisto degli altri diritti reali di godimento.

1163. Vizi del possesso. – Il possesso acquistato in modo violento o clandestino non giova per l'usucapione se non dal momento in cui la violenza o la clandestinità è cessata (1170).

1164. Interversione del possesso. – Chi ha il possesso corrispondente all'esercizio di un diritto reale su cosa altrui non può usucapire la proprietà della cosa stessa, se il titolo del suo possesso non è mutato per causa proveniente da un terzo o in forza di opposizione da lui fatta contro il diritto del proprietario (1141). Il tempo necessario per l'usucapione decorre dalla data in cui il titolo del possesso è stato mutato (1102^2, 1158 ss.).

1165. Applicazione di norme sulla prescrizione. – Le disposizioni generali sulla prescrizione (2934 ss.), quelle relative alle cause di sospensione (2941, 2942) e d'interruzione (1167, 2943) e al computo dei termini (2962, 2963) si osservano, in quanto applicabili, rispetto all'usucapione.

1166. Inefficacia delle cause d'impedimento e di sospensione rispetto al terzo possessore. – Nell'usucapione ventennale (1158, 1160) non hanno luogo, riguardo al terzo possessore di un immobile o di un diritto reale sopra un immobile, né l'impedimento derivante da condizione o da termine (2935), né le cause di sospensione indicate dall'art. 2942.

L'impedimento derivante da condizione o da termine e le cause di sospensione menzionate nel detto articolo non sono nemmeno opponibili al terzo possessore nella prescrizione per non uso (1073) dei diritti reali sui beni da lui posseduti (954, 970, 1014).

1167. Interruzione dell'usucapione per perdita di possesso. – L'usucapione è interrotta (2945) quando il possessore è stato privato del possesso per oltre un anno.

L'interruzione si ha come non avvenuta se è stata proposta l'azione diretta a ricuperare il possesso (1168) e questo è stato ricuperato.

Capo III
Delle azioni
a difesa del possesso

1168. Azione di reintegrazione. – Chi è stato violentemente od occultamente spogliato del possesso (1140) può (374, n. 5), entro l'anno dal sofferto spoglio, chiedere contro l'autore di esso la reintegrazione del possesso medesimo (1246, n. 1; 703 ss. c.p.c.).

L'azione è concessa altresì a chi ha la detenzione (1141) della cosa, tranne il caso che l'abbia per ragioni di servizio o di ospitalità.

Se lo spoglio è clandestino, il termine per chiedere la reintegrazione decorre dal giorno della scoperta dello spoglio (1170^2).

La reintegrazione deve ordinarsi dal giudice (8, n. 1, 21, 703, 704 c.p.c.) sulla semplice notorietà del fatto, senza dilazione (1246, n. 1).

1169. Reintegrazione contro l'acquirente consapevole dello spoglio. – La reintegrazione si può domandare anche contro chi è nel possesso in virtù di un acquisto a titolo particolare, fatto con la conoscenza dell'avvenuto spoglio.

1170. Azione di manutenzione. – Chi è stato molestato nel possesso di un immobile, di un diritto reale sopra un immobile (812, 813) o di un'universalità di mobili (816) può, entro l'anno dalla turbativa, chiedere la manutenzione del possesso medesimo (8, n. 1, 703 ss. c.p.c.).

L'azione è data se il possesso dura da oltre un anno, continuo e non interrotto, e non è stato acquistato violentemente o clandestinamente. Qualora il possesso sia stato acquistato in modo violento o clandestino, l'azione può nondimeno esercitarsi, decorso un anno dal giorno in cui la violenza o la clandestinità è cessata (1168).

Anche colui che ha subito uno spoglio non violento o clandestino può chiedere di essere rimesso nel possesso, se ricorrono le condizioni indicate dal comma precedente (21, n. 8, 688, 703 c.p.c.).

Titolo IX
Della denunzia di nuova opera
e di danno temuto

1171. Denunzia di nuova opera. – Il proprietario (374, n. 5), il titolare di altro diritto reale di godimento (978, 1021, 1022, 1031) o il possessore (1140), il quale ha ragione di temere che da una nuova opera, da altri intrapresa sul proprio come sull'altrui fondo, sia per derivare danno alla cosa che forma l'oggetto del suo diritto o del suo possesso, può denunziare all'autorità giudiziaria (8, n. 1, 21, 688 ss. c.p.c.) la nuova opera, purché questa non sia terminata e non sia trascorso un anno dal suo inizio.

L'autorità giudiziaria, presa sommaria cognizione del fatto, può vietare la continuazione dell'opera, ovvero permetterla, ordinando le opportune cautele: nel primo caso, per il risarcimento del danno prodotto dalla sospensione dell'opera, qualora le opposizioni al suo proseguimento risultino infondate nella decisione del merito; nel secondo caso, per la demolizione o riduzione dell'opera e per il risarcimento del danno che possa soffrirne il denunziante, se questi ottiene sentenza favorevole, nonostante la permessa continuazione.

1172. Denunzia di danno temuto. – Il proprietario (374, n. 5), il titolare di altro diritto reale di godimento (978 ss.) o il possessore (1140 ss.), il quale ha ragione di temere che da qualsiasi edificio, albero o altra cosa sovrasti pericolo di un danno grave e prossimo alla cosa che forma l'oggetto del suo diritto o del suo possesso, può denunziare il fatto all'autorità giudiziaria (8, n. 1, 21, 688 ss. c.p.c.) e ottenere, secondo le circostanze, che si provveda per ovviare al pericolo.

L'autorità giudiziaria, qualora ne sia il caso, dispone idonea garanzia per i danni eventuali (1179; 119 c.p.c.).

Libro IV
Delle obbligazioni

Titolo I
Delle obbligazioni in generale

Capo I
Disposizioni preliminari

1173. Fonti delle obbligazioni. – Le obbligazioni derivano da contratto (1230, 1321 ss.), da fatto illecito (2043 ss.), o da ogni altro atto (1987 ss.) o fatto (433, 2028 ss.) idoneo a produrle in conformità dell'ordinamento giuridico (2033 ss.).

1174. Carattere patrimoniale della prestazione. – La prestazione che forma oggetto dell'obbligazione deve essere suscettibile di valutazione economica e deve corrispondere a un interesse (840, 1255, 1256, 1379, 1384, 1411, 1421, 1464), anche non patrimoniale (1324), del creditore (1411 ss.).

1175. Comportamento secondo correttezza. – Il debitore e il creditore devono comportarsi secondo le regole della correttezza, (1176, 1227, 1337, 1338, 1358, 1366, 1375, 1391, 1460, 2598, n. 3) [in relazione ai principi della solidarietà corporativa] (1).

(1) *Inciso soppresso dall'articolo 3 D.L.vo Lgt. 14 settembre 1944, n. 287, provvedimenti relativi alla riforma della legislazione civile.*

Capo II
Dell'adempimento delle obbligazioni

Sezione I
Dell'adempimento in generale

1176. Diligenza nell'adempimento. – Nell'adempiere l'obbligazione il debitore deve usare la diligenza del buon padre di famiglia.

Nell'adempimento delle obbligazioni inerenti all'esercizio di un'attività professionale, la diligenza deve valutarsi con riguardo alla natura dell'attività esercitata (1218).

1177. Obbligazione di custodire. – L'obbligazione di consegnare una cosa determinata include quella di custodirla fino alla consegna (1477, 1718, 1768, 1770, 1804).

1178. Obbligazione generica. – Quando l'obbligazione ha per oggetto la prestazione di cose determinate soltanto nel genere, il debitore deve prestare cose di qualità non inferiore alla media (664, 1378, 1465[3]).

1179. Obbligo di garanzia. – Chi è tenuto a dare una garanzia, senza che ne siano determinati il modo e la forma, può prestare a sua scelta un'idonea garanzia reale (2784, 2808) o personale (1936), ovvero altra sufficiente cautela (1186, 1200, 1943, 2784).

1180. Adempimento del terzo. – L'obbligazione può essere adempiuta da un terzo, anche contro la volontà del creditore, se questi non ha interesse a che il debitore esegua personalmente la prestazione (2232).

Tuttavia il creditore può rifiutare l'adempimento offertogli dal terzo, se il debitore gli ha manifestato la sua opposizione (1936[2]).

1181. Adempimento parziale. – Il creditore può rifiutare un adempimento parziale (1197) anche se la prestazione è divisibile (1314 ss., 1384), salvo che la legge (45 l. camb.; 37 l. ass.) o gli usi dispongano diversamente (1208, n. 3, 1258, 1285).

1182. Luogo dell'adempimento. – Se il luogo nel quale la prestazione deve essere eseguita non è determinato dalla convenzione o dagli usi e non può desumersi dalla natura della prestazione (1774) o da altre circostanze, si osservano le norme che seguono.

L'obbligazione di consegnare una cosa certa e determinata deve essere adempiuta nel luogo in cui si trovava la cosa quando l'obbligazione è sorta (1510, 1590[4], 1774).

L'obbligazione avente per oggetto una somma di danaro deve essere adempiuta al domicilio (43) che il creditore ha al tempo della scadenza (1498, 1834[2], 1843[2]). Se tale domicilio è diverso da quello che il creditore aveva quando è sorta l'obbligazione e ciò rende più gravoso l'adempimento, il debitore, previa dichiarazione al creditore, ha diritto di eseguire il pagamento al proprio domicilio (1219, n. 3).

Negli altri casi l'obbligazione deve essere adempiuta al domicilio che il debitore ha al tempo della scadenza (1208, n. 6, 1245; 20 c.p.c.).

1183. Tempo dell'adempimento. – Se non è determinato il tempo in cui la prestazione deve essere eseguita, il creditore può esigerla immediatamente (1219). Qualora tuttavia, in virtù degli usi o per la natura della prestazione ovvero per il modo o il luogo dell'esecuzione, sia necessario un termine, questo, in mancanza di accordo delle parti, è stabilito dal giudice (1331, 1482, 1771, 1810, 1817).

Se il termine per l'adempimento è rimesso alla volontà del debitore, spetta egualmente al giudice di stabilirlo secondo le circostanze; se è rimesso alla volontà del creditore, il termine può essere fissato su istanza del debitore che intende liberarsi (80 att.).

1184. Termine. – Se per l'adempimento è fissato un termine (520, 637, 702²), questo si presume a favore del debitore (1186, 1286, 1371, 1771), qualora non risulti stabilito a favore del creditore (1185, 1208, n. 4, 1457) o di entrambi (1563, 1816; 46 l. camb.).

1185. Pendenza del termine. – Il creditore non può esigere la prestazione prima della scadenza, salvo che il termine sia stabilito esclusivamente a suo favore (1184).

Tuttavia il debitore non può ripetere ciò che ha pagato anticipatamente, anche se ignorava l'esistenza del termine (2033). In questo caso però egli può ripetere, nei limiti della perdita subita, ciò di cui il creditore si è arricchito per effetto del pagamento anticipato (2041).

1186. Decadenza dal termine. – Quantunque il termine sia stabilito a favore del debitore (1184), il creditore può esigere immediatamente la prestazione se il debitore è divenuto insolvente o ha diminuito, per fatto proprio, le garanzie che aveva date (2743, 2813) o non ha dato le garanzie che aveva promesse (506², 1179, 1461, 1626, 1819, 1822, 1844, 1850, 1867, n. 2; 625 c.n.; 55², 76, 150, 210³ l. fall.).

1187. Computo del termine. – Il termine fissato per l'adempimento delle obbligazioni è computato secondo le disposizioni dell'art. 2963.

La disposizione relativa alla proroga del termine che scade in giorno festivo si osserva se non vi sono usi diversi.

È salva in ogni caso una diversa pattuizione (155 c.p.c.; 41, 96, 97 l. camb.; 78 l. ass.).

1188. Destinatario del pagamento. – Il pagamento deve essere fatto al creditore (1000, 1189, 1190) o al suo rappresentante (1387 ss.), ovvero alla persona indicata dal creditore (1269², 1744, 1777) o autorizzata dalla legge o dal giudice a riceverlo (1208, n. 1, 2726, 2883).

Il pagamento fatto a chi non era legittimato a riceverlo libera il debitore, se il creditore lo ratifica (1399) o se ne ha approfittato (1190, 1444).

1189. Pagamento al creditore apparente. – Il debitore che esegue il pagamento a chi appare (1835) legittimato a riceverlo in base a circostanze univoche, è liberato se prova di essere stato in buona fede (534, 1147, 1153, 1264, 1415, 1992², 2559).

Chi ha ricevuto il pagamento è tenuto alla restituzione verso il vero creditore (2019¹, 2027³), secondo le regole stabilite per la ripetizione dell'indebito (2033 ss.).

1190. Pagamento al creditore incapace. – Il pagamento fatto al creditore incapace di riceverlo non libera il debitore, se questi non prova che ciò che fu pagato è stato rivolto a vantaggio dell'incapace (1188², 1191, 1443, 2039, 2041).

1191. Pagamento eseguito da un incapace. – Il debitore che ha eseguito la prestazione dovuta non può impugnare il pagamento a causa della propria incapacità (1190, 1442, 1933², 1950, 2034).

1192. Pagamento eseguito con cose altrui. – Il debitore non può impugnare il pagamento eseguito con cose di cui non poteva disporre, salvo che offra di eseguire la prestazione dovuta con cose di cui può disporre.

Il creditore che ha ricevuto il pagamento in buona fede (1147, 1153, 1479) può impugnarlo, salvo il diritto al risarcimento del danno (1218).

1193. Imputazione del pagamento. – Chi ha più debiti della medesima specie verso la stessa persona può dichiarare, quando paga, quale debito intende soddisfare (1195).

In mancanza di tale dichiarazione, il pagamento deve essere imputato al debito scaduto; tra più debiti scaduti, a quello meno garantito; tra più debiti ugualmente garantiti, al più oneroso per il debitore; tra più debiti ugualmente onerosi, al più antico. Se tali criteri non soccorrono, l'imputazione è fatta proporzionalmente ai vari debiti (1249).

1194. Imputazione del pagamento agli interessi. - Il debitore non può imputare il pagamento al capitale, piuttosto che agli interessi e alle spese, senza il consenso del creditore (1960).

Il pagamento fatto in conto di capitale e d'interessi deve essere imputato prima agli interessi (1199).

1195. Quietanza con imputazione. - Chi, avendo più debiti, accetta una quietanza (1199) nella quale il creditore ha dichiarato di imputare il pagamento a uno di essi, non può pretendere un'imputazione diversa, se non vi è stato dolo (1439, 1440) o sorpresa da parte del creditore (2726).

1196. Spese del pagamento. - Le spese del pagamento (1199) sono a carico del debitore (672, 1215, 1245, 1475, 1510², 1774²).

1197. Prestazione in luogo dell'adempimento. - Il debitore non può liberarsi eseguendo una prestazione diversa da quella dovuta, anche se di valore uguale o maggiore, salvo che il creditore consenta. In questo caso l'obbligazione si estingue quando la diversa prestazione è eseguita (1198; 67¹, n. 2 l. fall.).

Se la prestazione consiste nel trasferimento della proprietà o di un altro diritto, il debitore è tenuto alla garanzia per l'evizione (1483 ss.) e per i vizi della cosa (1490 ss.) secondo le norme della vendita (1476), salvo che il creditore preferisca esigere la prestazione originaria e il risarcimento del danno.

In ogni caso non rivivono le garanzie prestate dai terzi (1251, 1276, 2881, 2926², 2927²).

1198. Cessione di un credito in luogo dell'adempimento. - Quando in luogo dell'adempimento è ceduto un credito (1260 ss.), l'obbligazione si estingue con la riscossione del credito, se non risulta una diversa volontà delle parti.

È salvo quanto è disposto dal secondo comma dell'art. 1267.

1199. Diritto del debitore alla quietanza. - Il creditore che riceve il pagamento deve, a richiesta e a spese del debitore (1196), rilasciare quietanza (1195, 2213², 2704) e farne annotazione sul titolo, se questo non è restituito al debitore (2704³, 2726).

Il rilascio di una quietanza per il capitale fa presumere il pagamento degli interessi (1194, 1195, 1311, n. 1).

1200. Liberazione dalle garanzie. - Il creditore che ha ricevuto il pagamento deve consentire la liberazione dei beni dalle garanzie reali (2784 ss.) date per il credito e da ogni altro vincolo che comunque ne limiti la disponibilità (1208², 2784).

Sezione II
Del pagamento con surrogazione

1201. Surrogazione per volontà del creditore. - Il creditore, ricevendo il pagamento da un terzo (1180), può surrogarlo (754¹) nei propri diritti (2843). La surrogazione deve essere fatta in modo espresso e contemporaneamente al pagamento.

1202. Surrogazione per volontà del debitore. - Il debitore, che prende a mutuo (1813 ss.) una somma di danaro o altra cosa fungibile al fine di pagare il debito, può surrogare il mutuante nei diritti del creditore, anche senza il consenso di questo.

La surrogazione ha effetto quando concorrono le seguenti condizioni:

1) che il mutuo e la quietanza risultino da atto avente data certa (2704);

2) che nell'atto di mutuo sia indicata espressamente la specifica destinazione della somma mutuata;

3) che nella quietanza si menzioni la dichiarazione del debitore circa la provenienza della somma impiegata nel pagamento. Sulla richiesta del debitore, il creditore non può rifiutarsi di inserire nella quietanza tale dichiarazione.

1203. Surrogazione legale. - La surrogazione ha luogo di diritto nei seguenti casi:

1) a vantaggio di chi, essendo creditore, ancorché chirografario, paga un altro creditore che ha diritto di essergli preferito in ragione dei suoi privilegi (2745 ss.), del suo pegno (2784 ss.) o delle sue ipoteche (1955, 2808 ss., 2856);

2) a vantaggio dell'acquirente di un immobile che, fino alla concorrenza del prezzo di acquisto, paga uno o più creditori a favore dei quali l'immobile è ipotecato (2866);

3) a vantaggio di colui che, essendo tenuto con altri o per altri al pagamento del debito, aveva interesse di soddisfarlo (1180, 1292 ss., 1299, 1316, 1949, 2871);

4) a vantaggio dell'erede con beneficio d'inventario (484), che paga con danaro proprio i debiti ereditari (490, n. 2);

5) negli altri casi stabiliti dalla legge (756, 1259, 1762, 1776, 1780², 1796², 1916, 1949, 2036, 2038, 2856, 2866, 2869, 2871; 82 l. camb.; 792 c.p.c.).

1204. Terzi garanti. – La surrogazione contemplata nei precedenti articoli ha effetto anche contro i terzi che hanno prestato garanzia per il debitore.

Se il credito è garantito da pegno, si osserva la disposizione del secondo comma dell'art. 1263.

1205. Surrogazione parziale. – Se il pagamento è parziale (1181), il terzo surrogato e il creditore concorrono nei confronti del debitore in proporzione di quanto è loro dovuto, salvo patto contrario.

Sezione III
Della mora del creditore

1206. Condizioni. – Il creditore è in mora (1217) quando, senza motivo legittimo, non riceve il pagamento offertogli nei modi indicati dagli articoli seguenti o non compie quanto è necessario affinché il debitore possa adempiere l'obbligazione (1175).

1207. Effetti. – Quando il creditore è in mora, è a suo carico l'impossibilità della prestazione sopravvenuta per causa non imputabile al debitore (1256, 1673). Non sono più dovuti gli interessi (1282 ss.) né i frutti della cosa che non siano stati percepiti dal debitore (820; 446, 449 c.n.).

Il creditore è pure tenuto a risarcire i danni derivati dalla sua mora e a sostenere le spese per la custodia e la conservazione della cosa dovuta (391² c.n.).

Gli effetti della mora si verificano dal giorno dell'offerta (1208 ss.), se questa è successivamente dichiarata valida con sentenza passata in giudicato (324 c.p.c.) o se è accettata dal creditore.

1208. Requisiti per la validità dell'offerta. – Affinché l'offerta sia valida è necessario (1214, 1220):

1) che sia fatta al creditore capace di ricevere o a chi ha la facoltà di ricevere per lui (1188 ss.);

2) che sia fatta da persona che può validamente adempiere (1180, 1191, 1192);

3) che comprenda la totalità della somma o delle cose dovute, dei frutti o degli interessi e delle spese liquide, e una somma per le spese non liquide, con riserva di un supplemento, se è necessario (1181, 1182);

4) che il termine sia scaduto, se stipulato in favore del creditore (1184, 1816);

5) che si sia verificata la condizione dalla quale dipende l'obbligazione (1353);

6) che l'offerta sia fatta alla persona del creditore o nel suo domicilio (43, 1182);

7) che l'offerta sia fatta da un ufficiale pubblico a ciò autorizzato (73 att.).

Il debitore può subordinare l'offerta al consenso del creditore necessario per liberare i beni dalle garanzie reali (2784 ss.) o da altri vincoli che comunque ne limitino la disponibilità (1200, 687 c.p.c.).

1209. Offerta reale e offerta per intimazione. – Se l'obbligazione ha per oggetto danaro (1277 ss.; 48 l. camb.), titoli di credito (1992 ss.), ovvero cose mobili da consegnare al domicilio del creditore (1209), l'offerta deve essere reale (73, 74 att.).

Se si tratta invece di cose mobili da consegnare in luogo diverso (1182², 1510), l'offerta consiste nell'intimazione al creditore di riceverle (73, 75 att.), fatta mediante atto a lui notificato nelle forme prescritte per gli atti di citazione (1214, 1216, 1217; 126, 137, 163 c.p.c.).

1210. Facoltà di deposito e suoi effetti liberatori. – Se il creditore rifiuta di accettare l'offerta reale o non si presenta per ricevere le cose offertegli mediante intimazione, il debitore può eseguire il deposito (1514; 77 att.; 449, 450 c.n.).

Eseguito il deposito, quando questo è accettato dal creditore o è dichiarato valido con sentenza passata in giudicato (324 c.p.c.), il debitore non può più ritirarlo ed è liberato dalla sua obbligazione (1213; 78 att.).

1211. Cose deperibili o di dispendiosa custodia. – Se le cose non possono essere conservate o sono deteriorabili, oppure se le spese della loro custodia sono eccessive, il debitore, dopo l'offerta reale o l'intimazione di ritirarle, può farsi autorizzare dal tribunale ([1]) a venderle nei modi stabiliti per le cose pignorate (529 ss., 576 c.p.c.) e a depositarne il prezzo (2797).

([1]) *La parola: «pretore» è stata sostituita dalla parola: «tribunale» dall'art. 150 del D.L.vo 19 febbraio*

1998, n. 51, recante l'istituzione del giudice unico, a decorrere dal 2 giugno 1999.

1212. Requisiti del deposito. – Per la validità del deposito (73 att.) è necessario:

1) che sia stato preceduto da un'intimazione notificata al creditore e contenente l'indicazione del giorno, dell'ora e del luogo in cui la cosa offerta sarà depositata (74 att.);

2) che il debitore abbia consegnato la cosa, con gli interessi e i frutti dovuti fino al giorno dell'offerta (1207, 1208[3]), nel luogo indicato dalla legge o, in mancanza, dal giudice;

3) che sia redatto dal pubblico ufficiale un processo verbale (126 c.p.c.) da cui risulti la natura delle cose offerte, il rifiuto di riceverle da parte del creditore o la sua mancata comparizione, e infine il fatto del deposito (78 att.);

4) che, in caso di non comparizione del creditore, il processo verbale di deposito gli sia notificato con l'invito a ritirare la cosa depositata.

Il deposito che ha per oggetto somme di danaro può eseguirsi anche presso un istituto di credito (76 att.; 48 l. camb.).

1213. Ritiro del deposito. – Il deposito non produce effetto se il debitore lo ritira prima che sia stato accettato dal creditore o prima che sia stato riconosciuto valido con sentenza passata in giudicato (1210; 324 c.p.c.).

Se, dopo l'accettazione del deposito o il passaggio in giudicato della sentenza che lo dichiara valido, il creditore consente che il debitore ritiri il deposito, egli non può più rivolgersi contro i condebitori e i fideiussori, né valersi dei privilegi, del pegno e delle ipoteche che garantivano il credito (1197[3], 1251, 1276, 2878).

1214. Offerta secondo gli usi e deposito. – Se il debitore ha offerto la cosa dovuta nelle forme d'uso anziché in quelle prescritte dagli articoli 1208 e 1209 (1217, 1517), gli effetti della mora si verificano dal giorno in cui egli esegue il deposito (1210; 73, 77 att.) a norma dell'art. 1212, se questo è accettato dal creditore o è dichiarato valido con sentenza passata in giudicato (1220; 324 c.p.c.).

1215. Spese. – Quando l'offerta reale e il deposito sono validi, le spese occorse sono a carico del creditore (1196).

1216. Intimazione di ricevere la consegna di un immobile. – Se deve essere consegnato un immobile, l'offerta consiste nell'intimazione al creditore di prenderne possesso. L'intimazione deve essere fatta nella forma prescritta dal secondo comma dell'art. 1209 (73, 75 att.).

Il debitore, dopo l'intimazione al creditore, può ottenere dal giudice (79 att.) la nomina di un sequestratario. In questo caso egli è liberato dal momento in cui ha consegnato al sequestratario la cosa dovuta (2905, 2906; 671 c.p.c.).

1217. Obbligazioni di fare. – Se la prestazione consiste in un fare, il creditore è costituito in mora (1206) mediante l'intimazione di ricevere la prestazione o di compiere gli atti che sono da parte sua necessari per renderla possibile.

L'intimazione può essere fatta nelle forme d'uso (1214; 80 att.).

Capo III
Dell'inadempimento delle obbligazioni

1218. Responsabilità del debitore. – Il debitore che non esegue esattamente la prestazione dovuta (1176, 1181, 1197) è tenuto al risarcimento del danno (1223 ss.), se non prova che l'inadempimento o il ritardo è stato determinato da impossibilità (1256 ss.) della prestazione derivante da causa a lui non imputabile.

1219. Costituzione in mora. – Il debitore (1218) è costituito in mora mediante intimazione o richiesta fatta per iscritto (1183, 1308, 2943).

Non è necessaria la costituzione in mora:

1) quando il debito deriva da fatto illecito (2043 ss.);

2) quando il debitore ha dichiarato per iscritto di non volere eseguire l'obbligazione (1460);

3) quando è scaduto il termine (1183 ss.), se la prestazione deve essere eseguita al domicilio (43) del creditore (1182[3]). Se il termine scade dopo la morte del debitore, gli eredi non sono costituiti in mora che mediante intimazione o richiesta fatta per iscritto, e decorsi otto giorni dall'intimazione o dalla richiesta (1334, 1335).

1220. Offerta non formale. – Il debitore non può essere considerato in mora, se tempestivamente ha fatto offerta della prestazione dovuta (1460), anche senza osservare le forme indicate nella sezione III del precedente capo (1208 ss.), a meno che il creditore l'abbia rifiutata per un motivo legittimo (1181).

1221. Effetti della mora sul rischio. – Il debitore che è in mora non è liberato per la sopravvenuta impossibilità della prestazione derivante da causa a lui non imputabile (1218, 1256), se non prova che l'oggetto della prestazione sarebbe ugualmente perito presso il creditore (1256, 1805, 2697).

In qualunque modo sia perita o smarrita (1257) una cosa illecitamente sottratta, la perdita di essa non libera chi l'ha sottratta dall'obbligo di restituirne il valore.

1222. Inadempimento di obbligazioni negative. – Le disposizioni sulla mora (1219 ss.) non si applicano alle obbligazioni di non fare; ogni fatto compiuto in violazione di queste costituisce di per sé inadempimento.

1223. Risarcimento del danno. – Il risarcimento del danno per l'inadempimento o per il ritardo (1218 ss., 1274) deve comprendere così la perdita subita dal creditore come il mancato guadagno (2056^{2}), in quanto ne siano conseguenza immediata e diretta (1382, 1518, 1589, 1591, 1696, 1905, 2056 ss.).

1224. Danni nelle obbligazioni pecuniarie. – Nelle obbligazioni che hanno per oggetto una somma di danaro (1277 ss.), sono dovuti dal giorno della mora gli interessi legali (1284^{1}), anche se non erano dovuti precedentemente e anche se il creditore non prova di aver sofferto alcun danno (1282; 55, 56 l. camb.; 50, 51 l. ass.). Se prima della mora erano dovuti interessi in misura superiore a quella legale (1284^{3}), gli interessi moratori sono dovuti nella stessa misura (1950^{3}).

Al creditore che dimostra di aver subito un danno maggiore spetta l'ulteriore risarcimento. Questo non è dovuto se è stata convenuta la misura degli interessi moratori (1382).

1225. Prevedibilità del danno. – Se l'inadempimento o il ritardo non dipende da dolo del debitore, il risarcimento è limitato al danno che poteva prevedersi nel tempo in cui è sorta l'obbligazione.

1226. Valutazione equitativa del danno. – Se il danno non può essere provato nel suo preciso ammontare, è liquidato dal giudice con valutazione equitativa (2056).

1227. Concorso del fatto colposo del creditore. – Se il fatto colposo (2043) del creditore ha concorso a cagionare il danno, il risarcimento è diminuito secondo la gravità della colpa e l'entità delle conseguenze che ne sono derivate (2055^{2}, 2056; 484^{1}, 966^{1} c.n.).

Il risarcimento non è dovuto per i danni che il creditore avrebbe potuto evitare usando l'ordinaria diligenza (1176).

1228. Responsabilità per fatto degli ausiliari. – Salva diversa volontà delle parti, il debitore che nell'adempimento dell'obbligazione si vale dell'opera di terzi, risponde anche dei fatti dolosi o colposi di costoro (1229^{2}, 1717, 1785 *bis*, 2049).

1229. Clausole di esonero da responsabilità. – È nullo qualsiasi patto che esclude o limita preventivamente la responsabilità del debitore per dolo o per colpa grave (1341^{2}, 1490^{2}, 1579, 1681^{2}, 1694, 1713^{2}, 1785 *quater*, 1838, 1900, 1917).

È nullo altresì qualsiasi patto preventivo di esonero o di limitazione di responsabilità per i casi in cui il fatto del debitore (1579) o dei suoi ausiliari (1228) costituisca violazione di obblighi derivanti da norme di ordine pubblico (1580, 2087).

Capo IV
Dei modi di estinzione delle obbligazioni diversi dall'adempimento

Sezione I
Della novazione

1230. Novazione oggettiva. – L'obbligazione si estingue quando le parti sostituiscono all'obbligazione originaria una nuova obbligazione con oggetto o titolo (1173) diverso (1246, 1256^{2}, 1300, 1325, n. 2).

La volontà di estinguere l'obbligazione precedente deve risultare in modo non equivoco (1268^{1}, 1272^{1}, 1273^{2}, 1937; 66 l. camb.; 58 l. ass.).

1231. Modalità che non importano novazione. – Il rilascio di un documento o la sua rinnovazione, l'apposizione o l'eliminazione di un termine (1184 ss., 1823) e ogni altra modificazione accessoria dell'obbligazione non producono novazione.

1232. Privilegi, pegno e ipoteche. – I privilegi (2745 ss.), il pegno (2784 ss.) e le ipoteche (2808 ss.) del credito originario si estinguono, se le parti non convengono espressamente di mantenerli per il nuovo credito (1275, 2745, 2784, 2802, 2878).

1233. Riserva delle garanzie nelle obbligazioni solidali. – Se la novazione si effettua tra il creditore e uno dei debitori in solido (1292 ss.) con effetto liberatorio per tutti (1300), i privilegi, il pegno e le ipoteche del credito anteriore possono essere riservati soltanto sui beni del debitore che fa novazione (1232).

1234. Inefficacia della novazione. – La novazione è senza effetto, se non esisteva (1418 ss.) l'obbligazione originaria (2881).

Qualora l'obbligazione originaria derivi da un titolo annullabile (1425 ss.), la novazione è valida se il debitore ha assunto validamente il nuovo debito conoscendo il vizio del titolo originario (1442, 1444[2]).

1235. Novazione soggettiva. – Quando un nuovo debitore è sostituito a quello originario che viene liberato, si osservano le norme contenute nel capo VI di questo titolo (1268 ss.).

Sezione II
Della remissione

1236. Dichiarazione di remissione del debito. – La dichiarazione del creditore di rimettere il debito estingue l'obbligazione quando è comunicata al debitore (1334), salvo che questi dichiari in un congruo termine di non volerne profittare (649[1], 1301, 1320, 1333, 1411[2,] 2113, 2726).

1237. Restituzione volontaria del titolo. – La restituzione volontaria del titolo originale del credito, fatta dal creditore al debitore, costituisce prova (52[4] l. camb.; 47[4] l. fall.) della liberazione (2726) anche rispetto ai condebitori in solido (648[2], 1292, 1301[1], 1701).

Se il titolo del credito è in forma pubblica (2699), la consegna volontaria della copia spedita in forma esecutiva (2714; 475 c.p.c.) fa presumere la liberazione, salva la prova contraria.

1238. Rinunzia alle garanzie. – La rinunzia alle garanzie dell'obbligazione non fa presumere la remissione del debito (1240).

1239. Fideiussori. – La remissione accordata al debitore principale libera i fideiussori (1247, 1253, 1936 ss., 1945).

La remissione accordata a uno dei fideiussori non libera gli altri che per la parte del fideiussore liberato. Tuttavia se gli altri fideiussori hanno consentito la liberazione, essi rimangono obbligati per l'intero (1301[1]).

1240. Rinunzia a una garanzia verso corrispettivo. – Il creditore che ha rinunziato, verso corrispettivo, alla garanzia prestata da un terzo (1238) deve imputare al debito principale quanto ha ricevuto, a beneficio del debitore e di coloro che hanno prestato garanzia per l'adempimento dell'obbligazione.

Sezione III
Della compensazione

1241. Estinzione per compensazione. – Quando due persone sono obbligate l'una verso l'altra, i due debiti si estinguono per le quantità corrispondenti, secondo le norme degli articoli che seguono (1252, 1302 ss., 1320, 1853, 1930, 1931, 2271; 35, 92 c.p.c.; 56 l. fall.).

1242. Effetti della compensazione. – La compensazione estingue i due debiti dal giorno della loro coesistenza. Il giudice non può rilevarla d'ufficio.

La prescrizione (2934 ss.) non impedisce la compensazione, se non era compiuta quando si è verificata la coesistenza dei due debiti (35 c.p.c.).

1243. Compensazione legale e giudiziale. – La compensazione si verifica solo tra due debiti che hanno per oggetto una somma di danaro o una quantità di cose fungibili dello stesso genere (1853) e che sono ugualmente liquidi ed esigibili (1244, 1248[2], 2805[2], 2917; 56 l. fall.).

Se il debito opposto in compensazione non è liquido ma è di facile e pronta liquidazione, il giudice può dichiarare la compensazione per la parte del debito che riconosce esistente, e può anche sospendere la condanna per il credito liquido fino all'accertamento del credito opposto in compensazione (35 c.p.c.).

1244. Dilazione. – La dilazione concessa gratuitamente dal creditore non è di ostacolo alla compensazione.

1245. Debiti non pagabili nello stesso luogo. – Quando i due debiti non sono pagabili nello stesso luogo, si devono computare le spese del trasporto al luogo del pagamento (1182, 1196).

1246. Casi in cui la compensazione non si verifica. – La compensazione si verifica qualunque sia il titolo (1230, 1256, 1325, n. 2) dell'uno o dell'altro debito, eccettuati i casi:

1) di credito per la restituzione di cose di cui il proprietario sia stato ingiustamente spogliato (1168 ss.);

2) di credito per la restituzione di cose depositate (1766 ss., 1853) o date in comodato (1803 ss.);

3) di credito dichiarato impignorabile (1881, 1923; 545 c.p.c.);

4) di rinunzia alla compensazione fatta preventivamente dal debitore;

5) di divieto stabilito dalla legge (447[2], 1248[2], 1272 ss., 2271; 56 l. fall.).

1247. Compensazione opposta da terzi garanti. – Il fideiussore (1936 ss.) può opporre in compensazione il debito che il creditore ha verso il debitore principale (1239, 1939, 1945).

Lo stesso diritto spetta al terzo che ha costituito un'ipoteca (2808[2]) o un pegno (2784, 2859, 2870).

1248. Inopponibilità della compensazione. – Il debitore, se ha accettato puramente e semplicemente la cessione (1260) che il creditore ha fatta delle sue ragioni a un terzo (1264), non può opporre al cessionario la compensazione che avrebbe potuto opporre al cedente (1272, 1409, 2805).

La cessione non accettata dal debitore, ma a questo notificata, impedisce la compensazione dei crediti sorti (1243[1]) posteriormente alla notificazione (1265).

1249. Compensazione di più debiti. – Quando una persona ha verso un'altra più debiti compensabili, si osservano per la compensazione le disposizioni del secondo comma dell'art. 1193 (1246).

1250. Compensazione rispetto ai terzi. – La compensazione non si verifica (1830) in pregiudizio dei terzi che hanno acquistato diritti di usufrutto (1000) o di pegno su uno dei crediti (1254, 2800 ss., 2917).

1251. Garanzie annesse al credito. – Chi ha pagato un debito mentre poteva invocare la compensazione non può più valersi, in pregiudizio dei terzi, dei privilegi e delle garanzie a favore del suo credito, salvo che abbia ignorato l'esistenza di questo per giusti motivi (1213[2], 1276).

1252. Compensazione volontaria. – Per volontà delle parti può aver luogo compensazione anche se non ricorrono le condizioni previste dagli articoli precedenti.

Le parti possono anche stabilire preventivamente le condizioni di tale compensazione (1823 ss.).

Sezione IV
Della confusione

1253. Effetti della confusione. – Quando le qualità di creditore e di debitore si riuniscono nella stessa persona, l'obbligazione si estingue (1014, n. 2, 1072, 1303), e i terzi che hanno prestato garanzia per il debitore sono liberati (1239, 1247, 1320, 1939, 1945).

1254. Confusione rispetto ai terzi. – La confusione non opera in pregiudizio dei terzi che hanno acquistato diritti di usufrutto (1000) o di pegno (2800) sul credito (978 ss., 1250, 2917).

1255. Riunione delle qualità di fideiussore e di debitore. – Se nella medesima persona si riuniscono le qualità di fideiussore e di debitore principale, la fideiussione resta in vita (1945), purché il creditore vi abbia interesse (1955).

Sezione V
Dell'impossibilità sopravvenuta
per causa non imputabile al debitore

1256. Impossibilità definitiva e impossibilità temporanea. – L'obbligazione si estingue quando, per una causa non imputabile al debitore, la prestazione diventa impossibile.

Se l'impossibilità è solo temporanea, il debitore, finché essa perdura, non è responsabile del ritardo nell'adempimento (1183, 1219). Tuttavia l'obbligazione si estingue se l'impossibilità perdura fino a quando, in relazione al titolo della obbligazione o alla natura dell'oggetto, il debitore non può essere ritenuto obbligato a eseguire la prestazione ovvero il creditore non ha più interesse a conseguirla (1174, 1288 ss.).

1257. Smarrimento di cosa determinata. – La prestazione che ha per oggetto una cosa determinata si considera divenuta impossibile anche quando la cosa è smarrita senza che possa esserne provato il perimento (1221).

In caso di successivo ritrovamento della cosa (927 ss.), si applicano le disposizioni del secondo comma dell'articolo precedente.

1258. Impossibilità parziale. – Se la prestazione è divenuta impossibile solo in parte, il debitore si libera dall'obbligazione eseguendo la prestazione per la parte che è rimasta possibile (1181, 1281, 1464, 2175).

La stessa disposizione si applica quando, essendo dovuta una cosa determinata, questa ha subito un deterioramento, o quando residua alcunché dal perimento totale della cosa (994, 996).

1259. Subingresso del creditore nei diritti del debitore. – Se la prestazione che ha per oggetto una cosa determinata è divenuta impossibile, in tutto o in parte, il creditore subentra nei diritti spettanti al debitore in dipendenza del fatto che ha causato l'impossibilità, e può esigere dal debitore la prestazione di quanto questi abbia conseguito a titolo di risarcimento (1203, 1780, 2742).

Capo V
Della cessione dei crediti (1)

(1) *La legge 21 febbraio 1991, n. 52, disciplina la cessione dei crediti di impresa e istituisce presso la Banca d'Italia un albo delle imprese che esercitano l'attività di cessione dei crediti di impresa. L'art. 1 di detta legge, dispone*:

«1. (Ambito di applicazione). *1. La cessione di crediti pecuniari verso corrispettivo è disciplinata dalla presente legge, quando concorrono le seguenti condizioni*:

a) *il cedente è un imprenditore;*

b) *i crediti ceduti sorgono da contratti stipulati dal cedente nell'esercizio dell'impresa;*

c) *il cessionario è una banca o un intermediario finanziario disciplinato dal testo unico delle leggi in materia bancaria e creditizia emanato ai sensi dell'art. 25, comma 2, della legge 19 febbraio 1992, n. 142, il cui oggetto sociale preveda l'esercizio dell'attività di acquisto di crediti d'impresa* (*).

«*2. Resta salva l'applicazione delle norme del codice civile per le cessioni di credito prive dei requisiti di cui al comma 1*».

(*) *Questa lettera è stata sostituita dall'art. 156 del D.L.vo 1 settembre 1993, n. 385.*

1260. Cedibilità dei crediti. – Il creditore può trasferire a titolo oneroso o gratuito il suo credito (1198), anche senza il consenso del debitore (1375), purché il credito non abbia carattere strettamente personale (447) o il trasferimento non sia vietato dalla legge (323, 378, 447, 1261, 1471, 1823).

Le parti possono escludere la cedibilità del credito (1379, 1823); ma il patto non è opponibile al cessionario, se non si prova che egli lo conosceva al tempo della cessione.

1261. Divieti di cessione. – I magistrati dell'ordine giudiziario (1471), i funzionari delle cancellerie e segreterie giudiziarie, gli ufficiali giudiziari, gli avvocati, i procuratori, i patrocinatori e i notai non possono, neppure per interposta persona, rendersi cessionari di diritti sui quali è sorta contestazione davanti l'autorità giudiziaria di cui fanno parte o nella cui giurisdizione esercitano le loro funzioni, sotto pena di nullità e dei danni.

La disposizione del comma precedente non si applica alle cessioni di azioni ereditarie tra coeredi, né a quelle fatte in pagamento di debiti o per difesa di beni posseduti dal cessionario.

1262. Documenti probatori del credito. – Il cedente deve consegnare al cessionario i documenti probatori del credito che sono in suo possesso (1477).

Se è stata ceduta solo una parte del credito, il cedente è tenuto a dare al cessionario una copia autentica (2703) dei documenti.

1263. Accessori del credito. – Per effetto della cessione, il credito è trasferito al cessionario con i privilegi (2745 ss.), con le garanzie personali (1936 ss.) e reali (2784 ss.) e con gli altri accessori (2843; 25 l. camb.).

Il cedente non può trasferire al cessionario, senza il consenso del costituente, il possesso della cosa ricevuta in pegno (2792); in caso di dissenso, il cedente rimane custode del pegno (1204).

Salvo patto contrario, la cessione non comprende i frutti scaduti (821, 1531[1]).

1264. Efficacia della cessione riguardo al debitore ceduto. – La cessione ha effetto nei confronti del debitore ceduto quando questi l'ha accettata o quando gli è stata notificata (967, 1248, 1407, 2914, n. 2; 137 c.p.c.).

Tuttavia, anche prima della notificazione, il debitore che paga al cedente non è liberato, se il cessionario prova che il debitore medesimo era a conoscenza dell'avvenuta cessione (1189, 1978, 2559).

1265. Efficacia della cessione riguardo ai terzi. – Se il medesimo credito ha formato oggetto di più cessioni a persone diverse (1605[1]), prevale la cessione notificata (137 c.p.c.) per prima al debitore, o quella che è stata prima accettata dal debitore con atto di data certa (2704), ancorché essa sia di data posteriore (1155, 1248, 1380, 2559).

La stessa norma si osserva quando il credito ha formato oggetto di costituzione di usufrutto (978, 1000) o di pegno (1978, 2800, 2914).

1266. Obbligo di garanzia del cedente. – Quando la cessione è a titolo oneroso, il cedente è tenuto a garantire l'esistenza del credito al tempo della cessione (1410). La garanzia può essere esclusa per patto, ma il cedente resta sempre obbligato per il fatto proprio (1487^{2}).

Se la cessione è a titolo gratuito, la garanzia è dovuta solo nei casi e nei limiti in cui la legge pone a carico del donante la garanzia per l'evizione (797, 1410).

1267. Garanzia della solvenza del debitore. – Il cedente non risponde della solvenza del debitore (2255), salvo che ne abbia assunto la garanzia (760, 1198, 1829, 1858). In questo caso egli risponde nei limiti di quanto ha ricevuto; deve inoltre corrispondere gli interessi, rimborsare le spese della cessione e quelle che il cessionario abbia sopportate per escutere il debitore, e risarcire il danno (19 l. camb.; 21 l. ass.). Ogni patto diretto ad aggravare la responsabilità del cedente è senza effetto (1410, 1419).

Quando il cedente ha garantito la solvenza del debitore, la garanzia cessa, se la mancata realizzazione del credito per insolvenza del debitore è dipesa da negligenza del cessionario nell'iniziare o nel proseguire le istanze contro il debitore stesso (1198, 1957^{2}).

Capo VI
Della delegazione, dell'espromissione e dell'accollo

1268. Delegazione cumulativa. – Se il debitore assegna al creditore un nuovo debitore, il quale si obbliga verso il creditore, il debitore originario non è liberato dalla sua obbligazione, salvo che il creditore dichiari espressamente (1230^{2}, 1272^{1}, 1273^{2}, 1937) di liberarlo (1274).

Tuttavia il creditore che ha accettato l'obbligazione del terzo non può rivolgersi al delegante, se prima non ha richiesto al delegato l'adempimento (1530, 1408).

1269. Delegazione di pagamento. – Se il debitore per eseguire il pagamento ha delegato un terzo (1272), questi può obbligarsi verso il creditore, salvo che il debitore l'abbia vietato.

Il terzo delegato per eseguire il pagamento non è tenuto ad accettare l'incarico, ancorché sia debitore del delegante (1188^{1}). Sono salvi gli usi diversi.

1270. Estinzione della delegazione. – Il delegante può revocare la delegazione, fino a quando il delegato non abbia assunto l'obbligazione in confronto del delegatario o non abbia eseguito il pagamento a favore di questo (1723).

Il delegato può assumere l'obbligazione o eseguire il pagamento a favore del delegatario anche dopo la morte o la sopravvenuta incapacità del delegante (1275, 1330, 1929).

1271. Eccezioni opponibili dal delegato. – Il delegato può opporre al delegatario le eccezioni relative ai suoi rapporti con questo.

Se le parti non hanno diversamente pattuito, il delegato non può opporre al delegatario, benché questi ne fosse stato a conoscenza, le eccezioni che avrebbe potuto opporre al delegante, salvo che sia nullo il rapporto tra delegante e delegatario (1409).

Il delegato non può neppure opporre le eccezioni relative al rapporto tra il delegante e il delegatario, se ad esso le parti non hanno fatto espresso riferimento (1530^{2}).

1272. Espromissione. – Il terzo che, senza delegazione del debitore (1180), ne assume verso il creditore il debito, è obbligato in solido (1292 ss.) col debitore originario, se il creditore non dichiara espressamente di liberare quest'ultimo (1230^{2}, 1268^{1}, 1273^{2}, 1937).

Se non si è convenuto diversamente, il terzo non può opporre al creditore le eccezioni relative ai suoi rapporti col debitore originario (1409, 1413).

Può opporgli invece le eccezioni che al creditore avrebbe potuto opporre il debitore originario, se non sono personali a quest'ultimo e non derivano da fatti successivi all'espromissione. Non può opporgli la compensazione (1241) che avrebbe potuto opporre il debitore originario, quantunque si sia verificata prima dell'espromissione (1248, 1275).

1273. Accollo. – Se il debitore e un terzo convengono che questi assuma il debito dell'altro, il creditore può aderire alla convenzione, rendendo irrevocabile la stipulazione a suo favore (1411).

L'adesione del creditore importa liberazione del debitore originario solo se ciò costituisce condizione espressa della stipulazione o se il creditore dichiara espressamente di liberarlo (1230^{2}, 1268^{2}, 1272^{1}, 1274, 1937).

Se non vi è liberazione del debitore, questi rimane obbligato in solido col terzo (1292).

In ogni caso il terzo è obbligato verso il creditore che ha aderito alla stipulazione nei limiti in cui ha assunto il debito, e può opporre al creditore le eccezioni fondate sul contratto in base al quale l'assunzione è avvenuta (1409, 1411, 1413).

1274. Insolvenza del nuovo debitore. – Il creditore che, in seguito a delegazione, ha liberato il debitore originario, non ha azione contro di lui se il delegato diviene insolvente, salvo che ne abbia fatto espressa riserva (1268).

Tuttavia, se il delegato era insolvente al tempo in cui assunse il debito in confronto del creditore, il debitore originario non è liberato (1276).

Le medesime disposizioni si osservano quando il creditore ha aderito all'accollo stipulato a suo favore e la liberazione del debitore originario era condizione espressa della stipulazione (1273[2]).

1275. Estinzione delle garanzie. – In tutti i casi nei quali il creditore libera il debitore originario, si estinguono le garanzie annesse al credito, se colui che le ha prestate non consente espressamente a mantenerle (1232, 1276, 2878).

1276. Invalidità della nuova obbligazione. – Se l'obbligazione assunta dal nuovo debitore verso il creditore è dichiarata nulla (1418) o annullata (1425), e il creditore aveva liberato il debitore originario, l'obbligazione di questo rivive, ma il creditore non può valersi delle garanzie prestate da terzi (1197, 1213, 1418, 1425, 2881).

Capo VII
Di alcune specie di obbligazioni

Sezione I
Delle obbligazioni pecuniarie

1277. Debito di somma di danaro. – I debiti pecuniari si estinguono con moneta avente corso legale nello Stato al tempo del pagamento e per il suo valore nominale (1278).

Se la somma dovuta era determinata in una moneta che non ha più corso legale al tempo del pagamento, questo deve farsi in moneta legale ragguagliata per valore alla prima (1281).

1278. Debito di somma di monete non aventi corso legale. – Se la somma dovuta è determinata in una moneta non avente corso legale nello Stato, il debitore ha facoltà di pagare in moneta legale, al corso del cambio nel giorno della scadenza e nel luogo stabilito per il pagamento (1182, 1196, 1281; 47 l. camb.; 39 l. ass.).

1279. Clausola di pagamento effettivo in monete non aventi corso legale. – La disposizione dell'articolo precedente non si applica, se la moneta non avente corso legale nello Stato è indicata con la clausola «effettivo» o altra equivalente, salvo che alla scadenza dell'obbligazione non sia possibile procurarsi tale moneta (1281; 47 l. camb.; 39 l. ass.).

1280. Debito di specie monetaria avente valore intrinseco. – Il pagamento deve farsi con una specie di moneta avente valore intrinseco, se così è stabilito dal titolo costitutivo del debito, sempreché la moneta avesse corso legale al tempo in cui l'obbligazione fu assunta.

Se però la moneta non è reperibile, o non ha più corso, o ne è alterato il valore intrinseco, il pagamento si effettua con moneta corrente che rappresenti il valore intriseco che la specie monetaria dovuta aveva al tempo in cui l'obbligazione fu assunta.

1281. Leggi speciali. – Le norme che precedono si osservano in quanto non siano in contrasto con i principi derivanti da leggi speciali.

Sono salve le disposizioni particolari concernenti i pagamenti da farsi fuori del territorio dello Stato.

1282. Interessi nelle obbligazioni pecuniarie. – I crediti liquidi ed esigibili (1499) di somme di danaro producono interessi di pieno diritto (1224), salvo che la legge (506, 669, 1207, 1499, 1714, 1815[2], 2033, 2036, 2151, 2154) o il titolo stabiliscano diversamente (2948, n. 4; 5, 105 l. camb.; 7 l. ass.).

Salvo patto contrario, i crediti per fitti (1639) e pigioni (1587, n. 2) non producono interessi se non dalla costituzione in mora (1219).

Se il credito ha per oggetto rimborso di spese fatte per cose da restituire, non decorrono interessi per il periodo di tempo in cui chi ha fatto le spese abbia goduto della cosa senza corrispettivo e senza essere tenuto a render conto del godimento.

1283. ([1]) **Anatocismo.** – In mancanza di usi contrari (1834), gli interessi scaduti possono produrre interessi solo dal giorno della domanda giudiziale o per effetto di convenzione posteriore alla loro scadenza, e sempre che si tratti di interessi dovuti almeno per sei mesi.

([1]) *A norma dell'art. 37, comma 50, del D.L. 4 luglio 2006, n. 223, convertito, con modificazioni, nella L. 4 agosto 2006, n. 248, gli interessi previsti per il rimborso di tributi non producono in nessun caso interessi ai sensi di questo articolo.*

1284. (1) **Saggio degli interessi.** – Il saggio degli interessi legali è determinato in misura pari allo 0,3 per cento in ragione d'anno (2). Il Ministro del tesoro, con proprio decreto pubblicato nella *Gazzetta Ufficiale* della Repubblica italiana non oltre il 15 dicembre dell'anno precedente a quello cui il saggio si riferisce, può modificarne annualmente la misura, sulla base del rendimento medio annuo lordo dei titoli di Stato di durata non superiore a dodici mesi e tenuto conto del tasso di inflazione registrato nell'anno. Qualora entro il 15 dicembre non sia fissata una nuova misura del saggio, questo rimane invariato per l'anno successivo (3).

Allo stesso saggio si computano gli interessi convenzionali, se le parti non ne hanno determinato la misura.

Gli interessi superiori alla misura legale devono essere determinati per iscritto (2725); altrimenti sono dovuti nella misura legale (1815).

Se le parti non ne hanno determinato la misura, dal momento in cui è proposta domanda giudiziale il saggio degli interessi legali è pari a quello previsto dalla legislazione speciale relativa ai ritardi di pagamento nelle transazioni commerciali (4).

La disposizione del quarto comma si applica anche all'atto con cui si promuove il procedimento arbitrale (4).

(1) *Articolo così sostituito dall'art. 1 L. 26 novembre 1990, n. 353, provvedimenti urgenti per il processo civile, a far tempo dal 16 dicembre 1990. Si vedano: la L. 7 marzo 1996, n. 108 e il D.P.R. 11 giugno 1997, n. 315, in materia di usura.*

(2) *Il saggio degli interessi legali è stato così determinato dal D.M. 13 dicembre 2017, con decorrenza 1° gennaio 2018. Il saggio degli interessi legali dal 1° gennaio 2017 al 31 dicembre 2017 era dello 0,1%; dal 1° gennaio 2016 al 31 dicembre 2016 era dello 0,2%; dal 1° gennaio 2015 al 31 dicembre 2015 era dello 0,5%; dal 1° gennaio 2014 al 31 dicembre 2014 era dell'1%; dal 1° gennaio 2012 al 31 dicembre 2013 era del 2,5%; dal 1° gennaio 2011 al 31 dicembre 2011 era del 1,5%; dal 1° gennaio 2010 al 31 dicembre 2010 era del 1%; dal 1 gennaio 2008 al 31 dicembre 2009 era del 3 per cento; dal 1° gennaio 2004 al 31 dicembre 2007, era del 2,5 per cento annuo.*

(3) *Questo comma è stato così sostituito dall'art. 2, comma 185, della L. 23 dicembre 1996, n. 662, a decorrere dal 1° gennaio 1997.*

(4) *Questo comma è stato aggiunto dall'art. 17, comma 1, del D.L. 12 settembre 2014, n. 132, convertito, con modificazioni, nella L. 10 novembre 2014, n. 162. Tali disposizioni producono effetti rispetto ai procedimenti iniziati a decorrere dal trentesimo giorno successivo all'entrata in vigore della legge di conversione del presente decreto (Suppl. ord. alla* G.U. *Serie gen. - n. 261 del 10 novembre 2014).*

Sezione II
Delle obbligazioni alternative

1285. Obbligazione alternativa. – Il debitore di un'obbligazione alternativa si libera eseguendo una delle due prestazioni dedotte in obbligazione, ma non può costringere il creditore a ricevere parte dell'una e parte dell'altra (1181, 1291).

1286. Facoltà di scelta. – La scelta spetta al debitore (1184, 1287), se non è stata attribuita al creditore o ad un terzo (665).

La scelta diviene irrevocabile con l'esecuzione di una delle due prestazioni, ovvero con la dichiarazione di scelta, comunicata all'altra parte, o ad entrambe se la scelta è fatta da un terzo (1453², 1492²).

Se la scelta deve essere fatta da più persone, il giudice può fissare loro un termine. Se la scelta non è fatta nel termine stabilito, essa è fatta dal giudice (1349; 81 att.; 749 c.p.c.).

1287. Decadenza dalla facoltà di scelta. – Quando il debitore, condannato alternativamente a due prestazioni, non ne esegue alcuna nel termine assegnatogli dal giudice, la scelta spetta al creditore.

Se la facoltà di scelta spetta al creditore e questi non l'esercita nel termine stabilito o in quello fissatogli dal debitore, la scelta passa a quest'ultimo.

Se la scelta è rimessa a un terzo e questi non la fa nel termine assegnatogli, essa è fatta dal giudice (631, 664, 1349; 81 att.).

1288. Impossibilità di una delle prestazioni. – L'obbligazione alternativa si considera semplice, se una delle due prestazioni non poteva formare oggetto di obbligazione o se è divenuta impossibile per causa non imputabile ad alcuna delle parti (1218, 1256, 1346, 1557).

1289. Impossibilità colposa di una delle prestazioni. – Quando la scelta spetta al debitore, l'obbligazione alternativa diviene semplice, se una delle due prestazioni diventa impossibile anche per causa a lui imputabile. Se una delle due prestazioni diviene impossibile per colpa del creditore, il debitore è liberato dall'obbligazione, qualora non preferisca eseguire l'altra prestazione e chiedere il risarcimento dei danni.

Quando la scelta spetta al creditore, il debitore è liberato dall'obbligazione, se una delle due prestazioni diviene impossibile per colpa del creditore, salvo che questi preferisca esigere l'altra prestazione e risarcire il danno. Se dell'impossibilità deve rispondere il debitore, il creditore può scegliere l'altra prestazione o esigere il risarcimento del danno.

1290. Impossibilità sopravvenuta di entrambe le prestazioni. – Qualora entrambe le prestazioni siano divenute impossibili e il debitore debba rispondere riguardo a una di esse, egli deve pagare l'equivalente di quella che è divenuta impossibile per l'ultima, se la scelta spettava a lui. Se la scelta spettava al creditore, questi può domandare l'equivalente dell'una o dell'altra.

1291. Obbligazione con alternativa multipla. – Le regole stabilite in questa sezione si osservano anche quando le prestazioni dedotte in obbligazione sono più di due.

Sezione III

Delle obbligazioni in solido

1292. Nozione della solidarietà. – L'obbligazione è in solido quando più debitori sono obbligati tutti per la medesima prestazione, in modo che ciascuno può essere costretto all'adempimento per la totalità e l'adempimento da parte di uno libera gli altri; oppure quando tra più creditori ciascuno ha diritto di chiedere l'adempimento dell'intera obbligazione (1840, 1854) e l'adempimento conseguito da uno di essi libera il debitore verso tutti i creditori (1296; 61 ss. l. fall.).

1293. Modalità varie dei singoli rapporti. – La solidarietà non è esclusa dal fatto che i singoli debitori siano tenuti ciascuno con modalità diverse, o il debitore comune sia tenuto con modalità diverse (1268, 1408, 1944, 2268) di fronte ai singoli creditori (1297).

1294. Solidarietà tra condebitori. – I condebitori sono tenuti in solido (1292), se dalla legge o dal titolo non risulta diversamente.

1295. Divisibilità tra gli eredi. – Salvo patto contrario, l'obbligazione si divide tra gli eredi di uno dei condebitori o di uno dei creditori in solido, in proporzione delle rispettive quote (752, 754, 1318, 1319, 1507², 1509¹).

1296. Scelta del creditore per il pagamento. – Il debitore ha la scelta di pagare all'uno o all'altro dei creditori in solido (1292), quando non è stato prevenuto da uno di essi con domanda giudiziale (1301).

1297. Eccezioni personali. – Uno dei debitori in solido non può opporre al creditore le eccezioni personali agli altri debitori (1945).

A uno dei creditori in solido il debitore non può opporre le eccezioni personali agli altri creditori (1293).

1298. Rapporti interni tra debitori o creditori solidali. – Nei rapporti interni l'obbligazione in solido si divide tra i diversi debitori o tra i diversi creditori, salvo che sia stata contratta nell'interesse esclusivo di alcuno di essi (1299, 2263).

Le parti di ciascuno si presumono uguali, se non risulta diversamente (1301, 2055³).

1299. Regresso tra condebitori. – Il debitore in solido che ha pagato l'intero debito (61², 62²⁻³ l. fall.) può ripetere (1203, n. 3) dai condebitori soltanto la parte di ciascuno di essi (1310², 1954).

Se uno di questi è insolvente, la perdita si ripartisce per contributo tra gli altri condebitori, compreso quello che ha fatto il pagamento (754, 755).

La stessa norma si applica qualora sia insolvente il condebitore nel cui esclusivo interesse l'obbligazione era stata assunta (1203, n. 3, 1298, 1313, 2871).

1300. Novazione. – La novazione (1230) tra il creditore e uno dei debitori in solido libera gli altri debitori (1233). Qualora però si sia voluto limitare la novazione a uno solo dei debitori, gli altri non sono liberati che per la parte di quest'ultimo.

Se convenuta tra uno dei creditori in solido e il debitore, la novazione ha effetto verso gli altri creditori solo per la parte del primo (1268, 1320).

1301. Remissione. – La remissione (1236 ss.) a favore di uno dei debitori in solido libera anche gli altri debitori (1237), salvo che il creditore abbia riservato il suo diritto verso gli altri, nel qual caso il creditore non può esigere il credito da questi, se non detratta la parte del debitore a favore del quale ha consentito la remissione (1311).

Se la remissione è fatta da uno dei creditori in solido, essa libera il debitore verso gli altri creditori solo per la parte spettante al primo (1239, 1320; 135, 184 l. fall.).

1302. Compensazione. – Ciascuno dei debitori in solido può opporre in compensazione (1241) il credito di un condebitore solo fino alla concorrenza della parte di quest'ultimo.

A uno dei creditori in solido il debitore può opporre in compensazione ciò che gli è dovuto da un altro dei creditori, ma solo per la parte di questo (1320).

1303. Confusione. – Se nella medesima persona si riuniscono le qualità di creditore e di debitore in solido, l'obbligazione degli altri debitori si estingue per la parte di quel condebitore.

Se nella medesima persona si riuniscono le qualità di debitore e di creditore in solido, l'obbligazione si estingue per la parte di questo (1253 ss., 1320).

1304. Transazione. – La transazione (1965 ss.) fatta dal creditore con uno dei debitori in solido non produce effetto nei confronti degli altri, se questi non dichiarano di volerne profittare (1411[2]).

Parimenti, se è intervenuta tra uno dei creditori in solido e il debitore, la transazione non ha effetto nei confronti degli altri creditori, se questi non dichiarano di volerne profittare (1320).

1305. Giuramento. – Il giuramento (2736 ss.; 233 ss. c.p.c.) sul debito e non sul vincolo solidale, deferito da uno dei debitori in solido al creditore o da uno dei creditori in solido al debitore, ovvero dal creditore a uno dei debitori in solido o dal debitore a uno dei creditori in solido, produce gli effetti seguenti:

il giuramento ricusato dal creditore o dal debitore, ovvero prestato dal condebitore o dal concreditore in solido, giova agli altri condebitori o concreditori;

il giuramento prestato dal creditore o dal debitore, ovvero ricusato dal condebitore o dal concreditore in solido, nuoce solo a chi lo ha deferito o a colui al quale è stato deferito (233 c.p.c.).

1306. Sentenza. – La sentenza pronunziata tra il creditore e uno dei debitori in solido, o tra il debitore e uno dei creditori in solido, non ha effetto contro gli altri debitori o contro gli altri creditori (2909).

Gli altri debitori possono opporla al creditore, salvo che sia fondata sopra ragioni personali al condebitore; gli altri creditori possono farla valere contro il debitore, salve le eccezioni personali che questi può opporre a ciascuno di essi.

1307. Inadempimento. – Se l'adempimento dell'obbligazione è divenuto impossibile per causa imputabile a uno o più condebitori, gli altri condebitori non sono liberati dall'obbligo solidale di corrispondere il valore della prestazione dovuta (1292). Il creditore può chiedere il risarcimento del danno ulteriore al condebitore o a ciascuno dei condebitori inadempienti (1218).

1308. Costituzione in mora. – La costituzione in mora di uno dei debitori in solido non ha effetto riguardo agli altri (1219), salvo il disposto dell'art. 1310.

La costituzione in mora del debitore da parte di uno dei creditori in solido giova agli altri.

1309. Riconoscimento del debito. – Il riconoscimento del debito fatto da uno dei debitori in solido non ha effetto riguardo agli altri; se è fatto dal debitore nei confronti di uno dei creditori in solido, giova agli altri (1870, 1988, 2720, 2944, 2966).

1310. Prescrizione. – Gli atti con i quali il creditore interrompe la prescrizione (2934, 2943 ss.) contro uno dei debitori in solido, oppure uno dei creditori in solido interrompe la prescrizione contro il comune debitore, hanno effetto riguardo agli altri debitori o agli altri creditori (1308; 95 l. camb.; 76 l. ass.).

La sospensione (2941, 2942) della prescrizione nei rapporti di uno dei debitori o di uno dei creditori in solido non ha effetto riguardo agli altri. Tuttavia il debitore che sia stato costretto a pagare ha regresso contro i condebitori liberati in conseguenza della prescrizione (1299).

La rinunzia alla prescrizione (2937) fatta da uno dei debitori in solido non ha effetto riguardo agli altri; fatta in confronto di uno dei creditori in solido, giova agli altri. Il condebitore che ha rinunziato alla prescrizione non ha regresso verso gli altri debitori liberati in conseguenza della prescrizione medesima.

1311. Rinunzia alla solidarietà. – Il creditore che rinunzia alla solidarietà a favore di uno dei debitori conserva l'azione in solido contro gli altri (1313).

Rinunzia alla solidarietà:

1) il creditore che rilascia a uno dei debitori quietanza (1199) per la parte di lui senza alcuna riserva;

2) il creditore che ha agito giudizialmente contro uno dei debitori per la parte di lui, se questi ha aderito alla domanda, o se è stata pronunciata una sentenza di condanna.

1312. Pagamento separato dei frutti o degli interessi. – Il creditore che riceve, separatamente e senza riserva, la parte dei frutti o degli interessi (1282) che è a carico di uno dei debitori perde contro di lui l'azione in solido per i frutti o per gli interessi scaduti, ma la conserva per quelli futuri.

1313. Insolvenza di un condebitore in caso di rinunzia alla solidarietà. – Nel caso di rinunzia del creditore alla solidarietà verso alcuno dei debitori (1311, 1312), se uno degli altri è insolvente, la sua parte di debito è ripartita per contributo tra tutti i condebitori, compreso quello che era stato liberato dalla solidarietà (1299).

Sezione IV
Delle obbligazioni
divisibili e indivisibili

1314. Obbligazioni divisibili. – Se più sono i debitori o i creditori di una prestazione divisibile e l'obbligazione non è solidale (1292 ss.), ciascuno dei creditori non può domandare il soddisfacimento del credito che per la sua parte, e ciascuno dei debitori non è tenuto a pagare il debito che per la sua parte (1295, 1509).

1315. Limiti alla divisibilità tra gli eredi del debitore. – Il beneficio della divisione non può essere opposto da quello tra gli eredi del debitore, che è stato incaricato (663) di eseguire la prestazione (752) o che è in possesso della cosa dovuta, se questa è certa e determinata.

1316. Obbligazioni indivisibili. – L'obbligazione è indivisibile, quando la prestazione ha per oggetto una cosa o un fatto che non è suscettibile di divisione per sua natura o per il modo in cui è stato considerato dalle parti contraenti (1317; 187 c.p.c.).

1317. Disciplina delle obbligazioni indivisibili. – Le obbligazioni indivisibili sono regolate dalle norme relative alle obbligazioni solidali (1292 ss.), in quanto applicabili, salvo quanto è disposto dagli articoli seguenti.

1318. Indivisibilità nei confronti degli eredi. – L'indivisibilità opera anche nei confronti degli eredi del debitore o di quelli del creditore (1295).

1319. Diritto di esigere l'intero. – Ciascuno dei creditori può esigere l'esecuzione dell'intera prestazione indivisibile (1772). Tuttavia l'erede del creditore, che agisce per il soddisfacimento dell'intero credito, deve dare cauzione a garanzia dei coeredi (1179, 1295; 119 c.p.c.).

1320. Estinzione parziale. – Se uno dei creditori ha fatto remissione del debito (1236 ss.) o ha consentito a ricevere un'altra prestazione in luogo di quella dovuta (1197, 1198), il debitore non è liberato verso gli altri creditori. Questi tuttavia non possono domandare la prestazione indivisibile se non addebitandosi ovvero rimborsando il valore della parte di colui che ha fatto la remissione o che ha ricevuto la prestazione diversa (1301^2).

La medesima disposizione si applica in caso di transazione (1304^2, 1965), novazione (1230, 1300^2), compensazione (1241, 1302^2) e confusione (1253, 1303^2).

Titolo II
Dei contratti in generale

Capo I
Disposizioni preliminari

1321. Nozione. – Il contratto è l'accordo di due o più parti (1420, 1446, 1459, 1466) per costituire, regolare o estinguere tra loro un rapporto giuridico patrimoniale (1174, 1325, 1326).

1322. Autonomia contrattuale. – Le parti possono liberamente determinare il contenuto del contratto nei limiti imposti dalla legge (1372; 5 prel.; 41 Cost.) e dalle norme corporative ([1]).

Le parti possono anche concludere contratti che non appartengano ai tipi (1323, 2249, 2437, 2498) aventi una disciplina particolare, purché siano diretti a realizzare interessi meritevoli di tutela secondo l'ordinamento giuridico (1343, 1411, 2035).

([1]) *L'espressione «e dalle norme corporative» è da ritenersi abrogata dal R.D.L. 9 agosto 1943, n. 721.*

Per alcune limitazioni legali all'autonomia contrattuale delle parti si veda il divieto di stipulare contratti atipici di concessione a terzi di fondi rustici (*art. 13 della L. 15 settembre 1964, n. 756*) *e la conversione* ex lege *in affitto dei contratti aventi ad oggetto la concessione a terzi dell'utilizzo di fondi rustici* (*art. 27 della L. 3 maggio 1982, n. 203*).

1323. Norme regolatrici dei contratti. – Tutti i contratti, ancorché non appartengano ai tipi (1322, 2249, 2437, 2498) che hanno una disciplina particolare, sono sottoposti alle norme generali contenute in questo titolo (1372).

Codice Civile

1324. Norme applicabili agli atti unilaterali. – Salvo diverse disposizioni di legge, le norme che regolano i contratti si osservano, in quanto compatibili, per gli atti unilaterali tra vivi aventi contenuto patrimoniale (482^{1}, 483^{1}, 526, 1174, 1334, 1414^{3}, 1987 ss., 2732).

Capo II
Dei requisiti del contratto

1325. Indicazione dei requisiti. – I requisiti del contratto sono (1418):

1) l'accordo delle parti (1326 ss.);
2) la causa (1343 ss.);
3) l'oggetto (1346 ss.);
4) la forma, quando risulta che è prescritta dalla legge sotto pena di nullità (1350 ss.).

Sezione I
Dell'accordo delle parti

1326. Conclusione del contratto. – Il contratto è concluso nel momento in cui chi ha fatto la proposta ha conoscenza (1335) dell'accettazione dell'altra parte (163, 782^{2}, 1333, 1336).

L'accettazione deve giungere al proponente nel termine da lui stabilito o in quello ordinariamente necessario secondo la natura dell'affare o secondo gli usi (1328, 2964).

Il proponente può ritenere efficace l'accettazione tardiva, purché ne dia immediatamente avviso (1327^{2}) all'altra parte (1175).

Qualora il proponente richieda per l'accettazione una forma determinata, l'accettazione non ha effetto se è data in forma diversa (1352).

Un'accettazione non conforme alla proposta equivale a nuova proposta (1333).

1327. Esecuzione prima della risposta dell'accettante. – Qualora, su richiesta del proponente o per la natura dell'affare o secondo gli usi, la prestazione debba eseguirsi senza una preventiva risposta, il contratto è concluso nel tempo e nel luogo in cui ha avuto inizio l'esecuzione.

L'accettante deve dare prontamente avviso (1175, 1326^{3}) all'altra parte dell'iniziata esecuzione e, in mancanza, è tenuto al risarcimento del danno.

1328. Revoca della proposta e dell'accettazione. – La proposta può essere revocata finché il contratto non sia concluso ($782^{3,4}$, 1329, 1887). Tuttavia, se l'accettante ne ha intrapreso in buona fede (1335, 1337, 1366, 1375) l'esecuzione prima di avere notizia della revoca, il proponente è tenuto a indennizzarlo (843^{2}, 924, 925, 1038, 1053, 2045, 2047) delle spese e delle perdite subite per l'iniziata esecuzione del contratto.

L'accettazione può essere revocata, purché la revoca giunga a conoscenza (1335) del proponente prima dell'accettazione (1326, 1329).

1329. Proposta irrevocabile. – Se il proponente si è obbligato a mantenere ferma la proposta per un certo tempo, la revoca è senza effetto (1328, 1331, 1333).

Nell'ipotesi prevista dal comma precedente, la morte o la sopravvenuta incapacità (414, 1330) del proponente non toglie efficacia alla proposta, salvo che la natura dell'affare o altre circostanze escludano tale efficacia.

1330. Morte o incapacità dell'imprenditore. – La proposta o l'accettazione, quando è fatta dall'imprenditore nell'esercizio della sua impresa (2082), non perde efficacia se l'imprenditore muore o diviene incapace (414, 1425) prima della conclusione del contratto (1722, n. 4, 1270), salvo che si tratti di piccoli imprenditori (2083) o che diversamente risulti dalla natura dell'affare o da altre circostanze (1 l. fall.).

1331. Opzione. – Quando le parti convengono che una di esse rimanga vincolata alla propria dichiarazione e l'altra abbia facoltà di accettarla o meno, la dichiarazione della prima si considera quale proposta irrevocabile per gli effetti previsti dall'art. 1329 (1355).

Se per l'accettazione non è stato fissato un termine, questo può essere stabilito dal giudice (1183).

1332. Adesione di altre parti al contratto. – Se ad un contratto possono aderire altre parti e non sono determinate le modalità dell'adesione, questa deve essere diretta all'organo che sia stato costituito per l'attuazione del contratto o, in mancanza di esso, a tutti i contraenti originari (2525^{1}).

1333. Contratto con obbligazioni del solo proponente. – La proposta diretta a concludere un contratto da cui derivino obbligazioni solo per il proponente è irrevocabile (1329) appena giunge a conoscenza (1335) della parte alla quale è destinata (1328).

Il destinatario può rifiutare la proposta nel termine richiesto dalla natura dell'affare o dagli usi (2964). In mancanza di tale rifiuto il contratto è concluso (1236, 1399^4, 1411^2, 1454^3).

1334. Efficacia degli atti unilaterali. - Gli atti unilaterali (1324, 1414^3) producono effetto dal momento in cui pervengono a conoscenza (1335) della persona alla quale sono destinati (1724).

1335. Presunzione di conoscenza. - La proposta, l'accettazione (1326), la loro revoca (1328) e ogni altra dichiarazione diretta a una determinata persona si reputano conosciute nel momento in cui giungono all'indirizzo del destinatario, se questi non prova di essere stato, senza sua colpa, nell'impossibilità di averne notizia.

1336. Offerta al pubblico. - L'offerta al pubblico, quando contiene gli estremi essenziali del contratto alla cui conclusione è diretta, vale come proposta, salvo che risulti diversamente dalle circostanze o dagli usi (1989).

La revoca dell'offerta, se è fatta nella stessa forma dell'offerta o in forma equipollente (1396^2, 1990), è efficace anche in confronto di chi non ne ha avuto notizia (1328).

1337. Trattative e responsabilità precontrattuale. - Le parti, nello svolgimento delle trattative e nella formazione del contratto, devono comportarsi secondo buona fede (1175, 1338, 1358, 1366, 1375, 1460; 88 c.p.c.).

1338. Conoscenza delle cause d'invalidità. - La parte che, conoscendo o dovendo conoscere l'esistenza di una causa d'invalidità del contratto (1418 ss.), non ne ha dato notizia all'altra parte è tenuta a risarcire il danno da questa risentito per avere confidato, senza sua colpa, nella validità del contratto (139, 1175, 1337, 1398, 1439, 1892).

1339. Inserzione automatica di clausole. - Le clausole, i prezzi di beni o di servizi, imposti dalla legge o da norme corporative ([1]), sono di diritto inseriti nel contratto, anche in sostituzione delle clausole difformi apposte dalle parti.

([1]) *L'espressione «o da norme corporative» è da ritenersi abrogata dal R.D.L. 9 agosto 1943, n. 721.*

1340. Clausole d'uso. - Le clausole d'uso s'intendono inserite nel contratto, se non risulta che non sono state volute dalle parti (1368, 1374).

1341. Condizioni generali di contratto. - Le condizioni generali di contratto (1342, 1679, 2211) predisposte da uno dei contraenti sono efficaci nei confronti dell'altro, se al momento della conclusione (1326) del contratto questi le ha conosciute o avrebbe dovuto conoscerle usando l'ordinaria diligenza (1176, 1370).

In ogni caso non hanno effetto, se non sono specificatamente approvate per iscritto, le condizioni che stabiliscono, a favore di colui che le ha predisposte, limitazioni di responsabilità (1229), facoltà di recedere dal contratto (1373) o di sospenderne l'esecuzione (1461), ovvero sanciscono a carico dell'altro contraente decadenze (2964 ss.), limitazioni alla facoltà di opporre eccezioni (1462), restrizioni alla libertà contrattuale nei rapporti coi terzi (1379, 1566 ss., 2596^1), tacita proroga o rinnovazione del contratto, clausole compromissorie (808 c.p.c.) o deroghe alla competenza (6, 28, 29 c.p.c.) dell'autorità giudiziaria.

1342. ([1]) **Contratto concluso mediante moduli o formulari.** - Nei contratti conclusi mediante la sottoscrizione di moduli o formulari, predisposti per disciplinare in maniera uniforme determinati rapporti contrattuali, le clausole aggiunte al modulo o al formulario prevalgono su quelle del modulo o del formulario qualora siano incompatibili con esse, anche se queste ultime non sono state cancellate.

Si osserva inoltre la disposizione del secondo comma dell'articolo precedente.

([1]) *L'art. 5 della L. 3 febbraio 1989, n. 39, modifiche e integrazioni alla L. 21 marzo 1958, n. 253, concernente la disciplina della professione di mediatore, dispone che il mediatore, il quale per l'esercizio della propria attività si avvale di moduli o formulari, nei quali sono indicate le condizioni di contratto, deve preventivamente depositarne copia presso la commissione camerale per il ruolo dei mediatori.*

Sezione II
Della causa del contratto

1343. Causa illecita. – La causa (1325, n. 2) è illecita (1322[2], 1418[2]) quando è contraria a norme imperative, all'ordine pubblico o al buon costume (5, 23, 25, 634, 1354, 2031, 2035).

1344. Contratto in frode alla legge. – Si reputa altresì illecita la causa quando il contratto costituisce il mezzo per eludere l'applicazione di una norma imperativa (166 *bis*, 743, 1418).

1345. Motivo illecito. – Il contratto è illecito quando le parti si sono determinate a concluderlo esclusivamente per un motivo illecito comune ad entrambe (626, 788, 1362, 1418, 2035, 2126).

Sezione III
Dell'oggetto del contratto

1346. Requisiti. – L'oggetto del contratto deve essere possibile, lecito, determinato o determinabile (1349, 1418, 1429).

1347. Possibilità sopravvenuta dell'oggetto. – Il contratto sottoposto a condizione sospensiva (1353 ss.) o a termine (1184 ss.) è valido, se la prestazione inizialmente impossibile diviene possibile prima dell'avveramento della condizione o della scadenza del termine (1354[2], 1465).

1348. Cose future. – La prestazione di cose future (820) può essere dedotta in contratto (1472), salvi i particolari divieti della legge (458, 771, 2823).

1349. Determinazione dell'oggetto. – Se la determinazione della prestazione dedotta in contratto è deferita a un terzo e non risulta che le parti vollero rimettersi al suo mero arbitrio, il terzo deve procedere con equo apprezzamento. Se manca la determinazione del terzo o se questa è manifestamente iniqua o erronea, la determinazione è fatta dal giudice (778, 1286, 1287, 1473, 2264, 2603).

La determinazione rimessa al mero arbitrio del terzo non si può impugnare se non provando la sua mala fede. Se manca la determinazione del terzo e le parti non si accordano per sostituirlo, il contratto è nullo (1418).

Nel determinare la prestazione il terzo deve tener conto anche delle condizioni generali della produzione a cui il contratto eventualmente abbia riferimento.

Sezione IV
Della forma del contratto

1350. Atti che devono farsi per iscritto. – Devono farsi per atto pubblico (2699 ss.) o per scrittura privata (2702 ss.), sotto pena di nullità (1325, 1351, 1392, 1403, 2725, 2806; 852, 857, 864 c.n.):

1) i contratti che trasferiscono la proprietà di beni immobili (769, 812, 1470, 1548, 1552, 1556, 1813, 2643, n. 1);

2) i contratti che costituiscono, modificano o trasferiscono il diritto di usufrutto su beni immobili (978), il diritto di superficie (952), il diritto del concedente (960) e dell'enfiteuta (957, 959, 2643, n. 2);

3) i contratti che costituiscono la comunione (1100) di diritti indicati dai numeri precedenti (2643, n. 3);

4) i contratti che costituiscono o modificano le servitù prediali (1027 ss., 1051, 1058, 1068), il diritto di uso (1021) su beni immobili e il diritto di abitazione (1022 ss., 2643, n. 4);

5) gli atti di rinunzia ai diritti indicati dai numeri precedenti (2643, n. 5);

6) i contratti di affrancazione del fondo enfiteutico (971, 2643, n. 7);

7) i contratti di anticresi (1960 ss., 2643, n. 12);

8) i contratti di locazione (1571, 1573) di beni immobili per una durata superiore a nove anni (1572, 2643, n. 8);

9) i contratti di società (2247 ss., 2251) o di associazione (2549) con i quali si conferisce il godimento di beni immobili o di altri diritti reali immobiliari per un tempo eccedente i nove anni o per un tempo indeterminato (2643, n. 10);

10) gli atti che costituiscono rendite perpetue (1861 ss.) o vitalizie (1872 ss.), salve le disposizioni relative alle rendite dello Stato (2645);

11) gli atti di divisione di beni immobili e di altri diritti reali immobiliari (713 ss., 1111 ss., 1116, 2646);

12) le transazioni (1965) che hanno per oggetto controversie relative ai rapporti giuridici menzionati nei numeri precedenti (1967, 2643, n. 13);

13) gli altri atti specialmente indicati dalla legge.

1351. Contratto preliminare. – Il contratto preliminare è nullo (1418), se non è fatto nella stessa forma che la legge prescrive per il contratto definitivo (1337, 1350, 1392, 1399, 1403, 2645 *bis*, 2725, 2806, 2932).

1352. Forme convenzionali. – Se le parti hanno convenuto per iscritto di adottare una determinata forma per la futura conclusione di un contratto, si presume (2728) che la forma sia stata voluta per la validità (1350, 1418) di questo (1326[4], 1362, 1367, 2725).

Capo III
Della condizione
nel contratto

1353. Contratto condizionale. – Le parti possono subordinare l'efficacia o la risoluzione del contratto o di un singolo patto a un avvenimento futuro e incerto (108, 1359, 1360, 1757, 2010).

1354. Condizioni illecite o impossibili. – È nullo il contratto al quale è apposta una condizione, sospensiva o risolutiva, contraria a norme imperative, all'ordine pubblico o al buon costume (791, 1379).

La condizione impossibile rende nullo il contratto se è sospensiva (1347); se è risolutiva, si ha come non apposta.

Se la condizione illecita o impossibile è apposta a un patto singolo del contratto, si osservano, riguardo all'efficacia del patto, le disposizioni dei commi precedenti, fermo quanto è disposto dall'art. 1419 (1367).

1355. Condizione meramente potestativa. – É nulla l'alienazione di un diritto o l'assunzione di un obbligo subordinata a una condizione sospensiva che la faccia dipendere dalla mera volontà dell'alienante o, rispettivamente, da quella del debitore (1331).

1356. Pendenza della condizione. – In pendenza della condizione sospensiva l'acquirente di un diritto può compiere atti conservativi (2900).

L'acquirente di un diritto sotto condizione risolutiva può, in pendenza di questa, esercitarlo, ma l'altro contraente può compiere atti conservativi (669 *bis* ss. c.p.c.).

1357. Atti di disposizione in pendenza della condizione. – Chi ha un diritto subordinato a condizione sospensiva o risolutiva può disporne in pendenza di questa; ma gli effetti di ogni atto di disposizione sono subordinati alla stessa condizione (1361, 2852).

1358. Comportamento delle parti nello stato di pendenza. – Colui che si è obbligato o che ha alienato un diritto sotto condizione sospensiva, ovvero lo ha acquistato sotto condizione risolutiva, deve, in pendenza della condizione, comportarsi secondo buona fede (1175, 1337, 1366, 1375, 1391) per conservare integre le ragioni dell'altra parte.

1359. Avveramento della condizione. – La condizione si considera avverata qualora sia mancata per causa imputabile alla parte che aveva interesse contrario all'avveramento di essa (1503, 1749).

1360. Retroattività della condizione. – Gli effetti dell'avveramento della condizione retroagiscono al tempo in cui è stato concluso il contratto (1326), salvo che, per volontà delle parti o per la natura del rapporto, gli effetti del contratto o della risoluzione debbano essere riportati a un momento diverso (1757[1]).

Se però la condizione risolutiva è apposta a un contratto ad esecuzione continuata o periodica (1467[1], 1655), l'avveramento di essa, in mancanza di patto contrario, non ha effetto riguardo alle prestazioni già eseguite (1361, 1373, 1458, 2126, 2332).

1361. Atti di amministrazione. – L'avveramento della condizione (1359) non pregiudica la validità degli atti di amministrazione compiuti dalla parte a cui, in pendenza della condizione stessa, spettava l'esercizio del diritto (1360).

Salvo diverse disposizioni di legge o diversa pattuizione, i frutti percepiti (1148) sono dovuti dal giorno in cui la condizione si è avverata.

Capo IV
Dell'interpretazione
del contratto

1362. Intenzione dei contraenti. – Nell'interpretare il contratto si deve indagare quale sia stata la comune intenzione delle parti e non limitarsi al senso letterale delle parole (1365; 12 prel.).

Per determinare la comune intenzione delle parti, si deve valutare il loro comportamento complessivo anche posteriore alla conclusione del contratto (1326, 1366, 1371).

1363. Interpretazione complessiva delle clausole. – Le clausole del contratto si interpretano le une per mezzo delle altre, attribuendo a ciascuna il senso che risulta dal complesso dell'atto (1367 ss.; 12 prel.).

1364. Espressioni generali. – Per quanto generali siano le espressioni usate nel contratto, questo non comprende che gli oggetti sui quali le parti si sono proposte di contrattare (1369).

1365. Indicazioni esemplificative. – Quando in un contratto si è espresso un caso al fine di spiegare un patto, non si presumono esclusi i casi non espressi, ai quali, secondo ragione, può estendersi lo stesso patto (1362).

1366. Interpretazione di buona fede. – Il contratto deve essere interpretato secondo buona fede (1175, 1337, 1358, 1362, 1375, 1460).

1367. Conservazione del contratto. – Nel dubbio, il contratto o le singole clausole devono interpretarsi nel senso in cui possono avere qualche effetto, anziché in quello secondo cui non ne avrebbero alcuno (1371, 1424).

1368. Pratiche generali interpretative. – Le clausole ambigue s'interpretano secondo ciò che si pratica generalmente nel luogo in cui il contratto è stato concluso (1340, 1374, 1510).

Nei contratti in cui una delle parti è un imprenditore (2082), le clausole ambigue s'interpretano secondo ciò che si pratica generalmente nel luogo in cui è la sede dell'impresa (2196, 2197).

1369. Espressioni con più sensi. – Le espressioni che possono avere più sensi devono, nel dubbio, essere intese nel senso più conveniente alla natura e all'oggetto del contratto (1364).

1370. Interpretazione contro l'autore della clausola. – Le clausole inserite nelle condizioni generali di contratto (1341) o in moduli o formulari (1342) predisposti da uno dei contraenti s'interpretano, nel dubbio, a favore dell'altro (1366).

1371. Regole finali. – Qualora, nonostante l'applicazione delle norme contenute in questo capo, il contratto rimanga oscuro, esso deve essere inteso nel senso meno gravoso per l'obbligato (1184, 1286), se è a titolo gratuito, e nel senso che realizzi l'equo contemperamento degli interessi delle parti se è a titolo oneroso (1367, 1374).

(*Omissis*) ([1]).

([1]) *Seguiva un secondo comma abrogato dall'art. 3 del D.L.vo Lgt. 14 settembre 1944, n. 287, abrogazioni di norme del codice civile.*

Capo V
Degli effetti del contratto

Sezione I
Disposizioni generali

1372. Efficacia del contratto. – Il contratto ha forza di legge tra le parti (1321, 1374). Non può essere sciolto che per mutuo consenso o per cause ammesse dalla legge (1373, 1453, 1671, 2227).

Il contratto non produce effetto rispetto ai terzi che nei casi previsti dalla legge (1239, 1300, 1301, 1411 ss.).

1373. Recesso unilaterale. – Se a una delle parti è attribuita (1341[2]) la facoltà di recedere dal contratto (1453[3]), tale facoltà può essere esercitata finché il contratto non abbia avuto un principio di esecuzione (1385).

Nei contratti a esecuzione continuata o periodica, tale facoltà può essere esercitata anche successivamente, ma il recesso non ha effetto per le prestazioni già eseguite o in corso di esecuzione (1671, 2227).

Qualora sia stata stipulata la prestazione di un corrispettivo per il recesso, questo ha effetto quando la prestazione è eseguita (1386).

È salvo in ogni caso il patto contrario.

1374. Integrazione del contratto. – Il contratto obbliga le parti non solo a quanto è nel medesimo espresso, ma anche a tutte le conseguenze che ne derivano secondo la legge, o, in mancanza, secondo gli usi (2187; 8 prel.) e l'equità (1340, 1367 ss., 2154[2]).

1375. Esecuzione di buona fede. – Il contratto deve essere eseguito secondo buona fede (1175, 1337, 1358, 1366, 1391, 1460).

1376. Contratto con effetti reali. – Nei contratti che hanno per oggetto il trasferimento della proprietà di una cosa determinata, la costituzione o il trasferimento di un diritto reale ovvero il trasferimento di un altro diritto, la proprietà o il diritto si trasmettono e si acquistano per effetto del consenso delle parti legittimamente manifestato.

1377. Trasferimento di una massa di cose. – Quando oggetto del trasferimento è una determinata massa di cose, anche se omogenee, si applica la disposizione dell'articolo precedente, ancorché, per determinati effetti, le cose debbano essere numerate, pesate o misurate (1537).

1378. Trasferimento di cosa determinata solo nel genere. – Nei contratti che hanno per oggetto il trasferimento di cose determinate solo nel genere (1178), la proprietà si trasmette con l'individuazione (1465[3]) fatta d'accordo tra le parti o nei modi da esse stabiliti (1465, 1472). Trattandosi di cose che devono essere trasportate da un luogo a un altro (1510), l'individuazione avviene anche mediante la consegna al vettore (1678 ss.) o allo spedizioniere (1737 ss.).

1379. Divieto di alienazione. – Il divieto di alienare (1260[2]) stabilito per contratto (1341[2]) ha effetto solo tra le parti, e non è valido se non è contenuto entro convenienti limiti di tempo (965, 1329[1], 2596) e se non risponde a un apprezzabile interesse di una delle parti (1174).

1380. Conflitto tra più diritti personali di godimento. – Se, con successivi contratti, una persona concede a diversi contraenti un diritto personale di godimento relativo alla stessa cosa, il godimento spetta al contraente che per primo lo ha conseguito (1155, 1265[1]).

Se nessuno dei contraenti ha conseguito il godimento, è preferito quello che ha il titolo di data certa (2704) anteriore.

Sono salve le norme relative agli effetti della trascrizione (2643 ss.).

1381. Promessa dell'obbligazione o del fatto del terzo. – Colui che ha promesso l'obbligazione o il fatto di un terzo è tenuto a indennizzare l'altro contraente, se il terzo rifiuta di obbligarsi o non compie il fatto promesso.

Sezione II
Della clausola penale e della caparra

1382. Effetti della clausola penale. – La clausola, con cui si conviene che, in caso d'inadempimento o di ritardo nell'adempimento (1218), uno dei contraenti è tenuto a una determinata prestazione, ha l'effetto di limitare il risarcimento alla prestazione promessa, se non è stata convenuta la risarcibilità del danno ulteriore (1223, 1229).

La penale è dovuta indipendentemente dalla prova del danno (1224).

1383. Divieto di cumulo. – Il creditore non può domandare insieme la prestazione principale e la penale, se questa non è stata stipulata per il semplice ritardo (1385).

1384. Riduzione della penale. – La penale può essere diminuita equamente dal giudice, se l'obbligazione principale è stata eseguita in parte ovvero se l'ammontare della penale è manifestamente eccessivo, avuto sempre riguardo all'interesse (1174, 1255, 1256[2], 1322[2], 1379, 1411, 1421, 1457, 1464; 389 c.n.) che il creditore aveva all'adempimento (1181, 1526).

1385. Caparra confirmatoria. – Se al momento della conclusione del contratto (1326 ss.) una parte dà all'altra, a titolo di caparra, una somma di danaro o una quantità di altre cose fungibili, la caparra, in caso di adempimento, deve essere restituita o imputata alla prestazione dovuta (1194).

Se la parte che ha dato la caparra è inadempiente, l'altra può recedere dal contratto, ritenendo la caparra; se inadempiente è invece la parte che l'ha ricevuta, l'altra può recedere dal contratto ed esigere il doppio della caparra (1386).

Se però la parte che non è inadempiente preferisce domandare l'esecuzione o la risoluzione del contratto (1453 ss.), il risarcimento del danno è regolato dalle norme generali (1223 ss.).

1386. Caparra penitenziale. – Se nel contratto è stipulato il diritto di recesso per una o per entrambe le parti, la caparra ha la sola funzione di corrispettivo del recesso (1373).

In questo caso, il recedente perde la caparra data o deve restituire il doppio di quella che ha ricevuta.

Capo VI
Della rappresentanza

1387. Fonti della rappresentanza. – Il potere di rappresentanza è conferito dalla legge (48, 320, 357, 360, 424, 643; 78 c.p.c.) ovvero dall'interessato.

1388. Contratto concluso dal rappresentante. – Il contratto concluso dal rappresentante in nome e nell'interesse del rappresentato, nei limiti delle facoltà conferitegli (19), produce direttamente effetto nei confronti del rappresentato (1398).

1389. Capacità del rappresentante e del rappresentato. – Quando la rappresentanza è conferita dall'interessato, per la validità del contratto concluso dal rappresentante basta che questi abbia la capacità di intendere e di volere (428, 1425), avuto riguardo alla natura e al contenuto del contratto stesso, sempre che sia legalmente capace il rappresentato (777[1]).

In ogni caso, per la validità del contratto concluso dal rappresentante è necessario che il contratto non sia vietato al rappresentato (323, 378, 779, 1261, 1471, 2233).

1390. Vizi della volontà. – Il contratto è annullabile (1441) se è viziata la volontà del rappresentante (1427). Quando però il vizio riguarda elementi predeterminati dal rappresentato, il contratto è annullabile solo se era viziata la volontà di questo (1391, 1426).

1391. Stati soggettivi rilevanti. – Nei casi in cui è rilevante lo stato di buona o di mala fede, di scienza o d'ignoranza di determinate circostanze (1175, 1337, 1358, 1366, 1375, 1428), si ha riguardo alla persona del rappresentante, salvo che si tratti di elementi predeterminati dal rappresentato (1390, 1894).

In nessun caso il rappresentato che è in mala fede può giovarsi dello stato d'ignoranza o di buona fede del rappresentante (1426).

1392. Forma della procura. – La procura non ha effetto se non è conferita con le forme prescritte per il contratto che il rappresentante deve concludere (1350 ss., 1396 ss., 1403).

1393. Giustificazione dei poteri del rappresentante. – Il terzo che contragga col rappresentante può sempre esigere che questi giustifichi i suoi poteri e, se la rappresentanza risulta da un atto scritto, che gliene dia una copia da lui firmata (1397).

1394. Conflitto d'interessi. – Il contratto concluso dal rappresentante in conflitto d'interessi (1395) col rappresentato può essere annullato (1441) su domanda del rappresentato, se il conflitto era conosciuto o riconoscibile (1431) dal terzo.

1395. Contratto con se stesso. – É annullabile (1441) il contratto che il rappresentante conclude con se stesso, in proprio o come rappresentante di un'altra parte, a meno che il rappresentato lo abbia autorizzato specificamente ovvero il contenuto del contratto sia determinato in modo da escludere la possibilità di conflitto d'interessi (1394, 1441, 1471, n. 4, 1735, 2373, 2391).

L'impugnazione può essere proposta soltanto dal rappresentato (1471, n. 4).

1396. Modificazione ed estinzione della procura. – Le modificazioni e la revoca della procura (1903, 2266, 2267) devono essere portate a conoscenza dei terzi con mezzi idonei. In mancanza, esse non sono opponibili ai terzi, se non si prova che questi le conoscevano al momento della conclusione del contratto (19, 2207, 2266).

Le altre cause di estinzione del potere di rappresentanza conferito dall'interessato non sono opponibili ai terzi che le hanno senza colpa ignorate (1722, 1727).

1397. Restituzione del documento della rappresentanza. – Il rappresentante è tenuto a restituire il documento dal quale risultano i suoi poteri, quando questi sono cessati (1393, 1396).

1398. Rappresentanza senza potere. – Colui che ha contrattato come rappresentante senza averne i poteri o eccedendo i limiti delle facoltà conferitegli, è responsabile del danno che il terzo contraente ha sofferto per avere confidato senza sua colpa nella validità del contratto (1338, 1399, 1890, 2032, 2822; 11 l. camb.; 14 l. ass.).

1399. Ratifica. – Nell'ipotesi prevista dall'articolo precedente, il contratto può essere ratificato dall'interessato (1188, 1444, 1711, 1890, 2032, 2822), con l'osservanza delle forme prescritte per la conclusione di esso (1350, 1392, 1403, 2805).

La ratifica ha effetto retroattivo, ma sono salvi i diritti dei terzi (1445).

Il terzo e colui che ha contrattato come rappresentante possono d'accordo sciogliere il contratto prima della ratifica (1327).

Il terzo contraente può invitare l'interessato a pronunziarsi sulla ratifica assegnandogli un termine, scaduto il quale, nel silenzio, la ratifica s'intende negata (1333^2, 1454^3, 1712).

La facoltà di ratifica si trasmette agli eredi.

1400. Speciali forme di rappresentanza. – Le speciali forme di rappresentanza nelle imprese agricole e commerciali sono regolate dal libro V (2138, 2150, 2203 ss.).

Capo VII
Del contratto per persona da nominare

1401. Riserva di nomina del contraente. – Nel momento della conclusione del contratto (1326) una parte può riservarsi la facoltà di nominare successivamente (1402) la persona che deve acquistare i diritti e assumere gli obblighi nascenti dal contratto stesso (583 c.p.c.).

1402. Termine e modalità della dichiarazione di nomina. – La dichiarazione di nomina deve essere comunicata all'altra parte nel termine di tre giorni dalla stipulazione del contratto, se le parti non hanno stabilito un termine diverso.

La dichiarazione non ha effetto se non è accompagnata dall'accettazione (1399) della persona nominata o se non esiste una procura (1387) anteriore al contratto (1405).

1403. Forme e pubblicità. – La dichiarazione di nomina e la procura o l'accettazione della persona nominata non hanno effetto se non rivestono la stessa forma che le parti hanno usata per il contratto, anche se non prescritta dalla legge (1350, 1392, 1399, 2806).

Se per il contratto è richiesta a determinati effetti una forma di pubblicità (2643), deve agli stessi effetti essere resa pubblica anche la dichiarazione di nomina, con l'indicazione dell'atto di procura o dell'accettazione della persona nominata.

1404. Effetti della dichiarazione di nomina. – Quando la dichiarazione di nomina è stata validamente fatta, la persona nominata acquista i diritti e assume gli obblighi derivanti dal contratto con effetto dal momento in cui questo fu stipulato (1399²).

1405. Effetti della mancata dichiarazione di nomina. – Se la dichiarazione di nomina non è fatta validamente nel termine stabilito dalla legge o dalle parti (1402), il contratto produce i suoi effetti tra i contraenti originari (1762).

Capo VIII
Della cessione del contratto

1406. Nozione. – Ciascuna parte può sostituire a sé un terzo nei rapporti derivanti da un contratto con prestazioni corrispettive, se queste non sono state ancora eseguite, purché l'altra parte vi consenta (1180, 1260, 1410, 1594, 1624, 2149, 2160¹, 2558; 46 c.n.).

1407. Forma. – Se una parte ha consentito preventivamente che l'altra sostituisca a sé un terzo nei rapporti derivanti dal contratto, la sostituzione è efficace nei suoi confronti dal momento in cui le è stata notificata o in cui essa l'ha accettata (1264, 1403, 1918).

Se tutti gli elementi del contratto risultano da un documento nel quale è inserita la clausola «all'ordine» o altra equivalente, la girata del documento produce la sostituzione del giratario nella posizione del girante (1889, 1918, 2008, 2011; 137 c.p.c.; 15 l. camb.; 17 l. ass.).

1408. Rapporti fra contraente ceduto e cedente. – Il cedente è liberato dalle sue obbligazioni verso il contraente ceduto dal momento in cui la sostituzione diviene efficace nei confronti di questo (1407).

Tuttavia il contraente ceduto, se ha dichiarato di non liberare il cedente, può agire contro di lui qualora il cessionario non adempia le obbligazioni assunte (1267).

Nel caso previsto dal comma precedente, il contraente ceduto deve dare notizia al cedente dell'inadempimento del cessionario, entro quindici giorni da quello in cui l'inadempimento si è verificato; in mancanza è tenuto al risarcimento del danno (2481).

1409. Rapporti fra contraente ceduto e cessionario. – Il contraente ceduto può opporre al cessionario tutte le eccezioni derivanti dal contratto, ma non quelle fondate su altri rapporti col cedente, salvo che ne abbia fatto espressa riserva al momento in cui ha consentito alla sostituzione (1271, 1413).

1410. Rapporti fra cedente e cessionario. – Il cedente è tenuto a garantire la validità del contratto (1266).

Se il cedente assume la garanzia dell'adempimento del contratto (1408²), egli risponde come un fideiussore (1936, 1944 ss., 1949) per le obbligazioni del contraente ceduto (1267, 1942).

Capo IX
Del contratto
a favore di terzi

1411. Contratto a favore di terzi. – É valida la stipulazione a favore di un terzo (1273, 1372², 1599⁴, 1689, 1773, 1875, 1920 ss.), qualora lo stipulante vi abbia interesse (1174, 1255, 1256², 1322², 1379, 1384, 1421, 1457¹, 1464, 1875, 1920).

Salvo patto contrario, il terzo acquista il diritto contro il promittente per effetto della stipulazione (1332²). Questa però può essere revocata o modificata dallo stipulante, finché il terzo non abbia dichiarato, anche in confronto del promittente, di volerne profittare (782 ss., 792, 1236, 1273, 1304, 1412, 1689, 1773, 1921).

In caso di revoca della stipulazione o di rifiuto del terzo di profittarne, la prestazione rimane a beneficio dello stipulante, salvo che diversamente risulti dalla volontà delle parti o dalla natura del contratto.

1412. Prestazione al terzo dopo la morte dello stipulante. – Se la prestazione deve essere fatta al terzo dopo la morte dello stipulante, questi può revocare il beneficio anche con una disposizione testamentaria (587 ss.) e quantunque il terzo abbia dichiarato di volerne profittare (1411), salvo che, in quest'ultimo caso, lo stipulante abbia rinunciato per iscritto al potere di revoca (679, 1921).

La prestazione deve essere eseguita a favore degli eredi del terzo se questi premuore allo stipulante, purché il beneficio non sia stato revocato e lo stipulante non abbia disposto diversamente.

1413. Eccezioni opponibili dal promittente al terzo. – Il promittente può opporre al terzo le eccezioni fondate sul contratto dal quale il terzo deriva il suo diritto, ma non quelle fondate su altri rapporti tra promittente e stipulante (1272, 1273⁴, 1409).

Capo X
Della simulazione

1414. Effetti della simulazione tra le parti. – Il contratto simulato non produce effetto tra le parti (1415).

Se le parti hanno voluto concludere un contratto diverso da quello apparente, ha effetto tra esse il contratto dissimulato, purché ne sussistano i requisiti di sostanza e di forma (1350, 1424).

Le precedenti disposizioni si applicano anche agli atti unilaterali destinati a una persona determinata, che siano simulati per accordo tra il dichiarante e il destinatario (1324, 1334, 1471).

1415. Effetti della simulazione rispetto ai terzi. – La simulazione non può essere opposta né dalle parti contraenti, né dagli aventi causa o dai creditori del simulato alienante, ai terzi che in buona fede (1147, 1153, 1189, 1445) hanno acquistato diritti dal titolare apparente, salvi gli effetti della trascrizione della domanda di simulazione (2652, n. 4).

I terzi possono far valere la simulazione in confronto delle parti, quando essa pregiudica i loro diritti (1372).

1416. Rapporti con i creditori. – La simulazione non può essere opposta dai contraenti ai creditori del titolare apparente che in buona fede hanno compiuto atti di esecuzione sui beni che furono oggetto del contratto simulato (1147, 2910 ss.; 483 ss. c.p.c.).

I creditori del simulato alienante possono far valere la simulazione che pregiudica i loro diritti, e, nel conflitto con i creditori chirografari del simulato acquirente, sono preferiti a questi, se il loro credito è anteriore all'atto simulato (483 c.p.c.).

1417. Prova della simulazione. – La prova per testimoni della simulazione è ammissibile senza limiti (2722, 2724), se la domanda è proposta da creditori o da terzi e, qualora sia diretta a far valere l'illiceità del contratto dissimulato (1343 ss., 1346), anche se è proposta dalle parti.

Capo XI
Della nullità del contratto

1418. Cause di nullità del contratto. – Il contratto è nullo quando è contrario a norme imperative (2331³), salvo che la legge disponga diversamente (1422, 2126).

Producono nullità del contratto la mancanza di uno dei requisiti indicati dall'art. 1325 (1349²), l'illiceità della causa (1343, 2035), l'illiceità dei motivi nel caso indicato dall'art. 1345 e la mancanza nell'oggetto dei requisiti stabiliti dall'art. 1346 (2379).

Il contratto è altresì nullo negli altri casi stabiliti dalla legge (1876, 1904, 1963, 2103, 2122, 2265, 2744) (¹).

(¹) *A norma dell'art. 8 del D.L. 4 luglio 2006, n. 223, convertito, con modificazioni, nella L. 4 agosto 2006, n. 248, le clausole contrattuali che impegnano, in esclusiva, uno o più agenti assicurativi o altro distributore di servizi assicurativi relativi al ramo responsabilità civile auto ad una o più compagnie assicurative individuate, o che impongono ai medesimi soggetti il prezzo minimo o lo sconto massimo praticabili ai consumatori per gli stessi servizi, sono nulle secondo quanto previsto dall'articolo 1418 del codice civile. Le clausole sottoscritte prima della data di entrata in vigore del presente decreto sono fatte salve fino alla loro naturale scadenza e comunque non oltre il 1° gennaio 2008.*

1419. Nullità parziale. – La nullità parziale di un contratto o la nullità di singole clausole importa la nullità dell'intero contratto, se risulta che i contraenti non lo avrebbero concluso senza quella parte del suo contenuto che è colpita dalla nullità (1229, 1354[3], 1430, 1480, 2265).

La nullità di singole clausole non importa la nullità del contratto, quando le clausole nulle sono sostituite di diritto da norme imperative (1339, 1679, 1815, 1932, 2066, 2077, 2115, 2936).

1420. Nullità nel contratto plurilaterale. – Nei contratti con più di due parti, in cui le prestazioni di ciascuna sono dirette al conseguimento di uno scopo comune, la nullità che colpisce il vincolo di una sola delle parti non importa nullità del contratto, salvo che la partecipazione di essa debba, secondo le circostanze, considerarsi essenziale (1446, 1459, 1466).

1421. Legittimazione all'azione di nullità. – Salvo diverse disposizioni di legge, la nullità può essere fatta valere da chiunque vi ha interesse (1174, 1255, 1256[2], 1322[2], 1379, 1384, 1411, 1457[1], 1464) e può essere rilevata d'ufficio dal giudice (1462, 1903, 2379).

1422. Imprescrittibilità dell'azione di nullità. – L'azione per far dichiarare la nullità non è soggetta a prescrizione (2934), salvi gli effetti dell'usucapione (1158 ss.) e della prescrizione delle azioni di ripetizione (2379, 2946).

1423. Inammissibilità della convalida. – Il contratto nullo non può essere convalidato (1444), se la legge non dispone diversamente (590, 799, 1972, 2332[5], 2379).

1424. Conversione del contratto nullo. – Il contratto nullo può produrre gli effetti di un contratto diverso, del quale contenga i requisiti di sostanza e di forma (1414[2]), qualora, avuto riguardo allo scopo perseguito dalle parti, debba ritenersi che esse lo avrebbero voluto se avessero conosciuto la nullità (1059[2], 1367, 1414).

Capo XII
Dell'annullabilità del contratto

Sezione I
Dell'incapacità

1425. Incapacità delle parti. – Il contratto è annullabile se una delle parti era legalmente incapace di contrattare (2, 3, 322, 377, 396, 414, 427, 477, 1441).

È parimenti annullabile, quando ricorrono le condizioni stabilite dall'art. 428, il contratto stipulato da persona incapace d'intendere o di volere (1191, 1444; 32 c.p.).

1426. Raggiri usati dal minore. – Il contratto non è annullabile, se il minore ha con raggiri occultato la sua minore età (2); ma la semplice dichiarazione da lui fatta di essere maggiorenne non è di ostacolo all'impugnazione del contratto (1439).

Sezione II
Dei vizi del consenso

1427. Errore, violenza e dolo. – Il contraente (1324, 1390), il cui consenso fu dato per errore (1428 ss.), estorto con violenza (1434 ss.) o carpito con dolo (1439 ss.), può chiedere l'annullamento del contratto secondo le disposizioni seguenti.

1428. Rilevanza dell'errore. – L'errore è causa di annullamento del contratto quando è essenziale (1429) ed è riconoscibile (1394, 1395, 1431) dall'altro contraente (787, 1391, 1972 ss.).

1429. Errore essenziale. – L'errore è essenziale (1433):

1) quando cade sulla natura o sull'oggetto (1346 ss., 1972[2]) del contratto;

2) quando cade sull'identità dell'oggetto della prestazione ovvero sopra una qualità dello stesso che, secondo il comune apprezzamento o in relazione alle circostanze, deve ritenersi determinante del consenso (1497);

3) quando cade sull'identità o sulle qualità della persona dell'altro contraente, sempre che l'una o le altre siano state determinanti del consenso (122);

4) quando, trattandosi di errore di diritto, è stato la ragione unica o principale del contratto (787, 1969).

1430. Errore di calcolo. – L'errore di calcolo non dà luogo ad annullamento del contratto, ma solo a rettifica, tranne che, concretandosi in errore sulla quantità, sia stato determinante del consenso (1419).

1431. Errore riconoscibile. – L'errore si considera riconoscibile (1428) quando, in relazione al contenuto (1322[1], 1708), alle circostanze del contratto ovvero alla qualità dei contraenti, una persona di normale diligenza avrebbe potuto rilevarlo (1176, 1428).

1432. Mantenimento del contratto rettificato. – La parte in errore non può domandare l'annullamento del contratto se, prima che ad essa possa derivarne pregiudizio, l'altra offre di eseguirlo in modo conforme al contenuto e alle modalità del contratto che quella intendeva concludere (1450, 1453[3], 1467).

1433. Errore nella dichiarazione o nella sua trasmissione. – Le disposizioni degli articoli precedenti si applicano anche al caso in cui l'errore cade sulla dichiarazione, o in cui la dichiarazione è stata inesattamente trasmessa dalla persona o dall'ufficio che ne era stato incaricato (1428, 2706).

1434. Violenza. – La violenza è causa di annullamento del contratto (1441 ss.), anche se esercitata da un terzo (1439).

1435. Caratteri della violenza. – La violenza deve essere di tal natura da fare impressione sopra una persona sensata e da farle temere di esporre sé o i suoi beni a un male ingiusto e notevole. Si ha riguardo, in questa materia, all'età, al sesso e alla condizione delle persone (1438).

1436. Violenza diretta contro terzi. – La violenza è causa di annullamento del contratto anche quando il male minacciato (1438) riguarda la persona o i beni del coniuge del contraente o di un discendente o ascendente di lui.

Se il male minacciato riguarda altre persone, l'annullamento del contratto è rimesso alla prudente valutazione delle circostanze da parte del giudice.

1437. Timore riverenziale. – Il solo timore riverenziale non è causa di annullamento del contratto.

1438. Minaccia di far valere un diritto. – La minaccia di far valere un diritto può essere causa di annullamento del contratto solo quando è diretta a conseguire vantaggi ingiusti (2043).

1439. Dolo. – Il dolo è causa di annullamento del contratto quando i raggiri usati da uno dei contraenti sono stati tali che, senza di essi, l'altra parte non avrebbe contrattato (1195, 1338, 1426, 1892, 1975[1], 1986).

Quando i raggiri sono stati usati da un terzo, il contratto è annullabile se essi erano noti al contraente che ne ha tratto vantaggio (1440).

1440. Dolo incidente. – Se i raggiri non sono stati tali da determinare il consenso, il contratto è valido, benché senza di essi sarebbe stato concluso a condizioni diverse; ma il contraente in mala fede risponde dei danni (2043, 2056).

Sezione III
Dell'azione di annullamento

1441. Legittimazione. – L'annullamento del contratto può essere domandato solo dalla parte nel cui interesse è stabilito dalla legge (322, 323, 377, 378, 388, 396, 427, 428, 1394, 1395, 1442 ss., 1462, 1971, 1972, 1975).

L'incapacità del condannato in istato di interdizione legale (32 c.p.) può essere fatta valere da chiunque vi ha interesse.

1442. Prescrizione. – L'azione di annullamento si prescrive in cinque anni (428, 761, 775, 1449).

Quando l'annullabilità dipende da vizio del consenso (1427 ss.) o da incapacità legale (1425), il termine decorre dal giorno in cui è cessata la violenza, è stato scoperto l'errore o il dolo, è cessato lo stato d'interdizione o d'inabilitazione (429, 431), ovvero il minore ha raggiunto la maggiore età (2, 428[3], 761[2], 775[2], 2935).

Negli altri casi il termine decorre dal giorno della conclusione del contratto (1326, 2935).

L'annullabilità può essere opposta dalla parte convenuta per l'esecuzione del contratto, anche se è prescritta l'azione per farla valere (1449[2], 1495[3], 1667[3]).

1443. Ripetizione contro il contraente incapace. – Se il contratto è annullato per incapacità di uno dei contraenti (1425), questi non è tenuto a restituire all'altro la prestazione ricevuta se non nei limiti in cui è stata rivolta a suo vantaggio (1190, 1769, 2039, 2041).

1444. Convalida. – Il contratto annullabile può essere convalidato dal contraente al quale spetta l'azione di annullamento, mediante un atto che contenga la menzione del contratto e del motivo di annullabilità, e la dichiarazione che s'intende convalidarlo (1423, 1451, 2824).

Il contratto è pure convalidato, se il contraente al quale spettava l'azione di annullamento vi ha dato volontariamente esecuzione conoscendo il motivo di annullabilità (1234², 1399, 2264²).

La convalida non ha effetto, se chi l'esegue non è in condizione di concludere validamente il contratto (1423, 1425, 1451, 2824).

1445. Effetti dell'annullamento nei confronti dei terzi. – L'annullamento che non dipende da incapacità legale non pregiudica i diritti acquistati (1606) a titolo oneroso dai terzi di buona fede, salvi gli effetti della trascrizione della domanda di annullamento (23, 25, 785, 1425, 1458, 2377, 2652, n. 6, 2690, n. 3).

1446. Annullabilità nel contratto plurilaterale. – Nei contratti indicati dall'art. 1420 l'annullabilità che riguarda il vincolo di una sola delle parti non importa annullamento del contratto, salvo che la partecipazione di questa debba, secondo le circostanze, considerarsi essenziale (1459, 1466).

Capo XIII
Della rescissione del contratto

1447. Contratto concluso in istato di pericolo. – Il contratto con cui una parte ha assunto obbligazioni a condizioni inique, per la necessità, nota alla controparte, di salvare sé o altri dal pericolo attuale di un danno grave alla persona, può essere rescisso sulla domanda della parte che si è obbligata (2045, 2652, n. 1; 54 c.p.).

Il giudice nel pronunciare la rescissione può, secondo le circostanze, assegnare un equo compenso all'altra parte per l'opera prestata.

1448. Azione generale di rescissione per lesione. – Se vi è sproporzione tra la prestazione di una parte e quella dell'altra, e la sproporzione è dipesa dallo stato di bisogno di una parte, del quale l'altra ha approfittato per trarne vantaggio, la parte danneggiata può domandare la rescissione del contratto (763, 1462, 1964, 1970, 2922; 644 c.p.).

L'azione non è ammissibile se la lesione non eccede la metà del valore che la prestazione eseguita o promessa dalla parte danneggiata aveva al tempo del contratto.

La lesione deve perdurare fino al tempo in cui la domanda è proposta.

Non possono essere rescissi per causa di lesione i contratti aleatori (1469, 1472², 1934).

Sono salve le disposizioni relative alla rescissione della divisione (763 ss.).

1449. Prescrizione. – L'azione di rescissione si prescrive in un anno dalla conclusione del contratto (763, 1326); ma se il fatto costituisce reato, si applica l'ultimo comma dell'art. 2947.

La rescindibilità del contratto non può essere opposta in via di eccezione quando l'azione è prescritta (1442⁴, 1495³).

1450. Offerta di modificazione del contratto. – Il contraente contro il quale è domandata la rescissione può evitarla offrendo una modificazione del contratto sufficiente per ricondurlo ad equità (767, 1432, 1453³, 1467, 1468).

1451. Inammissibilità della convalida. – Il contratto rescindibile non può essere convalidato (1449).

1452. Effetti della rescissione rispetto ai terzi. – La rescissione del contratto non pregiudica i diritti acquistati dai terzi (1445, 1458, 1757), salvi gli effetti della trascrizione della domanda di rescissione (2652, n. 1, 2690, n. 1).

Capo XIV
Della risoluzione del contratto

Sezione I
Della risoluzione per inadempimento

1453. Risolubilità del contratto per inadempimento. – Nei contratti con prestazioni corrispettive, quando uno dei contraenti non adempie le sue obbligazioni, l'altro può a sua scelta chiedere l'adempimento (1176 ss., 1454) o la risoluzione del contratto (1455, 1878, 1976), salvo, in ogni caso, il risarcimento del danno (1218, 1223, 1517, 1479, 1480, 1489, 1492, 1497, 1867, 2286, 2652, n. 1).

La risoluzione può essere domandata anche quando il giudizio è stato promosso per ottenere l'adempimento; ma non può più chiedersi l'adempimento quando è stata domandata la risoluzione (972², 1286², 1492²).

Dalla data della domanda di risoluzione l'inadempiente non può più adempiere la propria obbligazione (1288, 1432, 1450, 1458, 1492; 72 l. fall.).

1454. Diffida ad adempiere. – Alla parte inadempiente l'altra può intimare per iscritto di adempiere in un congruo termine, con dichiarazione che, decorso inutilmente detto termine, il contratto s'intenderà senz'altro risoluto (1456, 1482[2], 1662[2], 1901[3]).

Il termine non può essere inferiore a quindici giorni, salvo diversa pattuizione delle parti o salvo che, per la natura del contratto (1182[1], 1326, 1329[2], 1330, 1333[2], 1360[1], 1369, 1389[1], 1469, 1569, 1800[3]) o secondo gli usi, risulti congruo un termine minore.

Decorso il termine senza che il contratto sia stato adempiuto, questo è risoluto di diritto (1333[2], 1399[4], 1456, 1457, 1482, 1901).

1455. Importanza dell'inadempimento. – Il contratto non si può risolvere se l'inadempimento di una delle parti ha scarsa importanza, avuto riguardo all'interesse dell'altra (1522, 1525, 1564, 1565, 1668, 1819, 1820, 1878, 1901, 2286).

1456. Clausola risolutiva espressa. – I contraenti possono convenire espressamente che il contratto si risolva nel caso che una determinata obbligazione non sia adempiuta secondo le modalità stabilite (973, 1458[2]).

In questo caso, la risoluzione si verifica di diritto quando la parte interessata dichiara all'altra che intende valersi della clausola risolutiva (1454, 1517).

1457. Termine essenziale per una delle parti. – Se il termine fissato per la prestazione di una delle parti deve considerarsi essenziale nell'interesse (1174, 1322[2], 1379, 1464) dell'altra, questa, salvo patto o uso contrario, se vuole esigerne l'esecuzione nonostante la scadenza del termine, deve darne notizia all'altra parte entro tre giorni (1184, 1326).

In mancanza, il contratto s'intende risoluto di diritto anche se non è stata espressamente pattuita la risoluzione (1456, 1901[3]).

1458. Effetti della risoluzione. – La risoluzione del contratto per inadempimento ha effetto retroattivo (1519) tra le parti, salvo il caso di contratti ad esecuzione continuata o periodica (1467[1]), riguardo ai quali l'effetto della risoluzione non si estende alle prestazioni già eseguite (1360[2], 1373[2], 2126[1], 2332[2]).

La risoluzione, anche se è stata espressamente pattuita (1456), non pregiudica i diritti acquistati dai terzi (1399[2], 1445, 1452, 1467, 1595[3]), salvi gli effetti della trascrizione della domanda di risoluzione (1467, 2652, n. 1).

1459. Risoluzione nel contratto plurilaterale. – Nei contratti indicati dall'art. 1420 l'inadempimento di una delle parti non importa la risoluzione del contratto rispetto alle altre, salvo che la prestazione mancata debba, secondo le circostanze, considerarsi essenziale (1446, 1466).

1460. Eccezione d'inadempimento. – Nei contratti con prestazioni corrispettive, ciascuno dei contraenti può rifiutarsi di adempiere la sua obbligazione, se l'altro non adempie (1218, 1219) o non offre di adempiere contemporaneamente la propria (1208 ss., 1220), salvo che (1528[2]) termini diversi per l'adempimento siano stati stabiliti dalle parti o risultino dalla natura del contratto (1481, 1482, 1901, 1924).

Tuttavia non può rifiutarsi l'esecuzione se, avuto riguardo alle circostanze, il rifiuto è contrario alla buona fede (1175, 1337, 1358, 1366, 1375, 1391, 1565).

1461. Mutamento nelle condizioni patrimoniali dei contraenti. – Ciascun contraente può sospendere l'esecuzione della prestazione da lui dovuta, se le condizioni patrimoniali dell'altro sono divenute tali (1186, 1822, 1956, 1959) da porre in evidente pericolo il conseguimento della controprestazione, salvo che sia prestata idonea garanzia (1179, 1877).

1462. Clausola limitativa della proponibilità di eccezioni. – La clausola (1341) con cui si stabilisce che una delle parti non può opporre eccezioni al fine di evitare o ritardare la prestazione dovuta, non ha effetto per le eccezioni di nullità (1418 ss.), di annullabilità (1425 ss.) e di rescissione (1447 ss.) del contratto.

Nei casi in cui la clausola è efficace, il giudice, se riconosce che concorrono gravi motivi, può tuttavia sospendere la condanna, imponendo, se del caso, una cauzione.

Sezione II
Dell'impossibilità sopravvenuta

1463. Impossibilità totale. – Nei contratti con prestazioni corrispettive, la parte liberata per la sopravvenuta impossibilità (1256 ss.) della prestazione dovuta non può chiedere la controprestazione, e deve restituire quella che abbia già ricevuta, secondo le norme relative alla ripetizione dell'indebito (2033 ss.).

1464. Impossibilità parziale. – Quando la prestazione di una parte è divenuta solo parzialmente impossibile (1258), l'altra parte ha diritto a una corrispondente riduzione della prestazione da essa dovuta, e può anche recedere dal contratto qualora non abbia un interesse (1174, 1255, 1256^{2}, 1322^{2}, 1384, 1421, 1457^{1}) apprezzabile all'adempimento parziale (1181, 1672, 2228).

1465. Contratto con effetti traslativi o costitutivi. – Nei contratti che trasferiscono la proprietà di una cosa determinata ovvero costituiscono o trasferiscono diritti reali (1376, 1470), il perimento della cosa per una causa non imputabile all'alienante non libera l'acquirente dall'obbligo di eseguire la controprestazione, ancorché la cosa non gli sia stata consegnata (1673, 2254).

La stessa disposizione si applica nel caso in cui l'effetto traslativo o costitutivo sia differito fino allo scadere di un termine (1523, 2286^{3}).

Qualora oggetto del trasferimento sia una cosa determinata solo nel genere (1178), l'acquirente non è liberato dall'obbligo di eseguire la controprestazione, se l'alienante ha fatto la consegna o se la cosa è stata individuata (1378).

L'acquirente è in ogni caso liberato dalla sua obbligazione, se il trasferimento era sottoposto a condizione sospensiva e l'impossibilità è sopravvenuta prima che si verifichi la condizione (1360, 1523).

1466. Impossibilità nel contratto plurilaterale. – Nei contratti indicati dall'art. 1420 l'impossibilità della prestazione (1256 ss.) di una delle parti non importa scioglimento del contratto rispetto alle altre, salvo che la prestazione mancata debba, secondo le circostanze, considerarsi essenziale (1256, 1446, 1459).

Sezione III
Dell'eccessiva onerosità

1467. Contratto con prestazioni corrispettive. – Nei contratti a esecuzione continuata o periodica (1360^{2}, 1373^{2}, 1458^{2}) ovvero a esecuzione differita, se la prestazione di una delle parti è divenuta eccessivamente onerosa per il verificarsi di avvenimenti straordinari e imprevedibili, la parte che deve tale prestazione può domandare la risoluzione del contratto, con gli effetti stabiliti dall'art. 1458 (1450, 1879^{2}).

La risoluzione non può essere domandata se la sopravvenuta onerosità rientra nell'alea normale del contratto (1469).

La parte contro la quale è domandata la risoluzione può evitarla offrendo di modificare equamente le condizioni del contratto (1450, 1468, 1623, 1664).

1468. Contratto con obbligazioni di una sola parte. – Nell'ipotesi prevista dall'articolo precedente, se si tratta di un contratto nel quale una sola delle parti ha assunto obbligazioni, questa può chiedere una riduzione della sua prestazione ovvero una modificazione nelle modalità di esecuzione, sufficienti per ricondurla ad equità (1450, 1623, 1664).

1469. Contratto aleatorio. – Le norme degli articoli precedenti non si applicano ai contratti aleatori per loro natura (1879^{2}, 1882) o per volontà delle parti (1467^{2}, 1472^{2}).

Capo XIV *bis*
Dei contratti del consumatore ([1])

([1]) *Questo capo è stato aggiunto dall'art. 25 della L. 6 febbraio 1996, n. 52.*

1469 *bis*. ([1]) Contratti del consumatore. – Le disposizioni del presente titolo si applicano ai contratti del consumatore, ove non derogate dal codice del consumo o da altre disposizioni più favorevoli per il consumatore.

([1]) *Gli articoli 1469* bis *- 1469* sexies *sono stati così sostituiti dall'attuale 1469* bis *dall'art. 142 del D.L.vo 6 settembre 2005, n. 206, codice del consumo*

Titolo III
Dei singoli contratti

Capo I
Della vendita

Sezione I
Disposizioni generali

1470. Nozione. – La vendita è il contratto che ha per oggetto (1325, n. 3) il trasferimento della proprietà di una cosa o il trasferimento di un altro diritto verso il corrispettivo di un prezzo (1350 n. 1, 1376, 1465, 1862).

1471. Divieti speciali di comprare. – Non possono essere compratori nemmeno all'asta pubblica, né direttamente né per interposta persona (323, 378, 1261):

1) gli amministratori dei beni dello Stato, dei comuni, delle province o degli altri enti pubblici, rispetto ai beni affidati allo loro cura;

2) gli ufficiali pubblici, rispetto ai beni che sono venduti per loro ministero (1261; 534 ss., 570 ss., 576 ss. c.p.c.);

3) coloro che per legge (320 ss.) o per atto della pubblica autorità amministrano beni altrui (357, 375 ss., 424 ss., 643; 78 c.p.c.), rispetto ai beni medesimi;

4) i mandatari (1703), rispetto ai beni che sono stati incaricati di vendere (1731), salvo il disposto dell'art. 1395 (1735).

Nei primi due casi l'acquisto è nullo (1418); negli altri è annullabile (1425, 1442).

1472. Vendita di cose future. – Nella vendita che ha per oggetto una cosa futura (1348), l'acquisto della proprietà si verifica non appena la cosa viene ad esistenza (1476 n. 2, 2822). Se oggetto della vendita sono gli alberi o i frutti di un fondo, la proprietà si acquista quando gli alberi sono tagliati o i frutti sono separati (820^2).

Qualora le parti non abbiano voluto concludere un contratto aleatorio (1448^4, 1469), la vendita è nulla se la cosa non viene ad esistenza (1325, n. 3, 1418 ss., 1476).

1473. Determinazione del prezzo affidata a un terzo. – Le parti possono affidare la determinazione del prezzo a un terzo, eletto nel contratto o da eleggere posteriormente (1349).

Se il terzo non vuole o non può accettare l'incarico, ovvero le parti non si accordano per la sua nomina o per la sua sostituzione, la nomina, su richiesta di una delle parti, è fatta dal presidente del tribunale del luogo in cui è stato concluso il contratto (82 att.).

1474. Mancanza di determinazione espressa del prezzo. – Se il contratto ha per oggetto cose che il venditore vende abitualmente e le parti non hanno determinato il prezzo, né hanno convenuto il modo di determinarlo, né esso è stabilito per atto della pubblica autorità [o da norme corporative] ([1]), si presume che le parti abbiano voluto riferirsi al prezzo normalmente praticato dal venditore.

Se si tratta di cose aventi un prezzo di borsa o di mercato, il prezzo si desume dai listini o dalle mercuriali del luogo in cui deve essere eseguita la consegna, o da quelli della piazza più vicina (1515^3, 1518, 1696, 1735).

Qualora le parti abbiano inteso riferirsi al giusto prezzo, si applicano le disposizioni dei commi precedenti; e, quando non ricorrono i casi da essi previsti, il prezzo, in mancanza di accordo, è determinato da un terzo nominato a norma del secondo comma dell'articolo precedente (1561).

([1]) *L'espressione «o da norme corporative» è da ritenersi abrogata dal R.D.L. 9 agosto 1943, n. 721.*

1475. Spese della vendita. – Le spese del contratto di vendita e le altre accessorie (1510^2) sono a carico del compratore, se non è stato pattuito diversamente (1196, 1479^2, 1493, 1539, 1554, 2670).

§. 1
Delle obbligazioni del venditore

1476. Obbligazioni principali del venditore. – Le obbligazioni principali del venditore sono:

1) quella di consegnare la cosa al compratore (1477, 1516);

2) quella di fargli acquistare la proprietà della cosa o il diritto, se l'acquisto non è effetto immediato del contratto (1376, 1378, 1472, 1478, 1520; 72 l. fall.);

3) quella di garantire il compratore dall'evizione (1483 ss.) e dai vizi della cosa (1490 ss.; 72 l. fall.).

1477. Consegna della cosa. – La cosa deve essere consegnata nello stato in cui si trovava al momento della vendita.

Salvo diversa volontà delle parti, la cosa deve essere consegnata insieme con gli accessori, le pertinenze (817 ss.) e i frutti (820 ss.) dal giorno della vendita.

Il venditore deve pure consegnare i titoli e i documenti relativi alla proprietà e all'uso della cosa venduta (1177, 1262, 1527).

1478. Vendita di cosa altrui. – Se al momento del contratto (1326) la cosa venduta non era di proprietà del venditore, questi è obbligato a procurarne l'acquisto al compratore (1476, n. 2).

Il compratore diventa proprietario nel momento in cui il venditore acquista la proprietà dal titolare di essa (1479).

1479. Buona fede del compratore. – Il compratore può chiedere la risoluzione del contratto (1453 ss.), se, quando l'ha concluso, ignorava che la cosa non era di proprietà del venditore (1192), e se frattanto il venditore non gliene ha fatto acquistare la proprietà (1153, 1478, 1483, 1489).

Salvo il disposto dell'art. 1223, il venditore è tenuto a restituire all'acquirente il prezzo pagato, anche se la cosa è diminuita di valore o è deteriorata; deve inoltre rimborsargli le spese e i pagamenti legittimamente fatti per il contratto (1475, 1493[1]). Se la diminuzione di valore o il deterioramento derivano da un fatto del compratore, dall'ammontare suddetto si deve detrarre l'utile che il compratore ne ha ricavato.

Il venditore è inoltre tenuto a rimborsare al compratore le spese necessarie e utili fatte per la cosa, e, se era in mala fede, anche quelle voluttuarie (1150, 1482[2], 1483, 1488).

1480. Vendita di cosa parzialmente di altri. – Se la cosa che il compratore riteneva di proprietà del venditore era solo in parte di proprietà altrui, il compratore può chiedere la risoluzione del contratto (1453 ss.) e il risarcimento del danno a norma dell'articolo precedente, quando deve ritenersi, secondo le circostanze, che non avrebbe acquistato la cosa senza quella parte di cui non è divenuto proprietario (1419, 1484); altrimenti può solo ottenere una riduzione del prezzo, oltre al risarcimento del danno (1223, 1488, 1489).

1481. Pericolo di rivendica. – Il compratore può sospendere il pagamento del prezzo, quando ha ragione di temere che la cosa o una parte di essa possa essere rivendicata da terzi (948), salvo che il venditore presti idonea garanzia (1460, 1489).

Il pagamento non può essere sospeso se il pericolo era noto al compratore al tempo della vendita.

1482. Cosa gravata da garanzie reali o da altri vincoli. – Il compratore può altresì sospendere il pagamento del prezzo (1460, 1481), se la cosa venduta risulta gravata da garanzie reali (2784 ss., 2808 ss.) o da vincoli derivanti da pignoramento (491 c.p.c.) o da sequestro (671 ss. c.p.c.), non dichiarati dal venditore e dal compratore stesso ignorati (1460).

Egli può inoltre far fissare dal giudice un termine (1454), alla scadenza del quale, se la cosa non è liberata, il contratto è risoluto con obbligo del venditore di risarcire il danno ai sensi dell'art. 1479.

Se l'esistenza delle garanzie reali o dei vincoli sopra indicati era nota al compratore, questi non può chiedere la risoluzione del contratto, e il venditore è tenuto verso di lui solo per il caso di evizione (1483, 1489, 1491).

1483. Evizione totale della cosa. – Se il compratore subisce l'evizione totale della cosa (797, 1197[2], 1553, 1862, 2254, 2921, 2927) per effetto di diritti che un terzo ha fatti valere su di essa, il venditore è tenuto a risarcirlo del danno (1223) a norma dell'art. 1479 (1476, n. 3, 1488).

Egli deve inoltre corrispondere al compratore il valore dei frutti (820, 1148 ss.) che questi sia tenuto a restituire a colui dal quale è evitto, le spese che egli abbia fatte per la denunzia della lite (1485) e quelle che abbia dovuto rimborsare all'attore (1484, 1486).

1484. Evizione parziale. – In caso di evizione parziale della cosa, si osservano le disposizioni dell'art. 1480 e quella del secondo comma dell'articolo precedente (2921[2]).

1485. Chiamata in causa del venditore. – Il compratore convenuto da un terzo che pretende di avere diritti sulla cosa venduta, deve chiamare in causa il venditore (1483[2]; 106, 269 c.p.c.). Qualora non lo faccia e sia condannato con sentenza passata in giudicato (2909; 324 c.p.c.), perde il diritto alla garanzia, se il venditore prova che esistevano ragioni sufficienti per far respingere la domanda.

Il compratore che ha spontaneamente riconosciuto il diritto del terzo perde il diritto alla garanzia, se non prova che non esistevano ragioni sufficienti per impedire l'evizione (1489).

1486. Responsabilità limitata del venditore. – Se il compratore ha evitato l'evizione della cosa mediante il pagamento di una somma di danaro, il venditore può liberarsi da tutte le conseguenze della garanzia col rimborso della somma pagata, degli interessi e di tutte le spese (1483, 1484).

1487. Modificazione o esclusione convenzionale della garanzia. – I contraenti possono aumentare o diminuire gli effetti della garanzia e possono altresì pattuire che il venditore non sia soggetto a garanzia alcuna (1488, 1490).

Quantunque sia pattuita l'esclusione della garanzia (758), il venditore è sempre tenuto per l'evizione derivante da un fatto suo proprio (797, n. 2, 1266, 1375). È nullo ogni patto contrario (1229, 1418, 1419, 1490).

1488. Effetti dell'esclusione della garanzia. – Quando è esclusa la garanzia, non si applicano le disposizioni degli artt. 1479 e 1480; se si verifica l'evizione, il compratore può pretendere dal venditore soltanto la restituzione del prezzo pagato e il rimborso delle spese.

Il venditore è esente anche da quest'obbligo quando la vendita è stata convenuta a rischio e pericolo del compratore (1448, 1469, 1489^{2}).

1489. Cosa gravata da oneri o da diritti di godimento di terzi. – Se la cosa venduta è gravata da oneri o da diritti reali (1027) o personali (1599) non apparenti (1061) che ne diminuiscono il libero godimento e non sono stati dichiarati nel contratto, il compratore che non ne abbia avuto conoscenza può domandare la risoluzione del contratto oppure una riduzione del prezzo secondo la disposizione dell'art. 1480.

Si osservano inoltre, in quanto applicabili, le disposizioni degli articoli 1481, 1485, 1486, 1487 e 1488.

1490. Garanzia per i vizi della cosa venduta. – Il venditore (798, 1197^{2}, 1667, 1698, 2226, 2254, 2922) è tenuto a garantire che la cosa venduta sia immune da vizi che la rendano inidonea all'uso a cui è destinata o ne diminuiscano in modo apprezzabile il valore (1476, n. 3, 1497, 1512).

Il patto con cui si esclude o si limita la garanzia non ha effetto, se il venditore ha in mala fede taciuto al compratore i vizi della cosa (1229, 1488, 1491).

1491. Esclusione della garanzia. – Non è dovuta la garanzia se al momento del contratto il compratore conosceva i vizi della cosa (1482^{3}); parimenti non è dovuta, se i vizi erano facilmente riconoscibili (1511), salvo, in questo caso, che il venditore abbia dichiarato che la cosa era esente da vizi.

1492. Effetti della garanzia. – Nei casi indicati dall'art. 1490 il compratore può domandare a sua scelta la risoluzione del contratto (1453 ss.) ovvero la riduzione del prezzo, salvo che, per determinati vizi (1497), gli usi escludano la risoluzione.

La scelta è irrevocabile quando è fatta con la domanda giudiziale (1286, 1453^{2}).

Se la cosa consegnata è perita in conseguenza dei vizi, il compratore ha diritto alla risoluzione del contratto; se invece è perita per caso fortuito o per colpa del compratore, o se questi l'ha alienata o trasformata, egli non può domandare che la riduzione del prezzo.

1493. Effetti della risoluzione del contratto. – In caso di risoluzione del contratto il venditore deve restituire il prezzo e rimborsare al compratore le spese e i pagamenti legittimamente fatti per la vendita (1475, 1479^{2}).

Il compratore deve restituire la cosa, se questa non è perita in conseguenza dei vizi.

1494. Risarcimento del danno. – In ogni caso il venditore è tenuto verso il compratore al risarcimento del danno (1223 ss.), se non prova di avere ignorato senza colpa i vizi della cosa (1490).

Il venditore deve altresì risarcire al compratore i danni derivati dai vizi della cosa.

1495. Termini e condizioni per l'azione. – Il compratore decade (2964) dal diritto alla garanzia (1490), se non denunzia i vizi al venditore entro otto giorni dalla scoperta, salvo il diverso termine stabilito dalle parti (2965) o dalla legge (1497, 1511, 1512, 1522).

La denunzia non è necessaria se il venditore ha riconosciuto l'esistenza del vizio o l'ha occultato.

L'azione si prescrive, in ogni caso, in un anno dalla consegna (2941, n. 8); ma il compratore, che sia convenuto per l'esecuzione del contratto, può sempre far valere la garanzia (1442^{4}, 1449^{2}), purché il vizio della cosa sia stato denunziato entro otto giorni dalla scoperta e prima del decorso dell'anno dalla consegna (1497, 1522).

1496. Vendita di animali. – Nella vendita di animali la garanzia per i vizi è regolata dalle leggi speciali o, in mancanza, dagli usi locali. Se neppure questi dispongono, si osservano le norme che precedono (1490 ss.).

1497. Mancanza di qualità. – Quando la cosa venduta non ha le qualità promesse ovvero quelle essenziali per l'uso a cui è destinata (1429, n. 2), il compratore ha diritto di ottenere la risoluzione del contratto secondo le disposizioni generali sulla risoluzione per inadempimento (1453 ss.), purché il difetto di qualità ecceda i limiti di tolleranza stabiliti dagli usi (1492).

Tuttavia il diritto di ottenere la risoluzione è soggetto alla decadenza e alla prescrizione stabilite dall'art. 1495.

§. 2
Delle obbligazioni del compratore

1498. Pagamento del prezzo. – Il compratore è tenuto a pagare il prezzo (1470, 1473) nel termine e nel luogo fissati dal contratto (1515, 2817; 72, 73 l. fall.).

In mancanza di pattuizione e salvi gli usi diversi, il pagamento deve avvenire al momento della consegna (1183, 1477) e nel luogo (1182, 1510) dove questa si esegue (1528).

Se il prezzo non si deve pagare al momento della consegna, il pagamento si fa al domicilio (43) del venditore (1182[3]).

1499. Interessi compensativi sul prezzo. – Salvo diversa pattuizione, qualora la cosa venduta e consegnata al compratore produca frutti (820) o altri proventi, decorrono gli interessi sul prezzo, anche se questo non è ancora esigibile (1282[1], 1284, 1477).

§. 3
Del riscatto convenzionale

1500. Patto di riscatto. – Il venditore può riservarsi il diritto di riavere la proprietà della cosa venduta mediante la restituzione del prezzo e i rimborsi stabiliti dalle disposizioni che seguono (1604).

Il patto di restituire un prezzo superiore a quello stipulato per la vendita è nullo per l'eccedenza (1419, 1502 ss.).

1501. Termini. – Il termine per il riscatto non può essere maggiore di due anni nella vendita di beni mobili (1510) e di cinque anni in quella di beni immobili (732, 1537). Se le parti stabiliscono un termine maggiore, esso si riduce a quello legale (1419).

Il termine stabilito dalla legge è perentorio e non si può prorogare (153 c.p.c.).

1502. Obblighi del riscattante. – Il venditore che esercita il diritto di riscatto (732, 1500) è tenuto a rimborsare al compratore il prezzo, le spese (1475) e ogni altro pagamento legittimamente fatto per la vendita, le spese per le riparazioni necessarie e, nei limiti dell'aumento, quelle che hanno aumentato il valore della cosa (1150[3]).

Fino al rimborso delle spese necessarie e utili, il compratore ha diritto di ritenere (1152) la cosa. Il giudice tuttavia, per il rimborso delle spese utili, può accordare una dilazione disponendo, se occorrono, le opportune cautele (1151, 1179).

1503. Esercizio del riscatto ([1]). – Il venditore decade dal diritto di riscatto, se entro il termine fissato (1501) non comunica al compratore la dichiarazione di riscatto e non gli corrisponde le somme liquide dovute per il rimborso del prezzo, delle spese e di ogni altro pagamento legittimamente fatto per la vendita.

Se il compratore rifiuta di ricevere il pagamento di tali rimborsi, il venditore decade dal diritto di riscatto, qualora non ne faccia offerta reale (1209) entro otto giorni dalla scadenza del termine.

Nella vendita di beni immobili la dichiarazione di riscatto deve essere fatta per iscritto, sotto pena di nullità (1350, 2653, n. 3, 2691, 2725).

([1]) *L'art. 38 della L. 27 luglio 1978, n. 392, attribuisce un diritto di riscatto della proprietà, in caso di alienazione a terzi, al conduttore di immobili urbani adibiti ad uso diverso da quello di abitazione. Diritti di prelazione e riscatto sono attribuiti dalla normativa sui contratti agrari a favore dell'affittuario, del mezzadro, del colono e del compartecipante (art. 8, L. 26 maggio 1965, n. 590) nonché al coltivatore diretto proprietario di terreni confinanti (art. 7, L. 14 agosto 1971, n. 817).*

1504. Effetti del riscatto rispetto ai subacquirenti. – Il venditore che ha legittimamente esercitato il diritto di riscatto nei confronti del compratore può ottenere il rilascio della cosa anche dai successivi acquirenti, purché il patto sia ad essi opponibile (732, 2644, 2653, n. 3, 2704).

Se l'alienazione è stata notificata al venditore, il riscatto deve essere esercitato in confronto del terzo acquirente.

1505. Diritti costituiti dal compratore sulla cosa. – Il venditore che ha esercitato il diritto di riscatto riprende la cosa esente dai pesi e dalle ipoteche da cui sia stata gravata (2653, n. 3); ma è tenuto a mantenere le locazioni fatte senza frode, purché abbiano data certa (1599, 2704) e siano state convenute per un tempo non superiore ai tre anni (1604).

1506. Riscatto di parte indivisa. – In caso di vendita con patto di riscatto di una parte indivisa di una cosa, il comproprietario che chiede la divisione deve proporre la domanda anche in confronto del venditore (1111 ss.).

Se la cosa non è comodamente divisibile (720, 1114) e si fa luogo all'incanto (576 ss. c.p.c.), il venditore che non ha esercitato il riscatto anteriormente all'aggiudicazione decade da tale diritto, anche se aggiudicatario sia lo stesso compratore.

1507. Vendita congiuntiva di cosa indivisa. – Se più persone hanno venduto congiuntamente, mediante un solo contratto, una cosa indivisa, ciascuna può esercitare il diritto di riscatto solo sopra la quota che le spettava.

La medesima disposizione si osserva se il venditore ha lasciato più eredi (1295).

Il compratore, nei casi sopra espressi, può esigere che tutti i venditori o tutti i coeredi esercitino congiuntamente il diritto di riscatto dell'intera cosa; se essi non si accordano, il riscatto può esercitarsi soltanto da parte di colui o di coloro che offrono di riscattare la cosa per intero.

1508. Vendita separata di cosa indivisa. – Se i comproprietari di una cosa non l'hanno venduta congiuntamente e per intero, ma ciascuno ha venduto la sola sua quota, essi possono separatamente esercitare il diritto di riscatto sopra la quota che loro spettava, e il compratore non può valersi della facoltà prevista dall'ultimo comma dell'articolo precedente.

1509. Riscatto contro gli eredi del compratore. – Qualora il compratore abbia lasciato più eredi, il diritto di riscatto si può esercitare contro ciascuno di essi solo per la parte che gli spetta, anche quando la cosa venduta è tuttora indivisa (1295).

Se l'eredità è stata divisa e la cosa venduta è stata assegnata a uno degli eredi, il diritto di riscatto non può esercitarsi contro di lui che per la totalità (1314).

Sezione II
Della vendita di cose mobili

§. 1
Disposizioni generali

1510. Luogo della consegna. – In mancanza di patto o di uso contrario, la consegna (1477) della cosa deve avvenire nel luogo dove questa si trovava al tempo della vendita, se le parti ne erano a conoscenza (1182^2), ovvero nel luogo dove il venditore aveva il suo domicilio (43) o la sede dell'impresa (46, 1368^2, 2197).

Salvo patto o uso contrario, se la cosa venduta deve essere trasportata da un luogo all'altro, il venditore si libera dall'obbligo della consegna rimettendo la cosa (1378) al vettore (1678 ss.) o allo spedizioniere (1737 ss.); le spese del trasporto sono a carico del compratore (1196, 1475).

1511. Denunzia nella vendita di cose da trasportare. – Nella vendita di cose da trasportare da un luogo a un altro (1378, 1510^2), il termine per la denunzia dei vizi e dei difetti di qualità apparenti (1491) decorre dal giorno del ricevimento (1495).

1512. Garanzia di buon funzionamento. – Se il venditore ha garantito per un tempo determinato il buon funzionamento della cosa venduta (1490 ss., 1698), il compratore, salvo patto contrario, deve denunziare al venditore (1745^1, 2212^1) il difetto di funzionamento entro trenta giorni dalla scoperta, sotto pena di decadenza (2964). L'azione si prescrive in sei mesi dalla scoperta (1495, 2934).

Il giudice, secondo le circostanze, può assegnare al venditore un termine per sostituire o riparare la cosa in modo da assicurarne il buon funzionamento, salvo il risarcimento dei danni (1223).

Sono salvi gli usi i quali stabiliscono che la garanzia di buon funzionamento è dovuta anche in mancanza di patto espresso.

1513. Accertamento dei difetti. – In caso di divergenza sulla qualità o condizione della cosa, il venditore o il compratore possono chiederne la verifica nei modi stabiliti dall'art. 696 del codice di procedura civile. Il giudice, su istanza della parte interessata, può ordinare il deposito o il sequestro (670 ss. c.p.c.) della cosa stessa, nonché la vendita per conto di chi spetta (1515, 1516), determinandone le condizioni.

La parte che non ha chiesto la verifica della cosa, deve, in caso di contestazione, provarne rigorosamente l'identità e lo stato (77 att.).

1514. Deposito della cosa venduta. – Se il compratore non si presenta per ricevere la cosa acquistata, il venditore può depositarla (1210), per conto e a spese del compratore medesimo, in un locale di pubblico deposito, oppure in altro locale idoneo determinato dal tribunale (1) del luogo in cui la consegna doveva essere fatta (1510).

Il venditore deve dare al compratore pronta notizia del deposito eseguito (77 att.; 450 c.n.).

(1) *La parola: «pretore» è stata sostituita dalla parola: «tribunale» dall'art. 150 del D.L.vo 19 febbraio 1998, n. 51, recante l'istituzione del giudice unico, a decorrere dal 2 giugno 1999.*

1515. Esecuzione coattiva per inadempimento del compratore. – Se il compratore non adempie l'obbligazione di pagare il prezzo (1498), il venditore può far vendere senza ritardo la cosa per conto e a spese di lui (2762).

La vendita è fatta all'incanto (1471) a mezzo di una persona autorizzata (83 att.) a tali atti o, in mancanza di essa nel luogo in cui la vendita deve essere eseguita, a mezzo di un ufficiale giudiziario. Il venditore deve dare tempestiva notizia al compratore del giorno, del luogo e dell'ora in cui la vendita sarà eseguita.

Se la cosa ha un prezzo corrente, stabilito per atto della pubblica autorità [o da norme corporative] (1), ovvero risultante da listini di borsa o da mercuriali (1474[2]), la vendita può essere fatta senza incanto, al prezzo corrente, a mezzo delle persone indicate nel comma precedente o di un commissario (1735) (2) nominato dal tribunale (3). In tal caso il venditore deve dare al compratore pronta notizia della vendita (1516).

Il venditore ha diritto alla differenza tra il prezzo convenuto e il ricavo netto della vendita, oltre al risarcimento del maggior danno (1223, 1516, 1518, 1536, 1551, 1789, 1796; 83 att.; 450 c.n.).

(1) *L'espressione «o da norme corporative» è da ritenersi abrogata dal R.D.L. 9 agosto 1943, n. 721.*

(2) Rectius: *commissionario.*

(3) *La parola: «pretore» è stata sostituita dalla parola: «tribunale» dall'art. 150 del D.L.vo 19 febbraio 1998, n. 51, recante l'istituzione del giudice unico, a decorrere dal 2 giugno 1999.*

1516. Esecuzione coattiva per inadempimento del venditore. – Se la vendita ha per oggetto cose fungibili che hanno un prezzo corrente a norma del terzo comma dell'articolo precedente, e il venditore non adempie la sua obbligazione, il compratore può fare acquistare senza ritardo le cose, a spese del venditore, a mezzo di una delle persone indicate nel secondo e terzo comma dell'articolo precedente (83 att.). Dell'acquisto il compratore deve dare pronta notizia al venditore (1533).

Il compratore ha diritto alla differenza tra l'ammontare della spesa occorsa per l'acquisto e il prezzo convenuto, oltre al risarcimento del maggior danno (1223, 1453, 1516, 1518, 1536, 1551).

1517. Risoluzione di diritto. – La risoluzione ha luogo di diritto a favore del contraente che, prima della scadenza del termine stabilito, abbia offerto all'altro, nelle forme di uso (1214), la consegna della cosa (1477) o il pagamento del prezzo (1498), se l'altra parte non adempie la propria obbligazione (1460).

La risoluzione di diritto ha luogo pure a favore del venditore, se, alla scadenza del termine stabilito per la consegna, il compratore, la cui obbligazione di pagare il prezzo non sia scaduta, non si presenta per ricevere la cosa preventivamente offerta, ovvero non l'accetta.

Il contraente che intende valersi della risoluzione disposta dal presente articolo deve darne comunicazione all'altra parte entro otto giorni dalla scadenza del termine (1456); in mancanza di tale comunicazione, si osservano le disposizioni generali sulla risoluzione per inadempimento (1453 ss.).

1518. Normale determinazione del risarcimento. – Se la vendita ha per oggetto una cosa che ha un prezzo corrente a norma del terzo comma dell'art. 1515, e il contratto si risolve per l'inadempimento di una delle parti, il risarcimento (1223) è costituito dalla differenza tra il prezzo convenuto e quello corrente nel luogo e nel giorno in cui si doveva fare la consegna (1477), salva la prova di un maggior danno (1515[3], 1516[2]).

Nella vendita a esecuzione periodica, la liquidazione del danno si determina sulla base dei prezzi correnti nel luogo e nel giorno fissati per le singole consegne.

1519. Restituzione di cose non pagate. – Se la vendita è stata fatta senza dilazione per il pagamento del prezzo, il venditore, in mancanza di pagamento, può riprendere il possesso delle cose vendute, finché queste si trovano presso il compratore, purché la domanda sia proposta entro quindici giorni dalla consegna e le cose si trovino nello stato in cui erano al tempo della consegna stessa (75 l. fall.).

Il diritto di riprendere il possesso delle cose non si può esercitare in pregiudizio dei privilegi previsti dagli artt. 2764 e 2765, salvo che si provi che il creditore, al tempo della introduzione di esse nella casa o nel fondo locato ovvero nel fondo concesso a mezzadria o a colonia, conosceva che il prezzo era ancora dovuto.

La disposizione del comma precedente si applica anche a favore dei creditori del compratore che abbiano sequestrato o pignorato le cose, a meno che si provi che essi, al momento del sequestro o del pignoramento, conoscevano che il prezzo era ancora dovuto.

§. 1 *bis*
Della vendita dei beni di consumo (1)

(1) *Questo paragrafo è stato inserito dall'art. 1, comma 1, del D.L.vo 2 febbraio 2002, n. 24. Gli articoli da 1519* bis *a 1519* nonies *sono stati abrogati dall'art. 146, comma 1, lett.* s)*, del D.L.vo 6 settembre 2005, n. 206.*

1519 *bis*. [Ambito di applicazione e definizioni. – Il presente paragrafo disciplina taluni aspetti dei contratti di vendita e delle garanzie concernenti i beni di consumo. A tali fini ai contratti di vendita sono equiparati i contratti di permuta e di somministrazione nonché quelli di appalto, di opera e tutti gli altri contratti comunque finalizzati alla fornitura di beni di consumo da fabbricare o produrre.

Ai fini del presente paragrafo si intende per:

a) consumatore: qualsiasi persona fisica che, nei contratti di cui al comma primo, agisce per scopi estranei all'attività imprenditoriale o professionale eventualmente svolta;

b) beni di consumo: qualsiasi bene mobile, anche da assemblare, tranne:

1) i beni oggetto di vendita forzata o comunque venduti secondo altre modalità dalle autorità giudiziarie, anche mediante delega ai notai;

2) l'acqua e il gas, quando non confezionati per la vendita in un volume delimitato o in quantità determinata;

3) l'energia elettrica;

c) venditore: qualsiasi persona fisica o giuridica pubblica o privata che, nell'esercizio della propria attività imprenditoriale o professionale, utilizza i contratti di cui al comma primo;

d) produttore: il fabbricante di un bene di consumo, l'importatore del bene di consumo nel territorio della Unione europea o qualsiasi altra persona che si presenta come produttore apponendo sul bene di consumo il suo nome, marchio o altro segno distintivo;

e) garanzia convenzionale ulteriore: qualsiasi impegno di un venditore o di un produttore, assunto nei confronti del consumatore senza costi supplementari, di rimborsare il prezzo pagato, sostituire, riparare, o intervenire altrimenti sul bene di consumo, qualora esso non corrisponda alle condizioni enunciate nella dichiarazione di garanzia o nella relativa pubblicità;

f) riparazione: nel caso di difetto di conformità, il ripristino del bene di consumo per renderlo conforme al contratto di vendita. Le disposizioni del presente paragrafo si applicano alla vendita di beni di consumo usati, tenuto conto del tempo del pregresso utilizzo, limitatamente ai difetti non derivanti dall'uso normale della cosa].

1519 *ter*. [Conformità al contratto. – Il venditore ha l'obbligo di consegnare al consumatore beni conformi al contratto di vendita.

Si presume che i beni di consumo siano conformi al contratto se, ove pertinenti, coesistono le seguenti circostanze:

a) sono idonei all'uso al quale servono abitualmente beni dello stesso tipo;

b) sono conformi alla descrizione fatta dal venditore e possiedono le qualità del bene che il venditore ha presentato al consumatore come campione o modello;

c) presentano la qualità e le prestazioni abituali di un bene dello stesso tipo, che il consumatore può ragionevolmente aspettarsi, tenuto conto della natura del bene e, se del caso, delle dichiarazioni pubbliche sulle caratteristiche specifiche dei beni fatte al riguardo dal venditore, dal produttore o dal suo agente o rappresentante, in particolare nella pubblicità o sull'etichettatura;

d) sono altresì idonei all'uso particolare voluto dal consumatore e che sia stato da questi portato a conoscenza del venditore al momento della conclusione del contratto e che il venditore abbia accettato anche per fatti concludenti.

Non vi è difetto di conformità se, al momento della conclusione del contratto, il consumatore era a conoscenza del difetto o non poteva ignorarlo con l'ordinaria diligenza o se il difetto di conformità deriva da istruzioni o materiali forniti dal consumatore.

Il venditore non è vincolato dalle dichiarazioni pubbliche di cui al comma secondo, lettera *c*), quando, in via anche alternativa, dimostra che:

a) non era a conoscenza della dichiarazione e non poteva conoscerla con l'ordinaria diligenza;

b) la dichiarazione è stata adeguatamente corretta entro il momento della conclusione del contratto in modo da essere conoscibile al consumatore;

c) la decisione di acquistare il bene di consumo non è stata influenzata dalla dichiarazione.

Il difetto di conformità che deriva dall'imperfetta installazione del bene di consumo è equiparato al difetto di conformità del bene quando l'installazione è compresa nel contratto di vendita ed è stata effettuata dal venditore o sotto la sua responsabilità. Tale equiparazione si applica anche nel caso in cui il prodotto, concepito per essere installato dal consumatore, sia da questo installato in modo non corretto a causa di una carenza delle istruzioni di installazione].

1519 *quater*. [Diritti del consumatore. – Il venditore è responsabile nei confronti del consumatore per qualsiasi difetto di conformità esistente al momento della consegna del bene.

In caso di difetto di conformità, il consumatore ha diritto al ripristino, senza spese, della conformità del bene mediante riparazione o sostituzione, a norma dei commi terzo, quarto, quinto e sesto, ovvero ad una riduzione adeguata del prezzo o alla risoluzione del contratto, conformemente ai commi settimo, ottavo e nono.

Il consumatore può chiedere, a sua scelta, al venditore di riparare il bene o di sostituirlo, senza spese in entrambi i casi, salvo che il rimedio richiesto sia oggettivamente impossibile o eccessivamente oneroso rispetto all'altro.

Ai fini di cui al comma terzo è da considerare eccessivamente oneroso uno dei due rimedi se impone al venditore spese irragionevoli in confronto all'altro, tenendo conto:

a) del valore che il bene avrebbe se non vi fosse difetto di conformità;

b) dell'entità del difetto di conformità;

c) dell'eventualità che il rimedio alternativo possa essere esperito senza notevoli inconvenienti per il consumatore.

Le riparazioni o le sostituzioni devono essere effettuate entro un congruo termine dalla richiesta e non devono arrecare notevoli inconvenienti al consumatore, tenendo conto della natura del bene e dello scopo per il quale il consumatore ha acquistato il bene.

Le spese di cui ai commi secondo e terzo si riferiscono ai costi indispensabili per rendere conformi i beni, in particolare modo con riferimento alle spese effettuate per la spedizione, per la mano d'opera e per i materiali.

Il consumatore può richiedere, a sua scelta, una congrua riduzione del prezzo o la risoluzione del contratto ove ricorra una delle seguenti situazioni:

a) la riparazione e la sostituzione sono impossibili o eccessivamente onerose;

b) il venditore non ha provveduto alla riparazione o alla sostituzione del bene entro il termine congruo di cui al comma sesto;

c) la sostituzione o la riparazione precedentemente effettuata ha arrecato notevoli inconvenienti al consumatore.

Nel determinare l'importo della riduzione o la somma da restituire si tiene conto dell'uso del bene.

Dopo la denuncia del difetto di conformità, il venditore può offrire al consumatore qualsiasi altro rimedio disponibile, con i seguenti effetti:

a) qualora il consumatore abbia già richiesto uno specifico rimedio, il venditore resta obbligato ad attuarlo, con le necessarie conseguenze in ordine alla decorrenza del termine congruo di cui al comma sesto, salvo accettazione da parte del consumatore del rimedio alternativo proposto;

b) qualora il consumatore non abbia già richiesto uno specifico rimedio, il consumatore deve accettare la proposta o respingerla scegliendo un altro rimedio ai sensi del presente articolo.

Un difetto di conformità di lieve entità per il quale non è stato possibile o è eccessivamente oneroso esperire i rimedi della riparazione o della sostituzione, non dà diritto alla risoluzione del contratto].

1519 *quinquies*. [Diritto di regresso. – Il venditore finale, quando è responsabile nei confronti del consumatore a causa di un difetto di conformità imputabile ad un'azione o ad un'omissione del produttore, di un precedente venditore della medesima catena contrattuale distributiva o di qualsiasi altro intermediario, ha diritto di regresso, salvo patto contrario o rinuncia, nei confronti del soggetto o dei soggetti responsabili facenti parte della suddetta catena distributiva.

Il venditore finale che abbia ottemperato ai rimedi esperiti dal consumatore, può agire, entro un anno dall'esecuzione della prestazione, in regresso nei confronti del soggetto o dei soggetti responsabili per ottenere la reintegrazione di quanto prestato].

1519 *sexies*. [Termini. – Il venditore è responsabile, a norma dell'articolo 1519 *quater*, quando il difetto di conformità si manifesta entro il termine di due anni dalla consegna del bene.

Il consumatore decade dai diritti previsti dall'articolo 1519 *quater*, comma secondo, se non denuncia al venditore il difetto di conformità entro il termine di due mesi dalla data in cui ha scoperto il difetto. La denuncia non è necessaria se il venditore ha riconosciuto l'esistenza del difetto o l'ha occultato.

Salvo prova contraria, si presume che i difetti di conformità che si manifestano entro sei mesi dalla consegna del bene esistessero già a tale data, a meno che tale ipotesi sia incompatibile con la natura del bene o con la natura del difetto di conformità.

L'azione diretta a far valere i difetti non dolosamente occultati dal venditore si prescrive, in ogni caso, nel termine di ventisei mesi dalla consegna del bene; il consumatore, che sia convenuto per l'esecuzione del contratto, può tuttavia far valere sempre i diritti di cui all'articolo 1519 *quater*, comma secondo, purché il difetto di conformità sia stato denunciato entro due mesi dalla scoperta e prima della scadenza del termine di cui al periodo precedente].

1519 *septies*. [Garanzia convenzionale. – La garanzia convenzionale vincola chi la offre secondo le modalità indicate nella dichiarazione di garanzia medesima o nella relativa pubblicità.

La garanzia deve, a cura di chi la offre, almeno indicare:

a) la specificazione che il consumatore è titolare dei diritti previsti dal presente paragrafo e che la garanzia medesima lascia impregiudicati tali diritti;

b) in modo chiaro e comprensibile l'oggetto della garanzia e gli elementi essenziali necessari per farla valere, compresi la durata e l'estensione territoriale della garanzia, nonché il nome o la ditta e il domicilio o la sede di chi la offre.

A richiesta del consumatore, la garanzia deve essere disponibile per iscritto o su altro supporto duraturo a lui accessibile.

La garanzia deve essere redatta in lingua italiana con caratteri non meno evidenti di quelli di eventuali altre lingue.

Una garanzia non rispondente ai requisiti di cui ai commi secondo, terzo e quarto rimane comunque valida e il consumatore può continuare ad avvalersene ed esigerne l'applicazione].

1519 *octies*. [Carattere imperativo delle disposizioni. – È nullo ogni patto, anteriore alla comunicazione al venditore del difetto di conformità, volto ad escludere o limitare, anche in modo indiretto, i diritti riconosciuti dal presente paragrafo. La nullità può essere fatta valere solo dal consumatore e può essere rilevata d'ufficio dal giudice.

Nel caso di beni usati, le parti possono limitare la durata della responsabilità di cui all'articolo 1519 *sexies*, comma primo, ad un periodo di tempo in ogni caso non inferiore ad un anno.

È nulla ogni clausola contrattuale che, prevedendo l'applicabilità al contratto di una legislazione di un paese extracomunitario, abbia l'effetto di privare il consumatore della protezione assicurata dal presente paragrafo, laddove il contratto presenti uno stretto collegamento con il territorio di uno Stato membro dell'Unione europea].

1519 *nonies*. [Tutela in base ad altre disposizioni. – Le disposizioni del presente paragrafo non escludono né limitano i diritti che sono attribuiti al consumatore da altre norme dell'ordinamento giuridico].

§. 2
Della vendita con riserva di gradimento, a prova, a campione

1520. Vendita con riserva di gradimento. – Quando si vendono cose con riserva di gradimento da parte del compratore, la vendita non si perfeziona fino a che il gradimento non sia comunicato al venditore (1326, 1334, 1376).

Se l'esame della cosa deve farsi presso il venditore, questi è liberato, qualora il compratore non vi proceda nel termine stabilito dal contratto o dagli usi, o, in mancanza, in un termine congruo fissato dal venditore.

Se la cosa si trova presso il compratore e questi non si pronunzia nel termine sopra indicato, la cosa si considera di suo gradimento.

1521. Vendita a prova. – La vendita a prova si presume fatta sotto la condizione sospensiva

(1353 ss.) che la cosa abbia le qualità pattuite o sia idonea all'uso a cui è destinata.

La prova si deve eseguire nel termine e secondo le modalità stabiliti dal contratto o dagli usi.

1522. Vendita su campione e su tipo di campione. – Se la vendita è fatta su campione, s'intende che questo deve servire come esclusivo paragone per la qualità della merce, e in tal caso qualsiasi difformità attribuisce al compratore il diritto alla risoluzione del contratto (1453, 1493, 1760).

Qualora, però, dalla convenzione o dagli usi risulti che il campione deve servire unicamente a indicare in modo approssimativo la qualità, si può domandare la risoluzione soltanto se la difformità dal campione sia notevole (1455).

In ogni caso l'azione è soggetta alla decadenza e alla prescrizione stabilite dall'art. 1495.

§. 3
Della vendita
con riserva della proprietà

1523. ([1]) **Passaggio della proprietà e dei rischi.** – Nella vendita a rate con riserva della proprietà, il compratore acquista la proprietà della cosa col pagamento dell'ultima rata di prezzo (1376), ma assume i rischi dal momento della consegna (1465, 2054^3; 73^2 l. fall.).

([1]) *A norma dell'art. 11, comma 3, del D.L.vo 9 ottobre 2002, n. 231, la riserva della proprietà di cui a questo articolo, preventivamente concordata per iscritto tra l'acquirente ed il venditore, è opponibile ai creditori del compratore se è confermata nelle singole fatture delle successive forniture aventi data certa anteriore al pignoramento e regolarmente registrate nelle scritture contabili.*

1524. Opponibilità della riserva di proprietà nei confronti di terzi. – La riserva della proprietà è opponibile ai creditori del compratore, solo se risulta da atto scritto avente data certa (2704) anteriore al pignoramento.

Se la vendita ha per oggetto macchine e il prezzo è superiore a € 15,49, la riserva della proprietà è opponibile anche al terzo acquirente, purché il patto di riservato dominio sia trascritto in apposito registro tenuto nella cancelleria del tribunale nella giurisdizione del quale è collocata la macchina (2762^1), e questa, quando è acquistata dal terzo, si trovi ancora nel luogo dove la trascrizione è stata eseguita (84 att.).

Sono salve le disposizioni relative ai beni mobili iscritti in pubblici registri (2683 ss.).

1525. Inadempimento del compratore. – Nonostante patto contrario, il mancato pagamento di una sola rata, che non superi l'ottava parte del prezzo, non dà luogo alla risoluzione (1453, 1526) del contratto, e il compratore conserva il beneficio del termine relativamente alle rate successive (1455).

1526. Risoluzione del contratto. – Se la risoluzione del contratto ha luogo per l'inadempimento del compratore, il venditore deve restituire le rate riscosse, salvo il diritto a un equo compenso per l'uso della cosa, oltre al risarcimento del danno (1223, 1458; 73^2 l. fall.).

Qualora si sia convenuto che le rate pagate restino acquisite al venditore a titolo d'indennità (1382), il giudice, secondo le circostanze, può ridurre l'indennità convenuta (1384).

La stessa disposizione si applica nel caso in cui il contratto sia configurato come locazione, e sia convenuto che, al termine di esso, la proprietà della cosa sia acquisita al conduttore per effetto del pagamento dei canoni pattuiti.

§. 4
Della vendita su documenti
e con pagamento contro documenti

1527. Consegna. – Nella vendita su documenti, il venditore si libera dall'obbligo della consegna rimettendo al compratore il titolo rappresentativo della merce (1996) e gli altri documenti stabiliti dal contratto o, in mancanza, dagli usi (1792, 1477^3).

1528. Pagamento del prezzo. – Salvo patto o usi contrari, il pagamento del prezzo e degli accessori deve eseguirsi nel momento e nel luogo in cui avviene la consegna dei documenti indicati dall'articolo precedente (1498^2).

Quando i documenti sono regolari, il compratore non può rifiutare il pagamento del prezzo adducendo eccezioni relative alla qualità e allo stato delle cose (1490 ss.), a meno che queste risultino già dimostrate.

1529. Rischi. – Se la vendita ha per oggetto cose in viaggio, e tra i documenti consegnati al compratore è compresa la polizza di assicurazione per i rischi del trasporto (1889), sono a carico del compratore i rischi a cui si trova esposta la merce dal momento della consegna al vettore (1510, 1891).

Questa disposizione non si applica se il venditore al tempo del contratto era a conoscenza della perdita o dell'avaria della merce, e le ha in mala fede taciute al compratore.

1530. Pagamento contro documenti a mezzo di banca. – Quando il pagamento del prezzo deve avvenire a mezzo di una banca, il venditore non può rivolgersi al compratore se non dopo il rifiuto opposto dalla banca stessa e constatato all'atto della presentazione dei documenti nelle forme stabilite dagli usi.

La banca che ha confermato il credito al venditore può opporgli solo le eccezioni derivanti dall'incompletezza o irregolarità dei documenti e quelle relative al rapporto di conferma del credito (1271[3]).

§. 5
Della vendita a termine di titoli di credito

1531. Interessi, dividendi e diritti di voto. – Nella vendita a termine di titoli di credito (1992 ss.), gli interessi (821[3], 1263[3]) e i dividendi esigibili dopo la conclusione del contratto e prima della scadenza del termine, se riscossi dal venditore, sono accreditati al compratore (1550).

Qualora la vendita abbia per oggetto titoli azionari (2346 ss.), il diritto di voto (2351) spetta al venditore fino al momento della consegna (1550; 76 l. fall.).

1532. Diritto di opzione. – Il diritto di opzione (2441) inerente ai titoli venduti a termine spetta al compratore (1550).

Il venditore, qualora il compratore gliene faccia richiesta in tempo utile, deve mettere il compratore in grado di esercitare il diritto di opzione, oppure deve esercitarlo per conto del compratore, se questi gli ha fornito i fondi necessari.

In mancanza di richiesta da parte del compratore, il venditore deve curare la vendita dei diritti di opzione per conto del compratore, a mezzo di un agente di cambio o di un istituto di credito (1838[2]).

1533. Estrazione per premi o rimborsi. – Se i titoli venduti a termine sono soggetti a estrazione per premi o rimborsi, i diritti e gli oneri derivanti dall'estrazione spettano al compratore, qualora la conclusione del contratto sia anteriore al giorno stabilito per l'inizio dell'estrazione (1550, 1998).

Il venditore, al solo effetto indicato dal comma precedente, deve comunicare per iscritto al compratore una distinta numerica dei titoli almeno un giorno prima dell'inizio dell'estrazione.

In mancanza di tale comunicazione, il compratore ha facoltà di acquistare, a spese del venditore, i diritti spettanti a una quantità corrispondente di titoli, dandone comunicazione al venditore prima dell'inizio dell'estrazione (1516, 1550).

1534. Versamenti richiesti sui titoli. – Il compratore deve fornire al venditore, almeno due giorni prima della scadenza, le somme necessarie per eseguire i versamenti richiesti sui titoli non liberati (2356).

1535. Proroga dei contratti a termine. – Se alla scadenza del termine le parti convengono di prorogare l'esecuzione del contratto, è dovuta la differenza tra il prezzo originario e quello corrente nel giorno della scadenza, salva l'osservanza degli usi diversi.

1536. Inadempimento. – In caso d'inadempimento della vendita a termine di titoli, si osservano le norme degli artt. 1515 e 1516, salva, per i contratti di borsa, l'applicazione delle leggi speciali.

Sezione III
Della vendita di cose immobili

1537. Vendita a misura. – Quando un determinato immobile (812) è venduto con l'indicazione della sua misura e per un prezzo stabilito in ragione di un tanto per ogni unità di misura, il compratore ha diritto a una riduzione, se la misura effettiva dell'immobile è inferiore a quella indicata nel contratto.

Se la misura risulta superiore a quella indicata nel contratto, il compratore deve corrispondere il supplemento del prezzo, ma ha facoltà di recedere dal contratto (1373, 1539) qualora l'eccedenza oltrepassi la ventesima parte della misura dichiarata (1377, 1430).

1538. Vendita a corpo. – Nei casi in cui il prezzo è determinato in relazione al corpo dell'immobile e non alla sua misura, sebbene questa sia stata indicata, non si fa luogo a diminuzione o a supplemento di prezzo, salvo che la misura reale sia inferiore o superiore di un ventesimo rispetto a quella indicata nel contratto (1540).

Nel caso in cui dovrebbe pagarsi un supplemento di prezzo, il compratore ha la scelta di recedere dal contratto o di corrispondere il supplemento (1377, 1430, 1537, 1539).

1539. Recesso dal contratto. – Quando il compratore esercita il diritto di recesso, il venditore è tenuto a restituire il prezzo e a rimborsare le spese del contratto (1475, 1498).

1540. Vendita cumulativa di più immobili. – Se due o più immobili sono stati venduti con lo stesso contratto per un solo e medesimo prezzo, con l'indicazione della misura di ciascuno di essi, e si trova che la quantità è minore nell'uno e maggiore nell'altro, se ne fa la compensazione fino alla debita concorrenza; il diritto al supplemento o alla diminuzione del prezzo spetta in conformità delle disposizioni sopra stabilite (1537, 1538).

1541. Prescrizione. – Il diritto del venditore al supplemento e quello del compratore alla diminuzione del prezzo o al recesso dal contratto si prescrivono in un anno dalla consegna dell'immobile.

Sezione IV
Della vendita di eredità

1542. Garanzia. – Chi vende un'eredità senza specificarne gli oggetti non è tenuto a garantire che la propria qualità di erede (477, 588, 765, 1547).

1543. Forme. – La vendita di un'eredità deve farsi per atto scritto (1350), sotto pena di nullità (2725).

Il venditore è tenuto a prestarsi agli atti che sono necessari da parte sua per rendere efficace, di fronte ai terzi, la trasmissione di ciascuno dei diritti compresi nell'eredità.

1544. Obblighi del venditore. – Se il venditore ha percepito i frutti di qualche bene o riscosso qualche credito ereditario, ovvero ha venduto qualche bene dell'eredità (765), è tenuto a rimborsarne il compratore, salvo patto contrario.

1545. Obblighi del compratore. – Il compratore deve rimborsare il venditore di quanto questi ha pagato per debiti e pesi dell'eredità, e deve corrispondergli quanto gli sarebbe dovuto dall'eredità medesima, salvo che sia convenuto diversamente.

1546. Responsabilità per debiti ereditari. – Il compratore, se non vi è patto contrario, è obbligato in solido (1292) col venditore a pagare i debiti ereditari (752).

1547. Altre forme di alienazione di eredità. – Le disposizioni precedenti si applicano alle altre forme di alienazione di un'eredità a titolo oneroso.

Nelle alienazioni a titolo gratuito la garanzia è regolata dall'art. 797.

Capo II
Del riporto

1548. Nozione. – Il riporto è il contratto per il quale il riportato trasferisce in proprietà al riportatore titoli di credito di una data specie per un determinato prezzo, e il riportatore assume l'obbligo di trasferire al riportato, alla scadenza del termine stabilito (1551), la proprietà di altrettanti titoli della stessa specie, verso rimborso del prezzo, che può essere aumentato o diminuito nella misura convenuta (1500).

1549. Perfezione del contratto. – Il contratto si perfeziona con la consegna dei titoli.

1550. Diritti accessori e obblighi inerenti ai titoli. – I diritti accessori e gli obblighi inerenti ai titoli dati a riporto spettano al riportato. Si applicano le disposizioni degli articoli 1531, 1532, 1533 e 1534.

Il diritto di voto (2351), salvo patto contrario, spetta al riportatore (1531²).

1551. Inadempimento. – In caso di inadempimento di una delle parti, si osservano le disposizioni degli articoli 1515 e 1516 (76 l. fall.), salva per i contratti di borsa l'applicazione delle leggi speciali.

Se entrambe le parti non adempiono le proprie obbligazioni nel termine stabilito, il riporto cessa di avere effetto, e ciascuna parte ritiene ciò che ha ricevuto al tempo della stipulazione del contratto.

Capo III
Della permuta

1552. Nozione. – La permuta è il contratto che ha per oggetto il reciproco trasferimento della proprietà di cose, o di altri diritti, da un contraente all'altro (1376).

1553. Evizione. – Il permutante, se ha sofferto l'evizione (1483 ss.) e non intende riavere la cosa data, ha diritto al valore della cosa evitta, secondo le norme stabilite per la vendita, salvo in ogni caso il risarcimento del danno (1223).

1554. Spese della permuta. – Salvo patto contrario, le spese della permuta e le altre accessorie sono a carico di entrambi i contraenti in parti uguali (1475).

1555. Applicabilità delle norme sulla vendita. – Le norme stabilite per la vendita (1470 ss.) si applicano alla permuta, in quanto siano con questa compatibili.

Capo IV
Del contratto estimatorio

1556. Nozione. – Con il contratto estimatorio una parte consegna (1558) una o più cose mobili all'altra e questa si obbliga a pagare il prezzo, salvo che restituisca le cose nel termine stabilito.

1557. Impossibilità di restituzione. – Chi ha ricevuto le cose non è liberato dall'obbligo di pagarne il prezzo, se la restituzione di esse nella loro integrità è divenuta impossibile per causa a lui non imputabile (1218, 1288, 1463).

1558. Disponibilità delle cose. – Sono validi gli atti di disposizione compiuti da chi ha ricevuto le cose; ma i suoi creditori non possono sottoporle a pignoramento (491 ss., 543 ss. c.p.c.) o a sequestro (670 ss. c.p.c.) finché non ne sia stato pagato il prezzo.

Colui che ha consegnato le cose non può disporne fino a che non gli siano restituite.

Capo V
Della somministrazione

1559. Nozione. – La somministrazione è il contratto con il quale una parte si obbliga, verso corrispettivo di un prezzo, a eseguire, a favore dell'altra, prestazioni periodiche o continuative di cose (1677; 74 l. fall.).

1560. Entità della somministrazione. – Qualora non sia determinata l'entità della somministrazione, s'intende pattuita quella corrispondente al normale fabbisogno della parte che vi ha diritto, avuto riguardo al tempo della conclusione del contratto (1326).

Se le parti hanno stabilito soltanto il limite massimo e quello minimo per l'intera somministrazione o per le singole prestazioni, spetta all'avente diritto alla somministrazione di stabilire, entro i limiti suddetti, il quantitativo dovuto.

Se l'entità della somministrazione deve determinarsi in relazione al fabbisogno ed è stabilito un quantitativo minimo, l'avente diritto alla somministrazione è tenuto per la quantità corrispondente al fabbisogno se questo supera il minimo stesso.

1561. Determinazione del prezzo. – Nella somministrazione a carattere periodico, se il prezzo deve essere determinato secondo le norme dell'art. 1474, si ha riguardo al tempo della scadenza delle singole prestazioni e al luogo in cui queste devono essere eseguite.

1562. Pagamento del prezzo. – Nella somministrazione a carattere periodico il prezzo è corrisposto all'atto delle singole prestazioni e in proporzione di ciascuna di esse.

Nella somministrazione a carattere continuativo il prezzo è pagato secondo le scadenze d'uso.

1563. Scadenza delle singole prestazioni. – Il termine stabilito per le singole prestazioni si presume pattuito nell'interesse di entrambe le parti (1184).

Se l'avente diritto alla somministrazione ha la facoltà di fissare la scadenza delle singole prestazioni, egli deve comunicare la data al somministrante con un congruo preavviso.

1564. Risoluzione del contratto. – In caso d'inadempimento di una delle parti relativo a singole prestazioni, l'altra può chiedere la risoluzione del contratto, se l'inadempimento ha una notevole importanza ed è tale da menomare la fiducia nell'esattezza dei successivi adempimenti (1453, 1455; 74 l. fall.).

1565. Sospensione della somministrazione. – Se la parte che ha diritto alla somministrazione è inadempiente e l'inadempimento è di lieve entità (1455), il somministrante non può sospendere l'esecuzione del contratto (1460, 1845) senza dare congruo preavviso.

1566. Patto di preferenza. – Il patto con cui l'avente diritto alla somministrazione si obbliga a dare la preferenza al somministrante (1341^2) nella stipulazione di un successivo contratto per lo stesso oggetto, è valido purché la durata dell'obbligo non ecceda il termine di cinque anni. Se è convenuto un termine maggiore, questo si riduce a cinque anni (1419).

L'avente diritto alla somministrazione deve comunicare al somministrante le condizioni propostegli da terzi e il somministrante deve dichiarare, sotto pena di decadenza, nel termine stabilito o, in mancanza, in quello richiesto dalle circostanze o dagli usi, se intende valersi del diritto di preferenza.

1567. Esclusiva a favore del somministrante. – Se nel contratto è pattuita la clausola di esclusiva (1341^2) a favore del somministrante, l'altra parte non può ricevere da terzi prestazioni della stessa natura né, salvo patto contrario, può provvedere con mezzi propri alla produzione delle cose che formano oggetto del contratto.

1568. Esclusiva a favore dell'avente diritto alla somministrazione. – Se la clausola di esclusiva è pattuita (1341²) a favore dell'avente diritto alla somministrazione, il somministrante non può compiere nella zona per cui l'esclusiva è concessa e per la durata del contratto, né direttamente né indirettamente, prestazioni della stessa natura di quelle che formano oggetto del contratto.

L'avente diritto alla somministrazione, che assume l'obbligo di promuovere, nella zona assegnatagli, la vendita delle cose di cui ha l'esclusiva (1743), risponde dei danni (1223) in caso di inadempimento a tale obbligo, anche se ha eseguito il contratto rispetto al quantitativo minimo che sia stato fissato.

1569. Contratto a tempo indeterminato. – Se la durata della somministrazione non è stabilita, ciascuna delle parti può recedere dal contratto (1373), dando preavviso nel termine pattuito o in quello stabilito dagli usi o, in mancanza, in un termine congruo avuto riguardo alla natura della somministrazione.

1570. Rinvio. – Si applicano alla somministrazione, in quanto compatibili con le disposizioni che precedono, anche le regole che disciplinano il contratto a cui corrispondono le singole prestazioni (1677).

Capo VI
Della locazione (¹)

(¹) *La disciplina della locazione contenuta nel codice è stata derogata e modificata da numerose leggi speciali. Si veda la L. 27 luglio 1978, n. 392, con le successive integrazioni e, da ultimo, la L. 9 dicembre 1998, n. 431, disciplina delle locazioni e del rilascio degli immobili ad uso abitativo.*

Sezione I
Disposizioni generali

1571. Nozione. – La locazione è il contratto col quale una parte si obbliga a far godere all'altra una cosa mobile o immobile per un dato tempo (1573, 1574), verso un determinato corrispettivo (1587, 2948).

1572. Locazioni e anticipazioni eccedenti l'ordinaria amministrazione. – Il contratto di locazione per una durata superiore a nove anni è atto eccedente l'ordinaria amministrazione (320², 374, n. 4, 1108³, 1350, n. 8, 2643, n. 8, 2923²).

Sono altresì atti eccedenti l'ordinaria amministrazione le anticipazioni del corrispettivo della locazione per una durata superiore a un anno (1605).

1573. Durata della locazione. – Salvo diverse norme di legge (1607, 1800), la locazione non può stipularsi per un tempo eccedente i trenta anni. Se stipulata per un periodo più lungo o in perpetuo, è ridotta al termine suddetto (1419).

1574. (¹) **Locazione senza determinazione di tempo.** – Quando le parti non hanno determinato la durata della locazione, questa s'intende convenuta (1596, 1600, 1800):

1) se si tratta di case senza arredamento di mobili o di locali per l'esercizio di una professione, di un'industria o di un commercio, per la durata di un anno, salvi gli usi locali;

2) se si tratta di camere o di appartamenti mobiliati, per la durata corrispondente all'unità di tempo a cui è commisurata la pigione;

3) se si tratta di cose mobili, per la durata corrispondente all'unità di tempo a cui è commisurato il corrispettivo;

4) se si tratta di mobili forniti dal locatore per l'arredamento di un fondo urbano, per la durata della locazione del fondo stesso (2923).

(¹) *Per la diversa disciplina vigente in materia si vedano gli artt. 27 e 28 della L. 27 luglio 1978, n. 392, e, per i contratti in corso soggetti a proroga, gli artt. 58 e 67 stessa legge.*

1575. Obbligazioni principali del locatore. – Il locatore deve (¹):

1) consegnare al conduttore la cosa locata in buono stato di manutenzione (1590);

2) mantenerla in istato da servire all'uso convenuto (1576, 1577, 1582);

3) garantirne il pacifico godimento durante la locazione (1585 ss.).

(¹) *Come il venditore, anche il locatore ha, a prescindere dagli adempimenti di natura fiscale, l'obbligo di:*

– comunicare entro 48 ore all'autorità locale di P.S. la cessione del godimento di un alloggio o di parte di esso in uso eclusivo (art. 12 del D.L. 21 marzo 1978, n. 59, convertito, con modificazioni, nella L. 18 maggio 1978, n. 191: sanzione amministrativa da € 103 a € 1.549);

– comunicare per iscritto, entro 48 ore, all'autorità locale di P.S. la cessione del godimento dell'immobile

ad uno straniero o ad un apolide (art. 7 del D.L.vo 25 luglio 1998, n. 286: sanzione amministrativa da € 160 a € 1.100).

1576. ([1]) **Mantenimento della cosa in buono stato locativo.** – Il locatore deve eseguire, durante la locazione, tutte le riparazioni necessarie (1583), eccettuate quelle di piccola manutenzione che sono a carico del conduttore (1609, 2764).

Se si tratta di cose mobili, le spese di conservazione e di ordinaria manutenzione sono, salvo patto contrario, a carico del conduttore.

([1]) *Per la disciplina degli oneri accessori si veda l'art. 9 della citata L. 27 luglio 1978, n. 392.*

1577. Necessità di riparazioni. – Quando la cosa locata abbisogna di riparazioni che non sono a carico del conduttore (1576), questi è tenuto a darne avviso al locatore.

Se si tratta di riparazioni urgenti, il conduttore può eseguirle direttamente, salvo il rimborso, purché ne dia contemporaneamente avviso al locatore (1583).

1578. Vizi della cosa locata. – Se al momento della consegna la cosa locata (2254^2) è affetta da vizi che ne diminuiscono in modo apprezzabile l'idoneità all'uso pattuito, il conduttore può domandare la risoluzione del contratto o una riduzione del corrispettivo, salvo che si tratti di vizi conosciuti o facilmente riconoscibili (1580, 1581).

Il locatore è tenuto a risarcire al conduttore i danni derivati da vizi della cosa, se non prova di avere senza colpa ignorato i vizi stessi al momento della consegna (1494).

1579. Limitazioni convenzionali della responsabilità. – Il patto con cui si esclude o si limita la responsabilità (1229) del locatore per i vizi della cosa non ha effetto, se il locatore li ha in mala fede taciuti al conduttore oppure se i vizi sono tali da rendere impossibile il godimento della cosa (1575, n. 2, 1580, 1581).

1580. Cose pericolose per la salute. – Se i vizi della cosa o di parte notevole di essa espongono a serio pericolo la salute del conduttore o dei suoi familiari o dipendenti, il conduttore può ottenere la risoluzione del contratto, anche se i vizi gli erano noti, nonostante qualunque rinunzia (1229, 1578, 1579, 1581).

1581. Vizi sopravvenuti. – Le disposizioni degli articoli precedenti si osservano, in quanto applicabili, anche nel caso di vizi della cosa sopravvenuti nel corso della locazione.

1582. Divieto d'innovazione. – Il locatore non può compiere sulla cosa innovazioni che diminuiscano il godimento da parte del conduttore (1575, n. 2).

1583. Mancato godimento per riparazioni urgenti. – Se nel corso della locazione la cosa abbisogna di riparazioni che non possono differirsi fino al termine del contratto, il conduttore deve tollerarle anche quando importano privazioni del godimento di parte della cosa locata (1575, 1576, 1577, 1584).

1584. Diritti del conduttore in caso di riparazioni. – Se l'esecuzione delle riparazioni si protrae per oltre un sesto della durata della locazione e, in ogni caso, per oltre venti giorni, il conduttore ha diritto a una riduzione del corrispettivo, proporzionata all'intera durata delle riparazioni stesse e all'entità del mancato godimento (1583).

Indipendentemente dalla sua durata, se l'esecuzione delle riparazioni rende inabitabile quella parte della cosa che è necessaria per l'alloggio del conduttore e della sua famiglia, il conduttore può ottenere, secondo le circostanze, lo scioglimento del contratto.

1585. Garanzia per molestie. – Il locatore è tenuto a garantire il conduttore dalle molestie che diminuiscono l'uso o il godimento della cosa, arrecate da terzi che pretendono di avere diritti sulla cosa medesima (949, 1575, n. 3, 1586).

Non è tenuto a garantirlo dalle molestie di terzi che non pretendono di avere diritti, salva al conduttore la facoltà di agire contro di essi in nome proprio (1168, 2254).

1586. Pretese da parte di terzi. – Se i terzi che arrecano le molestie pretendono di avere diritti sulla cosa locata, il conduttore è tenuto a darne pronto avviso al locatore, sotto pena del risarcimento dei danni.

Se i terzi agiscono in via giudiziale, il locatore è tenuto ad assumere la lite, qualora sia chiamato nel processo. Il conduttore deve esserne estromesso con la semplice indicazione del locatore, se non ha interesse a rimanervi (106, 108, 269 c.p.c.).

1587. Obbligazioni principali del conduttore. – Il conduttore deve:

1) prendere in consegna la cosa e osservare la diligenza del buon padre di famiglia (1176) nel servirsene per l'uso determinato nel contratto o

per l'uso che può altrimenti presumersi dalle circostanze;

2) dare il corrispettivo nei termini convenuti (1282², 2764, 2948, n. 3).

1588. Perdita e deterioramento della cosa locata. – Il conduttore risponde della perdita e del deterioramento (1592) della cosa che avvengono nel corso della locazione, anche se derivanti da incendio (1589), qualora non provi che siano accaduti per causa a lui non imputabile (1218, 1256, 2281).

È pure responsabile della perdita e del deterioramento cagionati da persone che egli ha ammesse, anche temporaneamente, all'uso o al godimento della cosa (2764).

1589. Incendio di cosa assicurata. – Se la cosa distrutta o deteriorata per incendio era stata assicurata dal locatore o per conto di questo (1891), la responsabilità del conduttore verso il locatore è limitata alla differenza tra l'indennizzo corrisposto dall'assicuratore e il danno effettivo.

Quando si tratta di cosa mobile stimata (1908²) e l'assicurazione è stata fatta per valore uguale alla stima, cessa ogni responsabilità del conduttore in confronto del locatore, se questi è indennizzato dall'assicuratore.

Sono salve in ogni caso le norme concernenti il diritto di surrogazione dell'assicuratore (1916).

1590. Restituzione della cosa locata. – Il conduttore deve restituire (1216) la cosa al locatore nello stato medesimo in cui l'ha ricevuta (1575), in conformità della descrizione che ne sia stata fatta dalle parti, salvo il deterioramento o il consumo risultante dall'uso della cosa in conformità del contratto (2281, 2764).

In mancanza di descrizione, si presume (2728) che il conduttore abbia ricevuto la cosa in buono stato di manutenzione (1575, n. 1).

Il conduttore non risponde del perimento o del deterioramento dovuti a vetustà (1609).

Le cose mobili si devono restituire nel luogo dove sono state consegnate (1182).

1591. (¹) **Danni per ritardata restituzione.** – Il conduttore in mora (1216, 1219) a restituire la cosa è tenuto a dare al locatore il corrispettivo convenuto fino alla riconsegna, salvo l'obbligo di risarcire il maggior danno (1223).

(¹) *Si veda l'art. 6, sesto comma, della L. 9 dicembre 1998, n. 431, disciplina delle locazioni e del rilascio degli immobili adibiti ad uso abitativo.*

1592. Miglioramenti. – Salvo disposizioni particolari della legge o degli usi, il conduttore non ha diritto a indennità per i miglioramenti apportati alla cosa locata (975, 985). Se però vi è stato il consenso del locatore, questi è tenuto a pagare un'indennità corrispondente alla minor somma tra l'importo della spesa e il valore del risultato utile al tempo della riconsegna.

Anche nel caso in cui il conduttore non ha diritto a indennità, il valore dei miglioramenti può compensare i deterioramenti che si sono verificati senza colpa grave del conduttore (1588, 1593).

1593. Addizioni. – Il conduttore che ha eseguito addizioni sulla cosa locata ha diritto di toglierle alla fine della locazione qualora ciò possa avvenire senza nocumento della cosa, salvo che il proprietario preferisca ritenere le addizioni stesse. In tal caso questi deve pagare al conduttore un'indennità pari alla minor somma tra l'importo della spesa e il valore delle addizioni al tempo della riconsegna.

Se le addizioni non sono separabili senza nocumento della cosa e ne costituiscono un miglioramento, si osservano le norme dell'articolo precedente.

1594. (¹) **Sublocazione o cessione della locazione.** – Il conduttore, salvo patto contrario, ha facoltà di sublocare (1614) la cosa locatagli, ma non può cedere il contratto (1406 ss.) senza il consenso del locatore (1588).

Trattandosi di cosa mobile, la sublocazione deve essere autorizzata dal locatore o consentita dagli usi (378, 394 c.n.).

(¹) *Per la diversa disciplina vigente in materia si vedano gli artt. 2 e 36 della citata L. 27 luglio 1978, n. 392.*

1595. Rapporti tra il locatore e il subconduttore. – Il locatore, senza pregiudizio dei suoi diritti verso il conduttore, ha azione diretta contro il subconduttore per esigere il prezzo della sublocazione, di cui questi sia ancora debitore al momento della domanda giudiziale, e per costringerlo ad adempiere tutte le altre obbligazioni derivanti dal contratto di sublocazione (2764).

Il subconduttore non può opporgli pagamenti anticipati, salvo che siano stati fatti secondo gli usi locali (1605¹).

Senza pregiudizio delle ragioni del subconduttore verso il sublocatore, la nullità (1418) o la risoluzione del contratto (1445, 1458) di locazione ha effetto anche nei confronti del subconduttore, e la sentenza pronunciata tra locatore e conduttore ha effetto anche contro di lui (2764, 2909).

1596. Fine della locazione per lo spirare del termine. – La locazione per un tempo determinato dalle parti cessa con lo spirare del termine, senza che sia necessaria la disdetta (80 l. fall.).

La locazione senza determinazione di tempo non cessa, se prima della scadenza stabilita a norma dell'art. 1574 una delle parti non comunica all'altra disdetta (1373[2]) nel termine fissato dalle norme corporative o, in mancanza, di quello ([1]) determinato dalle parti o dagli usi.

([1]) *L'espressione «fissato dalle norme corporative o, in mancanza, di quello» è da ritenersi abrogata dal R.D.L. 9 agosto 1943, n. 721.*

1597. ([1]) **Rinnovazione tacita del contratto.** – La locazione si ha per rinnovata se, scaduto il termine di essa, il conduttore rimane ed è lasciato nella detenzione della cosa locata o se, trattandosi di locazione a tempo indeterminato (1574), non è stata comunicata la disdetta a norma dell'articolo precedente (382 c.n.).

La nuova locazione è regolata dalle stesse condizioni della precedente, ma la sua durata è quella stabilita per le locazioni a tempo indeterminato (1574).

Se è stata data licenza, il conduttore non può opporre la tacita rinnovazione, salvo che consti la volontà del locatore di rinnovare il contratto (1598; 80 l. fall.).

([1]) *Si vedano, attualmente, gli artt. 28 della L. 27 luglio 1978, n. 392 e 2 della L. 9 dicembre 1998, n. 431.*

1598. Garanzie della locazione. – Le garanzie prestate da terzi non si estendono alle obbligazioni derivanti da proroghe della durata del contratto (1938).

1599. Trasferimento a titolo particolare della cosa locata. – Il contratto di locazione è opponibile al terzo acquirente (1603), se ha data certa (2704) anteriore all'alienazione della cosa.

La disposizione del comma precedente non si applica alla locazione di beni mobili non iscritti in pubblici registri, se l'acquirente ne ha conseguito il possesso in buona fede (1147, 1153).

Le locazioni di beni immobili non trascritte non sono opponibili al terzo acquirente, se non nei limiti di un novennio dall'inizio della locazione (2643, n. 8, 2644, 2923).

L'acquirente è in ogni caso tenuto a rispettare la locazione, se ne ha assunto l'obbligo verso l'alienante (1505, 1600 ss.) ([1]).

([1]) *L'art. 7 della L. 27 luglio 1978, n. 392, ha sancito la nullità della clausola che prevede la risoluzione del contratto in caso di alienazione della cosa locata.*

1600. Detenzione anteriore al trasferimento. – Se la locazione non ha data certa (2704), ma la detenzione del conduttore è anteriore al trasferimento, l'acquirente non è tenuto a rispettare la locazione che per una durata corrispondente a quella stabilita per le locazioni a tempo indeterminato (1574, 2923[4]).

1601. Risarcimento del danno al conduttore licenziato. – Se il conduttore è stato licenziato dall'acquirente perché il contratto di locazione non aveva data certa (2704) anteriore al trasferimento, il locatore è tenuto a risarcirgli il danno (1223).

1602. Effetti dell'opponibilità della locazione al terzo acquirente. – Il terzo acquirente tenuto a rispettare la locazione (1599, 1600) subentra, dal giorno del suo acquisto, nei diritti e nelle obbligazioni derivanti dal contratto di locazione (1406 ss.).

1603. Clausola di scioglimento del contratto in caso di alienazione ([1]). – Se si è convenuto che il contratto possa sciogliersi in caso di alienazione della cosa locata, l'acquirente che vuole valersi di tale facoltà deve dare licenza al conduttore rispettando il termine di preavviso stabilito dal secondo comma dell'art. 1596. In tal caso al conduttore licenziato non spetta il risarcimento dei danni, salvo patto contrario (1625, 2923[4]).

([1]) *L'art. 7 della L. 27 luglio 1978, n. 392, sancisce la nullità di questa clausola.*

1604. Vendita della cosa locata con patto di riscatto. – Il compratore con patto di riscatto (1500) non può esercitare la facoltà di licenziare (1603) il conduttore fino a che il suo acquisto non sia divenuto irrevocabile con la scadenza del termine fissato per il riscatto (1501).

1605. Liberazione o cessione del corrispettivo della locazione. – La liberazione o la cessione del corrispettivo della locazione non ancora scaduto non può opporsi al terzo (1265) acquirente della cosa locata, se non risulta da atto scritto avente data certa (2704) anteriore al trasferimento (2918,

2924). Si può in ogni caso opporre il pagamento anticipato eseguito in conformità degli usi locali (1595[2], 1601, 2812).

Se la liberazione o la cessione è stata fatta per un periodo eccedente i tre anni e non è stata trascritta (2643, n. 9, 2644), può essere opposta solo entro i limiti di un triennio; se il triennio è già trascorso, può essere opposta solo nei limiti dell'anno in corso nel giorno del trasferimento (2812, 2918, 2924).

1606. Estinzione del diritto del locatore. – Nei casi in cui il diritto del locatore sulla cosa locata si estingue con effetto retroattivo (1360), le locazioni da lui concluse aventi data certa (2704) sono mantenute, purché siano state fatte senza frode e non eccedano il triennio (1445, 1458).

Sono salve le diverse disposizioni di legge.

Sezione II
Della locazione di fondi urbani ([1])

([1]) *La disciplina del codice è ampiamente derogata dalla legislazione vincolistica, dalla L. 27 luglio 1978, n. 392 e dalla L. 9 dicembre 1998, n. 431.*

1607. Durata massima della locazione di case. – La locazione di una casa per abitazione può essere convenuta per tutta la durata della vita dell'inquilino e per due anni successivi alla sua morte (1350, n. 8, 1572, 1573, 1614, 2643, n. 8; 80 l. fall.).

1608. Garanzie per il pagamento della pigione. – Nelle locazioni di case non mobiliate l'inquilino può essere licenziato se non fornisce la casa di mobili sufficienti (2764) o non presta altre garanzie idonee ad assicurare il pagamento della pigione (1179, 1587).

1609. Piccole riparazioni a carico dell'inquilino. – Le riparazioni di piccola manutenzione, che a norma dell'art. 1576 devono essere eseguite dall'inquilino a sue spese, sono quelle dipendenti da deterioramenti prodotti dall'uso, e non quelle dipendenti da vetustà o da caso fortuito (1590, 2764).

Le suddette riparazioni, in mancanza di patto, sono determinate dagli usi locali.

1610. ([1]) **Spurgo di pozzi e di latrine.** – Lo spurgo dei pozzi e delle latrine è a carico del locatore.

([1]) *L'art. 9 della citata L. 27 luglio 1978, n. 392, ha posto questo obbligo a carico del conduttore.*

1611. Incendio di casa abitata da più inquilini. – Se si tratta di casa occupata da più inquilini, tutti sono responsabili verso il locatore del danno prodotto dall'incendio, proporzionatamente al valore della parte occupata (1588, 1589). Se nella casa abita anche il locatore, si detrae dalla somma dovuta una quota corrispondente alla parte da lui occupata.

La disposizione del comma precedente non si applica se si prova che l'incendio è cominciato dall'abitazione di uno degli inquilini, ovvero se alcuno di questi prova che l'incendio non è potuto cominciare nella sua abitazione.

1612. Recesso convenzionale del locatore. – Il locatore che si è riservata la facoltà di recedere dal contratto (1373) per abitare egli stesso nella casa locata deve dare licenza motivata nel termine stabilito dagli usi locali.

1613. Facoltà di recesso degli impiegati pubblici. – Gli impiegati delle pubbliche amministrazioni possono, nonostante patto contrario, recedere dal contratto (1373) nel caso di trasferimento, purché questo non sia stato disposto su loro domanda (80[2] l. fall.).

Tale facoltà si esercita mediante disdetta motivata, e il recesso ha effetto dal secondo mese successivo a quello in corso alla data della disdetta.

1614. Morte dell'inquilino. – Nel caso di morte dell'inquilino, se la locazione deve ancora durare per più di un anno ed è stata vietata la sublocazione (1594), gli eredi possono recedere dal contratto (1373) entro tre mesi dalla morte ([1]).

Il recesso si deve esercitare mediante disdetta comunicata con preavviso non inferiore a tre mesi.

([1]) *Si vedano anche, gli artt. 6 e 37 della L. 27 luglio 1978, n. 392, che disciplinano la materia della successione nel contratto di locazione nel caso di morte del conduttore.*

Sezione III
Dell'affitto

§. 1
Disposizioni generali

1615. Gestione e godimento della cosa produttiva. – Quando la locazione ha per oggetto il godimento di una cosa produttiva, mobile o immobile, l'affittuario deve curarne la gestione in conformità della destinazione economica della cosa (1618, 1619) e dell'interesse della produzione (1623; 41[3] Cost.). A lui spettano i frutti (821) e le altre utilità della cosa.

1616. Affitto senza determinazione di tempo. – Se le parti non hanno determinato la durata dell'affitto, ciascuna di esse può recedere dal contratto (1373) dando all'altra un congruo preavviso (1596[2]).

Sono salvi le norme corporative e (¹) gli usi che dispongono diversamente (1625).

(¹) *L'espressione «le norme corporative» è da ritenersi abrogata dal R.D.L. 9 agosto 1943, n. 721.*

1617. Obblighi del locatore. – Il locatore è tenuto a consegnare la cosa, con i suoi accessori e le sue pertinenze (817), in istato da servire all'uso e alla produzione a cui è destinata (1575, n. 1).

1618. Inadempimenti dell'affittuario. – Il locatore può chiedere la risoluzione del contratto (1453), se l'affittuario non destina al servizio della cosa i mezzi necessari per la gestione di essa, se non osserva le regole della buona tecnica (1176), ovvero se muta stabilmente la destinazione economica della cosa (1615).

1619. Diritto di controllo. – Il locatore può accertare in ogni tempo, anche con accesso in luogo, se l'affittuario osserva gli obblighi che gli incombono.

1620. Incremento della produttività della cosa. – L'affittuario può prendere le iniziative atte a produrre un aumento di reddito della cosa, purché esse non importino obblighi per il locatore o non gli arrechino pregiudizio, e siano conformi all'interesse della produzione (1592, 1615).

1621. Riparazioni. – Il locatore è tenuto ad eseguire a sue spese, durante l'affitto, le riparazioni straordinarie. Le altre sono a carico dell'affittuario (1576, 1577, 1609, 2153, 2764).

1622. Perdite determinate da riparazioni. – Se l'esecuzione delle riparazioni che sono a carico del locatore determina per l'affittuario una perdita superiore al quinto del reddito annuale o, nel caso di affitto non superiore a un anno, al quinto del reddito complessivo, l'affittuario può domandare una riduzione del fitto in ragione della diminuzione del reddito oppure, secondo le circostanze, lo scioglimento del contratto (1583, 1584).

1623. Modificazioni sopravvenute del rapporto contrattuale. – Se, in conseguenza di una disposizione di legge, di una norma corporativa (¹) o di un provvedimento dell'autorità riguardanti la gestione produttiva, il rapporto contrattuale risulta notevolmente modificato in modo che le parti ne risentano rispettivamente una perdita e un vantaggio, può essere richiesto un aumento o una diminuzione del fitto (1467) ovvero, secondo le circostanze, lo scioglimento del contratto.

Sono salve le diverse disposizioni della legge, della norma corporativa (¹) o del provvedimento dell'autorità.

(¹) *Le espressioni «di una norma corporativa» e «della norma corporativa» sono da ritenersi abrogate dal R.D.L. 9 agosto 1943, n. 721.*

1624. Divieto di subaffitto. Cessione dell'affitto. – L'affittuario non può subaffittare la cosa senza il consenso del locatore (1594, 1649, 2149).

La facoltà di cedere l'affitto comprende quella di subaffittare; la facoltà di subaffittare non comprende quella di cedere l'affitto (¹).

(¹) *Gli artt. 21 e 23 della L. 3 maggio 1982, n. 203, ribadiscono la nullità dei contratti di subaffitto, di sublocazione e comunque di subconcessione di fondi rustici già disposta dalla legislazione antevigente (D.L.vo Lgt. 5 aprile 1945, n. 156; artt. 12 e 21, L. 11 febbraio 1971, n. 11).*

1625. Clausola di scioglimento del contratto in caso di alienazione. – Se si è convenuto che l'affitto possa sciogliersi in caso di alienazione (1603), l'acquirente che voglia dare licenza all'affittuario deve osservare la disposizione dell'art. 1616.

Quando l'affitto ha per oggetto un fondo rustico, la licenza deve essere data col preavviso di sei mesi e ha effetto per la fine dell'anno agrario in corso alla scadenza del termine di preavviso (1627[2]).

1626. Incapacità o insolvenza dell'affittuario. – L'affitto si scioglie per l'interdizione (414), l'inabilitazione (415) o l'insolvenza dell'affittuario (80

l. fall.), salvo che al locatore sia prestata idonea garanzia (1179) per l'esatto adempimento degli obblighi dell'affittuario.

1627. Morte dell'affittuario. – Nel caso di morte dell'affittuario, il locatore e gli eredi dell'affittuario possono, entro tre mesi dalla morte, recedere dal contratto (1373) mediante disdetta comunicata all'altra parte con preavviso di sei mesi (1614).

Se l'affitto ha per oggetto un fondo rustico, la disdetta ha effetto per la fine dell'anno agrario in corso alla scadenza del termine di preavviso (1614, 1625[2]).

§. 2
Dell'affitto di fondi rustici

1628. ([1]) **Durata minima dell'affitto.** – Se le norme corporative stabiliscono un periodo minimo di durata del contratto, l'affitto di un fondo rustico stipulato per una durata inferiore si estende al periodo minimo così stabilito.

([1]) *Questo articolo deve intendersi abrogato poiché l'ordinamento corporativo è stato soppresso con R.D.L. 9 agosto 1943, n. 721.*

1629. Fondi destinati al rimboschimento. – L'affitto di fondi rustici destinati al rimboschimento può essere stipulato per un termine massimo di novantanove anni (1573).

1630. Affitto senza determinazione di tempo. – L'affitto a tempo indeterminato di un fondo soggetto a rotazione di colture si reputa stipulato (1574) per il tempo necessario affinché l'affittuario possa svolgere e portare a compimento il normale ciclo di avvicendamento delle colture praticate nel fondo (2143, 2165).

Se il fondo non è soggetto ad avvicendamento di colture, l'affitto si reputa fatto per il tempo necessario alla raccolta dei frutti (1635).

L'affitto non cessa se prima della scadenza una delle parti non ha dato disdetta con preavviso di sei mesi (1596).

Sono salve le diverse disposizioni delle norme corporative ([1]).

([1]) *Comma da ritenere abrogato a seguito della soppressione dell'ordinamento corporativo fascista disposta dal R.D.L. 9 agosto 1943, n. 721.*

1631. Estensione del fondo. – Per l'affitto a misura, oppure a corpo con indicazione della misura, nel caso di eccesso o di difetto dell'estensione del fondo rispetto alla misura indicata, i diritti e le obbligazioni delle parti sono determinati secondo le norme contenute nel capo della vendita (1537, 1538, 1539).

1632 - 1633. (*Omissis*) ([1]).

([1]) *Articoli che riguardavano i miglioramenti e i diritti relativi; abrogati dall'art. 29 della L. 11 febbraio 1971, n. 11.*

1634. Inderogabilità. – Le disposizioni dei due articoli precedenti sono inderogabili.

1635. Perdita fortuita dei frutti negli affitti pluriennali. – Se, durante l'affitto convenuto per più anni, almeno la metà dei frutti di un anno non ancora separati (821) perisce per caso fortuito, l'affittuario può domandare una riduzione del fitto, salvo che la perdita trovi compenso nei precedenti raccolti.

Qualora la perdita non trovi compenso nei precedenti raccolti, la riduzione è determinata alla fine dell'affitto, eseguito il conguaglio con i frutti raccolti in tutti gli anni decorsi. Il giudice può dispensare provvisoriamente l'affittuario dal pagamento di una parte del fitto in proporzione della perdita sofferta.

La riduzione non può mai eccedere la metà del fitto.

In ogni caso si deve tener conto degli indennizzi che l'affittuario abbia conseguiti o possa conseguire in relazione alla perdita sofferta.

Al perimento è equiparata la mancata produzione dei frutti (960[2]).

1636. Perdita fortuita dei frutti negli affitti annuali. – Se l'affitto ha la durata di un solo anno, e si è verificata la perdita per caso fortuito di almeno la metà dei frutti, l'affittuario può essere esonerato dal pagamento di una parte del fitto, in misura non superiore alla metà.

1637. Accollo di casi fortuiti. – L'affittuario può, con patto espresso, assumere il rischio dei casi fortuiti ordinari (1643). Sono reputati tali i fortuiti che, avuto riguardo ai luoghi e a ogni altra circostanza, le parti potevano ragionevolmente ritenere probabili (1648).

È nullo (1419) il patto col quale l'affittuario si assoggetta ai casi fortuiti straordinari.

1638. Espropriazione per pubblico interesse. – In caso di espropriazione per pubblico interesse (834) o di occupazione temporanea del fondo locato, l'affittuario ha diritto di ottenere dal locatore la parte d'indennità a questo corrisposta per i frutti non percepiti o per il mancato raccolto.

1639. Canone di affitto. – Il fitto può consistere anche in una quota ovvero in una quantità fissa o variabile dei frutti del fondo locato (1282[2], 2099[3]).

1640. Scorte morte. – Le scorte morte costituenti la dotazione del fondo, che sono state consegnate all'affittuario all'inizio dell'affitto, con determinazione della specie, qualità e quantità, devono, anche se stimate, essere restituite al locatore alla fine dell'affitto, nella stessa specie, qualità e quantità e, se si tratta di scorte fisse, come macchinari e attrezzi, nello stesso stato d'uso (2764). L'eccedenza o la deficienza deve essere regolata in danaro, secondo il valore corrente al tempo della riconsegna. La dotazione necessaria non può essere distratta e deve essere mantenuta secondo le esigenze delle colture e la pratica dei luoghi (1642).

La disposizione del comma precedente si applica anche se, all'inizio dell'affitto, l'affittuario ha depositato la somma che rappresenti il valore delle scorte presso il locatore, salvo l'obbligo di questo di restituirla al tempo della riconsegna delle scorte (1645[3]).

Se le scorte sono state consegnate con la sola indicazione del valore, l'affittuario ne acquista la proprietà, e, alla fine dell'affitto, deve restituire il valore ricevuto o scorte in natura per un corrispondente valore, determinato secondo il prezzo corrente, al tempo della riconsegna, ovvero parte dell'uno e parte delle altre (1645[3], 2764).

Sono salve le diverse disposizioni delle norme corporative o ([1]) le diverse pattuizioni delle parti.

([1]) *L'espressione «le diverse disposizioni delle norme corporative o» è da ritenersi abrogata dal R.D.L. 9 agosto 1943, n. 721.*

1641. Scorte vive. – Quando il bestiame da lavoro o da allevamento, costituente la dotazione del fondo, è stato in tutto o in parte fornito dal locatore, si osservano le disposizioni degli articoli seguenti, salvi le norme corporative o ([1]) i patti diversi (2764).

([1]) *L'espressione «le norme corporative o» è da ritenersi abrogata dal R.D.L. 9 agosto 1943, n. 721.*

1642. Proprietà del bestiame consegnato. – Qualora il bestiame consegnato all'affittuario sia stato determinato con indicazione della specie, del numero, del sesso, della qualità, dell'età e del peso, anche se ne è stata fatta stima, la proprietà di esso rimane al locatore. Tuttavia l'affittuario può disporre dei singoli capi, ma deve mantenere nel fondo la dotazione necessaria (1640[1], 1645[1]).

1643. Rischio della perdita del bestiame. – Il rischio della perdita del bestiame è a carico dell'affittuario dal momento in cui questi lo ha ricevuto, se non è stato diversamente pattuito (1637, 1642).

1644. Accrescimenti e frutti del bestiame. – L'affittuario fa suoi i parti e gli altri frutti del bestiame, l'accrescimento e ogni altro provento che ne deriva (1615, 1637).

Il letame però deve essere impiegato esclusivamente nella coltivazione del fondo.

1645. Riconsegna del bestiame. – Nel caso previsto dall'art. 1642, al termine del contratto l'affittuario deve restituire bestiame corrispondente per specie, numero, sesso, qualità, età e peso a quello ricevuto. Se vi sono differenze di qualità o di quantità contenute nei limiti in cui esse possano ammettersi avuto riguardo ai bisogni della coltivazione del fondo (1642), l'affittuario deve restituire bestiame di uguale valore. Se vi è eccedenza o deficienza nel valore del bestiame, ne è fatto conguaglio in danaro tra le parti, secondo il valore al tempo della riconsegna (1640[1]).

La disposizione del comma precedente si applica anche se, all'inizio dell'affitto, l'affittuario ha depositato presso il locatore la somma che rappresenta il valore del bestiame (1640[2]).

Si applica altresì la disposizione del terzo comma dell'art. 1640.

Sono salvi le disposizioni delle norme corporative e ([1]) i patti diversi.

([1]) *L'espressione «le disposizioni delle norme corporative e» è da ritenersi abrogata dal R.D.L. 9 agosto 1943, n. 721.*

1646. Rapporti fra gli affittuari uscente e subentrante. – L'affittuario uscente deve mettere a disposizione di chi gli subentra nella coltivazione i locali opportuni e gli altri comodi occorrenti per i lavori dell'anno seguente; il nuovo affittuario deve lasciare al precedente i locali opportuni e gli altri comodi occorrenti per il consumo dei foraggi e per le raccolte che restano da fare.

Per l'ulteriore determinazione dei rapporti tra l'affittuario uscente e l'affittuario subentrante si osservano le disposizioni delle norme corporative e ([1]), in mancanza, gli usi locali.

([1]) *L'espressione «le disposizioni delle norme corporative e» è da ritenersi abrogata dal R.D.L. 9 agosto 1943, n. 721.*

§. 3
Dell'affitto
a coltivatore diretto

1647. Nozione. – Quando l'affitto ha per oggetto un fondo che l'affittuario coltiva col lavoro prevalentemente proprio o di persone della sua famiglia (2083), si applicano le norme che seguono (1654, 2079, 2080), sempre che il fondo non superi i limiti di estensione che, per singole zone e colture, possono essere determinati dalle norme corporative ([1]).

([1]) *L'ultimo periodo dell'articolo dalla parola «sempre» alla fine è da ritenersi abrogato dal R.D.L. 9 agosto 1943, n. 721.*

1648. Casi fortuiti ordinari. – Il giudice, con riguardo alle condizioni economiche dell'affittuario, può disporre il pagamento rateale del fitto se per un caso fortuito ordinario, le cui conseguenze l'affittuario ha assunte a suo carico (1637), si verifica la perdita di almeno la metà dei frutti del fondo (1654).

1649. Subaffitto. – Se il locatore consente il subaffitto, questo è considerato come locazione diretta tra il locatore e il nuovo affittuario (1594, 1624, 1654) ([1]).

([1]) *Gli artt. 21 e 23 della L. 3 maggio 1982, n. 203, norme sui contratti agrari, ribadiscono la nullità dei contratti di subaffitto, di sublocazione e comunque di subconcessione di fondi rustici già disposta dalla legislazione antevigente (D.L.vo Lgt. 5 aprile 1945, n. 156; artt. 12 e 21, L. 11 febbraio 1971, n. 11).*

1650 - 1651. (*Omissis*) ([1]).

([1]) *Articoli che riguardavano la morte dell'affittuario ed i miglioramenti. Abrogati dall'art. 29, L. 11 febbraio 1971, n. 11.*

1652. Anticipazioni all'affittuario. – Qualora l'affittuario non possa provvedere altrimenti, il locatore è tenuto ad anticipargli le sementi e le materie fertilizzanti e antiparassitarie necessarie per la coltivazione del fondo (2151).

Il credito del locatore produce interessi in misura corrispondente al saggio legale (1284, 1654).

1653. [**Sostituzione del locatore all'affittuario.** – (*Omissis*)] ([1]).

([1]) *Articolo abrogato dall'art. 29, L. 11 febbraio 1971, n. 11.*

1654. Inderogabilità. – Le disposizioni che precedono sono inderogabili.

Capo VII
Dell'appalto

1655. Nozione. – L'appalto è il contratto col quale una parte assume, con organizzazione dei mezzi necessari (2082) e con gestione a proprio rischio, il compimento di un'opera o di un servizio (1677) verso un corrispettivo in danaro (1657, 2222).

1656. Subappalto. – L'appaltatore non può dare in subappalto (1670) l'esecuzione dell'opera o del servizio, se non è stato autorizzato dal committente.

1657. Determinazione del corrispettivo. – Se le parti non hanno determinato la misura del corrispettivo né hanno stabilito il modo di determinarla, essa è calcolata con riferimento alle tariffe esistenti o agli usi; in mancanza, è determinata dal giudice (2225, 2233).

1658. Fornitura della materia. – La materia necessaria a compiere l'opera deve essere fornita dall'appaltatore, se non è diversamente stabilito dalla convenzione o dagli usi (1663, 1673, 2223).

1659. Variazioni concordate del progetto. – L'appaltatore non può apportare variazioni alle modalità convenute dell'opera se il committente non le ha autorizzate.

L'autorizzazione si deve provare per iscritto (2725).

Anche quando le modificazioni sono state autorizzate, l'appaltatore, se il prezzo dell'intera opera è stato determinato globalmente, non ha diritto a compenso per le variazioni o per le aggiunte, salvo diversa pattuizione (1661[1]).

1660. Variazioni necessarie del progetto. – Se per l'esecuzione dell'opera a regola d'arte è necessario apportare variazioni al progetto (1661) e le parti non si accordano, spetta al giudice di determinare le variazioni da introdurre e le correlative variazioni del prezzo.

Se l'importo delle variazioni supera il sesto del prezzo complessivo convenuto, l'appaltatore può recedere dal contratto (1373) e può ottenere, secondo le circostanze, un'equa indennità.

Se le variazioni sono di notevole entità, il committente può recedere dal contratto (1373) ed è tenuto a corrispondere un equo indennizzo.

1661. Variazioni ordinate dal committente. – Il committente può apportare variazioni al progetto (1660), purché il loro ammontare non superi il sesto del prezzo complessivo convenuto. L'appaltatore ha diritto al compenso per i maggiori lavori eseguiti, anche se il prezzo dell'opera era stato determinato globalmente (1659).

La disposizione del comma precedente non si applica quando le variazioni, pur essendo contenute nei limiti suddetti, importano notevoli modificazioni della natura dell'opera o dei quantitativi nelle singole categorie di lavori previste nel contratto per l'esecuzione dell'opera medesima.

1662. Verifica nel corso di esecuzione dell'opera. – Il committente ha diritto di controllare lo svolgimento dei lavori e di verificarne a proprie spese lo stato.

Quando, nel corso dell'opera, si accerta che la sua esecuzione non procede secondo le condizioni stabilite dal contratto e a regola d'arte, il committente può fissare un congruo termine (1454) entro il quale l'appaltatore si deve conformare a tali condizioni; trascorso inutilmente il termine stabilito, il contratto è risoluto, salvo il diritto del committente al risarcimento del danno (1223, 1665, 1667).

1663. Denuncia dei difetti della materia. – L'appaltatore è tenuto a dare pronto avviso al committente dei difetti della materia da questo fornita (1658, 1673), se si scoprono nel corso dell'opera e possono comprometterne la regolare esecuzione.

1664. Onerosità o difficoltà dell'esecuzione. – Qualora per effetto di circostanze imprevedibili si siano verificati aumenti o diminuzioni nel costo dei materiali o della mano d'opera, tali da determinare un aumento o una diminuzione superiori al decimo del prezzo complessivo convenuto, l'appaltatore o il committente possono chiedere una revisione del prezzo medesimo. La revisione può essere accordata solo per quella differenza che eccede il decimo (1467).

Se nel corso dell'opera si manifestino difficoltà di esecuzione derivanti da cause geologiche, idriche e simili, non previste dalle parti, che rendano notevolmente più onerosa la prestazione dell'appaltatore, questi ha diritto a un equo compenso.

1665. Verifica e pagamento dell'opera. – Il committente, prima di ricevere la consegna, ha diritto di verificare l'opera compiuta (1662, 1666).

La verifica deve essere fatta dal committente appena l'appaltatore lo mette in condizioni di poterla eseguire.

Se, nonostante l'invito fattogli dall'appaltatore, il committente tralascia di procedere alla verifica senza giusti motivi, ovvero non ne comunica il risultato entro un breve termine, l'opera si considera accettata (1667, 2226).

Se il committente riceve senza riserve la consegna dell'opera, questa si considera accettata ancorché non si sia proceduto alla verifica (2226).

Salvo diversa pattuizione o uso contrario, l'appaltatore ha diritto al pagamento del corrispettivo quando l'opera è accettata dal committente.

1666. Verifica e pagamento di singole partite. – Se si tratta di opera da eseguire per partite, ciascuno dei contraenti può chiedere che la verifica (1662, 1665) avvenga per le singole partite. In tal caso l'appaltatore può domandare il pagamento in proporzione dell'opera eseguita.

Il pagamento fa presumere l'accettazione della parte di opera pagata; non produce questo effetto il versamento di semplici acconti (1665[3]).

1667. Difformità e vizi dell'opera. – L'appaltatore è tenuto alla garanzia (1668) per le difformità e i vizi dell'opera. La garanzia non è dovuta se il committente ha accettato l'opera (1665, 1666, 2226) e le difformità o i vizi erano da lui conosciuti o erano riconoscibili, purché, in questo caso, non siano stati in mala fede taciuti dall'appaltatore.

Il committente deve, a pena di decadenza, denunziare all'appaltatore le difformità o i vizi entro sessanta giorni dalla scoperta. La denunzia non è necessaria se l'appaltatore ha riconosciuto le difformità o i vizi o se li ha occultati (1670).

L'azione contro l'appaltatore si prescrive in due anni dal giorno della consegna dell'opera. Il committente convenuto per il pagamento può sempre far valere la garanzia (1442[4], 1449[2]), purché le difformità o i vizi siano stati denunziati entro sessanta giorni dalla scoperta e prima che siano decorsi i due anni dalla consegna (2964; 240, 855 c.n.).

1668. Contenuto della garanzia per difetti dell'opera. – Il committente può chiedere che le difformità o i vizi (1667) siano eliminati a spese dell'appaltatore, oppure che il prezzo sia proporzionalmente diminuito, salvo il risarcimento del danno (1223) nel caso di colpa dell'appaltatore.

Se però le difformità o i vizi dell'opera sono tali da renderla del tutto inadatta alla sua destinazione, il committente può chiedere la risoluzione del contratto (1453, 2226).

1669. Rovina e difetti di cose immobili. – Quando si tratta di edifici o di altre cose immobili destinate per loro natura a lunga durata, se, nel corso di dieci anni dal compimento, l'opera, per vizio del suolo o per difetto della costruzione, rovina in tutto o in parte, ovvero presenta evidente pericolo di rovina o gravi difetti, l'appaltatore è responsabile nei confronti del committente e dei suoi aventi causa, purché sia fatta la denunzia entro un anno dalla scoperta.

Il diritto del committente si prescrive in un anno dalla denunzia.

1670. Responsabilità dei subappaltatori. – L'appaltatore, per agire in regresso (1228) nei confronti dei subappaltatori (1656), deve, sotto pena di decadenza, comunicare ad essi la denunzia entro sessanta giorni dal ricevimento (1667[2], 2964).

1671. Recesso unilaterale dal contratto. – Il committente può recedere dal contratto (1373), anche se è stata iniziata l'esecuzione dell'opera o la prestazione del servizio, purché tenga indenne l'appaltatore delle spese sostenute, dei lavori eseguiti e del mancato guadagno (1372, 2227, 2237).

1672. Impossibilità di esecuzione dell'opera. – Se il contratto si scioglie perché l'esecuzione dell'opera è divenuta impossibile in conseguenza di una causa non imputabile ad alcuna delle parti (1464), il committente deve pagare la parte dell'opera già compiuta, nei limiti in cui è per lui utile (1675, 2228, 2231[2], 2237[2]), in proporzione del prezzo pattuito per l'opera intera.

1673. Perimento o deterioramento della cosa. – Se, per causa non imputabile ad alcuna delle parti, l'opera perisce o è deteriorata prima che sia accettata (1666) dal committente o prima che il committente sia in mora (1207) a verificarla (1665), il perimento o il deterioramento è a carico dell'appaltatore, qualora questi abbia fornito la materia (1658).

Se la materia è stata fornita in tutto o in parte dal committente, il perimento o il deterioramento dell'opera è a suo carico per quanto riguarda la materia da lui fornita, e per il resto è a carico dell'appaltatore (1465).

1674. Morte dell'appaltatore. – Il contratto di appalto non si scioglie per la morte dell'appaltatore, salvo che la considerazione della sua persona sia stata motivo determinante del contratto (1675; 81 l. fall.). Il committente può sempre recedere dal contratto (1373), se gli eredi dell'appaltatore non danno affidamento per la buona esecuzione dell'opera o del servizio.

1675. Diritti e obblighi degli eredi dell'appaltatore. – Nel caso di scioglimento del contratto per morte dell'appaltatore (1674), il committente è tenuto a pagare agli eredi il valore delle opere eseguite, in ragione del prezzo pattuito, e a rimborsare le spese sostenute per l'esecuzione del rimanente, ma solo nei limiti in cui le opere eseguite e le spese sostenute gli sono utili (1672).

Il committente ha diritto di domandare la consegna, verso una congrua indennità, dei materiali preparati e dei piani in via di esecuzione, salve le norme che proteggono le opere dell'ingegno (2578) ([1]).

([1]) *Si veda la legge sulla protezione del diritto d'autore 22 aprile 1941, n. 633 e il R.D. 18 maggio 1942, n. 1369, regolamento di esecuzione.*

1676. Diritti degli ausiliari dell'appaltatore verso il committente. – Coloro che, alle dipendenze dell'appaltatore, hanno dato la loro attività per eseguire l'opera o per prestare il servizio possono proporre azione diretta contro il committente per conseguire quanto è loro dovuto, fino alla concorrenza del debito che il committente ha verso l'appaltatore nel tempo in cui essi propongono la domanda (2900).

1677. Prestazione continuativa o periodica di servizi. – Se l'appalto ha per oggetto prestazioni continuative o periodiche di servizi, si osservano, in quanto compatibili, le norme di questo capo e quelle relative al contratto di somministrazione (1559 ss.).

Capo VIII
Del trasporto

Sezione I
Disposizioni generali

1678. Nozione. – Col contratto di trasporto il vettore si obbliga, verso corrispettivo (2761, 2951), a trasferire persone (1681) o cose (1683) da un luogo a un altro.

1679. Pubblici servizi di linea. – Coloro che per concessione amministrativa esercitano servizi di linea per il trasporto di persone o di cose sono obbligati (2597) ad accettare le richieste di trasporto che siano compatibili con i mezzi ordinari dell'impresa, secondo le condizioni generali (1341) stabilite o autorizzate nell'atto di concessione e rese note al pubblico (2951[4]).

I trasporti devono eseguirsi secondo l'ordine delle richieste; in caso di più richieste simultanee, deve essere preferita quella di percorso maggiore.

Se le condizioni generali ammettono speciali concessioni, il vettore è obbligato ad applicarle a parità di condizioni a chiunque ne faccia richiesta.

Salve le speciali concessioni ammesse dalle condizioni generali, qualunque deroga alle medesime è nulla, e alla clausola difforme è sostituita la norma delle condizioni generali (1339, 1341, 1419).

1680. Limiti di applicabilità delle norme. – Le disposizioni di questo capo si applicano anche ai trasporti per via d'acqua o per via d'aria e a quelli ferroviari e postali, in quanto non siano derogate dal codice della navigazione (396 - 467, 940 - 964 c.n.) e dalle leggi speciali.

Sezione II
Del trasporto di persone ([1])

([1]) *La legge 15 gennaio 1992, n. 21, ha dettato norme quadro per il trasporto di persone mediante autoservizi pubblici non di linea (taxi). Si veda anche la L. 11 agosto 2003, n. 218, disciplina dell'attività di trasporto di viaggiatori effettuato mediante noleggio di autobus con conducente.*

1681. Responsabilità del vettore. – Salva la responsabilità per il ritardo e per l'inadempimento (1218) nell'esecuzione del trasporto, il vettore risponde dei sinistri che colpiscono la persona del viaggiatore durante il viaggio e della perdita o dell'avaria delle cose che il viaggiatore porta con sé, se non prova di avere adottato tutte le misure idonee a evitare il danno (1693, 1694, 2050, 2054, 2951; 409 ss., 942 ss. c.n.).

Sono nulle le clausole che limitano la responsabilità del vettore per i sinistri che colpiscono il viaggiatore (1229, 1694).

Le norme di questo articolo si osservano anche nei contratti di trasporto gratuito (413, 414, 497 c.n.).

1682. Responsabilità del vettore nei trasporti cumulativi. – Nei trasporti cumulativi (1700) ciascun vettore risponde nell'ambito del proprio percorso.

Tuttavia il danno per il ritardo o per l'interruzione del viaggio si determina in ragione dell'intero percorso (1294).

Sezione III
Del trasporto di cose

1683. Indicazioni e documenti che devono essere forniti al vettore. – Il mittente deve indicare con esattezza al vettore il nome del destinatario e il luogo di destinazione, la natura, il peso, la quantità e il numero delle cose da trasportare e gli altri estremi necessari per eseguire il trasporto.

Se per l'esecuzione del trasporto occorrono particolari documenti, il mittente deve rimetterli al vettore all'atto in cui consegna le cose da trasportare.

Sono a carico del mittente i danni che derivano dall'omissione o dall'inesattezza delle indicazioni o dalla mancata consegna o irregolarità dei documenti.

1684. Lettera di vettura e ricevuta di carico. – Su richiesta del vettore, il mittente deve rilasciare una lettera di vettura con la propria sottoscrizione, contenente le indicazioni enunciate nell'articolo precedente e le condizioni convenute per il trasporto.

Su richiesta del mittente, il vettore deve rilasciare un duplicato della lettera di vettura con la propria sottoscrizione o, se non gli è stata rilasciata lettera di vettura, una ricevuta di carico, con le stesse indicazioni (1685).

Salvo contrarie disposizioni di legge, il duplicato della lettera di vettura e la ricevuta di carico possono essere rilasciate con la clausola «all'ordine» (1691, 1996, 2008 ss.).

1685. Diritti del mittente. – Il mittente può sospendere il trasporto e chiedere la restituzione delle cose, ovvero ordinarne la consegna a un destinatario diverso da quello originariamente indicato o anche disporre diversamente (1378, 1510[2]), salvo l'obbligo di rimborsare le spese e di risarcire i danni derivanti dal contrordine (1738; 433, 450, 955 c.n.).

Qualora dal vettore sia stato rilasciato al mittente un duplicato della lettera di vettura o una ricevuta di carico (1684), il mittente non può disporre delle cose consegnate per il trasporto, se non esibisce al vettore il duplicato o la ricevuta per farvi annotare le nuove indicazioni (1691, 1996). Queste devono essere sottoscritte dal vettore.

Il mittente non può disporre delle cose trasportate dal momento in cui esse sono passate a disposizione del destinatario (1689).

1686. Impedimenti e ritardi nell'esecuzione del trasporto. – Se l'inizio o la continuazione del trasporto sono impediti (1256[1], 1463) o soverchiamente ritardati (1256[2]) per causa non imputabile al vettore, questi deve chiedere immediatamente istruzioni (1685[1], 1690) al mittente, provvedendo alla custodia delle cose consegnategli.

Se le circostanze rendono impossibile la richiesta di istruzioni al mittente o se le istruzioni non sono attuabili, il vettore può depositare le cose a norma dell'art. 1514 (77 att.), o, se sono soggette a rapido deterioramento, può farle vendere a norma dell'art. 1515 (83 att.). Il vettore deve informare prontamente il mittente del deposito o della vendita (1690).

Il vettore ha diritto al rimborso delle spese. Se il trasporto è stato iniziato, egli ha diritto anche al pagamento del prezzo in proporzione del percorso compiuto (1672), salvo che l'interruzione del trasporto sia dovuta alla perdita totale delle cose derivante da caso fortuito.

1687. Riconsegna delle merci. – Il vettore deve mettere le cose trasportate a disposizione del destinatario nel luogo, nel termine e con le modalità indicati dal contratto o, in mancanza, dagli usi (2951).

Se la riconsegna non deve eseguirsi presso il destinatario, il vettore deve dargli prontamente avviso dell'arrivo delle cose trasportate (1690, 1691).

Se dal mittente è stata rilasciata una lettera di vettura (1684, 1693, 1694), il vettore deve esibirla al destinatario (1685[3]).

1688. Termine di resa. – Il termine di resa, quando sono indicati più termini parziali, è determinato dalla somma di questi.

1689. Diritti del destinatario. – I diritti nascenti dal contratto di trasporto verso il vettore spettano al destinatario dal momento in cui, arrivate le cose a destinazione o scaduto il termine in cui sarebbero dovute arrivare, il destinatario ne richiede la riconsegna al vettore (1411[2], 1685[3], 1691).

Il destinatario non può esercitare i diritti nascenti dal contratto se non verso pagamento al vettore dei crediti derivanti dal trasporto (1702, 2761) e degli assegni da cui le cose trasportate sono gravate (1692). Nel caso in cui l'ammontare delle somme dovute sia controverso, il destinatario deve depositare la differenza contestata presso un istituto di credito (1411).

1690. Impedimenti alla riconsegna. – Se il destinatario è irreperibile ovvero rifiuta o ritarda a chiedere la riconsegna delle cose trasportate, il vettore deve domandare immediatamente istruzioni al mittente e si applicano le disposizioni dell'art. 1686.

Se sorge controversia tra più destinatari o circa il diritto del destinatario alla riconsegna o circa l'esecuzione di questa, ovvero se il destinatario ritarda a ricevere le cose trasportate, il vettore può depositarle a norma dell'art. 1514 o, se sono soggette a rapido deterioramento, può farle vendere a norma dell'art. 1515 per conto dell'avente diritto. Il vettore deve informare prontamente il mittente del deposito o della vendita (83 att.; 450 c. n.).

1691. Lettera di vettura o ricevuta di carico all'ordine. – Se il vettore ha rilasciato al mittente un duplicato della lettera di vettura all'ordine (1684) o la ricevuta di carico all'ordine, i diritti nascenti dal contratto verso il vettore si trasferiscono mediante girata del titolo (1685, 1996, 2009).

In tal caso il vettore è esonerato dall'obbligo di dare avviso dell'arrivo delle cose trasportate (1687[2]), salvo che sia stato indicato un domiciliatario nel luogo di destinazione, e l'indicazione risulti dal duplicato della lettera di vettura o dalla ricevuta di carico.

Il possessore del duplicato della lettera di vettura all'ordine o della ricevuta di carico all'ordine, deve restituire il titolo al vettore all'atto della riconsegna delle cose trasportate.

1692. Responsabilità del vettore nei confronti del mittente. – Il vettore che esegue la riconsegna al destinatario senza riscuotere i propri crediti o gli assegni da cui è gravata la cosa, o senza esigere il deposito della somma controversa (1689), è responsabile verso il mittente (1702) dell'importo degli assegni dovuti al medesimo e non può rivolgersi a quest'ultimo per il pagamento dei propri crediti, salva l'azione verso il destinatario (2951).

1693. Responsabilità per perdita e avaria. - Il vettore è responsabile della perdita e dell'avaria (1696) delle cose consegnategli per il trasporto, dal momento in cui le riceve a quello in cui le riconsegna al destinatario, se non prova che la perdita o l'avaria è derivata da caso fortuito, dalla natura o dai vizi delle cose stesse o del loro imballaggio, o dal fatto del mittente o da quello del destinatario (1218, 1681).

Se il vettore accetta le cose da trasportare senza riserve, si presume che le cose stesse non presentino vizi apparenti d'imballaggio (1701).

1694. Presunzioni di fortuito. - Sono valide le clausole che stabiliscono presunzioni di caso fortuito per eventi che normalmente, in relazione ai mezzi e alle condizioni del trasporto, dipendono da caso fortuito (1681, 2698).

1695. Calo naturale. - Per le cose che, data la loro particolare natura, sono soggette durante il trasporto a diminuzione nel peso o nella misura, il vettore risponde solo delle diminuzioni che oltrepassano il calo naturale, a meno che il mittente o il destinatario provi che la diminuzione non è avvenuta in conseguenza della natura delle cose o che per le circostanze del caso non poteva giungere alla misura accertata (1787).

Si deve tener conto del calo separatamente per ogni collo.

1696. Calcolo del danno in caso di perdita o di avaria. - Il danno derivante da perdita o da avaria (1693) si calcola secondo il prezzo corrente (1474) delle cose trasportate nel luogo e nel tempo della riconsegna (1223, 1518).

Il risarcimento dovuto dal vettore non può essere superiore a un euro per ogni chilogrammo di peso lordo della merce perduta o avariata nei trasporti nazionali ed all'importo di cui all'articolo 23, comma 3, della Convenzione per il trasporto stradale di merci, ratificata con legge 6 dicembre 1960, n. 1621, e successive modificazioni, nei trasporti internazionali ([1]).

La previsione di cui al comma precedente non è derogabile a favore del vettore se non nei casi e con le modalità previste dalle leggi speciali e dalle convenzioni internazionali applicabili ([1]).

Il vettore non può avvalersi della limitazione della responsabilità prevista a suo favore dal presente articolo ove sia fornita la prova che la perdita o l'avaria della merce sono stati determinati da dolo o colpa grave del vettore o dei suoi dipendenti e preposti, ovvero di ogni altro soggetto di cui egli si sia avvalso per l'esecuzione del trasporto, quando tali soggetti abbiano agito nell'esercizio delle loro funzioni ([1]).

([1]) *Questo comma è stato aggiunto dall'art. 10 del D.L.vo 21 novembre 2005, n. 286.*

1697. Accertamento della perdita e dell'avaria. - Il destinatario ha diritto di fare accertare a sue spese, prima della riconsegna, l'identità e lo stato delle cose trasportate.

Se la perdita o l'avaria esiste, il vettore deve rimborsargli le spese.

Salvo diverse disposizioni della legge, la perdita e l'avaria si accertano nei modi stabiliti dall'art. 696 del codice di procedura civile.

1698. Estinzione dell'azione nei confronti del vettore. - Il ricevimento senza riserve delle cose trasportate col pagamento di quanto è dovuto al vettore estingue le azioni derivanti dal contratto, tranne il caso di dolo o colpa grave del vettore (1689). Sono salve le azioni (2951) per perdita parziale o per avaria non riconoscibili al momento della riconsegna, purché in quest'ultimo caso il danno sia denunziato appena conosciuto e non oltre otto giorni dopo il ricevimento (1681).

1699. Trasporto con rispedizione della merce. - Se il vettore si obbliga di far proseguire le cose trasportate, oltre le proprie linee, per mezzo di vettori successivi, senza farsi rilasciare dal mittente una lettera di vettura (1684) diretta fino al luogo di destinazione, si presume che egli assuma, per il trasporto oltre le proprie linee, gli obblighi di uno spedizioniere (1739).

1700. Trasporto cumulativo. - Nei trasporti che sono assunti cumulativamente da più vettori successivi con unico contratto (1682), i vettori rispondono in solido (1292 ss., 1317) per l'esecuzione del contratto dal luogo originario di partenza fino al luogo di destinazione.

Il vettore chiamato a rispondere di un fatto non proprio può agire in regresso contro gli altri vettori, singolarmente o cumulativamente. Se risulta che il fatto dannoso è avvenuto nel percorso di uno dei vettori, questi è tenuto al risarcimento integrale; in caso contrario, al risarcimento sono tenuti tutti i vettori in parti proporzionali ai percorsi, esclusi quei vettori che provino che il danno non è avvenuto nel proprio percorso.

1701. Diritto di accertamento dei vettori successivi. – I vettori successivi hanno diritto di far dichiarare, nella lettera di vettura o in atto separato, lo stato delle cose da trasportare al momento in cui sono loro consegnate. In mancanza di dichiarazione, si presume che le abbiano ricevute in buono stato e conformi alla lettera di vettura (1693).

1702. Riscossione dei crediti da parte dell'ultimo vettore. – L'ultimo vettore rappresenta (1387) i vettori precedenti per la riscossione dei rispettivi crediti che nascono dal contratto di trasporto (1689^2) e per l'esercizio del privilegio sulle cose trasportate (2761).

Se egli omette tale riscossione o l'esercizio del privilegio, è responsabile verso i vettori precedenti per le somme loro dovute, salva l'azione contro il destinatario (1692).

Capo IX
Del mandato

Sezione I
Disposizioni generali

1703. Nozione. – Il mandato è il contratto col quale una parte si obbliga a compiere uno o più atti giuridici per conto dell'altra (778, 1856, 2030, 2032; 78 l. fall.).

1704. Mandato con rappresentanza. – Se al mandatario è stato conferito il potere di agire in nome del mandante, si applicano anche le norme del capo VI del titolo II di questo libro (1387 ss.).

1705. Mandato senza rappresentanza. – Il mandatario che agisce in proprio nome acquista i diritti e assume gli obblighi derivanti dagli atti compiuti con i terzi, anche se questi hanno avuto conoscenza del mandato ([1]).

I terzi non hanno alcun rapporto col mandante (2339^2, 2615^2). Tuttavia il mandante, sostituendosi al mandatario, può esercitare i diritti di credito derivanti dall'esecuzione del mandato (1717^4), salvo che ciò possa pregiudicare i diritti attribuiti al mandatario dalle disposizioni degli articoli che seguono (1721).

([1]) *Si vedano gli artt. 9, R.D. 5 dicembre 1933, n. 1669, norme sulla cambiale e sul vaglia cambiario, e 12, R.D. 21 dicembre 1933, n. 1736, disposizioni sull'assegno bancario e sull'assegno circolare, per l'obbligo personale del curatore che non abbia apposto sul titolo sottoscritto dal minore emancipato o dall'inabilitato la clausola per assistenza o altra equivalente.*

1706. Acquisti del mandatario. – Il mandante può rivendicare le cose mobili acquistate per suo conto dal mandatario che ha agito in nome proprio, salvi i diritti acquistati dai terzi per effetto del possesso di buona fede (1147, 1153, 1707; 79 l. fall.).

Se le cose acquistate dal mandatario sono beni immobili o beni mobili iscritti in pubblici registri (2683), il mandatario è obbligato a ritrasferirle al mandante. In caso d'inadempimento, si osservano le norme relative all'esecuzione dell'obbligo di contrarre (2652, n. 2, 2932, 2960, n. 1).

1707. Creditori del mandatario. – I creditori del mandatario non possono far valere le loro ragioni sui beni che, in esecuzione del mandato, il mandatario ha acquistati in nome proprio (1706), purché, trattandosi di beni mobili o di crediti, il mandato risulti da scrittura avente data certa (2704) anteriore al pignoramento, ovvero trattandosi di beni immobili o di beni mobili iscritti in pubblici registri (1683), sia anteriore al pignoramento la trascrizione dell'atto di ritrasferimento (2914, 2915) o della domanda giudiziale diretta a conseguirlo (2652, n. 2).

1708. Contenuto del mandato. – Il mandato comprende non solo gli atti per i quali è stato conferito, ma anche quelli che sono necessari al loro compimento (1711).

Il mandato generale non comprende gli atti che eccedono l'ordinaria amministrazione (320, 1572), se non sono indicati espressamente ([1]).

([1]) *La facoltà generale di obbligarsi in nome e per conto altrui comprende anche quella di emettere e girare assegni, salvo che l'atto di rappresentanza disponga diversamente* (*art. 15, R.D. 21 dicembre 1933, n. 1736, disposizioni sull'assegno bancario e sull'assegno circolare*). *Invece, la facoltà generale di obbligarsi in nome e per conto altrui non fa presumere, salvo prova contraria, la facoltà di obbligarsi cambiariamente; essa è presunta soltanto se trattasi di facoltà generale di obbligarsi in nome e per conto di un commerciante* (*art. 12, R.D. 5 dicembre 1933, n. 1669, norme sulla cambiale e sul vaglia cambiario*).

1709. Presunzione di onerosità. – Il mandato si presume oneroso (1725). La misura del compenso, se non è stabilita dalle parti, è determinata in base alle tariffe professionali o agli usi; in mancanza è determinata dal giudice (1733, 1736, 1740, 1755^2, 2099, 2225, 2233).

Codice Civile

§. 1
Delle obbligazioni
del mandatario

1710. Diligenza del mandatario. – Il mandatario è tenuto a eseguire il mandato (2030, 2392, 2407, 2608) con la diligenza del buon padre di famiglia (1176); ma se il mandato è gratuito, la responsabilità per colpa è valutata con minor rigore (2030²).

Il mandatario è tenuto a rendere note al mandante le circostanze sopravvenute che possono determinare la revoca o la modificazione del mandato (1723 ss.).

1711. Limiti del mandato. – Il mandatario non può eccedere i limiti (1708) fissati nel mandato. L'atto che esorbita dal mandato resta a carico del mandatario (1717), se il mandante non lo ratifica (1398, 1399, 1712²).

Il mandatario può discostarsi dalle istruzioni ricevute (1717, 1732², 1739) qualora circostanze ignote al mandante, e tali che non possano essergli comunicate in tempo, facciano ragionevolmente ritenere che lo stesso mandante avrebbe dato la sua approvazione (1712²).

1712. Comunicazione dell'eseguito mandato. – Il mandatario deve senza ritardo comunicare al mandante (1716², 1718³, 1728², 1732²) l'esecuzione del mandato.

Il ritardo del mandante a rispondere dopo aver ricevuto tale comunicazione, per un tempo superiore a quello richiesto dalla natura dell'affare o dagli usi, importa approvazione, anche se il mandatario si è discostato dalle istruzioni o ha ecceduto i limiti del mandato (1711).

1713. Obbligo di rendiconto. – Il mandatario deve rendere al mandante il conto del suo operato e rimettergli tutto ciò che ha ricevuto a causa del mandato (263 ss. c.p.c.; 109 att. c.p.c.).

La dispensa preventiva dall'obbligo di rendiconto non ha effetto nei casi in cui il mandatario deve rispondere per dolo o per colpa grave (1229, 1718).

1714. Interessi sulle somme riscosse. – Il mandatario deve corrispondere al mandante gli interessi legali (1284) sulle somme riscosse per conto del mandante stesso, con decorrenza dal giorno in cui avrebbe dovuto fargliene la consegna o la spedizione ovvero impiegarle secondo le istruzioni ricevute (1282¹).

1715. Responsabilità per le obbligazioni dei terzi. – In mancanza di patto contrario, il mandatario che agisce in proprio nome non risponde verso il mandante dell'adempimento delle obbligazioni assunte dalle persone con le quali ha contrattato, tranne il caso che l'insolvenza di queste gli fosse o dovesse essergli nota all'atto della conclusione del contratto (1705, 1736).

1716. Pluralità di mandatari. – Salvo patto contrario, il mandato conferito a più persone designate a operare congiuntamente non ha effetto, se non è accettato da tutte (1730).

Se nel mandato non è dichiarato che i mandatari devono agire congiuntamente, ciascuno di essi può concludere l'affare (2203³, 2257). In questo caso il mandante, appena avvertito della conclusione (1712), deve darne notizia agli altri mandatari; in mancanza è tenuto a risarcire i danni derivanti dall'omissione o dal ritardo.

Se più mandatari hanno comunque operato congiuntamente, essi sono obbligati in solido (1294) verso il mandante.

1717. Sostituto del mandatario. – Il mandatario che, nell'esecuzione del mandato, sostituisce altri a se stesso, senza esservi autorizzato o senza che ciò sia necessario per la natura dell'incarico (1770, 1804), risponde dell'operato della persona sostituita (1228).

Se il mandante aveva autorizzato la sostituzione senza indicare la persona, il mandatario risponde soltanto quando è in colpa nella scelta (1710, 1856).

Il mandatario risponde delle istruzioni che ha impartite al sostituto.

Il mandante può agire direttamente contro la persona sostituita dal mandatario (1232, 1705²).

1718. Custodia delle cose e tutela dei diritti del mandante. – Il mandatario deve provvedere alla custodia delle cose che gli sono state spedite per conto del mandante e tutelare i diritti di quest'ultimo di fronte al vettore, se le cose presentano segni di deterioramento o sono giunte con ritardo (1697, 1698).

Se vi è urgenza, il mandatario può procedere alla vendita delle cose a norma dell'art. 1515 (83 att.).

Di questi fatti, come pure del mancato arrivo della merce, egli deve dare immediato avviso al mandante (1712, 1747).

Le disposizioni di questo articolo si applicano anche se il mandatario non accetta l'incarico conferitogli dal mandante, sempre che tale incarico rientri nell'attività professionale del mandatario.

§. 2
Delle obbligazioni
del mandante

1719. Mezzi necessari per l'esecuzione del mandato. – Il mandante, salvo patto contrario, è tenuto a somministrare al mandatario i mezzi necessari per l'esecuzione del mandato e per l'adempimento delle obbligazioni che a tal fine il mandatario ha contratte in proprio nome (1705[1]).

1720. Spese e compenso del mandatario. – Il mandante deve rimborsare al mandatario le anticipazioni, con gli interessi legali (1284) dal giorno in cui sono state fatte, e deve pagargli il compenso che gli spetta (1709, 1733, 1748, 1756).

Il mandante deve inoltre risarcire i danni che il mandatario ha subiti a causa dell'incarico (2761).

1721. Diritto del mandatario sui crediti. – Il mandatario ha diritto di soddisfarsi sui crediti pecuniari sorti dagli affari che ha conclusi, con precedenza sul mandante e sui creditori di questo (1705[2], 2761[2]).

§. 3
Dell'estinzione del mandato

1722. Cause di estinzione. – Il mandato si estingue:

1) per la scadenza del termine o per il compimento, da parte del mandatario (1712), dell'affare per il quale è stato conferito;

2) per revoca da parte del mandante (1723 ss.);

3) per rinunzia del mandatario (1727);

4) per la morte, l'interdizione (414) o l'inabilitazione (415) del mandante (1723, 1728, 2013[3]; 22[3] l. camb.; 26[3] l. ass.) o del mandatario (1728; 78 l. fall.). Tuttavia il mandato che ha per oggetto il compimento di atti relativi all'esercizio di un'impresa (2082) non si estingue (1330), se l'esercizio dell'impresa è continuato, salvo il diritto di recesso delle parti o degli eredi (1373, 1833[2], 2558[1]).

1723. Revocabilità del mandato. – Il mandante può revocare il mandato (1373, 1722, 1734); ma, se era stata pattuita l'irrevocabilità, risponde dei danni, salvo che ricorra una giusta causa.

Il mandato conferito anche nell'interesse del mandatario o di terzi non si estingue per revoca da parte del mandante, salvo che sia diversamente stabilito o ricorra una giusta causa di revoca (2259); non si estingue per la morte o per la sopravvenuta incapacità del mandante (1722, n. 4).

1724. Revoca tacita. – La nomina di un nuovo mandatario per lo stesso affare o il compimento di questo da parte del mandante importano revoca del mandato, e producono effetto dal giorno in cui sono stati comunicati al mandatario (1334, 1335).

1725. Revoca del mandato oneroso. – La revoca del mandato oneroso (1709), conferito per un tempo determinato o per un determinato affare (1722, n. 1), obbliga il mandante a risarcire i danni (1223), se è fatta prima della scadenza del termine o del compimento dell'affare, salvo che ricorra una giusta causa (1734, 1738).

Se il mandato è a tempo indeterminato, la revoca obbliga il mandante al risarcimento (1223), qualora non sia dato un congruo preavviso, salvo che ricorra una giusta causa.

1726. Revoca del mandato collettivo. – Se il mandato è stato conferito da più persone con unico atto e per un affare d'interesse comune, la revoca non ha effetto qualora non sia fatta da tutti i mandanti, salvo che ricorra una giusta causa (1730, 2609[2]).

1727. Rinunzia del mandatario. – Il mandatario che rinunzia senza giusta causa al mandato (1722, n. 3) deve risarcire i danni al mandante (1223). Se il mandato è a tempo indeterminato, il mandatario che rinunzia senza giusta causa è tenuto al risarcimento, qualora non abbia dato un congruo preavviso.

In ogni caso la rinunzia deve essere fatta in modo e in tempo tali che il mandante possa provvedere altrimenti, salvo il caso d'impedimento grave da parte del mandatario (1747).

1728. Morte o incapacità del mandante o del mandatario. – Quando il mandato si estingue per morte o per incapacità sopravvenuta del mandante (1722, n. 4, 1723[2]), il mandatario che ha iniziato l'esecuzione deve continuarla, se vi è pericolo nel ritardo.

Quando il mandato si estingue per morte o per sopravvenuta incapacità del mandatario (1722, n. 4), i suoi eredi ovvero colui che lo rappresenta o lo assiste, se hanno conoscenza del mandato, devono avvertire prontamente il mandante (1712) e prendere intanto nell'interesse di questo i provvedimenti richiesti dalle circostanze.

1729. Mancata conoscenza della causa di estinzione. – Gli atti che il mandatario ha compiuti prima di conoscere l'estinzione del mandato sono validi nei confronti del mandante o dei suoi eredi (1396).

1730. Estinzione del mandato conferito a più mandatari. – Salvo patto contrario, il mandato conferito a più persone designate a operare congiuntamente (1716) si estingue anche se la causa di estinzione concerne uno solo dei mandatari (1722, 1726).

Sezione II
Della commissione

1731. Nozione. – Il contratto di commissione è un mandato (1703 ss.) che ha per oggetto l'acquisto o la vendita di beni per conto del committente e in nome del commissionario (1705, 1706) ([1]).

([1]) *A norma dell'art. 78 R.D. 16 marzo 1942, n. 267, legge fallimentare, il contratto di commissione si scioglie per effetto del fallimento di una delle parti.*

1732. Operazione a fido. – Il commissionario si presume autorizzato a concedere dilazioni di pagamento in conformità degli usi del luogo in cui compie l'operazione, se il committente non ha disposto altrimenti (1744, 2210[2]).

Se il commissionario concede dilazioni di pagamento, malgrado il divieto del committente o quando non è autorizzato dagli usi, il committente può esigere da lui il pagamento immediato, salvo il diritto del commissionario di far propri i vantaggi che derivano dalla concessa dilazione.

Il commissionario che ha concesso dilazioni di pagamento deve indicare al committente la persona del contraente e il termine concesso; altrimenti l'operazione si considera fatta senza dilazione e si applica il disposto del comma precedente (1736).

1733. Misura della provvigione. – La misura della provvigione spettante al commissionario, se non è stabilita dalle parti, si determina secondo gli usi del luogo in cui è compiuto l'affare. In mancanza di usi provvede il giudice secondo equità (1709, 1736, 1740, 2225, 2233).

1734. Revoca della commissione. – Il committente può revocare l'ordine di concludere l'affare fino a che il commissionario non l'abbia concluso (1723 ss., 1738). In tal caso spetta al commissionario una parte della provvigione, che si determina tenendo conto delle spese sostenute e dell'opera prestata (1720, 1738).

1735. Commissionario contraente in proprio. – Nella commissione di compera o di vendita di titoli, divise o merci aventi un prezzo corrente che risulti nei modi indicati dal terzo comma dell'art. 1515, se il committente non ha diversamente disposto, il commissionario può fornire al prezzo suddetto le cose che deve comprare, o può acquistare per se (1395) le cose che deve vendere, salvo, in ogni caso, il suo diritto alla provvigione (1733).

Anche quando il committente ha fissato il prezzo, il commissionario che acquista per sé non può praticare un prezzo inferiore a quello corrente nel giorno in cui compie l'operazione, se questo è superiore al prezzo fissato dal committente; e il commissionario che fornisce le cose che deve comprare non può praticare un prezzo superiore a quello corrente, se questo è inferiore al prezzo fissato dal committente (1395).

1736. Star del credere. – Il commissionario che, in virtù di patto o di uso, è tenuto allo «star del credere» risponde nei confronti del committente per l'esecuzione dell'affare (1715). In tal caso ha diritto, oltre che alla provvigione, a un compenso o a una maggiore provvigione, la quale, in mancanza di patto, si determina secondo gli usi del luogo in cui è compiuto l'affare (1733, 2099). In mancanza di usi, provvede il giudice secondo equità (1709).

Sezione III
Della spedizione ([1])

([1]) *La legge 22 dicembre 1960, n. 1612, ha disciplinato la professione di spedizioniere doganale ed ha istituito gli albi e il fondo previdenziale. Il D.M. 10 marzo 1964 ha dettato disposizioni di attuazione.*

1737. Nozione. – Il contratto di spedizione è un mandato (1703) col quale lo spedizioniere assume l'obbligo di concludere, in nome proprio e per conto del mandante, un contratto di trasporto (1678 ss.) e di compiere le operazioni accessorie (2951).

1738. Revoca. – Finché lo spedizioniere non abbia concluso il contratto di trasporto col vettore, il mittente può revocare (1723 ss.) l'ordine di spedizione (1378, 1510[2]), rimborsando lo spedizioniere delle spese sostenute e corrispondendogli un equo compenso per l'attività prestata (1685[1], 1725, 1734, 2227, 2237).

1739. Obblighi dello spedizioniere. – Nella scelta della via, del mezzo e delle modalità di trasporto della merce, lo spedizioniere è tenuto a osservare le istruzioni del committente e, in mancanza, a operare secondo il migliore interesse del medesimo (1711).

Salvo che gli sia stato diversamente ordinato e salvi gli usi contrari, lo spedizioniere non ha obbligo di provvedere all'assicurazione delle cose spedite (1891).

I premi, gli abbuoni e i vantaggi di tariffa ottenuti dallo spedizioniere devono essere accreditati al committente, salvo patto contrario (1699).

1740. Diritti dello spedizioniere. – La misura della retribuzione dovuta allo spedizioniere per l'esecuzione dell'incarico si determina, in mancanza di convenzione, secondo le tariffe professionali o, in mancanza, secondo gli usi del luogo in cui avviene la spedizione (1709, 1733, 1736, 2225, 2233).

Le spese anticipate e i compensi per le prestazioni accessorie eseguite dallo spedizioniere sono liquidate sulla base dei documenti giustificativi, a meno che il rimborso e i compensi siano stati preventivamente convenuti in una somma globale unitaria.

1741. Spedizioniere vettore. – Lo spedizioniere che con mezzi propri o altrui assume l'esecuzione del trasporto (1735) in tutto o in parte, ha gli obblighi e i diritti del vettore (1678, 1683 ss.).

Capo X
Del contratto di agenzia

1742. Nozione. – Col contratto di agenzia una parte assume stabilmente l'incarico di promuovere, per conto dell'altra, verso retribuzione, la conclusione di contratti in una zona determinata (1752; 290 c.n.).

Il contratto deve essere provato per iscritto. Ciascuna parte ha diritto di ottenere dall'altra un documento dalla stessa sottoscritto che riproduca il contenuto del contratto e delle clausole aggiuntive. Tale diritto è irrinunciabile (1).

(1) *Questo comma, dapprima aggiunto dall'art. 1, comma 1, del D.L.vo 10 settembre 1991, n. 303, è stato così sostituito dall'art. 1 del D.L.vo 15 febbraio 1999, n. 65.*

1743. Diritti di esclusiva. – Il preponente non può valersi contemporaneamente di più agenti nella stessa zona e per lo stesso ramo di attività (1748²), né l'agente può assumere l'incarico di trattare nella stessa zona e per lo stesso ramo gli affari di più imprese in concorrenza tra loro.

1744. Riscossioni. – L'agente non ha facoltà di riscuotere i crediti del preponente (1188). Se questa facoltà gli è stata attribuita, egli non può concedere sconti o dilazioni senza speciale autorizzazione (1732¹, 2210²).

1745. Rappresentanza dell'agente. – Le dichiarazioni che riguardano l'esecuzione del contratto concluso per il tramite dell'agente e i reclami relativi alle inadempienze contrattuali (1495¹, 1512¹, 2226) sono validamente fatti all'agente (1752, 1903, 2212).

L'agente può chiedere i provvedimenti cautelari (669 *bis* ss. c.p.c.) nell'interesse del preponente e presentare i reclami che sono necessari per la conservazione dei diritti spettanti a quest'ultimo.

1746. Obblighi dell'agente. – Nell'esecuzione dell'incarico l'agente deve tutelare gli interessi del preponente e agire con lealtà e buona fede. In particolare, deve adempiere l'incarico affidatogli in conformità delle istruzioni ricevute e fornire al preponente le informazioni riguardanti le condizioni del mercato nella zona assegnatagli, e ogni altra informazione utile per valutare la convenienza dei singoli affari. È nullo ogni patto contrario (1).

Egli deve altresì osservare gli obblighi che incombono al commissionario ad eccezione di quelli di cui all'articolo 1736 (2) (1731 ss.), in quanto non siano esclusi dalla natura del contratto di agenzia.

È vietato il patto che ponga a carico dell'agente una responsabilità, anche solo parziale, per l'inadempimento del terzo. È però consentito eccezionalmente alle parti di concordare di volta in volta la concessione di un'apposita garanzia da parte dell'agente, purché ciò avvenga con riferimento a singoli affari, di particolare natura ed importo, individualmente determinati; l'obbligo di garanzia assunto dall'agente non sia di ammontare più elevato della provvigione che per quell'affare l'agente medesimo avrebbe diritto a percepire; sia previsto per l'agente un apposito corrispettivo (3).

(1) *Questo comma è stato così sostituito dall'art. 2 del D.L.vo 15 febbraio 1999, n. 65.*

(2) *Le parole: «ad eccezione di quelli di cui all'articolo 1736» sono state inserite dall'art. 28, comma 1, della L. 21 dicembre 1999, n. 526.*

(3) *Questo comma è stato inserito dall'art. 28, comma 2, della L. 21 dicembre 1999, n. 526.*

1747. Impedimento dell'agente. – L'agente che non è in grado di eseguire l'incarico affidatogli deve dare immediato avviso al preponente (1710). In mancanza è obbligato al risarcimento del danno (1223, 1727).

1748. (1) **Diritti dell'agente.** – Per tutti gli affari conclusi durante il contratto l'agente ha diritto alla provvigione quando l'operazione è stata conclusa per effetto del suo intervento.

La provvigione è dovuta anche per gli affari conclusi dal preponente con terzi che l'agente aveva in precedenza acquisito come clienti per affari dello stesso tipo o appartenenti alla zona o alla categoria o gruppo di clienti riservati all'agente, salvo che sia diversamente pattuito.

L'agente ha diritto alla provvigione sugli affari conclusi dopo la data di scioglimento del contratto se la proposta è pervenuta al preponente o all'agente in data antecedente o gli affari sono conclusi entro un termine ragionevole dalla data di scioglimento del contratto e la conclusione è da ricondurre prevalentemente all'attività da lui svolta; in tali casi la provvigione è dovuta solo all'agente precedente, salvo che da specifiche circostanze risulti equo ripartire la provvigione tra gli agenti intervenuti.

Salvo che sia diversamente pattuito, la provvigione spetta all'agente dal momento e nella misura in cui il preponente ha eseguito o avrebbe dovuto eseguire la prestazione in base al contratto concluso con il terzo. La provvigione spetta all'agente, al più tardi, inderogabilmente dal momento e nella misura in cui il terzo ha eseguito o avrebbe dovuto eseguire la prestazione qualora il preponente avesse eseguito la prestazione a suo carico.

Se il preponente e il terzo si accordano per non dare, in tutto o in parte, esecuzione al contratto, l'agente ha diritto, per la parte ineseguita, ad una provvigione ridotta nella misura determinata dagli usi o, in mancanza, dal giudice secondo equità.

L'agente è tenuto a restituire le provvigioni riscosse solo nella ipotesi e nella misura in cui sia certo che il contratto tra il terzo e il preponente non avrà esecuzione per cause non imputabili al preponente. È nullo ogni patto più sfavorevole all'agente.

L'agente non ha diritto al rimborso delle spese di agenzia.

(1) *Questo articolo, già modificato dall'art. 2 del D.L.vo 10 settembre 1991, n. 303, è stato così sostituito dall'art. 3 del D.L.vo 15 febbraio 1999, n. 65.*

1749. (1) **Obblighi del preponente.** – Il preponente, nei rapporti con l'agente, deve agire con lealtà e buona fede. Egli deve mettere a disposizione dell'agente la documentazione necessaria relativa ai beni o servizi trattati e fornire all'agente le informazioni necessarie all'esecuzione del contratto: in particolare avvertire l'agente, entro un termine ragionevole, non appena preveda che il volume delle operazioni commerciali sarà notevolmente inferiore a quello che l'agente avrebbe potuto normalmente attendersi. Il preponente deve inoltre informare l'agente, entro un termine ragionevole, dell'accettazione o del rifiuto e della mancata esecuzione di un affare procuratogli.

Il preponente consegna all'agente un estratto conto delle provvigioni dovute al più tardi l'ultimo giorno del mese successivo al trimestre nel corso del quale esse sono maturate. L'estratto conto indica gli elementi essenziali in base ai quali è stato effettuato il calcolo delle provvigioni. Entro il medesimo termine le provvigioni liquidate devono essere effettivamente pagate all'agente.

L'agente ha diritto di esigere che gli siano fornite tutte le informazioni necessarie per verificare l'importo delle provvigioni liquidate ed in particolare un estratto dei libri contabili.

È nullo ogni patto contrario alle disposizioni del presente articolo.

(1) *Questo articolo è stato così sostituito dall'art. 4 del D.L.vo 15 febbraio 1999, n. 65.*

1750. (1) **Durata del contratto o recesso.** – Il contratto di agenzia a tempo determinato che continui ad essere eseguito dalle parti successivamente alla scadenza del termine si trasforma in contratto a tempo indeterminato.

Se il contratto di agenzia è a tempo indeterminato, ciascuna delle parti può recedere dal contratto stesso dandone preavviso all'altra entro un termine stabilito.

Il termine di preavviso non può comunque essere inferiore ad un mese per il primo anno di durata del contratto, a due mesi per il secondo anno iniziato, a tre mesi per il terzo anno iniziato, a quattro mesi per il quarto anno, a cinque mesi per il quinto anno e a sei mesi per il sesto anno e per tutti gli anni successivi.

Le parti possono concordare termini di preavviso di maggiore durata, ma il preponente non può osservare un termine inferiore a quello posto a carico dell'agente.

Salvo diverso accordo tra le parti, la scadenza del termine di preavviso deve coincidere con l'ultimo giorno del mese del calendario.

([1]) *Questo articolo è stato così sostituito dall'art. 3 del D.L.vo 10 settembre 1991, n. 303, recante attuazione della direttiva 86/653/CEE relativa al coordinamento dei diritti degli Stati membri concernenti gli agenti commerciali indipendenti. A norma dell'art. 6, primo comma, dello stesso provvedimento la presente disposizione si applica ai contratti già in corso alla data del 1° gennaio 1990, a decorrere dal 1° gennaio 1994.*

1751. ([1]) **Indennità in caso di cessazione del rapporto.** – All'atto della cessazione del rapporto, il preponente è tenuto a corrispondere all'agente un'indennità se ricorrono le seguenti condizioni ([2]):

l'agente abbia procurato nuovi clienti al preponente o abbia sensibilmente sviluppato gli affari con i clienti esistenti e il preponente riceva ancora sostanziali vantaggi derivanti dagli affari con tali clienti;

il pagamento di tale indennità sia equo, tenuto conto di tutte le circostanze del caso, in particolare delle provvigioni che l'agente perde e che risultano dagli affari con tali clienti.

L'indennità non è dovuta:

quando il preponente risolve il contratto per un'inadempienza imputabile all'agente, la quale, per la sua gravità, non consenta la prosecuzione anche provvisoria del rapporto;

quando l'agente recede dal contratto, a meno che il recesso sia giustificato da circostanze attribuibili al preponente o da circostanze attribuibili all'agente, quali età, infermità o malattia, per le quali non può più essergli ragionevolmente chiesta la prosecuzione dell'attività;

quando, ai sensi di un accordo con il preponente, l'agente cede ad un terzo i diritti e gli obblighi che ha in virtù del contratto d'agenzia.

L'importo dell'indennità non può superare una cifra equivalente ad un'indennità annua calcolata sulla base della media annuale delle retribuzioni riscosse dall'agente negli ultimi cinque anni e, se il contratto risale a meno di cinque anni, sulla media del periodo in questione.

La concessione dell'indennità non priva comunque l'agente del diritto all'eventuale risarcimento dei danni.

L'agente decade dal diritto all'indennità prevista dal presente articolo se, nel termine di un anno dallo scioglimento del rapporto, omette di comunicare al preponente l'intenzione di far valere i propri diritti.

Le disposizioni di cui al presente articolo sono inderogabili a svantaggio dell'agente.

L'indennità è dovuta anche se il rapporto cessa per morte dell'agente ([3]).

([1]) *Questo articolo è stato così sostituito dall'art. 4 del D.L.vo 10 settembre 1991, n. 303.*

([2]) *Alinea così sostituita dall'art. 5, comma 1, del D.L.vo 15 febbraio 1999, n. 65.*

([3]) *Questo comma è stato inserito dall'art. 5, comma 2, del D.L.vo 15 febbraio 1999, n. 65.*

1751 *bis*. ([1]) **Patto di non concorrenza.** – Il patto che limita la concorrenza da parte dell'agente dopo lo scioglimento del contratto deve farsi per iscritto. Esso deve riguardare la medesima zona, clientela e genere di beni o servizi per i quali era stato concluso il contratto di agenzia e la sua durata non può eccedere i due anni successivi all'estinzione del contratto.

L'accettazione del patto di non concorrenza comporta, in occasione della cessazione del rapporto, la corresponsione all'agente commerciale di una indennità di natura non provvigionale. L'indennità va commisurata alla durata, non superiore a due anni dopo l'estinzione del contratto, alla natura del contratto di agenzia e all'indennità di fine rapporto. La determinazione della indennità in base ai parametri di cui al precedente periodo è affidata alla contrattazione tra le parti tenuto conto degli accordi economici nazionali di categoria. In difetto di accordo l'indennità è determinata dal giudice in via equitativa anche con riferimento:

1) alla media dei corrispettivi riscossi dall'agente in pendenza di contratto ed alla loro incidenza sul volume d'affari complessivo nello stesso periodo;

2) alle cause di cessazione del contratto di agenzia;

3) all'ampiezza della zona assegnata all'agente;

4) all'esistenza o meno del vincolo di esclusiva per un solo preponente ([2]).

([1]) *Questo articolo è stato aggiunto dall'art. 5 del D.L.vo 10 settembre 1991, n. 303.*

([2]) *Questo comma è stato aggiunto dall'art. 23 della L. 29 dicembre 2000, n. 422, a decorrere dal 1° giugno 2001.*

1752. Agente con rappresentanza. – Le disposizioni del presente capo si applicano anche nell'ipotesi in cui all'agente è conferita dal preponente la rappresentanza per la conclusione dei contratti (1387, 1388, 1745).

1753. Agenti di assicurazione. – Le disposizioni di questo capo sono applicabili anche agli agenti di assicurazione, in quanto non siano derogate dalle norme corporative o (1) dagli usi e in quanto siano compatibili con la natura dell'attività assicurativa (1903).

(1) *L'espressione «dalle norme corporative» è da ritenersi abrogata dal R.D.L. 9 agosto 1943, n. 721.*

Capo XI
Della mediazione

1754. Mediatore. – È mediatore colui che mette in relazione due o più parti per la conclusione di un affare, senza essere legato ad alcuna di esse da rapporti di collaborazione, di dipendenza o di rappresentanza (1387 ss., 1761).

1755. Provvigione. – Il mediatore ha diritto alla provvigione da ciascuna delle parti, se l'affare è concluso per effetto del suo intervento (1757, 2950).

La misura della provvigione e la proporzione in cui questa deve gravare su ciascuna delle parti, in mancanza di patto, di tariffe professionali o di usi, sono determinate dal giudice secondo equità (2099, 2225, 2233) (1).

(1) *L'art. 6 della citata L. 3 febbraio 1989, n. 39, dispone:*

«6. Hanno diritto alla provvigione soltanto coloro che sono iscritti nei ruoli.

«La misura delle provvigioni e la proporzione in cui questa deve gravare su ciascuna delle parti, in mancanza di patto, sono determinate dalle giunte camerali, sentito il parere della commissione provinciale di cui all'arti. 7 e tenendo conto degli usi locali».

1756. Rimborso delle spese. – Salvo patti o usi contrari, il mediatore ha diritto al rimborso delle spese nei confronti della persona per incarico della quale sono state eseguite anche se l'affare non è stato concluso (1719).

1757. Provvigione nei contratti condizionali o invalidi. – Se il contratto è sottoposto a condizione sospensiva (1353 ss.), il diritto alla provvigione sorge nel momento in cui si verifica la condizione (1360[1]).

Se il contratto è sottoposto a condizione risolutiva, il diritto alla provvigione non viene meno col verificarsi della condizione.

La disposizione del comma precedente si applica anche quando il contratto è annullabile (1425 ss.) o rescindibile (1447 ss.), se il mediatore non conosceva la causa d'invalidità (1445, 1452).

1758. Pluralità di mediatori. – Se l'affare è concluso per l'intervento di più mediatori, ciascuno di essi ha diritto a una quota della provvigione (1755).

1759. Responsabilità del mediatore. – Il mediatore deve comunicare alle parti le circostanze a lui note, relative alla valutazione e alla sicurezza dell'affare, che possono influire sulla conclusione di esso (1746).

Il mediatore risponde dell'autenticità della sottoscrizione delle scritture e dell'ultima girata dei titoli trasmessi per il suo tramite (2008).

1760. Obblighi del mediatore professionale. – Il mediatore professionale in affari su merci o su titoli deve (1764):

1) conservare i campioni delle merci vendute sopra campione (1522), finché sussista la possibilità di controversia sull'identità della merce;

2) rilasciare al compratore una lista firmata dei titoli negoziati, con l'indicazione della serie e del numero;

3) annotare su apposito libro (2214 ss., 2220) gli estremi essenziali del contratto che si stipula col suo intervento e rilasciare alle parti copia da lui sottoscritta di ogni annotazione.

1761. Rappresentanza del mediatore. – Il mediatore può essere incaricato da una delle parti di rappresentarla negli atti relativi all'esecuzione del contratto concluso con il suo intervento (1388).

1762. Contraente non nominato. – Il mediatore che non manifesta a un contraente il nome dell'altro risponde dell'esecuzione del contratto (1405) e, quando lo ha eseguito, subentra nei diritti verso il contraente non nominato (1203).

Se dopo la conclusione del contratto il contraente non nominato si manifesta all'altra parte o è nominato dal mediatore, ciascuno dei contraenti può agire direttamente contro l'altro, ferma restando la responsabilità del mediatore.

1763. Fideiussione del mediatore. – Il mediatore può prestare fideiussione per una delle parti (1936 ss.).

1764. Sanzioni. – Il mediatore che non adempie gli obblighi imposti dall'art. 1760 è punito con la sanzione amministrativa del pagamento di una somma da € 5 a € 516 ([1]).

Nei casi più gravi può essere aggiunta la sospensione della professione fino a sei mesi.

Alle stesse pene è soggetto il mediatore che presta la sua attività nell'interesse di persona notoriamente insolvente o della quale conosce lo stato d'incapacità (5 l. fall.).

([1]) *L'art. 8 della L. 3 febbraio 1989, n. 39, modifiche ed integrazioni alla L. 21 marzo 1958, n. 253, concernente la disciplina della professione di mediatore, così come modificato dall'art. 1, comma 47, della L. 27 dicembre 2006, n. 296, dispone:*

«8. *Chiunque esercita l'attività di mediazione senza essere iscritto nel ruolo è punito con la sanzione amministrativa del pagamento di una somma compresa fra euro 7.500 e euro 15.000 ed è tenuto alla restituzione alle parti contraenti delle provvigioni percepite. Per l'accertamento dell'infrazione, per la contestazione della medesima e per la riscossione delle somme dovute si applicano le disposizioni di cui alla L. 24 novembre 1981, n. 689.*

«*A coloro che siano incorsi per tre volte nella sanzione di cui al comma 1, anche se vi sia stato pagamento con effetto liberatorio, si applicano le pene previste dall'art. 348 del codice penale, nonché l'art. 2231 del codice civile.*

«*La condanna importa la pubblicazione della sentenza nelle forme di legge*».

La legge 7 marzo 1996, n. 108, ha istituito l'albo per l'iscrizione di coloro che esercitano attività di mediazione o di consulenza nella concessione di finanziamenti da parte di banche o di intermediari finanziari ed all'art. 16, commi 7, 8 e 9, dispone:

«7. *Chiunque svolge l'attività di mediazione creditizia senza essere iscritto nell'albo indicato al comma 1 è punito con la reclusione da sei mesi a quattro anni e con la multa da € 2.065 a € 10.329.*

«8. *Le disposizioni dei commi precedenti non si applicano alle banche, agli intermediari finanziari, ai promotori finanziari iscritti all'albo previsto dall'articolo 5, comma 5, della legge 2 gennaio 1991, n. 1, e alle imprese assicurative.*

«9. *Salvo che il fatto costituisca reato più grave, chi, nell'esercizio di attività bancaria, di intermediazione finanziaria o di mediazione creditizia, indirizza una persona, per operazioni bancarie o finanziarie, a un soggetto non abilitato all'esercizio dell'attività bancaria o finanziaria, è punito con la reclusione da due a quattro anni*».

1765. Leggi speciali. – Sono salve le disposizioni delle leggi speciali.

Capo XII
Del deposito

Sezione I
Del deposito in generale

1766. Nozione. – Il deposito è il contratto col quale una parte riceve dall'altra una cosa mobile (812) con l'obbligo di custodirla e di restituirla in natura.

1767. Presunzione di gratuità. – Il deposito si presume gratuito, salvo che dalla qualità professionale del depositario o da altre circostanze si debba desumere una diversa volontà delle parti (1781, 1802).

1768. Diligenza nella custodia. – Il depositario deve usare nella custodia la diligenza del buon padre di famiglia (1176, 1177, 1770, 1800, 2051, 2148², 2167², 2790).

Se il deposito è gratuito, la responsabilità per colpa è valutata con minor rigore (1710).

1769. Responsabilità del depositario incapace. – Il depositario incapace è responsabile della conservazione della cosa nei limiti in cui può essere tenuto a rispondere per fatti illeciti (2046). In ogni caso il depositante ha diritto di conseguire la restituzione della cosa finché questa si trova presso il depositario (1443); altrimenti può pretendere il rimborso di ciò che sia stato rivolto a vantaggio di quest'ultimo (2039, 2041).

1770. Modalità della custodia. – Il depositario non può servirsi della cosa depositata né darla in deposito ad altri (1717), senza il consenso del depositante (1782, 1804², 2232).

Se circostanze urgenti lo richiedono, il depositario può esercitare la custodia in modo diverso da quello convenuto, dandone avviso al depositante appena è possibile.

1771. Richiesta di restituzione e obbligo di ritirare la cosa. – Il depositario deve restituire la cosa (1246, n. 2) appena il depositante la richiede (1183, 1834¹), salvo che sia convenuto un termine nell'interesse del depositario (1184).

Il depositario può richiedere in qualunque tempo che il depositante riprenda la cosa, salvo che sia convenuto un termine nell'interesse del depositante. Anche se non è stato convenuto un termine, il giudice può concedere al depositante un termine congruo per ricevere la cosa.

1772. Pluralità di depositanti e di depositari. – Se più sono i depositanti di una cosa ed essi non si accordano circa la restituzione, questa deve farsi secondo le modalità stabilite dall'autorità giudiziaria.

La stessa norma si applica quando a un solo depositante succedono più eredi, se la cosa non è divisibile (1316).

Se più sono i depositari, il depositante ha facoltà di chiedere la restituzione a quello tra essi che detiene la cosa. Questi deve darne pronta notizia agli altri.

1773. Terzo interessato nel deposito. – Se la cosa è stata depositata anche nell'interesse di un terzo e questi ha comunicato al depositante e al depositario la sua adesione (1411), il depositario non può liberarsi restituendo la cosa al depositante senza il consenso del terzo (1777, 1798).

1774. Luogo di restituzione e spese relative. – Salvo diversa convenzione, la restituzione della cosa deve farsi nel luogo in cui doveva essere custodita (1182^2).

Le spese per la restituzione sono a carico del depositante (1196, 1781).

1775. Restituzione dei frutti. – Il depositario è obbligato a restituire i frutti della cosa che egli abbia percepiti (821).

1776. Obblighi dell'erede del depositario. – L'erede del depositario, il quale ha alienato in buona fede la cosa che ignorava essere tenuta in deposito, è obbligato soltanto a restituire il corrispettivo ricevuto (2041). Se questo non è stato ancora pagato, il depositante subentra nel diritto dell'alienante (1203, 1259, 1780^2, 2038, 2900).

1777. Persona a cui deve essere restituita la cosa. – Il depositario deve restituire la cosa al depositante o alla persona indicata per riceverla (1188, 1836), e non può esigere che il depositante provi di esserne proprietario (1773, 1778, 1779).

Se è convenuto in giudizio da chi rivendica la proprietà della cosa o pretende di avere diritti su di essa, deve, sotto pena del risarcimento del danno, denunziare la controversia al depositante, e può ottenere di essere estromesso (109 c.p.c.) dal giudizio indicando la persona del medesimo (1586; 167, 269 c.p.c.). In questo caso egli può anche liberarsi dall'obbligo di restituire la cosa, depositandola, nei modi stabiliti dal giudice, a spese del depositante.

1778. Cosa proveniente da reato. – Il depositario, se scopre che la cosa proviene da un reato e gli è nota la persona alla quale è stata sottratta, deve denunziarle il deposito fatto presso di sé.

Il depositario è liberato se restituisce la cosa al depositante decorsi dieci giorni dalla denunzia senza che gli sia stata notificata opposizione (1777).

1779. Cosa propria del depositario. – Il depositario è liberato da ogni obbligazione, se risulta che la cosa gli appartiene e che il depositante non ha su di essa alcun diritto (1253).

1780. Perdita non imputabile della detenzione della cosa. – Se la detenzione della cosa è tolta al depositario in conseguenza di un fatto a lui non imputabile (1256), egli è liberato dall'obbligazione di restituire la cosa, ma deve, sotto pena di risarcimento del danno, denunziare immediatamente al depositante il fatto per cui ha perduto la detenzione.

Il depositante ha diritto di ricevere ciò che, in conseguenza del fatto stesso, il depositario abbia conseguito, e subentra nei diritti spettanti a quest'ultimo (1259, 1776, 2742).

1781. Diritti del depositario. – Il depositante è obbligato a rimborsare il depositario delle spese fatte per conservare la cosa (1774^2, 1808), a tenerlo indenne dalle perdite cagionate dal deposito e a pagargli il compenso pattuito (1767, 1802, 2761^3).

1782. Deposito irregolare. – Se il deposito ha per oggetto una quantità di danaro o di altre cose fungibili, con facoltà per il depositario di servirsene, questi ne acquista la proprietà ed è tenuto a restituirne altrettante della stessa specie e qualità (1834 ss.).

In tal caso si osservano, in quanto applicabili, le norme relative al mutuo (1813 ss.).

Sezione II

Del deposito in albergo

1783. ([1]) **Responsabilità per le cose portate in albergo.** – Gli albergatori sono responsabili di ogni deterioramento, distruzione o sottrazione delle cose portate dal cliente in albergo.

Sono considerate cose portate in albergo:

1) le cose che vi si trovano durante il tempo nel quale il cliente dispone dell'alloggio;

2) le cose di cui l'albergatore, un membro della sua famiglia o un suo ausiliario assumono la custodia, fuori dell'albergo, durante il periodo di tempo in cui il cliente dispone dell'alloggio;

3) le cose di cui l'albergatore, un membro della sua famiglia o un ausiliario assumono la custodia sia nell'albergo, sia fuori dell'albergo, durante un periodo di tempo ragionevole, precedente o successivo a quello in cui il cliente dispone dell'alloggio.

La responsabilità di cui al presente articolo è limitata al valore di quanto sia deteriorato, distrutto o sottratto, sino all'equivalente di cento volte il prezzo di locazione dell'alloggio per giornata (1785 *bis*).

([1]) *Articolo così sostituito dall'art. 3 della L. 10 giugno 1978, n. 316, ratifica ed esecuzione della convenzione europea sulla responsabilità degli albergatori, firmata a Parigi il 17 dicembre 1962.*

1784. ([1]) **Responsabilità per le cose consegnate e obblighi dell'albergatore.** – La responsabilità dell'albergatore è illimitata:

1) quando le cose gli sono state consegnate in custodia;

2) quando ha rifiutato di ricevere in custodia cose che aveva l'obbligo di accettare.

L'albergatore ha l'obbligo di accettare le carte - valori, il denaro contante e gli oggetti di valore; egli può rifiutarsi di riceverli soltanto se si tratti di oggetti pericolosi o che, tenuto conto dell'importanza e delle condizioni di gestione dell'albergo, abbiano valore eccessivo o natura ingombrante.

L'albergatore può esigere che la cosa consegnatagli sia contenuta in un involucro chiuso o sigillato.

([1]) *Articolo così sostituito dall'art. 3 della L. 10 giugno 1978, n. 316, ratifica ed esecuzione della convenzione europea sulla responsabilità degli albergatori, firmata a Parigi il 17 dicembre 1962.*

1785. ([1]) **Limiti di responsabilità.** – L'albergatore non è responsabile quando il deterioramento, la distruzione o la sottrazione siano dovuti:

1) al cliente, alle persone che l'accompagnano, che sono al suo servizio o che gli rendono visita;

2) a forza maggiore;

3) alla natura della cosa.

([1]) *Articolo così sostituito dall'art. 3 della L. 10 giugno 1978, n. 316, ratifica ed esecuzione della convenzione europea sulla responsabilità degli albergatori, firmata a Parigi il 17 dicembre 1962.*

1785 *bis*. ([1]) **Responsabilità per colpa dell'albergatore.** – L'albergatore è responsabile, senza che egli possa invocare il limite previsto dall'ultimo comma dell'art. 1783, quando il deterioramento, la distruzione o la sottrazione delle cose portate dal cliente in albergo sono dovuti a colpa sua, dei membri della sua famiglia o dei suoi ausiliari.

([1]) *Articolo aggiunto dall'art. 3 della L. 10 giugno 1978, n. 316, ratifica ed esecuzione della convenzione europea sulla responsabilità degli albergatori, firmata a Parigi il 17 dicembre 1962.*

1785 *ter*. ([1]) **Obbligo di denuncia del danno.** – Fuori del caso previsto dall'art. 1785 *bis*, il cliente non potrà valersi delle precedenti disposizioni se, dopo aver constatato il deterioramento, la distruzione o la sottrazione, denunci il fatto all'albergatore con ritardo ingiustificato.

([1]) *Articolo aggiunto dall'art. 3 della L. 10 giugno 1978, n. 316, ratifica ed esecuzione della convenzione europea sulla responsabilità degli albergatori, firmata a Parigi il 17 dicembre 1962.*

1785 *quater*. ([1]) **Nullità.** – Sono nulli i patti o le dichiarazioni tendenti ad escludere o a limitare preventivamente la responsabilità dell'albergatore (1229, 1419).

([1]) *Articolo aggiunto dall'art. 3 della L. 10 giugno 1978, n. 316, ratifica ed esecuzione della convenzione europea sulla responsabilità degli albergatori, firmata a Parigi il 17 dicembre 1962.*

1785 *quinquies*. ([1]) **Limiti di applicazione.** – Le disposizioni della presente sezione non si applicano ai veicoli, alle cose lasciate negli stessi, né agli animali vivi.

([1]) *Articolo aggiunto dall'art. 3 della L. 10 giugno 1978, n. 316, ratifica ed esecuzione della convenzione europea sulla responsabilità degli albergatori, firmata a Parigi il 17 dicembre 1962.*

1786. Stabilimenti e locali assimilati agli alberghi. – Le norme di questa sezione si applicano anche agli imprenditori di case di cura, stabilimenti di pubblici spettacoli, stabilimenti balneari, pensioni, trattorie, carrozze letto e simili.

Sezione III
Del deposito nei magazzini generali

1787. Responsabilità dei magazzini generali. – I magazzini generali sono responsabili della conservazione delle merci depositate, a meno che si provi che la perdita, il calo (1695) o l'avaria è derivata da caso fortuito, dalla natura delle merci ovvero da vizi di esse o dell'imballaggio (1218).

1788. Diritti del depositante. – Il depositante ha diritto d'ispezionare le merci depositate e di ritirare i campioni d'uso (1793[3]).

1789. Vendita delle cose depositate. – I magazzini generali, previo avviso al depositante, possono procedere alla vendita delle merci, quando, al termine del contratto, le merci non sono ritirate e non è rinnovato il deposito, ovvero, trattandosi di deposito a tempo indeterminato, quando è decorso un anno dalla data del deposito, e in ogni caso quando le merci sono minacciate di deperimento. Per la vendita si osservano le modalità stabilite dall'art. 1515.

Il ricavato della vendita, dedotte le spese e quanto altro spetta ai magazzini generali, deve essere tenuto a disposizione degli aventi diritto (83 att.).

1790. Fede di deposito. – I magazzini generali, a richiesta del depositante, devono rilasciare una fede di deposito delle merci depositate (1996).

La fede di deposito deve indicare:

1) il cognome e il nome o la ditta (2563 ss.) e il domicilio (43) del depositante;

2) il luogo del deposito;

3) la natura e la quantità delle cose depositate e gli altri estremi atti a individuarle;

4) se per la merce sono stati pagati i diritti doganali e se essa è stata assicurata.

1791. Nota di pegno. – Alla fede di deposito è unita la nota di pegno, sulla quale sono ripetute le indicazioni richieste dall'articolo precedente.

La fede di deposito e la nota di pegno devono essere staccate da un unico registro a matrice, da conservarsi presso i magazzini.

1792. Intestazione e circolazione dei titoli. – La fede di deposito e la nota di pegno possono intestarsi al nome del depositante o di un terzo da questo designato, e sono trasferibili, sia congiuntamente sia separatamente, mediante girata (2009).

1793. Diritti del possessore. – Il possessore della fede di deposito (1790) unita alla nota di pegno (1791) ha diritto alla riconsegna delle cose depositate (1777, 1996); egli ha altresì diritto di richiedere che, a sue spese, le cose depositate siano divise in più partite e che per ogni partita gli sia rilasciata una fede di deposito distinta con la nota di pegno in sostituzione del titolo complessivo (2000).

Il possessore della sola nota di pegno ha diritto di pegno sulle cose depositate (2784).

Il possessore della sola fede di deposito non ha diritto alla riconsegna delle cose depositate, se non osserva le condizioni indicate dall'art. 1795; egli può valersi della facoltà concessa dall'art. 1788.

1794. Prima girata della nota di pegno. – La prima girata (1792, 2009) della sola nota di pegno deve indicare l'ammontare del credito e degli interessi (1282) nonché la scadenza. La girata corredata delle dette indicazioni deve essere trascritta sulla fede di deposito e controfirmata dal giratario.

La girata della nota di pegno che non indica l'ammontare del credito (2787[3]) vincola, a favore del possessore di buona fede, tutto il valore delle cose depositate (1147, 1994). Rimane tuttavia salva al titolare o al terzo possessore della fede di deposito, che abbia pagato una somma non dovuta, l'azione di rivalsa nei confronti del diretto contraente e del possessore di mala fede della nota di pegno (2033).

1795. Diritti del possessore della sola fede di deposito. – Il possessore della sola fede di deposito (1790, 1793) può ritirare le cose depositate anche prima della scadenza del debito per cui furono costituite in pegno, depositando presso i magazzini generali la somma dovuta alla scadenza al creditore pignoratizio (1771).

Sotto la responsabilità dei magazzini generali, quando si tratta di merci fungibili, il possessore della sola fede di deposito (1790, 1793) può ritirare anche parte delle merci, depositando presso i magazzini generali una somma proporzionale all'ammontare del debito garantito dalla nota di pegno e alla quantità delle merci ritirate.

1796. Diritti del possessore della nota di pegno insoddisfatto. – Il possessore della nota di pegno (1791), che non sia stato soddisfatto alla scadenza e che abbia levato il protesto a norma della legge cambiaria ([1]), può far vendere le cose depositate in conformità dell'art. 1515, decorsi otto giorni da quello della scadenza (53[2] l. fall.).

Il girante che ha pagato volontariamente il possessore della nota di pegno è surrogato nei diritti di questo (1203), e può procedere alla vendita delle cose depositate decorsi otto giorni dalla scadenza (1515; 83 att.).

([1]) *Si vedano gli artt. 68 e seguenti del R.D. 5 dicembre 1933, n. 1669, norme sulla cambiale e sul vaglia cambiario.*

1797. Azione nei confronti dei giranti. – Il possessore della nota di pegno non può agire contro il girante, se prima non ha proceduto alla vendita del pegno (1796).

I termini per esercitare l'azione di regresso contro i giranti sono quelli stabiliti dalla legge cambiaria ([1]) e decorrono dal giorno in cui è avvenuta la vendita delle cose depositate.

Il possessore della nota di pegno decade (2964) dall'azione di regresso contro i giranti, se alla scadenza non leva il protesto o se, entro quindici giorni dal protesto, non fa istanza per la vendita delle cose depositate.

Egli conserva tuttavia l'azione contro i giranti della fede di deposito e contro il debitore. Quest'azione si prescrive in tre anni (2934 ss.).

([1]) *Si vedano gli artt. 49 ss. e 94 del R.D. 5 dicembre 1933, n. 1669, norme sulla cambiale e sul vaglia cambiario.*

Capo XIII
Del sequestro convenzionale

1798. Nozione. – Il sequestro convenzionale è il contratto col quale due o più persone affidano a un terzo una cosa o una pluralità di cose, rispetto alla quale sia nata tra esse controversia, perché la custodisca e la restituisca a quella a cui spetterà quando la controversia sarà definita (1773, 2906; 670 c.p.c.).

1799. Obblighi, diritti e poteri del sequestratario. – Gli obblighi, i diritti e i poteri del sequestratario sono determinati dal contratto; in mancanza, si osservano le disposizioni seguenti.

1800. Conservazione e alienazione dell'oggetto del sequestro. – Il sequestratario, per la custodia delle cose affidategli, è soggetto alle norme del deposito (1766 ss.).

Se vi è imminente pericolo di perdita o di grave deterioramento delle cose mobili affidategli, il sequestratario può alienarle, dandone pronta notizia agli interessati.

Qualora la natura delle cose lo richieda, egli ha pure l'obbligo di amministrarle. In questo caso si applicano le norme del mandato (1703 ss.).

Il sequestratario non può consentire locazioni per durata superiore a quella stabilita per le locazioni a tempo indeterminato (1573, 1574).

1801. Liberazione del sequestratario. – Prima che la controversia sia definita, il sequestratario non può essere liberato che per accordo delle parti o per giusti motivi.

1802. Compenso e rimborso delle spese al sequestratario. – Il sequestratario ha diritto a compenso (1767), se non si è pattuito diversamente. Egli ha pure diritto al rimborso delle spese e di ogni altra erogazione fatta per la conservazione e per l'amministrazione della cosa (1719, 1781, 2761).

Capo XIV
Del comodato

1803. ([1]) **Nozione.** – Il comodato è il contratto col quale una parte consegna all'altra una cosa mobile o immobile, affinché se ne serva per un tempo o per un uso determinato, con l'obbligo di restituire la stessa cosa ricevuta (1809, 1810).

Il comodato è essenzialmente gratuito.

([1]) *Come il venditore, anche il locatore ha, a prescindere dagli adempimenti di natura fiscale, l'obbligo di:*

- comunicare entro 48 ore all'autorità locale di P.S. la cessione del godimento di un alloggio o di parte di esso in uso esclusivo (art. 12 del D.L. 21 marzo 1978, n. 59, convertito, con modificazioni, nella L. 18 maggio 1978, n. 191: sanzione amministrativa da € 103 a € 1.549);

- comunicare per iscritto, entro 48 ore, all'autorità locale di P.S. la cessione del godimento dell'immobile ad uno straniero o ad un apolide (art. 7 del D.L.vo 25 luglio 1998, n. 286: sanzione amministrativa da € 160 a € 1.100).

1804. Obbligazioni del comodatario. – Il comodatario è tenuto a custodire (1770) e a conservare la cosa con la diligenza del buon padre di famiglia

(1176, 1177). Egli non può servirsene che per l'uso determinato dal contratto o dalla natura della cosa (1805[2]).

Non può concedere a un terzo il godimento della cosa senza il consenso del comodante (1770).

Se il comodatario non adempie gli obblighi suddetti, il comodante può chiedere l'immediata restituzione della cosa, oltre al risarcimento del danno (1223).

1805. Perimento della cosa. – Il comodatario è responsabile se la cosa perisce per un caso fortuito a cui poteva sottrarla sostituendola con la cosa propria, o se, potendo salvare una delle due cose, ha preferito la propria.

Il comodatario che impiega la cosa per un uso diverso o per un tempo più lungo di quello a lui consentito, è responsabile della perdita avvenuta per causa a lui non imputabile, qualora non provi che la cosa sarebbe perita anche se non l'avesse impiegata per l'uso diverso o l'avesse restituita a tempo debito (1221, 1804).

1806. Stima. – Se la cosa è stata stimata al tempo del contratto, il suo perimento è a carico del comodatario, anche se avvenuto per causa a lui non imputabile.

1807. Deterioramento per effetto dell'uso. – Se la cosa si deteriora per solo effetto dell'uso per cui è stata consegnata e senza colpa del comodatario, questi non risponde del deterioramento (1590[3], 1609, 2281).

1808. Spese per l'uso della cosa e spese straordinarie. – Il comodatario non ha diritto al rimborso delle spese sostenute per servirsi della cosa.

Egli però ha diritto di essere rimborsato delle spese straordinarie sostenute per la conservazione della cosa, se queste erano necessarie e urgenti (2756, 2778 n. 4).

1809. Restituzione. – Il comodatario è obbligato a restituire la cosa alla scadenza del termine convenuto (1246, n. 2) o, in mancanza di termine, quando se ne è servito in conformità del contratto (1803[1], 1810).

Se però, durante il termine convenuto o prima che il comodatario abbia cessato di servirsi della cosa, sopravviene un urgente e impreveduto bisogno al comodante, questi può esigerne la restituzione immediata (79 l. fall.).

1810. Comodato senza determinazione di durata. – Se non è stato convenuto un termine né questo risulta dall'uso a cui la cosa doveva essere destinata (1803[1], 1809), il comodatario è tenuto a restituirla non appena il comodante la richiede (1183).

1811. Morte del comodatario. – In caso di morte del comodatario, il comodante, benché sia stato convenuto un termine (1809), può esigere dagli eredi l'immediata restituzione della cosa (1833).

1812. Danni al comodatario per vizi della cosa. – Se la cosa comodata ha vizi tali che rechino danno a chi se ne serve, il comodante è tenuto al risarcimento (1223) qualora, conoscendo i vizi della cosa, non ne abbia avvertito il comodatario.

Capo XV
Del mutuo

1813. Nozione. – Il mutuo è il contratto col quale una parte consegna all'altra una determinata quantità di danaro o di altre cose fungibili, e l'altra si obbliga a restituire altrettante cose della stessa specie e qualità (1782, 2766).

1814. Trasferimento della proprietà. – Le cose date a mutuo passano in proprietà del mutuatario (1782).

1815. Interessi. – Salvo diversa volontà delle parti, il mutuatario deve corrispondere gli interessi al mutuante (1282, 1820). Per la determinazione degli interessi si osservano le disposizioni dell'art. 1284.

Se sono convenuti interessi usurari (644, 649 c.p.), la clausola è nulla e non sono dovuti interessi ([1]) ([2]).

([1]) *Questo comma è stato così sostituito dall'art. 4 della L. 7 marzo 1996, n. 108.*

([2]) *Ai sensi dell'art. 1 del D.L. 29 dicembre 2000, n. 394, convertito, con modificazioni, nella L. 28 febbraio 2001, n. 24, si intendono usurari gli interessi che superano il limite stabilito dalla legge nel momento in cui essi sono promessi o comunque convenuti, a qualunque titolo, indipendentemente dal momento del loro pagamento.*

1816. Termine per la restituzione fissato dalle parti. – Il termine per la restituzione si presume stipulato a favore di entrambe le parti e, se il mutuo è a titolo gratuito, a favore del mutuatario (1184).

1817. Termine per la restituzione fissato dal giudice. – Se non è fissato un termine per la restituzione, questo è stabilito dal giudice, avuto riguardo alle circostanze.

Se è stato convenuto che il mutuatario paghi solo quando potrà, il termine per il pagamento è pure fissato dal giudice (1183).

1818. Impossibilità o notevole difficoltà di restituzione. – Se sono state mutuate cose diverse dal danaro, e la restituzione è divenuta impossibile o notevolmente difficile per causa non imputabile al debitore, questi è tenuto a pagarne il valore, avuto riguardo al tempo e al luogo in cui la restituzione si doveva eseguire (1256).

1819. Restituzione rateale. – Se è stata convenuta la restituzione rateale delle cose mutuate e il mutuatario non adempie l'obbligo del pagamento anche di una sola rata, il mutuante può chiedere, secondo le circostanze, l'immediata restituzione dell'intero (1186, 1455, 1804, 1820).

1820. Mancato pagamento degli interessi. – Se il mutuatario non adempie l'obbligo del pagamento degli interessi (1815), il mutuante può chiedere la risoluzione del contratto (1453 ss.).

1821. Danni al mutuatario per vizi delle cose. – Il mutuante è responsabile del danno cagionato al mutuatario per i vizi delle cose date a prestito, se non prova di averli ignorati senza colpa (1812).

Se il mutuo è gratuito, il mutuante è responsabile solo nel caso in cui, conoscendo i vizi, non ne abbia avvertito il mutuatario.

1822. Promessa di mutuo. – Chi ha promesso di dare a mutuo (1351) può rifiutare l'adempimento della sua obbligazione, se le condizioni patrimoniali dell'altro contraente sono divenute tali da rendere notevolmente difficile la restituzione, e non gli sono offerte idonee garanzie (1186, 1461).

Capo XVI
Del conto corrente

1823. Nozione. – Il conto corrente è il contratto col quale le parti si obbligano ad annotare in un conto i crediti derivanti da reciproche rimesse, considerandoli inesigibili e indisponibili fino alla chiusura del conto (1231).

Il saldo del conto è esigibile alla scadenza stabilita (1831). Se non è richiesto il pagamento, il saldo si considera quale prima rimessa di un nuovo conto e il contratto s'intende rinnovato a tempo indeterminato (1833, 1852; 78 l. fall.).

1824. Crediti esclusi dal conto corrente. – Sono esclusi dal conto corrente i crediti che non sono suscettibili di compensazione (1243^1, 1246).

Qualora il contratto intervenga tra imprenditori (2082), s'intendono esclusi dal conto i crediti estranei alle rispettive imprese.

1825. Interessi. – Sulle rimesse decorrono gli interessi (1282^1) nella misura stabilita dal contratto o dagli usi ovvero, in mancanza, in quella legale (1284).

1826. Spese e diritti di commissione. – L'esistenza del conto corrente non esclude i diritti di commissione (1731) e il rimborso delle spese per le operazioni che danno luogo alle rimesse. Tali diritti sono inclusi nel conto, salvo convenzione contraria (1857).

1827. Effetti dell'inclusione nel conto. – L'inclusione di un credito nel conto corrente non esclude l'esercizio delle azioni ed eccezioni relative all'atto da cui il credito deriva.

Se l'atto è dichiarato nullo (1418 ss.), annullato (1425 ss.), rescisso (1447 ss.) o risoluto (1453 ss.), la relativa partita si elimina dal conto.

1828. Efficacia della garanzia dei crediti iscritti. – Se il credito incluso nel conto è assistito da una garanzia reale (1960, 2784, 2808) o personale (1936), il correntista ha diritto di valersi della garanzia per il saldo esistente a suo favore alla chiusura del conto e fino alla concorrenza del credito garantito (1193, 1249).

La stessa disposizione si applica se per il credito esiste un coobbligato solidale (1292).

1829. Crediti verso terzi. – Se non risulta una diversa volontà delle parti, l'inclusione nel conto di un credito verso un terzo si presume fatta con la clausola «salvo incasso». In tal caso, se il credito non è soddisfatto, il ricevente ha la scelta di agire per la riscossione o di eliminare la partita dal conto reintegrando nelle sue ragioni colui che ha fatto la rimessa. Può eliminare la partita dal conto anche dopo avere infruttuosamente esercitato le azioni contro il debitore (1267, 1857).

1830. Sequestro o pignoramento del saldo. – Se il creditore di un correntista ha sequestrato (2905; 670 ss. c.p.c.) o pignorato (2917; 543 ss. c.p.c.) l'eventuale saldo del conto spettante al suo debitore, l'altro correntista non può, con nuove rimesse, pregiudicare le ragioni del creditore (1250, 2917). Non si considerano nuove rimesse quelle fatte in dipendenza di diritti sorti prima del sequestro o del pignoramento.

Il correntista presso cui è stato eseguito il sequestro o il pignoramento deve darne notizia all'altro. Ciascuno di essi può recedere dal contratto (1373, 1833; 546, 670 c.p.c.).

1831. Chiusura del conto. – La chiusura del conto con la liquidazione del saldo è fatta alle scadenze stabilite dal contratto o dagli usi e, in mancanza, al termine di ogni semestre, computabile dalla data del contratto (1823, 1833[3]).

1832. Approvazione del conto. – L'estratto conto trasmesso da un correntista all'altro s'intende approvato, se non è contestato nel termine pattuito o in quello usuale, o altrimenti nel termine che può ritenersi congruo secondo le circostanze.

L'approvazione del conto non preclude il diritto di impugnarlo per errori di scritturazione o di calcolo, per omissioni o per duplicazioni (2162[4]; 266 c.p.c.). L'impugnazione deve essere proposta, sotto pena di decadenza (2964), entro sei mesi dalla data di ricezione (1335) dell'estratto conto relativo alla liquidazione di chiusura, che deve essere spedito per mezzo di raccomandata (1857).

1833. Recesso dal contratto. – Se il contratto è a tempo indeterminato (1823), ciascuna delle parti può recedere dal contratto (1373, 1831) a ogni chiusura del conto, dandone preavviso almeno dieci giorni prima.

In caso d'interdizione (414 ss.), d'inabilitazione (415), d'insolvenza (78 l. fall.) o di morte di una delle parti, ciascuna di queste o gli eredi hanno diritto di recedere dal contratto (1811).

Lo scioglimento del contratto impedisce l'inclusione nel conto di nuove partite, ma il pagamento del saldo non può richiedersi che alla scadenza del periodo stabilito dall'articolo 1831.

Capo XVII
Dei contratti bancari ([1])

([1]) *La legge 17 febbraio 1992, n. 154, ha dettato norme per la trasparenza delle operazioni e dei servizi bancari e finanziari. Si veda anche il D.L.vo 1° settembre 1993, n. 385, testo unico delle leggi in materia bancaria e creditizia.*

Sezione I
Dei depositi bancari

1834. Depositi di danaro. – Nei depositi di una somma di danaro (1782) presso una banca (1852, 2195, n. 4), questa ne acquista la proprietà ed è obbligata a restituirla nella stessa specie monetaria (1277, 1280), alla scadenza del termine convenuto ovvero a richiesta del depositante (1183, 1771[1]), con l'osservanza del periodo di preavviso stabilito dalle parti o dagli usi.

Salvo patto contrario, i versamenti e i prelevamenti si eseguono alla sede della banca presso la quale si è costituito il rapporto (1182, 1843[2]).

1835. Libretto di deposito a risparmio. – Se la banca rilascia un libretto di deposito a risparmio, i versamenti e i prelevamenti si devono annotare sul libretto.

Le annotazioni sul libretto, firmate dall'impiegato della banca che appare addetto al servizio (2210), fanno piena prova nei rapporti tra banca e depositante (2702).

È nullo (1419) ogni patto contrario.

1836. Legittimazione del possessore. – Se il libretto di deposito è pagabile al portatore, la banca che senza dolo o colpa grave adempie la prestazione nei confronti del possessore è liberata, anche se questi non è il depositante (1189, 1396, 1777, 1992, 2003).

La stessa disposizione si applica nel caso in cui il libretto di deposito pagabile al portatore sia intestato al nome di una determinata persona o in altro modo contrassegnato.

Sono salve le disposizioni delle leggi speciali ([1]).

([1]) *Si vedano, ad esempio, il D.M. 6 giugno 2002, sui libretti di risparmio postali e il D.L.vo 1 settembre 1993, n. 385, T.U. delle leggi in materia bancaria e creditizia.*

1837. [Libretti in favore di minori. – (*Omissis*)] ([1]).

([1]) *Articolo abrogato dall'art. 11 della L. 8 marzo 1975, n. 39, attribuzione della maggiore età.*

1838. Deposito di titoli in amministrazione. – La banca che assume il deposito di titoli in amministrazione deve custodire i titoli, esigerne gli interessi o i dividendi, verificare i sorteggi per l'attribuzione di premi o per il rimborso di capitale, curare le riscossioni per conto del depositante, e in generale provvedere alla tutela dei diritti inerenti ai titoli. Le somme riscosse devono essere accreditate al depositante.

Se per i titoli depositati si deve provvedere al versamento di decimi (2329[2]) o si deve esercitare un diritto di opzione, la banca deve chiedere in tempo utile istruzioni al depositante e deve eseguirle, qualora abbia ricevuto i fondi all'uopo occorrenti. In mancanza d'istruzioni, i diritti di opzione (1532, 2441), devono essere venduti per conto del depositante a mezzo di un agente di cambio.

Alla banca spetta un compenso nella misura stabilita dalla convenzione o dagli usi, nonché il rimborso delle spese necessarie da essa fatte (1848).

È nullo il patto col quale si esonera la banca dall'osservare, nell'amministrazione dei titoli, l'ordinaria diligenza (1176, 1229).

Sezione II
Del servizio bancario delle cassette di sicurezza

1839. Cassette di sicurezza. – Nel servizio delle cassette di sicurezza, la banca risponde verso l'utente per l'idoneità e la custodia dei locali e per l'integrità della cassetta, salvo il caso fortuito.

1840. Apertura della cassetta. – Se la cassetta è intestata a più persone, l'apertura di essa è consentita singolarmente a ciascuno degli intestatari, salvo diversa pattuizione (1292, 1314, 1317).

In caso di morte dell'intestatario o di uno degli intestatari, la banca che ne abbia ricevuto comunicazione non può consentire l'apertura della cassetta se non con l'accordo di tutti gli aventi diritto o secondo le modalità stabilite dall'autorità giudiziaria (1772).

1841. Apertura forzata della cassetta. – Quando il contratto è scaduto, la banca, previa intimazione all'intestatario e decorsi sei mesi dalla data della medesima, può chiedere al tribunale (1) l'autorizzazione ad aprire la cassetta. L'intimazione può farsi anche mediante raccomandata con avviso di ricevimento.

L'apertura si esegue con l'assistenza di un notaio all'uopo designato e con le cautele che il tribunale (1) ritiene opportune.

Il tribunale (1) può dare le disposizioni necessarie per la conservazione degli oggetti rinvenuti e può ordinare la vendita di quella parte di essi che occorra al soddisfacimento di quanto è dovuto alla banca per canoni e spese.

(1) *La parola: «pretore» è stata sostituita dalla parola: «tribunale» dall'art. 150 del D.L.vo 19 febbraio 1998, n. 51, recante l'istituzione del giudice unico, a decorrere dal 2 giugno 1999.*

Sezione III
Dell'apertura di credito bancario

1842. Nozione. – L'apertura di credito bancario è il contratto col quale la banca si obbliga a tenere a disposizione dell'altra parte una somma di danaro per un dato periodo di tempo o a tempo indeterminato.

1843. Utilizzazione del credito. – Se non è convenuto altrimenti, l'accreditato può utilizzare in più volte il credito, secondo le forme di uso, e può con successivi versamenti ripristinare la sua disponibilità (1852).

Salvo patto contrario, i prelevamenti e i versamenti si eseguono presso la sede della banca dove è costituito il rapporto (1182, 1834^2).

1844. Garanzia. – Se per l'apertura di credito è data una garanzia reale (1960, 2784, 2808) o personale (1936), questa non si estingue prima della fine del rapporto per il solo fatto che l'accreditato cessa di essere debitore della banca (1938, 2852).

Se la garanzia diviene insufficiente, la banca può chiedere un supplemento di garanzia o la sostituzione del garante (1850, 2743). Se l'accreditato non ottempera alla richiesta, la banca può ridurre il credito (1461) proporzionalmente al diminuito valore della garanzia o recedere (1373) dal contratto.

1845. Recesso dal contratto. – Salvo patto contrario, la banca non può recedere dal contratto prima della scadenza del termine, se non per giusta causa.

Il recesso sospende immediatamente (1334) l'utilizzazione del credito, ma la banca deve concedere un termine di almeno quindici giorni per la restituzione delle somme utilizzate e dei relativi accessori.

Se l'apertura di credito è a tempo indeterminato, ciascuna delle parti può recedere dal contratto, mediante preavviso nel termine stabilito dal contratto, dagli usi o, in mancanza, in quello di quindici giorni.

Sezione IV
Dell'anticipazione bancaria

1846. Disponibilità delle cose date in pegno. – Nell'anticipazione bancaria su pegno di titoli o di merci, la banca non può disporre delle cose ricevute in pegno (2784, 2790, 2792), se ha rilasciato un documento nel quale le cose stesse sono individuate (1851). Il patto contrario deve essere provato per iscritto (2725).

1847. Assicurazione delle merci. – La banca deve provvedere per conto del contraente all'assicurazione delle merci date in pegno (1891), se, per la natura, il valore (1474^{2}) o l'ubicazione di esse, l'assicurazione risponde alle cautele d'uso (2790).

1848. Spese di custodia. – La banca, oltre al corrispettivo dovutole, ha diritto al rimborso delle spese (1838^{3}) occorse per la custodia delle merci e dei titoli, salvo che ne abbia acquistato la disponibilità (1846, 1851).

1849. Ritiro dei titoli o delle merci. – Il contraente, anche prima della scadenza del contratto, può ritirare in parte i titoli o le merci dati in pegno (2799), previo rimborso proporzionale delle somme anticipate e delle altre somme spettanti alla banca secondo la disposizione dell'articolo precedente, salvo che il credito residuo risulti insufficientemente garantito (1850).

1850. Diminuzione della garanzia. – Se il valore della garanzia diminuisce almeno di un decimo rispetto a quello che era al tempo del contratto, la banca può chiedere al debitore un supplemento di garanzia nei termini d'uso, con la diffida che, in mancanza, si procederà alla vendita dei titoli o delle merci dati in pegno (1844^{2}, 1867, n. 2, 1943^{2}, 2743). Se il debitore non ottempera alla richiesta, la banca può procedere alla vendita a norma del secondo e quarto comma dell'art. 2797.

La banca ha diritto al rimborso immediato del residuo non soddisfatto col ricavato della vendita.

1851. Pegno irregolare a garanzia di anticipazione. – Se, a garanzia di uno o più crediti, sono vincolati depositi di danaro, merci o titoli che non siano stati individuati o per i quali sia stata conferita alla banca la facoltà di disporre, la banca deve restituire solo la somma o la parte delle merci o dei titoli che eccedono l'ammontare dei crediti garantiti. L'eccedenza è determinata in relazione al valore delle merci o dei titoli al tempo della scadenza dei crediti (1846, 1848).

Sezione V
Delle operazioni bancarie
in conto corrente

1852. Disposizione da parte del correntista. – Qualora il deposito (1834), l'apertura di credito (1842) o altre operazioni bancarie siano regolate in conto corrente (1823), il correntista può disporre in qualsiasi momento delle somme risultanti a suo credito, salva l'osservanza del termine di preavviso eventualmente pattuito.

1853. Compensazione tra i saldi di più rapporti o più conti. – Se tra la banca e il correntista esistono più rapporti o più conti, ancorché in monete differenti (1277 ss.), i saldi attivi e passivi si compensano (1241) reciprocamente, salvo patto contrario (1246, nn. 2 e 4).

1854. Conto corrente intestato a più persone. – Nel caso in cui il conto sia intestato a più persone, con facoltà per le medesime di compiere operazioni anche separatamente, gli intestatari sono considerati creditori o debitori in solido dei saldi del conto (1292 ss.).

1855. Operazione a tempo indeterminato. – Se l'operazione regolata in conto corrente è a tempo indeterminato, ciascuna delle parti può recedere dal contratto (1373, 1833), dandone preavviso nel termine stabilito dagli usi o, in mancanza, entro quindici giorni.

1856. Esecuzione d'incarichi. – La banca risponde secondo le regole del mandato (1710 ss.) per l'esecuzione d'incarichi ricevuti dal correntista o da altro cliente.

Se l'incarico deve eseguirsi su una piazza dove non esistono filiali della banca, questa può incaricare dell'esecuzione un'altra banca o un suo corrispondente (1717).

1857. Norme applicabili. – Alle operazioni regolate in conto corrente si applicano le norme degli articoli 1826, 1829 e 1832.

Sezione VI
Dello sconto bancario

1858. Nozione. – Lo sconto è il contratto col quale la banca, previa deduzione dell'interesse, anticipa al cliente l'importo di un credito verso terzi non ancora scaduto, mediante la cessione, salvo buon fine, del credito stesso (1260 ss.).

1859. Sconto di cambiali. – Se lo sconto avviene mediante girata (2009) di cambiale o di assegno bancario, la banca, nel caso di mancato pagamento, oltre ai diritti derivanti dal titolo, ha anche il diritto alla restituzione della somma anticipata.

Sono salve le norme delle leggi speciali relative alla cessione della provvista nello sconto di tratte non accettate o munite di clausole «senza accettazione» ([1]).

([1]) *Si veda il R.D.L. 21 settembre 1933, n. 1345, sulla cambiale tratta garantita mediante cessione di credito derivante da forniture, convertito nella L. 15 gennaio 1934, n. 48.*

1860. Sconto di tratte documentate. – La banca che ha scontato tratte documentate ha sulla merce lo stesso privilegio del mandatario (2761) finché il titolo rappresentativo (1527, 1530, 1996) è in suo possesso.

Capo XVIII
Della rendita perpetua

1861. Nozione. – Col contratto di rendita (820^3) perpetua una parte conferisce all'altra il diritto di esigere in perpetuo la prestazione periodica (2948, n. 1) di una somma di danaro o di una certa quantità di altre cose fungibili, quale corrispettivo dell'alienazione di un immobile (2817, n. 1) o della cessione di un capitale (1350, n. 10, 1863).

La rendita perpetua può essere costituita anche quale onere dell'alienazione gratuita di un immobile o della cessione gratuita di un capitale.

1862. Norme applicabili. – L'alienazione dell'immobile, se fatta a titolo oneroso, è soggetta alle norme stabilite per la vendita (1470 ss.).

L'alienazione o la cessione fatta a titolo gratuito è soggetta alle norme stabilite per la donazione (769 ss.).

1863. Rendita fondiaria e rendita semplice. – È fondiaria la rendita costituita mediante alienazione di un immobile (2817, n. 1). È semplice quella costituita mediante cessione di un capitale (668).

1864. Garanzia della rendita semplice. – La rendita semplice deve essere garantita con ipoteca (2808) sopra un immobile (2827); altrimenti il capitale è ripetibile (1869).

1865. Diritto di riscatto della rendita perpetua. – La rendita perpetua è redimibile (699, 753) a volontà del debitore, nonostante qualunque convenzione contraria (1879).

Le parti possono tuttavia convenire che il riscatto non possa eseguirsi durante la vita del beneficiario o prima di un certo termine, il quale non può eccedere i dieci anni nella rendita semplice e i trenta anni nella rendita fondiaria.

Può anche stipularsi che il debitore non esegua il riscatto senza averne dato preavviso al beneficiario. Il termine di preavviso non può eccedere l'anno.

Se sono convenuti termini più lunghi, essi si riducono nei limiti sopra stabiliti (1339, 1869).

1866. Esercizio del riscatto. – Il riscatto della rendita semplice e della rendita fondiaria si effettua mediante il pagamento della somma che risulta dalla capitalizzazione della rendita annua sulla base dell'interesse legale (753, 1284; 60 l. fall.).

Le modalità del riscatto sono stabilite dalle leggi speciali.

1867. Riscatto forzoso. – Il debitore di una rendita perpetua può essere costretto al riscatto (1458^1):

1) se è in mora nel pagamento di due annualità di rendita (1219 ss., 2948, n. 1);

2) se non ha dato al creditore le garanzie promesse, o se, venendo a mancare quelle già date, non ne sostituisce altre di uguale sicurezza (1186, 1461, 1877);

3) se, per effetto di alienazione (769, 1470) o di divisione (713), il fondo su cui è garantita la rendita (1864) è diviso fra più di tre persone.

1868. Riscatto per insolvenza del debitore. – Si fa pure luogo al riscatto della rendita nel caso d'insolvenza del debitore, salvo che, essendo stato alienato il fondo su cui era garantita la rendita, l'acquirente se ne sia assunto il debito o si dichiari pronto ad assumerlo (1869).

1869. Altre prestazioni perpetue. – Le disposizioni degli articoli 1864, 1865, 1866, 1867 e 1868 si applicano a ogni altra annua prestazione perpetua costituita a qualsiasi titolo, anche per atto di ultima volontà.

1870. Ricognizione. – Il debitore della rendita o di ogni altra prestazione annua che debba o possa durare oltre i dieci anni deve fornire a proprie spese al titolare, se questi lo richiede, un nuovo documento (2720), trascorsi nove anni dalla data del precedente (1988, 2944, 2966).

1871. Rendite dello Stato. – Le disposizioni di questo capo non si applicano alle rendite emesse dallo Stato.

Capo XIX
Della rendita vitalizia

1872. Modi di costituzione. – La rendita vitalizia può essere costituita (1350, n. 10) a titolo oneroso, mediante alienazione di un bene mobile o immobile o mediante cessione di capitale (1861, 2057).

La rendita vitalizia può essere costituita anche per donazione (769, 782) o per testamento (587, 698), e in questo caso si osservano le norme stabilite dalla legge per tali atti (2948).

1873. Determinazione della durata. – La rendita vitalizia può costituirsi per la durata della vita del beneficiario o di altra persona.

Essa può costituirsi anche per la durata della vita di più persone.

1874. Costituzione a favore di più persone. – Se la rendita è costituita a favore di più persone, la parte spettante al creditore premorto si accresce a favore degli altri, salvo patto contrario (674 ss.).

1875. Costituzione a favore di un terzo. – La rendita vitalizia costituita a favore di un terzo (1411 ss.), quantunque importi per questo una liberalità, non richiede le forme stabilite per la donazione (782, 809).

1876. Rendita costituita su persone già defunte. – Il contratto è nullo (1418), se la rendita è costituita per la durata della vita di persona che, al tempo del contratto, aveva già cessato di vivere (1325, n. 2).

1877. Risoluzione del contratto di vitalizio oneroso. – Il creditore di una rendita vitalizia costituita a titolo oneroso può chiedere la risoluzione del contratto (1453), se il promittente non gli dà o diminuisce le garanzie pattuite (1461, 1867, n. 2, 2743).

1878. Mancanza di pagamento delle rate scadute. – In caso di mancato pagamento delle rate di rendita scadute (2948, n. 1), il creditore della rendita, anche se è lo stesso stipulante, non può domandare la risoluzione del contratto (1453, 1455), ma può far sequestrare (670 c.p.c.) e vendere (501 c.p.c.) i beni del suo debitore affinché col ricavato della vendita si faccia l'impiego di una somma sufficiente ad assicurare il pagamento della rendita (60^2 l. fall.).

1879. Divieto di riscatto e onerosità sopravvenuta. – Il debitore della rendita, salvo patto contrario, non può liberarsi dal pagamento della rendita stessa offrendo il rimborso del capitale, anche se rinunzia alla ripetizione delle annualità pagate (1865 ss.).

Egli è tenuto a pagare la rendita per tutto il tempo per il quale è stata costituita, per quanto gravosa sia divenuta la sua prestazione (1467).

1880. Modalità del pagamento della rendita. – La rendita vitalizia costituita mediante contratto è dovuta al creditore in proporzione del numero dei giorni vissuti da colui sulla vita del quale è costituita (820^3, 821^3).

Se però è stato convenuto di pagarla a rate anticipate, ciascuna rata si acquista dal giorno in cui è scaduta (1282, 2948, n. 1).

1881. Sequestro o pignoramento della rendita. – Quando la rendita vitalizia è costituita a titolo gratuito (1872), si può disporre che essa non sia soggetta a pignoramento (545 c.p.c.) o a sequestro (670 c.p.c.) entro i limiti del bisogno alimentare del creditore (438, 1246, n. 3, 1878).

Capo XX
Dell'assicurazione

Sezione I
Disposizioni generali

1882. Nozione. – L'assicurazione è il contratto col quale l'assicuratore, verso il pagamento di un premio (1901, 2952), si obbliga a rivalere l'assicurato, entro i limiti convenuti, del danno ad esso prodotto da un sinistro (1904 ss.), ovvero a pagare un capitale o una rendita (1872) al verificarsi di un evento attinente alla vita umana.

1883. Esercizio delle assicurazioni. – L'impresa di assicurazione (2195) non può essere esercitata che da un istituto di diritto pubblico o da una società per azioni (2325, 2546) e con l'osservanza delle norme stabilite dalle leggi speciali ([1]).

([1]) *Si veda il D.L.vo 7 settembre 2005, n. 209, Codice delle assicurazioni private.*

1884. Assicurazioni mutue. – Le assicurazioni mutue sono disciplinate dalle norme del presente capo, in quanto compatibili con la specialità del rapporto (2546 ss.).

1885. Assicurazioni contro i rischi della navigazione. – Le assicurazioni contro i rischi della navigazione sono disciplinate dalle norme del presente capo per quanto non è regolato dal codice della navigazione (514 ss., 935, 936, 941, 996 ss., c.n.).

1886. Assicurazioni sociali. – Le assicurazioni sociali sono disciplinate dalle leggi speciali. In mancanza si applicano le norme del presente capo.

1887. Efficacia della proposta. – La proposta scritta diretta all'assicuratore rimane ferma (1329) per il termine di quindici giorni, o di trenta giorni quando occorre una visita medica (2964). Il termine decorre dalla data della consegna o della spedizione della proposta (1932).

1888. Prova del contratto. – Il contratto di assicurazione deve essere provato per iscritto (2725).

L'assicuratore è obbligato a rilasciare al contraente la polizza di assicurazione o altro documento da lui sottoscritto.

L'assicuratore è anche tenuto a rilasciare, a richiesta e a spese del contraente, duplicati o copie della polizza; ma in tal caso può esigere la presentazione o la restituzione dell'originale.

1889. Polizze all'ordine e al portatore. – Se la polizza di assicurazione è all'ordine o al portatore, il suo trasferimento importa trasferimento del credito verso l'assicuratore, con gli effetti della cessione (1260 ss., 1407, 1918[5], 2002, 2003, 2011).

Tuttavia l'assicuratore è liberato se senza dolo o colpa grave adempie la prestazione nei confronti del giratario o del portatore della polizza, anche se questi non è l'assicurato (1992).

In caso di smarrimento, furto o distruzione della polizza all'ordine, si applicano le disposizioni relative all'ammortamento dei titoli all'ordine (2016).

1890. Assicurazione in nome altrui. – Se il contraente stipula l'assicurazione in nome altrui senza averne il potere (1398), l'interessato può ratificare il contratto anche dopo la scadenza o il verificarsi del sinistro (1399, 1894, 2032).

Il contraente è tenuto personalmente ad osservare gli obblighi derivanti dal contratto fino al momento in cui l'assicuratore ha avuto notizia della ratifica o del rifiuto di questa (2031; 11 l. camb.; 14 l. ass.).

Egli deve all'assicuratore i premi del periodo in corso nel momento in cui l'assicuratore ha avuto notizia del rifiuto della ratifica (1892[3], 1901[3]).

1891. Assicurazione per conto altrui o per conto di chi spetta. – Se l'assicurazione è stipulata per conto altrui o per conto di chi spetta (1529, 1589, 1739[2], 1847), il contraente deve adempiere gli obblighi derivanti dal contratto, salvi quelli che per loro natura non possono essere adempiuti che dall'assicurato (1894).

I diritti derivanti dal contratto spettano all'assicurato, e il contraente, anche se in possesso della polizza, non può farli valere senza espresso consenso dell'assicurato medesimo.

All'assicurato sono opponibili le eccezioni che si possono opporre al contraente in dipendenza del contratto (1413, 1894).

Per il rimborso dei premi pagati all'assicuratore e delle spese del contratto, il contraente ha privilegio sulle somme dovute dall'assicuratore nello stesso grado dei crediti per spese di conservazione (2756, 2778).

1892. Dichiarazioni inesatte e reticenze con dolo o colpa grave. – Le dichiarazioni inesatte e le reticenze del contraente, relative a circostanze tali che l'assicuratore non avrebbe dato il suo consenso (1439) o non lo avrebbe dato alle medesime condizioni se avesse conosciuto il vero stato delle cose (1440), sono causa di annullamento (1441) del contratto quando il contraente ha agito con dolo o con colpa grave (1338, 1894, 1898, 1906).

L'assicuratore decade (2964 ss.) dal diritto d'impugnare il contratto se, entro tre mesi dal giorno in cui ha conosciuto l'inesattezza della dichiarazione o la reticenza, non dichiara al contraente di volere esercitare l'impugnazione (1893, 1898[2]).

L'assicuratore ha diritto ai premi relativi al periodo di assicurazione in corso al momento in cui ha domandato l'annullamento (1890[3], 1896, 1897, 1898[4], 1901[3], 1909, 1918[3], 1926[5]) e, in ogni caso, al premio convenuto per il primo anno. Se il sinistro si verifica prima che sia decorso il termine indicato dal comma precedente, egli non è tenuto a pagare la somma assicurata (1893[2], 1898[5]).

Se l'assicurazione riguarda più persone o più cose, il contratto è valido per quelle persone o per quelle cose alle quali non si riferisce la dichiarazione inesatta o la reticenza (1932, 2964).

1893. Dichiarazioni inesatte e reticenze senza dolo o colpa grave. – Se il contraente ha agito senza dolo o colpa grave, le dichiarazioni inesatte e le reticenze non sono causa di annullamento del contratto, ma l'assicuratore può recedere dal contratto stesso (1373, 1897, 1898^{2}, 1899, 1918^{4}, 1926^{3}), mediante dichiarazione da farsi all'assicurato nei tre mesi dal giorno in cui ha conosciuto l'inesattezza della dichiarazione o la reticenza (1892^{2}, 1898^{2}, 2964 ss.).

Se il sinistro si verifica prima che l'inesattezza della dichiarazione o la reticenza sia conosciuta dall'assicuratore, o prima che questi abbia dichiarato di recedere dal contratto, la somma dovuta è ridotta in proporzione della differenza tra il premio convenuto e quello che sarebbe stato applicato se si fosse conosciuto il vero stato delle cose (1892^{3}, 1898^{5}, 1906^{2}, 1932).

1894. Assicurazione in nome o per conto di terzi. – Nelle assicurazioni in nome o per conto di terzi (1890, 1891), se questi hanno conoscenza dell'inesattezza delle dichiarazioni o delle reticenze relative al rischio, si applicano a favore dell'assicuratore le disposizioni degli articoli 1892 e 1893 (1391, 1932).

1895. Inesistenza del rischio. – Il contratto è nullo (1325, n. 2, 1418) se il rischio non è mai esistito o ha cessato di esistere prima della conclusione (1326) del contratto (1896, 1904; 514 c.n.).

1896. Cessazione del rischio durante l'assicurazione. – Il contratto si scioglie (1453) se il rischio cessa di esistere dopo la conclusione del contratto stesso (1326), ma l'assicuratore ha diritto al pagamento dei premi finché la cessazione del rischio non gli sia comunicata o non venga altrimenti a sua conoscenza (1918^{2}). I premi relativi al periodo di assicurazione in corso al momento della comunicazione o della conoscenza sono dovuti per intero (1892^{3}, 1897, 1898^{4}, 1901^{3}, 1909, 1918^{3}, 1926^{5}).

Qualora gli effetti dell'assicurazione debbano avere inizio in un momento posteriore alla conclusione del contratto (1326) e il rischio cessi nell'intervallo, l'assicuratore ha diritto al solo rimborso delle spese.

1897. Diminuzione del rischio. – Se il contraente comunica all'assicuratore mutamenti che producono una diminuzione del rischio tale che, se fosse stata conosciuta al momento della conclusione del contratto, avrebbe portato alla stipulazione di un premio minore, l'assicuratore, a decorrere dalla scadenza del premio o della rata di premio successiva alla comunicazione suddetta (1892^{3}, 1896), non può esigere che il minor premio, ma ha facoltà di recedere dal contratto entro due mesi dal giorno in cui è stata fatta la comunicazione.

La dichiarazione di recesso dal contratto ha effetto dopo un mese (1932).

1898. Aggravamento del rischio. – Il contraente ha l'obbligo di dare immediato avviso all'assicuratore dei mutamenti che aggravano il rischio in modo tale che, se il nuovo stato di cose fosse esistito e fosse stato conosciuto dall'assicuratore al momento della conclusione del contratto, l'assicuratore non avrebbe consentito l'assicurazione o l'avrebbe consentita per un premio più elevato (1892, 1926).

L'assicuratore può recedere dal contratto (1373, 1893, 1897, 1899, 1918^{4}, 1926^{3}), dandone comunicazione per iscritto all'assicurato entro un mese dal giorno in cui ha ricevuto l'avviso o ha avuto in altro modo conoscenza dell'aggravamento del rischio (1892^{2}, 1893, 2964 ss.).

Il recesso dell'assicuratore ha effetto immediato se l'aggravamento è tale che l'assicuratore non avrebbe consentito l'assicurazione; ha effetto dopo quindici giorni, se l'aggravamento del rischio è tale che per l'assicurazione sarebbe stato richiesto un premio maggiore.

Spettano all'assicuratore i premi relativi al periodo di assicurazione in corso al momento in cui è comunicata la dichiarazione di recesso (1890^{3}, 1892^{3}, 1896, 1897, 1901^{3}, 1909, 1918^{3}, 1926^{5}).

Se il sinistro si verifica prima che siano trascorsi i termini per la comunicazione e per l'efficacia del recesso, l'assicuratore non risponde qualora l'aggravamento del rischio sia tale che egli non avrebbe consentito l'assicurazione se il nuovo stato di cose fosse esistito al momento del contratto; altrimenti, la somma dovuta è ridotta, tenuto conto del rapporto tra il premio stabilito nel contratto e quello che sarebbe stato fissato se il maggior rischio fosse esistito al tempo del contratto stesso (1892^{3}, 1893^{2}, 1932; 82 l. fall.; 522 c.n.).

1899. Durata dell'assicurazione. – L'assicurazione ha effetto dalle ore ventiquattro del giorno della conclusione del contratto (1326) alle ore ventiquattro dell'ultimo giorno della durata stabilita nel contratto stesso. L'assicuratore, in alternativa ad una copertura di durata annuale, può proporre una copertura di durata poliennale a fronte di una riduzione del premio rispetto a quello previsto per la stessa copertura dal contratto annuale ([1]). In questo caso, se il contratto supera i cinque anni, l'assicurato, trascorso il quinquennio, ha facoltà di recedere dal contratto con preavviso di sessanta giorni e con effetto dalla fine dell'annualità nel corso della quale la facoltà di recesso è stata esercitata ([1]).

Il contratto può essere tacitamente prorogato una o più volte, ma ciascuna proroga tacita non può avere una durata superiore a due anni (1932).

Le norme del presente articolo non si applicano alle assicurazioni sulla vita (1919).

([1]) *L'originario secondo periodo di questo comma è stato da ultimo così sostituito dagli attuali secondo e terzo periodo dall'art. 21, comma 3, della L. 23 luglio 2009, n. 99. A norma dell'art. 21, comma 4, della medesima legge, tali disposizioni si applicano ai contratti stipulati successivamente alla data di entrata in vigore della presente legge.*

1900. Sinistri cagionati con dolo o con colpa grave dell'assicurato o dei dipendenti. – L'assicuratore non è obbligato per i sinistri cagionati da dolo o da colpa grave del contraente, dell'assicurato o del beneficiario, salvo patto contrario per i casi di colpa grave (1229, 1917).

L'assicuratore è obbligato per il sinistro cagionato da dolo o da colpa grave delle persone del fatto delle quali l'assicurato deve rispondere (2047, 2048, 2049; 524 c.n.).

Egli è obbligato altresì, nonostante patto contrario, per i sinistri conseguenti ad atti del contraente, dell'assicurato o del beneficiario, compiuti per dovere di solidarietà umana o nella tutela degli interessi comuni all'assicuratore (1914; 522 c.n.).

1901. Mancato pagamento del premio. – Se il contraente non paga il premio o la prima rata di premio stabilita dal contratto, l'assicurazione resta sospesa fino alle ore ventiquattro del giorno in cui il contraente paga quanto è da lui dovuto.

Se alle scadenze convenute il contraente non paga i premi successivi, l'assicurazione resta sospesa dalle ore ventiquattro del quindicesimo giorno dopo quello della scadenza (1460, 1932, 2952).

Nelle ipotesi previste dai due commi precedenti il contratto è risoluto di diritto (1453) se l'assicuratore, nel termine di sei mesi dal giorno in cui il premio o la rata sono scaduti, non agisce per la riscossione (1457[2]); l'assicuratore ha diritto soltanto al pagamento del premio relativo al periodo di assicurazione in corso e al rimborso delle spese. La presente norma non si applica alle assicurazioni sulla vita (1924, 1927, 1932).

1902. Fusione, concentrazione e liquidazione coatta amministrativa. – La fusione (2501 ss.) e la concentrazione di aziende tra più imprese assicuratrici non sono cause di scioglimento del contratto di assicurazione. Il contratto continua con l'impresa assicuratrice che risulta dalla fusione o che incorpora le imprese preesistenti (2504[4]). Per i trasferimenti di portafoglio si osservano le leggi speciali (2558) ([1]).

Nel caso di liquidazione coatta amministrativa (194 ss. l. fall.) dell'impresa assicuratrice, il contratto di assicurazione si scioglie nei modi e con gli effetti stabiliti dalle leggi speciali anche per ciò che riguarda il privilegio a favore della massa degli assicurati (1932).

([1]) *Si veda l'art. 168 del D.L.vo 7 settembre 2005, n. 209, Codice delle assicurazioni private.*

1903. Agenti di assicurazione. – Gli agenti autorizzati a concludere contratti di assicurazione (1752, 1753) possono compiere gli atti concernenti le modificazioni e la risoluzione dei contratti medesimi, salvi i limiti contenuti nella procura che sia pubblicata nelle forme richieste dalla legge.

Possono inoltre promuovere azioni ed essere convenuti in giudizio in nome dell'assicuratore, per le obbligazioni dipendenti dagli atti compiuti nell'esecuzione del loro mandato, davanti l'autorità giudiziaria del luogo in cui ha sede l'agenzia presso la quale è stato concluso il contratto (1326, 1932, 2204; 77 c.p.c.).

Sezione II
Dell'assicurazione
contro i danni

1904. Interesse all'assicurazione. – Il contratto di assicurazione contro i danni è nullo (1418, 1895) se, nel momento in cui l'assicurazione deve avere inizio, non esiste un interesse dell'assicurato al risarcimento del danno (1223, 1325, n. 2, 1895; 514 c.n.).

1905. Limiti del risarcimento. – L'assicuratore è tenuto a risarcire, nei modi e nei limiti stabiliti dal contratto, il danno sofferto dall'assicurato in conseguenza del sinistro (1223, 1900, 1908, 1917).

L'assicuratore risponde del profitto sperato solo se si è espressamente obbligato.

1906. Danni cagionati da vizio della cosa. – Salvo patto contrario, l'assicuratore non risponde dei danni prodotti da vizio intrinseco della cosa assicurata, che non gli sia stato denunziato (1892, 1893).

Se il vizio ha aggravato il danno, l'assicuratore, salvo patto contrario, risponde del danno nella misura in cui sarebbe stato a suo carico, qualora il vizio non fosse esistito (1892, 1893, 1898).

1907. Assicurazione parziale. – Se l'assicurazione copre solo una parte del valore che la cosa assicurata aveva nel tempo del sinistro, l'assicuratore risponde dei danni in proporzione della parte suddetta, a meno che non sia diversamente convenuto (1908, 1909).

1908. Valore della cosa assicurata. – Nell'accertare il danno (1905) non si può attribuire alle cose perite o danneggiate un valore superiore a quello che avevano al tempo del sinistro (1907, 1909).

Il valore delle cose assicurate può essere tuttavia stabilito al tempo della conclusione del contratto, mediante stima accettata per iscritto dalle parti (2725).

Non equivale a stima la dichiarazione di valore delle cose assicurate contenuta nella polizza o in altri documenti (515, 1021 c.n.).

Nell'assicurazione dei prodotti del suolo il danno si determina in relazione al valore che i prodotti avrebbero avuto al tempo della maturazione o al tempo in cui ordinariamente si raccolgono.

1909. Assicurazione per somma eccedente il valore delle cose. – L'assicurazione per una somma che eccede il valore reale della cosa assicurata (1908) non è valida se vi è stato dolo da parte dell'assicurato (1910); l'assicuratore, se è in buona fede, ha diritto ai premi del periodo di assicurazione in corso (1898[4]).

Se non vi è stato dolo da parte del contraente, il contratto ha effetto fino alla concorrenza del valore reale della cosa assicurata, e il contraente ha diritto di ottenere per l'avvenire una proporzionale riduzione del premio.

1910. Assicurazione presso diversi assicuratori. – Se per il medesimo rischio sono contratte separatamente più assicurazioni presso diversi assicuratori, l'assicurato deve dare avviso di tutte le assicurazioni a ciascun assicuratore.

Se l'assicurato omette dolosamente di dare l'avviso, gli assicuratori non sono tenuti a pagare l'indennità.

Nel caso di sinistro, l'assicurato deve darne avviso a tutti gli assicuratori a norma dell'art. 1913, indicando a ciascuno il nome degli altri. L'assicurato può chiedere a ciascun assicuratore l'indennità dovuta secondo il rispettivo contratto, purché le somme complessivamente riscosse non superino l'ammontare del danno (1980).

L'assicuratore che ha pagato ha diritto di regresso (1299) contro gli altri per la ripartizione proporzionale in ragione delle indennità dovute secondo i rispettivi contratti. Se un assicuratore è insolvente (5 l. fall.), la sua quota viene ripartita fra gli altri assicuratori (1299[2]).

1911. Coassicurazione. – Qualora la medesima assicurazione o l'assicurazione di rischi relativi alle stesse cose sia ripartita tra gli assicuratori per quote determinate, ciascun assicuratore è tenuto al pagamento dell'indennità assicurata soltanto in proporzione della rispettiva quota, anche se unico è il contratto sottoscritto da tutti gli assicuratori (1314).

1912. Terremoto, guerra, insurrezione, tumulti popolari. – Salvo patto contrario, l'assicuratore non è obbligato per i danni determinati da movimenti tellurici, da guerra, da insurrezione o da tumulti popolari (521 c.n.).

1913. Avviso all'assicuratore in caso di sinistro. – L'assicurato deve dare avviso del sinistro all'assicuratore o all'agente autorizzato a concludere il contratto (1903), entro tre giorni da quello in cui il sinistro si è verificato o l'assicurato ne ha avuto conoscenza (1915). Non è necessario l'avviso, se l'assicuratore o l'agente autorizzato alla conclusione del contratto interviene entro il detto termine alle operazioni di salvataggio (1914) o di constatazione del sinistro.

Nelle assicurazioni contro la mortalità del bestiame l'avviso, salvo patto contrario, deve essere dato entro ventiquattro ore (533 c.n.).

1914. Obbligo di salvataggio. – L'assicurato deve fare quanto gli è possibile per evitare o diminuire il danno (1227, 1915).

Le spese fatte a questo scopo dall'assicurato sono a carico dell'assicuratore, in proporzione del valore assicurato rispetto a quello che la cosa aveva nel tempo del sinistro (1907), anche se il loro ammontare, unitamente a quello del danno, supera la somma assicurata, e anche se non si è raggiunto lo scopo, salvo che l'assicuratore provi che le spese sono state fatte inconsideratamente (1932, 2031; 534 c.n.).

L'assicuratore risponde dei danni materiali direttamente derivanti alle cose assicurate dai mezzi adoperati dall'assicurato per evitare o diminuire i danni del sinistro, salvo che egli provi che tali mezzi sono stati adoperati inconsideratamente (1900[3]).

L'intervento dell'assicuratore per il salvataggio delle cose assicurate e per la loro conservazione non pregiudica i suoi diritti.

L'assicuratore che interviene al salvataggio deve, se richiesto dall'assicurato, anticiparne le spese o concorrere in proporzione del valore assicurato (2031).

1915. Inadempimento dell'obbligo di avviso o di salvataggio. – L'assicurato che dolosamente non adempie l'obbligo dell'avviso (1910, 1913) o del salvataggio (1914) perde il diritto all'indennità.

Se l'assicurato omette colposamente di adempiere tale obbligo, l'assicuratore ha diritto di ridurre l'indennità in ragione del pregiudizio sofferto (1932).

1916. (¹) Diritto di surrogazione dell'assicuratore. – L'assicuratore che ha pagato l'indennità è surrogato, fino alla concorrenza dell'ammontare di essa, nei diritti dell'assicurato verso i terzi responsabili (1203, n. 5, 1589).

Salvo il caso di dolo, la surrogazione non ha luogo se il danno è causato dai figli, [dagli affiliati,] (²) (404 ss.) dagli ascendenti, da altri parenti (74 ss.) o da affini (78) dell'assicurato stabilmente con lui conviventi o da domestici (2240) (³).

L'assicurato è responsabile verso l'assicuratore del pregiudizio arrecato al diritto di surrogazione.

Le disposizioni di questo articolo si applicano anche alle assicurazioni contro gli infortuni sul lavoro e contro le disgrazie accidentali.

(¹) *La Corte costituzionale, con sentenza n. 356 del 18 luglio 1991, ha dichiarato l'illegittimità costituzionale di questo articolo nella parte in cui consente all'assicuratore di avvalersi, nell'esercizio del diritto di surrogazione nei confronti del terzo responsabile, anche delle somme da questi dovute all'assicurato a titolo di risarcimento del danno biologico.*

(²) *Le parole fra parentesi quadrate sono state soppresse dall'art. 91 del D.L.vo 28 dicembre 2013, n. 154, a decorrere dal trentesimo giorno successivo a quello della sua pubblicazione nella* Gazzetta Ufficiale *(G.U. n. 5 dell'8 gennaio 2014).*

(³) *La Corte costituzionale, con sentenza n. 117 del 21 maggio 1975, ha dichiarato l'illegittimità costituzionale di questo comma, nella parte in cui non annovera, tra le persone nei confronti delle quali non è ammessa surrogazione, il coniuge dell'assicurato.*

1917. Assicurazione della responsabilità civile. – Nell'assicurazione della responsabilità civile l'assicuratore è obbligato a tenere indenne l'assicurato di quanto questi, in conseguenza del fatto accaduto durante il tempo dell'assicurazione, deve pagare a un terzo, in dipendenza della responsabilità dedotta nel contratto. Sono esclusi i danni derivanti da fatti dolosi (1229, 1900[1], 2952; 798 c.n.).

L'assicuratore ha facoltà, previa comunicazione all'assicurato, di pagare direttamente al terzo danneggiato l'indennità dovuta, ed è obbligato al pagamento diretto se l'assicurato lo richiede (1930, 2767; 1015 c.n.).

Le spese sostenute per resistere all'azione del danneggiato contro l'assicurato sono a carico dell'assicuratore nei limiti del quarto della somma assicurata. Tuttavia, nel caso che sia dovuta al danneggiato una somma superiore al capitale assicurato, le spese giudiziali si ripartiscono tra assicuratore e assicurato in proporzione del rispettivo interesse (1932).

L'assicurato, convenuto dal danneggiato, può chiamare in causa l'assicuratore (1932, 2951; 32, 106, 269 c.p.c.; 1015 c.n.).

1918. Alienazione delle cose assicurate. – L'alienazione delle cose assicurate non è causa di scioglimento del contratto di assicurazione (517 c.n.).

L'assicurato, che non comunica all'assicuratore l'avvenuta alienazione e all'acquirente l'esistenza del contratto di assicurazione, rimane obbligato a pagare i premi che scadono posteriormente alla data dell'alienazione (1896).

I diritti e gli obblighi dell'assicurato passano all'acquirente, se questi, avuta notizia dell'esistenza del contratto di assicurazione, entro dieci giorni dalla scadenza del primo premio successivo all'alienazione, non dichiara all'assicuratore, mediante raccomandata, che non intende subentrare nel contratto (1406 ss.).

Spettano in tal caso all'assicuratore i premi relativi al periodo di assicurazione in corso (1890[3], 1896, 1897, 1909).

L'assicuratore, entro dieci giorni da quello in cui ha avuto notizia dell'avvenuta alienazione, può recedere dal contratto (1373, 1897) con preavviso di quindici giorni, che può essere dato anche mediante raccomandata (2558[2]).

Se è stata emessa una polizza all'ordine o al portatore (1889), nessuna notizia dell'alienazione deve essere data all'assicuratore, e così quest'ultimo come l'acquirente non possono recedere dal contratto (1407[2]).

Sezione III
Dell'assicurazione sulla vita

1919. Assicurazione sulla vita propria o di un terzo. – L'assicurazione può essere stipulata sulla vita propria o su quella di un terzo.

L'assicurazione contratta per il caso di morte di un terzo non è valida se questi o il suo legale rappresentante non dà il consenso alla conclusione del contratto. Il consenso deve essere provato per iscritto (2725).

1920. Assicurazione a favore di un terzo. – È valida l'assicurazione sulla vita a favore di un terzo (1411).

La designazione del beneficiario può essere fatta nel contratto di assicurazione, o con successiva dichiarazione scritta comunicata all'assicuratore, o per testamento (587); essa è efficace anche se il beneficiario è determinato solo genericamente (628). Equivale a designazione l'attribuzione della somma assicurata fatta nel testamento a favore di una determinata persona.

Per effetto della designazione il terzo acquista un diritto proprio ai vantaggi dell'assicurazione.

1921. Revoca del beneficio. – La designazione del beneficiario è revocabile con le forme con le quali può essere fatta a norma dell'articolo precedente. La revoca non può tuttavia farsi dagli eredi dopo la morte del contraente, né dopo che, verificatosi l'evento, il beneficiario ha dichiarato di voler profittare del beneficio (1411, 1412).

Se il contraente ha rinunziato per iscritto al potere di revoca, questa non ha effetto dopo che il beneficiario ha dichiarato al contraente di voler profittare del beneficio (1922). La rinuncia del contraente e la dichiarazione del beneficiario devono essere comunicate per iscritto all'assicuratore.

1922. Decadenza dal beneficio. – La designazione del beneficiario, anche se irrevocabile, non ha effetto qualora il beneficiario attenti alla vita dell'assicurato (801).

Se la designazione è irrevocabile (1921) ed è stata fatta a titolo di liberalità, essa può essere revocata nei casi previsti dall'articolo 800.

1923. Diritti dei creditori e degli eredi. – Le somme dovute dall'assicuratore al contraente o al beneficiario non possono essere sottoposte ad azione esecutiva (491, 514 c.p.c.) o cautelare (669 *bis* ss. c.p.c.).

Sono salve, rispetto ai premi pagati, le disposizioni relative alla revocazione degli atti compiuti in pregiudizio dei creditori (2901; 64 l. fall.) e quelle relative alla collazione (737), all'imputazione (747) e alla riduzione delle donazioni (555, 559).

1924. Mancato pagamento dei premi. – Se il contraente non paga il premio relativo al primo anno, l'assicuratore può agire per l'esecuzione del contratto nel termine di sei mesi dal giorno in cui il premio è scaduto. La disposizione si applica anche se il premio è ripartito in più rate, fermo restando il disposto dei primi due commi dell'articolo 1901; in tal caso il termine decorre dalla scadenza delle singole rate.

Se il contraente non paga i premi successivi nel termine di tolleranza previsto dalla polizza o, in mancanza, nel termine di venti giorni dalla scadenza, il contratto è risoluto di diritto (1456, 1457), e i premi pagati restano acquisiti all'assicuratore, salvo che sussistano le condizioni per il riscatto dell'assicurazione o per la riduzione della somma assicurata (1925).

1925. Riscatto e riduzione della polizza. – Le polizze di assicurazione devono regolare i diritti di riscatto e di riduzione della somma assicurata, in modo tale che l'assicurato sia in grado, in ogni momento, di conoscere quale sarebbe il valore di riscatto o di riduzione dell'assicurazione.

1926. Cambiamento di professione dell'assicurato. – I cambiamenti di professione o di attività dell'assicurato non fanno cessare gli effetti dell'assicurazione, qualora non aggravino il rischio in modo tale che, se il nuovo stato di cose fosse esistito al tempo del contratto, l'assicuratore non avrebbe consentito l'assicurazione (1898).

Qualora i cambiamenti siano di tale natura che, se il nuovo stato di cose fosse esistito al tempo del contratto, l'assicuratore avrebbe consentito l'assicurazione per un premio più elevato, il pagamento della somma assicurata è ridotto in proporzione del minor premio convenuto in confronto di quello che sarebbe stato stabilito.

Se l'assicurato dà notizia dei suddetti cambiamenti all'assicuratore, questi, entro quindici giorni, deve dichiarare se intende far cessare gli effetti del contratto (1373, 1893, 1897, 1898[2], 1918[4], 1926) ovvero ridurre la somma assicurata o elevare il premio.

Se l'assicuratore dichiara di voler modificare il contratto in uno dei due sensi su indicati, l'assicurato, entro quindici giorni successivi, deve dichiarare se intende accettare la proposta.

Se l'assicurato dichiara di non accettare, il contratto è risoluto, salvo il diritto dell'assicuratore al premio relativo al periodo di assicurazione in corso e salvo il diritto dell'assicurato al riscatto (1925). Il silenzio dell'assicurato vale come adesione alla proposta dell'assicuratore.

Le comunicazioni e dichiarazioni previste dai commi precedenti possono farsi anche mediante raccomandata (1932).

1927. Suicidio dell'assicurato. – In caso di suicidio dell'assicurato, avvenuto prima che siano decorsi due anni dalla stipulazione del contratto (1326), l'assicuratore non è tenuto al pagamento delle somme assicurate, salvo patto contrario.

L'assicuratore non è nemmeno obbligato se, essendovi stata sospensione del contratto per mancato pagamento dei premi, non sono decorsi due anni dal giorno in cui la sospensione è cessata (1901, 1924).

Sezione IV
Della riassicurazione

1928. Prova. – I contratti generali di riassicurazione relativi a una serie di rapporti assicurativi devono essere provati per iscritto (2725).

I rapporti di riassicurazione in esecuzione dei contratti generali e il contratto di riassicurazione per singoli rischi possono essere provati secondo le regole generali (2697, 2952).

1929. Efficacia del contratto. – Il contratto di riassicurazione non crea rapporti tra l'assicurato e il riassicuratore, salve le disposizioni delle leggi speciali sul privilegio a favore della massa degli assicurati (1883).

1930. Diritto del riassicurato in caso di liquidazione coatta amministrativa. – In caso di liquidazione coatta amministrativa (194 l. fall.) del riassicurato, il riassicuratore deve pagare integralmente l'indennità dovuta al riassicurato, salva la compensazione con i premi e gli altri crediti (1241, 1917[2]; 56, 201 l. fall.).

1931. Compensazione dei crediti e dei debiti. – In caso di liquidazione coatta amministrativa dell'impresa del riassicuratore o del riassicurato (56, 194, 201 l. fall.), i debiti e i crediti che, alla fine della liquidazione, risultano dalla chiusura dei conti relativi a più contratti di riassicurazione, si compensano di diritto (1241).

Sezione V
Disposizioni finali

1932. Norme inderogabili. – Le disposizioni degli articoli 1887, 1892, 1893, 1894, 1897, 1898, 1899, secondo comma, 1901, 1903, secondo comma, 1914, secondo comma, 1915, secondo comma, 1917, terzo e quarto comma e 1926 non possono essere derogate se non in senso più favorevole all'assicurato.

Le clausole che derogano in senso meno favorevole all'assicurato sono sostituite di diritto dalle corrispondenti disposizioni di legge (1339 ss., 1419).

Capo XXI
Del giuoco e della scommessa

1933. ([1]) **Mancanza di azione.** – Non compete azione per il pagamento di un debito di giuoco o di scommessa, anche se si tratta di giuoco o di scommessa non proibiti (1934) ([2]).

Il perdente tuttavia non può ripetere quanto abbia spontaneamente pagato dopo l'esito di un giuoco o di una scommessa in cui non vi sia stata alcuna frode. La ripetizione è ammessa in ogni caso se il perdente è un incapace (414, 1191, 2034).

([1]) *L'art. 23, comma 5, del D.L.vo 24 febbraio 1998, n. 58, T.U. delle disposizioni in materia di intermediazione finanziaria, così dispone:*

«Nell'ambito della prestazione dei servizi di investimento, agli strumenti finanziari derivati nonché a quelli analoghi individuati ai sensi dell'articolo 18, comma 5, lettera a)*, non si applica l'articolo 1933 del codice civile».*

([2]) *Si vedano l'art. 110 del R.D. 18 giugno 1931, n. 773, T.U. di pubblica sicurezza, e gli artt. 718-723 c.p.*

1934. Competizioni sportive. – Sono eccettuati dalla norma del primo comma dell'articolo precedente, anche rispetto alle persone che non vi prendono parte, i giuochi che addestrano al maneggio delle armi, le corse di ogni specie e ogni altra competizione sportiva.

Tuttavia il giudice può rigettare o ridurre la domanda, qualora ritenga la posta eccessiva.

1935. Lotterie autorizzate. – Le lotterie danno luogo ad azione in giudizio, qualora siano state legalmente autorizzate.

Capo XXII
Della fideiussione

Sezione I
Disposizioni generali

1936. Nozione. – È fideiussore colui che, obbligandosi (1321, 1987) personalmente verso il creditore, garantisce l'adempimento di un'obbligazione altrui (1255).

La fideiussione è efficace anche se il debitore non ne ha conoscenza (1180, 1950; 35 l. camb.; 28 l. ass.).

1937. Manifestazione della volontà. – La volontà di prestare fideiussione deve essere espressa (1268[1], 1272[1], 1273[2]).

1938. ([1]) **Fideiussione per obbligazioni future o condizionali.** – La fideiussione può essere prestata anche per un'obbligazione condizionale (1353) o futura (1348, 1956, 1958) con la previsione, in questo ultimo caso, dell'importo massimo garantito.

([1]) *Questo articolo è stato così sostituito dall'art. 10 della L. 17 febbraio 1992, n. 154, recante norme per la trasparenza delle operazioni bancarie, a decorrere dal 7 luglio 1992.*

1939. Validità della fideiussione. – La fideiussione non è valida se non è valida l'obbligazione principale (1253, 1941, 1945), salvo che sia prestata per un'obbligazione assunta da un incapace (1425, 1945, 1950).

1940. Fideiussore del fideiussore. – La fideiussione può essere prestata così per il debitore principale, come per il suo fideiussore (1948).

1941. Limiti della fideiussione. – La fideiussione non può eccedere ciò che è dovuto dal debitore, né può essere prestata a condizioni più onerose (1598, 1942).

Può prestarsi per una parte soltanto del debito o a condizioni meno onerose.

La fideiussione eccedente il debito o contratta a condizioni più onerose è valida nei limiti dell'obbligazione principale (1339).

1942. Estensione della fideiussione. – Salvo patto contrario, la fideiussione si estende a tutti gli accessori del debito principale, nonché alle spese per la denunzia al fideiussore della causa promossa contro il debitore principale e alle spese successive (1941).

1943. Obbligazione di prestare fideiussione. – Il debitore obbligato a dare un fideiussore (1179, 1844, 1850, 1876, 1877, 2743) deve presentare persona capace, che possieda beni sufficienti a garantire l'obbligazione e che abbia o elegga domicilio (47) nella giurisdizione della corte di appello in cui la fideiussione si deve prestare.

Quando il fideiussore è divenuto insolvente (5 l. fall.), deve esserne dato un altro, tranne che la fideiussione sia stata prestata dalla persona voluta dal creditore.

Sezione II
Dei rapporti
tra creditore e fideiussore

1944. Obbligazione del fideiussore. – Il fideiussore è obbligato in solido col debitore principale al pagamento del debito (1292, 2871²).

Le parti però possono convenire che il fideiussore non sia tenuto a pagare prima dell'escussione del debitore principale. In tal caso, il fideiussore, che sia convenuto dal creditore e intenda valersi del beneficio dell'escussione, deve indicare i beni del debitore principale da sottoporre ad esecuzione (2268, 2868; 55³ l. fall.).

Salvo patto contrario, il fideiussore è tenuto ad anticipare le spese necessarie.

1945. Eccezioni opponibili dal fideiussore. – Il fideiussore può opporre contro il creditore tutte le eccezioni che spettano al debitore principale (1239, 1247, 1253, 1255, 1297, 2805), salva quella derivante dall'incapacità (1939).

1946. Fideiussione prestata da più persone. – Se più persone hanno prestato fideiussione per un medesimo debitore e a garanzia di un medesimo debito, ciascuna di esse è obbligata per l'intero debito (1294), salvo che sia stato pattuito il beneficio della divisione (1947).

1947. Beneficio della divisione. – Se è stato stipulato il beneficio della divisione, ogni fideiussore che sia convenuto per il pagamento dell'intero debito può esigere che il creditore riduca l'azione alla parte da lui dovuta.

Se alcuno dei fideiussori era insolvente (5 l. fall.) al tempo in cui un altro ha fatto valere il beneficio della divisione, questi è obbligato per tale insolvenza in proporzione della sua quota, ma non delle insolvenze sopravvenute (1299²).

1948. Obbligazione del fideiussore del fideiussore. – Il fideiussore del fideiussore non è obbligato verso il creditore, se non nel caso in cui il debitore principale e tutti i fideiussori di questo siano insolventi, o siano liberati perché incapaci.

Sezione III
Dei rapporti tra fideiussore
e debitore principale

1949. Surrogazione del fideiussore nei diritti del creditore. – Il fideiussore che ha pagato il debito è surrogato nei diritti che il creditore aveva contro il debitore (1203, n. 3, 1951, 1955).

1950. Regresso contro il debitore principale. – Il fideiussore che ha pagato ha regresso contro il debitore principale (2871), benché questi non fosse consapevole della prestata fideiussione (1936²).

Il regresso comprende il capitale, gli interessi e le spese che il fideiussore ha fatte dopo che ha denunziato al debitore principale le istanze proposte contro di lui.

Il fideiussore inoltre ha diritto agli interessi legali (1284) sulle somme pagate dal giorno del pagamento (1287). Se il debito principale produceva interessi in misura superiore al saggio legale, il fideiussore ha diritto a questi fino al rimborso del capitale (1224; 63 l. fall.).

Se il debitore è incapace (1939), il regresso del fideiussore è ammesso solo nei limiti di ciò che sia stato rivolto a suo vantaggio (1190, 1191, 2039, 2041, 2871).

1951. Regresso contro più debitori principali. – Se vi sono più debitori principali obbligati in solido (1292 ss.), il fideiussore che ha garantito per tutti ha regresso contro ciascuno per ripetere integralmente ciò che ha pagato (1950, 2871).

1952. Divieto di agire contro il debitore principale. – Il fideiussore non ha regresso contro il debitore principale se, per avere omesso di denunziargli il pagamento fatto, il debitore ha pagato ugualmente il debito (1950).

Se il fideiussore ha pagato senza averne dato avviso al debitore principale, questi può opporgli le eccezioni che avrebbe potuto opporre al creditore principale all'atto del pagamento (1485).

In entrambi i casi è fatta salva al fideiussore l'azione per la ripetizione contro il creditore (2033).

1953. Rilievo del fideiussore. – Il fideiussore, anche prima di aver pagato (1950), può agire contro il debitore perché questi gli procuri la liberazione o, in mancanza, presti le garanzie necessarie (1179) per assicurargli il soddisfacimento delle eventuali ragioni di regresso, nei casi seguenti:

1) quando è convenuto in giudizio per il pagamento (106, 269 c.p.c.);

2) quando il debitore è divenuto insolvente (5 l. fall.);

3) quando il debitore si è obbligato di liberarlo dalla fideiussione entro un tempo determinato;

4) quando il debito è divenuto esigibile per la scadenza del termine (1957);

5) quando sono decorsi cinque anni, e l'obbligazione principale non ha un termine, purché essa non sia di tal natura da non potersi estinguere prima di un tempo determinato.

Sezione IV
Dei rapporti
fra più fideiussori

1954. Regresso contro gli altri fideiussori. – Se più persone hanno prestato fideiussione per un medesimo debitore e per un medesimo debito, il fideiussore che ha pagato ha regresso contro gli altri fideiussori per la loro rispettiva porzione (2871²). Se uno di questi è insolvente, si osserva la disposizione del secondo comma dell'articolo 1299 (1946).

Sezione V
Dell'estinzione
della fideiussione

1955. Liberazione del fideiussore per fatto del creditore. – La fideiussione si estingue quando, per fatto del creditore, non può avere effetto la surrogazione del fideiussore nei diritti (1949), nel pegno (2784), nelle ipoteche (2808, 2869) e nei privilegi (2745) del creditore (2926).

1956. Liberazione del fideiussore per obbligazione futura. – Il fideiussore per un'obbligazione futura (1938, 1958 ss.) è liberato se il creditore, senza speciale autorizzazione del fideiussore, ha fatto credito al terzo, pur conoscendo che le condizioni patrimoniali di questo erano divenute tali da rendere notevolmente più difficile il soddisfacimento del credito (1461, 1844, 1850, 1877, 1959, 2743).

Non è valida la preventiva rinuncia del fideiussore ad avvalersi della liberazione (¹).

(¹) *Questo comma è stato aggiunto dall'art. 10 della L. 17 febbraio 1992, n. 154, recante norme per la trasparenza delle operazioni bancarie, a decorrere dal 7 luglio 1992.*

1957. Scadenza dell'obbligazione principale. – Il fideiussore rimane obbligato anche dopo la scadenza (55² l. fall.) dell'obbligazione principale, purché il creditore entro sei mesi abbia proposto le sue istanze contro il debitore e le abbia con diligenza continuate (1267²; 140³ l. fall.).

La disposizione si applica anche al caso in cui il fideiussore ha espressamente limitato la sua fideiussione allo stesso termine dell'obbligazione principale.

In questo caso però l'istanza contro il debitore deve essere proposta entro due mesi.

L'istanza proposta contro il debitore interrompe la prescrizione anche nei confronti del fideiussore (1310, 2943).

Capo XXIII
Del mandato di credito

1958. Effetti del mandato di credito. – Se una persona si obbliga verso un'altra, che le ha conferito l'incarico, a fare credito a un terzo, in nome e per conto proprio, quella che ha dato l'incarico risponde come fideiussore di un debito futuro (1938, 1956).

Colui che ha accettato l'incarico non può rinunziarvi (1959), ma chi l'ha conferito può revocarlo, salvo l'obbligo di risarcire il danno all'altra parte (1723, 1725).

1959. Sopravvenuta insolvenza del mandante o del terzo. – Se, dopo l'accettazione dell'incarico, le condizioni patrimoniali di colui che lo ha conferito o del terzo sono divenute tali da rendere notevolmente più difficile il soddisfacimento del credito, colui che ha accettato l'incarico non può essere costretto ad eseguirlo (1461).

Si applica inoltre la disposizione dell'articolo 1956.

Capo XXIV
Dell'anticresi

1960. Nozione. – L'anticresi è il contratto col quale il debitore o un terzo si obbliga a consegnare un immobile al creditore a garanzia del credito, affinché il creditore ne percepisca i frutti (821), imputandoli agli interessi (1194, 1282), se dovuti, e quindi al capitale (1350, n. 7, 2643, n. 12).

1961. Obblighi del creditore anticretico. – Il creditore, se non è stato convenuto diversamente, è obbligato a pagare i tributi e i pesi annui dell'immobile ricevuto in anticresi.

Egli ha l'obbligo di conservare, amministrare e coltivare il fondo da buon padre di famiglia (1176). Le spese relative devono essere prelevate dai frutti (2790).

Il creditore se vuole liberarsi da tali obblighi, può, in ogni tempo, restituire l'immobile al debitore, purché non abbia rinunziato a tale facoltà.

1962. Durata dell'anticresi. – L'anticresi dura finché il creditore sia stato interamente soddisfatto del suo credito, anche se il credito o l'immobile dato in anticresi sia divisibile, salvo che sia stata stabilita la durata (2794, 2799).

In ogni caso l'anticresi non può avere una durata superiore a dieci anni.

Se è stato stipulato un termine maggiore, questo si riduce al termine suddetto.

1963. Divieto del patto commissorio. – É nullo (1419) qualunque patto, anche posteriore alla conclusione del contratto, con cui si conviene che la proprietà dell'immobile passi al creditore nel caso di mancato pagamento del debito (2744).

1964. Compensazione dei frutti con gli interessi. – Salva la disposizione dell'articolo 1448, è valido il patto col quale le parti convengono che i frutti si compensino con gli interessi in tutto o in parte. In tal caso il debitore può in ogni tempo estinguere il suo debito e rientrare nel possesso dell'immobile.

Capo XXV
Della transazione

1965. Nozione. – La transazione è il contratto col quale le parti, facendosi reciproche concessioni, pongono fine a una lite già incominciata o prevengono una lite che può sorgere tra loro (1976).

Con le reciproche concessioni si possono creare, modificare o estinguere anche rapporti diversi da quello che ha formato oggetto della pretesa e della contestazione delle parti (1304, 1350, n. 12, 2643, n. 13, 2684, n. 4).

1966. Capacità a transigere e disponibilità dei diritti. – Per transigere le parti devono avere la capacità di disporre dei diritti che formano oggetto della lite (181, 320[3], 375, n. 4, 2393[4]).

La transazione è nulla se tali diritti, per loro natura o per espressa disposizione di legge, sono sottratti alla disponibilità delle parti (2113, 2937).

1967. Prova. – La transazione deve essere provata per iscritto (2702 ss., 2725), fermo il disposto del n. 12 dell'articolo 1350 (2643, n. 13).

1968. Transazione sulla falsità di documenti. – La transazione nei giudizi civili di falso (221 ss. c.p.c.) non produce alcun effetto, se non è stata omologata dal tribunale, sentito il pubblico ministero (70, n. 5 c.p.c.).

1969. Errore di diritto. – La transazione non può essere annullata per errore di diritto (1429, n. 4) relativo alle questioni che sono state oggetto di controversia tra le parti.

1970. Lesione. – La transazione non può essere impugnata per causa di lesione (764[2], 1448).

1971. Transazione su pretesa temeraria. – Se una delle parti era consapevole della temerarietà della sua pretesa (96 c.p.c.), l'altra può chiedere l'annullamento della transazione (1441 ss.).

1972. Transazione su un titolo nullo. – É nulla la transazione relativa a un contratto illecito (1343 ss.), ancorché le parti abbiano trattato della nullità di questo (1345, 1346, 1418).

Negli altri casi in cui la transazione è stata fatta relativamente a un titolo nullo, l'annullamento (1427, 1429, n. 1, 1441 ss.) di essa può chiedersi solo dalla parte che ignorava la causa di nullità del titolo (1423).

1973. Annullabilità per falsità di documenti. – É annullabile (1427, 1441 ss.) la transazione fatta, in tutto o in parte, sulla base di documenti che in seguito sono stati riconosciuti falsi (395, n. 2 c.p.c.).

1974. Annullabilità per cosa giudicata. – É pure annullabile (1427, 1441 ss.) la transazione fatta su lite già decisa con sentenza passata in giudicato (2909), della quale le parti o una di esse non avevano notizia (324, 395, n. 5 c.p.c.).

1975. Annullabilità per scoperta di documenti. – La transazione che le parti hanno conclusa generalmente sopra tutti gli affari che potessero esservi tra loro non può impugnarsi per il fatto che posteriormente una di esse venga a conoscenza di documenti che le erano ignoti al tempo della transazione, salvo che questi siano stati occultati dall'altra parte (1439).

La transazione è annullabile (1427, 1441 ss.), quando non riguarda che un affare determinato e con documenti posteriormente scoperti si prova che una delle parti non aveva alcun diritto (395, n. 3 c.p.c.).

1976. Risoluzione della transazione per inadempimento. – La risoluzione della transazione per inadempimento (1453 ss.) non può essere richiesta se il rapporto preesistente è stato estinto per novazione (1230 ss., 1965[2]), salvo che il diritto alla risoluzione sia stato espressamente stipulato.

Capo XXVI
Della cessione dei beni ai creditori

1977. Nozione. – La cessione dei beni ai creditori è il contratto (1978) col quale il debitore incarica i suoi creditori o alcuni di essi di liquidare tutte o alcune sue attività e di ripartirne (507, 1982) tra loro il ricavato in soddisfacimento dei loro crediti ([1]).

([1]) *Si vedano gli artt. 160, 182 e 186 della legge fallimentare, R.D. 16 marzo 1942, n. 267, per la disciplina del concordato preventivo mediante cessione dei beni.*

1978. Forma. – La cessione dei beni si deve fare per iscritto, sotto pena di nullità (1350, n. 13, 2649, 2687, 2725).

Se tra i beni ceduti esistono crediti, si osservano le disposizioni degli articoli 1264 e 1265.

1979. Poteri dei creditori cessionari. – L'amministrazione dei beni ceduti spetta ai creditori cessionari. Questi possono esercitare tutte le azioni di carattere patrimoniale relative ai beni medesimi.

1980. Effetti della cessione. – Il debitore non può disporre dei beni ceduti.

I creditori anteriori alla cessione che non vi hanno partecipato possono agire esecutivamente anche su tali beni.

I creditori cessionari, se la cessione ha avuto per oggetto solo alcune attività del debitore, non possono agire esecutivamente sulle altre attività prima di aver liquidato quelle cedute.

1981. Spese. – I creditori che hanno concluso il contratto o vi hanno aderito devono anticipare le spese necessarie per la liquidazione e hanno il diritto di prelevarne l'importo sul ricavato di essa (1332; 95 c.p.c.).

1982. Riparto. – I creditori devono ripartire tra loro le somme ricavate in proporzione dei rispettivi crediti, salve le cause di prelazione (2741). Il residuo spetta al debitore.

1983. Controllo del debitore. – Il debitore ha diritto di controllare la gestione e di averne il rendiconto alla fine della liquidazione, o alla fine di ogni anno se la gestione dura più di un anno (263 ss. c.p.c.; 109, 178 att. c.p.c.).

Se è stato nominato un liquidatore, questi deve rendere il conto anche al debitore.

1984. Liberazione del debitore. – Se non vi è patto contrario, il debitore è liberato verso i creditori solo dal giorno in cui essi ricevono la parte loro spettante sul ricavato della liquidazione, e nei limiti di quanto hanno ricevuto.

1985. Recesso dal contratto. – Il debitore può recedere dal contratto (1373) offrendo il pagamento del capitale e degli interessi a coloro con i quali ha contrattato o che hanno aderito alla cessione. Il recesso ha effetto dal giorno del pagamento.

Il debitore è tenuto al rimborso delle spese di gestione (1981).

1986. Annullamento e risoluzione del contratto. – La cessione può essere annullata (1441 ss.) se il debitore, avendo dichiarato di cedere tutti i suoi beni, ha dissimulato parte notevole di essi, ovvero se ha occultato passività o ha simulato passività inesistenti (138 l. fall.).

La cessione può essere risoluta per inadempimento secondo le regole generali (1453 ss.).

Titolo IV
Delle promesse unilaterali

1987. Efficacia delle promesse. – La promessa unilaterale di una prestazione non produce effetti obbligatori fuori dei casi ammessi dalla legge (1322, 2821).

1988. Promessa di pagamento e ricognizione di debito. – La promessa di pagamento o la ricognizione di un debito dispensa colui a favore del quale è fatta dall'onere di provare (2697) il rapporto fondamentale (969, 1309, 1870, 2944, 2966). L'esistenza di questo si presume fino a prova contraria (2720).

1989. Promessa al pubblico. – Colui che, rivolgendosi al pubblico, promette una prestazione a favore di chi si trovi in una determinata situazione o compia una determinata azione, è vincolato dalla promessa non appena questa è resa pubblica (1334, 1336).

Se alla promessa non è apposto un termine, o questo non risulta dalla natura o dallo scopo della medesima, il vincolo del promittente cessa, qualora entro l'anno dalla promessa non gli sia stato comunicato l'avveramento della situazione o il compimento dell'azione prevista nella promessa.

1990. Revoca della promessa. – La promessa può essere revocata prima della scadenza del termine indicato dall'articolo precedente solo per giusta causa, purché la revoca sia resa pubblica nella stessa forma della promessa o in forma equivalente (1336[2]).

In nessun caso la revoca può avere effetto se la situazione prevista nella promessa si è già verificata o se l'azione è già stata compiuta.

1991. Cooperazione di più persone. – Se l'azione è stata compiuta da più persone separatamente, oppure se la situazione è comune a più persone, la prestazione promessa, quando è unica, spetta a colui che per primo ne ha dato notizia al promittente.

Titolo V
Dei titoli di credito

Capo I
Disposizioni generali

1992. Adempimento della prestazione. – Il possessore di un titolo di credito ha diritto alla prestazione in esso indicata verso presentazione del titolo, purché sia legittimato nelle forme prescritte dalla legge (2003[2], 2008, 2021).

Il debitore, che senza dolo o colpa grave adempie la prestazione nei confronti del possessore, è liberato anche se questi non è il titolare del diritto (1189, 1836, 1889[2], 2006[3]; 46 l. camb.).

1993. Eccezioni opponibili. – Il debitore può opporre al possessore del titolo soltanto le eccezioni a questo personali, le eccezioni di forma, quelle che sono fondate sul contesto letterale del titolo, nonché quelle che dipendono da falsità della propria firma, da difetto di capacità o di rappresentanza al momento dell'emissione, o dalla mancanza delle condizioni necessarie per l'esercizio dell'azione.

Il debitore può opporre al possessore del titolo le eccezioni fondate sui rapporti personali con i precedenti possessori, soltanto se, nell'acquistare il titolo, il possessore ha agito intenzionalmente a danno del debitore medesimo (2014[2]; 21, 65 l. camb.; 25, 57 l. ass.).

1994. Effetti del possesso di buona fede. – Chi ha acquistato in buona fede (1147, 1157) il possesso di un titolo di credito, in conformità delle norme che ne disciplinano la circolazione (2003, 2008, 2021), non è soggetto a rivendicazione (948; 20 l. camb.; 24 l. ass.).

1995. Trasferimento dei diritti accessori. – Il trasferimento del titolo di credito comprende anche i diritti accessori che sono ad esso inerenti (2011; 18 l. camb.; 20 l. ass.).

1996. Titoli rappresentativi. – I titoli rappresentativi di merci attribuiscono al possessore il diritto alla consegna delle merci che sono in essi specificate, il possesso delle medesime e il potere di disporne mediante trasferimento del titolo (1527, 1691, 1794; 463, 466, 961 c.n.).

1997. Efficacia dei vincoli sul credito. – Il pegno (2784), il sequestro (670 ss. c.p.c.), il pignoramento (451 ss. c.p.c.) e ogni altro vincolo sul diritto menzionato in un titolo di credito o sulle merci da esso rappresentate non hanno effetto se non si attuano sul titolo (2786).

1998. Titoli con diritto a premi. – Nel caso di usufrutto (978 ss.) di titoli di credito (2025) il godimento dell'usufruttuario si estende ai premi e alle altre utilità aleatorie prodotte dal titolo (983, 1533).

Il premio è investito a norma dell'articolo 1000.

Nel pegno di titoli di credito (2784) la garanzia non si estende ai premi e alle altre utilità aleatorie prodotte dal titolo (1533, 2791).

1999. Conversione dei titoli. – I titoli di credito al portatore (2003) possono essere convertiti dall'emittente in titoli nominativi (2021), su richiesta e a spese del possessore.

Salvo il caso in cui la convertibilità sia stata espressamente esclusa dall'emittente, i titoli nominativi possono essere convertiti in titoli al portatore, su richiesta e a spese dell'intestatario che dimostri la propria identità e la propria capacità a norma del secondo comma dell'articolo 2022.

2000. Riunione e frazionamento dei titoli. – I titoli di credito emessi in serie possono essere riuniti in un titolo multiplo, su richiesta e a spese del possessore (1793).

I titoli di credito multipli possono essere frazionati in più titoli di taglio minore.

2001. Rinvio a disposizioni speciali. – Le norme di questo titolo si applicano in quanto non sia diversamente disposto da altre norme di questo codice o di leggi speciali.

I titoli del debito pubblico, i biglietti di banca e gli altri titoli equivalenti sono regolati da leggi speciali.

2002. Documenti di legittimazione e titoli impropri. – Le norme di questo titolo non si applicano ai documenti che servono solo a identificare l'avente diritto alla prestazione, o a consentire il trasferimento del diritto senza l'osservanza delle forme proprie della cessione (1889).

Capo II
Dei titoli al portatore

2003. Trasferimento del titolo e legittimazione del possessore. – Il trasferimento del titolo al portatore si opera con la consegna del titolo (1994, 1995).

Il possessore del titolo al portatore è legittimato all'esercizio del diritto in esso menzionato in base alla presentazione del titolo (1992).

2004. Limitazione della libertà di emissione. – Il titolo di credito contenente l'obbligazione di pagare una somma di danaro non può essere emesso al portatore se non nei casi stabiliti dalla legge.

2005. Titolo deteriorato. – Il possessore di un titolo deteriorato che non sia più idoneo alla circolazione, ma sia tuttora sicuramente identificabile, ha diritto di ottenere dall'emittente un titolo equivalente, verso la restituzione del primo e il rimborso delle spese.

2006. Smarrimento e sottrazione del titolo. – Salvo disposizioni di leggi speciali, non è ammesso l'ammortamento dei titoli al portatore smarriti o sottratti.

Tuttavia chi denunzia all'emittente lo smarrimento o la sottrazione d'un titolo al portatore e gliene fornisce la prova ha diritto alla prestazione e agli accessori della medesima, decorso il termine di prescrizione del titolo (2946).

Il debitore che esegue la prestazione a favore del possessore del titolo prima del termine suddetto è liberato, salvo che si provi che egli conoscesse il vizio del possesso del presentatore (1992^2).

Se i titoli smarriti o sottratti sono azioni al portatore (2355), il denunziante può essere autorizzato dal tribunale, previa cauzione (119 c.p.c.), se del caso, a esercitare i diritti inerenti alle azioni anche prima del termine di prescrizione, fino a quando i titoli non vengano presentati da altri.

È salvo, in ogni caso, l'eventuale diritto del denunziante verso il possessore del titolo.

2007. Distruzione del titolo. – Il possessore del titolo al portatore, che ne provi la distruzione, ha diritto di chiedere all'emittente il rilascio di un duplicato o di un titolo equivalente (2016, 2027).

Le spese sono a carico del richiedente.

Se la prova della distruzione non è raggiunta, si osservano le disposizioni dell'articolo precedente.

Capo III
Dei titoli all'ordine

2008. Legittimazione del possessore. – Il possessore di un titolo all'ordine è legittimato all'esercizio del diritto in esso menzionato in base a una serie continua di girate (1992; 20 l. camb.; 22 l. ass.).

2009. Forma della girata. – La girata deve essere scritta sul titolo e sottoscritta dal girante (17 l. camb.; 19 l. ass.).

È valida la girata anche se non contiene l'indicazione del giratario.

La girata al portatore vale come girata in bianco.

2010. Girata condizionale o parziale. – Qualsiasi condizione apposta alla girata si ha come non scritta.

È nulla la girata parziale (16 ss. l. camb.; 18 ss. l. ass.).

2011. Effetti della girata. – La girata trasferisce tutti i diritti inerenti al titolo (1407^2, 1995; 16 ss. l. camb.; 18 ss. l. ass.).

Se il titolo è girato in bianco, il possessore può riempire la girata col proprio nome o con quello di altra persona, ovvero può girare di nuovo il titolo o trasmetterlo a un terzo senza riempire la girata o senza apporne una nuova.

2012. Obblighi del girante. – Salvo diversa disposizione di legge (1797; 19 l. camb.; 21 l. ass.) o clausola contraria risultante dal titolo, il girante non è obbligato per l'inadempimento della prestazione da parte dell'emittente.

2013. Girata per incasso o per procura. – Se alla girata è apposta una clausola che importa conferimento di una procura per incasso, il giratario può esercitare tutti i diritti inerenti al titolo, ma non può girare il titolo, fuorché per procura (22 l. camb.; 26 l. ass.).

L'emittente può opporre al giratario per procura soltanto le eccezioni opponibili al girante.

L'efficacia della girata per procura non cessa per la morte o per la sopravvenuta incapacità del girante.

2014. Girata a titolo di pegno. – Se alla girata è apposta una clausola che importa costituzione di pegno (2786), il giratario può esercitare tutti i diritti inerenti al titolo, ma la girata da lui fatta vale solo come girata per procura.

L'emittente non può opporre al giratario in garanzia le eccezioni fondate sui propri rapporti personali col girante, a meno che il giratario, ricevendo il titolo, abbia agito intenzionalmente a danno dell'emittente (1993^2; 23 l. camb.).

2015. Cessione del titolo all'ordine. – L'acquisto di un titolo all'ordine con un mezzo diverso dalla girata produce gli effetti della cessione (1260 ss.; 24 l. camb.; 27 l. ass.).

2016. Procedura d'ammortamento. – In caso di smarrimento, sottrazione o distruzione del titolo (1889^3), il possessore può farne denunzia al debitore e chiedere l'ammortamento del titolo con ricorso al presidente del tribunale del luogo in cui il titolo è pagabile.

Il ricorso deve indicare i requisiti essenziali del titolo e, se si tratta di titolo in bianco (2009, 2011), quelli sufficienti a identificarlo.

Il presidente del tribunale, premessi gli opportuni accertamenti sulla verità dei fatti e sul diritto del possessore, pronunzia con decreto l'ammortamento e autorizza il pagamento del titolo dopo trenta giorni dalla data di pubblicazione del decreto nella *Gazzetta Ufficiale* della Repubblica, purché nel frattempo non sia fatta opposizione dal detentore. Se alla data della pubblicazione il titolo non è ancora scaduto, il termine per il pagamento decorre dalla data della scadenza.

Il decreto deve essere notificato (137 c.p.c.) al debitore e pubblicato nella *Gazzetta Ufficiale* della Repubblica a cura del ricorrente.

Nonostante la denunzia, il pagamento fatto al detentore prima della notificazione del decreto libera il debitore (2006^3, 2027; 89 l. camb.; 69 l. ass.).

2017. Opposizione del detentore. – La opposizione del detentore deve essere proposta davanti al tribunale che ha pronunziato l'ammortamento, con citazione da notificarsi al ricorrente e al debitore.

L'opposizione non è ammissibile senza il deposito del titolo presso la cancelleria del tribunale.

Se l'opposizione è respinta, il titolo è consegnato a chi ha ottenuto l'ammortamento (90 l. camb.; 70 l. ass.).

2018. Diritti del ricorrente durante il termine per l'opposizione. – Durante il termine stabilito dall'articolo 2016, il ricorrente può compiere tutti gli atti che tendono a conservare i suoi diritti, e, se il titolo è scaduto o pagabile a vista, può esigerne il pagamento mediante cauzione o chiedere il deposito giudiziario della somma (2027^3; 91 l. camb.; 71 l. ass.).

2019. Effetti dell'ammortamento. – Trascorso senza opposizione il termine indicato dall'articolo 2016, il titolo non ha più efficacia, salve le ragioni (1189^2) del detentore verso chi ha ottenuto l'ammortamento.

Chi ha ottenuto l'ammortamento, su presentazione del decreto e di un certificato del cancelliere del tribunale comprovante che non fu interposta opposizione, può esigere il pagamento o, qualora il titolo sia in bianco o non sia ancora scaduto, può ottenere un duplicato (92, 93 l. camb.; 72, 74 l. ass.).

2020. Leggi speciali. – Le norme di questa sezione si applicano ai titoli all'ordine regolati da leggi speciali in quanto queste non dispongano diversamente.

Capo IV
Dei titoli nominativi

2021. Legittimazione del possessore. – Il possessore di un titolo nominativo è legittimato all'esercizio del diritto in esso menzionato per effetto dell'intestazione a suo favore contenuta nel titolo e nel registro dell'emittente (1992).

2022. Trasferimento. – Il trasferimento del titolo nominativo si opera mediante l'annotazione del nome dell'acquirente sul titolo e nel registro dell'emittente o col rilascio di un nuovo titolo intestato al nuovo titolare. Del rilascio deve essere fatta annotazione nel registro.

Colui che chiede l'intestazione del titolo a favore di un'altra persona, o il rilascio di un nuovo titolo ad essa intestato, deve provare la propria identità e la propria capacità di disporre, mediante certificazione di un notaio o di un agente di cambio. Se l'intestazione o il rilascio è richiesto dall'acquirente, questi deve esibire il titolo e dimostrare il suo diritto mediante atto autentico (1999, 2703).

Le annotazioni nel registro e sul titolo sono fatte a cura e sotto la responsabilità dell'emittente.

L'emittente che esegue il trasferimento nei modi indicati dal presente articolo è esonerato da responsabilità, salvo il caso di colpa (464 c.n.).

2023. Trasferimento mediante girata. – Salvo diverse disposizioni della legge, il titolo nominativo può essere trasferito anche mediante girata (2009) autenticata da un notaio o da un agente di cambio.

La girata deve essere datata e sottoscritta dal girante e contenere l'indicazione del giratario. Se il titolo non è interamente liberato, è necessaria anche la sottoscrizione del giratario (1534, 2356).

Il trasferimento mediante girata non ha efficacia nei confronti dell'emittente fino a che non ne sia fatta annotazione nel registro. Il giratario che si dimostra possessore del titolo in base a una serie continua di girate ha diritto di ottenere l'annotazione del trasferimento nel registro dell'emittente.

2024. Vincoli sul credito. – Nessun vincolo sul credito produce effetti nei confronti dell'emittente e dei terzi, se non risulta da una corrispondente annotazione sul titolo e nel registro (1997, 2026).

Per l'annotazione si osserva il disposto del secondo comma dell'articolo 2022.

2025. Usufrutto. – Chi ha l'usufrutto (978 ss.) del credito menzionato in un titolo nominativo ha diritto di ottenere un titolo separato da quello del proprietario (1998, 2352).

2026. Pegno. – La costituzione in pegno (2786) di un titolo nominativo può farsi anche mediante consegna del titolo, girato con la clausola «in garanzia» o altra equivalente (2352).

Il giratario in garanzia non può trasmettere ad altri il titolo se non mediante girata per procura (2784 ss.).

2027. Ammortamento. – In caso di smarrimento, sottrazione o distruzione del titolo, l'intestatario o il giratario di esso può farne denunzia all'emittente e chiedere l'ammortamento del titolo in conformità delle norme relative ai titoli all'ordine (2016 ss.).

In caso di smarrimento, sottrazione o distruzione di azioni nominative, durante il termine stabilito dall'articolo 2016 il ricorrente può esercitare i diritti inerenti alle azioni, salva, se del caso, la prestazione di una cauzione (119 c.p.c.).

L'ammortamento estingue il titolo, ma non pregiudica le ragioni (1189^2) del detentore verso chi ha ottenuto il nuovo titolo (2019).

Titolo VI
Della gestione di affari

2028. Obbligo di continuare la gestione. – Chi, senza esservi obbligato, assume scientemente la gestione di un affare altrui, è tenuto a continuarla e a condurla a termine finché l'interessato non sia in grado di provvedervi da se stesso.

L'obbligo di continuare la gestione sussiste anche se l'interessato muore prima che l'affare sia terminato, finché l'erede possa provvedere direttamente.

2029. Capacità del gestore. – Il gestore deve avere la capacità di contrattare (1425).

2030. Obbligazioni del gestore. – Il gestore è soggetto alle stesse obbligazioni che deriverebbero da un mandato (1710).

Tuttavia il giudice, in considerazione delle circostanze che hanno indotto il gestore ad assumere la gestione, può moderare il risarcimento dei danni (1223) ai quali questi sarebbe tenuto per effetto della sua colpa (1425, 1710, 1768).

2031. Obblighi dell'interessato. – Qualora la gestione sia stata utilmente iniziata, l'interessato deve adempiere le obbligazioni che il gestore ha assunte in nome di lui, deve tenere indenne il gestore di quelle assunte dal medesimo in nome proprio e rimborsargli tutte le spese necessarie o utili con gli interessi (1284) dal giorno in cui le spese stesse sono state fatte (1719, 1720, 1914).

Questa disposizione non si applica agli atti di gestione eseguiti contro il divieto dell'interessato, eccetto che tale divieto sia contrario alla legge, all'ordine pubblico o al buon costume (23^4, 25^1, 1343, 1354^1, 2035).

2032. Ratifica dell'interessato. – La ratifica (1399) dell'interessato produce, relativamente alla gestione, gli effetti che sarebbero derivati da un mandato (1703, 1711, 1890), anche se la gestione è stata compiuta da persona che credeva di gestire un affare proprio.

Titolo VII
Del pagamento dell'indebito

2033. Indebito oggettivo. – Chi ha eseguito un pagamento non dovuto ha diritto di ripetere ciò che ha pagato (1185^2, 1463, 1952^3; 39 l. fall.). Ha inoltre diritto ai frutti (820, 1148) e agli interessi (1284) dal giorno del pagamento, se chi lo ha ricevuto era in mala fede, oppure, se questi era in buona fede (1147), dal giorno della domanda (1148, 2036, 2039).

2034. Obbligazioni naturali. – Non è ammessa la ripetizione di quanto è stato spontaneamente prestato (627^3, 799, 1185, 1933, 2035, 2126, 2321, 2433, 2940) in esecuzione di doveri morali o sociali (64 l. fall.), salvo che la prestazione sia stata eseguita da un incapace (2, 591, 1191).

I doveri indicati dal comma precedente, e ogni altro per cui la legge non accorda azione ma esclude la ripetizione di ciò che è stato spontaneamente pagato, non producono altri effetti.

2035. Prestazione contraria al buon costume. – Chi ha eseguito una prestazione per uno scopo che, anche da parte sua, costituisca offesa al buon costume (5, 23^4, 25^1, 634, 1343, 1354^1) non può ripetere quanto ha pagato (2034).

2036. Indebito soggettivo. – Chi ha pagato un debito altrui, credendosi debitore in base a un errore scusabile (1189), può ripetere ciò che ha pagato, sempre che il creditore non si sia privato in buona fede (1147) del titolo o delle garanzie del credito (1237).

Chi ha ricevuto l'indebito è anche tenuto a restituire i frutti e gli interessi dal giorno del pagamento, se era in mala fede, o dal giorno della domanda, se era in buona fede (1148, 2033).

Quando la ripetizione non è ammessa (2034), colui che ha pagato subentra nei diritti del creditore (1203, n. 5).

2037. Restituzione di cosa determinata. – Chi ha ricevuto indebitamente una cosa determinata è tenuto a restituirla (1189).

Se la cosa è perita, anche per caso fortuito (1218, 1256), chi l'ha ricevuta in mala fede è tenuto a corrisponderne il valore; se la cosa è soltanto deteriorata, colui che l'ha data può chiedere l'equivalente, oppure la restituzione e un'indennità per la diminuzione di valore.

Chi ha ricevuto la cosa in buona fede (1147) non risponde del perimento o del deterioramento di essa, ancorché dipenda da fatto proprio, se non nei limiti del suo arricchimento (2041).

2038. Alienazione della cosa ricevuta indebitamente. – Chi, avendo ricevuto la cosa in buona fede (1147), l'ha alienata prima di conoscere l'obbligo di restituirla è tenuto a restituire il corrispettivo conseguito. Se questo è ancora dovuto, colui che ha pagato l'indebito subentra nel diritto dell'alienante (1203, n. 5, 1776). Nel caso di alienazione a titolo gratuito, il terzo acquirente è obbligato, nei limiti del suo arricchimento (2041), verso colui che ha pagato l'indebito.

Chi ha alienato la cosa ricevuta in mala fede, o dopo aver conosciuto l'obbligo di restituirla (1147[3]), è obbligato a restituirla in natura o a corrisponderne il valore. Colui che ha pagato l'indebito può però esigere il corrispettivo dell'alienazione e può anche agire direttamente per conseguirlo. Se l'alienazione è stata fatta a titolo gratuito, l'acquirente, qualora l'alienante sia stato inutilmente escusso, è obbligato, nei limiti dell'arricchimento (2041), verso colui che ha pagato l'indebito.

2039. Indebito ricevuto da un incapace. – L'incapace (2) che ha ricevuto l'indebito, anche in mala fede, non è tenuto che nei limiti in cui ciò che ha ricevuto è stato rivolto a suo vantaggio (1190, 1443, 1950, 2041).

2040. Rimborso di spese e di miglioramenti. – Colui al quale è restituita la cosa è tenuto a rimborsare il possessore delle spese e dei miglioramenti, a norma degli articoli 1149, 1150, 1151 e 1152.

Titolo VIII
Dell'arricchimento
senza causa

2041. Azione generale di arricchimento. – Chi, senza una giusta causa, si è arricchito a danno di un'altra persona è tenuto, nei limiti dell'arricchimento, a indennizzare quest'ultima della correlativa diminuzione patrimoniale (1185[2], 1443).

Qualora l'arricchimento abbia per oggetto una cosa determinata, colui che l'ha ricevuta è tenuto a restituirla in natura, se sussiste al tempo della domanda (2037; 67 l. camb.; 59 l. ass.).

2042. Carattere sussidiario dell'azione. – L'azione di arricchimento non è proponibile quando il danneggiato può esercitare un'altra azione per farsi indennizzare del pregiudizio subito.

Titolo IX
Dei fatti illeciti

2043. ([1]) **Risarcimento per fatto illecito. –** Qualunque fatto doloso o colposo, che cagiona ad altri un danno ingiusto (1438), obbliga colui che ha commesso il fatto a risarcire il danno (2947; 185, 198 c.p.).

([1]) *A norma dell'art. 590* sexies, *comma 2, c.p., come inserito dall'art. 6, comma 1, della L. 8 marzo 2017, n. 24, qualora l'evento si sia verificato a causa di imperizia, la punibilità è esclusa quando sono rispettate le raccomandazioni previste dalle linee guida come definite e pubblicate ai sensi di legge ovvero, in mancanza di queste, le buone pratiche clinico-assistenziali, sempre che le raccomandazioni previste dalle predette linee guida risultino adeguate alle specificità del caso concreto.*

2044. Legittima difesa. – Non è responsabile chi cagiona il danno per legittima difesa di sé o di altri (52 c.p.).

2045. Stato di necessità. – Quando chi ha compiuto il fatto dannoso vi è stato costretto dalla necessità di salvare sé o altri dal pericolo attuale di un danno grave alla persona, e il pericolo non è stato da lui volontariamente causato né era altrimenti evitabile (1447; 54 c.p.), al danneggiato è dovuta un'indennità (843[2], 924, 925, 1038, 1053, 1328, 2047), la cui misura è rimessa all'equo apprezzamento del giudice.

2046. Imputabilità del fatto dannoso. – Non risponde delle conseguenze del fatto dannoso chi non aveva la capacità d'intendere o di volere (428; 85, 87 c.p.) al momento in cui lo ha commesso, a meno che lo stato d'incapacità derivi da sua colpa (2047) ([1]).

([1]) *Dispone l'art. 2 della L. 24 novembre 1981, n. 689, modifiche al sistema penale*:

«2. (Capacità di intendere e di volere). *Non può essere assoggettato a sanzione amministrativa chi, al momento in cui ha commesso il fatto, non aveva compiuto i diciotto anni o non aveva, in base ai criteri indicati nel codice penale, la capacità di intendere e di volere, salvo che lo stato di incapacità non derivi da sua colpa o sia stato da lui preordinato.*

«Fuori dai casi previsti dall'ultima parte del precedente comma, della violazione risponde chi era tenuto alla sorveglianza dell'incapace, salvo che provi di non aver potuto impedire il fatto».

2047. Danno cagionato dall'incapace. – In caso di danno cagionato da persona incapace di intendere o di volere (428; 85 c.p.), il risarcimento è dovuto da chi è tenuto alla sorveglianza dell'incapace, salvo che provi di non aver potuto impedire il fatto (2048[3]).

Nel caso in cui il danneggiato non abbia potuto ottenere il risarcimento da chi è tenuto alla sorveglianza, il giudice, in considerazione delle condizioni economiche delle parti, può condannare l'autore del danno a un'equa indennità (843[2], 924, 925, 1038, 1053, 1328, 2045).

2048. Responsabilità dei genitori, dei tutori, dei precettori e dei maestri d'arte. – Il padre e la madre (316), o il tutore (357 ss.) sono responsabili del danno (2056) cagionato dal fatto illecito dei figli minori non emancipati (301, 316, 320) o delle persone soggette alla tutela (343, 414), che abitano con essi. La stessa disposizione si applica all'affiliante (404 ss.).

I precettori e coloro che insegnano un mestiere o un'arte sono responsabili del danno cagionato dal fatto illecito dei loro allievi e apprendisti (2130) nel tempo in cui sono sotto la loro vigilanza.

Le persone indicate dai commi precedenti sono liberate dalla responsabilità soltanto se provano di non aver potuto impedire il fatto (1900, 2047[1], 2054[1]).

2049. Responsabilità dei padroni e dei committenti. – I padroni e i committenti sono responsabili per i danni arrecati dal fatto illecito dei loro domestici e commessi nell'esercizio delle incombenze a cui sono adibiti (1900, 2048).

2050. Responsabilità per l'esercizio di attività pericolose. – Chiunque cagiona danno ad altri nello svolgimento di un'attività pericolosa, per sua natura o per la natura dei mezzi adoperati, è tenuto al risarcimento, se non prova di avere adottato tutte le misure idonee a evitare il danno (1681, 2054) (¹) (²).

(¹) *L'obbligo della assicurazione da responsabilità per danni da circolazione è attualmente disposto per i veicoli a motore senza guida di rotaie dall'art. 193 del codice della strada e dall'art. 122 del D.L.vo 7 settembre 2005, n. 209; per i natanti dall'art. 123 stesso D.L.vo; e per i ciclomotori e le macchine agricole dall'art. 237 del codice della strada).*

(²) *Per l'indennizzo dei danni, in quanto conseguenti all'esercizio di attività pericolose, è obbligatoria l'assicurazione per responsabilità civile in materia di caccia (L. 11 febbraio 1992, n. 157), di circolazione di veicoli a motore e di natanti, di gare e competizioni sportive di veicoli a motore.*

2051. Danno cagionato da cosa in custodia. – Ciascuno è responsabile del danno cagionato dalle cose che ha in custodia, salvo che provi il caso fortuito (1215, 1256, 1588, 1611, 2056).

2052. Danno cagionato da animali. – Il proprietario di un animale o chi se ne serve per il tempo in cui l'ha in uso, è responsabile dei danni cagionati dall'animale, sia che fosse sotto custodia, sia che fosse smarrito o fuggito, salvo che provi il caso fortuito (1218, 1256).

2053. Rovina di edificio. – Il proprietario di un edificio o di altra costruzione è responsabile dei danni cagionati dalla loro rovina, salvo che provi che questa non è dovuta a difetto di manutenzione o a vizio di costruzione (1669; 677 c.p.).

2054. Circolazione di veicoli. – Il conducente di un veicolo senza guida di rotaie è obbligato a risarcire il danno prodotto a persone o a cose dalla circolazione del veicolo (¹), se non prova di aver fatto tutto il possibile per evitare il danno (1227, 2047[1], 2048[3], 2050, 2947).

Nel caso di scontro tra veicoli si presume, fino a prova contraria, che ciascuno dei conducenti abbia concorso ugualmente a produrre il danno subito dai singoli veicoli (2055[3]) (²).

Il proprietario del veicolo, o, in sua vece, l'usufruttuario (978) o l'acquirente con patto di riservato dominio (1523), è responsabile in solido (1292) col conducente, se non prova che la circolazione del veicolo è avvenuta contro la sua volontà (³).

In ogni caso le persone indicate dai commi precedenti sono responsabili dei danni derivanti da vizi di costruzione o da difetto di manutenzione del veicolo.

(¹) *L'obbligo della assicurazione da responsabilità per danni da circolazione è attualmente disposto per i veicoli a motore senza guida di rotaie dall'art. 193 del codice della strada e dall'art. 122 del D.L.vo 7 settembre 2005, n. 209; per i natanti dall'art. 123 stesso D.L.vo; e per i ciclomotori e le macchine agricole dall'art. 237 del codice della strada.*

(²) *La Corte costituzionale, con sentenza n. 205 del 29 dicembre 1972, ha dichiarato l'illegittimità costituzionale del secondo comma limitatamente alla parte in cui nel caso di scontro fra veicoli esclude che la presunzione di egual concorso dei conducenti operi anche se uno dei veicoli non abbia riportato danni.*

(³) *L'art. 91, comma 2, c.s. dispone, a proposito del rapporto di leasing (locazione con facoltà di acquisto leasing), che ai fini del risarcimento dei danni prodotti a persone o cose dalla circolazione dei veicoli il locatario è responsabile in solido con il conducente ai sensi dell'art. 2054, comma 3, del codice civile.*

2055. Responsabilità solidale. – Se il fatto dannoso è imputabile a più persone, tutte sono obbligate in solido (1294) al risarcimento del danno.

Colui che ha risarcito il danno ha regresso (1299) contro ciascuno degli altri, nella misura determinata dalla gravità della rispettiva colpa e dall'entità delle conseguenze che ne sono derivate (1227[1]).

Nel dubbio (2054[2]), le singole colpe si presumono uguali (1298[2]).

2056. Valutazione dei danni. – Il risarcimento dovuto al danneggiato si deve determinare secondo le disposizioni degli articoli 1223, 1226 e 1227.

Il lucro cessante è valutato dal giudice con equo apprezzamento delle circostanze del caso (1226) ([1]).

([1]) *Per la responsabilità dello Stato per i danni causati da oggetti spaziali, si veda la L. 25 gennaio 1983, n. 23.*

2057. Danni permanenti. – Quando il danno alle persone ha carattere permanente la liquidazione può essere fatta dal giudice, tenuto conto delle condizioni delle parti e della natura del danno, sotto forma di una rendita vitalizia (1872 ss.). In tal caso il giudice dispone le opportune cautele.

2058. Risarcimento in forma specifica. – Il danneggiato può chiedere la reintegrazione in forma specifica, qualora sia in tutto o in parte possibile.

Tuttavia il giudice può disporre che il risarcimento avvenga solo per equivalente, se la reintegrazione in forma specifica risulta eccessivamente onerosa per il debitore.

2059. Danni non patrimoniali. – Il danno non patrimoniale deve essere risarcito solo nei casi determinati dalla legge (89[2] c.p.c.; 185[2], 187, 189 c.p.).

Libro V
Del lavoro

Titolo I
Della disciplina
delle attività professionali

Capo I
Disposizioni generali

2060. Del lavoro. – Il lavoro è tutelato in tutte le sue forme organizzative ed esecutive, intellettuali, tecniche e manuali (35 Cost.) [secondo i principi della Carta del lavoro] ([1]).

([1]) *Inciso soppresso dall'art. 3, D.L.vo Lgt. 14 settembre 1944, n. 287, provvedimenti relativi alla riforma della legislazione civile.*

2061. Ordinamento delle categorie professionali. – L'ordinamento delle categorie professionali è stabilito dalle leggi (2229), dai regolamenti, dai provvedimenti dell'autorità governativa e dagli statuti delle associazioni professionali ([1]).

([1]) *L'espressione «e dagli statuti delle associazioni professionali» è da ritenere abrogata dal R.D.L. 9 agosto 1943, n. 721, relativamente alle corporazioni, e dal D.L.vo Lgt. 23 novembre 1944, n. 369, relativamente alle associazioni sindacali.*

2062. Esercizio professionale delle attività economiche. – L'esercizio professionale delle attività economiche (2082, 2247; 41 Cost.) è disciplinato dalle leggi, dai regolamenti e dalle norme corporative ([1]).

([1]) *L'espressione «e dalle norme corporative» è da ritenere abrogata dal R.D.L. 9 agosto 1943, n. 721.*

Capo II
Delle ordinanze corporative
e degli accordi
economici collettivi ([1])

([1]) *L'intero capo composto dagli artt. 2063-2066, deve ritenersi abrogato in seguito alla soppressione dell'ordinamento corporativo fascista, disposta dal R.D.L. 9 agosto 1943, n. 721, relativamente agli organi centrali ed alle corporazioni, e dal D.L.vo Lgt. 23 novembre 1944, n. 369, relativamente alle associazioni sindacali.*

2063. Oggetto. – Le ordinanze corporative (5, 6 prel.) per il coordinamento della produzione e degli scambi possono avere per oggetto:

1) la disciplina unitaria della produzione;

2) il regolamento dei rapporti tra determinate categorie professionali;

3) le tariffe per le prestazioni e per i beni di consumo offerti al pubblico in condizioni di privilegio.

Le materie indicate nel n. 2 possono anche, nei casi e nei modi stabiliti dalla legge, formare oggetto di accordi economici collettivi tra le associazioni professionali che rappresentano le categorie interessate.

2064. Formazione e pubblicazione. – La formazione e pubblicazione delle ordinanze corporative e degli accordi economici collettivi sono regolate dalle leggi speciali (10 prel.).

2065. Efficacia. – Le ordinanze corporative e gli accordi economici collettivi hanno efficacia per tutti coloro che esercitano la loro attività nel ramo di produzione regolata dalle ordinanze e dagli accordi medesimi (6, 13 prel.).

2066. Inderogabilità. – I contratti individuali non possono derogare alle ordinanze corporative e agli accordi economici collettivi, salvo che questi lo consentano.

Le clausole dei contratti individuali, difformi dalle norme inderogabili contenute nelle ordinanze e negli accordi previsti nel presente capo, sono sostituite di diritto dalle norme suddette (1339, 2077).

La disposizione del comma precedente non si applica ai contratti stipulati prima dell'entrata in vigore dell'ordinanza corporativa o dell'accordo economico collettivo. L'ordinanza e l'accordo possono tuttavia stabilire che le norme in essi contenute si applichino anche ai contratti ad esecuzione continuata o periodica in corso, per la parte non ancora eseguita.

Capo III
Del contratto
collettivo di lavoro
e delle norme equiparate

2067. Soggetti. – I contratti collettivi di lavoro sono stipulati dalle associazioni professionali (39[4] Cost.; 5 prel.).

2068. Rapporti di lavoro sottratti a contratto collettivo. – Non possono essere regolati da contratto collettivo i rapporti di lavoro, in quanto siano disciplinati con atti della pubblica autorità in conformità della legge.

Sono altresì sottratti alla disciplina del contratto collettivo i rapporti di lavoro concernenti prestazioni di carattere personale o domestico (2240 ss.) ([1]).

([1]) *La Corte costituzionale, con sentenza n. 68 del 9 aprile 1969, ha dichiarato l'illegittimità costituzionale del comma secondo, in relazione all'art. 3 Cost., nella parte in cui dispone che sono sottratti alla disciplina del contratto collettivo i rapporti di lavoro concernenti prestazioni di carattere domestico.*

2069. Efficacia. – Il contratto collettivo deve contenere l'indicazione della categoria d'imprenditori e di prestatori di lavoro, ovvero delle imprese o dell'impresa (2082), a cui si riferisce, e del territorio dove ha efficacia (2071).

In mancanza di tali indicazioni il contratto collettivo è obbligatorio per tutti gli imprenditori e i prestatori di lavoro rappresentati dalle associazioni stipulanti (2075).

2070. Criteri di applicazione. – L'appartenenza alla categoria professionale, ai fini dell'applicazione del contratto collettivo, si determina secondo l'attività effettivamente esercitata dall'imprenditore (2082).

Se l'imprenditore esercita distinte attività aventi carattere autonomo, si applicano ai rispettivi rapporti di lavoro le norme dei contratti collettivi corrispondenti alle singole attività.

Quando il datore di lavoro esercita non professionalmente un'attività organizzata, si applica il contratto collettivo che regola i rapporti di lavoro relativi alle imprese che esercitano la stessa attività (13 prel.).

2071. Contenuto. – Il contratto collettivo deve contenere le disposizioni occorrenti, secondo la natura del rapporto, [per attuare i principi della Carta del lavoro e] ([1]) per dare esecuzione alle norme di questo codice concernenti la disciplina del lavoro, i diritti e gli obblighi degli imprenditori e dei prestatori di lavoro (2096 ss.).

Deve inoltre indicare le qualifiche e le rispettive mansioni dei prestatori di lavoro appartenenti alla categoria a cui si riferisce la disciplina collettiva (2069).

Deve infine contenere la determinazione della sua durata (2074).

([1]) *Inciso soppresso dall'art. 3 D.L.vo Lgt. 14 settembre 1944, n. 287, provvedimenti relativi alla riforma della legislazione civile.*

2072. ([1]) **Deposito e pubblicazione.** – Il deposito e la pubblicazione del contratto collettivo sono regolati dalle leggi speciali.

Prima della pubblicazione l'autorità governativa deve accertare che ricorrano le condizioni richieste per la validità del contratto collettivo.

La pubblicazione può essere rifiutata, se il contratto collettivo non contiene le disposizioni e le indicazioni richieste dall'art. 2071, salvo che le parti si siano obbligate a integrarlo con successivi patti da stipularsi entro un termine stabilito. Se i patti integrativi non sono stipulati nel termine, può essere adita la magistratura del lavoro per la formazione delle disposizioni integrative.

Contro il rifiuto di pubblicazione è ammesso ricorso alla magistratura del lavoro a norma delle leggi speciali.

([1]) *Articolo da ritenersi abrogato dal R.D.L. 9 agosto 1943, n. 721, relativamente alle corporazioni e dal D.L.vo Lgt. 23 novembre 1944, n. 369, relativamente alle associazioni sindacali.*

2073. ([1]) **Denunzia.** – La denunzia del contratto collettivo deve farsi almeno tre mesi prima della scadenza.

Se, avvenuta la denunzia, le associazioni professionali non hanno, un mese prima della scadenza, provveduto alla stipulazione e al deposito del nuovo contratto collettivo, ed è rimasto infruttuoso l'esperimento di conciliazione previsto nell'art. 412 del codice di procedura civile, può essere adita la magistratura del lavoro per la formazione di nuove condizioni di lavoro.

([1]) *Articolo da ritenersi abrogato dal R.D.L. 9 agosto 1943, n. 721, relativamente alle corporazioni e dal D.L.vo Lgt. 23 novembre 1944, n. 369, relativamente alle associazioni sindacali.*

2074. ([1]) **Efficacia dopo la scadenza.** – Il contratto collettivo, anche quando è stato denunziato, continua a produrre i suoi effetti dopo la scadenza, fino a che sia intervenuto un nuovo regolamento collettivo.

(¹) *Articolo da ritenersi abrogato dal R.D.L. 9 agosto 1943, n. 721, relativamente alle corporazioni e dal D.L.vo Lgt. 23 novembre 1944, n. 369, relativamente alle associazioni sindacali.*

2075. (¹) **Efficacia nel caso di variazioni nell'inquadramento.** – Il contratto collettivo conserva efficacia nei confronti della categoria alla quale si riferisce, anche se la rappresentanza legale di questa, per effetto di variazioni nell'inquadramento, spetta ad altra associazione.

Questa ha però facoltà di denunziare il contratto collettivo indipendentemente dal termine fissato per la scadenza di esso.

(¹) *Articolo da ritenersi abrogato dal R.D.L. 9 agosto 1943, n. 721, relativamente alle corporazioni e dal D.L.vo Lgt. 23 novembre 1944, n. 369, relativamente alle associazioni sindacali.*

2076. (¹) **Contratto collettivo annullabile.** – Il contratto collettivo annullabile conserva efficacia fino a che intervenga una sentenza di annullamento passata in giudicato (324 c.p.c.).

La domanda di annullamento è proposta davanti la magistratura del lavoro dalle associazioni interessate o dal pubblico ministero.

La domanda deve essere proposta, sotto pena di decadenza (2964 ss.), entro sei mesi dalla pubblicazione del contratto collettivo.

(¹) *Articolo da ritenersi abrogato dal R.D.L. 9 agosto 1943, n. 721, relativamente alle corporazioni e dal D.L.vo Lgt. 23 novembre 1944, n. 369, relativamente alle associazioni sindacali.*

2077. Efficacia del contratto collettivo sul contratto individuale. – I contratti individuali di lavoro tra gli appartenenti alle categorie alle quali si riferisce il contratto collettivo devono uniformarsi alle disposizioni di questo.

Le clausole difformi dei contratti individuali, preesistenti o successivi al contratto collettivo (1419^2), sono sostituite di diritto da quelle del contratto collettivo, salvo che contengano speciali condizioni più favorevoli ai prestatori di lavoro (1339, 2066).

2078. Efficacia degli usi. – In mancanza di disposizioni di legge e di contratto collettivo si applicano gli usi. Tuttavia gli usi più favorevoli ai prestatori di lavoro prevalgono sulle norme dispositive di legge.

Gli usi non prevalgono sui contratti individuali di lavoro (8 prel.).

2079. Rapporti di associazione agraria e di affitto a coltivatore diretto. – La disciplina del contratto collettivo di lavoro si applica anche ai rapporti di associazione agraria regolati dal capo II del titolo II (2135 ss.) ed a quelli di affitto a coltivatore diretto del fondo (1647 ss.).

Tuttavia in questi rapporti il contratto collettivo non deve contenere norme relative al salario, all'orario di lavoro, alle ferie, al periodo di prova, od altre che contrastino con la natura dei rapporti medesimi.

2080. Colonia parziaria e affitto con obbligo di miglioria. – Nei contratti individuali di colonia parziaria (2164) e di affitto a coltivatore diretto (1647), con obbligo di miglioria, conservano efficacia le clausole difformi dalle disposizioni del contratto collettivo stipulato durante lo svolgimento del rapporto.

2081. (¹) **Norme equiparate al contratto collettivo.** – Le disposizioni sul contratto collettivo di lavoro contenute in questo capo valgono, in quanto applicabili, per le altre norme corporative che disciplinano rapporti di lavoro.

(¹) *Disposizione da ritenersi abrogata dal R.D.L. 9 agosto 1943, n. 721, e dal D.L.vo Lgt. 23 novembre 1944, n. 369.*

Titolo II
Del lavoro nell'impresa

Capo I
Dell'impresa in generale

Sezione I
Dell'imprenditore

2082. Imprenditore. – È imprenditore chi esercita professionalmente (2070[3]) una attività economica (2062) organizzata (1655, 2135, 2195, 2238, 2247) al fine della produzione o dello scambio di beni o di servizi (2085, 2086).

2083. Piccoli imprenditori. – Sono piccoli imprenditori (1 l. fall.) i coltivatori diretti del fondo (1647 ss., 2139), gli artigiani (45[2] Cost.), i piccoli commercianti e coloro che esercitano un'attività professionale organizzata prevalentemente con il lavoro proprio o dei componenti della famiglia (1647, 2202, 2214, 2221).

2084. Condizioni per l'esercizio dell'impresa. – La legge determina le categorie d'imprese il cui esercizio è subordinato a concessione o autorizzazione amministrativa.

Le altre condizioni per l'esercizio delle diverse categorie d'impresa sono stabilite dalla legge e dalle norme corporative ([1]).

([1]) *L'espressione «e dalle norme corporative» è da ritenersi abrogata dal R.D.L. 9 agosto 1943, n. 721, e dal D.L.vo 23 novembre 1944, n. 369.*

2085. Indirizzo della produzione. – Il controllo sull'indirizzo della produzione e degli scambi in relazione all'interesse unitario dell'economia nazionale è esercitato dallo Stato, nei modi previsti dalla legge (2088 ss.) e dalle norme corporative ([1]).

La legge stabilisce altresì i casi e i modi nei quali si esercita la vigilanza dello Stato sulla gestione delle imprese (41 Cost.).

([1]) *L'espressione «e dalle norme corporative» è da ritenersi abrogata dal R.D.L. 9 agosto 1943, n. 721, e dal D.L.vo Lgt. 23 novembre 1944, n. 369.*

2086. Direzione e gerarchia nella impresa. – L'imprenditore è il capo dell'impresa e da lui dipendono gerarchicamente i suoi collaboratori (2094 ss., 2104, 2145[2]).

2087. Tutela delle condizioni di lavoro. – L'imprenditore è tenuto ad adottare nell'esercizio dell'impresa le misure che, secondo la particolarità del lavoro, l'esperienza e la tecnica, sono necessarie a tutelare l'integrità fisica e la personalità morale dei prestatori di lavoro (37 Cost.) ([1]).

([1]) *Per la prevenzione degli infortuni, si veda il D.L.vo 9 aprile 2008, n. 81, in materia di tutela della salute e della sicurezza nei luoghi di lavoro. Per la tutela della libertà e dignità dei lavoratori e della libertà sindacale si veda la L. 20 maggio 1970, n. 300, statuto dei lavoratori.*

2088. Responsabilità dell'imprenditore. – L'imprenditore deve uniformarsi nell'esercizio dell'impresa ai principi dell'ordinamento corporativo e agli obblighi che ne derivano, e ([1]) risponde verso lo Stato dell'indirizzo della produzione e degli scambi, in conformità della legge (41 Cost.) e delle norme corporative ([1]).

([1]) *Le espressioni «deve uniformarsi nell'esercizio dell'impresa ai principi dell'ordinamento corporativo e agli obblighi che ne derivano, e» e «e delle norme corporative» sono da ritenersi abrogate dal R.D.L. 9 agosto 1943, n. 721, e dal D.L.vo Lgt. 23 novembre 1944, n. 369.*

2089. ([1]) **Inosservanza degli obblighi dell'imprenditore.** – Se l'imprenditore non osserva gli obblighi imposti dall'ordinamento corporativo nell'interesse della produzione, in modo da determinare grave danno all'economia nazionale, gli organi corporativi, dopo aver compiuto le opportune indagini e richiesto all'imprenditore i chiarimenti necessari, possono disporre la trasmissione degli atti al pubblico ministero presso la corte d'appello di cui fa parte la magistratura del lavoro competente per territorio, perché promuova eventualmente i provvedimenti indicati nell'art. 2091.

([1]) *Articolo da ritenersi abrogato dal R.D.L. 9 agosto 1943, n. 721 e dal D.L.vo Lgt. 23 novembre 1944, n. 369.*

2090. ([1]) **Procedimento.** – Il presidente della magistratura del lavoro, ricevuta l'istanza del pubblico ministero, fissa il giorno per la comparizione dell'imprenditore e assegna un termine entro il quale egli deve presentare le sue deduzioni.

La magistratura del lavoro decide in camera di consiglio, sentiti il pubblico ministero e l'imprenditore. Può anche, prima di decidere, sentire la associazione professionale alla quale appartiene l'imprenditore, assumere le informazioni e compiere le indagini che ritiene necessarie.

Contro la sentenza della magistratura del lavoro l'imprenditore e il pubblico ministero possono proporre ricorso per cassazione a norma dell'art. 426 del codice di procedura civile.

(1) *Articolo da ritenersi abrogato dal R.D.L. 9 agosto 1943, n. 721 e dal D.L.vo Lgt. 23 novembre 1944, n. 369.*

2091. (1) **Sanzioni.** – La magistratura del lavoro, se accerta che l'inosservanza perdura, fissa un termine entro il quale l'imprenditore deve uniformarsi agli obblighi suddetti.

Qualora l'imprenditore non vi ottemperi nel termine fissato, la magistratura del lavoro può ordinare la sospensione dell'esercizio dell'impresa o, se la sospensione è tale da recare pregiudizio all'economia nazionale, può nominare un amministratore che assuma la gestione dell'impresa, scegliendolo fra le persone designate dall'imprenditore, se riconosciute idonee, e determinandone i poteri e la durata.

Se si tratta di società, la magistratura del lavoro, anziché nominare un amministratore, può assegnare un termine entro il quale la società deve provvedere a sostituire gli amministratori in carica con altre persone riconosciute idonee.

(1) *Articolo da ritenersi abrogato dal R.D.L. 9 agosto 1943, n. 721 e dal D.L.vo Lgt. 23 novembre 1944, n. 369.*

2092. (1) **Sanzioni previste da leggi speciali.** – Le disposizioni dei tre articoli precedenti non si applicano nei casi in cui per le trasgressioni commesse dall'imprenditore le leggi speciali prevedono particolari sanzioni a di lui carico.

(1) *Articolo da ritenersi abrogato dal R.D.L. 9 agosto 1943, n. 721 e dal D.L.vo Lgt. 23 novembre 1944, n. 369.*

2093. Imprese esercitate da enti pubblici. – Le disposizioni di questo libro si applicano agli enti pubblici inquadrati nelle associazioni professionali.

Agli enti pubblici non inquadrati si applicano le disposizioni di questo libro, limitatamente alle imprese da essi esercitate (2201).

Sono salve le diverse disposizioni della legge (2221; 1^1, 195^8 l. fall.) (1).

(1) *Si vedano l'art. 37 della L. 20 maggio 1970, n. 300 e l'art. 409 del c.p.c.*

Sezione II
Dei collaboratori dell'imprenditore

2094. Prestatore di lavoro subordinato. – È prestatore di lavoro subordinato chi si obbliga mediante retribuzione a collaborare nell'impresa, prestando il proprio lavoro intellettuale o manuale alle dipendenze e sotto la direzione dell'imprenditore (2086, 2104; 36 ss. Cost.).

2095. Categorie dei prestatori di lavoro. – I prestatori di lavoro subordinato si distinguono in dirigenti, quadri, impiegati e operai (1).

Le leggi speciali e le norme corporative (2), in relazione a ciascun ramo di produzione e alla particolare struttura dell'impresa, determinano i requisiti di appartenenza alle indicate categorie.

(1) *Comma così sostituito dall'art. 1 della L. 13 maggio 1985, n. 190, riconoscimento giuridico dei quadri intermedi.*

(2) *L'espressione «le norme corporative» è da ritenersi abrogata dal R.D.L. 9 agosto 1943, n. 721.*

Sezione III
Del rapporto di lavoro

§. 1
Della costituzione del rapporto di lavoro

2096. Assunzione in prova. – Salvo diversa disposizione delle norme corporative (1), l'assunzione del prestatore di lavoro per un periodo di prova deve risultare da atto scritto (2725).

L'imprenditore e il prestatore di lavoro sono rispettivamente tenuti a consentire e a fare l'esperimento che forma oggetto del patto di prova (2241).

Durante il periodo di prova ciascuna delle parti può recedere dal contratto (1373), senza obbligo di preavviso o d'indennità. Se però la prova è stabilita per un tempo minimo necessario, la facoltà di recesso non può esercitarsi prima della scadenza del termine (2).

Compiuto il periodo di prova, l'assunzione diviene definitiva e il servizio prestato si computa nell'anzianità del prestatore di lavoro (2120).

(1) *L'espressione «salvo diversa disposizione delle norme corporative» è da ritenersi abrogata dal R.D.L. 9 agosto 1943, n. 721 e dal D.L.vo Lgt. 23 novembre 1944, n. 369.*

(2) *La Corte costituzionale, con sentenza n. 189 del 16 dicembre 1980, ha dichiarato l'illegittimità costitu-*

zionale del terzo comma, nella parte in cui non riconosce il diritto alla indennità di anzianità di cui agli artt. 2120 e 2121 c.c., al lavoratore assunto con patto di prova nel caso di recesso dal contratto durante il periodo di prova medesimo.

2097. Durata del contratto di lavoro. – (*Omissis*) ([1]).

([1]) *Articolo abrogato dall'art. 9 della L. 18 aprile 1962, n. 230, che ha dettato una nuova disciplina del contratto di lavoro a tempo determinato.*

2098. Violazione delle norme sul collocamento dei prestatori di lavoro. – Il contratto di lavoro stipulato senza l'osservanza delle disposizioni concernenti la disciplina della domanda e dell'offerta di lavoro può essere annullato, salva l'applicazione delle sanzioni penali (2126; 125, 126 c.n.) ([1]).

La domanda di annullamento è proposta dal pubblico ministero, su denunzia dell'ufficio di collocamento, entro un anno dalla data dell'assunzione del prestatore di lavoro (2964).

([1]) *Si vedano gli artt. 35 ss. della L. 20 maggio 1970, n. 300, statuto dei lavoratori e l'art. 4* bis *del D.L.vo n. 181/2000.*

§. 2
Dei diritti e degli obblighi delle parti

2099. Retribuzione. – La retribuzione del prestatore di lavoro può essere stabilita a tempo o a cottimo e deve essere corrisposta nella misura determinata dalle norme corporative ([1]), con le modalità e nei termini in uso nel luogo in cui il lavoro viene eseguito (2103, 2955, n. 2, 2956, n. 1; 36, 37 Cost.).

In mancanza di norme corporative o ([1]) di accordo tra le parti, la retribuzione è determinata dal giudice, tenuto conto, ove occorra, del parere delle associazioni professionali ([1]).

Il prestatore di lavoro può anche essere retribuito in tutto o in parte con partecipazione agli utili (2102) o ai prodotti (2121), con provvigione o con prestazioni in natura.

([1]) *Le espressioni «nella misura determinata dalle norme corporative», «di norme corporative o» e «tenuto conto, ove occorra, del parere delle associazioni professionali» sono da ritenersi abrogate dal R.D.L. 9 agosto 1943, n. 721 e dal D.L.vo Lgt. 23 novembre 1944, n. 369.*

2100. Obbligatorietà del cottimo. – Il prestatore di lavoro deve essere retribuito secondo il sistema del cottimo quando, in conseguenza dell'organizzazione del lavoro, è vincolato all'osservanza di un determinato ritmo produttivo, o quando la valutazione della sua prestazione è fatta in base al risultato delle misurazioni dei tempi di lavorazione (2101, 2127, 2131).

Le norme corporative determinano i rami di produzione e i casi in cui si verificano le condizioni previste nel comma precedente e stabiliscono i criteri per la formazione delle tariffe ([1]).

([1]) *Comma da ritenersi abrogato dal R.D.L. 9 agosto 1943, n. 721 e dal D.L.vo Lgt. 23 novembre 1944, n. 369.*

2101. Tariffe di cottimo. – Le norme corporative ([1]) possono stabilire che le tariffe di cottimo non divengano definitive se non dopo un periodo di esperimento.

Le tariffe possono essere sostituite o modificate soltanto se intervengono mutamenti nelle condizioni di esecuzione del lavoro, e in ragione degli stessi. In questo caso la sostituzione o la variazione della tariffa non diviene definitiva se non dopo il periodo di esperimento stabilito dalle norme corporative ([1]).

L'imprenditore deve comunicare preventivamente ai prestatori di lavoro i dati riguardanti gli elementi costitutivi della tariffa di cottimo, le lavorazioni da eseguirsi e il relativo compenso unitario. Deve altresì comunicare i dati relativi alla quantità di lavoro eseguita e al tempo impiegato.

([1]) *L'espressione «corporative» ed il secondo periodo del secondo comma sono da ritenersi abrogati dal R.D.L. 9 agosto 1943, n. 721.*

2102. Partecipazione agli utili. – Se [le norme corporative o] ([1]) la convenzione non dispongono diversamente, la partecipazione agli utili spettante al prestatore di lavoro (2099[3], 2121, 2349, 2554) è determinata in base agli utili netti dell'impresa, e, per le imprese soggette alla pubblicazione del bilancio, in base agli utili netti risultanti dal bilancio regolarmente approvato e pubblicato (2433, 2435).

([1]) *L'espressione «le norme corporative o» è da ritenersi abrogata dal R.D.L. 9 agosto 1943, n. 721 e dal D.L.vo Lgt. 23 novembre 1944, n. 369.*

2103. ([1]) **Prestazione del lavoro.** – Il lavoratore deve essere adibito alle mansioni per le quali è stato assunto o a quelle corrispondenti all'inquadramento superiore che abbia successivamente acquisito ovvero a mansioni riconducibili allo stesso livello e categoria legale di inquadramento delle ultime effettivamente svolte.

In caso di modifica degli assetti organizzativi aziendali che incide sulla posizione del lavoratore, lo stesso può essere assegnato a mansioni appartenenti al livello di inquadramento inferiore purchè rientranti nella medesima categoria legale.

Il mutamento di mansioni è accompagnato, ove necessario, dall'assolvimento dell'obbligo formativo, il cui mancato adempimento non determina comunque la nullità dell'atto di assegnazione delle nuove mansioni.

Ulteriori ipotesi di assegnazione di mansioni appartenenti al livello di inquadramento inferiore, purchè rientranti nella medesima categoria legale, possono essere previste dai contratti collettivi.

Nelle ipotesi di cui al secondo e al quarto comma, il mutamento di mansioni è comunicato per iscritto, a pena di nullità, e il lavoratore ha diritto alla conservazione del livello di inquadramento e del trattamento retributivo in godimento, fatta eccezione per gli elementi retributivi collegati a particolari modalità di svolgimento della precedente prestazione lavorativa.

Nelle sedi di cui all'articolo 2113, quarto comma, o avanti alle commissioni di certificazione, possono essere stipulati accordi individuali di modifica delle mansioni, della categoria legale e del livello di inquadramento e della relativa retribuzione, nell'interesse del lavoratore alla conservazione dell'occupazione, all'acquisizione di una diversa professionalità o al miglioramento delle condizioni di vita. Il lavoratore può farsi assistere da un rappresentante dell'associazione sindacale cui aderisce o conferisce mandato o da un avvocato o da un consulente del lavoro.

Nel caso di assegnazione a mansioni superiori il lavoratore ha diritto al trattamento corrispondente all'attività svolta e l'assegnazione diviene definitiva, salvo diversa volontà del lavoratore, ove la medesima non abbia avuto luogo per ragioni sostitutive di altro lavoratore in servizio, dopo il periodo fissato dai contratti collettivi o, in mancanza, dopo sei mesi continuativi.

Il lavoratore non può essere trasferito da un'unità produttiva ad un'altra se non per comprovate ragioni tecniche, organizzative e produttive.

Salvo che ricorrano le condizioni di cui al secondo e al quarto comma e fermo quanto disposto al sesto comma, ogni patto contrario è nullo.

(1) *Questo articolo è stato, da ultimo, così sostituito dall'art. 3, comma 1, del D.L.vo 15 giugno 2015, n. 81.*

2104. Diligenza del prestatore di lavoro. – Il prestatore di lavoro deve usare la diligenza richiesta dalla natura della prestazione dovuta, dall'interesse dell'impresa e da quello superiore della produzione nazionale (1176).

Deve inoltre osservare le disposizioni per l'esecuzione e per la disciplina del lavoro impartite dall'imprenditore (2086) e dai collaboratori di questo dai quali gerarchicamente dipende (2094, 2106).

2105. Obbligo di fedeltà. – Il prestatore di lavoro non deve trattare affari, per conto proprio o di terzi, in concorrenza con l'imprenditore, né divulgare notizie attinenti all'organizzazione e ai metodi di produzione dell'impresa, o farne uso in modo da poter recare ad essa pregiudizio (2125).

2106. Sanzioni disciplinari. – L'inosservanza delle disposizioni contenute nei due articoli precedenti può dar luogo all'applicazione di sanzioni disciplinari, secondo la gravità dell'infrazione (96 att.) (1) [e in conformità delle norme corporative] (2).

(1) *Si veda la disciplina generale contenuta nell'art. 7 della L. 20 maggio 1970, n. 300.*

L'art. 55, comma 2 del D.L.vo 30 marzo 2001, n. 165 ha esteso l'applicazione di questo articolo ai dipendenti delle pubbliche amministrazioni.

(2) *L'espressione «e in conformità delle norme corporative» è da ritenersi abrogata dal R.D.L. 9 agosto 1943, n. 721 e dal D.L.vo Lgt. 23 novembre 1944, n. 369.*

2107. Orario di lavoro. – La durata giornaliera e settimanale della prestazione di lavoro non può superare i limiti stabiliti dalle leggi speciali [o dalle norme corporative] (1).

(1) *L'espressione «o dalle norme corporative» è da ritenersi abrogata dal R.D.L. 9 agosto 1943, n. 721 e dal D.L.vo Lgt. 23 novembre 1944, n. 369.*

2108. Lavoro straordinario e notturno. – In caso di prolungamento dell'orario normale, il prestatore di lavoro deve essere compensato per le ore straordinarie con un aumento di retribuzione rispetto a quella dovuta per il lavoro ordinario.

Il lavoro notturno non compreso in regolari turni periodici deve essere parimenti retribuito con una maggiorazione rispetto al lavoro diurno.

I limiti entro i quali sono consentiti il lavoro straordinario e quello notturno, la durata di essi e la misura della maggiorazione sono stabiliti dalla legge [o dalle norme corporative] (1).

(1) *L'espressione «o dalle norme corporative» è da ritenersi abrogata dal R.D.L. 9 agosto 1943, n. 721 e dal D.L.vo Lgt. 23 novembre 1944, n. 369.*

2109. Periodo di riposo (1) (2). – Il prestatore di lavoro ha diritto ad un giorno di riposo ogni settimana, di regola in coincidenza con la domenica (36 Cost.) (3).

Ha anche diritto, dopo un anno d'ininterrotto servizio (4), ad un periodo annuale di ferie retribuito, possibilmente continuativo, nel tempo che l'imprenditore stabilisce, tenuto conto delle esigenze dell'impresa e degli interessi del prestatore di lavoro. La durata di tale periodo è stabilita dalla legge, dalle norme corporative (5), e dagli usi o secondo equità (2243).

L'imprenditore deve preventivamente comunicare al prestatore di lavoro il periodo stabilito per il godimento delle ferie.

Non può essere computato nelle ferie il periodo di preavviso indicato nell'art. 2118 (98 att.).

(1) *La Corte costituzionale, con sentenza n. 189 del 16 dicembre 1980, ha dichiarato l'illegittimità costituzionale di questo articolo nella parte in cui non prevede il diritto a ferie retribuite anche per il lavoratore assunto in prova in caso di recesso dal contratto durante il periodo di prova medesimo.*

(2) *La Corte costituzionale, con sentenza n. 616 del 30 dicembre 1987, ha dichiarato l'illegittimità costituzionale di questo articolo, nella parte in cui non prevede che la malattia insorta durante il periodo feriale ne sospenda il decorso.*

(3) *Numerose leggi speciali disciplinano il riposo settimanale e le festività: L. 27 maggio 1949, n. 260, disposizioni in materia di ricorrenze festive; D.P.R. 14 luglio 1960, n. 1029, norme sul trattamento economico dovuto nelle ricorrenze festive che cadono di domenica agli impiegati dipendenti da aziende industriali; L. 5 marzo 1977, n. 54, disposizioni in materia di giorni festivi; L. 20 novembre 2000, n. 336, ripristino della festività nazionale del 2 giugno, data di fondazione della Repubblica.*

(4) *La Corte costituzionale, con sentenza n. 66 del 10 maggio 1963, ha dichiarato l'illegittimità costituzionale dell'espressione «dopo un anno di ininterrotto servizio».*

(5) *L'espressione «dalle norme corporative» è da ritenersi abrogata dal R.D.L. 9 agosto 1943, n. 721.*

2110. Infortunio, malattia, gravidanza, puerperio. – In caso d'infortunio, di malattia, di gravidanza o di puerperio, se la legge o le norme corporative (1) non stabiliscono forme equivalenti di previdenza o di assistenza, è dovuta al prestatore di lavoro la retribuzione o un'indennità nella misura e per il tempo determinati dalle leggi speciali (2), dalle norme corporative (1), dagli usi o secondo equità (38^2 Cost.; 98 att.).

Nei casi indicati nel comma precedente, l'imprenditore ha diritto di recedere dal contratto a norma dell'art. 2118, decorso il periodo stabilito dalla legge [dalle norme corporative] (1), dagli usi o secondo equità.

Il periodo di assenza dal lavoro per una delle cause anzidette deve essere computato nell'anzianità di servizio (2120; 98 att.).

(1) *L'espressione «le norme corporative» è da ritenersi abrogata dal R.D.L. 9 agosto 1943, n. 721 e dal D.L.vo Lgt. 23 novembre 1944, n. 369.*

(2) *Si vedano: D.L.vo 26 marzo 2001, n. 151, T.U. delle disposizioni legislative in materia di tutela e sostegno della maternità e della paternità; D.L.vo 11 aprile 2006, n. 198, Codice delle pari opportunità tra uomo e donna.*

2111. Servizio militare. – [La chiamata alle armi per adempiere agli obblighi di leva risolve il contratto di lavoro, salvo diverse disposizioni delle norme corporative] (1).

In caso di richiamo alle armi, si applicano le disposizioni del primo e del terzo comma dell'articolo precedente.

(1) *Comma da ritenersi implicitamente abrogato dal D.L.vo C.P.S. 13 settembre 1946, n. 303, conservazione del posto ai lavoratori chiamati alle armi per servizio di leva, il quale ha disposto che la chiamata alle armi per adempiere agli obblighi di leva sospende il rapporto di lavoro per tutto il periodo di leva con diritto del lavoratore alla conservazione del posto. Si vedano anche: L. 8 luglio 1998, n. 230, nuove norme in materia di obiezione di coscienza; L. 6 marzo 2001, n. 64, istituzione del servizio civile nazionale.*

2112. (1) **Mantenimento dei diritti dei lavoratori in caso di trasferimento d'azienda.** – In caso di trasferimento d'azienda, il rapporto di lavoro continua con il cessionario ed il lavoratore conserva tutti i diritti che ne derivano.

Il cedente ed il cessionario sono obbligati, in solido, per tutti i crediti che il lavoratore aveva al tempo del trasferimento. Con le procedure di cui agli articoli 410 e 411 del codice di procedura civile il lavoratore può consentire la liberazione del cedente dalle obbligazioni derivanti dal rapporto di lavoro.

Il cessionario è tenuto ad applicare i trattamenti economici e normativi previsti dai contratti collettivi nazionali, territoriali ed aziendali vigenti alla data del trasferimento, fino alla loro scadenza, salvo che siano sostituiti da altri contratti collettivi applicabili all'impresa del cessionario. L'effetto di sostituzione si produce esclusivamente fra contratti collettivi del medesimo livello.

Ferma restando la facoltà di esercitare il recesso ai sensi della normativa in materia di licenziamenti, il trasferimento d'azienda non costituisce di per sé motivo di licenziamento. Il lavoratore, le cui condizioni di lavoro subiscono una sostanziale modifica nei tre mesi successivi al trasferimento d'azienda, può rassegnare le proprie dimissioni con gli effetti di cui all'articolo 2119, primo comma.

Ai fini e per gli effetti di cui al presente articolo si intende per trasferimento d'azienda qualsiasi operazione che, in seguito a cessione contrattuale o fusione, comporti il mutamento nella titolarità di un'attività economica organizzata, con o senza scopo di lucro, preesistente al trasferimento e che conserva nel trasferimento la propria identità a prescindere dalla tipologia negoziale o dal provvedimento sulla base del quale il trasferimento è attuato ivi compresi l'usufrutto o l'affitto di azienda. Le disposizioni del presente articolo si applicano altresì al trasferimento di parte dell'azienda, intesa come articolazione funzionalmente autonoma di un'attività economica organizzata, identificata come tale dal cedente e dal cessionario al momento del suo trasferimento (2).

Nel caso in cui l'alienante stipuli con l'acquirente un contratto di appalto la cui esecuzione avviene utilizzando il ramo d'azienda oggetto di cessione, tra appaltante e appaltatore opera un regime di solidarietà di cui all'articolo 29, comma 2, del decreto legislativo 10 settembre 2003, n. 276 (3) (4).

(1) *Questo articolo è stato così sostituito, a decorrere dal 1° luglio 2001, dall'art. 1 del D.L.vo 2 febbraio 2001, n. 18.*

(2) *Questo comma è stato così sostituito dall'art. 32, comma 1, del D.L.vo 10 settembre 2003, n. 276.*

(3) *Le parole: «di cui all'articolo 1676» sono state così sostituite dalle attuali: «di cui all'articolo 29, comma 2, del decreto legislativo 10 settembre 2003, n. 276» dall'art. 9 del D.L.vo 6 ottobre 2004, n. 251.*

(4) *Questo comma è stato aggiunto dall'art. 32, comma 2, del D.L.vo 10 settembre 2003, n. 276.*

2113. (1) **Rinunzie e transazioni.** – Le rinunzie (1236 ss.) e le transazioni (1966[2]), che hanno per oggetto diritti del prestatore di lavoro derivanti da disposizioni inderogabili della legge e dei contratti o accordi collettivi concernenti i rapporti di cui all'art. 409 del codice di procedura civile, non sono valide (2112[3]).

L'impugnazione (1441) deve essere proposta, a pena di decadenza (2964), entro sei mesi dalla data di cessazione del rapporto o dalla data della rinunzia o della transazione, se queste sono intervenute dopo la cessazione medesima.

Le rinunzie e le transazioni di cui ai commi precedenti possono essere impugnate con qualsiasi atto scritto, anche stragiudiziale, del lavoratore idoneo a rendere nota la volontà.

Le disposizioni del presente articolo non si applicano alla conciliazione intervenuta ai sensi degli articoli 185, 410, 411, 412 *ter* e 412 *quater* del codice di procedura civile (2).

(1) *Articolo così sostituito dall'art. 6, L. 11 agosto 1973, n. 533, disciplina delle controversie di lavoro.*

(2) *Le parole: «ai sensi degli articoli 185, 410 e 411 del codice di procedura civile» sono state così sostituite dalle attuali: «ai sensi degli articoli 185, 410, 411, 412* ter *e 412* quater *del codice di procedura civile» dall'art. 31, comma 7, della L. 4 novembre 2010, n. 183.*

§. 3
Della previdenza e dell'assistenza

2114. Previdenza ed assistenza obbligatorie. – Le leggi speciali [e le norme corporative] (1) determinano i casi e le forme di previdenza e di assistenza obbligatorie e le contribuzioni e prestazioni relative.

(1) *L'espressione «e le norme corporative» è da ritenersi abrogata dal R.D.L. 9 agosto 1943, n. 721.*

2115. Contribuzioni. – Salvo diverse disposizioni della legge [o delle norme corporative] (1), l'imprenditore e il prestatore di lavoro contribuiscono in parti eguali alle istituzioni di previdenza e di assistenza.

L'imprenditore è responsabile del versamento del contributo, anche per la parte che è a carico del prestatore di lavoro, salvo il diritto di rivalsa secondo le leggi speciali (2753, 2754).

È nullo qualsiasi patto diretto ad eludere gli obblighi relativi alla previdenza o all'assistenza (1419).

(1) *L'espressione «o delle norme corporative» è da ritenersi abrogata dal R.D.L. 9 agosto 1943, n. 721.*

2116. Prestazioni. – Le prestazioni indicate nell'art. 2114 sono dovute al prestatore di lavoro, anche quando l'imprenditore non ha versato regolarmente i contributi dovuti alle istituzioni di previdenza e di assistenza, salvo diverse disposizioni delle leggi speciali [o delle norme corporative] ([1]).

Nei casi in cui, secondo tali disposizioni, le istituzioni di previdenza e di assistenza, per mancata o irregolare contribuzione, non sono tenute a corrispondere in tutto o in parte le prestazioni dovute, l'imprenditore è responsabile del danno che ne deriva al prestatore di lavoro.

([1]) *L'espressione «o delle norme corporative» è da ritenersi abrogata dal R.D.L. 9 agosto 1943, n. 721.*

2117. ([1]) **Fondi speciali per la previdenza e l'assistenza.** – I fondi speciali per la previdenza e l'assistenza che l'imprenditore abbia costituiti (2123, 2429), anche senza contribuzione dei prestatori di lavoro, non possono essere distratti dal fine al quale sono destinati e non possono formare oggetto di esecuzione (513, 545 c.p.c.) da parte dei creditori dell'imprenditore o del prestatore di lavoro.

([1]) *Sui fondi pensione si veda la L. 8 agosto 1995, n. 335, riforma del sistema pensionistico obbligatorio e complementare e il D.L.vo 5 dicembre 2005, n. 252, disciplina delle forme pensionistiche complementari.*

§. 4
Dell'estinzione
del rapporto di lavoro

2118. Recesso dal contratto a tempo indeterminato. – Ciascuno dei contraenti può recedere dal contratto di lavoro a tempo indeterminato (1373), dando il preavviso nel termine e nei modi stabiliti [dalle norme corporative] ([1]), dagli usi o secondo equità (1750^2, 2109, 2110^2, 2244; 98 att.) ([2]).

In mancanza di preavviso, il recedente è tenuto verso l'altra parte a un'indennità equivalente all'importo della retribuzione che sarebbe spettata per il periodo di preavviso (2276, 2751 *bis*, n. 4, 2948, n. 5; 98 att.).

La stessa indennità è dovuta dal datore di lavoro nel caso di cessazione del rapporto per morte del prestatore di lavoro (2122).

([1]) *L'espressione «dalle norme corporative» è da ritenersi abrogata dal R.D.L. 9 agosto 1943, n. 721.*

([2]) *Si veda la L. 17 ottobre 2007, n. 188, recante disposizioni in materia di modalità per la risoluzione del contratto.*

2119. Recesso per giusta causa. – Ciascuno dei contraenti può recedere dal contratto prima della scadenza del termine, se il contratto è a tempo determinato ([1]), o senza preavviso, se il contratto è a tempo indeterminato (2097) ([2]), qualora si verifichi una causa che non consenta la prosecuzione, anche provvisoria, del rapporto. Se il contratto è a tempo indeterminato, al prestatore di lavoro che recede per giusta causa compete l'indennità indicata nel secondo comma dell'articolo precedente (2244).

Non costituisce giusta causa di risoluzione del contratto il fallimento (1 l. fall.) dell'imprenditore (2221) o la liquidazione coatta amministrativa dell'azienda (194 l. fall.).

([1]) *Si veda il D.L.vo 6 settembre 2001, n. 368, attuazione della direttiva 1999/70/CE relativa all'accordo quadro sul lavoro a tempo determinato concluso dall'UNICE, dal CEEP e dal CES.*

([2]) *Si veda l'art. 18 della L. 20 maggio 1970, n. 300, Statuto dei lavoratori, per la disciplina del diritto alla reintegrazione nel posto di lavoro.*

2120. ([1]) **Disciplina del trattamento di fine rapporto.** – In ogni caso di cessazione del rapporto di lavoro subordinato, il prestatore di lavoro ha diritto ad un trattamento di fine rapporto. Tale trattamento si calcola sommando per ciascun anno di servizio una quota pari e comunque non superiore all'importo della retribuzione dovuta per l'anno stesso divisa per 13,5. La quota è proporzionalmente ridotta per le frazioni di anno, computandosi come mese intero le frazioni di mese uguali o superiori a 15 giorni.

Salvo diversa previsione dei contratti collettivi la retribuzione annua, ai fini del comma precedente, comprende tutte le somme, compreso l'equivalente delle prestazioni in natura, corrisposte in dipendenza del rapporto di lavoro, a titolo non occasionale e con esclusione di quanto è corrisposto a titolo di rimborso spese.

In caso di sospensione della prestazione di lavoro nel corso dell'anno per una delle cause di cui all'articolo 2110, nonché in caso di sospensione totale o parziale per la quale sia prevista l'integrazione salariale, deve essere computato nella retribuzione di cui al primo comma l'equivalente della retribuzione a cui il lavoratore avrebbe avuto diritto in caso di normale svolgimento del rapporto di lavoro.

Il trattamento di cui al precedente primo comma, con esclusione della quota maturata nell'anno, è incrementato, su base composta, al 31 dicembre di ogni anno, con l'applicazione di un tasso costituito dall'1,5 per cento in misura fissa e dal 75 per cento dell'aumento dell'indice dei prezzi al consumo per le famiglie di operai ed impiegati, accertato dall'ISTAT, rispetto al mese di dicembre dell'anno precedente.

Ai fini dell'applicazione del tasso di rivalutazione di cui al comma precedente per frazioni di anno, l'incremento dell'indice ISTAT è quello risultante nel mese di cessazione del rapporto di lavoro rispetto a quello di dicembre dell'anno precedente. Le frazioni di mese uguali o superiori a quindici giorni si computano come mese intero.

Il prestatore di lavoro, con almeno otto anni di servizio presso lo stesso datore di lavoro, può chiedere, in costanza di rapporto di lavoro, una anticipazione non superiore al 70 per cento sul trattamento cui avrebbe diritto nel caso di cessazione del rapporto alla data della richiesta.

Le richieste sono soddisfatte annualmente entro i limiti del 10 per cento degli aventi titolo, di cui al precedente comma, e comunque del 4 per cento del numero totale dei dipendenti.

La richiesta deve essere giustificata dalla necessità di:

a) eventuali spese sanitarie per terapie e interventi straordinari riconosciuti dalle competenti strutture pubbliche;

b) acquisto della prima casa di abitazione per sé o per i figli, documentato con atto notarile (2).

L'anticipazione può essere ottenuta una sola volta nel corso del rapporto di lavoro e viene detratta, a tutti gli effetti, dal trattamento di fine rapporto.

Nell'ipotesi di cui all'articolo 2122 la stessa anticipazione è detratta dall'indennità prevista dalla norma medesima.

Condizioni di miglior favore possono essere previste dai contratti collettivi o da patti individuali. I contratti collettivi possono altresì stabilire criteri di priorità per l'accoglimento delle richieste di anticipazione.

(1) *Articolo così sostituito dall'art. 1 della L. 29 maggio 1982, n. 297, disciplina del trattamento di fine rapporto e norme in materia pensionistica.*

(2) *La Corte costituzionale, con sentenza n. 142 del 5 aprile 1991, ha dichiarato l'illegittimità di questa lettera nella parte in cui non prevede la possibilità di concessione dell'anticipazione in ipotesi di acquisto «in itinere» comprovato con mezzi idonei a dimostrarne l'effettività.*

2121. (1) **Computo dell'indennità di mancato preavviso.** – L'indennità di cui all'articolo 2118 deve calcolarsi computando le provvigioni, i premi di produzione, le partecipazioni agli utili o ai prodotti (2099, 2102) ed ogni altro compenso di carattere continuativo, con esclusione di quanto è corrisposto a titolo di rimborso spese (2).

Se il prestatore di lavoro è retribuito in tutto o in parte con provvigioni, con premi di produzione o con partecipazioni, l'indennità suddetta è determinata sulla media degli emolumenti degli ultimi tre anni di servizio o del minor tempo di servizio prestato.

Fa parte della retribuzione anche l'equivalente del vitto e dell'alloggio dovuto al prestatore di lavoro (3).

(1) *Articolo così sostituito dall'art. 1 della L. 29 maggio 1982, n. 297, disciplina del trattamento di fine rapporto e norme in materia pensionistica.*

(2) *Si veda la nota (2) all'art. 2120.*

(3) *Vedi, art. 6, D.L. 11 luglio 1992, n. 333, convertito in L. 8 agosto 1992, n. 359.*

2122. Indennità in caso di morte. – In caso di morte del prestatore di lavoro, le indennità indicate dagli articoli 2118 e 2120 (1) devono corrispondersi al coniuge, ai figli e, se vivevano a carico del prestatore di lavoro, ai parenti entro il terzo grado (76) e agli affini (78) entro il secondo grado (1751^4).

La ripartizione delle indennità, se non vi è accordo tra gli aventi diritto, deve farsi secondo il bisogno di ciascuno.

In mancanza delle persone indicate nel primo comma, le indennità sono attribuite secondo le norme della successione legittima (565 ss.) (2).

È nullo ogni patto anteriore alla morte del prestatore di lavoro circa l'attribuzione e la ripartizione delle indennità (458).

(1) *Le indennità di cui agli articoli richiamati riguardano le dimissioni dal rapporto di lavoro, il licenziamento* ad nutum *ed il trattamento di fine rapporto.*

(2) *La Corte costituzionale, con sentenza n. 8 del 19 gennaio 1972, ha dichiarato l'illegittimità costituzionale del comma terzo nella parte in cui esclude che il lavoratore subordinato, in mancanza delle persone indicate nel primo comma, possa disporre per testamento delle indennità di cui allo stesso articolo.*

2123. Forme di previdenza. – Salvo patto contrario, l'imprenditore che ha compiuto volontariamente atti di previdenza può dedurre dalle somme da lui dovute a norma degli articoli 2110, 2111 e 2120 quanto il prestatore di lavoro ha diritto di percepire per effetto degli atti medesimi (1751[2]).

Se esistono fondi di previdenza (2117) formati con il contributo dei prestatori di lavoro, questi hanno diritto alla liquidazione della propria quota, qualunque sia la causa della cessazione del contratto.

2124. Certificato di lavoro. – Se non è obbligatorio il libretto di lavoro ([1]), all'atto della cessazione del contratto, qualunque ne sia la causa, l'imprenditore deve rilasciare un certificato con l'indicazione del tempo durante il quale il prestatore di lavoro è stato occupato alle sue dipendenze e delle mansioni esercitate (2133, 2246).

([1]) *Si veda il D.M. 9 luglio 2008* (G.U. *Serie gen. - n. 192 del 18 agosto 2008*).

2125. Patto di non concorrenza. – Il patto con il quale si limita lo svolgimento dell'attività del prestatore di lavoro, per il tempo successivo alla cessazione del contratto, è nullo se non risulta da atto scritto (2725), se non è pattuito un corrispettivo a favore del prestatore di lavoro e se il vincolo non è contenuto entro determinati limiti di oggetto, di tempo e di luogo.

La durata del vincolo non può essere superiore ai cinque anni, se si tratta di dirigenti, e a tre anni negli altri casi. Se è pattuita una durata maggiore, essa si riduce nella misura suindicata (2557, 2596).

§. 5
Disposizioni finali

2126. Prestazione di fatto con violazione di legge. – La nullità (1418) o l'annullamento (1425) del contratto di lavoro non produce effetto per il periodo in cui il rapporto ha avuto esecuzione (1445, 2332[2]), salvo che la nullità derivi dall'illiceità dell'oggetto o della causa (1343, 1345, 1346, 2035).

Se il lavoro è stato prestato con violazione di norme poste a tutela del prestatore di lavoro, questi ha in ogni caso diritto alla retribuzione (2098, 2099).

2127. Divieto d'interposizione nel lavoro a cottimo. – È vietato all'imprenditore di affidare a propri dipendenti lavori a cottimo da eseguirsi da prestatori di lavoro assunti e retribuiti direttamente dai dipendenti medesimi (2100 ss.).

In caso di violazione di tale divieto, l'imprenditore risponde direttamente, nei confronti dei prestatori di lavoro assunti dal proprio dipendente, degli obblighi derivanti dai contratti di lavoro da essi stipulati.

2128. Lavoro a domicilio. – Ai prestatori di lavoro a domicilio si applicano le disposizioni di questa sezione, in quanto compatibili con la specialità del rapporto.

2129. Contratto di lavoro per i dipendenti da enti pubblici. – Le disposizioni di questa sezione si applicano ai prestatori di lavoro dipendenti da enti pubblici, salvo che il rapporto sia diversamente regolato dalla legge (98).

Sezione IV
Del tirocinio

2130. Durata del tirocinio. – Il periodo di tirocinio non può superare i limiti stabiliti [dalle norme corporative o] ([1]) dagli usi.

([1]) *L'espressione «dalle norme corporative» è da ritenersi abrogata dal R.D.L. 9 agosto 1943, n. 721.*

2131. Retribuzione. – La retribuzione dell'apprendista non può assumere la forma di salario a cottimo (2100 ss.).

2132. Istruzione professionale. – L'imprenditore deve permettere che l'apprendista frequenti i corsi per la formazione professionale e deve destinarlo soltanto ai lavori attinenti alla specialità professionale a cui si riferisce il tirocinio.

2133. Attestato di tirocinio. – Alla cessazione del tirocinio, l'apprendista, per il quale non è obbligatorio il libretto di lavoro, ha diritto di ottenere un attestato del tirocinio compiuto (2124).

2134. Norme applicabili al tirocinio. – Al tirocinio si applicano le disposizioni della sezione precedente, in quanto siano compatibili con la specialità del rapporto e non siano derogate da disposizioni delle leggi speciali [o da norme corporative] ([1]).

([1]) *L'espressione «o da norme corporative» è da ritenersi abrogata dal R.D.L. 9 agosto 1943, n. 721.*

Codice Civile

Capo II
Dell'impresa agricola

Sezione I
Disposizioni generali

2135. ([1]) **Imprenditore agricolo.** – È imprenditore agricolo chi esercita una delle seguenti attività: coltivazione del fondo, selvicoltura, allevamento di animali e attività connesse.

Per coltivazione del fondo, per selvicoltura e per allevamento di animali si intendono le attività dirette alla cura ed allo sviluppo di un ciclo biologico o di una fase necessaria del ciclo stesso, di carattere vegetale o animale, che utilizzano o possono utilizzare il fondo, il bosco o le acque dolci, salmastre o marine.

Si intendono comunque connesse le attività, esercitate dal medesimo imprenditore agricolo, dirette alla manipolazione, conservazione, trasformazione, commercializzazione e valorizzazione che abbiano ad oggetto prodotti ottenuti prevalentemente dalla coltivazione del fondo o del bosco o dall'allevamento di animali, nonché le attività dirette alla fornitura di beni o servizi mediante l'utilizzazione prevalente di attrezzature o risorse dell'azienda normalmente impiegate nell'attività agricola esercitata, ivi comprese le attività di valorizzazione del territorio e del patrimonio rurale e forestale, ovvero di ricezione ed ospitalità come definite dalla legge.

([1]) *Questo articolo è stato così sostituito dall'art. 1 del D.L.vo 18 maggio 2001, n. 228.*

2136. Inapplicabilità delle norme sulla registrazione. – Le norme relative all'iscrizione nel registro delle imprese (2188, 2195) non si applicano agli imprenditori agricoli, salvo quanto è disposto dall'art. 2200.

2137. Responsabilità dell'imprenditore agricolo. – L'imprenditore, anche se esercita l'impresa su fondo altrui, è soggetto agli obblighi stabiliti dalla legge [e dalle norme corporative] ([1]) concernenti l'esercizio dell'agricoltura.

([1]) *L'espressione «e dalle norme corporative» è da ritenersi abrogata dal R.D.L. 9 agosto 1943, n. 721.*

2138. Dirigenti e fattori di campagna. – I poteri dei dirigenti preposti all'esercizio dell'impresa agricola e quelli dei fattori di campagna, se non sono determinati per iscritto dal preponente, sono regolati [dalle norme corporative ([1]) e, in mancanza], dagli usi.

([1]) *L'espressione «e dalle norme corporative» è da ritenersi abrogata dal R.D.L. 9 agosto 1943, n. 721.*

2139. Scambio di mano d'opera o di servizi. – Tra i piccoli imprenditori agricoli (2083) è ammesso lo scambio di mano d'opera o di servizi secondo gli usi.

2140. [**Comunioni tacite familiari.** – (*Omissis*)] ([1]).

([1]) *Articolo abrogato dall'art. 205, L. 19 maggio 1975, n. 151. Si veda, ora, l'art. 230* bis *c.c.*

Sezione II
Della mezzadria

2141. Nozione. – Nella mezzadria il concedente ed il mezzadro, in proprio e quale capo di una famiglia colonica (2142, 2150), si associano per la coltivazione di un podere e per l'esercizio delle attività connesse (2135) al fine di dividerne a metà i prodotti e gli utili (2155, 2156). È valido tuttavia il patto con il quale taluni prodotti si dividono in proporzioni diverse.

2142. ([1]) **Famiglia colonica.** – La composizione della famiglia colonica non può volontariamente essere modificata senza il consenso del concedente, salvi i casi di matrimonio, di adozione e di riconoscimento di figli nati fuori del matrimonio ([2]). La composizione e le variazioni della famiglia colonica devono risultare dal libretto colonico.

([1]) *Articolo da ritenere abrogato. Dispone, in contrario, l'art. 7 della L. 15 settembre 1964, n. 756, che: «La composizione della famiglia colonica può essere modificata senza il consenso del concedente, anche fuori dei casi previsti dall'art. 2142 c.c., purché non ne risulti compromessa la normale conduzione del fondo. Ai fini della presente legge il lavoro della donna è considerato equivalente a quello dell'uomo».*

([2]) *Le parole: «figli naturali» sono state così sostituite dalle attuali: «figli nati fuori del matrimonio» dall'art. 105, comma 3, del D.L.vo 28 dicembre 2013, n. 154, a decorrere dal trentesimo giorno successivo a quello della sua pubblicazione nella* Gazzetta Ufficiale *(G.U. n. 5 dell'8 gennaio 2014).*

2143. Mezzadria a tempo indeterminato. – La mezzadria a tempo indeterminato s'intende convenuta per la durata di un anno agrario, salvo diverse disposizioni delle norme corporative ([1]), e si rinnova tacitamente di anno in anno, se non è stata comunicata disdetta almeno sei mesi prima della scadenza nei modi fissati [dalle norme corporative], ([1]) dalla convenzione o dagli usi.

([1]) *Le espressioni: «salvo diverse disposizioni delle norme corporative» e «dalle norme corporative» sono da ritenersi abrogate dal R.D.L. 9 agosto 1943, n. 721.*

2144. Mezzadria a tempo determinato. – La mezzadria a tempo determinato non cessa di diritto alla scadenza del termine.

Se non è comunicata disdetta a norma dell'articolo precedente, il contratto s'intende rinnovato di anno in anno.

2145. Diritti ed obblighi del concedente. – Il concedente conferisce il godimento del podere, dotato in quanto occorre per l'esercizio dell'impresa e di un'adeguata casa per la famiglia colonica (2765).

La direzione dell'impresa spetta al concedente, il quale deve osservare le norme della buona tecnica agraria (2086, 2156, 2169, 2173) ([1]).

([1]) *Dispone, in contrario, l'art. 6 della L. 15 settembre 1964, n. 756:*

«Il mezzadro collabora con il concedente nella direzione dell'impresa. A tal fine le parti concordano tutte le decisioni di rilevante interesse, secondo le esigenze della buona tecnica agraria.

«In caso di disaccordo è data facoltà a ciascuna delle parti di chiedere il parere al capo dell'Ispettorato provinciale dell'agricoltura.

«Nelle compravendite di cose o prodotti compiute nel comune interesse il mezzadro ha diritto di partecipare con il concedente alle relative operazioni».

2146. Conferimento delle scorte. – Le scorte vive e morte sono conferite dal concedente e dal mezzadro in parti uguali, salvo diversa disposizione [delle norme corporative], ([1]) della convenzione o degli usi.

Le scorte conferite divengono comuni in proporzione dei rispettivi conferimenti (2136) ([2]).

([1]) *L'espressione: «delle norme corporative» è da ritenersi abrogata dal R.D.L. 9 agosto 1943, n. 721.*

([2]) *Si veda la L. 29 maggio 1956, n. 500, norme interpretative in materia di consegna e riconsegna delle scorte vive nei contratti di mezzadria.*

2147. Obblighi del mezzadro. – Il mezzadro è obbligato a prestare, secondo le direttive del concedente ([1]) e la necessità della coltivazione (2145[2]), il lavoro proprio e quello della famiglia colonica (2765).

È a carico del mezzadro, salve diverse disposizioni [delle norme corporative] ([2]) della convenzione o degli usi, la spesa della mano d'opera eventualmente necessaria per la normale coltivazione del podere (2149, 2169).

([1]) *Si veda l'art. 6 della L. 15 settembre 1964, n. 756, riportato* sub *art. 2145 c.c.*

([2]) *L'espressione: «delle norme corporative» è da ritenersi abrogata dal R.D.L. 9 agosto 1943, n. 721.*

2148. Obblighi di residenza e di custodia. – Il mezzadro ha l'obbligo di risiedere stabilmente (43) nel podere con la famiglia colonica (2145).

Egli deve custodire il podere e mantenerlo in normale stato di produttività. Egli deve altresì custodire e conservare le altre cose affidategli dal concedente, con la diligenza del buon padre di famiglia (1176, 1768, 2167[2], 2174), e non può, senza il consenso del concedente o salvo uso contrario, svolgere attività a suo esclusivo profitto o compiere prestazioni a favore di terzi.

2149. Divieto di subconcessione. – Il mezzadro non può cedere la mezzadria, né affidare ad altri la coltivazione del podere, senza il consenso del concedente (1770, 1804, 2169) ([1]).

([1]) *Si veda, ora, l'art. 21 della L. 3 maggio 1982, n. 203, nuove norme su contratti agrari.*

2150. Rappresentanza della famiglia colonica. – Nei rapporti relativi alla mezzadria il mezzadro rappresenta (1387), nei confronti del concedente, i componenti della famiglia colonica (2142).

Le obbligazioni contratte dal mezzadro nell'esercizio della mezzadria sono garantite dai suoi beni e da quelli comuni della famiglia colonica. I componenti della famiglia colonica non rispondono con i loro beni, se non hanno prestato espressa garanzia ([1]).

([1]) *Si veda, ora, l'art. 48, terzo comma, della L. 3 maggio 1982, n. 203.*

2151. Spese per la coltivazione. – Le spese per la coltivazione del podere e per l'esercizio delle attività connesse (2135), escluse ([1]) quelle per la mano d'opera previste dall'art. 2147, sono a carico del concedente e del mezzadro in parti uguali, se non dispongono diversamente [le norme corporative] ([2]), la convenzione o gli usi.

Se il mezzadro è sfornito di mezzi propri, il concedente deve anticipare senza interesse (1282, 1652, 1815, 2154), sino alla scadenza dell'anno agrario in corso, le spese indicate nel comma precedente, salvo rivalsa mediante prelevamento sui prodotti e sugli utili (2169).

([1]) *Dispone, in contrario, l'art. 5 della L. 15 settembre 1964, n. 756:*

«Le spese per la coltivazione del podere e per l'esercizio delle attività connesse, ivi comprese quelle per l'impiego e la manutenzione dei mezzi meccanici ed escluse quelle per la mano d'opera, previste dall'art. 2147 c.c., sono a carico del concedente e del mezzadro in parti uguali.

«Se il mezzadro è sfornito di mezzi propri il concedente deve anticipare senza interessi sino alla scadenza dell'anno agrario le spese indicate nel precedente comma».

(²) *L'espressione: «le norme corporative» è da ritenersi abrogata dal R.D.L. 9 agosto 1943, n. 721.*

2152. Miglioramenti. – Il concedente che intende compiere miglioramenti sul podere deve valersi del lavoro dei componenti della famiglia colonica che siano forniti della necessaria capacità lavorativa, e questi sono tenuti a prestarlo verso compenso.

La misura del compenso, se non è stabilita [dalle norme corporative] (¹) dalla convenzione o dagli usi, è determinata dal giudice, sentite, ove occorra, le associazioni professionali (²) e tenuto conto dell'eventuale incremento di reddito realizzato dal mezzadro.

(¹) *L'espressione: «delle norme corporative» è da ritenersi abrogata dal R.D.L. 9 agosto 1943, n. 721.*

(²) *Soppresse dal D.L.vo Lgt. 23 novembre 1944, n. 369, soppressione delle associazioni sindacali fasciste e liquidazione dei rispettivi patrimoni.*

2153. Riparazioni di piccola manutenzione. – Salvo diverse disposizioni [delle norme corporative] (¹), della convenzione o degli usi, sono a carico del mezzadro le riparazioni di piccola manutenzione (1577, 1621) della casa colonica e degli strumenti di lavoro, di cui egli e la famiglia colonica si servono (1576, 1621).

(¹) *L'espressione: «delle norme corporative» è da ritenersi abrogata dal R.D.L. 9 agosto 1943, n. 721.*

2154. Anticipazioni di carattere alimentare alla famiglia colonica. – Se la quota dei prodotti spettante al mezzadro, per scarsezza del raccolto a lui non imputabile, non è sufficiente ai bisogni alimentari della famiglia colonica, e questa non è in grado di provvedervi, il concedente deve somministrare senza interesse (1282) il necessario per il mantenimento della famiglia colonica, salvo rivalsa mediante prelevamento sulla parte dei prodotti e degli utili spettanti al mezzadro (2151², 2155).

Il giudice, con riguardo alle circostanze, può disporre il rimborso rateale.

2155. (¹) **Raccolta e divisione dei prodotti.** – Il mezzadro non può iniziare le operazioni di raccolta senza il consenso del concedente ed è obbligato a custodire i prodotti sino alla divisione.

I prodotti sono divisi in natura sul fondo con l'intervento delle parti (2156).

Salvo diverse disposizioni [delle norme corporative] (²), della convenzione o degli usi, il mezzadro deve trasportare ai magazzini del concedente la quota a questo assegnata nella divisione.

(¹) *Alla disciplina dettata da questa norma hanno derogato, dapprima l'art. 4 della L. 15 settembre 1964, n. 756, e, poi, l'art. 37 della L. 3 maggio 1982, n. 203.*

(²) *L'espressione: «delle norme corporative» è da ritenersi abrogata dal R.D.L. 9 agosto 1943, n. 721.*

2156. Vendita dei prodotti. – La vendita dei prodotti, che in conformità degli usi non si dividono in natura, è fatta dal concedente previo accordo col mezzadro e, in mancanza, sulla base del prezzo di mercato.

La divisione si effettua sul ricavato della vendita, dedotte le spese (2169).

2157. Diritto di preferenza del concedente. – Il mezzadro, nella vendita dei prodotti assegnatigli in natura, deve, a parità di condizioni, preferire il concedente (732, 696, 2169) (¹).

(¹) *Si veda l'art. 4 della L. 15 settembre 1964, n. 756, norme in materia di contratti agrari.*

2158. Morte di una delle parti. – La mezzadria non si scioglie per la morte del concedente (2168, 2179).

In caso di morte del mezzadro la mezzadria si scioglie alla fine dell'anno agrario in corso, salvo che tra gli eredi del mezzadro vi sia persona idonea a sostituirlo ed i componenti della famiglia colonica si accordino nel designarla.

Se la morte del mezzadro è avvenuta negli ultimi quattro mesi dell'anno agrario, i componenti della famiglia colonica possono chiedere che la mezzadria continui sino alla fine dell'anno successivo, purché assicurino la buona coltivazione del podere. La richiesta deve essere fatta entro due mesi dalla morte del mezzadro, o, se ciò non è possibile, prima dell'inizio del nuovo anno agrario.

In tutti i casi, se il podere non è coltivato con la dovuta diligenza (2147, 2148²), il concedente può fare eseguire a sue spese i lavori necessari, salvo rivalsa mediante prelevamento sui prodotti e sugli utili.

2159. Scioglimento del contratto. – Salve le norme generali sulla risoluzione dei contratti per inadempimento (1453 ss.), ciascuna delle parti può chiedere lo scioglimento del contratto quando si verificano fatti tali da non consentire la prosecuzione del rapporto (2169, 2180).

2160. Trasferimento del diritto di godimento del fondo. – Se viene trasferito il diritto di godimento del fondo (978, 1470, 1552), la mezzadria continua nei confronti di chi subentra al concedente, salvo che il mezzadro, entro un mese dalla notizia del trasferimento, dichiari di recedere dal contratto (1373). In tal caso il recesso ha effetto alla fine dell'anno agrario in corso o di quello successivo, se non è comunicato almeno tre mesi prima della fine dell'anno agrario in corso.

I crediti e i debiti del concedente verso il mezzadro risultanti dal libretto colonico (2161) passano a chi subentra nel godimento del fondo, salva per i debiti la responsabilità sussidiaria dell'originario concedente (2169, 2177, 2559, 2560).

2161. Libretto colonico. – Il concedente deve istituire un libretto colonico da tenersi in due esemplari, uno per ciascuna delle parti (2142).

Il concedente deve annotare di volta in volta su entrambi gli esemplari i crediti e i debiti delle parti relativi alla mezzadria, con indicazione della data e del fatto che li ha determinati.

Le annotazioni devono, alla fine dell'anno agrario, essere sottoscritte per accettazione dal concedente e dal mezzadro.

Il mezzadro deve presentare il libretto colonico al concedente per le annotazioni e per i saldi annuali (2160^2, 2169).

2162. Efficacia probatoria del libretto colonico. – Le annotazioni eseguite sui due esemplari del libretto colonico fanno prova a favore e contro ciascuno dei contraenti (2702), se il mezzadro non ha reclamato entro novanta giorni dalla consegna del libretto fattagli dal concedente (2964 ss.).

Se una delle parti non presenta il proprio libretto, fa fede quello presentato.

In ogni caso le annotazioni delle partite fanno prova contro chi le ha scritte (2707).

Con la sottoscrizione delle parti alla chiusura annuale del conto colonico, questo si intende approvato. Le risultanze del conto possono essere impugnate soltanto per errori materiali, omissioni, falsità e duplicazioni di partite entro novanta giorni dalla consegna del libretto al mezzadro (1427, 2169 ss., 2964; 266 c.p.c.).

2163. Assegnazione delle scorte al termine della mezzadria. – Salvo diverse disposizioni [delle norme corporative] ([1]), della convenzione o degli usi, l'assegnazione delle scorte (2146) al termine della mezzadria deve farsi secondo le norme seguenti:

1) se si tratta di scorte vive (1641), secondo la specie, il sesso, il numero, la qualità e il peso, ovvero, in mancanza di tali determinazioni, secondo il valore, tenuto conto della differenza di esso tra il tempo del conferimento e quello della riconsegna ([2]);

2) se si tratta di scorte morte (1640) circolanti, per quantità e qualità, valutando le eccedenze e le diminuzioni in base ai prezzi di mercato nel tempo della riconsegna;

3) se si tratta di scorte morte fisse, per specie, quantità, qualità e stato d'uso (2169).

([1]) *L'espressione: «delle norme corporative» è da ritenersi abrogata dal R.D.L. 9 agosto 1943, n. 721.*

([2]) *Si veda anche la L. 29 maggio 1956, n. 500, consegna e riconsegna delle scorte vive nella mezzadria.*

Sezione III
Della colonia parziaria

2164. Nozione ([1]). – Nella colonia parziaria il concedente ed uno o più coloni si associano per la coltivazione di un fondo e per l'esercizio delle attività connesse (2135), al fine di dividerne i prodotti e gli utili.

La misura della ripartizione dei prodotti e degli utili è stabilita [dalle norme corporative] ([2]), dalla convenzione o dagli usi (2141, 2187).

([1]) *Si vedano gli artt. 25 e ss. della L. 3 maggio 1982, n. 203, concernenti la conversione in affitto dei contratti agrari associativi. La L. 14 febbraio 1940, n. 28, ha dettato norme di modifica ed integrazione in materia di conversione in affitto dei contratti agrari associativi. La colonia parziaria era stata disciplinata in deroga al c.c., tra l'altro, dalla L. 15 settembre 1964, n. 756 (artt. 9-12), e dalla L. 1 marzo 1968, n. 188, di interpretazione autentica dell'art. 9 della legge anzidetta.*

([2]) *L'espressione «dalle norme corporative» è da ritenersi abrogata dal R.D.L. 9 agosto 1943, n. 721.*

2165. Durata. – La colonia parziaria è contratta per il tempo necessario affinché il colono possa svolgere e portare a compimento un ciclo normale di rotazione delle colture praticate nel fondo.

Se non si fa luogo a rotazioni di colture, la colonia non può avere una durata inferiore a due anni (2143).

2166. Obblighi del concedente. – Il concedente deve consegnare il fondo in istato di servire alla produzione alla quale è destinato.

2167. Obblighi del colono. – Il colono deve prestare il lavoro proprio secondo le direttive del concedente (2145, 2173) e le necessità della coltivazione.

Egli deve custodire il fondo e mantenerlo in normale stato di produttività; deve altresì custodire e conservare le altre cose affidategli dal concedente con la diligenza del buon padre di famiglia (1176, 2148, 2765).

2168. Morte di una delle parti. – La colonia parziaria non si scioglie per la morte del concedente (2159, 2179).

In caso di morte del colono, si applicano a favore degli eredi di questo le disposizioni del secondo, terzo e quarto comma dell'art. 2158.

2169. Rinvio. – Sono applicabili alla colonia parziaria le norme dettate per la mezzadria negli artt. 2145, secondo comma, 2147, secondo comma, 2149, 2151, secondo comma, 2152, 2155, 2156, 2157, 2159, 2160 e 2163, nonché quelle concernenti la tenuta e l'efficacia probatoria del libretto colonico (2161, 2162), qualora le parti l'abbiano d'accordo istituito.

Sezione IV
Della soccida

§. 1
Disposizioni generali

2170. Nozione. – Nella soccida il soccidante e il soccidario si associano per l'allevamento e lo sfruttamento di una certa quantità di bestiame e per l'esercizio delle attività connesse (2135), al fine di ripartire l'accrescimento del bestiame e gli altri prodotti e utili che ne derivano (2181, 2184, 2187).

L'accrescimento consiste tanto nei parti sopravvenuti, quanto nel maggior valore intrinseco che il bestiame abbia al termine del contratto (2178).

§. 2
Della soccida semplice

2171. Nozione. – Nella soccida semplice il bestiame è conferito dal soccidante.

La stima del bestiame all'inizio del contratto non ne trasferisce la proprietà al soccidario.

La stima deve indicare il numero, la razza, la qualità, il sesso, il peso e l'età del bestiame e il relativo prezzo di mercato. La stima serve di base per determinare il prelevamento a cui ha diritto il soccidante alla fine del contratto, a norma dell'art. 2181.

2172. Durata del contratto. – Se nel contratto non è stabilito un termine, la soccida ha la durata di tre anni (2176).

Alla scadenza del termine il contratto non cessa di diritto, e la parte che non intende rinnovarlo deve darne disdetta almeno sei mesi prima della scadenza o nel maggior termine fissato [dalle norme corporative] ([1]), dalla convenzione o dagli usi.

Se non è data disdetta, il contratto s'intende rinnovato di anno in anno (2144).

([1]) *L'espressione: «dalle norme corporative» è da ritenersi abrogata dal R.D.L. 9 agosto 1943, n. 721.*

2173. Direzione dell'impresa e assunzione di mano d'opera. – La direzione dell'impresa spetta al soccidante (2186[2]), il quale deve esercitarla secondo le regole della buona tecnica dell'allevamento.

La scelta di prestatori di lavoro, estranei alla famiglia del soccidario, deve essere fatta col consenso del soccidante, anche quando secondo la convenzione o gli usi la relativa spesa è posta a carico del soccidario (2174[2], 2149).

2174. Obblighi del soccidario. – Il soccidario deve prestare, secondo le direttive del soccidante (2173), il lavoro occorrente per la custodia e l'allevamento del bestiame affidatogli, per la lavorazione dei prodotti e per il trasporto sino ai luoghi di ordinario deposito.

Il soccidario deve usare la diligenza del buon allevatore (1176, 2175).

2175. Perimento del bestiame. – Il soccidario non risponde del bestiame che provi essere perito per causa a lui non imputabile (1218, 1256), ma deve rendere conto delle parti recuperabili (1258, 2176).

2176. Reintegrazione del bestiame conferito. – Nella soccida stipulata per un tempo non inferiore a tre anni, qualora durante la prima metà del periodo contrattuale perisca la maggior parte del bestiame inizialmente conferito, per causa non imputabile al soccidario, questi può chiederne la reintegrazione con altri capi di valore intrinseco eguale a quello che i capi periti avevano all'inizio del contratto, tenuto conto del numero, della razza, della qualità, del sesso, del peso e dell'età.

Codice Civile

Se il soccidante non provvede alla reintegrazione, il soccidario può recedere dal contratto (1373, 1453, 2183).

2177. Trasferimento dei diritti sul bestiame. – Se la proprietà o il godimento del bestiame dato a soccida viene trasferito ad altri, il contratto non si scioglie, e i crediti e i debiti del soccidante (2559), derivanti dalla soccida, passano all'acquirente in proporzione della quota acquistata, salva per i debiti la responsabilità sussidiaria del soccidante.

Se il trasferimento riguarda la maggior parte del bestiame, il soccidario può, nel termine di un mese da quando ha avuto conoscenza del trasferimento, recedere dal contratto con effetto dalla fine dell'anno in corso.

2178. Accrescimenti, prodotti, utili e spese. – Gli accrescimenti (2170), i prodotti, gli utili e le spese si dividono tra le parti secondo le proporzioni stabilite [dalle norme corporative], ([1]) dalla convenzione o dagli usi.

È nullo (1418, 1419) il patto per il quale il soccidario debba sopportare nella perdita una parte maggiore di quella spettantegli nel guadagno (2184, 2263, 2265).

([1]) *L'espressione: «dalle norme corporative» è da ritenersi abrogata dal R.D.L. 9 agosto 1943, n. 721.*

2179. Morte di una delle parti. – La soccida non si scioglie per la morte del soccidante.

In caso di morte del soccidario si osservano, in quanto applicabili, nei riguardi degli eredi le disposizioni del secondo, terzo e quarto comma dell'art. 2158 (2168, 2186).

2180. Scioglimento del contratto. – Salve le norme generali sulla risoluzione dei contratti per inadempimento (1453 ss.), ciascuna delle parti può chiedere lo scioglimento del contratto, quando si verificano fatti tali da non consentire la prosecuzione del rapporto (2159).

2181. Prelevamento e divisione al termine del contratto. – Al termine del contratto le parti procedono a nuova stima del bestiame.

Il soccidante preleva, d'accordo con il soccidario, un complesso di capi che, avuto riguardo al numero, alla razza, al sesso, al peso, alla qualità e all'età, sia corrispondente alla consistenza del bestiame apportato all'inizio della soccida (2171). Il di più si divide a norma dell'art. 2178.

Se non vi sono capi sufficienti ad eguagliare la stima iniziale, il soccidante prende quelli che rimangono.

§. 3
Della soccida parziaria ([1])

([1]) *La disciplina della conversione in affitto dei rapporti di soccida parziaria è contenuta nell'art. 25 della L. 3 maggio 1982, n. 203, norme sui contratti agrari e nella L. 14 febbraio 1990, n. 29, recante modifiche ed integrazioni.*

2182. Conferimento del bestiame. – Nella soccida parziaria il bestiame è conferito da entrambi i contraenti nelle proporzioni convenute.

Essi divengono comproprietari del bestiame in proporzione del rispettivo conferimento.

2183. Reintegrazione del bestiame conferito. – Nella soccida stipulata per un tempo non inferiore a tre anni, qualora durante la prima metà del periodo contrattuale perisca per causa non imputabile al soccidario la maggior parte del bestiame inizialmente conferito, e i contraenti non si accordino per la reintegrazione (2176), ciascuno di essi ha diritto di recedere dal contratto (1373).

Salvo diverso accordo delle parti, il recesso ha effetto con la fine dell'anno in corso.

Il bestiame rimasto è diviso tra le parti nella proporzione indicata nell'art. 2184.

Se è convenuto che nella divisione del bestiame da farsi alla scadenza del contratto sia attribuita ad uno dei contraenti una quota maggiore di quella corrispondente al suo conferimento, tale quota deve essere ridotta in rapporto alla minor durata della soccida.

2184. Divisione del bestiame, dei prodotti e degli utili. – Gli accrescimenti (2170), i prodotti, gli utili, le spese e, al termine del contratto, il bestiame conferito si dividono nella proporzione stabilita dalle norme corporative, ([1]) dalla convenzione o dagli usi (2178, 2186[2]).

([1]) *L'espressione: «dalle norme corporative» è da ritenersi abrogata dal R.D.L. 9 agosto 1943, n. 721.*

2185. Rinvio. – Per quanto non è disposto dagli articoli precedenti, si applicano alla soccida parziaria le disposizioni relative alla soccida semplice (2171 ss.).

§. 4
Della soccida
con conferimento di pascolo (1)

(1) *Per la conversione in affitto dei rapporti di soccida con conferimento di pascolo si veda l'art. 25 della L. 3 maggio 1982, n. 203, norme sui contratti agrari e la L. 14 febbraio 1990, n. 29, recante modifiche ed integrazioni.*

2186. Nozione e norme applicabili. – Si ha rapporto di soccida anche quando il bestiame è conferito dal soccidario e il soccidante conferisce il terreno per il pascolo.

In tal caso il soccidario ha la direzione dell'impresa e al soccidante spetta il controllo della gestione (2173, 2552).

Si osservano inoltre le disposizioni dell'art. 2184 e, in quanto applicabili, quelle dettate per la soccida semplice (2171 ss.).

Sezione V
Disposizione finale

2187. Usi. – Nei rapporti di associazione agraria regolati dalle sezioni II, III e IV di questo capo (2141 ss.), per quanto non è espressamente disposto, si applicano, in mancanza di convenzioni, gli usi (1374).

Capo III
Delle imprese commerciali
e delle altre imprese
soggette a registrazione

Sezione I
Del registro delle imprese (1)

(1) *Il registro delle imprese è stato istituito dall'art. 8 della L. 29 dicembre 1993, n. 580, con entrata in vigore differita all'emanazione del relativo regolamento di attuazione, avvenuta con D.P.R. 7 dicembre 1995, n. 581, pubblicato sul suppl. ord. alla* G.U. *n. 28 del 3 febbraio 1996.*

2188. Registro delle imprese. – É istituito il registro delle imprese per le iscrizioni previste dalla legge (2136, 2195 ss., 2200, 2411; 17^2, 142^3, 197 l. fall.).

Il registro è tenuto dall'ufficio del registro delle imprese sotto la vigilanza di un giudice delegato dal presidente del tribunale.

Il registro è pubblico (99 ss. att.).

2189. Modalità dell'iscrizione. – Le iscrizioni nel registro sono eseguite su domanda sottoscritta dall'interessato (2190, 2194).

Prima di procedere all'iscrizione, l'ufficio del registro deve accertare l'autenticità della sottoscrizione e il concorso delle condizioni richieste dalla legge per l'iscrizione (2330^3, 2566).

Il rifiuto dell'iscrizione deve essere comunicato con raccomandata al richiedente. Questi può ricorrere entro otto giorni al giudice del registro, che provvede con decreto (2330^4, 2411).

2190. Iscrizione d'ufficio. – Se un'iscrizione obbligatoria non è stata richiesta, l'ufficio del registro invita mediante raccomandata l'imprenditore a richiederla entro un congruo termine. Decorso inutilmente il termine assegnato, il giudice del registro può ordinarla con decreto (2192; 101 att.).

2191. Cancellazione d'ufficio. – Se un'iscrizione è avvenuta senza che esistano le condizioni richieste dalla legge, il giudice del registro, sentito l'interessato, ne ordina con decreto la cancellazione (2312).

2192. Ricorso contro il decreto del giudice del registro. – Contro il decreto del giudice del registro emesso a norma degli articoli precedenti, l'interessato, entro quindici giorni dalla comunicazione, può ricorrere al tribunale dal quale dipende l'ufficio del registro.

Il decreto che pronunzia sul ricorso deve essere iscritto d'ufficio nel registro.

2193. Efficacia dell'iscrizione. – I fatti dei quali la legge prescrive l'iscrizione, se non sono stati iscritti, non possono essere opposti ai terzi da chi è obbligato a richiederne l'iscrizione, a meno che questi provi che i terzi ne abbiano avuto conoscenza (2298, 2300, 2384, 2436).

L'ignoranza dei fatti dei quali la legge prescrive l'iscrizione non può essere opposta dai terzi dal momento in cui l'iscrizione è avvenuta (2206, 2207).

Sono salve le disposizioni particolari della legge (2297, 2298, 2300).

2194. Inosservanza dell'obbligo d'iscrizione. – Salvo quanto disposto dagli articoli 2626 e 2634, chiunque omette di richiedere l'iscrizione nei modi e nel termine stabiliti dalla legge, è punito con la sanzione amministrativa del pagamento di una somma da € 10 a € 516 (100 att.).

Sezione II
Dell'obbligo di registrazione

2195. Imprenditori soggetti a registrazione. – Sono soggetti all'obbligo dell'iscrizione nel registro delle imprese (2188) gli imprenditori che esercitano:

1) un'attività industriale diretta alla produzione di beni o di servizi (2135[2]);

2) un'attività intermediaria nella circolazione dei beni;

3) un'attività di trasporto per terra, per acqua o per aria (1678);

4) un'attività bancaria (1834 ss.) o assicurativa (1882);

5) altre attività ausiliari delle precedenti (1754).

Le disposizioni della legge che fanno riferimento alle attività e alle imprese commerciali si applicano, se non risulta diversamente, a tutte le attività indicate in questo articolo e alle imprese che le esercitano (371[3], 397, 425, 2201).

2196. Iscrizione dell'impresa. – Entro trenta giorni dall'inizio dell'impresa (160[1], n. 1 l. fall.) l'imprenditore che esercita un'attività commerciale deve chiedere l'iscrizione all'ufficio del registro delle imprese nella cui circoscrizione stabilisce la sede, indicando:

1) il cognome e il nome, il nome del padre ([1]), la cittadinanza [e la razza] ([2]);

2) la ditta (2563 ss.);

3) l'oggetto dell'impresa;

4) la sede dell'impresa (2197);

5) il cognome e il nome degli institori (2203 ss.) e procuratori (2209).

[All'atto della richiesta l'imprenditore deve depositare la sua firma autografa e quelle dei suoi institori e procuratori] ([3]).

L'imprenditore deve inoltre chiedere l'iscrizione delle modificazioni relative agli elementi suindicati e della cessazione dell'impresa (10 l. fall.), entro trenta giorni da quello in cui le modificazioni o la cessazione si verificano.

([1]) *A norma dell'art. 2 della L. 31 ottobre 1955, n. 1064, l'indicazione della paternità deve essere omessa. L'art. 3 della legge citata stabilisce che in luogo della paternità sia indicato il luogo e la data di nascita.*

([2]) *Indicazione soppressa dal R.D.L. 20 gennaio 1944, n. 25, disposizioni per la reintegrazione nei diritti civili e politici dei cittadini italiani e stranieri già dichiarati di razza ebraica o considerati di razza ebraica, e dall'art. 3, D.L.vo Lgt. 14 settembre 1944, n. 287, provvedimenti relativi alla riforma della legislazione civile.*

([3]) *Questo comma è stato abrogato dall'art. 33, comma 1, della L. 24 novembre 2000, n. 340.*

2197. Sedi secondarie. – L'imprenditore che istituisce nel territorio dello Stato sedi secondarie con una rappresentanza stabile deve, entro trenta giorni, chiederne l'iscrizione all'ufficio del registro delle imprese del luogo dove è la sede principale dell'impresa (2194).

Nello stesso termine la richiesta deve essere fatta all'ufficio del luogo nel quale è istituita la sede secondaria (2299), indicando altresì la sede principale, e il cognome e il nome del rappresentante preposto alla sede secondaria (2203). [Il rappresentante deve depositare presso il medesimo ufficio la sua firma autografa] ([1]).

La disposizione del secondo comma si applica anche all'imprenditore che ha all'estero la sede principale dell'impresa (2506).

L'imprenditore che istituisce sedi secondarie con rappresentanza stabile all'estero deve, entro trenta giorni, chiederne l'iscrizione all'ufficio del registro nella cui circoscrizione si trova la sede principale.

([1]) *Questo periodo è stato abrogato dall'art. 33, comma 1, della L. 24 novembre 2000, n. 340.*

2198. Minori, interdetti e inabilitati. – I provvedimenti di autorizzazione all'esercizio di un'impresa commerciale (2195) da parte di un minore emancipato (397) o di un inabilitato (425) o nell'interesse di un minore non emancipato (320[4], 371, n. 3) o di un interdetto (424) e i provvedimenti con i quali l'autorizzazione viene revocata devono essere comunicati senza indugio a cura del cancelliere all'ufficio del registro delle imprese per l'iscrizione (2206).

2199. Indicazione dell'iscrizione. – L'imprenditore deve indicare negli atti e nella corrispondenza, che si riferiscono all'impresa, il registro presso il quale è iscritto (2250; 100 att.).

2200. Società. – Sono soggette all'obbligo dell'iscrizione (2136, 2195) nel registro delle imprese le società costituite secondo uno dei tipi regolati nei capi III e seguenti del titolo V (2291 ss.) e le società cooperative (2511 ss.), anche se non esercitano un'attività commerciale.

L'iscrizione delle società nel registro delle imprese è regolata dalle disposizioni dei titoli V e VI.

2201. Enti pubblici. – Gli enti pubblici che hanno per oggetto esclusivo o principale un'attività commerciale sono soggetti all'obbligo dell'iscrizione nel registro delle imprese (2093, 2221; 100 att.).

2202. Piccoli imprenditori. – Non sono soggetti all'obbligo dell'iscrizione nel registro delle imprese i piccoli imprenditori (2083, 2214^{3}, 2221; 1 l. fall.).

Sezione III
Disposizioni particolari per le imprese commerciali

§. 1
Della rappresentanza

2203. Preposizione institoria. – É institore colui che è preposto dal titolare all'esercizio di un'impresa commerciale (2195; 290 c.n.).

La preposizione può essere limitata all'esercizio di una sede secondaria o di un ramo particolare dell'impresa (2197^{2}, 2205).

Se sono preposti più institori, questi possono agire disgiuntamente, salvo che nella procura sia diversamente disposto (1716^{2}, 2257).

2204. Poteri dell'institore. – L'institore può compiere tutti gli atti pertinenti all'esercizio dell'impresa a cui è preposto, salve le limitazioni contenute nella procura (2206). Tuttavia non può alienare o ipotecare i beni immobili del preponente, se non è stato a ciò espressamente autorizzato.

L'institore può stare in giudizio in nome del preponente per le obbligazioni dipendenti da atti compiuti nell'esercizio dell'impresa a cui è preposto (1903; 77 c.p.c.).

2205. Obblighi dell'institore. – Per le imprese o le sedi secondarie alle quali è preposto, l'institore è tenuto, insieme con l'imprenditore, all'osservanza delle disposizioni riguardanti l'iscrizione nel registro delle imprese (2188 ss.), e la tenuta delle scritture contabili (2214 ss.).

2206. Pubblicità della procura. – La procura con sottoscrizione del preponente autenticata (2703) deve essere depositata per l'iscrizione presso il competente ufficio del registro delle imprese (2194, 2196, 2197).

In mancanza dell'iscrizione, la rappresentanza si reputa generale e le limitazioni di essa non sono opponibili ai terzi, se non si prova che questi le conoscevano al momento della conclusione dell'affare (2193, 2198, 2209, 2298; 100 att.).

2207. Modificazione e revoca della procura. – Gli atti con i quali viene successivamente limitata o revocata la procura devono essere depositati, per l'iscrizione nel registro delle imprese, anche se la procura non fu pubblicata (2193, 2194).

In mancanza dell'iscrizione, le limitazioni o la revoca non sono opponibili ai terzi, se non si prova che questi le conoscevano al momento della conclusione dell'affare (19, 2193, 2198, 2298, 2383^{7}, 2384^{4}; 289 c.n.).

2208. Responsabilità personale dell'institore. – L'institore è personalmente obbligato se omette di far conoscere al terzo che egli tratta per il preponente; tuttavia il terzo può agire anche contro il preponente per gli atti compiuti dall'institore, che siano pertinenti all'esercizio dell'impresa a cui è preposto (2204; 227, 236, n. 2 l. fall.).

2209. Procuratori. – Le disposizioni degli articoli 2206 e 2207 si applicano anche ai procuratori, i quali, in base a un rapporto continuativo, abbiano il potere di compiere per l'imprenditore gli atti pertinenti all'esercizio dell'impresa (2204), pur non essendo preposti ad esso.

2210. Poteri dei commessi dell'imprenditore. – I commessi dell'imprenditore, salve le limitazioni contenute nell'atto di conferimento della rappresentanza, possono compiere gli atti che ordinariamente comporta la specie delle operazioni di cui sono incaricati (1835^{2}).

Non possono tuttavia esigere il prezzo delle merci delle quali non facciano la consegna (2213), né concedere dilazioni o sconti che non sono d'uso, salvo che siano a ciò espressamente autorizzati (1732, 1744).

2211. Poteri di deroga alle condizioni generali di contratto. – I commessi, anche se autorizzati a concludere contratti in nome dell'imprenditore, non hanno il potere di derogare alle condizioni generali di contratto o alle clausole stampate sui moduli dell'impresa, se non sono muniti di una speciale autorizzazione scritta (1341, 1342).

2212. Poteri dei commessi relativi agli affari conclusi. – Per gli affari da essi conclusi, i commessi dell'imprenditore sono autorizzati a ricevere per conto di questo le dichiarazioni che riguardano l'esecuzione del contratto e i reclami relativi alle inadempienze contrattuali (1495[1], 1512[1], 2226[2]).

Sono altresì legittimati a chiedere provvedimenti cautelari nell'interesse dell'imprenditore (1745; 669 *bis* ss. c.p.c.).

2213. Poteri dei commessi preposti alla vendita. – I commessi preposti alla vendita nei locali dell'impresa possono esigere il prezzo delle merci da essi vendute, salvo che alla riscossione sia palesemente destinata una cassa speciale.

Fuori dei locali dell'impresa non possono esigere il prezzo, se non sono autorizzati o se non consegnano quietanza (1199) firmata dall'imprenditore (2210).

§. 2
Delle scritture contabili (1)

(1) *Si veda il D.P.R. 9 dicembre 1996, n. 695, recante regolamento per la semplificazione delle scritture contabili. A norma dell'art. 14, comma 10, della L. 12 novembre 2011, n. 183, i soggetti in contabilità semplificata e i lavoratori autonomi che effettuano operazioni con incassi e pagamenti interamente tracciabili possono sostituire gli estratti conto bancari alla tenuta delle scritture contabili.*

2214. Libri obbligatori e altre scritture contabili. – L'imprenditore (2082) che esercita un'attività commerciale (2195) deve tenere il libro giornale (1760, n. 3, 2215, 2216, 2709 ss) e il libro degli inventari (2217, 2302, 2709 ss.; 86[1], n. 2, 86[3], 88, 160, n. 1, 187, 216[1], n. 2, 216[2], 217[2] l. fall.).

Deve altresì tenere le altre scritture contabili che siano richieste dalla natura e dalle dimensioni dell'impresa e conservare ordinatamente per ciascun affare gli originali delle lettere, dei telegrammi e delle fatture ricevute, nonché le copie delle lettere, dei telegrammi e delle fatture spedite (2220, 2709 ss; 86 l. fall.).

Le disposizioni di questo paragrafo non si applicano ai piccoli imprenditori (2083, 2202, 2221; 1 l. fall.).

2215. (1) **Modalità di tenuta delle scritture contabili. –** I libri contabili, prima di essere messi in uso, devono essere numerati progressivamente in ogni pagina e, qualora sia previsto l'obbligo della bollatura o della vidimazione, devono essere bollati in ogni foglio dall'ufficio del registro delle imprese o da un notaio secondo le disposizioni delle leggi speciali. L'ufficio del registro o il notaio deve dichiarare nell'ultima pagina dei libri il numero dei fogli che li compongono.

Il libro giornale e il libro degli inventari devono essere numerati progressivamente e non sono soggetti a bollatura né a vidimazione.

(1) *Questo articolo è stato così sostituito dall'art. 8, comma 1, della L. 18 ottobre 2001, n. 383.*

2215 *bis*. (1) **Documentazione informatica. –** 1. I libri, i repertori, le scritture e la documentazione la cui tenuta è obbligatoria per disposizione di legge o di regolamento o che sono richiesti dalla natura o dalle dimensioni dell'impresa possono essere formati e tenuti con strumenti informatici.

2. Le registrazioni contenute nei documenti di cui al primo comma debbono essere rese consultabili in ogni momento con i mezzi messi a disposizione dal soggetto tenutario e costituiscono informazione primaria e originale da cui è possibile effettuare, su diversi tipi di supporto, riproduzioni e copie per gli usi consentiti dalla legge.

3. Gli obblighi di numerazione progressiva e di vidimazione previsti dalle disposizioni di legge o di regolamento per la tenuta dei libri, repertori e scritture sono assolti, in caso di tenuta con strumenti informatici, mediante apposizione, almeno una volta all'anno, della marcatura temporale e della firma digitale dell'imprenditore o di altro soggetto dal medesimo delegato (2).

4. Qualora per un anno non siano state eseguite registrazioni, la firma digitale e la marcatura temporale devono essere apposte all'atto di una nuova registrazione e da tale apposizione decorre il periodo annuale di cui al terzo comma (2).

5. I libri, i repertori e le scritture tenuti con strumenti informatici, secondo quanto previsto dal presente articolo, hanno l'efficacia probatoria di cui agli articoli 2709 e 2710 del codice civile.

6. Per i libri e per i registri la cui tenuta è obbligatoria per disposizione di legge o di regolamento di natura tributaria, il termine di cui al terzo comma opera secondo le norme in materia di conservazione digitale contenute nelle medesime disposizioni (3).

(1) *Questo articolo è stato inserito dall'art. 16, comma 12* bis *del D.L. 29 novembre 2008, n. 185, convertito, con modificazioni, nella L. 28 gennaio 2009, n. 2, a decorrere dal sessantesimo giorno successivo all'entrata in vigore della legge di conversione. Entro tale termine, gli amministratori delle società a responsabilità limitata depositano, con esenzione da ogni imposta e tassa, apposita dichiarazione per integrare le risultanze del registro delle imprese con quelle del libro dei soci.*

(2) *Questo comma è stato così sostituito dall'art. 6, comma 2, lett.* f quater), *n. 1), del D.L. 13 maggio 2011,*

n. 70, convertito, con modificazioni, nella L. 12 luglio 2011, n. 106.

(3) *Questo comma è stato aggiunto dall'art. 6, comma 2, lett.* f quater), *n. 2), del D.L. 13 maggio 2011, n. 70, convertito, con modificazioni, nella L. 12 luglio 2011, n. 106.*

2216. (1) **Contenuto del libro giornale.** - Il libro giornale deve indicare giorno per giorno le operazioni relative all'esercizio dell'impresa.

(1) *Articolo modificato dall'art. 8 della L. 30 dicembre 1991, n. 413, e poi così sostituito dall'art. 7* bis *del D.L. 10 giugno 1994, n. 357, convertito, con modificazioni, nella L. 8 agosto 1994, n. 489.*

2217. Redazione dell'inventario. - L'inventario (365) deve redigersi all'inizio dell'esercizio dell'impresa (2196[1]; 160[1], n. 1 l. fall.) e successivamente ogni anno, e deve contenere l'indicazione e la valutazione delle attività e delle passività relative all'impresa, nonché delle attività e delle passività dell'imprenditore estranee alla medesima.

L'inventario si chiude con il bilancio e con il conto dei profitti e delle perdite, il quale deve dimostrare con evidenza e verità gli utili conseguiti o le perdite subite (2423). Nelle valutazioni di bilancio l'imprenditore deve attenersi ai criteri stabiliti per i bilanci delle società per azioni, in quanto applicabili (2425).

L'inventario deve essere sottoscritto dall'imprenditore entro tre mesi dal termine per la presentazione della dichiarazione dei redditi ai fini delle imposte dirette (1).

(1) *Comma, modificato dall'art. 8 della L. 30 dicembre 1991, n. 413, e poi così sostituito dall'art. 7* bis *del D.L. 10 giugno 1994, n. 357, convertito, con modificazioni, nella L. 8 agosto 1994, n. 489. L'art. 2 del D.P.R. 9 dicembre 1996, n. 695, recante norme per la semplificazione delle scritture contabili, ha poi disposto che nel libro degli inventari possono essere eseguite anche le annotazioni da effettuare, a fini tributari, nel registro dei beni ammortizzabili (art. 16 D.P.R. 29 settembre 1973, n. 600).*

2218. (1) **Bollatura facoltativa.** - L'imprenditore può far bollare nei modi indicati nell'articolo 2215 gli altri libri da lui tenuti (2710).

(1) *Articolo così sostituito dall'art. 7* bis *del D.L. 10 giugno 1994, n. 357, convertito, con modificazioni, nella L. 8 agosto 1994, n. 489.*

2219. Tenuta della contabilità (1). - Tutte le scritture devono essere tenute secondo le norme di un'ordinata contabilità, senza spazi in bianco, senza interlinee e senza trasporti in margine. Non vi si possono fare abrasioni e, se è necessaria qualche cancellazione, questa deve eseguirsi in modo che le parole cancellate siano leggibili (2710).

(1) *Si veda anche l'art. 22 del D.P.R. 29 settembre 1973, n. 600, disposizioni comuni in materia di accertamento delle imposte sui redditi.*

Con D.P.R. 16 settembre 1996, n. 570, è stato dettato il regolamento per la determinazione dei criteri in base ai quali la contabilità ordinaria è considerata inattendibile relativamente agli esercenti attività d'impresa, arti e professioni, ai soli effetti fiscali.

2220. Conservazione delle scritture contabili. - Le scritture devono essere conservate per dieci anni dalla data dell'ultima registrazione (2214, 2312[4], 2457, 2946).

Per lo stesso periodo devono conservarsi le fatture, le lettere e i telegrammi ricevuti e le copie delle fatture, delle lettere e dei telegrammi spediti (2214[2]).

Le scritture e documenti di cui al presente articolo possono essere conservati sotto forma di registrazioni su supporti di immagini, sempre che le registrazioni corrispondano ai documenti e possano in ogni momento essere rese leggibili con mezzi messi a disposizione dal soggetto che utilizza detti supporti (1).

(1) *Comma aggiunto dall'art. 7* bis *del D.L. 10 giugno 1994, n. 357, convertito, con modificazioni, nella L. 8 agosto 1994, n. 489. Lo stesso articolo prevede, inoltre, che le disposizioni di questo comma si applichino a tutte le scritture e i documenti rilevanti ai fini delle disposizioni tributarie.*

§. 3
Dell'insolvenza

2221. Fallimento e concordato preventivo. – Gli imprenditori che esercitano un'attività commerciale (2195), esclusi gli enti pubblici (2093, 2201; 1[1], 3[1], 195[8] l. fall.) e i piccoli imprenditori (2083; 1[1-2] l. fall.), sono soggetti, in caso d'insolvenza (5 l. fall.), alle procedure del fallimento e del concordato preventivo, salve le disposizioni delle leggi speciali ([1]).

([1]) *Si veda il D.L.vo 8 luglio 1999, n. 270, recante nuova disciplina dell'amministrazione straordinaria delle grandi imprese in stato di insolvenza.*

Titolo III
Del lavoro autonomo

Capo I
Disposizioni generali

2222. Contratti d'opera. – Quando una persona si obbliga a compiere verso un corrispettivo un'opera o un servizio, con lavoro prevalentemente proprio e senza vincolo di subordinazione nei confronti del committente, si applicano le norme di questo capo, salvo che il rapporto abbia una disciplina particolare nel libro IV (1655 ss.).

2223. Prestazione della materia. – Le disposizioni di questo capo si osservano anche se la materia è fornita dal prestatore d'opera (1658), purché le parti non abbiano avuto prevalentemente in considerazione la materia, nel qual caso si applicano le norme sulla vendita (1470 ss.).

2224. Esecuzione dell'opera. – Se il prestatore d'opera non procede all'esecuzione dell'opera secondo le condizioni stabilite dal contratto e a regola d'arte (1176), il committente può fissare un congruo termine, entro il quale il prestatore d'opera deve conformarsi a tali condizioni (1454, 1662).

Trascorso inutilmente il termine fissato, il committente può recedere dal contratto (1373), salvo il diritto al risarcimento dei danni (1218, 1372).

2225. Corrispettivo. – Il corrispettivo, se non è convenuto dalle parti e non può essere determinato secondo le tariffe professionali o gli usi, è stabilito dal giudice in relazione al risultato ottenuto e al lavoro normalmente necessario per ottenerlo (1657, 2233).

2226. Difformità e vizi dell'opera. – L'accettazione espressa o tacita dell'opera libera il prestatore d'opera dalla responsabilità per difformità o per vizi della medesima, se all'atto dell'accettazione questi erano noti al committente o facilmente riconoscibili, purché in questo caso non siano stati dolosamente occultati (1665).

Il committente deve, a pena di decadenza, denunziare le difformità e i vizi occulti (1167 ss.) al prestatore d'opera (1745[1], 2212[1]) entro otto giorni dalla scoperta. L'azione si prescrive entro un anno dalla consegna.

I diritti del committente nel caso di difformità o di vizi dell'opera sono regolati dall'art. 1668.

2227. Recesso unilaterale dal contratto. – Il committente può recedere dal contratto (1373), ancorché sia iniziata l'esecuzione dell'opera, tenendo indenne il prestatore d'opera delle spese, del lavoro eseguito e del mancato guadagno (1671, 1685, 1725, 1734, 1738, 2237).

2228. Impossibilità sopravvenuta dell'esecuzione dell'opera. – Se l'esecuzione dell'opera diventa impossibile per causa non imputabile ad alcuna delle parti (1463, 1464), il prestatore d'opera ha diritto ad un compenso per il lavoro prestato in relazione all'utilità della parte dell'opera compiuta (1672, 1686, 2231[2], 2237[2]).

Capo II
Delle professioni intellettuali

2229. Esercizio delle professioni intellettuali. – La legge determina le professioni intellettuali per l'esercizio delle quali è necessaria l'iscrizione in appositi albi o elenchi (2062, 2231).

L'accertamento dei requisiti per la iscrizione negli albi o negli elenchi, la tenuta dei medesimi e il potere disciplinare sugli iscritti sono demandati alle associazioni professionali, sotto la vigilanza dello Stato, salvo che la legge disponga diversamente (2642).

Contro il rifiuto dell'iscrizione o la cancellazione dagli albi o elenchi, e contro i provvedimenti disciplinari che importano la perdita o la sospensione del diritto all'esercizio della professione è ammesso ricorso in via giurisdizionale nei modi e nei termini stabiliti dalle leggi speciali.

2230. Prestazione d'opera intellettuale. – Il contratto che ha per oggetto una prestazione d'opera intellettuale è regolato dalle norme seguenti e, in quanto compatibili con queste e con la natura del rapporto, dalle disposizioni del capo precedente.

Sono salve le disposizioni delle leggi speciali.

2231. Mancanza d'iscrizione. – Quando l'esercizio di un'attività professionale è condizionata all'iscrizione in un albo o elenco, la prestazione eseguita da chi non è iscritto non gli dà azione per il pagamento della retribuzione (2034, 2041, 2126).

La cancellazione dall'albo o elenco risolve il contratto in corso, salvo il diritto del prestatore d'opera al rimborso delle spese incontrate e a un compenso adeguato all'utilità del lavoro compiuto (1672, 2228, 2237[2]).

2232. Esecuzione dell'opera. – Il prestatore d'opera deve eseguire personalmente l'incarico assunto. Può tuttavia valersi, sotto la propria direzione e responsabilità (1228), dei sostituti e ausiliari, se la collaborazione di altri è consentita dal contratto o dagli usi e non è incompatibile con l'oggetto della prestazione (1717).

2233. Compenso. – Il compenso, se non è convenuto dalle parti e non può essere determinato secondo le tariffe o gli usi, è determinato dal giudice, sentito il parere dell'associazione professionale a cui il professionista appartiene (1657, 1709, 1755[2], 2225).

In ogni caso la misura del compenso deve essere adeguata all'importanza dell'opera e al decoro della professione (2751, n. 5).

Sono nulli, se non redatti in forma scritta, i patti conclusi tra gli avvocati ed i praticanti abilitati con i loro clienti che stabiliscono i compensi professionali ([1]).

([1]) *Questo comma è stato così sostituito dall'art. 2, comma 2* bis, *del D.L. 4 luglio 2006, n. 223, convertito, con modificazioni, nella L. 4 agosto 2006, n. 248. Il comma previgente così disponeva: «Gli avvocati, i procuratori e i patrocinatori non possono, neppure per interposta persona, stipulare con i loro clienti alcun patto relativo ai beni che formano oggetto delle controversie affidate al loro patrocinio, sotto pena di nullità e dei danni».*

2234. Spese e acconti. – Il cliente, salvo diversa pattuizione, deve anticipare al prestatore d'opera le spese occorrenti al compimento dell'opera e corrispondere, secondo gli usi, gli acconti sul compenso.

2235. Divieto di ritenzione. – Il prestatore d'opera non può ritenere le cose e i documenti ricevuti, se non per il periodo strettamente necessario alla tutela dei propri diritti secondo le leggi professionali (2961).

2236. Responsabilità del prestatore d'opera. – Se la prestazione implica la soluzione di problemi tecnici di speciale difficoltà, il prestatore d'opera non risponde dei danni, se non in caso di dolo o di colpa grave (1176).

2237. Recesso. – Il cliente può recedere dal contratto (1373), rimborsando al prestatore d'opera le spese sostenute e pagando il compenso per l'opera svolta (2227).

Il prestatore d'opera può recedere dal contratto per giusta causa. In tal caso egli ha diritto al rimborso delle spese fatte e al compenso per l'opera svolta, da determinarsi con riguardo al risultato utile che ne sia derivato al cliente (1672, 2228, 2231[2]).

Il recesso del prestatore d'opera deve essere esercitato in modo da evitare pregiudizio al cliente.

2238. Rinvio. – Se l'esercizio della professione costituisce elemento di un'attività organizzata in forma d'impresa (2082), si applicano anche le disposizioni del titolo II.

In ogni caso, se l'esercente una professione intellettuale impiega sostituti o ausiliari, si applicano le disposizioni delle sezioni II, III e IV del capo I del titolo II (2094 ss.).

Titolo IV
Del lavoro subordinato
in particolari rapporti

Capo I
Disposizioni generali

2239. Norme applicabili. – I rapporti di lavoro subordinato che non sono inerenti all'esercizio di un'impresa sono regolati dalle disposizioni delle sezioni II, III e IV del capo I del titolo II (2094 ss.), in quanto compatibili con la specialità del rapporto.

Capo II
Del lavoro domestico

2240. Norme applicabili. – Il rapporto di lavoro che ha per oggetto la prestazione di servizi di carattere domestico è regolato dalle disposizioni di questo capo e, in quanto più favorevoli al prestatore di lavoro, dalla convenzione e dagli usi (2068).

2241. Periodo di prova. – Il patto di prova si presume per i primi otto giorni.

2242. Vitto, alloggio e assistenza. – Il prestatore di lavoro ammesso alla convivenza familiare ha diritto, oltre alla retribuzione in danaro, al vitto, all'alloggio e, per le infermità di breve durata, alla cura e all'assistenza medica.

Le parti devono contribuire alle istituzioni di previdenza e di assistenza, nei casi e nei modi stabiliti dalla legge (2114).

2243. Periodo di riposo. – Il prestatore di lavoro, oltre al riposo settimanale secondo gli usi, ha diritto, dopo un anno di ininterrotto servizio, ([1]) ad un periodo di ferie retribuito, che non può essere inferiore a otto giorni (2109; 36 Cost.).

([1]) *La Corte costituzionale, con sentenza n. 16 del 17 febbraio 1969, ha dichiarato l'illegittimità costituzionale di questo articolo limitatamente all'inciso «dopo un anno di ininterrotto servizio» in relazione all'art. 36, comma terzo, della Costituzione.*

2244. Recesso. – Al contratto di lavoro domestico sono applicabili le norme sul recesso volontario e per giusta causa, stabilite negli articoli 2118 e 2119.

Il periodo di preavviso non può essere inferiore a otto giorni o, se l'anzianità di servizio è superiore a due anni, a quindici giorni.

2245. Indennità di anzianità. – In caso di cessazione del contratto è devoluta al prestatore di lavoro un'indennità proporzionale agli anni di servizio, salvo il caso di licenziamento per colpa di lui o di dimissioni volontarie.

L'ammontare dell'indennità è determinata sulla base dell'ultima retribuzione in danaro, nella misura di otto giorni per ogni anno di servizio.

[Se gli usi lo stabiliscono, l'indennità è dovuta anche nel caso di dimissioni volontarie] (2120) ([1]).

([1]) *Si veda, però, la difforme disciplina dettata dall'art. 17 della L. 2 aprile 1958, n. 339.*

2246. Certificato di lavoro. – Alla cessazione del contratto il prestatore di lavoro ha diritto al rilascio di un certificato che attesti la natura delle mansioni disimpegnate e il periodo di servizio prestato (2124).

Titolo V
Delle società

Capo I
Disposizioni generali

2247. Contratto di società ([1]). – Con il contratto di società due o più persone conferiscono beni o servizi (2253) per l'esercizio in comune di una attività economica allo scopo di dividerne gli utili (1350, n. 9).

([1]) *Rubrica così sostituita dall'art. 1 del D.L.vo 3 marzo 1993, n. 88, in materia di diritto delle società. La rubrica precedente era «Nozione».*

2248. Comunione a scopo di godimento. – La comunione costituita o mantenuta al solo scopo del godimento di una o più cose è regolata dalle norme del titolo VII del libro III (1100 ss.).

2249. Tipi di società. – Le società che hanno per oggetto l'esercizio di una attività commerciale (2195) devono costituirsi secondo uno dei tipi regolati nei capi III e seguenti di questo titolo (2291 ss.).

Le società che hanno per oggetto l'esercizio di una attività diversa (2135) sono regolate dalle disposizioni sulla società semplice (2251 ss.), a meno che i soci abbiano voluto costituire la società secondo uno degli altri tipi regolati nei capi III e seguenti (2291 ss.) di questo titolo.

Sono salve le disposizioni riguardanti le società cooperative (2511 ss.) e quelle delle leggi speciali che per l'esercizio di particolari categorie d'imprese prescrivono la costituzione della società secondo un determinato tipo.

2250. ([1]) **Indicazione negli atti e nella corrispondenza.** – Negli atti e nella corrispondenza delle società soggette all'obbligo dell'iscrizione nel registro delle imprese devono essere indicati la sede della società e l'ufficio del registro delle imprese presso il quale questa è iscritta (2199) e il numero di iscrizione (2627).

Il capitale delle società per azioni, in accomandita per azioni e a responsabilità limitata deve essere negli atti e nella corrispondenza indicato secondo la somma effettivamente versata e quale risulta esistente dall'ultimo bilancio (2410[1]).

Dopo lo scioglimento delle società previste dal primo comma deve essere espressamente indicato negli atti e nella corrispondenza che la società è in liquidazione (2627).

Negli atti e nella corrispondenza delle società per azioni ed ([2]) a responsabilità limitata deve essere indicato se queste hanno un unico socio ([3]).

Gli atti delle società costituite secondo uno dei tipi regolati nei capi V, VI e VII del presente titolo, per i quali è obbligatoria l'iscrizione o il deposito, possono essere altresì pubblicati in apposita sezione del registro delle imprese in altra lingua ufficiale delle Comunità europee, con traduzione giurata di un esperto ([4]).

In caso di discordanza con gli atti pubblicati in lingua italiana, quelli pubblicati in altra lingua ai sensi del quinto comma non possono essere opposti ai terzi, ma questi possono avvalersene, salvo che la società dimostri che essi erano a conoscenza della loro versione in lingua italiana ([4]).

Le società di cui al quinto comma che dispongono di uno spazio elettronico destinato alla comunicazione collegato ad una rete telematica ad accesso pubblico forniscono, attraverso tale mezzo, tutte le informazioni di cui al primo, secondo, terzo e quarto comma ([4]).

([1]) *Articolo così sostituito dall'art. 1 del D.P.R. 29 dicembre 1969, n. 1127, modificazioni alle norme del codice civile sulle società, in attuazione della direttiva 9 marzo 1968, n. 151, del consiglio dei ministri delle comunità europee.*

([2]) *Le parole: «per azioni ed» sono state inserite dall'art. 6, comma 3, del D.L.vo 6 febbraio 2004, n. 37.*

([3]) *Comma aggiunto dall'art. 2 del D.L.vo 3 marzo 1993, n. 88, in materia di diritto delle società.*

([4]) *Questo comma è stato aggiunto dall'art. 42, comma 1, della L. 7 luglio 2009, n. 88.*

Capo II
Della società semplice

Sezione I
Disposizioni generali

2251. ([1]) ([2]) **Contratto sociale.** – Nella società semplice il contratto non è soggetto a forme speciali, salve quelle richieste dalla natura dei beni conferiti (1350, n. 9, 2643, n. 10).

([1]) *A norma dell'art. 2, comma 1, del D.P.R. 14 dicembre 1999, n. 558, le società semplici, sono iscritte nella sezione speciale del registro delle imprese.*

([2]) *Si veda la L. 23 dicembre 1982, n. 947, disciplina per la regolamentazione delle società di fatto.*

2252. Modificazioni del contratto sociale. – Il contratto sociale può essere modificato soltanto con il consenso di tutti i soci (1372, 2272, n. 3), se non è convenuto diversamente.

Sezione II
Dei rapporti tra i soci

2253. Conferimenti. – Il socio è obbligato a eseguire i conferimenti determinati nel contratto sociale (2247).

Se i conferimenti non sono determinati, si presume che i soci siano obbligati a conferire, in parti eguali tra loro, quanto è necessario per il conseguimento dell'oggetto sociale.

2254. Garanzia e rischi dei conferimenti. – Per le cose conferite in proprietà la garanzia dovuta dal socio e il passaggio dei rischi sono regolati dalle norme sulla vendita (1465 ss., 1478 ss., 1483 ss., 1529, 2286[3]).

Il rischio delle cose conferite in godimento resta a carico del socio che le ha conferite (1483, 2281, 2286[2]). La garanzia per il godimento è regolata dalle norme sulla locazione (1578 ss., 1585 ss.).

2255. Conferimento di crediti. – Il socio che ha conferito un credito risponde della insolvenza del debitore, nei limiti indicati dall'art. 1267 per il caso di assunzione convenzionale della garanzia.

2256. Uso illegittimo delle cose sociali. – Il socio non può servirsi, senza il consenso degli altri soci, delle cose appartenenti al patrimonio sociale per fini estranei a quelli della società (1102).

2257. Amministrazione disgiuntiva. – Salvo diversa pattuizione (2258), l'amministrazione della società spetta a ciascuno dei soci (1106[2]) disgiuntamente dagli altri (1105).

Se l'amministrazione spetta disgiuntamente a più soci, ciascun socio amministratore ha diritto di opporsi all'operazione che un altro voglia compiere, prima che sia compiuta.

La maggioranza dei soci, determinata secondo la parte attribuita a ciascun socio negli utili, decide sull'opposizione (2258[2]).

2258. Amministrazione congiuntiva. – Se l'amministrazione spetta congiuntamente a più soci, è necessario il consenso di tutti i soci amministratori per il compimento delle operazioni (2317[2]) sociali.

Se è convenuto che per l'amministrazione o per determinati atti sia necessario il consenso della maggioranza, questa si determina a norma dell'ultimo comma dell'articolo precedente.

Nei casi preveduti da questo articolo, i singoli amministratori non possono compiere da soli alcun atto, salvo che vi sia urgenza di evitare un danno alla società.

2259. Revoca della facoltà di amministrare. – La revoca dell'amministratore nominato con il contratto sociale non ha effetto se non ricorre una giusta causa (1723 ss., 2252).

L'amministratore nominato con atto separato è revocabile secondo le norme sul mandato (1726).

La revoca per giusta causa può in ogni caso essere chiesta giudizialmente da ciascun socio.

2260. Diritti e obblighi degli amministratori. – I diritti e gli obblighi degli amministratori sono regolati dalle norme sul mandato (1703 ss.).

Gli amministratori sono solidalmente (1292) responsabili verso la società per l'adempimento degli obblighi ad essi imposti dalla legge e dal contratto sociale. Tuttavia la responsabilità non si estende a quelli che dimostrino di essere esenti da colpa (2392).

2261. Controllo dei soci. – I soci che non partecipano all'amministrazione hanno diritto di avere dagli amministratori notizia dello svolgimento degli affari sociali, di consultare i documenti relativi all'amministrazione e di ottenere il rendiconto quando gli affari per cui fu costituita la società sono stati compiuti (2320[3], 2489, 2552, 2623, n. 3).

Se il compimento degli affari sociali dura oltre un anno, i soci hanno diritto di avere il rendiconto dell'amministrazione al termine di ogni anno, salvo che il contratto stabilisca un termine diverso (2552[3]).

2262. Utili. – Salvo patto contrario, ciascun socio ha diritto di percepire la sua parte di utili dopo l'approvazione del rendiconto (2261[2], 2265, 2270, 2350, 2433).

2263. Ripartizione dei guadagni e delle perdite. – Le parti spettanti ai soci nei guadagni e nelle perdite si presumono proporzionali ai conferimenti (1298 ss.). Se il valore dei conferimenti non è determinato dal contratto, esse si presumono eguali (1101, 2282[2]).

La parte spettante al socio che ha conferito la propria opera, se non è determinata dal contratto, è fissata dal giudice secondo equità (2286[2], 2295, n. 7).

Se il contratto determina soltanto la parte di ciascun socio nei guadagni, nella stessa misura si presume che debba determinarsi la partecipazione alle perdite (2178²).

2264. Partecipazione ai guadagni e alle perdite rimessa alla determinazione di un terzo. – La determinazione della parte di ciascun socio nei guadagni e nelle perdite può essere rimessa ad un terzo (1473).

La determinazione del terzo può essere impugnata soltanto nei casi previsti dall'art. 1349 e nel termine di tre mesi dal giorno in cui il socio, che pretende di esserne leso, ne ha avuto comunicazione (2964 ss.). L'impugnazione non può essere proposta dal socio che ha volontariamente eseguito la determinazione del terzo (1444², 2603⁴).

2265. Patto leonino. – È nullo il patto con il quale uno o più soci sono esclusi da ogni partecipazione agli utili o alle perdite (2178², 2263, 2553, 2554).

Sezione III
Dei rapporti con i terzi

2266. Rappresentanza della società. – La società acquista diritti e assume obbligazioni per mezzo dei soci che ne hanno la rappresentanza e sta in giudizio nella persona dei medesimi (2278).

In mancanza di diversa disposizione del contratto, la rappresentanza spetta a ciascun socio amministratore (2257 ss.) e si estende a tutti gli atti che rientrano nell'oggetto sociale (2298).

Le modificazioni e l'estinzione dei poteri di rappresentanza sono regolate dall'art. 1396.

2267. Responsabilità per le obbligazioni sociali. – I creditori della società possono far valere i loro diritti sul patrimonio sociale (2268). Per le obbligazioni sociali rispondono inoltre personalmente (2740) e solidalmente (1292) i soci che hanno agito in nome e per conto della società e, salvo patto contrario, gli altri soci (33, 38, 41¹, 2291, 2297, 2317², 2320¹, 2615).

Il patto deve essere portato a conoscenza dei terzi con mezzi idonei (1396); in mancanza, la limitazione della responsabilità o l'esclusione della solidarietà non è opponibile a coloro che non ne hanno avuto conoscenza (2193¹, 2290²).

2268. Escussione preventiva del patrimonio sociale. – Il socio richiesto del pagamento di debiti sociali può domandare, anche se la società è in liquidazione, la preventiva escussione del patrimonio sociale, indicando i beni sui quali il creditore possa agevolmente soddisfarsi (2304, 2471).

2269. Responsabilità del nuovo socio. – Chi entra a far parte di una società già costituita risponde con gli altri soci per le obbligazioni sociali anteriori all'acquisto della qualità di socio.

2270. Creditore particolare del socio. – Il creditore particolare del socio, finché dura la società, può far valere i suoi diritti sugli utili spettanti al debitore (2262) e compiere atti conservativi sulla quota spettante a quest'ultimo nella liquidazione.

Se gli altri beni del debitore sono insufficienti a soddisfare i suoi crediti, il creditore particolare del socio può inoltre chiedere in ogni tempo la liquidazione della quota del suo debitore (2288). La quota deve essere liquidata (2289) entro tre mesi dalla domanda, salvo che sia deliberato lo scioglimento della società.

2271. Esclusione della compensazione. – Non è ammessa compensazione (1246, n. 5) fra il debito che un terzo ha verso la società e il credito che egli ha verso un socio.

Sezione IV
Dello scioglimento della società

2272. Cause di scioglimento. – La società si scioglie (2308, 2323):

1) per il decorso del termine (2273);

2) per il conseguimento dell'oggetto sociale o per la sopravvenuta impossibilità di conseguirlo (27¹);

3) per la volontà di tutti i soci (2252);

4) quando viene a mancare la pluralità dei soci, se nel termine di sei mesi questa non è ricostituita (27², 2284);

5) per le altre cause previste dal contratto sociale.

2273. Proroga tacita. – La società è tacitamente prorogata a tempo indeterminato (2285) quando, decorso il tempo per cui fu contratta, i soci continuano a compiere le operazioni sociali (2307³).

2274. Poteri degli amministratori dopo lo scioglimento. – Avvenuto lo scioglimento della società, i soci amministratori conservano il potere di amministrare, limitatamente agli affari urgenti, fino a che siano presi i provvedimenti necessari per la liquidazione (29, 2272).

2275. Liquidatori. – Se il contratto non prevede il modo di liquidare il patrimonio sociale e i soci non sono d'accordo nel determinarlo, la liquidazione è fatta da uno o più liquidatori, nominati con il consenso di tutti i soci o, in caso di disaccordo, dal presidente del tribunale (2309).

I liquidatori possono essere revocati per volontà di tutti i soci e in ogni caso dal tribunale per giusta causa su domanda di uno o più soci (2259).

2276. Obblighi e responsabilità dei liquidatori. - Gli obblighi e la responsabilità dei liquidatori sono regolati dalle disposizioni stabilite per gli amministratori (2257 ss.), in quanto non sia diversamente disposto dalle norme seguenti o dal contratto sociale.

2277. Inventario. - Gli amministratori devono consegnare ai liquidatori i beni e i documenti sociali e presentare ad essi il conto della gestione relativo al periodo successivo all'ultimo rendiconto.

I liquidatori devono prendere in consegna i beni e i documenti sociali, e redigere, insieme con gli amministratori, l'inventario dal quale risulti lo stato attivo e passivo del patrimonio sociale. L'inventario deve essere sottoscritto dagli amministratori e dai liquidatori.

2278. Poteri dei liquidatori. - I liquidatori possono compiere gli atti necessari per la liquidazione e, se i soci non hanno disposto diversamente, possono vendere anche in blocco i beni sociali e fare transazioni (1965 ss.) e compromessi (806 ss. c.p.c.).

Essi rappresentano la società anche in giudizio (2266; 75 c.p.c.).

2279. Divieto di nuove operazioni. - I liquidatori non possono intraprendere nuove operazioni. Contravvenendo a tale divieto, essi rispondono personalmente e solidalmente (1292 ss.) per gli affari intrapresi (29).

2280. Pagamento dei debiti sociali. - I liquidatori non possono ripartire tra i soci, neppure parzialmente, i beni sociali, finché non siano pagati i creditori della società o non siano accantonate le somme necessarie per pagarli.

Se i fondi disponibili risultano insufficienti per il pagamento dei debiti sociali, i liquidatori possono chiedere ai soci i versamenti ancora dovuti sulle rispettive quote (150 l. fall.) e, se occorre, le somme necessarie, nei limiti della rispettiva responsabilità e in proporzione della parte di ciascuno nelle perdite (2263, 2267). Nella stessa proporzione si ripartisce tra i soci il debito del socio insolvente (1299²).

2281. Restituzione dei beni conferiti in godimento. - I soci che hanno conferito beni in godimento hanno diritto di riprenderli nello stato in cui si trovano (1807). Se i beni sono periti o deteriorati per causa imputabile agli amministratori, i soci hanno diritto al risarcimento del danno a carico del patrimonio sociale, salva l'azione contro gli amministratori (2043, 2254², 2260).

2282. Ripartizione dell'attivo. - Estinti i debiti sociali, l'attivo residuo è destinato al rimborso dei conferimenti (2263²). L'eventuale eccedenza è ripartita tra i soci in proporzione della parte di ciascuno nei guadagni.

L'ammontare dei conferimenti non aventi per oggetto somme di danaro è determinato secondo la valutazione che ne è stata fatta nel contratto o, in mancanza, secondo il valore che essi avevano nel momento in cui furono eseguiti (2263¹).

2283. Ripartizione dei beni in natura. - Se è convenuto che la ripartizione dei beni sia fatta in natura, si applicano le disposizioni sulla divisione delle cose comuni (1111 ss.).

Sezione V
Dello scioglimento del rapporto sociale limitatamente a un socio

2284. Morte del socio. - Salvo contraria disposizione del contratto sociale, in caso di morte di uno dei soci, gli altri devono liquidare la quota agli eredi (2289), a meno che preferiscano sciogliere la società (2272, n. 3), ovvero continuarla con gli eredi stessi e questi vi acconsentano.

2285. Recesso del socio. - Ogni socio può recedere (1373) dalla società quando questa è contratta a tempo indeterminato o per tutta la vita di uno dei soci.

Può inoltre recedere nei casi previsti nel contratto sociale ovvero quando sussiste una giusta causa.

Nei casi previsti nel primo comma il recesso deve essere comunicato agli altri soci con un preavviso di almeno tre mesi (24²).

2286. Esclusione. - L'esclusione di un socio può avere luogo per gravi inadempienze (24³, 1455) delle obbligazioni che derivano dalla legge o dal contratto sociale (2253), nonché per l'interdizione (414), l'inabilitazione (415) del socio o per la sua condanna ad una pena che importa l'interdizione, anche temporanea, dai pubblici uffici (32 c.p.).

Il socio che ha conferito nella società la propria opera (2263[2]) o il godimento di una cosa (2254[5]) può altresì essere escluso per la sopravvenuta inidoneità a svolgere l'opera conferita o per il perimento della cosa dovuto a causa non imputabile agli amministratori.

Parimenti può essere escluso il socio che si è obbligato con il conferimento a trasferire la proprietà di una cosa, se questa è perita prima che la proprietà sia acquistata alla società (1455, 1465[2], 2254).

2287. Procedimento di esclusione. – L'esclusione è deliberata dalla maggioranza dei soci, non computandosi nel numero di questi il socio da escludere, ed ha effetto decorsi trenta giorni dalla data della comunicazione al socio escluso.

Entro questo termine il socio escluso può fare opposizione davanti al tribunale, il quale può sospendere l'esecuzione.

Se la società si compone di due soci, l'esclusione di uno di essi è pronunciata dal tribunale, su domanda dell'altro.

2288. Esclusione di diritto. – È escluso di diritto il socio che sia dichiarato fallito (149 l. fall.).

Parimenti è escluso di diritto il socio nei cui confronti un suo creditore particolare abbia ottenuto la liquidazione della quota a norma dell'art. 2270.

2289. Liquidazione della quota del socio uscente. – Nei casi in cui il rapporto sociale si scioglie limitatamente a un socio (2284 ss.), questi o i suoi eredi hanno diritto soltanto ad una somma di danaro che rappresenti il valore della quota.

La liquidazione della quota è fatta in base alla situazione patrimoniale della società nel giorno in cui si verifica lo scioglimento.

Se vi sono operazioni in corso, il socio o i suoi eredi partecipano agli utili e alle perdite inerenti alle operazioni medesime.

Salvo quanto è disposto nell'art. 2270, il pagamento della quota spettante al socio deve essere fatto entro sei mesi dal giorno in cui si verifica lo scioglimento del rapporto (2307).

2290. Responsabilità del socio uscente o dei suoi eredi. – Nei casi in cui il rapporto sociale si scioglie limitatamente a un socio (2284 ss.), questi o i suoi eredi sono responsabili verso i terzi per le obbligazioni sociali (2267 ss.) fino al giorno in cui si verifica lo scioglimento.

Lo scioglimento deve essere portato a conoscenza dei terzi con mezzi idonei; in mancanza non è opponibile ai terzi che lo hanno senza colpa ignorato (2193[1]).

Capo III
Della società in nome collettivo

2291. Nozione. – Nella società in nome collettivo tutti i soci rispondono solidalmente (1292 ss.) e illimitatamente per le obbligazioni sociali (147 l. fall.).

Il patto contrario non ha effetto nei confronti dei terzi (2267, 2297).

2292. Ragione sociale. – La società in nome collettivo agisce sotto una ragione sociale costituita dal nome di uno o più soci con l'indicazione del rapporto sociale (2295, n. 2).

La società può conservare nella ragione sociale il nome del socio receduto (2285) o defunto (2284), se il socio receduto o gli eredi del socio defunto vi consentono.

2293. Norme applicabili. – La società in nome collettivo è regolata dalle norme di questo capo e, in quanto queste non dispongano, dalle norme del capo precedente (2251 ss.).

2294. Incapace. – La partecipazione di un incapace alla società in nome collettivo è subordinata in ogni caso all'osservanza delle disposizioni degli articoli 320, 371, 397, 424 e 425 (1495).

2295. Atto costitutivo. – L'atto costitutivo della società deve indicare:

1) il cognome e il nome, il nome del padre ([1]), il domicilio, la cittadinanza e la razza ([2]) dei soci;

2) la ragione sociale (2292);

3) i soci che hanno l'amministrazione e la rappresentanza della società (2298);

4) la sede della società e le eventuali sedi secondarie (2250, 2299);

5) l'oggetto sociale (2253[2], 2266[2], 2272, n. 2);

6) i conferimenti di ciascun socio, il valore ad essi attribuito e il modo di valutazione (2253 ss.);

7) le prestazioni a cui sono obbligati i soci di opera (2263[2], 2286[2]);

8) le norme secondo le quali gli utili devono essere ripartiti e la quota di ciascun socio negli utili e nelle perdite (2263 ss.);

9) la durata della società (2272, n. 1, 2307).

(¹) *A norma dell'art. 2 della L. 31 ottobre 1955, n. 1064, l'indicazione della paternità deve essere omessa. L'art. 3 della legge citata stabilisce che in luogo della paternità sia indicato il luogo e la data di nascita.*

(²) *L'indicazione della razza è stata soppressa dal D.L.vo Lgt. 14 settembre 1944, n. 287, provvedimenti relativi alla riforma della legislazione civile.*

2296. Pubblicazione. – L'atto costitutivo della società, con sottoscrizione autenticata (2703) dei contraenti, o una copia autentica di esso se la stipulazione è avvenuta per atto pubblico (2699), deve entro trenta giorni essere depositato per l'iscrizione, a cura degli amministratori (2626), presso l'ufficio del registro delle imprese nella cui circoscrizione è stabilita la sede sociale (2188 ss; 99 att.).

Se gli amministratori non provvedono al deposito nel termine indicato nel comma precedente, ciascun socio può provvedervi a spese della società, o far condannare gli amministratori ad eseguirlo (2230^2).

Se la stipulazione è avvenuta per atto pubblico, è obbligato ad eseguire il deposito anche il notaio.

2297. Mancata registrazione. – Fino a quando la società non è iscritta nel registro delle imprese (2188; 99 ss. att.), i rapporti tra la società e i terzi, ferma restando la responsabilità illimitata e solidale di tutti i soci (2267, 2291; 147 l. fall.; 284 c.n.), sono regolati dalle disposizioni relative alla società semplice (2251 ss.).

Tuttavia si presume (2727 ss.) che ciascun socio che agisce per la società abbia la rappresentanza sociale, anche in giudizio. I patti che attribuiscono la rappresentanza ad alcuno soltanto dei soci o che limitano i poteri di rappresentanza non sono opponibili ai terzi, a meno che si provi che questi ne erano a conoscenza.

2298. Rappresentanza della società. – L'amministratore che ha la rappresentanza della società può compiere tutti gli atti che rientrano nell'oggetto sociale (2384^1; 152^2 l. fall.), salve le limitazioni che risultano dall'atto costitutivo o dalla procura. Le limitazioni non sono opponibili ai terzi, se non sono iscritte nel registro delle imprese (2188; 99 ss. att.) o se non si prova che i terzi ne hanno avuto conoscenza (19, 34, 2193, 2207, 2384^2).

[Gli amministratori che hanno la rappresentanza sociale devono, entro quindici giorni dalla notizia della nomina, depositare presso l'ufficio del registro delle imprese le loro firme autografe] (¹).

(¹) *Questo comma è stato abrogato dall'art. 33, comma 1, della L. 24 novembre 2000, n. 340.*

2299. Sedi secondarie. – Un estratto dell'atto costitutivo deve essere depositato per l'iscrizione presso l'ufficio del registro delle imprese (2188; 99 ss. att.) del luogo in cui la società istituisce sedi secondarie con una rappresentanza stabile, entro trenta giorni dall'istituzione delle medesime (2197).

L'estratto deve indicare l'ufficio del registro presso il quale è iscritta la società e la data dell'iscrizione.

[Presso l'ufficio del registro in cui è iscritta la sede secondaria deve essere altresì depositata la firma autografa del rappresentante preposto all'esercizio della sede medesima] (¹).

L'istituzione di sedi secondarie deve essere denunciata per l'iscrizione nello stesso termine anche all'ufficio del registro del luogo dove è iscritta la società (2197, 2330^5).

(¹) *Questo comma è stato abrogato dall'art. 33, comma 1, della L. 24 novembre 2000, n. 340.*

2300. Modificazioni dell'atto costitutivo. – Gli amministratori devono richiedere nel termine di trenta giorni all'ufficio del registro delle imprese l'iscrizione delle modificazioni dell'atto costitutivo (2252) e degli altri fatti relativi alla società, dei quali è obbligatoria l'iscrizione.

Se la modificazione dell'atto costitutivo risulta da deliberazione dei soci, questa deve essere depositata in copia autentica (2626, 2714 ss.).

Le modificazioni dell'atto costitutivo, finché non sono iscritte, non sono opponibili ai terzi, a meno che si provi che questi ne erano a conoscenza (2193; 100^2 att; 284 c.n.).

2301. Divieto di concorrenza. – Il socio non può, senza il consenso degli altri soci, esercitare per conto proprio o altrui un'attività concorrente con quella della società, né partecipare come socio illimitatamente responsabile ad altra società concorrente (2291, 2318, 2390, 2462).

Il consenso si presume (2727), se l'esercizio dell'attività o la partecipazione ad altra società preesisteva al contratto sociale, e gli altri soci ne erano a conoscenza.

In caso d'inosservanza delle disposizioni del primo comma la società ha diritto al risarcimento del danno, salva l'applicazione dell'art. 2286.

2302. Scritture contabili. – Gli amministratori devono tenere i libri e le altre scritture contabili prescritti dall'art. 2214.

2303. Limiti alla distribuzione degli utili. – Non può farsi luogo a ripartizione di somme tra soci se non per utili realmente conseguiti (2262, 2321, 2433², 2621, n. 2).

Se si verifica una perdita del capitale sociale, non può farsi luogo a ripartizione di utili fino a che il capitale non sia reintegrato o ridotto in misura corrispondente.

2304. Responsabilità dei soci. – I creditori sociali, anche se la società è in liquidazione (2308 ss.), non possono pretendere il pagamento dai singoli soci, se non dopo l'escussione del patrimonio sociale (2268, 2471).

2305. Creditore particolare del socio. – Il creditore particolare del socio, finché dura la società, non può chiedere la liquidazione della quota del socio debitore (2270, 2288¹, 2307, 2531, 2614; 148⁴ l. fall.).

2306. Riduzione di capitale. – La deliberazione di riduzione di capitale (2445), mediante rimborso ai soci delle quote pagate o mediante liberazione di essi dall'obbligo di ulteriori versamenti, può essere eseguita soltanto dopo tre mesi dal giorno dell'iscrizione nel registro delle imprese (2188; 99 ss. att.), purché entro questo termine (2964 ss.) nessun creditore sociale anteriore all'iscrizione abbia fatto opposizione (2623, n. 1).

Il tribunale, nonostante l'opposizione, può disporre che l'esecuzione abbia luogo, previa prestazione da parte della società di un'idonea garanzia (1179, 2445, 2503).

2307. Proroga della società. – Il creditore particolare del socio (2305) può fare opposizione alla proroga della società, entro tre mesi dalla iscrizione della deliberazione di proroga nel registro delle imprese (2273, 2531²).

Se l'opposizione è accolta, la società deve, entro tre mesi dalla notificazione della sentenza, liquidare la quota del socio debitore dell'opponente (2289).

In caso di proroga tacita (2273) ciascun socio può sempre recedere dalla società (1373), dando preavviso a norma dell'art. 2285, e il creditore particolare del socio può chiedere la liquidazione della quota del suo debitore a norma dell'art. 2270 (2531).

2308. Scioglimento della società. – La società si scioglie (2250³), oltre che per le cause indicate dall'art. 2272, per provvedimento dell'autorità governativa nei casi stabiliti dalla legge, e, salvo che abbia per oggetto un'attività non commerciale (2135, 2249), per la dichiarazione di fallimento (2448², 2540²; 147 ss., 222 l. fall.).

2309. Pubblicazione della nomina dei liquidatori. – La deliberazione dei soci o la sentenza (2332⁴) che nomina i liquidatori (2275) e ogni atto successivo che importa cambiamento nelle persone dei liquidatori devono essere, entro trenta giorni (¹) dalla notizia della nomina, depositati in copia autentica a cura dei liquidatori medesimi per l'iscrizione presso l'ufficio del registro delle imprese (2188, 2626).

[I liquidatori devono altresì depositare presso lo stesso ufficio le loro firme autografe] (²).

(¹) *Le parole*: «*quindici giorni*» *sono state così sostituite dalle attuali dall'art.* 33, *comma* 4, *della L.* 24 *novembre* 2000, *n.* 340.

(²) *Questo comma è stato abrogato dall'art.* 33, *comma* 1, *della L.* 24 *novembre* 2000, *n.* 340.

2310. Rappresentanza della società in liquidazione. – Dall'iscrizione della nomina dei liquidatori la rappresentanza della società, anche in giudizio, spetta ai liquidatori (2298, 2452).

2311. Bilancio finale di liquidazione e piano di riparto. – Compiuta la liquidazione, i liquidatori devono redigere il bilancio finale e proporre ai soci il piano di riparto.

Il bilancio, sottoscritto dai liquidatori, e il piano di riparto devono essere comunicati mediante raccomandata ai soci, e s'intendono approvati se non sono stati impugnati nel termine di due mesi dalla comunicazione (2453, 2964 ss.).

In caso d'impugnazione del bilancio e del piano di riparto, il liquidatore può chiedere che le questioni relative alla liquidazione siano esaminate separatamente da quelle relative alla divisione, alle quali il liquidatore può restare estraneo.

Con l'approvazione del bilancio i liquidatori sono liberati di fronte ai soci (2453, 2454, 2625).

2312. Cancellazione della società. – Approvato il bilancio finale di liquidazione, i liquidatori devono chiedere la cancellazione della società dal registro delle imprese (2188).

Dalla cancellazione della società i creditori sociali che non sono stati soddisfatti possono far valere i loro crediti nei confronti dei soci (31^{3}, 495^{2}) e, se il mancato pagamento è dipeso da colpa dei liquidatori, anche nei confronti di questi (2324, 2456^{2}).

Le scritture contabili (2302) e i documenti che non spettano ai singoli soci sono depositati presso la persona designata dalla maggioranza.

Le scritture contabili e i documenti devono essere conservati per dieci anni a decorrere dalla cancellazione della società dal registro delle imprese (2220, 2457, 2946).

Capo IV
Della società
in accomandita semplice

2313. Nozione. – Nella società in accomandita semplice i soci accomandatari rispondono solidalmente (1292 ss.) e illimitatamente per le obbligazioni sociali (2471^{2}; 147 l. fall.), e i soci accomandanti rispondono limitatamente alla quota conferita (150 l. fall.).

Le quote di partecipazione dei soci non possono essere rappresentate da azioni (2325^{2}, 2346 ss., 2462^{2}, 2472^{2}).

2314. Ragione sociale. – La società agisce sotto una ragione sociale costituita dal nome (1) di almeno uno dei soci accomandatari, con l'indicazione di società in accomandita semplice, salvo il disposto del secondo comma dell'art. 2292 (2463, 2567).

L'accomandante, il quale consente che il suo nome sia compreso nella ragione sociale, risponde di fronte ai terzi illimitatamente e solidalmente (1292 ss.) con i soci accomandatari per le obbligazioni sociali (2320).

(1) *E cognome.*

2315. Norme applicabili. – Alla società in accomandita semplice si applicano le disposizioni relative alla società in nome collettivo, in quanto siano compatibili con le norme seguenti.

2316. Atto costitutivo. – L'atto costitutivo (2295) deve indicare i soci accomandatari e i soci accomandanti (2465).

2317. Mancata registrazione. – Fino a quando la società non è iscritta nel registro delle imprese (2188; 99 ss. att.), ai rapporti fra la società e i terzi si applicano le disposizioni dell'art. 2297.

Tuttavia per le obbligazioni sociali i soci accomandanti rispondono limitatamente alla loro quota, salvo che abbiano partecipato alle operazioni (2257^{2}, 2258^{1}) sociali (33^{4}, 38, 41^{1}, 2267, 2273, 2291, 2320, 2331^{1}; 147 l. fall.).

2318. Soci accomandatari. – I soci accomandatari hanno i diritti e gli obblighi dei soci della società in nome collettivo (2291).

L'amministrazione della società può essere conferita soltanto a soci accomandatari.

2319. Nomina e revoca degli amministratori. – Se l'atto costitutivo non dispone diversamente, per la nomina degli amministratori e per la loro revoca nel caso indicato nel secondo comma dell'art. 2259 sono necessari il consenso dei soci accomandatari e l'approvazione di tanti soci accomandanti che rappresentino la maggioranza del capitale da essi sottoscritto.

2320. Soci accomandanti. – I soci accomandanti non possono compiere atti di amministrazione, né trattare o concludere affari in nome della società, se non in forza di procura speciale per singoli affari (2252^{1}). Il socio accomandante che contravviene a tale divieto assume responsabilità illimitata e solidale verso i terzi per tutte le obbligazioni sociali (2291, 2317^{2}) e può essere escluso a norma dell'art. 2286 (147 l. fall.).

I soci accomandanti possono tuttavia prestare la loro opera sotto la direzione degli amministratori e, se l'atto costitutivo lo consente, dare autorizzazioni e pareri per determinate operazioni e compiere atti di ispezione e di sorveglianza.

In ogni caso essi hanno diritto di avere comunicazione annuale del bilancio (2423) e del conto dei profitti e delle perdite, e di controllarne l'esattezza, consultando i libri (2421) e gli altri documenti della società (2261, 2623, n. 3).

2321. Utili percepiti in buona fede. – I soci accomandanti non sono tenuti alla restituzione degli utili riscossi in buona fede secondo il bilancio regolarmente approvato (2303, 2433^{4}, 2621, n. 2).

2322. Trasferimento della quota. – La quota di partecipazione del socio accomandante è trasmissibile per causa di morte (2284).

Salvo diversa disposizione dell'atto costitutivo, la quota può essere ceduta, con effetto verso la società, con il consenso dei soci che rappresentano la maggioranza del capitale (24[3], 2479).

2323. Cause di scioglimento. – La società si scioglie (2250[3]), oltre che per le cause previste nell'art. 2308, quando rimangono soltanto soci accomandanti o soci accomandatari, sempreché nel termine di sei mesi non sia stato sostituito il socio che è venuto meno.

Se vengono a mancare tutti gli accomandatari, per il periodo indicato dal comma precedente gli accomandanti nominano un amministratore provvisorio per il compimento degli atti di ordinaria amministrazione. L'amministratore provvisorio non assume la qualità di socio accomandatario (2272, n. 4, 2318[2], 2320).

2324. Diritti dei creditori sociali dopo la liquidazione. – Salvo il diritto previsto dal secondo comma dell'art. 2312 nei confronti degli accomandatari e dei liquidatori, i creditori sociali che non sono stati soddisfatti nella liquidazione della società possono far valere i loro crediti anche nei confronti degli accomandanti, limitatamente alla quota di liquidazione (31[3], 2311, 2456[2]).

Capo V
Società per azioni (¹) (²)

(¹) *Il previgente Capo V: «DELLA SOCIETÀ PER AZIONI» è stato così sostituito dall'art. 1 del D.L.vo 17 gennaio 2003, n. 6, rettificato e corretto con avviso pubblicato in* Gazzetta Ufficiale *Serie gen. - n. 153 del 4 luglio 2003 e di nuovo rettificato con avviso pubblicato in* Gazzetta Ufficiale *- Serie gen. - n. 165 del 18 luglio 2003, a decorrere dal 1° gennaio 2004.*

(²) *Si veda quanto dispone l'art. 223* bis *disp. att.*

Sezione I
Disposizioni generali

2325. Responsabilità. – Nella società per azioni per le obbligazioni sociali risponde soltanto la società con il suo patrimonio.

In caso di insolvenza della società, per le obbligazioni sociali sorte nel periodo in cui le azioni sono appartenute ad una sola persona, questa risponde illimitatamente quando i conferimenti non siano stati effettuati secondo quanto previsto dall'articolo 2342 o fin quando non sia stata attuata la pubblicità prescritta dall'articolo 2362.

2325 *bis*. Società che fanno ricorso al mercato del capitale di rischio. – Ai fini dell'applicazione del presente titolo (¹), sono società che fanno ricorso al mercato del capitale di rischio le società con azioni quotate in mercati regolamentati o diffuse fra il pubblico in misura rilevante.

Le norme di questo titolo si applicano alle società con azioni (²) quotate in mercati regolamentati in quanto non sia diversamente disposto da altre norme di questo codice o di leggi speciali.

(¹) *La parola: «capo» è stata così sostituita dall'art. 5, lett.* a)*, del D.L.vo 6 febbraio 2004, n. 37.*

(²) *Le parole: «Le norme di questo capo si applicano alle società emittenti di azioni» sono state così sostituite dall'art. 5, lett.* b)*, del D.L.vo 6 febbraio 2004, n. 37.*

2326. Denominazione sociale. – La denominazione sociale, in qualunque modo formata, deve contenere l'indicazione di società per azioni.

2327. Ammontare minimo del capitale. – La società per azioni deve costituirsi con un capitale non inferiore a cinquantamila (¹) euro.

(¹) *La parola: «centoventimila» è stata così sostituita dall'attuale: «cinquantamila» dall'art. 20, comma 7, del D.L. 24 giugno 2014, n. 91, convertito, con modificazioni, nella L. 11 agosto 2014, n. 116.*

2328. Atto costitutivo. – La società può essere costituita per contratto o per atto unilaterale.

L'atto costitutivo deve essere redatto per atto pubblico e deve indicare:

1) il cognome e il nome o la denominazione, la data e il luogo di nascita o lo Stato (¹) di costituzione, il domicilio o la sede, la cittadinanza dei soci e degli eventuali promotori, nonché il numero delle azioni assegnate a ciascuno di essi;

2) la denominazione e il comune ove sono poste la sede della società e le eventuali sedi secondarie;

3) l'attività che costituisce l'oggetto sociale;

4) l'ammontare del capitale sottoscritto e di quello versato;

5) il numero e l'eventuale valore nominale delle azioni, le loro caratteristiche e le modalità di emissione e circolazione;

6) il valore attribuito ai crediti e beni conferiti in natura;

7) le norme secondo le quali gli utili devono essere ripartiti;

8) i benefici eventualmente accordati ai promotori o ai soci fondatori;

9) il sistema di amministrazione adottato, il numero degli amministratori e i loro poteri, indi-

cando quali tra essi hanno la rappresentanza della società;

10) il numero dei componenti il collegio sindacale;

11) la nomina dei primi amministratori e sindaci ovvero dei componenti del consiglio di sorveglianza ([2]) e, quando previsto, del soggetto incaricato di effettuare la revisione legale dei conti ([3]);

12) l'importo globale, almeno approssimativo, delle spese per la costituzione poste a carico della società;

13) la durata della società ovvero, se la società è costituita a tempo indeterminato, il periodo di tempo, comunque non superiore ad un anno, decorso il quale il socio potrà recedere.

Lo statuto contenente le norme relative al funzionamento della società, anche se forma oggetto di atto separato, costituisce parte integrante dell'atto costitutivo. In caso di contrasto tra le clausole dell'atto costitutivo e quelle dello statuto prevalgono le seconde.

([1]) *Le parole: «lo Stato» sono state inserite dall'art. 5, lett. c), del D.L.vo 6 febbraio 2004, n. 37.*

([2]) *Le parole: «ovvero dei componenti del consiglio di sorveglianza» sono state inserite dall'art. 5, lett. c), del D.L.vo 6 febbraio 2004, n. 37.*

([3]) *Le parole: «al quale è demandato il controllo contabile» sono state così sostituite dalle attuali: «incaricato di effettuare la revisione legale dei conti» dall'art. 37, comma 1, del D.L.vo 27 gennaio 2010, n. 39.*

2329. Condizioni per la costituzione. – Per procedere alla costituzione della società è necessario:

1) che sia sottoscritto per intero il capitale sociale;

2) che siano rispettate le previsioni degli articoli 2342, 2343 e 2343 *ter* ([1]) relative ai conferimenti;

3) che sussistano le autorizzazioni e le altre condizioni richieste dalle leggi speciali per la costituzione della società, in relazione al suo particolare oggetto.

([1]) *Le parole: «e 2343» sono state così sostituite dalle parole: «, 2343 e 2343* ter*» dall'art. 1, comma 1, del D.L.vo 4 agosto 2008, n. 142.*

2330. Deposito dell'atto costitutivo e iscrizione della società. – Il notaio che ha ricevuto l'atto costitutivo deve depositarlo entro venti giorni presso l'ufficio del registro delle imprese nella cui circoscrizione è stabilita la sede sociale, allegando i documenti comprovanti la sussistenza delle condizioni previste dall'articolo 2329.

Se il notaio o gli amministratori non provvedono al deposito nel termine indicato nel comma precedente, ciascun socio può provvedervi a spese della società.

L'iscrizione della società nel registro delle imprese è richiesta contestualmente al deposito dell'atto costitutivo. L'ufficio del registro delle imprese, verificata la regolarità formale della documentazione, iscrive la società nel registro.

Se la società istituisce sedi secondarie, si applica l'articolo 2299.

2331. Effetti dell'iscrizione. – Con l'iscrizione nel registro la società acquista la personalità giuridica.

Per le operazioni compiute in nome della società prima dell'iscrizione sono illimitatamente e solidalmente responsabili verso i terzi coloro che hanno agito. Sono altresì solidalmente e illimitatamente responsabili il socio unico fondatore e quelli tra i soci che nell'atto costitutivo o con atto separato hanno deciso, autorizzato o consentito il compimento dell'operazione.

Qualora successivamente all'iscrizione la società abbia approvato un'operazione prevista dal precedente comma, è responsabile anche la società ed essa è tenuta a rilevare coloro che hanno agito.

Le somme depositate a norma del secondo comma dell'articolo 2342 non possono essere consegnate agli amministratori se non provano l'avvenuta iscrizione della società nel registro. Se entro novanta giorni dalla stipulazione dell'atto costitutivo o dal rilascio delle autorizzazioni previste dal numero 3) dell'articolo 2329 l'iscrizione non ha avuto luogo, esse sono restituite ai sottoscrittori e l'atto costitutivo perde efficacia.

Prima dell'iscrizione nel registro è vietata l'emissione delle azioni ed esse, salvo l'offerta pubblica di sottoscrizione ai sensi dell'articolo 2333, non possono costituire oggetto di una offerta al pubblico di prodotti finanziari ([1]).

([1]) *Le parole: «sollecitazione all'investimento» sono state così sostituite dalle attuali: «offerta al pubblico di prodotti finanziari» dall'art. 5 del D.L.vo 28 marzo 2007, n. 51.*

2332. Nullità della società. – Avvenuta l'iscrizione nel registro delle imprese, la nullità della società può essere pronunciata soltanto nei seguenti casi:

1) mancata stipulazione dell'atto costitutivo nella forma dell'atto pubblico;

2) illiceità dell'oggetto sociale;

3) mancanza nell'atto costitutivo di ogni indicazione riguardante la denominazione della società, o i conferimenti, o l'ammontare del capitale sociale o l'oggetto sociale.

La dichiarazione di nullità non pregiudica l'efficacia degli atti compiuti in nome della società dopo l'iscrizione nel registro delle imprese.

I soci non sono liberati dall'obbligo di conferimento fino a quando non sono soddisfatti i creditori sociali.

La sentenza che dichiara la nullità nomina i liquidatori.

La nullità non può essere dichiarata quando la causa di essa è stata eliminata e di tale eliminazione è stata data pubblicità con iscrizione nel registro delle imprese.

Il dispositivo della sentenza che dichiara la nullità deve essere iscritto, a cura degli amministratori o dei liquidatori nominati ai sensi del quarto comma, nel registro delle imprese.

Sezione II
Della costituzione per pubblica sottoscrizione (1)

(1) *Si riporta il testo previgente: «Sezione II. Della costituzione mediante pubblica sottoscrizione».*

2333. Programma e sottoscrizione delle azioni. – La società può essere costituita anche per mezzo di pubblica sottoscrizione sulla base di un programma che ne indichi l'oggetto e il capitale, le principali disposizioni dell'atto costitutivo e dello statuto, l'eventuale partecipazione che i promotori si riservano agli utili e il termine entro il quale deve essere stipulato l'atto costitutivo.

Il programma con le firme autenticate dei promotori, prima di essere reso pubblico, deve essere depositato presso un notaio.

Le sottoscrizioni delle azioni devono risultare da atto pubblico o da scrittura privata autenticata. L'atto deve indicare il cognome e il nome o la denominazione, il domicilio o la sede del sottoscrittore, il numero delle azioni sottoscritte e la data della sottoscrizione.

2334. Versamenti e convocazione dell'assemblea dei sottoscrittori. – Raccolte le sottoscrizioni, i promotori, con raccomandata o nella forma prevista nel programma, devono assegnare ai sottoscrittori un termine non superiore a trenta giorni per fare il versamento prescritto dal secondo comma dell'articolo 2342.

Decorso inutilmente questo termine, è in facoltà dei promotori di agire contro i sottoscrittori morosi o di scioglierli dall'obbligazione assunta. Qualora i promotori si avvalgano di quest'ultima facoltà, non può procedersi alla costituzione della società prima che siano collocate le azioni che quelli avevano sottoscritte.

Salvo che il programma stabilisca un termine diverso, i promotori, nei venti giorni successivi al termine fissato per il versamento prescritto dal primo comma del presente articolo, devono convocare l'assemblea dei sottoscrittori mediante raccomandata, da inviarsi a ciascuno di essi almeno dieci giorni prima di quello fissato per l'assemblea, con l'indicazione delle materie da trattare.

2335. Assemblea dei sottoscrittori. – L'assemblea dei sottoscrittori:

1) accerta l'esistenza delle condizioni richieste per la costituzione della società;

2) delibera sul contenuto dell'atto costitutivo e dello statuto;

3) delibera sulla riserva di partecipazione agli utili fatta a proprio favore dai promotori;

4) nomina gli amministratori, ed i sindaci ovvero i componenti del consiglio di sorveglianza (1) e, quando previsto, il soggetto incaricato di effettuare la revisione legale dei conti (2).

L'assemblea è validamente costituita con la presenza della metà dei sottoscrittori.

Ciascun sottoscrittore ha diritto a un voto, qualunque sia il numero delle azioni sottoscritte, e per la validità delle deliberazioni si richiede il voto favorevole della maggioranza dei presenti.

Tuttavia per modificare le condizioni stabilite nel programma è necessario il consenso di tutti i sottoscrittori.

(1) *Le parole: «i membri del collegio sindacale» sono state così sostituite dall'art. 5, lett.* d)*, del D.L.vo 6 febbraio 2004, n. 37.*

(2) *Le parole: «cui è demandato il controllo contabile» sono state così sostituite dalle attuali: «incaricato di effettuare la revisione legale dei conti» dall'art. 37, comma 2, del D.L.vo 27 gennaio 2010, n. 39.*

2336. Stipulazione e deposito dell'atto costitutivo. – Eseguito quanto è prescritto nell'articolo precedente, gli intervenuti all'assemblea, in rappresentanza anche dei sottoscrittori assenti, stipulano l'atto costitutivo, che deve essere depositato per l'iscrizione nel registro delle imprese a norma dell'articolo 2330.

Sezione III
Dei promotori
e dei soci fondatori

2337. Promotori. – Sono promotori coloro che nella costituzione per pubblica sottoscrizione hanno firmato il programma a norma del secondo comma dell'articolo 2333.

2338. Obbligazioni dei promotori. – I promotori sono solidalmente responsabili verso i terzi per le obbligazioni assunte per costituire la società.

La società è tenuta a rilevare i promotori dalle obbligazioni assunte e a rimborsare loro le spese sostenute, sempre che siano state necessarie per la costituzione della società o siano state approvate dall'assemblea.

Se per qualsiasi ragione la società non si costituisce, i promotori non possono rivalersi verso i sottoscrittori delle azioni.

2339. Responsabilità dei promotori. – I promotori sono solidalmente responsabili verso la società e verso i terzi:

1) per l'integrale sottoscrizione del capitale sociale e per i versamenti richiesti per la costituzione della società;

2) per l'esistenza dei conferimenti in natura in conformità della relazione giurata indicata nell'articolo 2343;

3) per la veridicità delle comunicazioni da essi fatte al pubblico per la costituzione della società.

Sono del pari solidalmente responsabili verso la società e verso i terzi coloro per conto dei quali i promotori hanno agito.

2340. Limiti dei benefici riservati ai promotori. – I promotori possono riservarsi nell'atto costitutivo, indipendentemente dalla loro qualità di soci, una partecipazione non superiore complessivamente a un decimo degli utili netti risultanti dal bilancio e per un periodo massimo di cinque anni.

Essi non possono stipulare a proprio vantaggio altro beneficio.

2341. Soci fondatori. – La disposizione del primo comma dell'articolo 2340 si applica anche ai soci che nella costituzione simultanea o in quella per pubblica sottoscrizione stipulano l'atto costitutivo.

Sezione III *bis*
Dei patti parasociali

2341 *bis*. (1) **Patti parasociali.** – I patti, in qualunque forma stipulati, che al fine di stabilizzare gli assetti proprietari o il governo della società:

a) hanno per oggetto l'esercizio del diritto di voto nelle società per azioni o nelle società che le controllano;

b) pongono limiti al trasferimento delle relative azioni o delle partecipazioni in società che le controllano;

c) hanno per oggetto o per effetto l'esercizio anche congiunto di un'influenza dominante su tali società, non possono avere durata superiore a cinque anni e si intendono stipulati per questa durata anche se le parti hanno previsto un termine maggiore; i patti sono rinnovabili alla scadenza.

Qualora il patto non preveda un termine di durata, ciascun contraente ha diritto di recedere con un preavviso di centottanta giorni.

Le disposizioni di questo articolo non si applicano ai patti strumentali ad accordi di collaborazione nella produzione o nello scambio di beni o servizi e relativi a società interamente possedute dai partecipanti all'accordo.

(1) *Si veda l'art. 223* vicies semel *att.*

2341 *ter*. Pubblicità dei patti parasociali. – Nelle società che fanno ricorso al mercato del capitale di rischio i patti parasociali devono essere comunicati alla società e dichiarati in apertura di ogni assemblea. La dichiarazione deve essere trascritta nel verbale e questo deve essere depositato presso l'ufficio del registro delle imprese.

In caso di mancanza della dichiarazione prevista dal comma precedente i possessori delle azioni cui si riferisce il patto parasociale non possono esercitare il diritto di voto e le deliberazioni assembleari adottate con il loro voto determinante sono impugnabili a norma dell'articolo 2377.

Sezione IV
Dei conferimenti

2342. Conferimenti. - Se nell'atto costitutivo non è stabilito diversamente, il conferimento deve farsi in danaro.

Alla sottoscrizione dell'atto costitutivo deve essere versato presso una banca almeno il venticinque per cento dei conferimenti in danaro o, nel caso di costituzione con atto unilaterale, il loro intero ammontare.

Per i conferimenti di beni in natura e di crediti si osservano le disposizioni degli articoli 2254 e 2255. Le azioni corrispondenti a tali conferimenti devono essere integralmente liberate al momento della sottoscrizione.

Se viene meno la pluralità dei soci, i versamenti ancora dovuti devono essere effettuati entro novanta giorni.

Non possono formare oggetto di conferimento le prestazioni di opera o di servizi.

2343. Stima dei conferimenti di beni in natura e di crediti. - Chi conferisce beni in natura o crediti deve presentare la relazione giurata di un esperto designato dal tribunale nel cui circondario ha sede la società, contenente la descrizione dei beni o dei crediti conferiti, l'attestazione che il loro valore è almeno pari a quello ad essi attribuito ai fini della determinazione del capitale sociale e dell'eventuale soprapprezzo e i criteri di valutazione seguiti. La relazione deve essere allegata all'atto costitutivo.

L'esperto risponde dei danni causati alla società, ai soci e ai terzi. Si applicano le disposizioni dell'articolo 64 del codice di procedura civile.

Gli amministratori devono, nel termine di centottanta giorni dalla iscrizione della società, controllare le valutazioni contenute nella relazione indicata nel primo comma e, se sussistano fondati motivi, devono procedere alla revisione della stima. Fino a quando le valutazioni non sono state controllate, le azioni corrispondenti ai conferimenti sono inalienabili e devono restare depositate presso la società.

Se risulta che il valore dei beni o dei crediti conferiti era inferiore di oltre un quinto a quello per cui avvenne il conferimento, la società deve proporzionalmente ridurre il capitale sociale, annullando le azioni che risultano scoperte. Tuttavia il socio conferente può versare la differenza in danaro o recedere dalla società; il socio recedente ha diritto alla restituzione del conferimento, qualora sia possibile in tutto o in parte in natura. L'atto costitutivo può prevedere, salvo in ogni caso quanto disposto dal quinto comma dell'articolo 2346, che per effetto dell'annullamento delle azioni disposto nel presente comma si determini una loro diversa ripartizione tra i soci.

2343 *bis*. Acquisto della società da promotori, fondatori, soci e amministratori. - L'acquisto da parte della società, per un corrispettivo pari o superiore al decimo del capitale sociale, di beni o di crediti dei promotori, dei fondatori, dei soci o degli amministratori, nei due anni dalla iscrizione della società nel registro delle imprese, deve essere autorizzato dall'assemblea ordinaria.

L'alienante deve presentare la relazione giurata di un esperto designato dal tribunale nel cui circondario ha sede la società ovvero la documentazione di cui all'articolo 2343 *ter* primo e secondo comma ([1]) contenente la descrizione dei beni o dei crediti, il valore a ciascuno di essi attribuito, i criteri di valutazione seguiti, nonché l'attestazione che tale valore non è inferiore al corrispettivo, che deve comunque essere indicato.

La relazione deve essere depositata nella sede della società durante i quindici giorni che precedono l'assemblea. I soci possono prenderne visione. Entro trenta giorni dall'autorizzazione il verbale dell'assemblea, corredato dalla relazione dell'esperto designato dal tribunale ovvero dalla documentazione di cui all'articolo 2343 *ter* ([2]), deve essere depositato a cura degli amministratori presso l'ufficio del registro delle imprese.

Le disposizioni del presente articolo non si applicano agli acquisti che siano effettuati a condizioni normali nell'ambito delle operazioni correnti della società nè a quelli che avvengono nei mercati regolamentati o sotto il controllo dell'autorità giudiziaria o amministrativa.

In caso di violazione delle disposizioni del presente articolo gli amministratori e l'alienante sono solidalmente responsabili per i danni causati alla società, ai soci ed ai terzi.

([1]) *Le parole: «ovvero la documentazione di cui all'articolo 2343* ter *primo e secondo comma» sono state aggiunte dall'art. 20, comma 4, del D.L. 24 giugno 2014, n. 91, convertito, con modificazioni, nella L. 11 agosto 2014, n. 116.*

([2]) *Le parole: «ovvero dalla documentazione di cui all'articolo 2343* ter*» sono state aggiunte dall'art. 20, comma 4, del D.L. 24 giugno 2014, n. 91, convertito, con modificazioni, nella L. 11 agosto 2014, n. 116.*

2343 *ter*. (1) Conferimento di beni in natura o crediti senza relazione di stima. – Nel caso di conferimento di valori mobiliari ovvero di strumenti del mercato monetario non è richiesta la relazione di cui all'articolo 2343, primo comma, se il valore ad essi attribuito ai fini della determinazione del capitale sociale e dell'eventuale sovrapprezzo è pari o inferiore al prezzo medio ponderato al quale sono stati negoziati su uno o più mercati regolamentati nei sei mesi precedenti il conferimento.

Fuori dai casi in cui è applicabile il primo comma, non è altresì richiesta la relazione di cui all'articolo 2343, primo comma, qualora il valore attribuito, ai fini della determinazione del capitale sociale e dell'eventuale sovrapprezzo, ai beni in natura o crediti conferiti sia pari o inferiore:

a) al *fair value* iscritto nel bilancio dell'esercizio precedente quello nel quale è effettuato il conferimento a condizione che il bilancio sia sottoposto a revisione legale e la relazione del revisore non esprima rilievi in ordine alla valutazione dei beni oggetto del conferimento, ovvero;

b) al valore risultante da una valutazione riferita ad una data precedente di non oltre sei mesi il conferimento e conforme ai principi e criteri generalmente riconosciuti per la valutazione dei beni oggetto del conferimento, a condizione che essa provenga da un esperto indipendente da chi effettua il conferimento, dalla società e dai soci che esercitano individualmente o congiuntamente il controllo sul soggetto conferente o sulla società medesima, dotato di adeguata e comprovata professionalità (2).

Chi conferisce beni o crediti ai sensi del primo e secondo comma presenta la documentazione dalla quale risulta il valore attribuito ai conferimenti e la sussistenza, per i conferimenti di cui al secondo comma, delle condizioni ivi indicate. La documentazione è allegata all'atto costitutivo.

L'esperto di cui al secondo comma, lettera *b*), risponde dei danni causati alla società, ai soci e ai terzi.

Ai fini dell'applicazione del secondo comma, lettera *a*), per la definizione di "fair value" si fa riferimento ai principi contabili internazionali adottati dall'Unione europea (3).

(1) *Questo articolo è stato inserito dall'art. 1, comma 2, del D.L.vo 4 agosto 2008, n. 142.*

(2) *Questo comma è stato così sostituito dall'art. 1, comma 1, lett.* a), *del D.L.vo 29 novembre 2010, n. 224.*

(3) *Questo comma è stato aggiunto dall'art. 1, comma 1, lett.* b), *del D.L.vo 29 novembre 2010, n. 224.*

2343 *quater*. (1) Fatti eccezionali o rilevanti che incidono sulla valutazione. – Gli amministratori verificano, nel termine di trenta giorni dalla iscrizione della società, se, nel periodo successivo a quello di cui all'articolo 2343 *ter*, primo comma, sono intervenuti fatti eccezionali che hanno inciso sul prezzo dei valori mobiliari o degli strumenti del mercato monetario conferiti in modo tale da modificare sensibilmente il valore di tali beni alla data di iscrizione della società nel registro delle imprese, comprese le situazioni in cui il mercato dei valori o strumenti non è più liquido. Gli amministratori verificano altresì nel medesimo termine se, successivamente al termine dell'esercizio cui si riferisce il bilancio di cui alla lettera *a*) del secondo comma dell'articolo 2343 *ter*, o alla data della valutazione di cui alla lettera *b*) del medesimo comma, si sono verificati fatti nuovi rilevanti tali da modificare sensibilmente il valore dei beni o dei crediti conferiti alla data di iscrizione della società nel registro delle imprese, nonché i requisiti di professionalità ed indipendenza dell'esperto che ha reso la valutazione di cui all'articolo 2343 *ter*, secondo comma, lettera *b*) (2).

Qualora gli amministratori ritengano che siano intervenuti i fatti di cui al primo comma, ovvero ritengano non idonei i requisiti di professionalità e indipendenza dell'esperto che ha reso la valutazione di cui all'articolo 2343 *ter*, secondo comma, lettera *b*), si procede, su iniziativa degli amministratori, ad una nuova valutazione ai sensi e per gli effetti dell'articolo 2343 (3).

Fuori dai casi di cui al secondo comma, è depositata per l'iscrizione nel registro delle imprese, nel medesimo termine di cui al primo comma, una dichiarazione degli amministratori contenente le seguenti informazioni:

a) la descrizione dei beni o dei crediti conferiti per i quali non si è fatto luogo alla relazione di cui all'articolo 2343, primo comma;

b) il valore ad essi attribuito, la fonte di tale valutazione e, se del caso, il metodo di valutazione;

c) la dichiarazione che tale valore è almeno pari a quello loro attribuito ai fini della determinazione del capitale sociale e dell'eventuale sovrapprezzo;

d) la dichiarazione che non sono intervenuti fatti eccezionali o rilevanti che incidono sulla valutazione di cui alla lettera *b*);

e) la dichiarazione di idoneità dei requisiti di professionalità e indipendenza dell'esperto di cui all'articolo 2343 *ter*, secondo comma, lettera *b*).

Fino all'iscrizione della dichiarazione le azioni sono inalienabili e devono restare depositate presso la società.

([1]) *Questo articolo è stato inserito dall'art. 1, comma 2, del D.L.vo 4 agosto 2008, n. 142.*

([2]) *Questo comma è stato così sostituito dall'art. 1, comma 2, lett.* a), *del D.L.vo 29 novembre 2010, n. 224.*

([3]) *Questo comma è stato così sostituito dall'art. 1, comma 2, lett.* b), *del D.L.vo 29 novembre 2010, n. 224.*

2344. Mancato pagamento delle quote. – Se il socio non esegue i pagamenti dovuti, decorsi quindici giorni dalla pubblicazione di una diffida nella *Gazzetta Ufficiale* della Repubblica, gli amministratori, se non ritengono utile promuovere azione per l'esecuzione del conferimento, offrono le azioni agli altri soci, in proporzione alla loro partecipazione ([1]), per un corrispettivo non inferiore ai conferimenti ancora dovuti. In mancanza di offerte possono far vendere le azioni a rischio e per conto del socio, a mezzo di una banca o di un intermediario autorizzato alla negoziazione in mercati regolamentati ([1]).

Qualora la vendita non possa aver luogo per mancanza di compratori, gli amministratori possono dichiarare decaduto il socio, trattenendo le somme riscosse, salvo il risarcimento dei maggiori danni.

Le azioni non vendute, se non possono essere rimesse in circolazione entro l'esercizio in cui fu pronunziata la decadenza del socio moroso, devono essere estinte con la corrispondente riduzione del capitale.

Il socio in mora nei versamenti non può esercitare il diritto di voto.

([1]) *Le parole: «della loro partecipazione» e «nei mercati regolamentati» sono state così sostituite dall'art. 5, lett.* e), *del D.L.vo 6 febbraio 2004, n. 37.*

2345. Prestazioni accessorie. – Oltre l'obbligo dei conferimenti, l'atto costitutivo può stabilire l'obbligo dei soci di eseguire prestazioni accessorie non consistenti in danaro, determinandone il contenuto, la durata, le modalità e il compenso, e stabilendo particolari sanzioni per il caso di inadempimento. Nella determinazione del compenso devono essere osservate le norme applicabili ai rapporti aventi per oggetto le stesse prestazioni.

Le azioni alle quali è connesso l'obbligo delle prestazioni anzidette devono essere nominative e non sono trasferibili senza il consenso degli amministratori.

Se non è diversamente disposto dall'atto costitutivo, gli obblighi previsti in questo articolo non possono essere modificati senza il consenso di tutti i soci.

Sezione V
Delle azioni e di altri strumenti finanziari partecipativi ([1])

([1]) *Si riporta il testo previgente: «Sezione V. delle azioni».*

2346. Emissione delle azioni. – La partecipazione sociale è rappresentata da azioni; salvo diversa disposizione di leggi speciali lo statuto può escludere l'emissione dei relativi titoli o prevedere l'utilizzazione di diverse tecniche di legittimazione e circolazione.

Se determinato nello statuto, il valore nominale di ciascuna azione corrisponde ad una frazione del capitale sociale; tale determinazione deve riferirsi senza eccezioni a tutte le azioni emesse dalla società.

In mancanza di indicazione del valore nominale delle azioni, le disposizioni che ad esso si riferiscono si applicano con riguardo al loro numero in rapporto al totale delle azioni emesse.

A ciascun socio è assegnato un numero di azioni proporzionale alla parte del capitale sociale sottoscritta e per un valore non superiore a quello del suo conferimento. Lo statuto ([1]) può prevedere una diversa assegnazione delle azioni.

In nessun caso il valore dei conferimenti può essere complessivamente inferiore all'ammontare globale del capitale sociale.

Resta salva la possibilità che la società, a seguito dell'apporto da parte dei soci o di terzi anche di opera o servizi, emetta strumenti finanziari forniti di diritti patrimoniali o anche di diritti amministrativi, escluso il voto nell'assemblea generale degli azionisti. In tal caso lo statuto ne disciplina le modalità e condizioni di emissione, i diritti che conferiscono, le sanzioni in caso di inadempimento delle prestazioni e, se ammessa, la legge di circolazione.

([1]) *Le originarie parole: «L'atto costitutivo» sono state così sostituite dall'art. 7 del D.L.vo 28 dicembre 2004, n. 310.*

2347. Indivisibilità delle azioni. – Le azioni sono indivisibili. Nel caso di comproprietà di un'azione, i diritti dei comproprietari devono essere esercitati da un rappresentante comune nominato secondo le modalità previste dagli articoli 1105 e 1106.

Se il rappresentante comune non è stato nominato, le comunicazioni e le dichiarazioni fatte dalla società a uno dei comproprietari sono efficaci nei confronti di tutti.

I comproprietari dell'azione rispondono solidalmente delle obbligazioni da essa derivanti.

2348. Categorie di azioni. – Le azioni devono essere di uguale valore e conferiscono ai loro possessori uguali diritti.

Si possono tuttavia creare, con lo statuto o con successive modificazioni di questo, categorie di azioni fornite di diritti diversi anche per quanto concerne la incidenza delle perdite. In tal caso la società, nei limiti imposti dalla legge, può liberamente determinare il contenuto delle azioni delle varie categorie.

Tutte le azioni appartenenti ad una medesima categoria conferiscono uguali diritti.

2349. Azioni e strumenti finanziari a favore dei prestatori di lavoro. – Se lo statuto lo prevede, l'assemblea straordinaria può deliberare l'assegnazione di utili ai prestatori di lavoro dipendenti della società o di società controllate mediante l'emissione, per un ammontare corrispondente agli utili stessi, di speciali categorie di azioni da assegnare individualmente ai prestatori di lavoro, con norme particolari riguardo alla forma, al modo di trasferimento ed ai diritti spettanti agli azionisti. Il capitale sociale deve essere aumentato in misura corrispondente.

L'assemblea straordinaria può altresì deliberare l'assegnazione ai prestatori di lavoro ([1]) dipendenti della società o di società controllate di strumenti finanziari, diversi dalle azioni, forniti di diritti patrimoniali o anche di ([1]) diritti amministrativi, escluso il voto nell'assemblea generale degli azionisti. In tal caso possono essere previste norme particolari riguardo alle condizioni di esercizio dei diritti attribuiti, alla possibilità di trasferimento ed alle eventuali cause di decadenza o riscatto.

([1]) *Le parole: «prestatori di lavoro» e «anche di» sono state inserite dall'art. 5, lett.* f), *del D.L.vo 6 febbraio 2004, n. 37.*

2350. Diritto agli utili e alla quota di liquidazione. – Ogni azione attribuisce il diritto a una parte proporzionale degli utili netti e del patrimonio netto risultante dalla liquidazione, salvi i diritti stabiliti a favore di speciali categorie di azioni.

Fuori dai casi di cui all'articolo 2447 *bis*, la società può emettere azioni fornite di diritti patrimoniali correlati ai risultati dell'attività sociale in un determinato settore. Lo statuto stabilisce i criteri di individuazione dei costi e ricavi imputabili al settore, le modalità di rendicontazione, i diritti attribuiti a tali azioni, nonché le eventuali ([1]) condizioni e modalità di conversione in azioni di altra categoria.

Non possono essere pagati dividendi ai possessori delle azioni previste dal precedente comma se non nei limiti degli utili risultanti dal bilancio della società.

([1]) *Le parole: «l'eventuali» sono state così sostituite dall'art. 5, lett.* g), *del D.L.vo 6 febbraio 2004, n. 37.*

2351. Diritto di voto. – Ogni azione attribuisce il diritto di voto.

Salvo quanto previsto dalle leggi speciali, lo statuto può prevedere la creazione di azioni senza diritto di voto, con diritto di voto limitato a particolari argomenti, con diritto di voto subordinato al verificarsi di particolari condizioni non meramente potestative. Il valore di tali azioni non può complessivamente superare la metà del capitale sociale.

Lo statuto può altresì prevedere che, in relazione alla quantità delle azioni possedute da uno stesso soggetto, il diritto di voto sia limitato a una misura massima o disporne scaglionamenti ([1]).

Salvo quanto previsto dalle leggi speciali, lo statuto può prevedere la creazione di azioni con diritto di voto plurimo anche per particolari argomenti o subordinato al verificarsi di particolari condizioni non meramente potestative. Ciascuna azione a voto plurimo può avere fino a un massimo di tre voti ([1]).

Gli strumenti finanziari di cui agli articoli 2346, sesto comma, e 2349, secondo comma, possono essere dotati del diritto di voto su argomenti specificamente indicati e in particolare può essere ad essi riservata, secondo modalità stabilite dallo statuto, la nomina di un componente indipendente del consiglio di amministrazione o del consiglio di sorveglianza o di un sindaco. Alle persone così nominate si applicano le medesime norme previste per gli altri componenti dell'organo cui partecipano.

([1]) *Questo comma è stato così sostituito dall'art. 20, comma 8* bis, *del D.L. 24 giugno 2014, n. 91, convertito, con modificazioni, nella L. 11 agosto 2014, n. 116.*

2352. Pegno, usufrutto e sequestro delle azioni. – Nel caso di pegno o usufrutto sulle azioni, il diritto di voto spetta, salvo convenzione contraria, al creditore pignoratizio o all'usufruttuario. Nel caso di sequestro delle azioni il diritto di voto è esercitato dal custode.

Se le azioni attribuiscono un diritto di opzione, questo spetta al socio ed al medesimo sono attribuite le azioni in base ad esso sottoscritte. Qualora il socio non provveda almeno tre giorni prima della scadenza al versamento delle somme necessarie per l'esercizio del diritto di opzione e qualora gli altri soci non si offrano di acquistarlo, questo deve essere alienato per suo conto a mezzo banca od intermediario autorizzato alla negoziazione nei mercati regolamentati.

Nel caso di aumento del capitale sociale ai sensi dell'articolo 2442, il pegno, l'usufrutto o il sequestro si estendono alle azioni di nuova emissione.

Se sono richiesti versamenti sulle azioni, nel caso di pegno, il socio deve provvedere al versamento delle somme necessarie almeno tre giorni prima della scadenza; in mancanza il creditore pignoratizio può vendere le azioni nel modo stabilito dal secondo comma del presente articolo. Nel caso di usufrutto, l'usufruttuario deve provvedere al versamento, salvo il suo diritto alla restituzione al termine dell'usufrutto.

Se l'usufrutto spetta a più persone, si applica il secondo comma dell'articolo 2347.

Salvo che dal titolo o dal provvedimento del giudice risulti diversamente, i diritti amministrativi diversi da quelli previsti nel presente articolo spettano, nel caso di pegno o di usufrutto, sia al socio sia al creditore pignoratizio o all'usufruttuario; nel caso di sequestro sono esercitati dal custode.

2353. Azioni di godimento. – Salvo diversa disposizione dello statuto, le azioni di godimento attribuite ai possessori delle azioni rimborsate non danno diritto di voto nell'assemblea. Esse concorrono nella ripartizione degli utili che residuano dopo il pagamento delle azioni non rimborsate di un dividendo pari all'interesse legale e, nel caso di liquidazione, nella ripartizione del patrimonio sociale residuo dopo il rimborso delle altre azioni al loro valore nominale.

2354. Titoli azionari. – I titoli possono essere nominativi o al portatore, a scelta del socio, se lo statuto o le leggi speciali non stabiliscono (1) diversamente.

Finché le azioni non siano interamente liberate, non possono essere emessi titoli al portatore.

I titoli azionari devono indicare:

1) la denominazione e la sede della società;

2) la data dell'atto costitutivo e della sua iscrizione e l'ufficio del registro delle imprese dove la società è iscritta;

3) il loro valore nominale o, se si tratta di azioni senza valore nominale, il numero complessivo delle azioni emesse, nonché l'ammontare del capitale sociale;

4) l'ammontare dei versamenti parziali sulle azioni non interamente liberate;

5) i diritti e gli obblighi particolari ad essi inerenti.

I titoli azionari devono essere sottoscritti da uno degli amministratori. È valida la sottoscrizione mediante riproduzione meccanica della firma.

Le disposizioni di questo articolo si applicano anche ai certificati provvisori che si distribuiscono ai soci prima dell'emissione dei titoli definitivi.

Sono salve le disposizioni delle leggi speciali in tema di strumenti finanziari negoziati o destinati alla negoziazione nelle sedi di negoziazione (2).

Lo statuto può assoggettare le azioni alla disciplina prevista dalle leggi speciali di cui al precedente comma.

(1) *La parola: «stabiliscano» è stata così sostituita dall'art. 5, lett. h), del D.L.vo 6 febbraio 2004, n. 37.*

(2) *Le parole: «nei mercati regolamentati» sono state così sostituite dalle seguenti: «nelle sedi di negoziazione» dall'art. 4, comma 2, del D.L.vo 12 agosto 2016, n. 176.*

2355. Circolazione delle azioni. – Nel caso di mancata emissione dei titoli azionari il trasferimento delle azioni ha effetto nei confronti della società dal momento dell'iscrizione nel libro dei soci.

Le azioni al portatore si trasferiscono con la consegna del titolo.

Il trasferimento delle azioni nominative si opera mediante girata autenticata da un notaio o da altro soggetto secondo quanto previsto dalle leggi speciali. Il giratario che si dimostra possessore in base a una serie continua di girate ha diritto di ottenere l'annotazione del trasferimento nel libro dei soci, ed è comunque legittimato ad esercitare i diritti sociali; resta salvo l'obbligo della società, previsto dalle leggi speciali, di aggiornare il libro dei soci.

Il trasferimento delle azioni nominative con mezzo diverso dalla girata si opera a norma dell'articolo 2022.

Nei casi previsti ai commi sesto e settimo dell'articolo 2354, il trasferimento si opera mediante scritturazione sui conti destinati a registrare i movimenti degli strumenti finanziari; in tal caso, se le azioni sono nominative, si applica il terzo comma e la scritturazione sul conto equivale alla girata.

2355 *bis*. Limiti alla circolazione delle azioni. – Nel caso di azioni nominative ed in quello di mancata emissione dei titoli azionari, lo statuto può sottoporre a particolari condizioni il loro trasferimento e può, per un periodo non superiore a cinque anni dalla costituzione della società o dal momento in cui il divieto viene introdotto, vietarne il trasferimento.

Le clausole dello statuto che subordinano il trasferimento delle azioni al mero gradimento di organi sociali o di altri soci sono inefficaci se non prevedono, a carico della società o degli altri soci, un obbligo di acquisto oppure il diritto di recesso dell' alienante; resta ferma l'applicazione dell'articolo 2357. Il corrispettivo dell'acquisto o rispettivamente la quota di liquidazione sono determinati secondo le modalità e nella misura previste dall'articolo 2437 *ter*.

La disposizione del precedente comma si applica in ogni ipotesi di clausole che sottopongono a particolari condizioni il trasferimento a causa di morte delle azioni, salvo che sia previsto il gradimento e questo sia concesso.

Le limitazioni al trasferimento delle azioni devono risultare dal titolo.

2356. Responsabilità in caso di trasferimento di azioni non liberate. – Coloro che hanno trasferito azioni non liberate sono obbligati in solido con gli acquirenti per l'ammontare dei versamenti ancora dovuti, per il periodo di tre anni dall'annotazione del trasferimento nel libro dei soci.

Il pagamento non può essere ad essi domandato se non nel caso in cui la richiesta al possessore dell'azione sia rimasta infruttuosa.

2357. Acquisto delle proprie azioni. – La società non può acquistare azioni proprie se non nei limiti degli utili distribuibili e delle riserve disponibili risultanti dall'ultimo bilancio regolarmente approvato. Possono essere acquistate soltanto azioni interamente liberate.

L'acquisto deve essere autorizzato dall'assemblea, la quale ne fissa le modalità, indicando in particolare il numero massimo di azioni da acquistare, la durata, non superiore ai diciotto mesi, per la quale l'autorizzazione è accordata, il corrispettivo minimo ed il corrispettivo massimo.

Il valore nominale delle azioni acquistate a norma del primo e secondo comma dalle società che fanno ricorso al mercato del capitale di rischio non può eccedere la quinta parte del capitale sociale, tenendosi conto a tale fine anche delle azioni possedute da società controllate (1).

Le azioni acquistate in violazione dei commi precedenti debbono essere alienate secondo modalità da determinarsi dall'assemblea, entro un anno dal loro acquisto. In mancanza, deve procedersi senza indugio al loro annullamento e alla corrispondente riduzione del capitale. Qualora l'assemblea non provveda, gli amministratori e i sindaci devono chiedere che la riduzione sia disposta dal tribunale secondo il procedimento previsto dall'articolo 2446, secondo comma.

Le disposizioni del presente articolo si applicano anche agli acquisti fatti per tramite di società fiduciaria o per interposta persona.

(1) *Questo comma già sostituito dall'art. 1, comma 3, del D.L.vo 4 agosto 2008, n. 142, è stato successivamente così sostituito dall'art. 7, comma 3* sexies, *lett.* a), *del D.L. 10 febbraio 2009, n. 5, convertito, con modificazioni, nella L. 9 aprile 2009, n. 33.*

2357 *bis*. Casi speciali di acquisto delle proprie azioni. – Le limitazioni contenute nell'articolo 2357 non si applicano quando l'acquisto di azioni proprie avvenga:

1) in esecuzione di una deliberazione dell'assemblea di riduzione del capitale, da attuarsi mediante riscatto e annullamento di azioni;

2) a titolo gratuito, sempre che si tratti di azioni interamente liberate;

3) per effetto di successione universale o di fusione o scissione;

4) in occasione di esecuzione forzata per il soddisfacimento di un credito della società, sempre che si tratti di azioni interamente liberate.

Se il valore nominale delle azioni proprie supera il limite della quinta parte del capitale per effetto di acquisti avvenuti a norma dei numeri 2), 3) e 4) del primo comma del presente articolo, si applica per l'eccedenza il penultimo comma dell'articolo 2357, ma il termine entro il quale deve avvenire l'alienazione è di tre anni ([1]).

([1]) *Questo comma è stato così sostituito dall'art. 7, comma 3* sexies, *lett.* b), *del D.L. 10 febbraio 2009, n. 5, convertito, con modificazioni, nella L. 9 aprile 2009, n. 33.*

2357 *ter*. Disciplina delle proprie azioni. – Gli amministratori non possono disporre delle azioni acquistate a norma dei due articoli precedenti se non previa autorizzazione dell'assemblea, la quale deve stabilire le relative modalità. A tal fine possono essere previste, nei limiti stabiliti dal primo e secondo comma dell'articolo 2357, operazioni successive di acquisto ed alienazione.

Finchè le azioni restano in proprietà della società, il diritto agli utili e il diritto di opzione sono attribuiti proporzionalmente alle altre azioni. Il diritto di voto è sospeso, ma le azioni proprie sono tuttavia computate ai fini del calcolo delle maggioranze e delle quote richieste per la costituzione e per le deliberazioni dell'assemblea. Nelle società che fanno ricorso al mercato del capitale di rischio il computo delle azioni proprie è disciplinato dall'articolo 2368, terzo comma ([1]).

L'acquisto di azioni proprie comporta una riduzione del patrimonio netto di eguale importo, tramite l'iscrizione nel passivo del bilancio di una specifica voce, con segno negativo ([2]).

([1]) *Questo comma è stato così sostituito dall'art. 1, comma 3, del D.L.vo 29 novembre 2010, n. 224.*

([2]) *Questo comma è stato così sostituito, dall'art. 6, comma 1, del D.L.vo 18 agosto 2015, n. 139. A norma dell'art. 12, comma 1, del predetto decreto, tale disposizione entra in vigore dal 1° gennaio 2016 e si applica ai bilanci relativi agli esercizi finanziari aventi inizio a partire da quella data.*

Si riporta il testo precedente: «Una riserva indisponibile pari all'importo delle azioni proprie iscritto all'attivo del bilancio deve essere costituita e mantenuta finché le azioni non siano trasferite o annullate.».

2357 *quater*. Divieto di sottoscrizione delle proprie azioni. – Salvo quanto previsto dall'articolo 2357 *ter*, secondo comma ([1]), la società non può sottoscrivere azioni proprie.

Le azioni sottoscritte in violazione del divieto stabilito nel precedente comma si intendono sottoscritte e devono essere liberate dai promotori e dai soci fondatori o, in caso di aumento del capitale sociale, dagli amministratori. La presente disposizione non si applica a chi dimostri di essere esente da colpa.

Chiunque abbia sottoscritto in nome proprio, ma per conto della società, azioni di quest'ultima è considerato a tutti gli effetti sottoscrittore per conto proprio. Della liberazione delle azioni rispondono solidalmente, a meno che dimostrino di essere esenti da colpa, i promotori, i soci fondatori e, nel caso di aumento del capitale sociale, gli amministratori.

([1]) *Le parole: «comma secondo» sono state così sostituite dall'art. 5, lett.* i), *del D.L.vo 6 febbraio 2004, n. 37.*

2358. ([1]) **Altre operazioni sulle proprie azioni.** – La società non può, direttamente o indirettamente, accordare prestiti, né fornire garanzie per l'acquisto o la sottoscrizione delle proprie azioni, se non alle condizioni previste dal presente articolo.

Tali operazioni sono preventivamente autorizzate dall'assemblea straordinaria.

Gli amministratori della società predispongono una relazione che illustri, sotto il profilo giuridico ed economico, l'operazione, descrivendone le condizioni, evidenziando le ragioni e gli obiettivi imprenditoriali che la giustificano, lo specifico interesse che l'operazione presenta per la società, i rischi che essa comporta per la liquidità e la solvibilità della società ed indicando il prezzo al quale il terzo acquisirà le azioni. Nella relazione gli amministratori attestano altresì che l'operazione ha luogo a condizioni di mercato, in particolare per quanto riguarda le garanzie prestate e il tasso di interesse praticato per il rimborso del finanziamento, e che il merito di credito della controparte è stato debitamente valutato. La relazione è depositata presso la sede della società durante i trenta giorni che precedono l'assemblea. Il verbale dell'assemblea, corredato dalla relazione degli amministratori, è depositato entro trenta giorni per l'iscrizione nel registro delle imprese.

In deroga all'articolo 2357 *ter*, quando le somme o le garanzie fornite ai sensi del presente articolo sono utilizzate per l'acquisto di azioni detenute dalla società ai sensi dell'articolo 2357 e 2357 *bis* l'assemblea straordinaria autorizza gli amministratori a disporre di tali azioni con la delibera di cui al secondo comma. Il prezzo di acquisto delle azioni è determinato secondo i criteri di cui all'articolo 2437 *ter*, secondo comma. Nel caso di azioni negoziate in un mercato regolamentato il prezzo di acquisto è pari almeno al prezzo medio ponderato al quale le azioni sono state negoziate nei sei mesi che precedono la pubblicazione dell'avviso di convocazione dell'assemblea.

Qualora la società accordi prestiti o fornisca garanzie per l'acquisto o la sottoscrizione delle azioni proprie a singoli amministratori della società o della controllante o alla stessa controllante ovvero a terzi che agiscono in nome proprio e per conto dei predetti soggetti, la relazione di cui al terzo comma attesta altresì che l'operazione realizza al meglio l'interesse della società.

L'importo complessivo delle somme impiegate e delle garanzie fornite ai sensi del presente articolo non può eccedere il limite degli utili distribuibili e delle riserve disponibili risultanti dall'ultimo bilancio regolarmente approvato, tenuto conto anche dell'eventuale acquisto di proprie azioni ai sensi dell'articolo 2357. Una riserva indisponibile pari all'importo complessivo delle somme impiegate e delle garanzie fornite é iscritta al passivo del bilancio.

La società non può, neppure per tramite di società fiduciaria, o per interposta persona, accettare azioni proprie in garanzia.

Salvo quanto previsto dal comma sesto, le disposizioni del presente articolo non si applicano alle operazioni effettuate per favorire l'acquisto di azioni da parte di dipendenti della società o di quelli di società controllanti o controllate.

Resta salvo quanto previsto dagli articoli 2391 *bis* e 2501 *bis*.

(1) *Questo articolo è stato così sostituito dall'art. 1, comma 4, del D.L.vo 4 agosto 2008, n. 142.*

2359. Società controllate e società collegate. – Sono considerate società controllate:

1) le società in cui un'altra società dispone della maggioranza dei voti esercitabili nell'assemblea ordinaria;

2) le società in cui un'altra società dispone di voti sufficienti per esercitare un'influenza dominante nell'assemblea ordinaria;

3) le società che sono sotto influenza dominante di un'altra società in virtù di particolari vincoli contrattuali con essa.

Ai fini dell'applicazione dei numeri 1) e 2) del primo comma si computano anche i voti spettanti a società controllate, a società fiduciarie e a persona interposta: non si computano i voti spettanti per conto di terzi.

Sono considerate collegate le società sulle quali un'altra società esercita un'influenza notevole. L'influenza si presume quando nell'assemblea ordinaria può essere esercitato almeno un quinto dei voti ovvero un decimo se la società ha azioni quotate in mercati regolamentati (1).

(1) *Le originarie parole: «in borsa» sono state così sostituite dall'art. 8 del D.L.vo 28 dicembre 2004, n. 310.*

2359 *bis*. Acquisto di azioni o quote da parte di società controllate. – La società controllata non può acquistare azioni o quote della società controllante se non nei limiti degli utili distribuibili e delle riserve disponibili risultanti dall'ultimo bilancio regolarmente approvato. Possono essere acquistate soltanto azioni interamente liberate.

L'acquisto deve essere autorizzato dall'assemblea a norma del secondo comma dell'articolo 2357.

In nessun caso il valore nominale delle azioni acquistate a norma dei commi primo e secondo può eccedere la quinta parte del capitale della società controllante qualora questa sia una società che faccia ricorso al mercato del capitale di rischio, tenendosi conto a tal fine delle azioni possedute dalla medesima società controllante o dalle società da essa controllate (1).

Una riserva indisponibile, pari all'importo delle azioni o quote della società controllante iscritto all'attivo del bilancio deve essere costituita e mantenuta finché le azioni o quote non siano trasferite.

La società controllata da altra società non può esercitare il diritto di voto nelle assemblee di questa.

Le disposizioni di questo articolo si applicano anche agli acquisti fatti per il tramite di società fiduciaria o per interposta persona.

(1) *Questo comma è stato così sostituito dall'art. 1, comma 4, del D.L.vo 29 novembre 2010, n. 224.*

2359 *ter*. Alienazione o annullamento delle azioni o quote della società controllante. – Le azioni o quote acquistate in violazione dell'articolo 2359 *bis* devono essere alienate secondo modalità da determinarsi dall'assemblea entro un anno dal loro acquisto.

In mancanza, la società controllante deve procedere senza indugio al loro annullamento e alla corrispondente riduzione del capitale, con rimborso secondo i criteri indicati dagli articoli 2437 *ter* e 2437 *quater*. Qualora l'assemblea non provveda, gli amministratori e i sindaci devono chiedere che la riduzione sia disposta dal tribunale secondo il procedimento previsto dall'articolo 2446, secondo comma.

2359 *quater*. Casi speciali di acquisto o di possesso di azioni o quote della società controllante. – Le limitazioni dell'articolo 2359 *bis* non si applicano quando l'acquisto avvenga ai sensi dei numeri 2, 3 e 4 del primo comma dell'articolo 2357 *bis*.

Le azioni o quote così acquistate, che superino il limite stabilito dal terzo comma dell'articolo 2359 *bis*, devono tuttavia essere alienate, secondo modalità da determinarsi dall'assemblea, entro tre anni dall'acquisto. Si applica il secondo comma dell'articolo 2359 *ter*.

Se il limite indicato dal terzo comma dell'articolo 2359 *bis* è superato per effetto di circostanze sopravvenute, la società controllante, entro tre anni dal momento in cui si è verificata la circostanza che ha determinato il superamento del limite, deve procedere all'annullamento delle azioni o quote in misura proporzionale a quelle possedute da ciascuna società, con conseguente riduzione del capitale e con rimborso alle società controllate secondo i criteri indicati dagli articoli 2437 *ter* e 2437 *quater*. Qualora l'assemblea non provveda, gli amministratori e i sindaci devono chiedere che la riduzione sia disposta dal tribunale secondo il procedimento previsto dall'articolo 2446, secondo comma.

2359 *quinquies*. Sottoscrizione di azioni o quote della società controllante. – La società controllata non può sottoscrivere azioni o quote della società controllante.

Le azioni o quote sottoscritte in violazione del comma precedente si intendono sottoscritte e devono essere liberate dagli amministratori, che non dimostrino di essere esenti da colpa.

Chiunque abbia sottoscritto in nome proprio, ma per conto della società controllata, azioni o quote della società controllante è considerato a tutti gli effetti sottoscrittore per conto proprio. Della liberazione delle azioni o quote rispondono solidalmente gli amministratori della società controllata che non dimostrino di essere esenti da colpa.

2360. Divieto di sottoscrizione reciproca di azioni. – È vietato alle società di costituire o di aumentare il capitale mediante sottoscrizione reciproca di azioni, anche per tramite di società fiduciaria o per interposta persona.

2361. Partecipazioni. – L'assunzione di partecipazioni in altre imprese, anche se prevista genericamente nello statuto, non è consentita, se per la misura e per l'oggetto della partecipazione ne risulta sostanzialmente modificato l'oggetto sociale determinato dallo statuto.

L'assunzione di partecipazioni in altre imprese comportante una responsabilità illimitata per le obbligazioni delle medesime deve essere deliberata dall'assemblea; di tali partecipazioni gli amministratori danno specifica informazione nella nota integrativa del bilancio.

2362. Unico azionista. – Quando le azioni risultano appartenere ad una sola persona o muta la persona dell'unico socio, gli amministratori devono depositare per l'iscrizione del registro delle imprese una dichiarazione contenente l'indicazione del cognome e nome o della denominazione, della data e del luogo di nascita o lo Stato (1) di costituzione, del domicilio o della sede e cittadinanza dell'unico socio (2).

Quando si costituisce o ricostituisce la pluralità dei soci, gli amministratori ne devono depositare apposita dichiarazione per l'iscrizione nel registro delle imprese.

L'unico socio o colui che cessa di essere tale può provvedere alla pubblicità prevista nei commi precedenti.

Le dichiarazioni degli amministratori previste dai precedenti commi devono essere depositate entro trenta giorni dall'iscrizione nel libro dei soci e devono indicare la data di iscrizione.

I contratti della società con l'unico socio o le operazioni a favore dell'unico socio sono opponibili ai creditori della società solo se risultano dal libro delle adunanze e delle deliberazioni del consiglio di amministrazione o da atto scritto avente data certa anteriore al pignoramento.

(1) *Le parole: «lo Stato» sono state inserite dall'art. 5, lett. l), del D.L.vo 6 febbraio 2004, n. 37.*

(2) *Si veda l'art. 223* vicies bis *att.*

Sezione VI
Dell'assemblea ([1])

([1]) *Si riporta il testo previgente: «Sezione VI Degli organi sociali».*

2363. Luogo di convocazione dell'assemblea. – L'assemblea è convocata nel comune dove ha sede la società, se lo statuto non dispone diversamente.

L'assemblea è ordinaria o straordinaria.

2364. Assemblea ordinaria nelle società prive di consiglio di sorveglianza. – Nelle società prive di consiglio di sorveglianza, l'assemblea ordinaria:

1) approva il bilancio;

2) nomina e revoca gli amministratori; nomina i sindaci e il presidente del collegio sindacale e, quando previsto, il soggetto incaricato di effettuare la revisione legale dei conti ([1]);

3) determina il compenso degli amministratori e dei sindaci, se non è stabilito dallo statuto;

4) delibera sulla responsabilità degli amministratori e dei sindaci;

5) delibera sugli altri oggetti attribuiti dalla legge alla competenza dell'assemblea, nonché sulle autorizzazioni eventualmente richieste dallo statuto per il compimento di atti degli amministratori, ferma in ogni caso la responsabilità di questi per gli atti compiuti;

6) approva l'eventuale regolamento dei lavori assembleari.

L'assemblea ordinaria deve essere convocata almeno una volta l'anno, entro il termine stabilito dallo statuto e comunque non superiore a centoventi giorni dalla chiusura dell'esercizio sociale. Lo statuto può prevedere un maggior termine, comunque non superiore a centottanta giorni, nel caso di società tenute alla redazione del bilancio consolidato ovvero ([2]) quando lo richiedono particolari esigenze relative alla struttura ed all'oggetto della società; in questi casi gli amministratori segnalano nella relazione prevista dall'articolo 2428 le ragioni della dilazione.

([1]) *Le parole: «al quale è demandato il controllo contabile» sono state così sostituite dalle attuali: «incaricato di effettuare la revisione legale dei conti» dall'art. 37, comma 3, del D.L.vo 27 gennaio 2010, n. 39.*

([2]) *L'originaria parola: «e» è stata così sostituita dall'art. 9 del D.L.vo 28 dicembre 2004, n. 310.*

2364 *bis*. Assemblea ordinaria nelle società con consiglio di sorveglianza. – Nelle società ove è previsto il consiglio di sorveglianza, l'assemblea ordinaria:

1) nomina e revoca i consiglieri di sorveglianza;

2) determina il compenso ad essi spettante, se non è stabilito nello statuto;

3) delibera sulla responsabilità dei consiglieri di sorveglianza;

4) delibera sulla distribuzione degli utili;

5) nomina il soggetto incaricato di effettuare la revisione legale dei conti ([1]).

Si applica il secondo comma dell'articolo 2364.

([1]) *Le parole: «il revisore» sono state così sostituite dalle attuali: «il soggetto incaricato di effettuare la revisione legale dei conti» dall'art. 37, comma 4, del D.L.vo 27 gennaio 2010, n. 39.*

2365. ([1]) **Assemblea straordinaria. –** L'assemblea straordinaria delibera sulle modificazioni dello statuto, sulla nomina, sulla sostituzione e sui poteri dei liquidatori e su ogni altra materia espressamente attribuita dalla legge alla sua competenza.

Fermo quanto disposto dagli articoli 2420 *ter* e 2443, lo statuto può attribuire alla competenza dell'organo amministrativo o del consiglio di sorveglianza o del consiglio di gestione le deliberazioni concernenti la fusione nei casi previsti dagli articoli 2505 e 2505 *bis*, l'istituzione o la soppressione di sedi secondarie, la indicazione di quali tra gli amministratori hanno la rappresentanza della società, la riduzione del capitale in caso di recesso del socio, gli adeguamenti dello statuto a disposizioni normative, il trasferimento della sede sociale nel territorio nazionale. Si applica in ogni caso l'articolo 2436.

([1]) *Si veda l'art. 1, comma 477, della L. 30 dicembre 2004, n. 311, di cui si riporta il testo:*

«477. L'imposta sostitutiva è indeducibile e può essere imputata, in tutto o in parte, alle riserve iscritte in bilancio o rendiconto. Se l'imposta sostitutiva è imputata al capitale sociale o fondo di dotazione, la corrispondente riduzione è operata, anche in deroga all'articolo 2365 del codice civile, con le modalità di cui all'articolo 2445, secondo comma, del medesimo codice».

2366. Formalità per la convocazione. – L'assemblea è convocata dall'amministratore unico, dal consiglio di amministrazione ([1]) o dal consiglio di gestione mediante avviso contenente l'indicazione del giorno, dell'ora e del luogo dell'adunanza e l'elenco delle materie da trattare.

L'avviso deve essere pubblicato nella *Gazzetta Ufficiale* della Repubblica o in almeno un quotidiano indicato nello statuto almeno quindici giorni prima di quello fissato per l'assemblea. Se i quotidiani indicati nello statuto hanno cessato le pubblicazioni, l'avviso deve essere pubblicato nella *Gazzetta Ufficiale* ([2]). Per le società [, diverse dalle società cooperative,] ([3]) che fanno ricorso al mercato del capitale di rischio, le modalità di pubblicazione dell'avviso sono definite dalle leggi speciali ([4]).

Lo statuto delle società che non fanno ricorso al mercato del capitale di rischio può, in deroga al comma precedente, consentire la convocazione mediante avviso comunicato ai soci con mezzi che garantiscano la prova dell'avvenuto ricevimento almeno otto giorni prima dell'assemblea.

In mancanza delle formalità previste per la convocazione, ([5]) l'assemblea si reputa regolarmente costituita, quando è rappresentato l'intero capitale sociale e partecipa all'assemblea la maggioranza dei componenti degli organi amministrativi e di controllo. Tuttavia in tale ipotesi ciascuno dei partecipanti può opporsi alla discussione degli argomenti sui quali non si ritenga sufficientemente informato.

Nell'ipotesi di cui al comma precedente, dovrà essere data tempestiva comunicazione delle deliberazioni assunte ai componenti degli organi amministrativi e di controllo non presenti.

([1]) *Le parole: «Salvo quanto previsto dalle leggi speciali per le società, diverse dalle società cooperative, che fanno ricorso al mercato del capitale di rischio, l'assemblea è convocata dagli amministratori» sono state così sostituite dalle attuali: «L'assemblea è convocata dall'amministratore unico, dal consiglio di amministrazione» dall'art. 1, comma 1, lett.* a), *del D.L.vo 18 giugno 2012, n. 91. A norma dell'art. 5 del medesimo provvedimento queste disposizioni si applicano alle assemblee il cui avviso di convocazione sia pubblicato dopo il 1° gennaio 2013.*

([2]) *L'ultimo periodo di questo comma è stato aggiunto dall'art. 5, lett.* m), *del D.L.vo 6 febbraio 2004, n. 37.*

([3]) *Le parole fra parentesi quadrate sono state soppresse dall'art. 1, comma 1, lett.* b), *del D.L.vo 18 giugno 2012, n. 91. A norma dell'art. 5 del medesimo provvedimento queste disposizioni si applicano alle assemblee il cui avviso di convocazione sia pubblicato dopo il 1° gennaio 2013.*

([4]) *Le parole: «Per le società, diverse dalle società cooperative, che fanno ricorso al mercato del capitale di rischio, le modalità di pubblicazione dell'avviso sono definite dalle leggi speciali.» sono state aggiunte dall'art. 1, comma 1, lett.* b), *del D.L.vo 27 gennaio 2010, n. 27. A norma dell'art. 7 dello stesso D.L.vo, questa disposizione si applica alle assemblee il cui avviso di convocazione sia pubblicato dopo il 31 ottobre 2010. Fino a tale data continuano ad applicarsi le disposizioni sostituite od abrogate dalle corrispondenti disposizioni del D.L.vo n. 27/2010.*

([5]) *La parola: «suddette» è stata così sostituita dalle attuali: «previste per la convocazione,» dall'art. 1, comma 1, lett.* c), *del D.L.vo 27 gennaio 2010, n. 27. A norma dell'art. 7 dello stesso D.L.vo, questa disposizione si applica alle assemblee il cui avviso di convocazione sia pubblicato dopo il 31 ottobre 2010. Fino a tale data continuano ad applicarsi le disposizioni sostituite od abrogate dalle corrispondenti disposizioni del D.L.vo n. 27/2010.*

2367. Convocazione su richiesta di soci. – Gli amministratori o il consiglio di gestione devono convocare senza ritardo l'assemblea, quando ne è fatta domanda da tanti soci che rappresentino almeno il ventesimo del capitale sociale nelle società che fanno ricorso al mercato del capitale di rischio e il decimo del capitale sociale nelle altre ([1]) o la minore percentuale prevista nello statuto, e nella domanda sono indicati gli argomenti da trattare.

Se gli amministratori o il consiglio di gestione, oppure in loro vece i sindaci o il consiglio di sorveglianza o il comitato per il controllo sulla gestione, non provvedono, il tribunale, sentiti i componenti degli organi amministrativi e di controllo, ove il rifiuto di provvedere risulti ingiustificato, ordina con decreto la convocazione dell'assemblea, designando la persona che deve presiederla.

La convocazione su richiesta di soci non è ammessa per argomenti sui quali l'assemblea delibera, a norma di legge, su proposta degli amministratori o sulla base di un progetto o di una relazione da essi predisposta.

([1]) *Le parole: «almeno il decimo del capitale sociale» sono state così sostituite dalle parole: «almeno il ventesimo del capitale sociale nelle società che fanno ricorso al mercato del capitale di rischio e il decimo del capitale sociale nelle altre» dall'art. 1, comma 2, del D.L.vo 27 gennaio 2010, n. 27. A norma dell'art. 7 dello stesso D.L.vo, questa disposizione si applica alle assemblee il cui avviso di convocazione sia pubblicato dopo il 31 ottobre 2010. Fino a tale data continuano ad applicarsi le disposizioni sostituite od abrogate dalle corrispondenti disposizioni del D.L.vo n. 27/2010.*

2368. Costituzione dell'assemblea e validità delle deliberazioni. – L'assemblea ordinaria è regolarmente costituita quando è rappresentata ([1])

almeno la metà del capitale sociale, escluse dal computo le azioni prive del diritto di voto nell'assemblea medesima. Essa delibera a maggioranza assoluta, salvo che lo statuto richieda una maggioranza più elevata. Per la nomina alle cariche sociali lo statuto può stabilire norme particolari.

L'assemblea straordinaria delibera con il voto favorevole di [tanti soci che rappresentino] (2) più della metà del capitale sociale, se lo statuto non richiede una maggioranza più elevata. Nelle società che fanno ricorso al mercato del capitale di rischio l'assemblea straordinaria è regolarmente costituita quando è rappresentata (3) almeno la metà del capitale sociale o la maggiore percentuale prevista dallo statuto e delibera con il voto favorevole di almeno i due terzi del capitale rappresentato in assemblea.

Salvo diversa disposizione di legge le azioni per le quali non può essere esercitato il diritto di voto sono computate ai fini della regolare costituzione dell'assemblea. Le medesime azioni e quelle per le quali il diritto di voto non è stato esercitato a seguito della dichiarazione del soggetto al quale spetta il diritto di voto (4) di astenersi per conflitto di interessi non sono computate ai fini del calcolo della maggioranza e della quota di capitale richiesta per l'approvazione della deliberazione.

(1) *Le parole: «con l'intervento di tanti soci che rappresentino» sono state così sostituite dalle parole: «quando è rappresentata» dall'art. 1, comma 3, lett.* a), *del D.Lvo 27 gennaio 2010, n. 27. A norma dell'art. 7 dello stesso D.L.vo, questa disposizione si applica alle assemblee il cui avviso di convocazione sia pubblicato dopo il 31 ottobre 2010. Fino a tale data continuano ad applicarsi le disposizioni sostituite od abrogate dalle corrispondenti disposizioni del D.L.vo n. 27/2010.*

(2) *Le parole tra parentesi quadrate sono state soppresse dall'art. 1, comma 3, lett.* b), *del D.L.vo 27 gennaio 2010, n. 27. A norma dell'art. 7 dello stesso D.L.vo, questa disposizione si applica alle assemblee il cui avviso di convocazione sia pubblicato dopo il 31 ottobre 2010. Fino a tale data continuano ad applicarsi le disposizioni sostituite od abrogate dalle corrispondenti disposizioni del D.L.vo n. 27/2010.*

(3) *Le parole: «con la presenza di tanti soci che rappresentino» sono state così sostituite dalle parole: «quando è rappresentata» dall'art. 1, comma 3, lett.* b), *del D.L.vo 27 gennaio 2010, n. 27. A norma dell'art. 7 dello stesso D.L.vo, questa disposizione si applica alle assemblee il cui avviso di convocazione sia pubblicato dopo il 31 ottobre 2010. Fino a tale data continuano ad applicarsi le disposizioni sostituite od abrogate dalle corrispondenti disposizioni del D.L.vo n. 27/2010.*

(4) *La parola: «socio» è stata così sostituita dalle parole: «soggetto al quale spetta il diritto di voto» dall'art. 1, comma 3, lett.* c), *del D.L.vo 27 gennaio 2010, n. 27. A norma dell'art. 7 dello stesso D.L.vo, questa disposizione si applica alle assemblee il cui avviso di convocazione sia pubblicato dopo il 31 ottobre 2010. Fino a tale data continuano ad applicarsi le disposizioni sostituite od abrogate dalle corrispondenti disposizioni del D.L.vo n. 27/2010.*

2369. Seconda convocazione e convocazioni successive. – Se all'assemblea non è complessivamente rappresentata la parte di capitale richiesta dall'articolo precedente, l'assemblea deve essere nuovamente convocata. Salvo che lo statuto disponga diversamente, le assemblee delle società, diverse dalle società cooperative, che fanno ricorso al mercato del capitale di rischio, si tengono in unica convocazione alla quale si applicano, per l'assemblea ordinaria, le maggioranze indicate dal terzo e quarto comma, nonché dell'articolo 2368, primo comma, secondo periodo, e per l'assemblea straordinaria, le maggioranze previste dal settimo comma del presente articolo (1). Restano salve le disposizioni di legge o dello statuto che richiedono maggioranze più elevate per l'approvazione di talune deliberazioni (2) (3).

Nell'avviso di convocazione dell'assemblea può essere fissato il giorno per la seconda convocazione. Questa non può aver luogo nello stesso giorno fissato per la prima. Se il giorno per la seconda convocazione non è indicato nell'avviso, l'assemblea deve essere riconvocata entro trenta giorni dalla data della prima, e il termine stabilito dal secondo comma dell'articolo 2366 è ridotto ad otto giorni.

In seconda convocazione l'assemblea ordinaria delibera sugli oggetti che avrebbero dovuto essere trattati nella prima, qualunque sia la parte di capitale rappresentata [dai soci partecipanti] (4), e l'assemblea straordinaria è regolarmente costituita con la partecipazione di oltre un terzo del capitale sociale e delibera con il voto favorevole di almeno i due terzi del capitale rappresentato in assemblea.

Lo statuto può richiedere maggioranze più elevate, tranne che per l'approvazione del bilancio e per la nomina e la revoca delle cariche sociali.

Nelle società che non fanno ricorso al mercato del capitale di rischio è necessario, anche in seconda convocazione, il voto favorevole di [tanti soci che rappresentino] (5) più di un terzo del capitale sociale per le deliberazioni concernenti il cambiamento dell'oggetto sociale, la trasformazione della società, lo scioglimento anticipato, la proroga della società, la revoca dello stato di liquidazione, il trasferimento della sede sociale all'estero e l'emissione delle azioni di cui al secondo comma dell'articolo 2351 ([6]).

Lo statuto può prevedere eventuali ulteriori convocazioni dell'assemblea, alle quali si applicano le disposizioni del terzo, quarto e quinto comma.

Nelle società che fanno ricorso al mercato del capitale di rischio l'assemblea straordinaria è costituita, nelle convocazioni successive alla seconda, quando è rappresentato ([7]) almeno un quinto del capitale sociale, salvo che lo statuto richieda una quota di capitale più elevata, e delibera con il voto favorevole di almeno i due terzi del capitale rappresentato in assemblea ([8]).

([1]) *Questo periodo è stato così sostituito dall'art. 1, comma 2, lett.* a), *del D.L.vo 18 giugno 2012, n. 91. A norma dell'art. 5 del medesimo provvedimento queste disposizioni si applicano alle assemblee il cui avviso di convocazione sia pubblicato dopo il 1° gennaio 2013.*

([2]) *Questo periodo è stato aggiunto dall'art. 1, comma 2, lett.* b), *del D.L.vo 18 giugno 2012, n. 91. A norma dell'art. 5 del medesimo provvedimento queste disposizioni si applicano alle assemblee il cui avviso di convocazione sia pubblicato dopo il 1° gennaio 2013.*

([3]) *Questo comma è stato così sostituito dall'art. 1, comma 4, lett.* a), *del D.L.vo 27 gennaio 2010, n. 27. A norma dell'art. 7 dello stesso D.L.vo, questa disposizione si applica alle assemblee il cui avviso di convocazione sia pubblicato dopo il 31 ottobre 2010. Fino a tale data continuano ad applicarsi le disposizioni sostituite od abrogate dalle corrispondenti disposizioni del D.L.vo n. 27/2010.*

([4]) *Le parole tra parentesi quadrate sono state soppresse dall'art. 1, comma 4, lett.* b), *del D.L.vo 27 gennaio 2010, n. 27. A norma dell'art. 7 dello stesso D.L.vo, questa disposizione si applica alle assemblee il cui avviso di convocazione sia pubblicato dopo il 31 ottobre 2010. Fino a tale data continuano ad applicarsi le disposizioni sostituite od abrogate dalle corrispondenti disposizioni del D.L.vo n. 27/2010.*

([5]) *Le parole tra parentesi quadrate sono state soppresse dall'art. 1, comma 4, lett.* c), *del D.L.vo 27 gennaio 2010, n. 27. A norma dell'art. 7 dello stesso D.L.vo, questa disposizione si applica alle assemblee il cui avviso di convocazione sia pubblicato dopo il 31 ottobre 2010. Fino a tale data continuano ad applicarsi le disposizioni sostituite od abrogate dalle corrispondenti disposizioni del D.L.vo n. 27/2010.*

([6]) *Le parole: «e l'emissione di azioni privilegiate.» sono state così sostituite dall'art. 5, lett.* n), *del D.L.vo 6 febbraio 2004, n. 37.*

([7]) *Le parole: «con la presenza di tanti soci che rappresentino» sono state così sostituite dalle parole: «quando è rappresentato» dall'art. 1, comma 4, lett.* d), *del D.L.vo 27 gennaio 2010, n. 27. A norma dell'art. 7 dello stesso D.L.vo, questa disposizione si applica alle assemblee il cui avviso di convocazione sia pubblicato dopo il 31 ottobre 2010. Fino a tale data continuano ad applicarsi le disposizioni sostituite od abrogate dalle corrispondenti disposizioni del D.L.vo n. 27/2010.*

([8]) *Le parole: «, e delibera con il voto favorevole di almeno i due terzi del capitale rappresentato in assemblea» sono state aggiunte dall'art. 1, comma 4, lett.* d), *del D.L.vo 27 gennaio 2010, n. 27. A norma dell'art. 7 dello stesso D.L.vo, questa disposizione si applica alle assemblee il cui avviso di convocazione sia pubblicato dopo il 31 ottobre 2010. Fino a tale data continuano ad applicarsi le disposizioni sostituite od abrogate dalle corrispondenti disposizioni del D.L.vo n. 27/2010.*

2370. ([1]) **Diritto d'intervento all'assemblea ed esercizio del voto.** – Possono intervenire all'assemblea coloro ai quali spetta il diritto di voto.

Lo statuto delle società le cui azioni non sono ammesse alla gestione accentrata, può richiedere il preventivo deposito delle azioni presso la sede sociale o presso le banche indicate nell'avviso di convocazione, fissando il termine entro il quale debbono essere depositate ed eventualmente prevedendo che non possano essere ritirate prima che l'assemblea abbia avuto luogo. Qualora le azioni emesse dalle società indicate al primo periodo siano diffuse fra il pubblico in misura rilevante il termine non può essere superiore a due giorni non festivi.

Se le azioni sono nominative, le società di cui al secondo comma provvedono all'iscrizione nel libro dei soci di coloro che hanno partecipato all'assemblea o che hanno effettuato il deposito.

Lo statuto può consentire l'intervento all'assemblea mediante mezzi di telecomunicazione ovvero l'espressione del voto per corrispondenza o in via elettronica. Chi esprime il voto per corrispondenza o in via elettronica si considera intervenuto all'assemblea.

Resta fermo quanto previsto dalle leggi speciali in materia di legittimazione all'intervento e all'esercizio del diritto di voto nell'assemblea nonché in materia di aggiornamento del libro soci nelle società con azioni ammesse alla gestione accentrata.

([1]) *Questo articolo è stato da ultimo così sostituito dall'art. 1, comma 5, del D.L.vo 27 gennaio 2010, n. 27. A norma dell'art. 7 dello stesso D.L.vo, questa disposizione si applica alle assemblee il cui avviso di convo-*

cazione sia pubblicato dopo il 31 ottobre 2010. Fino a tale data continuano ad applicarsi le disposizioni sostituite od abrogate dalle corrispondenti disposizioni del D.L.vo n. 27/2010.

2371. Presidenza dell'assemblea. – L'assemblea è presieduta dalla persona indicata nello statuto o, in mancanza, da quella eletta con il voto della maggioranza dei presenti. Il presidente è assistito da un segretario designato nello stesso modo. Il presidente dell'assemblea verifica la regolarità della costituzione, accerta l'identità e la legittimazione dei presenti, regola il suo svolgimento ed accerta i risultati delle votazioni; degli esiti di tali accertamenti deve essere dato conto nel verbale.

L'assistenza del segretario non è necessaria quando il verbale dell'assemblea è redatto da un notaio.

2372. Rappresentanza nell'assemblea. – Coloro ai quali spetta il diritto di voto possono farsi rappresentare nell'assemblea salvo che, nelle società che non fanno ricorso al mercato del capitale di rischio e nelle società cooperative, lo statuto disponga diversamente. La rappresentanza deve essere conferita per iscritto e i documenti relativi devono essere conservati dalla società ([1]).

Nelle società che fanno ricorso al mercato del capitale di rischio la rappresentanza può essere conferita solo per singole assemblee, con effetto anche per le successive convocazioni, salvo che si tratti di procura generale o di procura conferita da una società, associazione, fondazione o altro ente collettivo o istituzione ad un proprio dipendente.

La delega non può essere rilasciata con il nome del rappresentante in bianco ed è sempre revocabile nonostante ogni patto contrario. Il rappresentante può farsi sostituire solo da chi sia espressamente indicato nella delega.

Se la rappresentanza è conferita ad una società, associazione, fondazione od altro ente collettivo o istituzione, questi possono delegare soltanto un proprio dipendente o collaboratore.

La rappresentanza non può essere conferita nè ai membri degli organi amministrativi o di controllo o ai dipendenti della società, nè alle società da essa controllate o ai membri degli organi amministrativi o di controllo o ai dipendenti di queste.

La stessa persona non può rappresentare in assemblea più di venti soci o, se si tratta di società previste nel secondo comma di questo articolo, più di cinquanta soci se la società ha capitale non superiore a cinque milioni di euro, più di cento soci se la società ha capitale superiore a cinque milioni di euro e non superiore a venticinque milioni di euro, e più di duecento soci se la società ha capitale superiore a venticinque milioni di euro.

Le disposizioni del quinto e del sesto comma di questo articolo si applicano anche nel caso di girata delle azioni per procura.

Le disposizioni del quinto e del sesto comma non si applicano alle società con azioni quotate nei mercati regolamentati diverse dalle società cooperative. Resta fermo quanto previsto dall'articolo 2539 ([2]).

([1]) *Questo comma è stato così sostituito dall'art. 1, comma 6, lett.* a), *del D.L.vo 27 gennaio 2010, n. 27. A norma dell'art. 7 dello stesso D.L.vo, questa disposizione si applica alle assemblee il cui avviso di convocazione sia pubblicato dopo il 31 ottobre 2010. Fino a tale data continuano ad applicarsi le disposizioni sostituite od abrogate dalle corrispondenti disposizioni del D.L.vo n. 27/2010.*

([2]) *Questo comma è stato aggiunto dall'art. 1, comma 6, lett.* b), *del D.L.vo 27 gennaio 2010, n. 27. A norma dell'art. 7 dello stesso D.L.vo, questa disposizione si applica alle assemblee il cui avviso di convocazione sia pubblicato dopo il 31 ottobre 2010. Fino a tale data continuano ad applicarsi le disposizioni sostituite od abrogate dalle corrispondenti disposizioni del D.L.vo n. 27/2010.*

2373. Conflitto d'interessi. – La deliberazione approvata con il voto determinante di coloro ([1]) che abbiano, per conto proprio o di terzi, un interesse in conflitto con quello della società è impugnabile a norma dell'articolo 2377 qualora possa recarle danno.

Gli amministratori non possono votare nelle deliberazioni riguardanti la loro responsabilità. I componenti del consiglio di gestione non possono votare nelle deliberazioni riguardanti la nomina, la revoca o la responsabilità dei consiglieri di sorveglianza.

([1]) *Le parole: «di soci» sono state così sostituite dalle parole: «di coloro» dall'art. 1, comma 7, del D.L.vo 27 gennaio 2010, n. 27. A norma dell'art. 7 dello stesso D.L.vo, questa disposizione si applica alle assemblee il cui avviso di convocazione sia pubblicato dopo il 31 ottobre 2010. Fino a tale data continuano ad applicarsi le disposizioni sostituite od abrogate dalle corrispondenti disposizioni del D.L.vo n. 27/2010.*

2374. Rinvio dell'assemblea. – I soci intervenuti che riuniscono un terzo del capitale rappresentato nell'assemblea, se dichiarano di non essere sufficientemente informati sugli oggetti posti in deliberazione, possono chiedere che l'assemblea sia rinviata a non oltre cinque giorni.

Questo diritto non può esercitarsi che una sola volta per lo stesso oggetto.

2375. Verbale delle deliberazioni dell'assemblea. – Le deliberazioni dell'assemblea devono constare da verbale sottoscritto dal presidente e dal segretario o dal notaio. Il verbale deve indicare la data dell'assemblea e, anche in allegato, l'identità dei partecipanti e il capitale rappresentato da ciascuno; deve altresì indicare le modalità e il risultato delle votazioni e deve consentire, anche per allegato, l'identificazione dei soci favorevoli, astenuti o dissenzienti. Nel verbale devono essere riassunte, su richiesta dei soci, le loro dichiarazioni pertinenti all'ordine del giorno.

Il verbale dell'assemblea straordinaria deve essere redatto da un notaio.

Il verbale deve essere redatto senza ritardo, nei tempi necessari per la tempestiva esecuzione degli obblighi di deposito o di pubblicazione.

2376. Assemblee speciali. – Se esistono diverse categorie di azioni o strumenti finanziari che conferiscono diritti amministrativi, le deliberazioni dell'assemblea, che pregiudicano i diritti di una di esse, devono essere approvate anche dall'assemblea speciale degli appartenenti alla categoria interessata.

Alle assemblee speciali si applicano le disposizioni relative alle assemblee straordinarie.

Quando le azioni o gli strumenti finanziari sono ammessi al sistema di gestione accentrata la legittimazione all'intervento e al voto nella relativa assemblea è disciplinata dalle leggi speciali (1).

(1) Questo comma è stato aggiunto dall'art. 1, comma 3, del D.L.vo 18 giugno 2012, n. 91. A norma dell'art. 5 del medesimo provvedimento queste disposizioni si applicano alle assemblee il cui avviso di convocazione sia pubblicato dopo il 1° gennaio 2013.

2377. (1) **Annullabilità delle deliberazioni.** – Le deliberazioni dell'assemblea, prese in conformità della legge e dell'atto costitutivo, vincolano tutti i soci, ancorché non intervenuti o dissenzienti (2).

Le deliberazioni che non sono prese in conformità della legge o dello statuto possono essere impugnate dai soci assenti, dissenzienti od astenuti, dagli amministratori, dal consiglio di sorveglianza e dal collegio sindacale.

L'impugnazione può essere proposta dai soci quando possiedono tante azioni aventi diritto di voto con riferimento alla deliberazione che rappresentino, anche congiuntamente, l'uno per mille del capitale sociale nelle società che fanno ricorso al mercato del capitale di rischio e il cinque per cento nelle altre; lo statuto può ridurre o escludere questo requisito. Per l'impugnazione delle deliberazioni delle assemblee speciali queste percentuali sono riferite al capitale rappresentato dalle azioni della categoria.

I soci che non rappresentano la parte di capitale indicata nel comma precedente e quelli che, in quanto privi di voto, non sono legittimati a proporre l'impugnativa hanno diritto al risarcimento del danno loro cagionato dalla non conformità della deliberazione alla legge o allo statuto.

La deliberazione non può essere annullata:

1) per la partecipazione all'assemblea di persone non legittimate, salvo che tale partecipazione sia stata determinante ai fini della regolare costituzione dell'assemblea a norma degli articoli 2368 e 2369;

2) per l'invalidità di singoli voti o per il loro errato conteggio, salvo che il voto invalido o l'errore di conteggio siano stati determinanti ai fini del raggiungimento della maggioranza richiesta;

3) per l'incompletezza o l'inesattezza del verbale, salvo che impediscano l'accertamento del contenuto, degli effetti e della validità della deliberazione.

L'impugnazione o la domanda di risarcimento del danno sono proposte nel termine di novanta giorni dalla data della deliberazione, ovvero, se questa è soggetta ad iscrizione nel registro delle imprese, entro novanta giorni dall'iscrizione o, se è soggetta solo a deposito presso l'ufficio del registro delle imprese, entro novanta giorni dalla data di questo.

L'annullamento della deliberazione ha effetto rispetto a tutti i soci ed obbliga gli amministratori, il consiglio di sorveglianza e il consiglio di gestione a prendere i conseguenti provvedimenti sotto la propria responsabilità. In ogni caso sono salvi i diritti acquistati in buona fede dai terzi in base ad atti compiuti in esecuzione della deliberazione.

L'annullamento della deliberazione non può aver luogo, se la deliberazione impugnata è sostituita con altra presa in conformità della legge e dello statuto. In tal caso il giudice provvede sulle spese di lite, ponendole di norma a carico della società, e sul risarcimento dell'eventuale danno.

Restano salvi i diritti acquisiti dai terzi sulla base della deliberazione sostituita.

([1]) *Ai sensi dell'art. 223* sexies *delle disposizioni di attuazione, le disposizioni di questo articolo si applicano anche alle deliberazioni anteriori alla data del 1 gennaio 2004, salvo che l'azione sia stata già proposta. Tuttavia se i termini scadono entro il 31 marzo 2004, le azioni per l'annullamento o la dichiarazione di nullità delle deliberazioni possono essere esercitate entro il 31 marzo 2004.*

([2]) *Questo comma è stato inserito dall'art. 5, lett.* o), *del D.L.vo 6 febbraio 2004, n. 37.*

2378. ([1]) **Procedimento d'impugnazione.** – L'impugnazione è proposta con atto di citazione davanti al tribunale del luogo dove la società ha sede.

Il socio o i soci opponenti devono dimostrarsi possessori al tempo dell'impugnazione del numero delle azioni previsto dal terzo comma ([2]) dell'articolo 2377. Fermo restando quanto disposto dall'articolo 111 del codice di procedura civile, qualora nel corso del processo venga meno a seguito di trasferimenti per atto tra vivi il richiesto numero delle azioni, il giudice, previa se del caso revoca del provvedimento di sospensione dell'esecuzione della deliberazione, non può pronunciare l'annullamento e provvede sul risarcimento dell'eventuale danno, ove richiesto.

Con ricorso depositato contestualmente al deposito, anche in copia, della citazione, l'impugnante può chiedere la sospensione dell'esecuzione della deliberazione. In caso di eccezionale e motivata urgenza, il presidente del tribunale, omessa la convocazione della società convenuta, provvede sull'istanza con decreto motivato, che deve altresì contenere la designazione del giudice per la trattazione della causa di merito e la fissazione, davanti al giudice designato, entro quindici giorni, dell'udienza per la conferma, modifica o revoca dei provvedimenti emanati con il decreto, nonché la fissazione del termine per la notificazione alla controparte del ricorso e del decreto.

Il giudice designato per la trattazione della causa di merito, sentiti gli amministratori e sindaci, provvede valutando comparativamente il pregiudizio che subirebbe il ricorrente dalla esecuzione e quello che subirebbe la società dalla sospensione dell'esecuzione della deliberazione; può disporre in ogni momento che i soci opponenti prestino idonea garanzia per l'eventuale risarcimento dei danni. All'udienza, il giudice, ove lo ritenga utile, esperisce il tentativo di conciliazione eventualmente suggerendo le modificazioni da apportare alla deliberazione impugnata e, ove la soluzione appaia realizzabile, rinvia adeguatamente l'udienza.

Tutte le impugnazioni relative alla medesima deliberazione, anche se separatamente proposte ed ivi comprese le domande proposte ai sensi del quarto comma ([3]) dell'articolo 2377, devono essere istruite congiuntamente e decise con unica sentenza. Salvo quanto disposto dal quarto comma del presente articolo, la trattazione della causa di merito ha inizio trascorso il termine stabilito nel sesto comma ([4]) dell'articolo 2377.

I dispositivi del provvedimento di sospensione e della sentenza che decide sull'impugnazione devono essere iscritti, a cura degli amministratori, nel registro delle imprese ([5]).

([1]) *Si veda la nota ([2]) all'art. 2377.*

([2]) *Le parole: «secondo comma» sono state così sostituite dall'art. 5, lett.* p), *n. 1, del D.L.vo 6 febbraio 2004, n. 37.*

([3]) *Le parole: «terzo comma» sono state così sostituite dall'art. 5, lett.* p), *n. 2, del D.L.vo 6 febbraio 2004, n. 37.*

([4]) *Le parole: «quinto comma» sono state così sostituite dall'art. 5, lett.* p), *n. 2, del D.L.vo 6 febbraio 2004, n. 37.*

([5]) *Questo comma è stato aggiunto dall'art. 5, lett.* p), *n. 3, del D.L.vo 6 febbraio 2004, n. 37.*

2379. ([1]) **Nullità delle deliberazioni.** – Nei casi di mancata convocazione dell'assemblea, di mancanza del verbale e di impossibilità o illiceità dell'oggetto la deliberazione può essere impugnata da chiunque vi abbia interesse entro tre anni dalla sua iscrizione o deposito nel registro delle imprese, se la deliberazione vi è soggetta, o dalla trascrizione nel libro delle adunanze dell'assemblea, se la deliberazione non è soggetta nè a iscrizione nè a deposito. Possono essere impugnate senza limiti di tempo le deliberazioni che modificano l'oggetto sociale prevedendo attività illecite o impossibili.

Nei casi e nei termini previsti dal precedente comma l'invalidità può essere rilevata d'ufficio dal giudice.

Ai fini di quanto previsto dal primo comma la convocazione non si considera mancante nel caso d'irregolarità dell'avviso, se questo proviene da un componente dell'organo di amministrazione o di controllo della società ed è idoneo a consentire a coloro che hanno diritto di intervenire di essere preventivamente ([2]) avvertiti della convocazione e della data dell'assemblea. Il verbale non si considera mancante se contiene la data della deliberazione e il suo oggetto ed è sottoscritto dal presidente dell'assemblea, o dal presidente del consiglio d'amministrazione o del consiglio di sorveglianza e dal segretario o dal notaio.

Si applicano, in quanto compatibili, il settimo e ottavo comma (3) dell'articolo 2377.

(1) *Si veda la nota (2) all'art. 2377.*

(2) *La parola: «tempestivamente» è stata così sostituita dall'art. 5, lett. q), n. 1, del D.L.vo 6 febbraio 2004, n. 37.*

(3) *Le parole: «sesto e settimo comma» sono state così sostituite dall'art. 5, lett. q), n. 2, del D.L.vo 6 febbraio 2004, n. 37.*

2379 *bis*. (1) **Sanatoria della nullità.** – L'impugnazione della deliberazione invalida per mancata convocazione non può essere esercitata da chi anche successivamente abbia dichiarato il suo assenso allo svolgimento dell'assemblea.

L'invalidità della deliberazione per mancanza del verbale può essere sanata mediante verbalizzazione eseguita prima dell'assemblea successiva. La deliberazione ha effetto dalla data in cui è stata presa, salvi i diritti dei terzi che in buona fede ignoravano la deliberazione.

(1) *Si veda la nota (2) all'art. 2377.*

2379 *ter*. (1) **Invalidità delle deliberazioni di aumento o di riduzione del capitale e della emissione di obbligazioni.** – Nei casi previsti dall'articolo 2379 l'impugnativa dell'aumento di capitale, della riduzione del capitale ai sensi dell'articolo 2445 o della emissione di obbligazioni non può essere proposta dopo che siano trascorsi centottanta giorni dall'iscrizione della deliberazione nel registro delle imprese o, nel caso di mancata convocazione, novanta giorni dall'approvazione del bilancio dell'esercizio nel corso del quale la deliberazione è stata anche parzialmente eseguita.

Nelle società che fanno ricorso al mercato del capitale di rischio l'invalidità della deliberazione di aumento del capitale non può essere pronunciata dopo che a norma dell'articolo 2444 sia stata iscritta nel registro delle imprese l'attestazione che l'aumento è stato anche parzialmente eseguito; l'invalidità della deliberazione di riduzione del capitale ai sensi dell'articolo 2445 o della deliberazione di emissione delle obbligazioni non può essere pronunciata dopo che la deliberazione sia stata anche parzialmente eseguita.

Resta salvo il diritto al risarcimento del danno eventualmente spettante ai soci e ai terzi.

(1) *Si veda la nota (2) all'art. 2377.*

Sezione VI *bis*
Della amministrazione e del controllo

§. 1
Disposizioni generali

2380. Sistemi di amministrazione e di controllo. – Se lo statuto non dispone diversamente, l'amministrazione e il controllo della società sono regolati dai successivi paragrafi 2, 3 e 4.

Lo statuto può adottare per l'amministrazione e per il controllo della società il sistema di cui al paragrafo 5, oppure quello di cui al paragrafo 6; salvo che la deliberazione disponga altrimenti, la variazione di sistema ha effetto alla data dell'assemblea convocata per l'approvazione del bilancio relativo all'esercizio successivo.

Salvo che sia diversamente stabilito, le disposizioni che fanno riferimento agli amministratori si applicano a seconda dei casi al consiglio di amministrazione o al consiglio di gestione.

§. 2
Degli amministratori

2380 *bis*. Amministrazione della società. – La gestione dell'impresa spetta esclusivamente agli amministratori, i quali compiono le operazioni necessarie per l'attuazione dell'oggetto sociale.

L'amministrazione della società può essere affidata anche a non soci.

Quando l'amministrazione è affidata a più persone, queste costituiscono il consiglio di amministrazione.

Se lo statuto non stabilisce il numero degli amministratori, ma ne indica solamente un numero massimo e minimo, la determinazione spetta all'assemblea.

Il consiglio di amministrazione sceglie tra i suoi componenti il presidente, se questi non è nominato dall'assemblea.

2381. Presidente, comitato esecutivo e amministratori delegati. – Salvo diversa previsione dello statuto, il presidente convoca il consiglio di amministrazione, ne fissa l'ordine del giorno, ne coordina i lavori e provvede affinché adeguate informazioni sulle materie iscritte all'ordine del giorno vengano fornite a tutti i consiglieri.

Se lo statuto o l'assemblea lo consentono, il consiglio di amministrazione può delegare proprie attribuzioni ad un comitato esecutivo composto da alcuni dei suoi componenti, o ad uno o più dei suoi componenti.

Il consiglio di amministrazione determina il contenuto, i limiti e le eventuali modalità di esercizio della delega; può sempre impartire direttive agli organi delegati e avocare a sè operazioni rientranti nella delega. Sulla base delle informazioni ricevute valuta l'adeguatezza dell'assetto organizzativo, amministrativo e contabile della società; quando elaborati, esamina i piani strategici, industriali e finanziari della società; valuta, sulla base della relazione degli organi delegati, il generale andamento della gestione.

Non possono essere delegate le attribuzioni indicate negli articoli 2420 *ter*, 2423, 2443, 2446, 2447, 2501 *ter* e 2506 *bis*.

Gli organi delegati curano che l'assetto organizzativo, amministrativo e contabile sia adeguato alla natura e alle dimensioni dell'impresa e riferiscono al consiglio di amministrazione e al collegio sindacale, con la periodicità fissata dallo statuto e in ogni caso almeno ogni sei mesi ([1]), sul generale andamento della gestione e sulla sua prevedibile evoluzione nonché sulle operazioni di maggior rilievo, per le loro dimensioni o caratteristiche, effettuate dalla società e dalle sue controllate.

Gli amministratori sono tenuti ad agire in modo informato; ciascun amministratore può chiedere agli organi delegati che in consiglio siano fornite informazioni relative alla gestione della società.

([1]) *Le parole: «centottanta giorni» sono state così sostituite dall'art. 5, lett.* r)*, del D.L.vo 6 febbraio 2004, n. 37.*

2382. Cause di ineleggibilità e di decadenza. – Non può essere nominato amministratore, e se nominato decade dal suo ufficio, l'interdetto, l'inabilitato, il fallito, o chi è stato condannato ad una pena che importa l'interdizione, anche temporanea, dai pubblici uffici o l'incapacità ad esercitare uffici direttivi.

2383. Nomina e revoca degli amministratori. – La nomina degli amministratori spetta all'assemblea, fatta eccezione per i primi amministratori, che sono nominati nell'atto costitutivo, e salvo il disposto degli articoli 2351, 2449 e 2450.

Gli amministratori non possono essere nominati per un periodo superiore a tre esercizi, e scadono alla data dell'assemblea convocata per l'approvazione del bilancio relativo all'ultimo esercizio della loro carica.

Gli amministratori sono rieleggibili, salvo diversa disposizione dello statuto, e sono revocabili dall'assemblea in qualunque tempo, anche se nominati nell'atto costitutivo, salvo il diritto dell'amministratore al risarcimento dei danni, se la revoca avviene senza giusta causa.

Entro trenta giorni dalla notizia della loro nomina gli amministratori devono chiederne l'iscrizione nel registro delle imprese indicando per ciascuno di essi il cognome e il nome, il luogo e la data di nascita, il domicilio e la cittadinanza, nonché a quali tra essi è attribuita la rappresentanza della società, precisando se disgiuntamente o congiuntamente.

Le cause di nullità o di annullabilità della nomina degli amministratori che hanno la rappresentanza della società non sono opponibili ai terzi dopo l'adempimento della pubblicità di cui al quarto comma, salvo che la società provi che i terzi ne erano a conoscenza.

2384. Poteri di rappresentanza. – Il potere di rappresentanza attribuito agli amministratori dallo statuto o dalla deliberazione di nomina è generale.

Le limitazioni ai poteri degli amministratori che risultano dallo statuto o da una decisione degli organi competenti non sono opponibili ai terzi, anche se pubblicate, salvo che si provi che questi abbiano intenzionalmente agito a danno della società.

2385. Cessazione degli amministratori. – L'amministratore che rinunzia all'ufficio deve darne comunicazione scritta al consiglio d'amministrazione e al presidente del collegio sindacale. La rinunzia ha effetto immediato, se rimane in carica la maggioranza del consiglio di amministrazione, o, in caso contrario, dal momento in cui la maggioranza del consiglio si è ricostituita in seguito all'accettazione dei nuovi amministratori.

La cessazione degli amministratori per scadenza del termine ha effetto dal momento in cui il consiglio di amministrazione è stato ricostituito.

La cessazione degli amministratori dall'ufficio per qualsiasi causa deve essere iscritta entro trenta giorni nel registro delle imprese a cura del collegio sindacale.

2386. Sostituzione degli amministratori. – Se nel corso dell'esercizio vengono a mancare uno o più amministratori, gli altri provvedono a sostituirli con deliberazione approvata dal collegio sindacale, purché la maggioranza sia sempre costituita da amministratori nominati dall'assemblea. Gli amministratori così nominati restano in carica fino alla prossima assemblea.

Se viene meno la maggioranza degli amministratori nominati dall'assemblea, quelli rimasti in carica devono convocare l'assemblea perché provveda alla sostituzione dei mancanti.

Salvo diversa disposizione dello statuto o dell'assemblea, gli amministratori nominati ai sensi del comma precedente scadono insieme con quelli in carica all'atto della loro nomina.

Se particolari disposizioni dello statuto prevedono che a seguito della cessazione di taluni amministratori cessi l'intero consiglio, l'assemblea per la nomina del nuovo consiglio è convocata d'urgenza dagli amministratori rimasti in carica; lo statuto può tuttavia prevedere l'applicazione in tal caso di quanto disposto nel successivo comma.

Se vengono a cessare l'amministratore unico o tutti gli amministratori, l'assemblea per la nomina dell'amministratore o dell'intero consiglio deve essere convocata d'urgenza dal collegio sindacale, il quale può compiere nel frattempo gli atti di ordinaria amministrazione.

2387. Requisiti di onorabilità, professionalità e indipendenza. – Lo statuto può subordinare l'assunzione della carica di amministratore al possesso di speciali requisiti di onorabilità, professionalità ed indipendenza, anche con riferimento ai requisiti al riguardo previsti da codici di comportamento redatti da associazioni di categoria o da società di gestione di mercati regolamentati. Si applica in tal caso l'articolo 2382.

Resta salvo quanto previsto da leggi speciali in relazione all'esercizio di particolari attività.

2388. Validità delle deliberazioni del consiglio. – Per la validità delle deliberazioni del consiglio di amministrazione è necessaria la presenza della maggioranza degli amministratori in carica, quando lo statuto non richiede un maggior numero di presenti. Lo statuto può prevedere che la presenza alle riunioni del consiglio avvenga anche mediante mezzi di telecomunicazione.

Le deliberazioni del consiglio di amministrazione sono prese a maggioranza assoluta dei presenti, salvo diversa disposizione dello statuto.

Il voto non può essere dato per rappresentanza.

Le deliberazioni che non sono prese in conformità della legge o dello statuto possono essere impugnate solo dal collegio sindacale e dagli amministratori assenti o dissenzienti entro novanta giorni dalla data della deliberazione; si applica in quanto compatibile l'articolo 2378. Possono essere altresì impugnate dai soci le deliberazioni lesive dei loro diritti; si applicano in tal caso, in quanto compatibili, gli articoli 2377 e 2378.

In ogni caso sono salvi i diritti acquistati in buona fede dai terzi in base ad atti compiuti in esecuzione delle deliberazioni.

2389. Compensi degli amministratori. – I compensi spettanti ai membri del consiglio di amministrazione e del comitato esecutivo sono stabiliti all'atto della nomina o dall'assemblea.

Essi possono essere costituiti in tutto o in parte da partecipazioni agli utili o dall'attribuzione del diritto di sottoscrivere a prezzo predeterminato azioni di futura emissione.

La rimunerazione degli amministratori investiti di particolari cariche in conformità dello statuto è stabilita dal consiglio di amministrazione, sentito il parere del collegio sindacale. Se lo statuto lo prevede, l'assemblea può determinare un importo complessivo per la remunerazione di tutti gli amministratori, inclusi quelli investiti di particolari cariche.

2390. Divieto di concorrenza. – Gli amministratori non possono assumere la qualità di soci illimitatamente responsabili in società concorrenti, nè esercitare un'attività concorrente per conto proprio o di terzi, nè essere amministratori o direttori generali in società concorrenti, salvo autorizzazione dell'assemblea.

Per l'inosservanza di tale divieto l'amministratore può essere revocato dall'ufficio e risponde dei danni.

2391. Interessi degli amministratori. – L'amministratore deve dare notizia agli altri amministratori e al collegio sindacale di ogni interesse che, per conto proprio o di terzi, abbia in una determinata operazione della società, precisandone la natura, i termini, l'origine e la portata; se si tratta di amministratore delegato, deve altresì astenersi dal compiere l'operazione, investendo della stessa l'organo collegiale, se si tratta di amministratore unico, deve darne notizia anche alla prima assemblea utile ([1]).

Nei casi previsti dal precedente comma la deliberazione del consiglio di amministrazione deve adeguatamente motivare le ragioni e la convenienza per la società dell'operazione.

Nei casi di inosservanza a quanto disposto nei due precedenti commi del presente articolo ovvero nel caso di deliberazioni del consiglio o del comitato esecutivo adottate con il voto determinante dell'amministratore interessato, le deliberazioni medesime, qualora possano recare danno alla società, possono essere impugnate dagli amministratori e dal collegio sindacale entro novanta giorni dalla loro data; l'impugnazione non può essere proposta da chi ha consentito con il proprio voto alla deliberazione se sono stati adempiuti gli obblighi di informazione previsti dal primo comma. In ogni caso sono salvi i diritti acquistati in buona fede dai terzi in base ad atti compiuti in esecuzione della deliberazione.

L'amministratore risponde dei danni derivati alla società dalla sua azione od omissione.

L'amministratore risponde altresì dei danni che siano derivati alla società dalla utilizzazione a vantaggio proprio o di terzi di dati, notizie o opportunità di affari appresi nell'esercizio del suo incarico.

(1) *Le parole da: «, se si tratta di amministratore unico, ...» fino alla fine del periodo, sono state aggiunte dall'art. 11 del D.L.vo 28 dicembre 2004, n. 310.*

2391 *bis*. (1) **Operazioni con parti correlate. –** Gli organi di amministrazione delle società che fanno ricorso al mercato del capitale di rischio adottano, secondo principi generali indicati dalla Consob, regole che assicurano la trasparenza e la correttezza sostanziale e procedurale delle operazioni con parti correlate e li rendono noti nella relazione sulla gestione; a tali fini possono farsi assistere da esperti indipendenti, in ragione della natura, del valore o delle caratteristiche dell'operazione.

I principi di cui al primo comma si applicano alle operazioni realizzate direttamente o per il tramite di società controllate e disciplinano le operazioni stesse in termini di competenza decisionale, di motivazione e di documentazione. L'organo di controllo vigila sull'osservanza delle regole adottate ai sensi del primo comma e ne riferisce nella relazione all'assemblea.

(1) *Questo articolo è stato inserito dall'art. 12 del D.L.vo 28 dicembre 2004, n. 310.*

2392. Responsabilità verso la società. – Gli amministratori devono adempiere i doveri ad essi imposti dalla legge e dallo statuto con la diligenza richiesta dalla natura dell'incarico e dalle loro specifiche competenze. Essi sono solidalmente responsabili verso la società dei danni derivanti dall'inosservanza di tali doveri, a meno che si tratti di attribuzioni proprie del comitato esecutivo o di funzioni in concreto attribuite ad uno o più amministratori.

In ogni caso gli amministratori, fermo quanto disposto dal comma terzo dell'articolo 2381, sono solidalmente responsabili se, essendo a conoscenza di fatti pregiudizievoli, non hanno fatto quanto potevano per impedirne il compimento o eliminarne o attenuarne le conseguenze dannose.

La responsabilità per gli atti o le omissioni degli amministratori non si estende a quello tra essi che, essendo immune da colpa, abbia fatto annotare senza ritardo il suo dissenso nel libro delle adunanze e delle deliberazioni del consiglio, dandone immediata notizia per iscritto al presidente del collegio sindacale.

2393. Azione sociale di responsabilità. – L'azione di responsabilità contro gli amministratori è promossa in seguito a deliberazione dell'assemblea, anche se la società è in liquidazione.

La deliberazione concernente la responsabilità degli amministratori può essere presa in occasione della discussione del bilancio, anche se non è indicata nell'elenco delle materie da trattare, quando si tratta di fatti di competenza dell'esercizio cui si riferisce il bilancio.

L'azione di responsabilità può anche essere promossa a seguito di deliberazione del collegio sindacale, assunta con la maggioranza dei due terzi dei suoi componenti (1).

L'azione può essere esercitata entro cinque anni dalla cessazione dell'amministratore dalla carica.

La deliberazione dell'azione di responsabilità importa la revoca dall'ufficio degli amministratori contro cui è proposta, purché sia presa con il voto favorevole di almeno un quinto del capitale sociale. In questo caso, l'assemblea provvede alla sostituzione degli amministratori (2).

La società può rinunziare all'esercizio dell'azione di responsabilità e può transigere, purché la rinunzia e la transazione siano approvate con espressa deliberazione dell'assemblea, e purché non vi sia il voto contrario di una minoranza di soci che rappresenti almeno il quinto del capitale sociale o, nelle società che fanno ricorso al mercato del capitale di rischio, almeno un ventesimo del capitale sociale, ovvero la misura prevista nello statuto per l'esercizio dell'azione sociale di responsabilità ai sensi dei commi primo e secondo dell'articolo 2393 *bis*.

(1) *Questo comma è stato inserito dall'art. 3, comma 1, lett.* a), *numero 1, della L. 28 dicembre 2005, n. 262.*

(2) *Questo comma è stato così sostituito dall'art. 3, comma 1, lett.* a), *numero 2, della L. 28 dicembre 2005, n. 262.*

2393 *bis*. Azione sociale di responsabilità esercitata dai soci. - L'azione sociale di responsabilità può essere esercitata anche dai soci che rappresentino almeno un quinto del capitale sociale o la diversa misura prevista nello statuto, comunque non superiore al terzo.

Nelle società che fanno ricorso al mercato del capitale di rischio, l'azione di cui al comma precedente può essere esercitata dai soci che rappresentino un quarantesimo (1) del capitale sociale o la minore misura prevista nello statuto.

La società deve essere chiamata in giudizio e l'atto di citazione è ad essa notificato anche in persona del presidente del collegio sindacale.

I soci che intendono promuovere l'azione nominano, a maggioranza del capitale posseduto, uno o più rappresentanti comuni per l'esercizio dell'azione e per il compimento degli atti conseguenti.

In caso di accoglimento della domanda, la società rimborsa agli attori le spese del giudizio e quelle sopportate nell'accertamento dei fatti che il giudice non abbia posto a carico dei soccombenti o che non sia possibile recuperare a seguito della loro escussione.

I soci che hanno agito possono rinunciare all'azione o transigerla; ogni corrispettivo per la rinuncia o transazione deve andare a vantaggio della società.

Si applica all'azione prevista dal presente articolo l'ultimo comma dell'articolo precedente.

(1) *Le originarie parole: «un ventesimo» sono state così sostituite dall'art. 3, comma 1, lett.* b), *della L. 28 dicembre 2005, n. 262.*

2394. Responsabilità verso i creditori sociali. - Gli amministratori rispondono verso i creditori sociali per l'inosservanza degli obblighi inerenti alla conservazione dell'integrità del patrimonio sociale.

L'azione può essere proposta dai creditori quando il patrimonio sociale risulta insufficiente al soddisfacimento dei loro crediti.

La rinunzia all'azione da parte della società non impedisce l'esercizio dell'azione da parte dei creditori sociali. La transazione può essere impugnata dai creditori sociali soltanto con l'azione revocatoria quando ne ricorrono gli estremi.

2394 *bis*. Azioni di responsabilità nelle procedure concorsuali. - In caso di fallimento, liquidazione coatta amministrativa e amministrazione straordinaria le azioni di responsabilità previste dai precedenti articoli spettano al curatore del fallimento, al commissario liquidatore e al commissario straordinario.

2395. Azione individuale del socio e del terzo. - Le disposizioni dei precedenti articoli non pregiudicano il diritto al risarcimento del danno spettante al singolo socio o al terzo che sono stati direttamente danneggiati da atti colposi o dolosi degli amministratori.

L'azione può essere esercitata entro cinque anni dal compimento dell'atto che ha pregiudicato il socio o il terzo.

2396. Direttori generali. - Le disposizioni che regolano la responsabilità degli amministratori si applicano anche ai direttori generali nominati dall'assemblea o per disposizione dello statuto, in relazione ai compiti loro affidati, salve le azioni esercitabili in base al rapporto di lavoro con la società.

§. 3
Del collegio sindacale

2397. Composizione del collegio. – Il collegio sindacale si compone di tre o cinque membri effettivi, soci o non soci. Devono inoltre essere nominati due sindaci supplenti.

Almeno un membro effettivo ed uno supplente devono essere scelti tra i revisori legali iscritti nell'apposito registro ([1]). I restanti membri, se non iscritti in tale registro, devono essere scelti fra gli iscritti negli albi professionali individuati con decreto del Ministro della giustizia, o fra i professori universitari di ruolo, in materie economiche o giuridiche ([2]).

[Per le società aventi ricavi o patrimonio netto inferiori a 1 milione di euro lo statuto può prevedere che l'organo di controllo sia composto da un sindaco unico, scelto tra i revisori legali iscritti nell'apposito registro] ([3]).

([1]) *Le parole: «tra gli iscritti nel registro dei revisori contabili istituito presso il Ministero della giustizia» sono state così sostituite dalle attuali: «tra i revisori legali iscritti nell'apposito registro» dall'art. 37, comma 5, del D.L.vo 27 gennaio 2010, n. 39.*

([2]) *Si veda il D.M. 29 dicembre 2004, n. 320, in* G.U. *Serie gen. - n. 13 del 18 gennaio 2005, che si riporta*:

«Art. 1. *1. I membri del collegio sindacale, previsti dal secondo comma dell'articolo 2397 del codice civile, possono essere scelti fra gli iscritti negli albi professionali tenuti dai seguenti ordini e collegi vigilati dal Ministero della giustizia*:

a) *Avvocati;*

b) *Dottori commercialisti;*

c) *Ragionieri e periti commerciali;*

d) *Consulenti del lavoro*».

([3]) *Questo comma, aggiunto dall'art. 14, comma 14, della L. 12 novembre 2011, n. 183, a decorrere dal 1° gennaio 2012, è stato abrogato dall'art. 35, comma 1, del D.L. 9 febbraio 2012, n. 5, convertito, con modificazioni, nella L. 4 aprile 2012, n. 35.*

2398. Presidenza del collegio. – Il presidente del collegio sindacale è nominato dall'assemblea.

2399. Cause d'ineleggibilità e di decadenza. – Non possono essere eletti alla carica di sindaco e, se eletti, decadono dall'ufficio:

a) coloro che si trovano nelle condizioni previste dall'articolo 2382;

b) il coniuge, i parenti e gli affini entro il quarto grado degli amministratori della società, gli amministratori, il coniuge, i parenti e gli affini entro il quarto grado degli amministratori delle società da questa controllate, delle società che la controllano e di quelle sottoposte a comune controllo;

c) coloro che sono legati alla società o alle società da questa controllate o alle società che la controllano o a quelle sottoposte a comune controllo da un rapporto di lavoro o da un rapporto continuativo di consulenza o di prestazione d'opera retribuita, ovvero da altri rapporti di natura patrimoniale che ne compromettano l'indipendenza.

La cancellazione o la sospensione dal registro dei revisori legali e delle società di revisione legale ([1]) e la perdita dei requisiti previsti dall'ultimo comma dell'articolo 2397 sono causa di decadenza dall'ufficio di sindaco.

Lo statuto può prevedere altre cause di ineleggibilità o decadenza, nonché cause di incompatibilità e limiti e criteri per il cumulo degli incarichi.

([1]) *Le parole: «dei revisori contabili» sono state così sostituite dalle attuali: «dei revisori legali e delle società di revisione legale» dall'art. 37, comma 6, del D.L.vo 27 gennaio 2010, n. 39.*

2400. Nomina e cessazione dall'ufficio. – I sindaci sono nominati per la prima volta nell'atto costitutivo e successivamente dall'assemblea, salvo il disposto degli articoli 2351, 2449 e 2450. Essi restano in carica per tre esercizi, e scadono alla data dell'assemblea convocata per l'approvazione del bilancio relativo al terzo esercizio della carica. La cessazione dei sindaci per scadenza del termine ha effetto dal momento in cui il collegio è stato ricostituito.

I sindaci possono essere revocati solo per giusta causa. La deliberazione di revoca deve essere approvata con decreto dal tribunale, sentito l'interessato.

La nomina dei sindaci, con l'indicazione per ciascuno di essi del cognome e del nome, del luogo e della data di nascita e del domicilio, e la cessazione dall'ufficio devono essere iscritte, a cura degli amministratori, nel registro delle imprese nel termine di trenta giorni.

Al momento della nomina dei sindaci e prima dell'accettazione dell'incarico, sono resi noti all'assemblea gli incarichi di amministrazione e di controllo da essi ricoperti presso altre società ([1]).

([1]) *Questo comma è stato aggiunto dall'art. 2, comma 2, lett.* a), *della L. 28 dicembre 2005, n. 262.*

2401. Sostituzione. – In caso di morte, di rinunzia o di decadenza di un sindaco, subentrano i supplenti in ordine di età, nel rispetto dell'articolo 2397, secondo comma. I nuovi sindaci restano in carica fino alla prossima assemblea, la quale deve provvedere alla nomina dei sindaci effettivi e supplenti necessari per l'integrazione del collegio, nel rispetto dell'articolo 2397, secondo comma. I nuovi nominati scadono insieme con quelli in carica.

In caso di sostituzione del presidente, la presidenza è assunta fino alla prossima assemblea dal sindaco più anziano.

Se con i sindaci supplenti non si completa il collegio sindacale, deve essere convocata l'assemblea perché provveda all'integrazione del collegio medesimo.

2402. Retribuzione. – La retribuzione annuale dei sindaci, se non è stabilita nello statuto, deve essere determinata dalla assemblea all'atto della nomina per l'intero periodo di durata del loro ufficio.

2403. Doveri del collegio sindacale. – Il collegio sindacale vigila sull'osservanza della legge e dello statuto, sul rispetto dei principi di corretta amministrazione ed in particolare sull'adeguatezza dell'assetto organizzativo, amministrativo e contabile adottato dalla società e sul suo concreto funzionamento.

Esercita inoltre il controllo contabile nel caso previsto dall'articolo 2409 *bis*, terzo comma.

2403 *bis*. Poteri del collegio sindacale. – I sindaci possono in qualsiasi momento procedere, anche individualmente, ad atti di ispezione e di controllo.

Il collegio sindacale può chiedere agli amministratori notizie, anche con riferimento a società controllate, sull'andamento delle operazioni sociali o su determinati affari. Può altresì scambiare informazioni con i corrispondenti organi delle società controllate in merito ai sistemi di amministrazione e controllo ed all'andamento generale dell'attività sociale.

Gli accertamenti eseguiti devono risultare dal libro previsto dall'articolo 2421, primo comma, n. 5).

Nell'espletamento di specifiche operazioni di ispezione e di controllo i sindaci sotto la propria responsabilità ed a proprie spese possono avvalersi di propri dipendenti ed ausiliari che non si trovino in una delle condizioni previste dall'articolo 2399.

L'organo amministrativo può rifiutare agli ausiliari e ai dipendenti dei sindaci l'accesso a informazioni riservate.

2404. Riunioni e deliberazioni del collegio. – Il collegio sindacale deve riunirsi almeno ogni novanta giorni. La riunione può svolgersi, se lo statuto lo consente indicandone le modalità, anche con mezzi di telecomunicazione.

Il sindaco che, senza giustificato motivo, non partecipa durante un esercizio sociale a due riunioni del collegio decade dall'ufficio.

Delle riunioni del collegio deve redigersi verbale, che viene trascritto nel libro previsto dall'articolo 2421, primo comma, n. 5), e sottoscritto dagli intervenuti.

Il collegio sindacale è regolarmente costituito con la presenza della maggioranza dei sindaci e delibera a maggioranza assoluta dei presenti. Il sindaco dissenziente ha diritto di fare iscrivere a verbale i motivi del proprio dissenso.

2405. Intervento alle adunanze del consiglio di amministrazione e alle assemblee. – I sindaci devono assistere alle adunanze del consiglio di amministrazione, alle assemblee e alle riunioni del comitato esecutivo.

I sindaci, che non assistono senza giustificato motivo alle assemblee o, durante un esercizio sociale, a due adunanze consecutive del consiglio d'amministrazione o del comitato esecutivo, decadono dall'ufficio.

2406. Omissioni degli amministratori. – In caso di omissione o di ingiustificato ritardo da parte degli amministratori, il collegio sindacale deve convocare l'assemblea ed eseguire le pubblicazioni prescritte dalla legge.

Il collegio sindacale può altresì, previa comunicazione al presidente del consiglio di amministrazione, convocare l'assemblea qualora nell'espletamento del suo incarico ravvisi fatti censurabili di rilevante gravità e vi sia urgente necessità di provvedere.

2407. Responsabilità. – I sindaci devono adempiere i loro doveri con la professionalità e la diligenza richieste dalla natura dell'incarico; sono responsabili della verità delle loro attestazioni e devono conservare il segreto sui fatti e sui documenti di cui hanno conoscenza per ragione del loro ufficio.

Essi sono responsabili solidalmente con gli amministratori per i fatti o le omissioni di questi, quando il danno non si sarebbe prodotto se essi avessero vigilato in conformità degli obblighi della loro carica.

All'azione di responsabilità contro i sindaci si applicano, in quanto compatibili, le disposizioni degli articoli 2393, 2393 *bis*, 2394, 2394 *bis* e 2395.

2408. Denunzia al collegio sindacale. – Ogni socio può denunziare i fatti che ritiene censurabili al collegio sindacale, il quale deve tener conto della denunzia nella relazione all'assemblea.

Se la denunzia è fatta da tanti soci che rappresentino un ventesimo del capitale sociale o un cinquantesimo nelle società che fanno ricorso al mercato del capitale di rischio, il collegio sindacale deve indagare senza ritardo sui fatti denunziati e presentare le sue conclusioni ed eventuali proposte all'assemblea; deve altresì, nelle ipotesi previste dal secondo comma dell'articolo 2406, convocare l'assemblea. Lo statuto può prevedere per la denunzia percentuali minori di partecipazione.

2409. (1) (2) **Denunzia al tribunale.** – Se vi è fondato sospetto che gli amministratori, in violazione dei loro doveri, abbiano compiuto gravi irregolarità nella gestione che possono arrecare danno alla società o a una o più società controllate, i soci che rappresentano il decimo del capitale sociale o, nelle società che fanno ricorso al mercato del capitale di rischio, il ventesimo del capitale sociale possono denunziare i fatti al tribunale con ricorso notificato anche alla società. Lo statuto può prevedere percentuali minori di partecipazione.

Il tribunale, sentiti in camera di consiglio gli amministratori e i sindaci, può ordinare l'ispezione dell'amministrazione della società a spese dei soci richiedenti, subordinandola, se del caso, alla prestazione di una cauzione. Il provvedimento è reclamabile.

Il tribunale non ordina l'ispezione e sospende per un periodo determinato il procedimento se l'assemblea sostituisce gli amministratori e i sindaci con soggetti di adeguata professionalità, che si attivano senza indugio per accertare se le violazioni sussistono e, in caso positivo, per eliminarle, riferendo al tribunale sugli accertamenti e le attività compiute.

Se le violazioni denunziate sussistono ovvero se gli accertamenti e le attività compiute ai sensi del terzo comma risultano insufficienti alla loro eliminazione, il tribunale può disporre gli opportuni provvedimenti provvisori e convocare l'assemblea per le conseguenti deliberazioni. Nei casi più gravi può revocare gli amministratori ed eventualmente anche i sindaci e nominare un amministratore giudiziario, determinandone i poteri e la durata.

L'amministratore giudiziario può proporre l'azione di responsabilità contro gli amministratori e i sindaci. Si applica l'ultimo comma dell'articolo 2393.

Prima della scadenza del suo incarico l'amministratore giudiziario rende conto al tribunale che lo ha nominato; convoca e presiede l'assemblea per la nomina dei nuovi amministratori e sindaci o per proporre, se del caso, la messa in liquidazione della società o la sua ammissione ad una procedura concorsuale.

I provvedimenti previsti da questo articolo possono essere adottati anche su richiesta del collegio sindacale, del consiglio di sorveglianza o del comitato per il controllo sulla gestione, nonché, nelle società che fanno ricorso al mercato del capitale di rischio, del pubblico ministero; in questi casi le spese per l'ispezione sono a carico della società.

(1) *Si veda l'art. 223* vicies *att.*

(2) *Si veda l'art. 238 del D.L.vo 7 settembre 2005, n. 209, Codice delle assicurazioni private.*

§. 4
Della revisione legale dei conti (1)

(1) *L'originaria rubrica:* «Del controllo contabile» *è stata così sostituita dall'attuale dall'art. 37, comma 7, del D.L.vo 27 gennaio 2010, n. 39.*

2409 *bis*. (1) **Revisione legale dei conti.** – La revisione legale dei conti sulla società è esercitata da un revisore legale dei conti o da una società di revisione legale iscritti nell'apposito registro.

Lo statuto delle società che non siano tenute alla redazione del bilancio consolidato può prevedere che la revisione legale dei conti sia esercitata dal collegio sindacale. In tal caso il collegio sindacale è costituito da revisori legali iscritti nell'apposito registro.

(1) *Questo articolo è stato così sostituito dall'art. 37, comma 8, del D.L.vo 27 gennaio 2010, n. 39.*

2409 *ter*. (1) [**Funzioni di controllo contabile.** – Il revisore o la società incaricata del controllo contabile:

a) verifica, nel corso dell'esercizio e con periodicità almeno trimestrale, la regolare tenuta della contabilità sociale e la corretta rilevazione nelle scritture contabili dei fatti di gestione;

b) verifica se il bilancio di esercizio e, ove redatto, il bilancio consolidato corrispondono alle risultanze delle scritture contabili e degli accertamenti eseguiti e se sono conformi alle norme che li disciplinano;

c) esprime con apposita relazione un giudizio sul bilancio di esercizio e sul bilancio consolidato, ove redatto.

La relazione comprende:

a) un paragrafo introduttivo che identifica il bilancio sottoposto a revisione e il quadro delle regole di redazione applicate dalla società;

b) una descrizione della portata della revisione svolta con l'indicazione dei principi di revisione osservati;

c) un giudizio sul bilancio che indica chiaramente se questo è conforme alle norme che ne disciplinano la redazione e se rappresenta in modo veritiero e corretto la situazione patrimoniale e finanziaria e il risultato economico dell'esercizio;

d) eventuali richiami di informativa che il revisore sottopone all'attenzione dei destinatari del bilancio, senza che essi costituiscano rilievi;

e) un giudizio sulla coerenza della relazione sulla gestione con il bilancio.

Nel caso in cui il revisore esprima un giudizio sul bilancio con rilievi, un giudizio negativo o rilasci una dichiarazione di impossibilità di esprimere un giudizio, la relazione illustra analiticamente i motivi della decisione.

La relazione è datata e sottoscritta dal revisore.

La relazione sul bilancio è depositata presso la sede della società a norma dell'articolo 2429.

Il revisore o la società incaricata del controllo contabile può chiedere agli amministratori documenti e notizie utili al controllo e può procedere ad ispezioni; documenta l'attività svolta in apposito libro, tenuto presso la sede della società o in luogo diverso stabilito dallo statuto, secondo le disposizioni dell'articolo 2421, terzo comma].

([1]) *Questo articolo è stato abrogato dall'art. 37, comma 9, del D.L.vo 27 gennaio 2010, n. 39.*

2409 *quater*. ([1]) [**Conferimento e revoca dell'incarico.** – Salvo quanto disposto dal numero 11 del secondo comma dell'articolo 2328, l'incarico del controllo contabile è conferito dall'assemblea, sentito il collegio sindacale, la quale determina il corrispettivo spettante al revisore o alla società di revisione per l'intera durata dell'incarico.

L'incarico ha la durata di tre esercizi, con scadenza alla data dell'assemblea convocata per l'approvazione del bilancio relativo al terzo esercizio dell'incarico.

L'incarico può essere revocato solo per giusta causa, sentito il parere del collegio sindacale. La deliberazione di revoca deve essere approvata con decreto dal tribunale, sentito l'interessato].

([1]) *Questo articolo è stato abrogato dall'art. 37, comma 9, del D.L.vo 27 gennaio 2010, n. 39.*

2409 *quinquies*. ([1]) [**Cause di ineleggibilità e di decadenza.** – Salvo quanto disposto dall'articolo 2409 *bis*, terzo comma, non possono essere incaricati del controllo contabile, e se incaricati decadono dall'ufficio, i sindaci della società o delle società da questa controllate, delle società che la controllano o di quelle sottoposte a comune controllo, nonché coloro che si trovano nelle condizioni previste dall'articolo 2399, primo comma.

Lo statuto può prevedere altre cause di ineleggibilità o di decadenza, nonché cause di incompatibilità; può prevedere altresì ulteriori requisiti concernenti la specifica qualificazione professionale del soggetto incaricato del controllo contabile.

Nel caso di società di revisione le disposizioni del presente articolo si applicano con riferimento ai soci della medesima ed ai soggetti incaricati della revisione].

([1]) *Questo articolo è stato abrogato dall'art. 37, comma 9, del D.L.vo 27 gennaio 2010, n. 39. A norma dell'art. 43, comma 1, lett. l), del D.L.vo 27 gennaio 2010, n. 39, questo articolo è abrogato ma continua ad applicarsi fino alla data di entrata in vigore dei regolamenti del Ministro dell'economia e delle finanze emanati ai sensi dello stesso D.L.vo n. 39/2010.*

2409 *sexies*. ([1]) [**Responsabilità.** – I soggetti incaricati del controllo contabile sono sottoposti alle disposizioni dell'articolo 2407 e sono responsabili nei confronti della società, dei soci e dei terzi per i danni derivanti dall'inadempimento ai loro doveri.

Nel caso di società di revisione i soggetti che hanno effettuato il controllo contabile sono responsabili in solido con la società medesima.

L'azione si prescrive nel termine di cinque anni dalla cessazione dell'incarico].

([1]) *Questo articolo è stato abrogato dall'art. 37, comma 9, del D.L.vo 27 gennaio 2010, n. 39.*

2409 *septies*. Scambio di informazioni. – Il collegio sindacale e i soggetti incaricati della revisione legale dei conti ([1]) si scambiano tempestivamente le informazioni rilevanti per l'espletamento dei rispettivi compiti.

([1]) *Le parole: «del controllo contabile» sono state così sostituite dalle attuali: «della revisione legale dei conti» dall'art. 37, comma 10, del D.L.vo 27 gennaio 2010, n. 39.*

§. 5
Del sistema dualistico

2409 *octies*. Sistema basato su un consiglio di gestione e un consiglio di sorveglianza. – Lo statuto può prevedere che l'amministrazione ed il controllo siano esercitati da un consiglio di gestione e da un consiglio di sorveglianza in conformità alle norme seguenti.

2409 *novies*. Consiglio di gestione. – La gestione dell'impresa spetta esclusivamente al consiglio di gestione, il quale compie le operazioni necessarie per l'attuazione dell'oggetto sociale. Può delegare proprie attribuzioni ad uno o più dei suoi componenti; si applicano in tal caso il terzo, quarto e quinto comma dell'articolo 2381.

È costituito da un numero di componenti, anche non soci, non inferiore a due.

Fatta eccezione per i primi componenti, che sono nominati nell'atto costitutivo, e salvo quanto disposto dagli articoli 2351, 2449 e 2450, la nomina dei componenti il consiglio di gestione spetta al consiglio di sorveglianza, previa determinazione del loro numero nei limiti stabiliti dallo statuto.

I componenti del consiglio di gestione non possono essere nominati consiglieri di sorveglianza, e restano in carica per un periodo non superiore a tre esercizi, con scadenza alla data della riunione del consiglio di sorveglianza convocato per l'approvazione del bilancio relativo all'ultimo esercizio della loro carica.

I componenti del consiglio di gestione sono rieleggibili, salvo diversa disposizione dello statuto, e sono revocabili dal consiglio di sorveglianza in qualunque tempo, anche se nominati nell'atto costitutivo, salvo il diritto al risarcimento dei danni se la revoca avviene senza giusta causa.

Se nel corso dell'esercizio vengono a mancare uno o più componenti del consiglio di gestione, il consiglio di sorveglianza provvede senza indugio alla loro sostituzione.

2409 *decies*. Azione sociale di responsabilità. – L'azione di responsabilità contro i consiglieri di gestione è promossa dalla società o dai soci, ai sensi degli articoli 2393 e 2393 *bis*.

L'azione sociale di responsabilità può anche essere proposta a seguito di deliberazione del consiglio di sorveglianza. La deliberazione è assunta dalla maggioranza dei componenti del consiglio di sorveglianza e, se è presa a maggioranza dei due terzi dei suoi componenti, importa la revoca dall'ufficio dei consiglieri di gestione contro cui è proposta, alla cui sostituzione provvede contestualmente lo stesso consiglio di sorveglianza.

L'azione può essere esercitata dal consiglio di sorveglianza entro cinque anni dalla cessazione dell'amministratore dalla carica.

Il consiglio di sorveglianza può rinunziare all'esercizio dell'azione di responsabilità e può transigerla, purché la rinunzia e la transazione siano approvate dalla maggioranza assoluta dei componenti del consiglio di sorveglianza e purché non si opponga la percentuale di soci indicata nell'ultimo comma dell'articolo 2393.

La rinuncia all'azione da parte della società o del consiglio di sorveglianza non impedisce l'esercizio delle azioni previste dagli articoli 2393 *bis*, 2394 e 2394 *bis*.

2409 *undecies*. Norme applicabili. – Al consiglio di gestione si applicano, in quanto compatibili, le disposizioni degli articoli 2380 *bis*, quinto comma, 2381, sesto comma, 2382, 2383, quarto e quinto comma, 2384, 2385, 2387, 2390, 2392, 2394, 2394 *bis*, 2395.

Si applicano alle deliberazioni del consiglio di gestione gli articoli 2388 e 2391, e la legittimazione ad impugnare le deliberazioni spetta anche al consiglio di sorveglianza.

2409 *duodecies*. Consiglio di sorveglianza. – Salvo che lo statuto non preveda un maggior numero, il consiglio di sorveglianza si compone di un numero di componenti, anche non soci, non inferiore a tre.

Fatta eccezione per i primi componenti che sono nominati nell'atto costitutivo, e salvo quanto disposto dagli articoli 2351, 2449 e 2450, la nomina dei componenti il consiglio di sorveglianza spetta all'assemblea, previa determinazione del loro numero nei limiti stabiliti dallo statuto.

I componenti del consiglio di sorveglianza restano in carica per tre esercizi e scadono alla data della successiva assemblea prevista dal secondo comma dell'articolo 2364 *bis*. La cessazione per scadenza del termine ha effetto dal momento in cui il consiglio di sorveglianza è stato ricostituito.

Almeno un componente effettivo del consiglio di sorveglianza deve essere scelto tra i revisori legali iscritti nell'apposito registro ([1]).

I componenti del consiglio di sorveglianza sono rieleggibili, salvo diversa disposizione dello statuto, e sono revocabili dall'assemblea in qualunque tempo con deliberazione adottata con la maggioranza prevista dal quinto comma dell'articolo 2393 ([2]), anche se nominati nell'atto costitutivo, salvo il diritto al risarcimento dei danni, se la revoca avviene senza giusta causa.

Lo statuto, fatto salvo quanto previsto da leggi speciali in relazione all'esercizio di particolari attività, può subordinare l'assunzione della carica al possesso di particolari requisiti di onorabilità, professionalità e indipendenza.

Se nel corso dell'esercizio vengono a mancare uno o più componenti del consiglio di sorveglianza, l'assemblea provvede senza indugio alla loro sostituzione.

Il presidente del consiglio di sorveglianza è eletto dall'assemblea.

Lo statuto determina i poteri del presidente del consiglio di sorveglianza.

Non possono essere eletti alla carica di componente del consiglio di sorveglianza e, se eletti, decadono dall'ufficio:

a) coloro che si trovano nelle condizioni previste dall'articolo 2382;

b) i componenti del consiglio di gestione;

c) coloro che sono legati alla società o alle società da questa controllate o a quelle sottoposte a comune controllo da un rapporto di lavoro o da un rapporto continuativo di consulenza o di prestazione d'opera retribuita che ne compromettano l'indipendenza ([3]).

Lo statuto può prevedere altre cause di ineleggibilità o decadenza, nonché cause di incompatibilità e limiti e criteri per il cumulo degli incarichi.

([1]) *Le parole: «gli iscritti nel registro dei revisori contabili istituito presso il Ministero della giustizia» sono state così sostituite dalle attuali: «i revisori legali iscritti nell'apposito registro» dall'art. 37, comma 11, del D.L.vo 27 gennaio 2010, n. 39.*

([2]) *Le originarie parole: «dal quarto comma dell'art. 2393» sono state così sostituite dalle attuali dall'art. 3, comma 1, lett.* c), *della L. 28 dicembre 2005, n. 262.*

([3]) *Questa lettera è stata così sostituita dall'art. 13 del D.L.vo 28 dicembre 2004, n. 310.*

2409 *terdecies*. Competenza del consiglio di sorveglianza. – Il consiglio di sorveglianza:

a) nomina e revoca i componenti del consiglio di gestione; ne determina il compenso, salvo che la relativa competenza sia attribuita dallo statuto all'assemblea;

b) approva il bilancio di esercizio e, ove redatto, il bilancio consolidato;

c) esercita le funzioni di cui all'articolo 2403, primo comma;

d) promuove l'esercizio dell'azione di responsabilità nei confronti dei componenti del consiglio di gestione;

e) presenta la denunzia al tribunale di cui all'articolo 2409;

f) riferisce per iscritto almeno una volta all'anno all'assemblea sull'attività di vigilanza svolta, sulle omissioni e sui fatti censurabili rilevati;

f bis) se previsto dallo statuto, delibera in ordine alle operazioni strategiche e ai piani ([1]) industriali e finanziari della società predisposti dal consiglio di gestione, ferma in ogni caso la responsabilità di questo per gli atti compiuti ([2]).

Lo statuto può prevedere che in caso di mancata approvazione del bilancio o qualora lo richieda almeno un terzo dei componenti del consiglio di gestione o del consiglio di sorveglianza la competenza per l'approvazione del bilancio di esercizio sia attribuita all'assemblea.

I componenti del consiglio di sorveglianza devono adempiere i loro doveri con la diligenza richiesta dalla natura dell'incarico. Sono responsabili solidalmente con i componenti del consiglio di gestione per i fatti o le omissioni di questi quando il danno non si sarebbe prodotto se avessero vigilato in conformità degli obblighi della loro carica.

I componenti del consiglio di sorveglianza possono assistere alle adunanze del consiglio di gestione e devono partecipare alle assemblee.

([1]) *Le originarie parole: «ai piani strategici» sono state così sostituite dalle attuali: «alle operazioni strategiche e ai piani» dall'art. 14 del D.L.vo 28 dicembre 2004, n. 310.*

([2]) *Questa lettera è stata aggiunta dall'art. 5, lett.* s), *del D.L.vo 6 febbraio 2004, n. 37.*

2409 *quaterdecies*. Norme applicabili. – Al consiglio di sorveglianza ed ai suoi componenti si applicano, in quanto compatibili, gli articoli 2388, 2400, terzo e quarto ([1]) comma, 2402, 2403 *bis*, secondo e terzo comma, 2404, primo, terzo e quarto comma, 2406, 2408 e 2409 *septies*.

Alla deliberazione del consiglio di sorveglianza con cui viene approvato il bilancio di esercizio si applica l'articolo 2434 *bis* ed essa può venire impugnata anche dai soci ai sensi dell'articolo 2377.

(1) *Le parole: «e quarto» sono state inserite dall'art. 2, comma 2, lett.* b), *della L. 28 dicembre 2005, n. 262.*

2409 *quinquiesdecies*. (1) **Revisione legale.** – La revisione legale dei conti è svolta a norma dell'articolo 2409 *bis*, primo comma.

(1) *Questo articolo è stato così sostituito dall'art. 37, comma 12, del D.L.vo 27 gennaio 2010, n. 39.*

§. 6
Del sistema monistico

2409 *sexiesdecies*. Sistema basato sul consiglio di amministrazione e un comitato costituito al suo interno. – Lo statuto può prevedere che l'amministrazione ed il controllo siano esercitati rispettivamente dal consiglio di amministrazione e da un comitato costituito al suo interno.

2409 *septiesdecies*. Consiglio di amministrazione. – La gestione dell'impresa spetta esclusivamente al consiglio di amministrazione.

Almeno un terzo dei componenti del consiglio di amministrazione deve essere in possesso dei requisiti di indipendenza stabiliti per i sindaci dall'articolo 2399, primo comma, e, se lo statuto lo prevede, di quelli al riguardo previsti da codici di comportamento redatti da associazioni di categoria o da società di gestione di mercati regolamentati.

Al momento della nomina dei componenti del consiglio di amministrazione e prima dell'accettazione dell'incarico, sono resi noti all'assemblea gli incarichi di amministrazione e di controllo da essi ricoperti presso altre società (1).

(1) *Questo comma è stato aggiunto dall'art. 2, comma 2, lett.* c), *della L. 28 dicembre 2005, n. 262.*

2409 *octiesdecies*. Comitato per il controllo sulla gestione. – Salvo diversa disposizione dello statuto, la determinazione del numero e la nomina dei componenti del comitato per il controllo sulla gestione spetta al consiglio di amministrazione. Nelle società che fanno ricorso al mercato del capitale di rischio il numero dei componenti del comitato non può essere inferiore a tre.

Il comitato è composto da amministratori in possesso dei requisiti di onorabilità e professionalità stabiliti dallo statuto e dei requisiti di indipendenza di cui all'articolo 2409 *septiesdecies*, che non siano membri del comitato esecutivo ed ai quali non siano attribuite deleghe o particolari cariche e comunque non svolgano, anche di mero fatto, funzioni attinenti alla gestione dell'impresa sociale o di società che la controllano o ne sono controllate.

Almeno uno dei componenti del comitato per il controllo sulla gestione deve essere scelto fra i revisori legali iscritti nell'apposito registro (1).

In caso di morte, rinunzia revoca o decadenza di un componente del comitato per il controllo sulla gestione, il consiglio di amministrazione provvede senza indugio a sostituirlo scegliendolo tra gli altri amministratori in possesso dei requisiti previsti dai commi precedenti; se ciò non è possibile, provvede senza indugio a norma dell'articolo 2386 scegliendo persona provvista dei suddetti requisiti.

Il comitato per il controllo sulla gestione:

a) elegge al suo interno, a maggioranza assoluta dei suoi membri, il presidente;

b) vigila sull'adeguatezza della struttura organizzativa della società, del sistema di controllo interno e del sistema amministrativo e contabile, nonché sulla sua idoneità a rappresentare correttamente i fatti di gestione;

c) svolge gli ulteriori compiti affidatigli dal consiglio di amministrazione con particolare riguardo ai rapporti con il soggetto incaricato di effettuare la revisione legale dei conti (2).

Al comitato per il controllo sulla gestione si applicano altresì, in quanto compatibili, gli articoli 2404, primo, terzo e quarto comma, 2405, primo comma, e 2408.

(1) *Le parole: «gli iscritti nel registro dei revisori contabili» sono state così sostituite dalle attuali: «i revisori legali iscritti nell'apposito registro» dall'art. 37, comma 13, del D.l.vo 27 gennaio 2010, n. 39.*

(2) *Le parole: «i soggetti incaricati del controllo contabile» sono state così sostituite dalle attuali: «il soggetto incaricato di effettuare la revisione legale dei conti» dall'art. 37, comma 14, del D.L.vo 27 gennaio 2010, n. 39.*

2409 *noviesdecies*. (1) **Norme applicabili e revisione legale.** – Al consiglio di amministrazione si applicano, in quanto compatibili, gli articoli da 2380 *bis*, 2381, 2382, 2383, 2384, 2385, 2386, 2387,

2388, 2389, 2390, 2391, 2392, 2393, 2393 *bis*, 2394, 2394 *bis*, 2395.

La revisione legale dei conti è svolta ai sensi dell'articolo 2409 *bis*, primo comma (2).

(1) *L'originaria rubrica:* «Norme applicabili e controllo contabile» *è stata così sostituita dall'attuale dall'art. 37, comma 15, lett.* a), *del D.L.vo 27 gennaio 2010, n. 39.*

(2) *Questo comma è stato così sostituito dall'art. 37, comma 15, lett.* b), *del D.L.vo 27 gennaio 2010, n. 39.*

Sezione VII
Delle obbligazioni

2410. Emissione. – Se la legge o lo statuto non dispongono diversamente, l'emissione di obbligazioni è deliberata dagli amministratori.

In ogni caso la deliberazione di emissione deve risultare da verbale redatto da notaio ed è depositata ed iscritta a norma dell'articolo 2436.

2411. Diritti degli obbligazionisti. – Il diritto degli obbligazionisti alla restituzione del capitale ed agli interessi può essere, in tutto o in parte, subordinato alla soddisfazione dei diritti di altri creditori della società.

I tempi e l'entità del pagamento degli interessi possono variare in dipendenza di parametri oggettivi anche relativi all'andamento economico della società.

La disciplina della presente sezione si applica inoltre agli strumenti finanziari, comunque denominati, che condizionano i tempi e l'entità del rimborso del capitale all'andamento economico della società.

2412. (1) **Limiti all'emissione.** – La società può emettere obbligazioni al portatore o nominative per somma complessivamente non eccedente il doppio del capitale sociale, della riserva legale e delle riserve disponibili risultanti dall'ultimo bilancio approvato. I sindaci attestano il rispetto del suddetto limite.

Il limite di cui al primo comma può essere superato se le obbligazioni emesse in eccedenza sono destinate alla sottoscrizione da parte di investitori professionali soggetti a vigilanza prudenziale a norma delle leggi speciali. In caso di successiva circolazione delle obbligazioni, chi le trasferisce risponde della solvenza della società nei confronti degli acquirenti che non siano investitori professionali.

Non è soggetta al limite di cui al primo comma, e non rientra nel calcolo al fine del medesimo, l'emissione di obbligazioni garantite da ipoteca di primo grado su immobili di proprietà della società, sino a due terzi del valore degli immobili medesimi.

Al computo del limite di cui al primo comma concorrono gli importi relativi a garanzie comunque prestate dalla società per obbligazioni emesse da altre società, anche estere (2).

I commi primo e secondo non si applicano alle emissioni di obbligazioni destinate ad essere quotate in mercati regolamentati o in sistemi multilaterali di negoziazione ovvero di obbligazioni che danno il diritto di acquisire ovvero di sottoscrivere azioni (3).

Quando ricorrono particolari ragioni che interessano l'economia nazionale, la società può essere autorizzata con provvedimento dell'autorità governativa, ad emettere obbligazioni per somma superiore a quanto previsto nel presente articolo, con l'osservanza dei limiti, delle modalità e delle cautele stabilite nel provvedimento stesso.

Restano salve le disposizioni di leggi speciali relative a particolari categorie di società e alle riserve di attività.

[Le disposizioni del presente articolo si applicano anche alle obbligazioni emesse all'estero da società italiane ovvero da loro controllate o controllanti, se negoziate nello Stato, nei limiti stabiliti con regolamento del Ministro dell'economia e delle finanze e del Ministro della giustizia, da adottare ai sensi dell'articolo 17, comma 3, della legge 23 agosto 1988, n. 400, su proposta della Commissione nazionale per le società e la borsa; in questo caso la negoziazione ad opera di investitori professionali nei confronti di soggetti diversi deve, a pena di nullità, avvenire mediante consegna di un prospetto informativo contenente le informazioni stabilite dalla Commissione nazionale per le società e la borsa, anche quando la vendita avvenga su richiesta dell'acquirente] (4).

(1) *Si veda la nota all'art. 2410.*

(2) *Questo comma è stato inserito dall'art. 11, comma 1, lett.* a), *della L. 28 dicembre 2005, n. 262.*

(3) *Questo comma è stato così sostituito dall'art. 32, comma 26, del D.L. 22 giugno 2012, n. 83, convertito, con modificazioni, nella L. 7 agosto 2012, n. 134.*

(4) *Questo comma, aggiunto dall'art. 15 del D.L.vo 28 dicembre 2004, n. 310, è stato abrogato dall'art. 11, comma 1, lett.* b), *della L. 28 dicembre 2005, n. 262.*

2413. Riduzione del capitale. – Salvo i casi previsti dal terzo, quarto e quinto comma dell'articolo 2412, la società che ha emesso obbligazioni non può ridurre volontariamente il capitale sociale o distribuire riserve se rispetto all'ammontare delle obbligazioni ancora in circolazione il limite di cui al primo comma dell'articolo medesimo non risulta più rispettato.

Se la riduzione del capitale sociale è obbligatoria, o le riserve diminuiscono in conseguenza di perdite, non possono distribuirsi utili sinché l'ammontare del capitale sociale, della riserva legale e delle riserve disponibili non eguagli la metà dell'ammontare delle obbligazioni in circolazione ([1]).

([1]) *Le parole: «e delle riserve non eguagli l'ammontare delle obbligazioni in circolazione» sono state così sostituite dall'art. 5, lett.* u), *del D.L.vo 6 febbraio 2004, n. 37.*

2414. Contenuto delle obbligazioni. – I titoli obbligazionari devono indicare:

1) la denominazione, l'oggetto e la sede della società, con l'indicazione dell'ufficio del registro delle imprese presso il quale la società è iscritta;

2) il capitale sociale e le riserve esistenti al momento dell'emissione;

3) la data della deliberazione di emissione e della sua iscrizione nel registro;

4) l'ammontare complessivo dell'emissione, il valore nominale di ciascun titolo, i diritti con essi attribuiti, il rendimento o i criteri per la sua determinazione e il modo di pagamento e di rimborso, l'eventuale subordinazione dei diritti degli obbligazionisti a quelli di altri creditori della società;

5) le eventuali garanzie da cui sono assistiti;

6) la data di rimborso del prestito e gli estremi dell'eventuale prospetto informativo ([1]).

([1]) *Questo numero è stato inserito dall'art. 5, lett.* v), *del D.L.vo 6 febbraio 2004, n. 37.*

2414 *bis*. Costituzione delle garanzie. – La deliberazione di emissione di obbligazioni che preveda la costituzione di garanzie reali a favore dei sottoscrittori deve designare un notaio che, per conto dei sottoscrittori, compia le formalità necessarie per la costituzione delle garanzie medesime.

Qualora un azionista pubblico garantisca i titoli obbligazionari si applica il numero 5) dell'articolo 2414 ([1]).

Le garanzie, reali e personali e di qualunque altra natura e le cessioni di credito in garanzia, che assistono i titoli obbligazionari possono essere costituite in favore dei sottoscrittori delle obbligazioni o anche di un loro rappresentante che sarà legittimato a esercitare in nome e per conto dei sottoscrittori tutti i diritti, sostanziali e processuali, relativi alle garanzie medesime ([2]).

([1]) *Questo comma è stato aggiunto dall'art. 5, lett. z), del D.L.vo 6 febbraio 2004, n. 37.*

([2]) *Questo comma è stato aggiunto dall'art. 13, comma 2, del D.L. 12 settembre 2014, n. 133, convertito, con modificazioni, nella L. 11 novembre 2014, n. 164.*

2415. ([1]) **Assemblea degli obbligazionisti.** – L'assemblea degli obbligazionisti delibera:

1) sulla nomina e sulla revoca del rappresentante comune;

2) sulle modificazioni delle condizioni del prestito;

3) sulla proposta di amministrazione controllata e di concordato;

4) sulla costituzione di un fondo per le spese necessarie alla tutela dei comuni interessi e sul rendiconto relativo;

5) sugli altri oggetti d'interesse comune degli obbligazionisti.

L'assemblea è convocata dal consiglio di amministrazione, dal consiglio di gestione ([2]) o dal rappresentante degli obbligazionisti, quando lo ritengono necessario, o quando ne è fatta richiesta da tanti obbligazionisti che rappresentino il ventesimo dei titoli emessi e non estinti.

Si applicano all'assemblea degli obbligazionisti le disposizioni relative all'assemblea straordinaria dei soci e le sue deliberazioni sono iscritte, a cura del notaio che ha redatto il verbale, nel registro delle imprese. Per la validità delle deliberazioni sull'oggetto indicato nel primo comma, numero 2, è necessario anche in seconda convocazione il voto favorevole degli obbligazionisti che rappresentino la metà delle obbligazioni emesse e non estinte. Quando le obbligazioni sono ammesse al sistema di gestione accentrata la legittimazione all'intervento e al voto nell'assemblea degli obbligazionisti è disciplinata dalle leggi speciali ([3]).

La società, per le obbligazioni da essa eventualmente possedute, non può partecipare alle deliberazioni.

All'assemblea degli obbligazionisti possono assistere gli amministratori, i sindaci e i componenti del consiglio di gestione o di sorveglianza ([4]).

([1]) *Si veda l'art. 223* decies *att.*

([2]) *Le parole: «dagli amministratori» sono state così sostituite dalle attuali: «dal consiglio di ammini-*

strazione, dal consiglio di gestione» dall'art. 1, comma 4, lett. a), *del D.L.vo 18 giugno 2012, n. 91. A norma dell'art. 5 del medesimo provvedimento queste disposizioni si applicano alle assemblee il cui avviso di convocazione sia pubblicato dopo il 1° gennaio 2013.*

(3) *Questo periodo è stato aggiunto dall'art. 1, comma 4, lett.* b), *del D.L.vo 18 giugno 2012, n. 91. A norma dell'art. 5 del medesimo provvedimento queste disposizioni si applicano alle assemblee il cui avviso di convocazione sia pubblicato dopo il 1° gennaio 2013.*

(4) *Questo comma è stato così sostituito dall'art. 1, comma 4, lett.* c), *del D.L.vo 18 giugno 2012, n. 91. A norma dell'art. 5 del medesimo provvedimento queste disposizioni si applicano alle assemblee il cui avviso di convocazione sia pubblicato dopo il 1° gennaio 2013.*

2416. (1) **Impugnazione delle deliberazioni dell'assemblea.** – Le deliberazioni prese dall'assemblea degli obbligazionisti sono impugnabili a norma degli articoli 2377 e 2379. Le percentuali previste dall'articolo 2377 sono calcolate con riferimento (2) all'ammontare del prestito obbligazionario e alla circostanza che le obbligazioni siano quotate in mercati regolamentati.

L'impugnazione è proposta innanzi al tribunale, nella cui giurisdizione la società ha sede, in contraddittorio del rappresentante degli obbligazionisti.

(1) *Si veda l'art. 223* decies *att.*

(2) *Le originarie parole: «Le quote previste dall'articolo 2377 si intendono riferite» sono state così sostituite dall'art. 5, lett.* aa), *del D.L.vo 6 febbraio 2004, n. 37.*

2417. (1) **Rappresentante comune.** – Il rappresentante comune può essere scelto al di fuori degli obbligazionisti e possono essere nominate anche le persone giuridiche autorizzate all'esercizio dei servizi di investimento nonché le società fiduciarie. Non possono essere nominati rappresentanti comuni degli obbligazionisti e, se nominati, decadono dall'ufficio, gli amministratori, i sindaci, i dipendenti della società debitrice e coloro che si trovano nelle condizioni indicate nell'articolo 2399.

Se non è nominato dall'assemblea a norma dell'articolo 2415, il rappresentante comune è nominato con decreto dal tribunale su domanda di uno o più obbligazionisti o degli amministratori della società.

Il rappresentante comune dura in carica per un periodo non superiore a tre esercizi sociali (2) e può essere rieletto. L'assemblea degli obbligazionisti ne fissa il compenso. Entro trenta giorni dalla notizia della sua nomina il rappresentante comune deve richiederne l'iscrizione nel registro delle imprese.

(1) *Si veda l'art. 223* decies *att.*

(2) *Le parole: «ad un triennio» sono state così sostituite dall'art. 5, lett.* bb), *del D.L.vo 6 febbraio 2004, n. 37.*

2418. (1) **Obblighi e poteri del rappresentante comune.** – Il rappresentante comune deve provvedere all'esecuzione delle deliberazioni dell'assemblea degli obbligazionisti, tutelare gli interessi comuni di questi nei rapporti con la società e assistere alle operazioni di sorteggio delle obbligazioni. Egli ha diritto di assistere all'assemblea dei soci.

Per la tutela degli interessi comuni ha la rappresentanza processuale degli obbligazionisti anche nell'amministrazione controllata, nel concordato preventivo, nel fallimento, nella liquidazione coatta amministrativa e nell'amministrazione straordinaria della società debitrice.

(1) *Si veda l'art. 223* decies *att.*

2419. (1) **Azione individuale degli obbligazionisti.** – Le disposizioni degli articoli precedenti non precludono le azioni individuali degli obbligazionisti, salvo che queste siano incompatibili con le deliberazioni dell'assemblea previste dall'articolo 2415.

(1) *Si veda l'art. 223* decies *att.*

2420. (1) **Sorteggio delle obbligazioni.** – Le operazioni per l'estrazione a sorte delle obbligazioni devono farsi, a pena di nullità, alla presenza del rappresentante comune o, in mancanza, di un notaio.

(1) *Si veda l'art. 223* decies *att.*

2420 *bis*. Obbligazioni convertibili in azioni. – L'assemblea straordinaria può deliberare l'emissione di obbligazioni convertibili in azioni, determinando il rapporto di cambio e il periodo e le modalità della conversione. La deliberazione non può essere adottata se il capitale sociale non sia stato interamente versato.

Contestualmente la società deve deliberare l'aumento del capitale sociale per un ammontare corrispondente alle azioni da attribuire in conversione. Si applicano, in quanto compatibili, le disposizioni del secondo, terzo, quarto e quinto comma dell'articolo 2346.

Nel primo mese di ciascun semestre gli amministratori provvedono all'emissione delle azioni spettanti agli obbligazionisti che hanno chiesto la conversione nel semestre precedente. Entro il mese successivo gli amministratori devono depositare per l'iscrizione nel registro delle imprese un'attestazione dell'aumento del capitale sociale in misura corrispondente al valore nominale delle azioni emesse. Si applica la disposizione del secondo comma dell'articolo 2444.

Fino a quando non siano scaduti i termini fissati per la conversione, la società non può deliberare nè la riduzione volontaria del capitale sociale, nè la modificazione delle disposizioni dello statuto concernenti la ripartizione degli utili, salvo che ai possessori di obbligazioni convertibili sia stata data la facoltà, mediante avviso depositato presso l'ufficio del registro delle imprese almeno novanta giorni prima della convocazione dell'assemblea, di esercitare il diritto di conversione nel termine di trenta giorni dalla pubblicazione.

Nei casi di aumento del capitale mediante imputazione di riserve e di riduzione del capitale per perdite, il rapporto di cambio è modificato in proporzione alla misura dell'aumento o della riduzione.

Le obbligazioni convertibili in azioni devono indicare in aggiunta a quanto stabilito nell'articolo 2414, il rapporto di cambio e le modalità della conversione.

2420 *ter*. Delega agli amministratori. - Lo statuto può attribuire agli amministratori la facoltà di emettere in una o più volte obbligazioni convertibili, fino ad un ammontare determinato e per il periodo massimo di cinque anni dalla data di iscrizione della società nel registro delle imprese. In tal caso la delega comprende anche quella relativa al corrispondente aumento del capitale sociale.

Tale facoltà può essere attribuita anche mediante modificazione dello statuto, per il periodo massimo di cinque anni dalla data della deliberazione.

Si applica il secondo comma dell'articolo 2410.

Sezione VIII
Dei libri sociali

2421. Libri sociali obbligatori. - Oltre i libri e le altre scritture contabili prescritti nell'articolo 2214, la società deve tenere:

1) il libro dei soci, nel quale devono essere indicati distintamente per ogni categoria il numero delle azioni, il cognome e il nome dei titolari delle azioni nominative, i trasferimenti e i vincoli ad esse relativi e i versamenti eseguiti;

2) il libro delle obbligazioni, il quale deve indicare l'ammontare delle obbligazioni emesse e di quelle estinte, il cognome e il nome dei titolari delle obbligazioni nominative e i trasferimenti e i vincoli ad esse relativi;

3) il libro delle adunanze e delle deliberazioni delle assemblee, in cui devono essere trascritti anche i verbali redatti per atto pubblico;

4) il libro delle adunanze e delle deliberazioni del consiglio di amministrazione o del consiglio di gestione;

5) il libro delle adunanze e delle deliberazioni del collegio sindacale ovvero del consiglio di sorveglianza o del comitato per il controllo sulla gestione;

6) il libro delle adunanze e delle deliberazioni del comitato esecutivo, se questo esiste;

7) il libro delle adunanze e delle deliberazioni delle assemblee degli obbligazionisti, se sono state emesse obbligazioni;

8) il libro degli strumenti finanziari emessi ai sensi dell'articolo 2447 *sexies*.

I libri indicati nel primo comma, numeri 1), 2), 3), 4) e 8) sono tenuti a cura degli amministratori o dei componenti del consiglio di gestione, il libro indicato nel numero 5) a cura del collegio sindacale ovvero del consiglio di sorveglianza o del comitato per il controllo sulla gestione, il libro indicato nel numero 6) a cura del comitato esecutivo e il libro indicato nel numero 7) a cura del rappresentante comune degli obbligazionisti.

I libri di cui al presente articolo, prima che siano messi in uso, devono essere numerati progressivamente in ogni pagina e bollati in ogni foglio a norma dell'articolo 2215.

2422. Diritto d'ispezione dei libri sociali. - I soci hanno diritto di esaminare i libri indicati nel primo comma, numeri 1) e 3) dell'articolo 2421 e di ottenerne estratti a proprie spese.

Eguale diritto spetta al rappresentante comune degli obbligazionisti per i libri indicati nei numeri 2) e 3) dell'articolo 2421, e al rappresentante comune dei possessori di strumenti finanziari ed ai singoli possessori per il libro indicato al numero 8), ai singoli obbligazionisti per il libro indicato nel numero 7) dell'articolo medesimo.

Sezione IX
Del bilancio

2423. Redazione del bilancio. – Gli amministratori devono redigere il bilancio di esercizio, costituito dallo stato patrimoniale, dal conto economico, dal rendiconto finanziario (¹) e dalla nota integrativa.

Il bilancio deve essere redatto con chiarezza e deve rappresentare in modo veritiero e corretto la situazione patrimoniale e finanziaria della società e il risultato economico dell'esercizio.

Se le informazioni richieste da specifiche disposizioni di legge non sono sufficienti a dare una rappresentazione veritiera e corretta, si devono fornire le informazioni complementari necessarie allo scopo.

Non occorre rispettare gli obblighi in tema di rilevazione, valutazione, presentazione e informativa quando la loro osservanza abbia effetti irrilevanti al fine di dare una rappresentazione veritiera e corretta. Rimangono fermi gli obblighi in tema di regolare tenuta delle scritture contabili. Le società illustrano nella nota integrativa i criteri con i quali hanno dato attuazione alla presente disposizione (²).

Se, in casi eccezionali, l'applicazione di una disposizione degli articoli seguenti è incompatibile con la rappresentazione veritiera e corretta, la disposizione non deve essere applicata. La nota integrativa deve motivare la deroga e deve indicarne l'influenza sulla rappresentazione della situazione patrimoniale, finanziaria e del risultato economico. Gli eventuali utili derivanti dalla deroga devono essere iscritti in una riserva non distribuibile se non in misura corrispondente al valore recuperato.

Il bilancio deve essere redatto in unità di euro, senza cifre decimali, ad eccezione della nota integrativa che può essere redatta in migliaia di euro.

(¹) *Le parole: «, dal rendiconto finanziario» sono state inserite dall'art. 6, comma 2, lett.* a)*, del D.L.vo 18 agosto 2015, n. 139.*

A norma dell'art. 12, comma 1, del predetto decreto, tale disposizione entra in vigore dal 1° gennaio 2016 e si applica ai bilanci relativi agli esercizi finanziari aventi inizio a partire da quella data.

(²) *Questo comma è stato inserito dall'art. 6, comma 2, lett.* b)*, del D.L.vo 18 agosto 2015, n. 139.*

A norma dell'art. 12, comma 1, del predetto decreto, tale disposizione entra in vigore dal 1° gennaio 2016 e si applica ai bilanci relativi agli esercizi finanziari aventi inizio a partire da quella data.

2423 *bis*. Principi di redazione del bilancio. – Nella redazione del bilancio devono essere osservati i seguenti principi:

1) la valutazione delle voci deve essere fatta secondo prudenza e nella prospettiva della continuazione dell'attività, [nonché tenendo conto della funzione economica dell'elemento dell'attivo o del passivo considerato] (¹);

1 *bis*) la rilevazione e la presentazione delle voci è effettuata tenendo conto della sostanza dell'operazione o del contratto (²);

2) si possono indicare esclusivamente gli utili realizzati alla data di chiusura dell'esercizio;

3) si deve tener conto dei proventi e degli oneri di competenza dell'esercizio, indipendentemente dalla data dell'incasso o del pagamento;

4) si deve tener conto dei rischi e delle perdite di competenza dell'esercizio, anche se conosciuti dopo la chiusura di questo;

5) gli elementi eterogenei ricompresi nelle singole voci devono essere valutati separatamente;

6) i criteri di valutazione non possono essere modificati da un esercizio all'altro.

Deroghe al principio enunciato nel numero 6) del comma precedente sono consentite in casi eccezionali. La nota integrativa deve motivare la deroga e indicarne l'influenza sulla rappresentazione della situazione patrimoniale e finanziaria e del risultato economico.

(¹) *Le parole fra parentesi quadrate sono state soppresse dall'art. 6, comma 3, lett.* a)*, del D.L.vo 18 agosto 2015, n. 139.*

A norma dell'art. 12, comma 1, del predetto decreto, tale disposizione entra in vigore dal 1° gennaio 2016 e si applica ai bilanci relativi agli esercizi finanziari aventi inizio a partire da quella data.

(²) *Questo numero è stato inserito dall'art. 6, comma 3, lett.* b)*, del D.L.vo 18 agosto 2015, n. 139.*

A norma dell'art. 12, comma 1, del predetto decreto, tale disposizione entra in vigore dal 1° gennaio 2016 e si applica ai bilanci relativi agli esercizi finanziari aventi inizio a partire da quella data.

2423 *ter*. Struttura dello stato patrimoniale e del conto economico. – Salve le disposizioni di leggi speciali per le società che esercitano particolari attività, nello stato patrimoniale e nel conto economico devono essere iscritte separatamente, e nell'ordine indicato, le voci previste negli articoli 2424 e 2425.

Le voci precedute da numeri arabi possono essere ulteriormente suddivise, senza eliminazione della voce complessiva e dell'importo corrispondente; esse possono essere raggruppate soltanto quando il raggruppamento, a causa del loro importo, è irrilevante ai fini indicati nel secondo comma dell'articolo 2423 o quando esso favorisce la chiarezza del bilancio. In questo secondo caso la nota integrativa deve contenere distintamente le voci oggetto di raggruppamento.

Devono essere aggiunte altre voci qualora il loro contenuto non sia compreso in alcuna di quelle previste dagli articoli 2424 e 2425.

Le voci precedute da numeri arabi devono essere adattate quando lo esige la natura dell'attività esercitata.

Per ogni voce dello stato patrimoniale e del conto economico deve essere indicato l'importo della voce corrispondente dell'esercizio precedente. Se le voci non sono comparabili, quelle relative all'esercizio precedente devono essere adattate; la non comparabilità e l'adattamento o l'impossibilità di questo devono essere segnalati e commentati nella nota integrativa.

Sono vietati i compensi di partite.

2424. Contenuto dello stato patrimoniale. – Lo stato patrimoniale deve essere redatto in conformità al seguente schema.

Attivo:

A) Crediti verso soci per versamenti ancora dovuti, con separata indicazione della parte già richiamata.

B) Immobilizzazioni, con separata indicazione di quelle concesse in locazione finanziaria:

I - *Immobilizzazioni immateriali:*

1) costi di impianto e di ampliamento;

2) costi di sviluppo ([1]);

3) diritti di brevetto industriale e diritti di utilizzazione delle opere dell'ingegno;

4) concessioni, licenze, marchi e diritti simili;

5) avviamento;

6) immobilizzazioni in corso e acconti;

7) altre.

Totale.

II - *Immobilizzazioni materiali:*

1) terreni e fabbricati;

2) impianti e macchinario;

3) attrezzature industriali e commerciali;

4) altri beni;

5) immobilizzazioni in corso e acconti.

Totale.

III - *Immobilizzazioni finanziarie*, con separata indicazione, per ciascuna voce dei crediti, degli importi esigibili entro l'esercizio successivo:

1) partecipazioni in:

a) imprese controllate;

b) imprese collegate;

c) imprese controllanti;

d) imprese sottoposte al controllo delle controllanti ([2]);

d bis) altre imprese ([3]);

2) crediti ([4]):

a) verso imprese controllate ([4]);

b) verso imprese collegate ([4]);

c) verso controllanti ([4]);

d) verso imprese sottoposte al controllo delle controllanti ([4]);

d bis) verso altri ([4]);

3) altri titoli;

4) strumenti finanziari derivati attivi ([5]);

Totale.

Totale immobilizzazioni (*B*);

C) Attivo circolante:

I - *Rimanenze:*

1) materie prime, sussidiarie e di consumo;

2) prodotti in corso di lavorazione e semilavorati;

3) lavori in corso su ordinazione;

4) prodotti finiti e merci;

5) acconti.

Totale.

II - *Crediti*, con separata indicazione, per ciascuna voce, degli importi esigibili oltre l'esercizio successivo:

1) verso clienti;

2) verso imprese controllate;

3) verso imprese collegate;

4) verso controllanti;

5) verso imprese sottoposte al controllo delle controllanti ([6]);

5 *bis*) crediti tributari ([6]);

5 *ter*) imposte anticipate ([6]);

5 *quater*) verso altri ([6]);

Totale.

III - *Attività finanziarie* che non costituiscono immobilizzazioni:

1) partecipazioni in imprese controllate;

2) partecipazioni in imprese collegate;

3) partecipazioni in imprese controllanti;

3 *bis*) partecipazioni in imprese sottoposte al controllo delle controllanti ([7]);

4) altre partecipazioni;

5) strumenti finanziari derivati attivi ([8]);

6) altri titoli.

Totale.

IV - *Disponibilità liquide*:

1) depositi bancari e postali;

2) assegni;
3) danaro e valori in cassa.
Totale.
Totale attivo circolante (*C*).
D) Ratei e risconti (9).
Passivo:
A) Patrimonio netto:
I - *Capitale.*
II - *Riserva da soprapprezzo delle azioni.*
III - *Riserve di rivalutazione.*
IV - *Riserva legale.*
V - *Riserve statutarie.*
VI - *Altre riserve, distintamente indicate* (10).
VII - *Riserva per operazioni di copertura dei flussi finanziari attesi* (10).
VIII - *Utili (perdite) portati a nuovo* (10).
IX - *Utile (perdita) dell'esercizio* (10).
X - *Riserva negativa per azioni proprie in portafoglio* (10).
Totale.
B) Fondi per rischi e oneri:
1) per trattamento di quiescenza e obblighi simili;
2) per imposte, anche differite (11);
3) strumenti finanziari derivati passivi (11);
4) altri (11).
Totale.
C) Trattamento di fine rapporto di lavoro subordinato.
D) Debiti, con separata indicazione, per ciascuna voce, degli importi esigibili oltre l'esercizio successivo:
1) obbligazioni;
2) obbligazioni convertibili;
3) debiti verso soci per finanziamenti;
4) debiti verso banche;
5) debiti verso altri finanziatori;
6) acconti;
7) debiti verso fornitori;
8) debiti rappresentati da titoli di credito;
9) debiti verso imprese controllate;
10) debiti verso imprese collegate;
11) debiti verso controllanti;
11 *bis*) debiti verso imprese sottoposte al controllo delle controllanti (12);
12) debiti tributari;
13) debiti verso istituti di previdenza e di sicurezza sociale;
14) altri debiti.
Totale.
E) Ratei e risconti (13).

Se un elemento dell'attivo o del passivo ricade sotto più voci dello schema, nella nota integrativa deve annotarsi, qualora ciò sia necessario ai fini della comprensione del bilancio, la sua appartenenza anche a voci diverse da quella nella quale è iscritto.

[In calce allo stato patrimoniale devono risultare le garanzie prestate direttamente o indirettamente, distinguendosi fra fideiussioni, avalli, altre garanzie personali e garanzie reali, ed indicando separatamente, per ciascun tipo, le garanzie prestate a favore di imprese controllate e collegate, nonché di controllanti e di imprese sottoposte al controllo di queste ultime; devono inoltre risultare gli altri conti d'ordine] (14).

È fatto salvo quanto disposto dall'articolo 2447 *septies* con riferimento ai beni e rapporti giuridici compresi nei patrimoni destinati ad uno specifico affare ai sensi della lettera *a*) del primo comma dell'articolo 2447 *bis*.

(1) *Le parole: «2) costi di ricerca, di sviluppo e di pubblicità» sono state così sostituite dalle seguenti: «2) costi di sviluppo;», dall'art. 6, comma 4, lett.* a)*, del D.L.vo 18 agosto 2015, n. 139.*

A norma dell'art. 12, comma 1, del predetto decreto, tale disposizione entra in vigore dal 1° gennaio 2016 e si applica ai bilanci relativi agli esercizi finanziari aventi inizio a partire da quella data.

(2) *Le parole: «*d*) altre imprese;» sono state così sostituite dalle parole: «*d*) imprese sottoposte al controllo delle controllanti;» dall'art. 6, comma 4, lett.* b)*, del D.L.vo 18 agosto 2015, n. 139.*

A norma dell'art. 12, comma 1, del predetto decreto, tale disposizione entra in vigore dal 1° gennaio 2016 e si applica ai bilanci relativi agli esercizi finanziari aventi inizio a partire da quella data.

(3) *Questa lettera è stata aggiunta dall'art. 6, comma 4, lett.* b)*, del D.L.vo 18 agosto 2015, n. 139.*

A norma dell'art. 12, comma 1, del predetto decreto, tale disposizione entra in vigore dal 1° gennaio 2016 e si applica ai bilanci relativi agli esercizi finanziari aventi inizio a partire da quella data.

(4) *Le parole: «2) crediti:* a*) verso imprese controllate;* b*) verso imprese collegate;* c*) verso controllanti;* d*) verso altri;» sono state così sostituite dalle seguenti: «2) crediti:* a*) verso imprese controllate;* b*) verso imprese collegate;* c*) verso controllanti;* d*) verso imprese sottoposte al controllo delle controllanti;* d bis*) verso altri;», dall'art. 6, comma 4, lett.* c)*, del D.L.vo 18 agosto 2015, n. 139.*

A norma dell'art. 12, comma 1, del predetto decreto, tale disposizione entra in vigore dal 1° gennaio 2016 e si applica ai bilanci relativi agli esercizi finanziari aventi inizio a partire da quella data.

(5) *Le parole: «4) azioni proprie, con indicazioni anche del valore nominale complessivo;» sono state*

*così sostituite dalle seguenti: «*4*) strumenti finanziari derivati attivi;», dall'art. 6, comma 4, lett.* d*), del D.L.vo 18 agosto 2015, n. 139.*

A norma dell'art. 12, comma 1, del predetto decreto, tale disposizione entra in vigore dal 1° gennaio 2016 e si applica ai bilanci relativi agli esercizi finanziari aventi inizio a partire da quella data.

(6) *Le parole: «4* bis*) crediti tributari; 4* ter*) imposte anticipate; 5) verso altri;» sono state così sostituite dalle seguenti: «5) verso imprese sottoposte al controllo delle controllanti; 5* bis*) crediti tributari; 5* ter*) imposte anticipate; 5* quater*) verso altri;», dall'art. 6, comma 4, lett.* e*), del D.L.vo 18 agosto 2015, n. 139.*

A norma dell'art. 12, comma 1, del predetto decreto, tale disposizione entra in vigore dal 1° gennaio 2016 e si applica ai bilanci relativi agli esercizi finanziari aventi inizio a partire da quella data.

(7) *Le parole: «3* bis*) partecipazioni in imprese sottoposte al controllo delle controllanti;» sono state inserite dall'art. 6, comma 4, lett.* f*), del D.L.vo 18 agosto 2015, n. 139.*

A norma dell'art. 12, comma 1, del predetto decreto, tale disposizione entra in vigore dal 1° gennaio 2016 e si applica ai bilanci relativi agli esercizi finanziari aventi inizio a partire da quella data.

(8) *Le parole: «*5*) azioni proprie, con indicazione anche del valore nominale complessivo» sono state così sostituite dalle seguenti: «*5*) strumenti finanziari derivati attivi;», dall'art. 6, comma 4, lett. f), del D.L.vo 18 agosto 2015, n. 139.*

A norma dell'art. 12, comma 1, del predetto decreto, tale disposizione entra in vigore dal 1° gennaio 2016 e si applica ai bilanci relativi agli esercizi finanziari aventi inizio a partire da quella data.

(9) *Le parole: «*D*) Ratei e risconti, con separata indicazione del disaggio su prestiti.» sono state così sostituite dalle parole: «*D*) Ratei e risconti.», dall'art. 6, comma 4, lett.* g*), del D.L.vo 18 agosto 2015, n. 139.*

A norma dell'art. 12, comma 1, del predetto decreto, tale disposizione entra in vigore dal 1° gennaio 2016 e si applica ai bilanci relativi agli esercizi finanziari aventi inizio a partire da quella data.

(10) *Le parole: «*VI *- Riserva per azioni proprie in portafoglio.* VII *- Altre riserve, distintamente indicate.* VIII *- Utili (perdite) portati a nuovo.* IX *- Utile (perdita) dell'esercizio.» sono state così sostituite dalle seguenti: «*VI *- Altre riserve, distintamente indicate.* VII *- Riserva per operazioni di copertura dei flussi finanziari attesi.* VIII *- Utili (perdite) portati a nuovo.* IX *- Utile (perdita) dell'esercizio.* X *- Riserva negativa per azioni proprie in portafoglio.», dall'art. 6, comma 4, lett.* h*), del D.L.vo 18 agosto 2015, n. 139.*

A norma dell'art. 12, comma 1, del predetto decreto, tale disposizione entra in vigore dal 1° gennaio 2016 e si applica ai bilanci relativi agli esercizi finanziari aventi inizio a partire da quella data.

(11) *Le parole: «*2*) per imposte, anche differite;* 3*) altri.» sono state così sostituite dalle seguenti: «*2*) per imposte, anche differite;* 3*) strumenti finanziari derivati passivi;* 4*) altri.», dall'art. 6, comma 4, lett.* i*), del D.L.vo 18 agosto 2015, n. 139.*

A norma dell'art. 12, comma 1, del predetto decreto, tale disposizione entra in vigore dal 1° gennaio 2016 e si applica ai bilanci relativi agli esercizi finanziari aventi inizio a partire da quella data.

(12) *Le parole: «11* bis*) debiti verso imprese sottoposte al controllo delle controllanti;» sono state inserite dall'art. 6, comma 4, lett.* l*), del D.L.vo 18 agosto 2015, n. 139.*

A norma dell'art. 12, comma 1, del predetto decreto, tale disposizione entra in vigore dal 1° gennaio 2016 e si applica ai bilanci relativi agli esercizi finanziari aventi inizio a partire da quella data.

(13) *Le parole: «*E*) Ratei e risconti, con separata indicazione dell'aggio su prestiti.» sono state così sostituite dalle seguenti: «*E*) Ratei e risconti.», dall'art. 6, comma 4, lett.* m*), del D.L.vo 18 agosto 2015, n. 139.*

A norma dell'art. 12, comma 1, del predetto decreto, tale disposizione entra in vigore dal 1° gennaio 2016 e si applica ai bilanci relativi agli esercizi finanziari aventi inizio a partire da quella data.

(14) *Questo comma è stato abrogato dall'art. 6, comma 4, lett.* n*), del D.L.vo 18 agosto 2015, n. 139.*

A norma dell'art. 12, comma 1, del predetto decreto, tale disposizione entra in vigore dal 1° gennaio 2016 e si applica ai bilanci relativi agli esercizi finanziari aventi inizio a partire da quella data.

2424 *bis*. Disposizioni relative a singole voci dello stato patrimoniale. – Gli elementi patrimoniali destinati ad essere utilizzati durevolmente devono essere iscritti tra le immobilizzazioni.

Le partecipazioni in altre imprese in misura non inferiore a quelle stabilite dal terzo comma dell'articolo 2359 si presumono immobilizzazioni.

Gli accantonamenti per rischi ed oneri sono destinati soltanto a coprire perdite o debiti di natura determinata, di esistenza certa o probabile, dei quali tuttavia alla chiusura dell'esercizio sono indeterminati o l'ammontare o la data di sopravvenienza.

Nella voce: "trattamento di fine rapporto di lavoro subordinato" deve essere indicato l'importo calcolato a norma dell'articolo 2120.

Le attività oggetto di contratti di compravendita con obbligo di retrocessione a termine devono essere iscritte nello stato patrimoniale del venditore.

Nella voce ratei e risconti attivi devono essere iscritti i proventi di competenza dell'esercizio esigibili in esercizi successivi, e i costi sostenuti entro la chiusura dell'esercizio ma di competenza di esercizi successivi. Nella voce ratei e risconti passivi devono essere iscritti i costi di competenza dell'esercizio esigibili in esercizi successivi e i proventi percepiti entro la chiusura dell'esercizio ma di competenza di esercizi successivi. Possono essere iscritte in tali voci soltanto quote di costi e proventi, comuni a due o più esercizi, l'entità dei quali vari in ragione del tempo.

Le azioni proprie sono rilevate in bilancio a diretta riduzione del patrimonio netto, ai sensi di quanto disposto dal terzo comma dell'articolo 2357 *ter* (1).

(1) *Questo comma è stato aggiunto dall'art. 6, comma 5, del D.L.vo 18 agosto 2015, n. 139.*

A norma dell'art. 12, comma 1, del predetto decreto, tale disposizione entra in vigore dal 1° gennaio 2016 e si applica ai bilanci relativi agli esercizi finanziari aventi inizio a partire da quella data.

2425. Contenuto del conto economico. – Il conto economico deve essere redatto in conformità al seguente schema:

A) Valore della produzione:

1) ricavi delle vendite e delle prestazioni;

2) variazioni delle rimanenze di prodotti in corso di lavorazione, semilavorati e finiti;

3) variazioni dei lavori in corso su ordinazione;

4) incrementi di immobilizzazioni per lavori interni;

5) altri ricavi e proventi, con separata indicazione dei contributi in conto esercizio (1).

Totale.

B) Costi della produzione:

6) per materie prime, sussidiarie, di consumo e di merci;

7) per servizi;

8) per godimento di beni di terzi;

9) per il personale:

a) salari e stipendi;

b) oneri sociali;

c) trattamento di fine rapporto;

d) trattamento di quiescenza e simili;

e) altri costi;

10) ammortamenti e svalutazioni:

a) ammortamento delle immobilizzazioni immateriali;

b) ammortamento delle immobilizzazioni materiali;

c) altre svalutazioni delle immobilizzazioni;

d) svalutazioni dei crediti compresi nell'attivo circolante e delle disponibilità liquide;

11) variazioni delle rimanenze di materie prime, sussidiarie, di consumo e merci;

12) accantonamenti per rischi;

13) altri accantonamenti;

14) oneri diversi di gestione (1).

Totale.

Differenza tra valore e costi della produzione (A – B).

C) Proventi e oneri finanziari:

15) proventi da partecipazioni, con separata indicazione di quelli relativi ad imprese controllate e collegate e di quelli relativi a controllanti e a imprese sottoposte al controllo di queste ultime (2);

16) altri proventi finanziari:

a) da crediti iscritti nelle immobilizzazioni, con separata indicazione di quelli da imprese controllate e collegate e di quelli da controllanti e da imprese sottoposte al controllo di queste ultime (3);

b) da titoli iscritti nelle immobilizzazioni che non costituiscono partecipazioni;

c) da titoli iscritti nell'attivo circolante che non costituiscono partecipazioni;

d) proventi diversi dai precedenti, con separata indicazione di quelli da imprese controllate e collegate e di quelli da controllanti e da imprese sottoposte al controllo di queste ultime (4);

17) interessi e altri oneri finanziari, con separata indicazione di quelli verso imprese controllate e collegate e verso controllanti;

17 *bis*) utili e perdite su cambi. Totale (15 + 16 – 17+ – 17 *bis*).

D) Rettifiche di valore di attività e passività finanziarie : (5)

18) rivalutazioni:

a) di partecipazioni;

b) di immobilizzazioni finanziarie che non costituiscono partecipazioni;

c) di titoli iscritti all'attivo circolante che non costituiscono partecipazioni;

d) di strumenti finanziari derivati (6);

19) svalutazioni:

a) di partecipazioni;

b) di immobilizzazioni finanziarie che non costituiscono partecipazioni;

c) di titoli iscritti nell'attivo circolante che non costituiscono partecipazioni;

d) di strumenti finanziari derivati (7).

Totale delle rettifiche (18 – 19).

Risultato prima delle imposte (A – B + – C + – D) (8);

20) imposte sul reddito dell'esercizio, correnti, differite e anticipate ([8]);

21) utile (perdite) dell'esercizio ([8]).

([1]) *A norma dell'art. 13 bis, comma 4, del D.L. 30 dicembre 2016, n. 244, convertito, con modificazioni, nella L. 27 febbraio 2017, n. 19, il riferimento contenuto nelle norme vigenti di natura fiscale ai componenti positivi o negativi di cui a questa lettera, va inteso come riferito ai medesimi componenti assunti al netto dei componenti positivi e negativi di natura straordinaria derivanti da trasferimenti di azienda o di rami di azienda.*

([2]) *Le parole: «e di quelli relativi a controllanti e a imprese sottoposte al controllo di queste ultime» sono state aggiunte dall'art. 6, comma 6, lett.* a)*, del D.L.vo 18 agosto 2015, n. 139.*

A norma dell'art. 12, comma 1, del predetto decreto, tale disposizione entra in vigore dal 1° gennaio 2016 e si applica ai bilanci relativi agli esercizi finanziari aventi inizio a partire da quella data.

([3]) *Le parole: «e da imprese sottoposte al controllo di queste ultime» sono state aggiunte dall'art. 6, comma 6, lett.* b)*, del D.L.vo 18 agosto 2015, n. 139.*

A norma dell'art. 12, comma 1, del predetto decreto, tale disposizione entra in vigore dal 1° gennaio 2016 e si applica ai bilanci relativi agli esercizi finanziari aventi inizio a partire da quella data.

([4]) *Le parole: «e da imprese sottoposte al controllo di queste ultime» sono state aggiunte dall'art. 6, comma 6, lett.* c)*, del D.L.vo 18 agosto 2015, n. 139.*

A norma dell'art. 12, comma 1, del predetto decreto, tale disposizione entra in vigore dal 1° gennaio 2016 e si applica ai bilanci relativi agli esercizi finanziari aventi inizio a partire da quella data.

([5]) *Le parole: «*D*) Rettifiche di valore di attività finanziarie:» sono state così sostituite dalle parole: «*D*) Rettifiche di valore di attività e passività finanziarie:», dall'art. 6, comma 6, lett.* d)*, del D.L.vo 18 agosto 2015, n. 139.*

A norma dell'art. 12, comma 1, del predetto decreto, tale disposizione entra in vigore dal 1° gennaio 2016 e si applica ai bilanci relativi agli esercizi finanziari aventi inizio a partire da quella data.

([6]) *Le parole: «*d*) di strumenti finanziari derivati;» sono state aggiunte dall'art. 6, comma 6, lett.* e)*, del D.L.vo 18 agosto 2015, n. 139.*

A norma dell'art. 12, comma 1, del predetto decreto, tale disposizione entra in vigore dal 1° gennaio 2016 e si applica ai bilanci relativi agli esercizi finanziari aventi inizio a partire da quella data.

([7]) *Le parole: «*d*) di strumenti finanziari derivati;» sono state aggiunte dall'art. 6, comma 6, lett. f), del D.L.vo 18 agosto 2015, n. 139.*

A norma dell'art. 12, comma 1, del predetto decreto, tale disposizione entra in vigore dal 1° gennaio 2016 e si applica ai bilanci relativi agli esercizi finanziari aventi inizio a partire da quella data.

([8]) *Le parole: «E) Proventi e oneri straordinari: 20) proventi, con separata indicazione delle plusvalenze da alienazioni i cui ricavi non sono iscrivibili al n. 5); 21) oneri, con separata indicazione delle minusvalenze da alienazioni, i cui effetti contabili non sono iscrivibili al n. 14), e delle imposte relative a esercizi precedenti. Totale delle partite straordinarie (20-21). Risultato prima delle imposte (A-B+-C+-D+-E); 22) imposte sul reddito dell'esercizio, correnti, differite e anticipate; 23) utile (perdite) dell'esercizio.» sono state così sostituite dalle seguenti: «Risultato prima delle imposte (A-B+-C+-D); 20) imposte sul reddito dell'esercizio, correnti, differite e anticipate; 21) utile (perdite) dell'esercizio.», dall'art. 6, comma 6, lett. g), del D.L.vo 18 agosto 2015, n. 139.*

A norma dell'art. 12, comma 1, del predetto decreto, tale disposizione entra in vigore dal 1° gennaio 2016 e si applica ai bilanci relativi agli esercizi finanziari aventi inizio a partire da quella data.

2425 *bis*. Iscrizione dei ricavi, proventi, costi ed oneri. – I ricavi e i proventi, i costi e gli oneri devono essere indicati al netto dei resi, degli sconti, abbuoni e premi, nonché delle imposte direttamente connesse con la vendita dei prodotti e la prestazione dei servizi.

I ricavi e i proventi, i costi e gli oneri relativi ad operazioni in valuta devono essere determinati al cambio corrente alla data nella quale la relativa operazione è compiuta.

I proventi e gli oneri relativi ad operazioni di compravendita con obbligo di retrocessione a termine, ivi compresa la differenza tra prezzo a termine e prezzo a pronti, devono essere iscritti per le quote di competenza dell'esercizio.

Le plusvalenze derivanti da operazioni di compravendita con locazione finanziaria al venditore sono ripartite in funzione della durata del contratto di locazione ([1]).

([1]) *Questo comma è stato aggiunto dall'art. 16 del D.L.vo 28 dicembre 2004, n. 310.*

2425 *ter*. ([1]) **Rendiconto finanziario.** – Dal rendiconto finanziario risultano, per l'esercizio a cui è riferito il bilancio e per quello precedente, l'ammontare e la composizione delle disponibilità liquide, all'inizio e alla fine dell'esercizio, ed i flussi finanziari dell'esercizio derivanti dall'attività operativa, da quella di investimento, da quella di finanziamento, ivi comprese, con autonoma indicazione, le operazioni con i soci.

([1]) *Questo articolo è stato inserito dall'art. 6, comma 7, del D.L.vo 18 agosto 2015, n. 139.*

A norma dell'art. 12, comma 1, del predetto decreto, tale disposizione entra in vigore dal 1° gennaio 2016 e si applica ai bilanci relativi agli esercizi finanziari aventi inizio a partire da quella data.

2426. Criteri di valutazioni. – Nelle valutazioni devono essere osservati i seguenti criteri:

1) le immobilizzazioni sono iscritte al costo di acquisto o di produzione. Nel costo di acquisto si computano anche i costi accessori. Il costo di produzione comprende tutti i costi direttamente imputabili al prodotto. Può comprendere anche altri costi, per la quota ragionevolmente imputabile al prodotto, relativi al periodo di fabbricazione e fino al momento dal quale il bene può essere utilizzato; con gli stessi criteri possono essere aggiunti gli oneri relativi al finanziamento della fabbricazione, interna o presso terzi; le immobilizzazioni rappresentate da titoli sono rilevate in bilancio con il criterio del costo ammortizzato, ove applicabile (1);

2) il costo delle immobilizzazioni, materiali e immateriali, la cui utilizzazione è limitata nel tempo deve essere sistematicamente ammortizzato in ogni esercizio in relazione con la loro residua possibilità di utilizzazione. Eventuali modifiche dei criteri di ammortamento e dei coefficienti applicati devono essere motivate nella nota integrativa;

3) l'immobilizzazione che, alla data della chiusura dell'esercizio, risulti durevolmente di valore inferiore a quello determinato secondo i numeri 1) e 2) deve essere iscritta a tale minore valore. Il minor valore (2) non può essere mantenuto nei successivi bilanci se sono venuti meno i motivi della rettifica effettuata; questa disposizione non si applica a rettifiche di valore relative all'avviamento (3).

Per le immobilizzazioni consistenti in partecipazioni in imprese controllate o collegate che risultino iscritte per un valore superiore a quello derivante dall'applicazione del criterio di valutazione previsto dal successivo numero 4) o, se non vi sia obbligo di redigere il bilancio consolidato, al valore corrispondente alla frazione di patrimonio netto risultante dall'ultimo bilancio dell'impresa partecipata, la differenza dovrà essere motivata nella nota integrativa;

4) le immobilizzazioni consistenti in partecipazioni in imprese controllate o collegate possono essere valutate, con riferimento ad una o più tra dette imprese, anziché secondo il criterio indicato al numero 1), per un importo pari alla corrispondente frazione del patrimonio netto risultante dall'ultimo bilancio delle imprese medesime, detratti i dividendi ed operate le rettifiche richieste dai principi di redazione del bilancio consolidato nonché quelle necessarie per il rispetto dei principi indicati negli articoli 2423 e 2423 *bis*.

Quando la partecipazione è iscritta per la prima volta in base al metodo del patrimonio netto, il costo di acquisto superiore al valore corrispondente del patrimonio netto riferito alla data di acquisizione o (4) risultante dall'ultimo bilancio dell'impresa controllata o collegata può essere iscritto nell'attivo, purché ne siano indicate le ragioni nella nota integrativa. La differenza, per la parte attribuibile a beni ammortizzabili o all'avviamento, deve essere ammortizzata.

Negli esercizi successivi le plusvalenze, derivanti dall'applicazione del metodo del patrimonio netto, rispetto al valore indicato nel bilancio dell'esercizio precedente sono iscritte in una riserva non distribuibile;

5) i costi di impianto e di ampliamento e i costi di sviluppo aventi utilità pluriennale possono essere iscritti nell'attivo con il consenso, ove esistente, del collegio sindacale. I costi di impianto e ampliamento devono essere ammortizzati entro un periodo non superiore a cinque anni. I costi di sviluppo sono ammortizzati secondo la loro vita utile; nei casi eccezionali in cui non è possibile stimarne attendibilmente la vita utile, sono ammortizzati entro un periodo non superiore a cinque anni. Fino a che l'ammortamento dei costi di impianto e ampliamento e di sviluppo non è completato possono essere distribuiti dividendi solo se residuano riserve disponibili sufficienti a coprire l'ammontare dei costi non ammortizzati (5);

6) l'avviamento può essere iscritto nell'attivo con il consenso, ove esistente, del collegio sindacale, se acquisito a titolo oneroso, nei limiti del costo per esso sostenuto. L'ammortamento dell'avviamento è effettuato secondo la sua vita utile; nei casi eccezionali in cui non è possibile stimarne attendibilmente la vita utile, è ammortizzato entro un periodo non superiore a dieci anni. Nella nota integrativa è fornita una spiegazione del periodo di ammortamento dell'avviamento (6);

7) il disaggio e l'aggio su prestiti sono rilevati secondo il criterio stabilito dal numero 8) (7);

8) i crediti e i debiti sono rilevati in bilancio secondo il criterio del costo ammortizzato, tenendo conto del fattore temporale e, per quanto ri-

Codice Civile

guarda i crediti, del valore di presumibile realizzo ([8]);

8 *bis*) le attività e passività monetarie in valuta sono iscritte al cambio a pronti alla data di chiusura dell'esercizio; i conseguenti utili o perdite su cambi devono essere imputati al conto economico e l'eventuale utile netto è accantonato in apposita riserva non distribuibile fino al realizzo. Le attività e passività in valuta non monetarie devono essere iscritte al cambio vigente al momento del loro acquisto ([9]);

9) le rimanenze, i titoli e le attività finanziarie che non costituiscono immobilizzazioni sono iscritti al costo di acquisto o di produzione, calcolato secondo il numero 1), ovvero al valore di realizzazione desumibile dall'andamento del mercato, se minore; tale minor valore non può essere mantenuto nei successivi bilanci se ne sono venuti meno i motivi. I costi di distribuzione non possono essere computati nel costo di produzione;

10) il costo dei beni fungibili può essere calcolato col metodo della media ponderata o con quelli: "primo entrato, primo uscito" o: "ultimo entrato, primo uscito"; se il valore così ottenuto differisce in misura apprezzabile dai costi correnti alla chiusura dell'esercizio, la differenza deve essere indicata, per categoria di beni, nella nota integrativa;

11) i lavori in corso su ordinazione possono essere iscritti sulla base dei corrispettivi contrattuali maturati con ragionevole certezza;

11 *bis*) gli strumenti finanziari derivati, anche se incorporati in altri strumenti finanziari, sono iscritti al fair value. Le variazioni del fair value sono imputate al conto economico oppure, se lo strumento copre il rischio di variazione dei flussi finanziari attesi di un altro strumento finanziario o di un'operazione programmata, direttamente ad una riserva positiva o negativa di patrimonio netto; tale riserva è imputata al conto economico nella misura e nei tempi corrispondenti al verificarsi o al modificarsi dei flussi di cassa dello strumento coperto o al verificarsi dell'operazione oggetto di copertura. Gli elementi oggetto di copertura contro il rischio di variazioni dei tassi di interesse o dei tassi di cambio o dei prezzi di mercato o contro il rischio di credito sono valutati simmetricamente allo strumento derivato di copertura; si considera sussistente la copertura in presenza, fin dall'inizio, di stretta e documentata correlazione tra le caratteristiche dello strumento o dell'operazione coperti e quelle dello strumento di copertura. Non sono distribuibili gli utili che derivano dalla valutazione al fair value degli strumenti finanziari derivati non utilizzati o non necessari per la copertura. Le riserve di patrimonio che derivano dalla valutazione al fair value di derivati utilizzati a copertura dei flussi finanziari attesi di un altro strumento finanziario o di un'operazione programmata non sono considerate nel computo del patrimonio netto per le finalità di cui agli articoli 2412, 2433, 2442, 2446 e 2447 e, se positive, non sono disponibili e non sono utilizzabili a copertura delle perdite ([10]);

[12) le attrezzature industriali e commerciali, le materie prime, sussidiarie e di consumo, possono essere iscritte nell'attivo ad un valore costante qualora siano costantemente rinnovate, e complessivamente di scarsa importanza in rapporto all'attivo di bilancio, sempreché non si abbiano variazioni sensibili nella loro entità, valore e composizione] ([11]);

Ai fini della presente Sezione, per la definizione di "strumento finanziario", di "attività finanziaria" e "passività finanziaria", di "strumento finanziario derivato", di "costo ammortizzato", di "fair value", di "attività monetaria" e "passività monetaria", "parte correlata" e "modello e tecnica di valutazione generalmente accettato" si fa riferimento ai principi contabili internazionali adottati dall'Unione europea ([12]).

Ai fini dell'applicazione delle disposizioni del primo comma, numero 11 *bis*), sono considerati strumenti finanziari derivati anche quelli collegati a merci che conferiscono all'una o all'altra parte contraente il diritto di procedere alla liquidazione del contratto per contanti o mediante altri strumenti finanziari, ad eccezione del caso in cui si verifichino contemporaneamente le seguenti condizioni:

a) il contratto sia stato concluso e sia mantenuto per soddisfare le esigenze previste dalla società che redige il bilancio di acquisto, di vendita o di utilizzo delle merci;

b) il contratto sia stato destinato a tale scopo fin dalla sua conclusione;

c) si prevede che il contratto sia eseguito mediante consegna della merce ([12]).

Il fair value è determinato con riferimento:

a) al valore di mercato, per gli strumenti finanziari per i quali è possibile individuare facilmente un mercato attivo; qualora il valore di mercato non sia facilmente individuabile per uno strumento, ma possa essere individuato per i suoi componenti o per uno strumento analogo, il valore di mercato può essere derivato da quello dei componenti o dello strumento analogo;

b) al valore che risulta da modelli e tecniche di valutazione generalmente accettati, per gli strumenti per i quali non sia possibile individuare facilmente un mercato attivo; tali modelli e tecniche di valutazione devono assicurare una ragionevole approssimazione al valore di mercato ([12]).

Il fair value non è determinato se l'applicazione dei criteri indicati al quarto comma non dà un risultato attendibile ([12]).

([1]) *Le parole: «le immobilizzazioni rappresentate da titoli sono rilevate in bilancio con il criterio del costo ammortizzato, ove applicabile;» sono state aggiunte dall'art. 6, comma 8, lett.* a), *del D.L.vo 18 agosto 2015, n. 139.*

A norma dell'art. 12, comma 1, del predetto decreto, tale disposizione entra in vigore dal 1° gennaio 2016 e si applica ai bilanci relativi agli esercizi finanziari aventi inizio a partire da quella data.

A norma dell'art. 12, comma 2, dello stesso provvedimento, le modificazioni previste dal presente decreto a questo numero, possono non essere applicate alle componenti delle voci riferite a operazioni che non hanno ancora esaurito i loro effetti in bilancio.

([2]) *Le parole: «; questo» è stata così sostituita dalle seguenti: «. Il minor valore», dall'art. 6, comma 8, lett.* b), *del D.L.vo 18 agosto 2015, n. 139.*

A norma dell'art. 12, comma 1, del predetto decreto, tale disposizione entra in vigore dal 1° gennaio 2016 e si applica ai bilanci relativi agli esercizi finanziari aventi inizio a partire da quella data.

([3]) *Le parole: «; questa disposizione non si applica a rettifiche di valore relative all'avviamento» sono state aggiunte dall'art. 6, comma 8, lett.* b), *del D.L.vo 18 agosto 2015, n. 139.*

A norma dell'art. 12, comma 1, del predetto decreto, tale disposizione entra in vigore dal 1° gennaio 2016 e si applica ai bilanci relativi agli esercizi finanziari aventi inizio a partire da quella data.

([4]) *Le parole: «riferito alla data di acquisizione o» sono state inserite dall'art. 6, comma 8, lett.* c), *del D.L.vo 18 agosto 2015, n. 139.*

A norma dell'art. 12, comma 1, del predetto decreto, tale disposizione entra in vigore dal 1° gennaio 2016 e si applica ai bilanci relativi agli esercizi finanziari aventi inizio a partire da quella data.

([5]) *Questo numero è stato così sostituito dall'art. 6, comma 8, lett.* d), *del D.L.vo 18 agosto 2015, n. 139.*

A norma dell'art. 12, comma 1, del predetto decreto, tale disposizione entra in vigore dal 1° gennaio 2016 e si applica ai bilanci relativi agli esercizi finanziari aventi inizio a partire da quella data.

*Si riporta il testo precedente: «*5) *i costi di impianto e di ampliamento, i costi di ricerca, di sviluppo e di pubblicità aventi utilità pluriennale possono essere iscritti nell'attivo con il consenso, ove esistente, del collegio sindacale e devono essere ammortizzati entro un periodo non superiore a cinque anni. Fino a che l'ammortamento non è completato possono essere distribuiti dividendi solo se residuano riserve disponibili sufficienti a coprire l'ammontare dei costi non ammortizzati;».*

([6]) *Le parole: «e deve essere ammortizzato entro un periodo di cinque anni. È tuttavia consentito ammortizzare sistematicamente l'avviamento in un periodo di durata superiore, purchè esso non superi la durata per l'utilizzazione di questo attivo e ne sia data adeguata motivazione nella nota integrativa;» sono state così sostituite dalle seguenti: «. L'ammortamento dell'avviamento è effettuato secondo la sua vita utile; nei casi eccezionali in cui non è possibile stimarne attendibilmente la vita utile, è ammortizzato entro un periodo non superiore a dieci anni.*

Nella nota integrativa è fornita una spiegazione del periodo di ammortamento dell'avviamento;», dall'art. 6, comma 8, lett. e), *del D.L.vo 18 agosto 2015, n. 139.*

A norma dell'art. 12, comma 1, del predetto decreto, tale disposizione entra in vigore dal 1° gennaio 2016 e si applica ai bilanci relativi agli esercizi finanziari aventi inizio a partire da quella data.

A norma dell'art. 12, comma 2, dello stesso provvedimento, le modificazioni previste dal presente decreto a questo numero, possono non essere applicate alle componenti delle voci riferite a operazioni che non hanno ancora esaurito i loro effetti in bilancio.

([7]) *Questo numero è stato così sostituito dall'art. 6, comma 8, lett.* f), *del D.L.vo 18 agosto 2015, n. 139.*

A norma dell'art. 12, comma 1, del predetto decreto, tale disposizione entra in vigore dal 1° gennaio 2016 e si applica ai bilanci relativi agli esercizi finanziari aventi inizio a partire da quella data.

Si riporta il testo precedente: «7) Il disaggio su prestiti deve essere iscritto nell'attivo e ammortizzato in ogni esercizio per il periodo di durata del prestito;».

([8]) *Questo numero è stato così sostituito dall'attuale, dall'art. 6, comma 8, lett.* g), *del D.L.vo 18 agosto 2015, n. 139.*

A norma dell'art. 12, comma 1, del predetto decreto, tale disposizione entra in vigore dal 1° gennaio 2016 e si applica ai bilanci relativi agli esercizi finanziari aventi inizio a partire da quella data.

A norma dell'art. 12, comma 2, dello stesso provvedimento, le modificazioni previste dal presente decreto a questo numero, possono non essere applicate alle componenti delle voci riferite a operazioni che non hanno ancora esaurito i loro effetti in bilancio.

*Si riporta il testo precedente: «*8) *i crediti devono essere iscritti secondo il valore presumibile di realizzazione;».*

([9]) *Questo numero è stato così sostituito dall'attuale, dall'art. 6, comma 8, lett.* h*), del D.L.vo 18 agosto 2015, n. 139.*

A norma dell'art. 12, comma 1, del predetto decreto, tale disposizione entra in vigore dal 1° gennaio 2016 e si applica ai bilanci relativi agli esercizi finanziari aventi inizio a partire da quella data.

Si riporta il testo precedente: «8 bis*) le attività e le passività in valuta, ad eccezione delle immobilizzazioni, devono essere iscritte al tasso di cambio a pronti alla data di chiusura dell'esercizio ed i relativi utili e perdite su cambi devono essere imputati al conto economico e l'eventuale utile netto deve essere accantonato in apposita riserva non distribuibile fino al realizzo. Le immobilizzazioni materiali, immateriali e quelle finanziarie, costituite da partecipazioni, rilevate al costo (*) in valuta devono essere iscritte al tasso di cambio al momento del loro acquisto o a quello inferiore alla data di chiusura dell'esercizio se la riduzione debba giudicarsi durevole;».*

(*) Le parole da: «materiali, immateriali e ...» fino a: «... rilevate al costo» sono state inserite dall'art. 17 del D.L.vo 28 dicembre 2004, n. 310.

([10]) *Questo numero è stato inserito dall'art. 6, comma 8, lett.* i*), del D.L.vo 18 agosto 2015, n. 139.*

A norma dell'art. 12, comma 1, del predetto decreto, tale disposizione entra in vigore dal 1° gennaio 2016 e si applica ai bilanci relativi agli esercizi finanziari aventi inizio a partire da quella data.

([11]) *Questo numero è stato abrogato dall'art. 6, comma 8, lett.* l*), del D.L.vo 18 agosto 2015, n. 139.*

A norma dell'art. 12, comma 1, del predetto decreto, tale disposizione entra in vigore dal 1° gennaio 2016 e si applica ai bilanci relativi agli esercizi finanziari aventi inizio a partire da quella data.

([12]) *Questo comma è stato aggiunto dall'art. 6, comma 8, lett.* m*), del D.L.vo 18 agosto 2015, n. 139.*

A norma dell'art. 12, comma 1, del predetto decreto, tale disposizione entra in vigore dal 1° gennaio 2016 e si applica ai bilanci relativi agli esercizi finanziari aventi inizio a partire da quella data.

2427. Contenuto della nota integrativa. - La nota integrativa deve indicare, oltre a quanto stabilito da altre disposizioni:

1) i criteri applicati nella valutazione delle voci del bilancio, nelle rettifiche di valore e nella conversione dei valori non espressi all'origine in moneta avente corso legale nello Stato;

2) i movimenti delle immobilizzazioni, specificando per ciascuna voce: il costo; le precedenti rivalutazioni, ammortamenti e svalutazioni; le acquisizioni, gli spostamenti da una ad altra voce, le alienazioni avvenuti nell'esercizio; le rivalutazioni, gli ammortamenti e le svalutazioni effettuati nell'esercizio; il totale delle rivalutazioni riguardanti le immobilizzazioni esistenti alla chiusura dell'esercizio;

3) la composizione dell voci: "costi di impianto e di ampliamento" e: "costi di sviluppo" ([1]), nonché le ragioni della iscrizione ed i rispettivi criteri di ammortamento;

3 *bis*) la misura e le motivazioni delle riduzioni di valore applicate alle immobilizzazioni materiali e ([2]) immateriali [di durata indeterminata] ([3]), facendo a tal fine esplicito riferimento al loro concorso alla futura produzione di risultati economici, alla loro prevedibile durata utile e, per quanto rilevante ([4]), al loro valore di mercato, segnalando altresì le differenze rispetto a quelle operate negli esercizi precedenti ed evidenziando la loro influenza sui risultati economici dell'esercizio [e sugli indicatori di redditività di cui sia stata data comunicazione] ([5]);

4) le variazioni intervenute nella consistenza delle altre voci dell'attivo e del passivo; in particolare, per le voci del patrimonio netto, per i fondi e per il trattamento di fine rapporto, la formazione e le utilizzazioni;

5) l'elenco delle partecipazioni, possedute direttamente o per tramite di società fiduciaria o per interposta persona, in imprese controllate e collegate, indicando per ciascuna la denominazione, la sede, il capitale, l'importo del patrimonio netto, l'utile o la perdita dell'ultimo esercizio, la quota posseduta e il valore attribuito in bilancio o il corrispondente credito;

6) distintamente per ciascuna voce, l'ammontare dei crediti e dei debiti di durata residua superiore a cinque anni, e dei debiti assistiti da garanzie reali su beni sociali, con specifica indicazione della natura delle garanzie e con specifica ripartizione secondo le aree geografiche;

6 *bis*) eventuali effetti significativi delle variazioni nei cambi valutari verificatesi successivamente alla chiusura dell'esercizio;

6 *ter*) distintamente per ciascuna voce, l'ammontare dei crediti e dei debiti relativi ad operazioni che prevedono l'obbligo per l'acquirente di retrocessione a termine;

7) la composizione delle voci "ratei e risconti attivi" e "ratei e risconti passivi" e della voce "altri fondi" dello stato patrimoniale [, quando il loro ammontare sia apprezzabile] ([6]), nonché la composizione della voce "altre riserve";

7 *bis*) le voci di patrimonio netto devono essere analiticamente indicate, con specificazione in appositi prospetti della loro origine, possibilità

di utilizzazione e distribuibilità, nonché della loro avvenuta utilizzazione nei precedenti esercizi;

8) l'ammontare degli oneri finanziari imputati nell'esercizio ai valori iscritti nell'attivo dello stato patrimoniale, distintamente per ogni voce;

9) l'importo complessivo degli impegni, delle garanzie e delle passività potenziali non risultanti dallo stato patrimoniale, con indicazione della natura delle garanzie reali prestate; gli impegni esistenti in materia di trattamento di quiescenza e simili, nonché gli impegni assunti nei confronti di imprese controllate, collegate, nonché controllanti e imprese sottoposte al controllo di quest'ultime sono distintamente indicati ([7]);

10) [se significativa,] ([8]) la ripartizione dei ricavi delle vendite e delle prestazioni secondo categorie di attività e secondo aree geografiche;

11) l'ammontare dei proventi da partecipazioni, indicati nell'articolo 2425, numero 15), diversi dai dividendi;

12) la suddivisione degli interessi ed altri oneri finanziari, indicati nell'articolo 2425, n. 17), relativi a prestiti obbligazionari, a debiti verso banche, e altri;

13) l'importo e la natura dei singoli elementi di ricavo o di costo di entità o incidenza eccezionali ([9]);

14) un apposito prospetto contenente:

a) la descrizione delle differenze temporanee che hanno comportato la rilevazione di imposte differite e anticipate, specificando l'aliquota applicata e le variazioni rispetto all'esercizio precedente, gli importi accreditati o addebitati a conto economico oppure a patrimonio netto, le voci escluse dal computo e le relative motivazioni;

b) l'ammontare delle imposte anticipate contabilizzato in bilancio attinenti a perdite dell'esercizio o di esercizi precedenti e le motivazioni dell'iscrizione, l'ammontare non ancora contabilizzato e le motivazioni della mancata iscrizione;

15) il numero medio dei dipendenti, ripartito per categoria;

16) l'ammontare dei compensi, delle anticipazioni e dei crediti concessi agli ([10]) spettanti agli amministratori ed ai sindaci, cumulativamente per ciascuna categoria, precisando il tasso d'interesse, le principali condizioni e gli importi eventualmente rimborsati, cancellati o oggetto di rinuncia, nonché gli impegni assunti per loro conto per effetto di garanzie di qualsiasi tipo prestate, precisando il totale per ciascuna categoria ([11]);

16 *bis*) salvo che la società sia inclusa in un ambito di consolidamento e le informazioni siano contenute nella nota integrativa del relativo bilancio consolidato, l'importo totale dei corrispettivi spettanti al revisore legale o alla società di revisione legale per la revisione legale dei conti annuali, l'importo totale dei corrispettivi di competenza per gli altri servizi di verifica svolti, l'importo totale dei corrispettivi di competenza per i servizi di consulenza fiscale e l'importo totale dei corrispettivi di competenza per altri servizi diversi dalla revisione contabile ([12]);

17) il numero e il valore nominale di ciascuna categoria di azioni della società e il numero e il valore nominale delle nuove azioni della società sottoscritte durante l'esercizio;

18) le azioni di godimento, le obbligazioni convertibili in azioni, i warrants, le opzioni ([13]) e i titoli o valori simili emessi dalla società, specificando il loro numero e i diritti che essi attribuiscono;

19) il numero e le caratteristiche degli altri strumenti finanziari emessi dalla società, con l'indicazione dei diritti patrimoniali e partecipativi che conferiscono e delle principali caratteristiche delle operazioni relative;

19 *bis*) i finanziamenti effettuati dai soci alla società, ripartiti per scadenze e con la separata indicazione di quelli con clausola di postergazione rispetto agli altri creditori;

20) i dati richiesti dal terzo comma dell'articolo 2447 *septies* con riferimento ai patrimoni destinati ad uno specifico affare ai sensi della lettera *a*) del primo comma dell'articolo 2447 *bis*;

21) i dati richiesti dall'articolo 2447 *decies*, ottavo comma;

22) le operazioni di locazione finanziaria che comportano il trasferimento al locatario della parte prevalente dei rischi e dei benefici inerenti ai beni che ne costituiscono oggetto, sulla base di un apposito prospetto dal quale risulti il valore attuale delle rate di canone non scadute quale determinato utilizzando tassi di interesse pari all'onere finanziario effettivo inerenti i singoli contratti, l'onere finanziario effettivo attribuibile ad essi e riferibile all'esercizio, l'ammontare complessivo al quale i beni oggetto di locazione sarebbero stati iscritti alla data di chiusura dell'esercizio qualora fossero stati considerati immobilizzazioni, con separata indicazione di ammortamenti, rettifiche e riprese di valore che sarebbero stati inerenti all'esercizio;

22 *bis*) le operazioni realizzate con parti correlate, precisando l'importo, la natura del rapporto e ogni altra informazione necessaria per la comprensione del bilancio relativa a tali operazioni, qualora le stesse [siano rilevanti e] ([14]) non siano state concluse a normali condizioni di mercato. Le informazioni relative alle singole operazioni possono essere aggregate secondo la loro natura, salvo quando la loro separata evidenziazione sia necessaria per comprendere gli effetti delle operazioni medesime sulla situazione patrimoniale e finanziaria e sul risultato economico della società;

22 *ter*) la natura e l'obiettivo economico di accordi non risultanti dallo stato patrimoniale, con indicazione del loro effetto patrimoniale, finanziario ed economico, a condizione che i rischi e i benefici da essi derivanti siano significativi e l'indicazione degli stessi sia necessaria per valutare la situazione patrimoniale e finanziaria e il risultato economico della società ([15]);

22 *quater*) la natura e l'effetto patrimoniale, finanziario ed economico dei fatti di rilievo avvenuti dopo la chiusura dell'esercizio ([16]);

22 *quinquies*) il nome e la sede legale dell'impresa che redige il bilancio consolidato dell'insieme più grande di imprese di cui l'impresa fa parte in quanto impresa controllata, nonché il luogo in cui è disponibile la copia del bilancio consolidato ([16]);

22 *sexies*) il nome e la sede legale dell'impresa che redige il bilancio consolidato dell'insieme più piccolo di imprese di cui l'impresa fa parte in quanto impresa controllata nonché il luogo in cui è disponibile la copia del bilancio consolidato ([16]);

22 *septies*) la proposta di destinazione degli utili o di copertura delle perdite ([16]);

Le informazioni in nota integrativa relative alle voci dello stato patrimoniale e del conto economico sono presentate secondo l'ordine in cui le relative voci sono indicate nello stato patrimoniale e nel conto economico ([17]).

([1]) *Le parole: «costi di ricerca, di sviluppo e di pubblicità» sono state così sostituite dalle seguenti: «costi di sviluppo», dall'art. 6, comma 9, lett.* a)*, del D.L.vo 18 agosto 2015, n. 139.*

A norma dell'art. 12, comma 1, del predetto decreto, tale disposizione entra in vigore dal 1° gennaio 2016 e si applica ai bilanci relativi agli esercizi finanziari aventi inizio a partire da quella data.

([2]) *Le parole: «materiali e» sono state inserite dall'art. 18, comma 1, lett.* a)*, del D.L.vo 28 dicembre 2004, n. 310.*

([3]) *Le parole tra parentesi quadrate sono state soppresse dall'art. 18, comma 1, lett.* b) *del D.L.vo 28 dicembre 2004, n. 310.*

([4]) *L'originaria parola: «determinabile» è stata così sostituita dall'attuale: «rilevante» dall'art. 18, comma 1, lett.* c) *del D.L.vo 28 dicembre 2004, n. 310.*

([5]) *Le parole tra parentesi quadrate sono state soppresse dall'art. 18, comma 1, lett.* d) *del D.L.vo 28 dicembre 2004, n. 310.*

([6]) *Le parole fra parentesi quadrate sono state soppresse dall'art. 6, comma 9, lett.* b)*, del D.L.vo 18 agosto 2015, n. 139.*

A norma dell'art. 12, comma 1, del predetto decreto, tale disposizione entra in vigore dal 1° gennaio 2016 e si applica ai bilanci relativi agli esercizi finanziari aventi inizio a partire da quella data.

([7]) *Questo numero è stato così sostituito dall'attuale, dall'art. 6, comma 9, lett.* c)*, del D.L.vo 18 agosto 2015, n. 139.*

A norma dell'art. 12, comma 1, del predetto decreto, tale disposizione entra in vigore dal 1° gennaio 2016 e si applica ai bilanci relativi agli esercizi finanziari aventi inizio a partire da quella data.

*Si riporta il testo precedente: «*9*) gli impegni non risultanti dallo stato patrimoniale; le notizie sulla composizione e natura di tali impegni e dei conti d'ordine, la cui conoscenza sia utile per valutare la situazione patrimoniale e finanziaria della società, specificando quelli relativi a imprese controllate, collegate, controllanti e a imprese sottoposte al controllo di queste ultime;».*

([8]) *Le parole fra parentesi quadrate sono state soppresse dall'art. 6, comma 9, lett.* d)*, del D.L.vo 18 agosto 2015, n. 139.*

A norma dell'art. 12, comma 1, del predetto decreto, tale disposizione entra in vigore dal 1° gennaio 2016 e si applica ai bilanci relativi agli esercizi finanziari aventi inizio a partire da quella data.

([9]) *Questo numero è stato così sostituito dall'attuale, dall'art. 6, comma 9, lett.* e)*, del D.L.vo 18 agosto 2015, n. 139.*

A norma dell'art. 12, comma 1, del predetto decreto, tale disposizione entra in vigore dal 1° gennaio 2016 e si applica ai bilanci relativi agli esercizi finanziari aventi inizio a partire da quella data.

*Si riporta il testo precedente: «*13*) la composizione delle voci: "proventi straordinari" e: "oneri straordinari" del conto economico, quando il loro ammontare sia apprezzabile;».*

([10]) *Le parole: «, delle anticipazioni e dei crediti concessi agli» sono state inserite dall'art. 6, comma 9, lett.* f)*, del D.L.vo 18 agosto 2015, n. 139.*

A norma dell'art. 12, comma 1, del predetto decreto, tale disposizione entra in vigore dal 1° gennaio 2016 e si applica ai bilanci relativi agli esercizi finanziari aventi inizio a partire da quella data.

([11]) *Le parole: «, precisando il tasso d'interesse, le principali condizioni e gli importi eventualmente rim-*

borsati, cancellati o oggetto di rinuncia, nonché gli impegni assunti per loro conto per effetto di garanzie di qualsiasi tipo prestate, precisando il totale per ciascuna categoria» sono state inserite dall'art. 6, comma 9, lett. f*), del D.L.vo 18 agosto 2015, n. 139.*

A norma dell'art. 12, comma 1, del predetto decreto, tale disposizione entra in vigore dal 1° gennaio 2016 e si applica ai bilanci relativi agli esercizi finanziari aventi inizio a partire da quella data.

(12) *Questo numero è stato inserito dall'art. 37, comma 16, del D.L.vo 27 gennaio 2010, n. 39.*

(13) *Le parole: «, i warrants, le opzioni» sono state inserite dall'art. 6, comma 9, lett.* g*), del D.L.vo 18 agosto 2015, n. 139.*

A norma dell'art. 12, comma 1, del predetto decreto, tale disposizione entra in vigore dal 1° gennaio 2016 e si applica ai bilanci relativi agli esercizi finanziari aventi inizio a partire da quella data.

(14) *Le parole fra parentesi quadrate sono state soppresse dall'art. 6, comma 9, lett.* h*), del D.L.vo 18 agosto 2015, n. 139.*

A norma dell'art. 12, comma 1, del predetto decreto, tale disposizione entra in vigore dal 1° gennaio 2016 e si applica ai bilanci relativi agli esercizi finanziari aventi inizio a partire da quella data.

(15) *Questo numero è stato aggiunto dall'art. 1, comma 1, del D.L.vo 3 novembre 2008, n. 173.*

(16) *Questo numero è stato aggiunto dall'art. 6, comma 9, lett.* i*), del D.L.vo 18 agosto 2015, n. 139.*

A norma dell'art. 12, comma 1, del predetto decreto, tale disposizione entra in vigore dal 1° gennaio 2016 e si applica ai bilanci relativi agli esercizi finanziari aventi inizio a partire da quella data.

(17) *Questo comma è stato così sostituito dall'attuale, dall'art. 6, comma 9, lett.* l*), del D.L.vo 18 agosto 2015, n. 139.*

A norma dell'art. 12, comma 1, del predetto decreto, tale disposizione entra in vigore dal 1° gennaio 2016 e si applica ai bilanci relativi agli esercizi finanziari aventi inizio a partire da quella data.

Si riporta il testo precedente: «Ai fini dell'applicazione del primo comma, numeri 22 bis*) e 22* ter*), e degli articoli 2427* bis *e 2428, terzo comma, numero 6* bis*), per le definizioni di «strumento finanziario», «strumento finanziario derivato», «fair value», «parte correlata» e «modello e tecnica di valutazione generalmente accettato» si fa riferimento ai principi contabili internazionali adottati dall'Unione europea (*).».*

(*) Questo comma è stato aggiunto dall'art. 1, comma 2, del D.L.vo 3 novembre 2008, n. 173.

2427 *bis*. (1) **Informazioni relative al "fair value" (2) degli strumenti finanziari.** – 1. Nella nota integrativa sono indicati:

1) per ciascuna categoria di strumenti finanziari derivati:

a) il loro *fair value*;

b) informazioni sulla loro entità e sulla loro natura, compresi i termini e le condizioni significative che possono influenzare l'importo, le scadenze e la certezza dei flussi finanziari futuri (3);

b bis) gli assunti fondamentali su cui si basano i modelli e le tecniche di valutazione, qualora il fair value non sia stato determinato sulla base di evidenze di mercato (4);

b ter) le variazioni di valore iscritte direttamente nel conto economico, nonché quelle imputate alle riserve di patrimonio netto (4);

b quater) una tabella che indichi i movimenti delle riserve di fair value avvenuti nell'esercizio (4).

2) per le immobilizzazioni finanziarie iscritte a un valore superiore al loro *fair value*, con esclusione delle partecipazioni in società controllate e collegate ai sensi dell'articolo 2359 e delle partecipazioni in *joint venture*:

a) il valore contabile e il *fair value* delle singole attività, o di appropriati raggruppamenti di tali attività;

b) i motivi per i quali il valore contabile non è stato ridotto, inclusa la natura degli elementi sostanziali sui quali si basa il convincimento che tale valore possa essere recuperato.

[2. Ai fini dell'applicazione delle disposizioni del comma 1, sono considerati strumenti finanziari derivati anche quelli collegati a merci che conferiscono all'una o all'altra parte contraente il diritto di procedere alla liquidazione del contratto per contanti o mediante altri strumenti finanziari, ad eccezione del caso in cui si verifichino contemporaneamente le seguenti condizioni:

a) il contratto sia stato concluso e sia mantenuto per soddisfare le esigenze previste dalla società che redige il bilancio di acquisto, di vendita o di utilizzo delle merci;

b) il contratto sia stato destinato a tale scopo fin dalla sua conclusione;

c) si prevede che il contratto sia eseguito mediante consegna della merce] (5).

[3. *Il fair value* è determinato con riferimento:

a) al valore di mercato, per gli strumenti finanziari per i quali è possibile individuare facilmente un mercato attivo; qualora il valore di mercato non sia facilmente individuabile per uno strumento, ma possa essere individuato per i suoi componenti o per uno strumento analogo, il valore di mercato può essere derivato da quello dei componenti o dello strumento analogo;

b) al valore che risulta da modelli e tecniche di valutazione generalmente accettati, per gli strumenti per i quali non sia possibile individuare facilmente un mercato attivo; tali modelli e tecniche di valutazione devono assicurare una ragionevole approssimazione al valore di mercato] (5).

[4. *Il fair value* non è determinato se l'applicazione dei criteri indicati al comma precedente non dà un risultato attendibile] (5).

[5. Ai fini dell'applicazione del presente articolo e dell'articolo 2428, comma 2, numero 6 *bis*) per la definizione di strumento finanziario, di strumento finanziario derivato, di *fair value* e di modello e tecnica di valutazione generalmente accettato, si fa riferimento ai principi contabili riconosciuti in ambito internazionale e compatibili con la disciplina in materia dell'Unione europea] (6).

(1) *Questo articolo è stato inserito dall'art. 1 del D.L.vo 30 dicembre 2003, n. 394, a decorrere dal 1° gennaio 2005*

(2) *Le parole: «valore equo "fair value"» sono state così sostituite dalle seguenti: «fair value», dall'art. 6, comma 10, lett.* a), *del D.L.vo 18 agosto 2015, n. 139.*

A norma dell'art. 12, comma 1, del predetto decreto, tale disposizione entra in vigore dal 1° gennaio 2016 e si applica ai bilanci relativi agli esercizi finanziari aventi inizio a partire da quella data.

(3) *Le parole: «, compresi i termini e le condizioni significative che possono influenzare l'importo, le scadenze e la certezza dei flussi finanziari futuri» sono state aggiunte dall'art. 6, comma 10, lett.* b), *del D.L.vo 18 agosto 2015, n. 139.*

A norma dell'art. 12, comma 1, del predetto decreto, tale disposizione entra in vigore dal 1° gennaio 2016 e si applica ai bilanci relativi agli esercizi finanziari aventi inizio a partire da quella data.

(4) *Questa lettera è stata aggiunta dall'art. 6, comma 10, lett.* b), *del D.L.vo 18 agosto 2015, n. 139.*

A norma dell'art. 12, comma 1, del predetto decreto, tale disposizione entra in vigore dal 1° gennaio 2016 e si applica ai bilanci relativi agli esercizi finanziari aventi inizio a partire da quella data.

(5) *Questo comma è stato abrogato dall'art. 6, comma 10, lett.* c), *del D.L.vo 18 agosto 2015, n. 139.*

A norma dell'art. 12, comma 1, del predetto decreto, tale disposizione entra in vigore dal 1° gennaio 2016 e si applica ai bilanci relativi agli esercizi finanziari aventi inizio a partire da quella data.

(6) *Questo comma è stato abrogato dall'art. 1, comma 3, del D.L.vo 3 novembre 2008, n. 173.*

2428. Relazione sulla gestione. – Il bilancio deve essere corredato da una relazione degli amministratori contenente un'analisi fedele, equilibrata ed esauriente della situazione della società e dell'andamento e del risultato della gestione (1), nel suo complesso e nei vari settori in cui essa ha operato, anche attraverso imprese controllate, con particolare riguardo ai costi, ai ricavi e agli investimenti, nonché una descrizione dei principali rischi e incertezze cui la società è esposta (2).

L'analisi di cui al primo comma è coerente con l'entità e la complessità degli affari della società e contiene, nella misura necessaria alla comprensione della situazione della società e dell'andamento e del risultato della sua gestione, gli indicatori di risultato finanziari e, se del caso, quelli non finanziari pertinenti all'attività specifica della società, comprese le informazioni attinenti all'ambiente e al personale. L'analisi contiene, ove opportuno, riferimenti agli importi riportati nel bilancio e chiarimenti aggiuntivi su di essi (3).

Dalla relazione devono in ogni caso risultare:

1) le attività di ricerca e di sviluppo;

2) i rapporti con imprese controllate, collegate, controllanti e imprese sottoposte al controllo di queste ultime;

3) il numero e il valore nominale sia delle azioni proprie sia delle azioni o quote di società controllanti possedute dalla società, anche per tramite di società fiduciaria o per interposta persona, con l'indicazione della parte di capitale corrispondente;

4) il numero e il valore nominale sia delle azioni proprie sia delle azioni o quote di società controllanti acquistate o alienate dalla società, nel corso dell'esercizio, anche per tramite di società fiduciaria o per interposta persona, con l'indicazione della corrispondente parte di capitale, dei corrispettivi e dei motivi degli acquisti e delle alienazioni;

[5) i fatti di rilievo avvenuti dopo la chiusura dell'esercizio] (4);

6) l'evoluzione prevedibile della gestione.

6 *bis*) in relazione all'uso da parte della società di strumenti finanziari e se rilevanti per la valutazione della situazione patrimoniale e finanziaria e del risultato economico dell'esercizio:

a) gli obiettivi e le politiche della società in materia di gestione del rischio finanziario, compresa la politica di copertura per ciascuna principale categoria di operazioni previste;

b) l'esposizione della società al rischio di prezzo, al rischio di credito, al rischio di liquidità e al rischio di variazione dei flussi finanziari (5).

[Entro tre mesi dalla fine del primo semestre dell'esercizio gli amministratori delle società con azioni quotate in mercati regolamentati devono trasmettere al collegio sindacale una relazione sull'andamento della gestione, redatta secondo i criteri stabiliti dalla Commissione nazionale per le società e la borsa con regolamento pubblicato nella *Gazzetta Ufficiale* della Repubblica italiana. La relazione deve essere pubblicata nei modi e nei termini stabiliti dalla Commissione stessa con il regolamento anzidetto] (6).

Dalla relazione deve inoltre risultare l'elenco delle sedi secondarie della società.

(1) *Le parole: «sulla situazione della società e sull'andamento della gestione» sono state così sostituite dalle attuali da: «contenente un'analisi ...» fino a: «... risultato della gestione» dall'art. 1, comma 1, lett.* a)*, del D.L.vo 2 febbraio 2007, n. 32.*

(2) *Le parole: «, nonché una descrizione dei principali rischi e incertezze cui la società è esposta» sono state aggiunte dall'art. 1, comma 1, lett.* b)*, del D.L.vo 2 febbraio 2007, n. 32.*

(3) *Questo comma è stato inserito dall'art. 1, comma 1, lett.* c)*, del D.L.vo 2 febbraio 2007, n. 32.*

(4) *Questo numero è stato abrogato dall'art. 6, comma 11, del D.L.vo 18 agosto 2015, n. 139.*

A norma dell'art. 12, comma 1, del predetto decreto, tale disposizione entra in vigore dal 1° gennaio 2016 e si applica ai bilanci relativi agli esercizi finanziari aventi inizio a partire da quella data.

(5) *Questo numero è stato aggiunto dall'art. 3 del D.L.vo 30 dicembre 2003, n. 394, a decorrere dal 1° gennaio 2005.*

(6) *Questo comma è stato abrogato dall'art. 2, comma 1, del D.L.vo 6 novembre 2007, n. 195.*

2429. Relazione dei sindaci e deposito del bilancio. – Il bilancio deve essere comunicato dagli amministratori al collegio sindacale e al soggetto incaricato della revisione legale dei conti (1), con la relazione, almeno trenta giorni prima di quello fissato per l'assemblea che deve discuterlo.

Il collegio sindacale deve riferire all'assemblea sui risultati dell'esercizio sociale e sull'attività svolta nell'adempimento dei propri doveri, e fare le osservazioni e le proposte in ordine al bilancio e alla sua approvazione, con particolare riferimento all'esercizio della deroga di cui all'articolo 2423, quarto comma. [Il collegio sindacale, se esercita il controllo contabile, redige anche la relazione prevista dall'articolo 2409 *ter*] (2).

Il bilancio, con le copie integrali dell'ultimo bilancio delle società controllate e un prospetto riepilogativo dei dati essenziali dell'ultimo bilancio delle società collegate, deve restare depositato in copia nella sede della società, insieme con le relazioni degli amministratori, dei sindaci e del soggetto incaricato della revisione legale dei conti (3), durante i quindici giorni che precedono l'assemblea, e finché sia approvato. I soci possono prenderne visione.

Il deposito delle copie dell'ultimo bilancio delle società controllate prescritto dal comma precedente può essere sostituito, per quelle incluse nel consolidamento, dal deposito di un prospetto riepilogativo dei dati essenziali dell'ultimo bilancio delle medesime.

(1) *Le parole: «e al soggetto incaricato della revisione legale dei conti» sono state inserite dall'art. 37, comma 17, lett.* a)*, del D.L.vo 27 gennaio 2010, n. 39.*

(2) *Questo periodo è stato così sostituito dall'art. 2, comma 2, del D.L.vo 2 febbraio 2007, n. 32 e poi soppresso dall'art. 37, comma, 17, lett.* b)*, del D.L.vo 27 gennaio 2010, n. 39.*

(3) *Le parole: «del controllo contabile» sono state così sostituite dalle attuali: «della revisione legale dei conti» dall'art. 37, comma 17, lett.* c)*, del D.L.vo 27 gennaio 2010, n. 39.*

2430. Riserva legale. – Dagli utili netti annuali deve essere dedotta una somma corrispondente almeno alla ventesima parte di essi per costituire una riserva, fino a che questa non abbia raggiunto il quinto del capitale sociale.

La riserva deve essere reintegrata a norma del comma precedente se viene diminuita per qualsiasi ragione.

Sono salve le disposizioni delle leggi speciali.

2431. Soprapprezzo delle azioni. – Le somme percepite dalla società per l'emissione di azioni ad un prezzo superiore al loro valore nominale, ivi comprese quelle derivate dalla conversione di obbligazioni, non possono essere distribuite fino a che la riserva legale non abbia raggiunto il limite stabilito dall'articolo 2430.

2432. Partecipazione agli utili. – Le partecipazioni agli utili eventualmente spettanti ai promotori, ai soci fondatori e agli amministratori sono computate sugli utili netti risultanti dal bilancio, fatta deduzione della quota di riserva legale.

2433. Distribuzione degli utili ai soci. – La deliberazione sulla distribuzione degli utili è adottata dall'assemblea che approva il bilancio ovvero, qualora il bilancio sia approvato dal consiglio di sorveglianza, dall'assemblea convocata a norma dell'articolo 2364 *bis*, secondo comma.

Non possono essere pagati dividendi sulle azioni, se non per utili realmente conseguiti e risultanti dal bilancio regolarmente approvato.

Se si verifica una perdita del capitale sociale, non può farsi luogo a ripartizione di utili fino a che il capitale non sia reintegrato o ridotto in misura corrispondente.

I dividendi erogati in violazione delle disposizioni del presente articolo non sono ripetibili, se i soci li hanno riscossi in buona fede in base a bilancio regolarmente approvato, da cui risultano utili netti corrispondenti.

2433 *bis*. Acconti sui dividendi. – La distribuzione di acconti sui dividendi è consentita solo alle società il cui bilancio è assoggettato per legge a revisione legale dei conti, secondo il regime previsto dalle leggi speciali per gli enti di interesse pubblico ([1]).

La distribuzione di acconti sui dividendi deve essere prevista dallo statuto ed è deliberata dagli amministratori dopo il rilascio da parte del soggetto incaricato di effettuare la revisione legale dei conti ([2]) di un giudizio positivo sul bilancio dell'esercizio precedente e la sua approvazione.

Non è consentita la distribuzione di acconti sui dividendi quando dall'ultimo bilancio approvato risultino perdite relative all'esercizio o a esercizi precedenti.

L'ammontare degli acconti sui dividendi non può superare la minor somma tra l'importo degli utili conseguiti dalla chiusura dell'esercizio precedente, diminuito delle quote che dovranno essere destinate a riserva per obbligo legale o statutario, e quello delle riserve disponibili.

Gli amministratori deliberano la distribuzione di acconti sui dividendi sulla base di un prospetto contabile e di una relazione, dai quali risulti che la situazione patrimoniale, economica e finanziaria della società consente la distribuzione stessa. Su tali documenti deve essere acquisito il parere del soggetto incaricato della revisione legale dei conti ([3]).

Il prospetto contabile, la relazione degli amministratori e il parere del soggetto incaricato della revisione legale dei conti ([3]) debbono restare depositati in copia nella sede della società fino all'approvazione del bilancio dell'esercizio in corso. I soci possono prenderne visione.

Ancorché sia successivamente accertata l'inesistenza degli utili di periodo risultanti dal prospetto, gli acconti sui dividendi erogati in conformità con le altre disposizioni del presente articolo non sono ripetibili se i soci li hanno riscossi in buona fede.

([1]) *Le parole: «al controllo da parte di società di revisione iscritte all'albo speciale» sono state così sostituite dalle attuali: «a revisione legale dei conti, secondo il regime previsto dalle leggi speciali per gli enti di interesse pubblico», dall'art. 37, comma 18, lett.* a), *del D.L.vo 27 gennaio 2010, n. 39.*

([2]) *Le parole: «della società di revisione» sono state così sostituite dalle attuali: «del soggetto incaricato di effettuare la revisione legale dei conti» dall'art. 37, comma 18, lett.* b), *del D.L.vo 27 gennaio 2010, n. 39.*

([3]) *Le parole: «del controllo contabile» sono state così sostituite dalle attuali: «della revisione legale dei conti» dall'art. 37, comma 18, lett.* c), *del D.L.vo 27 gennaio 2010, n. 39.*

2434. Azione di responsabilità. – L'approvazione del bilancio non implica liberazione degli amministratori, dei direttori generali, dei dirigenti preposti alla redazione dei documenti contabili societari ([1]) e dei sindaci per le responsabilità incorse nella gestione sociale.

([1]) *Le parole: «, dei dirigenti preposti alla redazione dei documenti contabili societari» sono state inserite dall'art. 15, comma 1, lett.* a), *della L. 28 dicembre 2005, n. 262.*

2434 *bis*. Invalidità della deliberazione di approvazione del bilancio. – Le azioni previste dagli articoli 2377 e 2379 non possono essere proposte nei confronti delle deliberazioni di approvazione del bilancio dopo che è avvenuta l'approvazione del bilancio dell'esercizio successivo.

La legittimazione ad impugnare la deliberazione di approvazione del bilancio su cui il soggetto incaricato di effettuare la revisione legale dei conti ha emesso un giudizio privo di rilievi ([1]) spetta a tanti soci che rappresentino almeno il cinque per cento del capitale sociale.

Il bilancio dell'esercizio nel corso del quale viene dichiarata l'invalidità di cui al comma precedente tiene conto delle ragioni di questa.

([1]) *Le parole: «il revisore non ha formulato rilievi» sono state così sostituite dalle attuali: «il soggetto incaricato di effettuare la revisione legale dei conti ha emesso un giudizio privo di rilievi» dall'art. 37, comma 19, del D.L.vo 27 gennaio 2010, n. 39.*

2435. Pubblicazione del bilancio e dell'elenco dei soci e dei titolari di diritti su azioni. – Entro trenta giorni dall'approvazione una copia del bilancio, corredata dalle relazioni previste dagli articoli 2428 e 2429 e dal verbale di approvazione dell'assemblea o del consiglio di sorveglianza, deve essere, a cura degli amministratori, depositata presso l'ufficio del registro delle imprese o spedita al medesimo ufficio a mezzo di lettera raccomandata.

Entro trenta giorni dall'approvazione del bilancio le società non aventi azioni quotate in mercati regolamentati sono tenute altresì a depositare per l'iscrizione nel registro delle imprese l'elenco dei soci riferito alla data di approvazione del bilancio, con l'indicazione del numero delle azioni possedute, nonché dei soggetti diversi dai soci che sono titolari di diritti o beneficiari di vincoli sulle azioni medesime. L'elenco deve essere corredato dall'indicazione analitica delle annotazioni effettuate nel libro dei soci a partire dalla data di approvazione del bilancio dell'esercizio precedente.

2435 *bis*. Bilancio in forma abbreviata. – Le società, che non abbiano emesso titoli negoziati in mercati regolamentati, possono redigere il bilancio in forma abbreviata quando, nel primo esercizio o, successivamente, per due esercizi consecutivi, non abbiano superato due dei seguenti limiti:

1) totale dell'attivo dello stato patrimoniale: 4.400.000 euro (1);

2) ricavi delle vendite e delle prestazioni: 8.800.000 euro (1);

3) dipendenti occupati in media durante l'esercizio: 50 unità.

Nel bilancio in forma abbreviata lo stato patrimoniale comprende solo le voci contrassegnate nell'articolo 2424 con lettere maiuscole e con numeri romani; le voci A e D dell'attivo possono essere comprese nella voce CII; [dalle voci BI e BII dell'attivo devono essere detratti in forma esplicita gli ammortamenti e le svalutazioni;] (2) la voce E del passivo può essere compresa nella voce D; nelle voci CII dell'attivo e D del passivo devono essere separatamente indicati i crediti e i debiti esigibili oltre l'esercizio successivo. Le società che redigono il bilancio in forma abbreviata sono esonerate dalla redazione del rendiconto finanziario (3).

Nel conto economico del bilancio in forma abbreviata le seguenti voci previste dall'articolo 2425 possono essere tra loro raggruppate:

voci A2 e A3
voci B9 (c), B9 (d), B9 (e)
voci B10 (a), B10 (b), B10 (c)
voci C16 (b) e C16 (c)
voci D18 (a), D18 (b), D18 (c), D18 (d) (4)
voci D19 (a), D19 (b), D19 (c), D19 (d) (5)

[Nel conto economico del bilancio in forma abbreviata nella voce E20 non è richiesta la separata indicazione delle plusvalenze e nella voce E21 non è richiesta la separata indicazione delle minusvalenze e delle imposte relative a esercizi precedenti] (6).

Fermo restando le indicazioni richieste dal terzo, quarto e quinto comma dell'articolo 2423, dal secondo e quinto comma dell'articolo 2423 *ter*, dal secondo comma dell'articolo 2424, dal primo comma, numeri 4) e 6), dell'articolo 2426, la nota integrativa fornisce le indicazioni richieste dal primo comma dell'articolo 2427, numeri 1), 2), 6), per quest'ultimo limitatamente ai soli debiti senza indicazione della ripartizione geografica, 8), 9), 13), 15), per quest'ultimo anche omettendo la ripartizione per categoria, 16), 22 *bis*), 22 *ter*), per quest'ultimo anche omettendo le indicazioni riguardanti gli effetti patrimoniali, finanziari ed economici, 22 *quater*), 22 *sexies*), per quest'ultimo anche omettendo l'indicazione del luogo in cui è disponibile la copia del bilancio consolidato, nonché dal primo comma dell'articolo 2427 *bis*, numero 1) (7).

Le società possono limitare l'informativa richiesta ai sensi dell'articolo 2427, primo comma, numero 22 *bis*, alle operazioni realizzate direttamente o indirettamente con i loro maggiori azionisti ed a quelle con i membri degli organi di amministrazione e controllo, nonché con le imprese in cui la società stessa detiene una partecipazione (8) (9).

Qualora le società indicate nel primo comma forniscano nella nota integrativa le informazioni richieste dai numeri 3) e 4) dell'articolo 2428, esse sono esonerate dalla redazione della relazione sulla gestione.

Le società che redigono il bilancio in forma abbreviata, in deroga a quanto disposto dall'articolo 2426, hanno la facoltà di iscrivere i titoli al costo di acquisto, i crediti al valore di presumibile realizzo e i debiti al valore nominale (10).

Le società che a norma del presente articolo redigono il bilancio in forma abbreviata devono redigerlo in forma ordinaria quando per il secondo esercizio consecutivo abbiano superato due dei limiti indicati nel primo comma.

([1]) *Questo numero è stato così sostituito dall'art. 1, comma 4, del D.L.vo 3 novembre 2008, n. 173.*

([2]) *Le parole fra parentesi quadrate sono state soppresse dall'art. 6, comma 12, lett.* a)*, del D.L.vo 18 agosto 2015, n. 139.*

A norma dell'art. 12, comma 1, del predetto decreto, tale disposizione entra in vigore dal 1° gennaio 2016 e si applica ai bilanci relativi agli esercizi finanziari aventi inizio a partire da quella data.

([3]) *Le parole: «Le società che redigono il bilancio in forma abbreviata sono esonerate dalla redazione del rendiconto finanziario.» sono state inserite dall'art. 6, comma 12, lett.* a)*, del D.L.vo 18 agosto 2015, n. 139.*

A norma dell'art. 12, comma 1, del predetto decreto, tale disposizione entra in vigore dal 1° gennaio 2016 e si applica ai bilanci relativi agli esercizi finanziari aventi inizio a partire da quella data.

([4]) *Le parole: «, D18 (d)» sono state inserite dall'art. 6, comma 12, lett.* b)*, del D.L.vo 18 agosto 2015, n. 139.*

A norma dell'art. 12, comma 1, del predetto decreto, tale disposizione entra in vigore dal 1° gennaio 2016 e si applica ai bilanci relativi agli esercizi finanziari aventi inizio a partire da quella data.

([5]) *Le parole: «, D19 (d)» sono state inserite dall'art. 6, comma 12, lett.* b)*, del D.L.vo 18 agosto 2015, n. 139.*

A norma dell'art. 12, comma 1, del predetto decreto, tale disposizione entra in vigore dal 1° gennaio 2016 e si applica ai bilanci relativi agli esercizi finanziari aventi inizio a partire da quella data.

([6]) *Questo comma è stato abrogato dall'art. 6, comma 12, lett.* c)*, del D.L.vo 18 agosto 2015, n. 139.*

A norma dell'art. 12, comma 1, del predetto decreto, tale disposizione entra in vigore dal 1° gennaio 2016 e si applica ai bilanci relativi agli esercizi finanziari aventi inizio a partire da quella data.

([7]) *Questo comma è stato così sostituito dall'attuale, dall'art. 6, comma 12, lett.* d)*, del D.L.vo 18 agosto 2015, n. 139.*

A norma dell'art. 12, comma 1, del predetto decreto, tale disposizione entra in vigore dal 1° gennaio 2016 e si applica ai bilanci relativi agli esercizi finanziari aventi inizio a partire da quella data.

Si riporta il testo precedente: «Nella nota integrativa sono omesse le indicazioni richieste dal numero 10 dell'articolo 2426 e dai numeri 2), 3), 7), 9), 10), 12), 13), 14), 15), 16) e 17) dell'articolo 2427 e dal numero 1) del comma 1 dell'articolo 2427 bis *(*); le indicazioni richieste dal numero 6) dell'articolo 2427 sono riferite all'importo globale dei debiti iscritti in bilancio.».*

(*) *Le parole: «e dal numero 1) del comma 1 dell'articolo 2427* bis*» sono state inserite dall'art. 2 del D.L.vo 30 dicembre 2003, n. 394, a decorrere dal 1° gennaio 2005.*

([8]) *Le parole: «limitare alla natura e all'obiettivo economico le informazioni richieste ai sensi dell'articolo 2427, primo comma, numero 22* ter*» sono state così sostituite dalle seguenti: «con le imprese in cui la società stessa detiene una partecipazione» dall'art. 6, comma 12, lett.* e)*, del D.L.vo 18 agosto 2015, n. 139.*

A norma dell'art. 12, comma 1, del predetto decreto, tale disposizione entra in vigore dal 1° gennaio 2016 e si applica ai bilanci relativi agli esercizi finanziari aventi inizio a partire da quella data.

([9]) *Questo comma è stato inserito dall'art. 1, comma 5, del D.L.vo 3 novembre 2008, n. 173.*

([10]) *Questo comma è stato inserito dall'art. 6, comma 12, lett.* f)*, del D.L.vo 18 agosto 2015, n. 139.*

A norma dell'art. 12, comma 1, del predetto decreto, tale disposizione entra in vigore dal 1° gennaio 2016 e si applica ai bilanci relativi agli esercizi finanziari aventi inizio a partire da quella data.

2435 *ter*. ([1]) **Bilancio delle micro-imprese. –** Sono considerate micro-imprese le società di cui all'articolo 2435 *bis* che nel primo esercizio o, successivamente, per due esercizi consecutivi, non abbiano superato due dei seguenti limiti:

1) totale dell'attivo dello stato patrimoniale: 175.000 euro;

2) ricavi delle vendite e delle prestazioni: 350.000 euro;

3) dipendenti occupati in media durante l'esercizio: 5 unità.

Fatte salve le norme del presente articolo, gli schemi di bilancio e i criteri di valutazione delle micro-imprese sono determinati secondo quanto disposto dall'articolo 2435 *bis*. Le micro-imprese sono esonerate dalla redazione:

1) del rendiconto finanziario;

2) della nota integrativa quando in calce allo stato patrimoniale risultino le informazioni previste dal primo comma dell'articolo 2427, numeri 9) e 16);

3) della relazione sulla gestione: quando in calce allo stato patrimoniale risultino le informazioni richieste dai numeri 3) e 4) dell'articolo 2428.

Non sono applicabili le disposizioni di cui al quinto comma dell'articolo 2423 e al numero 11 *bis* del primo comma dell'articolo 2426.

Le società che si avvalgono delle esenzioni previste del presente articolo devono redigere il bilancio, a seconda dei casi, in forma abbreviata o in forma ordinaria quando per il secondo esercizio consecutivo abbiano superato due dei limiti indicati nel primo comma.

([1]) *Questo articolo è stato inserito dall'art. 6, comma 13, del D.L.vo 18 agosto 2015, n. 139.*

A norma dell'art. 12, comma 1, del predetto decreto, tale disposizione entra in vigore dal 1° gennaio 2016 e si applica ai bilanci relativi agli esercizi finanziari aventi inizio a partire da quella data.

Sezione X
Delle modificazioni
dello statuto (¹)

(¹) *Si riporta il testo previgente*: «Sezione X. *DELLE MODIFICAZIONI DELL'ATTO COSTITUTIVO*».

2436. Deposito, iscrizione e pubblicazione delle modificazioni. – Il notaio che ha verbalizzato la deliberazione di modifica dello statuto, entro trenta giorni, verificato l'adempimento delle condizioni stabilite dalla legge, ne richiede l'iscrizione nel registro delle imprese contestualmente al deposito e allega le eventuali autorizzazioni richieste.

L'ufficio del registro delle imprese, verificata la regolarità formale della documentazione, iscrive la delibera nel registro.

Se il notaio ritiene non adempiute le condizioni stabilite dalla legge, ne dà comunicazione tempestivamente, e comunque non oltre il termine previsto dal primo comma del presente articolo, agli amministratori. Gli amministratori, nei trenta giorni successivi, possono convocare l'assemblea per gli opportuni provvedimenti oppure ricorrere al tribunale per il provvedimento di cui ai successivi commi; in mancanza la deliberazione è definitivamente inefficace.

Il tribunale, verificato l'adempimento delle condizioni richieste dalla legge e sentito il pubblico ministero, ordina l'iscrizione nel registro delle imprese con decreto soggetto a reclamo.

La deliberazione non produce effetti se non dopo l'iscrizione.

Dopo ogni modifica dello statuto deve esserne depositato nel registro delle imprese il testo integrale nella sua redazione aggiornata.

2437. Diritto di recesso. – Hanno diritto di recedere, per tutte o parte delle loro azioni, i soci che non hanno concorso alle deliberazioni riguardanti:

a) la modifica della clausola dell'oggetto sociale, quando consente un cambiamento significativo dell'attività della società;

b) la trasformazione della società;

c) il trasferimento della sede sociale all'estero;

d) la revoca dello stato di liquidazione;

e) l'eliminazione di una o più cause di recesso previste dal successivo comma ovvero dallo statuto (¹);

f) la modifica dei criteri di determinazione del valore dell'azione in caso di recesso;

g) le modificazioni dello statuto concernenti i diritti di voto o di partecipazione.

Salvo che lo statuto disponga diversamente, hanno diritto di recedere i soci che non hanno concorso all'approvazione delle deliberazioni riguardanti:

a) la proroga del termine;

b) l'introduzione o la rimozione di vincoli alla circolazione dei titoli azionari.

Se la società è costituita a tempo indeterminato e le azioni non sono quotate in un mercato regolamentato il socio può recedere con il preavviso di almeno centottanta giorni; lo statuto può prevedere un termine maggiore, non superiore ad un anno.

Lo statuto delle società che non fanno ricorso al mercato del capitale di rischio può prevedere ulteriori cause di recesso.

Restano salve le disposizioni dettate in tema di recesso per le società soggette ad attività di direzione e coordinamento.

È nullo ogni patto volto ad escludere o rendere più gravoso l'esercizio del diritto di recesso nelle ipotesi previste dal primo comma del presente articolo.

(¹) *Si veda l'art. 223* vicies ter *att.*

2437 *bis*. Termini e modalità di esercizio. – Il diritto di recesso è esercitato mediante lettera raccomandata che deve essere spedita entro quindici giorni dall'iscrizione nel registro delle imprese della delibera che lo legittima, con l'indicazione delle generalità del socio recedente, del domicilio per le comunicazioni inerenti al procedimento, del numero e della categoria delle azioni per le quali il diritto di recesso viene esercitato. Se il fatto che legittima il recesso è diverso da una deliberazione, esso è esercitato entro trenta giorni dalla sua conoscenza da parte del socio.

Le azioni per le quali è esercitato il diritto di recesso non possono essere cedute e devono essere depositate presso la sede sociale.

Il recesso non può essere esercitato e, se già esercitato, è privo di efficacia, se, entro novanta giorni, la società revoca la delibera che lo legittima ovvero se è deliberato lo scioglimento della società.

2437 *ter*. Criteri di determinazione del valore delle azioni. – Il socio ha diritto alla liquidazione delle azioni per le quali esercita il recesso.

Il valore di liquidazione delle azioni è determinato dagli amministratori, sentito il parere del collegio sindacale e del soggetto incaricato della revisione legale dei conti ([1]), tenuto conto della consistenza patrimoniale della società e delle sue prospettive reddituali, nonché dell'eventuale valore di mercato delle azioni.

Il valore di liquidazione delle azioni quotate in mercati regolamentati è determinato facendo [esclusivo] ([2]) riferimento alla media aritmetica dei prezzi di chiusura nei sei mesi che precedono la pubblicazione ovvero ricezione dell'avviso di convocazione dell'assemblea le cui deliberazioni legittimano il recesso. Lo statuto delle società con azioni quotate in mercati regolamentati può prevedere che il valore di liquidazione sia determinato secondo i criteri indicati dai commi 2 e 4 del presente articolo, fermo restando che in ogni caso tale valore non può essere inferiore al valore che sarebbe dovuto in applicazione del criterio indicato dal primo periodo del presente comma ([3]).

Lo statuto può stabilire criteri diversi di determinazione del valore di liquidazione, indicando gli elementi dell'attivo e del passivo del bilancio che possono essere rettificati rispetto ai valori risultanti dal bilancio, unitamente ai criteri di rettifica, nonché altri elementi suscettibili di valutazione patrimoniale da tenere in considerazione.

I soci hanno diritto di conoscere la determinazione del valore di cui al secondo comma del presente articolo nei quindici giorni precedenti alla data fissata per l'assemblea; ciascun socio ha diritto di prenderne visione e di ottenerne copia a proprie spese.

In caso di contestazione da proporre contestualmente alla dichiarazione di recesso il valore di liquidazione è determinato entro novanta giorni dall'esercizio del diritto di recesso tramite relazione giurata di un esperto nominato dal tribunale, che provvede anche sulle spese, su istanza della parte più diligente; si applica in tal caso il primo comma dell'articolo 1349.

([1]) *Le parole: «revisione contabile» sono state così sostituite dalle attuali: «revisione legale dei conti» dall'art. 37, comma 20, del D.L.vo 27 gennaio 2010, n. 39.*

([2]) *La parola fra parentesi quadrate è stata soppressa dall'art. 20, comma 3, del D.L. 24 giugno 2014, n. 91, convertito, con modificazioni, nella L. 11 agosto 2014, n. 116.*

([3]) *Le parole: «Lo statuto delle società con azioni quotate in mercati regolamentati può prevedere che il valore di liquidazione sia determinato secondo i criteri indicati dai commi 2 e 4 del presente articolo, fermo restando che in ogni caso tale valore non può essere inferiore al valore che sarebbe dovuto in applicazione del criterio indicato dal primo periodo del presente comma.» sono state aggiunte dall'art. 20, comma 3, del D.L. 24 giugno 2014, n. 91, convertito, con modificazioni, nella L. 11 agosto 2014, n. 116.*

2437 *quater*. Procedimento di liquidazione. – Gli amministratori offrono in opzione le azioni del socio recedente agli altri soci in proporzione al numero delle azioni possedute. Se vi sono obbligazioni convertibili, il diritto di opzione spetta anche ai possessori di queste, in concorso con i soci, sulla base del rapporto di cambio.

L'offerta di opzione è depositata presso il registro delle imprese entro quindici giorni dalla determinazione definitiva del valore di liquidazione. Per l'esercizio del diritto di opzione deve essere concesso un termine non inferiore a trenta giorni dal deposito dell'offerta.

Coloro che esercitano il diritto di opzione, purché ne facciano contestuale richiesta, hanno diritto di prelazione nell'acquisto delle azioni che siano rimaste non optate.

Qualora i soci non acquistino in tutto o in parte le azioni del recedente, gli amministratori possono collocarle presso terzi; nel caso di azioni quotate in mercati regolamentati, il loro collocamento avviene mediante offerta nei mercati medesimi.

In caso di mancato collocamento ai sensi delle disposizioni dei commi precedenti, entro centottanta giorni dalla comunicazione del recesso ([1]) le azioni del recedente vengono rimborsate mediante acquisto da parte della società utilizzando riserve disponibili anche in deroga a quanto previsto dal terzo comma dell'articolo 2357.

In assenza di utili e riserve disponibili, deve essere convocata l'assemblea straordinaria per deliberare la riduzione del capitale sociale, ovvero lo scioglimento della società.

Alla deliberazione di riduzione del capitale sociale si applicano le disposizioni del comma secondo, terzo e quarto dell'articolo 2445; ove l'opposizione sia accolta la società si scioglie.

([1]) *Le parole: «entro centottanta giorni dalla comunicazione del recesso» sono state inserite dall'art. 5, lett. cc), del D.L.vo 6 febbraio 2004, n. 37.*

2437 *quinquies*. Disposizioni speciali per le società con azioni quotate in mercati regolamentati. – Se le azioni sono quotate in mercati regolamentati hanno diritto di recedere i soci che non hanno concorso alla deliberazione che comporta l'esclusione dalla quotazione.

2437 *sexies*. Azioni riscattabili. - Le disposizioni degli articoli 2437 *ter* e 2437 *quater* si applicano, in quanto compatibili, alle azioni o categorie di azioni per le quali lo statuto prevede un potere di riscatto da parte della società o dei soci. Resta salva in tal caso l'applicazione della disciplina degli articoli 2357 e 2357 *bis*.

2438. Aumento di capitale. - Un aumento di capitale non può essere eseguito fino a che le azioni precedentemente emesse non siano interamente liberate.

In caso di violazione del precedente comma, gli amministratori sono solidalmente responsabili per i danni arrecati ai soci ed ai terzi. Restano in ogni caso salvi gli obblighi assunti con la sottoscrizione delle azioni emesse in violazione del precedente comma.

2439. Sottoscrizione e versamenti. - Salvo quanto previsto nel quarto comma dell'articolo 2342, i sottoscrittori delle azioni di nuova emissione devono, all'atto della sottoscrizione, versare alla società almeno il venticinque per cento del valore nominale delle azioni sottoscritte. Se è previsto un soprapprezzo, questo deve essere interamente versato all'atto della sottoscrizione.

Se l'aumento di capitale non è integralmente sottoscritto entro il termine che, nell'osservanza di quelli stabiliti dall'articolo 2441, secondo e terzo comma, deve risultare dalla deliberazione, il capitale è aumentato di un importo pari alle sottoscrizioni raccolte soltanto se la deliberazione medesima lo abbia espressamente previsto.

2440. (1) **Conferimenti di beni in natura e di crediti.** - Se l'aumento di capitale avviene mediante conferimento di beni in natura o di crediti si applicano le disposizioni degli articoli 2342, terzo e quinto comma, e 2343.

L'aumento di capitale mediante conferimento di beni in natura o di crediti può essere sottoposto, su decisione degli amministratori, alla disciplina di cui agli articoli 2343 *ter* e 2343 *quater*.

Ai fini dell'applicazione dell'articolo 2343 *ter*, primo comma, rileva il periodo di negoziazione di sei mesi precedenti la data alla quale si riferisce la relazione degli amministratori redatta ai sensi dell'articolo 2441, sesto comma. Il conferimento è eseguito entro sessanta giorni da tale data, ovvero entro novanta giorni qualora l'aumento sia deliberato da una società che fa ricorso al mercato del capitale di rischio.

Qualora trovi applicazione l'articolo 2343 *ter*, secondo comma, il conferimento è eseguito, nel caso di cui alla lettera *a*), entro il termine dell'esercizio successivo a quello cui si riferisce il bilancio, ovvero, nel caso di cui alla lettera *b*), entro sei mesi dalla data cui si riferisce la valutazione.

La verifica prevista dall'articolo 2343 *quater*, primo comma, è eseguita dagli amministratori nel termine di trenta giorni dall'esecuzione del conferimento ovvero, se successiva, dalla data di iscrizione nel registro delle imprese della deliberazione di aumento del capitale. La dichiarazione di cui all'articolo 2343 *quater*, terzo comma, è allegata all'attestazione prevista dall'articolo 2444.

Qualora siano conferiti beni in natura o crediti valutati ai sensi dell'articolo 2343 *ter*, secondo comma, nel termine indicato al quinto comma uno o più soci che rappresentino, e che rappresentavano alla data della delibera di aumento del capitale, almeno il ventesimo del capitale sociale, nell'ammontare precedente l'aumento medesimo, possono richiedere che si proceda, su iniziativa degli amministratori, ad una nuova valutazione ai sensi e per gli effetti dell'articolo 2343; la domanda dei soci non ha effetto qualora gli amministratori all'esito della verifica prevista dal quinto comma procedano ai sensi dell'articolo 2343 *quater*, secondo comma.

(1) *Questo articolo è stato così sostituito dall'art. 1, comma 5, del D.L.vo 29 novembre 2010, n. 224.*

2440 *bis*. (1) [**Aumento di capitale delegato liberato mediante conferimenti di beni in natura e di crediti senza relazione di stima.** - Nel caso sia attribuita agli amministratori la facoltà di cui all'articolo 2443, secondo comma, e sia deliberato il conferimento di beni in natura o crediti valutati in conformità dell'articolo 2343 *ter*, gli amministratori, espletata la verifica di cui all'articolo 2343 *quater*, primo comma, depositano per l'iscrizione nel registro delle imprese, in allegato al verbale della deliberazione di aumento del capitale, una dichiarazione con i contenuti di cui all'articolo 2343 *quater*, terzo comma, dalla quale risulti la data della delibera di aumento del capitale.

Entro trenta giorni dall'iscrizione della dichiarazione di cui al primo comma i soci che rappresentano, e che rappresentavano alla data della delibera di aumento del capitale, almeno il ventesimo del capitale sociale, nell'ammontare precedente l'aumento medesimo, possono richiedere la presentazione di una nuova valutazione. Si applica in tal caso l'articolo 2343. Il conferimento non può essere eseguito fino al decorso del predetto termine e, se del caso, alla presentazione della nuova valutazione.

Qualora non sia richiesta la nuova valutazione, gli amministratori depositano per l'iscrizione nel registro delle imprese congiuntamente all'attestazione di cui all'articolo 2444 la dichiarazione che non sono intervenuti, successivamente alla data della dichiarazione di cui al secondo comma, i fatti o le circostanze di cui all'articolo 2343 *quater*, primo comma].

(1) *Questo articolo, inserito dall'art. 1, comma 6, del D.L.vo 4 agosto 2008, n. 142 è stato abrogato dall'art. 1, comma 6, del D.L.vo 29 novembre 2010, n. 224.*

2441. Diritto di opzione. – Le azioni di nuova emissione e le obbligazioni convertibili in azioni devono essere offerte in opzione ai soci in proporzione al numero delle azioni possedute. Se vi sono obbligazioni convertibili il diritto di opzione spetta anche ai possessori di queste, in concorso con i soci, sulla base del rapporto di cambio.

L'offerta di opzione deve essere depositata presso l'ufficio del registro delle imprese e contestualmente resa nota mediante un avviso pubblicato sul sito internet della società, con modalità atte a garantire la sicurezza del sito medesimo, l'autenticità dei documenti e la certezza della data di pubblicazione, o, in mancanza, mediante deposito presso la sede della società. Per l'esercizio del diritto di opzione deve essere concesso un termine non inferiore a quindici giorni dalla pubblicazione dell'offerta (1).

Coloro che esercitano il diritto di opzione, purché ne facciano contestuale richiesta, hanno diritto di prelazione nell'acquisto delle azioni e delle obbligazioni convertibili in azioni che siano rimaste non optate. Se le azioni sono quotate in (2) mercati regolamentati, i diritti di opzione non esercitati devono essere offerti sul mercato regolamentato dagli amministratori, per conto della società, entro il mese successivo alla scadenza del termine stabilito a norma del secondo comma, per almeno cinque sedute, salvo che i diritti di opzione siano già stati integralmente venduti (3).

Il diritto di opzione non spetta per le azioni di nuova emissione che, secondo la deliberazione di aumento del capitale, devono essere liberate mediante conferimenti in natura. Nelle società con azioni quotate in mercati regolamentati lo statuto può altresì escludere il diritto di opzione nei limiti del dieci per cento del capitale sociale preesistente, a condizione che il prezzo di emissione corrisponda al valore di mercato delle azioni e ciò sia confermato in apposita relazione da un revisore legale o da una società di revisione legale (4).

Quando l'interesse della società lo esige, il diritto di opzione può essere escluso o limitato con la deliberazione di aumento di capitale [, approvata da tanti soci che rappresentino oltre la metà del capitale sociale, anche se la deliberazione è presa in assemblea di convocazione successiva alla prima] (5).

Le proposte di aumento di capitale sociale con esclusione o limitazione del diritto di opzione, ai sensi del primo periodo del quarto comma o del quinto comma del presente articolo, devono essere illustrate dagli amministratori con apposita relazione, dalla quale devono risultare le ragioni dell'esclusione o della limitazione, ovvero, qualora l'esclusione derivi da un conferimento in natura, le ragioni di questo e in ogni caso i criteri adottati per la determinazione del prezzo di emissione. La relazione deve essere comunicata dagli amministratori al collegio sindacale o al consiglio di sorveglianza e al soggetto incaricato della revisione legale dei conti (6) almeno trenta giorni prima di quello fissato per l'assemblea. Entro quindici giorni il collegio sindacale deve esprimere il proprio parere sulla congruità del prezzo di emissione delle azioni. Il parere del collegio sindacale e, nell'ipotesi prevista dal quarto comma, la relazione giurata dell'esperto designato dal Tribunale ovvero la documentazione indicata dall'articolo 2343 *ter*, terzo comma, devono restare depositati nella sede della società durante i quindici giorni che precedono l'assemblea e finchè questa non abbia deliberato; i soci possono prenderne visione (7). La deliberazione determina il prezzo di emissione delle azioni in base al valore del patrimonio netto, tenendo conto, per le azioni quotate in mercati regolamentati (8), anche dell'andamento delle quotazioni nell'ultimo semestre.

Non si considera escluso nè limitato il diritto di opzione qualora la deliberazione di aumento di capitale preveda che le azioni di nuova emissione siano sottoscritte da banche, da enti o società finanziarie soggetti al controllo della Commissione nazionale per le società e la borsa ovvero da altri soggetti autorizzati all'esercizio dell'attività di collocamento di strumenti finanziari, con obbligo di offrirle agli azionisti della società, con operazioni di qualsiasi tipo, in conformità con i primi tre commi del presente articolo. Nel periodo di detenzione delle azioni offerte agli azionisti e comunque fino a quando non sia stato esercitato il diritto di opzione, i medesimi soggetti non possono esercitare il diritto di voto. Le spese dell'operazione sono a carico della società e la deliberazione di aumento del capitale deve indicarne l'ammontare.

Con deliberazione dell'assemblea presa con la maggioranza richiesta per le assemblee straordinarie può essere escluso il diritto di opzione per le ([9]) azioni di nuova emissione, se queste sono offerte in sottoscrizione ai dipendenti della società o di società che la controllano o che sono da essa controllate. [L'esclusione dell'opzione in misura superiore al quarto deve essere approvata con la maggioranza prescritta nel quinto comma] ([10]).

([1]) *Questo comma è stato così sostituito dall'art. 20, comma 6, del D.L. 24 giugno 2014, n. 91, convertito, con modificazioni, nella L. 11 agosto 2014, n. 116.*

([2]) *L'originaria parola: «sui» è stata sostituita dall'attuale: «in» dall'art. 19, comma 1, lett.* a) *del D.L.vo 28 dicembre 2004, n. 310.*

([3]) *Le parole: «per almeno cinque riunioni, entro il mese successivo alla scadenza del termine stabilito a norma del secondo comma» sono state così sostituite dalle attuali: «entro il mese successivo alla scadenza del termine stabilito a norma del secondo comma, per almeno cinque sedute, salvo che i diritti di opzione siano già stati integralmente venduti» dall'art. 2, comma 1, lett.* a), *del D.L.vo 11 ottobre 2012, n. 184.*

([4]) *Le parole: «dalla società incaricata della revisione contabile» sono state sostituite dalle parole: «dal revisore legale o dalla società di revisione legale» dall'art. 37, comma 21, lett.* a), *del D.L.vo 27 gennaio 2010, n. 39. Le parole: «dal revisore legale o dalla società di revisione legale» sono state, a loro volta, da ultimo così sostituite dalle attuali: «da un revisore legale o da una società di revisione legale» dall'art. 2, comma 1, lett.* b), *del D.L.vo 11 ottobre 2012, n. 184.*

([5]) *Le parole fra parentesi quadrate sono state soppresse dall'art. 2, comma 1, lett.* c), *del D.L.vo 11 ottobre 2012, n. 184.*

([6]) *Le parole: «del controllo contabile» sono state così sostituite dalle attuali: «della revisione legale dei conti» dall'art. 37, comma 21, lett.* b), *del D.L.vo 27 gennaio 2010, n. 39.*

([7]) *Le parole: «Il parere del collegio sindacale e la relazione giurata dell'esperto designato dal Tribunale nell'ipotesi prevista dal quarto comma devono restare depositati nella sede della società durante i quindici giorni che precedono l'assemblea e finché questa non abbia deliberato; i soci possono prenderne visione.» sono state così sostituite dalle attuali: «Il parere del collegio sindacale e, nell'ipotesi prevista dal quarto comma, la relazione giurata dell'esperto designato dal Tribunale ovvero la documentazione indicata dall'articolo 2343 ter, terzo comma, devono restare depositati nella sede della società durante i quindici giorni che precedono l'assemblea e finchè questa non abbia deliberato; i soci possono prenderne visione.» dall'art. 1, comma 7, del D.L.vo 29 novembre 2010, n. 224.*

([8]) *Le originarie parole: «in borsa» sono state così sostituite dalle attuali: «in mercati regolamentati» dall'art. 19, comma 1, lett.* b), *del D.L.vo 28 dicembre 2004, n. 310.*

([9]) *Le parole: «limitatamente a un quarto delle» sono state così sostituite dalle attuali: «per le» dall'art. 2, comma 1, lett.* d), *del D.L.vo 11 ottobre 2012, n. 184.*

([10]) *Questo periodo è stato soppresso dall'art. 2, comma 1, lett.* d), *del D.L.vo 11 ottobre 2012, n. 184.*

2442. Passaggio di riserve a capitale. – L'assemblea può aumentare il capitale, imputando a capitale le riserve e gli altri fondi iscritti in bilancio in quanto disponibili.

In questo caso le azioni di nuova emissione devono avere le stesse caratteristiche di quelle in circolazione, e devono essere assegnate gratuitamente agli azionisti in proporzione di quelle da essi già possedute.

L'aumento di capitale può attuarsi anche mediante aumento del valore nominale delle azioni in circolazione.

2443. Delega agli amministratori. – Lo statuto può attribuire agli amministratori la facoltà di aumentare in una o più volte il capitale fino ad un ammontare determinato e per il periodo massimo di cinque anni dalla data dell'iscrizione della società nel registro delle imprese. Tale facoltà può prevedere anche l'adozione delle deliberazioni di cui al quarto e quinto comma dell'articolo 2441; in questo caso si applica in quanto compatibile il sesto comma dell'articolo 2441 e lo statuto determina i criteri cui gli amministratori devono attenersi.

La facoltà di cui al secondo periodo del precedente comma può essere attribuita anche mediante modificazione dello statuto, [approvata con la maggioranza prevista dal quinto comma dell'articolo 2441,] ([1]) per il periodo massimo di cinque anni dalla data della deliberazione.

Il verbale della deliberazione degli amministratori di aumentare il capitale deve essere redatto da un notaio e deve essere depositato e iscritto a norma dall'articolo 2436.

Se agli amministratori è attribuita la facoltà di adottare le deliberazioni di cui all'articolo 2441, quarto comma, qualora essi decidano di deliberare l'aumento di capitale con conferimenti di beni in natura o di crediti senza la relazione dell'esperto di cui all'articolo 2343, avvalendosi delle disposizioni contenute nell'articolo 2343 *ter*, il conferimento non può avere efficacia, salvo che consti il consenso di tutti i soci, prima del decorso del termine di trenta giorni dall'iscrizione nel registro delle imprese della deliberazione di aumento, contenente anche le dichiarazioni previste nelle lettere *a*), *b*), *c*) ed *e*), di cui all'articolo 2343 *quater*, terzo comma. Entro detto termine uno o più soci che rappresentano, e che rappresentavano alla data della delibera di aumento del capitale, almeno il ventesimo del capitale sociale, nell'ammontare precedente l'aumento medesimo, possono richiedere che si proceda, su iniziativa degli amministratori, ad una nuova valutazione ai sensi e per gli effetti di cui all'articolo 2343. In mancanza di tale domanda, gli amministratori depositano per l'iscrizione nel registro delle imprese unitamente all'attestazione di cui all'articolo 2444 la dichiarazione prevista all'articolo 2343 *quater*, terzo comma, lettera *d*) ([2]).

([1]) *Le parole tra parentesi quadrate sono state soppresse dall'art. 2, comma 2, del D.L.vo 11 ottobre 2012, n. 184.*

([2]) *Questo comma è stato aggiunto dall'art. 1, comma 8, del D.L.vo 29 novembre 2010, n. 224.*

2444. Iscrizione nel registro delle imprese. – Nei trenta giorni dall'avvenuta sottoscrizione delle azioni di nuova emissione gli amministratori devono depositare per l'iscrizione nel registro delle imprese un'attestazione che l'aumento del capitale è stato eseguito.

Fino a che l'iscrizione nel registro non sia avvenuta, l'aumento del capitale non può essere menzionato negli atti della società.

2445. Riduzione del capitale sociale. – La riduzione del capitale sociale può aver luogo sia mediante liberazione dei soci dall'obbligo dei versamenti ancora dovuti, sia mediante rimborso del capitale ai soci, nei limiti ammessi dagli articoli 2327 e 2413.

L'avviso di convocazione dell'assemblea deve indicare le ragioni e le modalità della riduzione. Nel caso di società cui si applichi l'articolo 2357, terzo comma, la riduzione deve comunque effettuarsi con modalità tali che le azioni proprie eventualmente possedute dopo la riduzione non eccedano la quinta parte del capitale sociale ([1]).

La deliberazione può essere eseguita soltanto dopo novanta giorni dal giorno dell'iscrizione nel registro delle imprese, purché entro questo termine nessun creditore sociale anteriore all'iscrizione abbia fatto opposizione.

Il tribunale, quando ritenga infondato il pericolo di pregiudizio per i creditori oppure la società abbia prestato idonea garanzia, dispone che l'operazione ([2]) abbia luogo nonostante l'opposizione.

([1]) *Questo comma è stato così sostituito dall'art. 7, comma 3* sexies, *lett.* c), *del D.L. 10 febbraio 2009, n. 5, convertito, con modificazioni, nella L. 9 aprile 2009, n. 33.*

([2]) *Le parole: «la riduzione» sono state così sostituite dalle attuali: «l'operazione» dall'art. 5, lett.* dd), *del D.L.vo 6 febbraio 2004, n. 37.*

2446. Riduzione del capitale per perdite. – Quando risulta che il capitale è diminuito di oltre un terzo in conseguenza di perdite, gli amministratori o il consiglio di gestione, e nel caso di loro inerzia il collegio sindacale ovvero il consiglio di sorveglianza, devono senza indugio convocare l'assemblea per gli opportuni provvedimenti. All'assemblea deve essere sottoposta una relazione sulla situazione patrimoniale della società, con le osservazioni del collegio sindacale o del comitato per il controllo sulla gestione. La relazione e le osservazioni devono restare depositate in copia nella sede della società durante gli otto giorni che precedono l'assemblea, perché i soci possano prenderne visione. Nell'assemblea gli amministratori devono dare conto dei fatti di rilievo avvenuti dopo la redazione della relazione.

Se entro l'esercizio successivo la perdita non risulta diminuita a meno di un terzo, l'assemblea ordinaria o il consiglio di sorveglianza che approva il bilancio di tale esercizio deve ridurre il capitale in proporzione delle perdite accertate. In mancanza gli amministratori e i sindaci o il consiglio di sorveglianza devono chiedere al tribunale che venga disposta la riduzione del capitale in ragione delle perdite risultanti dal bilancio. Il tribunale provvede, sentito il pubblico ministero, con decreto soggetto a reclamo, che deve essere iscritto nel registro delle imprese a cura degli amministratori.

Nel caso in cui le azioni emesse dalla società siano senza valore nominale, lo statuto, una sua modificazione ovvero una deliberazione adottata con le maggioranze previste per l'assemblea straordinaria possono prevedere che la riduzione del capitale di cui al precedente comma sia deliberata dal consiglio di amministrazione. Si applica in tal caso l'articolo 2436.

2447. Riduzione del capitale sociale al di sotto del limite legale. – Se, per la perdita di oltre un terzo del capitale, questo si riduce al disotto del minimo stabilito dall'articolo 2327, gli amministratori o il consiglio di gestione e, in caso di loro inerzia, il consiglio di sorveglianza devono senza indugio convocare l'assemblea per deliberare la riduzione del capitale ed il contemporaneo aumento del medesimo ad una cifra non inferiore al detto minimo, o la trasformazione della società.

Sezione XI
Dei patrimoni destinati ad uno specifico affare (1)

(1) *La previgente «*SEZIONE XI. *DELLO SCIOGLIMENTO E DELLA LIQUIDAZIONE» trova ora disciplina nel «*CAPO VIII. *SCIOGLIMENTO E LIQUIDAZIONE DELLE SOCIETÀ DI CAPITALI».*

2447 *bis*. Patrimoni destinati ad uno specifico affare. – La società può:

a) costituire uno o più patrimoni ciascuno dei quali destinato in via esclusiva ad uno specifico affare;

b) convenire che nel contratto relativo al finanziamento di uno specifico affare al rimborso totale o parziale del finanziamento medesimo siano destinati i proventi dell'affare stesso, o parte di essi.

Salvo quanto disposto in leggi speciali, i patrimoni destinati ai sensi della lettera *a*) del primo comma non possono essere costituiti per un valore complessivamente superiore al dieci per cento del patrimonio netto della società e non possono comunque essere costituiti per l'esercizio di affari attinenti ad attività riservate in base alle leggi speciali.

2447 *ter*. Deliberazione costitutiva del patrimonio destinato. – La deliberazione che ai sensi della lettera *a*) del primo comma dell'articolo 2447 *bis* destina un patrimonio ad uno specifico affare deve indicare:

a) l'affare al quale è destinato il patrimonio;

b) i beni e i rapporti giuridici compresi in tale patrimonio;

c) il piano economico-finanziario da cui risulti la congruità del patrimonio rispetto alla realizzazione dell'affare, le modalità e le regole relative al suo impiego, il risultato che si intende perseguire e le eventuali garanzie offerte ai terzi;

d) gli eventuali apporti di terzi, le modalità di controllo sulla gestione e di partecipazione ai risultati dell'affare;

e) la possibilità di emettere strumenti finanziari di partecipazione all'affare, con la specifica indicazione dei diritti che attribuiscono;

f) la nomina di un revisore legale o di una società di revisione legale per la revisione dei conti dell'affare, quando la società non è già assoggettata alla revisione legale (1);

g) le regole di rendicontazione dello specifico affare.

Salvo diversa disposizione dello statuto, la deliberazione di cui al presente articolo è adottata dall'organo amministrativo (2) a maggioranza assoluta dei suoi componenti.

(1) *Questa lettera è stata così sostituita dall'attuale dall'art. 37, comma 22, del D.L.vo 27 gennaio 2010, n. 39.*

(2) *Le parole: «dal consiglio di amministrazione o di gestione» sono state così sostituite dall'art. 5, lett. ee), del D.L.vo 6 febbraio 2004, n. 37.*

2447 *quater*. Pubblicità della costituzione del patrimonio destinato. – La deliberazione prevista dal precedente articolo deve essere depositata e iscritta a norma dell'articolo 2436.

Nel termine di sessanta giorni dall'iscrizione della deliberazione nel registro delle imprese i creditori sociali anteriori all'iscrizione possono fare opposizione. Il tribunale, nonostante l'opposizione, può disporre che la deliberazione sia eseguita previa prestazione da parte della società di idonea garanzia.

2447 *quinquies*. Diritti dei creditori. – Decorso il termine di cui al secondo comma del precedente articolo ovvero dopo l'iscrizione nel registro delle imprese del provvedimento del tribunale ivi previsto, i creditori della società non possono far valere alcun diritto sul patrimonio destinato allo specifico affare nè, salvo che per la parte spettante alla società, sui frutti o proventi da esso derivanti.

Qualora nel patrimonio siano compresi immobili o beni mobili iscritti in pubblici registri, la disposizione del precedente comma non si applica fin quando la destinazione allo specifico affare non è trascritta nei rispettivi registri.

Qualora la deliberazione prevista dall'articolo 2447 *ter* non disponga diversamente, per le obbligazioni contratte in relazione allo specifico affare la società risponde nei limiti del patrimonio ad esso destinato. Resta salva tuttavia la responsabilità illimitata della società per le obbligazioni derivanti da fatto illecito.

Gli atti compiuti in relazione allo specifico affare debbono recare espressa menzione del vincolo di destinazione; in mancanza ne risponde la società con il suo patrimonio residuo.

2447 *sexies*. Libri obbligatori e altre scritture contabili. – Con riferimento allo specifico affare cui un patrimonio è destinato ai sensi della lettera *a*) del primo comma dell'articolo 2447 *bis*, gli amministratori [o il consiglio di gestione] ([1]) tengono separatamente i libri e le scritture contabili prescritti dagli articoli 2214 e seguenti. Qualora siano emessi strumenti finanziari, la società deve altresì tenere un libro indicante le loro caratteristiche, l'ammontare di quelli emessi e di quelli estinti, le generalità dei titolari degli strumenti nominativi e i trasferimenti e i vincoli ad essi relativi.

([1]) *Le parole tra parentesi quadrate sono state soppresse dall'art. 5, lett.* ff), *del D.L.vo 6 febbraio 2004, n. 37.*

2447 *septies*. Bilancio. – I beni e i rapporti compresi nei patrimoni destinati ai sensi della lettera *a*) del primo comma dell'articolo 2447 *bis* sono distintamente indicati nello stato patrimoniale della società.

Per ciascun patrimonio destinato gli amministratori redigono un separato rendiconto, allegato al bilancio, secondo quanto previsto dagli articoli 2423 e seguenti.

Nella nota integrativa del bilancio della società gli amministratori devono illustrare il valore e la tipologia dei beni e dei rapporti giuridici compresi in ciascun patrimonio destinato, ivi inclusi quelli apportati da terzi, i criteri adottati per la imputazione degli elementi comuni di costo e di ricavo, nonché il corrispondente regime della responsabilità.

Qualora la deliberazione costitutiva del patrimonio destinato preveda una responsabilità illimitata della società per le obbligazioni contratte in relazione allo specifico affare, l'impegno da ciò derivante deve risultare in calce allo stato patrimoniale e formare oggetto di valutazione secondo criteri da illustrare nella nota integrativa.

2447 *octies*. Assemblee speciali. – Per ogni categoria di strumenti finanziari previsti dalla lettera *e*) del primo comma dell'articolo 2447 *ter* l'assemblea dei possessori delibera:

1) sulla nomina e sulla revoca dei rappresentanti comuni di ciascuna categoria, con funzione di controllo sul regolare andamento dello specifico affare, e sull'azione di responsabilità nei loro confronti;

2) sulla costituzione di un fondo per le spese necessarie alla tutela dei comuni interessi dei possessori degli strumenti finanziari e sul rendiconto relativo;

3) sulle modificazioni dei diritti attribuiti dagli strumenti finanziari;

4) sulle controversie con la società e sulle relative transazioni e rinunce;

5) sugli altri oggetti di interesse comune a ciascuna categoria di strumenti finanziari.

Alle assemblee speciali si applicano le disposizioni contenute negli articoli 2415, secondo, terzo, quarto e quinto comma, 2416 e 2419.

Al rappresentante comune si applicano gli articoli 2417 e 2418.

2447 *novies*. Rendiconto finale. – Quando si realizza ovvero è divenuto impossibile l'affare cui è stato destinato un patrimonio ai sensi della lettera *a*) del primo comma dell'articolo 2447 *bis*, gli amministratori [o il consiglio di gestione] ([1]) redigono un rendiconto finale che, accompagnato da una relazione dei sindaci e del soggetto incaricato della revisione legale dei conti ([2]), deve essere depositato presso l'ufficio del registro delle imprese.

Nel caso in cui non siano state integralmente soddisfatte le obbligazioni contratte per lo svolgimento dello specifico affare cui era destinato il patrimonio, i relativi creditori possono chiederne la liquidazione mediante lettera raccomandata da inviare alla società entro novanta giorni dal deposito di cui al comma precedente. In tale caso, si applicano esclusivamente le disposizioni sulla liquidazione delle società di cui al Capo VIII del presente titolo, in quanto compatibili ([3]).

Sono comunque salvi, con riferimento ai beni e rapporti compresi nel patrimonio destinato, i diritti dei creditori previsti dall'articolo 2447 *quinquies*.

La deliberazione costitutiva del patrimonio destinato può prevedere anche altri casi di cessazione della destinazione del patrimonio allo specifico affare. In tali ipotesi ed in quella di fallimento della società si applicano le disposizioni del presente articolo.

(1) *Le parole tra parentesi quadrate sono state soppresse dall'art. 5, lett.* gg)*, del D.L.vo 6 febbraio 2004, n. 37.*

(2) *Le parole: «revisione contabile» sono state così sostituite dalle attuali: «revisione legale dei conti» dall'art. 37, comma 23, del D.L.vo 27 gennaio 2010, n. 39.*

(3) *L'ultimo periodo di questo comma è stato così sostituito dall'art. 20 del D.L.vo 28 dicembre 2004, n. 310.*

2447 *decies*. Finanziamento destinato ad uno specifico affare. – Il contratto relativo al finanziamento di uno specifico affare ai sensi della lettera *b*) del primo comma dell'articolo 2447 *bis* può prevedere che al rimborso totale o parziale del finanziamento siano destinati, in via esclusiva, tutti o parte dei proventi dell'affare stesso.

Il contratto deve contenere:

a) una descrizione dell'operazione che consenta di individuarne lo specifico oggetto; le modalità ed i tempi di realizzazione; i costi previsti ed i ricavi attesi;

b) il piano finanziario dell'operazione, indicando la parte coperta dal finanziamento e quella a carico della società;

c) i beni strumentali necessari alla realizzazione dell'operazione;

d) le specifiche garanzie che la società offre in ordine all'obbligo di esecuzione del contratto e di corretta e tempestiva realizzazione dell'operazione;

e) i controlli che il finanziatore, o soggetto da lui delegato, può effettuare sull'esecuzione dell'operazione;

f) la parte dei proventi destinati al rimborso del finanziamento e le modalità per determinarli;

g) le eventuali garanzie che la società presta per il rimborso di parte del finanziamento;

h) il tempo massimo di rimborso, decorso il quale nulla più è dovuto al finanziatore.

I proventi dell'operazione costituiscono patrimonio separato da quello della società, e da quello relativo ad ogni altra operazione di finanziamento effettuata ai sensi della presente disposizione, a condizione:

a) che copia del contratto sia depositata per l'iscrizione presso l'ufficio del registro delle imprese;

b) che la società adotti sistemi di incasso e di contabilizzazione idonei ad individuare in ogni momento i proventi dell'affare ed a tenerli separati dal restante patrimonio della società.

Alle condizioni di cui al comma precedente, sui proventi, sui frutti di essi e degli investimenti eventualmente effettuati in attesa del rimborso al finanziatore, non sono ammesse azioni da parte dei creditori sociali; alle medesime condizioni, delle obbligazioni nei confronti del finanziatore risponde esclusivamente il patrimonio separato, salva (1) l'ipotesi di garanzia parziale di cui al secondo comma, lettera *g*).

I creditori della società, sino al rimborso del finanziamento, o alla scadenza del termine di cui al secondo comma, lettera *h*) sui beni strumentali destinati alla realizzazione dell'operazione possono esercitare esclusivamente azioni conservative a tutela dei loro diritti.

Se il fallimento della società impedisce la realizzazione o la continuazione dell'operazione cessano le limitazioni di cui al comma precedente, ed il finanziatore ha diritto di insinuazione al passivo per il suo credito, al netto delle somme di cui ai commi terzo e quarto.

Fuori dall'ipotesi di cartolarizzazione previste dalle leggi vigenti, il finanziamento non può essere rappresentato da titoli destinati alla circolazione.

La nota integrativa alle voci di bilancio relative ai proventi di cui al terzo comma, ed ai beni di cui al quarto comma, deve contenere l'indicazione della destinazione dei proventi e dei vincoli relativi ai beni.

(1) *La parola: «tranne» è stata così sostituita dall'art. 5, lett.* hh)*, del D.L.vo 6 febbraio 2004, n. 37.*

Sezione XII

2448. Effetti della pubblicazione nel registro delle imprese. – Gli atti per i quali il codice prescrive l'iscrizione o il deposito nel registro delle imprese sono opponibili ai terzi soltanto dopo tale pubblicazione, a meno che la società provi che i terzi ne erano a conoscenza.

Per le operazioni compiute entro il quindicesimo giorno dalla pubblicazione di cui al comma precedente, gli atti non sono opponibili ai terzi che provino di essere stati nella impossibilità di averne conoscenza.

Sezione XIII
Delle società
con partecipazione
dello Stato o di enti pubblici

2449. ([1]) **Società con partecipazione dello Stato o di enti pubblici.** – Se lo Stato o gli enti pubblici hanno partecipazioni in una società per azioni che non fa ricorso al mercato del capitale di rischio, lo statuto può ad essi conferire la facoltà di nominare un numero di amministratori e sindaci, ovvero componenti del consiglio di sorveglianza, proporzionale alla partecipazione al capitale sociale.

Gli amministratori e i sindaci o i componenti del consiglio di sorveglianza nominati a norma del primo comma possono essere revocati soltanto dagli enti che li hanno nominati. Essi hanno i diritti e gli obblighi dei membri nominati dall'assemblea. Gli amministratori non possono essere nominati per un periodo superiore a tre esercizi e scadono alla data dell'assemblea convocata per l'approvazione del bilancio relativo all'ultimo esercizio della loro carica.

I sindaci, ovvero i componenti del consiglio di sorveglianza, restano in carica per tre esercizi e scadono alla data dell'assemblea convocata per l'approvazione del bilancio relativo al terzo esercizio della loro carica.

Alle società che fanno ricorso al capitale di rischio si applicano le disposizioni del sesto comma dell'articolo 2346. Il consiglio di amministrazione può altresì proporre all'assemblea, che delibera con le maggioranze previste per l'assemblea ordinaria, che i diritti amministrativi previsti dallo statuto a favore dello Stato o degli enti pubblici siano rappresentati da una particolare categoria di azioni. A tal fine è in ogni caso necessario il consenso dello Stato o dell'ente pubblico a favore del quale i diritti amministrativi sono previsti.

([1]) *Questo articolo è stato così sostituito dall'art. 13, comma 1, della L. 25 febbraio 2008, n. 34. Il successivo comma 2 dello stesso articolo così dispone:*

«2. Il consiglio di amministrazione, nelle società che ricorrono al capitale di rischio e nelle quali sia prevista la nomina di amministratori ai sensi dell'articolo 2449 del codice civile, nel testo vigente anteriormente alla data di entrata in vigore della presente legge, adegua lo statuto entro otto mesi da tale data, prevedendo che i diritti amministrativi siano rappresentati da strumenti finanziari, non trasferibili e condizionati alla persistenza della partecipazione dello Stato o dell'ente pubblico, ai sensi dell'articolo 2346, sesto comma, del codice civile. Scaduto il predetto termine di otto mesi, perdono efficacia le disposizioni statuarie non conformi alle disposizioni dell'articolo 2449, come sostituito dal comma 1».

2450. ([1]) [**Amministratori e sindaci nominati dallo Stato o da enti pubblici.** – Le disposizioni dell'articolo precedente si applicano anche nel caso in cui la legge o lo statuto attribuisca allo Stato o a enti pubblici, anche in mancanza di partecipazione azionaria, la nomina di uno o più amministratori o sindaci o componenti del consiglio di sorveglianza, salvo che la legge disponga diversamente.

Qualora uno o più sindaci siano nominati dallo Stato, il presidente del collegio sindacale deve essere scelto tra essi].

([1]) *Questo articolo è stato abrogato dall'art. 3, comma 1, del D.L. 15 febbraio 2007, n. 10, convertito, con modificazioni, nella L. 6 aprile 2007, n. 46.*

Sezione XIV
Delle società
di interesse nazionale

2451. Norme applicabili. – Le disposizioni di questo capo si applicano anche alle società per azioni d'interesse nazionale, compatibilmente con le disposizioni delle leggi speciali che stabiliscono per tali società una particolare disciplina circa la gestione sociale, la trasferibilità delle azioni, il diritto di voto e la nomina degli amministratori, dei sindaci e dei dirigenti.

Capo VI
Della società
in accomandita per azioni (1) (2)

(1) *Questo Capo è stato così sostituito dall'art. 2 del D.L.vo 17 gennaio 2003, n. 6, rettificato e corretto con avviso pubblicato in* Gazzetta Ufficiale *Serie gen. - n. 153 del 4 luglio 2003 e di nuovo rettificato con avviso pubblicato in* Gazzetta Ufficiale *Serie gen. - n. 165 del 18 luglio 2003, a decorrere dal 1° gennaio 2004.*

(2) *Si veda quanto dispone l'art. 223* bis *disp. att.*

2452. Responsabilità e partecipazioni. – Nella società in accomandita per azioni i soci accomandatari rispondono solidalmente e illimitatamente per le obbligazioni sociali, e i soci accomandanti sono obbligati nei limiti della quota di capitale sottoscritta. Le quote di partecipazione dei soci sono rappresentate da azioni.

2453. Denominazione sociale. – La denominazione della società è costituita dal nome di almeno uno dei soci accomandatari, con l'indicazione di società in accomandita per azioni.

2454. Norme applicabili. – Alla società in accomandita per azioni sono applicabili le norme relative alla società per azioni, in quanto compatibili con le disposizioni seguenti.

2455. Soci accomandatari. – L'atto costitutivo deve indicare i soci accomandatari.

I soci accomandatari sono di diritto amministratori e sono soggetti agli obblighi degli amministratori della società per azioni.

2456. Revoca degli amministratori. – La revoca degli amministratori deve essere deliberata con la maggioranza prescritta per le deliberazioni dell'assemblea straordinaria della società per azioni.

Se la revoca avviene senza giusta causa, l'amministratore revocato ha diritto al risarcimento dei danni.

2457. Sostituzione degli amministratori. – L'assemblea con la maggioranza indicata nell'articolo precedente provvede a sostituire l'amministratore che, per qualunque causa, ha cessato dal suo ufficio. Nel caso di pluralità di amministratori, la nomina deve essere approvata dagli amministratori rimasti in carica.

Il nuovo amministratore assume la qualità di socio accomandatario dal momento dell'accettazione della nomina.

2458. Cessazione dall'ufficio di tutti i soci amministratori. – In caso di cessazione dall'ufficio di tutti gli amministratori, la società si scioglie se nel termine di centottanta giorni non si è provveduto alla loro sostituzione e i sostituti non hanno accettato la carica.

Per questo periodo il collegio sindacale nomina un amministratore provvisorio per il compimento degli atti di ordinaria amministrazione. L'amministratore provvisorio non assume la qualità di socio accomandatario.

2459. Sindaci, consiglio di sorveglianza e azione di responsabilità. – I soci accomandatari non hanno diritto di voto per le azioni ad essi spettanti nelle deliberazioni dell'assemblea che concernono la nomina e la revoca dei sindaci ovvero dei componenti del consiglio di sorveglianza e l'esercizio dell'azione di responsabilità.

2460. Modificazioni dell'atto costitutivo. – Le modificazioni dell'atto costitutivo devono essere approvate dall'assemblea con le maggioranze prescritte per l'assemblea straordinaria della società per azioni, e devono inoltre essere approvate da tutti i soci accomandatari.

2461. Responsabilità degli accomandatari verso i terzi. – La responsabilità dei soci accomandatari verso i terzi è regolata dall'articolo 2304.

Il socio accomandatario che cessa dall'ufficio di amministratore non risponde per le obbligazioni della società sorte posteriormente all'iscrizione nel registro delle imprese della cessazione dall'ufficio.

Capo VII
Della società
a responsabilità limitata ([1]) ([2])

([1]) *Questo Capo è stato così sostituito dall'art. 3 del D.L.vo 17 gennaio 2003, n. 6, rettificato e corretto con avviso pubblicato in* Gazzetta Ufficiale *Serie gen. - n. 153 del 4 luglio 2003 e di nuovo rettificato con avviso pubblicato in* Gazzetta Ufficiale *Serie gen. - n. 165 del 18 luglio 2003, a decorrere dal 1° gennaio 2004.*

([2]) *Si veda quanto dispone l'art. 223* bis *disp. att.*

Sezione I
Disposizioni generali

2462. Responsabilità. – Nella società a responsabilità limitata per le obbligazioni sociali risponde soltanto la società con il suo patrimonio.

In caso di insolvenza della società, per le obbligazioni sociali sorte nel periodo in cui l'intera partecipazione è appartenuta ad una sola persona, questa risponde illimitatamente quando i conferimenti non siano stati effettuati secondo quanto previsto dall'articolo 2464, o fin quando non sia stata attuata la pubblicità prescritta dall'articolo 2470.

2463. Costituzione. – La società può essere costituita con contratto o con atto unilaterale.

L'atto costitutivo deve essere redatto per atto pubblico e deve indicare:

1) il cognome e il nome o la denominazione, la data e il luogo di nascita o lo Stato ([1]) di costituzione, il domicilio o la sede, la cittadinanza di ciascun socio;

2) la denominazione, contenente l'indicazione di società a responsabilità limitata, e il comune ove sono poste la sede della società e le eventuali sedi secondarie;

3) l'attività che costituisce l'oggetto sociale;

4) l'ammontare del capitale, non inferiore a diecimila euro, sottoscritto e di quello versato;

5) i conferimenti di ciascun socio e il valore attribuito ai crediti e ai beni conferiti in natura;

6) la quota di partecipazione di ciascun socio;

7) le norme relative al funzionamento della società, indicando quelle concernenti l'amministrazione, la rappresentanza;

8) le persone cui è affidata l'amministrazione e l'eventuale soggetto incaricato di effettuare la revisione legale dei conti ([2]);

9) l'importo globale, almeno approssimativo, della spese per la costituzione poste a carico della società.

Si applicano alla società a responsabilità limitata le disposizioni degli articoli 2329, 2330, 2331, 2332 e 2341.

L'ammontare del capitale può essere determinato in misura inferiore a euro diecimila, pari almeno a un euro. In tal caso i conferimenti devono farsi in denaro e devono essere versati per intero alle persone cui è affidata l'amministrazione ([3]).

La somma da dedurre dagli utili netti risultanti dal bilancio regolarmente approvato, per formare la riserva prevista dall'articolo 2430, deve essere almeno pari a un quinto degli stessi, fino a che la riserva non abbia raggiunto, unitamente al capitale, l'ammontare di diecimila euro. La riserva così formata può essere utilizzata solo per imputazione a capitale e per copertura di eventuali perdite. Essa deve essere reintegrata a norma del presente comma se viene diminuita per qualsiasi ragione ([3]).

([1]) *Le parole: «lo Stato» sono state inserite dall'art. 5, lett.* ii), *del D.L.vo 6 febbraio 2004, n. 37.*

([2]) *Le parole: «gli eventuali soggetti incaricati del controllo contabile» sono state così sostituite dalle attuali: «l'eventuale soggetto incaricato di effettuare la revisione legale dei conti» dall'art. 37, comma 24, del D.L.vo 27 gennaio 2010, n. 39.*

([3]) *Questo comma è stato aggiunto dall'art. 9, comma 15* ter, *del D.L. 28 giugno 2013, n. 76, convertito, con modificazioni, nella L. 9 agosto 2013, n. 99.*

2463 *bis*. ([1]) **Società a responsabilità limitata semplificata** ([2]). – La società a responsabilità limitata semplificata può essere costituita con contratto o atto unilaterale da persone fisiche [che non abbiano compiuto i trentacinque anni di età alla data della costituzione] ([3]).

L'atto costitutivo deve essere redatto per atto pubblico in conformità al modello *standard* tipizzato con decreto del Ministro della giustizia, di concerto con il Ministro dell'economia e delle finanze e con il Ministro dello sviluppo economico, e deve indicare:

1) il cognome, il nome, la data, il luogo di nascita, il domicilio, la cittadinanza di ciascun socio;

2) la denominazione sociale contenente l'indicazione di società a responsabilità limitata semplificata e il comune ove sono poste la sede della società e le eventuali sedi secondarie;

3) l'ammontare del capitale sociale, pari almeno ad 1 euro e inferiore all'importo di 10.000 euro previsto dall'articolo 2463, secondo comma, numero 4), sottoscritto e interamente versato alla data della costituzione. Il conferimento deve far-

si in denaro ed essere versato all'organo amministrativo;

4) i requisiti previsti dai numeri 3), 6), 7) e 8) del secondo comma dell'articolo 2463;

5) luogo e data di sottoscrizione;

6) gli amministratori [, i quali devono essere scelti tra i soci] ([4]).

Le clausole del modello standard tipizzato sono inderogabili ([5]).

La denominazione di società a responsabilità limitata semplificata, l'ammontare del capitale sottoscritto e versato, la sede della società e l'ufficio del registro delle imprese presso cui questa è iscritta devono essere indicati negli atti, nella corrispondenza della società e nello spazio elettronico destinato alla comunicazione collegato con la rete telematica ad accesso pubblico.

[È fatto divieto di cessione delle quote a soci non aventi i requisiti di età di cui al primo comma e l'eventuale atto è conseguentemente nullo] ([6]).

Salvo quanto previsto dal presente articolo, si applicano alla società a responsabilità limitata semplificata le disposizioni del presente capo in quanto compatibili.

([1]) *Questo articolo è stato aggiunto dall'art. 3 del D.L. 24 gennaio 2012, n. 1, convertito, con modificazioni, nella L. 24 marzo 2012, n. 27. Si vedano i commi 2-4 dell'art. 3 del medesimo provvedimento, che si riportano:«2. Con decreto del Ministro della giustizia, di concerto con il Ministro dell'economia e delle finanze e con il Ministro dello sviluppo economico, entro sessanta giorni dalla data di entrata in vigore della legge di conversione del presente decreto, viene tipizzato lo statuto* standard *della società e sono individuati i criteri di accertamento delle qualità soggettive dei soci.*

«3. L'atto costitutivo e l'iscrizione nel registro delle imprese sono esenti da diritto di bollo e di segreteria e non sono dovuti onorari notarili.

«4. Il Consiglio nazionale del notariato vigila sulla corretta e tempestiva applicazione delle disposizioni del presente articolo da parte dei singoli notai e pubblica ogni anno i relativi dati sul proprio sito istituzionale».

([2]) *Si veda l'art. 44, comma 4 bis, del D.L. 22 giugno 2012, n. 83, convertito, con modificazioni, nella L. 7 agosto 2012, n. 134, così come modificato dall'art. 9, comma 14, del D.L. 28 giugno 2013, n. 76, convertito, con modificazioni, nella L. 9 agosto 2013, n. 99, che si riporta:*

«4 bis. Al fine di favorire l'accesso dei giovani imprenditori al credito, il Ministro dell'economia e delle finanze promuove, senza nuovi o maggiori oneri a carico della finanza pubblica, un accordo con l'Associazione bancaria italiana per fornire credito a condizioni agevolate ai giovani di età inferiore a trentacinque anni che intraprendono attività imprenditoriale attraverso la costituzione di una società a responsabilità limitata semplificata».

A norma dell'art. 9, comma 15, del D.L. n. 76/2013, convertito, con modificazioni, nella L. n. 99/2013, le società a responsabilità limitata a capitale ridotto iscritte al registro delle imprese alla data di entrata in vigore del medesimo decreto, sono qualificate società a responsabilità limitata semplificata.

([3]) *Le parole fra parentesi quadrate sono state soppresse dall'art. 9, comma 13, lett.* a), *del D.L. 28 giugno 2013, n. 76, convertito, con modificazioni, nella L. 9 agosto 2013, n. 99.*

([4]) *Le parole fra parentesi quadrate sono state soppresse dall'art. 9, comma 13, lett.* b), *del D.L. 28 giugno 2013, n. 76, convertito, con modificazioni, nella L. 9 agosto 2013, n. 99.*

([5]) *Questo comma è stato inserito dall'art. 9, comma 13, lett.* b bis), *del D.L. 28 giugno 2013, n. 76, convertito, con modificazioni, nella L. 9 agosto 2013, n. 99.*

([6]) *Questo comma è stato soppresso dall'art. 9, comma 13, lett.* c), *del D.L. 28 giugno 2013, n. 76, convertito, con modificazioni, nella L. 9 agosto 2013, n. 99.*

Sezione II
Dei conferimenti e delle quote

2464. Conferimenti. - Il valore dei conferimenti non può essere complessivamente inferiore all'ammontare globale del capitale sociale.

Possono essere conferiti tutti gli elementi dell'attivo suscettibili di valutazione economica.

Se nell'atto costitutivo non è stabilito diversamente, il conferimento deve farsi in danaro.

Alla sottoscrizione dell'atto costitutivo deve essere versato all'organo amministrativo nominato nell'atto costitutivo ([1]) almeno il venticinque per cento dei conferimenti in danaro e l'intero soprapprezzo o, nel caso di costituzione con atto unilaterale, il loro intero ammontare. I mezzi di pagamento sono indicati nell'atto ([2]). Il versamento può essere sostituito dalla stipula, per un importo almeno corrispondente, di una polizza di assicurazione o di una fideiussione bancaria con le caratteristiche determinate con decreto del Presidente del Consiglio dei Ministri; in tal caso il socio può in ogni momento sostituire la polizza o la fideiussione con il versamento del corrispondente importo in danaro.

Per i conferimenti di beni in natura e di crediti si osservano le disposizioni degli articoli 2254 e 2255. Le quote corrispondenti a tali conferimenti devono essere integralmente liberate al momento della sottoscrizione.

Il conferimento può anche avvenire mediante la prestazione di una polizza di assicurazione o di una fideiussione bancaria con cui vengono garantiti, per l'intero valore ad essi assegnato, gli obblighi assunti dal socio aventi per oggetto la prestazione d'opera o di servizi a favore della società. In tal caso, se l'atto costitutivo lo prevede, la polizza o la fideiussione possono essere sostituite dal socio con il versamento a titolo di cauzione del corrispondente importo in danaro presso la società.

Se viene meno la pluralità dei soci, i versamenti ancora dovuti devono essere effettuati nei novanta giorni.

(1) *Le parole: «presso una banca» sono state così sostituite dalle attuali: «all'organo amministrativo nominato nell'atto costitutivo» dall'art. 9, comma 15* bis, *lett.* a), *del D.L. 28 giugno 2013, n. 76, convertito, con modificazioni, nella L. 9 agosto 2013, n. 99.*

(2) *Questo periodo è stato inserito dall'art. 9, comma 15* bis, *lett.* b), *del D.L. 28 giugno 2013, n. 76, convertito, con modificazioni, nella L. 9 agosto 2013, n. 99.*

2465. Stima dei conferimenti di beni in natura e di crediti. – Chi conferisce beni in natura o crediti deve presentare la relazione giurata di un revisore legale o di una società di revisione legali iscritti nell'apposito registro (1). La relazione, che deve contenere la descrizione dei beni o crediti conferiti, l'indicazione dei criteri di valutazione adottati e l'attestazione che il loro valore è almeno pari a quello ad essi attribuito ai fini della determinazione del capitale sociale e dell'eventuale soprapprezzo, deve essere allegata all'atto costitutivo.

La disposizione del precedente comma si applica in caso di acquisto da parte della società, per un corrispettivo pari o superiore al decimo del capitale sociale, di beni o di crediti dei soci fondatori, dei soci e degli amministratori, nei due anni dalla iscrizione della società nel registro delle imprese. In tal caso l'acquisto, salvo diversa disposizione dell'atto costitutivo, deve essere autorizzato con decisione dei soci a norma dell'articolo 2479.

Nei casi previsti dai precedenti commi si applicano il secondo comma dell'articolo 2343 ed il quarto e quinto comma dell'articolo 2343 *bis*.

(1) *Le parole: «di un esperto o di una società di revisione iscritti nel registro dei revisori contabili o di una società di revisione iscritta nell'albo speciale» sono state così sostituite dalle attuali: «di un revisore legale o di una società di revisione legali iscritti nell'apposito registro» dall'art. 37, comma 25, del D.L.vo 27 gennaio 2010, n. 39*

2466. Mancata esecuzione dei conferimenti. – Se il socio non esegue il conferimento nel termine prescritto, gli amministratori diffidano il socio moroso ad eseguirlo nel termine di trenta giorni.

Decorso inutilmente questo termine gli amministratori, qualora non ritengano utile promuovere azione per l'esecuzione dei conferimenti dovuti, possono vendere agli altri soci in proporzione alla (1) loro partecipazione la quota del socio moroso. La vendita è effettuata a rischio e pericolo del medesimo per il valore risultante dall'ultimo bilancio approvato. In mancanza di offerte per l'acquisto, se l'atto costitutivo lo consente, la quota è venduta all'incanto.

Se la vendita non può aver luogo per mancanza di compratori, gli amministratori escludono il socio, trattenendo le somme riscosse. Il capitale deve essere ridotto in misura corrispondente.

Il socio moroso non può partecipare alle decisioni dei soci.

Le disposizioni dei precedenti commi si applicano anche nel caso in cui per qualsiasi motivo siano scadute o divengano inefficaci la polizza assicurativa o la garanzia bancaria prestate ai sensi dell'articolo 2464. Resta salva in tal caso la possibilità del socio di sostituirle con il versamento del corrispondente importo di danaro.

(1) *Le parole: «proporzione della» sono state così sostituite dall'art. 5, lett.* ll), *del D.L.vo 6 febbraio 2004, n. 37.*

2467. Finanziamenti dei soci. – Il rimborso dei finanziamenti dei soci a favore della società è postergato rispetto alla soddisfazione degli altri creditori e, se avvenuto nell'anno precedente la dichiarazione di fallimento della società, deve essere restituito.

Ai fini del precedente comma s'intendono finanziamenti dei soci a favore della società quelli, in qualsiasi forma effettuati, che sono stati concessi in un momento in cui, anche in considerazione del tipo di attività esercitata dalla società, risulta un eccessivo squilibrio dell'indebitamento rispetto al patrimonio netto oppure in una situazione finanziaria della società nella quale sarebbe stato ragionevole un conferimento.

2468. Quote di partecipazione. – Le partecipazioni dei soci non possono essere rappresentate da azioni nè costituire oggetto di offerta al pubblico di prodotti finanziari (1).

Salvo quanto disposto dal terzo comma del presente articolo, i diritti sociali spettano ai soci in misura proporzionale alla partecipazione da ciascuno posseduta. Se l'atto costitutivo non prevede diversamente, le partecipazioni dei soci sono determinate in misura proporzionale al conferimento.

Resta salva la possibilità che l'atto costitutivo preveda l'attribuzione a singoli soci di particolari diritti riguardanti l'amministrazione della società o la distribuzione degli utili.

Salvo diversa disposizione dell'atto costitutivo e salvo in ogni caso quanto previsto dal primo comma dell'articolo 2473, i diritti previsti dal precedente comma possono essere modificati solo con il consenso di tutti i soci.

Nel caso di comproprietà di una partecipazione, i diritti dei comproprietari devono essere esercitati da un rappresentante comune nominato secondo le modalità previste dagli articoli 1105 e 1106. [Nel caso di pegno, usufrutto o sequestro delle partecipazioni si applica l'articolo 2352] (2).

(1) *Le parole: «sollecitazione all'investimento» sono state così sostituite dalle attuali: «offerta al pubblico di prodotti finanziari» dall'art. 5 del D.L.vo 28 marzo 2007, n. 51.*

(2) *L'ultimo periodo di questo comma è stato soppresso dall'art. 21 del D.L.vo 28 dicembre 2004, n. 310.*

2469. Trasferimento delle partecipazioni. – Le partecipazioni sono liberamente trasferibili (1) per atto tra vivi e per successione a causa di morte, salvo contraria disposizione dell'atto costitutivo.

Qualora l'atto costitutivo preveda l'intrasferibilità delle partecipazioni o ne subordini il trasferimento al gradimento di organi sociali, di soci o di terzi senza prevederne condizioni e limiti, o ponga condizioni o limiti che nel caso concreto impediscono il trasferimento a causa di morte, il socio o i suoi eredi possono esercitare il diritto di recesso ai sensi dell'articolo 2473. In tali casi l'atto costitutivo può stabilire un termine, non superiore a due anni dalla costituzione della società o dalla sottoscrizione della partecipazione, prima del quale il recesso non può essere esercitato.

(1) *La parola: «trasmissibili» è stata così sostituita dall'art. 5, lett.* nn), *del D.L.vo 6 febbraio 2004, n. 37.*

2470. Efficacia e pubblicità. – Il trasferimento delle partecipazioni ha effetto di fronte alla società dal momento del deposito di cui al (1) successivo comma.

L'atto di trasferimento, con sottoscrizione autenticata, deve essere depositato entro trenta giorni, a cura del notaio autenticante, presso l'ufficio del registro delle imprese nella cui circoscrizione è stabilita la sede sociale. [L'iscrizione del trasferimento nel libro dei soci ha luogo, su richiesta dell'alienante o dell'acquirente, verso esibizione del titolo da cui risultino il trasferimento e l'avvenuto deposito] (2). In caso di trasferimento a causa di morte il deposito è effettuato (3) a richiesta dell'erede o del legatario verso presentazione della documentazione richiesta per l'annotazione nel libro dei soci dei corrispondenti trasferimenti in materia di società per azioni (4).

Se la quota è alienata con successivi contratti a più persone, quella tra esse che per prima ha effettuato in buona fede l'iscrizione nel registro delle imprese è preferita alle altre, anche se il suo titolo è di data posteriore.

Quando l'intera partecipazione appartiene ad un solo socio o muta la persona dell'unico socio, gli amministratori devono depositare per l'iscrizione nel registro (5) delle imprese una dichiarazione contenente l'indicazione del cognome e nome o della denominazione, della data e del luogo di nascita o lo Stato (5) di costituzione, del domicilio o della sede e cittadinanza dell'unico socio.

Quando si costituisce o ricostituisce la pluralità dei soci, gli amministratori ne devono depositare apposita dichiarazione per l'iscrizione nel registro delle imprese.

L'unico socio o colui che cessa di essere tale può provvedere alla pubblicità prevista nei commi precedenti.

Le dichiarazioni degli amministratori previste dai commi quarto e quinto devono essere depositate entro trenta giorni dall'avvenuta variazione della compagine sociale (6).

(1) *Le parole: «dell'iscrizione nel libro dei soci secondo quanto previsto nel», sono state così sostituite dalle parole: «del deposito di cui al», dall'art. 16, comma 12* quater, *lett.* a), *del D.L. 29 novembre 2008, n. 185, convertito, con modificazioni, nella L. 28 gennaio 2009, n. 2, a decorrere dal sessantesimo giorno successivo all'entrata in vigore della legge di conversione. Entro tale termine, gli amministratori delle società a responsabilità limitata depositano, con esenzione da ogni imposta e tassa, apposita dichiarazione per integrare le risultanze del registro delle imprese con quelle del libro dei soci.*

(2) *Questo periodo è stato soppresso dall'art. 16, comma 12* quater, *lett.* b), *del D.L. 29 novembre 2008, n. 185, convertito, con modificazioni, nella L. 28 gennaio 2009, n. 2, a decorrere dal sessantesimo giorno successivo all'entrata in vigore della legge di conversione. Entro tale termine, gli amministratori delle società*

a responsabilità limitata depositano, con esenzione da ogni imposta e tassa, apposita dichiarazione per integrare le risultanze del registro delle imprese con quelle del libro dei soci.

(3) *Le parole: «e l'iscrizione sono effettuati», sono state così sostituite dalle parole: «è effettuato», dall'art. 16, comma 12* quater, *lett.* b), *del D.L. 29 novembre 2008, n. 185, convertito, con modificazioni, nella L. 28 gennaio 2009, n. 2, a decorrere dal sessantesimo giorno successivo all'entrata in vigore della legge di conversione. Entro tale termine, gli amministratori delle società a responsabilità limitata depositano, con esenzione da ogni imposta e tassa, apposita dichiarazione per integrare le risultanze del registro delle imprese con quelle del libro dei soci.*

(4) *Si veda l'art. 36, comma 1* bis, *del D.L. 25 giugno 2008, n. 112, convertito, con modificazioni, nella L. 6 agosto 2008, n. 133 che così dispone:*

«1 bis. *L'atto di trasferimento di cui al secondo comma dell'articolo 2470 del codice civile può essere sottoscritto con firma digitale, nel rispetto della normativa anche regolamentare concernente la sottoscrizione dei documenti informatici, ed è depositato, entro trenta giorni, presso l'ufficio del registro delle imprese nella cui circoscrizione è stabilita la sede sociale, a cura di un intermediario abilitato ai sensi dell'articolo 31, comma 2* quater, *della legge 24 novembre 2000, n. 340. In tale caso, l'iscrizione del trasferimento nel libro dei soci ha luogo, su richiesta dell'alienante e dell'acquirente, dietro esibizione del titolo da cui risultino il trasferimento e l'avvenuto deposito, rilasciato dall'intermediario che vi ha provveduto ai sensi del presente comma. Resta salva la disciplina tributaria applicabile agli atti di cui al presente comma» (*).*

(*) *A norma dell'art. 14, comma 8, della L. 12 novembre 2011, n. 183, questo comma deve intendersi nel senso che l'atto di trasferimento delle partecipazioni di società a responsabilità limitata ivi disciplinato è in deroga al secondo comma dell'articolo 2470 del codice civile ed è sottoscritto con la firma digitale di cui all'articolo 24 del codice di cui al decreto legislativo 7 marzo 2005, n. 82.*

(5) *Ai sensi dell'art. 5, lett.* oo), *del D.L.vo 6 febbraio 2004, n. 37, le originarie parole: «l'iscrizione del registro» sono state sostituite dalle attuali: «l'iscrizione nel registro» e dopo le parole: «luogo di nascita o» sono state inserite le parole: «lo Stato».*

(6) *Questo comma è stato così sostituito dall'art. 16, comma 12* quater, *lett.* c), *del D.L. 29 novembre 2008, n. 185, convertito, con modificazioni, nella L. 28 gennaio 2009, n. 2, a decorrere dal sessantesimo giorno successivo all'entrata in vigore della legge di conversione. Entro tale termine, gli amministratori delle società a responsabilità limitata depositano, con esenzione da ogni imposta e tassa, apposita dichiarazione per integrare le risultanze del registro delle imprese con quelle del libro dei soci.*

2471. Espropriazione della partecipazione. – La partecipazione può formare oggetto di espropriazione. Il pignoramento si esegue mediante notificazione al debitore e alla società e successiva iscrizione nel registro delle imprese. [Gli amministratori procedono senza indugio all'annotazione nel libro dei soci] (1).

L'ordinanza del giudice che dispone la vendita della partecipazione deve essere notificata alla società a cura del creditore.

Se la partecipazione non è liberamente trasferibile e il creditore, il debitore e la società non si accordano sulla vendita della quota stessa, la vendita ha luogo all'incanto; ma la vendita è priva di effetto se, entro dieci giorni dall'aggiudicazione, la società presenta un altro acquirente che offra lo stesso prezzo.

Le disposizioni del comma precedente si applicano anche in caso di fallimento di un socio.

(1) *Le parole tra parentesi quadrate sono state soppresse dall'art. 16, comma 12* quinquies, *del D.L. 29 novembre 2008, n. 185, convertito, con modificazioni, nella L. 28 gennaio 2009, n. 2, a decorrere dal sessantesimo giorno successivo all'entrata in vigore della legge di conversione. Entro tale termine, gli amministratori delle società a responsabilità limitata depositano, con esenzione da ogni imposta e tassa, apposita dichiarazione per integrare le risultanze del registro delle imprese con quelle del libro dei soci.*

2471 *bis*. Pegno, usufrutto e sequestro della partecipazione. – La partecipazione può formare oggetto di pegno, usufrutto e sequestro. Salvo quanto disposto dal terzo comma dell'articolo che precede, si applicano le disposizioni dell'articolo 2352.

2472. Responsabilità dell'alienante per i versamenti ancora dovuti. – Nel caso di cessione della partecipazione l'alienante è obbligato solidalmente con l'acquirente, per il periodo di tre anni dall'iscrizione del trasferimento nel registro delle imprese (1), per i versamenti ancora dovuti.

Il pagamento non può essere domandato all'alienante se non quando la richiesta al socio moroso è rimasta infruttuosa.

(1) *Le parole: «libro dei soci», sono state così sostituite dall'art. 16, comma 12* sexies, *del D.L. 29 novembre 2008, n. 185, convertito, con modificazioni, nella L. 28 gennaio 2009, n. 2, a decorrere dal sessantesimo giorno successivo all'entrata in vigore della legge di conversione. Entro tale termine, gli amministratori delle società a responsabilità limitata depositano, con esenzione da ogni imposta e tassa, apposita dichiara-*

zione per integrare le risultanze del registro delle imprese con quelle del libro dei soci.

2473. Recesso del socio. – L'atto costitutivo determina quando il socio può recedere dalla società e le relative modalità. In ogni caso il diritto di recesso compete ai soci che non hanno consentito al cambiamento dell'oggetto o del tipo di società, alla sua fusione o scissione, alla revoca dello stato di liquidazione al trasferimento della sede all'estero alla eliminazione di una o più cause di recesso previste dall'atto costitutivo e al compimento di operazioni che comportano una sostanziale modificazione dell'oggetto della società determinato nell'atto costitutivo o una rilevante modificazione dei diritti attribuiti ai soci a norma dell'articolo 2468, quarto comma. Restano salve le disposizioni in materia di recesso per le società soggette ad attività di direzione e coordinamento.

Nel caso di società contratta a tempo indeterminato il diritto di recesso compete al socio in ogni momento e può essere esercitato con un preavviso di almeno centottanta giorni; l'atto costitutivo può prevedere un periodo di preavviso di durata maggiore purché non superiore ad un anno.

I soci che recedono dalla società hanno diritto di ottenere il rimborso della propria partecipazione in proporzione del patrimonio sociale. Esso a tal fine è determinato tenendo conto del suo valore di mercato al momento della dichiarazione di recesso; in caso di disaccordo la determinazione è compiuta tramite relazione giurata di un esperto nominato dal tribunale, che provvede anche sulle spese, su istanza della parte più diligente; si applica in tal caso il primo comma dell'articolo 1349.

Il rimborso delle partecipazioni per cui è stato esercitato il diritto di recesso deve essere eseguito entro centottanta giorni dalla comunicazione del medesimo fatta alla società. Esso può avvenire anche mediante acquisto da parte degli altri soci proporzionalmente alle loro partecipazioni oppure da parte di un terzo concordemente individuato da soci medesimi. Qualora ciò non avvenga, il rimborso è effettuato utilizzando riserve disponibili o, in mancanza, (1) corrispondentemente riducendo il capitale sociale; in quest'ultimo caso si applica l'articolo 2482 e, qualora sulla base di esso non risulti possibile il rimborso della partecipazione del socio receduto, la società viene posta in liquidazione.

Il recesso non può essere esercitato e, se già esercitato, è privo di efficacia, se la società revoca la delibera che lo legittima ovvero se è deliberato lo scioglimento della società.

(1) *Le parole: «in mancanza» sono state così sostituite dalle attuali: «, in mancanza,» dall'art. 5, lett.* pp), *del D.L.vo 6 febbraio 2004, n. 37.*

2473 *bis*. Esclusione del socio. – L'atto costitutivo può prevedere specifiche ipotesi di esclusione per giusta causa del socio. In tal caso si applicano le disposizioni del precedente articolo, esclusa la possibilità del rimborso della partecipazione mediante riduzione del capitale sociale.

2474. Operazioni sulle proprie partecipazioni. – In nessun caso la società può acquistare o accettare in garanzia partecipazioni proprie, ovvero accordare prestiti o fornire garanzia per il loro acquisto o la loro sottoscrizione.

Sezione III
Dell'amministrazione della società e dei controlli

2475. Amministrazione della società. – Salvo diversa disposizione dell'atto costitutivo, l'amministrazione della società è affidata a uno o più soci nominati con decisione dei soci presa ai sensi dell'articolo 2479.

All'atto di nomina degli amministratori si applicano il quarto e quinto comma dell'articolo 2383.

Quando l'amministrazione è affidata a più persone, queste costituiscono il consiglio di amministrazione. L'atto costitutivo può tuttavia prevedere, salvo quanto disposto nell'ultimo comma del presente articolo, che l'amministrazione sia ad esse affidata disgiuntamente oppure congiuntamente; in tali casi si applicano, rispettivamente, gli articoli 2257 e 2258.

Qualora sia costituito un consiglio di amministrazione, l'atto costitutivo può prevedere che le decisioni siano adottate mediante consultazione scritta o sulla base del consenso espresso per iscritto. In tal caso dai documenti sottoscritti dagli amministratori devono risultare con chiarezza l'argomento oggetto della decisione ed il consenso alla stessa.

La redazione del progetto di bilancio e dei progetti di fusione o scissione, nonché le decisioni di aumento del capitale ai sensi dell'articolo 2481 sono in ogni caso di competenza dell'organo amministrativo.

2475 *bis*. Rappresentanza della società. – Gli amministratori hanno la rappresentanza generale della società.

Le limitazioni ai poteri degli amministratori che risultano dall'atto costitutivo o dall'atto di nomina, anche se pubblicate, non sono opponibili ai terzi, salvo che si provi che questi abbiano intenzionalmente agito a danno della società.

2475 *ter*. Conflitto di interessi. – I contratti conclusi dagli amministratori che hanno la rappresentanza della società in conflitto di interessi, per conto proprio o di terzi, con la medesima possono essere annullati su domanda della società, se il conflitto era conosciuto o riconoscibile dal terzo.

Le decisioni adottate dal consiglio di amministrazione con il voto determinante di un amministratore in conflitto di interessi con la società, qualora le cagionino un danno patrimoniale, possono essere impugnate entro novanta giorni dagli amministratori e, ove esistenti, dai soggetti previsti dall'articolo 2477. In ogni caso sono salvi i diritti acquistati in buona fede dai terzi in base ad atti compiuti in esecuzione della decisione.

2476. Responsabilità degli amministratori e controllo dei soci. – Gli amministratori sono solidalmente responsabili verso la società dei danni derivanti dall'inosservanza dei doveri ad essi imposti dalla legge e dall'atto costitutivo per l'amministrazione della società. Tuttavia la responsabilità non si estende a quelli che dimostrino di essere esenti da colpa e, essendo a cognizione che l'atto si stava per compiere, abbiano fatto constare del proprio dissenso.

I soci che non partecipano all'amministrazione hanno diritto di avere dagli amministratori notizie sullo svolgimento degli affari sociali e di consultare, anche tramite professionisti di loro fiducia, i libri sociali ed i documenti relativi all'amministrazione.

L'azione di responsabilità contro gli amministratori è promossa da ciascun socio, il quale può altresì chiedere, in caso di gravi irregolarità nella gestione della società, che sia adottato provvedimento cautelare di revoca degli amministratori medesimi. In tal caso il giudice può subordinare il provvedimento alla prestazione di apposita cauzione.

In caso di accoglimento della domanda la società, salvo il suo diritto di regresso nei confronti degli amministratori, rimborsa agli attori le spese di giudizio e quelle da essi sostenute per l'accertamento dei fatti.

Salvo diversa disposizione dell'atto costitutivo, l'azione di responsabilità contro gli amministratori può essere oggetto di rinuncia o transazione da parte della società, purché vi consenta una maggioranza dei soci rappresentante almeno i due terzi del capitale sociale e purché non si oppongano tanti soci che rappresentano almeno il decimo del capitale sociale.

Le disposizioni dei precedenti commi non pregiudicano il diritto al risarcimento dei danni spettante al singolo socio o al terzo che sono stati direttamente danneggiati da atti dolosi o colposi degli amministratori.

Sono altresì solidalmente responsabili con gli amministratori, ai sensi dei precedenti commi, i soci che hanno intenzionalmente deciso o autorizzato il compimento di atti dannosi per la società, i soci o i terzi.

L'approvazione del bilancio da parte dei soci non implica liberazione degli amministratori e dei sindaci per le responsabilità incorse nella gestione sociale.

2477. ([1]) **Sindaco e revisione legale dei conti.** – L'atto costitutivo può prevedere, determinandone le competenze e i poteri, ivi compresa la revisione legale dei conti, la nomina di un organo di controllo o di un revisore. Se lo statuto non dispone diversamente, l'organo di controllo è costituito da un solo membro effettivo ([2]).

[La nomina dell'organo di controllo o del revisore è obbligatoria se il capitale sociale non è inferiore a quello minimo stabilito per le società per azioni.] ([3])

La nomina dell'organo di controllo o del revisore è [altresì] ([4]) obbligatoria se la società:

a) è tenuta alla redazione del bilancio consolidato;

b) controlla una società obbligata alla revisione legale dei conti;

c) per due esercizi consecutivi ha superato due dei limiti indicati dal primo comma dell'articolo 2435 *bis*.

L'obbligo di nomina dell'organo di controllo o del revisore di cui alla lettera *c*) del terzo comma cessa se, per due esercizi consecutivi, i predetti limiti non vengono superati.

Nel caso di nomina di un organo di controllo, anche monocratico, si applicano le disposizioni sul collegio sindacale previste per le società per azioni (5).

L'assemblea che approva il bilancio in cui vengono superati i limiti indicati al [secondo e] (6) terzo comma deve provvedere, entro trenta giorni, alla nomina dell'organo di controllo o del revisore. Se l'assemblea non provvede, alla nomina provvede il tribunale su richiesta di qualsiasi soggetto interessato.

(1) *Questo articolo è stato così sostituito dall'art. 14, comma 13, della L. 12 novembre 2011, n. 183, a decorrere dal 1° gennaio 2012.*

(2) *Questo comma è stato così sostituito dall'art. 35, comma 2, lett.* a), *del D.L. 9 febbraio 2012, n. 5, convertito, con modificazioni, nella L. 4 aprile 2012, n. 35.*

(3) *Questo comma è stato abrogato dall'art. 20, comma 8, del D.L. 24 giugno 2014, n. 91, convertito, con modificazioni, nella L. 11 agosto 2014, n. 116.*

(4) *La parola fra parentesi quadrate è stata soppressa dall'art. 20, comma 8, del D.L. 24 giugno 2014, n. 91, convertito, con modificazioni, nella L. 11 agosto 2014, n. 116.*

(5) *Questo comma è stato così sostituito dall'art. 35, comma 2, lett.* c), *del D.L. 9 febbraio 2012, n. 5, convertito, con modificazioni, nella L. 4 aprile 2012, n. 35.*

(6) *Le parole fra parentesi quadrate sono state soppresse dall'art. 20, comma 8, del D.L. 24 giugno 2014, n. 91, convertito, con modificazioni, nella L. 11 agosto 2014, n. 116. Conseguentemente, la sopravvenuta insussistenza dell'obbligo di nomina dell'organo di controllo o del revisore costituisce giusta causa di revoca.*

2478. Libri sociali obbligatori. – Oltre i libri e le altre scritture contabili prescritti nell'articolo 2214, la società deve tenere:

[1) il libro dei soci, nel quale devono essere indicati il nome dei soci, la partecipazione di spettanza di ciascuno, i versamenti fatti sulle partecipazioni, nonché le variazioni nelle persone dei soci] (1);

2) il libro delle decisioni dei soci, nel quale sono trascritti senza indugio sia i verbali delle assemblee, anche se redatti per atto pubblico, sia le decisioni prese ai sensi del primo periodo del terzo comma dell'articolo 2479; la relativa documentazione è conservata dalla società;

3) il libro delle decisioni degli amministratori;

4) il libro delle decisioni del collegio sindacale nominato (2) ai sensi dell'articolo 2477.

I libri indicati nei numeri 2) e 3) del primo comma (3) devono essere tenuti a cura degli amministratori; il libro indicato nel numero 4) del primo comma deve essere tenuto (4) a cura dei sindaci [o del revisore] (5).

I contratti della società con l'unico socio o le operazioni a favore dell'unico socio sono opponibili ai creditori della società solo se risultano dal libro indicato nel numero 3 del primo comma o da atto scritto avente data certa anteriore al pignoramento.

(1) *Questo numero è stato abrogato dall'art. 16, comma 12* septies, *lett.* a), *del D.L. 29 novembre 2008, n. 185, convertito, con modificazioni, nella L. 28 gennaio 2009, n. 2, a decorrere dal sessantesimo giorno successivo all'entrata in vigore della legge di conversione. Entro tale termine, gli amministratori delle società a responsabilità limitata depositano, con esenzione da ogni imposta e tassa, apposita dichiarazione per integrare le risultanze del registro delle imprese con quelle del libro dei soci.*

(2) *Le parole: «o del revisore nominati» sono state così sostituite dalle attuali: «nominato» dall'art. 37, comma 27, del D.L.vo 27 gennaio 2010, n. 39.*

(3) *Le parole: «I primi tre libri», sono state così sostituite dalle parole: «I libri indicati nei numeri 2) e 3) del primo comma», dall'art. 16, comma 12* septies, *lett.* b), *del D.L. 29 novembre 2008, n. 185, convertito, con modificazioni, nella L. 28 gennaio 2009, n. 2, a decorrere dal sessantesimo giorno successivo all'entrata in vigore della legge di conversione. Entro tale termine, gli amministratori delle società a responsabilità limitata depositano, con esenzione da ogni imposta e tassa, apposita dichiarazione per integrare le risultanze del registro delle imprese con quelle del libro dei soci.*

(4) *Le parole: «e il quarto», sono state così sostituite dalle parole: «; il libro indicato nel numero 4) del primo comma deve essere tenuto», dall'art. 16, comma 12* septies, *lett.* b), *del D.L. 29 novembre 2008, n. 185, convertito, con modificazioni, nella L. 28 gennaio 2009, n. 2, a decorrere dal sessantesimo giorno successivo all'entrata in vigore della legge di conversione. Entro tale termine, gli amministratori delle società a responsabilità limitata depositano, con esenzione da ogni imposta e tassa, apposita dichiarazione per integrare le risultanze del registro delle imprese con quelle del libro dei soci.*

(5) *Le parole fra parentesi quadrate sono state soppresse dall'art. 37, comma 27, del D.L.vo 27 gennaio 2010, n. 39.*

2478 *bis*. (1) Bilancio e distribuzione degli utili ai soci. – Il bilancio deve essere redatto con l'osservanza delle disposizioni di cui alla sezione IX, del capo V del presente libro (2). Esso è presentato ai soci entro il termine stabilito dall'atto costitutivo e comunque non superiore a centoventi giorni dalla chiusura dell'esercizio sociale, salva la possibilità di un maggior termine nei limiti ed alle condizioni previsti dal secondo comma dell'articolo 2364.

Entro trenta giorni dalla decisione dei soci di approvazione del bilancio deve essere depositata (3) presso l'ufficio del registro delle imprese, a norma dell'articolo 2435, copia del bilancio approvato [e l'elenco dei soci e degli altri titolari di diritti sulle partecipazioni sociali] (4).

La decisione dei soci che approva il bilancio decide sulla distribuzione degli utili ai soci.

Possono essere distribuiti esclusivamente gli utili realmente conseguiti e risultanti da bilancio regolarmente approvato.

Se si verifica una perdita del capitale sociale, non può farsi luogo a ripartizione (5) degli utili fino a che il capitale non sia reintegrato o ridotto in misura corrispondente.

Gli utili erogati in violazione delle disposizioni del presente articolo non sono ripetibili se i soci li hanno riscossi in buona fede in base a bilancio regolarmente approvato, da cui risultano utili netti corrispondenti.

(1) *A norma dell'art. 14, comma 9, della L. 12 novembre 2011, n. 183, a partire dal 1º gennaio 2012, le società a responsabilità limitata che non abbiano nominato il collegio sindacale possono redigere il bilancio secondo uno schema semplificato. Con decreto del Ministro dell'economia e delle finanze, da adottare entro novanta giorni dalla data di entrata in vigore della presente legge, sono definite le voci e la struttura che compongono lo schema di bilancio semplificato e le modalità di attuazione del presente comma.*

(2) *Il primo periodo di questo comma: «Il bilancio deve essere redatto con l'osservanza degli articoli da 2423, 2423* bis, *2423* ter, *2424, 2424* bis, *2425, 2425* bis, *2426, 2427, 2428, 2429, 2430 e 2431, salvo quanto disposto dall'articolo 2435* bis*» è stato così sostituito dall'attuale, dall'art. 6, comma 14, del D.L.vo 18 agosto 2015, n. 139.*

A norma dell'art. 12, comma 1, del predetto decreto, tale disposizione entra in vigore dal 1° gennaio 2016 e si applica ai bilanci relativi agli esercizi finanziari aventi inizio a partire da quella data.

(3) *Le parole: «devono essere depositati», sono state così sostituite dalle parole: «deve essere depositata», dall'art. 16, comma 12* octies, *del D.L. 29 novembre 2008, n. 185, convertito, con modificazioni, nella L. 28 gennaio 2009, n. 2, a decorrere dal sessantesimo giorno successivo all'entrata in vigore della legge di conversione. Entro tale termine, gli amministratori delle società a responsabilità limitata depositano, con esenzione da ogni imposta e tassa, apposita dichiarazione per integrare le risultanze del registro delle imprese con quelle del libro dei soci.*

(4) *Le parole tra parentesi quadrate sono state soppresse dall'art. 16, comma 12* octies, *del D.L. 29 novembre 2008, n. 185, convertito, con modificazioni, nella L. 28 gennaio 2009, n. 2, a decorrere dal sessantesimo giorno successivo all'entrata in vigore della legge di conversione. Entro tale termine, gli amministratori delle società a responsabilità limitata depositano, con esenzione da ogni imposta e tassa, apposita dichiarazione per integrare le risultanze del registro delle imprese con quelle del libro dei soci.*

(5) *La parola: «distribuzione» è stata così sostituita dall'art. 5, lett.* rr), *del D.L.vo 6 febbraio 2004, n. 37.*

Sezione IV
Delle decisioni dei soci

2479. Decisioni dei soci. – I soci decidono sulle materie riservate alla loro competenza dall'atto costitutivo, nonché sugli argomenti che uno o più amministratori o tanti soci che rappresentano almeno un terzo del capitale sociale sottopongono alla loro approvazione (1).

In ogni caso sono riservate alla competenza dei soci:

1) l'approvazione del bilancio e la distribuzione degli utili;

2) la nomina, se prevista nell'atto costitutivo, degli amministratori;

3) la nomina nei casi previsti dall'articolo 2477 dei sindaci e del presidente del collegio sindacale o del soggetto incaricato di effettuare la revisione legale dei conti (2);

4) le modificazioni dell'atto costitutivo;

5) la decisione di compiere operazioni che comportano una sostanziale modificazione dell'oggetto sociale determinato nell'atto costitutivo o una rilevante modificazione dei diritti dei soci.

L'atto costitutivo può prevedere che le decisioni dei soci siano adottate mediante consultazione scritta o sulla base del consenso espresso per iscritto. In tal caso dai documenti sottoscritti dai soci devono risultare con chiarezza l'argomento oggetto della decisione ed il consenso alla stessa.

Qualora nell'atto costitutivo non vi sia la previsione di cui al terzo comma e comunque (3) con riferimento alle materie indicate nei numeri 4) e 5) del secondo comma del presente articolo nonché nel caso previsto dal quarto comma dell'articolo 2482 *bis* (4) oppure quando lo richiedono uno o più amministratori o un numero di soci che rappresentano almeno un terzo del capitale sociale, le decisioni dei soci debbono essere adottate mediante deliberazione assembleare ai sensi dell'articolo 2479 *bis*.

Ogni socio ha diritto di partecipare alle decisioni previste dal presente articolo ed il suo voto vale in misura proporzionale alla sua partecipazione.

Salvo diversa disposizione dell'atto costitutivo, le decisioni dei soci sono prese con il voto favorevole di una maggioranza che rappresenti almeno la metà del capitale sociale ([5]).

([1]) *Il segno grafico: «:» è stato sostituito dall'attuale «.», dall'art. 5, lett.* ss), *n. 1, del D.L.vo 6 febbraio 2004, n. 37.*

([2]) *Le parole: «del revisore» sono state così sostituite dalle attuali: «del soggetto incaricato di effettuare la revisione legale dei conti» dall'art. 37, comma 28, del D.L.vo 27 gennaio 2010, n. 39.*

([3]) *Le parole: «in ogni caso» sono state sostituite dalla parola: «comunque» dall'art. 5, lett. ss), n. 2, del D.L.vo 6 febbraio 2004, n. 37.*

([4]) *Le parole: «nonché nel caso previsto dal quarto comma dell'art. 2482* bis» *sono state aggiunte dall'art. 5, lett.* ss), *n. 2, del D.L.vo 6 febbraio 2004, n. 37.*

([5]) *Questo comma è stato così sostituito dall'art. 5, lett.* ss), *n. 3, del D.L.vo 6 febbraio 2004, n. 37.*

2479 *bis*. Assemblea dei soci. – L'atto costitutivo determina i modi di convocazione dell'assemblea dei soci, tali comunque da assicurare la tempestiva informazione sugli argomenti da trattare. In mancanza la convocazione è effettuata mediante lettera raccomandata spedita ai soci almeno otto giorni prima dell'adunanza nel domicilio risultante dal registro delle imprese ([1]).

Se l'atto costitutivo non dispone diversamente, il socio può farsi rappresentare in assemblea e la relativa documentazione è conservata secondo quanto prescritto dall'articolo 2478, primo comma, numero 2).

Salvo diversa disposizione dell'atto costitutivo l'assemblea si riunisce presso la sede sociale ed è regolarmente costituita con la presenza di tanti soci che rappresentano almeno la metà del capitale sociale e delibera a maggioranza assoluta e, nei casi previsti dai numeri 4) e 5) del secondo comma dell'articolo 2479, con il voto favorevole dei soci che rappresentano almeno la metà del capitale sociale.

L'assemblea è presieduta dalla persona indicata nell'atto costitutivo o, in mancanza, da quella designata dagli intervenuti. Il presidente dell'assemblea verifica la regolarità della costituzione, accerta l'identità e la legittimazione dei presenti, regola il suo svolgimento ed accerta i risultati delle votazioni; degli esiti di tali accertamenti deve essere dato conto nel verbale.

In ogni caso la deliberazione s'intende adottata quando ad essa partecipa l'intero capitale sociale e tutti gli amministratori e sindaci sono presenti o informati della riunione e nessuno si oppone alla trattazione dell'argomento.

([1]) *Le parole: «libro dei soci», sono state così sostituite dalle parole: «registro delle imprese», dall'art. 16, comma 12* novies, *del D.L. 29 novembre 2008, n. 185, convertito, con modificazioni, nella L. 28 gennaio 2009, n. 2, a decorrere dal sessantesimo giorno successivo all'entrata in vigore della legge di conversione. Entro tale termine, gli amministratori delle società a responsabilità limitata depositano, con esenzione da ogni imposta e tassa, apposita dichiarazione per integrare le risultanze del registro delle imprese con quelle del libro dei soci.*

2479 *ter*. Invalidità delle decisioni dei soci. – Le decisioni dei soci che non sono prese in conformità della legge o dell'atto costitutivo possono essere impugnate dai soci che non vi hanno consentito, da ciascun amministratore e dal collegio sindacale entro novanta giorni dalla loro trascrizione nel libro delle decisioni dei soci. Il tribunale, qualora ne ravvisi l'opportunità e ne sia fatta richiesta dalla società o da chi ha proposto l'impugnativa, può assegnare un termine non superiore a centottanta giorni per l'adozione di una nuova decisione idonea ad eliminare la causa di invalidità.

Qualora possano recare danno alla società, sono impugnabili a norma del precedente comma le decisioni assunte con la partecipazione determinante di soci che hanno, per conto proprio o di terzi, un interesse in conflitto con quello della società.

Le decisioni aventi oggetto illecito o impossibile e quelle prese in assenza assoluta di informazione possono essere impugnate da chiunque vi abbia interesse entro tre anni dalla trascrizione indicata nel primo periodo del primo ([1]) comma. Possono essere impugnate senza limiti di tempo le deliberazioni che modificano l'oggetto sociale prevedendo attività impossibili o illecite.

Si applicano, in quanto compatibili, gli articoli 2377, primo, quinto, settimo, ottavo e nono comma, ([2]) 2378, 2379 *bis*, 2379 *ter* e 2434 *bis*.

([1]) *L'originaria parola: «secondo» è stata così sostituita dall'attuale: «primo» dall'art. 22 del D.L.vo 28 dicembre 2004, n. 310.*

([2]) *Le parole: «quarto, sesto, settimo e ottavo comma,» sono state così sostituite dall'articolo 5, lett.* tt) *del D.L.vo 6 febbraio 2004, n. 37.*

Sezione V
Delle modificazioni
dell'atto costitutivo

2480. Modificazioni dell'atto costitutivo. – Le modificazioni dell'atto costitutivo sono deliberate dall'assemblea dei soci a norma dell'articolo 2479 *bis*. Il verbale è redatto da notaio e si applica l'articolo 2436.

2481. Aumento di capitale. – L'atto costitutivo può attribuire agli amministratori la facoltà di aumentare il capitale sociale, determinandone i limiti e le modalità di esercizio; la decisione degli amministratori, che deve risultare da verbale redatto senza indugio da notaio, deve essere depositata ed iscritta a norma dell'articolo 2436.

La decisione di aumentare il capitale sociale non può essere attuata fin quando i conferimenti precedentemente dovuti non sono stati integralmente eseguiti.

2481 *bis*. Aumento di capitale mediante nuovi conferimenti. – In caso di decisione di aumento del capitale sociale mediante nuovi conferimenti spetta ai soci il diritto di sottoscriverlo in proporzione delle partecipazioni da essi possedute. L'atto costitutivo può prevedere, salvo per il caso di cui all'articolo 2482 *ter*, che l'aumento di capitale possa essere attuato anche mediante offerta di quote di nuova emissione a terzi; in tal caso spetta ai soci che non hanno consentito alla decisione il diritto di recesso a norma dell'articolo 2473.

La decisione di aumento di capitale prevede l'eventuale soprapprezzo e le modalità ed i termini entro i quali può essere esercitato il diritto di sottoscrizione. Tali termini non possono essere inferiori a trenta giorni dal momento in cui viene comunicato ai soci che l'aumento di capitale può essere sottoscritto. La decisione può anche consentire, disciplinandone le modalità, che la parte dell'aumento di capitale non sottoscritta da uno o più soci sia sottoscritta dagli altri soci o da terzi.

Se l'aumento di capitale non è integralmente sottoscritto nel termine stabilito dalla decisione, il capitale è aumentato di un importo pari alle sottoscrizioni raccolte soltanto se la deliberazione medesima lo abbia espressamente consentito.

Salvo quanto previsto dal secondo periodo del quarto comma e dal sesto comma dell'articolo 2464, i sottoscrittori dell'aumento di capitale devono, all'atto della sottoscrizione, versare alla società almeno il venticinque per cento della parte di capitale sottoscritta e, se previsto, l'intero soprapprezzo. Per i conferimenti di beni in natura o di crediti si applica quanto disposto dal quinto comma dell'articolo 2464.

Se l'aumento di capitale è sottoscritto dall'unico socio, il conferimento in danaro deve essere integralmente versato all'atto della sottoscrizione.

Nei trenta giorni dall'avvenuta sottoscrizione gli amministratori devono depositare per l'iscrizione nel registro delle imprese un'attestazione che l'aumento di capitale è stato eseguito.

2481 *ter*. Passaggio di riserve a capitale. – La società può aumentare il capitale imputando ad esso le riserve e gli altri fondi iscritti in bilancio in quanto disponibili.

In questo caso la quota di partecipazione di ciascun socio resta immutata.

2482. Riduzione del capitale sociale. – La riduzione del capitale sociale può avere luogo, nei limiti previsti dal numero 4) dell'articolo 2463, mediante rimborso ai soci delle quote pagate o mediante liberazione di essi dall'obbligo dei versamenti ancora dovuti.

La decisione dei soci di ridurre il capitale sociale può essere eseguita soltanto dopo novanta giorni ([1]) dal giorno dell'iscrizione nel registro delle imprese della decisione medesima, purché entro questo termine nessun creditore sociale anteriore all'iscrizione abbia fatto opposizione.

Il tribunale, quando ritenga infondato il pericolo di pregiudizio per i creditori oppure la società abbia prestato un'idonea garanzia, dispone che l'esecuzione abbia luogo nonostante l'opposizione.

([1]) *Le parole*: *«tre mesi» sono state così sostituite dall'art. 5, lett.* uu), *del D.L.vo 6 febbraio 2004, n. 37.*

2482 *bis*. Riduzione del capitale per perdite. – Quando risulta che il capitale è diminuito di oltre un terzo in conseguenza di perdite, gli amministratori devono senza indugio convocare l'assemblea dei soci per gli opportuni provvedimenti.

All'assemblea deve essere sottoposta una relazione degli amministratori sulla situazione patrimoniale della società, con le osservazioni nei casi previsti dall'articolo 2477 del collegio sindacale o del soggetto incaricato di effettuare la revisione legale dei conti ([1]). Se l'atto costitutivo non prevede diversamente, copia della relazione e delle osservazioni deve essere depositata nella sede della società almeno otto giorni prima dell'assemblea, perché i soci possano prenderne visione.

Nell'assemblea gli amministratori devono dare conto dei fatti di rilievo avvenuti dopo la redazione della relazione prevista nel precedente comma.

Se entro l'esercizio successivo la perdita non risulta diminuita a meno di un terzo, deve essere convocata l'assemblea per l'approvazione del bilancio e per la riduzione del capitale in proporzione delle perdite accertate ([2]). In mancanza gli amministratori e i sindaci o il soggetto incaricato di effettuare la revisione legale dei conti ([3]) nominati ai sensi dell'articolo 2477 devono chiedere al tribunale che venga disposta la riduzione del capitale in ragione delle perdite risultanti dal bilancio.

Il tribunale, anche su istanza di qualsiasi interessato, provvede con decreto soggetto a reclamo, che deve essere iscritto nel registro delle imprese a cura degli amministratori.

Si applica, in quanto compatibile, l'ultimo comma dell'articolo 2446.

([1]) *Le parole: «o del revisore» sono state così sostituite dalle attuali: «o del soggetto incaricato di effettuare la revisione legale dei conti» dall'art. 37, comma 29, lett.* a), *del D.L.vo 27 gennaio 2010, n. 39.*

([2]) *Le parole: «l'assemblea convocata per l'approvazione del bilancio deve ridurre il capitale in proporzione delle perdite accertate.» sono state così sostituite dall'art. 5, lett.* vv), *del D.L.vo 6 febbraio 2004, n. 37.*

([3]) *Le parole: «o il revisore» sono state così sostituite dalle attuali: «o il soggetto incaricato di effettuare la revisione legale dei conti» dall'art. 37, comma 29, lett.* b), *del D.L.vo 27 gennaio 2010, n. 39.*

2482 *ter*. Riduzione del capitale al disotto del minimo legale. – Se, per la perdita di oltre un terzo del capitale, questo si riduce al disotto del minimo stabilito dal numero 4) dell'articolo 2463, gli amministratori devono senza indugio convocare l'assemblea per deliberare la riduzione del capitale ed il contemporaneo aumento del medesimo ad una cifra non inferiore al detto minimo.

È fatta salva la possibilità di deliberare la trasformazione della società.

2482 *quater*. Riduzione del capitale per perdite e diritti dei soci. – In tutti i casi di riduzione del capitale per perdite è esclusa ogni modificazione delle quote di partecipazione e dei diritti spettanti ai soci.

2483. Emissione di titoli di debito. – Se l'atto costitutivo lo prevede, la società può emettere titoli di debito. In tal caso l'atto costitutivo attribuisce la relativa competenza ai soci o agli amministratori determinando gli eventuali limiti, le modalità e le maggioranze necessarie per la decisione.

I titoli emessi ai sensi del precedente comma possono essere sottoscritti soltanto da investitori professionali soggetti a vigilanza prudenziale a norma delle leggi speciali. In caso di successiva circolazione dei titoli di debito, chi li trasferisce risponde della solvenza della società nei confronti degli acquirenti che non siano investitori professionali ovvero soci della società medesima.

La decisione di emissione dei titoli prevede le condizioni del prestito e le modalità del rimborso ed è iscritta a cura degli amministratori presso il registro delle imprese. Può altresì prevedere che, previo consenso della maggioranza dei possessori dei titoli, la società possa modificare tali condizioni e modalità.

Restano salve le disposizioni di leggi speciali relative a particolari categorie di società e alle riserve di attività.

Capo VIII
Scioglimento e liquidazione delle società di capitali ([1])

([1]) *Questo Capo è stato così sostituito dall'art. 4 del D.L.vo 17 gennaio 2003, n. 6, rettificato e corretto con avviso pubblicato in* Gazzetta Ufficiale *Serie gen. - n. 153 del 4 luglio 2003 e di nuovo rettificato con avviso pubblicato in* Gazzetta Ufficiale *Serie gen. - n. 165 del 18 luglio 2003, a decorrere dal 1° gennaio 2004.*

2484. Cause di scioglimento. – Le società per azioni, in accomandita per azioni e a responsabilità limitata si sciolgono:

1) per il decorso del termine;

2) per il conseguimento dell'oggetto sociale o per la sopravvenuta impossibilità di conseguirlo, salvo che l'assemblea, all'uopo convocata senza indugio, non deliberi le opportune modifiche statutarie;

3) per l'impossibilità di funzionamento o per la continuata inattività dell'assemblea;

4) per la riduzione del capitale al disotto del minimo legale, salvo quanto è disposto dagli articoli 2447 e 2482 *ter*;

5) nelle ipotesi previste dagli articoli 2437 *quater* e 2473;

6) per deliberazione dell'assemblea;

7) per le altre cause previste dall'atto costitutivo o dallo statuto.

La società inoltre si scioglie per le altre cause previste dalla legge; in queste ipotesi le disposizioni dei seguenti articoli si applicano in quanto compatibili.

Gli effetti dello scioglimento si determinano, nelle ipotesi previste dai numeri 1), 2), 3), 4) e 5) del primo comma, alla data dell'iscrizione presso l'ufficio del registro delle imprese della dichiarazione con cui gli amministratori ne accertano la causa e, nell'ipotesi prevista dal numero 6) del medesimo comma, alla data dell'iscrizione della relativa deliberazione.

Quando l'atto costitutivo o lo statuto prevedono altre cause di scioglimento, essi devono determinare la competenza a deciderle od accertarle, e ad effettuare gli adempimenti pubblicitari di cui al precedente comma.

2485. Obblighi degli amministratori. – Gli amministratori devono senza indugio accertare il verificarsi di una causa di scioglimento e procedere agli adempimenti previsti dal terzo comma dell'articolo 2484. Essi, in caso di ritardo od omissione, sono personalmente e solidalmente responsabili per i danni subiti dalla società, dai soci, dai creditori sociali e dai terzi.

Quando gli amministratori omettono gli adempimenti di cui al precedente comma, il tribunale, su istanza di singoli soci o amministratori ovvero dei sindaci, accerta il verificarsi della causa di scioglimento, con decreto che deve essere iscritto a norma del terzo comma dell'articolo 2484.

2486. Poteri degli amministratori. – Al verificarsi di una causa di scioglimento e fino al momento della consegna di cui all'articolo 2487 *bis*, gli amministratori conservano il potere di gestire la società, ai soli fini della conservazione dell'integrità e del valore del patrimonio sociale.

Gli amministratori sono personalmente e solidalmente responsabili dei danni arrecati alla società, ai soci, ai creditori sociali ed ai terzi, per atti od omissioni compiuti in violazione del precedente comma.

2487. Nomina e revoca dei liquidatori; criteri di svolgimento della liquidazione. – Salvo che nei casi previsti dai numeri 2), 4) e 6) del primo comma dell'articolo 2484 non abbia già provveduto l'assemblea e salvo che l'atto costitutivo o lo statuto non dispongano in materia, gli amministratori, contestualmente all'accertamento della causa di scioglimento, debbono convocare l'assemblea dei soci perché deliberi, con le maggioranze previste per le modificazioni dell'atto costitutivo o dello statuto, su:

a) il numero dei liquidatori e le regole di funzionamento del collegio in caso di pluralità di liquidatori;

b) la nomina dei liquidatori, con indicazione di quelli cui spetta la rappresentanza della società;

c) i criteri in base ai quali deve svolgersi la liquidazione; i poteri dei liquidatori, con particolare riguardo alla cessione dell'azienda sociale, di rami di essa, ovvero anche di singoli beni o diritti, o blocchi di essi; gli atti necessari per la conservazione del valore dell'impresa, ivi compreso il suo esercizio provvisorio, anche di singoli rami, in funzione del migliore realizzo.

Se gli amministratori omettono la convocazione di cui al comma precedente, il tribunale vi provvede su istanza di singoli soci o amministratori, ovvero dei sindaci, e, nel caso in cui l'assemblea non si costituisca o non deliberi, adotta con decreto le decisioni ivi previste.

L'assemblea può sempre modificare, con le maggioranze richieste per le modificazioni dell'atto costitutivo o dello statuto, le deliberazioni di cui al primo comma.

I liquidatori possono essere revocati dall'assemblea o, quando sussiste una giusta causa, dal tribunale su istanza di soci, dei sindaci o del pubblico ministero.

2487 *bis*. Pubblicità della nomina dei liquidatori ed effetti. – La nomina dei liquidatori e la determinazione dei loro poteri, comunque avvenuta, nonché le loro modificazioni, devono essere iscritte, a loro cura, nel registro delle imprese.

Alla denominazione sociale deve essere aggiunta l'indicazione trattarsi di società in liquidazione.

Avvenuta l'iscrizione di cui al primo comma gli amministratori cessano dalla carica e consegnano ai liquidatori i libri sociali, una situazione dei conti alla data di effetto dello scioglimento ed un rendiconto sulla loro gestione relativo al periodo successivo all'ultimo bilancio approvato. Di tale consegna viene redatto apposito verbale.

2487 *ter*. Revoca dello stato di liquidazione. – La società può in ogni momento revocare lo stato di liquidazione, occorrendo previa eliminazione della causa di scioglimento, con deliberazione dell'assemblea presa con le maggioranze richieste per le modificazioni dell'atto costitutivo o dello statuto. Si applica l'articolo 2436.

La revoca ha effetto solo dopo sessanta giorni dall'iscrizione nel registro delle imprese della relativa deliberazione, salvo che consti il consenso dei creditori della società o il pagamento dei creditori che non hanno dato il consenso. Qualora nel termine suddetto i creditori anteriori all'iscrizione abbiano fatto opposizione, si applica l'ultimo comma dell'articolo 2445.

2488. Organi sociali. – Le disposizioni sulle decisioni dei soci, sulle assemblee e sugli organi amministrativi e di controllo si applicano, in quanto compatibili, anche durante la liquidazione.

2489. Poteri, obblighi e responsabilità dei liquidatori. – Salvo diversa disposizione statutaria, ovvero adottata in sede di nomina, i liquidatori hanno il potere di compiere tutti gli atti utili per la liquidazione della società.

I liquidatori debbono adempiere i loro doveri con la professionalità e diligenza richieste dalla natura dell'incarico e la loro responsabilità per i danni derivanti dall'inosservanza di tali doveri è disciplinata secondo le norme in tema di responsabilità degli amministratori.

2490. Bilanci in fase di liquidazione. – I liquidatori devono redigere il bilancio e presentarlo, alle scadenze previste per il bilancio di esercizio della società, per l'approvazione all'assemblea o, nel caso previsto dal terzo comma dell'articolo 2479, ai soci. Si applicano, in quanto compatibili con la natura, le finalità e lo stato della liquidazione, le disposizioni degli articoli 2423 e seguenti.

Nella relazione i liquidatori devono illustrare l'andamento, le prospettive, anche temporali, della liquidazione, ed i principi e criteri adottati per realizzarla.

Nella nota integrativa i liquidatori debbono indicare e motivare i criteri di valutazione adottati.

Nel primo bilancio successivo alla loro nomina i liquidatori devono indicare le variazioni nei criteri di valutazione adottati rispetto all'ultimo bilancio approvato, e le ragioni e conseguenze di tali variazioni. Al medesimo bilancio deve essere allegata la documentazione consegnata dagli amministratori a norma del terzo comma dell'articolo 2487 *bis*, con le eventuali osservazioni dei liquidatori.

Quando sia prevista una continuazione, anche parziale, dell'attività di impresa, le relative poste di bilancio devono avere una indicazione separata; la relazione deve indicare le ragioni e le prospettive della continuazione; la nota integrativa deve indicare e motivare i criteri di valutazione adottati.

Qualora per oltre tre anni consecutivi non venga depositato il bilancio di cui al presente articolo, la società è cancellata d'ufficio dal registro delle imprese con gli effetti previsti dall'articolo 2495.

2491. Poteri e doveri particolari dei liquidatori. – Se i fondi disponibili risultano insufficienti per il pagamento dei debiti sociali, i liquidatori possono chiedere proporzionalmente ai soci i versamenti ancora dovuti.

I liquidatori non possono ripartire tra i soci acconti sul risultato della liquidazione, salvo che dai bilanci risulti che la ripartizione non incide sulla disponibilità di somme idonee alla integrale e tempestiva soddisfazione dei creditori sociali; i liquidatori possono condizionare la ripartizione alla prestazione da parte del socio di idonee garanzie.

I liquidatori sono personalmente e solidalmente responsabili per i danni cagionati ai creditori sociali con la violazione delle disposizioni del comma precedente.

2492. Bilancio finale di liquidazione. – Compiuta la liquidazione, i liquidatori devono redigere il bilancio finale, indicando la parte spettante a ciascun socio o azione nella divisione dell'attivo.

Il bilancio, sottoscritto dai liquidatori e accompagnato dalla relazione dei sindaci e del soggetto incaricato di effettuare la revisione legale dei conti [1], è depositato presso l'ufficio del registro delle imprese.

Nei novanta giorni successivi all'iscrizione dell'avvenuto deposito, ogni socio può proporre reclamo davanti al tribunale in contraddittorio dei liquidatori.

I reclami devono essere riuniti e decisi in unico giudizio, nel quale tutti i soci possono intervenire. La trattazione della causa ha inizio quando sia decorso il termine suddetto. La sentenza fa stato anche riguardo ai non intervenuti.

[1] *Le parole: «della revisione contabile» sono state così sostituite dalle attuali: «di effettuare la revisione legale dei conti» dall'art. 37, comma 30, del D.L.vo 27 gennaio 2010, n. 39.*

2493. Approvazione tacita del bilancio. – Decorso il termine di novanta giorni senza che siano stati proposti reclami, il bilancio finale di liquidazione s'intende approvato, e i liquidatori, salvi i loro obblighi relativi alla distribuzione dell'attivo risultante dal bilancio, sono liberati di fronte ai soci.

Indipendentemente dalla decorrenza del termine, la quietanza, rilasciata senza riserve all'atto del pagamento dell'ultima quota di riparto, importa approvazione del bilancio.

2494. Deposito delle somme non riscosse. – Le somme spettanti ai soci, non riscosse entro novanta giorni dall'iscrizione dell'avvenuto deposito del bilancio a norma dell'articolo 2492, devono essere depositate presso una banca con l'indicazione del cognome e del nome del socio o dei numeri delle azioni, se queste sono al portatore.

2495. (1) **Cancellazione della società.** – Approvato il bilancio finale di liquidazione, i liquidatori devono chiedere la cancellazione della società dal registro delle imprese.

Ferma restando l'estinzione della società, dopo la cancellazione i creditori sociali non soddisfatti possono far valere i loro crediti nei confronti dei soci, fino alla concorrenza delle somme da questi riscosse in base al bilancio finale di liquidazione, e nei confronti dei liquidatori, se il mancato pagamento è dipeso da colpa di questi. La domanda, se proposta entro un anno dalla cancellazione, può essere notificata presso l'ultima sede della società.

(1) *A norma dell'art. 28, comma 4, del D.L.vo 21 novembre 2014, n. 175, ai soli fini della validità e dell'efficacia degli atti di liquidazione, accertamento, contenzioso e riscossione dei tributi e contributi, sanzioni e interessi, l'estinzione della società di cui a questo articolo ha effetto trascorsi cinque anni dalla richiesta di cancellazione del Registro delle imprese. A norma dell'art. 28, comma 6, dello stesso provvedimento dall'entrata in vigore di queste disposizioni, non discendono obblighi di dichiarazione nuovi o diversi rispetto a quelli vigenti.*

2496. Deposito dei libri sociali. – Compiuta la liquidazione, la distribuzione dell'attivo o il deposito indicato nell'articolo 2494, i libri della società devono essere depositati e conservati per dieci anni presso l'ufficio del registro delle imprese; chiunque può esaminarli, anticipando le spese.

Capo IX
Direzione e coordinamento di società (1)

(1) *Questo Capo è stato così sostituito dall'art. 5 del D.L.vo 17 gennaio 2003, n. 6, rettificato e corretto con avviso pubblicato in* Gazzetta Ufficiale *Serie gen. - n. 153 del 4 luglio 2003 e di nuovo rettificato con avviso pubblicato in* Gazzetta Ufficiale *Serie gen. - n. 165 del 18 luglio 2003, a decorrere dal 1° gennaio 2004.*

2497. Responsabilità. – Le società o gli enti che, esercitando attività di direzione e coordinamento di società, agiscono nell'interesse imprenditoriale proprio o altrui in violazione dei principi di corretta gestione societaria e imprenditoriale delle società medesime, sono direttamente responsabili nei confronti dei soci di queste per il pregiudizio arrecato alla redditività ed al valore della partecipazione sociale, nonché nei confronti dei creditori sociali per la lesione cagionata all'integrità del patrimonio della società. Non vi è responsabilità quando il danno risulta mancante alla luce del risultato complessivo dell'attività di direzione e coordinamento ovvero integralmente eliminato anche a seguito di operazioni a ciò dirette (1).

Risponde in solido chi abbia comunque preso parte al fatto lesivo e, nei limiti del vantaggio conseguito, chi ne abbia consapevolmente tratto beneficio.

Il socio ed il creditore sociale possono agire contro la società o l'ente che esercita l'attività di direzione e coordinamento, solo se non sono stati soddisfatti dalla società soggetta alla attività di direzione e coordinamento.

Nel caso di fallimento, liquidazione coatta amministrativa e amministrazione straordinaria di società soggetta ad altrui direzione e coordinamento, l'azione spettante ai creditori di questa è esercitata dal curatore o dal commissario liquidatore o dal commissario straordinario.

(1) *A norma dell'art. 19, comma 6, del D.L. 1 luglio 2009, n. 78, convertito, con modificazioni, nella L. 3 agosto 2009, n. 102, questo comma si interpreta nel senso che per enti si intendono i soggetti giuridici collettivi, diversi dallo Stato, che detengono la partecipazione sociale nell'ambito della propria attività imprenditoriale ovvero per finalità di natura economica o finanziaria.*

2497 *bis*. Pubblicità. – La società deve indicare la società o l'ente alla cui attività di direzione e coordinamento è soggetta (1) negli atti e nella corrispondenza, nonché mediante iscrizione, a cura degli amministratori, presso la sezione del registro delle imprese di cui al comma successivo.

È istituita presso il registro delle imprese apposita sezione nella quale sono indicati le società o gli enti ([2]) che esercitano attività di direzione e coordinamento e quelle che vi sono soggette.

Gli amministratori che omettono l'indicazione di cui al comma primo ovvero l'iscrizione di cui al comma secondo, o le mantengono quando la soggezione è cessata, sono responsabili dei danni che la mancata conoscenza di tali fatti abbia recato ai soci o ai terzi.

La società deve esporre, in apposita sezione della nota integrativa, un prospetto riepilogativo dei dati essenziali dell'ultimo bilancio della società o dell'ente che esercita su di essa l'attività di direzione e coordinamento.

Parimenti, gli amministratori devono indicare nella relazione sulla gestione i rapporti intercorsi con chi esercita l'attività di direzione e coordinamento e con le altre società che vi sono soggette, nonché l'effetto che tale attività ha avuto sull'esercizio dell'impresa sociale e sui suoi risultati.

([1]) *Le parole: «la propria soggezione all'altrui attività di direzione e coordinamento» sono state così sostituite dall'art. 5, lett.* zz), *n. 1, del D.L.vo 6 febbraio 2004, n. 37.*

([2]) *Le parole: «sono indicati i soggetti» sono state così sostituite dall'art. 5, lett.* zz), *n. 2, del D.L.vo 6 febbraio 2004, n. 37.*

2497 *ter*. Motivazione delle decisioni. – Le decisioni delle società soggette ad attività di direzione e coordinamento, quando da questa influenzate, debbono essere analiticamente motivate e recare puntuale indicazione delle ragioni e degli interessi la cui valutazione ha inciso sulla decisione. Di esse viene dato adeguato conto nella relazione di cui all'articolo 2428.

2497 *quater*. Diritto di recesso. – Il socio di società soggetta ad attività di direzione e coordinamento può recedere:

a) quando la società o l'ente che esercita attività di direzione e coordinamento ha deliberato una trasformazione che implica il mutamento del suo scopo sociale, ovvero ha deliberato una modifica del suo oggetto sociale consentendo l'esercizio di attività che alterino in modo sensibile e diretto le condizioni economiche e patrimoniali della società soggetta ad attività di direzione e coordinamento;

b) quando a favore del socio sia stata pronunciata, con decisione esecutiva, condanna di chi esercita attività di direzione e coordinamento ai sensi dell'articolo 2497; in tal caso il diritto di recesso può essere esercitato soltanto per l'intera partecipazione del socio;

c) all'inizio ed alla cessazione dell'attività di direzione e coordinamento, quando non si tratta di una società con azioni quotate in mercati regolamentati e ne deriva un'alterazione delle condizioni di rischio dell'investimento e non venga promossa un'offerta pubblica di acquisto.

Si applicano, a seconda dei casi ed in quanto compatibili, le disposizioni previste per il diritto di recesso del socio nella società per azioni o in quella a responsabilità limitata.

2497 *quinquies*. Finanziamenti nell'attività di direzione e coordinamento. – Ai finanziamenti effettuati a favore della società da chi esercita attività di direzione e coordinamento nei suoi confronti o da altri soggetti ad essa sottoposti si applica l'articolo 2467.

2497 *sexies*. Presunzioni. – Ai fini di quanto previsto nel presente capo, si presume salvo prova contraria che l'attività di direzione e coordinamento di società sia esercitata dalla società o ente tenuto al consolidamento dei loro bilanci o che comunque le controlla ([1]) ai sensi dell'articolo 2359.

[Le disposizioni del presente capo si applicano altresì a chi esercita attività di direzione e coordinamento di società sulla base di un contratto con le società medesime o di clausole dei loro statuti] ([2]).

([1]) *Le parole: «dalle società o enti tenuti al consolidamento dei loro bilanci o che comunque le controllano» sono state così sostituite dall'art. 5, lett.* aaa), *n. 1, del D.L.vo 6 febbraio 2004, n. 37.*

([2]) *Questo comma è stato soppresso dall'art. 5, lett.* aaa), *n. 2, del D.L.vo 6 febbraio 2004, n. 37.*

2497 *septies*. ([1]) **Coordinamento fra società.** – Le disposizioni del presente capo si applicano altresì alla società o all'ente che, fuori dalle ipotesi di cui all'articolo 2497 *sexies*, esercita attività di direzione e coordinamento di società sulla base di un contratto con le società medesime o di clausole dei loro statuti.

([1]) *Questo articolo è stato inserito dall'art. 5, lett.* bbb), *del D.L.vo 6 febbraio 2004, n. 37.*

Capo X
Della trasformazione,
della fusione e della scissione ([1])

([1]) *Questo Capo è stato aggiunto dall'art. 6 del D.L.vo 17 gennaio 2003, n. 6, rettificato e corretto con avviso pubblicato in* Gazzetta Ufficiale *Serie gen. - n. 153 del 4 luglio 2003 e di nuovo rettificato con avviso pubblicato in* Gazzetta Ufficiale *Serie gen. - n. 165 del 18 luglio 2003, a decorrere dal 1° gennaio 2004.*

Sezione I
Della trasformazione

2498. Continuità dei rapporti giuridici. – Con la trasformazione l'ente trasformato conserva i diritti e gli obblighi e prosegue in tutti i rapporti anche processuali dell'ente che ha effettuato la trasformazione.

2499. Limiti alla trasformazione. – Può farsi luogo alla trasformazione anche in pendenza di procedura concorsuale, purché non vi siano incompatibilità con le finalità o lo stato della stessa.

2500. Contenuto, pubblicità ed efficacia dell'atto di trasformazione. – La trasformazione in società per azioni, in accomandita per azioni o a responsabilità limitata deve risultare da atto pubblico, contenente le indicazioni previste dalla legge per l'atto di costituzione del tipo adottato.

L'atto di trasformazione è soggetto alla disciplina prevista per il tipo adottato ed alle forme di pubblicità relative, nonché alla pubblicità richiesta per la cessazione dell'ente che effettua la trasformazione.

La trasformazione ha effetto dall'ultimo degli adempimenti pubblicitari di cui al comma precedente.

2500 *bis*. Invalidità della trasformazione. – Eseguita la pubblicità di cui all'articolo precedente, l'invalidità dell'atto di trasformazione non può essere pronunciata.

Resta salvo il diritto al risarcimento del danno eventualmente spettante ai partecipanti all'ente trasformato ed ai terzi danneggiati dalla trasformazione.

2500 *ter*. Trasformazione di società di persone. – Salvo diversa disposizione del contratto sociale, la trasformazione di società di persone in società di capitali è decisa con il consenso della maggioranza dei soci determinata secondo la parte attribuita a ciascuno negli utili; in ogni caso al socio che non ha concorso alla decisione spetta il diritto di recesso.

Nei casi previsti dal precedente comma il capitale della società risultante dalla trasformazione deve essere determinato sulla base dei valori attuali degli elementi dell'attivo e del passivo e deve risultare da relazione di stima redatta a norma dell'articolo 2343 ovvero dalla documentazione di cui all'articolo 2343 *ter* ovvero, infine, nel caso di società a responsabilità limitata, dell'articolo 2465. Si applicano altresì, nel caso di società per azioni o in accomandita per azioni, il secondo, terzo e, in quanto compatibile, quarto comma dell'articolo 2343 ovvero, nelle ipotesi di cui al primo e secondo comma dell'articolo 2343 *ter*, il terzo comma del medesimo articolo ([1]).

([1]) *Questo comma è stato così sostituito dall'art. 20, comma 5, del D.L. 24 giugno 2014, n. 91, convertito, con modificazioni, nella L. 11 agosto 2014, n. 116.*

2500 *quater*. Assegnazione di azioni o quote. – Nel caso previsto dall'articolo 2500 *ter*, ciascun socio ha diritto all'assegnazione di un numero di azioni o di una quota proporzionale alla sua partecipazione, salvo quanto disposto dai commi successivi.

Il socio d'opera ha diritto all'assegnazione di un numero di azioni o di una quota in misura corrispondente alla partecipazione che l'atto costitutivo gli riconosceva precedentemente alla trasformazione o, in mancanza, d'accordo tra i soci ovvero, in difetto di accordo, determinata dal giudice secondo equità.

Nelle ipotesi di cui al comma precedente, le azioni o quote assegnate agli altri soci si riducono proporzionalmente.

2500 *quinquies*. Responsabilità dei soci. – La trasformazione non libera i soci a responsabilità illimitata dalla responsabilità per le obbligazioni sociali sorte prima degli adempimenti previsti dal terzo comma dell'articolo 2500, se non risulta che i creditori sociali hanno dato il loro consenso alla trasformazione.

Il consenso si presume se i creditori, ai quali la deliberazione di trasformazione sia stata comunicata per raccomandata o con altri mezzi che garantiscano la prova dell'avvenuto ricevimento, non lo hanno espressamente negato nel termine di sessanta giorni dal ricevimento della comunicazione.

2500 *sexies*. Trasformazione di società di capitali. – Salvo diversa disposizione dello statuto, la deliberazione di trasformazione di società di capitali in società di persone è adottata con le maggioranze previste per le modifiche dello statuto. È comunque richiesto il consenso dei soci che con la trasformazione assumono responsabilità illimitata.

Gli amministratori devono predisporre una relazione che illustri le motivazioni e gli effetti della trasformazione. Copia della relazione deve restare depositata presso la sede sociale durante i trenta giorni che precedono l'assemblea convocata per deliberare la trasformazione; i soci hanno diritto di prenderne visione e di ottenerne gratuitamente copia.

Ciascun socio ha diritto all'assegnazione di una partecipazione proporzionale al valore della sua quota o delle sue azioni.

I soci che con la trasformazione assumono responsabilità illimitata, rispondono illimitatamente anche per le obbligazioni sociali sorte anteriormente alla trasformazione.

2500 *septies*. Trasformazione eterogenea da società di capitali. – Le società disciplinate nei capi V, VI, VII del presente titolo possono trasformarsi in consorzi, società consortili, società cooperative, comunioni di azienda, associazioni non riconosciute e fondazioni.

Si applica l'articolo 2500 *sexies*, in quanto compatibile.

La deliberazione deve essere assunta con il voto favorevole dei due terzi degli aventi diritto, e comunque con il consenso dei soci che assumono responsabilità illimitata.

La deliberazione di trasformazione in fondazione produce gli effetti che il capo II del titolo II del Libro primo ricollega all'atto di fondazione o alla volontà del fondatore.

2500 *octies*. Trasformazione eterogenea in società di capitali. – I consorzi, le società consortili, le comunioni d'azienda, le associazioni riconosciute e le fondazioni possono trasformarsi in una delle società disciplinate nei capi V, VI e VII del presente titolo.

La deliberazione di trasformazione deve essere assunta, nei consorzi, con il voto favorevole della maggioranza assoluta dei consorziati; nelle comunioni di aziende all'unanimità; nelle società consortili e nelle associazioni con la maggioranza richiesta dalla legge o dall'atto costitutivo per lo scioglimento anticipato.

La trasformazione di associazioni in società di capitali può essere esclusa dall'atto costitutivo o, per determinate categorie di associazioni, dalla legge; non è comunque ammessa per le associazioni che abbiano ricevuto contributi pubblici oppure liberalità e oblazioni del pubblico. Il capitale sociale della società risultante dalla trasformazione è diviso in parti uguali fra gli associati, salvo diverso accordo tra gli stessi.

La trasformazione di fondazioni in società di capitali è disposta dall'autorità governativa, su proposta dell'organo competente. Le azioni o quote sono assegnate secondo le disposizioni dell'atto di fondazione o, in mancanza, dell'articolo 31.

2500 *novies*. Opposizione dei creditori. – In deroga a quanto disposto dal terzo comma dell'articolo 2500, la trasformazione eterogenea ha effetto dopo sessanta giorni dall'ultimo degli adempimenti pubblicitari previsti dallo stesso articolo, salvo che consti il consenso dei creditori o il pagamento dei creditori che non hanno dato il consenso.

I creditori possono, nel suddetto termine di sessanta giorni, fare opposizione. Si applica in tal caso l'ultimo comma dell'articolo 2445.

Sezione II
Della fusione delle società

2501. Forme di fusione. – La fusione di più società può eseguirsi mediante la costituzione di una nuova società, o mediante l'incorporazione in una società di una o più altre.

La partecipazione alla fusione non è consentita alle società in liquidazione che abbiano iniziato la distribuzione dell'attivo.

2501 *bis*. Fusione a seguito di acquisizione con indebitamento. – Nel caso di fusione tra società, una delle quali abbia contratto debiti per acquisire il controllo dell'altra, quando per effetto della fusione il patrimonio di quest'ultima viene a costituire garanzia generica o fonte di rimborso di detti debiti, si applica la disciplina del presente articolo.

Il progetto di fusione di cui all'articolo 2501 *ter* deve indicare le risorse finanziarie previste per il soddisfacimento delle obbligazioni della società risultante dalla fusione.

La relazione di cui all'articolo 2501 *quinquies* deve indicare le ragioni che giustificano l'operazione e contenere un piano economico e finanziario con indicazione della fonte delle risorse finanziarie e la descrizione degli obiettivi che si intendono raggiungere.

La relazione degli esperti di cui all'articolo 2501 *sexies*, attesta la ragionevolezza delle indicazioni contenute nel progetto di fusione ai sensi del precedente secondo comma.

Al progetto deve essere allegata una (1) relazione del soggetto incaricato della revisione legale dei conti (2) della società obiettivo o della società acquirente.

Alle fusioni di cui al primo comma non si applicano le disposizioni degli articoli 2505 e 2505 *bis*.

(1) *La parola: «una» è stata inserita dall'art. 5, lett.* ccc), *del D.L.vo 6 febbraio 2004, n. 37.*

(2) *Le parole: «della società di revisione incaricata della revisione contabile obbligatoria» sono state così sostituite dalle attuali: «del soggetto incaricato della revisione legale dei conti» dall'art. 37, comma 31, del D.L.vo 27 gennaio 2010, n. 39.*

2501 *ter*. Progetto di fusione. – L'organo amministrativo delle società partecipanti alla fusione redige un progetto di fusione, dal quale devono in ogni caso risultare:

1) il tipo, la denominazione o ragione sociale, la sede delle società partecipanti alla fusione;

2) l'atto costitutivo della nuova società risultante dalla fusione o di quella incorporante, con le eventuali modificazioni derivanti dalla fusione;

3) il rapporto di cambio delle azioni o quote, nonché l'eventuale conguaglio in danaro;

4) le modalità di assegnazione delle azioni o delle quote della società che risulta dalla fusione o di quella incorporante;

5) la data dalla quale tali azioni o quote partecipano agli utili;

6) la data a decorrere dalla quale le operazioni delle società partecipanti alla fusione sono imputate al bilancio della società che risulta dalla fusione o di quella incorporante;

7) il trattamento eventualmente riservato a particolari categorie di soci e ai possessori di titoli diversi dalle azioni;

8) i vantaggi particolari eventualmente proposti a favore dei soggetti cui compete l'amministrazione delle società partecipanti alla fusione.

Il conguaglio in danaro indicato nel numero 3) del comma precedente non può essere superiore al dieci per cento del valore nominale delle azioni o delle quote assegnate.

Il progetto di fusione è depositato per l'iscrizione nel registro delle imprese del luogo ove hanno sede le società partecipanti alla fusione. In alternativa al deposito presso il registro delle imprese il progetto di fusione è pubblicato nel sito Internet della società, con modalità atte a garantire la sicurezza del sito medesimo, l'autenticità dei documenti e la certezza della data di pubblicazione (1).

Tra l'iscrizione o la pubblicazione nel sito Internet (2) del progetto e la data fissata per la decisione in ordine alla fusione devono intercorrere almeno trenta giorni, salvo che i soci rinuncino al termine con consenso unanime.

(1) *Questo comma è stato così sostituito dall'art. 1, comma 1, lett.* a), *del D.L.vo 22 giugno 2012, n. 123.*

(2) *Le parole: «o la pubblicazione nel sito Internet» sono state inserite dall'art. 1, comma 1, lett.* b), *del D.L.vo 22 giugno 2012, n. 123.*

2501 *quater*. Situazione patrimoniale. – L'organo amministrativo delle società partecipanti alla fusione redige (1), con l'osservanza delle norme sul bilancio d'esercizio, la situazione patrimoniale delle società stesse, riferita ad una data non anteriore di oltre centoventi giorni al giorno in cui il progetto di fusione è depositato nella sede della società ovvero pubblicato sul sito Internet di questa (2).

La situazione patrimoniale può essere sostituita dal bilancio dell'ultimo esercizio, se questo è stato chiuso non oltre sei mesi prima del giorno del deposito o della pubblicazione indicato nel primo comma, ovvero, nel caso di società quotata in mercati regolamentati, dalla relazione finanziaria semestrale prevista dalle leggi speciali, purchè non riferita ad una data antecedente sei mesi dal giorno di deposito o pubblicazione indicato al primo comma (3).

La situazione patrimoniale non è richiesta se vi rinunciano all'unanimità i soci e i possessori di altri strumenti finanziari che attribuiscono il diritto di voto di ciascuna delle società partecipanti alla fusione (4).

(1) *Le parole: «deve redigere» sono state così sostituite dalla parola: «redige» dall'art. 1, comma 2, lett.* a), *del D.L.vo 22 giugno 2012, n. 123.*

(2) *Le parole: «ovvero pubblicato sul sito Internet di questa» sono state inserite dall'art. 1, comma 2, lett.* a), *del D.L.vo 22 giugno 2012, n. 123.*

(3) *Le parole: «del giorno del deposito indicato nel primo comma» sono state così sostituite dalle parole:*

«del giorno del deposito o della pubblicazione indicato nel primo comma, ovvero, nel caso di società quotata in mercati regolamentati, dalla relazione finanziaria semestrale prevista dalle leggi speciali, purchè non riferita ad una data antecedente sei mesi dal giorno di deposito o pubblicazione indicato al primo comma» dall'art. 1, comma 2, lett. b), *del D.L.vo 22 giugno 2012, n. 123.*

([4]) *Questo comma è stato aggiunto dall'art. 1, comma 2, lett.* c), *del D.L.vo 22 giugno 2012, n. 123.*

2501 *quinquies*. Relazione dell'organo amministrativo. – L'organo amministrativo delle società partecipanti alla fusione deve predisporre una relazione che illustri e giustifichi, sotto il profilo giuridico ed economico, il progetto di fusione e in particolare il rapporto di cambio delle azioni o delle quote.

La relazione deve indicare i criteri di determinazione del rapporto di cambio. Nella relazione devono essere segnalate le eventuali difficoltà di valutazione.

L'organo amministrativo segnala ai soci in assemblea e all'organo amministrativo delle altre società partecipanti alla fusione le modifiche rilevanti degli elementi dell'attivo e del passivo eventualmente intervenute tra la data in cui il progetto di fusione è depositato presso la sede della società ovvero pubblicato nel sito Internet di questa e la data della decisione sulla fusione ([1]).

La relazione di cui al primo comma non è richiesta se vi rinunciano all'unanimità i soci e i possessori di altri strumenti finanziari che attribuiscono il diritto di voto di ciascuna delle società partecipanti alla fusione ([1]).

([1]) *Questo comma è stato aggiunto dall'art. 1, comma 3, del D.L.vo 22 giugno 2012, n. 123.*

2501 *sexies*. Relazione degli esperti. – Uno o più esperti per ciascuna società redigono ([1]) una relazione sulla congruità del rapporto di cambio delle azioni o delle quote, che indichi:

a) il metodo o i metodi seguiti per la determinazione del rapporto di cambio proposto e i valori risultanti dall'applicazione di ciascuno di essi;

b) le eventuali difficoltà di valutazione.

La relazione deve contenere, inoltre, un parere sull'adeguatezza del metodo o dei metodi seguiti per la determinazione del rapporto di cambio e sull'importanza relativa attribuita a ciascuno di essi nella determinazione del valore adottato.

L'esperto o gli esperti sono scelti tra i soggetti di cui al primo comma dell'articolo 2409 *bis* e, se la società incorporante o la società risultante dalla fusione è una società per azioni o in accomandita per azioni, sono designati dal tribunale del luogo in cui ha sede la società. Se la società è quotata in mercati regolamentati, l'esperto è scelto tra le società di revisione sottoposte alla vigilanza della Commissione Nazionale per le Società e la Borsa ([2]) ([3]).

In ogni caso, le società partecipanti alla fusione possono congiuntamente richiedere al tribunale del luogo in cui ha sede la società risultante dalla fusione o quella incorporante la nomina di uno o più esperti comuni.

Ciascun esperto ha diritto di ottenere dalle società partecipanti alla fusione tutte le informazioni e i documenti utili e di procedere ad ogni necessaria verifica.

L'esperto risponde dei danni causati alle società partecipanti alle fusioni, ai loro soci e ai terzi. Si applicano le disposizioni dell'articolo 64 del codice di procedura civile.

Ai soggetti di cui ai precedenti terzo e quarto comma è altresì affidata, in ipotesi di fusione di società di persone con società di capitali, la relazione di stima del patrimonio della società di persone a norma dell'articolo 2343.

La relazione di cui al primo comma non è richiesta se vi rinunciano all'unanimità i soci e i possessori di altri strumenti finanziari che attribuiscono il diritto di voto ([4]) di ciascuna società partecipante alla fusione ([5]).

([1]) *Le parole: «devono redigere» sono state così sostituite dalla parola: «redigono» dall'art. 1, comma 4, lett.* a), *del D.L.vo 22 giugno 2012, n. 123.*

([2]) *L'ultimo periodo di questo comma è stato così sostituito dall'art. 37, comma 32, del D.L.vo 27 gennaio 2010, n. 39.*

([3]) *Questo comma è stato così sostituito dall'art. 5, lett.* ddd), *del D.L.vo 6 febbraio 2004, n. 37.*

([4]) *Le parole: «e i possessori di altri strumenti finanziari che attribuiscono il diritto di voto» sono state inserite dall'art. 1, comma 4, lett.* b), *del D.L.vo 22 giugno 2012, n. 123.*

([5]) *Questo comma è stato aggiunto dall'art. 1, comma 1, del D.L.vo 13 ottobre 2009, n. 147. A norma dell'art. 2 dello stesso decreto legislativo, tale disposizione si applica alle fusioni e alle scissioni i cui progetti non siano stati approvati dagli organi competenti di alcuna delle società partecipanti alla fusione o alla scissione, alla data di entrata in vigore dello stesso decreto* (G.U. *Serie gen. - n. 254 del 31 ottobre 2009*).

2501 *septies*. Deposito di atti. – Devono restare depositati in copia nella sede delle società partecipanti alla fusione, ovvero pubblicati sul sito Internet delle stesse, ([1]) durante i trenta giorni che precedono la decisione in ordine alla fusione, salvo che i soci rinuncino al termine con consenso unanime, e finché la fusione sia decisa:

1) il progetto di fusione con le relazioni, ove redatte, (2) indicate negli articoli 2501 *quinquies* e 2501 *sexies*;

2) i bilanci degli ultimi tre esercizi delle società partecipanti alla fusione, con le relazioni dei soggetti cui compete l'amministrazione e la revisione legale (3);

3) le situazioni patrimoniali delle società partecipanti alla fusione ove redatte a norma dell'articolo 2501 *quater*, primo comma, ovvero, nel caso previsto dall'articolo 2501 *quater*, secondo comma, la relazione finanziaria semestrale (4).

I soci hanno diritto di prendere visione di questi documenti e di ottenerne gratuitamente copia. Su richiesta del socio le copie gli sono trasmesse telematicamente (5). La società non è tenuta a fornire copia dei documenti, qualora gli stessi siano stati pubblicati sul sito Internet della società dal quale sia possibile effettuarne liberamente copia o stampa (5).

(1) *Le parole*: «*ovvero pubblicati sul sito Internet delle stesse,*» *sono state inserite dall'art. 1, comma 5, lett.* a), *del D.L.vo 22 giugno 2012, n. 123.*

(2) *Le parole*: «*con le relazioni*» *sono state così sostituite dalle parole*: «*con le relazioni, ove redatte,*» *dall'art. 1, comma 5, lett.* b), *del D.L.vo 22 giugno 2012, n. 123.*

(3) *Le parole: «il controllo contabile» sono state così sostituite dalle attuali: «la revisione legale» dall'art. 37, comma 33, del D.L.vo 27 gennaio 2010, n. 39.*

(4) *Questo numero è stato così sostituito dall'art. 1, comma 5, lett.* c), *del D.L.vo 22 giugno 2012, n. 123.*

(5) *Questo periodo è stato aggiunto dall'art. 1, comma 5, lett.* d), *del D.L.vo 22 giugno 2012, n. 123.*

2502. Decisione in ordine alla fusione. – La fusione è decisa da ciascuna delle società che vi partecipano mediante approvazione del relativo progetto. Se l'atto costitutivo o lo statuto non dispongono diversamente, tale approvazione avviene, nelle società di persone, con il consenso della maggioranza dei soci determinata secondo la parte attribuita a ciascuno negli utili, salva la facoltà di recesso per il socio che non abbia consentito alla fusione e, nelle società di capitali, secondo le norme previste per la modificazione dell'atto costitutivo o statuto.

La decisione di fusione può apportare al progetto di cui all'articolo 2501 *ter* solo le modifiche che non incidono sui diritti dei soci o dei terzi.

2502 *bis*. Deposito e iscrizione della decisione di fusione. – La deliberazione di fusione delle società previste nei capi V, VI e VII deve essere depositata per l'iscrizione nel registro delle imprese, insieme con i documenti indicati nell'articolo 2501 *septies*. Si applica l'articolo 2436.

La decisione di fusione delle società previste nei capi II, III e IV deve essere depositata per l'iscrizione nell'ufficio del registro delle imprese, insieme con i documenti indicati nell'articolo 2501 *septies*; il deposito va effettuato a norma dell'articolo 2436 se la società risultante dalla fusione o quella incorporante è regolata dai capi V, VI, VII.

2503. Opposizione dei creditori. – La fusione può essere attuata solo dopo sessanta giorni dall'ultima delle iscrizioni previste dall'articolo 2502 *bis*, salvo che consti il consenso dei creditori delle società che vi partecipano anteriori all'iscrizione o alla pubblicazione (1) prevista nel terzo comma dell'articolo 2501 *ter*, o il pagamento dei creditori che non hanno dato il consenso, ovvero il deposito delle somme corrispondenti presso una banca, salvo che la relazione di cui all'articolo 2501 *sexies* sia redatta, per tutte le società partecipanti alla fusione, da un'unica società di revisione la quale asseveri, sotto la propria responsabilità ai sensi del sesto comma dell'articolo 2501 *sexies*, che la situazione patrimoniale e finanziaria delle società partecipanti alla fusione rende non necessarie garanzie a tutela dei suddetti creditori.

Se non ricorre alcuna di tali eccezioni, i creditori indicati al comma precedente possono, nel suddetto termine di sessanta giorni, fare opposizione. Si applica in tal caso l'ultimo comma dell'articolo 2445.

(1) *Le parole*: «*o alla pubblicazione*» *sono state inserite dall'art. 1, comma 6, del D.L.vo 22 giugno 2012, n. 123.*

2503 *bis*. Obbligazioni. – I possessori di obbligazioni delle società partecipanti alla fusione possono fare opposizione a norma dell'articolo 2503, salvo che la fusione sia approvata dall'assemblea degli obbligazionisti.

Ai possessori di obbligazioni convertibili deve essere data facoltà, mediante avviso da pubblicarsi nella *Gazzetta Ufficiale* della Repubblica italiana almeno novanta giorni prima della iscrizione del progetto di fusione, di esercitare il diritto di conversione nel termine di trenta giorni dalla pubblicazione dell'avviso.

Ai possessori di obbligazioni convertibili che non abbiano esercitato la facoltà di conversione devono essere assicurati diritti equivalenti a quelli loro spettanti prima della fusione, salvo che la modificazione dei loro diritti sia stata approvata dall'assemblea prevista dall'articolo 2415.

2504. Atto di fusione. – La fusione deve risultare da atto pubblico.

L'atto di fusione deve essere depositato per l'iscrizione, a cura del notaio o dei soggetti cui compete l'amministrazione della società risultante dalla fusione o di quella incorporante, entro trenta giorni, nell'ufficio del registro delle imprese dei luoghi ove è posta la sede delle società partecipanti alla fusione, di quella che ne risulta o della società incorporante.

Il deposito relativo alla società risultante dalla fusione o di quella incorporante non può precedere quelli relativi alle altre società partecipanti alla fusione.

2504 *bis*. Effetti della fusione. – La società che risulta dalla fusione o quella incorporante assumono i diritti e gli obblighi delle società partecipanti alla fusione, proseguendo in tutti i loro rapporti, anche processuali, anteriori alla fusione.

La fusione ha effetto quando è stata eseguita l'ultima delle iscrizioni prescritte dall'articolo 2504. Nella fusione mediante incorporazione può tuttavia essere stabilita una data successiva.

Per gli effetti ai quali si riferisce il primo comma dell'articolo 2501 *ter*, numeri 5) e 6), possono essere stabilite date anche anteriori.

Nel primo bilancio successivo alla fusione le attività e le passività sono iscritte ai valori risultanti dalle scritture contabili alla data di efficacia della fusione medesima; se dalla fusione emerge un disavanzo, esso deve essere imputato, ove possibile, agli elementi dell'attivo e del passivo delle società partecipanti alla fusione e, per la differenza e nel rispetto delle condizioni previste dal numero 6 dell'articolo 2426, ad avviamento. Quando si tratta di società che fa ricorso al mercato del capitale di rischio, devono altresì essere allegati alla nota integrativa prospetti contabili indicanti i valori attribuiti alle attività e passività delle società che hanno partecipato alla fusione e la relazione di cui all'articolo 2501 *sexies*. Se dalla fusione emerge un avanzo, esso è iscritto ad apposita voce del patrimonio netto, ovvero, quando sia dovuto a previsione di risultati economici sfavorevoli, in una voce dei fondi per rischi ed oneri ([1]).

La fusione attuata mediante costituzione di una nuova società di capitali ovvero mediante incorporazione in una società di capitali non libera i soci a responsabilità illimitata dalla responsabilità per le obbligazioni delle rispettive società partecipanti alla fusione anteriori all'ultima delle iscrizioni prescritte dall'articolo 2504, se non risulta che i creditori hanno dato il loro consenso.

([1]) *L'ultimo periodo di questo comma è stato aggiunto dall'art. 23 del D.L.vo 28 dicembre 2004, n. 310.*

2504 *ter*. Divieto di assegnazione di azioni o quote. – La società che risulta dalla fusione non può assegnare azioni o quote in sostituzione di quelle delle società partecipanti alla fusione possedute, anche per il tramite di società fiduciarie o di interposta persona, dalle società medesime.

La società incorporante non può assegnare azioni o quote in sostituzione di quelle delle società incorporate possedute, anche per il tramite di società fiduciaria o di interposta persona, dalle incorporate medesime o dalla società incorporante.

2504 *quater*. Invalidità della fusione. – Eseguite le iscrizioni dell'atto di fusione a norma del secondo comma dell'articolo 2504, l'invalidità dell'atto di fusione non può essere pronunciata.

Resta salvo il diritto al risarcimento del danno eventualmente spettante ai soci o ai terzi danneggiati dalla fusione.

2505. Incorporazione di società interamente possedute. – Alla fusione per incorporazione di una società in un'altra che possiede tutte le azioni o le quote della prima non si applicano le disposizioni dell'articolo 2501 *ter*, primo comma, numeri 3), 4) e 5) e degli articoli 2501 *quinquies* e 2501 *sexies*.

L'atto costitutivo o lo statuto può prevedere che la fusione per incorporazione di una società in un'altra che possiede tutte le azioni o le quote della prima sia decisa, con deliberazione risultante da atto pubblico, dai rispettivi organi amministrativi, sempre che siano rispettate, con riferimento a ciascuna delle società partecipanti alla fusione, le disposizioni dell'articolo 2501 *ter*, terzo e quarto comma, nonché, quanto alla società incorporante, quelle dell'articolo 2501 *septies* ([1]).

I soci della società incorporante che rappresentano almeno il cinque per cento del capitale sociale possono in ogni caso, con domanda indirizzata alla società entro otto giorni dal deposito o dalla pubblicazione ([2]) di cui al terzo comma dell'articolo 2501 *ter*, chiedere che la decisione di approvazione della fusione da parte della incorporante medesima sia adottata a norma del primo comma dell'articolo 2502.

([1]) *Le parole*: «*le disposizioni dell'articolo 2501* ter *e, quanto alla società incorporante, anche quelle dell'articolo 2501* septies, *primo comma, numeri 1 e 2*» *sono state così sostituite dalle parole*: «*le disposizioni dell'articolo 2501* ter, *terzo e quarto comma, nonché, quanto alla società incorporante, quelle dell'articolo 2501* septies» *dall'art. 1, comma 7, lett.* a), *del D.L.vo 22 giugno 2012, n. 123.*

([2]) *Le parole*: «*o dalla pubblicazione*» *sono state inserite dall'art. 1, comma 7, lett.* b), *del D.L.vo 22 giugno 2012, n. 123.*

2505 *bis*. Incorporazione di società possedute al novanta per cento. – Alla fusione per incorporazione di una o più società in un'altra che possiede almeno il novanta per cento delle loro azioni o quote non si applicano le disposizioni degli articoli 2501 *quater*, 2501 *quinquies*, 2501 *sexies* e 2501 *septies* ([1]), qualora venga concesso agli altri soci della società incorporata il diritto di far acquistare le loro azioni o quote dalla società incorporante per un corrispettivo determinato alla stregua dei criteri previsti per il recesso.

L'atto costitutivo o lo statuto possono prevedere che la fusione per incorporazione di una o più società in un'altra che possiede almeno il novanta per cento delle loro azioni o quote sia decisa, quanto alla società incorporante, dal suo organo amministrativo, con deliberazione risultante da atto pubblico, sempre che siano rispettate le disposizioni dell'articolo 2501 *septies* ([2]), e che l'iscrizione o la pubblicazione prevista ([3]) dall'articolo 2501 *ter*, terzo comma, sia fatta, per la società incorporante, almeno trenta giorni prima della data fissata per la decisione di fusione da parte della società incorporata.

Si applica la disposizione di cui al terzo comma dell'articolo 2505.

([1]) *Le parole*: «*dell'articolo 2501* sexies» *sono state così sostituite dalle parole*: «*degli articoli 2501* quater, *2501* quinquies, *2501* sexies *e 2501* septies» *dall'art. 1, comma 8, lett.* a), *del D.L.vo 22 giugno 2012, n. 123.*

([2]) *Le parole*: «*dell'articolo 2501* septies, *primo comma, numeri 1 e 2*» *sono state così sostituite dalle parole*: «*dell'articolo 2501* septies» *dall'art. 1, comma 8, lett.* b), *del D.L.vo 22 giugno 2012, n. 123.*

([3]) *Le parole*: «*l'iscrizione prevista*» *sono state così sostituite dalle parole*: «*l'iscrizione o la pubblicazione prevista*» *dall'art. 1, comma 8, lett.* b), *del D.L.vo 22 giugno 2012, n. 123.*

2505 *ter*. Effetti della pubblicazione degli atti del procedimento di fusione nel registro delle imprese. – Alle iscrizioni nel registro delle imprese ai sensi degli articoli 2501 *ter*, 2502 *bis* e 2504 conseguono gli effetti previsti dall'articolo 2448.

2505 *quater*. Fusioni cui non partecipano società con capitale rappresentato da azioni. – Se alla fusione non partecipano società regolate dai capi V e VI del presente titolo, nè società cooperative per azioni, non si applicano le disposizioni degli articoli 2501, secondo comma, e 2501 *ter*, secondo comma; [le disposizioni dell'articolo 2501 *sexies* possono essere derogate con il consenso di tutti i soci delle società partecipanti alla fusione;] ([1]) i termini di cui agli articoli 2501 *ter*, quarto comma, 2501 *septies*, primo comma, e 2503, primo comma, sono ridotti alla metà.

([1]) *Le parole tra parentesi quadrate sono state soppresse dall'art. 1, comma 2, del D.L.vo 13 ottobre 2009, n. 147. A norma dell'art. 2 dello stesso decreto legislativo, tale disposizione si applica alle fusioni e alle scissioni i cui progetti non siano stati approvati dagli organi competenti di alcuna delle società partecipanti alla fusione o alla scissione, alla data di entrata in vigore dello stesso decreto* (G.U. *Serie gen. - n. 254 del 31 ottobre 2009*).

Sezione III
Della scissione delle società

2506. Forme di scissione. – Con la scissione una società assegna l'intero suo patrimonio a più società, preesistenti o di nuova costituzione, o parte del suo patrimonio, in tal caso anche ad una sola società, e le relative azioni o quote ai suoi soci.

È consentito un conguaglio in danaro, purché non superiore al dieci per cento del valore nominale delle azioni o quote ([1]) attribuite. È consentito inoltre che, per consenso unanime, ad alcuni soci non vengano distribuite azioni o quote ([1]) di una delle società beneficiarie della scissione, ma azioni o quote ([1]) della società scissa.

La società scissa può, con la scissione, attuare il proprio scioglimento senza liquidazione, ovvero continuare la propria attività.

La partecipazione alla scissione non è consentita alle società in liquidazione che abbiano iniziato la distribuzione dell'attivo.

([1]) *Le parole*: «*o quote*» *sono state inserite dall'art. 5, lett.* eee), *del D.L.vo 6 febbraio 2004, n. 37.*

2506 *bis*. Progetto di scissione. – L'organo amministrativo delle società partecipanti alla scissione redige un progetto dal quale devono risultare i dati indicati nel primo comma dell'articolo 2501 *ter* ed inoltre l'esatta descrizione degli elementi patrimoniali da assegnare a ciascuna delle società beneficiarie e dell'eventuale conguaglio in danaro.

Se la destinazione di un elemento dell'attivo non è desumibile dal progetto, esso, nell'ipotesi di assegnazione dell'intero patrimonio della società scissa, è ripartito tra le società beneficiarie in proporzione della quota del patrimonio netto assegnato a ciascuna di esse, così come valutato ai fini della determinazione del rapporto di cambio; se l'assegnazione del patrimonio della società è solo parziale, tale elemento rimane in capo alla società trasferente.

Degli elementi del passivo, la cui destinazione non è desumibile dal progetto, rispondono in solido, nel primo caso, le società beneficiarie, nel secondo la società scissa e le società beneficiarie. La responsabilità solidale è limitata al valore effettivo del patrimonio netto attribuito a ciascuna società beneficiaria.

Dal progetto di scissione devono risultare i criteri di distribuzione delle azioni o quote delle società beneficiarie. Qualora il progetto preveda una attribuzione delle partecipazioni ai soci non proporzionale alla loro quota di partecipazione originaria, il progetto medesimo deve prevedere il diritto dei soci che non approvino la scissione di far acquistare le proprie partecipazioni per un corrispettivo determinato alla stregua dei criteri previsti per il recesso, indicando coloro a cui carico è posto l'obbligo di acquisto.

Il progetto di scissione è depositato per l'iscrizione nel registro delle imprese ovvero pubblicato sul sito Internet della società a norma dell'articolo 2501 *ter*, commi terzo e quarto ([1]).

([1]) *Questo comma è stato così sostituito dall'art. 1, comma 9, del D.L.vo 22 giugno 2012, n. 123.*

2506 *ter*. Norme applicabili. – L'organo amministrativo delle società partecipanti alla scissione redige la situazione patrimoniale e la relazione illustrativa in conformità agli articoli 2501 *quater* e 2501 *quinquies*.

La relazione dell'organo amministrativo deve inoltre illustrare i criteri di distribuzione delle azioni o quote e deve indicare il valore effettivo del patrimonio netto assegnato alle società beneficiarie e di quello che eventualmente rimanga nella società scissa. Quando la scissione si realizza mediante aumento di capitale con conferimento di beni in natura o di crediti, la relazione dell'organo amministrativo menziona, ove prevista, l'elaborazione della relazione di cui all'articolo 2343 e il registro delle imprese presso il quale tale relazione è depositata ([1]).

Si applica alla scissione l'articolo 2501 *sexies*; la situazione patrimoniale prevista dall'articolo 2501 *quater* e le relazioni previste dagli articoli 2501 *quinquies* e 2501 *sexies*, non sono richieste ([2]) quando la scissione avviene mediante la costituzione di una o più nuove società e non siano previsti criteri di attribuzione delle azioni o quote diversi da quello proporzionale.

Con il consenso unanime dei soci e dei possessori di altri strumenti finanziari che danno diritto di voto nelle società partecipanti alla scissione l'organo amministrativo può essere esonerato dalla redazione dei documenti previsti nei precedenti commi.

Sono altresì applicabili alla scissione gli articoli 2501 *septies*, 2502, 2502 *bis*, 2503, 2503 *bis*, 2504, 2504 *ter*, 2504 *quater*, 2505, ([3]) primo e secondo comma, ([4]) 2505 *bis* e 2505 *ter*. Tutti i riferimenti alla fusione contenuti in detti articoli s'intendono riferiti anche alla scissione.

([1]) *Questo periodo è stato aggiunto dall'art. 27, comma 1, della L. 30 ottobre 2014, n. 161.*

([2]) *Le parole: «la relazione ivi prevista non è richiesta» sono state così sostituite dalle parole: «la situazione patrimoniale prevista dall'articolo 2501* quater *e le relazioni previste dagli articoli 2501* quinquies *e 2501* sexies*, non sono richieste» dall'art. 1, comma 10, lett.* a)*, del D.L.vo 22 giugno 2012, n. 123.*

([3]) *La parola: «2505,» è stata inserita dall'art. 24 del D.L.vo 28 dicembre 2004, n. 310.*

([4]) *Le parole: «primo e secondo comma,» sono state inserite dall'art. 1, comma 10, lett.* b)*, del D.L.vo 22 giugno 2012, n. 123.*

2506 *quater*. Effetti della scissione. – La scissione ha effetto dall'ultima delle iscrizioni dell'atto di scissione nell'ufficio del registro delle imprese in cui sono iscritte le società beneficiarie; può essere tuttavia stabilita una data successiva, tranne che nel caso di scissione mediante costituzione di società nuove. Per gli effetti a cui si riferisce l'articolo 2501 *ter*, numeri 5) e 6), possono essere stabilite date anche anteriori. Si applica il quarto comma dell'articolo 2504 *bis*.

Qualunque società beneficiaria può effettuare gli adempimenti pubblicitari relativi alla società scissa.

Ciascuna società è solidalmente responsabile, nei limiti del valore effettivo del patrimonio netto ad essa assegnato o rimasto, dei debiti della società scissa non soddisfatti dalla società cui fanno carico.

Capo XI
Delle società
costituite all'estero ([1])

([1]) *Questo Capo è stato aggiunto dall'art. 7 del D.L.vo 17 gennaio 2003, n. 6, rettificato e corretto con avviso pubblicato in* Gazzetta Ufficiale *Serie gen. - n. 153 del 4 luglio 2003 e di nuovo rettificato con avviso pubblicato in* Gazzetta Ufficiale *Serie gen. - n. 165 del 18 luglio 2003, a decorrere dal 1° gennaio 2004.*

2507. Rapporti con il diritto comunitario. – L'interpretazione ed applicazione delle disposizioni contenute nel presente capo è effettuata in base ai principi dell'ordinamento delle Comunità europee.

2508. Società estere con sede secondaria nel territorio dello Stato. – Le società costituite all'estero, le quali stabiliscono nel territorio dello Stato una o più sedi secondarie con rappresentanza stabile, sono soggette, per ciascuna sede, alle disposizioni della legge italiana sulla pubblicità degli atti sociali. Esse devono inoltre pubblicare, secondo le medesime disposizioni, il cognome, il nome, la data e il luogo di nascita delle persone che le rappresentano stabilmente nel territorio dello Stato, con indicazione dei relativi poteri.

Ai terzi che hanno compiuto operazioni con le sede secondaria non può essere opposto che gli atti pubblicati ai sensi dei commi precedenti sono difformi da quelli pubblicati nello Stato ove è situata la sede principale.

Le società costituite all'estero sono altresì soggette, per quanto riguarda le sedi secondarie, alle disposizioni che regolano l'esercizio dell'impresa o che la subordinano all'osservanza di particolari condizioni.

Negli atti e nella corrispondenza delle sedi secondarie di società costituite all'estero devono essere contenute le indicazioni richieste dall'articolo 2250; devono essere altresì indicati l'ufficio del registro delle imprese presso la quale è iscritta la sede secondaria e il numero di iscrizione.

2509. Società estere di tipo diverso da quelle nazionali. – Le società costituite all'estero, che sono di tipo diverso da quelli regolati in questo codice, sono soggette alle norme della società per azioni, per ciò che riguarda gli obblighi relativi all'iscrizione degli atti sociali nel registro delle imprese e la responsabilità degli amministratori.

2509 *bis*. Responsabilità in caso di inosservanza delle formalità. – Fino all'adempimento delle formalità sopra indicate, coloro che agiscono in nome della società rispondono illimitatamente e solidalmente per le obbligazioni sociali.

2510. Società con prevalenti interessi stranieri. – Sono salve le disposizioni delle leggi speciali che vietano o sottopongono a particolari condizioni l'esercizio di determinate attività da parte di società nelle quali siano rappresentati interessi stranieri.

Titolo VI
Delle società cooperative
e delle mutue assicuratrici ([1])

([1]) *Questo Titolo è stato così sostituito dall'art. 8 del D.L.vo 17 gennaio 2003, n. 6, rettificato e corretto con avviso pubblicato in* Gazzetta Ufficiale *Serie gen. - n. 153 del 4 luglio 2003 e di nuovo rettificato con avviso pubblicato in* Gazzetta Ufficiale *Serie gen. - n. 165 del 18 luglio 2003, a decorrere dal 1° gennaio 2004.*

Capo I
Delle società cooperative ([1])

([1]) *A norma dell'art. 14, comma 15 della L. 12 novembre 2011, n. 183, nel caso in cui siano entrate in vigore norme di legge o regolamentari che incidano, direttamente o indirettamente, sulle materie regolate dallo statuto sociale, le società cooperative di cui a questo capo, le cui azioni non siano negoziate in mercati regolamentati, possono modificare il proprio statuto con le maggioranze assembleari previste in via generale dallo statuto per le sue modificazioni, anche nei casi in cui lo statuto stesso preveda maggioranze più elevate per la modifica di determinati suoi articoli.*

Sezione I
Disposizioni generali.
Cooperative a mutualità prevalente

2511. Società cooperative. – Le cooperative sono società a capitale variabile con scopo mutualistico iscritte presso l'albo delle società cooperative di cui all'articolo 2512, secondo comma, e all'articolo 223 *sexiesdecies* delle disposizioni per l'attuazione del presente codice ([1]).

([1]) *Le parole: «iscritte presso l'albo delle società cooperative di cui all'articolo 2512, secondo comma, e all'articolo 223* sexiesdecies *delle disposizioni per l'attuazione del presente codice» sono state aggiunte dall'art. 10, comma 1 della L. 23 luglio 2009, n. 99.*

2512. Cooperativa a mutualità prevalente. – Sono società cooperative a mutualità prevalente, in ragione del tipo di scambio mutualistico, quelle che:

1) svolgono la loro attività prevalentemente in favore dei soci, consumatori o utenti di beni o servizi;

2) si avvalgono prevalentemente, nello svolgimento della loro attività, delle prestazioni lavorative dei soci;

3) si avvalgono prevalentemente, nello svolgimento della loro attività, degli apporti di beni o servizi da parte dei soci.

Le società cooperative a mutualità prevalente si iscrivono in un apposito albo, presso il quale depositano annualmente i propri bilanci (1).

(1) *Ai sensi dell'art. 19* ter, *comma 2, del D.L. 9 novembre 2004, n. 266, convertito, con modificazioni, nella L. 27 dicembre 2004, n. 306, il termine di presentazione delle domande di iscrizione delle società cooperative a mutualità prevalente all'Albo delle società cooperative previsto da questo articolo è stabilito al 31 marzo 2005.*

2513. (1) **Criteri per la definizione della prevalenza.** – Gli amministratori e i sindaci documentano la condizione di prevalenza di cui al precedente articolo nella nota integrativa al bilancio, evidenziando contabilmente i seguenti parametri:

a) i ricavi dalle vendite dei beni e dalle prestazioni di servizi verso i soci sono superiori al cinquanta per cento del totale dei ricavi delle vendite e delle prestazioni ai sensi dell'articolo 2425, primo comma, punto A1;

b) il costo del lavoro dei soci è superiore al cinquanta per cento del totale del costo del lavoro di cui all'articolo 2425, primo comma, punto B9 computate le altre forme di lavoro inerenti lo scopo mutualistico (2);

c) il costo della produzione per servizi ricevuti dai soci ovvero per beni conferiti dai soci è rispettivamente superiore al cinquanta per cento del totale dei costi dei servizi di cui all'articolo 2425, primo comma, punto B7, ovvero al costo delle merci o materie prime acquistate o conferite, di cui all'articolo 2425, primo comma, punto B6.

Quando si realizzano contestualmente più tipi di scambio mutualistico, la condizione di prevalenza è documentata facendo riferimento alla media ponderata delle percentuali delle lettere precedenti.

Nelle cooperative agricole la condizione di prevalenza sussiste quando la quantità o il valore dei prodotti conferiti dai soci è superiore al cinquanta per cento della quantità o del valore totale dei prodotti.

(1) *Si veda il D.M. 30 dicembre 2005, recante regimi derogatori ai criteri per la definizione della prevalenza* (Gazzetta Ufficiale *Serie gen. - n. 20 del 25 gennaio 2006*).

(2) *Le parole da: «computate le ...» fino alla fine della lettera, sono state aggiunte dall'art. 25 del D.L.vo 28 dicembre 2004, n. 310.*

2514. Requisiti delle cooperative a mutualità prevalente. – Le cooperative a mutualità prevalente devono prevedere nei propri statuti:

a) il divieto di distribuire i dividendi in misura superiore all'interesse massimo dei buoni postali fruttiferi, aumentato di due punti e mezzo rispetto al capitale effettivamente versato;

b) il divieto di remunerare gli strumenti finanziari offerti in sottoscrizione ai soci cooperatori in misura superiore a due punti rispetto al limite massimo previsto per i dividendi;

c) il divieto di distribuire le riserve fra i soci cooperatori;

d) l'obbligo di devoluzione, in caso di scioglimento della società, dell'intero patrimonio sociale, dedotto soltanto il capitale sociale e i dividendi eventualmente maturati, ai fondi mutualistici per la promozione e lo sviluppo della cooperazione.

Le cooperative deliberano l'introduzione e la soppressione delle clausole di cui al comma precedente con le maggioranze previste per l'assemblea straordinaria.

2515. Denominazione sociale. – La denominazione sociale, in qualunque modo formata, deve contenere l'indicazione di società cooperativa.

L'indicazione di cooperativa non può essere usata da società che non hanno scopo mutualistico.

[Le società cooperative a mutualità prevalente devono indicare negli atti e nella corrispondenza il numero di iscrizione presso l'albo delle cooperative a mutualità prevalente] (1).

(1) *Questo comma è stato abrogato dall'art. 10, comma 5, della L. 23 luglio 2009, n. 99.*

2516. Rapporti con i soci. – Nella costituzione e nell'esecuzione dei rapporti mutualistici deve essere rispettato il principio di parità di trattamento.

2517. Enti mutualistici. – Le disposizioni del presente titolo non si applicano agli enti mutualistici diversi dalle società.

2518. Responsabilità per le obbligazioni sociali. – Nelle società cooperative per le obbligazioni sociali risponde soltanto la società con il suo patrimonio.

2519. Norme applicabili. – Alle società cooperative, per quanto non previsto dal presente titolo, si applicano in quanto compatibili le disposizioni sulla società per azioni.

L'atto costitutivo può prevedere che trovino applicazione, in quanto compatibili, le norme sulla società a responsabilità limitata nelle cooperative con un numero di soci cooperatori inferiore a venti ovvero con un attivo dello stato patrimoniale non superiore ad un milione di euro.

2520. Leggi speciali. – Le cooperative regolate dalle leggi speciali sono soggette alle disposizioni del presente titolo, in quanto compatibili.

La legge può prevedere la costituzione di cooperative destinate a procurare beni o servizi a soggetti appartenenti a particolari categorie anche di non soci.

Sezione II
Della costituzione

2521. Atto costitutivo. – La società deve costituirsi per atto pubblico.

L'atto costitutivo stabilisce le regole per lo svolgimento dell'attività mutualistica e può prevedere che la società svolga la propria attività anche con terzi.

L'atto costitutivo deve indicare:

1) il cognome e il nome o la denominazione, il luogo e la data di nascita o di costituzione, il domicilio o la sede, la cittadinanza dei soci;

2) la denominazione, e il comune ove è posta la sede della società e le eventuali sedi secondarie;

3) la indicazione specifica dell'oggetto sociale con riferimento ai requisiti e agli interessi dei soci;

4) la quota di capitale sottoscritta da ciascun socio, i versamenti eseguiti e, se il capitale è ripartito in azioni, il loro valore nominale;

5) il valore attribuito ai crediti e ai beni conferiti in natura;

6) i requisiti e le condizioni per l'ammissione dei soci e il modo e il tempo in cui devono essere eseguiti i conferimenti;

7) le condizioni per l'eventuale recesso o per la esclusione dei soci;

8) le regole per la ripartizione degli utili e i criteri per la ripartizione dei ristorni;

9) le forme di convocazione dell'assemblea, in quanto si deroga alle disposizioni di legge;

10) il sistema di amministrazione adottato, il numero degli amministratori e i loro poteri, indicando quali tra essi hanno la rappresentanza della società;

11) il numero dei componenti del collegio sindacale;

12) la nomina dei primi amministratori e sindaci;

13) l'importo globale, almeno approssimativo, delle spese per la costituzione poste a carico delle società.

Lo statuto contenente le norme relative al funzionamento della società, anche se forma oggetto di atto separato, si considera parte integrante dell'atto costitutivo.

I rapporti tra la società e i soci possono essere disciplinati da regolamenti che determinano i criteri e le regole inerenti allo svolgimento dell'attività mutualistica tra la società e i soci. I regolamenti, quando non costituiscono parte integrante dell'atto costitutivo, sono predisposti dagli amministratori e approvati dall'assemblea con le maggioranze previste per le assemblee straordinarie.

2522. Numero dei soci. – Per costituire una società cooperativa è necessario che i soci siano almeno nove.

Può essere costituita una società cooperativa da almeno tre soci quando i medesimi sono persone fisiche e la società adotta le norme della società a responsabilità limitata; nel caso di attività agricola possono essere soci anche le società semplici ([1]).

Se successivamente alla costituzione il numero dei soci diviene inferiore a quello stabilito nei precedenti commi, esso deve essere integrato nel termine massimo di un anno, trascorso il quale la società si scioglie e deve essere posta in liquidazione.

La legge determina il numero minimo di soci necessario per la costituzione di particolari categorie di cooperative.

([1]) *Le parole da: «; nel caso ...» fino alla fine del periodo sono state aggiunte dall'art. 26 del D.L.vo 28 dicembre 2004, n. 310.*

2523. Deposito dell'atto costitutivo e iscrizione della società. – Il notaio che ha ricevuto l'atto costitutivo deve depositarlo entro venti giorni presso l'ufficio del registro delle imprese nella cui circoscrizione è stabilita la sede sociale, a norma dell'articolo 2330.

Gli effetti dell'iscrizione e della nullità sono regolati rispettivamente dagli articoli 2331 e 2332.

2524. Variabilità del capitale. – Il capitale sociale non è determinato in un ammontare prestabilito.

Nelle società cooperative l'ammissione di nuovi soci, nelle forme previste dall'articolo 2528 non importa modificazione dell'atto costitutivo.

La società può deliberare aumenti di capitale con modificazione dell'atto costitutivo nelle forme previste dagli articoli 2438 e seguenti.

L'esclusione o la limitazione del diritto di opzione può essere autorizzata dall'assemblea su proposta motivata degli amministratori.

Sezione III
Delle quote e delle azioni

2525. Quote e azioni. – Il valore nominale di ciascuna azione o quota non può essere inferiore a venticinque euro nè per le azioni ([1]) superiore a cinquecento euro.

Ove la legge non preveda diversamente, nelle società cooperative nessun socio può avere una quota superiore a centomila euro, nè tante azioni il cui valore nominale superi tale somma.

L'atto costitutivo, nelle società cooperative con più di cinquecento soci, può elevare il limite previsto nel precedente comma sino al due per cento del capitale sociale. Le azioni eccedenti tale limite possono essere riscattate o alienate nell'interesse del socio dagli amministratori e, comunque, i relativi diritti patrimoniali sono destinati a riserva indivisibile a norma dell'articolo 2545 *ter*.

I limiti di cui ai commi precedenti non si applicano nel caso di conferimenti di beni in natura o di crediti, nei casi previsti dagli articoli 2545 *quinquies* e 2545 *sexies*, e con riferimento ai soci diversi dalle persone fisiche ed ai sottoscrittori degli strumenti finanziari dotati di diritti di amministrazione.

Alle azioni si applicano, in quanto compatibili, le disposizioni degli articoli 2346, 2347, 2348, 2349, 2354 e 2355. Tuttavia nelle azioni non è indicato l'ammontare del capitale nè quello dei versamenti parziali sulle azioni non completamente liberate.

([1]) *Le parole: «per le azioni» sono state inserite dall'art. 27 del D.L.vo 28 dicembre 2004, n. 310.*

2526. Soci finanziatori e altri sottoscrittori di titoli di debito. – L'atto costitutivo può prevedere l'emissione di strumenti finanziari, secondo la disciplina prevista per le società per azioni.

L'atto costitutivo stabilisce i diritti patrimoniali o anche amministrativi ([1]) attribuiti ai possessori degli strumenti finanziari e le eventuali condizioni cui è sottoposto il loro trasferimento. I privilegi previsti nella ripartizione degli utili e nel rimborso del capitale non si estendono alle riserve indivisibili a norma dell'articolo 2545 *ter*. Ai possessori di strumenti finanziari non può, in ogni caso, essere attribuito più di un terzo dei voti spettanti all'insieme dei soci presenti ovvero rappresentati in ciascuna assemblea generale.

Il recesso dei possessori di strumenti finanziari forniti del diritto di voto è disciplinato dagli articoli 2437 e seguenti.

La cooperativa cui si applicano le norme sulla società a responsabilità limitata può offrire in sottoscrizione strumenti privi di diritti di amministrazione solo a investitori qualificati ([2]).

([1]) *Le parole: «i diritti di amministrazione o patrimoniali» sono state così sostituite dall'art. 5, lett. fff), del D.L.vo 6 febbraio 2004, n. 37.*

([2]) *A norma dell'art. 11, comma 3 bis, del D.L. 23 dicembre 2013, n. 145, convertito, con modificazioni, nella L. 21 febbraio 2014, n. 9, questo comma si interpreta nel senso che, nelle cooperative cui si applicano le norme sulle società a responsabilità limitata, il limite all'emissione di strumenti finanziari si riferisce esclusivamente ai titoli di debito.*

2527. Requisiti dei soci. – L'atto costitutivo stabilisce i requisiti per l'ammissione dei nuovi soci e la relativa procedura, secondo criteri non discriminatori coerenti con lo scopo mutualistico e l'attività economica svolta.

Non possono in ogni caso divenire soci quanti esercitano in proprio imprese in concorrenza con quella della cooperativa ([1]).

L'atto costitutivo può prevedere, determinandone i diritti e gli obblighi, l'ammissione del nuovo socio cooperatore in una categoria speciale in ragione dell'interesse alla sua formazione ovvero del suo inserimento nell'impresa. I soci ammessi alla categoria speciale non possono in ogni caso superare un terzo del numero totale dei soci cooperatori. Al termine di un periodo comunque non superiore a cinque anni il nuovo socio è ammesso a godere i diritti che spettano agli altri soci cooperatori.

([1]) *Questo comma è stato così sostituito dall'art. 28 del D.L.vo 28 dicembre 2004, n. 310.*

2528. Procedura di ammissione e carattere aperto della società. – L'ammissione di un nuovo socio è fatta con deliberazione degli amministratori su domanda dell'interessato. La deliberazione di ammissione deve essere comunicata all'interessato e annotata a cura degli amministratori nel libro dei soci.

Il nuovo socio deve versare, oltre l'importo della quota o delle azioni, il soprapprezzo eventualmente determinato dall'assemblea in sede di approvazione del bilancio su proposta dagli amministratori.

Il consiglio di amministrazione deve entro sessanta giorni motivare la deliberazione di rigetto della domanda di ammissione e comunicarla agli interessati.

Qualora la domanda di ammissione non sia accolta dagli amministratori, chi l'ha proposta può entro sessanta giorni dalla comunicazione del diniego chiedere che sull'istanza si pronunci l'assemblea, la quale delibera sulle domande non accolte, se non appositamente convocata, in occasione della sua prossima successiva convocazione.

Gli amministratori nella relazione al bilancio illustrano le ragioni delle determinazioni assunte con riguardo all'ammissione dei nuovi soci.

2529. Acquisto delle proprie quote o azioni. – L'atto costitutivo può autorizzare gli amministratori ad acquistare o rimborsare quote o azioni della società, purchè sussistano le condizioni previste dal secondo comma dell'articolo 2545 *quinquies* e l'acquisto o il rimborso è fatto nei limiti degli utili distribuibili e delle riserve disponibili risultanti dall'ultimo bilancio regolarmente approvato.

2530. Trasferibilità della quota o delle azioni. – La quota o le azioni dei soci cooperatori non possono essere cedute con effetto verso la società, se la cessione non è autorizzata dagli amministratori.

Il socio che intende trasferire la propria quota o le proprie azioni deve darne comunicazione agli amministratori con lettera raccomandata.

Il provvedimento che concede o nega l'autorizzazione deve essere comunicato al socio entro sessanta giorni dal ricevimento della richiesta.

Decorso tale termine, il socio è libero di trasferire la propria partecipazione e la società deve iscrivere nel libro dei soci l'acquirente che abbia i requisiti previsti per divenire socio.

Il provvedimento che nega al socio l'autorizzazione deve essere motivato. Contro il diniego il socio entro sessanta giorni dal ricevimento della comunicazione può proporre opposizione al tribunale.

Qualora l'atto costitutivo vieti la cessione della quota o delle azioni il socio può recedere dalla società, con preavviso di novanta giorni. Il diritto di recesso, in caso di divieto statutario di trasferimento della partecipazione, non può essere esercitato prima che siano decorsi due anni dall'ingresso del socio nella società.

2531. Mancato pagamento delle quote o delle azioni. – Il socio che non esegue in tutto o in parte il pagamento delle quote o delle azioni sottoscritte può, previa intimazione da parte degli amministratori, essere escluso a norma dell'articolo 2533.

2532. Recesso del socio. – Il socio cooperatore può recedere dalla società nei casi previsti dalla legge e dall'atto costitutivo. Il recesso non può essere parziale.

La dichiarazione di recesso deve essere comunicata con raccomandata alla società. Gli amministratori devono esaminarla entro sessanta giorni dalla ricezione. Se non sussistono i presupposti del recesso, gli amministratori devono darne immediata comunicazione al socio, che entro sessanta giorni dal ricevimento della comunicazione, può proporre opposizione innanzi il tribunale.

Il recesso ha effetto per quanto riguarda il rapporto sociale dalla comunicazione del provvedimento di accoglimento della domanda. Ove la legge o l'atto costitutivo non preveda diversamente, per i rapporti mutualistici tra socio e società il recesso ha effetto con la chiusura dell'esercizio in corso, se comunicato tre mesi prima, e, in caso contrario, con la chiusura dell'esercizio successivo.

2533. Esclusione del socio. – L'esclusione del socio, oltre che nel caso indicato all'articolo 2531, può aver luogo:

1) nei casi previsti dall'atto costitutivo;

2) per gravi inadempienze delle obbligazioni che derivano dalla legge, dal contratto sociale, dal regolamento o dal rapporto mutualistico;

3) per mancanza o perdita dei requisiti previsti per la partecipazione alla società;

4) nei casi previsti dall'articolo 2286;

5) nei casi previsti dell'articolo 2288, primo comma.

L'esclusione deve essere deliberata dagli amministratori o, se l'atto costitutivo lo prevede, dall'assemblea.

Contro la deliberazione di esclusione il socio può proporre opposizione al tribunale, nel termine di sessanta giorni dalla comunicazione.

Qualora l'atto costitutivo non preveda diversamente, lo scioglimento del rapporto sociale determina anche la risoluzione dei rapporti mutualistici pendenti.

2534. Morte del socio. – In caso di morte del socio, gli eredi hanno diritto alla liquidazione della quota o al rimborso delle azioni secondo le disposizioni dell'articolo seguente.

L'atto costitutivo può prevedere che gli eredi provvisti dei requisiti per l'ammissione alla società subentrino nella partecipazione del socio deceduto.

Nell'ipotesi prevista dal secondo comma, in caso di pluralità di eredi, questi debbono nominare un rappresentante comune, salvo che la quota sia divisibile e la società consenta la divisione.

2535. Liquidazione della quota o rimborso delle azioni del socio uscente. – La liquidazione della quota o il rimborso delle azioni ha luogo sulla base del bilancio dell'esercizio in cui si sono verificati il recesso, l'esclusione o la morte del socio.

La liquidazione della partecipazione sociale, eventualmente ridotta in proporzione alle perdite imputabili al capitale, avviene sulla base dei criteri stabiliti nell'atto costitutivo. Salvo diversa disposizione, la liquidazione comprende anche il rimborso del soprapprezzo, ove versato, qualora sussista nel patrimonio della società e non sia stato destinato ad aumento gratuito del capitale ai sensi dell'articolo 2545 *quinquies*, terzo comma.

Il pagamento deve essere fatto entro centottanta giorni dall'approvazione del bilancio. L'atto costitutivo può prevedere che, per la frazione della quota o le azioni assegnate al socio ai sensi degli articoli dell'articolo 2545 *quinquies* e 2545 *sexies*, la liquidazione o il rimborso, unitamente agli interessi legali, possa essere corrisposto in più rate entro un termine massimo di cinque anni.

2536. Responsabilità del socio uscente e dei suoi eredi. – Il socio che cessa di far parte della società risponde verso questa per il pagamento dei conferimenti non versati, per un anno dal giorno in cui il recesso, la esclusione o la cessione della quota si è verificata.

Se entro un anno dallo scioglimento del rapporto associativo si manifesta l'insolvenza della società, il socio uscente è obbligato verso questa nei limiti di quanto ricevuto per la liquidazione della quota o per il rimborso delle azioni.

Nello stesso modo e per lo stesso termine sono responsabili verso la società gli eredi del socio defunto.

2537. Creditore particolare del socio. – Il creditore particolare del socio cooperatore, finchè dura la società, non può agire esecutivamente sulla quota e sulle azioni del medesimo.

Sezione IV
Degli organi sociali

2538. Assemblea. – Nelle assemblee hanno diritto di voto coloro che risultano iscritti da almeno novanta giorni nel libro dei soci.

Ciascun socio cooperatore ha un voto, qualunque sia il valore della quota o il numero delle azioni possedute. L'atto costitutivo determina i limiti al diritto di voto degli strumenti finanziari offerti in sottoscrizione ai soci cooperatori.

Ai soci cooperatori persone giuridiche l'atto costitutivo può attribuire più voti, ma non oltre cinque, in relazione all'ammontare della quota oppure al numero dei loro membri.

Nelle cooperative in cui i soci realizzano lo scopo mutualistico attraverso l'integrazione delle rispettive imprese o di talune fasi di esse, l'atto costitutivo può prevedere che il diritto di voto sia attribuito in ragione della partecipazione allo scambio mutualistico. Lo statuto stabilisce un limite per il voto plurimo per tali categorie di soci, in modo che nessuno di essi possa esprimere più del decimo dei voti in ciascuna assemblea generale. In ogni caso, ad essi non può essere attribuito più di un terzo dei voti spettanti all'insieme dei soci presenti o rappresentati in ciascuna assemblea generale.

Le maggioranze richieste per la costituzione delle assemblee e per la validità delle deliberazioni sono determinate dall'atto costitutivo e sono calcolate secondo il numero dei voti spettanti ai soci.

L'atto costitutivo può prevedere che il voto venga espresso per corrispondenza, ovvero mediante altri mezzi di telecomunicazione. In tal caso l'avviso di convocazione deve contenere per esteso la deliberazione proposta. Se sono poste in votazione proposte diverse da quelle indicate nell'avviso di convocazione, i voti espressi per corrispondenza non si computano ai fini della regolare costituzione dell'assemblea.

2539. Rappresentanza nell'assemblea. – Nelle cooperative disciplinate dalle norme sulla società per azioni ciascun socio può rappresentare sino ad un massimo di dieci soci.

Il socio imprenditore individuale può farsi rappresentare nell'assemblea anche dal coniuge, dai parenti entro il terzo grado e dagli affini entro il secondo che collaborano all'impresa.

2540. Assemblee separate. – L'atto costitutivo delle società cooperative può prevedere lo svolgimento di assemblee separate, anche rispetto a specifiche materie ovvero in presenza di particolari categorie di soci.

Lo svolgimento di assemblee separate deve essere previsto quando la società cooperativa ha più di tremila soci e svolge la propria attività in più province ovvero se ha più di cinquecento soci e si realizzano più gestioni mutualistiche.

L'atto costitutivo stabilisce il luogo, i criteri e le modalità di convocazione e di partecipazione all'assemblea generale dei soci delegati e assicura in ogni caso la proporzionale rappresentanza delle minoranze espresse dalle assemblee separate.

I delegati debbono essere soci. Alla assemblea generale possono assistere anche i soci che hanno preso parte alle assemblee separate.

Le deliberazioni della assemblea generale possono essere impugnate ai sensi dell'articolo 2377 anche dai soci assenti e dissenzienti nelle assemblee separate quando, senza i voti espressi dai delegati delle assemblee separate irregolarmente tenute, verrebbe meno la maggioranza richiesta per la validità della deliberazione.

Le deliberazioni delle assemblee separate non possono essere autonomamente impugnate.

Le disposizioni del presente articolo non si applicano alle società cooperative con azioni ammesse alla quotazione in mercati regolamentati.

2541. Assemblee speciali dei possessori degli strumenti finanziari. – Se sono stati emessi strumenti finanziari privi di diritto di voto, l'assemblea speciale di ciascuna categoria delibera:

1) sull'approvazione delle deliberazioni dell'assemblea della società cooperativa che pregiudicano i diritti della categoria;

2) sull'esercizio dei diritti ad essa eventualmente attribuiti ai sensi dell'articolo 2526;

3) sulla nomina e sulla revoca dei rappresentanti comuni di ciascuna categoria e sull'azione di responsabilità nei loro confronti;

4) sulla costituzione di un fondo per le spese, necessario alla tutela dei comuni interessi dei possessori degli strumenti finanziari e sul rendiconto relativo;

5) sulle controversie con la società cooperativa e sulle relative transazioni e rinunce;

6) sugli altri oggetti di interesse comune a ciascuna categoria di strumenti finanziari.

La assemblea speciale è convocata dagli amministratori della società cooperativa o dal rappresentante comune, quando lo ritengano necessario o quando almeno un terzo dei possessori degli strumenti finanziari ne faccia richiesta.

Il rappresentante comune deve provvedere all'esecuzione delle deliberazioni dell'assemblea speciale e deve tutelare gli interessi comuni dei possessori degli strumenti finanziari nei rapporti con la società cooperativa.

Il rappresentante comune ha diritto di esaminare i libri di cui all'articolo 2421, numeri 1) e 3) e di ottenere estratti; ha altresì il diritto di assistere all'assemblea della società cooperativa e di impugnarne le deliberazioni.

2542. Consiglio di amministrazione. – La nomina degli amministratori spetta all'assemblea fatta eccezione per i primi amministratori che sono nominati nell'atto costitutivo e salvo quanto disposto nell'ultimo comma del presente articolo.

L'amministrazione della società è affidata ad un organo collegiale formato da almeno tre soggetti. Alle cooperative di cui all'articolo 2519, secondo comma, si applica la disposizione prevista dall'articolo 2383, secondo comma [1].

La maggioranza degli amministratori è scelta tra i soci cooperatori ovvero tra le persone indicate dai soci cooperatori persone giuridiche.

[Nelle società cooperative cui si applica la disciplina delle società per azioni, l'atto costitutivo stabilisce i limiti al cumulo delle cariche e alla rieleggibilità degli amministratori nel limite massimo di tre mandati consecutivi] [2].

L'atto costitutivo può prevedere che uno o più amministratori siano scelti tra gli appartenenti alle diverse categorie dei soci, in proporzione dell'interesse che ciascuna categoria ha nell'attività sociale. In ogni caso, ai possessori di strumenti finanziari non può essere attribuito il diritto di eleggere più di un terzo degli amministratori.

La nomina di uno o più amministratori può essere attribuita dall'atto costitutivo allo Stato o ad enti pubblici. In ogni caso, la nomina della maggioranza degli amministratori è riservata all'assemblea.

([1]) *Questo comma è stato inserito dall'art. 1, comma 936, lett.* b), *della L. 27 dicembre 2017, n. 205, a decorrere dal 1° gennaio 2018.*

([2]) *Questo comma è stato soppresso dall'art. 29 del D.L.vo 28 dicembre 2004, n. 310.*

2543. Organo di controllo. – La nomina del collegio sindacale è obbligatoria nei casi previsti dal secondo e terzo comma dell'articolo 2477, nonché quando la società emette strumenti finanziari non partecipativi.

L'atto costitutivo può attribuire il diritto di voto nell'elezione dell'organo di controllo proporzionalmente alle quote o alle azioni possedute ovvero in ragione della partecipazione allo scambio mutualistico.

I possessori degli strumenti finanziari dotati di diritti di amministrazione possono eleggere, se lo statuto lo prevede, nel complesso sino ad un terzo dei componenti dell'organo di controllo.

2544. Sistemi di amministrazione. – Indipendentemente dal sistema di amministrazione adottato non possono essere delegati dagli amministratori, oltre le materie previste dall'articolo 2381, i poteri in materia di ammissione, di recesso e di esclusione dei soci e le decisioni che incidono sui rapporti mutualistici con i soci.

Se la cooperativa ha adottato il sistema di amministrazione di cui all'articolo 2409 *octies*, i possessori di strumenti finanziari non possono eleggere più di un terzo dei componenti del consiglio di sorveglianza e più di un terzo dei componenti del consiglio di gestione. I componenti del consiglio di sorveglianza eletti dai soci cooperatori devono essere scelti tra i soci cooperatori ovvero tra le persone indicate dai soci cooperatori persone giuridiche.

Se la cooperativa ha adottato il sistema di amministrazione di cui all'articolo 2409 *sexiesdecies*. agli amministratori eletti dai possessori di strumenti finanziari, in misura comunque non superiore ad un terzo, non possono essere attribuite deleghe operative nè gli stessi possono fare parte del comitato esecutivo.

2545. Relazione annuale sul carattere mutualistico della cooperativa. – Gli amministratori e i sindaci della società, in occasione della approvazione del bilancio di esercizio debbono, nelle relazioni previste dagli articoli 2428 e 2429 indicare specificamente i criteri seguiti nella gestione sociale per il conseguimento dello scopo mutualistico.

2545 *bis*. Diritti dei soci. – Nelle società cooperative cui si applica la disciplina della società per azioni, oltre a quanto stabilito dal primo comma dell'articolo 2422, i soci, quando almeno un decimo del numero complessivo lo richieda ovvero almeno un ventesimo quando la cooperativa ha più di tremila soci, hanno diritto di esaminare, attraverso un rappresentante, eventualmente assistito da un professionista di sua fiducia, il libro delle adunanze e delle deliberazioni del consiglio di amministrazione e il libro delle deliberazioni del comitato esecutivo, se esiste.

I diritti di cui al comma precedente non spettano ai soci in mora per la mancata esecuzione dei conferimenti o inadempienti rispetto alle obbligazioni contratte con la società.

2545 *ter*. Riserve indivisibili. – Sono indivisibili le riserve che per disposizione di legge o dello statuto non possono essere ripartite tra i soci, neppure in caso di scioglimento della società.

Le riserve indivisibili possono essere utilizzate per la copertura di perdite solo dopo che sono esaurite le riserve che la società aveva destinato ad operazioni di aumento di capitale e quelle che possono essere ripartite tra i soci in caso di scioglimento della società.

2545 *quater*. Riserve legali, statutarie e volontarie. – Qualunque sia l'ammontare del fondo di riserva legale, deve essere a questo destinato almeno il trenta per cento degli utili netti annuali.

Una quota degli utili netti annuali deve essere corrisposta ai fondi mutualistici per la promozione e lo sviluppo della cooperazione, nella misura e con le modalità previste dalla legge.

L'assemblea determina, nel rispetto di quanto previsto dall'articolo 2545 *quinquies*, la destinazione degli utili non assegnati ai sensi del primo e secondo comma.

2545 *quinquies*. Diritto agli utili e alle riserve dei soci cooperatori. – L'atto costitutivo indica le modalità e la percentuale massima di ripartizione dei dividendi tra i soci cooperatori.

Possono essere distribuiti dividendi, acquistate proprie quote o azioni ovvero assegnate ai soci le riserve divisibili se il rapporto tra il patrimonio netto e il complessivo indebitamento della società è superiore ad un quarto. La condizione ([1]) non si applica nei confronti dei possessori di strumenti finanziari.

L'atto costitutivo può autorizzare l'assemblea ad assegnare ai soci le riserve divisibili attraverso:

a) l'emissione degli strumenti finanziari di cui all'articolo 2526;

b) mediante aumento proporzionale delle quote sottoscritte e versate, o mediante l'emissione di nuove azioni, anche in deroga a quanto previsto dall'articolo 2525, nella misura massima complessiva del venti per cento del valore originario.

Le riserve divisibili, spettanti al socio in caso di scioglimento del rapporto, possono essere assegnate, se lo statuto non prevede diversamente, attraverso l'emissione di strumenti finanziari liberamente trasferibili e devono esserlo ove il rapporto tra il patrimonio netto e il complessivo indebitamento della società sia inferiore ad un quarto.

Le disposizioni dei commi secondo e terzo non si applicano alle cooperative con azioni quotate in mercati regolamentati (²).

(¹) *Le originarie parole: «Il divieto» sono state così sostituite dalle attuali: «La condizione» dall'art. 30, comma 1, lett.* a), *del D.L.vo 28 dicembre 2004, n. 310.*

(²) *Questo comma è stato aggiunto dall'art. 30, comma 1, lett.* b), *del D.L.vo 28 dicembre 2004, n. 310.*

2545 *sexies*. Ristorni. - L'atto costitutivo determina i criteri di ripartizione dei ristorni ai soci proporzionalmente alla quantità e qualità degli scambi mutualistici.

Le cooperative devono riportare separatamente nel bilancio i dati relativi all'attività svolta con i soci, distinguendo eventualmente le diverse gestioni mutualistiche.

L'assemblea può deliberare la ripartizione dei ristorni a ciascun socio anche mediante aumento proporzionale delle rispettive quote o con l'emissione di nuove azioni, in deroga a quanto previsto dall'articolo 2525, ovvero mediante l'emissione di strumenti finanziari.

2545 *septies*. Gruppo cooperativo paritetico. - Il contratto con cui più cooperative appartenenti anche a categorie diverse regolano, anche in forma consortile, la direzione e il coordinamento delle rispettive imprese deve indicare:

1) la durata;

2) la cooperativa o le cooperative cui è attribuita direzione del gruppo, indicandone i relativi poteri;

3) l'eventuale partecipazione di altri enti pubblici e privati;

4) i criteri e le condizioni di adesione e di recesso dal contratto;

5) i criteri di compensazione e l'equilibrio nella distribuzione dei vantaggi derivanti dall'attività comune.

La cooperativa può recedere dal contratto senza che ad essa possano essere imposti oneri di alcun tipo qualora, per effetto dell'adesione al gruppo, le condizioni dello scambio risultino pregiudizievoli per i propri soci.

Le cooperative aderenti ad un gruppo sono tenute a depositare in forma scritta l'accordo di partecipazione presso l'albo delle società cooperative.

Sezione V
Delle modificazioni dell'atto costitutivo

2545 *octies*. Perdita della qualifica di cooperativa a mutualità prevalente. - La cooperativa perde la qualifica di cooperativa a mutualità prevalente quando, per due esercizi consecutivi, non rispetti la condizione di prevalenza, di cui all'articolo 2513, ovvero quando modifichi le previsioni statutarie di cui all'articolo 2514.

In questo caso, sentito il parere del revisore esterno, ove presente, gli amministratori devono redigere un apposito bilancio, da notificarsi entro sessanta giorni dalla approvazione al Ministero delle attività produttive, (¹) al fine di determinare il valore effettivo dell'attivo patrimoniale da imputare alle riserve indivisibili. Il bilancio deve essere verificato senza rilievi da una società di revisione.

Qualora la cooperativa abbia perso la qualifica di cooperativa a mutualità prevalente per il mancato rispetto della condizione di prevalenza di cui all'articolo 2513, l'obbligo di cui al secondo comma si applica soltanto nel caso in cui la cooperativa medesima modifichi le previsioni statutarie di cui all'articolo 2514 o abbia emesso strumenti finanziari (²).

In tutti i casi di perdita della citata qualifica, la cooperativa è tenuta a segnalare espressamente tale condizione attraverso gli strumenti di comunicazione informatica previsti dall'articolo 223 *sexiesdecies* delle disposizioni per l'attuazione del presente codice (²).

Lo stesso obbligo sussiste per la cooperativa nel caso in cui le risultanze contabili relative al primo anno successivo alla perdita della detta qualifica evidenzino il rientro nei parametri della mutualità prevalente (²).

In seguito alle predette segnalazioni, l'amministrazione presso la quale è tenuto l'albo delle società cooperative provvede alla variazione della sezione di iscrizione all'albo medesimo senza alcun ulteriore onere istruttorio (²).

L'omessa o ritardata comunicazione della perdita della qualifica di cooperativa a mutualità prevalente è segnalata all'amministrazione finanziaria e comporta l'applicazione della sanzione amministrativa della sospensione semestrale di ogni attività dell'ente, intesa come divieto di assumere nuove eventuali obbligazioni contrattuali (²).

(¹) *Le originarie parole: «il bilancio» sono state così sostituite dalle attuali da: «un apposito bilancio ...» si-*

no a: «... produttive,» dall'art. 31 del D.L.vo 28 dicembre 2004, n. 310.

(2) Questo comma è stato aggiunto dall'art. 10, comma 8, della L. 23 luglio 2009, n. 99.

2545 *novies*. Modificazioni dell'atto costitutivo. – Alle deliberazioni che importano modificazioni dell'atto costitutivo si applica l'articolo 2436.

La fusione e la scissione di società cooperative sono disciplinate dal titolo V, capo X, sezione II e III.

2545 *decies*. Trasformazione. – Le società cooperative diverse da quelle a mutualità prevalente possono deliberare, con il voto favorevole di almeno la metà dei soci della cooperativa, la trasformazione in una società del tipo previsto dal titolo V, capi II, III, IV, V, VI e VII, o in consorzio.

Quando i soci sono meno di cinquanta, la deliberazione deve essere approvata con il voto favorevole dei due terzi di essi. Quando i soci sono più di diecimila, l'atto costitutivo può prevedere che la trasformazione sia deliberata con il voto favorevole dei due terzi dei votanti se all'assemblea sono presenti, personalmente o per delega, almeno il venti per cento dei soci.

All'esito della trasformazione gli strumenti finanziari con diritto di voto sono convertiti in partecipazioni ordinarie, conservando gli eventuali privilegi.

2545 *undecies*. Devoluzione del patrimonio e bilancio di trasformazione. – La deliberazione di trasformazione devolve il valore effettivo del patrimonio, dedotti il capitale versato e rivalutato e i dividendi non ancora distribuiti, eventualmente aumentato fino a concorrenza dell'ammontare minimo del capitale della nuova società, esistenti alla data di trasformazione, ai fondi mutualistici per la promozione e lo sviluppo della cooperazione.

Alla proposta di deliberazione di trasformazione gli amministratori allegano una relazione giurata di un esperto designato dal tribunale nel cui circondario ha sede la società cooperativa, attestante il valore effettivo del patrimonio dell'impresa.

L'assemblea non può procedere alla deliberazione di cui ai precedenti commi qualora la cooperativa non sia stata sottoposta a revisione da parte dell'autorità di vigilanza nell'anno precedente o, comunque, gli amministratori non ne abbiano fatto richiesta da almeno novanta giorni (1).

(1) Questo comma è stato aggiunto dall'art. 32 del D.L.vo 28 dicembre 2004, n. 310.

2545 *duodecies*. Scioglimento. – La società cooperativa si scioglie per le cause indicate ai numeri 1), 2), 3), 5), 6) e 7) dell'articolo 2484, nonché per la perdita del capitale sociale.

2545 *terdecies*. (1) **Insolvenza.** – In caso di insolvenza della società, l'autorità governativa alla quale spetta il controllo sulla società dispone la liquidazione coatta amministrativa. Le cooperative che svolgono attività commerciale sono soggette anche al fallimento.

La dichiarazione di fallimento preclude la liquidazione coatta amministrativa e il provvedimento di liquidazione coatta amministrativa preclude la dichiarazione di fallimento.

(1) A norma dell'art. 12, comma 75, del D.L. 6 luglio 2012, n. 95, convertito, con modificazioni, nella L. 7 agosto 2012, n. 135, l'incarico di commissario, previsto da questo articolo, è monocratico. Il commissario liquidatore esercita personalmente le funzioni del proprio ufficio; nel caso di delega a terzi di specifiche operazioni, l'onere per il compenso del delegato è detratto dal compenso del commissario.

Sezione VI
Dei controlli

2545 *quaterdecies*. Controllo sulle società cooperative. – Le società cooperative sono sottoposte alle autorizzazioni, alla vigilanza e agli altri controlli sulla gestione previsti dalle leggi speciali.

2545 *quinquiesdecies*. Controllo giudiziario. – I fatti previsti dall'articolo 2409 possono essere denunciati al tribunale dai soci che siano titolari del decimo del capitale sociale ovvero da un decimo del numero complessivo dei soci, e, nelle società cooperative che hanno più di tremila soci, da un ventesimo dei soci.

Il ricorso deve essere notificato a cura dei ricorrenti anche all'autorità di vigilanza.

Il tribunale, sentiti in camera di consiglio gli amministratori, i sindaci e l'autorità di vigilanza, dichiara improcedibile il ricorso se per i medesimi fatti sia stato già nominato un ispettore o un commissario dall'autorità di vigilanza.

L'autorità di vigilanza dispone la sospensione del procedimento dalla medesima iniziato se il tribunale per i medesimi fatti ha nominato un ispettore o un amministratore giudiziario.

2545 *sexiesdecies*. (1) **Gestione commissariale.** – In caso di gravi irregolarità di funzionamento o fondati indizi di crisi (2) delle società cooperative, l'autorità di vigilanza (3) può revocare gli amministratori e i sindaci, e affidare la gestione della società ad un commissario, determinando i poteri e la durata. Ove l'importanza della società cooperativa lo richieda, l'autorità di vigilanza può nominare un vice commissario che collabora con il commissario e lo sostituisce in caso di impedimento.

Al commissario possono essere conferiti per determinati atti anche i poteri dell'assemblea, ma le relative deliberazioni non sono valide senza l'approvazione dell'autorità di vigilanza (3).

Se l'autorità di vigilanza accerta irregolarità nelle procedure di ammissione dei nuovi soci, può diffidare la società cooperativa e, qualora non si adegui, assumere i provvedimenti di cui al quarto comma (4).

Laddove vengano accertate una o più irregolarità suscettibili di specifico adempimento, l'autorità di vigilanza, previa diffida, può nominare un commissario, anche nella persona del legale rappresentante o di un componente dell'organo di controllo societario, che si sostituisce agli organi amministrativi dell'ente, limitatamente al compimento degli specifici adempimenti indicati (5).

(1) *A norma dell'art. 12, comma 75, del D.L. 6 luglio 2012, n. 95, convertito, con modificazioni, nella L. 7 agosto 2012, n. 135, l'incarico di commissario, previsto da questo articolo, è monocratico. Il commissario liquidatore esercita personalmente le funzioni del proprio ufficio; nel caso di delega a terzi di specifiche operazioni, l'onere per il compenso del delegato è detratto dal compenso del commissario.*

(2) *Le parole: «irregolare funzionamento» sono state così sostituite dalle attuali: «gravi irregolarità di funzionamento o fondati indizi di crisi» dall'art. 1, comma 936, lett. c), n. 1), della L. 27 dicembre 2017, n. 205, a decorrere dal 1° gennaio 2018.*

(3) *L'originaria parola: «governativa» è stata così sostituita dalle attuali: «di vigilanza» dall'art. 33 del D.L.vo 28 dicembre 2004, n. 310.*

(4) *Le parole: «di cui ai commi precedenti» sono state così sostituite dalle attuali: «di cui al quarto comma» dall'art. 1, comma 936, lett. c), n. 2), della L. 27 dicembre 2017, n. 205, a decorrere dal 1° gennaio 2018.*

(5) *Questo comma è stato aggiunto dall'art. 1, comma 936, lett. c), n. 3), della L. 27 dicembre 2017, n. 205, a decorrere dal 1° gennaio 2018.*

2545 *septiesdecies*. (1) **Scioglimento per atto dell'autorità.** – L'autorità di vigilanza, con provvedimento da pubblicarsi nella *Gazzetta Ufficiale* e da iscriversi nel registro delle imprese, può sciogliere le società cooperative e gli enti mutualistici che non perseguono lo scopo mutualistico o non sono in condizione di raggiungere gli scopi per cui sono stati costituiti o che per due anni consecutivi non hanno depositato il bilancio di esercizio o non hanno compiuto atti di gestione.

Se vi è luogo a liquidazione, con lo stesso provvedimento sono nominati uno o più commissari liquidatori.

(1) *A norma dell'art. 12, comma 75, del D.L. 6 luglio 2012, n. 95, convertito, con modificazioni, nella L. 7 agosto 2012, n. 135, l'incarico di commissario, previsto da questo articolo, è monocratico. Il commissario liquidatore esercita personalmente le funzioni del proprio ufficio; nel caso di delega a terzi di specifiche operazioni, l'onere per il compenso del delegato è detratto dal compenso del commissario.*

2545 *octiesdecies*. Sostituzione dei liquidatori. – In caso di irregolarità o di eccessivo ritardo nello svolgimento della liquidazione ordinaria di una società cooperativa, l'autorità di vigilanza (1) può sostituire i liquidatori o, se questi sono stati nominati dall'autorità giudiziaria, può chiederne la sostituzione al tribunale.

Fatti salvi i casi di liquidazione per i quali è intervenuta la nomina di un liquidatore da parte dell'autorità giudiziaria, l'autorità di vigilanza dispone la pubblicazione nella *Gazzetta Ufficiale*, per la conseguente cancellazione dal registro delle imprese, dell'elenco delle società cooperative e degli enti mutualistici in liquidazione ordinaria che non hanno depositato i bilanci di esercizio relativi agli ultimi cinque anni.

Entro il termine perentorio di trenta giorni dalla pubblicazione i creditori e gli altri interessati possono presentare all'autorità di vigilanza (1) formale e motivata domanda intesa a consentire la prosecuzione della liquidazione. Trascorso il suddetto termine, a seguito di comunicazione da parte dell'autorità di vigilanza, il conservatore del registro delle imprese territorialmente competente provvede alla cancellazione della società cooperativa o dell'ente mutualistico dal registro medesimo.

(1) *L'originaria parola: «governativa» è stata così sostituita dalle attuali: «di vigilanza» dall'art. 34 del D.L.vo 28 dicembre 2004, n. 310.*

Capo II
Delle mutue assicuratrici

2546. Nozione. – Nella società di mutua assicurazione le obbligazioni sono garantite dal patrimonio sociale.

I soci sono tenuti al pagamento dei contributi fissi o variabili, entro il limite massimo determinato dall'atto costitutivo.

Nelle mutue assicuratrici non si può acquistare la qualità di socio, se non assicurandosi presso la società, e si perde la qualità di socio con l'estinguersi dell'assicurazione, salvo quanto disposto dall'articolo 2548.

2547. Norme applicabili. – Le società di mutua assicurazione sono soggette alle autorizzazioni, alla vigilanza e agli altri controlli stabiliti dalle leggi speciali sull'esercizio dell'assicurazione, e sono regolate dalle norme stabilite per le società cooperative, in quanto compatibili con la loro natura.

2548. Conferimenti per la costituzione di fondi di garanzia. – L'atto costitutivo può prevedere la costituzione di fondi di garanzia per il pagamento delle indennità, mediante speciali conferimenti da parte di assicurati o di terzi, attribuendo anche a questi ultimi la qualità di socio.

L'atto costitutivo può attribuire a ciascuno dei soci sovventori più voti, ma non oltre cinque, in relazione all'ammontare del conferimento.

I voti attribuiti ai soci sovventori, come tali, devono in ogni caso essere inferiori al numero dei voti spettanti ai soci assicurati.

I soci sovventori possono essere nominati amministratori. La maggioranza degli amministratori deve essere costituita da soci assicurati.

Titolo VII
Dell'associazione in partecipazione

2549. Nozione. – Con il contratto di associazione in partecipazione l'associante attribuisce all'associato una partecipazione agli utili della sua impresa o di uno o più affari verso il corrispettivo di un determinato apporto (1350, n. 9) ([1]).

Nel caso in cui l'associato sia una persona fisica l'apporto di cui al primo comma non può consistere, nemmeno in parte, in una prestazione di lavoro ([2]) ([3]).

[Le disposizioni di cui al secondo comma non si applicano, limitatamente alle imprese a scopo mutualistico, agli associati individuati mediante elezione dall'organo assembleare di cui all'articolo 2540, il cui contratto sia certificato dagli organismi di cui all'articolo 76 del decreto legislativo 10 settembre 2003, n. 276, e successive modificazioni, nonché in relazione al rapporto fra produttori e artisti, interpreti, esecutori, volto alla realizzazione di registrazioni sonore, audiovisive o di sequenze di immagini in movimento] ([4]).

([1]) *A norma dell'art. 1, comma 30, della L. 28 luglio 2012, n. 92, i rapporti di associazione in partecipazione con apporto di lavoro instaurati o attuati senza che vi sia stata un'effettiva partecipazione dell'associato agli utili dell'impresa o dell'affare, ovvero senza consegna del rendiconto previsto dall'articolo 2552 del codice civile, si presumono, salva prova contraria, rapporti di lavoro subordinato a tempo indeterminato. La predetta presunzione si applica, altresì, qualora l'apporto di lavoro non presenti i requisiti di cui all'articolo 69* bis, *comma 2, lettera* a), *del decreto legislativo 10 settembre 2003, n. 276, introdotto dal comma 26 del presente articolo.*

([2]) *Questo comma, aggiunto dall'art. 1, comma 28, della L. 28 giugno 2012, n. 92, è stato così sostituito dall'art. 53, comma 1, lett.* a), *del D.L.vo 15 giugno 2015, n. 81.*

([3]) *A norma dell'art. 53, comma 2, del D.L.vo 15 giugno 2015, n. 81, i contratti di associazione in partecipazione in atto alla data di entrata in vigore del presente decreto, nei quali l'apporto dell'associato persona fisica consiste, in tutto o in parte, in una prestazione di lavoro, sono fatti salvi fino alla loro cessazione.*

([4]) *Questo comma, aggiunto dall'art. 1, comma 28, della L. 28 giugno 2012, n. 92, così come modificato dall'art. 7, comma 5, n. 2* bis), *del D.L. 28 giugno 2013, n. 76, convertito, con modificazioni, nella L. 9 agosto 2013, n. 99, è stato abrogato dall'art. 53, comma 1, lett.* b), *del D.L.vo 15 giugno 2015, n. 81.*

2550. Pluralità di associazioni. – Salvo patto contrario, l'associante non può attribuire partecipazioni per la stessa impresa o per lo stesso affare ad altre persone senza il consenso dei precedenti associati.

2551. Diritti ed obbligazioni dei terzi. – I terzi acquistano diritti e assumono obbligazioni soltanto verso l'associante (2554).

2552. Diritti dell'associante e dell'associato. – La gestione dell'impresa o dell'affare spetta all'associante (2554).

Il contratto può determinare quale controllo possa esercitare l'associato sull'impresa o sullo svolgimento dell'affare per cui l'associazione è stata contratta (2186).

In ogni caso l'associato ha diritto al rendiconto dell'affare compiuto, o a quello annuale della gestione se questa si protrae per più di un anno (2261, 2320[3], 2489).

2553. Divisione degli utili e delle perdite. – Salvo patto contrario, l'associato partecipa alle perdite nella stessa misura in cui partecipa agli utili, ma le perdite che colpiscono l'associato non possono superare il valore del suo apporto (77, 150 l. fall.).

2554. Partecipazione agli utili e alle perdite. – Le disposizioni degli articoli 2551 e 2552 si applicano anche al contratto di cointeressenza agli utili di una impresa senza partecipazione alle perdite (2265), e al contratto con il quale un contraente attribuisce la partecipazione agli utili e alle perdite della sua impresa, senza il corrispettivo di un determinato apporto.

Per le partecipazioni agli utili attribuite ai prestatori di lavoro resta salva la disposizione dell'articolo 2102.

Titolo VIII
Dell'azienda

Capo I
Disposizioni generali

2555. Nozione. – L'azienda è il complesso dei beni organizzati dall'imprenditore per l'esercizio dell'impresa (2082; 670, n. 1 c.p.c.).

2556. Imprese soggette a registrazione. – Per le imprese soggette a registrazione (2195) i contratti che hanno per oggetto il trasferimento della proprietà o il godimento dell'azienda devono essere provati per iscritto (2725), salva l'osservanza delle forme stabilite dalla legge per il trasferimento dei singoli beni che compongono l'azienda o per la particolare natura del contratto (1350, 1543).

I contratti di cui al primo comma, in forma pubblica o per scrittura privata autenticata, devono essere depositati per l'iscrizione nel registro delle imprese (2188), nel termine di trenta giorni, a cura del notaio rogante o autenticante ([1]).

([1]) *Comma così sostituito dall'art. 6 della L. 12 agosto 1993, n. 310, recante norme per la trasparenza nella cessione di partecipazioni e nella composizione della base sociale delle società di capitali.*

Si veda anche l'art. 9 della stessa legge, che si riporta:

«9. *1. Fino all'attuazione del registro delle imprese, in deroga al terzo comma dell'art. 100 delle disposizioni di attuazione e transitorie del codice civile, il deposito di cui al secondo comma dell'art. 2556 del codice civile, come sostituito dall'art. 6 della presente legge, deve essere effettuato a cura del notaio che ha rogato o autenticato l'atto, nel termine ivi previsto, presso la cancelleria del tribunale competente e iscritto nei successivi trenta giorni nel registro delle ditte della competente camera di commercio, industria, artigianato e agricoltura*».

2557. Divieto di concorrenza. – Chi aliena l'azienda deve astenersi, per il periodo di cinque anni dal trasferimento, dall'iniziare una nuova impresa che per l'oggetto, l'ubicazione o altre circostanze sia idonea a sviare la clientela dell'azienda ceduta (2301).

Il patto di astenersi dalla concorrenza in limiti più ampi di quelli previsti dal comma precedente è valido, purché non impedisca ogni attività professionale dell'alienante. Esso non può eccedere la durata di cinque anni dal trasferimento (2596).

Se nel patto è indicata una durata maggiore o la durata non è stabilita, il divieto di concorrenza vale per il periodo di cinque anni dal trasferimento (1339, 2125).

Nel caso di usufrutto (978, 2561) o di affitto (2561, 2562) dell'azienda il divieto di concorrenza disposto dal primo comma vale nei confronti del proprietario o del locatore per la durata dell'usufrutto o dell'affitto.

Le disposizioni di questo articolo si applicano alle aziende agricole solo per le attività ad esse connesse (2135), quando rispetto a queste sia possibile uno sviamento di clientela.

2558. Successione nei contratti. – Se non è pattuito diversamente, l'acquirente dell'azienda subentra nei contratti stipulati per l'esercizio dell'azienda stessa che non abbiano carattere personale (2112, 2616).

Il terzo contraente può tuttavia recedere dal contratto entro tre mesi dalla notizia del trasferimento, se sussiste una giusta causa, salvo in questo caso la responsabilità dell'alienante (1722, n. 4, 1833^2, 1918^4, 2610).

Le stesse disposizioni si applicano anche nei confronti dell'usufruttuario (2561, 2562) e dell'affittuario per la durata dell'usufrutto e dell'affitto.

2559. Crediti relativi all'azienda ceduta. – La cessione dei crediti (1264, 1265) relativi all'azienda ceduta, anche in mancanza di notifica al debitore o di sua accettazione, ha effetto, nei confronti dei terzi, dal momento dell'iscrizione del trasferimento nel registro delle imprese (2188, 2556). Tuttavia il debitore ceduto è liberato se paga in buona fede all'alienante (1264).

Le stesse disposizioni si applicano anche nel caso di usufrutto dell'azienda (2561), se esso si estende ai crediti relativi alla medesima.

2560. Debiti relativi all'azienda ceduta. – L'alienante non è liberato dai debiti, inerenti l'esercizio dell'azienda ceduta anteriori al trasferimento, se non risulta che i creditori vi hanno consentito (1273).

Nel trasferimento di un'azienda commerciale (2556) risponde dei debiti suddetti anche l'acquirente dell'azienda (1546, 2112², 2160²), se essi risultano dai libri contabili obbligatori (2114 ss.).

2561. Usufrutto dell'azienda. – L'usufruttuario dell'azienda deve esercitarla sotto la ditta che la contraddistingue (2563 ss.).

Egli deve gestire l'azienda senza modificarne la destinazione (981, 985) e in modo da conservare l'efficienza dell'organizzazione (2352¹) e degli impianti (997) e le normali dotazioni di scorte.

Se non adempie a tale obbligo o cessa arbitrariamente dalla gestione dell'azienda, si applica l'articolo 1015.

La differenza tra le consistenze d'inventario all'inizio e al termine dell'usufrutto è regolata in danaro, sulla base dei valori correnti al termine dell'usufrutto (2112).

2562. Affitto dell'azienda. – Le disposizioni dell'articolo precedente si applicano anche nel caso di affitto dell'azienda (1615 ss., 2112).

Capo II
Della ditta e dell'insegna

2563. Ditta. – L'imprenditore ha diritto all'uso esclusivo (2569, 2577, 2584, 2592) della ditta da lui prescelta.

La ditta, comunque sia formata, deve contenere almeno il cognome (4) o la sigla dell'imprenditore, salvo quanto è disposto dall'articolo 2565.

2564. Modificazione della ditta. – Quando la ditta è uguale o simile a quella usata da altro imprenditore e può creare confusione (2598, n. 1) per l'oggetto dell'impresa e per il luogo in cui questa è esercitata, deve essere integrata o modificata con indicazioni idonee a differenziarla (2568, 2598).

Per le imprese commerciali (2195) l'obbligo dell'integrazione o modificazione spetta a chi ha iscritto la propria ditta nel registro delle imprese (2188) in epoca posteriore.

2565. Trasferimento della ditta. – La ditta non può essere trasferita separatamente dall'azienda (2573).

Nel trasferimento dell'azienda per atto tra vivi la ditta non passa all'acquirente senza il consenso dell'alienante (2573).

Nella successione nell'azienda per causa di morte la ditta si trasmette al successore, salvo diversa disposizione testamentaria (2292²).

2566. Registrazione della ditta. – Per le imprese commerciali (2195), l'ufficio del registro delle imprese deve rifiutare l'iscrizione della ditta, se questa non è conforme a quanto è prescritto dal secondo comma dell'articolo 2563 o, trattandosi di ditta derivata (2565), se non è depositata copia dell'atto in base al quale ha avuto luogo la successione nell'azienda (2189).

2567. Società. – La ragione sociale e la denominazione delle società sono regolate dai titoli V e VI di questo libro (2292, 2314, 2326, 2464, 2515).

Tuttavia si applicano anche ad esse le disposizioni dell'articolo 2564.

2568. Insegna. – Le disposizioni del primo comma dell'articolo 2564 si applicano all'insegna.

Capo III
Del marchio

2569. Diritto di esclusività. – Chi ha registrato nelle forme stabilite dalla legge (¹) un nuovo (2585, 2593) marchio idoneo a distinguere prodotti o servizi ha diritto di valersene in modo esclusivo (2563, 2577, 2584, 2592) per i prodotti o servizi per i quali è stato registrato (473, 474, 514, 517 c.p.) (²).

In mancanza di registrazione il marchio è tutelato a norma dell'art. 2571.

(¹) *Si veda il D.L.vo 10 febbraio 2005, n. 30, Codice della proprietà industriale.*

(²) *Comma così sostituito dall'art. 81 del D.L.vo 4 dicembre 1992, n. 480, recante attuazione della direttiva n. 89/104/CEE in materia di marchi di impresa.*

2570. (¹) **Marchi collettivi.** – I soggetti che svolgono la funzione di garantire l'origine, la natura o la qualità di determinati prodotti o servizi possono ottenere la registrazione di marchi collettivi per concederne l'uso, secondo le norme dei rispettivi regolamenti (²), a produttori o commercianti.

(¹) *Articolo così sostituito dall'art. 82 del D.L.vo 4 dicembre 1992, n. 480, recante attuazione della direttiva n. 89/104/CEE in materia di marchi di impresa.*

(²) *Si vedano R.D. 21 giugno 1942, n. 929, testo delle disposizioni in materia di brevetti per marchi d'impresa, e relativo regolamento D.P.R. 8 maggio 1948, n. 795, e il D.L.vo 4 dicembre 1992, n. 480, recante attuazione della direttiva n. 89/104/CEE in materia di marchi di impresa.*

2571. Preuso. – Chi ha fatto uso di un marchio non registrato ha la facoltà di continuare ad usarne, nonostante la registrazione da altri ottenuta, nei limiti in cui anteriormente se ne è valso.

2572. Divieto di soppressione del marchio. – Il rivenditore può apporre il proprio marchio ai prodotti che mette in vendita, ma non può sopprimere il marchio del produttore.

2573. Trasferimento del marchio. – Il marchio può essere trasferito o concesso in licenza per la totalità o per una parte dei prodotti o servizi per i quali è stato registrato, purché in ogni caso dal trasferimento o dalla licenza non derivi inganno in quei caratteri dei prodotti o servizi che sono essenziali nell'apprezzamento del pubblico (1).

Quando il marchio è costituito da un segno figurativo, da una denominazione di fantasia o da una ditta derivata, si presume che il diritto all'uso esclusivo di esso sia trasferito insieme con l'azienda (2557).

(1) *Comma così sostituito dall'art. 83 del D.L.vo 4 dicembre 1992, n. 480, recante attuazione della direttiva n. 89/104/CEE in materia di marchi di impresa.*

A norma dell'art. 90 del sopracitato D.L.vo le disposizioni in tema di trasferimento e licenza del marchio disciplinate dallo stesso D.L.vo si applicano anche ai marchi già concessi ma non ai contratti conclusi prima della sua entrata in vigore (suppl. ord. alla G.U. *16 dicembre 1992, n. 295).*

2574. Leggi speciali. – Le condizioni per la registrazione dei marchi e degli atti di trasferimento dei medesimi, nonché gli effetti della registrazione sono stabiliti dalle leggi speciali.

Titolo IX
Dei diritti sulle opere dell'ingegno e sulle invenzioni industriali

Capo I
Del diritto di autore sulle opere dell'ingegno letterarie e artistiche

2575. Oggetto del diritto. – Formano oggetto del diritto di autore le opere dell'ingegno di carattere creativo che appartengono alle scienze, alla letteratura, alla musica, alle arti figurative, all'architettura, al teatro e alla cinematografia, qualunque ne sia il modo o la forma di espressione.

2576. Acquisto del diritto. – Il titolo originario dell'acquisto del diritto di autore è costituito dalla creazione dell'opera, quale particolare espressione del lavoro intellettuale.

2577. Contenuto del diritto. – L'autore ha il diritto esclusivo (2563, 2569, 2584, 2592) di pubblicare l'opera e di utilizzarla economicamente in ogni forma e modo, nei limiti e per gli effetti fissati dalla legge (2583).

L'autore, anche dopo la cessione dei diritti previsti dal comma precedente (2581), può rivendicare la paternità dell'opera (2589) e può opporsi a qualsiasi deformazione, mutilazione o altra modificazione dell'opera stessa, che possa essere di pregiudizio al suo onore o alla sua reputazione (2579^2, 2582).

2578. Progetti di lavori. – All'autore di progetti di lavori d'ingegneria o di altri lavori analoghi che costituiscono soluzioni originali di problemi tecnici, compete, oltre il diritto esclusivo di riproduzione dei piani e disegni dei progetti medesimi, il diritto di ottenere un equo compenso (2579) da coloro che eseguono il progetto tecnico a scopo di lucro senza il suo consenso (1).

(1) *Si vedano gli artt. 12, 20, 99 della L. 22 aprile 1941, n. 633, protezione del diritto d'autore e di altri diritti connessi al suo esercizio.*

2579. Interpreti ed esecutori. – Agli artisti attori o interpreti di opere o composizioni drammatiche o letterarie, e agli artisti esecutori di opere o composizioni musicali, anche se le opere o composizioni sopraindicate sono in dominio pubblico, compete, nei limiti, per gli effetti e con le modalità fissati dalle leggi speciali (1), indipendentemente dall'eventuale retribuzione loro spettante per la recitazione, rappresentazione, od esecuzione, il diritto ad un equo compenso (2578) nei confronti di chiunque diffonda o trasmetta per radio, telefono od altro apparecchio equivalente, ovvero incida, registri o comunque riproduca su dischi fonografici, pellicola cinematografica od altro apparecchio equivalente la suddetta recitazione, rappresentazione od esecuzione.

Gli artisti attori od interpreti e gli artisti esecutori hanno diritto di opporsi alla diffusione, trasmissione o riproduzione della loro recitazione, rappresentazione od esecuzione che possa essere di pregiudizio al loro onore o alla loro reputazione (2577^2, 2582).

(1) *Si vedano gli artt. 80 e 81 della L. 22 aprile 1941, n. 633, citata.*

2580. Soggetti del diritto. – Il diritto di autore spetta all'autore ed ai suoi aventi causa nei limiti e per gli effetti fissati dalle leggi speciali.

(*Omissis*) (1).

(1) *Seguiva un secondo comma, abrogato dall'art. 12 della L. 8 marzo 1975, n. 39, attribuzione della maggiore età.*

2581. Trasferimento dei diritti di utilizzazione. – I diritti di utilizzazione sono trasferibili (2577^2, 2582, 2589).

Il trasferimento per atto tra vivi deve essere provato per iscritto (2725) ([1]).

([1]) *Si vedano gli artt. 107 ss., della L. 22 aprile 1941, n. 633, citata.*

2582. Ritiro dell'opera dal commercio. – L'autore, qualora concorrano gravi ragioni morali, ha diritto di ritirare l'opera dal commercio, salvo l'obbligo d'indennizzare coloro che hanno acquistato i diritti di riprodurre, diffondere, eseguire, rappresentare o mettere in commercio l'opera medesima.

Questo diritto è personale e intrasmissibile (2577[2]).

2583. Leggi speciali. – L'esercizio dei diritti contemplati in questo capo e la loro durata sono regolati dalle leggi speciali (2575).

Capo II
Del diritto di brevetto per invenzioni industriali ([1])

([1]) *Si veda il D.L.vo 10 febbraio 2005, n. 30, Codice della proprietà industriale.*

2584. Diritto di esclusività. – Chi ha ottenuto un brevetto per un'invenzione industriale ha il diritto esclusivo (2563, 2569, 2577, 2592) di attuare l'invenzione e di disporne entro i limiti e alle condizioni stabilite dalla legge.

Il diritto si estende anche al commercio del prodotto a cui l'invenzione si riferisce (2588, 2589).

2585. Oggetto del brevetto. – Possono costituire oggetto di brevetto le nuove (2569, 2593) invenzioni atte ad avere un'applicazione industriale, quali un metodo o un processo di lavorazione industriale, una macchina, uno strumento, un utensile o un dispositivo meccanico, un prodotto o un risultato industriale e l'applicazione tecnica di un principio scientifico, purché essa dia immediati risultati industriali.

In quest'ultimo caso il brevetto è limitato ai soli risultati indicati dall'inventore.

2586. Brevetto per nuovi metodi o processi di fabbricazione. – Il brevetto concernente un nuovo metodo o processo di fabbricazione industriale ne attribuisce al titolare l'uso esclusivo.

[Se il metodo o processo è diretto ad ottenere un prodotto industriale nuovo, il brevetto si estende anche al prodotto ottenuto, purché questo possa formare oggetto di brevetto] ([1]).

([1]) *Questo comma è stato abrogato dall'art. 13, comma 1, del D.L.vo 19 marzo 1996, n. 198.*

2587. Brevetto dipendente da brevetto altrui. – Il brevetto per invenzione industriale, la cui attuazione implica quella d'invenzioni protette da precedenti brevetti per invenzioni industriali ancora in vigore, non pregiudica i diritti dei titolari di questi ultimi, e non può essere attuato né utilizzato senza il consenso di essi.

Sono salve le disposizioni delle leggi speciali (2591).

2588. Soggetti del diritto. – Il diritto di brevetto spetta all'autore dell'invenzione e ai suoi aventi causa.

2589. Trasferibilità. – I diritti nascenti dalle invenzioni industriali, tranne il diritto di esserne riconosciuto autore, sono trasferibili.

2590. Invenzione del prestatore di lavoro. – Il prestatore di lavoro ha diritto di essere riconosciuto autore dell'invenzione fatta nello svolgimento del rapporto di lavoro (2589).

I diritti e gli obblighi delle parti relativi all'invenzione sono regolati dalle leggi speciali.

2591. Rinvio alle leggi speciali. – Le condizioni e le modalità per la concessione del brevetto, l'esercizio dei diritti che ne derivano e la loro durata sono regolati dalle leggi speciali.

Capo III
Del diritto di brevetto per modelli di utilità e di registrazione per disegni o modelli ([1])

([1]) *Questa rubrica è stata così sostituita dall'art. 21, comma 1, del D.L.vo 2 febbraio 2001, n. 95.*

2592. Modelli di utilità. – Chi, in conformità della legge, ha ottenuto un brevetto per un'invenzione atta a conferire a macchine o parti di esse, strumenti, utensili od oggetti, particolare efficacia o comodità di applicazione o d'impiego, ha il diritto esclusivo (2563, 2569, 2577, 2584) di attuare l'invenzione, di disporne e di fare commercio dei prodotti a cui si riferisce (2589).

Il brevetto per le macchine nel loro complesso non comprende la protezione delle singole parti.

2593. ([1]) **Modelli e disegni.** – Chi ha ottenuto una registrazione per un nuovo disegno o modello che abbia carattere individuale, ha il diritto esclusivo di utilizzarlo e di vietare a terzi di utilizzarlo senza il suo consenso, in conformità alle leggi speciali.

([1]) *Questo articolo è stato così sostituito dall'art. 21, comma 2, del D.L.vo 2 febbraio 2001, n. 95.*

2594. ([1]) **Norme applicabili.** – Ai diritti di brevetto e di registrazioni contemplati in questo capo, si applicano gli articoli 2588, 2589 e 2590. Le condizioni e le modalità per la concessione del brevetto e della registrazione, l'esercizio dei diritti che ne derivano e la loro durata sono regolati dalle leggi speciali.

([1]) *Questo articolo è stato così sostituito dall'art. 21, comma 3, del D.L.vo 2 febbraio 2001, n. 95.*

Titolo X
Della disciplina della concorrenza e dei consorzi

Capo I
Della disciplina della concorrenza

Sezione I
Disposizioni generali

2595. Limiti legali della concorrenza. – La concorrenza deve svolgersi in modo da non ledere gli interessi dell'economia nazionale e nei limiti stabiliti dalla legge e dalle norme corporative ([1]) (2596, 2598; 41[2] Cost.) ([2]).

([1]) *L'espressione: «e dalle norme corporative» è da ritenersi soppressa dopo la cessazione dell'ordinamento corporativo fascista, disposta dal R.D.L. 9 agosto 1943, n. 721 e dal D.L.vo Lgt. 23 novembre 1944, n. 369.*

([2]) *Disposizioni particolari, per limitare le concentrazioni tra imprese, l'abuso della posizione dominante e le intese restrittive della libertà di concorrenza, sono state dettate dalla L. 10 ottobre 1990, n. 287, norme per la tutela della concorrenza e del mercato; dal D.L.vo 25 gennaio 1992, n. 74, attuazione della direttiva 84/450/CEE in materia di pubblicità ingannevole; dal D.P.R. 11 luglio 2003, n. 284, regolamento recante norme sulle procedure istruttorie dell'Autorità garante della concorrenza e del mercato in materia di pubblicità ingannevole e comparativa.*

2596. Limiti contrattuali della concorrenza. – Il patto che limita la concorrenza deve essere provato per iscritto (1341[2], 2725). Esso è valido se circoscritto ad una determinata zona o ad una determinata attività, e non può eccedere la durata di cinque anni (1379).

Se la durata del patto non è determinata o è stabilita per un periodo superiore a cinque anni, il patto è valido per la durata di un quinquennio (2125, 2557).

2597. Obbligo di contrattare nel caso di monopolio. – Chi esercita un'impresa (2082) in condizione di monopolio legale ha l'obbligo di contrattare (1032, 2932) con chiunque richieda le prestazioni che formano oggetto dell'impresa, osservando la parità di trattamento (3 Cost.; 1679[2,3], 1680).

Sezione II
Della concorrenza sleale

2598. Atti di concorrenza sleale. – Ferme le disposizioni che concernono la tutela dei segni distintivi (2563 ss., 2568, 2569 ss.) e dei diritti di brevetto (2584 ss., 2592, 2593), compie atti di concorrenza sleale chiunque:

1) usa nomi o segni distintivi idonei a produrre confusione (2564) con i nomi o con i segni distintivi legittimamente usati da altri, o imita servilmente i prodotti di un concorrente, o compie con qualsiasi altro mezzo atti idonei a creare confusione con i prodotti e con l'attività di un concorrente;

2) diffonde notizie e apprezzamenti sui prodotti e sull'attività di un concorrente, idonei a determinarne il discredito, o si appropria di pregi dei prodotti o dell'impresa di un concorrente;

3) si vale direttamente o indirettamente di ogni altro mezzo non conforme ai principi della correttezza professionale e idoneo a danneggiare l'altrui azienda (1175) ([1]).

([1]) *Si veda anche l'art. 101 della L. 22 aprile 1941, n. 633, protezione del diritto d'autore e di altri diritti connessi al suo esercizio. La legge 28 aprile 1976, n. 424, ha reso esecutiva in Italia la convenzione di Parigi per la protezione della proprietà industriale, stipulata il 20 marzo 1883 e più volte successivamente riveduta.*

2599. Sanzioni. – La sentenza che accerta atti di concorrenza sleale ne inibisce la continuazione e dà gli opportuni provvedimenti affinché ne vengano eliminati gli effetti.

2600. Risarcimento del danno. – Se gli atti di concorrenza sleale sono compiuti con dolo o con colpa, l'autore è tenuto al risarcimento dei danni (2043).

In tale ipotesi può essere ordinata la pubblicazione della sentenza (120 c.p.c.).

Accertati gli atti di concorrenza, la colpa si presume (2727 ss.).

2601. Azione delle associazioni professionali. – Quando gli atti di concorrenza sleale pregiudicano gli interessi di una categoria professionale, l'azione per la repressione della concorrenza sleale può essere promossa anche dalle associazioni professionali e dagli enti che rappresentano la categoria ([1]).

([1]) *Il D.L.vo Lgt. 23 novembre 1944, n. 369, soppressione delle organizzazioni sindacali fasciste, ha soppresso le associazioni professionali costituite in rappresentanza delle categorie.*

A norma dell'art. 2 della L. 29 dicembre 1993, n. 580, riordinamento delle camere di commercio, industria, artigianato e agricoltura, le camere di commercio possono promuovere l'azione per la repressione della concorrenza sleale, ai sensi dell'art. 2601 c.c.

Capo II
Dei consorzi per il coordinamento della produzione e degli scambi

Sezione I
Disposizioni generali

2602. ([1]) **Nozione e norme applicabili.** – Con il contratto di consorzio più imprenditori (2082) istituiscono un'organizzazione comune per la disciplina o per lo svolgimento di determinate fasi delle rispettive imprese.

Il contratto di cui al precedente comma è regolato dalle norme seguenti, salve le diverse disposizioni delle leggi speciali (2610, 2620).

([1]) *Articolo così sostituito dall'art. 1 della L. 10 maggio 1976, n. 377, modificazioni della disciplina del codice civile in tema di consorzi e di società consortili.*

2603. Forma e contenuto del contratto. – Il contratto deve essere fatto per iscritto sotto pena di nullità (1350, 2295, 2316).

Esso deve indicare:

1) l'oggetto (2606) e la durata (2604, 2611, n. 1) del consorzio;

2) la sede dell'ufficio eventualmente costituito;

3) gli obblighi assunti e i contributi dovuti dai consorziati;

4) le attribuzioni e i poteri degli organi consortili anche in ordine alla rappresentanza in giudizio (2608);

5) le condizioni di ammissione di nuovi consorziati;

6) i casi di recesso e di esclusione (2609);

7) le sanzioni per l'inadempimento degli obblighi dei consorziati.

Se il consorzio ha per oggetto il contingentamento della produzione o degli scambi, il contratto deve inoltre stabilire le quote dei singoli consorziati o i criteri per la determinazione di esse.

Se l'atto costitutivo deferisce la risoluzione di questioni relative alla determinazione delle quote ad una o più persone, le decisioni di queste possono essere impugnate innanzi all'autorità giudiziaria, se sono manifestamente inique od erronee, entro trenta giorni dalla notizia (1349, 2264, 2964).

2604. ([1]) **Durata del consorzio.** – In mancanza di determinazione della durata del contratto, questo è valido per dieci anni.

([1]) *Articolo così sostituito dall'art. 2 della L. 10 maggio 1976, n. 377, modificazioni della disciplina del codice civile in tema di consorzi e di società consortili.*

2605. Controllo sull'attività dei singoli consorziati. – I consorziati devono consentire i controlli e le ispezioni da parte degli organi previsti dal contratto, al fine di accertare l'esatto adempimento delle obbligazioni assunte (2619).

2606. Deliberazioni consortili. – Se il contratto non dispone diversamente, le deliberazioni relative all'attuazione dell'oggetto del consorzio sono prese col voto favorevole della maggioranza dei consorziati.

Le deliberazioni che non sono prese in conformità alle disposizioni di questo articolo o a quelle del contratto possono essere impugnate (2377^2) davanti all'autorità giudiziaria entro trenta giorni (2964). Per i consorziati assenti il termine decorre dalla comunicazione o, se si tratta di deliberazione soggetta ad iscrizione, dalla data di questa.

2607. Modificazioni del contratto. – Il contratto, se non è diversamente convenuto, non può essere modificato senza il consenso di tutti i consorziati (2604, 2611, n. 3).

Le modificazioni devono essere fatte per iscritto sotto pena di nullità (1350).

2608. Organi preposti al consorzio. – La responsabilità verso i consorziati di coloro che sono preposti al consorzio è regolata dalle norme sul mandato (1710 ss.).

2609. Recesso ed esclusione. – Nei casi di recesso (1373) e di esclusione previsti dal contratto, la quota di partecipazione del consorziato receduto o escluso si accresce proporzionalmente a quelle degli altri.

Il mandato (1703 ss.) conferito dai consorziati per l'attuazione degli scopi del consorzio, ancorché dato con unico atto, cessa nei confronti del consorziato receduto o escluso (1726).

2610. Trasferimento dell'azienda. – Salvo patto contrario, in caso di trasferimento a qualunque titolo dell'azienda l'acquirente subentra nel contratto di consorzio (2558).

Tuttavia, se sussiste una giusta causa, in caso di trasferimento dell'azienda per atto fra vivi, gli altri consorziati possono deliberare, entro un mese dalla notizia dell'avvenuto trasferimento (2964), l'esclusione dell'acquirente dal consorzio (2558).

2611. Cause di scioglimento. – Il contratto di consorzio si scioglie (2272):

1) per il decorso del tempo stabilito per la sua durata (2603, n. 1, 2604);

2) per il conseguimento dell'oggetto o per l'impossibilità di conseguirlo (2603, n. 1);

3) per volontà unanime dei consorziati (2604, 2607);

4) per deliberazione dei consorziati, presa a norma dell'articolo 2606, se sussiste una giusta causa;

5) per provvedimento dell'autorità governativa, nei casi ammessi dalla legge (2619);

6) per le altre cause previste nel contratto.

Sezione II
Dei consorzi
con attività esterna

2612. Iscrizione nel registro delle imprese. – Se il contratto prevede l'istituzione di un ufficio destinato a svolgere un'attività con i terzi, un estratto del contratto deve, a cura degli amministratori, entro trenta giorni dalla stipulazione, essere depositato per l'iscrizione presso l'ufficio del registro delle imprese (2188) del luogo dove l'ufficio ha sede (2626, 2635; 108 att.).

L'estratto deve indicare:

1) la denominazione e l'oggetto del consorzio e la sede dell'ufficio;

2) il cognome e il nome dei consorziati;

3) la durata del consorzio;

4) le persone a cui vengono attribuite la presidenza, la direzione e la rappresentanza del consorzio ed i rispettivi poteri;

5) il modo di formazione del fondo consortile e le norme relative alla liquidazione.

Del pari devono essere iscritte nel registro delle imprese le modificazioni del contratto concernenti gli elementi sopra indicati.

2613. Rappresentanza in giudizio. – I consorzi possono essere convenuti in giudizio in persona di coloro ai quali il contratto attribuisce la presidenza o la direzione, anche se la rappresentanza è attribuita ad altre persone (41).

2614. Fondo consortile. – I contributi dei consorziati e i beni acquistati con questi contributi costituiscono il fondo consortile. Per la durata del consorzio i consorziati non possono chiedere la divisione del fondo, e i creditori particolari dei consorziati non possono far valere i loro diritti sul fondo medesimo (2270, 2305, 2531).

2615. Responsabilità verso i terzi. – Per le obbligazioni assunte in nome del consorzio dalle persone che ne hanno la rappresentanza, i terzi possono far valere i loro diritti esclusivamente sul fondo consortile ([1]).

Per le obbligazioni assunte dagli organi del consorzio per conto dei singoli consorziati rispondono questi ultimi solidalmente col fondo consortile. In caso d'insolvenza nei rapporti tra i consorziati il debito dell'insolvente si ripartisce tra tutti in proporzione delle quote.

([1]) *Comma così modificato dall'art. 3 della L. 10 maggio 1976, n. 377, modificazioni della disciplina del codice civile in tema di consorzi e di società consortili.*

2615 *bis*. ([1]) **Situazione patrimoniale.** – Entro due mesi dalla chiusura dell'esercizio annuale le persone che hanno la direzione del consorzio redigono (2612) la situazione patrimoniale osservando le norme relative al bilancio di esercizio delle società per azioni (2423 ss.) e la depositano presso l'ufficio del registro delle imprese.

Alle persone che hanno la direzione del consorzio sono applicabili gli articoli 2621, n. 1), e 2626.

Negli atti e nella corrispondenza del consorzio devono essere indicati la sede di questo, l'ufficio del registro delle imprese presso il quale esso è iscritto e il numero di iscrizione.

([1]) *Articolo aggiunto dall'art. 4 della L. 10 maggio 1976, n. 377, modificazioni della disciplina del codice civile in tema di consorzi e di società consortili.*

Sezione II *bis*

Società consortili (1)

(1) *Sezione aggiunta dell'art. 4 della L. 10 maggio 1976, n. 377, modificazioni della disciplina del codice civile in tema di consorzi e di società consortili.*

2615 *ter*. Società consortili. – Le società previste nei capi III e seguenti del titolo V (2291 ss.) possono assumere come oggetto sociale gli scopi indicati nell'articolo 2602.

In tal caso l'atto costitutivo può stabilire l'obbligo dei soci di versare contributi in denaro.

Sezione III

Dei consorzi obbligatori

2616. Costituzione. – Con provvedimento dell'autorità governativa sentite le corporazioni interessate (1) può essere disposta, anche per zone determinate, la costituzione di consorzi obbligatori fra esercenti lo stesso ramo o rami similari di attività economica, qualora la costituzione stessa risponda alle esigenze dell'organizzazione della produzione.

Nello stesso modo, ricorrendo le condizioni di cui al comma precedente, possono essere trasformati in obbligatori i consorzi costituiti volontariamente (111 att.).

(1) *L'espressione: «sentite le corporazioni interessate» è da ritenersi soppressa dal R.D.L. 9 agosto 1943, n. 721 e dal D.L.vo Lgt. 23 novembre 1944, n. 369.*

2617. Consorzi per l'ammasso dei prodotti agricoli. – Quando la legge prescrive l'ammasso di determinati prodotti agricoli (837), la gestione collettiva di questi è fatta per conto degli imprenditori interessati a mezzo di consorzi obbligatori, secondo le disposizioni delle leggi speciali.

Sezione IV

Dei controlli
dell'autorità governativa

2618. Approvazione del contratto consortile. – I contratti previsti nel presente capo, se sono tali da influire sul mercato generale dei beni in essi contemplati, sono soggetti ad approvazione da parte dell'autorità governativa (2620), sentite le corporazioni interessate (1).

(1) *L'espressione: «sentite le corporazioni interessate» è da ritenersi soppressa dal R.D.L. 9 agosto 1943, n. 721 e dal D.L.vo Lgt. 23 novembre 1944, n. 369.*

2619. Controllo sull'attività del consorzio. – L'attività dei consorzi è sottoposta alla vigilanza dell'autorità governativa (111 att.).

Quando l'attività del consorzio risulta non conforme agli scopi per cui è stato costituito, l'autorità governativa può sciogliere gli organi del consorzio e affidare la gestione a un commissario governativo (2636 ss.; 108[3] att.) ovvero, nei casi più gravi, può disporre lo scioglimento del consorzio stesso.

2620. Estensione delle norme di controllo alle società. – Le disposizioni di questa sezione si applicano anche alle società che si costituiscono per raggiungere gli scopi indicati nell'articolo 2602.

L'autorità governativa può sempre disporre lo scioglimento della società, quando la costituzione di questa non abbia avuto l'approvazione prevista nell'articolo 2618 (111 att.).

Titolo XI

Disposizioni penali in materia di società,
di consorzi e di altri enti privati (1) (2)

(1) *La precedente rubrica:* «Disposizioni penali in materia di società e di consorzi» *è stata così sostituita dall'attuale dall'art. 2 del D.L.vo 15 marzo 2017, n. 38.*

(2) *Questo titolo è stato così sostituito dall'art. 1 del D.L.vo 11 aprile 2002, n. 61. A norma dell'art. 5 dello stesso D.L.vo per i reati perseguibili a querela ai sensi del medesimo decreto legislativo, commessi prima della data di entrata in vigore dello stesso, il termine per la proposizione della querela decorre dalla data predetta (16 aprile 2002).*

Capo I

Delle falsità

2621. (1) **False comunicazioni sociali.** – Fuori dai casi previsti dall'art. 2622, gli amministratori, i direttori generali, i dirigenti preposti alla redazione dei documenti contabili societari, i sindaci e i liquidatori, i quali, al fine di conseguire per sè o per altri un ingiusto profitto, nei bilanci, nelle relazioni o nelle altre comunicazioni sociali dirette ai soci o al pubblico, previste dalla legge, consapevolmente espongono fatti materiali rilevanti non rispondenti al vero ovvero omettono fatti materiali rilevanti la cui comunicazione è imposta dalla legge sulla situazione economica, patrimoniale o finanziaria della società o del gruppo al quale la stessa appartiene, in modo concretamente idoneo ad indurre altri in errore, sono puniti con la pena della reclusione da uno a cinque anni.

Codice Civile

La stessa pena si applica anche se le falsità o le omissioni riguardano beni posseduti o amministrati dalla società per conto di terzi.

([1]) *Questo articolo è stato, da ultimo, così sostituito dall'art. 9 della L. 27 maggio 2015, n. 69.*

2621 *bis*. ([1]) **Fatti di lieve entità.** – Salvo che costituiscano più grave reato, si applica la pena da sei mesi a tre anni di reclusione se i fatti di cui all'articolo 2621 sono di lieve entità, tenuto conto della natura e delle dimensioni della società e delle modalità o degli effetti della condotta.

Salvo che costituiscano più grave reato, si applica la stessa pena di cui al comma precedente quando i fatti di cui all'articolo 2621 riguardano società che non superano i limiti indicati dal secondo comma dell'articolo 1 del regio decreto 16 marzo 1942, n. 267. In tale caso, il delitto è procedibile a querela della società, dei soci, dei creditori o degli altri destinatari della comunicazione sociale.

([1]) *Questo articolo è stato inserito dall'art. 10 della L. 27 maggio 2015, n. 69.*

2621 *ter*. ([1]) **Non punibilità per particolare tenuità.** – Ai fini della non punibilità per particolare tenuità del fatto, di cui all'articolo 131 *bis* del codice penale, il giudice valuta, in modo prevalente, l'entità dell'eventuale danno cagionato alla società, ai soci o ai creditori conseguente ai fatti di cui agli articoli 2621 e 2621 *bis*.

([1]) *Questo articolo è stato inserito dall'art. 10 della L. 27 maggio 2015, n. 69.*

2622. ([1]) **False comunicazioni sociali delle società quotate.** – Gli amministratori, i direttori generali, i dirigenti preposti alla redazione dei documenti contabili societari, i sindaci e i liquidatori di società emittenti strumenti finanziari ammessi alla negoziazione in un mercato regolamentato italiano o di altro Paese dell'Unione europea, i quali, al fine di conseguire per sè o per altri un ingiusto profitto, nei bilanci, nelle relazioni o nelle altre comunicazioni sociali dirette ai soci o al pubblico consapevolmente espongono fatti materiali non rispondenti al vero ovvero omettono fatti materiali rilevanti la cui comunicazione è imposta dalla legge sulla situazione economica, patrimoniale o finanziaria della società o del gruppo al quale la stessa appartiene, in modo concretamente idoneo ad indurre altri in errore, sono puniti con la pena della reclusione da tre a otto anni.

Alle società indicate nel comma precedente sono equiparate:

1) le società emittenti strumenti finanziari per i quali è stata presentata una richiesta di ammissione alla negoziazione in un mercato regolamentato italiano o di altro Paese dell'Unione europea;

2) le società emittenti strumenti finanziari ammessi alla negoziazione in un sistema multilaterale di negoziazione italiano;

3) le società che controllano società emittenti strumenti finanziari ammessi alla negoziazione in un mercato regolamentato italiano o di altro Paese dell'Unione europea;

4) le società che fanno appello al pubblico risparmio o che comunque lo gestiscono.

Le disposizioni di cui ai commi precedenti si applicano anche se le falsità o le omissioni riguardano beni posseduti o amministrati dalla società per conto di terzi.

([1]) *Questo articolo è stato, da ultimo, così sostituito dall'art. 11 della L. 27 maggio 2015, n. 69.*

2623. ([1]) [**Falso in prospetto.** – Chiunque, allo scopo di conseguire per sè o per altri un ingiusto profitto, nei prospetti richiesti ai fini della sollecitazione all'investimento o dell'ammissione alla quotazione nei mercati regolamentati, ovvero nei documenti da pubblicare in occasione delle offerte pubbliche di acquisto o di scambio, con la consapevolezza della falsità e l'intenzione di ingannare i destinatari del prospetto, espone false informazioni od occulta dati o notizie in modo idoneo ad indurre in errore i suddetti destinatari è punito, se la condotta non ha loro cagionato un danno patrimoniale, con l'arresto fino ad un anno.

Se la condotta di cui al primo comma ha cagionato un danno patrimoniale ai destinatari del prospetto, la pena è della reclusione da uno a tre anni].

([1]) *Questo articolo è stato abrogato dall'art. 34, comma 2, della L. 28 dicembre 2005, n. 262.*

2624. ([1]) [**Falsità nelle relazioni o nelle comunicazioni delle società di revisione.** – I responsabili della revisione i quali, al fine di conseguire per sè o per altri un ingiusto profitto, nelle relazioni o in altre comunicazioni, con la consapevolezza della falsità e l'intenzione di ingannare i destinatari delle comunicazioni, attestano il falso od occultano informazioni concernenti la situazione economica, patrimoniale o finanziaria della società, ente o soggetto sottoposto a revisione, in modo idoneo ad indurre in errore i destinatari delle comunicazioni sulla predetta situazione, sono puniti, se la condotta non ha loro cagionato un danno patrimoniale, con l'arresto fino a un anno.

Se la condotta di cui al primo comma ha cagionato un danno patrimoniale ai destinatari delle comunicazioni, la pena è della reclusione da uno a quattro anni].

(1) *Questo articolo è stato abrogato dall'art. 37, comma 34, del D.L.vo 27 gennaio 2010, n. 39.*

2625. Impedito controllo. – Gli amministratori che, occultando documenti o con altri idonei artifici, impediscono o comunque ostacolano lo svolgimento delle attività di controllo [o di revisione] (1) legalmente attribuite ai soci o ad altri organi sociali (2), sono puniti con la sanzione amministrativa pecuniaria fino a 10.329 euro.

Se la condotta ha cagionato un danno ai soci, si applica la reclusione fino ad un anno e si procede a querela della persona offesa.

La pena è raddoppiata se si tratta di società con titoli quotati in mercati regolamentati italiani o di altri Stati dell'Unione europea o diffusi tra il pubblico in misura rilevante ai sensi dell'articolo 116 del testo unico di cui al decreto legislativo 24 febbraio 1998, n. 58 (3).

(1) *Le parole poste fra parentesi quadrate sono state soppresse dall'art. 37, comma 35, lett.* a), *del D.L.vo 27 gennaio 2010, n. 39.*

(2) *Le parole: «, ad altri organi sociali o alle società di revisione» sono state così sostituite dalle attuali: «o ad altri organi sociali» dall'art. 37, comma 35, lett.* b), *del D.L.vo 27 gennaio 2010, n. 39.*

(3) *Questo comma è stato inserito dall'art. 39, comma 2, lett.* a), *della L. 28 dicembre 2005, n. 262.*

Capo II
Degli illeciti commessi dagli amministratori

2626. Indebita restituzione dei conferimenti. – Gli amministratori che, fuori dei casi di legittima riduzione del capitale sociale, restituiscono, anche simulatamente, i conferimenti ai soci o li liberano dall'obbligo di eseguirli, sono puniti con la reclusione fino ad un anno.

2627. Illegale ripartizione degli utili e delle riserve. – Salvo che il fatto non costituisca più grave reato, gli amministratori che ripartiscono utili o acconti su utili non effettivamente conseguiti o destinati per legge a riserva, ovvero che ripartiscono riserve, anche non costituite con utili, che non possono per legge essere distribuite, sono puniti con l'arresto fino ad un anno.

La restituzione degli utili o la ricostituzione delle riserve prima del termine previsto per l'approvazione del bilancio estingue il reato.

2628. Illecite operazioni sulle azioni o quote sociali o della società controllante. – Gli amministratori che, fuori dei casi consentiti dalla legge, acquistano o sottoscrivono azioni o quote sociali, cagionando una lesione all'integrità del capitale sociale o delle riserve non distribuibili per legge, sono puniti con la reclusione fino ad un anno.

La stessa pena si applica agli amministratori che, fuori dei casi consentiti dalla legge, acquistano o sottoscrivono azioni o quote emesse dalla società controllante, cagionando una lesione del capitale sociale o delle riserve non distribuibili per legge.

Se il capitale sociale o le riserve sono ricostituiti prima del termine previsto per l'approvazione del bilancio relativo all'esercizio in relazione al quale è stata posta in essere la condotta, il reato è estinto.

2629. Operazioni in pregiudizio dei creditori. – Gli amministratori che, in violazione delle disposizioni di legge a tutela dei creditori, effettuano riduzioni del capitale sociale o fusioni con altra società o scissioni, cagionando danno ai creditori, sono puniti, a querela della persona offesa, con la reclusione da sei mesi a tre anni.

Il risarcimento del danno ai creditori prima del giudizio estingue il reato.

Capo III
Degli illeciti commessi mediante omissione

2629 *bis*. (1) **Omessa comunicazione del conflitto d'interessi.** – L'amministratore o il componente del consiglio di gestione di una società con titoli quotati in mercati regolamentati italiani o di altro Stato dell'Unione europea o diffusi tra il pubblico in misura rilevante ai sensi dell'articolo 116 del testo unico di cui al decreto legislativo 24 febbraio 1998, n. 58, e successive modificazioni, ovvero di un soggetto sottoposto a vigilanza ai sensi del testo unico di cui al decreto legislativo 1° settembre 1993, n. 385, del citato testo unico di cui al decreto legislativo n. 58 del 1998, del decreto legislativo 7 settembre 2005, n. 209 (2), o del decreto legislativo 21 aprile 1993, n. 124, che viola gli obblighi previsti dall'articolo 2391, primo comma, è punito con la reclusione da uno a tre anni, se dalla violazione siano derivati danni alla società o a terzi.

([1]) *Questo articolo è stato inserito dall'art. 31, comma 1, della L. 28 dicembre 2005, n. 262.*

([2]) *Le originarie parole: «della legge 12 agosto 1982, n. 576» sono state così sostituite dalle attuali: «del decreto legislativo 7 settembre 2005, n. 209» dall'art. 6, comma 1, del D.L.vo 29 dicembre 2006, n. 303.*

2630. ([1]) **Omessa esecuzione di denunce, comunicazioni e depositi.** – Chiunque, essendovi tenuto per legge a causa delle funzioni rivestite in una società o in un consorzio, omette di eseguire, nei termini prescritti, denunce, comunicazioni o depositi presso il registro delle imprese, ovvero omette di fornire negli atti, nella corrispondenza e nella rete telematica le informazioni prescritte dall'articolo 2250, primo, secondo, terzo e quarto comma, è punito con la sanzione amministrativa pecuniaria da 103 euro a 1.032 euro. Se la denuncia, la comunicazione o il deposito avvengono nei trenta giorni successivi alla scadenza dei termini prescritti, la sanzione amministrativa pecuniaria è ridotta ad un terzo.

Se si tratta di omesso deposito dei bilanci, la sanzione amministrativa pecuniaria è aumentata di un terzo.

([1]) *Questo articolo è stato così sostituito dall'art. 9, comma 5, della L. 11 novembre 2011, n. 180.*

2631. Omessa convocazione dell'assemblea. – Gli amministratori e i sindaci che omettono di convocare l'assemblea dei soci nei casi previsti dalla legge o dallo statuto, nei termini ivi previsti, sono puniti con la sanzione amministrativa pecuniaria da 1.032 a 6.197 euro. Ove la legge o lo statuto non prevedano espressamente un termine, entro il quale effettuare la convocazione, questa si considera omessa allorché siano trascorsi trenta giorni dal momento in cui amministratori e sindaci sono venuti a conoscenza del presupposto che obbliga alla convocazione dell'assemblea dei soci.

La sanzione amministrativa pecuniaria è aumentata di un terzo in caso di convocazione a seguito di perdite o per effetto di espressa legittima richiesta da parte dei soci.

Capo IV
Degli altri illeciti, delle circostanze attenuanti e delle misure di sicurezza patrimoniali

2632. ([1]) **Formazione fittizia del capitale.** – Gli amministratori e i soci conferenti che, anche in parte, formano od aumentano fittiziamente il capitale sociale mediante attribuzioni di azioni o quote in misura complessivamente superiore all'ammontare del capitale sociale, sottoscrizione reciproca di azioni o quote, sopravvalutazione rilevante dei conferimenti di beni in natura o di crediti ovvero del patrimonio della società nel caso di trasformazione, sono puniti con la reclusione fino ad un anno.

([1]) *Questo articolo è stato sostituito dall'art. 111* quinquies *delle disposizioni di attuazione del codice civile, inserito dall'art. 9, comma 1, lett.* f)*, del D.L.vo 17 gennaio 2003, n. 6, a decorrere dal 1° gennaio 2004.*

2633. Indebita ripartizione dei beni sociali da parte dei liquidatori. – I liquidatori che, ripartendo i beni sociali tra i soci prima del pagamento dei creditori sociali o dell'accantonamento delle somme necessario a soddisfarli, cagionano danno ai creditori, sono puniti, a querela della persona offesa, con la reclusione da sei mesi a tre anni.

Il risarcimento del danno ai creditori prima del giudizio estingue il reato.

2634. Infedeltà patrimoniale. – Gli amministratori, i direttori generali e i liquidatori, che, avendo un interesse in conflitto con quello della società, al fine di procurare a sè o ad altri un ingiusto profitto o altro vantaggio, compiono o concorrono a deliberare atti di disposizione dei beni sociali, cagionando intenzionalmente alla società un danno patrimoniale, sono puniti con la reclusione da sei mesi a tre anni.

La stessa pena si applica se il fatto è commesso in relazione a beni posseduti o amministrati dalla società per conto di terzi, cagionando a questi ultimi un danno patrimoniale.

In ogni caso non è ingiusto il profitto della società collegata o del gruppo, se compensato da vantaggi, conseguiti o fondatamente prevedibili, derivanti dal collegamento o dall'appartenenza al gruppo.

Per i delitti previsti dal primo e secondo comma si procede a querela della persona offesa.

2635. ([1]) **Corruzione tra privati.** – Salvo che il fatto costituisca più grave reato, gli amministratori, i direttori generali, i dirigenti preposti alla redazione dei documenti contabili societari, i sindaci e i liquidatori, di società o enti privati che, anche per interposta persona, sollecitano o ricevono, per sé o per altri, denaro o altra utilità non dovuti, o ne accettano la promessa, per compiere o per omettere un atto in violazione degli obblighi inerenti al loro ufficio o degli obblighi di fedeltà, sono puniti con la reclusione da uno a tre anni. Si applica la stessa pena se il fatto è commesso da chi nell'ambito organizzativo della società o dell'ente privato esercita funzioni direttive diverse da quelle proprie dei soggetti di cui al precedente periodo ([2]).

Si applica la pena della reclusione fino a un anno e sei mesi se il fatto è commesso da chi è sottoposto alla direzione o alla vigilanza di uno dei soggetti indicati al primo comma.

Chi, anche per interposta persona, offre, promette o dà denaro o altra utilità non dovuti alle persone indicate nel primo e nel secondo comma, è punito con le pene ivi previste ([3]).

Le pene stabilite nei commi precedenti sono raddoppiate se si tratta di società con titoli quotati in mercati regolamentati italiani o di altri Stati dell'Unione europea o diffusi tra il pubblico in misura rilevante ai sensi dell'articolo 116 del testo unico delle disposizioni in materia di intermediazione finanziaria, di cui al decreto legislativo 24 febbraio 1998, n. 58, e successive modificazioni.

Si procede a querela della persona offesa, salvo che dal fatto derivi una distorsione della concorrenza nella acquisizione di beni o servizi.

Fermo quanto previsto dall'articolo 2641, la misura della confisca per valore equivalente non può essere inferiore al valore delle utilità date, promesse o offerte ([4]) ([5]).

([1]) *Questo articolo è stato così sostituito dall'art. 1, comma 76, della L. 6 novembre 2012, n. 190.*

([2]) *Questo comma è stato così sostituito dall'art. 3, comma 1, lett.* a), *del D.L.vo 15 marzo 2017, n. 38.*

([3]) *Questo comma è stato così sostituito dall'art. 3, comma 1, lett.* b), *del D.L.vo 15 marzo 2017, n. 38.*

([4]) *Le parole: «utilità date o promesse» sono state così sostituite dalle attuali: «utilità date, promesse o offerte» dall'art. 3, comma 1, lett.* c), *del D.L.vo 15 marzo 2017, n. 38.*

([5]) *Questo comma è stato aggiunto dall'art. 3 del D.L.vo 29 ottobre 2016, n. 202.*

2635 *bis*. ([1]) **Istigazione alla corruzione tra privati.** – Chiunque offre o promette denaro o altra utilità non dovuti agli amministratori, ai direttori generali, ai dirigenti preposti alla redazione dei documenti contabili societari, ai sindaci e ai liquidatori, di società o enti privati, nonché a chi svolge in essi un'attività lavorativa con l'esercizio di funzioni direttive, affinché compia od ometta un atto in violazione degli obblighi inerenti al proprio ufficio o degli obblighi di fedeltà, soggiace, qualora l'offerta o la promessa non sia accettata, alla pena stabilita nel primo comma dell'articolo 2635, ridotta di un terzo.

La pena di cui al primo comma si applica agli amministratori, ai direttori generali, ai dirigenti preposti alla redazione dei documenti contabili societari, ai sindaci e ai liquidatori, di società o enti privati, nonché a chi svolge in essi attività lavorativa con l'esercizio di funzioni direttive, che sollecitano per sé o per altri, anche per interposta persona, una promessa o dazione di denaro o di altra utilità, per compiere o per omettere un atto in violazione degli obblighi inerenti al loro ufficio o degli obblighi di fedeltà, qualora la sollecitazione non sia accettata.

Si procede a querela della persona offesa.

([1]) *Questo articolo è stato inserito dall'art. 4 del D.L.vo 15 marzo 2017, n. 38.*

2635 *ter*. ([1]) **Pene accessorie.** – La condanna per il reato di cui all'articolo 2635, primo comma, importa in ogni caso l'interdizione temporanea dagli uffici direttivi delle persone giuridiche e delle imprese di cui all'articolo 32 *bis* del codice penale nei confronti di chi sia già stato condannato per il medesimo reato o per quello di cui all'articolo 2635 *bis*, secondo comma.

([1]) *Questo articolo è stato inserito dall'art. 5 del D.L.vo 15 marzo 2017, n. 38.*

2636. Illecita influenza sull'assemblea. – Chiunque, con atti simulati o fraudolenti, determina la maggioranza in assemblea, allo scopo di procurare a sè o ad altri un ingiusto profitto, è punito con la reclusione da sei mesi a tre anni.

2637. Aggiotaggio. – Chiunque diffonde notizie false, ovvero pone in essere operazioni simulate o altri artifici concretamente idonei a provocare una sensibile alterazione del prezzo di strumenti finanziari non quotati o per i quali non è stata presentata una richiesta di ammissione alle negoziazioni in un mercato regolamentato, ([1]) ovvero ad incidere in modo significativo sull'affidamento che il pubblico ripone nella stabilità patrimoniale di banche o di gruppi bancari, è punito con la pena della reclusione da uno a cinque anni.

([1]) *Le parole: «strumenti finanziari, quotati o non quotati,» sono state così sostituite dalle attuali: «strumenti finanziari non quotati o per i quali non è stata presentata una richiesta di ammissione alle negoziazioni in un mercato regolamentato,» dall'art. 9, comma 4, della L. 18 aprile 2005, n. 62.*

2638. Ostacolo all'esercizio delle funzioni delle autorità pubbliche di vigilanza. – Gli amministratori, i direttori generali, i dirigenti preposti alla redazione dei documenti contabili societari, (1) i sindaci e i liquidatori di società o enti e gli altri soggetti sottoposti per legge alle autorità pubbliche di vigilanza, o tenuti ad obblighi nei loro confronti, i quali nelle comunicazioni alle predette autorità previste in base alla legge, al fine di ostacolare l'esercizio delle funzioni di vigilanza, espongono fatti materiali non rispondenti al vero, ancorché oggetto di valutazioni, sulla situazione economica, patrimoniale o finanziaria dei sottoposti alla vigilanza ovvero, allo stesso fine, occultano con altri mezzi fraudolenti, in tutto o in parte fatti che avrebbero dovuto comunicare, concernenti la situazione medesima, sono puniti con la reclusione da uno a quattro anni. La punibilità è estesa anche al caso in cui le informazioni riguardino beni posseduti o amministrati dalla società per conto di terzi.

Sono puniti con la stessa pena gli amministratori, i direttori generali, i dirigenti preposti alla redazione dei documenti contabili societari, (1) i sindaci e i liquidatori di società, o enti e gli altri soggetti sottoposti per legge alle autorità pubbliche di vigilanza o tenuti ad obblighi nei loro confronti, i quali, in qualsiasi forma, anche omettendo le comunicazioni dovute alle predette autorità, consapevolmente ne ostacolano le funzioni.

La pena è raddoppiata se si tratta di società con titoli quotati in mercati regolamentati italiani o di altri Stati dell'Unione europea o diffusi tra il pubblico in misura rilevante ai sensi dell'articolo 116 del testo unico di cui al decreto legislativo 24 febbraio 1998, n. 58 (2).

3 *bis*. Agli effetti della legge penale, le autorità e le funzioni di risoluzione di cui al decreto di recepimento della direttiva 2014/59/UE sono equiparate alle autorità e alle funzioni di vigilanza (3).

(1) *Le parole*: «*i dirigenti preposti alla redazione dei documenti contabili societari,*» *sono state inserite dall'art. 15, comma 1, lett.* c) *della L. 28 dicembre 2005, n. 262.*

(2) *Questo comma è stato aggiunto dall'art. 39, comma 2, lett.* c), *della L. 28 dicembre 2005, n. 262.*

(3) *Questo comma è stato inserito dall'art. 101, comma 1, del D.L.vo 16 novembre 2015, n. 180. A norma dell'art. 101, comma 2, del medesimo decreto, la violazione dell'obbligo di segreto di cui all'articolo 5, commi 4 e 7, del D.L.vo n. 180/2015 è punita a norma dell'articolo 622 del codice penale, ma si procede d'ufficio.*

2639. Estensione delle qualifiche soggettive. – Per i reati previsti dal presente titolo al soggetto formalmente investito della qualifica o titolare della funzione prevista dalla legge civile è equiparato sia chi è tenuto a svolgere la stessa funzione, diversamente qualificata, sia chi esercita in modo continuativo e significativo i poteri tipici inerenti alla qualifica o alla funzione.

Fuori dei casi di applicazione delle norme riguardanti i delitti dei pubblici ufficiali contro la pubblica amministrazione, le disposizioni sanzionatorie relative agli amministratori si applicano anche a coloro che sono legalmente incaricati dall'autorità giudiziaria o dall'autorità pubblica di vigilanza di amministrare la società o i beni dalla stessa posseduti o gestiti per conto di terzi.

2640. Circostanza attenuante. – Se i fatti previsti come reato agli articoli precedenti hanno cagionato un'offesa di particolare tenuità la pena è diminuita.

2641. Confisca. – In caso di condanna o di applicazione della pena su richiesta delle parti per uno dei reati previsti dal presente titolo è ordinata la confisca del prodotto o del profitto del reato e dei beni utilizzati per commetterlo.

Quando non è possibile l'individuazione o l'apprensione dei beni indicati nel comma primo, la confisca ha ad oggetto una somma di denaro o beni di valore equivalente.

Per quanto non stabilito nei commi precedenti si applicano le disposizioni dell'articolo 240 del codice penale.

2642. (1) **Comunicazione delle sentenze di condanna.** – (*Omissis*).

(1) *Questo articolo è stato abrogato dall'art. 1 del D.L.vo 11 aprile 2002, n. 61, che ha interamente sostituito il Titolo XI, recante disposizioni penali in materia di società e consorzi, ora comprensivo degli artt. 2621-2641.*

Libro VI
Della tutela dei diritti

Titolo I
Della trascrizione

Capo I
Della trascrizione degli atti relativi ai beni immobili

2643. ([1]) **Atti soggetti a trascrizione.** – Si devono rendere pubblici col mezzo della trascrizione (2658 ss.):

1) i contratti che trasferiscono la proprietà di beni immobili (769, 812, 1197, 1470 ss, 2648, 2651);

2) i contratti che costituiscono, trasferiscono o modificano il diritto di usufrutto (978 ss.) su beni immobili, il diritto di superficie (952 ss.), i diritti del concedente e dell'enfiteuta (959, 960, 2648, 2651);

2 *bis*) i contratti che trasferiscono, costituiscono o modificano i diritti edificatori comunque denominati, previsti da normative statali o regionali, ovvero da strumenti di pianificazione territoriale ([2]);

3) i contratti che costituiscono la comunione (1100) dei diritti menzionati nei numeri precedenti;

4) i contratti che costituiscono o modificano servitù prediali (7 ss, 1022, 1058), il diritto di uso (1021) sopra i beni immobili, il diritto di abitazione (1027 ss., 2648, 2651);

5) gli atti tra vivi di rinunzia ai diritti menzionati nei numeri precedenti;

6) i provvedimenti con i quali nell'esecuzione forzata si trasferiscono la proprietà di beni immobili o altri diritti reali immobiliari (555, 574, 586, 590 c.p.c.; 164 att. c.p.c.), eccettuato il caso di vendita seguita nel processo di liberazione degli immobili dalle ipoteche a favore del terzo acquirente (2889, 2896);

7) gli atti e le sentenze di affrancazione del fondo enfiteutico (971);

8) i contratti di locazione di beni immobili che hanno durata superiore a nove anni (320^2, 1572, 1599, 2923^2) ([3]);

9) gli atti e le sentenze da cui risulta liberazione o cessione di pigioni o di fitti non ancora scaduti, per un termine maggiore di tre anni (1605, 2918, 2924);

10) i contratti di società (2247, 2251, 2291, 2313, 2328, 2462, 2475, 2518) e di associazione (14 ss., 2549 ss.) con i quali si conferisce il godimento di beni immobili o di altri diritti reali immobiliari, quando la durata della società o dell'associazione eccede i nove anni o è indeterminata;

11) gli atti di costituzione dei consorzi (862 ss., 2602 ss.) che hanno l'effetto indicato dal numero precedente;

12) i contratti di anticresi (1350, n. 7, 1960);

12 *bis*) gli accordi di mediazione che accertano l'usucapione con la sottoscrizione del processo verbale autenticata da un pubblico ufficiale a ciò autorizzato ([4]);

13) le transazioni che hanno per oggetto controversie sui diritti menzionati nei numeri precedenti (1965 ss.);

14) le sentenze che operano la costituzione, il trasferimento o la modificazione (2932) di uno dei diritti menzionati nei numeri precedenti (2646).

([1]) *Nella regione Trentino-Alto Adige, nelle province di Trieste e Gorizia, nel Comune di Cortina D'Ampezzo vige il sistema tavolare, disciplinato dal R.D. 28 marzo 1929, n. 499, disposizioni relative ai libri fondiari nei territori delle nuove province, modificato con L. 29 ottobre 1974, n. 594, e con L. 8 agosto 1977, n. 8.*

L'art. 5 del D.L.vo 31 ottobre 1990, n. 347, testo unico delle disposizioni concernenti le imposte ipotecaria e catastale, dispone:

«5. (Trascrizione del certificato di successione). 1. *Nel caso di successione ereditaria comprendente beni immobili o diritti reali immobiliari, a chiunque devoluti e qualunque ne sia il valore, l'ufficio del registro redige il certificato di successione, in conformità alle risultanze della dichiarazione della successione o dell'accertamento d'ufficio, e ne richiede la trascrizione, compilando in duplice esemplare la nota a spese dei soggetti obbligati al pagamento dell'imposta di successione.*

«2. *La trascrizione del certificato è richiesta ai soli effetti stabiliti dal presente testo unico e non costituisce trascrizione degli acquisti a causa di morte degli immobili e dei diritti reali immobiliari compresi nella successione».*

([2]) *Questo numero è stato inserito dall'art. 5, comma 3, del D.L. 13 maggio 2011, n. 70, convertito, con modificazioni, nella L. 12 luglio 2011, n. 106.*

([3]) *L'art. 41 della L. 3 maggio 1982, n. 203, norme sui contratti agrari, dispone: «I contratti agrari ultranovennali, compresi quelli in corso, anche se verbali o non trascritti, sono validi ed hanno effetto anche riguardo ai terzi».*

([4]) *Questo numero è stato inserito dall'art. 84* bis *del D.L. 21 giugno 2013, n. 69, convertito, con modificazioni, nella L. 9 agosto 2013, n. 98.*

2644. Effetti della trascrizione. – Gli atti enunciati nell'articolo precedente non hanno effetto riguardo ai terzi che a qualunque titolo hanno acquistato diritti sugli immobili in base a un atto trascritto o iscritto (2839) anteriormente alla trascrizione degli atti medesimi (2650, 2684, 2827).

Seguita la trascrizione, non può avere effetto contro colui che ha trascritto (2666) alcuna trascrizione o iscrizione di diritti acquistati verso il suo autore, quantunque l'acquisto risalga a data anteriore (2812, 2848, 2857, 2913 ss.; 44 l. fall.).

2645. Altri atti soggetti a trascrizione. – Deve del pari rendersi pubblico, agli effetti previsti dall'articolo precedente, ogni altro atto o provvedimento che produce in relazione a beni immobili o a diritti immobiliari taluni degli effetti dei contratti menzionati nell'art. 2643, salvo che dalla legge risulti che la trascrizione non è richiesta o è richiesta a effetti diversi (2650, 2657 ss., 2672; 555 c.p.c.).

2645 *bis*. ([1]) **Trascrizione di contratti preliminari.** – 1. I contratti preliminari aventi ad oggetto la conclusione di taluno dei contratti di cui ai numeri 1), 2), 3) e 4) dell'articolo 2643, anche se sottoposti a condizione o relativi a edifici da costruire o in corso di costruzione, devono essere trascritti se risultano da atto pubblico o da scrittura privata con sottoscrizione autenticata o accertata giudizialmente.

2. La trascrizione del contratto definitivo o di altro atto che costituisca comunque esecuzione dei contratti preliminari di cui al comma 1, ovvero della sentenza che accoglie la domanda diretta ad ottenere l'esecuzione in forma specifica dei contratti preliminari predetti, prevale sulle trascrizioni e iscrizioni eseguite contro il promittente alienante dopo la trascrizione del contratto preliminare.

3. Gli effetti della trascrizione del contratto preliminare cessano e si considerano come mai prodotti se entro un anno dalla data convenuta tra le parti per la conclusione del contratto definitivo, e in ogni caso entro tre anni dalla trascrizione predetta, non sia eseguita la trascrizione del contratto definitivo o di altro atto che costituisca comunque esecuzione del contratto preliminare o della domanda giudiziale di cui all'articolo 2652, primo comma, numero 2).

4. I contratti preliminari aventi a oggetto porzioni di edifici da costruire o in corso di costruzione devono indicare, per essere trascritti (2659, n. 4), la superficie utile della porzione di edificio e la quota del diritto spettante al promissario acquirente relativa all'intero costruendo edificio espressa in millesimi (1118, 1123).

5. Nel caso previsto nel comma 4 la trascrizione è eseguita con riferimento al bene immobile per la quota determinata secondo le modalità di cui al comma stesso. Non appena l'edificio viene ad esistenza gli effetti della trascrizione si producono rispetto alle porzioni materiali corrispondenti alle quote di proprietà predeterminate nonché alle relative parti comuni. L'eventuale differenza di superficie o di quota contenuta nei limiti di un ventesimo rispetto a quelle indicate nel contratto preliminare non produce effetti.

6. Ai fini delle disposizioni di cui al comma 5, si intende esistente l'edificio nel quale sia stato eseguito il rustico, comprensivo delle mura perimetrali delle singole unità, e sia stata completata la copertura.

([1]) *Questo articolo è stato aggiunto dall'art. 3, comma 1, del D.L. 31 dicembre 1996, n. 669, convertito, con modificazioni, nella L. 28 febbraio 1997, n. 30.*

2645 *ter*. ([1]) **Trascrizione di atti di destinazione per la realizzazione di interessi meritevoli di tutela riferibili a persone con disabilità, a pubbliche amministrazioni, o ad altri enti o persone fisiche.** – Gli atti in forma pubblica con cui beni immobili o beni mobili iscritti in pubblici registri sono destinati, per un periodo non superiore a novanta anni o per la durata della vita della persona fisica beneficiaria, alla realizzazione di interessi meritevoli di tutela riferibili a persone con disabilità, a pubbliche amministrazioni, o ad altri enti o persone fisiche ai sensi dell'articolo 1322, secondo comma, possono essere trascritti al fine di rendere opponibile ai terzi il vincolo di destinazione; per la realizzazione di tali interessi può agire, oltre al conferente, qualsiasi interessato anche durante la vita del conferente stesso. I beni conferiti e i loro frutti possono essere impiegati solo per la realizzazione del fine di destinazione e possono costituire oggetto di esecuzione, salvo quanto previsto dall'articolo 2915, primo comma, solo per debiti contratti per tale scopo.

(¹) *Questo articolo è stato inserito dall'art. 39* novies *del D.L. 30 dicembre 2005, n. 273, convertito, con modificazioni, nella L. 23 febbraio 2006, n. 51.*

2645 *quater*. (¹) **Trascrizione di atti costitutivi di vincolo. –** 1. Si devono trascrivere, se hanno per oggetto beni immobili, gli atti di diritto privato, i contratti e gli altri atti di diritto privato, anche unilaterali, nonché le convenzioni e i contratti con i quali vengono costituiti a favore dello Stato, della regione, degli altri enti pubblici territoriali ovvero di enti svolgenti un servizio di interesse pubblico, vincoli di uso pubblico o comunque ogni altro vincolo a qualsiasi fine richiesto dalle normative statali e regionali, dagli strumenti urbanistici comunali nonché dai conseguenti strumenti di pianificazione territoriale e dalle convenzioni urbanistiche a essi relative.

(¹) *Questo articolo è stato inserito dall'art. 6, comma 5* quaterdecies, *del D.L. 2 marzo 2012, n. 16, convertito, con modificazioni, nella L. 26 aprile 2012, n. 44.*

2646. Trascrizione delle divisioni. – Si devono trascrivere le divisioni che hanno per oggetto beni immobili (713 ss., 729, 1111, 2685; 784 ss. c.p.c.), come pure i provvedimenti di aggiudicazione degli immobili divisi mediante incanto (788 c.p.c.), i provvedimenti di attribuzione delle quote tra condividenti (757) e i verbali di estrazione a sorte (729, 791 c.p.c.) delle quote (2657 ss.).

Si devono pure trascrivere la domanda di divisione giudiziale (748 c. p.c.) e l'atto di opposizione indicato dall'art. 1113, per gli effetti ivi enunciati (2650).

2647. (¹) **Costituzione del fondo patrimoniale e separazione di beni. –** Devono essere trascritti, se hanno per oggetto beni immobili (812), la costituzione del fondo patrimoniale (167-171), le convenzioni matrimoniali che escludono i beni medesimi dalla comunione tra i coniugi (160 ss., 210 ss., 215 ss.), gli atti e i provvedimenti di scioglimento della comunione (191), gli atti di acquisto di beni personali a norma delle lettere *c*), *d*), *e*) ed *f*) dell'art. 179, a carico, rispettivamente, dei coniugi titolari del fondo patrimoniale e del coniuge titolare del bene escluso o che cessa di far parte della comunione.

Le trascrizioni previste dal precedente comma devono essere eseguite anche relativamente ai beni immobili che successivamente entrano a far parte del patrimonio familiare o risultano esclusi dalla comunione tra i coniugi (177).

La trascrizione del vincolo derivante dal fondo patrimoniale costituito per testamento deve essere eseguita d'ufficio dal conservatore contemporaneamente alla trascrizione dell'acquisto a causa di morte (2685).

(¹) *Articolo così sostituito dall'art. 206 della L. 19 maggio 1975, n. 151, riforma del diritto di famiglia.*

2648. Accettazione di eredità e acquisto di legato. – Si devono trascrivere (2660 ss.) l'accettazione dell'eredità (470 ss., 475, 484²) che importi acquisto dei diritti enunciati nei numeri 1, 2 e 4 dell'art. 2643 o liberazione dai medesimi e l'acquisto del legato (649) che abbia lo stesso oggetto (484, 507, 509).

La trascrizione dell'accettazione dell'eredità si opera in base alla dichiarazione del chiamato all'eredità, contenuta in un atto pubblico (2699) ovvero in una scrittura privata (475) con sottoscrizione autenticata (2703) o accertata giudizialmente (2657; 214 c.p.c.).

Se il chiamato ha compiuto uno degli atti che importano accettazione tacita dell'eredità (476), si può richiedere la trascrizione sulla base di quell'atto, qualora esso risulti da sentenza, da atto pubblico (2699) o da scrittura privata con sottoscrizione autenticata (2703) o accertata giudizialmente (2657; 214 c.p.c.).

La trascrizione dell'acquisto del legato (649) si opera sulla base di un estratto autentico del testamento (2658¹).

2649. Cessione dei beni ai creditori. – Deve essere trascritta, qualora comprenda beni immobili, la cessione che il debitore fa dei suoi beni ai creditori (1977), perché questi procedano alla liquidazione dei medesimi e alla ripartizione del ricavato (2587).

Non hanno effetto, rispetto ai creditori, le trascrizioni o iscrizioni di diritti acquistati verso il debitore, se eseguite dopo che la cessione è stata trascritta (2644, 2913).

2650. Continuità delle trascrizioni. – Nei casi in cui, per le disposizioni precedenti, un atto di acquisto è soggetto a trascrizione, le successive tra-

Codice Civile

scrizioni o iscrizioni a carico dell'acquirente non producono effetto, se non è stato trascritto l'atto anteriore di acquisto (2655, 2665, 2688).

Quando l'atto anteriore di acquisto è stato trascritto, le successive trascrizioni o iscrizioni producono effetto secondo il loro ordine rispettivo, salvo il disposto dell'art. 2644.

L'ipoteca legale a favore dell'alienante e quella a favore del condividente (2817, 2825), iscritte contemporaneamente alla trascrizione del titolo di acquisto o della divisione, prevalgono sulle trascrizioni o iscrizioni eseguite anteriormente contro l'acquirente e il condividente tenuto al conguaglio (2834).

2651. Trascrizione di sentenze. – Si devono trascrivere le sentenze da cui risulta estinto per prescrizione (2934 ss.) o acquistato per usucapione (1158 ss.) ovvero in altro modo non soggetto a trascrizione uno dei diritti indicati dai numeri 1, 2 e 4 dell'art. 2643.

2652. Domande riguardanti atti soggetti a trascrizione. Effetti delle relative trascrizioni rispetto ai terzi. – Si devono trascrivere (2654, 2655), qualora si riferiscano ai diritti menzionati nell'art. 2643, le domande giudiziali (163 c.p.c.) indicate dai numeri seguenti, agli effetti per ciascuna di esse previsti (2654, 2668):

1) le domande di risoluzione dei contratti (1453, 1877) e quelle indicate dal secondo comma dell'art. 648 e dall'ultimo comma dell'art. 793, le domande di rescissione (763, 1447), le domande di revocazione delle donazioni (800 ss., 808), nonché quelle indicate dall'art. 524.

Le sentenze che accolgono tali domande non pregiudicano i diritti acquistati dai terzi in base a un atto trascritto o iscritto anteriormente alla trascrizione della domanda (2644, 2655);

2) le domande dirette a ottenere l'esecuzione in forma specifica dell'obbligo a contrarre (2932).

La trascrizione della sentenza che accoglie la domanda prevale sulle trascrizioni e iscrizioni eseguite contro il convenuto dopo la trascrizione della domanda;

3) le domande dirette a ottenere l'accertamento giudiziale della sottoscrizione di scritture private in cui si contiene un atto soggetto a trascrizione o a iscrizione (2702 ss.; 214 ss. c.p.c.).

La trascrizione o l'iscrizione dell'atto contenuto nella scrittura produce effetto dalla data in cui è stata trascritta la domanda;

4) le domande dirette all'accertamento della simulazione di atti soggetti a trascrizione (1414 ss.).

La sentenza che accoglie la domanda non pregiudica i diritti acquistati dai terzi di buona fede in base a un atto trascritto o iscritto anteriormente alla trascrizione della domanda;

5) le domande di revoca degli atti soggetti a trascrizione (2643), che siano stati compiuti in pregiudizio dei creditori (2901; 64 ss. l. fall.).

La sentenza che accoglie la domanda non pregiudica i diritti acquistati a titolo oneroso dai terzi di buona fede in base a un atto trascritto o iscritto anteriormente alla trascrizione della domanda (2644, 2655);

6) le domande dirette a far dichiarare la nullità (1418 ss.) o a far pronunziare l'annullamento (1425 ss.) di atti soggetti a trascrizione (2655) e le domande dirette a impugnare la validità della trascrizione (2665).

Se la domanda è trascritta dopo cinque anni dalla data della trascrizione dell'atto impugnato, la sentenza che l'accoglie non pregiudica i diritti acquistati a qualunque titolo dai terzi di buona fede in base a un atto trascritto o iscritto anteriormente alla trascrizione della domanda. Se però la domanda è diretta a far pronunziare l'annullamento per una causa diversa dall'incapacità legale (2, 414, 415), la sentenza che l'accoglie non pregiudica i diritti acquistati dai terzi di buona fede in base a un atto trascritto o iscritto anteriormente alla trascrizione della domanda, anche se questa è stata trascritta prima che siano decorsi cinque anni dalla data della trascrizione dell'atto impugnato, purché in questo caso i terzi abbiano acquistato a titolo oneroso (1445, 2690 n. 3);

7) le domande con le quali si contesta il fondamento di un acquisto a causa di morte (470, 590, 591, 624, 649 ss.).

Salvo quanto è disposto dal secondo e dal terzo comma dell'art. 534, se la trascrizione della domanda è eseguita dopo cinque anni dalla data della trascrizione dell'acquisto, la sentenza che accoglie la domanda non pregiudica i terzi di buona fede che, in base a un atto trascritto o iscritto anteriormente alla trascrizione della domanda, hanno a qualunque titolo acquistato diritti da chi appare erede o legatario (2690, n. 4);

8) le domande di riduzione delle donazioni (555) e delle disposizioni testamentarie per lesioni di legittima (553, 554, 557, 561, 2690, n. 5).

Se la trascrizione è eseguita dopo dieci anni dall'apertura della successione (456, 2946), la sentenza che accoglie la domanda non pregiudica i terzi che hanno acquistato a titolo oneroso diritti in base a un atto trascritto o iscritto anteriormente alla trascrizione della domanda (64 l. fall.);

9) le domande di revocazione (395) e quelle di opposizione di terzo (404) contro le sentenze soggette a trascrizione per le cause previste dai numeri 1, 2, 3 e 6 dell'art. 395 del codice di procedura civile e dal secondo comma dell'art. 404 dello stesso codice.

Se la domanda è trascritta dopo cinque anni dalla trascrizione della sentenza impugnata, la sentenza che l'accoglie non pregiudica i diritti acquistati dai terzi di buona fede in base a un atto trascritto o iscritto anteriormente alla trascrizione della domanda (2655, 2690, n. 6).

Alla domanda giudiziale è equiparato l'atto notificato con il quale la parte, in presenza di compromesso o di clausola compromissoria, dichiara all'altra la propria intenzione di promuovere il procedimento arbitrale, propone la domanda e procede, per quanto le spetta, alla nomina degli arbitri (1).

(1) *Comma aggiunto dall'art. 26 della L. 5 gennaio 1994, n. 25, a decorrere dal 18 aprile 1994.*

2653. Altre domande e atti soggetti a trascrizione a diversi effetti. – Devono parimenti essere trascritti (2654, 2668):

1) le domande (163 c.p.c.) dirette a rivendicare la proprietà (948, 949) o altri diritti reali di godimento su beni immobili (1079 ss.) e le domande dirette all'accertamento dei diritti stessi.

La sentenza pronunziata contro il convenuto indicato nella trascrizione della domanda ha effetto anche contro coloro che hanno acquistato diritti dal medesimo in base a un atto trascritto dopo la trascrizione della domanda (2644);

2) la domanda di devoluzione del fondo enfiteutico (972, 2655).

La pronunzia di devoluzione ha effetto anche nei confronti di coloro che hanno acquistato diritti dall'enfiteuta in base a un atto trascritto posteriormente alla trascrizione della domanda (974, 2655);

3) le domande e le dichiarazioni di riscatto nella vendita di beni immobili (1500 ss.).

Se la trascrizione di tali domande o dichiarazioni è eseguita dopo sessanta giorni dalla scadenza del termine per l'esercizio del riscatto, restano salvi i diritti acquistati dai terzi dopo la scadenza del termine medesimo in base a un atto trascritto o iscritto anteriormente alla trascrizione della domanda o della dichiarazione;

4) le domande di separazione degli immobili dotali (1) e quelle di scioglimento della comunione tra coniugi avente per oggetto beni immobili (191).

La sentenza che pronunzia la separazione o lo scioglimento non ha effetto a danno dei terzi che, anteriormente alla trascrizione della domanda, hanno validamente acquistato dal marito diritti relativi a beni dotali o a beni della comunione;

5) gli atti e le domande che interrompono il corso dell'usucapione di beni immobili (1167, 2943 ss.).

L'interruzione non ha effetto riguardo ai terzi che hanno acquistato diritti dal possessore in base a un atto trascritto o iscritto, se non dalla data della trascrizione dell'atto o della domanda.

Alla domanda giudiziale è equiparato l'atto notificato con il quale la parte, in presenza di compromesso o di clausola compromissoria, dichiara all'altra la propria intenzione di promuovere il procedimento arbitrale, propone la domanda e procede, per quanto le spetta, alla nomina degli arbitri (2).

(1) *L'istituto della dote è stato soppresso dalla L. 19 maggio 1975, n. 151, riforma del diritto di famiglia.*

(2) *Comma aggiunto dall'art. 26 della L. 5 gennaio 1994, n. 25, a decorrere dal 18 aprile 1994.*

2654. Annotazione di domande o atti soggetti a trascrizione. – La trascrizione degli atti e delle domande indicati dai due articoli precedenti dev'essere anche annotata (2655, 2668, 2692) in margine alla trascrizione o iscrizione, quando si riferisce a un atto trascritto o iscritto (1).

(1) *Dispone l'art. 7 del D.L.vo 31 ottobre 1990, n. 347, testo unico delle disposizioni concernenti le imposte ipotecaria e catastale*:

«7. (Termine per le annotazioni). 1. *Le annotazioni previste dagli articoli 2654, 2655 e 2896 del codice civile devono essere richieste, a cura delle parti o dei loro procuratori o dei notai o altri pubblici ufficiali che hanno ricevuto o autenticato l'atto, entro il termine di trenta giorni dalla data dell'atto o della pubblicazione della sentenza o della pronunzia del decreto*».

2655. Annotazione di atti e di sentenze. – Qualora un atto trascritto o iscritto sia dichiarato nullo (1418 ss.) o sia annullato (1425 ss.), risoluto (1453 ss.), rescisso (1447 ss.) o revocato (2901 ss.) o sia soggetto a condizione risolutiva (1360), la dichiarazione di nullità e, rispettivamente, l'annullamento, la risoluzione, la rescissione, la revocazione, l'avveramento della condizione devono annotarsi in margine alla trascrizione o all'iscrizione dell'atto (2643, 2652, 2896).

Si deve del pari annotare, in margine alla trascrizione della relativa domanda, la sentenza di devoluzione del fondo enfiteutico (972, 2653).

Se tali annotazioni non sono eseguite, non producono effetto le successive trascrizioni o iscrizioni a carico di colui che ha ottenuto la dichiarazione di nullità o l'annullamento, la risoluzione, la rescissione, la revoca o la devoluzione o a favore del quale si è avverata la condizione. Eseguita l'annotazione, le trascrizioni o iscrizioni già compiute hanno il loro effetto secondo l'ordine rispettivo (2644, 2650).

L'annotazione si opera in base alla sentenza o alla convenzione da cui risulta uno dei fatti sopra indicati; se si tratta di condizione, può eseguirsi in virtù della dichiarazione unilaterale del contraente in danno del quale la condizione stessa si è verificata (2692, 2896).

2656. Forme per l'annotazione. – L'annotazione si esegue secondo le norme stabilite dagli articoli seguenti per la trascrizione, in quanto applicabili (2692).

2657. Titolo per la trascrizione. – La trascrizione non si può eseguire (2674) se non in forza di sentenza (2908; 131 ss. c.p.c.), di atto pubblico (2699) o di scrittura privata (2703) con sottoscrizione autenticata (2703) o accertata giudizialmente (214 ss. c.p.c.).

Le sentenze e gli atti eseguiti in paese estero (796 ss. c.p.c.) devono essere legalizzati (2674).

2658. Atti da presentare al conservatore. – La parte che domanda la trascrizione del titolo deve presentarne al conservatore dei registri immobiliari copia autenticata, se si tratta di atti pubblici o di sentenze, e, se si tratta di scritture private, deve presentare l'originale (2648[4]), salvo che questo si trovi depositato in un pubblico archivio o negli atti di un notaio. In questo caso basta la presentazione di una copia autenticata dall'archivista o dal notaio, dalla quale risulti che la scrittura ha i requisiti indicati dall'articolo precedente.

Per la trascrizione di una domanda giudiziale occorre presentare copia autentica del documento che la contiene, munito della relazione di notifica (148 c.p.c.) alla controparte (2659, 2669, 2670).

2659. (1) **Nota di trascrizione.** – Chi domanda la trascrizione di un atto tra vivi deve presentare al conservatore dei registri immobiliari, insieme con la copia del titolo, una nota in doppio originale, nella quale devono essere indicati (2669, 2674):

1) il cognome ed il nome, il luogo e la data di nascita e il numero di codice fiscale delle parti, nonché il regime patrimoniale delle stesse, se coniugate, secondo quanto risulta da loro dichiarazione resa nel titolo o da certificato dell'ufficiale di stato civile; la denominazione o la ragione sociale, la sede e il numero di codice fiscale delle persone giuridiche, delle società previste dai capi II, III, e IV del titolo V del libro quinto e delle associazioni non riconosciute, con l'indicazione, per queste ultime e per le società semplici, anche delle generalità delle persone che le rappresentano secondo l'atto costitutivo. Per i condominii devono essere indicati l'eventuale denominazione, l'ubicazione e il codice fiscale (2);

2) il titolo di cui si chiede la trascrizione e la data del medesimo;

3) il cognome e il nome del pubblico ufficiale che ha ricevuto l'atto o autenticato le firme, o l'autorità giudiziaria che ha pronunziato la sentenza;

4) la natura e la situazione dei beni a cui si riferisce il titolo, con le indicazioni richieste dall'articolo 2826, nonché, nel caso previsto dall'articolo 2645 *bis*, comma 4, la superficie e la quota espressa in millesimi di cui a quest'ultima disposizione (3).

Se l'acquisto, la rinunzia o la modificazione del diritto sono sottoposti a termine o a condizione, se ne deve fare menzione nella nota di trascrizione (2665). Tale menzione non è necessaria se, al momento in cui l'atto si trascrive, la condizione sospensiva si è verificata o la condizione risolutiva è mancata ovvero il termine iniziale è scaduto (2668).

(1) *Articolo così sostituito dall'art. 1 della L. 27 febbraio 1985, n. 52, nuove norme sul servizio ipotecario.*

(2) *Le parole: «Per i condominii devono essere indicati l'eventuale denominazione, l'ubicazione e il codice fiscale;» sono state aggiunte dall'art. 17 della L. 11 dicembre 2012, n. 220 (in vigore dal 18 giugno 2013).*

(3) *Questo numero è stato così sostituito dall'art. 3, comma 2, del D.L. 31 dicembre 1996, n. 669, convertito, con modificazioni, nella L. 28 febbraio 1997, n. 30.*

2660. Trascrizione degli acquisti a causa di morte (1). – Chi domanda la trascrizione di un acquisto a causa di morte (456 ss.) deve presentare, oltre l'atto indicato dall'art. 2648, il certificato di morte dell'autore della successione e una copia o un estratto autentico (2661) del testamento, se l'acquisto segue in base a esso (2674; 254 c.n.).

Deve anche presentare una nota in doppio originale con le seguenti indicazioni (2665):

1) il cognome e il nome, il luogo e la data di nascita dell'erede o legatario e del defunto (²);

2) la data di morte;

3) se la successione è devoluta per legge (565 ss.), il vincolo che univa all'autore il chiamato e la quota a questo spettante;

4) se la successione è devoluta per testamento (587 ss.), la forma e la data del medesimo, il nome del pubblico ufficiale che l'ha ricevuto o che l'ha in deposito;

5) la natura e la situazione dei beni con le indicazioni richieste dall'art. 2826;

6) la condizione o il termine, qualora siano apposti alla disposizione testamentaria, salvo il caso contemplato dal secondo comma del precedente articolo, nonché la sostituzione fidecommissaria, qualora sia stata disposta a norma dell'art. 692 (2662, 2665).

(¹) *Si vedano le norme sul servizio ipotecario, dettate dalla L. 27 febbraio 1985, n. 52.*

(²) *Numero così sostituito dall'art. 2 della L. 27 febbraio 1985, n. 52, nuove norme sul servizio ipotecario.*

2661. Ulteriori trascrizioni in base allo stesso titolo. – Quando si domanda la trascrizione di un acquisto a causa di morte (2660) e per la stessa successione è stato già trascritto altro acquisto in base allo stesso titolo, basta presentare l'atto di accettazione (470) se si tratta di acquisto a titolo di erede (475, 2648). Deve essere anche indicata la trascrizione anteriormente eseguita, se si tratta dello stesso ufficio, e, se si tratta di ufficio diverso (2663), deve essere presentato il certificato della trascrizione medesima.

Se chi ha trascritto anteriormente ha presentato un estratto (2718) del testamento, alla domanda di nuova trascrizione deve essere allegato, qualora occorra, un altro estratto o la copia dell'intero testamento (2663).

2662. Trascrizione di acquisti a causa di morte in luogo di altri chiamati. – Qualora l'acquisto a causa di morte si colleghi alla rinunzia (519 ss.) o alla morte di uno dei chiamati (479), chi domanda la trascrizione deve presentare il documento comprovante la morte o la rinunzia, facendone menzione nella nota (2660).

Se invece l'acquisto dipende da altra ragione che impedisce ad alcuno dei chiamati di succedere (70, 462, 463), non è necessario esibire un documento che giustifichi la ragione stessa, ma il richiedente risponde dei danni, quando le sue dichiarazioni non corrispondono a verità.

Qualora alcune della cause di impedimento sopra indicate si sia constatata dopo la trascrizione dell'acquisto a causa di morte, essa si annota in margine alla trascrizione stessa, purché risulti da regolare documento (2655, 2660).

2663. Ufficio in cui deve farsi la trascrizione. – La trascrizione deve essere fatta presso ciascun ufficio dei registri immobiliari nella cui circoscrizione sono situati i beni (484², 2677).

2664. Conservazione dei titoli. Trascrizione e restituzione della nota. – Il conservatore dei registri immobiliari deve custodire negli archivi, in appositi volumi, i titoli che gli sono consegnati (2840, 2842) e deve inserire, con numerazione progressiva annuale, nella raccolta delle note costituente il registro particolare delle trascrizioni (2671) uno degli originali della nota, indicandovi il giorno della consegna del titolo e il numero d'ordine assegnato nel registro generale (¹) (²).

Il conservatore deve restituire al richiedente uno degli originali della nota, nel quale deve certificare l'eseguita trascrizione con le indicazioni sopra accennate.

(¹) *Comma così sostituito dall'art. 3 della L. 27 febbraio 1985, n. 52, nuove norme sul servizio ipotecario.*

(²) *Si veda l'art. 19 della L. 27 febbraio 1985, n. 52, nuove norme sul servizio ipotecario.*

2665. Omissioni o inesattezze nelle note. – L'omissione o l'inesattezza di alcuna delle indicazioni richieste nelle note menzionate negli articoli 2659 e 2660 non nuoce alla validità della trascrizione, eccetto che induca incertezza sulle persone, sul bene o sul rapporto giuridico a cui si riferisce l'atto o, rispettivamente, la sentenza o la domanda (2652, n. 6, 2841).

2666. Limiti soggettivi dell'efficacia della trascrizione. – La trascrizione, da chiunque si faccia, giova a tutti coloro che vi hanno interesse (2644, 2647³, 2671).

2667. Atti compiuti per persona incapace. – I rappresentanti di persone incapaci (320, 321, 357, 394, 424) e coloro che hanno prestato assistenza alle medesime devono curare che si esegua la trascrizione degli atti, delle sentenze o delle domande giudiziali che sono soggetti a trascrizione e rispetto ai quali essi hanno esercitato il loro ufficio.

La mancanza della trascrizione può anche essere opposta ai minori (2), agli interdetti (414) e a qualsiasi altro incapace (415 ss., 1425), salvo ai medesimi il regresso contro i tutori, gli amministratori o i curatori che avevano l'obbligo della trascrizione.

La mancanza della trascrizione non può essere opposta dalle persone che avevano l'obbligo di eseguirla per i propri rappresentanti o amministrati, né dai loro eredi.

2668. Cancellazione della trascrizione. – La cancellazione della trascrizione delle domande enunciate dagli articoli 2652 e 2653 e delle relative annotazioni (2654) si esegue quando è debitamente consentita dalle parti interessate (2883, 2888; 113 att.) ovvero è ordinata giudizialmente con sentenza passata in giudicato (324, 586, 683 c.p.c.).

Deve essere giudizialmente ordinata, qualora la domanda sia rigettata o il processo sia estinto per rinunzia o per inattività delle parti (306, 307, 562, 683 c.p.c.; 172 att. c.p.c.).

Si deve cancellare l'indicazione della condizione (1353) o del termine (1184) negli atti trascritti, quando l'avveramento o la mancanza della condizione ovvero la scadenza del termine risulta da sentenza o da dichiarazione, anche unilaterale, della parte, in danno della quale la condizione sospensiva si è verificata o la condizione risolutiva è mancata ovvero il termine iniziale è scaduto (2659).

Si deve cancellare la trascrizione dei contratti preliminari quando la cancellazione è debitamente consentita dalle parti interessate ovvero è ordinata giudizialmente con sentenza passata in giudicato ([1]).

([1]) *Questo comma è stato aggiunto dall'art. 3, comma 1* bis, *del D.L. 31 dicembre 1996, n. 669, convertito, con modificazioni, nella L. 28 febbraio 1997, n. 30.*

2668 *bis*. ([1]) Durata dell'efficacia della trascrizione della domanda giudiziale. – La trascrizione della domanda giudiziale conserva il suo effetto per venti anni dalla sua data. L'effetto cessa se la trascrizione non è rinnovata prima che scada detto termine.

Per ottenere la rinnovazione si presenta al conservatore una nota in doppio originale conforme a quella della precedente trascrizione, in cui si dichiara che si intende rinnovare la trascrizione originaria.

In luogo del titolo si può presentare la nota precedente.

Il conservatore deve osservare le disposizioni dell'articolo 2664.

Se al tempo della rinnovazione gli immobili a cui si riferisce il titolo risultano dai registri delle trascrizioni passati agli eredi o aventi causa di colui contro il quale venne eseguita la formalità, la rinnovazione deve essere fatta anche nei confronti degli eredi o aventi causa e la nota deve contenere le indicazioni stabilite dall'articolo 2659, se queste risultano dai registri medesimi.

([1]) *Questo articolo è stato inserito dall'art. 62 della L. 18 giugno 2009, n. 69.*

2668 *ter*. ([1]) Durata dell'efficacia della trascrizione del pignoramento immobiliare e del sequestro conservativo sugli immobili. – Le disposizioni di cui all'articolo 2668 *bis* si applicano anche nel caso di trascrizione del pignoramento immobiliare e del sequestro conservativo sugli immobili.

([1]) *Questo articolo è stato inserito dall'art. 62 della L. 18 giugno 2009, n. 69.*

2669. Trascrizione anteriore al pagamento dell'imposta di registro. – La trascrizione può essere domandata, quantunque non sia stata ancora pagata l'imposta di registro a cui è soggetto il titolo, se si tratta di atto pubblico (2699) ricevuto nello Stato o di sentenza pronunziata da un'autorità giudiziaria dello Stato (131 c.p.c.).

(*Omissis*) ([1]).

([1]) *Seguiva un secondo comma, abrogato dall'art. 30 della L. 27 febbraio 1985, n. 52, nuove norme sul servizio ipotecario.*

2670. Spese della trascrizione. – Le spese della trascrizione devono essere anticipate da chi fa la domanda, salvo il diritto al rimborso verso l'interessato (1196, 1475).

Se più sono gli interessati, ciascuno di essi deve rimborsare la persona che ha eseguito la trascrizione della parte di spesa corrispondente alla quota per cui è interessato (1314).

2671. Obbligo dei pubblici ufficiali. – Il notaio o altro pubblico ufficiale che ha ricevuto o autenticato l'atto soggetto a trascrizione ha l'obbligo di curare che questa venga eseguita nel più breve tempo possibile, ed è tenuto al risarcimento dei danni in caso di ritardo, salva l'applicazione delle pene pecuniarie previste dalle leggi speciali, se lascia trascorrere trenta giorni dalla data dell'atto ricevuto o autenticato.

Rimangono ferme le disposizioni delle leggi speciali che stabiliscono a carico di altre persone l'obbligo di richiedere la trascrizione di determinati atti e le relative sanzioni (555 c.p.c.; 88 l. fall.).

2672. Leggi speciali. – Sono salve le disposizioni delle leggi speciali che richiedono la trascrizione di atti non contemplati dal presente capo e le altre disposizioni che non sono incompatibili con quelle contenute nel capo medesimo (484², 507², 509², 854²; 555, 679 c.p.c.; 156² att. c.p.c.; 88² l. fall.).

Capo II
Della pubblicità dei registri immobiliari e della responsabilità dei conservatori

2673. Obblighi del conservatore. – Il conservatore dei registri immobiliari deve rilasciare a chiunque ne fa richiesta copia delle trascrizioni, delle iscrizioni e delle annotazioni, o il certificato che non ve ne è alcuna (743 c.p.c.) (1).

Deve altresì permettere l'ispezione dei suoi registri nei modi e nelle ore fissati dalla legge (2).

Il conservatore deve anche rilasciare copia dei documenti che sono depositati presso di lui in originale o i cui originali sono depositati negli atti di un notaio o di un pubblico archivio fuori della circoscrizione del tribunale nella quale ha sede il suo ufficio (2714).

(1) *Si veda l'art. 3 della L. 23 ottobre 1969, n. 789, modifiche alle norme sul servizio ipotecario e sul personale delle conservatorie dei registri mobiliari, che così dispone:*

«Le copie delle trascrizioni, iscrizioni e annotazioni, previste dal primo comma dell'art. 2673 del codice civile, sono eseguite con l'impiego di macchine fotostatiche.

«Le certificazioni negative previste dall'art. 2673 del codice civile devono essere eseguite a mano».

(2) *Comma così sostituito dall'art. 4 della L. 27 febbraio 1985, n. 52, nuove norme sul servizio ipotecario.*

2674. Divieto di rifiutare gli atti del proprio ufficio. – Il conservatore può ricusare di ricevere le note e i titoli (2658, 2659), se non sono in carattere intelligibile e non può riceverli quando il titolo non ha i requisiti stabiliti dagli articoli 2657, 2660, primo comma, 2821, 2835 e 2837 o non è presentato con le modalità previste dall'art. 2658 e quando la nota non contiene le indicazioni prescritte dagli articoli 2659, 2660 e 2839, numeri 1), 3), 4) e 7) (1).

In ogni altro caso il conservatore non può ricusare o ritardare di ricevere la consegna dei titoli presentati e di eseguire le trascrizioni, iscrizioni o annotazioni richieste, nonché di spedire le copie o i certificati. Le parti possono far stendere immediatamente verbale del rifiuto o del ritardo da un notaio o da un ufficiale giudiziario assistito da due testimoni (2).

(1) *Comma così sostituito dall'art. 5 della L. 27 febbraio 1985, n. 52, nuove norme sul servizio ipotecario.*

(2) *Comma così sostituito dall'art. 1 della L. 21 gennaio 1983, n. 22, disciplina della responsabilità dei conservatori dei registri immobiliari. Si veda anche l'art. 18 della L. 27 febbraio 1985, n. 52, nuove norme sul servizio ipotecario.*

2674 *bis*. (1) Trascrizione e iscrizione con riserva e impugnazione. – Al di fuori dei casi di cui al precedente articolo, qualora emergano gravi e fondati dubbi sulla trascrivibilità di un atto o sulla iscrivibilità di una ipoteca, il conservatore, su istanza della parte richiedente, esegue la formalità con riserva.

La parte a favore della quale è stata eseguita la formalità con riserva deve proporre reclamo all'autorità giudiziaria.

(1) *Articolo aggiunto dall'art. 7 della L. 27 febbraio 1985, n. 52, nuove norme sul servizio ipotecario.*

2675. [Responsabilità del conservatore. – (*Omissis*)] (1).

(1) *Articolo abrogato dall'art. 2 della L. 21 gennaio 1983, n. 22, disciplina della responsabilità dei conservatori dei registri immobiliari.*

2676. (1) Diversità tra registri, copie e certificati. – Nel caso di diversità tra i risultati dei registri e quelli delle copie o dei certificati rilasciati dal conservatore dei registri immobiliari, prevale ciò che risulta dai registri.

(1) *Articolo così sostituito dall'art. 3 della L. 21 gennaio 1983, n. 22, disciplina della responsabilità dei conservatori dei registri immobiliari.*

2677. (1) Orario per le domande di trascrizione e iscrizione. – Il conservatore non può ricevere alcuna domanda di trascrizione o di iscrizione fuorché nelle ore, determinate dalla legge, nelle quali l'ufficio è aperto al pubblico.

(1) *Articolo così sostituito dall'art. 9 della L. 27 febbraio 1985, n. 52, nuove norme sul servizio ipotecario.*

L'art. 24, della stessa legge, dispone:

«Nelle conservatorie l'orario per il pubblico è fissato dalle ore 8 alle ore 12 dei giorni feriali.

«Nell'ultimo giorno lavorativo del mese è limitato fino alle ore 11».

2678. ([1]) **Registro generale.** – Il conservatore è obbligato a tenere un registro generale d'ordine in cui giornalmente deve annotare, secondo l'ordine di presentazione, ogni titolo che gli è rimesso perché sia trascritto, iscritto o annotato.

Questo registro deve indicare il numero d'ordine, il giorno della richiesta ed il relativo numero di presentazione, la persona dell'esibitore e le persone per cui la richiesta è fatta, i titoli presentati (2658) con la nota (2659), l'oggetto della richiesta, e cioè se questa è fatta per trascrizione, per iscrizione o per annotazione, e le persone riguardo alle quali la trascrizione, la iscrizione o l'annotazione si deve eseguire.

Appena avvenuta l'accettazione del titolo e della nota, il conservatore ne deve dare ricevuta in carta libera all'esibitore, senza spesa; la ricevuta contiene l'indicazione del numero di presentazione (2853).

([1]) *Articolo così sostituito dall'art. 10 della L. 27 febbraio 1985, n. 52, nuove norme sul servizio ipotecario.*

2679. ([1]) **Altri registri da tenersi dal conservatore.** – Oltre al registro generale, il conservatore deve tenere, nei modi previsti dall'art. 2664, registri particolari:

1) per le trascrizioni;

2) per le iscrizioni;

3) per le annotazioni.

Deve inoltre tenere gli altri registri che sono ordinati dalla legge.

([1]) *Articolo così sostituito dall'art. 11 della L. 27 febbraio 1985, n. 52, nuove norme sul servizio ipotecario.*

2680. ([1]) **Tenuta del registro generale d'ordine.** – Il registro generale deve essere vidimato in ogni foglio dal presidente o da un giudice del tribunale nella cui circoscrizione è stabilito l'ufficio, indicando nel relativo processo verbale il numero dei fogli e il giorno in cui sono stati vidimati ([2]).

Questo registro deve essere scritto di seguito, senza spazi in bianco o interlinee e senza aggiunte. Le cancellature di parole devono essere approvate dal conservatore in fine di ciascun foglio con la sua firma e con l'indicazione del numero delle parole cancellate.

Il registro, alla fine di ciascun giorno, deve essere chiuso con l'indicazione del numero dei titoli annotati e firmato dal conservatore.

In esso si deve rigorosamente osservare la serie delle date, dei fogli e dei numeri d'ordine.

([1]) *Articolo così sostituito dall'art. 12 della L. 27 febbraio 1985, n. 52, nuove norme sul servizio ipotecario.*

([2]) *A norma dell'art. 1, comma 279, della L. 24 dicembre 2007, n. 244, in deroga a questo comma, fino a quando non sarà data attuazione a quanto stabilito dall'articolo 61 del codice dell'amministrazione digitale, di cui al decreto legislativo 7 marzo 2005, n. 82, la vidimazione del registro generale d'ordine viene eseguita dal conservatore.*

2681. Divieto di rimozione dei registri. – I registri sopra indicati non possono essere rimossi dall'ufficio del conservatore, fuorché per ordine di una corte d'appello, qualora ne sia riconosciuta la necessità, e mediante le cautele determinate dalla stessa corte.

2682. [**Sanzioni contro il conservatore.** – (*Omissis*)] ([1]).

([1]) *Articolo abrogato dall'art. 2 della L. 21 gennaio 1983, n. 22, disciplina della responsabilità dei conservatori dei registri immobiliari.*

Capo III
Della trascrizione degli atti relativi ad alcuni beni mobili

Sezione I
Della trascrizione relativamente alle navi, agli aeromobili e agli autoveicoli

2683. Beni per i quali è disposta la pubblicità. – Devono essere resi pubblici col mezzo della trascrizione (2656 ss.), osservate le altre forme di pubblicità stabilite dalla legge (233, 250 ss., 843, 865 ss. c.n.), gli atti menzionati negli articoli seguenti, quando hanno per oggetto (815):

1) le navi e i galleggianti iscritti nei registri indicati dal codice della navigazione (146 c.n.);

2) gli aeromobili iscritti nei registri indicati dallo stesso codice (752 ss. c.n.);

3) gli autoveicoli iscritti nel pubblico registro automobilistico.

2684. Atti soggetti a trascrizione. – Sono soggetti alla trascrizione per gli effetti stabiliti dall'art. 2644:

1) i contratti che trasferiscono la proprietà (2643, n. 13) o costituiscono la comunione (110 ss., 2686, 2689, 2690; 250, 865 c.n.);

2) i contratti che costituiscono o modificano diritti di usufrutto (978 ss.) o di uso (1021) o che trasferiscono il diritto di usufrutto (2686, 2689, 2690);

3) gli atti tra vivi di rinunzia ai diritti indicati dai numeri precedenti (2690);

4) le transazioni (1965 ss.) che hanno per oggetto controversie sui diritti indicati dai numeri precedenti (2690);

5) i provvedimenti con i quali nel giudizio di espropriazione si trasferiscono la proprietà o gli altri diritti menzionati nei numeri precedenti (2690, 2914; 586 c.p.c.; 164 att. c.p.c.; 643 ss., 1055 ss. c.n.);

6) le sentenze che operano la costituzione, la modificazione o il trasferimento di uno dei diritti indicati dai numeri precedenti (2643, 2686; 585 c.p.c.).

2685. ([1]) **Altri atti soggetti a trascrizione.** – Si devono trascrivere le divisioni (713 ss.) e gli altri atti menzionati nell'art. 2646, la costituzione del fondo patrimoniale (167-171) e gli altri atti menzionati nell'art. 2647, l'accettazione dell'eredità (470) e l'acquisto del legato (649) che importano acquisto dei diritti indicati dai numeri 1 e 2 dell'art. 2684 o liberazione dai medesimi.

La trascrizione ha gli effetti stabiliti per i beni immobili (2644).

([1]) *Articolo così sostituito dall'art. 207 della L. 19 maggio 1975, n. 151, riforma del diritto di famiglia.*

2686. Sentenze. – Devono essere trascritte, agli effetti dell'art. 2644, le sentenze da cui risulta acquistato, modificato o estinto uno dei diritti indicati dai numeri 1 e 2 dell'art. 2684 in forza di un titolo non trascritto (2651, 2689, 2690).

2687. Cessione dei beni ai creditori. – Deve essere trascritta, per gli effetti indicati dall'art. 2649, la cessione che il debitore fa dei suoi beni ai creditori, perché questi procedano alla liquidazione dei medesimi e alla ripartizione del ricavato (1977 ss.).

2688. Continuità delle trascrizioni. – Nei casi in cui, per le disposizioni precedenti, un atto di acquisto è soggetto a trascrizione, le successive trascrizioni o iscrizioni non producono effetto se non è stato trascritto l'atto anteriore di acquisto (2650).

Quando l'atto anteriore di acquisto è stato trascritto, le successive trascrizioni o iscrizioni producono il loro effetto secondo l'ordine rispettivo, salvo il disposto dell'art. 2644.

2689. Usucapione. – Devono essere trascritte le sentenze da cui risulta acquistato per usucapione (1162) uno dei diritti indicati dai numeri 1 e 2 dell'art. 2684 (2651, 2686).

2690. Domande relative ad atti soggetti a trascrizione. – Devono essere trascritte (2652, 2692), qualora si riferiscano ai diritti menzionati dall'art. 2684:

1) le domande indicate dai numeri 1, 2, 3, 4 e 5 dell'art. 2652 per gli effetti ivi disposti;

2) le domande dirette all'accertamento di uno dei contratti indicati dai numeri 1 e 2 dell'art. 2684 (2686).

La trascrizione della sentenza che accoglie la domanda prevale sulle trascrizioni e iscrizioni eseguite contro il convenuto dopo la trascrizione della domanda;

3) le domande dirette a far dichiarare la nullità (1418) o far pronunziare l'annullamento (1441) di atti soggetti a trascrizione e le domande dirette a impugnare la validità della trascrizione (2675).

La sentenza che accoglie la domanda non pregiudica i diritti acquistati a qualunque titolo dai terzi di buona fede in base a un atto trascritto o iscritto anteriormente alla trascrizione della domanda medesima, se questa è stata resa pubblica dopo tre anni dalla data della trascrizione dell'atto che si impugna. Se però la domanda è diretta a far pronunziare l'annullamento per una causa diversa dall'incapacità legale (2, 414, 415, 1441), la sentenza che l'accoglie non pregiudica i diritti acquistati dai terzi di buona fede in base a un atto trascritto o iscritto anteriormente alla trascrizione della domanda, anche se questa è stata trascritta prima che siano decorsi tre anni dalla data della trascrizione dell'atto impugnato, purché in questo caso i terzi abbiano acquistato a titolo oneroso (1445);

4) le domande con le quali si contesta il fondamento di un acquisto a causa di morte (470, 590, 624, 649 ss.).

Salvo quanto è disposto dal secondo e dal terzo comma dell'art. 534, se la domanda è trascritta dopo tre anni dalla data della trascrizione dell'atto impugnato, la sentenza che l'accoglie non pregiudica i terzi di buona fede che, in base a un atto trascritto o iscritto anteriormente alla trascrizione della domanda, hanno a qualunque titolo acquistato diritti da chi appare erede o legatario (2652, n. 7);

5) le domande di riduzione delle donazioni e delle disposizioni testamentarie per lesione di legittima (553 ss., 561).

Se la trascrizione è eseguita dopo tre anni dall'apertura della successione, la sentenza che accoglie la domanda non pregiudica i terzi che hanno acquistato a titolo oneroso diritti in base a un atto trascritto o iscritto anteriormente alla trascrizione della domanda (2652, n. 8);

6) le domande di revocazione e quelle di opposizione di terzo contro le sentenze soggette a trascrizione per le cause previste dai numeri 1, 2, 3 e 6 dell'art. 395 del codice di procedura civile e dal secondo comma dell'art. 404 dello stesso codice.

Se la domanda è trascritta dopo tre anni dalla trascrizione della sentenza impugnata, la sentenza che l'accoglie non pregiudica i diritti acquistati dai terzi di buona fede in base a un atto trascritto o iscritto anteriormente alla trascrizione della domanda (2654, 2668, 2692, 2695).

Alla domanda giudiziale è equiparato l'atto notificato con il quale la parte, in presenza di compromesso o di clausola compromissoria, dichiara all'altra la propria intenzione di promuovere il procedimento arbitrale, propone la domanda e procede, per quanto le spetta, alla nomina degli arbitri (1).

(1) *Comma aggiunto dall'art. 26 della L. 5 gennaio 1994, n. 25, a decorrere dal 18 aprile 1994.*

2691. Altre domande e atti soggetti a trascrizione. – Devono del pari trascriversi quando si riferiscono ai beni menzionati nell'art. 2683, le domande e gli atti indicati dai numeri 1, 3, 4 e 5 dell'art. 2653, per gli effetti ivi disposti (2692).

Alla domanda giudiziale è equiparato l'atto notificato con il quale la parte, in presenza di compromesso o di clausola compromissoria, dichiara all'altra la propria intenzione di promuovere il procedimento arbitrale, propone la domanda e procede, per quanto le spetta, alla nomina degli arbitri (1).

(1) *Comma aggiunto dall'art. 26 della L. 5 gennaio 1994, n. 25, a decorrere dal 18 aprile 1994.*

2692. Annotazione della trascrizione delle domande e degli atti. – La trascrizione delle domande e degli atti indicati dai due articoli precedenti dev'essere anche annotata secondo le modalità stabilite dall'art. 2654.

Si osservano inoltre le disposizioni del primo, terzo e quarto comma dell'art. 2655 e quelle dell'art. 2656.

2693. Trascrizione del pignoramento e del sequestro. – Deve essere trascritto, dopo la notificazione, il provvedimento che ordina il sequestro conservativo (671, 679 c.p.c.) per gli effetti disposti dall'art. 2906. Si deve trascrivere del pari l'atto di pignoramento (491, 518 c.p.c.) per gli effetti disposti dagli articoli 2913, 2914, 2915 e 2916.

2694. Richiamo di altre leggi. – Sono salve le disposizioni del codice della navigazione e delle leggi speciali che richiedono la trascrizione di atti non contemplati dal presente capo e le altre disposizioni non incompatibili con quelle contenute nel capo medesimo.

2695. Forme e modalità della trascrizione. – Le forme e le modalità delle trascrizioni previste in questo capo sono regolate dal codice della navigazione, per quanto riguarda le navi e gli aeromobili (250 ss., 865 ss. c.n.), e dalla legge speciale per quanto riguarda gli autoveicoli.

In mancanza, si osservano le norme concernenti la trascrizione degli atti relativi ai beni immobili, in quanto sono applicabili (2656 ss.).

Sezione II
Della trascrizione relativamente ad altri beni mobili

2696. Rinvio. – Per gli altri beni mobili per cui è disposta la trascrizione di determinati atti si osservano le disposizioni delle leggi che li riguardano (1).

(1) *Tra le quali ricordiamo:*
- artt. 103-106 della L. 22 aprile 1941, n. 633, protezione del diritto di autore e di altri diritti connessi al suo esercizio; artt. 30-43 del R.D. 18 maggio 1942, n. 1369, regolamento per l'esecuzione della L. 22 aprile 1941, n. 633.

Titolo II
Delle prove

Capo I
Disposizioni generali

2697. Onere della prova. – Chi vuol far valere un diritto in giudizio (99, 100 c.p.c.) deve provare i fatti che ne costituiscono il fondamento (1988, 2728; 115 c.p.c.).

Chi eccepisce l'inefficacia di tali fatti ovvero eccepisce che il diritto si è modificato o estinto deve provare i fatti su cui l'eccezione si fonda (115 ss, 191 ss. c.p.c.).

2698. Patti relativi all'onere della prova. – Sono nulli (1418 ss.) i patti con i quali è invertito ovvero è modificato l'onere della prova, quando si tratta di diritti di cui le parti non possono disporre (5 ss.) o quando l'inversione o la modificazione ha per effetto di rendere a una delle parti eccessivamente difficile l'esercizio del diritto (1694, 2965).

Capo II
Della prova documentale

Sezione I
Dell'atto pubblico

2699. Atto pubblico. – L'atto pubblico è il documento redatto, con le richieste formalità, da un notaio o da altro pubblico ufficiale autorizzato ad attribuirgli pubblica fede nel luogo dove l'atto è formato (2700, 2701).

2700. Efficacia dell'atto pubblico. – L'atto pubblico fa piena prova, fino a querela di falso (221 ss. c.p.c.), della provenienza del documento dal pubblico ufficiale che lo ha formato, nonché delle dichiarazioni delle parti e degli altri fatti che il pubblico ufficiale attesta avvenuti in sua presenza o da lui compiuti (2729; 178, 775 c.n.).

2701. Conversione dell'atto pubblico. – Il documento formato da ufficiale pubblico incompetente o incapace ovvero senza l'osservanza delle formalità prescritte, se è stato sottoscritto dalle parti, ha la stessa efficacia probatoria della scrittura privata (2702).

Sezione II
Della scrittura privata

2702. Efficacia della scrittura privata. – La scrittura privata fa piena prova, fino a querela di falso (221 ss. c.p.c.), della provenienza delle dichiarazioni da chi l'ha sottoscritta, se colui contro il quale la scrittura è prodotta ne riconosce la sottoscrizione, ovvero se questa è legalmente considerata come riconosciuta (2715; 214, 215 c.p.c.; 178, 775 c.n.).

2703. Sottoscrizione autenticata. – Si ha per riconosciuta la sottoscrizione autenticata dal notaio o da altro pubblico ufficiale a ciò autorizzato (1).

L'autenticazione consiste nell'attestazione da parte del pubblico ufficiale che la sottoscrizione è stata apposta in sua presenza. Il pubblico ufficiale deve previamente accertare l'identità della persona che sottoscrive (214 c.p.c.) (2).

(1) *Si veda il D.P.R. 28 dicembre 2000, n. 445, T.U. delle disposizioni legislative e regolamentari in materia di documentazione amministrativa.*

(2) *Si veda la L. 2 aprile 1943, n. 226, sull'intervento dei testimoni negli atti notarili di autenticazione, così come modificata dall'art. 12, comma 3, della L. 28 novembre 2005, n. 246, che dispone:*

«1. *Nell'autenticazione delle sottoscrizioni delle scritture private è necessaria la presenza dei testimoni, qualora lo ritenga il notaio o una parte ne richieda la presenza. In tal caso il notaio deve farne espressa menzione nell'autenticazione*».

«2. *Sono validi gli atti notarili di autenticazione redatti dal 21 aprile 1942 al giorno dell'entrata in vigore della presente legge senza la presenza di testimoni e senza che sia intervenuto l'accordo delle parti sulla rinuncia ad essi*».

«3. *Le disposizioni degli articoli 1 e 2 non si applicano nei casi in cui da leggi speciali è tassativamente richiesto l'intervento dei testimoni*».

«4. *La presente legge avrà vigore dalla data della sua pubblicazione nella* Gazzetta Ufficiale».

2704. Data della scrittura privata nei confronti dei terzi. – La data della scrittura privata della quale non è autenticata la sottoscrizione (2703) non è certa e computabile riguardo ai terzi, se non dal giorno in cui la scrittura è stata registrata o dal giorno della morte o della sopravvenuta impossibilità fisica di colui o di uno di coloro che l'hanno sottoscritta o dal giorno in cui il contenuto della scrittura è riprodotto in atti pubblici (2699) o, infine, dal giorno in cui si verifica un altro fatto che stabilisca in modo egualmente certo l'anteriorità della formazione del documento.

La data della scrittura privata che contiene dichiarazioni unilaterali non destinate a persona determinata (1992 ss.) può essere accertata con qualsiasi mezzo di prova (228, 233, 244 ss. c.p.c.).

Per l'accertamento della data nelle quietanze (1199) il giudice, tenuto conto delle circostanze, può ammettere qualsiasi mezzo di prova (2787).

2705. Telegramma. – Il telegramma ha l'efficacia probatoria della scrittura privata (2702), se l'originale consegnato all'ufficio di partenza è sottoscritto dal mittente, ovvero se è stato consegnato o fatto consegnare dal mittente medesimo, anche senza sottoscriverlo.

La sottoscrizione può essere autenticata da notaio (2703; 634 c.p.c.).

Se l'identità della persona che ha sottoscritto l'originale del telegramma è stata accertata nei modi stabiliti dai regolamenti, è ammessa la prova contraria.

Il mittente può fare indicare nel telegramma se l'originale è stato firmato con o senza autenticazione.

2706. Conformità tra originale e riproduzione del telegramma. – La riproduzione del telegramma consegnata al destinatario si presume, fino a prova contraria, conforme all'originale (2727).

Il mittente, se ha fatto collazionare il telegramma secondo le disposizioni dei regolamenti, si presume esente da colpa per divergenze verificatesi tra originale e riproduzione.

2707. Carte e registri domestici. – Le carte e i registri domestici fanno prova contro chi li ha scritti (2162):

1) quando enunciano espressamente un pagamento ricevuto (1199, 2704);

2) quando contengono la menzione espressa che l'annotazione è stata fatta per supplire alla mancanza di titolo in favore di chi è indicato come creditore (2162).

2708. Annotazione in calce, in margine o a tergo di un documento. – L'annotazione fatta dal creditore in calce, in margine o a tergo di un documento rimasto in suo possesso fa prova, benché non sottoscritta da lui, se tende ad accertare la liberazione del debitore (1199).

Lo stesso valore ha l'annotazione fatta dal creditore in calce, in margine o a tergo di una quietanza o di un esemplare del documento del debito posseduto dal debitore.

Sezione III
Delle scritture contabili delle imprese soggette a registrazione

2709. Efficacia probatoria contro l'imprenditore. – I libri e le altre scritture contabili (2214, 2421, 2490) delle imprese soggette a registrazione (2195) fanno prova contro l'imprenditore (2082; 634 c.p.c.). Tuttavia chi vuol trarne vantaggio non può scinderne il contenuto (2734; 775 c.n.).

2710. Efficacia probatoria tra imprenditori. – I libri bollati e vidimati nelle forme di legge (2215, 2216), quando sono regolarmente tenuti (2219), possono fare prova tra imprenditori (2082) per i rapporti inerenti all'esercizio dell'impresa (634 c.p.c.).

2711. Comunicazione ed esibizione. – La comunicazione integrale dei libri, delle scritture contabili e della corrispondenza (2214 ss.) può essere ordinata dal giudice solo nelle controversie relative allo scioglimento della società (2272, 2308, 2323, 2448 ss., 2497, 2539), alla comunione dei beni (1100; 784 ss. c.p.c.) e alla successione per causa di morte (456 ss.).

Negli altri casi il giudice può ordinare, anche d'ufficio, che si esibiscano i libri per estrarne le registrazioni concernenti la controversia in corso (212 c.p.c.). Può ordinare altresì l'esibizione di singole scritture contabili, lettere, telegrammi o fatture concernenti la controversia stessa.

Sezione IV
Delle riproduzioni meccaniche

2712. Riproduzioni meccaniche. – Le riproduzioni fotografiche, informatiche ([1]) o cinematografiche, le registrazioni fonografiche e, in genere, ogni altra rappresentazione meccanica di fatti e di cose formano piena prova dei fatti e delle cose rappresentate, se colui contro il quale sono prodotte non ne disconosce la conformità ai fatti o alle cose medesime (261 c.p.c.).

([1]) *Le parole: «, informatiche» sono state inserite dall'art. 23* quater *del D.L.vo 7 marzo 2005, n. 82, così come aggiunto dall'art. 16, comma 2, del D.L.vo 30 dicembre 2010, n. 235.*

Sezione V
Delle taglie
o tacche di contrassegno

2713. Taglie o tacche di contrassegno. – Le taglie o tacche di contrassegno corrispondenti al contrassegno di riscontro formano piena prova tra coloro che usano provare in tal modo le somministrazioni che fanno o ricevono al minuto.

Sezione VI
Delle copie degli atti

2714. Copie di atti pubblici ([1]). – Le copie di atti pubblici (2699) spedite nelle forme prescritte da depositari pubblici autorizzati (2673[3], 2711) fanno fede come l'originale (2700; 212 c.p. c.).

La stessa fede fanno le copie di copie di atti pubblici originali, spedite da depositari pubblici di esse, a ciò autorizzati (743 c.p.c).

([1]) *Si veda il D.P.R. 28 dicembre 2000, n. 445, T.U. delle disposizioni legislative e regolamentari in materia di documentazione amministrativa.*

2715. Copie di scritture private originali depositate. – Le copie delle scritture private depositate presso pubblici uffici e spedite da pubblici depositari autorizzati (2700; 743 c.p.c.) hanno la stessa efficacia della scrittura originale da cui sono estratte (2702; 212 c.p.c.).

2716. Mancanza dell'atto originale o di copia depositata. – In mancanza dell'originale dell'atto pubblico (2699) o di una copia di esso presso un pubblico depositario, le copie spedite in conformità dell'art. 2714 fanno piena prova; ma se tali copie, o anche la copia esistente presso un pubblico depositario quando manca l'originale, presentano cancellature, abrasioni, intercalazioni o altri difetti esteriori, è rimesso al giudice di apprezzarne l'efficacia probatoria (116 c.p.c.).

In mancanza dell'originale scrittura privata (2702), le copie di essa spedite in conformità dell'art. 2715 fanno egualmente prova; ma se presentano cancellature, abrasioni, intercalazioni o altri difetti esteriori, è rimesso parimenti al giudice di apprezzarne l'efficacia probatoria. Resta in ogni caso salva la questione circa l'autenticità dell'originale mancante (116 c.p.c.).

2717. Valore probatorio di altre copie. – Le copie rilasciate da pubblici ufficiali fuori dai casi contemplati dagli articoli precedenti hanno l'efficacia di un principio di prova per iscritto (2724).

2718. Valore probatorio di copie parziali. – Le copie parziali o le riproduzioni per estratto, rilasciate nella forma prescritta da pubblici ufficiali che ne sono depositari e sono debitamente autorizzati, fanno piena prova solo per quella parte dell'originale che riproducono letteralmente (2661; 212 c.p.c.).

2719. Copie fotografiche di scritture. – Le copie fotografiche (261 c.p.c.) di scritture hanno la stessa efficacia delle autentiche, se la loro conformità con l'originale è attestata da pubblico ufficiale competente (2714, 2715) ovvero non è espressamente disconosciuta (212 c.p.c.).

Sezione VII
Degli atti di ricognizione
o di rinnovazione

2720. Efficacia probatoria. – L'atto di ricognizione (969, 1309, 1870, 1988, 2944, 2966) o di rinnovazione fa piena prova delle dichiarazioni contenute nel documento originale, se non si dimostra, producendo quest'ultimo, che vi è stato errore (1428 ss.) nella ricognizione o nella rinnovazione.

Capo III
Della prova testimoniale

2721. Ammissibilità: limiti di valore. – La prova per testimoni (244 c.p.c.) dei contratti non è ammessa quando il valore dell'oggetto eccede gli € 2,58 (1417, 2724, 2729, 2735; 421, 621 c.p.c.; 102 ss. att. c.p.c.).

Tuttavia l'autorità giudiziaria può consentire la prova (115 c.p.c.) oltre il limite anzidetto, tenuto conto della qualità delle parti, della natura del contratto e di ogni altra circostanza.

2722. Patti aggiunti o contrari al contenuto di un documento. – La prova per testimoni non è ammessa (2724) se ha per oggetto patti aggiunti o contrari al contenuto di un documento, per i quali si alleghi che la stipulazione è stata anteriore o contemporanea (1417, 2723, 2735).

2723. Patti posteriori alla formazione del documento. – Qualora si alleghi che, dopo la formazione di un documento, è stato stipulato un patto aggiunto o contrario al contenuto di esso (2722), l'autorità giudiziaria può consentire la prova per testimoni (115 c.p.c.) soltanto se, avuto riguardo alla qualità delle parti, alla natura del contratto e a ogni altra circostanza, appare verosimile che siano state fatte aggiunte o modificazioni verbali.

2724. Eccezioni al divieto della prova testimoniale. – La prova per testimoni è ammessa in ogni caso:

1) quando vi è un principio di prova per iscritto: questo è costituito da qualsiasi scritto, proveniente dalla persona contro la quale è diretta la domanda o dal suo rappresentante, che faccia apparire verosimile il fatto allegato (241, 242, 2712, 2717);

2) quando il contraente è stato nell'impossibilità morale o materiale di procurarsi una prova scritta;

3) quando il contraente ha senza sua colpa perduto il documento che gli forniva la prova (2725).

2725. Atti per i quali è richiesta la prova per iscritto o la forma scritta. – Quando, secondo la legge o la volontà delle parti, un contratto deve essere provato per iscritto, la prova per testimoni è ammessa soltanto nel caso indicato dal n. 3 dell'articolo precedente.

La stessa regola si applica nei casi in cui la forma scritta è richiesta sotto pena di nullità ([1]).

([1]) *Occorre la forma scritta per gli atti elencati dall'art. 1350.*

2726. Prova del pagamento e della remissione. – Le norme stabilite per la prova testimoniale dei contratti si applicano anche al pagamento e alla remissione del debito (1188 ss., 1236 ss.).

Capo IV
Delle presunzioni

2727. Nozione. – Le presunzioni sono le conseguenze che la legge o il giudice trae da un fatto noto per risalire a un fatto ignorato (115 c.p.c.).

2728. Prova contro le presunzioni legali. – Le presunzioni legali dispensano da qualunque prova coloro a favore dei quali esse sono stabilite.

Contro le presunzioni sul fondamento delle quali la legge dichiara nulli certi atti o non ammette l'azione in giudizio non può essere data prova contraria, salvo che questa sia consentita dalla legge stessa.

2729. Presunzioni semplici. – Le presunzioni non stabilite dalla legge sono lasciate alla prudenza del giudice (116 c.p.c.), il quale non deve ammettere che presunzioni gravi, precise e concordanti.

Le presunzioni non si possono ammettere nei casi in cui la legge esclude la prova per testimoni (1350, 2721, 2722).

Capo V
Della confessione

2730. Nozione. – La confessione è la dichiarazione che una parte fa della verità di fatti ad essa sfavorevoli e favorevoli all'altra parte.

La confessione è giudiziale o stragiudiziale (2733, 2734; 228 ss. c.p.c.).

2731. Capacità richiesta per la confessione. – La confessione non è efficace se non proviene da persona capace di disporre (2733[2]) del diritto, a cui i fatti confessati si riferiscono (1966). Qualora sia resa da un rappresentante, è efficace solo se fatta entro i limiti e nei modi in cui questi vincola il rappresentato (1387, 1388, 1389, 2736).

2732. Revoca della confessione. – La confessione (1324) non può essere revocata se non si prova che è stata determinata da errore di fatto (1428 ss.) o da violenza (1434, 1435).

2733. Confessione giudiziale. – È giudiziale la confessione resa in giudizio (228 ss. c.p.c.).

Essa forma piena prova contro colui che l'ha fatta, purché non verta su fatti relativi a diritti non disponibili (2731).

In caso di litisconsorzio necessario (102 c.p.c.), la confessione resa da alcuni soltanto dei litisconsorti è liberamente apprezzata dal giudice (1309, 2738; 116 c.p.c.).

2734. Dichiarazioni aggiunte alla confessione. – Quando alla dichiarazione indicata dall'art. 2730 si accompagna quella di altri fatti o circostanze tendenti a infirmare l'efficacia del fatto confessato ovvero a modificarne o a estinguerne gli effetti, le dichiarazioni fanno piena prova nella loro integrità (2709) se l'altra parte non contesta la verità dei fatti o delle circostanze aggiunte. In caso di contestazione, è rimesso al giudice di apprezzare, secondo le circostanze, l'efficacia probatoria delle dichiarazioni (116 c.p.c.).

2735. Confessione stragiudiziale. – La confessione stragiudiziale fatta alla parte o a chi la rappresenta (1387 ss.) ha la stessa efficacia probatoria di quella giudiziale (2733). Se è fatta a un terzo o se è contenuta in un testamento (587), è liberamente apprezzata dal giudice (116 c.p.c).

La confessione stragiudiziale non può provarsi per testimoni, se verte su un oggetto per il quale la prova testimoniale non è ammessa dalla legge (1350, 2721 ss.).

Capo VI
Del giuramento

2736. Specie. – Il giuramento è di due specie:

1) è decisorio quello che una parte deferisce all'altra per farne dipendere la decisione totale o parziale della causa (2739, 2960; 233, 345 c.p.c.);

2) è suppletorio quello che è deferito d'ufficio dal giudice a una delle parti al fine di decidere la causa quando la domanda o le eccezioni non sono pienamente provate, ma non sono del tutto sfornite di prova, ovvero quello che è deferito al fine di stabilire il valore della cosa domandata, se non si può accertarlo altrimenti (240, 241 c.p.c.).

2737. Capacità delle parti. – Per deferire o riferire (234, 242 c.p.c.) il giuramento si richiedono le condizioni indicate dall'art. 2731.

2738. Efficacia. – Se è stato prestato il giuramento deferito o riferito (233, 234 c.p.c.), l'altra parte non è ammessa a provare il contrario, né può chiedere la revocazione della sentenza (395, n. 2 c.p.c.) qualora il giuramento sia stato dichiarato falso.

Può tuttavia domandare il risarcimento dei danni nel caso di condanna penale per falso giuramento (371 c.p.). Se la condanna penale non può essere pronunziata perché il reato è estinto (150 ss., 198 c.p.), il giudice civile può conoscere del reato al solo fine del risarcimento (578 c.p.p.) ([1]).

In caso di litisconsorzio necessario (102, 784 c.p.c.), il giuramento prestato da alcuni soltanto dei litisconsorti è liberamente apprezzato dal giudice (1305).

([1]) *La Corte costituzionale, con sentenza n. 105 del 4 aprile 1996, ha dichiarato l'illegittimità costituzionale di questo comma nella parte in cui non prevede che il giudice civile possa conoscere del reato di falso giuramento al solo fine del risarcimento anche nel caso in cui la sentenza irrevocabile di assoluzione pronunziata nel giudizio penale non abbia efficacia di giudicato nei confronti del danneggiato.*

2739. Oggetto. – Il giuramento non può essere deferito o riferito (2737; 233, 234 c.p.c.) per la decisione di cause relative a diritti di cui le parti non possono disporre (1966), né sopra un fatto illecito (2043 ss.) o sopra un contratto per la validità del quale sia richiesta la forma scritta (1350), né per negare un fatto che da un atto pubblico (2699) risulti avvenuto alla presenza del pubblico ufficiale che ha formato l'atto stesso (2700).

Il giuramento non può essere deferito che sopra un fatto proprio della parte a cui si deferisce o sulla conoscenza che essa ha di un fatto altrui e non può essere riferito qualora il fatto che ne è l'oggetto non sia comune a entrambe le parti (2960).

Titolo III
Della responsabilità patrimoniale,
delle cause di prelazione
e della conservazione
della garanzia patrimoniale

Capo I
Disposizioni generali

2740. Responsabilità patrimoniale. – Il debitore risponde dell'adempimento delle obbligazioni (1176 ss., 1218 ss.) con tutti i suoi beni presenti e futuri (2901, 2910; 42^2 l. fall.).

Le limitazioni della responsabilità non sono ammesse se non nei casi stabiliti dalla legge (170, 187, 188, 326, 490, n. 2, 695, 1881, 2045 ss., 2117, 2267, 2313, 2741; 514 ss., 545 c.p.c.; 46 l. fall.).

2741. Concorso dei creditori e cause di prelazione. – I creditori hanno eguale diritto di essere soddisfatti sui beni del debitore, salve le cause legittime di prelazione (52 l. fall.).

Sono cause legittime di prelazione i privilegi (2745 ss.), il pegno (2784 ss.) e le ipoteche (2808 ss.).

2742. Surrogazione dell'indennità alla cosa. – Se le cose soggette a privilegio (2745 ss.), pegno (2784) o ipoteca (2808) sono perite (2743, 2878, n. 4) o deteriorate, le somme dovute dagli assicuratori per indennità della perdita o del deterioramento (1905 ss.) sono vincolate al pagamento dei crediti privilegiati, pignoratizi o ipotecari, secondo il loro grado, eccetto che le medesime vengano impiegate a riparare la perdita o il deterioramento (553, 1026 c.n.). L'autorità giudiziaria può, su istanza degli interessati, disporre le opportune cautele per assicurare l'impiego delle somme nel ripristino o nella riparazione della cosa.

Gli assicuratori sono liberati qualora paghino dopo trenta giorni dalla perdita o dal deterioramento, senza che sia stata fatta opposizione (2906^2). Quando però si tratta di immobili su cui gravano iscrizioni, gli assicuratori non sono liberati se non dopo che è decorso senza opposizione il termine di trenta giorni dalla notificazione ai creditori iscritti (2844) del fatto che ha dato luogo alla perdita o al deterioramento.

Sono del pari vincolate al pagamento dei crediti suddetti le somme dovute per causa di servitù coattive (1032) o di comunione forzosa (874, 1117) o di espropriazione per pubblico interesse (834), osservate, per quest'ultima, le disposizioni della legge speciale (1259, 1781) ([1]).

([1]) *Si veda il D.P.R. 8 giugno 2001, n. 327, T.U. delle disposizioni legislative e regolamentari in materia di espropriazione per pubblica utilità.*

2743. Diminuzione della garanzia. – Qualora la cosa data in pegno o sottoposta a ipoteca perisca o si deteriori, anche per caso fortuito, in modo da essere insufficiente alla sicurezza del creditore, questi può chiedere che gli sia prestata idonea garanzia su altri beni e, in mancanza, può chiedere l'immediato pagamento del suo credito (1186, 1844^2, 1850, 1867, n. 2, 1877, 2795, 2813).

2744. Divieto del patto commissorio. – È nullo (1418 ss.) il patto col quale si conviene che, in mancanza del pagamento del credito nel termine fissato, la proprietà della cosa ipotecata o data in pegno passi al creditore. Il patto è nullo anche se posteriore alla costituzione dell'ipoteca o del pegno (1963, 2796, 2798).

Capo II
Dei privilegi

Sezione I
Disposizioni generali

2745. Fondamento del privilegio. – Il privilegio (2741^2) è accordato dalla legge in considerazione della causa del credito (1232; 551 c.n.). La costituzione del privilegio può tuttavia dalla legge essere subordinata (2775^2) alla convenzione delle parti (2766^3); può anche essere subordinata a particolari forme di pubblicità (2762, 2810^3).

2746. Distinzione dei privilegi. – Il privilegio è generale o speciale. Il primo si esercita su tutti i beni mobili del debitore (2751 ss.), il secondo su determinati beni mobili (2755 ss.) o immobili (812, 2770 ss.).

2747. Efficacia del privilegio. – Il privilegio generale non può esercitarsi in pregiudizio dei diritti spettanti ai terzi sui mobili che ne formano oggetto (1153, 2777 ss.), salvo quanto è disposto dagli articoli 2913, 2914, 2915 e 2916 (528^2 c.p.c.).

Se la legge non dispone diversamente (2756^2, 2757^3, 2760, 2761^4, 2764^6, 2765^3), il privilegio speciale sui mobili, sempre che sussista la particolare situazione alla quale è subordinato, può esercitarsi in pregiudizio dei diritti acquistati dai terzi posteriormente al sorgere di esso.

2748. Efficacia del privilegio speciale rispetto al pegno e alle ipoteche. – Se la legge non dispone altrimenti, il privilegio speciale sui beni mobili non può esercitarsi in pregiudizio del creditore pignoratizio (2777, 2781).

I creditori che hanno privilegio sui beni immobili sono preferiti ai creditori ipotecari se la legge non dispone diversamente (2772).

2749. Estensione del privilegio. – Il privilegio accordato al credito si estende alle spese ordinarie per l'intervento nel processo di esecuzione (2755, 2770; 498 ss. c.p.c.). Si estende anche agli interessi dovuti per l'anno in corso alla data del pignoramento (491 ss. c.p.c.) e per quelli dell'anno precedente.

Gli interessi successivamente maturati hanno privilegio nei limiti della misura legale (1284) fino alla data della vendita (2788, 2855).

2750. Privilegi marittimi, aeronautici e privilegi stabiliti da leggi speciali. – I privilegi sulla nave, sul nolo e sulle cose caricate e i privilegi sull'aeromobile, sul nolo e sulle cose caricate sono regolati dal codice della navigazione (548 ss., 673 ss., 1022 ss., 1072 ss. c.n.).

Ai privilegi previsti da leggi speciali si applicano le norme di questo capo, se non è diversamente disposto.

Sezione II
Dei privilegi sui mobili

§. 1
Dei privilegi generali sui mobili

2751. ([1]) **Crediti per spese funebri, d'infermità, alimenti.** – Hanno privilegio generale sui mobili (2746, 2769), nell'ordine che segue, i crediti riguardanti (2776):

1) le spese funebri necessarie secondo gli usi (2778, n. 17);

2) le spese d'infermità fatte negli ultimi sei mesi della vita del debitore (2778, n. 17);

3) le somministrazioni di vitto, vesti e alloggio, nei limiti della stretta necessità, fatte al debitore per lui e per la sua famiglia negli ultimi sei mesi;

4) i crediti di alimenti (433) per gli ultimi tre mesi a favore delle persone alle quali gli alimenti sono dovuti per legge.

([1]) *Articolo dapprima modificato dall'articolo 66 della L. 30 aprile 1969, n. 153, revisione degli ordina-*

menti pensionistici, e poi così sostituito dall'articolo 1 della L. 29 luglio 1975, n. 426, modificazioni al codice civile, della quale si riportano gli articoli 15 e 16:

«15. *Le disposizioni dei precedenti articoli si osservano anche per i crediti sorti anteriormente all'entrata in vigore della presente legge. Esse si applicano altresì se il privilegio è stato fatto valere anteriormente qualora la procedura sia ancora in corso al momento dell'entrata in vigore della legge stessa.*

«I titolari di crediti privilegiati, intervenuti nell'esecuzione o ammessi al passivo fallimentare in data anteriore all'entrata in vigore della presente legge, possono contestare i crediti che, per effetto delle nuove norme di cui ai precedenti articoli, sono stati anteposti ai loro crediti nel grado del privilegio, proponendo opposizione a norma dell'art. 512 del codice di procedura civile, fino alla distribuzione della somma ricavata dalla vendita, oppure l'impugnazione prevista dall'art. 100 del regio decreto 16 marzo 1942, n. 267, fino a che il giudice competente non abbia reso esecutivo il riparto finale, secondo le norme contenute nello stesso decreto.

«Ai crediti relativi a tributi soppressi in attuazione della L. 9 ottobre 1971, n. 825, continuano ad applicarsi in materia di privilegi le disposizioni di legge vigenti anteriormente all'entrata in vigore della presente legge».

«16. *L'art. 66 della L. 30 aprile 1969, n. 153, è abrogato».*

2751 *bis*. (1) (2) **Crediti per retribuzioni e provvigioni, crediti dei coltivatori diretti, delle società od enti cooperativi e delle imprese artigiane.** – Hanno privilegio generale sui mobili i crediti riguardanti (2776, 2777):

1) le retribuzioni (2099, 2108 ss.) dovute, sotto qualsiasi forma, ai prestatori di lavoro subordinato (2094) e tutte le indennità dovute per effetto della cessazione del rapporto di lavoro (2118, 2120 ss.), nonché il credito del lavoratore per i danni conseguenti alla mancata corresponsione, da parte del datore di lavoro, dei contributi previdenziali ed assicurativi obbligatori (2114 ss.) ed il credito per il risarcimento del danno subito per effetto di un licenziamento inefficace, nullo o annullabile (2118, 2777) (3) (4) (5);

2) le retribuzioni dei professionisti, compresi il contributo integrativo da versare alla rispettiva cassa di previdenza ed assistenza e il credito di rivalsa per l'imposta sul valore aggiunto, (6) e di ogni altro prestatore d'opera intellettuale dovute per gli ultimi due anni di prestazione (2233, 2777) (7);

3) le provvigioni (1748) derivanti dal rapporto di agenzia (1742 ss.) dovute per l'ultimo anno di prestazione e le indennità dovute per la cessazione del rapporto medesimo (1751, 2777);

4) i crediti del coltivatore diretto (1647), sia proprietario che affittuario, mezzadro (2141 ss.), colono (2164), soccidario (2170 ss.) o comunque compartecipante, per i corrispettivi della vendita dei prodotti, nonché i crediti del mezzadro o del colono indicati dall'art. 2765 (2777);

5) i crediti dell'impresa artigiana (2083), definita ai sensi delle disposizioni legislative vigenti, nonchè delle società ed enti cooperativi di produzione e lavoro (2511 ss.) per i corrispettivi dei servizi prestati e della vendita dei manufatti (2777) (8) (9);

5 *bis*) i crediti delle società cooperative agricole e dei loro consorzi per i corrispettivi della vendita dei prodotti (10).

5 *ter*) i crediti delle imprese fornitrici di lavoro temporaneo di cui alla legge 24 giugno 1997, n. 196, per gli oneri retributivi e previdenziali addebitati alle imprese utilizzatrici (11).

(1) *Articolo aggiunto dall'art. 2 della L. 29 luglio 1975, n. 426, modificazioni al codice civile e alla L. 30 aprile 1969, n. 153, in materia di privilegi.*

(2) *Si vedano, per le norme transitorie, gli artt. 15 e 16, L. 29 luglio 1975, n. 426, modificazioni al codice civile e alla L. 30 aprile 1969, n. 153, in materia di privilegi, citati* sub *art. 2751, e art. 2[7] L. 29 maggio 1982, n. 297, sul trattamento di fine rapporto di lavoro, che ha sostituito l'art. 2120 c.c.*

(3) *La Corte costituzionale, con sentenza n. 220 del 29 maggio 2002, ha dichiarato l'illegittimità costituzionale di questo numero nella parte in cui non munisce del privilegio generale sui mobili il credito del lavoro subordinato per danni conseguenti a malattia professionale, della quale sia responsabile il datore di lavoro.*

(4) *La Corte costituzionale, con sentenza n. 113 del 6 aprile 2004, ha dichiarato l'illegittimità costituzionale di questo numero nella parte in cui non munisce del privilegio generale sui mobili il credito del lavoratore subordinato per danni da demansionamento subiti a causa dell'illegittimo comportamento del datore di lavoro.*

(5) *La Corte costituzionale, con sentenza n. 326 del 17 novembre 1983, ha dichiarato l'illegittimità costituzionale di questo numero nella parte in cui non munisce del privilegio generale istituito dall'art. 2 della legge n. 426/1975 il credito del lavoratore subordinato per danni conseguenti ad infortunio sul lavoro, del quale sia responsabile il datore di lavoro, se e nei limiti in cui il creditore non sia soddisfatto della percezione delle indennità previdenziali e assistenziali obbligatorie dovute al lavoratore subordinato in dipendenza dello stesso infortunio.*

(6) *Le parole: «, compresi il contributo integrativo da versare alla rispettiva cassa di previdenza ed assistenza e il credito di rivalsa per l'imposta sul valore aggiunto,» sono state inserite dall'art. 1, comma 474, della L. 27 dicembre 2017, n. 205, a decorrere dal 1° gennaio 2018.*

Codice Civile

([7]) *La Corte costituzionale, con sentenza n. 1 del 29 gennaio 1998, ha dichiarato l'illegittimità costituzionale di questo numero limitatamente alla parola: «intellettuale».*

([8]) *Questo numero è stato così sostituito dall'art. 36, del D.L. 9 febbraio 2012, n. 5, convertito, con modificazioni, nella L. 4 aprile 2012, n. 35.*

([9]) *A norma dell'art. 82, comma 3* bis, *del D.L. 21 giugno 2013, n. 69, convertito, con modificazioni, nella L. 9 agosto 2013, n. 98, al fine di garantire i crediti spettanti alle cooperative di lavoro, in relazione alla loro finalità mutualistica, il privilegio di cui a questo numero spettante per corrispettivi dei servizi prestati e dei manufatti prodotti, è riconosciuto qualora le medesime cooperative abbiano superato positivamente o abbiano comunque richiesto la revisione di cui al decreto legislativo 2 agosto 2002, n. 220.*

([10]) *Numero aggiunto dall'art. 18 della L. 31 gennaio 1992, n. 59, in materia di società cooperative.*

([11]) *Questo numero è stato aggiunto dall'art. 117, comma 2, della L. 23 dicembre 2000, n. 388.*

2752. ([1]) **Crediti per tributi diretti dello Stato, per imposta sul valore aggiunto e per tributi degli enti locali. –** Hanno privilegio generale sui mobili del debitore i crediti dello Stato per le imposte e le sanzioni dovute secondo le norme in materia di imposta sul reddito delle persone fisiche, imposta sul reddito delle persone giuridiche, imposta sul reddito delle società, imposta regionale sulle attività produttive ed imposta locale sui redditi ([2]).

[Se si tratta di ruoli suppletivi, e si procede per imposte relative a periodi d'imposta anteriori agli ultimi due, il privilegio non può esercitarsi per un importo superiore a quello degli ultimi due anni, qualunque sia il periodo cui le imposte si riferiscono] ([3]).

Hanno altresì privilegio generale sui mobili del debitore i crediti dello Stato per le imposte, le pene pecuniarie e le soprattasse dovute secondo le norme relative all'imposta sul valore aggiunto (2778, n. 19) ([4]).

Hanno lo stesso privilegio, subordinatamente a quello dello Stato, i crediti per le imposte, tasse e tributi dei comuni e delle province previste dalla legge per la finanza locale ([5]) e dalle norme relative all'imposta comunale sulla pubblicità e ai diritti sulle pubbliche affissioni (2778, n. 20) ([6]).

([1]) *Articolo sostituito dall'art. 3 della L. 29 luglio 1975, n. 426, modificazioni al codice civile e alla L. 30 aprile 1969, n. 153, in materia di privilegi.*

([2]) *Le parole: «per l'imposta sul reddito delle persone fisiche, per l'imposta sul reddito delle persone giuridiche, per l'imposta regionale sulle attività produttive e per l'imposta locale sui redditi, diversi da quelli indicati nel primo comma dell'articolo 2771, iscritti nei ruoli resi esecutivi nell'anno in cui il concessionario del servizio di riscossione procede o interviene nell'esecuzione e nell'anno precedente» sono state così sostituite dalle attuali: «per le imposte e le sanzioni dovute secondo le norme in materia di imposta sul reddito delle persone fisiche, imposta sul reddito delle persone giuridiche, imposta sul reddito delle società, imposta regionale sulle attività produttive ed imposta locale sui redditi» dall'art. 23, comma 37, del D.L. 6 luglio 2011, n. 98, convertito, con modificazioni, nella L. 15 luglio 2011, n. 111. Tale disposizione si osserva anche per i crediti sorti anteriormente all'entrata in vigore del presente decreto (*).*

(*) *La Corte costituzionale, con sentenza n. 170 del 4 luglio 2013, ha dichiarato l'illegittimità costituzionale dell'art. 23, commi 37, ultimo periodo e 40 del citato D.L. n. 98/2011.*

([3]) *Questo comma è stato soppresso dall'art. 33, lett.* b), *del D.L.vo 26 febbraio 1999, n. 46, a decorrere dall'1 luglio 1999.*

([4]) *Si veda il D.P.R. 26 ottobre 1972, n. 633, istituzione e disciplina dell'imposta sul valore aggiunto, e successive integrazioni e modificazioni.*

([5]) *A norma dell'art. 13, comma 13, del D.L. 6 dicembre 2011, n. 201, convertito, con modificazioni, nella L. 22 dicembre 2011, n. 214, il riferimento alla "legge per la finanza locale" si intende effettuato a tutte disposizioni che disciplinano i singoli tributi comunali e provinciali.*

([6]) *Si veda il D.L.vo 15 novembre 1993, n. 507.*

2753. ([1]) **Crediti per contributi di assicurazione obbligatoria per l'invalidità, la vecchiaia e i superstiti. –** Hanno privilegio generale sui mobili del datore di lavoro i crediti derivanti dal mancato versamento dei contributi ad istituti, enti o fondi speciali, compresi quelli sostitutivi o integrativi, che gestiscono forme di assicurazione obbligatoria per l'invalidità, la vecchiaia ed i superstiti (2114 ss., 2778, n. 1).

([1]) *Articolo così sostituito dall'art. 4 della L. 29 luglio 1975, n. 426, modificazioni al codice civile e alla L. 30 aprile 1969, n. 153, in materia di privilegi.*

2754. ([1]) **Crediti per contributi relativi ad altre forme di assicurazione. –** Hanno pure privilegio generale sui mobili del datore di lavoro i crediti per i contributi dovuti a istituti ed enti per forme di tutela previdenziale e assistenziale diverse da quelle indicate dal precedente articolo, nonché gli accessori, limitatamente al cinquanta per cento del loro ammontare, relativi a tali crediti ed a quelli indicati dal precedente articolo (2778 n. 8).

([1]) *Articolo così sostituito dall'art. 4 della L. 29 luglio 1975, n. 426, modificazioni al codice civile e alla L. 30 aprile 1969, n. 153, in materia di privilegi.*

§. 2
Dei privilegi
sopra determinati mobili

2755. Spese per atti conservativi o di espropriazione. – I crediti per spese di giustizia fatte per atti conservativi (2905; 671 c.p.c.) o per espropriazione di beni mobili (2910; 513 c.p.c.; 6 l. fall.) nell'interesse comune dei creditori hanno privilegio sui beni stessi (2777).

2756. Crediti per prestazioni e spese di conservazione e miglioramento. – I crediti per le prestazioni e le spese relative alla conservazione o al miglioramento di beni mobili hanno privilegio sui beni stessi, purché questi si trovino ancora presso chi ha fatto le prestazioni o le spese (1152, 2769, 2778, n. 4).

Il privilegio ha effetto anche in pregiudizio dei terzi che hanno diritti sulla cosa (1153, 2747[2]), qualora chi ha fatto le prestazioni o le spese sia stato in buona fede (1147).

Il creditore può ritenere la cosa soggetta al privilegio finché non è soddisfatto del suo credito e può anche venderla secondo le norme stabilite per la vendita del pegno (2797; 502 c.p.c.; 53 l. fall.).

2757. Crediti per somministrazioni e lavori occorrenti per la produzione agricola. – I crediti per le somministrazioni di sementi, di materie fertilizzanti e antiparassitarie e di acqua per irrigazione, come pure i crediti per lavori di coltivazione e di raccolta dell'annata agricola (821) hanno privilegio sui frutti (820), alla cui produzione abbiano concorso (2778, nn. 5 e 6).

Il privilegio si può esercitare finché i frutti si trovano nel fondo o nelle sue dipendenze.

Si applica la disposizione del secondo comma dell'articolo 2756 (2747[2]).

2758. ([1]) **Crediti per tributi indiretti.** – I crediti dello Stato per i tributi indiretti hanno privilegio sui mobili ai quali i tributi si riferiscono e sugli altri beni indicati dalle leggi relative, con l'effetto da esse stabilito (2778, n. 7).

Eguale privilegio hanno i crediti di rivalsa verso il cessionario ed il committente previsti dalle norme relative all'imposta sul valore aggiunto, sui beni che hanno formato oggetto della cessione o ai quali si riferisce il servizio.

Il privilegio, per quanto riguarda l'imposta di successione, non ha effetto in pregiudizio dei creditori che hanno esercitato il diritto di separazione dei beni del defunto da quelli dell'erede (512 ss.).

([1]) *Articolo così sostituito dall'art. 5 della L. 29 luglio 1975, n. 426, modificazioni al codice civile e alla L. 30 aprile 1969, n. 153, in materia di privilegi.*

2759. ([1]) **Crediti per le imposte sul reddito.** – I crediti dello Stato per l'imposta sul reddito delle persone fisiche, sul reddito delle persone giuridiche e per l'imposta locale sui redditi (2752), dovuta per i due anni anteriori a quello in cui si procede, hanno privilegio, limitatamente all'imposta o alla quota d'imposta imputabile al reddito d'impresa, sopra i mobili che servono all'esercizio di imprese commerciali e sopra le merci che si trovano nel locale adibito all'esercizio stesso o nell'abitazione dell'imprenditore (2778, n. 7).

Il privilegio si applica sui beni indicati nel comma precedente ancorché appartenenti a persona diversa dall'imprenditore, salvo che si tratti di beni rubati o smarriti, di merci affidate all'imprenditore per la lavorazione o di merci non ancora nazionalizzate munite di regolare bolletta doganale.

Qualora l'accertamento del reddito iscritto a ruolo sia stato determinato sinteticamente ai fini dell'imposta sul reddito delle persone fisiche, la ripartizione proporzionale dell'imposta, prevista dal primo comma, viene effettuata sulla base dei diritti iscritti o iscrivibili ai fini dell'imposta locale sui redditi ([2]) ([3]).

([1]) *Articolo così sostituito dall'art. 6 della L. 29 luglio 1975, n. 426, modificazioni al codice civile e alla L. 30 aprile 1969, n. 153, in materia di privilegi.*

([2]) *Si vedano anche l'art. 56 D.P.R. 29 settembre 1973, n. 602, disposizioni sulla riscossione delle imposte sul reddito, e l'art. 62 stesso D.P.R., del quale si riporta il primo comma:*

«I beni mobili indicati al n. 4 del primo comma dell'art. 514 del cod. proc. civ. possono essere pignorati nei casi in cui sono soggetti al privilegio previsto dall'art. 2759 del cod. civ.».

([3]) *Questa imposta è stata sostituita, a decorrere dal 1998, dall'imposta regionale sulle attività produttive (Irap).*

2760. Crediti dell'albergatore. – I crediti dell'albergatore per mercedi e somministrazioni verso le persone albergate (2954) hanno privilegio (2778, n. 12) sulle cose da queste portate nell'albergo e nelle dipendenze e che continuano a trovarvisi (1783, 1784, 1786).

Il privilegio ha effetto anche in pregiudizio dei terzi (2747[2]) che hanno diritto sulle cose stesse, a meno che l'albergatore fosse a conoscenza di tali diritti al tempo in cui le cose sono state portate nell'albergo (2778, n. 12).

2761. Crediti del vettore, del mandatario, del depositario e del sequestratario. – I crediti dipendenti dal contratto di trasporto (1678 ss., 2951) e quelli per le spese d'imposta anticipate dal vettore hanno privilegio sulle cose trasportate finché queste rimangono presso di lui (1702).

I crediti derivanti dall'esecuzione del mandato (1703) hanno privilegio sulle cose del mandante che il mandatario detiene per l'esecuzione del mandato (1721).

I crediti derivanti dal deposito (1767, 1781, 1787 ss.) o dal sequestro convenzionale a favore del depositario (1781) e del sequestratario (1802) hanno parimenti privilegio sulle cose che questi detengono per effetto del deposito o del sequestro.

Si applicano a questi privilegi (2778, n. 10) le disposizioni del secondo (2747^2) e del terzo comma dell'art. 2756 (2769, 2778, n. 13, 2797; 502 c.p.c.; 53 l. fall.).

2762. Privilegio del venditore di macchine. – Chi ha venduto macchine per un prezzo superiore a € 15,49 ha privilegio (2778, n. 14) per il prezzo non pagato sulle macchine vendute e consegnate, anche se sono incorporate o congiunte all'immobile di proprietà del compratore o di un terzo (819).

Il privilegio è subordinato alla trascrizione dei documenti, dai quali la vendita e il credito risultano, nel registro indicato dal secondo comma dell'art. 1524. La trascrizione è eseguita presso il tribunale nella giurisdizione del quale è collocata la macchina.

Il privilegio dura per un triennio dalla data della vendita e ha effetto fino a quando la macchina si trova in possesso del compratore nel luogo dove è stata eseguita la trascrizione, salvo il caso di sottrazione fraudolenta.

Il privilegio stabilito in questo articolo spetta anche alle banche autorizzate all'esercizio di prestiti con garanzia sul macchinario (2778, n. 14), le quali abbiano anticipato al compratore il prezzo per l'acquisto. Il privilegio sussiste a condizione che il documento rilasciato a prova della sovvenzione indichi lo scopo, l'ammontare e la scadenza del credito, contenga l'esatta designazione della macchina soggetta al privilegio e sia trascritto a norma del secondo comma di questo articolo.

Se il privilegio della banca concorre con quello del venditore, è preferito il creditore che ha trascritto per primo (2769).

2763. Crediti per canoni enfiteutici. – I crediti del concedente per il canone dovuto dall'enfiteuta per l'anno in corso e per il precedente (960, 972, n. 2) hanno privilegio (2778, n. 15) sui frutti (820) dell'anno e su quelli raccolti anteriormente, purché si trovino nel fondo o nelle sue dipendenze (2815^2).

2764. Crediti del locatore di immobili. – Il credito delle pigioni e dei fitti degli immobili (1571 ss., 1615 ss.) ha privilegio (2778, n. 16) sui frutti (820) dell'anno e su quelli raccolti anteriormente, nonché sopra tutto ciò che serve a fornire l'immobile o a coltivare il fondo locato.

Il privilegio sussiste per il credito dell'anno in corso, dell'antecedente e dei successivi, se la locazione ha data certa (2704), e, in caso diverso, per quello dell'anno in corso e del susseguente.

Lo stesso privilegio ha il credito dipendente da mancate riparazioni le quali siano a carico del conduttore (1576, 1609, 1621), il credito per i danni arrecati all'immobile locato, per la mancata restituzione delle scorte (1640) e ogni altro credito dipendente da inadempimento del contratto (80 l. fall.).

Il privilegio sui frutti sussiste finché si trovano nel fondo o nelle sue dipendenze. Esso si può far valere anche nei confronti del subconduttore (1595, 2769).

Il privilegio sulle cose che servono a fornire l'immobile locato o alla coltivazione del fondo sussiste pure se le cose appartengono al subconduttore, nei limiti in cui il locatore ha azione contro il medesimo (1595, 2765).

Il privilegio sulle cose che servono a fornire l'immobile locato ha luogo altresì nei confronti dei terzi, finché le cose si trovano nell'immobile, salvo che si provi che il locatore conoscesse il diritto del terzo al tempo in cui sono state introdotte (1153, 1519, 2747^2; 621, 622 c.p.c.).

Qualora le cose che servono a fornire la casa o il fondo locato ovvero a coltivare il medesimo vengano asportate dall'immobile senza il consenso del locatore, questi conserva su di esse il privilegio, purché ne domandi il sequestro, nei modi stabiliti dal codice di procedura civile per il sequestro conservativo (671 ss. c.p.c.), entro il termine di trenta giorni dall'asportazione, se si tratta di mobili che servono a fornire o a coltivare il fondo rustico, e di quindici giorni, se si tratta di mobili che servono a fornire la casa (2769). Restano salvi in ogni caso i diritti acquistati dopo l'asportazione dai terzi che ignoravano l'esistenza del privilegio (1153, 1519, 2755, 2778, n. 16; 80 l. fall.).

2765. Crediti derivanti dai contratti di mezzadria e di colonia. – Colui che concede un fondo a mezzadria (2141 ss.) o a colonia (2164 ss.) e il mezzadro o il colono hanno, per i crediti derivanti dal contratto, privilegio (2778, n. 16) sulla rispettiva parte dei frutti (820) e sulle cose che servono a coltivare o a fornire il fondo dato a mezzadria o a colonia.

Il privilegio sui frutti sussiste finché questi si trovano nel fondo o nelle sue dipendenze.

Si applicano le disposizioni degli ultimi tre commi dell'art. 2764 (1519, 2747[2]).

2766. (¹) [**Crediti degli istituti di credito agrario.** – Gli istituti che esercitano il credito agrario hanno privilegio (2778, n. 6) sui frutti del fondo (820) per i mutui concessi per la conduzione dell'azienda agraria e per l'utilizzazione, manipolazione e trasformazione dei prodotti (2778, n. 3).

Per i mutui concessi per acquisto di bestiame, di macchine e di attrezzi agricoli essi hanno eguale privilegio sulle cose acquistate con il danaro preso a mutuo (2778, n. 3).

A garanzia dei crediti indicati dai commi precedenti, nonché dei mutui per opere di miglioramento del fondo può essere inoltre costituito un privilegio sui frutti del fondo e sopra tutto ciò che serve a coltivare o a fornire il fondo stesso, limitatamente alla parte di valore che eccede l'ammontare dei crediti assistiti dal privilegio indicato dai due commi anzidetti (2778, n. 9).

I privilegi previsti da questo articolo sono regolati dalle leggi speciali].

(¹) *Articolo abrogato dall'art. 161 del D.L.vo 1° settembre 1993, n. 385, recante testo unico delle leggi in materia bancaria e creditizia.*

2767. Crediti per risarcimento di danni contro l'assicurato. – Nel caso di assicurazione della responsabilità civile (1917), il credito del danneggiato per il risarcimento ha privilegio (2778, n. 11) sull'indennità dovuta dall'assicuratore (1917, 2947, 2952).

2768. Crediti dipendenti da reato. – Per i crediti dipendenti da reato (2947) hanno privilegio (2778, n. 10) sulle cose sequestrate lo Stato e le altre persone indicate dal codice penale (189 c.p.), secondo le disposizioni del codice stesso (185 ss. c.p.) e del codice di procedura penale (252, 253, 262, 354 c.p.p.).

2769. Sequestro della cosa soggetta a privilegio. – Il creditore che ha privilegio su una cosa mobile, se ha fondati motivi di temere la rimozione della cosa dalla particolare situazione alla quale è subordinata la sussistenza del privilegio, può domandarne il sequestro conservativo (2764[7], 2905; 671 c.p.c.).

Sezione III
Dei privilegi sopra gli immobili

2770. Crediti per atti conservativi o di espropriazione. – I crediti per le spese di giustizia fatte per atti conservativi (2905 ss.; 671 c.p.c.) o per l'espropriazione di beni immobili (555 c.p.c.; 6 l. fall.) nell'interesse comune dei creditori sono privilegiati sul prezzo degli immobili stessi.

Del pari ha privilegio il credito dell'acquirente di un immobile per le spese fatte per la dichiarazione di liberazione dell'immobile dalle ipoteche (2777, 2889 ss.; 792, 795[5] c.p.c.).

2771. (¹) [**Crediti per le imposte sui redditi immobiliari.** – I crediti dello Stato per l'imposta sul reddito delle persone fisiche, per l'imposta sul reddito delle persone giuridiche e per l'imposta locale sui redditi, limitatamente all'imposta o alla quota proporzionale di imposta imputabile ai redditi immobiliari, compresi quelli di natura fondiaria non determinabili catastalmente, sono privilegiati sopra gli immobili tutti del contribuente situati nel territorio del comune in cui il tributo si riscuote e sopra i frutti, i fitti e le pigioni degli stessi immobili, senza pregiudizio dei mezzi speciali di esecuzione autorizzati dalla legge (2778, n. 2, 2780, n. 1).

Il privilegio previsto nel primo comma è limitato alle imposte iscritte nei ruoli resi esecutivi nell'anno in cui il concessionario del servizio di riscossione procede o interviene nell'esecuzione e nell'anno precedente.

Qualora l'accertamento del reddito iscritto a ruolo sia stato determinato sinteticamente ai fini dell'imposta sul reddito delle persone fisiche, la ripartizione proporzionale dell'imposta, prevista dal primo comma, viene effettuata sulla base dei redditi iscritti o iscrivibili ai fini dell'imposta locale sui redditi].

(¹) *Questo articolo è stato dapprima sostituito dall'art. 7 della L. 29 luglio 1975, n. 426 e successivamente abrogato dall'art. 23, comma 38, del D.L. 6 luglio 2011, n. 98, convertito, con modificazioni, nella L. 15 luglio 2011, n. 111.*

2772. ([1]) **Crediti per tributi indiretti.** – Hanno pure privilegio i crediti dello Stato per ogni tributo indiretto, nonché quelli derivanti dall'applicazione dell'imposta comunale sull'incremento di valore degli immobili ([2]), sopra gli immobili ai quali il tributo si riferisce (2780, nn. 4 e 5).

I crediti dello Stato, derivanti dall'applicazione dell'imposta sul valore aggiunto, hanno privilegio, in caso di responsabilità solidale del cessionario, sugli immobili che hanno formato oggetto della cessione o ai quali si riferisce il servizio prestato (2780, n. 4) ([3]).

Eguale privilegio hanno i crediti di rivalsa, verso il cessionario ed il committente, previsti dalle norme relative all'imposta sul valore aggiunto, sugli immobili che hanno formato oggetto della cessione o ai quali si riferisce il servizio (2780, n. 4) ([3]).

Il privilegio non si può esercitare in pregiudizio dei diritti che i terzi hanno anteriormente acquistato sugli immobili.

Per le imposte suppletive il privilegio non si può neppure esercitare in pregiudizio dei diritti acquistati successivamente dai terzi.

Lo stesso privilegio, per quanto riguarda l'imposta di successione, non ha effetto a danno dei creditori del defunto che hanno iscritto la loro ipoteca nei tre mesi dalla morte di lui (2829), né ha effetto a danno dei creditori che hanno esercitato il diritto di separazione dei beni del defunto da quelli dell'erede (512, 2758).

([1]) *Articolo così sostituito dall'art. 8 della L. 29 luglio 1975, n. 426, modificazioni al codice civile e alla L. 30 aprile 1969, n. 153, in materia di privilegi.*

([2]) *Si veda il D.P.R. 26 ottobre 1972, n. 643, Istituzione dell'imposta comunale sull'incremento di valore degli immobili e successive modificazioni e integrazioni.*

([3]) *Si veda l'art. 18 del D.P.R. 26 ottobre 1972, n. 633, istituzione e disciplina dell'imposta sul valore aggiunto.*

2773. [**Crediti dei comuni e delle province per tributi.** – (*Omissis*)] ([1]).

([1]) *Articolo abrogato dall'art. 9 della L. 29 luglio 1975, n. 426, modificazioni al codice civile e alla L. 30 aprile 1969, n. 153, in materia di privilegi.*

2774. Crediti per concessione di acque. – I crediti dello Stato per i canoni dovuti dai concessionari di acque pubbliche o di acque derivate da canali demaniali (822) ovvero per i lavori eseguiti d'ufficio sono privilegiati (2780, n. 3) sugli impianti, in conformità delle leggi speciali.

Tale privilegio, per quanto riguarda i canoni, non è opponibile ai terzi che hanno acquistato diritti sugli immobili anteriormente all'atto di concessione o, trattandosi di crediti per lavori, anteriormente al sorgere dei crediti stessi (822, 2780, n. 3).

2775. Contributi per opere di bonifica e di miglioramento. – I crediti per i contributi indicati dall'art. 864 sono privilegiati sugli immobili che traggono beneficio dalle opere di bonifica (857) o di miglioramento (2780, n. 2).

La costituzione del privilegio per le opere di miglioramento è subordinata all'osservanza delle leggi speciali.

2775 *bis*. ([1]) **Credito per mancata esecuzione di contratti preliminari.** – Nel caso di mancata esecuzione del contratto preliminare trascritto ai sensi dell'articolo 2645 *bis*, i crediti del promissario acquirente che ne conseguono hanno privilegio speciale sul bene immobile oggetto del contratto preliminare (2745-2748, 2780, n. 5 *bis*), sempre che gli effetti della trascrizione non siano cessati al momento della risoluzione del contratto risultante da atto avente data certa, ovvero al momento della domanda giudiziale di risoluzione del contratto o di condanna al pagamento, ovvero al momento della trascrizione del pignoramento o al momento dell'intervento nella esecuzione promossa da terzi.

Il privilegio non è opponibile ai creditori garantiti da ipoteca relativa a mutui erogati al promissario acquirente per l'acquisto del bene immobile nonché ai creditori garantiti da ipoteca ai sensi dell'articolo 2825 *bis*.

([1]) *Questo articolo è stato aggiunto dall'art. 3, comma 4, del D.L. 31 dicembre 1996, n. 669, convertito, con modificazioni, nella L. 28 febbraio 1997, n. 30.*

2776. ([1]) **Collocazione sussidiaria sugli immobili.** – I crediti relativi al trattamento di fine rapporto (2120) ([2]) nonché all'indennità di cui all'art. 2118 sono collocati sussidiariamente, in caso di infruttuosa esecuzione sui mobili, sul prezzo degli immobili, con preferenza rispetto ai crediti chirografari.

I crediti indicati dagli artt. 2751 e 2751 *bis*, ad eccezione di quelli indicati al precedente comma, ed i crediti per contributi dovuti a istituti, enti o fondi speciali, compresi quelli sostitutivi o integrativi, che gestiscono forme di assicurazione obbligatoria per l'invalidità, la vecchiaia ed i superstiti, di cui all'art. 2753, sono collocati sussidiariamente, in caso di infruttuosa esecuzione sui mobili, sul prezzo degli immobili, con preferenza rispetto ai crediti chirografari, ma dopo i crediti indicati al primo comma.

I crediti dello Stato indicati dal primo e (3) dal terzo comma dell'art. 2752 sono collocati sussidiariamente, in caso di infruttuosa esecuzione sui mobili, sul prezzo degli immobili, con preferenza rispetto ai crediti chirografari, ma dopo i crediti indicati al comma precedente.

(1) *Articolo dapprima sostituito dall'art. 10 della L. 29 luglio 1975, n. 426, poi così sostituito dall'art. 1 della L. 29 maggio 1982, n. 297, disciplina del trattamento di fine rapporto e norme in materia pensionistica.*

(2) *Si veda l'art. 2, comma settimo, della L. 29 maggio 1982, n. 297, recante disciplina del trattamento di fine rapporto e norme in materia pensionistica.*

(3) *Le parole: «dal primo e» sono state inserite dall'art. 23, comma 39, del D.L. 6 luglio 2011, n. 98, convertito, con modificazioni, nella L. 15 luglio 2011, n. 111. Tale disposizione si osserva anche per i crediti sorti anteriormente alla data di entrata in vigore del presente decreto (*).*

(*) *La Corte costituzionale con sentenza n. 176 del 13 luglio 2017, ha dichiarato l'illegittimità costituzionale di questo periodo.*

Sezione IV
Dell'ordine dei privilegi

2777. (1) **Preferenza delle spese di giustizia e di altri crediti.** – I crediti per spese di giustizia enunciati dagli articoli 2755 e 2770 sono preferiti ad ogni altro credito anche pignoratizio o ipotecario (2748, 2778, 2780).

Immediatamente dopo le spese di giustizia sono collocati i crediti aventi privilegio generale mobiliare di cui all'art. 2751 *bis* nell'ordine seguente:

a) i crediti di cui all'art. 2751 *bis*, n. 1;

b) i crediti di cui all'artt. 2751 *bis*, nn. 2 e 3;

c) i crediti di cui all'art. 2751 *bis*, nn. 4 e 5.

I privilegi che le leggi speciali dichiarano preferiti ad ogni altro credito sono sempre posposti al privilegio per le spese di giustizia ed ai privilegi indicati nell'art. 2751 *bis* (2782).

(1) *Articolo così modificato dall'art. 11 della L. 29 luglio 1975, n. 426, modificazioni al codice civile e alla L. 30 aprile 1969, n. 153, in materia di privilegi.*

2778. (1) **Ordine degli altri privilegi sui mobili.** – Salvo quanto è disposto dall'art. 2777, nel concorso di crediti aventi privilegio generale (2751 ss.) o speciale (2755-2769) sulla medesima cosa, la prelazione si esercita nell'ordine che segue:

1) i crediti per contributi ad istituti, enti o fondi speciali – compresi quelli sostitutivi o integrativi – che gestiscono forme di assicurazione obbligatoria per l'invalidità, la vecchiaia ed i superstiti, indicati dall'art. 2753;

2) i crediti per le imposte sui redditi immobiliari, indicati dall'art. 2771, quando il privilegio si esercita separatamente sopra i frutti, i fitti e le pigioni degli immobili;

[3) i crediti degli istituti esercenti il credito agrario, indicati dai due primi commi dell'art. 2766] (2);

4) i crediti per prestazioni e spese di conservazione e miglioramento di beni mobili, indicati dall'art. 2756;

5) i crediti per le mercedi dovute ai lavoratori impiegati nelle opere di coltivazione e di raccolta, indicati dall'art. 2757;

6) i crediti per sementi e materie fertilizzanti e antiparassitarie e per somministrazione di acqua per irrigazione, nonché i crediti per i lavori di coltivazione e di raccolta indicati dall'art. 2757. Qualora tali crediti vengano in concorso tra loro, sono preferiti quelli di raccolta, seguono quelli di coltivazione e, infine, gli altri crediti indicati dallo stesso articolo;

7) i crediti per i tributi indiretti, indicati dall'art. 2758, salvo che la legge speciale accordi un diverso grado di preferenza, e i crediti per le imposte sul reddito, indicati dall'art. 2759;

8) i crediti per contributi dovuti a istituti ed enti per forme di tutela previdenziale e assistenziale indicati dall'art. 2754, nonché gli accessori, limitatamente al cinquanta per cento del loro ammontare, relativi a tali crediti ed a quelli indicati dal precedente n. 1) del presente articolo (3);

[9) i crediti degli istituti esercenti il credito agrario, indicati dal terzo comma dell'art. 2766] (2);

10) i crediti dipendenti da reato, indicati dall'art. 2768, sulle cose sequestrate, nei casi e secondo l'ordine stabiliti dal codice penale (191 c.p.) e dal codice di procedura penale (539 ss. c.p.p.);

11) i crediti per risarcimento, indicati dall'art. 2767;

12) i crediti dell'albergatore, indicati dall'art. 2760;

13) i crediti del vettore, del mandatario, del depositario e sequestratario, indicati dall'art. 2761;

14) i crediti del venditore di macchine o della banca per le anticipazioni del prezzo, indicati dall'art. 2762;

15) i crediti per canoni enfiteutici, indicati dall'art. 2763;

16) i crediti del locatore e i crediti del concedente dipendenti dai contratti di mezzadria e colonia, indicati rispettivamente dagli articoli 2764 e 2765;

17) i crediti per spese funebri, d'infermità, per somministrazioni ed alimenti, nell'ordine indicato dall'art. 2751;

18) i crediti dello Stato per tributi diretti, indicati dal primo comma dell'art. 2752;

19) i crediti dello Stato indicati dal terzo comma dell'art. 2752;

20) i crediti degli enti locali per tributi, indicati dal quarto comma dell'art. 2752.

(1) *Articolo così sostituito dall'art. 12, L. 29 luglio 1975, n. 426, modificazioni al codice civile e alla L. 30 aprile 1969, n. 153, in materia di privilegi.*

(2) *Numero abrogato dall'art. 161 del D.L.vo 1° settembre 1993, n. 385, recante testo unico delle leggi in materia bancaria e creditizia.*

L'art. 44 del medesimo D.L.vo, così come sostituito dall'art. 1 del D.L. 4 gennaio 1994, n. 1, convertito, senza modificazioni, nella L. 17 febbraio 1994, n. 135, definendo le garanzie per i finanziamenti di credito agrario e di credito peschereccio, ha stabilito che il privilegio legale che assiste tali finanziamenti, si colloca nel grado immediatamente successivo ai crediti per le imposte sui redditi immobiliari di cui al n. 2) di questo articolo.

(3) *L'art. 4 del D.L. 9 ottobre 1989, n. 338, disposizioni urgenti in materia di evasione contributiva, convertito nella L. 7 dicembre 1989, n. 389, ha chiarito che: «I crediti per premi dovuti all'INAIL, di cui al numero 8) del primo comma dell'art. 2778 del codice civile, sono collocati, per l'intero ammontare, tra quelli indicati al numero 1) del primo comma del predetto articolo».*

2779. (1) **Concorso dei privilegi con ipoteche sugli autoveicoli.** – Se i privilegi indicati dall'articolo precedente concorrono con le ipoteche sugli autoveicoli, menzionate nell'art. 2810, queste sono posposte ai privilegi menzionati nei primi dieci numeri dell'art. 2778 e sono preferite a tutti gli altri.

(1) *Articolo così sostituito dall'art. 13 della L. 29 luglio 1975, n. 426, modificazioni al codice civile e alla L. 30 aprile 1969, n. 153, in materia di privilegi.*

2780. (1) **Ordine dei privilegi sugli immobili.** – Quando sul prezzo dello stesso immobile concorrono più crediti privilegiati, la prelazione ha luogo secondo l'ordine seguente:

1) i crediti per le imposte sui redditi immobiliari, indicati dall'art. 2771;

2) i crediti per i contributi, indicati dall'art. 2775;

3) i crediti dello Stato per le concessioni di acque, indicati dall'art. 2774;

4) i crediti per i tributi indiretti, indicati dall'art. 2772;

5) i crediti per l'imposta comunale sull'incremento di valore degli immobili;

5 *bis*) i crediti del promissario acquirente per mancata esecuzione dei contratti preliminari, indicato all'articolo 2775 *bis* (2).

(1) *Articolo così sostituito dall'art. 14 della L. 29 luglio 1975, n. 426, modificazioni al codice civile e alla L. 30 aprile 1969, n. 153, in materia di privilegi.*

(2) *Questo numero è stato aggiunto dall'art. 3, comma 5, del D.L. 31 dicembre 1996, n. 669, convertito, con modificazioni, nella L. 28 febbraio 1997, n. 30.*

2781. Concorso di privilegi speciali con crediti pignoratizi. – Qualora con crediti assistiti da privilegio speciale concorra un credito garantito con pegno (2784) e uno dei privilegi debba essere preferito rispetto al pegno, tale privilegio prevale su quegli altri che devono essere posposti al pegno, anche se anteriori di grado (2748).

2782. Concorso di crediti egualmente privilegiati. – I crediti egualmente privilegiati concorrono tra loro in proporzione del rispettivo importo.

La stessa disposizione si osserva quando concorrono tra loro più crediti privilegiati ai quali le leggi speciali attribuiscono genericamente una prelazione su ogni altro credito (2777).

2783. Preferenza non determinata dalla legge. – Quando dalla legge non risulta il grado di preferenza di un determinato privilegio speciale, esso prende grado dopo ogni altro privilegio speciale regolato nel codice (2778).

2783 *bis*. (1) **Crediti derivanti dall'applicazione dei prelievi di cui agli artt. 49 e 50 del trattato che istituisce la Comunità europea del carbone e dell'acciaio.** – I crediti derivanti dall'applicazione dei prelievi di cui agli artt. 49 e 50 del Trattato che istituisce la Comunità europea del carbone e dell'acciaio, nonché dalle relative maggiorazioni di mora, sono equiparati, ai fini dell'applicazione delle disposizioni del presente capo, ai crediti dello Stato per l'imposta sul valore aggiunto.

(1) *Questo articolo è stato inserito dall'art. 40 della L. 29 dicembre 1990, n. 428.*

2783 *ter*. (1) **Crediti dello Stato attinenti alle risorse proprie tradizionali di pertinenza del bilancio generale dell'Unione europea.** – I crediti dello Stato attinenti alle risorse proprie tradizionali di cui all'articolo 2, paragrafo 1, lettera *a*), della decisione n. 2007/436/CE/Euratom del Consiglio, del 7 giugno 2007, di pertinenza del bilancio generale dell'Unione europea sono equiparati, ai fini dell'applicazione delle disposizioni del presente capo, ai crediti dello Stato per l'imposta sul valore aggiunto.

(1) *Questo articolo è stato aggiunto dall'art. 9, comma 3, del D.L. 2 marzo 2012, n. 16, convertito, con modificazioni, nella L. 26 aprile 2012, n. 44.*

Capo III
Del pegno

Sezione I
Disposizioni generali

2784. Nozione. – Il pegno (2741[2]) è costituito (2786, 2800, 2806) a garanzia dell'obbligazione dal debitore o da un terzo per il debitore (2799).

Possono essere dati in pegno i beni mobili (812, 1851), le universalità di mobili (816), i crediti e altri diritti aventi per oggetto beni mobili (813, 2799, 2910, 2911).

2785. Rinvio a leggi speciali. – Le disposizioni del presente capo non derogano alle leggi speciali concernenti casi e forme particolari di costituzione di pegno, né a quelle concernenti gli istituti autorizzati a fare prestiti sopra pegni.

Sezione II
Del pegno dei beni mobili

2786. Costituzione. – Il pegno si costituisce con la consegna al creditore della cosa o del documento (2801) che conferisce l'esclusiva disponibilità della cosa (1794, 1997, 2014, 2026, 2352, 2787, 2789, 2790).

La cosa o il documento possono essere anche consegnati a un terzo designato dalle parti o possono essere posti in custodia di entrambe, in modo che il costituente sia nell'impossibilità di disporne senza la cooperazione del creditore (1263, 2014, 2026, 2787, 2801).

2787. Prelazione del credito pignoratizio. – Il creditore ha diritto di farsi pagare con prelazione sulla cosa ricevuta in pegno (2744, 2748, 2781, 2788, 2794, 2911).

La prelazione non si può far valere se la cosa data in pegno non è rimasta in possesso del creditore o presso il terzo designato dalle parti (2786, 2789).

Quando il credito garantito eccede la somma di € 2,58, la prelazione non ha luogo se il pegno non risulta da scrittura con data certa (2704, 2725), la quale contenga sufficiente indicazione del credito (1794) e della cosa (2800, 2806).

Se però il pegno risulta da polizza o da altra scrittura di enti che, debitamente autorizzati, compiono professionalmente operazioni di credito su pegno, la data della scrittura può essere accertata con ogni mezzo di prova (63[3] l. fall.).

2788. Prelazione per il credito degli interessi. – La prelazione ha luogo anche per gli interessi dell'anno in corso alla data del pignoramento (492, 518 c.p.c.; 54[3] l. fall.) o, in mancanza di questo (502 c.p.c.), alla data della notificazione del precetto (479 c.p.c.). La prelazione ha luogo inoltre per gli interessi successivamente maturati, nei limiti della misura legale (1284), fino alla data della vendita (2796; 502, 528 c.p.c.).

2789. Rivendicazione della cosa da parte del creditore pignoratizio. – Il creditore che ha perduto il possesso (2786) della cosa ricevuta in pegno, oltre le azioni a difesa del possesso (1168 ss.), può anche esercitare l'azione di rivendicazione (948 ss.), se questa spetta al costituente (2900).

2790. Conservazione della cosa e spese relative. – Il creditore è tenuto a custodire la cosa ricevuta in pegno (1770) e risponde, secondo le regole generali (1768), della perdita e del deterioramento di essa (1218 ss., 1760, 1780, 1847, 1948).

Colui che ha costituito il pegno è tenuto al rimborso delle spese occorse per la conservazione della cosa (1848, 2756, 2792, 2794).

2791. Pegno di cosa fruttifera. – Se è data in pegno una cosa fruttifera, il creditore, salvo patto contrario, ha la facoltà di fare suoi i frutti (820), imputandoli prima alle spese e agli interessi e poi al capitale (2802).

2792. Divieto di uso e disposizione della cosa. – Il creditore non può, senza il consenso del costituente, usare della cosa (1770, 2793), salvo che l'uso sia necessario per la conservazione di essa (2790, 2803). Egli non può darla in pegno o concederne ad altri il godimento (1263).

In ogni caso, deve imputare l'utile ricavato prima alle spese e agli interessi e poi al capitale (2802).

2793. Sequestro della cosa. – Se il creditore abusa della cosa data in pegno (2790, 2793), il costituente può domandarne il sequestro (2905; 669 ss. c.p.c.).

2794. Restituzione della cosa. – Colui che ha costituito il pegno non può esigerne la restituzione (374), se non sono stati interamente pagati il capitale e gli interessi (2788) e non sono state rimborsate le spese relative al debito e al pegno (1849, 1962, 2791, 2799).

Se il pegno è stato costituito dal debitore e questi ha verso lo stesso creditore un altro debito sorto dopo la costituzione del pegno e scaduto prima che sia pagato il debito anteriore, il creditore ha soltanto diritto di ritenzione a garanzia del nuovo credito (544 c.p.c.).

2795. Vendita anticipata. – Se la cosa data in pegno si deteriora in modo da far temere che essa divenga insufficiente alla sicurezza del creditore, questi, previo avviso a colui che ha costituito il pegno, può chiedere al giudice l'autorizzazione a vendere la cosa (2743, 2797; 502 c.p.c.).

Con il provvedimento che autorizza la vendita il giudice dispone anche circa il deposito del prezzo a garanzia del credito. Il costituente può evitare la vendita e farsi restituire il pegno, offrendo altra garanzia reale che il giudice riconosca idonea.

Il costituente può del pari, in caso di deterioramento o di diminuzione di valore della cosa data in pegno, domandare al giudice l'autorizzazione a venderla oppure chiedere la restituzione del pegno, offrendo altra garanzia reale che il giudice riconosca idonea (2743).

Il costituente può chiedere al giudice l'autorizzazione a vendere la cosa, qualora si presenti un'occasione favorevole. Con il provvedimento di autorizzazione il giudice dispone le condizioni della vendita e il deposito del prezzo (530 c.p.c.).

2796. Vendita della cosa. – Il creditore per il conseguimento di quanto gli è dovuto può far vendere la cosa ricevuta in pegno secondo le forme stabilite dall'articolo seguente (2744, 2911; 502 c.p.c.).

2797. Forme della vendita. – Prima di procedere alla vendita il creditore, a mezzo di ufficiale giudiziario, deve intimare al debitore di pagare il debito e gli accessori, avvertendolo che, in mancanza, si procederà alla vendita. L'intimazione deve essere notificata anche al terzo che abbia costituito il pegno (602 c.p.c.).

Se entro cinque giorni dall'intimazione non è proposta opposizione, o se questa è rigettata, il creditore può far vendere la cosa al pubblico incanto (534 ss. c.p.c.), o, se la cosa ha un prezzo di mercato (1474), anche a prezzo corrente, a mezzo di persona autorizzata a tali atti (1515; 83 att.). Se il debitore non ha residenza o domicilio eletto nel luogo di residenza del creditore, il termine per l'opposizione è determinato a norma dell'art. 166 ([1]) del codice di procedura civile.

Il giudice, sull'opposizione del costituente, può limitare la vendita a quella tra più cose date in pegno, il cui valore basti a pagare il debito (2799).

Per la vendita della cosa data in pegno le parti possono convenire forme diverse (2744; 53 l. fall.).

([1]) *A seguito delle modifiche apportate con la L. 14 luglio 1950, n. 501, il richiamo deve essere inteso come riferito all'attuale art. 163* bis.

2798. Assegnazione della cosa in pagamento. – Il creditore può sempre domandare al giudice che la cosa gli venga assegnata in pagamento (2804, 2925, 2955; 502, 505, 530 c.p.c.) fino alla concorrenza del debito, secondo la stima da farsi con perizia o secondo il prezzo corrente, se la cosa ha un prezzo di mercato (1474, 2744, 2803).

2799. Indivisibilità del pegno. – Il pegno è indivisibile (2809^2) e garantisce il credito finché questo non è integralmente soddisfatto (2873^2), anche se il debito o la cosa data in pegno è divisibile (754, 1203, n. 3, 1849, 2797^3).

Sezione III
Del pegno di crediti
e di altri diritti

2800. Condizioni della prelazione. – Nel pegno di crediti la prelazione non ha luogo, se non quando il pegno risulta da atto scritto (1350, n. 13, 2725) e la costituzione di esso è stata notificata al debitore (1264, 2805) del credito dato in pegno ovvero è stata da questo accettata con scrittura avente data certa (2704).

2801. Consegna del documento. – Se il credito costituito in pegno risulta da un documento (2786), il costituente è tenuto a consegnarlo al creditore.

2802. Riscossione d'interessi e di prestazioni periodiche. – Il creditore pignoratizio è tenuto a riscuotere gli interessi del credito o le altre prestazioni periodiche, imputandone l'ammontare in primo luogo alle spese e agli interessi e poi al capitale (1960, 1998, 2791, 2804). Egli è tenuto a compiere gli atti conservativi del credito ricevuto in pegno (2790, 2795).

2803. Riscossione del credito dato in pegno. – Il creditore pignoratizio è tenuto a riscuotere, alla scadenza, il credito ricevuto in pegno e, se questo ha per oggetto danaro o altre cose fungibili, deve, a richiesta del debitore, effettuarne il deposito nel luogo stabilito d'accordo o altrimenti determinato dall'autorità giudiziaria (2792). Se il credito garantito è scaduto, il creditore può ritenere del danaro ricevuto quanto basta per il soddisfacimento delle sue ragioni e restituire il residuo al costituente o, se si tratta di cose diverse dal danaro, può farle vendere o chiederne l'assegnazione secondo le norme degli articoli 2797 e 2798 (502 c.p.c.).

2804. Assegnazione o vendita del credito dato in pegno. – Il creditore pignoratizio non soddisfatto può in ogni caso chiedere che gli sia assegnato in pagamento il credito ricevuto in pegno, fino a concorrenza del suo credito (2798, 2928).

Se il credito non è ancora scaduto, egli può anche farlo vendere nelle forme stabilite dall'art. 2797 (2744; 522 c.p.c.).

2805. Eccezioni opponibili dal debitore del credito dato in pegno. – Il debitore del credito dato in pegno può opporre al creditore pignoratizio le eccezioni che gli spetterebbero contro il proprio creditore (1250, 1254, 1945).

Se il debitore medesimo ha accettato senza riserve la costituzione del pegno, non può opporre al creditore pignoratizio la compensazione (1248) verificatasi anteriormente (1243[1], 2917).

2806. Pegno di diritti diversi dai crediti. – Il pegno di diritti diversi dai crediti si costituisce nella forma rispettivamente richiesta per il trasferimento dei diritti stessi (1350, 1351, 1392, 1399, 1403), fermo il disposto del terzo comma dell'art. 2787.

Sono salve le disposizioni delle leggi speciali.

2807. Norme applicabili al pegno di crediti. – Per tutto ciò che non è regolato nella presente sezione si osservano, in quanto applicabili, le norme della sezione precedente (2786 ss.).

Capo IV
Delle ipoteche

Sezione I
Disposizioni generali

2808. Costituzione ed effetti dell'ipoteca. – L'ipoteca attribuisce al creditore il diritto di espropriare, anche in confronto del terzo acquirente (518, 2858 ss., 2910[2]; 602 ss. c.p.c.), i beni vincolati a garanzia del suo credito (555 c.p.c.) e di essere soddisfatto con preferenza sul prezzo ricavato dall'espropriazione (2748, 2770 ss., 2777, 2812, 2814, 2825, 2847, 2852, 2854, 2911, 2916; 54 att.; 596 c.p.c.; 51 l. fall.).

L'ipoteca può avere per oggetto beni del debitore (2829) o di un terzo (2868 ss.) e si costituisce (2847, 2881) mediante iscrizione nei registri immobiliari (2827 ss.).

L'ipoteca è legale (2817), giudiziale (2818 ss.) o volontaria (2821 ss.).

2809. Specialità e indivisibilità dell'ipoteca. – L'ipoteca deve essere iscritta su beni specialmente indicati (2826) e per una somma determinata in danaro (2810, 2838, 2839, 2855).

Essa è indivisibile (2799) e sussiste per intero sopra tutti i beni vincolati, sopra ciascuno di essi e sopra ogni loro parte (853, 2811).

2810. Oggetto dell'ipoteca. – Sono capaci d'ipoteca:

1) i beni immobili che sono in commercio (812 ss.) con le loro pertinenze (817 ss.);

2) l'usufrutto dei beni stessi (326, 978, 2814);

3) il diritto di superficie (952);

4) il diritto dell'enfiteuta e quello del concedente sul fondo enfiteutico (957 ss.).

Sono anche capaci d'ipoteca le rendite dello Stato nel modo determinato dalle leggi relative al debito pubblico, e inoltre le navi, gli aeromobili e gli autoveicoli, secondo le leggi che li riguardano (2779; 565 ss., 1027 ss. c.n.) (1).

Sono considerati ipoteche i privilegi iscritti sugli autoveicoli a norma della legge speciale.

(1) *Si veda il R.D. 15 marzo 1927, n. 436 e le relative disposizioni di attuazione di cui R.D. 29 luglio 1927, n. 1814 (pubblico registro automobilistico).*

2811. Miglioramenti e accessioni. – L'ipoteca si estende ai miglioramenti (975, 985), nonché alle costruzioni e alle altre accessioni (934 ss.) dell'immobile ipotecato, salve le eccezioni stabilite dalla legge (2816, 2864, 2873).

2812. Diritti costituiti sulla cosa ipotecata. – Le servitù (1027) di cui sia stata trascritta la costituzione dopo l'iscrizione dell'ipoteca non sono opponibili al creditore ipotecario, il quale può far subastare la cosa come libera. La stessa disposizione si applica per i diritti di usufrutto, di uso e di abitazione (978 ss., 1021 ss., 2644).

Tali diritti si estinguono con l'espropriazione del fondo (586 c.p.c.) e i titolari sono ammessi a far valere le loro ragioni sul ricavato, con preferenza rispetto alle ipoteche iscritte posteriormente alla trascrizione dei diritti medesimi.

Per coloro che hanno acquistato il diritto di superficie (952) o il diritto d'enfiteusi (957) sui beni soggetti all'ipoteca e hanno trascritto l'acquisto posteriormente all'iscrizione dell'ipoteca, si osservano le disposizioni relative ai terzi acquirenti (2858).

Le cessioni e le liberazioni di pigione e di fitti non scaduti (1605), che non siano trascritte o siano inferiori al triennio, sono opponibili ai creditori ipotecari solo se hanno data certa (2704) anteriore al pignoramento (555 c.p.c.) e per un termine non superiore a un anno dal giorno del pignoramento (1605, 2918, 2924).

Le cessioni e le liberazioni trascritte non sono opponibili ai creditori ipotecari anteriori alla trascrizione, se non per il termine stabilito dal comma precedente.

2813. Pericolo di danno alle cose ipotecate. – Qualora il debitore o un terzo compia atti da cui possa derivare il perimento o il deterioramento dei beni ipotecati (1186, 2743, 2864), il creditore può domandare all'autorità giudiziaria che ordini la cessazione di tali atti o disponga le cautele necessarie per evitare il pregiudizio della sua garanzia (1171, 1172, 1186, 2743).

2814. Ipoteca sull'usufrutto e sulla nuda proprietà. – Le ipoteche costituite sull'usufrutto (2810, n. 2) si estinguono col cessare di questo (979, 1014). Tuttavia, se la cessazione si verifica per rinunzia o per abuso (1015) da parte dell'usufruttuario ovvero per acquisto della nuda proprietà da parte del medesimo, l'ipoteca perdura fino a che non si verifichi l'evento che avrebbe altrimenti prodotto l'estinzione dell'usufrutto.

Se la nuda proprietà è gravata da ipoteca, questa, avvenendo l'estinzione dell'usufrutto, si estende alla piena proprietà. Ma nei casi in cui, secondo la disposizione del comma precedente, perdura l'ipoteca costituita sull'usufrutto, l'estensione non pregiudica il credito garantito con l'ipoteca stessa.

2815. Ipoteca sul diritto del concedente e sul diritto dell'enfiteuta. – Nel caso di affrancazione (971), le ipoteche gravanti sul diritto del concedente (2810, n. 4) si risolvono sul prezzo dovuto per l'affrancazione (2742); le ipoteche gravanti sul diritto dell'enfiteuta si estendono alla piena proprietà (2814).

Nel caso di devoluzione (972) o di cessazione dell'enfiteusi per decorso del termine (958), le ipoteche gravanti sul diritto dell'enfiteuta (2810, n. 4) si risolvono sul prezzo dovuto per i miglioramenti (975), senza deduzione di quanto dovuto al concedente per i canoni non soddisfatti (2763). Il prezzo dei miglioramenti, se da atto scritto non risulta concordato con i creditori ipotecari, deve determinarsi giudizialmente, anche in contraddittorio dei medesimi. Le ipoteche gravanti sul diritto del concedente si estendono alla piena proprietà (974).

Quando l'enfiteusi si estingue per prescrizione (970), si estinguono le ipoteche che gravano sul diritto dell'enfiteuta.

Se per causa diversa da quelle sopra indicate vengono a riunirsi in una medesima persona il diritto del concedente e il diritto dell'enfiteuta, le ipoteche gravanti sull'uno e sull'altro continuano a gravarli separatamente; ma se l'ipoteca grava soltanto sull'uno o sull'altro diritto, essa si estende alla piena proprietà.

2816. Ipoteca sul diritto di superficie. – Le ipoteche che hanno per oggetto il diritto di superficie (952; 2810, n. 3) si estinguono nel caso di devoluzione della superficie al proprietario del suolo per decorso del termine (954). Se però il superficiario ha diritto a un corrispettivo, le ipoteche iscritte contro di lui si risolvono sul corrispettivo medesimo. Le ipoteche iscritte contro il proprietario del suolo non si estendono alla superficie.

Se per altre cause si riuniscono nella medesima persona il diritto del proprietario del suolo e quello del superficiario, le ipoteche sull'uno e sull'altro diritto continuano a gravare separatamente i diritti stessi.

Sezione II
Dell'ipoteca legale

2817. ([1]) **Persone a cui compete.** – Hanno ipoteca legale:

1) l'alienante sopra gli immobili alienati per l'adempimento degli obblighi che derivano dall'atto di alienazione (1498, 2650, 2834);

2) i coeredi, i soci e altri condividenti (713, 728, 1111) per il pagamento dei conguagli sopra gli immobili assegnati ai condividenti ai quali incombe tale obbligo (723, 728, 2283, 2650, 2834);

3) lo Stato sopra i beni dell'imputato e della persona civilmente responsabile, secondo le disposizioni del codice penale (189 ss. c.p.) e del codice di procedura penale (616 ss. c.p.p.; 69 l. fall.) ([2]).

([1]) *Articolo così sostituito dall'art. 208 della L. 19 maggio 1975, n. 151, riforma del diritto di famiglia.*

([2]) *L'art. 218 del D.L.vo 28 luglio 1989, n. 271, recante norme di attuazione del c.p.p., ha abrogato le disposizioni del codice penale che prevedono l'ipoteca legale. L'ipoteca legale per illeciti penali, prevista da altre disposizioni di legge, è sostituita con il sequestro conservativo.*

Sezione III
Dell'ipoteca giudiziale

2818. Provvedimenti da cui deriva. – Ogni sentenza che porta condanna al pagamento di una somma o all'adempimento di altra obbligazione ovvero al risarcimento dei danni da liquidarsi successivamente è titolo per iscrivere ipoteca sui beni del debitore (2828, 2830, 2874; 278, 279 c.p.c.).

Lo stesso ha luogo per gli altri provvedimenti giudiziali ai quali la legge attribuisce tale effetto (2836; 655 c.p.c.).

2819. Sentenze arbitrali. – Si può iscrivere ipoteca in base al lodo degli arbitri, quando è stato reso esecutivo (825 c.p.c.).

2820. Sentenze straniere. – Si può parimenti iscrivere ipoteca in base alle sentenze pronunziate dalle autorità giudiziarie straniere, dopo che ne è stata dichiarata l'efficacia dall'autorità giudiziaria italiana, salvo che le convenzioni internazionali dispongano diversamente (796 ss. c.p.c.) ([1]).

([1]) *Si vedano, ora, gli artt. 64 ss. della L. 31 maggio 1995, n. 218, riforma del sistema italiano di diritto internazionale privato.*

Sezione IV
Dell'ipoteca volontaria

2821. Concessione d'ipoteca. – L'ipoteca può essere concessa (375, n. 2) anche mediante dichiarazione unilaterale (1987, 2868). La concessione deve farsi per atto pubblico (2699) o per scrittura privata (2703, 2835), sotto pena di nullità (1334, 1350, 2674, 2725, 2882; 41, 565 c.n.).

Non può essere concessa per testamento (587).

2822. Ipoteca su beni altrui. – Se l'ipoteca è concessa da chi non è proprietario della cosa, l'iscrizione può essere validamente presa solo quando la cosa è acquistata dal concedente (1478, 2823).

Se l'ipoteca è concessa da persona che agisce come rappresentante senza averne la qualità, l'iscrizione può essere validamente presa solo quando il proprietario ha ratificato la concessione (1398, 1399, 1478).

2823. Ipoteca sui beni futuri. – L'ipoteca su cosa futura può essere validamente iscritta solo quando la cosa è venuta a esistenza (458, 1348, 1427, 2822, 2828).

2824. Ipoteca iscritta in base a titolo annullabile. – L'iscrizione d'ipoteca eseguita in virtù di un titolo annullabile rimane convalidata con la convalida del titolo (1425, 1444).

2825. Ipoteca su beni indivisi. – L'ipoteca costituita sulla propria quota da uno dei partecipanti alla comunione produce effetto rispetto a quei beni o a quella porzione di beni che a lui verranno assegnati nella divisione (757, 1100, 1103, 1113[3]).

Se nella divisione (1111) sono assegnati a un partecipante beni diversi da quello da lui ipotecato, l'ipoteca si trasferisce su questi altri beni, col grado derivante dall'originaria iscrizione e nei limiti del valore del bene in precedenza ipotecato, quale risulta dalla divisione, purché l'ipoteca sia nuovamente iscritta con l'indicazione di detto valore entro novanta giorni dalla trascrizione della divisione medesima (2643).

Il trasferimento però non pregiudica le ipoteche iscritte contro tutti i partecipanti (1108), né l'ipoteca legale spettante ai condividenti per i conguagli (2650, 2817, n. 2).

I creditori ipotecari e i cessionari di un partecipante (1113), al quale siano stati assegnati beni diversi da quelli ipotecati o ceduti, possono far valere le loro ragioni anche sulle somme a lui dovute per conguaglio (728) o, qualora sia stata attribuita una somma di danaro in luogo di beni in natura (720), possono far valere le loro ragioni su tale somma, con prelazione determinata dalla data di iscrizione o di trascrizione dei titoli rispettivi, nel limite però del valore dei beni precedentemente ipotecati o ceduti.

I debitori delle somme sono tuttavia liberati quando le abbiano pagate al condividente dopo trenta giorni da che la divisione è stata notificata ai creditori ipotecari o ai cessionari (789, 790 c.p.c.) senza che da costoro sia stata fatta opposizione (757, 1116, 2643, 2906).

2825 *bis*. (1) **Ipoteca sul bene oggetto di contratto preliminare.** – L'ipoteca iscritta su edificio o complesso condominiale, anche da costruire o in corso di costruzione, a garanzia di finanziamento dell'intervento edilizio ai sensi degli articoli 38 e seguenti del decreto legislativo 1° settembre 1993, n. 385, prevale sulla trascrizione anteriore dei contratti preliminari di cui all'articolo 2645 *bis*, limitatamente alla quota di debito derivante dal suddetto finanziamento che il promissario acquirente si sia accollata con il contratto preliminare o con altro atto successivo eventualmente adeguata ai sensi dell'articolo 39, comma 3, del citato decreto legislativo n. 385 del 1993. Se l'accollo risulta da atto successivo, questo è annotato in margine alla trascrizione del contratto preliminare (2645 *bis*).

(1) *Questo articolo è stato aggiunto dall'art. 3, comma 3, del D.L. 31 dicembre 1996, n. 669, convertito, con modificazioni, nella L. 28 febbraio 1997, n. 30.*

2826. (1) **Indicazioni dell'immobile ipotecato.** – Nell'atto di concessione dell'ipoteca l'immobile deve essere specificatamente designato con l'indicazione della sua natura, del comune in cui si trova, nonché dei dati di identificazione catastale; per i fabbricati in corso di costruzione devono essere indicati i dati di identificazione catastale del terreno su cui insistono (2659, 2839).

(1) *Articolo così sostituito dall'art. 13 della L. 27 febbraio 1985, n. 52, nuove norme sul servizio ipotecario; l'art. 29 della legge citata dispone:*

«29. *Negli atti con cui si concede l'ipoteca o di cui si chiede la trascrizione, l'immobile deve essere designato anche con l'indicazione di almeno tre dei suoi confini*».

Sezione V
Dell'iscrizione e rinnovazione delle ipoteche

§. 1
Dell'iscrizione

2827. Luogo dell'iscrizione. – L'ipoteca si iscrive (2808[2]) nell'ufficio dei registri immobiliari del luogo in cui si trova l'immobile (2673 ss., 2839).

2828. Immobili su cui può iscriversi l'ipoteca giudiziale. – L'ipoteca giudiziale si può iscrivere su qualunque degli immobili appartenenti al debitore e su quelli che gli pervengono successivamente alla condanna, a misura che egli li acquista (812 ss., 2818 ss., 2822, 2823, 2874).

2829. Iscrizione sui beni del defunto. – L'iscrizione d'ipoteca sui beni di un defunto può eseguirsi con la semplice indicazione della sua persona, osservate per il resto le regole ordinarie. Se però risulta trascritto l'acquisto dei beni da parte degli eredi (2648, 2660 ss.), l'iscrizione deve eseguirsi contro costoro (2851).

2830. Ipoteca giudiziale sui beni dell'eredità beneficiata e dell'eredità giacente. – Se l'eredità è accettata con beneficio d'inventario (484 ss.) o se si tratta di eredità giacente (528 ss.), non possono essere iscritte ipoteche giudiziali (2818) sui beni ereditari, neppure in base a sentenze pronunziate anteriormente alla morte del debitore.

2831. Ipoteca a garanzia di obbligazioni all'ordine o al portatore. – Le obbligazioni risultanti dai titoli all'ordine (2008) o al portatore (2003) possono essere garantite con ipoteca.

Per i titoli all'ordine l'ipoteca è iscritta (2839, n. 1) a favore dell'attuale possessore e si trasmette ai successivi possessori (2011, 2887); questi non sono tenuti a effettuare l'annotazione prevista dall'art. 2843 (2845).

Per i titoli al portatore l'ipoteca a favore degli obbligazionisti (2410, 2413, 2414) è iscritta con l'indicazione dell'emittente, della data dell'atto di emissione, della serie, del numero e del valore delle obbligazioni emesse. In margine all'iscrizione deve essere annotato (2674, n. 4) il nome del rappresentante degli obbligazionisti, appena questo sia nominato (2417, 2418, 2833, 2845). Per l'annotazione (2843) deve presentarsi copia della deliberazione o del provvedimento giudiziale di nomina (2839, n. 1; 559 c.n.).

2832 - 2833. (*Omissis*) (1).

(1) *Articoli abrogati dall'art. 209 della L. 19 maggio 1975, n. 151, riforma del diritto di famiglia.*

2834. (1) **Iscrizione dell'ipoteca legale dell'alienante e del condividente.** – Il conservatore dei registri immobiliari (2664 ss., 2673 ss.), nel trascrivere un atto di alienazione o di divisione, deve iscrivere d'ufficio l'ipoteca legale che spetta all'alienante o al condividente a norma dei numeri 1 e 2 dell'art. 2817, a meno che gli sia presentato un atto pubblico (2699) o una scrittura privata con sottoscrizione autenticata o accertata giudizialmente (2703; 220 c.p.c.), da cui risulti che gli obblighi sono stati adempiuti o che vi è stata rinunzia all'ipoteca da parte dell'alienante o del condividente.

(1) *Articolo così sostituito dall'art. 4 della L. 21 gennaio 1983, n. 22, disciplina della responsabilità dei conservatori dei registri immobiliari.*

2835. Iscrizione in base a scrittura privata. – Se il titolo per l'iscrizione risulta da scrittura privata (2702 ss.), la sottoscrizione di chi ha concesso l'ipoteca deve essere autenticata (2703) o accertata giudizialmente (2703, 2843, 2882; 214 ss. c.p.c.).

Il richiedente deve presentare la scrittura originale o, se questa è depositata in pubblico archivio o negli atti d'un notaio, una copia autenticata (2714, 2715), con la certificazione che ricorrono i requisiti innanzi indicati (2674).

L'originale o la copia rimane in deposito nell'ufficio dei registri immobiliari (2664, 2840).

2836. Iscrizione in base ad atto pubblico o a sentenza. – Se il titolo per l'iscrizione risulta da un atto pubblico (2699) ricevuto nello Stato o da una sentenza (131 ss. c.p.c.) o da altro provvedimento giudiziale ad essa parificato (655 c.p.c.), si deve presentare copia del titolo (2818).

(*Omissis*) (1).

(1) *Seguiva un secondo comma abrogato dall'art. 30 della L. 27 febbraio 1985, n. 52, nuove norme sul servizio ipotecario.*

2837. Atti formati all'estero. – Gli atti formati in paese estero che si presentano per l'iscrizione devono essere legalizzati (2674, 2873, 2882) (1).

(1) *Per la legalizzazione di firme si veda il D.P.R. 28 dicembre 2000, n. 445, T.U. delle disposizioni legislative e regolamentari in materia di documentazione amministrativa. La legge 24 aprile 1990, n. 106, ratifica ed esecuzione della convenzione relativa alla soppressione della legalizzazione di atti negli Stati membri delle Comunità europee, firmata a Bruxelles il 25 maggio 1987, ha esonerato dall'obbligo di legalizzazione gli atti pubblici da esibire sul territorio di un altro Stato contraente, tra tali atti ricompresi quelli giudiziari e quelli notarili.*

2838. Somma per cui l'iscrizione è eseguita. – Se la somma di danaro non è altrimenti determinata negli atti in base ai quali è eseguita l'iscrizione o in atto successivo (2809), essa è determinata dal creditore nella nota per l'iscrizione (2839, 2872 ss.).

Qualora tra la somma enunciata nell'atto e quella enunciata nella nota vi sia divergenza, l'iscrizione ha efficacia per la somma minore (2809, 2839, n. 4).

2839. (1) **Formalità per l'iscrizione.** – Per eseguire l'iscrizione deve presentarsi il titolo costitutivo (518, 2808) insieme con una nota sottoscritta dal richiedente in doppio originale (2841, 2846).

La nota deve indicare:

1) il cognome, il nome, il luogo e la data di nascita e il numero di codice fiscale del creditore, del debitore e dell'eventuale terzo datore di ipoteca; la denominazione o la ragione sociale, la sede e il numero di codice fiscale delle persone giuridiche, delle società previste dai capi II, III e IV del titolo V del libro quinto e delle associazioni non riconosciute, con l'indicazione, per queste ultime e per le società semplici, anche delle generalità delle persone che le rappresentano secondo l'atto costitutivo.

Per le obbligazioni all'ordine (2008) o al portatore (2003) si devono osservare le norme dell'art. 2831. Per le obbligazioni all'ordine si deve inoltre esibire il titolo al conservatore, il quale vi annota l'eseguita iscrizione dell'ipoteca. Per le obbligazioni al portatore si deve presentare copia dell'atto di emissione e del piano di ammortamento (2887);

2) il domicilio eletto (47, 2827, 2842) dal creditore nella circoscrizione del tribunale in cui ha sede l'ufficio dei registri immobiliari;

3) il titolo, la sua data e il nome del pubblico ufficiale che lo ha ricevuto o autenticato;

4) l'importo della somma per la quale l'iscrizione è presa (2838);

5) gli interessi e le annualità che il credito produce (2855);

6) il tempo della esigibilità;

7) la natura e la situazione dei beni gravati, con le indicazioni prescritte dall'art. 2826 (569 c.n.).

(¹) *Articolo così sostituito dall'art. 14 della L. 27 febbraio 1985, n. 52, nuove norme sul servizio ipotecario.*

2840. Certificato dell'iscrizione. – Eseguita l'iscrizione, il conservatore restituisce al richiedente uno degli originali della nota, certificando, in calce alla medesima, la data e il numero d'ordine dell'iscrizione (2678 ss., 2850).

I titoli consegnati al conservatore sono custoditi secondo quanto è disposto dall'art. 2664 (2678, 2835, 2836, 2837).

2841. Omissioni e inesattezze nei titoli o nelle note. – L'omissione o l'inesattezza di alcune delle indicazioni nel titolo, in base al quale è presa l'iscrizione o nella nota (2839) non nuoce alla validità dell'iscrizione, salvo che induca incertezza sulla persona del creditore o del debitore o sull'ammontare del credito ovvero sulla persona del proprietario del bene gravato, quando l'indicazione ne è necessaria, o sull'identità dei singoli beni gravati.

Nel caso di altre omissioni o inesattezze, si può ordinare la rettificazione a istanza e a spese della parte interessata (2886²).

2842. Variazione del domicilio eletto. – È in facoltà del creditore, del suo mandatario o del suo erede o avente causa di variare il domicilio eletto nell'iscrizione (2839, n. 2, 2844), sostituendone un altro nella stessa circoscrizione.

Il cambiamento deve essere annotato dal conservatore in margine o in calce all'iscrizione (2843³).

La dichiarazione circa il cambiamento del domicilio deve risultare da atto ricevuto o autenticato da notaio e deve rimanere depositata nell'ufficio del conservatore (2664).

2843. Annotazione di cessione, di surrogazione e di altri atti dispositivi del credito. – La trasmissione o il vincolo dell'ipoteca per cessione (1260), surrogazione (1201 ss., 1857, 2856, 2866), pegno (2800), postergazione di grado o costituzione in dote (¹) del credito ipotecario, nonché per sequestro (2905; 671 ss. c.p.c.), pignoramento (2913; 492 ss., 543, 544 c.p.c.) o assegnazione (2925; 554 c.p.c.) del credito medesimo si deve annotare in margine all'iscrizione dell'ipoteca (2831; 505 c.p.c.).

La trasmissione o il vincolo dell'ipoteca non ha effetto finché l'annotazione non sia stata eseguita (2679, 2866, 2879). Dopo l'annotazione l'iscrizione non si può cancellare senza il consenso dei titolari dei diritti indicati nell'annotazione medesima e le intimazioni o notificazioni che occorrono in dipendenza dell'iscrizione devono essere loro fatte nel domicilio eletto (2879, 2882).

Per l'annotazione deve essere consegnata al conservatore copia del titolo e, qualora questo sia una scrittura privata o un atto formato in paese estero, si applicano le disposizioni degli articoli 2835 e 2837 (2839, n. 2; 54 att.).

(¹) *L'art. 166* bis, *aggiunto dalla L. 19 maggio 1975, n. 151, riforma del diritto di famiglia, vieta ogni convenzione avente per scopo la costituzione di beni in dote.*

2844. Azioni e notificazioni. – Le azioni a cui le iscrizioni possono dar luogo contro i creditori sono promosse davanti all'autorità giudiziaria competente (21 c.p.c.), per mezzo di citazione (163 c.p.c.) da farsi alla persona in mani proprie (138 c.p.c.) o all'ultimo domicilio da essa eletto (2839, n. 2, 2842, 2845).

La stessa disposizione si applica per ogni altra notificazione relativa alle dette iscrizioni (2861, 2890; 498, 569 c.p.c.; 108 l. fall.).

Se non è stata fatta elezione di domicilio o se è morta la persona ovvero è cessato l'ufficio presso cui si era eletto il domicilio, le citazioni e le notificazioni possono essere fatte all'ufficio presso il quale l'iscrizione è stata presa.

Se si tratta di giudizio promosso dal debitore contro il suo creditore per la riduzione dell'ipoteca (2872 ss.) o per la cancellazione totale o parziale dell'iscrizione (2884 ss.), il creditore deve essere citato nei modi ordinari stabiliti dal codice di procedura civile (163 ss. c.p.c.).

2845. Notificazioni relative a iscrizioni per obbligazioni all'ordine e al portatore. – Se l'iscrizione è presa per obbligazioni risultanti da titoli all'ordine (2008), le citazioni e notificazioni previste dall'articolo precedente devono farsi nei confronti di chi ha preso l'iscrizione a norma degli articoli 2831 e 2839, salvo che dai registri risulti l'annotazione a favore di un possessore successivo.

Se si tratta di obbligazioni al portatore (2003, 2413), le citazioni e le notificazioni devono essere fatte al rappresentante degli obbligazionisti il cui nome è annotato in margine all'iscrizione (2831). Le citazioni e le notificazioni devono essere iscritte nel registro delle imprese (2188; 100 att.) e pubblicate per estratto in un giornale quotidiano designato dall'autorità giudiziaria.

Se manca per qualsiasi causa il rappresentante o il nome di lui non è stato annotato in margine all'iscrizione dell'ipoteca, le citazioni e le notificazioni sono fatte nei confronti di un curatore da nominarsi dall'autorità giudiziaria (78 c.p.c.). Il decreto di nomina del curatore deve essere pubblicato con le modalità prescritte nel comma precedente.

2846. Spese d'iscrizione. – Le spese d'iscrizione dell'ipoteca sono a carico del debitore, se non vi è patto contrario, ma devono essere anticipate dal richiedente (2855[1]).

§. 2
Della rinnovazione

2847. Durata dell'efficacia dell'iscrizione. – L'iscrizione conserva il suo effetto (2808) per venti anni dalla sua data. L'effetto cessa se l'iscrizione non è rinnovata prima che scada detto termine (2679, n. 2, 2849, 2878, n. 2).

2848. Nuova iscrizione dell'ipoteca. – Nonostante il decorso del termine indicato dall'articolo precedente, il creditore può procedere a nuova iscrizione; in tale caso l'ipoteca prende grado (2852) dalla data della nuova iscrizione.

La nuova iscrizione non può essere presa contro i terzi acquirenti dell'immobile ipotecato che hanno trascritto il loro titolo (2644).

2849. [Durata dell'ipoteca legale della moglie. – (*Omissis*)] ([1]).

([1]) *Articolo abrogato dall'art. 209 della L. 19 maggio 1975, n. 151, riforma del diritto di famiglia.*

2850. Formalità per la rinnovazione. – Per ottenere la rinnovazione si presenta al conservatore una nota in doppio originale conforme a quella della precedente iscrizione (2839), in cui si dichiari che s'intende rinnovare l'iscrizione originaria.

In luogo del titolo si può presentare la nota precedente.

Il conservatore deve osservare le disposizioni dell'art. 2840.

2851. Rinnovazione rispetto a beni trasferiti agli eredi o aventi causa. – Se al tempo della rinnovazione gli immobili ipotecati risultano dai registri delle trascrizioni (2618, 2660 ss., 2679) passati agli eredi del debitore o ai suoi aventi causa, la rinnovazione deve essere fatta anche nei confronti degli eredi o aventi causa (2829) e la nota deve contenere le indicazioni stabilite dall'art. 2839, se queste risultano dai registri medesimi (2679).

Sezione VI
Dell'ordine delle ipoteche

2852. Grado dell'ipoteca. – L'ipoteca prende grado dal momento della sua iscrizione (518[2], 2848[1]), anche se è iscritta per un credito condizionale (1353 ss.). La stessa norma si applica per i crediti che possano eventualmente nascere in dipendenza di un rapporto già esistente.

2853. Richieste contemporanee d'iscrizione. – Il numero d'ordine delle iscrizioni determina il loro grado. Nondimeno, se più persone presentano contemporaneamente la nota per ottenere iscrizione contro la stessa persona o sugli stessi immobili, le iscrizioni sono eseguite sotto lo stesso numero, e di ciò si fa menzione nella ricevuta spedita dal conservatore a ciascuno dei richiedenti (2650[3], 2678, 2840, 2854).

2854. Ipoteche iscritte nello stesso grado. – I crediti con iscrizione ipotecaria dello stesso grado (2853) sugli stessi beni concorrono tra loro in proporzione dell'importo relativo.

2855. Estensione degli effetti dell'iscrizione. – L'iscrizione del credito fa collocare nello stesso grado le spese dell'atto di costituzione d'ipoteca, quelle dell'iscrizione (2846) e rinnovazione (2847) e quelle ordinarie occorrenti per l'intervento nel processo di esecuzione (499, 563 ss. c.p.c.). Per il credito di maggiori spese giudiziali le parti possono estendere l'ipoteca con patto espresso, purché sia presa la corrispondente iscrizione.

Qualunque sia la specie d'ipoteca, l'iscrizione di un capitale che produce interessi (1282) fa collocare nello stesso grado gli interessi dovuti, purché ne sia enunciata la misura nell'iscrizione (2839). La collocazione degli interessi è limitata alle due annate anteriori e a quella in corso al giorno del pignoramento (492, 555 c.p.c.; 54[4] l. fall.), ancorché sia stata pattuita l'estensione a un maggior numero di annualità; le iscrizioni particolari prese per altri arretrati hanno effetto dalla loro data (576 c.n.).

L'iscrizione del capitale fa pure collocare nello stesso grado gli interessi maturati dopo il compimento dell'annata in corso alla data del pignoramento, però soltanto nella misura legale (1284) e fino alla data della vendita (2857; 574, 581 c.p.c.; 54[4] l. fall.).

2856. Surrogazione del creditore perdente. – Il creditore che ha ipoteca sopra uno o più immobili, qualora si trovi perdente perché sul loro prezzo si è in tutto o in parte soddisfatto un creditore anteriore (2852, 2899), la cui ipoteca si estendeva ad altri beni dello stesso debitore, può surrogarsi (1203) nell'ipoteca iscritta a favore del creditore soddisfatto, al fine di esercitare l'azione ipotecaria su questi altri beni con preferenza rispetto ai creditori posteriori alla propria iscrizione. Lo stesso diritto spetta ai creditori perdenti in seguito alla detta surrogazione (2866[3]).

Questa disposizione si applica anche ai creditori perdenti per causa di privilegi immobiliari (2770 ss., 2857; 550, 1026 c.n.).

2857. Limiti della surrogazione. – La surrogazione non si può esercitare sui beni dati in ipoteca da un terzo (2868), né sui beni alienati dal debitore (2858), quando l'alienazione è stata trascritta anteriormente all'iscrizione del creditore perdente (2644).

Trattandosi di beni acquistati dal debitore posteriormente a detta iscrizione, se il creditore soddisfatto aveva esteso a essi la sua ipoteca giudiziale (2818, 2828), il creditore perdente può esercitare la surrogazione anche su tali beni.

Per far valere il diritto alla surrogazione deve essere eseguita annotazione in margine all'ipoteca del creditore soddisfatto (2843); per l'annotazione deve presentarsi al conservatore copia dello stato di graduazione (2852) dal quale risulta l'incapienza (2843; 596 c.p.c.; 179 att. c.p.c.).

Sezione VII
Degli effetti dell'ipoteca rispetto al terzo acquirente

2858. Facoltà del terzo acquirente. – Il terzo acquirente dei beni ipotecati, che ha trascritto (2643) il suo titolo di acquisto (2812[3]) e non è personalmente obbligato, se non preferisce pagare i creditori iscritti (2827 ss., 2852 ss.), può rilasciare i beni stessi (2860 ss., 2867) ovvero liberarli dalle ipoteche, osservando le norme contenute nella sezione XII di questo capo (2889 ss.). In mancanza, l'espropriazione segue contro di lui secondo le forme prescritte dal codice di procedura civile (2880, 2910; 483, 602 c.p.c.).

2859. Eccezioni opponibili dal terzo acquirente. – Se la domanda diretta a ottenere la condanna del debitore è posteriore alla trascrizione del titolo del terzo acquirente, questi, ove non abbia preso parte al giudizio, può opporre al creditore procedente tutte le eccezioni non opposte dal debitore e quelle altresì che spetterebbero a questo dopo la condanna (2870).

Le eccezioni suddette però non sospendono il corso dei termini stabiliti per la liberazione del bene dalle ipoteche (2870, 2889; 792 c.p.c.).

2860. Capacità per il rilascio. – Può procedere al rilascio soltanto chi ha la capacità di alienare (2, 320, 375, 394, 424, 428, 1425).

2861. Termine ed esecuzione del rilascio. – Il rilascio dei beni ipotecati si esegue con dichiarazione alla cancelleria del tribunale competente per l'espropriazione (16, 21, 26 c.p.c.). La dichiarazione deve essere fatta non oltre i dieci giorni dalla data del pignoramento (555, 604 c.p.c.).

Il certificato della cancelleria attestante la dichiarazione deve, a cura del terzo, essere annotato (2843) in margine alla trascrizione dell'atto di pignoramento e deve essere notificato, entro cinque giorni dalla sua data, al creditore procedente (2844).

Sull'istanza di questo o di qualunque altro interessato, il tribunale provvede alla nomina di un amministratore, in confronto del quale prosegue il processo di espropriazione (602 ss. c.p.c.).

Il terzo rimane responsabile della custodia dell'immobile fino alla consegna all'amministratore (560 c.p.c.).

2862. Ipoteche e altri diritti reali a carico e a favore del terzo. – Il rilascio non pregiudica le ipoteche, le servitù e gli altri diritti reali resi pubblici contro il terzo prima dell'annotazione del rilascio (2659, 2844, 2861).

Le ipoteche, le servitù e gli altri diritti reali che già spettavano al terzo prima dell'acquisto riprendono efficacia dopo il rilascio (2861) o dopo la vendita all'incanto eseguita contro di lui (534, 576 ss. c.p.c.).

Del pari riprendono efficacia le servitù che al momento dell'iscrizione dell'ipoteca esistevano a favore del fondo ipotecato e a carico di altro fondo del terzo (1072). Esse sono comprese nell'espropriazione del fondo ipotecato.

2863. Ricupero dell'immobile rilasciato e abbandono dell'esecuzione. – Finché non sia avvenuta la vendita, il terzo può ricuperare l'immobile rilasciato, pagando i crediti iscritti (2852) e i loro accessori (2855), oltre le spese.

Qualora la vendita sia avvenuta e, dopo pagati i creditori iscritti, vi sia un residuo del prezzo, questo spetta al terzo acquirente (510 c.p.c.).

Il rilascio non ha effetto se il processo di esecuzione si estingue per rinunzia (306, 629 c.p.c.) o per inattività delle parti (630 c.p.c.).

2864. Danni causati dal terzo e miglioramenti. – Il terzo è tenuto a risarcire i danni (2043) che da sua colpa grave sono derivati all'immobile in pregiudizio dei creditori iscritti (2743, 2813, 2827).

Egli non può ritenere l'immobile per causa di miglioramenti (1152); ma ha il diritto di far separare dal prezzo di vendita la parte corrispondente ai miglioramenti eseguiti dopo la trascrizione del suo titolo (2659), fino a concorrenza del valore dei medesimi al tempo della vendita.

Se il prezzo non copre il valore dell'immobile nello stato in cui era prima dei miglioramenti e insieme quello dei miglioramenti, esso deve dividersi in due parti proporzionali ai detti valori.

2865. Frutti dovuti dal terzo. – I frutti (820) dell'immobile ipotecato sono dovuti dal terzo (1148) a decorrere dal giorno in cui è stato eseguito il pignoramento (2912; 555 ss., 604 c.p.c.).

Nel caso di liberazione dell'immobile dalle ipoteche (2889 ss.) i frutti (820) sono del pari dovuti dal giorno del pignoramento o, in mancanza di pignoramento, dal giorno della notificazione eseguita in conformità dell'art. 2890 (604, 792 c.p.c.).

2866. Diritti del terzo nei confronti del debitore e di altri terzi acquirenti. – Il terzo che ha pagato i creditori iscritti (2858) ovvero ha rilasciato l'immobile (2861) o sofferto l'espropriazione (602 c.p.c.) ha ragione d'indennità verso il suo autore (1482[2], 1486), anche se si tratta di acquisto a titolo gratuito (1473 ss.).

Ha pure diritto di subingresso (1203, 2871) nelle ipoteche costituite a favore del creditore soddisfatto sugli altri beni del debitore; se questi sono stati acquistati da terzi, non ha azione che contro coloro i quali hanno trascritto il loro acquisto in data posteriore alla trascrizione del suo titolo. Per esercitare il subingresso deve fare eseguire la relativa annotazione in conformità dell'art. 2843.

Il subingresso non pregiudica l'esercizio del diritto di surrogazione stabilito dall'art. 2856 a favore dei creditori che hanno un'iscrizione anteriore alla trascrizione del titolo del terzo acquirente (2644).

2867. Terzo debitore di somma in dipendenza dell'acquisto. – Se il terzo acquirente, che ha trascritto il suo titolo, è debitore, in dipendenza dell'acquisto (1498), di una somma attualmente esigibile, la quale basti a soddisfare tutti i creditori iscritti contro il precedente proprietario, ciascuno di questi può obbligarlo al pagamento.

Se il debito del terzo non è attualmente esigibile, o è minore o diverso da ciò che è dovuto ai detti creditori, questi, purché di comune accordo, possono egualmente richiedere che venga loro pagato, fino alla rispettiva concorrenza, ciò che il terzo deve nei modi e termini della sua obbligazione (553 c.p.c.).

Nell'uno e nell'altro caso l'acquirente non può evitar di pagare, offrendo il rilascio dell'immobile (2861), ma, eseguito il pagamento, l'immobile è liberato da ogni ipoteca, non esclusa quella che spetta all'alienante (2817, n. 1), e il terzo ha diritto di ottenere che si cancellino le relative iscrizioni (2882 ss.).

Sezione VIII
Degli effetti dell'ipoteca
rispetto al terzo datore

2868. Beneficio di escussione. – Chi ha costituito un'ipoteca (2808, 2871) a garanzia del debito altrui non può invocare il beneficio della preventiva escussione del debitore (1944), se il beneficio non è stato convenuto (2910; 602 c.p.c.).

2869. Estinzione dell'ipoteca per fatto del creditore. – L'ipoteca costituita dal terzo si estingue (2926) se, per fatto del creditore, non può avere effetto la surrogazione del terzo nei diritti, nel pegno, nelle ipoteche e nei privilegi del creditore (1203, n. 2, 1944, 1955).

2870. Eccezioni opponibili dal terzo datore. – Il terzo datore che non ha preso parte al giudizio diretto alla condanna del debitore può opporre al creditore le eccezioni indicate dall'art. 2859.

2871. Diritti del terzo datore che ha pagato i creditori iscritti o ha sofferto l'espropriazione. – Il terzo datore che ha pagato i creditori iscritti o ha sofferto l'espropriazione ha regresso contro il debitore (1950). Se vi sono più debitori obbligati in solido (1292), il terzo che ha costituito l'ipoteca a garanzia di tutti ha regresso contro ciascuno per l'intero (1951).

Il terzo datore ha regresso contro i fideiussori (1936) del debitore. Ha inoltre regresso contro gli altri terzi datori per la loro rispettiva porzione (1299, 1954, 2868) e può esercitare, anche nei confronti dei terzi acquirenti, il subingresso previsto dal secondo comma dell'art. 2866 (1950, 1951).

Sezione IX
Della riduzione delle ipoteche

2872. Modalità della riduzione. – La riduzione delle ipoteche si opera riducendo la somma per la quale è stata presa l'iscrizione o restringendo l'iscrizione (2838) a una parte soltanto dei beni (2876).

Questa restrizione può aver luogo anche se l'ipoteca ha per oggetto un solo bene, qualora questo abbia parti distinte o tali che si possano comodamente distinguere (843).

2873. Esclusione della riduzione. – Non è ammessa domanda di riduzione riguardo alla quantità dei beni né riguardo alla somma, se la quantità dei beni o la somma è stata determinata per convenzione o per sentenza.

Tuttavia, se sono stati eseguiti pagamenti parziali così da estinguere almeno il quinto del debito originario, si può chiedere una riduzione proporzionale per quanto riguarda la somma (2799).

Nel caso d'ipoteca iscritta su un edificio, il costituente che dopo l'iscrizione ha eseguito sopraelevazioni (2811) può chiedere che l'ipoteca sia ridotta, per modo che le sopraelevazioni ne restino esenti in tutto o in parte, osservato il limite stabilito dall'art. 2876 per il valore della cautela (934).

2874. Riduzione dell'ipoteca legale e dell'ipoteca giudiziale. – Le ipoteche legali, eccettuate quelle indicate dai numeri 1 e 2 dell'art. 2817, e le ipoteche giudiziali (2818) devono ridursi su domanda degli interessati, se i beni compresi nell'iscrizione hanno un valore che eccede la cautela da somministrarsi (2828, 2875) o se la somma determinata dal creditore nell'iscrizione (2838) eccede di un quinto quella che l'autorità giudiziaria dichiara dovuta.

2875. Eccesso nel valore dei beni. – Si reputa che il valore dei beni ecceda la cautela da somministrarsi (2874), se tanto alla data dell'iscrizione dell'ipoteca, quanto posteriormente, supera di un terzo l'importo dei crediti iscritti (2876), accresciuto degli accessori a norma dell'art. 2855.

2876. Limiti della riduzione. – La riduzione si opera rispettando l'eccedenza del quinto (2874) per ciò che riguarda la somma del credito e l'eccedenza del terzo (2875) per ciò che riguarda il valore della cautela (2873).

2877. Spese della riduzione. – Le spese necessarie per eseguire la riduzione (2846), anche se consentita dal creditore, sono sempre a carico del richiedente, a meno che la riduzione abbia luogo per eccesso nella determinazione del credito fatta dal creditore (2838, 2872), nel quale caso sono a carico di quest'ultimo.

Se la riduzione è stata ordinata con sentenza, le spese del giudizio sono a carico del soccombente, salvo che siano compensate tra le parti (91, 92 c.p.c.).

Sezione X
Dell'estinzione delle ipoteche

2878. Cause di estinzione. – L'ipoteca si estingue:

1) con la cancellazione dell'iscrizione (2882);

2) con la mancata rinnovazione dell'iscrizione entro il termine indicato dall'art. 2847;

3) con l'estinguersi dell'obbligazione (1176 ss., 1230 ss., 2934);

4) col perimento del bene ipotecato, salvo quanto è stabilito dall'art. 2742;

5) con la rinunzia del creditore (2879, 2899; 127, 177 l. fall.);

6) con lo spirare del termine a cui l'ipoteca è stata limitata o col verificarsi della condizione risolutiva (1353);

7) con la pronunzia del provvedimento che trasferisce all'acquirente il diritto espropriato e ordina la cancellazione delle ipoteche (586 c.p.c.).

2879. Rinunzia all'ipoteca. – La rinunzia del creditore all'ipoteca (2878, n. 5, 2889) deve essere espressa e deve risultare da atto scritto, sotto pena di nullità (1350, n. 13, 2725).

La rinunzia non ha effetto di fronte ai terzi che anteriormente alla cancellazione dell'ipoteca abbiano acquistato il diritto all'ipoteca medesima ed eseguito la relativa annotazione a termini dell'art. 2843.

2880. Prescrizione rispetto a beni acquistati da terzi. – Riguardo ai beni acquistati da terzi, l'ipoteca si estingue per prescrizione (2934), indipendentemente dal credito (2878, n. 3), col decorso di venti anni dalla data della trascrizione del titolo di acquisto (2643 ss.), salve le cause di sospensione (2951) e d'interruzione (2943).

2881. Nuova iscrizione dell'ipoteca. – Salvo diversa disposizione di legge (1197^{3}, 1276, 2899, 2926^{2}, 2927^{2}), se la causa estintiva dell'obbligazione è dichiarata nulla (1418 ss.) o altrimenti non sussiste ovvero è dichiarata nulla la rinunzia fatta dal creditore all'ipoteca (2879) e l'iscrizione non è stata conservata, si può procedere a nuova iscrizione e questa prende grado dalla sua data (2852).

Sezione XI
Della cancellazione dell'iscrizione

2882. Formalità per la cancellazione. – La cancellazione consentita dalle parti interessate (374, n. 2) deve essere eseguita dal conservatore in seguito a presentazione dell'atto contenente il consenso del creditore (2821).

Per quest'atto devono essere osservate le forme prescritte dagli articoli 2821, 2835 e 2837 (2725).

2883. Capacità per consentire la cancellazione. – Chi non ha la capacità richiesta per liberare il debitore non può consentire la cancellazione dell'iscrizione, se non è assistito dalle persone il cui intervento è necessario per la liberazione (320, 374, 394, 424).

Il rappresentante legale dell'incapace e ogni altro amministratore, anche se autorizzati a esigere il credito e a liberare il debitore, non possono consentire la cancellazione dell'iscrizione, ove il credito non sia soddisfatto.

2884. Cancellazione ordinata con sentenza. – La cancellazione deve essere eseguita dal conservatore, quando è ordinata con sentenza passata in giudicato (2909; 324 c.p.c.) o con altro provvedimento definitivo emesso dalle autorità competenti (2888; 586, 794 c.p.c.; 136^{3} l. fall.).

2885. Cancellazione sotto condizione. – Se è stato convenuto od ordinato che la cancellazione non debba aver luogo che sotto la condizione di nuova ipoteca, di nuovo impiego o sotto altra condizione, la cancellazione non può essere eseguita se non si fa constare al conservatore che la condizione è stata adempiuta.

2886. Formalità per la cancellazione. – Chi richiede la cancellazione totale o parziale deve presentare al conservatore l'atto su cui la richiesta è fondata (2882, 2884; 586 c.p.c.).

La cancellazione di un'iscrizione o la rettifica (2841^{2}) deve essere eseguita in margine all'iscrizione medesima, con l'indicazione del titolo dal quale è stata consentita od ordinata e della data in cui si esegue, e deve portare la sottoscrizione del conservatore.

2887. Cancellazione delle ipoteche a garanzia dei titoli all'ordine. – La cancellazione della ipoteca costituita a garanzia dell'obbligazione risultante da un titolo all'ordine è consentita dal creditore risultante nei registri immobiliari e l'atto di consenso deve essere presentato al conservatore insieme con il titolo, il quale è restituito dopo che il conservatore vi ha eseguito l'annotazione della cancellazione ([1]).

La cancellazione dell'ipoteca importa la perdita del diritto di regresso contro i giranti anteriori alla cancellazione medesima (2011).

([1]) *Comma così sostituito dall'art. 15 della L. 27 febbraio 1985, n. 52, nuove norme sul servizio ipotecario.*

2888. Rifiuto di cancellazione. – Qualora il conservatore rifiuti di procedere alla cancellazione di un'iscrizione, il richiedente può proporre reclamo all'autorità giudiziaria (113 att.; 737 c.p.c.).

Sezione XII
Del modo di liberare i beni dalle ipoteche

2889. Facoltà di liberare i beni dalle ipoteche. – Il terzo acquirente dei beni ipotecati, che ha trascritto il suo titolo (2643 ss.) e non è personalmente obbligato a pagare i creditori ipotecari, ha facoltà di liberare i beni da ogni ipoteca iscritta anteriormente alla trascrizione del suo titolo di acquisto (2858; 792 c.p.c.).

Tale facoltà spetta all'acquirente anche dopo il pignoramento (555 c.p.c.) purché nel termine di trenta giorni proceda in conformità dell'articolo che segue (2890, 2892, 2894).

2890. Notificazione. – L'acquirente deve far notificare, per mezzo di ufficiale giudiziario (137 c.p.c.), ai creditori iscritti (2827), nel domicilio da essi eletto (47, 2839, n. 2, 2842, 2844, 2899; 141 c.p.c.), e al precedente proprietario un atto nel quale siano indicati:

1) il titolo, la data del medesimo e la data della sua trascrizione;

2) la qualità e la situazione dei beni col numero del catasto o altra loro designazione, quale risulta dallo stesso titolo;

3) il prezzo stipulato o il valore da lui stesso dichiarato, se si tratta di beni pervenutigli a titolo lucrativo o di cui non sia stato determinato il prezzo (2893, 2898).

In ogni caso, il prezzo o il valore dichiarato non può essere inferiore a quello stabilito come base degli incanti dal codice di procedura civile in caso di espropriazione (535, 568 c.p.c.).

Nell'atto della notificazione il terzo acquirente deve eleggere domicilio nel comune dove ha sede il tribunale competente per l'espropriazione (26 c.p.c.) e deve offrire di pagare il prezzo o il valore dichiarato.

Un estratto sommario della notificazione è inserito nel giornale degli annunzi giudiziari (792 c.p.c.).

2891. Diritto dei creditori di far vendere i beni. - Entro il termine (2892) di quaranta giorni dalla notificazione indicata dall'articolo precedente, qualunque dei creditori iscritti (2827 ss.) o dei relativi fideiussori (1936 ss.) ha diritto di richiedere l'espropriazione dei beni (2898, 2899; 555 c.p.c.) con ricorso al presidente del tribunale competente a norma del codice di procedura civile (16, 26, 192 c.p.c.), purché adempia le condizioni che seguono (795 c.p.c.):

1) che la richiesta sia notificata al terzo acquirente nel domicilio da lui eletto a norma dell'articolo precedente e al proprietario anteriore;

2) che contenga la dichiarazione del richiedente di aumentare di un decimo il prezzo stipulato o il valore dichiarato (795^3 c.p.c.);

3) che contenga l'offerta di una cauzione per una somma eguale al quinto del prezzo aumentato come sopra (576, n. 5 c.p.c.);

4) che l'originale e le copie della richiesta siano sottoscritti dal richiedente o da un suo procuratore munito di mandato speciale.

L'omissione di alcuna di queste condizioni produce nullità della richiesta (2893, 2899).

2892. Divieto di proroga dei termini. - I termini fissati dal secondo comma dell'art. 2889 e dal primo comma dell'art. 2891 non possono essere prorogati.

2893. Mancata richiesta dell'incanto. - Se l'incanto non è domandato nel tempo e nel modo prescritti dall'art. 2891, il valore del bene rimane definitivamente stabilito nel prezzo che l'acquirente ha posto a disposizione dei creditori a norma dell'art. 2890, n. 3.

La liberazione del bene dalle ipoteche avviene dopo che è stato depositato il prezzo e si è provveduto nei modi indicati dal codice di procedura civile (792 ss. c.p.c.).

2894. Effetti del mancato deposito del prezzo. - Se il terzo acquirente non deposita il prezzo entro il termine stabilito dall'art. 792 del codice di procedura civile, la richiesta di liberazione del bene dalle ipoteche rimane senza effetto, salva la responsabilità del richiedente per i danni verso i creditori iscritti.

2895. Desistenza del creditore. - La desistenza del creditore che ha richiesto l'incanto (2891) non può impedire l'espropriazione, a meno che vi consentano espressamente gli altri creditori iscritti (500, 629 c.p.c.).

2896. Aggiudicazione al terzo acquirente. - Se l'aggiudicazione segue a favore del terzo acquirente, il decreto di trasferimento deve essere annotato in margine alla trascrizione dell'atto di acquisto (2643, n. 6, 2655; 586 c.p.c.).

2897. Regresso dell'acquirente divenuto compratore all'incanto. - Il terzo acquirente al quale è stato aggiudicato l'immobile ha regresso contro il venditore per il rimborso di ciò che eccede il prezzo stipulato nel contratto di vendita (2866).

2898. Beni non ipotecati per il credito per il quale si procede. - Nel caso in cui il titolo d'acquisto del terzo acquirente comprende mobili e immobili (812), o comprende più immobili, gli uni ipotecati e gli altri liberi, ovvero non tutti gravati dalle stesse iscrizioni, situati nella giurisdizione dello stesso tribunale o in diverse giurisdizioni di tribunali, alienati per un unico prezzo ovvero per prezzi distinti, il prezzo di ciascun immobile assoggettato a particolari e separate iscrizioni deve dichiararsi nella notificazione, ragguagliato al prezzo totale espresso dal titolo (2890).

Il creditore che richiede l'espropriazione (2891) non può in nessun caso essere costretto a estendere la sua domanda ai mobili, o ad altri immobili, fuori di quelli che sono ipotecati per il suo credito, salvo il regresso del terzo acquirente contro il suo autore per il risarcimento del danno che venga a soffrire a causa della separazione dei beni compresi nell'acquisto e delle relative coltivazioni (2890, 2891).

Sezione XIII
Della rinunzia e dell'astensione del creditore nell'espropriazione forzata

2899. Divieto di rinunzia a un'ipoteca a danno di altro creditore. – Il creditore, che ha ipoteca su vari immobili, dopo che gli è stata fatta la notificazione indicata dall'art. 2890, se si tratta del processo di liberazione dalle ipoteche, o dopo la notificazione del provvedimento che dispone la vendita (569 c.p.c.), in caso di espropriazione (2891), non può rinunziare (2879) alla sua ipoteca sopra uno di quegli immobili né astenersi dall'intervenire nel giudizio di espropriazione (498, 563 ss. c.p.c.), qualora sia con ciò favorito un creditore a danno di altro creditore anteriormente iscritto (2852); se egli rinunzia o si astiene, è responsabile dei danni, a meno che vi siano giusti motivi.

La stessa disposizione si applica nel caso in cui la rinunzia o l'astensione favorisca un terzo acquirente a danno di un creditore con ipoteca anteriore o di un altro terzo acquirente che abbia un titolo anteriormente trascritto.

Capo V
Dei mezzi di conservazione della garanzia patrimoniale

Sezione I
Dell'azione surrogatoria

2900. Condizioni, modalità ed effetti. – Il creditore, per assicurare che siano soddisfatte o conservate le sue ragioni, può esercitare i diritti e le azioni che spettano verso i terzi al proprio debitore e che questi trascura di esercitare, purché i diritti e le azioni abbiano contenuto patrimoniale e non si tratti di diritti o di azioni che, per loro natura o per disposizione di legge, non possono essere esercitati se non dal loro titolare.

Il creditore, qualora agisca giudizialmente, deve citare (163 c.p.c.) anche il debitore al quale intende surrogarsi.

Sezione II
Dell'azione revocatoria

2901. Condizioni. – Il creditore (2740, 2741), anche se il credito è soggetto a condizione o a termine (1356), può domandare che siano dichiarati inefficaci nei suoi confronti gli atti di disposizione del patrimonio (524, 1113) con i quali il debitore rechi pregiudizio alle sue ragioni (206, 209), quando concorrono le seguenti condizioni:

1) che il debitore conoscesse il pregiudizio che l'atto arrecava alle ragioni del creditore o, trattandosi di atto anteriore al sorgere del credito, l'atto fosse dolosamente preordinato al fine di pregiudicarne il soddisfacimento (192, 195 c.p.);

2) che, inoltre, trattandosi di atto a titolo oneroso, il terzo fosse consapevole del pregiudizio e, nel caso di atto anteriore al sorgere del credito, fosse partecipe della dolosa preordinazione (1923).

Agli effetti della presente norma, le prestazioni di garanzia, anche per debiti altrui, sono considerate atti a titolo oneroso, quando sono contestuali al credito garantito.

Non è soggetto a revoca l'adempimento di un debito scaduto (1183, 1186; 65, 67 l. fall.).

L'inefficacia dell'atto non pregiudica i diritti acquistati a titolo oneroso dai terzi di buona fede, salvi gli effetti della trascrizione della domanda di revocazione (2652, n. 5, 2690; 64 ss., 70^2 l. fall.).

2902. Effetti. – Il creditore, ottenuta la dichiarazione di inefficacia, può promuovere nei confronti dei terzi acquirenti le azioni esecutive (2910^2; 474 ss., 602 c.p.c.) o conservative (671 c.p.c.) sui beni che formano oggetto dell'atto impugnato (2905, 2910).

Il terzo contraente, che abbia verso il debitore ragioni di credito dipendenti dall'esercizio dell'azione revocatoria, non può concorrere sul ricavato dei beni che sono stati oggetto dell'atto dichiarato inefficace, se non dopo che il creditore è stato soddisfatto (71 l. fall.).

2903. Prescrizione dell'azione. – L'azione revocatoria si prescrive in cinque anni dalla data dell'atto (2934 ss.).

2904. Rinvio. – Sono salve le disposizioni sull'azione revocatoria in materia fallimentare (64 ss. l. fall.) e in materia penale (192 c.p.).

Sezione III
Del sequestro conservativo

2905. Sequestro nei confronti del debitore o del terzo. – Il creditore può chiedere il sequestro conservativo dei beni del debitore, secondo le regole stabilite dal codice di procedura civile (671 ss. c.p.c.).

Il sequestro può essere chiesto anche nei confronti del terzo acquirente dei beni del debitore, qualora sia stata proposta l'azione per far dichiarare l'inefficacia dell'alienazione (2901, 2902).

2906. Effetti. – Non hanno effetto in pregiudizio del creditore sequestrante le alienazioni e gli altri atti che hanno per oggetto la cosa sequestrata, in conformità delle regole stabilite per il pignoramento (2843, 2912 ss.; 491 c.p.c.).

Non ha parimenti effetto in pregiudizio del creditore opponente il pagamento (1188) eseguito dal debitore, qualora l'opposizione sia stata proposta nei casi e con le forme stabilite dalla legge (495, 498, 530, 2742, 2825).

Titolo IV
Della tutela giurisdizionale dei diritti

Capo I
Disposizioni generali

2907. Attività giurisdizionale. – Alla tutela giurisdizionale dei diritti provvede l'autorità giudiziaria (117 c.p.c.) su domanda di parte (99, 100, 163 c.p.c.) e, quando la legge lo dispone, anche su istanza del pubblico ministero (69 c.p.) o d'ufficio.

La tutela giurisdizionale dei diritti, nell'interesse delle categorie professionali, è attuata su domande delle associazioni legalmente riconosciute, nei casi determinati dalla legge e con le forme da questa stabilite ([1]).

([1]) *Comma da ritenersi abrogato poiché le associazioni professionali obbligatorie, rappresentative per legge, sono state sciolte dal D.L.vo Lgt. 23 novembre 1944, n. 369, soppressione delle organizzazioni sindacali fasciste e liquidazione dei rispettivi patrimoni.*

2908. Effetti costitutivi delle sentenze. – Nei casi previsti dalla legge, l'autorità giudiziaria può costituire, modificare o estinguere rapporti giuridici, con effetto tra le parti, i loro eredi o aventi causa.

2909. Cosa giudicata. – L'accertamento contenuto nella sentenza passata in giudicato (324 c.p.c.) fa stato a ogni effetto tra le parti, i loro eredi o aventi causa (1306, 1595).

Capo II
Dell'esecuzione forzata

Sezione I
Dell'espropriazione

§. 1
Disposizioni generali

2910. Oggetto dell'espropriazione. – Il creditore, per conseguire quanto gli è dovuto, può fare espropriare i beni del debitore (170, 188, 326, 2740), secondo le regole stabilite dal codice di procedura civile (474 ss., 483 ss. c.p.c.).

Possono essere espropriati anche i beni di un terzo quando sono vincolati a garanzia del credito (2786, 2858, 2868) o quando sono oggetto di un atto che è stato revocato perché compiuto in pregiudizio del creditore (2901 ss., 2905; 602 ss. c.p.c.).

2911. Beni gravati da pegno o ipoteca. – Il creditore che ha pegno (2784) su beni del debitore non può pignorare (491, 502 c.p.c.) altri beni del debitore medesimo, se non sottopone a esecuzione anche i beni gravati dal pegno (2796). Non può parimenti, quando ha ipoteca (2808), pignorare altri immobili, se non sottopone a pignoramento anche gli immobili gravati dall'ipoteca (2808; 502, 544, 558 c.p.c.).

La stessa disposizione si applica se il creditore ha privilegio speciale su determinati beni (2746, 2755 ss., 2770 ss.).

§. 2
Degli effetti del pignoramento

2912. Estensione del pignoramento. – Il pignoramento (491 ss., 513 ss., 555 ss. c.p.c.) comprende gli accessori, le pertinenze (817; 556 c.p.c.) e i frutti (820; 516 c.p.c.) della cosa pignorata (559 c.p.c.).

2913. Inefficacia delle alienazioni del bene pignorato. – Non hanno effetto in pregiudizio del creditore pignorante (491 c.p.c.) e dei creditori che intervengono nell'esecuzione (498 ss. c.p.c.) gli atti di alienazione dei beni sottoposti a pignoramento, salvi gli effetti del possesso di buona fede (1147, 1153) per i mobili non iscritti in pubblici registri (815).

2914. Alienazioni anteriori al pignoramento. – Non hanno effetto in pregiudizio del creditore pignorante (491 ss. c.p.c.) e dei creditori che intervengono nell'esecuzione (498 ss. c.p.c.), sebbene anteriori al pignoramento (45, 54[3] l. fall.):

1) le alienazioni di beni immobili (812) o di beni mobili iscritti in pubblici registri (815), che siano state trascritte successivamente al pignoramento (1707, 2644, 2684, 2693; 555 c.p.c.);

2) le cessioni di crediti (1260) che siano state notificate al debitore ceduto o accettate dal medesimo successivamente al pignoramento (1264);

3) le alienazioni di universalità di mobili (816) che non abbiano data certa (2704);

4) le alienazioni di beni mobili di cui non sia stato trasmesso il possesso (1376) anteriormente al pignoramento, salvo che risultino da atto avente data certa (2644, 2704, 2915).

2915. Atti che limitano la disponibilità dei beni pignorati. – Non hanno effetto in pregiudizio del creditore pignorante (491 c.p.c.) e dei creditori che intervengono nell'esecuzione (498 ss. c.p.c.) gli atti che importano vincoli di indisponibilità (167, 1980), se non sono stati trascritti (2644 ss., 2647, 2684, 2685, 2693; 555 c.p.c.) prima del pignoramento, quando hanno per oggetto beni immobili (812) o beni mobili iscritti in pubblici registri (815, 2647, 2649, 2683, 2685, 2687, 2693), e, negli altri casi, se non hanno data certa anteriore al pignoramento (2704).

Non hanno del pari effetto in pregiudizio del creditore pignorante e dei creditori che intervengono nell'esecuzione gli atti e le domande per la cui efficacia rispetto ai terzi acquirenti la legge richiede la trascrizione (2643, 2644, 2652, 2653), se sono trascritti successivamente al pignoramento (2693).

2916. Ipoteche e privilegi. – Nella distribuzione della somma ricavata dall'esecuzione (509 ss. c.p.c.) non si tiene conto:

1) delle ipoteche (2808), anche se giudiziali (2818), iscritte dopo il pignoramento (555 c.p.c.);

2) dei privilegi per la cui efficacia è necessaria l'iscrizione, se questa ha luogo dopo il pignoramento (2762, 2810[3]);

3) dei privilegi (2745 ss.) per crediti sorti dopo il pignoramento.

2917. Estinzione del credito pignorato. – Se oggetto del pignoramento è un credito (2800 ss.; 543 ss. c.p.c.), l'estinzione di esso per cause verificatesi (1243[1]) in epoca successiva al pignoramento non ha effetto in pregiudizio del creditore pignorante e dei creditori che intervengono nell'esecuzione (1830; 498 ss. c.p.c.).

2918. Cessioni e liberazioni di pigioni e di fitti. – Le cessioni e le liberazioni di pigioni e di fitti (2924) non ancora scaduti per un periodo eccedente i tre anni (1605) non hanno effetto in pregiudizio del creditore pignorante e dei creditori che intervengono nell'esecuzione (498 ss. c. p.c.), se non sono trascritte anteriormente al pignoramento (2643, n. 9; 510 c.p.c.). Le cessioni e le liberazioni per un tempo inferiore ai tre anni e le cessioni e le liberazioni superiori ai tre anni non trascritte non hanno effetto, se non hanno data certa (2704) anteriore al pignoramento e, in ogni caso, non oltre il termine di un anno dalla data del pignoramento (2812, 2924).

§. 3
Effetti della vendita forzata
e dell'assegnazione

2919. Effetto traslativo della vendita forzata. – La vendita forzata (503 c.p.c.) trasferisce all'acquirente i diritti che sulla cosa spettavano a colui che ha subito l'espropriazione, salvi gli effetti del possesso di buona fede (1147, 1153, 2920). Non sono però opponibili all'acquirente diritti acquistati da terzi sulla cosa, se i diritti stessi non hanno effetto in pregiudizio del creditore pignorante e dei creditori intervenuti nell'esecuzione (2643, n. 6, 2913; 498 ss. c.p.c.).

2920. Diritti di terzi sulla cosa mobile venduta. – Se oggetto della vendita è una cosa mobile (812), coloro che avevano la proprietà o altri diritti reali su di essa, ma non hanno fatto valere le loro ragioni sulla somma ricavata dall'esecuzione (620 c.p.c.), non possono farle valere nei confronti dell'acquirente di buona fede (1153), né possono ripetere dai creditori la somma distribuita. Resta ferma la responsabilità del creditore procedente di mala fede per i danni e per le spese (96, 509, 541 c.p.c.; 79[2] l. fall.).

2921. Evizione. – L'acquirente della cosa espropriata, se ne subisce l'evizione (1483), può ripetere il prezzo non ancora distribuito, dedotte le spese, e, se la distribuzione è già avvenuta (510 c.p.c.), può ripeterne da ciascun creditore la parte che ha riscossa e dal debitore l'eventuale residuo, salva la responsabilità del creditore procedente per i danni e per le spese (96 c.p.c.).

Se l'evizione è soltanto parziale (1484), l'acquirente ha diritto di ripetere una parte proporzionale del prezzo. La ripetizione ha luogo anche se l'aggiudicatario, per evitare l'evizione, ha pagato una somma di danaro.

In ogni caso l'acquirente non può ripetere il prezzo nei confronti dei creditori privilegiati o ipotecari ai quali la causa di evizione non era opponibile (2747).

2922. Vizi della cosa. Lesione. – Nella vendita forzata non ha luogo la garanzia per i vizi della cosa (1490 ss.).

Essa non può essere impugnata per causa di lesione (1448).

2923. Locazioni. – Le locazioni (1571) consentite da chi ha subito l'espropriazione sono opponibili all'acquirente (1599) se hanno data certa (2704) anteriore al pignoramento (560[2] c.p.c.), salvo che, trattandosi di beni mobili, l'acquirente ne abbia conseguito il possesso in buona fede (1147, 1153, 1599).

Le locazioni immobiliari eccedenti i nove anni (1572) che non sono state trascritte anteriormente al pignoramento (2643, n. 8) non sono opponibili all'acquirente, se non nei limiti di un novennio dall'inizio della locazione (1599[3]).

In ogni caso l'acquirente non è tenuto a rispettare la locazione qualora il prezzo convenuto sia inferiore di un terzo al giusto prezzo o a quello risultante da precedenti locazioni.

Se la locazione non ha data certa, ma la detenzione del conduttore è anteriore al pignoramento della cosa locata, l'acquirente non è tenuto a rispettare la locazione che per la durata corrispondente a quella stabilita per le locazioni a tempo indeterminato (1574, 1600).

Se nel contratto di locazione è convenuto che esso possa risolversi in caso di alienazione, l'acquirente può intimare licenza al conduttore secondo le disposizioni dell'art. 1603 ([1]).

([1]) *L'art. 7 della L. 27 luglio 1978, n. 392, ha sancito la nullità di questa clausola.*

2924. Cessioni e liberazioni di pigioni e di fitti. – Le cessioni e le liberazioni di pigioni e di fitti non ancora scaduti (1605) non sono opponibili all'acquirente, salvo che si tratti di cessioni o di liberazioni eccedenti il triennio e trascritte anteriormente al pignoramento o si tratti di anticipazioni fatte in conformità degli usi locali (2643, n. 9, 2812, 2918; 555 c.p.c.).

2925. Norme applicabili all'assegnazione forzata. – Le norme concernenti la vendita forzata (2919 ss.) si applicano anche all'assegnazione forzata (2798; 505 c.p.c.), salvo quanto è disposto negli articoli seguenti.

2926. Diritti dei terzi sulla cosa assegnata. – Se l'assegnazione ha per oggetto beni mobili, i terzi che ne avevano la proprietà possono, entro il termine di sessanta giorni dall'assegnazione, rivolgersi contro l'assegnatario che ha ricevuto in buona fede il possesso (1147, 1153), al solo scopo di ripetere la somma corrispondente al suo credito soddisfatto con l'assegnazione. La stessa facoltà spetta ai terzi che avevano sulla cosa altri diritti reali, nei limiti del valore del loro diritto.

L'assegnatario conserva le sue ragioni nei confronti del debitore, ma si estinguono le garanzie prestate da terzi (1955, 2799, 2869).

2927. Evizione della cosa assegnata. – L'assegnatario, se subisce l'evizione (1483, 2921) della cosa, ha diritto di ripetere quanto ha pagato agli altri creditori, salva la responsabilità del creditore procedente per i danni e per le spese (96 c.p.c.).

L'assegnatario conserva le sue ragioni nei confronti del debitore espropriato, ma non le garanzie prestate da terzi (1955, 2881, 2926).

2928. Assegnazione di crediti. – Se oggetto dell'assegnazione è un credito (553 c.p.c.), il diritto dell'assegnatario verso il debitore che ha subito l'espropriazione non si estingue che con la riscossione del credito assegnato.

2929. Nullità del processo esecutivo. – La nullità degli atti esecutivi (617 c.p.c.) che hanno preceduto la vendita o l'assegnazione non ha effetto riguardo all'acquirente o all'assegnatario (21 l. fall.), salvo il caso di collusione con il creditore procedente. Gli altri creditori non sono in nessun caso tenuti a restituire quanto hanno ricevuto per effetto dell'esecuzione.

Sezione I *bis*
Dell'espropriazione di beni oggetto di vincoli di indisponibilità o di alienazioni a titolo gratuito ([1])

([1]) *Questa Sezione è stata inserita - unitamente all'art. 2929* bis *- dall'art. 12, comma 1, del D.L. 27 giugno 2015, n. 83, convertito, con modificazioni, nella L. 6 agosto 2015, n. 132. A norma dell'art. 23, comma 6, del medesimo provvedimento, tali disposizioni si applicano esclusivamente alle procedure esecutive iniziate successivamente alla data di entrata in vigore del presente decreto (Suppl. ord. alla* G.U. *Serie gen. - n. 192 del 20 agosto 2015).*

2929 *bis*. Espropriazione di beni oggetto di vincoli di indisponibilità o di alienazioni a titolo gratuito. – Il creditore che sia pregiudicato da un atto del debitore, di costituzione di vincolo di indisponibilità o di alienazione, che ha per oggetto beni immobili o mobili iscritti in pubblici registri, compiuto a titolo gratuito successivamente al sorgere del credito, può procedere, munito di titolo esecutivo, a esecuzione forzata, ancorchè non abbia preventivamente ottenuto sentenza dichiarativa di inefficacia, se trascrive il pignoramento nel termine di un anno dalla data in cui l'atto è stato trascritto. La disposizione di cui al presente comma si applica anche al creditore anteriore che, entro un anno dalla trascrizione dell'atto pregiudizievole, interviene nell'esecuzione da altri promossa.

Quando il bene, per effetto o in conseguenza dell'atto, è stato trasferito a un terzo, il creditore promuove l'azione esecutiva nelle forme dell'espropriazione contro il terzo proprietario ed è preferito ai creditori personali di costui nella distribuzione del ricavato. Se con l'atto è stato riservato o costituito alcuno dei diritti di cui al primo comma dell'articolo 2812, il creditore pignora la cosa come libera nei confronti del proprietario. Tali diritti si estinguono con la vendita del bene e i terzi titolari sono ammessi a far valere le loro ragioni sul ricavato, con preferenza rispetto ai creditori cui i diritti sono opponibili ([1]).

Il debitore, il terzo assoggettato a espropriazione e ogni altro interessato alla conservazione del vincolo possono proporre le opposizioni all'esecuzione di cui al titolo V del libro terzo del codice di procedura civile quando contestano la sussistenza dei presupposti di cui al primo comma o che l'atto abbia arrecato pregiudizio alle ragioni del creditore o che il debitore abbia avuto conoscenza del pregiudizio arrecato ([1]).

L'azione esecutiva di cui al presente articolo non può esercitarsi in pregiudizio dei diritti acquistati a titolo oneroso dall'avente causa del contraente immediato, salvi gli effetti della trascrizione del pignoramento ([1]).

([1]) *Gli originari commi secondo e terzo sono stati così sostituiti dagli attuali secondo terzo e quarto dall'art. 4, comma 1* bis, *del D.L. 3 maggio 2016, n. 59, convertito, con modificazioni, nella L. 30 giugno 2016, n. 119.*

Sezione II
Dell'esecuzione forzata in forma specifica

2930. Esecuzione forzata per consegna o rilascio. – Se non è adempiuto l'obbligo di consegnare una cosa determinata, mobile o immobile, l'avente diritto può ottenere la consegna o il rilascio forzati a norma delle disposizioni del codice di procedura civile (605 ss. c.p.c.).

2931. Esecuzione forzata degli obblighi di fare. – Se non è adempiuto un obbligo di fare, l'avente diritto può ottenere che esso sia eseguito a spese dell'obbligato nelle forme stabilite dal codice di procedura civile (612 ss. c.p.c.).

2932. Esecuzione specifica dell'obbligo di concludere un contratto. – Se colui che è obbligato a concludere un contratto (651^2, 849, 938, 1032, 1329 ss., 1351, 1706^2, 2597) non adempie l'obbligazione, l'altra parte, qualora sia possibile e non sia escluso dal titolo, può ottenere una sentenza che produca gli effetti del contratto non concluso (1706, 2643, n. 14, 2652, n. 2, 2684, n. 6, 2690, n. 1, 2908).

Se si tratta di contratti che hanno per oggetto il trasferimento della proprietà di una cosa determinata o la costituzione o il trasferimento di un altro diritto, la domanda non può essere accolta, se la parte che l'ha proposta non esegue la sua prestazione o non ne fa offerta nei modi di legge (1208, 1209, 1214, 1220), a meno che la prestazione non sia ancora esigibile (1329, 1351).

2933. Esecuzione forzata degli obblighi di non fare. – Se non è adempiuto un obbligo di non fare, l'avente diritto può ottenere che sia distrutto, a spese dell'obbligato, ciò che è stato fatto in violazione dell'obbligo (612 ss. c.p.c.).

Non può essere ordinata la distruzione della cosa e l'avente diritto può conseguire solo il risarcimento dei danni, se la distruzione della cosa è di pregiudizio all'economia nazionale.

Titolo V
Della prescrizione e della decadenza

Capo I
Della prescrizione

Sezione I
Disposizioni generali

2934. Estinzione dei diritti. – Ogni diritto si estingue per prescrizione (2962, 2963), quando il titolare non lo esercita per il tempo determinato dalla legge (1242).

Non sono soggetti alla prescrizione i diritti indisponibili (326, 1966, 2113) e gli altri diritti indicati dalla legge.

2935. Decorrenza della prescrizione. – La prescrizione comincia a decorrere dal giorno in cui il diritto può essere fatto valere (387, 2903) (¹).

(¹) *A norma dell'art. 2, comma 61, del D.L. 29 dicembre 2010, n. 225, convertito, con modificazioni, nella L. 26 febbraio 2011, n. 10, in ordine alle operazioni bancarie regolate in conto corrente, questo articolo si interpreta nel senso che la prescrizione relativa ai diritti nascenti dall'annotazione in conto inizia a decorrere dal giorno dell'annotazione stessa. In ogni caso non si fa luogo alla restituzione degli importi già versati alla data di entrata in vigore della legge di conversione del suddetto decreto.*

La Corte costituzionale, con sentenza n. 78 del 5 aprile 2012, ha dichiarato l'illegittimità costituzionale dell'art. 2, comma 61, del D.L. n. 225 del 2010.

2936. Inderogabilità delle norme sulla prescrizione. – È nullo (1418, 1419) ogni patto diretto a modificare la disciplina legale della prescrizione (2965).

2937. Rinunzia alla prescrizione. – Non può rinunziare alla prescrizione chi non può disporre validamente del diritto (1310³).

Si può rinunziare alla prescrizione solo quando questa è compiuta (2939, 2946 ss.).

La rinunzia può risultare da un fatto incompatibile con la volontà di valersi della prescrizione (1310).

2938. Non rilevabilità d'ufficio. – Il giudice non può rilevare d'ufficio la prescrizione non opposta (112 c.p.c.).

2939. Opponibilità della prescrizione da parte dei terzi. – La prescrizione può essere opposta dai creditori e da chiunque vi ha interesse, qualora la parte non la faccia valere. Può essere opposta anche se la parte vi ha rinunziato (2900, 2937).

2940. Pagamento del debito prescritto. – Non è ammessa la ripetizione di ciò che è stato spontaneamente pagato in adempimento di un debito prescritto.

Sezione II
Della sospensione della prescrizione

2941. Sospensione per rapporti tra le parti. – La prescrizione rimane sospesa (1073⁶, 1310², 2952⁴; 168 l. fall.):

1) tra i coniugi (186);

2) tra chi esercita la responsabilità genitoriale di cui all'art. 316 (¹) o i poteri a essa inerenti (301, 317 *bis*, 409) e le persone che vi sono sottoposte;

3) tra il tutore e il minore (346 ss.) o l'interdetto (424) soggetti alla tutela, finché non sia stato reso e approvato il conto finale (386), salvo quanto è disposto dall'art. 387 per le azioni relative alla tutela;

4) tra il curatore e il minore emancipato (392) o l'inabilitato (415, 424);

5) tra l'erede e l'eredità accettata con beneficio d'inventario (484, 490);

6) tra le persone i cui beni sono sottoposti per legge o per provvedimento del giudice all'amministrazione altrui e quelle da cui l'amministrazione è esercitata, finché non sia stato reso e approvato definitivamente il conto;

7) tra le persone giuridiche (11) e i loro amministratori (18), finché sono in carica, per le azioni di responsabilità contro di essi (2393) (²);

8) tra il debitore che ha dolosamente occultato l'esistenza del debito e il creditore, finché il dolo non sia stato scoperto (1310).

(¹) *Le parole «patria potestà» sono state sostituite dalle parole: «potestà di cui all'art. 316» dall'art. 210 della L. 19 maggio 1975, n. 151. La parola: «potestà» è stata poi, da ultimo, sostituita dalle attuali: «responsabilità genitoriale» dall'art. 92 del D.L.vo 28 dicembre 2013, n. 154, a decorrere dal trentesimo giorno successivo a quello della sua pubblicazione nella* Gazzetta Ufficiale *(G.U. n. 5 dell'8 gennaio 2014).*

(²) *La Corte costituzionale, con sentenza n. 322 del 24 luglio 1998, ha dichiarato l'illegittimità costituzionale di questo numero, nella parte in cui non prevede che la prescrizione rimane sospesa tra la società in accomandita semplice ed i suoi amministratori, finché sono in carica, per le azioni di responsabilità contro di essi.*

La Corte costituzionale, con sentenza n. 262 dell'11 dicembre 2015, ha dichiarato l'illegittimità costituzionale di questo numero, nella parte in cui non prevede che la prescrizione sia sospesa tra la società in nome collettivo e i suoi amministratori, finché sono in carica, per le azioni di responsabilità contro di essi.

2942. Sospensione per la condizione del titolare. – La prescrizione rimane sospesa (1073[6], 1166):

1) contro i minori (2) non emancipati (394) e gli interdetti per infermità di mente (245, 414 ss.), per il tempo in cui non hanno rappresentante legale e per sei mesi successivi alla nomina del medesimo o alla cessazione dell'incapacità (386, 429 ss.);

2) in tempo di guerra, contro i militari in servizio e gli appartenenti alle forze armate dello Stato e contro coloro che si trovano per ragioni di servizio al seguito delle forze stesse, per il tempo indicato dalle disposizioni delle leggi di guerra.

Sezione III
Dell'interruzione della prescrizione

2943. Interruzione da parte del titolare. – La prescrizione è interrotta (1073[6], 1310) dalla notificazione (137 ss. c.p.c.) dell'atto con il quale si inizia un giudizio, sia questo di cognizione (163, 638 c.p.c.) ovvero conservativo (669 ss.) o esecutivo (474 ss., 491 c.p.c.).

È pure interrotta dalla domanda proposta nel corso di un giudizio (2945; 34 ss., 105[1], 499 c.p.c.; 94 l. fall.).

L'interruzione si verifica anche se il giudice adito è incompetente (7 ss., 18 ss. c.p.c.).

La prescrizione è inoltre interrotta da ogni altro atto che valga a costituire in mora il debitore (1219, 1957) e dall'atto notificato con il quale una parte, in presenza di compromesso o clausola compromissoria, dichiara la propria intenzione di promuovere il procedimento arbitrale, propone la domanda e procede, per quanto le spetta, alla nomina degli arbitri ([1]).

([1]) *Comma così sostituito dall'art. 25 della L. 5 gennaio 1994, n. 25, a decorrere dal 18 aprile 1994.*

2944. Interruzione per effetto di riconoscimento. – La prescrizione è interrotta dal riconoscimento del diritto da parte di colui contro il quale il diritto stesso può essere fatto valere (1309, 1870, 1988, 2720, 2966).

2945. Effetti e durata dell'interruzione. – Per effetto dell'interruzione s'inizia un nuovo periodo di prescrizione (2946 ss.).

Se l'interruzione è avvenuta mediante uno degli atti indicati dai primi due commi dell'art. 2943, la prescrizione non corre fino al momento in cui passa in giudicato la sentenza che definisce il giudizio (1310[2]; 324 c.p.c.).

Se il processo si estingue (306 c.p.c.), rimane fermo l'effetto interruttivo e il nuovo periodo di prescrizione comincia dalla data dell'atto interruttivo ([1]).

Nel caso di arbitrato la prescrizione non corre dal momento della notificazione dell'atto contenente la domanda di arbitrato sino al momento in cui il lodo che definisce il giudizio non è più impugnabile o passa in giudicato la sentenza resa sull'impugnazione ([2]).

([1]) *Si veda l'art. 1* bis *del D.L. 17 marzo 1999, n. 64, convertito, con modificazioni, nella L. 14 maggio 1999, n. 134, che si riporta:*

«1 bis. *1. Per i procedimenti esecutivi pendenti alla data dell'8 settembre 1998, anche se dichiarati estinti per effetto dell'articolo 1 della legge 3 agosto 1998, n. 302, in deroga a quanto previsto dal terzo comma dell'art. 2945 del codice civile, l'effetto interruttivo della prescrizione rimane fermo fino alla dichiarazione di estinzione e il nuovo periodo di prescrizione inizia a decorrere dalla data di tale dichiarazione*».

([2]) *Comma aggiunto dall'art. 25 della L. 5 gennaio 1994, n. 25, a decorrere dal 18 gennaio 1994.*

Sezione IV
Del termine della prescrizione

§. 1
Della prescrizione ordinaria

2946. Prescrizione ordinaria. – Salvi i casi in cui la legge dispone diversamente, i diritti si estinguono per prescrizione con il decorso di dieci anni.

§. 2
Delle prescrizioni brevi

2947. ([1]) **Prescrizioni del diritto al risarcimento del danno.** – Il diritto al risarcimento del danno derivante da fatto illecito (2043) si prescrive in cinque anni dal giorno in cui il fatto si è verificato.

Per il risarcimento del danno prodotto dalla circolazione dei veicoli di ogni specie (2054) il diritto si prescrive in due anni (2767).

In ogni caso, se il fatto è considerato dalla legge come reato (2768) e per il reato è stabilita una prescrizione più lunga, questa si applica anche all'azione civile (157 ss. c.p.). Tuttavia, se il reato è estinto (150 ss. c.p.) per causa diversa dalla prescrizione o è intervenuta sentenza irrevocabile nel giudizio penale (648 c.p.p.), il diritto al risarcimento del danno si prescrive nei termini indicati dai primi due commi, con decorrenza dalla data di estinzione del reato o dalla data in cui la sentenza è divenuta irrevocabile (1449[1]).

(1) *A norma dell'art. 4, comma 43, della L. 12 novembre 2011, n. 183, a decorrere dal 1° gennaio 2012, la prescrizione del diritto al risarcimento del danno derivante da mancato recepimento nell'ordinamento dello Stato di direttive o altri provvedimenti obbligatori comunitari soggiace, in ogni caso, alla disciplina di cui al presente articolo e decorre dalla data in cui il fatto, dal quale sarebbero derivati i diritti se la direttiva fosse stata tempestivamente recepita, si è effettivamente verificato.*

2948. Prescrizione di cinque anni. – Si prescrivono in cinque anni:

1) le annualità delle rendite perpetue (1861) o vitalizie (1872);

1 *bis*) il capitale nominale dei titoli di Stato (1) emessi al portatore (2);

2) le annualità delle pensioni alimentari (433 ss.);

3) le pigioni delle case, i fitti dei beni rustici e ogni altro corrispettivo di locazioni (1571, 1587);

4) gli interessi (1282) e, in generale, tutto ciò che deve pagarsi periodicamente ad anno o in termini più brevi (3);

5) le indennità spettanti per la cessazione del rapporto di lavoro.

(1) *Le parole: «titoli del debito pubblico» sono state così sostituite dalle attuali, dall'art. 54, comma 2, della L. 27 dicembre 1997, n. 449.*

(2) *Numero aggiunto dall'art. 2 della L. 12 agosto 1993, n. 313, in materia di rimborso del capitale di titoli di Stato al portatore sottratti, distrutti o smarriti.*

Ai sensi dell'art. 2 del D.M. 16 febbraio 1996, n. 312, il termine di prescrizione dei titoli di debito pubblico al portatore, previsto da questo numero, decorre dalla data di entrata in vigore della L. n. 313/1993, purché, alla predetta data, non rimanesse a decorrere un termine minore.

(3) *La Corte costituzionale, con sentenza n. 63 del 10 giugno 1966, ha dichiarato l'illegittimità costituzionale degli artt. 2948, n. 4, 2955, n. 2 e 2956, n. 1, limitatamente alla parte in cui consentono che la prescrizione del diritto alla retribuzione decorra durante il rapporto di lavoro (3, 4 e 36 Cost.). Con successive sentenze n. 143 del 20 novembre 1969 e n. 174 del 12 dicembre 1972, la Corte costituzionale ha tuttavia precisato che tale principio non trova applicazione nei rapporti di pubblico impiego e in quelli garantiti dall'art. 1 della L. 15 luglio 1966, n. 604 e dall'art. 18 della L. 20 maggio 1970, n. 300, licenziamento per giusta causa.*

Con sentenza n. 50 del 7 aprile 1981, peraltro, la stessa Corte ha dichiarato costituzionalmente illegittimo l'art. 2 del R.D.L. 19 gennaio 1939, n. 295, che prevedeva la prescrizione biennale di stipendi, pensioni ed altri emolumenti degli impiegati dello Stato.

2949. Prescrizione in materia di società. – Si prescrivono in cinque anni i diritti che derivano dai rapporti sociali, se la società (2247 ss.) è iscritta nel registro delle imprese (2188, 2200).

Nello stesso termine si prescrive l'azione di responsabilità che spetta ai creditori sociali verso gli amministratori nei casi stabiliti dalla legge (2394).

2950. Prescrizione del diritto del mediatore. – Si prescrive in un anno il diritto del mediatore al pagamento della provvigione (1755).

2951. (1) **Prescrizione in materia di spedizione e di trasporto.** – Si prescrivono in un anno i diritti derivanti dal contratto di spedizione (1737 ss.) e dal contratto di trasporto (1678 ss.).

La prescrizione si compie con il decorso di diciotto mesi se il trasporto ha inizio o termine fuori d'Europa.

Il termine decorre dall'arrivo a destinazione della persona o, in caso di sinistro, dal giorno di questo, ovvero dal giorno in cui è avvenuta o sarebbe dovuta avvenire la riconsegna (1687) della cosa al luogo di destinazione.

Si prescrivono parimenti in un anno dalla richiesta del trasporto i diritti verso gli esercenti pubblici servizi di linea indicati dall'art. 1679.

(1) *Si veda inoltre il D.L.vo 21 novembre 2005, n. 286.*

2952. Prescrizione in materia di assicurazione. – Il diritto al pagamento delle rate di premio si prescrive in un anno dalle singole scadenze (1901).

Gli altri diritti derivanti dal contratto di assicurazione e dal contratto di riassicurazione si prescrivono in due anni dal giorno in cui si è verificato il fatto su cui il diritto si fonda, ad esclusione del contratto di assicurazione sulla vita i cui diritti si prescrivono in dieci anni (1).

Nell'assicurazione della responsabilità civile (1917), il termine decorre dal giorno in cui il terzo ha richiesto il risarcimento all'assicurato o ha promosso contro di questo l'azione.

La comunicazione all'assicuratore della richiesta del terzo danneggiato o dell'azione da questo proposta sospende il corso della prescrizione (2941) finché il credito del danneggiato non sia divenuto liquido ed esigibile oppure il diritto del terzo danneggiato non sia prescritto (2947).

La disposizione del comma precedente si applica all'azione del riassicurato verso il riassicuratore per il pagamento dell'indennità (1930; 547, 1020 c.n.).

(¹) *Questo comma è stato, da ultimo, così sostituito dall'art. 22, comma 14, del D.L. 18 ottobre 2012, n. 179, convertito, con modificazioni, nella L. 17 dicembre 2012, n. 221.*

2953. Effetti del giudizio sulle prescrizioni brevi. – I diritti per i quali la legge stabilisce una prescrizione più breve di dieci anni, quando riguardo ad essi è intervenuta sentenza di condanna passata in giudicato (324 c.p.c.), si prescrivono con il decorso di dieci anni (2946).

§. 3
Delle prescrizioni presuntive

2954. Prescrizione di sei mesi. – Si prescrive in sei mesi il diritto degli albergatori e degli osti per l'alloggio e il vitto che somministrano (1783 ss., 2760), e si prescrive nello stesso termine il diritto di tutti coloro che danno alloggio con o senza pensione (2957, 2959, 2960).

2955. Prescrizione di un anno. – Si prescrive in un anno (2959, 2960) il diritto:

1) degli insegnanti, per la retribuzione delle lezioni che impartiscono a mesi o a giorni o a ore (2956, n. 4);

2) dei prestatori di lavoro, per le retribuzioni corrisposte a periodi non superiori al mese (2099, 2956, n. 1) (¹);

3) di coloro che tengono convitto o casa di educazione e d'istruzione, per il prezzo della pensione e dell'istruzione;

4) degli ufficiali giudiziari, per il compenso degli atti compiuti nella loro qualità (59 c.p.c.);

5) dei commercianti (2195, n. 2), per il prezzo delle merci vendute a chi non ne fa commercio;

6) dei farmacisti, per il prezzo dei medicinali (2957).

(¹) *La Corte costituzionale, con sentenza n. 63 del 10 giugno 1966, ha dichiarato l'illegittimità costituzionale degli artt. 2948, n. 4), 2955, n. 2) e 2956, n. 1), limitatamente alla parte in cui consentono che la prescrizione del diritto alla retribuzione decorra durante il rapporto di lavoro. Con successive sentenze n. 143 del 20 novembre 1969 e n. 174 del 12 dicembre 1972, la Corte costituzionale ha tuttavia precisato che tale principio non trova applicazione nei rapporti di pubblico impiego e in quelli garantiti dall'art. 1 della L. 15 luglio 1966, n. 604 e dall'art. 18 della L. 20 maggio 1970, n. 300, licenziamento per giusta causa.*

2956. Prescrizione di tre anni. – Si prescrive in tre anni (2959, 2960) il diritto:

1) dei prestatori di lavoro, per le retribuzioni corrisposte a periodi superiori al mese (2099, 2955, n. 2) (¹);

2) dei professionisti, per il compenso dell'opera prestata e per il rimborso delle spese correlative (2229 ss.);

3) dei notai, per gli atti del loro ministero;

4) degli insegnanti, per la retribuzione delle lezioni impartite a tempo più lungo di un mese (2955, n. 1).

(¹) *La Corte costituzionale, con sentenza n. 63 del 10 giugno 1966, ha dichiarato l'illegittimità costituzionale degli artt. 2948, n. 4, 2955, n. 2 e 2956, n. 1, limitatamente alla parte in cui consentono che la prescrizione del diritto alla retribuzione decorra durante il rapporto di lavoro (3, 4 e 36 Cost.). Con successive sentenze n. 143 del 20 novembre 1969 e n. 174 del 12 dicembre 1972, la Corte costituzionale ha tuttavia precisato che tale principio non trova applicazione nei rapporti di pubblico impiego e in quelli garantiti dall'art. 1 della L. 15 luglio 1966, n. 604 e dall'art. 18 della L. 20 maggio 1970, n. 300, licenziamento per giusta causa.*

2957. Decorrenza delle prescrizioni presuntive. – Il termine della prescrizione decorre (2935) dalla scadenza della retribuzione periodica o dal compimento della prestazione (2958).

Per le competenze dovute agli avvocati, ai procuratori e ai patrocinatori legali il termine decorre dalla decisione della lite (324 c.p.c.), dalla conciliazione delle parti o dalla revoca del mandato (85 c.p.c.); per gli affari non terminati, la prescrizione decorre dall'ultima prestazione (633 c.p.c.).

2958. Corso della prescrizione. – La prescrizione decorre anche se vi è stata continuazione di somministrazioni o di prestazioni.

2959. Ammissioni di colui che oppone la prescrizione. – L'eccezione è rigettata, se chi oppone la prescrizione nei casi indicati dagli articoli 2954,

2955 e 2956 ha comunque ammesso in giudizio che l'obbligazione non è stata estinta (2961).

2960. Delazione del giuramento. – Nei casi indicati dagli articoli 2954, 2955 e 2956, colui al quale la prescrizione è stata opposta può deferire all'altra parte il giuramento per accertare se si è verificata l'estinzione del debito (2736; 233 c.p.c.).

Il giuramento può essere deferito al coniuge superstite e agli eredi o ai loro rappresentanti legali per dichiarare se hanno notizia dell'estinzione del debito (2739).

2961. Restituzione di documenti. – I cancellieri, gli arbitri, gli avvocati, i procuratori e i patrocinatori legali sono esonerati dal rendere conto degli incartamenti relativi alle liti dopo tre anni da che queste sono state decise o sono altrimenti terminate (2235).

Tale esonero si verifica, per gli ufficiali giudiziari, dopo due anni dal compimento degli atti ad essi affidati.

Anche alle persone designate in questo articolo può essere deferito il giuramento (2960) perché dichiarino se ritengono o sanno dove si trovano gli atti o le carte.

Si applica in questo caso il disposto dell'art. 2959.

§. 4
Del computo dei termini

2962. Compimento della prescrizione. – In tutti i casi contemplati dal presente codice e dalle altre leggi, la prescrizione si verifica quando è compiuto l'ultimo giorno del termine (1073^{4}).

2963. Computo dei termini di prescrizione. – I termini di prescrizione contemplati dal presente codice e dalle altre leggi si computano secondo il calendario comune (1187; 155 c.p.c.).

Non si computa il giorno nel corso del quale cade il momento iniziale del termine e la prescrizione si verifica con lo spirare dell'ultimo istante del giorno finale.

Se il termine scade in giorno festivo, è prorogato di diritto al giorno seguente non festivo.

La prescrizione a mesi si verifica nel mese di scadenza e nel giorno di questo corrispondente al giorno del mese iniziale.

Se nel mese di scadenza manca tale giorno, il termine si compie con l'ultimo giorno dello stesso mese.

Capo II
Della decadenza

2964. Inapplicabilità di regole della prescrizione. – Quando un diritto deve esercitarsi entro un dato termine sotto pena di decadenza (2966), non si applicano le norme relative all'interruzione della prescrizione (2943 ss.). Del pari non si applicano le norme che si riferiscono alla sospensione (2941), salvo che sia disposto altrimenti (245, 489, 802, 2941; 168^{2} l. fall.).

2965. Decadenze stabilite contrattualmente. – È nullo (1418) il patto con cui si stabiliscono termini di decadenza che rendono eccessivamente difficile a una delle parti l'esercizio del diritto (1341^{2}).

2966. Cause che impediscono la decadenza. – La decadenza non è impedita se non dal compimento dell'atto previsto dalla legge o dal contratto (94 l. fall.). Tuttavia, se si tratta di un termine stabilito dal contratto o da una norma di legge relativa a diritti disponibili (2968), la decadenza può essere anche impedita (2967) dal riconoscimento (1309, 1870, 1988, 2720, 2944) del diritto proveniente dalla persona contro la quale si deve far valere il diritto soggetto a decadenza.

2967. Effetto dell'impedimento della decadenza. – Nei casi in cui la decadenza è impedita (2966), il diritto rimane soggetto alle disposizioni che regolano la prescrizione (2934 ss.).

2968. Diritti indisponibili. – Le parti non possono modificare la disciplina legale della decadenza né possono rinunziare alla decadenza medesima, se questa è stabilita dalla legge in materia sottratta alla disponibilità delle parti (1966, 2966).

2969. Rilievo d'ufficio. – La decadenza non può essere rilevata d'ufficio dal giudice, salvo che, trattandosi di materia sottratta alla disponibilità delle parti, il giudice debba rilevare le cause d'improponibilità dell'azione (112 c.p.c.).

DISPOSIZIONI PER L'ATTUAZIONE DEL CODICE CIVILE E DISPOSIZIONI TRANSITORIE

1.

R.D. 30 marzo 1942, n. 318. Disposizioni per l'attuazione del Codice civile e disposizioni transitorie (*Gazzetta Ufficiale* n. 91 del 17 aprile 1942) e avviso di rettifica in *Gazzetta Ufficiale* n. 159 del 12 luglio 1943.

Capo I
Disposizioni di attuazione

Sezione I
Disposizioni relative al libro I

1. ([1]) [L'esercizio delle facoltà attribuite all'autorità governativa nel titolo II del libro I del codice può dal Governo essere delegato in tutto o in parte ai prefetti per gli enti che esercitano la loro attività nell'ambito di una provincia].

([1]) *Questo articolo è stato abrogato dall'art. 11, comma 1, lett.* f), *del D.P.R. 10 febbraio 2000, n. 361.*

2. ([1]) [La domanda per il riconoscimento di una persona giuridica deve essere accompagnata dalla copia autentica dell'atto costitutivo e dello statuto e da quegli altri documenti che possono, secondo le circostanze, servire a dimostrare lo scopo dell'ente e i mezzi patrimoniali per provvedervi.

Il riconoscimento delle fondazioni può essere concesso dall'autorità governativa anche d'ufficio].

([1]) *Questo articolo è stato abrogato dall'art. 11, comma 1, lett.* f), *del D.P.R. 10 febbraio 2000, n. 361.*

3. Il notaio che interviene per la stipulazione di atti tra vivi ovvero per la pubblicazione di testamenti, con i quali si dispongono fondazioni (14, 600 c.c.) o si fanno donazioni o lasciti in favore di enti da istituire (786 c.c.), è obbligato a farne denunzia al prefetto entro trenta giorni.

La denunzia deve contenere gli estremi essenziali dell'atto, il testo letterale concernente la liberalità, la indicazione degli eredi e della loro residenza.

Il prefetto è autorizzato a promuovere, nei modi e nei casi stabiliti dalla legge, gli atti conservativi che reputa necessari per l'esecuzione della disposizione sia nei confronti degli eredi, sia nei confronti dei terzi.

Può anche chiedere al tribunale, in caso di urgenza o di necessità, la nomina di un amministratore provvisorio dei beni. Il tribunale provvede con decreto in camera di consiglio (737 c.p.c.).

4. ([1]) [La domanda per ottenere l'approvazione delle modificazioni dell'atto costitutivo e dello statuto deve essere accompagnata da una copia autentica della deliberazione relativa e dai documenti necessari per dimostrare l'osservanza delle condizioni prescritte dal secondo comma dell'art. 21 del codice.

Gli amministratori della persona giuridica devono chiedere l'approvazione entro trenta giorni dalla deliberazione].

([1]) *Questo articolo è stato abrogato dall'art. 11, comma 1, lett.* f), *del D.P.R. 10 febbraio 2000, n. 361.*

5. La domanda per ottenere l'autorizzazione prevista nell'art. 17 del codice deve essere presentata al prefetto della provincia in cui la persona giuridica ha la sua sede (46 c.c.) e accompagnata dai documenti necessari per dimostrare l'entità, le condizioni, l'opportunità dell'acquisto, nonché la destinazione dei beni.

Il prefetto raccoglie le opportune informazioni, sente, quando trattasi di atti di ultima volontà, coloro ai quali per successione sarebbero devoluti i beni lasciati alla persona giuridica, e, ove non sia delegato a concedere la chiesta autorizzazione, trasmette la domanda al ministero competente secondo l'attività che la persona giuridica svolge. In tal caso l'autorizzazione è data con decreto presidenziale.

Durante il procedimento i rappresentanti della persona giuridica possono compiere gli atti che tendono a conservarne i diritti.

6. L'acquisto di beni immobili in seguito a subastazione effettuata a carico di un debitore della persona giuridica non è soggetto alla necessità dell'autorizzazione (17 c.c.). Tuttavia entro trenta giorni dall'acquisto i rappresentanti della persona giuridica devono darne comunicazione al prefetto (586, 590 c.p.c.).

7. Il notaio che interviene per la stipulazione di atti tra vivi ovvero per la pubblicazione di testamenti (620, 621 c.c.), nei quali si dispongono donazioni o lasciti in favore di una persona giuridica, deve darne notizia entro trenta giorni al rappresentante della persona giuridica e al prefetto della provincia in cui questa ha la sua sede.

8. La convocazione dell'assemblea delle associazioni (20 c.c.) deve farsi nelle forme stabilite dallo statuto e, se questo non dispone, mediante avviso personale che deve contenere l'ordine del giorno degli argomenti da trattare.

Se non è vietato dall'atto costitutivo o dallo statuto, gli associati possono farsi rappresentare nell'assemblea da altri associati mediante delega scritta anche in calce all'avviso di convocazione (2372 c.c.).

9. Nell'ipotesi prevista dal quarto comma dell'art. 23 del codice il provvedimento di sospensione deve essere comunicato agli amministratori, i quali possono entro quindici giorni proporre reclamo.

In tal caso l'autorità governativa, se non ritiene di revocare il provvedimento, ne dà comunicazione al pubblico ministero, il quale promuove l'azione di annullamento della deliberazione.

10. (1) [Il provvedimento con il quale l'autorità governativa dichiara l'estinzione o dispone la trasformazione della persona giuridica è comunicato agli amministratori e al presidente del tribunale, il quale ne ordina l'iscrizione nel registro delle persone giuridiche].

(1) *Questo articolo è stato abrogato dall'art. 11, comma 1, lett.* f), *del D.P.R. 10 febbraio 2000, n. 361.*

11. Quando la persona giuridica è dichiarata estinta (27 c.c.) o quando l'associazione è sciolta (21³ c.c.), il presidente del tribunale, su istanza degli amministratori, dei soci, dei creditori, del pubblico ministero o anche di ufficio, nomina uno o più commissari liquidatori (30 c.c.), salvo che l'atto costitutivo o lo statuto non preveda una diversa forma di nomina e a questa si proceda entro un mese dal provvedimento. La preventiva designazione dei liquidatori nell'atto costitutivo o nello statuto non ha effetto.

Quando lo scioglimento dell'associazione è deliberato dall'assemblea, la nomina può essere fatta dall'assemblea medesima con la maggioranza prevista dall'art. 21 del codice.

Possono essere nominati liquidatori anche gli amministratori uscenti.

In ogni caso la nomina fatta dall'assemblea o nelle forme previste nell'atto costitutivo o nello statuto deve essere comunicata immediatamente al presidente del tribunale.

12. I liquidatori esercitano la loro funzione sotto la diretta sorveglianza del presidente del tribunale (15) e si considerano ad ogni effetto di legge pubblici ufficiali (375 c.p.). Essi possono essere revocati e sostituiti in ogni tempo anche di ufficio dallo stesso presidente con provvedimento non soggetto a reclamo.

I liquidatori deliberano a maggioranza.

13. I liquidatori, entro quindici giorni dalla comunicazione avutane, devono procedere all'annotazione della loro nomina nel registro dove la persona giuridica è iscritta, e richiedere agli amministratori la consegna dei beni e delle scritture della persona giuridica. All'atto della consegna è redatto inventario, di cui è trasmessa copia al presidente del tribunale (35 c.c.).

Se gli amministratori si rifiutano di procedere alla consegna, il presidente del tribunale autorizza il rilascio coattivo con decreto non soggetto a reclamo. In questo caso l'inventario è redatto dall'ufficiale giudiziario procedente.

14. Entro trenta giorni dalla formazione dell'inventario i liquidatori, dopo avere determinato la consistenza dell'attivo e del passivo dell'ente, se riconoscono che il patrimonio non è sufficiente al pagamento integrale delle passività, devono iniziare la liquidazione generale dei beni nell'interesse di tutti i creditori (16), dandone avviso mediante annotazione nel registro delle persone giuridiche.

Il medesimo avviso deve essere dato nel caso in cui i liquidatori non ritengono di dover procedere alla liquidazione generale, essendovi eccedenza dell'attivo sul passivo.

In quest'ultimo caso i creditori dell'ente possono fare opposizione entro trenta giorni dall'annotazione chiedendo la liquidazione generale del patrimonio.

Le opposizioni si propongono davanti al presidente del tribunale. Contro il provvedimento di questo è ammesso reclamo davanti al presidente della corte nel termine di quindici giorni. Il provvedimento definitivo è annotato nel registro a cura dei liquidatori (35 c.c.).

15. Quando non sono intervenute opposizioni ai sensi dell'articolo precedente o queste sono state rigettate con provvedimento definitivo, i liquidatori provvedono a riscuotere i crediti dell'ente, a convertire in danaro, nei limiti in cui è necessario, i beni e a pagare i creditori a misura che si presentano.

I liquidatori possono provvedere al pagamento anche dei creditori il cui credito non è attualmente esigibile, e devono provvedere alle cautele necessarie per assicurare il pagamento dei creditori condizionali.

Soddisfatti i creditori, i liquidatori formano l'inventario dei beni residuati e rendono conto della gestione al presidente del tribunale.

Copia dell'inventario e del rendiconto approvato dal presidente del tribunale deve essere trasmessa all'autorità governativa.

I liquidatori distribuiscono i beni residuati a norma dell'art. 31 del codice, provocando, quando è necessario, le disposizioni dell'autorità governativa (32 c.c.).

16. Quando è disposta la liquidazione generale del patrimonio dell'ente si osservano, in quanto applicabili, le disposizioni degli articoli 201, 207, 208, 209, 210, 212 e 213 del R.D. 16 marzo 1942, n. 267 (1), salve le disposizioni seguenti.

(1) *Legge fallimentare.*

17. I termini, che secondo le disposizioni richiamate nell'articolo precedente decorrono dalla data del provvedimento di liquidazione o di nomina dei liquidatori o dalla sua pubblicazione nella *Gazzetta Ufficiale*, decorrono dalla data in cui è stato annotato nel registro il provvedimento che dispone la liquidazione generale della persona giuridica ai sensi del precedente art. 14.

18. La pubblicità del provvedimento che ordina la liquidazione (11) e del bilancio finale di liquidazione si attua mediante annotazione nel registro delle persone giuridiche (22) a cura dei liquidatori. Nei casi in cui le norme richiamate nell'art. 16 richiedono il deposito di atti nella cancelleria del tribunale, il deposito si deve effettuare presso la cancelleria in cui è tenuto il registro delle persone giuridiche (35 c.c.).

19. Le attribuzioni, che secondo le norme sulla liquidazione coatta amministrativa sono demandate all'autorità che ha nominato il liquidatore, spettano al presidente del tribunale.

20. Chiusa la liquidazione, il presidente del tribunale ordina la cancellazione dell'ente dal registro delle persone giuridiche.

[Il provvedimento di cancellazione è annotato d'ufficio nel registro a cura della cancelleria del tribunale] (1).

(1) *Questo comma è stato abrogato dall'art. 11, comma 1, lett.* f), *del D.P.R. 10 febbraio 2000, n. 361.*

21. La competenza per i provvedimenti relativi alla liquidazione spetta al tribunale del capoluogo della provincia in cui è registrata la persona giuridica.

22. (1) [Il registro delle persone giuridiche è istituito presso la cancelleria del tribunale di ogni capoluogo di provincia ed è tenuto sotto la diretta sorveglianza del presidente del tribunale].

(1) *Questo articolo è stato abrogato dall'art. 11, comma 1, lett.* f), *del D.P.R. 10 febbraio 2000, n. 361.*

23. (1) [Il registro consta di due parti, l'una generale e l'altra analitica.

Nella prima parte del registro sono iscritte le persone giuridiche con la sola indicazione della loro denominazione.

L'iscrizione è contrassegnata da un numero d'ordine, ed è accompagnata dall'indicazione della data, del nome del richiedente, delle pagine riservate nella parte analitica alla stessa persona giuridica e del volume in cui sono contenuti lo statuto e l'atto costitutivo. Alla fine della parte generale il registro è munito di una rubrica alfabetica contenente il nome della persona giuridica, il numero della pagina in cui la stessa è scritta e il riferimento alla parte analitica del registro.

Nella seconda parte del registro, distintamente per ogni persona giuridica, sono iscritti tutti gli elementi e i fatti indicati nel secondo comma dell'art. 33 e nel primo dell'art. 34 del codice.

Ogni iscrizione è contrassegnata da un numero d'ordine e deve contenere l'indicazione della data, del nome del richiedente, del volume in cui sono raccolti l'atto costitutivo e lo statuto e di quello dove sono raccolte le copie delle deliberazioni e dei provvedimenti iscritti nel registro.

Ad ogni persona giuridica è riservata nella seconda parte del registro un intero foglio costituito da due pagine contrapposte. Le iscrizioni successive si fanno nello stesso foglio. Quando il foglio riservato per una persona giuridica è esaurito, le iscrizioni sono fatte in un foglio successivo. La continuazione deve risultare chiaramente dalla pagina esaurita].

(1) *Questo articolo è stato abrogato dall'art. 11, comma 1, lett.* f), *del D.P.R. 10 febbraio 2000, n. 361.*

24. (1) [Le iscrizioni si eseguono nel registro tenuto nel capoluogo della provincia, nella quale è la sede della persona giuridica.

Al richiedente deve essere rilasciata ricevuta in carta libera della richiesta d'iscrizione].

(1) *Questo articolo è stato abrogato dall'art. 11, comma 1, lett.* f), *del D.P.R. 10 febbraio 2000, n. 361.*

25. (1) [Per ottenere l'iscrizione della persona giuridica, il richiedente deve presentare copia autentica in carta libera del decreto di riconoscimento, dell'atto costitutivo e dello statuto.

Quando il riconoscimento è avvenuto per decreto del Presidente della Repubblica, è sufficiente l'esibizione del numero della *Gazzetta Ufficiale* nel quale il decreto è stato pubblicato.

L'atto costitutivo e lo statuto rimangono depositati nella cancelleria e sono ordinati in volumi muniti di rubrica alfabetica].

(1) *Questo articolo è stato abrogato dall'art. 11, comma 1, lett.* f), *del D.P.R. 10 febbraio 2000, n. 361.*

26. (1) [Per ottenere l'iscrizione dei fatti indicati nell'art. 34 del codice, il richiedente deve presentare copia autentica in carta libera della deliberazione o del provvedimento da iscrivere.

Tali copie restano depositate in cancelleria e sono ordinate in volumi muniti di rubrica alfabetica].

(1) *Questo articolo è stato abrogato dall'art. 11, comma 1, lett.* f), *del D.P.R. 10 febbraio 2000, n. 361.*

27. (1) [L'obbligo di richiedere le iscrizioni nel registro delle persone giuridiche deve essere adempiuto dagli amministratori e dai liquidatori nel termine di giorni quindici.

Per le iscrizioni previste nell'art. 33 del codice, il termine decorre dalla data di pubblicazione del decreto presidenziale di riconoscimento nella *Gazzetta Ufficiale* e, se il riconoscimento è concesso con decreto del prefetto, dalla data di comunicazione del provvedimento prefettizio.

Per gli amministratori, che al momento della pubblicazione o della comunicazione del decreto di riconoscimento non erano in carica, il termine decorre dal momento in cui essi hanno accettato la nomina.

Per le iscrizioni previste nell'art. 34 del codice, il termine decorre, se trattasi di provvedimenti dell'autorità, dalla data della loro comunicazione, se di deliberazioni dell'ente o dei suoi organi dalla data delle medesime. Quando la deliberazione è soggetta ad approvazione dell'autorità governativa a norma dell'art. 16 del codice, il termine decorre dalla data in cui l'approvazione è comunicata].

(1) *Questo articolo è stato abrogato dall'art. 11, comma 1, lett.* f), *del D.P.R. 10 febbraio 2000, n. 361.*

28. (1) [La registrazione della persona giuridica prevista nell'art. 33 del codice può essere richiesta da coloro che hanno fatto istanza per il riconoscimento.

La registrazione di ufficio prevista nel terzo comma dell'art. 33 del codice può essere disposta dal pubblico ministero presso il tribunale dove è tenuto il registro].

(1) *Questo articolo è stato abrogato dall'art. 11, comma 1, lett.* f), *del D.P.R. 10 febbraio 2000, n. 361.*

29. (1) [Il registro e i documenti relativi possono essere esaminati da chiunque ne fa richiesta.

La cancelleria deve rilasciare gli estratti e i certificati che sono richiesti].

(1) *Questo articolo è stato abrogato dall'art. 11, comma 1, lett.* f), *del D.P.R. 10 febbraio 2000, n. 361.*

30. (1) [Il registro, prima di essere posto in uso, deve essere numerato e vidimato in ciascun foglio dal presidente del tribunale o da un giudice del tribunale delegato dal presidente con decreto da iscriversi nella prima pagina del registro.

Nell'ultima pagina del registro il presidente o il giudice delegato indica il numero dei fogli di cui è composto il registro].

(1) *Questo articolo è stato abrogato dall'art. 11, comma 1, lett.* f), *del D.P.R. 10 febbraio 2000, n. 361.*

31. Il trasferimento della residenza (43 c.c.) si prova con la doppia dichiarazione fatta al comune che si abbandona e a quello dove s'intende fissare la dimora abituale. Nella dichiarazione fatta al comune che si abbandona deve risultare il luogo in cui è fissata la nuova residenza (44 c.c.).

32. ([1]) Il pubblico ministero deve essere sempre sentito nei procedimenti di volontaria giurisdizione riguardanti il fondo patrimoniale.

([1]) *Articolo così sostituito dall'art. 213 della L. 19 maggio 1975, n. 151, riforma del diritto di famiglia.*

33. ([1]) Nel caso previsto dall'art. 183 del codice, il tribunale, in camera di consiglio, provvede con decreto, su istanza dell'altro coniuge, e sentito il pubblico ministero.

([1]) *Articolo così sostituito dall'art. 214 della L. 19 maggio 1975, n. 151, riforma del diritto di famiglia.*

34. ([1]) [Sulla domanda del figlio naturale per ottenere il mantenimento, l'istruzione e l'educazione di cui all'art. 279, primo comma, del codice provvede il tribunale per i minorenni].

([1]) *Questo articolo è stato abrogato dall'art. 106, comma 1, lett.* b), *del D.L.vo 28 dicembre 2013, n. 154, a decorrere dal trentesimo giorno successivo a quello della sua pubblicazione nella* Gazzetta Ufficiale (G.U. *n. 5 dell'8 gennaio 2014*).

34 *bis*. ([1]) Il notaio rogante deve, nel termine di trenta giorni dalla data del matrimonio o dalla data dell'atto pubblico di modifica delle convenzioni, ovvero di quella dell'omologazione del ([2]) caso previsto dal secondo comma dell'art. 163 del codice, richiedere l'annotazione a margine dell'atto di matrimonio della convenzione matrimoniale dell'atto di modifica della stessa.

Nello stesso termine deve richiedere l'annotazione di cui all'ultimo comma dell'art. 163 del codice.

([1]) *Articolo aggiunto dall'art. 216 della L. 19 maggio 1975, n. 151, riforma del diritto di famiglia.*
([2]) *Si ritiene debba correggersi in «nel».*

35. ([1]) Sulla domanda di adozione e di revoca della adozione di minore di età provvede il tribunale per i minorenni.

([1]) *Questo articolo è stato da ultimo così sostituito dall'art. 96, comma 1, lett.* a), *del D.L.vo 28 dicembre 2013, n. 154, a decorrere dal trentesimo giorno successivo a quello della sua pubblicazione nella* Gazzetta Ufficiale (G.U. *n. 5 dell'8 gennaio 2014*).

36. ([1]) La rinunzia alla cittadinanza di cui all'art. 143 *ter* del codice deve essere fatta dinanzi all'ufficiale di stato civile del luogo dove la rinunziante risiede, ed è trascritta nei registri di cittadinanza.

Qualora la rinunziante risieda all'estero, la rinunzia deve essere fatta dinanzi all'agente diplomatico o consolare del luogo di residenza. L'agente la trascrive in apposito registro e ne rimette immediatamente copia al Ministero dell'interno che ne cura, a mezzo dell'autorità competente, la trascrizione nei registri di cittadinanza.

([1]) *Articolo così sostituito dall'art. 218 della L. 19 maggio 1975, n. 151, riforma del diritto di famiglia.*

37. ([1]) L'iscrizione nel registro previsto nell'art. 314 del codice si esegue senza spese.

L'iscrizione della sentenza che revoca la adozione deve essere altresì annotata in margine all'iscrizione del decreto di adozione.

([1]) *Articolo così sostituito dall'art. 220 della L. 19 maggio 1975, n. 151, riforma del diritto di famiglia.*

37 *bis*. ([1]) I figli maggiorenni portatori di *handicap* grave previsti dall'articolo 337 *septies*, secondo comma, del codice civile, sono coloro i quali siano portatori di *handicap* ai sensi dell'articolo 3, comma 3, della legge 5 febbraio 1992, n. 104.

([1]) *Questo articolo è stato inserito dall'art. 96, comma 1, lett.* b), *del D.L.vo 28 dicembre 2013, n. 154, a decorrere dal trentesimo giorno successivo a quello della sua pubblicazione nella* Gazzetta Ufficiale (G.U. *n. 5 dell'8 gennaio 2014*).

38. ([1]) Sono di competenza del tribunale per i minorenni i provvedimenti contemplati dagli articoli 84, 90, 330, 332, 333, 334, 335 e 371, ultimo comma, del codice civile. Per i procedimenti di cui all'articolo 333 resta esclusa la competenza del tribunale per i minorenni nell'ipotesi in cui sia in corso, tra le stesse parti, giudizio di separazione o divorzio o giudizio ai sensi dell'articolo 316 del codice civile; in tale ipotesi per tutta la durata del processo la competenza, anche per i provvedimenti contemplati dalle disposizioni richiamate nel primo periodo, spetta al giudice ordinario. Sono, altresì, di competenza del tribunale per i minorenni i provvedimenti contemplati dagli articoli 251 e 317 *bis* del codice civile ([2]).

Sono emessi dal tribunale ordinario i provvedimenti relativi ai minori per i quali non è espressamente stabilita la competenza di una diversa autorità giudiziaria. Nei procedimenti in materia di affidamento e di mantenimento dei minori si applicano, in quanto compatibili, gli articoli 737 e seguenti del codice di procedura civile.

Fermo restando quanto previsto per le azioni di stato, il tribunale competente provvede in ogni caso in camera di consiglio, sentito il pubblico ministero, e i provvedimenti emessi sono immediatamente esecutivi, salvo che il giudice disponga diversamente. Quando il provvedimento è emesso dal tribunale per i minorenni, il reclamo si propone davanti alla sezione di corte di appello per i minorenni.

(1) *Questo articolo è stato da ultimo, così sostituito, dall'art. 3, comma 1, della L. 10 dicembre 2012, n. 219. Si veda altresì l'art. 3, comma 2, della medesima legge di cui si riporta il testo: «Il giudice, a garanzia dei provvedimenti patrimoniali in materia di alimenti e mantenimento della prole, può imporre al genitore obbligato di prestare idonea garanzia personale o reale, se esiste il pericolo che possa sottrarsi all'adempimento degli obblighi suddetti. Per assicurare che siano conservate o soddisfatte le ragioni del creditore in ordine all'adempimento degli obblighi di cui al periodo precedente, il giudice può disporre il sequestro dei beni dell'obbligato secondo quanto previsto dall'articolo 8, settimo comma, della legge 1º dicembre 1970, n. 898. Il giudice può ordinare ai terzi, tenuti a corrispondere anche periodicamente somme di denaro all'obbligato, di versare le somme dovute direttamente agli aventi diritto, secondo quanto previsto dall'articolo 8, secondo comma e seguenti, della legge 1º dicembre 1970, n. 898. I provvedimenti definitivi costituiscono titolo per l'iscrizione dell'ipoteca giudiziale ai sensi dell'articolo 2818 del codice civile.».*

A norma dell'art. 4, comma 1, della citata L. n. 219/2012 tali disposizioni si applicano ai giudizi instaurati a decorrere dalla data di entrata in vigore della predetta legge (1º gennaio 2013).

L'art. 4, comma 2 della medesima legge stabilisce altresì che ai processi relativi all'affidamento e al mantenimento dei figli di genitori non coniugati pendenti davanti al tribunale per i minorenni alla data di entrata in vigore della predetta legge (1º gennaio 2013) si applicano, in quanto compatibili, gli articoli 737 e seguenti del codice di procedura civile e il comma 2 dell'articolo 3 della predetta legge.

(2) *Questo periodo è stato aggiunto dall'art. 96, comma 1, lett.* c), *del D.L.vo 28 dicembre 2013, n. 154, a decorrere dal trentesimo giorno successivo a quello della sua pubblicazione nella* Gazzetta Ufficiale *(G.U. n. 5 dell'8 gennaio 2014).*

38 *bis*. (1) Quando la salvaguardia del minore è assicurata con idonei mezzi tecnici, quali l'uso di un vetro specchio unitamente ad impianto citofonico, i difensori delle parti, il curatore speciale del minore, se già nominato, ed il pubblico ministero possono seguire l'ascolto del minore, in luogo diverso da quello in cui egli si trova, senza chiedere l'autorizzazione del giudice prevista dall'articolo 336 *bis*, secondo comma, del codice civile.

(1) *Questo articolo è stato inserito dall'art. 96, comma 1, lett.* d), *del D.L.vo 28 dicembre 2013, n. 154, a decorrere dal trentesimo giorno successivo a quello della sua pubblicazione nella* Gazzetta Ufficiale *(G.U. n. 5 dell'8 gennaio 2014).*

39. (1) [L'omologazione prevista negli articoli 406 e 412 del codice è di competenza del tribunale per i minorenni].

(1) *Questo articolo è stato abrogato dall'art. 11 della L. 9 gennaio 2004, n. 6, a decorrere dal sessantesimo giorno dalla pubblicazione sulla* Gazzetta Ufficiale, *avvenuta il 19 gennaio 2004.*

40. La domanda per l'interdizione del minore emancipato (414 c.c.) e quella per l'interdizione o l'inabilitazione del minore nell'ultimo anno della minore età (416 c.c.) devono essere proposte davanti al tribunale per i minorenni.

41. (1) I provvedimenti previsti nell'articolo 145 del codice sono di competenza del tribunale del circondario del luogo in cui è stabilita la residenza familiare o, se questa manchi, del tribunale del luogo del domicilio di uno dei coniugi. Il tribunale provvede in composizione monocratica.

(1) *Articolo dapprima sostituito dall'art. 222 della L. 19 maggio 1975, n. 151, riforma del diritto di famiglia, e poi così sostituito dall'art. 151 del D.L.vo 19 febbraio 1998, n. 51, recante l'istituzione del giudice unico, a decorrere dal 2 giugno 1999. Si riporta il testo previgente:*

«41. I provvedimenti previsti nell'art. 145 del codice sono di competenza del pretore del mandamento del luogo in cui è stabilita la residenza familiare o, se questa manchi, del pretore del mandamento del luogo del domicilio di uno dei coniugi».

42. I provvedimenti indicati nell'art. 423 del codice e le sentenze di revoca previste nell'art. 429 del codice stesso devono essere trasmessi in copia in carta libera, entro dieci giorni dalla pubblicazione, al giudice tutelare a cura del cancelliere dell'autorità giudiziaria che li ha pronunziati.

43. I provvedimenti del giudice tutelare (344 c.c.) sono emessi con decreto (135 c.p.c.).

Nei casi urgenti la richiesta di un provvedimento può essere fatta al giudice anche verbalmente.

44. (1) Il giudice tutelare può convocare in qualunque momento il tutore, il protutore, il curatore e l'amministratore di sostegno allo scopo di chiedere informazioni, chiarimenti e notizie sulla gestione della tutela, della curatela o dell'amministrazione di sostegno, e di dare istruzioni inerenti agli interessi morali e patrimoniali del minore o del beneficiario.

(1) *Questo articolo è stato così sostituito dall'art. 12 della L. 9 gennaio 2004, n. 6, a decorrere dal sessantesimo giorno dalla pubblicazione sulla* Gazzetta Ufficiale, *avvenuta il 19 gennaio 2004.*

45. La competenza a decidere dei reclami (739[2], 740 c.p.c.) avverso i decreti del giudice tutelare spetta al tribunale ordinario quando si tratta dei provvedimenti indicati negli articoli 320, 321, 372, 373, 374, 376, secondo comma, 386, 394 e 395 del codice.

La competenza spetta al tribunale per i minorenni in tutti gli altri casi.

Nell'ipotesi prevista nell'art. 386, ultimo comma, del codice l'autorità giudiziaria competente provvede in sede contenziosa.

46. (1) Tutti gli atti della procedura della tutela (343 c.c.), compresi l'inventario, i conti annuali (380 c.c.) e il conto finale (385 c.c.), sono esenti da tasse di bollo e di registro.

Sono del pari esenti da tasse di bollo e di registro gli atti previsti nel titolo XI del libro I del codice (400 ss. c.c.).

(1) *Per effetto dell'art. 42 del D.P.R. 29 settembre 1973, n. 601, sono abrogate le disposizioni concernenti esenzioni e agevolazioni tributarie, diverse da quelle contemplate nel decreto stesso.*

46 *bis*. (1) Gli atti e i provvedimenti relativi ai procedimenti previsti dal titolo XII del libro primo del codice non sono soggetti all'obbligo di registrazione e sono esenti dal contributo unificato previsto dall'articolo 9 del testo unico delle disposizioni legislative e regolamentari in materia di spese di giustizia, di cui al decreto del Presidente della Repubblica 30 maggio 2002, n. 115.

(1) *Questo articolo è stato inserito dall'art. 13, comma 1, della L. 9 gennaio 2004, n. 6, a decorrere dal sessantesimo giorno dalla pubblicazione sulla* Gazzetta Ufficiale, *avvenuta il 19 gennaio 2004.*

47. (1) (2) Presso l'ufficio del giudice tutelare sono tenuti un registro delle tutele dei minori e degli interdetti, un registro delle curatele dei minori emancipati e degli inabilitati ed un registro delle amministrazioni di sostegno.

(1) *Questo articolo è stato così sostituito dall'art. 14 della L. 9 gennaio 2004, n. 6, a decorrere dal sessantesimo giorno dalla pubblicazione sulla* Gazzetta Ufficiale, *avvenuta il 19 gennaio 2004.*

(2) *Si veda il D.M. 12 marzo 2004, in* Gazzetta Ufficiale *Serie gen. - n. 65 del 18 marzo 2004.*

48. Nel registro delle tutele, in un capitolo speciale per ciascuna di esse, si devono annotare a cura del cancelliere (389[1] c.c.):

il giorno in cui si è aperta la tutela;

la data e gli estremi essenziali della sentenza che ha pronunziato l'interdizione se trattasi di interdetti;

il nome, il cognome, la condizione e il domicilio del tutore e del protutore, la data della nomina e della prestazione del giuramento da parte del tutore;

le risultanze dell'inventario e del conto annuale;

l'esonero e la rimozione del tutore o del protutore e in generale tutti i provvedimenti che portano modificazioni allo stato personale e patrimoniale della persona sottoposta a tutela;

la chiusura della tutela e la menzione del provvedimento che ne ha provocato la chiusura;

le risultanze del rendiconto definitivo (51).

49. Nel registro delle curatele (47), in un capitolo speciale per ciascuna di esse, si devono annotare a cura del cancelliere:

la data e gli estremi essenziali del provvedimento che concede l'emancipazione o della sentenza che pronunzia l'inabilitazione;

il nome, il cognome, la condizione, l'età e il domicilio della persona emancipata o inabilitata;

il nome, il cognome, la condizione e il domicilio del curatore nominato all'emancipato o all'inabilitato;

la data del provvedimento o della sentenza che revoca l'inabilitazione.

49 *bis*. (1) Nel registro delle amministrazioni di sostegno, in un capitolo speciale per ciascuna di esse, si devono annotare a cura del cancelliere:

1) la data e gli estremi essenziali del provvedimento che dispone l'amministrazione di sostegno, e di ogni altro provvedimento assunto dal giudice nel corso della stessa, compresi quelli emanati in via d'urgenza ai sensi dell'articolo 405 del codice;

2) le complete generalità della persona beneficiaria;

3) le complete generalità dell'amministratore di sostegno o del legale rappresentante del soggetto che svolge la relativa funzione, quando non si tratta di persona fisica;

4) la data e gli estremi essenziali del provvedimento che dispone la revoca o la chiusura dell'amministrazione di sostegno.

(1) *Questo articolo è stato inserito dall'art. 15 della L. 9 gennaio 2004, n. 6, a decorrere dal sessantesimo giorno dalla pubblicazione sulla* Gazzetta Ufficiale, *avvenuta il 19 gennaio 2004.*

50. (1) Il cancelliere è responsabile della tenuta dei registri (47), che sono da lui numerati e vidimati prima di essere posti in uso.

(1) *Questo articolo è stato così sostituito dall'art. 152 del D.L.vo 19 febbraio 1998, n. 51, recante l'istituzione del giudice unico, a decorrere dal 2 giugno 1999. Si riporta il testo previgente*:

«*Il giudice tutelare vigila sulla tenuta dei registri, che sono da lui numerati e vidimati prima di essere posti in uso. Alla fine di ogni anno fa rapporto sulla tenuta medesima al procuratore della Repubblica*».

51. (1) Nel registro delle tutele devono essere annotati, in capitoli speciali per ciascun minore, i provvedimenti emanati dal tribunale per i minorenni ai sensi degli articoli 252, 262, 279, 316, 317 *bis*, 330, 332, 333, 334 e 335 del codice.

A tal fine la cancelleria del tribunale che ha emesso il provvedimento deve trasmetterne copia in carta libera entro dieci giorni all'ufficio del giudice tutelare del luogo in cui il minore ha il domicilio per la prescritta annotazione.

(1) *Articolo così sostituito dall'art. 223 della L. 19 maggio 1975, n. 151, riforma del diritto di famiglia. Si veda anche l'art. 69 della L. 4 maggio 1983, n. 184, disciplina dell'adozione e dell'affidamento dei minori, che dispone*:

«69. *In aggiunta a quanto disposto nell'art. 51 delle disposizioni di attuazione del codice civile, nel registro delle tutele devono essere annotati i provvedimenti emanati dal tribunale per i minorenni ai sensi dell'art. 10 della presente legge*».

Sezione II
Disposizioni
relative al libro II

51 *bis*. (1) I provvedimenti previsti negli articoli 485, primo comma, 508, primo comma, 509, primo comma, 517, secondo comma, 528, primo comma, 529, 530, primo comma, 620, secondo e sesto comma, 621, primo comma, 730, primo comma, e 736, secondo comma, del codice sono adottati dal tribunale in composizione monocratica.

(1) *Questo articolo è stato inserito dall'art. 153 del D.L.vo 19 febbraio 1998, n. 51, recante l'istituzione del giudice unico, a decorrere dal 2 giugno 1999.*

52. Presso la cancelleria di ogni tribunale è tenuto, a cura del cancelliere, il registro delle successioni (1).

In questo registro sono inseriti gli estremi degli atti e delle dichiarazioni indicati dalla legge (484, 507, 508, 509, 519, 528, 702 c.c.). L'inserzione è fatta d'ufficio dal cancelliere, se si tratta di dichiarazioni da lui ricevute o di provvedimenti del tribunale (2); su istanza della parte o dietro produzione di copia autentica dell'atto, negli altri casi.

Il registro è diviso in tre parti. Nella prima sono registrati le dichiarazioni di accettazione dell'eredità con beneficio d'inventario (484 c.c.) e tutti gli atti e le indicazioni relativi al beneficio d'inventario e all'amministrazione e liquidazione delle eredità beneficiate, comprese le nomine del curatore previste dagli articoli 508 e 509 (507 c.c.) del codice e la menzione della pubblicazione dell'invito ai creditori per la presentazione delle dichiarazioni di credito (498 c.c.). Nella seconda sono registrate le dichiarazioni di rinunzia all'eredità (519 ss. c.c.). Nella terza sono registrati i provvedimenti di nomina dei curatori delle eredità giacenti (528 c.c.), nonché gli atti relativi alla curatela e le dichiarazioni di accettazione o di rinunzia degli esecutori testamentari (702 c.c.).

Il registro deve essere alla fine munito di una rubrica alfabetica contenente l'indicazione del nome delle persone la cui successione si è aperta e il riferimento alla pagina nella quale sono contenute le diverse indicazioni.

(1) *Questo comma è stato così sostituito dall'art. 154, comma 1, lett.* a), *del D.L.vo 19 febbraio 1998, n. 51, recante l'istituzione del giudice unico, a decorrere dal 2 giugno 1999. Si riporta il testo previgente*:

«*Presso la cancelleria di ogni pretura è tenuto, a cura del cancelliere e sotto la sorveglianza del pretore, il registro delle successioni*».

(2) *La parola*: «*pretore*» *è stata sostituita dalla parola*: «*tribunale*» *dall'art. 154, comma 1, lett.* b), *del D.L.vo 19 febbraio 1998, n. 51, recante l'istituzione del giudice unico, a decorrere dal 2 giugno 1999.*

53. Il registro, prima di essere posto in uso, deve essere numerato e vidimato in ciascun foglio dal cancelliere (1). Nell'ultima pagina il cancelliere (1) indica il numero dei fogli di cui esso è composto.

Il registro può essere esaminato da chiunque ne faccia domanda e la cancelleria deve rilasciare gli estratti e i certificati che sono richiesti.

(1) *La parola*: «*pretore*» *è stata sostituita dalla parola*: «*cancelliere*» *dall'art. 155 del D.L.vo 19 febbraio 1998, n. 51, recante l'istituzione del giudice unico, a decorrere dal 2 giugno 1999.*

54. I creditori e i legatari non separatisti, se hanno proposto domanda giudiziale allo scopo di far valere sugli immobili separati il diritto loro attribuito dal secondo comma dell'art. 514 del codice, possono fare annotare tale domanda in margine all'iscrizione in separazione.

Eseguita l'annotazione della domanda di concorso, il vincolo della separazione non può cessare se non col consenso di coloro che hanno eseguito l'annotazione, salvo che la loro pretesa sia stata giudizialmente esclusa.

55. Le copie dei verbali e dei testamenti, che sono trasmesse alla cancelleria del tribunale (1) secondo l'art. 622 del codice, devono, a cura del cancelliere, essere raccolte in appositi volumi e annotate in una rubrica alfabetica generale. Le copie possono essere esaminate da chiunque ne faccia richiesta.

(1) *Le parole: «della pretura» sono state sostituite dalle parole: «del tribunale» dall'art. 156 del D.L.vo 19 febbraio 1998, n. 51, recante l'istituzione del giudice unico, a decorrere dal 2 giugno 1999.*

Sezione III
Disposizioni
relative al libro III

56. Il provvedimento dell'autorità amministrativa con il quale si dispone che si proceda all'espropriazione a norma dell'art. 838 del codice è dato con decreto motivato del ministro competente. Il decreto deve contenere la designazione precisa del bene soggetto a espropriazione e deve essere notificato all'interessato, il quale può impugnarlo con ricorso al consiglio di Stato.

Si osservano nell'espropriazione, in quanto applicabili, le norme della legge generale sull'espropriazione per pubblica utilità.

57. Le azioni previste dagli articoli 848 e 849 del codice sono di competenza del tribunale, qualunque sia il valore della causa.

Nel caso regolato dall'art. 849 il giudice fissa con ordinanza l'udienza per la comparizione del rappresentante dell'associazione professionale (1), il quale può delegare altra persona. Si osservano nel resto, in quanto applicabili, le disposizioni dettate dal codice di procedura civile per i consulenti tecnici (61 ss. c.p.c.).

(1) *Disciolte con D.L.vo Lgt. 23 novembre 1944, n. 369, soppressione delle organizzazioni sindacali fasciste e liquidazione dei relativi patrimoni.*

57 *bis*. (1) L'autorizzazione prevista nell'articolo 915, primo comma, del codice è data dal tribunale in composizione monocratica.

(1) *Questo articolo è stato inserito dall'art. 157 del D.L.vo 19 febbraio 1998, n. 51, recante l'istituzione del giudice unico, a decorrere dal 2 giugno 1999.*

58. Le modalità e gli effetti dell'affrancazione del fondo enfiteutico (971 c.c.) sono regolati dalle disposizioni della L. 11 giugno 1925, n. 998 e del R.D. 7 febbraio 1926, n. 426.

Il prezzo di affrancazione può essere corrisposto anche in titoli del debito pubblico consolidato di qualsiasi specie, osservate, per la determinazione del loro valore, le disposizioni dell'art. 9 della legge anzidetta.

Le disposizioni del primo comma del precedente articolo si applicano anche alla riduzione in misura fissa dei canoni enfiteutici, dei censi e di altre prestazioni perpetue consistenti in una quota di prodotti naturali.

59. La domanda per la nomina dell'amministratore o per la designazione dell'istituto di credito nei casi previsti dall'art. 1003 del codice, se non è proposta in corso di giudizio, si propone con ricorso al presidente del tribunale: nel caso di nomina dell'amministratore, al presidente del tribunale del luogo in cui si trovano gli immobili o si trova la parte più rilevante di essi.

Il presidente del tribunale provvede con decreto, sentita l'altra parte.

Contro tale provvedimento si può proporre reclamo al presidente della corte d'appello nel termine di dieci giorni dalla notificazione.

60. Gli uffici tecnici che devono essere sentiti a norma del terzo comma dell'art. 1092 del codice sono l'ufficio locale del genio civile e il locale ispettorato dell'agricoltura.

61. Qualora un edificio o un gruppo di edifici appartenenti per piani o porzioni di piano a proprietari diversi si possa dividere in parti che abbiano le caratteristiche di edifici autonomi, il condominio può essere sciolto e i comproprietari di ciascuna parte possono costituirsi in condominio separato.

Lo scioglimento è deliberato dall'assemblea con la maggioranza prescritta dal secondo comma dell'art. 1136 del codice, o è disposto dall'autorità giudiziaria su domanda di almeno un terzo dei comproprietari di quella parte dell'edificio della quale si chiede la separazione.

62. La disposizione del primo comma dell'articolo precedente si applica anche se restano in comune con gli originari partecipanti alcune delle cose indicate dall'art. 1117 del codice.

Qualora la divisione non possa attuarsi senza modificare lo stato delle cose e occorrano opere per la sistemazione diversa dei locali o delle dipendenze tra i condomini, lo scioglimento del condominio deve essere deliberato dall'assemblea con la maggioranza prescritta dal quinto comma dell'art. 1136 del codice stesso.

63. ([1]) Per la riscossione dei contributi in base allo stato di ripartizione approvato dall'assemblea (1123 c.c.), l'amministratore, senza bisogno di autorizzazione di questa, può ottenere un decreto di ingiunzione immediatamente esecutivo, nonostante opposizione (642 c.p.c.), ed è tenuto a comunicare ai creditori non ancora soddisfatti che lo interpellino i dati dei condomini morosi.

I creditori non possono agire nei confronti degli obbligati in regola con i pagamenti, se non dopo l'escussione degli altri condomini.

In caso di mora (1219 c.c.) nel pagamento dei contributi che si sia protratta per un semestre, l'amministratore può sospendere il condomino moroso dalla fruizione dei servizi comuni suscettibili di godimento separato (72).

Chi subentra nei diritti di un condomino è obbligato solidalmente (1292 c.c.) con questo al pagamento dei contributi relativi all'anno in corso e a quello precedente.

Chi cede diritti su unità immobiliari resta obbligato solidalmente con l'avente causa per i contributi maturati fino al momento in cui è trasmessa all'amministratore copia autentica del titolo che determina il trasferimento del diritto.

([1]) *Questo articolo è stato così sostituito dall'art. 18, comma 1, della L. 11 dicembre 2012, n. 220 (in vigore dal 18 giugno 2013).*

Si riporta il testo previgente:

«63. Per la riscossione dei contributi in base allo stato di ripartizione approvato dall'assemblea, l'amministratore può ottenere decreto d'ingiunzione immediatamente esecutivo, nonostante opposizione.

Chi subentra nei diritti di un condomino è obbligato, solidalmente con questo, al pagamento dei contributi relativi all'anno in corso e a quello precedente.

In caso di mora nel pagamento dei contributi, che si sia protratta per un semestre, l'amministratore, se il regolamento di condominio ne contiene l'autorizzazione, può sospendere al condominio moroso l'utilizzazione dei servizi comuni che sono suscettibili di godimento separato.».

64. ([1]) Sulla revoca dell'amministratore, nei casi indicati dall'undicesimo comma dell'art. 1129 e dal quarto comma dell'art. 1131 del codice, il tribunale provvede in camera di consiglio, con decreto motivato, sentito l'amministratore in contraddittorio con il ricorrente.

Contro il provvedimento del tribunale può essere proposto reclamo alla corte d'appello nel termine di dieci giorni dalla notificazione o dalla comunicazione (59).

([1]) *Questo articolo è stato così sostituito dall'art. 19, comma 1, della L. 11 dicembre 2012, n. 220 (in vigore dal 18 giugno 2013).*

Si riporta il testo previgente:

«64. Sulla revoca dell'amministratore, nei casi indicati dal terzo comma dell'art. 1129 e dall'ultimo comma dell'art. 1131 del codice, il tribunale provvede in camera di consiglio, con decreto motivato, sentito l'amministratore medesimo.

Contro il provvedimento del tribunale può essere proposto reclamo alla corte d'appello nel termine di dieci giorni dalla notificazione.».

65. Quando per qualsiasi causa manca il legale rappresentante dei condomini, chi intende iniziare o proseguire una lite contro i partecipanti a un condominio può richiedere la nomina di un curatore speciale ai sensi dell'art. 80 del codice di procedura civile.

Il curatore speciale deve senza indugio convocare l'assemblea dei condomini per avere istruzioni sulla condotta della lite.

66. L'assemblea, oltre che annualmente in via ordinaria per le deliberazioni indicate dall'art. 1135 del codice, può essere convocata in via straordinaria dall'amministratore quando questi lo ritiene necessario o quando ne è fatta richiesta da almeno due condomini che rappresentino un sesto del valore dell'edificio. Decorsi inutilmente dieci giorni dalla richiesta, i detti condomini possono provvedere direttamente alla convocazione.

In mancanza dell'amministratore, l'assemblea tanto ordinaria quanto straordinaria può essere convocata a iniziativa di ciascun condomino.

L'avviso di convocazione, contenente specifica indicazione dell'ordine del giorno, deve essere comunicato almeno cinque giorni prima della data fissata per l'adunanza (72) in prima convocazione, a mezzo di posta raccomandata, posta elettronica certificata, fax o tramite consegna a mano, e deve contenere l'indicazione del luogo e dell'ora della riunione. In caso di omessa, tardiva o incompleta convocazione degli aventi diritto, la deliberazione assembleare è annullabile ai sensi dell'articolo 1137 del codice su istanza dei dissenzienti o assenti perché non ritualmente convocati ([1]).

L'assemblea in seconda convocazione non può tenersi nel medesimo giorno solare della prima ([1]).

L'amministratore ha facoltà di fissare più riunioni consecutive in modo da assicurare lo svolgimento dell'assemblea in termini brevi, convocando gli aventi diritto con un unico avviso nel quale sono indicate le ulteriori date ed ore di eventuale prosecuzione dell'assemblea validamente costituitasi ([1]).

([1]) *L'originario terzo comma è stato così sostituito dagli attuali terzo, quarto e quinto comma dall'art. 20, comma 1, della L. 11 dicembre 2012, n. 220 (in vigore dal 18 giugno 2013).*

Si riporta il testo previgente: «L'avviso di convocazione deve essere comunicato ai condomini almeno cinque giorni prima della data fissata per l'adunanza».

67. ([1]) Ogni condomino può intervenire all'assemblea (1135 c.c.) anche a mezzo di rappresentante, munito di delega scritta. Se i condomini sono più di venti, il delegato non può rappresentare più di un quinto dei condomini e del valore proporzionale.

Qualora un'unità immobiliare appartenga in proprietà indivisa a più persone, queste hanno diritto a un solo rappresentante nell'assemblea, che è designato dai comproprietari interessati a norma dell'articolo 1106 del codice.

Nei casi di cui all'articolo 1117 *bis* del codice, quando i partecipanti sono complessivamente più di sessanta, ciascun condominio deve designare, con la maggioranza di cui all'articolo 1136, quinto comma, del codice, il proprio rappresentante all'assemblea per la gestione ordinaria delle parti comuni a più condominii e per la nomina dell'amministratore. In mancanza, ciascun partecipante può chiedere che l'autorità giudiziaria nomini il rappresentante del proprio condominio. Qualora alcuni dei condominii interessati non abbiano nominato il proprio rappresentante, l'autorità giudiziaria provvede alla nomina su ricorso anche di uno solo dei rappresentanti già nominati, previa diffida a provvedervi entro un congruo termine. La diffida ed il ricorso all'autorità giudiziaria sono notificati al condominio cui si riferiscono in persona dell'amministratore o, in mancanza, a tutti i condomini.

Ogni limite o condizione al potere di rappresentanza si considera non apposto. Il rappresentante risponde con le regole del mandato e comunica tempestivamente all'amministratore di ciascun condominio l'ordine del giorno e le decisioni assunte dall'assemblea dei rappresentanti dei condominii. L'amministratore riferisce in assemblea.

All'amministratore non possono essere conferite deleghe per la partecipazione a qualunque assemblea.

L'usufruttuario di un piano o porzione di piano dell'edificio esercita il diritto di voto negli affari che attengono all'ordinaria amministrazione e al semplice godimento delle cose e dei servizi comuni.

Nelle altre deliberazioni, il diritto di voto spetta ai proprietari, salvi i casi in cui l'usufruttuario intenda avvalersi del diritto di cui all'articolo 1006 del codice ovvero si tratti di lavori od opere ai sensi degli articoli 985 e 986 del codice. In tutti questi casi l'avviso di convocazione deve essere comunicato sia all'usufruttuario sia al nudo proprietario.

Il nudo proprietario e l'usufruttuario rispondono solidalmente per il pagamento dei contributi dovuti all'amministrazione condominiale.

([1]) *Questo articolo è stato così sostituito dall'art. 21, comma 1, della L. 11 dicembre 2012, n. 220 (in vigore dal 18 giugno 2013).*

Si riporta il testo previgente:

«67. Ogni condomino può intervenire all'assemblea anche a mezzo di rappresentante.

Qualora un piano o porzione di piano dell'edificio appartenga in proprietà indivisa a più persone, queste hanno diritto a un solo rappresentante nell'assemblea, che è designato dai comproprietari interessati; in mancanza provvede per sorteggio il presidente.

L'usufruttuario di un piano o porzione di piano dell'edificio esercita il diritto di voto negli affari che attengono all'ordinaria amministrazione e al semplice godimento delle cose e dei servizi comuni.

Nelle deliberazioni che riguardano innovazioni, ricostruzioni od opere di manutenzione straordinaria delle parti comuni dell'edificio il diritto di voto spetta invece al proprietario.».

68. ([1]) Ove non precisato dal titolo ai sensi dell'articolo 1118, per gli effetti indicati dagli articoli 1123, 1124, 1126 e 1136 del codice, il valore proporzionale di ciascuna unità immobiliare è espresso in millesimi in apposita tabella allegata al regolamento di condominio (1138 c.c.).

Nell'accertamento dei valori di cui al primo comma non si tiene conto del canone locatizio, dei miglioramenti e dello stato di manutenzione di ciascuna unità immobiliare.

(¹) *Questo articolo è stato così sostituito dall'art. 22, comma 1, della L. 11 dicembre 2012, n. 220 (in vigore dal 18 giugno 2013).*

Si riporta il testo previgente: «68. Per gli effetti indicati dagli articoli 1123, 1124, 1126 e 1136 del codice, il regolamento di condominio deve precisare il valore proporzionale di ciascun piano o di ciascuna porzione di piano spettante in proprietà esclusiva ai singoli condomini.

I valori dei piani o delle porzioni di piano, ragguagliati a quello dell'intero edificio, devono essere espressi in millesimi in apposita tabella allegata al regolamento di condominio.

Nell'accertamento dei valori medesimi non si tiene conto del canone locatizio, dei miglioramenti e dello stato di manutenzione di ciascun piano o di ciascuna porzione di piano.».

69. (¹) I valori proporzionali delle singole unità immobiliari espressi nella tabella millesimale di cui all'articolo 68 possono essere rettificati o modificati all'unanimità. Tali valori possono essere rettificati o modificati, anche nell'interesse di un solo condomino, con la maggioranza prevista dall'articolo 1136, secondo comma, del codice, nei seguenti casi:

1) quando risulta che sono conseguenza di un errore;

2) quando, per le mutate condizioni di una parte dell'edificio, in conseguenza di sopraelevazione, di incremento di superfici o di incremento o diminuzione delle unità immobiliari, è alterato per più di un quinto il valore proporzionale dell'unità immobiliare anche di un solo condomino. In tal caso il relativo costo è sostenuto da chi ha dato luogo alla variazione.

Ai soli fini della revisione dei valori proporzionali espressi nella tabella millesimale allegata al regolamento di condominio ai sensi dell'articolo 68, può essere convenuto in giudizio unicamente il condominio in persona dell'amministratore. Questi è tenuto a darne senza indugio notizia all'assemblea dei condomini. L'amministratore che non adempie a quest'obbligo può essere revocato ed è tenuto al risarcimento degli eventuali danni.

Le norme di cui al presente articolo si applicano per la rettifica o la revisione delle tabelle per la ripartizione delle spese redatte in applicazione dei criteri legali o convenzionali.

(¹) *Questo articolo è stato così sostituito dall'art. 23, comma 1, della L. 11 dicembre 2012, n. 220 (in vigore dal 18 giugno 2013).*

Si riporta il testo previgente:«69. I valori proporzionali dei vari piani o porzioni di piano possono essere riveduti o modificati, anche nell'interesse di un solo condomino, nei seguenti casi:

1) quando risulta che sono conseguenza di un errore;

2) quando, per le mutate condizioni di una parte dell'edificio, in conseguenza della sopraelevazione di nuovi piani, di espropriazione parziale o di innovazioni di vasta portata, è notevolmente alterato il rapporto originario tra i valori dei singoli piani o porzioni di piano.».

70. (¹) Per le infrazioni al regolamento di condominio (1138 c.c.) può essere stabilito, a titolo di sanzione, il pagamento di una somma fino ad euro 200 e, in caso di recidiva, fino ad euro 800. La somma è devoluta al fondo di cui l'amministratore dispone per le spese ordinarie. L'irrogazione della sanzione è deliberata dall'assemblea con le maggioranze di cui al secondo comma dell'articolo 1136 del Codice (²).

(¹) *Questo articolo è stato così sostituito dall'art. 24, comma 1, della L. 11 dicembre 2012, n. 220 (in vigore dal 18 giugno 2013).*

Si riporta il testo previgente:

«70. Per le infrazioni al regolamento di condominio può essere stabilito, a titolo di sanzione, il pagamento di una somma fino a € 0,052. La somma è devoluta al fondo di cui l'amministratore dispone per le spese ordinarie.».

(²) *Le parole: «L'irrogazione della sanzione è deliberata dall'assemblea con le maggioranze di cui al secondo comma dell'articolo 1136 del Codice» sono state aggiunte dall'art. 1, comma 9, lett. e), del D.L. 23 dicembre 2013, n. 145, convertito, con modificazioni, nella L. 21 febbraio 2014, n. 9.*

71. Il registro indicato dal quarto comma dell'art. 1129 e dal terzo comma dell'art. 1138 del codice è tenuto presso l'associazione professionale (¹) dei proprietari di fabbricati.

(¹) *Disciolta con D.L.vo Lgt. 23 novembre 1944, n. 369 (soppressione delle associazioni sindacali fasciste e liquidazione dei relativi patrimoni).*

71 *bis*. (¹) Possono svolgere l'incarico di amministratore di condominio coloro:

a) che hanno il godimento dei diritti civili;

b) che non sono stati condannati per delitti contro la pubblica amministrazione, l'amministrazione della giustizia, la fede pubblica, il patrimonio o per ogni altro delitto non colposo per il quale la legge commina la pena della reclusione non inferiore, nel minimo, a due anni e, nel massimo, a cinque anni;

c) che non sono stati sottoposti a misure di prevenzione divenute definitive, salvo che non sia intervenuta la riabilitazione;

d) che non sono interdetti o inabilitati;

e) il cui nome non risulta annotato nell'elenco dei protesti cambiari;

f) che hanno conseguito il diploma di scuola secondaria di secondo grado;

g) che hanno frequentato un corso di formazione iniziale e svolgono attività di formazione periodica in materia di amministrazione condominiale.

I requisiti di cui alle lettere *f*) e *g*) del primo comma non sono necessari qualora l'amministratore sia nominato tra i condomini dello stabile.

Possono svolgere l'incarico di amministratore di condominio anche società di cui al titolo V del libro V del codice. In tal caso, i requisiti devono essere posseduti dai soci illimitatamente responsabili, dagli amministratori e dai dipendenti incaricati di svolgere le funzioni di amministrazione dei condominii a favore dei quali la società presta i servizi.

La perdita dei requisiti di cui alle lettere *a*), *b*), *c*), *d*) ed *e*) del primo comma comporta la cessazione dall'incarico. In tale evenienza ciascun condomino può convocare senza formalità l'assemblea per la nomina del nuovo amministratore.

A quanti hanno svolto attività di amministrazione di condominio per almeno un anno, nell'arco dei tre anni precedenti alla data di entrata in vigore della presente disposizione, è consentito lo svolgimento dell'attività di amministratore anche in mancanza dei requisiti di cui alle lettere *f*) e *g*) del primo comma. Resta salvo l'obbligo di formazione periodica.

(1) *Questo articolo è stato inserito dall'art. 25, comma 1, della L. 11 dicembre 2012, n. 220 (in vigore dal 18 giugno 2013).*

71 *ter*. (1) 1. Su richiesta dell'assemblea, che delibera con la maggioranza di cui al secondo comma dell'articolo 1136 del codice, l'amministratore è tenuto ad attivare un sito internet del condominio che consenta agli aventi diritto di consultare ed estrarre copia in formato digitale dei documenti previsti dalla delibera assembleare. Le spese per l'attivazione e la gestione del sito internet sono poste a carico dei condomini.

(1) *Questo articolo è stato inserito dall'art. 25, comma 1, della L. 11 dicembre 2012, n. 220 (in vigore dal 18 giugno 2013).*

71 *quater*. (1) Per controversie in materia di condominio, ai sensi dell'articolo 5, comma 1, del decreto legislativo 4 marzo 2010, n. 28, si intendono quelle derivanti dalla violazione o dall'errata applicazione delle disposizioni del libro III, titolo VII, capo II, del codice e degli articoli da 61 a 72 delle presenti disposizioni per l'attuazione del codice.

La domanda di mediazione deve essere presentata, a pena di inammissibilità, presso un organismo di mediazione ubicato nella circoscrizione del tribunale nella quale il condominio è situato.

Al procedimento è legittimato a partecipare l'amministratore, previa delibera assembleare da assumere con la maggioranza di cui all'articolo 1136, secondo comma, del codice.

Se i termini di comparizione davanti al mediatore non consentono di assumere la delibera di cui al terzo comma, il mediatore dispone, su istanza del condominio, idonea proroga della prima comparizione.

La proposta di mediazione deve essere approvata dall'assemblea con la maggioranza di cui all'articolo 1136, secondo comma, del codice. Se non si raggiunge la predetta maggioranza, la proposta si deve intendere non accettata.

Il mediatore fissa il termine per la proposta di conciliazione di cui all'articolo 11 del decreto legislativo 4 marzo 2010, n. 28, tenendo conto della necessità per l'amministratore di munirsi della delibera assembleare.

(1) *Questo articolo è stato inserito dall'art. 25, comma 1, della L. 11 dicembre 2012, n. 220 (in vigore dal 18 giugno 2013).*

72. I regolamenti di condominio non possono derogare alle disposizioni dei precedenti articoli 63, 66, 67 e 69.

Sezione IV
Disposizioni
relative al libro IV

73. Gli atti di offerta reale e quelli di deposito previsti dagli articoli 1209, primo comma, 1212 e 1214 del codice, sono eseguiti da un notaio o da un ufficiale giudiziario.

Le offerte per intimazione, previste dagli articoli 1209, secondo comma, e 1216, primo comma, sono eseguite con atto di ufficiale giudiziario.

73 *bis.* (1) I provvedimenti previsti negli articoli 1211, 1514, primo comma, 1515, terzo comma, e 1841 del codice sono adottati dal tribunale in composizione monocratica.

(1) *Questo articolo è stato inserito dall'art. 158 del D.L.vo 19 febbraio 1998, n. 51, recante l'istituzione del giudice unico, a decorrere dal 2 giugno 1999.*

74. Il processo verbale dell'offerta reale deve essere redatto in conformità delle disposizioni dell'art. 126 del codice di procedura civile e deve in particolare contenere la specificazione dell'oggetto dell'offerta e le dichiarazioni del creditore.

Quando l'offerta è accettata, il pubblico ufficiale esegue il pagamento e riceve le dichiarazioni del creditore per quietanza e per liberazione dalle garanzie.

Se il creditore non è presente all'offerta, il processo verbale deve essergli notificato nelle forme prescritte per la citazione.

L'intimazione prescritta dall'art. 1212, n. 1, del codice, può essere fatta con lo stesso atto di notificazione del verbale dell'offerta. In ogni caso tra l'intimazione e il deposito deve trascorrere un termine non minore di giorni tre.

75. L'atto di intimazione, nei casi previsti dagli articoli 1209, secondo comma, e 1216, primo comma, del codice, deve contenere l'indicazione del giorno, dell'ora e del luogo in cui il debitore intende procedere alla consegna delle cose mobili o al rilascio dell'immobile a favore del creditore, con rispetto di un intervallo non minore di giorni tre.

La mancata comparizione del creditore o il suo rifiuto di accettare l'offerta sono accertati con verbale redatto da un notaio o da un ufficiale giudiziario nel luogo, nel giorno e nell'ora indicati nell'atto di intimazione, con tutte le altre indicazioni prescritte dal primo comma dell'articolo precedente, e da tale giorno decorrono gli effetti della mora.

76. I depositi che hanno per oggetto titoli di credito o somme di danaro debbono essere eseguiti presso la Cassa dei depositi e prestiti secondo le norme della legge speciale, oppure presso un istituto di credito.

77. Il deposito di cose mobili diverse dal danaro e di titoli di credito, nei casi previsti dagli articoli 1210, primo comma, e 1214 del codice e in ogni altro caso in cui esso sia prescritto dalla legge o dal giudice (1513, 1514, 1686, 1691 c.c.) ovvero sia voluto dalle parti, si esegue presso stabilimenti di pubblico deposito a norma delle leggi speciali (1).

Qualora non esistano stabilimenti di pubblico deposito nel luogo in cui deve essere eseguita la prestazione, o se ricorrono particolari ragioni, il pretore (2) del luogo predetto, su ricorso della parte interessata, può autorizzare con decreto il deposito presso altro locale idoneo.

(1) *Si vedano: R.D. 2 gennaio 1913, n. 453, T.U. delle leggi sulla Cassa depositi e prestiti e le gestioni annesse; R.D.L. 23 marzo 1919, n. 1058, regolamento alla legge predetta; L. 6 luglio 1949, n. 466, disposizioni relative ai depositi presso la Cassa dei depositi e prestiti.*

(2) *Ai sensi del D.L.vo 19 febbraio 1998, n. 51, l'ufficio del pretore è soppresso a decorrere dal 2 giugno 1999, fatta salva l'attività necessaria per l'esaurimento degli affari pendenti, e le relative competenze sono trasferite al tribunale ordinario, fuori dei casi in cui è diversamente disposto dal predetto provvedimento.*

78. Il pubblico ufficiale, che a norma dell'art. 1210 del codice procede al deposito di danaro, di titoli di credito o di altre cose mobili, deve redigere processo verbale della relativa operazione in conformità del successivo art. 1212, n. 3, e dell'art. 126 del codice di procedura civile, e consegnarne copia al depositario, nonché al creditore comparso, se la richiede.

Se il creditore non è stato presente, deve essergli notificata copia del processo verbale nelle forme prescritte per gli atti di citazione (137 c.p.c.).

79. Il sequestratario dell'immobile, nel caso previsto dal secondo comma dell'art. 1216 del codice, è nominato, se non vi è giudizio pendente, dal presidente del tribunale del luogo in cui si trova l'immobile.

Il presidente del tribunale provvede con decreto, sentito il creditore. Contro tale decreto è ammesso reclamo al presidente della corte di appello, entro dieci giorni dalla notificazione (82).

La consegna dell'immobile al sequestratario deve risultare da processo verbale redatto da un notaio o da un ufficiale giudiziario. Copia del processo verbale deve essere notificata al creditore che non sia stato presente (137 c.p.c.).

80. L'atto d'intimazione previsto dall'art. 1217 del codice, se non è determinato il tempo in cui la prestazione deve essere eseguita, e in ogni caso se la prestazione medesima deve effettuarsi in località diversa dal domicilio del creditore, deve contenere l'indicazione del giorno, dell'ora e del luogo in cui il debitore intende eseguire la prestazione, col rispetto di un intervallo di almeno tre giorni, a meno che la natura del rapporto non imponga un intervallo minore.

Il mancato ricevimento della prestazione da parte del creditore nel giorno stabilito può essere accertato nelle forme di uso e da tale giorno decorrono gli effetti della mora (1207 c.c.).

81. Nei casi previsti dagli articoli 1286, terzo comma, e 1287, terzo comma, del codice, l'istanza per la fissazione del termine entro il quale deve essere fatta la scelta e quella per la scelta della prestazione da parte del giudice si propongono, se non vi è giudizio pendente, davanti l'autorità giudiziaria del luogo in cui la prestazione deve eseguirsi, osservate le disposizioni previste rispettivamente dagli articoli 749 e 750 del codice di procedura civile.

82. L'istanza per la nomina del terzo nei casi previsti dal secondo comma dell'art. 1473 del codice, qualora non vi sia giudizio in corso, si propone con ricorso al presidente del tribunale del luogo in cui deve eseguirsi la consegna della cosa a norma dell'art. 1510 del codice.

Il ricorso deve essere notificato alle altre parti interessate e al terzo. Il presidente del tribunale provvede con decreto: contro di questo è ammesso reclamo al primo presidente della corte di appello entro dieci giorni dalla notificazione (137 c.p.c.).

La nomina deve cadere normalmente su persona esperta iscritta in albi o elenchi o ruoli istituiti a norma di legge.

83. Sono autorizzati alle operazioni di vendita con o senza incanto a norma dell'art. 1515 del codice, o alle operazioni di compra a norma del successivo art. 1516 (2797 c.c.):

1) gli agenti di cambio, per i valori pubblici e per i titoli di credito specificati nelle leggi sulle borse;

2) i mediatori in merci iscritti presso i consigli provinciali delle corporazioni ([1]), per le merci e le derrate.

La vendita all'incanto deve essere annunziata con le forme di una pubblicità commerciale adeguata alla natura ed al valore delle cose poste in vendita.

Il verbale d'incanto è depositato nella cancelleria della pretura ([2]) del luogo in cui si è proceduto alla vendita.

Le operazioni di vendita senza incanto e quelle di compra devono essere documentate mediante certificato, fattura o fissato bollato, in doppio esemplare, uno dei quali è consegnato alla parte richiedente e l'altro, vistato da questa, è conservato dalla persona che ha eseguito l'incarico.

Il compenso dovuto alla persona predetta, se non esiste una tariffa approvata, è stabilito con decreto del pretore ([2]) del luogo in cui l'incarico è stato eseguito.

([1]) *Oggi sostituiti dalle camere di commercio, industria, artigianato e agricoltura.*

([2]) *Ai sensi del D.L.vo 19 febbraio 1998, n. 51, l'ufficio del pretore è soppresso a decorrere dal 2 giugno 1999, fatta salva l'attività necessaria per l'esaurimento degli affari pendenti, e le relative competenze sono trasferite al tribunale ordinario, fuori dei casi in cui è diversamente disposto dal predetto provvedimento.*

84. Il contratto di vendita con riserva di proprietà di macchine per prezzo superiore a € 15,49, deve essere iscritto, agli effetti previsti dal secondo comma dell'art. 1524 del codice, nel registro istituito presso la cancelleria del tribunale nella cui giurisdizione la macchina viene collocata.

Le sottoscrizioni delle parti devono essere autenticate, se il contratto non risulta da atto pubblico (2699 c.c.).

Sezione V
Disposizioni
relative al libro V

85 - 91. (*Omissis*) ([1]).

([1]) *Articoli da ritenere abrogati in conseguenza della soppressione dell'ordinamento corporativo fascista disposta con D.L.vo Lgt. 23 novembre 1944, n. 369.*

92. ([1]) Il decreto, previsto dall'articolo 2409 del codice, che nomina l'amministratore giudiziario nelle società di cui ai capi V e VI del titolo V del libro V del codice priva l'imprenditore, dalla sua data, dell'amministrazione della società nei limiti dei poteri conferiti all'amministratore giudiziario.

Salvo che il decreto disponga diversamente, l'amministratore giudiziario non può compiere atti eccedenti l'ordinaria amministrazione, senza l'autorizzazione del tribunale.

Entro i limiti dei poteri conferitigli, l'amministratore sta in giudizio nelle controversie, anche pendenti, relative alla gestione della società.

All'amministratore giudiziario possono essere attribuiti per determinati atti i poteri dell'assemblea. Le relative deliberazioni non sono efficaci senza l'approvazione del tribunale.

Il compenso dell'amministratore giudiziario è determinato dal tribunale.

([1]) *Questo articolo è stato così sostituito dall'art. 9, comma 1, lett.* a)*, del D.L.vo 17 gennaio 2003, n. 6, a decorrere dal 1° gennaio 2004.*

93. L'amministratore giudiziario è, per quanto attiene all'esercizio delle sue funzioni, pubblico ufficiale.

94. L'amministratore giudiziario deve adempiere ai doveri del proprio ufficio con la diligenza richiesta dalla natura del proprio ufficio e può essere revocato dal tribunale su richiesta dei soggetti legittimati a chiederne la nomina ([1]).

L'amministratore che cessa dal suo ufficio deposita nella cancelleria del tribunale del luogo, ove è la sede principale dell'impresa, il conto della gestione. L'avvenuto deposito è comunicato immediatamente alla società ([1]).

Il presidente del tribunale con decreto fissa l'udienza, in termine non inferiore a quindici giorni dal deposito, nella quale le parti possono presentare le loro osservazioni, e nomina un giudice per la procedura. Non sono ammesse contestazioni relative ai criteri tecnici della gestione nei limiti dei poteri conferiti all'amministratore.

Si applicano le disposizioni degli articoli 263, secondo comma, e seguenti del codice di procedura civile.

([1]) *Il primo e il secondo comma di questo articolo sono stati così sostituiti dall'art. 9, comma 1, lett.* b)*, del D.L.vo 17 gennaio 2003, n. 6, a decorrere dal 1° gennaio 2004.*

95. Quando le leggi o le norme corporative ([1]) non dispongono, l'appartenenza alla categoria d'impiegato o di operaio è determinata dal R.D.L. 13 novembre 1924, n. 1825, convertito nella L. 18 marzo 1926, n. 562 ([2]).

([1]) *L'ordinamento corporativo fascista è stato soppresso dal D.L.vo Lgt. 23 novembre 1944, n. 369.*

([2]) *Disposizioni relative al contratto d'impiego privato.*

96. L'imprenditore deve far conoscere al prestatore di lavoro, al momento dell'assunzione, la categoria e la qualifica che gli sono assegnate in relazione alle mansioni per cui è stato assunto (2103 c.c.).

Le qualifiche dei prestatori di lavoro, nell'ambito di ciascuna delle categorie indicate nell'art. 2095 del codice, possono essere stabilite e raggruppate per gradi secondo la loro importanza nell'ordinamento dell'impresa. Il prestatore di lavoro assume il grado gerarchico corrispondente alla qualifica e alle mansioni.

I contratti collettivi di lavoro possono stabilire che, nel caso di divergenza tra l'imprenditore e il prestatore di lavoro circa l'assegnazione della qualifica, l'accertamento dei fatti rilevanti per la determinazione della qualifica venga fatto da un collegio costituito da un funzionario dell'ispettorato corporativo, che presiede, e da un delegato di ciascuna delle associazioni professionali che rappresentano le categorie interessate ([1]).

Sui fatti rilevanti per la determinazione della qualifica che hanno formato oggetto dell'accertamento compiuto con tali forme, non sono ammesse nuove indagini o prove, salvo che l'accertamento sia viziato da errore manifesto.

([1]) *Comma da ritenersi abrogato poiché l'ordinamento corporativo fascista è stato soppresso con D.L.vo Lgt. 23 novembre 1944, n. 369.*

97. (*Omissis*) ([1]).

([1]) *L'articolo è da ritenere abrogato in conseguenza della soppressione dell'ordinamento corporativo fascista disposta con D.L.vo Lgt. 23 novembre 1944, n. 369. Riguardava i prestatori di lavoro addetti alle imprese esercitate da enti pubblici inquadrati sindacalmente.*

98. Nei rapporti d'impiego inerenti all'esercizio dell'impresa, in mancanza di norme corporative (1) o di usi più favorevoli, per quanto concerne il trattamento cui ha diritto l'impiegato nei casi d'infortunio, di malattia, di gravidanza o di puerperio (2110 c.c.), la durata del periodo feriale (2109 c.c.), del periodo di preavviso (2118 c.c.), la misura dell'indennità sostitutiva di questo e l'ammontare della indennità di anzianità in caso di cessazione del rapporto (2120 c.c.), si applicano le corrispondenti norme del R.D.L. 13 novembre 1924, n. 1825, convertito nella L. 18 marzo 1926, n. 562 (2).

Le richiamate norme si applicano altresì ai rapporti d'impiego dei dipendenti di enti pubblici anche se non inquadrati sindacalmente, in quanto il rapporto non sia diversamente disciplinato da leggi o regolamenti speciali, nonché ai rapporti d'impiego non inerenti all'esercizio di un'impresa in quanto non esistano convenzioni od usi più favorevoli al prestatore di lavoro.

(1) *L'ordinamento corporativo fascista è stato soppresso con D.L.vo Lgt. 23 novembre 1944, n. 369.*

(2) *Disposizioni relative al contratto d'impiego privato.*

99. (1) Le disposizioni relative alla istituzione del registro delle imprese previsto dall'art. 2188 del codice saranno emanate con decreto del Presidente della Repubblica. Tale decreto stabilirà altresì la data di attuazione del registro delle imprese, nonché le condizioni per l'iscrizione delle imprese individuali e sociali esistenti in tale momento.

(1) *Si veda il D.P.R. 7 dicembre 1995, n. 581.*

100. (1) [Fino all'attuazione del registro delle imprese gli atti di autorizzazione alla continuazione dell'esercizio di un'impresa commerciale nell'interesse di un minore o di un interdetto, gli atti di autorizzazione all'esercizio di un'impresa commerciale da parte di un minore emancipato o di un inabilitato, i provvedimenti di revoca delle autorizzazioni stesse, le procure institorie, le nomine di procuratori nonché gli atti e i fatti relativi alla società, per i quali il codice stabilisce l'iscrizione nel registro delle imprese, sono soggetti all'iscrizione nei registri di cancelleria presso il tribunale secondo le modalità stabilite dalle leggi anteriori.

Tuttavia il contenuto degli atti da iscrivere, i termini per l'iscrizione e gli effetti della medesima sono determinati dal codice.

Fino all'attuazione del registro delle imprese non sono soggetti a registrazione gli imprenditori individuali e gli enti pubblici che esercitano un'attività commerciale, salvo quanto disposto dal primo comma del presente articolo.

Non si applicano inoltre le disposizioni contenute nel secondo comma dell'art. 2556 e nell'art. 2559 del codice].

(1) *Questo articolo è stato abrogato dall'art. 111* sexies *delle disposizioni di attuazione del codice civile, così come inserito dall'art. 9, comma 1, lett.* f)*, del D.L.vo 17 gennaio 2003, n. 6, a decorrere dal 1° gennaio 2004.*

101. (1) [Fino all'attuazione del registro delle imprese i depositi di atti o documenti, che secondo il codice devono eseguirsi presso l'ufficio del registro delle imprese, si eseguono presso la cancelleria del tribunale.

Le attribuzioni del giudice del registro spettano al presidente del tribunale o a un giudice da lui delegato].

(1) *Questo articolo è stato abrogato dall'art. 111* sexies *delle disposizioni di attuazione del codice civile, così come inserito dall'art. 9, comma 1, lett.* f)*, del D.L.vo 17 gennaio 2003, n. 6, a decorrere dal 1° gennaio 2004.*

101 *bis.* (1) Copia integrale o parziale di ogni atto per il quale è prescritta l'iscrizione o il deposito nel registro delle imprese deve essere rilasciata a chi ne faccia richiesta, anche per corrispondenza, senza che il costo di tale copia possa eccedere il costo amministrativo.

(1) *Articolo aggiunto dall'art. 20 del D.P.R. 29 dicembre 1969, n. 1127, modificazioni alle norme del codice civile sulle società per azioni, per accomandita per azioni e a responsabilità limitata.*

101 *ter.* (1) Ai fini della pubblicità prescritta dagli artt. 2506 e 2507 del codice civile la società richiedente deve allegare agli atti e documenti ivi previsti la traduzione giurata in lingua italiana e deve indicare gli estremi della pubblicità attuata nello Stato ove è situata la sede principale. Dell'avvenuto deposito dei documenti deve essere fatta menzione nel Bollettino ufficiale delle società per azioni e a responsabilità limitata (2).

(1) *Articolo aggiunto dall'art. 5 del D.L.vo 29 dicembre 1992, n. 516, recante attuazione della direttiva 89/666/CEE, relativa alla pubblicità delle succursali.*

(2) *Si veda ora l'art. 29 della L. 7 agosto 1997, n. 266.*

101 *quater.* (1) Le società soggette alla legislazione di un altro Stato appartenente alla Comunità economica europea, le quali stabiliscono nel territorio dello Stato più sedi secondarie con rappresentanza stabile, possono attuare la pubblicità dell'atto costitutivo, dello statuto e dei bilanci nell'ufficio del registro delle imprese di una soltanto delle sedi secondarie, depositando negli altri l'attestazione dell'eseguita pubblicità.

(1) *Articolo aggiunto dall'art. 5 del D.L.vo 29 dicembre 1992, n. 516, recante attuazione della direttiva 89/666/CEE, relativa alla pubblicità delle succursali.*

102. Le norme per la formazione del ruolo, per la nomina e per la disciplina dei revisori ufficiali dei conti e quelle per la vigilanza e per la disciplina dei sindaci delle società saranno emanate con decreto del Presidente della Repubblica.

Fino all'entrata in vigore di tale decreto continueranno ad applicarsi le disposizioni anteriori.

103. I provvedimenti del tribunale previsti dall'articolo 2409 del codice sono disposti con decreto, il quale deve essere comunicato a cura del cancelliere, entro cinque giorni, all'ufficio del registro delle imprese per l'iscrizione (1).

[L'amministratore giudiziario, nominato dal tribunale a norma dell'art. 2409 del codice, è scelto possibilmente fra gli iscritti nel ruolo degli amministratori giudiziari. A lui si applicano gli articoli 92, 93 e 94 di queste disposizioni, intendendosi sostituiti nei poteri della magistratura del lavoro e del presidente della magistratura del lavoro rispettivamente quelli del tribunale e del presidente del tribunale] (2).

(1) *Questo comma è stato così sostituito dall'art. 9, comma 1, lett.* c), *n. 1), del D.L.vo 17 gennaio 2003, n. 6, a decorrere dal 1° gennaio 2004.*

(2) *Questo comma è stato abrogato dall'art. 9, comma 1, lett.* c), *n. 2), del D.L.vo 17 gennaio 2003, n. 6, a decorrere dal 1° gennaio 2004.*

104. (1) Il tribunale, prima di procedere alla nomina del rappresentante degli obbligazionisti prevista dall'articolo 2417 del codice, deve sentire gli amministratori o il consiglio di gestione della società.

(1) *Questo articolo è stato così sostituito dall'art. 9, comma 1, lett.* d), *del D.L.vo 17 gennaio 2003, n. 6, a decorrere dal 1° gennaio 2004.*

105. La liquidazione coatta amministrativa delle società cooperative (2540 c.c.) è regolata dalle norme generali sulla liquidazione coatta amministrativa delle società, salvo che le leggi speciali dispongano diversamente.

106. (1) Le norme degli articoli 92, 93 e 94 di queste disposizioni si applicano anche al commissario governativo incaricato della gestione della società cooperativa a norma dell'articolo 2545 *sexiesdecies* del codice, intendendosi sostituiti nei poteri del tribunale, per quanto riguarda le disposizioni dei precedenti articoli 92 e 94, primo comma, l'autorità governativa che ha nominato il commissario.

(1) *Questo articolo è stato così sostituito dall'art. 9, comma 1, lett.* e), *del D.L.vo 17 gennaio 2003, n. 6, a decorrere dal 1° gennaio 2004.*

107. Alle mutue assicuratrici regolate da leggi speciali le disposizioni del capo II del titolo VI del libro V del codice (2546 c.c.) si applicano in quanto compatibili con le leggi medesime.

108. (1) [Fino all'attuazione del registro delle imprese l'iscrizione dei contratti di consorzio prevista dall'art. 2612 del codice deve essere eseguita nel registro delle società presso la cancelleria del tribunale nella cui circoscrizione ha sede l'ufficio, e pubblicata nel foglio degli annunzi legali.

Per le modalità dell'iscrizione si osservano le norme stabilite per le società, in quanto applicabili.

Al commissario governativo, nominato dall'autorità governativa in sostituzione degli organi del consorzio a norma dell'art. 2619 del codice, si applica l'art. 106 di queste disposizioni].

(1) *Questo articolo è stato abrogato dall'art. 111* sexies *delle disposizioni di attuazione del codice civile, così come inserito dall'art. 9, comma 1, lett.* f), *del D.L.vo 17 gennaio 2003, n. 6, a decorrere dal 1° gennaio 2004.*

109. (1) [Per le società per azioni soggette al R.D.L. 25 ottobre 1941, n. 1148, e per la durata di tale decreto non si applicano le disposizioni del libro V del codice relative alle azioni al portatore].

(1) *Questo articolo è stato abrogato dall'art. 111* sexies *delle disposizioni di attuazione del codice civile, così come inserito dall'art. 9, comma 1, lett.* f), *del D.L.vo 17 gennaio 2003, n. 6, a decorrere dal 1° gennaio 2004.*

110. La competenza dell'autorità governativa nell'esercizio dei poteri ad essa demandati dal libro V del codice è determinata dalle leggi speciali.

111. Le norme per l'attuazione delle disposizioni contenute nelle sezioni III e IV del capo II del titolo X del libro V del codice (2616 ss. c.c.) saranno emanate con decreto del Presidente della Repubblica.

Fino all'entrata in vigore di tale decreto la disciplina dei consorzi obbligatori e i controlli dell'autorità governativa sui consorzi volontari continuano ad essere regolati dalle leggi anteriori.

111 *bis.* (¹) La misura rilevante di cui all'articolo 2325 *bis* del codice è quella stabilita a norma dell'articolo 116 del decreto legislativo 24 febbraio 1998, n. 58 [, e risultante alla data del 1 gennaio 2004] (²). Nel caso previsto dall'articolo 2409 *bis*, secondo comma, del codice, si applicano alla società di revisione le disposizioni degli articoli 155, comma 2, 162, commi 1 e 2, 163, commi 1 e 4 del decreto legislativo n. 58 del 1998.

Ai fini di cui all'articolo 2343 *ter*, per valori mobiliari e strumenti del mercato monetario si intendono quelli di cui all'articolo 1, commi 1 *bis* e 1 *ter*, del testo unico delle disposizioni in materia di intermediazione finanziaria, di cui al decreto legislativo 24 febbraio 1998, n. 58 (³).

(¹) *Questo articolo è stato inserito dall'art. 9, comma 1, lett.* f), *del D.L.vo 17 gennaio 2003, n. 6, a decorrere dal 1° gennaio 2004.*

(²) *Le parole fra parentesi quadrate sono state soppresse dall'art. 3, comma 1, del D.L.vo 11 ottobre 2012, n. 184.*

(³) *Questo comma è stato aggiunto dall'art. 2, comma 1, del D.L.vo 4 agosto 2008, n. 142.*

111 *ter.* (¹) Chi richiede l'iscrizione presso il registro delle imprese dell'atto costitutivo di una società deve indicarne nella domanda l'indirizzo, comprensivo della via e del numero civico, ove è posta la sua sede. In caso di successiva modificazione di tale indirizzo gli amministratori ne depositano apposita dichiarazione presso il registro delle imprese.

(¹) *Questo articolo è stato inserito dall'art. 9, comma 1, lett.* f), *del D.L.vo 17 gennaio 2003, n. 6, a decorrere dal 1° gennaio 2004.*

111 *quater.* (¹) La società di revisione di cui all'articolo 2447 *ter* del codice è scelta tra quelle iscritte nell'albo speciale delle società di revisione tenuto dalla Commissione nazionale per le società e la borsa a norma delle leggi speciali; [essa non può essere una persona fisica] (²).

(¹) *Questo articolo è stato inserito dall'art. 9, comma 1, lett.* f), *del D.L.vo 17 gennaio 2003, n. 6, a decorrere dal 1° gennaio 2004.*

(²) *Le parole tra parentesi quadrate sono state soppresse dall'art. 5, lett.* ggg), *del D.L.vo 6 febbraio 2004, n. 37.*

111 *quinquies.* (¹) L'articolo 2632 del codice, come modificato dal decreto legislativo 11 aprile 2002, n. 61, è sostituito dal seguente: (*Omissis*).

(¹) *Questo articolo è stato inserito dall'art. 9, comma 1, lett.* f), *del D.L.vo 17 gennaio 2003, n. 6, a decorrere dal 1° gennaio 2004.*

111 *sexies.* (¹) Gli articoli 100, 101, 108 e 109 sono abrogati.

(¹) *Questo articolo è stato inserito dall'art. 9, comma 1, lett.* f), *del D.L.vo 17 gennaio 2003, n. 6, a decorrere dal 1° gennaio 2004.*

111 *septies.* (¹) Le cooperative sociali che rispettino le norme di cui alla legge 8 novembre 1991, n. 381, sono considerate, indipendentemente dai requisiti di cui all'articolo 2513 del codice, cooperative a mutualità prevalente. Le cooperative agricole che esercitano le attività di cui all'articolo 2135 del codice sono considerate cooperative a mutualità prevalente se soddisfano le condizioni di cui al terzo comma dell'articolo 2513 del codice. Le piccole società cooperative costituite ai sensi della legge 7 agosto 1997, n. 266, nel termine previsto all'articolo 223 *duodecies* del codice devono trasformarsi nella società cooperativa disciplinata dall'articolo 2522 del codice.

(¹) *Questo articolo è stato inserito dall'art. 9, comma 1, lett.* f), *del D.L.vo 17 gennaio 2003, n. 6, a decorrere dal 1° gennaio 2004.*

111 *octies.* (¹) Sono investitori istituzionali destinati alle società cooperative quelli costituiti ai sensi della legge 25 febbraio 1985, n. 49, i fondi mutualistici e i fondi pensione costituiti da società cooperative.

(¹) *Questo articolo è stato inserito dall'art. 9, comma 1, lett.* f), *del D.L.vo 17 gennaio 2003, n. 6, a decorrere dal 1° gennaio 2004.*

111 *novies.* (¹) Le società di revisione di cui al secondo comma dell'articolo 2545 *octies* del codice sono quelle di cui al decreto legislativo 27 gennaio 1992, n. 88.

(¹) *Questo articolo è stato inserito dall'art. 9, comma 1, lett.* f), *del D.L.vo 17 gennaio 2003, n. 6, a decorrere dal 1° gennaio 2004.*

111 *decies.* (¹) Ferma restando la natura indivisibile delle riserve accantonate, non rilevano ai fini dell'obbligo di devoluzione previsto dall'articolo 17 della legge 23 dicembre 2000, n. 388, la modificazione delle clausole previste dall'articolo 26 del decreto legislativo Capo provvisorio dello Stato 14 dicembre 1947, n. 1577, ovvero la decadenza dai benefici fiscali per effetto della perdita del requisito della prevalenza come disciplinato dagli articoli 2512 e 2513 del codice.

Gli amministratori devono, tuttavia, redigere un bilancio ai sensi dell'articolo 2545 *octies* del codice.

(1) *Questo articolo è stato inserito dall'art. 9, comma 1, lett.* f), *del D.L.vo 17 gennaio 2003, n. 6, a decorrere dal 1° gennaio 2004.*

111 *undecies.* (1) Il Ministro delle attività produttive, di concerto con il Ministro dell'economia e delle finanze, stabilisce, con proprio decreto, regimi derogatori al requisito della prevalenza, così come definite dall'articolo 2513 del codice, in relazione alla struttura dell'impresa e del mercato in cui le cooperative operano, a specifiche disposizioni normative cui le cooperative devono uniformarsi e alla circostanza che la realizzazione del bene destinato allo scambio mutualistico richieda il decorso di un periodo di tempo superiore all'anno di esercizio.

(1) *Questo articolo è stato inserito dall'art. 9, comma 1, lett.* f), *del D.L.vo 17 gennaio 2003, n. 6, a decorrere dal 1° gennaio 2004.*

111 *duodecies.* (1) Qualora tutti i loro soci illimitatamente responsabili, di cui all'articolo 2361, comma secondo, del codice, siano società per azioni, in accomandita per azioni o società a responsabilità limitata, le società in nome collettivo o in accomandita semplice devono redigere il bilancio secondo le norme previste per le società per azioni; esse devono inoltre redigere e pubblicare il bilancio consolidato come disciplinato dall'articolo 26 del decreto legislativo 9 aprile 1991, n. 127, ed in presenza dei presupposti ivi previsti.

(1) *Questo articolo è stato inserito dall'art. 9, comma 1, lett.* f), *del D.L.vo 17 gennaio 2003, n. 6, a decorrere dal 1° gennaio 2004.*

111 *terdecies.* (1) La deliberazione prevista dal secondo comma dell'articolo 2446 del codice è verbalizzata ed iscritta nel registro delle imprese a norma dell'articolo 2436 del codice.

(1) *Questo articolo è stato inserito dall'art. 5, lett.* hhh), *del D.L.vo 6 febbraio 2004, n. 37.*

111 *quaterdecies.* (1) La durata del primo incarico di controllo contabile può coincidere con quello di revisione affidato alla stessa società.

(1) *Questo articolo è stato aggiunto dall'art. 35 del D.L.vo 28 dicembre 2004, n. 310.*

Sezione VI
Disposizioni relative al libro VI

112. (*Omissis*) (1).

(1) *Articolo abrogato dall'art. 2 della L. 21 gennaio 1983, n. 22, disciplina della responsabilità dei conservatori dei registri immobiliari. Concerneva la procedura di applicazione della pena pecuniaria stabilita dall'art. 2682 del codice civile.*

113. Il reclamo menzionato nell'art. 2888 del codice si propone al tribunale, il quale provvede con decreto motivato in camera di consiglio, sentito il conservatore e il pubblico ministero.

Contro il provvedimento che non accoglie la domanda, il richiedente può proporre reclamo alla corte d'appello.

Il tribunale o la corte può ordinare che la domanda di cancellazione sia proposta nelle forme ordinarie in contraddittorio delle persone che ritiene abbiano interesse contrario alla cancellazione medesima.

113 *bis.* (1) Il conservatore, nel caso in cui non riceva i titoli e le note ai sensi dell'art. 2674 del codice, indica sulle note i motivi del rifiuto e restituisce uno degli originali alla parte richiedente. La parte può avvalersi del procedimento stabilito nell'art. 745 del codice di procedura civile.

Dello stesso procedimento la parte può avvalersi per il ritardo nel rilascio di certificati o di copie.

Il pubblico ministero comunica al Ministero di grazia e giustizia e al Ministero delle finanze la decisione adottata.

(1) *Articolo aggiunto dall'art. 6 della L. 27 febbraio 1985, n. 52, modifiche al libro sesto del codice civile e norme di servizio ipotecario, in riferimento all'introduzione di un sistema di elaborazione automatica nelle conservatorie dei registri immobiliari.*

113 *ter.* (1) Il reclamo previsto nell'art. 2674 *bis* del codice si propone con ricorso, entro il termine perentorio di trenta giorni dalla esecuzione della formalità, davanti al tribunale nella cui circoscrizione è stabilita la conservatoria; entro lo stesso termine il ricorso deve essere notificato al conservatore, a pena di improcedibilità.

Il tribunale provvede in camera di consiglio, con decreto motivato, immediatamente esecutivo, sentiti il pubblico ministero, il conservatore e le parti interessate.

Contro il provvedimento del tribunale è consentito reclamo alla corte d'appello, con ricorso notificato, a pena di improcedibilità, anche al conservatore.

A margine della formalità eseguita con riserva il conservatore annota la proposizione del reclamo, il decreto immediatamente esecutivo del tribunale e il decreto definitivo.

Quando il reclamo non è proposto o è rigettato definitivamente, la formalità perde ogni effetto.

(1) *Articolo aggiunto dall'art. 8 della L. 27 febbraio 1985, n. 52, nuove norme sul servizio ipotecario.*

Capo II
Disposizioni transitorie

Sezione I
Disposizioni relative al libro I

114. La pronunzia di immissione nel possesso definitivo dei beni dell'assente, emessa a termini degli articoli 36 e 38 del codice del 1865, equivale a tutti gli effetti alla dichiarazione di morte presunta prevista nell'art. 58 del nuovo codice.

Fino al 30 giugno 1942 non può essere dichiarata la morte presunta nell'ipotesi prevista nell'art. 58 del nuovo codice, se non quando concorrono le condizioni indicate negli articoli 36 e 38 del codice del 1865 per la pronunzia di immissioni nei beni dell'assente.

115. Il termine di tre mesi, previsto nel secondo comma dell'art. 14 della L. 27 maggio 1929, n. 847 (1), è ridotto a un mese.

Il capo primo della legge suddetta è abrogato.

(1) *Disposizioni per l'applicazione del concordato dell'11 febbraio 1929 tra la Santa Sede e l'Italia, nella parte relativa al matrimonio.*

116. L'impugnazione prevista nell'art. 123, primo comma, del codice non può essere proposta dal coniuge impotente per i matrimoni anteriori al 1 luglio 1939.

I matrimoni che sono stati celebrati anteriormente al 1 luglio 1939 davanti ad un ufficiale dello stato civile incompetente o senza la presenza dei testimoni non si possono più impugnare.

117. Se il matrimonio è stato annullato prima del 1 luglio 1939 ed è stata riconosciuta la mala fede di entrambi i coniugi, i figli nati o concepiti durante il matrimonio possono acquistare lo stato di figli nati fuori del matrimonio (1) riconosciuti ai sensi dell'art. 128, ultimo comma, del codice con effetto dal giorno della domanda giudiziale proposta in contraddittorio dei genitori o dei loro eredi.

(1) *Le parole: «figli naturali» sono state così sostituite dalle seguenti: «figli nati fuori del matrimonio» dall'art. 96, comma 1, lett. e), del D.L.vo 28 dicembre 2013, n. 154, a decorrere dal trentesimo giorno successivo a quello della sua pubblicazione nella* Gazzetta Ufficiale *(G.U. n. 5 dell'8 gennaio 2014).*

118. Gli atti di costituzione di dote aventi per oggetto beni futuri, stipulati prima del 1 luglio 1939, conservano la loro efficacia anche rispetto ai beni che pervengono alla moglie dopo tale data (179 c.c.).

119. I lucri dotali in favore del coniuge sopravvivente, stipulati prima del 1 luglio 1939, conservano la loro efficacia.

Conservano parimenti la loro efficacia le ipoteche iscritte a garanzia dei lucri medesimi.

120. L'azione di disconoscimento di paternità (233, 235 c.c.) è soggetta ai termini (244 c.c.) e alle cause di decadenza previsti nel nuovo codice anche quando si tratta di impugnare la legittimità di figli nati prima dell'entrata in vigore dello stesso codice, sempre che l'azione non sia già estinta a norma delle disposizioni del codice del 1865.

121. Le azioni di reclamo di stato di figlio nato nel matrimonio (1) (249 c.c.), spettanti agli eredi che non siano discendenti del figlio a norma dell'art. 178 del codice del 1865, possono essere continuate quando la domanda è stata proposta prima del 1 luglio 1939.

(1) *La parola: «legittimo» è stata così sostituita dalle seguenti: «nato nel matrimonio» dall'art. 96, comma 1, lett. f), del D.L.vo 28 dicembre 2013, n. 154, a decorrere dal trentesimo giorno successivo a quello della sua pubblicazione nella* Gazzetta Ufficiale *(G.U. n. 5 dell'8 gennaio 2014).*

122. Le disposizioni del codice relative al riconoscimento dei figli nati fuori del matrimonio (1)

(250 ss. c.c.) si applicano anche ai figli nati o concepiti prima del 1° luglio 1939.

Il riconoscimento di figli nati fuori del matrimonio (1), compiuto prima di tale data fuori dei casi in cui era ammesso secondo le leggi anteriori, non può essere annullato, se al momento in cui fu fatto concorrevano le condizioni per cui sarebbe ammissibile secondo le disposizioni del codice.

Tale riconoscimento vale anche agli effetti delle successioni aperte prima del 1° luglio 1939, purché i diritti successori del figlio non siano stati esclusi con sentenza passata in giudicato (324 c.p.c.) o non sia intervenuta transazione tra le parti interessate o non siano trascorsi tre anni dall'apertura della successione senza che il figlio abbia fatto valere alcuna ragione ereditaria sui beni della successione.

(1) *La parola*: «*naturali*» *è stata così sostituita dalle seguenti*: «*nati fuori del matrimonio*» *dall'art. 96, comma 1, lett.* g), *del D.L.vo 28 dicembre 2013, n. 154, a decorrere dal trentesimo giorno successivo a quello della sua pubblicazione nella* Gazzetta Ufficiale (G.U. *n. 5 dell'8 gennaio 2014*).

123. L'azione per la dichiarazione giudiziale di paternità può essere proposta dai figli nati prima del 1° luglio 1939 solo nel caso in cui ricorrono le condizioni previste dall'art. 189 del codice del 1865. L'azione può essere proposta, sempre che ricorrano tali condizioni, anche dai figli nati fuori del matrimonio (1) per i quali è ammessa dall'art. 278 del nuovo codice (2).

I figli nati fuori del matrimonio (3) che si trovano nelle condizioni previste nei numeri 1 e 4 dell'art. 269 del codice, ma che non possono ottenere la dichiarazione giudiziale di paternità perché nati prima del 1° luglio 1939, possono agire soltanto per ottenere gli alimenti (2).

Nei casi in cui l'azione per la dichiarazione giudiziale di paternità è ammessa secondo le norme del codice del 1865 essa è soggetta al termine stabilito dall'art. 271 del nuovo codice.

Le disposizioni del codice relative alle forme dei giudizi per la dichiarazione giudiziale di paternità o di maternità naturale (273 ss. c.c.) si applicano anche ai figli nati o concepiti prima del 1° luglio 1939.

I giudizi relativi alla dichiarazione di paternità o di maternità [naturale] (4) proposti prima del 1° luglio 1939 non possono essere proseguiti se non è intervenuto il decreto contemplato dall'art. 274 del codice stesso, salvo il caso che si sia già ottenuta una sentenza anche se interlocutoria.

(1) *La parola*: «*adulterini*» *è stata così sostituita dalle seguenti*: «*nati fuori del matrimonio*» *dall'art. 96, comma 1, lett.* h), *del D.L.vo 28 dicembre 2013, n. 154, a decorrere dal trentesimo giorno successivo a quello della sua pubblicazione nella* Gazzetta Ufficiale (G.U. *n. 5 dell'8 gennaio 2014*).

(2) *Comma dichiarato illegittimo dalla Corte costituzionale con sentenza n. 7 del 16 febbraio 1963.*

(3) *La parola*: «*naturali*» *è stata così sostituita dalle seguenti*: «*nati fuori del matrimonio*» *dall'art. 96, comma 1, lett.* h), *del D.L.vo 28 dicembre 2013, n. 154, a decorrere dal trentesimo giorno successivo a quello della sua pubblicazione nella* Gazzetta Ufficiale (G.U. *n. 5 dell'8 gennaio 2014*).

(4) *La parola tra parentesi quadrate è stata soppressa dall'art. 96, comma 1, lett.* h), *del D.L.vo 28 dicembre 2013, n. 154, a decorrere dal trentesimo giorno successivo a quello della sua pubblicazione nella* Gazzetta Ufficiale (G.U. *n. 5 dell'8 gennaio 2014*).

124. (1) [La disposizione dell'art. 286 del codice è applicabile anche per la legittimazione dei figli naturali, i cui genitori sono morti prima del 1 luglio 1939].

(1) *Questo articolo è stato abrogato dall'art. 106, comma 1, lett.* b), *del D.L.vo 28 dicembre 2013, n. 154, a decorrere dal trentesimo giorno successivo a quello della sua pubblicazione nella* Gazzetta Ufficiale (G.U. *n. 5 dell'8 gennaio 2014*).

125. (1) [La disposizione dell'art. 287 del codice è applicabile anche ai casi in cui era ammessa, secondo le leggi anteriori, la celebrazione del matrimonio per procura].

(1) *Questo articolo è stato abrogato dall'art. 106, comma 1, lett.* b), *del D.L.vo 28 dicembre 2013, n. 154, a decorrere dal trentesimo giorno successivo a quello della sua pubblicazione nella* Gazzetta Ufficiale (G.U. *n. 5 dell'8 gennaio 2014*).

126. La disposizione del secondo comma dell'art. 293 del nuovo codice è applicabile anche alle adozioni costituite prima del 1 luglio 1939, a meno che siano state già impugnate ai sensi dell'art. 205 del codice del 1865.

127. Le disposizioni del codice sulla revoca dell'adozione (305 c.c.) si applicano anche alle adozioni costituite prima del 1 luglio 1939.

127 *bis*. (1) I divieti contenuti nei numeri 6, 7, 8 e 9 dell'articolo 87 del codice civile sono applicabili all'affiliazione.

(1) *Questo articolo è stato inserito dall'art. 96, comma 1, lett.* i), *del D.L.vo 28 dicembre 2013, n. 154, a de-*

correre dal trentesimo giorno successivo a quello della sua pubblicazione nella Gazzetta Ufficiale (G.U. *n. 5 dell'8 gennaio 2014*).

128. Se l'ipotesi prevista dall'art. 342 ([1]) del codice si è verificata prima del 1 luglio 1939, il tribunale, su istanza del figlio medesimo o dei parenti o del pubblico ministero, può privare il genitore della potestà dei genitori ([2]) sui figli, quando risulta che egli impartisce ad essi una educazione non corrispondente ai fini nazionali, e può provvedere in conformità all'art. 342 del codice.

([1]) *L'art. 342 c.c. è stato abrogato dall'art. 3 del D.L.vo Lgt. 14 settembre 1944, n. 287, provvedimenti relativi alla riforma della legislazione civile.*

([2]) *A norma dell'art. 105, comma 1, del D.L. vo 28 dicembre 2013, n. 154, a decorrere dal trentesimo giorno successivo a quello della sua pubblicazione nella* Gazzetta Ufficiale (G.U. *n. 5 dell'8 gennaio 2014*), *le parole*: *«potestà» o «potestà genitoriale» sono state sostituite dalle attuali*: *«responsabilità genitoriale»*.

129. Le norme del codice in materia di tutela e di curatela (344 ss. c.c.) si applicano anche alle tutele e alle curatele che si sono aperte prima del 1 luglio 1939.

Tuttavia i tutori, i protutori e i curatori già nominati conservano l'ufficio, salve le disposizioni degli articoli 383, 384 e 393 del codice, e sempre che non ricorrano cause d'incapacità previste dal codice stesso (350, 393 c.c.).

130. La disposizione dell'art. 428 del codice è applicabile anche se gli atti in essa contemplati sono stati compiuti prima del 1 luglio 1939.

131. Le ipoteche legali sui beni del tutore iscritte a norma degli articoli 292, 293 e 1969, n. 3, del codice del 1865 possono essere cancellate quando il tutore ne fa istanza al giudice tutelare, il quale, se ordina la cancellazione, provvede secondo l'art. 381 del nuovo codice.

Sezione II
Disposizioni relative al libro II

132. L'erede con beneficio d'inventario (484 c.c.) può promuovere la procedura di liquidazione ai sensi dell'art. 503 del codice anche se l'accettazione è stata fatta prima del 21 aprile 1940.

133. La rinunzia all'eredità (519 c.c.) o al legato (649 c.c.), fatta dopo il 21 aprile 1940, produce tutti gli effetti previsti dal codice, ancorché si tratti di successione apertasi anteriormente a quella data.

134. La disposizione dell'art. 528 del codice è applicabile anche per le successioni apertesi prima del 21 aprile 1940, se il chiamato non ha ancora accettato e non è nel possesso di beni ereditari.

L'obbligo del curatore di procedere alla liquidazione dell'eredità giacente (530 c.c.) incombe anche sui curatori già nominati, se, in caso di opposizione dei creditori o legatari, il pretore ([1]) ritiene opportuno disporre la liquidazione.

([1]) *Ai sensi del D.L.vo 19 febbraio 1998, n. 51, l'ufficio del pretore è soppresso a decorrere dal 2 giugno 1999, fatta salva l'attività necessaria per l'esaurimento degli affari pendenti, e le relative competenze sono trasferite al tribunale ordinario, fuori dei casi in cui è diversamente disposto dal predetto provvedimento.*

135. Le norme sulla riduzione delle donazioni (555 c.c.) sono applicabili anche alle donazioni fatte anteriormente al 21 aprile 1940, purché la successione si sia aperta dopo. Tali donazioni sono soggette a riduzione, avuto riguardo alla misura dei diritti riservati ai legittimari stabilita dal codice (537 ss. c.c.).

La medesima disposizione si applica per le regole stabilite dal codice sulla collazione (737 c.c.), sull'imputazione (747 c.c.) e sulla riunione fittizia (556 c.c.).

Tuttavia per le donazioni di beni mobili fatte anteriormente al 21 aprile 1940, si tiene conto del valore risultante dalla stima annessa all'atto di donazione.

136. Le disposizioni degli articoli 580 e 594 del codice si applicano anche alle successioni apertesi prima del 21 aprile 1940, se i diritti dei figli nati fuori del matrimonio ([1]) non riconoscibili o non ricosciuti non sono stati definiti con sentenza passata in giudicato (324 c.p.c.) o mediante convenzione.

Possono inoltre valersi delle disposizioni degli articoli 580 e 594 i figli nati fuori del matrimonio ([1]) che si trovano nelle condizioni previste dai numeri 1 e 4 dell'art. 269 del codice, ma che non possono ottenere la dichiarazione giudiziale di paternità perché nati anteriormente al 1° luglio 1939 ([2]).

I figli nati fuori del matrimonio ([1]) indicati dal comma precedente hanno facoltà di chiedere l'assegno vitalizio (594 c.c.) anche per le successioni già aperte, ma non oltre cinque anni prima del 21 aprile 1940; l'assegno in questo caso deve essere calcolato con riguardo allo stato e al valore che i beni ereditari avevano a tale data.

([1]) *Le parole: «figli naturali» sono state così sostituite dalle seguenti: «figli nati fuori del matrimonio» dall'art. 105, comma 3, del D.L.vo 28 dicembre 2013, n. 154, a decorrere dal trentesimo giorno successivo a quello della sua pubblicazione nella* Gazzetta Ufficiale *(G.U. n. 5 dell'8 gennaio 2014).*

([2]) *Comma dichiarato illegittimo dalla Corte costituzionale con sentenza n. 7 del 16 febbraio 1963.*

137. Non possono essere promosse né proseguite azioni per la dichiarazione di nullità, per vizio di forma (606 c.c.), per incapacità a ricevere (592 c.c.) o per altre cause, di disposizioni testamentarie e di donazioni (782 c.c.) che sono valide secondo il codice. La nullità ammessa anche da questo non può essere pronunziata se non nei limiti da esso previsti.

138. Le condizioni di vedovanza (636 c.c.) ammesse dall'ultimo comma dell'art. 850 del codice del 1865, relative alle successioni apertesi prima del 21 aprile 1940, conservano la loro efficacia.

139. I diritti derivanti da una disposizione testamentaria sotto condizione sospensiva (633 c.c.) si trasmettono agli eredi dell'onorato, se questi muore dopo il 21 aprile 1940 senza che la condizione si sia verificata.

140. Ancorché la divisione sia stata già effettuata, si applica la norma dell'art. 759 del codice, se l'evizione ha luogo dopo il 21 aprile 1940.

141. Le norme sulla revocazione per ingratitudine (801 c.c.) sono applicabili alle donazioni anteriori, se la causa di revocazione si è verificata dopo il 21 aprile 1940. Tuttavia la norma del secondo comma dell'art. 802 del codice è applicabile anche se la causa di revocazione è anteriore.

Sezione III
Disposizioni
relative al libro III

142 - 149. (*Omissis*) ([1]).

([1]) *Articoli abrogati dall'art. 18 della L. 22 luglio 1966, n. 607, che ha dettato nuove norme in materia di enfiteusi e prestazioni fondiarie perpetue.*

150. Per l'acquisto dei frutti al termine dell'usufrutto, se questo ha avuto inizio anteriormente al 28 ottobre 1941, si osserva il disposto dell'art. 480 del codice del 1865.

151. Le disposizioni dell'art. 999 del codice si applicano anche alle locazioni concluse dall'usufruttuario anteriormente al 28 ottobre 1941 (157).

152. Il diritto di ritenzione ammesso dagli articoli 1006 e 1011 del codice spetta all'usufruttuario anche per le somme a lui dovute in dipendenza di anticipazioni effettuate prima del 28 ottobre 1941.

153. La disposizione dell'art. 1023 del codice si applica anche ai diritti di uso e di abitazione costituiti prima del 28 ottobre 1941.

154. Se l'interclusione del fondo si è verificata per effetto di vendita anteriore al 28 ottobre 1941, il compratore non è tenuto a dare il passaggio senza indennità (1054 c.c.).

155. Le disposizioni concernenti la revisione dei regolamenti di condominio e la trascizione di essi (1138 c.c.) si applicano anche ai regolamenti formati prima del 28 ottobre 1941.

Cessano di avere effetto le disposizioni dei regolamenti di condominio che siano contrarie alle norme richiamate nell'ultimo comma dell'art. 1138 del codice e nell'art. 72 di queste disposizioni.

155 *bis*. ([1]) L'assemblea, ai fini dell'adeguamento degli impianti non centralizzati di cui all'articolo 1122 *bis*, primo comma, del codice, già esistenti alla data di entrata in vigore del predetto articolo, adotta le necessarie prescrizioni con le maggioranze di cui all'articolo 1136, commi primo, secondo e terzo, del codice.

([1]) *Questo articolo è stato inserito dall'art. 26, comma 1, della L. 11 dicembre 2012, n. 220 (in vigore dal 18 giugno 2013).*

156. I condomini costituiti in forma di società cooperative possono conservare tale forma di amministrazione.

Ai rapporti di condominio negli edifici di cooperative edilizie le quali godono del contributo dello Stato nel pagamento degli interessi sui mutui si applicano le disposizioni delle leggi speciali.

157. Per i diritti spettanti al possessore (1150 c.c.), all'usufruttuario (985, 1005, 1006 c.c.) o all'enfiteuta (975 c.c.) a causa di riparazioni, di miglioramenti o di addizioni eseguite anteriormente al 28 ottobre 1941 si applicano le norme del codice del 1865, salvo quanto è stabilito dall'art. 152 di queste disposizioni.

158. Il termine per l'usucapione delle servitù discontinue apparenti (1061 c.c.) comincia a decorrere dal 28 ottobre 1941.

La disposizione dell'art. 1075 del codice si applica se la prescrizione del modo della servitù non si è compiuta prima del 28 ottobre 1941.

Sezione IV
Disposizioni
relative al libro IV

159. Il luogo in cui devono essere adempiute le obbligazioni che scadono dopo l'entrata in vigore del codice, si determina in conformità dell'art. 1182 del codice stesso, anche se si tratta di obbligazioni sorte anteriormente.

160. Le disposizioni del codice relative alla mora del creditore (1206 ss. c.c.), all'inadempimento e alla mora del debitore (1218 c.c.) si applicano anche se si tratta di obbligazione sorta prima dell'entrata in vigore del codice stesso, se l'offerta di pagamento sia stata compiuta ovvero l'inadempimento o la mora si sia verificato posteriormente.

161. I crediti di somme di danaro che siano divenuti esigibili prima dell'entrata in vigore del nuovo codice, producono, da questa data, interessi di pieno diritto (1282 c.c.), anche se tale effetto non si verificava secondo le disposizioni del codice del 1865.

Gli interessi legali che si maturano dopo la data predetta devono essere computati al saggio stabilito dall'art. 1284 del nuovo codice.

162. La disposizione dell'art. 1283 del codice si applica anche se si tratta di obbligazioni sorte anteriormente all'entrata in vigore del codice stesso, quando gl'interessi sono dovuti per almeno sei mesi.

163. Il giudice può ridurre la penale manifestamente eccessiva (1384 c. c.) anche se il contratto sia stato concluso anteriormente all'entrata in vigore del codice e anche se il pagamento della penale sia stato giudizialmente domandato e il giudizio sia pendente alla data suddetta (1398 c.c.).

164. Le disposizioni del secondo e del terzo comma dell'art. 1385 del codice si applicano anche se il contratto sia stato concluso anteriormente al giorno dell'entrata in vigore del codice stesso, e anche se a tale data sia stato già iniziato il giudizio e questo sia tuttora pendente.

165. Gli effetti dell'annullamento (1445 c.c.) o della risoluzione (1453 ss. c.c.) dei contratti rispetto ai terzi sono regolati dalle disposizioni del codice civile del 1865 se la domanda sia stata proposta anteriormente all'entrata in vigore del nuovo codice.

166. Per le vendite immobiliari stipulate anteriormente all'entrata in vigore del codice, la rescissione a causa di lesione (1448 c.c.) è regolata dalle disposizioni del codice del 1865.

167. Le disposizioni dell'art. 1462 del codice si applicano anche se la clausola ivi prevista sia inserita in un contratto stipulato prima del giorno dell'entrata in vigore del codice stesso, quando l'eccezione del debitore sia opposta dopo o, se proposta prima, il relativo giudizio sia ancora pendente alla data predetta.

168. Le disposizioni relative agli effetti dell'eccessiva onerosità sopravvenuta (1467 c.c.) si applicano anche per i contratti conclusi prima dell'entrata in vigore del codice se le circostanze e gli avvenimenti da cui deriva la eccessiva onerosità si siano verificati dopo.

169. Le disposizioni che regolano le conseguenze del sopravvenuto mutamento nelle condizioni patrimoniali del debitore (1461 c.c.) si applicano anche quando si tratti di contratti anteriori all'entrata in vigore del codice, se il mutamento si avverì posteriormente.

170. Le disposizioni del secondo comma dell'art. 1473 del codice si applicano anche ai contratti di vendita conclusi anteriormente all'entrata in vigore del codice stesso, se il rifiuto o l'impedimento del terzo ad accettare l'incarico si verificano dopo.

171. Le disposizioni degli articoli 1478, 1479 e 1480 del codice si applicano anche ai contratti di vendita conclusi anteriormente al giorno dell'entrata in vigore di esso, se a tale data non era stato domandato in giudizio l'annullamento.

172. Le disposizioni che impongono la denuncia dei vizi o della mancanza di qualità della cosa venduta e stabiliscono i termini per farla (1495 c.c.), si applicano anche se il contratto sia stato concluso anteriormente all'entrata in vigore del codice, purché la consegna o il ricevimento della cosa abbiano avuto luogo posteriormente.

173. Le disposizioni relative al riscatto convenzionale nel contratto di vendita (1500 ss. c.c.), tranne quella del primo comma dell'art. 1501, si applicano anche ai contratti conclusi anteriormente all'entrata in vigore del codice quando il diritto di riscatto venga esercitato posteriormente.

174. Le disposizioni dell'art. 1512 del codice si applicano ai contratti di vendita anteriori all'entrata in vigore di esso e il difetto di funzionamento sia scoperto posteriormente.

175. Qualora secondo le leggi anteriori i contratti di vendita di cose mobili con riserva di proprietà fossero opponibili ai creditori o ai terzi aventi causa dal compratore indipendentemente dai requisiti prescritti dall'art. 1524 del codice, le formalità relative, trattandosi di contratti conclusi anteriormente al giorno dell'entrata in vigore di esso, devono essere adempiute entro tre mesi dalla data medesima. In mancanza, la riserva di proprietà non può essere opposta ai creditori del compratore che abbiano pignorato la cosa e ai terzi aventi causa dal medesimo che abbiano acquistato diritti sulla cosa stessa posteriormente alla data anzidetta.

176. Le disposizioni degli articoli 1525 e 1526 del codice si applicano ai contratti conclusi anteriormente al giorno dell'entrata in vigore di esso e anche se la risoluzione per inadempimento sia stata giudizialmente domandata e il giudizio sia tuttora pendente alla data suddetta.

177. Le disposizioni degli articoli 1531, secondo comma, e 1550, secondo comma, del codice, relative all'esercizio del diritto di voto, si applicano anche ai contratti di vendita a termine o di riporto di titoli di credito, che siano in corso di esecuzione all'entrata in vigore del codice stesso.

178. La prescrizione stabilita dall'art. 1541 del codice si applica anche se si tratta di contratto di vendita anteriore alla data dell'entrata in vigore del codice stesso qualora la consegna dell'immobile sia stata eseguita posteriormente e al momento della consegna non sia già decorso il termine stabilito dall'art. 1478 del codice del 1865.

179. I patti di preferenza previsti dall'art. 1566 del codice che alla data dell'entrata in vigore di questo devono ancora durare oltre cinque anni, sono validi nei limiti di un quinquennio computabile da tale data.

Le modalità per l'esercizio del diritto di preferenza stabilite dal secondo comma dell'art. 1566 predetto, si osservano se l'esercizio medesimo ha luogo dopo l'entrata in vigore del codice, anche se il patto sia stato stipulato anteriormente.

180. I rapporti di locazione (1571 ss. c.c.) in corso al giorno dell'entrata in vigore del nuovo codice sono regolati dal codice del 1865.

Tuttavia si applicano, con effetto da tale data, le disposizioni del nuovo codice dichiarate inderogabili, o che siano comunque di ordine pubblico, e tutte le altre che regolano fatti o situazioni non previste specificamente dalla legge anteriore.

181. Le disposizioni degli articoli 1665, 1666, 1667 e 1668 del codice si applicano anche per i contratti anteriori, se l'opera o singole partite di essa siano compiute o comunque alla loro consegna si addivenga dopo l'entrata in vigore del codice stesso.

182. Le disposizioni dell'art. 1694 e della seconda parte dell'art. 1698 del codice si osservano anche se il contratto sia anteriore all'entrata in vigore del codice stesso.

183. Le disposizioni degli articoli 1706 e 1707 del codice si applicano anche se il mandato sia stato conferito anteriormente all'entrata in vigore del codice stesso.

184. Le cause di estinzione del mandato (1722 c.c.) sono regolate dal codice se si verificano dopo l'entrata in vigore di questo, anche se si tratta di mandato conferito anteriormente.

185. La disposizione del secondo comma dell'art. 1815 del codice si applica anche se il contratto di mutuo sia anteriore all'entrata in vigore del codice stesso.

186. Il creditore di una rendita (1861, 1872 c.c.) o di ogni altra prestazione annua costituita anteriormente all'entrata in vigore del nuovo codice, può pretendere dal debitore il rilascio di un nuovo documento secondo la disposizione dell'art. 1870 del codice stesso, ma il termine di nove anni decorre dall'entrata in vigore di questo se non scada prima il termine di ventotto anni stabilito dall'art. 2136 del codice del 1865.

187. Le disposizioni degli articoli 1888, secondo e terzo comma, 1889, 1902, 1903, secondo comma,

1930 e 1931 del codice si applicano anche ai contratti in corso.

Si applicano parimenti ai contratti suddetti le disposizioni degli articoli 1897, 1898 e 1926, quando le modificazioni del rischio da esse previste si verificano dopo l'entrata in vigore del codice, la disposizione del secondo comma dell'art. 1899, se la proroga tacita non è già avvenuta anteriormente alla entrata in vigore medesima, le disposizioni dell'art. 1901 relativamente ai premi che scadono dopo l'entrata in vigore medesima, le disposizioni degli articoli 1914, secondo comma, e 1915, secondo comma, per i sinistri verificatisi dopo l'entrata in vigore medesima.

188. Le disposizioni dell'art. 1921 del codice si applicano alle dichiarazioni di revoca posteriori all'entrata in vigore di esso, anche se il contratto di assicurazione sia stato concluso anteriormente.

Qualora i fatti che producono la decadenza del beneficiario o che autorizzano la revoca del beneficio si siano verificati dopo l'entrata in vigore predetta, si applicano le disposizioni dell'art. 1922 del codice, anche se il contratto di assicurazione sia anteriore.

189. Le disposizioni del primo comma dell'art. 1943 del codice si osservano quando la presentazione del fideiussore avviene posteriormente all'entrata in vigore del codice stesso, anche se l'obbligazione di dare un fideiussore sia sorta anteriormente.

La disposizione del precedente comma non si applica se l'obbligazione di dare un fideiussore deriva da un contratto.

190. La disposizione dell'art. 1957 del codice si applica anche alle fideiussioni anteriori all'entrata in vigore del codice stesso se l'obbligazione principale scade dopo.

Se l'obbligazione è già scaduta, il termine di sei mesi stabilito dal primo comma dell'articolo 1957 decorre dall'entrata in vigore suddetta.

191. La disposizione del secondo comma dell'art. 1962 del codice si applica anche ai contratti di anticresi anteriori, ma il termine di dieci anni decorre dall'entrata in vigore del codice stesso.

192. Il debitore può valersi della facoltà accordatagli dall'art. 1964 del codice, anche se il contratto di anticresi sia anteriore all'entrata in vigore del codice stesso.

193. Le disposizioni degli articoli 1979, 1980, 1982, 1983, 1984 e 1985 del codice si applicano anche ai contratti di cessione dei beni ai creditori, conclusi anteriormente all'entrata in vigore di esso.

194. Le disposizioni degli articoli 2045, 2057 e 2058 del codice si applicano anche se i fatti da cui deriva la responsabilità del loro autore sono avvenuti anteriormente all'entrata in vigore del codice stesso.

Sezione V
Disposizioni relative al libro V

195. Le disposizioni contenute nelle sezioni III e IV del capo I del titolo II del libro V del codice (2096 ss. c.c.) e quelle contenute nelle sezioni II, III, IV e V del capo II dello stesso titolo (2141 ss. c.c.) si applicano anche ai rapporti in corso al momento dell'entrata in vigore del codice, salvo quanto è stabilito negli articoli seguenti.

196. Nei contratti di lavoro a tempo determinato in corso al giorno dell'entrata in vigore del codice, che devono ancora durare per un periodo superiore a quello indicato dall'ultimo comma dell'articolo 2097 (1) del codice stesso, il prestatore di lavoro può recedere dal contratto, decorsi il quinquennio o il decennio dal giorno suddetto.

(1) *Articolo abrogato dall'art. 9 della L. 18 aprile 1962, n. 230, disciplina del contratto di lavoro a tempo determinato.*

197. Le rinunzie e le transazioni successive alla cessazione del rapporto di lavoro previste dall'articolo 2113 del codice, che hanno avuto luogo nei tre mesi anteriori all'entrata in vigore del codice, sono impugnabili a norma dell'articolo medesimo, e il termine per l'impugnazione decorre dalla data predetta.

198. I patti di non concorrenza previsti dall'articolo 2125 del codice, che al giorno dell'entrata in vigore del codice devono ancora durare per un periodo superiore a quello stabilito nell'articolo stesso, sono efficaci per il periodo previsto nella detta disposizione a decorrere dalla data predetta.

199. L'inabilitato (415 c.c.), che al giorno dell'entrata in vigore del codice esercita un'impresa commerciale (2195 c.c.), non può continuarla se non con l'autorizzazione prevista dall'art. 425 del codice stesso. Questa autorizzazione produce effetto fino dal detto giorno qualora sia pubblicata, secondo le nuove disposizioni, entro tre mesi successivi.

200. Le disposizioni del codice, relative alla tenuta delle scritture contabili (2214 c.c.) e alla redazione del bilancio (2217, 2423 c.c.) per gli imprenditori che esercitano un'attività commerciale (2195 c.c.) e per le società soggette a registrazione (2200 c.c.), entreranno in vigore il 1 gennaio 1943.

Fino a tale data le scritture contabili si considerano regolarmente tenute a tutti gli effetti previsti dal codice in quanto siano regolarmente tenute secondo le leggi anteriori.

Fino all'attuazione delle disposizioni relative al registro delle imprese (99), la numerazione, la bollatura e la vidimazione dei libri contabili prescritte dal codice saranno eseguite dal cancelliere del tribunale o della pretura, o da un notaio secondo le leggi anteriori, e le relative richieste dovranno essere annotate nel registro dei libri di commercio istituito presso la cancelleria del tribunale a norma delle leggi anteriori.

201. Ai contratti d'opera (2222 c.c.) stipulati prima dell'entrata in vigore del codice non si applica la decadenza prevista nel secondo comma dell'art. 2226 del codice, salvo che la consegna dell'opera avvenga posteriormente all'entrata in vigore del codice stesso.

202. Le disposizioni contenute nel capo II del titolo III del libro V del codice (2229 ss. c.c.) si applicano anche ai rapporti di prestazione d'opera intellettuale in corso al giorno dell'entrata in vigore del codice stesso, salva l'osservanza delle leggi speciali.

203. Le disposizioni contenute nel capo II del titolo IV del libro V del codice (2240 ss. c.c.) si applicano anche ai rapporti di lavoro domestico in corso al giorno dell'entrata in vigore del codice stesso.

204. Le società civili a tempo determinato, esistenti al giorno dell'entrata in vigore del codice, continuano ad essere soggette alle leggi anteriori per la durata del contratto, purché questa risulti da atto scritto di data anteriore al 27 febbraio 1942.

Le società civili a tempo indeterminato e quelle, il cui termine di durata non risulta da atto scritto di data anteriore al 27 febbraio 1942, sono soggette alle norme del codice sulle società semplici (2251 c.c.) a partire dal 1 luglio 1945. Tuttavia anche dopo tale data le obbligazioni sociali sorte antecedentemente alla data suddetta sono regolate dalle disposizioni delle leggi anteriori.

Alle società civili costituite in forma di società per azioni, esistenti al giorno dell'entrata in vigore del codice, si applicano le disposizioni relative a questo tipo di società (205; 2325 c.c.).

205. Le società commerciali (2195 c.c.) e le società cooperative, esistenti al giorno dell'entrata in vigore del codice, ma non legalmente costituite (2297, 2317, 2331^{2}, 2519 c.c.) secondo le leggi anteriori, devono adempiere, entro il 31 dicembre 1942, le formalità stabilite dal codice secondo le norme dettate dall'art. 100 di queste disposizioni.

206. Le società commerciali e le società cooperative, legalmente costituite al giorno dell'entrata in vigore del codice, devono provvedere ad uniformare l'atto costitutivo e lo statuto alle nuove disposizioni entro il 30 giugno 1945. Fino a questa data le disposizioni dell'atto costitutivo e dello statuto, in vigore al momento dell'attuazione del codice, conservano la loro efficacia, anche se non sono a questo conformi, salve le norme degli articoli seguenti.

207. Non è necessario il consenso del socio receduto o degli eredi del socio defunto, richiesto dal secondo comma dell'art. 2292 del codice, se il socio è receduto o defunto almeno un anno prima dell'entrata in vigore del codice stesso, ed il suo nome è stato conservato nella ragione sociale senza opposizione del socio receduto o degli eredi del socio defunto.

208. L'incapace, che sia socio di una società in nome collettivo o socio accomandatario di una società in accomandita, deve ottenere le autorizzazioni previste dagli articoli 320, 371, 397, 424 e 425 del codice entro tre mesi dall'entrata in vigore di questo.

Se entro tale termine non sono state ottenute le autorizzazioni prescritte, l'incapace può essere escluso a norma dell'art. 2286 del codice.

209. Hanno immediata, applicazione con l'entrata in vigore del codice, anche per le società esistenti a tale data, nonostante ogni contraria disposizione dell'atto costitutivo o dello statuto, gli articoli 2357 a 2362, 2367, 2373, 2377 a 2379, 2389,

2391 a 2396, 2398 a 2409, 2422 e 2446, nonché le disposizioni del titolo XI del libro V del codice (2621 c.c.).

Le società, che anteriormente al giorno dell'entrata in vigore del codice hanno investito in tutto o in parte il proprio capitale in difformità delle disposizioni degli articoli 2359 e 2360, devono uniformarsi alle disposizioni stesse entro il 30 giugno 1945.

210. L'emissione di obbligazioni da parte di società per azioni, esistenti al giorno dell'entrata in vigore del codice, è regolata dalle nuove disposizioni (2410 ss. c.c.).

Gli articoli 2415, 2416, 2417, 2418, 2419 e 2420 del codice si applicano alle obbligazioni emesse anteriormente alla suddetta data.

211. Le modificazioni dell'atto costitutivo e dello statuto delle società commerciali e delle società cooperative, esistenti al giorno dell'entrata in vigore del codice, nonché la trasformazione e la fusione delle società stesse sono regolate dalle nuove disposizioni (2300, 2306, 2307, 2436 ss., 2470, 2494 ss., 2537 c.c.).

211 *bis*. (1) Il secondo periodo dell'articolo 2441, settimo comma, del codice non si applica alle azioni detenute, alla data del 7 marzo 1992, dai soggetti indicati nel medesimo comma, con obbligo di offrirle agli azionisti.

(1) *Questo articolo è stato inserito dall'art. 210, comma 5, del D.L.vo 24 febbraio 1998, n. 58, a decorrere dal 1° luglio 1998.*

212. (1) Le deliberazioni di modifica dello statuto di società iscritte nel registro delle imprese alla data del 31 agosto 2014 con cui è prevista la creazione di azioni a voto plurimo ai sensi dell'articolo 2351 del codice sono prese, anche in prima convocazione, con il voto favorevole di almeno i due terzi del capitale rappresentato in assemblea.

(1) *Questo articolo è stato così sostituito dall'art. 20, comma 8* ter*, del D.L. 24 giugno 2014, n. 91, convertito, con modificazioni, nella L. 11 agosto 2014, n. 116.*

213. Salvo contraria disposizione dell'atto costitutivo o dello statuto, la durata dell'ufficio degli amministratori delle società esistenti al giorno dell'entrata in vigore del codice, resta regolata dalla legge anteriore sino al 30 giugno 1945. Gli amministratori in carica a questa data decadono dall'ufficio alla prima scadenza, per decorrenza del termine, di uno o più amministratori, successiva alla data stessa, salva la disposizione del secondo comma dell'art. 2385 del codice.

214. Le disposizioni dell'art. 2387 del codice non si applicano agli amministratori in carica al giorno dell'entrata in vigore del codice stesso per la durata della loro nomina.

215. Le società per azioni, che al giorno dell'entrata in vigore del codice hanno un capitale non inferiore a cinquecentomila lire, possono conservare la forma della società per azioni per il tempo stabilito per la loro durata antecedentemente al 27 febbraio 1942.

Le società per azioni, che al giorno dell'entrata in vigore del codice, hanno un capitale inferiore a cinquecentomila lire, e che entro il 30 giugno 1945 non abbiano provveduto a conformarsi a uno dei tipi sociali previsti dal codice, sono sciolte, e gli amministratori devono entro un mese convocare l'assemblea per le deliberazioni relative alla liquidazione secondo le norme stabilite dal codice stesso.

216. Le società a garanzia limitata, esistenti al giorno dell'entrata in vigore del codice nella Venezia Giulia e Tridentina, a norma del R.D. 4 novembre 1928, n. 2325, se non hanno provveduto a conformarsi al codice entro il 30 giugno 1945, sono soggette a decorrere dal 1 luglio 1945 alle nuove disposizioni sulle società a responsabilità limitata (2472 ss. c.c.).

217. Le società cooperative in nome collettivo e quelle per azioni, esistenti al giorno dell'entrata in vigore del codice, sono soggette alle disposizioni dettate dal codice stesso rispettivamente per le società cooperative a responsabilità illimitata e per le società cooperative a responsabilità limitata, salvo quanto disposto dagli articoli 206 e seguenti di queste disposizioni.

Le società cooperative in accomandita, esistenti al giorno dell'entrata in vigore del codice, che, entro il 30 giugno 1945 non abbiano provveduto a conformarsi al medesimo, devono essere poste in liquidazione.

Le disposizioni di questo articolo si applicano anche ai consorzi conservati in vigore nella Venezia Giulia e Tridentina a norma del primo comma dell'art. 41 del R.D. 4 novembre 1928, n. 2325.

218. ([1]) Le società [poste] ([2]) in liquidazione alla data del 1° gennaio 2004, sono liquidate secondo le leggi anteriori.

Le società [poste] ([2]) in liquidazione dal 1° gennaio 2004, sono liquidate secondo le nuove disposizioni.

([1]) *Questo articolo è stato così sostituito dall'art. 9, comma 2, lett.* a), *del D.L.vo 17 gennaio 2003, n. 6, a decorrere dal 1° gennaio 2004.*

([2]) *La parola*: «*poste*» *è stata soppressa dall'art. 5, lett.* iii), *del D.L.vo 6 febbraio 2004, n. 37.*

219. I rapporti di associazione in partecipazione (2549 c.c.) costituiti anteriormente all'entrata in vigore del codice sono regolati dalle leggi anteriori.

220. La disposizione del secondo comma dell'art. 2560 del codice non si applica ai trasferimenti di azienda anteriori all'entrata in vigore del codice.

221. L'imprenditore deve, entro il 30 giugno 1945, uniformare alla disposizione dell'art. 2563 del codice la ditta costituita anteriormente all'entrata in vigore del codice stesso.

222. La disposizione dell'art. 2596 del codice non si applica ai patti limitativi della concorrenza conclusi anteriormente al 27 febbraio 1942.

Tuttavia i patti limitativi della concorrenza, conclusi prima del 27 febbraio 1942 per tempo indeterminato, o che alla data di entrata in vigore del codice devono ancora durare per oltre cinque anni, hanno efficacia entro i limiti di un quinquennio da quest'ultima data.

223. I contratti di consorzio previsti dal capo II del titolo X del libro V del codice (2602 ss. c.c.), stipulati anteriormente all'entrata in vigore del codice stesso, sono soggetti alle nuove disposizioni a partire dal 1 luglio 1945.

Entro il 30 giugno 1945 tali contratti devono essere uniformati alle disposizioni stesse: le relative deliberazioni sono prese con il voto favorevole della maggioranza dei consorziati e possono essere impugnate davanti l'autorità giudiziaria dai consorziati assenti o dissenzienti entro trenta giorni dalla data della deliberazione. In mancanza il consorzio è sciolto.

223 *bis*. ([1]) Le società di cui ai capi V, VI e VII del titolo V del libro V, del codice civile, iscritte nel registro delle imprese alla data del 1 gennaio 2004, devono uniformare l'atto costitutivo e lo statuto alle nuove disposizioni inderogabili entro il 30 settembre 2004.

Le decisioni di trasformazione della società a responsabilità limitata in società per azioni possono essere prese entro il 30 settembre 2004, anche in deroga a clausole statutarie, con il voto favorevole di una maggioranza che rappresenti più della metà del capitale sociale ([2]).

Le deliberazioni dell'assemblea straordinaria di mero adattamento dell'atto costitutivo e dello statuto a nuove disposizioni inderogabili possono essere assunte, entro il termine di cui al primo comma, a maggioranza semplice, qualunque sia la parte di capitale rappresentata in assemblea. Con la medesima maggioranza ed entro il medesimo termine possono essere assunte le deliberazioni dell'assemblea straordinaria aventi ad oggetto l'introduzione nello statuto di clausole che escludono l'applicazione di nuove disposizioni di legge, derogabili con specifica clausola statutaria; fino alla avvenuta adozione della modifica statutaria e comunque non oltre il 30 settembre 2004, per tali società resta in vigore la relativa disciplina statutaria e di legge vigente alla data del 31 dicembre 2003 ([3]).

Le modifiche statutarie necessarie per l'attribuzione all'organo amministrativo, al consiglio di sorveglianza o al consiglio di gestione della competenza all'adeguamento dello statuto alle disposizioni di cui all'articolo 2365, secondo comma, del codice sono deliberate dall'assemblea straordinaria con le modalità e le maggioranze indicate nei commi precedenti.

Fino alla data indicata al primo comma, le previgenti disposizioni dell'atto costitutivo e dello statuto conservano la loro efficacia anche se non sono conformi alle disposizioni inderogabili del presente decreto.

Dalla data del 1 gennaio 2004 non possono essere iscritte nel registro delle imprese le società di cui ai capi V, VI e VII del Titolo V del libro V del codice civile, anche se costituite anteriormente a detta data, che siano regolate da atto costitutivo e statuto non conformi al decreto medesimo. Si applica in tale caso l'articolo 2331, quarto comma, del codice.

Le società costituite anteriormente al 1 gennaio 2004 possono, in sede di costituzione o di modificazione dello statuto, adottare clausole statutarie conformi ai decreti legislativi attuativi della legge 3 ottobre 2001, n. 366. Tali clausole avranno efficacia a decorrere dal momento, successivo alla data del 1 gennaio 2004, in cui saranno iscritte nel registro delle imprese con contestuale deposito dello statuto nella sua nuova versione.

(1) *Questo articolo è stato inserito dall'art. 9, comma 2, lett.* b), *del D.L.vo 17 gennaio 2003, n. 6, a decorrere dal 1° gennaio 2004.*

(2) *Questo comma è stato inserito dall'art. 5, lett.* lll), *n. 1, del D.L.vo 6 febbraio 2004, n. 37.*

(3) *Questo comma è stato così sostituito dall'art. 5, lett.* lll), *n. 2, del D.L.vo 6 febbraio 2004, n. 37.*

223 *ter*. (1) Le società per azioni costituite prima del 1 gennaio 2004 con un capitale sociale inferiore a centoventimila euro possono conservare la forma della società per azioni per il tempo, stabilito antecedentemente alla data del 1 gennaio 2004, per la loro durata.

(1) *Questo articolo è stato inserito dall'art. 9, comma 2, lett.* b), *del D.L.vo 17 gennaio 2003, n. 6, a decorrere dal 1° gennaio 2004.*

223 *quater*. (1) Nel caso in cui la legge prevede che le autorizzazioni di cui agli articoli 2329, numero 3), e 2436, secondo comma, del codice civile siano rilasciate successivamente alla stipulazione dell'atto costitutivo o, rispettivamente, alla deliberazione, i termini previsti dalle suddette disposizioni decorrono dal giorno in cui l'originale o la copia autentica del provvedimento di autorizzazione è stato consegnato al notaio.

L'autorità competente al rilascio delle autorizzazioni di cui al primo comma è altresì legittimata, qualora l'iscrizione nel registro delle imprese sia avvenuta nonostante la loro mancanza o invalidità, a proporre istanza per la cancellazione della società medesima dal registro. Il tribunale provvede, sentita la società, in camera di consiglio e nel caso di accoglimento dell'istanza si applica l'articolo 2332 del codice.

(1) *Questo articolo è stato inserito dall'art. 9, comma 2, lett.* b), *del D.L.vo 17 gennaio 2003, n. 6, a decorrere dal 1° gennaio 2004.*

223 *quinquies*. (1) Tutti i termini previsti in disposizioni speciali con riferimento all'omologazione dell'atto costitutivo o di deliberazioni assembleari decorrono dalla data di iscrizione di tali atti nel registro delle imprese.

(1) *Questo articolo è stato inserito dall'art. 9, comma 2, lett.* b), *del D.L.vo 17 gennaio 2003, n. 6, a decorrere dal 1° gennaio 2004.*

223 *sexies*. (1) Le disposizioni degli articoli 2377, 2378, 2379, 2379 *bis*, 2379 *ter* e 2434 *bis* del codice civile si applicano anche alle deliberazioni anteriori alla data del 1 gennaio 2004, salvo che l'azione sia stata già proposta. Tuttavia se i termini scadono entro il 31 marzo 2004, le azioni per l'annullamento o la dichiarazione di nullità delle deliberazioni possono essere esercitate entro il 31 marzo 2004.

(1) *Questo articolo è stato inserito dall'art. 9, comma 2, lett.* b), *del D.L.vo 17 gennaio 2003, n. 6, a decorrere dal 1° gennaio 2004.*

223 *septies*. (1) Se non diversamente disposto, le norme del codice civile che fanno riferimento agli amministratori e ai sindaci trovano applicazione, in quanto compatibili, anche ai componenti del consiglio di gestione e del consiglio di sorveglianza, per le società che abbiano adottato il sistema dualistico, e ai componenti del consiglio di amministrazione e ai componenti del comitato per il controllo sulla gestione, per le società che abbiano adottato il sistema monistico.

Ogni riferimento al collegio sindacale o ai sindaci presente nelle leggi speciali è da intendersi effettuato anche al consiglio di sorveglianza e al comitato per il controllo sulla gestione o ai loro componenti, ove compatibile con le specificità di tali organi.

(1) *Questo articolo è stato inserito dall'art. 9, comma 2, lett.* b), *del D.L.vo 17 gennaio 2003, n. 6, a decorrere dal 1° gennaio 2004.*

223 *octies*. (1) La trasformazione prevista dall'articolo 2500 *octies* del codice civile è consentita alle associazioni e fondazioni costituite prima del 1 gennaio 2004 soltanto quando non comporta distrazione, dalle originarie finalità, di fondi o valori creati con contributi di terzi o in virtù di particolari regimi fiscali di agevolazione. Nell'ipotesi di fondi creati in virtù di particolari regimi fiscali di agevolazione, la trasformazione è consentita nel caso in cui siano previamente versate le relative imposte.

La trasformazione di cui al primo comma non è consentita alle fondazioni bancarie.

(1) *Questo articolo è stato inserito dall'art. 9, comma 2, lett.* b), *del D.L.vo 17 gennaio 2003, n. 6, a decorrere dal 1° gennaio 2004.*

223 *novies*. (1) I procedimenti previsti dall'articolo 2409 del codice, pendenti alla data del 1 gennaio 2004, proseguono secondo le norme anteriormente vigenti.

Il tribunale ha il potere di dichiarare cessata la materia del contendere, qualora le modifiche introdotte comportino la sanatoria delle irregolarità denunciate.

(1) *Questo articolo è stato inserito dall'art. 9, comma 2, lett.* b), *del D.L.vo 17 gennaio 2003, n. 6, a decorrere dal 1° gennaio 2004.*

223 *decies.* (1) Gli articoli da 2415 a 2420 del codice civile si applicano anche alle obbligazioni emesse anteriormente al 1 gennaio 2004.

(1) *Questo articolo è stato inserito dall'art. 9, comma 2, lett.* b), *del D.L.vo 17 gennaio 2003, n. 6, a decorrere dal 1° gennaio 2004.*

223 *undecies.* (1) I bilanci relativi ad esercizi chiusi prima del 1 gennaio 2004 sono redatti secondo le leggi anteriormente vigenti.

I bilanci relativi ad esercizi chiusi tra il 1 gennaio 2004 e il 30 settembre 2004 possono essere redatti secondo le leggi anteriormente vigenti o secondo le nuove disposizioni.

I bilanci relativi ad esercizi chiusi dopo la data del 30 settembre 2004 sono redatti secondo le nuove disposizioni.

(1) *Questo articolo è stato inserito dall'art. 9, comma 2, lett.* b), *del D.L.vo 17 gennaio 2003, n. 6, a decorrere dal 1° gennaio 2004.*

223 *duodecies.* (1) Le società di cui al capo I del titolo VI del libro V del codice civile, iscritte nel registro delle imprese alla data del 1 gennaio 2004, devono uniformare l'atto costitutivo e lo statuto alle nuove disposizioni inderogabili entro il 31 marzo 2005 (2).

Le deliberazioni necessarie per l'adeguamento dell'atto costitutivo e dello statuto alle nuove disposizioni inderogabili possono essere adottate, in terza convocazione, a maggioranza semplice dei presenti.

L'articolo 2365, secondo comma, del codice civile, nella parte relativa all'adeguamento dello statuto a disposizioni normative, trova applicazione anche per l'adeguamento alle norme introdotte con i decreti legislativi attuativi della legge n. 366 del 2001. Le modifiche statutarie necessarie per l'attribuzione all'organo amministrativo, al consiglio di sorveglianza o al consiglio di gestione della competenza all'adeguamento dello statuto alle disposizioni di cui al presente decreto sono deliberate dall'assemblea straordinaria con le modalità e le maggioranze indicate nei commi precedenti.

Fino alla data indicata al primo comma le previgenti disposizioni dell'atto costitutivo e dello statuto conservano la loro efficacia anche se non sono conformi alle disposizioni inderogabili del presente decreto.

Dalla data del 1 gennaio 2004 non possono essere iscritte nel registro delle imprese le società di cui al capo I del titolo VI del libro V del codice, anche se costituite anteriormente a detta data, che siano regolate da atto costitutivo e statuto non conformi al decreto medesimo. Si applica in tale caso l'articolo 2331, quarto comma, del codice civile.

Le disposizioni fiscali di carattere agevolativo previste dalle leggi speciali si applicano soltanto alle cooperative a mutualità prevalente.

Conservano le agevolazioni fiscali le società cooperative e i loro consorzi che, con le modalità e le maggioranze previste per le deliberazioni assembleari dall'articolo 2538 del codice, adeguano i propri statuti alle disposizioni che disciplinano le società cooperative a mutualità prevalente entro il 31 marzo 2005 (3).

(1) *Questo articolo è stato inserito dall'art. 9, comma 2, lett.* b), *del D.L.vo 17 gennaio 2003, n. 6, a decorrere dal 1° gennaio 2004.*

(2) *Le originarie parole: «31 dicembre 2004» sono state così sostituite dall'art. 36 del D.L.vo 28 dicembre 2004, n. 310.*

(3) *Le originarie parole: «31 dicembre 2004» sono state così sostituite dall'art.* 19 ter *del D.L. 9 novembre 2004, n. 266, convertito, con modificazioni, nella L. 27 dicembre 2004, n. 306.*

223 *terdecies.* (1) Alle banche popolari e alle banche di credito cooperativo si applica l'articolo 223 *duodecies*; il termine per l'adeguamento degli statuti alle nuove disposizioni inderogabili del codice civile è fissato al 30 giugno 2005. Entro lo stesso termine le banche cooperative provvedono all'iscrizione presso l'Albo delle società cooperative.

Ai consorzi agrari continuano ad applicarsi le norme vigenti alla data di entrata in vigore della legge n. 366 del 2001.

(1) *Questo articolo, inserito dall'art. 9, comma 2, lett.* b), *del D.L.vo 17 gennaio 2003, n. 6, a decorrere dal 1° gennaio 2004, è stato così sostituito dall'art. 37 del D.L.vo 28 dicembre 2004, n. 310.*

223 *quaterdecies.* (1) Nelle cooperative che hanno adottato e osservano le clausole previste dall'articolo 14 del decreto del Presidente della Repubblica 29 settembre 1973, n. 601, alla data del 1 gennaio 2004, la deliberazione di trasformazione deve devolvere il patrimonio in essere alla data di trasformazione, dedotti il capitale versato e rivalutato ed i dividendi non ancora distribuiti, eventualmente aumentato sino a concorrenza dell'ammontare minimo del capitale della nuova società, ai fondi mutualistici per la promozione e lo sviluppo della cooperazione.

(1) *Questo articolo è stato inserito dall'art. 9, comma 2, lett.* b), *del D.L.vo 17 gennaio 2003, n. 6, a decorrere dal 1° gennaio 2004.*

223 *quinquiesdecies.* (1) Le cooperative che non hanno adottato le clausole previste dall'articolo 14 del decreto del Presidente della Repubblica 29 settembre 1973, n. 601, alla data del 1 gennaio 2004, possono deliberare la trasformazione in società lucrative con le maggioranze previste dall'articolo 2545 *decies* del codice senza che trovi applicazione la devoluzione del patrimonio ai fondi mutualistici.

In deroga all'articolo 2545 *quater* del codice civile, le cooperative di cui al primo comma, qualora non accedano ai benefici fiscali, devono destinare al fondo di riserva legale il venti per cento degli utili netti annuali (2).

L'obbligo di cui all'articolo (3) 2545 *undecies* del codice si applica, salva la rinunzia ai benefici fiscali da parte della cooperativa, limitatamente alle riserve indivisibili accantonate ai sensi dell'articolo 2545 *ter*, primo comma, del codice dal 1° gennaio 2004.

(1) *Questo articolo è stato inserito dall'art. 9, comma 2, lett.* b), *del D.L.vo 17 gennaio 2003, n. 6, a decorrere dal 1° gennaio 2004.*

(2) *Questo comma è stato inserito dall'art. 5, lett.* mmm), *n. 1, del D.L.vo 6 febbraio 2004, n. 37.*

(3) *Le originarie parole: «devolvere le riserve indivisibili previsto dall'articolo» sono state così sostituite dall'art. 5, lett.* mmm), *n. 2, del D.L.vo 6 febbraio 2004, n. 37.*

223 *sexiesdecies.* (1) (2) Entro il 30 giugno 2004, il Ministro delle attività produttive predispone un Albo delle società cooperative tenuto a cura del Ministero delle attività produttive, ove si iscrivono le cooperative a mutualità prevalente, e a tal fine consente di comunicare annualmente attraverso strumenti di comunicazione informatica le notizie di bilancio, anche ai fini della dimostrazione del possesso del requisito di cui all'articolo 2513 del codice, all'amministrazione presso la quale è tenuto l'albo. L'omessa comunicazione comporta l'applicazione della sanzione amministrativa della sospensione semestrale di ogni attività dell'ente, intesa come divieto di assumere nuove eventuali obbligazioni contrattuali (3). In una diversa sezione del medesimo Albo sono tenute ad iscriversi anche le cooperative diverse da quelle a mutualità prevalente (4).

Il Ministro delle attività produttive, di concerto con il Ministro dell'economia e delle finanze, adegua ogni tre anni, con proprio decreto le previsioni di cui all'articoli 2519 e 2525 del codice tenuto conto delle variazioni dell'indice nazionale generale annuo dei prezzi al consumo delle famiglie di operai e impiegati, calcolate dall'Istat.

(1) *Questo articolo è stato inserito dall'art. 9, comma 2, lett.* b), *del D.L.vo 17 gennaio 2003, n. 6, a decorrere dal 1° gennaio 2004.*

(2) *Si veda l'art. 1, comma 460, della L. 30 dicembre 2004, n. 311, di cui si riporta il testo:*

«460. Fermo restando quanto disposto dall'articolo 6, commi 1, 2 e 3, del decreto legge 15 aprile 2002, n. 63, convertito, con modificazioni, dalla legge 15 giugno 2002, n. 112, l'articolo 12 della legge 16 dicembre 1977, n. 904, non si applica alle società cooperative e loro consorzi a mutualità prevalente di cui al libro V, titolo VI, capo I, sezione I, del codice civile, e alle relative disposizioni di attuazione e transitorie, e che sono iscritti all'Albo delle cooperative sezione cooperative a mutualità prevalente di cui all'articolo 223 sexiesdecies *delle disposizioni di attuazione del codice civile:*

a) *per la quota del 20 per cento degli utili netti annuali delle cooperative agricole e loro consorzi di cui al decreto legislativo 18 maggio 2001, n. 228, delle cooperative della piccola pesca e loro consorzi;*

b) *per la quota del 30 per cento degli utili netti annuali delle altre cooperative e loro consorzi;*

b bis) *per la quota del 55 per cento degli utili netti annuali delle società cooperative di consumo e loro consorzi».*

(3) *Le parole: «depositare i bilanci attraverso strumenti di comunicazione informatica» sono state così sostituite dalle attuali: «comunicare annualmente attraverso strumenti di comunicazione informatica le notizie di bilancio, anche ai fini della dimostrazione del possesso del requisito di cui all'articolo 2513 del codice, all'amministrazione presso la quale è tenuto l'albo. L'omessa comunicazione comporta l'applicazione della sanzione amministrativa della sospensione semestrale di ogni attività dell'ente, intesa come divieto di assumere nuove eventuali obbligazioni contrattuali» dall'art. 10, comma 6, della L. 23 luglio 2009, n. 99.*

(4) *Si veda il D.M. 23 giugno 2004* (G.U. *n. 162 del 13 luglio 2004*).

223 *septiesdecies.* (1) Fermo restando quanto previsto degli articoli 2545 *septiesdecies* e 2545 *octiesdecies* del codice, [entro il 31 dicembre 2004] (2) gli enti cooperativi che non hanno depositato i bilanci di esercizio da oltre cinque anni, qualora non risulti l'esistenza di valori patrimoniali immobiliari, sono sciolti senza nomina del liquidatore con provvedimento dell'autorità di vigilanza da iscriversi nel registro delle imprese. Entro il termine perentorio di trenta giorni dalla pubblicazione nella *Gazzetta Ufficiale* i creditori o gli altri interessati possono presentare formale e motivata domanda all'autorità governativa, intesa ad ottenere la nomina del commissario liquidatore; in mancanza, a seguito di comunicazione dell'autorità di vigilanza, il conservatore del registro delle imprese territorialmente competente provvede alla cancellazione della società cooperativa o dell'ente mutualistico dal registro medesimo.

(1) *Questo articolo è stato inserito dall'art. 9, comma 2, lett.* b), *del D.L.vo 17 gennaio 2003, n. 6, a decorrere dal 1° gennaio 2004.*

(2) *Le parole: «entro il 31 dicembre 2004» sono state soppresse dall'art. 10, comma 13, della L. 23 luglio 2009, n. 99.*

223 *octiesdecies*. (1) I bilanci relativi ad esercizi chiusi prima del 1 gennaio 2004 sono redatti secondo le leggi anteriormente vigenti.

I bilanci relativi ad esercizi chiusi tra la data del 1 gennaio 2004 e quella del 31 dicembre 2004 possono essere redatti secondo le leggi anteriormente vigenti o secondo le nuove disposizioni.

I bilanci relativi ad esercizi chiusi dopo la data del 31 dicembre 2004 sono redatti secondo le nuove disposizioni.

(1) *Questo articolo è stato inserito dall'art. 9, comma 2, lett.* b), *del D.L.vo 17 gennaio 2003, n. 6, a decorrere dal 1° gennaio 2004.*

223 *noviesdecies*. (1) Le società cooperative poste in liquidazione prima del 1 gennaio 2004 sono liquidate secondo le leggi anteriori.

Le società cooperative poste in liquidazione dopo il 1 gennaio 2004 sono liquidate secondo le nuove disposizioni.

(1) *Questo articolo è stato inserito dall'art. 9, comma 2, lett.* b), *del D.L.vo 17 gennaio 2003, n. 6, a decorrere dal 1° gennaio 2004.*

223 *vicies*. (1) I procedimenti riguardanti società cooperative previsti dall'articolo 2409 del codice, pendenti al 1 gennaio 2004, proseguono secondo le norme anteriormente vigenti.

(1) *Questo articolo è stato inserito dall'art. 9, comma 2, lett.* b), *del D.L.vo 17 gennaio 2003, n. 6, a decorrere dal 1° gennaio 2004.*

223 *vicies semel*. (1) Il limite di cinque anni previsto dall'articolo 2341 *bis* si applica ai patti parasociali stipulati prima del 1 gennaio 2004 e decorre dalla medesima data.

(1) *Questo articolo è stato inserito dall'art. 9, comma 2, lett.* b), *del D.L.vo 17 gennaio 2003, n. 6, a decorrere dal 1° gennaio 2004.*

223 *vicies bis*. (1) Qualora la fattispecie di cui al primo comma dell'articolo 2362 del codice sia precedente al 1 gennaio 2004, il termine ivi previsto decorre dalla sua data di entrata in vigore.

(1) *Questo articolo è stato inserito dall'art. 9, comma 2, lett.* b), *del D.L.vo 17 gennaio 2003, n. 6, a decorrere dal 1° gennaio 2004.*

223 *vicies ter*. (1) Non si applica la lettera *e*) del primo comma dell'articolo 2437 del codice alla eliminazione delle cause di recesso, previste nel secondo comma del medesimo articolo, purchè deliberata entro il 30 giugno 2004.

(1) *Questo articolo è stato inserito dall'art. 9, comma 2, lett.* b), *del D.L.vo 17 gennaio 2003, n. 6, a decorrere dal 1° gennaio 2004.*

Sezione VI
Disposizioni
relative al libro VI

224. Salvo quanto è disposto dagli articoli seguenti, la trascrizione di un atto, eseguita in conformità delle leggi anteriori a effetti diversi da quelli stabiliti dal codice (2644 ss. c.c.), produce gli effetti previsti dal codice stesso, a decorrere dal giorno dell'entrata in vigore di questo.

225. Le disposizioni del codice che regolano gli effetti dell'omissione della trascrizione o dell'annotazione (2644 ss., 2843) non si applicano agli atti anteriori all'entrata in vigore del codice stesso, per i quali la trascrizione non era richiesta secondo le leggi precedenti o era richiesta a effetti diversi (242).

226. La trascrizione delle domande giudiziali prevista dagli articoli 2652 e 2653 del codice, anche se eseguita prima dell'entrata in vigore di questo, non pregiudica in nessun caso i diritti acquistati dai terzi prima di tale entrata in vigore, se essi erano fatti salvi dalle leggi anteriori.

227. Le disposizioni del codice, secondo le quali la trascrizione di una domanda giudiziale eseguita oltre un certo termine non pregiudica i diritti acquistati dai terzi (2652, nn. 6, 7, 8, 9 c.c.) non si applicano ai diritti che sono stati acquistati anteriormente all'entrata in vigore del codice stesso e che non erano fatti salvi dalle leggi anteriori, a meno che i diritti medesimi siano resi pubblici prima della trascrizione della domanda e il termine stabilito dal codice per la loro salvezza sia decorso dal giorno dell'entrata in vigore di questo.

228. La trascrizione del testamento o del certificato di denunciata successione, eseguita a norma delle leggi anteriori, produce dal giorno dell'entrata in vigore del codice gli stessi effetti che questo attribuisce alla trascrizione dell'accettazione dell'eredità (2648 c.c.).

229. Le disposizioni degli articoli 2650 e 2834 del codice relative all'ipoteca legale a favore del condividente non si applicano alle divisioni stipulate prima dell'entrata in vigore del codice stesso, ancorché trascritte successivamente.

230. Salvo quanto è disposto dai successivi articoli 231 e 232, le norme del R.D. 28 marzo 1929, n. 499, e della legge sui libri fondiari nel testo allegato al decreto medesimo ([1]), fino a che non sarà provveduto al loro coordinamento con le disposizioni del codice, continuano ad avere vigore nei territori delle nuove province, e in luogo delle disposizioni del codice del 1865 s'intendono richiamate le corrispondenti disposizioni del nuovo codice.

([1]) *Modificato con L. 4 dicembre 1956, n. 1376, modificazioni al nuovo testo della legge generale sui libri fondiari, allegato al R.D. 28 marzo 1929, n. 499.*

231. Formano oggetto di annotazione, secondo le disposizioni della legge sui libri fondiari, anche:

1) gli atti menzionati dai numeri 10, 11 e 12 dell'art. 2643 del codice agli effetti previsti dall'art. 19 della legge sui libri fondiari;

2) gli atti di costituzione del patrimonio familiare agli effetti previsti dalle disposizioni del codice ([1]);

3) la cessione dei beni ai creditori (1977 c.c.) agli effetti previsti dalle disposizioni del codice stesso (2649 c.c.);

4) le domande e gli atti indicati dagli articoli 2652 e 2653 del codice agli effetti disposti dagli articoli medesimi, in quanto non siano incompatibili con gli effetti stabiliti dalla legge sui libri fondiari.

([1]) *Dispone l'art. 227 della L. 19 maggio 1975, n. 151, riforma del diritto di famiglia, che ha soppresso gli istituti della dote e del patrimonio familiare:*

«Le doti e i patrimoni familiari costituiti prima dell'entrata in vigore della presente legge continuano ad essere disciplinati dalle norme anteriori».

232. L'annotazione del vincolo dotale e della comunione dei beni tra coniugi prevista dall'art. 19, lett. *c*) della legge sui libri fondiari o l'omissione dell'annotazione medesima produce dal giorno dell'entrata in vigore del codice gli effetti da questo stabiliti (2647 c.c.).

232 *bis*. ([1]) A decorrere dal 25 novembre 1973, la responsabilità per danni del conservatore dei registri immobiliari è regolata dalle norme relative agli impiegati civili dello Stato, salvo che per i rapporti definiti con sentenza passata in giudicato, con transazione, o comunque esauriti.

([1]) *Articolo aggiunto dall'art. 5 della L. 21 gennaio 1983, n. 22, disciplina della responsabilità dei conservatori dei registri immobiliari.*

233. Le disposizioni del codice relative alle prove (2697 ss. c.c.) si applicano anche nei giudizi pendenti, se non è stata pronunziata sentenza definitiva (279 cpv. nn. 1, 2, 3 c.p.c.), ancorché di primo grado.

La prova testimoniale per gli atti seguiti anteriormente all'entrata in vigore del codice rimane tuttavia ammissibile anche nei casi in cui non è da questo consentita (2721 c.c.), se essa poteva essere ammessa a norma del codice civile del 1865 o del codice di commercio del 1882 (244 c.p.c.).

234. Le disposizioni del codice relative ai diritti dei creditori privilegiati, all'ordine dei privilegi (2777 ss. c.c.) e all'efficacia di questi rispetto al pegno, alle ipoteche e agli altri diritti reali (2745 ss. c.c.) si osservano anche per i privilegi sorti anteriormente all'entrata in vigore del codice stesso, se sono fatti valere posteriormente.

235. La disposizione dell'art. 2767 del codice si applica anche ai crediti per risarcimento sorti prima dell'entrata in vigore del codice stesso, se l'indennità dovuta dall'assicuratore non è stata ancora corrisposta.

236. Quando un credito al quale le leggi speciali attribuiscono il privilegio del creditore pignoratizio viene in concorso con i crediti indicati dall'art. 2778 del codice, esso è preferito a quelli di cui ai nn. 12 e seguenti dello stesso articolo e posposto agli altri.

237. Se il pegno (2786 c.c.) è stato costituito anteriormente all'entrata in vigore del codice, le condizioni per l'efficacia della prelazione sono determinate dalle leggi anteriori.

Si osservano invece le disposizioni del codice per ciò che concerne i poteri e gli obblighi del creditore pignoratizio (2788 ss., 2800 c.c.).

Continua tuttavia ad applicarsi la disposizione del secondo comma dell'art. 1888 del codice del 1865, se il secondo credito è divenuto esigibile anteriormente all'entrata in vigore del nuovo codice.

238. L'opponibilità ai creditori ipotecari dei diritti costituiti sulla cosa ipotecata e delle cessioni o liberazioni di pigioni o di fitti è regolata dalle disposizioni del codice (2812 c.c.), quantunque si tratti di diritti sorti o di cessioni o liberazioni effettuate anteriormente all'entrata in vigore del codice stesso, sempre che il pignoramento sia eseguito posteriormente.

239. Le disposizioni dell'art. 2825 del codice si applicano anche alle ipoteche costituite e alle cessioni effettuate anteriormente all'entrata in vigore del codice stesso, se la divisione ha luogo posteriormente.

240. Le ipoteche iscritte prima dell'entrata in vigore del codice conservano la loro efficacia per venti anni dall'entrata in vigore del codice stesso (2847 c.c.), a meno che per la cessazione di tale efficacia, secondo le disposizioni del codice del 1865, rimanga a decorrere un termine più breve.

241. La disposizione dell'ultimo comma dell'art. 2855 del codice non si applica alle ipoteche iscritte prima dell'entrata in vigore del codice stesso. L'estensione degli effetti dell'iscrizione continua a essere regolata dalle leggi anteriori.

242. Le disposizioni del codice, secondo le quali l'esercizio di determinate facoltà del terzo acquirente dell'immobile ipotecario è subordinato alla trascrizione del titolo (2858 ss., 2866 c.c.), non si applicano a coloro il cui acquisto è anteriore all'entrata in vigore del codice stesso, se a norma del codice del 1865 la trascrizione non era a quell'effetto richiesta.

243. Le disposizioni degli articoli 2872, secondo comma, e 2873, secondo e terzo comma, del codice si applicano anche alle ipoteche iscritte anteriormente all'entrata in vigore del codice stesso.

244. Se il processo di liberazione dei beni dalle ipoteche (2889 c.c.; 792 c.p.c.) è in corso all'entrata in vigore del codice, esso prosegue secondo le norme delle leggi anteriori, ma, per quanto concerne la espropriazione, si osservano le disposizioni dell'art. 222 delle norme di attuazione e transitorie relative al codice di procedura civile, approvate con R.D. 18 dicembre 1941, n. 1368.

245. Gli effetti del sequestro conservativo (2906 c.c.) e del pignoramento (2912 c.c.) eseguiti anteriormente all'entrata in vigore del nuovo codice sono determinati dalle disposizioni del codice del 1865.

246. Le disposizioni dell'art. 2932 del codice si applicano anche se l'obbligo di concludere il contratto è sorto anteriormente all'entrata in vigore del codice stesso, purché l'inadempimento si verifichi posteriormente.

247. Cessano di avere effetto dalla data dell'entrata in vigore del codice le cause di sospensione della prescrizione che non sono da questo ammesse (2941 c.c.).

248. Rimangono immutate le disposizioni vigenti circa il termine della prescrizione nei riguardi dei buoni del tesoro ordinari e pluriennali, dei titoli del debito pubblico, delle cartelle della sezione autonoma del credito comunale e provinciale, dei libretti postali di risparmio, dei buoni postali fruttiferi e di quelli della cassa depositi e prestiti.

Rimangono parimenti immutate le disposizioni delle leggi speciali che stabiliscono termini di prescrizione diversi da quello ordinario (2946 c.c.).

Capo III
Disposizioni generali e finali

249. (*Omissis*) ([1]).

([1]) *Articolo abrogato a seguito del mutamento di forma dello Stato (art. 1 Cost.). Disciplinava lo stato delle persone della famiglia reale.*

250. (*Omissis*) ([1]).

([1]) *Articolo da ritenersi abrogato a seguito dell'abrogazione delle leggi razziali, disposta con D.L.vo Lgt. 14 settembre 1944, n. 287.*

251. Quando nel codice o in queste disposizioni si fa riferimento a istituti di credito (76), in detta espressione si intendono comprese, oltre l'istituto di emissione, le imprese autorizzate e controllate, a norma delle leggi vigenti, dal Comitato interministeriale per il credito ed il risparmio.

(*Omissis*) ([1]).

([1]) *Seguiva un secondo comma abrogato dall'art. 36 del D.P.R. 10 febbraio 1986, n. 30.*

252. Quando per l'esercizio di un diritto ovvero per la prescrizione o per l'usucapione il codice stabilisce un termine più breve di quello stabilito dalle leggi anteriori, il nuovo termine si applica anche all'esercizio dei diritti sorti anteriormente e alle prescrizioni e usucapioni in corso, ma il nuovo termine decorre dal 1 luglio 1939 se esso è stabilito dal I libro del codice, dal 21 aprile 1940 se è stabilito dal II libro, dal 28 ottobre 1941 se è stabilito dal III libro e dall'entrata in vigore del codice stesso se è stabilito dagli altri libri, purché, a norma della legge precedente, non rimanga a decorrere un termine minore.

La stessa disposizione si applica in ogni altro caso in cui l'acquisto di un diritto è subordinato al decorso di un termine più breve di quello stabilito dalle leggi anteriori.

253. Le trascrizioni e le annotazioni di vincolo previste dal codice e da queste disposizioni, quando si tratta di rendite del debito pubblico o di altri beni per i quali leggi speciali stabiliscono determinate forme di pubblicità, si eseguono con l'osservanza di dette leggi.

254. I modelli dei registri delle persone giuridiche, delle legittimazioni per decreto, delle adozioni, delle tutele e curatele, delle successioni e di quello previsto dal secondo comma dell'art. 1524 del codice sono determinati con decreto del Ministero di grazia e giustizia.

255. Per la tenuta del registro previsto dal secondo comma dell'art. 1524 del codice e per le formalità della trascrizione si osservano, in quanto applicabili, le disposizioni degli articoli 2658, primo comma, 2659, 2664, 2673, 2677 e 2680, primo, secondo e quarto comma del codice stesso.

Le trascrizioni devono essere eseguite giornalmente al momento della presentazione della nota e dell'atto da trascriversi.

Il numero d'ordine della trascrizione è quello progressivo del registro delle trascrizioni.

Il cancelliere deve formare un fascicolo per ogni trascrizione secondo le disposizioni stabilite per i fascicoli di cancelleria dall'art. 36 del R.D. 18 dicembre 1941, n. 1368 ([1]).

([1]) *Disposizioni di attuazione del c.p.c.*

256. Quando nelle leggi e nei regolamenti sono richiamate le disposizioni del codice civile del 1865 e del codice di commercio del 1882 s'intendono richiamate le disposizioni corrispondenti del nuovo codice.

2.

D.L.vo 19 febbraio 1998, n. 51. Norme in materia di istituzione del giudice unico di primo grado (Suppl. ord. alla *Gazzetta Ufficiale* Serie gen. - n. 66 del 20 marzo 1998).

(*Estratto*)

Titolo VII
Norme di coordinamento e finali

244. 1. Salvo che sia diversamente previsto dal presente decreto e fuori dei casi di abrogazione per incompatibilità, quando leggi o decreti fanno riferimento ad uffici o organi giudiziari da esso soppressi il riferimento si intende agli uffici o agli organi cui sono state trasferite le relative funzioni.

2. Le funzioni del pretore non attribuite espressamente ad altra autorità sono attribuite al tribunale in composizione monocratica, anche se relative a procedimenti disciplinati dagli articoli 737 e seguenti del codice di procedura civile o nei quali è previsto l'intervento obbligatorio del pubblico ministero.

3. Quando la competenza del pretore è prevista in via alternativa a quella del presidente del tribunale, la competenza si intende attribuita in via esclusiva a quest'ultimo.

247. 1. Il presente decreto legislativo entra in vigore il giorno successivo alla sua pubblicazione nella *Gazzetta Ufficiale* della Repubblica italiana e diventa efficace a decorrere dal 2 giugno 1999 ([1]), fatta eccezione per le disposizioni previste dagli articoli 17, 33, comma 1, 38, comma 1 e 40, commi 1 e 3.

2. - 2 *ter*. (*Omissis*).

([1]) *Le parole*: «*e diventa efficace decorso il termine stabilito dall'articolo 1, comma 1, lettera* r), *della L. 16 luglio 1997, n. 254*» *sono state così sostituite dalle attuali dall'art. 1 della L. 16 giugno 1998, n. 188.*

3.

D.L.vo 28 dicembre 2013, n. 154. Revisione delle disposizioni vigenti in materia di filiazione, a norma dell'articolo 2 della legge 10 dicembre 2012, n. 219 (*Gazzetta Ufficiale* Serie gen. - n. 5 dell' 8 gennaio 2014).

(*Estratto*)

Titolo IV
Disposizioni transitorie e finali

104. Disposizioni transitorie. – 1. Fermi gli effetti del giudicato formatosi prima dell'entrata in vigore della legge 10 dicembre 2012, n. 219, sono legittimati a proporre azioni di petizione di eredità, ai sensi dell'articolo 533 del codice civile, coloro che, in applicazione dell'articolo 74 dello stesso codice, come modificato dalla medesima legge, hanno titolo a chiedere il riconoscimento della qualità di erede.

2. Fermi gli effetti del giudicato formatosi prima dell'entrata in vigore della legge 10 dicembre 2012, n. 219, possono essere fatti valere i diritti successori che discendono dall'articolo 74 del codice civile, come modificato dalla medesima legge.

3. Le disposizioni di cui al comma 1 e al comma 2 si applicano anche nei confronti dei discendenti del figlio, riconosciuto o la cui paternità o maternità sia stata giudizialmente accertata, morto prima dell'entrata in vigore della legge 10 dicembre 2012, n. 219.

4. I diritti successori che discendono dall'articolo 74 del codice civile, come modificato dalla legge 10 dicembre 2012, n. 219, sulle eredità aperte anteriormente al termine della sua entrata in vigore si prescrivono a far data da suddetto termine.

5. Nei casi in cui i riconoscimenti o le dichiarazioni giudiziali di genitorialità intervengano dopo il termine di entrata in vigore della presente legge, i diritti successori che non sarebbero spettati a persona deceduta prima di tale termine possono essere fatti valere dai suoi discendenti in rappresentazione e dai suoi eredi. Essi si prescrivono a far data dall'annotazione del riconoscimento nell'atto di nascita o dal passaggio in giudicato della sentenza dichiarativa della paternità o maternità.

6. Fermi gli effetti del giudicato formatosi prima dell'entrata in vigore della legge 10 dicembre 2012, n. 219, nei giudizi promossi ai sensi dell'articolo 533 del codice civile, pendenti alla data di entrata in vigore del presente decreto legislativo, si applicano l'articolo 74 del codice civile, come modificato dalla legge 10 dicembre 2012, n. 219, e le disposizioni del libro secondo del codice civile, come modificate dal presente decreto legislativo.

7. Fermi gli effetti del giudicato formatosi prima dell'entrata in vigore della legge 10 dicembre 2012, n. 219, le disposizioni del codice civile, come modificate dal presente decreto legislativo, si

applicano alle azioni di disconoscimento di paternità, di reclamo e di contestazione dello stato di figlio, relative ai figli nati prima dell'entrata in vigore del medesimo decreto legislativo.

8. Fermi gli effetti del giudicato formatosi prima dell'entrata in vigore della legge 10 dicembre 2012, n. 219, le disposizioni del codice civile relative al riconoscimento dei figli, come modificate dalla medesima legge, si applicano anche ai figli nati o concepiti anteriormente all'entrata in vigore della stessa.

9. Fermi gli effetti del giudicato formatosi prima dell'entrata in vigore della legge 10 dicembre 2012, n. 219, i termini per proporre l'azione di disconoscimento di paternità, previsti dal quarto comma dell'articolo 244 del codice civile, decorrono dal giorno dell'entrata in vigore del presente decreto legislativo.

10. Fermi gli effetti del giudicato formatosi prima dell'entrata in vigore della legge 10 dicembre 2012, n. 219, nel caso di riconoscimento di figlio annotato sull'atto di nascita prima dell'entrata in vigore del presente decreto legislativo, i termini per proporre l'azione di impugnazione, previsti dall'articolo 263 e dai commi secondo, terzo e quarto dell'articolo 267 del codice civile, decorrono dal giorno dell'entrata in vigore del medesimo decreto legislativo.

11. Restano validi e non possono essere modificati gli atti dello stato civile già formati secondo le disposizioni vigenti alla data di entrata in vigore della legge 10 dicembre 2012, n. 219, salve le modifiche risultanti da provvedimenti giudiziari.

LEGGI COMPLEMENTARI

1.

L. 4 maggio 1983, n. 184. Diritto del minore ad una famiglia ([1]) (Suppl. ord. alla *Gazzetta Ufficiale* n. 133 del 17 maggio 1983).

([1]) *L'epigrafe di questa legge è stata così sostituita dall'art. 1, comma 1, della L. 28 marzo 2001, n. 149.*

(*Estratto*)

Titolo I
Principi generali ([1])

([1]) *Questa rubrica è stata così sostituita dall'art. 1, comma 2, della L. 28 marzo 2001, n. 149.*

1. ([1]) 1. Il minore ha diritto di crescere ed essere educato nell'ambito della propria famiglia.

2. Le condizioni di indigenza dei genitori o del genitore esercente la responsabilità ([2]) genitoriale non possono essere di ostacolo all'esercizio del diritto del minore alla propria famiglia. A tale fine a favore della famiglia sono disposti interventi di sostegno e di aiuto.

3. Lo Stato, le regioni e gli enti locali, nell'ambito delle proprie competenze, sostengono con idonei interventi, nel rispetto della loro autonomia e dei limiti delle risorse finanziarie disponibili, i nuclei familiari a rischio, al fine di prevenire l'abbandono e di consentire al minore di essere educato nell'ambito della propria famiglia. Essi promuovono altresì iniziative di formazione dell'opinione pubblica sull'affidamento e l'adozione e di sostegno all'attività delle comunità di tipo familiare, organizzano corsi di preparazione ed aggiornamento professionale degli operatori sociali nonché incontri di formazione e preparazione per le famiglie e le persone che intendono avere in affidamento o in adozione minori. I medesimi enti possono stipulare convenzioni con enti o associazioni senza fini di lucro che operano nel campo della tutela dei minori e delle famiglie per la realizzazione delle attività di cui al presente comma.

4. Quando la famiglia non è in grado di provvedere alla crescita e all'educazione del minore, si applicano gli istituti di cui alla presente legge.

5. Il diritto del minore a vivere, crescere ed essere educato nell'ambito di una famiglia è assicurato senza distinzione di sesso, di etnia, di età, di lingua, di religione e nel rispetto della identità culturale del minore e comunque non in contrasto con i principi fondamentali dell'ordinamento.

([1]) *Questo articolo è stato così sostituito dall'art. 1, comma 3, della L. 28 marzo 2001, n. 149.*

([2]) *La parola: «potestà» è stata così sostituita dalla seguente: «responsabilità» dall'art. 100, comma 1, lett. a), del D.L.vo 28 dicembre 2013, n. 154, a decorrere dal trentesimo giorno successivo a quello della sua pubblicazione nella* Gazzetta Ufficiale *(G.U. n. 5 dell'8 gennaio 2014).*

Titolo I *bis*
Dell'affidamento del minore ([1])

([1]) *Questa rubrica è stata introdotta dall'art. 2, comma 1, della L. 28 marzo 2001, n. 149.*

2. ([1]) 1. Il minore temporaneamente privo di un ambiente familiare idoneo, nonostante gli interventi di sostegno e aiuto disposti ai sensi dell'articolo 1, è affidato ad una famiglia, preferibilmente con figli minori, o ad una persona singola, in grado di assicurargli il mantenimento, l'educazione, l'istruzione e le relazioni affettive di cui egli ha bisogno.

1 *bis*. Gli enti locali possono promuovere la sensibilizzazione e la formazione di affidatari per favorire l'affidamento familiare dei minori stranieri non accompagnati, in via prioritaria rispetto al ricovero in una struttura di accoglienza ([2]).

1 *ter*. Dall'attuazione delle disposizioni di cui al comma 1 *bis* non devono derivare nuovi o maggiori oneri per la finanza pubblica; gli enti locali provvedono nei limiti delle risorse disponibili nei propri bilanci ([2]).

2. Ove non sia possibile l'affidamento nei termini di cui al comma 1, è consentito l'inserimento del minore in una comunità di tipo familiare o, in

mancanza, in un istituto di assistenza pubblico o privato, che abbia sede preferibilmente nel luogo più vicino a quello in cui stabilmente risiede il nucleo familiare di provenienza. Per i minori di età inferiore a sei anni l'inserimento può avvenire solo presso una comunità di tipo familiare.

3. In caso di necessità e urgenza l'affidamento può essere disposto anche senza porre in essere gli interventi di cui all'articolo 1, commi 2 e 3.

4. Il ricovero in istituto deve essere superato entro il 31 dicembre 2006 mediante affidamento ad una famiglia e, ove ciò non sia possibile, mediante inserimento in comunità di tipo familiare caratterizzate da organizzazione e da rapporti interpersonali analoghi a quelli di una famiglia.

5. Le regioni, nell'ambito delle proprie competenze sulla base di criteri stabiliti dalla Conferenza permanente per i rapporti tra lo Stato, le regioni e le province autonome di Trento e di Bolzano, definiscono gli standard minimi dei servizi e dell'assistenza che devono essere forniti dalle comunità di tipo familiare e dagli istituti e verificano periodicamente il rispetto dei medesimi.

(1) *Questo articolo è stato così sostituito dall'art. 2, comma 2, della L. 28 marzo 2001, n. 149.*

(2) *Questo comma è stato inserito dall'art. 7, comma 1, della L. 7 aprile 2017, n. 47.*

3. (1) 1. I legali rappresentanti delle comunità di tipo familiare e degli istituti di assistenza pubblici o privati esercitano i poteri tutelari sul minore affidato, secondo le norme del capo I del titolo X del libro primo del codice civile, fino a quando non si provveda alla nomina di un tutore in tutti i casi nei quali l'esercizio della responsabilità genitoriale (2) o della tutela sia impedito.

2. Nei casi previsti dal comma 1, entro trenta giorni dall'accoglienza del minore, i legali rappresentanti devono proporre istanza per la nomina del tutore. Gli stessi e coloro che prestano anche gratuitamente la propria attività a favore delle comunità di tipo familiare e degli istituti di assistenza pubblici o privati non possono essere chiamati a tale incarico.

3. Nel caso in cui i genitori riprendano l'esercizio della responsabilità genitoriale (3), le comunità di tipo familiare e gli istituti di assistenza pubblici o privati chiedono al giudice tutelare di fissare eventuali limiti o condizioni a tale esercizio.

(1) *Questo articolo è stato così sostituito dall'art. 3 della L. 28 marzo 2001, n. 149.*

(2) *Le parole: «potestà dei genitori» sono state così sostituite dalle seguenti: «responsabilità genitoriale» dall'art. 100, comma 1, lett.* b), *del D.L.vo 28 dicembre 2013, n. 154, a decorrere dal trentesimo giorno successivo a quello della sua pubblicazione nella* Gazzetta Ufficiale *(G.U. n. 5 dell'8 gennaio 2014).*

(3) *La parola: «potestà» è stata così sostituita dalle seguenti: «responsabilità genitoriale» dall'art. 100, comma 1, lett.* b), *del D.L.vo 28 dicembre 2013, n. 154, a decorrere dal trentesimo giorno successivo a quello della sua pubblicazione nella* Gazzetta Ufficiale *(G.U. n. 5 dell'8 gennaio 2014).*

4. (1) 1. L'affidamento familiare è disposto dal servizio sociale locale, previo consenso manifestato dai genitori o dal genitore esercente la responsabilità genitoriale (2), ovvero dal tutore, sentito il minore che ha compiuto gli anni dodici e anche il minore di età inferiore, in considerazione della sua capacità di discernimento. Il giudice tutelare del luogo ove si trova il minore rende esecutivo il provvedimento con decreto.

2. Ove manchi l'assenso dei genitori esercenti la responsabilità genitoriale (2) o del tutore, provvede il tribunale per i minorenni. Si applicano gli articoli 330 e seguenti del codice civile.

3. Nel provvedimento di affidamento familiare devono essere indicate specificamente le motivazioni di esso, nonché i tempi e i modi dell'esercizio dei poteri riconosciuti all'affidatario, e le modalità attraverso le quali i genitori e gli altri componenti il nucleo familiare possono mantenere i rapporti con il minore. Deve altresì essere indicato il servizio sociale locale cui è attribuita la responsabilità del programma di assistenza, nonché la vigilanza durante l'affidamento con l'obbligo di tenere costantemente informati il giudice tutelare o il tribunale per i minorenni, a seconda che si tratti di provvedimento emesso ai sensi dei commi 1 o 2. Il servizio sociale locale cui è attribuita la responsabilità del programma di assistenza, nonché la vigilanza durante l'affidamento, deve riferire senza indugio al giudice tutelare o al tribunale per i minorenni del luogo in cui il minore si trova, a seconda che si tratti di provvedimento emesso ai sensi dei commi 1 e 2, ogni evento di particolare rilevanza ed è tenuto a presentare una relazione semestrale sull'andamento del programma di assistenza, sulla sua presumibile ulteriore durata e sull'evoluzione delle condizioni di difficoltà del nucleo familiare di provenienza.

4. Nel provvedimento di cui al comma 3, deve inoltre essere indicato il periodo di presumibile du-

rata dell'affidamento che deve essere rapportabile al complesso di interventi volti al recupero della famiglia d'origine. Tale periodo non può superare la durata di ventiquattro mesi ed è prorogabile, dal tribunale per i minorenni, qualora la sospensione dell'affidamento rechi pregiudizio al minore.

5. L'affidamento familiare cessa con provvedimento della stessa autorità che lo ha disposto, valutato l'interesse del minore, quando sia venuta meno la situazione di difficoltà temporanea della famiglia d'origine che lo ha determinato, ovvero nel caso in cui la prosecuzione di esso rechi pregiudizio al minore.

5 *bis*. Qualora, durante un prolungato periodo di affidamento, il minore sia dichiarato adottabile ai sensi delle disposizioni del capo II del titolo II e qualora, sussistendo i requisiti previsti dall'articolo 6, la famiglia affidataria chieda di poterlo adottare, il tribunale per i minorenni, nel decidere sull'adozione, tiene conto dei legami affettivi significativi e del rapporto stabile e duraturo consolidatosi tra il minore e la famiglia affidataria ([3]).

5 *ter*. Qualora, a seguito di un periodo di affidamento, il minore faccia ritorno nella famiglia di origine o sia dato in affidamento ad altra famiglia o sia adottato da altra famiglia, è comunque tutelata, se rispondente all'interesse del minore, la continuità delle positive relazioni socio-affettive consolidatesi durante l'affidamento ([3]).

5 *quater*. Il giudice, ai fini delle decisioni di cui ai commi 5 *bis* e 5 *ter*, tiene conto anche delle valutazioni documentate dei servizi sociali, ascoltato il minore che ha compiuto gli anni dodici o anche di età inferiore se capace di discernimento ([3]).

6. Il giudice tutelare, trascorso il periodo di durata previsto, ovvero intervenute le circostanze di cui al comma 5, sentiti il servizio sociale locale interessato ed il minore che ha compiuto gli anni dodici e anche il minore di età inferiore, in considerazione della sua capacità di discernimento, richiede, se necessario, al competente tribunale per i minorenni l'adozione di ulteriori provvedimenti nell'interesse del minore.

7. Le disposizioni del presente articolo si applicano, in quanto compatibili, anche nel caso di minori inseriti presso una comunità di tipo familiare o un istituto di assistenza pubblico o privato.

([1]) *Questo articolo è stato così sostituito dall'art. 4 della L. 28 marzo 2001, n. 149.*

([2]) *La parola: «potestà» è stata così sostituita dalle seguenti: «responsabilità genitoriale» dall'art. 100, comma 1, lett.* c)*, del D.L.vo 28 dicembre 2013, n. 154, a decorrere dal trentesimo giorno successivo a quello della sua pubblicazione nella* Gazzetta Ufficiale (G.U. *n. 5 dell'8 gennaio 2014).*

([3]) *Questo comma è stato inserito dall'art. 1 della L. 19 ottobre 2015, n. 173.*

5. ([1]) 1. L'affidatario deve accogliere presso di sé il minore e provvedere al suo mantenimento e alla sua educazione e istruzione, tenendo conto delle indicazioni dei genitori per i quali non vi sia stata pronuncia ai sensi degli articoli 330 e 333 del codice civile, o del tutore, ed osservando le prescrizioni stabilite dall'autorità affidante. Si applicano, in quanto compatibili, le disposizioni dell'articolo 316 del codice civile. In ogni caso l'affidatario esercita i poteri connessi con la responsabilità genitoriale ([2]) in relazione agli ordinari rapporti con la istituzione scolastica e con le autorità sanitarie. L'affidatario o l'eventuale famiglia collocataria devono essere convocati, a pena di nullità, nei procedimenti civili in materia di responsabilità genitoriale, di affidamento e di adottabilità relativi al minore affidato ed hanno facoltà di presentare memorie scritte nell'interesse del minore ([3]).

2. Il servizio sociale, nell'ambito delle proprie competenze, su disposizione del giudice ovvero secondo le necessità del caso, svolge opera di sostegno educativo e psicologico, agevola i rapporti con la famiglia di provenienza ed il rientro nella stessa del minore secondo le modalità più idonee, avvalendosi anche delle competenze professionali delle altre strutture del territorio e dell'opera delle associazioni familiari eventualmente indicate dagli affidatari.

3. Le norme di cui ai commi 1 e 2 si applicano, in quanto compatibili, nel caso di minori ospitati presso una comunità di tipo familiare o che si trovino presso un istituto di assistenza pubblico o privato.

4. Lo Stato, le regioni e gli enti locali, nell'ambito delle proprie competenze, e nei limiti delle disponibilità finanziarie dei rispettivi bilanci, intervengono con misure di sostegno e di aiuto economico in favore della famiglia affidataria.

([1]) *Questo articolo è stato così sostituito dall'art. 5 della L. 28 marzo 2001, n. 149.*

([2]) *Le parole: «potestà parentale» sono state così sostituite dalle seguenti: «responsabilità genitoriale» dall'art. 100, comma 1, lett.* d)*, del D.L.vo 28 dicembre 2013, n. 154, a decorrere dal trentesimo giorno successivo a quello della sua pubblicazione nella* Gazzetta Ufficiale (G.U. *n. 5 dell'8 gennaio 2014).*

([3]) *Questo periodo è stato così sostituito dall'art. 2 della L. 19 ottobre 2015, n. 173.*

Titolo II
Dell'adozione

Capo I
Disposizioni generali

6. ([1]) 1. L'adozione è consentita a coniugi uniti in matrimonio da almeno tre anni. Tra i coniugi non deve sussistere e non deve avere avuto luogo negli ultimi tre anni separazione personale neppure di fatto.

2. I coniugi devono essere affettivamente idonei e capaci di educare, istruire e mantenere i minori che intendano adottare.

3. L'età degli adottanti deve superare di almeno diciotto e di non più di quarantacinque anni l'età dell'adottando.

4. Il requisito della stabilità del rapporto di cui al comma 1 può ritenersi realizzato anche quando i coniugi abbiano convissuto in modo stabile e continuativo prima del matrimonio per un periodo di tre anni, nel caso in cui il tribunale per i minorenni accerti la continuità e la stabilità della convivenza, avuto riguardo a tutte le circostanze del caso concreto.

5. I limiti di cui al comma 3 possono essere derogati, qualora il tribunale per i minorenni accerti che dalla mancata adozione derivi un danno grave e non altrimenti evitabile per il minore.

6. Non è preclusa l'adozione quando il limite massimo di età degli adottanti sia superato da uno solo di essi in misura non superiore a 10 anni, ovvero quando essi siano genitori di figli anche ([2]) adottivi dei quali almeno uno sia in età minore, ovvero quando l'adozione riguardi un fratello o una sorella del minore già dagli stessi adottato.

7. Ai medesimi coniugi sono consentite più adozioni anche con atti successivi e costituisce criterio preferenziale ai fini dell'adozione l'aver già adottato un fratello dell'adottando o il far richiesta di adottare più fratelli, ovvero la disponibilità dichiarata all'adozione di minori che si trovino nelle condizioni indicate dall'articolo 3, comma 1, della legge 5 febbraio 1992, n. 104, concernente l'assistenza, l'integrazione sociale e i diritti delle persone handicappate.

8. Nel caso di adozione dei minori di età superiore a dodici anni o con handicap accertato ai sensi dell'articolo 4 della legge 5 febbraio 1992, n. 104, lo Stato, le regioni e gli enti locali possono intervenire, nell'ambito delle proprie competenze e nei limiti delle disponibilità finanziarie dei rispettivi bilanci, con specifiche misure di carattere economico, eventualmente anche mediante misure di sostegno alla formazione e all'inserimento sociale, fino all'età di diciotto anni degli adottati.

([1]) *Questo articolo è stato così sostituito dall'art. 6 della L. 28 marzo 2001, n. 149.*

([2]) *Le parole: «naturali o» sono state così sostituite dalla seguente: «anche» dall'art. 100, comma 1, lett. e), del D.L.vo 28 dicembre 2013, n. 154, a decorrere dal trentesimo giorno successivo a quello della sua pubblicazione nella* Gazzetta Ufficiale *(G.U. n. 5 dell'8 gennaio 2014).*

7. ([1]) 1. L'adozione è consentita a favore dei minori dichiarati in stato di adottabilità ai sensi degli articoli seguenti.

2. Il minore, il quale ha compiuto gli anni quattordici, non può essere adottato se non presta personalmente il proprio consenso, che deve essere manifestato anche quando il minore compia l'età predetta nel corso del procedimento. Il consenso dato può comunque essere revocato sino alla pronuncia definitiva dell'adozione.

3. Se l'adottando ha compiuto gli anni dodici deve essere personalmente sentito; se ha un'età inferiore, deve essere sentito, in considerazione della sua capacità di discernimento.

([1]) *Questo articolo è stato così sostituito dall'art. 7 della L. 28 marzo 2001, n. 149.*

Capo II
Della dichiarazione di adottabilità ([1])

([1]) *Si veda l'art. 1 del D.L. 1° luglio 2002, n. 126, convertito, con modificazioni, nella L. 2 agosto 2002, n. 175, che così dispone:*

«1. In via transitoria, fino alla emanazione di una specifica disciplina sulla difesa d'ufficio e sul patrocinio a spese dello Stato nei procedimenti disciplinati dalla legge 4 maggio 1983, n. 184, e successive modificazioni, e comunque non oltre il 30 giugno 2003 (*), ai predetti procedimenti e ai relativi giudizi di opposizione continuano ad applicarsi le disposizioni processuali vigenti anteriormente alla data di entrata in vigore del decreto legge 24 aprile 2001, n. 150, convertito, con modificazioni, dalla legge 23 giugno 2001, n. 240.

«2. In via transitoria e fino alla emanazione di nuove disposizioni che regolano i procedimenti di cui all'articolo 336 del codice civile, e comunque non oltre il 30 giugno 2003 (*), ai medesimi procedimenti continuano ad applicarsi le disposizioni processuali vigenti anteriormente alla data di entrata in vigore del decreto legge 24 aprile 2001, n. 150, convertito, con modificazioni, dalla legge 23 giugno 2001, n. 240».

(*) *Le disposizioni previste dal D.L. 1° luglio 2002, n. 126, convertito, con modificazioni, nella L. 2 agosto 2002, n. 175, già prorogate al 30 giugno 2004 dall'art. 15 del D.L. 24 giugno 2003, n. 147, convertito, con modificazioni, nella L. 1° agosto 2003, n. 200, sono state ulteriormente prorogate dapprima al 30 giugno 2005 per effetto dell'art. 2 del D.L. 24 giugno 2004, n. 158, convertito, con modificazioni, nella L. 27 luglio 2004, n. 188; al 30 giugno 2006, ai sensi dell'art. 8, comma 2, del D.L. 30 giugno 2005, n. 115, convertito, con modificazioni, nella L. 17 agosto 2005, n. 168, e da ultimo al 30 giugno 2007 dall'art. 1, comma 2, della L. 12 luglio 2006, n. 228.*

8. (1) 1. Sono dichiarati in stato di adottabilità dal tribunale per i minorenni del distretto nel quale si trovano, i minori di cui sia accertata la situazione di abbandono perché privi di assistenza morale e materiale da parte dei genitori o dei parenti tenuti a provvedervi, purché la mancanza di assistenza non sia dovuta a causa di forza maggiore di carattere transitorio.

2. La situazione di abbandono sussiste, sempre che ricorrano le condizioni di cui al comma 1, anche quando i minori si trovino presso istituti di assistenza pubblici o privati o comunità di tipo familiare ovvero siano in affidamento familiare.

3. Non sussiste causa di forza maggiore quando i soggetti di cui al comma 1 rifiutano le misure di sostegno offerte dai servizi sociali locali, anche all'esito della segnalazione di cui all'articolo 79 *bis*, (2) e tale rifiuto viene ritenuto ingiustificato dal giudice.

4. Il procedimento di adottabilità deve svolgersi fin dall'inizio con l'assistenza legale del minore e dei genitori o degli altri parenti, di cui al comma 2 dell'articolo 10.

(1) *Questo articolo è stato così sostituito dall'art. 8 della L. 28 marzo 2001, n. 149.*

(2) *Le parole: «, anche all'esito della segnalazione di cui all'articolo 79* bis,» *sono state inserite dall'art. 100, comma 1, lett.* f), *del D.L.vo 28 dicembre 2013, n. 154, a decorrere dal trentesimo giorno successivo a quello della sua pubblicazione nella* Gazzetta Ufficiale *(G.U. n. 5 dell'8 gennaio 2014).*

9. (1) 1. Chiunque ha facoltà di segnalare all'autorità pubblica situazioni di abbandono di minori di età. I pubblici ufficiali, gli incaricati di un pubblico servizio, gli esercenti un servizio di pubblica necessità debbono riferire al più presto al procuratore della Repubblica presso il tribunale per i minorenni del luogo in cui il minore si trova sulle condizioni di ogni minore in situazione di abbandono di cui vengano a conoscenza in ragione del proprio ufficio.

2. Gli istituti di assistenza pubblici o privati e le comunità di tipo familiare devono trasmettere semestralmente al procuratore della Repubblica presso il tribunale per i minorenni del luogo ove hanno sede l'elenco di tutti i minori collocati presso di loro con l'indicazione specifica, per ciascuno di essi, della località di residenza dei genitori, dei rapporti con la famiglia e delle condizioni psicofisiche del minore stesso. Il procuratore della Repubblica presso il tribunale per i minorenni, assunte le necessarie informazioni, chiede al tribunale, con ricorso, di dichiarare l'adottabilità di quelli tra i minori segnalati o collocati presso le comunità di tipo familiare o gli istituti di assistenza pubblici o privati o presso una famiglia affidataria che risultino in situazioni di abbandono, specificandone i motivi.

3. Il procuratore della Repubblica presso il tribunale per i minorenni, che trasmette gli atti al medesimo tribunale con relazione informativa, ogni sei mesi, effettua o dispone ispezioni negli istituti di assistenza pubblici o privati ai fini di cui al comma 2. Può procedere a ispezioni straordinarie in ogni tempo.

4. Chiunque, non essendo parente entro il quarto grado, accoglie stabilmente nella propria abitazione un minore, qualora l'accoglienza si protragga per un periodo superiore a sei mesi, deve, trascorso tale periodo, darne segnalazione al procuratore della Repubblica presso il tribunale per i minorenni. L'omissione della segnalazione può comportare l'inidoneità ad ottenere affidamenti familiari o adottivi e l'incapacità all'ufficio tutelare.

5. Nello stesso termine di cui al comma 4, uguale segnalazione deve essere effettuata dal genitore che affidi stabilmente a chi non sia parente entro il quarto grado il figlio minore per un periodo non inferiore a sei mesi. L'omissione della segnalazione può comportare la decadenza dalla responsabilità genitoriale (2) sul figlio a norma dell'articolo 330 del codice civile e l'apertura della procedura di adottabilità.

(1) *Questo articolo è stato così sostituito dall'art. 9 della L. 28 marzo 2001, n. 149.*

(2) *La parola: «potestà» è stata così sostituita dalle seguenti: «responsabilità genitoriale» dall'art. 100, comma 1, lett.* g), *del D.L.vo 28 dicembre 2013, n. 154, a decorrere dal trentesimo giorno successivo a quello della sua pubblicazione nella* Gazzetta Ufficiale *(G.U. n. 5 dell'8 gennaio 2014).*

10. (1) 1. Il presidente del tribunale per i minorenni o un giudice da lui delegato, ricevuto il ricorso di cui all'articolo 9, comma 2, provvede all'immediata apertura di un procedimento relativo allo stato di abbandono del minore. Dispone immediatamente, all'occorrenza, tramite i servizi sociali locali o gli organi di pubblica sicurezza, più approfonditi accertamenti sulle condizioni giuridiche e di fatto del minore, sull'ambiente in cui ha vissuto e vive ai fini di verificare se sussiste lo stato di abbandono.

2. All'atto dell'apertura del procedimento, sono avvertiti i genitori o, in mancanza, i parenti entro il quarto grado che abbiano rapporti significativi con il minore. Con lo stesso atto il presidente del tribunale per i minorenni li invita a nominare un difensore e li informa della nomina di un difensore di ufficio per il caso che essi non vi provvedano. Tali soggetti, assistiti dal difensore, possono partecipare a tutti gli accertamenti disposti dal tribunale, possono presentare istanze anche istruttorie e prendere visione ed estrarre copia degli atti contenuti nel fascicolo previa autorizzazione del giudice.

3. Il tribunale può disporre in ogni momento e fino all'affidamento preadottivo ogni opportuno provvedimento provvisorio nell'interesse del minore, ivi compresi il collocamento temporaneo presso una famiglia o una comunità di tipo familiare, la sospensione della responsabilità genitoriale (2) dei genitori sul minore, la sospensione dell'esercizio delle funzioni del tutore e la nomina di un tutore provvisorio.

4. In caso di urgente necessità, i provvedimenti di cui al comma 3 possono essere adottati dal presidente del tribunale per i minorenni o da un giudice da lui delegato.

5. Il tribunale, entro trenta giorni, deve confermare, modificare o revocare i provvedimenti urgenti assunti ai sensi del comma 4. Il tribunale provvede in camera di consiglio con l'intervento del pubblico ministero, sentite tutte le parti interessate ed assunta ogni necessaria informazione. Deve inoltre essere sentito il minore che ha compiuto gli anni dodici e anche il minore di età inferiore, in considerazione della sua capacità di discernimento. I provvedimenti adottati debbono essere comunicati al pubblico ministero ed ai genitori. Si applicano le norme di cui agli articoli 330 e seguenti del codice civile.

(1) *Questo articolo è stato così sostituito dall'art. 10 della L. 28 marzo 2001, n. 149.*

(2) *La parola: «potestà» è stata così sostituita dalle seguenti: «responsabilità genitoriale» dall'art. 100, comma 1, lett.* h), *del D.L.vo 28 dicembre 2013, n. 154, a decorrere dal trentesimo giorno successivo a quello della sua pubblicazione nella* Gazzetta Ufficiale (G.U. *n. 5 dell'8 gennaio 2014).*

11. Quando dalle indagini previste nell'articolo precedente risultano deceduti i genitori del minore e non risultano esistenti parenti entro il quarto grado che abbiano rapporti significativi con il minore (1), il tribunale per i minorenni provvede a dichiarare lo stato di adottabilità, salvo che esistano istanze di adozione ai sensi dell'articolo 44. In tal caso il tribunale per i minorenni decide nell'esclusivo interesse del minore.

Nel caso in cui non risulti l'esistenza di genitori [naturali] (2) che abbiano riconosciuto il minore o la cui paternità o maternità sia stata dichiarata giudizialmente, il tribunale per i minorenni, senza eseguire ulteriori accertamenti, provvede immediatamente alla dichiarazione dello stato di adottabilità a meno che non vi sia richiesta di sospensione della procedura da parte di chi, affermando di essere uno dei genitori [naturali] (2), chiede termine per provvedere al riconoscimento. La sospensione può essere disposta dal tribunale per un periodo massimo di due mesi sempreché nel frattempo il minore sia assistito dal genitore [naturale] (2) o dai parenti fino al quarto grado o in altro modo conveniente, permanendo comunque un rapporto con il genitore [naturale] (2).

Nel caso di non riconoscibilità per difetto di età del genitore, la procedura è rinviata anche d'ufficio sino al compimento del sedicesimo anno di età del genitore [naturale] (2), purché sussistano le condizioni menzionate nel comma precedente. Al compimento del sedicesimo anno, il genitore può richiedere ulteriore sospensione per altri due mesi. Il genitore autorizzato al riconoscimento prima del compimento del sedicesimo anno ai sensi dell'articolo 250, quinto comma, del codice civile, può chiedere ulteriore sospensione per altri due mesi dopo l'autorizzazione (3).

Ove il tribunale sospenda o rinvii la procedura ai sensi dei commi precedenti, nomina al minore, se necessario, un tutore provvisorio.

Se entro detti termini viene effettuato il riconoscimento, deve dichiararsi chiusa la procedura, ove non sussista abbandono morale e materiale. Se trascorrono i termini senza che sia stato effettuato il riconoscimento, si provvede senza altra formalità di procedura alla pronuncia dello stato di adottabilità.

Il tribunale, in ogni caso, anche a mezzo dei servizi locali, informa entrambi i presunti genitori, se possibile, o comunque quello reperibile, che si possono avvalere delle facoltà di cui al secondo e al terzo comma.

Intervenuta la dichiarazione di adottabilità e l'affidamento preadottivo, il riconoscimento è privo di efficacia. Il giudizio per la dichiarazione giudiziale di paternità o maternità è sospeso di diritto e si estingue ove segua la pronuncia di adozione divenuta definitiva.

([1]) *Le parole*: *«che abbiano rapporti significativi con il minore», sono state inserite dall'art. 11 della L. 28 marzo 2001, n. 149.*

([2]) *La parola tra parentesi quadrate è stata soppressa dall'art. 100, comma 1, lett.* i), *del D.L.vo 28 dicembre 2013, n. 154, a decorrere dal trentesimo giorno successivo a quello della sua pubblicazione nella* Gazzetta Ufficiale (G.U. *n. 5 dell'8 gennaio 2014).*

([3]) *Questo periodo è stato aggiunto dall'art. 100, comma 1, lett.* i), *del D.L.vo 28 dicembre 2013, n. 154, a decorrere dal trentesimo giorno successivo a quello della sua pubblicazione nella* Gazzetta Ufficiale (G.U. *n. 5 dell'8 gennaio 2014).*

12. Quando attraverso le indagini effettuate consta l'esistenza dei genitori o di parenti entro il quarto grado indicati nell'articolo precedente, che abbiano mantenuto rapporti significativi con il minore, e ne è nota la residenza, il presidente del tribunale per i minorenni con decreto motivato fissa la loro comparizione, entro un congruo termine, dinanzi a sé o ad un giudice da lui delegato.

Nel caso in cui i genitori o i parenti risiedano fuori dalla circoscrizione del tribunale per i minorenni che procede, la loro audizione può essere delegata al tribunale per i minorenni del luogo della loro residenza.

In caso di residenza all'estero è delegata l'autorità consolare competente.

Udite le dichiarazioni dei genitori o dei parenti, il presidente del tribunale per i minorenni o il giudice delegato, ove ne ravvisi l'opportunità, impartisce con decreto motivato ai genitori o ai parenti prescrizioni idonee a garantire l'assistenza morale, il mantenimento, l'istruzione e l'educazione del minore, stabilendo al tempo stesso periodici accertamenti da eseguirsi direttamente o avvalendosi del giudice tutelare o dei servizi locali, ai quali può essere affidato l'incarico di operare al fine di più validi rapporti tra il minore e la famiglia.

Il presidente o il giudice delegato può, altresì, chiedere al pubblico ministero di promuovere l'azione per la corresponsione degli alimenti a carico di chi vi è tenuto per legge e, al tempo stesso, dispone, ove d'uopo, provvedimenti temporanei ai sensi del comma 3 dell'articolo 10 ([1]).

([1]) *Le parole*: *«ai sensi del secondo comma dell'art. 10» sono state sostituite dalle seguenti*: *«ai sensi del comma 3 dell'articolo 10», dall'art. 12 della L. 28 marzo 2001, n. 149.*

13. Nel caso in cui i genitori ed i parenti di cui all'articolo precedente risultino irreperibili ovvero non ne sia conosciuta la residenza, la dimora o il domicilio, il tribunale per i minorenni provvede alla loro convocazione ai sensi degli articoli 140 e 143 del codice di procedura civile, previe nuove ricerche tramite gli organi di pubblica sicurezza.

14. ([1]) 1. Il tribunale per i minorenni può disporre, prima della dichiarazione di adottabilità, la sospensione del procedimento, quando da particolari circostanze emerse dalle indagini effettuate risulta che la sospensione può riuscire utile nell'interesse del minore. In tal caso la sospensione è disposta con ordinanza motivata per un periodo non superiore a un anno.

2. La sospensione è comunicata ai servizi sociali locali competenti perché adottino le iniziative opportune.

([1]) *Questo articolo è stato così sostituito dall'art. 13 della L. 28 marzo 2001, n. 149.*

15. ([1]) 1. A conclusione delle indagini e degli accertamenti previsti dagli articoli precedenti, ove risulti la situazione di abbandono di cui all'articolo 8, lo stato di adottabilità del minore è dichiarato dal tribunale per i minorenni quando:

a) i genitori ed i parenti convocati ai sensi degli articoli 12 e 13 non si sono presentati senza giustificato motivo;

b) l'audizione dei soggetti di cui alla lettera *a*) ha dimostrato il persistere della mancanza di assistenza morale e materiale e la non disponibilità ad ovviarvi;

c) le prescrizioni impartite ai sensi dell'articolo 12 sono rimaste inadempiute per responsabilità dei genitori ovvero è provata l'irrecuperabilità delle capacità genitoriali dei genitori in un tempo ragionevole ([2]).

2. La dichiarazione dello stato di adottabilità del minore è disposta dal tribunale per i minorenni in camera di consiglio con sentenza, senti-

to il pubblico ministero, nonché il rappresentante dell'istituto di assistenza pubblico o privato o della comunità di tipo familiare presso cui il minore è collocato o la persona cui egli è affidato. Devono essere, parimenti, sentiti il tutore, ove esista, ed il minore che abbia compiuto gli anni dodici e anche il minore di età inferiore, in considerazione della sua capacità di discernimento.

3. La sentenza è notificata per esteso al pubblico ministero, ai genitori, ai parenti indicati nel primo comma dell'articolo 12, al tutore, nonché al curatore speciale ove esistano, con contestuale avviso agli stessi del loro diritto di proporre impugnazione nelle forme e nei termini di cui all'articolo 17.

([1]) *Questo articolo è stato così sostituito dall'art. 15 della L. 28 marzo 2001, n. 149.*

([2]) *Questa lettera è stata così sostituita dall'art. 100, comma 1, lett.* l), *del D.L.vo 28 dicembre 2013, n. 154, a decorrere dal trentesimo giorno successivo a quello della sua pubblicazione nella* Gazzetta Ufficiale (G.U. *n. 5 dell'8 gennaio 2014*).

16. ([1]) 1. Il tribunale per i minorenni, esaurita la procedura prevista nei precedenti articoli e qualora ritenga che non sussistano i presupposti per la pronuncia per lo stato di adottabilità dichiara che non vi è luogo a provvedere.

2. La sentenza è notificata per esteso al pubblico ministero, ai genitori, ai parenti indicati nel primo comma dell'articolo 12, nonché al tutore e al curatore speciale ove esistano. Il tribunale per i minorenni adotta i provvedimenti opportuni nell'interesse del minore.

3. Si applicano gli articoli 330 e seguenti del codice civile.

([1]) *Questo articolo è stato così sostituito dall'art. 16 della L. 28 marzo 2001, n. 149.*

17. ([1]) 1. Avverso la sentenza il pubblico ministero e le altre parti possono proporre impugnazione avanti la Corte d'appello sezione per i minorenni entro trenta giorni dalla notificazione. La Corte, sentite le parti e il pubblico ministero ed effettuato ogni altro opportuno accertamento, pronuncia sentenza in camera di consiglio e provvede al deposito della stessa in cancelleria, entro quindici giorni dalla pronuncia. La sentenza è notificata d'ufficio al pubblico ministero e alle altre parti.

2. Avverso la sentenza della Corte d'appello è ammesso ricorso per Cassazione, entro trenta giorni dalla notificazione, per i motivi di cui ai numeri 3, 4 e 5 del primo comma dell'articolo 360 del codice di procedura civile. Si applica altresì il secondo comma dello stesso articolo.

3. L'udienza di discussione dell'appello e del ricorso deve essere fissata entro sessanta giorni dal deposito dei rispettivi atti introduttivi.

([1]) *Questo articolo è stato così sostituito dall'art. 16 della L. 28 marzo 2001, n. 149.*

18. ([1]) 1. La sentenza definitiva che dichiara lo stato di adottabilità è trascritta, a cura del cancelliere del tribunale per i minorenni, su apposito registro conservato presso la cancelleria del tribunale stesso. La trascrizione deve essere effettuata entro il decimo giorno successivo a quello della comunicazione che la sentenza di adottabilità è divenuta definitiva. A questo effetto, il cancelliere del giudice dell'impugnazione deve inviare immediatamente apposita comunicazione al cancelliere del tribunale per i minorenni.

([1]) *Questo articolo è stato così sostituito dall'art. 17 della L. 28 marzo 2001, n. 149.*

19. Durante lo stato di adottabilità è sospeso l'esercizio della responsabilità genitoriale ([1]).

Il tribunale per i minorenni nomina un tutore, ove già non esista, e adotta gli ulteriori provvedimenti nell'interesse del minore.

([1]) *Le parole*: «*potestà dei genitori*» *sono state così sostituite dalle seguenti*: «*responsabilità genitoriale*» *dall'art. 100, comma 1, lett.* m), *del D.L.vo 28 dicembre 2013, n. 154, a decorrere dal trentesimo giorno successivo a quello della sua pubblicazione nella* Gazzetta Ufficiale (G.U. *n. 5 dell'8 gennaio 2014*).

20. Lo stato di adottabilità cessa per adozione o per il raggiungimento della maggiore età da parte dell'adottando.

21. ([1]) 1. Lo stato di adottabilità cessa altresì per revoca, nell'interesse del minore, in quanto siano venute meno le condizioni di cui all'articolo 8, comma 1, successivamente alla sentenza di cui al comma 2 dell'articolo 15.

2. La revoca è pronunciata dal tribunale per i minorenni d'ufficio o su istanza del pubblico ministero, dei genitori, del tutore.

3. Il tribunale provvede in camera di consiglio, sentito il pubblico ministero.

4. Nel caso in cui sia in atto l'affidamento preadottivo, lo stato di adottabilità non può essere revocato.

([1]) *Questo articolo è stato così sostituito dall'art. 18 della L. 28 marzo 2001, n. 149.*

Capo III
Dell'affidamento preadottivo

22. ([1]) 1. Coloro che intendono adottare devono presentare domanda al tribunale per i minorenni, specificando l'eventuale disponibilità ad adottare più fratelli ovvero minori che si trovino nelle condizioni indicate dall'articolo 3, comma 1, della legge 5 febbraio 1992, n. 104, concernente l'assistenza, l'integrazione sociale e i diritti delle persone handicappate. È ammissibile la presentazione di più domande anche successive a più tribunali per i minorenni, purché in ogni caso se ne dia comunicazione a tutti i tribunali precedentemente aditi. I tribunali cui la domanda è presentata possono richiedere copia degli atti di parte ed istruttori, relativi ai medesimi coniugi, agli altri tribunali; gli atti possono altresì essere comunicati d'ufficio. La domanda decade dopo tre anni dalla presentazione e può essere rinnovata.

2. In ogni momento a coloro che intendono adottare devono essere fornite, se richieste, notizie sullo stato del procedimento.

3. Il tribunale per i minorenni, accertati previamente i requisiti di cui all'articolo 6, dispone l'esecuzione delle adeguate indagini di cui al comma 4, ricorrendo ai servizi socio-assistenziali degli enti locali singoli o associati, nonché avvalendosi delle competenti professionalità delle aziende sanitarie locali ed ospedaliere, dando precedenza nella istruttoria alle domande dirette all'adozione di minori di età superiore a cinque anni o con handicap accertato ai sensi dell'articolo 4 della legge 5 febbraio 1992, n. 104.

4. Le indagini, che devono essere tempestivamente avviate e concludersi entro 120 giorni, riguardano in particolare la capacità di educare il minore, la situazione personale ed economica, la salute, l'ambiente familiare dei richiedenti, i motivi per i quali questi ultimi desiderano adottare il minore. Con provvedimento motivato, il termine entro il quale devono concludersi le indagini può essere prorogato una sola volta e per non più di 120 giorni.

5. Il tribunale per i minorenni, in base alle indagini effettuate, sceglie tra le coppie che hanno presentato domanda quella maggiormente in grado di corrispondere alle esigenze del minore.

6. Il tribunale per i minorenni, in camera di consiglio, sentiti il pubblico ministero, gli ascendenti dei richiedenti ove esistano, il minore che abbia compiuto gli anni dodici e anche il minore di età inferiore, in considerazione della sua capacità di discernimento, omessa ogni altra formalità di procedura, dispone, senza indugio, l'affidamento preadottivo, determinandone le modalità con ordinanza. Il minore che abbia compiuto gli anni quattordici deve manifestare espresso consenso all'affidamento alla coppia prescelta.

7. Il tribunale per i minorenni deve in ogni caso informare i richiedenti sui fatti rilevanti, relativi al minore, emersi dalle indagini. Non può essere disposto l'affidamento di uno solo di più fratelli, tutti in stato di adottabilità, salvo che non sussistano gravi ragioni. L'ordinanza è comunicata al pubblico ministero, ai richiedenti ed al tutore. Il provvedimento di affidamento preadottivo è immediatamente, e comunque non oltre dieci giorni, annotato a cura del cancelliere a margine della trascrizione di cui all'articolo 18.

8. Il tribunale per i minorenni vigila sul buon andamento dell'affidamento preadottivo avvalendosi anche del giudice tutelare e dei servizi locali sociali e consultoriali. In caso di accertate difficoltà, convoca, anche separatamente, gli affidatari e il minore, alla presenza, se del caso, di uno psicologo, al fine di valutare le cause all'origine delle difficoltà. Ove necessario, dispone interventi di sostegno psicologico e sociale.

([1]) *Questo articolo è stato così sostituito dall'art. 19 della L. 28 marzo 2001, n. 149.*

23. ([1]) 1. L'affidamento preadottivo è revocato dal tribunale per i minorenni d'ufficio o su istanza del pubblico ministero o del tutore o di coloro che esercitano la vigilanza di cui all'articolo 22, comma 8, quando vengano accertate difficoltà di idonea convivenza ritenute non superabili. Il provvedimento relativo alla revoca è adottato dal tribunale per i minorenni, in camera di consiglio, con decreto motivato. Debbono essere sentiti, oltre al pubblico ministero ed al presentatore dell'istanza di revoca, il minore che abbia compiuto gli anni dodici e anche il minore di età inferiore, in considerazione della sua capacità di discernimento, gli affidatari, il tutore e coloro che abbiano svolto attività di vigilanza o di sostegno.

2. Il decreto è comunicato al pubblico ministero, al presentatore dell'istanza di revoca, agli affidatari ed al tutore. Il decreto che dispone la revoca dell'affidamento preadottivo è annotato a cura del cancelliere entro dieci giorni a margine della trascrizione di cui all'articolo 18.

3. In caso di revoca, il tribunale per i minorenni adotta gli opportuni provvedimenti temporanei in favore del minore ai sensi dell'articolo 10, comma 3. Si applicano gli articoli 330 e seguenti del codice civile.

(¹) *Questo articolo è stato così sostituito dall'art. 20 della L. 28 marzo 2001, n. 149.*

24. Il pubblico ministero e il tutore possono impugnare il decreto del tribunale relativo all'affidamento preadottivo o alla sua revoca, entro dieci giorni dalla comunicazione, con reclamo alla sezione per i minorenni della corte d'appello.

La corte d'appello, sentiti il ricorrente, il pubblico ministero e, ove occorra, le persone indicate nell'articolo 23 ed effettuati ogni altro accertamento ed indagine opportuni, decide in camera di consiglio con decreto motivato.

Capo IV
Della dichiarazione di adozione

25. (¹) 1. Il tribunale per i minorenni che ha dichiarato lo stato di adottabilità, decorso un anno dall'affidamento, sentiti i coniugi adottanti, il minore che abbia compiuto gli anni dodici e il minore di età inferiore, in considerazione della sua capacità di discernimento, il pubblico ministero, il tutore e coloro che abbiano svolto attività di vigilanza o di sostegno, verifica che ricorrano tutte le condizioni previste dal presente capo e, senza altra formalità di procedura, provvede sull'adozione con sentenza in camera di consiglio, decidendo di far luogo o di non fare luogo all'adozione. Il minore che abbia compiuto gli anni quattordici deve manifestare espresso consenso all'adozione nei confronti della coppia prescelta.

1 *bis*. Le disposizioni di cui al comma 1 si applicano anche nell'ipotesi di prolungato periodo di affidamento ai sensi dell'articolo 4, comma 5 *bis* (²).

2. Qualora la domanda di adozione venga proposta da coniugi che hanno discendenti [legittimi o legittimati] (³), questi, se maggiori degli anni dodici (⁴), debbono essere sentiti.

3. Nell'interesse del minore il termine di cui al comma 1 può essere prorogato di un anno, d'ufficio o su domanda dei coniugi affidatari, con ordinanza motivata.

4. Se uno dei coniugi muore o diviene incapace durante l'affidamento preadottivo, l'adozione, nell'interesse del minore, può essere ugualmente disposta ad istanza dell'altro coniuge, nei confronti di entrambi, con effetto, per il coniuge deceduto, dalla data della morte.

5. Se nel corso dell'affidamento preadottivo interviene separazione tra i coniugi affidatari, l'adozione può essere disposta nei confronti di uno solo o di entrambi, nell'esclusivo interesse del minore, qualora il coniuge o i coniugi ne facciano richiesta.

6. La sentenza che decide sull'adozione è comunicata al pubblico ministero, ai coniugi adottanti ed al tutore.

7. Nel caso di provvedimento negativo viene meno l'affidamento preadottivo ed il tribunale per i minorenni assume gli opportuni provvedimenti temporanei in favore del minore ai sensi dell'articolo 10, comma 3. Si applicano gli articoli 330 e seguenti del codice civile.

(¹) *Questo articolo è stato così sostituito dall'art. 21 della L. 28 marzo 2001, n. 149.*

(²) *Questo comma è stato inserito dall'art. 3 della L. 19 ottobre 2015, n. 173.*

(³) *Le parole tra parentesi quadrate sono state soppresse dall'art. 100, comma 1, lett.* n)*, del D.L.vo 28 dicembre 2013, n. 154, a decorrere dal trentesimo giorno successivo a quello della sua pubblicazione nella* Gazzetta Ufficiale (G.U. *n. 5 dell'8 gennaio 2014*).

(⁴) *La parola*: «*quattordici*» *è stata così sostituita dalla seguente*: «*dodici*» *dall'art. 100, comma 1, lett.* n)*, del D.L.vo 28 dicembre 2013, n. 154, a decorrere dal trentesimo giorno successivo a quello della sua pubblicazione nella* Gazzetta Ufficiale (G.U. *n. 5 dell'8 gennaio 2014*).

26. (¹) 1. Avverso la sentenza che dichiara se fare luogo o non fare luogo all'adozione, entro trenta giorni dalla notifica, può essere proposta impugnazione davanti alla sezione per i minorenni della Corte d'appello da parte del pubblico ministero, dagli adottanti e dal tutore del minore. La Corte d'appello, sentite le parti ed esperito ogni accertamento ritenuto opportuno, pronuncia sentenza. La sentenza è notificata d'ufficio alle parti per esteso.

2. Avverso la sentenza della Corte d'appello è ammesso ricorso per Cassazione, che deve essere proposto entro trenta giorni dalla notifica della stessa, solo per i motivi di cui al primo comma, numero 3, dell'articolo 360 del codice di procedura civile.

3. L'udienza di discussione dell'appello e del ricorso per Cassazione deve essere fissata entro

sessanta giorni dal deposito dei rispettivi atti introduttivi.

4. La sentenza che pronuncia l'adozione, divenuta definitiva, è immediatamente trascritta nel registro di cui all'articolo 18 e comunicata all'ufficiale dello stato civile che la annota a margine dell'atto di nascita dell'adottato. A questo effetto, il cancelliere del giudice dell'impugnazione deve immediatamente dare comunicazione della definitività della sentenza al cancelliere del tribunale per i minorenni.

5. Gli effetti dell'adozione si producono dal momento della definitività della sentenza.

([1]) *Questo articolo è stato così sostituito dall'art. 22 della L. 28 marzo 2001, n. 149.*

27. Per effetto dell'adozione l'adottato acquista lo stato di figlio nato nel matrimonio ([1]) degli adottanti, dei quali assume e trasmette il cognome.

Se l'adozione è disposta nei confronti della moglie separata, ai sensi dell'articolo 25, comma 5, l'adottato assume il cognome della famiglia di lei.

Con l'adozione cessano i rapporti dell'adottato verso la famiglia d'origine, salvi i divieti matrimoniali.

([1]) *La parola: «legittimo» è stata così sostituita dalle seguenti: «nato nel matrimonio» dall'art. 100, comma 1, lett.* o)*, del D.L.vo 28 dicembre 2013, n. 154, a decorrere dal trentesimo giorno successivo a quello della sua pubblicazione nella* Gazzetta Ufficiale *(G.U. n. 5 dell'8 gennaio 2014).*

28. ([1]) 1. Il minore adottato è informato di tale sua condizione ed i genitori adottivi vi provvedono nei modi e termini che essi ritengono più opportuni.

2. Qualunque attestazione di stato civile riferita all'adottato deve essere rilasciata con la sola indicazione del nuovo cognome e con l'esclusione di qualsiasi riferimento alla paternità e alla maternità del minore e dell'annotazione di cui all'articolo 26, comma 4.

3. L'ufficiale di stato civile, l'ufficiale di anagrafe e qualsiasi altro ente pubblico o privato, autorità o pubblico ufficio debbono rifiutarsi di fornire notizie, informazioni, certificazioni, estratti o copie dai quali possa comunque risultare il rapporto di adozione, salvo autorizzazione espressa dell'autorità giudiziaria. Non è necessaria l'autorizzazione qualora la richiesta provenga dall'ufficiale di stato civile, per verificare se sussistano impedimenti matrimoniali.

4. Le informazioni concernenti l'identità dei genitori biologici possono essere fornite ai genitori adottivi, quali esercenti la responsabilità genitoriale ([2]), su autorizzazione del tribunale per i minorenni, solo se sussistono gravi e comprovati motivi. Il tribunale accerta che l'informazione sia preceduta e accompagnata da adeguata preparazione e assistenza del minore. Le informazioni possono essere fornite anche al responsabile di una struttura ospedaliera o di un presidio sanitario, ove ricorrano i presupposti della necessità e della urgenza e vi sia grave pericolo per la salute del minore.

5. L'adottato, raggiunta l'età di venticinque anni, può accedere a informazioni che riguardano la sua origine e l'identità dei propri genitori biologici. Può farlo anche raggiunta la maggiore età, se sussistono gravi e comprovati motivi attinenti alla sua salute psico-fisica. L'istanza deve essere presentata al tribunale per i minorenni del luogo di residenza.

6. Il tribunale per i minorenni procede all'audizione delle persone di cui ritenga opportuno l'ascolto; assume tutte le informazioni di carattere sociale e psicologico, al fine di valutare che l'accesso alle notizie di cui al comma 5 non comporti grave turbamento all'equilibrio psico-fisico del richiedente. Definita l'istruttoria, il tribunale per i minorenni autorizza con decreto l'accesso alle notizie richieste.

7. L'accesso alle informazioni non è consentito nei confronti della madre che abbia dichiarato alla nascita di non volere essere nominata ai sensi dell'articolo 30, comma 1, del decreto del Presidente della Repubblica 3 novembre 2000, n. 396 ([3]).

8. Fatto salvo quanto previsto dai commi precedenti, l'autorizzazione non è richiesta per l'adottato maggiore di età quando i genitori adottivi sono deceduti o divenuti irreperibili.

([1]) *Questo articolo è stato così sostituito dall'art. 24 della L. 28 marzo 2001, n. 149.*

([2]) *Le parole: «potestà dei genitori» sono state così sostituite dalle seguenti: «responsabilità genitoriale» dall'art. 100, comma 1, lett.* p)*, del D.L.vo 28 dicembre 2013, n. 154, a decorrere dal trentesimo giorno successivo a quello della sua pubblicazione nella* Gazzetta Ufficiale *(G.U. n. 5 dell'8 gennaio 2014).*

([3]) *Questo comma è stato così sostituito dall'art. 177, comma 2, del D.L.vo 30 giugno 2003, n. 196, a decorrere dal 1° gennaio 2004.*

Titolo III ([1])
Dell'adozione internazionale

([1]) *Si veda l'art. 1, comma 152, della L. 30 dicembre 2004, n. 311, di cui si riporta il testo:*

«152. È istituito, presso la Presidenza del Consiglio dei ministri, il "Fondo per il sostegno delle adozioni internazionali" finalizzato al rimborso delle spese sostenute dai genitori adottivi per l'espletamento della procedura di adozione disciplinata dalle disposizioni contenute nel capo I del titolo III della legge 4 maggio 1983, n. 184. Con decreto di natura non regolamentare adottato, entro sessanta giorni dalla data di entrata in vigore della presente legge, dal Presidente del Consiglio dei ministri, di concerto con il Ministro dell'economia e delle finanze, vengono determinati l'entità e i criteri del rimborso, nonché le modalità di presentazione delle istanze. In ogni caso, i rimborsi non potranno superare l'ammontare massimo di 10 milioni di euro per l'anno 2005. A favore del Fondo di cui al presente comma è autorizzata la spesa di 10 milioni di euro per l'anno 2005».

Capo I ([1])
Dell'adozione
di minori stranieri

([1]) *L'originario capo I del presente titolo è stato sostituito dall'attuale dall'art. 3 della L. 31 dicembre 1998, n. 476.*

29. 1. L'adozione di minori stranieri ha luogo conformemente ai principi e secondo le direttive della Convenzione per la tutela dei minori e la cooperazione in materia di adozione internazionale, fatta a l'Aja il 29 maggio 1993, di seguito denominata «Convenzione», a norma delle disposizioni contenute nella presente legge.

29 *bis*. 1. Le persone residenti in Italia, che si trovano nelle condizioni prescritte dall'articolo 6 e che intendono adottare un minore straniero residente all'estero, presentano dichiarazione di disponibilità al tribunale per i minorenni del distretto in cui hanno la residenza e chiedono che lo stesso dichiari la loro idoneità all'adozione.

2. Nel caso di cittadini italiani residenti in uno Stato straniero, fatto salvo quanto stabilito nell'articolo 36, comma 4, è competente il tribunale per i minorenni del distretto in cui si trova il luogo della loro ultima residenza; in mancanza, è competente il tribunale per i minorenni di Roma.

3. Il tribunale per i minorenni, se non ritiene di dover pronunciare immediatamente decreto di inidoneità per manifesta carenza dei requisiti, trasmette, entro quindici giorni dalla presentazione, copia della dichiarazione di disponibilità ai servizi degli enti locali.

4. I servizi socio-assistenziali degli enti locali singoli o associati, anche avvalendosi per quanto di competenza delle aziende sanitarie locali e ospedaliere, svolgono le seguenti attività:

a) informazione sull'adozione internazionale e sulle relative procedure, sugli enti autorizzati e sulle altre forme di solidarietà nei confronti dei minori in difficoltà, anche in collaborazione con gli enti autorizzati di cui all'articolo 39 *ter*;

b) preparazione degli aspiranti all'adozione, anche in collaborazione con i predetti enti;

c) acquisizione di elementi sulla situazione personale, familiare e sanitaria degli aspiranti genitori adottivi, sul loro ambiente sociale, sulle motivazioni che li determinano, sulla loro attitudine a farsi carico di un'adozione internazionale, sulla loro capacità di rispondere in modo adeguato alle esigenze di più minori o di uno solo, sulle eventuali caratteristiche particolari dei minori che essi sarebbero in grado di accogliere, nonché acquisizione di ogni altro elemento utile per la valutazione da parte del tribunale per i minorenni della loro idoneità all'adozione.

5. I servizi trasmettono al tribunale per i minorenni, in esito all'attività svolta, una relazione completa di tutti gli elementi indicati al comma 4, entro i quattro mesi successivi alla trasmissione della dichiarazione di disponibilità.

30. 1. Il tribunale per i minorenni, ricevuta la relazione di cui all'articolo 29 *bis*, comma 5, sente gli aspiranti all'adozione, anche a mezzo di un giudice delegato, dispone se necessario gli opportuni approfondimenti e pronuncia, entro i due mesi successivi, decreto motivato attestante la sussistenza ovvero l'insussistenza dei requisiti per adottare.

2. Il decreto di idoneità ad adottare ha efficacia per tutta la durata della procedura, che deve essere promossa dagli interessati entro un anno dalla comunicazione del provvedimento. Il decreto contiene anche indicazioni per favorire il migliore incontro tra gli aspiranti all'adozione ed il minore da adottare.

3. Il decreto è trasmesso immediatamente, con copia della relazione e della documentazione esistente negli atti, alla Commissione di cui all'articolo 38 e, se già indicato dagli aspiranti all'adozione, all'ente autorizzato di cui all'articolo 39 *ter*.

4. Qualora il decreto di idoneità, previo ascolto degli interessati, sia revocato per cause sopravv-

venute che incidano in modo rilevante sul giudizio di idoneità, il tribunale per i minorenni comunica immediatamente il relativo provvedimento alla Commissione ed all'ente autorizzato di cui al comma 3.

5. Il decreto di idoneità ovvero di inidoneità e quello di revoca sono reclamabili davanti alla corte d'appello, a termini degli articoli 739 e 740 del codice di procedura civile, da parte del pubblico ministero e degli interessati.

31. 1. Gli aspiranti all'adozione, che abbiano ottenuto il decreto di idoneità, devono conferire incarico a curare la procedura di adozione ad uno degli enti autorizzati di cui all'articolo 39 *ter*.

2. Nelle situazioni considerate dall'articolo 44, primo comma, lettera *a*), il tribunale per i minorenni può autorizzare gli aspiranti adottanti, valutate le loro personalità, ad effettuare direttamente le attività previste alle lettere *b*), *d*), *e*), *f*) ed *h*) del comma 3 del presente articolo.

3. L'ente autorizzato che ha ricevuto l'incarico di curare la procedura di adozione:

a) informa gli aspiranti sulle procedure che inizierà e sulle concrete prospettive di adozione;

b) svolge le pratiche di adozione presso le competenti autorità del Paese indicato dagli aspiranti all'adozione tra quelli con cui esso intrattiene rapporti, trasmettendo alle stesse la domanda di adozione, unitamente al decreto di idoneità ed alla relazione ad esso allegata, affinché le autorità straniere formulino le proposte di incontro tra gli aspiranti all'adozione ed il minore da adottare;

c) raccoglie dall'autorità straniera la proposta di incontro tra gli aspiranti all'adozione ed il minore da adottare, curando che sia accompagnata da tutte le informazioni di carattere sanitario riguardanti il minore, dalle notizie riguardanti la sua famiglia di origine e le sue esperienze di vita;

d) trasferisce tutte le informazioni e tutte le notizie riguardanti il minore agli aspiranti genitori adottivi, informandoli della proposta di incontro tra gli aspiranti all'adozione ed il minore da adottare e assistendoli in tutte le attività da svolgere nel paese straniero;

e) riceve il consenso scritto all'incontro tra gli aspiranti all'adozione ed il minore da adottare, proposto dall'autorità straniera, da parte degli aspiranti all'adozione, ne autentica le firme e trasmette l'atto di consenso all'autorità straniera, svolgendo tutte le altre attività dalla stessa richieste; l'autenticazione delle firme degli aspiranti adottanti può essere effettuata anche dall'impiegato comunale delegato all'autentica o da un notaio o da un segretario di qualsiasi ufficio giudiziario;

f) riceve dall'autorità straniera attestazione della sussistenza delle condizioni di cui all'articolo 4 della Convenzione e concorda con la stessa, qualora ne sussistano i requisiti, l'opportunità di procedere all'adozione ovvero, in caso contrario, prende atto del mancato accordo e ne dà immediata informazione alla Commissione di cui all'articolo 38 comunicandone le ragioni; ove sia richiesto dallo Stato di origine, approva la decisione di affidare il minore o i minori ai futuri genitori adottivi;

g) informa immediatamente la Commissione, il tribunale per i minorenni e i servizi dell'ente locale della decisione di affidamento dell'autorità straniera e richiede alla Commissione, trasmettendo la documentazione necessaria, l'autorizzazione all'ingresso e alla residenza permanente del minore o dei minori in Italia;

h) certifica la data di inserimento del minore presso i coniugi affidatari o i genitori adottivi;

i) riceve dall'autorità straniera copia degli atti e della documentazione relativi al minore e li trasmette immediatamente al tribunale per i minorenni e alla Commissione;

l) vigila sulle modalità di trasferimento in Italia e si adopera affinché questo avvenga in compagnia degli adottanti o dei futuri adottanti;

m) svolge in collaborazione con i servizi dell'ente locale attività di sostegno del nucleo adottivo fin dall'ingresso del minore in Italia su richiesta degli adottanti;

[*n*) certifica la durata delle necessarie assenze dal lavoro, ai sensi delle lettere *a*) e *b*) del comma 1 dell'articolo 39 *quater*, nel caso in cui le stesse non siano determinate da ragioni di salute del bambino, nonché la durata del periodo di permanenza all'estero nel caso di congedo non retribuito ai sensi della lettera *c*) del medesimo comma 1 dell'articolo 39 *quater*] (1);

o) certifica, nell'ammontare complessivo agli effetti di quanto previsto dall'articolo 10, comma 1, lettera *l bis*), del testo unico delle imposte sui redditi, approvato con decreto del Presidente della Repubblica 22 dicembre 1986, n. 917, le spese sostenute dai genitori adottivi per l'espletamento della procedura di adozione.

(1) *Questa lettera è stata abrogata dall'art. 86 del D.L.vo 26 marzo 2001, n. 151.*

32. 1. La Commissione di cui all'articolo 38, ricevuti gli atti di cui all'articolo 31 e valutate le conclusioni dell'ente incaricato, dichiara che l'adozione risponde al superiore interesse del minore e ne autorizza l'ingresso e la residenza permanente in Italia.

2. La dichiarazione di cui al comma 1 non è ammessa:

a) quando dalla documentazione trasmessa dall'autorità del Paese straniero non emerge la situazione di abbandono del minore e la constatazione dell'impossibilità di affidamento o di adozione nello Stato di origine;

b) qualora nel Paese straniero l'adozione non determini per l'adottato l'acquisizione dello stato di figlio nato nel matrimonio ([1]) e la cessazione dei rapporti giuridici fra il minore e la famiglia di origine, a meno che i genitori biologici ([2]) abbiano espressamente consentito al prodursi di tali effetti.

3. Anche quando l'adozione pronunciata nello Stato straniero non produce la cessazione dei rapporti giuridici con la famiglia d'origine, la stessa può essere convertita in una adozione che produca tale effetto, se il tribunale per i minorenni la riconosce conforme alla Convenzione. Solo in caso di riconoscimento di tale conformità, è ordinata la trascrizione.

4. Gli uffici consolari italiani all'estero collaborano, per quanto di competenza, con l'ente autorizzato per il buon esito della procedura di adozione. Essi, dopo aver ricevuto formale comunicazione da parte della Commissione ai sensi dell'articolo 39, comma 1, lettera *h*), rilasciano il visto di ingresso per adozione a beneficio del minore adottando.

([1]) *La parola: «legittimo» è stata così sostituita dalle seguenti: «nato nel matrimonio» dall'art. 100, comma 1, lett.* q), *del D.L.vo 28 dicembre 2013, n. 154, a decorrere dal trentesimo giorno successivo a quello della sua pubblicazione nella* Gazzetta Ufficiale (G.U. *n. 5 dell'8 gennaio 2014).*

([2]) *La parola: «naturali» è stata così sostituita dalla seguente: «biologici» dall'art. 100, comma 1, lett.* q), *del D.L.vo 28 dicembre 2013, n. 154, a decorrere dal trentesimo giorno successivo a quello della sua pubblicazione nella* Gazzetta Ufficiale (G.U. *n. 5 dell'8 gennaio 2014).*

33. 1. Ai minori che non sono muniti di visto di ingresso rilasciato ai sensi dell'articolo 32 della presente legge e che non sono accompagnati da almeno un genitore o da parenti entro il quarto grado si applicano le disposizioni dell'articolo 19, comma 1 bis, del testo unico di cui al decreto legislativo 25 luglio 1998, n. 286. ([1])

2. È fatto divieto alle autorità consolari italiane di concedere a minori stranieri il visto di ingresso nel territorio dello Stato a scopo di adozione, al di fuori delle ipotesi previste dal presente Capo e senza la previa autorizzazione della Commissione di cui all'articolo 38.

3. Coloro che hanno accompagnato alla frontiera un minore al quale non viene consentito l'ingresso in Italia provvedono a proprie spese al suo rimpatrio immediato nel Paese d'origine. Gli uffici di frontiera segnalano immediatamente il caso alla Commissione affinché prenda contatto con il Paese di origine del minore per assicurarne la migliore collocazione nel suo superiore interesse.

4. Il divieto di cui al comma 1 non opera nel caso in cui, per eventi bellici, calamità naturali o eventi eccezionali secondo quanto previsto dall'articolo 18 della legge 6 marzo 1998, n. 40, o per altro grave impedimento di carattere oggettivo, non sia possibile l'espletamento delle procedure di cui al presente Capo e sempre che sussistano motivi di esclusivo interesse del minore all'ingresso nello Stato. In questi casi gli uffici di frontiera segnalano l'ingresso del minore alla Commissione ed al tribunale per i minorenni competente in relazione al luogo di residenza di coloro che lo accompagnano.

5. Qualora sia comunque avvenuto l'ingresso di un minore nel territorio dello Stato al di fuori delle situazioni consentite, il pubblico ufficiale o l'ente autorizzato che ne ha notizia lo segnala al tribunale per i minorenni competente in relazione al luogo in cui il minore si trova. Il tribunale, adottato ogni opportuno provvedimento temporaneo nell'interesse del minore, provvede ai sensi dell'articolo 37 *bis*, qualora ne sussistano i presupposti, ovvero segnala la situazione alla Commissione affinché prenda contatto con il Paese di origine del minore e si proceda ai sensi dell'articolo 34.

([1]) *Questo comma è stato così sostituito dall'art. 3, comma 2, della L. 7 aprile 2017, n. 47.*

34. 1. Il minore che ha fatto ingresso nel territorio dello Stato sulla base di un provvedimento straniero di adozione o di affidamento a scopo di adozione gode, dal momento dell'ingresso, di tutti i diritti attribuiti al minore italiano in affidamento familiare.

2. Dal momento dell'ingresso in Italia e per almeno un anno, ai fini di una corretta integrazione familiare e sociale, i servizi socio-assistenziali degli enti locali e gli enti autorizzati, su richiesta degli interessati, assistono gli affidatari, i genitori adottivi e il minore. Essi in ogni caso riferiscono al tribunale per i minorenni sull'andamento dell'inserimento, segnalando le eventuali difficoltà per gli opportuni interventi.

3. Il minore adottato acquista la cittadinanza italiana per effetto della trascrizione del provvedimento di adozione nei registri dello stato civile.

35. 1. L'adozione pronunciata all'estero produce nell'ordinamento italiano gli effetti di cui all'articolo 27.

2. Qualora l'adozione sia stata pronunciata nello Stato estero prima dell'arrivo del minore in Italia, il tribunale verifica che nel provvedimento dell'autorità che ha pronunciato l'adozione risulti la sussistenza delle condizioni delle adozioni internazionali previste dall'articolo 4 della Convenzione.

3. Il tribunale accerta inoltre che l'adozione non sia contraria ai principi fondamentali che regolano nello Stato il diritto di famiglia e dei minori, valutati in relazione al superiore interesse del minore, e se sussistono la certificazione di conformità alla Convenzione di cui alla lettera *i*) e l'autorizzazione prevista dalla lettera *h*) del comma 1 dell'articolo 39, ordina la trascrizione del provvedimento di adozione nei registri dello stato civile.

4. Qualora l'adozione debba perfezionarsi dopo l'arrivo del minore in Italia, il tribunale per i minorenni riconosce il provvedimento dell'autorità straniera come affidamento preadottivo, se non contrario ai principi fondamentali che regolano nello Stato il diritto di famiglia e dei minori, valutati in relazione al superiore interesse del minore, e stabilisce la durata del predetto affidamento in un anno che decorre dall'inserimento del minore nella nuova famiglia. Decorso tale periodo, se ritiene che la sua permanenza nella famiglia che lo ha accolto è tuttora conforme all'interesse del minore, il tribunale per i minorenni pronuncia l'adozione e ne dispone la trascrizione nei registri dello stato civile. In caso contrario, anche prima che sia decorso il periodo di affidamento preadottivo, lo revoca e adotta i provvedimenti di cui all'articolo 21 della Convenzione. In tal caso il minore che abbia compiuto gli anni 14 deve sempre esprimere il consenso circa i provvedimenti da assumere; se ha raggiunto gli anni 12 deve essere personalmente sentito; se di età inferiore deve essere sentito ([1]) ove ciò non alteri il suo equilibrio psico-emotivo, tenuto conto della valutazione dello psicologo nominato dal tribunale.

5. Competente per la pronuncia dei provvedimenti è il tribunale per i minorenni del distretto in cui gli aspiranti all'adozione hanno la residenza nel momento dell'ingresso del minore in Italia.

6. Fatto salvo quanto previsto nell'articolo 36, non può comunque essere ordinata la trascrizione nei casi in cui:

a) il provvedimento di adozione riguarda adottanti non in possesso dei requisiti previsti dalla legge italiana sull'adozione;

b) non sono state rispettate le indicazioni contenute nella dichiarazione di idoneità;

c) non è possibile la conversione in adozione produttiva degli effetti di cui all'articolo 27;

d) l'adozione o l'affidamento stranieri non si sono realizzati tramite le autorità centrali e un ente autorizzato;

e) l'inserimento del minore nella famiglia adottiva si è manifestato contrario al suo interesse.

([1]) *Le originarie parole*: «*può essere sentito ove sia opportuno e*» *sono state sostituite dalle seguenti*: «*deve essere sentito*», *dall'art. 32, comma 1, della L. 28 marzo 2001, n. 149.*

36. 1. L'adozione internazionale dei minori provenienti da Stati che hanno ratificato la Convenzione, o che nello spirito della Convenzione abbiano stipulato accordi bilaterali, può avvenire solo con le procedure e gli effetti previsti dalla presente legge.

2. L'adozione o l'affidamento a scopo adottivo, pronunciati in un Paese non aderente alla Convenzione né firmatario di accordi bilaterali, possono essere dichiarati efficaci in Italia a condizione che:

a) sia accertata la condizione di abbandono del minore straniero o il consenso dei genitori biologici ([1]) ad una adozione che determini per il minore adottato l'acquisizione dello stato di figlio nato nel matrimonio ([2]) degli adottanti e la cessazione dei rapporti giuridici fra il minore e la famiglia d'origine;

b) gli adottanti abbiano ottenuto il decreto di idoneità previsto dall'articolo 30 e le procedure adottive siano state effettuate con l'intervento della Commissione di cui all'articolo 38 e di un ente autorizzato;

c) siano state rispettate le indicazioni contenute nel decreto di idoneità;

d) sia stata concessa l'autorizzazione prevista dall'articolo 39, comma 1, lettera *h*).

3. Il relativo provvedimento è assunto dal tribunale per i minorenni che ha emesso il decreto di idoneità all'adozione. Di tale provvedimento è data comunicazione alla Commissione, che provvede a quanto disposto dall'articolo 39, comma 1, lettera *e*).

4. L'adozione pronunciata dalla competente autorità di un Paese straniero a istanza di cittadini italiani, che dimostrino al momento della pronuncia di aver soggiornato continuativamente nello stesso e di avervi avuto la residenza da almeno due anni, viene riconosciuta ad ogni effetto in Italia con provvedimento del tribunale per i minorenni, purché conforme ai principi della Convenzione.

(1) *La parola: «naturali» è stata così sostituita dalla seguente: «biologici» dall'art. 100, comma 1, lett.* r), *del D.L.vo 28 dicembre 2013, n. 154, a decorrere dal trentesimo giorno successivo a quello della sua pubblicazione nella* Gazzetta Ufficiale (G.U. *n. 5 dell'8 gennaio 2014*).

(2) *La parola: «legittimo» è stata così sostituita dalle seguenti: «nato nel matrimonio» dall'art. 100, comma 1, lett.* r), *del D.L.vo 28 dicembre 2013, n. 154, a decorrere dal trentesimo giorno successivo a quello della sua pubblicazione nella* Gazzetta Ufficiale (G.U. *n. 5 dell'8 gennaio 2014*).

37. 1. Successivamente all'adozione, la Commissione di cui all'articolo 38 può comunicare ai genitori adottivi, eventualmente tramite il tribunale per i minorenni, solo le informazioni che hanno rilevanza per lo stato di salute dell'adottato.

2. Il tribunale per i minorenni che ha emesso i provvedimenti indicati dagli articoli 35 e 36 e la Commissione conservano le informazioni acquisite sull'origine del minore, sull'identità dei suoi genitori biologici (1) e sull'anamnesi sanitaria del minore e della sua famiglia di origine.

3. Per quanto concerne l'accesso alle altre informazioni valgono le disposizioni vigenti in tema di adozione di minori italiani.

(1) *La parola: «naturali» è stata così sostituita dalla seguente: «biologici» dall'art. 100, comma 1, lett.* s), *del D.L.vo 28 dicembre 2013, n. 154, a decorrere dal trentesimo giorno successivo a quello della sua pubblicazione nella* Gazzetta Ufficiale (G.U. *n. 5 dell'8 gennaio 2014*).

37 *bis*. 1. Al minore straniero che si trova nello Stato in situazione di abbandono si applica la legge italiana in materia di adozione, di affidamento e di provvedimenti necessari in caso di urgenza.

38. (1) (2) 1. Ai fini indicati dall'articolo 6 della Convenzione è costituita presso la Presidenza del Consiglio dei ministri la Commissione per le adozioni internazionali.

2. La Commissione è composta da:

a) un presidente nominato dal Presidente del Consiglio dei ministri nella persona di un magistrato avente esperienza nel settore minorile ovvero di un dirigente dello Stato avente analoga specifica esperienza;

b) due rappresentanti della Presidenza del Consiglio dei ministri;

c) un rappresentante del Ministero del lavoro e delle politiche sociali;

d) un rappresentante del Ministero degli affari esteri;

e) un rappresentante del Ministero dell'interno;

f) due rappresentanti del Ministero della giustizia;

g) un rappresentante del Ministero della salute;

h) un rappresentante del Ministero dell'economia e delle finanze;

i) un rappresentante del Ministero dell'istruzione, dell'università e della ricerca;

l) tre rappresentanti della Conferenza unificata di cui all'articolo 8 del decreto legislativo 28 agosto 1997, n. 281;

m) tre rappresentanti designati, sulla base di apposito decreto del Presidente del Consiglio dei ministri, da associazioni familiari a carattere nazionale, almeno uno dei quali designato dal Forum delle associazioni familiari (3).

3. Il presidente dura in carica quattro (4) anni e l'incarico può essere rinnovato una sola volta.

4. I componenti della Commissione rimangono in carica quattro anni. [Con regolamento adottato dalla Commissione è assicurato l'avvicendamento graduale dei componenti della Commissione stessa allo scadere del termine di permanenza in carica. A tal fine il regolamento può prorogare la durata in carica dei componenti della Commissione per periodi non superiori ad un anno] (5).

5. La Commissione si avvale di personale dei ruoli della Presidenza del Consiglio dei ministri e di altre amministrazioni pubbliche.

(1) *Si veda l'art. 1, comma 19* quinquies, *del D.L. 18 maggio 2006, n. 181, convertito, con modificazioni, nella L. 17 luglio 2006, n. 233, che si riporta:*

«19 quinquies. *Con regolamento adottato ai sensi dell'art. 17, comma 2, della legge 23 agosto 1988, n. 400, sono ridefiniti, senza nuovi o maggiori oneri per il bilancio dello Stato, la composizione e i compiti della Commissione di cui all'articolo 38 della legge 4 maggio 1983, n. 184, e successive modificazioni, nonché la durata in carica dei suoi componenti sulla base delle norme generali contenute nella medesima legge. A decorrere dalla data di entrata in vigore del regolamento sono abrogati l'articolo 38 commi 2, 3 e 4, e l'articolo 39 della citata legge n. 184 del 1983*».

(2) *Si veda il D.P.R. 8 giugno 2007, n. 108, recante regolamento sul riordino della commissione internazionale.*

(3) *Questo comma è stato così sostituito dall'art. 2, comma 1, lett.* a), *della L. 16 gennaio 2003, n. 3.*

(4) *L'originaria parola: «due» è stata così sostituita dalla attuale: «quattro» dall'art. 39* duodetricies *del D.L. 30 dicembre 2005, n. 273, convertito, con modificazioni, nella L. 23 febbraio 2006, n. 51.*

(5) *I periodi posti fra parentesi quadrate sono stati soppressi dall'art. 2, comma 1, lett.* b), *della L. 16 gennaio 2003, n. 3.*

39. (1) 1. La Commissione per le adozioni internazionali:

a) collabora con le autorità centrali per le adozioni internazionali degli altri Stati, anche raccogliendo le informazioni necessarie, ai fini dell'attuazione delle convenzioni internazionali in materia di adozione;

b) propone la stipulazione di accordi bilaterali in materia di adozione internazionale;

c) autorizza l'attività degli enti di cui all'articolo 39 *ter*, cura la tenuta del relativo albo, vigila sul loro operato, lo verifica almeno ogni tre anni, revoca l'autorizzazione concessa nei casi di gravi inadempienze, insufficienze o violazione delle norme della presente legge. Le medesime funzioni sono svolte dalla Commissione con riferimento all'attività svolta dai servizi per l'adozione internazionale, di cui all'articolo 39 *bis*;

d) agisce al fine di assicurare l'omogenea diffusione degli enti autorizzati sul territorio nazionale e delle relative rappresentanze nei Paesi stranieri;

e) conserva tutti gli atti e le informazioni relativi alle procedure di adozione internazionale;

f) promuove la cooperazione fra i soggetti che operano che nel campo dell'adozione internazionale e della protezione dei minori;

g) promuove iniziative di formazione per quanti operino o intendano operare nel campo dell'adozione;

h) autorizza l'ingresso e il soggiorno permanente del minore straniero adottato o affidato a scopo di adozione;

i) certifica la conformità dell'adozione alle disposizioni della Convenzione, come previsto dall'articolo 23, comma 1, della Convenzione stessa;

l) per le attività di informazione e formazione, collabora anche con enti diversi da quelli di cui all'articolo 39 *ter*.

2. La decisione dell'ente autorizzato di non concordare con l'autorità straniera l'opportunità di procedere all'adozione è sottoposta ad esame della Commissione, su istanza dei coniugi interessati; ove non confermi il precedente diniego, la Commissione può procedere direttamente, o delegando altro ente o ufficio, agli incombenti di cui all'articolo 31.

3. La Commissione attua incontri periodici con i rappresentanti degli enti autorizzati al fine di esaminare le problematiche emergenti e coordinare la programmazione degli interventi attuativi dei principi della Convenzione.

4. La Commissione presenta al Presidente del Consiglio dei ministri, che la trasmette al Parlamento, una relazione biennale sullo stato delle adozioni internazionali, sullo stato della attuazione della Convenzione e sulla stipulazione di accordi bilaterali anche con Paesi non aderenti alla stessa.

(1) *Si veda l'art. 1, comma 19* quinquies, *del D.L. 18 maggio 2006, n. 181, convertito, con modificazioni, nella L. 17 luglio 2006, n. 233, che si riporta:*

«19 quinquies. *Con regolamento adottato ai sensi dell'art. 17, comma 2, della legge 23 agosto 1988, n. 400, sono ridefiniti, senza nuovi o maggiori oneri per il bilancio dello Stato, la composizione e i compiti della Commissione di cui all'articolo 38 della legge 4 maggio 1983, n. 184, e successive modificazioni, nonché la durata in carica dei suoi componenti sulla base delle norme generali contenute nella medesima legge. A decorrere dalla data di entrata in vigore del regolamento sono abrogati l'articolo 38 commi 2, 3 e 4, e l'articolo 39 della citata legge n. 184 del 1983*».

39 *bis*. 1. Le regioni e le province autonome di Trento e di Bolzano nell'ambito delle loro competenze:

a) concorrono a sviluppare una rete di servizi in grado di svolgere i compiti previsti dalla presente legge;

b) vigilano sul funzionamento delle strutture e dei servizi che operano nel territorio per l'adozione internazionale, al fine di garantire livelli adeguati di intervento;

c) promuovono la definizione di protocolli operativi e convenzioni fra enti autorizzati e servizi, nonché forme stabili di collegamento fra gli stessi e gli organi giudiziari minorili.

2. Le regioni e le province autonome di Trento e di Bolzano possono istituire un servizio per l'adozione internazionale che sia in possesso dei requisiti di cui all'articolo 39 *ter* e svolga per le coppie che lo richiedano al momento della presentazione della domanda di adozione internazionale le attività di cui all'articolo 31, comma 3.

3. I servizi per l'adozione internazionale di cui al comma 2 sono istituiti e disciplinati con legge regionale o provinciale in attuazione dei principi di cui alla presente legge. Alle regioni e alle province autonome di Trento e di Bolzano sono delegate le funzioni amministrative relative ai servizi per l'adozione internazionale.

39 *ter*. 1. Al fine di ottenere l'autorizzazione prevista dall'articolo 39, comma 1, lettera *c*), e per conservarla, gli enti debbono essere in possesso dei seguenti requisiti:

a) essere diretti e composti da persone con adeguata formazione e competenza nel campo dell'adozione internazionale, e con idonee qualità morali;

b) avvalersi dell'apporto di professionisti in campo sociale, giuridico e psicologico, iscritti al relativo albo professionale, che abbiano la capacità di sostenere i coniugi prima, durante e dopo l'adozione;

c) disporre di un'adeguata struttura organizzativa in almeno una regione o in una provincia autonoma in Italia e delle necessarie strutture personali per operare nei Paesi stranieri in cui intendono agire;

d) non avere fini di lucro, assicurare una gestione contabile assolutamente trasparente, anche sui costi necessari per l'espletamento della procedura, ed una metodologia operativa corretta e verificabile;

e) non avere e non operare pregiudiziali discriminazioni nei confronti delle persone che aspirano all'adozione, ivi comprese le discriminazioni di tipo ideologico e religioso;

f) impegnarsi a partecipare ad attività di promozione dei diritti dell'infanzia, preferibilmente attraverso azioni di cooperazione allo sviluppo, anche in collaborazione con le organizzazioni non governative, e di attuazione del principio di sussidiarietà dell'adozione internazionale nei Paesi di provenienza dei minori;

g) avere sede legale nel territorio nazionale.

39 *quater*. (1) [1. Fermo restando quanto previsto in altre disposizioni di legge, i genitori adottivi e coloro che hanno un minore in affidamento preadottivo hanno diritto a fruire dei seguenti benefici:

a) l'astensione dal lavoro, quale regolata dall'articolo 6, primo comma, della legge 9 dicembre 1977, n. 903, anche se il minore adottato ha superato i sei anni di età;

b) l'assenza dal lavoro, quale regolata dall'articolo 6, secondo comma, e dall'articolo 7 della predetta legge n. 903 del 1977, sino a che il minore adottato non abbia raggiunto i sei anni di età;

c) congedo di durata corrispondente al periodo di permanenza nello Stato straniero richiesto per l'adozione].

(1) *Questo articolo è stato abrogato dall'art. 86, comma 2, lett.* c), *del D.L.vo 26 marzo 2001, n. 151.*

Capo II
Dell'espatrio di minori a scopo di adozione

40. I residenti all'estero, stranieri o cittadini italiani, che intendono adottare un cittadino italiano minore di età, devono presentare domanda al console italiano competente per territorio, che la inoltra al tribunale per i minorenni del distretto dove si trova il luogo di dimora del minore, ovvero il luogo del suo ultimo domicilio; in mancanza di dimora o di precedente domicilio nello Stato, è competente il tribunale per i minorenni di Roma.

Agli stranieri stabilmente residenti in Paesi che hanno ratificato la Convenzione, in luogo della procedura disciplinata dal primo comma si applicano le procedure stabilite nella Convenzione per quanto riguarda l'intervento ed i compiti delle autorità centrali e degli enti autorizzati. Per il resto si applicano le disposizioni della presente legge (1).

(1) *Questo comma è stato aggiunto dall'art. 5, comma 1, della L. 31 dicembre 1998, n. 476.*

41. Il console del luogo ove risiedono gli adottanti vigila sul buon andamento dell'affidamento preadottivo avvalendosi, ove lo ritenga opportuno, dell'ausilio di idonee organizzazioni assistenziali italiane o straniere.

Qualora insorgano difficoltà di ambientamento del minore nella famiglia dei coniugi affidatari o si verifichino, comunque, fatti incompatibili con l'affidamento preadottivo, il console deve immediatamente darne notizia scritta al tribunale per i minorenni che ha pronunciato l'affidamento.

Il console del luogo ove risiede il minore vigila per quanto di propria competenza perché i provvedimenti dell'autorità italiana relativi al minore abbiano esecuzione e se del caso provvede al rimpatrio del minore.

Nel caso di adozione di minore stabilmente residente in Italia da parte di cittadini stranieri residenti stabilmente in Paesi che hanno ratificato la Convenzione, le funzioni attribuite al console dal presente articolo sono svolte dall'autorità centrale straniera e dall'ente autorizzato ([1]).

([1]) *Questo comma è stato aggiunto dall'art. 5, comma 2, della L. 31 dicembre 1998, n. 476.*

42. Qualora sia in corso nel territorio dello Stato un procedimento di adozione di un minore affidato a stranieri, o a cittadini italiani residenti all'estero, non può essere reso esecutivo un provvedimento di adozione dello stesso minore pronunciato da autorità straniera.

43. Le disposizioni di cui ai commi 4 e 5 dell'articolo 9 ([1]) si applicano anche ai cittadini italiani residenti all'estero.

Per quanto riguarda lo svolgimento delle funzioni consolari, si applicano, in quanto compatibili, gli articoli 34, 35 e 36 del decreto del Presidente della Repubblica 5 gennaio 1967, n. 200 ([2]).

Competente ad accertare la situazione di abbandono del cittadino minore di età che si trovi all'estero e a disporre i conseguenti provvedimenti temporanei nel suo interesse ai sensi dell'articolo 10, compreso se del caso il rimpatrio, è il tribunale per i minorenni del distretto ove si trova il luogo di ultimo domicilio del minore; in mancanza di precedente domicilio nello Stato è competente il tribunale per i minorenni di Roma.

([1]) *Le parole*: «*di cui al sesto, settimo e ottavo comma dell'articolo 9*» *sono state sostituite dalle seguenti*: «*di cui ai commi 4 e 5 dell'articolo 9*» *dall'art. 33 della L. 28 marzo 2001, n. 149.*

([2]) *Che reca disposizioni sulle funzioni e sui poteri consolari.*

Titolo IV
Dell'adozione in casi particolari

Capo I
Dell'adozione in casi particolari e dei suoi effetti

44. ([1]) 1. I minori possono essere adottati anche quando non ricorrono le condizioni di cui al comma 1 dell'articolo 7:

a) da persone unite al minore da vincolo di parentela fino al sesto grado o da preesistente rapporto stabile e duraturo anche maturato nell'ambito di un prolungato periodo di affidamento ([2]), quando il minore sia orfano di padre e di madre;

b) dal coniuge nel caso in cui il minore sia figlio anche adottivo dell'altro coniuge;

c) quando il minore si trovi nelle condizioni indicate dall'articolo 3, comma 1, della legge 5 febbraio 1992, n. 104, e sia orfano di padre e di madre;

d) quando vi sia la constatata impossibilità di affidamento preadottivo.

2. L'adozione, nei casi indicati nel comma 1, è consentita anche in presenza di figli [legittimi] ([3]).

3. Nei casi di cui alle lettere *a*), *c*) e *d*) del comma 1 l'adozione è consentita, oltre che ai coniugi, anche a chi non è coniugato. Se l'adottante è persona coniugata e non separata, l'adozione può essere tuttavia disposta solo a seguito di richiesta da parte di entrambi i coniugi.

4. Nei casi di cui alle lettere *a*) e *d*) del comma 1 l'età dell'adottante deve superare di almeno diciotto anni quella di coloro che egli intende adottare.

([1]) *Questo articolo è stato così sostituito dall'art. 25 della L. 28 marzo 2001, n. 149.*

([2]) *Le parole: «anche maturato nell'ambito di un prolungato periodo di affidamento,» sono state inserite dall'art. 4 della L. 19 ottobre 2015, n. 173.*

([3]) *La parola tra parentesi quadrate è stata soppressa dall'art. 100, comma 1, lett.* t), *del D.L.vo 28 dicembre 2013, n. 154, a decorrere dal trentesimo giorno successivo a quello della sua pubblicazione nella* Gazzetta Ufficiale (G.U. *n. 5 dell'8 gennaio 2014*).

45. ([1]) 1. Nel procedimento di adozione nei casi previsti dall'articolo 44 si richiede il consenso dell'adottante e dell'adottando che abbia compiuto il quattordicesimo anno di età.

2. Se l'adottando ha compiuto gli anni dodici deve essere personalmente sentito; se ha una età

inferiore, deve essere sentito, in considerazione della sua capacità di discernimento.

3. In ogni caso, se l'adottando non ha compiuto gli anni quattordici, l'adozione deve essere disposta dopo che sia stato sentito il suo legale rappresentante.

4. Quando l'adozione deve essere disposta nel caso previsto dall'articolo 44, comma 1, lettera *c*), deve essere sentito il legale rappresentante dell'adottando in luogo di questi, se lo stesso non può esserlo o non può prestare il proprio consenso ai sensi del presente articolo a causa delle sue condizioni di minorazione.

(1) *Questo articolo è stato così sostituito dall'art. 26 della L. 28 marzo 2001, n. 149.*

46. Per l'adozione è necessario l'assenso dei genitori e del coniuge dell'adottando.

Quando è negato l'assenso previsto dal primo comma, il tribunale, sentiti gli interessati, su istanza dell'adottante, può, ove ritenga il rifiuto ingiustificato o contrario all'interesse dell'adottando, pronunciare ugualmente l'adozione, salvo che l'assenso sia stato rifiutato dai genitori esercenti la responsabilità genitoriale (1) o dal coniuge, se convivente, dell'adottando. Parimenti il tribunale può pronunciare l'adozione quando è impossibile ottenere l'assenso per incapacità o irreperibilità delle persone chiamate ad esprimerlo.

(1) *La parola: «potestà» è stata così sostituita dalle seguenti: «responsabilità genitoriale» dall'art. 100, comma 1, lett.* u)*, del D.L.vo 28 dicembre 2013, n. 154, a decorrere dal trentesimo giorno successivo a quello della sua pubblicazione nella* Gazzetta Ufficiale *(G.U. n. 5 dell'8 gennaio 2014).*

47. (1) 1. L'adozione produce i suoi effetti dalla data della sentenza che la pronuncia. Finché la sentenza non è emanata, tanto l'adottante quanto l'adottando possono revocare il loro consenso.

2. Se uno dei coniugi muore dopo la prestazione del consenso e prima della emanazione della sentenza, si può procedere, su istanza dell'altro coniuge, al compimento degli atti necessari per l'adozione.

3. Se l'adozione è ammessa, essa produce i suoi effetti dal momento della morte dell'adottante.

(1) *Questo articolo è stato così sostituito dall'art. 27 della L. 28 marzo 2001, n. 149.*

48. Se il minore è adottato da due coniugi, o dal coniuge di uno dei genitori, la responsabilità genitoriale (1) sull'adottato ed il relativo esercizio spettano ad entrambi.

L'adottante ha l'obbligo di mantenere l'adottato, di istruirlo ed educarlo conformemente a quanto prescritto dall'articolo 147 del codice civile.

Se l'adottato ha beni propri, l'amministrazione di essi, durante la minore età dell'adottato stesso, spetta all'adottante, il quale non ne ha l'usufrutto legale, ma può impiegarne le rendite per le spese di mantenimento, istruzione ed educazione del minore con l'obbligo di investirne l'eccedenza in modo fruttifero. Si applicano le disposizioni dell'articolo 382 del codice civile.

(1) *La parola: «potestà» è stata così sostituita dalle seguenti: «responsabilità genitoriale» dall'art. 100, comma 1, lett.* v)*, del D.L.vo 28 dicembre 2013, n. 154, a decorrere dal trentesimo giorno successivo a quello della sua pubblicazione nella* Gazzetta Ufficiale *(G.U. n. 5 dell'8 gennaio 2014).*

49. (1) 1. L'adottante deve fare l'inventario dei beni dell'adottato e trasmetterlo al giudice tutelare entro trenta giorni dalla data della comunicazione della sentenza di adozione. Si osservano, in quanto applicabili, le disposizioni contenute nella sezione III del capo I del titolo X del libro primo del codice civile.

2. L'adottante che omette di fare l'inventario nel termine stabilito o fa un inventario infedele può essere privato dell'amministrazione dei beni dal giudice tutelare, salvo l'obbligo del risarcimento dei danni.

(1) *Questo articolo è stato così sostituito dall'art. 28 della L. 28 marzo 2001, n. 149.*

50. Se cessa l'esercizio da parte dell'adottante o degli adottanti della responsabilità genitoriale (1), il tribunale per i minorenni su istanza dell'adottato, dei suoi parenti o affini o del pubblico ministero, o anche d'ufficio, può emettere i provvedimenti opportuni circa la cura della persona dell'adottato, la sua rappresentanza e l'amministrazione dei suoi beni, anche se ritiene conveniente che l'esercizio della responsabilità genitoriale (1) sia ripreso dai genitori. Si applicano le norme di cui agli articoli 330 e seguenti del codice civile.

(1) *La parola: «potestà» è stata così sostituita dalle seguenti: «responsabilità genitoriale» dall'art. 100, comma 1, lett.* z)*, del D.L.vo 28 dicembre 2013, n. 154, a decorrere dal trentesimo giorno successivo a quello della sua pubblicazione nella* Gazzetta Ufficiale *(G.U. n. 5 dell'8 gennaio 2014).*

51. La revoca dell'adozione può essere pronunciata dal tribunale su domanda dell'adottante, quando l'adottato maggiore di quattordici anni abbia attentato alla vita di lui o del suo coniuge, dei suoi discendenti o ascendenti, ovvero si sia reso colpevole verso di loro di delitto punibile con pena restrittiva della libertà personale non inferiore nel minimo a tre anni.

Se l'adottante muore in conseguenza dell'attentato, la revoca dell'adozione può essere chiesta da coloro ai quali si devolverebbe l'eredità in mancanza dell'adottato e dei suoi discendenti.

Il tribunale, assunte informazioni ed effettuato ogni opportuno accertamento e indagine, sentiti il pubblico ministero, l'adottante e l'adottato, pronuncia la sentenza.

Il tribunale, sentito il pubblico ministero ed il minore, può emettere altresì i provvedimenti opportuni con decreto in camera di consiglio circa la cura della persona minore, la rappresentanza e l'amministrazione dei beni.

Si applicano gli articoli 330 e seguenti del codice civile.

Nei casi in cui siano adottati i provvedimenti di cui al quarto comma, il tribunale li segnala al giudice tutelare ai fini della nomina di un tutore.

52. Quando i fatti previsti nell'articolo precedente sono stati compiuti dall'adottante contro l'adottato, oppure contro il coniuge o i discendenti o gli ascendenti di lui, la revoca può essere pronunciata su domanda dell'adottato o su istanza del pubblico ministero.

Il tribunale, assunte informazioni ed effettuato ogni opportuno accertamento e indagine, sentiti il pubblico ministero, l'adottante e l'adottato che abbia compiuto gli anni dodici e anche di età inferiore, in considerazione della sua capacità di disconoscimento (1), pronuncia la sentenza.

Inoltre il tribunale, sentiti il pubblico ministero ed il minore che abbia compiuto gli anni dodici e, se opportuno, anche di età inferiore, può dare provvedimenti opportuni con decreto in camera di consiglio circa la cura della persona del minore, la sua rappresentanza e l'amministrazione dei beni, anche se ritiene conveniente che l'esercizio della responsabilità genitoriale (2) sia ripreso dai genitori.

Si applicano gli articoli 330 e seguenti del codice civile.

Nei casi in cui siano adottati i provvedimenti di cui al terzo comma il tribunale li segnala al giudice tutelare al fine della nomina di un tutore.

(1) *Le originarie parole: «e, se opportuno, anche di età inferiore» sono state sostituite dalle seguenti: «e anche di età inferiore, in considerazione della sua capacità di disconoscimento» dall'art. 32, comma 2, della L. 28 marzo 2001, n. 149.*

(2) *La parola: «potestà» è stata così sostituita dalle seguenti: «responsabilità genitoriale» dall'art. 100, comma 1, lett. aa), del D.L.vo 28 dicembre 2013, n. 154, a decorrere dal trentesimo giorno successivo a quello della sua pubblicazione nella* Gazzetta Ufficiale *(G.U. n. 5 dell'8 gennaio 2014).*

53. La revoca dell'adozione può essere promossa dal pubblico ministero in conseguenza della violazione dei doveri incombenti sugli adottanti.

Si applicano le disposizioni di cui ai precedenti articoli.

54. Gli effetti dell'adozione cessano quando passa in giudicato la sentenza di revoca.

Se tuttavia la revoca è pronunciata dopo la morte dell'adottante per fatto imputabile all'adottato, l'adottato e i suoi discendenti sono esclusi dalla successione dell'adottante.

55. Si applicano al presente capo le disposizioni degli articoli 293, 294, 295, 299, 300 e 304 del codice civile.

Capo II
Delle forme dell'adozione in casi particolari

56. Competente a pronunciarsi sull'adozione è il tribunale per i minorenni del distretto dove si trova il minore.

Il consenso dell'adottante e dell'adottando che ha compiuto i quattordici anni e del legale rappresentante dell'adottando deve essere manifestato personalmente al presidente del tribunale o ad un giudice da lui delegato (1).

L'assenso delle persone indicate nell'articolo 46 può essere dato da persona munita di procura speciale rilasciata per atto pubblico o per scrittura privata autenticata.

Si applicano gli articoli 313 e 314 del codice civile, ferma restando la competenza del tribunale per i minorenni e della sezione per i minorenni della corte di appello.

(1) *La Corte costituzionale, con sentenza n. 182 del 18 febbraio 1988, ha dichiarato l'illegittimità costituzio-*

nale dell'art. 45, secondo comma, e di questo comma, nella parte in cui è previsto il consenso anziché l'audizione del legale rappresentante del minore.

57. Il tribunale verifica:

1) se ricorrono le circostanze di cui all'articolo 44;

2) se l'adozione realizza il preminente interesse del minore.

A tal fine il tribunale per i minorenni, sentiti i genitori dell'adottando, dispone l'esecuzione di adeguate indagini da effettuarsi, tramite i servizi locali e gli organi di pubblica sicurezza, sull'adottante, sul minore e sulla di lui famiglia.

L'indagine dovrà riguardare in particolare:

a) l'idoneità affettiva e la capacità di educare e istruire il minore, la situazione personale ed economica, la salute, l'ambiente familiare degli adottanti (1);

b) i motivi per i quali l'adottante desidera adottare il minore;

c) la personalità del minore;

d) la possibilità di idonea convivenza, tenendo conto della personalità dell'adottante e del minore.

(1) *Questa lettera è stata così sostituita dall'art. 29 della L. 28 marzo 2001, n. 149.*

Titolo VI
Norme finali, penali e transitorie

69. In aggiunta a quanto disposto nell'articolo 51 delle disposizioni di attuazione del codice civile, nel registro delle tutele devono essere annotati i provvedimenti emanati dal tribunale per i minorenni ai sensi dell'articolo 10 della presente legge.

70. (1) 1. I pubblici ufficiali o gli incaricati di un pubblico servizio che omettono di riferire alla procura della Repubblica presso il tribunale per i minorenni sulle condizioni di ogni minore in situazione di abbandono di cui vengano a conoscenza in ragione del proprio ufficio, sono puniti ai sensi dell'articolo 328 del codice penale. Gli esercenti un servizio di pubblica necessità sono puniti con la pena della reclusione fino ad un anno o con la multa da € 258 a € 1.291.

2. I rappresentanti degli istituti di assistenza pubblici o privati che omettono di trasmettere semestralmente alla procura della Repubblica presso il tribunale per i minorenni l'elenco di tutti i minori ricoverati o assistiti, ovvero forniscono informazioni inesatte circa i rapporti familiari concernenti i medesimi, sono puniti con la pena della reclusione fino ad un anno o con la multa da € 258 a € 2.582.

(1) *Questo articolo è stato così sostituito dall'art. 34 della L. 28 marzo 2001, n. 149.*

71. 1. Chiunque, in violazione delle norme di legge in materia di adozione, affida a terzi con carattere definitivo un minore, ovvero lo avvia all'estero perché sia definitivamente affidato, è punito con la reclusione da uno a tre anni (1).

Se il fatto è commesso dal tutore ovvero da altra persona cui il minore è affidato per ragioni di educazione, di istruzione, di vigilanza e di cutodia, la pena è aumentata della metà.

Se il fatto è commesso dal genitore la condanna comporta la perdita della relativa responsabilità genitoriale (2) e l'apertura della procedura di adottabilità; se è commesso dal tutore consegue la rimozione dall'ufficio; se è commesso dalla persona cui il minore è affidato consegue la inidoneità ad ottenere affidamenti familiari o adottivi e l'incapacità all'ufficio tutelare.

Se il fatto è commesso da pubblici ufficiali, da incaricati di un pubblico servizio, da esercenti la professione sanitaria o forense, da appartenenti ad istituti di assistenza pubblici o privati nei casi di cui all'art. 61, nn. 9 e 11, del codice penale, la pena è raddoppiata.

La pena stabilita nel primo comma del presente articolo si applica anche a coloro che, consegnando o promettendo denaro od altra utilità a terzi, accolgono minori in illecito affidamento con carattere di definitività. La condanna comporta la inidoneità ad ottenere affidamenti familiari o adottivi e l'incapacità all'ufficio tutelare.

6. Chiunque svolga opera di mediazione al fine di realizzare l'affidamento di cui al primo comma è punito con la reclusione fino ad un anno o con la multa da € 258 a € 2.582 (3).

(1) *Questo comma è stato così sostituito dall'art. 35, comma 1, della L. 28 marzo 2001, n. 149.*

(2) *La parola: «potestà» è stata così sostituita dalle seguenti: «responsabilità genitoriale» dall'art. 100, comma 1, lett. bb), del D.L.vo 28 dicembre 2013, n. 154, a decorrere dal trentesimo giorno successivo a quello della sua pubblicazione nella* Gazzetta Ufficiale *(G.U. n. 5 dell'8 gennaio 2014).*

(3) *Questo comma è stato così sostituito dall'art. 35, comma 2, della L. 28 marzo 2001, n. 149.*

72. Chiunque, per procurarsi danaro o altra utilità, in violazione delle disposizioni della presente legge, introduce nello Stato uno straniero minore di età perché sia definitivamente affidato a cittadini italiani è punito con la reclusione da uno a tre anni.

La pena stabilita nel precedente comma si applica anche a coloro che, consegnando o promettendo danaro o altra utilità a terzi, accolgono stranieri minori di età in illecito affidamento con carattere di definitività. La condanna comporta l'inidoneità a ottenere affidamenti familiari o adottivi e l'incapacità all'ufficio tutelare.

72 *bis*. (1) 1. Chiunque svolga per conto di terzi pratiche inerenti all'adozione di minori stranieri senza avere previamente ottenuto l'autorizzazione prevista dall'articolo 39, comma 1, lettera *c*), è punito con la pena della reclusione fino a un anno o con la multa da € 516 a € 5.164.

2. La pena è della reclusione da sei mesi a tre anni e della multa da € 1.032 a € 3.098 per i legali rappresentanti ed i responsabili di associazioni o di agenzie che trattano le pratiche di cui al comma 1.

3. Fatti salvi i casi previsti dall'articolo 36, comma 4, coloro che, per l'adozione di minori stranieri, si avvalgono dell'opera di associazioni, organizzazioni, enti o persone non autorizzati nelle forme di legge sono puniti con le pene di cui al comma 1 diminuite di un terzo.

(1) *Questo articolo è stato aggiunto dall'art. 6 della L. 31 dicembre 1998, n. 476.*

73. Chiunque essendone a conoscenza in ragione del proprio ufficio fornisce qualsiasi notizia atta a rintracciare un minore nei cui confronti sia stata pronunciata adozione o rivela in qualsiasi modo notizie circa lo stato di figlio adottivo (1) è punito con la reclusione fino a sei mesi o con la multa da € 103 a € 1.032 (2).

Se il fatto è commesso da un pubblico ufficiale o da un incaricato di pubblico servizio, si applica la pena della reclusione da sei mesi a tre anni.

Le disposizioni di cui ai commi precedenti si applicano anche a chi fornisce tali notizie successivamente all'affidamento preadottivo e senza l'autorizzazione del tribunale per i minorenni.

(1) *Le parole: «legittimo per adozione» sono state così sostituite dalla seguente: «adottivo» dall'art. 100, comma 1, lett. cc), del D.L.vo 28 dicembre 2013, n. 154, a decorrere dal trentesimo giorno successivo a quello della sua pubblicazione nella* Gazzetta Ufficiale *(G.U. n. 5 dell'8 gennaio 2014).*

(2) *Questo comma è stato così sostituito dall'art. 36 della L. 28 marzo 2001, n. 149.*

74. Gli ufficiali di stato civile trasmettono immediatamente al competente tribunale per i minorenni comunicazione, sottoscritta dal dichiarante, dell'avvenuto riconoscimento da parte di persona coniugata di un figlio nato fuori del matrimonio (1) non riconosciuto dall'altro genitore. Il tribunale dispone l'esecuzione di opportune indagini per accertare la veridicità del riconoscimento.

Nel caso in cui vi siano fondati motivi per ritenere che ricorrano gli estremi dell'impugnazione del riconoscimento il tribunale per i minorenni assume, anche d'ufficio, i provvedimenti di cui all'articolo 264, secondo comma, del codice civile.

(1) *La parola: «naturale» è stata così sostituita dalle seguenti: «nato fuori del matrimonio» dall'art. 100, comma 1, lett. dd), del D.L.vo 28 dicembre 2013, n. 154, a decorrere dal trentesimo giorno successivo a quello della sua pubblicazione nella* Gazzetta Ufficiale *(G.U. n. 5 dell'8 gennaio 2014).*

75. (1) [L'ammissione al patrocinio a spese dello Stato comporta l'assistenza legale alle procedure previste ai sensi della presente legge.

La liquidazione delle spese, delle competenze e degli onorari viene effettuata dal giudice con apposita ordinanza, a richiesta del difensore, allorché l'attività di assistenza di quest'ultimo è da ritenersi cessata.

Si applica la disposizione di cui all'articolo 14, secondo comma, della legge 11 agosto 1973, n. 533].

(1) *Questo articolo è stato abrogato dall'art. 299 del D.P.R. 30 maggio 2002, n. 115.*

76. Alle procedure relative all'adozione di minori stranieri in corso o già definite al momento di entrata in vigore della presente legge continuano ad applicarsi le disposizioni vigenti alla data medesima (1).

(1) *La Corte costituzionale, con sentenza n. 199 del 18 luglio 1986, ha dichiarato l'illegittimità costituzionale di questo articolo, nella parte in cui preclude l'applicazione dell'art. 37 alle procedure già iniziate nei confronti di minore straniero in stato di abbandono in Italia.*

77. Gli articoli da 404 a 413 del codice civile sono abrogati. Per le affiliazioni già pronunciate alla data in entrata in vigore della presente legge si applicano i divieti e le autorizzazioni di cui all'articolo 87 del codice civile.

78. (*Omissis*) ([1]).

([1]) *Questo articolo reca modifiche all'art. 87 del Codice civile.*

79. Entro tre anni dall'entrata in vigore della presente legge i coniugi che risultino forniti dei requisiti di cui all'articolo 6 possono chiedere al tribunale per i minorenni di dichiarare, sempreché il provvedimento risponda agli interessi dell'adottato e dell'affiliato, con decreto motivato, l'estensione degli effetti della adozione nei confronti degli affiliati o adottati ai sensi dell'articolo 291 del codice civile, precedentemente in vigore, se minorenni all'epoca del relativo provvedimento ([1]) ([2]).

Il tribunale dispone l'esecuzione delle opportune indagini di cui all'articolo 57, sugli adottanti e sull'adottato o affiliato.

Gli adottati o affiliati che abbiano compiuto gli anni dodici e, in considerazione della loro capacità di discernimento, ([3]) anche i minori di età inferiore devono essere sentiti; se hanno compiuto gli anni quattordici devono prestare il consenso.

Il coniuge dell'adottato o affiliato, se convivente e non legalmente separato, deve prestare l'assenso.

I discendenti degli adottanti o affilianti che hanno superato gli anni quattordici devono essere sentiti.

Se gli adottati o affiliati sono figli nati nel matrimonio ([4]) o riconosciuti è necessario l'assenso dei genitori. Nel caso di irreperibilità o di rifiuto non motivato, su ricorso degli adottanti o affilianti, sentiti il pubblico ministero, i genitori dell'adottato o affiliato e quest'ultimo, se ha compiuto gli anni dodici, decide il tribunale con sentenza che, in caso di accoglimento della domanda, tiene luogo dell'assenso mancante.

Al decreto relativo all'estensione degli effetti dell'adozione si applicano le disposizioni di cui agli articoli 25, 27 e 28, in quanto compatibili.

Il decreto del tribunale per i minorenni che nega l'estensione degli effetti dell'adozione può essere impugnato anche dall'adottato o affiliato se maggiorenne.

([1]) *La Corte costituzionale, con sentenza n. 198 del 18 luglio 1986, ha dichiarato l'illegittimità costituzionale di questo comma, nella parte in cui, nella ipotesi di coniugi non più uniti in matrimonio alla data della presentazione della domanda di estensione degli effetti dell'adozione, non consente di pronunziare l'estensione stessa nei confronti degli adottati ai sensi dell'art. 291 del codice civile, precedentemente in vigore.*

([2]) *La Corte costituzionale, con sentenza n. 183 del 18 febbraio 1988, ha dichiarato l'illegittimità costituzionale di questo comma, nella parte in cui non consente l'estensione degli effetti dell'adozione legittimante nei confronti dei minori adottati con adozione ordinaria quando la differenza di età tra adottanti ed adottato superi i 40 anni.*

([3]) *Le originarie parole: «se opportuno,» sono state sostituite dalle seguenti: «, in considerazione della loro capacità di discernimento,» dall'art. 32, comma 3, della L. 28 marzo 2001, n. 149.*

([4]) *Le parole: «figli legittimi» sono state così sostituite dalle seguenti: «figli nati nel matrimonio» dall'art. 105, comma 2, del D.L.vo 28 dicembre 2013, n. 154, a decorrere dal trentesimo giorno successivo a quello della sua pubblicazione nella* Gazzetta Ufficiale *(G.U. n. 5 dell'8 gennaio 2014).*

79 bis. ([1]) 1. Il giudice segnala ai comuni le situazioni di indigenza di nuclei familiari che richiedono interventi di sostegno per consentire al minore di essere educato nell'ambito della propria famiglia.

([1]) *Questo articolo è stato inserito dall'art. 100, comma 1, lett. ee), del D.L.vo 28 dicembre 2013, n. 154, a decorrere dal trentesimo giorno successivo a quello della sua pubblicazione nella* Gazzetta Ufficiale *(G.U. n. 5 dell'8 gennaio 2014).*

80. ([1]) 1. Il giudice, se del caso ed anche in relazione alla durata dell'affidamento, può disporre che gli assegni familiari e le prestazioni previdenziali relative al minore siano erogati temporaneamente in favore dell'affidatario.

2. Le disposizioni di cui all'articolo 12 del testo unico delle imposte sui redditi, approvato con decreto del Presidente della Repubblica 22 dicembre 1986, n. 917, e successive modificazioni, all'articolo 6 della legge 8 marzo 2000, n. 53, e alla legge 9 dicembre 1977, n. 903 ([2]), si applicano anche agli affidatari di cui al comma 1.

3. Alle persone affidatarie si estendono tutti i benefici in tema di astensione obbligatoria e facoltativa dal lavoro, di permessi per malattia, di riposi giornalieri, previsti per i genitori biologici.

4. Le regioni determinano le condizioni e modalità di sostegno alle famiglie, persone e comunità di tipo familiare che hanno minori in affidamento, affinché tale affidamento si possa fondare sulla disponibilità e l'idoneità all'accoglienza indipendentemente dalle condizioni economiche.

([1]) *Questo articolo è stato così sostituito dall'art. 38 della L. 28 marzo 2001, n. 149.*

(2) *Il D.L.vo 26 marzo 2001, n. 151, ha abrogato gli articoli 6-6* ter *e 8 della L. 9 dicembre 1977, n. 903, nonché ricompreso l'art. 3, comma 2, della medesima legge, nel proprio art. 86.*

81. (*Omissis*) (1).

(1) *Questo articolo reca modifiche all'art. 244 del Codice civile.*

82. Gli atti, i documenti ed i provvedimenti relativi alle procedure previste dalla presente legge nei riguardi di persone minori di età, sono esenti dalle imposte di bollo e di registro e da ogni spesa, tassa e diritto dovuti ai pubblici uffici.

Sono ugualmente esenti gli atti ed i documenti relativi all'esecuzione dei provvedimenti pronunciati dal giudice nei procedimenti su indicati.

Agli oneri derivanti dall'attuazione della presente legge, valutati in annue lire cento milioni, si provvede mediante corrispondente riduzione del capitolo 1589 dello stato di previsione del Ministero di grazia e giustizia per l'anno finanziario 1983 e corrispondenti capitoli degli esercizi successivi.

Il Ministro del tesoro è autorizzato ad apportare con propri decreti le occorrenti variazioni di bilancio.

2.

L. 31 dicembre 1998, n. 476. Ratifica ed esecuzione della Convenzione per la tutela dei minori e la cooperazione in materia di adozione internazionale, fatta a L'Aja il 29 maggio 1993. Modifiche alla legge 4 maggio 1983, n. 184, in tema di adozione di minori stranieri (*Gazzetta Ufficiale* Serie gen. - n. 8 del 12 gennaio 1999).

(*Estratto*)

7. 1. Con regolamento, da emanare ai sensi dell'articolo 17, comma 1, della legge 23 agosto 1988, n. 400, entro quattro mesi dalla data di entrata in vigore della presente legge, su proposta del Presidente del Consiglio dei ministri, di concerto con i Ministri degli affari esteri, dell'interno, di grazia e giustizia e della sanità, è data attuazione alle norme della presente legge riguardanti la costituzione e l'organizzazione della Commissione per le adozioni internazionali, anche per quanto concerne il contingente di personale e le relative qualifiche. Con il medesimo regolamento sono disciplinate le procedure per ottenere l'autorizzazione, i suoi contenuti, la modifica o la revoca della medesima, la tenuta dell'albo ed ogni altra modalità operativa relativa agli enti autorizzati di cui all'articolo 39 *ter* della legge 4 maggio 1983, n. 184, introdotto dall'articolo 3 della presente legge.

2. Il regolamento di cui al comma 1 disciplina altresì l'invio da parte della Commissione per le adozioni internazionali di proprio personale in missione presso le rappresentanze diplomatiche e consolari all'estero.

3. La Commissione è costituita nei tre mesi successivi all'emanazione del regolamento di cui al comma 1.

8. 1. Le dichiarazioni di idoneità all'adozione ed i provvedimenti di adozione e di affidamento preadottivo, pronunziati in data anteriore a quella di entrata in vigore della Convenzione, conservano piena efficacia.

2. Le domande già presentate alla data di entrata in vigore della presente legge e quelle inoltrate successivamente continuano ad essere esaminate e trattate secondo le disposizioni di natura procedimentale anteriori, sino alla avvenuta costituzione della Commissione per le adozioni internazionali e alla pubblicazione dell'albo degli enti autorizzati.

3. Le disposizioni di attuazione della Convenzione per la tutela dei minori e la cooperazione in materia di adozione internazionale, fatta a L'Aja il 29 maggio 1993, contenute nell'articolo 3 della presente legge, hanno efficacia a partire dalla data di entrata in vigore della Convenzione stessa.

3.

D.M. 24 febbraio 2004, n. 91. Regolamento recante modalità di attuazione e organizzazione della banca di dati relativa ai minori dichiarati adottabili, istituita dall'articolo 40 della legge 28 marzo 2001, n. 149 (*Gazzetta Ufficiale* Serie gen. - n. 84 del 9 aprile 2004).

1. Definizioni. - 1. Agli effetti del presente regolamento, si intende per:

a) «banca di dati»: la banca di dati costituita presso il Ministero della giustizia — Dipartimento per la giustizia minorile, relativa ai dati dei minori dichiarati adottabili, ai coniugi aspiranti all'adozione nazionale e internazionale, nonché alle persone singole disponibili all'adozione, in relazione ai casi di cui alle lettere *a*), *c*) e *d*) del comma 1 dell'articolo 44, della legge 4 maggio 1983, n. 184, così come sostituito dall'articolo 25, della legge 28 marzo 2001, n. 149;

b) «dati»: i dati previsti dalla legge sulle adozioni che affluiscono dai domini specifici dei tribunali per i minorenni e dalle procure della Repubblica presso i tribunali per i minorenni, dalle singole regioni, nonché ogni altra informazione utile a garantire il miglior esito del procedimento di adozione;

c) «uffici della giurisdizione minorile»: i tribunali per i minorenni e le procure della Repubblica presso i tribunali per i minorenni, i giudici tutelari, la sezione della famiglia presso le corti d'appello, le procure generali presso la corte d'appello, la corte di cassazione e la procura generale presso la corte di cassazione;

d) «regole procedurali di carattere tecnico operativo»: le regole emanate con decreto del Ministro della giustizia per la definizione di dettaglio della gestione della banca di dati in ossequio alle esigenze relative alla integrità fisica e logica dei dati;

e) «responsabile dei sistemi informativi automatizzati»: il dirigente generale o equiparato di cui all'articolo 10 del decreto legislativo 12 febbraio 1993, n. 39, e successive modificazioni.

2. Principi generali di organizzazione della banca di dati. - 1. La banca di dati è organizzata in modo da assicurare la integrità, la riservatezza e la disponibilità dei dati, nonché la identificazione dei soggetti che accedono agli stessi, previa registrazione con annotazione dei dati identificativi dell'utente.

2. La banca di dati è costituita presso il Dipartimento per la giustizia minorile e la gestione della stessa è attribuita al Capo del Dipartimento della giustizia minorile, il quale, nell'ambito della struttura organizzativa, può designare un proprio sostituto, scelto nell'ambito del personale di dirigenza addetto al Dipartimento.

3. Titolari del trattamento dei dati a norma dell'articolo 28 del decreto legislativo 30 giugno 2003, n. 196, sono gli uffici della giurisdizione minorile, ciascuno nell'ambito delle proprie competenze.

4. La banca di dati consente qualunque operazione o complesso di operazioni, effettuati anche senza l'ausilio di strumenti elettronici, concernenti la raccolta, la registrazione, l'organizzazione, la conservazione, la consultazione, l'elaborazione, la modificazione, la selezione, l'estrazione, il raffronto, l'utilizzo, l'interconnessione, il blocco, la comunicazione, la diffusione, la cancellazione e la distruzione di dati.

3. Modalità di tenuta della banca di dati. - 1. La banca di dati è tenuta in modo informatizzato secondo regole procedurali di carattere tecnico operativo.

2. Il sistema informatico è strutturato con modalità che assicurano:

a) l'individuazione dell'ufficio al quale il dato appartiene;

b) l'individuazione del soggetto che inserisce o modifica il dato;

c) l'avvenuta ricezione da parte del sistema informatico dell'inserimento o della modifica del dato.

3. La conformità alle regole procedurali di carattere tecnico operativo è certificata dal responsabile dei sistemi informativi automatizzati del Ministero della giustizia, prima della messa in uso.

4. Alimentazione della banca di dati. - 1. La banca di dati è alimentata automaticamente dai registri informatizzati presso gli uffici della giurisdizione minorile tramite la Rete Unica della Giustizia.

2. Il sistema informatico permette anche l'inserimento o la modifica del dato in modalità manuale.

3. La banca di dati è alimentata anche con l'apporto dei dati forniti dalle singole regioni.

5. Modalità di accesso alla banca di dati. - 1. L'accesso alle informazioni contenute nella banca di dati e il rilascio di copie ed estratti è disciplinato come segue; esso è:

a) riservato ai magistrati dei tribunali per i minorenni e delle procure presso i tribunali per i minorenni cui sia attribuita la trattazione dello specifico procedimento di adozione nonché ai magistrati degli altri uffici della giurisdizione minorile. In quest'ultimo caso, il capo dell'ufficio individua i magistrati autorizzati all'accesso;

b) consentito al personale appartenente agli uffici della giurisdizione minorile, previa autorizzazione da parte del capo dell'ufficio;

c) consentito agli interessati, come individuati dalla lettera *i*) del comma 1 dell'articolo 4 del decreto legislativo 30 giugno 2003, n. 196, solo quanto ai loro dati personali e nel rispetto dei diritti loro spettanti a norma del titolo II della Parte I del decreto legislativo 30 giugno 2003, n. 196, per il tramite dei tribunali per i minorenni e delle procure presso i tribunali per i minorenni.

2. Ciascuna postazione avente accesso alla banca di dati resta soggetta a previa registrazione con annotazione dei dati identificativi dell'utente.

3. I dati personali concernenti l'identificazione degli utenti del servizio e le operazioni di accesso e consultazione della banca di dati di cui al comma 1 lettere *a*) e *b*) sono utilizzabili per fini di sicurezza del sistema e di accertamento di eventuali illeciti, nel rispetto dei principi dell'articolo 11 del decreto legislativo 30 giugno 2003, n. 196, nonché per statistiche sulla base di dati anonimi.

4. Gli utenti possono utilizzare i dati personali consultati per esclusivi scopi connessi alle finalità per le quali la banca di dati è istituita.

6. Contenuto dei dati. – 1. In conformità alle modalità del trattamento e dei requisiti dei dati previsti dall'articolo 11 del decreto legislativo 30 giugno 2003, n. 196, la banca di dati può contenere i seguenti dati personali aggiornati con cadenza trimestrale:

a) minori dichiarati adottabili:

1) dati anagrafici;

2) condizioni di salute;

3) famiglia di origine ed eventuale esistenza di fratelli, fermo restando quanto previsto dall'articolo 28, comma 7, della legge 4 maggio 1983, n. 184, come modificato dall'articolo 24 della legge 28 marzo 2001, n. 149;

4) attuale sistemazione;

5) precedenti collocamenti;

6) provvedimenti dell'autorità giudiziaria minorile;

7) dati contenuti nei certificati del casellario giudiziale per i minorenni;

8) ogni altra informazione idonea al miglior esito del procedimento;

b) coniugi aspiranti all'adozione nazionale e internazionale e persone singole disponibili all'adozione in relazione ai casi di cui alle lettere *a*), *c*) e *d*) del comma 1 dell'articolo 44, della legge 4 maggio 1983, n. 184, così come sostituito dall'articolo 25, della legge 28 marzo 2001, n. 149:

1) dati anagrafici;

2) residenza, domicilio, recapito telefonico;

3) stato civile;

4) stato di famiglia;

5) dati anagrafici dei genitori della coppia o della persona singola aspirante all'adozione;

6) condizioni di salute;

7) condizioni economiche;

8) caratteristiche socio demografiche della famiglia;

9) motivazioni;

10) altri procedimenti di affidamento o di adozione ed il relativo esito;

11) dati contenuti nei certificati del casellario giudiziale;

12) ogni altra informazione idonea al miglior esito del procedimento.

7. Obblighi di conservazione e custodia. – 1. I dati contenuti nella banca di dati sono conservati per il tempo previsto dall'articolo 11, comma 1, lettera *e*) del decreto legislativo 30 giugno 2003, n. 196 e dall'articolo 30 del decreto legislativo 29 ottobre 1999, n. 490, nonché secondo le modalità di cui all'articolo 6 del decreto del Presidente della Repubblica 28 dicembre 2000, n. 445.

8. Regole procedurali di carattere tecnico operativo. – 1. Entro centoventi giorni dall'entrata in vigore del presente regolamento, con decreto del Ministro della giustizia, sono emanate le regole procedurali di carattere tecnico operativo.

1.

R.D. 21 dicembre 1933, n. 1736. Disposizioni sull'assegno bancario, sull'assegno circolare e su alcuni titoli speciali dell'Istituto di emissione, del Banco di Napoli e del Banco di Sicilia (*Gazzetta Ufficiale* n. 300 del 29 dicembre 1933).

Titolo I
Dell'assegno bancario

Capo I
Della emissione e della forma dell'assegno bancario

1. L'assegno bancario (chèque) contiene:

1) la denominazione di assegno bancario (chèque) inserita nel contesto del titolo ed espressa nella lingua in cui esso è redatto;

2) l'ordine incondizionato di pagare una somma determinata;

3) il nome di chi è designato a pagare (trattario);

4) l'indicazione del luogo di pagamento;

5) l'indicazione della data e del luogo dove l'assegno bancario è emesso;

6) la sottoscrizione di colui che emette l'assegno bancario (traente).

2. Il titolo nel quale manchi alcuno dei requisiti indicati nell'articolo precedente non vale come assegno bancario, salvo i casi previsti nei seguenti comma.

In mancanza di indicazione speciale, il luogo indicato accanto al nome del trattario si reputa luogo del pagamento. Se più luoghi sono indicati accanto al nome del trattario, l'assegno bancario è pagabile nel luogo indicato per primo.

In mancanza di questo e di ogni altra indicazione, l'assegno bancario è pagabile nel luogo in cui è stato emesso, e, se in esso non vi è uno stabilimento del trattario, nel luogo dove questi ha lo stabilimento principale.

L'assegno bancario in cui non è indicato il luogo di emissione si considera sottoscritto nel luogo indicato accanto al nome del traente.

3. L'assegno bancario è tratto su un banchiere. Tuttavia il titolo emesso o ([1]) pagabile fuori del territorio dello Stato è valido come assegno bancario anche se tratto su persona che non sia banchiere.

L'assegno bancario non può essere emesso se il traente non abbia fondi disponibili presso il trattario, dei quali abbia diritto di disporre per assegno bancario, e in conformità di una convenzione espressa o tacita. Il titolo tuttavia vale come assegno bancario anche se non sia osservata tale prescrizione.

([1]) *L'originaria congiunzione «e» è stata così modificata dal R.D.L. 27 giugno 1935, n. 1217, convertito nella L. 9 gennaio 1936, n. 7.*

4. L'assegno bancario non può essere accettato. Ogni menzione di accettazione apposta sull'assegno bancario si ha per non scritta.

Ogni menzione di certificazione, conferma, visto e ogni altra equivalente, scritta sul titolo e firmata dal trattario, ha soltanto l'effetto di accertare l'esistenza dei fondi ed impedirne il ritiro da parte del traente prima della scadenza del termine di presentazione.

5. L'assegno bancario può essere pagabile:

a una persona determinata con o senza l'espressa clausola «all'ordine»;

a una persona determinata con la clausola «non all'ordine» o altra equivalente;

al portatore.

L'assegno bancario a favore di una persona determinata con la clausola «o al portatore» ovvero con altra equivalente, vale come assegno bancario al portatore.

L'assegno bancario senza indicazione del prenditore vale come assegno bancario al portatore.

6. L'assegno bancario può essere all'ordine dello stesso traente.

L'assegno bancario può essere tratto per conto di un terzo.

L'assegno bancario non può essere tratto sullo stesso traente, salvo che il titolo sia tratto fra diversi stabilimenti di uno stesso traente. In questo caso l'assegno non può essere al portatore.

7. Qualsiasi promessa d'interessi inserita nell'assegno bancario si ha per non scritta.

8. L'assegno bancario può essere pagabile al domicilio di un terzo, sia nel luogo del domicilio del trattario, sia in altro luogo ancorché il terzo non sia banchiere.

9. L'assegno bancario con la somma da pagarsi scritta in lettere ed in cifre vale, in caso di differenza, per la somma indicata in lettere.

Se la somma da pagarsi è scritta più di una volta in lettere o in cifre l'assegno bancario in caso di differenza vale per la somma minore.

10. Se l'assegno bancario contiene firme di persone incapaci di obbligarsi per assegno, firme false o di persone immaginarie, ovvero firme che per qualsiasi altra ragione non obbligano le persone che hanno firmato l'assegno bancario o col nome delle quali esso è stato firmato, le obbligazioni degli altri firmatari restano tuttavia valide.

11. Ogni sottoscrizione deve contenere il nome e cognome o la ditta di colui che si obbliga. È valida tuttavia la sottoscrizione nella quale il nome sia abbreviato o indicato con la sola iniziale.

12. Il minore emancipato non autorizzato all'esercizio del commercio e l'inabilitato non assumono obbligazione se la loro firma non sia accompagnata da quella del curatore con la clausola per assistenza o altra equivalente. Se sia omessa detta clausola o altra equivalente il curatore è obbligato personalmente.

13. Il genitore o il tutore non autorizzato all'esercizio del commercio per conto del minore o dell'interdetto si può obbligare in nome di costoro, il primo con l'autorizzazione del tribunale ([1]), l'altro con l'autorizzazione del consiglio di famiglia o di tutela omologata dal tribunale ([2]), l'una e l'altra anche di carattere generale.

([1]) *Si veda ora l'art. 320 del cod. civ.*

([2]) *Si veda ora l'art. 374 del cod. civ.*

14. Chi appone la firma sull'assegno bancario quale rappresentante di una persona per la quale non ha il potere di agire, è obbligato per effetto dell'assegno bancario come se l'avesse firmato in proprio e, se ha pagato, ha gli stessi diritti che avrebbe avuto il preteso rappresentato. La stessa disposizione si applica al rappresentante che abbia ecceduto i suoi poteri.

15. La facoltà generale di obbligarsi in nome e per conto altrui comprende anche quella di emettere e girare assegni, salvo che l'atto di rappresentanza disponga diversamente.

16. Il traente risponde del pagamento. Ogni clausola con la quale si esoneri da tale responsabilità si ha per non scritta.

Capo II

Del trasferimento

17. L'assegno bancario pagabile ad una persona determinata con o senza la clausola espressa all'ordine è trasferibile mediante girata.

L'assegno bancario pagabile ad una persona determinata con la clausola non all'ordine o altra equivalente, non può essere trasferito che nella forma e con gli effetti della cessione ordinaria.

La girata può essere fatta anche a favore del traente o di qualunque altro obbligato. Essi possono girare di nuovo l'assegno bancario.

18. La girata deve essere incondizionata. Qualsiasi condizione alla quale sia subordinata si ha per non scritta.

La girata parziale è nulla.

È egualmente nulla la girata del trattario.

La girata al portatore vale come girata in bianco.

La girata al trattario vale come quietanza, salvo il caso che il trattario abbia diversi stabilimenti e la girata sia fatta ad uno stabilimento diverso da quello sul quale l'assegno bancario è stato tratto.

19. La girata deve essere scritta sull'assegno bancario o su un foglio ad esso attaccato (allungamento). Deve essere sottoscritta dal girante.

La girata è valida ancorché il beneficiario non sia indicato o il girante abbia apposto soltanto la firma (girata in bianco). In questo caso la girata per essere valida deve essere scritta a tergo dell'assegno bancario o sull'allungamento.

20. La girata trasferisce tutti i diritti inerenti all'assegno bancario.

Se la girata è in bianco, il portatore può:

1) riempirla col proprio nome o con quello di altra persona;

2) girare l'assegno bancario di nuovo in bianco o a persona determinata;

3) trasmettere l'assegno bancario a un terzo senza riempire la girata in bianco e senza girarlo.

21. Il girante, se non vi sia clausola contraria, risponde del pagamento.

Egli può vietare una nuova girata; in questo caso non è responsabile verso coloro ai quali l'assegno bancario sia stato ulteriormente girato.

22. Il detentore dell'assegno bancario trasferibile per girata è considerato portatore legittimo se giustifica il suo diritto con una serie continua di girate, anche se l'ultima è in bianco. Le girate cancellate si hanno, a questo effetto, per non scritte. Se una girata in bianco è seguita da un'altra girata, si reputa che il sottoscrittore di quest'ultima abbia acquistato l'assegno bancario per effetto della girata in bianco.

23. Una girata apposta ad un assegno bancario al portatore rende il girante responsabile secondo le norme sul regresso: ma non trasforma il titolo in un assegno bancario all'ordine.

24. Se una persona ha perduto per qualsiasi ragione il possesso di un assegno bancario, il nuovo portatore, cui è pervenuto l'assegno bancario – sia che si tratti di assegno bancario al portatore, sia che si tratti di assegno bancario trasferibile per girata e rispetto al quale il portatore giustifichi il suo diritto nella maniera indicata nell'articolo 22 – non è tenuto a consegnarlo se non quando l'abbia acquistato in mala fede ovvero abbia commesso colpa grave acquistandolo.

25. La persona contro la quale sia promossa azione in virtù dell'assegno bancario, non può opporre al portatore le eccezioni fondate sui suoi rapporti personali col traente e con i portatori precedenti, a meno che il portatore, acquistando l'assegno bancario, abbia agito coscientemente a danno del debitore.

26. Se alla girata è apposta la clausola «valuta per incasso», «per incasso», «per procura» od ogni altra che implichi un semplice mandato, il portatore può esercitare tutti i diritti inerenti all'assegno bancario, ma non può girarlo che per procura.

Gli obbligati non possono in questo caso opporre al portatore se non eccezioni che avrebbero potuto opporre al girante.

Il mandato contenuto in una girata per procura non si estingue per la morte del mandante o per la sopravvenuta sua incapacità.

27. La girata fatta dopo il protesto o dopo una constatazione equivalente oppure dopo spirato il termine per la presentazione produce solo gli effetti di una cessione ordinaria.

La girata senza data si presume, fino a prova contraria, fatta prima del protesto o della constatazione equivalente, oppure prima dello spirare del termine indicato nel comma precedente.

Capo III
Dell'avallo

28. Il pagamento di un assegno bancario può essere garantito con avallo per tutta o parte della somma.

Questa garanzia può essere prestata da un terzo, escluso il trattario, o anche da un firmatario dell'assegno bancario.

29. L'avallo è apposto sull'assegno bancario o sull'allungamento.

È espresso con le parole «per avallo» o con ogni altra formula equivalente; è sottoscritto dall'avallante.

Si considera dato con la sola firma dell'avallante apposta sulla faccia anteriore dell'assegno bancario, purché non si tratti della firma del traente.

L'avallo deve indicare per chi è dato. In mancanza di questa indicazione si intende dato per il traente.

30. L'avallante è obbligato nello stesso modo di colui per il quale l'avallo è stato dato.

La sua obbligazione è valida ancorché l'obbligazione garantita sia nulla per qualsiasi altra causa che un vizio di forma.

L'avallante che paga l'assegno bancario acquista i diritti ad esso inerenti contro l'avallato e contro coloro che sono obbligati verso di lui per effetto dell'assegno bancario.

Capo IV
Della presentazione
e del pagamento

31. L'assegno bancario è pagabile a vista. Ogni contraria disposizione si ha per non scritta.

L'assegno bancario presentato al pagamento prima del giorno indicato come data d'emissione è pagabile nel giorno di presentazione.

L'assegno bancario può essere presentato al pagamento, anche nel caso previsto dall'articolo 34, in forma sia cartacea sia elettronica ([1]).

([1]) *Questo comma è stato aggiunto dall'art. 8, comma 7, lett.* b), *n. 1), del D.L. 13 maggio 2011, n. 70, convertito, con modificazioni, nella L. 12 luglio 2011, n. 106, a decorrere dal quindicesimo giorno successivo alla pubblicazione nella* Gazzetta Ufficiale, *del regolamento della Banca d'Italia di cui all'art. 8, comma 7, lett. e), dello stesso decreto legge.*

32. L'assegno bancario deve essere presentato al pagamento nel termine di otto giorni se è pagabile nello stesso comune in cui fu emesso; di quindici giorni se pagabile in altro comune della Repubblica; di trenta giorni se è pagabile nei territori comunque soggetti alla sovranità italiana compresi nel bacino del Mediterraneo; di sessanta giorni se è pagabile negli altri territori soggetti alla sovranità italiana.

L'assegno bancario emesso in un paese diverso da quello nel quale è pagabile deve essere presentato entro il termine di venti giorni o di sessanta giorni, a seconda che il luogo di emissione e quello di pagamento siano nello stesso o in diversi continenti.

A questo effetto gli assegni bancari emessi in un paese d'Europa e pagabili in un paese litoraneo del Mediterraneo o viceversa sono considerati come assegni bancari emessi e pagabili nello stesso continente.

I termini suddetti decorrono dal giorno indicato nell'assegno bancario come data d'emissione.

33. Se un assegno bancario è tratto fra due piazze che hanno calendari diversi, il giorno della emissione è sostituito con quello corrispondente del calendario del luogo di pagamento.

34. La presentazione ad una stanza di compensazione equivale a presentazione per il pagamento.

35. L'ordine di non pagare la somma dell'assegno bancario non ha effetto che dopo spirato il termine di presentazione.

In mancanza di tale ordine il trattario può pagare anche dopo spirato detto termine.

36. La morte del traente e la sua incapacità sopravvenuta dopo l'emissione lasciano inalterati gli effetti dell'assegno bancario.

37. Il trattario che paga l'assegno bancario può esigere che esso gli sia consegnato quietanzato dal portatore.

Il portatore non può rifiutare un pagamento parziale.

In caso di pagamento parziale, il trattario può esigere che ne sia fatta menzione sull'assegno bancario e gliene sia data quietanza.

38. Il trattario che paga un assegno bancario trasferibile per girata è tenuto ad accertare la regolare continuità delle girate, ma non a verificare l'autenticità delle firme dei giranti.

39. Se l'assegno bancario è pagabile in moneta che non ha corso nel luogo di pagamento, la somma può essere pagata entro il termine di presentazione nella moneta del paese secondo il suo valore nel giorno del pagamento. Se il pagamento non è stato fatto alla presentazione, il portatore può a sua scelta domandare che la somma sia pagata nella moneta del paese secondo il valore nel giorno della presentazione o in quello del pagamento.

Il valore della moneta estera è determinato dagli usi del luogo di pagamento. Il traente può tuttavia stabilire che la somma da pagare sia calcolata secondo il corso indicato nell'assegno bancario.

Le disposizioni precedenti non si applicano nel caso in cui il traente abbia stabilito che il pagamento sia fatto in una moneta espressamente indicata (clausola di pagamento effettivo in moneta estera).

Se la somma è indicata in una moneta avente la stessa denominazione, ma un valore diverso nel paese di emissione e in quello del pagamento si presume che la indicazione si riferisca alla moneta del luogo di pagamento.

Capo V
Dell'assegno bancario sbarrato,
dell'assegno bancario da accreditare,
dell'assegno bancario non trasferibile
e dell'assegno turistico

40. Il traente o il portatore dell'assegno bancario può sbarrarlo con gli effetti indicati nell'articolo seguente.

Lo sbarramento è fatto con due sbarre parallele apposte sulla faccia anteriore. Esso può essere generale o speciale.

Lo sbarramento è generale se tra le due sbarre non vi è alcuna indicazione o vi è la semplice parola «banchiere» o altra equivalente; è speciale se tra le due sbarre è scritto il nome di un banchiere.

Lo sbarramento generale può essere trasformato in sbarramento speciale; ma questo non può essere trasformato in sbarramento generale.

La cancellazione dello sbarramento o del nome del banchiere si ha per non fatta.

41. L'assegno bancario con sbarramento generale non può essere pagato dal trattario che a un banchiere o a un cliente del trattario.

Un assegno bancario con sbarramento speciale non può essere pagato dal trattario che al banchiere designato o, se questi è il trattario, a un cliente. Tuttavia il banchiere designato può servirsi per l'incasso di altro banchiere.

Un banchiere non può acquistare un assegno sbarrato che da un suo cliente o da altro banchiere. Non può incassarlo per conto di altre persone tranne le anzidette.

Un assegno bancario con diversi sbarramenti speciali non può essere pagato dal trattario salvo il caso che si tratti di due sbarramenti, di cui uno per l'incasso a mezzo di una stanza di compensazione.

Il trattario o il banchiere che non osservi le precedenti disposizioni risponde del danno nei limiti dell'importo dell'assegno bancario.

42. Il traente o il portatore di un assegno bancario può vietare che esso sia pagato in contanti, apponendo sulla faccia anteriore in senso trasversale le parole «da accreditare» o altra espressione equivalente.

In questo caso l'assegno bancario non può essere regolato dal trattario che a mezzo di una scritturazione contabile (accreditamento in conto, giro in conto, compensazione). Il regolamento per scritturazione contabile equivale a pagamento.

La cancellazione delle parole «da accreditare» si ha per non fatta.

Il trattario che non osservi le norme sopra indicate risponde del danno nei limiti dell'importo dell'assegno bancario.

Il trattario non è tenuto ad accreditare l'assegno che ad un proprio correntista.

43. L'assegno bancario emesso con la clausola «non trasferibile» non può essere pagato se non al prenditore o, a richiesta di costui, accreditato nel suo conto corrente. Questi non può girare l'assegno se non ad un banchiere per l'incasso, il quale non può ulteriormente girarlo. Le girate apposte nonostante il divieto si hanno per non scritte. La cancellazione della clausola si ha per non avvenuta.

Colui che paga un assegno non trasferibile a persona diversa dal prenditore o dal banchiere giratario per l'incasso risponde del pagamento.

La clausola «non trasferibile» deve essere apposta anche dal banchiere su richiesta del cliente.

La stessa clausola può essere apposta da un girante con i medesimi effetti.

Le disposizioni del presente articolo si applicano soltanto agli assegni pagabili nel territorio della Repubblica.

44. Il traente dell'assegno bancario può subordinare il pagamento all'esistenza sul titolo nel momento della presentazione di una doppia firma conforme del prenditore (assegno turistico).

Capo VI
Del regresso
per mancato pagamento

45. Il portatore può esercitare il regresso contro i giranti, il traente e gli altri obbligati, se l'assegno bancario, presentato in tempo utile, non è pagato, purché il rifiuto del pagamento sia constatato:

1) con atto autentico (protesto), oppure

2) con dichiarazione del trattario scritta sull'assegno bancario con l'indicazione del luogo e del giorno della presentazione, oppure

3) con dichiarazione della Banca d'Italia richiesta da un banchiere che si avvale dei sistemi di pagamento da essa gestiti ([1]).

Il portatore mantiene i suoi diritti contro il traente, sebbene l'assegno bancario non sia stato presentato tempestivamente o non sia stato fatto il protesto o la constatazione equivalente. Se, dopo decorso il termine di presentazione, la disponibilità della somma sia venuta a mancare per fatto del trattario, il portatore perde tali diritti in tutto o limitatamente alla parte della somma che sia venuta a mancare.

([1]) *Questo numero, sostituito dall'art. 8, comma 7, lett.* b)*, n. 2), del D.L. 13 maggio 2011, n. 70, convertito, con modificazioni, nella L. 12 luglio 2011, n. 106, è stato, da ultimo, così sostituito dall'art. 17* ter *del D.L. 14 febbraio 2016, n. 18, convertito, con modificazioni, nella L. 8 aprile 2016, n. 49.*

46. Il protesto o la constatazione equivalente deve farsi prima che sia spirato il termine di presentazione.

Se la presentazione è fatta l'ultimo giorno del termine, il protesto o la constatazione equivalente può farsi il primo giorno feriale successivo.

47. Il portatore deve dare avviso al proprio girante ed al traente del mancato pagamento entro i quattro giorni feriali successivi al giorno del protesto o della dichiarazione equivalente e, se vi sia la clausola «senza spese», lo stesso giorno della presentazione.

Ogni girante nei due giorni feriali successivi al giorno in cui ha ricevuto l'avviso deve informare il precedente girante dell'avviso ricevuto, indicando i nomi e gli indirizzo di coloro che hanno dato gli avvisi precedenti, e così di seguito risalendo fino al traente. I termini predetti decorrono dal ricevimento dell'avviso precedente.

Se in conformità del precedente comma l'avviso è dato a un firmatario dell'assegno bancario, analogo avviso deve essere dato entro lo stesso termine al suo avallante.

Se un girante non ha indicato il suo indirizzo, o lo ha indicato in maniera illeggibile, basta che l'avviso sia dato al girante che lo precede.

Chi è tenuto a dare l'avviso può darlo in una forma qualsiasi anche col semplice rinvio dell'assegno bancario.

Egli deve provare di aver dato l'avviso nel termine stabilito. Il termine si considera rispettato se una lettera contenente l'avviso sia stata spedita per posta nel termine predetto.

Chi non dà l'avviso nel termine sopra indicato non decade dal regresso; tuttavia è responsabile della sua negligenza se abbia causato danno, senza però che l'ammontare del risarcimento possa superare quello dell'assegno bancario.

48. Il traente, il girante o l'avallante può, con la clausola «senza spese», «senza protesto» od ogni altra equivalente, apposta sul titolo e firmata, dispensare il portatore dall'obbligo del protesto o della dichiarazione equivalente per esercitare il regresso.

Tale clausola, salvo il disposto dell'articolo 45, ultimo comma, non dispensa il portatore dalla presentazione dell'assegno bancario nei termini prescritti né dagli avvisi.

La prova dell'inosservanza dei termini incombe a colui che la oppone al portatore.

Se la clausola è apposta dal traente essa produce i suoi effetti nei confronti di tutti i firmatari; se è apposta da un girante o da un avallante, produce i suoi effetti soltanto rispetto a costui. Se la clausola è apposta dal traente e il portatore fa elevare il protesto o la constatazione equivalente, le spese restano a suo carico. Se la clausola è apposta da un girante o da un avallante, le spese del protesto o della constatazione equivalente, qualora uno di tali atti sia stato fatto, sono ripetibili contro tutti i firmatari.

49. Tutte le persone obbligate in virtù dell'assegno bancario rispondono in solido verso il portatore.

Il portatore ha diritto di agire contro tutti i firmatari individualmente o congiuntamente e non è tenuto ad osservare l'ordine nel quale si sono obbligati.

Lo stesso diritto spetta a ogni firmatario che abbia pagato l'assegno bancario.

L'azione promossa contro uno degli obbligati non impedisce di agire contro gli altri, anche se posteriori a colui contro il quale si sia proceduto.

50. Il portatore può chiedere in via di regresso:

1) l'ammontare dell'assegno bancario non pagato;

2) gli interessi al tasso legale dal giorno della presentazione;

3) le spese per il protesto o la constatazione equivalente, quelle per gli avvisi dati e le altre spese.

51. Chi ha pagato l'assegno bancario può ripetere dai suoi garanti:

1) la somma integrale sborsata;

2) gli interessi sulla somma calcolati al tasso legale dal giorno del disborso;

3) le spese sostenute.

52. Qualsiasi obbligato contro il quale sia stato o possa essere promosso il regresso può esigere, contro pagamento, la consegna dell'assegno bancario col protesto o la constatazione equivalente e il conto di ritorno quietanzato.

Qualsiasi girante che ha pagato l'assegno bancario può cancellare la propria girata e quella dei giranti susseguenti.

53. Se un ostacolo insormontabile (disposizione di legge di uno Stato o altro caso di forza maggiore) impedisce di presentare l'assegno bancario, di levare il protesto o di ottenere la constatazione equivalente nei termini stabiliti, questi sono prolungati.

Il portatore è tenuto a dare avviso senza indugio nel caso di forza maggiore al girante precedente e a fare, sull'assegno bancario o sull'allungamento, menzione datata e sottoscritta di questo avviso; per il resto si applicano le disposizioni dell'articolo 47.

Cessata la forza maggiore, il portatore deve presentare senza indugio l'assegno bancario per il pagamento e, se necessario, levare protesto od ottenere la constatazione equivalente.

Se la forza maggiore dura oltre quindici giorni dal giorno in cui il portatore ha dato avviso della forza maggiore al precedente girante, ancorché detto avviso sia stato dato prima dello spirare del termine di presentazione, il regresso può essere esercitato senza bisogno di presentazione, di protesto o della constatazione equivalente.

Non sono considerati casi di forza maggiore i fatti puramente personali al portatore o alla persona da lui incaricata di presentare l'assegno bancario, di levare il protesto o di ottenere la constatazione equivalente.

54. Fra più obbligati che abbiano assunto una posizione di pari grado nell'assegno bancario non ha luogo l'azione cambiaria e il rapporto è regolato con le norme relative alle obbligazioni solidali.

55. L'assegno bancario ha gli effetti di titolo esecutivo per il capitale e per gli accessori a norma degli articoli 50 e 51.

L'assegno emesso all'estero ha gli stessi effetti in quanto questi siano ammessi dalla legge del luogo in cui l'assegno è stato emesso.

Il precetto deve contenere la trascrizione dell'assegno bancario o del protesto e degli altri documenti necessari a dimostrare la somma dovuta.

56. L'opposizione al precetto non sospende l'esecuzione ma il presidente del tribunale, o il pretore (1) competente per valore, su ricorso dell'opponente che disconosca la propria firma o la rappresentanza oppure adduca gravi e fondati motivi, può, con decreto motivato non soggetto a gravame, esaminati i documenti prodotti, sospendere in tutto o in parte gli atti esecutivi imponendo idonea cauzione.

(1) *Ai sensi del D.L.vo 19 febbraio 1998, n. 51, l'ufficio del pretore è soppresso a decorrere dal 2 giugno 1999, fatta salva l'attività necessaria per l'esaurimento degli affari pendenti. Le relative competenze sono trasferite al tribunale ordinario, fuori dei casi in cui è diversamente disposto dal predetto provvedimento.*

57. Nei giudizi, tanto di cognizione quanto di opposizione al precetto, il debitore può opporre soltanto le eccezioni di nullità dell'assegno bancario a termini dell'articolo 2 e quelle non vietate dall'articolo 25.

Se le eccezioni siano di lunga indagine, il giudice, su istanza del creditore, deve emettere sentenza provvisoria di condanna, con cauzione o senza.

Può anche concedere su richiesta del debitore, quando concorrono gravi ragioni, la sospensione della esecuzione, imponendo, se lo ritenga opportuno, idonea cauzione.

Se la sospensione fosse stata già concessa col decreto indicato nell'articolo precedente, il giudice in prosieguo di giudizio deciderà la conferma o la rivocazione del provvedimento.

58. Se dal rapporto che diede causa alla emissione o alla trasmissione dell'assegno bancario derivi un'azione, questa permane nonostante l'emissione o la trasmissione del titolo, salvo che si provi che vi fu novazione.

Il possessore non può esercitare l'azione causale se non offrendo al debitore la restituzione dell'assegno bancario e depositandolo presso la cancelleria del giudice competente, purché abbia adempiuto le formalità necessarie per conservare al debitore stesso le azioni di regresso che possono competergli.

59. Qualora il portatore abbia perduto l'azione cambiaria contro tutti gli obbligati e non abbia contro i medesimi azione causale, può agire contro il traente che non abbia fatto provvista o si sia comunque arricchito ingiustamente a suo danno.

Eguale azione può esercitarsi nelle condizioni suddette anche contro i giranti.

60. Il protesto dev'essere fatto con un solo atto da un notaro o da un ufficiale giudiziario.

Nei comuni nei quali non esista notaro o ufficiale giudiziario il protesto può essere levato dal segretario comunale.

Non è richiesta l'assistenza di testimoni per levare protesto.

61. Il protesto può essere fatto con atto separato, oppure essere scritto sull'assegno bancario o sul duplicato ovvero sul foglio di allungamento. Questo foglio può essere aggiunto anche dal notaro o dall'ufficiale giudiziario o dal segretario comunale, i quali in ogni caso dovranno apporre il proprio sigillo sulla linea di congiunzione.

Se il protesto è fatto con atto separato chi vi procede deve farne menzione sull'assegno bancario o sul duplicato o sul foglio di allungamento, a meno che si sia dovuto procedere al protesto pur non avendo il possesso del titolo.

Il protesto o la constatazione equivalente possono essere effettuati in forma elettronica sull'assegno presentato al pagamento in forma elettronica (1).

(1) *Questo comma è stato aggiunto dall'art. 8, comma 7, lett.* b), *n. 3), del D.L. 13 maggio 2011, n. 70, convertito, con modificazioni, nella L. 12 luglio 2011, n. 106, a decorrere dal quindicesimo giorno successivo alla pubblicazione nella* Gazzetta Ufficiale, *del regolamento della Banca d'Italia di cui all'art. 8, comma 7, lett.* e), *dello stesso decreto legge.*

62. Il protesto si deve fare nel luogo di pagamento e contro il trattario o il terzo indicati per il pagamento anche se non presenti.

Se il domicilio di dette persone non si può rintracciare, il protesto può essere fatto in qualsiasi località nel luogo di pagamento a scelta di chi vi procede.

L'incapacità del trattario o del terzo indicato nell'articolo 8 non dispensa dall'obbligo di levare il protesto contro di esso, salvo che il trattario sia fallito, nel qual caso la produzione della sentenza dichiarativa di fallimento basta per agire in regresso.

Se il trattario o il terzo è morto, il protesto si leva egualmente al suo nome secondo le regole precedenti.

63. Il protesto deve contenere:

1) la data;

2) il nome del richiedente;

3) l'indicazione del luogo in cui è fatto e la menzione delle ricerche eseguite;

4) l'oggetto delle richieste, il nome della persona richiesta, le risposte avute o i motivi per i quali non se ne ebbe alcuna;

5) la sottoscrizione del notaro o dell'ufficiale giudiziario o del segretario comunale.

Il protesto per atto separato deve contenere la trascrizione dell'assegno bancario.

Per più assegni da pagarsi dalla stessa persona nello stesso luogo, il creditore può levare protesto con unico atto separato.

64. Il protesto, ai sensi dell'articolo 45, può essere sostituito, se il portatore lo consente, da una dichiarazione di rifiuto del pagamento, scritta e datata sul titolo o sul foglio di allungamento e firmata dal trattario.

Questa dichiarazione per avere gli effetti del protesto deve essere sottoposta a registrazione nei termini del protesto.

Nei casi previsti nel primo comma la girata senza data si presume fatta anteriormente alla dichiarazione.

65. I notari, gli ufficiali giudiziari e i segretari comunali debbono tener nota, nel repertorio, dei protesti, indicando i requisiti di cui agli articoli precedenti, giorno per giorno e per ordine di data.

L'originale del protesto fatto per atto separato deve essere consegnato al portatore dell'assegno bancario.

Capo VII
Dei duplicati

66. Ad eccezione degli assegni bancari al portatore, qualsiasi assegno bancario, emesso in un paese e pagabile in un altro paese oppure in una parte d'oltre mare dello stesso paese o viceversa, oppure emesso e pagabile nella stessa o in diverse parti d'oltre mare dello stesso paese, può essere emesso in diversi esemplari (duplicati). Se un assegno bancario è emesso in diversi duplicati, questi devono essere numerati nel contesto di ciascun titolo; in difetto, si considerano come altrettanti assegni bancari distinti.

Le copie informatiche di assegni cartacei sostituiscono ad ogni effetto di legge gli originali da cui sono tratte se la loro conformità all'originale è assicurata dalla banca negoziatrice mediante l'utilizzo della propria firma digitale e nel rispetto delle disposizioni attuative e delle regole tecniche dettate ai sensi dell'articolo 8, comma 7, lettere *d*) ed *e*), del decreto legge 13 maggio 2011, n. 70 (1).

(1) *Questo comma è stato aggiunto dall'art. 8, comma 7, lett.* c), *del D.L. 13 maggio 2011, n. 70, convertito, con modificazioni, nella L. 12 luglio 2011, n. 106.*

67. Il pagamento di un duplicato è liberatorio, ancorché non sia dichiarato che tale pagamento annulli gli effetti degli altri duplicati.

Il girante che ha trasferito i duplicati a persone diverse ed i giranti susseguenti sono obbligati per tutti i duplicati che portino la loro firma e non siano stati restituiti.

Capo VIII
Delle alterazioni

68. In caso di alterazione del testo di un assegno bancario chi ha firmato dopo l'alterazione risponde nei termini del testo alterato; chi ha firmato prima risponde nei termini del testo originario.

Qualora non risulti dal titolo, o non si dimostri che la firma sia stata apposta prima o dopo, si presume che sia stata apposta prima.

Capo IX
Dell'ammortamento

69. In caso di smarrimento, sottrazione o distruzione dell'assegno bancario, se ne può fare denunzia al trattario e chiedere l'ammortamento con ricorso al presidente del tribunale del luogo in cui l'assegno bancario è pagabile, o al pretore (1) del luogo in cui il richiedente ha domicilio.

Il ricorso deve indicare i requisiti essenziali dell'assegno bancario.

Il presidente del tribunale o il pretore (1), premessi gli opportuni accertamenti sulla verità dei fatti e sul diritto del portatore, emette nel più breve termine possibile un decreto con il quale, menzionando i dati dell'assegno bancario, ne pronuncia l'ammortamento e ne autorizza il pagamento dopo quindici giorni dalla data di pubblicazione del decreto nella *Gazzetta Ufficiale* della Repubblica, purché non venga fatta nel frattempo opposizione dal detentore.

Il decreto deve essere, a cura del ricorrente, notificato al traente e al trattario, e pubblicato nella *Gazzetta Ufficiale* della Repubblica.

Malgrado la denunzia, il pagamento dell'assegno bancario al detentore prima della notificazione del decreto libera il trattario.

(1) *Ai sensi del D.L.vo 19 febbraio 1998, n. 51, l'ufficio del pretore è soppresso a decorrere dal 2 giugno 1999, fatta salva l'attività necessaria per l'esaurimento degli affari pendenti. Le relative competenze sono trasferite al tribunale ordinario, fuori dei casi in cui è diversamente disposto dal predetto provvedimento.*

70. L'opposizione del detentore deve essere in ogni caso proposta con citazione da notificarsi al ricorrente, al trattario e al traente per comparire davanti al tribunale del luogo di pagamento.

71. Durante il termine stabilito nell'articolo 69 il ricorrente può esercitare tutti gli atti che tendono a conservare i suoi diritti ed è in facoltà di esigere il pagamento dell'assegno mediante cauzione o di chiedere il deposito giudiziario della somma.

72. Trascorso il termine indicato nell'articolo 69 senza opposizione, o rigettata l'opposizione con sentenza definitiva, l'assegno bancario smarrito non ha più alcuna efficacia. Colui che ottenne l'ammortamento può, su presentazione del decreto e di un certificato del cancelliere del tribunale, comprovante la non interposta opposizione, o su presentazione della sentenza definitiva che respinge l'opposizione, esigere il pagamento.

73. Nel caso di assegno bancario emesso colla clausola «non trasferibile» non si fa luogo ad ammortamento, ma il prenditore ha diritto di ottenere a proprie spese un duplicato denunciando lo smarrimento, la distruzione o la sottrazione al trattario e al traente.

74. L'ammortamento estingue ogni diritto derivante dall'assegno dichiarato inefficace, ma non pregiudica le eventuali ragioni del portatore verso chi ottenne l'ammortamento.

Capo X
Della prescrizione

75. Il regresso del portatore contro i giranti, il traente e gli altri obbligati si prescrive in sei mesi dallo spirare del termine di presentazione.

Le azioni di regresso tra i diversi obbligati al pagamento dell'assegno bancario gli uni contro gli altri si prescrivono in sei mesi a decorrere dal giorno in cui l'obbligato ha pagato l'assegno bancario o dal giorno in cui l'azione di regresso è stata promossa contro di lui.

L'azione di arricchimento si prescrive nel termine di un anno dal giorno della perdita dell'azione nascente dal titolo.

76. L'interruzione della prescrizione non vale che contro colui rispetto al quale è stato compiuto l'atto interruttivo.

Capo XI
Disposizioni generali

77. Nella presente legge sotto il nome di banchieri si comprendono anche le persone e le istituzioni assimilate per legge ai banchieri.

78. La presentazione e il protesto dell'assegno bancario non possono farsi che in giorno feriale.

Se l'ultimo giorno del termine stabilito dalla legge per compiere atti relativi all'assegno bancario e in particolare per la presentazione, per levare il protesto o per ottenere un atto equivalente è un giorno festivo legale, il termine è prorogato fino al primo giorno feriale successivo. I giorni festivi intermedi sono compresi nel computo del termine.

79. Nei termini previsti dalla presente legge non si computa il giorno da cui cominciano a decorrere.

80. Non sono ammessi giorni di rispetto né legali né giudiziari.

81. Agli effetti della presente legge col termine domicilio si intende il luogo di residenza e col termine luogo di pagamento l'intero territorio del comune.

Titolo II
Dell'assegno circolare

82. L'assegno circolare è un titolo di credito all'ordine emesso da un istituto di credito, a ciò autorizzato dall'autorità competente, per somme che siano presso di esso disponibili al momento dell'emissione e pagabile a vista presso tutti i recapiti comunque indicati dall'emittente.

L'istituto autorizzato ad emettere assegni circolari è tenuto a costituire, in conformità delle leggi speciali, a garanzia dei medesimi, una cauzione sulla quale i portatori dei titoli hanno privilegio speciale.

83. L'assegno circolare contiene:

1) la denominazione di «assegno circolare» inserita nel contesto del titolo;

2) la promessa incondizionata di pagare a vista una somma determinata;

3) l'indicazione del prenditore;

4) l'indicazione della data e del luogo nel quale l'assegno circolare è emesso;

5) la sottoscrizione dell'istituto emittente.

Il titolo mancante di alcuno dei suddetti requisiti, non vale come assegno circolare.

84. Il possessore decade dall'azione di regresso, se non presenta il titolo per il pagamento entro trenta giorni dall'emissione.

L'azione contro l'emittente si prescrive nel termine di tre anni dall'emissione.

La girata a favore dell'emittente estingue l'assegno.

85. L'Istituto può affidare l'emissione di assegni circolari muniti del suo visto ad un banchiere suo corrispondente il quale deve firmare l'assegno come rappresentante dell'istituto.

86. In quanto non siano incompatibili con la natura dell'assegno circolare o non siano derogate dalle norme della presente legge, sono applicabili all'assegno circolare le disposizioni della cambiale relative alla girata, al pagamento, al protesto, al regresso, alla prescrizione, nonché quelle relative ai titoli con firme false o di persone incapaci, e alle sottoscrizioni; ed anche quelle dell'assegno bancario sbarrato, da accreditare, non trasferibile e turistico. All'assegno circolare si applica altresì la disposizione dell'assegno bancario di cui all'articolo 31, terzo comma ([1]).

Nella procedura di ammortamento dell'assegno circolare si applicano le disposizioni degli articoli 69 e 74, con le seguenti modificazioni.

Il ricorso deve essere fatto al presidente del tribunale del luogo in cui sia uno stabilimento dell'istituto emittente o al pretore ([2]) del luogo in cui il ricorrente ha domicilio.

La notificazione del decreto deve essere fatta ad uno dei più vicini stabilimenti dell'istituto, il quale, a spese del ricorrente, ne darà subito comunicazione a tutti i recapiti presso i quali l'assegno è pagabile. L'eventuale opposizione deve essere proposta, con citazione da notificarsi al ricorrente ed al rappresentante dell'istituto, dinanzi al tribunale che ha emesso il decreto o, nel caso di decreto emesso dal pretore ([2]), dinanzi al tribunale nella cui giurisdizione è compresa la pretura ([2]).

La denunzia di smarrimento non rende responsabile l'istituto che paga l'assegno circolare al detentore prima della notificazione del decreto. Parimenti la notificazione del decreto non rende responsabile l'istituto qualora il pagamento del titolo venga effettuato presso uno stabilimento o un recapito al quale, per fatto non imputabile all'istituto, non sia ancora pervenuta la notizia del decreto.

Nel caso di smarrimento, distruzione o sottrazione di un assegno circolare emesso con la clausola «non trasferibile» non si fa luogo alla procedura di ammortamento, ma il prenditore ha diritto di ottenere, dopo venti giorni dalla denunzia, il pagamento dell'assegno presso la filiale alla quale fu fatta la denuncia.

(¹) *Questo periodo è stato aggiunto dall'art. 8, comma 7, lett. b), n. 4), del D.L. 13 maggio 2011, n. 70, convertito, con modificazioni, nella L. 12 luglio 2011, n. 106, a decorrere dal quindicesimo giorno successivo alla pubblicazione nella* Gazzetta Ufficiale, *del regolamento della Banca d'Italia di cui all'art. 8, comma 7, lett. e), dello stesso decreto legge.*

(²) *Ai sensi del D.L.vo 19 febbraio 1998, n. 51, l'ufficio del pretore è soppresso a decorrere dal 2 giugno 1999, fatta salva l'attività necessaria per l'esaurimento degli affari pendenti. Le relative competenze sono trasferite al tribunale ordinario, fuori dei casi in cui è diversamente disposto dal predetto provvedimento.*

Titolo III
Dei titoli speciali dell'istituto di emissione

Capo I
Del vaglia cambiario

87. Il vaglia cambiario emesso dalla Banca d'Italia è un titolo di credito all'ordine, pagabile a vista presso qualsiasi filiale della Banca stessa.

88. Il vaglia cambiario della Banca d'Italia contiene:

1) la denominazione di «vaglia cambiario» inserita nel contesto del titolo;

2) la promessa incondizionata di pagare una somma determinata, indicata in lettere e in cifre;

3) la indicazione del prenditore;

4) la indicazione della data e del luogo in cui il vaglia è emesso;

5) la sottoscrizione dell'Istituto.

Il vaglia cambiario, steso su carta filigranata, ha un numero progressivo di emissione, e deve essere munito di una tabella numerica laterale destinata a controllare l'esattezza della cifra di emissione.

89. Il vaglia cambiario non può essere rilasciato se non contro versamento nelle casse dell'Istituto del corrispondente valore in biglietti di banca o in valuta legale.

90. Sono applicabili al vaglia cambiario della Banca d'Italia le norme relative al vaglia cambiario ordinario, tranne quelle concernenti l'avallo, il pagamento per intervento, le copie, la cambiale pagabile presso un terzo o in luogo diverso da quello del domicilio del trattario, la promessa di interessi, la cambiale in bianco e le disposizioni derogate dal presente capo.

91. A garanzia dei vaglia cambiari, la Banca d'Italia è tenuta, a norma di legge, a costituire apposita riserva in oro o in divisa di paesi esteri nei quali abbia vigore la convertibilità dei biglietti di banca in oro.

92. Il vaglia cambiario, se l'Istituto ne sia richiesto, deve essere emesso con la clausola «non trasferibile» con gli effetti di cui all'articolo 43.

Può essere anche girato con la stessa clausola.

93. In caso di smarrimento, sottrazione o distruzione di un vaglia cambiario della Banca d'Italia, il possessore può farne denunzia e chiedere con ricorso al presidente del tribunale del luogo ove sia una filiale dell'Istituto, che si proceda all'ammortamento del titolo. Il ricorso deve contenere la trascrizione o una esatta descrizione del vaglia.

Il presidente del tribunale, premessi gli opportuni accertamenti sulla verità dei fatti e sul diritto del possessore, emette un decreto con il quale, menzionando i dati del vaglia, ne pronuncia l'ammortamento e autorizza l'Istituto a pagarlo decorsi quindici giorni dalla data di pubblicazione del decreto nella *Gazzetta Ufficiale* della Repubblica purché non venga, nel frattempo, fatta opposizione dal detentore.

Il decreto deve essere notificato alla filiale dell'Istituto esistente nel luogo in cui trovasi il tribunale che ha emesso il decreto, affinché, a spese del procedente, ne venga data subito comunicazione a tutte le filiali.

La denuncia di smarrimento non rende responsabile la Banca d'Italia che paga il vaglia al detentore prima della notificazione del decreto. Parimenti la notificazione del decreto non rende responsabile la Banca qualora il pagamento del titolo venga effettuato da una filiale alla quale, per fatto non imputabile all'Istituto, non sia ancora pervenuta notizia del decreto.

94. L'opposizione del detentore deve essere proposta con citazione del ricorrente e della Banca d'Italia in persona del locale direttore, per comparire dinanzi al tribunale che ha pronunziato l'ammortamento.

95. Durante il termine stabilito nell'articolo 93 il ricorrente può esercitare tutti gli atti che tendono a conservare i suoi diritti ed ha facoltà di esigere il pagamento mediante cauzione o di chiedere il deposito giudiziario della somma.

96. Trascorso il termine indicato nell'articolo 93 senza opposizione, o rigettata l'opposizione con sentenza definitiva, il vaglia smarrito non ha più alcuna efficacia. Colui che ottenne l'ammortamento può, su presentazione del decreto e di un certificato del cancelliere del tribunale comprovante la non interposta opposizione, o su presentazione della sentenza definitiva che respinge quest'ultima, esigere il pagamento.

Sui vaglia dichiarati inefficaci non sono dovuti interessi dall'Istituto.

Si applica inoltre la disposizione dell'articolo 74.

97. Nel caso di smarrimento, distruzione o sottrazione di un vaglia cambiario emesso con la clausola «non trasferibile» non si fa luogo alla procedura di ammortamento, ma il prenditore ha diritto di ottenere dopo quindici giorni dalla denuncia fattane, il pagamento del titolo presso la filiale alla quale fu fatta la denuncia.

Capo II
Dell'assegno bancario libero

98. L'assegno bancario libero della Banca d'Italia è un titolo di credito all'ordine emesso per conto dell'Istituto e contro versamento del corrispondente valore in biglietti di banca o in valuta legale, a mezzo di corrispondenti all'uopo autorizzati a seguito di versamento di idonea cauzione. Esso è pagabile a vista presso qualsiasi filiale dell'Istituto.

99. L'assegno bancario libero contiene:

1) la denominazione di «assegno bancario libero» inserita nel contesto del titolo;

2) l'ordine incondizionato di pagare una somma determinata, indicata in lettere e in cifre;

3) l'indicazione della Banca d'Italia quale trattaria;

4) l'indicazione del prenditore;

5) l'indicazione della data e del luogo di emissione;

6) la sottoscrizione del traente.

L'assegno bancario libero, redatto su carta filigranata, ha un numero progressivo di emissione tanto dell'Istituto trattario quanto del corrispondente traente. Esso deve essere munito di una tabella numerica laterale destinata a controllare la esattezza della cifra di emissione. Deve contenere inoltre l'indicazione, a timbro, del corrispondente che lo ha emesso.

100. Le disposizioni sull'assegno bancario relative al trasferimento, alla presentazione, al pagamento, alla clausola di non trasferibilità, al protesto, al regresso, alla prescrizione, nonché quelle relative ai titoli con firme false o di persone incapaci e alle sottoscrizioni, sono applicabili all'assegno bancario libero in quanto non siano derogate da disposizioni del presente capo.

La disposizione sul vaglia cambiario della Banca d'Italia, relativa alla speciale garanzia, è applicabile all'assegno bancario libero. Ad esso sono pure applicabili le disposizioni relative all'ammortamento, con le sole varianti che il decreto e l'eventuale citazione per l'opposizione debbono essere notificate tanto al traente quanto alla Banca d'Italia.

Capo III
Dell'assegno bancario piazzato

101. La Banca d'Italia può consentire ai propri corrispondenti di emettere assegni bancari piazzati, cioè pagabili presso una sola filiale dell'Istituto, nei limiti della cauzione che i corrispondenti stessi hanno presso di esso.

102. L'assegno bancario piazzato è un titolo di credito all'ordine a doppia matrice, una delle quali deve essere inviata, dal corrispondente che emette l'assegno, alla filiale dell'Istituto cui esso è aggregato, perché questa, dopo di aver munita la matrice del visto, la faccia pervenire, ove non sia essa medesima la filiale trattaria, alla filiale sulla quale l'assegno è tratto.

L'assegno è pagabile a vista presso la filiale sulla quale è tratto, non appena a quest'ultima sia pervenuta la relativa matrice debitamente vistata.

103. L'assegno bancario piazzato contiene:

1) la denominazione di «assegno bancario piazzato», inserita nel contesto del titolo;

2) l'ordine di pagare una somma determinata indicata in lettere e in cifre;

3) l'indicazione della Banca d'Italia quale trattaria;

4) l'indicazione del prenditore;

5) l'indicazione della data e del luogo di emissione, nonché di quello di pagamento;

6) la clausola che l'assegno sarà pagato soltanto dopo che la filiale sulla quale è tratto abbia ricevuto la relativa matrice;

7) la sottoscrizione del traente.

104. Le disposizioni sull'assegno bancario relative al trasferimento, al pagamento, alla clausola di non trasferibilità, al protesto, al regresso, alla prescrizione, nonché quelle relative ai titoli con firme false o di persone incapaci e alle sottoscrizioni, sono applicabili all'assegno bancario piazzato in quanto non siano derogate dalle disposizioni del presente capo.

105. Sono applicabili all'assegno bancario piazzato le disposizioni relative all'ammortamento dell'assegno bancario libero della Banca d'Italia salvo che la competenza per tale dichiarazione spetti al tribunale del luogo ove l'assegno è pagabile.

Titolo IV
Dei titoli speciali del Banco di Napoli e del Banco di Sicilia

Capo I
Del vaglia cambiario

106. Al vaglia cambiario del Banco di Napoli e del Banco di Sicilia si applicano le disposizioni per l'analogo titolo dell'Istituto di emissione, ad eccezione di quelle degli artt. 89 e 91.

Per quanto concerne la procedura di ammortamento sono applicabili le disposizioni dell'art. 86.

Capo II
Dell'assegno di corrispondenti

107. All'assegno di corrispondenti del Banco di Napoli e del Banco di Sicilia si applicano le disposizioni per l'assegno bancario libero dell'Istituto di emissione, eccetto quella dell'articolo 91.

Per quanto concerne la procedura di ammortamento sono applicabili le disposizioni dell'articolo 86.

Capo III
Della fede di credito

108. La fede di credito o polizzino del Banco di Napoli e del Banco di Sicilia è un titolo di credito all'ordine, pagabile a vista presso qualunque filiale del Banco, emesso a madre e figlia.

109. La fede di credito contiene:

1) la denominazione di «fede di credito» inserita nel contesto del titolo;

2) la promessa di pagare una somma determinata;

3) l'indicazione del prenditore;

4) l'indicazione della data e del luogo di emissione;

5) la sottoscrizione del Banco come emittente.

Gli altri requisiti di forma della fede di credito sono determinati dal regolamento del Banco da approvarsi con decreto presidenziale.

110. La girata può contenere l'indicazione della causale del pagamento che viene disposto dal prenditore o girante e le condizioni alle quali il pagamento è subordinato. In tal caso l'intera girata deve essere scritta a mano e sottoscritta dal girante.

La condizione sospende il pagamento da parte del Banco, finché non sia dimostrato il suo adempimento.

111. La firma del girante, quando sia stata apposta una condizione nella girata, deve essere autenticata da notaro.

Deve essere egualmente autenticata da notaro la firma di quietanza del portatore per pagamenti fatti in dipendenza di contratti o per pagamenti accettati a saldo finale.

112. Il girante può annullare la girata con una formula di annullamento «cassa per me», «annullo la girata», o altra equivalente, da lui scritta e firmata; ma non può apportare sulla girata cancellazioni o abrasioni.

113. Nel caso di smarrimento o di distruzione di una fede di credito, il Banco, su domanda dell'interessato, dopo quindici giorni dalla presentazione della domanda, può rimborsare la somma al denunciante previa stipulazione di una obbligazione garantita da fideiussore di gradimento del Banco e solidalmente responsabile col denunciante, o con la costituzione di una garanzia reale a scelta del Banco stesso.

Se il titolo sia intestato a persona diversa dal denunciante, il Banco può esigere il consenso dell'intestatario, con firma autenticata.

La presentazione della domanda e il pagamento della somma non impediscono che il titolo sia pagato a chi se ne dimostri proprietario in base a una serie continua di girate (1943, 1947 c.c.).

114. Le azioni risultanti dalla fede di credito si prescrivono in tre anni a decorrere dalla data dell'emissione. Nondimeno se la fede di credito sia stata girata con clausole o condizioni speciali, si applicano i termini di prescrizione previsti dal codice di commercio o dal codice civile secondo la natura del negozio giuridico.

Capo IV
Della polizza notata
del Banco di Napoli

115. Resta salva la facoltà per il Banco di Napoli di emettere, in conformità del proprio statuto, polizze notate.

Titolo V
Disposizioni penali

116 - 116 *bis*. (*Omissis*) (1).

(1) *Questi articoli sono stati abrogati dall'art. 12 della L. 15 dicembre 1990, n. 386.*

117. L'Istituto non autorizzato o al quale sia stata revocata l'autorizzazione, che emetta assegni circolari, è colpito da una pena pecuniaria da € 5 a € 51 (1), salvo le altre sanzioni previste da altre disposizioni di legge.

La mancanza di autorizzazione non pregiudica i diritti del portatore di buona fede di ottenere dall'Istituto emittente il pagamento della somma e di esercitare le eventuali azioni di regresso.

(1) *Trattandosi di sanzione pecuniaria, tale sin dall'origine, non si applicano gli aumenti stabiliti con la L. 12 luglio 1961, n. 603 e con la L. 24 novembre 1981, n. 689.*

Titolo VI
Disposizioni tributarie

118. La validità dell'assegno bancario non è subordinata all'osservanza delle disposizioni della legge sul bollo. Esso tuttavia se non è stato regolarmente bollato originariamente, o nel tempo prescritto dalla legge, non ha la qualità di titolo esecutivo.

Il possessore non può esercitare i diritti cambiari inerenti al titolo se non abbia corrisposto la tassa di bollo dovuta e pagata la relativa penalità.

La inefficacia come titolo esecutivo dev'essere rilevata e pronunciata dai giudici anche d'ufficio.

119. (*Omissis*) (1).

(1) *Questo articolo è stato abrogato dalla L. 28 aprile 1967, n. 263.*

120. Per ogni menzione scritta sull'assegno ai sensi del capoverso dell'articolo 4, efficace unicamente ad accertare l'esistenza dei fondi, è dovuta, indipendentemente dalla tassa di bollo sull'assegno, altra tassa di bollo di € 0,00052 per ogni € 10,33 o frazione di € 10,33 dell'importo dell'assegno, col massimo di € 0,0103 di tassa. Questa ultima tassa sarà riscossa mediante applicazione di marche a tassa fissa, da annullarsi con la firma e la data del trattario.

121. Qualora nell'assegno venga indicata una data di emissione posteriore a quella dell'effettiva emissione dell'assegno non giustificata dal periodo di tempo necessario per far pervenire il titolo al destinatario o da altra materiale impossibilità di presentazione e sempreché la data non differisca di oltre quattro giorni da quella dell'emissione, si rende applicabile la tassa graduale delle cambiali, salvo le sanzioni di cui all'articolo 66, n. 5, della legge del bollo 30 dicembre 1923, n. 3268.

122. Sono soggette a bollo e registro le girate e le dichiarazioni apposte sulle fedi di credito (titoli apodissari) dei Banchi di Napoli e di Sicilia a seconda del rapporto giuridico che contengono.

Titolo VII
Disposizioni finali e transitorie

123. Gli assegni bancari emessi prima della entrata in vigore della presente legge sono regolati a tutti gli effetti, anche nei riguardi del bollo, dalla legge anteriore, ancorché alcune delle obbligazioni in essi contenute siano state assunte successivamente.

Ad essi sono invece applicabili le disposizioni della presente legge che riguardano la forma e i termini del protesto e le disposizioni sull'ammortamento. Sono applicabili inoltre le disposizioni dell'articolo 53.

Gli effetti degli atti, che valgono ad evitare la decadenza e ad interrompere la prescrizione dell'azione, e che siano stati compiuti prima dell'entrata in vigore della presente legge, sono regolati dalla legge anteriore; se gli atti stessi sono invece compiuti dopo la entrata in vigore della presente legge, gli effetti sono regolati dall'articolo 75 per ciò che concerne la prescrizione, salvo l'osservanza della legge anteriore per quanto riguarda la decadenza.

124. (1) All'atto del rilascio di moduli di assegno bancario o postale, il richiedente deve dichiarare al trattario di non essere in alcun modo interdetto dall'emissione di assegni.

Il richiedente che dichiari il falso è punito, qualora vengano rilasciati uno o più moduli di assegno, con la reclusione da sei mesi a due anni.

([1]) *Questo articolo, inserito dall'art. 141 della L. 24 novembre 1981, n. 689, poi modificato dall'art. 6 della L. 15 dicembre 1990, n. 386, è stato infine così sostituito dall'art. 37, comma 1, del D.L.vo 30 dicembre 1999, n. 507.*

125. ([1]) ([2]) Prima del rilascio di moduli di assegno bancario o postale il dipendente responsabile accerta, sulla base dei dati risultanti dall'archivio previsto dall'articolo 10 *bis* della legge 15 dicembre 1990, n. 386, che il richiedente non risulti in alcun modo interdetto dall'emissione di assegni bancari o postali, ovvero soggetto a revoca delle autorizzazioni ad emettere assegni a norma dell'articolo 9 della medesima legge.

Il dipendente responsabile che consegna moduli di assegno bancario o postale a persona interdetta, in base ai dati dell'archivio, dall'emissione di assegni o soggetta a revoca delle autorizzazioni, è punito, salvo che il fatto costituisca più grave reato, con la reclusione fino ad un anno.

([1]) *Questo articolo, inserito dall'art. 141 della L. 24 novembre 1981, n. 689, è stato così sostituito dall'art. 37 del D.L.vo 30 dicembre 1999, n. 507.*

([2]) *A norma dell'art. 105, comma 1, del D.L.vo 30 dicembre 1999, n. 507, le disposizioni previste da questo articolo entrano in vigore decorsi centocinquanta giorni dalla pubblicazione nella* Gazzetta Ufficiale *del regolamento previsto dall'art. 36, comma 2. Si riporta pertanto anche il testo previgente:*

«125. (*) *Il dipendente che consegna moduli di assegno bancario o postale senza farsi rilasciare la dichiarazione prevista nell'articolo precedente è punito, salvo che il fatto costituisca un più grave reato, con l'arresto da due a sei mesi o con l'ammenda da lire duecento a lire cinquecentomila.*

«*Il dipendente che consegna moduli di assegno bancario o postale a chi abbia dichiarato di essere stato interdetto dall'emissione di assegni bancari o postali o di aver riportato, nel semestre precedente, sentenza penale di condanna non definitiva o decreto penale di condanna anche non esecutivo per i reati di emissione di assegno senza autorizzazione o senza provvista, è punito, salvo che il fatto costituisca più grave reato, con la reclusione da sei mesi a due anni* (**)».

(*) *Questo articolo è stato inserito dall'art. 141 della L. 24 novembre 1981, n. 689.*

(**) *Questo comma è stato così sostituito dall'art. 6 della L. 15 dicembre 1990, n. 386.*

2.

L. 15 dicembre 1990, n. 386. Nuova disciplina sanzionatoria degli assegni bancari (*Gazzetta Ufficiale* Serie gen. - n. 296 del 20 dicembre 1990).

1. ([1]) **Emissione di assegno senza autorizzazione.** – 1. Chiunque emette un assegno bancario o postale senza l'autorizzazione del trattario è punito con la sanzione amministrativa del pagamento di una somma da € 1.032 a € 6.197.

2. Se l'importo dell'assegno è superiore a € 10.329 o nel caso di reiterazione delle violazioni, si applica la sanzione amministrativa pecuniaria da € 2.065 a € 12.394.

3. Nei casi previsti dai commi 1 e 2 non è ammesso il pagamento in misura ridotta ai sensi dell'articolo 16 della legge 24 novembre 1981, n. 689.

([1]) *Questo articolo è stato così sostituito dall'art. 28, comma 1, del D.L.vo 30 dicembre 1999, n. 507.*

2. ([1]) **Emissione di assegno senza provvista.** – 1. Fuori dei casi previsti dall'art. 1, chiunque emette un assegno bancario o postale che, presentato in tempo utile, non viene pagato in tutto o in parte per difetto di provvista è punito con la sanzione amministrativa pecuniaria da € 516 a € 3.098.

2. Se l'importo dell'assegno è superiore a € 10.329,14 o nel caso di reiterazione delle violazioni, si applica la sanzione amministrativa pecuniaria da € 1.032 a € 6.197.

3. Nei casi previsti dai commi 1 e 2 non è ammesso il pagamento in misura ridotta ai sensi dell'articolo 16 della legge 24 novembre 1981, n. 689.

([1]) *Questo articolo è stato così sostituito dall'art. 29 del D.L.vo 30 dicembre 1999, n. 507.*

3. Clausola penale. – 1. Nei casi previsti dall'art. 2 il mancato pagamento, anche solo parziale, dell'assegno bancario presentato in tempo utile obbliga l'emittente a corrispondere al prenditore o al giratario che agisce nei suoi confronti per il pagamento del titolo una penale pari al dieci per cento della somma dovuta e non pagata.

2. L'assegno bancario ha gli effetti di titolo esecutivo anche per la somma rappresentante la penale.

4. ([1]) **Autorità competente.** – 1. Per l'applicazione delle sanzioni previste dagli articoli 1 e 2 e delle conseguenti sanzioni amministrative accessorie è competente il prefetto del luogo di pagamento dell'assegno.

([1]) *Questo articolo è stato così sostituito dall'art. 30 del D.L.vo 30 dicembre 1999, n. 507.*

5. ([1]) **Sanzioni amministrative accessorie.** – 1. La violazione dell'articolo 1 comporta il divieto di emettere assegni bancari e postali. La stessa sanzione amministrativa accessoria si applica in caso di violazione dell'articolo 2, quando l'importo dell'assegno, ovvero di più assegni emessi in tempi ravvicinati e sulla base di una programmazione unitaria, è superiore a € 2.582,28.

2. Se l'importo dell'assegno o di più assegni emessi in tempi ravvicinati e sulla base di una programmazione unitaria è superiore a € 51.645,69, ovvero risulta che il traente, nei cinque anni precedenti, ha commesso due o più violazioni delle disposizioni previste dagli articoli 1 e 2 per un importo superiore complessivamente a € 10.329,14, accertate con provvedimento esecutivo, l'emissione di assegno senza autorizzazione o senza provvista comporta anche l'applicazione di una o più delle seguenti sanzioni amministrative accessorie:

a) interdizione dall'esercizio di un'attività professionale o imprenditoriale;

b) interdizione dall'esercizio degli uffici direttivi delle persone giuridiche e delle imprese;

c) incapacità di contrattare con la pubblica amministrazione.

([1]) *L'originario articolo 5 è stato così sostituito dagli attuali articoli 5 e 5* bis *dall'art. 31 del D.L.vo 30 dicembre 1999, n. 507.*

5 *bis*. ([1]) **Effetti e durata delle sanzioni amministrative accessorie.** – 1. L'interdizione dall'esercizio di un'attività professionale o imprenditoriale priva, temporaneamente, il soggetto della capacità di esercitare una professione, industria o un commercio, per i quali è richiesto uno speciale permesso o una speciale abilitazione, autorizzazione o licenza dell'autorità.

2. L'interdizione dall'esercizio degli uffici direttivi delle persone giuridiche e delle imprese importa l'incapacità del soggetto di esercitare l'ufficio di amministratore, sindaco, liquidatore e direttore generale, nonché ogni altro ufficio con potere di rappresentanza della persona giuridica o dell'imprenditore.

3. L'incapacità di contrattare con la pubblica amministrazione importa il divieto di concludere contratti con la pubblica amministrazione, salvo che per ottenere le prestazioni di un pubblico servizio.

4. Le sanzioni amministrative accessorie previste dai commi 1, 2 e 3 non possono avere una durata inferiore a due mesi, né superiore a due anni. Il divieto di emettere assegni bancari e postali non può avere una durata inferiore a due anni, né superiore a cinque anni.

5. Il prefetto, nel determinare il numero e la durata delle sanzioni amministrative accessorie da applicare, tiene conto della gravità dell'illecito e dell'importo dell'assegno o degli assegni emessi.

([1]) *L'originario articolo 5 è stato così sostituito dagli attuali articoli 5 e 5* bis *dall'art. 31 del D.L.vo 30 dicembre 1999, n. 507.*

6. (*Omissis*) ([1]).

([1]) *Modificava gli artt. 124 e 125 del R.D. 21 dicembre 1933, n. 1736.*

7. ([1]) **Inosservanza delle sanzioni amministrative accessorie.** – 1. Ferma restando l'applicabilità delle sanzioni amministrative di cui agli articoli 1 e 2, chiunque trasgredisce ai divieti conseguenti alle sanzioni amministrative accessorie di cui all'articolo 5 ed al comma 2 del presente articolo è punito con la reclusione da sei mesi a tre anni.

2. La condanna per il reato di cui al comma 1 importa la pubblicazione della sentenza e il divieto di emettere assegni bancari e postali per un periodo non inferiore a due anni, né superiore a cinque anni.

([1]) *Questo articolo è stato così sostituito dall'art. 32 del D.L.vo 30 dicembre 1999, n. 507.*

8. ([1]) **Pagamento dell'assegno emesso senza provvista dopo la scadenza del termine di presentazione.** – 1. Nei casi previsti dall'articolo 2, le sanzioni amministrative non si applicano se il traente, entro sessanta giorni dalla data di scadenza del termine di presentazione del titolo, effettua il pagamento dell'assegno, degli interessi, della penale e delle eventuali spese per il protesto o per la constatazione equivalente.

2. Il pagamento può essere effettuato nelle mani del portatore del titolo o presso lo stabilimento trattario mediante deposito vincolato al portatore del titolo, ovvero presso il pubblico ufficiale che ha levato il protesto o ha effettuato la constatazione equivalente.

3. La prova dell'avvenuto pagamento deve essere fornita dal traente allo stabilimento trattario

o, in caso di levata del protesto o di rilascio della constatazione equivalente, al pubblico ufficiale tenuto alla presentazione del rapporto mediante quietanza del portatore con firma autenticata ovvero, in caso di pagamento a mezzo di deposito vincolato, mediante attestazione della banca comprovante il versamento dell'importo dovuto.

3 *bis*. L'autenticazione di cui al comma 3 del presente articolo è effettuata ai sensi dell'articolo 21, comma 2, del testo unico di cui al decreto del Presidente della Repubblica 28 dicembre 2000, n. 445. L'autenticazione deve essere rilasciata gratuitamente, tranne i previsti diritti, nella stessa data della richiesta, salvo motivato diniego (2).

4. Il procedimento per l'applicazione delle sanzioni amministrative non può essere iniziato prima che sia decorso il termine per il pagamento indicato nel comma 1.

(1) *L'originario articolo 8 è stato così sostituito dagli attuali articoli 8 e 8* bis *dall'art. 33 del D.L.vo 30 dicembre 1999, n. 507.*

(2) *Questo comma è stato inserito dall'art. 8, comma 7, lett.* f bis), *del D.L. 13 maggio 2011, n. 70, convertito, con modificazioni, nella L. 12 luglio 2011, n. 106.*

8 *bis*. (1) **Procedimento per l'applicazione delle sanzioni amministrative.** – 1. Nei casi previsti dall'articolo 1, se viene levato il protesto o effettuata la constatazione equivalente, il pubblico ufficiale trasmette il rapporto di accertamento della violazione al prefetto territorialmente competente. Nei casi in cui non si leva il protesto o non si effettua la constatazione equivalente, il prefetto viene direttamente informato dal trattario.

2. Nei casi previsti dall'articolo 2, il trattario dà comunicazione del mancato pagamento al pubblico ufficiale che deve levare il protesto o effettuare la constatazione equivalente; il pubblico ufficiale, se non è stato effettuato il pagamento dell'assegno nel termine previsto dall'articolo 8, trasmette il rapporto di accertamento della violazione al prefetto territorialmente competente. Nei casi in cui non si leva il protesto o non si effettua la constatazione equivalente, il trattario, decorso inutilmente il termine previsto dall'articolo 8, informa direttamente il prefetto territorialmente competente.

3. Entro novanta giorni dalla ricezione del rapporto o dell'informativa il prefetto notifica all'interessato gli estremi della violazione a norma dell'articolo 14 della legge 24 novembre 1981, n. 689. Se l'interessato risiede all'estero il termine per la notifica è di trecentosessanta giorni.

4. L'interessato, entro trenta giorni dalla notifica, può presentare scritti difensivi e documenti.

5. Il prefetto, dopo aver valutato le deduzioni presentate, determina, con ordinanza motivata, la somma dovuta per la violazione e ne ingiunge il pagamento, insieme con le spese, ovvero emette ordinanza motivata di archiviazione degli atti.

6. Si applicano, per quanto non previsto dal presente articolo, le disposizioni delle sezioni I e II del capo I della legge 24 novembre 1981, n. 689 e successive modificazioni, in quanto compatibili.

(1) *L'originario articolo 8 è stato così sostituito dagli attuali articoli 8 e 8* bis *dall'art. 33 del D.L.vo 30 dicembre 1999, n. 507.*

9. (1) (2) **Revoca delle autorizzazioni.** – 1. In caso di mancato pagamento, in tutto o in parte, di un assegno per mancanza di autorizzazione o di provvista, il trattario iscrive il nominativo del traente nell'archivio previsto dall'articolo 10 *bis*.

2. L'iscrizione è effettuata:

a) nel caso di mancanza di autorizzazione, entro il ventesimo giorno dalla presentazione al pagamento del titolo;

b) nel caso di difetto di provvista, quando è decorso il termine stabilito dall'articolo 8 senza che il traente abbia fornito la prova dell'avvenuto pagamento, salvo quanto previsto dall'articolo 9 *bis*, comma 3.

3. L'iscrizione nell'archivio determina la revoca di ogni autorizzazione ad emettere assegni. Una nuova autorizzazione non può essere data prima che sia trascorso il termine di sei mesi dall'iscrizione del nominativo nell'archivio.

4. La revoca comporta il divieto, della durata di sei mesi, per qualunque banca e ufficio postale di stipulare nuove convenzioni di assegno con il traente e di pagare gli assegni tratti dal medesimo dopo l'iscrizione nell'archivio, anche se emessi nei limiti della provvista.

(1) *L'originario art. 9 è stato così sostituito dagli attuali artt. 9, 9* bis *e 9* ter *dall'art. 34 del D.L.vo 30 dicembre 1999, n. 507.*

(2) *A norma dell'art. 105, comma 1, del D.L.vo 30 dicembre 1999, n. 507, le disposizioni previste da questo articolo entrano in vigore decorsi centocinquanta giorni dalla pubblicazione nella* Gazzetta Ufficiale *del regolamento previsto dall'art. 36, comma 2.*

9 *bis*. (1) (2) **Preavviso di revoca.** – 1. Nel caso di mancato pagamento, in tutto o in parte, di un assegno per difetto di provvista, il trattario comunica al traente che, scaduto il termine indicato nell'articolo 8 senza che abbia fornito la prova dell'avvenuto pagamento, il suo nominativo sarà iscritto nell'archivio di cui all'articolo 10 *bis* e che dalla stessa data gli sarà revocata ogni autorizzazione ad emettere assegni. Con la comunicazione il traente è invitato a restituire, alla scadenza del medesimo termine e sempre che non sia effettuato il pagamento, tutti i moduli di assegno in suo possesso alle banche e agli uffici postali che li hanno rilasciati.

2. La comunicazione è effettuata presso il domicilio eletto dal traente a norma dell'articolo 9 *ter* entro il decimo giorno dalla presentazione al pagamento del titolo, mediante telegramma o lettera raccomandata con avviso di ricevimento, ovvero con altro mezzo concordato tra le parti di cui sia certa la data di spedizione e quella di ricevimento.

3. Anche in deroga a quanto stabilito dall'articolo 9, comma 2, lettera *b*), l'iscrizione del nominativo del traente nell'archivio non può aver luogo se non sono decorsi almeno dieci giorni dalla data di ricevimento della comunicazione.

4. La comunicazione si ha per effettuata ove consti l'impossibilità di eseguirla presso il domicilio eletto.

5. Se la comunicazione non è effettuata entro il termine indicato nel comma 2, il trattario è obbligato a pagare gli assegni emessi dal traente dopo tale data e fino al giorno successivo alla comunicazione, anche se manca o è insufficiente la provvista, nel limite di € 10.329,14 per ogni assegno.

(1) *L'originario art. 9 è stato così sostituito dagli attuali artt. 9, 9* bis *e 9* ter, *dall'art. 34 del D.L.vo 30 dicembre 1999, n. 507.*

(2) *A norma dell'art. 105, comma 1, del D.L.vo 30 dicembre 1999, n. 507, le disposizioni previste da questo articolo entrano in vigore decorsi centocinquanta giorni dalla pubblicazione nella* Gazzetta Ufficiale *del regolamento previsto dall'art. 36, comma 2.*

9 *ter*. (1) (2) Elezione di domicilio ai fini delle comunicazioni. – 1. All'atto della conclusione di convenzioni di assegno, il cliente elegge domicilio ai fini delle comunicazioni previste dall'articolo 9 *bis*.

2. Eventuali variazioni del domicilio eletto debbono essere comunicate con dichiarazione presentata direttamente alla banca o all'ufficio postale, ovvero mediante telegramma o lettera raccomandata con avviso di ricevimento, o con altro mezzo concordato dalle parti, di cui sia certa la data di ricevimento.

(1) *L'originario art. 9 è stato così sostituito dagli attuali artt. 9, 9* bis *e 9* ter, *dall'art. 34 del D.L.vo 30 dicembre 1999, n. 507.*

(2) *A norma dell'art. 105, comma 1, del D.L.vo 30 dicembre 1999, n. 507, le disposizioni previste da questo articolo entrano in vigore decorsi centocinquanta giorni dalla pubblicazione nella* Gazzetta Ufficiale *del regolamento previsto dall'art. 36, comma 2.*

10. (1) (2) Responsabilità solidale del trattario. – 1. Il trattario che omette o ritarda l'iscrizione nell'archivio di cui all'articolo 10 *bis*, ovvero che autorizza il rilascio di moduli di assegni in favore di persona il cui nominativo risulta iscritto nell'archivio, è obbligato in solido con il traente a pagare gli assegni emessi dallo stesso traente nel periodo in cui avrebbe dovuto operare la revoca, anche se manca o è insufficiente la provvista, nel limite di € 10.329,14 per ogni assegno.

(1) *Questo articolo è stato così sostituito dall'art. 35 del D.L.vo 30 dicembre 1999, n. 507.*

(2) *A norma dell'art. 105, comma 1, del D.L.vo 30 dicembre 1999, n. 507, le disposizioni previste da questo articolo entrano in vigore decorsi centocinquanta giorni dalla pubblicazione nella* Gazzetta Ufficiale *del regolamento previsto dall'art. 36, comma 2.*

10 *bis*. (1) (2) Archivio degli assegni bancari e postali e delle carte di pagamento irregolari. – 1. Al fine del regolare funzionamento dei sistemi di pagamento, è istituito presso la Banca d'Italia un archivio informatizzato degli assegni bancari e postali e delle carte di pagamento, nel quale sono inseriti i seguenti dati:

a) generalità dei traenti degli assegni bancari o postali emessi senza autorizzazione o senza provvista;

b) assegni bancari e postali emessi senza autorizzazione o senza provvista, nonché assegni non restituiti alle banche e agli uffici postali dopo la revoca dell'autorizzazione;

c) sanzioni amministrative pecuniarie e accessorie applicate per l'emissione di assegni bancari e postali senza autorizzazione o senza provvista, nonché sanzioni penali e connessi divieti applicati per l'inosservanza degli obblighi imposti a titolo di sanzione amministrativa accessoria;

d) generalità del soggetto al quale è stata revocata l'autorizzazione all'utilizzo di carte di pagamento;

e) carte di pagamento per le quali sia stata revocata l'autorizzazione all'utilizzo;

f) assegni bancari e postali e carte di pagamento di cui sia stato denunciato il furto o lo smarrimento.

2. La Banca d'Italia, quale titolare del trattamento dei dati, può avvalersi di un ente esterno per la gestione dell'archivio, secondo quanto previsto dall'articolo 8 della legge 31 dicembre 1996, n. 675.

3. Il soggetto interessato ha diritto ad accedere alle informazioni che lo riguardano contenute nell'archivio e di esercitare gli altri diritti previsti dall'articolo 13 della legge 31 dicembre 1996, n. 675.

4. I prefetti, le banche, gli intermediari finanziari vigilati e gli uffici postali possono accedere alle informazioni contenute nell'archivio per le finalità previste dalla presente legge e per quelle connesse alla verifica della corretta utilizzazione degli assegni e delle carte di pagamento. L'autorità giudiziaria ha accesso diretto alle informazioni contenute nell'archivio, per lo svolgimento delle proprie funzioni.

(1) *Questo articolo è stato inserito dall'art. 36, comma 1, del D.L.vo 30 dicembre 1999, n. 507. Si vedano anche i successivi commi 2 e 3 dello stesso articolo, che di seguito si riportano:*

«2. Con regolamento emanato, ai sensi dell'articolo 17, comma 3, della legge 23 agosto 1988, n. 400, entro centocinquanta giorni dall'entrata in vigore del presente decreto legislativo, il Ministro della giustizia, sentita la Banca d'Italia ed il Garante per la protezione dei dati personali, disciplina le modalità con cui i soggetti ivi individuati devono trasmettere i dati all'archivio previsto dal comma 1 del presente articolo e, se necessario, rettificarli o aggiornarli. Con il medesimo regolamento sono individuate le modalità con cui la Banca d'Italia, attenendosi ai dati trasmessi, provvede al loro trattamento e ne consente la consultazione.

«3. Con distinto regolamento emesso entro trenta giorni dall'adozione del regolamento ministeriale di cui al comma 2, la Banca d'Italia disciplina le modalità e le procedure relative alle attività previste dal medesimo regolamento ministeriale. La Banca d'Italia provvede altresì a determinare i criteri generali per la quantificazione dei costi per l'accesso e la consultazione dell'archivio da parte delle banche, degli intermediari vigilati e degli uffici postali».

(2) *Si veda il D.M. 7 novembre 2001, n. 458, recante regolamento sul funzionamento dell'archivio informatizzato ed il Reg. Banca d'Italia 29 gennaio 2002* (G.U. *Serie gen. - n. 27 dell'1 febbraio 2002*).

11. Disposizioni transitorie. – 1. Non si procede per i reati previsti dall'articolo 2, commessi prima della data di entrata in vigore della presente legge, se l'imputato effettua, entro novanta giorni dalla data suddetta, il pagamento dell'assegno, degli interessi, della penale e delle spese per il protesto o per la constatazione equivalente, nei modi indicati nel secondo periodo del comma 1 dell'art. 8. La prova dell'avvenuto pagamento deve essere fornita in sede penale mediante quietanza del portatore con firma autenticata o attestazione del pubblico ufficiale che ha ricevuto il pagamento ovvero attestazione dell'azienda di credito comprovante l'effettuazione del deposito vincolato (1).

2. I procedimenti penali relativi ai reati indicati nel comma 1 sono sospesi per il periodo di novanta giorni decorrente dalla data di entrata in vigore della presente legge.

(1) *La Corte costituzionale, con sentenza n. 407 del 23 novembre 1993, ha dichiarato l'illegittimità costituzionale di questo comma, nella parte in cui prevede che «la prova dell'avvenuto pagamento deve essere fornita in sede penale mediante quietanza del portatore con firma autenticata o attestazione del pubblico ufficiale che ha ricevuto il pagamento ovvero attestazione dell'azienda di credito comprovante l'effettuazione del deposito vincolato».*

12. Disposizioni abrogate. – 1. Sono abrogati gli articoli 116 e 116 *bis* delle disposizioni approvate con R.D. 21 dicembre 1933, n. 1736, e successive modificazioni ed integrazioni. È altresì abrogato il secondo comma dell'art. 139 del Testo unico approvato con D.P.R. 29 marzo 1973, n. 156 (1).

(1) *Trattasi del Codice postale.*

3.

D.M. 3 ottobre 2014, n. 205. Regolamento recante presentazione al pagamento in forma elettronica degli assegni bancari e circolari (*Gazzetta Ufficiale* Serie gen. - n. 54 del 6 marzo 2015).

1. Definizioni. – 1. Nel presente regolamento, si intende per:

a) "legge assegni": il regio decreto 21 dicembre 1933, n. 1736;

b) "CAD": il decreto legislativo 7 marzo 2005, n. 82 e successive modifiche e integrazioni recante il Codice dell'amministrazione digitale;

c) "regolamento della Banca d'Italia": il regolamento di cui all'articolo 8, comma 7, lett. *e*), del decreto legge 13 maggio 2011, n. 70, convertito, con modificazioni, dalla legge 12 luglio 2011, n. 106;

d) "negoziatore": la banca, o altro soggetto abilitato alla negoziazione, a cui l'assegno è girato per l'incasso;

e) "trattario": la banca, o altro soggetto abilitato, presso cui è detenuto il conto di traenza dell'assegno;

f) "emittente": la banca, o altro soggetto abilitato, che ha emesso l'assegno circolare per una somma disponibile presso la banca stessa al momento dell'emissione;

g) "immagine dell'assegno": copia per immagine dell'assegno, su supporto informatico, di cui all'articolo 1, comma 1, lettera i *ter*) del CAD, conforme all'originale cartaceo ai sensi di quanto previsto dall'articolo 66 della legge assegni.

2. Presentazione in forma elettronica dell'assegno. – 1. Ai sensi dell'articolo 31, ultimo comma, della legge assegni, il negoziatore può presentare l'assegno al pagamento in forma elettronica secondo quanto previsto dal regolamento della Banca d'Italia.

2. Ai fini del comma 1, si ha presentazione in forma elettronica quando il trattario o l'emittente ricevono dal negoziatore l'immagine dell'assegno unitamente alle informazioni previste dal regolamento della Banca d'Italia.

3. Ai fini del comma 1, si ha altresì presentazione in forma elettronica quando - nei casi e in conformità a quanto stabilito dal regolamento della Banca d'Italia - il trattario o l'emittente ricevono dal negoziatore le informazioni previste dal medesimo regolamento.

4. Gli assegni girati per l'incasso l'ultimo giorno utile, secondo quanto previsto dall'articolo 32 della legge assegni, possono essere presentati al pagamento dal negoziatore solo con la modalità di cui al comma 2.

3. Tempi. – 1. Il negoziatore presenta l'assegno al pagamento al trattario o all'emittente non oltre il giorno lavorativo successivo a quello in cui l'assegno gli è stato girato per l'incasso.

2. Nel caso di presentazione eseguita secondo le modalità di cui all'articolo 2, comma 3, il negoziatore, al fine di consentire controlli di regolarità del titolo, è tenuto a trasmettere al trattario o all'emittente, su richiesta di questi ultimi, l'immagine dell'assegno non oltre il giorno lavorativo successivo a quello di presentazione.

3. Resta fermo quanto previsto dall'articolo 120 del decreto legislativo 1° settembre 1993, n. 385 (Testo Unico Bancario).

4. Protesto e constatazione equivalente. – 1. In caso di mancato pagamento di un assegno presentato al pagamento in forma elettronica, il protesto o la constatazione equivalente possono essere richiesti esclusivamente in via telematica secondo le regole definite nel regolamento della Banca d'Italia.

2. Nei casi di cui al comma 1, il pubblico ufficiale o la Banca d'Italia effettuano rispettivamente il protesto o la constatazione equivalente esclusivamente sulla base dell'immagine dell'assegno e delle informazioni ricevute in via telematica.

3. Il portatore riceve, secondo le regole definite nel regolamento della Banca d'Italia, copia degli assegni presentati al pagamento in forma elettronica e degli eventuali documenti elettronici che ne attestano il mancato pagamento.

4. Il regolamento della Banca d'Italia può prevedere che per cause di forza maggiore gli adempimenti di cui ai commi 1 e 2 vengano posti in essere con modalità diverse da quella telematica.

5. Il regolamento della Banca d'Italia può dettare disposizioni per consentire il protesto o la constatazione equivalente in forma elettronica anche per gli assegni presentati al pagamento in forma cartacea.

5. Sicurezza. – 1. Le banche e gli altri soggetti abilitati adottano presidi in grado di garantire la sicurezza e la correttezza della presentazione in forma elettronica dell'assegno al pagamento secondo quanto disciplinato dal regolamento della Banca d'Italia.

2. Con il regolamento della Banca d'Italia possono essere definiti requisiti uniformi relativi ai moduli cartacei di assegno al fine di garantire la sicurezza e la correttezza del processo di acquisizione e trasmissione dell'immagine dell'assegno in forma elettronica.

6. Dematerializzazione e conservazione degli assegni. – 1. Ai sensi di quanto previsto dall'articolo 66, comma 2, della legge assegni, il negoziatore, sotto la propria ed esclusiva responsabilità, può incaricare soggetti terzi di effettuare la trasformazione in forma elettronica degli assegni cartacei, generando l'immagine dell'assegno.

2. Il negoziatore garantisce che i soggetti di cui al comma 1 dispongano della competenza, della capacità e delle autorizzazioni richieste dalla legge, nonché dei requisiti eventualmente previsti dal regolamento della Banca d'Italia, per esercitare in maniera professionale e affidabile le attività di cui al comma 1. Tali soggetti svolgono le predette attività nel rispetto degli standard nazionali e internazionali di riferimento e in conformità con quanto previsto dal CAD e dalle regole tecniche dettate per l'attuazione dello stesso.

3. Il regolamento della Banca d'Italia può dettare disposizioni volte a disciplinare le caratteristiche dell'attività di trasformazione in forma elettronica degli assegni cartacei, svolta dal negoziatore ovvero dai soggetti terzi di cui al comma 1 nonché i requisiti di cui al comma 2 che tali soggetti devono possedere.

4. L'immagine degli assegni e, ove previsto, le informazioni di cui all'articolo 2 commi 2 e 3 sono conservate in conformità con quanto previsto dal CAD e dalle regole tecniche dettate per l'attuazione dello stesso.

5. Fatti salvi i casi eventualmente stabiliti dal regolamento della Banca d'Italia, gli assegni cartacei sono conservati per un periodo di sei mesi dallo spirare del termine di presentazione.

6. Il regolamento della Banca d'Italia può prevedere l'utilizzo di uno specifico tipo di firma elettronica ai sensi di quanto previsto dal CAD e dalle regole tecniche dettate per l'attuazione dello stesso.

7. Disposizioni di attuazione. – 1. Il regolamento della Banca d'Italia detta le regole tecniche per l'attuazione del presente regolamento.

8. Entrata in vigore. – 1. Il presente regolamento entra in vigore il giorno della sua pubblicazione nella *Gazzetta Ufficiale* della Repubblica italiana.

2. Le modifiche apportate alla legge assegni entrano in vigore il quindicesimo giorno successivo alla pubblicazione nella *Gazzetta Ufficiale* della Repubblica del regolamento della Banca d'Italia.

3. Il regolamento della Banca d'Italia può prevedere adeguate modalità temporali per l'efficacia delle norme in esso contenute aventi impatti implementativi rilevanti per gli operatori.

1.

D.L.vo 7 settembre 2005, n. 209. Codice delle assicurazioni private (Suppl. ord. alla *Gazzetta Ufficiale* Serie gen. - n. 239 del 13 ottobre 2005) e avviso di rettifica in *Gazzetta Ufficiale* Serie gen. - n. 152 del 2 luglio 2010 (1).

(1) *A norma dell'art. 1, comma 213, del D.L.vo 12 maggio 2015, n. 74, le parole: «ISVAP», «Ministro delle attività produttive» e «Ministero delle attività produttive», ovunque presenti e non diversamente previsto dal presente articolo, sono sostituite, rispettivamente, da: «IVASS» fatta eccezione per la lettera* dd) *del comma 1 dell'articolo 1, del D.L.vo n. 209/2015 «Ministro dello sviluppo economico» e «Ministero dello sviluppo economico».*

(*Estratto*)

Titolo I
Disposizioni generali

Capo I
Definizioni
e classificazioni generali

1. Definizioni. – 1. Agli effetti del codice delle assicurazioni private si intendono per:

a) assicurazione contro i danni: le assicurazioni indicate all'articolo 2, comma 3;

b) assicurazione sulla vita: le assicurazioni e le operazioni indicate all'articolo 2, comma 1;

c) attività assicurativa: l'assunzione e la gestione dei rischi effettuata da un'impresa di assicurazione;

d) attività riassicurativa: l'assunzione e la gestione dei rischi ceduti da un'impresa di assicurazione, anche di uno Stato terzo (1) o retrocessi da un'impresa di riassicurazione (2);

e) attività in regime di libertà di prestazione di servizi o rischio assunto in regime di libertà di prestazione di servizi: l'attività che un'impresa esercita da uno stabilimento situato nel territorio di uno Stato membro assumendo obbligazioni con contraenti aventi il domicilio, ovvero, se persone giuridiche, la sede in un altro Stato membro o il rischio che un'impresa assume da uno stabilimento situato nel territorio di uno Stato membro diverso da quello in cui è ubicato il rischio;

f) attività in regime di stabilimento o rischio assunto in regime di stabilimento: l'attività che un'impresa esercita da uno stabilimento situato nel territorio di uno Stato membro assumendo obbligazioni con contraenti aventi il domicilio, ovvero, se persone giuridiche, la sede nello stesso Stato o il rischio che un'impresa assume da uno stabilimento situato nel territorio dello Stato membro in cui è ubicato il rischio;

g) autorità di vigilanza: l'autorità nazionale incaricata della vigilanza sulle imprese e sugli intermediari e gli altri operatori del settore assicurativo;

g bis) "SEVIF": il Sistema europeo di vigilanza finanziaria composto dalle seguenti parti:

1) "AEAP" o EIOPA (3): Autorità europea delle assicurazioni e delle pensioni aziendali e professionali, istituita con regolamento (UE) n. 1094/2010;

2) "ABE" o EBA (4): Autorità bancaria europea, istituita con regolamento (UE) n. 1093/2010;

3) "AESFEM" o ESMA (5): Autorità europea degli strumenti finanziari e dei mercati, istituita con regolamento (UE) n. 1095/2010;

4) "Comitato congiunto": il Comitato congiunto delle Autorità europee di vigilanza, previsto dall'articolo 54 del regolamento (UE) n. 1093/2010, del regolamento (UE) n. 1094/2010, del regolamento (UE) n. 1095/2010;

5) "CERS": Comitato europeo per il rischio sistemico, istituito dal regolamento (UE) n. 1092/2010;

6) "Autorità di vigilanza degli Stati membri": le autorità competenti o di vigilanza degli Stati membri specificate negli atti dell'Unione di cui all'articolo 1, paragrafo 2, del regolamento (UE) n. 1093/2010, del regolamento (UE) n. 1094/2010 e del regolamento (UE) n. 1095/2010 (6);

g ter) autorità di vigilanza sul gruppo: l'autorità di vigilanza di gruppo determinata ai sensi dell'articolo 207 *sexies* ([7]);

h) carta verde: certificato internazionale di assicurazione emesso da un ufficio nazionale secondo la raccomandazione n. 5 adottata il 25 gennaio 1949 dal sottocomitato dei trasporti stradali del comitato dei trasporti interni della Commissione economica per l'Europa dell'Organizzazione delle Nazioni Unite;

i) codice della strada: il decreto legislativo 30 aprile 1992, n. 285, e successive modificazioni;

l) codice in materia di protezione dei dati personali: il decreto legislativo 30 giugno 2003, n. 196;

l bis) collegio delle autorità di vigilanza: una struttura permanente ma flessibile per la cooperazione, il coordinamento e l'agevolazione del processo decisionale nell'ambito della vigilanza del gruppo ([8]);

l ter) concentrazione dei rischi: tutte le esposizioni al rischio che comportano perdite potenziali sufficientemente ampie da mettere a repentaglio la solvibilità o la posizione finanziaria dell'impresa di assicurazione o di riassicurazione ([8]);

m) CONSAP: la Concessionaria servizi assicurativi pubblici S.p.A.;

m bis) controparte centrale autorizzata: una controparte centrale che ha ottenuto un'autorizzazione conformemente all'articolo 14 del regolamento (UE) n. 648/2012 o che è stata riconosciuta in base all'articolo 25 dello stesso Regolamento ([9]);

n) credito di assicurazione: ogni importo dovuto da un'impresa di assicurazione ad assicurati, contraenti, beneficiari o altre parti lese aventi diritto ad agire direttamente contro l'impresa di assicurazione e derivante da un contratto di assicurazione o da operazioni di cui all'articolo 2, commi 1 e 3, nell'ambito di attività di assicurazione diretta, compresi gli importi detenuti in riserva per la copertura a favore dei medesimi aventi diritto allorquando alcuni elementi del debito non sono ancora conosciuti. Sono parimenti considerati crediti di assicurazione i premi detenuti da un'impresa di assicurazione, prima dell'avvio delle procedure di liquidazione dell'impresa stessa, in seguito alla mancata stipulazione o alla risoluzione dei medesimi contratti ed operazioni, in virtù della legge applicabile a tali contratti e operazioni;

n bis) distribuzione di probabilità prevista: funzione matematica che assegna ad un elenco esaustivo di eventi futuri mutualmente esclusivi una probabilità di realizzazione ([10]);

n ter) «ECAI» o «agenzia esterna di valutazione del merito di credito»: un'agenzia di rating creditizio registrata o certificata in conformità del regolamento (CE) n. 1060/2009 del Parlamento europeo o del Consiglio o una banca centrale che emette rating creditizi esenti dall'applicazione di tale regolamento ([10]);

n quater) effetti di diversificazione: la riduzione dell'esposizione al rischio dell'impresa di assicurazione o di riassicurazione o del gruppo dovuta alla diversificazione della loro attività, derivante dal fatto che il risultato sfavorevole di un rischio può essere compensato dal risultato più favorevole di un altro, quando tali rischi non siano pienamente correlati ([10]);

n quinquies) esternalizzazione: l'accordo concluso tra un'impresa di assicurazione o di riassicurazione e un fornitore di servizi, anche se non autorizzato all'esercizio dell'attività assicurativa o riassicurativa, in base al quale il fornitore di servizi esegue una procedura, un servizio o un'attività, direttamente o tramite sub esternalizzazione, che sarebbero altrimenti realizzati dall'impresa di assicurazione o di riassicurazione stessa ([10]);

o) fondo di garanzia: un organismo creato da uno Stato membro che ha almeno il compito di rimborsare, entro i limiti dell'obbligo di assicurazione, i danni alle cose o alle persone causati da un veicolo non identificato o per il quale non vi è stato adempimento dell'obbligo di assicurazione;

p) Fondo di garanzia delle vittime della caccia: il fondo costituito presso la CONSAP e previsto dall'articolo 303;

q) Fondo di garanzia delle vittime della strada: il fondo costituito presso la CONSAP e previsto dall'articolo 285;

q bis) funzione: in un sistema di governo societario, la capacità interna all'impresa di assicurazione o di riassicurazione di svolgere compiti concreti; un sistema di governo societario comprende la funzione di gestione del rischio, la funzione di verifica della conformità, la revisione interna e la funzione attuariale ([11]);

r) grandi rischi: si intendono per grandi rischi quelli rientranti nei rami di cui all'articolo 2, comma 3, qui di seguito indicati:

1) 4 (corpi di veicoli ferroviari), 5 (corpi di veicoli aerei), 6 (corpi di veicoli marittimi, lacustri e fluviali), 7 (merci trasportate), 11 (r.c. aeromobili) e 12 (r.c. veicoli marittimi, lacustri e fluviali) salvo quanto previsto al numero 3);

2) 14 (credito) e 15 (cauzione), qualora l'assicurato eserciti professionalmente un'attività industriale, commerciale o intellettuale e il rischio riguardi questa attività;

3) 3 (corpi di veicoli terrestri, esclusi quelli ferroviari), 8 (incendio ed elementi naturali), 9 (altri danni ai beni), 10 (r.c. autoveicoli terrestri), 12 (r.c. veicoli marittimi, lacustri e fluviali) per quanto riguarda i natanti soggetti all'assicurazione obbligatoria ai sensi dell'articolo 123, 13 (r.c. generale) e 16 (perdite pecuniarie), purché l'assicurato superi i limiti di almeno due dei tre criteri seguenti:1) il totale dell'attivo dello stato patrimoniale risulti superiore ai seimilionieduecentomila euro; 2) l'importo del volume d'affari risulti superiore ai dodicimilionieottocentomila euro; 3) il numero dei dipendenti occupati in media durante l'esercizio risulti superiore alle duecentocinquanta unità. Qualora l'assicurato sia un'impresa facente parte di un gruppo tenuto a redigere un bilancio consolidato, le condizioni di cui sopra si riferiscono al bilancio consolidato del gruppo;

r bis) gruppo: un gruppo

1) composto da una società partecipante o controllante, dalle sue società controllate o da altre entità in cui la società partecipante o controllante o le sue società controllate detengono una partecipazione, nonché da società legate da direzione unitaria ai sensi dell'articolo 96; ovvero

2) basato sull'instaurazione, contrattuale o di altro tipo, di rapporti finanziari solidi e sostenibili tra tali imprese che può includere anche mutue assicuratrici o altre società di tipo mutualistico, a condizione che:

2.1) una delle imprese eserciti effettivamente, tramite un coordinamento centralizzato, un'influenza dominante sulle decisioni, incluse le decisioni finanziarie, di tutte le imprese che fanno parte del gruppo; e

2.2) la costituzione e lo scioglimento di tali relazioni ai fini del titolo XV siano soggetti all'approvazione preventiva dell'autorità di vigilanza del gruppo; laddove l'impresa che esegue il coordinamento centralizzato è considerata l'impresa controllante o partecipante e le altre imprese sono considerate le imprese controllate o partecipate ([12]);

s) impresa: la società di assicurazione o di riassicurazione autorizzata;

t) impresa di assicurazione: la società autorizzata secondo quanto previsto nelle direttive comunitarie sull'assicurazione diretta;

u) impresa di assicurazione autorizzata in Italia ovvero impresa di assicurazione italiana: la società avente sede legale in Italia e la sede secondaria in Italia di impresa di assicurazione avente sede legale in uno Stato terzo, autorizzata all'esercizio delle assicurazioni o delle operazioni di cui all'articolo 2;

u bis) impresa di assicurazione captive: un'impresa di assicurazione controllata da un'impresa finanziaria, diversa da un'impresa di assicurazione o di riassicurazione o da un gruppo di imprese di assicurazione o di riassicurazione a cui si applica la direttiva 2009/138/CE oppure controllata da un'impresa non finanziaria, il cui scopo è fornire copertura assicurativa esclusivamente per i rischi dell'impresa o delle imprese che la controllano o di una o più imprese del gruppo di cui fa parte l'impresa di assicurazione captive ([13]);

v) impresa di assicurazione comunitaria: la società avente sede legale e amministrazione – centrale in uno Stato membro dell'Unione europea diverso dall'Italia o in uno Stato aderente allo Spazio economico europeo, autorizzata secondo quanto previsto nelle direttive comunitarie sull'assicurazione diretta;

z) impresa di assicurazione extracomunitaria: la società di assicurazione avente sede legale e amministrazione centrale in uno Stato non appartenente all'Unione europea o non aderente allo Spazio economico europeo, autorizzata per l'esercizio delle assicurazioni o delle operazioni di cui all'articolo 2;

aa) impresa di partecipazione assicurativa: una società controllante il cui unico o principale oggetto consiste nell'assunzione di partecipazioni di controllo, nonché nella gestione e valorizzazione di tali partecipazioni, se le imprese controllate sono esclusivamente o principalmente imprese di assicurazione, imprese di riassicurazione, imprese di assicurazione o di riassicurazione extracomunitarie, sempre che almeno una di esse sia un'impresa di assicurazione o un'impresa di riassicurazione avente sede legale nel territorio della Repubblica e che non sia una impresa di partecipazione finanziaria mista ai sensi dell'articolo 1, comma 1, lettera *bb bis*) ([14]) [secondo le rilevanti disposizioni dell'ordinamento comunitario sulla vigilanza supplementare delle imprese appartenenti ad un conglomerato finanziario] ([15]) ([16]);

bb) impresa di partecipazione assicurativa mista: una società controllante diversa da un'impresa di assicurazione, da un'impresa di assicurazione extracomunitaria, da un'impresa di riassicurazione, da un'impresa di riassicurazione extracomunitaria, da un'impresa di partecipazione assicurativa o da una impresa di partecipazione finanziaria mista ai sensi dell'articolo 1, comma 1, lettera *bb bis*) ([17]) [secondo le rilevanti disposizioni dell'ordinamento comunitario della vigilanza supplementare delle imprese appartenenti ad un conglomerato finanziario] ([18]), sempreché almeno una delle sue imprese controllate sia un'impresa di assicurazione o un'impresa di riassicurazione avente sede legale nel territorio della Repubblica ([19]);

bb bis) impresa di partecipazione finanziaria mista: un'impresa di cui all'articolo 1, comma 1, lettera *v*), del decreto legislativo 30 maggio 2005, n. 142 ([20]);

cc) impresa di riassicurazione: la società autorizzata all'esercizio della sola riassicurazione, diversa da una impresa di assicurazione o da una impresa di assicurazione extracomunitaria, la cui attività principale consiste nell'accettare rischi ceduti da una impresa di assicurazione, da una impresa di assicurazione avente sede legale in uno Stato terzo, o da altre imprese di riassicurazione;

cc bis) impresa di riassicurazione captive: un'impresa di riassicurazione controllata da un'impresa finanziaria diversa da un'impresa di assicurazione o di riassicurazione o da un gruppo di imprese di assicurazione o riassicurazione a cui si applica la direttiva 2009/138/CE oppure controllata da un'impresa non finanziaria il cui scopo è di fornire copertura riassicurativa esclusivamente per i rischi dell'impresa o delle imprese che la controllano o di una o più imprese del gruppo di cui fa parte l'impresa di riassicurazione captive ([21]);

cc ter) impresa di riassicurazione extracomunitaria: la società avente sede legale e amministrazione centrale in uno Stato non appartenente all'Unione europea o non aderente allo Spazio economico europeo, autorizzata per l'esercizio dell'attività riassicurativa ([21]);

cc quater) impresa finanziaria: un'impresa costituita da uno dei seguenti soggetti:

1) un ente creditizio, un ente finanziario o una società strumentale di cui all'articolo 4, n. 18), del regolamento (UE) 575/2013 ([22]);

2) un'impresa di assicurazione, un'impresa di riassicurazione o un'impresa di partecipazione assicurativa ai sensi dell'articolo 1, comma 1, lettere *t*), *aa*) e *cc*);

3) un'impresa di investimento [o un ente finanziario] ([23]) ai sensi dell'articolo 4, n. 2), del regolamento del Parlamento europeo e del Consiglio n. 575 del 26 giugno 2013 ([24]);

4) un'impresa di partecipazione finanziaria mista ai sensi dell'articolo 1, comma 1, lettera *bb bis*) ([25]) ([21]);

dd) ISVAP o IVASS: l'Istituto per la vigilanza sulle assicurazioni private e di interesse collettivo a cui è succeduto l'IVASS, Istituto per la vigilanza sulle assicurazioni, ai sensi dell'articolo 13 del decreto legge 6 luglio 2012, n. 95, convertito, con modificazioni, dalla legge 7 agosto 2012 n. 135 ([26]);

ee) legge fallimentare: il regio decreto 16 marzo 1942, n. 267, e successive modificazioni;

ff) localizzazione: la presenza di attività mobiliari ed immobiliari all'interno del territorio di un determinato Stato. I crediti sono considerati come localizzati nello Stato nel quale gli stessi sono esigibili;

[*gg*) margine di solvibilità disponibile: il patrimonio dell'impresa, libero da qualsiasi impegno prevedibile ed al netto degli elementi immateriali] ([27]);

[*hh*) margine di solvibilità richiesto: ammontare minimo del patrimonio netto del quale l'impresa dispone costantemente, secondo quanto previsto nelle direttive comunitarie sull'assicurazione diretta] ([28]);

ii) mercato regolamentato: un mercato finanziario autorizzato o riconosciuto ai sensi della parte III, titolo I, del testo unico dell'intermediazione finanziaria, nonché i mercati di Stati appartenenti all'OCSE che sono istituiti, organizzati e disciplinati da disposizioni adottate o approvate dalle competenti autorità nazionali e che soddisfano requisiti analoghi a quelli dei mercati regolamentati di cui al testo unico dell'intermediazione finanziaria;

ii bis) misura del rischio: la funzione matematica che assegna un importo monetario ad una data distribuzione di probabilità prevista e cresce monotonicamente con il livello di esposizione al rischio sottostante a tale distribuzione ([29]);

ll) natante: qualsiasi unità che è destinata alla navigazione marittima, fluviale o lacustre e che è azionata da propulsione meccanica;

ll bis) operazione infragruppo: un'operazione in cui un'impresa di assicurazione o di riassicurazione si affida, direttamente o indirettamente, ad un'altra impresa nell'ambito dello stesso gruppo o ad una persona fisica o giuridica strettamente legata alle imprese nell'ambito di tale gruppo per ottemperare ad un obbligo, contrattuale o meno, e a fini o meno di pagamento ([30]);

mm) Organismo di indennizzo italiano: l'organismo istituito presso la CONSAP e previsto dall'articolo 296;

mm bis) partecipazione: la detenzione, diretta o tramite un rapporto di controllo, del 20 per cento o più dei diritti di voto o del capitale di una società, anche per il tramite di società controllate, fiduciarie o per interposta persona o comunque di una percentuale che consente l'esercizio di una influenza notevole sulla gestione di tale società ([31]);

mm ter) partecipazione qualificata: la detenzione, diretta o indiretta, di almeno il 10 per cento dei diritti di voto o del capitale di un'impresa di assicurazione o di riassicurazione o comunque la partecipazione che consente l'esercizio di un'influenza notevole sulla gestione di tale impresa ([31]);

nn) partecipazioni: le azioni, le quote e gli altri strumenti finanziari che attribuiscono diritti amministrativi o comunque i diritti previsti dall'articolo 2351, ultimo comma, del codice civile;

[*oo*) partecipazioni rilevanti: le partecipazioni che comportano il controllo della società e le partecipazioni individuate dall'ISVAP, in conformità ai principi stabiliti nel regolamento adottato dal Ministro delle attività produttive, con riguardo alle diverse fattispecie disciplinate, tenendo conto dei diritti di voto e degli altri diritti che consentono di influire sulla società] ([32]);

pp) portafoglio del lavoro diretto italiano: tutti i contratti stipulati da imprese di assicurazione italiane, ad eccezione di quelli stipulati da loro sedi secondarie situate in Stati terzi;

qq) portafoglio del lavoro indiretto italiano: i contratti, ovunque stipulati, da imprese italiane o da stabilimenti in Italia di imprese aventi la sede legale in altro Stato, se l'impresa cedente è essa stessa impresa italiana o stabilimento in Italia di imprese aventi la sede legale in altro Stato. Si considerano facenti parte del portafoglio estero i contratti, ovunque stipulati, nel caso in cui l'impresa cedente sia un'impresa avente la sede legale in altro Stato [. I contratti stipulati da imprese italiane attraverso uno stabilimento costituito in altro Stato si considerano facenti parte del portafoglio estero] ([33]);

rr) principi contabili internazionali: i principi contabili internazionali e le relative interpretazioni adottati secondo la procedura di cui all'articolo 6 del regolamento (CE) n. 1606/2002, del Parlamento europeo e del Consiglio, del 19 luglio 2002;

ss) prodotti assicurativi: tutti i contratti emessi da imprese di assicurazione nell'esercizio delle attività rientranti nei rami vita o nei rami danni come definiti all'articolo 2;

tt) ramo di assicurazione: la classificazione secondo un insieme omogeneo di rischi od operazioni che descrive l'attività che l'impresa può esercitare al rilascio dell'autorizzazione;

uu) retrocessione: cessione dei rischi assunti in riassicurazione;

vv) sede secondaria o succursale: una sede che costituisce parte, sprovvista di personalità giuridica, di un'impresa di assicurazione o di riassicurazione e che effettua direttamente, in tutto o in parte, l'attività assicurativa o riassicurativa;

vv bis) riassicurazione finite: una riassicurazione in base alla quale la potenziale perdita massima esplicita, espressa in termini di rischio economico massimo trasferito, risultante da un significativo trasferimento sia del rischio di sottoscrizione che del rischio di timing, eccede, per un importo limitato ma significativo, il premio per l'intera durata del contratto, unitamente ad almeno una delle seguenti caratteristiche:

1) considerazione esplicita e materiale del valore del denaro in rapporto al tempo;

2) disposizioni contrattuali intese a limitare il risultato economico del contratto tra le parti nel tempo, al fine di raggiungere il trasferimento del rischio previsto ([34]);

*vv bis*1) rischio di credito: il rischio di perdita o di variazione sfavorevole della situazione finanziaria derivante da oscillazioni del merito di credito di emittenti di titoli, controparti e debitori nei confronti dei quali l'impresa di assicurazione o di riassicurazione è esposta in forma di rischio di inadempimento della controparte, di rischio di spread o di concentrazione del rischio di mercato ([35]);

*vv bis*2) rischio di liquidità: il rischio che l'impresa di assicurazione o di riassicurazione non sia in grado di liquidare investimenti ed altre attività per regolare i propri impegni finanziari al momento della relativa scadenza ([35]);

*vv bis*3) rischio di mercato: il rischio di perdita o di variazione sfavorevole della situazione finanziaria derivante, direttamente o indirettamente, da oscillazioni del livello e della volatilità dei prezzi di mercato delle attività, delle passività e degli strumenti finanziari ([35]);

*vv bis*4) rischio di sottoscrizione: il rischio di perdita o di variazione sfavorevole del valore delle passività assicurative dovuto ad ipotesi inadeguate in materia di fissazione di prezzi e di costituzione delle riserve tecniche ([35]);

*vv bis*5) rischio operativo: il rischio di perdite derivanti dall'inadeguatezza o dalla disfunzione di procedure interne, risorse umane o sistemi oppure da eventi esogeni ([35]);

*vv bis*6) sistemi di garanzia: sistemi per lo svolgimento, in Italia o all'estero, delle funzioni di salvaguardia della stabilità finanziaria delle imprese, in particolare per la gestione e la risoluzione di situazioni di crisi ([35]);

*vv bis*7) società controllante: una società che esercita il controllo ai sensi dell'articolo 72, anche per il tramite di società controllate, fiduciarie o per interposta persona ([35]);

*vv bis*8) società controllata: una società sulla quale è esercitato il controllo ai sensi dell'articolo 72, anche per il tramite di società controllate, fiduciarie o per interposta persona ([35]);

*vv bis*9) società partecipante: la società che detiene una partecipazione ([35]);

*vv bis*10) società partecipata: la società in cui è detenuta una partecipazione ([35]);

vv ter) società veicolo: qualsiasi impresa, con o senza personalità giuridica, diversa da un'impresa di assicurazione o di riassicurazione, che assume i rischi ceduti da imprese di assicurazione o riassicurazione e che finanzia integralmente la sua esposizione a tali rischi mediante l'emissione di titoli o altri strumenti finanziari per i quali i diritti di rimborso dei detentori sono subordinati agli obblighi di riassicurazione della società veicolo ([34]);

zz) stabilimento: la sede legale od una sede secondaria di un'impresa di assicurazione o di riassicurazione;

aaa) Stato aderente allo Spazio economico europeo; uno Stato aderente all'accordo di estensione della normativa dell'Unione europea in materia, fra l'altro, di circolazione delle merci, dei servizi e dei capitali agli Stati appartenenti all'Associazione europea di libero scambio firmato ad Oporto il 2 maggio 1992 e ratificato con legge 28 luglio 1993, n. 300;

bbb) Stato membro: uno Stato membro dell'Unione europea o uno Stato aderente allo Spazio economico europeo, come tale equiparato allo Stato membro dell'Unione europea;

ccc) Stato membro dell'obbligazione: lo Stato di cui alla lettera *bbb*) nel quale il contraente ha il domicilio, ovvero, se il contraente è una persona giuridica, lo Stato di cui alla lettera *bbb*) sede della stessa cui si riferisce il contratto;

ddd) Stato membro di prestazione di servizi: lo Stato di cui alla lettera *bbb*) dell'obbligazione o in cui è ubicato il rischio, quando l'obbligazione o il rischio è assunto da uno stabilimento situato in un altro Stato di cui alla lettera *bbb*);

eee) Stato membro di stabilimento: lo Stato di cui alla lettera *bbb*) in cui è situato lo stabilimento dal quale l'impresa opera;

fff) Stato membro di ubicazione del rischio:

1) lo Stato di cui alla lettera *bbb*) in cui si trovano i beni, quando l'assicurazione riguardi beni immobili, ovvero beni immobili e beni mobili in essi contenuti, sempre che entrambi siano coperti dallo stesso contratto di assicurazione;

2) lo Stato di cui alla lettera *bbb*) di immatricolazione, quando l'assicurazione riguardi veicoli di ogni tipo soggetti ad immatricolazione sia che si tratti di un veicolo con targa definitiva o targa temporanea ([36]);

3) lo Stato di cui alla lettera *bbb*) in cui l'assicurato ha sottoscritto il contratto, quando abbia durata inferiore o pari a quattro mesi e sia relativo a rischi inerenti ad un viaggio o ad una vacanza;

4) lo Stato di cui alla lettera *bbb*) in cui l'assicurato ha il domicilio, ovvero, se l'assicurato è una persona giuridica, lo Stato della sede della stessa alla quale si riferisce il contratto, in tutti i casi non esplicitamente previsti dai numeri da 1 a 3;

4 *bis*) lo Stato di cui alla lettera *bbb*) di destinazione nel caso in cui un veicolo viene spedito da uno Stato membro in un altro, a decorrere dall'accettazione della consegna da parte dell'acquirente e per un periodo di trenta giorni, anche se il veicolo non è stato formalmente immatricolato nello Stato membro di destinazione ([37]);

4 *ter*) lo Stato di cui alla lettera *bbb*) in cui si è verificato il sinistro qualora il veicolo sia privo di targa o rechi una targa che non corrisponde più allo stesso veicolo ([37]);

ggg) Stato membro d'origine: lo Stato membro dell'Unione europea o lo Stato aderente allo Spazio economico europeo in cui è situata la sede legale dell'impresa di assicurazione che assume l'obbligazione o il rischio o dell'impresa di riassicurazione ([38]);

ggg bis) Stato membro ospitante: lo Stato membro diverso dallo Stato membro di origine in cui un'impresa di assicurazione o di riassicurazione ha una sede secondaria o presta servizi ([39]);

hhh) Stato terzo: uno Stato che non è membro dell'Unione europea o non è aderente allo Spazio economico europeo;

iii) stretti legami: il rapporto fra due o più persone fisiche o giuridiche nei casi in cui sussiste:

1) un legame di controllo ai sensi dell'articolo 72;

2) una partecipazione, detenuta direttamente o per il tramite di società controllate, società fiduciarie o per interposta persona, almeno pari al dieci per cento del capitale o dei diritti di voto, ovvero una partecipazione che, pur restando al di sotto del limite sopra indicato, dà comunque la possibilità di esercitare un'influenza notevole ancorché non dominante;

3) un legame in base al quale le stesse persone sono sottoposte al controllo del medesimo soggetto, o comunque sono sottoposte a direzione unitaria in virtù di un contratto o di una clausola statutaria, oppure quando gli organi di amministrazione sono composti in maggioranza dalle medesime persone, oppure quando esistono legami importanti e durevoli di riassicurazione;

4) un rapporto di carattere tecnico, organizzativo, finanziario, giuridico e familiare che possa influire in misura rilevante sulla gestione dell'impresa. L'IVASS, con regolamento, può ulteriormente qualificare la definizione di stretti legami, al fine di evitare situazioni di ostacolo all'effettivo esercizio delle funzioni di vigilanza;

iii bis) tecniche di mitigazione del rischio: le tecniche che consentono all'impresa di assicurazione o di riassicurazione di trasferire una parte o la totalità dei rischi ad un terzo ([40]);

lll) testo unico bancario: il decreto legislativo 1° settembre 1993, n. 385, e successive modificazioni;

mmm) testo unico dell'intermediazione finanziaria: il decreto legislativo 24 febbraio 1998, n. 58, e successive modificazioni;

nnn) testo unico in materia di assicurazioni sugli infortuni sul lavoro e le malattie professionali: il decreto legislativo 23 febbraio 2000, n. 38, e successive modificazioni;

ooo) Ufficio centrale italiano: l'ente costituito dalle imprese di assicurazione autorizzate ad esercitare il ramo responsabilità civile autoveicoli che è stato abilitato all'esercizio delle funzioni di Ufficio nazionale di assicurazione nel territorio della Repubblica ed allo svolgimento degli altri compiti previsti dall'ordinamento comunitario e italiano;

ppp) Ufficio nazionale di assicurazione: l'organizzazione professionale che è costituita, conformemente alla raccomandazione n. 5 adottata il 25 gennaio 1949 dal sottocomitato dei trasporti stradali del comitato dei trasporti interni della Commissione economica per l'Europa dell'Organizzazione delle Nazioni Unite, e che raggruppa imprese di assicurazione che hanno ottenuto in uno Stato l'autorizzazione ad esercitare il ramo responsabilità civile autoveicoli;

qqq) unità da diporto: il natante definito all'articolo 1, comma 3, del decreto legislativo 18 luglio 2005, n. 171, recante il codice della nautica da diporto;

rrr) veicolo: qualsiasi autoveicolo destinato a circolare sul suolo e che può essere azionato da una forza meccanica, senza essere vincolato ad una strada ferrata, nonché i rimorchi, anche se non agganciati ad una motrice.

([1]) *Le parole: «, anche di un Stato terzo» sono state inserite dall'art. 1, comma 1, lett.* a), *del D.L.vo 12 maggio 2015, n. 74.*

([2]) *Questa lettera è stata così sostituita dall'art. 1, comma 1, lett.* a), *del D.L.vo 29 febbraio 2008, n. 56.*

([3]) *Le parole: «o EIOPA» sono state inserite dall'art. 1, comma 1, lett.* b), *del D.L.vo 12 maggio 2015, n. 74.*

([4]) *Le parole: «o EBA» sono state inserite dall'art. 1, comma 1, lett.* c), *del D.L.vo 12 maggio 2015, n. 74.*

([5]) *Le parole: «o ESMA» sono state inserite dall'art. 1, comma 1, lett.* d), *del D.L.vo 12 maggio 2015, n. 74.*

([6]) *Questa lettera è stata aggiunta dall'art. 5, comma 1, del D.L.vo 30 luglio 2012, n. 130.*

([7]) *Questa lettera è stata inserita dall'art. 1, comma 1, lett.* e), *del D.L.vo 12 maggio 2015, n. 74.*

([8]) *Questa lettera è stata inserita dall'art. 1, comma 1, lett.* f), *del D.L.vo 12 maggio 2015, n. 74.*

([9]) *Questa lettera è stata inserita dall'art. 1, comma 1, lett.* g), *del D.L.vo 12 maggio 2015, n. 74.*

([10]) *Questa lettera è stata inserita dall'art. 1, comma 1, lett.* h), *del D.L.vo 12 maggio 2015, n. 74.*

([11]) *Questa lettera è stata inserita dall'art. 1, comma 1, lett.* l), *del D.L.vo 12 maggio 2015, n. 74.*

([12]) *Questa lettera è stata inserita dall'art. 1, comma 1, lett.* m), *del D.L.vo 12 maggio 2015, n. 74.*

([13]) *Questa lettera è stata inserita dall'art. 1, comma 1, lett.* n), *del D.l.vo 12 maggio 2015, n. 74.*

([14]) *Le parole: «ai sensi dell'articolo 1, comma 1, lettera* bb bis*)» sono state inserite dall'art. 3, comma 2, lett.* b), *del D.L.vo 4 marzo 2014, n. 43.*

([15]) *Le parole tra parentesi quadrate sono state soppresse dall'art. 3, comma 2, lett.* a), *del D.L.vo 4 marzo 2014, n. 53.*

(16) *Questa lettera è stata così sostituita dall'art. 1, comma 1, lett.* b), *del D.L.vo 29 febbraio 2008, n. 56.*

(17) *Le parole: «ai sensi dell'articolo 1, comma 1, lettera* bb bis*)» sono state inserite dall'art. 3, comma 2, lett.* c), *del D.L.vo 4 marzo 2014, n. 43.*

(18) *Le parole tra parentesi quadrate sono state soppresse dall'art. 3, comma 2, lett.* d), *del D.L.vo 4 marzo 2014, n. 53.*

(19) *Questa lettera è stata così sostituita dall'art. 1, comma 1, lett.* c), *del D.L.vo 29 febbraio 2008, n. 56.*

(20) *Questa lettera è stata aggiunta dall'art. 3, comma 2, lett.* e), *del D.L.vo 4 marzo 2014, n. 53.*

(21) *Questa lettera, inserita dall'art. 1, comma 1, lett.* d), *del D.L.vo 29 febbraio 2008, n. 56, è stata così sostituita dall'art. 1, comma 1, lett.* o), *del D.L.vo 12 maggio 2015, n. 74.*

(22) *Questo numero è stato così sostituito dall'art. 1, comma 1, lett.* p), *del D.L.vo 12 maggio 2015, n. 74.*

(23) *Le parole tra parentesi quadrate sono state soppresse dall'art. 3, comma 2, lett.* f), *del D.L.vo 4 marzo 2014, n. 53.*

(24) *Le parole: «4, paragrafo 1, punto* 1), *della direttiva 2004/39/CE» sono state così sostituite dalle seguenti: «4, n.* 2), *del regolamento del Parlamento europeo e del Consiglio n. 575 del 26 giugno 2013» dall'art. 3, comma 2, lett.* g), *del D.L.vo 4 marzo 2014, n. 53.*

(25) *Le parole: «ai sensi dell'articolo 2, punto* 15), *della direttiva 2002/87/CE» sono state così sostituite dalle seguenti: «ai sensi dell'articolo 1, comma 1, lettera* bb bis)*» dall'art. 3, comma 2, lett.* h), *del D.L.vo 4 marzo 2014, n. 53.*

(26) *Questa lettera è stata così sostituita dall'art. 3, comma 2, lett.* i), *del D.L.vo 4 marzo 2014, n. 53. A norma dell'art. 1, comma 213, del D.L.vo 12 maggio 2015, n. 74, in questa lettera non viene operata la sostituzione di «ISVAP» con «IVASS».*

(27) *Questa lettera è stata abrogata dall'art. 1, comma 1, lett.* q), *del D.L.vo 12 maggio 2015, n. 74.*

(28) *Questa lettera è stata abrogata dall'art. 1, comma 1, lett.* r), *del D.L.vo 12 maggio 2015, n. 74.*

(29) *Questa lettera è stata inserita dall'art. 1, comma 1, lett.* s), *del D.L.vo 12 maggio 2015, n. 74.*

(30) *Questa lettera è stata inserita dall'art. 1, comma 1, lett.* t), *del D.L.vo 12 maggio 2015, n. 74.*

(31) *Questa lettera è stata inserita dall'art. 1, comma 1, lett.* u), *del D.L.vo 12 maggio 2015, n. 74.*

(32) *Questa lettera è stata abrogata dall'art. 4, comma 1, lett.* a), *del D.L.vo 27 gennaio 2010, n. 21.*

(33) *Le parole fra parentesi quadrate sono state soppresse dall'art. 1, comma 1, lett.* e), *del D.L.vo 29 febbraio 2008, n. 56.*

(34) *Questa lettera è stata inserita dall'art. 1, comma 1, lett.* f), *del D.L.vo 29 febbraio 2008, n. 56.*

(35) *Questa lettera è stata inserita dall'art. 1, comma 1, lett.* v), *del D.L.vo 12 maggio 2015, n. 74.*

(36) *Le parole: «sia che si tratti di un veicolo con targa definitiva o targa temporanea», sono state aggiunte dall'art. 1, comma 1, lett.* a), *del D.L.vo 6 novembre 2007, n. 198.*

(37) *Questo numero è stato aggiunto dall'art. 1, comma 1, lett. b), del D.L.vo 6 novembre 2007, n. 198.*

(38) *Le parole: «dell'impresa che assume l'obbligazione o il rischio» sono state così sostituite dalle attuali: «dell'impresa di assicurazione che assume l'obbligazione o il rischio o dell'impresa di riassicurazione» dall'art. 1, comma 1, lett.* g), *del D.L.vo 29 febbraio 2008, n. 56.*

(39) *Questa lettera è stata inserita dall'art. 1, comma 1, lett.* z), *del D.L.vo 12 maggio 2015, n. 74.*

(40) *Questa lettera è stata inserita dall'art. 1, comma 1, lett.* aa), *del D.L.vo 12 maggio 2015, n. 74.*

2. Classificazione per ramo. – 1. Nei rami vita la classificazione per ramo è la seguente:

I. le assicurazioni sulla durata della vita umana;

II. le assicurazioni di nuzialità e di natalità;

III. le assicurazioni, di cui ai rami I e II, le cui prestazioni principali sono direttamente collegate al valore di quote di organismi di investimento collettivo del risparmio o di fondi interni ovvero a indici o ad altri valori di riferimento;

IV. l'assicurazione malattia e l'assicurazione contro il rischio di non autosufficienza che siano garantite mediante contratti di lunga durata, non rescindibili, per il rischio di invalidità grave dovuta a malattia o a infortunio o a longevità;

V. le operazioni di capitalizzazione;

VI. le operazioni di gestione di fondi collettivi costituiti per l'erogazione di prestazioni in caso di morte, in caso di vita o in caso di cessazione o riduzione dell'attività lavorativa.

2. L'impresa che ha ottenuto l'autorizzazione all'esercizio delle assicurazioni di cui ai rami I, II o III del comma 1, ovvero quella di cui al ramo V del comma 1 se è stata autorizzata ad esercitare anche un altro ramo vita con assunzione di un rischio demografico, con i relativi contratti può garantire in via complementare i rischi di danni alla persona, comprese l'incapacità al lavoro professionale, la morte in seguito ad infortunio, l'invalidità a seguito di infortunio o di malattia. L'impresa che ha ottenuto l'autorizzazione all'esercizio delle operazioni di cui al ramo VI del comma 1, in via complementare ai relativi contratti, può garantire prestazioni di invalidità e di premorienza secondo quanto previsto nella normativa sulle forme pensionistiche complementari.

3. Nei rami danni la classificazione dei rischi è la seguente:

1. Infortuni (compresi gli infortuni sul lavoro e le malattie professionali); prestazioni forfettarie; indennità temporanee; forme miste; persone trasportate;

2. Malattia: prestazioni forfettarie; indennità temporanee; forme miste;

3. Corpi di veicoli terrestri (esclusi quelli ferroviari): ogni danno subito da: veicoli terrestri automotori; veicoli terrestri non automotori;

4. Corpi di veicoli ferroviari: ogni danno subito da veicoli ferroviari;

5. Corpi di veicoli aerei: ogni danno subito da veicoli aerei;

6. Corpi di veicoli marittimi, lacustri e fluviali: ogni danno subito da: veicoli fluviali; veicoli lacustri; veicoli marittimi;

7. Merci trasportate (compresi merci, bagagli e ogni altro bene): ogni danno subito dalle merci trasportate o dai bagagli, indipendentemente dalla natura del mezzo di trasporto;

8. Incendio ed elementi naturali: ogni danno subito dai beni (diversi dai beni compresi nei rami 3, 4, 5, 6 e 7) causato da: incendio; esplosione; tempesta; elementi naturali diversi dalla tempesta; energia nucleare; cedimento del terreno;

9. Altri danni ai beni: ogni danno subito dai beni (diversi dai beni compresi nei rami 3, 4, 5, 6 e 7) causato dalla grandine o dal gelo, nonché da qualsiasi altro evento, quale il furto, diverso da quelli compresi al n. 8;

10. Responsabilità civile autoveicoli terrestri: ogni responsabilità risultante dall'uso di autoveicoli terrestri (compresa la responsabilità del vettore);

11. Responsabilità civile aeromobili: ogni responsabilità risultante dall'uso di veicoli aerei (compresa la responsabilità del vettore);

12. Responsabilità civile veicoli marittimi, lacustri e fluviali: ogni responsabilità risultante dall'uso di veicoli fluviali, lacustri e marittimi (compresa la responsabilità del vettore);

13. Responsabilità civile generale: ogni responsabilità diversa da quelle menzionate ai numeri 10, 11 e 12;

14. Credito: perdite patrimoniali derivanti da insolvenze; credito all'esportazione; vendita a rate; credito ipotecario; credito agricolo;

15. Cauzione: cauzione diretta; cauzione indiretta;

16. Perdite pecuniarie di vario genere: rischi relativi all'occupazione; insufficienza di entrate (generale); intemperie; perdite di utili; persistenza di spese generali; spese commerciali impreviste; perdita di valore venale; perdita di fitti o di redditi; perdite commerciali indirette diverse da quelle menzionate precedentemente; perdite pecuniarie non commerciali; altre perdite pecuniarie;

17. Tutela legale: tutela legale;

18. Assistenza: assistenza alle persone in situazione di difficoltà.

4. Nei rami danni l'autorizzazione rilasciata cumulativamente per più rami è così denominata:

a) per i rami di cui ai numeri 1 e 2, «Infortuni e malattia»;

b) per i rami di cui ai numeri 1, persone trasportate, 3, 7 e 10, «Assicurazioni auto»;

c) per i rami di cui ai numeri 1, persone trasportate, 4, 6, 7 e 12, «Assicurazioni marittime e trasporti»;

d) per i rami di cui al numero 1, rischio persone trasportate, 5, 7 e 11, «Assicurazioni aeronautiche»;

e) per i rami di cui ai numeri 8 e 9, «Incendio ed altri danni ai beni»;

f) per i rami di cui ai numeri 10, 11, 12 e 13, «Responsabilità civile»;

g) per i rami di cui ai numeri 14 e 15, «Credito e cauzione»;

h) per tutti i rami, «Tutti i rami danni».

5. Nei rami danni l'impresa che ha ottenuto l'autorizzazione per un rischio principale, appartenente ad un ramo o ad un gruppo di rami, può garantire i rischi compresi in un altro ramo, senza necessità di un'ulteriore autorizzazione quando i medesimi rischi:

a) sono connessi con il rischio principale;

b) riguardano l'oggetto coperto contro il rischio principale;

c) sono garantiti dallo stesso contratto che copre il rischio principale. I rischi compresi nei rami 14, 15 e 17 di cui al comma 3 non possono essere considerati accessori di altri rami; tuttavia, fermo il rispetto delle condizioni di cui alle lettere *a*), *b*) e *c*), i rischi compresi nel ramo 17 possono essere considerati come rischi accessori del ramo 18 quando il rischio principale riguardi solo l'assistenza da fornire alle persone in difficoltà durante trasferimenti o assenze dal domicilio o dal luogo di residenza o quando riguardino controversie relative all'utilizzazione di navi o comunque connesse a tale utilizzazione.

6. L'IVASS adotta, con regolamento, le istruzioni applicative sulla classificazione dei rischi all'interno dei rami nel rispetto del principio di equivalenza dell'autorizzazione nel territorio comunitario.

Capo II
Vigilanza sull'attività assicurativa e riassicurativa

3. ([1]) **Finalità della vigilanza.** – 1. Scopo principale della vigilanza è l'adeguata protezione degli assicurati e degli aventi diritto alle prestazioni assicurative. A tal fine l'IVASS persegue la sana e prudente gestione delle imprese di assicurazione e riassicurazione, nonché, unitamente alla Consob, ciascuna secondo le rispettive competenze, la loro trasparenza e correttezza nei confronti della clientela. Altro obiettivo della vigilanza, ma subordinato al precedente, è la stabilità del sistema e dei mercati finanziari.

([1]) *Questo articolo è stato così sostituito dall'art. 1, comma 2, del D.L.vo 12 maggio 2015, n. 74.*

3 *bis*. ([1]) **Principi generali della vigilanza.** – 1. La vigilanza è basata su un metodo prospettico fondato sul rischio ed include la verifica continua del corretto esercizio dell'attività di assicurazione o di riassicurazione e dell'osservanza delle disposizioni di vigilanza da parte delle imprese di assicurazione o di riassicurazione.

2. La vigilanza sulle imprese di assicurazione e di riassicurazione comprende un'opportuna combinazione di attività cartolari e ispezioni in loco.

3. I requisiti stabiliti nel presente codice sono applicati in modo proporzionato alla natura, alla portata e alla complessità dei rischi inerenti all'attività di un'impresa di assicurazione o di riassicurazione.

4. L'IVASS, nell'esercizio delle sue funzioni, tiene conto della convergenza degli strumenti di vigilanza e delle pratiche di vigilanza dell'Unione europea.

5. Ai fini del comma 4 l'IVASS partecipa alle attività dell'AEAP e si conforma ai suoi orientamenti e raccomandazioni, fornendo adeguata motivazione ove ritenga di non conformarsi.

([1]) *Questo articolo è stato inserito dall'art. 1, comma 3, del D.L.vo 12 maggio 2015, n. 74.*

4. Ministro dello sviluppo economico. – 1. Il Ministro dello sviluppo economico adotta i provvedimenti previsti nel presente codice nell'ambito delle linee di politica assicurativa determinate dal Governo.

5. Autorità di vigilanza. – 1. L'IVASS svolge le funzioni di vigilanza sul settore assicurativo mediante l'esercizio dei poteri di natura autorizzativa, prescrittiva, accertativa, cautelare e repressiva previsti dalle disposizioni del presente codice.

1 *bis*. L'IVASS, nell'esercizio delle funzioni di vigilanza, è parte del SEVIF e partecipa alle attività che esso svolge, tenendo conto della convergenza degli strumenti e delle prassi di vigilanza in ambito europeo ([1]).

1 *ter*. Fatto salvo quanto previsto dall'articolo 3, comma 1, l'IVASS, nell'espletamento delle sue funzioni, prende in considerazione il potenziale impatto delle sue decisioni sulla stabilità dei sistemi finanziari dell'Unione europea, soprattutto in situazioni di emergenza, tenendo conto delle informazioni disponibili al momento, anche avvalendosi degli opportuni scambi di informazioni con l'AEAP, il Comitato congiunto, il CERS e le autorità di vigilanza degli altri Stati membri. In periodi di turbolenze eccezionali sui mercati finanziari, l'IVASS tiene conto dei potenziali effetti prociclici derivanti dai suoi interventi ([2]).

2. L'IVASS adotta ogni regolamento necessario per la sana e prudente gestione delle imprese o per la trasparenza e la correttezza dei comportamenti dei soggetti vigilati ed allo stesso fine rende nota ogni utile raccomandazione o interpretazione.

3. L'IVASS effettua le attività necessarie per promuovere un appropriato grado di protezione del consumatore e per sviluppare la conoscenza del mercato assicurativo, comprese le indagini statistiche ed economiche e la raccolta di elementi per l'elaborazione delle linee di politica assicurativa.

[4. L'ISVAP promuove le forme di collaborazione con le autorità degli altri Stati membri al fine di rendere organica, efficace ed omogenea la vigilanza sull'attività assicurativa e riassicurativa in conformità alle procedure stabilite dall'ordinamento comunitario] ([3]).

5. L'ordinamento dell'IVASS è disciplinato dalla legge 12 agosto 1982, n. 576, e successive modificazioni, e dall'articolo 13 del decreto legge 6 luglio 2012, n. 95, convertito, con modificazioni, dalla legge 7 agosto 2012, n. 135, nel rispetto dei principi di autonomia organizzativa, finanziaria e contabile necessari ai fini dell'esercizio imparziale ed efficace delle funzioni di vigilanza sul settore assicurativo ([4]).

5 *bis*. L'IVASS, nell'ambito della propria autonomia, garantisce comunque il rispetto dei principi di contenimento dei costi di cui al Capo I del Titolo I del decreto legge 31 maggio 2010, n. 78,

convertito, con modificazioni, dalla legge 30 luglio 2010, n. 122 ([5]).

([1]) *Questo comma è stato inserito dall'art. 5, comma 2, lett.* a)*, del D.L.vo 30 luglio 2012, n. 130.*

([2]) *Questo comma, inserito dall'art. 5, comma 2, lett.* a)*, del D.L.vo 30 luglio 2012, n. 130, è stato così sostituito dall'art. 1, comma 4, lett.* a)*, del D.L.vo 12 maggio 2015, n. 74.*

([3]) *Questo comma è stato abrogato dall'art. 5, comma 2, lett.* b)*, del D.L.vo 30 luglio 2012, n. 130.*

([4]) *Questo comma è stato così sostituito dall'art. 1, comma 4, lett.* b)*, del D.L.vo 12 maggio 2015, n. 74.*

([5]) *Questo comma è stato aggiunto dall'art. 1, comma 4, lett.* c)*, del D.L.vo 12 maggio 2015, n. 74.*

6. Destinatari della vigilanza. – 1. L'IVASS esercita le funzioni di vigilanza nei confronti:

a) delle imprese, comunque denominate e costituite, che esercitano nel territorio della Repubblica attività di assicurazione o di riassicurazione in qualsiasi ramo e in qualsiasi forma, ovvero operazioni di capitalizzazione e di gestione di fondi collettivi costituiti per l'erogazione di prestazioni in caso di morte, in caso di vita o in caso di cessazione o riduzione dell'attività lavorativa;

b) dei gruppi assicurativi e dei conglomerati finanziari nei quali sono incluse imprese di assicurazione e di riassicurazione in conformità alla specifica normativa ad essi applicabile;

c) dei soggetti, enti e organizzazioni che in qualunque forma svolgono funzioni parzialmente comprese nel ciclo operativo delle imprese di assicurazione o di riassicurazione limitatamente ai profili assicurativi e riassicurativi, fermi restando i poteri nei confronti delle imprese di assicurazione o di riassicurazione per le attività esternalizzate ([1]);

d) degli intermediari di assicurazione e di riassicurazione [, dei periti di assicurazione] ([2]) e di ogni altro operatore del mercato assicurativo.

([1]) *Le parole: «, fermi restando i poteri nei confronti delle imprese di assicurazione o di riassicurazione per le attività esternalizzate;» sono state aggiunte dall'art. 1, comma 5, lett.* a)*, del D.L.vo 12 maggio 2015, n. 74.*

([2]) *Le parole fra parentesi quadrate sono state soppresse dall'art. 1, comma 1, lett.* b)*, del D.L.vo 12 maggio 2015, n. 74.*

7. ([1]) **Reclami.** – 1. Le persone fisiche e giuridiche, nonché le associazioni riconosciute per la rappresentanza degli interessi dei consumatori hanno facoltà di proporre reclamo all'IVASS, per l'accertamento dell'osservanza delle disposizioni previste nel presente codice, nei confronti delle imprese di assicurazione e di riassicurazione e degli intermediari secondo la procedura prevista con regolamento.

([1]) *Questo articolo è stato così sostituito dall'art. 1, comma 6, del D.L.vo 12 maggio 2015, n. 74.*

8. ([1]) **Rapporti con il diritto dell'Unione europea e integrazione nel SEVIF.** – 1. Il Ministero dello sviluppo economico ([2]) e l'IVASS esercitano i poteri attribuiti in armonia con le disposizioni dell'Unione europea ([3]), si conformano ai regolamenti e alle decisioni dell'Unione europea e provvedono in merito alle raccomandazioni concernenti le materie disciplinate dal presente codice.

([1]) *La precedente rubrica: «Disposizioni comunitarie» è stata così sostituita dalla attuale dall'art. 5, comma 3, lett.* a)*, del D.L.vo 30 luglio 2012, n. 130.*

([2]) *Le parole: «Ministero delle attività produttive» sono state così sostituite dalle parole: «Ministero dello sviluppo economico» dall'art. 5, comma 3, lett.* b)*, del D.L.vo 30 luglio 2012, n. 130.*

([3]) *Le parole: «le disposizioni comunitarie» sono state così sostituite dalle parole: «le disposizioni dell'Unione europea» dall'art. 5, comma 3, lett.* b)*, del D.L.vo 30 luglio 2012, n. 130.*

9. Regolamenti e altri provvedimenti. – 1. I regolamenti ministeriali sono adottati ai sensi dell'articolo 17, comma 3, della legge 23 agosto 1988, n. 400.

2. I regolamenti adottati dall'IVASS ai sensi del presente codice sono emanati [dal presidente dell'Istituto] ([1]) nel rispetto della procedura prevista dall'articolo 191, commi 4 e 5.

3. L'IVASS stabilisce, con regolamento, i termini e le procedure per l'adozione degli atti e dei provvedimenti di competenza. L'IVASS disciplina, in particolare, i procedimenti relativi all'accertamento delle violazioni ed all'irrogazione delle sanzioni nel rispetto dei principi della facoltà di denuncia di parte, della piena conoscenza degli atti istruttori, del contraddittorio, della verbalizzazione nonché della distinzione tra le funzioni istruttorie e quelle decisorie. Si applicano, in quanto compatibili, i principi sull'individuazione e sulle funzioni del responsabile del procedimento, sulla partecipazione al procedimento e sull'accesso agli atti amministrativi previsti dalla legge 7 agosto 1990, n. 241. L'IVASS determina i casi di necessità ed urgenza o i motivi di riservatezza per cui è consentito derogare ai principi sanciti nel presente comma.

4. Le disposizioni del presente codice che prevedono un'autorizzazione dell'IVASS possono essere applicate dall'Istituto anche mediante il rilascio di autorizzazioni relative a determinate categorie di atti o di soggetti. Le autorizzazioni rilasciate dall'IVASS in via generale sono rese pubbliche secondo le modalità previste per i regolamenti.

5. I regolamenti ministeriali, i regolamenti, le raccomandazioni di carattere generale adottati dall'IVASS sono pubblicati nella *Gazzetta Ufficiale*. I medesimi atti, nonché ogni altro provvedimento rilevante relativo ai soggetti sottoposti a vigilanza, sono pubblicati dall'IVASS nel suo bollettino entro il mese successivo a quello della loro adozione e sono altresì resi prontamente disponibili sul suo sito Internet.

6. Entro il 31 gennaio di ogni anno, tutti i regolamenti e i provvedimenti di carattere generale emanati ai sensi del presente codice sono pubblicati, a cura del Ministero dello sviluppo economico, in un'unica raccolta, anche in forma elettronica, se nel corso dell'anno precedente ne siano stati emanati di nuovi o siano intervenute modifiche di quelli già emanati.

(1) *Le parole fra parentesi quadrate sono state soppresse dall'art. 1, comma 7, del D.L.vo 12 maggio 2015, n. 74.*

9 *bis*. (1) **Trasparenza e responsabilità dell'attività di vigilanza. –** 1. L'IVASS svolge la propria attività in modo trasparente e responsabile. Nel perseguimento di tali principi, fatto salvo il rispetto della riservatezza, pubblica sul sito internet ed aggiorna periodicamente le seguenti informazioni:

a) il testo delle disposizioni legislative, regolamentari e amministrative, delle raccomandazioni e degli orientamenti generali in materia assicurativa e riassicurativa, ed ogni altro provvedimento rilevante di carattere generale relativo ai soggetti sottoposti a vigilanza;

b) i criteri generali e i metodi di vigilanza, inclusi gli strumenti utilizzati nell'ambito del processo di controllo prudenziale di cui all'articolo 47 *quinquies*;

c) i dati statistici aggregati sugli aspetti principali relativi all'applicazione della regolamentazione prudenziale;

d) le modalità di esercizio delle opzioni previste dalla direttiva n. 2009/138/CE;

e) gli obiettivi della vigilanza e le principali funzioni e attività svolte dall'IVASS.

2. Le informazioni di cui al comma 1 sono pubblicate in modo tale da consentire un raffronto dei metodi di vigilanza adottati dalle autorità di vigilanza degli Stati membri, anche mediante l'utilizzo di un formato comune definito a livello comunitario.

(1) *Questo articolo è stato inserito dall'art. 1, comma 8, del D.L.vo 12 maggio 2015, n. 74.*

Capo III

Segreto d'ufficio e collaborazioni con altre autorità e altri soggetti (1)

(1) *Questo Capo è stato inserito dopo l'art.* 9 bis, *dall'art. 1, comma 201, del D.L.vo 12 maggio 2015, n. 74.*

10. Segreto d'ufficio (1). **–** 1. Tutte le notizie, le informazioni e i dati in possesso dell'IVASS in ragione della sua attività di vigilanza sono coperti dal segreto d'ufficio anche nei confronti delle pubbliche amministrazioni. Sono fatti salvi i casi previsti dalla legge per le indagini su violazioni sanzionate penalmente.

2. I dipendenti dell'IVASS, nell'esercizio delle funzioni di vigilanza, sono pubblici ufficiali e hanno l'obbligo di riferire esclusivamente al presidente dell'IVASS tutte le irregolarità constatate, anche se costituenti reato perseguibile d'ufficio.

3. I dipendenti dell'IVASS, i consulenti, i revisori e gli esperti dei quali l'Istituto si avvale sono vincolati dal segreto d'ufficio, anche dopo la cessazione del rapporto di lavoro o la conclusione dell'incarico. Tutte le notizie, informazioni, dati ricevuti da questi soggetti nell'esercizio delle loro funzioni non possono essere divulgati ad alcuna persona o autorità se non in forma sommaria o aggregata in modo che non si possano individuare le singole imprese di assicurazione o di riassicurazione (2).

4. La disposizione di cui al comma 3 non osta a che l'IVASS collabori, anche mediante scambio di informazioni, con la Banca d'Italia, la Commissione nazionale per le società e la borsa (CONSOB), l'Autorità garante della concorrenza e del mercato, la Commissione di vigilanza sui fondi pensione (COVIP), e ciascuna delle suddette istituzioni collabora con l'IVASS al fine di agevolare l'esercizio delle rispettive funzioni. Non può essere reciprocamente opposto il segreto di ufficio (3).

5. Il segreto di ufficio non può essere altresì opposto nei confronti del Ministro dello sviluppo economico e nei confronti dei due rami del Parlamento che acquisiscono i dati, le notizie e le in-

formazioni secondo le competenze e le modalità stabilite nei rispettivi regolamenti.

6. Le pubbliche amministrazioni e gli enti pubblici forniscono dati, notizie e documenti e ogni ulteriore collaborazione richiesta dall'IVASS, in conformità alle leggi disciplinanti i rispettivi ordinamenti.

7. L'IVASS, secondo le modalità e alle condizioni previste dalle disposizioni dell'Unione europea, collabora, anche mediante scambio di informazioni, con l'AEAP e le altre autorità di vigilanza europee, con il Comitato congiunto, con il CERS, con le istituzioni dell'Unione europea e le autorità di vigilanza dei singoli Stati membri, al fine di agevolare l'esercizio delle rispettive funzioni. L'IVASS adempie nei confronti di tali soggetti agli obblighi di comunicazione stabiliti dalle disposizioni dell'Unione europea. Le informazioni ricevute dall'IVASS provenienti da Autorità di vigilanza di altri Stati membri possono essere trasmesse ad altre autorità italiane o a terzi solo con il consenso dell'autorità che le ha fornite e unicamente per i fini per cui il consenso è stato accordato (4) (5).

7 *bis*. Nei casi e nei modi previsti dalle disposizioni dell'Unione europea, l'IVASS può concludere con l'AEAP e con le autorità di vigilanza degli altri Stati membri accordi che possono prevedere anche la delega di compiti; può, inoltre, ricorrere all'AEAP per la risoluzione delle controversie con le autorità di vigilanza degli altri Stati membri in situazioni transfrontaliere (6).

8. Nell'ambito di accordi di cooperazione e a condizione di reciprocità e di equivalenti obblighi di riservatezza, l'IVASS può scambiare informazioni con le autorità competenti degli Stati terzi rispetto all'Unione europea.

9. L'IVASS può scambiare informazioni con le autorità amministrative o giudiziarie o gli altri organi che intervengono (7) nell'ambito di procedimenti di liquidazione o concorsuali, in Italia o all'estero, relativi ai soggetti vigilati. Nei rapporti con le autorità di Stati terzi lo scambio di informazioni avviene con le modalità di cui al comma 7.

(1) *La precedente rubrica:* «Segreto d'ufficio e collaborazione tra autorità» *è stata così sostituita dall'attuale dall'art. 1, comma 9, lett.* a), *del D.L.vo 12 maggio 2015, n. 74.*

(2) *Questo comma è stato così sostituito dall'art. 1, comma 9, lett.* b), *del D.L.vo 12 maggio 2015, n. 74.*

(3) *Questo comma è stato così sostituito dall'art. 1, comma 9, lett.* c), *del D.L.vo 12 maggio 2015, n. 74.*

(4) *L'ultimo periodo di questo comma è stato così sostituito dall'attuale dall'art. 1, comma 9, lett.* d), *del D.L.vo 12 maggio 2015, n. 74.*

(5) *Questo comma è stato così sostituito dall'art. 5, comma 4, lett.* a), *del D.L.vo 30 luglio 2012, n. 130.*

(6) *Questo comma è stato inserito dall'art. 5, comma 4, lett.* b), *del D.L.vo 30 luglio 2012, n. 130.*

(7) *Le parole: «o gli altri organi che intervengono» sono state inserite dall'art. 1, comma 9, lett.* e), *del D.L.vo 12 maggio 2015, n. 74.*

10 *bis*. (1) Utilizzo delle informazioni riservate. – 1. L'IVASS può utilizzare le informazioni coperte dal segreto d'ufficio, ai sensi dell'articolo 10, esclusivamente nell'esercizio delle funzioni di vigilanza e per le seguenti finalità:

a) verifica della sussistenza delle condizioni di accesso e di esercizio all'attività assicurativa e riassicurativa, con particolare riguardo all'osservanza delle disposizioni relative alle riserve tecniche, al Requisito Patrimoniale di Solvibilità, al Requisito Patrimoniale Minimo e al sistema di governo societario;

b) irrogazione delle sanzioni;

c) difesa nell'ambito dei procedimenti giurisdizionali e dei ricorsi amministrativi avverso provvedimenti dell'IVASS.

(1) *Questo articolo è stato inserito dall'art. 1, comma 10, del D.L.vo 12 maggio 2015, n. 74.*

10 *ter*. (1) Scambio di informazioni con altre Autorità dell'Unione europea. – 1. L'IVASS, secondo le modalità e alle condizioni previste dalle disposizioni dell'Unione europea collabora anche mediante scambio di informazioni con:

a) le banche centrali del Sistema europeo di banche centrali (SEBC), compresa la Banca centrale europea (BCE) e altri organismi con responsabilità analoghe in quanto autorità monetarie, quando queste informazioni siano attinenti all'esercizio dei rispettivi compiti statutari, ivi incluse la gestione della politica monetaria e la relativa concessione di liquidità, la sorveglianza dei sistemi di pagamento, di compensazione e di regolamento titoli e la tutela della stabilità del sistema finanziario;

b) all'occorrenza, altre autorità pubbliche nazionali incaricate della vigilanza sui sistemi di pagamento.

2. Nelle situazioni di emergenza, ivi incluse quelle di cui all'articolo 18 del regolamento (UE) n. 1094/2010, l'IVASS comunica immediatamente informazioni alle banche centrali del SEBC, in-

clusa la BCE, quando le informazioni siano attinenti all'esercizio dei rispettivi compiti statutari, ivi incluse la gestione della politica monetaria e la relativa concessione di liquidità, la sorveglianza dei sistemi di pagamento, di compensazione e di regolamento titoli e la tutela della stabilità del sistema finanziario, e al CERS, quando le informazioni siano attinenti all'esercizio dei suoi compiti.

3. Le informazioni ricevute dall'IVASS ai sensi dei commi 1 e 2 sono soggette alle disposizioni relative al segreto d'ufficio stabilite dal presente Capo.

(1) *Questo articolo è stato inserito dall'art. 1, comma 10, del D.L.vo 12 maggio 2015, n. 74.*

Titolo X
Assicurazione obbligatoria per i veicoli a motore e i natanti

Capo I
Obbligo di assicurazione

122. Veicoli a motore. – 1. I veicoli a motore senza guida di rotaie, compresi i filoveicoli e i rimorchi, non possono essere posti in circolazione su strade di uso pubblico o su aree a queste equiparate se non siano coperti dall'assicurazione per la responsabilità civile verso i terzi prevista dall'articolo 2054 del codice civile e dall'articolo 91, comma 2, del codice della strada. Il regolamento, adottato dal Ministro dello sviluppo economico, su proposta dell'IVASS, individua la tipologia di veicoli esclusi dall'obbligo di assicurazione e le aree equiparate a quelle di uso pubblico.

2. L'assicurazione comprende la responsabilità per i danni alla persona causati ai trasportati, qualunque sia il titolo in base al quale è effettuato il trasporto.

3. L'assicurazione non ha effetto nel caso di circolazione avvenuta contro la volontà del proprietario, dell'usufruttuario, dell'acquirente con patto di riservato dominio o del locatario in caso di locazione finanziaria, fermo quanto disposto dall'articolo 283, comma 1, lettera *d*), a partire dal giorno successivo alla denuncia presentata all'autorità di pubblica sicurezza. In deroga all'articolo 1896, primo comma, secondo periodo, del codice civile l'assicurato ha diritto al rimborso del rateo di premio, relativo al residuo periodo di assicurazione, al netto dell'imposta pagata e del contributo previsto dall'articolo 334.

4. L'assicurazione copre anche la responsabilità per i danni causati nel territorio degli altri Stati membri, secondo le condizioni ed entro i limiti stabiliti dalle legislazioni nazionali di ciascuno di tali Stati, concernenti l'assicurazione obbligatoria della responsabilità civile derivante dalla circolazione dei veicoli a motore, ferme le maggiori garanzie eventualmente previste dal contratto o dalla legislazione dello Stato in cui stazionano abitualmente.

123. Natanti. – 1. Le unità da diporto, con esclusione delle unità non dotate di motore, non possono essere poste in navigazione in acque ad uso pubblico o su aree a queste equiparate se non siano coperte dall'assicurazione della responsabilità civile verso terzi prevista dall'articolo 2054 del codice civile, compresa quella dell'acquirente con patto di riservato dominio e quella del locatario in caso di locazione finanziaria, per danni alla persona. Il regolamento, adottato dal Ministro dello sviluppo economico su proposta dell'IVASS, individua la tipologia dei natanti esclusi dall'obbligo di assicurazione e le acque equiparate a quelle di uso pubblico.

2. Sono altresì soggetti all'obbligo assicurativo i natanti di stazza lorda non superiore a venticinque tonnellate che siano muniti di motore inamovibile di potenza superiore a tre cavalli fiscali e adibiti ad uso privato, diverso dal diporto, o al servizio pubblico di trasporto di persone.

3. L'obbligo assicurativo è esteso ai motori amovibili, di qualsiasi potenza, indipendentemente dall'unità alla quale vengono applicati, risultando in tal caso assicurato il natante sul quale è di volta in volta collocato il motore.

4. Alle unità da diporto, ai natanti e ai motori amovibili si applicano, in quanto compatibili, le norme previste per l'assicurazione obbligatoria della responsabilità civile derivante dalla circolazione dei veicoli a motore.

124. Gare e competizioni sportive. – 1. Le gare e le competizioni sportive di qualsiasi genere di veicoli a motore e le relative prove non possono essere autorizzate, anche se in circuiti chiusi, se l'organizzatore non abbia provveduto a contrarre assicurazione per la responsabilità civile.

2. L'assicurazione copre la responsabilità dell'organizzatore e degli altri obbligati per i danni arrecati alle persone, agli animali e alle cose, esclusi i danni prodotti ai partecipanti stessi e ai veicoli da essi adoperati.

125. Veicoli e natanti immatricolati o registrati in Stati esteri. – 1. Per i veicoli e i natanti soggetti all'obbligo di assicurazione ed immatricolati o registrati in Stati esteri nonché per i motori amovibili di cui all'articolo 123, comma 3, muniti di certificato di uso straniero o di altro documento equivalente emesso all'estero, che circolino temporaneamente nel territorio o nelle acque territoriali della Repubblica, deve essere assolto, per la durata della permanenza in Italia, l'obbligo di assicurazione.

2. Per i natanti l'obbligo di assicurazione si considera assolto:

a) con la stipula di un contratto di assicurazione secondo quanto previsto con regolamento adottato dal Ministro dello sviluppo economico, su proposta dell'IVASS, ovvero

b) quando il conducente sia in possesso di certificato internazionale di assicurazione emesso dall'Ufficio nazionale di assicurazione estero ed accettato dall'Ufficio centrale italiano.

3. Per i veicoli a motore muniti di targa di immatricolazione rilasciata da uno Stato terzo l'obbligo di assicurazione:

a) è assolto mediante contratto di assicurazione «frontiera», come disciplinato dal regolamento previsto all'articolo 126, comma 2, lettera *a*), concernente la responsabilità civile derivante dalla circolazione del veicolo nel territorio della Repubblica e degli altri Stati membri, alle condizioni e fino ai limiti di somma stabiliti dalla legislazione in vigore in ciascuno di essi;

b) si considera assolto quando l'Ufficio centrale italiano si sia reso garante per il risarcimento dei danni cagionati in Italia dalla circolazione dei medesimi veicoli e quando con atto dell'Unione europea sia stato rimosso l'obbligo negli Stati membri di controllare l'assicurazione di responsabilità civile per i veicoli muniti di targa di immatricolazione rilasciata dallo Stato terzo;

c) si considera assolto, quando il conducente sia in possesso di una carta verde emessa dall'Ufficio nazionale di assicurazione estero ed accettata dall'Ufficio centrale italiano.

4. Per i veicoli a motore muniti di targa di immatricolazione rilasciata da uno Stato membro diverso dalla Repubblica italiana, l'obbligo di assicurazione si considera assolto quando l'Ufficio centrale italiano si sia reso garante per il risarcimento dei danni cagionati dalla circolazione in Italia di detti veicoli, sulla base di accordi stipulati con i corrispondenti uffici nazionali di assicurazione e l'Unione europea abbia riconosciuto tali accordi.

5. Nell'ipotesi di cui al comma 3, lettera *c*), l'Ufficio centrale italiano provvede alla liquidazione dei danni, garantendone il pagamento agli aventi diritto, nei limiti dei massimali minimi di legge o, se maggiori, di quelli eventualmente previsti dalla polizza di assicurazione alla quale si riferisce la carta verde. Nelle ipotesi di cui al comma 3, lettera *b*), ed in quelle di cui al comma 4, l'Ufficio centrale italiano provvede alla liquidazione dei danni cagionati in Italia, garantendone il pagamento agli aventi diritto nei limiti dei massimali minimi di legge o, se maggiori, di quelli eventualmente previsti dalla polizza di assicurazione.

5 *bis*. L'Ufficio centrale italiano, entro tre mesi dalla ricezione della richiesta di risarcimento comunica agli aventi diritto un'offerta di risarcimento motivata ovvero indica i motivi per i quali non ritiene di fare offerta ([1]).

6. Le disposizioni di cui ai commi 3 e 4 si applicano anche ai veicoli a motore di proprietà di agenti diplomatici e consolari o di funzionari internazionali, o di proprietà di Stati esteri o di organizzazioni internazionali.

7. Le disposizioni di cui al comma 3, lettera *b*), ed al comma 4 non si applicano per l'assicurazione della responsabilità civile per danni cagionati dalla circolazione dei veicoli aventi targa di immatricolazione rilasciata da uno Stato estero e individuati nel regolamento adottato, su proposta dell'IVASS, dal Ministro dello sviluppo economico.

([1]) *Questo comma è stato inserito dall'art. 1, comma 3, del D.L.vo 6 novembre 2007, n. 198.*

126. Ufficio centrale italiano. – 1. L'Ufficio centrale italiano è abilitato all'esercizio delle funzioni di Ufficio nazionale di assicurazione e allo svolgimento degli altri compiti stabiliti dall'ordinamento comunitario e dal presente codice a seguito di riconoscimento del Ministro dello sviluppo economico ([1]).

2. L'Ufficio centrale italiano, oltre ai compiti di cui all'articolo 125, svolge le seguenti attività:

a) stipula e gestisce, in nome e per conto delle imprese aderenti, l'assicurazione frontiera disciplinata nel regolamento adottato, su proposta dell'IVASS, dal Ministro dello sviluppo economico e provvede alla liquidazione e al pagamento degli indennizzi dovuti;

b) assume, nelle ipotesi di cui al comma 2, lettera *b*), comma 3, lettere *b*) e *c*), ed al comma 4 dell'articolo 125, ai fini del risarcimento dei danni cagionati dalla circolazione in Italia dei veicoli a motore e natanti, la qualità di domiciliatario dell'assicurato, del responsabile civile e della loro impresa di assicurazione;

c) è legittimato a stare in giudizio, nelle ipotesi di cui al comma 2, lettera *b*), al comma 3 ed al comma 4 dell'articolo 125, in nome e per conto delle imprese aderenti, nelle azioni di risarcimento che i danneggiati dalla circolazione in Italia di veicoli a motore e natanti immatricolati o registrati all'estero possono esercitare direttamente nei suoi confronti secondo quanto previsto agli articoli 145, comma 1, 146 e 147. Si applicano anche nei confronti dell'Ufficio centrale italiano le disposizioni che regolano l'azione diretta contro l'impresa di assicurazione del responsabile civile secondo quanto previsto dall'articolo 144.

3. Ai fini della proposizione dell'azione diretta di risarcimento nei confronti dell'Ufficio centrale italiano i termini di cui all'articolo 163 *bis*, primo comma, e 318, secondo comma, del codice di procedura civile sono aumentati del doppio, risultando perciò stabiliti in centottanta giorni per il giudizio di fronte al tribunale e in novanta giorni per il giudizio di fronte al giudice di pace. I termini di cui all'articolo 163 *bis*, secondo comma, del codice di procedura civile non possono essere comunque inferiori a sessanta giorni.

4. L'Ufficio centrale italiano è abilitato ad emettere le carte verdi richieste per la circolazione all'estero di veicoli a motore immatricolati in Italia, garantendo nei confronti dei corrispondenti uffici nazionali di assicurazione le obbligazioni che il rilascio di tali certificati comporta.

5. Per i rimborsi effettuati agli uffici nazionali di assicurazione esteri, che in base agli accordi con esso stipulati abbiano dovuto intervenire per risarcire danni causati nel territorio del loro Stato da veicoli a motore immatricolati in Italia non coperti da assicurazione, l'Ufficio centrale italiano ha diritto di rivalsa nei confronti del proprietario o del conducente del veicolo per le somme pagate e le relative spese.

6. In caso di incidente cagionato nel territorio della Repubblica dalla circolazione di veicoli a motore o natanti immatricolati o registrati all'estero, l'Ufficio centrale italiano può richiedere ai competenti organi di polizia le informazioni acquisite relativamente alle modalità dell'incidente, alla residenza e al domicilio delle parti e alla targa di immatricolazione o altro analogo segno distintivo.

(1) *Questo comma è stato così sostituito dall'art. 1, comma 212, del D.L.vo 12 maggio 2015, n. 74.*

127. Certificato di assicurazione e contrassegno. – 1. L'adempimento dell'obbligo di assicurazione dei veicoli a motore è comprovato da apposito certificato rilasciato dall'impresa di assicurazione o dalla delegataria in caso di coassicurazione, da cui risulti il periodo di assicurazione per il quale sono stati pagati il premio o la rata di premio.

2. L'impresa di assicurazione è obbligata nei confronti dei terzi danneggiati per il periodo di tempo indicato nel certificato, salvo quanto disposto dall'articolo 1901, secondo comma, del codice civile e dall'articolo 122, comma 3, primo periodo.

3. All'atto del rilascio del certificato di assicurazione l'impresa di assicurazione consegna un contrassegno recante il numero della targa di riconoscimento del veicolo e l'indicazione dell'anno, mese e giorno di scadenza del periodo di assicurazione per cui è valido il certificato. Il contrassegno è esposto sul veicolo al quale si riferisce l'assicurazione entro cinque giorni dal pagamento del premio o della rata di premio.

4. L'IVASS, con regolamento, stabilisce le modalità per il rilascio, nonché le caratteristiche del certificato di assicurazione, del contrassegno e di eventuali documenti provvisoriamente equipollenti e le modalità per l'emissione di duplicati in caso di sottrazione, smarrimento o distruzione.

128. (1) **Massimali di garanzia.** – 1. Per l'adempimento dell'obbligo di assicurazione per la responsabilità civile derivante dalla circolazione dei veicoli a motore e dei natanti, il contratto è stipulato per somme non inferiori ai seguenti importi:

a) nel caso di danni alle persone un importo minimo di copertura pari ad euro 6.070.000 (2) per sinistro, indipendentemente dal numero delle vittime;

b) nel caso di danni alle cose un importo minimo di copertura pari ad euro 1.220.000 (3) per sinistro, indipendentemente dal numero delle vittime;

b bis) per i veicoli a motore adibiti al trasporto di persone classificati nelle categorie M2 e M3 ai sensi dell'articolo 47 del codice della strada, di cui al decreto legislativo 30 aprile 1992, n. 285, e successive modificazioni, un importo minimo di copertura pari a euro 15.000.000 per sinistro per i danni alle persone, indipendentemente dal numero delle vittime, e a euro 1.000.000 per sinistro per i danni alle cose, indipendentemente dal numero dei danneggiati ([4]) ([5]);

2. I contratti dell'assicurazione obbligatoria della responsabilità civile derivante dalla circolazione dei veicoli a motore e dei natanti devono essere adeguati agli importi minimi di copertura obbligatoria per i danni alle cose e per i danni alle persone di cui al comma 1 entro l'11 giugno 2012.

3. Ogni cinque anni dalla data dell'11 giugno 2012 di cui al comma 2 gli importi di cui al comma 1 sono indicizzati automaticamente secondo la variazione percentuale indicata dall'indice europeo dei prezzi al consumo (IPC E), previsto dal regolamento (CE) n. 2494/95 del Consiglio, del 23 ottobre 1995, relativo agli indici dei prezzi al consumo armonizzati. L'aumento effettuato è arrotondato ad un multiplo di euro 10.000.

4. Con provvedimento del Ministro dello sviluppo economico, da pubblicare nella *Gazzetta Ufficiale* della Repubblica italiana, è stabilito l'adeguamento di cui al comma 3.

5. Alla data dell'11 dicembre 2009 gli importi minimi di copertura devono essere pari ad almeno la metà degli ammontari di cui al comma 1.

([1]) *Questo articolo è stato così sostituito dall'art. 1, comma 4, del D.L.vo 6 novembre 2007, n. 198.*

([2]) *Il precedente importo*: «*euro 5.000.000*» *è stato così aggiornato al seguente valore*: «*euro 6.070.000*» *dall'art. 1, comma 1, del D.M. 9 giugno 2017, a decorrere dall'11 giugno 2017* (G.U. *Serie gen. - n. 174 del 27 luglio 2017*).

([3]) *Il precedente importo*: «*euro 1.000.000*» *è stato così aggiornato al seguente valore*: «*euro 1.220.000*» *dall'art. 1, comma 1, del D.M. 9 giugno 2017, a decorrere dall'11 giugno 2017* (G.U. *Serie gen. - n. 174 del 27 luglio 2017*).

([4]) *A norma dell'art. 1, comma 29, della L. 4 agosto 2017, n. 124, i massimali di cui a questa lettera si applicano a decorrere dalla data di entrata in vigore della predetta legge e sono raddoppiati a decorrere dal 1° gennaio dell'anno successivo a quello di entrata in vigore della medesima legge.*

([5]) *Questa lettera è stata aggiunta dall'art. 1, comma 28, lett.* a), *della L. 4 agosto 2017, n. 124.*

129. Soggetti esclusi dall'assicurazione. – 1. Non è considerato terzo e non ha diritto ai benefici derivanti dal contratto di assicurazione obbligatoria il solo conducente del veicolo responsabile del sinistro.

2. Ferme restando la disposizione di cui all'articolo 122, comma 2, e quella di cui al comma 1 del presente articolo, non sono inoltre considerati terzi e non hanno diritto ai benefici derivanti dai contratti di assicurazione obbligatoria, limitatamente ai danni alle cose:

a) i soggetti di cui all'articolo 2054, terzo comma, del codice civile ed all'articolo 91, comma 2, del codice della strada;

b) il coniuge non legalmente separato, il convivente more uxorio, gli ascendenti e i discendenti legittimi, naturali o adottivi del soggetto di cui al comma 1 e di quelli di cui alla lettera *a*), nonché gli affiliati e gli altri parenti e affini fino al terzo grado di tutti i predetti soggetti, quando convivano con questi o siano a loro carico in quanto l'assicurato provvede abitualmente al loro mantenimento;

c) ove l'assicurato sia una società, i soci a responsabilità illimitata e le persone che si trovano con questi in uno dei rapporti indicati alla lettera *b*).

Capo II
Esercizio dell'assicurazione

130. Imprese autorizzate. – 1. L'assicurazione può essere stipulata con qualsiasi impresa autorizzata ad esercitare nel territorio della Repubblica, anche in regime di stabilimento e di libertà di prestazione di servizi, l'assicurazione della responsabilità civile per i danni causati dalla circolazione dei veicoli e dei natanti.

2. Le imprese di assicurazione aventi la sede legale nel territorio della Repubblica e le imprese di assicurazione aventi la sede legale in uno Stato terzo autorizzate ad esercitare l'assicurazione obbligatoria della responsabilità civile derivante dalla circolazione dei veicoli a motore e dei natanti, esclusa la responsabilità del vettore, designano in ogni Stato membro un mandatario incaricato della gestione e della liquidazione dei sinistri nei casi di cui all'articolo 151.

3. Nel caso in cui l'impresa di assicurazione, che opera in regime di libertà di prestazione di servizi, non abbia nominato il rappresentante per la gestione dei sinistri di cui all'articolo 25, il mandatario nominato ai sensi del comma 2 ne assume la funzione.

131. Trasparenza dei premi e delle condizioni di contratto. – 1. Al fine di garantire la trasparenza e la concorrenzialità delle offerte dei servizi assicurativi, nonché un'adeguata informazione ai soggetti che devono adempiere all'obbligo di assicurazione dei veicoli e dei natanti, le imprese mettono a disposizione del pubblico, presso ogni punto di vendita e nei siti internet, la nota informativa e le condizioni di contratto praticate nel territorio della Repubblica.

2. La pubblicità dei premi è attuata mediante preventivi personalizzati rilasciati presso ogni punto di vendita dell'impresa di assicurazione, nonché mediante siti internet che permettono di ricevere il medesimo preventivo per i veicoli e per i natanti individuati nel regolamento di attuazione.

2 *bis*. Per l'offerta di contratti relativi all'assicurazione r.c. auto, l'intermediario rilascia preventiva informazione al consumatore sulle provvigioni riconosciutegli dall'impresa o, distintamente, dalle imprese per conto di cui opera. L'informazione è affissa nei locali in cui l'intermediario opera e risulta nella documentazione rilasciata al contraente ([1]).

2 *ter*. I preventivi e le polizze indicano, in modo evidenziato, il premio di tariffa, la provvigione dell'intermediario, nonché lo sconto complessivamente riconosciuto al sottoscrittore del contratto ([1]).

3. L'IVASS determina, con regolamento, gli obblighi a carico delle imprese e degli intermediari.

([1]) *Questo comma è stato inserito dall'art. 8, comma 3* bis, *del D.L. 4 luglio 2006, n. 223, convertito, con modificazioni, nella L. 4 agosto 2006, n. 248.*

132. Obbligo a contrarre. – 1. Le imprese di assicurazione stabiliscono preventivamente le condizioni di polizza e le tariffe relative all'assicurazione obbligatoria, comprensive di ogni rischio derivante dalla circolazione dei veicoli a motore e dei natanti ([1]).

1 *bis*. Le imprese di assicurazione sono tenute ad accettare le proposte che sono loro presentate secondo le condizioni e le tariffe di cui al comma 1, fatta salva la necessaria verifica della correttezza dei dati risultanti dall'attestato di rischio, nonché dell'identità del contraente e dell'intestatario del veicolo, se persona diversa ([1]).

1 *ter*. Qualora dalla verifica, effettuata anche mediante consultazione delle banche di dati di settore e dell'archivio informatico integrato istituito presso l'IVASS di cui all'articolo 21 del decreto legge 18 ottobre 2012, n. 179, convertito, con modificazioni, dalla legge 17 dicembre 2012, n. 221, e successive modificazioni, risulti che le informazioni fornite dal contraente non siano corrette o veritiere, le imprese di assicurazione non sono tenute ad accettare le proposte loro presentate. Le imprese di assicurazione, in caso di mancata accettazione della proposta, ricalcolano il premio e inviano un nuovo preventivo al potenziale contraente ([1]).

2. Le imprese di assicurazione possono richiedere che l'autorizzazione sia limitata, ai fini dell'assolvimento agli obblighi derivanti dal comma 1, ai rischi derivanti dalla circolazione di flotte di veicoli a motore o di natanti.

3. Al fine di facilitare le verifiche propedeutiche all'osservanza dell'obbligo a contrarre di cui al comma 1, le imprese di assicurazione hanno diritto di accedere in via telematica al pubblico registro automobilistico ed all'archivio nazionale dei veicoli previsto dal codice della strada secondo condizioni economiche e tecniche strettamente correlate ai costi del servizio erogato in ragione dell'esigenza di consultazioni anche sistematiche nell'ambito delle attività di prevenzione e contrasto delle frodi nell'assicurazione obbligatoria. Con decreto del Ministro dello sviluppo economico, di concerto con il Ministro delle infrastrutture e dei trasporti, sono adottate le disposizioni di attuazione.

3 *bis*. In caso di segnalazione di violazione o elusione dell'obbligo a contrarre, incluso il rinnovo, i termini regolamentari di gestione dei reclami da parte dell'IVASS sono dimezzati. Decorso inutilmente il termine, l'IVASS provvede a irrogare le sanzioni di cui all'articolo 314 ([2]).

([1]) *L'originario comma 1 è stato così sostiuito dagli attuali commi 1, 1* bis *e 1* ter, *dall'art. 1, comma 2, della L. 4 agosto 2017, n. 124.*

([2]) *Questo comma è stato aggiunto dall'art. 1, comma 3, della L. 4 agosto 2017, n. 124.*

132 *bis*. ([1]) Obblighi informativi degli intermediari. – 1. Gli intermediari, prima della sottoscrizione di un contratto di assicurazione obbligatoria per i veicoli a motore, sono tenuti a informare il consumatore in modo corretto, trasparente ed esaustivo sui premi offerti da tutte le imprese di assicurazione di cui sono mandatari relativamente al contratto base previsto dall'articolo 22 del decreto legge 18 ottobre 2012, n. 179, convertito, con modificazioni, dalla legge 17 dicembre 2012, n. 221, e successive modificazioni.

2. Al fine di cui al comma 1, gli intermediari forniscono l'indicazione dei premi offerti dalle imprese di assicurazione mediante collegamento telematico al preventivatore consultabile nei siti internet dell'IVASS e del Ministero dello svilup-

po economico e senza obbligo di rilascio di supporti cartacei.

3. L'IVASS adotta disposizioni attuative in modo da garantire l'accesso e la risposta per via telematica, sia ai consumatori che agli intermediari, esclusivamente per i premi applicati dalle imprese di assicurazione per il contratto base relativo ad autovetture e motoveicoli. Con le stesse disposizioni sono definite le modalità attraverso le quali, ottenuti i preventivi sulla base delle informazioni inserite nel servizio informativo di cui all'articolo 136, comma 3 *bis*, è consentita la conclusione del contratto, a condizioni non peggiorative rispetto a quanto indicato nel preventivo stesso, o presso un'agenzia della compagnia ovvero, per le imprese che lo prevedano, attraverso un collegamento diretto al sito internet di ciascuna compagnia di assicurazione.

4. Il contratto stipulato senza la dichiarazione del cliente di aver ricevuto, ove prescritte, le informazioni di cui al comma 1 è affetto da nullità rilevabile solo a favore del cliente.

(1) *Questo articolo è stato inserito dall'art. 1, comma 6, della L. 4 agosto 2017, n. 124.*

132 *ter*. (1) **Sconti obbligatori.** – 1. In presenza di almeno una delle seguenti condizioni, da verificare in precedenza o contestualmente alla stipulazione del contratto o dei suoi rinnovi, le imprese di assicurazione praticano uno sconto determinato dall'impresa nei limiti stabiliti dal comma 2:

a) nel caso in cui, su proposta dell'impresa di assicurazione, i soggetti che presentano proposte per l'assicurazione obbligatoria accettano di sottoporre il veicolo a ispezione da eseguire a spese dell'impresa di assicurazione;

b) nel caso in cui vengono installati, su proposta dell'impresa di assicurazione, o sono già presenti e portabili meccanismi elettronici che registrano l'attività del veicolo, denominati "scatola nera" o equivalenti, ovvero ulteriori dispositivi, individuati, per i soli requisiti funzionali minimi necessari a garantire l'utilizzo dei dati raccolti, in particolare, ai fini tariffari e della determinazione della responsabilità in occasione dei sinistri, con decreto del Ministro delle infrastrutture e dei trasporti, di concerto con il Ministro dello sviluppo economico, da adottare entro novanta giorni dalla data di entrata in vigore della presente disposizione;

c) nel caso in cui vengono installati, su proposta dell'impresa di assicurazione, o sono già presenti, meccanismi elettronici che impediscono l'avvio del motore qualora sia riscontrato nel guidatore un tasso alcolemico superiore ai limiti stabiliti dalla legge per la conduzione di veicoli a motore.

2. L'IVASS, con proprio regolamento, definisce criteri e modalità nell'ambito dei processi di costruzione della tariffa e di ricalcolo del premio, per la determinazione da parte delle imprese di assicurazione dello sconto di cui al comma 1. Le imprese di assicurazione, in attuazione dei criteri stabiliti dall'IVASS, definiscono uno sconto significativo da applicare alla clientela a fronte della riduzione del rischio connesso al ricorrere di una o più delle condizioni di cui al comma 1 ed evidenziano in sede di preventivo e nel contratto, in caso di accettazione da parte del contraente, lo sconto praticato per ciascuna delle condizioni di cui al comma 1, in valore assoluto e in percentuale, rispetto al prezzo della polizza altrimenti applicato (2).

3. L'IVASS identifica, sulla scorta di dati in proprio possesso e di indagini statistiche, la lista delle province a maggiore tasso di sinistrosità e con premio medio più elevato. Tale lista è aggiornata con cadenza almeno biennale (3).

4. Con il regolamento di cui al comma 2, l'IVASS, tenuto conto dei premi più elevati applicati nelle province individuate ai sensi del comma 3 e di quelli praticati nelle altre province a più bassa sinistrosità ad assicurati con le medesime caratteristiche soggettive e collocati nella medesima classe di merito, definisce altresì i criteri e le modalità finalizzati alla determinazione da parte delle imprese di assicurazione di uno sconto, aggiuntivo e significativo rispetto a quello praticato ai sensi del comma 2, da applicare ai soggetti residenti nelle province di cui al comma 3, che non abbiano provocato sinistri con responsabilità esclusiva o principale o paritaria negli ultimi quattro anni sulla base dell'evidenza dell'attestato di rischio, e che abbiano installato o installino, a seguito della stipula del contratto, il dispositivo di cui al comma 1, lettera *b*).

5. In particolare, il regolamento di cui al comma 2:

a) definisce i parametri oggettivi, tra cui la frequenza dei sinistri e il relativo costo medio, per il calcolo dello sconto aggiuntivo di cui al comma 4;

b) prevede, nell'ambito delle modalità di cui al comma 4, che non possano sussistere differenziali di premio che non siano giustificati da specifiche evidenze sui differenziali di rischio.

6. Le attività di cui ai commi precedenti sono svolte nell'ambito delle risorse umane e strumentali disponibili a legislazione vigente e comunque senza nuovi o maggiori oneri per la finanza pubblica.

7. Le imprese di assicurazione, in attuazione dei criteri stabiliti dall'IVASS, a decorrere dalla data di entrata in vigore della presente disposizione, applicano lo sconto nei confronti dei soggetti che si trovino nelle condizioni previste dal comma 4, di importo significativo e aggiuntivo rispetto a quello praticato ai sensi del comma 2, ed evidenziano in sede di preventivo e nel contratto, in caso di accettazione da parte del contraente, lo sconto praticato, in valore assoluto e in percentuale, rispetto al prezzo della polizza altrimenti applicato. Lo sconto di cui al presente comma si applica ai nuovi contratti o in occasione del rinnovo di quelli in essere.

8. Resta fermo, nei casi di cui ai commi 2 e 4, l'obbligo di rispettare i parametri stabiliti dal contratto di assicurazione. Al fine del conseguimento della massima trasparenza, l'impresa di assicurazione pubblica nel proprio sito internet l'entità degli sconti effettuati in attuazione delle disposizioni di cui ai commi 1, 2, 4 e 7, secondo forme di pubblicità che ne rendano efficace e chiara l'applicazione.

9. L'IVASS, attraverso periodiche verifiche a campione, anche in via ispettiva ovvero a seguito di circostanziata segnalazione da parte di terzi, accerta che le imprese assicurative tengano effettivamente conto, ai fini dell'applicazione delle disposizioni di cui ai commi 1, 2, 4 e 7, nel processo di costruzione della tariffa e di ricalcolo del premio, dei criteri definiti dal regolamento di cui al comma 2 e del rispetto dei criteri e delle modalità finalizzati alla determinazione dello sconto di cui al comma 4.

10. L'IVASS verifica, inoltre, che lo sconto aggiuntivo di cui al comma 4 garantisca la progressiva riduzione delle differenze dei premi applicati sul territorio nazionale nei confronti di assicurati con le medesime caratteristiche soggettive e collocati nella medesima classe di merito.

11. Il mancato rispetto da parte dell'impresa di assicurazione dei criteri e delle modalità per la determinazione dello sconto di cui ai commi 2 e 4 e dell'obbligo di riduzione del premio nei casi previsti dalle disposizioni di cui ai commi 1 e 7 comporta l'applicazione alla medesima impresa, da parte dell'IVASS, di una sanzione amministrativa pecuniaria da euro 10.000 a euro 80.000 e la riduzione automatica del premio di assicurazione relativo al contratto in essere.

12. Nei casi di cui al comma 1, lettere *b*) e *c*), i costi di installazione, disinstallazione, funzionamento, sostituzione e portabilità sono a carico dell'impresa. La titolarità delle dotazioni di cui alle citate lettere *b*) e *c*) spetta all'assicurato. La riduzione di premio praticata dall'impresa di assicurazione di cui al comma 1 si applica, altresì, in caso di contratto stipulato con un nuovo assicurato e in caso di scadenza di un contratto o di stipulazione di un nuovo contratto di assicurazione fra le stesse parti. Resta fermo l'obbligo di rispettare i parametri stabiliti dal contratto di assicurazione.

(1) *Questo articolo è stato inserito dall'art. 1, comma 6, della L. 4 agosto 2017, n. 124.*

(2) *A norma dell'art. 1, comma 7, della L. 4 agosto 2017, n. 124, il regolamento di cui a questo comma è adottato dall'Istituto per la vigilanza sulle assicurazioni (IVASS) entro novanta giorni dalla data di entrata in vigore della presente legge.*

(3) *A norma dell'art. 1, comma 8, della L. 4 agosto 2017, n. 124, L'IVASS identifica, in sede di prima attuazione, la lista delle province a maggiore tasso di sinistrosità, di cui a questo comma entro novanta giorni dalla data di entrata in vigore della presente legge.*

133. Formule tariffarie. – 1. Per i ciclomotori, i motocicli, le autovetture e per altre categorie di veicoli a motore che possono essere individuate dall'IVASS, con regolamento, i contratti di assicurazione debbono essere stipulati in base a condizioni di polizza che prevedano ad ogni scadenza annuale la variazione in aumento od in diminuzione del premio applicato all'atto della stipulazione o del rinnovo, in relazione al verificarsi o meno di sinistri nel corso di un certo periodo di tempo, oppure in base a clausole di franchigia che prevedano un contributo dell'assicurato al risarcimento del danno o in base a formule miste fra le due tipologie. L'individuazione delle categorie di veicoli è effettuata tenendo conto delle esigenze di prevenzione. La predetta variazione del premio, in aumento o in diminuzione, da indicare, in valore assoluto e in percentuale rispetto alla tariffa in vigore applicata dall'impresa, all'atto dell'offerta di preventivo della stipulazione o di rinnovo, (1) si applica automaticamente, fatte salve le migliori condizioni, nella misura preventivamente quantificata in rapporto alla classe di appartenenza attribuita alla polizza ed esplicitamente indicata nel contratto (2). Il mancato rispetto della disposizione di cui al presente comma comporta l'applicazione, da parte dell'IVASS, di una sanzione amministrativa da 1.000 euro a 50.000 euro ([2]).

1 *bis*. È fatto divieto alle imprese di assicurazione di differenziare la progressione e l'attribuzione delle classi di merito interne in funzione della durata del rapporto contrattuale tra l'assicurato e la medesima impresa, ovvero in base a parametri che ostacolino la mobilità tra diverse imprese di assicurazione. In particolare, le imprese di assicurazione devono garantire al soggetto che stipula il nuovo contratto, nell'ambito della classe di merito, le condizioni di premio assegnate agli assicurati aventi identiche caratteristiche di rischio ([3]).

2. Le imprese di assicurazione hanno diritto di accesso telematico all'anagrafe nazionale delle persone abilitate alla guida prevista dal codice della strada presso il Ministero delle infrastrutture e dei trasporti a scopo di verifica e aggiornamento delle informazioni relative all'abilitazione alla guida secondo condizioni economiche e tecniche strettamente correlate ai costi del servizio erogato. Con decreto del Ministro dello sviluppo economico, di concerto con il Ministro delle infrastrutture e dei trasporti, sentito il Garante per la protezione dei dati personali, sono adottate le disposizioni di attuazione.

([1]) *Le parole: «La predetta variazione in diminuzione del premio» sono state così sostituite dalle seguenti: «La predetta variazione del premio, in aumento o in diminuzione, da indicare, in valore assoluto e in percentuale rispetto alla tariffa in vigore applicata dall'impresa, all'atto dell'offerta di preventivo della stipulazione o di rinnovo,» dall'art. 1, comma 12, della L. 4 agosto 2017, n. 124.*

([2]) *Questo periodo è stato aggiunto dall'art. 34* bis *del D.L. 24 gennaio 2012, n. 1, convertito, con modificazioni, nella L. 24 marzo 2012, n. 27.*

([3]) *Questo comma è stato inserito dall'art. 1, comma 13, della L. 4 agosto 2017, n. 124.*

134. Attestazione sullo stato del rischio. – 1. L'IVASS, con regolamento, determina le indicazioni relative all'attestazione sullo stato del rischio che, in occasione di ciascuna scadenza annuale dei contratti di assicurazione obbligatoria relativi ai veicoli a motore, l'impresa deve consegnare al contraente o, se persona diversa, al proprietario ovvero all'usufruttuario, all'acquirente con patto di riservato dominio o al locatario in caso di locazione finanziaria. Le indicazioni contenute nell'attestazione sullo stato del rischio devono comprendere la specificazione della tipologia del danno liquidato ([1]).

1 *bis*. I soggetti di cui al comma 1 hanno diritto di esigere in qualunque momento, entro quindici giorni dalla richiesta, l'attestazione sullo stato del rischio relativo agli ultimi cinque anni del contratto di assicurazione obbligatoria relativo ai veicoli a motore secondo le modalità stabilite dall'IVASS con il regolamento di cui al comma 1 ([2]).

1 *ter*. La consegna dell'attestazione sullo stato del rischio, ai sensi dei commi 1 e 1 *bis*, nonché ai sensi del regolamento dell'IVASS di cui al comma 1, è effettuata per via telematica, attraverso l'utilizzo delle banche dati elettroniche di cui al comma 2 del presente articolo o di cui all'articolo 135 ([3]).

2. Il regolamento prevede ([4]) l'obbligo, a carico delle imprese di assicurazione, di inserimento delle informazioni riportate sull'attestato di rischio in una banca dati elettronica detenuta da enti pubblici ovvero, qualora già esistente, da enti privati, al fine di consentire adeguati controlli nell'assunzione dei contratti di assicurazione di cui all'articolo 122, comma 1. In ogni caso l'IVASS ha accesso gratuito alla banca dati contenente le informazioni sull'attestazione.

3. La classe di merito indicata sull'attestato di rischio si riferisce al proprietario del veicolo. Il regolamento stabilisce la validità, comunque non inferiore a dodici mesi, ed individua i termini relativi alla decorrenza ed alla durata del periodo di osservazione. In caso di cessazione del rischio assicurato o in caso di sospensione o di mancato rinnovo del contratto di assicurazione per mancato utilizzo del veicolo, l'ultimo attestato di rischio conseguito conserva validità per un periodo di cinque anni ([5]) ([6]).

4. L'attestazione sullo stato del rischio, all'atto della stipulazione di un contratto per il medesimo veicolo al quale si riferisce l'attestato, è acquisita direttamente dall'impresa assicuratrice in via telematica attraverso le banche dati di cui al comma 2 del presente articolo e di cui all'articolo 135 ([7]).

4 *bis*. L'impresa di assicurazione, in tutti i casi di stipulazione di un nuovo contratto, relativo a un ulteriore veicolo della medesima tipologia, acquistato dalla persona fisica già titolare di polizza assicurativa o da un componente stabilmente convivente del suo nucleo familiare, non può assegnare al contratto una classe di merito più sfavorevole rispetto a quella risultante dall'ultimo attestato di rischio conseguito sul veicolo già assicurato e non

può discriminare in funzione della durata del rapporto garantendo, nell'ambito della classe di merito, le condizioni di premio assegnate agli assicurati aventi le stesse caratteristiche di rischio del soggetto che stipula il nuovo contratto (8) (9) (6).

4 *ter*. Conseguentemente al verificarsi di un sinistro, le imprese di assicurazione non possono applicare alcuna variazione di classe di merito prima di aver accertato l'effettiva responsabilità del contraente, che è individuata nel responsabile principale del sinistro, secondo la liquidazione effettuata in relazione al danno e fatto salvo un diverso accertamento in sede giudiziale. Ove non sia possibile accertare la responsabilità principale, ovvero, in via provvisoria, salvo conguaglio, in caso di liquidazione parziale, la responsabilità si computa pro quota in relazione al numero dei conducenti coinvolti, ai fini della eventuale variazione di classe a seguito di più sinistri. In ogni caso, le variazioni peggiorative apportate alla classe di merito e i conseguenti incrementi del premio per gli assicurati che hanno esercitato la facoltà di cui all'articolo 132 *ter*, comma 1, lettera *b*), devono essere inferiori a quelli altrimenti applicati (10) (9) (6).

4 *ter*.1. Conseguentemente al verificarsi di un sinistro, qualora l'assicurato accetti l'installazione di uno dei dispositivi di cui all'articolo 132 *ter*, le variazioni peggiorative apportate alla classe di merito e i conseguenti incrementi del premio devono essere inferiori a quelli altrimenti applicati (11).

4 *quater*. È fatto comunque obbligo alle imprese di assicurazione di comunicare tempestivamente al contraente le variazioni peggiorative apportate alla classe di merito (9) (6).

(1) *Questo periodo è stato aggiunto dall'art. 32, comma 2, lett.* a)*, del D.L. 24 gennaio 2012, n. 1, convertito, con modificazioni, nella L. 24 marzo 2012, n. 27.*

(2) *Questo comma è stato inserito dall'art. 1, comma 5, del D.L.vo 6 novembre 2007, n. 198.*

(3) *Questo comma è stato inserito dall'art. 32, comma 2, lett.* b)*, del D.L. 24 gennaio 2012, n. 1, convertito, con modificazioni, nella L. 24 marzo 2012, n. 27.*

(4) *Le parole*: «*può prevedere*» *sono state così sostituite dalle parole*: «*prevede*» *dall'art. 32, comma 2, lett.* c)*, del D.L. 24 gennaio 2012, n. 1, convertito, con modificazioni, nella L. 24 marzo 2012, n. 27.*

(5) *Questo periodo è stato aggiunto dall'art. 5, comma 1* bis*, del D.L. 31 gennaio 2007, n. 7, convertito, con modificazioni, nella L. 2 aprile 2007, n. 40.*

(6) *Ai sensi dell'art. 5, comma 5, del D.L. 31 gennaio 2007, n. 7, convertito, con modificazioni, nella L. 2 aprile 2007, n. 40, le clausole in contrasto con tale disposizione sono nulle e non comportano la nullità del contratto, fatta salva la facoltà degli operatori di adeguare le clausole vigenti alla data di entrata in vigore del presente decreto entro i successivi sessanta giorni.*

(7) *Questo comma è stato così sostituito dall'art. 32, comma 2, lett.* d)*, del D.L. 24 gennaio 2012, n. 1, convertito, con modificazioni, nella L. 24 marzo 2012, n. 27.*

(8) *Le parole: «e non può discriminare in funzione della durata del rapporto garantendo, nell'ambito della classe di merito, le condizioni di premio assegnate agli assicurati aventi le stesse caratteristiche di rischio del soggetto che stipula il nuovo contratto» sono state aggiunte dall'art. 1, comma 14, lett.* a)*, della L. 4 agosto 2017, n. 124.*

(9) *Questo comma è stato aggiunto dall'art. 5, comma 2, del D.L. 31 gennaio 2007, n. 7, convertito, con modificazioni, nella L. 2 aprile 2007, n. 40.*

(10) *Questo periodo è stato aggiunto dall'art. 1, comma 14, lett.* b)*, della L. 4 agosto 2017, n. 124.*

(11) *Questo comma è stato inserito dall'art. 1, comma 14, lett.* c)*, della L. 4 agosto 2017, n. 124.*

135. (1) **Banca dati sinistri e banche dati anagrafe testimoni e anagrafe danneggiati** (2). – 1. Allo scopo di rendere più efficace la prevenzione e il contrasto di comportamenti fraudolenti nel settore delle assicurazioni obbligatorie per i veicoli a motore immatricolati in Italia, sono istituite (3) presso l'IVASS una banca dati dei sinistri ad essi relativi e due banche dati denominate "anagrafe testimoni" e "anagrafe danneggiati" (4).

2. Le imprese di assicurazione autorizzate in Italia all'esercizio dell'assicurazione obbligatoria della responsabilità civile derivante dalla circolazione dei veicoli a motore sono tenute a comunicare i dati riguardanti i sinistri gestiti, compresi i sinistri gestiti in qualità di impresa designata ai sensi dell'articolo 286, nonché i sinistri gestiti dall'Ufficio centrale italiano ai sensi dell'articolo 125, comma 5, e dell'articolo 296, secondo le modalità stabilite con regolamento adottato dall'IVASS. Al medesimo adempimento sono tenute le imprese aventi sede legale in uno Stato membro dell'Unione europea ammesse a operare in Italia in regime di libera prestazione dei servizi o in regime di stabilimento e abilitate all'esercizio dell'assicurazione obbligatoria della responsabilità civile derivante dalla circolazione dei veicoli a motore nel territorio della Repubblica (5).

3. Le procedure di organizzazione e di funzionamento, le modalità e le condizioni di accesso alle banche dati di cui al comma 1, da parte delle pubbliche amministrazioni, dell'autorità giudiziaria, delle forze di polizia, delle imprese di assicu-

razione e di soggetti terzi, nonché gli obblighi di consultazione delle banche dati da parte delle imprese di assicurazione in fase di liquidazione dei sinistri, sono stabiliti dall'IVASS, con regolamento, sentiti il Ministero dello sviluppo economico e il Ministero dell'interno, e, per i profili di tutela della riservatezza, il Garante per la protezione dei dati personali (6).

3 *bis*. In caso di sinistri con soli danni a cose, l'identificazione di eventuali testimoni sul luogo di accadimento dell'incidente deve risultare dalla denuncia di sinistro o comunque dal primo atto formale del danneggiato nei confronti dell'impresa di assicurazione o, in mancanza, deve essere richiesta dall'impresa di assicurazione con espresso avviso all'assicurato delle conseguenze processuali della mancata risposta. In quest'ultimo caso, l'impresa di assicurazione deve effettuare la richiesta di indicazione dei testimoni con raccomandata con avviso di ricevimento entro il termine di sessanta giorni dalla denuncia del sinistro e la parte che riceve tale richiesta effettua la comunicazione dei testimoni, a mezzo di raccomandata con avviso di ricevimento, entro il termine di sessanta giorni dalla ricezione della richiesta. L'impresa di assicurazione deve procedere a sua volta all'individuazione e alla comunicazione di eventuali ulteriori testimoni entro il termine di sessanta giorni. Fatte salve le risultanze contenute in verbali delle autorità di polizia intervenute sul luogo dell'incidente, l'identificazione dei testimoni avvenuta in un momento successivo comporta l'inammissibilità della prova testimoniale addotta (7).

3 *ter*. In caso di giudizio, il giudice, sulla base della documentazione prodotta, non ammette le testimonianze che non risultino acquisite secondo le modalità previste dal comma 3 *bis*. Il giudice dispone l'audizione dei testimoni che non sono stati indicati nel rispetto del citato comma 3 *bis* nei soli casi in cui risulti comprovata l'oggettiva impossibilità della loro tempestiva identificazione (7).

3 *quater*. Nelle controversie civili promosse per l'accertamento della responsabilità e per la quantificazione dei danni, il giudice, anche su documentata segnalazione delle parti che, a tale fine, possono richiedere i dati all'IVASS, trasmette un'informativa alla procura della Repubblica, per quanto di competenza, in relazione alla ricorrenza dei medesimi nominativi di testimoni presenti in più di tre sinistri negli ultimi cinque anni registrati nella banca dati dei sinistri di cui al comma 1. Il presente comma non si applica agli ufficiali e agli agenti delle autorità di polizia che sono chiamati a testimoniare (7).

(1) *A norma dell'art. 1, comma 16, della L. 4 agosto 2017, n. 124, L'IVASS provvede alla verifica trimestrale dei dati relativi ai sinistri che le imprese di assicurazione sono tenute a inserire nella banca dati dei sinistri, di cui a questo articolo, al fine di assicurare l'omogenea e oggettiva definizione dei criteri di trattamento dei dati medesimi. All'esito delle verifiche periodiche, l'IVASS redige apposita relazione le cui risultanze sono considerate anche al fine della definizione della significatività degli sconti di cui all'articolo 132* ter*, comma 1, dello stesso decreto legislativo n. 209 del 2005.*

(2) *Le parole: «e banche dati anagrafe testimoni e anagrafe danneggiati» sono state aggiunte dall'art. 32, comma 3* bis*, lett.* a)*, del D.L. 24 gennaio 2012, n. 1, convertito, con modificazioni, nella L. 24 marzo 2012, n. 27.*

(3) *Le parole: «è istituita» sono state così sostituite dalle parole: «sono istituite» dall'art. 32, comma 3* bis*, lett.* b)*, del D.L. 24 gennaio 2012, n. 1, convertito, con modificazioni, nella L. 24 marzo 2012, n. 27.*

(4) *Le parole: «e due banche dati denominate "anagrafe testimoni" e "anagrafe danneggiati"» sono state aggiunte dall'art. 32, comma 3* bis*, lett.* b)*, del D.L. 24 gennaio 2012, n. 1, convertito, con modificazioni, nella L. 24 marzo 2012, n. 27.*

(5) *Questo comma è stato così sostituito dall'art. 1, comma 28, lett.* b)*, della L. 4 agosto 2017, n. 124.*

(6) *Questo comma è stato così sostituito dall'art. 32, comma 3* bis*, lett.* c)*, del D.L. 24 gennaio 2012, n. 1, convertito, con modificazioni, nella L. 24 marzo 2012, n. 27.*

(7) *Questo comma è stato aggiunto dall'art. 1, comma 15, della L. 4 agosto 2017, n. 124.*

136. Funzioni del Ministero dello sviluppo economico. – 1. Al fine di consentire lo svolgimento delle funzioni del Ministero dello sviluppo economico, l'IVASS è tenuto a comunicare al Ministero dati, informazioni e notizie relativi alle tariffe dell'assicurazione obbligatoria della responsabilità civile derivante dalla circolazione dei veicoli a motore e dei natanti.

2. Per le finalità di cui al comma 1, è istituito presso il Ministero dello sviluppo economico un comitato di esperti in materia di assicurazione obbligatoria della responsabilità civile derivante dalla circolazione dei veicoli a motore e dei natanti, con il compito di osservare l'andamento degli incrementi tariffari praticati dalle imprese di assicurazione operanti nel territorio della Repubblica, valutando in particolare le differenze tariffarie applicate sul territorio della Repubblica italiana e anche in quale misura si sia tenuto conto

del comportamento degli assicurati che nel corso dell'anno non abbiano denunciato incidenti. Con decreto del Ministro dello sviluppo economico, è disciplinata la costituzione e il funzionamento del comitato di esperti, fermo restando che ai predetti esperti non può essere attribuita alcuna indennità o emolumento comunque denominato.

3. Al fine della diffusione di un'adeguata informazione agli utenti e della realizzazione di un sistema di monitoraggio permanente sui premi relativi all'assicurazione obbligatoria della responsabilità civile derivante dalla circolazione dei veicoli a motore, il Consiglio nazionale dei consumatori e degli utenti è autorizzato a stipulare apposita convenzione con l'Istituto nazionale di statistica e a co-finanziare, secondo modalità e criteri stabiliti con decreto del Ministro dello sviluppo economico, programmi di informazione e orientamento rivolti agli utenti dei servizi assicurativi promossi dalle associazioni dei consumatori e degli utenti, a valere sulle disponibilità finanziarie assegnate al Consiglio stesso dalla legge istitutiva.

3 *bis*. Il Ministero dello sviluppo economico utilizza il sistema tariffario completo in tutte le sue estensioni organizzato dall'IVASS, sulla base dei dati forniti dalle imprese di assicurazione, per realizzare un servizio informativo, anche tramite il proprio sito internet, che consente al consumatore di comparare le tariffe applicate dalle diverse imprese di assicurazione relativamente al proprio profilo individuale ([1]).

([1]) *Questo comma è stato aggiunto dall'art. 5, comma 3, del D.L. 31 gennaio 2007, n. 7, convertito, con modificazioni, nella L. 2 aprile 2007, n. 40. Ai sensi dell'art. 5, comma 5, dello stesso decreto, le clausole in contrasto con tale disposizione sono nulle e non comportano la nullità del contratto, fatta salva la facoltà degli operatori di adeguare le clausole vigenti alla data di entrata in vigore del presente decreto entro i successivi sessanta giorni.*

Capo III
Risarcimento del danno

137. Danno patrimoniale. – 1. Nel caso di danno alla persona, quando agli effetti del risarcimento si debba considerare l'incidenza dell'inabilità temporanea o dell'invalidità permanente su un reddito di lavoro comunque qualificabile, tale reddito si determina, per il lavoro dipendente, sulla base del reddito di lavoro, maggiorato dei redditi esenti e al lordo delle detrazioni e delle ritenute di legge, che risulta il più elevato tra quelli degli ultimi tre anni e, per il lavoro autonomo, sulla base del reddito netto che risulta il più elevato tra quelli dichiarati dal danneggiato ai fini dell'imposta sul reddito delle persone fisiche negli ultimi tre anni ovvero, nei casi previsti dalla legge, dall'apposita certificazione rilasciata dal datore di lavoro ai sensi delle norme di legge.

2. È in ogni caso ammessa la prova contraria, ma, quando dalla stessa risulti che il reddito sia superiore di oltre un quinto rispetto a quello risultante dagli atti indicati nel comma 1, il giudice ne fa segnalazione al competente ufficio dell'Agenzia delle entrate.

3. In tutti gli altri casi il reddito che occorre considerare ai fini del risarcimento non può essere inferiore a tre volte l'ammontare annuo della pensione sociale.

138. ([1]) **Danno non patrimoniale per lesioni di non lieve entità. –** 1. Al fine di garantire il diritto delle vittime dei sinistri a un pieno risarcimento del danno non patrimoniale effettivamente subito e di razionalizzare i costi gravanti sul sistema assicurativo e sui consumatori, con decreto del Presidente della Repubblica, da adottare entro centoventi giorni dalla data di entrata in vigore della presente disposizione, previa deliberazione del Consiglio dei ministri, su proposta del Ministro dello sviluppo economico, di concerto con il Ministro della salute, con il Ministro del lavoro e delle politiche sociali e con il Ministro della giustizia, si provvede alla predisposizione di una specifica tabella unica su tutto il territorio della Repubblica:

a) delle menomazioni all'integrità psico-fisica comprese tra dieci e cento punti;

b) del valore pecuniario da attribuire a ogni singolo punto di invalidità comprensivo dei coefficienti di variazione corrispondenti all'età del soggetto leso ([2]).

2. La tabella unica nazionale è redatta, tenuto conto dei criteri di valutazione del danno non patrimoniale ritenuti congrui dalla consolidata giurisprudenza di legittimità, secondo i seguenti principi e criteri:

a) agli effetti della tabella, per danno biologico si intende la lesione temporanea o permanente all'integrità psico-fisica della persona, suscettibile di accertamento medico-legale, che esplica un'incidenza negativa sulle attività quotidiane e sugli aspetti dinamico-relazionali della vita del danneggiato, indipendentemente da eventuali ripercussioni sulla sua capacità di produrre reddito;

b) la tabella dei valori economici si fonda sul sistema a punto variabile in funzione dell'età e del grado di invalidità;

c) il valore economico del punto è funzione crescente della percentuale di invalidità e l'incidenza della menomazione sugli aspetti dinamico-relazionali della vita del danneggiato cresce in modo più che proporzionale rispetto all'aumento percentuale assegnato ai postumi;

d) il valore economico del punto è funzione decrescente dell'età del soggetto, sulla base delle tavole di mortalità elaborate dall'ISTAT, al tasso di rivalutazione pari all'interesse legale;

e) al fine di considerare la componente del danno morale da lesione all'integrità fisica, la quota corrispondente al danno biologico stabilita in applicazione dei criteri di cui alle lettere da *a*) a *d*) è incrementata in via percentuale e progressiva per punto, individuando la percentuale di aumento di tali valori per la personalizzazione complessiva della liquidazione;

f) il danno biologico temporaneo inferiore al 100 per cento è determinato in misura corrispondente alla percentuale di inabilità riconosciuta per ciascun giorno.

3. Qualora la menomazione accertata incida in maniera rilevante su specifici aspetti dinamico-relazionali personali documentati e obiettivamente accertati, l'ammontare del risarcimento del danno, calcolato secondo quanto previsto dalla tabella unica nazionale di cui al comma 2, può essere aumentato dal giudice, con equo e motivato apprezzamento delle condizioni soggettive del danneggiato, fino al 30 per cento.

4. L'ammontare complessivo del risarcimento riconosciuto ai sensi del presente articolo è esaustivo del risarcimento del danno conseguente alle lesioni fisiche.

5. Gli importi stabiliti nella tabella unica nazionale sono aggiornati annualmente, con decreto del Ministro dello sviluppo economico, in misura corrispondente alla variazione dell'indice nazionale dei prezzi al consumo per le famiglie di operai e impiegati accertata dall'ISTAT.

(1) *Questo articolo è stato così sostituito dall'art. 1, comma 17, della L. 4 agosto 2017, n. 124.*

(2) *A norma dell'art. 1, comma 18, della L. 4 agosto 2017, n. 124, la tabella unica nazionale predisposta con il decreto del Presidente della Repubblica di cui a questo comma, si applica ai sinistri e agli eventi verificatisi successivamente alla data di entrata in vigore del medesimo decreto del Presidente della Repubblica.*

139. (1) **Danno non patrimoniale per lesioni di lieve entità.** – 1. Il risarcimento del danno biologico per lesioni di lieve entità, derivanti da sinistri conseguenti alla circolazione di veicoli a motore e di natanti, è effettuato secondo i criteri e le misure seguenti:

a) a titolo di danno biologico permanente, è liquidato per i postumi da lesioni pari o inferiori al 9 per cento un importo crescente in misura più che proporzionale in relazione a ogni punto percentuale di invalidità; tale importo è calcolato in base all'applicazione a ciascun punto percentuale di invalidità del relativo coefficiente secondo la correlazione stabilita dal comma 6. L'importo così determinato si riduce con il crescere dell'età del soggetto in ragione dello 0,5 per cento per ogni anno di età a partire dall'undicesimo anno di età. Il valore del primo punto è pari a 795,91 euro;

b) a titolo di danno biologico temporaneo, è liquidato un importo di 39,37 euro per ogni giorno di inabilità assoluta; in caso di inabilità temporanea inferiore al 100 per cento, la liquidazione avviene in misura corrispondente alla percentuale di inabilità riconosciuta per ciascun giorno.

2. Ai fini di cui al comma 1, per danno biologico si intende la lesione temporanea o permanente all'integrità psico-fisica della persona, suscettibile di accertamento medico-legale, che esplica un'incidenza negativa sulle attività quotidiane e sugli aspetti dinamico-relazionali della vita del danneggiato, indipendentemente da eventuali ripercussioni sulla sua capacità di produrre reddito. In ogni caso, le lesioni di lieve entità, che non siano suscettibili di accertamento clinico strumentale obiettivo, ovvero visivo, con riferimento alle lesioni, quali le cicatrici, oggettivamente riscontrabili senza l'ausilio di strumentazioni, non possono dar luogo a risarcimento per danno biologico permanente.

3. Qualora la menomazione accertata incida in maniera rilevante su specifici aspetti dinamico-relazionali personali documentati e obiettivamente accertati ovvero causi o abbia causato una sofferenza psico-fisica di particolare intensità, l'ammontare del risarcimento del danno, calcolato secondo quanto previsto dalla tabella di cui al comma 4, può essere aumentato dal giudice, con equo e motivato apprezzamento delle condizioni soggettive del danneggiato, fino al 20 per cento. L'ammontare complessivo del risarcimento riconosciuto ai sensi del presente articolo è esaustivo

del risarcimento del danno non patrimoniale conseguente a lesioni fisiche.

4. Con decreto del Presidente della Repubblica, previa deliberazione del Consiglio dei ministri, su proposta del Ministro della salute, di concerto con il Ministro del lavoro e delle politiche sociali, con il Ministro della giustizia e con il Ministro dello sviluppo economico, si provvede alla predisposizione di una specifica tabella delle menomazioni dell'integrità psico-fisica comprese tra 1 e 9 punti di invalidità.

5. Gli importi indicati nel comma 1 sono aggiornati annualmente con decreto del Ministro dello sviluppo economico, in misura corrispondente alla variazione dell'indice nazionale dei prezzi al consumo per le famiglie di operai e impiegati accertata dall'ISTAT.

6. Ai fini del calcolo dell'importo di cui al comma 1, lettera *a*), per un punto percentuale di invalidità pari a 1 si applica un coefficiente moltiplicatore pari a 1, per un punto percentuale di invalidità pari a 2 si applica un coefficiente moltiplicatore pari a 1,1, per un punto percentuale di invalidità pari a 3 si applica un coefficiente moltiplicatore pari a 1,2, per un punto percentuale di invalidità pari a 4 si applica un coefficiente moltiplicatore pari a 1,3, per un punto percentuale di invalidità pari a 5 si applica un coefficiente moltiplicatore pari a 1,5, per un punto percentuale di invalidità pari a 6 si applica un coefficiente moltiplicatore pari a 1,7, per un punto percentuale di invalidità pari a 7 si applica un coefficiente moltiplicatore pari a 1,9, per un punto percentuale di invalidità pari a 8 si applica un coefficiente moltiplicatore pari a 2,1 e per un punto percentuale di invalidità pari a 9 si applica un coefficiente moltiplicatore pari a 2,3.

(¹) *Questo articolo è stato così sostituito dall'art. 1, comma 19, della L. 4 agosto 2017, n. 124, a decorrere dal 29 agosto 2017.*

Si riporta il testo precedente:

«Art. 139. - Danno biologico per lesioni di lieve entità - *1. Il risarcimento del danno biologico per lesioni di lieve entità, derivanti da sinistri conseguenti alla circolazione dei veicoli a motore e dei natanti, è effettuato secondo i criteri e le misure seguenti:*

a) *a titolo di danno biologico permanente, è liquidato per i postumi da lesioni pari o inferiori al nove per cento un importo crescente in misura più che proporzionale in relazione ad ogni punto percentuale di invalidità; tale importo è calcolato in base all'applicazione a ciascun punto percentuale di invalidità del relativo coefficiente secondo la correlazione esposta nel comma 6. L'importo così determinato si riduce con il crescere dell'età del soggetto in ragione dello zero virgola cinque per cento per ogni anno di età a partire dall'undicesimo anno di età. Il valore del primo punto è pari ad euro seicentosettantaquattro virgola settantotto (*);*

b) *a titolo di danno biologico temporaneo, è liquidato un importo di euro trentanove virgola trentasette per ogni giorno di inabilità assoluta; in caso di inabilità temporanea inferiore al cento per cento, la liquidazione avviene in misura corrispondente alla percentuale di inabilità riconosciuta per ciascun giorno (*).*

2. Agli effetti di cui al comma 1 per danno biologico si intende la lesione temporanea o permanente all'integrità psico-fisica della persona suscettibile di accertamento medico-legale che esplica un'incidenza negativa sulle attività quotidiane e sugli aspetti dinamico-relazionali della vita del danneggiato, indipendentemente da eventuali ripercussioni sulla sua capacità di produrre reddito. In ogni caso, le lesioni di lieve entità, che non siano suscettibili di accertamento clinico strumentale obiettivo, non potranno dar luogo a risarcimento per danno biologico permanente.

3. L'ammontare del danno biologico liquidato ai sensi del comma 1 può essere aumentato dal giudice in misura non superiore ad un quinto, con equo e motivato apprezzamento delle condizioni soggettive del danneggiato.

4. Con decreto del Presidente della Repubblica, previa deliberazione del Consiglio dei Ministri, su proposta del Ministro della salute, di concerto con il Ministro del lavoro e delle politiche sociali, con il Ministro della giustizia e con il Ministro dello sviluppo economico, si provvede alla predisposizione di una specifica tabella delle menomazioni alla integrità psicofisica comprese tra uno e nove punti di invalidità.

5. Gli importi indicati nel comma 1 sono aggiornati annualmente con decreto del Ministro dello sviluppo economico, in misura corrispondente alla variazione dell'indice nazionale dei prezzi al consumo per le famiglie di operai ed impiegati accertata dall'ISTAT.

6. Ai fini del calcolo dell'importo di cui al comma 1, lettera a)*, per un punto percentuale di invalidità pari a 1 si applica un coefficiente moltiplicatore pari a 1,0, per un punto percentuale di invalidità pari a 2 si applica un coefficiente moltiplicatore pari a 1,1, per un punto percentuale di invalidità pari a 3 si applica un coefficiente moltiplicatore pari a 1,2, per un punto percentuale di invalidità pari a 4 si applica un coefficiente moltiplicatore pari a 1,3, per un punto percentuale di invalidità pari a 5 si applica un coefficiente moltiplicatore pari a 1,5, per un punto percentuale di invalidità pari a 6 si applica un coefficiente moltiplicatore pari a 1,7, per un punto percentuale di invalidità pari a 7 si applica un coefficiente moltiplicatore pari a 1,9, per un punto percentuale di invalidità pari a 8 si applica un coefficiente moltiplicatore pari a 2,1, per un punto percentuale di invalidità pari a 9 si applica un coefficiente moltiplicatore pari a 2,3.».*

(*) *A norma dell'art. 1, comma 1, del D.M. 17 luglio 2017* (G.U. *Serie gen. - n. 196 del 23 agosto 2017), a decorrere dal mese di aprile 2017, gli importi indicati in questo comma e rideterminati da ultimo, con il decreto ministeriale 19 luglio 2016, sono aggiornati nelle seguenti misure:*

- ottocentotre euro e settantanove centesimi, per quanto riguarda l'importo relativo al valore del primo punto di invalidità, di cui alla lettera a);

- quarantasei euro e ottantotto centesimi, per quanto riguarda l'importo relativo ad ogni giorno di inabilità assoluta, di cui alla lettera b).

140. Pluralità di danneggiati e supero del massimale. – 1. Qualora vi siano più persone danneggiate nello stesso sinistro e il risarcimento dovuto dal responsabile superi le somme assicurate, i diritti delle persone danneggiate nei confronti dell'impresa di assicurazione sono proporzionalmente ridotti fino alla concorrenza delle somme assicurate.

2. L'impresa di assicurazione che, decorsi trenta giorni dall'incidente e ignorando l'esistenza di altre persone danneggiate, pur avendone ricercata l'identificazione con la normale diligenza, ha pagato ad alcuna di esse una somma superiore alla quota spettante, risponde verso le altre persone danneggiate nei limiti dell'eccedenza della somma assicurata rispetto alla somma versata.

3. Nel caso di cui al comma 2, le altre persone danneggiate, il cui credito rimanesse insoddisfatto, hanno diritto di ripetere, da chi abbia ricevuto il risarcimento dall'impresa di assicurazione, quanto sarebbe loro spettato in applicazione del comma 1.

4. Nei giudizi promossi fra l'impresa di assicurazione e le persone danneggiate sussiste litisconsorzio necessario, applicandosi l'articolo 102 del codice di procedura civile. L'impresa di assicurazione può effettuare il deposito di una somma, nei limiti del massimale, con effetto liberatorio nei confronti di tutte le persone aventi diritto al risarcimento, se il deposito è irrevocabile e vincolato a favore di tutti i danneggiati.

141. Risarcimento del terzo trasportato. – 1. Salva l'ipotesi di sinistro cagionato da caso fortuito, il danno subito dal terzo trasportato è risarcito dall'impresa di assicurazione del veicolo sul quale era a bordo al momento del sinistro entro il massimale minimo di legge, fermo restando quanto previsto all'articolo 140, a prescindere dall'accertamento della responsabilità dei conducenti dei veicoli coinvolti nel sinistro, fermo il diritto al risarcimento dell'eventuale maggior danno nei confronti dell'impresa di assicurazione del responsabile civile, se il veicolo di quest'ultimo è coperto per un massimale superiore a quello minimo.

2. Per ottenere il risarcimento il terzo trasportato promuove nei confronti dell'impresa di assicurazione del veicolo sul quale era a bordo al momento del sinistro la procedura di risarcimento prevista dall'articolo 148.

3. L'azione diretta avente ad oggetto il risarcimento è esercitata nei confronti dell'impresa di assicurazione del veicolo sul quale il danneggiato era a bordo al momento del sinistro nei termini di cui all'articolo 145. L'impresa di assicurazione del responsabile civile può intervenire nel giudizio e può estromettere l'impresa di assicurazione del veicolo, riconoscendo la responsabilità del proprio assicurato. Si applicano, in quanto compatibili, le disposizioni del capo IV.

4. L'impresa di assicurazione che ha effettuato il pagamento ha diritto di rivalsa nei confronti dell'impresa di assicurazione del responsabile civile nei limiti ed alle condizioni previste dall'articolo 150.

142. Diritto di surroga dell'assicuratore sociale. – 1. Qualora il danneggiato sia assistito da assicurazione sociale, l'ente gestore dell'assicurazione sociale ha diritto di ottenere direttamente dall'impresa di assicurazione il rimborso delle spese sostenute per le prestazioni erogate al danneggiato ai sensi delle leggi e dei regolamenti che disciplinano detta assicurazione, sempreché non sia già stato pagato il risarcimento al danneggiato, con l'osservanza degli adempimenti prescritti nei commi 2 e 3.

2. Prima di provvedere alla liquidazione del danno, l'impresa di assicurazione è tenuta a richiedere al danneggiato una dichiarazione attestante che lo stesso non ha diritto ad alcuna prestazione da parte di istituti che gestiscono assicurazioni sociali obbligatorie. Ove il danneggiato dichiari di avere diritto a tali prestazioni, l'impresa di assicurazione è tenuta a darne comunicazione al competente ente di assicurazione sociale e potrà procedere alla liquidazione del danno solo previo accantonamento di una somma idonea a coprire il credito dell'ente per le prestazioni erogate o da erogare.

3. Trascorsi quarantacinque giorni dalla comunicazione di cui al comma 2 senza che l'ente di assicurazione sociale abbia dichiarato di volersi surrogare nei diritti del danneggiato, l'impresa di assicurazione potrà disporre la liquidazione defi-

nitiva in favore del danneggiato. L'ente di assicurazione sociale ha diritto di ripetere dal danneggiato le somme corrispondenti agli oneri sostenuti se il comportamento del danneggiato abbia pregiudicato l'azione di surrogazione.

4. In ogni caso l'ente gestore dell'assicurazione sociale non può esercitare l'azione surrogatoria con pregiudizio del diritto dell'assistito al risarcimento dei danni alla persona non altrimenti risarciti.

142 *bis*. ([1]) **Informazioni sulla copertura assicurativa.** – 1. Il danneggiato ha diritto di ottenere dal Centro di informazione di cui all'articolo 154 le informazioni riguardanti la copertura assicurativa dei veicolo che ha causato il sinistro, il numero di polizza e la data di scadenza della stessa.

([1]) *Questo articolo è stato inserito dall'art. 1, comma 6, del D.L.vo 6 novembre 2007, n. 198.*

142 *ter*. ([1]) **Utenti della strada non motorizzati.** – 1. L'assicurazione obbligatoria per i veicoli a motore e i natanti copre i danni alle persone e i danni alle cose subiti da pedoni, ciclisti e altri utenti non motorizzati della strada i quali, in conseguenza di un incidente nel quale sia stato coinvolto un veicolo, hanno diritto alla riparazione del danno, nei limiti in cui sussista la responsabilità civile dei conducenti.

([1]) *Questo articolo è stato inserito dall'art. 1, comma 6, del D.L.vo 6 novembre 2007, n. 198.*

Capo IV
Procedure liquidative

143. Denuncia di sinistro. – 1. Nel caso di sinistro avvenuto tra veicoli a motore per i quali vi sia obbligo di assicurazione, i conducenti dei veicoli coinvolti o, se persone diverse, i rispettivi proprietari sono tenuti a denunciare il sinistro alla propria impresa di assicurazione, avvalendosi del modulo fornito dalla medesima, il cui modello è approvato dall'IVASS. In caso di mancata presentazione della denuncia di sinistro si applica l'articolo 1915 del codice civile per l'omesso avviso di sinistro.

2. Quando il modulo sia firmato congiuntamente da entrambi i conducenti coinvolti nel sinistro si presume, salvo prova contraria da parte dell'impresa di assicurazione, che il sinistro si sia verificato nelle circostanze, con le modalità e con le conseguenze risultanti dal modulo stesso.

144. Azione diretta del danneggiato. – 1. Il danneggiato per sinistro causato dalla circolazione di un veicolo o di un natante, per i quali vi è obbligo di assicurazione, ha azione diretta per il risarcimento del danno nei confronti dell'impresa di assicurazione del responsabile civile, entro i limiti delle somme per le quali è stata stipulata l'assicurazione.

2. Per l'intero massimale di polizza l'impresa di assicurazione non può opporre al danneggiato eccezioni derivanti dal contratto, né clausole che prevedano l'eventuale contributo dell'assicurato al risarcimento del danno. L'impresa di assicurazione ha tuttavia diritto di rivalsa verso l'assicurato nella misura in cui avrebbe avuto contrattualmente diritto di rifiutare o ridurre la propria prestazione.

3. Nel giudizio promosso contro l'impresa di assicurazione è chiamato anche il responsabile del danno.

4. L'azione diretta che spetta al danneggiato nei confronti dell'impresa di assicurazione è soggetta al termine di prescrizione cui sarebbe soggetta l'azione verso il responsabile.

145. Proponibilità dell'azione di risarcimento. – 1. Nel caso si applichi la procedura di cui all'articolo 148, l'azione per il risarcimento dei danni causati dalla circolazione dei veicoli e dei natanti, per i quali vi è obbligo di assicurazione, può essere proposta solo dopo che siano decorsi sessanta giorni, ovvero novanta in caso di danno alla persona, decorrenti da quello in cui il danneggiato abbia chiesto all'impresa di assicurazione il risarcimento del danno, a mezzo lettera raccomandata con avviso di ricevimento, anche se inviata per conoscenza, avendo osservato le modalità ed i contenuti previsti all'articolo 148.

2. Nel caso in cui si applichi la procedura di cui all'articolo 149 l'azione per il risarcimento dei danni causati dalla circolazione dei veicoli e dei natanti, per i quali vi è obbligo di assicurazione, può essere proposta solo dopo che siano decorsi sessanta giorni, ovvero novanta in caso di danno alla persona, decorrenti da quello in cui il danneggiato abbia chiesto alla propria impresa di assicurazione il risarcimento del danno, a mezzo lettera raccomandata con avviso di ricevimento, inviata per conoscenza all'impresa di assicurazione dell'altro veicolo coinvolto, avendo osservato le modalità ed i contenuti previsti dagli articoli 149 e 150.

145 *bis*. ([1]) **Valore probatorio delle cosiddette «scatole nere» e di altri dispositivi elettronici.** –

1. Quando uno dei veicoli coinvolti in un incidente risulta dotato di un dispositivo elettronico che presenta le caratteristiche tecniche e funzionali stabilite ai sensi dell'articolo 132 *ter*, comma 1, lettere *b*) e *c*), e fatti salvi, in quanto equiparabili, i dispositivi elettronici già in uso alla data di entrata in vigore delle citate disposizioni, le risultanze del dispositivo formano piena prova, nei procedimenti civili, dei fatti a cui esse si riferiscono, salvo che la parte contro la quale sono state prodotte dimostri il mancato funzionamento o la manomissione del predetto dispositivo. Le medesime risultanze sono rese fruibili alle parti.

2. L'interoperabilità e la portabilità dei meccanismi elettronici che registrano l'attività del veicolo di cui all'articolo 132 *ter*, comma 1, lettera *b*), anche nei casi di sottoscrizione da parte dell'assicurato di un contratto di assicurazione con un'impresa assicuratrice diversa da quella che ha provveduto a installare i meccanismi elettronici, sono garantite da operatori, di seguito denominati «provider di telematica assicurativa», i cui dati identificativi sono comunicati all'IVASS da parte delle imprese di assicurazione che ne utilizzano i servizi. I dati sull'attività del veicolo sono gestiti in sicurezza dagli operatori del settore sulla base dello standard tecnologico comune indicato nell'articolo 32, comma 1 *ter*, del decreto legge 24 gennaio 2012, n. 1, convertito, con modificazioni, dalla legge 24 marzo 2012, n. 27, e successive modificazioni, e sono successivamente inviati alle rispettive imprese di assicurazione.

3. Le modalità per assicurare l'interoperabilità dei meccanismi elettronici nonché delle apparecchiature di telecomunicazione a essi connesse e dei relativi sistemi di gestione dei dati, in caso di sottoscrizione da parte dell'assicurato di un contratto di assicurazione con un'impresa diversa da quella che ha provveduto a installare tale meccanismo, o di portabilità tra diversi provider di telematica assicurativa, sono determinate dal regolamento previsto dall'articolo 32, comma 1 *bis*, del decreto legge 24 gennaio 2012, n. 1, convertito, con modificazioni, dalla legge 24 marzo 2012, n. 27, e successive modificazioni. Gli operatori rispondono del funzionamento ai fini dell'interoperabilità.

4. Il mancato adeguamento, da parte dell'impresa di assicurazione o del provider di telematica assicurativa, alle condizioni stabilite dal regolamento previsto dall'articolo 32, comma 1 *bis*, del decreto legge 24 gennaio 2012, n. 1, convertito, con modificazioni, dalla legge 24 marzo 2012, n. 27, e successive modificazioni, comporta l'applicazione da parte dell'IVASS di una sanzione amministrativa pecuniaria di euro 3.000 per ogni giorno di ritardo.

5. I dati sono trattati dall'impresa di assicurazione nel rispetto delle disposizioni del codice in materia di protezione dei dati personali, di cui al decreto legislativo 30 giugno 2003, n. 196. L'impresa di assicurazione è titolare del trattamento dei dati ai sensi dell'articolo 28 del citato codice di cui al decreto legislativo n. 196 del 2003. Salvo consenso espresso dell'assicurato in relazione alla disponibilità di ulteriori servizi connessi con la mobilità del veicolo, è fatto divieto all'impresa di assicurazione, nonché ai soggetti a essa collegati, di utilizzare i dispositivi di cui al presente articolo al fine di raccogliere dati ulteriori rispetto a quelli destinati alla finalità di determinazione delle responsabilità in occasione dei sinistri e ai fini tariffari, o di rilevare la posizione e le condizioni del veicolo in maniera continuativa o comunque sproporzionata rispetto alla medesima finalità.

6. È fatto divieto all'assicurato di disinstallare, manomettere o comunque rendere non funzionante il dispositivo installato. In caso di violazione del divieto di cui al periodo precedente da parte dell'assicurato, la riduzione del premio di cui all'articolo 132 *ter* non è applicata per la durata residua del contratto. L'assicurato che abbia goduto della riduzione di premio è tenuto alla restituzione dell'importo corrispondente alla riduzione accordata, fatte salve le eventuali sanzioni penali.

(¹) *Questo articolo è stato inserito dall'art. 1, comma 20, della L. 4 agosto 2017, n. 124.*

146. Diritto di accesso agli atti. – 1. Fermo restando quanto previsto per l'accesso ai singoli dati personali dal codice in materia di protezione dei dati personali, le imprese di assicurazione esercenti l'assicurazione obbligatoria della responsabilità civile derivante dalla circolazione dei veicoli a motore e dei natanti sono tenute a consentire ai contraenti ed ai danneggiati il diritto di accesso agli atti a conclusione dei procedimenti di valutazione, constatazione e liquidazione dei danni che li riguardano.

2. L'esercizio del diritto di accesso non è consentito quando abbia ad oggetto atti relativi ad accertamenti che evidenziano indizi o prove di comportamenti fraudolenti. È invece sospeso in pendenza di controversia giudiziaria tra l'impresa

e il richiedente, fermi restando i poteri attribuiti dalla legge all'autorità giudiziaria.

3. Se, entro sessanta giorni dalla richiesta scritta, l'assicurato o il danneggiato non è messo in condizione di prendere visione degli atti richiesti ed estrarne copia a sue spese, può inoltrare reclamo all'IVASS anche al fine di veder garantito il proprio diritto.

4. Il Ministro dello sviluppo economico, di concerto con il Ministro della giustizia, con regolamento adottato su proposta dell'IVASS, individua la tipologia degli atti soggetti e di quelli esclusi dall'accesso e determina gli obblighi delle imprese, gli oneri a carico dei richiedenti, nonché i termini e le altre condizioni per l'esercizio del diritto di cui al comma 1.

147. Stato di bisogno del danneggiato. – 1. Nel corso del giudizio di primo grado, gli aventi diritto al risarcimento che, a causa del sinistro, vengano a trovarsi in stato di bisogno, possono chiedere che sia loro assegnata una somma da imputarsi nella liquidazione definitiva del danno.

2. Il giudice civile o penale, sentite le parti, qualora da un sommario accertamento risultino gravi elementi di responsabilità a carico del conducente, con ordinanza immediatamente esecutiva provvede all'assegnazione della somma ai sensi del comma 1, nei limiti dei quattro quinti della presumibile entità del risarcimento che sarà liquidato con la sentenza. Se la causa civile è sospesa ai sensi dell'articolo 75, comma 3, del codice di procedura penale, l'istanza è proposta al presidente del tribunale dinanzi al quale è pendente la causa.

3. L'istanza può essere riproposta nel corso del giudizio.

4. L'ordinanza è irrevocabile fino alla decisione del merito.

148. Procedura di risarcimento. – 1. Per i sinistri con soli danni a cose, la richiesta di risarcimento deve recare l'indicazione degli aventi diritto al risarcimento e del luogo, dei giorni e delle ore in cui le cose danneggiate sono disponibili, per non meno di cinque ([1]) giorni non festivi, per l'ispezione diretta ad accertare l'entità del danno. Entro sessanta giorni dalla ricezione di tale documentazione, l'impresa di assicurazione formula al danneggiato congrua e motivata offerta per il risarcimento, ovvero comunica specificatamente i motivi per i quali non ritiene di fare offerta. Il termine di sessanta giorni è ridotto a trenta quando il modulo di denuncia sia stato sottoscritto dai conducenti coinvolti nel sinistro. Il danneggiato può procedere alla riparazione delle cose danneggiate solo dopo lo spirare del termine indicato al periodo precedente, entro il quale devono essere comunque completate le operazioni di accertamento del danno da parte dell'assicuratore, ovvero dopo il completamento delle medesime operazioni, nel caso in cui esse si siano concluse prima della scadenza del predetto termine. Qualora le cose danneggiate non siano state messe a disposizione per l'ispezione nei termini previsti dal presente articolo, ovvero siano state riparate prima dell'ispezione stessa, l'impresa, ai fini dell'offerta risarcitoria, effettuerà le proprie valutazioni sull'entità del danno solo previa presentazione di fattura che attesti gli interventi riparativi effettuati. Resta comunque fermo il diritto dell'assicurato al risarcimento anche qualora ritenga di non procedere alla riparazione ([2]).

2. L'obbligo di proporre al danneggiato congrua e motivata ([3]) offerta per il risarcimento del danno, ovvero di comunicare i motivi per cui non si ritiene di fare offerta, sussiste anche per i sinistri che abbiano causato lesioni personali o il decesso. La richiesta di risarcimento deve essere presentata dal danneggiato o dagli aventi diritto con le modalità indicate al comma 1. La richiesta deve contenere l'indicazione del codice fiscale degli aventi diritto al risarcimento e la descrizione delle circostanze nelle quali si è verificato il sinistro ed essere accompagnata, ai fini dell'accertamento e della valutazione del danno da parte dell'impresa, dai dati relativi all'età, all'attività del danneggiato, al suo reddito, all'entità delle lesioni subite, da attestazione medica comprovante l'avvenuta guarigione con o senza postumi permanenti, nonché dalla dichiarazione ai sensi dell'articolo 142, comma 2, o, in caso di decesso, dallo stato di famiglia della vittima. L'impresa di assicurazione è tenuta a provvedere all'adempimento del predetto obbligo entro novanta giorni dalla ricezione di tale documentazione.

2 *bis*. Ai fini di prevenzione e contrasto dei fenomeni fraudolenti, l'impresa di assicurazione provvede alla consultazione dell'archivio informatico integrato di cui all'articolo 21 del decreto legge 18 ottobre 2012, n. 179, convertito, con modificazioni, dalla legge 17 dicembre 2012, n. 221, e successive modificazioni, e, qualora dal risultato della consultazione, avuto riguardo al codice fiscale dei soggetti coinvolti ovvero ai veicoli danneggiati, emergano gli indici di anomalia definiti

dall'IVASS con apposito provvedimento, o qualora altri indicatori di frode siano segnalati dai dispositivi elettronici di cui all'articolo 132 *ter*, comma 1, del presente codice o siano emersi in sede di perizia da cui risulti documentata l'incongruenza del danno dichiarato dal richiedente, l'impresa può decidere, entro i termini di cui ai commi 1 e 2 del presente articolo, di non fare offerta di risarcimento, motivando tale decisione con la necessità di condurre ulteriori approfondimenti in relazione al sinistro ([4]). La relativa comunicazione è trasmessa dall'impresa al danneggiato e all'IVASS, al quale è anche trasmessa la documentazione relativa alle analisi condotte sul sinistro. Entro trenta giorni dalla comunicazione della predetta decisione, l'impresa deve comunicare al danneggiato le sue determinazioni conclusive in merito alla richiesta di risarcimento. All'esito degli approfondimenti condotti ai sensi del primo periodo, l'impresa può non formulare offerta di risarcimento, qualora, entro il termine di cui al terzo periodo, presenti querela, nelle ipotesi in cui è prevista, informandone contestualmente l'assicurato nella comunicazione concernente le determinazioni conclusive in merito alla richiesta di risarcimento di cui al medesimo terzo periodo; in tal caso i termini di cui ai commi 1 e 2 sono sospesi e il termine per la presentazione della querela, di cui all'articolo 124, primo comma, del codice penale, decorre dallo spirare del termine di trenta giorni entro il quale l'impresa comunica al danneggiato le sue determinazioni conclusive. Nei predetti casi, l'azione in giudizio prevista dall'articolo 145 è proponibile solo dopo la ricezione delle determinazioni conclusive dell'impresa o, in sua mancanza, allo spirare del termine di sessanta giorni di sospensione della procedura ([5]). Rimane salvo il diritto del danneggiato di ottenere l'accesso agli atti nei termini previsti dall'articolo 146, salvo il caso di presentazione di querela o denuncia ([5]) ([6]).

3. Il danneggiato, in pendenza dei termini di cui ai commi 1 e 2 e fatto salvo quanto stabilito dal comma 5, non può rifiutare gli accertamenti strettamente necessari alla valutazione del danno alle cose, nei termini di cui al comma 1, o del danno alla persona, da parte dell'impresa. Qualora ciò accada, i termini per l'offerta risarcitoria o per la comunicazione dei motivi per i quali l'impresa non ritiene di fare offerta sono sospesi ([7]).

4. L'impresa di assicurazione può richiedere ai competenti organi di polizia le informazioni acquisite relativamente alle modalità dell'incidente, alla residenza e al domicilio delle parti e alla targa di immatricolazione o altro analogo segno distintivo, ma è tenuta al rispetto dei termini stabiliti dai commi 1 e 2 anche in caso di sinistro che abbia determinato sia danni a cose che lesioni personali o il decesso.

5. In caso di richiesta incompleta l'impresa di assicurazione richiede al danneggiato entro trenta giorni dalla ricezione della stessa le necessarie integrazioni; in tal caso i termini di cui ai commi 1 e 2 decorrono nuovamente dalla data di ricezione dei dati o dei documenti integrativi.

6. Se il danneggiato dichiara di accettare la somma offertagli, l'impresa provvede al pagamento entro quindici giorni dalla ricezione della comunicazione.

7. Entro ugual termine l'impresa corrisponde la somma offerta al danneggiato che abbia comunicato di non accettare l'offerta. La somma in tal modo corrisposta è imputata nella liquidazione definitiva del danno.

8. Decorsi trenta giorni dalla comunicazione senza che l'interessato abbia fatto pervenire alcuna risposta, l'impresa corrisponde al danneggiato la somma offerta con le stesse modalità, tempi ed effetti di cui al comma 7.

9. Agli effetti dell'applicazione delle disposizioni di cui al presente articolo, l'impresa di assicurazione non può opporre al danneggiato l'eventuale inadempimento da parte dell'assicurato dell'obbligo di avviso del sinistro di cui all'articolo 1913 del codice civile.

10. In caso di sentenza a favore del danneggiato, quando la somma offerta ai sensi dei commi 1 o 2 sia inferiore alla metà di quella liquidata, al netto di eventuale rivalutazione ed interessi, il giudice trasmette, contestualmente al deposito in cancelleria, copia della sentenza all'IVASS per gli accertamenti relativi all'osservanza delle disposizioni del presente capo.

11. L'impresa, quando corrisponde compensi professionali per l'eventuale assistenza prestata da professionisti, è tenuta a richiedere la documentazione probatoria relativa alla prestazione stessa e ad indicarne il corrispettivo separatamente rispetto alle voci di danno nella quietanza di liquidazione. L'impresa, che abbia provveduto direttamente al pagamento dei compensi dovuti al professionista, ne dà comunicazione al danneggiato, indicando l'importo corrisposto.

11 *bis*. Resta ferma per l'assicurato la facoltà di ottenere l'integrale risarcimento per la ripara-

zione a regola d'arte del veicolo danneggiato avvalendosi di imprese di autoriparazione di propria fiducia abilitate ai sensi della legge 5 febbraio 1992, n. 122. A tal fine, l'impresa di autoriparazione fornisce la documentazione fiscale e un'idonea garanzia sulle riparazioni effettuate, con una validità non inferiore a due anni per tutte le parti non soggette a usura ordinaria ([8]) ([9]).

([1]) *La parola: «due» è stata così sostituita dall'attuale: «cinque» dall'art. 21, comma 7* bis, *del D.L. 18 ottobre 2012, n. 179, convertito, con modificazioni, nella L. 17 dicembre 2012, n. 221.*

([2]) *Questo comma è stato così sostituito dall'art. 32, comma 3, lett.* a), *del D.L. 24 gennaio 2012, n. 1, convertito, con modificazioni, nella L. 24 marzo 2012, n. 27.*

([3]) *Le parole: «e motivata» sono state inserite dall'art. 1, comma 7, del D.L.vo 6 novembre 2007, n. 198.*

([4]) *Questo periodo è stato così sostituito dall'art. 1, comma 21, della L. 4 agosto 2017, n. 124.*

([5]) *L'originario quinto periodo è stato così sostituito dagli attuali quinto e sesto periodo, dall'art. 1, comma 22, della L. 4 agosto 2017, n. 124.*

([6]) *Questo comma è stato inserito dall'art. 32, comma 3, lett.* b), *del D.L. 24 gennaio 2012, n. 1, convertito, con modificazioni, nella L. 24 marzo 2012, n. 27.*

([7]) *Questo comma è stato così sostituito dall'art. 32, comma 3, lett.* c), *del D.L. 24 gennaio 2012, n. 1, convertito, con modificazioni, nella L. 24 marzo 2012, n. 27.*

([8]) *Questo comma è stato aggiunto dall'art. 1, comma 9, della L. 4 agosto 2017, n. 124.*

([9]) *A norma dell'art. 1, comma 10, della L. 4 agosto 2017, n. 124, al fine di garantire le condizioni di sicurezza e funzionalità dei veicoli, le associazioni nazionali maggiormente rappresentative del settore dell'autoriparazione, l'Associazione nazionale fra le imprese assicuratrici e le associazioni dei consumatori iscritte nell'elenco istituito ai sensi dell'articolo 137 del codice del consumo, di cui al decreto legislativo 6 settembre 2005, n. 206, e successive modificazioni, definiscono d'intesa tra loro apposite linee guida finalizzate a determinare gli strumenti, le procedure, le soluzioni realizzative e gli ulteriori parametri tecnici per l'effettuazione delle riparazioni a regola d'arte di cui a questo comma, sulla base di criteri oggettivi e facilmente riscontrabili. Le predette linee guida sono comunicate al Ministero dello sviluppo economico che ne assicura le necessarie forme di pubblicità.*

149. Procedura di risarcimento diretto. – 1. In caso di sinistro tra due veicoli a motore identificati ed assicurati per la responsabilità civile obbligatoria, dal quale siano derivati danni ai veicoli coinvolti o ai loro conducenti, i danneggiati devono rivolgere la richiesta di risarcimento all'impresa di assicurazione che ha stipulato il contratto relativo al veicolo utilizzato.

2. La procedura di risarcimento diretto riguarda i danni al veicolo nonché i danni alle cose trasportate di proprietà dell'assicurato o del conducente. Essa si applica anche al danno alla persona subito dal conducente non responsabile se risulta contenuto nel limite previsto dall'articolo 139. La procedura non si applica ai sinistri che coinvolgono veicoli immatricolati all'estero ed al risarcimento del danno subito dal terzo trasportato come disciplinato dall'articolo 141.

3. L'impresa, a seguito della presentazione della richiesta di risarcimento diretto, è obbligata a provvedere alla liquidazione dei danni per conto dell'impresa di assicurazione del veicolo responsabile, ferma la successiva regolazione dei rapporti fra le imprese medesime.

4. Se il danneggiato dichiara di accettare la somma offerta, l'impresa di assicurazione provvede al pagamento entro quindici giorni dalla ricezione della comunicazione e il danneggiato è tenuto a rilasciare quietanza liberatoria valida anche nei confronti del responsabile del sinistro e della sua impresa di assicurazione.

5. L'impresa di assicurazione, entro quindici giorni, corrisponde la somma offerta al danneggiato che abbia comunicato di non accettare l'offerta o che non abbia fatto pervenire alcuna risposta. La somma in tale modo corrisposta è imputata all'eventuale liquidazione definitiva del danno.

6. In caso di comunicazione dei motivi che impediscono il risarcimento diretto ovvero nel caso di mancata comunicazione di offerta o di diniego di offerta entro i termini previsti dall'articolo 148 o di mancato accordo, il danneggiato può proporre l'azione diretta di cui all'articolo 145, comma 2, nei soli confronti della propria impresa di assicurazione. L'impresa di assicurazione del veicolo del responsabile può chiedere di intervenire nel giudizio e può estromettere l'altra impresa, riconoscendo la responsabilità del proprio assicurato ferma restando, in ogni caso, la successiva regolazione dei rapporti tra le imprese medesime secondo quanto previsto nell'ambito del sistema di risarcimento diretto.

149 *bis*. ([1]) **Trasparenza delle procedure di risarcimento.** – 1. In caso di cessione del credito derivante dal diritto al risarcimento dei danni causati dalla circolazione dei veicoli a motore e dei natanti, la somma da corrispondere a titolo di rimborso delle spese di riparazione dei veicoli danneggiati è versata previa presentazione della fattura emessa dall'impresa di autoriparazione abilitata ai sensi della legge 5 febbraio 1992, n. 122, che ha eseguito le riparazioni.

([1]) *Questo articolo è stato inserito dall'art. 1, comma 24, della L. 4 agosto 2017, n. 124.*

150. Disciplina del sistema di risarcimento diretto. – 1. Con decreto del Presidente della Repubblica, su proposta del Ministro dello sviluppo economico ([1]), da emanarsi entro novanta giorni dalla data di entrata in vigore del presente codice sono stabiliti:

a) i criteri di determinazione del grado di responsabilità delle parti anche per la definizione dei rapporti interni tra le imprese di assicurazione;

b) il contenuto e le modalità di presentazione della denuncia di sinistro e gli adempimenti necessari per il risarcimento del danno;

c) le modalità, le condizioni e gli adempimenti dell'impresa di assicurazione per il risarcimento del danno;

d) i limiti e le condizioni di risarcibilità dei danni accessori;

e) i principi per la cooperazione tra le imprese di assicurazione, ivi compresi i benefici derivanti agli assicurati dal sistema di risarcimento diretto.

2. Le disposizioni relative alla procedura prevista dall'articolo 149 non si applicano alle imprese di assicurazione con sede legale in altri Stati membri che operano nel territorio della Repubblica ai sensi degli articoli 23 e 24, salvo che le medesime abbiano aderito al sistema di risarcimento diretto.

3. L'IVASS vigila sul sistema di risarcimento diretto e sui principi adottati dalle imprese per assicurare la tutela dei danneggiati, il corretto svolgimento delle operazioni di liquidazione e la stabilità delle imprese.

([1]) *Si veda il D.P.R. 18 luglio 2006, n. 254* (*pubblicato in* G.U. *Serie gen. - n. 199 del 28 agosto 2006*).

150 *bis*. ([1]) Certificato di chiusa inchiesta. – 1. È fatto obbligo alla compagnia di assicurazione di risarcire il danno derivante da furto o incendio di autoveicolo, indipendentemente dalla richiesta del rilascio del certificato di chiusa inchiesta, fatto salvo quanto disposto dal comma 2.

2. Nei procedimenti giudiziari nei quali si procede per il reato di cui all'articolo 642 del codice penale, limitatamente all'ipotesi che il bene assicurato sia un autoveicolo, il risarcimento del danno derivante da furto o incendio dell'autoveicolo stesso è effettuato previo rilascio del certificato di chiusa inchiesta.

([1]) *Questo articolo è stato inserito dall'art. 34* ter *del D.L. 24 gennaio 2012, n. 1, convertito, con modificazioni, nella L. 24 marzo 2012, n. 27.*

Capo V
Risarcimento del danno derivante da sinistri avvenuti all'estero

151. Procedura. – 1. Il presente capo stabilisce disposizioni specifiche relative agli aventi diritto al risarcimento per danni a cose o a persone derivanti da sinistri avvenuti in uno Stato membro diverso da quello di residenza degli stessi, provocati dall'uso di veicoli che sono assicurati e stazionano abitualmente in uno Stato membro.

2. Fatte salve la legislazione di Stati terzi in materia di responsabilità civile e le norme di diritto internazionale privato, le disposizioni del presente capo si applicano anche ai residenti in uno Stato membro aventi diritto al risarcimento per danni a cose o a persone derivanti da sinistri avvenuti in Stati terzi i cui uffici nazionali di assicurazione hanno aderito al sistema della carta verde, ogniqualvolta tali sinistri siano provocati dall'uso di veicoli che sono assicurati e stazionano abitualmente in uno Stato membro.

3. Gli articoli 152, 296, 297, 298 e 299 si applicano soltanto nel caso di incidenti causati dalla circolazione di un veicolo assicurato tramite uno stabilimento situato in uno Stato membro diverso da quello di residenza della persona avente diritto al risarcimento e stazionante abitualmente in uno Stato membro diverso da quello di residenza della persona avente diritto al risarcimento.

4. Gli articoli 300 e 301 si applicano anche agli incidenti provocati dai veicoli di Stati terzi ammessi alla circolazione nel territorio comunitario ed assicurati nel rispetto delle disposizioni di cui all'articolo 125.

5. Nelle ipotesi di cui al presente articolo gli aventi diritto al risarcimento possono agire direttamente contro l'impresa di assicurazione che copre la responsabilità civile del responsabile.

152. Mandatario per la liquidazione dei sinistri. – 1. L'impresa di assicurazione comunica tempestivamente ai centri di informazione di tutti gli Stati membri il nome e l'indirizzo del proprio mandatario per la liquidazione dei sinistri designato in ciascuno Stato membro.

2. Il mandatario risiede o è stabilito nel territorio dello Stato membro per il quale è designato e si rivolge agli aventi diritto al risarcimento nella o nelle lingue ufficiali dello Stato membro di residenza degli stessi.

3. Il mandatario, che può operare per conto di una o più imprese di assicurazione, acquisisce tutte le informazioni necessarie ai fini della liquidazione dei sinistri e adotta tutte le misure necessarie per gestire la liquidazione stessa.

4. La nomina del mandatario non esclude la facoltà per il danneggiato di rivolgere la richiesta di risarcimento direttamente al responsabile del sinistro ovvero anche all'impresa di assicurazione con la quale è assicurato il veicolo il cui uso ha provocato il sinistro.

5. L'impresa di assicurazione del responsabile del sinistro o il suo mandatario, entro tre mesi dalla ricezione della richiesta di risarcimento, comunica agli aventi diritto un'offerta di risarcimento motivata ovvero indica i motivi per i quali non ritiene di fare offerta.

153. Danneggiati residenti nel territorio della Repubblica. – 1. I soggetti residenti nel territorio della Repubblica, che sono danneggiati da sinistri della circolazione stradale provocati da veicoli stazionanti abitualmente e assicurati in un altro Stato membro e accaduti in uno degli Stati aderenti al sistema della carta verde, hanno diritto di richiedere il risarcimento del danno oltre che al responsabile del sinistro anche all'impresa di assicurazione con la quale è assicurato il veicolo che ha causato il sinistro ovvero anche al suo mandatario designato nel territorio della Repubblica.

2. In caso di mancata designazione del mandatario da parte dell'impresa di assicurazione con la quale è assicurato il veicolo che ha causato il sinistro e nei casi di inadempimento a quanto disposto dall'articolo 152, comma 5, il danneggiato può rivolgersi all'Organismo di indennizzo italiano secondo quanto previsto all'articolo 298.

154. Centro di informazione italiano ([1]). – 1. È istituito presso Il CONSAP ([2]) il Centro di informazione italiano per consentire agli aventi diritto di chiedere il risarcimento a seguito di un sinistro derivante dalla circolazione dei veicoli a motore nei casi previsti dall'articolo 151. A tale fine l'IVASS può stipulare apposite convenzioni a titolo gratuito con enti pubblici o privati che già detengano e gestiscano le informazioni di cui al comma 2, per l'organizzazione e il funzionamento del Centro di informazione italiano.

2. Il Centro di informazione italiano è incaricato di tenere un registro da cui risulta:

a) la targa di immatricolazione di ogni veicolo che staziona abitualmente nel territorio della Repubblica;

b) i numeri e la data di scadenza delle polizze di assicurazione che coprono la responsabilità civile derivante dalla circolazione di detti veicoli per i rischi di cui al ramo 10 di cui all'articolo 2, comma 3, diversi dalla responsabilità del vettore;

c) le imprese di assicurazione che coprono la responsabilità civile derivante dalla circolazione di tali veicoli per i rischi di cui al ramo 10 di cui all'articolo 2, comma 3, diversi dalla responsabilità del vettore, e i mandatari per la liquidazione dei sinistri designati da tali imprese di assicurazione conformemente all'articolo 152.

3. Il Centro di informazione italiano assiste gli aventi diritto al risarcimento nell'accesso alle informazioni di cui al comma 2, lettere *a*), *b*) e *c*).

4. Le imprese di assicurazione che coprono la responsabilità civile derivante dalla circolazione dei veicoli, che stazionano abitualmente nel territorio della Repubblica, sono tenute a comunicare in via sistematica i dati relativi ai numeri di targa dei veicoli assicurati, ai numeri di polizza, alla data di cessazione della copertura assicurativa, ai nominativi dei mandatari per la liquidazione dei sinistri nominati in ciascuno Stato membro e, a richiesta, tempestivamente i dati relativi al nome ed indirizzo del proprietario o dell'usufruttuario o dell'acquirente con patto di riservato dominio o del locatario in caso di locazione finanziaria.

5. Le procedure, i tempi e le modalità di invio dei dati da parte delle imprese di assicurazione, le modalità del relativo trattamento dei dati e di gestione del Centro di informazione italiano, anche nei confronti degli interessati e degli aventi diritto alle informazioni, nonché le modalità di accesso alle informazioni per le imprese di assicurazione ed i mandatari per la liquidazione dei sinistri, sono definite con regolamento adottato dal CONSAP ([2]), sentito il Garante per la protezione dei dati personali. Con lo stesso regolamento sono individuati i dati contenuti nella banca dati sinistri, di cui all'articolo 135, che sono oggetto di trattamento anche da parte del Centro di informazione italiano, con esclusione dei dati sensibili.

6. Per le esigenze di funzionamento del Centro di informazione italiano, la CONSAP è auto-

rizzata, ai sensi del codice in materia di protezione dei dati personali, ad avvalersi dei dati trattati dall'IVASS per le finalità della banca dati sinistri. L'IVASS, con regolamento, organizza la banca dati sinistri al fine di coordinare il trattamento dei dati con le esigenze del Centro di informazione italiano ([3]).

7. Il trattamento e la comunicazione dei dati personali sono consentiti, con esclusione dei dati personali sensibili ai sensi del codice in materia di protezione dei dati personali, nei limiti stabiliti dal presente capo. Le informazioni di cui al comma 2 sono conservate per un periodo di sette anni dalla data di cessazione dell'immatricolazione del veicolo o di scadenza del contratto di assicurazione.

8. Il Centro di informazione coopera con i centri di informazione istituiti dagli altri Stati membri per l'attuazione delle disposizioni previste dall'ordinamento comunitario.

([1]) *A norma dell'art. 13, comma 36, del D.L. 6 luglio 2012, n. 95, convertito, con modificazioni, nella L. 7 agosto 2012, n. 135, alla data di subentro dell'IVASS nelle funzioni precedentemente attribuite all'ISVAP, è trasferita alla Consap Spa la gestione del Centro di informazione previsto dal presente articolo.*

([2]) *A norma dell'art. 1, comma 111, del D.L.vo 12 maggio 2015, n. 74, la parola: «ISVAP» è stata così sostituita dall'attuale: «CONSAP».*

([3]) *Questo comma è stato così sostituito dall'art. 1, comma 214, del D.L.vo 12 maggio 2015, n. 74.*

155. Accesso al Centro di informazione italiano ([1]). – 1. I danneggiati, a seguito dei sinistri previsti all'articolo 151, hanno diritto di richiedere al Centro di informazione italiano entro sette anni dalla data del sinistro:

a) nome ed indirizzo dell'impresa di assicurazione;

b) numero della polizza di assicurazione e data di scadenza della stessa;

c) nome ed indirizzo del mandatario per la liquidazione dei sinistri dell'impresa di assicurazione nello Stato membro di residenza degli aventi diritto al risarcimento, nei casi in cui:

1) gli stessi risiedono nel territorio della Repubblica;

2) il veicolo che ha causato il sinistro stazioni abitualmente nel territorio della Repubblica;

3) il sinistro sia avvenuto nel territorio della Repubblica.

2. Nel caso in cui gli aventi diritto al risarcimento richiedano al Centro di informazione italiano il nome e l'indirizzo del proprietario o dell'usufruttuario o dell'acquirente con patto di riservato dominio o del locatario in caso di locazione finanziaria del veicolo che ha causato il sinistro, il Centro stesso, se gli aventi diritto hanno un interesse giuridicamente tutelato ad ottenere tali informazioni, si rivolge in particolare:

a) all'impresa di assicurazione;

b) all'ente di immatricolazione del veicolo.

3. Fermi restando i poteri dell'autorità giudiziaria, le forze di polizia nonché gli organi di polizia stradale di cui all'articolo 12 del codice della strada e le pubbliche amministrazioni competenti in materia di prevenzione e contrasto di comportamenti fraudolenti nel settore delle assicurazioni obbligatorie hanno accesso gratuito ai dati del Centro di informazione italiano. Le imprese di assicurazione, l'Ufficio centrale italiano e l'Organismo di indennizzo italiano possono richiedere al Centro di informazione italiano i dati per i quali hanno interesse motivato.

4. L'IVASS e la CONSAP hanno accesso gratuito ([2]) ai dati relativi ai veicoli ed ai nomi dei proprietari dei veicoli contenuti nei pubblici registri e ai dati dell'archivio nazionale dei veicoli di cui agli articoli 225, comma 1, lettera *b*), e 226, commi 5 e seguenti, del codice della strada.

5. Il Centro di informazione italiano coopera con i centri di informazione istituiti dagli altri Stati membri per l'attuazione delle disposizioni previste dall'ordinamento comunitario.

5 *bis*. A richiesta delle parti interessate, i dati forniti dal Centro di informazione italiano devono essere disponibili in formato elettronico ([3]).

([1]) *A norma dell'art. 13, comma 36, del D.L. 6 luglio 2012, n. 95, convertito, con modificazioni, nella L. 7 agosto 2012, n. 135, alla data di subentro dell'IVASS nelle funzioni precedentemente attribuite all'ISVAP, è trasferita alla Consap Spa la gestione del Centro di informazione previsto dal presente articolo.*

([2]) *Le parole: «L'ISVAP ha accesso gratuito» sono state così sostituite dalle attuali: «L'IVASS e la CONSAP hanno accesso gratuito» dall'art. 1, comma 218, del D.L.vo 12 maggio 2015, n. 74.*

([3]) *Questo comma è stato aggiunto dall'art. 1, comma 8, del D.L.vo 6 novembre 2007, n. 198.*

Capo VI
Disciplina dell'attività peritale

156. Attività peritale. – 1. L'attività professionale di perito assicurativo per l'accertamento e la stima dei danni alle cose derivanti dalla circolazione, dal furto e dall'incendio dei veicoli a motore e dei natanti soggetti alla disciplina del presente titolo non può essere esercitata da chi non sia iscritto nel ruolo di cui all'articolo 157.

2. Le imprese di assicurazione possono effettuare direttamente l'accertamento e la stima dei danni alle cose derivanti dalla circolazione, dal furto e dall'incendio dei veicoli a motore e dei natanti.

3. Nell'esecuzione dell'incarico i periti devono comportarsi con diligenza, correttezza e trasparenza.

157. Ruolo dei periti assicurativi. – 1. Il CONSAP (1) cura l'istituzione e il funzionamento del ruolo e determina, con regolamento, da pubblicarsi nella *Gazzetta Ufficiale* e sul suo sito internet, (2) gli obblighi di comunicazione, la procedura di iscrizione e di cancellazione e le forme di pubblicità più idonee ad assicurare l'accesso pubblico al ruolo.

2. Nel ruolo sono iscritti i periti assicurativi che esercitano l'attività in proprio e che sono in possesso dei requisiti di cui all'articolo 158.

(1) *A norma dell'art. 1, comma 111, del D.L.vo 12 maggio 2015, n. 74, la parola: «ISVAP» è stata così sostituita dall'attuale: «CONSAP».*

(2) *Le parole: «da pubblicarsi nella* Gazzetta Ufficiale *e sul suo sito internet,» sono state inserite dall'art. 1, comma 215, del D.L.vo 12 maggio 2015, n. 74.*

158. Requisiti per l'iscrizione. – 1. Per ottenere l'iscrizione nel ruolo la persona fisica deve essere in possesso dei seguenti requisiti:

a) godere dei diritti civili;

b) non aver riportato condanna irrevocabile, o sentenza irrevocabile di applicazione della pena di cui all'articolo 444, comma 2, del codice di procedura penale, per un delitto contro la pubblica amministrazione, contro l'amministrazione della giustizia, contro la fede pubblica, contro l'economia pubblica, l'industria e il commercio, contro il patrimonio per il quale la legge commini la pena della reclusione non inferiore nel minimo ad un anno o nel massimo a tre anni, o per altro delitto non colposo per il quale sia comminata la pena della reclusione non inferiore nel minimo a due anni o nel massimo a cinque anni, o per il reato di omesso versamento dei contributi previdenziali e assistenziali obbligatori, ovvero condanna irrevocabile comportante l'applicazione della pena accessoria dell'interdizione dai pubblici uffici perpetua o di durata superiore a tre anni, salvo che non sia intervenuta la riabilitazione;

c) non essere stata dichiarata fallita, salvo che sia intervenuta la riabilitazione, né essere stato presidente, amministratore con delega di poteri, direttore generale, sindaco di società od enti che siano stati assoggettati a procedure di fallimento, concordato preventivo o liquidazione coatta amministrativa, almeno per i tre esercizi precedenti all'adozione dei relativi provvedimenti, fermo restando che l'impedimento ha durata fino ai cinque anni successivi all'adozione dei provvedimenti stessi;

d) non versare nelle situazioni di decadenza, divieto o sospensione previste dall'articolo 10 della legge 31 maggio 1965, n. 575 (1), e successive modificazioni;

e) aver conseguito un diploma di scuola media secondaria superiore o di laurea triennale;

f) aver svolto tirocinio di durata biennale presso un perito abilitato;

g) aver superato una prova di idoneità secondo quanto previsto dal comma 3.

2. Fermo il disposto dell'articolo 156, non possono esercitare l'attività di perito assicurativo né essere iscritti nel ruolo gli intermediari di assicurazione e di riassicurazione, i riparatori di veicoli e di natanti e i pubblici dipendenti con rapporto lavorativo a tempo pieno ovvero a tempo parziale, quando superi la metà dell'orario lavorativo a tempo pieno.

3. Ai fini dell'iscrizione, il perito deve possedere adeguate cognizioni e capacità professionali, che sono accertate dall'IVASS tramite una prova di idoneità, consistente in un esame su materie tecniche, giuridiche ed economiche rilevanti nell'esercizio dell'attività. Il CONSAP (2) determina, con regolamento, i titoli di ammissione e le modalità di svolgimento della prova valutativa, provvedendo alla relativa organizzazione e gestione.

(1) *A norma dell'art. 116, comma 2, del D.L.vo 6 settembre 2011, n. 159, i richiami alle disposizioni contenute nella L. 31 maggio 1965, n. 575, ovunque presenti, si intendono riferiti alle corrispondenti disposizioni contenute nel D.L.vo n. 159/2011.*

([2]) *A norma dell'art. 1, comma 111, del D.L.vo 12 maggio 2015, n. 74, la parola: «ISVAP» è stata così sostituita dall'attuale: «CONSAP».*

159. Cancellazione dal ruolo. – 1. La cancellazione dal ruolo è disposta dal CONSAP ([1]), con provvedimento motivato, in caso di:

a) rinuncia all'iscrizione;

b) perdita di uno dei requisiti di cui all'articolo 158, comma 1, lettere *a*), *b*), *c*) e *d*);

c) sopravvenuta incompatibilità ai sensi dell'articolo 158, comma 2;

d) radiazione;

e) mancato versamento del contributo di gestione ([2]) di cui all'articolo 337, nonostante apposita diffida disposta dal CONSAP ([1]).

2. Non si procede alla cancellazione dal ruolo, anche se richiesta dal perito, fino a quando sia in corso un procedimento disciplinare ovvero siano in corso accertamenti istruttori propedeutici all'avvio del medesimo.

([1]) *A norma dell'art. 1, comma 111, del D.L.vo 12 maggio 2015, n. 74, la parola: «ISVAP» è stata così sostituita dall'attuale: «CONSAP».*

([2]) *Le parole: «di vigilanza» sono state così sostituite dalle attuali: «di gestione» dall'art. 1, comma 216, del D.L.vo 12 maggio 2015, n. 74.*

160. Reiscrizione. – 1. Il perito, che sia stato cancellato dal ruolo a seguito del provvedimento di radiazione, può richiedere di esservi iscritto nuovamente, purché siano decorsi almeno cinque anni dalla cancellazione e sussistano i requisiti di cui all'articolo 158, commi 1 e 2.

2. In caso di cancellazione derivante da condanna irrevocabile o da fallimento, il perito può essere nuovamente iscritto al ruolo soltanto se ne sia intervenuta la riabilitazione.

3. Il perito, la cui iscrizione sia stata cancellata per mancato versamento del contributo di gestione ([1]), può essere iscritto nuovamente purché abbia provveduto al pagamento di quanto non corrisposto sino alla cancellazione.

4. Se il perito, intervenuta la cancellazione dal ruolo, chiede una nuova iscrizione, essa viene disposta previa verifica della sussistenza dei requisiti di cui all'articolo 158, commi 1 e 2, rimanendo valida l'idoneità già conseguita.

([1]) *Le parole: «di vigilanza» sono state così sostituite dalle attuali: «di gestione» dall'art. 1, comma 216, del D.L.vo 12 maggio 2015, n. 74.*

Titolo XI
Disposizioni relative a particolari operazioni assicurative

Capo I
Coassicurazione comunitaria

161. Coassicurazione comunitaria. – 1. Le assicurazioni contro i danni stipulate per la copertura di rischi situati nel territorio della Repubblica possono essere ripartite in coassicurazione comunitaria, per quote determinate, tra imprese che hanno la sede legale in altri Stati membri o in Stati aderenti allo Spazio economico europeo, a condizione che almeno una delle imprese sia stabilita in uno Stato membro diverso da quello del coassicuratore delegatario e i rischi da coprire siano quelli rientranti tra i grandi rischi di cui all'articolo 1, comma 1, lettera *r*).

162. Determinazione dell'oggetto della delega. – 1. Le assicurazioni sono stipulate con contratto unico, sottoscritto da tutti i coassicuratori, per una stessa durata e con premio globale.

2. La delega è attribuita ad uno dei coassicuratori affinché curi la gestione del contratto per conto e nell'interesse di tutti.

3. Il coassicuratore delegatario esercita tutte le attribuzioni previste con la delega e quelle spettanti secondo gli usi.

4. Il coassicuratore delegatario determina le condizioni di assicurazione ed il tasso del premio da applicare al contratto.

162 *bis*. ([1]) **Riserve tecniche.** – 1. L'impresa avente sede nel territorio della Repubblica, che partecipa a un contratto di coassicurazione comunitaria, determina le riserve tecniche in conformità alle disposizioni del Titolo III.

2. In ogni caso, l'ammontare delle riserve tecniche di cui al comma 1 è almeno uguale a quello identificato e comunicato dal coassicuratore delegatario secondo le norme del suo Stato membro di origine.

3. Se l'impresa di cui al comma 1 riveste la qualifica di delegataria, la stessa deve tener conto dei rischi per l'intero contratto.

([1]) *Questo articolo è stato inserito dall'art. 1, comma 112, del D.L.vo 12 maggio 2015, n. 74.*

162 *ter*. ([1]) **Dati statistici.** – 1. L'impresa con sede legale nel territorio della Repubblica che opera in coassicurazione comunitaria mantiene dati statistici che mettano in evidenza l'entità delle operazioni di coassicurazione comunitaria alle quali partecipa e gli Stati membri interessati.

(¹) *Questo articolo è stato inserito dall'art. 1, comma 112, del D.L.vo 12 maggio 2015, n. 74.*

Capo II
Assicurazione di tutela legale

163. Requisiti particolari. – 1. L'impresa che esercita l'assicurazione di tutela legale osserva nei rapporti con gli assicurati le disposizioni previste agli articoli 173 e 174 e rispetta i requisiti per la gestione dei sinistri di cui all'articolo 164.

2. La disciplina di cui al presente capo non si applica alle assicurazioni di tutela legale che concernono controversie derivanti dall'utilizzazione di navi marittime o connesse comunque a tale utilizzazione ed all'attività esercitata dall'impresa di assicurazione della responsabilità civile per resistere all'azione dei danneggiati ai sensi dell'articolo 1917 del codice civile.

164. Modalità per la gestione dei sinistri. – 1. L'impresa che esercita l'attività assicurativa nel ramo tutela legale adotta, per la gestione dei sinistri e per la relativa attività di consulenza, una delle modalità, di cui deve essere data preventiva comunicazione all'IVASS, previste dal comma 2.

2. L'impresa può:

a) svolgere direttamente l'attività di gestione dei sinistri e quella di consulenza;

b) affidarla ad un'impresa distinta;

c) prevedere nel contratto il diritto per l'assicurato di affidare la tutela dei suoi interessi in caso di sinistro, non appena abbia il diritto di esigere l'intervento dell'impresa di assicurazione, a un avvocato o ad altro professionista abilitato dalla legge da lui scelto.

3. Qualora l'impresa si avvalga della facoltà di cui al comma 2, lettera *a*), devono ricorrere congiuntamente le seguenti condizioni:

a) se l'impresa è multiramo, il personale di cui si avvale non deve svolgere, per conto della stessa, attività di gestione dei sinistri o di consulenza in un altro ramo esercitato dall'impresa;

b) indipendentemente dal fatto che l'impresa sia multiramo o specializzata, il personale non deve svolgere, per conto di altra impresa autorizzata all'esercizio delle assicurazioni contro i danni che abbia con la prima legami finanziari, commerciali o amministrativi, attività di gestione dei sinistri o di consulenza in altri rami esercitati dall'impresa con la quale intercorrono i predetti legami.

4. L'impresa deve dichiarare nel contratto se intende avvalersi della facoltà di cui al comma 2, lettera *b*), indicando la denominazione sociale dell'impresa alla quale affida la gestione dei sinistri. Quando l'impresa ha legami con un'altra impresa che esercita le assicurazioni contro i danni, il personale incaricato della gestione dei sinistri o della relativa consulenza non può esercitare la stessa o analoga attività in altri rami esercitati da quest'ultima impresa. L'impresa cui sia affidata la gestione dei sinistri è soggetta alla vigilanza dell'IVASS.

5. L'impresa può adottare una diversa modalità operativa previa comunicazione all'IVASS e con effetto solo per i contratti stipulati successivamente alla comunicazione medesima.

Titolo XII
Norme relative ai contratti di assicurazione

Capo I
Disposizioni generali

165. Raccordo con le disposizioni del codice civile. – 1. Fermo restando quanto diversamente disposto dal presente codice, i contratti di assicurazione, coassicurazione e riassicurazione rimangono disciplinati dalle norme del codice civile.

166. Criteri di redazione. – 1. Il contratto e ogni altro documento consegnato dall'impresa al contraente va redatto in modo chiaro ed esauriente.

2. Le clausole che indicano decadenze, nullità o limitazione delle garanzie ovvero oneri a carico del contraente o dell'assicurato sono riportate mediante caratteri di particolare evidenza.

167. Nullità dei contratti conclusi con imprese non autorizzate. – 1. È nullo il contratto di assicurazione stipulato con un'impresa non autorizzata o con un'impresa alla quale sia fatto divieto di assumere nuovi affari.

2. La nullità può essere fatta valere solo dal contraente o dall'assicurato. La pronuncia di nullità obbliga alla restituzione dei premi pagati. In ogni caso non sono ripetibili gli indennizzi e le somme eventualmente corrisposte o dovute dall'impresa agli assicurati ed agli altri aventi diritto a prestazioni assicurative.

168. Effetti del trasferimento di portafoglio, della fusione e della scissione. – 1. Ad integrazione di quanto previsto dall'articolo 1902, primo comma, del codice civile, il trasferimento di portafoglio, che sia autorizzato in conformità a quanto previsto dagli articoli 198 e 200, non è causa di risoluzione dei contratti, ma i contraenti che hanno il domicilio o, se persone giuridiche, la sede legale nel territorio della Repubblica possono recedere entro il termine di sessanta giorni dalla pubblicazione del provvedimento di autorizzazione, se il trasferimento avviene a favore di un'impresa di assicurazione che ha la sede legale all'estero oppure a favore di una sede secondaria all'estero di un'impresa che ha la sede legale nel territorio della Repubblica.

2. Nei casi previsti dal comma 1, se il trasferimento riguarda contratti per l'assicurazione obbligatoria della responsabilità civile derivante dalla circolazione dei veicoli a motore e dei natanti, i soggetti che hanno diritto ad un risarcimento possono agire direttamente, entro i limiti delle somme per le quali è stata stipulata l'assicurazione, nei confronti dell'impresa italiana cedente sino alla pubblicazione del provvedimento di autorizzazione rilasciato dall'IVASS.

3. Ad integrazione di quanto previsto dall'articolo 1902, primo comma, del codice civile, il trasferimento del portafoglio di imprese di assicurazione di altri Stati membri, che sia stato autorizzato dall'autorità di vigilanza dello Stato membro di origine dell'impresa cedente ed effettuato con l'assenso dell'IVASS, non è causa di risoluzione dei contratti trasferiti, ma i contraenti che hanno il domicilio o, se persone giuridiche, la sede legale nel territorio della Repubblica possono recedere dai rispettivi contratti entro il termine di sessanta giorni dalla pubblicazione dell'avviso di cui all'articolo 199, comma 6.

4. Ad integrazione di quanto previsto dall'articolo 1902, primo comma, del codice civile, le disposizioni di cui al presente articolo si applicano anche ai trasferimenti di portafoglio conseguenti ad una fusione o ad una scissione.

169. Effetti della liquidazione coatta di imprese di assicurazione. – 1. Ad integrazione di quanto previsto dall'articolo 1902, secondo comma, del codice civile, i contratti di assicurazione in corso di esecuzione alla data di pubblicazione nella *Gazzetta Ufficiale* del provvedimento di liquidazione continuano a coprire i rischi fino al sessantesimo giorno successivo.

2. Gli assicurati hanno facoltà di recesso, dopo la pubblicazione del provvedimento di liquidazione, mediante raccomandata con avviso di ricevimento. Il recesso ha effetto dal giorno successivo a quello di ricevimento della comunicazione da parte della liquidazione.

3. In deroga al comma 1, i contratti di assicurazione obbligatoria della responsabilità civile per i danni causati dalla circolazione dei veicoli a motore e dei natanti, in corso di esecuzione alla data di pubblicazione del provvedimento di liquidazione, continuano, nei limiti delle somme minime per cui è obbligatoria l'assicurazione, a coprire i rischi fino alla scadenza del contratto o del periodo di tempo per il quale è stato pagato il premio.

Capo II
Assicurazione obbligatoria della responsabilità civile derivante dalla circolazione dei veicoli a motore e dei natanti

170. Divieto di abbinamento. – 1. Ai fini dell'adempimento dell'obbligo di assicurazione dei veicoli a motore, le imprese non possono subordinare la conclusione di un contratto per l'assicurazione obbligatoria della responsabilità civile alla conclusione di ulteriori contratti assicurativi, bancari o finanziari.

2. In deroga al comma 1, al fine di garantire il recupero della franchigia eventualmente prevista a carico del contraente, le imprese possono pattuire idonee forme di garanzia, se le stesse non determinano spese aggiuntive e se il premio risulta inferiore a quello che sarebbe stato altrimenti applicato in assenza di franchigia con recupero garantito.

3. In deroga al comma 1, le imprese possono proporre polizze per l'assicurazione obbligatoria della responsabilità civile derivante dalla circolazione dei veicoli in abbinamento ad altri contratti assicurativi, bancari o finanziari a condizione che tali proposte non costituiscano l'unica offerta dell'impresa e siano osservate le disposizioni previste dal testo unico bancario e dal testo unico dell'intermediazione finanziaria per l'offerta dei contratti dai medesimi disciplinati.

4. I contratti conclusi ai sensi dei commi 2 e 3, compresi quelli bancari e finanziari, possono esse-

re contestualmente risolti dal contraente nel caso previsto dall'articolo 172.

170 *bis*. ([1]) **Durata del contratto.** – 1. Il contratto di assicurazione obbligatoria della responsabilità civile derivante dalla circolazione dei veicoli a motore e dei natanti ha durata annuale o, su richiesta dell'assicurato, di anno più frazione, si risolve automaticamente alla sua scadenza naturale e non può essere tacitamente rinnovato, in deroga all'articolo 1899, primo e secondo comma, del codice civile. L'impresa di assicurazione è tenuta ad avvisare il contraente della scadenza del contratto con preavviso di almeno trenta giorni e a mantenere operante, non oltre il quindicesimo giorno successivo alla scadenza del contratto, la garanzia prestata con il precedente contratto assicurativo fino all'effetto della nuova polizza.

1 *bis*. La risoluzione di cui al comma 1 si applica anche alle assicurazioni dei rischi accessori al rischio principale della responsabilità civile derivante dalla circolazione dei veicoli, qualora lo stesso contratto, ovvero un altro contratto stipulato contestualmente, garantisca simultaneamente sia il rischio principale sia i rischi accessori ([2]).

([1]) *Questo articolo è stato inserito dall'art. 22, comma 1, del D.L. 18 ottobre 2012, n. 179, convertito, con modificazioni, nella L. 17 dicembre 2012, n. 221. Si vedano inoltre i commi 2 e 3 del medesimo articolo 22 di cui si riporta il testo:*

«2. Per le clausole di tacito rinnovo eventualmente previste nei contratti stipulati precedentemente alla data di entrata in vigore del presente decreto, le previsioni di cui al comma 3 dell'articolo 170 bis del decreto legislativo 7 settembre 2005, n. 209 (Codice delle assicurazioni private), si applicano a fare data dal 1° gennaio 2013.

3. Nelle ipotesi di contratti in corso di validità alla data di entrata in vigore del presente decreto con clausola di tacito rinnovo, è fatto obbligo alle imprese di assicurazione di comunicare per iscritto ai contraenti la perdita di efficacia delle clausole di tacito rinnovo con congruo anticipo rispetto alla scadenza del termine originariamente pattuito nelle medesime clausole per l'esercizio della facoltà di disdetta del contratto.»

([2]) *Questo comma è stato aggiunto dall'art. 1, comma 25, della L. 4 agosto 2017, n. 124.*

171. Trasferimento di proprietà del veicolo o del natante. – 1. Il trasferimento di proprietà del veicolo o del natante determina, a scelta irrevocabile dell'alienante, uno dei seguenti effetti:

a) la risoluzione del contratto a far data dal perfezionamento del trasferimento di proprietà, con diritto al rimborso del rateo di premio relativo al residuo periodo di assicurazione al netto dell'imposta pagata e del contributo obbligatorio di cui all'articolo 334;

b) la cessione del contratto di assicurazione all'acquirente;

c) la sostituzione del contratto per l'assicurazione di altro veicolo o, rispettivamente, di un altro natante di sua proprietà, previo l'eventuale conguaglio del premio.

2. Eseguito il trasferimento di proprietà, l'alienante informa contestualmente l'impresa di assicurazione e l'acquirente se, insieme al veicolo, viene ceduto il contratto di assicurazione.

3. La garanzia è valida per il nuovo veicolo o natante dalla data del rilascio del nuovo certificato e, ove occorra, del nuovo contrassegno relativo al veicolo o al natante secondo le modalità previste dal regolamento adottato, su proposta dell'IVASS, dal Ministro dello sviluppo economico.

172. Diritto di recesso. – 1. In caso di variazioni tariffarie, escluse quelle connesse all'applicazione di regole evolutive nelle varie formule tariffarie, superiori al tasso programmato di inflazione, il contraente può recedere dall'assicurazione mediante comunicazione da effettuarsi con raccomandata con avviso di ricevimento o consegnata a mano, ovvero a mezzo telefax, inviati alla sede dell'impresa o all'intermediario presso il quale è stata stipulata la polizza entro il giorno di scadenza del contratto. In tal caso non si applica a favore del contraente il termine di tolleranza previsto dall'articolo 1901, secondo comma, del codice civile.

2. Fatto salvo quanto previsto dal comma 1, la disdetta del contratto è inviata a mezzo telefax o raccomandata almeno quindici giorni prima della data di scadenza indicata nella polizza.

3. Le disposizioni del presente articolo sono derogabili esclusivamente in senso più favorevole al contraente.

Capo III
Assicurazione di tutela legale
e assicurazione di assistenza

173. Assicurazione di tutela legale. – 1. L'assicurazione di tutela legale è il contratto con il quale l'impresa di assicurazione, verso pagamento di un premio, si obbliga a prendere a carico le spese legali peritali o a fornire prestazioni di altra natura, occorrenti all'assicurato per la difesa dei suoi interessi in sede giudiziale, in ogni tipo di procedimento, o in sede extragiudiziale, soprattutto allo scopo di conseguire il risarcimento di danni subiti o per difendersi contro una domanda di risarcimento avanzata nei suoi confronti, purché non proposta dall'impresa che presta la copertura assicurativa di tutela legale.

2. Qualora l'assicurazione di tutela legale sia prestata cumulativamente con altre assicurazioni, con un unico contratto, il suo contenuto, le condizioni contrattuali ad essa applicabili ed il relativo premio debbono essere indicati in un'apposita distinta sezione del contratto.

174. Diritti dell'assicurato nell'assicurazione di tutela legale. – 1. Il contratto di assicurazione di tutela legale deve espressamente prevedere in funzione di tutela dell'assicurato che il medesimo, qualora necessiti dell'assistenza di un professionista per la difesa o la rappresentanza dei propri interessi in un procedimento giudiziario o amministrativo oppure nel caso di conflitto di interessi con l'impresa stessa, abbia la facoltà di scelta del professionista, purché quest'ultimo sia abilitato secondo la normativa applicabile.

2. In caso di disaccordo tra l'assicurato e l'impresa sulla gestione del sinistro, le parti possono adire l'autorità giudiziaria o demandare la decisione sul comportamento da tenere ad un arbitro che provvede secondo equità. Tale seconda facoltà deve essere esplicitamente prevista nel contratto.

3. Fermo restando il diritto dell'assicurato di avvalersi della facoltà di cui al comma 1, non è necessario che le condizioni di contratto prevedano espressamente la medesima facoltà quando sono cumulativamente soddisfatte le seguenti condizioni:

a) l'assicurazione di tutela legale è limitata a controversie derivanti dall'utilizzazione di veicoli stradali nel territorio della Repubblica;

b) la medesima è collegata ad un contratto di assicurazione di assistenza da prestare in caso di incidente o guasto relativamente allo stesso veicolo;

c) né l'impresa di assicurazione della tutela legale né l'impresa di assicurazione dell'assistenza esercitano il ramo della responsabilità civile.

4. Nell'ipotesi di cui al comma 3, qualora l'impresa assicuri per la tutela legale entrambe le parti della controversia, queste devono essere assistite e rappresentate da avvocati, o altri soggetti abilitati dalla legislazione vigente, indipendenti dall'impresa di assicurazione.

5. Ogni qualvolta sorga un conflitto di interessi tra l'assicurato e l'impresa di assicurazione o esista disaccordo in merito alla gestione dei sinistri, l'impresa richiama per iscritto l'attenzione dell'assicurato sulla possibilità di avvalersi dei diritti di cui al presente articolo ovvero sulla possibilità di avvalersi dell'arbitrato di cui al comma 2.

175. Assicurazione di assistenza. – 1. L'assicurazione di assistenza è il contratto con il quale l'impresa di assicurazione, verso il pagamento di un premio, si impegna a fornire all'assicurato una prestazione di immediato aiuto entro i limiti convenuti nel contratto, nel caso in cui l'assicurato stesso si trovi in una situazione di difficoltà al seguito del verificarsi di un evento fortuito.

2. L'aiuto può essere in denaro o in natura. Le prestazioni in natura possono essere fornite anche utilizzando personale e attrezzature di terzi.

Capo IV
Assicurazione sulla vita

176. Revocabilità della proposta. – 1. La proposta relativa ad un contratto individuale di assicurazione sulla vita di cui ai rami I, II, III e V dell'articolo 2, comma 1, è revocabile.

2. Le somme eventualmente pagate dal contraente devono essere restituite dall'impresa di assicurazione entro trenta giorni dal momento in cui ha ricevuto comunicazione della revoca.

3. Le disposizioni del presente articolo non si applicano ai contratti di durata pari od inferiore a sei mesi.

177. Diritto di recesso. – 1. Il contraente può recedere da un contratto individuale di assicurazione sulla vita entro trenta giorni dal momento in cui ha ricevuto comunicazione che il contratto è concluso.

2. L'impresa di assicurazione deve informare il contraente del diritto di recesso di cui al comma

1. I termini e le modalità per l'esercizio dello stesso devono essere espressamente evidenziati nella proposta e nel contratto di assicurazione.

3. L'impresa di assicurazione, entro trenta giorni dal ricevimento della comunicazione relativa al recesso, rimborsa al contraente il premio eventualmente corrisposto, al netto della parte relativa al periodo per il quale il contratto ha avuto effetto. L'impresa di assicurazione ha diritto al rimborso delle spese effettivamente sostenute per l'emissione del contratto, a condizione che siano individuate e quantificate nella proposta e nel contratto.

4. Le disposizioni di cui al presente articolo non si applicano ai contratti di durata pari od inferiore a sei mesi.

178. Inversione dell'onere della prova nei giudizi risarcitori. – 1. Nei giudizi di risarcimento dei danni cagionati al contraente di un contratto di assicurazione sulla vita di cui ai rami III e V dell'articolo 2, comma 1, spetta all'impresa l'onere della prova di aver agito con la specifica diligenza richiesta.

Capo V
Capitalizzazione

179. Nozione. – 1. La capitalizzazione è il contratto mediante il quale l'impresa di assicurazione si impegna, senza convenzione relativa alla durata della vita umana, a pagare somme determinate al decorso di un termine prestabilito in corrispettivo di premi, unici o periodici, che sono effettuati in denaro o mediante altre attività.

2. Quando i contratti prevedono il periodico sorteggio ai fini dell'anticipato pagamento del capitale convenuto, nei successivi sorteggi deve essere estratto un numero uguale o crescente di contratti, non superiore, nell'anno, a cinque per ogni cento contratti emessi. I sorteggi devono essere effettuati ad intervalli non inferiori al semestre.

3. I contratti di capitalizzazione non possono avere durata inferiore a cinque anni. Nel caso di contratti con premi periodici, i versamenti possono essere stabiliti sia in misura costante sia in misura variabile, purché quest'ultima modalità sia prevista contrattualmente.

4. Il contraente può recedere dal contratto nei termini e con le modalità di cui all'articolo 177. Il riscatto è consentito a partire dal secondo anno ed a condizione che il contraente abbia corrisposto il premio per un'intera annualità.

Capo VI
Legge applicabile

180. Contratti di assicurazione contro i danni. – 1. I contratti di assicurazione contro i danni sono regolati dalla legge italiana, ferme le norme di diritto internazionale privato, quando lo Stato membro di ubicazione del rischio è la Repubblica italiana.

2. Le parti possono convenire di assoggettare il contratto alla legislazione di un altro Stato, salvo i limiti derivanti dall'applicazione di norme imperative.

3. Le disposizioni specifiche relative ad una assicurazione obbligatoria, previste dallo Stato che impone l'obbligo, prevalgono su quelle della legge applicabile al contratto; quando quest'ultimo preveda una garanzia destinata ad operare in più Stati, prevalgono le disposizioni specifiche dello Stato interessato.

4. I contratti di assicurazione contro i danni relativi a rischi ubicati in un altro Stato membro sono regolati dalla legislazione del medesimo Stato.

5. Qualora il rischio sia ubicato in uno Stato terzo, si applicano le disposizioni della Convenzione di Roma del 19 giugno 1980, sulla legge applicabile alle obbligazioni contrattuali, resa esecutiva con legge 18 dicembre 1984, n. 975.

181. Contratti di assicurazioni sulla vita. – 1. I contratti di assicurazione sulla vita sono regolati dalla legge italiana, ferme le norme di diritto internazionale privato, quando lo Stato membro dell'obbligazione è la Repubblica italiana.

2. Le parti possono tuttavia convenire di assoggettare il contratto alla legislazione di un altro Stato, salvo i limiti derivanti dall'applicazione di norme imperative.

3. I contratti di assicurazione sulla vita nei quali lo Stato membro dell'obbligazione è diverso dalla Repubblica italiana sono regolati dalla legislazione dello Stato membro dell'obbligazione.

4. Qualora il rischio sia ubicato in uno Stato terzo, si applicano le disposizioni della Convenzione di Roma del 19 giugno 1980, sulla legge applicabile alle obbligazioni contrattuali, resa esecutiva con legge 18 dicembre 1984, n. 975.

Titolo XIII
Trasparenza delle operazioni
e protezione dell'assicurato

Capo I
Disposizioni generali

182. Pubblicità dei prodotti assicurativi. – 1. La pubblicità utilizzata per i prodotti delle imprese di assicurazione è effettuata avendo riguardo alla correttezza dell'informazione ed alla conformità rispetto al contenuto della nota informativa e delle condizioni di contratto cui i prodotti stessi si riferiscono.

2. I medesimi principi sono rispettati anche quando la pubblicità sia autonomamente effettuata dagli intermediari.

3. L'IVASS può richiedere, in via non sistematica, la trasmissione del materiale pubblicitario, nelle sue diverse forme, che è utilizzato dalle imprese e dagli intermediari.

4. L'IVASS sospende in via cautelare, per un periodo non superiore a novanta giorni, la diffusione della pubblicità in caso di fondato sospetto di violazione delle disposizioni in materia di trasparenza e correttezza.

5. L'IVASS vieta la diffusione della pubblicità in caso di accertata violazione delle disposizioni in materia di trasparenza e correttezza.

6. L'IVASS vieta la commercializzazione dei prodotti in caso di mancata ottemperanza ai provvedimenti di cui ai commi 4 e 5 secondo quanto previsto all'articolo 184, comma 2.

7. L'IVASS, con regolamento, stabilisce i criteri di riconoscibilità della pubblicità e di chiarezza e correttezza dell'informazione.

183. (¹) **Regole di comportamento.** – 1. Nell'offerta e nell'esecuzione dei contratti le imprese e gli intermediari devono:

a) comportarsi con diligenza, correttezza e trasparenza nei confronti dei contraenti e degli assicurati;

b) acquisire dai contraenti le informazioni necessarie a valutare le esigenze assicurative o previdenziali ed operare in modo che siano sempre adeguatamente informati;

c) organizzarsi in modo tale da identificare ed evitare conflitti di interesse ove ciò sia ragionevolmente possibile e, in situazioni di conflitto, agire in modo da consentire agli assicurati la necessaria trasparenza sui possibili effetti sfavorevoli e comunque gestire i conflitti di interesse in modo da escludere che rechino loro pregiudizio;

d) realizzare una gestione finanziaria indipendente, sana e prudente e adottare misure idonee a salvaguardare i diritti dei contraenti e degli assicurati.

2. L'IVASS adotta, con regolamento, specifiche disposizioni relative alla determinazione delle regole di comportamento da osservare nei rapporti con i contraenti, in modo che l'attività si svolga con correttezza e con adeguatezza rispetto alle specifiche esigenze dei singoli.

3. L'IVASS tiene conto, nel regolamento, delle differenti esigenze di protezione dei contraenti e degli assicurati, nonché della natura dei rischi e delle obbligazioni assunte dall'impresa, individua le categorie di soggetti che non necessitano in tutto o in parte della protezione riservata alla clientela non qualificata e determina modalità, limiti e condizioni di applicazione delle medesime disposizioni nell'offerta e nell'esecuzione dei contratti di assicurazione dei rami danni, tenendo in considerazione le particolari caratteristiche delle varie tipologie di rischio.

(¹) *Si veda il provvedimento ISVAP 16 novembre 2006 (pubblicato in* G.U. *Serie gen. n. 281 del 2 dicembre 2006).*

184. Misure cautelari ed interdittive. – 1. Avuto riguardo all'obiettivo di protezione degli assicurati, l'IVASS sospende in via cautelare, per un periodo non superiore a novanta giorni, la commercializzazione del prodotto in caso di fondato sospetto di violazione delle disposizioni del presente titolo o delle relative norme di attuazione.

2. L'IVASS vieta la commercializzazione in caso di accertata violazione delle disposizioni indicate al comma 1 e dispone, a cura e spese dell'impresa o dell'intermediario interessato, la diffusione al pubblico, mediante le forme più utili alla generale conoscibilità, dei provvedimenti adottati.

Capo II
Obblighi di informazione

185. Nota informativa. – 1. Le imprese di assicurazione italiane e quelle estere operanti nel territorio della Repubblica, sia in regime di stabilimento che in regime di libertà di prestazione di servizi, consegnano al contraente, prima della conclusione del contratto ed unitamente alle condizioni di assicurazione, una nota informativa predisposta nel rispetto delle disposizioni del presente articolo.

2. La nota informativa contiene le informazioni, diverse da quelle pubblicitarie, che sono necessarie, a seconda delle caratteristiche dei prodotti e dell'impresa di assicurazione, affinché il contraente e l'assicurato possano pervenire a un fondato giudizio sui diritti e gli obblighi contrattuali e, ove opportuno, sulla situazione patrimoniale dell'impresa. La nota informativa contiene il riferimento alla relazione sulla solvibilità e sulla condizione finanziaria dell'impresa di cui all'articolo 47 *septies* ([1]).

3. L'IVASS disciplina, con regolamento, il contenuto e lo schema della nota informativa in modo tale che siano previste, oltre alle indicazioni relative all'impresa, le informazioni sul contratto con particolare riguardo alle garanzie e alle obbligazioni assunte dall'impresa, alle nullità, alle decadenze, alle esclusioni e alle limitazioni della garanzia e alle rivalse, ai diritti e agli obblighi in corso di contratto e in caso di sinistro, alla legge applicabile ed ai termini di prescrizione dei diritti, alla procedura da seguire in caso di reclamo e all'organismo o all'autorità eventualmente competente.

4. Nelle assicurazioni di cui ai rami I, II, III, IV e V dell'articolo 2, comma 1, l'IVASS determina, con regolamento, le informazioni supplementari che sono necessarie alla piena comprensione delle caratteristiche essenziali del contratto con particolare riguardo ai costi ed ai rischi del contratto ed alle operazioni in conflitto di interesse. Al contraente di un'assicurazione sulla vita sono altresì comunicate, per tutto il periodo di durata del contratto, le informazioni indicate nel regolamento adottato dall'IVASS con particolare riguardo alle spese, alla composizione ed ai risultati della gestione delle attività nelle quali è investito il premio o il capitale assicurato. Restano ferme le competenze della Consob ai sensi dell'articolo 25 *bis* del decreto legislativo 28 febbraio 1998 n. 58 ([2]).

([1]) *L'ultimo periodo di questo comma è stato aggiunto dall'art. 1, comma 113, del D.L.vo 12 maggio 2015, n. 74.*

([2]) *L'ultimo periodo di questo comma è stato aggiunto dall'art. 1, comma 113* bis, *del D.L.vo 12 maggio 2015, n. 74.*

186. Interpello sulla nota informativa. – 1. L'impresa può trasmettere preventivamente all'IVASS la nota informativa, unitamente alle condizioni di contratto, allo scopo di richiedere un accertamento sulla corretta applicazione degli obblighi di informazione previsti dalle disposizioni del presente capo, fermo restando che la valutazione dell'IVASS non può essere utilizzata, a fini promozionali, nei rapporti con gli assicurati.

2. L'IVASS provvede a rendere nota all'impresa la sua valutazione entro sessanta giorni dal ricevimento della documentazione, esauriente e completa, relativa al contratto. Decorso tale termine senza che l'IVASS si sia pronunciato con un giudizio negativo o con un giudizio con rilievi ai sensi del comma 3, la nota informativa si intende conforme agli obblighi di informazione. L'IVASS può disporre la revoca, previa notifica all'impresa interessata, qualora vengano meno i presupposti dell'accertamento ovvero se l'impresa abusa del provvedimento richiesto. L'IVASS indica all'impresa le eventuali integrazioni alla nota informativa.

3. Nel periodo occorrente all'istruttoria e sino al provvedimento dell'IVASS l'impresa non procede alla commercializzazione del prodotto.

4. L'IVASS stabilisce, con regolamento, le disposizioni per la comunicazione della nota informativa, le modalità da osservare, prima della pubblicazione della nota informativa, per diffondere notizie o per svolgere indagini di mercato o per raccogliere intenzioni di sottoscrizione del contratto e per lo svolgimento della commercializzazione.

187. Integrazione della nota informativa. – 1. L'IVASS, ferme restando le disposizioni del presente capo, può chiedere all'impresa di apportare modifiche alla nota informativa utilizzata, quando occorre fornire informazioni ulteriori e necessarie per la protezione degli assicurati.

187 *bis*. ([1]) Modalità di esercizio dei poteri di vigilanza. – 1. I poteri di vigilanza sono esercitati in modo tempestivo e proporzionato.

([1]) *Questo articolo è stato inserito dall'art. 1, comma 114, del D.L.vo 12 maggio 2015, n. 74.*

Titolo XVII
Sistemi di indennizzo

Capo I
Disposizioni generali sul sistema di indennizzo dei danni derivanti dalla circolazione dei veicoli a motore e dei natanti

283. Sinistri verificatisi nel territorio della Repubblica. – 1. Il Fondo di garanzia per le vittime della strada, costituito presso la CONSAP, risarcisce i danni causati dalla circolazione dei veicoli e dei natanti, per i quali vi è obbligo di assicurazione, nei casi in cui:

a) il sinistro sia stato cagionato da veicolo o natante non identificato;

b) il veicolo o natante non risulti coperto da assicurazione;

c) il veicolo o natante risulti assicurato presso una impresa operante nel territorio della Repubblica, in regime di stabilimento o di libertà di prestazione di servizi, e che al momento del sinistro si trovi in stato di liquidazione coatta o vi venga posta successivamente;

d) il veicolo sia posto in circolazione contro la volontà del proprietario, dell'usufruttuario, dell'acquirente con patto di riservato dominio o del locatario in caso di locazione finanziaria;

d bis) il veicolo sia stato spedito nel territorio della Repubblica italiana da uno Stato di cui all'articolo 1, comma 1, lettera bbb), e nel periodo indicato all'articolo 1, comma 1, lettera *fff*), numero 4 *bis*), lo stesso risulti coinvolto in un sinistro e sia privo di assicurazione (1);

d ter) il sinistro sia cagionato da un veicolo estero con targa non corrispondente o non più corrispondente allo stesso veicolo (1).

2. Nel caso di cui al comma 1, lettera *a*), il risarcimento è dovuto solo per i danni alla persona (2). In caso di danni gravi alla persona, il risarcimento è dovuto anche per i danni alle cose, il cui ammontare sia superiore all'importo di euro 500, per la parte eccedente tale ammontare (2). Nei casi di cui al comma 1, lettere *b*), *d bis*) e *d ter*) il risarcimento è dovuto per i danni alla persona, nonché per i danni alle cose (2). Nel caso di cui al comma 1, lettera *c*), il risarcimento è dovuto per i danni alla persona, nonché per i danni alle cose. Nel caso di cui al comma 1, lettera *d*), il risarcimento è dovuto, limitatamente ai terzi non trasportati e a coloro che sono trasportati contro la propria volontà ovvero che sono inconsapevoli della circolazione illegale, sia per i danni alla persona sia per i danni a cose.

3. Nel caso previsto dal comma 1, lettera *a*), il danno è risarcito nei limiti dei minimi di garanzia previsti, per ogni persona danneggiata e per ogni sinistro, nel regolamento di cui all'articolo 128 relativamente alle autovetture ad uso privato. La percentuale di inabilità permanente, la qualifica di convivente a carico e la percentuale di reddito del danneggiato da calcolare a favore di ciascuno dei conviventi a carico sono determinate in base alle norme del testo unico delle disposizioni per l'assicurazione obbligatoria contro gli infortuni sul lavoro e le malattie professionali.

4. Nei casi previsti dal comma 1, lettere *b*), *c*), *d*), *d bis*) e *d ter*), (3) il danno è risarcito nei limiti dei massimali indicati nel regolamento di cui all'articolo 128 per i veicoli o i natanti della categoria cui appartiene il mezzo che ha causato il danno.

5. Il Fondo di garanzia per le vittime della strada è surrogato, per l'importo pagato, nei diritti dell'assicurato, del danneggiato verso l'impresa posta in liquidazione coatta, beneficiando dello stesso trattamento previsto per i crediti di assicurazione indicati all'articolo 258, comma 4, lettera *a*). L'impresa di assicurazione che ha provveduto alla liquidazione del danno, ai sensi dell'articolo 150, ha diritto di regresso nei confronti del Fondo di garanzia per le vittime della strada in caso di liquidazione coatta dell'impresa di assicurazione del veicolo responsabile.

(1) *Questa lettera è stata aggiunta dall'art. 1, comma 9, lett.* a), *del D.L.vo 6 novembre 2007, n. 198.*

(2) *Questo periodo è stato così sostituito dall'art. 1, comma 9, lett.* b), *del D.L.vo 6 novembre 2007, n. 198.*

(3) *Le parole*: «e d)», *sono state così sostituite dalle attuali*: «, d), d bis) e d ter)», *dall'art. 1, comma 9, lett.* c), *del D.L.vo 6 novembre 2007, n. 198.*

284. Sinistri verificatisi in altro Stato membro. – 1. Il Fondo di garanzia per le vittime della strada è tenuto altresì a risarcire i sinistri causati sul territorio di un altro Stato membro da veicoli ivi immatricolati che siano assicurati presso un'impresa con sede legale in Italia operante in tale altro Stato in regime di stabilimento o di libertà di prestazione di servizi, che al momento del sinistro si trovi in stato di liquidazione coatta o vi venga posta successivamente. Si applica l'articolo 283, comma 5.

2. Il Ministro dello sviluppo economico autorizza, con decreto da pubblicare nella *Gazzetta Ufficiale*, la CONSAP a sottoscrivere le convenzioni con i fondi di garanzia degli altri Stati membri concernenti il risarcimento dei sinistri di cui al comma 1.

285. Fondo di garanzia per le vittime della strada. – 1. Il Fondo di garanzia per le vittime della strada è amministrato, sotto la vigilanza del Ministero dello sviluppo economico, dalla CONSAP con l'assistenza di un apposito comitato.

2. Il Ministro dello sviluppo economico disciplina, con regolamento, le condizioni e le modalità di amministrazione, di intervento e di rendiconto del Fondo di garanzia per le vittime della strada, nonché la composizione del comitato di cui al comma 1.

3. Le imprese autorizzate all'esercizio delle assicurazioni per la responsabilità civile per i danni causati dalla circolazione dei veicoli a motore e dei natanti sono tenute a versare annualmente alla CONSAP, gestione autonoma del Fondo di garanzia per le vittime della strada, un contributo commisurato al premio incassato per ciascun contratto stipulato in adempimento dell'obbligo di assicurazione.

4. Il regolamento di cui al comma 2 determina le modalità di fissazione annuale della misura del contributo (1), nel limite massimo del quattro per cento del premio imponibile, tenuto conto dei risultati della liquidazione dei danni che sono determinati nel rendiconto annualmente predisposto dal comitato di gestione del fondo.

(1) *Le parole: «la misura del contributo» sono state così sostituite dalle attuali: «le modalità di fissazione annuale della misura del contributo» dall'art. 1, comma 209, del D.L.vo 12 maggio 2015, n. 74.*

Capo II
Liquidazione dei danni
a cura dell'impresa designata

286. Liquidazione dei danni a cura dell'impresa designata. – 1. La liquidazione dei danni per i sinistri di cui all'articolo 283, comma 1, lettere *a*), *b*), *c*), *d*), d *bis*) e d *ter*), (1) è effettuata a cura di un'impresa designata dall'IVASS secondo quanto previsto nel regolamento adottato dal Ministro dello sviluppo economico. L'impresa provvede alla liquidazione dei danni anche per i sinistri verificatisi oltre la scadenza del periodo assegnato e fino alla data indicata nel provvedimento che designi altra impresa.

2. Le somme anticipate dalle imprese designate, comprese le spese ed al netto delle somme recuperate ai sensi dell'articolo 292, sono rimborsate dalla CONSAP – Fondo di garanzia per le vittime della strada, secondo le convenzioni, stipulate fra le imprese e il Fondo di garanzia per le vittime della strada, soggette all'approvazione del Ministero dello sviluppo economico (2) su proposta dell'IVASS.

3. Le imprese designate sono sottoposte, per l'attività oggetto delle convenzioni, alle direttive per il regolare svolgimento delle operazioni di liquidazione dei danni emanate in via generale o particolare dalla CONSAP.

(1) *Le parole*: «e d)», *sono state così sostituite dalle attuali*: «, d), d bis) e d ter)», *dall'art. 1, comma 10, del D.L.vo 6 novembre 2007, n. 198.*

(2) *Le parole: «Ministro delle attività produttive» sono state così sostituite dalle attuali: «Ministero dello sviluppo economico» dall'art. 1, comma 211, del D.L.vo 12 maggio 2015, n. 74.*

287. Esercizio dell'azione di risarcimento. – 1. Nelle ipotesi previste dall'articolo 283, comma 1, lettere *a*), *b*), *d*), d *bis*) e d *ter*), (1) l'azione per il risarcimento dei danni causati dalla circolazione dei veicoli e dei natanti, per i quali vi è obbligo di assicurazione, può essere proposta solo dopo che siano decorsi sessanta giorni da quello in cui il danneggiato abbia chiesto il risarcimento del danno, a mezzo raccomandata, all'impresa designata inviandone copia contestuale alla CONSAP (2) – Fondo di garanzia per le vittime della strada. Nell'ipotesi prevista dall'articolo 283, comma 1, lettera *c*), l'azione per il risarcimento dei danni può essere proposta solo dopo che siano decorsi sei mesi dal giorno in cui il danneggiato ha richiesto il risarcimento del danno.

2. Il danneggiato che, nell'ipotesi prevista dall'articolo 283, comma 1, lettera *a*), abbia fatto richiesta all'impresa designata inviandone copia contestuale alla CONSAP (2) – Fondo di garanzia per le vittime della strada, non è tenuto a rinnovare la domanda qualora successivamente venga identificata l'impresa di assicurazione del responsabile.

3. L'azione per il risarcimento del danno deve essere esercitata esclusivamente nei confronti dell'impresa designata. La CONSAP – Fondo di garanzia per le vittime della strada può tuttavia intervenire nel processo, anche in grado di appello.

4. Nei casi previsti dall'art. 283, comma 1, lettere *b*), d *bis*) e d *ter*), deve essere convenuto in giudizio anche il responsabile del danno ([3]).

5. Nel giudizio promosso ai sensi dell'articolo 283, comma 1, lettera *c*), deve essere convenuto in giudizio anche il commissario liquidatore dell'impresa di assicurazione.

([1]) *Le parole*: «e d)», *sono state così sostituite dalle attuali*: «, d), d bis) e d ter)», *dall'art. 1, comma 11, lett.* a), *del D.L.vo 6 novembre 2007, n. 198.*

([2]) *Le parole: «all'impresa designata ed alla CONSAP» sono state così sostituite dalle attuali: «all'impresa designata, inviandone copia contestuale alla CONSAP» dall'art. 1, comma 210, del D.L.vo 12 maggio 2015, n. 74.*

([3]) *Questo comma è stato così sostituito dall'art. 1, comma 11, lett.* b), *del D.L.vo 6 novembre 2007, n. 198.*

288. Diritti degli assicurati nei confronti del Fondo di garanzia per le vittime della strada. – 1. Gli assicurati con imprese che esercitano i rami di responsabilità civile dei veicoli a motore e dei natanti e che siano poste in liquidazione coatta possono far valere, nei limiti delle somme indicate dall'articolo 283, comma 4, i diritti derivanti dal contratto nei confronti della CONSAP – Fondo di garanzia per le vittime della strada, agendo nei confronti dell'impresa designata per il territorio in cui è avvenuto il sinistro.

289. Effetti della liquidazione coatta sulle sentenze passate in giudicato e sui giudizi pendenti. – 1. Le sentenze ottenute dal danneggiato nei confronti dell'impresa di assicurazione sono opponibili, se passate in giudicato prima che sia stato pubblicato il decreto di liquidazione coatta, all'impresa designata per il risarcimento dei danni entro i limiti fissati dall'articolo 283, comma 4.

2. Se il decreto di liquidazione coatta interviene prima della formazione del giudicato, il processo prosegue, nei confronti del commissario liquidatore e dell'impresa designata, decorsi sei mesi dalla pubblicazione del decreto di liquidazione coatta. In ogni caso le pronunce sono opponibili, entro i limiti di risarcibilità fissati dall'articolo 283, comma 4, nei confronti dell'impresa designata.

3. La disposizione di cui al comma 1 si applica anche per le ordinanze ottenute dal danneggiato che versi in stato di bisogno.

290. Prescrizione dell'azione. – 1. L'azione diretta che spetta al danneggiato nei confronti dell'impresa designata, nei casi previsti dall'articolo 283, comma 1, lettere *a*), *b*), *d*), d *bis*) e d *ter*), ([1]) è soggetta al termine di prescrizione cui sarebbe soggetta l'azione verso il responsabile.

2. L'azione che spetta al danneggiato nei confronti dell'impresa designata, nel caso previsto dall'articolo 283, comma 1, lettera *c*), è proponibile fino a che non sia prescritta l'azione nei confronti dell'impresa posta in liquidazione coatta.

([1]) *Le parole*: «e d)», *sono state così sostituite dalle attuali*: «, d), d bis) e d ter)», *dall'art. 1, comma 12, del D.L.vo 6 novembre 2007, n. 198.*

291. Pluralità di danneggiati e supero del massimale. – 1. Qualora vi siano più persone danneggiate nello stesso sinistro ed il risarcimento dovuto dal responsabile superi le somme assicurate, i diritti delle persone danneggiate nei confronti dell'impresa designata sono proporzionalmente ridotti fino alla concorrenza del limite di risarcibilità rispettivamente indicato dai commi 3 o 4 dell'articolo 283.

2. L'impresa designata che, decorsi trenta giorni dall'incidente e ignorando l'esistenza di altre persone danneggiate, pur avendone ricercata l'identificazione con la normale diligenza, ha pagato ad alcuna di esse una somma superiore alla quota spettante, risponde verso le altre persone danneggiate nei limiti dell'eccedenza della somma assicurata rispetto alla somma versata.

3. Nel caso di cui al comma 2, le altre persone danneggiate, il cui credito rimanesse insoddisfatto, hanno diritto di ripetere, da chi abbia ricevuto il risarcimento dall'impresa di assicurazione, quanto sarebbe loro spettato in applicazione del comma 1.

4. Nei giudizi promossi fra l'impresa di assicurazione designata e le persone danneggiate sussiste litisconsorzio necessario, applicandosi l'articolo 102 del codice di procedura civile. L'impresa di assicurazione designata può effettuare il deposito di una somma, nei limiti del massimale, con effetto liberatorio nei confronti di tutte le persone aventi diritto al risarcimento, se il deposito è irrevocabile e vincolato a favore di tutti i danneggiati.

292. Diritto di regresso e di surroga dell'impresa designata. – 1. L'impresa designata che, anche in via di transazione, ha risarcito il danno nei casi previsti dall'articolo 283, comma 1, lettere *a*), *b*), *d*), d *bis*) e d *ter*), ([1]) ha azione di regresso nei confronti dei responsabili del sinistro per il recupero dell'indennizzo pagato nonché degli interessi e delle spese.

2. Nel caso previsto dall'articolo 283, comma 1, lettera *c*), l'impresa designata che, anche in via di transazione, ha risarcito il danno è surrogata, per l'importo pagato, nei diritti dell'assicurato e del danneggiato verso l'impresa posta in liquidazione coatta con gli stessi privilegi stabiliti dalla legge a favore dei medesimi.

(¹) *Le parole*: «e d)», *sono state così sostituite dalle attuali*: «, d), d bis) *e* d ter)», *dall'art. 1, comma 13, del D.L.vo 6 novembre 2007, n. 198.*

Capo III
Liquidazione dei danni
a cura del commissario
dell'impresa in liquidazione coatta

293. Liquidazione dei danni a cura del commissario dell'impresa in liquidazione coatta. – 1. Il commissario dell'impresa in liquidazione può essere autorizzato, nel decreto che dispone la liquidazione coatta, a procedere, anche per conto del Fondo di garanzia per le vittime della strada ed in deroga all'articolo 286, comma 1, alla liquidazione dei danni causati dalla circolazione dei veicoli e dei natanti verificatisi anteriormente alla pubblicazione del decreto di liquidazione, nonché di quelli verificatisi successivamente e fino alla scadenza dei contratti di assicurazione in corso o del periodo di tempo per il quale è stato pagato il premio.

2. La CONSAP – Fondo di garanzia per le vittime della strada anticipa al commissario le somme occorrenti per le spese del procedimento di liquidazione dei danni nei limiti di quanto previsto nel regolamento di cui all'articolo 285, comma 2. In caso di insufficienza dell'attivo le somme erogate restano definitivamente a carico della CONSAP – Fondo di garanzia per le vittime della strada.

3. Per l'assolvimento del compito di cui al comma 1 il commissario provvede a riassumere il personale già dipendente dall'impresa posta in liquidazione coatta. Il personale è retribuito con i minimi previsti nei contratti collettivi di categoria in relazione alle mansioni espletate.

294. Esercizio dell'azione di risarcimento. – 1. Gli aventi diritto al risarcimento dei danni presentano al commissario la domanda di risarcimento, a mezzo raccomandata, anche se sia stata precedentemente inviata all'impresa posta in liquidazione coatta.

2. Nessuna azione per il risarcimento può essere proposta nei confronti della procedura prima che siano decorsi sei mesi dalla richiesta. Le sentenze e gli altri provvedimenti che decidono sul risarcimento sono opponibili al Fondo di garanzia delle vittime della strada. La CONSAP – Fondo di garanzia delle vittime della strada può intervenire nel processo, anche in grado di appello.

3. Se il decreto di liquidazione coatta è pubblicato prima della formazione del giudicato, si applica l'articolo 289, comma 1.

295. Diritti degli assicurati nei confronti del Fondo di garanzia per le vittime della strada. – 1. Gli assicurati con imprese che esercitano l'assicurazione della responsabilità civile per i danni causati dalla circolazione dei veicoli a motore e dei natanti che siano poste in liquidazione coatta possono far valere, nei limiti delle somme indicate nell'articolo 283, comma 4, i diritti derivanti dal contratto nei confronti della CONSAP – Fondo di garanzia per le vittime della strada, agendo nei confronti del commissario.

Capo IV
Liquidazione dei danni
a cura dell'organismo
di indennizzo italiano

296. Organismo di indennizzo italiano. – 1. Alla CONSAP, quale gestore del Fondo di garanzia per le vittime della strada, è riconosciuta la funzione di Organismo di indennizzo italiano.

2. L'Organismo di indennizzo italiano nello svolgimento delle sue funzioni può avvalersi dell'Ufficio centrale italiano secondo le modalità stabilite con apposita convenzione.

297. Ambito di intervento dell'Organismo di indennizzo italiano. – 1. L'Organismo di indennizzo italiano è incaricato di risarcire gli aventi diritto che abbiano residenza nel territorio della Repubblica, per danni a cose o a persone derivanti da sinistri avvenuti in un altro Stato membro e provocati dall'uso di:

a) un veicolo assicurato tramite uno stabilimento situato in altro Stato membro e stazionante in un altro Stato membro;

b) un veicolo di cui risulti impossibile l'identificazione;

c) un veicolo di cui risulti impossibile, entro due mesi dal sinistro, identificare l'impresa di assicurazione.

2. Nel caso di cui al comma 1, lettera *a*), l'Organismo di indennizzo italiano interviene anche

qualora il sinistro sia avvenuto in uno Stato terzo il cui Ufficio nazionale per l'assicurazione abbia aderito al sistema della carta verde.

298. Sinistri causati da veicoli regolarmente assicurati. – 1. Nei casi previsti dall'articolo 297, commi 1, lettera *a*), e 2, gli aventi diritto possono presentare all'Organismo di indennizzo italiano richiesta di risarcimento:

a) qualora l'impresa di assicurazione o il suo mandatario per la liquidazione dei sinistri nel territorio della Repubblica non abbiano fornito una risposta motivata sugli elementi dedotti nella richiesta di risarcimento entro tre mesi dalla data in cui gli aventi diritto hanno presentato la propria richiesta di risarcimento all'impresa di assicurazione del veicolo, il cui uso ha provocato il sinistro o al mandatario per la liquidazione dei sinistri;

b) nel caso in cui l'impresa di assicurazione non abbia designato un mandatario per la liquidazione dei sinistri nel territorio della Repubblica; in tale caso gli aventi diritto non possono presentare all'Organismo di indennizzo italiano una richiesta di risarcimento, se hanno presentato una analoga richiesta direttamente all'impresa di assicurazione del veicolo il cui uso ha provocato il sinistro e hanno ricevuto una risposta motivata entro tre mesi dalla presentazione della richiesta.

2. L'Organismo di indennizzo italiano si astiene o cessa di intervenire a favore degli aventi diritto al risarcimento che hanno intrapreso o intraprendano un'azione legale direttamente contro l'impresa di assicurazione ovvero contro il responsabile del sinistro.

3. L'intervento dell'Organismo di indennizzo italiano è sussidiario rispetto alla richiesta nei confronti della persona o delle persone che hanno causato il sinistro ovvero nei confronti dell'impresa di assicurazione o del suo mandatario. L'Organismo di indennizzo italiano non può subordinare il risarcimento alla dimostrazione che il responsabile del danno sia insolvente o rifiuti di pagare.

4. Gli aventi diritto presentano all'Organismo di indennizzo italiano la propria richiesta di risarcimento nelle forme previste dal regolamento, adottato dal Ministro dello sviluppo economico, che dà attuazione al presente titolo.

5. L'Organismo di indennizzo italiano interviene entro due mesi dalla data in cui gli aventi diritto presentano ad esso la richiesta di risarcimento, ma pone fine al suo intervento in caso di successiva risposta motivata dell'impresa di assicurazione o del suo mandatario per la liquidazione dei sinistri alla richiesta degli aventi diritto al risarcimento, a condizione che tale risposta sia inviata entro il termine di due mesi dalla presentazione della richiesta all'organismo di indennizzo.

6. L'Organismo di indennizzo italiano informa immediatamente di aver ricevuto una richiesta di risarcimento dagli aventi diritto e che interverrà entro due mesi a decorrere dalla presentazione di detta richiesta, i seguenti soggetti:

a) l'impresa di assicurazione con la quale è assicurato il veicolo che ha causato il sinistro o il mandatario per la liquidazione dei sinistri;

b) l'organismo di indennizzo dello Stato membro dello stabilimento dell'impresa di assicurazione che ha stipulato il contratto;

c) la persona che ha causato il sinistro, se nota;

d) l'ufficio nazionale per l'assicurazione dello Stato ove è avvenuto il sinistro, se il sinistro è stato causato da un veicolo stazionante in un altro Stato rispetto a quello in cui è accaduto il sinistro.

7. L'organismo di indennizzo italiano cui è stata presentata la richiesta di risarcimento è tenuto a rispettare, per la determinazione della responsabilità e la quantificazione del danno, le norme di diritto positivo applicabili nello Stato ove è avvenuto il sinistro.

299. Rimborsi tra organismi di indennizzo. – 1. L'Organismo di indennizzo italiano, qualora abbia risarcito gli aventi diritto secondo quanto stabilito dall'articolo 298, acquisisce un credito, nei confronti dell'Organismo di indennizzo dello Stato membro ove ha sede lo stabilimento dell'impresa di assicurazione che ha stipulato il contratto di assicurazione del veicolo che ha causato il sinistro, per quanto anticipato a titolo di risarcimento e per quanto sostenuto a titolo di spese dirette e indirette relative alla liquidazione del danno, nella misura e con le modalità stabilite dall'accordo fra gli organismi di indennizzo e fra gli organismi di indennizzo e i fondi di garanzia.

2. Nel caso di sinistri avvenuti in uno Stato membro diverso dallo Stato di residenza degli aventi diritto al risarcimento o nel caso di sinistri avvenuti in uno Stato terzo aderente al sistema della carta verde e causati dalla circolazione dei veicoli assicurati con imprese stabilite nel territorio della Repubblica, l'Organismo di indennizzo italiano è tenuto al rimborso della somma eventualmente pagata dall'organismo di indennizzo

dello Stato di residenza degli aventi diritto al risarcimento per danni subiti da questi ultimi.

3. L'Organismo di indennizzo italiano è surrogato nei diritti degli aventi diritto al risarcimento nei confronti dell'impresa di assicurazione o del responsabile del sinistro nella misura in cui l'organismo di indennizzo dello Stato membro di residenza degli aventi diritto ha risarcito questi ultimi per il danno subito. L'impresa è tenuta a rimborsare entro trenta giorni l'Organismo di indennizzo italiano di quanto da quest'ultimo corrisposto a titolo di risarcimento e di quanto dal medesimo corrisposto a titolo di spese dirette ed indirette di cui al comma 1, a semplice richiesta corredata della prova dell'avvenuto pagamento. L'importo da rimborsare può costituire oggetto di contestazione da parte dell'impresa esclusivamente nel caso in cui l'organismo di indennizzo estero abbia omesso di informare l'impresa di assicurazione italiana di aver ricevuto una richiesta di risarcimento da parte degli aventi diritto.

300. Sinistri causati da veicoli non identificati o non assicurati. – 1. Nei casi previsti dall'articolo 297, comma 1, lettere *b*) e *c*), l'Organismo di indennizzo italiano, ricevuta la richiesta di risarcimento, ne informa immediatamente:

a) il fondo di garanzia dello Stato membro in cui il veicolo che ha causato il sinistro staziona abitualmente, nel caso si tratti di un veicolo non assicurato, nonché il Fondo di garanzia dello Stato membro in cui è accaduto il sinistro se diverso da quello ove staziona abitualmente il veicolo;

b) il fondo di garanzia dello Stato membro in cui si è verificato il sinistro, nel caso in cui lo stesso sia stato causato da un veicolo non identificato ovvero da un veicolo non assicurato di uno Stato terzo.

2. L'Organismo di indennizzo italiano, ricevuta la richiesta di risarcimento, è tenuto a rispettare, per la determinazione della responsabilità e la quantificazione del danno, le norme del diritto positivo vigenti nello Stato ove è avvenuto il sinistro.

3. L'Organismo di indennizzo italiano, qualora abbia risarcito gli aventi diritto, secondo quanto previsto nel comma 1, ha diritto di richiedere il rimborso di quanto corrisposto a titolo di risarcimento e di quanto sostenuto a titolo di spese dirette e indirette nella misura e secondo le modalità stabilite dall'accordo fra gli organismi di indennizzo e fra gli organismi di indennizzo e i fondi di garanzia:

a) al Fondo di garanzia dello Stato membro in cui il veicolo staziona abitualmente, nel caso in cui non possa essere identificata l'impresa di assicurazione;

b) al Fondo di garanzia dello Stato membro ove si è verificato il sinistro, nel caso di veicolo non identificato;

c) al Fondo di garanzia dello Stato membro ove si è verificato il sinistro, nel caso di veicoli non assicurati di uno Stato terzo.

301. Rimborsi a carico del Fondo di garanzia per le vittime della strada. – 1. Il Fondo di garanzia per le vittime della strada rimborsa l'organismo di indennizzo dello Stato membro nel quale gli aventi diritto al risarcimento risiedono della somma con la quale il predetto organismo ha risarcito tali aventi diritto, nonché delle spese dirette e indirette di cui all'articolo 300, comma 3, nei seguenti casi:

a) sinistri avvenuti in uno Stato membro diverso da quello di residenza degli aventi diritto al risarcimento e causati da un veicolo stazionante abitualmente nel territorio della Repubblica per il quale non è possibile identificare l'impresa di assicurazione;

b) sinistri avvenuti nel territorio della Repubblica e causati da un veicolo non identificato o da un veicolo non assicurato di uno Stato terzo.

2. Il Fondo di garanzia per le vittime della strada, dopo aver rimborsato l'organismo di indennizzo, ha diritto di esercitare l'azione di regresso prevista dall'articolo 292.

Capo V
Sistema di indennizzo dei danni derivanti dall'esercizio dell'attività venatoria

302. Ambito di intervento. – 1. Il Fondo di garanzia per le vittime della caccia, costituito presso la CONSAP, risarcisce i danni causati nell'esercizio dell'attività venatoria per i quali vi è obbligo di assicurazione nei casi in cui:

a) l'esercente l'attività venatoria non sia identificato;

b) l'esercente l'attività venatoria responsabile dei danni non risulti coperto dall'assicurazione obbligatoria per la responsabilità civile;

c) l'esercente l'attività venatoria sia assicurato presso un'impresa operante nel territorio della Repubblica in regime di stabilimento o di prestazione di servizi e che, al momento del sinistro, si trovi in stato di liquidazione coatta o vi sia posta successivamente.

2. Nel caso di cui alla lettera *a*), il risarcimento è dovuto solo per i danni alla persona che abbiano comportato la morte od un'invalidità permanente superiore al venti per cento. Nel caso di cui alla lettera *b*), il risarcimento è dovuto per i danni alla persona nonché per i danni alle cose il cui ammontare sia superiore all'importo stabilito nel regolamento di attuazione del presente Capo. Nel caso di cui alla lettera *c*), il risarcimento è dovuto per i danni alla persona nonché per i danni alle cose il cui ammontare sia superiore all'importo di euro cinquecento. La percentuale di inabilità permanente, la qualifica di convivente a carico e la percentuale di reddito del danneggiato da calcolare a favore di ciascuno dei conviventi a carico sono determinate in base alle norme del testo unico delle disposizioni per l'assicurazione obbligatoria contro gli infortuni sul lavoro e le malattie professionali.

3. In tutti i casi previsti dal comma 1, il danno è risarcito nei limiti dei minimi di garanzia previsti nella legge che disciplina l'esercizio dell'attività venatoria.

303. Fondo di garanzia per le vittime della caccia. – 1. Il Fondo di garanzia per le vittime della caccia è amministrato, sotto la vigilanza del Ministero dello sviluppo economico, dalla CONSAP con l'assistenza di un apposito comitato.

2. Il Ministro dello sviluppo economico disciplina, con regolamento, le condizioni e le modalità di amministrazione, di intervento e di rendiconto del Fondo di garanzia per le vittime della caccia, nonché la composizione del comitato di cui al comma 1.

3. Le imprese autorizzate all'esercizio delle assicurazioni per la responsabilità venatoria sono tenute a versare annualmente alla CONSAP, gestione autonoma del Fondo di garanzia per le vittime della caccia, un contributo commisurato al premio incassato per ciascun contratto stipulato in adempimento dell'obbligo di assicurazione.

4. Il regolamento di cui al comma 2 determina le modalità di fissazione annuale della misura del contributo, nel limite massimo del quindici per cento del premio imponibile ([1]), tenuto conto dei risultati della liquidazione dei danni che sono determinati nel rendiconto annualmente predisposto dal comitato di gestione del fondo.

([1]) *Le parole: «la misura del contributo, nel limite massimo del cinque per cento del premio imponibile» sono state così sostituite dalle seguenti: «le modalità di fissazione annuale della misura del contributo, nel limite massimo del quindici per cento del premio imponibile» dall'art. 1, comma 28, lett. c), della L. 4 agosto 2017, n. 124.*

304. Diritto di regresso e di surroga. – 1. Il Fondo di garanzia per le vittime della caccia che, anche in via di transazione, ha risarcito il danno nei casi previsti all'articolo 302, comma 1, lettere *a*) e *b*), ha azione di regresso nei confronti del responsabile del danno per il recupero dell'indennizzo pagato, nonché degli interessi e delle spese.

2. Nel caso previsto all'articolo 302, comma 1, lettera *c*), il Fondo di garanzia per le vittime della caccia che ha risarcito il danno è surrogato, per l'importo pagato, nei diritti dell'assicurato e del danneggiato verso l'impresa posta in liquidazione coatta, beneficiando dello stesso trattamento previsto per i crediti di assicurazione indicati all'articolo 258, comma 4, lettera *a*).

Titolo XVIII
Sanzioni e procedimenti sanzionatori

Capo I
Abusivismo

305. Attività abusivamente esercitata. – 1. Chiunque svolge attività assicurativa o riassicurativa in difetto di autorizzazione è punito con la reclusione da due a quattro anni e con la multa da euro ventimila ad euro duecentomila.

2. Chiunque esercita l'attività di intermediazione assicurativa o riassicurativa in difetto di iscrizione al registro di cui all'articolo 109 è punito con la reclusione da sei mesi a due anni e con la multa da euro diecimila a euro centomila.

3. Se vi è fondato sospetto che una società svolga attività assicurativa o riassicurativa in violazione del comma 1 o di intermediazione assicurativa o riassicurativa in violazione del comma 2, l'IVASS richiede al tribunale l'adozione dei provvedimenti previsti dall'articolo 2409 del codice civile ovvero allo stesso fine denunzia i fatti al pubblico ministero.

4. Le imprese di assicurazione o riassicurazione che si avvalgono di intermediari non iscritti alle sezioni del registro di cui all'articolo 109, comma 2, sono punite con la sanzione amministrativa pecuniaria da un minimo di euro diecimila ad un massimo di euro centomila.

5. L'esercizio dell'attività di perito di assicurazione in difetto di iscrizione al ruolo previsto dall'articolo 156 è punito a norma dell'articolo 348 del codice penale.

306. Impedimenti all'esercizio delle funzioni di vigilanza. – 1. Fuori dai casi previsti dall'articolo 2638 del codice civile, chiunque ostacola le funzioni di vigilanza con il rifiuto dell'accesso ai locali o con il diniego all'ordine di esibizione della documentazione concernente l'attività assicurativa o riassicurativa o di intermediazione assicurativa o riassicurativa, che viene opposto ai funzionari dell'IVASS incaricati di accertare i fatti che possono configurare una violazione dell'articolo 305, è punito con la reclusione fino a due anni e la multa da euro diecimila ad euro centomila.

2. Fuori dai casi previsti al comma 1 ed all'articolo 2638 del codice civile, chiunque non ottempera nei termini alle richieste dell'IVASS ovvero ritarda l'esercizio delle sue funzioni è punito con la sanzione amministrativa pecuniaria da euro diecimila ad euro centomila.

307. Collaborazione con la Guardia di finanza. – 1. Nell'esercizio delle funzioni di vigilanza, l'IVASS può avvalersi della Guardia di finanza, che esegue le verifiche e gli accertamenti richiesti agendo con i poteri di indagine ad essa attribuiti ai fini dell'accertamento dell'imposta sul valore aggiunto e delle imposte sui redditi.

2. Tutte le notizie, le informazioni e i dati acquisiti dalla Guardia di finanza nell'assolvimento dei compiti previsti dal comma 1 sono comunicati all'IVASS.

308. Abuso di denominazione assicurativa. – 1. L'uso, nella denominazione sociale o in qualsiasi comunicazione al pubblico, delle parole assicurazione, riassicurazione, compagnia di assicurazione, compagnia di riassicurazione, mutua assicuratrice ovvero di altre parole o locuzioni, anche in lingua estera, idonee a trarre in inganno sulla legittimazione allo svolgimento dell'attività assicurativa o riassicurativa è vietato ai soggetti diversi, rispettivamente, da quelli autorizzati all'esercizio dell'attività di assicurazione o di riassicurazione.

2. L'uso nella ragione o nella denominazione sociale o in qualsiasi comunicazione al pubblico, delle parole intermediario di assicurazione, intermediario di riassicurazione, produttore di assicurazione, agente di assicurazione, broker, mediatore di assicurazione, mediatore di riassicurazione, produttore diretto di assicurazione, perito di assicurazione ovvero di altre parole o locuzioni, anche in lingua estera, idonee a trarre in inganno sulla legittimazione allo svolgimento di attività di intermediazione assicurativa, riassicurativa o di attività peritale è vietato a soggetti diversi da quelli iscritti nel registro degli intermediari di assicurazione e di riassicurazione di cui all'articolo 109 o nel ruolo dei periti di assicurazione di cui all'articolo 156.

3. L'IVASS determina, con regolamento, le ipotesi in cui, per l'esistenza di controlli amministrativi o in base ad elementi di fatto, le parole o le locuzioni indicate nei commi 1 e 2 possono essere utilizzate da soggetti diversi dalle imprese o dagli intermediari.

4. Chiunque contravviene al disposto dei commi 1 o 2 è punito con la sanzione amministrativa pecuniaria da euro duemila a euro ventimila.

Capo II
Imprese di assicurazione
e di riassicurazione

309. Attività oltre i limiti consentiti. – 1. Le imprese che hanno sede legale nel territorio della Repubblica o in Stati terzi e che esercitano l'attività assicurativa oltre i limiti dell'autorizzazione in violazione degli articoli 11, 12, 13, 15, 16, 18, 21, 22, 28 e 29, sono punite con la sanzione amministrativa pecuniaria da euro diecimila ad euro centomila. Le imprese che hanno sede legale nel territorio della Repubblica o in Stati terzi e che esercitano l'attività riassicurativa oltre i limiti dell'autorizzazione in violazione degli articoli 57, 57 *bis*, 58, 59 *bis*, 59 *ter*, 59 *quater*, 59 *quinquies* e 60 *bis*, sono punite con la sanzione amministrativa pecuniaria da euro diecimila ad euro centomila ([1]).

1 *bis*. Le imprese locali di cui al Titolo IV, Capo I, che esercitano l'attività assicurativa oltre i limiti di cui all'articolo 51 *ter*, comma 1, in violazione dell'articolo 51 *quater*, sono punite con la sanzione amministrativa pecuniaria da euro diecimila ad euro centomila ([2]).

2. Le particolari mutue assicuratrici ([3]) di cui all'articolo 52 che esercitano l'attività assicurativa oltre i limiti dell'autorizzazione in violazione degli articoli 53 e 55 sono punite con la sanzione amministrativa pecuniaria da euro cinquemila ad euro cinquantamila.

3. Alla sanzione amministrativa pecuniaria da euro cinquemila ad euro cinquantamila sono sog-

getti gli intermediari che, in proprio oppure attraverso collaboratori o altri ausiliari, operano per conto o a beneficio delle imprese di cui ai commi 1, 1 *bis* ([4]) e 2.

([1]) *Questo comma è stato così sostituito dall'art. 22, comma 1, del D.L.vo 29 febbraio 2008, n. 56.*

([2]) *Questo comma è stato aggiunto dall'art. 1, comma 184, lett.* a), *del D.L.vo 12 maggio 2015, n. 74.*

([3]) *Le parole: «Le mutue assicuratrici» sono state così sostituite dalle attuali: «Le particolari mutue assicuratrici» dall'art. 1, comma 184, lett.* b), *del D.L.vo 12 maggio 2015, n. 74.*

([4]) *Le parole: «, 1* bis*» sono state inserite dall'art. 1, comma 184, lett.* c), *del D.L.vo 12 maggio 2015, n. 74.*

310. ([1]) **Condizioni di esercizio.** – 1. L'inosservanza delle disposizioni di cui agli articoli 30, 30 *bis*, 30 *ter*, 30 *quater*, 30 *quinquies*, 30 *sexies*, 30 *septies*, 30 *octies*, 30 *novies*, 32, 33, 35 *bis*, 35 *ter*, 35 *quater*, 36 *bis*, 36 *ter*, 36 *quater*, 36 *quinquies*, 36 *sexies*, 36 *septies*, 36 *octies*, 36 *novies*, 36 *decies*, 36 *undecies*, 36 *duodecies*, 36 *terdecies*, 37 *bis*, 37 *ter*, 38, 41, 42, 42 *bis*, 43, 44 *ter*, 44 *quater*, 44 *quinquies*, 44 *sexies*, 44 *septies*, 44 *octies*, 44 *novies*, 44 *decies*, 47 *quater*, comma 1, 47 *septies*, 47 *octies*, 47 *novies*, 47 *decies*, 48, 49, 56, 57 *bis*, 62, 63, 64, 65, 65 *bis*, 66 *sexies*.1, 66 *septies*, 67, 76, comma 2, 90, comma 1, lettere *c*) e *d*), 119, comma 2, ultimo periodo, 188, 189, comma 1, 190, commi 1, 1 *bis*, 1 *ter* e 5 *bis*, 190 *bis*, comma 1, 191, 196, comma 2, 197, 210, 210 *ter*, comma 8, 214 *bis*, 215 *bis*, 216 *ter*, e 216 *sexies*, 216 *octies*, 216 *novies*, 220 *novies*, comma 1, 348 e 349, comma 1, o delle relative norme di attuazione è punita con la sanzione amministrativa pecuniaria da euro cinquemila ad euro cinquantamila.

2. L'inosservanza delle disposizioni di cui agli articoli 48 *bis*, 67, comma 1, 88, 89, 90, comma 1, lettere *a*) e *b*), commi 2, 3 e 4, 92, 93, 94, 95, 96, 98, 99, 100 e 101 o delle relative norme di attuazione è punita con la sanzione amministrativa pecuniaria da euro duemila ad euro ventimila.

3. In caso di violazione degli obblighi di cui al Titolo XV, le sanzioni amministrative di cui al presente Titolo sono adottate nei confronti dell'ultima società controllante italiana come determinata dall'articolo 210, comma 2.

([1]) *Questo articolo è stato così sostituito dall'art. 1, comma 185, del D.L.vo 12 maggio 2015, n. 74.*

311. Assetti proprietari. – 1. L'omissione delle comunicazioni prescritte dagli articoli 69, 71 e 79, compresa anche l'intenzione di assumere la partecipazione di controllo, o delle relative norme di attuazione è punita con la sanzione amministrativa pecuniaria da euro diecimila ad euro centomila ([1]).

2. L'incompletezza o l'erroneità delle comunicazioni sono punite con la sanzione amministrativa pecuniaria da euro cinquemila ad euro cinquantamila.

3. La sanzione di cui al comma 1 si applica nel caso di violazione dell'obbligo di comunicazione di cui all'articolo 70, comma 1, e nel caso di violazione delle disposizioni previste dagli articoli 74, comma 1, 75, comma 1, e 77, commi 1 e 3.

4. Se le comunicazioni sono dovute da una persona fisica, in caso di violazione la sanzione si applica nei confronti di quest'ultima.

([1]) *Questo comma è stato così sostituito dall'art. 1, comma 186, del D.L.vo 12 maggio 2015, n. 74.*

312. ([1]) **Comunicazioni per la vigilanza di gruppo.** – 1. L'omissione delle comunicazioni di cui all'articolo 213 o delle relative norme di attuazione è punita con la sanzione amministrativa pecuniaria da euro cinquemila ad euro cinquantamila. L'incompletezza o l'erroneità della comunicazione sono punite con la sanzione amministrativa pecuniaria da euro duemila ad euro ventimila.

2. L'omissione delle comunicazioni di cui all'articolo 216, comma 2, o delle relative norme di attuazione è punita con la sanzione amministrativa pecuniaria da euro duemila ad euro ventimila. Se l'omissione riguarda un'operazione da cui può derivare pregiudizio per gli interessi degli assicurati si applica la sanzione amministrativa pecuniaria da euro cinquemila ad euro cinquantamila. L'incompletezza o l'erroneità della comunicazione preventiva sono punite con la sanzione amministrativa pecuniaria da euro mille ad euro diecimila.

3. L'omissione della comunicazione periodica di cui all'articolo 216, comma 1, o delle relative norme di attuazione è punita con la sanzione amministrativa pecuniaria da euro millecinquecento ad euro quindicimila. L'incompletezza o l'erroneità delle comunicazioni periodiche successive sono punite con la sanzione amministrativa pecuniaria da euro cinquecento ad euro cinquemila.

([1]) *Questo articolo è stato così sostituito dall'art. 1, comma 187, del D.L.vo 12 maggio 2015, n. 74.*

Capo III
Assicurazione obbligatoria
per i veicoli a motore e i natanti

313. Trasparenza delle condizioni di premio e di contratto. – 1. L'inosservanza degli obblighi di cui all'articolo 131 è punita con la sanzione amministrativa pecuniaria da euro mille ad euro diecimila.

314. Rifiuto ed elusione dell'obbligo a contrarre e divieto di abbinamento. – 1. Il rifiuto o l'elusione dell'obbligo a contrarre di cui all'articolo 132, comma 1, è punito con la sanzione amministrativa pecuniaria da euro duemilacinquecento ad euro quindicimila ([1]).

2. La violazione o l'elusione dell'obbligo a contrarre di cui all'articolo 132, comma 1, che sia attuata con riferimento a determinate zone territoriali o a singole categorie di assicurati è punita con una sanzione amministrativa pecuniaria da euro unmilione ad euro cinquemilioni.

3. La violazione del divieto di abbinamento di cui all'articolo 170 è punita con la sanzione amministrativa pecuniaria da euro mille ad euro tremila.

([1]) *Le parole: «euro millecinquecento ad euro quattromilacinquecento» sono state così sostituite dalle seguenti: «euro duemilacinquecento ad euro quindicimila» dall'art. 1, comma 4, della L. 4 agosto 2017, n. 124.*

315. Procedure liquidative. – 1. Nei casi previsti dagli articoli 148, 149 e 150 o dalle disposizioni di attuazione la formulazione dell'offerta o la corresponsione della somma che siano effettuate fino a centoventi giorni dalla scadenza del termine utile ovvero la mancata comunicazione del diniego dell'offerta nel medesimo termine è punita:

a) in caso di ritardo fino a trenta giorni, con la sanzione da euro trecento ad euro novecento;

b) in caso di ritardo fino a sessanta giorni, con la sanzione da euro novecento ad euro duemilasettecento;

c) in caso di ritardo fino a novanta giorni, con la sanzione da euro duemilasettecento ad euro cinquemilaquattrocento;

d) in caso di ritardo fino a centoventi giorni, con la sanzione da euro cinquemilaquattrocento ad euro diecimilaottocento.

2. Qualora, oltre i centoventi giorni dal termine utile, siano omesse la formulazione dell'offerta, la comunicazione dei motivi del diniego o il pagamento della somma, l'inosservanza degli obblighi previsti dagli articoli 148, 149 e 150 o delle disposizioni di attuazione è punita con la sanzione da euro diecimilaottocento ad euro trentamila in relazione a danni a cose e con la sanzione da euro ventimila ad euro sessantamila in relazione a danni a persone o per il caso morte.

3. Qualora l'impresa formuli l'offerta in ritardo rispetto al termine utile e contestualmente provveda al pagamento della somma, l'inosservanza degli obblighi previsti dagli articoli 148, 149 e 150 o delle disposizioni di attuazione è punita con le sanzioni rispettivamente previste ai commi 1 e 2, diminuite del trenta per cento.

316. ([1]) **Obblighi di comunicazione.** – 1. L'omissione, l'incompletezza, l'erroneità o la tardività delle comunicazioni di cui all'articolo 135, comma 2, accertata semestralmente e contestata con unico atto da notificare entro il termine di cui all'articolo 326, comma 1, decorrente dal sessantesimo giorno successivo alla scadenza del semestre di riferimento, è punita con un'unica sanzione amministrativa pecuniaria da euro cinquemila a euro cinquantamila.

2. L'omissione, l'incompletezza, l'erroneità o la tardività delle comunicazioni di cui all'articolo 154, commi 4 e 5, accertata semestralmente e contestata con unico atto da notificare entro il termine di cui all'articolo 326, comma 1, decorrente dal sessantesimo giorno successivo alla scadenza del semestre di riferimento, è punita con un'unica sanzione amministrativa pecuniaria da euro diecimila a euro centomila.

([1]) *Questo articolo è stato così sostituito dall'art. 1, comma 28, lett.* d*), della L. 4 agosto 2017, n. 124.*

317. Altre violazioni. – 1. L'inosservanza degli articoli 133, 134, commi 2 e 3, 146 e 148, comma 11, o delle relative norme di attuazione, è punita, con la sanzione amministrativa pecuniaria da euro duemilacinquecento a euro settemilacinquecento.

2. L'inosservanza dell'obbligo di consegna del contrassegno o del certificato di assicurazione o dell'attestazione sullo stato del rischio è punita con la sanzione amministrativa pecuniaria da euro millecinquecento a euro quattromilacinquecento.

3. L'inosservanza degli articoli 125, comma 5 *bis*, e 152, comma 5, è punita con la sanzione amministrativa pecuniaria da euro 2.000 ad euro 6.000 ([1]).

([1]) *Questo comma è stato così sostituito dall'art. 1, comma 14, del D.L.vo 6 novembre 2007, n. 198.*

Capo IV
Trasparenza delle operazioni
e protezione dell'assicurato

318. Pubblicità di prodotti assicurativi. – 1. L'inosservanza delle disposizioni di cui all'articolo 182, commi 1 e 3, o delle relative norme di attuazione è punita con la sanzione amministrativa pecuniaria da euro duemila ad euro ventimila.

2. La diffusione di annunci pubblicitari effettuata in violazione dei provvedimenti cautelari e interdittivi adottati ai sensi dell'articolo 182, commi 4 e 5, è punita con la sanzione amministrativa pecuniaria da euro cinquemila ad euro cinquantamila e si applica a chi effettua annunci pubblicitari in violazione dei provvedimenti interdittivi adottati ai sensi dell'articolo 182, commi 4 e 5.

319. Regole di comportamento. – 1. L'inosservanza delle disposizioni di cui all'articolo 183 o delle relative norme di attuazione quando la commercializzazione riguarda prodotti assicurativi di cui all'articolo 2, comma 1, ad eccezione del ramo VI, o all'articolo 2, comma 3, è punita con la sanzione amministrativa pecuniaria da euro duemila ad euro ventimila.

2. La violazione dei provvedimenti interdittivi e cautelari adottati ai sensi degli articoli 182, comma 6, e 184, comma 1, è punita con la sanzione amministrativa pecuniaria da euro diecimila ad euro centomila.

320. Nota informativa. – 1. Chiunque ometta la consegna della nota informativa di cui all'articolo 185 prima della conclusione del contratto è punito con la sanzione amministrativa pecuniaria da euro duemilacinquecento ad euro venticinquemila.

Capo V
Doveri nei confronti
dell'autorità di vigilanza

321. Doveri degli organi di controllo. – 1. Ai componenti degli organi di controllo di un'impresa di assicurazione o di riassicurazione che omettono le comunicazioni previste dall'articolo 190, commi 1 e 3, si applica la sanzione amministrativa pecuniaria da euro cinquemila ad euro cinquantamila.

2. La medesima sanzione si applica ai componenti dei corrispondenti organi delle società che controllano un'impresa di assicurazione o di riassicurazione o che sono da queste controllate i quali omettono le comunicazioni previste dall'articolo 190, commi 1 e 3.

3. L'IVASS informa il Ministero dell'economia e delle finanze e la Consob dei provvedimenti sanzionatori adottati nei confronti dei revisori legali e delle società di revisione legale. Il Ministero dell'economia e delle finanze e la Consob informano l'IVASS dei provvedimenti adottati (1).

[4. Il Ministero della giustizia informa l'ISVAP dei provvedimenti adottati] (2).

(1) *Questo comma è stato così sostituito dall'attuale, dall'art. 41, comma 8, lett.* a), *del D.L.vo 27 gennaio 2010, n. 39.*

(2) *Questo comma è stato abrogato dall'art. 41, comma 8, lett.* b), *del D.L.vo 27 gennaio 2010, n. 39.*

322. Doveri del revisore legale e della società di revisione legale (1). – 1. Il revisore legale e i legali rappresentanti della società di revisione legale (2) di un'impresa di assicurazione o di riassicurazione che omettono le comunicazioni previste dall'articolo 190, commi 1, 2 e 4, sono segnalati dall'IVASS alla CONSOB ai fini dell'adozione dei provvedimenti di cui all'articolo 163 del testo unico dell'intermediazione finanziaria.

2. La medesima segnalazione è disposta nei confronti del revisore legale e dei legali rappresentanti della società di revisione legale (3) che sono incaricate dalle società che controllano un'impresa di assicurazione o di riassicurazione o che sono da queste controllate i quali omettono le comunicazioni previste dall'articolo 190, commi 1, 2, 4 e 5.

3. La CONSOB informa l'IVASS dei provvedimenti adottati.

(1) *L'originaria rubrica: «*Doveri della società di revisione*» è stata così sostituita dall'attuale, dall'art. 41, comma 9, del D.L.vo 27 gennaio 2010, n. 39.*

(2) *Le originarie parole: «I legali rappresentanti della società di revisione» sono state così sostituite dalle attuali: «il revisore legale e i legali rappresentanti della società di revisione legale» dall'art. 41, comma 10, del D.L.vo 27 gennaio 2010, n. 39.*

(3) *Le originarie parole: «dei legali rappresentanti della società di revisione» sono state così sostituite dalle attuali: «del revisore legale e dei legali rappresentanti della società di revisione legale» dall'art. 41, comma 11, del D.L.vo 27 gennaio 2010, n. 39.*

323. (1) [**Doveri dell'attuario revisore e dell'attuario incaricato.** – 1. All'attuario incaricato dalla società di revisione di un'impresa di assicurazione o di riassicurazione che omette le comunicazioni previste dall'articolo 190, commi 1, 2 e 4, si applica la sanzione amministrativa pecuniaria da euro cinquemila ad euro cinquantamila. All'attuario incaricato dal revisore legale o dalla società di revisione legale di un'impresa di assicurazione o di riassicurazione che viola l'articolo 103, comma 3, si applica la sanzione amministrativa pecuniaria da euro centomila a euro cinquecentomila. Si applicano, altresì, le sanzioni penali per il reato di corruzione del revisore.

2. All'attuario incaricato da un'impresa di assicurazione che omette le comunicazioni previste dall'articolo 31 o dall'articolo 34 si applica la sanzione amministrativa pecuniaria da euro duemila a euro ventimila.

3. L'Ordine degli attuari informa l'ISVAP dei provvedimenti adottati a seguito della comunicazione della sanzione irrogata ai sensi dei commi 1 e 2.

4. Nei casi previsti dai commi 1 e 2 che presentino particolare gravità l'ISVAP può disporre la revoca dell'incarico].

(¹) *Questo articolo è stato abrogato dall'art. 1, comma 188, del D.L.vo 12 maggio 2015, n. 74.*

Capo VI
Intermediari di assicurazione

324. Sanzioni amministrative pecuniarie relative agli intermediari. – 1. L'inosservanza delle disposizioni di cui agli articoli 109, commi 4 e 6, 117, comma 1, 119, comma 2, ultimo periodo, 120, 121, 131, 170, 182, commi 2 e 3, 183, 185, comma 1 e 191, o delle relative norme di attuazione da parte degli intermediari iscritti al registro di cui all'articolo 109 è punita con la sanzione amministrativa pecuniaria da euro mille ad euro diecimila, anche se commessa da propri dipendenti o altri ausiliari.

2. Nei casi di particolare gravità o di ripetizione dell'illecito i limiti minimo e massimo della sanzione di cui al comma 1 sono raddoppiati.

Capo VII
Destinatari delle sanzioni amministrative pecuniarie e procedimento

325. Destinatari delle sanzioni amministrative pecuniarie. – 1. Ad eccezione delle sanzioni di cui al capo V, irrogate nei confronti delle persone fisiche responsabili della violazione, le sanzioni pecuniarie sono applicate nei confronti delle imprese e degli intermediari responsabili della violazione.

2. Qualora i soggetti di cui al comma 1 dimostrino che la violazione è stata commessa da propri dipendenti o collaboratori, con abuso dei doveri di ufficio e per trarne personale vantaggio, la sanzione è comminata al dipendente o al collaboratore alla cui azione o omissione è imputabile l'infrazione. L'impresa e l'intermediario ne rispondono come responsabili civili, salvo rivalsa.

3. Le imprese rispondono in solido con l'autore della violazione nel caso in cui l'inosservanza sia stata posta in essere da soggetti ai quali siano state affidate funzioni parzialmente comprese nel ciclo operativo delle imprese di assicurazione e di riassicurazione.

326. Procedura di applicazione delle sanzioni amministrative pecuniarie. – 1. L'IVASS, ad eccezione dei casi di assoluta mancanza di pregiudizio per il tempestivo esercizio delle funzioni di vigilanza o per gli interessi degli assicurati e degli altri aventi diritto a prestazioni assicurative, nel termine di centoventi giorni dall'accertamento dell'infrazione, ovvero nel termine di centottanta per i soggetti residenti all'estero, provvede alla contestazione degli addebiti nei confronti dei possibili responsabili della violazione. Limitatamente alle violazioni di cui agli articoli 148 e 149 e fermo quanto previsto ai commi 2 e 3, la procedura può essere sospesa dall'IVASS fino a novanta giorni qualora l'impresa dimostri che sono in corso accertamenti dovuti ad un fondato sospetto di frode. Alla scadenza del periodo di sospensione senza che l'impresa abbia proposto querela o denuncia, riprende a decorrere il termine di cui ai commi 2 e 3. La proposizione della querela o della denuncia sospende la procedura. La sentenza o il diverso provvedimento del giudice che decide il procedimento penale estingue la violazione.

2. Al di fuori dei casi previsti dall'articolo 328, comma 1, entro i successivi sessanta giorni le parti del procedimento possono provvedere al pagamento nella misura più favorevole fra la terza parte del massimo ed il doppio del minimo della pena edittale. Il pagamento estingue la violazione.

3. Quando le parti non effettuino il pagamento in misura ridotta o nei casi in cui tale facoltà non è prevista, possono proporre, nel termine di cui al comma 2, reclamo avverso la contestazione degli addebiti e chiedere l'audizione dinnanzi alla Commissione consultiva sui procedimenti sanzionatori.

4. La Commissione consultiva, nominata dal Ministro dello sviluppo economico, è composta da un magistrato, anche in pensione, con qualifica non inferiore a consigliere della Corte di cassazione o qualifiche equivalenti ovvero da un docente univer-

sitario di ruolo, anche a riposo, che la presiede, e da un dirigente del Ministero dello sviluppo economico ed un dirigente dell'IVASS. Il mandato ha durata quadriennale ed è rinnovabile per una sola volta. È stabilita con regolamento del Ministro dello sviluppo economico, nel rispetto dei principi del giusto procedimento, la procedura dinanzi alla Commissione consultiva e il regime di incompatibilità dei componenti. La Commissione consultiva opera presso l'IVASS, che provvede alle spese per il suo funzionamento ed al compenso dei componenti.

5. A seguito dell'esercizio della facoltà di reclamo di cui al comma 3, la Commissione consultiva acquisisce le risultanze istruttorie, esamina gli scritti difensivi e dispone l'audizione, alla quale le parti possono partecipare anche con l'assistenza di avvocati ed esperti di fiducia. Se non ritiene provata la violazione, la Commissione consultiva può disporre l'archiviazione della contestazione o chiedere l'integrazione delle risultanze istruttorie. Se, invece, ritiene provata la violazione, trasmette al Ministro dello sviluppo economico la proposta motivata di determinazione della sanzione amministrativa pecuniaria, avuto riguardo anche all'eventuale attenuazione o eliminazione delle conseguenze dannose ed all'adozione di misure idonee a prevenire la ripetizione della violazione. Si applicano, inoltre, gli articoli 8, 8 *bis* e 11 della legge 24 novembre 1981, n. 689.

6. Il Ministero dello sviluppo economico, sulle risultanze della proposta della Commissione consultiva o ad istanza dell'IVASS in assenza di reclamo, decide la sanzione con decreto dirigenziale, che viene successivamente comunicato dall'IVASS alle parti del procedimento.

7. La tutela giurisdizionale davanti al giudice amministrativo è disciplinata dal codice del processo amministrativo. I ricorsi sono notificati anche all'IVASS, che provvede alla difesa in giudizio con propri legali (1).

8. I provvedimenti dell'IVASS, che infliggono le sanzioni pecuniarie, e le sentenze dei giudici amministrativi che decidono i ricorsi sono pubblicati nel Bollettino dell'IVASS. Il Ministero dello sviluppo economico, su richiesta dell'IVASS, tenuto conto della violazione e degli interessi coinvolti, può stabilire modalità ulteriori per dare pubblicità al provvedimento, ponendo le relative spese a carico dell'autore della violazione (2).

(1) *Questo comma è stato così sostituito dall'art. 3, comma 18, dell'Allegato 4 del D.L.vo 2 luglio 2010, n. 104, a decorrere dal 16 settembre 2010.*

(2) *Questo comma è stato così sostituito dall'art. 1, comma 189, del D.L.vo 12 maggio 2015, n. 74.*

327. Pluralità di violazioni e misure correttive. – 1. Qualora vengano accertate più violazioni della stessa disposizione del presente codice, o delle norme di attuazione, per le quali sia prevista l'applicazione di sanzioni amministrative pecuniarie, attraverso una pluralità di azioni od omissioni la cui reiterazione sia dipesa dalla medesima disfunzione dell'organizzazione dell'impresa o dell'intermediario, l'IVASS provvede alla contestazione degli addebiti secondo quanto previsto all'articolo 326, comma 1, primo periodo, e con lo stesso provvedimento fissa un termine perentorio, non superiore a centottanta giorni entro il quale la parte deve effettuare gli interventi necessari per eliminare la disfunzione riscontrata, nel caso ritenga di avvalersi di tale facoltà.

2. La parte, che intenda effettuare gli interventi di cui al comma 1, deve darne comunicazione all'IVASS, entro sessanta giorni dal provvedimento di contestazione degli addebiti, indicandone modalità, caratteristiche ed effetti attesi. La comunicazione preclude l'esercizio della facoltà di estinguere le violazioni con il pagamento in misura ridotta ai sensi dell'articolo 326, comma 2, nei casi in cui ciò sia consentito dall'articolo 328.

3. Se la parte comunica che non intende effettuare gli interventi richiesti, ovvero omette di pronunciarsi entro sessanta giorni dal provvedimento di contestazione degli addebiti, inizia a decorrere il termine per il pagamento in misura ridotta ai sensi dell'articolo 326, comma 2, ove consentito, o per presentare il reclamo previsto dall'articolo 326, comma 3, rimanendo preclusa l'applicazione della sanzione sostitutiva alle violazioni accertate. La procedura prosegue secondo quanto previsto all'articolo 326, commi 5 e 6.

4. Nel caso in cui la parte si sia avvalsa della facoltà prevista dal comma 2, l'IVASS, entro trenta giorni dalla scadenza del termine assegnato per eliminare la disfunzione riscontrata, verifica che siano state adottate le misure correttive e ne comunica gli esiti alla parte del procedimento. L'adozione delle misure correttive secondo le modalità e le caratteristiche indicate nella comunicazione all'IVASS rende applicabile un'unica sanzione amministrativa pecuniaria, sostitutiva di quelle derivanti dalle violazioni della medesima disposizione, che sarà determinata in misura non inferiore ad euro cinquantamila e non superiore

ad euro cinquecentomila. Eventuali rilievi formulati dall'IVASS non precludono l'applicazione della sanzione sostitutiva, ma sono valutati in sede di determinazione della sanzione stessa.

5. Entro sessanta giorni dalla comunicazione dell'esito delle verifiche effettuate dall'IVASS, la parte può presentare osservazioni in ordine agli eventuali rilievi dell'IVASS sulle misure correttive adottate. In ogni caso l'IVASS trasmette alla Commissione consultiva sui procedimenti sanzionatori una relazione sullo stato delle misure adottate ai fini della proposta di determinazione della sanzione sostitutiva.

328. Norme sul pagamento delle sanzioni amministrative pecuniarie. – 1. Alle sanzioni pecuniarie previste dagli articoli 305, comma 4, 308, comma 4, 309, 310, 311, 312 e 319 non si applica la facoltà di estinguere la violazione con il pagamento in misura ridotta.

2. Nei casi in cui è consentita la facoltà di estinguere il procedimento con il pagamento in misura ridotta e la parte rinunci espressamente al reclamo prima della fissazione della seduta di trattazione dinnanzi alla Commissione consultiva, il procedimento si estingue con il contestuale pagamento di una sanzione pari all'importo dell'oblazione, maggiorato del dieci per cento.

3. Il Ministro dello sviluppo economico, di concerto con il Ministro dell'economia e delle finanze, determina con regolamento le modalità, i termini di pagamento e le misure per la riscossione coattiva delle sanzioni pecuniarie previste dal presente codice.

4. I proventi derivanti dalle sanzioni inflitte in applicazione dell'articolo 145 *bis* e del capo III del presente titolo sono versati alla CONSAP Spa -- Gestione autonoma del Fondo di garanzia per le vittime della strada ([1]).

([1]) *Questo comma è stato così sostituito dall'art. 1, comma 36, della L. 4 agosto 2017, n. 124.*

Capo VIII
Destinatari delle sanzioni disciplinari e procedimento ([1])

([1]) *Si veda il Reg. ISVAP 20 ottobre 2006.*

329. Intermediari e periti assicurativi. – 1. Gli intermediari di assicurazione o riassicurazione, compresi i produttori diretti, i collaboratori e gli altri soggetti ausiliari dell'intermediario di assicurazione o di riassicurazione, ed i periti assicurativi che nell'esercizio della loro attività, anche nei casi puniti ai sensi dell'articolo 324, violino le norme del presente codice o le relative norme di attuazione, sono puniti, in base alla gravità dell'infrazione e tenuto conto dell'eventuale recidiva, con una delle seguenti sanzioni:

a) richiamo;

b) censura;

c) radiazione.

2. Il richiamo, consistente in una dichiarazione scritta di biasimo motivato, è disposto per fatti di lieve manchevolezza. La censura è disposta per fatti di particolare gravità. La radiazione è disposta per fatti di eccezionale gravità e determina l'immediata risoluzione dei rapporti di intermediazione.

3. I provvedimenti disciplinari sono notificati all'interessato mediante lettera raccomandata e sono comunicati alle imprese con le quali il medesimo ha incarichi in corso di esecuzione.

330. Destinatari delle sanzioni disciplinari. – 1. Le sanzioni disciplinari sono applicate nei confronti delle persone fisiche iscritte nel registro degli intermediari, compresi i collaboratori e gli altri soggetti ausiliari dell'intermediario di assicurazione o di riassicurazione, o nel ruolo dei periti di assicurazione responsabili della violazione.

2. Nel caso di esercizio dell'attività in forma societaria la radiazione comporta altresì la cancellazione della società nei casi di particolare gravità o di sistematica reiterazione dell'illecito disciplinare.

331. ([1]) **Procedura di applicazione delle sanzioni disciplinari.** – 1. Ai fini dell'irrogazione delle sanzioni disciplinari di cui all'articolo 330, l'IVASS, nel termine di centoventi giorni dall'accertamento dell'infrazione, ovvero nel termine di centottanta per i soggetti residenti all'estero, provvede alla contestazione degli addebiti nei confronti dei soggetti iscritti nel registro degli intermediari, compresi i collaboratori e gli altri soggetti ausiliari dell'intermediario di assicurazione o di riassicurazione, possibili responsabili della violazione e trasmette i relativi atti al Collegio di garanzia sui procedimenti disciplinari.

1 *bis*. Ai fini dell'irrogazione delle sanzioni disciplinari di cui all'articolo 330, la CONSAP, nel termine di centoventi giorni dall'accertamento dell'infrazione, ovvero nel termine di centottanta per i soggetti residenti all'estero, provvede al-

la contestazione degli addebiti nei confronti dei periti di assicurazione, possibili responsabili della violazione.

2. I destinatari di cui ai commi 1 e 1 *bis* possono proporre, nel termine di sessanta giorni, reclamo avverso la contestazione degli addebiti e chiedere l'audizione dinnanzi al Collegio di garanzia sui procedimenti disciplinari.

3. Il Collegio di garanzia è istituito presso l'IVASS ed è composto da un magistrato con qualifica non inferiore a consigliere della Corte di cassazione o equiparato, anche a riposo, con funzioni di presidente ovvero da un docente universitario di ruolo, e da due componenti esperti in materia assicurativa, questi ultimi designati sentite le associazioni maggiormente rappresentative. Il mandato ha durata quadriennale ed è rinnovabile una sola volta. Il Collegio di garanzia può essere costituito in più sezioni, con corrispondente incremento del numero dei suoi componenti, qualora l'IVASS lo ritenga necessario per garantire condizioni di efficienza e tempestività nella definizione dei procedimenti disciplinari. L'IVASS nomina il Collegio di garanzia, stabilisce le norme sulla procedura dinnanzi al Collegio nel rispetto dei principi del giusto procedimento e determina il regime delle incompatibilità ed il compenso dei componenti, che è posto a carico dell'Istituto.

4. A seguito dell'esercizio della facoltà di reclamo di cui al comma 2 ovvero decorso inutilmente il relativo termine, il Collegio di garanzia acquisisce le risultanze istruttorie, esamina gli scritti difensivi e dispone l'audizione, alla quale le parti possono partecipare anche con l'assistenza di avvocati ed esperti di fiducia. Se non ritiene provata la violazione, il Collegio di garanzia può disporre l'archiviazione della contestazione o chiedere l'integrazione delle risultanze istruttorie. Se, invece, ritiene provata la violazione, trasmette per competenza all'IVASS o alla CONSAP la proposta motivata di determinazione della sanzione disciplinare.

5. L'IVASS o la CONSAP, ricevuta la proposta formulata dal Collegio di garanzia, decide la sanzione disciplinare con decreto, che viene successivamente comunicato alle parti del procedimento.

6. Le controversie relative ai ricorsi avverso i provvedimenti che applicano la sanzione disciplinare sono devolute alla giurisdizione esclusiva del giudice amministrativo. L'IVASS o la CONSAP provvede alla difesa in giudizio con propri legali.

7. I provvedimenti che infliggono la sanzione disciplinare della radiazione, le sentenze dei giudici amministrativi che decidono i ricorsi e i decreti che decidono i ricorsi straordinari al Presidente della Repubblica sono pubblicati nel Bollettino dell'IVASS o da CONSAP nel suo sito internet.

(1) *Questo articolo è stato così sostituito dall'art. 1, comma 190, del D.L.vo 12 maggio 2015, n. 74.*

Titolo XIX
Disposizioni tributarie transitorie e finali

Capo V
Abrogazioni

355. Entrata in vigore. - 1. Il presente codice entra in vigore il 1° gennaio 2006.

2. In sede di prima applicazione le disposizioni di attuazione sono emanate entro ventiquattro mesi dal termine di cui al comma 1.

2.

D.P.R. 18 luglio 2006, n. 254. Regolamento recante disciplina del risarcimento diretto dei danni derivanti dalla circolazione stradale, a norma dell'articolo 150 del decreto legislativo 7 settembre 2005, n. 209 - Codice delle assicurazioni private (*Gazzetta Ufficiale* Serie gen. - n. 199 del 28 agosto 2006).

1. Definizioni. – 1. Ai fini del presente regolamento si intende per:

a) «codice»: il codice delle assicurazioni private di cui al decreto legislativo 7 settembre 2005, n. 209;

b) «Isvap»: l'Istituto per la vigilanza sulle assicurazioni private e di interesse collettivo;

c) «impresa»: la società autorizzata ad esercitare nel territorio della Repubblica l'assicurazione obbligatoria per la responsabilità civile autoveicoli;

d) «sinistro»: la collisione avvenuta nel territorio della Repubblica tra due veicoli a motore identificati e assicurati per la responsabilità civile obbligatoria dalla quale siano derivati danni ai veicoli o lesioni di lieve entità ai loro conducenti, senza coinvolgimento di altri veicoli responsabili;

e) «danneggiato»: il proprietario o il conducente del veicolo che abbia subito danni a seguito del sinistro;

f) «lesioni»: le lesioni di lieve entità definite all'articolo 139 del codice.

2. Restano ferme, inoltre, le definizioni contenute nell'articolo 1 del codice.

2. Oggetto del regolamento. – 1. Il presente regolamento disciplina le modalità attuative del sistema del risarcimento diretto, nell'ambito dell'assicurazione obbligatoria della responsabilità civile per i danni derivanti dalla circolazione stradale, in attuazione dell'articolo 150 del codice.

3. Ambito di applicazione. – 1. La disciplina del risarcimento diretto si applica in tutte le ipotesi di danni al veicolo e di lesioni di lieve entità al conducente, anche quando nel sinistro siano coinvolti terzi trasportati.

2. Qualora i terzi trasportati subiscano lesioni, la relativa richiesta del risarcimento del danno resta soggetta alla specifica procedura prevista dall'articolo 141 del codice.

4. Veicoli immatricolati all'estero. – 1. La disciplina del risarcimento diretto si applica ai sinistri che coinvolgono:

a) veicoli immatricolati in Italia;

b) veicoli immatricolati nella Repubblica di San Marino e nello Stato Città del Vaticano, se assicurati con imprese con sede legale nello Stato italiano o con imprese che esercitino l'assicurazione obbligatoria responsabilità civile auto ai sensi degli articoli 23 e 24 del codice e che abbiano aderito al sistema del risarcimento diretto.

5. Modalità della richiesta di risarcimento. – 1. Il danneggiato che si ritiene non responsabile, in tutto o in parte, del sinistro rivolge la richiesta di risarcimento all'impresa che ha stipulato il contratto relativo al veicolo utilizzato.

2. La richiesta è presentata mediante lettera raccomandata con avviso di ricevimento o con consegna a mano o a mezzo telegramma o telefax o in via telematica, salvo che nel contratto sia esplicitamente esclusa tale ultima forma di presentazione della richiesta di risarcimento.

3. L'impresa che ha ricevuto la richiesta ne dà immediata comunicazione all'impresa dell'assicurato ritenuto in tutto o in parte responsabile del sinistro, fornendo le sole informazioni necessarie per la verifica della copertura assicurativa e per l'accertamento delle modalità di accadimento del sinistro.

6. Contenuto della richiesta. – 1. Nell'ipotesi di danni al veicolo e alle cose, la richiesta di risarcimento contiene i seguenti elementi:

a) i nomi degli assicurati;

b) le targhe dei due veicoli coinvolti;

c) la denominazione delle rispettive imprese;

d) la descrizione delle circostanze e delle modalità del sinistro;

e) le generalità di eventuali testimoni;

f) l'indicazione dell'eventuale intervento degli Organi di polizia;

g) il luogo, i giorni e le ore in cui le cose danneggiate sono disponibili per la perizia diretta ad accertare l'entità del danno.

2. Nell'ipotesi di lesioni subite dai conducenti, la richiesta indica, inoltre:

a) l'età, l'attività e il reddito del danneggiato;

b) l'entità delle lesioni subite;

c) la dichiarazione di cui all'articolo 142 del codice circa la spettanza o meno di prestazioni da parte di istituti che gestiscono assicurazioni sociali obbligatorie;

d) l'attestazione medica comprovante l'avvenuta guarigione, con o senza postumi permanenti;

e) l'eventuale consulenza medico-legale di parte, corredata dall'indicazione del compenso spettante al professionista.

7. Integrazione e regolarizzazione della richiesta. – 1. In caso di richiesta incompleta, l'impresa, entro trenta giorni dalla ricezione, offrendo l'assistenza tecnica e informativa prevista dall'articolo 9, invita il danneggiato a fornire le integrazioni e i chiarimenti necessari per la regolarizzazione della richiesta.

2. Nell'ipotesi di cui al comma 1, i termini per la formulazione dell'offerta o per la comunicazione della mancata offerta sono sospesi fino alla data di ricezione delle integrazioni e dei chiarimenti richiesti.

8. Determinazioni dell'impresa. – 1. Con apposita comunicazione inviata al danneggiato, l'impresa indica, alternativamente:

a) una congrua offerta di risarcimento del danno, eventualmente in forma specifica, se previsto dal contratto;

b) gli specifici motivi che impediscono di formulare l'offerta di risarcimento del danno.

2. La comunicazione di cui al comma 1 è inviata entro i seguenti termini:

a) novanta giorni, nel caso di lesioni;

b) sessanta giorni, nel caso di danni riguardanti solo i veicoli o le cose;

c) trenta giorni, nel caso di danni ai veicoli o alle cose, qualora il modulo di denuncia del sinistro sia sottoscritto da entrambi i conducenti coinvolti nel sinistro.

9. Assistenza tecnica e informativa ai danneggiati. – 1. L'impresa, nell'adempimento degli obblighi contrattuali di correttezza e buona fede, fornisce al danneggiato ogni assistenza informativa e tecnica utile per consentire la migliore prestazione del servizio e la piena realizzazione del diritto al risarcimento del danno. Tali obblighi comprendono, in particolare, oltre a quanto stabilito espressamente dal contratto, il supporto tecnico nella compilazione della richiesta di risarcimento, anche ai fini della quantificazione dei danni alle cose e ai veicoli, il suo controllo e l'eventuale integrazione, l'illustrazione e la precisazione dei criteri di responsabilità di cui all'allegato A.

2. Nel caso in cui la somma offerta dall'impresa di assicurazione sia accettata dal danneggiato, sugli importi corrisposti non sono dovuti compensi per la consulenza o assistenza professionale di cui si sia avvalso il danneggiato diversa da quella medico-legale per i danni alla persona.

10. Accesso telematico. – 1. Ai fini della liquidazione dei danni derivanti dal sinistro, l'impresa ha diritto di accedere in via telematica agli archivi previsti dall'articolo 132, comma 3, del codice, per la verifica dei dati tecnici e del proprietario dell'altro veicolo.

11. Sinistri esclusi dal sistema di risarcimento diretto. – 1. Nel caso in cui il sinistro non rientra nell'ambito di applicazione previsto dall'articolo 3, l'impresa ne informa il danneggiato a mezzo raccomandata con avviso di ricevimento, entro trenta giorni decorrenti dalla ricezione della richiesta di risarcimento.

2. Entro il termine di cui al comma 1, l'impresa è tenuta a trasmettere la richiesta, corredata della documentazione acquisita per ogni ulteriore valutazione, all'impresa del responsabile qualora quest'ultima sia nota in base agli elementi in suo possesso.

3. I termini previsti dagli articoli 145 e 148 del codice iniziano a decorrere dal momento in cui l'impresa del responsabile del sinistro riceve la comunicazione di cui al comma 2.

12. Criteri di determinazione del grado di responsabilità delle parti. – 1. L'impresa adotta le proprie determinazioni in ordine alla richiesta del danneggiato, applicando i criteri di accertamento della responsabilità dei sinistri stabiliti nella tabella di cui all'allegato A, in conformità alla disciplina legislativa e regolamentare in materia di circolazione stradale.

2. Qualora il sinistro non rientri in alcuna delle ipotesi previste dalla tabella di cui al comma 1, l'accertamento della responsabilità è compiuto con riferimento alla fattispecie concreta, nel rispetto dei principi generali in tema di responsabilità derivante dalla circolazione dei veicoli.

13. Organizzazione e gestione del sistema di risarcimento diretto. – 1. Le imprese di assicurazione stipulano fra loro una convenzione ai fini della regolazione dei rapporti organizzativi ed economici per la gestione del risarcimento diretto.

2. Per la regolazione contabile dei rapporti economici, la convenzione deve prevedere una stanza di compensazione dei risarcimenti effettuati. Le compensazioni avvengono sulla base di costi medi che possono essere differenziati per grandi tipologie di veicoli assicurati e per danni a cose e danni alle persone, nonché, limitatamente ai danni a cose, per macroaree territorialmente omogenee in numero non superiore a tre. I predetti criteri di differenziazione, applicati alternativamente o

congiuntamente, non devono determinare una eccessiva frammentazione dei costi medi da prendere a base per le compensazioni. Le compensazioni possono avvenire anche sulla base di meccanismi che prevedano l'applicazione di franchigie a carico dell'impresa che ha risarcito il danno, secondo le regole definite dalla convenzione ([1]) ([2]).

2 *bis*. Le differenziazioni delle compensazioni da applicare ai sensi del comma 2 sono stabilite e possono essere modificate con decreto del Ministro dello sviluppo economico, sentiti l'ISVAP e il Comitato tecnico di cui al comma 4, sulla base dell'andamento effettivo dei costi e dell'esperienza maturata sul sistema, senza tuttavia determinare mutamenti frequenti e in nessun caso per periodi di applicazione inferiori ad una annualità ([1]).

3. L'attività della stanza di compensazione deve svolgersi in regime di completa autonomia rispetto alle imprese di assicurazione ed ai loro organismi associativi.

4. I valori dei costi medi e delle eventuali franchigie di cui al comma 2 vengono calcolati annualmente sulla base dei risarcimenti effettivamente corrisposti nell'esercizio precedente per i sinistri rientranti nell'ambito di applicazione del sistema di risarcimento diretto. Per il calcolo annuale dei valori da assumere ai fini delle compensazioni, sulla base dei dati forniti dalla stanza di compensazione di cui al comma 2, è istituito presso il Ministero dello sviluppo economico un Comitato tecnico composto dai seguenti componenti: *a*) un rappresentante del Ministero dello sviluppo economico, con funzioni di Presidente; *b*) un rappresentante dell'ISVAP; *c*) un rappresentante dell'Associazione nazionale fra le imprese assicuratrici; *d*) un esperto in scienze statistiche ed attuariali; *e*) due rappresentanti del Consiglio nazionale dei consumatori e degli utenti. L'esperto di cui alla lettera *d*) non deve avere svolto, nei due anni precedenti la nomina, incarichi presso imprese di assicurazione.

5. Per il primo anno di applicazione del sistema di risarcimento diretto, il Comitato tecnico calcola i valori di cui al comma 4 sulla base di statistiche di mercato.

6. I componenti il Comitato sono nominati con decreto del Ministro dello sviluppo economico per la durata di un triennio e possono essere riconfermati una sola volta. Il Comitato delibera a maggioranza e, in caso di parità, prevale il voto del Presidente.

7. Il costo relativo al funzionamento della convenzione è posto a carico delle imprese che aderiscono al sistema di risarcimento diretto.

8. Le imprese con sede legale in altri Stati membri dell'Unione europea che operano nel territorio della Repubblica, ai sensi degli articoli 23 e 24 del codice, hanno facoltà di aderire al sistema di risarcimento diretto mediante sottoscrizione della convenzione di cui al comma 1.

9. Non costituiscono prestazioni di servizi ai fini dell'imposta sul valore aggiunto le regolazioni dei rapporti tra imprese nell'ambito della procedura di risarcimento diretto.

10. Le informazioni, acquisite nell'ambito dei rapporti organizzativi ed economici per la gestione del risarcimento diretto, possono essere utilizzati, esclusivamente, per le finalità della stessa stanza di compensazione.

([1]) *L'originario comma 2 è stato così sostituito dagli attuali commi 2 e 2* bis *dall'art. 1, comma 1, del D.P.R. 18 febbraio 2009, n. 28.*

([2]) *Si veda il D.M. 11 dicembre 2009, recante differenziazione dei costi medi forfettari delle compensazioni tra imprese di assicurazione.*

14. Benefici derivanti agli assicurati. – 1. Il sistema del risarcimento diretto dovrà consentire effettivi benefici per gli assicurati, attraverso l'ottimizzazione della gestione, il controllo dei costi e l'innovazione dei contratti che potranno contemplare l'impiego di clausole che prevedano il risarcimento del danno in forma specifica con contestuale riduzione del premio per l'assicurato.

2. In presenza di clausole che prevedono il risarcimento del danno in forma specifica, nel contratto deve essere espressamente indicata la percentuale di sconto applicata.

15. ([1]) **Entrata in vigore.** – 1. Il presente regolamento entra in vigore il 1° gennaio 2007 e si applica ai sinistri verificatisi a partire dal 1° febbraio 2007.

2. Per i sinistri che coinvolgono ciclomotori, il presente regolamento si applica a condizione che i ciclomotori stessi siano muniti di targa ai sensi del decreto del Presidente della Repubblica 6 marzo 2006, n. 153.

([1]) *A norma dell'art. 42, comma 2* ter, *del D.L. 1 ottobre 2007, n. 159, convertito, con modificazioni, nella L. 29 novembre 2007, n. 222, la disciplina del risarcimento diretto, prevista dal regolamento di cui al decreto del Presidente della Repubblica 18 luglio 2006, n. 254, non si applica ai sinistri che coinvolgono le macchine agricole, come definite dall'art. 57 del codice della strada.*

(*Si omettono gli allegati*)

3.

D.L. 18 ottobre 2012, n. 179. Ulteriori misure urgenti per la crescita del Paese (*Gazzetta Ufficiale* Serie gen. - n. 245 del 19 ottobre 2012), convertito, con modificazioni, nella L. 17 dicembre 2012, n. **221** (Suppl. ord. alla *Gazzetta Ufficiale* Serie gen. - n. 294 del 18 dicembre 2012).

(*Estratto*)

Sezione VIII
Assicurazioni, mutualità e mercato finanziario

21. Misure per l'individuazione ed il contrasto delle frodi assicurative. – 1. L'Istituto per la vigilanza sulle assicurazioni private e di interesse collettivo (IVASS) cura la prevenzione delle frodi nel settore dell'assicurazione della responsabilità civile derivante dalla circolazione dei veicoli a motore, relativamente alle richieste di risarcimento e di indennizzo e all'attivazione di sistemi di allerta preventiva contro i rischi di frode.

2. Per favorire la prevenzione e il contrasto delle frodi nel settore dell'assicurazione della responsabilità civile derivante dalla circolazione dei veicoli a motore, nonché al fine di migliorare l'efficacia dei sistemi di liquidazione dei sinistri delle imprese di assicurazione e di individuare i fenomeni fraudolenti, l'IVASS:

a) analizza, elabora e valuta le informazioni desunte dall'archivio informatico integrato di cui al comma 3, nonché le informazioni e la documentazione ricevute dalle imprese di assicurazione e dagli intermediari di assicurazione, al fine di individuare i casi di sospetta frode e di stabilire un meccanismo di allerta preventiva contro le frodi;

b) richiede informazioni e documentazione alle imprese di assicurazione e agli intermediari di assicurazione, anche con riferimento alle iniziative assunte ai fini di prevenzione e contrasto del fenomeno delle frodi assicurative, per individuare fenomeni fraudolenti ed acquisire informazioni sull'attività di contrasto attuate contro le frodi;

c) segnala alle imprese di assicurazione e all'Autorità giudiziaria preposta i profili di anomalia riscontrati a seguito dell'attività di analisi, di elaborazione dei dati di cui alla lettera *b*) e correlazione dell'archivio informatico integrato di cui al comma 3, invitandole a fornire informazioni in ordine alle indagini avviate al riguardo, ai relativi risultati e alle querele eventualmente presentate;

d) fornisce collaborazione alle imprese di assicurazione, alle forze di polizia e all'autorità giudiziaria ai fini dell'esercizio dell'azione penale per il contrasto delle frodi assicurative;

e) promuove ogni altra iniziativa, nell'ambito delle proprie competenze, per la prevenzione e il contrasto delle frodi nel settore assicurativo;

f) elabora una relazione annuale sull'attività svolta, formula i criteri e le modalità di valutazione delle imprese di assicurazione in relazione all'attività di contrasto delle frodi e rende pubblici i risultati delle valutazioni effettuate a fini di prevenzione e contrasto delle frodi, e alle iniziative assunte a riguardo dalle imprese di assicurazione e formula proposte di modifica della disciplina in materia di prevenzione delle frodi nel settore dell'assicurazione della responsabilità civile derivante dalla circolazione dei veicoli a motore.

3. Per le finalità di cui al presente articolo, l'IVASS si avvale di un archivio informatico integrato, connesso con la banca dati degli attestati di rischio prevista dall'articolo 134 del codice delle assicurazioni private, di cui al decreto legislativo 7 settembre 2005, n. 209, e successive modificazioni, con la banca dati sinistri e banche dati anagrafe testimoni e anagrafe danneggiati, istituite dall'articolo 135 del medesimo codice delle assicurazioni private, con l'archivio nazionale dei veicoli e con l'anagrafe nazionale degli abilitati alla guida, istituiti dall'articolo 226 del codice della strada, di cui al decreto legislativo 30 aprile 1992, n. 285, e successive modificazioni, con il Pubblico registro automobilistico istituito presso l'Automobile Club d'Italia dal regio decreto legge 15 marzo 1927, n. 436, convertito dalla legge 19 febbraio 1928, n. 510, con il casellario giudiziale e il casellario dei carichi pendenti istituiti presso il Ministero della giustizia ai sensi del testo unico di cui al decreto del Presidente della Repubblica 14 novembre 2002, n. 313, con l'anagrafe tributaria, limitatamente alle informazioni di natura anagrafica, incluso il codice fiscale o la partita IVA, con l'Anagrafe nazionale della popolazione residente di cui all'articolo 62 del codice di cui al decreto legislativo 7 marzo 2005, n. 82, e successive modificazioni, con il Casellario centrale infortuni dell'Istituto nazionale per l'assicurazione contro gli infortuni sul lavoro di cui all'articolo 15 del decreto legislativo 23 febbraio 2000, n. 38, ([1]) con i dati a disposizione della CONSAP per la gestione del fondo di garanzia per le vittime della strada di cui all'articolo 283 decreto legislativo 7 settembre 2005, n. 209, e

per la gestione della liquidazione dei danni a cura dell'impresa designata di cui all'articolo 286 del decreto legislativo 7 settembre 2005, n. 209, con i dati a disposizione per i sinistri relativi ai veicoli di cui all'articolo 125 gestiti dall'Ufficio centrale italiano di cui all'articolo 126 del medesimo decreto legislativo n. 209 del 2005 nonché con ulteriori archivi e banche dati pubbliche e private, individuate con decreto del Ministro dello sviluppo economico e del Ministro delle infrastrutture e dei trasporti, sentiti i Ministeri competenti e l'IVASS. Con il medesimo decreto, sentito il Garante per la protezione dei dati, sono stabilite le modalità di connessione delle banche dati di cui al presente comma, i termini, le modalità e le condizioni per la gestione e conservazione dell'archivio e per l'accesso al medesimo da parte delle pubbliche amministrazioni, dell'autorità giudiziaria, delle forze di polizia, delle imprese di assicurazione e di soggetti terzi, nonché gli obblighi di consultazione dell'archivio da parte delle imprese di assicurazione in fase di liquidazione dei sinistri e la facoltà di consultazione dell'archivio in fase di assunzione del rischio al fine di accertare la veridicità delle informazioni fornite dal contraente (2).

4. Le imprese di assicurazione garantiscono all'IVASS, per l'alimentazione dell'archivio informatico integrato, secondo le modalità e nei termini stabiliti dal decreto di cui al comma 3, l'accesso ai dati relativi ai contratti assicurativi contenuti nelle proprie banche dati, forniscono la documentazione richiesta ai sensi del comma 2, lettera *b*), e comunicano all'archivio nazionale dei veicoli di cui all'articolo 226 del codice della strada, di cui al decreto legislativo n. 285 del 1992, e successive modificazioni, gli estremi dei contratti di assicurazione per la responsabilità civile verso i terzi prevista dall'articolo 122 del codice delle assicurazioni private, di cui al decreto legislativo n. 209 del 2005, stipulati o rinnovati. L'IVASS può richiedere alle imprese di assicurazione i dati relativi alle querele presentate all'autorità giudiziaria per frode assicurativa o per reati collegati e utilizzare tali informazioni esclusivamente per attività di contrasto di tali frodi all'interno dell'archivio informatico integrato (3).

5. La trasmissione dei dati di cui al comma 4 avviene secondo le modalità di cui al decreto del Ministro dello sviluppo economico, di concerto con il Ministro delle infrastrutture e dei trasporti, previsto dall'articolo 31, comma 1, del decreto legge 24 gennaio 2012, n. 1, convertito, con modificazioni, dalla legge 24 marzo 2012, n. 27.

6. Nell'esercizio delle sue funzioni l'IVASS evidenzia dall'elaborazione dei dati di cui al comma 3 i picchi e le anomalie statistiche anche relativi a imprese, agenzie, agenti e assicurati e le comunica alle imprese interessate che, con cadenza mensile, comunicano le indagini avviate, i relativi risultati e le querele eventualmente presentate. L'IVASS, in caso di evidenza di reato, comunica altresì i dati all'Autorità giudiziaria e alle forze di polizia.

7. Agli adempimenti previsti dal presente articolo si provvede con le risorse umane, strumentali e finanziarie disponibili a legislazione vigente.

7 *bis*. All'articolo 148 del decreto legislativo 7 settembre 2005, n. 209, al comma 1, primo periodo, la parola: «due» è sostituita dalla seguente: «cinque».

(1) *Le parole: «con il casellario giudiziale e il casellario dei carichi pendenti istituiti presso il Ministero della giustizia ai sensi del testo unico di cui al decreto del Presidente della Repubblica 14 novembre 2002, n. 313, con l'anagrafe tributaria, limitatamente alle informazioni di natura anagrafica, incluso il codice fiscale o la partita IVA, con l'Anagrafe nazionale della popolazione residente di cui all'articolo 62 del codice di cui al decreto legislativo 7 marzo 2005, n. 82, e successive modificazioni, con il Casellario centrale infortuni dell'Istituto nazionale per l'assicurazione contro gli infortuni sul lavoro di cui all'articolo 15 del decreto legislativo 23 febbraio 2000, n. 38,» sono state inserite dall'art. 1, comma 31, lett.* a), *della L. 4 agosto 2017, n. 124.*

(2) *Le parole: «e la facoltà di consultazione dell'archivio in fase di assunzione del rischio al fine di accertare la veridicità delle informazioni fornite dal contraente» sono state aggiunte dall'art. 1, comma 31, lett.* b), *della L. 4 agosto 2017, n. 124.*

(3) *Questo periodo è stato aggiunto dall'art. 1, comma 32, della L. 4 agosto 2017, n. 124.*

22. Misure a favore della concorrenza e della tutela del consumatore nel mercato assicurativo. – 1. Al fine di escludere il rinnovo tacito delle polizze assicurative, al decreto legislativo 7 settembre 2005, n. 209, dopo l'articolo 170 è inserito il seguente: (*Omissis*).

2. Per le clausole di tacito rinnovo eventualmente previste nei contratti stipulati precedentemente alla data di entrata in vigore del presente decreto, le previsioni di cui al comma 3 dell'articolo 170 *bis* del decreto legislativo 7 settembre 2005, n. 209 (Codice delle assicurazioni private), si applicano a fare data dal 1° gennaio 2013.

3. Nelle ipotesi di contratti in corso di validità alla data di entrata in vigore del presente decreto con clausola di tacito rinnovo, è fatto obbligo alle imprese di assicurazione di comunicare per iscritto ai contraenti la perdita di efficacia delle clausole di tacito rinnovo con congruo anticipo rispetto alla scadenza del termine originariamente pattuito nelle medesime clausole per l'esercizio della facoltà di disdetta del contratto.

4. Al fine di favorire una scelta contrattuale maggiormente consapevole da parte del consumatore, entro 60 giorni dalla data di entrata in vigore del presente decreto, con decreto del Ministro dello sviluppo economico, sentiti l'IVASS, l'Associazione nazionale tra le imprese assicuratrici-ANIA, le principali associazioni rappresentative degli intermediari assicurativi e le associazioni dei consumatori maggiormente rappresentative, è definito il «contratto base» di assicurazione obbligatoria della responsabilità civile derivante dalla circolazione dei veicoli a motore e dei natanti, contenente le clausole minime necessarie ai fini dell'adempimento dell'obbligo di legge, e articolato secondo classi di merito e tipologie di assicurato, e sono altresì definiti i casi di riduzione del premio e di ampliamento della copertura applicabili allo stesso «contratto base».

5. Ciascuna impresa di assicurazione determina liberamente il prezzo del «contratto base» e delle ulteriori garanzie e clausole di cui al comma 4 e formula, obbligatoriamente, la relativa offerta al consumatore anche tramite il proprio sito internet, eventualmente mediante link ad altre società del medesimo gruppo, ferma restando la libertà di offrire separatamente qualunque tipologia di garanzia aggiuntiva o diverso servizio assicurativo.

6. L'offerta di cui al comma 5 deve utilizzare il modello elettronico predisposto dal Ministero dello sviluppo economico, sentita l'IVASS, in modo che ciascun consumatore possa ottenere - ferma restando la separata evidenza delle singole voci di costo - un unico prezzo complessivo annuo secondo le condizioni indicate e le ulteriori clausole di cui al comma 4 selezionate.

7. Le disposizioni di cui ai commi 5 e 6 trovano applicazione decorsi 180 giorni dalla data di entrata in vigore del presente decreto.

8. Al fine di favorire una più efficace gestione dei rapporti contrattuali assicurativi anche in via telematica, entro 90 giorni dalla data di entrata in vigore del presente decreto, l'IVASS, sentite l'Associazione nazionale tra le imprese assicuratrici-ANIA e le principali associazioni rappresentative degli intermediari assicurativi, stabilisce con apposito regolamento le modalità secondo cui, entro i successivi 60 giorni, nell'ambito dei requisiti organizzativi di cui all'articolo 30 del decreto legislativo 7 settembre 2005, n. 209, le imprese autorizzate all'esercizio dei rami vita e danni prevedono nei propri siti internet apposite aree riservate a ciascun contraente, accedibili mediante sistemi di accesso controllato, tramite le quali sia possibile consultare le coperture in essere, le condizioni contrattuali sottoscritte, lo stato dei pagamenti e le relative scadenze, e, limitatamente alle polizze vita, i valori di riscatto e le valorizzazioni aggiornate.

9. Al fine di favorire il rafforzamento dei requisiti professionali di cui all'articolo 111 del decreto legislativo 7 settembre 2005, n. 209, e anche in considerazione della crescente diffusione dei rapporti assicurativi da gestire in via telematica, entro 90 giorni dalla data di entrata in vigore del presente decreto, l'IVASS definisce con apposito regolamento, che dovrà riunificare e armonizzare la disciplina esistente in materia, gli standard organizzativi, tecnologici e professionali riguardanti la formazione e l'aggiornamento degli intermediari assicurativi, con riferimento ai prodotti formativi, ai requisiti dei soggetti formatori e alle caratteristiche tecniche e funzionali delle piattaforme e-learning.

9 *bis*. Al fine di favorire la liberalizzazione e la concorrenza a favore dei consumatori e degli utenti, all'articolo 12 del decreto legislativo 13 agosto 2010, n. 141, dopo il comma 1 *bis* è inserito il seguente:

«1 *ter*. Non costituisce esercizio di agenzia in attività finanziaria la promozione e il collocamento di contratti relativi alla concessione di finanziamenti sotto qualsiasi forma da parte degli agenti di assicurazione regolarmente iscritti nel Registro unico degli intermediari assicurativi e riassicurativi di cui all'articolo 109, comma 2, lettera *a*), del decreto legislativo 7 settembre 2005, n. 209, su mandato diretto di banche ed intermediari finanziari previsti dal titolo V del decreto legislativo 1° settembre 1993, n. 385. Il soggetto mandante cura l'aggiornamento professionale degli agenti assicurativi mandatari, assicura il rispetto da parte loro della disciplina prevista ai sensi del titolo VI del decreto legislativo 1° settembre 1993, n. 385, e risponde per i danni da essi cagionati nell'esercizio dell'attività prevista dal presente comma, anche se conseguenti a responsabilità accertata in sede penale».

10. Al fine di favorire il superamento dell'attuale segmentazione del mercato assicurativo ed accrescere il grado di libertà dei diversi operatori, gli intermediari assicurativi di cui al comma 2, lettere *a*), *b*), *d*), dell'articolo 109 del decreto legislativo 7 settembre 2005, n. 209, nonché quelli inseriti nell'elenco annesso al registro degli intermediari medesimi ex articolo 33, comma 2 del regolamento ISVAP n. 5/06, possono adottare forme di collaborazione reciproca nello svolgimento della propria attività anche mediante l'utilizzo dei rispettivi mandati. Detta collaborazione è consentita sia tra intermediari iscritti nella medesima sezione del registro o nell'elenco a questo annesso, sia tra di loro reciprocamente, a condizione che al cliente sia fornita, con le modalità e forme previste nel Codice delle assicurazioni private e sui regolamenti attuativi, una corretta e completa informativa in relazione al fatto che l'attività di intermediazione viene svolta in collaborazione tra più intermediari, nonché l'indicazione dell'esatta identità, della sezione di appartenenza e del ruolo svolto dai medesimi nell'ambito della forma di collaborazione adottata. L'IVASS vigila sulla corretta applicazione del presente articolo e può adottare disposizioni attuative anche al fine di garantire adeguata informativa ai consumatori.

11. Gli intermediari assicurativi che svolgono attività di intermediazione in collaborazione tra di loro ai sensi del comma 10 rispondono in solido per gli eventuali danni sofferti dal cliente a cagione dello svolgimento di tale attività, salve le reciproche rivalse nei loro rapporti interni.

12. A decorrere dal 1° gennaio 2013, le clausole fra mandatario e impresa assicuratrice incompatibili con le previsioni del comma 10 sono nulle per violazione di norma imperativa di legge e si considerano non apposte. L'IVASS vigila ed adotta eventuali direttive per l'applicazione della norma e per garantire adeguata informativa ai consumatori.

13. Anche al fine di incentivare lo sviluppo delle forme di collaborazione di cui ai commi precedenti nei rami assicurativi danni e di fornire impulso alla concorrenza attraverso l'eliminazione di ostacoli di carattere tecnologico, entro centottanta giorni dalla data di entrata in vigore della legge di conversione del presente decreto, l'IVASS, di concerto con il Ministero dello sviluppo economico e sentite l'ANIA e le principali associazioni rappresentative degli intermediari assicurativi, dovrà definire specifiche e *standard* tecnici uniformi ai fini della costituzione e regolazione dell'accesso ad una piattaforma di interfaccia comune per le attività di consultazione di cui all'articolo 34, comma 1 del decreto legge 24 gennaio 2012, n. 1, convento, con modificazioni, dalla legge 24 marzo 2012, n. 27, nonché di preventivazione, monitoraggio e valutazione dei contratti di assicurazione contro i danni ([1]).

14. Al fine di superare possibili disparità di trattamento tra i consumatori nel settore delle polizza vita, il secondo comma dell'articolo 2952 del codice civile è sostituito dal seguente: (*Omissis*).

15. Nell'ambito delle proprie funzioni istituzionali e dotazioni organizzative e finanziarie, l'IVASS, anche mediante internet, garantisce un'adeguata informazione ai consumatori sulle misure introdotte dal presente articolo e assicura altresì, all'interno della relazione di cui all'articolo 21, comma 2, un'esauriente valutazione del loro impatto economico-finanziario e tecnologico-organizzativo.

15 *bis*. Entro novanta giorni dalla data di entrata in vigore della legge di conversione del presente decreto, l'IVASS provvede, limitatamente al ramo assicurativo danni, alla definizione di misure di semplificazione delle procedure e degli adempimenti burocratici, con particolare riferimento alla riduzione degli adempimenti cartacei e della modulistica, nei rapporti contrattuali fra le imprese di assicurazione, gli intermediari e la clientela, anche favorendo le relazioni digitali, l'utilizzo della posta elettronica certificata, la firma digitale e i pagamenti elettronici e i pagamenti on-line.

15 *ter*. L'IVASS, con apposita relazione da presentare alle competenti Commissioni parlamentari entro sei mesi dalla data di entrata in vigore della legge di conversione del presente decreto e successivamente con cadenza annuale entro il 30 maggio di ciascun anno, informa sulle misure di semplificazione adottate ai sensi del comma 15 *bis* e sui risultati conseguiti in relazione a tale attività.

15 *quater*. Nei contratti di assicurazione connessi a mutui e ad altri contratti di finanziamento, per i quali sia stato corrisposto un premio unico il cui onere è sostenuto dal debitore/assicurato, le imprese, nel caso di estinzione anticipata o di trasferimento del mutuo o del finanziamento, restituiscono al debitore/assicurato la parte di premio pagato relativo al periodo residuo rispetto alla scadenza originaria, calcolata per il premio

puro in funzione degli anni e della frazione di anno mancanti alla scadenza della copertura nonché del capitale assicurato residuo.

15 *quinquies*. Le condizioni di assicurazione indicano i criteri e le modalità per la definizione del rimborso di cui al comma 15 *quater*. Le imprese possono trattenere dall'importo dovuto le spese amministrative effettivamente sostenute per l'emissione del contratto e per il rimborso del premio, a condizione che le stesse siano indicate nella proposta di contratto, nella polizza ovvero nel modulo di adesione alla copertura assicurativa. Tali spese non devono essere tali da costituire un limite alla portabilità dei mutui/finanziamenti ovvero un onere ingiustificato in caso di rimborso.

15 *sexies*. In alternativa a quanto previsto al comma 15 *quater*, le imprese, su richiesta del debitore/assicurato, forniscono la copertura assicurativa fino alla scadenza contrattuale a favore del nuovo beneficiario designato.

15 *septies*. Il presente articolo si applica a tutti i contratti, compresi quelli commercializzati precedentemente alla data di entrata in vigore della legge di conversione del presente decreto; in tal caso le imprese aggiornano i contratti medesimi sulla base della disciplina di cui ai commi da 15 *quater* a 15 *sexies*.

(1) *Questo comma è stato così sostituito dall'art. 1, comma 510, della L. 24 dicembre 2012, n. 228.*

1.

L. 31 dicembre 2012, n. 247. Nuova disciplina dell'ordinamento della professione forense (*Gazzetta Ufficiale* Serie gen. - n. 15 del 18 gennaio 2013).

Titolo I
Disposizioni generali

1. Disciplina dell'ordinamento forense. – 1. La presente legge, nel rispetto dei principi costituzionali, della normativa comunitaria e dei trattati internazionali, disciplina la professione di avvocato.

2. L'ordinamento forense, stante la specificità della funzione difensiva e in considerazione della primaria rilevanza giuridica e sociale dei diritti alla cui tutela essa è preposta:

a) regolamenta l'organizzazione e l'esercizio della professione di avvocato e, nell'interesse pubblico, assicura la idoneità professionale degli iscritti onde garantire la tutela degli interessi individuali e collettivi sui quali essa incide;

b) garantisce l'indipendenza e l'autonomia degli avvocati, indispensabili condizioni dell'effettività della difesa e della tutela dei diritti;

c) tutela l'affidamento della collettività e della clientela, prescrivendo l'obbligo della correttezza dei comportamenti e la cura della qualità ed efficacia della prestazione professionale;

d) favorisce l'ingresso alla professione di avvocato e l'accesso alla stessa, in particolare alle giovani generazioni, con criteri di valorizzazione del merito.

3. All'attuazione della presente legge si provvede mediante regolamenti adottati con decreto del Ministro della giustizia, ai sensi dell'articolo 17, comma 3, della legge 23 agosto 1988, n. 400, entro due anni dalla data della sua entrata in vigore, previo parere del Consiglio nazionale forense (CNF) e, per le sole materie di interesse di questa, della Cassa nazionale di previdenza e assistenza forense. Il CNF esprime i suddetti pareri entro novanta giorni dalla richiesta, sentiti i consigli dell'ordine territoriali e le associazioni forensi che siano costituite da almeno cinque anni e che siano state individuate come maggiormente rappresentative dal CNF. Gli schemi dei regolamenti sono trasmessi alle Camere, ciascuno corredato di relazione tecnica, che evidenzi gli effetti delle disposizioni recate, e dei pareri di cui al primo periodo, ove gli stessi risultino essere stati tempestivamente comunicati, perché su di essi sia espresso, nel termine di sessanta giorni dalla richiesta, il parere delle Commissioni parlamentari competenti.

4. Decorsi i termini per l'espressione dei pareri da parte delle Commissioni parlamentari, i regolamenti possono essere comunque adottati.

5. Dall'attuazione dei regolamenti di cui al comma 3 non devono derivare nuovi o maggiori oneri a carico della finanza pubblica.

6. Entro quattro anni dalla data di entrata in vigore dell'ultimo dei regolamenti di cui al comma 3 possono essere adottate, con la medesima procedura di cui ai commi 3 e 4, le necessarie disposizioni integrative e correttive.

2. Disciplina della professione di avvocato. – 1. L'avvocato è un libero professionista che, in libertà, autonomia e indipendenza, svolge le attività di cui ai commi 5 e 6.

2. L'avvocato ha la funzione di garantire al cittadino l'effettività della tutela dei diritti.

3. L'iscrizione ad un albo circondariale è condizione per l'esercizio della professione di avvocato. Possono essere iscritti coloro che, in possesso del diploma di laurea in giurisprudenza conseguito a seguito di corso universitario di durata non inferiore a quattro anni, hanno superato l'esame di Stato di cui all'articolo 46, ovvero l'esame di abilitazione all'esercizio della professione di avvocato prima della data di entrata in vigore della presente legge. Possono essere altresì iscritti:

a) coloro che hanno svolto le funzioni di magistrato ordinario, di magistrato militare, di magistrato amministrativo o contabile, o di avvocato dello Stato, e che abbiano cessato le dette funzioni senza essere incorsi nel provvedimento disciplinare della censura o in provvedimenti disciplinari più gravi. L'iscritto, nei successivi due anni, non può esercitare la professione nei circondari nei quali ha svolto le proprie funzioni negli ultimi quattro anni antecedenti alla cessazione;

b) i professori universitari di ruolo, dopo cinque anni di insegnamento di materie giuridiche. L'avvocato può esercitare l'attività di difesa davanti a tutti gli organi giurisdizionali della Repubblica. Per esercitarla davanti alle giurisdizioni superiori deve essere iscritto all'albo speciale regolato dall'articolo 22. Restano iscritti agli albi circondariali coloro che, senza aver sostenuto l'esame di Stato, risultino iscritti alla data di entrata in vigore della presente legge.

4. L'avvocato, nell'esercizio della sua attività, è soggetto alla legge e alle regole deontologiche.

5. Sono attività esclusive dell'avvocato, fatti salvi i casi espressamente previsti dalla legge, l'assistenza, la rappresentanza e la difesa nei giudizi davanti a tutti gli organi giurisdizionali e nelle procedure arbitrali rituali.

6. Fuori dei casi in cui ricorrono competenze espressamente individuate relative a specifici settori del diritto e che sono previste dalla legge per gli esercenti altre professioni regolamentate, l'attività professionale di consulenza legale e di assistenza legale stragiudiziale, ove connessa all'attività giurisdizionale, se svolta in modo continuativo, sistematico e organizzato, è di competenza degli avvocati. È comunque consentita l'instaurazione di rapporti di lavoro subordinato ovvero la stipulazione di contratti di prestazione di opera continuativa e coordinata, aventi ad oggetto la consulenza e l'assistenza legale stragiudiziale, nell'esclusivo interesse del datore di lavoro o del soggetto in favore del quale l'opera viene prestata. Se il destinatario delle predette attività è costituito in forma di società, tali attività possono essere altresì svolte in favore dell'eventuale società controllante, controllata o collegata, ai sensi dell'articolo 2359 del codice civile. Se il destinatario è un'associazione o un ente esponenziale nelle diverse articolazioni, purché portatore di un interesse di rilievo sociale e riferibile ad un gruppo non occasionale, tali attività possono essere svolte esclusivamente nell'ambito delle rispettive competenze istituzionali e limitatamente all'interesse dei propri associati ed iscritti.

7. L'uso del titolo di avvocato spetta esclusivamente a coloro che siano o siano stati iscritti ad un albo circondariale, nonché agli avvocati dello Stato.

8. L'uso del titolo è vietato a chi sia stato radiato.

3. Doveri e deontologia. – 1. L'esercizio dell'attività di avvocato deve essere fondato sull'autonomia e sulla indipendenza dell'azione professionale e del giudizio intellettuale. L'avvocato ha obbligo, se chiamato, di prestare la difesa d'ufficio, in quanto iscritto nell'apposito elenco, e di assicurare il patrocinio in favore dei non abbienti.

2. La professione forense deve essere esercitata con indipendenza, lealtà, probità, dignità, decoro, diligenza e competenza, tenendo conto del rilievo sociale della difesa e rispettando i principi della corretta e leale concorrenza.

3. L'avvocato esercita la professione uniformandosi ai principi contenuti nel codice deontologico emanato dal CNF ai sensi degli articoli 35, comma 1, lettera *d*), e 65, comma 5. Il codice deontologico stabilisce le norme di comportamento che l'avvocato è tenuto ad osservare in via generale e, specificamente, nei suoi rapporti con il cliente, con la controparte, con altri avvocati e con altri professionisti. Il codice deontologico espressamente individua fra le norme in esso contenute quelle che, rispondendo alla tutela di un pubblico interesse al corretto esercizio della professione, hanno rilevanza disciplinare. Tali norme, per quanto possibile, devono essere caratterizzate dall'osservanza del principio della tipizzazione della condotta e devono contenere l'espressa indicazione della sanzione applicabile.

4. Il codice deontologico di cui al comma 3 e i suoi aggiornamenti sono pubblicati e resi accessibili a chiunque secondo disposizioni stabilite con decreto del Ministro della giustizia, adottato ai sensi dell'articolo 17, comma 3, della legge 23 agosto 1988, n. 400. Il codice deontologico entra in vigore decorsi sessanta giorni dalla data di pubblicazione nella *Gazzetta Ufficiale*.

4. Associazioni tra avvocati e multidisciplinari. – 1. La professione forense può essere esercitata individualmente o con la partecipazione ad associazioni tra avvocati. L'incarico professionale è tuttavia sempre conferito all'avvocato in via personale. La partecipazione ad un'associazione tra avvocati non può pregiudicare l'autonomia, la libertà e l'indipendenza intellettuale o di giudizio dell'avvocato nello svolgimento dell'incarico che gli è conferito. È nullo ogni patto contrario.

2. Allo scopo di assicurare al cliente prestazioni anche a carattere multidisciplinare, possono partecipare alle associazioni di cui al comma 1, oltre agli iscritti all'albo forense, anche altri liberi professionisti appartenenti alle categorie individuate con regolamento del Ministro della giustizia ai sensi dell'articolo 1, commi 3 e seguenti. La professione forense può essere altresì esercitata da un avvocato che partecipa ad associazioni costituite fra altri liberi professionisti.

3. Possono essere soci delle associazioni tra avvocati solo coloro che sono iscritti al relativo albo. Le associazioni tra avvocati sono iscritte in un elenco tenuto presso il consiglio dell'ordine nel cui circondario hanno sede, ai sensi dell'articolo 15, comma 1, lettera *l*). La sede dell'associazione è fissata nel circondario ove si trova il centro principale degli affari. [Gli associati hanno domicilio professionale nella sede della associazione] ([1]). L'attività professionale svolta dagli associati dà luogo agli obblighi e ai diritti previsti dalle disposizioni in materia previdenziale.

[4. L'avvocato può essere associato ad una sola associazione] ([2]).

5. Le associazioni tra professionisti possono indicare l'esercizio di attività proprie della professione forense fra quelle previste nel proprio oggetto sociale, oltre che in qualsiasi comunicazione a terzi, solo se tra gli associati vi è almeno un avvocato iscritto all'albo.

6. La violazione di quanto previsto al comma 5 ([3]) costituisce illecito disciplinare.

7. I redditi delle associazioni tra avvocati sono determinati secondo i criteri di cassa, come per i professionisti che esercitano la professione in modo individuale.

8. Gli avvocati e le associazioni di cui al presente articolo possono stipulare fra loro contratti di associazione in partecipazione ai sensi degli articoli 2549 e seguenti del codice civile.

9. L'associato è escluso se cancellato o sospeso dall'albo per un periodo non inferiore ad un anno con provvedimento disciplinare definitivo. Può essere escluso per effetto di quanto previsto dall'articolo 2286 del codice civile.

10. Le associazioni che hanno ad oggetto esclusivamente lo svolgimento di attività professionale non sono assoggettate alle procedure fallimentari e concorsuali.

([1]) *Questo periodo è stato soppresso dall'art. 1, comma 141, lett.* a), *n. 1), della L. 4 agosto 2017, n. 124.*

([2]) *Questo comma è stato abrogato dall'art. 1, comma 141, lett.* a), *n. 2), della L. 4 agosto 2017, n. 124.*

([3]) *Le parole: «ai commi 4 e 5» sono state così sostituite dalle attuali: «al comma 5» dall'art. 1, comma 141, lett.* a), *n. 3), della L. 4 agosto 2017, n. 124.*

4 *bis*. ([1]) **Esercizio della professione forense in forma societaria. –** 1. L'esercizio della professione forense in forma societaria è consentito a società di persone, a società di capitali o a società cooperative iscritte in un'apposita sezione speciale dell'albo tenuto dall'ordine territoriale nella cui circoscrizione ha sede la stessa società; presso tale sezione speciale è resa disponibile la documentazione analitica, per l'anno di riferimento, relativa alla compagine sociale. È vietata la partecipazione societaria tramite società fiduciarie, trust o per interposta persona. La violazione di tale previsione comporta di diritto l'esclusione del socio.

2. Nelle società di cui al comma 1:

a) i soci, per almeno due terzi del capitale sociale e dei diritti di voto, devono essere avvocati iscritti all'albo, ovvero avvocati iscritti all'albo e professionisti iscritti in albi di altre professioni; il venire meno di tale condizione costituisce causa di scioglimento della società e il consiglio dell'ordine presso il quale è iscritta la società procede alla cancellazione della stessa dall'albo, salvo che la società non abbia provveduto a ristabilire la prevalenza dei soci professionisti nel termine perentorio di sei mesi;

b) la maggioranza dei membri dell'organo di gestione deve essere composta da soci avvocati;

c) i componenti dell'organo di gestione non possono essere estranei alla compagine sociale; i soci professionisti possono rivestire la carica di amministratori.

3. Anche nel caso di esercizio della professione forense in forma societaria resta fermo il principio della personalità della prestazione professionale. L'incarico può essere svolto soltanto da soci professionisti in possesso dei requisiti necessari per lo svolgimento della specifica prestazione professionale richiesta dal cliente, i quali assicurano per tutta la durata dell'incarico la piena indipendenza e imparzialità, dichiarando possibili conflitti di interesse o incompatibilità, iniziali o sopravvenuti.

4. La responsabilità della società e quella dei soci non esclude la responsabilità del professionista che ha eseguito la specifica prestazione.

5. La sospensione, cancellazione o radiazione del socio dall'albo nel quale è iscritto costituisce causa di esclusione dalla società di cui al comma 1.

6. Le società di cui al comma 1 sono in ogni caso tenute al rispetto del codice deontologico forense e sono soggette alla competenza disciplinare dell'ordine di appartenenza.

6 *bis*. Le società di cui al comma 1, in qualunque forma costituite, sono tenute a prevedere e inserire nella loro denominazione sociale l'indicazione "società tra avvocati" nonché ad applicare la maggiorazione percentuale, relativa al contributo integrativo di cui all'articolo 11 della legge 20 settembre 1980, n. 576, su tutti i corrispettivi rientranti nel volume di affari ai fini dell'IVA; tale importo è riversato annualmente alla Cassa nazionale di previdenza e assistenza forense (2).

6 *ter*. La Cassa nazionale di previdenza e assistenza forense, con proprio regolamento da emanare entro un anno dalla data di entrata in vigore della presente disposizione, provvede a definire termini, modalità dichiarative e di riscossione, nonché eventuali sanzioni applicabili per garantire l'applicazione delle disposizioni del comma 6 bis. Il regolamento di cui al primo periodo è sottoposto ad approvazione ai sensi dell'articolo 3, comma 2, lettera a), del decreto legislativo 30 giugno 1994, n. 509 (2).

(1) *Questo articolo è stato inserito dall'art. 1, comma 141, lett.* b), *della L. 4 agosto 2017, n. 124.*

(2) *Questo comma è stato aggiunto dall'art. 1, comma 443, della L. 27 dicembre 2017, n. 205, a decorrere dal 1° gennaio 2018.*

5. (1) [**Delega al Governo per la disciplina dell'esercizio della professione forense in forma societaria.** – 1. Il Governo è delegato ad adottare, entro sei mesi dalla data di entrata in vigore della presente legge, un decreto legislativo per disciplinare, tenuto conto di quanto previsto dall'articolo 10 della legge 12 novembre 2011, n. 183, e in considerazione della rilevanza costituzionale del diritto di difesa, le società tra avvocati. Il decreto legislativo è adottato su proposta del Ministro della giustizia, sentito il CNF, e successivamente trasmesso alle Camere perché sia espresso il parere da parte delle Commissioni competenti per materia e per le conseguenze di carattere finanziario. Il parere è reso entro il termine di trenta giorni dalla data di trasmissione, decorso il quale il decreto è emanato anche in mancanza del parere. Qualora detto termine venga a scadere nei trenta giorni antecedenti allo spirare del termine previsto per l'emanazione del decreto legislativo, o successivamente, la scadenza di quest'ultimo è prorogata di trenta giorni. Entro un anno dalla data di entrata in vigore del decreto legislativo, il Governo può emanare disposizioni correttive e integrative, con lo stesso procedimento e in base ai medesimi principi e criteri direttivi previsti per l'emanazione dell'originario decreto.

2. Nell'esercizio della delega di cui al comma 1 il Governo si attiene ai seguenti principi e criteri direttivi:

a) prevedere che l'esercizio della professione forense in forma societaria sia consentito esclusivamente a società di persone, società di capitali o società cooperative, i cui soci siano avvocati iscritti all'albo;

b) prevedere che ciascun avvocato possa far parte di una sola società di cui alla lettera a);

c) prevedere che la denominazione o ragione sociale contenga l'indicazione: «società tra avvocati»;

d) disciplinare l'organo di gestione della società tra avvocati prevedendo che i suoi componenti non possano essere estranei alla compagine sociale;

e) stabilire che l'incarico professionale, conferito alla società ed eseguito secondo il principio della personalità della prestazione professionale, possa essere svolto soltanto da soci professionisti in possesso dei requisiti necessari per lo svolgimento della specifica prestazione professionale richiesta dal cliente;

f) prevedere che la responsabilità della società e quella dei soci non escludano la responsabilità del professionista che ha eseguito la prestazione;

g) prevedere che la società tra avvocati sia iscritta in una apposita sezione speciale dell'albo tenuto dall'ordine territoriale nella cui circoscrizione ha sede la stessa società;

h) regolare la responsabilità disciplinare della società tra avvocati, stabilendo che essa è tenuta al rispetto del codice deontologico forense ed è soggetta alla competenza disciplinare dell'ordine di appartenenza;

i) stabilire che la sospensione, cancellazione o radiazione del socio dall'albo nel quale è iscritto costituisce causa di esclusione dalla società;

l) qualificare i redditi prodotti dalla società tra avvocati quali redditi di lavoro autonomo anche ai fini previdenziali, ai sensi del capo V del titolo I del testo unico delle imposte sui redditi, di cui al decreto del Presidente della Repubblica 22 dicembre 1986, n. 917, e successive modificazioni;

m) stabilire che l'esercizio della professione forense in forma societaria non costituisce attività d'impresa e che, conseguentemente, la società tra avvocati non è soggetta al fallimento e alle procedure concorsuali diverse da quelle di composizione delle crisi da sovraindebitamento;

n) prevedere che alla società tra avvocati si applichino, in quanto compatibili, le disposizioni sull'esercizio della professione di avvocato in forma societaria di cui al decreto legislativo 2 febbraio 2001, n. 96.

3. Dall'esercizio della delega di cui al comma 1 non devono derivare nuovi o maggiori oneri a carico della finanza pubblica].

(¹) *Questo articolo è stato abrogato dall'art. 1, comma 141, lett.* c), *della L. 4 agosto 2017, n. 124.*

6. Segreto professionale. – 1. L'avvocato è tenuto verso terzi, nell'interesse della parte assistita, alla rigorosa osservanza del segreto professionale e del massimo riserbo sui fatti e sulle circostanze apprese nell'attività di rappresentanza e assistenza in giudizio, nonché nello svolgimento dell'attività di consulenza legale e di assistenza stragiudiziale.

2. Le disposizioni di cui al comma 1 si applicano anche nei confronti dei dipendenti e dei collaboratori anche occasionali dell'avvocato, oltre che di coloro che svolgono il tirocinio presso lo stesso, in relazione ai fatti e alle circostanze da loro apprese nella loro qualità o per effetto dell'attività svolta. L'avvocato è tenuto ad adoperarsi affinché anche da tali soggetti siano osservati gli obblighi di segretezza e di riserbo sopra previsti.

3. L'avvocato, i suoi collaboratori e i dipendenti non possono essere obbligati a deporre nei procedimenti e nei giudizi di qualunque specie su ciò di cui siano venuti a conoscenza nell'esercizio della professione o dell'attività di collaborazione o in virtù del rapporto di dipendenza, salvi i casi previsti dalla legge.

4. La violazione degli obblighi di cui al comma 1 costituisce illecito disciplinare. La violazione degli obblighi di cui al comma 2 costituisce giusta causa per l'immediato scioglimento del rapporto di collaborazione o di dipendenza.

7. Prescrizioni per il domicilio. – 1. L'avvocato deve iscriversi nell'albo del circondario del tribunale ove ha domicilio professionale, di regola coincidente con il luogo in cui svolge la professione in modo prevalente, come da attestazione scritta da inserire nel fascicolo personale e da cui deve anche risultare se sussistano rapporti di parentela, coniugio, affinità e convivenza con magistrati, rilevanti in relazione a quanto previsto dall'articolo 18 dell'ordinamento giudiziario, di cui al regio decreto 30 gennaio 1941, n. 12, e successive modificazioni. Ogni variazione deve essere tempestivamente comunicata dall'iscritto all'ordine, che ne rilascia apposita attestazione. In mancanza, ogni comunicazione del consiglio dell'ordine di appartenenza si intende validamente effettuata presso l'ultimo domicilio comunicato.

2. Gli ordini professionali presso cui i singoli avvocati sono iscritti pubblicano in apposito elenco, consultabile dalle pubbliche amministrazioni, gli indirizzi di posta elettronica comunicati dagli iscritti ai sensi dell'articolo 16, comma 7, del decreto legge 29 novembre 2008, n. 185, convertito, con modificazioni, dalla legge 28 gennaio 2009, n. 2, anche al fine di consentire notifiche di atti e comunicazioni per via telematica da parte degli uffici giudiziari.

3. L'avvocato che stabilisca uffici al di fuori del circondario del tribunale ove ha domicilio professionale ne dà immediata comunicazione scritta sia all'ordine di iscrizione, sia all'ordine del luogo ove si trova l'ufficio.

4. Presso ogni ordine è tenuto un elenco degli avvocati iscritti in altri albi che abbiano ufficio nel circondario ove ha sede l'ordine.

5. Gli avvocati italiani, che esercitano la professione all'estero e che ivi hanno la loro residenza, mantengono l'iscrizione nell'albo del circondario del tribunale ove avevano l'ultimo domicilio in Italia. Resta fermo per gli avvocati di cui al presente comma l'obbligo del contributo annuale per l'iscrizione all'albo.

6. La violazione degli obblighi di cui ai commi 1 e 3 costituisce illecito disciplinare.

8. Impegno solenne. – 1. Per poter esercitare la professione, l'avvocato assume dinanzi al consiglio dell'ordine in pubblica seduta l'impegno di osservare i relativi doveri, secondo la formula: «Consapevole della dignità della professione forense e della sua funzione sociale, mi impegno ad osservare con lealtà, onore e diligenza i doveri della professione di avvocato per i fini della giustizia ed a tutela dell'assistito nelle forme e secondo i principi del nostro ordinamento».

9. Specializzazioni. – 1. È riconosciuta agli avvocati la possibilità di ottenere e indicare il titolo di specialista secondo modalità che sono stabilite, nel rispetto delle previsioni del presente articolo, con regolamento adottato dal Ministro della giustizia previo parere del CNF, ai sensi dell'articolo 1.

2. Il titolo di specialista si può conseguire all'esito positivo di percorsi formativi almeno biennali o per comprovata esperienza nel settore di specializzazione.

3. I percorsi formativi, le cui modalità di svolgimento sono stabilite dal regolamento di cui al comma 1, sono organizzati presso le facoltà di giurisprudenza, con le quali il CNF e i consigli degli ordini territoriali possono stipulare convenzioni per corsi di alta formazione per il conseguimento del titolo di specialista. All'attuazione del presente comma le università provvedono nell'ambito delle risorse disponibili a legislazione vigente e, comunque, senza nuovi o maggiori oneri per la finanza pubblica.

4. Il conseguimento del titolo di specialista per comprovata esperienza professionale maturata nel settore oggetto di specializzazione è riservato agli avvocati che abbiano maturato un'anzianità di iscrizione all'albo degli avvocati, ininterrottamente e senza sospensioni, di almeno otto anni e che dimostrino di avere esercitato in modo assiduo, prevalente e continuativo attività professionale in uno dei settori di specializzazione negli ultimi cinque anni.

5. L'attribuzione del titolo di specialista sulla base della valutazione della partecipazione ai corsi relativi ai percorsi formativi nonché dei titoli ai fini della valutazione della comprovata esperienza professionale spetta in via esclusiva al CNF. Il regolamento di cui al comma 1 stabilisce i parametri e i criteri sulla base dei quali valutare l'esercizio assiduo, prevalente e continuativo di attività professionale in uno dei settori di specializzazione.

6. Il titolo di specialista può essere revocato esclusivamente dal CNF nei casi previsti dal regolamento di cui al comma 1.

7. Il conseguimento del titolo di specialista non comporta riserva di attività professionale.

8. Gli avvocati docenti universitari di ruolo in materie giuridiche e coloro che, alla data di entrata in vigore della presente legge, abbiano conseguito titoli specialistici universitari possono indicare il relativo titolo con le opportune specificazioni.

10. Informazioni sull'esercizio della professione. – 1. È consentita all'avvocato la pubblicità informativa sulla propria attività professionale, sull'organizzazione e struttura dello studio e sulle eventuali specializzazioni e titoli scientifici e professionali posseduti.

2. La pubblicità e tutte le informazioni diffuse pubblicamente con qualunque mezzo, anche informatico, debbono essere trasparenti, veritiere, corrette e non devono essere comparative con altri professionisti, equivoche, ingannevoli, denigratorie o suggestive.

3. In ogni caso le informazioni offerte devono fare riferimento alla natura e ai limiti dell'obbligazione professionale.

4. L'inosservanza delle disposizioni del presente articolo costituisce illecito disciplinare.

11. Formazione continua. – 1. L'avvocato ha l'obbligo di curare il continuo e costante aggiornamento della propria competenza professionale al fine di assicurare la qualità delle prestazioni professionali e di contribuire al migliore esercizio della professione nell'interesse dei clienti e dell'amministrazione della giustizia.

2. Sono esentati dall'obbligo di cui al comma 1: gli avvocati sospesi dall'esercizio professionale, ai sensi dell'articolo 20, comma 1, per il periodo del loro mandato; gli avvocati dopo venticinque anni di iscrizione all'albo o dopo il compimento del sessantesimo anno di età; i componenti di organi con funzioni legislative e i componenti del Parlamento europeo; i docenti e i ricercatori confermati delle università in materie giuridiche.

3. Il CNF stabilisce le modalità e le condizioni per l'assolvimento dell'obbligo di aggiornamento da parte degli iscritti e per la gestione e l'organizzazione dell'attività di aggiornamento a cura degli ordini territoriali, delle associazioni forensi e di terzi, superando l'attuale sistema dei crediti formativi.

4. L'attività di formazione svolta dagli ordini territoriali, anche in cooperazione o convenzione con altri soggetti, non costituisce attività commerciale e non può avere fini di lucro.

5. Le regioni, nell'ambito delle potestà ad esse attribuite dall'articolo 117 della Costituzione, possono disciplinare l'attribuzione di fondi per l'organizzazione di scuole, corsi ed eventi di formazione professionale per avvocati.

12. Assicurazione per la responsabilità civile e assicurazione contro gli infortuni. – 1. L'avvocato, l'associazione o la società fra professionisti devono stipulare, autonomamente o anche per il tramite di convenzioni sottoscritte dal CNF, da ordini territoriali, associazioni ed enti previdenziali forensi, polizza assicurativa a copertura della responsabilità civile derivante dall'esercizio della professione, compresa quella per la custodia di documenti, somme di denaro, titoli e valori ricevuti in deposito dai clienti. L'avvocato rende noti al cliente gli estremi della propria polizza assicurativa.

2. All'avvocato, all'associazione o alla società tra professionisti è fatto obbligo di stipulare, anche per il tramite delle associazioni e degli enti previdenziali forensi, apposita polizza a copertura degli infortuni derivanti [a sé e] ([1]) ai propri collaboratori, dipendenti e praticanti in conseguenza dell'attività svolta nell'esercizio della professione anche fuori dei locali dello studio legale, anche in qualità di sostituto o di collaboratore esterno occasionale.

3. Degli estremi delle polizze assicurative e di ogni loro successiva variazione è data comunicazione al consiglio dell'ordine.

4. La mancata osservanza delle disposizioni previste nel presente articolo costituisce illecito disciplinare.

5. Le condizioni essenziali e i massimali minimi delle polizze sono stabiliti e aggiornati ogni cinque anni dal Ministro della giustizia, sentito il CNF.

([1]) *Le parole fra parentesi quadrate sono state soppresse dall'art. 19* novies *del D.L. 16 ottobre 2017, n. 148, convertito, con modificazioni, nella L. 4 dicembre 2017, n. 172.*

13. Conferimento dell'incarico e compenso. – 1. L'avvocato può esercitare l'incarico professionale anche a proprio favore. L'incarico può essere svolto a titolo gratuito.

2. Il compenso spettante al professionista è pattuito di regola per iscritto all'atto del conferimento dell'incarico professionale.

3. La pattuizione dei compensi è libera: è ammessa la pattuizione a tempo, in misura forfetaria, per convenzione avente ad oggetto uno o più affari, in base all'assolvimento e ai tempi di erogazione della prestazione, per singole fasi o prestazioni o per l'intera attività, a percentuale sul valore dell'affare o su quanto si prevede possa giovarsene, non soltanto a livello strettamente patrimoniale, il destinatario della prestazione.

4. Sono vietati i patti con i quali l'avvocato percepisca come compenso in tutto o in parte una quota del bene oggetto della prestazione o della ragione litigiosa.

5. Il professionista è tenuto, nel rispetto del principio di trasparenza, a rendere noto al cliente il livello della complessità dell'incarico, fornendo tutte le informazioni utili circa gli oneri ipotizzabili dal momento del conferimento alla conclusione dell'incarico; [a richiesta] ([1]) è altresì tenuto a comunicare in forma scritta a colui che conferisce l'incarico professionale la prevedibile misura del costo della prestazione, distinguendo fra oneri, spese, anche forfetarie, e compenso professionale.

6. I parametri indicati nel decreto emanato dal Ministro della giustizia, su proposta del CNF, ogni due anni, ai sensi dell'articolo 1, comma 3, si applicano quando all'atto dell'incarico o successivamente il compenso non sia stato determinato in forma scritta, in ogni caso di mancata determinazione consensuale, in caso di liquidazione giudiziale dei compensi e nei casi in cui la prestazione professionale è resa nell'interesse di terzi o per prestazioni officiose previste dalla legge.

7. I parametri sono formulati in modo da favorire la trasparenza nella determinazione dei compensi dovuti per le prestazioni professionali e l'unitarietà e la semplicità nella determinazione dei compensi.

8. Quando una controversia oggetto di procedimento giudiziale o arbitrale viene definita mediante accordi presi in qualsiasi forma, le parti sono solidalmente tenute al pagamento dei compensi e dei rimborsi delle spese a tutti gli avvocati costituiti che hanno prestato la loro attività professionale negli ultimi tre anni e che risultino ancora creditori, salvo espressa rinuncia al beneficio della solidarietà.

9. In mancanza di accordo tra avvocato e cliente, ciascuno di essi può rivolgersi al consiglio dell'ordine affinché esperisca un tentativo di conciliazione. In mancanza di accordo il consiglio, su richiesta dell'iscritto, può rilasciare un parere sulla congruità della pretesa dell'avvocato in relazione all'opera prestata.

10. Oltre al compenso per la prestazione professionale, all'avvocato è dovuta, sia dal cliente in caso di determinazione contrattuale, sia in sede di liquidazione giudiziale, oltre al rimborso delle spese effettivamente sostenute e di tutti gli oneri e contributi eventualmente anticipati nell'interesse del cliente, una somma per il rimborso delle spese forfetarie, la cui misura massima è determinata dal decreto di cui al comma 6, unitamente ai criteri di determinazione e documentazione delle spese vive.

([1]) *Le parole fra parentesi quadrate sono state soppresse dall'art. 1, comma 141, lett.* d), *della L. 4 agosto 2017, n. 124.*

13 *bis*. ([1]) Equo compenso e clausole vessatorie. – 1. Il compenso degli avvocati iscritti all'albo, nei rapporti professionali regolati da convenzioni aventi ad oggetto lo svolgimento, anche in forma associata o societaria, delle attività di cui all'articolo 2, commi 5 e 6, primo periodo, in favore di imprese bancarie e assicurative, nonché di imprese non rientranti nelle categorie delle microimprese o delle piccole o medie imprese, come definite nella raccomandazione 2003/361CE della Commissione, del 6 maggio 2003, è disciplinato dalle disposizioni del presente articolo, con riferimento ai casi in cui le convenzioni sono unilateralmente predisposte dalle predette imprese.

2. Ai fini del presente articolo, si considera equo il compenso determinato nelle convenzioni di cui al comma 1 quando risulta proporzionato alla quantità e alla qualità del lavoro svolto, nonché al contenuto e alle caratteristiche della prestazione legale, e conforme ai ([2]) parametri previsti dal regolamento di cui al decreto del Ministro della giustizia adottato ai sensi dell'articolo 13, comma 6.

3. Le convenzioni di cui al comma 1 si presumono unilateralmente predisposte dalle imprese di cui al medesimo comma salva prova contraria.

4. Ai fini del presente articolo si considerano vessatorie le clausole contenute nelle convenzioni di cui al comma 1 che determinano, anche in ragione della non equità del compenso pattuito, un significativo squilibrio contrattuale a carico dell'avvocato.

5. In particolare si considerano vessatorie [, salvo che siano state oggetto di specifica trattativa e approvazione,] ([3]) le clausole che consistono:

a) nella riserva al cliente della facoltà di modificare unilateralmente le condizioni del contratto;

b) nell'attribuzione al cliente della facoltà di rifiutare la stipulazione in forma scritta degli elementi essenziali del contratto;

c) nell'attribuzione al cliente della facoltà di pretendere prestazioni aggiuntive che l'avvocato deve eseguire a titolo gratuito;

d) nell'anticipazione delle spese della controversia a carico dell'avvocato;

e) nella previsione di clausole che impongono all'avvocato la rinuncia al rimborso delle spese direttamente connesse alla prestazione dell'attività professionale oggetto della convenzione;

f) nella previsione di termini di pagamento superiori a sessanta giorni dalla data di ricevimento da parte del cliente della fattura o di una richiesta di pagamento di contenuto equivalente;

g) nella previsione che, in ipotesi di liquidazione delle spese di lite in favore del cliente, all'avvocato sia riconosciuto solo il minore importo previsto nella convenzione, anche nel caso in cui le spese liquidate siano state interamente o parzialmente corrisposte o recuperate dalla parte;

h) nella previsione che, in ipotesi di nuova convenzione sostitutiva di altra precedentemente stipulata con il medesimo cliente, la nuova disciplina sui compensi si applichi, se comporta compensi inferiori a quelli previsti nella precedente convenzione, anche agli incarichi pendenti o, comunque, non ancora definiti o fatturati;

i) nella previsione che il compenso pattuito per l'assistenza e la consulenza in materia contrattuale spetti soltanto in caso di sottoscrizione del contratto.

6. Le clausole di cui al comma 5, lettere *a*), *b*), *c*), *d*), *e*), *g*), *h*) e *i*) ([4]), si considerano vessatorie [anche qualora siano state oggetto di trattativa e approvazione] ([5]).

7. Non costituiscono prova della specifica trattativa ed approvazione di cui al comma 5 le dichiarazioni contenute nelle convenzioni che attestano genericamente l'avvenuto svolgimento delle trattative senza specifica indicazione delle modalità con le quali le medesime sono state svolte.

8. Le clausole considerate vessatorie ai sensi dei commi 4, 5 e 6 sono nulle, mentre il contratto rimane valido per il resto. La nullità opera soltanto a vantaggio dell'avvocato.

[9. L'azione diretta alla dichiarazione della nullità di una o più clausole delle convenzioni di cui al comma 1 è proposta, a pena di decadenza, entro ventiquattro mesi dalla data di sottoscrizione delle convenzioni medesime] ([6]).

10. Il giudice, accertate la non equità del compenso e la vessatorietà di una clausola a norma dei commi 4, 5 e 6 del presente articolo, dichiara la nullità della clausola e determina il compenso dell'avvocato tenendo conto dei parametri previsti dal regolamento di cui al decreto del Ministro della giustizia adottato ai sensi dell'articolo 13, comma 6.

11. Per quanto non previsto dal presente articolo, alle convenzioni di cui al comma 1 si applicano le disposizioni del codice civile.

([1]) *Questo articolo è stato inserito dall'art. 19* quaterdecies *del D.L. 16 ottobre 2017, n. 148, convertito, con modificazioni, nella L. 4 dicembre 2017, n. 172. A norma dell'art. 19* quaterdecies, *comma 2, del medesimo decreto, tali disposizioni si applicano, in quanto compatibili, anche alle prestazioni rese dai professionisti di cui all'articolo 1 della legge 22 maggio 2017, n. 81, anche iscritti agli ordini e collegi, i cui parametri ai fini di cui al comma 10 del predetto articolo 13* bis *sono definiti dai decreti ministeriali adottati ai sensi dell'articolo 9 del decreto legge 24 gennaio 2012, n. 1, convertito, con modificazioni, dalla legge 24 marzo 2012, n. 27.*

([2]) *Le parole: «tenuto conto dei» sono state così sostituite dalle attuali: «e conforme ai» dall'art. 1, comma 487, lett.* a), *della L. 27 dicembre 2017, n. 205, a decorrere dal 1° gennaio 2018.*

([3]) *Le parole fra parentesi quadrate sono state soppresse dall'art. 1, comma 487, lett.* b), *della L. 27 dicembre 2017, n. 205, a decorrere dal 1° gennaio 2018.*

([4]) *Le parole: «lettere* a) *e* c)*» sono state così sostituite dalle attuali: «lettere* a), b), c), d), e), g), h) *e* i)*» dall'art. 1, comma 487, lett.* c), *n. 1), della L. 27 dicembre 2017, n. 205, a decorrere dal 1° gennaio 2018.*

([5]) *Le parole fra parentesi quadrate sono state soppresse dall'art. 1, comma 487, lett.* c), *n. 2), della L. 27 dicembre 2017, n. 205, a decorrere dal 1° gennaio 2018.*

([6]) *Questo comma è stato abrogato dall'art. 1, comma 487, lett.* d), *della L. 27 dicembre 2017, n. 205, a decorrere dal 1° gennaio 2018.*

14. Mandato professionale. Sostituzioni e collaborazioni. – 1. Salvo quanto stabilito per le difese d'ufficio ed il patrocinio dei meno abbienti, l'avvocato ha piena libertà di accettare o meno ogni incarico. Il mandato professionale si perfeziona con l'accettazione. L'avvocato ha inoltre sempre la facoltà di recedere dal mandato, con le cautele necessarie per evitare pregiudizi al cliente.

2. L'incarico per lo svolgimento di attività professionale è personale anche nell'ipotesi in cui sia conferito all'avvocato componente di un'associazione o società professionale. Con l'accettazione dell'incarico l'avvocato ne assume la responsabilità personale illimitata, solidalmente con l'associazione o la società. Gli avvocati possono farsi sostituire da altro avvocato, con incarico anche verbale, o da un praticante abilitato, con delega scritta.

3. L'avvocato che si fa sostituire o coadiuvare da altri avvocati o praticanti rimane personalmente responsabile verso i clienti.

4. L'avvocato può nominare stabilmente uno o più sostituti presso ogni ufficio giudiziario, depositando la nomina presso l'ordine di appartenenza.

Titolo II
Albi, elenchi e registri

15. Albi, elenchi e registri. – 1. Presso ciascun consiglio dell'ordine sono istituiti e tenuti aggiornati:

a) l'albo ordinario degli esercenti la libera professione. Per coloro che esercitano la professione in forma collettiva sono indicate le associazioni o le società di appartenenza;

b) gli elenchi speciali degli avvocati dipendenti da enti pubblici;

c) gli elenchi degli avvocati specialisti;

d) l'elenco speciale dei docenti e ricercatori, universitari e di istituzioni ed enti di ricerca e sperimentazione pubblici, a tempo pieno;

e) l'elenco degli avvocati sospesi dall'esercizio professionale per qualsiasi causa, che deve essere indicata, ed inoltre degli avvocati cancellati per mancanza dell'esercizio effettivo, continuativo, abituale e prevalente della professione;

f) l'elenco degli avvocati che hanno subito provvedimento disciplinare non più impugnabile, comportante la radiazione;

g) il registro dei praticanti;

h) l'elenco dei praticanti abilitati al patrocinio sostitutivo, allegato al registro di cui alla lettera g);

i) la sezione speciale dell'albo degli avvocati stabiliti, di cui all'articolo 6 del decreto legislativo 2 febbraio 2001, n. 96, che abbiano la residenza o il domicilio professionale nel circondario;

l) l'elenco delle associazioni e delle società comprendenti avvocati tra i soci, con l'indicazione di tutti i partecipanti, anche se non avvocati;

m) l'elenco degli avvocati domiciliati nel circondario ai sensi del comma 3 dell'articolo 7;

n) ogni altro albo, registro o elenco previsto dalla legge o da regolamento.

2. La tenuta e l'aggiornamento dell'albo, degli elenchi e dei registri, le modalità di iscrizione e di trasferimento, i casi di cancellazione e le relative impugnazioni dei provvedimenti adottati in materia dai consigli dell'ordine sono disciplinati con un regolamento emanato dal Ministro della giustizia, sentito il CNF.

3. L'albo, gli elenchi ed i registri sono a disposizione del pubblico e sono pubblicati nel sito internet dell'ordine. Almeno ogni due anni, essi sono pubblicati a stampa ed una copia è inviata al Ministro della giustizia, ai presidenti di tutte le corti di appello, ai presidenti dei tribunali del distretto, ai procuratori della Repubblica presso i tribunali e ai procuratori generali della Repubblica presso le corti di appello, al CNF, agli altri consigli degli ordini forensi del distretto, alla Cassa nazionale di previdenza e assistenza forense.

4. Entro il mese di marzo di ogni anno il consiglio dell'ordine trasmette per via telematica al CNF gli albi e gli elenchi di cui è custode, aggiornati al 31 dicembre dell'anno precedente.

5. Entro il mese di giugno di ogni anno il CNF redige, sulla base dei dati ricevuti dai consigli dell'ordine, l'elenco nazionale degli avvocati, aggiornato al 31 dicembre dell'anno precedente.

6. Le modalità di trasmissione degli albi e degli elenchi, nonché le modalità di redazione e pubblicazione dell'elenco nazionale degli avvocati sono determinate dal CNF.

16. Delega al Governo per il riordino della disciplina della difesa d'ufficio. – 1. Il Governo è delegato ad adottare, entro ventiquattro mesi dalla data di entrata in vigore della presente legge, sentito il CNF, un decreto legislativo recante il riordino della materia relativa alla difesa d'ufficio, in base ai seguenti principi e criteri direttivi:

a) previsione dei criteri e delle modalità di accesso ad una lista unica, mediante indicazione dei requisiti che assicurino la stabilità e la competenza della difesa tecnica d'ufficio;

b) abrogazione delle norme vigenti incompatibili.

2. Lo schema del decreto legislativo di cui al comma 1 è trasmesso alle Camere per l'acquisizione del parere delle competenti Commissioni parlamentari, che si esprimono entro trenta giorni dall'assegnazione.

17. Iscrizione e cancellazione. – 1. Costituiscono requisiti per l'iscrizione all'albo:

a) essere cittadino italiano o di Stato appartenente all'Unione europea, salvo quanto previsto dal comma 2 per gli stranieri cittadini di uno Stato non appartenente all'Unione europea;

b) avere superato l'esame di abilitazione;

c) avere il domicilio professionale nel circondario del tribunale ove ha sede il consiglio dell'ordine;

d) godere del pieno esercizio dei diritti civili;

e) non trovarsi in una delle condizioni di incompatibilità di cui all'articolo 18;

f) non essere sottoposto ad esecuzione di pene detentive, di misure cautelari o interdittive;

g) non avere riportato condanne per i reati di cui all'articolo 51, comma 3 *bis*, del codice di procedura penale e per quelli previsti dagli articoli 372, 373, 374, 374 *bis*, 377, 377 *bis*, 380 e 381 del codice penale;

h) essere di condotta irreprensibile secondo i canoni previsti dal codice deontologico forense.

2. L'iscrizione all'albo per gli stranieri privi della cittadinanza italiana o della cittadinanza di altro Stato appartenente all'Unione europea è consentita esclusivamente nelle seguenti ipotesi:

a) allo straniero che ha conseguito il diploma di laurea in giurisprudenza presso un'università italiana e ha superato l'esame di Stato, o che ha conseguito il titolo di avvocato in uno Stato membro dell'Unione europea ai sensi della direttiva 98/5/CE del Parlamento europeo e del Consiglio, del 16 febbraio 1998, previa documentazione al consiglio dell'ordine degli specifici visti di ingresso e permessi di soggiorno di cui all'articolo 47 del regolamento di cui al decreto del Presidente della Repubblica 31 agosto 1999, n. 394;

b) allo straniero regolarmente soggiornante in possesso di un titolo abilitante conseguito in uno Stato non appartenente all'Unione europea, nei limiti delle quote definite a norma dell'articolo 3, comma 4, del testo unico di cui al decreto legislativo 25 luglio 1998, n. 286, previa documentazione del riconoscimento del titolo abilitativo rilasciato dal Ministero della giustizia e del certificato del CNF di attestazione di superamento della prova attitudinale.

3. L'accertamento dei requisiti è compiuto dal consiglio dell'ordine, osservate le norme dei procedimenti disciplinari, in quanto applicabili.

4. Per l'iscrizione nel registro dei praticanti occorre il possesso dei requisiti di cui alle lettere *a*), *c*), *d*), *e*), *f*), *g*) e *h*) del comma 1.

5. È consentita l'iscrizione ad un solo albo circondariale salva la possibilità di trasferimento.

6. La domanda di iscrizione è rivolta al consiglio dell'ordine del circondario nel quale il richiedente intende stabilire il proprio domicilio professionale e deve essere corredata dai documenti comprovanti il possesso di tutti i requisiti richiesti.

7. Il consiglio, accertata la sussistenza dei requisiti e delle condizioni prescritti, provvede alla iscrizione entro il termine di trenta giorni dalla presentazione della domanda. Il rigetto della domanda può essere deliberato solo dopo aver sentito il richiedente nei modi e nei termini di cui al comma 12. La deliberazione deve essere motivata ed è notificata in copia integrale entro quindici giorni all'interessato. Costui può presentare entro venti giorni dalla notificazione ricorso al CNF. Qualora il consiglio non abbia provveduto sulla domanda nel termine di trenta giorni di cui al primo periodo, l'interessato può entro dieci giorni dalla scadenza di tale termine presentare ricorso al CNF, che decide sul merito dell'iscrizione. Il provvedimento del CNF è immediatamente esecutivo.

8. Gli iscritti ad albi, elenchi e registri devono comunicare al consiglio dell'ordine ogni variazione dei dati di iscrizione con la massima sollecitudine.

9. La cancellazione dagli albi, elenchi e registri è pronunciata dal consiglio dell'ordine a richiesta dell'iscritto, quando questi rinunci all'iscrizione,

ovvero d'ufficio o su richiesta del procuratore generale:

a) quando viene meno uno dei requisiti indicati nel presente articolo;

b) quando l'iscritto non abbia prestato l'impegno solenne di cui all'articolo 8 senza giustificato motivo entro sessanta giorni dalla notificazione del provvedimento di iscrizione;

c) quando viene accertata la mancanza del requisito dell'esercizio effettivo, continuativo, abituale e prevalente della professione ai sensi dell'articolo 21;

d) per gli avvocati dipendenti di enti pubblici, di cui all'articolo 23, quando sia cessata l'appartenenza all'ufficio legale dell'ente, salva la possibilità di iscrizione all'albo ordinario, sulla base di apposita richiesta.

10. La cancellazione dal registro dei praticanti e dall'elenco allegato dei praticanti abilitati al patrocinio sostitutivo è deliberata, osservata la procedura prevista nei commi 12, 13 e 14, nei casi seguenti:

a) se il tirocinio è stato interrotto senza giustificato motivo per oltre sei mesi. L'interruzione è in ogni caso giustificata per accertati motivi di salute e quando ricorrono le condizioni per l'applicazione delle disposizioni in materia di maternità e di paternità oltre che di adozione;

b) dopo il rilascio del certificato di compiuta pratica, che non può essere richiesto trascorsi sei anni dall'inizio, per la prima volta, della pratica. L'iscrizione può tuttavia permanere per tutto il tempo per cui è stata chiesta o poteva essere chiesta l'abilitazione al patrocinio sostitutivo;

c) nei casi previsti per la cancellazione dall'albo ordinario, in quanto compatibili.

11. Gli effetti della cancellazione dal registro si hanno:

a) dalla data della delibera, per i casi di cui al comma 10;

b) automaticamente, alla scadenza del termine per l'abilitazione al patrocinio sostitutivo.

12. Nei casi in cui sia rilevata la mancanza di uno dei requisiti necessari per l'iscrizione, il consiglio, prima di deliberare la cancellazione, con lettera raccomandata con avviso di ricevimento invita l'iscritto a presentare eventuali osservazioni entro un termine non inferiore a trenta giorni dal ricevimento di tale raccomandata. L'iscritto può chiedere di essere ascoltato personalmente.

13. Le deliberazioni del consiglio dell'ordine in materia di cancellazione sono notificate, entro quindici giorni, all'interessato.

14. L'interessato può presentare ricorso al CNF nel termine di sessanta giorni dalla notificazione. Il ricorso proposto dall'interessato ha effetto sospensivo.

15. L'avvocato cancellato dall'albo ai sensi del presente articolo ha il diritto di esservi nuovamente iscritto qualora dimostri la cessazione dei fatti che hanno determinato la cancellazione e l'effettiva sussistenza dei titoli in base ai quali fu originariamente iscritto e sia in possesso dei requisiti di cui alle lettere da *b*) a *g*) del comma 1. Per le reiscrizioni sono applicabili le disposizioni dei commi da 1 a 7.

16. Non si può pronunciare la cancellazione quando sia in corso un procedimento disciplinare, salvo quanto previsto dall'articolo 58.

17. L'avvocato riammesso nell'albo ai termini del comma 15 è anche reiscritto nell'albo speciale di cui all'articolo 22 se ne sia stato cancellato in seguito alla cancellazione dall'albo ordinario.

18. Qualora il consiglio abbia rigettato la domanda oppure abbia disposto per qualsiasi motivo la cancellazione, l'interessato può proporre ricorso al CNF ai sensi dell'articolo 61. Il ricorso contro la cancellazione ha effetto sospensivo e il CNF può provvedere in via sostitutiva.

19. Divenuta esecutiva la pronuncia, il consiglio dell'ordine comunica immediatamente al CNF e a tutti i consigli degli ordini territoriali la cancellazione.

18. Incompatibilità. – 1. La professione di avvocato è incompatibile:

a) con qualsiasi altra attività di lavoro autonomo svolta continuativamente o professionalmente, escluse quelle di carattere scientifico, letterario, artistico e culturale, e con l'esercizio dell'attività di notaio. È consentita l'iscrizione nell'albo dei dottori commercialisti e degli esperti contabili, nell'elenco dei pubblicisti e nel registro dei revisori contabili o nell'albo dei consulenti del lavoro;

b) con l'esercizio di qualsiasi attività di impresa commerciale svolta in nome proprio o in nome o per conto altrui. È fatta salva la possibilità di assumere incarichi di gestione e vigilanza nelle procedure concorsuali o in altre procedure relative a crisi di impresa;

c) con la qualità di socio illimitatamente responsabile o di amministratore di società di persone, aventi quale finalità l'esercizio di attività di impresa commerciale, in qualunque forma costituite, nonché con la qualità di amministratore unico o consigliere delegato di società di capitali, anche in forma cooperativa, nonché con la qualità di presidente di consiglio di amministrazione con poteri individuali di gestione. L'incompatibilità non sussiste se l'oggetto della attività della società è limitato esclusivamente all'amministrazione di beni, personali o familiari, nonché per gli enti e consorzi pubblici e per le società a capitale interamente pubblico;

d) con qualsiasi attività di lavoro subordinato anche se con orario di lavoro limitato.

19. Eccezioni alle norme sulla incompatibilità. – 1. In deroga a quanto stabilito nell'articolo 18, l'esercizio della professione di avvocato è compatibile con l'insegnamento o la ricerca in materie giuridiche nell'università, nelle scuole secondarie pubbliche o private parificate e nelle istituzioni ed enti di ricerca e sperimentazione pubblici.

2. I docenti e i ricercatori universitari a tempo pieno possono esercitare l'attività professionale nei limiti consentiti dall'ordinamento universitario. Per questo limitato esercizio professionale essi devono essere iscritti nell'elenco speciale, annesso all'albo ordinario.

3. È fatta salva l'iscrizione nell'elenco speciale per gli avvocati che esercitano attività legale per conto degli enti pubblici con le limitate facoltà disciplinate dall'articolo 23.

20. Sospensione dall'esercizio professionale. – 1. Sono sospesi dall'esercizio professionale durante il periodo della carica: l'avvocato eletto Presidente della Repubblica, Presidente del Senato della Repubblica, Presidente della Camera dei deputati; l'avvocato nominato Presidente del Consiglio dei Ministri, Ministro, Viceministro o Sottosegretario di Stato; l'avvocato eletto presidente di giunta regionale e presidente delle province autonome di Trento e di Bolzano; l'avvocato membro della Corte costituzionale o del Consiglio superiore della magistratura; l'avvocato eletto presidente di provincia con più di un milione di abitanti e sindaco di comune con più di 500.000 abitanti.

2. L'avvocato iscritto all'albo può sempre chiedere la sospensione dall'esercizio professionale.

3. Della sospensione, prevista dai commi 1 e 2, è fatta annotazione nell'albo.

21. Esercizio professionale effettivo, continuativo, abituale e prevalente e revisione degli albi, degli elenchi e dei registri; obbligo di iscrizione alla previdenza forense. – 1. La permanenza dell'iscrizione all'albo è subordinata all'esercizio della professione in modo effettivo, continuativo, abituale e prevalente, salve le eccezioni previste anche in riferimento ai primi anni di esercizio professionale. Le modalità di accertamento dell'esercizio effettivo, continuativo, abituale e prevalente della professione, le eccezioni consentite e le modalità per la reiscrizione sono disciplinate con regolamento adottato ai sensi dell'articolo 1 e con le modalità nello stesso stabilite, con esclusione di ogni riferimento al reddito professionale.

2. Il consiglio dell'ordine, con regolarità ogni tre anni, compie le verifiche necessarie anche mediante richiesta di informazione all'ente previdenziale.

3. Con la stessa periodicità, il consiglio dell'ordine esegue la revisione degli albi, degli elenchi e dei registri, per verificare se permangano i requisiti per la iscrizione, e provvede di conseguenza. Della revisione e dei suoi risultati è data notizia al CNF.

4. La mancanza della effettività, continuatività, abitualità e prevalenza dell'esercizio professionale comporta, se non sussistono giustificati motivi, la cancellazione dall'albo. La procedura deve prevedere il contraddittorio con l'interessato, che dovrà essere invitato a presentare osservazioni scritte e, se necessario o richiesto, anche l'audizione del medesimo in applicazione dei criteri di cui all'articolo 17, comma 12.

5. Qualora il consiglio dell'ordine non provveda alla verifica periodica dell'esercizio effettivo, continuativo, abituale e prevalente o compia la revisione con numerose e gravi omissioni, il CNF nomina uno o più commissari, scelti tra gli avvocati con più di venti anni di anzianità anche iscritti presso altri ordini, affinché provvedano in sostituzione. Ai commissari spetta il rimborso delle spese di viaggio e di soggiorno e una indennità giornaliera determinata dal CNF. Spese e indennità sono a carico del consiglio dell'ordine inadempiente.

6. La prova dell'effettività, continuità, abitualità e prevalenza non è richiesta, durante il periodo della carica, per gli avvocati componenti di organi con funzioni legislative o componenti del Parlamento europeo.

7. La prova dell'effettività, continuità, abitualità e prevalenza non è, in ogni caso, richiesta:

a) alle donne avvocato in maternità e nei primi due anni di vita del bambino o, in caso di adozione, nei successivi due anni dal momento dell'adozione stessa. L'esenzione si applica, altresì, agli avvocati vedovi o separati affidatari della prole in modo esclusivo;

b) agli avvocati che dimostrino di essere affetti o di essere stati affetti da malattia che ne ha ridotto grandemente la possibilità di lavoro;

c) agli avvocati che svolgano comprovata attività di assistenza continuativa di prossimi congiunti o del coniuge affetti da malattia qualora sia stato accertato che da essa deriva totale mancanza di autosufficienza.

8. L'iscrizione agli Albi comporta la contestuale iscrizione alla Cassa nazionale di previdenza e assistenza forense.

9. La Cassa nazionale di previdenza e assistenza forense, con proprio regolamento, determina, entro un anno dalla data di entrata in vigore della presente legge, i minimi contributivi dovuti nel caso di soggetti iscritti senza il raggiungimento di parametri reddituali, eventuali condizioni temporanee di esenzione o di diminuzione dei contributi per soggetti in particolari condizioni e l'eventuale applicazione del regime contributivo.

10. Non è ammessa l'iscrizione ad alcuna altra forma di previdenza se non su base volontaria e non alternativa alla Cassa nazionale di previdenza e assistenza forense.

22. Albo speciale per il patrocinio davanti alle giurisdizioni superiori. – 1. L'iscrizione nell'albo speciale per il patrocinio davanti alle giurisdizioni superiori può essere richiesta al CNF da chi sia iscritto in un albo ordinario circondariale da almeno cinque anni e abbia superato l'esame disciplinato dalla legge 28 maggio 1936, n. 1003, e dal regio decreto 9 luglio 1936, n. 1482, al quale sono ammessi gli avvocati iscritti all'albo.

2. L'iscrizione può essere richiesta anche da chi, avendo maturato una anzianità di iscrizione all'albo di otto anni, successivamente abbia lodevolmente e proficuamente frequentato la Scuola superiore dell'avvocatura, istituita e disciplinata con regolamento dal CNF. Il regolamento può prevedere specifici criteri e modalità di selezione per l'accesso e per la verifica finale di idoneità. La verifica finale di idoneità è eseguita da una commissione d'esame designata dal CNF e composta da suoi membri, avvocati, professori universitari e magistrati addetti alla Corte di cassazione.

3. Coloro che alla data di entrata in vigore della presente legge sono iscritti nell'albo dei patrocinanti davanti alle giurisdizioni superiori conservano l'iscrizione. Allo stesso modo possono chiedere l'iscrizione coloro che alla data di entrata in vigore della presente legge abbiano maturato i requisiti per detta iscrizione secondo la previgente normativa.

4. Possono altresì chiedere l'iscrizione coloro che maturino i requisiti secondo la previgente normativa entro sei ([1]) anni dalla data di entrata in vigore della presente legge.

5. All'articolo 4 della legge 28 maggio 1936, n. 1003, il quinto comma è sostituito dal seguente:

«Sono dichiarati idonei i candidati che conseguano una media di sette decimi nelle prove scritte e in quella orale avendo riportato non meno di sei decimi in ciascuna di esse».

([1]) *La parola: «quattro» è stata così sostituita dalla parola: «cinque», dall'art. 10, comma 2 ter, del D.L. 30 dicembre 2016, n. 244, convertito, con modificazioni, nella L. 27 febbraio 2017, n. 19. Successivamente la stessa parola è stata così sostituita dall'attuale: «sei» dall'art. 1, comma 470, della L. 27 dicembre 2017, n. 205, a decorrere dal 1° gennaio 2018.*

23. Avvocati degli enti pubblici. – 1. Fatti salvi i diritti acquisiti alla data di entrata in vigore della presente legge, gli avvocati degli uffici legali specificamente istituiti presso gli enti pubblici, anche se trasformati in persone giuridiche di diritto privato, sino a quando siano partecipati prevalentemente da enti pubblici, ai quali venga assicurata la piena indipendenza ed autonomia nella trattazione esclusiva e stabile degli affari legali dell'ente ed un trattamento economico adeguato alla funzione professionale svolta, sono iscritti in un elenco speciale annesso all'albo. L'iscrizione nell'elenco è obbligatoria per compiere le prestazioni indicate nell'articolo 2. Nel contratto di lavoro è garantita l'autonomia e l'indipendenza di giudizio intellettuale e tecnica dell'avvocato.

2. Per l'iscrizione nell'elenco gli interessati presentano la deliberazione dell'ente dalla quale risulti la stabile costituzione di un ufficio legale con specifica attribuzione della trattazione degli affari legali dell'ente stesso e l'appartenenza a tale ufficio del professionista incaricato in forma esclusiva di tali funzioni; la responsabilità dell'ufficio è affidata ad un avvocato iscritto nell'elenco speciale che esercita i suoi poteri in conformità con i principi della legge professionale.

3. Gli avvocati iscritti nell'elenco sono sottoposti al potere disciplinare del consiglio dell'ordine.

Titolo III
Organi e funzioni degli ordini forensi

Capo I
L'Ordine Forense

24. L'ordine forense. – 1. Gli iscritti negli albi degli avvocati costituiscono l'ordine forense.

2. L'ordine forense si articola negli ordini circondariali e nel CNF.

3. Il CNF e gli ordini circondariali sono enti pubblici non economici a carattere associativo istituiti per garantire il rispetto dei principi previsti dalla presente legge e delle regole deontologiche, nonché con finalità di tutela della utenza e degli interessi pubblici connessi all'esercizio della professione e al corretto svolgimento della funzione giurisdizionale. Essi sono dotati di autonomia patrimoniale e finanziaria, sono finanziati esclusivamente con i contributi degli iscritti, determinano la propria organizzazione con appositi regolamenti, nel rispetto delle disposizioni di legge, e sono soggetti esclusivamente alla vigilanza del Ministro della giustizia.

Capo II
Ordine Circondariale

25. L'ordine circondariale forense. – 1. Presso ciascun tribunaleè costituito l'ordine degli avvocati, al quale sono iscritti tutti gli avvocati aventi il principale domicilio professionale nel circondario. L'ordine circondariale ha in via esclusiva la rappresentanza istituzionale dell'avvocatura a livello locale e promuove i rapporti con le istituzioni e le pubbliche amministrazioni.

2. Gli iscritti aventi titolo eleggono i componenti del consiglio dell'ordine, con le modalità stabilite dall'articolo 28 e in base a regolamento adottato ai sensi dell'articolo 1.

3. Presso ogni consiglio dell'ordine è costituito il collegio dei revisori dei conti, nominato dal presidente del tribunale.

4. Presso ogni consiglio dell'ordine è costituito il comitato pari opportunità degli avvocati, eletto con le modalità stabilite con regolamento approvato dal consiglio dell'ordine.

26. Organi dell'ordine circondariale e degli ordini del distretto. – 1. Sono organi dell'ordine circondariale:

a) l'assemblea degli iscritti;

b) il consiglio;

c) il presidente;

d) il segretario;

e) il tesoriere;

f) il collegio dei revisori.

2. Il presidente rappresenta l'ordine circondariale.

27. L'assemblea. – 1. L'assemblea è costituita dagli avvocati iscritti all'albo ed agli elenchi speciali. Essa elegge i componenti del consiglio; approva il bilancio consuntivo e quello preventivo; esprime il parere sugli argomenti sottoposti ad essa dal consiglio; esercita ogni altra funzione attribuita dall'ordinamento professionale.

2. L'assemblea, previa delibera del consiglio, è convocata dal presidente o, in caso di suo impedimento, dal vicepresidente o dal consigliere più anziano per iscrizione.

3. Le regole per il funzionamento dell'assemblea e per la sua convocazione, nonché per l'assunzione delle relative delibere, sono stabilite da apposito regolamento adottato ai sensi dell'articolo 1 e con le modalità nello stesso stabilite.

4. L'assemblea ordinaria è convocata almeno una volta l'anno per l'approvazione dei bilanci consuntivo e preventivo. L'assemblea per la elezione del consiglio si svolge, per il rinnovo normale, entro il mese di gennaio successivo alla scadenza.

5. Il consiglio delibera altresì la convocazione dell'assemblea ogniqualvolta lo ritenga necessario o qualora ne faccia richiesta almeno un terzo dei suoi componenti o almeno un decimo degli iscritti nell'albo.

28. Il consiglio dell'ordine. – 1. Il consiglio ha sede presso il tribunale ed è composto:

a) da cinque membri, qualora l'ordine conti fino a cento iscritti;

b) da sette membri, qualora l'ordine conti fino a duecento iscritti;

c) da nove membri, qualora l'ordine conti fino a cinquecento iscritti;

d) da undici membri, qualora l'ordine conti fino a mille iscritti;

e) da quindici membri, qualora l'ordine conti fino a duemila iscritti;

f) da ventuno membri, qualora l'ordine conti fino a cinquemila iscritti;

g) da venticinque membri, qualora l'ordine conti oltre cinquemila iscritti.

[2. I componenti del consiglio sono eletti dagli iscritti con voto segreto in base a regolamento adottato ai sensi dell'articolo 1 e con le modalità nello stesso stabilite. Il regolamento deve prevedere, in ossequio all'articolo 51 della Costituzione, che il riparto dei consiglieri da eleggere sia effettuato in base a un criterio che assicuri l'equilibrio tra i generi. Il genere meno rappresentato deve ottenere almeno un terzo dei consiglieri eletti. La disciplina del voto di preferenza deve prevedere la possibilità di esprimere un numero maggiore di preferenze se destinate ai due generi. Il regolamento provvede a disciplinare le modalità di formazione delle liste ed i casi di sostituzione in corso di mandato al fine di garantire il rispetto del criterio di riparto previsto dal presente comma. Hanno diritto al voto tutti coloro che risultano iscritti negli albi e negli elenchi dei dipendenti degli enti pubblici e dei docenti e ricercatori universitari a tempo pieno e nella sezione speciale degli avvocati stabiliti, il giorno antecedente l'inizio delle operazioni elettorali. Sono esclusi dal diritto di voto gli avvocati per qualunque ragione sospesi dall'esercizio della professione] (1).

[3. Ciascun elettore può esprimere un numero di voti non superiore ai due terzi dei consiglieri da eleggere, arrotondati per difetto] (1).

[4. Sono eleggibili gli iscritti che hanno diritto di voto, che non abbiano riportato, nei cinque anni precedenti, una sanzione disciplinare esecutiva più grave dell'avvertimento] (1).

[5. Risultano eletti coloro che hanno riportato il maggior numero di voti. In caso di parità di voti risulta eletto il più anziano per iscrizione e, tra coloro che abbiano uguale anzianità di iscrizione, il maggiore di età. I consiglieri non possono essere eletti per più di due mandati. La ricandidatura è possibile quando sia trascorso un numero di anni uguale agli anni nei quali si è svolto il precedente mandato] (1).

[6. In caso di morte, dimissioni, decadenza, impedimento permanente per qualsiasi causa di uno o più consiglieri, subentra il primo dei non eletti, nel rispetto e mantenimento dell'equilibrio dei generi. In caso di parità di voti, subentra il più anziano per iscrizione e, tra coloro che abbiano uguale anzianità di iscrizione, il maggiore di età. Il consiglio, preso atto, provvede all'integrazione improrogabilmente nei trenta giorni successivi al verificarsi dell'evento] (1).

7. Il consiglio dura in carica un quadriennio e scade il 31 dicembre del quarto anno. Il consiglio uscente resta in carica per il disbrigo degli affari correnti fino all'insediamento del consiglio neoeletto.

8. L'intero consiglio decade se cessa dalla carica oltre la metà dei suoi componenti.

9. Il consiglio elegge il presidente, il segretario e il tesoriere. Nei consigli con almeno quindici componenti, il consiglio può eleggere un vicepresidente. A ciascuna carica è eletto il consigliere che ha ricevuto il maggior numero di voti. In caso di parità di voti è eletto presidente o vicepresidente, segretario o tesoriere il più anziano per iscrizione all'albo o, in caso di pari anzianità di iscrizione, il più anziano per età.

10. La carica di consigliere è incompatibile con quella di consigliere nazionale, di componente del consiglio di amministrazione e del comitato dei delegati della Cassa nazionale di previdenza e assistenza forense, nonché di membro di un consiglio distrettuale di disciplina. L'eletto che viene a trovarsi in condizione di incompatibilità deve optare per uno degli incarichi entro trenta giorni dalla proclamazione. Nel caso in cui non vi provveda, decade automaticamente dall'incarico assunto in precedenza. Ai componenti del consiglio, per il tempo in cui durano in carica, non possono essere conferiti incarichi giudiziari da parte dei magistrati del circondario.

11. Per la validità delle riunioni del consiglio è necessaria la partecipazione della maggioranza dei membri. Per la validità delle deliberazioni è richiesta la maggioranza assoluta di voti dei presenti.

12. Contro i risultati delle elezioni per il rinnovo del consiglio dell'ordine ciascun avvocato iscritto nell'albo può proporre reclamo al CNF entro dieci giorni dalla proclamazione. La presentazione del reclamo non sospende l'insediamento del nuovo consiglio.

(1) *Questo comma è stato abrogato dall'art. 18 della L. 12 luglio 2017, n. 113.*

29. Compiti e prerogative del consiglio. – 1. Il consiglio:

a) provvede alla tenuta degli albi, degli elenchi e dei registri;

b) approva i regolamenti interni, i regolamenti in materie non disciplinate dal CNF e quelli previsti come integrazione ad essi;

c) sovraintende al corretto ed efficace esercizio del tirocinio forense. A tal fine, secondo modalità previste da regolamento del CNF, istituisce ed organizza scuole forensi, promuove e favorisce le iniziative atte a rendere proficuo il tirocinio, cura la tenuta del registro dei praticanti, annotando l'abilitazione al patrocinio sostitutivo, rilascia il certificato di compiuta pratica;

d) organizza e promuove l'organizzazione di eventi formativi ai fini dell'adempimento dell'obbligo di formazione continua in capo agli iscritti;

e) organizza e promuove l'organizzazione di corsi e scuole di specializzazione e promuove, ai sensi dell'articolo 9, comma 3, l'organizzazione di corsi per l'acquisizione del titolo di specialista, d'intesa con le associazioni specialistiche di cui all'articolo 35, comma 1, lettera *s*);

f) vigila sulla condotta degli iscritti e deve trasmettere al consiglio distrettuale di disciplina gli atti relativi ad ogni violazione di norme deontologiche di cui sia venuto a conoscenza, secondo quanto previsto dall'articolo 50, comma 4; elegge i componenti del consiglio distrettuale di disciplina in conformità a quanto stabilito dall'articolo 50;

g) esegue il controllo della continuità, effettività, abitualità e prevalenza dell'esercizio professionale;

h) tutela l'indipendenza e il decoro professionale e promuove iniziative atte ad elevare la cultura e la professionalità degli iscritti e a renderli più consapevoli dei loro doveri;

i) svolge i compiti indicati nell'articolo 11 per controllare la formazione continua degli avvocati;

l) dà pareri sulla liquidazione dei compensi spettanti agli iscritti;

m) nel caso di morte o di perdurante impedimento di un iscritto, a richiesta e a spese di chi vi ha interesse, adotta i provvedimenti opportuni per la consegna degli atti e dei documenti;

n) può costituire camere arbitrali, di conciliazione ed organismi di risoluzione alternativa delle controversie, in conformità a regolamento adottato ai sensi dell'articolo 1 e con le modalità nello stesso stabilite;

o) interviene, su richiesta anche di una sola delle parti, nelle contestazioni insorte tra gli iscritti o tra costoro ed i clienti in dipendenza dell'esercizio professionale, adoperandosi per comporle; degli accordi sui compensi è redatto verbale che, depositato presso la cancelleria del tribunale che ne rilascia copia, ha valore di titolo esecutivo con l'apposizione della prescritta formula;

p) può costituire o aderire ad unioni regionali o interregionali tra ordini, nel rispetto dell'autonomia e delle competenze istituzionali dei singoli consigli. Le unioni possono avere, se previsto nello statuto, funzioni di interlocuzione con le regioni, con gli enti locali e con le università, provvedono alla consultazione fra i consigli che ne fanno parte, possono assumere deliberazioni nelle materie di comune interesse e promuovere o partecipare ad attività di formazione professionale. Ciascuna unione approva il proprio statuto e lo comunica al CNF;

q) può costituire o aderire ad associazioni, anche sovranazionali, e fondazioni purché abbiano come oggetto attività connesse alla professione o alla tutela dei diritti;

r) garantisce l'attuazione, nella professione forense, dell'articolo 51 della Costituzione;

s) svolge tutte le altre funzioni ad esso attribuite dalla legge e dai regolamenti;

t) vigila sulla corretta applicazione, nel circondario, delle norme dell'ordinamento giudiziario segnalando violazioni ed incompatibilità agli organi competenti.

2. La gestione finanziaria e l'amministrazione dei beni dell'ordine spettano al consiglio, che provvede annualmente a sottoporre all'assemblea ordinaria il conto consuntivo e il bilancio preventivo.

3. Per provvedere alle spese di gestione e a tutte le attività indicate nel presente articolo e ad ogni altra attività ritenuta necessaria per il conseguimento dei fini istituzionali, per la tutela del ruolo dell'avvocatura nonché per l'organizzazione di servizi per l'utenza e per il miglior esercizio delle attività professionali il consiglio è autorizzato:

a) a fissare e riscuotere un contributo annuale o contributi straordinari da tutti gli iscritti a ciascun albo, elenco o registro;

b) a fissare contributi per l'iscrizione negli albi, negli elenchi, nei registri, per il rilascio di certificati, copie e tessere e per i pareri sui compensi.

4. L'entità dei contributi di cui al comma 3 è fissata in misura tale da garantire il pareggio di bilancio del consiglio.

5. Il consiglio provvede alla riscossione dei contributi di cui alla lettera a) del comma 3 e di quelli dovuti al CNF, anche ai sensi del testo unico delle leggi sui servizi della riscossione delle imposte dirette, di cui al decreto del Presidente della Repubblica 15 maggio 1963, n. 858, mediante iscrizione a ruolo dei contributi dovuti per l'anno di competenza.

6. Coloro che non versano nei termini stabiliti il contributo annuale sono sospesi, previa contestazione dell'addebito e loro personale convocazione, dal consiglio dell'ordine, con provvedimento non avente natura disciplinare. La sospensione è revocata allorquando si sia provveduto al pagamento.

30. Sportello per il cittadino. – 1. Ciascun consiglio istituisce lo sportello per il cittadino, di seguito denominato «sportello», volto a fornire informazioni e orientamento ai cittadini per la fruizione delle prestazioni professionali degli avvocati e per l'accesso alla giustizia.

2. L'accesso allo sportello è gratuito.

3. Il CNF determina con proprio regolamento le modalità per l'accesso allo sportello.

4. Gli oneri derivanti dall'espletamento delle attività di sportello di cui al presente articolo sono posti a carico degli iscritti a ciascun albo, elenco o registro, nella misura e secondo le modalità fissate da ciascun consiglio dell'ordine ai sensi dell'articolo 29, comma 3.

31. Il collegio dei revisori. – 1. Il collegio dei revisori è composto da tre membri effettivi ed un supplente nominati dal presidente del tribunale e scelti tra gli avvocati iscritti al registro dei revisori contabili.

2. Per gli ordini con meno di tremilacinquecento iscritti la funzione è svolta da un revisore unico.

3. I revisori durano in carica quattro anni e possono essere confermati per non più di due volte consecutive.

4. Il collegio, che è presieduto dal più anziano per iscrizione, verifica la regolarità della gestione patrimoniale riferendo annualmente in sede di approvazione del bilancio.

32. Funzionamento dei consigli dell'ordine per commissioni. – 1. I consigli dell'ordine composti da nove o più membri possono svolgere la propria attività mediante commissioni di lavoro composte da almeno tre membri, che devono essere tutti presenti ad ogni riunione per la validità delle deliberazioni.

2. Il funzionamento delle commissioni è disciplinato con regolamento interno ai sensi dell'articolo 29, comma 1, lettera b). Il regolamento può prevedere che i componenti delle commissioni possano essere scelti, eccettuate le materie deontologiche o che trattino dati riservati, anche tra gli avvocati iscritti all'albo, anche se non consiglieri dell'ordine.

33. Scioglimento del consiglio. – 1. Il consiglio è sciolto:

a) se non è in grado di funzionare regolarmente;

b) se non adempie agli obblighi prescritti dalla legge;

c) se ricorrono altri gravi motivi di rilevante interesse pubblico.

2. Lo scioglimento del consiglio e la nomina del commissario di cui al comma 3 sono disposti con decreto del Ministro della giustizia, su proposta del CNF, previa diffida.

3. In caso di scioglimento, le funzioni del consiglio sono esercitate da un commissario straordinario, nominato dal CNF e scelto tra gli avvocati con oltre venti anni di anzianità, il quale, improrogabilmente entro centoventi giorni dalla data di scioglimento, convoca l'assemblea per le elezioni in sostituzione.

4. Il commissario, per essere coadiuvato nell'esercizio delle sue funzioni, può nominare un comitato di non più di sei componenti, scelti tra gli iscritti all'albo, di cui uno con funzioni di segretario.

Capo III
Consiglio Nazionale Forense

34. Durata e composizione. – 1. Il CNF, previsto e disciplinato dagli articoli 52 e seguenti del regio decreto-legge 27 novembre 1933, n. 1578, convertito, con modificazioni, dalla legge 22 gennaio 1934, n. 36, e dagli articoli 59 e seguenti del regio decreto 22 gennaio 1934, n. 37, ha sede presso il Ministero della giustizia e dura in carica quattro anni. I suoi componenti non possono essere eletti consecutivamente più di due volte nel rispetto dell'equilibrio tra i generi. Il Consiglio uscente resta in carica per il disbrigo degli affari correnti fino all'insediamento del Consiglio neoeletto.

2. Le elezioni per la nomina dei componenti del CNF non sono valide se non risultano rappresentati entrambi i generi.

3. Il CNF è composto da avvocati aventi i requisiti di cui all'articolo 38. Ciascun distretto di corte d'appello in cui il numero complessivo degli iscritti agli albi è inferiore a diecimila elegge un componente. Risulta eletto chi abbia riportato il maggior numero di voti. Non può appartenere per più di due mandati consecutivi allo stesso ordine circondariale il componente eletto in tali distretti. Ciascun distretto di corte di appello in cui il numero complessivo degli iscritti agli albi è pari o superiore a diecimila elegge due componenti; in tali distretti risulta primo eletto chi abbia riportato il maggior numero di voti, secondo eletto chi abbia riportato il maggior numero di voti, garantendo la rappresentanza tra i generi, tra gli iscritti ad un ordine circondariale diverso da quello al quale appartiene il primo eletto. In tutti i distretti, il voto è comunque espresso per un solo candidato. In ogni caso, a parità di voti, è eletto il candidato più anziano di iscrizione. Le elezioni per la nomina dei componenti del CNF devono svolgersi nei quindici giorni prima della scadenza del Consiglio in carica. La proclamazione dei risultati è fatta dal

Consiglio in carica, il quale cessa dalle sue funzioni alla prima riunione del nuovo Consiglio convocato dal presidente in carica.

4. A ciascun consiglio spetta un voto per ogni cento iscritti o frazione di cento, fino a duecento iscritti; un voto per ogni successivi trecento iscritti, da duecentouno fino ad ottocento iscritti; un voto per ogni successivi seicento iscritti, da ottocentouno fino a duemila iscritti; un voto per ogni successivi mille iscritti, da duemilauno a diecimila iscritti; un voto per ogni successivi tremila iscritti, al di sopra dei diecimila.

5. Il CNF elegge il presidente, due vicepresidenti, il segretario ed il tesoriere, che formano il consiglio di presidenza. Nomina inoltre i componenti delle commissioni e degli altri organi previsti dal regolamento.

6. Si applicano le disposizioni di cui al decreto legislativo luogotenenziale 23 novembre 1944, n. 382, per quanto non espressamente previsto.

35. Compiti e prerogative. – 1. Il CNF:

a) ha in via esclusiva la rappresentanza istituzionale dell'avvocatura a livello nazionale e promuove i rapporti con le istituzioni e le pubbliche amministrazioni competenti;

b) adotta i regolamenti interni per il proprio funzionamento e, ove occorra, per quello degli ordini circondariali;

c) esercita la funzione giurisdizionale secondo le previsioni di cui agli articoli da 59 a 65 del regio decreto 22 gennaio 1934, n. 37;

d) emana e aggiorna periodicamente il codice deontologico, curandone la pubblicazione e la diffusione in modo da favorirne la più ampia conoscenza, sentiti i consigli dell'ordine circondariali, anche mediante una propria commissione consultiva presieduta dal suo presidente o da altro consigliere da lui delegato e formata da componenti del CNF e da consiglieri designati dagli ordini in base al regolamento interno del CNF;

e) cura la tenuta e l'aggiornamento dell'albo speciale per il patrocinio davanti alle giurisdizioni superiori e redige l'elenco nazionale degli avvocati ai sensi dell'articolo 15, comma 5;

f) promuove attività di coordinamento e di indirizzo dei consigli dell'ordine circondariali al fine di rendere omogenee le condizioni di esercizio della professione e di accesso alla stessa;

g) propone ogni due anni al Ministro della giustizia i parametri di cui all'articolo 13;

h) collabora con i consigli dell'ordine circondariali alla conservazione e alla tutela dell'indipendenza e del decoro professionale;

i) provvede agli adempimenti previsti dall'articolo 40 per i rapporti con le università e dall'articolo 43 per quanto attiene ai corsi di formazione di indirizzo professionale;

l) consulta le associazioni specialistiche di cui alla lettera s), al fine di rendere il parere di cui all'articolo 9, comma 1;

m) esprime pareri in merito alla previdenza forense;

n) approva i conti consuntivi e i bilanci preventivi delle proprie gestioni;

o) propone al Ministro della giustizia di sciogliere i consigli dell'ordine circondariali quando sussistano le condizioni previste nell'articolo 33;

p) cura, mediante pubblicazioni, l'informazione sulla propria attività e sugli argomenti d'interesse dell'avvocatura;

q) esprime, su richiesta del Ministro della giustizia, pareri su proposte e disegni di legge che, anche indirettamente, interessino la professione forense e l'amministrazione della giustizia;

r) istituisce e disciplina, con apposito regolamento, l'osservatorio permanente sull'esercizio della giurisdizione, che raccoglie dati ed elabora studi e proposte diretti a favorire una più efficiente amministrazione delle funzioni giurisdizionali;

s) istituisce e disciplina con apposito regolamento l'elenco delle associazioni specialistiche maggiormente rappresentative, nel rispetto della diffusione territoriale, dell'ordinamento democratico delle stesse nonché dell'offerta formativa sulla materia di competenza, assicurandone la gratuità;

t) designa rappresentanti di categoria presso commissioni ed organi nazionali o internazionali;

u) svolge ogni altra funzione ad esso attribuita dalla legge e dai regolamenti.

2. Nei limiti necessari per coprire le spese della sua gestione, e al fine di garantire quantomeno il pareggio di bilancio, il CNF è autorizzato:

a) a determinare la misura del contributo annuale dovuto dagli avvocati iscritti negli albi ed elenchi;

b) a stabilire diritti per il rilascio di certificati e copie;

c) a stabilire la misura della tassa di iscrizione e del contributo annuale dovuto dall'iscritto nell'albo dei patrocinanti davanti alle giurisdizioni superiori.

3. La riscossione del contributo annuale è compiuta dagli ordini circondariali, secondo quanto previsto da apposito regolamento adottato dal CNF.

36. Competenza giurisdizionale. – 1. Il CNF pronuncia sui reclami avverso i provvedimenti disciplinari nonché in materia di albi, elenchi e registri e rilascio di certificato di compiuta pratica; pronuncia sui ricorsi relativi alle elezioni dei consigli dell'ordine; risolve i conflitti di competenza tra ordini circondariali; esercita le funzioni disciplinari nei confronti dei propri componenti, quando il consiglio distrettuale di disciplina competente abbia deliberato l'apertura del procedimento disciplinare. La funzione giurisdizionale si svolge secondo le previsioni di cui agli articoli da 59 a 65 del regio decreto 22 gennaio 1934, n. 37.

2. Le udienze del CNF sono pubbliche. Ad esse partecipa, con funzioni di pubblico ministero, un magistrato, con grado non inferiore a consigliere di cassazione, delegato dal procuratore generale presso la Corte di cassazione.

3. Per la partecipazione alle procedure in materia disciplinare del CNF, ai magistrati non sono riconosciuti compensi, indennità o gettoni di presenza.

4. Le decisioni del CNF sono notificate, entro trenta giorni, all'interessato e al pubblico ministero presso la corte d'appello e il tribunale della circoscrizione alla quale l'interessato appartiene. Nello stesso termine sono comunicate al consiglio dell'ordine della circoscrizione stessa.

5. Nei casi di cui al comma 1 la notificazione è fatta agli interessati e al pubblico ministero presso la Corte di cassazione.

6. Gli interessati e il pubblico ministero possono proporre ricorso avverso le decisioni del CNF alle sezioni unite della Corte di cassazione, entro trenta giorni dalla notificazione, per incompetenza, eccesso di potere e violazione di legge.

7. Il ricorso non ha effetto sospensivo. Tuttavia l'esecuzione può essere sospesa dalle sezioni unite della Corte di cassazione in camera di consiglio su istanza del ricorrente.

8. Nel caso di annullamento con rinvio, il rinvio è fatto al CNF, il quale deve conformarsi alla decisione della Corte di cassazione circa il punto di diritto sul quale essa ha pronunciato.

37. Funzionamento. – 1. Il CNF pronuncia sui ricorsi indicati nell'articolo 36 secondo le previsioni di cui agli articoli da 59 a 65 del regio decreto 22 gennaio 1934, n. 37, applicando, se necessario, le norme ed i principi del codice di procedura civile.

2. Nei procedimenti giurisdizionali si applicano le norme del codice di procedura civile sulla astensione e ricusazione dei giudici. I provvedimenti del CNF su impugnazione di delibere dei consigli distrettuali di disciplina hanno natura di sentenza.

3. Il controllo contabile e della gestione è svolto da un collegio di tre revisori dei conti nominato dal primo presidente della Corte di cassazione, che li sceglie tra gli iscritti al registro dei revisori, nominando anche due revisori supplenti. Il collegio è presieduto dal componente più anziano per iscrizione.

4. Il CNF può svolgere la propria attività non giurisdizionale istituendo commissioni di lavoro, anche eventualmente con la partecipazione di membri esterni al Consiglio.

38. Eleggibilità e incompatibilità. – 1. Sono eleggibili al CNF gli iscritti all'albo speciale per il patrocinio davanti alle giurisdizioni superiori. Risultano eletti coloro che hanno riportato il maggior numero di voti. In caso di parità di voti risulta eletto il più anziano per iscrizione e, tra coloro che abbiano uguale anzianità di iscrizione, il maggiore di età.

2. Non possono essere eletti coloro che abbiano riportato, nei cinque anni precedenti, condanna esecutiva anche non definitiva ad una sanzione disciplinare più grave dell'avvertimento.

3. La carica di consigliere nazionale è incompatibile con quella di consigliere dell'ordine e di componente del consiglio di amministrazione e del comitato dei delegati della Cassa nazionale di previdenza e assistenza forense, nonché di membro di un consiglio distrettuale di disciplina.

4. L'eletto che viene a trovarsi in condizione di incompatibilità deve optare per uno degli incarichi entro trenta giorni dalla proclamazione. Nel caso in cui non vi provveda, decade automaticamente dall'incarico assunto in precedenza.

Capo IV
Congresso nazionale forense

39. Congresso nazionale forense. – 1. Il CNF convoca il congresso nazionale forense almeno ogni tre anni.

2. Il congresso nazionale forense è la massima assise dell'avvocatura italiana nel rispetto dell'identità e dell'autonomia di ciascuna delle sue componenti associative. Tratta e formula proposte sui temi della giustizia e della tutela dei diritti fondamentali dei cittadini, nonché le questioni che riguardano la professione forense.

3. Il congresso nazionale forense delibera autonomamente le proprie norme regolamentari e statutarie, ed elegge l'organismo chiamato a dare attuazione ai suoi deliberati.

Titolo IV
Accesso alla professione forense

Capo I
Tirocinio Professionale

40. Accordi tra università e ordini forensi. – 1. I consigli dell'ordine degli avvocati possono stipulare convenzioni, senza nuovi o maggiori oneri per la finanza pubblica, con le università per la disciplina dei rapporti reciproci.

2. Il CNF e la Conferenza dei presidi delle facoltà di giurisprudenza promuovono, anche mediante la stipulazione di apposita convenzione, senza nuovi o maggiori oneri per la finanza pubblica, la piena collaborazione tra le facoltà di giurisprudenza e gli ordini forensi, per il perseguimento dei fini di cui al presente capo.

41. Contenuti e modalità di svolgimento del tirocinio. – 1. Il tirocinio professionale consiste nell'addestramento, a contenuto teorico e pratico, del praticante avvocato finalizzato a fargli conseguire le capacità necessarie per l'esercizio della professione di avvocato e per la gestione di uno studio legale nonché a fargli apprendere e rispettare i principi etici e le regole deontologiche.

2. Presso il consiglio dell'ordine è tenuto il registro dei praticanti avvocati, l'iscrizione al quale è condizione per lo svolgimento del tirocinio professionale.

3. Per l'iscrizione nel registro dei praticanti avvocati e la cancellazione dallo stesso si applicano, in quanto compatibili, le disposizioni previste dall'articolo 17.

4. Il tirocinio può essere svolto contestualmente ad attività di lavoro subordinato pubblico e privato, purché con modalità e orari idonei a consentirne l'effettivo e puntuale svolgimento e in assenza di specifiche ragioni di conflitto di interesse.

5. Il tirocinio è svolto in forma continuativa per diciotto mesi. La sua interruzione per oltre sei mesi, senza alcun giustificato motivo, anche di carattere personale, comporta la cancellazione dal registro dei praticanti, salva la facoltà di chiedere nuovamente l'iscrizione nel registro, che può essere deliberata previa nuova verifica da parte del consiglio dell'ordine della sussistenza dei requisiti stabiliti dalla presente legge.

6. Il tirocinio può essere svolto:

a) presso un avvocato, con anzianità di iscrizione all'albo non inferiore a cinque anni;

b) presso l'Avvocatura dello Stato o presso l'ufficio legale di un ente pubblico o presso un ufficio giudiziario per non più di dodici mesi;

c) per non più di sei mesi, in altro Paese dell'Unione europea presso professionisti legali, con titolo equivalente a quello di avvocato, abilitati all'esercizio della professione;

d) per non più di sei mesi, in concomitanza con il corso di studio per il conseguimento della laurea, dagli studenti regolarmente iscritti all'ultimo anno del corso di studio per il conseguimento del diploma di laurea in giurisprudenza nel caso previsto dall'articolo 40.

7. In ogni caso il tirocinio deve essere svolto per almeno sei mesi presso un avvocato iscritto all'ordine o presso l'Avvocatura dello Stato.

8. Il tirocinio può essere svolto anche presso due avvocati contemporaneamente, previa richiesta del praticante e previa autorizzazione del competente consiglio dell'ordine, nel caso si possa presumere che la mole di lavoro di uno di essi non sia tale da permettere al praticante una sufficiente offerta formativa.

9. Fermo restando quanto previsto dal comma 6, il diploma conseguito presso le scuole di specializzazione per le professioni legali, di cui all'articolo 16 del decreto legislativo 17 novembre 1997, n. 398, e successive modificazioni, è valutato ai fini del compimento del tirocinio per l'accesso alla professione di avvocato per il periodo di un anno.

10. L'avvocato è tenuto ad assicurare che il tirocinio si svolga in modo proficuo e dignitoso per la finalità di cui al comma 1 e non può assumere la funzione per più di tre praticanti contemporaneamente, salva l'autorizzazione rilasciata dal competente consiglio dell'ordine previa valutazione dell'attività professionale del richiedente e dell'organizzazione del suo studio.

11. Il tirocinio professionale non determina di diritto l'instaurazione di rapporto di lavoro subordinato anche occasionale. Negli studi legali privati, al praticante avvocato è sempre dovuto il rimborso delle spese sostenute per conto dello studio presso il quale svolge il tirocinio. Ad eccezione che negli enti pubblici e presso l'Avvocatura dello Stato, decorso il primo semestre, possono essere riconosciuti con apposito contratto al praticante avvocato un'indennità o un compenso per l'attività svolta per conto dello studio, commisurati all'effettivo apporto professionale dato nell'esercizio delle prestazioni e tenuto altresì conto dell'utilizzo dei servizi e delle strutture

dello studio da parte del praticante avvocato. Gli enti pubblici e l'Avvocatura dello Stato riconoscono al praticante avvocato un rimborso per l'attività svolta, ove previsto dai rispettivi ordinamenti e comunque nei limiti delle risorse disponibili a legislazione vigente.

12. Nel periodo di svolgimento del tirocinio il praticante avvocato, decorsi sei mesi dall'iscrizione nel registro dei praticanti, purché in possesso del diploma di laurea in giurisprudenza, può esercitare attività professionale in sostituzione dell'avvocato presso il quale svolge la pratica e comunque sotto il controllo e la responsabilità dello stesso anche se si tratta di affari non trattati direttamente dal medesimo, in ambito civile di fronte al tribunale e al giudice di pace, e in ambito penale nei procedimenti di competenza del giudice di pace, in quelli per reati contravvenzionali e in quelli che, in base alle norme vigenti anteriormente alla data di entrata in vigore del decreto legislativo 19 febbraio 1998, n. 51, rientravano nella competenza del pretore. L'abilitazione decorre dalla delibera di iscrizione nell'apposito registro. Essa può durare al massimo cinque anni, salvo il caso di sospensione dall'esercizio professionale non determinata da giudizio disciplinare, alla condizione che permangano tutti i requisiti per l'iscrizione nel registro.

13. Il Ministro della giustizia con proprio decreto adotta, sentito il CNF, il regolamento che disciplina:

a) le modalità di svolgimento del tirocinio e le relative procedure di controllo da parte del competente consiglio dell'ordine;

b) le ipotesi che giustificano l'interruzione del tirocinio, tenuto conto di situazioni riferibili all'età, alla salute, alla maternità e paternità del praticante avvocato, e le relative procedure di accertamento;

c) i requisiti di validità dello svolgimento del tirocinio, in altro Paese dell'Unione europea.

14. Il praticante può, per giustificato motivo, trasferire la propria iscrizione presso l'ordine del luogo ove intenda proseguire il tirocinio. Il consiglio dell'ordine autorizza il trasferimento, valutati i motivi che lo giustificano, e rilascia al praticante un certificato attestante il periodo di tirocinio che risulta regolarmente compiuto.

42. Norme disciplinari per i praticanti. – 1. I praticanti osservano gli stessi doveri e norme deontologiche degli avvocati e sono soggetti al potere disciplinare del consiglio dell'ordine.

43. Corsi di formazione per l'accesso alla professione di avvocato. – 1. Il tirocinio, oltre che nella pratica svolta presso uno studio professionale, consiste altresì nella frequenza obbligatoria e con profitto, per un periodo non inferiore a diciotto mesi, di corsi di formazione di indirizzo professionale tenuti da ordini e associazioni forensi, nonché dagli altri soggetti previsti dalla legge.

2. Il Ministro della giustizia, sentito il CNF, disciplina con regolamento:

a) le modalità e le condizioni per l'istituzione dei corsi di formazione di cui al comma 1 da parte degli ordini e delle associazioni forensi giudicate idonee, in maniera da garantire la libertà ed il pluralismo dell'offerta formativa e della relativa scelta individuale;

b) i contenuti formativi dei corsi di formazione in modo da ricomprendervi, in quanto essenziali, l'insegnamento del linguaggio giuridico, la redazione degli atti giudiziari, la tecnica impugnatoria dei provvedimenti giurisdizionali e degli atti amministrativi, la tecnica di redazione del parere stragiudiziale e la tecnica di ricerca;

c) la durata minima dei corsi di formazione, prevedendo un carico didattico non inferiore a centosessanta ore per l'intero periodo;

d) le modalità e le condizioni per la frequenza dei corsi di formazione da parte del praticante avvocato nonché quelle per le verifiche intermedie e finale del profitto, che sono affidate ad una commissione composta da avvocati, magistrati e docenti universitari, in modo da garantire omogeneità di giudizio su tutto il territorio nazionale. Ai componenti della commissione non sono riconosciuti compensi, indennità o gettoni di presenza.

44. Frequenza di uffici giudiziari. – 1. L'attività di praticantato presso gli uffici giudiziari è disciplinata da apposito regolamento da emanare, entro un anno dalla data di entrata in vigore della presente legge, dal Ministro della giustizia, sentiti il Consiglio superiore della magistratura e il CNF.

45. Certificato di compiuto tirocinio. – 1. Il consiglio dell'ordine presso il quale è compiuto il periodo di tirocinio rilascia il relativo certificato.

2. In caso di domanda di trasferimento del praticante avvocato presso il registro tenuto da altro consiglio dell'ordine, quello di provenienza certifica la durata del tirocinio svolto fino alla data di presentazione della domanda e, ove il prescritto

periodo di tirocinio risulti completato, rilascia il certificato di compiuto tirocinio.

3. Il praticante avvocato è ammesso a sostenere l'esame di Stato nella sede di corte di appello nel cui distretto ha svolto il maggior periodo di tirocinio. Nell'ipotesi in cui il tirocinio sia stato svolto per uguali periodi sotto la vigilanza di più consigli dell'ordine aventi sede in distretti diversi, la sede di esame è determinata in base al luogo di svolgimento del primo periodo di tirocinio.

Capo II
Esame di Stato per l'abilitazione all'esercizio della professione di avvocato

46. Esame di Stato. – 1. L'esame di Stato si articola in tre prove scritte ed in una prova orale.

2. Le prove scritte sono svolte sui temi formulati dal Ministro della giustizia ed hanno per oggetto:

a) la redazione di un parere motivato, da scegliere tra due questioni in materia regolata dal codice civile;

b) la redazione di un parere motivato, da scegliere tra due questioni in materia regolata dal codice penale;

c) la redazione di un atto giudiziario che postuli conoscenze di diritto sostanziale e di diritto processuale, su un quesito proposto, in materia scelta dal candidato tra il diritto privato, il diritto penale ed il diritto amministrativo.

3. Nella prova orale il candidato illustra la prova scritta e dimostra la conoscenza delle seguenti materie: ordinamento e deontologia forensi, diritto civile, diritto penale, diritto processuale civile, diritto processuale penale; nonché di altre due materie, scelte preventivamente dal candidato, tra le seguenti: diritto costituzionale, diritto amministrativo, diritto del lavoro, diritto commerciale, diritto dell'Unione europea, diritto internazionale privato ([2]), diritto tributario, diritto ecclesiastico, ordinamento giudiziario e penitenziario.

4. Per la valutazione di ciascuna prova scritta, ogni componente della commissione d'esame dispone di dieci punti di merito; alla prova orale sono ammessi i candidati che abbiano conseguito, nelle tre prove scritte, un punteggio complessivo di almeno 90 punti e un punteggio non inferiore a 30 punti in ciascuna prova.

5. La commissione annota le osservazioni positive o negative nei vari punti di ciascun elaborato, le quali costituiscono motivazione del voto che viene espresso con un numero pari alla somma dei voti espressi dai singoli componenti. Il Ministro della giustizia determina, mediante sorteggio, gli abbinamenti per la correzione delle prove scritte tra i candidati e le sedi di corte di appello ove ha luogo la correzione degli elaborati scritti. La prova orale ha luogo nella medesima sede della prova scritta.

6. Il Ministro della giustizia, sentito il CNF, disciplina con regolamento le modalità e le procedure di svolgimento dell'esame di Stato e quelle di valutazione delle prove scritte ed orali da effettuare sulla base dei seguenti criteri:

a) chiarezza, logicità e rigore metodologico dell'esposizione;

b) dimostrazione della concreta capacità di soluzione di specifici problemi giuridici;

c) dimostrazione della conoscenza dei fondamenti teorici degli istituti giuridici trattati;

d) dimostrazione della capacità di cogliere eventuali profili di interdisciplinarietà;

e) dimostrazione della conoscenza delle tecniche di persuasione e argomentazione.

7. Le prove scritte si svolgono con il solo ausilio dei testi di legge senza commenti e citazioni giurisprudenziali. Esse devono iniziare in tutte le sedi alla stessa ora, fissata dal Ministro della giustizia con il provvedimento con il quale vengono indetti gli esami. A tal fine, i testi di legge portati dai candidati per la prova devono essere controllati e vistati nei giorni anteriori all'inizio della prova stessa e collocati sul banco su cui il candidato sostiene la prova. L'appello dei candidati deve svolgersi per tempo in modo che le prove scritte inizino all'ora fissata dal Ministro della giustizia.

8. I candidati non possono portare con sé testi o scritti, anche informatici, né ogni sorta di strumenti di telecomunicazione, pena la immediata esclusione dall'esame, con provvedimento del presidente della commissione, sentiti almeno due commissari.

9. Qualora siano fatti pervenire nell'aula, ove si svolgono le prove dell'esame, scritti od appunti di qualunque genere, con qualsiasi mezzo, il candidato che li riceve e non ne fa immediata denuncia alla commissione è escluso immediatamente dall'esame, ai sensi del comma 8.

10. Chiunque faccia pervenire in qualsiasi modo ad uno o più candidati, prima o durante la prova d'esame, testi relativi al tema proposto è punito, salvo che il fatto costituisca più grave reato, con la pena della reclusione fino a tre anni. Per i fatti

indicati nel presente comma e nel comma 9, i candidati sono denunciati al consiglio distrettuale di disciplina del distretto competente per il luogo di iscrizione al registro dei praticanti, per i provvedimenti di sua competenza.

11. Per la prova orale, ogni componente della commissione dispone di dieci punti di merito per ciascuna delle materie di esame.

12. Sono giudicati idonei i candidati che ottengono un punteggio non inferiore a trenta punti per ciascuna materia.

13. Agli oneri per l'espletamento delle procedure dell'esame di Stato di cui al presente articolo si provvede nell'ambito delle risorse disponibili a legislazione vigente, e, comunque, senza nuovi o maggiori oneri per la finanza pubblica. Resta ferma la corresponsione all'Erario della tassa di cui all'articolo 1, primo comma, lettera *b*), del decreto legislativo del Capo provvisorio dello Stato 13 settembre 1946, n. 261, come rideterminata dall'articolo 2, comma 1, lettera *b*), del decreto del Presidente del Consiglio dei Ministri 21 dicembre 1990, pubblicato nella *Gazzetta Ufficiale* n. 303 del 31 dicembre 1990.

13 *bis*. Le spese per la sessione d'esame sono poste a carico del candidato nella misura forfetaria di euro 50, da corrispondere al momento della presentazione della domanda ([1]).

13 *ter*. Le modalità di versamento del contributo di cui al comma 13 *bis* sono stabilite con decreto, avente natura non regolamentare, del Ministro della giustizia, di concerto con il Ministro dell'economia e delle finanze. Analogamente, il contributo è aggiornato ogni tre anni secondo l'indice dei prezzi al consumo per le famiglie di operai e impiegati ([1]).

([1]) *Questo comma è stato aggiunto dall'art. 1, comma 600, della L. 27 dicembre 2013, n. 147. Il contributo è dovuto per le sessioni di esame tenute successivamente all'entrata in vigore del decreto che ne determina le modalità di versamento, a norma dell'art. 1, comma 604, della medesima legge.*

([2]) *Le parole: «diritto comunitario ed internazionale privato» sono state così sostituite dalle seguenti: «diritto dell'Unione europea, diritto internazionale privato» dall'art. 1, comma 1149, della L. 27 dicembre 2017, n. 205, a decorrere dal 1° gennaio 2018.*

47. Commissioni di esame. – 1. La commissione di esame è nominata, con decreto, dal Ministro della giustizia ed è composta da cinque membri effettivi e cinque supplenti, dei quali: tre effettivi e tre supplenti sono avvocati designati dal CNF tra gli iscritti all'albo speciale per il patrocinio davanti alle giurisdizioni superiori, uno dei quali la presiede; un effettivo e un supplente sono di regola prioritariamente magistrati in pensione, e solo in seconda istanza magistrati in servizio ([1]); un effettivo e un supplente sono professori universitari o ricercatori confermati in materie giuridiche.

2. Con il medesimo decreto, presso ogni sede di corte d'appello, è nominata una sottocommissione avente composizione identica alla commissione di cui al comma 1.

3. Presso ogni corte d'appello, ove il numero dei candidati lo richieda, possono essere formate con lo stesso criterio ulteriori sottocommissioni per gruppi sino a trecento candidati.

4. Esercitano le funzioni di segretario uno o più funzionari distaccati dal Ministero della giustizia.

5. Non possono essere designati nelle commissioni di esame avvocati che siano membri dei consigli dell'ordine o di un consiglio distrettuale di disciplina ovvero componenti del consiglio di amministrazione o del comitato dei delegati della Cassa nazionale di previdenza ed assistenza forense e del CNF.

6. Gli avvocati componenti della commissione non possono essere eletti quali componenti del consiglio dell'ordine, di un consiglio distrettuale di disciplina, del consiglio di amministrazione o del comitato dei delegati della Cassa nazionale di previdenza ed assistenza forense e del CNF nelle elezioni immediatamente successive alla data di cessazione dell'incarico ricoperto.

7. L'avvio delle procedure per l'esame di abilitazione deve essere tempestivamente pubblicizzato secondo modalità contenute nel regolamento di attuazione emanato dal Ministro della giustizia entro un anno dalla data di entrata in vigore della presente legge.

8. Il Ministro della giustizia, anche su richiesta del CNF, può nominare ispettori per il controllo del regolare svolgimento delle prove d'esame scritte ed orali. Gli ispettori possono partecipare in ogni momento agli esami e ai lavori delle commissioni di uno o più distretti indicati nell'atto di nomina ed esaminare tutti gli atti.

9. Dopo la conclusione dell'esame di abilitazione con risultato positivo, la commissione rilascia il certificato per l'iscrizione nell'albo degli avvocati. Il certificato conserva efficacia ai fini dell'iscrizione negli albi.

([1]) *Le parole: «magistrati in pensione» sono state così sostituite dalle attuali: «di regola prioritariamente magistrati in pensione, e solo in seconda istanza magistrati in servizio» dall'art. 83 del D.L. 21 giugno 2013, n. 69, convertito, con modificazioni, nella L. 9 agosto 2013, n. 98.*

48. Disciplina transitoria per la pratica professionale. – 1. Fino al secondo anno successivo alla data di entrata in vigore della presente legge, l'accesso all'esame di abilitazione all'esercizio della professione di avvocato resta disciplinato dalle disposizioni vigenti alla data di entrata in vigore della presente legge, fatta salva la riduzione a diciotto mesi del periodo di tirocinio.

2. All'articolo 1, comma 1, del regolamento di cui al decreto del Ministro della giustizia 11 dicembre 2001, n. 475, le parole: «alle professioni di avvocato e» sono sostituite dalle seguenti: «alla professione di».

49. Disciplina transitoria per l'esame. – 1. Per i primi cinque (1) anni dalla data di entrata in vigore della presente legge l'esame di abilitazione all'esercizio della professione di avvocato si effettua, sia per quanto riguarda le prove scritte e le prove orali, sia per quanto riguarda le modalità di esame, secondo le norme previgenti.

(1) *La parola: «quattro» è stata così sostituita dalla seguente: «cinque», dall'art. 10, comma 2* quater, *del D.L. 30 dicembre 2016, n. 244, convertito, con modificazioni, nella L. 27 febbraio 2017, n. 19.*

Titolo V
Il procedimento disciplinare

Capo I
Norme Generali

50. Consigli distrettuali di disciplina. – 1. Il potere disciplinare appartiene ai consigli distrettuali di disciplina forense.

2. Il consiglio distrettuale di disciplina è composto da membri eletti su base capitaria e democratica, con il rispetto della rappresentanza di genere di cui all'articolo 51 della Costituzione, secondo il regolamento approvato dal CNF. Il numero complessivo dei componenti del consiglio distrettuale è pari ad un terzo della somma dei componenti dei consigli dell'Ordine del distretto, se necessario approssimata per difetto all'unità.

3. Il consiglio distrettuale di disciplina svolge la propria opera con sezioni composte da cinque titolari e da tre supplenti. Non possono fare parte delle sezioni giudicanti membri appartenenti all'ordine a cui è iscritto il professionista nei confronti del quale si deve procedere.

4. Quando è presentato un esposto o una denuncia a un consiglio dell'ordine, o vi è comunque una notizia di illecito disciplinare, il consiglio dell'ordine deve darne notizia all'iscritto, invitandolo a presentare sue deduzioni entro il termine di venti giorni, e quindi trasmettere immediatamente gli atti al consiglio distrettuale di disciplina, che è competente, in via esclusiva, per ogni ulteriore atto procedimentale.

5. Il regolamento per il procedimento è approvato dal CNF, sentiti gli organi circondariali.

51. Procedimento disciplinare e notizia del fatto. – 1. Le infrazioni ai doveri e alle regole di condotta dettati dalla legge o dalla deontologia sono sottoposte al giudizio dei consigli distrettuali di disciplina.

2. È competente il consiglio distrettuale di disciplina del distretto in cui è iscritto l'avvocato o il praticante oppure del distretto nel cui territorio è stato compiuto il fatto oggetto di indagine o di giudizio disciplinare. In ogni caso, si applica il principio della prevenzione, relativamente al momento dell'iscrizione della notizia nell'apposito registro, ai sensi dell'articolo 58.

3. La notizia dei fatti suscettibili di valutazione disciplinare è comunque acquisita. L'autorità giudiziaria è tenuta a dare immediata notizia al consiglio dell'ordine competente quando nei confronti di un iscritto:

a) è esercitata l'azione penale;

b) è disposta l'applicazione di misure cautelari o di sicurezza;

c) sono effettuati perquisizioni o sequestri;

d) sono emesse sentenze che definiscono il grado di giudizio.

52. Contenuto della decisione. – 1. Con la decisione che definisce il procedimento disciplinare possono essere deliberati:

a) il proscioglimento, con la formula: «non esservi luogo a provvedimento disciplinare»;

b) il richiamo verbale, non avente carattere di sanzione disciplinare, nei casi di infrazioni lievi e scusabili;

c) l'irrogazione di una delle seguenti sanzioni disciplinari: avvertimento, censura, sospensione dall'esercizio della professione da due mesi a cinque anni, radiazione.

53. Sanzioni. – 1. L'avvertimento può essere deliberato quando il fatto contestato non è grave e vi è motivo di ritenere che l'incolpato non commetta altre infrazioni. L'avvertimento consiste nell'informare l'incolpato che la sua condotta non è stata conforme alle norme deontologiche e di legge, con invito ad astenersi dal compiere altre infrazioni.

2. La censura consiste nel biasimo formale e si applica quando la gravità dell'infrazione, il grado di responsabilità, i precedenti dell'incolpato e il suo comportamento successivo al fatto inducono a ritenere che egli non incorrerà in un'altra infrazione.

3. La sospensione consiste nell'esclusione temporanea dall'esercizio della professione o dal praticantato e si applica per infrazioni consistenti in comportamenti e in responsabilità gravi o quando non sussistono le condizioni per irrogare la sola sanzione della censura.

4. La radiazione consiste nell'esclusione definitiva dall'albo, elenco o registro e impedisce l'iscrizione a qualsiasi altro albo, elenco o registro, fatto salvo quanto stabilito nell'articolo 62. La radiazione è inflitta per violazioni molto gravi che rendono incompatibile la permanenza dell'incolpato nell'albo.

54. Rapporto con il processo penale. – 1. Il procedimento disciplinare si svolge ed è definito con procedura e con valutazioni autonome rispetto al processo penale avente per oggetto i medesimi fatti.

2. Se, agli effetti della decisione, è indispensabile acquisire atti e notizie appartenenti al processo penale, il procedimento disciplinare può essere a tale scopo sospeso a tempo determinato. La durata della sospensione non può superare complessivamente i due anni; durante il suo decorso è sospeso il termine di prescrizione.

3. Se dai fatti oggetto del procedimento disciplinare emergono estremi di un reato procedibile d'ufficio, l'organo procedente ne informa l'autorità giudiziaria.

4. La durata della pena accessoria dell'interdizione dall'esercizio della professione inflitta dall'autorità giudiziaria all'avvocato è computata in quella della corrispondente sanzione disciplinare della sospensione dall'esercizio della professione.

55. Riapertura del procedimento. – 1. Il procedimento disciplinare, concluso con provvedimento definitivo, è riaperto:

a) se è stata inflitta una sanzione disciplinare e, per gli stessi fatti, l'autorità giudiziaria ha emesso sentenza di assoluzione perché il fatto non sussiste o perché l'incolpato non lo ha commesso. In tale caso il procedimento è riaperto e deve essere pronunciato il proscioglimento anche in sede disciplinare;

b) se è stato pronunciato il proscioglimento e l'autorità giudiziaria ha emesso sentenza di condanna per reato non colposo fondata su fatti rilevanti per l'accertamento della responsabilità disciplinare, che non sono stati valutati dal consiglio distrettuale di disciplina. In tale caso i nuovi fatti sono liberamente valutati nel procedimento disciplinare riaperto.

2. La riapertura del procedimento disciplinare avviene a richiesta dell'interessato o d'ufficio con le forme del procedimento ordinario.

3. Per la riapertura del procedimento e per i provvedimenti conseguenti è competente il consiglio distrettuale di disciplina che ha emesso la decisione, anche se sono state emesse sentenze su ricorso. Il giudizio è affidato a una sezione diversa da quella che ha deciso.

56. Prescrizione dell'azione disciplinare. – 1. L'azione disciplinare si prescrive nel termine di sei anni dal fatto.

2. Nel caso di condanna penale per reato non colposo, la prescrizione per la riapertura del giudizio disciplinare, ai sensi dell'articolo 55, è di due anni dal passaggio in giudicato della sentenza penale di condanna.

3. Il termine della prescrizione è interrotto con la comunicazione all'iscritto della notizia dell'illecito. Il termine è interrotto anche dalla notifica della decisione del consiglio distrettuale di disciplina e della sentenza pronunciata dal CNF su ricorso. Da ogni interruzione decorre un nuovo termine della durata di cinque anni. Se gli atti interruttivi sono più di uno, la prescrizione decorre dall'ultimo di essi, ma in nessun caso il termine stabilito nel comma 1 può essere prolungato di oltre un quarto. Non si computa il tempo delle eventuali sospensioni.

57. Divieto di cancellazione. – 1. Durante lo svolgimento del procedimento, dal giorno dell'invio degli atti al consiglio distrettuale di disciplina non può essere deliberata la cancellazione dall'albo.

58. Notizia di illecito disciplinare e fase istruttoria pre-procedimentale. – 1. Ricevuti gli atti di cui all'articolo 50, comma 4, il presidente del consiglio distrettuale di disciplina provvede senza ritardo a iscrivere in un apposito registro riservato il ricevimento degli atti relativi a un possibile procedimento disciplinare, indicando il nome dell'iscritto a cui gli stessi si riferiscono. Nel caso di manifesta infondatezza ne richiede al consiglio l'archiviazione senza formalità.

2. Qualora il consiglio distrettuale di disciplina non ritenga di disporre l'archiviazione, e in ogni altro caso, il presidente designa la commissione che deve giudicare e nomina il consigliere istruttore, scelto tra i consiglieri iscritti a un ordine diverso da quello dell'incolpato. Il consigliere istruttore diviene responsabile della fase istruttoria pre-procedimentale; egli comunica senza ritardo all'iscritto l'avvio di tale fase, a mezzo di raccomandata con avviso di ricevimento, fornendogli ogni elemento utile e invitandolo a formulare per iscritto le proprie osservazioni entro trenta giorni dal ricevimento della comunicazione, e provvede a ogni accertamento di natura istruttoria nel termine di sei mesi dall'iscrizione della notizia di illecito disciplinare nel registro di cui al comma 1.

3. Conclusa la fase istruttoria, il consigliere istruttore propone al consiglio distrettuale di disciplina richiesta motivata di archiviazione o di approvazione del capo di incolpazione, depositando il fascicolo in segreteria. Il consiglio distrettuale delibera senza la presenza del consigliere istruttore, il quale non può fare parte del collegio giudicante.

4. Il provvedimento di archiviazione è comunicato al consiglio dell'ordine presso il quale l'avvocato è iscritto, all'iscritto e al soggetto dal quale è pervenuta la notizia di illecito.

Capo II
Procedimento

59. Procedimento disciplinare. – 1. Il procedimento disciplinare è regolato dai seguenti principi fondamentali:

a) qualora il consiglio distrettuale di disciplina approvi il capo d'incolpazione, ne dà comunicazione all'incolpato e al pubblico ministero a mezzo di lettera raccomandata con avviso di ricevimento;

b) la comunicazione diretta all'incolpato contiene:

1) il capo d'incolpazione con l'enunciazione:

1.1) delle generalità dell'incolpato e del numero cronologico attribuito al procedimento;

1.2) dell'addebito, con l'indicazione delle norme violate; se gli addebiti sono più di uno gli stessi sono contraddistinti da lettere o da numeri;

1.3) della data della delibera di approvazione del capo d'incolpazione;

2) l'avviso che l'incolpato, nel termine di venti giorni dal ricevimento della stessa, ha diritto di accedere ai documenti contenuti nel fascicolo, prendendone visione ed estraendone copia integrale; ha facoltà di depositare memorie, documenti e di comparire avanti al consigliere istruttore, con l'assistenza del difensore eventualmente nominato, per essere sentito ed esporre le proprie difese. La data per l'interrogatorio è fissata subito dopo la scadenza del termine concesso per il compimento degli atti difensivi ed è indicata nella comunicazione;

c) decorso il termine concesso per il compimento degli atti difensivi, il consigliere istruttore, qualora, per il contenuto delle difese, non ritenga di proporre l'archiviazione, chiede al consiglio distrettuale di disciplina di disporre la citazione a giudizio dell'incolpato;

d) la citazione a giudizio deve essere notificata, a mezzo dell'ufficiale giudiziario, almeno trenta giorni liberi prima della data di comparizione all'incolpato e al pubblico ministero, il quale ha facoltà di presenziare all'udienza dibattimentale. La citazione contiene:

1) le generalità dell'incolpato;

2) l'enunciazione in forma chiara e precisa degli addebiti, con le indicazioni delle norme violate; se gli addebiti sono più di uno essi sono contraddistinti da lettere o da numeri;

3) l'indicazione del luogo, del giorno e dell'ora della comparizione avanti il consiglio distrettuale di disciplina per il dibattimento, con l'avvertimento che l'incolpato può essere assistito da un difensore e che, in caso di mancata comparizione, non dovuta a legittimo impedimento o assoluta impossibilità a comparire, si procederà in sua assenza;

4) l'avviso che l'incolpato ha diritto di produrre documenti e di indicare testimoni, con l'enunciazione sommaria delle circostanze sulle quali essi dovranno essere sentiti. Questi atti devono essere compiuti entro il termine di sette giorni prima della data fissata per il dibattimento;

5) l'elenco dei testimoni che il consiglio distrettuale di disciplina intende ascoltare;

6) la data e la sottoscrizione del presidente e del segretario;

e) nel corso del dibattimento l'incolpato ha diritto di produrre documenti, di interrogare o far interrogare testimoni, di rendere dichiarazioni e, ove lo chieda o vi acconsenta, di sottoporsi all'esame del consiglio distrettuale di disciplina; l'incolpato ha diritto ad avere la parola per ultimo;

f) nel dibattimento il consiglio distrettuale di disciplina acquisisce i documenti prodotti dall'incolpato; provvede all'esame dei testimoni e, subito dopo, all'esame dell'incolpato che ne ha fatto richiesta o che vi ha acconsentito; procede, d'ufficio o su istanza di parte, all'ammissione e all'acquisizione di ogni eventuale ulteriore prova necessaria o utile per l'accertamento dei fatti;

g) le dichiarazioni e i documenti provenienti dall'incolpato, gli atti formati e i documenti acquisiti nel corso della fase istruttoria e del dibattimento sono utilizzabili per la decisione. Gli esposti e le segnalazioni inerenti alla notizia di illecito disciplinare e i verbali di dichiarazioni testimoniali redatti nel corso dell'istruttoria, che non sono stati confermati per qualsiasi motivo in dibattimento, sono utilizzabili per la decisione, ove la persona dalla quale provengono sia stata citata per il dibattimento;

h) terminato il dibattimento, il presidente ne dichiara la chiusura e dà la parola al pubblico ministero, se presente, all'incolpato e al suo difensore, per la discussione, che si svolge nell'ordine di cui alla presente lettera; l'incolpato e il suo difensore hanno in ogni caso la parola per ultimi;

i) conclusa la discussione, il consiglio distrettuale di disciplina delibera il provvedimento a maggioranza, senza la presenza del pubblico ministero, dell'incolpato e del suo difensore, procedendo alla votazione sui temi indicati dal presidente; in caso di parità, prevale il voto di quest'ultimo;

l) è data immediata lettura alle parti del dispositivo del provvedimento. Il dispositivo contiene anche l'indicazione del termine per l'impugnazione;

m) la motivazione del provvedimento deve essere depositata entro il termine di trenta giorni, decorrente dalla lettura del dispositivo; copia integrale del provvedimento è notificata all'incolpato, al consiglio dell'ordine presso il quale l'incolpato è iscritto, al pubblico ministero e al procuratore generale della Repubblica presso la corte d'appello del distretto ove ha sede il consiglio distrettuale di disciplina che ha emesso il provvedimento. Nel caso di decisioni complesse, il termine per il deposito della motivazione può essere aumentato fino al doppio, con provvedimento inserito nel dispositivo della decisione;

n) per quanto non specificatamente disciplinato dal presente comma, si applicano le norme del codice di procedura penale, se compatibili.

60. Sospensione cautelare. – 1. La sospensione cautelare dall'esercizio della professione o dal tirocinio può essere deliberata dal consiglio distrettuale di disciplina competente per il procedimento, previa audizione, nei seguenti casi: applicazione di misura cautelare detentiva o interdittiva irrogata in sede penale e non impugnata o confermata in sede di riesame o di appello; pena accessoria di cui all'articolo 35 del codice penale, anche se è stata disposta la sospensione condizionale della pena, irrogata con la sentenza penale di primo grado; applicazione di misura di sicurezza detentiva; condanna in primo grado per i reati previsti negli articoli 372, 374, 377, 378, 381, 640 e 646 del codice penale, se commessi nell'ambito dell'esercizio della professione o del tirocinio, 244, 648 *bis* e 648 *ter* del medesimo codice; condanna a pena detentiva non inferiore a tre anni.

2. La sospensione cautelare può essere irrogata per un periodo non superiore ad un anno ed è esecutiva dalla data della notifica all'interessato.

3. La sospensione cautelare perde efficacia qualora, nel termine di sei mesi dalla sua irrogazione, il consiglio distrettuale di disciplina non deliberi il provvedimento sanzionatorio.

4. La sospensione cautelare perde altresì efficacia se il consiglio distrettuale di disciplina delibera non esservi luogo a provvedimento disciplinare, ovvero dispone l'irrogazione dell'avvertimento o della censura.

5. La sospensione cautelare può essere revocata o modificata nella sua durata, d'ufficio o su istanza di parte, qualora, anche per circostanze sopravvenute, non appaia adeguata ai fatti commessi.

6. Contro la sospensione cautelare l'interessato può proporre ricorso avanti il CNF nel termine di venti giorni dall'avvenuta notifica nei modi previsti per l'impugnazione dei provvedimenti disciplinari.

7. Il consiglio distrettuale di disciplina dà immediata notizia del provvedimento al consiglio dell'ordine presso il quale è iscritto l'avvocato affinché vi dia esecuzione.

61. Impugnazioni. – 1. Avverso le decisioni del consiglio distrettuale di disciplina è ammesso ricorso, entro trenta giorni dal deposito della sentenza, avanti ad apposita sezione disciplinare del CNF da parte dell'incolpato, nel caso di affermazione di responsabilità, e, per ogni decisione, da parte del consiglio dell'ordine presso cui l'incolpato è iscritto, del procuratore della Repubblica e del procuratore generale del distretto della corte d'appello ove ha sede il consiglio distrettuale di disciplina che ha emesso la decisione.

2. Il ricorso è notificato al pubblico ministero e al procuratore generale presso la corte d'appello, che possono proporre impugnazione incidentale entro venti giorni dalla notifica.

3. La proposizione del ricorso sospende l'esecuzione del provvedimento.

62. Esecuzione. – 1. La decisione emessa dal consiglio distrettuale di disciplina non impugnata è immediatamente esecutiva.

2. Le sospensioni e le radiazioni decorrono dalla scadenza del termine dell'impugnazione, per le decisioni del consiglio distrettuale di disciplina, o dal giorno successivo alla notifica della sentenza all'incolpato. L'incolpato è tenuto ad astenersi dall'esercizio della professione o dal tirocinio senza necessità di alcun ulteriore avviso.

3. Per l'esecuzione della sanzione è competente il consiglio dell'ordine al cui albo o registro è iscritto l'incolpato.

4. Il presidente del consiglio dell'ordine, avuta notizia dell'esecutività della sanzione, verifica senza indugio la data della notifica all'incolpato della decisione del consiglio distrettuale di disciplina e gli invia, a mezzo di raccomandata con avviso di ricevimento, una comunicazione nella quale indica la decorrenza finale dell'esecuzione della sanzione.

5. Nel caso in cui sia inflitta la sospensione, la radiazione o la sospensione cautelare, di esse è data comunicazione senza indugio ai capi degli uffici giudiziari del distretto ove ha sede il consiglio dell'ordine competente per l'esecuzione, ai presidenti dei consigli dell'ordine del relativo distretto e a tutti gli iscritti agli albi e registri tenuti dal consiglio dell'ordine stesso.

6. Copia della comunicazione è affissa presso gli uffici del consiglio dell'ordine competente per l'esecuzione.

7. Quando la decisione che irroga una sanzione disciplinare ovvero che pronuncia il proscioglimento è divenuta definitiva e riguarda un iscritto di un altro ordine, il consigliere segretario ne dà comunicazione all'ordine di appartenenza, trasmettendo copia della decisione.

8. Qualora sia stata irrogata la sanzione della sospensione a carico di un iscritto, al quale per il medesimo fatto è stata applicata la sospensione cautelare, il consiglio dell'ordine determina d'ufficio senza ritardo la durata della sospensione, detraendo il periodo di sospensione cautelare già scontato.

9. Nei casi previsti dai commi 7 e 8, l'estratto della delibera contenente il termine finale della sanzione è immediatamente notificato all'interessato e comunicato ai soggetti di cui al comma 5.

10. Il professionista radiato può chiedere di essere nuovamente iscritto decorsi cinque anni dall'esecutività del provvedimento sanzionatorio, ma non oltre un anno successivamente alla scadenza di tale termine.

63. Poteri ispettivi del CNF. – 1. Il CNF può richiedere ai consigli distrettuali di disciplina notizie relative all'attività disciplinare svolta; può inoltre nominare, scegliendoli tra gli avvocati iscritti nell'albo speciale per il patrocinio davanti alle magistrature superiori, ispettori per il controllo del regolare funzionamento dei consigli distrettuali di disciplina quanto all'esercizio delle loro funzioni in materia disciplinare. Gli ispettori possono esaminare tutti gli atti, compresi quelli riguardanti i procedimenti archiviati. Gli ispettori redigono e inviano al CNF la relazione di quanto riscontrato, formulando osservazioni e proposte. Il CNF può disporre la decadenza dei componenti dei consigli distrettuali di disciplina. Al componente decaduto subentra il primo dei non eletti.

2. Analoghi poteri ispettivi possono essere esercitati per quanto riguarda i procedimenti in corso presso i consigli dell'ordine di appartenenza per la previsione transitoria di cui all'articolo 49.

Titolo VI
Delega al governo
e disposizioni transitorie e finali

64. Delega al Governo per il testo unico. – 1. Il Governo è delegato ad adottare, entro ventiquattro mesi dalla data di entrata in vigore della presente legge, sentito il CNF, uno o più decreti legislativi contenenti un testo unico di riordino delle disposizioni vigenti in materia di professione forense, attenendosi ai seguenti principi e criteri direttivi:

a) accertare la vigenza attuale delle singole norme, indicare quelle abrogate, anche implicitamente, per incompatibilità con successive disposizioni, e quelle che, pur non inserite nel testo unico, restano in vigore; allegare al testo unico l'elenco delle disposizioni, benché non richiamate, che sono comunque abrogate;

b) procedere al coordinamento del testo delle disposizioni vigenti apportando, nei limiti di tale coordinamento, le modificazioni necessarie per garantire la coerenza logica e sistematica della disciplina, anche al fine di adeguare e semplificare il linguaggio normativo.

2. Al fine di consentire una contestuale compilazione delle disposizioni legislative e regolamentari riguardanti la professione di avvocato, il Governo è autorizzato, nella adozione del testo unico, ad inserire in esso, con adeguata evidenziazione, le norme sia legislative sia regolamentari vigenti.

3. Dalle disposizioni del presente articolo non devono derivare nuovi o maggiori oneri a carico della finanza pubblica.

65. Disposizioni transitorie. – 1. Fino alla data di entrata in vigore dei regolamenti previsti nella presente legge, si applicano se necessario e in quanto compatibili le disposizioni vigenti non abrogate, anche se non richiamate.

2. Il CNF ed i consigli circondariali in carica alla data di entrata in vigore della presente legge sono prorogati fino al 31 dicembre dell'anno successivo alla medesima data.

3. L'articolo 19 non si applica agli avvocati già iscritti agli albi alla data di entrata in vigore della presente legge, per i quali restano ferme le disposizioni dell'articolo 3, quarto comma, del regio decreto legge 27 novembre 1933, n. 1578, convertito, con modificazioni, dalla legge 22 gennaio 1934, n. 36, e successive modificazioni.

4. L'incompatibilità di cui all'articolo 28, comma 10, tra la carica di consigliere dell'ordine e quella di componente del comitato dei delegati della Cassa nazionale di previdenza e assistenza forense deve essere rimossa comunque non oltre sessanta giorni dalla data di entrata in vigore della presente legge.

5. Il codice deontologico è emanato entro il termine massimo di un anno dalla data di entrata in vigore della presente legge. Il CNF vi provvede sentiti gli ordini forensi circondariali e la Cassa nazionale di previdenza e assistenza forense in relazione alle materie di interesse di questa. L'entrata in vigore del codice deontologico determina la cessazione di efficacia delle norme previgenti anche se non specificamente abrogate. Le norme contenute nel codice deontologico si applicano anche ai procedimenti disciplinari in corso al momento della sua entrata in vigore, se più favorevoli per l'incolpato.

66. Disposizione finale. – 1. La disciplina in materia di prescrizione dei contributi previdenziali di cui all'articolo 3 della legge 8 agosto 1995, n. 335, non si applica alle contribuzioni dovute alla Cassa nazionale di previdenza e assistenza forense.

67. Clausola di invarianza finanziaria. – 1. Dalle disposizioni recate dalla presente legge non devono derivare nuovi o maggiori oneri a carico della finanza pubblica.

1.

D.L.vo 1 settembre 1993, n. 385. Testo unico delle leggi in materia bancaria e creditizia (Suppl. ord. alla *Gazzetta Ufficiale* Serie gen. - n. 230 del 30 settembre 1993) (1) (2).

(1) *Ai sensi dell'art. 1 del D.L.vo 6 febbraio 2004, n. 37, le espressioni: «Ministro del tesoro» e: «Ministro del tesoro, del bilancio e della programmazione economica», ovunque ricorrano, sono sostituite dalle parole: «Ministro dell'economia e delle finanze» e le parole: «Ministero del tesoro» e: «Ministero del tesoro, del bilancio e della programmazione economica», ovunque ricorrano, sono sostituite dalle parole: «Ministero dell'economia e delle finanze».*

(2) *Si veda l'art. 3 del D.L.vo 14 novembre 2016, n. 223, che si riporta:*

«Art. 3 (Disposizioni finali). *1. Dalla data di entrata in vigore del presente decreto, ogni riferimento alla Banca d'Italia quale autorità di vigilanza, nonché ogni riferimento alle autorità preposte alla vigilanza sugli enti creditizi degli altri Stati membri dell'Unione europea, si intende effettuato all'autorità competente per la vigilanza ai sensi del regolamento (UE) n. 1024/2013 e delle relative misure di esecuzione.*

Per banche o enti creditizi autorizzati in Italia si intendono quelli con sede legale in Italia autorizzati dalla Banca centrale europea o, prima del 4 novembre 2014, dalla Banca d'Italia e le succursali in Italia di banche extracomunitarie.

1. Definizioni. – 1. Nel presente decreto legislativo l'espressione:

a) Autorità creditizie indica il Comitato interministeriale per il credito e il risparmio, il Ministro dell'economia e delle finanze e la Banca d'Italia;

a bis) «autorità di risoluzione» indica la Banca d'Italia nonché un'autorità non italiana deputata allo svolgimento delle funzioni di risoluzione (1);

b) Banca indica l'impresa autorizzata all'esercizio dell'attività bancaria;

c) CICR indica il Comitato interministeriale per il credito e il risparmio;

d) CONSOB indica la Commissione nazionale per le società e la borsa;

d bis) COVIP indica la commissione di vigilanza sui fondi pensione (2);

e) "IVASS" indica l'Istituto per la vigilanza sulle assicurazioni (3);

e bis) "MVU" indica il Meccanismo di vigilanza unica, ossia il sistema di vigilanza finanziaria composto dalla BCE e dalle autorità nazionali competenti degli Stati membri che vi partecipano (4);

e ter) "Disposizioni del MVU" indica il regolamento (UE) n. 1024/2013 e le relative misure di esecuzione (4);

[*f*) UIC indica l'ufficio italiano dei cambi] (5);

g) Stato comunitario indica lo Stato membro della Comunità Europea;

g bis) «Stato d'origine» indica lo Stato comunitario in cui la banca è stata autorizzata all'esercizio dell'attività (6);

g ter) «Stato ospitante» indica lo Stato comunitario nel quale la banca ha una succursale o presta servizi (6);

h) «Stato terzo» indica lo Stato non membro dell'Unione europea (7);

h bis) "SEVIF": il Sistema europeo di vigilanza finanziaria composto dalle seguenti parti:

1) "ABE": Autorità bancaria europea, istituita con regolamento (UE) n. 1093/2010;

2) "AEAP": Autorità europea delle assicurazioni e delle pensioni aziendali e professionali, istituita con regolamento (UE) n. 1094/2010;

3) "AESFEM": Autorità europea degli strumenti finanziari e dei mercati, istituita con regolamento (UE) n. 1095/2010;

4) "Comitato congiunto": il Comitato congiunto delle Autorità europee di vigilanza, previsto dall'articolo 54 del regolamento (UE) n. 1093/2010, del regolamento (UE) n. 1094/2010, del regolamento (UE) n. 1095/2010;

5) "CERS": Comitato europeo per il rischio sistemico, istituito dal regolamento (UE) n. 1092/2010;

6) "Autorità di vigilanza degli Stati membri": le autorità competenti o di vigilanza degli Stati

membri specificate negli atti dell'Unione di cui all'articolo 1, paragrafo 2, del regolamento (UE) n. 1093/2010, del regolamento (UE) n. 1094/2010 e del regolamento (UE) n. 1095/2010 ([8]);

h ter) "Stato partecipante al MVU" indica uno Stato comunitario la cui moneta è l'euro o che abbia instaurato una cooperazione stretta con la BCE a norma delle disposizioni del MVU ([9]);

i) legge fallimentare indica il R.D. 16 marzo 1942, n. 267;

l) autorità competenti indica, a seconda dei casi, uno o più fra le autorità di vigilanza sulle banche, sulle imprese di investimento, sugli organismi di investimento collettivo del risparmio, sulle imprese di assicurazione e sui mercati finanziari ([10]);

[*m*) Ministro del tesoro indica il Ministro del tesoro, del bilancio e della programmazione economica] ([11]).

2. Nel presente decreto legislativo si intendono per:

a) banca italiana: la banca avente sede legale in Italia;

b) banca comunitaria: la banca avente sede legale e amministrazione centrale in un medesimo Stato comunitario diverso dall'Italia;

c) banca extracomunitaria: la banca avente sede legale in uno Stato terzo ([12]);

d) "soggetto significativo": i soggetti definiti dall'articolo 2, n. 16, del regolamento (UE) n. 468/2014, sui quali la BCE esercita la vigilanza diretta in conformità delle disposizioni del MVU ([13]);

d bis) "soggetto meno significativo": i soggetti, sottoposti a vigilanza nell'ambito del MVU, diversi da quelli di cui alla lettera *d*) ([13]);

e) succursale: una sede che costituisce parte, sprovvista di personalità giuridica, di una banca e che effettua direttamente, in tutto o in parte, l'attività della banca;

f) attività ammesse al mutuo riconoscimento: le attività di:

1) raccolta di depositi o di altri fondi con obbligo di restituzione;

2) operazioni di prestito (compreso in particolare il credito al consumo, il credito con garanzia ipotecaria, il *factoring*, le cessioni di credito pro soluto e pro solvendo, il credito commerciale incluso il *forfaiting*);

3) *leasing* finanziario;

4) prestazione di servizi di pagamento come definiti dagli articoli 1, comma 1, lettera *b*), e 2, comma 2, del decreto legislativo 27 gennaio 2010, n. 11 ([14]);

5) emissione e gestione di mezzi di pagamento («*travellers cheques*», lettere di credito), nella misura in cui quest'attività non rientra nel punto 4 ([15]);

6) rilascio di garanzie e di impegni di firma;

7) operazioni per proprio conto o per conto della clientela in:

– strumenti di mercato monetario (assegni, cambiali, certificati di deposito, ecc.);

– cambi;

– strumenti finanziari a termine e opzioni;

– contratti su tassi di cambio e tassi d'interesse;

– valori mobiliari;

8) partecipazione alle emissioni di titoli e prestazioni di servizi connessi;

9) consulenza alle imprese in materia di struttura finanziaria, di strategia industriale e di questioni connesse, nonché consulenza e servizi nel campo delle concentrazioni e del rilievo di imprese;

10) servizi di intermediazione finanziaria del tipo *money broking*;

11) gestione o consulenza nella gestione di patrimoni;

12) custodia e amministrazione di valori mobiliari;

13) servizi di informazione commerciale;

14) locazione di cassette di sicurezza;

15) altre attività che, in virtù delle misure di adattamento assunte dalle autorità comunitarie, sono aggiunte all'elenco allegato alla seconda direttiva in materia creditizia del Consiglio delle Comunità europee n. 89/646/CEE del 15 dicembre 1989;

g) intermediari finanziari: i soggetti iscritti nell'elenco previsto dall'articolo 106;

h) stretti legami: i rapporti tra una banca e un soggetto italiano o estero che:

1) controlla la banca;

2) è controllato dalla banca;

3) è controllato dallo stesso soggetto che controlla la banca;

4) partecipa al capitale della banca in misura pari almeno al 20% del capitale con diritto di voto;

5) è partecipato dalla banca in misura pari almeno al 20% del capitale con diritto di voto ([16]);

h bis) «istituti di moneta elettronica»: le imprese, diverse dalle banche, che emettono moneta elettronica;

h bis.1) "istituti di moneta elettronica comunitari": gli istituti di moneta elettronica aventi sede legale e amministrazione centrale in uno stesso Stato comunitario diverso dall'Italia ([17]);

h ter) «moneta elettronica»: il valore monetario memorizzato elettronicamente, ivi inclusa la memorizzazione magnetica, rappresentato da un credito nei confronti dell'emittente che sia emesso per effettuare operazioni di pagamento come definite all'articolo 1, comma 1, lettera *c*), del decreto legislativo 27 gennaio 2010, n. 11, e che sia accettato da persone fisiche e giuridiche diverse dall'emittente. Non costituisce moneta elettronica:

1) il valore monetario memorizzato sugli strumenti previsti dall'articolo 2, comma 2, lettera *m*), del decreto legislativo 27 gennaio 2010, n. 11;

2) il valore monetario utilizzato per le operazioni di pagamento previste dall'articolo 2, comma 2, lettera *n*), del decreto legislativo 27 gennaio 2010, n. 11 ([18]);

h quater) «partecipazioni»: le azioni, le quote e gli altri strumenti finanziari che attribuiscono diritti amministrativi o comunque i diritti previsti dall'articolo 2351, ultimo comma, del codice civile ([19]);

[*h quinquies*) «partecipazioni rilevanti»: le partecipazioni che comportano il controllo della società e le partecipazioni individuate dalla Banca d'Italia in conformità alle deliberazioni del CICR, con riguardo alle diverse fattispecie disciplinate, tenendo conto dei diritti di voto e degli altri diritti che consentono di influire sulla società] ([20]);

h sexies)« istituti di pagamento»: le imprese, diverse dalle banche e dagli istituti di moneta elettronica, autorizzate a prestare i servizi di pagamento di cui alla lettera *f*), n. 4) ([21]);

h septies) «istituti di pagamento comunitari»: gli istituti di pagamento aventi sede legale e amministrazione centrale in uno stesso Stato comunitario diverso dall'Italia ([21]);

h octies) «succursale di un istituto di pagamento»: una sede che costituisce parte, sprovvista di personalità giuridica, di un istituto di pagamento e che effettua direttamente, in tutto o in parte, l'attività dell'istituto di pagamento ([21]);

h novies) "personale": i dipendenti e coloro che comunque operano sulla base di rapporti che ne determinano l'inserimento nell'organizzazione aziendale, anche in forma diversa dal rapporto di lavoro subordinato ([22]).

3. La Banca d'Italia, può ulteriormente qualificare [, in conformità delle deliberazioni del CICR,] ([23]) la definizione di stretti legami prevista dal comma 2, lettera *h*), al fine di evitare situazioni di ostacolo all'effettivo esercizio delle funzioni di vigilanza ([24]).

3 *bis*. Se non diversamente disposto, le norme del presente decreto legislativo che fanno riferimento al consiglio di amministrazione, all'organo amministrativo e agli amministratori si applicano anche al consiglio di gestione ed ai suoi componenti ([25]).

3 *ter*. Se non diversamente disposto, le norme del presente decreto legislativo che fanno riferimento al collegio sindacale, ai sindaci ed all'organo che svolge la funzione di controllo si applicano anche al consiglio di sorveglianza ed al comitato per il controllo sulla gestione e ai loro componenti ([25]).

([1]) *Questa lettera è stata inserita dall'art. 1, comma 1, lett.* a), *del D.L.vo 16 novembre 2015, n. 181. Tali disposizioni si applicano alle procedure di amministrazione straordinaria e di liquidazione coatta amministrativa avviate successivamente all'entrata in vigore del suddetto decreto.*

([2]) *Questa lettera è stata inserita dall'art. 1, comma 1, del D.L.vo 4 agosto 1999, n. 333.*

([3]) *Questa lettera è stata così sostituita dall'attuale, dall'art. 1, comma 1, lett.* a), *del D.L.vo 12 maggio 2015, n. 72.*

([4]) *Questa lettera è stata inserita dall'art. 1, comma 1, lett.* a), *del D.L.vo 14 novembre 2016, n. 223.*

([5]) *Questa lettera è stata soppressa dall'art. 1, comma 1, lett.* b), *del D.L.vo 12 maggio 2015, n. 72.*

([6]) *Questa lettera è stata inserita dall'art. 1 del D.L.vo 9 luglio 2004, n. 197.*

([7]) *Questa lettera è stata così sostituita dall'art. 1, comma 1, lett.* b), *del D.L.vo 16 novembre 2015, n. 181. Tali disposizioni si applicano alle procedure di amministrazione straordinaria e di liquidazione coatta amministrativa avviate successivamente all'entrata in vigore del suddetto decreto.*

([8]) *Questa lettera è stata inserita dall'art. 1, comma 1, del D.L.vo 30 luglio 2012, n. 130.*

([9]) *Questa lettera è stata inserita dall'art. 1, comma 1, lett.* b), *del D.L.vo 14 novembre 2016, n. 223.*

([10]) *Questa lettera è stata aggiunta dall'art. 1, comma 2, del D.L.vo 4 agosto 1999, n. 333.*

([11]) *Questa lettera, è stata aggiunta dall'art. 1, comma 3, del D.L.vo 4 agosto 1999, n. 333 e, da ultimo, soppressa dall'art. 1, comma 1, lett.* c), *del D.L.vo 12 maggio 2015, n. 72.*

([12]) *La parola: «extracomunitario» è stata così sostituita dalla seguente: «terzo» dall'art. 1, comma 1, lett.* c), *del D.L.vo 16 novembre 2015, n. 181. Tali disposizioni si applicano alle procedure di amministrazione straordinaria e di liquidazione coatta amministrativa avviate successivamente all'entrata in vigore del suddetto decreto.*

(13) *La precedente lettera* d) *è stata così sostituita dalle attuali lettere* d) e d bis)*, dall'art. 1, comma 2, del D.L.vo 14 novembre 2016, n. 223.*

(14) *Questo numero è stato così sostituito dall'art. 1, comma 1, del D.L.vo 16 aprile 2012, n. 45.*

(15) *Questo numero è stato così sostituito dall'art. 35, comma 1, del D.L.vo 27 gennaio 2010, n. 11.*

(16) *Questa lettera è stata aggiunta dall'art. 1, comma 4, del D.L.vo 4 agosto 1999, n. 333.*

(17) *Questa lettera è stata inserita dall'art. 1, comma 1, lett.* d)*, del D.L.vo 12 maggio 2015, n. 72.*

(18) *Questa lettera, aggiunta dalla L. 1 marzo 2002, n. 39, è stata poi così sostituita dall'art. 1, comma 2, del D.L.vo 16 aprile 2012, n. 45.*

(19) *Questa lettera è stata aggiunta dall'art. 9.1, lett.* a)*, del D.L.vo 17 gennaio 2003, n. 6, così come inserito dall'art. 2 del D.L.vo 6 febbraio 2004, n. 37.*

(20) *Questa lettera, aggiunta dall'art. 9.1, lett.* a)*, del D.L.vo 17 gennaio 2003, n. 6, così come inserito dall'art. 2 del D.L.vo 6 febbraio 2004, n. 37, è stata abrogata dall'art. 1, comma 1, lett.* a)*, del D.L.vo 27 gennaio 2010, n. 21.*

(21) *Questa lettera è stata inserita dall'art. 35, comma 2, del D.L.vo 27 gennaio 2010, n. 11.*

(22) *Questa lettera è stata aggiunta dall'art. 1, comma 1, lett.* e)*, del D.L.vo 12 maggio 2015, n. 72.*

(23) *Le parole fra parentesi quadrate sono state soppresse dall'art. 1, comma 1, lett.* f)*, del D.L.vo 12 maggio 2015, n. 72.*

(24) *Questo comma è stato aggiunto dall'art. 1, comma 5, del D.L.vo 4 agosto 1999, n. 333.*

(25) *Questo comma è stato aggiunto dall'art. 9.1, lett.* b)*, del D.L.vo 17 gennaio 2003, n. 6, così come inserito dall'art. 2 del D.L.vo 6 febbraio 2004, n. 37.*

Titolo I
Autorità creditizie

2. Comitato interministeriale per il credito e il risparmio. – 1. Il Comitato interministeriale per il credito e il risparmio ha l'alta vigilanza in materia di credito e di tutela del risparmio. Esso delibera nelle materie attribuite alla sua competenza dal presente decreto legislativo o da altre leggi. Il Cicr è composto dal Ministro dell'economia e delle finanze che lo presiede, [dal Ministro del bilancio e della programmazione economica] (1), dal Ministro del commercio internazionale, dal Ministro delle politiche agricole, alimentari e forestali, dal Ministro dello sviluppo economico, dal Ministro delle infrastrutture, dal Ministro dei trasporti (2) e dal Ministro per le politiche comunitarie. Alle sedute partecipa il Governatore della Banca d'Italia.

2. Il presidente può invitare altri ministri a intervenire a singole riunioni a fini consultivi. Agli stessi fini il presidente può invitare i presidenti delle altre Autorità competenti a prendere parte a singole riunioni in cui vengano trattati argomenti, attinenti a materie loro attribuite dalla legge, connessi a profili di stabilità complessiva, trasparenza ed efficienza del sistema finanziario (3).

3. Il Cicr è validamente costituito con la presenza della maggioranza dei suoi membri e delibera con il voto favorevole della maggioranza dei presenti.

4. Il direttore generale del Tesoro svolge funzioni di segretario. Il Cicr determina le norme concernenti la propria organizzazione e il proprio funzionamento. Per l'esercizio delle proprie funzioni il Cicr si avvale della Banca d'Italia.

(1) *Le parole riportate tra parentesi quadre sono state soppresse dall'art. 1 del D.L.vo 4 agosto 1999, n. 342.*

(2) *Le originarie parole: «dal Ministro del commercio con l'estero, dal Ministro per il coordinamento delle politiche agricole, alimentari e forestali, dal Ministro delle finanze, dal Ministro dell'industria, del commercio e dell'artigianato, dal Ministro dei lavori pubblici» sono state così sostituite dalle attuali da: «dal Ministro del commercio internazionale ...» fino a: «... dal Ministro dei trasporti» dall'art. 1, comma 1, lett.* a)*, del D.L.vo 29 dicembre 2006, n. 303.*

(3) *Questo comma è stato così sostituito dall'art. 1, comma 1, lett.* b) *del D.L.vo 29 dicembre 2006, n. 303.*

3. Ministro dell'economia e delle finanze. – 1. Il Ministro dell'economia e delle finanze adotta con decreto i provvedimenti di sua competenza previsti dal presente decreto legislativo e ha facoltà di sottoporli preventivamente al Cicr.

2. In caso di urgenza il Ministro dell'economia e delle finanze sostituisce il Cicr. Dei provvedimenti assunti è data notizia al Cicr nella prima riunione successiva, che deve essere convocata entro trenta giorni.

4. Banca d'Italia. – 1. La Banca d'Italia, nell'esercizio delle funzioni di vigilanza, formula le proposte per le deliberazioni di competenza del Cicr previste nel titolo II (1) [e nell'articolo 107] (2). La Banca d'Italia inoltre, emana regolamenti nei casi previsti dalla legge, impartisce istruzioni e adotta i provvedimenti di carattere particolare di sua competenza.

2. La Banca d'Italia determina e rende pubblici previamente i principi e i criteri dell'attività di vigilanza.

3. La Banca d'Italia, fermi restando i diversi termini fissati da disposizioni di legge, stabilisce i termini per provvedere, individua il responsabile del procedimento, indica i motivi delle decisioni e pubblica i provvedimenti aventi carattere generale. Si applicano, in quanto compatibili, le disposizioni della L. 7 agosto 1990, n. 241 [, intendendosi attribuiti al Governatore della Banca d'Italia i poteri per l'adozione degli atti amministrativi generali previsti da dette disposizioni] ([3]).

4. La Banca d'Italia pubblica annualmente una relazione sull'attività di vigilanza.

4 *bis*. Nell'esercizio delle funzioni previste dal presente decreto legislativo, alla Banca d'Italia, ai componenti dei suoi organi nonché ai suoi dipendenti si applica l'articolo 24, comma 6 *bis*, della legge 28 dicembre 2005, n. 262 ([4]).

([1]) *Le precedenti parole: «nei titoli II e III» sono state così sostituite dalle seguenti: «nel titolo II», dall'art. 1, comma 2, del D.L.vo 12 maggio 2015, n. 72.*

([2]) *Le parole fra parentesi quadrate sono state soppresse dall'art. 1, comma 1, lett. a), del D.L.vo 30 dicembre 2010, n. 239.*

([3]) *Le parole tra parentesi quadrate sono state soppresse dall'art. 1, comma 2, del D.L.vo 30 luglio 2012, n. 130.*

([4]) *Questo comma è stato aggiunto dall'art. 1, comma 2, del D.L.vo 16 novembre 2015, n. 181. Tali disposizioni si applicano alle procedure di amministrazione straordinaria e di liquidazione coatta amministrativa avviate successivamente all'entrata in vigore del suddetto decreto.*

5. Finalità e destinatari della vigilanza. – 1. Le autorità creditizie esercitano i poteri di vigilanza a esse attribuiti dal presente decreto legislativo, avendo riguardo alla sana e prudente gestione dei soggetti vigilati, alla stabilità complessiva, all'efficienza e alla competitività del sistema finanziario nonché all'osservanza delle disposizioni in materia creditizia.

2. La vigilanza si esercita nei confronti delle banche, dei gruppi bancari, degli intermediari finanziari, degli istituti di moneta elettronica e degli istituti di pagamento ([1]).

3. Le autorità creditizie esercitano altresì gli altri poteri a esse attribuiti dalla legge.

([1]) *Le parole: «e degli intermediari finanziari» sono state così sostituite dalle attuali: «, degli intermediari finanziari, degli istituti di moneta elettronica e degli istituti di pagamento» dall'art. 35, comma 3, del D.L.vo 27 gennaio 2010, n. 11.*

6. ([1]) **Rapporti con il diritto dell'Unione europea e integrazione nel SEVIF e nel MVU** ([2]). – 1. Le autorità creditizie esercitano i poteri loro attribuiti in armonia con le disposizioni dell'Unione europea, applicano i regolamenti e le decisioni dell'Unione europea e provvedono in merito alle raccomandazioni in materia creditizia e finanziaria.

2. Nei casi e nei modi previsti dalle disposizioni dell'Unione europea, le autorità creditizie adempiono agli obblighi di comunicazione nei confronti delle autorità e dei comitati che compongono il SEVIF, della BCE ([3]) e delle altre autorità e istituzioni indicate dalle disposizioni dell'Unione europea.

3. La Banca d'Italia, nell'esercizio delle funzioni di vigilanza, è parte del SEVIF e del MVU ([4]) e partecipa alle attività che essi svolgono ([5]), tenendo conto della convergenza degli strumenti e delle prassi di vigilanza in ambito europeo.

3 *bis*. Le autorità creditizie esercitano i poteri d'intervento a esse attribuiti dal presente decreto legislativo anche per assicurare il rispetto del regolamento (UE) n. 575/2013, delle relative norme tecniche di regolamentazione e di attuazione emanate dalla Commissione europea ai sensi degli articoli 10 e 15 del regolamento (CE) n. 1093/2010, ovvero in caso di inosservanza degli atti dell'ABE direttamente applicabili adottati ai sensi di quest'ultimo regolamento ([6]).

4. Nei casi e nei modi previsti dalle disposizioni dell'Unione europea, la Banca d'Italia può concludere accordi con l'ABE e con le autorità di vigilanza di altri Stati membri che prevedano anche la ripartizione di compiti e la delega di funzioni nonché ricorrere all'ABE per la risoluzione delle controversie con le autorità di vigilanza degli altri Stati membri in situazioni transfrontaliere.

([1]) *Questo articolo è stato così sostituito dall'art. 1, comma 3, del D.L.vo 30 luglio 2012, n. 130.*

([2]) *Le parole: «e nel MVU» sono state aggiunte dall'art. 1, comma 3, lett. a), del D.L.vo 14 novembre 2016, n. 223.*

([3]) *Le parole: «, della BCE» sono state aggiunte dall'art. 1, comma 3, lett. b), del D.L.vo 14 novembre 2016, n. 223.*

([4]) *Le parole: «e del MVU» sono state aggiunte dall'art. 1, comma 3, lett. c), del D.L.vo 14 novembre 2016, n. 223.*

([5]) *Le parole: «esso svolge» sono state così sostituite dalle seguenti: «essi svolgono», dall'art. 1, comma 3, lett. d), del D.L.vo 14 novembre 2016, n. 223.*

([6]) *Questo comma è stato inserito dall'art. 1, comma 3, del D.L.vo 12 maggio 2015, n. 72.*

6 *bis*. ([1]) **Partecipazione al MVU e poteri della Banca d'Italia.** – 1. Nelle materie disciplinate dalle disposizioni del MVU, i poteri attribuiti alla Banca d'Italia dal presente decreto sono esercitati dalla Banca d'Italia stessa nei limiti e secondo le modalità stabilite dalle disposizioni del MVU che disciplinano l'esercizio di compiti di vigilanza sulle banche prevedendo, tra l'altro, differenti modalità di cooperazione tra la BCE e le autorità nazionali per i soggetti significativi e per quelli meno significativi.

2. Ai sensi del comma 1, la Banca d'Italia, in particolare:

a) formula alla BCE proposte per l'adozione dei provvedimenti di autorizzazione e revoca all'esercizio dell'attività bancaria ai sensi dell'articolo 14 e di autorizzazione all'acquisto di partecipazioni ai sensi dell'articolo 19;

b) fornisce alla BCE tutte le informazioni necessarie per lo svolgimento dei compiti ad essa attribuiti dalle disposizioni del MVU, fermo restando il potere della BCE di ottenere le informazioni dai soggetti vigilati e di condurre ispezioni;

c) assiste la BCE nella preparazione e attuazione degli atti relativi ai compiti di vigilanza ad essa attribuiti dalle disposizioni del MVU;

d) informa la BCE dell'attività di vigilanza svolta e dei procedimenti amministrativi avviati, nei casi e secondo le modalità previsti dalle disposizioni del MVU;

e) esercita i poteri, non attribuiti in via esclusiva alla BCE, previsti dal presente decreto nelle materie disciplinate dalle disposizioni del MVU, anche su richiesta o dietro istruzioni della BCE, informando quest'ultima delle attività svolte in esito alla richiesta;

f) esercita i poteri ad essa attribuiti dal presente decreto che non siano attribuiti alla BCE dalle disposizioni del MVU.

3. Nelle materie inerenti all'esercizio dei compiti attribuiti alla BCE dalle disposizioni del MVU, le sanzioni amministrative previste nel Titolo VIII sono applicate secondo quanto previsto dall'articolo 144 *septies*.

4. Ai fini dell'articolo 4, paragrafo 3, del regolamento (UE) n. 1024/2013, si intendono per "legislazione nazionale di recepimento delle direttive europee" e "legislazione nazionale di esercizio delle opzioni previste dai regolamenti europei" le disposizioni nazionali di carattere generale nelle materie disciplinate dalle disposizioni del MVU, incluse quelle adottate, ove previsto dalla legislazione nazionale, dalla Banca d'Italia, per l'attuazione delle direttive dell'Unione europea e per l'esercizio di opzioni rimesse dai regolamenti dell'Unione europea agli Stati membri o alle autorità competenti o designate negli Stati membri, quando non esercitate dalla BCE.

5. Nell'esercizio delle rispettive competenze la Banca d'Italia e la BCE operano in stretta collaborazione, secondo il principio di leale cooperazione.

([1]) *Questo articolo è stato inserito dall'art. 1, comma 4, del D.L.vo 14 novembre 2016, n. 223.*

7. Segreto d'ufficio e collaborazione tra autorità. – 1. Tutte le notizie, le informazioni e i dati in possesso della Banca d'Italia in ragione della sua attività di vigilanza sono coperti da segreto d'ufficio anche nei confronti delle pubbliche amministrazioni, a eccezione del Ministro dell'economia e delle finanze, Presidente del Cicr. Il segreto non può essere opposto all'autorità giudiziaria quando le informazioni richieste siano necessarie per le indagini, o i procedimenti relativi a violazioni sanzionate penalmente ([1]).

2. I dipendenti della Banca d'Italia, nell'esercizio delle funzioni di vigilanza, sono pubblici ufficiali e hanno l'obbligo di riferire esclusivamente al Direttorio ([2]) tutte le irregolarità constatate anche quando assumano la veste di reati. Restano ferme le disposizioni del MVU in materia di comunicazione delle informazioni alla BCE ([3]).

3. I dipendenti della Banca d'Italia sono vincolati dal segreto d'ufficio.

4. Le pubbliche amministrazioni e gli enti pubblici forniscono le informazioni e le altre forme di collaborazione richieste dalla Banca d'Italia, in conformità delle leggi disciplinanti i rispettivi ordinamenti.

5. La Banca d'Italia, la Consob, la COVIP e l'IVASS ([4]) collaborano tra loro, anche mediante scambio di informazioni, al fine di agevolare le rispettive funzioni. Detti organismi non possono reciprocamente opporsi il segreto d'ufficio ([5]).

6. La Banca d'Italia collabora, anche mediante scambio di informazioni, con le autorità e i comitati che compongono il SEVIF ([6]) e il MVU ([7]), nonché con le autorità di risoluzione degli Stati comunitari ([8]) al fine di agevolare le rispettive funzioni. Le informazioni ricevute dalla Banca d'Italia possono essere trasmesse alle autorità italiane competenti, salvo diniego dell'autorità [del-

lo Stato comunitario] ([9]) che ha fornito le informazioni ([5]).

7. Nell'ambito di accordi di cooperazione e di equivalenti obblighi di riservatezza, la Banca d'Italia può scambiare informazioni preordinate all'esercizio delle funzioni di vigilanza con le autorità competenti degli Stati terzi ([10]); le informazioni che la Banca d'Italia ha ricevuto da un altro Stato comunitario possono essere comunicate soltanto con l'assenso esplicito delle autorità che le hanno fornite ([5]).

8. La Banca d'Italia può scambiare informazioni con autorità amministrative o giudiziarie nell'ambito di procedimenti di liquidazione o di fallimento, in Italia o all'estero, relativi a banche, succursali di banche italiane all'estero o di banche comunitarie o extracomunitarie in Italia, nonché relativi a soggetti inclusi nell'ambito della vigilanza consolidata. Nei rapporti con le autorità extracomunitarie lo scambio di informazioni avviene con le modalità di cui al comma 7 ([5]).

9. La Banca d'Italia può comunicare ai sistemi di garanzia italiani e, a condizione che sia assicurata la riservatezza, a quelli esteri informazioni e dati in suo possesso necessari al funzionamento dei sistemi stessi ([5]).

10. Nel rispetto delle condizioni previste dalle disposizioni dell'Unione europea, la Banca d'Italia scambia informazioni con tutte le altre autorità e soggetti esteri indicati dalle disposizioni medesime ([5]) ([11]).

([1]) *Questo comma è stato così sostituito dall'art. 2, comma 1, del D.L.vo 4 agosto 1999, n. 333.*

([2]) *La parola: «Governatore» è stata così sostituita dalla seguente: «Direttorio», dall'art. 1, comma 3, lett. a), del D.L.vo 16 novembre 2015, n. 181. Tali disposizioni si applicano alle procedure di amministrazione straordinaria e di liquidazione coatta amministrativa avviate successivamente all'entrata in vigore del suddetto decreto.*

([3]) *Le parole: «Restano ferme le disposizioni del MVU in materia di comunicazione delle informazioni alla BCE.» sono state aggiunte dall'art. 1, comma 5, lett. a), del D.L.vo 14 novembre 2016, n. 223.*

([4]) *Le parole: «la COVIP, l'ISVAP e l'UIC» sono state così sostituite dalle parole: «la COVIP e l'ISVAP» dall'art. 1, comma 4, lett. a), del D.L.vo 30 luglio 2012, n. 130. Successivamente, la parola: «l'ISVAP» è stata, da ultimo, così sostituita dalla seguente: «l'IVASS», dall'art. 1, comma 4, del D.L.vo 12 maggio 2015, n. 72.*

([5]) *Gli originari commi 5, 6, 7, 8, 9, 9 bis e 10 sono stati così sostituiti dall'art. 2, comma 2, del D.L.vo 4 agosto 1999, n. 333.*

([6]) *Le parole: «le autorità competenti degli Stati comunitari» sono state così sostituite dalle parole: «le autorità e i comitati che compongono il SEVIF» dall'art. 1, comma 4, lett. b), del D.L.vo 30 luglio 2012, n. 130.*

([7]) *Le parole: «e il MVU» sono state aggiunte dall'art. 1, comma 5, lett. b), del D.L.vo 14 novembre 2016, n. 223.*

([8]) *Le parole: «nonché con le autorità di risoluzione degli Stati comunitari,» sono state inserite dall'art. 1, comma 3, lett. b), del D.L.vo 16 novembre 2015, n. 181. Tali disposizioni si applicano alle procedure di amministrazione straordinaria e di liquidazione coatta amministrativa avviate successivamente all'entrata in vigore del suddetto decreto.*

([9]) *Le parole tra parentesi quadrate sono state soppresse dall'art. 1, comma 5, lett. b), del D.L.vo 14 novembre 2016, n. 223.*

([10]) *La parola: «extracomunitari» è stata così sostituita dalla seguente: «terzi» dall'art. 1, comma 3, lett. c), del D.L.vo 16 novembre 2015, n. 181. Tali disposizioni si applicano alle procedure di amministrazione straordinaria e di liquidazione coatta amministrativa avviate successivamente all'entrata in vigore del suddetto decreto.*

([11]) *Questo comma è stato dapprima sostituito dall'art. 1, comma 1, lett. a), del D.L. 27 dicembre 2006, n. 297, convertito, con modificazioni, nella L. 23 febbraio 2007, n. 15 e da ultimo dall'art. 1, comma 4, lett. c), del D.L.vo 30 luglio 2012, n. 130.*

8. Pubblicazione di provvedimenti e di dati statistici. – 1. La Banca d'Italia pubblica sul proprio sito web i provvedimenti di carattere generale emanati dalle autorità creditizie nonché altri provvedimenti rilevanti relativi ai soggetti sottoposti a vigilanza ([1]).

2. Le delibere del Cicr e i provvedimenti di carattere generale del Ministro dell'economia e delle finanze emanati ai sensi del presente decreto legislativo sono pubblicati nella *Gazzetta Ufficiale* della Repubblica italiana. I provvedimenti di carattere generale della Banca d'Italia sono pubblicati nella *Gazzetta Ufficiale* della Repubblica italiana quando le disposizioni in essi contenute sono destinate anche a soggetti diversi da quelli sottoposti a vigilanza.

3. La Banca d'Italia pubblica elaborazioni e dati statistici relativi ai soggetti sottoposti a vigilanza.

([1]) *Questo comma è stato così sostituito dall'art. 1, comma 5, del D.L.vo 12 maggio 2015, n. 72.*

9. Reclamo al Cicr. – 1. Contro i provvedimenti adottati dalla Banca d'Italia nell'esercizio dei poteri di vigilanza a essa attribuiti dal presente decreto legislativo è ammesso reclamo al Cicr, da parte di chi vi abbia interesse, nel termine di 30 giorni dalla comunicazione o dalla pubblicazione. Si osservano, in quanto applicabili, le disposizioni del capo I del decreto del Presidente della Repubblica 24 novembre 1971, n. 1199 ([1]).

2. Il reclamo è deciso dal Cicr previa consultazione delle associazioni di categoria dei soggetti sottoposti a vigilanza, nel caso in cui la decisione comporti la risoluzione di questioni di interesse generale per la categoria.

3. Il Cicr stabilisce in via generale, con propria deliberazione, le modalità per la consultazione prevista dal comma 2.

([1]) *Questo decreto concerne la semplificazione dei procedimenti in materia di ricorsi amministrativi.*

Titolo II
Banche

Capo I
Nozione di attività bancaria
e di raccolta del risparmio

10. Attività bancaria. – 1. La raccolta di risparmio tra il pubblico e l'esercizio del credito costituiscono l'attività bancaria. Essa ha carattere d'impresa.

2. L'esercizio dell'attività bancaria è riservato alle banche.

3. Le banche esercitano, oltre all'attività bancaria, ogni altra attività finanziaria, secondo la disciplina propria di ciascuna, nonché attività connesse e strumentali. Sono salve le riserve di attività previste dalla legge.

11. Raccolta del risparmio. – 1. Ai fini del presente decreto legislativo è raccolta del risparmio l'acquisizione di fondi con obbligo di rimborso, sia sotto forma di depositi sia sotto altra forma.

2. La raccolta del risparmio tra il pubblico è vietata ai soggetti diversi dalle banche ([1]).

2 *bis*. Non costituisce raccolta del risparmio tra il pubblico la ricezione di fondi connessa all'emissione di moneta elettronica ([2]).

2 *ter*. Non costituisce raccolta del risparmio tra il pubblico la ricezione di fondi da inserire in conti di pagamento utilizzati esclusivamente per la prestazione di servizi di pagamento ([3]).

3. Il CICR stabilisce limiti e criteri, anche con riguardo all'attività ed alla forma giuridica del soggetto che acquisisce fondi, in base ai quali non costituisce raccolta del risparmio tra il pubblico quella effettuata presso specifiche categorie individuate in ragione di rapporti societari o di lavoro ([4]).

4. Il divieto di raccolta del risparmio tra il pubblico non si applica:

a) agli Stati comunitari, agli organismi internazionali ai quali aderiscono uno o più Stati comunitari, agli enti pubblici territoriali ai quali la raccolta del risparmio è consentita in base agli ordinamenti nazionali degli Stati comunitari;

b) agli Stati terzi ([5]) ed ai soggetti esteri abilitati da speciali disposizioni del diritto italiano;

c) alle società, per la raccolta effettuata ai sensi del codice civile mediante obbligazioni, titoli di debito od altri strumenti finanziari;

d) alle altre ipotesi di raccolta espressamente consentite dalla legge, nel rispetto del principio di tutela del risparmio ([6]).

4 *bis*. Il CICR determina i criteri per l'individuazione degli strumenti finanziari, comunque denominati, la cui emissione costituisce raccolta del risparmio ([7]).

4 *ter*. Se non disciplinati dalla legge, il CICR fissa limiti all'emissione e, su proposta formulata dalla Banca d'Italia sentita la CONSOB, può determinare durata e taglio degli strumenti finanziari, diversi dalle obbligazioni, utilizzati per la raccolta tra il pubblico ([8]).

4 *quater*. Il CICR, a fini di tutela della riserva dell'attività bancaria, stabilisce criteri e limiti, anche in deroga a quanto previsto dal codice civile, per la raccolta effettuata dai soggetti che esercitano nei confronti del pubblico attività di concessione di finanziamenti sotto qualsiasi forma ([8]).

4 *quinquies*. A fini di tutela del risparmio, gli investitori professionali, che ai sensi del codice civile rispondono della solvenza della società per le obbligazioni, i titoli di debito e gli altri strumenti finanziari emessi dalla stessa, devono rispettare idonei requisiti patrimoniali stabiliti dalle competenti autorità di vigilanza ([8]).

5. Nei casi previsti dal comma 4, lettere *c*) e *d*), sono comunque precluse la raccolta di fondi a vista ed ogni forma di raccolta collegata all'emissione od alla gestione di mezzi di pagamento a spendibilità generalizzata ([9]).

([1]) *Il divieto previsto da questo comma non si applica ai sensi dell'art. 58, comma 1, della L. 23 dicembre 1998, n. 448, alle società cooperative per la raccolta effettuata mediante titoli obbligazionari.*

([2]) *Questo comma è stato inserito dall'art. 55 della L. 1 marzo 2002, n. 39.*

(3) *Questo comma è stato inserito dall'art. 35, comma 4, del D.L.vo 27 gennaio 2010, n. 11.*

(4) *Questo comma è stato così sostituito dall'art. 9.2, lett.* a), *del D.L.vo 17 gennaio 2003, n. 6, così come inserito dall'art. 2 del D.L.vo 6 febbraio 2004, n. 37.*

(5) *La parola: «extracomunitari» è stata così sostituita dalla seguente: «terzi» dall'art. 1, comma 4, del D.L.vo 16 novembre 2015, n. 181. Tali disposizioni si applicano alle procedure di amministrazione straordinaria e di liquidazione coatta amministrativa avviate successivamente all'entrata in vigore del suddetto decreto.*

(6) *Questo comma è stato così sostituito dall'art. 9.2, lett.* b), *del D.L.vo 17 gennaio 2003, n. 6, così come inserito dall'art. 2 del D.L.vo 6 febbraio 2004, n. 37.*

(7) *Questo comma è stato così sostituito dall'art. 9.2, lett.* c), *del D.L.vo 17 gennaio 2003, n. 6, così come inserito dall'art. 2 del D.L.vo 6 febbraio 2004, n. 37.*

(8) *Questo comma è stato inserito dall'art. 9.2, lett.* d), *del D.L.vo 17 gennaio 2003, n. 6, così come inserito dall'art. 2 del D.L.vo 6 febbraio 2004, n. 37.*

(9) *Questo comma è stato così sostituito dall'art. 9.2, lett.* e), *del D.L.vo 17 gennaio 2003, n. 6, così come inserito dall'art. 2 del D.L.vo 6 febbraio 2004, n. 37.*

12. Obbligazioni e titoli di deposito emessi dalle banche. – 1. Le banche, in qualunque forma costituita, possono emettere obbligazioni, anche convertibili, nominative o al portatore.

2. (*Omissis*) (1).

3. L'emissione delle obbligazioni non convertibili o convertibili in titoli di altre società è deliberata dall'organo amministrativo; non si applicano gli articoli 2410, 2412, 2413, 2414, primo comma, n. 3, 2414 *bis*, 2415, 2416, 2417, 2418 e 2419 del codice civile (2).

4. Alle obbligazioni convertibili in azioni proprie si applicano le norme del codice civile, eccetto l'articolo 2412 (3).

4 *bis*. I commi 3 e 4 si applicano anche agli strumenti finanziari assoggettati alla disciplina delle obbligazioni prevista dal codice civile (4).

5. La Banca d'Italia [, in conformità delle deliberazioni del CICR,] (5) disciplina l'emissione da parte delle banche delle obbligazioni non convertibili o convertibili in titoli di altre società nonché degli strumenti finanziari diversi dalle partecipazioni (6).

6. Le banche possono emettere titoli di deposito nominativi o al portatore. La Banca d'Italia [, in conformità delle deliberazioni del Cicr,] (7) può disciplinarne le modalità di emissione.

7. La Banca d'Italia disciplina le emissioni da parte delle banche di prestiti subordinati, irredimibili ovvero rimborsabili previa autorizzazione della medesima Banca d'Italia. Tali emissioni possono avvenire anche sotto forma di obbligazioni o di titoli di deposito.

(1) *Questo comma, a termini del quale erano ammesse di diritto alle quotazioni di borsa le obbligazioni emesse dalle banche con azioni quotate in borsa, si applica anche alle obbligazioni convertibili in titoli di altre società quando questi ultimi sono quotati, è stato abrogato dall'articolo 64, comma 4, lettera* a), *del D.L.vo 23 luglio 1996, n. 415, attuativo delle direttive comunitarie sugli intermediari mobiliari.*

(2) *Questo comma è stato così sostituito dall'art. 9.3, lett.* a) *del D.L.vo 17 gennaio 2003, n. 6, così come inserito dall'art. 2 del D.L.vo 6 febbraio 2004, n. 37.*

(3) *Questo comma è stato così sostituito dall'art. 9.3, lett.* b), *del D.L.vo 17 gennaio 2003, n. 6, così come inserito dall'art. 2 del D.L.vo 6 febbraio 2004, n. 37.*

(4) *Questo comma è stato inserito dall'art. 9.3, lett.* c), *del D.L.vo 17 gennaio 2003, n. 6, così come inserito dall'art. 2 del D.L.vo 6 febbraio 2004, n. 37.*

(5) *Le parole fra parentesi quadrate sono state soppresse dall'art. 1, comma 6, lett.* a), *del D.L.vo 12 maggio 2015, n. 72.*

(6) *Questo comma è stato così sostituito dall'art. 9.3, lett.* d) *del D.L.vo 17 gennaio 2003, n. 6, così come inserito dall'art. 2 del D.L.vo 6 febbraio 2004, n. 37.*

(7) *Le parole fra parentesi quadrate sono state soppresse dall'art. 1, comma 6, lett.* b), *del D.L.vo 12 maggio 2015, n. 72.*

Capo II
Autorizzazione all'attività bancaria, succursali e libera prestazione di servizi

13. Albo. – 1. Fermo restando quanto previsto dalle disposizioni del MVU in tema di pubblicazione dell'elenco dei soggetti vigilati, la Banca d'Italia iscrive in un apposito albo le banche italiane e le succursali in Italia di banche extracomunitarie, nonché le succursali delle banche comunitarie stabilite nel territorio della Repubblica (1).

2. Le banche indicano negli atti e nella corrispondenza l'iscrizione nell'albo.

(1) *Questo comma è stato così sostituito dall'art. 1, comma 6, del D.L.vo 14 novembre 2016, n. 223.*

14. Autorizzazione all'attività bancaria. – 1. L'autorizzazione all'attività bancaria è rilasciata (1) quando ricorrano le seguenti condizioni:

a) sia adottata la forma di società per azioni o di società cooperativa per azioni a responsabilità limitata;

a bis) la sede legale e la direzione generale siano situate nel territorio della Repubblica (2);

b) il capitale versato sia di ammontare non inferiore a quello determinato dalla Banca d'Italia;

c) venga presentato un programma concernente l'attività iniziale, unitamente all'atto costitutivo e allo statuto;

d) sussistano i presupposti per il rilascio dell'autorizzazione prevista dall'articolo 19 per i titolari delle partecipazioni ivi indicate (3);

e) i soggetti che svolgono funzioni di amministrazione, direzione e controllo siano idonei, ai sensi dell'articolo 26 (4);

f) non sussistano, tra la banca o i soggetti del gruppo di appartenenza e altri soggetti, stretti legami che ostacolino l'effettivo esercizio delle funzioni di vigilanza (5).

2. L'autorizzazione è rilasciata dalla BCE, su proposta della Banca d'Italia; è negata, dalla Banca d'Italia o dalla BCE, (6) quando dalla verifica delle condizioni indicate nel comma 1 non risulti garantita la sana e prudente gestione.

[2 *bis*. La Banca d'Italia disciplina la procedura di autorizzazione e le ipotesi di decadenza dalla stessa quando la banca autorizzata non abbia iniziato l'esercizio dell'attività] (7).

3. Non si può dare corso al procedimento per l'iscrizione nel registro delle imprese se non consti l'autorizzazione del comma 1.

3 *bis*. La revoca dell'autorizzazione è disposta dalla BCE, sentita la Banca d'Italia o su proposta di questa, quando sussiste una o più delle seguenti condizioni:

a) sono venute meno le condizioni in base alle quali l'autorizzazione è stata rilasciata;

b) l'autorizzazione è stata ottenuta presentando false dichiarazioni;

c) è accertata l'interruzione dell'attività bancaria per un periodo continuativo superiore a sei mesi (8).

3 *ter*. La revoca dell'autorizzazione è inoltre disposta dalla BCE, su proposta della Banca d'Italia, nei casi di liquidazione coatta amministrativa ai sensi dell'articolo 80 (8).

4. Lo stabilimento in Italia della prima succursale di una banca extracomunitaria è autorizzato dalla Banca d'Italia, sentito il Ministero degli affari esteri, subordinatamente (9) al rispetto di condizioni corrispondenti a quelle del comma 1, lettere *b*), *c*) ed *e*). L'autorizzazione è rilasciata tenendo anche conto della condizione di reciprocità (10).

4 *bis*. La Banca d'Italia emana disposizioni attuative del presente articolo [, con particolare riguardo alla procedura di autorizzazione e alle modalità di presentazione dell'istanza, ai criteri di valutazione delle condizioni previste dal comma 1, alle ipotesi di decadenza e di revoca dell'autorizzazione] (11) (12).

(1) *Le parole*: «*La Banca d'Italia autorizza l'attività bancaria*» *sono state così sostituite dalle seguenti*: «*L'autorizzazione all'attività bancaria è rilasciata*» *dall'art. 1, comma 7, lett.* a), *del D.L.vo 14 novembre 2016, n. 223.*

(2) *Questa lettera è stata inserita dall'art. 3, comma 1, del D.L.vo 4 agosto 1999, n. 333.*

(3) *Questa lettera, sostituita dall'art. 9.4 del D.L.vo 17 gennaio 2003, n. 6, così come inserito dall'art. 2 del D.L.vo 6 febbraio 2004, n. 37 è stata, da ultimo, così sostituita, dall'art. 1, comma 7, lett.* a), *del D.L.vo 12 maggio 2015, n. 72.*

(4) *Questa lettera, sostituita dall'art. 9.4 del D.L.vo 17 gennaio 2003, n. 6, così come inserito dall'art. 2 del D.L.vo 6 febbraio 2004, n. 37 è stata, da ultimo, così sostituita, dall'art. 1, comma 7, lett.* b), *del D.L.vo 12 maggio 2015, n. 72.*

(5) *Questa lettera è stata aggiunta dall'art. 3, comma 2, del D.L.vo 4 agosto 1999, n. 333.*

(6) *Le parole*: «*La Banca d'Italia nega l'autorizzazione*» *sono state così sostituite dalle seguenti*: «*L'autorizzazione è rilasciata dalla BCE, su proposta della Banca d'Italia; è negata, dalla Banca d'Italia o dalla BCE,*», *dall'art. 1, comma 7, lett.* b), *del D.L.vo 14 novembre 2016, n. 223.*

(7) *Questo comma, inserito dall'art. 3 del D.L.vo 4 agosto 1999, n. 342 è stato abrogato dall'art. 1, comma 7, lett.* c), *del D.L.vo 12 maggio 2015, n. 72.*

(8) *Questo comma è stato inserito dall'art. 1, comma 7, lett.* c), *del D.L.vo 14 novembre 2016, n. 223.*

(9) *Le parole*: «*con decreto del Ministro del tesoro, d'intesa con il Ministro degli affari esteri, sentita la Banca d'Italia. L'autorizzazione è comunque subordinata*» *sono state così sostituite dalle parole da*: «*dalla Banca d'Italia...*» *fino a*: «*...subordinatamente*», *dall'art. 1, comma 2, del D.L.vo 29 dicembre 2006, n. 303.*

(10) *Ai sensi dell'art. 26, comma 1, della L. 28 dicembre 2005, n. 262, sono trasferite alla Banca d'Italia le funzioni del Ministro e del Ministero dell'economia e delle finanze previste dagli articoli 14, comma 4, e 45 del testo unico di cui al decreto legislativo 1° settembre 1993, n. 385.*

(11) *Le parole tra parentesi quadrate sono state soppresse dall'art. 1, comma 7, lett.* d), *del D.L.vo 14 novembre 2016, n. 223.*

(12) *Questo comma è stato aggiunto dall'art. 1, comma 7, lett.* d), *del D.L.vo 12 maggio 2015, n. 72.*

15. Succursali. – 01. Le banche italiane possono stabilire succursali nel territorio della Repubblica e degli altri Stati comunitari in conformità delle procedure previste dalle disposizioni del MVU. Le banche degli altri Stati comunitari possono stabilire succursali nel territorio della Repubblica in conformità delle procedure previste dalle disposizioni del MVU e, per le banche degli Stati comunitari non partecipanti al MVU, del comma 3 ([1]).

1. Fermo restando quanto previsto dal comma 01, la Banca d'Italia può vietare lo stabilimento di una nuova succursale di un soggetto italiano meno significativo per motivi attinenti all'adeguatezza delle strutture organizzative o della situazione finanziaria, economica e patrimoniale del soggetto ([2]).

2. Le banche italiane possono stabilire succursali in uno Stato terzo ([3]) previa autorizzazione della Banca d'Italia.

3. Per le banche degli Stati comunitari non partecipanti al MVU che intendono stabilire succursali nel territorio della Repubblica, il primo insediamento è preceduto da una comunicazione alla Banca d'Italia da parte dell'autorità competente dello Stato di appartenenza; la succursale inizia l'attività decorsi due mesi dalla comunicazione ([4]). Il primo insediamento è preceduto da una comunicazione alla Banca d'Italia da parte dell'autorità competente dello Stato di appartenenza; la succursale inizia l'attività decorsi due mesi dalla comunicazione. La Banca d'Italia e la Consob, nell'ambito delle rispettive competenze indicano, se del caso, all'autorità competente dello Stato comunitario non partecipante al MVU ([5]) e alla banca le condizioni alle quali, per motivi di interesse generale, è subordinato l'esercizio dell'attività della succursale.

4. Le banche extracomunitarie già operanti nel territorio della Repubblica con una succursale possono stabilire altre succursali previa autorizzazione della Banca d'Italia.

5. La Banca d'Italia, nei casi in cui sia previsto l'esercizio di attività di intermediazione mobiliare, dà notizia alla Consob delle comunicazioni ricevute ai sensi dei commi 01 e 3 ([6]) e dell'apertura di succursali all'estero da parte di banche italiane.

([1]) *Questo comma è stato inserito dall'art. 1, comma 8, lett.* a), *del D.L.vo 14 novembre 2016, n. 223.*

([2]) *Questo comma è stato così sostituito dall'art. 1, comma 8, lett.* b), *del D.L.vo 14 novembre 2016, n. 223.*

([3]) *La parola*: «*extracomunitario*» *è stata così sostituita dalla seguente*: «*terzo*» *dall'art. 1, comma 5, del D.L.vo 16 novembre 2015, n. 181. Tali disposizioni si applicano alle procedure di amministrazione straordinaria e di liquidazione coatta amministrativa avviate successivamente all'entrata in vigore del suddetto decreto.*

([4]) *Il primo periodo di questo comma*: «*Le banche comunitarie possono stabilire succursali nel territorio della Repubblica.*» *è stato così sostituito dall'attuale primo periodo, dall'art. 1, comma 8, lett.* c), *del D.L.vo 14 novembre 2016, n. 223.*

([5]) *Le parole*: «*non partecipante al MVU*» *sono state inserite dall'art. 1, comma 8, lett.* c), *del D.L.vo 14 novembre 2016, n. 223.*

([6]) *Le parole*: «*del comma 3*» *sono state così sostituite dalle seguenti*: «*dei commi 01 e 3*», *dall'art. 1, comma 8, lett.* d), *del D.L.vo 14 novembre 2016, n. 223.*

16. Libera prestazione di servizi. – 1. Le banche italiane possono esercitare le attività ammesse al mutuo riconoscimento in uno Stato comunitario senza stabilirvi succursali, secondo quanto stabilito dalle disposizioni del MVU e ([1]) nel rispetto delle procedure fissate dalla Banca d'Italia.

2. Le banche italiane possono operare in uno Stato terzo ([2]) senza stabilirvi succursali previa autorizzazione della Banca d'Italia.

3. Le banche comunitarie possono esercitare le attività previste dal comma 1 nel territorio della Repubblica senza stabilirvi succursali dopo che la Banca d'Italia sia stata informata dall'autorità competente dello Stato di appartenenza.

4. Le banche extracomunitarie possono operare in Italia senza stabilirvi succursali previa autorizzazione della Banca d'Italia. Allo svolgimento di servizi o attività di investimento, con o senza servizi accessori, si applica l'articolo 29 *ter* del decreto legislativo 24 febbraio 1998, n. 58 ([3]).

5. La Banca d'Italia, nei casi in cui sia previsto l'esercizio di attività di intermediazione mobiliare, dà notizia alla Consob delle comunicazioni ricevute ai sensi del comma 3 e della prestazione all'estero di servizi da parte di banche italiane.

([1]) *Le parole*: «*secondo quanto stabilito dalle disposizioni del MVU e*» *sono state inserite dall'art. 1, comma 9, del D.L.vo 14 novembre 2016, n. 223.*

([2]) *La parola*: «*extracomunitario*» *è stata così sostituita dalla seguente*: «*terzo*» *dall'art. 1, comma 6, del D.L.vo 16 novembre 2015, n. 181. Tali disposizioni si applicano alle procedure di amministrazione straordinaria e di liquidazione coatta amministrativa avviate successivamente all'entrata in vigore del suddetto decreto.*

([3]) *Questo comma è stato così sostituito dall'art. 8 del D.L.vo 3 agosto 2017, n. 129.*

17. Attività non ammesse al mutuo riconoscimento. – 1. La Banca d'Italia [, in conformità delle deliberazioni del Cicr,] ([1]) disciplina l'esercizio di attività non ammesse al mutuo riconoscimento comunque effettuato da parte di banche comunitarie nel territorio della Repubblica.

([1]) *Le parole fra parentesi quadrate sono state soppresse dall'art. 1, comma 8, del D.L.vo 12 maggio 2015, n. 72.*

18. Società finanziarie ammesse al mutuo riconoscimento. – 1. Le disposizioni dell'articolo 15, commi 01 e 1 ([1]), e dell'articolo 16, comma 1, si applicano anche alle società finanziarie con sede legale in Italia sottoposte a forme di vigilanza prudenziale, quando la partecipazione di controllo è detenuta da una o più banche italiane e ricorrono le condizioni stabilite dalla Banca d'Italia.

2. Le disposizioni dell'articolo 15, comma 3, e dell'articolo 16, comma 3, si applicano, in armonia con la normativa comunitaria, anche alle società finanziarie aventi sede legale in uno Stato comunitario quando la partecipazione di controllo è detenuta da una o più banche aventi sede legale nel medesimo Stato.

3. La Banca d'Italia, nei casi in cui sia previsto l'esercizio di attività di intermediazione mobiliare, comunica alla Consob le società finanziarie ammesse al mutuo riconoscimento ai sensi dei commi 1 e 2.

4. Alle società finanziarie ammesse al riconoscimento ai sensi dei commi 1 e 2 si applicano le disposizioni previste dall'articolo 54, commi 1, 2 e 3.

5. Alle società finanziarie ammesse al mutuo riconoscimento ai sensi del comma 2 si applicano altresì le disposizioni previste dall'articolo 79, commi 1, 3 e 4 ([2]).

([1]) *Le parole: «dell'articolo 15, comma 1» sono state così sostituite dalle seguenti: «dell'articolo 15, commi 01 e 1», dall'art. 1, comma 10, del D.L.vo 14 novembre 2016, n. 223.*

([2]) *Le parole: «, commi 1, 3 e 4» sono state aggiunte dall'art. 1, comma 9, del D.L.vo 12 maggio 2015, n. 72.*

Capo III
Partecipazioni nelle banche ([1])

([1]) *La precedente rubrica:* «Partecipazione al capitale delle banche» *è stata così sostituita dall'attuale dall'art. 1, comma 1, lett.* c), *del D.L.vo 27 gennaio 2010, n. 21.*

19. ([1]) **Autorizzazioni.** – 1. È soggetta ad autorizzazione preventiva ([2]) l'acquisizione a qualsiasi titolo in una banca di partecipazioni che comportano il controllo o la possibilità di esercitare un'influenza notevole sulla banca stessa o che attribuiscono una quota dei diritti di voto o del capitale almeno pari al 10 per cento, tenuto conto delle azioni o quote già possedute ([3]).

2. Sono soggette ad autorizzazione preventiva ([4]) le variazioni delle partecipazioni quando la quota dei diritti di voto o del capitale raggiunge o supera il 20 per cento, 30 per cento o 50 per cento e, in ogni caso, quando le variazioni comportano il controllo sulla banca stessa ([5]).

3. L'autorizzazione è necessaria anche per l'acquisizione del controllo di una società che detiene le partecipazioni indicate al comma 1 ([6]).

[4. La Banca d'Italia individua i soggetti tenuti a richiedere l'autorizzazione quando i diritti derivanti dalle partecipazioni indicate ai commi 1 e 2 spettano o sono attribuiti ad un soggetto diverso dal titolare delle partecipazioni stesse] ([7]).

5. L'autorizzazione è rilasciata dalla BCE, su proposta della Banca d'Italia. La proposta è formulata ([8]) quando ricorrono condizioni atte a garantire una gestione sana e prudente della banca, valutando la qualità del potenziale acquirente e la solidità finanziaria del progetto di acquisizione in base ai seguenti criteri: la reputazione del potenziale acquirente ai sensi dell'articolo 25; l'idoneità, ai sensi dell'articolo 26, di coloro che, in esito all'acquisizione, svolgeranno funzioni di amministrazione, direzione e controllo nella banca; la solidità finanziaria del potenziale acquirente; la capacità della banca di rispettare a seguito dell'acquisizione le disposizioni che ne regolano l'attività; l'idoneità della struttura del gruppo del potenziale acquirente a consentire l'esercizio efficace della vigilanza; la mancanza di un ([9]) fondato sospetto che l'acquisizione sia connessa ad operazioni di riciclaggio o di finanziamento del terrorismo. L'autorizzazione può essere sospesa o revocata se vengono meno o si modificano i presupposti e le condizioni per il suo rilascio ([10]).

5 *bis*. La Banca d'Italia propone alla BCE di negare l'autorizzazione all'acquisizione della partecipazione quando dalla verifica delle condizioni indicate nel comma 5 non risulti garantita la sana e prudente gestione della banca ([11]).

5 *ter*. Quando l'acquisizione viene effettuata nell'ambito di una risoluzione ai sensi del decreto legislativo 16 novembre 2015, n. 180, i provvedimenti previsti dai commi 1, 2, 3 e 5 sono adottati dalla Banca d'Italia ([11]).

[6. I soggetti che, anche attraverso società controllate, svolgono in misura rilevante attività d'impresa in settori non bancari nè finanziari non possono essere autorizzati ad acquisire partecipazioni quando la quota dei diritti di voto complessivamente detenuta sia superiore al 15 per cento o quando ne consegua, comunque, il controllo della banca. A tali fini, la Banca d'Italia individua i diritti di voto e gli altri diritti rilevanti.] ([12])

[7. La Banca d'Italia nega o revoca l'autorizzazione in presenza di accordi, in qualsiasi forma conclusi, da cui derivi durevolmente, in capo ai soggetti indicati nel comma 6, una rilevante concentrazione di potere per la nomina o la revoca della maggioranza degli amministratori o dei componenti del consiglio di sorveglianza della banca, tale da pregiudicare la gestione sana e prudente della banca stessa.] ([12])

8. La Banca d'Italia dà notizia al Ministro dell'economia e delle finanze, Presidente del CICR, delle domande di autorizzazione di cui ai commi 1, 2 e 3 ([13]).

8 *bis*. Le autorizzazioni previste dal presente articolo [e il divieto previsto dal comma 6] ([14]) si applicano anche all'acquisizione, in via diretta o indiretta, del controllo derivante da un contratto con la banca o da una clausola del suo statuto ([15]).

9. La Banca d'Italia adotta disposizioni attuative del presente articolo, individuando, tra l'altro: i soggetti tenuti a richiedere l'autorizzazione quando i diritti derivanti dalle partecipazioni indicate ai commi 1 e 2 spettano o sono attribuiti ad un soggetto diverso dal titolare delle partecipazioni stesse; i criteri di calcolo dei diritti di voto rilevanti ai fini dell'applicazione delle soglie previste ai commi 1 e 2, ivi inclusi i casi in cui i diritti di voto non sono computati ai fini dell'applicazione dei medesimi commi; i criteri per l'individuazione dei casi di influenza notevole; le modalità e i termini del procedimento di valutazione dell'acquisizione ai sensi dei commi 5, 5 *bis* e 5 *ter* ([16]).

([1]) *Questo articolo è stato così sostituito dall'art.* 9.5 *del D.L.vo 17 gennaio 2003, n. 6, così come inserito dall'art. 2 del D.L.vo 6 febbraio 2004, n. 37.*

([2]) *Le parole: «La Banca d'Italia autorizza preventivamente» sono state così sostituite dalle seguenti: «È soggetta ad autorizzazione preventiva», dall'art. 1, comma 11, lett.* a), *del D.L.vo 14 novembre 2016, n. 223.*

([3]) *Questo comma è stato così sostituito dall'art. 1, comma 1, lett.* d), *n. 1, del D.L.vo 27 gennaio 2010, n. 21.*

([4]) *Le parole: «La Banca d'Italia autorizza preventivamente» sono state così sostituite dalle seguenti: «Sono soggette ad autorizzazione preventiva», dall'art. 1, comma 11, lett.* b), *del D.L.vo 14 novembre 2016, n. 223.*

([5]) *Questo comma è stato così sostituito dall'art. 1, comma 1, lett.* d), *n. 2, del D.L.vo 27 gennaio 2010, n. 21.*

([6]) *Questo comma è stato così sostituito dall'art. 1, comma 11, lett.* c), *del D.L.vo 14 novembre 2016, n. 223.*

([7]) *Questo comma è stato soppresso dall'art. 1, comma 11, lett.* d), *del D.L.vo 14 novembre 2016, n. 223.*

([8]) *Le parole: «La Banca d'Italia rilascia l'autorizzazione» sono state così sostituite dalle seguenti: «L'autorizzazione è rilasciata dalla BCE, su proposta della Banca d'Italia. La proposta è formulata», dall'art. 1, comma 11, lett.* e), *del D.L.vo 14 novembre 2016, n. 223.*

([9]) *Le parole: «. L'autorizzazione non può essere rilasciata in caso di» sono state così sostituite dalle seguenti: «; la mancanza di un», dall'art. 1, comma 11, lett.* e), *del D.L.vo 14 novembre 2016, n. 223.*

([10]) *Questo comma, sostituito dall'art. 1, comma 1, lett.* d), *n. 4, del D.L.vo 27 gennaio 2010, n. 21 è stato, da ultimo, così sostituito dall'art. 1, comma 10, lett.* a), *del D.L.vo 12 maggio 2015, n. 72.*

([11]) *Questo comma è stato inserito dall'art. 1, comma 11, lett.* f), *del D.L.vo 14 novembre 2016, n. 223.*

([12]) *Questo comma è stato abrogato dall'art. 14, comma 1,del D.L. 29 novembre 2008, n. 185, convertito, con modificazioni, nella L. 28 gennaio 2009, n. 2. L'art. 14 del citato decreto è poi stato abrogato dall'art. 5 del D.L.vo 27 gennaio 2010, n. 21, che ha confermato l'abrogazione dei commi 6 e 7.*

([13]) *Questo comma è stato così sostituito dall'art. 1, comma 11, lett.* g), *del D.L.vo 14 novembre 2016, n. 223.*

([14]) *Le parole tra parentesi quadrate sono state soppresse dall'art. 14, comma 1, del D.L. 29 novembre 2008, n. 185, convertito, con modificazioni, nella L. 28 gennaio 2009, n. 2. L'art. 14 del citato decreto è poi stato abrogato dall'art. 5 del D.L.vo 27 gennaio 2010, n. 21, che ha confermato la soppressione delle parole fra parentesi quadrate.*

([15]) *Questo comma è stato inserito dall'art. 39 del D.L.vo 28 dicembre 2004, n. 310.*

([16]) *Questo comma è stato così sostituito dall'art. 1, comma 11, lett.* h), *del D.L.vo 14 novembre 2016, n. 223.*

20. Obblighi di comunicazione. – 1. La Banca d'Italia stabilisce, a fini informativi, obblighi di comunicazione in ordine a operazioni di acquisto o cessione di partecipazioni in banche ([1]).

2. Ogni accordo, in qualsiasi forma concluso, compresi quelli aventi forma di associazione, che regola o da cui comunque possa derivare l'esercizio concertato del voto in una banca, anche cooperativa, o in una società che la controlla deve essere comunicato alla Banca d'Italia dai partecipanti ovvero dai legali rappresentanti della banca o della società cui l'accordo si riferisce [entro cinque giorni dalla stipulazione ovvero, se non concluso in forma scritta, dal momento di accertamento delle circostanze che ne rivelano l'esistenza] ([2]). Quando dall'accordo derivi una concertazione del voto tale da pregiudicare la gestione sana e prudente della banca, la Banca d'Italia può sospendere il diritto di voto dei [soci] ([3]) partecipanti all'accordo stesso.

3. La Banca d'Italia determina presupposti, modalità e termini delle comunicazioni previste

dal comma 1 anche con riguardo alle ipotesi in cui il diritto di voto spetta o è attribuito a soggetto diverso dal titolare della partecipazione ([4]). La Banca d'Italia determina altresì le modalità e i termini ([5]) delle comunicazioni previste dal comma 2.

4. La Banca d'Italia, al fine di verificare l'osservanza degli obblighi indicati nei commi 1 e 2, può chiedere informazioni ai soggetti comunque interessati.

([1]) *Questo comma è stato da ultimo così sostituito dall'art. 1, comma 1, lett.* e), *n. 1, del D.L.vo 27 gennaio 2010, n. 21.*

([2]) *Le parole fra parentesi quadrate sono state soppresse dall'art. 1, comma 1, lett.* e), *n. 2, del D.L.vo 27 gennaio 2010, n. 21*

([3]) *La parola: «soci» è stata soppressa dall'art. 9.6, lett.* b), *del D.L.vo 17 gennaio 2003, n. 6, così come inserito dall'art. 2 del D.L.vo 6 febbraio 2004, n. 37.*

([4]) *L'originaria parola: «socio» è stata sostituita dalle attuali: «titolare della partecipazione», dall'art. 9.6, lett.* c), *del D.L.vo 17 gennaio 2003, n. 6, come inserito dall'art. 2 del D.L.vo 6 febbraio 2004, n. 37.*

([5]) *Le parole: «e i termini» sono state inserite dall'art. 1, comma 1, lett.* e), *n. 3, del D.L.vo 27 gennaio 2010, n. 21.*

21. ([1]) **Richiesta di informazioni.** - 1. La Banca d'Italia può richiedere alle banche ed alle società ed agli enti di qualsiasi natura che possiedono partecipazioni nelle banche medesime l'indicazione nominativa dei titolari delle partecipazioni secondo quanto risulta dal libro dei soci, dalle comunicazioni ricevute o da altri dati a loro disposizione.

2. La Banca d'Italia può altresì richiedere agli amministratori delle società e degli enti titolari di partecipazioni in banche l'indicazione dei soggetti controllanti.

3. Le società fiduciarie che abbiano intestato a proprio nome partecipazioni in società appartenenti a terzi comunicano alla Banca d'Italia, se questa lo richieda, le generalità dei fiducianti.

4. Le notizie previste dal presente articolo possono essere richieste anche a soggetti stranieri.

5. La Banca d'Italia informa la CONSOB delle richieste che interessano società ed enti con titoli negoziati in un mercato regolamentato.

([1]) *Questo articolo è stato così sostituito dall'art. 9.7 del D.L.vo 17 gennaio 2003, n. 6, così come inserito dall'art. 2 del D.L.vo 6 febbraio 2004, n. 37.*

22. ([1]) **Partecipazioni indirette e acquisti di concerto** ([2]). - 1. Ai fini dell'applicazione dei capi III e IV del presente Titolo si considerano anche le partecipazioni acquisite o comunque possedute per il tramite di società controllate, di società fiduciarie o per interposta persona.

1 *bis*. Ai fini dell'applicazione dei capi III e IV si considera anche l'acquisizione di partecipazioni da parte di più soggetti che, in base ad accordi in qualsiasi forma conclusi, intendono esercitare in modo concertato i relativi diritti, quando tali partecipazioni, cumulativamente considerate, raggiungono o superano le soglie indicate nell'articolo 19 ([3])

([1]) *Questo articolo è stato così sostituito dall'art. 9.8 del D.L.vo 17 gennaio 2003, n. 6, così come inserito dall'art. 2 del D.L.vo 6 febbraio 2004, n. 37.*

([2]) *La precedente rubrica:* «Partecipazioni indirette» *è stata così sostituita dalla attuale dall'art. 1, comma 1, lett.* f), *n. 1, del D.L.vo 27 gennaio 2010, n. 21.*

([3]) *Questo comma è stato inserito dall'art. 1, comma 1, lett.* f), *n. 2, del D.L.vo 27 gennaio 2010, n. 21.*

23. ([1]) **Nozione di controllo.** - 1. Ai fini del presente capo il controllo sussiste, anche con riferimento a soggetti diversi dalle società, nei casi previsti dall'articolo 2359, commi primo e secondo, del codice civile e in presenza di contratti o di clausole statutarie che abbiano per oggetto o per effetto il potere di esercitare l'attività di direzione e coordinamento ([2]).

2. Il controllo si considera esistente nella forma dell'influenza dominante, salvo prova contraria, allorché ricorra una delle seguenti situazioni:

1) esistenza di un soggetto che, sulla base di accordi, ha il diritto di nominare o revocare la maggioranza degli amministratori o del consiglio di sorveglianza ovvero dispone da solo della maggioranza dei voti ai fini delle deliberazioni relative alle materie di cui agli articoli 2364 e 2364 *bis* del codice civile;

2) possesso di partecipazioni idonee a consentire la nomina o la revoca della maggioranza dei membri del consiglio di amministrazione o del consiglio di sorveglianza;

3) sussistenza di rapporti, anche tra soci, di carattere finanziario ed organizzativo idonei a conseguire uno dei seguenti effetti:

a) la trasmissione degli utili o delle perdite;

b) il coordinamento della gestione dell'impresa con quella di altre imprese ai fini del perseguimento di uno scopo comune;

c) l'attribuzione di poteri maggiori rispetto a quelli derivanti dalle partecipazioni possedute;

d) l'attribuzione, a soggetti diversi da quelli legittimati in base alla titolarità delle partecipazioni, di poteri nella scelta degli amministratori o dei componenti del consiglio di sorveglianza o dei dirigenti delle imprese;

4) assoggettamento a direzione comune, in base alla composizione degli organi amministrativi o per altri concordanti elementi.

(1) *Questo articolo è stato così sostituito dall'art. 9.9 del D.L.vo 17 gennaio 2003, n. 6, così come inserito dall'art. 2 del D.L.vo 6 febbraio 2004, n. 37.*

(2) *Le parole da: «e in presenza ...» fino alla fine del comma, sono state aggiunte dall'art. 40 del D.L.vo 28 dicembre 2004, n. 310.*

24. (1) **Sospensione del diritto di voto e degli altri diritti, obbligo di alienazione** (2). – 1. Non possono essere esercitati i diritti di voto e gli altri diritti che consentono di influire sulla società inerenti alle partecipazioni per le quali le autorizzazioni previste dall'articolo 19 non siano state ottenute ovvero siano state sospese o revocate. I diritti di voto e gli altri diritti, che consentono di influire sulla società, non possono essere altresì esercitati per le partecipazioni per le quali siano state omesse le comunicazioni previste dall'articolo 20.

2. In caso di inosservanza del divieto, la deliberazione o il diverso atto, adottati con il voto o il contributo determinanti delle partecipazioni previste dal comma 1, sono impugnabili secondo le previsioni del codice civile. L'impugnazione può essere proposta anche dalla Banca d'Italia entro centottanta giorni dalla data della deliberazione ovvero, se questa è soggetta a iscrizione nel registro delle imprese, entro centottanta giorni dall'iscrizione o, se è soggetta solo a deposito presso l'ufficio del registro delle imprese, entro centottanta giorni dalla data di questo. Le partecipazioni per le quali non può essere esercitato il diritto di voto sono computate ai fini della regolare costituzione della relativa assemblea.

3. Le partecipazioni per le quali le autorizzazioni previste dall'articolo 19 non sono state ottenute o sono state revocate devono essere alienate entro i termini stabiliti dalla Banca d'Italia (3).

3 *bis*. Non possono essere esercitati i diritti derivanti dai contratti o dalle clausole statutarie per i quali le autorizzazioni previste dall'articolo 19 non siano state ottenute ovvero siano state sospese o revocate (4).

(1) *Questo articolo è stato così sostituito dall'art. 9.10 del D.L.vo 17 gennaio 2003, n. 6, così come inserito dall'art. 2 del D.L.vo 6 febbraio 2004, n. 37.*

(2) *L'originaria rubrica: «Sospensione del diritto di voto, obbligo di alienazione» è stata così sostituita dall'art. 41, comma 1, lett.* a), *del D.L.vo 28 dicembre 2004, n. 310.*

(3) *Questo comma è stato così sostituito dall'art. 1, comma 1, lett.* g), *del D.L.vo 27 gennaio 2010, n. 21.*

(4) *Questo comma è stato inserito dall'art. 41, comma 1, lett.* b), *del D.L.vo 28 dicembre 2004, n. 310.*

Capo IV
Partecipanti al capitale ed esponenti aziendali (1)

(1) *La precedente rubrica: «Requisiti di professionalità e di onorabilità» è stata così sostituita dalla seguente: «Partecipanti al capitale ed esponenti aziendali» dall'art. 1, comma 11, del D.L.vo 12 maggio 2015, n. 72.*

25. (1) (2) **Partecipanti al capitale.** – 1. I titolari delleparte cipazioni indicate all'articolo 19 devono possedere requisiti di onorabilità e soddisfare criteri di competenza e correttezza in modo da garantire la sana e prudente gestione della banca.

2. Il Ministro dell'economia e delle finanze, con decreto adottato sentita la Banca d'Italia, individua:

a) i requisiti di onorabilità;

b) i criteri di competenza, graduati in relazione all'influenza sulla gestione della banca che il titolare della partecipazione può esercitare;

c) i criteri di correttezza, con riguardo, tra l'altro, alle relazioni d'affari del titolare della partecipazione, alle condotte tenute nei confronti delle autorità di vigilanza e alle sanzioni o misure correttive da queste irrogate, a provvedimenti restrittivi inerenti ad attività professionali svolte, nonché a ogni altro elemento suscettibile di incidere sulla correttezza del titolare della partecipazione.

3. Qualora non siano soddisfatti i requisiti e i criteri non possono essere esercitati i diritti di voto e gli altri diritti, che consentono di influire sulla società, inerenti alle partecipazioni eccedenti le soglie indicate all'articolo 19, comma 1. In caso di inosservanza, si applica l'articolo 24, comma 2. Le partecipazioni eccedenti devono essere alienate entro i termini stabiliti dalla Banca d'Italia.

(1) *Questo articolo, sostituito dall'art. 9.11 del D.L.vo 17 gennaio 2003, n. 6, così come inserito dall'art. 2 del D.L.vo 6 febbraio 2004, n. 37 è stato, da ultimo, così sostituito dall'art. 1, comma 12, del D.L.vo 12 maggio 2015, n. 72.*

A norma dell'art. 2, comma 8 del predetto decreto, fino all'entrata in vigore della disciplina attuativa emanata ai sensi di questo articolo, così come modificato dal presente D.L.vo n. 72/2015, continua ad applicarsi la versione precedente alle modifiche apportate e la relativa disciplina attuativa.

Si riporta pertanto il testo previgente:

«Art. 25. Requisiti di onorabilità dei partecipanti - 1. Il Ministro dell'economia e delle finanze, sentita la Banca d'Italia, determina con regolamento emanato ai sensi dell'articolo 17, comma 3, della legge 23 agosto 1988, n. 400, i requisiti di onorabilità dei titolari delle partecipazioni indicate all'art. 19.

2. [Con il regolamento previsto dal comma 1 il Ministro dell'economia e delle finanze stabilisce le soglie partecipative per l'applicazione del medesimo comma 1. A questo fine si considerano anche le partecipazioni possedute per il tramite di società controllate, di società fiduciarie o per interposta persona] (*).

3. In mancanza dei requisiti non possono essere esercitati i diritti di voto e gli altri diritti, che consentono di influire sulla società, inerenti alle partecipazioni eccedenti le soglie indicate all'articolo 19, comma 1. In caso di inosservanza, la deliberazione od il diverso atto, adottati con il voto o il contributo determinanti delle partecipazioni previste dal comma 1, sono impugnabili secondo le previsioni del codice civile. L'impugnazione può essere proposta anche dalla Banca d'Italia entro centottanta giorni dalla data della deliberazione ovvero, se questa è soggetta a iscrizione nel registro delle imprese, entro centottanta giorni dall'iscrizione o, se è soggetta solo a deposito presso l'ufficio del registro delle imprese, entro centottanta giorni dalla data di questo. Le partecipazioni per le quali non può essere esercitato il diritto di voto sono computate ai fini della regolare costituzione della relativa assemblea.

4. Le partecipazioni, eccedenti le soglie previste dal comma 3, dei soggetti privi dei requisiti di onorabilità devono essere alienate entro i termini stabiliti dalla Banca d'Italia.».

(*) *Questo comma è stato abrogato dall'art. 1, comma 1, lett.* h)*, n. 2, del D.L.vo 27 gennaio 2010, n. 21.*

(2) *A norma dell'art. 2, comma 10, del D.L.vo 12 maggio 2015, n. 72, ai fini dell'applicazione del decreto legislativo 6 settembre 2011, n. 159, è acquisita, anche a campione, la comunicazione antimafia nei confronti dei soggetti di cui a questo articolo. La Banca d'Italia ha accesso diretto al Sistema informativo del Casellario e alla Banca dati nazionale unica della documentazione antimafia.*

26. (1) (2) **Esponenti aziendali. –** 1. I soggetti che svolgono funzioni di amministrazione, direzione e controllo presso banche devono essere idonei allo svolgimento dell'incarico.

2. Ai fini del comma 1, gli esponenti devono possedere requisiti di professionalità, onorabilità e indipendenza, soddisfare criteri di competenza e correttezza, dedicare il tempo necessario all'efficace espletamento dell'incarico, in modo da garantire la sana e prudente gestione della banca.

3. Il Ministro dell'economia e delle finanze, con decreto adottato sentita la Banca d'Italia, individua:

a) i requisiti di onorabilità omogenei per tutti gli esponenti;

b) i requisiti di professionalità e indipendenza, graduati secondo principi di proporzionalità;

c) i criteri di competenza, coerenti con la carica da ricoprire e con le caratteristiche della banca, e di adeguata composizione dell'organo;

d) i criteri di correttezza, con riguardo, tra l'altro, alle relazioni d'affari dell'esponente, alle condotte tenute nei confronti delle autorità di vigilanza e alle sanzioni o misure correttive da queste irrogate, a provvedimenti restrittivi inerenti ad attività professionali svolte, nonché a ogni altro elemento suscettibile di incidere sulla correttezza dell'esponente;

e) i limiti al cumulo di incarichi per gli esponenti delle banche, graduati secondo principi di proporzionalità e tenendo conto delle dimensioni dell'intermediario;

f) le cause che comportano la sospensione temporanea dalla carica e la sua durata.

4. Con decreto del Ministro dell'economia e delle finanze possono essere determinati i casi in cui requisiti e criteri di idoneità si applicano anche ai responsabili delle principali funzioni aziendali nelle banche di maggiore rilevanza.

5. Gli organi di amministrazione e controllo delle banche valutano l'idoneità dei propri componenti e l'adeguatezza complessiva dell'organo, documentando il processo di analisi e motivando opportunamente l'esito della valutazione. In caso di specifiche e limitate carenze riferite ai criteri previsti ai sensi del comma 3, lettera *c*), i medesimi organi possono adottare misure necessarie a colmarle. In ogni altro caso il difetto di idoneità o la violazione dei limiti al cumulo degli incarichi determina la decadenza dall'ufficio; questa è pronunciata dall'organo di appartenenza entro trenta giorni dalla nomina o dalla conoscenza del difetto o della violazione sopravvenuti. Per i soggetti che non sono componenti di un organo la valutazione e la pronuncia della decadenza sono effettuate dall'organo che li ha nominati.

6. La Banca d'Italia, secondo modalità e tempi da essa stabiliti, anche al fine di ridurre al minimo gli oneri gravanti sulle banche, valuta l'idoneità degli esponenti e il rispetto dei limiti al cumulo degli incarichi, anche sulla base dell'analisi compiuta e delle eventuali misure adottate ai sensi del

comma 5. In caso di difetto o violazione pronuncia la decadenza dalla carica.

(1) *Questo articolo è stato così sostituito dall'art. 1, comma 13, del D.L.vo 12 maggio 2015, n. 72.*

A norma dell'art. 2, comma 7, del predetto decreto, la disciplina attuativa emanata ai sensi di questo articolo, come modificato dal D.L.vo. n. 72/2015, si applica alle nomine successive alla data della sua entrata in vigore.

Fino a tale momento, questo articolo, continua ad applicarsi nella versione precedente alle modifiche apportate, e la relativa disciplina attuativa.

Si riporta pertanto il testo previgente:

«Art. 26. Requisiti di professionalità, onorabilità e indipendenza degli esponenti aziendali - 1. I soggetti che svolgono funzioni di amministrazione, direzione o controllo presso banche devono possedere i requisiti di professionalità, onorabilità e indipendenza stabiliti con regolamento del Ministro dell'economia e delle finanze adottato, sentita la Banca d'Italia, ai sensi dell'articolo 17, comma 3, della L. 23 agosto 1988, n. 400.

2. Il difetto dei requisiti determina la decadenza dall'ufficio. Essa è dichiarata dal consiglio di amministrazione, dal consiglio di sorveglianza o dal consiglio di gestione entro trenta giorni dalla nomina o dalla conoscenza del difetto sopravvenuto. In caso di inerzia la decadenza è pronunciata dalla Banca d'Italia.

2 bis. Nel caso di difetto dei requisiti di indipendenza stabiliti dal codice civile o dallo statuto della banca si applica il comma 2.

3. Il regolamento previsto dal comma 1 stabilisce le cause che comportano la sospensione temporanea dalla carica e la sua durata. La sospensione è dichiarata con le modalità indicate nel comma 2.».

(2) *A norma dell'art. 2, comma 10, del D.L.vo 12 maggio 2015, n. 72, ai fini dell'applicazione del decreto legislativo 6 settembre 2011, n. 159, è acquisita, anche a campione, la comunicazione antimafia nei confronti dei soggetti di cui a questo articolo. La Banca d'Italia ha accesso diretto al Sistema informativo del Casellario e alla Banca dati nazionale unica della documentazione antimafia.*

27. (1) [**Incompatibilità. –** 1. Il Cicr può disciplinare l'assunzione di cariche amministrative presso le banche da parte di dipendenti delle amministrazioni dello Stato. Resta ferma l'applicazione dell'articolo 26].

(1) *Questo articolo è stato abrogato dall'art. 1, comma 14, del D.L.vo 12 maggio 2015, n. 72.*

Capo V
Banche cooperative

28. Norme applicabili. – 1. L'esercizio dell'attività bancaria da parte di società cooperative è riservato alle banche popolari e alle banche di credito cooperativo disciplinate dalle sezioni I e II del presente capo.

2. Alle banche popolari e alle banche di credito cooperativo non si applicano i controlli sulle società cooperative attribuiti all'autorità governativa dal codice civile.

2 *bis*. Ai fini delle disposizioni fiscali di carattere agevolativo, sono considerate cooperative a mutualità prevalente le banche di credito cooperativo che rispettano i requisiti di mutualità previsti dall'articolo 2514 del codice civile ed i requisiti di operatività prevalente con soci previsti ai sensi dell'articolo 35 del presente decreto (1).

2 *ter*. Nelle banche popolari e nelle banche di credito cooperativo il diritto al rimborso delle azioni nel caso di recesso, anche a seguito di trasformazione, morte o esclusione del socio, è limitato secondo quanto previsto dalla Banca d'Italia, anche in deroga a norme di legge, laddove ciò sia necessario ad assicurare la computabilità delle azioni nel patrimonio di vigilanza di qualità primaria della banca. Agli stessi fini, la Banca d'Italia può limitare il diritto al rimborso degli altri strumenti di capitale emessi (2).

(1) *Questo comma è stato aggiunto dall'art. 9.13 del D.L.vo 17 gennaio 2003, n. 6, così come inserito dall'art. 2 del D.L.vo 6 febbraio 2004, n. 37.*

(2) *Questo comma, aggiunto dall'art. 1, comma 1, lett. a), del D.L. 24 gennaio 2015, n. 3, convertito, con modificazioni, nella L. 24 marzo 2015, n. 33 è stato, da ultimo, così sostituito dall'art. 1, comma 15, del D.L.vo 12 maggio 2015, n. 72.*

Sezione I
Banche popolari

29. Norme generali. – 1. Le banche popolari sono costituite in forma di società cooperativa per azioni a responsabilità limitata.

2. Il valore nominale delle azioni non può essere inferiore a 2 euro (1).

2 *bis*. L'attivo della banca popolare non può superare 8 miliardi di euro. Se la banca è capogruppo di un gruppo bancario, il limite è determinato a livello consolidato (2) (3).

2 *ter*. In caso di superamento del limite di cui al comma 2 *bis*, l'organo di amministrazione convoca l'assemblea per le determinazioni del caso. Se entro un anno dal superamento del limite l'attivo non è stato ridotto al di sotto della soglia nè è stata deliberata la trasformazione in società per azioni ai sensi dell'articolo 31 o la liquidazione, la Banca d'Italia, tenuto conto delle circostanze

e dell'entità del superamento, può adottare il divieto di intraprendere nuove operazioni ai sensi dell'articolo 78, o i provvedimenti previsti nel Titolo IV, Capo I, Sezione I, o proporre alla Banca centrale europea la revoca dell'autorizzazione all'attività bancaria e al Ministro dell'economia e delle finanze la liquidazione coatta amministrativa. Restano fermi i poteri di intervento e sanzionatori attribuiti alla Banca d'Italia dal presente decreto legislativo (2) (3).

2 *quater*. La Banca d'Italia detta disposizioni di attuazione del presente articolo (2).

[3. La nomina dei membri degli organi di amministrazione e controllo spetta esclusivamente ai competenti organi sociali] (4).

4. Alle banche popolari non si applicano le disposizioni del decreto legislativo 14 dicembre 1947, n. 1577, e successive modificazioni.

(1) *Questo comma è stato così sostituito dall'art. 4, comma 2, del D.L.vo 24 giugno 1998, n. 213.*

(2) *Questo comma è stato inserito dall'art. 1, comma 1, lett.* b), *n. 1), del D.L. 24 gennaio 2015, n. 3, convertito, con modificazioni, nella L. 24 marzo 2015, n. 33.*

(3) *Ai sensi dell'art. 1, comma 2, del D.L. 24 gennaio 2015, n. 3, convertito, con modificazioni, nella L. 24 marzo 2015, n. 33, in sede di prima applicazione del citato decreto, le banche popolari autorizzate al momento dell'entrata in vigore del presente decreto, si adeguano a quanto stabilito ai sensi del presente comma entro 18 mesi dalla data di entrata in vigore delle disposizioni di attuazione emanate dalla Banca d'Italia ai sensi del presente articolo.*

(4) *Questo comma, sostituito dall'art. 42 del D.L.vo 28 dicembre 2004, n. 310, è stato da ultimo abrogato dall'art. 1, comma 1, lett.* b), *n. 2), del D.L. 24 gennaio 2015, n. 3, convertito, con modificazioni, nella L. 24 marzo 2015, n. 33.*

30. Soci. – 1. Ogni socio ha un voto, qualunque sia il numero delle azioni possedute.

2. Nessuno, direttamente o indirettamente, può detenere azioni in misura eccedente l'1 per cento del capitale sociale, salva la facoltà statutaria di prevedere limiti più contenuti, comunque non inferiori allo 0,5 per cento (1). La banca, appena rileva il superamento di tale limite, contesta al detentore la violazione del divieto. Le azioni eccedenti devono essere alienate entro un anno dalla contestazione; trascorso tale termine, i relativi diritti patrimoniali maturati fino all'alienazione delle azioni eccedenti vengono acquisiti dalla banca (2).

2 *bis*. In deroga al comma 2, gli statuti possono fissare al 3 per cento la partecipazione delle fondazioni di origine bancaria di cui al decreto legislativo 17 maggio 1999, n. 153, che, alla data di entrata in vigore della presente disposizione, detengano una partecipazione al capitale sociale superiore ai limiti fissati dal citato comma 2, qualora il superamento del limite derivi da operazioni di aggregazione e fermo restando che tale partecipazione non può essere incrementata. Sono fatti salvi i limiti più stringenti previsti dalla disciplina propria dei soggetti di cui al presente comma e le autorizzazioni richieste ai sensi di norme di legge (3).

3. Il divieto previsto dal comma 2 non si applica agli organismi di investimento collettivo in valori mobiliari, per i quali valgono i limiti previsti dalla disciplina propria di ciascuno di essi.

4. Il numero minimo dei soci non può essere inferiore a duecento. Qualora tale numero diminuisca, la compagine sociale deve essere reintegrata entro un anno; in caso contrario, la banca è posta in liquidazione.

5. Le delibere del consiglio di amministrazione [di accoglimento o] (4) di rigetto delle domande di ammissione a socio debbono essere motivate avuto riguardo all'interesse della società, alle prescrizioni statutarie e allo spirito della forma cooperativa. Il consiglio di amministrazione è tenuto a riesaminare la domanda di ammissione su richiesta del collegio dei probiviri, costituito ai sensi dello statuto e integrato con un rappresentante dell'aspirante socio. L'istanza di revisione deve essere presentata entro trenta giorni dal ricevimento della comunicazione della deliberazione e il collegio dei probiviri si pronuncia entro trenta giorni dalla richiesta.

5 *bis*. Per favorire la patrimonializzazione della società, lo statuto può subordinare l'ammissione a socio, oltre che a requisiti soggettivi, al possesso di un numero minimo di azioni, il cui venir meno comporta la decadenza dalla qualità così assunta (5).

6. Coloro ai quali il consiglio di amministrazione abbia rifiutato l'ammissione a socio possono esercitare i diritti aventi contenuto patrimoniale relativi alle azioni possedute, fermo restando quanto disposto dal comma 2.

(1) *Il primo periodo di questo comma è stato così sostituito dall'art. 23* quater, *comma 1, lett.* a), *n. 1), del D.L. 18 ottobre 2012, n. 179, convertito, con modificazioni, nella L. 17 dicembre 2012, n. 221.*

(2) *Il termine di un anno previsto da questo periodo, è stato, da ultimo, ulteriormente prorogato al 31 dicembre 2014 per i soggetti che alla data del 31 dicembre 2008 detenevano una partecipazione al capitale sociale*

superiore ai limiti fissati dal primo periodo del comma 2, qualora il superamento del limite derivi da operazioni di concentrazione tra banche oppure tra investitori, fermo restando che tale partecipazione non potrà essere incrementata, a norma dell'art. 2, comma 17 quaterdecies, *del D.L. 29 dicembre 2010, n. 225, convertito, con modificazioni, nella L. 26 febbraio 2011, n. 10.*

(3) *Questo comma è stato inserito dall'art. 23* quater, *comma 1, lett.* a), *n. 2), del D.L. 18 ottobre 2012, n. 179, convertito, con modificazioni, nella L. 17 dicembre 2012, n. 221.*

(4) *Le parole tra parentesi quadre sono state soppresse dall'art. 4 del D.L.vo 4 agosto 1999, n. 342.*

(5) *Questo comma è stato inserito dall'art. 23* quater, *comma 1, lett.* a), *n. 3), del D.L. 18 ottobre 2012, n. 179, convertito, con modificazioni, nella L. 17 dicembre 2012, n. 221.*

31. (1) **Trasformazioni e fusioni.** – 1. Le trasformazioni di banche popolari in società per azioni o le fusioni a cui prendano parte banche popolari e da cui risultino società per azioni, le relative modifiche statutarie nonché le diverse determinazioni di cui all'articolo 29, comma 2 *ter*, sono deliberate:

a) in prima convocazione, con la maggioranza dei due terzi dei voti espressi, purchè all'assemblea sia rappresentato almeno un decimo dei soci della banca;

b) in seconda convocazione, con la maggioranza di due terzi dei voti espressi, qualunque sia il numero dei soci intervenuti all'assemblea.

2. In caso di recesso resta fermo quanto previsto dall'articolo 28, comma 2 *ter*.

3. Si applicano gli articoli 56 e 57.

(1) *Questo articolo è stato così sostituito dall'art. 1, comma 1, lett.* c), *del D.L. 24 gennaio 2015, n. 3, convertito, con modificazioni, nella L. 24 marzo 2015, n. 33.*

32. Utili. – 1. Le banche popolari devono destinare almeno il dieci per cento degli utili netti annuali a riserva legale.

2. La quota di utili non assegnata a riserva legale, ad altre riserve, ad altre destinazioni previste dallo statuto o non distribuita ai soci, è destinata a beneficenza o assistenza.

Sezione II
Banche di credito cooperativo

33. Norme generali. – 1. Le banche di credito cooperativo sono costituite in forma di società cooperative per azioni a responsabilità limitata.

1 *bis*. L'adesione a un gruppo bancario cooperativo è condizione per il rilascio dell'autorizzazione all'esercizio dell'attività bancaria in forma di banca di credito cooperativo (1) (2).

1 *ter*. Non si può dare corso al procedimento per l'iscrizione nell'albo delle società cooperative di cui all'articolo 2512, secondo comma, del codice civile se non consti l'autorizzazione prevista dal comma 1 *bis* (1).

2. La denominazione deve contenere l'espressione credito cooperativo.

3. La nomina dei membri degli organi di amministrazione e controllo spetta ai competenti organi sociali fatte salve le previsioni degli articoli 150 *ter* e 37 *bis*, comma 3 (3).

4. Il valore nominale di ciascuna azione non può essere inferiore a venticinque euro né superiore a cinquecento euro (4).

(1) *Questo comma è stato inserito dall'art. 1, comma 1, lett.* a), *del D.L. 14 febbraio 2016, n. 18, convertito, con modificazioni, nella L. 8 aprile 2016, n. 49.*

(2) *Si veda l'art. 2* bis, *del D.L. 14 febbraio 2016, n. 18, convertito, con modificazioni, nella L. 8 aprile 2016, n. 49, che si riporta:*

«2 bis. (Fondo temporaneo delle banche di credito cooperativo). *1. Durante la fase di costituzione di gruppi bancari cooperativi, gli obblighi di cui all'articolo 33, comma 1 bis, del decreto legislativo 1° settembre 1993, n. 385, introdotto dal presente decreto, sono assolti, anche ai sensi e per gli effetti di cui al comma 3 dell'articolo 2 del presente decreto, e fino alla data di adesione della banca di credito cooperativo ad un gruppo bancario cooperativo, dall'adesione della stessa a un Fondo temporaneo delle banche di credito cooperativo, promosso dalla Federazione italiana delle banche di credito cooperativo-casse rurali ed artigiane, mediante strumento di natura privatistica.*

2. Il Fondo opera in piena autonomia decisionale quale strumento mutualistico-assicurativo e può favorire, in base a quanto definito nel proprio statuto, processi di consolidamento e di concentrazione delle banche di credito cooperativo. Sono definiti nello statuto il sistema contributivo, il limite massimo di impegno per singolo intervento, nonché il limite massimo al richiamo di fondi dalle banche aderenti.

3. L'adesione al Fondo avviene entro trenta giorni dalla data di approvazione del relativo statuto. Al momento dell'adesione della banca di credito cooperativo al gruppo bancario cooperativo, i pregressi impegni, le attività in corso e i rapporti giuridici in essere derivanti dalla gestione del Fondo vengono assunti dalle banche capogruppo e dal gruppo di riferimento, sulla base degli impegni di competenza verso lo stesso Fondo in precedenza assunti da ciascuna banca aderente».

(3) *Questo comma è stato così sostituito dall'art. 1, comma 1, lett.* b), *del D.L. 14 febbraio 2016, n. 18, convertito, con modificazioni, nella L. 8 aprile 2016, n. 49.*

(4) *Questo comma è stato così sostituito dall'art. 4, comma 2, del D.L.vo 24 giugno 1998, n. 213.*

34. Soci. - 1. Il numero minimo dei soci delle banche di credito cooperativo non può essere inferiore a cinquecento (1). Qualora tale numero diminuisca, la compagine sociale deve essere reintegrata entro un anno; in caso contrario, la banca è posta in liquidazione (2).

2. Per essere soci di una banca di credito cooperativo è necessario risiedere, avere sede ovvero operare con carattere di continuità nel territorio di competenza della banca stessa.

3. Ogni socio ha un voto, qualunque sia il numero delle azioni possedute.

4. Nessun socio può possedere azioni il cui valore nominale complessivo superi centomila (3) euro (4).

4 *bis*. Lo statuto può prevedere, tra i requisiti per l'ammissione a socio, la sottoscrizione o l'acquisto di un numero minimo di azioni (5).

[5. Le banche di credito cooperativo non possono acquistare le proprie azioni, né fare anticipazioni su di esse, né compensarle con le obbligazioni dei soci] (6).

6. Si applica l'articolo 30, comma 5 (7).

(1) *La parola*: «*duecento*» *è stata così sostituita dalla seguente*: «*cinquecento*», *dall'art. 1, comma 2, lett.* a), *del D.L. 14 febbraio 2016, n. 18, convertito, con modificazioni, nella L. 8 aprile 2016, n. 49.*

(2) *A norma dell'art. 2, comma 5, del D.L. 14 febbraio 2016, n. 18, convertito, con modificazioni, nella L. 8 aprile 2016, n. 49, le banche di credito cooperativo autorizzate alla data di entrata in vigore del suddetto decreto, si adeguano a quanto previsto dal presente comma, entro 60 mesi dalla data di entrata in vigore del presente decreto.*

(3) *La parola*: «*cinquantamila*» *è stata così sostituita dalla seguente*: «*centomila*», *dall'art. 1, comma 2, lett.* b), *del D.L. 14 febbraio 2016, n. 18, convertito, con modificazioni, nella L. 8 aprile 2016, n. 49.*

(4) *Questo comma è stato sostituito dall'art. 4, comma 2, del D.L.vo 24 giugno 1998, n. 213.*

(5) *Questo comma è stato inserito dall'art. 1, comma 2, lett.* c), *del D.L. 14 febbraio 2016, n. 18, convertito, con modificazioni, nella L. 8 aprile 2016, n. 49.*

(6) *Questo comma è stato abrogato dall'art. 5, comma 1, del D.L.vo 4 agosto 1999, n. 342.*

(7) *Questo comma è stato così sostituito dall'art. 5, comma 2, del D.L.vo 4 agosto 1999, n. 342.*

35. Operatività. - 1. Le banche di credito cooperativo esercitano il credito prevalentemente a favore dei soci. La Banca d'Italia può autorizzare, per periodi determinati, le singole banche di credito cooperativo a una operatività prevalente a favore di soggetti diversi dai soci, unicamente qualora sussistano ragioni di stabilità.

2. Gli statuti contengono le norme relative alle attività, alle operazioni di impiego e di raccolta e alla competenza territoriale, nonché ai poteri attribuiti alla capo gruppo ai sensi dell'articolo 37 *bis*, (1) determinate sulla base dei criteri fissati dalla Banca d'Italia.

(1) *Le parole*: «*nonché ai poteri attribuiti alla capo gruppo ai sensi dell'articolo 37* bis,» *sono state inserite dall'art. 1, comma 3, del D.L. 14 febbraio 2016, n. 18, convertito, con modificazioni, nella L. 8 aprile 2016, n. 49.*

36. Fusioni e trasformazioni (1). - 1. La Banca d'Italia autorizza, nell'interesse dei creditori e qualora sussistano ragioni di stabilità, fusioni tra banche di credito cooperativo e banche di diversa natura da cui risultino [banche popolari o] (2) banche costituite in forma di società per azioni.

1 *bis*. In caso di recesso o esclusione da un gruppo bancario cooperativo, la banca di credito cooperativo, entro il termine stabilito con le disposizioni di cui all'articolo 37 *bis*, comma 7, previa autorizzazione rilasciata dalla Banca d'Italia avendo riguardo alla sana e prudente gestione della banca, può deliberare la propria trasformazione in società per azioni. In mancanza, la società delibera la propria liquidazione (3).

2. Le deliberazioni assembleari sono assunte con le maggioranze previste dagli statuti per le modificazioni statutarie; quando, in relazione all'oggetto delle modificazioni, gli statuti prevedano maggioranze differenziate, si applica quella meno elevata. È fatto salvo il diritto di recesso dei soci.

3. Si applicano gli articoli 56, comma 2, e 57, commi 2, 3 e 4 (4).

(1) *La precedente rubrica*: «Fusioni» *è stata così sostituita dall'attuale, dall'art. 1, comma 4, lett.* a), *del D.L. 14 febbraio 2016, n. 18, convertito, con modificazioni, nella L. 8 aprile 2016, n. 49.*

(2) *Le parole tra parentesi quadrate sono state soppresse dall'art. 1, comma 4, lett.* b), *del D.L. 14 febbraio 2016, n. 18, convertito, con modificazioni, nella L. 8 aprile 2016, n. 49.*

(3) *Questo comma è stato inserito dall'art. 1, comma 4, lett.* c), *del D.L. 14 febbraio 2016, n. 18, convertito, con modificazioni, nella L. 8 aprile 2016, n. 49.*

(4) *Questo comma è stato così sostituito dall'art. 1, comma 4, lett.* d), *del D.L. 14 febbraio 2016, n. 18, convertito, con modificazioni, nella L. 8 aprile 2016, n. 49.*

37. Utili. - 1. Le banche di credito cooperativo devono destinare almeno il settanta per cento degli utili netti annuali a riserva legale.

2. Una quota degli utili netti annuali deve essere corrisposta ai fondi mutualistici per la promozione e lo sviluppo della cooperazione nella misura e con le modalità previste dalla legge.

3. La quota di utili che non è assegnata ai sensi dei commi precedenti e che non è utilizzata per la rivalutazione delle azioni o assegnata ad altre riserve o distribuita ai soci deve essere destinata a fini di beneficenza o mutualità.

37 *bis*. ([1]) ([2]) **Gruppo Bancario Cooperativo. –** 1. Il gruppo bancario cooperativo è composto da:

a) una società capogruppo costituita in forma di società per azioni e autorizzata all'esercizio dell'attività bancaria il cui capitale è detenuto in misura maggioritaria dalle banche di credito cooperativo appartenenti al gruppo, che esercita attività di direzione e coordinamento sulle società del gruppo sulla base di un contratto conforme a quanto previsto dal comma 3 del presente articolo. Il medesimo contratto assicura l'esistenza di una situazione di controllo come definito dai principi contabili internazionali adottati dall'Unione europea; il requisito minimo di patrimonio netto della società capogruppo è di un miliardo di euro;

b) le banche di credito cooperativo che aderiscono al contratto e hanno adottato le connesse clausole statutarie;

c) le società bancarie, finanziarie e strumentali controllate dalla capogruppo, come definite dall'articolo 59;

c bis) eventuali sottogruppi territoriali facenti capo a una banca costituita in forma di società per azioni sottoposta a direzione e coordinamento della capogruppo di cui alla lettera *a*) e composti dalle altre società di cui alle lettere *b*) e *c*).

1 *bis*. Le banche di credito cooperativo aventi sede legale nelle province autonome di Trento e di Bolzano possono rispettivamente costituire autonomi gruppi bancari cooperativi composti solo da banche aventi sede e operanti esclusivamente nella medesima provincia autonoma e che comunque non abbiano più di due sportelli siti in province limitrofe ([3]), tra cui la corrispondente banca capogruppo, la quale adotta una delle forme di cui all'articolo 14, comma 1, lettera *a*); il requisito minimo di patrimonio netto è stabilito dalla Banca d'Italia ai sensi del comma 7 *bis*.

2. Lo statuto della capogruppo indica il numero massimo delle azioni con diritto di voto che possono essere detenute da ciascun socio, direttamente o indirettamente, ai sensi dell'articolo 22, comma 1.

3. Il contratto di coesione che disciplina la direzione e il coordinamento della capogruppo sul gruppo indica:

a) la banca capogruppo, cui sono attribuiti la direzione e il coordinamento del gruppo;

b) i poteri della capogruppo che, nel rispetto delle finalità mutualistiche, includono:

1) l'individuazione e l'attuazione degli indirizzi strategici ed obiettivi operativi del gruppo nonché gli altri poteri necessari per l'attività di direzione e coordinamento, proporzionati alla rischiosità delle banche aderenti, ivi compresi i controlli ed i poteri di influenza sulle banche aderenti volti ad assicurare il rispetto dei requisiti prudenziali e delle altre disposizioni in materia bancaria e finanziaria applicabili al gruppo e ai suoi componenti;

2) i casi, comunque motivati, in cui la capogruppo può, rispettivamente, nominare, opporsi alla nomina o revocare uno o più componenti, fino a concorrenza della maggioranza, degli organi di amministrazione e controllo delle società aderenti al gruppo e le modalità di esercizio di tali poteri;

3) l'esclusione di una banca dal gruppo in caso di gravi violazioni degli obblighi previsti dal contratto e le altre misure sanzionatorie graduate in relazione alla gravità della violazione;

c) i criteri di compensazione e l'equilibrio nella distribuzione dei vantaggi derivanti dall'attività comune;

d) i criteri e le condizioni di adesione, di diniego dell'adesione e di recesso dal contratto, nonché di esclusione dal gruppo, secondo criteri non discriminatori in linea con il principio di solidarietà tra le banche cooperative a mutualità prevalente.

4. Il contratto di cui al comma 3 prevede la garanzia in solido delle obbligazioni assunte dalla capogruppo e dalle altre banche aderenti, nel rispetto della disciplina prudenziale dei gruppi bancari e delle singole banche aderenti.

5. L'adesione, il rigetto delle richieste di adesione, il recesso e l'esclusione di una banca di credito cooperativo sono autorizzati dalla Banca d'Italia avendo riguardo alla sana e prudente gestione del gruppo e della singola banca.

6. Alle partecipazioni al capitale della capogruppo delle banche di credito cooperativo e delle banche cui fanno capo i sottogruppi territoriali non si applicano gli articoli 2359 *bis*, 2359 *ter*, 2359 *quater* e 2359 *quinquies* del codice civile.

7. Il Ministro dell'economia e delle finanze, al fine di assicurare l'adeguatezza dimensionale e organizzativa del gruppo bancario cooperativo, può stabilire con proprio decreto, sentita la Banca d'Italia:

a) il numero minimo di banche di credito cooperativo di un gruppo bancario cooperativo;

b) una soglia di partecipazione delle banche di credito cooperativo al capitale della società capogruppo diversa da quella indicata al comma 1, lettera *a*), tenuto conto delle esigenze di stabilità del gruppo;

c) le modalità e i criteri per assicurare il riconoscimento e la salvaguardia delle peculiarità linguistiche e culturali delle banche di credito cooperativo aventi sede legale nelle regioni a statuto speciale e nelle province autonome di Trento e di Bolzano.

7 *bis*. La Banca d'Italia, al fine di assicurare la sana e prudente gestione, la competitività e l'efficienza del gruppo bancario cooperativo, nel rispetto della disciplina prudenziale applicabile e delle finalità mutualistiche, detta disposizioni di attuazione del presente articolo e dell'articolo 37 *ter*, con particolare riferimento:

a) ai requisiti minimi organizzativi e operativi della capogruppo;

b) al contenuto minimo del contratto di cui al comma 3, alle caratteristiche della garanzia di cui al comma 4, al procedimento per la costituzione del gruppo e all'adesione al medesimo;

c) ai requisiti specifici, compreso il requisito minimo di patrimonio netto della capogruppo, relativi ai gruppi bancari cooperativi previsti dal comma 1 *bis*.

8. Al gruppo bancario cooperativo si applicano, in quanto compatibili, le disposizioni del Titolo III, Capo II.

(1) *Questo articolo è stato inserito dall'art. 1, comma 5, del D.L. 14 febbraio 2016, n. 18, convertito, con modificazioni, nella L. 8 aprile 2016, n. 49.*

(2) *Si veda l'art. 2, commi 1, 2 e 3, del D.L. 14 febbraio 2016, n. 18, convertito, con modificazioni, nella L. 8 aprile 2016, n. 49, che si riportano:*

«1. In sede di prima applicazione degli articoli 37 bis *e 37* ter *del decreto legislativo 1° settembre 1993, n. 385, introdotti dal presente decreto, la comunicazione di cui all'articolo 37* ter, *comma 1, è inviata alla Banca d'Italia entro 18 mesi dall'entrata in vigore delle disposizioni emanate ai sensi dell'articolo 37* bis, *commi 7 e 7* bis, *del decreto legislativo 1° settembre 1993, n. 385. Il contratto è concluso entro 90 giorni dall'accertamento previsto dall'articolo 37* ter, *comma 2, del decreto legislativo 1° settembre 1993, n. 385. Non si applicano alle modifiche statutarie propedeutiche e necessarie all'assunzione del ruolo di banca capogruppo e a quelle delle società contraenti l'articolo 2437, primo comma, lettere* a) *e* g), *nè l'articolo 2497* quater, *primo comma, lettera* c), *del codice civile.*

2. Entro 90 giorni dall'iscrizione nel registro delle imprese di cui al comma 4 dell'articolo 37 ter *del decreto legislativo 1° settembre 1993, n. 385, una banca di credito cooperativo può chiedere di aderire a un gruppo costituito ai sensi dell'articolo 37* bis *alle medesime condizioni previste per gli aderenti originari. L'organo amministrativo della capogruppo, sentito l'organo di controllo, comunica alla richiedente la deliberazione assunta entro 30 giorni dal ricevimento della domanda di adesione. In caso di mancata risposta nel termine previsto la domanda si ha per accolta.*

In caso di diniego dell'adesione, la decisione e le motivazioni, nel rispetto di quanto previsto dall'articolo 37 bis, *comma 3, lettera* d), *poste a base della delibera, sono comunicate dalla capogruppo alla banca richiedente e alla Banca d'Italia ai fini dell'autorizzazione prevista dall'articolo 37* bis, *comma 5, del decreto legislativo 1° settembre 1993, n. 385. Nei casi di cui al presente comma, la richiesta di adesione a un gruppo bancario cooperativo si ha per accolta qualora la banca di credito cooperativo abbia in precedenza fatto parte di un accordo di responsabilità contrattuale che tuteli tutte le parti aderenti ed, in particolare, garantisca la loro liquidità e solvibilità.*

3. Le banche di credito cooperativo autorizzate alla data di entrata in vigore delle disposizioni emanate ai sensi dell'articolo 37 bis, *commi 7 e 7* bis, *del decreto legislativo 1° settembre 1993, n. 385, che non aderiscono a un gruppo bancario cooperativo, assumono le deliberazioni previste dall'articolo 36 del decreto legislativo 1° settembre 1993, n. 385, come modificato dall'articolo 1, comma 4, del presente decreto, o deliberano la liquidazione entro il termine indicato ai commi 1 e 2 del presente articolo. Resta fermo quanto previsto dall'articolo 150* bis, *comma 5, del decreto legislativo 1° settembre 1993, n. 385, come modificato dal presente decreto».*

A norma dell'art. 2, comma 4, del D.L. 14 febbraio 2016, n. 18, convertito, con modificazioni, nella L. 8 aprile 2016, n. 49, in caso di inosservanza di quanto previsto dal comma 3, come sopra riportato, la Banca d'Italia assume le iniziative necessarie per la revoca dell'autorizzazione all'esercizio dell'attività bancaria.

(3) *Le parole: «e che comunque non abbiano più di due sportelli siti in province limitrofe» sono state inserite dall'art. 21, comma 1* bis, *del D.L. 23 dicembre 2016, n. 237, convertito, con modificazioni, nella L. 17 febbraio 2017, n. 15.*

37 *ter*. (1) (2) **Costituzione del gruppo bancario cooperativo. –** 1. La banca che intenda assumere il ruolo di capogruppo ai sensi dell'articolo 37 *bis*, comma 1, lettera *a*), trasmette alla Banca d'Italia:

a) uno schema di contratto conforme a quanto stabilito ai sensi dell'articolo 37 *bis*;

b) un elenco delle banche di credito cooperativo e delle altre società che intendono aderire al gruppo bancario cooperativo.

2. La Banca d'Italia accerta la sussistenza delle condizioni previste ai sensi dell'articolo 37 *bis* e, in particolare, il grado di adeguatezza patrimoniale e finanziaria del gruppo e l'idoneità del contratto a consentire la sana e prudente gestione del gruppo.

3. A seguito dell'accertamento previsto dal comma 2, le banche di credito cooperativo stipulano con la capogruppo il contratto di cui all'articolo 37 *bis* e provvedono alle necessarie modifiche statutarie, che sono approvate con le maggioranze previste dall'articolo 31, comma 1.

4. Il contratto è trasmesso alla Banca d'Italia, che provvede all'iscrizione del gruppo nell'albo dei gruppi. Successivamente, si dà corso all'iscrizione nel registro delle imprese ai sensi dell'articolo 2497 *bis*, secondo comma, del codice civile.

(1) *Questo articolo è stato inserito dall'art. 1, comma 5, del D.L. 14 febbraio 2016, n. 18, convertito, con modificazioni, nella L. 8 aprile 2016, n. 49.*

(2) *Si veda l'art. 2, commi 1, 2 e 3, del D.L. 14 febbraio 2016, n. 18, convertito, con modificazioni, nella L. 8 aprile 2016, n. 49, che si riportano:*

«1. In sede di prima applicazione degli articoli 37 bis *e 37* ter *del decreto legislativo 1° settembre 1993, n. 385, introdotti dal presente decreto, la comunicazione di cui all'articolo 37* ter, *comma 1, è inviata alla Banca d'Italia entro 18 mesi dall'entrata in vigore delle disposizioni emanate ai sensi dell'articolo 37* bis, *commi 7 e 7* bis, *del decreto legislativo 1° settembre 1993, n. 385. Il contratto è concluso entro 90 giorni dall'accertamento previsto dall'articolo 37* ter, *comma 2, del decreto legislativo 1° settembre 1993, n. 385. Non si applicano alle modifiche statutarie propedeutiche e necessarie all'assunzione del ruolo di banca capogruppo e a quelle delle società contraenti l'articolo 2437, primo comma, lettere* a) *e* g), *nè l'articolo 2497* quater, *primo comma, lettera* c), *del codice civile.*

2. Entro 90 giorni dall'iscrizione nel registro delle imprese di cui al comma 4 dell'articolo 37 ter *del decreto legislativo 1° settembre 1993, n. 385, una banca di credito cooperativo può chiedere di aderire a un gruppo costituito ai sensi dell'articolo 37* bis *alle medesime condizioni previste per gli aderenti originari. L'organo amministrativo della capogruppo, sentito l'organo di controllo, comunica alla richiedente la deliberazione assunta entro 30 giorni dal ricevimento della domanda di adesione. In caso di mancata risposta nel termine previsto la domanda si ha per accolta.*

In caso di diniego dell'adesione, la decisione e le motivazioni, nel rispetto di quanto previsto dall'articolo 37 bis, *comma 3, lettera* d), *poste a base della delibera, sono comunicate dalla capogruppo alla banca richiedente e alla Banca d'Italia ai fini dell'autorizzazione prevista dall'articolo 37* bis, *comma 5, del decreto legislativo 1° settembre 1993, n. 385. Nei casi di cui al presente comma, la richiesta di adesione a un gruppo bancario cooperativo si ha per accolta qualora la banca di credito cooperativo abbia in precedenza fatto parte di un accordo di responsabilità contrattuale che tuteli tutte le parti aderenti ed, in particolare, garantisca la loro liquidità e solvibilità.*

3. Le banche di credito cooperativo autorizzate alla data di entrata in vigore delle disposizioni emanate ai sensi dell'articolo 37 bis, *commi 7 e 7* bis, *del decreto legislativo 1° settembre 1993, n. 385, che non aderiscono a un gruppo bancario cooperativo, assumono le deliberazioni previste dall'articolo 36 del decreto legislativo 1° settembre 1993, n. 385, come modificato dall'articolo 1, comma 4, del presente decreto, o deliberano la liquidazione entro il termine indicato ai commi 1 e 2 del presente articolo. Resta fermo quanto previsto dall'articolo 150* bis, *comma 5, del decreto legislativo 1° settembre 1993, n. 385, come modificato dal presente decreto».*

A norma dell'art. 2, comma 4, del D.L. 14 febbraio 2016, n. 18, convertito, con modificazioni, nella L. 8 aprile 2016, n. 49, in caso di inosservanza di quanto previsto dal comma 3, come sopra riportato, la Banca d'Italia assume le iniziative necessarie per la revoca dell'autorizzazione all'esercizio dell'attività bancaria.

Capo VI
Norme relative
a particolari operazioni di credito

Sezione I
Credito fondiario
e alle opere pubbliche

38. Nozione di credito fondiario. – 1. Il credito fondiario ha per oggetto la concessione, da parte di banche, di finanziamenti a medio e lungo termine garantiti da ipoteca di primo grado su immobili.

2. La Banca d'Italia, in conformità delle deliberazioni del Cicr, determina l'ammontare massimo dei finanziamenti, individuandolo in rapporto al valore dei beni ipotecati o al costo delle opere da eseguire sugli stessi, nonché le ipotesi in cui la presenza di precedenti iscrizioni ipotecarie non impedisce la concessione dei finanziamenti ([1]).

([1]) *Si veda la deliberazione del Comitato interministeriale per il credito e il risparmio del 22 aprile 1995 in materia di credito fondiario* (Gazzetta Ufficiale *Serie gen. - n. 111 del 15 maggio 1995*).

39. Ipoteche. – 1. Ai fini dell'iscrizione ipotecaria le banche possono eleggere domicilio presso la propria sede.

2. Quando la stipulazione del contratto e l'erogazione del denaro formino oggetto di atti separati, il conservatore dei registri immobiliari, in base alla quietanza rilasciata dal beneficiario del finanziamento, esegue, a margine dell'iscrizione già presa, l'annotazione dell'avvenuto pagamento e dell'eventuale variazione degli interessi convenuta dalle parti; in tal caso l'ipoteca iscritta fa collocare nello stesso grado gli interessi nella misura risultante dall'annotazione stessa.

3. Il credito della banca relativo a finanziamenti con clausole di indicizzazione è garantito dall'ipoteca iscritta fino a concorrenza dell'importo effettivamente dovuto per effetto dell'applicazione di dette clausole. L'adeguamento dell'ipoteca si verifica automaticamente se la nota d'iscrizione menziona la clausola di indicizzazione.

4. Le ipoteche a garanzia dei finanziamenti non sono assoggettate a revocatoria fallimentare quando siano state iscritte dieci giorni prima della pubblicazione della sentenza dichiarativa di fallimento. L'articolo 67 ([1]) della legge fallimentare non si applica ai pagamenti effettuati dal debitore a fronte di crediti fondiari.

5. I debitori, ogni volta che abbiano estinto la quinta parte del debito originario, hanno diritto a una riduzione proporzionale della somma iscritta. Essi hanno inoltre il diritto di ottenere la parziale liberazione di uno o più immobili ipotecati quando, dai documenti prodotti o da perizie, risulti che per le somme ancora dovute i rimanenti beni vincolati costituiscono una garanzia sufficiente ai sensi dell'articolo 38.

6. In caso di edificio o complesso condominiale per il quale può ottenersi l'accatastamento delle singole porzioni che lo costituiscono, ancorchè in corso di costruzione, il debitore, il terzo acquirente, il promissario acquirente o l'assegnatario del bene ipotecato o di parte dello stesso, questi ultimi limitatamente alla porzione immobiliare da essi acquistata o promessa in acquisto o in assegnazione, hanno diritto alla suddivisione del finanziamento in quote e, correlativamente, al frazionamento dell'ipoteca a garanzia ([2]).

6 *bis*. La banca deve provvedere agli adempimenti di cui al comma 6 entro il termine di novanta giorni dalla data di ricevimento della richiesta di suddivisione del finanziamento in quote corredata da documentazione idonea a comprovare l'identità del richiedente, la data certa del titolo e l'accatastamento delle singole porzioni per le quali è richiesta la suddivisione del finanziamento. Tale termine è aumentato a centoventi giorni, se la richiesta riguarda un finanziamento da suddividersi in più di cinquanta quote ([3]).

6 *ter*. Qualora la banca non provveda entro il termine indicato al comma 6 *bis*, il richiedente può presentare ricorso al presidente del tribunale nella cui circoscrizione è situato l'immobile; il presidente del tribunale, sentite le parti, ove accolga il ricorso, designa un notaio che, anche avvalendosi di ausiliari, redige un atto pubblico di frazionamento sottoscritto esclusivamente dal notaio stesso. Dall'atto di suddivisione del finanziamento o dal diverso successivo termine stabilito nel contratto di mutuo decorre, con riferimento alle quote frazionate, l'inizio dell'ammortamento delle somme erogate; di tale circostanza si fa menzione nell'atto stesso ([3]).

6 *quater*. Salvo diverso accordo delle parti, la durata dell'ammortamento è pari a quella originariamente fissata nel contratto di mutuo e l'ammortamento stesso è regolato al tasso di interesse determinato in base ai criteri di individuazione per il periodo di preammortamento immediatamente precedente. Il responsabile del competente Ufficio del territorio annota a margine dell'iscrizione ipotecaria il frazionamento del finanzia-

mento e della relativa ipoteca, l'inizio e la durata dell'ammortamento ed il tasso relativo (3).

7. Agli effetti dei diritti di scritturato e degli emolumenti ipotecari, nonché dei compensi e dei diritti spettanti al notaio gli atti e le formalità ipotecarie, anche di annotazione, si considerano come una sola stipula, una sola operazione sui registri immobiliari e un solo certificato. Gli onorari notarili sono ridotti alla metà.

(1) *Questo articolo elenca le ipotesi in cui il curatore è legittimato ad esperire la revocatoria fallimentare.*

(2) *Questo comma è stato così sostituito dall'art. 7, comma 1, lett.* a), *del D.L.vo 20 giugno 2005, n. 122.*

(3) *Questo comma è stato inserito dall'art. 7, comma 1, lett.* b), *del D.L.vo 20 giugno 2005, n. 122.*

40. Estinzione anticipata e risoluzione del contratto. – 1. I debitori hanno facoltà di estinguere anticipatamente, in tutto o in parte, il proprio debito, corrispondendo alla banca esclusivamente un compenso onnicomprensivo per l'estinzione contrattualmente stabilito. I contratti indicano le modalità di calcolo del compenso, secondo i criteri stabiliti dal CICR al solo fine di garantire la trasparenza delle condizioni (1) (2).

2. La banca può invocare come causa di risoluzione del contratto il ritardato pagamento quando lo stesso si sia verificato almeno sette volte, anche non consecutive. A tal fine costituisce ritardato pagamento quello effettuato tra il trentesimo e il centoottantesimo giorno dalla scadenza della rata.

(1) *Questo comma è stato così sostituito dall'art. 6, comma 1, del D.L.vo 4 agosto 1999, n. 342. A norma dell'art. 6, comma 2, del medesimo provvedimento, la disposizione del secondo periodo di questo comma non si applica ai contratti stipulati prima della data di entrata in vigore del D.L.vo n. 342/1999. I criteri di cui a questo comma sono stati dettati con deliberazione del 9 febbraio 2000 del Comitato interministeriale per il credito e il risparmio* (Gazzetta Ufficiale *Serie gen. - n. 43 del 22 febbraio 2000*).

(2) *Il secondo comma dell'art. 6 del D.L.vo 4 agosto 1999, n. 342, così dispone:*

«2. La disposizione del secondo periodo del comma 1 dell'articolo 40 T.U., come modificato dal presente decreto, non si applica ai contratti stipulati prima della data di entrata in vigore del medesimo».

40 *bis*. (1) Cancellazione delle ipoteche. – 1. Ai fini di cui all'articolo 2878 del codice civile e in deroga all'articolo 2847 del codice civile, l'ipoteca iscritta a garanzia di obbligazioni derivanti da contratto di mutuo stipulato o accollato a seguito di frazionamento, anche ai sensi del decreto legislativo 20 giugno 2005, n. 122, ancorchè annotata su titoli cambiari, si estingue automaticamente alla data di estinzione dell'obbligazione garantita [ovvero in caso di mancata rinnovazione dell'iscrizione entro il termine di cui all'articolo 2847 del codice civile] (2).

2. Il creditore rilascia al debitore quietanza attestante la data di estinzione dell'obbligazione e trasmette al conservatore la relativa comunicazione entro trenta giorni dalla stessa data, senza alcun onere per il debitore e secondo le modalità determinate dall'Agenzia del territorio.

3. L'estinzione non si verifica se il creditore, ricorrendo un giustificato motivo ostativo, comunica all'Agenzia del territorio e al debitore, entro il termine di cui al comma 2 e con le modalità previste dal codice civile per la rinnovazione dell'ipoteca, che l'ipoteca permane. In tal caso l'Agenzia, entro il giorno successivo al ricevimento della dichiarazione, procede all'annotazione in margine all'iscrizione dell'ipoteca e fino a tale momento rende comunque conoscibile ai terzi richiedenti la comunicazione di cui al presente comma.

4. Decorso il termine di cui al comma 2 il conservatore, accertata la presenza della comunicazione di cui al medesimo comma e in mancanza della comunicazione di cui al comma 3, procede d'ufficio alla cancellazione dell'ipoteca entro il giorno successivo e fino all'avvenuta cancellazione rende comunque conoscibile ai terzi richiedenti la comunicazione di cui al comma 2. [La cancellazione d'ufficio si applica in tutte le fattispecie di estinzione di cui all'articolo 2878 del codice civile] (3).

5. Per gli atti previsti dal presente articolo non è necessaria l'autentica notarile.

6. Le disposizioni di cui al presente articolo si applicano ai mutui e ai finanziamenti, anche non fondiari, concessi da banche ed intermediari finanziari, ovvero concessi da enti di previdenza obbligatoria ai propri dipendenti o iscritti (4).

(1) *Questo articolo è stato inserito dall'art. 5, comma 1, del D.L.vo 13 agosto 2010, n. 141, a decorrere dal 3 dicembre 2010.*

(2) *Le parole: «ovvero in caso di mancata rinnovazione dell'iscrizione entro il termine di cui all'articolo 2847 del codice civile», aggiunte dall'art. 27* ter, *comma 1, lett.* a), *del D.L. 24 gennaio 2012, n. 1, convertito, con modificazioni, nella L. 24 marzo 2012, n. 27, sono state soppresse dall'art. 6, comma 5* quinquiesdecies, *lett.* a), *n. 1), del D.L. 2 marzo 2012, n. 16, convertito, con modificazioni, nella L. 26 aprile 2012, n. 44.*

(3) *Questo periodo, aggiunto dall'art. 27* ter, *comma 1, lett.* b), *del D.L. 24 gennaio 2012, n. 1, convertito,*

con modificazioni, nella L. 24 marzo 2012, n. 27, è stato soppresso dall'art. 6, comma 5 quinquiesdecies, lett. a), n. 2), del D.L. 2 marzo 2012, n. 16, convertito, con modificazioni, nella L. 26 aprile 2012, n. 44.

(4) *Questo comma è stato così sostituito dall'art. 8, comma 8, lett. a), del D.L. 13 maggio 2011, n. 70, convertito, con modificazioni, nella L. 12 luglio 2011, n. 106.*

41. Procedimento esecutivo. - 1. Nel procedimento di espropriazione relativo a crediti fondiari è escluso l'obbligo della notificazione del titolo contrattuale esecutivo.

2. L'azione esecutiva sui beni ipotecati a garanzia di finanziamenti fondiari può essere iniziata o proseguita dalla banca anche dopo la dichiarazione di fallimento del debitore. Il curatore ha facoltà di intervenire nell'esecuzione. La somma ricavata dall'esecuzione, eccedente la quota che in sede di riparto risulta spettante alla banca, viene attribuita al fallimento.

3. Il custode dei beni pignorati, l'amministratore giudiziario e il curatore del fallimento del debitore versano alla banca le rendite degli immobili ipotecati a suo favore, dedotte le spese di amministrazione e i tributi, sino al soddisfacimento del credito vantato.

4. Con il provvedimento che dispone la vendita o l'assegnazione, il giudice dell'esecuzione prevede, indicando il termine, che l'aggiudicatario o l'assegnatario, che non intendano avvalersi della facoltà di subentrare nel contratto di finanziamento prevista dal comma 5, versino direttamente alla banca la parte del prezzo corrispondente al complessivo credito della stessa. L'aggiudicatario o l'assegnatario che non provvedano al versamento nel termine stabilito sono considerati inadempienti ai sensi dell'articolo 587 del codice di procedura civile.

5. L'aggiudicatario o l'assegnatario possono subentrare, senza autorizzazione del giudice dell'esecuzione, nel contratto di finanziamento stipulato dal debitore espropriato, assumendosi gli obblighi relativi, purché entro quindici giorni dal decreto previsto dall'articolo 574 del codice di procedura civile ovvero dalla data dell'aggiudicazione o dell'assegnazione paghino alla banca le rate scadute, gli accessori e le spese. Nel caso di vendita in più lotti, ciascun aggiudicatario o assegnatario è tenuto a versare proporzionalmente alla banca le rate scadute, gli accessori e le spese.

6. Il trasferimento del bene espropriato e il subentro nel contratto di finanziamento previsto dal comma 5 restano subordinati all'emanazione del decreto previsto dall'articolo 586 (1) del codice di procedura civile.

(1) *Ossia del decreto con cui il giudice dell'esecuzione, riscontrata la congruità del prezzo offerto dall'aggiudicatario, gli trasferisce il bene immobile espropriato.*

42. Nozione di credito alle opere pubbliche. - 1. Il credito alle opere pubbliche ha per oggetto la concessione, da parte di banche, a favore di soggetti pubblici o privati, di finanziamenti destinati alla realizzazione di opere pubbliche o di impianti di pubblica utilità.

2. Quando la concessione del finanziamento avviene a favore di soggetti privati, il requisito di opera pubblica o di pubblica utilità deve risultare da leggi o da provvedimenti della Pubblica Amministrazione.

3. I finanziamenti possono essere assistiti dal privilegio previsto dall'articolo 46.

4. Quando i finanziamenti siano garantiti da ipoteca su immobili, si applica la disciplina prevista dalla presente sezione per le operazioni di credito fondiario.

Sezione II
Credito agrario e peschereccio

43. Nozione. - 1. Il credito agrario ha per oggetto la concessione, da parte di banche, di finanziamenti destinati alle attività agricole o zootecniche nonché a quelle a esse connesse o collaterali.

2. Il credito peschereccio ha per oggetto la concessione, da parte di banche, di finanziamenti destinati alle attività di pesca e acquacoltura, nonché a quelle a esse connesse o collaterali.

3. Sono attività connesse o collaterali l'agriturismo, la manipolazione, conservazione, trasformazione, commercializzazione e valorizzazione dei prodotti, nonché le altre attività individuate dal Cicr.

4. Le operazioni di credito agrario e di credito peschereccio possono essere effettuate mediante utilizzo, rispettivamente, di cambiale agraria e di cambiale pesca. La cambiale agraria e la cambiale pesca devono indicare lo scopo del finanziamento e le garanzie che lo assistono, nonché il luogo dell'iniziativa finanziata. La cambiale agraria e la cambiale pesca sono equiparate a ogni effetto di legge alla cambiale ordinaria.

44. (1) **Garanzie.** - 1. I finanziamenti di credito agrario e di credito peschereccio, anche a breve termine, possono essere assistiti dal privilegio previsto dall'articolo 46.

2. I finanziamenti a breve e medio termine di credito agrario e di credito peschereccio sono assisititi da privilegio legale sui seguenti beni mobili dell'impresa finanziaria:

a) frutti pendenti, prodotti finiti e in corso di lavorazione;

b) bestiame, merci, scorte, materie prime, macchine, attrezzi e altri beni, comunque acquistati con il finanziamento concesso;

c) crediti, anche futuri, derivanti dalla vendita dei beni indicati nelle lettere *a*) e *b*).

3. Il privilegio legale si colloca nel grado immediatamente successivo ai crediti per le imposte sui redditi immobiliari di cui al numero 2) dell'articolo 2778 del codice civile.

4. In caso di inadempimento, il giudice del luogo in cui si trovano i beni sottoposti ai privilegi di cui ai commi 1 e 2 può, su istanza della banca creditrice, assunte sommarie informazioni, disporne l'apprensione e la vendita. Quest'ultima è effettuata ai sensi dell'articolo 1515 del codice civile.

5. Ove i finanziamenti di credito agrario e di credito peschereccio siano garantiti da ipoteca su immobili, si applica la disciplina prevista dalla sezione I del presente capo per le operazioni di credito fondiario.

(1) *Questo articolo è stato così sostituito dall'art. 7 del D.L.vo 4 agosto 1999, n. 342.*

45. (1) [**Fondo interbancario di garanzia.** – 1. Le operazioni di credito agrario possono essere assistite dalla garanzia sussidiaria del Fondo interbancario di garanzia, avente personalità giuridica e gestione autonoma e sottoposto alla vigilanza del Ministero dell'economia e delle finanze.

2. Il Ministro dell'economia e delle finanze, sentito il Ministro per il coordinamento delle politiche agricole, alimentari e forestali, individua le operazioni alle quali si applica la garanzia e determina i criteri e i limiti degli interventi del Fondo, nonché l'entità delle contribuzioni a esso dovute da parte delle banche, in rapporto all'ammontare dei finanziamenti assistiti dalla garanzia.

3. L'organizzazione interna e il funzionamento del Fondo sono disciplinati dallo statuto, approvato con decreto del Ministro dell'economia e delle finanze.

4. Presso il Fondo è operante la Sezione speciale prevista dall'articolo 21 della L. 9 maggio 1975, n. 153, dotata di autonomia patrimoniale e amministrativa. Alla Sezione si applicano le disposizioni dei commi 2 e 3.

5. Presso il Fondo è altresì operante una Sezione di garanzia per il credito peschereccio, avente personalità giuridica con amministrazione autonoma e gestione fuori bilancio ai sensi dell'articolo 9 della L. 25 novembre 1971, n. 1041, e sottoposta alla vigilanza del Ministero dell'economia e delle finanze. Alla Sezione si applicano le disposizioni dei commi 2 e 3].

(1) *Questo articolo è stato abrogato dall'art. 1, comma 3, del D.L.vo 29 dicembre 2006, n. 303.*

Sezione III
Altre operazioni

46. Finanziamenti alle imprese: costituzione di privilegi. – 1. La concessione di finanziamenti a medio e lungo termine da parte di banche alle imprese può essere garantita da privilegio speciale su beni mobili non iscritti nei pubblici registri. Il privilegio può avere a oggetto:

a) impianti e opere esistenti e futuri, concessioni e beni strumentali;

b) materie prime, prodotti in corso di lavorazione, scorte, prodotti finiti, frutti, bestiame e merci;

c) beni comunque acquistati con il finanziamento concesso;

d) crediti, anche futuri, derivanti dalla vendita dei beni indicati nelle lettere precedenti (1).

1 *bis*. Il privilegio previsto dal presente articolo può essere costituito anche per garantire obbligazioni e titoli similari emessi da società ai sensi degli articoli 2410 e seguenti o 2483 del codice civile, la cui sottoscrizione e circolazione è riservata a investitori qualificati ai sensi dell'articolo 100 del decreto legislativo 24 febbraio 1998, n. 58 (2).

2. Il privilegio, a pena di nullità, deve risultare da atto scritto. Nell'atto devono essere esattamente descritti i beni e i crediti sui quali il privilegio viene costituito, la banca creditrice o, nel caso di obbligazioni o titoli di cui al comma 1 *bis*, il sottoscrittore o i sottoscrittori di tali obbligazioni o un loro rappresentante (3), il debitore e il soggetto che ha concesso il privilegio, l'ammontare e le condizioni del finanziamento o, nel caso di obbligazioni o titoli di cui al comma 1 *bis*, gli elementi di cui ai numeri 1), 3), 4) e 6) dell'articolo 2414 del codice civile o di cui all'articolo 2483, comma 3, del codice civile (4) nonché la somma di denaro per la quale il privilegio viene assunto.

Leggi complementari

3. L'opponibilità a terzi del privilegio sui beni è subordinata alla trascrizione, nel registro indicato nell'articolo 1524, secondo comma, del codice civile, dell'atto dal quale il privilegio risulta. La trascrizione deve effettuarsi presso i competenti uffici del luogo ove ha sede l'impresa finanziata e presso quelli del luogo ove ha sede o risiede il soggetto che ha concesso il privilegio (5).

4. Il privilegio previsto dal presente articolo si colloca nel grado indicato nell'articolo 2777, ultimo comma, del codice civile e non pregiudica gli altri titoli di prelazione di pari grado con data certa anteriore a quella della trascrizione.

5. Fermo restando quanto disposto dall'articolo 1153 (6) del codice civile, il privilegio può essere esercitato anche nei confronti dei terzi che abbiano acquistato diritti sui beni che sono oggetto dello stesso dopo la trascrizione prevista dal comma 3. Nell'ipotesi in cui non sia possibile far valere il privilegio nei confronti del terzo acquirente, il privilegio si trasferisce sul corrispettivo.

6. Gli onorari notarili sono ridotti alla metà (7).

(1) *Questo comma è stato così sostituito dall'art. 8, comma 1, del D.L.vo 4 agosto 1999, n. 342.*

(2) *Questo comma è stato inserito dall'art. 12, comma 6, lett.* a), *del D.L. 23 dicembre 2013, n. 145, convertito, con modificazioni, nella L. 21 febbraio 2014, n. 9.*

(3) *Le parole*: «*o, nel caso di obbligazioni o titoli di cui al comma 1* bis, *il sottoscrittore o i sottoscrittori di tali obbligazioni o un loro rappresentante*» *sono state inserite dall'art. 12, comma 6, lett.* b), *n.* 1), *del D.L. 23 dicembre 2013, n. 145, convertito, con modificazioni, nella L. 21 febbraio 2014, n. 9.*

(4) *Le parole*: «*o, nel caso di obbligazioni o titoli di cui al comma 1* bis, *gli elementi di cui ai numeri* 1), 3), 4) *e* 6) *dell'articolo 2414 del codice civile o di cui all'articolo 2483, comma 3, del codice civile*» *sono state inserite dall'art. 12, comma 6, lett.* b), *n.* 2), *del D.L. 23 dicembre 2013, n. 145, convertito, con modificazioni, nella L. 21 febbraio 2014, n. 9.*

(5) *Questo comma è stato così sostituito dall'art. 8, comma 2, del D.L.vo 4 agosto 1999, n. 342.*

(6) *In base al quale chi riceve in buona fede il possesso di un bene mobile non iscritto nei pubblici registri ne diviene immediatamente proprietario.*

(7) *Questo comma è stato aggiunto dall'art. 8, comma 3, del D.L.vo 4 agosto 1999, n. 342.*

47. (1) **Finanziamenti agevolati e gestione di fondi pubblici.** – 1. Tutte le banche possono erogare finanziamenti o prestare servizi previsti dalle vigenti leggi di agevolazione, purché essi siano regolati da contratto con l'amministrazione pubblica competente e rientrino tra le attività che le banche possono svolgere in via ordinaria. Ai finanziamenti si applicano integralmente le disposizioni delle leggi di agevolazione, ivi comprese quelle relative alle misure fiscali e tariffarie e ai privilegi di procedura.

2. L'assegnazione e la gestione di fondi pubblici di agevolazione creditizia previsti dalle leggi vigenti e la prestazione di servizi a essi inerenti, sono disciplinate da contratti stipulati tra l'amministrazione pubblica competente e le banche da questa prescelte. I contratti indicano criteri e modalità idonei a superare il conflitto di interessi tra la gestione dei fondi e l'attività svolta per proprio conto dalle banche; a tal fine possono essere istituiti organi distinti preposti all'assunzione delle deliberazioni in materia agevolativa e separate contabilità. I contratti determinano altresì i compensi e i rimborsi spettanti alle banche.

3. I contratti indicati nel comma 2 possono prevedere che la banca alla quale è attribuita la gestione di un fondo pubblico di agevolazione è tenuta a stipulare a sua volta contratti con altre banche per disciplinare la concessione, a valere sul fondo, di contributi relativi a finanziamenti da queste erogati. Questi ultimi contratti sono approvati dall'amministrazione pubblica competente.

(1) *Questo articolo è stato così sostituito dall'art. 9, comma 1, del D.L.vo 4 agosto 1999, n. 342.*

48. (1) **Credito su pegno.** – 1. Le banche possono intraprendere l'esercizio del credito su pegno di cose mobili disciplinato dalla legge 10 maggio 1938, n. 745, e dal regio decreto 25 maggio 1939, n. 1279, dotandosi delle necessarie strutture e dandone comunicazione alla Banca d'Italia (2).

(1) *Questo articolo è stato così sostituito dall'art. 10, comma 1, del D.L.vo 4 agosto 1999, n. 342.*

(2) *Secondo il disposto dell'art. 10, comma 2, del D.L.vo 4 agosto 1999, n. 342, questo articolo «non si applica alle banche che, all'atto della data di entrata in vigore del presente decreto legislativo, sono già abilitate all'esercizio dell'attività di credito su pegno».*

48 *bis*. (1) **Finanziamento alle imprese garantito da trasferimento di bene immobile sospensivamente condizionato.** – 1. Il contratto di finanziamento concluso tra un imprenditore e una banca o altro soggetto autorizzato a concedere finanziamenti nei confronti del pubblico ai sensi dell'articolo 106 può essere garantito dal trasferimento, in favore del creditore o di una società dallo stesso controllata o al medesimo collegata ai sensi delle vigenti disposizioni di legge e autorizzata ad acquistare, detenere, gestire e trasferire diritti reali immobiliari, della proprietà di un immobile o di un altro diritto immobiliare dell'imprenditore o di un terzo, sospensivamente condizionato all'inadempimento del debitore a norma del comma 5. La nota di trascrizione del trasferimento sospensivamente condizionato di cui al presente comma deve indicare gli elementi di cui all'articolo 2839, secondo comma, numeri 4), 5) e 6), del codice civile.

2. In caso di inadempimento, il creditore ha diritto di avvalersi degli effetti del patto di cui al comma 1, purchè al proprietario sia corrisposta l'eventuale differenza tra il valore di stima del diritto e l'ammontare del debito inadempiuto e delle spese di trasferimento.

3. Il trasferimento non può essere convenuto in relazione a immobili adibiti ad abitazione principale del proprietario, del coniuge o di suoi parenti e affini entro il terzo grado.

4. Il patto di cui al comma 1 può essere stipulato al momento della conclusione del contratto di finanziamento o, anche per i contratti in corso alla data di entrata in vigore della presente disposizione, per atto notarile, in sede di successiva modificazione delle condizioni contrattuali. Qualora il finanziamento sia già garantito da ipoteca, il trasferimento sospensivamente condizionato all'inadempimento, una volta trascritto, prevale sulle trascrizioni e iscrizioni eseguite successivamente all'iscrizione ipotecaria. Fatti salvi gli effetti dell'aggiudicazione, anche provvisoria, e dell'assegnazione, la disposizione di cui al periodo precedente si applica anche quando l'immobile è stato sottoposto ad espropriazione forzata in forza di pignoramento trascritto prima della trascrizione del patto di cui al comma 1 ma successivamente all'iscrizione dell'ipoteca; in tal caso, si applica il comma 10.

5. Per gli effetti del presente articolo, si ha inadempimento quando il mancato pagamento si protrae per oltre nove mesi dalla scadenza di almeno tre rate, anche non consecutive, nel caso di obbligo di rimborso a rate mensili; o per oltre nove mesi dalla scadenza anche di una sola rata, quando il debitore è tenuto al rimborso rateale secondo termini di scadenza superiori al periodo mensile; ovvero, per oltre nove mesi, quando non è prevista la restituzione mediante pagamenti da effettuarsi in via rateale, dalla scadenza del rimborso previsto nel contratto di finanziamento. Qualora alla data di scadenza della prima delle rate, anche non mensili, non pagate di cui al primo periodo il debitore abbia già rimborsato il finanziamento ricevuto in misura almeno pari all'85 per cento della quota capitale, il periodo di inadempimento di cui al medesimo primo periodo è elevato da nove a dodici mesi. Al verificarsi dell'inadempimento di cui al presente comma, il creditore è tenuto a notificare al debitore e, se diverso, al titolare del diritto reale immobiliare, nonché a coloro che hanno diritti derivanti da titolo iscritto o trascritto sull'immobile una dichiarazione di volersi avvalere degli effetti del patto di cui al medesimo comma, secondo quanto previsto dal presente articolo, precisando l'ammontare del credito per cui procede.

6. Decorsi sessanta giorni dalla notificazione della dichiarazione di cui al comma 5, il creditore chiede al presidente del tribunale del luogo nel quale si trova l'immobile la nomina di un perito per la stima, con relazione giurata, del diritto reale immobiliare oggetto del patto di cui al comma 1. Il perito procede in conformità ai criteri di cui all'articolo 568 del codice di procedura civile. Non può procedersi alla nomina di un perito per il quale ricorre una delle condizioni di cui all'articolo 51 del codice di procedura civile. Si applica l'articolo 1349, primo comma, del codice civile. Entro sessanta giorni dalla nomina, il perito comunica, ove possibile a mezzo di posta elettronica certificata, la relazione giurata di stima al debitore, e, se diverso, al titolare del diritto reale immobiliare, al creditore nonché a coloro che hanno diritti derivanti da titolo iscritto o trascritto sull'immobile. I destinatari della comunicazione di cui al periodo precedente possono, entro dieci giorni dalla medesima comunicazione, inviare note al perito; in tal caso il perito, entro i successivi dieci giorni, effettua una nuova comunicazione della relazione rendendo gli eventuali chiarimenti.

7. Qualora il debitore contesti la stima, il creditore ha comunque diritto di avvalersi degli effetti del patto di cui al comma 1 e l'eventuale fondatezza della contestazione incide sulla differenza da versare al titolare del diritto reale immobiliare.

8. La condizione sospensiva di inadempimento, verificatisi i presupposti di cui al comma 5, si considera avverata al momento della comunicazione al creditore del valore di stima di cui al comma 6 ovvero al momento dell'avvenuto versamento all'imprenditore della differenza di cui al comma 2, qualora il valore di stima sia superiore all'ammontare del debito inadempiuto, compren-

sivo di tutte le spese ed i costi del trasferimento. Il contratto di finanziamento o la sua modificazione a norma del comma 4 contiene l'espressa previsione di un apposito conto corrente bancario senza spese, intestato al titolare del diritto reale immobiliare, sul quale il creditore deve accreditare l'importo pari alla differenza tra il valore di stima e l'ammontare del debito inadempiuto.

9. Ai fini pubblicitari connessi all'annotazione di cancellazione della condizione sospensiva ai sensi dell'articolo 2668, terzo comma, del codice civile, il creditore, anche unilateralmente, rende nell'atto notarile di avveramento della condizione una dichiarazione, a norma dell'articolo 47 del decreto del Presidente della Repubblica 28 dicembre 2000, n. 445, con cui attesta l'inadempimento del debitore a norma del comma 5, producendo altresì estratto autentico delle scritture contabili di cui all'articolo 2214 del codice civile.

10. Può farsi luogo al trasferimento a norma del presente articolo anche quando il diritto reale immobiliare già oggetto del patto di cui al comma 1 sia sottoposto ad esecuzione forzata per espropriazione. In tal caso l'accertamento dell'inadempimento del debitore è compiuto, su istanza del creditore, dal giudice dell'esecuzione e il valore di stima è determinato dall'esperto nominato dallo stesso giudice. Il giudice dell'esecuzione provvede all'accertamento dell'inadempimento con ordinanza, fissando il termine entro il quale il creditore deve versare una somma non inferiore alle spese di esecuzione e, ove vi siano, ai crediti aventi diritto di prelazione anteriore a quello dell'istante ovvero pari all'eventuale differenza tra il valore di stima del bene e l'ammontare del debito inadempiuto. Avvenuto il versamento, il giudice dell'esecuzione, con decreto, dà atto dell'avveramento della condizione. Il decreto è annotato ai fini della cancellazione della condizione, a norma dell'articolo 2668 del codice civile. Alla distribuzione della somma ricavata si provvede in conformità alle disposizioni di cui al libro terzo, titolo II, capo IV del codice di procedura civile.

11. Il comma 10 si applica, in quanto compatibile, anche quando il diritto reale immobiliare è sottoposto ad esecuzione a norma delle disposizioni di cui al decreto del Presidente della Repubblica 29 settembre 1973, n. 602.

12. Quando, dopo la trascrizione del patto di cui al comma 1, sopravviene il fallimento del titolare del diritto reale immobiliare, il creditore, se è stato ammesso al passivo, può fare istanza al giudice delegato perchè, sentiti il curatore e il comitato dei creditori, provveda a norma del comma 10, in quanto compatibile.

13. Entro trenta giorni dall'estinzione dell'obbligazione garantita il creditore provvede, mediante atto notarile, a dare pubblicità nei registri immobiliari del mancato definitivo avveramento della condizione sospensiva.

13 *bis*. Ai fini del concorso tra i creditori, il patto a scopo di garanzia di cui al comma 1 è equiparato all'ipoteca.

13 *ter*. La trascrizione del patto di cui al comma 1 produce gli effetti di cui all'articolo 2855 del codice civile, avendo riguardo, in luogo del pignoramento, alla notificazione della dichiarazione di cui al comma 5.

(1) *Questo articolo è stato aggiunto dall'art. 2, comma 1, del D.L. 3 maggio 2016, n. 59, convertito, con modificazioni, nella L. 30 giugno 2016, n. 119.*

Capo VII
Assegni circolari e decreto ingiuntivo

49. Assegni circolari. – 1. La Banca d'Italia autorizza le banche alla emissione degli assegni circolari nonché di altri assegni a essi assimilabili o equiparabili. Il provvedimento di autorizzazione è pubblicato nella *Gazzetta Ufficiale* della Repubblica italiana.

2. La Banca d'Italia [, in conformità delle deliberazioni del Cicr,] (1) determina la misura, la composizione e le modalità per il versamento della cauzione che le banche emittenti sono tenute a costituire presso la medesima Banca d'Italia a fronte della circolazione degli assegni indicati nel comma 1.

(1) *Le parole fra parentesi quadrate sono state soppresse dall'art. 1, comma 16, del D.L.vo 12 maggio 2015, n. 72.*

50. Decreto ingiuntivo. – 1. La Banca d'Italia e le banche possono chiedere il decreto d'ingiunzione previsto dall'articolo 633 del codice di procedura civile anche in base all'estratto conto, certificato conforme alle scritture contabili da uno dei dirigenti della banca interessata, il quale deve altresì dichiarare che il credito è vero e liquido.

Titolo III
Vigilanza

Capo I
Vigilanza sulle banche

51. Vigilanza informativa. – 1. Le banche inviano alla Banca d'Italia, con le modalità e nei termini da essa stabiliti, le segnalazioni periodiche nonché ogni altro dato e documento richiesto. Esse trasmettono anche i bilanci con le modalità e nei termini stabiliti dalla Banca d'Italia.

1 *bis*. Le banche comunicano alla Banca d'Italia:

a) la nomina e la mancata nomina del soggetto incaricato della revisione legale dei conti;

b) le dimissioni del soggetto incaricato della revisione legale dei conti;

c) la risoluzione consensuale del mandato;

d) la revoca dell'incarico di revisione legale dei conti, fornendo adeguate spiegazioni in ordine alle ragioni che l'hanno determinata (¹).

1 *ter*. La Banca d'Italia stabilisce modalità e termini per l'invio delle comunicazioni di cui al comma 1 *bis* (¹).

1 *quater*. La Banca d'Italia può chiedere informazioni al personale delle banche anche per il tramite di queste ultime (²).

1 *quinquies*. Le previsioni del comma 1 si applicano anche ai soggetti ai quali le banche abbiano esternalizzato funzioni aziendali essenziali o importanti e al loro personale (²).

(¹) *Questo comma è stato aggiunto dall'art. 39, comma 1, del D.L.vo 27 gennaio 2010, n. 39.*

(²) *Questo comma è stato aggiunto dall'art. 1, comma 17, del D.L.vo 12 maggio 2015, n. 72.*

52. (¹) Comunicazioni del collegio sindacale e dei soggetti incaricati della revisione legale dei conti (²). – 1. Il collegio sindacale informa senza indugio la Banca d'Italia di tutti gli atti o i fatti, di cui venga a conoscenza nell'esercizio dei propri compiti, che possano costituire una irregolarità nella gestione delle banche o una violazione delle norme disciplinanti l'attività bancaria. A tali fini lo statuto della banca, indipendentemente dal sistema di amministrazione e controllo adottato, assegna all'organo che svolge la funzione di controllo i relativi compiti e poteri (³).

2. Il soggetto incaricato della revisione legale dei conti (⁴) comunica senza indugio alla Banca d'Italia gli atti o i fatti, rilevati nello svolgimento dell'incarico, che possano costituire una grave violazione delle norme disciplinanti l'attività bancaria ovvero che possano pregiudicare la continuità dell'impresa o comportare un giudizio negativo, un giudizio con rilievi o una dichiarazione di impossibilità di esprimere un giudizio sul bilancio. Tale soggetto invia (⁵) alla Banca d'Italia ogni altro dato o documento richiesto.

[2 *bis*. Lo statuto delle banche di credito cooperativo può provvedere che il controllo contabile sia affidato al collegio sindacale] (⁶).

3. I commi 1, primo periodo, (⁷) e 2 si applicano anche ai soggetti che esercitano i compiti ivi previsti presso le società che controllano le banche o che sono da queste controllate ai sensi dell'articolo 23.

4. La Banca d'Italia stabilisce modalità e termini per la trasmissione delle informazioni previste dai commi 1 e 2.

4 *bis*. La Banca d'Italia trasmette alla BCE le informazioni ricevute ai sensi del presente articolo, nei casi e secondo le modalità stabiliti dalle disposizioni del MVU (⁸).

(¹) *Questo articolo è stato così sostituito dall'articolo 211, comma 1, del D.L.vo 24 febbraio 1998, n. 58.*

(²) *L' originaria rubrica:* «Comunicazioni del collegio sindacale e dei soggetti incaricati del controllo dei conti» *è stata così sostituita dall'art. 39, comma 2, lett.* a), *del D.L.vo 27 gennaio 2010, n. 39.*

(³) *L'ultimo periodo di questo comma è stato aggiunto dall'art. 9.14, lett.* a), *del D.L.vo 17 gennaio 2003, n. 6, così come inserito dall'art. 2 del D.L.vo 6 febbraio 2004, n. 37.*

(⁴) *Le parole*: «*della revisione o del controllo contabile*» *sono state così sostituite dalle attuali*: «*della revisione legale dei conti*» *dall'art. 39, comma 2, lett.* b), *del D.L..vo 27 gennaio 2010, n. 39.*

(⁵) *Le parole*: «*Tali società inviano*» *sono state così sostituite dalle attuali*: «*Tale soggetto invia*» *dall'art. 9.14, lett.* b), *del D.L.vo 17 gennaio 2003, n. 6, così come inserito dall'art. 2 del D.L.vo 6 febbraio 2004, n. 37.*

(⁶) *Questo comma è stato abrogato dall'art. 39, comma 2, lett.* c), *del D.L.vo 27 gennaio 2010, n. 39. A norma dell'art. 43, comma 1, lett.* h), *del D.L.vo 27 gennaio 2010, n. 39, questo comma è abrogato ma continua ad applicarsi fino alla data di entrata in vigore dei regolamenti del Ministro dell'economia e delle finanze emanati ai sensi dello stesso D.L.vo n. 39/2010.*

(⁷) *Le parole*: «*, primo periodo,*» *sono state inserite dall'art. 9.14, lett.* d), *del D.L.vo 17 gennaio 2003, n. 6, così come inserito dall'art. 2 del D.L.vo 6 febbraio 2004, n. 37.*

(⁸) *Questo comma è stato aggiunto dall'art. 1, comma 12, del D.L.vo 14 novembre 2016, n. 223.*

52 *bis*. [1] **Sistemi interni di segnalazione delle violazioni.** – 1. Le banche e le relative capogruppo adottano procedure specifiche per la segnalazione al proprio interno da parte del personale di atti o fatti che possano costituire una violazione delle norme disciplinanti l'attività bancaria.

2. Le procedure di cui al comma 1 sono idonee a:

a) garantire la riservatezza dei dati personali del segnalante e del presunto responsabile della violazione, ferme restando le regole che disciplinano le indagini o i procedimenti avviati dall'autorità giudiziaria in relazione ai fatti oggetto della segnalazione;

b) tutelare adeguatamente il soggetto segnalante contro condotte ritorsive, discriminatorie o comunque sleali conseguenti la segnalazione;

c) assicurare per la segnalazione un canale specifico, indipendente e autonomo.

3. La presentazione di una segnalazione non costituisce di per sè violazione degli obblighi derivanti dal rapporto di lavoro.

4. La disposizione di cui all'articolo 7, comma 2, del decreto legislativo 30 giugno 2003, n. 196, non trova applicazione con riguardo all'identità del segnalante, che può essere rivelata solo con il suo consenso o quando la conoscenza sia indispensabile per la difesa del segnalato.

5. La Banca d'Italia emana disposizioni attuative del presente articolo.

(1) *Questo articolo è stato inserito dall'art. 1, comma 18, del D.L.vo 12 maggio 2015, n. 72.*

52 *ter*. [1] **Segnalazione di violazioni alla Banca d'Italia.** – 1. La Banca d'Italia riceve, da parte del personale delle banche e delle relative capogruppo, segnalazioni che si riferiscono a violazioni riguardanti norme del titolo II e III, nonché atti dell'Unione europea direttamente applicabili nelle stesse materie.

2. La Banca d'Italia tiene conto dei criteri di cui all'articolo 52 *bis*, comma 2, lettere *a*) e *b*), e può stabilire condizioni, limiti e procedure per la ricezione delle segnalazioni.

3. La Banca d'Italia si avvale delle informazioni contenute nelle segnalazioni, ove rilevanti, esclusivamente nell'esercizio delle funzioni di vigilanza e per il perseguimento delle finalità previste dall'articolo 5.

4. Nel caso di accesso ai sensi degli articoli 22, e seguenti, della legge 7 agosto 1990, n. 241, l'ostensione del documento è effettuata con modalità che salvaguardino comunque la riservatezza del segnalante. Si applica l'articolo 52 *bis*, commi 3 e 4.

4 *bis*. La Banca d'Italia inoltra alla BCE le segnalazioni ricevute, quando esse riguardano soggetti significativi o violazioni di regolamenti o decisioni della BCE. La Banca d'Italia può ricevere dalla BCE le segnalazioni relative a soggetti meno significativi. Nei casi previsti dal presente comma, la Banca d'Italia e la BCE scambiano informazioni nei modi e per le finalità stabiliti dalle disposizioni del MVU [2].

(1) *Questo articolo è stato inserito dall'art. 1, comma 18, del D.L.vo 12 maggio 2015, n. 72.*

(2) *Questo comma è stato aggiunto dall'art. 1, comma 13, del D.L.vo 14 novembre 2016, n. 223.*

53. [1] **Vigilanza regolamentare.** – 1. La Banca d'Italia [, in conformità delle deliberazioni del Cicr,] [2] emana disposizioni di carattere generale aventi a oggetto:

a) l'adeguatezza patrimoniale;

b) il contenimento del rischio nelle sue diverse configurazioni;

c) le partecipazioni detenibili;

d) il governo societario, l'organizzazione amministrativa e contabile, nonché i controlli interni e i sistemi di remunerazione e di incentivazione [3];

d bis) l'informativa da rendere al pubblico sulle materie di cui alle lettere da *a*) a *d*) [4].

[2. Le disposizioni emanate ai sensi del comma 1 possono prevedere che determinate operazioni siano sottoposte ad autorizzazione della Banca d'Italia] [5].

2 *bis*. Le disposizioni emanate ai sensi del comma 1, lettera *a*), prevedono che le banche possano utilizzare:

a) le valutazioni del rischio di credito rilasciate da società o enti esterni; le disposizioni disciplinano i requisiti, anche di competenza tecnica e di indipendenza, che tali soggetti devono possedere e le relative modalità di accertamento;

b) sistemi interni di misurazione dei rischi per la determinazione dei requisiti patrimoniali, previa autorizzazione della Banca d'Italia. Per le banche sottoposte alla vigilanza consolidata di un'autorità di un altro Stato comunitario, la decisione è di competenza della medesima autorità, qualora, entro sei mesi dalla presentazione della domanda di autorizzazione, non venga adottata una decisione congiunta con la Banca d'Italia e sempre che, entro il medesimo termine, il caso non sia stato rinviato all'ABE ai fini della procedura per la risoluzione delle controversie con le autorità di vigilanza degli altri Stati membri in situazioni transfrontaliere ([6]) ([7]).

2 *ter*. Le società o enti esterni che, anche gestendo sistemi informativi creditizi, rilasciano alle banche valutazioni del rischio di credito o sviluppano modelli statistici per l'utilizzo ai fini di cui al comma 1, lettera *a*), conservano, per tale esclusiva finalità, anche in deroga alle altre vigenti disposizioni normative, i dati personali detenuti legittimamente per un periodo di tempo storico di osservazione che sia congruo rispetto a quanto richiesto dalle disposizioni emanate ai sensi del comma 2 *bis*. Le modalità di attuazione e i criteri che assicurano la non identificabilità sono individuati su conforme parere del Garante per la protezione dei dati personali ([7]).

[3. La Banca d'Italia può:

a) convocare gli amministratori, i sindaci e i dirigenti delle banche per esaminare la situazione delle stesse;

b) ordinare la convocazione degli organi collegiali delle banche, fissandone l'ordine del giorno, e proporre l'assunzione di determinate decisioni;

c) procedere direttamente alla convocazione degli organi collegiali delle banche quando gli organi competenti non abbiano ottemperato a quanto previsto dalla lettera *b*).

d) adottare per le materie indicate nel comma 1, ove la situazione lo richieda, provvedimenti specifici nei confronti di singole banche, riguardanti anche: la restrizione delle attività o della struttura territoriale; il divieto di effettuare determinate operazioni, anche di natura societaria, e di distribuire utili o altri elementi del patrimonio, nonché, con riferimento a strumenti finanziari computabili nel patrimonio a fini di vigilanza, il divieto di pagare interessi; la fissazione di limiti all'importo totale della parte variabile delle remunerazioni nella banca, quando sia necessario per il mantenimento di una solida base patrimoniale. Per le banche che beneficiano di eccezionali interventi di sostegno pubblico, la Banca d'Italia può inoltre fissare limiti alla remunerazione complessiva degli esponenti aziendali] ([8]) ([9]).

4. La Banca d'Italia disciplina condizioni e limiti per l'assunzione, da parte delle banche o dei gruppi bancari, di attività di rischio nei confronti di coloro che possono esercitare, direttamente o indirettamente, un'influenza sulla gestione della banca o del gruppo bancario nonché dei soggetti a essi collegati. In ogni caso i soci e gli amministratori, fermi restando gli obblighi previsti dall'articolo 2391, primo comma, del codice civile, si astengono dalle deliberazioni in cui abbiano un interesse in conflitto, per conto proprio o di terzi. Ove verifichi in concreto l'esistenza di situazioni di conflitto di interessi, la Banca d'Italia può stabilire condizioni e limiti specifici per l'assunzione delle attività di rischio ([10]).

[4 *bis*. Le condizioni di cui al comma 4 sono determinate tenuto conto:

a) dell'entità del patrimonio della banca;

b) dell'entità della partecipazione eventualmente detenuta;

c) dell'insieme delle attività di rischio del gruppo bancario nei confronti dei soggetti di cui al comma 4 e degli altri soggetti ai medesimi collegati secondo quanto stabilito dalla Banca d'Italia] ([11]).

4 *ter*. La Banca d'Italia individua i casi in cui il mancato rispetto delle condizioni di cui al comma 4 comporta la sospensione dei diritti amministrativi connessi con la partecipazione ([12]).

4 *quater*. La Banca d'Italia [, in conformità alle deliberazioni del CICR,] ([13]) disciplina i conflitti d'interessi tra le banche e i soggetti indicati nel comma 4, in relazione ad altre tipologie di rapporti di natura economica ([12]) ([14]).

4 *quinquies*. Le disposizioni emanate ai sensi del presente articolo possono prevedere che determinate operazioni siano sottoposte ad autorizzazione della Banca d'Italia. Possono inoltre prevedere che determinate decisioni in materia di remunerazione e di incentivazione siano rimesse alla competenza dell'assemblea dei soci, anche nel modello dualistico di amministrazione e controllo, stabilendo quorum costitutivi e deliberativi anche in deroga a norme di legge ([15]).

4 *sexies*. È nullo qualunque patto o clausola non conforme alle disposizioni in materia di sistemi di remunerazione e di incentivazione emanate ai sensi del comma 1, lettera *d*), o contenute in atti dell'Unione europea direttamente applicabili. La nullità della clausola non comporta la nullità del contratto. Le previsioni contenute nelle clausole nulle sono sostituite di diritto, ove possibile, con i parametri indicati nelle disposizioni suddette nei valori più prossimi alla pattuizione originaria ([15]).

([1]) *A norma dell'art. 2, comma 9, del D.L.vo 12 maggio 2015, n. 72, dalla data di entrata in vigore del presente decreto legislativo, ogni riferimento agli artico-*

li 53 e 67 del decreto legislativo 1° settembre 1993, n. 385, in vigore a tale data si intende effettuato rispettivamente agli articoli 53, 53 bis *e 53* ter, *e agli articoli 67 e 67* ter *del decreto legislativo 1° settembre 1993, n. 385, come modificato dal presente decreto.*

(²) *Le parole fra parentesi quadrate sono state soppresse dall'art. 1, comma 19, lett.* a), *del D.L.vo 12 maggio 2015, n. 72.*

(³) *Questa lettera è stata così sostituita dall'art. 22, comma 2, lett.* a), *n. 1), della L. 15 dicembre 2011, n. 217.*

(⁴) *Questa lettera è stata aggiunta dall'art. 1, comma 1, lett.* b), *n. 1), del D.L. 27 dicembre 2006, n. 297, convertito, con modificazioni, nella L. 23 febbraio 2007, n. 15.*

(⁵) *Questo comma è stato abrogato dall'art. 1, comma 19, lett.* b), *del D.L.vo 12 maggio 2015, n. 72.*

(⁶) *Le parole: «e sempre che, entro il medesimo termine, il caso non sia stato rinviato all'ABE ai fini della procedura per la risoluzione delle controversie con le autorità di vigilanza degli altri Stati membri in situazioni transfrontaliere.» sono state aggiunte dall'art. 1, comma 5, del D.L.vo 30 luglio 2012, n. 130.*

(⁷) *Questo comma è stato inserito dall'art. 1, comma 1, lett.* b), *n. 2), del D.L. 27 dicembre 2006, n. 297, convertito, con modificazioni, nella L. 23 febbraio 2007, n. 15.*

(⁸) *Questa lettera è stata così, da ultimo, sostituita dall'art. 22, comma 2, lett. a), n. 2) della L. 15 dicembre 2011, n. 217.*

(⁹) *Questo comma è stato abrogato dall'art. 1, comma 19, lett.* c), *del D.L.vo 12 maggio 2015, n. 72.*

(¹⁰) *Questo comma, già sostituito dall'art. 8, comma 1, lett.* a), *della L. 28 dicembre 2005, n. 262 e, successivamente, dall'art. 1, comma 4, lett.* a), *del D.L.vo 29 dicembre 2006, n. 303 è stato, da ultimo, così sostituito dall'art. 1, comma 19, lett.* d), *del D.L.vo 12 maggio 2015, n. 72.*

(¹¹) *Questo comma, inserito dall'art. 8, comma 1, lett.* b), *della L. 28 dicembre 2005, n. 262, è stato abrogato dall'art. 1, comma 4, lett.* b), *del D.L.vo 29 dicembre 2006, n. 303.*

(¹²) *Questo comma è stato inserito dall'art. 8, comma 1, lett.* b), *della L. 28 dicembre 2005, n. 262.*

(¹³) *Le parole fra parentesi quadrate sono state soppresse dall'art. 1, comma 19, lett.* e), *del D.L.vo 12 maggio 2015, n. 72.*

(¹⁴) *Le originarie parole: «alle altre attività bancarie» sono state così sostituite dalle attuali: «ad altre tipologie di rapporti di natura economica» dall'art. 1, comma 4, lett.* c), *del D.L.vo 29 dicembre 2006, n. 303.*

(¹⁵) *Questo comma è stato aggiunto dall'art. 1, comma 19, lett.* f), *del D.L.vo 12 maggio 2015, n. 72.*

53 *bis.* (¹) **Poteri di intervento.** – 1. La Banca d'Italia può:

a) convocare gli amministratori, i sindaci e il personale delle banche;

b) ordinare la convocazione degli organi collegiali delle banche, fissandone l'ordine del giorno, e proporre l'assunzione di determinate decisioni;

c) procedere direttamente alla convocazione degli organi collegiali delle banche quando gli organi competenti non abbiano ottemperato a quanto previsto dalla lettera *b*);

d) adottare per le materie indicate nell'articolo 53, comma 1, ove la situazione lo richieda, provvedimenti specifici nei confronti di una o più banche o dell'intero sistema bancario riguardanti anche: la restrizione delle attività o della struttura territoriale; il divieto di effettuare determinate operazioni, anche di natura societaria, e di distribuire utili o altri elementi del patrimonio, nonché, con riferimento a strumenti finanziari computabili nel patrimonio a fini di vigilanza, il divieto di pagare interessi; la fissazione di limiti all'importo totale della parte variabile delle remunerazioni nella banca, quando sia necessario per il mantenimento di una solida base patrimoniale; per le banche che beneficiano di eccezionali interventi di sostegno pubblico, possono inoltre essere fissati (²) limiti alla remunerazione complessiva degli esponenti aziendali;

e) disporre, qualora la loro permanenza in carica sia di pregiudizio per la sana e prudente gestione della banca, la rimozione di uno o più esponenti aziendali; la rimozione non è disposta ove ricorrano gli estremi per pronunciare la decadenza ai sensi dell'articolo 26, salvo che sussista urgenza di provvedere.

2. La Banca d'Italia può altresì convocare gli amministratori, i sindaci e il personale dei soggetti ai quali siano state esternalizzate funzioni aziendali essenziali o importanti.

(¹) *Questo articolo è stato inserito dall'art. 1, comma 20, del D.L.vo 12 maggio 2015, n. 72.*

A norma dell'art. 2, comma 9, del D.L.vo 12 maggio 2015, n. 72, dalla data di entrata in vigore del presente decreto legislativo, ogni riferimento agli articoli 53 e 67 del decreto legislativo 1° settembre 1993, n. 385, in vigore a tale data si intende effettuato rispettivamente agli articoli 53, 53 bis *e 53* ter, *e agli articoli 67 e 67* ter *del decreto legislativo 1° settembre 1993, n. 385, come modificato dal presente decreto.*

(²) *Le parole: «la Banca d'Italia può inoltre fissare» sono state così sostituite dalle seguenti: «possono inoltre essere fissati», dall'art. 1, comma 14, del D.L.vo 14 novembre 2016, n. 223.*

53 *ter.* (¹) **Misure macroprudenziali.** – 1. La Banca d'Italia è autorità nazionale designata per l'adozione delle misure richiamate dall'articolo 5 del regolamento (UE) n. 1024/2013.

2. I poteri di vigilanza attribuiti alla Banca d'Italia dal presente decreto legislativo possono essere esercitati, per finalità macroprudenziali, anche nei confronti di soggetti significativi.

(1) *Questo articolo, inserito dall'art. 1, comma 20, del D.L.vo 12 maggio 2015, n. 72, è stato così sostituito dall'art. 1, comma 15, del D.L.vo 14 novembre 2016, n. 223.*

A norma dell'art. 2, comma 9, del D.L.vo 12 maggio 2015, n. 72, dalla data di entrata in vigore del presente decreto legislativo, ogni riferimento agli articoli 53 e 67 del decreto legislativo 1° settembre 1993, n. 385, in vigore a tale data si intende effettuato rispettivamente agli articoli 53, 53 bis e 53 ter, e agli articoli 67 e 67 ter del decreto legislativo 1° settembre 1993, n. 385, come modificato dal presente decreto.

54. Vigilanza ispettiva. – 1. La Banca d'Italia può effettuare ispezioni presso le banche e i soggetti ai quali esse abbiano esternalizzato funzioni aziendali essenziali o importanti e richiedere l'esibizione di documenti e gli atti che ritenga necessari (1).

2. La Banca d'Italia può richiedere alle autorità competenti di uno Stato comunitario che esse effettuino accertamenti presso succursali di banche italiane stabilite nel territorio di detto Stato ovvero concordare altre modalità delle verifiche.

3. Le autorità competenti di uno Stato comunitario, dopo aver informato la Banca d'Italia, possono ispezionare, anche tramite persone da esse incaricate, le succursali stabilite nel territorio della Repubblica di banche dalle stesse autorizzate. Se le autorità competenti di uno Stato comunitario lo richiedono, la Banca d'Italia può procedere direttamente agli accertamenti ovvero concordare altre modalità delle verifiche.

4. A condizione di reciprocità, la Banca d'Italia può concordare con le autorità competenti degli Stati terzi (2) modalità per l'ispezione di succursali di banche insediate nei rispettivi territori.

5. La Banca d'Italia dà notizia alla Consob delle comunicazioni ricevute ai sensi del comma 3.

(1) *Questo comma è stato così sostituito dall'art. 1, comma 21, del D.L.vo 12 maggio 2015, n. 72.*

(2) *La parola: «extracomunitari» è stata così sostituita dalla seguente: «terzi» dall'art. 1, comma 8, del D.L.vo 16 novembre 2015, n. 181. Tali disposizioni si applicano alle procedure di amministrazione straordinaria e di liquidazione coatta amministrativa avviate successivamente all'entrata in vigore del suddetto decreto.*

55. Controlli sulle succursali in Italia di banche comunitarie. – 1. La Banca d'Italia esercita controlli sulle succursali di banche comunitarie nel territorio della Repubblica, con le modalità da essa stabilite (1).

(1) *Questo comma è stato così sostituito dall'art. 1, coma 22, del D.L.vo 12 maggio 2015, n. 72.*

56. Modificazioni statutarie. – 1. La Banca d'Italia accerta che le modificazioni degli statuti delle banche non contrastino con una sana e prudente gestione.

2. Non si può dare corso al procedimento per l'iscrizione nel registro delle imprese se non consti l'accertamento previsto dal comma 1.

57. Fusioni e scissioni. – 1. La Banca d'Italia autorizza le fusioni e le scissioni alle quali prendono parte banche quando non contrastino con il criterio di una sana e prudente gestione; l'autorizzazione non è necessaria quando l'operazione richiede l'autorizzazione della BCE ai sensi dell'articolo 14 (1). È fatta salva l'applicazione delle disposizioni previste dal decreto legislativo 20 novembre 1990, n. 356.

2. Non si può dare corso all'iscrizione nel registro delle imprese del progetto di fusione o di scissione e della deliberazione assembleare che abbia apportato modifiche al relativo progetto se non consti l'autorizzazione di cui al comma 1 (2).

3. Il termine previsto dall'articolo 2503, primo comma, del codice civile è ridotto a quindici giorni.

4. I privilegi e le garanzie di qualsiasi tipo, da chiunque prestate o comunque esistenti, a favore di banche incorporate da altre banche, di banche partecipanti a fusioni con costituzione di nuove banche ovvero di banche scisse conservano la loro validità e il loro grado, senza bisogno di alcuna formalità o annotazione, a favore, rispettivamente, della banca incorporante, della banca risultante dalla fusione o della banca beneficiaria del trasferimento per scissione.

(1) *Le parole: «; l'autorizzazione non è necessaria quando l'operazione richiede l'autorizzazione della BCE ai sensi dell'articolo 14» sono state inserite dall'art. 1, comma 16, del D.L.vo 14 novembre 2016, n. 223.*

(2) *Questo comma è stato così sostituito dall'art. 9.16 del D.L.vo 17 gennaio 2003, n. 6, così come inserito dall'art. 2 del D.L.vo 6 febbraio 2004, n. 37.*

58. Cessione di rapporti giuridici (1). – 1. La Banca d'Italia emana istruzioni per la cessione a banche di aziende, di rami d'azienda, di beni e rapporti giuridici individuabili in blocco. Le istruzioni possono prevedere che le operazioni di maggiore rilevanza siano sottoposte ad autorizzazione della Banca d'Italia.

2. La banca cessionaria dà notizia dell'avvenuta cessione mediante iscrizione nel registro delle imprese e pubblicazione nella *Gazzetta Ufficiale* della Repubblica italiana. La Banca d'Italia può stabilire forme integrative di pubblicità (2).

3. I privilegi e le garanzie di qualsiasi tipo, da chiunque prestati o comunque esistenti a favore del cedente, nonché le trascrizioni nei pubblici registri degli atti di acquisto dei beni oggetto di locazione finanziaria compresi nella cessione conservano la loro validità e il loro grado a favore del cessionario, senza bisogno di alcuna formalità o annotazione. Restano altresì applicabili le discipline speciali, anche di carattere processuale, previste per i crediti ceduti (3).

4. Nei confronti dei debitori ceduti gli adempimenti pubblicitari previsti dal comma 2 producono gli effetti indicati dall'articolo 1264 del codice civile.

5. I creditori ceduti hanno facoltà, entro tre mesi dagli adempimenti pubblicitari previsti dal comma 2, di esigere dal cedente o dal cessionario l'adempimento delle obbligazioni oggetto di cessione. Trascorso il termine di tre mesi, il cessionario risponde in via esclusiva.

6. Coloro che sono parte dei contratti ceduti possono recedere dal contratto entro tre mesi dagli adempimenti pubblicitari previsti dal comma 2 se sussiste una giusta causa, salvo in questo caso la responsabilità del cedente.

7. Le disposizioni del presente articolo si applicano anche alle cessioni in favore dei soggetti, diversi dalle banche, inclusi nell'ambito della vigilanza consolidata ai sensi degli articoli 65 e 109 e in favore degli intermediari finanziari previsti dall'articolo 106 (4).

(1) *Questa rubrica è stata così sostituita dall'art. 12, comma 1, del D.L.vo 4 agosto 1999, n. 342.*

(2) *Questo comma è stato così sostituito dall'art. 9.17 del D.L.vo 17 gennaio 2003, n. 6, così come inserito dall'art. 2 del D.L.vo 6 febbraio 2004, n. 37.*

(3) *Questo comma è stato così sostituito dall'art. 12, comma 2, del D.L.vo 4 agosto 1999, n. 342.*

(4) *Questo comma è stato così sostituito dall'art. 8, comma 1, del D.L.vo 13 agosto 2010, n. 141.*

Capo II
Vigilanza su base consolidata

59. Definizioni. – 1. Ai fini del presente capo:

a) il controllo sussiste nei casi previsti dall'articolo 23 (1);

b) per «società finanziarie» si intendono le società che esercitano, in via esclusiva o prevalente: l'attività di assunzione di partecipazioni aventi le caratteristiche indicate dalla Banca d'Italia [in conformità alle delibere del CICR] (2); una o più delle attività previste dall'articolo 1, comma 2, lettera *f*), numeri da 2 a 12; altre attività finanziarie previste ai sensi del numero 15 della medesima lettera; le attività di cui all'articolo 1, comma 1, lettera *n*), del decreto legislativo 24 febbraio 1998, n. 58 (3);

b bis) per «di partecipazione finanziaria mista» si intendono le società di cui all'articolo 1, comma 1, lettera *v*), del decreto legislativo 30 maggio 2005, n. 142 (4);

c) per «società strumentali» si intendono le società che esercitano, in via esclusiva o prevalente, attività che hanno carattere ausiliario dell'attività delle società del gruppo, comprese quelle consistenti nella proprietà e nell'amministrazione di immobili e nella gestione di servizi anche informatici (5).

[1 *bis*. Le disposizioni del presente capo relative alle banche si applicano anche agli istituti di moneta elettronica] (6).

(1) *Questa lettera è stata così sostituita dall'art. 44 del D.L.vo 28 dicembre 2004, n. 310.*

(2) *Le parole fra parentesi quadrate sono state soppresse dall'art. 1, comma 23, del D.L.vo 12 maggio 2015, n. 72.*

(3) *Questa lettera è stata così sostituita dall'art. 1, comma 1, lett.* c), *n. 1), del D.L. 27 dicembre 2006, n. 297, convertito, con modificazioni, nella L. 23 febbraio 2007, n. 15.*

(4) *Questa lettera è stata inserita dall'art. 2, comma 1, del D.L.vo 4 marzo 2014, n. 53.*

(5) *Questa lettera è stata così sostituita dall'art. 1, comma 1, lett.* c), *n. 2), del D.L. 27 dicembre 2006, n. 297, convertito, con modificazioni, nella L. 23 febbraio 2007, n. 15.*

(6) *Questo comma, aggiunto dall'art. 1, comma 1, lett.* c), *n. 3), del D.L. 27 dicembre 2006, n. 297, convertito, con modificazioni, nella L. 23 febbraio 2007, n. 15, è stato abrogato dall'art. 2, comma 1, del D.L.vo 16 aprile 2012, n. 45.*

Sezione I
Gruppo bancario

60. Composizione. – 1. Il gruppo bancario è composto alternativamente:

a) dalla banca italiana capogruppo e dalle società bancarie, finanziarie e strumentali da questa controllate;

b) dalla società finanziaria o dalla società di partecipazione finanziaria mista capogruppo italiana e dalle società bancarie, finanziarie e strumentali da questa controllate, quando nell'insieme delle società da essa partecipate vi sia almeno una banca italiana controllata e abbiano rilevanza determinante, secondo quanto stabilito dalla Banca d'Italia [in conformità alle deliberazioni del CICR] (1), le partecipazioni in società bancarie e finanziarie. (2)

(1) *Le parole fra parentesi quadrate sono state soppresse dall'art. 1, comma 24, del D.L.vo 12 maggio 2015, n. 72.*

(2) *Questa lettera, sostituita dall'art. 1, comma 1, lett.* d), *del D.L. 27 dicembre 2006, n. 297, convertito, con modificazioni, nella L. 23 febbraio 2007, n. 15, è stata da ultimo così sostituita dall'art. 2, comma 2, del D.L.vo 4 marzo 2014, n. 53.*

61. Capogruppo. – 1. Capogruppo è la banca italiana o la società finanziaria o la società di partecipazione finanziaria mista con sede legale in Italia, cui fa capo il controllo delle società componenti il gruppo bancario e che non sia, a sua volta, controllata da un'altra banca italiana o da un'altra società finanziaria o società di partecipazione finanziaria mista con sede legale in Italia, che possa essere considerata capogruppo (1).

[2. La società finanziaria è considerata capogruppo quando nell'insieme delle società da essa controllate abbiano rilevanza determinante, secondo quanto stabilito dalla Banca d'Italia in conformità delle deliberazioni del Cicr, quelle bancarie, finanziarie e strumentali] (2).

3. Ferma restando la specifica disciplina dell'attività bancaria, la capogruppo è soggetta ai controlli di vigilanza previsti dal presente capo. La Banca d'Italia accerta che lo statuto della capogruppo e le sue modificazioni non contrastino con la gestione sana e prudente del gruppo stesso.

4. La capogruppo, nell'esercizio dell'attività di direzione e di coordinamento, emana disposizioni alle componenti del gruppo per l'esecuzione delle istruzioni impartite dalla Banca d'Italia nell'interesse della stabilità del gruppo. Gli amministratori delle società del gruppo sono tenuti a fornire ogni dato e informazione per l'emanazione delle disposizioni e la necessaria collaborazione per il rispetto delle norme sulla vigilanza consolidata.

5. Alla società finanziaria e alla società di partecipazione finanziaria mista (3) capogruppo si applica l'articolo 52 (4).

(1) *Questo comma è stato così sostituito dall'art. 2, comma 3, lett.* a), *del D.L.vo 4 marzo 2014, n. 53.*

(2) *Questo comma è stato abrogato dall'art. 1, comma 1, lett.* e), *n. 2), del D.L. 27 dicembre 2006, n. 297, convertito, con modificazioni, nella L. 23 febbraio 2007, n. 15.*

(3) *Le parole: «e alla società di partecipazione finanziaria mista» sono state inserite dall'art. 2 comma 3, lett.* b), *del D.L.vo 4 marzo 2014, n. 53.*

(4) *Questo comma è stato così sostituito dall'art. 9.18 del D.L.vo 17 gennaio 2003, n. 6, così come inserito dall'art. 2 del D.L.vo 6 febbraio 2004, n. 37.*

62. (1) **Idoneità degli esponenti.** – 1. Ai soggetti che svolgono funzioni di amministrazione, direzione e controllo presso la società finanziaria e la società di partecipazione finanziaria mista capogruppo si applica l'articolo 26 e le relative disposizioni attuative, salvo quanto previsto dall'articolo 67 *bis*.

(1) *Questo articolo è stato così sostituito dall'art. 1, comma 25, del D.L.vo 12 maggio 2015, n. 72.*

63. (1) **Partecipazioni.** – 1. Alle (2) società finanziarie e alle società di partecipazione finanziaria mista (3) capogruppo si applicano le disposizioni del titolo II, capi III e IV salvo quanto previsto dall'articolo 67 *bis* (4).

2. Nei confronti delle altre società appartenenti al gruppo bancario e dei titolari di partecipazioni nelle medesime società sono attribuiti alla Banca d'Italia i poteri previsti dall'articolo 21.

(1) *Questo articolo è stato così sostituito dall'art. 9.20 del D.L.vo 17 gennaio 2003, n. 6, così come inserito dall'art. 2 del D.L.vo 6 febbraio 2004, n. 37.*

(2) *Le originarie parole: «In materia di partecipazioni in» sono state così sostituite dall'art. 45 del D.L.vo 28 dicembre 2004, n. 310.*

(3) *Le parole: «e alle società di partecipazione finanziaria mista» sono state inserite dall'art. 2 comma 5, lett.* a), *del D.L.vo 4 marzo 2014, n. 53.*

(4) *Le parole: «salvo quanto previsto dall'articolo 67* bis*» sono state aggiunte dall'art. 2, comma 5, lett.* b), *del D.L.vo 4 marzo 2014, n. 53.*

64. Albo. – 1. Il gruppo bancario è iscritto in un apposito albo tenuto dalla Banca d'Italia.

2. La capogruppo comunica alla Banca d'Italia l'esistenza del gruppo bancario e la sua composizione aggiornata.

3. La Banca d'Italia provvede all'accertamento del gruppo bancario e alla sua iscrizione anche in difformità da quanto comunicato dalla capogruppo.

4. Le società appartenenti al gruppo indicano negli atti e nella corrispondenza l'iscrizione all'albo.

5. La Banca d'Italia disciplina gli adempimenti connessi alla tenuta e all'aggiornamento dell'albo.

Sezione II
Ambito ed esercizio
della vigilanza

65. Soggetti inclusi nell'ambito della vigilanza consolidata. – 1. La Banca d'Italia esercita la vigilanza su base consolidata nei confronti dei seguenti soggetti:

a) società appartenenti a un gruppo bancario;

b) società bancarie, finanziarie e strumentali partecipate almeno per il 20% dalle società appartenenti a un gruppo bancario o da una singola banca;

c) società bancarie, finanziarie e strumentali non comprese in un gruppo bancario, ma controllate dalla persona fisica o giuridica che controlla un gruppo bancario ovvero una singola banca;

[*d*) società finanziarie, aventi sede legale in un altro Stato comunitario, che controllano una capogruppo o una singola banca italiana, sempreché tali società siano incluse nella vigilanza consolidata di competenza della Banca d'Italia ai sensi dell'articolo 69] (1);

[*e*) società bancarie, finanziarie e strumentali controllate dai soggetti di cui alla lettera *d*)] (1);

[*f*) società bancarie, finanziarie e strumentali partecipate almeno per il 20%, anche congiuntamente, dai soggetti indicati nelle lettere *d*) ed *e*)] (1);

[*g*) società finanziarie, diverse dalla capogruppo e dalle società indicate nella lettera *d*), che controllano almeno una banca] (1);

h) società che [, fermo restando quanto previsto dall'articolo 19, comma 6,] (2) controllano almeno una banca (3);

i) società diverse da quelle bancarie, finanziarie e strumentali quando siano controllate da una singola banca ovvero quando società appartenenti a un gruppo bancario ovvero soggetti indicati nella lettera *h*) detengano, anche congiuntamente, una partecipazione di controllo (3).

2. Nei confronti dei soggetti inclusi nell'ambito della vigilanza consolidata resta ferma l'applicazione di norme specifiche in tema di controlli e di vigilanza, secondo la disciplina vigente.

(1) *Questa lettera è stata soppressa dall'art. 1, comma 1, lett.* f), *n. 1), del D.L. 27 dicembre 2006, n. 297, convertito, con modificazioni, nella L. 23 febbraio 2007, n. 15.*

(2) *Le parole fra parentesi quadrate sono state soppresse dall'art. 1, comma 1, lett.* i), *del D.L.vo 27 gennaio 2010, n. 21.*

(3) *Questa lettera è stata così sostituita dall'art. 1, comma 1, lett.* f), *n. 2), del D.L. 27 dicembre 2006, n. 297, convertito, con modificazioni, nella L. 23 febbraio 2007, n. 15.*

66. Vigilanza informativa. – 1. Al fine di esercitare la vigilanza su base consolidata, la Banca d'Italia richiede ai soggetti indicati nelle lettere da *a*) a *c*) del comma 1 dell'articolo 65 la trasmissione, anche periodica, di situazioni e dati, nonché ogni altra informazione utile. La Banca d'Italia può altresì richiedere ai soggetti indicati nelle lettere *h*) ed *i*) del comma 1 dell'articolo 65 le informazioni utili all'esercizio della vigilanza su base consolidata (1).

2. La Banca d'Italia determina modalità e termini per la trasmissione delle situazioni, dei dati e delle informazioni indicati nel comma 1.

3. La Banca d'Italia può disporre nei confronti dei soggetti indicati nelle lettere da *a*) a *c*) del comma 1 dell'articolo 65 l'applicazione delle disposizioni previste dalla parte IV, titolo III, capo II, sezione VI, del decreto legislativo 24 febbraio 1998, n. 58 (2).

4. Le società indicate nell'articolo 65 [, aventi sede legale in Italia,] (3) forniscono alla capogruppo ovvero alla singola banca le situazioni, i dati e le informazioni richiesti per consentire l'esercizio della vigilanza consolidata.

5. Le società con sede legale in Italia ricomprese nella vigilanza su base consolidata di competenza delle autorità di vigilanza degli altri Stati comunitari forniscono ai soggetti controllati dalle stesse le informazioni necessarie per l'esercizio della vigilanza consolidata.

5 *bis*. La Banca d'Italia può chiedere informazioni al personale dei soggetti indicati al comma 1, anche per il tramite di questi ultimi, e per i medesimi fini ivi indicati (4).

5 *ter*. Gli obblighi previsti dai commi 1, 2 e 4 si applicano anche ai soggetti ai quali siano state

esternalizzate funzioni aziendali essenziali o importanti e al loro personale (4).

(1) *Questo comma è stato così sostituito dall'art. 1, comma 1, lett.* g), *n. 1), del D.L. 27 dicembre 2006, n. 297, convertito, con modificazioni, nella L. 23 febbraio 2007, n. 15.*

(2) *Questo comma è stato così sostituito dall'art. 1, comma 1, lett.* g), *n. 2), del D.L. 27 dicembre 2006, n. 297, convertito, con modificazioni, nella L. 23 febbraio 2007, n. 15.*

(3) *Le parole tra parentesi quadrate sono state soppresse dall'art. 1, comma 1, lett.* g), *n. 3), del D.L. 27 dicembre 2006, n. 297, convertito, con modificazioni, nella L. 23 febbraio 2007, n. 15.*

(4) *Questo comma è stato aggiunto dall'art. 1, comma 26, del D.L.vo 12 maggio 2015, n. 72.*

67. (1) **Vigilanza regolamentare.** – 1. Al fine di esercitare la vigilanza consolidata, la Banca d'Italia impartisce alla capogruppo, con provvedimenti di carattere generale, disposizioni concernenti il gruppo bancario complessivamente considerato o suoi componenti, aventi ad oggetto:

a) l'adeguatezza patrimoniale;

b) il contenimento del rischio nelle sue diverse configurazioni;

c) le partecipazioni detenibili;

d) il governo societario, l'organizzazione amministrativa e contabile, nonché i controlli interni e i sistemi di remunerazione e di incentivazione;

e) l'informativa da rendere al pubblico sulle materie di cui al presente comma (2).

[2. Le disposizioni emanate ai sensi del comma 1 possono prevedere che determinate operazioni siano sottoposte ad autorizzazione della Banca d'Italia] (3).

2 *bis*. Le disposizioni emanate ai sensi del comma 1, lettera *a*), prevedono la possibilità di utilizzare:

a) le valutazioni del rischio di credito rilasciate da società o enti esterni; le disposizioni disciplinano i requisiti che tali soggetti devono possedere e le relative modalità di accertamento da parte della Banca d'Italia;

b) sistemi interni di misurazione dei rischi per la determinazione dei requisiti patrimoniali, previa autorizzazione della Banca d'Italia. Per i gruppi sottoposti a vigilanza consolidata di un'autorità di un altro Stato comunitario, la decisione è di competenza della medesima autorità qualora, entro sei mesi dalla presentazione della domanda di autorizzazione, non venga adottata una decisione congiunta con la Banca d'Italia e sempre che, entro il medesimo termine, il caso non sia stato rinviato all'ABE ai fini della procedura per la risoluzione delle controversie con le autorità di vigilanza degli altri Stati membri in situazioni transfrontaliere (4).

[2 *ter*. I provvedimenti particolari adottati ai sensi del comma 1 possono riguardare anche: la restrizione delle attività o della struttura territoriale del gruppo; il divieto di effettuare determinate operazioni e di distribuire utili o altri elementi del patrimonio, nonché, con riferimento a strumenti finanziari computabili nel patrimonio a fini di vigilanza, il divieto di pagare interessi; la fissazione di limiti all'importo totale della parte variabile delle remunerazioni nella banca, quando sia necessario per il mantenimento di una solida base patrimoniale. Per le capogruppo che beneficiano di eccezionali interventi di sostegno pubblico, la Banca d'Italia può inoltre fissare limiti alla remunerazione complessiva degli esponenti aziendali] (5).

3. Le disposizioni emanate dalla Banca d'Italia per esercitare la vigilanza su base consolidata possono tenere conto, anche con riferimento alla singola banca, della situazione e delle attività dei soggetti indicati nelle lettere *b*) e *c*) del comma 1 dell'articolo 65 (6).

3 *bis*. La Banca d'Italia può impartire disposizioni, ai sensi del presente articolo, anche nei confronti di uno solo o di alcuni dei componenti il gruppo bancario (7).

3 *ter*. Si applicano l'articolo 53, commi 4 *quinquies* e 4 *sexies*, e l'articolo 53 *ter* (8).

(1) *A norma dell'art. 2, comma 9, del D.L.vo 12 maggio 2015, n. 72, dalla data di entrata in vigore del presente decreto legislativo, ogni riferimento agli articoli 53 e 67 del decreto legislativo 1° settembre 1993, n. 385, in vigore a tale data si intende effettuato rispettivamente agli articoli 53, 53 bis e 53 ter, e agli articoli 67 e 67 ter del decreto legislativo 1° settembre 1993, n. 385, come modificato dal presente decreto.*

(2) *Questo comma è stato così sostituito dall'art. 1, comma 27, lett.* a), *del D.L.vo 12 maggio 2015, n. 72.*

(3) *Questo comma è stato abrogato dall'art. 1, comma 27, lett.* b), *del D.L.vo 12 maggio 2015, n. 72.*

(4) *Le parole: «e sempre che, entro il medesimo termine, il caso non sia stato rinviato all'ABE ai fini della procedura per la risoluzione delle controversie con le autorità di vigilanza degli altri Stati membri in situazioni transfrontaliere.» sono state aggiunte dall'art. 1, comma 6, del D.L.vo 30 luglio 2012, n. 130.*

(5) *Questo comma, sostituito dall'art. 22, comma 2, lett.* b), *n. 2), della L. 15 dicembre 2011, n. 217 è stato, da ultimo, abrogato dall'art. 1, comma 27, lett.* c), *del D.L.vo 12 maggio 2015, n. 72.*

([6]) *Questo comma è stato così sostituito dall'art. 1, comma 1, lett.* h), *n. 3), del D.L. 27 dicembre 2006, n. 297, convertito, con modificazioni, nella L. 23 febbraio 2007, n. 15.*

([7]) *Questo comma è stato aggiunto dall'art. 1, comma 1, lett.* h), *n. 4), del D.L. 27 dicembre 2006, n. 297, convertito, con modificazioni, nella L. 23 febbraio 2007, n. 15.*

([8]) *Questo comma è stato aggiunto dall'art. 1, comma 27, lett.* d)*, del D.L.vo 12 maggio 2015, n. 72.*

67 *bis*. ([1]) **Disposizioni applicabili alla società di partecipazione finanziaria mista.** – 1. La Banca d'Italia può individuare le ipotesi in cui la società di partecipazione finanziaria mista capogruppo è esentata dall'applicazione di una o più disposizioni adottate ai sensi del presente capo.

2. Le disposizioni di cui agli articoli 61, comma 3, 62 e 63, comma 1, si applicano alla società di partecipazione finanziaria mista qualora il settore di maggiori dimensioni all'interno del conglomerato finanziario sia quello bancario, determinato ai sensi del decreto legislativo 30 maggio 2005, n. 142. I provvedimenti di accertamento di cui all'articolo 56, decadenza di cui all'articolo 26 e autorizzazione di cui all'articolo 19 sono adottati dalla Banca d'Italia d'intesa con l'IVASS.

3. I provvedimenti previsti dal Titolo IV, Capo II, nei confronti della società di partecipazione finanziaria mista sono adottati o proposti dalla Banca d'Italia d'intesa con l'IVASS.

([1]) *Questo articolo è stato inserito dall'art. 2, comma 6, del D.L.vo 4 marzo 2014, n. 53.*

67 *ter*. ([1]) **Poteri di intervento.** – 1. La Banca d'Italia può:

a) convocare gli amministratori, i sindaci e il personale della capogruppo;

b) ordinare la convocazione degli organi collegiali della capogruppo, fissandone l'ordine del giorno, e proporre l'assunzione di determinate decisioni;

c) procedere direttamente alla convocazione degli organi collegiali della capogruppo quando gli organi competenti non abbiano ottemperato a quanto previsto dalla lettera *b*);

d) impartire le disposizioni previste dall'articolo 67 anche con provvedimenti di carattere particolare; questi possono essere indirizzati anche a più gruppi bancari o all'intero sistema bancario e riguardare anche: la restrizione delle attività o della struttura territoriale del gruppo; il divieto di effettuare determinate operazioni e di distribuire utili o altri elementi del patrimonio, nonché, con riferimento a strumenti finanziari computabili nel patrimonio a fini di vigilanza, il divieto di pagare interessi; la fissazione di limiti all'importo totale della parte variabile delle remunerazioni nella banca, quando sia necessario per il mantenimento di una solida base patrimoniale; per le capogruppo che beneficiano di eccezionali interventi di sostegno pubblico, possono inoltre essere fissati ([2]) limiti alla remunerazione complessiva degli esponenti aziendali;

e) disporre, qualora la loro permanenza in carica sia di pregiudizio per la sana e prudente gestione del gruppo, la rimozione di uno o più esponenti aziendali della capogruppo; la rimozione non è disposta ove ricorrano gli estremi per pronunciare la decadenza ai sensi dell'articolo 26, salvo che sussista urgenza di provvedere.

2. La Banca d'Italia può altresì convocare gli amministratori, i sindaci e il personale dei soggetti ai quali la capogruppo abbia esternalizzato funzioni aziendali essenziali o importanti.

([1]) *Questo articolo è stato inserito dall'art. 1, comma 28, del D.L.vo 12 maggio 2015, n. 72.*

A norma dell'art. 2, comma 9, del D.L.vo 12 maggio 2015, n. 72, dalla data di entrata in vigore del presente decreto legislativo, ogni riferimento agli articoli 53 e 67 del decreto legislativo 1° settembre 1993, n. 385, in vigore a tale data si intende effettuato rispettivamente agli articoli 53, 53 bis e 53 ter, e agli articoli 67 e 67 ter del decreto legislativo 1° settembre 1993, n. 385, come modificato dal presente decreto.

([2]) *Le parole: «la Banca d'Italia può inoltre fissare» sono state così sostituite dalle seguenti: «possono inoltre essere fissati», dall'art. 1, comma 17, del D.L.vo 14 novembre 2016, n. 223.*

68. Vigilanza ispettiva. – 1. A fini di vigilanza su base consolidata, la Banca d'Italia può effettuare ispezioni presso i soggetti indicati nell'articolo 65 e presso i soggetti ai quali siano state esternalizzate da questi ultimi funzioni aziendali essenziali o importanti e richiedere l'esibizione di documenti e gli atti che ritenga necessari. Le ispezioni nei confronti di società diverse da quelle bancarie, finanziarie e strumentali o da quelle alle quali siano state esternalizzate funzioni aziendali essenziali o importanti hanno il fine esclusivo di verificare l'esattezza dei dati e delle informazioni forniti per il consolidamento ([1]).

2. La Banca d'Italia può richiedere alle autorità competenti di uno Stato comunitario di effettuare accertamenti presso i soggetti indicati nel

comma 1, stabiliti nel territorio di detto Stato ovvero concordare altre modalità delle verifiche.

3. La Banca d'Italia, su richiesta delle autorità competenti di altri Stati comunitari o terzi (2), può effettuare ispezioni presso le società con sede legale in Italia ricomprese nella vigilanza su base consolidata di competenza delle autorità richiedenti. La Banca d'Italia può consentire che la verifica sia effettuata dalle autorità che hanno fatto la richiesta ovvero da un revisore o da un esperto. L'autorità competente richiedente, qualora non compia direttamente la verifica, può, se lo desidera, prendervi parte (3) (4).

3 *bis*. La Banca d'Italia può consentire che autorità competenti di altri Stati comunitari partecipino, per i profili di interesse, ad ispezioni presso le capogruppo ai sensi dell'articolo 61, qualora queste abbiano controllate sottoposte alla vigilanza di dette autorità (5).

4. Agli organi della procedura si applicano i requisiti di onorabilità stabiliti ai sensi dell'articolo 26 (6).

(1) *Questo comma è stato così sostituito dall'art. 1, comma 29, del D.L.vo 12 maggio 2015, n. 72.*

(2) *La parola: «extracomunitari» è stata così sostituita dalla seguente: «terzi» dall'art. 1, comma 9, del D.L.vo 16 novembre 2015, n. 181. Tali disposizioni si applicano alle procedure di amministrazione straordinaria e di liquidazione coatta amministrativa avviate successivamente all'entrata in vigore del suddetto decreto.*

(3) *Questo periodo è stato aggiunto dall'art. 12, comma 4, del D.L.vo 30 maggio 2005, n. 142.*

(4) *Questo comma è stato sostituito dall'art. 14 del D.L.vo 4 agosto 1999, n. 342.*

(5) *Questo comma è stato aggiunto dall'art. 1, comma 1, lett. i), del D.L. 27 dicembre 2006, n. 297, convertito, con modificazioni, nella L. 23 febbraio 2007, n. 15.*

(6) *Questo comma è stato aggiunto dall'art. 15 del D.L.vo 4 agosto 1999, n. 342.*

69. (1) **Collaborazione tra autorità e obblighi informativi.** – 1. Al fine di agevolare l'esercizio della vigilanza su base consolidata nei confronti di gruppi operanti in più Stati comunitari la Banca d'Italia, sulla base di accordi con le autorità competenti, definisce forme di collaborazione e coordinamento, istituisce collegi di supervisori e partecipa ai collegi istituiti da altre autorità.In tale ambito, la Banca d'Italia può concordare specifiche ripartizioni di compiti e deleghe di funzioni.

1 *bis*. Per effetto degli accordi di cui al comma 1, la Banca d'Italia può esercitare la vigilanza consolidata anche:

a) sulle società finanziarie e sulle società di partecipazione finanziaria mista (2), aventi sede legale in un altro Stato comunitario, che controllano una capogruppo o una singola banca italiana;

b) sulle società bancarie, finanziarie e strumentali controllate dai soggetti di cui alla lettera *a*);

c) sulle società bancarie, finanziarie e strumentali partecipate almeno per il venti per cento, anche congiuntamente, dai soggetti indicati nelle lettere *a*) e *b*).

1 *ter*. La Banca d'Italia, qualora nell'esercizio della vigilanza consolidata verifichi una situazione di emergenza potenzialmente lesiva della liquidità e della stabilità del sistema finanziario italiano o di un altro Stato comunitario in cui opera il gruppo bancario, informa tempestivamente l'ABE, il CERS, (3) il Ministero dell'economia e delle finanze, nonché, in caso di gruppi operanti anche in altri Stati comunitari, le competenti autorità monetarie.

1 *quater*. I commi 1 e 1 *ter* si applicano anche nell'esercizio della vigilanza su singole banche che operano con succursali aventi rilevanza sistemica negli Stati comunitari ospitanti.

1 *quinquies*. Le autorità creditizie, nei casi di crisi o di tensioni sui mercati finanziari, tengono conto degli effetti dei propri atti sulla stabilità del sistema finanziario degli altri Stati comunitari interessati.

(1) *Questo articolo è stato così sostituito dall'art. 1, comma 1, lett.* d), *del D.L.vo 30 dicembre 2010, n. 239.*

(2) *Le parole: «e sulle società di partecipazione finanziaria mista» sono state inserite dall'art. 2, comma 7, del D.L.vo 4 marzo 2014, n. 53.*

(3) *Le parole: «l'ABE, il CERS,» sono state inserite dall'art. 1, comma 7, del D.L.vo 30 luglio 2012, n. 130.*

Titolo IV
Misure preparatorie, di intervento precoce e liquidazione coatta amministrativa ([1])

([1]) *La precedente rubrica: «Disciplina delle crisi» è stata così sostituita dall'attuale, dall'art. 1, comma 10, del D.L.vo 16 novembre 2015, n. 181. Tali disposizioni si applicano alle procedure di amministrazione straordinaria e di liquidazione coatta amministrativa avviate successivamente all'entrata in vigore del suddetto decreto.*

69 *bis*. ([1]) **Definizioni.** – 1. Ai fini del presente titolo si intendono per:

a) «alta dirigenza»: il direttore generale, i vicedirettori generali e le cariche ad esse assimilate, i responsabili delle principali aree di affari e coloro che rispondono direttamente all'organo amministrativo;

b) «autorità di risoluzione a livello di gruppo»: l'autorità di risoluzione dello Stato membro in cui si trova l'autorità di vigilanza su base consolidata;

c) «depositi»: i crediti relativi ai fondi acquisiti dalle banche con obbligo di rimborso; non costituiscono depositi i crediti relativi a fondi acquisiti dalla banca debitrice rappresentati da strumenti finanziari indicati dall'articolo 1, comma 2, del decreto legislativo 24 febbraio 1998, n. 58, ovvero il cui capitale non è rimborsabile alla pari, ovvero il cui capitale è rimborsabile alla pari solo in forza di specifici accordi o garanzie concordati con la banca o terzi; costituiscono depositi i certificati di deposito purchè non rappresentati da valori mobiliari emessi in serie;

d) «depositi ammissibili al rimborso»: i depositi che, ai sensi dell'articolo 96 *bis*.1, commi 1 e 2, sono astrattamente idonei a essere rimborsati da parte di un sistema di garanzia dei depositanti ([2]);

e) «depositi protetti»: i depositi ammissibili al rimborso che non superano il limite di rimborso da parte del sistema di garanzia dei depositanti previsto dall'articolo 96 *bis*.1, commi 3 e 4 ([3]);

f) «provvedimenti di risanamento»: i provvedimenti con cui sono disposte:

1) l'amministrazione straordinaria, nonché le misure adottate nel suo ambito;

2) le misure previste nei Capi II, III e IV del Titolo IV, del decreto legislativo [di recepimento della direttiva 2014/59/UE];

3) le misure, equivalenti a quelle indicate ai numeri 1) e 2), adottate da autorità di altri Stati comunitari;

g) «risoluzione»: la procedura di cui all'articolo 1, comma 1, lettera *uu*) del decreto legislativo [di recepimento della direttiva 2014/59/UE];

h) «sistema di tutela istituzionale»: un accordo riconosciuto dalla Banca d'Italia ai sensi dell'articolo 113, paragrafo 7, del regolamento (UE) n. 575/2013;

i) «sostegno finanziario pubblico straordinario»: gli aiuti di Stato e i sostegni finanziari pubblici di cui all'articolo 1, comma 1, lettera *mmm*), del decreto legislativo [di recepimento della direttiva 2014/59/UE];

l) «succursale significativa»: una succursale di una banca in uno Stato comunitario considerata significativa dalla Banca d'Italia.

([1]) *Questo articolo è stato inserito dall'art. 1, comma 11, del D.L.vo 16 novembre 2015, n. 181. Tali disposizioni si applicano alle procedure di amministrazione straordinaria e di liquidazione coatta amministrativa avviate successivamente all'entrata in vigore del suddetto decreto.*

([2]) *Questa lettera è stata così sostituita dall'art. 1, comma 1, lett.* a), *del D.L.vo 15 febbraio 2016, n. 30.*

([3]) *Questa lettera è stata così sostituita dall'art. 1, comma 1, lett.* b), *del D.L.vo 15 febbraio 2016, n. 30.*

Capo 01 - I
Piani di risanamento ([1])

([1]) *Questo Capo è stato inserito dall'art. 1, comma 12, del D.L.vo 16 novembre 2015, n. 181. Tali disposizioni si applicano alle procedure di amministrazione straordinaria e di liquidazione coatta amministrativa avviate successivamente all'entrata in vigore del suddetto decreto.*

69 *ter*. Ambito di applicazione. – 1. Le disposizioni del presente capo si applicano:

a) alle banche italiane e succursali italiane di banche extracomunitarie;

b) alle società italiane capogruppo di un gruppo bancario e alle società componenti il gruppo ai sensi degli articoli 60 e 61;

c) alle società incluse nell'ambito della vigilanza consolidata ai sensi dell'articolo 65, comma 1, lettere *c*) e *h*).

2. Ai fini del presente capo, il controllo sussiste nei casi previsti dall'articolo 23.

69 *quater*. Piani di risanamento. – 1. Le banche si dotano di un piano di risanamento individuale che preveda l'adozione di misure volte al riequilibrio della situazione patrimoniale e finanziaria in caso di suo significativo deterioramento. Il piano riguarda, se di interesse non trascurabile per il risanamento della banca, anche le società italiane ed estere incluse nella vigilanza consolidata indicate nell'articolo 69 *ter*, comma 1, lettera *c*).

2. Non sono tenute a dotarsi di piani di risanamento le banche appartenenti a un gruppo bancario, salvo che ciò non sia loro specificamente richiesto dalla Banca d'Italia. Per le banche sottoposte a vigilanza consolidata in un altro Stato comunitario, la richiesta di piani individuali è effettuata in conformità dell'articolo 69 *septies*.

3. Fatto salvo l'articolo 69 *decies*, il piano di risanamento contiene le informazioni richieste da provvedimenti di carattere generale e particolare della Banca d'Italia e da regolamenti della Commissione europea.

4. Il piano di risanamento non presuppone nè contempla l'accesso a un sostegno finanziario pubblico straordinario.

5. Il piano di risanamento è approvato dall'organo amministrativo, che lo sottopone alla Banca d'Italia per le valutazioni di cui all'articolo 69 *sexies*. Il piano è riesaminato e, se necessario, aggiornato almeno annualmente o con la maggiore frequenza richiesta dalla Banca d'Italia. Si procede comunque al riesame e all'eventuale aggiornamento del piano in caso di significativo mutamento della struttura giuridica o organizzativa della banca o della sua situazione patrimoniale o finanziaria.

69 *quinquies*. Piani di risanamento di gruppo. – 1. La capogruppo italiana di un gruppo bancario si dota di un piano di risanamento di gruppo che individua misure coordinate e coerenti da attuare per sè, per ogni società del gruppo e, se di interesse non trascurabile per il risanamento del gruppo, per le società italiane ed estere incluse nella vigilanza consolidata indicate nell'articolo 69 *ter*, comma 1, lettera *c*).

2. Non è tenuta a dotarsi di un piano di risanamento di gruppo la capogruppo di un gruppo bancario soggetto a vigilanza consolidata in un altro Stato comunitario, salvo che ciò non sia a essa specificamente richiesto in conformità dell'articolo 69 *septies*.

3. Il piano di risanamento di gruppo è finalizzato a ripristinare l'equilibrio patrimoniale e finanziario del gruppo bancario nel suo complesso e delle singole banche che ne facciano parte.

4. Il piano di risanamento di gruppo contiene almeno le informazioni richieste da provvedimenti di carattere generale o particolare della Banca d'Italia e da regolamenti della Commissione europea. Ove siano stati conclusi tra le società del gruppo accordi ai sensi del capo 02-I, il piano di risanamento contempla il ricorso al sostegno finanziario di gruppo conformemente ad essi. Il piano di risanamento di gruppo individua, altresì, i possibili ostacoli all'attuazione delle misure di risanamento, inclusi gli impedimenti di fatto o di diritto all'allocazione tempestiva di fondi propri e al pronto trasferimento di attività nonché al rimborso di passività fra società del gruppo.

5. Il piano di risanamento di gruppo è approvato dall'organo amministrativo della capogruppo e sottoposto alla Banca d'Italia, in conformità dell'articolo 69 *septies* se il gruppo ha articolazioni in altri Stati comunitari.

6. La Banca d'Italia, nel rispetto degli articoli 5 e 6 del decreto legislativo [di recepimento della direttiva 2014/59/UE] e dell'articolo 7, trasmette il piano di risanamento di gruppo:

a) alle autorità competenti interessate rappresentate nei collegi delle autorità di vigilanza o con le quali sia stato stipulato un accordo di coordinamento e cooperazione;

b) alle autorità competenti degli Stati comunitari in cui le banche incluse nel piano abbiano stabilito succursali significative;

c) alle autorità di risoluzione delle società controllate incluse nel piano di risanamento di gruppo, nonché all'autorità di risoluzione a livello di gruppo.

7. Il piano di risanamento di gruppo è riesaminato e, se necessario, aggiornato almeno annualmente o con la maggiore frequenza richiesta dalla Banca d'Italia. Si procede comunque al riesame e all'eventuale aggiornamento del piano in caso di significativo mutamento della struttura giuridica o organizzativa del gruppo o della sua situazione patrimoniale o finanziaria.

69 *sexies*. Valutazione dei piani di risanamento individuali e di gruppo. – 1. La Banca d'Italia, entro sei mesi dalla presentazione del piano di risanamento e sentite, per le succursali significative, le autorità competenti degli Stati comunitari in cui esse siano stabilite, verifica la completezza e adeguatezza del piano in conformità dei criteri indicati nelle pertinenti disposizioni dell'Unione europea.

2. Il piano di risanamento è trasmesso all'autorità di risoluzione per la formulazione di even-

tuali raccomandazioni sui profili rilevanti per la risoluzione della banca o del gruppo bancario.

3. Se all'esito della verifica emergono carenze o impedimenti al conseguimento delle finalità del piano, la Banca d'Italia può, fissando i relativi termini:

a) richiedere alla banca o alla capogruppo di presentare un piano modificato;

b) indicare modifiche specifiche da apportare al piano;

c) ordinare modifiche da apportare all'attività, alla struttura organizzativa o alla forma societaria della banca o del gruppo bancario o ordinare altre misure necessarie per conseguire le finalità del piano.

4. Resta ferma la possibilità di adottare, ove le circostanze lo richiedano, una o più delle misure previste dagli articoli 53 *bis* e 67 *ter*.

69 *septies*. Rapporti con le altre autorità e decisioni congiunte sui piani di risanamento. – 1. Nei casi e nei modi previsti dalle disposizioni dell'Unione europea, la Banca d'Italia coopera con le autorità competenti degli altri Stati comunitari per la valutazione dei piani di risanamento di gruppo che includono una banca in tali Stati e per l'applicazione delle misure di cui all'articolo 69 *sexies*, comma 3. Nella valutazione dei piani di risanamento di gruppo la Banca d'Italia tiene conto del possibile pregiudizio per le singole società del gruppo. Essa riconosce come valide e applicabili le decisioni prese in conformità delle disposizioni dell'Unione europea.

2. La Banca d'Italia può, nei casi previsti dal diritto dell'Unione, promuovere o partecipare a un procedimento di mediazione non vincolante dinanzi all'ABE, richiedere l'assistenza dell'ABE o deferire alla stessa le decisioni di cui al presente articolo. Se una decisione è stata deferita all'ABE, la Banca d'Italia si astiene dall'adottare provvedimenti e si attiene alle decisioni finali dell'ABE. In mancanza di decisione dell'ABE nei termini previsti dal diritto dell'Unione, la Banca d'Italia adotta i provvedimenti di propria competenza.

69 *octies*. Misure attuative dei piani di risanamento. – 1. La decisione di adottare una misura prevista nel piano di risanamento o di astenersi dall'adottare una misura pur ricorrendone le circostanze è comunicata senza indugio alla Banca d'Italia.

69 *novies*. Trasmissione dei piani di risanamento. – 1. Le banche e le capogruppo italiane controllate da una società estera inclusa nella vigilanza consolidata della Banca d'Italia provvedono alla trasmissione dei piani di risanamento, informazioni, documenti e ogni altro dato che debba essere trasmesso tra la società estera controllante e la Banca d'Italia.

2. Le società aventi sede legale in Italia che controllano una banca soggetta a vigilanza in un altro Stato comunitario collaborano con l'autorità competente di tale Stato al fine di assicurare la trasmissione dei piani di risanamento, informazioni, documenti e ogni altro dato rilevante per la valutazione dei piani di risanamento.

69 *decies*. Piani di risanamento in forma semplificata ed esenzioni. – 1. La Banca d'Italia può, con provvedimenti di carattere generale o particolare, prevedere modalità semplificate di adempimento degli obblighi stabiliti dal presente capo, avendo riguardo alle possibili conseguenze del dissesto della banca o del gruppo bancario in considerazione delle loro caratteristiche, ivi incluse le dimensioni, la complessità operativa, la struttura societaria, lo scopo mutualistico, l'adesione a un sistema di tutela istituzionale.

2. La Banca d'Italia può inoltre esentare dal rispetto delle disposizioni del presente capo una banca aderente a un sistema di tutela istituzionale. In tal caso, gli obblighi previsti dal presente capo sono assolti dal sistema di tutela istituzionale in cooperazione con la banca aderente esentata.

69 *undecies*. Disposizioni di attuazione. – 1. La Banca d'Italia può emanare disposizioni attuative del presente capo, anche per tener conto di orientamenti dell'ABE.

Capo 02 - I
Sostegno finanziario di gruppo [1]

([1]) *Questo Capo è stato inserito dall'art. 1, comma 12, del D.L.vo 16 novembre 2015, n. 181. Tali disposizioni si applicano alle procedure di amministrazione straordinaria e di liquidazione coatta amministrativa avviate successivamente all'entrata in vigore del suddetto decreto.*

69 *duodecies*. Accordo di gruppo. – 1. Una banca italiana o società italiana capogruppo di un gruppo bancario, le società italiane ed estere appartenenti al gruppo bancario e le altre società incluse nella vigilanza consolidata indicate nell'articolo 69 *ter*, comma 1, lettera *c*), possono concludere un accordo per fornirsi sostegno finanziario per il caso in cui si realizzino per una di esse i presupposti dell'intervento precoce ai sensi dell'articolo 69 *octiesdecies* e siano soddisfatte le condizioni indicate nel presente capo.

2. Fermo restando quanto previsto dal capo IX del titolo V dellibro V del codice civile, il presente capo non si applica:

a) alle operazioni di finanziamento e di gestione della liquidità eseguite tra società del gruppo bancario se per nessuna di esse sussistono i presupposti dell'intervento precoce;

b) alla concessione di sostegno in qualsiasi forma, ivi incluso l'apporto di capitale, a un'altra società del gruppo al di fuori dei casi previsti dall'accordo, quando la società cui il sostegno è concesso si trovi in difficoltà e il sostegno sia in linea con le politiche del gruppo e sia finalizzato a preservare la stabilità del gruppo.

3. Le società che aderiscono all'accordo di sostegno finanziario di gruppo si obbligano a fornirsi sostegno finanziario in conformità dei termini dell'accordo. Possono essere previsti anche obblighi di sostegno reciproco.

4. Il sostegno finanziario può essere concesso in forma di finanziamento, di prestazione di garanzia o mediante la messa a disposizione di beni o attività da utilizzare come garanzia reale o finanziaria, nonché con qualsiasi combinazione di queste forme, mediante un'unica o più operazioni, anche tra il beneficiario del sostegno e soggetti terzi, anche esterni al gruppo e non partecipanti all'accordo.

5. L'accordo è conforme ai seguenti principi:

a) l'accordo è sottoscritto da ciascuna parte nell'esercizio della propria autonomia negoziale e in coerenza con le eventuali direttive impartite dalla capogruppo;

b) le parti chiamate a fornire sostegno finanziario devono essere pienamente informate sulla situazione dei beneficiari prima della decisione di fornire il sostegno;

c) l'accordo indica i criteri di calcolo per determinare, al momento in cui il sostegno finanziario viene fornito, il corrispettivo dovuto per qualsiasi operazione effettuata in virtù dell'accordo stesso; ove necessario per conseguire le finalità dell'accordo, i criteri possono non tenere conto del prezzo di mercato, in particolare se esso è influenzato da fattori anomali ed esterni al gruppo o se la parte che fornisce il sostegno dispone, in forza dell'appartenenza al gruppo del beneficiario, di informazioni non pubbliche rilevanti.

6. L'accordo di sostegno finanziario di gruppo non può essere concluso se, al momento della sua conclusione, per una delle parti dell'accordo sussistono, a giudizio dell'autorità competente, i presupposti dell'intervento precoce.

7. Nessun diritto, pretesa o azione derivante dall'accordo può essere esercitato da soggetti diversi dalle parti, neppure ai sensi dell'articolo 2900 del codice civile.

69 *terdecies*. Autorizzazione dell'accordo. – 1. Il progetto di accordo è sottoposto all'autorizzazione della Banca d'Italia, che valuta la sua coerenza con le condizioni previste nell'articolo 69 *quinquiesdecies*, congiuntamente con le altre autorità competenti sulle banche comunitarie aderenti all'accordo, in conformità delle pertinenti disposizioni dell'Unione europea.

2. La Banca d'Italia disciplina il procedimento per l'autorizzazione di cui al comma 1.

3. Il progetto di accordo e ogni sua modifica sono trasmessi all'autorità di risoluzione a seguito dell'autorizzazione di cui al comma 1.

69 *quaterdecies*. Approvazione dell'accordo da parte dell'assemblea dei soci e concessione del sostegno. – 1. Il progetto di accordo autorizzato ai sensi dell'articolo 69 *terdecies* è sottoposto all'approvazione dell'assemblea straordinaria dei soci di ciascuna società del gruppo che si propone di aderirvi, unitamente a un parere predisposto dai componenti indipendenti dell'organo amministrativo sull'interesse della società ad aderire all'accordo nonché sulla convenienza e sulla correttezza sostanziale delle relative condizioni. L'accordo produce effetti solo nei confronti delle società le cui assemblee hanno approvato il progetto.

2. La competenza a decidere sulla concessione o sull'accettazione del sostegno finanziario in esecuzione dell'accordo spetta all'organo amministrativo. La delibera di concessione del sostegno finanziario di gruppo è motivata, indica l'obiettivo del sostegno finanziario e la conformità alle condizioni stabilite all'articolo 69 *quinquiesdecies*.

3. L'organo amministrativo della società aderente all'accordo riferisce annualmente all'assemblea dei soci in merito all'esecuzione dell'accordo.

4. L'assemblea straordinaria dei soci può revocare la propria approvazione del progetto di accordo di cui al comma 1 se non si sono ancora realizzati i presupposti dell'intervento precoce ai sensi dell'articolo 69 *octiesdecies* in capo a una o più società aderenti all'accordo. La revoca diviene efficace solo a seguito della predisposizione di un piano di risoluzione individuale o di gruppo che tenga conto delle mutate circostanze o, in ogni caso, decorsi 12 mesi dalla revoca.

5. L'approvazione di un progetto di accordo di cui al comma 1 o la sua revoca non costituisce causa di recesso del socio dalla società.

6. La delibera di approvazione di un progetto di accordo di cui al comma 1 è pubblicata con gli stessi mezzi previsti per la pubblicazione delle informazioni ai sensi dell'articolo 53, comma 1, lettera *d*), unitamente a una descrizione sommaria del contenuto dell'accordo. La Banca d'Italia può dettare disposizioni sull'informativa al pubblico dovuta dalle banche e dalle societàcapo gruppo sugli accordi di sostegno finanziario di gruppo.

69 *quinquiesdecies*. Condizioni per il sostegno. – 1. Il sostegno finanziario previsto dall'accordo è concesso se sono soddisfatte tutte le seguenti condizioni:

a) si può ragionevolmente prospettare che il sostegno fornito ponga sostanziale rimedio alle difficoltà finanziarie del beneficiario;

b) il sostegno finanziario è diretto a preservare o ripristinare la stabilità finanziaria del gruppo nel suo complesso o di una delle società del gruppo ed è nell'interesse della società del gruppo che fornisce il sostegno;

c) le condizioni del sostegno finanziario, ivi compreso il corrispettivo, sono determinate in conformità dell'articolo 69 *duodecies*, comma 5, lettera *c*);

d) vi è la ragionevole aspettativa, sulla base delle informazioni a disposizione dell'organo amministrativo della società che fornisce il sostegno al momento dell'assunzione della relativa decisione, che sarà pagato un corrispettivo e rimborsato il prestito da parte della società beneficiaria, qualora il sostegno sia concesso sotto forma di prestito, ovvero che, nell'ipotesi in cui il sostegno sia fornito in forma garanzia reale o personale e questa sia escussa, sarà possibile recuperare per intero, anche in via di surroga o regresso, capitale, interessi e spese;

e) la concessione del sostegno finanziario non mette a repentaglio la liquidità o solvibilità della società del gruppo che lo fornisce;

f) la concessione del sostegno finanziario non minaccia la stabilità del sistema finanziario, in particolare nello Stato comunitario in cui ha sede la società del gruppo che fornisce il sostegno;

g) la società del gruppo che fornisce il sostegno rispetta, nel momento in cui lo fornisce, i requisiti in materia di capitale, liquidità, grandi esposizioni e gli altri requisiti specifici eventualmente imposti in conformità del Regolamento (UE) n. 575/2013 e delle disposizioni di attuazione della direttiva 2013/36/UE, e la concessione del sostegno finanziario non è tale da determinare la violazione di questi requisiti da parte della società, fatta eccezione per il caso in cui l'autorità competente per la vigilanza sulla società abbia autorizzato una temporanea deroga a tali requisiti;

h) la concessione del sostegno finanziario non pregiudica la risolvibilità della società del gruppo che lo fornisce.

69 *sexiesdecies*. Opposizione della Banca d'Italia e comunicazioni. – 1. La delibera di concessione del sostegno è trasmessa alla Banca d'Italia, che può vietare o limitarne l'esecuzione se le condizioni per il sostegno finanziario di gruppo di cui all'articolo 69 *quinquiesdecies* non sono soddisfatte.

2. La delibera di cui al comma 1 è trasmessa all'ABE nonché, se diverse dalla Banca d'Italia, all'autorità competente per la vigilanza sulla società che riceve il sostegno e all'autorità competente per la vigilanza su base consolidata.

3. Il provvedimento della Banca d'Italia di cui al comma 1 è trasmesso all'ABE, agli altri soggetti indicati al comma 2, nonché, se la Banca d'Italia è l'autorità competente per la vigilanza su base consolidati, ai componenti del collegio di risoluzione istituito ai sensi del [decreto di recepimento della direttiva 2014/59].

69 *septiesdecies*. Norme applicabili e disposizioni di attuazione. – 1. Alla conclusione degli accordi previsti dal presente capo e alla prestazione di sostegno finanziario in loro esecuzione non si applicano le disposizioni di cui all'articolo 53, comma 4, e agli articoli 2391 *bis*, 2467, 2497 *quinquies* e 2901 del codice civile, nonché agli articoli 64, 65, 66 e 67, 216, primo comma, n. 1) e terzo comma e 217 della legge fallimentare.

2. La Banca d'Italia può emanare disposizioni attuative del presente capo, anche per tener conto di orientamenti dell'ABE.

Capo I
Banche

Sezione 01 - I
Misure di intervento precoce ([1])

([1]) Questa sezione è stata inserita dall'art. 1, comma 13, del D.L.vo 16 novembre 2015, n. 181. Tali disposizioni si applicano alle procedure di amministrazione straordinaria e di liquidazione coatta amministrativa avviate successivamente all'entrata in vigore del suddetto decreto.

69 *octiesdecies*. Presupposti. – 1. La Banca d'Italia può disporre le seguenti misure nei confronti di una banca o una società capo gruppo di un gruppo bancario:

a) le misure di cui all'articolo 69 *noviesdecies*, quando risultano violazioni dei requisiti del regolamento (UE) n. 575/2013, delle disposizioni di attuazione della direttiva 2013/36/UE e deltitolo II della direttiva 2014/65/UE o di uno degli articoli da 3 a 7, da 14 a 17, e 24, 25 e 26 del regolamento (UE) n. 600/2014, oppure si preveda la violazione dei predetti requisiti anche a causa di un rapido deterioramento della situazione della banca o del gruppo;

b) la rimozione degli esponenti di cui all'articolo 69 *vicies semel*, quando risultano gravi violazioni di disposizioni legislative, regolamentari o statutarie o gravi irregolarità nell'amministrazione ovvero quando il deterioramento della situazione della banca o del gruppo bancario sia particolarmente significativo, e sempre che gli interventi indicati nella medesima lettera *a*) o quelli previsti negli articoli 53 *bis* e 67 *ter* non siano sufficienti per porre rimedio alla situazione.

69 *noviesdecies*. Attuazione del piano di risanamento e altre misure. – 1. Fermi restando i poteri attribuiti dagli articoli 53 *bis* e 67 *ter*, la Banca d'Italia, al ricorrere dei presupposti di cui all'articolo 69 *octiesdecies*, comma 1, lettera *a*), può chiedere alla banca o alla società capogruppo di un gruppo bancario di dare attuazione, anche parziale, al piano di risanamento adottato o di preparare un piano per negoziare la ristrutturazione del debito con tutti o alcuni creditori secondo il piano di risanamento, ove applicabile, o di modificare la propria forma societaria.

2. La Banca d'Italia, nell'esercizio del potere di cui al comma 1 può:

a) richiedere l'aggiornamento del piano di risanamento quando le condizioni che hanno condotto all'intervento precoce divergono rispetto alle ipotesi contemplate nel piano;

b) fissare un termine per l'attuazione del piano e l'eliminazione delle cause che formano presupposto dell'intervento precoce.

69 *vicies*. Poteri di accertamento e flussi informativi. – 1. Quando sia accertata l'esistenza, in relazione a una banca o ad un gruppo bancario, delle circostanze di cui all'articolo 69 *octiesdecies*, i poteri di vigilanza informativa e ispettiva previsti agli articoli 51, 54, 66 e 67 possono essere esercitati anche al fine di acquisire le informazioni necessarie per l'aggiornamento del piano di risoluzione, l'eventuale esercizio del potere di riduzione o conversione di azioni, di altre partecipazioni e di strumenti di capitale, l'avvio della risoluzione o della liquidazione coatta amministrativa, nonché per la valutazione prevista dal Titolo IV, Capo I, Sezione II, del [decreto di recepimento della direttiva 2014/59/UE].

2. Le informazioni acquisite ai sensi del comma 1 sono trasmesse alle autorità di risoluzione.

69 *vicies semel*. Rimozione dei componenti degli organi di amministrazione e controllo e dell'alta dirigenza. – 1. Al ricorrere dei presupposti indicati all'articolo 69 *octiesdecies*, comma 1, lettera *b*), la Banca d'Italia può disporre la rimozione e ordinare il rinnovo di tutti i componenti degli organi con funzione di amministrazione e di controllo delle banche e delle società capogruppo di un gruppo bancario. Si applica il comma 4 dell'articolo 70.

2. Il provvedimento fissa la data da cui decorrono gli effetti della rimozione. La Banca d'Italia convoca l'assemblea della banca o della capogruppo con all'ordine del giorno il rinnovo degli

Leggi complementari

organi con funzioni di amministrazione e controllo.

3. Ricorrendo i presupposti richiamati al comma 1, la Banca d'Italia può inoltre ordinare la rimozione di uno o più componenti dell'alta dirigenza di una banca o di una società capogruppo di un gruppo bancario.

4. La Banca d'Italia approva la nomina dei componenti dei nuovi organi o della nuova alta dirigenza effettuata dal competente organo della banca o della società capogruppo.

5. Resta salva la possibilità in ogni momento di disporre l'amministrazione straordinaria della banca o della capogruppo di cui agli articoli 70 e 98.

6. Resta fermo il potere di rimuovere singoli esponenti aziendali ai sensi dell'articolo 53 *bis*, comma 1, lettera *e*), e dell'articolo 67 *ter*, comma 1, lettera *e*), se sufficiente per porre rimedio alla situazione.

69 *vicies bis*. Disposizioni di attuazione. – 1. La Banca d'Italia può emanare disposizioni attuative della presente sezione, anche per tener conto di orientamenti dell'ABE.

Sezione I
Amministrazione straordinaria

70. Provvedimento. – 1. La Banca d'Italia può disporre lo scioglimento degli organi con funzioni di amministrazione e di controllo delle banche quando ricorrono le violazioni o le irregolarità di cui all'articolo 69 *octiesdecies*, comma 1, lettera *b*), oppure sono previste gravi perdite del patrimonio ovvero quando lo scioglimento è richiesto con istanza motivata dagli organi amministrativi ovvero dall'assemblea straordinaria ([1]).

2. Le funzioni delle assemblee e degli altri organi diversi da quelli indicati nel comma 1 sono sospese per effetto del provvedimento di amministrazione straordinaria, salvo quanto previsto dall'articolo 72 ([2]), comma 6.

3. Il provvedimento è comunicato dai commissari nominati ai sensi dell'articolo 71 agli interessati, che ne facciano richiesta, non prima dell'insediamento ai sensi dell'articolo 73 ([3]).

4. Il provvedimento ([4]) è pubblicato per estratto nella *Gazzetta Ufficiale* della Repubblica italiana.

5. L'amministrazione straordinaria dura sino ad un anno ([5]), salvo che il provvedimento previsto dal comma 1 preveda un termine più breve [o la Banca d'Italia ne autorizzi la chiusura anticipata] ([6]). La procedura può essere prorogata per lo stesso periodo di un anno, anche per più di una volta, se sussistono i presupposti indicati nel comma 1. Il provvedimento di proroga è pubblicato per estratto nella *Gazzetta Ufficiale* della Repubblica italiana ([7]).

[6. La Banca d'Italia può disporre proroghe non superiori a due mesi del termine della procedura, anche se prorogato ai sensi del comma 5, per gli adempimenti connessi alla chiusura della procedura quando le relative modalità di esecuzione siano state già approvate dalla medesima Banca d'Italia] ([8]).

7. Alle banche non si applica il titolo IV ([9]) della legge fallimentare e l'articolo 2409 del codice civile. Se vi è fondato sospetto che i soggetti con funzioni di amministrazione, in violazione dei propri doveri, abbiano compiuto gravi irregolarità nella gestione che possono arrecare danno alla banca o ad una o più società controllate, l'organo con funzioni di controllo od i soci che il codice civile o lo statuto abilitano ([10]) a presentare denuncia al tribunale, possono denunciare i fatti alla Banca d'Italia, che decide con provvedimento motivato ([11]).

([1]) *Questo comma è stato così sostituito dall'art. 1, comma 14, lett.* a), *del D.L.vo 16 novembre 2015, n. 181. Tali disposizioni si applicano alle procedure di amministrazione straordinaria e di liquidazione coatta amministrativa avviate successivamente all'entrata in vigore del suddetto decreto.*

Si riporta il testo previgente:

«1. Il Ministro dell'economia e delle finanze, su proposta della Banca d'Italia, può disporre con decreto lo scioglimento degli organi con funzioni di amministrazione e di controllo delle banche quando:

a) *risultino gravi irregolarità nell'amministrazione, ovvero gravi violazioni delle disposizioni legislative, amministrative o statutarie che regolano l'attività della banca;*

b) *siano previste gravi perdite del patrimonio;*

c) *lo scioglimento sia richiesto con istanza motivata dagli organi amministrativi ovvero dall'assemblea straordinaria».*

([2]) *Le parole*: «*art. 72*» *sono state così sostituite dalle seguenti*: «*articolo 72*», *dall'art. 1, comma 14, lett.* b), *del D.L.vo 16 novembre 2015, n. 181. Tali disposizioni si applicano alle procedure di amministrazione straordinaria e di liquidazione coatta amministrativa avviate successivamente all'entrata in vigore del suddetto decreto.*

([3]) *Questo comma è stato così sostituito dall'attuale dall'art. 1, comma 14, lett.* c), *del D.L.vo 16 novembre 2015, n. 181. Tali disposizioni si applicano alle procedure di amministrazione straordinaria e di liquidazione coatta amministrativa avviate successivamente all'entrata in vigore del suddetto decreto.*

Si riporta il testo previgente:

«3. Il decreto del Ministro dell'economia e delle finanze e la proposta della Banca d'Italia sono comunicati dai commissari straordinari agli interessati, che ne facciano richiesta, non prima dell'insediamento ai sensi dell'articolo 73».

(4) *Le parole: «decreto del Ministro dell'economia e delle finanze» sono state così sostituite dalla seguente: «provvedimento», dall'art. 1, comma 14, lett. d), del D.L.vo 16 novembre 2015, n. 181. Tali disposizioni si applicano alle procedure di amministrazione straordinaria e di liquidazione coatta amministrativa avviate successivamente all'entrata in vigore del suddetto decreto.*

(5) *Le parole: «un anno» sono state così sostituite dalle seguenti: «sino ad un anno», dall'art. 1, comma 18, del D.L.vo 14 novembre 2016, n. 223.*

(6) *Le parole tra parentesi quadrate sono state soppresse dall'art. 1, comma 18, del D.L.vo 14 novembre 2016, n. 223.*

(7) *Questo comma è stato così sostituito dall'art. 1, comma 14, lett. e), del D.L.vo 16 novembre 2015, n. 181. Tali disposizioni si applicano alle procedure di amministrazione straordinaria e di liquidazione coatta amministrativa avviate successivamente all'entrata in vigore del suddetto decreto.*

Si riporta il testo previgente:

«5. L'amministrazione straordinaria dura un anno dalla data di emanazione del decreto previsto dal comma 1, salvo che il decreto preveda un termine più breve o che la Banca d'Italia ne autorizzi la chiusura anticipata. In casi eccezionali la procedura può essere prorogata, per un periodo non superiore a sei mesi, con il medesimo procedimento indicato nel comma 1; si applicano in quanto compatibili i commi 3 e 4».

A norma dell'art. 3, comma 3, del medesimo provvedimento, le proroghe, nel testo vigente prima della data di entrata in vigore del presente decreto, sono disposte dalla Banca d'Italia.

(8) *Questo comma è stato abrogato dall'art. 1, comma 14, lett. f), del D.L.vo 16 novembre 2015, n. 181. Tali disposizioni si applicano alle procedure di amministrazione straordinaria e di liquidazione coatta amministrativa avviate successivamente all'entrata in vigore del suddetto decreto.*

(9) *Questo titolo disciplina l'amministrazione controllata delle imprese non bancarie che si trovino nella temporanea difficoltà di adempiere alle loro obbligazioni.*

(10) *La parola: «abilita» è stata così sostituita dalle seguenti: «o lo statuto abilitano», dall'art. 1, comma 14, lett. g), del D.L.vo 16 novembre 2015, n. 181. Tali disposizioni si applicano alle procedure di amministrazione straordinaria e di liquidazione coatta amministrativa avviate successivamente all'entrata in vigore del suddetto decreto.*

(11) *Questo comma è stato sostituito dall'art. 9.21 del D.L.vo 17 gennaio 2003, n. 6, così come inserito dall'art. 2 del D.L.vo 6 febbraio 2004, n. 37.*

70 *bis*. (1) **[Rimozione collettiva dei componenti degli organi di amministrazione e controllo. –** 1. La Banca d'Italia può disporre la rimozione di tutti i componenti degli organi con funzioni di amministrazione e di controllo delle banche al ricorrere dei presupposti indicati all'articolo 70, comma 1, lettera *a*). Si applica il comma 4 dell'articolo 70.

2. Il provvedimento fissa la data da cui decorre la rimozione dei componenti degli organi. La Banca d'Italia convoca l'assemblea della banca per il rinnovo degli organi con funzioni di amministrazione e controllo.

3. Resta salva la possibilità in ogni momento di disporre la gestione provvisoria di cui all'articolo 76 e l'amministrazione straordinaria della banca di cui all'articolo 70, secondo le modalità e con gli effetti previsti dal presente titolo].

(1) *Questo articolo, inserito dall'art. 1, comma 30, del D.L.vo 12 maggio 2015, n. 72 è stato, da ultimo, abrogato dall'art. 1, comma 15, del D.L.vo 16 novembre 2015, n. 181. Tali disposizioni si applicano alle procedure di amministrazione straordinaria e di liquidazione coatta amministrativa avviate successivamente all'entrata in vigore del suddetto decreto.*

71. Organi della procedura. – 1. Con il provvedimento di scioglimento degli organi la Banca d'Italia (1) nomina:

a) uno o più commissari straordinari;

b) un comitato di sorveglianza, composto da tre a cinque membri, che nomina a maggioranza di voti il proprio presidente.

2. [Il provvedimento della Banca d'Italia e la delibera di nomina del presidente del comitato di sorveglianza sono pubblicati per estratto nella *Gazzetta Ufficiale* della Repubblica italiana.] (2) Entro quindici giorni dalla comunicazione della nomina, i commissari depositano in copia gli atti di nomina degli organi della procedura e del presidente del comitato di sorveglianza per l'iscrizione nel registro delle imprese (3).

[3. La Banca d'Italia può revocare o sostituire i commissari e i membri del comitato di sorveglianza] (4).

4. Le indennità spettanti ai commissari e ai componenti il comitato di sorveglianza sono determinate dalla Banca d'Italia in base ai criteri dalla stessa stabiliti e sono a carico della banca

sottoposta alla procedura. Se necessario, esse possono essere anticipate dalla Banca d'Italia ([5]).

5. La Banca d'Italia, per ragioni d'urgenza e ([6]) fino all'insediamento degli organi straordinari, può nominare commissario provvisorio un proprio funzionario, che assume i medesimi poteri attribuiti ai commissari straordinari. Si applicano gli articoli 70, comma 3, e 72, comma 9.

6. Agli organi della procedura si applicano i requisiti di onorabilità stabiliti ai sensi dell'articolo 26. I commissari devono, inoltre, possedere le competenze necessarie per svolgere le proprie funzioni ed essere esenti da conflitti di interesse ([7]).

([1]) *Le parole: «La Banca d'Italia, con provvedimento da emanarsi entro quindici giorni dalla data del decreto previsto dall'articolo 70, comma 1,» sono state così sostituite dalle seguenti: «Con il provvedimento di scioglimento degli organi la Banca d'Italia», dall'art. 1, comma 16, lett.* a), *del D.L.vo 16 novembre 2015, n. 181. Tali disposizioni si applicano alle procedure di amministrazione straordinaria e di liquidazione coatta amministrativa avviate successivamente all'entrata in vigore del suddetto decreto.*

([2]) *Questo periodo è stato soppresso dall'art. 1, comma 16, lett.* b), *del D.L.vo 16 novembre 2015, n. 181. Tali disposizioni si applicano alle procedure di amministrazione straordinaria e di liquidazione coatta amministrativa avviate successivamente all'entrata in vigore del suddetto decreto.*

([3]) *Questo comma è stato così sostituito dall'art. 9.22 del D.L.vo 17 gennaio 2003, n. 6, così come inserito dall'art. 2 del D.L.vo 6 febbraio 2004, n. 37.*

([4]) *Questo comma è stato abrogato dall'art. 1, comma 16, lett.* c), *del D.L.vo 16 novembre 2015, n. 181. Tali disposizioni si applicano alle procedure di amministrazione straordinaria e di liquidazione coatta amministrativa avviate successivamente all'entrata in vigore del suddetto decreto.*

([5]) *Le parole: «Se necessario, esse possono essere anticipate dalla Banca d'Italia.» sono state aggiunte dall'art. 1, comma 16, lett.* d), *del D.L.vo 16 novembre 2015, n. 181. Tali disposizioni si applicano alle procedure di amministrazione straordinaria e di liquidazione coatta amministrativa avviate successivamente all'entrata in vigore del suddetto decreto.*

([6]) *Le parole: «per ragioni d'urgenza e» sono state inserite dall'art. 1, comma 16, lett.* e), *del D.L.vo 16 novembre 2015, n. 181. Tali disposizioni si applicano alle procedure di amministrazione straordinaria e di liquidazione coatta amministrativa avviate successivamente all'entrata in vigore del suddetto decreto.*

([7]) *Le parole: «I commissari devono, inoltre, possedere le competenze necessarie per svolgere le proprie funzioni ed essere esenti da conflitti di interesse.» sono state aggiunte dall'art. 1, comma 16, lett.* f), *del D.L.vo 16 novembre 2015, n. 181. Tali disposizioni si applicano alle procedure di amministrazione straordinaria e di liquidazione coatta amministrativa avviate successivamente all'entrata in vigore del suddetto decreto.*

72. Poteri e funzionamento degli organi straordinari. – 1. Salvo che non sia diversamente specificato all'atto della nomina, i commissari esercitano tutte le funzioni e tutti i poteri spettanti all'organo di amministrazione della banca ai sensi del codice civile, delle disposizioni di legge applicabili e dello statuto della banca. La Banca d'Italia, nel provvedimento di nomina, può stabilire che ai commissari sono attribuiti soltanto determinati poteri e funzioni di amministrazione ([1]).

1 *bis*. Salvo che non sia diversamente specificato nel provvedimento che dispone l'amministrazione straordinaria, ai commissari spettano i compiti di accertare la situazione aziendale, rimuovere le irregolarità e promuovere le soluzioni utili nell'interesse dei depositanti e della sana e prudente gestione. Le disposizioni del codice civile, statutarie o convenzionali relative ai poteri di controllo dei titolari di partecipazioni non si applicano agli atti dei commissari. All'atto della nomina, la Banca d'Italia può stabilire speciali limitazioni dei compiti dei commissari ovvero attribuire loro compiti ulteriori e diversi rispetto a quelli indicati nel presente comma ([2]).

2. Il comitato di sorveglianza esercita le funzioni di controllo e fornisce pareri ai commissari nei casi previsti dalla presente sezione o dalle disposizioni della Banca d'Italia ([3]).

2 *bis*. La Banca d'Italia può, in ogni momento, revocare o sostituire i commissari e i membri del comitato di sorveglianza oppure modificarne compiti e poteri ([4]).

3. Le funzioni degli organi straordinari hanno inizio con l'insediamento degli stessi ai sensi dell'articolo 73, commi 1 e 2 ([5]), e cessano con il passaggio delle consegne agli organi subentranti.

4. La Banca d'Italia può stabilire, all'atto della nomina o successivamente con istruzioni impartite ai commissari e ai membri del comitato di sorveglianza, che determinati atti dei commissari siano sottoposti ad autorizzazione della stessa Banca d'Italia ovvero imporre speciali cautele e limitazioni nella gestione della banca. I componenti gli organi straordinari sono personalmente responsabili dell'inosservanza delle prescrizioni della Banca d'Italia; queste non sono opponibili ai terzi che non ne abbiano avuto conoscenza. ([6]).

5. L'esercizio dell'azione sociale di responsabilità contro i membri dei disciolti organi amministrativi e di controllo ed il direttore generale, nonché dell'azione contro il soggetto incaricato della revisione legale dei conti (7) o della revisione, spetta ai commissari straordinari, sentito il comitato di sorveglianza, previa autorizzazione della Banca d'Italia. Gli organi succeduti all'amministrazione straordinaria proseguono le azioni di responsabilità e riferiscono alla Banca d'Italia in merito alle stesse (8).

5 *bis*. Nell'interesse della procedura i commissari, sentito il comitato di sorveglianza, previa autorizzazione della Banca d'Italia, possono sostituire il soggetto incaricato della revisione legale dei conti (9) per la durata della procedura stessa (10).

6. Il potere di convocare l'assemblea dei soci e gli altri organi indicati all'articolo 70, comma 2, spetta esclusivamente ai commissari previa approvazione della Banca d'Italia. L'ordine del giorno è stabilito in via esclusiva dai commissari e non è modificabile dall'organo convocato (11).

7. Quando i commissari siano più di uno, essi decidono a maggioranza dei componenti in carica e i loro poteri di rappresentanza sono validamente esercitati con la firma congiunta di due di essi, fatta salva la possibilità di conferire deleghe, anche per categorie di operazioni, a uno o più commissari.

8. Il comitato di sorveglianza delibera a maggioranza dei componenti in carica; in caso di parità prevale il voto del presidente.

9. La responsabilità dei commissari e dei membri del comitato di sorveglianza per atti compiuti nell'espletamento dell'incarico è limitata ai soli casi di dolo o colpa grave. Le azioni civili nei loro confronti sono promosse previa autorizzazione della Banca d'Italia (12).

9 *bis*. I commissari, nell'esercizio delle loro funzioni, sono pubblici ufficiali (13).

(1) Questo comma è stato così sostituito dall'art. 1, comma 17, lett. a), del D.L.vo 16 novembre 2015, n. 181.

A norma dell'art. 3, comma 3, del medesimo provvedimento, tali disposizioni si applicano anche alle procedure di amministrazione straordinaria in corso alla data di entrata in vigore del presente decreto. Per i rimanenti aspetti, alle medesime procedure si continuano ad applicare le disposizioni del titolo IV di questo decreto, nel testo vigente prima dell'entrata in vigore del presente decreto.

Si riporta il testo previgente:

«1. I commissari esercitano le funzioni ed i poteri di amministrazione della banca. Essi provvedono ad accertare la situazione aziendale, a rimuovere le irregolarità ed a promuovere le soluzioni utili nell'interesse dei depositanti. Le disposizioni del codice civile, statutarie o convenzionali relative ai poteri di controllo dei titolari di partecipazioni non si applicano agli atti dei commissari. In caso di impugnazione delle decisioni dei commissari, i soci non possono richiedere al tribunale la sospensione dell'esecuzione delle decisioni dei commissari soggette ad autorizzazione o comunque attuative di provvedimenti della Banca d'Italia. I commissari, nell'esercizio delle loro funzioni, sono pubblici ufficiali».

A norma dell'art. 3, comma 7, del medesimo provvedimento, i commi 3, 4, 5 e 6, del citato articolo 3, si applicano anche alle procedure di amministrazione straordinaria e liquidazione coatta amministrativa previste dal decreto legislativo 24 febbraio 1998, n. 58, in relazione alle disposizioni indicate dai medesimi commi e a esse applicabili.

(2) Questo comma è stato inserito dall'art. 1, comma 17, lett. b), del D.L.vo 16 novembre 2015, n. 181.

A norma dell'art. 3, comma 3, del medesimo provvedimento, tali disposizioni si applicano anche alle procedure di amministrazione straordinaria in corso alla data di entrata in vigore del presente decreto. Per i rimanenti aspetti, alle medesime procedure si continuano ad applicare le disposizioni del titolo IV di questo decreto, nel testo vigente prima dell'entrata in vigore del presente decreto.

A norma dell'art. 3, comma 7, del medesimo provvedimento, i commi 3, 4, 5 e 6, del citato articolo 3, si applicano anche alle procedure di amministrazione straordinaria e liquidazione coatta amministrativa previste dal decreto legislativo 24 febbraio 1998, n. 58, in relazione alle disposizioni indicate dai medesimi commi e a esse applicabili.

(3) Questo comma è stato così sostituito dall'art. 9.23, lett. b), del D.L.vo 17 gennaio 2003, n. 6, così come inserito dall'art. 2 del D.L.vo 6 febbraio 2004, n. 37.

(4) Questo comma è stato inserito dall'art. 1, comma 17, lett. c), del D.L.vo 16 novembre 2015, n. 181.

A norma dell'art. 3, comma 3, del medesimo provvedimento, tali disposizioni si applicano anche alle procedure di amministrazione straordinaria in corso alla data di entrata in vigore del presente decreto. Per i rimanenti aspetti, alle medesime procedure si continuano ad applicare le disposizioni del titolo IV di questo decreto, nel testo vigente prima dell'entrata in vigore del presente decreto.

A norma dell'art. 3, comma 7, del medesimo provvedimento, i commi 3, 4, 5 e 6, del citato articolo 3, si applicano anche alle procedure di amministrazione straordinaria e liquidazione coatta amministrativa previste dal decreto legislativo 24 febbraio 1998, n. 58, in relazione alle disposizioni indicate dai medesimi commi e a esse applicabili.

(5) Le originarie parole: «le consegne previste dall'articolo 73» sono state così sostituite dall'articolo

64, comma 7, del D.L.vo 23 luglio 1996, n. 415, attuativo delle direttive comunitarie sugli intermediari mobiliari.

(6) *Questo comma è stato così sostituito dall'art. 1, comma 17, lett.* d), *del D.L.vo 16 novembre 2015, n. 181.*

A norma dell'art. 3, comma 3, del medesimo provvedimento, tali disposizioni si applicano anche alle procedure di amministrazione straordinaria in corso alla data di entrata in vigore del presente decreto. Per i rimanenti aspetti, alle medesime procedure si continuano ad applicare le disposizioni del titolo IV di questo decreto, nel testo vigente prima dell'entrata in vigore del presente decreto.

Si riporta il testo previgente:

«4. La Banca d'Italia, con istruzioni impartite ai commissari e ai membri del comitato di sorveglianza, può stabilire speciali cautele e limitazioni nella gestione della banca. I componenti gli organi straordinari sono personalmente responsabili dell'inosservanza delle prescrizioni della Banca d'Italia; queste non sono opponibili ai terzi che non ne abbiano avuto conoscenza».

A norma dell'art. 3, comma 7, del medesimo provvedimento, i commi 3, 4, 5 e 6, del citato articolo 3, si applicano anche alle procedure di amministrazione straordinaria e liquidazione coatta amministrativa previste dal decreto legislativo 24 febbraio 1998, n. 58, in relazione alle disposizioni indicate dai medesimi commi e a esse applicabili.

(7) *Le parole: «del controllo contabile» sono state sostituite dalle attuali parole: «della revisione legale dei conti», dall'art. 39, comma 3, lett.* a), *del D.L.vo 27 gennaio 2010, n. 39.*

(8) *Questo comma è stato così sostituito dall'art. 9.23, lett.* c), *del D.L.vo 17 gennaio 2003, n. 6, così come inserito dall'art. 2 del D.L.vo 6 febbraio 2004, n. 37.*

(9) *Le parole: «del controllo contabile o della revisione» sono state sostituite dalle attuali parole: «della revisione legale dei conti», dall'art. 39, comma 3, lett.* b), *del D.L.vo 27 gennaio 2010, n. 39.*

(10) *Questo comma è stato inserito dall'art. 9.23, lett.* d), *del D.L.vo 17 gennaio 2003, n. 6, così come inserito dall'art. 2 del D.L.vo 6 febbraio 2004, n. 37.*

(11) *Questo comma è stato così sostituito dall'art. 1, comma 17, lett.* e), *del D.L.vo 16 novembre 2015, n. 181.*

A norma dell'art. 3, comma 3, del medesimo provvedimento, tali disposizioni si applicano anche alle procedure di amministrazione straordinaria in corso alla data di entrata in vigore del presente decreto. Per i rimanenti aspetti, alle medesime procedure si continuano ad applicare le disposizioni del titolo IV di questo decreto, nel testo vigente prima dell'entrata in vigore del presente decreto.

Si riporta il testo previgente:

«6. I commissari, previa autorizzazione della Banca d'Italia, possono convocare le assemblee e gli altri organi indicati nell'articolo 70, comma 2. L'ordine del giorno è stabilito in via esclusiva dai commissari e non è modificabile dall'organo convocato».

A norma dell'art. 3, comma 7, del medesimo provvedimento, i commi 3, 4, 5 e 6, del citato articolo 3, si applicano anche alle procedure di amministrazione straordinaria e liquidazione coatta amministrativa previste dal decreto legislativo 24 febbraio 1998, n. 58, in relazione alle disposizioni indicate dai medesimi commi e a esse applicabili.

(12) *Questo comma è stato così sostituito dall'art. 1, comma 17, lett.* f), *del D.L.vo 16 novembre 2015, n. 181.*

A norma dell'art. 3, comma 3, del medesimo provvedimento, tali disposizioni si applicano anche alle procedure di amministrazione straordinaria in corso alla data di entrata in vigore del presente decreto. Per i rimanenti aspetti, alle medesime procedure si continuano ad applicare le disposizioni del titolo IV di questo decreto, nel testo vigente prima dell'entrata in vigore del presente decreto.

Si riporta il testo previgente:

«9. Le azioni civili contro i commissari e i membri del comitato di sorveglianza per atti compiuti nell'espletamento dell'incarico sono promosse previa autorizzazione della Banca d'Italia».

A norma dell'art. 3, comma 7, del medesimo provvedimento, i commi 3, 4, 5 e 6, del citato articolo 3, si applicano anche alle procedure di amministrazione straordinaria e liquidazione coatta amministrativa previste dal decreto legislativo 24 febbraio 1998, n. 58, in relazione alle disposizioni indicate dai medesimi commi e a esse applicabili.

(13) *Questo comma è stato aggiunto dall'art. 1, comma 17, lett.* g), *del D.L.vo 16 novembre 2015, n. 181.*

A norma dell'art. 3, comma 3, del medesimo provvedimento, tali disposizioni si applicano anche alle procedure di amministrazione straordinaria in corso alla data di entrata in vigore del presente decreto. Per i rimanenti aspetti, alle medesime procedure si continuano ad applicare le disposizioni del titolo IV di questo decreto, nel testo vigente prima dell'entrata in vigore del presente decreto.

A norma dell'art. 3, comma 7, del medesimo provvedimento, i commi 3, 4, 5 e 6, del citato articolo 3, si applicano anche alle procedure di amministrazione straordinaria e liquidazione coatta amministrativa previste dal decreto legislativo 24 febbraio 1998, n. 58, in relazione alle disposizioni indicate dai medesimi commi e a esse applicabili.

73. Adempimenti iniziali. – 1. I commissari straordinari si insediano prendendo in consegna l'azienda dagli organi amministrativi disciolti con un sommario processo verbale (1). I commissari acquisiscono una situazione dei conti. Alle operazioni assiste almeno un componente il comitato di sorveglianza.

2. Qualora, per il mancato intervento degli organi amministrativi disciolti o per altre ragioni non sia possibile l'esecuzione delle consegne,

i commissari provvedono d'Autorità a insediarsi, con l'assistenza di un notaio e, ove occorra, con l'intervento della forza pubblica.

3. Il commissario provvisorio assume la gestione della banca ed esegue le consegne ai commissari straordinari, secondo le modalità indicate nei commi 1 e 2.

4. Quando il bilancio relativo all'esercizio chiuso anteriormente all'inizio dell'amministrazione straordinaria non sia stato approvato, i commissari provvedono al deposito presso l'ufficio del registro delle imprese, in sostituzione del bilancio, di una relazione sulla situazione patrimoniale ed economica, redatta sulla base delle informazioni disponibili. La relazione è accompagnata da un rapporto del comitato di sorveglianza. È comunque esclusa ogni distribuzione di utili (2).

(1) *Questo periodo è stato così sostituito dall'articolo 64, comma 8, del D.L.vo 23 luglio 1996, n. 415, attuativo delle direttive comunitarie sugli intermediari mobiliari.*

(2) *Questo comma è stato così sostituito dall'art. 9.24 del D.L.vo 17 gennaio 2003, n. 6, così come inserito dall'art. 2 del D.L.vo 6 febbraio 2004, n. 37.*

74. (1) **Sospensione dei pagamenti.** – 1. Se ricorrono (2) circostanze eccezionali i commissari, al fine di tutelare gli interessi dei creditori, possono sospendere il pagamento delle passività di qualsiasi genere da parte della banca ovvero la restituzione degli strumenti finanziari ai clienti relativi ai servizi previsti dal decreto legislativo 24 febbraio 1998, n. 58 (3). Il provvedimento è assunto sentito il comitato di sorveglianza, previa autorizzazione della Banca d'Italia, che può emanare disposizioni per l'attuazione dello stesso. La sospensione ha luogo per un periodo non superiore a un mese, prorogabile eventualmente, con le stesse formalità, per altri due mesi.

2. Durante il periodo della sospensione non possono essere intrapresi o proseguiti atti di esecuzione forzata o atti cautelari sui beni della banca e sugli strumenti finanziari dei clienti. Durante lo stesso periodo non possono essere iscritte ipoteche sugli immobili o acquistati altri diritti di prelazione sui mobili della banca se non in forza di provvedimenti giudiziali esecutivi anteriori all'inizio del periodo di sospensione.

3. La sospensione non costituisce stato d'insolvenza.

(1) *Quest'articolo è stato così sostituito dall'articolo 64, comma 9, del D.L.vo 23 luglio 1996, n. 415, attuativo delle direttive comunitarie sugli intermediari mobiliari.*

(2) *Le parole: «Qualora ricorrano» sono state così sostituite dalle seguenti: «Se ricorrono», dall'art. 1, comma 18, del D.L.vo 16 novembre 2015, n. 181. Tali disposizioni si applicano alle procedure di amministrazione straordinaria e di liquidazione coatta amministrativa avviate successivamente all'entrata in vigore del suddetto decreto.*

(3) *Le parole: «dal d.lgs di recepimento della direttiva 93/22/CEE» sono state così sostituite dalle seguenti: «dal decreto legislativo 24 febbraio 1998, n. 58», dall'art. 1, comma 18, del D.L.vo 16 novembre 2015, n. 181. Tali disposizioni si applicano alle procedure di amministrazione straordinaria e di liquidazione coatta amministrativa avviate successivamente all'entrata in vigore del suddetto decreto.*

75. Adempimenti finali. – 1. I commissari straordinari e il comitato di sorveglianza, a intervalli periodici stabiliti all'atto della nomina o successivamente nonché (1) al termine delle loro funzioni, redigono separati rapporti sull'attività svolta e li trasmettono alla Banca d'Italia. La Banca d'Italia cura che della chiusura dell'amministrazione straordinaria sia data notizia mediante avviso da pubblicarsi nella *Gazzetta Ufficiale* della Repubblica italiana.

2. La chiusura dell'esercizio in corso all'inizio dell'amministrazione straordinaria è protratta a ogni effetto di legge fino al termine della procedura. I commissari redigono il bilancio che viene presentato per l'approvazione alla Banca d'Italia entro quattro mesi dalla chiusura dell'amministrazione straordinaria e pubblicato nei modi di legge. L'esercizio cui si riferisce il bilancio redatto dai commissari costituisce un unico periodo d'imposta. Entro un mese dall'approvazione della Banca d'Italia, gli organi subentrati ai commissari presentano la dichiarazione dei redditi relativa a detto periodo secondo le disposizioni tributarie vigenti.

3. I commissari, prima della cessazione delle loro funzioni, provvedono perché siano ricostituiti gli organi dell'amministrazione ordinaria. Gli organi subentranti prendono in consegna l'azienda dai commissari secondo le modalità previste dall'articolo 73, comma 1.

(1) *Le parole: «a intervalli periodici stabiliti all'atto della nomina o successivamente nonché» sono state inserite dall'art. 1, comma 19, del D.L.vo 16 novembre 2015, n. 181. Tali disposizioni si applicano alle procedure di amministrazione straordinaria e di liquidazione coatta amministrativa avviate successivamente all'entrata in vigore del suddetto decreto.*

75 *bis*. (1) **Commissari in temporaneo affiancamento.** – 1. La Banca d'Italia, ricorrendo i presupposti indicati all'articolo 70, può nominare uno o più commissari in temporaneo affiancamento all'organo di amministrazione. La Banca d'Italia, nel provvedimento di nomina, individua funzioni, doveri e poteri dei commissari, specificandone i rapporti con l'organo amministrativo, ivi compreso, eventualmente, l'obbligo degli amministratori di consultare o di richiedere la previa autorizzazione dei commissari per l'assunzione di determinati atti o decisioni.

2. Si applicano, in quanto compatibili, le disposizioni della presente sezione.

(1) *Questo articolo è stato inserito dall'art. 1, comma 20, del D.L.vo 16 novembre 2015, n. 181. Tali disposizioni si applicano alle procedure di amministrazione straordinaria e di liquidazione coatta amministrativa avviate successivamente all'entrata in vigore del suddetto decreto.*

76. (1) [**Gestione provvisoria.** – 1. La Banca d'Italia, fatto salvo quanto stabilito negli articoli precedenti, può disporre, nei casi indicati nell'articolo 70, comma 1, e qualora concorrano ragioni di assoluta urgenza, che uno o più commissari assumano i poteri di amministrazione della banca. Le funzioni degli organi di amministrazione e di controllo sono frattanto sospese. Possono essere nominati commissari anche funzionari della Banca d'Italia. I commissari, nell'esercizio delle loro funzioni, sono pubblici ufficiali

2. La gestione provvisoria non può avere una durata superiore a due mesi. Si applicano, in quanto compatibili, gli articoli 2, 3, 4 e 6, 72, commi 3, 4, 7 e 9, 73, commi 1 e 2, 74 e 75, comma 1.

3. Qualora durante la gestione provvisoria intervenga lo scioglimento degli organi di amministrazione e di controllo a norma dell'articolo 70, comma 1, i commissari indicati nel comma 1 assumono le attribuzioni del commissario provvisorio previsto dall'articolo 71, comma 5.

4. Al termine della gestione provvisoria gli organi subentranti prendono in consegna l'azienda dai commissari indicati nel comma 1 secondo le modalità previste dall'articolo 73, comma 1].

(1) *Questo articolo è stato abrogato dall'art. 1, comma 21, del D.L.vo 16 novembre 2015, n. 181. Tali disposizioni si applicano alle procedure di amministrazione straordinaria e di liquidazione coatta amministrativa avviate successivamente all'entrata in vigore del suddetto decreto.*

77. Succursali di banche extracomunitarie. – 1. Nel caso di amministrazione straordinaria di succursali di banche extracomunitarie stabilite nel territorio della Repubblica, i commissari straordinari e il comitato di sorveglianza assumono nei confronti delle succursali stesse i poteri degli organi di amministrazione e di controllo della banca di appartenenza.

1 *bis*. La Banca d'Italia informa dell'apertura della procedura di amministrazione straordinaria le autorità di vigilanza degli Stati comunitari che ospitano succursali della banca extracomunitaria. L'informazione è data, con ogni mezzo, possibilmente prima dell'apertura della procedura ovvero subito dopo (1).

2. Si applicano, in quanto compatibili, le disposizioni della presente sezione.

(1) *Questo comma è stato inserito dall'art. 3 del D.L.vo 9 luglio 2004, n. 197.*

77 *bis*. (1) **Aumenti di capitale.** – 1. In deroga ai termini previsti dagli articoli 2366 e 2369 del codice civile e 125 *bis* e 126 del decreto legislativo 24 febbraio 1998, n. 58, nelle banche nei confronti delle quali è stata adottata una misura di intervento precoce o disposto l'avvio dell'amministrazione straordinaria, le assemblee chiamate a deliberare aumenti di capitale finalizzati a ripristinare l'adeguatezza patrimoniale possono essere convocate fino a dieci giorni prima di quello fissato per l'assemblea, se così è previsto dallo statuto.

2. Nel caso previsto al comma 1, per le banche con azioni quotate nei mercati regolamentati italiani o di altri Stati comunitari:

a) la comunicazione effettuata dall'intermediario ai sensi dell'articolo 83 *sexies* del decreto legislativo 24 febbraio 1998, n. 58, è effettuata sulla base delle evidenze dei conti relative al termine della giornata contabile del terzo giorno di mercato aperto precedente la data fissata per l'assemblea;

b) il termine di cui all'articolo 126 *bis*, comma 1, del decreto legislativo 24 febbraio 1998, n. 58, è ridotto a cinque giorni;

c) non trovano applicazione le modalità di pubblicità di cui all'articolo 126 *bis*, comma 2, del decreto legislativo 24 febbraio 1998, n. 58.

3. Le previsioni di cui al comma 2, lettere *b*) e *c*), non si applicano alle banche nei confronti delle quali è stata disposta l'amministrazione straordinaria.

4. Il presente articolo si applica anche alle società capogruppo di un gruppo bancario.

([1]) *Questo articolo è stato inserito dall'art. 1, comma 22, del D.L.vo 16 novembre 2015, n. 181.*

A norma dell'art. 3, comma 3, del medesimo provvedimento, tali disposizioni si applicano anche alle procedure di amministrazione straordinaria in corso alla data di entrata in vigore del presente decreto. Per i rimanenti aspetti, alle medesime procedure si continuano ad applicare le disposizioni del titolo IV di questo decreto, nel testo vigente prima dell'entrata in vigore del presente decreto.

A norma dell'art. 3, comma 7, del medesimo provvedimento, i commi 3, 4, 5 e 6, del citato articolo 3, si applicano anche alle procedure di amministrazione straordinaria e liquidazione coatta amministrativa previste dal decreto legislativo 24 febbraio 1998, n. 58, in relazione alle disposizioni indicate dai medesimi commi e a esse applicabili.

Sezione II
Provvedimenti straordinari

78. Banche autorizzate in Italia. – 1. La Banca d'Italia può imporre il divieto di intraprendere nuove operazioni oppure ordinare la chiusura di succursali alle banche autorizzate in Italia, per violazione di disposizioni legislative, amministrative o statutarie che ne regolano l'attività, per irregolarità di gestione ovvero, nel caso di succursali di banche extracomunitarie, anche per insufficienza di fondi.

79. ([1]) **Banche comunitarie.** – 1. In caso di violazione o di rilevante rischio di violazione da parte di banche comunitarie delle disposizioni relative alle succursali o alla prestazione di servizi nel territorio della Repubblica, il cui controllo spetta all'autorità competente dello Stato d'origine, la Banca d'Italia ne dà comunicazione a tale autorità per i provvedimenti necessari. In attesa di questi, se sussistono ragioni di urgenza la Banca d'Italia può adottare le misure provvisorie necessarie per la tutela delle ragioni dei depositanti, dei risparmiatori e degli altri soggetti ai quali sono prestati i servizi, comprese l'imposizione del divieto di intraprendere nuove operazioni e la sospensione dei pagamenti; le misure adottate sono comunicate all'autorità competente dello Stato d'origine, alla Commissione europea e all'ABE.

2. In deroga al comma 1, secondo periodo, se la violazione riguarda disposizioni relative alla liquidità della banca comunitaria o in ogni altro caso di deterioramento della situazione di liquidità della stessa, la Banca d'Italia può adottare le misure necessarie per la stabilità finanziaria o per la tutela delle ragioni dei depositanti, dei risparmiatori e degli altri soggetti ai quali sono prestati i servizi, se quelle prese dall'autorità competente dello Stato d'origine mancano o risultano inadeguate; le misure da adottare sono comunicate all'autorità competente dello Stato d'origine e all'ABE.

3. Quando i provvedimenti dell'autorità competente dello Stato d'origine indicati al comma 1 manchino o risultino inadeguati, la Banca d'Italia può ricorrere all'ABE ai fini della procedura per la risoluzione delle controversie con le autorità di vigilanza degli altri Stati membri in situazioni transfrontaliere.

4. In caso di violazione o di rilevante rischio di violazione da parte di banche comunitarie delle disposizioni relative alle succursali o alla prestazione di servizi nel territorio della Repubblica il cui controllo spetta alla Banca d'Italia, questa adotta le misure necessarie a prevenire o reprimere tali irregolarità, compresa l'imposizione del divieto di intraprendere nuove operazioni, la sospensione dei pagamenti e la chiusura della succursale, dandone comunicazione all'autorità competente dello Stato d'origine.

([1]) *Questo articolo è stato così sostituito dall'art. 1, comma 31, del D.L.vo 12 maggio 2015, n. 72. A norma dell'art. 2, comma 1, del medesimo provvedimento, fino all'emanazione da parte della Commissione europea del requisito di liquidità previsto dall'articolo 460 del regolamento (UE) n. 575/2013, trova applicazione l'articolo 79 del decreto legislativo 1° settembre 1993, n. 385, nella formulazione vigente anteriormente all'entrata in vigore del presente decreto legislativo.*

Si riporta pertanto il testo previgente:

«79. Banche comunitarie 1. In caso di violazione da parte di banche comunitarie delle disposizioni relative alle succursali o alla prestazione di servizi nel territorio della Repubblica, la Banca d'Italia può ordinare alla banca di porre termine a tali irregolarità, dandone comunicazione all'autorità competente dello Stato membro in cui la banca ha sede legale per i provvedimenti eventualmente necessari.

2. Quando manchino o risultino inadeguati i provvedimenti dell'autorità competente, quando le irregolarità commesse possano pregiudicare interessi generali ovvero nei casi di urgenza per la tutela delle ragioni dei depositanti, dei risparmiatori e degli altri soggetti ai quali sono prestati i servizi, la Banca d'Italia adotta le misure necessarie, comprese l'imposizione del divieto di intraprendere nuove operazioni e la chiusura della succursale [, dandone comunicazione all'autorità competente] (*).

(*) *Le parole tra parentesi quadrate sono state soppresse dall'art. 1, comma 8, del D.L.vo 30 luglio 2012, n. 130.*

Sezione III
Liquidazione
coatta amministrativa

80. Provvedimento. – 1. Il Ministro dell'economia e delle finanze, su proposta della Banca d'Italia, può disporre con decreto la liquidazione coatta amministrativa delle banche, anche quando ne sia in corso l'amministrazione straordinaria ovvero la liquidazione secondo le norme ordinarie, se ricorrono i presupposti indicati nell'articolo 17 del decreto legislativo [di recepimento della direttiva 2014/59/UE] ma non quelli indicati nell'articolo 20, comma 2, del medesimo decreto per disporre la risoluzione (1).

2. La liquidazione coatta può essere disposta, con il medesimo procedimento indicato nel comma 1, su istanza motivata degli organi amministrativi, dell'assemblea straordinaria, dei commissari straordinari o dei liquidatori.

3. Il decreto del Ministro dell'economia e delle finanze e la proposta della Banca d'Italia sono comunicati dai commissari liquidatori agli interessati, che ne facciano richiesta, non prima dell'insediamento (2) ai sensi dell'articolo 85.

4. Il decreto del Ministro dell'economia e delle finanze è pubblicato per estratto nella *Gazzetta Ufficiale* della Repubblica italiana.

5. Dalla data di emanazione del decreto cessano le funzioni degli organi amministrativi, di controllo e assembleari, nonché di ogni altro organo della banca. Sono fatte salve le ipotesi previste dagli articoli 93, comma 1, e 94, comma 2.

6. Le banche non sono soggette a procedure concorsuali diverse dalla liquidazione coatta prevista dalle norme della presente sezione; per quanto non espressamente previsto si applicano, se compatibili, le disposizioni della legge fallimentare.

(1) Questo comma è stato così sostituito dall'attuale, dall'art. 1, comma 23, del D.L.vo 16 novembre 2015, n. 181. Tali disposizioni si applicano alle procedure di amministrazione straordinaria e di liquidazione coatta amministrativa avviate successivamente all'entrata in vigore del suddetto decreto.

Si riporta il testo previgente:

«1. Il Ministro dell'economia e delle finanze, su proposta della Banca d'Italia, può disporre con decreto la revoca dell'autorizzazione all'attività bancaria e la liquidazione coatta amministrativa delle banche, anche quando ne sia in corso l'amministrazione straordinaria ovvero la liquidazione secondo le norme ordinarie, qualora le irregolarità nell'amministrazione o le violazioni delle disposizioni legislative, amministrative o statutarie o le perdite previste dall'articolo 70 siano di eccezionale gravità».

(2) Le originarie parole: «delle consegne» sono state così sostituite dall'articolo 64, comma 10, del D.L.vo 23 luglio 1996, n. 415, attuativo delle direttive comunitarie sugli intermediari mobiliari.

81. Organi della procedura. – 1. La Banca d'Italia nomina:

a) uno o più commissari liquidatori;

b) un comitato di sorveglianza composto da tre a cinque membri, che nomina a maggioranza di voti il proprio presidente.

1 *bis*. Possono essere nominati come liquidatori anche società o altri enti (1).

2. Il provvedimento della Banca d'Italia e la delibera di nomina del presidente del comitato di sorveglianza sono pubblicati per estratto sul sito *web* della Banca d'Italia (2). Entro quindici giorni dalla comunicazione della nomina, i commissari depositano in copia gli atti di nomina degli organi della liquidazione coatta e del presidente del comitato di sorveglianza per l'iscrizione nel registro delle imprese (3).

3. La Banca d'Italia può revocare o sostituire i commissari e i membri del comitato di sorveglianza.

4. Le indennità spettanti ai commissari e ai componenti il comitato di sorveglianza sono determinate dalla Banca d'Italia in base ai criteri dalla stessa stabiliti e sono a carico della liquidazione.

(1) Questo comma è stato inserito dall'art. 1, comma 24, lett. a), del D.L.vo 16 novembre 2015, n. 181.

A norma dell'art. 3, comma 4, del medesimo provvedimento, tali disposizioni si applicano anche alle procedure di liquidazione coatta amministrativa in corso alla data di entrata in vigore del presente decreto e per le quali non sia stato già autorizzato il deposito della documentazione finale.

A norma dell'art. 3, comma 5, del medesimo provvedimento, per le procedure di cui al comma 4 del medesimo articolo, le sentenze pronunciate dopo l'entrata in vigore del suddetto decreto, ai sensi dell'articolo 87, sono impugnabili esclusivamente con il ricorso per cassazione di cui al comma 2 del citato articolo 87. Si applica l'articolo 88 del D.L.vo n. 385/1993, come modificato dal presente decreto.

A norma dell'art. 3, comma 5, del medesimo provvedimento, per le procedure di cui al comma 4 del medesimo articolo, il termine per la proposizione delle domande tardive di cui all'articolo 89 del D.L.vo n. 385/1993, come modificato dal presente decreto, decorre dall'entrata in vigore di quest'ultimo.

A norma dell'art. 3, comma 6, del medesimo provvedimento, per gli aspetti non disciplinati da questo comma, alle procedure di liquidazione coatta amministrativa in corso alla data di entrata in vigore del presente decreto si continuano ad applicare le disposizioni del titolo IV del D.L.vo n. 385/1993, nel testo vigente prima dell'entrata in vigore del presente decreto.

A norma dell'art. 3, comma 7, del medesimo provvedimento, i commi 3, 4, 5 e 6, del citato articolo 3, si applicano anche alle procedure di amministrazione straordinaria e liquidazione coatta amministrativa previste dal decreto legislativo 24 febbraio 1998, n. 58, in relazione alle disposizioni indicate dai medesimi commi e a esse applicabili.

(2) *Le parole*: «*nella* Gazzetta Ufficiale *della Repubblica italiana*» *sono state così sostituite dalle seguenti*: «*sul sito* web *della Banca d'Italia*» *dall'art. 1, comma 24, lett.* b), *del D.L.vo 16 novembre 2015, n. 181. Tali disposizioni si applicano alle procedure di amministrazione straordinaria e di liquidazione coatta amministrativa avviate successivamente all'entrata in vigore del suddetto decreto.*

(3) *Questo comma è stato così sostituito dall'art. 9.26 del D.L.vo 17 gennaio 2003, n. 6, così come inserito dall'art. 2 del D.L.vo 6 febbraio 2004, n. 37.*

82. Accertamento giudiziale dello stato di insolvenza. – 1. Se una banca non sottoposta a liquidazione coatta amministrativa o a risoluzione (1) si trova in stato di insolvenza, il Tribunale del luogo in cui essa ha la sede legale, su richiesta di uno o più creditori, su istanza del Pubblico Ministero o d'ufficio, sentiti la Banca d'Italia e i rappresentanti legali della banca, dichiara lo stato di insolvenza con sentenza in camera di consiglio. Quando la banca sia sottoposta ad amministrazione straordinaria, il Tribunale dichiara l'insolvenza anche su ricorso dei commissari straordinari, sentiti i commissari stessi, la Banca d'Italia e i cessati rappresentanti legali. Si applicano le disposizioni dell'articolo 195, commi primo, secondo periodo, terzo, quarto, quinto, sesto ed ottavo della legge fallimentare.

2. Se una banca, anche avente natura pubblica, si trova in stato di insolvenza al momento dell'emanazione del provvedimento di liquidazione coatta amministrativa e l'insolvenza non è stata dichiarata a norma del comma 1, il Tribunale del luogo in cui la banca ha la sede legale, su ricorso dei commissari liquidatori, su istanza del Pubblico Ministero o d'ufficio, sentiti la Banca d'Italia e i cessati rappresentanti legali della banca, accerta tale stato con sentenza in camera di consiglio. Si applicano le disposizioni dell'articolo 195, terzo, quarto, quinto e sesto comma della legge fallimentare.

3. La dichiarazione giudiziale dello stato di insolvenza prevista dai commi precedenti produce gli effetti indicati nell'articolo 203 della legge fallimentare.

(1) *Le parole*: «*o a risoluzione*» *sono state inserite dall'art. 1, comma 25, del D.L.vo 16 novembre 2015, n. 181. Tali disposizioni si applicano alle procedure di amministrazione straordinaria e di liquidazione coatta amministrativa avviate successivamente all'entrata in vigore del suddetto decreto.*

83. Effetti del provvedimento per la banca, per i creditori e sui rapporti giuridici preesistenti. – 1. Dalla data di insediamento degli organi liquidatori ai sensi dell'articolo 85, e comunque dal sesto giorno lavorativo (1) successivo alla data di adozione del provvedimento che dispone la liquidazione coatta, sono sospesi il pagamento delle passività di qualsiasi genere e le restituzioni di beni di terzi. La data di insediamento dei commissari liquidatori, con l'indicazione del giorno, dell'ora e del minuto, è rilevata dalla Banca d'Italia sulla base del processo verbale previsto all'articolo 85 (2).

2. Dal termine indicato nel comma 1 si producono gli effetti previsti dagli articoli 42, 44, 45 e 66, nonché dalle disposizioni del Titolo II, Capo III, Sezione II e Sezione IV della legge fallimentare (3).

3. Dal termine previsto nel comma 1 contro la banca in liquidazione non può essere promossa né proseguita alcuna azione, salvo quanto disposto dagli articoli 87, 88, 89 e 92, comma 3, ne, per qualsiasi titolo, può essere parimenti promosso né proseguito alcun atto di esecuzione forzata o cautelare. Per le azioni civili di qualsiasi natura derivanti dalla liquidazione è competente esclusivamente il Tribunale del luogo dove la banca ha la sede legale (3).

3 *bis*. In deroga all'articolo 56, primo comma, della legge fallimentare, la compensazione ha luogo solo se i relativi effetti siano stati fatti valere da una delle parti prima che sia disposta la liquidazione coatta amministrativa, salvo che la compensazione sia prevista da un contratto di garanzia finanziaria di cui al decreto legislativo 21 maggio 2004, n. 170, da un accordo di *netting*, come definito dall'articolo 1, comma 1, lettera *a*), del decreto legislativo [di recepimento della direttiva 2014/59] o da un accordo di compensazione ai sensi dell'articolo 1252 del codice civile (4).

(1) *Le parole*: «*terzo giorno*» *sono state così sostituite dalle seguenti*: «*sesto giorno lavorativo*», *dall'art. 1, comma 26, lett.* a), *del D.L.vo 16 novembre 2015, n. 181.*

Tali disposizioni si applicano alle procedure di amministrazione straordinaria e di liquidazione coatta amministrativa avviate successivamente all'entrata in vigore del suddetto decreto.

(2) *Questo comma è stato dapprima sostituito dall'articolo 64, comma 11, del D.L.vo 23 luglio 1996, n. 415, attuativo delle direttive comunitarie sugli intermediari mobiliari, e poi così sostituito dall'art. 4 del D.L.vo 9 luglio 2004, n. 197.*

(3) *Questo comma è stato così sostituito dall'articolo 64, comma 11, del D.L.vo 23 luglio 1996, n. 415, attuativo delle direttive comunitarie sugli intermediari mobiliari.*

(4) *Questo comma è stato aggiunto dall'art. 1, comma 26, lett.* b)*, del D.L.vo 16 novembre 2015, n. 181. Tali disposizioni si applicano alle procedure di amministrazione straordinaria e di liquidazione coatta amministrativa avviate successivamente all'entrata in vigore del suddetto decreto.*

84. Poteri e funzionamento degli organi liquidatori. – 1. I commissari liquidatori hanno la rappresentanza legale della banca, esercitano tutte le azioni a essa spettanti e procedono alle operazioni della liquidazione. I commissari, nell'esercizio delle loro funzioni, sono pubblici ufficiali.

2. Il comitato di sorveglianza assiste i commissari nell'esercizio delle loro funzioni, controlla l'operato degli stessi e fornisce pareri nei casi previsti dalla presente sezione o dalle disposizioni della Banca d'Italia.

3. La Banca d'Italia può emanare direttive per lo svolgimento della procedura e può stabilire che talune categorie di operazioni o di atti debbano essere da essa autorizzate e che per le stesse sia preliminarmente sentito il comitato di sorveglianza. I membri degli organi liquidatori sono personalmente responsabili dell'inosservanza delle direttive della Banca d'Italia; queste non sono opponibili ai terzi che non ne abbiano avuto conoscenza.

4. I commissari devono presentare annualmente alla Banca d'Italia una relazione sulla situazione contabile e patrimoniale della banca e sull'andamento della liquidazione, accompagnata da un rapporto del Comitato di sorveglianza. [La Banca d'Italia stabilisce modalità e termini dell'informativa periodica ai creditori sull'andamento della liquidazione.] (1)

5. L'esercizio dell'azione sociale di responsabilità e di quella dei creditori sociali contro i membri dei cessati organi amministrativi e di controllo ed il direttore generale, dell'azione contro il soggetto incaricato della revisione legale dei conti (2), nonché dell'azione del creditore sociale contro la società o l'ente che esercita l'attività di direzione e coordinamento, spetta ai commissari, sentito il comitato di sorveglianza, previa autorizzazione della Banca d'Italia (3).

6. Ai commissari liquidatori e al comitato di sorveglianza si applica l'articolo 72, commi 7, 8 e 9.

7. I commissari, previa autorizzazione della Banca d'Italia e con il parere favorevole del comitato di sorveglianza, possono farsi coadiuvare nello svolgimento delle operazioni da terzi, sotto la propria responsabilità e con oneri a carico della liquidazione. In casi eccezionali, i commissari, previa autorizzazione della Banca d'Italia, possono a proprie spese delegare a terzi il compimento di singoli atti.

(1) *Le parole tra parentesi quadrate sono state soppresse dall'art. 1, comma 27, del D.L.vo 16 novembre 2015, n. 181.*

A norma dell'art. 3, comma 4, del medesimo provvedimento, tali disposizioni si applicano anche alle procedure di liquidazione coatta amministrativa in corso alla data di entrata in vigore del presente decreto e per le quali non sia stato già autorizzato il deposito della documentazione finale.

A norma dell'art. 3, comma 5, del medesimo provvedimento, per le procedure di cui al comma 4 del medesimo articolo, le sentenze pronunciate dopo l'entrata in vigore del suddetto decreto, ai sensi dell'articolo 87, sono impugnabili esclusivamente con il ricorso per cassazione di cui al comma 2 del citato articolo 87. Si applica l'articolo 88 del D.L.vo n. 385/1993, come modificato dal presente decreto.

A norma dell'art. 3, comma 5, del medesimo provvedimento, per le procedure di cui al comma 4 del medesimo articolo, il termine per la proposizione delle domande tardive di cui all'articolo 89 del D.L.vo n. 385/1993, come modificato dal presente decreto, decorre dall'entrata in vigore di quest'ultimo.

A norma dell'art. 3, comma 6, del medesimo provvedimento, per gli aspetti non disciplinati da questo articolo, alle procedure di liquidazione coatta amministrativa in corso alla data di entrata in vigore del presente decreto si continuano ad applicare le disposizioni del titolo IV del D.L.vo n. 385/1993, nel testo vigente prima dell'entrata in vigore del presente decreto.

A norma dell'art. 3, comma 7, del medesimo provvedimento, i commi 3, 4, 5 e 6, del citato articolo 3, si applicano anche alle procedure di amministrazione straordinaria e liquidazione coatta amministrativa previste dal decreto legislativo 24 febbraio 1998, n. 58, in relazione alle disposizioni indicate dai medesimi commi e a esse applicabili.

(2) *Le parole: «del controllo contabile o della revisione» sono state sostituite dalle attuali parole: «della revisione legale dei conti», dall'art. 39, comma 4, del D.L.vo 27 gennaio 2010, n. 39.*

([3]) *Questo comma è stato così sostituito dall'art. 9.27 del D.L.vo 17 gennaio 2003, n. 6, così come inserito dall'art. 2 del D.L.vo 6 febbraio 2004, n. 37.*

85. Adempimenti iniziali. – 1. I commissari liquidatori si insediano prendendo in consegna l'azienda dai precedenti organi di amministrazione o di liquidazione ordinaria con un sommario processo verbale ([1]). I commissari acquisiscono una situazione dei conti e formano quindi l'inventario.

2. Si applica l'articolo 73, commi 1, ultimo periodo, 2 e 4.

([1]) *Questo periodo è stato così sostituito dall'articolo 64, comma 12, del D.L.vo 23 luglio 1996, n. 415, attuativo delle direttive comunitarie sugli intermediari mobiliari.*

86. Accertamento del passivo. – 1. Entro un mese dalla nomina i commissari comunicano a ciascun creditore l'indirizzo di posta elettronica certificata della procedura e le somme risultanti a credito di ciascuno secondo le scritture e i documenti della banca. La comunicazione s'intende effettuata con riserva di eventuali contestazioni e avviene a mezzo posta elettronica certificata se il relativo indirizzo del destinatario risulta dal registro delle imprese ovvero dall'Indice nazionale degli indirizzi di posta elettronica certificata delle imprese e dei professionisti e, in ogni altro caso, a mezzo lettera raccomandata o telefax presso la sede dell'impresa o la residenza del creditore. Se il destinatario ha sede o risiede all'estero, la comunicazione può essere effettuata al suo rappresentante in Italia, se esistente. Contestualmente i commissari invitano ciascun creditore ad indicare, entro il termine di cui al comma 4, il proprio indirizzo di posta elettronica certificata, le cui variazioni è onere comunicare ai commissari, con l'avvertimento sulle conseguenze di cui al comma 3 ([1]).

2. Analoga comunicazione viene inviata a coloro che risultino titolari di diritti reali sui beni e sugli strumenti finanziari relativi ai servizi previsti dal decreto legislativo 24 febbraio 1998, n. 58 ([2]) in possesso della banca, nonché ai clienti aventi diritto alle restituzioni dei detti strumenti finanziari ([3]).

2 *bis*. Nei casi disciplinati dall'articolo 92 *bis*, i commissari, sentito il comitato di sorveglianza, possono provvedere alle comunicazioni di cui ai commi 1 e 2 anche per singole categorie di aventi diritto, mediante pubblicazione nella *Gazzetta Ufficiale* della Repubblica italiana e in uno o più quotidiani a diffusione nazionale o locale di un avviso contenente l'invito a consultare l'elenco provvisorio degli ammessi al passivo. L'elenco è depositato presso la sede della società o messo altrimenti a disposizione degli aventi diritto, fermo in ogni caso il diritto di ciascuno di prendere visione solo della propria posizione. Il termine per la presentazione delle domande di insinuazione ai sensi del comma 5 decorre dalla pubblicazione dell'avviso di cui al presente comma ([4]).

3. Tutte le successive comunicazioni sono effettuate dai commissari all'indirizzo di posta elettronica certificata indicato dagli interessati. In caso di mancata comunicazione dell'indirizzo di posta elettronica certificata o della sua variazione, ovvero nei casi di mancata consegna per cause imputabili al destinatario, esse si eseguono mediante deposito nella cancelleria del tribunale del luogo ove la banca ha la sede legale. Si applica l'articolo 31 *bis*, terzo comma, della legge fallimentare, intendendosi sostituito al curatore il commissario liquidatore ([5]).

4. Entro quindici giorni dal ricevimento della comunicazione, i creditori e i titolari dei diritti indicati nel comma 2 possono presentare o inviare, all'indirizzo di posta elettronica della procedura, i loro reclami ai commissari, allegando i documenti giustificativi ([6]).

5. Entro sessanta giorni dalla pubblicazione del decreto di liquidazione nella *Gazzetta Ufficiale* della Repubblica italiana, i creditori e i titolari dei diritti indicati nel comma 2, i quali non abbiano ricevuto la comunicazione prevista dai commi 1 e 2, devono chiedere ai commissari mediante raccomandata con avviso di ricevimento, il riconoscimento dei propri crediti e la restituzione dei propri beni, presentando i documenti atti a provare l'esistenza, la specie e l'entità dei propri diritti e indicando l'indirizzo di posta elettronica certificata al quale ricevere tutte le comunicazioni relative alla procedura. Si applica il comma 3 del presente articolo ([7]).

6. I commissari, trascorso il termine previsto dal comma 5 e non oltre i trenta giorni successivi, presentano alla Banca d'Italia, sentiti i cessati amministratori della banca, l'elenco dei creditori ammessi e delle somme riconosciute a ciascuno, indicando i diritti di prelazione e l'ordine degli stessi, nonché gli elenchi dei titolari dei diritti indicati nel comma 2 e di coloro cui è stato negato il riconoscimento delle pretese. I clienti aventi diritto alla restituzione degli strumenti finanziari relativi ai servizi previsti dal D.L.vo 24 febbraio 1998,

n. 58 ([2]) sono iscritti in apposita e separata sezione dello stato passivo ([8]).

7. Nei medesimi termini previsti dal comma 6 i commissari depositano nella cancelleria del Tribunale del luogo ove la banca ha la sede legale, a disposizione degli aventi diritto, gli elenchi dei creditori privilegiati, dei titolari di diritti indicati nel comma 2, nonché dei soggetti appartenenti alle medesime categorie cui è stato negato il riconoscimento delle pretese.

8. Successivamente i commissari comunicano senza indugio, a mezzo posta elettronica certificata, ([9]) a coloro ai quali è stato negato in tutto o in parte il riconoscimento delle pretese la decisione presa nei loro riguardi. Dell'avvenuto deposito dello stato passivo è dato avviso tramite pubblicazione nella *Gazzetta Ufficiale* della Repubblica italiana.

9. Espletati gli adempimenti indicati nei commi 6 e 7, lo stato passivo diventa esecutivo.

([1]) *Questo comma è stato così sostituito dall'art. 1, comma 28, lett.* a)*, del D.L.vo 16 novembre 2015, n. 181. Tali disposizioni si applicano alle procedure di amministrazione straordinaria e di liquidazione coatta amministrativa avviate successivamente all'entrata in vigore del suddetto decreto.*

Si riporta il testo previgente:

«1. Entro un mese dalla nomina i commissari comunicano a ciascun creditore, mediante raccomandata con avviso di ricevimento, le somme risultanti a credito di ciascuno secondo le scritture e i documenti della banca. La comunicazione s'intende effettuata con riserva di eventuali contestazioni».

A norma dell'art. 3, comma 6, del medesimo provvedimento, le comunicazioni di cui al presente articolo, si effettuano secondo le modalità previste nel testo vigente prima della data di entrata in vigore del presente decreto, ove, a tale data, siano già state effettuate quelle di cui al comma 1 del medesimo articolo.

A norma dell'art. 3, comma 7, del medesimo provvedimento, i commi 3, 4, 5 e 6, del citato articolo 3, si applicano anche alle procedure di amministrazione straordinaria e liquidazione coatta amministrativa previste dal decreto legislativo 24 febbraio 1998, n. 58, in relazione alle disposizioni indicate dai medesimi commi e a esse applicabili.

([2]) *Le originarie parole: «D.L.vo di recepimento della direttiva 93/22/Cee» sono state così sostituite dall'art. 17 del D.L.vo 4 agosto 1999, n. 342.*

([3]) *Questo comma è stato così sostituito dall'articolo 64, comma 13, del D.L.vo 23 luglio 1996, n. 415, attuativo delle direttive comunitarie sugli intermediari mobiliari.*

([4]) *Questo comma è stato inserito dall'art. 1, comma 28, lett.* b)*, del D.L.vo 16 novembre 2015, n. 181. Tali disposizioni si applicano alle procedure di amministrazione straordinaria e di liquidazione coatta amministrativa avviate successivamente all'entrata in vigore del suddetto decreto.*

A norma dell'art. 3, comma 6, del medesimo provvedimento, le comunicazioni di cui al presente articolo, si effettuano secondo le modalità previste nel testo vigente prima della data di entrata in vigore del presente decreto, ove, a tale data, siano già state effettuate quelle di cui al comma 1 del medesimo articolo.

A norma dell'art. 3, comma 7, del medesimo provvedimento, i commi 3, 4, 5 e 6, del citato articolo 3, si applicano anche alle procedure di amministrazione straordinaria e liquidazione coatta amministrativa previste dal decreto legislativo 24 febbraio 1998, n. 58, in relazione alle disposizioni indicate dai medesimi commi e a esse applicabili.

([5]) *Questo comma è stato così sostituito dall'art. 1, comma 28, lett.* c)*, del D.L.vo 16 novembre 2015, n. 181. Tali disposizioni si applicano alle procedure di amministrazione straordinaria e di liquidazione coatta amministrativa avviate successivamente all'entrata in vigore del suddetto decreto.*

Si riporta il testo previgente:

«3. La Banca d'Italia può stabilire ulteriori forme di pubblicità allo scopo di rendere nota la scadenza dei termini per la presentazione delle domande di insinuazione ai sensi del comma 5».

A norma dell'art. 3, comma 6, del medesimo provvedimento, le comunicazioni di cui al presente articolo, si effettuano secondo le modalità previste nel testo vigente prima della data di entrata in vigore del presente decreto, ove, a tale data, siano già state effettuate quelle di cui al comma 1 del medesimo articolo.

A norma dell'art. 3, comma 7, del medesimo provvedimento, i commi 3, 4, 5 e 6, del citato articolo 3, si applicano anche alle procedure di amministrazione straordinaria e liquidazione coatta amministrativa previste dal decreto legislativo 24 febbraio 1998, n. 58, in relazione alle disposizioni indicate dai medesimi commi e a esse applicabili.

([6]) *Questo comma è stato così sostituito dall'art. 1, comma 28, lett.* d)*, del D.L.vo 16 novembre 2015, n. 181. Tali disposizioni si applicano alle procedure di amministrazione straordinaria e di liquidazione coatta amministrativa avviate successivamente all'entrata in vigore del suddetto decreto.*

Si riporta il testo previgente:

«4. Entro quindici giorni dal ricevimento della raccomandata, i creditori e i titolari dei diritti indicati nel comma 2 possono presentare o inviare, mediante raccomandata con avviso di ricevimento, i loro reclami ai commissari, allegando i documenti giustificativi».

A norma dell'art. 3, comma 6, del medesimo provvedimento, le comunicazioni di cui al presente articolo, si effettuano secondo le modalità previste nel testo vigente prima della data di entrata in vigore del pre-

sente decreto, ove, a tale data, siano già state effettuate quelle di cui al comma 1 del medesimo articolo.

A norma dell'art. 3, comma 7, del medesimo provvedimento, i commi 3, 4, 5 e 6, del citato articolo 3, si applicano anche alle procedure di amministrazione straordinaria e liquidazione coatta amministrativa previste dal decreto legislativo 24 febbraio 1998, n. 58, in relazione alle disposizioni indicate dai medesimi commi e a esse applicabili.

([7]) *Le parole: «e indicando l'indirizzo di posta elettronica certificata al quale ricevere tutte le comunicazioni relative alla procedura. Si applica il comma 3 del presente articolo» sono state aggiunte dall'art. 1, comma 28, lett. e), del D.L.vo 16 novembre 2015, n. 181. Tali disposizioni si applicano alle procedure di amministrazione straordinaria e di liquidazione coatta amministrativa avviate successivamente all'entrata in vigore del suddetto decreto.*

A norma dell'art. 3, comma 6, del medesimo provvedimento, le comunicazioni di cui al presente articolo, si effettuano secondo le modalità previste nel testo vigente prima della data di entrata in vigore del presente decreto, ove, a tale data, siano già state effettuate quelle di cui al comma 1 del medesimo articolo.

A norma dell'art. 3, comma 7, del medesimo provvedimento, i commi 3, 4, 5 e 6, del citato articolo 3, si applicano anche alle procedure di amministrazione straordinaria e liquidazione coatta amministrativa previste dal decreto legislativo 24 febbraio 1998, n. 58, in relazione alle disposizioni indicate dai medesimi commi e a esse applicabili.

([8]) *Questa frase è stata aggiunta dall'articolo 64, comma 14, del D.L.vo 23 luglio 1996, n. 415, attuativo delle direttive comunitarie sugli intermediari mobiliari.*

([9]) *Le parole: «, mediante raccomandata con avviso di ricevimento, comunicano senza indugio» sono state così sostituite dalle seguenti: «comunicano senza indugio, a mezzo posta elettronica certificata,», dall'art. 1, comma 28, lett. f), del D.L.vo 16 novembre 2015, n. 181. Tali disposizioni si applicano alle procedure di amministrazione straordinaria e di liquidazione coatta amministrativa avviate successivamente all'entrata in vigore del suddetto decreto.*

A norma dell'art. 3, comma 6, del medesimo provvedimento, le comunicazioni di cui al presente articolo, si effettuano secondo le modalità previste nel testo vigente prima della data di entrata in vigore del presente decreto, ove, a tale data, siano già state effettuate quelle di cui al comma 1 del medesimo articolo.

A norma dell'art. 3, comma 7, del medesimo provvedimento, i commi 3, 4, 5 e 6, del citato articolo 3, si applicano anche alle procedure di amministrazione straordinaria e liquidazione coatta amministrativa previste dal decreto legislativo 24 febbraio 1998, n. 58, in relazione alle disposizioni indicate dai medesimi commi e a esse applicabili.

87. Opposizioni allo stato passivo. – 1. Possono proporre opposizione allo stato passivo, relativamente alla propria posizione e contro il riconoscimento dei diritti in favore dei soggetti inclusi negli elenchi indicati nell'articolo 86, comma 7, i soggetti le cui pretese non siano state accolte, in tutto o in parte, entro quindici giorni dal ricevimento della comunicazione ([1]) prevista dall'articolo 86, comma 8, e i soggetti ammessi entro lo stesso termine decorrente dalla data di pubblicazione dell'avviso previsto dal medesimo comma 8.

2. L'opposizione si propone con deposito in cancelleria del ricorso al Presidente del Tribunale del luogo ove la banca ha la sede legale. Si applica l'articolo 99, commi 2 e seguenti, della legge fallimentare ([2]).

3. Il presidente del tribunale assegna a un unico giudice relatore tutte le cause relative alla stessa liquidazione. Nei tribunali divisi in più sezioni il presidente assegna le cause a una di esse e il presidente di questa provvede alla designazione di un unico giudice relatore ([3]).

[4. Il giudice istruttore provvede all'istruzione delle varie cause di opposizione, che rimette al Collegio perché siano definite con un'unica sentenza. Tuttavia, quando alcune opposizioni sono mature per la decisione e altre richiedono una più lunga istruzione, il giudice pronuncia ordinanza, con la quale separa le cause e rimette al Collegio quelle mature per la decisione] ([4]).

5. Quando sia necessario per decidere sulle contestazioni, il giudice richiede ai commissari l'esibizione di un estratto dell'elenco dei creditori chirografari previsto dall'articolo 86, comma 6; l'elenco non viene messo a disposizione.

([1]) *La parola: «raccomandata» è stata così sostituita dalla seguente: «comunicazione», dall'art. 1, comma 29, lett. a), del D.L.vo 16 novembre 2015, n. 181. Tali disposizioni si applicano alle procedure di amministrazione straordinaria e di liquidazione coatta amministrativa avviate successivamente all'entrata in vigore del suddetto decreto.*

A norma dell'art. 3, comma 5, del D.L.vo 16 novembre 2015, n. 181, per le procedure di cui al comma 4 del medesimo articolo, le sentenze pronunciate dopo l'entrata in vigore del suddetto decreto, ai sensi del presente articolo, sono impugnabili esclusivamente con il ricorso per cassazione di cui al comma 2. Si applica l'articolo 88 del D.L.vo n. 385/1993, come modificato dal presente decreto.

A norma dell'art. 3, comma 7, del medesimo provvedimento, i commi 3, 4, 5 e 6, del citato articolo 3, si applicano anche alle procedure di amministrazione

Leggi complementari

straordinaria e liquidazione coatta amministrativa previste dal decreto legislativo 24 febbraio 1998, n. 58, in relazione alle disposizioni indicate dai medesimi commi e a esse applicabili.

([2]) *Le parole: «Si applica l'articolo 99, commi 2 e seguenti, della legge fallimentare.» sono state aggiunte dall'art. 1, comma 29, lett.* b), *del D.L.vo 16 novembre 2015, n. 181. Tali disposizioni si applicano alle procedure di amministrazione straordinaria e di liquidazione coatta amministrativa avviate successivamente all'entrata in vigore del suddetto decreto.*

A norma dell'art. 3, comma 5, del D.L.vo 16 novembre 2015, n. 181, per le procedure di cui al comma 4 del medesimo articolo, le sentenze pronunciate dopo l'entrata in vigore del suddetto decreto, ai sensi del presente articolo, sono impugnabili esclusivamente con il ricorso per cassazione di cui al comma 2. Si applica l'articolo 88 del D.L.vo n. 385/1993, come modificato dal presente decreto.

A norma dell'art. 3, comma 7, del medesimo provvedimento, i commi 3, 4, 5 e 6, del citato articolo 3, si applicano anche alle procedure di amministrazione straordinaria e liquidazione coatta amministrativa previste dal decreto legislativo 24 febbraio 1998, n. 58, in relazione alle disposizioni indicate dai medesimi commi e a esse applicabili.

([3]) *Questo comma è stato così sostituito dall'art. 1, comma 29, lett.* c), *del D.L.vo 16 novembre 2015, n. 181. Tali disposizioni si applicano alle procedure di amministrazione straordinaria e di liquidazione coatta amministrativa avviate successivamente all'entrata in vigore del suddetto decreto.*

Si riporta il testo previgente:

«3. Il Presidente del Tribunale assegna a un unico giudice istruttore tutte le cause relative alla stessa liquidazione. Nei Tribunali divisi in più sezioni il Presidente assegna le cause a una di esse e il Presidente di questa provvede alla designazione di un unico giudice istruttore. Il giudice istruttore fissa con decreto l'udienza in cui i commissari e le parti devono comparire davanti a lui, dispone la comunicazione del decreto alla parte opponente almeno quindici giorni prima della data fissata per l'udienza e assegna il termine per la notificazione del ricorso e del decreto ai commissari e alle parti. L'opponente deve costituirsi almeno cinque giorni liberi prima dell'udienza, altrimenti l'opposizione si reputa abbandonata».

A norma dell'art. 3, comma 5, del D.L.vo 16 novembre 2015, n. 181, per le procedure di cui al comma 4 del medesimo articolo, le sentenze pronunciate dopo l'entrata in vigore del suddetto decreto, ai sensi del presente articolo, sono impugnabili esclusivamente con il ricorso per cassazione di cui al comma 2. Si applica l'articolo 88 del D.L.vo n. 385/1993, come modificato dal presente decreto.

A norma dell'art. 3, comma 7, del medesimo provvedimento, i commi 3, 4, 5 e 6, del citato articolo 3, si applicano anche alle procedure di amministrazione straordinaria e liquidazione coatta amministrativa previste dal decreto legislativo 24 febbraio 1998, n. 58, in relazione alle disposizioni indicate dai medesimi commi e a esse applicabili.

([4]) *Questo comma è stato abrogato dall'art. 1, comma 29, lett.* d), *del D.L.vo 16 novembre 2015, n. 181. Tali disposizioni si applicano alle procedure di amministrazione straordinaria e di liquidazione coatta amministrativa avviate successivamente all'entrata in vigore del suddetto decreto.*

A norma dell'art. 3, comma 5, del D.L.vo 16 novembre 2015, n. 181, per le procedure di cui al comma 4 del medesimo articolo, le sentenze pronunciate dopo l'entrata in vigore del suddetto decreto, ai sensi del presente articolo, sono impugnabili esclusivamente con il ricorso per cassazione di cui al comma 2. Si applica l'articolo 88 del D.L.vo n. 385/1993, come modificato dal presente decreto.

A norma dell'art. 3, comma 7, del medesimo provvedimento, i commi 3, 4, 5 e 6, del citato articolo 3, si applicano anche alle procedure di amministrazione straordinaria e liquidazione coatta amministrativa previste dal decreto legislativo 24 febbraio 1998, n. 58, in relazione alle disposizioni indicate dai medesimi commi e a esse applicabili.

88. Esecutività delle sentenze ([1]). – [1. Contro la sentenza del Tribunale può essere proposto appello, anche dai commissari, entro il termine di quindici giorni dalla data di notificazione della stessa. Al giudizio di appello si applica l'articolo 87, commi 4, in quanto compatibile, e 5] ([2]).

[2. Il termine per il ricorso per cassazione è ridotto alla metà e decorre dalla data di notificazione della sentenza di appello] ([2]).

3. Le decisioni pronunciate in ogni grado del giudizio di opposizione sono esecutive quando diventano definitive ([3]).

[4. Per quanto non espressamente previsto dalle norme contenute nell'articolo 87 e nel presente articolo, al giudizio di opposizione si applicano le disposizioni del codice di procedura civile sul processo di cognizione] ([4]).

([1]) *La precedente rubrica:* «Appello e ricorso per cassazione» *è stata così sostituita dall'attuale, dall'art. 1, comma 30, lett.* a), *del D.L.vo 16 novembre 2015, n. 181. Tali disposizioni si applicano alle procedure di amministrazione straordinaria e di liquidazione coatta amministrativa avviate successivamente all'entrata in vigore del suddetto decreto.*

A norma dell'art. 3, comma 7, del medesimo provvedimento, i commi 3, 4, 5 e 6, del citato articolo 3, si applicano anche alle procedure di amministrazione straordinaria e liquidazione coatta amministrativa previste dal decreto legislativo 24 febbraio 1998, n. 58, in relazione alle disposizioni indicate dai medesimi commi e a esse applicabili.

(2) *Questo comma è stato abrogato dall'art. 1, comma 30, lett.* b)*, del D.L.vo 16 novembre 2015, n. 181. Tali disposizioni si applicano alle procedure di amministrazione straordinaria e di liquidazione coatta amministrativa avviate successivamente all'entrata in vigore del suddetto decreto.*

A norma dell'art. 3, comma 7, del medesimo provvedimento, i commi 3, 4, 5 e 6, del citato articolo 3, si applicano anche alle procedure di amministrazione straordinaria e liquidazione coatta amministrativa previste dal decreto legislativo 24 febbraio 1998, n. 58, in relazione alle disposizioni indicate dai medesimi commi e a esse applicabili.

(3) *Questo comma è stato così sostituito dall'art. 1, comma 30, lett.* c)*, del D.L.vo 16 novembre 2015, n. 181. Tali disposizioni si applicano alle procedure di amministrazione straordinaria e di liquidazione coatta amministrativa avviate successivamente all'entrata in vigore del suddetto decreto.*

Si riporta il testo previgente:

«3. Le sentenze pronunciate in ogni grado del giudizio di opposizione sono esecutive con il passaggio in giudicato».

A norma dell'art. 3, comma 7, del medesimo provvedimento, i commi 3, 4, 5 e 6, del citato articolo 3, si applicano anche alle procedure di amministrazione straordinaria e liquidazione coatta amministrativa previste dal decreto legislativo 24 febbraio 1998, n. 58, in relazione alle disposizioni indicate dai medesimi commi e a esse applicabili.

(4) *Questo comma è stato abrogato dall'art. 1, comma 30, lett.* d)*, del D.L.vo 16 novembre 2015, n. 181. Tali disposizioni si applicano alle procedure di amministrazione straordinaria e di liquidazione coatta amministrativa avviate successivamente all'entrata in vigore del suddetto decreto.*

A norma dell'art. 3, comma 7, del medesimo provvedimento, i commi 3, 4, 5 e 6, del citato articolo 3, si applicano anche alle procedure di amministrazione straordinaria e liquidazione coatta amministrativa previste dal decreto legislativo 24 febbraio 1998, n. 58, in relazione alle disposizioni indicate dai medesimi commi e a esse applicabili.

89. (1) **Insinuazioni tardive.** – 1. Dopo il deposito dello stato passivo e finchè non siano esauriti tutti i riparti e le restituzioni, i creditori e i titolari dei diritti indicati nell'articolo 86, comma 2, che non abbiano ricevuto la comunicazione, ai sensi dell'articolo 86, comma 8, e non risultino inclusi nello stato passivo, possono chiedere di far valere i loro diritti secondo quanto previsto dall'articolo 87, commi da 2 a 5, e dall'articolo 88. Decorsi sei mesi dalla pubblicazione dell'avviso previsto dall'articolo 86, comma 8, le domande tardive sono ammissibili solo se l'istante dimostra che il ritardo è dipeso da causa a lui non imputabile (2).

(1) *Quest'articolo è stato così sostituito dall'articolo 64, comma 15, del D.L.vo 23 luglio 1996, n. 415, attuativo delle direttive comunitarie sugli intermediari mobiliari.*

(2) *Le parole: «Tali soggetti sopportano le spese conseguenti al ritardo della domanda, salvo che il ritardo stesso non sia a essi imputabile.» sono state così sostituite dalle seguenti: «Decorsi sei mesi dalla pubblicazione dell'avviso previsto dall'articolo 86, comma 8, le domande tardive sono ammissibili solo se l'istante dimostra che il ritardo è dipeso da causa a lui non imputabile.», dall'art. 1, comma 31, del D.L.vo 16 novembre 2015, n. 181.*

A norma dell'art. 3, comma 4, del medesimo provvedimento, tali disposizioni si applicano anche alle procedure di liquidazione coatta amministrativa in corso alla data di entrata in vigore del presente decreto e per le quali non sia stato già autorizzato il deposito della documentazione finale.

A norma dell'art. 3, comma 5, del medesimo provvedimento, per le procedure di cui al comma 4 del medesimo articolo, le sentenze pronunciate dopo l'entrata in vigore del suddetto decreto, ai sensi dell'articolo 87, sono impugnabili esclusivamente con il ricorso per cassazione di cui al comma 2 del citato articolo 87. Si applica l'articolo 88 del D.L.vo n. 385/1993, come modificato dal presente decreto.

A norma dell'art. 3, comma 5, del medesimo provvedimento, per le procedure di cui al comma 4 del medesimo articolo, il termine per la proposizione delle domande tardive di cui all'articolo 89 del D.L.vo n. 385/1993, come modificato dal presente decreto, decorre dall'entrata in vigore di quest'ultimo.

A norma dell'art. 3, comma 6, del medesimo provvedimento, per gli aspetti non disciplinati da questo articolo, alle procedure di liquidazione coatta amministrativa in corso alla data di entrata in vigore del presente decreto si continuano ad applicare le disposizioni del titolo IV del D.L.vo n. 385/1993, nel testo vigente prima dell'entrata in vigore del presente decreto.

A norma dell'art. 3, comma 7, del medesimo provvedimento, i commi 3, 4, 5 e 6, del citato articolo 3, si applicano anche alle procedure di amministrazione straordinaria e liquidazione coatta amministrativa previste dal decreto legislativo 24 febbraio 1998, n. 58, in relazione alle disposizioni indicate dai medesimi commi e a esse applicabili.

90. Liquidazione dell'attivo. – 1. I commissari liquidatori hanno tutti i poteri occorrenti per realizzare l'attivo. In caso di alienazione di beni immobili e di altri beni iscritti in pubblici registri, una volta eseguita la vendita e riscosso interamente il prezzo, la Banca d'Italia, su richiesta dei commissari liquidatori, dispone la cancellazione delle iscrizioni relative ai diritti di prelazione, nonché delle trascrizioni dei pignoramenti e dei sequestri conservativi e di ogni altro vincolo ([1]).

2. I commissari, con il parere favorevole del comitato di sorveglianza e previa autorizzazione della Banca d'Italia, possono cedere attività e passività, l'azienda, rami d'azienda nonché beni e rapporti giuridici individuabili in blocco ([2]). Quando non ricorrono le condizioni per l'intervento dei sistemi di garanzia dei depositanti o l'intervento di questi è insufficiente, al fine di favorire lo svolgimento della liquidazione, la cessione può avere ad oggetto passività anche solo per una quota di ciascuna di esse ([2]). Resta in ogni caso fermo il rispetto della parità di trattamento dei creditori e del loro ordine di priorità ([2]). La cessione può avvenire in qualsiasi stadio della procedura, anche prima del deposito dello stato passivo; il cessionario risponde comunque delle sole passività risultanti dallo stato passivo, tenuto conto dell'esito delle eventuali opposizioni presentate ai sensi dell'articolo 87 ([3]). Si applicano le disposizioni dell'articolo 58, commi 2, 3 e 4, anche quando il cessionario non sia una banca o uno degli altri soggetti previsti dal comma 7 del medesimo articolo ([4]).

3. I commissari possono, nei casi di necessità e per il miglior realizzo dell'attivo, previa autorizzazione della Banca d'Italia, continuare l'esercizio dell'impresa o di determinati rami di attività, secondo le cautele indicate dal comitato di sorveglianza. La continuazione dell'esercizio dell'impresa disposta all'atto dell'insediamento degli organi liquidatori entro il termine indicato nell'articolo 83, comma 1, esclude lo scioglimento di diritto dei rapporti giuridici preesistenti previsto dalle norme richiamate dal comma 2 del medesimo articolo ([5]).

4. Anche ai fini dell'eventuale esecuzione di riparti agli aventi diritto, i commissari possono contrarre mutui, effettuare altre operazioni finanziarie passive e costituire in garanzia attività aziendali, secondo le prescrizioni e le cautele disposte dal comitato di sorveglianza e previa autorizzazione della Banca d'Italia.

([1]) *Questo periodo è stato aggiunto dall'art. 1, comma 32, lett.* a), *del D.L.vo 16 novembre 2015, n. 181.*

A norma dell'art. 3, comma 4, del medesimo provvedimento, tali disposizioni si applicano anche alle procedure di liquidazione coatta amministrativa in corso alla data di entrata in vigore del presente decreto e per le quali non sia stato già autorizzato il deposito della documentazione finale.

A norma dell'art. 3, comma 5, del medesimo provvedimento, per le procedure di cui al comma 4 del medesimo articolo, le sentenze pronunciate dopo l'entrata in vigore del suddetto decreto, ai sensi dell'articolo 87, sono impugnabili esclusivamente con il ricorso per cassazione di cui al comma 2 del citato articolo 87. Si applica l'articolo 88 del D.L.vo n. 385/1993, come modificato dal presente decreto.

A norma dell'art. 3, comma 5, del medesimo provvedimento, per le procedure di cui al comma 4 del medesimo articolo, il termine per la proposizione delle domande tardive di cui all'articolo 89 del D.L.vo n. 385/1993, come modificato dal presente decreto, decorre dall'entrata in vigore di quest'ultimo.

A norma dell'art. 3, comma 6, del medesimo provvedimento, per gli aspetti non disciplinati da questo articolo, alle procedure di liquidazione coatta amministrativa in corso alla data di entrata in vigore del presente decreto si continuano ad applicare le disposizioni del titolo IV del D.L.vo n. 385/1993, nel testo vigente prima dell'entrata in vigore del presente decreto.

A norma dell'art. 3, comma 7, del medesimo provvedimento, i commi 3, 4, 5 e 6, del citato articolo 3, si applicano anche alle procedure di amministrazione straordinaria e liquidazione coatta amministrativa previste dal decreto legislativo 24 febbraio 1998, n. 58, in relazione alle disposizioni indicate dai medesimi commi e a esse applicabili.

([2]) *Il primo periodo di questo comma è stato così sostituito dagli attuali periodi primo, secondo e terzo, dall'art. 1, comma 32, lett.* b), *del D.L.vo 16 novembre 2015, n. 181.*

Si riporta il testo previgente:

«2. I commissari, con il parere favorevole del comitato di sorveglianza e previa autorizzazione della Banca d'Italia, possono cedere le attività e le passività, l'azienda, rami d'azienda nonché beni e rapporti giuridici individuabili in blocco».

A norma dell'art. 3, comma 4, del medesimo provvedimento, tali disposizioni si applicano anche alle procedure di liquidazione coatta amministrativa in corso alla data di entrata in vigore del presente decreto e per le quali non sia stato già autorizzato il deposito della documentazione finale.

A norma dell'art. 3, comma 5, del medesimo provvedimento, per le procedure di cui al comma 4 del medesimo articolo, le sentenze pronunciate dopo l'entrata in vigore del suddetto decreto, ai sensi dell'articolo 87, sono impugnabili esclusivamente con il ricorso per cassazione di cui al comma 2 del citato articolo 87. Si applica l'articolo 88 del D.L.vo n. 385/1993, come modificato dal presente decreto.

A norma dell'art. 3, comma 5, del medesimo provvedimento, per le procedure di cui al comma 4 del medesimo articolo, il termine per la proposizione delle domande tardive di cui all'articolo 89 del D.L.vo n. 385/1993, come modificato dal presente decreto, decorre dall'entrata in vigore di quest'ultimo.

A norma dell'art. 3, comma 6, del medesimo provvedimento, per gli aspetti non disciplinati da questo articolo, alle procedure di liquidazione coatta amministrativa in corso alla data di entrata in vigore del presente decreto si continuano ad applicare le disposizioni del titolo IV del D.L.vo n. 385/1993, nel testo vigente prima dell'entrata in vigore del presente decreto.

A norma dell'art. 3, comma 7, del medesimo provvedimento, i commi 3, 4, 5 e 6, del citato articolo 3, si applicano anche alle procedure di amministrazione straordinaria e liquidazione coatta amministrativa previste dal decreto legislativo 24 febbraio 1998, n. 58, in relazione alle disposizioni indicate dai medesimi commi e a esse applicabili.

(3) *Le parole: «, tenuto conto dell'esito delle eventuali opposizioni presentate ai sensi dell'articolo 87» sono state inserite dall'art. 1, comma 32, lett.* b), *del D.L.vo 16 novembre 2015, n. 181.*

A norma dell'art. 3, comma 4, del medesimo provvedimento, tali disposizioni si applicano anche alle procedure di liquidazione coatta amministrativa in corso alla data di entrata in vigore del presente decreto e per le quali non sia stato già autorizzato il deposito della documentazione finale.

A norma dell'art. 3, comma 5, del medesimo provvedimento, per le procedure di cui al comma 4 del medesimo articolo, le sentenze pronunciate dopo l'entrata in vigore del suddetto decreto, ai sensi dell'articolo 87, sono impugnabili esclusivamente con il ricorso per cassazione di cui al comma 2 del citato articolo 87. Si applica l'articolo 88 del D.L.vo n. 385/1993, come modificato dal presente decreto.

A norma dell'art. 3, comma 5, del medesimo provvedimento, per le procedure di cui al comma 4 del medesimo articolo, il termine per la proposizione delle domande tardive di cui all'articolo 89 del D.L.vo n. 385/1993, come modificato dal presente decreto, decorre dall'entrata in vigore di quest'ultimo.

A norma dell'art. 3, comma 6, del medesimo provvedimento, per gli aspetti non disciplinati da questo articolo, alle procedure di liquidazione coatta amministrativa in corso alla data di entrata in vigore del presente decreto si continuano ad applicare le disposizioni del titolo IV del D.L.vo n. 385/1993, nel testo vigente prima dell'entrata in vigore del presente decreto.

A norma dell'art. 3, comma 7, del medesimo provvedimento, i commi 3, 4, 5 e 6, del citato articolo 3, si applicano anche alle procedure di amministrazione straordinaria e liquidazione coatta amministrativa previste dal decreto legislativo 24 febbraio 1998, n. 58, in relazione alle disposizioni indicate dai medesimi commi e a esse applicabili.

(4) *Le parole da: «o uno degli ...» fino a: «... medesimo articolo» sono state aggiunte dall'art. 18 del D.L.vo 4 agosto 1999, n. 342.*

(5) *L'ultimo periodo di questo comma è stato aggiunto dall'articolo 64, comma 16, del D.L.vo 23 luglio 1996, n. 415.*

91. (1) **Restituzioni e riparti.** – 1. I commissari procedono alle restituzioni dei beni nonché degli strumenti finanziari relativi ai servizi di cui al decreto legislativo 24 febbraio 1998, n. 58, e, secondo l'ordine stabilito dall'articolo 111 della legge fallimentare fatto salvo quanto previsto dal comma 1 *bis*, alla ripartizione dell'attivo liquidato. Le indennità e i rimborsi spettanti agli organi della procedura di amministrazione straordinaria e ai commissari della gestione provvisoria che abbiano preceduto la liquidazione coatta amministrativa sono equiparate alle spese indicate nell'articolo 111, comma primo, numero 1), della legge fallimentare. Il pagamento dei crediti prededucibili è effettuato previo parere favorevole del comitato di sorveglianza (2).

1 *bis*. In deroga a quanto previsto dall'articolo 2741 del codice civile e dall'articolo 111 della legge fallimentare, nella ripartizione dell'attivo liquidato ai sensi del comma 1:

a) i seguenti crediti sono soddisfatti con preferenza rispetto agli altri crediti chirografari:

1) la parte dei depositi di persone fisiche, microimprese, piccole e medie imprese ammissibili al rimborso e superiore all'importo previsto dall'articolo 96 *bis*.1, commi 3 e 4 (3);

2) i medesimi depositi indicati al numero 1), effettuati presso succursali extracomunitarie di banche aventi sede legale in Italia;

b) sono soddisfatti con preferenza rispetto ai crediti indicati alla lettera *a*):

1) i depositi protetti;

2) i crediti vantati dai sistemi di garanzia dei depositanti a seguito della surroga nei diritti e negli obblighi dei depositanti protetti;

c) sono soddisfatti con preferenza rispetto agli altri crediti chirografari ma dopo che siano stati soddisfatti i crediti indicati alle lettere *a*) e *b*), gli altri depositi presso la banca (4).

2. Se risulta rispettata, ai sensi dell'articolo 22 (5) del decreto legislativo 24 febbraio 1998, n. 58 (6), la separazione del patrimonio della banca da quelli dei clienti iscritti nell'apposita sezione separata dello stato passivo, ma non sia rispettata la separazione dei patrimoni dei detti clienti tra di loro ovvero gli strumenti finanziari non risultino sufficienti per l'effettuazione di tutte le restituzioni, i commissari procedono, ove possibile, alle restituzioni ai sensi del comma 1, in proporzione dei diritti per i quali ciascuno dei clienti è stato ammesso alla sezione separata dello stato passivo,

ovvero alla liquidazione degli strumenti finanziari di pertinenza della clientela e alla ripartizione del ricavato secondo la medesima proporzione.

3. I clienti iscritti nell'apposita sezione separata dello stato passivo concorrono con i creditori chirografari ai sensi dell'articolo 111, comma 1, numero 3), della legge fallimentare, per l'intero, nell'ipotesi in cui non risulti rispettata la separazione del patrimonio della banca da quelli dei clienti ovvero per la parte del diritto rimasto insoddisfatto, nei casi previsti dal comma 2.

4. I commissari, sentito il comitato di sorveglianza e previa autorizzazione della Banca d'Italia, anche prima che siano realizzate tutte le attività e accertate tutte le passività, possono eseguire riparti parziali e restituzioni, anche integrali, sia a favore di tutti gli aventi diritto sia a favore di talune categorie di essi, anche per intero, trattenendo quanto stimato necessario per il pagamento dei debiti prededucibili (7).

5. Fatto salvo quanto previsto dai commi 8, 9 e 10, i riparti e le restituzioni non devono pregiudicare la possibilità della definitiva assegnazione delle quote e dei beni spettanti a tutti gli aventi diritto.

6. Nell'effettuare i riparti e le restituzioni i commissari, in presenza di pretese di creditori o di altri interessati per le quali non sia stata definita l'ammissione allo stato passivo, accantonano le somme e gli strumenti finanziari corrispondenti ai riparti e alle restituzioni non effettuati a favore di ciascuno di detti soggetti, al fine della distribuzione o della restituzione agli stessi nel caso di riconoscimento dei diritti o, in caso contrario, della loro liberazione a favore degli altri aventi diritto.

7. Nei casi previsti dal comma 6 i commissari, con il parere favorevole del comitato di sorveglianza e previa autorizzazione della Banca d'Italia, possono acquisire idonee garanzie in sostituzione degli accantonamenti.

8. La presentazione oltre i termini dei reclami e delle domande previsti dall'articolo 86, commi 4 e 5, fa concorrere solo agli eventuali riparti e restituzioni effettuati successivamente al momento in cui le pretese sono accolte dal commissario o, dopo il deposito dello stato passivo, dal giudice in sede di opposizione proposta ai sensi dell'articolo 87, comma 1.

9. Coloro che hanno proposto insinuazione tardiva ai sensi dell'articolo 89 concorrono solo ai riparti e alle restituzioni che venissero eseguiti dopo la presentazione del ricorso.

10. Nei casi previsti dai commi 8 e 9 i diritti reali e i diritti di prelazione sono salvi quando i beni ai quali si riferiscono non siano stati ancora alienati.

11. Fino alla restituzione o alla liquidazione degli strumenti finanziari gestiti dalla banca i commissari provvedono affinché gli stessi siano amministrati in un'ottica di minimizzazione del rischio.

11 *bis*. Ai fini del presente articolo per microimprese, piccole e medie imprese si intendono quelle così definite in base al criterio del fatturato annuo previsto dall'articolo 2, paragrafo 1, dell'Allegato alla Raccomandazione della Commissione europea n. 2003/361/CE (8).

(1) Quest'articolo è stato così sostituito dall'articolo 64, comma 17, del D.L.vo 23 luglio 1996, n. 415.

(2) Questo comma è stato così sostituito dall'art. 1, comma 33, lett. a)*, del D.L.vo 16 novembre 2015, n. 181. Tali disposizioni si applicano alle procedure di amministrazione straordinaria e di liquidazione coatta amministrativa avviate successivamente all'entrata in vigore del suddetto decreto.*

Si riporta il testo previgente:

«1. I commissari procedono alle restituzioni dei beni nonché degli strumenti finanziari relativi ai servizi di cui al D.L.vo 24 febbraio 1998, n. 58, e, secondo l'ordine stabilito dall'articolo 111 della legge fallimentare, alla ripartizione dell'attivo liquidato. Le indennità e i rimborsi spettanti agli organi della procedura di amministrazione straordinaria e ai commissari della gestione che abbia preceduto la liquidazione coatta amministrativa sono equiparate alle spese indicate all'articolo 111, comma primo, numero 1), della legge fallimentare».

(3) Le parole: «dall'articolo 96 bis*, comma 5» sono state così sostituite dalle seguenti: «dall'articolo 96* bis*.1, commi 3 e 4», dall'art. 1, comma 2, del D.L.vo 15 febbraio 2016, n. 30.*

(4) Questo comma è stato inserito dall'art. 1, comma 33, lett. b)*, del D.L.vo 16 novembre 2015, n. 181.*

A norma dell'art. 3, comma 9, del medesimo provvedimento, le disposizioni di cui al presente lettera si applicano nelle procedure di liquidazione coatta amministrativa e di risoluzione iniziate dopo il 1° gennaio 2019.

A norma dell'art. 3, comma 7, del medesimo provvedimento, i commi 3, 4, 5 e 6, del citato articolo 3, si applicano anche alle procedure di amministrazione straordinaria e liquidazione coatta amministrativa previste dal decreto legislativo 24 febbraio 1998, n. 58, in relazione alle disposizioni indicate dai medesimi commi e a esse applicabili.

(5) Le parole: «dell'articolo 19» sono state così sostituite dalle seguenti: «dell'articolo 22», dall'art. 1, comma 33, lett. c)*, del D.L.vo 16 novembre 2015, n. 181. Tali disposizioni si applicano alle procedure di amministrazione straordinaria e di liquidazione coatta amministrativa avviate successivamente all'entrata in vigore del suddetto decreto.*

(6) *Le originarie parole: «D.L.vo di recepimento della direttiva 93/221/Cee» sono state così sostituite dall'art. 19 del D.L.vo 4 agosto 1999, n. 342.*

(7) *Questo comma è stato così sostituito dall'art. 1, comma 33, lett.* d), *del D.L.vo 16 novembre 2015, n. 181.*

Si riporta il testo previgente:

«4. I commissari, sentito il comitato di sorveglianza e previa autorizzazione della Banca d'Italia, possono eseguire riparti e restituzioni parziali, sia a favore di tutti gli aventi diritto sia a favore di talune categorie di essi anche prima che siano realizzate tutte le attività e accertate tutte le passività».

A norma dell'art. 3, comma 4, del medesimo provvedimento, tali disposizioni si applicano anche alle procedure di liquidazione coatta amministrativa in corso alla data di entrata in vigore del presente decreto e per le quali non sia stato già autorizzato il deposito della documentazione finale.

A norma dell'art. 3, comma 5, del medesimo provvedimento, per le procedure di cui al comma 4 del medesimo articolo, le sentenze pronunciate dopo l'entrata in vigore del suddetto decreto, ai sensi dell'articolo 87, sono impugnabili esclusivamente con il ricorso per cassazione di cui al comma 2 del citato articolo 87. Si applica l'articolo 88 del D.L.vo n. 385/1993, come modificato dal presente decreto.

A norma dell'art. 3, comma 5, del medesimo provvedimento, per le procedure di cui al comma 4 del medesimo articolo, il termine per la proposizione delle domande tardive di cui all'articolo 89 del D.L.vo n. 385/1993, come modificato dal presente decreto, decorre dall'entrata in vigore di quest'ultimo.

A norma dell'art. 3, comma 6, del medesimo provvedimento, per gli aspetti non disciplinati da questo comma, alle procedure di liquidazione coatta amministrativa in corso alla data di entrata in vigore del presente decreto si continuano ad applicare le disposizioni del titolo IV del D.L.vo n. 385/1993, nel testo vigente prima dell'entrata in vigore del presente decreto.

A norma dell'art. 3, comma 7, del medesimo provvedimento, i commi 3, 4, 5 e 6, del citato articolo 3, si applicano anche alle procedure di amministrazione straordinaria e liquidazione coatta amministrativa previste dal decreto legislativo 24 febbraio 1998, n. 58, in relazione alle disposizioni indicate dai medesimi commi e a esse applicabili.

(8) *Questo comma è stato aggiunto dall'art. 1, comma 33, lett.* e), *del D.L.vo 16 novembre 2015, n. 181. Tali disposizioni si applicano alle procedure di amministrazione straordinaria e di liquidazione coatta amministrativa avviate successivamente all'entrata in vigore del suddetto decreto.*

92. (1) **Adempimenti finali.** – 1. Liquidato l'attivo, o una parte rilevante dello stesso, (2) e prima dell'ultimo riparto ai creditori o dell'ultima restituzione ai clienti, i commissari sottopongono il bilancio finale di liquidazione, il rendiconto finanziario e il piano di riparto, accompagnati da una relazione propria e da quella del comitato di sorveglianza alla Banca d'Italia, che ne autorizza il deposito presso la cancelleria del Tribunale. La liquidazione costituisce, anche ai fini fiscali, un unico esercizio. Entro un mese dal deposito i commissari presentano la dichiarazione dei redditi relativa a detto periodo secondo le disposizioni tributarie vigenti.

2. I commissari danno comunicazione dell'avvenuto deposito ai creditori e ai clienti ammessi al passivo con le modalità di cui all'articolo 86, comma 3, e mediante pubblicazione nella *Gazzetta Ufficiale* della Repubblica italiana (3).

3. Nel termine di venti giorni dalla pubblicazione nella *Gazzetta Ufficiale* della Repubblica Italiana gli interessati possono proporre le loro contestazioni con ricorso al Tribunale. Si applicano le disposizioni dell'articolo 87, commi da 2 a 5 e dell'articolo 88.

4. Decorso il termine indicato senza che siano state proposte contestazioni ovvero definite queste ultime con sentenza passata in giudicato, i commissari liquidatori provvedono al riparto o alla restituzione finale in conformità di quanto previsto dall'articolo 91.

5. Le somme e gli strumenti che non possono essere distribuiti vengono depositati nei modi stabiliti dalla Banca d'Italia per la successiva distribuzione agli aventi diritto, fatta salva la facoltà prevista dall'articolo 91, comma 7.

6. Si applicano le disposizioni del codice civile in materia di liquidazione delle società di capitali, relative alla cancellazione della società ed al deposito dei libri sociali (4).

7. La pendenza di ricorsi e giudizi, ivi compreso quello di accertamento dello stato di insolvenza, non preclude l'effettuazione degli adempimenti finali previsti ai commi precedenti e la chiusura della procedura di liquidazione coatta amministrativa. Tale chiusura è subordinata alla esecuzione di accantonamenti o all'acquisizione di garanzie ai sensi dell'articolo 91, commi 6 e 7.

8. Successivamente alla chiusura della procedura di liquidazione coatta, i commissari liquidatori mantengono la legittimazione processuale, anche nei successivi stati e gradi dei giudizi. Ai commissari liquidatori, nello svolgimento delle attività connesse ai giudizi, si applicano gli articoli 72, commi 7 e 9, 81, commi 3, 4 e 84, commi 1, 3 e 7 del presente decreto. I commissari liquidatori ripartiscono, in base alla documentazione di cui al comma 1, eventuali somme derivanti all'esito

dei giudizi nonché quelle derivanti dalla cessione o liquidazione dell'attivo non ancora realizzato al momento di chiusura della procedura ovvero dagli accantonamenti eseguiti a quel momento ([5]).

9. I commissari liquidatori sono estromessi, su propria istanza, dai giudizi relativi ai rapporti oggetto di cessione nei quali sia subentrato il cessionario, ivi compresi i giudizi relativi allo stato passivo e quelli di costituzione di parte civile in giudizi penali ([6]).

([1]) *Quest'articolo è stato così sostituito dall'articolo 64, comma 18, del D.L.vo 23 luglio 1996, n. 415.*

([2]) *Le parole*: «*, o una parte rilevante dello stesso,*» *sono state inserite dall'art. 1, comma 34, lett.* a), *del D.L.vo 16 novembre 2015, n. 181.*

A norma dell'art. 3, comma 4, del medesimo provvedimento, tali disposizioni si applicano anche alle procedure di liquidazione coatta amministrativa in corso alla data di entrata in vigore del presente decreto e per le quali non sia stato già autorizzato il deposito della documentazione finale.

A norma dell'art. 3, comma 5, del medesimo provvedimento, per le procedure di cui al comma 4 del medesimo articolo, le sentenze pronunciate dopo l'entrata in vigore del suddetto decreto, ai sensi dell'articolo 87, sono impugnabili esclusivamente con il ricorso per cassazione di cui al comma 2 del citato articolo 87. Si applica l'articolo 88 del D.L.vo n. 385/1993, come modificato dal presente decreto.

A norma dell'art. 3, comma 5, del medesimo provvedimento, per le procedure di cui al comma 4 del medesimo articolo, il termine per la proposizione delle domande tardive di cui all'articolo 89 del D.L.vo n. 385/1993, come modificato dal presente decreto, decorre dall'entrata in vigore di quest'ultimo.

A norma dell'art. 3, comma 6, del medesimo provvedimento, per gli aspetti non disciplinati da questo articolo, alle procedure di liquidazione coatta amministrativa in corso alla data di entrata in vigore del presente decreto si continuano ad applicare le disposizioni del titolo IV del D.L.vo n. 385/1993, nel testo vigente prima dell'entrata in vigore del presente decreto.

A norma dell'art. 3, comma 7, del medesimo provvedimento, i commi 3, 4, 5 e 6, del citato articolo 3, si applicano anche alle procedure di amministrazione straordinaria e liquidazione coatta amministrativa previste dal decreto legislativo 24 febbraio 1998, n. 58, in relazione alle disposizioni indicate dai medesimi commi e a esse applicabili.

([3]) *Questo comma è stato così sostituito dall'art. 1, comma 34, lett.* b), *del D.L.vo 16 novembre 2015, n. 181.*

Si riporta il testo previgente:

«2. Dell'avvenuto deposito è data notizia mediante pubblicazione nella Gazzetta Ufficiale della Repubblica Italiana. La Banca d'Italia può stabilire forme integrative di pubblicità».

A norma dell'art. 3, comma 4, del medesimo provvedimento, tali disposizioni si applicano anche alle procedure di liquidazione coatta amministrativa in corso alla data di entrata in vigore del presente decreto e per le quali non sia stato già autorizzato il deposito della documentazione finale.

A norma dell'art. 3, comma 5, del medesimo provvedimento, per le procedure di cui al comma 4 del medesimo articolo, le sentenze pronunciate dopo l'entrata in vigore del suddetto decreto, ai sensi dell'articolo 87, sono impugnabili esclusivamente con il ricorso per cassazione di cui al comma 2 del citato articolo 87. Si applica l'articolo 88 del D.L.vo n. 385/1993, come modificato dal presente decreto.

A norma dell'art. 3, comma 5, del medesimo provvedimento, per le procedure di cui al comma 4 del medesimo articolo, il termine per la proposizione delle domande tardive di cui all'articolo 89 del D.L.vo n. 385/1993, come modificato dal presente decreto, decorre dall'entrata in vigore di quest'ultimo.

A norma dell'art. 3, comma 6, del medesimo provvedimento, per gli aspetti non disciplinati da questo articolo, alle procedure di liquidazione coatta amministrativa in corso alla data di entrata in vigore del presente decreto si continuano ad applicare le disposizioni del titolo IV del D.L.vo n. 385/1993, nel testo vigente prima dell'entrata in vigore del presente decreto.

A norma dell'art. 3, comma 7, del medesimo provvedimento, i commi 3, 4, 5 e 6, del citato articolo 3, si applicano anche alle procedure di amministrazione straordinaria e liquidazione coatta amministrativa previste dal decreto legislativo 24 febbraio 1998, n. 58, in relazione alle disposizioni indicate dai medesimi commi e a esse applicabili.

([4]) *Questo comma è stato così sostituito dall'art. 9.28 del D.L.vo 17 gennaio 2003, n. 6, così come inserito dall'art. 2 del D.L.vo 6 febbraio 2004, n. 37.*

([5]) *Questo periodo è stato aggiunto dall'art. 1, comma 34, lett.* c), *del D.L.vo 16 novembre 2015, n. 181.*

A norma dell'art. 3, comma 4, del medesimo provvedimento, tali disposizioni si applicano anche alle procedure di liquidazione coatta amministrativa in corso alla data di entrata in vigore del presente decreto e per le quali non sia stato già autorizzato il deposito della documentazione finale.

A norma dell'art. 3, comma 5, del medesimo provvedimento, per le procedure di cui al comma 4 del medesimo articolo, le sentenze pronunciate dopo l'entrata in vigore del suddetto decreto, ai sensi dell'articolo 87, sono impugnabili esclusivamente con il ricorso per cassazione di cui al comma 2 del citato articolo 87. Si applica l'articolo 88 del D.L.vo n. 385/1993, come modificato dal presente decreto.

A norma dell'art. 3, comma 5, del medesimo provvedimento, per le procedure di cui al comma 4 del medesimo articolo, il termine per la proposizione delle domande tardive di cui all'articolo 89 del D.L.vo n.

385/1993, come modificato dal presente decreto, decorre dall'entrata in vigore di quest'ultimo.

A norma dell'art. 3, comma 6, del medesimo provvedimento, per gli aspetti non disciplinati da questo articolo, alle procedure di liquidazione coatta amministrativa in corso alla data di entrata in vigore del presente decreto si continuano ad applicare le disposizioni del titolo IV del D.L.vo n. 385/1993, nel testo vigente prima dell'entrata in vigore del presente decreto.

A norma dell'art. 3, comma 7, del medesimo provvedimento, i commi 3, 4, 5 e 6, del citato articolo 3, si applicano anche alle procedure di amministrazione straordinaria e liquidazione coatta amministrativa previste dal decreto legislativo 24 febbraio 1998, n. 58, in relazione alle disposizioni indicate dai medesimi commi e a esse applicabili.

([6]) *Questo comma è stato così sostituito dall'art. 1, comma 34, lett.* d), *del D.L.vo 16 novembre 2015, n. 181.*

Si riporta il testo previgente:

«9. Nei casi di cessione ai sensi dell'articolo 90, comma 2, del presente decreto i commissari liquidatori sono estromessi, su propria istanza, dai giudizi relativi ai rapporti oggetto della cessione nei quali sia subentrato il cessionario».

A norma dell'art. 3, comma 4, del medesimo provvedimento, tali disposizioni si applicano anche alle procedure di liquidazione coatta amministrativa in corso alla data di entrata in vigore del presente decreto e per le quali non sia stato già autorizzato il deposito della documentazione finale.

A norma dell'art. 3, comma 5, del medesimo provvedimento, per le procedure di cui al comma 4 del medesimo articolo, le sentenze pronunciate dopo l'entrata in vigore del suddetto decreto, ai sensi dell'articolo 87, sono impugnabili esclusivamente con il ricorso per cassazione di cui al comma 2 del citato articolo 87. Si applica l'articolo 88 del D.L.vo n. 385/1993, come modificato dal presente decreto.

A norma dell'art. 3, comma 5, del medesimo provvedimento, per le procedure di cui al comma 4 del medesimo articolo, il termine per la proposizione delle domande tardive di cui all'articolo 89 del D.L.vo n. 385/1993, come modificato dal presente decreto, decorre dall'entrata in vigore di quest'ultimo.

A norma dell'art. 3, comma 6, del medesimo provvedimento, per gli aspetti non disciplinati da questo articolo, alle procedure di liquidazione coatta amministrativa in corso alla data di entrata in vigore del presente decreto si continuano ad applicare le disposizioni del titolo IV del D.L.vo n. 385/1993, nel testo vigente prima dell'entrata in vigore del presente decreto.

A norma dell'art. 3, comma 7, del medesimo provvedimento, i commi 3, 4, 5 e 6, del citato articolo 3, si applicano anche alle procedure di amministrazione straordinaria e liquidazione coatta amministrativa previste dal decreto legislativo 24 febbraio 1998, n. 58, in relazione alle disposizioni indicate dai medesimi commi e a esse applicabili.

92 *bis*. ([1]) **Procedure prive di risorse liquide o con risorse insufficienti. –** 1. Il presente articolo si applica quando la liquidazione coatta amministrativa è priva di risorse liquide o queste sono stimate dai commissari insufficienti a soddisfare i crediti in prededuzione fino alla chiusura della procedura liquidatoria. Per clienti si intendono coloro che sono iscritti nella sezione separata dello stato passivo ai sensi dell'articolo 86, comma 6.

2. L'autorità di risoluzione italiana anticipa agli organi liquidatori, agli organi dell'amministrazione straordinaria e al commissario della gestione provvisoria che hanno preceduto la liquidazione coatta amministrativa le indennità ad essi spettanti e, sulla base della relativa documentazione giustificativa, le spese per lo svolgimento dell'incarico. Le somme anticipate a questo titolo, comprensive degli interessi legali, sono recuperate sulle risorse finanziarie della procedura che si rendano successivamente disponibili, dopo l'eventuale rimborso dei clienti ai sensi del comma 4 e prima del pagamento degli altri crediti prededucibili.

3. I commissari pagano, con priorità rispetto a tutti gli altri crediti prededucibili, le spese necessarie per il funzionamento della procedura, per lo svolgimento delle attività di interesse dei clienti, per l'accertamento del passivo, per la conservazione e il realizzo dell'attivo, per l'esecuzione di riparti e restituzioni e per la chiusura della procedura. A questo fine, i commissari utilizzano, nel seguente ordine:

a) le risorse liquide eventualmente disponibili della procedura;

b) le risorse liquide o agevolmente liquidabili dei clienti, proporzionalmente al valore dei rispettivi patrimoni, fino ad un importo pari alla somma delle spese necessarie per lo svolgimento delle attività di interesse dei clienti medesimi e della quota parte ad essi riferibile delle altre spese;

c) se le risorse dei clienti sono insufficienti, illiquide o di non agevole liquidazione, una somma che può essere anticipata dall'autorità di risoluzione fino ad un importo massimo di euro 400.000 o, se superiore, fino al doppio delle indennità degli organi liquidatori.

4. Le somme anticipate ai sensi del comma 3, lettera *c*), comprensive degli interessi legali, sono recuperate sulle risorse liquide della procedura, con priorità rispetto al pagamento degli altri crediti prededucibili, e poi su quelle dei clienti che si rendano successivamente disponibili, nei limi-

ti stabiliti dal comma 3, lettera *b*). Le somme indicate al comma 3, lettera *b*), comprensive degli interessi legali, sono recuperate a beneficio dei clienti sulle risorse liquide della procedura che si rendano successivamente disponibili, prima del pagamento degli altri crediti prededucibili e dopo il rimborso di quanto anticipato dall'autorità di risoluzione ai sensi del presente comma.

5. Il pagamento dei crediti prededucibili è effettuato previo parere favorevole del comitato di sorveglianza. Prima del pagamento, l'elenco di questi crediti è comunicato dai commissari all'autorità di risoluzione.

6. Se le risorse utilizzabili ai sensi dei commi 2 e 3 sono insufficienti per la prosecuzione della procedura o non vi sono prospettive di utile realizzo dei beni e dei diritti della procedura o dei clienti, i commissari procedono alla pubblicazione nella *Gazzetta Ufficiale* della Repubblica Italiana e in uno o più quotidiani a diffusione nazionale o locale di un avviso contenente l'invito a presentare offerte vincolanti per l' acquisto dei beni e dei diritti residui della procedura o dei clienti. Al termine della procedura competitiva, i beni e i diritti sono assegnati, indipendentemente dall'importo offerto, al migliore offerente. Gli assegnatari subentrano nei giudizi relativi ai beni e ai diritti oggetto di cessione e i commissari sono estromessi su propria richiesta.

(1) *Questo articolo è stato inserito dall'art. 1, comma 35, del D.L.vo 16 novembre 2015, n. 181.*

A norma dell'art. 3, comma 4, del medesimo provvedimento, tali disposizioni si applicano anche alle procedure di liquidazione coatta amministrativa in corso alla data di entrata in vigore del presente decreto e per le quali non sia stato già autorizzato il deposito della documentazione finale.

A norma dell'art. 3, comma 5, del medesimo provvedimento, per le procedure di cui al comma 4 del medesimo articolo, le sentenze pronunciate dopo l'entrata in vigore del suddetto decreto, ai sensi dell'articolo 87, sono impugnabili esclusivamente con il ricorso per cassazione di cui al comma 2 del citato articolo 87. Si applica l'articolo 88 del D.L.vo n. 385/1993, come modificato dal presente decreto.

A norma dell'art. 3, comma 5, del medesimo provvedimento, per le procedure di cui al comma 4 del medesimo articolo, il termine per la proposizione delle domande tardive di cui all'articolo 89 del D.L.vo n. 385/1993, come modificato dal presente decreto, decorre dall'entrata in vigore di quest'ultimo.

A norma dell'art. 3, comma 6, del medesimo provvedimento, per gli aspetti non disciplinati da questo articolo, alle procedure di liquidazione coatta amministrativa in corso alla data di entrata in vigore del presente decreto si continuano ad applicare le disposizioni del titolo IV del D.L.vo n. 385/1993, nel testo vigente prima dell'entrata in vigore del presente decreto.

A norma dell'art. 3, comma 7, del medesimo provvedimento, i commi 3, 4, 5 e 6, del citato articolo 3, si applicano anche alle procedure di amministrazione straordinaria e liquidazione coatta amministrativa previste dal decreto legislativo 24 febbraio 1998, n. 58, in relazione alle disposizioni indicate dai medesimi commi e a esse applicabili.

93. Concordato di liquidazione. – 1. In qualsiasi stadio della procedura di liquidazione coatta i commissari, con il parere del comitato di sorveglianza, ovvero la banca ai sensi dell'articolo 152, secondo comma, della legge fallimentare, con il parere degli organi liquidatori, possono proporre un concordato al Tribunale del luogo dove l'impresa ha la sede legale. La proposta di concordato deve essere autorizzata dalla Banca d'Italia.

2. La proposta di concordato deve indicare la percentuale offerta ai creditori [chirografari] (1), il tempo del pagamento e le eventuali garanzie.

3. L'obbligo di pagare le quote di concordato può essere assunto da terzi con liberazione parziale o totale della banca concordataria. In tal caso l'azione dei creditori per l'esecuzione del concordato non può esperirsi che contro i terzi assuntori entro i limiti delle rispettive quote. La proposta può prevedere la cessione, oltre che dei beni compresi nell'attivo, anche delle azioni di pertinenza della massa, purchè autorizzate dalla Banca d'Italia, con specifica indicazione dell'oggetto e del fondamento della pretesa (2). Il proponente può limitare gli impegni assunti con il concordato ai soli creditori ammessi al passivo, anche provvisoriamente, e a quelli che hanno proposto opposizione allo stato passivo o insinuazione tardiva al tempo della proposta, subentrando nei relativi giudizi (2). In tale caso, verso gli altri creditori continua a rispondere la banca (2). Gli effetti del concordato sono regolati dall'articolo 135 della legge fallimentare (2).

4. La proposta di concordato e il parere degli organi liquidatori sono depositati nella cancelleria del Tribunale. La Banca d'Italia può stabilire altre forme di pubblicità.

5. Entro trenta giorni dal deposito gli interessati possono proporre opposizione con ricorso depositato nella cancelleria, che viene comunicato al commissario.

6. Il tribunale decide con decreto motivato sulla proposta di concordato, tenendo conto delle

opposizioni e del parere su queste ultime reso dalla Banca d'Italia. Il decreto è pubblicato mediante deposito in cancelleria e nelle altre forme stabilite dal tribunale. Del deposito viene data comunicazione ai commissari e agli opponenti con biglietto di cancelleria. Si applica l'articolo 131 della legge fallimentare ([3]).

7. Durante la procedura di concordato i commissari possono procedere a parziali distribuzioni dell'attivo ai sensi dell'articolo 91.

([1]) *La parola tra parentesti quadrate è stata soppressa dall'art. 1, comma 36, lett.* a), *del D.L.vo 16 novembre 2015, n. 181.*

A norma dell'art. 3, comma 4, del medesimo provvedimento, tali disposizioni si applicano anche alle procedure di liquidazione coatta amministrativa in corso alla data di entrata in vigore del presente decreto e per le quali non sia stato già autorizzato il deposito della documentazione finale.

A norma dell'art. 3, comma 5, del medesimo provvedimento, per le procedure di cui al comma 4 del medesimo articolo, le sentenze pronunciate dopo l'entrata in vigore del suddetto decreto, ai sensi dell'articolo 87, sono impugnabili esclusivamente con il ricorso per cassazione di cui al comma 2 del citato articolo 87. Si applica l'articolo 88 del D.L.vo n. 385/1993, come modificato dal presente decreto.

A norma dell'art. 3, comma 5, del medesimo provvedimento, per le procedure di cui al comma 4 del medesimo articolo, il termine per la proposizione delle domande tardive di cui all'articolo 89 del D.L.vo n. 385/1993, come modificato dal presente decreto, decorre dall'entrata in vigore di quest'ultimo.

A norma dell'art. 3, comma 6, del medesimo provvedimento, per gli aspetti non disciplinati da questo articolo, alle procedure di liquidazione coatta amministrativa in corso alla data di entrata in vigore del presente decreto si continuano ad applicare le disposizioni del titolo IV del D.L.vo n. 385/1993, nel testo vigente prima dell'entrata in vigore del presente decreto.

A norma dell'art. 3, comma 7, del medesimo provvedimento, i commi 3, 4, 5 e 6, del citato articolo 3, si applicano anche alle procedure di amministrazione straordinaria e liquidazione coatta amministrativa previste dal decreto legislativo 24 febbraio 1998, n. 58, in relazione alle disposizioni indicate dai medesimi commi e a esse applicabili.

([2]) *Questo periodo è stato aggiunto dall'art. 1, comma 36, lett.* b), *del D.L.vo 16 novembre 2015, n. 181.*

A norma dell'art. 3, comma 4, del medesimo provvedimento, tali disposizioni si applicano anche alle procedure di liquidazione coatta amministrativa in corso alla data di entrata in vigore del presente decreto e per le quali non sia stato già autorizzato il deposito della documentazione finale.

A norma dell'art. 3, comma 5, del medesimo provvedimento, per le procedure di cui al comma 4 del medesimo articolo, le sentenze pronunciate dopo l'entrata in vigore del suddetto decreto, ai sensi dell'articolo 87, sono impugnabili esclusivamente con il ricorso per cassazione di cui al comma 2 del citato articolo 87. Si applica l'articolo 88 del D.L.vo n. 385/1993, come modificato dal presente decreto.

A norma dell'art. 3, comma 5, del medesimo provvedimento, per le procedure di cui al comma 4 del medesimo articolo, il termine per la proposizione delle domande tardive di cui all'articolo 89 del D.L.vo n. 385/1993, come modificato dal presente decreto, decorre dall'entrata in vigore di quest'ultimo.

A norma dell'art. 3, comma 6, del medesimo provvedimento, per gli aspetti non disciplinati da questo articolo, alle procedure di liquidazione coatta amministrativa in corso alla data di entrata in vigore del presente decreto si continuano ad applicare le disposizioni del titolo IV del D.L.vo n. 385/1993, nel testo vigente prima dell'entrata in vigore del presente decreto.

A norma dell'art. 3, comma 7, del medesimo provvedimento, i commi 3, 4, 5 e 6, del citato articolo 3, si applicano anche alle procedure di amministrazione straordinaria e liquidazione coatta amministrativa previste dal decreto legislativo 24 febbraio 1998, n. 58, in relazione alle disposizioni indicate dai medesimi commi e a esse applicabili.

([3]) *Questo comma è stato così sostituito dall'art. 1, comma 36, lett.* c), *del D.L.vo 16 novembre 2015, n. 181.*

Si riporta il testo previgente:

«6. Il Tribunale decide con sentenza in camera di consiglio sulla proposta di concordato, tenendo conto delle opposizioni e del parere su queste ultime reso dalla Banca d'Italia. La sentenza è pubblicata mediante deposito in cancelleria e nelle altre forme stabilite dal Tribunale. Del deposito viene data comunicazione ai commissari e agli opponenti con biglietto di cancelleria. Si applica l'articolo 88, commi 1, primo periodo, 2, 3 e 4».

A norma dell'art. 3, comma 4, del medesimo provvedimento, tali disposizioni si applicano anche alle procedure di liquidazione coatta amministrativa in corso alla data di entrata in vigore del presente decreto e per le quali non sia stato già autorizzato il deposito della documentazione finale.

A norma dell'art. 3, comma 5, del medesimo provvedimento, per le procedure di cui al comma 4 del medesimo articolo, le sentenze pronunciate dopo l'entrata in vigore del suddetto decreto, ai sensi dell'articolo 87, sono impugnabili esclusivamente con il ricorso per cassazione di cui al comma 2 del citato articolo 87. Si applica l'articolo 88 del D.L.vo n. 385/1993, come modificato dal presente decreto.

A norma dell'art. 3, comma 5, del medesimo provvedimento, per le procedure di cui al comma 4 del medesimo articolo, il termine per la proposizione delle domande tardive di cui all'articolo 89 del D.L.vo n.

385/1993, come modificato dal presente decreto, decorre dall'entrata in vigore di quest'ultimo.

A norma dell'art. 3, comma 6, del medesimo provvedimento, per gli aspetti non disciplinati da questo articolo, alle procedure di liquidazione coatta amministrativa in corso alla data di entrata in vigore del presente decreto si continuano ad applicare le disposizioni del titolo IV del D.L.vo n. 385/1993, nel testo vigente prima dell'entrata in vigore del presente decreto.

A norma dell'art. 3, comma 7, del medesimo provvedimento, i commi 3, 4, 5 e 6, del citato articolo 3, si applicano anche alle procedure di amministrazione straordinaria e liquidazione coatta amministrativa previste dal decreto legislativo 24 febbraio 1998, n. 58, in relazione alle disposizioni indicate dai medesimi commi e a esse applicabili.

94. Esecuzione del concordato e chiusura della procedura. – 1. I commissari liquidatori, con l'assistenza del comitato di sorveglianza, sovrintendono all'esecuzione del concordato secondo le direttive della Banca d'Italia.

2. Eseguito il concordato, i commissari liquidatori convocano l'assemblea dei soci della banca perché sia deliberata la modifica dell'oggetto sociale in relazione alla revoca dell'autorizzazione all'attività bancaria. Nel caso in cui non abbia luogo la modifica dell'oggetto sociale, i commissari procedono agli adempimenti per la cancellazione della società ed il deposito dei libri sociali previsti dalle disposizioni del codice civile in materia di scioglimento e liquidazione delle società di capitali ([1]).

3. Si applicano l'articolo 215 della legge fallimentare e, in quanto compatibile, l'articolo 92 del presente decreto legislativo ([2]).

([1]) *Questo comma è stato così sostituito dall'art. 9.29 del D.L.vo 17 gennaio 2003, n. 6, così come inserito dall'art. 2 del D.L.vo 6 febbraio 2004, n. 37.*

([2]) *Questo comma è stato così sostituito dall'art. 1, comma 37, del D.L.vo 16 novembre 2015, n. 181.*

Si riporta il testo previgente:

«3. Si applicano l'articolo 92, comma 5, del presente decreto legislativo e l'articolo 215 della legge fallimentare».

A norma dell'art. 3, comma 4, del medesimo provvedimento, tali disposizioni si applicano anche alle procedure di liquidazione coatta amministrativa in corso alla data di entrata in vigore del presente decreto e per le quali non sia stato già autorizzato il deposito della documentazione finale.

A norma dell'art. 3, comma 5, del medesimo provvedimento, per le procedure di cui al comma 4 del medesimo articolo, le sentenze pronunciate dopo l'entrata in vigore del suddetto decreto, ai sensi dell'articolo 87, sono impugnabili esclusivamente con il ricorso per cassazione di cui al comma 2 del citato articolo 87. Si applica l'articolo 88 del D.L.vo n. 385/1993, come modificato dal presente decreto.

A norma dell'art. 3, comma 5, del medesimo provvedimento, per le procedure di cui al comma 4 del medesimo articolo, il termine per la proposizione delle domande tardive di cui all'articolo 89 del D.L.vo n. 385/1993, come modificato dal presente decreto, decorre dall'entrata in vigore di quest'ultimo.

A norma dell'art. 3, comma 6, del medesimo provvedimento, per gli aspetti non disciplinati da questo articolo, alle procedure di liquidazione coatta amministrativa in corso alla data di entrata in vigore del presente decreto si continuano ad applicare le disposizioni del titolo IV del D.L.vo n. 385/1993, nel testo vigente prima dell'entrata in vigore del presente decreto.

A norma dell'art. 3, comma 7, del medesimo provvedimento, i commi 3, 4, 5 e 6, del citato articolo 3, si applicano anche alle procedure di amministrazione straordinaria e liquidazione coatta amministrativa previste dal decreto legislativo 24 febbraio 1998, n. 58, in relazione alle disposizioni indicate dai medesimi commi e a esse applicabili.

95. ([1]) **Succursali di banche extracomunitarie.** – 1. Alle succursali di banche extracomunitarie si applicano le disposizioni previste dalla presente sezione e dall'articolo 77, comma 1 *bis*, in quanto compatibili.

([1]) *Questo articolo è stato così sostituito dall'art. 6 del D.L.vo 9 luglio 2004, n. 197.*

Sezione III *bis*
Banche operanti in ambito comunitario ([1])

([1]) *Questa sezione è stata inserita dall'art. 2 del D.L.vo 9 luglio 2004, n. 197.*

95 *bis*. Riconoscimento dei provvedimenti di risanamento e delle procedure di liquidazione ([1]). – 1. I provvedimenti di risanamento e le procedure di liquidazione ([2]) di banche comunitarie sono disciplinati e producono i loro effetti, senza ulteriori formalità, nell'ordinamento italiano secondo la normativa dello Stato d'origine.

1 *bis*. Le misure adottate dalla Banca d'Italia ai sensi dell'articolo 79, comma 1, cessano di avere effetto dall'avvio della procedura di risanamento da parte dell'autorità competente dello Stato d'origine della banca comunitaria ([3]).

2. I provvedimenti di risanamento e di avvio della liquidazione coatta amministrativa ([4]) di banche italiane si applicano e producono i loro effetti negli altri Stati comunitari e, sulla base di accordi internazionali, anche in altri Stati esteri.

2 *bis*. Quando è esercitato un potere di risoluzione o applicata una misura di risoluzione di cui al decreto legislativo [di recepimento della direttiva 2014/59/UE], le disposizioni della presente sezione si applicano a tutti i soggetti indicati nell'articolo 2 del decreto stesso (5).

(1) *La precedente rubrica*: «Riconoscimento delle procedure di risanamento e liquidazione» *è stata così sostituita dall'attuale, dall'art. 1, comma 38, lett.* a), *del D.L.vo 16 novembre 2015, n. 181. Tali disposizioni si applicano alle procedure di amministrazione straordinaria e di liquidazione coatta amministrativa avviate successivamente all'entrata in vigore del suddetto decreto.*

(2) *Le parole: «I provvedimenti e le procedure di risanamento e liquidazione» sono state così sostituite dalle seguenti: «I provvedimenti di risanamento e le procedure di liquidazione» dall'art. 1, comma 38, lett.* b), *del D.L.vo 16 novembre 2015, n. 181. Tali disposizioni si applicano alle procedure di amministrazione straordinaria e di liquidazione coatta amministrativa avviate successivamente all'entrata in vigore del suddetto decreto.*

(3) *Questo comma è stato inserito dall'art. 1, comma 32, del D.L.vo 12 maggio 2015, n. 72.*

(4) *Le parole: «I provvedimenti e le procedure di amministrazione straordinaria, di gestione provvisoria e di liquidazione coatta amministrativa» sono state così sostituite dalle seguenti: «I provvedimenti di risanamento e di avvio della liquidazione coatta amministrativa» dall'art. 1, comma 38, lett.* c), *del D.L.vo 16 novembre 2015, n. 181. Tali disposizioni si applicano alle procedure di amministrazione straordinaria e di liquidazione coatta amministrativa avviate successivamente all'entrata in vigore del suddetto decreto.*

(5) *Questo comma è stato aggiunto dall'art. 1, comma 38, lett.* d), *del D.L.vo 16 novembre 2015, n. 181. Tali disposizioni si applicano alle procedure di amministrazione straordinaria e di liquidazione coatta amministrativa avviate successivamente all'entrata in vigore del suddetto decreto.*

95 *ter*. Deroghe. – 1. In deroga a quanto previsto dall'articolo 95 *bis*, gli effetti di un provvedimento di risanamento o dell'apertura di una procedura di liquidazione:

a) su contratti e rapporti di lavoro, sono disciplinati dalla legge dello Stato comunitario applicabile al contratto di lavoro;

b) su contratti che danno diritto al godimento di un bene immobile o al suo acquisto, sono disciplinati dalla legge dello Stato comunitario nel cui territorio è situato l'immobile. Tale legge determina se un bene sia mobile o immobile;

c) sui diritti relativi a un bene immobile, a una nave o a un aeromobile soggetti a iscrizione in un pubblico registro, sono disciplinati dalla legge dello Stato comunitario sotto la cui autorità si tiene il registro;

d) sull'esercizio dei diritti di proprietà o altri diritti su strumenti finanziari la cui esistenza o il cui trasferimento presuppongano l'iscrizione in un registro, in un conto o in un sistema di deposito accentrato, sono disciplinati dalla legislazione dello Stato comunitario in cui si trova il registro, il conto o il sistema di deposito accentrato in cui sono iscritti tali diritti.

2. In deroga a quanto previsto dall'articolo 95 *bis*, sono disciplinati dalla legge che regola il contratto:

a) gli accordi di compensazione, di netting e di novazione, fatto salvo quanto previsto agli articoli 65 e 68 del decreto legislativo [di recepimento della direttiva 2014/59/UE];

b) le cessioni con patto di riacquisto e le transazioni effettuate in un mercato regolamentato, fatto salvo quanto previsto agli articoli 65 e 68 del decreto legislativo [di recepimento della direttiva 2014/59/UE], nonché quanto previsto alla lettera *d*) del comma 1 (1).

3. Ferme restando le disposizioni dello Stato d'origine relative alle azioni di annullamento, di nullità o di inopponibilità degli atti compiuti in pregiudizio dei creditori, l'adozione di un provvedimento di risanamento o l'apertura di una procedura di liquidazione non pregiudica:

a) il diritto reale del creditore o del terzo sui beni materiali o immateriali mobili o immobili, di proprietà della banca, che al momento dell'adozione di un provvedimento di risanamento o dell'apertura di una procedura di liquidazione si trovano nel territorio di uno Stato comunitario diverso da quello di origine. Ai predetti fini è assimilato a un diritto reale il diritto, iscritto in un pubblico registro e opponibile a terzi, che consente di ottenere un diritto reale;

b) i diritti, nei confronti della banca, del venditore, basati sulla riserva di proprietà, e del compratore di beni che al momento dell'adozione del provvedimento o dell'apertura della procedura si trovano nel territorio di uno Stato comunitario diverso da quello di origine;

c) il diritto del creditore di invocare la compensazione del proprio credito con il credito della banca, quando la compensazione sia consentita dalla legge applicabile al credito della banca.

4. In deroga all'articolo 95 *bis*, la normativa dello Stato di origine non si applica alla nullità, all'annullamento o all'inopponibilità degli atti compiuti in pregiudizio dei creditori, quando il beneficiario di tali atti prova che l'atto pregiudizievole é disciplinato dalla legge di uno Stato comunitario che non consente, nella fattispecie, alcun tipo di impugnazione.

5. Gli effetti dell'adozione di un provvedimento di risanamento o dell'apertura di una procedura di liquidazione sulle cause pendenti relative a un bene o a un diritto del quale la banca è spossessata sono disciplinati dalla legge dello Stato comunitario in cui la causa è pendente.

6. Le previsioni di cui ai commi 1, 2 e 3 trovano applicazione soltanto ai casi e nei modi ivi indicati; esse non riguardano altri profili della disciplina delle procedure di risanamento e liquidazione, quali le norme in materia di ammissione allo stato passivo, anche con riferimento al grado e alla natura delle relative pretese, e di liquidazione e riparto dell'attivo, che restano soggetti alla disciplina dello Stato di origine della banca.

(1) *Questo comma è stato così sostituito dall'art. 1, comma 39, del D.L.vo 16 novembre 2015, n. 181. Tali disposizioni si applicano alle procedure di amministrazione straordinaria e di liquidazione coatta amministrativa avviate successivamente all'entrata in vigore del suddetto decreto.*

Si riporta il testo previgente:

«2. In deroga a quanto previsto dall'articolo 95 bis, *sono disciplinati dalla legge che regola il contratto gli accordi di compensazione e di novazione, nonché, fatto salvo quanto previsto alla lettera* d) *del comma 1, le cessioni con patto di riacquisto e le transazioni effettuate in un mercato regolamentato».*

95 *quater*. Collaborazione tra autorità. – 1. Salvo che l'informazione non vada fornita ai sensi del decreto legislativo [di recepimento della direttiva 2014/59/UE], la Banca d'Italia informa le autorità di vigilanza e, se diverse, le autorità di risoluzione degli Stati comunitari ospitanti e la Banca centrale europea dell'adozione dei provvedimenti di risanamento e dell'apertura della procedura di liquidazione coatta amministrativa, precisandone gli effetti. L'informazione è data, con ogni mezzo, possibilmente prima dell'adozione del provvedimento o dell'apertura della procedura ovvero subito dopo (1).

2. La Banca d'Italia, qualora ritenga necessaria l'applicazione in Italia di un provvedimento (2) di risanamento nei confronti di una banca comunitaria, ne fa richiesta all'autorità di vigilanza o, se diversa, all'autorità di risoluzione dello Stato d'origine ovvero alla Banca centrale europea (3).

2 *bis*. Resta fermo quanto previsto dagli articoli 5, 6 e 32, commi 3, 4 e 5, del decreto legislativo [di recepimento della direttiva 2014/59/UE] (4).

(1) *Questo comma è stato così sostituito dall'art. 1, comma 40, lett.* a), *del D.L.vo 16 novembre 2015, n. 181. Tali disposizioni si applicano alle procedure di amministrazione straordinaria e di liquidazione coatta amministrativa avviate successivamente all'entrata in vigore del suddetto decreto.*

Si riporta il testo previgente:

«1. La Banca d'Italia informa le autorità di vigilanza degli Stati comunitari ospitanti dell'apertura delle procedure di amministrazione straordinaria, di gestione provvisoria e di liquidazione coatta amministrativa, nei confronti di banche italiane, precisando gli effetti concreti che tali procedure potrebbero avere. L'informazione è data, con ogni mezzo, possibilmente prima dell'apertura della procedura ovvero subito dopo».

(2) *Le parole: «una procedura» sono state così sostituite dalle seguenti: «un provvedimento», dall'art. 1, comma 40, lett.* b), *del D.L.vo 16 novembre 2015, n. 181. Tali disposizioni si applicano alle procedure di amministrazione straordinaria e di liquidazione coatta amministrativa avviate successivamente all'entrata in vigore del suddetto decreto.*

(3) *Le parole: «dello Stato d'origine» sono state così sostituite dalle seguenti: «o, se diversa, all'autorità di risoluzione dello Stato d'origine ovvero alla Banca centrale europea», dall'art. 1, comma 40, lett.* b), *del D.L.vo 16 novembre 2015, n. 181. Tali disposizioni si applicano alle procedure di amministrazione straordinaria e di liquidazione coatta amministrativa avviate successivamente all'entrata in vigore del suddetto decreto.*

(4) *Questo comma è stato aggiunto dall'art. 1, comma 40, lett.* c), *del D.L.vo 16 novembre 2015, n. 181. Tali disposizioni si applicano alle procedure di amministrazione straordinaria e di liquidazione coatta amministrativa avviate successivamente all'entrata in vigore del suddetto decreto.*

95 *quinquies*. Pubblicità e informazione agli aventi diritto. – 1. I provvedimenti di risanamento e di avvio della procedura di liquidazione coatta amministrativa (1) adottati nei confronti di una banca italiana che abbia succursali o presti servizi in altri Stati comunitari sono pubblicati per estratto anche nella *Gazzetta Ufficiale delle Comunità europee* e in due quotidiani a diffusione nazionale di ciascuno Stato ospitante.

2. Le comunicazioni previste dall'articolo 86, commi 1, 2 e 8, ai soggetti che hanno la residenza, il domicilio o la sede legale in altro Stato comu-

nitario devono indicare i termini e le modalità di presentazione dei reclami previsti all'articolo 86, comma 4, e delle opposizioni previste dall'articolo 87, comma 1, nonché le conseguenze del mancato rispetto dei termini.

3. Le pubblicazioni e le comunicazioni di cui ai commi 1 e 2 sono effettuate in lingua italiana e recano un'intestazione in tutte le lingue ufficiali dell'Unione europea volta a chiarire la natura e lo scopo delle comunicazioni stesse.

4. I reclami e le istanze previsti dall'articolo 86, commi 4 e 5, le opposizioni di cui all'articolo 87 e le domande di insinuazione tardive di cui all'articolo 89, presentate da soggetti che hanno la residenza, il domicilio o la sede legale in altro Stato comunitario, possono essere redatti nella lingua ufficiale di tale Stato e recano un'intestazione in lingua italiana volta a chiarire la natura dell'atto. I commissari possono chiedere una traduzione in lingua italiana degli atti medesimi.

5. Per soggetti di cui al comma 2, i termini indicati dagli articoli 86, comma 4, e 87, comma 1, sono raddoppiati; il termine indicato nell'articolo 86, comma 5, decorre dalla data di pubblicazione nella *Gazzetta Ufficiale delle Comunità europee* prevista nel comma 1.

(1) *Le parole: «I provvedimenti di amministrazione straordinaria, di gestione provvisoria e di liquidazione coatta amministrativa» sono state così sostituite dalle seguenti: «I provvedimenti di risanamento e di avvio della procedura di liquidazione coatta amministrativa», dall'art. 1, comma 41, del D.L.vo 16 novembre 2015, n. 181. Tali disposizioni si applicano alle procedure di amministrazione straordinaria e di liquidazione coatta amministrativa avviate successivamente all'entrata in vigore del suddetto decreto.*

95 *sexies*. Norme di attuazione. – 1. La Banca d'Italia adotta disposizioni di attuazione della presente sezione.

95 *septies*. Applicazione. – 1. Le disposizioni della presente sezione si applicano ai provvedimenti di risanamento e alle procedure di liquidazione coatta amministrativa (1), nonché ai provvedimenti di risanamento e liquidazione delle competenti autorità degli Stati comunitari o della Banca centrale europea (2) adottati dopo il 5 maggio 2004.

(1) *Le parole: «amministrazione straordinaria, gestione provvisoria e liquidazione coatta amministrativa» sono state così sostituite dalle seguenti: «risanamento e alle procedure di liquidazione coatta amministrativa», dall'art. 1, comma 42, del D.L.vo 16 novembre 2015, n. 181. Tali disposizioni si applicano alle procedure di amministrazione straordinaria e di liquidazione coatta amministrativa avviate successivamente all'entrata in vigore del suddetto decreto.*

(2) *Le parole: «o della Banca centrale europea» sono state inserite dall'art. 1, comma 42, del D.L.vo 16 novembre 2015, n. 181. Tali disposizioni si applicano alle procedure di amministrazione straordinaria e di liquidazione coatta amministrativa avviate successivamente all'entrata in vigore del suddetto decreto.*

Sezione IV
Sistemi di garanzia dei depositanti (1)

(1) *Questa intitolazione è stata introdotta dall'articolo 2, comma 1, del D.L.vo 4 dicembre 1996, n. 659, recante il recepimento della direttiva 94/19/CE relativa ai sistemi di garanzia dei depositi.*

96. (1) **Soggetti aderenti e natura dei sistemi di garanzia.** – 1. Le banche italiane aderiscono a uno dei sistemi di garanzia dei depositanti istituiti e riconosciuti in Italia. [Le banche di credito cooperativo aderiscono al sistema di garanzia dei depositanti costituito nel loro ambito] (2) (3).

1 *bis*. I sistemi di tutela istituzionale di cui all'articolo 113, paragrafo 7, del regolamento (UE) n. 575/2013 possono essere riconosciuti come sistemi di garanzia dei depositanti (4).

2. Le succursali di banche comunitarie operanti in Italia possono aderire a un sistema di garanzia italiano al fine di integrare la tutela offerta dal sistema di garanzia dello Stato di appartenenza.

3. Le succursali di banche extracomunitarie autorizzate in Italia aderiscono a un sistema di garanzia italiano salvo che partecipino a un sistema di garanzia estero equivalente almeno con riferimento al livello e all'ambito di copertura (5).

4. I sistemi di garanzia hanno natura di diritto privato; le risorse finanziarie per il perseguimento delle loro finalità sono fornite dalle banche aderenti in conformità di quanto previsto dalla presente Sezione (6).

5. La pubblicità e le comunicazioni che le banche sono tenute a effettuare per informare i clienti sulla garanzia dei depositanti sono disciplinate ai sensi del Titolo VI (7).

(1) *Questo articolo è stato così sostituito dall'articolo 2, comma 1, del D.L.vo 4 dicembre 1996, n. 659, attuativo della direttiva comunitaria sui sistemi di tutela dei depositanti.*

(2) *Questo periodo è stato aggiunto dall'art. 1, comma 630, della L. 27 dicembre 2013, n. 147.*

([3]) *Le parole tra parentesi quadrate sono state abrogate dall'art. 1, comma 3, lett.* a)*, del D.L.vo 15 febbraio 2016, n. 30, a decorrere dal 1° luglio 2018.*

([4]) *Questo comma è stato inserito dall'art. 1, comma 3, lett.* b)*, del D.L.vo 15 febbraio 2016, n. 30.*

([5]) *Le parole: «almeno con riferimento al livello e all'ambito di copertura» sono state aggiunte dall'art. 1, comma 3, lett.* c)*, del D.L.vo 15 febbraio 2016, n. 30.*

([6]) *Le parole: «in conformità di quanto previsto dalla presente Sezione» sono state aggiunte dall'art. 1, comma 3, lett.* d)*, del D.L.vo 15 febbraio 2016, n. 30.*

([7]) *Questo comma è stato così sostituito dall'art. 1, comma 3, lett.* e)*, del D.L.vo 15 febbraio 2016, n. 30.*

96.1. ([1]) ([2]) **Dotazione finanziaria dei sistemi di garanzia. –** 1. I sistemi di garanzia hanno una dotazione finanziaria proporzionata alle proprie passività e comunque pari almeno allo 0,8 per cento dell'importo dei depositi protetti delle banche aderenti ad eccezione di quelli indicati all'articolo 96 *bis*.1, comma 4, come risultante al 31 dicembre dell'anno precedente.

2. In fase di prima applicazione, il livello-obiettivo indicato al comma 1 è raggiunto, in modo graduale, entro il 3 luglio 2024. Il termine è prorogato sino al 3 luglio 2028, se prima del 3 luglio 2024 il sistema ha impiegato le proprie risorse per un ammontare superiore allo 0,8 per cento dell'importo dei depositi protetti delle banche aderenti al 31 dicembre dell'anno precedente ad eccezione di quelli indicati all'articolo 96 *bis*.1, comma 4.

3. Il Ministro dell'economia e delle finanze, sentita la Banca d'Italia, può prevedere, previa approvazione della Commissione europea, una dotazione finanziaria inferiore a quella indicata al comma 1, e pari almeno allo 0,5 per cento dell'importo dei depositi protetti delle banche aderenti, ad eccezione di quelli indicati all'articolo 96 *bis*.1, comma 4, se:

a) è improbabile che una quota rilevante della dotazione finanziaria venga utilizzata per misure diverse da quelle di cui all'articolo 96 *bis*, comma 1 *bis*, lettere *b*) e *c*); e

b) il settore bancario in cui operano gli aderenti al sistema di garanzia è altamente concentrato e una grande quantità di attività è detenuta da un ridotto numero di banche o di gruppi bancari che, data la loro dimensione, in caso di dissesto sarebbero probabilmente soggetti a risoluzione.

4. Se, dopo la data indicata al comma 1, la dotazione finanziaria si riduce al di sotto del livello-obiettivo ivi indicato, o, se del caso, di quello stabilito ai sensi del comma 3, essa è ripristinata mediante il versamento di contributi periodici ai sensi dell'articolo 96.2, comma 1. Il ripristino avviene entro sei anni, se la dotazione finanziaria si riduce a meno di due terzi del livello-obiettivo.

5. La dotazione finanziaria costituisce un patrimonio autonomo, distinto a tutti gli effetti dal patrimonio del sistema di garanzia e da quello di ciascun aderente, nonché da ogni altro fondo istituito presso lo stesso sistema di garanzia. Delle obbligazioni contratte in relazione agli interventi e ai finanziamenti disciplinati dalla presente Sezione il sistema di garanzia risponde esclusivamente con la dotazione finanziaria. Salvo quanto previsto dalla presente Sezione, su di essa non sono ammesse azioni dei creditori del sistema di garanzia o nell'interesse di quest'ultimo, nè quelle dei creditori dei singoli aderenti o degli altri fondi eventualmente istituiti presso lo stesso sistema di garanzia ([3]).

([1]) *Questo articolo è stato inserito dall'art. 1, comma 4, del D.L.vo 15 febbraio 2016, n. 30.*

([2]) *A norma dell'art. 4, comma 2, del D.L.vo 15 febbraio 2016, n. 30, i sistemi di garanzia dei depositanti, riconosciuti alla data di entrata in vigore del presente decreto, possono imputare alla dotazione finanziaria prevista da questo articolo i contributi già versati dalle banche aderenti a partire dal 3 luglio 2015.*

([3]) *A norma dell'art. 4, comma 3, secondo e terzo periodo, del D.L.vo 15 febbraio 2016, n. 30, in deroga a quanto previsto da questo comma, per le eventuali obbligazioni assunte in relazione a interventi deliberati dopo il 3 luglio 2015 in conformità della legislazione vigente, i sistemi di garanzia dei depositanti riconosciuti alla data di entrata in vigore del presente decreto legislativo rispondono con la dotazione finanziaria prevista dal presente articolo. Resta fermo l'obbligo di raggiungere il livello-obiettivo secondo quanto previsto dal presente articolo.*

96.2. ([1]) **Finanziamento dei sistemi di garanzia e investimento delle risorse. –** 1. Per costituire la dotazione finanziaria dei sistemi di garanzia, gli aderenti versano contributi almeno annualmente, per l'ammontare determinato dal sistema stesso ai sensi del comma 2. I contributi possono assumere la forma di impegni di pagamento, se ciò è autorizzato dal sistema di garanzia e nell'ammontare da esso determinato, comunque non superiore al 30 per cento dell'importo totale della dotazione finanziaria del sistema; il loro pagamento può essere richiesto nei casi predeterminati previsti dallo statuto del sistema di garanzia ([2]).

2. I contributi dovuti dalle banche aderenti sono proporzionati all'ammontare dei loro depositi

protetti, ad eccezione di quelli indicati all'articolo 96 *bis*.1, comma 4, e al loro profilo di rischio. Essi possono essere determinati dai sistemi di garanzia sulla base dei propri metodi interni di valutazione del rischio e tenendo conto delle diverse fasi del ciclo economico, del possibile impatto prociclico e dell'eventuale partecipazione da parte delle banche aderenti a un sistema di tutela istituzionale di cui all'articolo 113, paragrafo 7, del regolamento (UE) n. 575/2013. La Banca d'Italia approva i metodi interni, informandone l'ABE.

3. Il sistema di garanzia, se deve procedere al rimborso dei depositi protetti e la dotazione finanziaria è insufficiente, chiede agli aderenti di integrarla mediante il versamento di contributi straordinari non superiori allo 0,5 per cento dei depositi protetti, ad eccezione di quelli indicati all'articolo 96 *bis*.1, comma 4, per anno solare o, in casi eccezionali e con il consenso della Banca d'Italia, di ammontare più elevato.

4. La Banca d'Italia può disporre il differimento, in tutto o in parte, del pagamento dei contributi di cui al comma 3 da parte di un aderente se il pagamento ne metterebbe a repentaglio la liquidità o la solvibilità. Il differimento è accordato per un periodo massimo di sei mesi ed è rinnovabile su richiesta dell'aderente. I contributi differiti sono in ogni caso versati se la Banca d'Italia accerta che le condizioni per il differimento sono venute meno.

5. I sistemi di garanzia assicurano di avere accesso a fonti di finanziamento alternative a breve termine per far fronte alle proprie obbligazioni e possono ricorrere a finanziamenti aggiuntivi provenienti da fonti ulteriori.

6. La dotazione finanziaria è investita in attività a basso rischio e con sufficiente diversificazione.

7. Entro il 31 marzo di ciascun anno la Banca d'Italia informa l'ABE circa l'importo dei depositi protetti dai sistemi di garanzia italiani e dell'importo della dotazione finanziaria dei sistemi al 31 dicembre del precedente anno.

(1) *Questo articolo è stato inserito dall'art. 1, comma 4, del D.L.vo 15 febbraio 2016, n. 30.*

(2) *A norma dell'art. 4, comma 3, primo periodo, del D.L.vo 15 febbraio 2016, n. 30, per il 2015 l'importo dei contributi previsti dal presente comma è determinato tenendo conto dei contributi indicati al comma 2, anche se già impiegati per interventi attuati dopo il 3 luglio 2015.*

96 *bis*. (1) **Interventi.** – 1. I sistemi di garanzia tutelano i depositanti:

a) delle banche italiane aderenti, incluse le loro succursali comunitarie e, se previsto dallo statuto, le loro succursali extracomunitarie;

b) delle succursali italiane delle banche extracomunitarie aderenti;

c) delle succursali italiane delle banche comunitarie aderenti (2).

1 *bis*. I sistemi di garanzia:

a) effettuano, nei limiti e secondo le modalità indicati negli articoli 96 *bis*.1 e 96 *bis*.2, rimborsi nei casi di liquidazione coatta amministrativa delle banche italiane e delle succursali italiane di banche extracomunitarie; per le succursali di banche comunitarie operanti in Italia che abbiano aderito in via integrativa a un sistema di garanzia italiano, i rimborsi hanno luogo se è intervenuto il sistema di garanzia dello Stato di appartenenza;

b) contribuiscono al finanziamento della risoluzione delle banche italiane e delle succursali italiane di banche extracomunitarie secondo le modalità e nei limiti previsti dal decreto legislativo 16 novembre 2015, n. 180;

c) se previsto dallo statuto, possono intervenire in operazioni di cessione di attività, passività, aziende, rami d'azienda, beni e rapporti giuridici individuabili in blocco di cui all'articolo 90, comma 2, se il costo dell'intervento non supera il costo che il sistema, secondo quanto ragionevolmente prevedibile in base alle informazioni disponibili al momento dell'intervento, dovrebbe sostenere per il rimborso dei depositi;

d) se previsto dallo statuto, possono effettuare interventi nei confronti di banche italiane e succursali italiane di banche extracomunitarie per superare lo stato di dissesto o di rischio di dissesto di cui all'articolo 17, comma 1, lettera *a*), del decreto legislativo 16 novembre 2015, n. 180 (3).

1 *ter*. Lo statuto del sistema di garanzia definisce modalità e condizioni degli interventi di cui al comma 1 *bis*, lettera *d*), con particolare riguardo a:

a) gli impegni che la banca beneficiaria dell'intervento deve assumere per rafforzare i propri presidi dei rischi anche al fine di non pregiudicare l'accesso dei depositanti ai depositi;

b) la verifica sul rispetto degli impegni assunti dalla banca ai sensi della lettera *a*);

c) il costo dell'intervento, che non supera il costo che il sistema, secondo quanto ragionevolmente prevedibile, dovrebbe sostenere per effettuare altri interventi nei casi previsti dalla legge o dallo statuto (3).

1 *quater*. L'intervento di cui al comma 1 *bis*, lettera *d*), può essere effettuato, se la Banca d'Italia ha accertato che:

a) non è stata avviata un'azione di risoluzione ai sensi dell'articolo 1, comma 1, lettera *f*), del decreto legislativo 16 novembre 2015, n. 180 e comunque non ne sussistono le condizioni; e

b) la banca beneficiaria dell'intervento è in grado di versare i contributi straordinari ai sensi dell'articolo 96.2, comma 3 (3).

1 *quinquies*. Dopo che il sistema di garanzia ha effettuato un intervento ai sensi del comma 1 *bis*, lettera *d*), le banche aderenti gli forniscono senza indugio, se necessario sotto forma di contributi straordinari, risorse pari a quelle utilizzate per l'intervento, se:

a) la dotazione finanziaria del sistema si è ridotta a meno del 25 per cento del livello-obiettivo di cui all'articolo 96.1, comma 1, o, se del caso, del diverso livello stabilito dal Ministro dell'economia e delle finanze ai sensi dell'articolo 96.1, comma 3; oppure

b) la dotazione finanziaria del sistema si è ridotta a meno di due terzi del livello-obiettivo di cui all'articolo 96.1, comma 1, o, se del caso, del diverso livello stabilito dal Ministro dell'economia e delle finanze ai sensi dell'articolo 96.1, comma 3, ed emerge la necessità di effettuare il rimborso di depositi protetti (3).

1 *sexies*. Finchè il livello-obiettivo di cui all'articolo 96.1, comma 1, o, se del caso, del diverso livello stabilito dal Ministro dell'economia e delle finanze ai sensi dell'articolo 96.1, comma 3 non è raggiunto, le soglie di cui al comma 1 *quinquies* sono riferite all'effettiva dotazione finanziaria disponibile (3).

[2. I sistemi di garanzia tutelano i depositanti delle succursali comunitarie delle banche italiane; essi possono altresì prevedere la tutela dei depositanti delle succursali extracomunitarie delle banche italiane] (4).

[3. Sono ammessi al rimborso i crediti relativi ai fondi acquisiti dalle banche con obbligo di restituzione, sotto forma di depositi o sotto altra forma, nonché agli assegni circolari e agli altri titoli di credito ad essi assimilabili] (4).

[4. Sono esclusi dalla tutela:

a) i depositi e gli altri fondi rimborsabili al portatore;

b) le obbligazioni e i crediti derivanti da accettazioni, pagherò cambiari ed operazioni in titoli;

c) il capitale sociale, le riserve e gli altri elementi patrimoniali della banca;

c bis) gli strumenti finanziari disciplinati dal codice civile;

d) i depositi derivanti da transazioni in relazione alle quali sia intervenuta una condanna per i reati previsti negli articoli 648 *bis* e 648 *ter* c.p.;

e) i depositi delle amministrazioni dello Stato, degli enti regionali, provinciali, comunali e degli altri enti pubblici territoriali;

f) i depositi effettuati da banche in nome e per conto proprio, nonché i crediti delle stesse;

g) i depositi delle società finanziarie e delle società di partecipazione finanziaria mista indicate nell'articolo 59, primo comma, lettere *b*) e *b bis*); delle compagnie di assicurazione; degli organismi di investimento collettivo del risparmio; di altre società dello stesso gruppo bancario degli istituti di moneta elettronica;

h) i depositi, anche effettuati per interposta persona, dei componenti gli organi sociali e dell'alta direzione della banca o della capogruppo del gruppo bancario;

i) i depositi, anche effettuati per interposta persona, dei titolari delle partecipazioni indicate nell'articolo 19;

l) i depositi per i quali il depositante ha ottenuto dalla banca, a titolo individuale, tassi e condizioni che hanno concorso a deteriorare la situazione finanziaria della banca, in base a quanto accertato dai commissari liquidatori] (4).

[5. Il limite di rimborso per ciascun depositante è pari a 100.000 euro. La Banca d'Italia aggiorna tale limite per adeguarlo alle eventuali variazioni apportate dalla Commissione europea in funzione del tasso di inflazione] (4).

[6. Sono ammessi al rimborso i crediti, non esclusi ai sensi del quarto comma, che possono essere fatti valere nei confronti della banca in liquidazione coatta amministrativa, secondo quanto previsto dalla sezione III del presente titolo] (4).

[7. Il rimborso è effettuato entro venti giorni lavorativi dalla data in cui si producono gli effetti del provvedimento di liquidazione coatta ai sensi dell'articolo 83, comma 1. Il termine può essere prorogato dalla Banca d'Italia, in circostanze del tutto eccezionali per un periodo complessivo non superiore a 10 giorni lavorativi] (4).

[8. I sistemi di garanzia subentrano nei diritti dei depositanti nei confronti della banca in liquidazione coatta amministrativa nei limiti dei rimborsi effettuati e, entro tali limiti, percepiscono i riparti erogati dalla liquidazione in via prioritaria rispetto ai depositanti destinatari dei rimborsi medesimi] ([4]).

([1]) *Questo articolo è stato introdotto dall'articolo 2, comma 1, del D.L.vo 4 dicembre 1996, n. 659, attuativo della direttiva comunitaria sui sistemi di tutela dei depositanti.*

([2]) *Questo comma è stato così sostituito dall'art. 1, comma 5, lett. a), del D.L.vo 15 febbraio 2016, n. 30.*

([3]) *Questo comma è stato inserito dall'art. 1, comma 5, lett. b), del D.L.vo 15 febbraio 2016, n. 30.*

([4]) *Questo comma è stato abrogato dall'art. 1, comma 5, lett. c), del D.L.vo 15 febbraio 2016, n. 30.*

96 *bis*.1. ([1]) **Depositi ammissibili al rimborso e ammontare massimo rimborsabile.** – 1. Sono ammissibili al rimborso i crediti che possono essere fatti valere nei confronti della banca in liquidazione coatta amministrativa, secondo quanto previsto dalla Sezione III, relativi ai fondi acquisiti dalla banca con obbligo di restituzione, sotto forma di depositi o sotto altra forma, nonché agli assegni circolari e agli altri titoli di credito ad essi assimilabili.

2. In deroga al comma 1, non sono ammissibili al rimborso:

a) i depositi effettuati in nome e per conto proprio da banche, enti finanziari come definiti dall'articolo 4, paragrafo 1, punto 26), del regolamento (UE) n. 575/2013 del Parlamento europeo e del Consiglio del 26 giugno 2013, imprese di investimento, imprese di assicurazione, imprese di riassicurazione, organismi di investimento collettivo del risparmio, fondi pensione, nonché enti pubblici;

b) i fondi propri come definiti dall'articolo 4, paragrafo 1, punto 118), del regolamento (UE) n. 575/2013 del Parlamento europeo o del Consiglio del 26 giugno 2013;

c) i depositi derivanti da transazioni in relazione alle quali sia intervenuta una condanna definitiva per i reati previsti dagli articoli 648 *bis* e 648 *ter* del codice penale; resta fermo quanto previsto dall'articolo 648 *quater* del codice penale.

d) i depositi i cui titolari, al momento dell'avvio della procedura di liquidazione coatta amministrativa, non risultano identificati ai sensi della disciplina in materia di prevenzione dell'utilizzo del sistema finanziario a scopo di riciclaggio dei proventi di attività criminose e di finanziamento del terrorismo;

e) le obbligazioni e i crediti derivanti da accettazioni, pagherò cambiari e operazioni in titoli.

3. L'ammontare massimo oggetto di rimborso ai sensi dell'articolo 96 *bis*, comma 1 *bis*, lettera *a*), è pari a 100.000 euro per ciascun depositante. Il limite è adeguato ai sensi dell'articolo 6,paragrafo 7, della direttiva 2014/49/UE.

4. Il limite indicato al comma 3 non si applica, nei nove mesi successivi al loro accredito o al momento in cui divengono disponibili, ai depositi di persone fisiche aventi ad oggetto importi derivanti da:

a) operazioni relative al trasferimento o alla costituzione di diritti reali su unità immobiliari adibite ad abitazione;

b) divorzio, pensionamento, scioglimento del rapporto di lavoro, invalidità o morte;

c) il pagamento di prestazioni assicurative, di risarcimenti o di indennizzi in relazione a danni per fatti considerati dalla legge come reati contro la persona o per ingiusta detenzione.

5. Ai fini del calcolo del limite di cui al comma 3:

a) i depositi presso un conto di cui due o più soggetti sono titolari come partecipanti di un ente senza personalità giuridica sono trattati come se fossero effettuati da un unico depositante;

b) se più soggetti hanno pieno diritto sulle somme depositate su un conto, la quota spettante a ciascuno di essi è considerata nel calcolo;

c) si tiene conto della compensazione di eventuali debiti del depositante nei confronti della banca, se esigibili alla data in cui si producono gli effetti del provvedimento di liquidazione coatta amministrativa ai sensi dell'articolo 83, comma 1, nella misura in cui la compensazione è possibile a norma delle disposizioni di legge o di previsioni contrattuali applicabili.

([1]) *Questo articolo è stato inserito dall'art. 1, comma 6, del D.L.vo 15 febbraio 2016, n. 30.*

96 *bis*.2. ([1]) **Modalità del rimborso dei depositi.** – 1. Il rimborso è effettuato entro sette giorni lavorativi ([2]) ([3]) dalla data in cui si producono gli effetti del provvedimento di liquidazione coatta amministrativa ai sensi dell'articolo 83, comma 1, senza che sia necessario presentare alcuna richiesta al sistema di garanzia. A tal fine, la banca aderente trasmette tempestivamente al sistema di garanzia le informazioni necessarie sui depositi e sui depositanti su richiesta del sistema stesso. Il rimborso è effettuato in euro o nella valuta dello Stato dove risiede il titolare del deposito; se il conto è denominato in una valuta diversa, il tasso di cambio utilizzato è quello della data in cui si producono gli effetti del provvedimento di liquidazione coatta amministrativa ai sensi dell'articolo 83, comma 1.

2. Il sistema di garanzia può differire il rimborso nei seguenti casi:

a) vi è incertezza sul diritto del titolare a ricevere il rimborso o il deposito è oggetto di una controversia in sede giudiziale o presso un organismo di risoluzione stragiudiziale delle controversie, la cui definizione incide su tale diritto o sull'ammontare del rimborso;

b) il deposito è soggetto a misure restrittive imposte da uno Stato o da un'organizzazione internazionale, finchè detta misura restrittiva è efficace;

c) se non è stata effettuata alcuna operazione relativa al deposito nei ventiquattro mesi precedenti la data di cui al comma 1; in questo caso il rimborso è effettuato entro sei mesi dalla data di cui al comma 1, fermo restando che non è dovuto alcun rimborso se il valore del deposito è inferiore ai costi amministrativi che il sistema di garanzia sosterrebbe per effettuare il rimborso medesimo;

d) l'importo da rimborsare come definito dall'articolo 96 *bis*.1, comma 4, eccede 100.000 euro; il differimento opera per la sola eccedenza e il rimborso è effettuato entro sei mesi dalla data prevista dal comma 1;

e) il rimborso va effettuato ai sensi dell'articolo 96 *quater*.2, comma 2; in tal caso, il termine di cui al comma 1 decorre dalla data in cui il sistema di garanzia riceve le risorse.

3. In deroga al comma 1, se un depositante, o altra persona avente diritto o un interesse sulle somme depositate su un conto, è sottoposto a un procedimento penale, a misura di prevenzione o a provvedimenti di sequestro connessi con il riciclaggio di proventi di attività illecite, il sistema di garanzia può sospendere i pagamenti relativi al depositante fino al passaggio in giudicato della sentenza di proscioglimento o assoluzione. Resta fermo quanto previsto dall'articolo 96 *bis*.1, comma 2, lettera *c*).

4. Il diritto al rimborso si estingue decorsi cinque anni dalla data in cui si producono gli effetti del provvedimento di avvio della liquidazione coatta amministrativa ai sensi dell'articolo 83, comma 1. La decadenza è impedita dalla proposizione della domanda giudiziale, salvo che il processo si estingua, o dal riconoscimento del diritto da parte del sistema di garanzia.

5. I sistemi di garanzia, quando effettuano i rimborsi ai sensi dell'articolo 96 *bis*, comma 1 *bis*, lettera *a*), subentrano nei diritti dei depositanti nei confronti della banca in liquidazione coatta amministrativa nei limiti dei rimborsi effettuati, beneficiando della preferenza di cui all'articolo 91, comma1 *bis*, lettera *b*), numero 2).

(1) *Questo articolo è stato inserito dall'art. 1, comma 6, del D.L.vo 15 febbraio 2016, n. 30.*

(2) *A norma dell'art. 4, comma 4, del D.L.vo 15 febbraio 2016, n. 30, questo termine di sette giorni lavorativi si applica a partire dal 1° gennaio 2024. Fino a tale data, il termine entro il quale il sistema di garanzia dei depositanti effettua i rimborsi è pari a:*

a) *20 giorni lavorativi fino al 31 dicembre 2018;*

b) *15 giorni lavorativi dal 1° gennaio 2019 al 31 dicembre 2020;*

c) *10 giorni lavorativi dal 1° gennaio 2021 al 31 dicembre 2023.*

(3) *A norma dell'art. 4, comma 5, del D.L.vo 15 febbraio 2016, n. 30, fino al 31 dicembre 2023, se il sistema di garanzia dei depositanti non è in grado di effettuare i rimborsi entro questo termine di sette giorni lavorativi, esso assicura comunque che ciascun titolare di un deposito protetto che ne abbia fatto richiesta riceva, entro cinque giorni lavorativi dalla richiesta, un importo sufficiente per consentirgli di far fronte alle spese correnti, a valere sull'importo dovuto per il rimborso. L'importo è determinato dal sistema di garanzia, sulla base di criteri stabiliti dallo statuto. Si applica l'articolo 96* bis.2*, comma 2, del presente decreto legislativo n. 385/1993.*

96 *bis*.3. (1) **Obblighi dei sistemi di garanzia.** – 1. I sistemi di garanzia:

a) dispongono di assetti di governo, di strutture organizzative e di sistemi di controllo adeguati allo svolgimento della loro attività (2);

b) effettuano con regolarità, almeno ogni tre anni, prove di resistenza della propria capacità di effettuare gli interventi di cui all'articolo 96 *bis*: a tal fine essi possono chiedere informazioni alla banche aderenti, che sono conservate per il tempo strettamente necessario allo svolgimento delle prove di resistenza;

c) redigono la corrispondenza con i depositanti delle banche aderenti nella lingua o nelle lingue utilizzate dalla banca presso cui si trova il deposito protetto per le comunicazioni con i propri depositanti ai sensi del Titolo VI o in una delle lingue ufficiali dello Stato membro in cui è stabilita la succursale presso cui è costituito il deposito protetto;

d) garantiscono la riservatezza di notizie, informazioni e dati in loro possesso in ragione della propria attività istituzionale;

e) redigono il proprio bilancio, soggetto a revisione legale dei conti.

2. I componenti degli organi dei sistemi di garanzia e a coloro che prestano la loro attività per essi sono vincolati al segreto professionale in relazione alle notizie, le informazioni e i dati indicati al comma 1, lettera *d*).

3. Ai soggetti che svolgono funzioni di amministrazione, direzione e controllo presso i sistemi di garanzia si applica l'articolo 26, ad eccezione del comma 3, lettere *c*) ed *e*) (3).

(1) *Questo articolo è stato inserito dall'art. 1, comma 6, del D.L.vo 15 febbraio 2016, n. 30.*

(2) *A norma dell'art. 4, comma 6, del D.L.vo 15 febbraio 2016, n. 30, i sistemi di garanzia dei depositanti riconosciuti alla data di entrata in vigore del presente decreto si adeguano entro 12 mesi da tale data a quanto previsto dalla presente lettera* a).

(3) *A norma dell'art. 4, comma 7, del D.L.vo 15 febbraio 2016, n. 30, questo comma si applica a partire dal primo rinnovo degli organi che svolgono funzioni di amministrazione, direzione e controllo dei sistemi di garanzia a seguito dell'entrata in vigore del presente decreto.*

96 *bis*.4. (1) **Informazioni da fornire ai sistemi di garanzia.** – 1. I sistemi di garanzia possono chiedere ai propri aderenti le informazioni necessarie ai fini del rimborso dei depositanti. A tal fine, le banche classificano i depositi in modo da consentire l'immediata identificazione di quelli ammessi al rimborso.

(1) *Questo articolo è stato inserito dall'art. 1, comma 6, del D.L.vo 15 febbraio 2016, n. 30.*

96 *ter*. (1) **Poteri della Banca d'Italia.** – 1. La Banca d'Italia, avendo riguardo alla tutela dei depositanti e alla capacità dei sistemi di garanzia di effettuare i rimborsi dei depositi protetti:

a) riconosce i sistemi di garanzia, approvandone gli statuti, a condizione che i sistemi stessi presentino caratteristiche adeguate allo svolgimento delle funzioni disciplinate dalla presente sezione e tali da comportare una ripartizione equilibrata dei rischi di insolvenza sul sistema bancario; se lo statuto prevede che possano essere attuati gli interventi indicati all'articolo 96 *bis*, comma 1 *bis*, lettera *d*), verifica che il sistema di garanzia sia dotato di procedure e sistemi appropriati per selezionare la tipologia di intervento, darvi esecuzione e monitorarne i rischi;

b) vigila sul rispetto di quanto previsto ai sensi della presente sezione; a tal fine si applicano, in quanto compatibili, gli articoli 51, comma 1, 52 e 53 *bis*, comma 1, lettere *a*), *b*) e *c*), nonché, al fine di verificare l'esattezza dei dati e delle informazioni forniti alla Banca d'Italia, l'articolo 54, comma 1;

c) verifica che la tutela offerta dai sistemi di garanzia esteri cui aderiscono le succursali italiane di banche extracomunitarie sia equivalente a quella offerta dai sistemi di garanzia italiani ai sensi di quanto previsto all'articolo 96, comma 3;

d) le procedure di coordinamento con le autorità degli Stati membri in ordine all'adesione delle succursali di banche comunitarie a un sistema di garanzia italiano e alla loro esclusione dallo stesso;

e) congiuntamente alle autorità degli Stati membri interessati, approva l'istituzione di sistemi di garanzia transfrontalieri o la fusione fra sistemi di garanzia di Stati membri diversi e partecipa alla vigilanza su di essi;

f) informa senza indugio i sistemi di garanzia se rileva che una banca aderente presenta criticità tali da poter determinare l'attivazione del sistema;

g) può emanare disposizioni attuative delle norme contenute nella presente Sezione.

2. I sistemi di garanzia informano tempestivamente la Banca d'Italia degli atti e degli eventi di maggior rilievo relativi all'esercizio delle proprie funzioni e trasmettono, entro il 31 marzo di ogni anno, una relazione dettagliata sull'attività svolta nell'anno precedente e sul piano delle attività predisposto per l'anno in corso.

(1) *Questo articolo, introdotto dall'art. 2, comma 1, del D.L.vo 4 dicembre 1996, n. 659, attuativo della direttiva comunitaria sui sistemi di tutela dei depositanti, è stato, da ultimo, così sostituito dall'art. 1, comma 7, del D.L.vo 15 febbraio 2016, n. 30.*

96 *quater*. (1) **Esclusione.** – 1. Le banche possono essere escluse dai sistemi di garanzia in caso di inadempimento di eccezionale gravità agli obblighi derivanti dall'adesione ai sistemi stessi.

2. L'inadempimento è contestato dal sistema di garanzia, previo assenso della Banca d'Italia, concedendo alla banca un termine di sei mesi per adempiere. Decorso inutilmente il termine, prorogabile per un periodo non superiore a tre mesi, i sistemi di garanzia comunicano alla banca l'esclusione.

3. Sono protetti dal sistema di garanzia i fondi acquisiti fino alla data di ricezione della comunicazione di esclusione. Di tale comunicazione la banca esclusa dà tempestiva notizia ai depositanti secondo le modalità indicate dalla Banca d'Italia ai sensi del titolo VI.

4. La mancata adesione a un sistema di garanzia, o l'esclusione da esso, comporta la revoca dell'autorizzazione all'attività bancaria. Resta ferma la possibilità di disporre la liquidazione coatta amministrativa ai sensi dell'articolo 80 o la risoluzione ai sensi dell'articolo 32 del decreto legislativo 16 novembre 2015, n. 180.

(¹) *Questo articolo, introdotto dall'art. 2, comma 1, del D.L.vo 4 dicembre 1996, n. 659, attuativo della direttiva comunitaria sui sistemi di tutela dei depositanti, è stato, da ultimo, così sostituito dall'art. 1, comma 8, del D.L.vo 15 febbraio 2016, n. 30.*

96 *quater*.1. (¹) **Prestiti fra sistemi di garanzia.** – 1. Un sistema di garanzia può erogare prestiti su base volontaria a un altro sistema di garanzia, anche se istituito in uno altro Stato membro, se quest'ultimo:

a) non è in grado di adempiere i propri obblighi di rimborso a causa dell'insufficienza della propria dotazione finanziaria;

b) ha già fatto ricorso ai contributi straordinari;

c) utilizza i fondi presi a prestito per il rimborso dei depositanti;

d) non deve rimborsare un prestito ad altri sistemi di garanzia;

e) indica l'importo richiesto, comunque non superiore allo 0,5 per cento dei depositi da esso garantiti, ad eccezione di quelli indicati all'articolo 96 *bis*.1, comma 4;

f) informa senza indugio l'ABE, dando comunicazione di quanto previsto alle lettere *a*), *b*), *c*), *d*), ed *e*).

2. L'erogazione del prestito è soggetta alle seguenti condizioni:

a) il prestito è rimborsato entro cinque anni; gli interessi sono corrisposti solo al momento del rimborso;

b) il tasso di interesse è pari almeno al tasso per operazioni di rifinanziamento marginale della Banca centrale europea durante la durata del prestito;

c) il sistema di garanzia mutuante informa l'ABE del tasso di interesse iniziale e della durata del prestito.

3. Se un sistema di garanzia ha preso in prestito fondi ai sensi del presente articolo, i contributi da versare al sistema sono determinati in misura sufficiente a ripagare l'importo preso a prestito e ristabilire la dotazione finanziaria quanto prima.

(¹) *Questo articolo è stato inserito dall'art. 1, comma 9, del D.L.vo 15 febbraio 2016, n. 30.*

96 *quater*.2. (¹) **Cooperazione fra sistemi di garanzia dei depositanti.** – 1. Il rimborso dei depositanti delle succursali italiane di banche comunitarie è effettuato dal sistema di garanzia italiano individuato dalla Banca d'Italia, per conto del sistema di garanzia dello Stato membro di origine e dopo che quest'ultimo gli ha fornito i fondi necessari. Il sistema di garanzia italiano:

a) effettua i rimborsi conformemente alle istruzioni del sistema di garanzia dello Stato membro di origine e a fronte di un indennizzo per le spese sostenute; il sistema di garanzia italiano che effettua il rimborso non è responsabile degli atti compiuti conformemente alle istruzioni ricevute;

b) informa i depositanti interessati per conto del sistema di garanzia dello Stato membro di origine ed è abilitato a ricevere la corrispondenza proveniente da questi depositanti e indirizzata al sistema dello Stato membro di origine.

2. Quando si procede al rimborso dei depositi di una banca italiana con succursali stabilite in altri Stati membri, il sistema di garanzia cui la banca aderisce:

a) impartisce istruzioni al sistema di garanzia dello Stato membro ai fini del rimborso;

b) fornisce senza indugio al sistema di garanzia dello Stato membro i fondi necessari ai fini del rimborso e lo indennizza dei costi sostenuti.

3. I sistemi di garanzia istituiti in Italia scambiano con i sistemi di garanzia degli Stati membri in cui sono stabilite succursali di banche italiane le informazioni acquisite nell'ambito della propria attività istituzionale. Ai dati ricevuti si applica l'articolo 96 *bis*.3, commi 1, lettera *d*), e 2.

4. I sistemi di garanzia concludono fra di essi accordi di cooperazione, che tengono conto dei requisiti di cui all'articolo 96 *bis*.3, commi 1, lettera *d*), e 2. L'assenza degli accordi non influisce sui diritti dei depositanti. Gli accordi sono trasmessi alla Banca d'Italia, che ne informa l'ABE. In mancanza di un accordo o se vi è una disputa circa la sua interpretazione, il sistema di garanzia può deferire la questione all'ABE conformemente all'articolo 19 del regolamento (UE) n. 1093/2010.

5. Un sistema di garanzia istituito e riconosciuto in Italia può fondersi con sistemi di garanzia di altri Stati membri. Possono essere istituiti sistemi di garanzia transfrontalieri.

(¹) *Questo articolo è stato inserito dall'art. 1, comma 9, del D.L.vo 15 febbraio 2016, n. 30.*

96 *quater*.3. (1) **Adesione ad altro sistema di garanzia.** – 1. Una banca che intende aderire a un diverso sistema di garanzia, anche se istituito in un altro Stato membro, ne dà comunicazione con almeno sei mesi di anticipo alla Banca d'Italia e al sistema di garanzia a cui aderisce. Durante questo periodo, la banca è tenuta a versare i contributi al sistema di garanzia cui aderisce. Al momento dell'adesione al nuovo sistema, il sistema originario trasferisce al nuovo sistema i contributi ricevuti dalla banca durante i dodici mesi precedenti, ad eccezione dei contributi straordinari di cui all'articolo 96.2, comma 3.

2. Il trasferimento dei contributi previsto dal comma 1 non si applica se la banca è stata esclusa da un sistema di garanzia.

3. Se, a seguito di cessione, alcuni depositi della banca cedente divengono protetti da un sistema di garanzia diverso rispetto a quello a cui aderisce la banca cedente, il sistema cui aderisce la banca cedente trasferisce all'altro i contributi ricevuti dalla banca cedente durante i dodici mesi precedenti, ad eccezione dei contributi straordinari di cui all'articolo 96.2, comma 3, in proporzione all'importo dei depositi protetti trasferiti ad eccezione di quelli indicati all'articolo 96 *bis*.1, comma 4. Il presente comma si applica anche in caso di fusione o di scissione.

(1) *Questo articolo è stato inserito dall'art. 1, comma 9, del D.L.vo 15 febbraio 2016, n. 30.*

96 *quater*.4. (1) **Interventi finanziati su base volontaria.** – 1. Fermo restando quanto previsto dall'articolo 96 *bis*, comma 1 *bis*, lettera *d*), e per le stesse finalità ivi indicate, il sistema di garanzia può effettuare, se previsto dallo statuto e secondo le modalità concordate tra le banche, interventi mediante risorse corrisposte su base volontaria dalle banche aderenti e senza ricorso alla dotazione finanziaria prevista dall'articolo 96.1. A tali risorse si applica l'articolo 96.1, comma 5.

(1) *Questo articolo è stato inserito dall'art. 1, comma 9, del D.L.vo 15 febbraio 2016, n. 30.*

96 *quinquies*. (1) **Liquidazione ordinaria.** – 1. Le banche informano tempestivamente la Banca d'Italia del verificarsi di una causa di scioglimento della società. La Banca d'Italia accerta la sussistenza dei presupposti per un regolare svolgimento della procedura di liquidazione.

2. Non si può dar corso all'iscrizione nel registro delle imprese degli atti che deliberano o dichiarano lo scioglimento della società se non consti l'accertamento di cui al comma 1.

3. L'iscrizione di cui al comma 2 comporta la decadenza dall'autorizzazione all'attività bancaria a decorrere dal termine fissato dalla Banca d'Italia nell'accertamento di cui al comma 1 (2). La decadenza non impedisce, previa autorizzazione della Banca d'Italia, la prosecuzione di attività ai sensi dell'articolo 2487 del codice civile.

4. Nei confronti della società in liquidazione restano fermi i poteri delle autorità creditizie previsti nel presente decreto.

(1) *Questo articolo è stato inserito dall'art. 7 del D.L.vo 9 luglio 2004, n. 197.*

(2) *Le parole: «a decorrere dal termine fissato dalla Banca d'Italia nell'accertamento di cui al comma 1» sono state inserite dall'art. 1, comma 19, del D.L.vo 14 novembre 2016, n. 223.*

Sezione V
Liquidazione volontaria (1)

(1) *Questa intitolazione è stata introdotta dall'articolo 3, comma 1, del D.L.vo 4 dicembre 1996, n. 659, attuativo della direttiva comunitaria sui sistemi di tutela dei depositanti.*

97. Sostituzione degli organi della liquidazione ordinaria. – 1. Fermo restando quanto previsto dall'articolo 80, se la procedura di liquidazione di una banca secondo le norme ordinarie non si svolge con regolarità o con speditezza, la Banca d'Italia può disporre la sostituzione dei liquidatori, nonché dei membri degli organi di sorveglianza, determinandone il relativo compenso a carico della società (1).

2. Il provvedimento di sostituzione è pubblicato secondo le modalità previste dall'articolo 81, comma 2.

3. La sostituzione degli organi liquidatori non comporta il mutamento della procedura di liquidazione.

(1) *Le parole: «, determinandone il relativo compenso a carico della società» sono state aggiunte dall'art. 1, comma 43, del D.L.vo 16 novembre 2015, n. 181.*

A norma dell'art. 3, comma 4, del medesimo provvedimento, tali disposizioni si applicano anche alle procedure di liquidazione coatta amministrativa in corso alla data di entrata in vigore del presente decreto e per le quali non sia stato già autorizzato il deposito della documentazione finale.

A norma dell'art. 3, comma 5, del medesimo provvedimento, per le procedure di cui al comma 4 del medesimo articolo, le sentenze pronunciate dopo l'entrata in vigore del suddetto decreto, ai sensi dell'articolo

87, sono impugnabili esclusivamente con il ricorso per cassazione di cui al comma 2 del citato articolo 87. Si applica l'articolo 88 del D.L.vo n. 385/1993, come modificato dal presente decreto.

A norma dell'art. 3, comma 5, del medesimo provvedimento, per le procedure di cui al comma 4 del medesimo articolo, il termine per la proposizione delle domande tardive di cui all'articolo 89 del D.L.vo n. 385/1993, come modificato dal presente decreto, decorre dall'entrata in vigore di quest'ultimo.

A norma dell'art. 3, comma 6, del medesimo provvedimento, per gli aspetti non disciplinati da questo articolo, alle procedure di liquidazione coatta amministrativa in corso alla data di entrata in vigore del presente decreto si continuano ad applicare le disposizioni del titolo IV del D.L.vo n. 385/1993, nel testo vigente prima dell'entrata in vigore del presente decreto.

A norma dell'art. 3, comma 7, del medesimo provvedimento, i commi 3, 4, 5 e 6, del citato articolo 3, si applicano anche alle procedure di amministrazione straordinaria e liquidazione coatta amministrativa previste dal decreto legislativo 24 febbraio 1998, n. 58, in relazione alle disposizioni indicate dai medesimi commi e a esse applicabili.

Sezione V *bis*
Responsabilità per illecito amministrativo dipendente da reato [1]

[1] *Questa sezione è stata inserita dall'art. 8 del D.L.vo 9 luglio 2004, n. 197.*

97 *bis*. Responsabilità per illecito amministrativo dipendente da reato. – 1. Il pubblico ministero che iscrive, ai sensi dell'articolo 55 del decreto legislativo 8 giugno 2001, n. 231, nel registro delle notizie di reato un illecito amministrativo a carico di una banca ne dà comunicazione alla Banca d'Italia e, con riguardo ai servizi di investimento, anche alla CONSOB. Nel corso del procedimento, ove il pubblico ministero ne faccia richiesta, vengono sentite la Banca d'Italia e, per i profili di competenza, anche la CONSOB, le quali hanno, in ogni caso, facoltà di presentare relazioni scritte.

2. In ogni grado del giudizio di merito, prima della sentenza, il giudice dispone, anche d'ufficio, l'acquisizione dalla Banca d'Italia e dalla CONSOB, per i profili di specifica competenza, di aggiornate informazioni sulla situazione della banca, con particolare riguardo alla struttura organizzativa e di controllo.

3. La sentenza irrevocabile che irroga nei confronti di una banca le sanzioni interdittive previste dall'articolo 9, comma 2, lettere *a*) e *b*), del decreto legislativo 8 giugno 2001, n. 231, decorsi i termini per la conversione delle sanzioni medesime, è trasmessa per l'esecuzione dall'Autorità giudiziaria alla Banca d'Italia. A tale fine la Banca d'Italia può proporre o adottare gli atti previsti dal titolo IV, avendo presenti le caratteristiche della sanzione irrogata e le preminenti finalità di salvaguardia della stabilità e di tutela dei diritti dei depositanti e della clientela.

4. Le sanzioni interdittive indicate nell'articolo 9, comma 2, lettere *a*) e *b*), del decreto legislativo 8 giugno 2001, n. 231, non possono essere applicate in via cautelare alle banche. Alle medesime non si applica, altresì, l'articolo 15 del decreto legislativo 8 giugno 2001, n. 231.

5. Il presente articolo si applica, in quanto compatibile, alle succursali italiane di banche comunitarie o extracomunitarie.

Capo II
Gruppo bancario

Sezione I
Capogruppo

98. Amministrazione straordinaria. – 1. Salvo quanto previsto dal presente articolo, alla capogruppo di un gruppo bancario si applicano le norme del presente titolo, capo 1, sezione 1.

2. L'amministrazione straordinaria della capogruppo, oltre che nei casi previsti dall'articolo 70, può essere disposta quando:

a) risultino gravi inadempienze nell'esercizio dell'attività prevista dall'articolo 61, comma 4;

b) una delle società del gruppo bancario sia stata sottoposta alla procedura del fallimento, dell'amministrazione controllata, del concordato preventivo, della liquidazione coatta amministrativa, della risoluzione [1] dell'amministrazione straordinaria ovvero ad altra analoga procedura prevista da leggi speciali, nonché quando sia stato nominato l'amministratore giudiziario secondo le disposizioni del codice civile in materia di denuncia al tribunale di gravi irregolarità nella gestione e possa essere alterato in modo grave l'equilibrio finanziario o gestionale del gruppo [2].

3. L'amministrazione straordinaria dura un anno, salvo che il provvedimento con cui è disposta non preveda un termine più breve o la Banca d'Italia ne autorizzi la chiusura anticipata. La procedura può essere prorogata per lo stesso periodo di un anno dalla Banca d'Italia, anche più di una volta, se sussistono i presupposti indicati nell'articolo 70 e nel comma 2 del presente articolo. In tal

caso, la proroga può riguardare anche le procedure di amministrazione straordinaria relative alle società appartenenti al gruppo. Il provvedimento di proroga è pubblicato per estratto nella *Gazzetta Ufficiale* della Repubblica italiana (³).

4. I commissari straordinari, sentito il comitato di sorveglianza, previa autorizzazione della Banca d'Italia, possono revocare o sostituire, anche in parte, gli amministratori delle società del gruppo al fine di realizzare i mutamenti degli indirizzi gestionali che si rendano necessari. I nuovi amministratori restano in carica al massimo sino al termine dell'amministrazione straordinaria della capogruppo. Gli amministratori revocati hanno titolo esclusivamente a un indennizzo corrispondente ai compensi ordinari a essi spettanti per la durata residua del mandato ma, comunque, per un periodo non superiore a sei mesi.

5. I commissari straordinari possono richiedere l'accertamento giudiziale dello stato di insolvenza delle società appartenenti al gruppo.

6. I commissari possono richiedere alle società del gruppo i dati, le informazioni e ogni altro elemento utile per adempiere al proprio mandato.

7. Al fine di agevolare il superamento di difficoltà finanziarie, i commissari possono disporre la sospensione dei pagamenti nelle forme e con gli effetti previsti dall'articolo 74, i cui termini sono triplicati.

8. La Banca d'Italia può disporre che sia data notizia, mediante speciali forme di pubblicità, dell'avvenuto deposito del bilancio previsto dall'articolo 75, comma 2.

(¹) *Le parole: «della risoluzione» sono state inserite dall'art. 1, comma 44, lett.* a), *del D.L.vo 16 novembre 2015, n. 181. Tali disposizioni si applicano alle procedure di amministrazione straordinaria e di liquidazione coatta amministrativa avviate successivamente all'entrata in vigore del suddetto decreto.*

(²) *Questa lettera è stata così sostituita dall'art. 9.31 del D.L.vo 17 gennaio 2003, n. 6, così come inserito dall'art. 2 del D.L.vo 6 febbraio 2004, n. 37.*

(³) *Questo comma è stato così sostituito dall'art. 1, comma 44, lett.* b), *del D.L.vo 16 novembre 2015, n. 181. Tali disposizioni si applicano alle procedure di amministrazione straordinaria e di liquidazione coatta amministrativa avviate successivamente all'entrata in vigore del suddetto decreto.*

Si riporta il testo previgente:

«3. L'amministrazione straordinaria della capogruppo dura un anno dalla data di emanazione del decreto del Ministro dell'economia e delle finanze, salvo che sia prescritto un termine più breve dal decreto medesimo o che la Banca d'Italia ne autorizzi la chiusura anticipata. In casi eccezionali la procedura può essere prorogata per un periodo non superiore a un anno».

A norma dell'art. 3, comma 3, del medesimo provvedimento, le proroghe, nel testo vigente prima della data di entrata in vigore del presente decreto, sono disposte dalla Banca d'Italia.

A norma dell'art. 3, comma 7, del medesimo provvedimento, i commi 3, 4, 5 e 6, del citato articolo 3, si applicano anche alle procedure di amministrazione straordinaria e liquidazione coatta amministrativa previste dal decreto legislativo 24 febbraio 1998, n. 58, in relazione alle disposizioni indicate dai medesimi commi e a esse applicabili.

98 *bis*. (¹) [**Rimozione collettiva dei componenti degli organi di amministrazione e controllo. –** 1. La Banca d'Italia può disporre la rimozione di tutti i componenti degli organi con funzioni di amministrazione e di controllo della capogruppo al ricorrere dei presupposti indicati all'articolo 70, comma 1, lettera *a*), e 98, comma 2, lettera *a*). Si applica il comma 4 dell'articolo 70.

2. Il provvedimento fissa la data da cui decorre la rimozione dei componenti degli organi. La Banca d'Italia convoca l'assemblea della capogruppo per il rinnovo degli organi con funzioni di amministrazione e controllo.

3. Resta salva la possibilità in ogni momento di disporre l'amministrazione straordinaria della capogruppo di cui all'articolo 98, secondo le modalità e con gli effetti previsti dal presente capo].

(¹) *Questo articolo, inserito dall'art. 1, comma 33, del D.L.vo 12 maggio 2015, n. 72, è stato, da ultimo, abrogato, dall'art. 1, comma 45, del D.L.vo 16 novembre 2015, n. 181. Tali disposizioni si applicano alle procedure di amministrazione straordinaria e di liquidazione coatta amministrativa avviate successivamente all'entrata in vigore del suddetto decreto.*

99. Liquidazione coatta amministrativa. – 1. Salvo quanto previsto nel presente articolo, alla capogruppo si applicano le norme del presente titolo, capo I, sezione II.

2. La liquidazione coatta amministrativa della capogruppo, oltre che nei casi previsti dall'articolo 80, può essere disposta quando le inadempienze nell'esercizio dell'attività prevista dall'articolo 61, comma 4, siano di eccezionale gravità.

3. I commissari liquidatori depositano annualmente presso l'ufficio del registro delle imprese una relazione sulla situazione contabile e sull'andamento della liquidazione, corredata da notizie sia sullo svolgimento delle procedure cui sono sot-

toposte altre società del gruppo sia sugli eventuali interventi a tutela dei depositanti. La relazione è accompagnata da un rapporto del comitato di sorveglianza. La Banca d'Italia può prescrivere speciali forme di pubblicità per rendere noto l'avvenuto deposito della relazione ([1]).

4. Si applicano le disposizioni dell'articolo 98, commi 5 e 6.

5. Quando sia accertato giudizialmente lo stato di insolvenza, compete ai commissari l'esperimento dell'azione revocatoria prevista dall'articolo 67 della legge fallimentare nei confronti di altre società del gruppo. L'azione può essere esperita per gli atti indicati ai numeri 1), 2) e 3) dell'articolo 67 della legge fallimentare che siano stati posti in essere nei cinque anni anteriori al provvedimento di liquidazione coatta e per gli atti indicati al numero 4) e al secondo comma dello stesso articolo che siano stati posti in essere nei tre anni anteriori.

([1]) *Questo comma è stato così sostituito dall'art. 9.32 del D.L.vo 17 gennaio 2003, n. 6, così come inserito dall'art. 2 del D.L.vo 6 febbraio 2004, n. 37.*

Sezione II
Società del gruppo

100. Amministrazione straordinaria. – 1. Salvo quanto previsto nel presente articolo, quando la capogruppo sia sottoposta ad amministrazione straordinaria o a liquidazione coatta amministrativa, alle società del gruppo si applicano, ove ne ricorrano i presupposti, le norme del presente titolo, capo I, sezione I. L'amministrazione straordinaria può essere richiesta alla Banca d'Italia anche dai commissari straordinari e dai commissari liquidatori della capogruppo.

2. Quando presso una società del gruppo sia in corso l'amministrazione controllata o sia stato nominato l'amministratore giudiziario secondo le disposizioni del codice civile in materia di denuncia al tribunale di gravi irregolarità nella gestione, le relative procedure si convertono in amministrazione straordinaria ([1]).

3. Quando le società del gruppo da sottoporre all'amministrazione straordinaria siano soggette a vigilanza, il relativo provvedimento è adottato sentita l'Autorità che esercita la vigilanza, alla quale, in caso di urgenza, potrà essere fissato un termine per la formulazione del parere.

4. La durata dell'amministrazione straordinaria è indipendente da quella della procedura cui è sottoposta la capogruppo. Si applicano le disposizioni dell'articolo 98, comma 8.

5. Al fine di agevolare il superamento di difficoltà finanziarie, i commissari straordinari, d'intesa con i commissari straordinari o liquidatori della capogruppo, possono disporre la sospensione dei pagamenti nelle forme e con gli effetti previsti dall'articolo 74, i cui termini sono triplicati.

([1]) *Questo periodo è stato così sostituito dall'art. 9.33 del D.L.vo 17 gennaio 2003, n. 6, così come inserito dall'art. 2 del D.L.vo 6 febbraio 2004, n. 37.*

101. Liquidazione coatta amministrativa. – 1. Salvo quanto previsto nel presente articolo, quando la capogruppo sia sottoposta ad amministrazione straordinaria o a liquidazione coatta amministrativa, alle società del gruppo si applicano, qualora ne sia stato accertato giudizialmente lo stato di insolvenza, le norme del presente titolo, capo I, sezione III. Per le banche del gruppo resta ferma comunque la disciplina della sezione III. La liquidazione coatta può essere richiesta alla Banca d'Italia anche dai commissari straordinari e dai commissari liquidatori della capogruppo.

2. Quando presso società del gruppo siano in corso il fallimento, la liquidazione coatta o altre procedure concorsuali, queste si convertono nella liquidazione coatta disciplinata dal presente titolo. Fermo restando l'accertamento dello stato di insolvenza già operato, il Tribunale competente, anche d'ufficio, dichiara con sentenza in camera di consiglio che la società è soggetta alla procedura di liquidazione prevista dal presente articolo e ordina la trasmissione degli atti alla Banca d'Italia. Gli organi della cessata procedura e quelli della liquidazione provvedono con urgenza al passaggio delle consegne, dandone notizia con le forme di pubblicità stabilite dalla Banca d'Italia. Restano salvi gli effetti degli atti legalmente compiuti.

3. Ai commissari liquidatori sono attribuiti i poteri previsti dall'articolo 99, comma 5.

102. Procedure proprie delle singole società. – 1. Quando la capogruppo non sia sottoposta ad amministrazione straordinaria o a liquidazione coatta amministrativa, le società del gruppo sono soggette alle procedure previste dalle norme di legge a esse applicabili. Dei relativi provvedimenti viene data immediata comunicazione alla Banca d'Italia a cura dell'autorità amministrativa o giudiziaria che li ha emessi. Le autorità amministrative o giudiziarie che vigilano sulle procedure informano la Banca d'Italia di ogni circostanza, emersa nello svolgimento delle medesime, rilevante ai fini della vigilanza sul gruppo bancario.

Sezione III
Disposizioni comuni

103. Organi delle procedure. – 1. Fermo quanto disposto dagli articoli 71 e 81, le medesime persone possono essere nominate negli organi dell'amministrazione straordinaria e della liquidazione coatta amministrativa di società appartenenti allo stesso gruppo, quando ciò sia ritenuto utile per agevolare lo svolgimento delle procedure.

2. Il commissario che in una determinata operazione ha un interesse in conflitto con quello della società, a cagione della propria qualità di commissario di altra società del gruppo, deve darne notizia agli altri commissari, ove esistano, nonché al comitato di sorveglianza e alla Banca d'Italia. In caso di omissione, a detta comunicazione sono tenuti i membri del comitato di sorveglianza che siano a conoscenza della situazione di conflitto. Il comitato di sorveglianza può prescrivere speciali cautele e formulare indicazioni in merito all'operazione, dell'inosservanza delle quali i commissari sono personalmente responsabili. Ferma la facoltà di revocare e sostituire i componenti gli organi delle procedure, la Banca d'Italia può impartire direttive o disporre, ove del caso, la nomina di un commissario per compiere determinati atti.

3. Le indennità spettanti ai commissari e ai componenti del comitato di sorveglianza sono determinate dalla Banca d'Italia in base ai criteri dalla stessa stabiliti e sono a carico delle società. Le indennità sono determinate valutando in modo complessivo le prestazioni connesse alle cariche eventualmente ricoperte in altre procedure nel gruppo.

104. Competenze giurisdizionali. – 1. Quando la capogruppo sia sottoposta ad amministrazione straordinaria o a liquidazione coatta amministrativa, per l'azione revocatoria prevista dall'articolo 99, comma 5, nonché per tutte le controversie fra le società del gruppo è competente inderogabilmente [1] il tribunale nella cui circoscrizione ha la sede legale la capogruppo.

[2. Quando la capogruppo sia sottoposta ad amministrazione straordinaria o a liquidazione coatta amministrativa, per i ricorsi avverso i provvedimenti amministrativi concernenti o comunque connessi alle procedure di amministrazione straordinaria e di liquidazione coatta amministrativa della capogruppo e delle società del gruppo è competente il Tribunale amministrativo regionale con sede a Roma] [2].

([1]) *La parola: «inderogabilmente» è stata aggiunta dall'art. 1, comma 46, lett.* a), *del D.L.vo 16 novembre 2015, n. 181. Tali disposizioni si applicano alle procedure di amministrazione straordinaria e di liquidazione coatta amministrativa avviate successivamente all'entrata in vigore del suddetto decreto.*

([2]) *Questo comma è stato abrogato dall'art. 1, comma 46, lett.* b), *del D.L.vo 16 novembre 2015, n. 181. Tali disposizioni si applicano alle procedure di amministrazione straordinaria e di liquidazione coatta amministrativa avviate successivamente all'entrata in vigore del suddetto decreto.*

105. Gruppi e società non iscritti all'albo. – 1. Le disposizioni degli articoli precedenti si applicano anche nei confronti dei gruppi e società per i quali, pur non essendo intervenuta l'iscrizione, ricorrano le condizioni per l'inserimento nell'albo previsto dall'articolo 64.

105 *bis*. ([1]) **Cooperazione tra autorità.** – 1. La Banca d'Italia informa l'ABE e consulta le altre autorità competenti prima di applicare una misura di intervento precoce o disporre l'amministrazione straordinaria nei confronti:

a) della capogruppo di un gruppo bancario operante in altro Stato comunitario attraverso una banca controllata o una succursale significativa;

b) di una banca italiana soggetta a vigilanza consolidata dell'autorità competente di un altro Stato comunitario.

2. La Banca d'Italia, se consultata sull'adozione di una misura di intervento precoce o dell'amministrazione straordinaria da parte dell'autorità competente per la vigilanza di una banca comunitaria appartenente a un gruppo bancario, comunica le proprie valutazioni entro tre giorni dalla richiesta di consultazione.

3. Le decisioni di cui al comma 1 sono adottate dalla Banca d'Italia tenendo conto degli impatti sulle entità del gruppo insediate in altri Stati comunitari, secondo quanto emerga dalle procedure di cooperazione di cui al presente articolo, e sono notificate alla capogruppo, alle altre autorità competenti e all'ABE.

4. L'applicazione coordinata delle misure di intervento precoce o la nomina dei medesimi commissari straordinari per le società del gruppo

operanti in diversi Stati comunitari è disposta dalla Banca d'Italia congiuntamente con le altre autorità competenti. Qualora l'accordo sul provvedimento congiunto non sia raggiunto entro cinque giorni dalla proposta dell'autorità competente, la Banca d'Italia può adottare le decisioni di propria competenza, salvo che il caso non sia rinviato all'ABE ai sensi del comma 5.

5. La Banca d'Italia può, nei casi previsti dal diritto dell'Unione, richiedere l'assistenza dell'ABE o rinviare all'ABE le decisioni di cui al presente articolo. Qualora una decisione sia stata rinviata all'ABE nel previsto termine di tre giorni per la consultazione o di cinque giorni per l'accordo fra le autorità, la Banca d'Italia si astiene dall'adottare provvedimenti e si attiene alle decisioni finali dell'ABE. In mancanza di decisione dell'ABE nei termini previsti dal diritto dell'Unione, la Banca d'Italia adotta i provvedimenti di propria competenza.

(1) *Questo articolo è stato inserito dall'art. 1, comma 47, del D.L.vo 16 novembre 2015, n. 181. Tali disposizioni si applicano alle procedure di amministrazione straordinaria e di liquidazione coatta amministrativa avviate successivamente all'entrata in vigore del suddetto decreto.*

105 *ter*. (1) Commissari in temporaneo affiancamento. – 1. Ricorrendo i presupposti indicati agli articoli 70 e 98, il potere di nominare uno o più commissari in temporaneo affiancamento, di cui all'articolo 75 *bis*, può essere esercitato nei confronti della capogruppo e delle società di un gruppo bancario. Si applicano, in quanto compatibili, le disposizioni del presente capo.

(1) *Questo articolo è stato inserito dall'art. 1, comma 47, del D.L.vo 16 novembre 2015, n. 181. Tali disposizioni si applicano alle procedure di amministrazione straordinaria e di liquidazione coatta amministrativa avviate successivamente all'entrata in vigore del suddetto decreto.*

Titolo V
Soggetti operanti nel settore finanziario (1) (2)

(1) *Questo Titolo è stato così sostituito dall'art. 7, comma 1, del D.L.vo 13 agosto 2010, n. 141, così come modificato dall'art. 3 del D.L.vo 19 settembre 2012, n. 169.*

(2) *A norma dell'art. 9, comma 3* bis, *del D.L.vo 13 agosto 2010, n. 141, così come inserito dall'art. 4, comma 1, lett.* a), *del D.L.vo 19 settembre 2012, n. 169, le disposizioni di cui al presente titolo V non si applicano alle società cessionarie, o alle società emittenti titoli, se diverse dalle società cessionarie, nell'ambito di operazioni di cartolarizzazione. Sono abrogate tutte le disposizioni di leggi speciali relative alle società cessionarie, o alle società emittenti titoli se diverse dalle società cessionarie nell'ambito di operazioni di cartolarizzazione che prevedano l'applicazione delle disposizioni di cui al presente titolo. A tali società si applica il comma 3 dell'articolo 3 della legge 30 aprile 1999, n. 130, come modificato dal presente decreto.*

106. (1) Albo degli intermediari finanziari. – 1. L'esercizio nei confronti del pubblico dell'attività di concessione di finanziamenti sotto qualsiasi forma è riservato agli intermediari finanziari autorizzati, iscritti in un apposito albo tenuto dalla Banca d'Italia.

2. Oltre alle attività di cui al comma 1 gli intermediari finanziari possono:

a) emettere moneta elettronica e prestare servizi di pagamento a condizione che siano a ciò autorizzati ai sensi dell'articolo 114 *quinquies*, comma 4, e iscritti nel relativo albo, oppure prestare solo servizi di pagamento a condizione che siano a ciò autorizzati ai sensi dell'articolo 114 *novies*, comma 4, e iscritti nel relativo albo;

b) prestare servizi di investimento se autorizzati ai sensi dell'articolo 18, comma 3, del decreto legislativo 24 febbraio 1998, n. 58;

c) esercitare le altre attività a loro eventualmente consentite dalla legge nonché attività connesse o strumentali, nel rispetto delle disposizioni dettate dalla Banca d'Italia (2).

3. Il Ministro dell'economia e delle finanze, sentita la Banca d'Italia, specifica il contenuto delle attività indicate nel comma 1, nonché in quali circostanze ricorra l'esercizio nei confronti del pubblico.

(1) *Per l'applicazione di questo articolo, si veda l'art. 10, commi 8* bis *e 9, del D.L.vo 13 agosto 2010, n. 141, come modificato dall'art. 7, commi 5 e 6, del D.L.vo 14 dicembre 2010, n. 218.*

(2) *Questo comma è stato così sostituito dall'art. 2, comma 2, del D.L.vo 16 aprile 2012, n. 45.*

107. Autorizzazione. – 1. La Banca d'Italia autorizza gli intermediari finanziari ad esercitare la propria attività al ricorrere delle seguenti condizioni:

a) sia adottata la forma di società per azioni, in accomandita per azioni, a responsabilità limitata e cooperativa (1);

b) la sede legale e la direzione generale siano situate nel territorio della Repubblica;

c) il capitale versato sia di ammontare non inferiore a quello determinato dalla Banca d'Italia anche in relazione al tipo di operatività;

d) venga presentato un programma concernente l'attività iniziale e la struttura organizzativa, unitamente all'atto costitutivo e allo statuto;

e) sussistano i presupposti per il rilascio dell'autorizzazione prevista dall'articolo 19 per i titolari delle partecipazioni ivi indicate (2);

e bis) i soggetti che svolgono funzioni di amministrazione, direzione e controllo siano idonei, secondo quanto previsto ai sensi dell'articolo 110 (3);

f) non sussistano, tra gli intermediari finanziari o i soggetti del gruppo di appartenenza e altri soggetti, stretti legami che ostacolino l'effettivo esercizio delle funzioni di vigilanza;

g) l'oggetto sociale sia limitato alle sole attività di cui ai commi 1 e 2 dell'articolo 106.

2. La Banca d'Italia nega l'autorizzazione quando dalla verifica delle condizioni indicate nel comma 1 non risulti garantita la sana e prudente gestione.

3. La Banca d'Italia disciplina la procedura di autorizzazione, i casi di revoca, nonché di decadenza, quando l'intermediario autorizzato non abbia iniziato l'esercizio dell'attività, e detta disposizioni attuative del presente articolo.

(1) *Le parole: «società di capitali» sono state così sostituite dalle attuali: «società per azioni, in accomandita per azioni, a responsabilità limitata e cooperativa» dall'art. 7, comma 1, del D.L.vo 13 agosto 2010, n. 141, come modificato dall'art. 3, comma 1, lett.* a), *del D.L.vo 19 settembre 2012, n. 169.*

(2) *Questa lettera è stata così, da ultimo, sostituita dall'art. 1, comma 34, lett.* a), *del D.L.vo 12 maggio 2015, n. 72.*

(3) *Questa lettera è stata inserita dall'art. 1, comma 34, lett.* b), *del D.L.vo 12 maggio 2015, n. 72.*

108. Vigilanza. – 1. La Banca d'Italia emana disposizioni di carattere generale aventi a oggetto: il governo societario, l'adeguatezza patrimoniale, il contenimento del rischio nelle sue diverse configurazioni, l'organizzazione amministrativa e contabile, i controlli interni e i sistemi di remunerazione e incentivazione nonché l'informativa da rendere al pubblico sulle predette materie (1). La Banca d'Italia può adottare, ove la situazione lo richieda, provvedimenti specifici nei confronti di singoli intermediari per le materie in precedenza indicate. Con riferimento a determinati tipi di attività la Banca d'Italia può inoltre dettare disposizioni volte ad assicurarne il regolare esercizio.

2. Le disposizioni emanate ai sensi del comma 1 prevedono che gli intermediari finanziari possano utilizzare:

a) le valutazioni del rischio di credito rilasciate da società o enti esterni previsti dall'articolo 53, comma 2 *bis*, lettera *a*) (2);

b) sistemi interni di misurazione dei rischi per la determinazione dei requisiti patrimoniali, previa autorizzazione della Banca d'Italia.

3. La Banca d'Italia può:

a) convocare gli amministratori, i sindaci e i dirigenti degli intermediari finanziari per esaminare la situazione degli stessi;

b) ordinare la convocazione degli organi collegiali degli intermediari finanziari, fissandone l'ordine del giorno, e proporre l'assunzione di determinate decisioni;

c) procedere direttamente alla convocazione degli organi collegiali degli intermediari finanziari quando gli organi competenti non abbiano ottemperato a quanto previsto dalla lettera *b*);

d) adottare per le materie indicate nel comma 1, ove la situazione lo richieda, provvedimenti specifici nei confronti di singoli intermediari finanziari, riguardanti anche: la restrizione delle attività o della struttura territoriale; il divieto di effettuare determinate operazioni, anche di natura societaria, e di distribuire utili o altri elementi del patrimonio, nonché, con riferimento a strumenti finanziari computabili nel patrimonio a fini di vigilanza, il divieto di pagare interessi (3);

d bis) disporre, qualora la loro permanenza in carica sia di pregiudizio per la sana e prudente gestione dell'intermediario finanziario, la rimozione dalla carica di uno o più esponenti aziendali; la rimozione non è disposta ove ricorrano gli estremi per pronunciare la decadenza ai sensi dell'articolo 26, salvo che sussista urgenza di provvedere (4).

3 *bis*. La Banca d'Italia può altresì convocare gli amministratori, i sindaci, i dirigenti dei soggetti ai quali siano state esternalizzate funzioni aziendali essenziali o importanti (5).

4. Gli intermediari finanziari inviano alla Banca d'Italia, con le modalità e nei termini da essa stabiliti, le segnalazioni periodiche nonché ogni altro dato e documento richiesto. Essi trasmettono anche i bilanci con le modalità e nei termini stabiliti dalla Banca d'Italia.

4 *bis*. La Banca d'Italia può chiedere informazioni al personale degli intermediari finanziari, anche per il tramite di questi ultimi ([6]).

4 *ter*. Gli obblighi previsti dal comma 4 si applicano anche ai soggetti ai quali gli intermediari finanziari abbiano esternalizzato funzioni aziendali essenziali o importanti e al loro personale ([6]).

5. La Banca d'Italia può effettuare ispezioni presso gli intermediari finanziari o i soggetti a cui sono esternalizzate funzioni aziendali essenziali o importanti ([7]) e richiedere a essi l'esibizione di documenti e gli atti che ritenga necessari.

6. Nell'esercizio dei poteri di cui al presente articolo la Banca d'Italia osserva criteri di proporzionalità, avuto riguardo alla complessità operativa, dimensionale e organizzativa degli intermediari, nonché alla natura specifica dell'attività svolta.

([1]) *Questo periodo è stato così sostituito dall'art. 7, comma 1, del D.L.vo 13 agosto 2010, n. 141, come modificato dall'art. 3, comma 1, lett.* c), *n. 1), del D.L.vo 19 settembre 2012, n. 169.*

([2]) *A norma dell'art. 2, comma 9, del D.L.vo 12 maggio 2015, n. 72, dalla data di entrata in vigore dello stesso decreto legislativo ogni riferimento agli articoli 53 e 67 di questo provvedimento, in vigore a tale data si intende effettuato rispettivamente agli articoli 53, 53* bis *e 53* ter, *e agli articoli 67 e 67* ter *del D.L.vo n. 385/1993 come modificato dal presente decreto legislativo.*

([3]) *Questa lettera è stata così sostituita dall'art. 7, comma 1, del D.L.vo 13 agosto 2010, n. 141, come modificato dall'art. 3, comma 1, lett.* c), *n. 2), del D.L.vo 19 settembre 2012, n. 169.*

([4]) *Questa lettera è stata aggiunta dall'art. 1, comma 35, lett.* a), *del D.L..vo 12 maggio 2015, n. 72.*

([5]) *Questo comma è stato inserito dall'art. 1, comma 35, lett.* b), *del D.L.vo 12 maggio 2015, n. 72.*

([6]) *Questo comma è stato inserito dall'art. 1, comma 35, lett.* c), *del D.L.vo 12 maggio 2015, n. 72.*

([7]) *Le parole: «o i soggetti a cui sono esternalizzate funzioni aziendali essenziali o importanti» sono state inserite dall'art. 1, comma 35, lett.* d), *del D.L.vo 12 maggio 2015, n. 72.*

109. Vigilanza consolidata. – 1. La Banca d'Italia emana disposizioni volte a individuare, tra soggetti non sottoposti a vigilanza consolidata ai sensi del capo II, titolo III, ovvero del decreto legislativo 24 febbraio 1998, n. 58, il gruppo finanziario, composto da uno o più intermediari finanziari, dalle banche extracomunitarie e dalle società finanziarie come definite dall'articolo 59, comma 1, lettera *b*). Società capogruppo è l'intermediario finanziario o la società finanziaria che esercita il controllo diretto o indiretto sugli altri componenti del gruppo ([1]).

2. La Banca d'Italia può esercitare la vigilanza su base consolidata, oltre che nei confronti dei soggetti di cui al comma 1 inclusi nel gruppo finanziario, nei confronti di:

a) intermediari finanziari e società bancarie, finanziarie e strumentali partecipate per almeno il venti per cento dalle società appartenenti a un gruppo finanziario o da un intermediario finanziario;

b) intermediari finanziari e società bancarie, finanziarie e strumentali non comprese in un gruppo finanziario, ma controllate dalla persona fisica o giuridica che controlla un gruppo finanziario o un intermediario finanziario;

c) società diverse dagli intermediari finanziari e da quelle bancarie, finanziarie e strumentali quando siano controllate da un intermediario finanziario ovvero quando società appartenenti a un gruppo finanziario detengano, anche congiuntamente, una partecipazione di controllo.

3. Al fine di esercitare la vigilanza ai sensi dei commi 1 e 2, la Banca d'Italia:

a) può impartire alla capogruppo, con provvedimenti di carattere generale o particolare, disposizioni concernenti il gruppo finanziario complessivamente considerato o i suoi componenti, sulle materie indicate nell'articolo 108, comma 1. L'articolo 108 si applica anche al gruppo finanziario. Le disposizioni emanate dalla Banca d'Italia per esercitare la vigilanza su base consolidata possono tenere conto, anche con riferimento al singolo intermediario finanziario, della situazione dei soggetti indicati nel comma 2, lettere *a*) e *b*). La Banca d'Italia può impartire disposizioni anche nei confronti di un solo o di alcuni componenti il gruppo finanziario;

b) può richiedere, nei termini e con le modalità dalla medesima determinati, alle società appartenenti al gruppo finanziario la trasmissione, anche periodica, di situazioni e dati, nonché ogni altra informazione utile e ai soggetti indicati nel comma 2, lettera *c*), nonché alle società che controllano l'intermediario finanziario e non appartengono al gruppo finanziario, le informazioni utili per consentire l'esercizio della vigilanza consolidata; tali soggetti forniscono alla capogruppo ovvero all'intermediario finanziario le situazioni, i dati e le informazioni richieste per consentire l'esercizio della vigilanza consolidata;

c) può effettuare ispezioni e richiedere l'esibizione di documenti e gli atti che ritenga necessari; le ispezioni nei confronti di società diverse da quelle bancarie, finanziarie e strumentali hanno il fine esclusivo di verificare l'esattezza dei dati e delle informazioni forniti per il consolidamento. I poteri previsti dalla presente lettera si applicano anche ai soggetti ai quali siano state esternalizzate funzioni aziendali essenziali o importanti (2).

3 *bis*. La Banca d'Italia può chiedere informazioni al personale dei soggetti indicati al comma 3, lettera *b*), anche per il tramite di questi ultimi e per i medesimi fini ivi indicati (3).

3 *ter*. Gli obblighi e i poteri previsti dal comma 3, lettera *b*), si applicano anche ai soggetti ai quali siano state esternalizzate funzioni aziendali essenziali o importanti e al loro personale (3).

(1) *Questo comma è stato così sostituito dall'art. 7, comma 1, del D.L.vo 13 agosto 2010, n. 141, come modificato dall'art. 3, comma 1, lett.* d), *del D.L.vo 19 settembre 2012, n. 169.*

(2) *Questo periodo è stato aggiunto dall'art. 1, comma 36, lett.* a), *del D.L.vo 12 maggio 2015, n. 72.*

(3) *Questo comma è stato aggiunto dall'art. 1, comma 36, lett.* b), *del D.L.vo 12 maggio 2015, n. 72.*

110. Rinvio. – 1. Agli intermediari finanziari si applicano, in quanto compatibili, le disposizioni contenute negli articoli 19, 20, 21, 22, 23, 24, 47, 52, 61, commi 4 e 5, 62, 63, 64, 78 e 82. I provvedimenti previsti nell'articolo 19 sono adottati dalla Banca d'Italia (1) (2).

1 *bis*. Ai soggetti che svolgono funzioni di amministrazione, direzione e controllo presso intermediari finanziari si applica l'articolo 26, ad eccezione del comma 3, lettere *c*) ed *e*); il decreto di cui all'articolo 26 può prevedere l'applicazione dei criteri di competenza definiti ai sensi del medesimo articolo, comma 3, lettera *c*), avuto riguardo alla complessità operativa, dimensionale e organizzativa degli intermediari, nonché alla natura specifica dell'attività svolta (3).

1 *ter*. Ai titolari delle partecipazioni indicate all'articolo 19 in intermediari finanziari si applica l'articolo 25, ad eccezione del comma 2, lettera *b*); il decreto di cui all'articolo 25 può prevedere l'applicazione dei criteri di competenza definiti ai sensi del medesimo articolo, comma 2, lettera *b*), avuto riguardo alla complessità operativa, dimensionale e organizzativa degli intermediari, nonché alla natura specifica dell'attività svolta (3).

(1) *Le parole: «I provvedimenti previsti nell'articolo 19 sono adottati dalla Banca d'Italia.» sono state aggiunte dall'art. 1, comma 20, del D.L.vo 14 novembre 2016, n. 223.*

(2) *Questo comma è stato così sostituito dall'art. 1, comma 37, lett.* a), *del D.L.vo 12 maggio 2015, n. 72.*

(3) *Questo comma è stato aggiunto dall'art. 1, comma 37, lett.* b), *del D.L.vo 12 maggio 2015, n. 72.*

111. Microcredito. – 1. In deroga all'articolo 106, comma 1, i soggetti iscritti in un apposito elenco, [tenuto dall'organismo indicato all'articolo 113,] (1) possono concedere finanziamenti a persone fisiche o società di persone o società a responsabilità limitata semplificata di cui all'articolo 2463 *bis* codice civile o associazioni (2) o società cooperative, per l'avvio o l'esercizio di attività di lavoro autonomo o di microimpresa, a condizione che i finanziamenti concessi abbiano le seguenti caratteristiche:

a) siano di ammontare non superiore a euro 25.000,00 e non siano assistiti da garanzie reali;

b) siano finalizzati all'avvio o allo sviluppo di iniziative imprenditoriali o all'inserimento nel mercato del lavoro;

c) siano accompagnati dalla prestazione di servizi ausiliari di assistenza e monitoraggio dei soggetti finanziati.

2. L'iscrizione nell'elenco di cui al comma 1 è subordinata al ricorrere delle seguenti condizioni:

a) forma di società per azioni, in accomandita per azioni, a responsabilità limitata e cooperativa (3);

b) capitale versato di ammontare non inferiore a quello stabilito ai sensi del comma 5;

c) requisiti di onorabilità dei soci di controllo o rilevanti, nonché di onorabilità e professionalità degli esponenti aziendali, ai sensi del comma 5;

d) oggetto sociale limitato alle sole attività di cui al comma 1, nonché alle attività accessorie e strumentali;

e) presentazione di un programma di attività.

3. I soggetti di cui al comma 1 possono erogare in via non prevalente finanziamenti anche a favore di persone fisiche in condizioni di particolare vulnerabilità economica o sociale, purchè i finanziamenti concessi siano di importo massimo di euro 10.000, non siano assistiti da garanzie reali, siano accompagnati dalla prestazione di servizi ausiliari di bilancio familiare, abbiano lo scopo di consentire l'inclusione sociale e finanziaria del beneficiario e siano prestati a condizioni più favorevoli di quelle prevalenti sul mercato.

3 *bis*. Nel caso di esercizio dell'attività di cui al comma 3, questa attività e quella di cui al comma 1 devono essere esercitate congiuntamente (4).

4. In deroga all'articolo 106, comma 1, i soggetti giuridici senza fini di lucro, in possesso delle caratteristiche individuate ai sensi del comma 5 nonché dei requisiti previsti dal comma 2, lettera *c*), possono svolgere l'attività indicata al comma 3, a tassi adeguati a consentire il mero recupero delle spese sostenute dal creditore ([5]).

5. Il Ministro dell'economia e delle finanze, sentita la Banca d'Italia, emana disposizioni attuative del presente articolo, anche disciplinando:

a) requisiti concernenti i beneficiari e le forme tecniche dei finanziamenti;

b) limiti oggettivi, riferiti al volume delle attività, alle condizioni economiche applicate e all'ammontare massimo dei singoli finanziamenti, anche modificando i limiti stabiliti dal comma 1, lettera *a*) e dal comma 3;

c) le caratteristiche dei soggetti che beneficiano della deroga prevista dal comma 4;

d) le informazioni da fornire alla clientela.

5 *bis*. L'utilizzo del sostantivo microcredito è subordinato alla concessione di finanziamenti secondo le caratteristiche di cui ai commi 1 e 3 ([6]).

([1]) *Le parole tra parentesi quadrate sono state soppresse dall'art. 7, comma 1, del D.L.vo 13 agosto 2010, n. 141, come modificato dall'art. 3, comma 1, lett.* e), *n. 1), del D.L.vo 19 settembre 2012, n. 169.*

([2]) *Le parole*: «*o società a responsabilità limitata semplificata di cui all'articolo 2463* bis *codice civile o associazioni*» *sono state inserite dall'art. 7, comma 1, del D.L.vo 13 agosto 2010, n. 141, come modificato dall'art. 3, comma 1, lett.* e), *n. 2), del D.L.vo 19 settembre 2012, n. 169.*

([3]) *Le parole*: «*società di capitali*» *sono state così sostituite dalle attuali*: «*società per azioni, in accomandita per azioni, a responsabilità limitata e cooperativa*» *dall'art. 7, comma 1, del D.L.vo 13 agosto 2010, n. 141, come modificato dall'art. 3, comma 1, lett.* f), *del D.L.vo 19 settembre 2012, n. 169.*

([4]) *Questo comma è stato inserito dall'art. 7, comma 1, del D.L.vo 13 agosto 2010, n. 141, come modificato dall'art. 3, comma 1, lett.* g), *del D.L.vo 19 settembre 2012, n. 169.*

([5]) *Questo comma è stato così sostituito dall'art. 7, comma 1, del D.L.vo 13 agosto 2010, n. 141, come modificato dall'art. 3, comma 1, lett.* h), *del D.L.vo 19 settembre 2012, n. 169.*

([6]) *Questo comma è stato inserito dall'art. 7, comma 1, del D.L.vo 13 agosto 2010, n. 141, come modificato dall'art. 3, comma 1, lett.* i), *del D.L.vo 19 settembre 2012, n. 169.*

111 *bis*. ([1]) **Finanza etica e sostenibile.** – 1. Sono operatori bancari di finanza etica e sostenibile le banche che conformano la propria attività ai seguenti princìpi:

a) valutano i finanziamenti erogati a persone giuridiche secondo standard di rating etico internazionalmente riconosciuti, con particolare attenzione all'impatto sociale e ambientale;

b) danno evidenza pubblica, almeno annualmente, anche via web, dei finanziamenti erogati di cui alla lettera a), tenuto conto delle vigenti normative a tutela della riservatezza dei dati personali;

c) devolvono almeno il 20 per cento del proprio portafoglio di crediti a organizzazioni senza scopo di lucro o a imprese sociali con personalità giuridica, come definite dalla normativa vigente;

d) non distribuiscono profitti e li reinvestono nella propria attività;

e) adottano un sistema di governance e un modello organizzativo a forte orientamento democratico e partecipativo, caratterizzato da un azionariato diffuso;

f) adottano politiche retributive tese a contenere al massimo la differenza tra la remunerazione maggiore e quella media della banca, il cui rapporto comunque non può superare il valore di 5.

2. Non concorre a formare il reddito imponibile ai sensi dell'articolo 81 del testo unico delle imposte sui redditi, di cui al decreto del Presidente della Repubblica 22 dicembre 1986, n. 917, degli operatori bancari di finanza etica e sostenibile una quota pari al 75 per cento delle somme destinate a incremento del capitale proprio.

3. Il Ministro dell'economia e delle finanze, sentita la Banca d'Italia, stabilisce, con proprio decreto, le norme di attuazione delle disposizioni del presente articolo, dalle quali non possono derivare oneri a carico della finanza pubblica superiori a 1 milione di euro in ragione annua a decorrere dall'anno 2017.

4. L'agevolazione di cui al presente articolo è riconosciuta nel rispetto dei limiti di cui al regolamento (UE) n. 1407/2013 della Commissione, del 18 dicembre 2013, relativo all'applicazione degli articoli 107 e 108 del Trattato sul funzionamento dell'Unione europea agli aiuti "de minimis".

([1]) *Questo articolo è stato inserito dall'art. 1, comma 51, della L. 11 dicembre 2016, n. 232.*

112. Altri soggetti operanti nell'attività di concessione di finanziamenti. – 1. I confidi, anche di secondo grado, sono iscritti in un elenco tenuto dall'Organismo previsto dall'articolo 112 *bis* ([1])

ed esercitano in via esclusiva l'attività di garanzia collettiva dei fidi e i servizi a essa connessi o strumentali, nel rispetto delle disposizioni dettate dal Ministro dell'economia e delle finanze e delle riserve di attività previste dalla legge.

1 *bis*. I confidi tenuti ad iscriversi nell'albo di cui all'articolo 106 sono esclusi dall'obbligo di iscrizione nell'elenco tenuto dall'Organismo previsto all'articolo 112 *bis* ([2]).

2. L'iscrizione è subordinata al ricorrere delle condizioni di forma giuridica, di capitale sociale o fondo consortile, patrimoniali, di oggetto sociale e di assetto proprietario individuate dall'articolo 13 del decreto legge 30 settembre 2003, n. 269, convertito, con modificazioni, dalla legge 24 novembre 2003, n. 326, nonché al possesso da parte di coloro che detengono partecipazioni e dei soggetti che svolgono funzioni di amministrazione, direzione e controllo dei requisiti di onorabilità stabiliti ai sensi degli articoli 25, comma 2, lettera *a*), e 26, comma 3, lettera *a*). La sede legale e quella amministrativa devono essere situate nel territorio della Repubblica ([3]).

3. Il Ministro dell'economia e delle finanze, sentita la Banca d'Italia, determina i criteri oggettivi, riferibili al volume di attività finanziaria in base ai quali sono individuati i confidi che sono tenuti a chiedere l'autorizzazione per l'iscrizione nell'albo previsto dall'articolo 106. La Banca d'Italia stabilisce, con proprio provvedimento, gli elementi da prendere in considerazione per il calcolo del volume di attività finanziaria. In deroga all'articolo 106, per l'iscrizione nell'albo i confidi possono adottare la forma di società consortile a responsabilità limitata.

4. I confidi iscritti nell'albo esercitano in via prevalente l'attività di garanzia collettiva dei fidi.

5. I confidi iscritti nell'albo possono svolgere, prevalentemente nei confronti delle imprese consorziate o socie, le seguenti attività:

a) prestazione di garanzie a favore dell'amministrazione finanziaria dello Stato, al fine dell'esecuzione dei rimborsi di imposte alle imprese consorziate o socie;

b) gestione, ai sensi dell'articolo 47, comma 2, di fondi pubblici di agevolazione;

c) stipula, ai sensi dell'articolo 47, comma 3, di contratti con le banche assegnatarie di fondi pubblici di garanzia per disciplinare i rapporti con le imprese consorziate o socie, al fine di facilitarne la fruizione.

6. I confidi iscritti nell'albo possono, in via residuale, concedere altre forme di finanziamento ai sensi dell'articolo 106, comma 1, nei limiti massimi stabiliti dalla Banca d'Italia.

7. I soggetti diversi dalle banche, già operanti alla data di entrata in vigore della presente disposizione i quali, senza fine di lucro, raccolgono tradizionalmente in ambito locale somme di modesto ammontare ed erogano piccoli prestiti possono continuare a svolgere la propria attività, in considerazione del carattere marginale della stessa, nel rispetto delle modalità operative e dei limiti quantitativi determinati dal CICR. Possono inoltre continuare a svolgere la propria attività, senza obbligo di iscrizione nell'albo di cui all'articolo 106, gli enti e le società cooperative costituiti entro il 1° gennaio 1993 tra i dipendenti di una medesima amministrazione pubblica, già iscritti nell'elenco generale di cui all'articolo 106 del decreto legislativo 1° settembre 1993, n. 385, vigente alla data del 4 settembre 2010, ove si verifichino le condizioni di cui all'articolo 2 del decreto del Ministro del tesoro del 29 marzo 1995. In attesa di un riordino complessivo degli strumenti di intermediazione finanziaria, e comunque non oltre il 31 dicembre 2014 ([4]), possono continuare a svolgere la propria attività, senza obbligo di iscrizione nell'albo di cui all'articolo 106, le società cooperative di cui al capo I del titolo VI del libro quinto del codice civile, esistenti alla data del 1° gennaio 1996 e le cui azioni non siano negoziate in mercati regolamentati, che concedono finanziamenti sotto qualsiasi forma esclusivamente nei confronti dei propri soci, a condizione che:

a) non raccolgano risparmio sotto qualsivoglia forma tecnica;

b) il volume complessivo dei finanziamenti a favore dei soci non sia superiore a quindici milioni di euro;

c) l'importo unitario del finanziamento sia di ammontare non superiore a 20.000 euro;

d) i finanziamenti siano concessi a condizioni più favorevoli di quelli presenti sul mercato ([5]) ([6]).

8. Le agenzie di prestito su pegno previste dall'articolo 115 del reale decreto 18 giugno 1931, n. 773, sono sottoposte alle disposizioni dell'articolo 106. La Banca d'Italia può dettare disposizioni per escludere l'applicazione alle agenzie di prestito su pegno di alcune disposizioni previste dal presente titolo.

([1]) *A norma dell'art. 10, comma 3, del D.L.vo 13 agosto 2010, n. 141, così come da ultimo sostituito dall'art. 5, comma 1, lett.* a), *del D.L.vo 19 settembre 2012, n. 169, l'iscrizione nell'elenco previsto al presente comma è subordinata alla costituzione del relativo Organismo di cui all'art. 112* bis *del presente decreto.*

(2) *Questo comma è stato inserito dall'art. 7, comma 1, del D.L.vo 13 agosto 2010, n. 141, come modificato dall'art. 3, comma 1, lett.* l), *del D.L.vo 19 settembre 2012, n. 169.*

(3) *Questo comma è stato così sostituito dall'art. 1, comma 38, del D.L.vo 12 maggio 2015, n. 72.*

(4) *A norma dell'art. 1, comma 176, della L. 27 dicembre 2013, n. 147, tale termine è prorogato al 31 dicembre 2016.*

A norma dell'art. 1, comma 176, del medesimo provvedimento, così come modificato dall'art. 10, comma 4 bis, *del D.L. 31 dicembre 2014, n. 192, convertito, con modificazioni, nella L. 27 febbraio 2015, n. 11, questo termine è prorogato al 31 dicembre 2018.*

(5) *Questo periodo è stato aggiunto dall'art. 56* quinquies *del D.L. 21 giugno 2013, n. 69, convertito, con modificazioni, nella L. 9 agosto 2013, n. 98.*

(6) *Questo comma è stato così sostituito dall'art. 7, comma 1, del D.L.vo 13 agosto 2010, n. 141, così come modificato dall'art. 3, comma 1, lett.* m), *del D.L.vo 19 settembre 2012, n. 169. A norma dell'art. 10, comma 10* bis, *del medesimo D.L.vo n. 141/2010, così come inserito dall'art. 5, comma 1, lett.* e), *del D.L.vo 19 settembre 2012, n. 169, la Banca d'Italia pubblica l'elenco dei soggetti, operanti alla data dell'entrata in vigore del medesimo decreto, che continuano a svolgere la propria attività ai sensi del presente comma.*

112 *bis*. Organismo per la tenuta dell'elenco dei confidi. – 1. È istituito un Organismo, avente personalità giuridica di diritto privato [ed ordinato in forma di associazione] (1), con autonomia organizzativa, statutaria e finanziaria competente per la gestione dell'elenco di cui all'articolo 112, comma 1. Il Ministro dell'economia e delle finanze approva lo Statuto dell'Organismo, sentita la Banca d'Italia, e nomina altresì un proprio rappresentante nell'organo di controllo (2).

2. L'Organismo svolge ogni attività necessaria per la gestione dell'elenco, determina la misura dei contributi a carico degli iscritti, entro il limite del cinque per mille (3) delle garanzie concesse (3) e riscuote i contributi e le altre somme dovute per l'iscrizione nell'elenco; vigila sul rispetto, da parte degli iscritti, della disciplina cui sono sottoposti anche ai sensi dell'articolo 112, comma 2. Nell'esercizio di tali attività può avvalersi delle Federazioni di rappresentanza dei Confidi espressione delle Organizzazioni nazionali di impresa.

3. Per lo svolgimento dei propri compiti, l'Organismo può chiedere agli iscritti la comunicazione di dati e notizie e la trasmissione di atti e documenti, fissando i relativi termini, e può effettuare ispezioni.

4. L'Organismo può disporre la cancellazione dall'elenco:

a) qualora vengano meno i requisiti per l'iscrizione;

b) qualora risultino gravi violazioni normative;

c) per il mancato pagamento del contributo ai sensi del comma 2;

d) per l'inattività dell'iscritto protrattasi per un periodo di tempo non inferiore a un anno.

5. Fermo restando le disposizioni di cui al precedente comma, l'Organismo (4), può imporre agli iscritti il divieto di intraprendere nuove operazioni o disporre la riduzione delle attività per violazioni di disposizioni legislative o amministrative che ne regolano l'attività.

6. La Banca d'Italia vigila sull'Organismo secondo modalità, dalla stessa stabilite, improntate a criteri di proporzionalità ed economicità dell'azione di controllo e con la finalità di verificare l'adeguatezza delle procedure interne adottate dall'Organismo per lo svolgimento della propria attività.

7. Su proposta della Banca d'Italia, il Ministro dell'economia e delle finanze può sciogliere gli organi di gestione e di controllo dell'Organismo qualora risultino gravi irregolarità nell'amministrazione, ovvero gravi violazioni delle disposizioni legislative, amministrative o statutarie che regolano l'attività dello stesso. La Banca d'Italia provvede agli adempimenti necessari alla ricostituzione degli organi di gestione e controllo dell'Organismo, assicurandone la continuità operativa, se necessario anche attraverso la nomina di un commissario. La Banca d'Italia può disporre la rimozione di uno o più componenti degli organi di gestione e controllo in caso di grave inosservanza dei doveri ad essi assegnati dalla legge, dallo statuto o dalle disposizioni di vigilanza, nonché dei provvedimenti specifici e di altre istruzioni impartite dalla Banca d'Italia, ovvero in caso di comprovata inadeguatezza, accertata dalla Banca d'Italia, all'esercizio delle funzioni cui sono preposti (5).

8. Il Ministro dell'economia e delle finanze, sentita la Banca d'Italia, disciplina:

a) la struttura, i poteri e le modalità di funzionamento dell'Organismo necessari a garantirne funzionalità ed efficienza;

b) i requisiti, ivi compresi quelli di professionalità e onorabilità, dei componenti degli organi di gestione e controllo dell'Organismo ([6]).

8 *bis*. Le Autorità di vigilanza e l'Organismo, nel rispetto delle proprie competenze, collaborano anche mediante lo scambio di informazioni necessarie per l'espletamento delle rispettive funzioni e in particolare per consentire all'Organismo l'esercizio dei poteri ad esso conferiti nei confronti dei soggetti iscritti nell'elenco. La trasmissione di informazioni all'Organismo per le suddette finalità non costituisce violazione del segreto d'ufficio da parte delle Autorità di vigilanza ([7]).

([1]) *Le parole fra parentesi quadrate sono state soppresse dall'art. 7, comma 1, del D.L.vo 13 agosto 2010, n. 141, così come modificato dall'art. 3, comma 1, lett.* n), *del D.L.vo 19 settembre 2012, n. 169.*

([2]) *Questo periodo è stato così sostituito dall'art. 7, comma 1, del D.L.vo 13 agosto 2010, n. 141, così come modificato dall'art. 3, comma 1, lett.* o), *del D.L.vo 19 settembre 2012, n. 169.*

([3]) *Le parole: «uno per cento» sono state così sostituite dalle attuali: «cinque per mille» e le parole: «dell'ammontare dei crediti garantiti» sono state così sostituite dalle attuali: «delle garanzie concesse» dall'art. 7, comma 1, del D.L.vo 10 agosto 2010, n. 141, così come modificato dall'art. 3, comma 1, lett.* p), *del D.L.vo 19 settembre 2012, n. 169.*

([4]) *Le parole: «La Banca d'Italia, su istanza dell'Organismo e previa istruttoria dallo stesso svolta» sono state così sostituite dalle attuali: «l'Organismo» dall'art. 7, comma 1, del D.L.vo 10 agosto 2010, n. 141, così come modificato dall'art. 3, comma 1, lett.* q), *del D.L.vo 19 settembre 2012, n. 169.*

([5]) *Questo comma è stato così sostituito dall'art. 7, comma 1, del D.L.vo 10 agosto 2010, n. 141, così come modificato dall'art. 3, comma 1, lett.* r), *del D.L.vo 19 settembre 2012, n. 169.*

([6]) *Questa lettera è stata così sostituita dall'attuale dall'art. 7, comma 1, del D.L.vo 10 agosto 2010, n. 141, così come modificato dall'art. 3, comma 1, lett.* s), *del D.L.vo 19 settembre 2012, n. 169.*

([7]) *Questo comma è stato aggiunto dall'art. 7, comma 1, del D.L.vo 10 agosto 2010, n. 141, così come modificato dall'art. 3, comma 1, lett.* t), *del D.L.vo 19 settembre 2012, n. 169.*

113. ([1]) **Controlli sull'elenco previsto dall'articolo 111.** – 1. La Banca d'Italia tiene l'elenco previsto dall'articolo 111 e vigila sul rispetto da parte degli iscritti della disciplina cui essi sono sottoposti anche ai sensi dell'articolo 111, comma 5; a tal fine può chiedere agli iscritti la comunicazione di dati e notizie e la trasmissione di atti e documenti, fissando i relativi termini, nonché effettuare ispezioni.

2. La Banca d'Italia può disporre la cancellazione dall'elenco:

a) qualora vengano meno i requisiti per l'iscrizione;

b) qualora risultino gravi violazioni di norme di legge e delle disposizioni emanate ai sensi del presente decreto legislativo;

c) per l'inattività dell'iscritto protrattasi per un periodo di tempo non inferiore a un anno.

3. Fermo restando quanto previsto al comma 2, la Banca d'Italia può imporre agli iscritti il divieto di intraprendere nuove operazioni o disporre la riduzione delle attività per violazioni di disposizioni legislative o amministrative che ne regolano l'attività.

4. Quando il numero di iscritti nell'elenco è sufficiente per consentire la costituzione di un Organismo, esso è costituito con decreto del Ministro dell'economia e delle finanze, sentita la Banca d'Italia; con il medesimo decreto ne sono nominati i componenti. L'Organismo svolge ogni attività necessaria per la gestione dell'elenco; determina la misura dei contributi a carico degli iscritti, entro il limite del cinque per mille dell'ammontare dei prestiti concessi; riscuote i contributi e le altre somme dovute per l'iscrizione nell'elenco e vigila sul rispetto da parte degli iscritti della disciplina cui sono sottoposti anche ai sensi dell'articolo 111, comma 5. Per l'espletamento di tali compiti, i poteri di cui ai commi 1, 2 e 3 sono attribuiti all'Organismo a far tempo dall'avvio della sua operatività; la cancellazione dall'elenco potrà essere disposta dall'Organismo anche per il mancato pagamento del contributo e delle altre somme dovute per l'iscrizione nell'elenco.

5. Si applica l'articolo 112 *bis*, commi 6, 7, 8 e 8 *bis*.

([1]) *Questo articolo è stato così sostituito dall'art. 7, comma 1, del D.L.vo 10 agosto 2010, n. 141, così come modificato dall'art. 3, comma 1, lett.* u), *del D.L.vo 19 settembre 2012, n. 169.*

113 *bis*. Sospensione degli organi di amministrazione e controllo. – 1. Qualora risultino gravi irregolarità nell'amministrazione ovvero gravi violazioni delle disposizioni legislative, amministrative o statutarie nonché ragioni di urgenza, la Banca d'Italia può disporre che uno o più commissari assumano i poteri di amministrazione dell'intermediario finanziario iscritto all'albo di cui all'articolo 106. Le funzioni degli organi di amministrazione e di controllo sono frattanto sospese. Il provvedimento della Banca d'Italia è pubblicato per estratto nella *Gazzetta Ufficiale* della Repubblica italiana ([1]).

2. Possono essere nominati commissari anche funzionari della Banca d'Italia. I commissari nell'esercizio delle loro funzioni, sono pubblici ufficiali.

3. La gestione provvisoria di cui al comma 1 non può avere una durata superiore ai sei mesi. Fermo restando quanto previsto dall'articolo 113 *ter*, comma 1, lettera *c*), i commissari restituiscono l'azienda agli organi di amministrazione e controllo secondo le modalità previste dall'articolo 73, comma 1, ([2]) ovvero, qualora siano rilevate gravi irregolarità riferibili agli organi aziendali sospesi e previa autorizzazione della Banca d'Italia, convocano l'assemblea per la revoca e la nomina di nuovi organi di amministrazione e controllo. Si applicano, in quanto compatibili, gli articoli 71, commi 2, 4 e 6, 72, commi 2 *bis*, 3, 4, 7 e 9, 73, commi 1 e 2, 74 e 75, comma 1 ([3]).

([1]) *Questo periodo è stato aggiunto dall'art. 1, comma 48, lett.* a), *del D.L.vo 16 novembre 2015, n. 181. Tali disposizioni si applicano alle procedure di amministrazione straordinaria e di liquidazione coatta amministrativa avviate successivamente all'entrata in vigore del suddetto decreto.*

([2]) *Le parole*: «*secondo le modalità previste dall'articolo 73, comma 1,*» *sono state inserite dall'art. 1, comma 48, lett.* b), *del D.L.vo 16 novembre 2015, n. 181. Tali disposizioni si applicano alle procedure di amministrazione straordinaria e di liquidazione coatta amministrativa avviate successivamente all'entrata in vigore del suddetto decreto.*

([3]) *Le parole*: «*Si applica, in quanto compatibile, l'articolo 76, commi 2 e 4*» *sono state così sostituite dalle seguenti*: «*Si applicano, in quanto compatibili, gli articoli 71, commi 2, 4 e 6, 72, commi 2* bis, *3, 4, 7 e 9, 73, commi 1 e 2, 74 e 75, comma 1*», *dall'art. 1, comma 48, lett.* b), *del D.L.vo 16 novembre 2015, n. 181. Tali disposizioni si applicano alle procedure di amministrazione straordinaria e di liquidazione coatta amministrativa avviate successivamente all'entrata in vigore del suddetto decreto.*

113 *ter*. Revoca dell'autorizzazione e liquidazione ([1]). – 1. Fermo restando quanto previsto dall'articolo 113 *bis*, la Banca d'Italia, può disporre la revoca dell'autorizzazione di cui all'articolo 107, comma 1, quando:

a) risultino irregolarità eccezionalmente gravi nell'amministrazione, ovvero violazioni eccezionalmente gravi delle disposizioni legislative, amministrative o statutarie che regolano l'attività dell'intermediario;

b) siano previste perdite del patrimonio di eccezionale gravità;

c) la revoca sia richiesta su istanza motivata degli organi amministrativi, dell'assemblea straordinaria, dei commissari di cui all'articolo 113 *bis*, comma 1 o dei liquidatori.

2. Il provvedimento di revoca è pubblicato per estratto nella *Gazzetta Ufficiale* della Repubblica Italiana; della intervenuta revoca l'intermediario finanziario deve dare idonea evidenza nelle comunicazioni alla clientela e in ogni altra opportuna sede.

3. La revoca dell'autorizzazione costituisce causa di scioglimento della società. Entro sessanta giorni dalla comunicazione del provvedimento di revoca, l'intermediario finanziario comunica alla Banca d'Italia il programma di liquidazione della società. La Banca d'Italia può autorizzare, anche contestualmente alla revoca, l'esercizio provvisorio di attività ai sensi dell'articolo 2487 del codice civile. L'organo liquidatore trasmette alla Banca d'Italia riferimenti periodici sullo stato di avanzamento della liquidazione. Nei confronti della società in liquidazione restano fermi i poteri delle autorità creditizie previsti nel presente decreto legislativo ([2]).

3 *bis*. Ove la Banca d'Italia accerti, in sede di revoca dell'autorizzazione o successivamente, la mancata sussistenza dei presupposti per un regolare svolgimento della procedura di liquidazione, è disposta la liquidazione coatta amministrativa ai sensi del titolo IV, capo I, sezione III ([3]).

4. Agli intermediari finanziari si applicano l'articolo 96 *quinquies* [, fatto salvo quanto previsto dal comma 3,] ([4]) e l'articolo 97 ([5]).

[5. Ove la Banca d'Italia accerti la mancata sussistenza dei presupposti per un regolare svolgimento della procedura di liquidazione si applica il comma 6] ([6]).

6. In deroga ai commi precedenti, il Ministro dell'economia e delle finanze, su proposta della Banca d'Italia, può disporre con decreto la revoca dell'autorizzazione all'esercizio dell'attività e la liquidazione coatta amministrativa degli intermediari finanziari autorizzati all'esercizio dei servizi di investimento, anche quando ne siano stati sospesi gli organi di amministrazione e controllo ai sensi dell'articolo 113 *bis* o ne sia in corso la liquidazione, qualora:

a) risultino irregolarità eccezionalmente gravi nell'amministrazione, ovvero violazioni eccezionalmente gravi delle disposizioni legislative, amministrative o statutarie che regolano l'attività dell'intermediario;

b) siano previste perdite del patrimonio di eccezionale gravità;

c) la revoca e la liquidazione coatta amministrativa siano richieste su istanza motivata degli organi amministrativi, dell'assemblea straordinaria, dei commissari di cui all'articolo 113 *bis*, comma 1, o dei liquidatori (7).

Nel caso previsto dal comma 6 si applica la procedura di liquidazione coatta amministrativa, ai sensi del titolo IV, capo I, sezione III. La liquidazione coatta amministrativa è inoltre disposta quando sia stato accertato lo stato di insolvenza ai sensi dell'articolo 82, comma 1. Agli intermediari finanziari indicati nel presente comma si applicano altresì gli articoli 96 *quinquies* e 97 (8).

7. Le disposizioni di cui al presente articolo si applicano anche alle succursali di intermediari finanziari aventi sede legale all'estero ammessi all'esercizio, in Italia, delle attività di cui all'articolo 106 comma 1. La Banca d'Italia comunica i provvedimenti adottati all'Autorità competente.

8. Resta fermo quanto previsto dall'articolo 114 *terdecies*.

(1) *La precedente rubrica: «Revoca dell'autorizzazione» è stata così sostituita dall'attuale, dall'art. 1, comma 49, lett.* a), *del D.L.vo 16 novembre 2015, n. 181. Tali disposizioni si applicano alle procedure di amministrazione straordinaria e di liquidazione coatta amministrativa avviate successivamente all'entrata in vigore del suddetto decreto.*

(2) *Questo comma è stato così sostituito dall'art. 1, comma 49, lett.* b), *del D.L.vo 16 novembre 2015, n. 181. Tali disposizioni si applicano alle procedure di amministrazione straordinaria e di liquidazione coatta amministrativa avviate successivamente all'entrata in vigore del suddetto decreto.*

Si riporta il testo previgente:

«3. La revoca dell'autorizzazione costituisce causa di scioglimento della società. Entro sessanta giorni dalla comunicazione del provvedimento di revoca, l'intermediario finanziario comunica alla Banca d'Italia il programma di liquidazione della società. L'organo liquidatore trasmette alla Banca d'Italia riferimenti periodici sullo stato di avanzamento della liquidazione».

(3) *Questo comma è stato inserito dall'art. 1, comma 49, lett.* c), *del D.L.vo 16 novembre 2015, n. 181. Tali disposizioni si applicano alle procedure di amministrazione straordinaria e di liquidazione coatta amministrativa avviate successivamente all'entrata in vigore del suddetto decreto.*

(4) *Le parole tra parentesi quadrate sono state soppresse dall'art. 1, comma 21, del D.L.vo 14 novembre 2016, n. 223.*

(5) *Questo comma è stato così sostituito dall'art. 1, comma 49, lett.* d), *del D.L.vo 16 novembre 2015, n. 181. Tali disposizioni si applicano alle procedure di amministrazione straordinaria e di liquidazione coatta amministrativa avviate successivamente all'entrata in vigore del suddetto decreto.*

Si riporta il testo previgente:

«4. Agli intermediari finanziari si applicano gli articoli 96 quinquies *e 97».*

(6) *Questo comma è stato abrogato dall'art. 1, comma 49, lett.* e), *del D.L.vo 16 novembre 2015, n. 181. Tali disposizioni si applicano alle procedure di amministrazione straordinaria e di liquidazione coatta amministrativa avviate successivamente all'entrata in vigore del suddetto decreto.*

(7) *Questo comma è stato così sostituito dall'art. 1, comma 49, lett.* f), *del D.L.vo 16 novembre 2015, n. 181. Tali disposizioni si applicano alle procedure di amministrazione straordinaria e di liquidazione coatta amministrativa avviate successivamente all'entrata in vigore del suddetto decreto.*

Si riporta il testo previgente:

«6. Agli intermediari finanziari che siano stati autorizzati all'esercizio dei servizi di investimento ovvero abbiano acquisito fondi con obbligo di rimborso per un ammontare superiore al patrimonio ovvero dei quali sia stato accertato lo stato di insolvenza ai sensi dell'articolo 82, comma 1, si applica la procedura di liquidazione coatta amministrativa, ai sensi del titolo IV, capo I, sezione III».

(8) *Questo comma è stato inserito dall'art. 1, comma 49, lett.* g), *del D.L.vo 16 novembre 2015, n. 181. Tali disposizioni si applicano alle procedure di amministrazione straordinaria e di liquidazione coatta amministrativa avviate successivamente all'entrata in vigore del suddetto decreto.*

114. Norme finali. – 1. Fermo quanto disposto dall'articolo 18, il Ministro dell'economia e delle finanze disciplina l'esercizio nel territorio della Repubblica, da parte di soggetti aventi sede legale all'estero, delle attività indicate nell'articolo 106.

2. Le disposizioni del presente titolo non si applicano ai soggetti, individuati con decreto del Ministro dell'economia e delle finanze sentita la Banca d'Italia, già sottoposti, in base alla legge, a forme di vigilanza sull'attività finanziaria svolta.

2 *bis*. Non configura esercizio nei confronti del pubblico dell'attività di concessione di finanziamenti sotto qualsiasi forma l'operatività, diversa dal rilascio di garanzie, effettuata esclusivamente

nei confronti di soggetti diversi dalle persone fisiche e dalle microimprese, come definite dall'articolo 2, paragrafo 1, dell'allegato alla raccomandazione 2003/361/CE della Commissione europea, del 6 maggio 2003, da parte di imprese di assicurazione italiane e di Sace entro i limiti stabiliti dal decreto legislativo 7 settembre 2005, n. 209, come modificato dalla presente legge, e dalle relative disposizioni attuative emanate dall'IVASS. I soggetti di cui al comma 2 *bis* inviano alla Banca d'Italia, con le modalità e nei termini da essa stabiliti, le segnalazioni periodiche nonché ogni altro dato e documento richiesto, e partecipano alla centrale dei Rischi della Banca d'Italia, secondo quanto stabilito dalla Banca d'Italia. La Banca d'Italia può prevedere che l'invio delle segnalazioni periodiche e di ogni altro dato e documento richiesto nonché la partecipazione alla centrale dei rischi avvengano per il tramite di banche e intermediari finanziari iscritti all'albo di cui all'articolo 106 (1).

(1) *Questo comma è stato aggiunto dall'art. 22, comma 3, del D.L. 24 giugno 2014, n. 91, convertito, con modificazioni, nella L. 11 agosto 2014, n. 116.*

Titolo V *bis*
Moneta elettronica e istituti di moneta elettronica (1) (2)

(1) *Questo titolo, inserito dall'art. 55, comma 1, lett.* c), *della L. 1° marzo 2002, n. 39, è stato poi così sostituito dall'art. 1, comma 3, del D.L.vo 16 aprile 2012, n. 45.*

(2) *Si veda l'art. 4 del D.L.vo 16 aprile 2012, n. 45 di cui si riporta il testo:*

«1. Gli istituti di moneta elettronica iscritti prima del 30 aprile 2011 all'albo di cui al previgente articolo 114 bis *del decreto legislativo 1° settembre 1993, n. 385, possono proseguire la propria attività fino a sessanta giorni dopo la data di entrata in vigore delle disposizioni di attuazione del presente decreto secondo le previgenti disposizioni legislative e regolamentari; decorso tale termine cessano l'attività, a meno che non siano stati iscritti ovvero siano in corso di iscrizione, ai sensi del comma 2, nell'albo di cui all'articolo 114* quater, *introdotto nel decreto legislativo 1° settembre 1993, n. 385, dall'articolo 1, comma 3, del presente decreto.*

2. La Banca d'Italia iscrive nell'albo di cui all'articolo 114 quater, *introdotto nel decreto legislativo 1° settembre 1993, n. 385, dal presente decreto, gli istituti di moneta elettronica che:*

a) *risultano iscritti prima del 30 aprile 2011 nell'albo di cui al previgente articolo 114* bis *del decreto legislativo 1° settembre 1993, n. 385;*

b) *presentino alla Banca d'Italia entro sessanta giorni dalla data di entrata in vigore delle disposizioni di attuazione del presente decreto un'apposita relazione da cui risulti il rispetto delle previsioni di cui all'articolo 114* quinquies.1 *introdotto nel decreto legislativo 1° settembre 1993, n. 385, dall'articolo 1, comma 3, del presente decreto e un programma di attività redatto in conformità alle disposizioni emanate dalla Banca d'Italia.*

3. In deroga al comma 1, gli istituti di moneta elettronica, iscritti prima del 30 aprile 2011 all'albo di cui al previgente articolo 114 bis *del decreto legislativo 1° settembre 1993, n. 385, che beneficino della deroga prevista dal previgente articolo 114 quinquies del decreto legislativo 1° settembre 1993, n. 385, possono proseguire l'attività fino al 30 aprile 2012 ovvero, se posteriore, fino a sessanta giorni dopo la data di entrata in vigore delle disposizioni di attuazione del presente decreto, secondo le previgenti disposizioni legislative e regolamentari. Decorso tale termine cessano la propria attività, a meno che non siano stati iscritti nell'albo di cui all'articolo 114* quater, *introdotto nel decreto legislativo 1° settembre 1993, n. 385, dall'articolo 1,comma 3, del presente decreto, ovvero sia in corso un procedimento di autorizzazione ai sensi dell'articolo 114* quinquies *introdotto nel decreto legislativo 1° settembre 1993, n. 385, dall'articolo 1, comma 3, del presente decreto, anche al fine di avvalersi della deroga prevista dall'articolo 114* quinquies.4 *introdotto nel decreto legislativo 1° settembre 1993, n. 385, dall'articolo 1, comma 3, del presente decreto.*

4. Gli istituti di moneta elettronica iscritti dopo il 30 aprile 2011 all'albo di cui al previgente articolo 114 bis *del decreto legislativo 1° settembre 1993, n. 385, presentano entro sessanta giorni dalla data di entrata in vigore delle disposizioni di attuazione del presente decreto istanza di autorizzazione ai sensi dell'articolo 114* quinquies *introdotto nel decreto legislativo 1° settembre 1993, n. 385, dall'articolo 1, comma 3, del presente decreto; l'istanza è corredata della sola documentazione necessaria ad attestare il rispetto delle previsioni di cui all'articolo 114* quinquies.1 *introdotto nel decreto legislativo 1° settembre 1993, n. 385, dall'articolo 1, comma 3, del presente decreto nonché, ove intendano avvalersi della deroga prevista dall'articolo 114* quinquies.4 *introdotto nel decreto legislativo 1° settembre 1993, n. 385, dall'articolo 1, comma 3, del presente decreto, di quella attestante la sussistenza dei requisiti per l'esenzione prevista dal medesimo articolo. In difetto dei requisiti, o in caso di mancata presentazione dell'istanza di autorizzazione, essi possono proseguire la propria attività fino a sessanta giorni dopo la data di entrata in vigore delle disposizioni di attuazione del presente decreto secondo le previgenti disposizioni legislative e regolamentari; decorso tale termine cessano l'attività, a meno che non sia in corso il procedimento di autorizzazione.*

5. Fermo restando quanto previsto dai commi 1, 2, 3 e 4 per gli istituti di moneta elettronica che possono continuare ad operare secondo le previgenti disposizioni legislative e regolamentari, è abrogata ma continua ad applicarsi fino alla data di entrata in vigore delle disposizioni di attuazione, la delibera CICR del 4 marzo 2003 recante attuazione del Titolo V bis *del decreto legislativo 1° settembre 1993, n. 385, concernente gli istituti di moneta elettronica (Imel): disciplina in materia di partecipazioni al capitale degli Imel, vigilanza regolamentare, controlli sulle succursali in Italia di Imel comunitari.».*

114 *bis*. Emissione di moneta elettronica. – 1. L'emissione di moneta elettronica è riservata alle banche e agli istituti di moneta elettronica.

2. Possono emettere moneta elettronica, nel rispetto delle disposizioni ad essi applicabili, la Banca centrale europea, le banche centrali comunitarie, lo Stato italiano e gli altri Stati comunitari, le pubbliche amministrazioni statali, regionali e locali, nonché Poste Italiane.

3. L'emittente di moneta elettronica non concede interessi o qualsiasi altro beneficio commisurato alla giacenza della moneta elettronica.

114 *ter*. Rimborso della moneta elettronica. – 1. L'emittente di moneta elettronica rimborsa, su richiesta del detentore, la moneta elettronica in ogni momento e al valore nominale, secondo le modalità e le condizioni indicate nel contratto di emissione in conformità dell'articolo 126 *novies*. Il diritto al rimborso si estingue per prescrizione nei termini ordinari di cui all'articolo 2946 del codice civile.

2. Il detentore può chiedere il rimborso:

a) prima della scadenza del contratto, nella misura richiesta;

b) alla scadenza del contratto o successivamente:

1) per il valore monetario totale della moneta elettronica detenuta;

2) nella misura richiesta, se l'emittente è un istituto di moneta elettronica autorizzato ai sensi dell'articolo 114 *quinquies*, comma 4, e i fondi di pertinenza del medesimo detentore possono essere impiegati per finalità diverse dall'utilizzo di moneta elettronica, senza che sia predeterminata la quota utilizzabile come moneta elettronica.

3. I soggetti, diversi da un consumatore, che accettino in pagamento moneta elettronica possono regolare in via contrattuale con l'emittente di moneta elettronica il diritto al rimborso loro spettante nei suoi confronti, anche in deroga al comma 2.

114 *quater*. Istituti di moneta elettronica. – 1. La Banca d'Italia iscrive in un apposito albo gli istituti di moneta elettronica autorizzati in Italia e le relative succursali nonché le succursali in Italia degli istituti di moneta elettronica con sede legale in uno Stato comunitario o terzo ([1]).

2. Gli istituti di moneta elettronica trasformano immediatamente in moneta elettronica i fondi ricevuti dal richiedente; per la distribuzione e il rimborso della moneta elettronica possono avvalersi di persone fisiche o giuridiche che agiscano in loro nome.

3. Gli istituti di moneta elettronica possono:

a) prestare servizi di pagamento e le relative attività accessorie ai sensi dell'articolo 114 *octies* senza necessità di apposita autorizzazione ai sensi dell'articolo 114 *novies;*

b) prestare servizi operativi e accessori strettamente connessi all'emissione di moneta elettronica.

([1]) *La parola: «extracomunitario» è stata così sostituita dalla seguente: «terzo», dall'art. 1, comma 50, del D.L.vo 16 novembre 2015, n. 181. Tali disposizioni si applicano alle procedure di amministrazione straordinaria e di liquidazione coatta amministrativa avviate successivamente all'entrata in vigore del suddetto decreto.*

114 *quinquies*. Autorizzazione e operatività transfrontaliera. – 1. La Banca d'Italia autorizza gli istituti di moneta elettronica quando ricorrono le seguenti condizioni:

a) sia adottata la forma di società per azioni, di società in accomandita per azioni, di società a responsabilità limitata o di società cooperativa;

b) la sede legale e la direzione generale siano situate nel territorio della Repubblica;

c) il capitale versato sia di ammontare non inferiore a quello determinato dalla Banca d'Italia;

d) venga presentato un programma concernente l'attività iniziale e la struttura organizzativa, unitamente all'atto costitutivo e allo statuto;

e) sussistano i presupposti per il rilascio dell'autorizzazione prevista dall'articolo 19 per i titolari delle partecipazioni ivi indicate ([1]);

e bis) i soggetti che svolgono funzioni di amministrazione, direzione e controllo siano idonei, secondo quanto previsto ai sensi dell'articolo 114 *quinquies*.3 ([2]);

f) non sussistano, tra gli istituti di moneta elettronica o i soggetti del gruppo di appartenenza e altri soggetti, stretti legami che ostacolino l'effettivo esercizio delle funzioni di vigilanza.

2. La Banca d'Italia nega l'autorizzazione quando dalla verifica delle condizioni indicate nel comma 1 non risulti garantita la sana e prudente gestione ovvero il regolare funzionamento del sistema dei pagamenti.

3. La Banca d'Italia disciplina la procedura di autorizzazione, i casi di revoca e le ipotesi di decadenza quando l'istituto autorizzato non abbia iniziato l'esercizio dell'attività.

4. La Banca d'Italia autorizza all'emissione di moneta elettronica soggetti che esercitino anche altre attività imprenditoriali quando:

a) ricorrano le condizioni indicate al comma 1, ad eccezione del possesso dei requisiti di professionalità degli esponenti aziendali;

b) per l'attività di emissione di moneta elettronica, la prestazione dei servizi di pagamento e per le relative attività accessorie e strumentali sia costituito un unico patrimonio destinato con le modalità e agli effetti stabiliti dagli articoli 114 *quinquies*.1, comma 5, e 114 *terdecies*;

c) siano individuati uno o più soggetti responsabili del patrimonio di cui alla lettera *b*); ad essi si applica l'articolo 26, comma 3, lettere *a*) e *b*) ([3]).

5. Se lo svolgimento delle attività imprenditoriali di cui al comma 4 rischia di danneggiare la solidità finanziaria dell'istituto di moneta elettronica o l'esercizio effettivo della vigilanza, la Banca d'Italia può imporre la costituzione di una società che svolga esclusivamente l'attività di emissione di moneta elettronica.

6. Gli istituti di moneta elettronica italiani possono operare:

a) in uno Stato comunitario, anche senza stabilirvi succursali, nel rispetto delle procedure fissate dalla Banca d'Italia;

b) in uno Stato terzo ([4]), anche senza stabilirvi succursali, previa autorizzazione della Banca d'Italia.

7. Gli istituti di moneta elettronica con sede legale in un altro Stato comunitario, che intendono operare in Italia, possono operare nel territorio della Repubblica anche senza stabilirvi succursali dopo che la Banca d'Italia sia stata informata dall'autorità competente dello Stato di appartenenza.

8. L'emissione di moneta elettronica da parte di un istituto di moneta elettronica con sede legale in uno Stato terzo ([5]) è subordinata all'apertura di una succursale in Italia autorizzata dalla Banca d'Italia ai sensi del presente articolo in presenza di condizioni corrispondenti a quelle del comma 1, lettere *c*), *d*), *e*) ed *f*). L'autorizzazione è rilasciata, sentito il Ministero degli affari esteri, tenendo anche conto della condizione di reciprocità.

9. La Banca d'Italia detta disposizioni attuative del presente articolo.

([1]) *Questa lettera è stata così sostituita dall'attuale, dall'art. 1, comma 39, lett.* a)*, del D.L.vo 12 maggio 2015, n. 72.*

([2]) *Questa lettera è stata inserita, dall'art. 1, comma 39, lett.* b)*, del D.L.vo 12 maggio 2015, n. 72.*

([3]) *Questa lettera è stata così sostituita dall'attuale, dall'art. 1, comma 39, lett.* c)*, del D.L.vo 12 maggio 2015, n. 72.*

([4]) *La parola: «extracomunitario» è stata così sostituita dalla seguente: «terzo», dall'art. 1, comma 51, lett.* a)*, del D.L.vo 16 novembre 2015, n. 181. Tali disposizioni si applicano alle procedure di amministrazione straordinaria e di liquidazione coatta amministrativa avviate successivamente all'entrata in vigore del suddetto decreto.*

([5]) *La parola: «extracomunitario» è stata così sostituita dalla seguente: «terzo», dall'art. 1, comma 51, lett.* b)*, del D.L.vo 16 novembre 2015, n. 181. Tali disposizioni si applicano alle procedure di amministrazione straordinaria e di liquidazione coatta amministrativa avviate successivamente all'entrata in vigore del suddetto decreto.*

114 *quinquies*1. Forme di tutela e patrimonio destinato. – 1. Gli istituti di moneta elettronica registrano per ciascun cliente in poste del passivo, nel rispetto delle modalità stabilite dalla Banca d'Italia, le somme di denaro ricevute dalla clientela per l'emissione di moneta elettronica.

2. Le somme di cui al comma 1 sono investite, nel rispetto delle modalità stabilite dalla Banca d'Italia, in attività che costituiscono patrimonio distinto a tutti gli effetti da quello dell'istituto di moneta elettronica. Su tale patrimonio distinto non sono ammesse azioni dei creditori dell'istituto di moneta elettronica o nell'interesse degli stessi, nè quelle dei creditori dell'eventuale soggetto presso il quale le somme di denaro sono depositate. Le azioni dei creditori dei singoli clienti degli istituti di moneta elettronica sono ammesse nel limite di quanto registrato ai sensi del comma 1. Se le somme di denaro ricevute per l'emissione di moneta elettronica sono depositate presso terzi non operano le compensazioni legale e giudiziale e non può essere pattuita la compensazione convenzionale rispetto ai crediti vantati dal depositario nei confronti dell'istituto di moneta elettronica.

3. Ai fini dell'applicazione della disciplina della liquidazione coatta amministrativa all'istituto di moneta elettronica, i detentori di moneta elettronica sono equiparati ai clienti aventi diritto alla restituzione di strumenti finanziari.

4. Per la prestazione dei servizi di pagamento da parte degli istituti di moneta elettronica si applica l'articolo 114 *duodecies*.

5. Gli istituti di moneta elettronica che svolgano anche altre attività imprenditoriali diverse dall'emissione di moneta elettronica e dalla prestazione dei servizi di pagamento, autorizzati ai sensi dell'articolo 114 *quinquies*, comma 4, costituiscono un patrimonio destinato unico per l'emissione di moneta elettronica, la prestazione dei servizi di pagamento e per le relative attività accessorie e strumentali. A tale patrimonio destinato si applica l'articolo 114 *terdecies*, anche con riferimento all'emissione di moneta elettronica.

114 *quinquies2*. Vigilanza. - 1. Gli istituti di moneta elettronica inviano alla Banca d'Italia, con le modalità e nei termini da essa stabiliti, le segnalazioni periodiche nonché ogni altro dato e documento richiesto. Essi trasmettono anche i bilanci con le modalità e nei termini stabiliti dalla Banca d'Italia.

1 *bis*. La Banca d'Italia può chiedere informazioni al personale degli istituti di moneta elettronica, anche per il tramite di questi ultimi (1).

1 *ter*. Gli obblighi previsti dal comma 1 si applicano anche ai soggetti ai quali gli istituti di moneta elettronica abbiano esternalizzato funzioni aziendali essenziali o importanti e al loro personale (1).

2. La Banca d'Italia emana disposizioni di carattere generale aventi a oggetto: il governo societario, l'adeguatezza patrimoniale, il contenimento del rischio nelle sue diverse configurazioni, l'organizzazione amministrativa e contabile, nonché i controlli interni e i sistemi di remunerazione e incentivazione.

3. La Banca d'Italia può:

a) convocare gli amministratori, i sindaci e i dirigenti degli istituti di moneta elettronica per esaminare la situazione degli stessi;

b) ordinare la convocazione degli organi collegiali degli istituti di moneta elettronica, fissandone l'ordine del giorno, e proporre l'assunzione di determinate decisioni;

c) procedere direttamente alla convocazione degli organi collegiali degli istituti di moneta elettronica quando gli organi competenti non abbiano ottemperato a quanto previsto dalla lettera *b*);

d) adottare per le materie indicate nel comma 2, ove la situazione lo richieda, provvedimenti specifici nei confronti di singoli istituti di moneta elettronica riguardanti anche la restrizione delle attività o della struttura territoriale, il divieto di effettuare determinate operazioni anche di natura societaria e di distribuire utili o altri elementi del patrimonio nonché, con riferimento a strumenti finanziari computabili nel patrimonio a fini di vigilanza, il divieto di pagare interessi;

d bis) disporre, qualora la loro permanenza in carica sia di pregiudizio per la sana e prudente gestione dell'istituto di moneta elettronica, la rimozione dalla carica di uno o più esponenti; la rimozione non è disposta ove ricorrano gli estremi per pronunciare la decadenza ai sensi dell'articolo 26, salvo che sussista urgenza di provvedere (2).

3 *bis*. La Banca d'Italia può altresì convocare gli amministratori, i sindaci, i dirigenti dei soggetti ai quali siano state esternalizzate funzioni aziendali essenziali o importanti (3).

4. La Banca d'Italia può effettuare ispezioni presso gli istituti di moneta elettronica, i loro agenti o i soggetti a cui sono esternalizzate funzioni aziendali essenziali o importanti attività e richiedere a essi l'esibizione di documenti e gli atti che ritenga necessari. La Banca d'Italia notifica all'autorità competente dello Stato comunitario ospitante l'intenzione di effettuare ispezioni sul territorio di quest'ultimo nei confronti di istituti di moneta elettronica, dei loro agenti o dei soggetti a cui sono esternalizzate funzioni aziendali essenziali o importanti ovvero richiede alle autorità competenti del medesimo Stato comunitario di effettuare tali accertamenti (4).

5. Le autorità competenti di uno Stato comunitario, dopo aver informato la Banca d'Italia, possono ispezionare, anche tramite persone da esse incaricate, gli istituti di moneta elettronica comunitari, i loro agenti o i soggetti a cui sono esternalizzate funzioni aziendali essenziali o importanti (5) attività che operano nel territorio della Repubblica. Se le autorità competenti di uno Stato comunitario lo richiedono, la Banca d'Italia può procedere direttamente agli accertamenti.

6. Nel confronti degli istituti di moneta elettronica che svolgano anche altre attività imprenditoriali diverse dall'emissione di moneta elettronica e dalla prestazione dei servizi di pagamento, autorizzati ai sensi dell'articolo 114 *quinquies*, comma

2, la Banca d'Italia esercita i poteri di vigilanza indicati nel presente articolo sull'attività di emissione di moneta elettronica, prestazione dei servizi di pagamento e sulle attività connesse e strumentali, avendo a riferimento anche il responsabile della gestione dell'attività e il patrimonio destinato.

6 *bis*. In caso di violazione, da parte di istituti di moneta elettronica comunitari che non esercitano attività imprenditoriali diverse dall'emissione di moneta elettronica o dalla prestazione di servizi di pagamento, delle disposizioni relative alle succursali o alla prestazione di servizi nel territorio della Repubblica, la Banca d'Italia può ordinare all'istituto di moneta elettronica di porre termine a tali irregolarità, dandone comunicazione all'autorità competente dello Stato membro in cui l'istituto di moneta elettronica ha sede legale per i provvedimenti eventualmente necessari ([6]).

6 *ter*. Quando manchino o risultino inadeguati i provvedimenti dell'autorità competente, quando le irregolarità commesse possano pregiudicare interessi generali ovvero nei casi di urgenza per la tutela delle ragioni dei depositanti, dei risparmiatori e degli altri soggetti ai quali sono prestati i servizi, la Banca d'Italia adotta le misure necessarie, comprese l'imposizione del divieto di intraprendere nuove operazioni e la chiusura della succursale ([6]).

([1]) *Questo comma è stato inserito dall'art. 1, comma 40, lett.* a*), del D.L.vo 12 maggio 2015, n. 72.*

([2]) *Questa lettera è stata aggiunta dall'art. 1, comma 40, lett.* b*), del D.L.vo 12 maggio 2015, n. 72.*

([3]) *Questo comma è stato inserito dall'art. 1, comma 40, lett.* c*), del D.L.vo 12 maggio 2015, n. 72.*

([4]) *Questo comma è stato così sostituito dall'art. 1, comma 40, lett.* d*), del D.L.vo 12 maggio 2015, n. 72.*

([5]) *Le parole: «funzioni aziendali essenziali o importanti» sono state inserite dall'art. 1, comma 40, lett.* e*), del D.L.vo 12 maggio 2015, n. 72.*

([6]) *Questo comma è stato aggiunto dall'art. 1, comma 40, lett.* f*), del D.L.vo 12 maggio 2015, n. 72.*

114 *quinquies3*. Rinvio. – 1. Agli istituti di moneta elettronica si applicano, in quanto compatibili, le disposizioni contenute negli articoli 19, 20, 21, 22, 23, 24, 52, 139 e 140 nonché nel titolo VI. I provvedimenti previsti nell'articolo 19 sono adottati dalla Banca d'Italia. ([1]) Agli emittenti che agiscono in veste di pubblica autorità si applicano solo gli articoli 114 *ter* e 126 *novies* nonché, relativamente a queste disposizioni, gli articoli 39 e 40 del decreto legislativo 27 gennaio 2010, n. 11 ([2]).

1 *bis*. Ai soggetti che svolgono funzioni di amministrazione, direzione e controllo presso istituti di moneta elettronica si applica l'articolo 26, ad eccezione del comma 3, lettere *c*) ed *e*); il decreto di cui all'articolo 26 può prevedere l'applicazione dei criteri di competenza definiti ai sensi del medesimo articolo, comma 3, lettera *c*), avuto riguardo alla complessità operativa, dimensionale e organizzativa degli istituti, nonché alla natura specifica dell'attività svolta ([3]).

1 *ter*. Ai titolari delle partecipazioni indicate all'articolo 19 in istituti di moneta elettronica si applica l'articolo 25, ad eccezione del comma 2, lettera *b*); il decreto di cui all'articolo 25 può prevedere l'applicazione dei criteri di competenza definiti ai sensi del medesimo articolo, comma 2, lettera *b*), avuto riguardo alla complessità operativa, dimensionale e organizzativa degli istituti, nonché alla natura specifica dell'attività svolta ([3]).

2. Agli istituti di moneta elettronica che non esercitano attività imprenditoriali diverse dall'emissione di moneta elettronica o dalla prestazione di servizi di pagamento, si applicano altresì gli articoli 78, 82, 113 *bis* e 113 *ter* ([4]).

3. La Banca d'Italia può dettare disposizioni attuative ai fini dell'applicazione delle norme di cui al presente articolo.

([1]) *Le parole: «I provvedimenti previsti nell'articolo 19 sono adottati dalla Banca d'Italia.» sono state inserite dall'art. 1, comma 22, del D.L.vo 14 novembre 2016, n. 223.*

([2]) *Questo comma è stato così sostituito dall'art. 1, comma 41, lett.* a*), del D.L.vo 12 maggio 2015, n. 72.*

([3]) *Questo comma è stato inserito dall'art. 1, comma 41, lett.* b*), del D.L.vo 12 maggio 2015, n. 72.*

([4]) *Questo comma è stato così sostituito dall'art. 1, comma 41, lett.* c*), del D.L.vo 12 maggio 2015, n. 72.*

114 *quinquies4*. Deroghe. – 1. La Banca d'Italia può esentare gli istituti di moneta elettronica dall'applicazione di disposizioni previste dal presente titolo, quando ricorrono congiuntamente le seguenti condizioni:

a) le attività complessive generano una moneta elettronica media in circolazione non superiore al limite stabilito dalla Banca d'Italia in base al piano aziendale dell'istituto di moneta elettronica; tale limite in ogni caso non supera i 5 milioni di euro;

b) coloro che svolgono funzioni di amministrazione, direzione e controllo nell'istituto di moneta elettronica non hanno subito condanne per riciclaggio di denaro o finanziamento del terrorismo o altri reati finanziari.

2. La Banca d'Italia può prevedere limiti di avvaloramento degli strumenti di moneta elettronica emessi dagli istituti di cui al comma 1.

3. Gli istituti di moneta elettronica esentati ai sensi del comma 1 non beneficiano delle disposizioni per il mutuo riconoscimento.

4. La Banca d'Italia stabilisce le procedure che i soggetti di cui al comma 1 seguono per comunicare ogni variazione delle condizioni di cui al comma 1 nonché le modalità con le quali devono essere comunicati i volumi operativi di cui al comma 1, lettera *a*).

5. Gli istituti di moneta elettronica esentati ai sensi del comma 1 possono prestare servizi di pagamento soltanto ove ricorrano le condizioni previste dall'articolo 114 *sexiesdecies*.

Titolo V *ter*
Istituti di pagamento ([1])

([1]) Questo titolo è stato inserito dall'art. 33, comma 1, del D.L.vo 27 gennaio 2010, n. 11.

114 *sexies*. Servizi di pagamento. – 1. La prestazione di servizi di pagamento è riservata alle banche, agli istituti di moneta elettronica e agli istituti di pagamento. Possono prestare servizi di pagamento, nel rispetto delle disposizioni ad essi applicabili, la Banca centrale europea, le banche centrali comunitarie, lo Stato italiano e gli altri Stati comunitari, le pubbliche amministrazioni statali, regionali e locali, nonché Poste Italiane.

114 *septies*. Albo degli istituti di pagamento. – 1. La Banca d'Italia iscrive in un apposito albo, consultabile pubblicamente, accessibile sul sito internet ed aggiornato periodicamente, gli istituti di pagamento autorizzati in Italia, con indicazione della tipologia di servizi che sono autorizzati a prestare e i relativi agenti e succursali nonché le succursali degli istituti di pagamento comunitari stabiliti nel territorio della Repubblica.

2. Gli istituti di pagamento indicano negli atti e nella corrispondenza l'iscrizione nell'albo.

[3. Per la prestazione dei servizi di pagamento in Italia gli istituti di pagamento possono avvalersi soltanto degli agenti in attività finanziaria, di cui al decreto legislativo 25 settembre 1999, n. 374, nonché degli altri soggetti autorizzati alla prestazione di servizi di pagamento di cui all'articolo 114 *sexies*] ([1]).

([1]) Questo comma è stato abrogato dall'art. 28, comma 4, del D.L.vo 13 agosto 2010, n. 141. A norma dello stesso comma, con riferimento agli istituti di pagamento e agli istituti di moneta elettronica autorizzati in Italia, l'abrogazione ha effetto a decorrere dalla data di entrata in vigore delle disposizioni di attuazione dell'articolo 128 quater *comma 6.*

114 *octies*. Attività accessorie esercitabili. – 1. Gli istituti di pagamento possono esercitare le seguenti attività accessorie alla prestazione di servizi di pagamento:

a) concedere crediti in stretta relazione ai servizi di pagamento prestati e nei limiti e con le modalità stabilite dalla Banca d'Italia;

b) prestare servizi operativi o strettamente connessi, come la prestazione di garanzie per l'esecuzione di operazioni di pagamento, servizi di cambio, attività di custodia e registrazione e trattamento di dati;

c) gestire sistemi di pagamento.

2. La Banca d'Italia detta specifiche disposizioni per la concessione di credito collegata all'emissione o alla gestione di carte di credito.

114 *novies*. Autorizzazione. – 1. La Banca d'Italia autorizza gli istituti di pagamento quando ricorrano le seguenti condizioni:

a) sia adottata la forma di società per azioni, di società in accomandita per azioni, di società a responsabilità limitata o di società cooperativa ([1]);

b) la sede legale e la direzione generale siano situate nel territorio della Repubblica;

c) il capitale versato sia di ammontare non inferiore a quello determinato dalla Banca d'Italia ([1]);

d) venga presentato un programma concernente l'attività iniziale e la struttura organizzativa, unitamente all'atto costitutivo e allo statuto;

e) sussistano i presupposti per il rilascio dell'autorizzazione prevista dall'articolo 19 per i titolari delle partecipazioni ivi indicate ([2]);

e bis) i soggetti che svolgono funzioni di amministrazione, direzione e controllo siano idonei, secondo quanto previsto ai sensi dell'articolo 114 *undecies* ([3]);

f) non sussistano, tra gli istituti di pagamento o i soggetti del gruppo di appartenenza e altri soggetti, stretti legami che ostacolino l'effettivo esercizio delle funzioni di vigilanza.

2. La Banca d'Italia nega l'autorizzazione quando dalla verifica delle condizioni indicate nel comma 1 non risulti garantita la sana e prudente gestione ovvero il regolare funzionamento del sistema dei pagamenti.

3. La Banca d'Italia disciplina la procedura di autorizzazione, i casi di revoca e le ipotesi di deca-

denza quando l'istituto autorizzato non abbia iniziato l'esercizio dell'attività.

4. La Banca d'Italia, autorizza alla prestazione di servizi di pagamento soggetti che esercitino altre attività imprenditoriali quando:

a) ricorrano le condizioni indicate al comma 1, ad eccezione del possesso dei requisiti di professionalità degli esponenti aziendali;

b) per la prestazione dei servizi di pagamento e per le relative attività accessorie e strumentali sia costituito un patrimonio destinato con le modalità e agli effetti stabiliti dall'articolo 114 *terdecies;*

c) siano individuati uno o più soggetti responsabili del patrimonio di cui alla lettera *b*); ad essi si applica l'articolo 26, limitatamente ai requisiti di onorabilità e professionalità ([4]).

5. Se lo svolgimento delle altre attività imprenditoriali rischia di danneggiare la solidità finanziaria dell'istituto di pagamento o l'esercizio effettivo della vigilanza, la Banca d'Italia può imporre la costituzione di una società che svolga esclusivamente l'attività di prestazione dei servizi di pagamento ([5]).

5 *bis*. La Banca d'Italia detta disposizioni attuative del presente articolo ([6]).

([1]) *Questa lettera è stata così sostituita dall'art. 4, comma 1, del D.L.vo 29 dicembre 2011, n. 230.*

([2]) *Questa lettera, sostituita dall'art. 4, comma 1, del D.L.vo 29 dicembre 2011, n. 230 è stata, da ultimo, così sostituita dall'art. 1, comma 42, lett.* a*), del D.L.vo 12 maggio 2015, n. 72.*

([3]) *Questa lettera è stata inserita dall'art. 1, comma 42, lett.* b*), del D.L.vo 12 maggio 2015, n. 72.*

([4]) *Questo comma è stato così sostituito dall'art. 4, comma 2, del D.L.vo 29 dicembre 2011, n. 230.*

([5]) *Questo comma è stato così sostituito dall'art. 4, comma 3, del D.L.vo 29 dicembre 2011, n. 230.*

([6]) *Questo comma è stato aggiunto dall'art. 4, comma 4, del D.L.vo 29 dicembre 2011, n. 230.*

114 *decies*. Operatività transfrontaliera. – 1. Gli istituti di pagamento italiani possono stabilire succursali nel territorio della Repubblica e degli altri Stati comunitari nel rispetto delle procedure fissate dalla Banca d'Italia.

2. Gli istituti di pagamento comunitari possono stabilire succursali nel territorio della Repubblica. Il primo insediamento è preceduto da una comunicazione alla Banca d'Italia da parte dell'autorità competente dello Stato di appartenenza.

3. Gli istituti di pagamento italiani possono prestare i servizi di pagamento ammessi al mutuo riconoscimento in uno Stato comunitario senza stabilirvi succursali, nel rispetto delle procedure fissate dalla Banca d'Italia.

4. Gli istituti di pagamento comunitari possono prestare i servizi di pagamento nel territorio della Repubblica senza stabilirvi succursali dopo che la Banca d'Italia sia stata informata dall'autorità competente dello Stato di appartenenza.

4 *bis*. Gli istituti di pagamento comunitari, che ai sensi dei commi 1 e 4 prestano servizi di pagamento in Italia, concedono credito collegato all'emissione o alla gestione di carte di credito nel rispetto delle condizioni stabilite dalla Banca d'Italia. Quando queste ultime non ricorrono, l'esercizio di tale attività è subordinato al rilascio dell'autorizzazione; si applica, in quanto compatibile, l'articolo 114 *novies* ([1]).

5. Gli istituti di pagamento italiani possono stabilire succursali o prestare servizi di pagamento in uno Stato terzo ([2]) senza stabilirvi succursali previa autorizzazione della Banca d'Italia.

6. Il presente articolo si applica anche nel caso di operatività transfrontaliera mediante l'impiego di agenti.

([1]) *Questo comma è stato inserito dall'art. 2, comma 1, del D.L.vo 29 dicembre 2011, n. 230.*

([2]) *La parola: «extracomunitario» è stata così sostituita dalla seguente: «terzo», dall'art. 1, comma 52, del D.L.vo 16 novembre 2015, n. 181. Tali disposizioni si applicano alle procedure di amministrazione straordinaria e di liquidazione coatta amministrativa avviate successivamente all'entrata in vigore del suddetto decreto.*

114 *undecies*. ([1]) **Rinvio. –** 1. Agli istituti di pagamento si applicano, in quanto compatibili, le disposizioni contenute negli articoli 19, 20, 21, 22, 23, 24, 52, 139 e 140 nonché nel titolo VI. I provvedimenti previsti nell'articolo 19 sono adottati dalla Banca d'Italia ([2]) ([3]).

1 *bis*. Ai soggetti che svolgono funzioni di amministrazione, direzione e controllo presso istituti di pagamento si applica l'articolo 26, ad eccezione del comma 3, lettere *c*) ed *e*); il decreto di cui all'articolo 26 può prevedere l'applicazione dei criteri di competenza definiti ai sensi del medesimo articolo, comma 3, lettera *c*), avuto riguardo alla complessità operativa, dimensionale e organizzativa degli istituti, nonché alla natura specifica dell'attività svolta ([4]).

1 *ter*. Ai titolari delle partecipazioni indicate all'articolo 19 in istituti di pagamento si applica l'articolo 25, ad eccezione del comma 2, lettera *b*); il decreto di cui all'articolo 25 può prevedere l'applicazione dei criteri di competenza definiti ai sensi del medesimo articolo, comma 2, lettera *b*), avuto riguardo alla complessità operativa, dimensionale e organizzativa degli istituti, nonché alla natura specifica dell'attività svolta ([4]).

2. Agli istituti di pagamento che non esercitino attività imprenditoriali diverse dalla prestazione dei servizi di pagamento ai sensi dell'articolo 114 *novies*, comma 4, si applicano altresì gli articoli 78, 82, 113 *bis* e 113 *ter*, ad eccezione del comma 7, 114 *quinquies*.2, commi 6 *bis* e 6 *ter* ([5]).

3. La Banca d'Italia può dettare disposizioni attuative ai fini dell'applicazione delle norme di cui al presente articolo.

([1]) *Questo articolo è stato così sostituito dall'art. 4, comma 5, del D.L.vo 29 dicembre 2011, n. 230.*

([2]) *Le parole*: «*I provvedimenti previsti nell'articolo 19 sono adottati dalla Banca d'Italia.*» *sono state inserite dall'art. 1, comma 23, del D.L.vo 14 novembre 2016, n. 223.*

([3]) *Questo comma è stato così sostituito dall'art. 1, comma 43, lett.* a), *del D.L.vo 12 maggio 2015, n. 72.*

([4]) *Questo comma è stato inserito dall'art. 1, comma 43, lett.* b), *del D.L.vo 12 maggio 2015, n. 72.*

([5]) *Questo comma è stato così sostituito dall'art. 1, comma 43, lett.* c), *del D.L.vo 12 maggio 2015, n. 72.*

114 *duodecies*. ([1]) **Conti di pagamento e forme di tutela.** – 1. Gli istituti di pagamento registrano per ciascun cliente in poste del passivo, nel rispetto delle modalità stabilite dalla Banca d'Italia, le somme di denaro della clientela in conti di pagamento utilizzati esclusivamente per la prestazione dei servizi di pagamento.

2. Le somme di denaro sono investite, nel rispetto delle modalità stabilite dalla Banca d'Italia, in attività che costituiscono patrimonio distinto a tutti gli effetti da quello dell'istituto di pagamento. Su tale patrimonio distinto non sono ammesse azioni dei creditori dell'istituto di pagamento o nell'interesse degli stessi, nè quelle dei creditori dell'eventuale soggetto presso il quale le somme sono depositate. Le azioni dei creditori dei singoli clienti degli istituti di pagamento sono ammesse nel limite di quanto registrato ai sensi del comma 1. Se le somme di denaro registrate nei conti di pagamento sono depositate presso terzi non operano le compensazioni legale e giudiziale e non può essere pattuita la compensazione convenzionale rispetto ai crediti vantati dal depositario nei confronti dell'istituto di pagamento.

3. Ai fini dell'applicazione della disciplina della liquidazione coatta amministrativa, i titolari di conti di pagamento sono equiparati ai clienti aventi diritto alla restituzione di strumenti finanziari.

([1]) *Questo articolo è stato così sostituito dall'art. 4, comma 6, del D.L.vo 29 dicembre 2011, n. 230.*

114 *terdecies*. Patrimonio destinato. – 1. Gli istituti di pagamento che svolgano anche attività imprenditoriali diverse dalla prestazione dei servizi di pagamento, autorizzati ai sensi dell'articolo 114 *novies*, comma 4, devono costituire un patrimonio destinato per la prestazione dei servizi di pagamento e per le relative attività accessorie e strumentali. A tal fine essi adottano apposita deliberazione contenente l'esatta descrizione dei beni e dei rapporti giuridici destinati e delle modalità con le quali è possibile disporre, integrare e sostituire elementi del patrimonio destinato. La deliberazione è depositata e iscritta a norma dell' articolo 2436 del codice civile. Si applica il secondo comma dell'articolo 2447 *quater* del codice civile.

2. Decorso il termine di cui al secondo comma dell'articolo 2447 *quater* del codice civile ovvero dopo l'iscrizione nel registro delle imprese del provvedimento del tribunale ivi previsto, i beni e i rapporti giuridici individuati sono destinati esclusivamente al soddisfacimento dei diritti degli utenti dei servizi di pagamento e di quanti vantino diritti derivanti dall'esercizio delle attività accessorie e strumentali e costituiscono patrimonio separato a tutti gli effetti da quello dell'istituto e dagli altri eventuali patrimoni destinati.Fino al completo soddisfacimento dei diritti dei soggetti a cui vantaggio la destinazione è effettuata, sul patrimonio destinato e sui frutti e proventi da esso derivanti sono ammesse azioni soltanto a tutela dei diritti dei predetti soggetti. Si applica l'articolo 114 *duodecies*, comma 2.

3. In caso di incapienza del patrimonio destinato l'istituto di pagamento risponde anche con il proprio patrimonio delle obbligazioni nei confronti degli utenti dei servizi di pagamento e di quanti vantino diritti derivanti dall'esercizio delle attività accessorie e strumentali.

4. Con riferimento al patrimonio destinato l'istituto di pagamento tiene separatamente i libri e le scritture contabili prescritti dagli articoli 2214, e seguenti, del codice civile, nel rispetto dei princi-

pi contabili internazionali. Gli amministratori redigono un separato rendiconto per il patrimonio destinato, da allegare al bilancio d'esercizio dell'istituto di pagamento (1).

5. In caso di sottoposizione a procedura concorsuale del soggetto autorizzato alla prestazione di servizi di pagamento ai sensi dell'articolo 114 *novies*, comma 4, l'amministrazione del patrimonio destinato è attribuita agli organi della procedura, che provvedono con gestione separata alla liquidazione dello stesso secondo le regole ordinarie. Gli ordini di pagamento e le attività accessorie e strumentali a valere sul patrimonio destinato che siano state avviate prima dell'avvio della procedura continuano ad avere esecuzione e ad esso continuano ad applicarsi le previsioni contenute nel presente articolo. A decorrere dalla data di apertura della procedura non possono essere accettati nuovi ordini di pagamento né stipulati nuovi contratti. Gli organi della procedura possono trasferire o affidare in gestione a banche o altri intermediari autorizzati alla prestazione di servizi di pagamento, i beni e i rapporti giuridici ricompresi nel patrimonio destinato e le relative passività. Ai fini della liquidazione del patrimonio destinato si applica l'articolo 91, commi 2 e 3, intendendosi equiparati gli utenti dei servizi di pagamento ai clienti aventi diritto alla restituzione di strumenti finanziari.

6. La Banca d'Italia può nominare un liquidatore per gli adempimenti di cui al comma 5, in luogo degli organi della procedura, ove ciò sia necessario per l'ordinata liquidazione del patrimonio destinato.

7. Il tribunale competente per l'avvio della procedura concorsuale del soggetto autorizzato alla prestazione di servizi di pagamento informa la Banca d'Italia della pendenza del procedimento.

7 *bis*. Ai patrimoni destinati costituiti ai sensi del presente articolo si applicano esclusivamente le disposizioni del codice civile espressamente richiamate (2).

(1) *Le parole: «Gli amministratori redigono un separato rendiconto per il patrimonio destinato, da allegare al bilancio d'esercizio dell'istituto di pagamento.» sono state inserite dall'art. 1, comma 1, del D.L.vo 29 dicembre 2011, n. 230.*

(2) *Questo comma è stato aggiunto dall'art. 4, comma 7, del D.L.vo 29 dicembre 2011, n. 230.*

114 *quaterdecies*. Vigilanza. – 1. Gli istituti di pagamento inviano alla Banca d'Italia, con le modalità e nei termini da essa stabiliti, le segnalazioni periodiche nonché ogni altro dato e documento richiesto. Essi trasmettono anche i bilanci con le modalità e nei termini stabiliti dalla Banca d'Italia.

1 *bis*. La Banca d'Italia può chiedere informazioni al personale degli istituti di pagamento, anche per il tramite di questi ultimi (1).

1 *ter*. Gli obblighi previsti dal comma 1 si applicano anche ai soggetti ai quali gli istituti di pagamento abbiano esternalizzato funzioni aziendali essenziali o importanti e al loro personale (1).

2. La Banca d'Italia emana disposizioni di carattere generale aventi a oggetto: il governo societario, l'adeguatezza patrimoniale, il contenimento del rischio nelle sue diverse configurazioni, l'organizzazione amministrativa e contabile nonché i controlli interni e i sistemi di remunerazione e incentivazione (2).

3. La Banca d'Italia può:

a) convocare gli amministratori, i sindaci e i dirigenti degli istituti di pagamento per esaminare la situazione degli stessi;

b) ordinare la convocazione degli organi collegiali degli istituti di pagamento, fissandone l'ordine del giorno, e proporre l'assunzione di determinate decisioni;

c) procedere direttamente alla convocazione degli organi collegiali degli istituti di pagamento quando gli organi competenti non abbiano ottemperato a quanto previsto dalla lettera *b*);

d) adottare per le materie indicate nel comma 2, ove la situazione lo richieda, provvedimenti specifici nei confronti di singoli istituti di pagamento, riguardanti anche: la restrizione delle attività o della struttura territoriale; il divieto di effettuare determinate operazioni, anche di natura societaria, e di distribuire utili o altri elementi del patrimonio, nonché, con riferimento a strumenti finanziari computabili nel patrimonio a fini di vigilanza, il divieto di pagare interessi (3);

d bis) disporre, qualora la loro permanenza in carica sia di pregiudizio per la sana e prudente gestione dell'istituto di pagamento, la rimozione dalla carica di uno o più esponenti aziendali; la rimozione non è disposta ove ricorrano gli estremi per pronunciare la decadenza ai sensi dell'articolo 26, salvo che sussista urgenza di provvedere (4).

3 *bis*. La Banca d'Italia può altresì convocare gli amministratori, i sindaci e i dirigenti dei soggetti ai quali siano state esternalizzate funzioni aziendali essenziali o importanti (5).

4. La Banca d'Italia può effettuare ispezioni presso gli istituti di pagamento, i loro agenti o i soggetti a cui sono esternalizzate funzioni aziendali essenziali o importanti e richiedere a essi l'esibizione di documenti e gli atti che ritenga necessari. La Banca d'Italia notifica all'autorità competente dello Stato comunitario ospitante l'intenzione di effettuare ispezioni sul territorio di quest'ultimo nei confronti di istituti di pagamento, dei loro agenti o dei soggetti a cui sono esternalizzate funzioni aziendali essenziali o importanti ovvero richiede alle autorità competenti del medesimo Stato comunitario di effettuare tali accertamenti ([6]).

5. Le autorità competenti di uno Stato comunitario, dopo aver informato la Banca d'Italia, possono ispezionare, anche tramite persone da esse incaricate, gli istituti di pagamento comunitari, i loro agenti o i soggetti a cui sono esternalizzate funzioni aziendali essenziali o importanti che operano nel territorio della Repubblica. Se le autorità competenti di uno Stato comunitario lo richiedono, la Banca d'Italia può procedere direttamente agli accertamenti ([7]).

6. Nel confronti degli istituti di pagamento che svolgano anche attività imprenditoriali diverse dalla prestazione dei servizi di pagamento, autorizzati ai sensi dell'articolo 114 *novies*, comma 4, la Banca d'Italia esercita i poteri di vigilanza indicati nel presente articolo sull'attività di prestazione dei servizi di pagamento e sulle attività connesse e strumentali, avendo a riferimento anche il responsabile della gestione dell'attività e il patrimonio destinato.

([1]) *Questo comma è stato inserito dall'art. 1, comma 44, lett.* a), *del D.L.vo 12 maggio 2015, n. 72.*

([2]) *Questo comma è stato così sostituito dall'art. 27, comma 1, lett.* a), *del D.L.vo 19 settembre 2012, n. 169.*

([3]) *Questa lettera è stata così da ultimo sostituita dall'art. 27, comma 1, lett.* b), *del D.L.vo 19 settembre 2012, n. 169.*

([4]) *Questa lettera è stata aggiunta dall'art. 1, comma 44, lett.* b), *del D.L.vo 12 maggio 2015, n. 72.*

([5]) *Questo comma è stato inserito dall'art. 1, comma 44, lett.* c), *del D.L.vo 12 maggio 2015, n. 72.*

([6]) *Questo comma è stato così sostituito dall'art. 1, comma 44, lett.* d), *del D.L.vo 12 maggio 2015, n. 72.*

([7]) *Questo comma è stato così sostituito dall'art. 1, comma 44, lett.* e), *del D.L.vo 12 maggio 2015, n. 72.*

114 *quinquiesdecies*. Scambio di informazioni. – 1. Fermo restando quanto previsto nell'articolo 7, la Banca d'Italia scambia informazioni con:

a) la Banca centrale europea e le banche centrali nazionali degli Stati membri, in quanto autorità monetarie e di sorveglianza sul sistema dei pagamenti, e, se opportuno, altre autorità pubbliche responsabili della sorveglianza sui sistemi di pagamento e di regolamento;

b) altre autorità competenti ai sensi di disposizioni comunitarie applicabili ai prestatori di servizi di pagamento.

114 *sexiesdecies*. Deroghe. – 1. La Banca d'Italia può esentare i soggetti iscritti nell'albo degli istituti di pagamento dall'applicazione di alcune delle disposizioni previste dal presente titolo, quando ricorrono congiuntamente le seguenti condizioni:

a) la media mensile, calcolata sui precedenti dodici mesi, dell'importo complessivo delle operazioni di pagamento eseguite dal soggetto interessato, compreso qualsiasi agente di cui è responsabile, non superi i 3 milioni di euro; la Banca d'Italia valuta tale condizione in base al piano aziendale prodotto dal soggetto interessato;

b) nessuna delle persone fisiche responsabili della gestione o del funzionamento dell'impresa abbia subito condanne per riciclaggio di denaro o finanziamento del terrorismo o altri reati finanziari.

2. La Banca d'Italia stabilisce quali tra i servizi di pagamento di cui all'articolo 1, comma 2, lettera *f*), possono essere prestati dai soggetti di cui al comma 1.

3. Ai soggetti esentati ai sensi del comma 1 non si applica l'articolo 114 *decies*.

4. La Banca d'Italia stabilisce le procedure che i soggetti di cui al comma 1 devono seguire per comunicare ogni variazione delle condizioni di cui al commi 1, 2 e 3.

Titolo VI
Trasparenza delle condizioni contrattuali e dei rapporti con i clienti [1] [2]

[1] *Questa rubrica è stata così sostituita dall'art. 4, comma 1, del D.L.vo 13 agosto 2010, n. 141, a decorrere dal 3 dicembre 2010.*

[2] *Si veda l'art. 3, del D.L.vo 15 febbraio 2016, n. 30, di cui si riporta il testo:*

«Art. 3. (Informazioni da fornire ai depositanti). *1. Le banche forniscono ai depositanti le informazioni necessarie per individuare il sistema di garanzia pertinente e le informazioni sulle esclusioni dalla relativa tutela, secondo quanto previsto dall'articolo 16 della direttiva 2014/49/UE del Parlamento europeo e del Consiglio, del 16 aprile 2014.*

2. Le informazioni richiamate al comma 1 sono messe a disposizione gratuitamente secondo le modalità previste per i fogli informativi dalle disposizioni della Banca d'Italia adottate ai sensi del titolo VI del decreto legislativo 1° settembre 1993, n. 385.

3. In tempo utile prima che il contratto sia concluso o che il depositante sia vincolato da un'offerta, al depositante è consegnato, opportunamente compilato, il «Modulo standard per le informazioni da fornire ai depositanti» di cui all'Allegato I della direttiva 2014/49/UE. L'avvenuta acquisizione del modulo da parte del depositante è attestata per iscritto o attraverso altro supporto durevole.

4. Le comunicazioni periodiche relative ai contratti di deposito previste ai sensi dell'articolo 119 del decreto legislativo 1° settembre 1993, n. 385, includono la conferma che il deposito è ammesso al rimborso e un riferimento al modulo di cui al comma 3, nonché l'indicazione del sito web *del sistema di garanzia pertinente. Almeno una volta all'anno, al depositante è fornita una versione aggiornata del modulo.*

5. Il sito web *del sistema di garanzia contiene le informazioni necessarie per i depositanti, in particolare quelle relative alla procedura e alle condizioni della tutela fornita dal sistema di garanzia.*

6. Le banche non utilizzano a scopo pubblicitario le informazioni previste dai commi 1, 3 e 4, salva la facoltà di indicare negli annunci pubblicitari relativi ai contratti di deposito il sistema di garanzia che tutela il deposito pubblicizzato.

7. In caso di fusioni, cessioni o operazioni analoghe, nonché in caso di recesso o esclusione da un sistema di garanzia, la banca fornisce gratuitamente ai depositanti le informazioni previste dall'articolo 16, paragrafi 6 e 7, della direttiva 2014/49/UE, per iscritto o attraverso altro supporto durevole, entro i termini e con gli effetti previsti dalla medesima direttiva.

8. La Banca d'Italia può dettare disposizioni attuative del presente articolo, anche al fine di coordinarne la disciplina con quella adottata ai sensi del titolo VI del decreto legislativo 1° settembre 1993, n. 385. Le disposizioni della Banca d'Italia possono altresì prevedere che gli annunci pubblicitari relativi ai depositi contengano informazioni ulteriori rispetto a quella consentita dal comma 6.

9. Per l'inosservanza di quanto stabilito ai sensi del presente articolo si applicano le sanzioni previste dall'articolo 144, comma 1, del decreto legislativo 1° settembre 1993, n. 385, nonché il comma 8 del medesimo articolo 144. Si applicano altresì l'articolo 128 e il titolo VIII del decreto legislativo 1° settembre 1993, n. 385».

Capo I
Operazioni e servizi bancari e finanziari [1]

[1] *Questo Capo è stato così interamente sostituito dall'art. 4, comma 2, del D.L.vo 13 agosto 2010, n. 141, a decorrere dal 3 dicembre 2010.*

115. Ambito di applicazione. – 1. Le norme del presente titolo [1] si applicano alle attività svolte nel territorio della Repubblica dalle banche e dagli intermediari finanziari.

2. Il Ministro dell'economia e delle finanze può individuare, in considerazione dell'attività svolta, altri soggetti da sottoporre alle norme del presente capo.

3. Le disposizioni del presente capo, a meno che siano espressamente richiamate, non si applicano ai contratti di credito disciplinati dai capi I *bis* e II [2] e ai servizi di pagamento disciplinati dal capo II *bis*.

[1] *La parola: «capo» è stata così sostituita dall'attuale: «titolo» dall'art. 1, comma 1, lett.* a), *del D.L.vo 21 aprile 2016, n. 72, a decorrere dal 1° luglio 2016.*

[2] *Le parole: «dal Capo II» sono state così sostituite dalle attuali: «dai capi I* bis *e II» dall'art. 1, comma 1, lett.* b), *del D.L.vo 21 aprile 2016, n. 72, a decorrere dal 1° luglio 2016.*

116. Pubblicità. – 1. Le banche e gli intermediari finanziari rendono noti in modo chiaro ai clienti i tassi di interesse, i prezzi e le altre condizioni economiche relative alle operazioni e ai servizi offerti, ivi compresi gli interessi di mora e le valute applicate per l'imputazione degli interessi. Per le operazioni di finanziamento, comunque denominate, è pubblicizzato il tasso effettivo globale medio previsto dall'articolo 2, commi 1 e 2, della legge 7 marzo 1996, n. 108. Non può essere fatto rinvio agli usi.

1 *bis*. Le banche e gli intermediari finanziari rendono noti gli indicatori che assicurano la trasparenza informativa alla clientela, quali l'indicatore sintetico di costo e il profilo dell'utente,

anche attraverso gli sportelli automatici e gli strumenti di accesso tramite internet ai servizi bancari ([1]).

2. Il Ministro dell'economia e delle finanze, sentite la CONSOB e la Banca d'Italia ([2]), stabilisce, con riguardo ai titoli di Stato:

a) criteri e parametri per la determinazione delle eventuali commissioni massime addebitabili alla clientela in occasione del collocamento;

b) criteri e parametri volti a garantire la trasparente determinazione dei rendimenti;

c) gli ulteriori obblighi di pubblicità, trasparenza e propaganda, da osservare nell'attività di collocamento.

3. Il Cicr:

a) individua le operazioni e i servizi da sottoporre a pubblicità;

b) dette disposizioni relative alla forma, al contenuto, alle modalità della pubblicità e alla conservazione agli atti dei documenti comprovanti le informazioni pubblicizzate;

c) stabilisce criteri uniformi per l'indicazione dei tassi d'interesse e per il calcolo degli interessi e degli altri elementi che incidono sul contenuto economico dei rapporti;

d) individua gli elementi essenziali, fra quelli previsti dal comma 1, che devono essere indicati negli annunci pubblicitari e nelle offerte, con qualsiasi mezzo effettuati, con cui i soggetti indicati nell'articolo 115 rendono nota la disponibilità delle operazioni e dei servizi.

4. Le informazioni pubblicizzate non costituiscono offerta al pubblico a norma dell'articolo 1336 del codice civile.

([1]) *Questo comma è stato inserito dall'art. 2, comma 17, del D.L. 24 gennaio 2015, n. 3, convertito, con modificazioni, nella L. 24 marzo 2015, n. 33.*

([2]) *Le originarie parole: «sentita la Banca d'Italia» sono state così sostituite dalle attuali: «sentite la Consob e la Banca d'Italia» dall'art. 25, comma 1, lett.* a), *della L. 28 dicembre 2005, n. 262.*

117. ([1]) **Contratti.** – 1. I contratti sono redatti per iscritto e un esemplare è consegnato ai clienti.

2. Il Cicr può prevedere che, per motivate ragioni tecniche, particolari contratti possano essere stipulati in altra forma.

3. Nel caso di inosservanza della forma prescritta il contratto è nullo.

4. I contratti indicano il tasso d'interesse e ogni altro prezzo e condizione praticati, inclusi, per i contratti di credito, gli eventuali maggiori oneri in caso di mora.

5. (*Soppresso*)

6. Sono nulle e si considerano non apposte le clausole contrattuali di rinvio agli usi per la determinazione dei tassi di interesse e di ogni altro prezzo e condizione praticati nonché quelle che prevedono tassi, prezzi e condizioni più sfavorevoli per i clienti di quelli pubblicizzati.

7. In caso di inosservanza del comma 4 e nelle ipotesi di nullità indicate nel comma 6 si applicano:

a) il tasso nominale minimo e quello massimo, rispettivamente per le operazioni attive e per quelle passive, dei buoni ordinari del tesoro annuali o di altri titoli similari eventualmente indicati dal Ministro dell'economia e delle finanze, emessi nei dodici mesi precedenti la conclusione del contratto o, se più favorevoli per il cliente, emessi nei dodici mesi precedenti lo svolgimento dell'operazione;

b) gli altri prezzi e condizioni pubblicizzati per le corrispondenti categorie di operazioni e servizi al momento della conclusione del contratto o, se più favorevoli per il cliente, al momento in cui l'operazione è effettuata o il servizio viene reso; in mancanza di pubblicità nulla è dovuto.

8. La Banca d'Italia può prescrivere che determinati contratti, individuati attraverso una particolare denominazione o sulla base di specifici criteri qualificativi, abbiano un contenuto tipico determinato. I contratti difformi sono nulli. Resta ferma la responsabilità della banca o dell'intermediario finanziario per la violazione delle prescrizioni della Banca d'Italia.

([1]) *Si riporta la modifica di questo articolo così come contenuta nell'art. 3, comma 1, del D.L.vo 14 dicembre 2010, n. 218, il quale, modificando l'art. 4, comma 2, del D.L.vo 13 agosto 2010, n. 141, ha operato la rinumerazione dei commi 5, 6 e 7 nei commi 6, 7 e 8, sopprimendo altresì il comma 5.*

117 *bis*. ([1]) **Remunerazione degli affidamenti e degli sconfinamenti.** – 1. I contratti di apertura di credito possono prevedere, quali unici oneri a carico del cliente, una commissione onnicomprensiva, calcolata in maniera proporzionale rispetto alla somma messa a disposizione del cliente e alla durata dell'affidamento, e un tasso di interesse debitore sulle somme prelevate. L'ammontare della commissione, determinata in coerenza con la delibera del CICR anche in relazione alle specifiche tipologie di apertura di credito e con particolare riguardo per i conti correnti, ([2]) non può superare lo 0,5 per cento, per trimestre, della somma messa a disposizione del cliente.

2. A fronte di sconfinamenti in assenza di affidamento ovvero oltre il limite del fido, i contratti di conto corrente e di apertura di credito possono prevedere, quali unici oneri a carico del cliente, una commissione di istruttoria veloce determinata in misura fissa, espressa in valore assoluto, commisurata ai costi e un tasso di interesse debitore sull'ammontare dello sconfinamento ([3]).

3. Le clausole che prevedono oneri diversi o non conformi rispetto a quanto stabilito nei commi 1 e 2 sono nulle. La nullità della clausola non comporta la nullità del contratto.

4. Il CICR adotta disposizioni applicative del presente articolo, ivi comprese quelle in materia di trasparenza e comparabilità, ([4]) e può prevedere che esso si applichi ad altri contratti per i quali si pongano analoghe esigenze di tutela del cliente ([5]); il CICR prevede i casi in cui, in relazione all'entità e alla durata dello sconfinamento, non sia dovuta la commissione di istruttoria veloce di cui al comma 2.

([1]) *Questo articolo è stato inserito dall'art. 6* bis *del D.L. 6 dicembre 2011, n. 201, convertito, con modificazioni, nella L. 22 dicembre 2011, n. 214.*

([2]) *Le parole: «, determinata in coerenza con la delibera del CICR anche in relazione alle specifiche tipologie di apertura di credito e con particolare riguardo per i conti correnti,» sono state inserite dall'art. 1, comma 1* bis, *del D.L. 24 marzo 2012, n. 29, convertito, con modificazioni, nella L. 18 maggio 2012, n. 62.*

([3]) *A norma dell'art. 1, comma 1* ter, *del D.L. 24 marzo 2012, n. 29, convertito, con modificazioni, nella L. 18 maggio 2012, n. 62, la commissione prevista da questo comma non si applica alle famiglie consumatrici titolari di conto corrente, nel caso di sconfinamenti pari o inferiori a 500 euro in assenza di affidamento ovvero oltre il limite di fido, per un solo periodo, per ciascun trimestre bancario, non superiore alla durata di sette giorni consecutivi.*

([4]) *Le parole: «, ivi comprese quelle in materia di trasparenza e comparabilità,» sono state inserite dall'art. 1, comma 1* quater, *del D.L. 24 marzo 2012, n. 29, convertito, con modificazioni, nella L. 18 maggio 2012, n. 62.*

([5]) *A norma dell'art. 27, comma 2, del D.L. 24 gennaio 2012, n. 1, convertito, con modificazioni, nella L. 24 marzo 2012, n. 27, la delibera prevista da questo comma è adottata entro il termine del 31 maggio 2012 e la complessiva disciplina entra in vigore non oltre il 1° luglio successivo.*

118. ([1]) **Modifica unilaterale delle condizioni contrattuali.** – 1. Nei contratti a tempo indeterminato può essere convenuta, con clausola approvata specificamente dal cliente, la facoltà di modificare unilateralmente i tassi, i prezzi e le altre condizioni previste dal contratto qualora sussista un giustificato motivo. Negli altri contratti di durata la facoltà di modifica unilaterale può essere convenuta esclusivamente per le clausole non aventi ad oggetto i tassi di interesse, sempre che sussista un giustificato motivo.

2. Qualunque modifica unilaterale delle condizioni contrattuali deve essere comunicata espressamente al cliente secondo modalità contenenti in modo evidenziato la formula: "Proposta di modifica unilaterale del contratto", con preavviso minimo di due mesi, in forma scritta o mediante altro supporto durevole preventivamente accettato dal cliente. Nei rapporti al portatore la comunicazione è effettuata secondo le modalità stabilite dal CICR. La modifica si intende approvata ove il cliente non receda, senza spese, dal contratto entro la data prevista per la sua applicazione. In tale caso, in sede di liquidazione del rapporto, il cliente ha diritto all'applicazione delle condizioni precedentemente praticate.

2 *bis*. Se il cliente non è un consumatore né una micro-impresa come definita dall'articolo 1, comma 1, lettera *t*), del decreto legislativo 27 gennaio 2010, n. 11, nei contratti di durata diversi da quelli a tempo indeterminato di cui al comma 1 del presente articolo possono essere inserite clausole, espressamente approvate dal cliente, che prevedano la possibilità di modificare i tassi di interesse al verificarsi di specifici eventi e condizioni, predeterminati nel contratto ([2]).

3. Le variazioni contrattuali per le quali non siano state osservate le prescrizioni del presente articolo sono inefficaci, se sfavorevoli per il cliente.

4. Le variazioni dei tassi di interesse adottate in previsione o in conseguenza di decisioni di politica monetaria riguardano contestualmente sia i tassi debitori che quelli creditori, e si applicano con modalità tali da non recare pregiudizio al cliente.

([1]) *Il testo di questo articolo, già interamente sostituito dall'art. 10, comma 1, del D.L. 4 luglio 2006, n. 223, convertito, con modificazioni, nella L. 4 agosto 2006, n. 248, è stato ripristinato in seguito all'abrogazione del suddetto art. 10 da parte dell'art. 6, comma 1* bis, *del*

D.L.vo 13 agosto 2010, n. 141, come modificato dall'art. 4, comma 1, del D.L.vo 14 dicembre 2010, n. 218.

(2) *Questo comma è stato inserito dall'art. 8, comma 5, lett.* f), *del D.L. 13 maggio 2011, n. 70, convertito, con modificazioni, nella L. 12 luglio 2011, n. 106. A norma dall'art. 8, comma 5, lett.* g), *del medesimo decreto legge, le disposizioni del presente comma non si applicano ai contratti in corso alla data di entrata in vigore del decreto legge stesso. Le modifiche introdotte ai contratti in corso alla predetta data sono inefficaci.*

119. Comunicazioni periodiche alla clientela. – 1. Nei contratti di durata i soggetti indicati nell'articolo 115 forniscono al cliente, in forma scritta o mediante altro supporto durevole preventivamente accettato dal cliente stesso, alla scadenza del contratto e comunque almeno una volta all'anno, una comunicazione chiara in merito allo svolgimento del rapporto. Il CICR indica il contenuto e le modalità della comunicazione.

2. Per i rapporti regolati in conto corrente l'estratto conto è inviato al cliente con periodicità annuale o, a scelta del cliente, con periodicità semestrale, trimestrale o mensile.

3. In mancanza di opposizione scritta da parte del cliente, gli estratti conto e le altre comunicazioni periodiche alla clientela si intendono approvati trascorsi sessanta giorni dal ricevimento.

4. Il cliente, colui che gli succede a qualunque titolo e colui che subentra nell'amministrazione dei suoi beni hanno diritto di ottenere, a proprie spese, entro un congruo termine e comunque non oltre novanta giorni, copia della documentazione inerente a singole operazioni poste in essere negli ultimi dieci anni. Al cliente possono essere addebitati solo i costi di produzione di tale documentazione.

120. (1) **Decorrenza delle valute e calcolo degli interessi.** – 01. Il titolare del conto corrente ha la disponibilità economica delle somme relative agli assegni circolari o bancari versati sul suo conto, rispettivamente emessi da o tratti su una banca insediata in Italia, entro i quattro giorni lavorativi successivi al versamento.

1. Gli interessi sul versamento di assegni presso una banca sono conteggiati fino al giorno del prelevamento e con le seguenti valute:

a) dal giorno in cui è effettuato il versamento, per gli assegni circolari emessi dalla stessa banca e per gli assegni bancari tratti sulla stessa banca presso la quale è effettuato il versamento;

b) per gli assegni diversi da quelli di cui alla lettera *a*), dal giorno lavorativo successivo al versamento, se si tratta di assegni circolari emessi da una banca insediata in Italia, e dal terzo giorno lavorativo successivo al versamento, se si tratta di assegni bancari tratti su una banca insediata in Italia.

1 *bis*. Il CICR può stabilire termini inferiori a quelli previsti nei commi 1 e 1 *bis* in relazione all'evoluzione delle procedure telematiche disponibili per la gestione del servizio di incasso degli assegni.

2. Il CICR stabilisce modalità e criteri per la produzione di interessi nelle operazioni poste in essere nell'esercizio dell'attività bancaria, prevedendo in ogni caso che:

a) nei rapporti di conto corrente o di conto di pagamento sia assicurata, nei confronti della clientela, la stessa periodicità nel conteggio degli interessi sia debitori sia creditori, comunque non inferiore ad un anno; gli interessi sono conteggiati il 31 dicembre di ciascun anno e, in ogni caso, al termine del rapporto per cui sono dovuti (2);

b) gli interessi debitori maturati, ivi compresi quelli relativi a finanziamenti a valere su carte di credito, non possono produrre interessi ulteriori, salvo quelli di mora, e sono calcolati esclusivamente sulla sorte capitale; per le aperture di credito regolate in conto corrente e in conto di pagamento, per gli sconfinamenti anche in assenza di affidamento ovvero oltre il limite del fido:

1) gli interessi debitori sono conteggiati al 31 dicembre e divengono esigibili il 1° marzo dell'anno successivo a quello in cui sono maturati; nel caso di chiusura definitiva del rapporto, gli interessi sono immediatamente esigibili;

2) il cliente può autorizzare, anche preventivamente, l'addebito degli interessi sul conto al momento in cui questi divengono esigibili; in questo caso la somma addebitata è considerata sorte capitale; l'autorizzazione è revocabile in ogni momento, purchè prima che l'addebito abbia avuto luogo (2) (3).

3. Per gli strumenti di pagamento diversi dagli assegni circolari e bancari restano ferme le disposizioni sui tempi di esecuzione, data valuta e disponibilità di fondi previste dagli articoli da 19 a 23 del decreto legislativo 27 gennaio 2010, n. 11.

(1) *I commi 1, 1* bis *e 1* ter *di questo articolo, sono stati così rinumerati in 01, 1 e 1* bis, *dall'art. 4, comma 2, del D.L.vo 13 agosto 2010, n. 141, come modificato dall'art. 3, comma 4, del D.L.vo 14 dicembre 2010, n. 218.*

Leggi complementari

([2]) *Questa lettera è stata così sostituita dall'art. 17* bis, *del D.L. 14 febbraio 2016, n. 18, convertito, con modificazioni, nella L. 8 aprile 2016, n. 49.*

([3]) *Questo comma è stato così sostituito dall'art. 1, comma 629, della L. 27 dicembre 2013, n. 147.*

120 *bis*. Recesso. – 1. Il cliente ha diritto di recedere in ogni momento da un contratto a tempo indeterminato senza penalità e senza spese. Il CICR individua i casi in cui la banca o l'intermediario finanziario possono chiedere al cliente un rimborso delle spese sostenute in relazione a servizi aggiuntivi da questo richiesti in occasione del recesso.

120 *ter*. Estinzione anticipata dei mutui immobiliari. – 1. È nullo qualunque patto o clausola, anche posteriore alla conclusione del contratto, con il quale si convenga che il mutuatario sia tenuto al pagamento di un compenso o penale o ad altra prestazione a favore del soggetto mutuante per l'estinzione anticipata o parziale dei mutui stipulati o accollati a seguito di frazionamento, anche ai sensi del decreto legislativo 20 giugno 2005, n. 122, per l'acquisto o per la ristrutturazione di unità immobiliari adibite ad abitazione ovvero allo svolgimento della propria attività economica o professionale da parte di persone fisiche. La nullità del patto o della clausola opera di diritto e non comporta la nullità del contratto.

2. Le disposizioni di cui al presente articolo [e quelle contenute nell'articolo 40 *bis*] ([1]) trovano applicazione, nei casi e alle condizioni ivi previsti, anche per i finanziamenti concessi da enti di previdenza obbligatoria ai loro iscritti.

([1]) *Le parole tra parentesi quadrate sono state soppresse dall'art. 8, comma 8, lett.* b), *del D.L. 13 maggio 2011, n. 70, convertito, con modificazioni, nella L. 12 luglio 2011, n. 106.*

120 *quater*. Surrogazione nei contratti di finanziamento. Portabilità. – 1. In caso di contratti di finanziamento conclusi da intermediari bancari e finanziari, l'esercizio da parte del debitore della facoltà di surrogazione di cui all'articolo 1202 del codice civile non è precluso dalla non esigibilità del credito o dalla pattuizione di un termine a favore del creditore.

2. Per effetto della surrogazione di cui al comma 1, il mutuante surrogato subentra nelle garanzie, personali e reali, accessorie al credito cui la surrogazione si riferisce.

3. La surrogazione di cui al comma 1 comporta il trasferimento del contratto, alle condizioni stipulate tra il cliente e l'intermediario subentrante, con esclusione di penali o altri oneri di qualsiasi natura. L'annotamento di surrogazione può essere richiesto al conservatore senza formalità, allegando copia autentica dell'atto di surrogazione stipulato per atto pubblico o scrittura privata. Con provvedimento del direttore dell'Agenzia del territorio di concerto con il Ministero della giustizia, sono stabilite specifiche modalità di presentazione, per via telematica, dell'atto di surrogazione ([1]).

4. Non possono essere imposte al cliente spese o commissioni per la concessione del nuovo finanziamento, per l'istruttoria e per gli accertamenti catastali, che si svolgono secondo procedure di collaborazione tra intermediari improntate a criteri di massima riduzione dei tempi, degli adempimenti e dei costi connessi. In ogni caso, gli intermediari non applicano alla clientela costi di alcun genere, neanche in forma indiretta, per l'esecuzione delle formalità connesse alle operazioni di surrogazione.

5. Nel caso in cui il debitore intenda avvalersi della facoltà di surrogazione di cui al comma 1, resta salva la possibilità del finanziatore originario e del debitore di pattuire la variazione senza spese delle condizioni del contratto in essere, mediante scrittura privata anche non autenticata.

6. È nullo ogni patto, anche posteriore alla stipulazione del contratto, con il quale si impedisca o si renda oneroso per il debitore l'esercizio della facoltà di surrogazione di cui al comma 1. La nullità del patto non comporta la nullità del contratto.

7. La surrogazione di cui al comma 1 deve perfezionarsi entro il termine di trenta giorni lavorativi ([2]) dalla data in cui il cliente chiede al mutuante surrogato di acquisire dal finanziatore originario l'esatto importo del proprio debito residuo. Nel caso in cui la surrogazione non si perfezioni entro il termine di trenta giorni lavorativi ([2]), per cause dovute al finanziatore originario, quest'ultimo è comunque tenuto a risarcire il cliente in misura pari all'1 per cento del valore del finanziamento per ciascun mese o frazione di mese di ritardo. Resta ferma la possibilità per il finanziatore originario di rivalersi sul mutuante surrogato, nel caso in cui il ritardo sia dovuto a cause allo stesso imputabili ([3]).

8. La surrogazione per volontà del debitore e la rinegoziazione di cui al presente articolo non comportano il venir meno dei benefici fiscali.

9. Le disposizioni di cui al presente articolo:

a) si applicano, nei casi e alle condizioni ivi previsti, anche ai finanziamenti concessi da enti di previdenza obbligatoria ai loro iscritti;

a bis) si applicano ai soli contratti di finanziamento conclusi da intermediari bancari e finanziari con persone fisiche o micro-imprese, come definite dall'articolo 1, comma 1, lettera *t*), del decreto legislativo 27 gennaio 2010, n. 11 ([4]);

b) non si applicano ai contratti di locazione finanziaria.

10. Sono fatti salvi i commi 4 *bis*, 4 *ter* e 4 *quater* dell'articolo 8 del decreto legge 31 gennaio 2007, n. 7, convertito, con modificazioni, dalla legge 2 aprile 2007, n. 40.

([1]) *Questo periodo è stato aggiunto dall'art. 8, comma 8, lett. c), n. 1), del D.L. 13 maggio 2011, n. 70, convertito, con modificazioni, nella L. 12 luglio 2011, n. 106.*

([2]) *Le parole: «dieci giorni» sono state così sostituite dalle attuali: «trenta giorni lavorativi» dall'art. 23 bis del D.L. 18 ottobre 2012, n. 179, convertito, con modificazioni, nella L. 17 dicembre 2012, n. 221.*

([3]) *Questo comma, già sostituito dall'art. 8, comma 8, lett. c), n. 2), del D.L. 13 maggio 2011, n. 70, convertito, con modificazioni, nella L. 12 luglio 2011, n. 106, è stato successivamente così sostituito dall'art. 27* quinquies, *del D.L. 24 gennaio 2012, n. 1, convertito, con modificazioni, nella L. 24 marzo 2012, n. 27.*

([4]) *Questa lettera è stata inserita dall'art. 8, comma 8, lett. c), n. 3) (n.d.r.: in G.U. è erroneamente n. 2), del D.L. 13 maggio 2011, n. 70, convertito, con modificazioni, nella L. 12 luglio 2011, n. 106.*

Capo I *bis*
Credito immobiliare ai consumatori ([1])

([1]) *Questo Capo (artt. 120* quinquies *- 120 noviesdecies) è stato inserito dall'art. 1, comma 2, del D.L.vo 21 aprile 2016, n. 72. Per la decorrenza si veda l'art. 3 del medesimo provvedimento che si riporta:*

«Disposizioni transitorie - *1. Salvo quanto previsto dai commi 2, 3 e 4, le disposizioni del presente decreto si applicano a partire dal 1° luglio 2016 e ai contratti di credito sottoscritti successivamente a tale data. Ai contratti sottoscritti anteriormente continuano ad applicarsi le disposizioni vigenti nel giorno di entrata in vigore del presente decreto legislativo. La clausola di cui all'articolo 120 quinquiesdecies, comma 3, del decreto legislativo 1° settembre 1993, n. 385 non può essere inserita nei contratti aventi a oggetto la rinegoziazione di un contratto di credito come definito dall'articolo 120 quinquies, comma 1, lettera c), del decreto legislativo 1° settembre 1993, n. 385, concluso anteriormente alla data di entrata in vigore del presente decreto.*

2. Gli articoli 120 octies, 120 novies, 120 decies, comma 3, del decreto legislativo 1° settembre 1993, n. 385, si applicano a partire dal 1° novembre 2016; le disposizioni di attuazione dei medesimi articoli sono emanate entro il 30 settembre 2016. Fino al 31 ottobre 2016 si applica quanto previsto ai sensi dell'articolo 116 del decreto legislativo 1° settembre 1993, n. 385.

3. L'articolo 120 duodecies del decreto legislativo 1° settembre 1993, n. 385, si applica a partire dal 1° novembre 2016; le disposizioni di attuazione previste dal comma 3 del medesimo articolo sono emanate entro il 30 settembre 2016.

4. I commi 3 e 4 dell'articolo 120 quinquiesdecies del decreto legislativo 1° settembre 1993, n. 385, si applicano decorsi 60 giorni dall'entrata in vigore delle disposizioni di attuazione previste dal comma 5 del medesimo articolo, da adottarsi entro 180 giorni dall'entrata in vigore del presente decreto.

120 *quinquies*. Definizioni. – 1. Nel presente capo, l'espressione:

a) «Codice del consumo» indica il decreto legislativo 6 settembre 2005, n. 206;

b) «consumatore» indica una persona fisica che agisce per scopi estranei all'attività imprenditoriale, commerciale, artigianale o professionale eventualmente svolta;

c) «contratto di credito» indica un contratto di credito con cui un finanziatore concede o si impegna a concedere a un consumatore un credito sotto forma di dilazione di pagamento, di prestito o di altra facilitazione finanziaria, quando il credito è garantito da un'ipoteca sul diritto di proprietà o su altro diritto reale avente a oggetto beni immobili residenziali o è finalizzato all'acquisto o alla conservazione del diritto di proprietà su un terreno o su un immobile edificato o progettato;

d) «costo totale del credito» indica gli interessi e tutti gli altri costi, incluse le commissioni, le imposte e le altre spese, a eccezione di quelle notarili, che il consumatore deve pagare in relazione al contratto di credito e di cui il finanziatore è a conoscenza;

e) «finanziatore» indica un soggetto che, essendo abilitato a erogare finanziamenti a titolo professionale nel territorio della Repubblica, offre o stipula contratti di credito;

f) «importo totale del credito» indica il limite massimo o la somma totale degli importi messi a disposizione in virtù di un contratto di credito;

g) «intermediario del credito» indica gli agenti in attività finanziaria, i mediatori creditizi o qualsiasi altro soggetto, diverso dal finanziatore, che nell'esercizio della propria attività commerciale o professionale svolge, a fronte di un compenso in denaro o di altro vantaggio economico oggetto di pattuizione e nel rispetto delle riserve di attività previste dalla legislazione vigente, almeno una delle seguenti attività:

1) presentazione o proposta di contratti di credito ovvero altre attività preparatorie in vista della conclusione di tali contratti;

2) conclusione di contratti di credito per conto del finanziatore;

h) «servizio accessorio connesso con il contratto di credito» indica un servizio offerto al consumatore in combinazione con il contratto di credito;

i) «servizio di consulenza» indica le raccomandazioni personalizzate fornite al consumatore ai sensi dell'articolo 120 *terdecies* in merito a una o più operazioni relative a contratti di credito; l'offerta di contratti di credito e le attività indicate negli articoli 120 *octies*, 120 *novies*, 120 *decies*, 120 *undecies*, 120 *duodecies* non implicano un servizio di consulenza;

l) «supporto durevole» indica ogni strumento che permetta al consumatore di conservare le informazioni che gli sono personalmente indirizzate in modo da potervi accedere in futuro per un periodo di tempo adeguato alle finalità cui esse sono destinate e che permetta la riproduzione identica delle informazioni memorizzate;

m) «Tasso annuo effettivo globale» o «TAEG» indica il costo totale del credito per il consumatore espresso in percentuale annua dell'importo totale del credito;

n) «valuta estera» indica una valuta diversa da quella in cui, al momento della conclusione del contratto, il consumatore percepisce il proprio reddito o detiene le attività con le quali dovrà rimborsare il finanziamento ovvero una valuta diversa da quella avente corso legale nello Stato membro dell'Unione europea in cui il consumatore ha la residenza al momento della conclusione del contratto.

2. Nel costo totale del credito sono inclusi anche i costi relativi a servizi accessori connessi con il contratto di credito, compresi i premi assicurativi, se la conclusione di un contratto avente ad oggetto tali servizi è un requisito per ottenere il credito, o per ottenerlo alle condizioni offerte. Sono inoltre inclusi i costi della valutazione dei beni se essa è necessaria per ottenere il credito. Sono esclusi i costi di connessi con la trascrizione dell'atto di compravendita del bene immobile e le eventuali penali pagabili dal consumatore per l'inadempimento degli obblighi stabiliti nel contratto di credito.

3. La Banca d'Italia, in conformità alle deliberazioni del CICR, stabilisce le modalità di calcolo del TAEG, secondo le disposizioni della direttiva 2014/17/UE e del presente decreto.

120 *sexies*. Ambito di applicazione. – 1. Le disposizioni del presente capo si applicano ai contratti di credito, comunque denominati, a eccezione dei seguenti casi:

a) contratti di credito in cui il finanziatore:

1) concede una tantum o periodicamente una somma di denaro o eroga credito sotto altre forme in cambio di una somma derivante dalla vendita futura di un bene immobile residenziale o di un diritto reale su un bene immobile residenziale; e;

2) non chiede il rimborso del credito fino al verificarsi di uno o più eventi specifici afferenti la vita del consumatore, salvo in caso di violazione, da parte del consumatore, dei propri obblighi contrattuali che consenta al finanziatore di domandare la risoluzione del contratto di credito;

b) contratti di credito mediate i quali un datore di lavoro, al di fuori della sua attività principale, concede ai dipendenti crediti senza interessi o a un TAEG inferiore a quello prevalente sul mercato e non offerti al pubblico in genere;

c) contratti di credito, individuati dalla legge, relativi a prestiti concessi a un pubblico ristretto, con finalità di interesse generale, che non prevedono il pagamento di interessi o prevedono tassi inferiori a quelli prevalenti sul mercato oppure ad altre condizioni più favorevoli per il consumatore rispetto a quelle prevalenti sul mercato e a tassi debitori non superiori a quelli prevalenti sul mercato;

d) contratti di credito in cui il credito è concesso senza interessi o ulteriori oneri, a esclusione di quelli per il recupero dei costi direttamente connessi all'ipoteca;

e) contratti di credito nella forma dell'apertura di credito, qualora il credito sia da rimborsare entro un mese;

f) contratti di credito risultanti da un accordo raggiunto davanti a un giudice o altra autorità prevista dalla legge;

g) contratti di credito relativi alla dilazione, senza spese, del pagamento di un debito esistente, se non comportano l'iscrizione di un'ipoteca;

h) contratti di credito non garantiti finalizzati alla ristrutturazione di un bene immobile residenziale;

i) contratti di credito in cui la durata non è determinata o in cui il credito deve essere rimborsato entro dodici mesi ed è destinato ad essere utilizzato come finanziamento temporaneo in vista di altre soluzioni per finanziarie l'acquisto della proprietà di un bene immobile.

120 *septies*. Principi generali. – 1. Il finanziatore e l'intermediario del credito, nell'ambito delle attività disciplinate dal presente capo:

a) si comportano con diligenza, correttezza, e trasparenza, tenendo conto dei diritti e degli interessi dei consumatori;

b) basano la propria attività sulle informazioni rilevanti riguardanti la situazione del consumatore, su ogni bisogno particolare che questi ha comunicato, su ipotesi ragionevoli con riguardo ai rischi cui è esposta la situazione del consumatore per la durata del contratto di credito.

120 *octies*. (1) Pubblicità. – 1. Fermo restando quanto previsto dalla parte II, titolo III, del Codice del consumo, gli annunci pubblicitari relativi a contratti di credito sono effettuati in forma corretta, chiara e non ingannevole. Essi non contengono formulazioni che possano indurre nel consumatore false aspettative sulla disponibilità o il costo del credito.

2. Gli annunci pubblicitari che riportano il tasso di interesse o altre cifre concernenti il costo del credito indicano le seguenti informazioni di base, in maniera chiara, precisa, evidenziata e, a seconda del mezzo usato, facilmente leggibile o udibile:

a) il finanziatore o, se del caso, l'intermediario del credito;

b) se del caso, il fatto che il contratto di credito sarà garantito da un'ipoteca su beni immobili residenziali oppure su un diritto reale avente a oggetto beni immobili residenziali;

c) il tasso d'interesse, precisando se fisso o variabile o una combinazione dei due tipi, corredato di informazioni dettagliate relative alle commissioni e agli altri oneri compresi nel costo totale del credito per il consumatore;

d) l'importo totale del credito;

e) il TAEG, che deve avere un'evidenza all'interno dell'annuncio almeno equivalente a quella di ogni tasso di interesse;

f) l'esistenza di eventuali servizi accessori necessari per ottenere il credito o per ottenerlo alle condizioni pubblicizzate, qualora i costi relativi a tali servizi non siano inclusi nel TAEG in quanto non determinabili in anticipo;

g) la durata del contratto di credito, se determinata;

h) se del caso, l'importo delle rate;

i) se del caso, l'importo totale che il consumatore è tenuto a pagare;

l) se del caso, il numero delle rate;

m) in caso di finanziamenti in valuta estera, un'avvertenza relativa al fatto che eventuali fluttuazioni del tasso di cambio potrebbero incidere sull'importo che il consumatore è tenuto a pagare.

3. Le informazioni elencate al comma 2, lettere *c*), *d*), *e*), *f*), *g*), *h*), *i*), *l*), sono specificate con l'impiego di un esempio rappresentativo.

4. Il CICR, su proposta della Banca d'Italia, precisa le caratteristiche delle informazioni da includere negli annunci pubblicitari, le modalità per la loro divulgazione e i criteri per la definizione dell'esempio rappresentativo.

(1) *A norma dell'art. 3, comma 2, del D.L.vo 21 aprile 2016, n. 72, le disposizioni di questo articolo e degli articoli 120* novies *e 120* decies*, comma 3, si applicano a partire dal 1° novembre 2016; le disposizioni di attuazione dei medesimi articoli sono emanate entro il 30 settembre 2016. Fino al 31 ottobre 2016 si applica quanto previsto ai sensi dell'articolo 116 del decreto legislativo 1° settembre 1993, n. 385.*

120 *novies*. (1) Obblighi precontrattuali. – 1. Il finanziatore o l'intermediario del credito mette a disposizione del consumatore, in qualsiasi momento, un documento contenente informazioni generali chiare e comprensibili sui contratti di credito offerti, su supporto cartaceo o altro supporto durevole. Il documento precisa anche:

a) le informazioni e le evidenze documentali che il consumatore deve fornire ai sensi dell'articolo 120 *undecies*, comma 1, e il termine entro il quale esse devono essere fornite;

b) l'avvertimento che il credito non può essere accordato se la valutazione del merito creditizio non può essere effettuata a causa della scelta del consumatore di non fornire le informazioni o gli elementi di verifica necessari alla valutazione;

c) se verrà consultata una banca dati, in conformità dell'articolo 13 del decreto legislativo 30 giugno 2003, n. 196;

d) se del caso, la possibilità di ricevere servizi di consulenza.

2. Il finanziatore o l'intermediario del credito fornisce al consumatore le informazioni persona-

lizzate necessarie per consentire il confronto delle diverse offerte di credito sul mercato, valutarne le implicazioni e prendere una decisione informata in merito alla conclusione di un contratto di credito. Le informazioni personalizzate sono fornite su supporto cartaceo o su altro supporto durevole attraverso la consegna del modulo denominato «Prospetto informativo europeo standardizzato». Il modulo è consegnato tempestivamente dopo che il consumatore ha fornito le informazioni necessarie circa le sue esigenze, la sua situazione finanziaria e le sue preferenze in conformità all'articolo 120 *undecies*, comma 1, e comunque in tempo utile, prima che il consumatore sia vincolato da un contratto di credito o da un'offerta. Le informazioni aggiuntive che il finanziatore o l'intermediario del credito debba o voglia fornire al consumatore sono riportate in un documento distinto.

3. Prima della conclusione del contratto di credito, il consumatore ha diritto a un periodo di riflessione di almeno sette giorni per confrontare le diverse offerte di credito sul mercato, valutarne le implicazioni e prendere una decisione informata. Durante il periodo di riflessione, l'offerta è vincolante per il finanziatore e il consumatore può accettare l'offerta in qualunque momento.

4. Quando al consumatore è proposta un'offerta vincolante per il finanziatore, l'offerta è fornita su supporto cartaceo o su altro supporto durevole e include la bozza del contratto di credito; essa è accompagnata dalla consegna del modulo denominato «Prospetto informativo europeo standardizzato» se:

a) il modulo non è stato fornito in precedenza al consumatore; o

b) le caratteristiche dell'offerta sono diverse dalle informazioni contenute nel modulo denominato «Prospetto informativo europeo standardizzato» precedentemente fornito.

5. Il finanziatore o l'intermediario del credito fornisce al consumatore chiarimenti adeguati sui contratti di credito ed eventuali servizi accessori proposti, in modo che questi possa valutare se il contratto di credito e i servizi accessori proposti siano adatti alle sue esigenze e alla sua situazione finanziaria.

6. Il CICR, su proposta della Banca d'Italia, detta disposizioni di attuazione del presente articolo, anche con riferimento a:

a) il contenuto, i criteri di redazione, le modalità di messa a disposizione delle informazioni precontrattuali;

b) le modalità e la portata dei chiarimenti da fornire al consumatore ai sensi del comma 5;

c) gli obblighi specifici da osservare nei casi di comunicazioni mediante telefonia vocale, anche prevedendo informazioni aggiuntive rispetto a quanto previsto dall'articolo 67 *novies* del Codice del consumo;

d) l'informazione da rendere al consumatore sul contenuto e sui possibili effetti dell'accordo previsto dall'articolo 120 *quinquiesdecies*, comma 3.

(1) *A norma dell'art. 3, comma 2, del D.L.vo 21 aprile 2016, n. 72, le disposizioni di questo articolo e degli articoli 120* octies *e 120* decies*, comma 3, si applicano a partire dal 1° novembre 2016; le disposizioni di attuazione dei medesimi articoli sono emanate entro il 30 settembre 2016. Fino al 31 ottobre 2016 si applica quanto previsto ai sensi dell'articolo 116 del decreto legislativo 1° settembre 1993, n. 385.*

120 *decies*. Obblighi di informazione relativi agli intermediari del credito. – 1. L'intermediario del credito, in tempo utile prima dell'esercizio di una delle attività di intermediazione del credito, fornisce al consumatore almeno le seguenti informazioni, su supporto cartaceo o su altro supporto durevole:

a) la denominazione e la sede dell'intermediario del credito;

b) il registro in cui è iscritto, il numero di registrazione e i mezzi esperibili per verificare la registrazione;

c) se l'intermediario del credito è soggetto a vincolo di mandato o opera in via esclusiva con uno o più finanziatori; in questo caso, l'intermediario del credito indica la denominazione del finanziatore o dei finanziatori per i quali opera. L'intermediario del credito può dichiarare di essere indipendente se è un consulente indipendente ai sensi dell'articolo 120 *terdecies*, comma 2;

d) se presta servizi di consulenza;

e) se previsto, il compenso che il consumatore deve versare all'intermediario del credito per i suoi servizi o, ove non sia determinato, il metodo per il calcolo di tale compenso;

f) le procedure attraverso le quali i consumatori o le altre parti interessate possono presentare reclami nei confronti dell'intermediario del credito e le modalità di accesso a un meccanismo extragiudiziale di reclamo e di ricorso, ove esistente;

g) l'esistenza e, se noto, l'importo di eventuali commissioni o altre somme che il finanziatore o terzi dovranno versare all'intermediario del credito per i servizi dallo stesso prestati in relazione al contratto di credito. Se l'importo non è noto al momento della comunicazione, l'intermediario del credito informa il consumatore che l'importo effettivo sarà comunicato in una fase successiva nel modulo denominato «Prospetto informativo europeo standardizzato»;

h) se l'intermediario del credito richiede il pagamento di un compenso da parte del consumatore e riceve anche una commissione da parte del finanziatore o da un terzo, la spiegazione circa l'eventuale detrazione della commissione, in tutto o in parte, dal compenso corrisposto dal consumatore stesso;

i) se l'intermediario del credito riceve commissioni da uno o più finanziatori, il diritto del consumatore di chiedere e ottenere informazioni indicate al comma 2.

2. Nel caso indicato al comma 1, lettera *i*), l'intermediario del credito, su richiesta del consumatore, fornisce a quest'ultimo informazioni comparabili sull'ammontare delle commissioni percepite da ciascun finanziatore.

3. Ai fini del calcolo del TAEG da inserire nel modulo denominato «Prospetto informativo europeo standardizzato», l'intermediario del credito comunica al finanziatore l'eventuale compenso che il consumatore è tenuto a versargli in relazione ai servizi di intermediazione del credito ([1]).

4. Gli intermediari del credito assicurano che, in aggiunta alle informazioni previste dal presente articolo, i propri collaboratori e dipendenti comunichino al consumatore, al momento di contattarlo o prima di trattare con lo stesso, la qualifica in base alla quale operano e l'intermediario del credito che essi rappresentano.

([1]) *A norma dell'art. 3, comma 2, del D.L.vo 21 aprile 2016, n. 72, le disposizioni di questo comma e degli articoli 120* octies *e 120* novies*, si applicano a partire dal 1° novembre 2016; le disposizioni di attuazione dei medesimi articoli sono emanate entro il 30 settembre 2016. Fino al 31 ottobre 2016 si applica quanto previsto ai sensi dell'articolo 116 del decreto legislativo 1° settembre 1993, n. 385.*

120 *undecies*. Verifica del merito creditizio. – 1. Prima della conclusione del contratto di credito, il finanziatore svolge una valutazione approfondita del merito creditizio del consumatore, tenendo conto dei fattori pertinenti per verificare le prospettive di adempimento da parte del consumatore degli obblighi stabiliti dal contratto di credito. La valutazione del merito creditizio è effettuata sulla base delle informazioni sulla situazione economica e finanziaria del consumatore necessarie, sufficienti e proporzionate e opportunamente verificate.

2. Le informazioni di cui al comma 1 comprendono quelle fornite dal consumatore anche mediante l'intermediario del credito; il finanziatore può chiedere chiarimenti al consumatore sulle informazioni ricevute, se necessario per consentire la valutazione del merito creditizio.

3. Il finanziatore non risolve il contratto di credito concluso con il consumatore nè vi apporta modifiche svantaggiose per il consumatore, ai sensi dell'articolo 118, in ragione del fatto che la valutazione del merito creditizio è stata condotta scorrettamente o che le informazioni fornite dal consumatore prima della conclusione del contratto di credito ai sensi del comma 1 erano incomplete, salvo che il consumatore abbia intenzionalmente omesso di fornire tali informazioni o abbia fornito informazioni false.

4. Prima di procedere a un aumento significativo dell'importo totale del credito dopo la conclusione del contratto di credito, il finanziatore svolge una nuova valutazione del merito creditizio del consumatore sulla base di informazioni aggiornate, a meno che il credito supplementare fosse previsto e incluso nella valutazione del merito creditizio originaria.

5. Quando la domanda di credito è respinta, il finanziatore informa il consumatore senza indugio del rifiuto e, se del caso, del fatto che la decisione è basata sul trattamento automatico di dati.

6. Il presente articolo non pregiudica l'applicazione del decreto legislativo 30 giugno 2003, n. 196.

7. Si applica quanto stabilito ai sensi dell'articolo 125.

8. I finanziatori elaborano e documentano la propria politica di offerta di contratti di credito, che include l'elencazione dei tipi di diritti e beni su cui può vertere l'ipoteca.

9. La Banca d'Italia detta disposizioni attuative del presente articolo.

120 *duodecies*. ([1]) Valutazione dei beni immobili. – 1. I finanziatori applicano standard affidabili per la valutazione dei beni immobili residenziali ai fini della concessione di credito garantito da ipoteca. Quando la valutazione è condotta da soggetti terzi, i finanziatori assicurano che questi ultimi adottino standard affidabili.

2. La valutazione è svolta da persone competenti sotto il profilo professionale e indipendenti dal processo di commercializzazione del credito, in modo da poter fornire una valutazione imparziale ed obiettiva, documentata su supporto cartaceo o su altro supporto durevole.

3. La Banca d'Italia detta disposizioni di attuazione del presente articolo, tenendo anche conto della banca dati dell'Osservatorio del mercato immobiliare dell'Agenzia delle entrate; ai fini del comma 1 può essere prevista l'applicazione di standard elaborati in sede di autoregolamentazione.

(¹) *A norma dell'art. 3, comma 3, del D.L.vo 21 aprile 2016, n. 72, questo articolo si applica a partire dal 1° novembre 2016; le disposizioni di attuazione previste dal comma 3 del medesimo articolo sono emanate entro il 30 settembre 2016.*

120 *terdecies*. Servizi di consulenza. – 1. Il servizio di consulenza è riservato ai finanziatori e agli intermediari del credito.

2. Il servizio di consulenza può essere qualificato come indipendente solo se è reso dai consulenti di cui all'articolo 128 *sexies*, comma 2 *bis*.

3. Nello svolgimento del servizio di consulenza i finanziatori e gli intermediari del credito:

a) agiscono nel migliore interesse del consumatore;

b) acquisiscono informazioni aggiornate sulla situazione personale e finanziaria, sugli obiettivi e sulle preferenze del consumatore;

c) forniscono al consumatore una raccomandazione personalizzata in merito a una o più operazioni relative a contratti di credito, adeguata rispetto ai suoi bisogni e alla sua situazione personale e finanziaria; la raccomandazione, fornita in forma cartacea o su altro supporto durevole, riguarda anche eventuali servizi accessori connessi con il contratto di credito e tiene conto di ipotesi ragionevoli circa i rischi per la situazione del consumatore per tutta la durata del contratto di credito raccomandato;

d) prendono in considerazione, ai fini della raccomandazione, un numero sufficientemente ampio di contratti di credito nell'ambito della gamma di prodotti da essi stessi offerti o, nel caso dei mediatori creditizi, un numero sufficientemente ampio di contratti di credito disponibili sul mercato.

4. Prima della prestazione di servizi di consulenza, il finanziatore o l'intermediario del credito fornisce al consumatore le seguenti informazioni su supporto cartaceo o su altro supporto durevole:

a) la gamma di prodotti presi in considerazione ai fini della raccomandazione;

b) se del caso, il compenso dovuto dal consumatore per i servizi di consulenza o, qualora al momento della comunicazione l'importo non possa essere accertato, il metodo utilizzato per calcolarlo;

c) quando consentito, se percepiscono un compenso dai finanziatori in relazione al servizio di consulenza.

120 *quaterdecies*. Finanziamenti denominati in valuta estera. – 1. Se il credito è denominato in una valuta estera, il consumatore ha il diritto di convertire in qualsiasi momento la valuta in cui è denominato il contratto in una delle seguenti valute:

a) la valuta in cui è denominata la parte principale del suo reddito o in cui egli detiene le attività con le quali dovrà rimborsare il finanziamento, come indicato al momento della più recente valutazione del merito creditizio condotta in relazione al contratto di credito;

b) la valuta avente corso legale nello Stato membro dell'Unione europea in cui il consumatore aveva la residenza al momento della conclusione del contratto o ha la residenza al momento della richiesta di conversione.

2. Il CICR, su proposta della Banca d'Italia, può stabilire condizioni per il diritto alla conversione, con particolare riguardo a:

a) la variazione minima del tasso di cambio che deve aver avuto luogo rispetto al momento della conclusione del contratto, comunque non superiore rispetto a quella indicata al comma 4;

b) il compenso onnicomprensivo che il consumatore può essere tenuto a corrispondere al finanziatore in base al contratto.

3. Salvo che non sia diversamente previsto nel contratto, il tasso di cambio al quale avviene la conversione è pari al tasso rilevato dalla Banca centrale europea nel giorno in cui è stata presentata la domanda di conversione.

4. Se il valore dell'importo totale del credito o delle rate residui varia di oltre il 20 per cento rispetto a quello che risulterebbe applicando il tasso di cambio tra la valuta in cui è denominato il finanziamento e l'euro al momento in cui è stato

concluso il contratto di credito, il finanziatore ne informa il consumatore nell'ambito delle comunicazioni previste ai sensi dell'articolo 119. La comunicazione informa il consumatore del diritto di convertire il finanziamento in una valuta alternativa e delle condizioni per farlo.

120 *quinquiesdecies*. Inadempimento del consumatore. – 1. Fermo restando quanto previsto ai sensi dell'articolo 40, comma 2, il finanziatore adotta procedure per gestire i rapporti con i consumatori in difficoltà nei pagamenti. La Banca d'Italia adotta disposizioni di attuazione del presente comma, con particolare riguardo agli obblighi informativi e di correttezza del finanziatore, nonché ai casi di eventuale stato di bisogno o di particolare debolezza del consumatore.

2. Il finanziatore non può imporre al consumatore oneri, derivanti dall'inadempimento, superiori a quelli necessari a compensare i costi sostenuti a causa dell'inadempimento stesso.

3. Fermo quanto previsto dall'articolo 2744 del codice civile, le parti possono convenire, con clausola espressa, al momento della conclusione del contratto di credito, che in caso di inadempimento del consumatore la restituzione o il trasferimento del bene immobile oggetto di garanzia reale o dei proventi della vendita del medesimo bene comporta l'estinzione dell'intero debito a carico del consumatore derivante dal contratto di credito anche se il valore del bene immobile restituito o trasferito ovvero l'ammontare dei proventi della vendita è inferiore al debito residuo. Se il valore dell'immobile come stimato dal perito ovvero l'ammontare dei proventi della vendita è superiore al debito residuo, il consumatore ha diritto all'eccedenza. In ogni caso, il finanziatore si adopera con ogni diligenza per conseguire dalla vendita il miglior prezzo di realizzo. La clausola non può essere pattuita in caso di surrogazione nel contratto di credito ai sensi dell'articolo 120 *quater* (1) (2).

4. Agli effetti del comma 3:

a. il finanziatore non può condizionare la conclusione del contratto di credito alla sottoscrizione della clausola;

b. se il contratto di credito contiene la clausola, il consumatore è assistito, a titolo gratuito, da un consulente al fine di valutarne la convenienza;

c. costituisce inadempimento il mancato pagamento di un ammontare equivalente a diciotto rate mensili; non costituiscono inadempimento i ritardati pagamenti che consentono la risoluzione del contratto ai sensi dell'articolo 40, comma 2;

d. il valore del bene immobile oggetto della garanzia è stimato da un perito indipendente scelto dalle parti di comune accordo ovvero, in caso di mancato raggiungimento dell'accordo, nominato dal Presidente del Tribunale territorialmente competente con le modalità di cui al terzo comma dell'articolo 696 del codice di procedura civile, con una perizia successiva all'inadempimento. Si applica quanto previsto ai sensi dell'articolo 120 *duodecies* (1).

5. Con decreto, il Ministro dell'economia e delle finanze, di concerto con il Ministro della giustizia, sentita la Banca d'Italia, detta disposizioni di attuazione dei commi 3 e 4.

6. Nei casi, diversi da quelli di cui al comma 3, in cui il finanziatore fa ricorso all'espropriazione immobiliare e, a seguito dell'escussione della garanzia residui un debito a carico del consumatore, il relativo obbligo di pagamento decorre dopo sei mesi dalla conclusione della procedura esecutiva.

(1) *A norma dell'art. 3, comma 4, del D.L.vo 21 aprile 2016, n. 72, le disposizioni di questo comma si applicano decorsi 60 giorni dall'entrata in vigore delle disposizioni di attuazione previste dal comma 5 di questo articolo, da adottarsi entro 180 giorni dall'entrata in vigore del presente decreto.*

(2) *A norma dell'art. 3, comma 1, del D.L.vo 21 aprile 2016, n. 72, la clausola di cui a questo comma non può essere inserita nei contratti aventi a oggetto la rinegoziazione di un contratto di credito come definito dall'articolo 120* quinquies, *comma 1, lettera* c), *del decreto legislativo 1° settembre 1993, n. 385, concluso anteriormente alla data di entrata in vigore del presente decreto.*

120 *sexiesdecies*. Osservatorio del mercato immobiliare. – 1. L'Osservatorio del mercato immobiliare istituito presso l'Agenzia delle entrate assicura il controllo statistico sul mercato immobiliare residenziale ed effettua le opportune comunicazioni ai fini dei controlli di vigilanza macro-prudenziale.

120 *septiesdecies*. Remunerazioni e requisiti di professionalità. – 1. I finanziatori remunerano il personale e, se del caso, gli intermediari del credito in modo da assicurare il rispetto degli obblighi previsti ai sensi del presente capo.

2. I finanziatori assicurano che il personale abbia un livello di professionalità adeguato per predisporre, offrire e concludere contratti di credito o

contratti accessori a quest'ultimo nonché prestare servizi di consulenza.

3. La Banca d'Italia detta disposizioni di attuazione del presente articolo, anche individuando le categorie di personale interessate.

120 *octiesdecies*. Pratiche di commercializzazione abbinata. – 1. È vietata l'offerta o la commercializzazione di un contratto di credito in un pacchetto che comprende altri prodotti o servizi finanziari distinti, qualora il contratto di credito non sia disponibile per il consumatore separatamente.

2. È fatto salvo quanto stabilito dall'articolo 23, comma 4, del decreto legislativo 24 febbraio 1998, n. 58, dall'articolo 28 del decreto legge 24 gennaio 2012, n. 1, convertito, con modificazioni, dalla legge 24 marzo 2012, n. 27, e dall'articolo 21, comma 3 bis, del Codice del consumo.

120 *noviesdecies*. Disposizioni applicabili. – 1. Ai contratti di credito disciplinati dal presente capo si applicano gli articoli 117, 118, 119, 120, comma 2, 120 *ter*, 120 *quater*, 125 *sexies*, comma 1.

2. Il finanziatore e l'intermediario del credito forniscono gratuitamente ai consumatori le informazioni previste ai sensi del presente capo, anche in deroga a quanto previsto dall'articolo 127 *bis*.

Capo II
Credito ai consumatori (1)

(1) *Questo Capo è stato così interamente sostituito dall'art. 1, comma 1, del D.L.vo 13 agosto 2010, n. 141.*

121. Definizioni. – 1. Nel presente capo, l'espressione:

a) "Codice del consumo" indica il decreto legislativo 6 settembre 2005, n. 206;

b) "consumatore" indica una persona fisica che agisce per scopi estranei all'attività imprenditoriale, commerciale, artigianale o professionale eventualmente svolta;

c) "contratto di credito" indica il contratto con cui un finanziatore concede o si impegna a concedere a un consumatore un credito sotto forma di dilazione di pagamento, di prestito o di altra facilitazione finanziaria;

d) "contratto di credito collegato" indica un contratto di credito finalizzato esclusivamente a finanziare la fornitura di un bene o la prestazione di un servizio specifici se ricorre almeno una delle seguenti condizioni:

1) il finanziatore si avvale del fornitore del bene o del prestatore del servizio per promuovere o concludere il contratto di credito;

2) il bene o il servizio specifici sono esplicitamente individuati nel contratto di credito;

e) "costo totale del credito" indica gli interessi e tutti gli altri costi, incluse le commissioni, le imposte e le altre spese, a eccezione di quelle notarili, che il consumatore deve pagare in relazione al contratto di credito e di cui il finanziatore è a conoscenza;

f) "finanziatore" indica un soggetto che, essendo abilitato a erogare finanziamenti a titolo professionale nel territorio della Repubblica, offre o stipula contratti di credito;

g) "importo totale del credito" indica il limite massimo o la somma totale degli importi messi a disposizione in virtù di un contratto di credito;

h) "intermediario del credito" indica gli agenti in attività finanziaria, i mediatori creditizi o qualsiasi altro soggetto, diverso dal finanziatore, che nell'esercizio della propria attività commerciale o professionale svolge, a fronte di un compenso in denaro o di altro vantaggio economico oggetto di pattuizione e nel rispetto delle riserve di attività previste dal Titolo VI *bis*, almeno una delle seguenti attività:

1) presentazione o proposta di contratti di credito ovvero altre attività preparatorie in vista della conclusione di tali contratti;

2) conclusione di contratti di credito per conto del finanziatore;

i) "sconfinamento" indica l'utilizzo da parte del consumatore di fondi concessi dal finanziatore in eccedenza rispetto al saldo del conto corrente in assenza di apertura di credito ovvero rispetto all'importo dell'apertura di credito concessa;

l) "supporto durevole" indica ogni strumento che permetta al consumatore di conservare le informazioni che gli sono personalmente indirizzate in modo da potervi accedere in futuro per un periodo di tempo adeguato alle finalità cui esse sono destinate e che permetta la riproduzione identica delle informazioni memorizzate;

m) "tasso annuo effettivo globale" o "TAEG" indica il costo totale del credito per il consumatore espresso in percentuale annua dell'importo totale del credito.

2. Nel costo totale del credito sono inclusi anche i costi relativi a servizi accessori connessi con il contratto di credito, compresi i premi assicurativi, se la conclusione di un contratto avente ad

oggetto tali servizi è un requisito per ottenere il credito, o per ottenerlo alle condizioni offerte.

3. La Banca d'Italia, in conformità alle deliberazioni del CICR, stabilisce le modalità di calcolo del TAEG, ivi inclusa la specificazione dei casi in cui i costi di cui al comma 2 sono compresi nel costo totale del credito.

122. Ambito di applicazione. – 1. Le disposizioni del presente capo si applicano ai contratti di credito comunque denominati, a eccezione dei seguenti casi:

a) finanziamenti di importo inferiore a 200 euro o superiore a 75.000 euro. Ai fini del computo della soglia minima si prendono in considerazione anche i crediti frazionati concessi attraverso più contratti, se questi sono riconducibili a una medesima operazione economica;

b) contratti di somministrazione previsti dagli articoli 1559, e seguenti, del codice civile e contratti di appalto di cui all'articolo 1677 del codice civile;

c) finanziamenti nei quali è escluso il pagamento di interessi o di altri oneri;

d) finanziamenti a fronte dei quali il consumatore è tenuto a corrispondere esclusivamente commissioni per un importo non significativo, qualora il rimborso del credito debba avvenire entro tre mesi dall'utilizzo delle somme;

e) finanziamenti destinati all'acquisto o alla conservazione di un diritto di proprietà su un terreno o su un immobile edificato o progettato;

f) finanziamenti garantiti da ipoteca su beni immobili [aventi una durata superiore a cinque anni] (1);

g) finanziamenti, concessi da banche o da imprese di investimento, finalizzati a effettuare un'operazione avente a oggetto strumenti finanziari quali definiti dall'articolo 1, comma 2, del decreto legislativo 24 febbraio 1998, n. 58, e successive modificazioni, purché il finanziatore partecipi all'operazione;

h) finanziamenti concessi in base a un accordo raggiunto dinanzi all'autorità giudiziaria o a un'altra autorità prevista dalla legge;

i) dilazioni del pagamento di un debito preesistente concesse gratuitamente dal finanziatore;

l) finanziamenti garantiti da pegno su un bene mobile, se il consumatore non è obbligato per un ammontare eccedente il valore del bene;

m) contratti di locazione, a condizione che in essi sia prevista l'espressa clausola che in nessun momento la proprietà della cosa locata possa trasferirsi, con o senza corrispettivo, al locatario;

n) iniziative di microcredito ai sensi dell'articolo 111 e altri contratti di credito individuati con legge relativi a prestiti concessi a un pubblico ristretto, con finalità di interesse generale, che non prevedono il pagamento di interessi o prevedono tassi inferiori a quelli prevalenti sul mercato oppure ad altre condizioni più favorevoli per il consumatore rispetto a quelle prevalenti sul mercato e a tassi d'interesse non superiori a quelli prevalenti sul mercato;

o) contratti di credito sotto forma di sconfinamento del conto corrente, salvo quanto disposto dall'articolo 125 *octies*.

1 *bis*. In deroga a quanto previsto al comma 1, lettera *a*), il presente capo si applica ai contratti di credito non garantiti finalizzati alla ristrutturazione di un immobile residenziale, anche se il finanziamento ha un importo superiore a 75.000 euro (2).

2. Alle aperture di credito regolate in conto corrente, qualora il rimborso delle somme prelevate debba avvenire su richiesta della banca ovvero entro tre mesi dal prelievo, non si applicano [il comma 5 e] (3) gli articoli 123, comma 1, lettere da *d*) a *f*), 124, comma 5, 125 *ter*, 125 *quater*, 125 *sexies*, 125 *octies* (4).

3. Ai contratti di locazione finanziaria (leasing) che, anche sulla base di accordi separati, non comportano l'obbligo di acquisto della cosa locata da parte del consumatore, non si applica l'articolo 125 *ter*, commi da 1 a 4.

4. Alle dilazioni del pagamento e alle altre modalità agevolate di rimborso di un debito preesistente, concordate tra le parti a seguito di un inadempimento del consumatore, non si applicano gli articoli 124, comma 5, 124 *bis* (5), 125 *ter*, 125 *quinquies*, 125 *septies* nei casi stabiliti dal CICR.

5. I venditori di beni e servizi possono concludere contratti di credito nella sola forma della dilazione del prezzo con esclusione del pagamento degli interessi e di altri oneri.

(1) *Le parole fra parentesi quadrate sono state soppresse dall'art. 1, comma 3, lett.* a), *del D.L.vo 21 aprile 2016, n. 72, a decorrere dal 1° luglio 2016.*

(2) *Questo comma è stato inserito dall'art. 1, comma 3, lett.* b), *del D.L.vo 21 aprile 2016, n. 72, a decorrere dal 1° luglio 2016.*

(3) *Le parole tra parentesi quadrate sono state soppresse dall'art. 1, comma 1, del D.L.vo 13 agosto*

2010, n. 141, come modificato dall'art. 1, comma 1, del D.L.vo 14 dicembre 2010, n. 218.

([4]) *Le parole*: «125 septies», *sono state così sostituite dalle attuali*: «125 octies» *dall'art. 1, comma 1, del D.L.vo 13 agosto 2010, n. 141, come modificato dall'art. 1, comma 1, lett.* a), *del D.L.vo 19 settembre 2012, n. 169.*

([5]) *Le parole: «commi 5 e 7» sono state così sostituite dalle attuali*: «*comma 5, 124* bis» *dall'art. 1, comma 1, del D.L.vo 13 agosto 2010, n. 141, come modificato dall'art. 1, comma 1, lett.* b), *del D.L.vo 19 settembre 2012, n. 169.*

123. Pubblicità. – 1. Fermo restando quanto previsto dalla parte II ([1]), titolo III, del Codice del consumo, gli annunci pubblicitari che riportano il tasso d'interesse o altre cifre concernenti il costo del credito indicano le seguenti informazioni di base, in forma chiara, concisa e graficamente evidenziata con l'impiego di un esempio rappresentativo:

a) il tasso d'interesse, specificando se fisso o variabile, e le spese comprese nel costo totale del credito;

b) l'importo totale del credito;

c) il TAEG;

d) l'esistenza di eventuali servizi accessori necessari per ottenere il credito o per ottenerlo alle condizioni pubblicizzate, qualora i costi relativi a tali servizi non siano inclusi nel TAEG in quanto non determinabili in anticipo;

e) la durata del contratto, se determinata;

f) se determinabile in anticipo, l'importo totale dovuto dal consumatore, nonché l'ammontare delle singole rate.

2. La Banca d'Italia, in conformità alle deliberazioni del CICR, precisa le caratteristiche delle informazioni da includere negli annunci pubblicitari e le modalità della loro divulgazione.

([1]) *Le parole*: «*parte I*» *sono state così sostituite dalle parole*: «*parte II*» *dall'art. 1, comma 1, del D.L.vo 13 agosto 2010, n. 141, come modificato dall'art. 1, comma 2, del D.L.vo 14 dicembre 2010, n. 218.*

124. Obblighi precontrattuali. – 1. Il finanziatore o l'intermediario del credito, sulla base delle condizioni offerte dal finanziatore e, se del caso, delle preferenze espresse e delle informazioni fornite dal consumatore, forniscono al consumatore, prima che egli sia vincolato da un contratto o da un'offerta di credito, le informazioni necessarie per consentire il confronto delle diverse offerte di credito sul mercato, al fine di prendere una decisione informata e consapevole in merito alla conclusione di un contratto di credito.

2. Le informazioni di cui al comma 1 sono fornite dal finanziatore o dall'intermediario del credito su supporto cartaceo o su altro supporto durevole attraverso il modulo contenente le "Informazioni europee di base sul credito ai consumatori". Gli obblighi informativi di cui al comma 1 si considerano assolti attraverso la consegna di tale modulo. Il finanziatore o l'intermediario forniscono qualsiasi informazione aggiuntiva in un documento distinto, che può essere allegato al modulo.

3. Se il contratto di credito è stato concluso, su richiesta del consumatore, usando un mezzo di comunicazione a distanza che non consente di fornire le informazioni di cui al comma 1, il finanziatore o l'intermediario del credito forniscono al consumatore il modulo di cui al comma 2 immediatamente dopo la conclusione del contratto di credito.

4. Su richiesta, al consumatore, oltre al modulo di cui al comma 2, è fornita gratuitamente copia della bozza del contratto di credito, salvo che il finanziatore o l'intermediario del credito, al momento della richiesta, non intenda procedere ([1]) alla conclusione del contratto di credito con il consumatore.

5. Il finanziatore o l'intermediario del credito forniscono al consumatore chiarimenti adeguati, in modo che questi possa valutare se il contratto di credito proposto sia adatto alle sue esigenze e alla sua situazione finanziaria, eventualmente illustrando le informazioni precontrattuali che devono essere fornite ai sensi dei commi 1 e 2, le caratteristiche essenziali dei prodotti proposti e gli effetti specifici che possono avere sul consumatore,incluse le conseguenze del mancato pagamento. In caso di offerta contestuale di più contratti non collegati ai sensi dell'articolo 121, comma 1, lettera *d*), è comunque specificato se la validità dell'offerta è condizionata alla conclusione congiunta di detti contratti.

6. I fornitori di merci o prestatori di servizi che agiscono come intermediari del credito a titolo accessorio non sono tenuti a osservare gli obblighi di informativa precontrattuale previsti dal presente articolo. Il finanziatore assicura che il consumatore riceva comunque le informazioni precontrattuali; assicura inoltre che i fornitori di merci o prestatori di servizi rispettino la disciplina ad essi applicabile ai sensi del presente Capo ([2]).

7. La Banca d'Italia, in conformità alle deliberazioni del CICR, detta disposizioni di attuazione del presente articolo, con riferimento a:

a) il contenuto, i criteri di redazione, le modalità di messa a disposizione delle informazioni precontrattuali;

b) le modalità e la portata dei chiarimenti da fornire al consumatore ai sensi del comma 5, anche in caso di contratti conclusi congiuntamente;

c) gli obblighi specifici o derogatori da osservare nei casi di: comunicazioni mediante telefonia vocale; aperture di credito regolate in conto corrente; dilazioni di pagamento non gratuite e altre modalità agevolate di rimborso di un credito preesistente, concordate tra le parti a seguito di un inadempimento del consumatore; offerta attraverso intermediari del credito che operano a titolo accessorio.

(¹) *Le parole: «intenda procedere», sono state così sostituite dalle parole: «non intenda procedere» dall'art. 1, comma 1, del D.L.vo 13 agosto 2010, n. 141, come modificato dall'art. 1, comma 3, del D.L.vo 14 dicembre 2010, n. 218.*

(²) *Questo comma è stato così sostituito dall'art. 1, comma 1, del D.L.vo 13 agosto 2010, n. 141, come modificato dall'art. 1, comma 1, lett.* c), *del D.L.vo 19 settembre 2012, n. 169.*

124 *bis*. Verifica del merito creditizio. – 1. Prima della conclusione del contratto di credito, il finanziatore valuta il merito creditizio del consumatore sulla base di informazioni adeguate, se del caso fornite dal consumatore stesso e, ove necessario, ottenute consultando una banca dati pertinente.

2. Se le parti convengono di modificare l'importo totale del credito dopo la conclusione del contratto di credito, il finanziatore aggiorna le informazioni finanziarie di cui dispone riguardo al consumatore e valuta il merito creditizio del medesimo prima di procedere ad un aumento significativo dell'importo totale del credito.

3. La Banca d'Italia, in conformità alle deliberazioni del CICR, detta disposizioni attuative del presente articolo.

125. Banche dati. – 1. I gestori delle banche dati contenenti informazioni nominative sul credito consentono l'accesso dei finanziatori degli Stati membri dell'Unione europea alle proprie banche dati a condizioni non discriminatorie rispetto a quelle previste per gli altri finanziatori abilitati nel territorio della Repubblica. Il CICR, sentito il Garante per la protezione dei dati personali, individua le condizioni di accesso, al fine di garantire il rispetto del principio di non discriminazione.

2. Se il rifiuto della domanda di credito si basa sulle informazioni presenti in una banca dati, il finanziatore informa il consumatore immediatamente e gratuitamente del risultato della consultazione e degli estremi della banca dati.

3. I finanziatori informano preventivamente il consumatore la prima volta che segnalano a una banca dati le informazioni negative previste dalla relativa disciplina. L'informativa è resa unitamente all'invio di solleciti, altre comunicazioni, o in via autonoma.

4. I finanziatori assicurano che le informazioni comunicate alle banche dati siano esatte e aggiornate. In caso di errore rettificano prontamente i dati errati.

5. I finanziatori informano il consumatore sugli effetti che le informazioni negative registrate a suo nome in una banca dati possono avere sulla sua capacità di accedere al credito.

6. Il presente articolo non pregiudica l'applicazione del decreto legislativo 30 giugno 2003, n. 196.

125 *bis*. Contratti e comunicazioni. – 1. I contratti di credito sono redatti su supporto cartaceo o su altro supporto durevole che soddisfi i requisiti della forma scritta nei casi previsti dalla legge e contengono in modo chiaro e conciso le informazioni e le condizioni stabilite dalla Banca d'Italia, in conformità alle deliberazioni del CICR. Una copia del contratto è consegnata ai clienti.

2. Ai contratti di credito si applicano l'articolo 117, commi 2, 3 e 6, nonché gli articoli 118, 119, comma 4, e 120, comma 2.

3. In caso di offerta contestuale di più contratti da concludere per iscritto, diversi da quelli collegati ai sensi dell'articolo 121, comma 1, lettera *d*), il consenso del consumatore va acquisito distintamente per ciascun contratto attraverso documenti separati.

4. Nei contratti di credito di durata il finanziatore fornisce periodicamente al cliente, su supporto cartaceo o altro supporto durevole una comunicazione completa e chiara in merito allo svolgimento del rapporto. La Banca d'Italia, in conformità alle deliberazioni del CICR, fissa i contenuti e le modalità di tale comunicazione.

5. Nessuna somma può essere richiesta o addebitata al consumatore se non sulla base di espresse previsioni contrattuali.

6. Sono nulle le clausole del contratto relative a costi a carico del consumatore che, contrariamente a quanto previsto ai sensi dell'articolo

121, comma 1, lettera *e*), non sono stati inclusi o sono stati inclusi in modo non corretto nel TAEG pubblicizzato nella documentazione predisposta secondo quanto previsto dall'articolo 124. La nullità della clausola non comporta la nullità del contratto.

7. Nei casi di assenza o di nullità delle relative clausole contrattuali:

a) il TAEG equivale al tasso nominale minimo dei buoni del tesoro annuali o di altri titoli similari eventualmente indicati dal Ministro dell'economia e delle finanze, emessi nei dodici mesi precedenti la conclusione del contratto. Nessuna altra somma è dovuta dal consumatore a titolo di tassi di interesse, commissioni o altre spese;

b) la durata del credito è di trentasei mesi.

8. Il contratto è nullo se non contiene le informazioni essenziali ai sensi del comma 1 su:

a) il tipo di contratto;

b) le parti del contratto;

c) l'importo totale del finanziamento e le condizioni di prelievo e di rimborso.

9. In caso di nullità del contratto, il consumatore non può essere tenuto a restituire più delle somme utilizzate e ha facoltà di pagare quanto dovuto a rate, con la stessa periodicità prevista nel contratto o, in mancanza, in trentasei rate mensili.

125 *ter*. Recesso del consumatore. – 1. Il consumatore può recedere dal contratto di credito entro quattordici giorni; il termine decorre dalla conclusione del contratto o, se successivo, dal momento in cui il consumatore riceve tutte le condizioni e le informazioni previste ai sensi dell'articolo 125 *bis*, comma 1. In caso di uso di tecniche di comunicazione a distanza il termine è calcolato secondo l'articolo 67 *duodecies*, comma 3, del Codice del consumo.

2. Il consumatore che recede:

a) ne dà comunicazione al finanziatore inviandogli, prima della scadenza del termine previsto dal comma 1, una comunicazione secondo le modalità prescelte nel contratto tra quelle previste dall'articolo 64, comma 2, del Codice del consumo;

b) se il contratto ha avuto esecuzione in tutto o in parte, entro trenta giorni dall'invio della comunicazione prevista dalla lettera *a*), restituisce il capitale e paga gli interessi maturati fino al momento della restituzione, calcolati secondo quanto stabilito dal contratto. Inoltre, rimborsa al finanziatore le somme non ripetibili da questo corrisposte alla pubblica amministrazione.

3. Il finanziatore non può pretendere somme ulteriori rispetto a quelle previste dal comma 2, lettera *b*).

4. Il recesso disciplinato dal presente articolo si estende automaticamente, anche in deroga alle condizioni e ai termini eventualmente previsti dalla normativa di settore, ai contratti aventi a oggetto servizi accessori connessi col contratto di credito, se tali servizi sono resi dal finanziatore ovvero da un terzo sulla base di un accordo col finanziatore. L'esistenza dell'accordo è presunta. È ammessa, da parte del terzo, la prova contraria.

5. Salvo quanto previsto dai commi 1 e 2, ai contratti disciplinati dal presente capo non si applicano gli articoli 64, 65, 66, 67 *duodecies* e 67 *terdecies* del Codice del consumo.

125 *quater*. Contratti a tempo indeterminato. – 1. Fermo restando quanto previsto dall'articolo 125 *ter*, nei contratti di credito a tempo indeterminato il consumatore ha il diritto di recedere in ogni momento senza penalità e senza spese. Il contratto può prevedere un preavviso non superiore a un mese.

2. I contratti di credito a tempo indeterminato possono prevedere il diritto del finanziatore a:

a) recedere dal contratto con un preavviso di almeno due mesi, comunicato al consumatore su supporto cartaceo o altro supporto durevole;

b) sospendere, per una giusta causa, l'utilizzo del credito da parte del consumatore, dandogliene comunicazione su supporto cartaceo o altro supporto durevole in anticipo e, ove ciò non sia possibile, immediatamente dopo la sospensione.

125 *quinquies*. Inadempimento del fornitore. – 1. Nei contratti di credito collegati, in caso di inadempimento da parte del fornitore dei beni o dei servizi il consumatore, dopo aver inutilmente effettuato la costituzione in mora del fornitore, ha diritto alla risoluzione del contratto di credito, se con riferimento al contratto di fornitura di beni o servizi ricorrono le condizioni di cui all'articolo 1455 del codice civile.

2. La risoluzione del contratto di credito comporta l'obbligo del finanziatore di rimborsare al consumatore le rate già pagate, nonché ogni altro onere eventualmente applicato. La risoluzione del contratto di credito non comporta l'obbligo del consumatore di rimborsare al finanziatore l'im-

porto che sia stato già versato al fornitore dei beni o dei servizi. Il finanziatore ha il diritto di ripetere detto importo nei confronti del fornitore stesso.

3. In caso di locazione finanziaria (leasing) il consumatore, dopo aver inutilmente effettuato la costituzione in mora del fornitore dei beni o dei servizi, può chiedere al finanziatore di agire per la risoluzione del contratto. La richiesta al fornitore determina la sospensione del pagamento dei canoni. La risoluzione del contratto di fornitura determina la risoluzione di diritto, senza penalità e oneri, del contratto di locazione finanziaria. Si applica il comma 2.

4. I diritti previsti dal presente articolo possono essere fatti valere anche nei confronti del terzo al quale il finanziatore abbia ceduto i diritti derivanti dal contratto di concessione del credito.

125 *sexies*. Rimborso anticipato. – 1. Il consumatore può rimborsare anticipatamente in qualsiasi momento, in tutto o in parte, l'importo dovuto al finanziatore. In tale caso il consumatore ha diritto a una riduzione del costo totale del credito, pari all'importo degli interessi e dei costi dovuti per la vita residua del contratto.

2. In caso di rimborso anticipato, il finanziatore ha diritto ad un indennizzo equo ed oggettivamente giustificato per eventuali costi direttamente collegati al rimborso anticipato del credito. L'indennizzo non può superare l'1 per cento dell'importo rimborsato in anticipo, se la vita residua del contratto è superiore a un anno, ovvero lo 0,5 per cento del medesimo importo, se la vita residua del contratto è pari o inferiore a un anno. In ogni caso, l'indennizzo non può superare l'importo degli interessi che il consumatore avrebbe pagato per la vita residua del contratto.

3. L'indennizzo di cui al comma 2 non è dovuto:

a) se il rimborso anticipato è effettuato in esecuzione di un contratto di assicurazione destinato a garantire il credito;

b) se il rimborso anticipato riguarda un contratto di apertura di credito;

c) se il rimborso anticipato ha luogo in un periodo in cui non si applica un tasso di interesse espresso da una percentuale specifica fissa predeterminata nel contratto;

d) se l'importo rimborsato anticipatamente corrisponde all'intero debito residuo ed è pari o inferiore a 10.000 euro.

125 *septies*. Cessione dei crediti. – 1. In caso di cessione del credito o del contratto di credito, il consumatore può sempre opporre al cessionario tutte le eccezioni che poteva far valere nei confronti del cedente, ivi inclusa la compensazione, anche in deroga al disposto dell'articolo 1248 del codice civile.

2. Il consumatore è informato della cessione del credito, a meno che il cedente, in accordo con il cessionario, continui a gestire il credito nei confronti del consumatore. La Banca d'Italia, in conformità alle deliberazioni del CICR, individua le modalità con cui il consumatore è informato.

125 *octies*. Sconfinamento. – 1. Se un contratto di conto corrente prevede la possibilità che al consumatore sia concesso uno sconfinamento, si applicano le disposizioni del capo I.

2. In caso di sconfinamento consistente che si protragga per oltre un mese, il creditore comunica senza indugio al consumatore, su supporto cartaceo o altro supporto durevole:

a) lo sconfinamento;

b) l'importo interessato;

c) il tasso debitore;

d) le penali, le spese o gli interessi di mora eventualmente applicabili.

3. La Banca d'Italia, in conformità alle deliberazioni del CICR, detta disposizioni di attuazione del comma 2 ([1]), con riferimento:

a) al termine di invio della comunicazione;

b) ai criteri per la determinazione della consistenza dello sconfinamento.

([1]) *Le parole: «presente comma», sono state così sostituite dalle parole: «comma 2» dall'art. 1, comma 1, del D.L.vo 13 agosto 2010, n. 141, come modificato dall'art. 1, comma 4, del D.L.vo 14 dicembre 2010, n. 218.*

125 *novies*. Intermediari del credito. – 1. L'intermediario del credito indica ([1]), negli annunci pubblicitari e nei documenti destinati ai consumatori, l'ampiezza dei propri poteri e in particolare se lavori a titolo esclusivo con uno o più finanziatori oppure a titolo di mediatore.

2. Il consumatore è informato dell'eventuale compenso da versare all'intermediario del credito per i suoi servizi. Il compenso è oggetto di accordo tra il consumatore e l'intermediario del credito su supporto cartaceo o altro supporto durevole prima della conclusione del contratto di credito.

3. L'intermediario del credito comunica al finanziatore l'eventuale compenso che il consuma-

tore deve versare all'intermediario del credito per i suoi servizi, al fine del calcolo del TAEG, secondo quanto stabilito dal CICR.

([1]) *Le parole: «Gli intermediari del credito indicano», sono state così sostituite dalle parole: «L'intermediario del credito indica» dall'art. 1, comma 1, del D.L.vo 13 agosto 2010, n. 141, come modificato dall'art. 1, comma 5, del D.L.vo 14 dicembre 2010, n. 218.*

126. Riservatezza delle informazioni. – 1. Il Ministro dell'economia e delle finanze può individuare, con regolamento adottato ai sensi dell'articolo 17, comma 3, della legge 23 agosto 1988, n. 400, i casi in cui le comunicazioni previste dall'articolo 125, comma 2, e 125 *quater*, comma 2, lettera *b*), non sono effettuate in quanto vietate dalla normativa comunitaria o contrarie all'ordine pubblico o alla pubblica sicurezza.

Capo II *bis*

Servizi di pagamento ([1])

([1]) *Questo capo è stato inserito dall'art. 34, comma 1, lett.* b), *del D.L.vo 27 gennaio 2010, n. 11.*

126 *bis*. Disposizioni di carattere generale. – 1. Il presente capo si applica ai contratti quadro relativi a servizi di pagamento e alle operazioni di pagamento, anche se queste non rientrano in un contratto quadro, quando i servizi sono offerti sul territorio della Repubblica.

2. Ai fini del presente capo, per servizi di pagamento si intende anche l'emissione di moneta elettronica. Allo Stato italiano, agli altri Stati comunitari, alle pubbliche amministrazioni statali, regionali e locali, che, agendo in veste di pubblica autorità, emettono moneta elettronica, si applica soltanto l'articolo 126 *novies* ([1]).

3. In deroga all'articolo 127, comma 1, le parti possono accordarsi nel senso che le previsioni del presente capo non si applicano, interamente o parzialmente, se l'utilizzatore di servizi di pagamento non è un consumatore, né una micro-impresa.

4. Spetta al prestatore dei servizi di pagamento l'onere della prova di aver correttamente adempiuto agli obblighi previsti dal presente capo.

5. La Banca d'Italia adotta i provvedimenti previsti dal presente capo avendo riguardo, per i servizi di pagamento regolati in conto corrente o commercializzati unitamente a un conto corrente, alle disposizioni previste ai sensi del capo I.

6. Nell'esercizio dei poteri regolamentari previsti dal presente capo, la Banca d'Italia tiene conto anche della finalità di garantire un adeguato livello di affidabilità ed efficienza dei servizi di pagamento.

([1]) *Questo periodo è stato aggiunto dall'art. 1, comma 4, del D.L.vo 16 aprile 2012, n. 45.*

126 *ter*. Spese applicabili. – 1. Il prestatore dei servizi di pagamento non può richiedere ([1]) all'utilizzatore spese inerenti all'informativa resa ai sensi di legge.

2. Il prestatore di servizi di pagamento e l'utilizzatore possono concordare le spese relative a informazioni supplementari o più frequenti, rispetto a quelle rese ai sensi di legge, ovvero quelle relative alla trasmissione con strumenti di comunicazione diversi rispetto a quelli previsti dal contratto quadro. Le spese sono adeguate e conformi ai costi effettivi sostenuti dal prestatore dei servizi di pagamento ([2]).

([1]) *La parola: «addebitare» è stata così sostituita dalla parola: «richiedere» dall'art. 2, comma 2, lett.* a), *del D.L.vo 29 dicembre 2011, n. 230.*

([2]) *Questo comma è stato così sostituito dall'art. 2, comma 2, lett.* b), *del D.L.vo 29 dicembre 2011, n. 230.*

126 *quater*. Informazioni relative alle operazioni di pagamento e ai contratti. – 1. La Banca d'Italia disciplina:

a) contenuti e modalità delle informazioni e delle condizioni che il prestatore dei servizi di pagamento fornisce o rende disponibili all'utilizzatore di servizi di pagamento, al pagatore e al beneficiario. Le informazioni e le condizioni sono redatte in termini di facile comprensione e in forma chiara e leggibile. In particolare, l'utilizzatore dei servizi di pagamento è informato di tutte le spese dovute al prestatore di servizi di pagamento e della loro suddivisione. Sono previsti obblighi di trasparenza semplificati nel caso di utilizzo di strumenti di pagamento che riguardino operazioni o presentino limiti di spesa o avvaloramento inferiori a soglie fissate dalla stessa Banca d'Italia;

b) casi, contenuti e modalità delle comunicazioni periodiche sulle operazioni di pagamento.

2. Non si applicano gli articoli 67 *quinquies*, 67 *sexies*, comma 1, lettere *a*), *b*) ed *h*), 67 *septies*, comma 1, lettere *b*), *c*), *f*) e *g*), 67 *octies*, comma 1, lettera *a*), del decreto legislativo 6 settembre 2005, n. 206.

3. Prima di disporre l'operazione di pagamento l'utilizzatore è informato:

a) dal beneficiario, di eventuali spese imposte o riduzioni proposte per l'utilizzo di un determinato strumento di pagamento;

b) dal prestatore di servizi di pagamento o da un terzo, di eventuali spese imposte per l'utilizzo di un determinato strumento di pagamento.

126 *quinquies*. Contratto quadro. – 1. Ai contratti quadro si applica l'articolo 117, commi 1, 2, 3, 4, 6 e 7. Il potere previsto dall'articolo 117, comma 2, è esercitato dalla Banca d'Italia.

2. In qualsiasi momento del rapporto, l'utilizzatore di servizi di pagamento che ha concluso un contratto quadro può richiedere le condizioni contrattuali del contratto quadro nonché le informazioni relative al contratto quadro previste ai sensi dell'articolo 126 *quater*, comma 1, lettera *a*), su supporto cartaceo o su altro supporto durevole.

126 *sexies*. Modifica unilaterale delle condizioni. – 1. Ogni modifica del contratto quadro o delle condizioni e informazioni a esso relative fornite all'utilizzatore ai sensi dell'articolo 126 *quater*, comma 1, lettera *a*), è proposta dal prestatore dei servizi di pagamento secondo le modalità stabilite dalla Banca d'Italia, con almeno due mesi di anticipo rispetto alla data di applicazione prevista.

2. Il contratto quadro può prevedere che la modifica delle condizioni contrattuali si ritiene accettata dall'utilizzatore a meno che questi non comunichi al prestatore dei servizi di pagamento, prima della data prevista per l'applicazione della modifica, che non intende accettarla. In questo caso, la comunicazione di cui al comma 1, contenente la proposta di modifica, specifica che in assenza di espresso rifiuto la proposta si intende accettata e che l'utilizzatore ha diritto di recedere senza spese prima della data prevista per l'applicazione della modifica.

3. Le modifiche dei tassi di interesse o di cambio possono essere applicate con effetto immediato e senza preavviso; tuttavia, se sono sfavorevoli per l'utilizzatore, è necessario che ciò sia previsto nel contratto quadro e che la modifica sia la conseguenza della variazione dei tassi di interesse o di cambio di riferimento convenuti nel contratto. L'utilizzatore è informato della modifica dei tassi di interesse nei casi e secondo le modalità stabilite dalla Banca d'Italia.

4. Le modifiche dei tassi di interesse o di cambio utilizzati nelle operazioni di pagamento sono applicate e calcolate in una forma neutra tale da non creare discriminazioni tra utilizzatori, secondo quanto stabilito dalla Banca d'Italia.

5. Restano ferme, in quanto compatibili, le disposizioni di cui all'articolo 33, commi 3 e 4, del decreto legislativo 6 settembre 2005, n. 206.

126 *septies*. Recesso. – 1. L'utilizzatore di servizi di pagamento ha sempre la facoltà di recedere dal contratto quadro senza penalità e senza spese di chiusura.

2. Il prestatore di servizi di pagamento può recedere da un contratto quadro a tempo indeterminato se ciò è previsto dal contratto e con un preavviso di almeno due mesi, secondo le modalità stabilite dalla Banca d'Italia.

3. In caso di recesso dal contratto dell'utilizzatore o del prestatore di servizi di pagamento, le spese per i servizi fatturate periodicamente sono dovute dall'utilizzatore solo in misura proporzionale per il periodo precedente al recesso; se pagate anticipatamente, esse sono rimborsate in maniera proporzionale.

126 *octies*. Denominazione valutaria dei pagamenti. – 1. I pagamenti sono effettuati nella valuta concordata dalle parti.

2. Se al pagatore è offerto, prima di disporre un'operazione di pagamento, un servizio di conversione valutaria dal beneficiario ovvero presso il punto vendita da un venditore di merci o da un fornitore di servizi, colui che propone il servizio di conversione gli comunica tutte le spese e il tasso di cambio che sarà utilizzato per la conversione. Il pagatore accetta il servizio su tale base.

126 *novies*. (1) Commissioni applicabili al rimborso della moneta elettronica. – 1. Il rimborso della moneta elettronica previsto dall'articolo 114 *ter* può essere soggetto al pagamento di una commissione adeguata e conforme ai costi effettivamente sostenuti dall'emittente, solo se previsto dal contratto e in uno dei seguenti casi:

a) il rimborso è chiesto prima della scadenza del contratto;

b) il detentore di moneta elettronica recede dal contratto prima della sua scadenza;

c) il rimborso è chiesto più di un anno dopo la data di scadenza del contratto.

2. I soggetti, diversi da un consumatore, che accettino in pagamento moneta elettronica pos-

sono regolare in via contrattuale con l'emittente di moneta elettronica le condizioni del rimborso loro spettante nei suoi confronti, anche in deroga al comma 1.

3. L'emittente di moneta elettronica fornisce al detentore, prima che egli sia vincolato da un contratto o da un'offerta, le informazioni relative alle modalità e alle condizioni del rimborso, secondo quanto stabilito dalla Banca d'Italia.

4. Il contratto tra l'emittente e il detentore di moneta elettronica indica chiaramente ed esplicitamente le modalità e le condizioni del rimborso.

(1) *Questo articolo è stato inserito dall'art. 1, comma 5, del D.L.vo 16 aprile 2012, n. 45.*

Capo II ter
Disposizioni particolari
relative ai conti di pagamento (1)

(1) *Questo Capo è stato inserito dall'art. 1, comma 1, del D.L.vo 15 marzo 2017, n. 37.*

126 *decies*. Oggetto, ambito di applicazione e definizioni. – 1. Il presente capo reca disposizioni in materia di trasparenza e comparabilità delle spese relative al conto di pagamento, trasferimento di taluni servizi connessi al conto di pagamento, accesso ai conti di pagamento con caratteristiche di base.

2. Il presente capo si applica ai conti di pagamento offerti a o sottoscritti da consumatori, che consentono almeno l'esecuzione di tutte le seguenti operazioni: versamento di fondi; prelievo di contanti; esecuzione e ricezione di operazioni di pagamento.

3. Ai fini del presente capo, l'espressione:

a) "servizi collegati al conto" indica tutti i servizi connessi all'apertura, alla gestione e alla chiusura di un conto di pagamento, ivi compresi l'apertura di credito, lo sconfinamento e le operazioni indicate all'articolo 2, comma 2, lettera *g*), del decreto legislativo 27 gennaio 2010, n. 11;

b) "servizio di trasferimento" indica il trasferimento, su richiesta del consumatore, da un prestatore di servizi di pagamento ad un altro, delle informazioni su tutti o su alcuni ordini permanenti di bonifico, addebiti diretti ricorrenti e bonifici in entrata ricorrenti eseguiti sul conto di pagamento, o il trasferimento dell'eventuale saldo positivo da un conto di pagamento d'origine a un conto di pagamento di destinazione, o entrambi, con o senza la chiusura del conto di pagamento di origine;

c) "operazioni in numero superiore" indica le operazioni, delle tipologie individuate ai sensi dell'articolo 126 *vicies semel*, comma 1, eseguite dal consumatore sul conto di base oltre i limiti numerici stabiliti ai sensi del medesimo articolo;

d) "operazioni aggiuntive" indica, in relazione al conto di base, i servizi e le operazioni, delle tipologie diverse da quelle individuate ai sensi dell'articolo 126 *vicies semel*, comma 1, che il consumatore può richiedere sul conto di base. Si applicano le definizioni previste dall'articolo 1 del decreto legislativo 27 gennaio 2010, n. 11, e dall'articolo 121, comma 1, lettera *i*);

e) "consumatore" indica una persona fisica che agisce per scopi estranei all'attività imprenditoriale, commerciale, artigianale o professionale eventualmente svolta;

f) "prestatori di servizi di pagamento" indica le banche, gli istituti di moneta elettronica, gli istituti di pagamento e Poste Italiane s.p.a., per le attività di bancoposta di cui al decreto del Presidente della Repubblica 14 marzo 2001, n. 144;

g) "conto di base" indica un conto di pagamento denominato in euro con le caratteristiche di cui alla sezione III.

4. Fatto salvo quanto previsto dal comma 3, ai fini del presente capo si applicano inoltre le ulteriori definizioni di cui all'articolo 2 della direttiva 2014/92/UE.

5. Per quanto non diversamente previsto dal presente capo, si applicano le disposizioni del capo II *bis*.

6. La Banca d'Italia detta disposizioni di attuazione del presente capo, in conformità a quanto previsto dalla direttiva 2014/92/UE e dalle relative norme tecniche di regolamentazione e di attuazione emanate dalla Commissione europea, al fine di assicurare la trasparenza e la comprensibilità delle informazioni per i consumatori, favorire la mobilità, agevolare l'accesso ai servizi bancari e finanziari da parte della clientela. Si applica l'articolo 126 *bis*, comma 5.

7. La Banca d'Italia è designata quale autorità competente per lo svolgimento dei compiti indicati dagli articoli 21 e 22 della direttiva 2014/92/UE.

8. Le norme del presente capo non si applicano a conti di pagamento eventualmente in essere presso la Banca d'Italia e la Cassa Depositi e Prestiti.

Sezione I

Trasparenza e comparabilità delle spese

126 *undecies*. Terminologia standardizzata europea. – 1. La Banca d'Italia pubblica sul proprio sito web l'elenco dei servizi collegati al conto di pagamento più rappresentativi a livello nazionale in conformità a quanto stabilito dalla direttiva 2014/92/UE. L'elenco impiega la terminologia standardizzata europea definita dalla Commissione europea ai sensi della direttiva 2014/92/UE.

2. L'elenco dei servizi collegati al conto di pagamento più rappresentativi a livello nazionale è aggiornato in conformità a quanto previsto dall'articolo 3, paragrafo 6, della direttiva 2014/92/UE. La Banca d'Italia pubblica l'elenco nazionale aggiornato.

3. I prestatori di servizi di pagamento impiegano, ove applicabile, la terminologia standardizzata europea nei documenti previsti dall'articolo 126 *duodecies*, nei contratti e in ogni altra informazione e comunicazione resa ai consumatori.

4. I prestatori di servizi di pagamento possono utilizzare denominazioni e marchi commerciali per individuare i propri servizi nelle comunicazioni e informazioni precontrattuali, contrattuali, commerciali e pubblicitarie indirizzate ai consumatori, nel rispetto dei limiti eventualmente stabiliti con disposizioni della Banca d'Italia.

126 *duodecies*. ([1]) **Informazioni precontrattuali e comunicazioni periodiche.** – 1. I prestatori di servizi di pagamento forniscono ai consumatori le informazioni precontrattuali e le comunicazioni periodiche relative al conto di pagamento, rispettivamente, attraverso un "Documento informativo sulle spese" e un "Riepilogo delle spese" in conformità alle norme tecniche di attuazione adottate dalla Commissione europea ai sensi dell'articolo 4, paragrafo 6 e dell'articolo 5, paragrafo 4, della direttiva 2014/92/UE.

2. Il Documento informativo sulle spese e il Riepilogo delle spese sono forniti insieme alle altre informazioni richieste per i conti di pagamento ai sensi dei capi I e II *bis* secondo quanto previsto con disposizioni della Banca d'Italia.

3. I prestatori di servizi di pagamento mettono a disposizione dei consumatori un glossario dei principali termini impiegati nei documenti previsti dal presente articolo, redatto in termini di facile comprensione e in forma chiara e leggibile.

4. Il "Documento informativo sulle spese" e il "Riepilogo delle spese" di cui al comma 1 sono redatti in conformità alle disposizioni emanate dalla Banca d'Italia. Con disposizioni della Banca d'Italia sono stabiliti anche i casi e le modalità di calcolo, comunicazione e presentazione di un apposito indicatore sintetico di costo relativo al conto di pagamento, da includere almeno nel "Documento informativo sulle spese".

([1]) *A norma dell'art. 2, comma 1, lett.* a), *del D.L.vo 15 marzo 2017, n. 37, questo articolo si applica decorsi 180 giorni dall'emanazione delle relative disposizioni di attuazione, da adottarsi entro 180 giorni dalla data di entrata in vigore delle norme tecniche di regolamentazione emanate dalla Commissione europea ai sensi dell'articolo 3, paragrafo 4, della direttiva 2014/92/UE e delle norme tecniche di attuazione emanate ai sensi dell'articolo 4, paragrafo 6, e dell'articolo 5, paragrafo 4, della medesima direttiva.*

126 *terdecies*. ([1]) **Siti web di confronto.** – 1. I prestatori di servizi di pagamento che offrono conti di pagamento destinati ai consumatori partecipano a uno o più siti web, costituiti anche per il tramite delle associazioni di categoria degli intermediari o da associazioni di consumatori, per il confronto tra le offerte relative ai conti di pagamento, dandone indicazione sul proprio sito web, ove disponibile.

2. I siti web previsti dal comma 1:

a) sono accessibili gratuitamente dai consumatori;

b) consentono almeno il confronto delle spese applicabili per i servizi inclusi nell'elenco di cui all'articolo 126 *undecies*, comma 1, nonché dell'indicatore sintetico di costo previsto dalle disposizioni della Banca d'Italia;

c) sono funzionalmente indipendenti e assicurano parità di trattamento tra i prestatori di servizi di pagamento nella partecipazione al sito e nella visualizzazione dei risultati di ricerca;

d) contengono informazioni chiare e facilmente accessibili sull'identità dei soggetti che costituiscono e gestiscono il sito, nonché sui criteri utilizzati per il confronto tra le offerte, da definirsi in modo semplice e oggettivo;

e) impiegano un linguaggio facilmente comprensibile e, ove applicabile, la terminologia standardizzata europea di cui all'articolo 126 *undecies*;

f) forniscono informazioni corrette e aggiornate, indicando la data dell'ultimo aggiornamento;

g) comprendono un'ampia gamma di offerte di conti di pagamento rappresentative di una quota significativa del mercato e, nel caso in cui non forniscano un quadro completo del mercato, indicano chiaramente tale circostanza prima di mostrare i risultati della ricerca;

h) prevedono adeguate procedure per la segnalazione di errori nelle informazioni pubblicate;

i) non possono svolgere attività di mediazione;

l) non possono rifiutare le richieste di adesione da parte dei prestatori di servizi di pagamento;

m) escludono i prestatori di servizi di pagamento aderenti per i giustificati motivi previsti con il decreto del Ministro dell'economia e delle finanze, sentita la Banca d'Italia di cui al comma 3;

n) pubblicano la lista dei prestatori di servizi di pagamento aderenti;

o) dispongono della certificazione e di una verifica annuale positiva secondo quanto previsto dal comma 3.

3. La sussistenza dei requisiti di cui al comma 2 è certificata e annualmente verificata da un ente specializzato, con apposita relazione. I titolari dei siti web inviano la relazione dell'ente specializzato alla Banca d'Italia che ne dà notizia sul proprio sito web. Con decreto del Ministro dell'economia e delle finanze, sentita la Banca d'Italia, sono individuate le caratteristiche dell'ente certificatore, la procedura di accreditamento che dovrà garantire il rispetto dei principi di imparzialità, indipendenza, correttezza e competenza, e i casi di giustificati motivi di esclusione di cui al comma 2, lettera *m*).

4. I prestatori di servizi di pagamento inviano al sito web i dati necessari per il confronto tra le offerte, secondo quanto stabilito dalla Banca d'Italia.

5. I titolari dei siti web comunicano la cessazione del funzionamento del sito alla Banca d'Italia.

(1) *A norma dell'art. 2, comma 1, lett.* b), *del D.L.vo 15 marzo 2017, n. 37, questo articolo si applica decorsi 90 giorni dalla data di entrata in vigore del decreto del Ministro dell'economia e delle finanze e delle disposizioni di attuazione della Banca d'Italia ivi previsti, da adottarsi entro 120 giorni dall'entrata in vigore del presente decreto.*

126 *quaterdecies*. Conti di pagamento offerti in un pacchetto insieme ad altri prodotti. – 1. Quando il conto di pagamento è offerto congiuntamente ad altri prodotti o servizi diversi da quelli menzionati all'articolo 126 *decies*, comma 3, lettera *a*), come parte di un pacchetto, il prestatore di servizi di pagamento comunica al consumatore se l'acquisto del conto di pagamento è condizionato alla sottoscrizione dei prodotti o servizi offerti congiuntamente. Nel caso in cui sia consentito l'acquisto separato, il prestatore di servizi di pagamento fornisce separatamente al consumatore le informazioni relative ai prodotti o servizi offerti congiuntamente, in conformità alla disciplina eventualmente applicabile a ciascuno di essi e specificando almeno i costi e le spese relativi a ciascuno dei prodotti e servizi offerti con il pacchetto che possono essere acquistati separatamente.

2. È fatto salvo quanto stabilito dall'articolo 21, comma 3 *bis*, del decreto legislativo 6 settembre 2005, n. 206, e dall'articolo 120 *octiesdecies*.

Sezione II
Trasferimento dei servizi di pagamento connessi al conto di pagamento (1)

(1) *A norma dell'art. 2, comma 1, lett.* c), *del D.L.vo 15 marzo 2017, n. 37, questa sezione si applica decorsi 60 giorni dalla data di entrata in vigore del presente decreto, salvo quanto previsto dalla lettera* d). *Dalla medesima data sono abrogati l'articolo 2, ad eccezione dei commi 15 e 19, e l'articolo 2* bis *del decreto legge 24 gennaio 2015, n. 3, convertito, con modificazioni, dalla legge 24 marzo 2015, n. 33.*

Si veda l'art. 2, comma 1, lett. d), *del D.L.vo 15 marzo 2017, n. 37, che si riporta:*

«d) *l'articolo 126* quinquiesdecies, *comma 10, si applica decorsi 60 giorni dalla data di entrata in vigore delle relative disposizioni di attuazione, da adottarsi entro 120 giorni dall'entrata in vigore del presente decreto*».

126 *quinquiesdecies*. Servizio di trasferimento. – 1. I prestatori di servizi di pagamento forniscono il servizio di trasferimento tra i conti di pagamento detenuti nella stessa valuta a tutti i consumatori che intendono aprire o che sono titolari di un conto di pagamento presso un prestatore di servizi di pagamento stabilito nel territorio della Repubblica.

2. Il servizio di trasferimento è avviato dal prestatore di servizi di pagamento ricevente su richiesta del consumatore. A tal fine, il consumatore rilascia al prestatore di servizi di pagamento ricevente una specifica autorizzazione all'esecuzione del servizio di trasferimento. Quando i conti hanno due o più titolari, l'autorizzazione all'esecuzione del servizio di trasferimento è fornita da ciascuno di essi. Con riguardo alla forma dell'autorizzazione si applica l'articolo 117, commi 1 e 2. Il prestatore di servizi di pagamento ricevente trasmette copia dell'autorizzazione al prestatore di

servizi di pagamento trasferente ove richiesto da quest'ultimo; la richiesta non interrompe nè sospende il termine per l'esecuzione del servizio di trasferimento.

3. Il servizio di trasferimento è eseguito entro dodici giorni lavorativi dalla ricezione da parte del prestatore di servizi di pagamento ricevente dell'autorizzazione del consumatore completa di tutte le informazioni necessarie, in conformità alla procedura stabilita dall'articolo 10 della direttiva 2014/92/UE. La Banca d'Italia può dettare disposizioni attuative del presente comma.

4. Attraverso l'autorizzazione il consumatore:

a) fornisce al prestatore di servizi di pagamento trasferente e al prestatore di servizi di pagamento ricevente il consenso specifico a eseguire ciascuna delle operazioni relative al servizio di trasferimento, per quanto di rispettiva competenza;

b) quando intende trasferire solo alcuni dei servizi collegati al conto di pagamento, identifica specificamente i bonifici ricorrenti in entrata, gli ordini permanenti di bonifico e gli ordini relativi ad addebiti diretti per l'addebito in conto che devono essere trasferiti;

c) indica la data a partire dalla quale gli ordini permanenti di bonifico e gli addebiti diretti devono essere eseguiti o addebitati a valere sul conto di pagamento di destinazione. Tale data è fissata ad almeno sei giorni lavorativi a decorrere dal giorno in cui il prestatore di servizi di pagamento ricevente riceve i documenti trasmessi dal prestatore di servizi di pagamento trasferente;

d) indica se intende avvalersi della facoltà di ottenere il reindirizzamento automatico dei bonifici previsto dal comma 7.

5. Il prestatore di servizi di pagamento ricevente è responsabile dell'avvio e della gestione della procedura per conto del consumatore. Il consumatore può chiedere al prestatore di servizi di pagamento ricevente di effettuare il trasferimento di tutti o di alcuni bonifici in entrata, ordini permanenti di bonifico o ordini di addebito diretto. Il prestatore di servizi di pagamento trasferente fornisce al prestatore di servizi di pagamento ricevente tutte le informazioni necessarie per riattivare i pagamenti sul conto di pagamento di destinazione, in conformità a quanto indicato nell'autorizzazione del consumatore, ivi compresi l'elenco degli ordini permanenti in essere relativi a bonifici e le informazioni disponibili sugli ordini di addebito diretto che vengono trasferiti, nonché le informazioni disponibili sui bonifici ricorrenti in entrata e sugli addebiti diretti ordinati dal creditore eseguiti sul conto di pagamento del consumatore nei precedenti 13 mesi.

6. Quando le informazioni fornite dal prestatore di servizi di pagamento trasferente non sono sufficienti a consentire l'esecuzione del servizio di trasferimento entro il termine di cui al comma 3, ferma restando la responsabilità del prestatore di servizi di pagamento trasferente ai sensi dell'articolo 126 *septiesdecies*, il prestatore di servizi di pagamento ricevente può chiedere al consumatore di fornire le informazioni mancanti.

7. Il prestatore di servizi di pagamento trasferente assicura gratuitamente il reindirizzamento automatico dei bonifici ricevuti sul conto di pagamento di origine verso il conto di pagamento di destinazione detenuto presso il prestatore di servizi di pagamento ricevente, per un periodo di 12 mesi a decorrere dalla data specificata nell'autorizzazione del consumatore all'esecuzione del servizio di trasferimento. Il prestatore di servizi di pagamento trasferente, se cessa di accettare i bonifici in entrata alla scadenza dei 12 mesi o in mancanza di richiesta da parte del consumatore del servizio di reindirizzamento, è tenuto a informare tempestivamente il pagatore o il beneficiario delle ragioni del rifiuto dell'operazione di pagamento.

8. Fermo restando quanto previsto dall'articolo 6, comma 2, del decreto legislativo 27 gennaio 2010, n. 11, il prestatore di servizi di pagamento trasferente assicura al consumatore la fruizione dei servizi di pagamento fino al giorno precedente la data indicata dal consumatore nell'autorizzazione. Il prestatore di servizi di pagamento ricevente assicura la fruizione dei servizi di pagamento a partire da tale data. Il prestatore di servizi di pagamento trasferente non blocca gli strumenti di pagamento collegati al conto di origine prima della data indicata dal consumatore nell'autorizzazione.

9. Se il consumatore ha obblighi pendenti che non consentono la chiusura del conto di pagamento di origine, il prestatore di servizi di pagamento trasferente ne informa immediatamente il consumatore. In tal caso, resta fermo l'obbligo del prestatore di servizi di pagamento trasferente di effettuare tutte le operazioni necessarie all'esecuzione del servizio di trasferimento entro i termini previsti, ad eccezione della chiusura del conto di pagamento di origine. L'esecuzione del servizio di trasferimento non può essere condizionata al-

la restituzione da parte del consumatore di carte, assegni o altri strumenti di pagamento collegati al conto di origine.

10. La continuità nella fruizione dei servizi di pagamento è assicurata al consumatore anche quando il trasferimento del conto è l'effetto di operazioni di cessione di rapporti giuridici ad altro prestatore di servizi di pagamento, secondo quanto stabilito dalla Banca d'Italia ([1]).

([1]) *A norma dell'art. 2, comma 1, lett.* d), *del D.L.vo 15 marzo 2017, n. 37, questo comma si applica decorsi 60 giorni dalla data di entrata in vigore delle relative disposizioni di attuazione, da adottarsi entro 120 giorni dall'entrata in vigore del presente decreto.*

126 *sexiesdecies*. Spese applicabili per il servizio di trasferimento. – 1. Il prestatore di servizi di pagamento trasferente fornisce le informazioni richieste dal prestatore di servizi di pagamento ricevente e relative all'elenco degli ordini permanenti in essere relativi a bonifici e le informazioni disponibili sugli ordini di addebito diretto che vengono trasferiti e ai bonifici ricorrenti in entrata e sugli addebiti diretti ordinati dal creditore eseguiti sul conto di pagamento del consumatore nei precedenti tredici mesi, senza addebito di spese a carico del consumatore o del prestatore di servizi di pagamento ricevente.

2. Fermo restando quanto previsto dai commi 1 e 4, il prestatore di servizi di pagamento trasferente e il prestatore di servizi di pagamento ricevente non addebitano spese al consumatore per il servizio di trasferimento.

3. Per il periodo di sei mesi dal rilascio dell'autorizzazione da parte del consumatore, il prestatore di servizi di pagamento trasferente e il prestatore di servizi di pagamento ricevente consentono gratuitamente al consumatore l'accesso alle informazioni che lo riguardano rilevanti per l'esecuzione del servizio di trasferimento e relative agli ordini permanenti e agli addebiti diretti in essere presso il medesimo prestatore di servizi di pagamento.

4. Se nell'ambito del servizio di trasferimento il consumatore richiede la chiusura del conto di pagamento di origine, si applica l'articolo 126 *septies*, commi 1 e 3.

126 *septiesdecies*. Obblighi informativi e responsabilità. – 1. I prestatori di servizi di pagamento mettono a disposizione dei consumatori a titolo gratuito informazioni riguardanti il servizio di trasferimento. Il contenuto delle informazioni e le modalità con cui queste sono messe a disposizione del consumatore sono disciplinati ai sensi dei capi I e II *bis*.

2. Salvo il diritto al risarcimento del danno ulteriore, anche non patrimoniale, in caso di mancato rispetto degli obblighi e dei termini per il trasferimento dei servizi di pagamento, il prestatore di servizi di pagamento inadempiente è tenuto a corrispondere al consumatore, senza indugio e senza che sia necessaria la costituzione in mora, una somma di denaro, a titolo di penale, pari a quaranta euro. Tale somma è maggiorata inoltre per ciascun giorno di ritardo di un ulteriore importo determinato applicando alla disponibilità esistente sul conto di pagamento al momento della richiesta di trasferimento un tasso annuo pari al valore più elevato del limite stabilito ai sensi e in conformità all'articolo 2, comma 4, della legge 7 marzo 1996, n. 108, nel periodo di riferimento.

126 *octiesdecies*. Apertura di un conto di pagamento in altro Stato comunitario. – 1. Il consumatore titolare di un conto di pagamento che intenda aprire un conto di pagamento in un altro Stato comunitario può richiedere assistenza al prestatore di servizi di pagamento presso il quale detiene il conto. Se richiesto dal consumatore, il prestatore di servizi di pagamento di origine:

a) fornisce gratuitamente al consumatore le informazioni disponibili relative agli ordini permanenti di bonifico e agli addebiti diretti ordinati dal debitore attivi sul conto di pagamento, nonché quelle relative ai bonifici in entrata ricorrenti e agli addebiti diretti ordinati dal creditore eseguiti sul conto del consumatore nei precedenti tredici mesi. Il prestatore di servizi di pagamento di origine informa altresì il consumatore che tale elenco non comporta per il nuovo prestatore di servizi di pagamento alcun obbligo di attivare servizi che esso non offre;

b) trasferisce l'eventuale saldo positivo del conto di origine verso il conto di pagamento aperto o detenuto dal consumatore presso il nuovo prestatore di servizi di pagamento, purchè la richiesta del consumatore identifichi con precisione il prestatore di servizi di pagamento e il conto di destinazione;

c) chiude il conto di pagamento di origine.

2. Salvi eventuali obblighi pendenti del consumatore che impediscono la chiusura del conto di pagamento, il prestatore di servizi di pagamento

di origine esegue le operazioni previste dal comma 1 alla data specificata dal consumatore nella richiesta. La data è fissata ad almeno sei giorni lavorativi dalla ricezione della richiesta da parte del prestatore di servizi di pagamento di origine, salvo diverso accordo con il consumatore. Il prestatore di servizi di pagamento di origine comunica immediatamente al consumatore l'eventuale esistenza di obblighi pendenti che impediscono la chiusura del conto di pagamento.

Sezione III
Conto di base ([1])

([1]) *A norma dell'art. 2, comma 1, lett. e), del D.L.vo 15 marzo 2017, n. 37, questa sezione si applica decorsi 60 giorni dalla data di entrata in vigore della disciplina di attuazione prevista negli articoli 126 viciessemel, comma 1, 126 viciesbis, comma 2, 126 viciesquater, comma 1, 126 viciesquinquies, comma 1, da adottarsi entro 120 giorni dall'entrata in vigore del presente decreto. Dalla medesima data è abrogato l'articolo 12, commi 3, 4, 5, 6, 8 e 9, ultimo periodo, del decreto legge 6 dicembre 2011, n. 201, convertito, con modificazioni, dalla legge 22 dicembre 2011, n. 214, salvo quanto previsto dal comma 4.*

126 *noviesdecies*. Diritto al conto di base. – 1. Le banche, la società Poste italiane s.p.a. e gli altri prestatori di servizi di pagamento abilitati ad offrire servizi a valere su un conto di pagamento sono tenuti, limitatamente ai servizi di pagamento che essi offrono ai consumatori, a offrire un conto di pagamento denominato in euro con caratteristiche di base, "conto di base".

2. Tutti i consumatori soggiornanti legalmente nell'Unione europea, senza discriminazioni e a prescindere dal luogo di residenza, hanno diritto all'apertura di un conto di base nei casi e secondo le modalità previste dalla presente sezione.

3. Ai fini della presente sezione, per consumatore soggiornante legalmente nell'Unione europea si intende chiunque abbia il diritto di soggiornare in uno Stato membro dell'Unione europea in virtù del diritto dell'Unione o del diritto italiano, compresi i consumatori senza fissa dimora e i richiedenti asilo ai sensi della Convenzione di Ginevra del 28 luglio 1951 relativa allo status dei rifugiati, del relativo protocollo del 31 gennaio 1967 nonché ai sensi degli altri trattati internazionali in materia.

126 *vicies*. Apertura del conto di base. – 1. Fermo restando l'obbligo di osservare le disposizioni in materia di contrasto del riciclaggio e del finanziamento del terrorismo, il prestatore di servizi di pagamento può rifiutare la richiesta di apertura di un conto di base solo in mancanza dei requisiti previsti dall'articolo 126 *noviesdecies* o se il consumatore è già titolare in Italia di un conto di pagamento che gli consente di utilizzare i servizi indicati dall'allegato A salvo il caso di trasferimento del conto o salvo che il consumatore dichiari di aver ricevuto comunicazione dal proprio prestatore di servizi di pagamento che il conto verrà chiuso. A tal fine, prima di aprire un conto di base, il prestatore di servizi di pagamento può chiedere al consumatore di dichiarare per iscritto se lo stesso è già titolare in Italia di un conto di pagamento che gli consente di utilizzare tutti i servizi indicati dall'allegato A.

2. In caso di rifiuto di apertura del conto, il prestatore di servizi di pagamento ne informa il consumatore immediatamente, e al più tardi entro dieci giorni lavorativi dalla ricezione della richiesta, per iscritto e senza spese, indicando le specifiche motivazioni del rifiuto e informando il cliente delle procedure di reclamo disponibili e della sua facoltà di inviare un esposto alla Banca d'Italia o di adire i sistemi di risoluzione stragiudiziale delle controversie previsti dall'articolo 128 *bis*. La comunicazione delle motivazioni del rifiuto non è tuttavia dovuta ove tale comunicazione sia in contrasto con obiettivi di ordine pubblico o di pubblica sicurezza, individuati ai sensi dell'articolo 126, o ricorrano altri giustificati motivi ostativi in base alle disposizioni in materia di contrasto del riciclaggio e del finanziamento del terrorismo.

3. L'apertura del conto di base non può essere condizionata all'acquisto di servizi accessori o di azioni del prestatore di servizi di pagamento, salvo che questa condizione si applichi in modo uniforme a tutta la clientela del prestatore di servizi di pagamento.

126 *vicies semel*. Caratteristiche del conto di base. – 1. Il conto di base include, a fronte di un canone annuale onnicomprensivo, il numero di operazioni annue effettuabili senza addebito di ulteriori spese definito con decreto del Ministro dell'economia e delle finanze, sentita la Banca d'Italia. Il decreto individua, per uno o più profili di clientela ai quali il conto di base è destinato, un numero di operazioni sufficiente a coprire l'uso personale da parte del consumatore. Le operazioni e i servizi inclusi nel conto di base comprendono almeno quelli elencati nell'allegato A, nonché le relative eventuali scritturazioni contabili. Sul conto di base non possono essere concesse aperture di credito nè sconfinamenti ([1]).

2. Il titolare del conto di base può eseguire le operazioni avvalendosi, senza maggiori costi, dei canali telematici disponibili presso il prestatore di servizi di pagamento per i conti analoghi, fermo restando il possibile addebito di spese per le operazioni aggiuntive o in numero superiore.

3. Il titolare del conto può richiedere, ma il prestatore di servizi di pagamento non può imporre, l'effettuazione di operazioni aggiuntive o in numero superiore a quello individuato ai sensi del comma 1. Alle spese addebitabili per tali operazioni si applica l'articolo 126 *vicies bis*. In ogni caso, il conto di base non può prevedere limiti al numero di operazioni che il consumatore può effettuare, in relazione ai servizi elencati nell'allegato A, in eccedenza rispetto a quanto stabilito dal decreto del Ministro dell'economia e delle finanze di cui al comma 1.

4. Il prestatore di servizi di pagamento non agisce da intermediario, a qualsiasi titolo, per la conclusione di contratti tra terzi fornitori di beni e servizi e titolari di conti di base.

([1]) *A norma dell'art. 2, comma 4, del D.L.vo 15 marzo 2017, n. 37, entro un anno dalla data di entrata in vigore di tutti i provvedimenti attuativi previsti dagli articoli 126* vicies semel, *comma 1, 126* vicies bis, *comma 2, 126* vicies quater, *comma 1, 126* vicies quinquies, *comma 1, del presente decreto, i prestatori di servizi di pagamento possono convertire i conti di base aperti ai sensi della convenzione prevista dall'articolo 12 del decreto legge 6 dicembre 2011, n. 201, convertito, con modificazioni, dalla legge 22 dicembre 2011, n. 214, in conti di base sottoposti alla disciplina della Sezione III, del capo II* ter, *del titolo VI del presente decreto legislativo, dandone comunicazione al titolare del conto. Per i due anni successivi alla conversione, è fatto divieto al prestatore di servizi di pagamento di modificare le condizioni economiche del conto di base. Ai conti di base preesistenti, non convertiti ai sensi del presente comma, continua ad applicarsi la disciplina recata dalla predetta convenzione.*

126 *vicies bis*. Spese applicabili. – 1. Nessuna spesa, salvo il canone annuo onnicomprensivo e gli oneri fiscali previsti per legge, può essere addebitata al titolare del conto per il numero annuo di operazioni individuato ai sensi dell'articolo 126 *vicies* semel, comma 1, e le relative eventuali scritturazioni contabili.

2. Il canone annuo onnicomprensivo e il costo delle operazioni aggiuntive o in numero superiore sono ragionevoli e coerenti con finalità di inclusione finanziaria, avendo riguardo al livello di reddito nazionale e ai costi mediamente addebitati dai prestatori di servizi di pagamento a livello nazionale per i servizi collegati al conto di pagamento, secondo quanto stabilito con decreto del Ministro dell'economia e delle finanze, sentita la Banca d'Italia, tenendo anche conto delle condizioni dei soggetti socialmente svantaggiati ([1]).

3. Il costo delle operazioni in numero superiore non è in ogni caso superiore a quello pubblicizzato dallo stesso prestatore di servizi di pagamento per i conti di pagamento offerti a consumatori con esigenze di base.

([1]) *A norma dell'art. 2, comma 4, del D.L.vo 15 marzo 2017, n. 37, entro un anno dalla data di entrata in vigore di tutti i provvedimenti attuativi previsti dagli articoli 126* vicies semel, *comma 1, 126* vicies bis, *comma 2, 126* vicies quater, *comma 1, 126* vicies quinquies, *comma 1, del presente decreto, i prestatori di servizi di pagamento possono convertire i conti di base aperti ai sensi della convenzione prevista dall'articolo 12 del decreto legge 6 dicembre 2011, n. 201, convertito, con modificazioni, dalla legge 22 dicembre 2011, n. 214, in conti di base sottoposti alla disciplina della Sezione III, del capo II* ter, *del titolo VI del presente decreto legislativo, dandone comunicazione al titolare del conto. Per i due anni successivi alla conversione, è fatto divieto al prestatore di servizi di pagamento di modificare le condizioni economiche del conto di base. Ai conti di base preesistenti, non convertiti ai sensi del presente comma, continua ad applicarsi la disciplina recata dalla predetta convenzione.*

126 *vicies ter*. Recesso. – 1. Il consumatore può esercitare il diritto di recesso ai sensi dell'articolo 126 *septies*, commi 1 e 3.

2. Il prestatore di servizi di pagamento può recedere dal contratto relativo al conto di base solo se ricorre una o più delle seguenti condizioni:

a) il consumatore ha usato intenzionalmente il conto per fini illeciti;

b) alla data del 31 dicembre il conto risulta incapiente e non movimentato per oltre 24 mesi consecutivi su ordine o su iniziativa del consumatore, salvo che il consumatore provveda al ripristino dei fondi entro il termine di preavviso indicato al comma 3;

c) l'accesso al conto di base è stato ottenuto dal consumatore sulla base di informazioni errate, determinanti per ottenerlo;

d) il consumatore non soggiorna più legalmente nell'Unione europea;

e) il consumatore, successivamente al conto di base, ha aperto in Italia un altro conto di pagamento che gli consente di utilizzare i servizi indicati dall'allegato A.

3. In caso di recesso, il prestatore di servizi di pagamento comunica al consumatore i motivi del recesso con un preavviso di almeno due mesi per iscritto e senza spese. Nei casi di cui al comma 2, lettere *a*) e *c*), il recesso ha effetto immediato. Si applicano l'articolo 126 *septies*, comma 3 e, con riferimento alla comunicazione delle motivazioni del recesso, l'articolo 126 e le disposizioni in materia di contrasto del riciclaggio e del finanziamento del terrorismo.

4. Nella comunicazione del recesso il consumatore è informato delle procedure di reclamo disponibili, della sua facoltà di inviare un esposto alla Banca d'Italia o di adire i sistemi di risoluzione stragiudiziale delle controversie previsti dall'articolo 128 *bis*.

5. Fermo restando il divieto di concedere aperture di credito o sconfinamenti sul conto di base, il prestatore di servizi di pagamento può disporre, per eventuali situazioni di incapienza, la sospensione dei servizi collegati al conto fino al ripristino dei fondi.

126 *vicies quater*. Conti di base per particolari categorie di consumatori. – 1. Con decreto del Ministro dell'economia e delle finanze, sentita la Banca d'Italia, sono individuate le fasce di clientela socialmente svantaggiate e i titolari di trattamenti pensionistici ai quali il conto di base è offerto senza spese. Il medesimo decreto definisce altresì le condizioni e le modalità per l'accesso ai conti di base gratuiti e le loro caratteristiche (1).

(1) *A norma dell'art. 2, comma 4, del D.L.vo 15 marzo 2017, n. 37, entro un anno dalla data di entrata in vigore di tutti i provvedimenti attuativi previsti dagli articoli 126* vicies semel, *comma 1, 126* vicies bis, *comma 2, 126* vicies quater, *comma 1, 126* vicies quinquies, *comma 1, del presente decreto, i prestatori di servizi di pagamento possono convertire i conti di base aperti ai sensi della convenzione prevista dall'articolo 12 del decreto legge 6 dicembre 2011, n. 201, convertito, con modificazioni, dalla legge 22 dicembre 2011, n. 214, in conti di base sottoposti alla disciplina della Sezione III, del capo II* ter, *del titolo VI del presente decreto legislativo, dandone comunicazione al titolare del conto. Per i due anni successivi alla conversione, è fatto divieto al prestatore di servizi di pagamento di modificare le condizioni economiche del conto di base. Ai conti di base preesistenti, non convertiti ai sensi del presente comma, continua ad applicarsi la disciplina recata dalla predetta convenzione.*

126 *vicies quinquies*. Informazioni sul conto di base. – 1. I prestatori di servizi di pagamento forniscono chiarimenti e informazioni sul conto di base, secondo quanto previsto dalle disposizioni della Banca d'Italia (1).

(1) *A norma dell'art. 2, comma 4, del D.L.vo 15 marzo 2017, n. 37, entro un anno dalla data di entrata in vigore di tutti i provvedimenti attuativi previsti dagli articoli 126* vicies semel, *comma 1, 126* vicies bis, *comma 2, 126* vicies quater, *comma 1, 126* vicies quinquies, *comma 1, del presente decreto, i prestatori di servizi di pagamento possono convertire i conti di base aperti ai sensi della convenzione prevista dall'articolo 12 del decreto legge 6 dicembre 2011, n. 201, convertito, con modificazioni, dalla legge 22 dicembre 2011, n. 214, in conti di base sottoposti alla disciplina della Sezione III, del capo II* ter, *del titolo VI del presente decreto legislativo, dandone comunicazione al titolare del conto. Per i due anni successivi alla conversione, è fatto divieto al prestatore di servizi di pagamento di modificare le condizioni economiche del conto di base. Ai conti di base preesistenti, non convertiti ai sensi del presente comma, continua ad applicarsi la disciplina recata dalla predetta convenzione.*

126 *vicies sexies*. Educazione finanziaria. – 1. La Banca d'Italia promuove iniziative dirette a fornire ai consumatori, e in particolare a quelli individuati ai sensi dell'articolo 126 *vicies* quater, informazioni chiare e comprensibili sul conto di base, sulle relative condizioni generali di prezzo, sulle procedure per accedervi e sulle possibilità di ricorso a procedure alternative di risoluzione delle controversie.

2. La Banca d'Italia può promuovere la redazione di codici di condotta per l'offerta indipendente di iniziative di educazione finanziaria da parte degli intermediari, finalizzate a favorire l'orientamento della clientela e l'assistenza per la gestione responsabile delle finanze personali.

Capo III
Regole generali e controlli ([1])

([1]) *Questo Capo è stato così sostituito dall'art. 4, comma 3, del D.L.vo 13 agosto 2010, n. 141, a decorrere dal 3 dicembre 2010.*

127. ([1]) **Regole generali.** – 01. Le Autorità creditizie esercitano i poteri previsti dal presente titolo avendo riguardo, oltre che alle finalità indicate nell'articolo 5, alla trasparenza delle condizioni contrattuali e alla correttezza dei rapporti con la clientela. A questi fini la Banca d'Italia, in conformità delle deliberazioni del CICR, può dettare ([2]) anche disposizioni in materia di organizzazione e controlli interni.

02. Ai confidi iscritti nell'elenco previsto dall'articolo 112, le norme del presente titolo si applicano secondo quanto stabilito dal CICR.

1. Le disposizioni del presente titolo sono derogabili solo in senso più favorevole al cliente.

1 *bis*. Le informazioni fornite ai sensi del presente titolo sono rese almeno in lingua italiana.

2. Le nullità previste dal presente titolo operano soltanto a vantaggio del cliente e possono essere rilevate d'ufficio dal giudice.

3. Le deliberazioni di competenza del CICR previste nel presente titolo sono assunte su proposta della Banca d'Italia, d'intesa con la CONSOB.

([1]) *Questo articolo è stato così interamente rinumerato dall'art. 4, comma 3, del D.L.vo 13 agosto 2010, n. 141, come modificato dall'art. 3, comma 4, del D.L.vo 14 dicembre 2010, n. 218.*

([2]) *Le parole: «A questi fini possono essere dettate» sono state così sostituite dalle parole: «A questi fini la Banca d'Italia, in conformità delle deliberazioni del CICR, può dettare» dall'art. 4, comma 3, del D.L.vo 13 agosto 2010, n. 141, come modificato dall'art. 2, comma 1, lett.* a), *del D.L.vo 19 settembre 2012, n. 169.*

127 *bis*. Spese addebitabili. – 1. Le banche e gli intermediari finanziari non possono addebitare al cliente spese, comunque denominate, inerenti alle informazioni e alle comunicazioni previste ai sensi di legge trasmesse con strumenti di comunicazione telematica. Le informazioni precontrattuali e le ([1]) comunicazioni previste ai sensi dell'articolo 118 sono gratuite indipendentemente dagli strumenti di comunicazione impiegati.

2. Il contratto può prevedere che, se il cliente richiede alla banca o all'intermediario finanziario informazioni o comunicazioni ulteriori o più frequenti rispetto a quelle previste dal presente titolo ovvero la loro trasmissione con strumenti di comunicazione diversi da quelli previsti nel contratto, le relative spese sono a carico del cliente.

3. Se, in relazione a informazioni o comunicazioni, vengono addebitate spese al cliente, queste sono adeguate e proporzionate ai costi effettivamente sostenuti dalla banca o dall'intermediario finanziario.

4. In deroga al comma 1, nei contratti di finanziamento la consegna di documenti personalizzati può essere subordinata al pagamento delle spese di istruttoria, nei limiti e alle condizioni stabilite dal CICR.

5. Resta fermo quanto previsto dall'articolo 119, comma 4 e, per i servizi di pagamento, dall'articolo 126 *ter* e dall'articolo 16, comma 4, del decreto legislativo 27 gennaio 2010, n. 11.

([1]) *Le parole: «informazioni precontrattuali e le» sono state inserite dall'art. 4, comma 3, del D.L.vo 13 agosto 2010, n. 141, come modificato dall'art. 2, comma 1, lett.* b), *del D.L.vo 19 settembre 2012, n. 169.*

128. Controlli. – 1. Al fine di verificare il rispetto delle disposizioni del presente titolo, la Banca d'Italia può acquisire informazioni, atti e documenti ed eseguire ispezioni presso le banche, gli istituti di moneta elettronica, gli istituti di pagamento e gli intermediari finanziari.

2. Con riguardo ai beneficiari e ai terzi destinatari delle disposizioni previste dall'articolo 126 *quater*, comma 3, i controlli previsti dal comma 1 sono demandati al Ministro dello sviluppo economico al quale compete, inoltre, l'irrogazione delle sanzioni previste dall'articolo 144, commi 1, lettere *b*), *c*), *d*), ed *e*), e 4 ([1]).

3. Con riguardo ai soggetti individuati ai sensi dell'articolo 115, comma 2, il CICR indica le autorità competenti a effettuare i controlli previsti dal comma 1 e a irrogare le sanzioni previste dall'articolo 144, commi 1, lettere *b*), *c*), *d*), ed *e*), e 4 ([2]).

([1]) *Questo comma è stato così sostituito dall'art. 1, comma 45, lett.* a), *del D.L.vo 12 maggio 2015, n. 72.*

([2]) *Questo comma è stato così sostituito dall'art. 1, comma 45, lett.* b), *del D.L.vo 12 maggio 2015, n. 72.*

128 *bis*. Risoluzione delle controversie. – 1. I soggetti di cui all'articolo 115 aderiscono a sistemi di risoluzione stragiudiziale delle controversie con la clientela.

2. Con deliberazione del CICR, su proposta della Banca d'Italia, sono determinati i criteri di svolgimento delle procedure di risoluzione delle controversie e di composizione dell'organo decidente, in modo che risulti assicurata l'imparzialità dello stesso e la rappresentatività dei soggetti

interessati. Le procedure devono in ogni caso assicurare la rapidità, l'economicità della soluzione delle controversie e l'effettività della tutela.

3. Fermo restando quanto previsto dall'articolo 5, comma 1, del decreto legislativo 4 marzo 2010, n. 28, le disposizioni di cui ai commi 1 e 2 non pregiudicano per il cliente il ricorso a ogni altro mezzo di tutela previsto dall'ordinamento.

3 *bis*. La Banca d'Italia, quando riceve un esposto ([1]) da parte della clientela dei soggetti di cui al comma 1, indica all'esponente ([2]) la possibilità di adire i sistemi previsti dal presente articolo.

([1]) *La parola: «reclamo» è stata così sostituita dall'attuale: «esposto» dall'art. 1, comma 2, del D.L.vo 15 marzo 2017, n. 37.*

([2]) *Le parole: «al reclamante» sono state così sostituite dalle seguenti: «all'esponente» dall'art. 1, comma 2, del D.L.vo 15 marzo 2017, n. 37.*

128 *ter*. Misure inibitorie. – 1. Qualora nell'esercizio dei controlli previsti dall'articolo 128 emergano irregolarità, la Banca d'Italia può:

a) inibire ai soggetti che prestano le operazioni e i servizi disciplinati dal presente titolo la continuazione dell'attività, anche di singole aree o sedi secondarie, e ordinare la restituzione delle somme indebitamente percepite e altri comportamenti conseguenti;

b) inibire specifiche forme di offerta, promozione o conclusione di contratti disciplinati dal presente titolo;

c) disporre in via provvisoria la sospensione, per un periodo non superiore a novanta giorni, delle attività di cui alle lettere *a*) e *b*), laddove sussista particolare urgenza;

d) pubblicare i provvedimenti di cui al presente articolo sul sito web della Banca d'Italia e disporre altre forme di pubblicazione, eventualmente a cura e spese dell'intermediario ([1]).

([1]) *Questa lettera è stata così sostituita dall'art. 1, comma 46, del D.L.vo 12 maggio 2015, n. 72.*

Titolo VI *bis*

Agenti in attività finanziaria e mediatori creditizi ([1])

([1]) *Questo Titolo è stato inserito dall'art. 11, comma 1, del D.L.vo 13 agosto 2010, n. 141, a decorrere dal 3 novembre 2010.*

128 *quater*. Agenti in attività finanziaria. – 1. È agente in attività finanziaria il soggetto che promuove e conclude contratti relativi alla concessione di finanziamenti sotto qualsiasi forma o alla prestazione di servizi di pagamento, su mandato diretto di intermediari finanziari previsti dal titolo V, istituti di pagamento, istituti di moneta elettronica, banche o Poste Italiane ([1]). Gli agenti in attività finanziaria possono svolgere esclusivamente l'attività indicata nel presente comma, nonché attività connesse o strumentali.

2. L'esercizio professionale nei confronti del pubblico dell'attività di agente in attività finanziaria è riservato ai soggetti iscritti in un apposito elenco tenuto dall'Organismo previsto dall'articolo 128 *undecies*.

[3. Fermo restando la riserva di attività prevista dall'articolo 30 del decreto legislativo 24 febbraio 1998, n. 58, e in deroga a quanto previsto al comma 1, gli agenti in attività finanziaria possono svolgere attività di promozione e collocamento di contratti relativi a prodotti bancari su mandato diretto di banche ed a prodotti di Bancoposta su mandato diretto di Poste Italiane S.p.A.; tale attività dà titolo all'iscrizione nell'elenco previsto al comma 2, nel rispetto dei requisiti di cui all'articolo 128 *quinquies*] ([2]).

4. Gli agenti in attività finanziaria svolgono la loro attività su mandato di un solo intermediario o di più intermediari appartenenti al medesimo gruppo. Nel caso in cui l'intermediario conferisca un mandato solo per ([3]) specifici prodotti o servizi, è tuttavia consentito all'agente, al fine di offrire l'intera gamma di prodotti o servizi, di assumere due ulteriori mandati.

5. Il mandante risponde solidalmente dei danni causati dall'agente in attività finanziaria, anche se tali danni siano conseguenti a responsabilità accertata in sede penale.

6. Gli agenti in attività finanziaria ([4]) che prestano esclusivamente i servizi di pagamento sono iscritti in una sezione speciale dell'elenco di cui al comma 2 quando ricorrono le condizioni e i requisiti stabiliti con regolamento adottato ai sensi dell'articolo 17, comma 3, legge 23 agosto 1988, n. 400, dal Ministro dell'economia e delle finanze, sentita la Banca d'Italia. I requisiti tengono conto del tipo di attività svolta. Ai soggetti iscritti nella sezione speciale non si applicano il secondo periodo del comma 1 e il comma 4 ([5]).

7. La riserva di attività prevista dal presente articolo non si applica ai soggetti convenzionati e agli agenti comunque denominati di cui all'articolo 1, comma 2, lettera *nn*), del decreto legislativo 21 novembre 2007, n. 231, e successive modificazioni, che prestano servizi di pagamento per con-

to di istituti di moneta elettronica o prestatori di servizi di pagamento aventi sede legale e amministrazione centrale in altro stato comunitario. Al fine di consentire l'esercizio dei controlli e l'osservanza delle misure dettate in funzione di prevenzione del riciclaggio e del finanziamento del terrorismo, i predetti istituti designano un punto di contatto centrale, ai sensi delle disposizioni di cui al Titolo II, capo V del decreto legislativo 21 novembre 2007, n. 231, e successive modificazioni ([6]).

7 *bis*. Per le finalità di cui al comma 7, i prestatori di servizi di pagamento e gli istituti di moneta elettronica, aventi sede legale e amministrazione centrale in altro stato comunitario, comunicano tempestivamente all'Organismo previsto dall'articolo 128 *undecies*, per l'iscrizione in apposita sezione del registro di cui all'articolo 45 del decreto legislativo 21 novembre 2007, n. 231, gli estremi identificativi del punto di contatto di cui all'articolo 1, comma 2, lettera *ii*), del decreto legislativo 21 novembre 2007, n. 231, e successive modificazioni, per il tramite del quale operano sul territorio nazionale. Il punto di contatto è tenuto a comunicare all'Organismo l'avvio della propria operatività e ogni variazione ad essa attinente. L'Organismo stabilisce la periodicità e le modalità di invio della comunicazione. L'omessa comunicazione è sanzionata ai sensi dell'articolo 61, comma 2, del decreto legislativo 21 novembre 2007, n. 231, e successive modificazioni ([7]).

[8. I soggetti di cui alle lettere *a*) e *b*) del comma 2 dell'articolo 109 del decreto legislativo 7 settembre 2005, n. 209, regolarmente iscritti nel Registro unico degli intermediari assicurativi e riassicurativi, possono promuovere e concludere contratti relativi alla concessione di finanziamenti sotto qualsiasi forma o alla prestazione di servizi di pagamento su mandato diretto di banche, intermediari finanziari previsti dal titolo V, istituti di pagamento o istituti di moneta elettronica, compagnie di assicurazione, senza che sia loro richiesta l'iscrizione nell'elenco tenuto dall'Organismo di cui all'articolo 128 *undecies*. Essi sono tuttavia tenuti alla frequenza di un corso di aggiornamento professionale nelle materie rilevanti per l'esercizio dell'agenzia in attività finanziaria della durata complessiva di venti ore per biennio realizzato secondo gli standard definiti dall'Organismo di cui all'articolo 128 *undecies*] ([8]).

([1]) *Le parole: «o istituti di moneta elettronica» sono state così sostituite dalle attuali: «, istituti di moneta elettronica, banche o Poste Italiane» dall'art. 11, comma 1, del D.L.vo 13 agosto 2010, n. 141, così come modificato dall'art. 6, comma 1, lett.* a)*, n. 1), del D.L.vo 19 settembre 2012, n. 169.*

([2]) *Questo comma è stato abrogato dall'art. 11, comma 1, del D.L.vo 13 agosto 2010, n. 141, così come modificato dall'art. 6, comma 1, lett.* a)*, n. 2), del D.L.vo 19 settembre 2012, n. 169.*

([3]) *Le parole: «offra solo alcuni» sono state così sostituite dalle attuali: «conferisca un mandato solo per», dall'art. 11, comma 1, del D.L.vo 13 agosto 2010, n. 141, così come modificato dall'art. 6, comma 1, lett.* a)*, n. 3), del D.L.vo 19 settembre 2012, n. 169.*

([4]) *Le parole: «in attività finanziaria» sono state inserite dall'art. 8, comma 2, del D.L.vo 25 maggio 2017, n. 90.*

([5]) *Questo periodo è stato così sostituito dall'art. 11, comma 1, del D.L.vo 13 agosto 2010, n. 141, come modificato dall'art. 8, comma 1, del D.L.vo 14 dicembre 2010, n. 218.*

([6]) *Questo comma è stato così sostituito dall'art. 8, comma 3, del D.L.vo 25 maggio 2017, n. 90.*

([7]) *Questo comma è stato inserito dall'art. 8, comma 4, del D.L.vo 25 maggio 2017, n. 90.*

([8]) *Questo comma è stato abrogato dall'art. 11, comma 1, del D.L.vo 13 agosto 2010, n. 141, così come modificato dall'art. 6, comma 1, lett.* a)*, n. 5), del D.L.vo 19 settembre 2012, n. 169.*

128 *quinquies*. Requisiti per l'iscrizione nell'elenco degli agenti in attività finanziaria. – 1. L'iscrizione all'elenco di cui all'articolo 128 *quater*, comma 2, è subordinata al ricorrere dei seguenti requisiti:

a) per le persone fisiche: cittadinanza italiana o di uno Stato dell'Unione europea ovvero di Stato diverso secondo le disposizioni dell'articolo 2 del testo unico delle disposizioni concernenti la disciplina [del testo unico delle disposizioni concernenti la disciplina] ([1]) dell'immigrazione e norme ulla condizione dello straniero, di cui al decreto legislativo 25 luglio 1998, n. 286, e domicilio nel territorio della Repubblica;

b) per i soggetti diversi dalle persone fisiche: sede legale e amministrativa o, per i soggetti comunitari, stabile organizzazione nel territorio della Repubblica;

c) requisiti di onorabilità e professionalità, compreso il superamento di un apposito esame. Per i soggetti diversi dalle persone fisiche, i requisiti si applicano a coloro che svolgono funzioni di amministrazione, direzione e controllo e, limitatamente ai requisiti di onorabilità, anche a coloro che detengono il controllo;

[*d*) stipula di una polizza di assicurazione della responsabilità civile per i danni arrecati nell'esercizio dell'attività derivanti da condotte proprie o di terzi del cui operato essi rispondono a norma di legge] ([2]);

e) per i soggetti diversi dalle persone fisiche sono inoltre richiesti un oggetto sociale conforme con quanto disposto dall'articolo 128 *quater*, comma 1, ed il rispetto di requisiti patrimoniali, organizzativi e di forma giuridica.

1 *bis*. L'efficacia dell'iscrizione è condizionata alla stipula di una polizza di assicurazione della responsabilità civile per i danni arrecati nell'esercizio dell'attività derivanti da condotte proprie o di terzi del cui operato gli agenti rispondono a norma di legge ([3]).

2. La permanenza nell'elenco è subordinata, in aggiunta ai requisiti indicati ai commi 1 e 1 *bis* ([4]), all'esercizio effettivo dell'attività e all'aggiornamento professionale.

([1]) *Le parole tra parentesi quadrate sono state soppresse dall'art. 11, comma 1, del D.L.vo 13 agosto 2010, n. 141, come modificato dall'art. 8, comma 5, del D.L.vo 14 dicembre 2010, n. 218.*

([2]) *Questa lettera è stata soppressa dall'art. 11, comma 1, del D.L.vo 13 agosto 2010, n. 141, così come modificato dall'art. 6, comma 1, lett.* b), *n. 1), del D.L.vo 19 settembre 2012, n. 169.*

([3]) *Questo comma è stato inserito dall'art. 11, comma 1, del D.L.vo 13 agosto 2010, n. 141, così come modificato dall'art. 6, comma 1, lett.* b), *n. 2), del D.L.vo 19 settembre 2012, n. 169.*

([4]) *Le parole: «al comma 1» sono state così sostituite dalle attuali: «ai commi 1 e 1 bis» dall'art. 11, comma 1, del D.L.vo 13 agosto 2010, n. 141, così come modificato dall'art. 6, comma 1, lett.* b), *n. 3), del D.L.vo 19 settembre 2012, n. 169.*

128 *sexies*. Mediatori creditizi. – 1. È mediatore creditizio il soggetto che mette in relazione, anche attraverso attività di consulenza, banche o intermediari finanziari previsti dal titolo V con la potenziale clientela per la concessione di finanziamenti sotto qualsiasi forma.

2. L'esercizio professionale nei confronti del pubblico dell'attività di mediatore creditizio è riservato ai soggetti iscritti in un apposito elenco tenuto dall'Organismo previsto dall'articolo 128 *undecies*.

2 *bis*. Il soggetto che presta professionalmente in via esclusiva servizi di consulenza indipendente avente a oggetto la concessione di finanziamenti sotto qualsiasi forma, è iscritto in una sezione speciale dell'elenco di cui al comma 2 ([1]).

3. Il mediatore creditizio può svolgere esclusivamente l'attività indicata al comma 1 nonché attività connesse o strumentali.

3 *bis*. Il soggetto di cui al comma 2 *bis* può svolgere esclusivamente l'attività ivi indicata nonché attività connesse o strumentali. Per queste attività è remunerato esclusivamente dal cliente ([2]).

4. Il mediatore creditizio ovvero il consulente di cui al comma 2 *bis*, ([3]) svolge la propria attività senza essere legato ad alcuna delle parti da rapporti che ne possano compromettere l'indipendenza.

([1]) *Questo comma è stato inserito dall'art. 1, comma 4, lett.* a), *del D.L.vo 21 aprile 2016, n. 72, a decorrere dal 1° luglio 2016.*

([2]) *Questo comma è stato inserito dall'art. 1, comma 4, lett.* b), *del D.L.vo 21 aprile 2016, n. 72, a decorrere dal 1° luglio 2016.*

([3]) *Le parole: «ovvero il consulente di cui al comma 2* bis,*» sono state inserite dall'art. 1, comma 4, lett.* c), *del D.L.vo 21 aprile 2016, n. 72, a decorrere dal 1° luglio 2016.*

128 *septies*. Requisiti per l'iscrizione nell'elenco dei mediatori creditizi. – 1. L'iscrizione nell'elenco di cui all'articolo 128 *sexies*, comma 2, ovvero nella sezione speciale di cui all'articolo 128 *sexies*, comma 2 *bis*, ([1]) è subordinata al ricorrere dei seguenti requisiti:

a) forma di società per azioni, di società in accomandita per azioni, di società a responsabilità limitata o di società cooperativa;

b) sede legale e amministrativa o, per i soggetti comunitari, stabile organizzazione nel territorio della Repubblica;

c) oggetto sociale conforme con quanto previsto dall'articolo 128 *sexies*, comma 3, e rispetto dei requisiti di organizzazione;

d) possesso da parte di coloro che detengono il controllo e dei soggetti che svolgono funzioni di amministrazione, direzione e controllo dei requisiti di onorabilità;

e) possesso da parte dei soggetti che svolgono funzioni di amministrazione, direzione e controllo, di requisiti di professionalità, compreso il superamento di un apposito esame;

[*f*) stipula di una polizza di assicurazione della responsabilità civile, per i danni arrecati nell'esercizio dell'attività derivanti da condotte proprie o di terzi del cui operato essi rispondono a norma di legge] ([2]).

1 *bis*. La permanenza nell'elenco è subordinata, in aggiunta ai requisiti indicati ai commi 1 e

1 *ter* ([3]), all'esercizio effettivo dell'attività e all'aggiornamento professionale ([4]).

1 *ter*. L'efficacia dell'iscrizione è condizionata alla stipula di una polizza di assicurazione della responsabilità civile per i danni arrecati nell'esercizio dell'attività derivanti da condotte proprie o di terzi del cui operato i mediatori rispondono a norma di legge ([5]).

([1]) *Le parole: «, ovvero nella sezione speciale di cui all'articolo 128* sexies*, comma 2 bis,» sono state inserite dall'art. 1, comma 5, del D.L.vo 21 aprile 2016, n. 72, a decorrere dal 1° luglio 2016.*

([2]) *Questa lettera è stata soppressa dall'art. 11, comma 1, del D.L.vo 13 agosto 2010, n. 141, così come modificato dall'art. 6, comma 1, lett.* c)*, n. 1), del D.L.vo 19 settembre 2012, n. 169.*

([3]) *Le parole: «al comma 1» sono state così sostituite dalle attuali: «ai commi 1 e 1* ter*» dall'art. 11, comma 1, del D.L.vo 13 agosto 2010, n. 141, così come modificato dall'art. 6, comma 1, lett.* c)*, n. 2), del D.L.vo 19 settembre 2012, n. 169.*

([4]) *Questo comma è stato aggiunto dall'art. 11, comma 1, del D.L.vo 13 agosto 2010, n. 141, come modificato dall'art. 8, comma 7, del D.L.vo 14 dicembre 2010, n. 218.*

([5]) *Questo comma è stato così sostituito dall'art. 11, comma 1, del D.L.vo 13 agosto 2010, n. 141, così come modificato dall'art. 6, comma 1, lett.* c)*, n. 3), del D.L.vo 19 settembre 2012, n. 169.*

128 *octies*. Incompatibilità. – 1. È vietata la contestuale iscrizione nell'elenco degli agenti in attività finanziaria e dei mediatori creditizi.

1 *bis*. Il Ministro dell'economia e delle finanze individua, con regolamento adottato, sentita la Banca d'Italia, ai sensi dell'articolo 17, comma 3, della legge 23 agosto 1988, n. 400, le cause di incompatibilità con l'esercizio dell'attività di cui all'articolo 128 *sexies*, comma 2 *bis* ([1]).

2. I collaboratori di agenti in attività finanziaria e di mediatori creditizi sono persone fisiche e ([2]) non possono svolgere contemporaneamente la propria attività a favore di più soggetti iscritti ([3]).

([1]) *Questo comma è stato inserito dall'art. 1, comma 6, del D.L.vo 21 aprile 2016, n. 72, a decorrere dal 1° luglio 2016.*

([2]) *Le parole: «sono persone fisiche e» sono state inserite dall'art. 11, comma 1, del D.L.vo 13 agosto 2010, n. 141, così come modificato dall'art. 6, comma 1, lett.* d)*, n. 1), del D.L.vo 19 settembre 2012, n. 169.*

([3]) *La parola: «iscritti» è stata inserita dall'art. 11, comma 1, del D.L.vo 13 agosto 2010, n. 141, così come modificato dall'art. 6, comma 1, lett.* d)*, n. 2), del D.L.vo 19 settembre 2012, n. 169.*

128 *novies*. Dipendenti e collaboratori. – 1. Gli agenti in attività finanziaria e i mediatori creditizi assicurano e verificano, anche attraverso l'adozione di adeguate procedure interne, che i propri dipendenti e collaboratori di cui si avvalgono per il contatto con il pubblico, rispettino le norme loro applicabili, possiedano i requisiti di onorabilità e professionalità indicati all'articolo 128 *quinquies*, lettera *c*), ad esclusione del superamento dell'apposito esame e all'articolo 128 *septies*, lettere *d*) ed *e*), ad esclusione del superamento dell'apposito esame, e curino l'aggiornamento professionale. Tali soggetti sono comunque tenuti a superare una prova valutativa i cui contenuti sono stabiliti dall'Organismo di cui all'articolo 128 *undecies*.

2. Per il contatto con il pubblico, gli agenti in attività finanziaria che siano persone fisiche o costituiti in forma di società di persone si avvalgono di dipendenti o collaboratori iscritti nell'elenco di cui all'articolo 128 *quater*, comma 2.

3. I mediatori creditizi e gli agenti in attività finanziaria diversi da quelli indicati al comma 2 trasmettono all'Organismo di cui all'articolo 128 *undecies* l'elenco dei propri dipendenti e collaboratori.

4. Gli agenti in attività finanziaria e i mediatori creditizi rispondono in solido dei danni causati nell'esercizio dell'attività dai dipendenti e collaboratori di cui si essi si avvalgono, anche in relazione a condotte penalmente sanzionate.

128 *decies*. ([1]) **Disposizioni di trasparenza e connessi poteri di controllo.** – 1. Agli agenti in attività finanziaria, agli agenti previsti dall'articolo 128 *quater*, comma 7, e ai mediatori creditizi si applicano, in quanto compatibili, le norme del Titolo VI. La Banca d'Italia può stabilire ulteriori regole per garantire trasparenza e correttezza nei rapporti con la clientela.

2. L'intermediario mandante risponde alla Banca d'Italia del rispetto delle disposizioni del Titolo VI da parte dei propri agenti in attività finanziaria. La Banca d'Italia può effettuare ispezioni presso l'agente in attività finanziaria, anche avvalendosi della Guardia di Finanza che agisce con i poteri ad essa attribuiti per l'accertamento dell'imposta sul valore aggiunto e delle imposte sui redditi, utilizzando strutture e personale esistenti in modo da non determinare oneri aggiuntivi.

3. Fino al 30 giugno 2014 ([2]) la Banca d'Italia esercita il controllo sugli agenti insediati in Italia

per conto di istituti di moneta elettronica o istituto di pagamento comunitari per verificare l'osservanza delle disposizioni di cui al comma 1 e della relativa disciplina di attuazione. Il punto di contatto centrale previsto dall'articolo 43, comma 3, del decreto legislativo 21 novembre 2007, n. 231, e successive modificazioni (3) risponde alla Banca d'Italia del rispetto delle disposizioni del Titolo VI da parte degli agenti insediati in Italia dell'istituto di moneta elettronica o istituto di pagamento comunitari, che ad esso fanno capo. La Banca d'Italia può effettuare ispezioni presso gli agenti insediati in Italia per conto di istituti di moneta elettronica o istituto di pagamento comunitari nonché presso il punto di contatto anche avvalendosi della Guardia di Finanza che agisce con i poteri ad essa attribuiti per l'accertamento dell'imposta sul valore aggiunto e delle imposte sui redditi, utilizzando strutture e personale esistenti in modo da non determinare oneri aggiuntivi.

4. Fino al 30 giugno 2014 (2) la Banca d'Italia esercita il controllo sui mediatori creditizi per verificare l'osservanza delle disposizioni di cui al comma 1 e della relativa disciplina di attuazione. La Banca d'Italia può effettuare ispezioni presso i mediatori creditizi anche avvalendosi della Guardia di Finanza che agisce con i poteri ad essa attribuiti per l'accertamento dell'imposta sul valore aggiunto e delle imposte sui redditi, utilizzando strutture e personale esistenti in modo da non determinare oneri aggiuntivi.

4 *bis*. Dal 1° luglio 2014 (4) il controllo sugli agenti insediati in Italia per conto di istituti di moneta elettronica o istituti di pagamento comunitari e sui mediatori creditizi per verificare l'osservanza delle disposizioni di cui al comma 1 e della relativa disciplina di attuazione è esercitato dall'Organismo. A tali fini, l'Organismo potrà effettuare ispezioni anche avvalendosi della Guardia di Finanza che agisce con i poteri ad essa attribuiti per l'accertamento dell'imposta sul valore aggiunto e delle imposte sui redditi, utilizzando strutture e personale esistenti in modo da non determinare oneri aggiuntivi.

5. Il mediatore creditizio risponde anche del rispetto del titolo VI da parte dei propri dipendenti e collaboratori.

(1) *Questo articolo è stato così sostituito dall'art. 11, comma 1, del D.L.vo 13 agosto 2010, n. 141, così come modificato dall'art. 6, comma 1, lett.* e), *del D.L.vo 19 settembre 2012, n. 169.*

(2) *Le parole: «31 dicembre 2013» sono state così sostituite dalle seguenti: «30 giugno 2014» dall'art. 9, comma 4, del D.L. 30 dicembre 2013, n. 150, convertito, con modificazioni, nella L. 27 febbraio 2014, n. 15.*

(3) *Le parole: «dall'articolo 42, comma 3, del decreto legislativo 21 novembre 2007, n. 231,» sono state così sostituite dalle seguenti: «dall'articolo 43, comma 3, del decreto legislativo 21 novembre 2007, n. 231, e successive modificazioni», dall'art. 8, comma 5, del D.L.vo 25 maggio 2017, n. 90.*

(4) *Le parole: «1° gennaio 2014» sono state così sostituite dalle seguenti: «1° luglio 2014» dall'art. 9, comma 5, del D.L. 30 dicembre 2013, n. 150, convertito, con modificazioni, nella L. 27 febbraio 2014, n. 15.*

128 *undecies*. Organismo. – 1. È istituito un Organismo, avente personalità giuridica di diritto privato [ed ordinato in forma di associazione] (1), con autonomia organizzativa, statutaria e finanziaria competente per la gestione degli elenchi degli agenti in attività finanziaria e dei mediatori creditizi. L'Organismo è dotato dei poteri sanzionatori necessari per lo svolgimento di tali compiti.

2. I primi componenti dell'organo di gestione dell'Organismo sono nominati con decreto del Ministro dell'economia e delle finanze, su proposta della Banca d'Italia, e restano in carica tre anni a decorrere dalla data di costituzione dell'Organismo. Il Ministero dell'economia e delle finanze approva con regolamento lo Statuto dell'Organismo, sentita la Banca d'Italia (2).

3. L'Organismo provvede all'iscrizione negli elenchi di cui all'articolo 128 *quater*, comma 2, e all'articolo 128 *sexies*, comma 2, previa verifica dei requisiti previsti, e svolge ogni altra attività necessaria per la loro gestione; determina e riscuote i contributi e le altre somme dovute per l'iscrizione negli elenchi; svolge gli altri compiti previsti dalla legge.

4. L'Organismo verifica il rispetto da parte degli agenti in attività finanziaria e dei mediatori creditizi della disciplina cui essi sono sottoposti; per lo svolgimento dei propri compiti, l'Organismo può effettuare ispezioni e può chiedere la comunicazione di dati e notizie e la trasmissione di atti e documenti, fissando i relativi termini.

(1) *Le parole fra parentesi quadrate sono state soppresse dall'art. 11, comma 1, del D.L.vo 13 agosto 2010, n. 141, così come modificato dall'art. 6, comma 1, lett.* f), *n. 1), del D.L.vo 19 settembre 2012, n. 169.*

(2) *Questo comma è stato così sostituito dall'art. 11, comma 1, del D.L.vo 13 agosto 2010, n. 141, così come modificato dall'art. 6, comma 1, lett.* f), *n. 2), del D.L.vo 19 settembre 2012, n. 169.*

128 *duodecies*. Disposizioni procedurali. – 1. Per il mancato pagamento dei contributi o altre somme dovute ai fini dell'iscrizione negli elenchi di cui agli articoli 128 *quater*, comma 2, e 128 *sexies*, comma 2, per l'inosservanza degli obblighi di aggiornamento professionale, la violazione di norme legislative o amministrative che regolano l'attività di agenzia in attività finanziaria o di mediazione creditizia, la mancata comunicazione o trasmissione di informazioni o documenti richiesti, l'Organismo applica nei confronti degli iscritti:

a) il richiamo scritto;

a bis) la sanzione pecuniaria da euro cinquecento a euro cinquemila nei confronti degli iscritti persone fisiche e la sanzione pecuniaria da euro mille fino al 10 per cento del fatturato nei confronti degli iscritti persone giuridiche. Se il vantaggio ottenuto dall'autore della violazione come conseguenza della violazione stessa è superiore ai massimali indicati alla presente lettera, le sanzioni pecuniarie sono elevate fino al doppio dell'ammontare del vantaggio ottenuto, purchè tale ammontare sia determinabile. Chi con un'azione od omissione viola diverse disposizioni o commette più violazioni della stessa disposizione, soggiace alla sanzione prevista per la violazione più grave, aumentata sino al triplo. I proventi derivanti dalle sanzioni previste dalla presente lettera affluiscono al bilancio dello Stato ([1]);

b) la sospensione dall'esercizio dell'attività per un periodo non inferiore a dieci giorni ([2]) e non superiore a un anno;

c) la cancellazione dagli elenchi previsti dagli articoli 128 *quater*, comma 2 e 128 *sexies*, comma 2.

1 *bis*. L'organismo, quando applica al punto di contatto centrale di cui all'articolo 1, comma 2, lettera *ii*) del decreto legislativo 21 novembre 2007, n. 231, e successive modificazioni, la sanzione per le violazioni gravi, ripetute o sistematiche ovvero plurime degli obblighi di cui all'articolo 45 del medesimo decreto ovvero per la violazione dell'obbligo di cui all'articolo 128 quater, comma 7 bis ne dà comunicazione alla Banca d'Italia per l'adozione dei provvedimenti di competenza, ivi compresi quelli adottati ai sensi dell'articolo 48, paragrafo 4 della direttiva (UE) 2015/849 ([3]).

1 *ter*. Nella determinazione delle sanzioni di cui al comma 1, l'Organismo considera ogni circostanza rilevante e, in particolare, le seguenti, ove pertinenti:

a) la gravità e la durata della violazione;

b) il grado di responsabilità;

c) la capacità finanziaria del responsabile della violazione;

d) l'entità del vantaggio ottenuto o delle perdite evitate attraverso la violazione, nella misura in cui sia determinabile;

e) i pregiudizi cagionati a terzi attraverso la violazione;

f) il livello di cooperazione del responsabile della violazione con l'Organismo;

g) le precedenti violazioni delle disposizioni che regolano l'attività di agenzia in attività finanziaria, di mediazione creditizia e di consulenza del credito;

h) le potenziali conseguenze sistemiche della violazione;

i) le misure adottate dal responsabile della violazione, successivamente alla violazione stessa, al fine di evitare, in futuro, il suo ripetersi ([4]).

[2. Per le violazioni previste dal comma 1, contestati gli addebiti agli interessati e valutate le deduzioni presentate entro trenta giorni, è applicata una delle misure di cui al comma 1, tenuto conto della rilevanza delle infrazioni accertate. La delibera di applicazione è pubblicata, per estratto, entro il termine di trenta giorni dalla data di notificazione, a cura e spese del soggetto interessato, su almeno due quotidiani a diffusione nazionale, di cui uno economico] ([5]).

3. È disposta altresì la cancellazione dagli elenchi di cui agli articoli 128 *quater*, comma 2, e 128 *sexies*, comma 2, [nel caso previsto dall'articolo 144 comma 8, e] ([6]) nei seguenti casi:

a) perdita di uno dei requisiti richiesti per l'esercizio dell'attività;

b) inattività protrattasi per oltre un anno salvo comprovati motivi ([7]);

c) cessazione dell'attività.

3 *bis*. Fatte salve le ipotesi disciplinate ai commi precedenti, la Banca d'Italia nell'esercizio delle proprie attribuzioni di vigilanza, individua le ulteriori ipotesi di revoca dell'abilitazione degli intermediari del credito (oppure di cancellazione dagli elenchi) per violazioni gravi e sistematiche delle disposizioni previste dal Titolo VI, Capo I *bis* del decreto legislativo 1° settembre 1993, n. 385. Con decreto del Ministro dell'economia e delle finanze da adottarsi, sentita la Banca d'Italia, sono individuati i meccanismi di coordinamento per garantire l'efficiente espletamento dei procedimenti di irrogazione delle sanzioni di competenza delle Autorità di vigilanza di settore ([8]).

4. L'agente in attività finanziaria e il mediatore creditizio cancellati ai sensi del comma 1 pos-

sono richiedere una nuova iscrizione purché siano decorsi cinque anni dalla pubblicazione della cancellazione.

5. [Fermo restando l'articolo 144, comma 8,] ([9]) in caso di necessità e urgenza, può essere disposta in via cautelare la sospensione dagli elenchi previsti dagli articoli 128 *quater* e 128 *sexies* per un periodo massimo di otto mesi, qualora sussistano precisi elementi che facciano presumere gravi violazioni di norme legislative o amministrative che regolano l'attività di agenzia in attività finanziaria o di mediazione creditizia.

6. L'Organismo annota negli elenchi i provvedimenti adottati ai sensi del comma 1, lettere *b*) e *c*) e del comma 3 *bis* ([10]) ([11]).

([1]) *Questa lettera è stata aggiunta dall'art. 11, comma 1, del D.L.vo 13 agosto 2010, n. 141, così come modificato dall'art. 8, comma 17, lett.* a), *del D.L.vo 25 maggio 2017, n. 90.*

([2]) *Le parole: «sei mesi» sono state così sostituite dalle seguenti: «dieci giorni», dall'art. 11, comma 1, del D.L.vo 13 agosto 2010, n. 141, così come modificato dall'art. 8, comma 17, lett.* b), *del D.L.vo 25 maggio 2017, n. 90.*

([3]) *Questo comma è stato così sostituito dall'art. 8, comma 6, del D.L.vo 25 maggio 2017, n. 90.*

([4]) *Questo comma è stato inserito dall'art. 11, comma 1, del D.L.vo 13 agosto 2010, n. 141, così come modificato dall'art. 8, comma 17, lett.* c), *del D.L.vo 25 maggio 2017, n. 90.*

([5]) *Questo comma è stato abrogato dall'art. 11, comma 1, del D.L.vo 13 agosto 2010, n. 141, così come modificato dall'art. 6, comma 1, lett.* g), *n. 2), del D.L.vo 19 settembre 2012, n. 169.*

([6]) *Le parole fra parentesi quadrate sono state soppresse dall'art. 11, comma 1, del D.L.vo 13 agosto 2010, n. 141, così come modificato dall'art. 6, comma 1, lett.* g), *n. 3), del D.L.vo 19 settembre 2012, n. 169.*

([7]) *Le parole: «salvo comprovati motivi» sono state aggiunte dall'art. 11, comma 1, del D.L.vo 13 agosto 2010, n. 141, così come modificato dall'art. 6, comma 1, lett.* g), *n. 3), del D.L.vo 19 settembre 2012, n. 169.*

([8]) *Questo comma è stato inserito dall'art. 1, comma 7, del D.L.vo 21 aprile 2016, n. 72, a decorrere dal 1° luglio 2016.*

([9]) *Le parole fra parentesi quadrate sono state soppresse dall'art. 11, comma 1, del D.L.vo 13 agosto 2010, n. 141, così come modificato dall'art. 6, comma 1, lett.* g), *n. 4), del D.L.vo 19 settembre 2012, n. 169.*

([10]) *Le parole: «e del comma 3* bis*» sono state inserite dall'art. 1, comma 8, del D.L.vo 21 aprile 2016, n. 72, a decorrere dal 1° luglio 2016.*

([11]) *Questo comma è stato così sostituito dall'art. 11, comma 1, del D.L.vo 13 agosto 2010, n. 141, così come modificato dall'art. 6, comma 1, lett.* g), *n. 5), del D.L.vo 19 settembre 2012, n. 169.*

128 *terdecies*. Vigilanza della Banca d'Italia sull'Organismo. – 1. La Banca d'Italia vigila sull'Organismo secondo modalità, dalla stessa stabilite, improntate a criteri di proporzionalità ed economicità dell'azione di controllo e con la finalità di verificare l'adeguatezza delle procedure interne adottate dall'Organismo per lo svolgimento dei compiti a questo affidati.

2. Per le finalità indicate al comma 1, la Banca d'Italia può accedere al sistema informativo che gestisce gli elenchi in forma elettronica, richiedere all'Organismo la comunicazione periodica di dati e notizie e la trasmissione di atti e documenti con le modalità e nei termini dalla stessa stabiliti, effettuare ispezioni nonché richiedere l'esibizione dei documenti e il compimento degli atti ritenuti necessari presso l'Organismo, convocare i componenti dell'Organismo.

3. Su proposta della Banca d'Italia, il Ministro dell'economia e delle finanze può sciogliere gli organi di gestione e di controllo dell'Organismo qualora risultino gravi irregolarità nell'amministrazione, ovvero gravi violazioni delle disposizioni legislative, amministrative o statutarie che regolano l'attività dello stesso. Il Ministero dell'economia e delle finanze provvede agli adempimenti necessari alla ricostituzione degli organi di gestione e controllo dell'Organismo, assicurandone la continuità operativa, se necessario anche attraverso la nomina di un commissario. La Banca d'Italia può disporre la rimozione di uno o più componenti degli organi di gestione e controllo in caso di grave inosservanza dei doveri ad essi assegnati dalla legge, dallo statuto o dalle disposizioni di vigilanza, nonché dei provvedimenti specifici e di altre istruzioni impartite dalla Banca d'Italia, ovvero in caso di comprovata inadeguatezza, accertata dalla Banca d'Italia, all'esercizio delle funzioni cui sono preposti ([1]).

4. L'Organismo informa tempestivamente la Banca d'Italia degli atti e degli eventi di maggior rilievo relativi all'esercizio delle proprie funzioni e trasmette, entro il 31 gennaio di ogni anno, una relazione dettagliata sull'attività svolta nell'anno precedente e sul piano delle attività predisposto per l'anno in corso.

([1]) *Questo comma è stato così sostituito dall'art. 11, comma 1, del D.L.vo 13 agosto 2010, n. 141, così come modificato dall'art. 6, comma 1, lett.* h), *del D.L.vo 19 settembre 2012, n. 169.*

128 *quaterdecies*. Ristrutturazione dei crediti. – 1. Per l'attività di consulenza e gestione dei crediti a fini di ristrutturazione e recupero degli stessi, svolta successivamente alla costituzione dell'Organismo di cui all'articolo 128 *undecies*, le banche e gli intermediari finanziari possono avvalersi di agenti in attività finanziaria iscritti nell'elenco di cui all'articolo 128 *quater*, comma 2.

Titolo VII
Altri controlli

129. (1) **Emissioni di strumenti finanziari.** – 1. La Banca d'Italia può richiedere a chi emette od offre strumenti finanziari segnalazioni periodiche, dati e informazioni a carattere consuntivo riguardanti gli strumenti finanziari emessi od offerti in Italia, ovvero all'estero da soggetti italiani, al fine di acquisire elementi conoscitivi sull'evoluzione dei prodotti e dei mercati finanziari.

2. La Banca d'Italia emana disposizioni attuative del presente articolo.

(1) *Questo articolo è stato da ultimo così sostituito dall'art. 1, comma 7, del D.L.vo 29 dicembre 2006, n. 303.*

Titolo VIII
Sanzioni

Capo I
Abusivismo bancario e finanziario (1)

(1) *Le originarie parole: «Sezione I» sono state così sostituite dall'articolo 64, comma 22, del D.L.vo 23 luglio 1996, n. 415.*

130. Abusiva attività di raccolta del risparmio. – 1. Chiunque svolge l'attività di raccolta del risparmio tra il pubblico in violazione dell'art. 11 è punito con l'arresto da sei mesi a tre anni e con l'ammenda da € 12.911 a € 51.645 (1).

(1) *A norma dell'art. 39, comma 1, della L. 28 dicembre 2005, n. 262, le pene previste da questo provvedimento sono raddoppiate entro i limiti posti per ciascun tipo di pena dal Libro I, Titolo II, Capo II, del codice penale.*

131. Abusiva attività bancaria. – 1. Chiunque svolge l'attività di raccolta del risparmio tra il pubblico in violazione dell'art. 11 ed esercita il credito è punito con la reclusione da sei mesi a quattro anni e con la multa da € 2.065 a € 10.329 (1).

(1) *A norma dell'art. 39, comma 1, della L. 28 dicembre 2005, n. 262, le pene previste da questo provvedimento sono raddoppiate entro i limiti posti per ciascun tipo di pena dal Libro I, Titolo II, Capo II, del codice penale.*

131 *bis*. (1) (2) **Abusiva emissione di moneta elettronica.** – 1. Chiunque emetta moneta elettronica in violazione della riserva prevista dall'articolo 114 *bis* (3) senza essere iscritto nell'albo previsto dall'articolo 13 o in quello previsto dall'articolo 114 *bis*, comma 2, è punito con la reclusione da sei mesi a quattro anni e con la multa da 2.066 euro a 10.329 euro.

(1) *Questo articolo è stato inserito dall'art. 55, comma 1, lett.* e), *della L. 1 marzo 2002, n. 39.*

(2) *A norma dell'art. 39, comma 1, della L. 28 dicembre 2005, n. 262, le pene previste da questo provvedimento sono raddoppiate entro i limiti posti per ciascun tipo di pena dal Libro I, Titolo II, Capo II, del codice penale.*

(3) *Le parole: «in violazione della riserva prevista dall'articolo 114* bis*» sono state inserite dall'art. 2, comma 3, del D.L.vo 16 aprile 2012, n. 45.*

131 *ter*. (1) (2) **Abusiva attività di prestazione di servizi di pagamento.** – 1. Chiunque presta servizi di pagamento in violazione della riserva prevista dall'articolo 114 *sexies* (3) senza essere autorizzato ai sensi dell'articolo 114 *novies* è punito con la reclusione da sei mesi a quattro anni e con la multa da 2.066 euro a 10.329 euro.

(1) *Questo articolo è stato inserito dall'art. 35, comma 11, del D.L.vo 27 gennaio 2010, n. 11.*

(2) *A norma dell'art. 55, comma 6, del D.L.vo 21 novembre 2007, n. 231, per le violazioni delle disposizioni di cui a questo articolo, è ordinata, nei confronti degli agenti in attività finanziaria che prestano servizi di pagamento attraverso il servizio di rimessa di denaro di cui all'articolo 1, comma 1, lettera* n)*, del decreto legislativo 27 gennaio 2010, n. 11, la confisca degli strumenti che sono serviti a commettere il reato. In caso di condanna o di applicazione della pena su richiesta delle parti a norma dell'articolo 444 del codice di procedura penale per il delitto di cui al comma 5 è ordinata la confisca delle cose che servirono o furono destinate a commettere il reato, nonché del profitto o del prodotto, salvo che appartengano a persona estranea al reato, ovvero quando essa non è possibile, la confisca di beni, somme di denaro e altre utilità di cui il reo ha la disponibilità per un valore corrispondente a tale profitto o prodotto.*

(3) *Le parole: «in violazione della riserva prevista dall'articolo 114* sexies*» sono state inserite dall'art. 2, comma 4, del D.L.vo 16 aprile 2012, n. 45.*

132. (1) **Abusiva attività finanziaria.** – 1. Chiunque svolge, nei confronti del pubblico una o più attività finanziarie previste dall'articolo 106, comma 1, in assenza dell'autorizzazione di cui all'articolo 107 o dell'iscrizione di cui all'articolo 111 ovvero dell'articolo 112, è punito con la reclusione da sei mesi a quattro anni e con la multa da euro 2.065 ad euro 10.329.

(1) *Articolo da ultimo così sostituito dall'art. 8, comma 2, del D.L.vo 13 agosto 2010, n. 141.*

132 *bis*. (1) **Denunzia al pubblico ministero ed al tribunale.** - 1. Se vi è fondato sospetto che una società svolga attività di raccolta del risparmio, attività bancaria, attività di emissione di moneta elettronica prestazione di servizi di pagamento (2) o attività finanziaria in violazione degli articoli 130, 131, 131 *bis*, 131 *ter* (3) e 132, la Banca d'Italia o l'UIC possono denunziare i fatti al pubblico ministero ai fini dell'adozione dei provvedimenti previsti dall'articolo 2409 del codice civile, ovvero possono richiedere al tribunale l'adozione dei medesimi provvedimenti. Le spese per l'ispezione sono a carico della società.

(1) *Questo articolo, inserito dall'art. 29 del D.L.vo 4 agosto 1999, n. 342, e già sostituito dall'art. 55, comma 1, lett.* f), *della L. 1 marzo 2002, n. 39, è stato di nuovo sostituito dall'art. 9.42 del D.L.vo 17 gennaio 2003, n. 6, così come inserito dall'art. 2 del D.L.vo 6 febbraio 2004, n. 37.*

(2) *Le parole: «prestazione di servizi di pagamento» sono state inserite dall'art. 35, comma 12, del D.L.vo 27 gennaio 2010, n. 11.*

(3) *Le parole: «131* ter*» sono state inserite dall'art. 35, comma 12, del D.L.vo 27 gennaio 2010, n. 11.*

133. Abuso di denominazione (1). – 1. L'uso, nella denominazione o in qualsivoglia segno distintivo o comunicazione rivolta al pubblico, delle parole «banca», «banco», «credito», «risparmio» ovvero di altre parole o locuzioni, anche in lingua straniera, idonee a trarre in inganno sulla legittimazione allo svolgimento dell'attività bancaria è vietato a soggetti diversi delle banche.

1 *bis*. L'uso, nella denominazione o in qualsivoglia segno distintivo o comunicazione rivolta al pubblico, dell'espressione "moneta elettronica"; ovvero di altre parole o locuzioni, anche in lingua straniera, idonee a trarre in inganno sulla legittimazione allo svolgimento dell'attività di emissione di moneta elettronica è vietato a soggetti diversi dagli istituti di moneta elettronica e dalle banche (2).

1 *ter*. L'uso, nella denominazione o in qualsivoglia segno distintivo o comunicazione rivolta al pubblico, dell'espressione «istituto di pagamento» ovvero di altre parole o locuzioni, anche in lingua straniera, idonee a trarre in inganno sulla legittimazione allo svolgimento dell'attività di prestazione di servizi di pagamento è vietato a soggetti diversi dagli istituti di pagamento (3).

1 *quater*. L'uso, nella denominazione o in qualsivoglia segno distintivo o comunicazione rivolta al pubblico, della parola "finanziaria" ovvero di altre parole o locuzioni, anche in lingua straniera, idonee a trarre in inganno sulla legittimazione allo svolgimento dell'attività finanziaria loro riservata è vietato ai soggetti diversi dagli intermediari finanziari di cui all'articolo 106 (4).

2. La Banca d'Italia determina in via generale le ipotesi in cui, per l'esistenza di controlli amministrativi o in base a elementi di fatto, le parole o le locuzioni indicate nei commi 1, 1 *bis*, 1 *ter* e 1 *quater* possono essere utilizzate da soggetti diversi dalle banche, dagli istituti di moneta elettronica, dagli istituti di pagamento e dagli intermediari finanziari (5).

3. Chiunque contravviene al disposto dei commi 1, 1 *bis*, 1 *ter* e 1 *quater* è punito con la sanzione amministrativa pecuniaria da 5.000 a 5 milioni di euro. Se la violazione è commessa da una società o un ente, è applicata la sanzione amministrativa pecuniaria da euro 30.000 fino al 10 per cento del fatturato. Le stesse sanzioni si applicano a chi, attraverso informazioni e comunicazioni in qualsiasi forma, induce in altri il falso convincimento di essere sottoposto alla vigilanza della Banca d'Italia ai sensi dell'articolo 108 o di essere abilitato all'esercizio delle attività di cui all'articolo 111 (6).

3 *bis*. Si applica l'articolo 144, comma 9 (7).

(1) *L'originaria rubrica: «Abuso di denominazione bancaria» è stata così sostituita dall'attuale: «Abuso di denominazione» dall'art. 55, comma 1, lett.* g), *n. 1, della L. 1 marzo 2002, n. 39.*

(2) *Questo comma è stato inserito dall'art. 55, comma 1, lett.* g), *n. 2, della L. 1 marzo 2002, n. 39.*

(3) *Questo comma è stato inserito dall'art. 35, comma 13, del D.L.vo 27 gennaio 2010, n. 11.*

(4) *Questo comma è stato inserito dall'art. 8, comma 3, lett.* a), *del D.L.vo 13 agosto 2010, n. 141.*

(5) *Questo comma, già sostituito dall'art. 35, comma 14, del D.L.vo 27 gennaio 2010, n. 11, è stato da ultimo così sostituito dall'art. 8, comma 3, lett.* a bis), *del D.L.vo 13 agosto 2010, n. 141, come modificato dall'art. 5, comma 1, del D.L.vo 14 dicembre 2010, n. 218.*

(6) *Questo comma è stato così sostituito dall'art. 1, comma 47, lett.* a), *del D.L.vo 12 maggio 2015, n. 72.*

A norma dell'art. 2, comma 3, del medesimo provvedimento, le modifiche apportate al titolo VIII del decreto legislativo 1° settembre 1993, n. 385, si applicano alle violazioni commesse dopo l'entrata in vigore delle disposizioni adottate dalla Banca d'Italia ai sensi dell'art. 145 quater *del predetto D.L.vo n. 72/2015.*

Alle violazioni commesse prima della data di entrata in vigore delle disposizioni adottate dalla Banca d'Italia continuano ad applicarsi le norme del titolo VIII del D.L.vo n. 385/1993 vigenti prima della data di entrata in vigore del presente decreto legislativo.

Si riporta pertanto il testo previgente:

«3. Chiunque contravviene al disposto dei commi 1, 1 bis, *1* ter *e 1* quater *è punito con la sanzione amministrativa pecuniaria da € 1.032 a € 10.329. La stessa sanzione si applica a chi, attaverso informazioni e comunicazioni in qualsiasi forma, induce in altri il falso convincimento di essere sottoposto alla vigilanza della Banca d'Italia ai sensi dell'articolo 108 o di essere abilitato all'esercizio delle attività di cui all'articolo 111* (*) (**).»

(*) *Il secondo periodo di questo comma è stato aggiunto dall'art. 64, comma 24, del D.L. 23 luglio 1996, n. 415, entrato in vigore il 1 settembre 1996. Successivamente l'originaria pena della multa, prevista tanto dal primo quanto dal secondo periodo, è stata sostituita con la sanzione amministrativa di pari importo dall'art. 30 del D.L.vo 4 agosto 1999, n. 342.*

(**) *A norma dell'art. 39, comma 3, della L. 28 dicembre 2005, n. 262, le sanzioni amministrative pecuniarie non modificate dalla predetta legge sono quintuplicate.*

(7) *Questo comma è stato aggiunto dall'art. 1, comma 47, lett.* b), *del D.L.vo 12 maggio 2015, n. 72.*

A norma dell'art. 2, comma 3, del medesimo provvedimento, le modifiche apportate al titolo VIII del decreto legislativo 1° settembre 1993, n. 385 si applicano alle violazioni commesse dopo l'entrata in vigore delle disposizioni adottate dalla Banca d'Italia ai sensi dell'art. 145 quater *del predetto D.L.vo n. 72/2015.*

Alle violazioni commesse prima della data di entrata in vigore delle disposizioni adottate dalla Banca d'Italia continuano ad applicarsi le norme del titolo VIII del D.L.vo n. 385/1993 vigenti prima della data di entrata in vigore del presente decreto legislativo.

Capo II
Attività di vigilanza (1)

(1) *Le originarie parole: «Sezione II» sono state così sostituite dall'articolo 64, comma 25, lettera* a), *del D.L.vo 23 luglio 1996, n. 415.*

134. (1) [**Tutela dell'attività di vigilanza bancaria e finanziaria.** – 1. Chi svolge funzioni di amministrazione, direzione e controllo presso banche, intermediari finanziari e soggetti inclusi nell'ambito della vigilanza consolidata ed espone, nelle comunicazioni alla Banca d'Italia, fatti non rispondenti al vero sulle condizioni economiche delle banche, degli intermediari finanziari o dei citati soggetti o nasconde, in tutto o in parte, fatti concernenti le condizioni stesse al fine di ostacolare l'esercizio delle funzioni di vigilanza, è punito, sempre che il fatto non costituisca reato più grave, con la reclusione da uno a cinque anni e con la multa da € 1.032 a € 10.329.

2. Fuori dei casi previsti dal comma 1, chi svolge funzioni di amministrazione, direzione e controllo presso banche, intermediari finanziari, soggetti inclusi nell'ambito della vigilanza consolidata ovvero presso altre società comunque sottoposte alla vigilanza della Banca d'Italia e ne ostacola le funzioni di vigilanza è punito con l'arresto fino a un anno e con l'ammenda da € 12.911 a € 51.645].

(1) *Questo articolo è stato abrogato dall'art. 8 del D.L.vo 11 aprile 2002, n. 61.*

Capo III
Banche e gruppi bancari (1)

(1) *Le originarie parole: «Sezione III» sono state così sostituite dall'articolo 64, comma 25, lettera* b), *del D.L.vo 23 luglio 1996, n. 415.*

135. (1) **Reati societari.** – 1. Le disposizioni contenute nel titolo XI del libro V del codice civile si applicano a chi svolge funzioni di amministrazione, direzione e controllo presso banche, anche se non costituite in forma societaria.

(1) *Questo articolo è stato così sostituito dall'art. 9.43 del D.L.vo 17 gennaio 2003, n. 6, così come inserito dall'art. 2 del D.L.vo 6 febbraio 2004, n. 37.*

136. (1) **Obbligazione degli esponenti bancari.** – 1. Chi svolge funzioni di amministrazione, direzione e controllo presso una banca non può contrarre obbligazioni di qualsiasi natura o compiere atti di compravendita, direttamente od indirettamente, con la banca che amministra, dirige o controlla, se non previa deliberazione dell'organo di amministrazione presa all'unanimità con l'esclusione del voto dell'esponente interessato (2) e col voto favorevole di tutti i componenti dell'organo di controllo, fermi restando gli obblighi previsti dal codice civile in materia di interessi degli amministratori e di operazioni con parti correlate (3) (4). È facoltà del consiglio di amministrazione delegare l'approvazione delle operazioni di cui ai periodi precedenti nel rispetto delle modalità ivi previste (5).

[2. Le medesime disposizioni si applicano anche a chi svolge funzioni di amministrazione, direzione e controllo, presso una banca o società facenti parte di un gruppo bancario, per le obbligazioni e per gli atti indicati nel comma 1 posti in essere con la società medesima o per le operazioni di finanziamento poste in essere con altre società o con altra banca del gruppo. In tali casi l'obbligazione o l'atto sono deliberati, con le modalità previste dal comma 1, dagli organi della società o banca contraente e con l'assenso della capogruppo] ([6]).

[2 *bis*. Per l'applicazione dei commi 1 e 2 rilevano anche le obbligazioni intercorrenti con società controllate dai soggetti di cui ai medesimi commi o presso le quali gli stessi soggetti svolgono funzioni di amministrazione, direzione o controllo, nonché con le società da queste controllate o che le controllano. Il presente comma non si applica alle obbligazioni contratte tra società appartenenti al medesimo gruppo bancario ovvero tra banche per le operazioni sul mercato interbancario] ([6]).

3. L'inosservanza delle disposizioni del comma 1 è punita con la reclusione da uno a tre anni e con la multa da 206 a 2.066 euro ([7]).

([1]) *A norma dell'art. 39, comma 1, della L. 28 dicembre 2005, n. 262, le pene previste da questo provvedimento sono raddoppiate entro i limiti posti per ciascun tipo di pena dal Libro I, Titolo II, Capo II, del codice penale.*

([2]) *Le parole: «con l'esclusione del voto dell'esponente interessato» sono state inserite dall'art. 1, comma 48, lett.* a)*, del D.L.vo 12 maggio 2015, n. 72.*

A norma dell'art. 2, comma 3, del medesimo provvedimento, le modifiche apportate al titolo VIII del decreto legislativo 1° settembre 1993, n. 385, si applicano alle violazioni commesse dopo l'entrata in vigore delle disposizioni adottate dalla Banca d'Italia ai sensi dell'art. 145 quater *del predetto D.L.vo n. 72/2015.*

Alle violazioni commesse prima della data di entrata in vigore delle disposizioni adottate dalla Banca d'Italia continuano ad applicarsi le norme del titolo VIII del D.L.vo n. 385/1993 vigenti prima della data di entrata in vigore del presente decreto legislativo.

Si riporta pertanto il testo previgente:

«1. Chi svolge funzioni di amministrazione, direzione e controllo presso una banca non può contrarre obbligazioni di qualsiasi natura o compiere atti di compravendita, direttamente od indirettamente, con la banca che amministra, dirige o controlla, se non previa deliberazione dell'organo di amministrazione presa all'unanimità e col voto favorevole di tutti i componenti dell'organo di controllo, fermi restando gli obblighi previsti dal codice civile in materia di interessi degli amministratori e di operazioni con parti correlate. È facoltà del consiglio di amministrazione delegare l'approvazione delle operazioni di cui ai periodi precedenti nel rispetto delle modalità ivi previste.».

([3]) *Questo comma è stato così sostituito dall'art. 9.44, lett.* a)*, del D.L.vo 17 gennaio 2003, n. 6, così come inserito dall'art. 2 del D.L.vo 6 febbraio 2004, n. 37.*

([4]) *Le parole: «e di operazioni con parti correlate» sono state aggiunte dall'art. 1, comma 8, lett.* a)*, del D.L.vo 29 dicembre 2006, n. 303.*

([5]) *Questo periodo è stato aggiunto dall'art. 24 ter, comma 1, lett. a), del D.L. 18 ottobre 2012, n. 179, convertito, con modificazioni, nella L. 17 dicembre 2012, n. 221.*

([6]) *Questo comma è stato abrogato dall'art. 24* ter*, comma 1, lett. b), del D.L. 18 ottobre 2012, n. 179, convertito, con modificazioni, nella L. 17 dicembre 2012, n. 221.*

([7]) *Questo comma, sostituito dall'art. 9.44, lett.* b)*, del D.L.vo 17 gennaio 2003, n. 6, così come inserito dall'art. 2 del D.L.vo 6 febbraio 2004, n. 37 è stato, da ultimo così sostituito dall'art. 1, comma 48, lett.* b*) del D.L.vo 12 maggio 2015, n. 72.*

A norma dell'art. 2, comma 3, del medesimo provvedimento, le modifiche apportate al titolo VIII del decreto legislativo 1° settembre 1993, n. 385, si applicano alle violazioni commesse dopo l'entrata in vigore delle disposizioni adottate dalla Banca d'Italia ai sensi dell'art. 145 quater *del predetto D.L.vo n. 72/2015.*

Alle violazioni commesse prima della data di entrata in vigore delle disposizioni adottate dalla Banca d'Italia continuano ad applicarsi le norme del titolo VIII del D.L.vo n. 385/1993 vigenti prima della data di entrata in vigore del presente decreto legislativo.

Si riporta pertanto il testo previgente:

«3. L'inosservanza delle disposizioni dei commi 1, 2 e 2 bis *è punita con la reclusione da uno a tre anni e con la multa da 206 a 2.066 euro.».*

137. Mendacio e falso interno [bancario] ([1]). – [1. Salvo che il fatto costituisca reato più grave, chi, al fine di ottenere concessioni di credito per sé o per le aziende che amministra, o di mutare le condizioni alle quali il credito venne prima concesso, fornisce dolosamente a una banca notizie o dati falsi sulla costituzione o sulla situazione economica, patrimoniale e finanziaria delle aziende comunque interessate alla concessione del credito, è punito con la reclusione fino a un anno e con la multa fino a € 5.164] ([2]).

1*bis*. Salvo che il fatto costituisca reato più grave, chi, al fine di ottenere concessioni di credito per sè o per le aziende che amministra, o di mutare le condizioni alle quali il credito venne prima concesso, fornisce dolosamente ad una banca notizie o dati falsi sulla costituzione o sulla situazione economica, patrimoniale o finanziaria delle aziende comunque interessate alla concessione del credito, è punito con la reclusione fino a un anno e con la multa fino ad euro 10.000 ([3]). Nel caso in cui le notizie o i dati falsi siano forniti ad un intermediario finanziario, si applica la pena dell'arresto fino a un anno o dell'ammenda fino ad euro 10.000 ([4]).

2. Salvo che il fatto costituisca reato più grave, chi svolge funzioni di amministrazione o di direzione presso una banca o un intermediario finanziario, nonché i dipendenti di banche o intermediari finanziari ([5]) che, al fine di concedere o far concedere credito ovvero di mutare le condizioni alle quali il credito venne prima concesso ovvero di evitare la revoca del credito concesso, consapevolmente omettono di segnalare dati o notizie di cui sono a conoscenza o utilizzano nella fase istruttoria notizie o dati falsi sulla costituzione o sulla situazione economica, patrimoniale e finanziaria del richiedente il fido, sono puniti con l'arresto da sei mesi a tre anni e con l'ammenda fino a € 10.329 ([6]).

([1]) *La parola tra parentesi quadrate è stata soppressa dall'art. 8, comma 4, lett.* a)*, del D.L.vo 13 agosto 2010, n. 141.*

([2]) *Questo comma è stato abrogato dall'art. 8 del D.L.vo 11 aprile 2002, n. 61.*

([3]) *Questo comma è stato inserito dall'art. 33, comma 1, della L. 28 dicembre 2005, n. 262.*

([4]) *Questo periodo è stato aggiunto dall'art. 8, comma 4, lett.* b)*, del D.L.vo 13 agosto 2010, n. 141.*

([5]) *Le parole: «presso una banca nonché i dipendenti di banche» sono state così sostituite dalle parole: «presso una banca o un intermediario finanziario, nonché i dipendenti di banche o intermediari finanziari» dall'art. 8, comma 5, del D.L.vo 13 agosto 2010, n. 141.*

([6]) *A norma dell'art. 39, comma 1, della L. 28 dicembre 2005, n. 262, le pene previste da questo provvedimento sono raddoppiate entro i limiti posti per ciascun tipo di pena dal Libro I, Titolo II, Capo II, del codice penale.*

138. ([1]) [**Aggiotaggio bancario. –** 1. Chiunque divulga, in qualunque forma, notizie false, esagerate o tendenziose riguardanti banche o gruppi bancari, atte a turbare i mercati finanziari o a indurre il panico nei depositanti, o comunque a menomare la fiducia del pubblico, è punito con le pene stabilite dall'art. 501 del codice penale. Restano fermi l'art. 501 del codice penale, l'art. 2628 del codice civile e l'art. 181 del D.L.vo 24 febbraio 1998, n. 58].

([1]) *Questo articolo è stato abrogato dall'art. 8 del D.L.vo 11 aprile 2002, n. 61.*

Capo IV
Partecipazioni ([1])

([1]) *Le originarie parole: «Sezione IV. Partecipazione al capitale» sono state sostituite dalle parole: «Capo IV. Partecipazione al capitale» dall'art. 64, comma 25, lett.* c)*, del D.L.vo 23 luglio 1996, n. 415. L'art. 9.45 del D.L.vo 17 gennaio 2003, n. 6, così come inserito dall'art. 2 del D.L.vo 6 febbraio 2004, n. 37, ha poi sostituito la rubrica della Sezione IV con l'attuale: «Partecipazioni». Si segnala che l'art. 9.45 del citato D.L.vo n. 17/2003, indicava ancora la Sezione IV, senza tener conto della modifica intervenuta ad opera del D.L.vo 23 luglio 1996, n. 415. Si segnala inoltre che sulla* Gazzetta *di pubblicazione del D.L.vo n. 37/2004 la Sezione IV prima citata è legata al Capo III del Titolo VIII di questo provvedimento. Tale indicazione sembra però errata in quanto l'unica rubrica con le caratteristiche indicate risulta essere quella dell'attuale Capo IV. Si segnala pertanto la contraddizione in attesa di correzione legislativa.*

139. ([1]) **Partecipazioni in banche, in società finanziarie e società di partecipazione finanziaria mista** ([2]) **capogruppo e in intermediari finanziari** ([3]). – 1. L'omissione delle domande di autorizzazione previste dall'articolo 19, la violazione degli obblighi di comunicazione previsti dall'articolo 20, comma 2, nonché la violazione delle disposizioni dell'articolo 24, commi 1 e 3, dell'articolo 25, comma 3, sono punite con la sanzione amministrativa pecuniaria da 5.000 a 5 milioni di euro. Se la violazione è commessa da una società o un ente, è applicata la sanzione amministrativa pecuniaria da euro 30.000 fino al 10 per cento del fatturato ([4]).

1 *bis*. Le medesime sanzioni si applicano alla violazione delle norme di cui al comma 1, in quanto richiamate dall'articolo 110 ([5]).

2. Salvo che il fatto costituisca reato più grave, chiunque nelle domande di autorizzazione previste dall'articolo 19 o nelle comunicazioni previste dall'articolo 20, comma 2, anche in quanto richiamati dall'articolo 110 ([6]) fornisce false indicazioni è punito con l'arresto fino a tre anni ([7]).

3. La sanzione amministrativa pecuniaria prevista dal comma 1 e la pena prevista dal comma 2 si applicano per le medesime violazioni in materia di partecipazioni nelle società finanziarie e nelle società di partecipazione finanziaria mista ([8]) capogruppo ([9]).

3 *bis*. Si applica l'articolo 144, comma 9 ([10]).

([1]) *Questo articolo è stato così sostituito dall'art. 64, comma 26, del D.L.vo 23 luglio 1996, n. 415, entrato in vigore il 1 settembre 1996.*

([2]) *Le parole: «e società di partecipazione finanziaria mista» sono state inserite dall'art. 2, comma 9, lett.* a)*, del D.L.vo 4 marzo 2014, n. 53.*

([3]) *Questa rubrica è stata così sostituita dall'art. 9.46, lett. a), del D.L.vo 17 gennaio 2003, n. 6, così come inserito dall'art. 2 del D.L.vo 6 febbraio 2004, n. 37.*

([4]) *Questo comma, sostituito dall'art. 9.46, lett. b), del D.L.vo 17 gennaio 2003, n. 6, così come inserito dall'art. 2 del D.L.vo 6 febbraio 2004, n. 37 è stato, da ultimo, così sostituito dall'art. 1, comma 49, lett. a), del D.L.vo 12 maggio 2015, n. 72.*

A norma dell'art. 2, comma 3, del medesimo provvedimento, le modifiche apportate al titolo VIII del decreto legislativo 1° settembre 1993, n. 385, si applicano alle violazioni commesse dopo l'entrata in vigore delle disposizioni adottate dalla Banca d'Italia ai sensi dell'art. 145 quater *del predetto D.L.vo n. 72/2015.*

Alle violazioni commesse prima della data di entrata in vigore delle disposizioni adottate dalla Banca d'Italia continuano ad applicarsi le norme del titolo VIII del D.L.vo n. 385/1993 vigenti prima della data di entrata in vigore del presente decreto legislativo.

Si riporta pertanto il testo previgente:

«1. L'omissione delle domande di autorizzazione previste dall'articolo 19, la violazione degli obblighi di comunicazione previsti dall'articolo 20, comma 2, nonché la violazione delle disposizioni dell'articolo 24 commi 1 e 3, dell'articolo 25, commi 3 e 4, [dell'articolo 108, commi 3 e 4, e dell'articolo 110, comma 4,] (*) sono punite con la sanzione amministrativa pecuniaria da 5.164 a 51.645 euro (**).».

(*) Le parole tra parentesi quadrate sono state soppresse dall'art. 8, comma 6, del D.L.vo 13 agosto 2010, n. 141.

(**) A norma dell'art. 39, comma 3, della L. 28 dicembre 2005, n. 262, le sanzioni amministrative pecuniarie non modificate dalla predetta legge sono quintuplicate.

([5]) *Questo comma, inserito dall'art. 8, comma 6, del D.L.vo 13 agosto 2010, n. 141 è stato, da ultimo, così sostituito dall'art. 1, comma 49, lett. b), del D.L.vo 12 maggio 2015, n. 72.*

A norma dell'art. 2, comma 3, del medesimo provvedimento, le modifiche apportate al titolo VIII del decreto legislativo 1° settembre 1993, n. 385, si applicano alle violazioni commesse dopo l'entrata in vigore delle disposizioni adottate dalla Banca d'Italia ai sensi dell'art. 145 quater *del predetto D.L.vo n. 72/2015.*

Alle violazioni commesse prima della data di entrata in vigore delle disposizioni adottate dalla Banca d'Italia continuano ad applicarsi le norme del titolo VIII del D.L.vo n. 385/1993 vigenti prima della data di entrata in vigore del presente decreto legislativo.

Si riporta pertanto il testo previgente:

«1 bis. La violazione delle norme di cui al comma 1, in quanto richiamate dall'articolo 110, è punita con la sanzione amministrativa pecuniaria da euro 5.000 a euro 150.000.».

([6]) *Le parole: «anche in quanto richiamati dall'articolo 110» sono state inserite dall'art. 8, comma 7, del D.L.vo 13 agosto 2010, n. 141.*

([7]) *A norma dell'art. 39, comma 1, della L. 28 dicembre 2005, n. 262, le pene previste da questo provvedimento sono raddoppiate entro i limiti posti per ciascun tipo di pena dal Libro I, Titolo II, Capo II, del codice penale.*

([8]) *Le parole: «e nelle società di partecipazione finanziaria mista» sono state inserite dall'art. 2, comma 9, lett. b), del D.L.vo 4 marzo 2014, n. 53.*

([9]) *Questo comma è stato così sostituito dall'art. 9.46, lett. c), del D.L.vo 17 gennaio 2003, n. 6, così come inserito dall'art. 2 del D.L.vo 6 febbraio 2004, n. 37.*

([10]) *Questo comma è stato aggiunto dall'art. 1, comma 49, lett. c), del D.L.vo 12 maggio 2015, n. 72.*

A norma dell'art. 2, comma 3, del medesimo provvedimento, le modifiche apportate al titolo VIII del decreto legislativo 1° settembre 1993, n. 385, si applicano alle violazioni commesse dopo l'entrata in vigore delle disposizioni adottate dalla Banca d'Italia ai sensi dell'art. 145 quater *del predetto D.L.vo n. 72/2015.*

Alle violazioni commesse prima della data di entrata in vigore delle disposizioni adottate dalla Banca d'Italia continuano ad applicarsi le norme del titolo VIII del D.L.vo n. 385/1993 vigenti prima della data di entrata in vigore del presente decreto legislativo.

140. ([1]) **Comunicazioni relative alle partecipazioni in banche, in società appartenenti ad un gruppo bancario ed in intermediari finanziari** ([2]). – 1. L'omissione delle comunicazioni previste dagli articoli 20, commi 1, 3, primo periodo, e 4, 21, commi 1, 2, 3 e 4, 63 è punita con la sanzione amministrativa pecuniaria da 5.000 a 5 milioni di euro. Se la violazione è commessa da una società o un ente, è applicata la sanzione amministrativa pecuniaria da euro 30.000 fino al 10 per cento del fatturato ([3]).

1 *bis*. Le medesime sanzioni si applicano per l'omissione delle comunicazioni di cui alle norme indicate nel comma 1, in quanto richiamate dall'articolo 110 ([4]).

2. Salvo che il fatto costituisca reato più grave, chiunque nelle comunicazioni indicate nel comma 1 e nel comma 1 *bis* ([5]) fornisce indicazioni false è punito con l'arresto fino a tre anni ([6]).

2 *bis*. Si applica l'articolo 144, comma 9 ([7]).

([1]) *Questo articolo è stato così sostituito dall'art. 64, comma 27, del D.L.vo 23 luglio 1996, n. 415, entrato in vigore il 1° settembre 1996.*

([2]) *Questa rubrica è stata così sostituita dall'art. 9.47 del D.L.vo 17 gennaio 2003, n. 6, così come inserito dall'art. 2 del D.L.vo 6 febbraio 2004, n. 37.*

([3]) *Questo comma, sostituito dall'art. 32 del D.L.vo 4 agosto 1999, n. 342 è stato, da ultimo, così sostituito dall'art. 1, comma 50, lett. a), del D.L.vo 12 maggio 2015, n. 72.*

A norma dell'art. 2, comma 3, del medesimo provvedimento, le modifiche apportate al titolo VIII del decreto legislativo 1° settembre 1993, n. 385, si applicano alle violazioni commesse dopo l'entrata in vigore delle disposizioni adottate dalla Banca d'Italia ai sensi dell'art. 145 quater *del predetto D.L.vo n. 72/2015.*

Alle violazioni commesse prima della data di entrata in vigore delle disposizioni adottate dalla Banca d'Italia continuano ad applicarsi le norme del titolo VIII del D.L.vo n. 385/1993 vigenti prima della data di entrata in vigore del presente decreto legislativo.

Si riporta pertanto il testo previgente:

«1. L'omissione delle comunicazioni previste dagli articoli 20, commi 1, 3, primo periodo, e 4, 21, commi 1, 2, 3 e 4, 63 [e 110, commi 1, 2 e 3] (*), è punita con la sanzione amministrativa pecuniaria da € 5.164 a € 51.645 (**).».

(*) Le parole tra parentesi quadrate sono state soppresse dall'art. 8, comma 8, del D.L.vo 13 agosto 2010, n. 141.

(**) A norma dell'art. 39, comma 3, della L. 28 dicembre 2005, n. 262, le sanzioni amministrative pecuniarie non modificate dalla predetta legge sono quintuplicate.

([4]) *Questo comma, precedentemente inserito dall'art. 8, comma 8, del D.L.vo 13 agosto 2010, n. 141 è stato, da ultimo, così sostituito dall'art. 1, comma 50, lett.* b)*, del D.L.vo 12 maggio 2015, n. 72.*

A norma dell'art. 2, comma 3, del medesimo provvedimento, le modifiche apportate al titolo VIII del decreto legislativo 1° settembre 1993, n. 385, si applicano alle violazioni commesse dopo l'entrata in vigore delle disposizioni adottate dalla Banca d'Italia ai sensi dell'art. 145 quater *del predetto D.L.vo n. 72/2015.*

Alle violazioni commesse prima della data di entrata in vigore delle disposizioni adottate dalla Banca d'Italia continuano ad applicarsi le norme del titolo VIII del D.L.vo n. 385/1993 vigenti prima della data di entrata in vigore del presente decreto legislativo.

Si riporta pertanto il testo previgente:

«1 bis*. L'omissione delle comunicazioni di cui alle norme indicate nel comma 1, in quanto richiamate dall'articolo 110, è punita con la sanzione amministrativa pecuniaria da euro 5.000 a euro 150.000».*

([5]) *Le parole: «e nel comma 1* bis*» sono state inserite dall'art. 8, comma 9, del D.L.vo 13 agosto 2010, n. 141.*

([6]) *A norma dell'art. 39, comma 1, della L. 28 dicembre 2005, n. 262, le pene previste da questo provvedimento sono raddoppiate entro i limiti posti per ciascun tipo di pena dal Libro I, Titolo II, Capo II, del codice penale.*

([7]) *Questo comma è stato aggiunto dall'art. 1, comma 50, lett.* c)*, del D.L.vo 12 maggio 2015, n. 72.*

A norma dell'art. 2, comma 3, del medesimo provvedimento, le modifiche apportate al titolo VIII del decreto legislativo 1° settembre 1993, n. 385, si applicano alle violazioni commesse dopo l'entrata in vigore delle disposizioni adottate dalla Banca d'Italia ai sensi dell'art. 145 quater *del predetto D.L.vo n. 72/2015.*

Alle violazioni commesse prima della data di entrata in vigore delle disposizioni adottate dalla Banca d'Italia continuano ad applicarsi le norme del titolo VIII del D.L.vo n. 385/1993 vigenti prima della data di entrata in vigore del presente decreto legislativo.

Capo IV *bis*
Agenti in attività finanziaria e mediatori creditizi ([1])

([1]) *Questo Capo è stato inserito dall'art. 25, comma 1, del D.L.vo 13 agosto 2010, n. 141, a decorrere dal 3 novembre 2010.*

140 *bis*. Esercizio abusivo dell'attività. – 1. Chiunque esercita professionalmente nei confronti del pubblico l'attività di agente in attività finanziaria senza essere iscritto nell'elenco di cui all'articolo 128 *quater*, comma 2, è punito con la reclusione da 6 mesi a 4 anni e con la multa da euro 2.065 a euro 10.329.

2. Chiunque esercita professionalmente nei confronti del pubblico l'attività di mediatore creditizio senza essere iscritto nell'elenco di cui all'articolo 128 *sexies*, comma 2, è punito con la reclusione da 6 mesi a 4 anni e con la multa da euro 2.065 a euro 10.329.

Capo V
Altre sanzioni ([1])

([1]) *Rubrica così modificata dall'art. 64, comma 28, del D.L.vo 23 luglio 1996, n. 415.*

141. ([1]) [**False comunicazioni relative a intermediari finanziari.** – 1. Salvo che il fatto costituisca reato più grave, per le comunicazioni previste dall'articolo 106, commi 6 e 7, contenenti indicazioni false si applica la pena dell'arresto fino a tre anni].

([1]) *Questo articolo è stato abrogato dall'art. 8, comma 10, del D.L.vo 13 agosto 2010, n. 141.*

142. [**Requisiti di onorabilità degli esponenti di intermediari finanziari: omessa dichiarazione di decadenza o di sospensione.** – (*Omissis*)] ([1]).

([1]) *Questo articolo è stato abrogato dall'art. 64, comma 30, del D.L.vo 23 luglio 1996, n. 415, entrato in vigore il 1° settembre 1996.*

143. ([1]) [**Emissione di valori mobiliari.** – 1. L'inosservanza delle disposizioni di cui all'articolo 129, commi 2 e 4, è punita con la sanzione amministrativa pecuniaria da € 5.164 sino alla metà del valore totale dell'operazione: nel caso di inosservanza delle disposizioni di cui ai commi 3, 6 e 7 del medesimo articolo si applica la sanzione amministrativa pecuniaria da € 516 ad € 25.822].

([1]) *Questo articolo, già sostituito dall'articolo 64, comma 31, del D.L.vo 23 luglio 1996, n. 415, è stato successivamente abrogato dall'art. 1, comma 9, del D.L.vo 29 dicembre 2006, n. 303.*

144. ([1]) ([2]) **Altre sanzioni amministrative alle società o enti** ([3]). – 1. Nei confronti delle banche, degli intermediari finanziari, delle rispettive capogruppo, degli istituti di moneta elettronica, degli istituti di pagamento e dei soggetti ai quali sono state esternalizzate funzioni aziendali essenziali o importanti, nonché di quelli incaricati della revisione legale dei conti, si applica la sanzione amministrativa pecuniaria da euro 30.000 fino al 10 per cento del fatturato, per le seguenti violazioni:

a) inosservanza degli articoli 18, comma 4, 26, 28, comma 2 *ter*, 34, comma 2, 35, 49, 51, 52, 52 *bis*, 53, 53 *bis*, 53 *ter*, 54, 55, 61 comma 5, 64, commi 2 e 4, 66, 67, 67 *ter*, 68, 69 *quater*, 69 *quinquies*, 69 *octies*, 69 *novies*, 69 *sexiesdecies*, 69 *noviesdecies*, 69 *vicies semel*, ([4]) 108, 109, comma 3, 110 in relazione agli articoli 26, 52, 61, comma 5, 64, commi 2 e 4, 114 *quinquies*.1, 114 *quinquies*.2, 114 *quinquies*.3, in relazione agli articoli 26 e 52, 114 *octies*, 114 *undecies* in relazione agli articoli 26 e 52, 114 *duodecies*, 114 *terdecies*, 114 *quaterdecies*, 129, comma 1, 145, comma 3, 146, comma 2, 147, o delle relative disposizioni generali o particolari impartite dalle autorità creditizie;

b) inosservanza degli articoli 116, 123, 124, 126 *quater* e 126 *novies*, comma 3, 126 *undecies*, commi 3 e 4, 126 *duodecies*, 126 *quaterdecies*, comma 1, 126 *septiesdecies*, comma 1, e 126 *vicies quinquies* ([5]) o delle relative disposizioni generali o particolari impartite dalle autorità creditizie;

c) inosservanza degli articoli 117, commi 1, 2 e 4, 118, 119, 120, 120 *quater*, 125, commi 2, 3 e 4, 125 *bis*, commi 1, 2, 3 e 4, 125 *octies*, commi 2 e 3, 126, 126 *quinquies*, comma 2, 126 *sexies*, 126 *septies*, 126 *quinquiesdecies*, 126 *octiesdecies*, 126 *noviesdecies*, comma 1, 126 *vicies*, 126 *vicies semel*, 126 *vicies ter*, 127, comma 01 ([6]) e 128 *decies*, comma 2, o delle relative disposizioni generali o particolari impartite dalle autorità creditizie;

d) inserimento nei contratti di clausole nulle o applicazione alla clientela di oneri non consentiti, in violazione dell'articolo 40 *bis* o del titolo VI, ovvero offerta di contratti in violazione dell'articolo 117, comma 8;

e) inserimento nei contratti di clausole aventi l'effetto di imporre al debitore oneri superiori a quelli consentiti per il recesso o il rimborso anticipato ovvero ostacolo all'esercizio del diritto di recesso da parte del cliente, ivi compresa l'omissione del rimborso delle somme allo stesso dovute per effetto del recesso ([7]);

e bis) inosservanza, da parte delle banche e degli intermediari finanziari iscritti nell'albo previsto dall'articolo 106, degli articoli 120 *octies*, 120 *novies*, 120 *undecies*, 120 *duodecies*, 120 *terdecies*, 120 *quaterdecies*, 120 *septiesdecies*, 120 *octiesdecies*, 120 *noviesdecies* ([8]).

[2. Le sanzioni previste nel comma 1 si applicano anche ai soggetti che svolgono funzioni di controllo per la violazione delle norme e delle disposizioni indicate nel medesimo comma o per non aver vigilato affinchè le stesse fossero osservate da altri. Per la violazione degli articoli 52, 61, comma 5, 110 in relazione agli articoli 52 e 61, comma 5, 114 *quinquies*.3, in relazione all'articolo 52, e 114 *undecies*, in relazione all'articolo 52, si applica la sanzione prevista dal comma 1] ([9]).

2 *bis*. Si applica la sanzione amministrativa pecuniaria da euro duemilacinquecentottanta a euro centoventinovemilacentodieci, nei confronti delle banche e degli intermediari finanziari in caso di violazione delle disposizioni previste dagli articoli 4, paragrafo 1, comma 1, e 5 *bis* del regolamento (CE) n. 1060/2009 del Parlamento europeo e del Consiglio, del 16 settembre 2009, relativo alle agenzie di rating del credito, e delle relative disposizioni attuative ([10]).

[3. Nei confronti dei soggetti che svolgono funzioni di amministrazione o di direzione, nonché dei dipendenti, si applica la sanzione amministrativa pecuniaria da euro 5160 a euro 64.555 per l'inosservanza delle norme contenute negli articoli 116, 123, 124, 126 *quater* e 126 *novies*, comma 3, e delle relative disposizioni generali o particolari impartite dalle autorità creditizie] ([11]).

[3 *bis*. Nei confronti dei soggetti che svolgono funzioni di amministrazione o di direzione, nonché dei dipendenti, si applica la sanzione amministrativa pecuniaria da euro 5160 a euro 64.555 per le seguenti condotte [, qualora esse rivestano carattere rilevante] ([12]):

a) inosservanza degli articoli 117, commi 1, 2, e 4, 118, 119, 120, 120 *quater*, 125, commi 2, 3 e 4, 125 *bis*, commi 1, 2, 3 e 4, 125 *octies*, commi 2 e 3, 126, 126 *quinquies*, comma 2, 126 *sexies*, 126 *septies* e 128 *decies*, comma 2 e delle relative disposizioni generali o particolari impartite dalle autorità creditizie;

b) inserimento nei contratti di clausole nulle o applicazione alla clientela di oneri non consentiti, in violazione dell'articolo 40 *bis* o del titolo VI, ovvero offerta di contratti in violazione dell'articolo 117, comma 8;

c) inserimento nei contratti di clausole aventi l'effetto di imporre al debitore oneri superiori a quelli consentiti per il recesso o il rimborso anticipato ovvero ostacolo all'esercizio del diritto di recesso da parte del cliente, ivi compresa l'omissione del rimborso delle somme allo stesso dovute per effetto del recesso] ([13]).

4. La stessa sanzione di cui al comma 1 si applica:

a) per l'inosservanza delle norme contenute nell'articolo 128, comma 1, ovvero nei casi di ostacolo all'esercizio delle funzioni di controllo previste dal medesimo articolo 128, di mancata adesione ai sistemi di risoluzione stragiudiziale delle controversie previsti dall'articolo 128 *bis*, nonché di inottemperanza alle misure inibitorie adottate dalla Banca d'Italia ai sensi dell'articolo 128 *ter*;

b) nel caso di frazionamento artificioso di un unico contratto di credito al consumo in una pluralità di contratti dei quali almeno uno sia di importo inferiore al limite inferiore previsto ai sensi dell'articolo 122, comma 1, lettera *a*);

c) nel caso di mancata partecipazione ai siti web di confronto previsti dall'articolo 126 *terdecies*, ovvero di mancata trasmissione agli stessi siti web dei dati necessari per il confronto tra le offerte ([14]).

[5. Le sanzioni amministrative pecuniarie previste per i dipendenti dai commi 1, 3, 3 *bis* e 4 si applicano anche a coloro che operano sulla base di rapporti che ne determinano l'inserimento nell'organizzazione del soggetto vigilato, anche in forma diversa dal rapporto di lavoro subordinato] ([15]).

5 *bis*. Nel caso in cui l'intermediario mandante rilevi nel comportamento dell'agente in attività finanziaria le violazioni previste dai commi 1, lettere *b*), *c*), *d*), *e*) ed *e bis*) ([16]), e 4, l'inosservanza degli obblighi previsti dall'articolo 125 *novies* o la violazione dell'articolo 128 *decies*, comma 1, ultimo periodo, adotta immediate misure correttive e trasmette la documentazione relativa alle violazioni riscontrate, anche ai fini dell'applicazione dell'articolo 128 *duodecies*, all'Organismo di cui all'articolo 128 *undecies* ([17]).

[6. Le sanzioni amministrative previste dai commi 3, 3 *bis* e 4, ultimo periodo, si applicano anche nei confronti dell'agente, del legale rappresentante della società di agenzia in attività finanziaria o del legale rappresentante della società di mediazione creditizia] ([18]).

[7. Nei confronti dell'agente in attività finanziaria, del legale rappresentante della società di agenzia in attività finanziaria o del legale rappresentante della società di mediazione creditizia, nonché dei dipendenti, si applica la sanzione amministrativa pecuniaria da euro 2.065 a euro 129.110 per la violazione dell'articolo 128 *decies*, comma 2, ovvero nei casi di ostacolo all'esercizio delle funzioni di controllo previste dal medesimo articolo 128 *decies*] ([18]).

8. Le sanzioni previste dai commi 1, lettere *b*), *c*), *d*), *e*) ed *e bis*) ([19]), e 4 si applicano quando le infrazioni rivestono carattere rilevante, secondo i criteri definiti dalla Banca d'Italia, con provvedimento di carattere generale, tenuto conto dell'incidenza delle condotte sulla complessiva organizzazione e sui profili di rischio aziendali ([20]).

9. Se il vantaggio ottenuto dall'autore della violazione come conseguenza della violazione stessa è superiore ai massimali indicati nel presente articolo, le sanzioni amministrative pecuniarie di cui al presente articolo sono elevate fino al doppio dell'ammontare del vantaggio ottenuto, purchè tale ammontare sia determinabile ([21]).

([1]) *A norma dell'art. 2, comma 6, del D.L.vo 12 maggio 2015, n. 72, nel rispetto di quanto previsto dal comma 3, del medesimo provvedimento, dalla data di entrata in vigore del presente decreto legislativo ogni riferimento all'articolo 144 del decreto legislativo 1° settembre 1993, n. 385, in vigore a tale data si intende effettuato agli articoli 144 e 144 ter del decreto legislativo 1° settembre 1993, n. 385, come modificato dal presente decreto legislativo, ad eccezione dei riferimenti contenuti in disposizioni relative alle materie disciplinate dal titolo VI del medesimo decreto legislativo.*

([2]) *Questo articolo è stato così sostituito dall'art. 4, comma 4, del D.L.vo 13 agosto 2010, n. 141, a decorrere dal 3 dicembre 2010.*

([3]) *Le parole*: «alle società o enti» *sono state aggiunte dall'art. 1, comma 51, lett.* a), *del D.L.vo 12 maggio 2015, n. 72.*

A norma dell'art. 2, comma 3, del medesimo provvedimento, le modifiche apportate al titolo VIII del decreto legislativo 1° settembre 1993, n. 385 si applicano alle violazioni commesse dopo l'entrata in vigore delle disposizioni adottate dalla Banca d'Italia ai sensi dell'art. 145 quater *del predetto D.L.vo n. 72/2015.*

Alle violazioni commesse prima della data di entrata in vigore delle disposizioni adottate dalla Banca d'Italia continuano ad applicarsi le norme del titolo VIII del D.L.vo n. 385/1993 vigenti prima della data di entrata in vigore del presente decreto legislativo.

Si riporta pertanto il testo della previgente rubrica: «Altre sanzioni amministrative».

([4]) *Le parole*: «69 quater, 69 quinquies, 69 octies, 69 novies, 69 sexiesdecies, 69 noviesdecies, 69 vicies semel,» *sono state inserite dall'art. 1, comma 53, del D.L.vo 16 novembre 2015, n. 181. Tali disposizioni si applicano alle procedure di amministrazione straordinaria e di liquidazione coatta amministrativa avviate successivamente all'entrata in vigore del suddetto decreto.*

(5) *Le parole*: «*126* undecies, *commi 3 e 4, 126* duodecies, *126* quaterdecies, *comma 1, 126* septiesdecies, *comma 1, e 126* viciesquinquies» *sono state inserite dall'art. 1, comma 3, lett.* a), *del D.L.vo 15 marzo 2017, n. 37.*

(6) *Le parole*: «*126* quinquiesdecies, *126* octiesdecies, *126* noviesdecies, *comma 1, 126* vicies, *126* vicies semel, *126* vicies ter, *127, comma 01*» *sono state inserite dall'art. 1, comma 3, lett.* b), *del D.L.vo 15 marzo 2017, n. 37.*

(7) *Questo comma è stato così sostituito dall'attuale, dall'art. 1, comma 51, lett. b), del D.L.vo 12 maggio 2015, n. 72.*

A norma dell'art. 2, comma 3, del medesimo provvedimento, le modifiche apportate al titolo VIII del decreto legislativo 1° settembre 1993, n. 385 si applicano alle violazioni commesse dopo l'entrata in vigore delle disposizioni adottate dalla Banca d'Italia ai sensi dell'art. 145 quater *del predetto D.L.vo n. 72/2015.*

Alle violazioni commesse prima della data di entrata in vigore delle disposizioni adottate dalla Banca d'Italia continuano ad applicarsi le norme del titolo VIII del D.L.vo n. 385/1993 vigenti prima della data di entrata in vigore del presente decreto legislativo.

Si riporta pertanto il testo previgente:

«1. Nei confronti dei soggetti che svolgono funzioni di amministrazione o di direzione, nonché dei dipendenti si applica la sanzione amministrativa pecuniaria da euro 2580 a euro 129.110 per l'inosservanza delle norme degli articoli 18, comma 4, 26, commi 2 e 3, 34, comma 2, 35, 49, 51, 53, 54, 55, 64, commi 2 e 4, 66, 67, 68, 108, 109, comma 3, 110 in relazione agli articoli 26 commi 2 e 3, 64, commi 2 e 4, 114 quinquies.1, 114 quinquies.2, 114 quinquies.3, in relazione all'articolo 26, commi 2 e 3, 114 octies, 114 undecies in relazione all'articolo 26, commi 2 e 3, 114 duodecies, 114 terdecies, 114 quaterdecies, 129, comma 1, 145, comma 3, 146, comma 2, 147 e 161, comma 5, o delle relative disposizioni generali o particolari impartite dalle autorità creditizie».

(8) *Questa lettera è stata inserita dall'art. 1, comma 9, lett.* a), *del D.L.vo 21 aprile 2016, n. 72, a decorrere dal 1° luglio 2016.*

(9) *Questo comma è stato abrogato dall'art. 1, comma 51, lett. c), del D.L.vo 12 maggio 2015, n. 72.*

A norma dell'art. 2, comma 3, del medesimo provvedimento, le modifiche apportate al titolo VIII del decreto legislativo 1° settembre 1993, n. 385 si applicano alle violazioni commesse dopo l'entrata in vigore delle disposizioni adottate dalla Banca d'Italia ai sensi dell'art. 145 quater *del predetto D.L.vo n. 72/2015.*

Alle violazioni commesse prima della data di entrata in vigore delle disposizioni adottate dalla Banca d'Italia continuano ad applicarsi le norme del titolo VIII del D.L.vo n. 385/1993 vigenti prima della data di entrata in vigore del presente decreto legislativo.

(10) *Questo comma è stato inserito dall'art. 2 del D.L.vo 7 maggio 2015, n. 66.*

(11) *Questo comma è stato abrogato dall'art. 1, comma 51, lett.* d), *del D.L.vo 12 maggio 2015, n. 72.*

A norma dell'art. 2, comma 3, del medesimo provvedimento, le modifiche apportate al titolo VIII del decreto legislativo 1° settembre 1993, n. 385 si applicano alle violazioni commesse dopo l'entrata in vigore delle disposizioni adottate dalla Banca d'Italia ai sensi dell'art. 145 quater *del predetto D.L.vo n. 72/2015.*

Alle violazioni commesse prima della data di entrata in vigore delle disposizioni adottate dalla Banca d'Italia continuano ad applicarsi le norme del titolo VIII del D.L.vo n. 385/1993 vigenti prima della data di entrata in vigore del presente decreto legislativo.

(12) *Le parole tra parentesi quadrate sono state soppresse dall'art. 4, comma 4, del D.L.vo 13 agosto 2010, n. 141, come modificato dall'art. 2, comma 2, lett.* c), *del D.L.vo 19 settembre 2012, n. 169.*

(13) *Questo comma è stato abrogato dall'art. 1, comma 51, lett.* e), *del D.L.vo 12 maggio 2015, n. 72.*

A norma dell'art. 2, comma 3, del medesimo provvedimento, le modifiche apportate al titolo VIII del decreto legislativo 1° settembre 1993, n. 385 si applicano alle violazioni commesse dopo l'entrata in vigore delle disposizioni adottate dalla Banca d'Italia ai sensi dell'art. 145 quater *del predetto D.L.vo n. 72/2015.*

Alle violazioni commesse prima della data di entrata in vigore delle disposizioni adottate dalla Banca d'Italia continuano ad applicarsi le norme del titolo VIII del D.L.vo n. 385/1993 vigenti prima della data di entrata in vigore del presente decreto legislativo.

(14) *Questo comma è stato così sostituito dall'art. 1, comma 3, lett.* c), *del D.L.vo 15 marzo 2017, n. 37.*

A norma dell'art. 2, comma 3, del medesimo provvedimento, le modifiche apportate al titolo VIII del decreto legislativo 1° settembre 1993, n. 385 si applicano alle violazioni commesse dopo l'entrata in vigore delle disposizioni adottate dalla Banca d'Italia ai sensi dell'art. 145 quater *del predetto D.L.vo n. 72/2015.*

Alle violazioni commesse prima della data di entrata in vigore delle disposizioni adottate dalla Banca d'Italia continuano ad applicarsi le norme del titolo VIII del D.L.vo n. 385/1993 vigenti prima della data di entrata in vigore del presente decreto legislativo.

Si riporta pertanto il testo previgente:

«4. La sanzione di cui al comma 1, si applica per l'inosservanza delle norme contenute nell'articolo 128, comma 1, ovvero nei casi di ostacolo all'esercizio delle funzioni di controllo previste dal medesimo articolo 128, di mancata adesione ai sistemi di risoluzione stragiudiziale delle controversie previsti dall'articolo 128 bis, nonché di inottemperanza alle misure inibitorie adottate dalla Banca d'Italia ai sensi dell'articolo 128 ter. La stessa sanzione si applica altresì nel caso di

frazionamento artificioso di un unico contratto di credito al consumo in una pluralità di contratti dei quali almeno uno sia di importo inferiore al limite inferiore previsto ai sensi dell'articolo 122, comma 1, lettera a).».

([15]) *Questo comma è stato abrogato dall'art. 1, comma 51, lett.* g*), del D.L.vo 12 maggio 2015, n. 72.*

A norma dell'art. 2, comma 3, del medesimo provvedimento, le modifiche apportate al titolo VIII del decreto legislativo 1° settembre 1993, n. 385 si applicano alle violazioni commesse dopo l'entrata in vigore delle disposizioni adottate dalla Banca d'Italia ai sensi dell'art. 145 quater *del predetto D.L.vo n. 72/2015.*

Alle violazioni commesse prima della data di entrata in vigore delle disposizioni adottate dalla Banca d'Italia continuano ad applicarsi le norme del titolo VIII del D.L.vo n. 385/1993 vigenti prima della data di entrata in vigore del presente decreto legislativo.

([16]) *Le parole: «ed* e*)» sono state così sostituite dalle attuali: «*e) ed e bis*)» dall'art. 1, comma 9, lett.* b*), del D.L.vo 21 aprile 2016, n. 72, a decorrere dal 1° luglio 2016.*

([17]) *Questo comma, sostituito dall'art. 4, comma 4, del D.L.vo 13 agosto 2010, n. 141, come modificato dall'art. 2, comma 2, lett.* d*), del D.L.vo 19 settembre 2012, n. 169 è stato, da ultimo, così sostituito dall'art. 1, comma 51, lett. h), del D.L.vo 12 maggio 2015, n. 72.*

A norma dell'art. 2, comma 3, del medesimo provvedimento, le modifiche apportate al titolo VIII del decreto legislativo 1° settembre 1993, n. 385 si applicano alle violazioni commesse dopo l'entrata in vigore delle disposizioni adottate dalla Banca d'Italia ai sensi dell'art. 145 quater *del predetto D.L.vo n. 72/2015.*

Alle violazioni commesse prima della data di entrata in vigore delle disposizioni adottate dalla Banca d'Italia continuano ad applicarsi le norme del titolo VIII del D.L.vo n. 385/1993 vigenti prima della data di entrata in vigore del presente decreto legislativo.

Si riporta pertanto il testo previgente:

«5 bis*. Nel caso in cui l'intermediario mandante rilevi nel comportamento dell'agente in attività finanziaria le violazioni previste dai commi 3, 3* bis *e 4, l'inosservanza degli obblighi previsti dall'articolo 125 novies o la violazione dell'articolo 128* decies*, comma 1, ultimo periodo, adotta immediate misure correttive e trasmette la documentazione relativa alle violazioni riscontrate, anche ai fini dell'applicazione dell'articolo 128 decies, all'Organismo di cui all'articolo 128* undecies *o alla Banca d'Italia, secondo i termini di cui al medesimo articolo 128* decies*.».*

([18]) *Questo comma è stato abrogato dall'art. 4, comma 4, del D.L.vo 13 agosto 2010, n. 141, come modificato dall'art. 2, comma 2, lett.* e*), del D.L.vo 19 settembre 2012, n. 169.*

([19]) *Le parole: «ed* e*)» sono state così sostituite dalle attuali: «*e) ed e bis*)» dall'art. 1, comma 9, lett.* c*), del D.L.vo 21 aprile 2016, n. 72, a decorrere dal 1° luglio 2016.*

([20]) *Questo comma, sostituito dall'art. 4, comma 4, del D.L.vo 13 agosto 2010, n. 141, come modificato dall'art. 2, comma 2, lett.* f*), del D.L.vo 19 settembre 2012, n. 169 è stato, da ultimo, così sostituito dall'art. 1, comma 51, lett.* i*), del D.L.vo 12 maggio 2015, n. 72.*

A norma dell'art. 2, comma 3, del medesimo provvedimento, le modifiche apportate al titolo VIII del decreto legislativo 1° settembre 1993, n. 385 si applicano alle violazioni commesse dopo l'entrata in vigore delle disposizioni adottate dalla Banca d'Italia ai sensi dell'art. 145 quater *del predetto D.L.vo n. 72/2015.*

Alle violazioni commesse prima della data di entrata in vigore delle disposizioni adottate dalla Banca d'Italia continuano ad applicarsi le norme del titolo VIII del D.L.vo n. 385/1993 vigenti prima della data di entrata in vigore del presente decreto legislativo.

Si riporta pertanto il testo previgente:

«8. Le sanzioni previste dai commi 3 e 3 bis *si applicano quando le infrazioni rivestono carattere rilevante, secondo i criteri definiti dalla Banca d'Italia, con provvedimento di carattere generale, tenuto conto dell'incidenza delle condotte sulla complessiva organizzazione e sui profili di rischio aziendali.».*

([21]) *Questo comma è stato così sostituito dall'art. 1, comma 51, lett.* l*), del D.L.vo 12 maggio 2015, n. 72.*

A norma dell'art. 2, comma 3, del medesimo provvedimento, le modifiche apportate al titolo VIII del decreto legislativo 1° settembre 1993, n. 385 si applicano alle violazioni commesse dopo l'entrata in vigore delle disposizioni adottate dalla Banca d'Italia ai sensi dell'art. 145 quater *del predetto D.L.vo n. 72/2015.*

Alle violazioni commesse prima della data di entrata in vigore delle disposizioni adottate dalla Banca d'Italia continuano ad applicarsi le norme del titolo VIII del D.L.vo n. 385/1993 vigenti prima della data di entrata in vigore del presente decreto legislativo.

Si riporta pertanto il testo previgente:

«9. Non si applica l'articolo 39, comma 3, della legge 28 dicembre 2005, n. 262.».

144 *bis*. ([1]) Ordine di porre termine alle violazioni. – 1. Per le violazioni previste dall'articolo 144, comma 1, lettera *a*), quando esse siano connotate da scarsa offensività o pericolosità, la Banca d'Italia può, in alternativa all'applicazione delle sanzioni amministrative pecuniarie, applicare nei confronti della società o dell'ente una sanzione consistente nell'ordine di eliminare le infrazioni, anche indicando le misure da adottare e il termine per l'adempimento.

2. Per l'inosservanza dell'ordine entro il termine stabilito la Banca d'Italia applica le sanzioni amministrative pecuniarie previste dall'articolo 144, comma 1; l'importo delle sanzioni è aumentato sino a un terzo rispetto a quello previsto per la

violazione originaria, fermi restando i massimali stabiliti dall'articolo 144.

(1) *Questo articolo è stato inserito dall'art. 1, comma 52, del D.L.vo 12 maggio 2015, n. 72.*

A norma dell'art. 2, comma 3, del medesimo provvedimento, le modifiche apportate al titolo VIII del decreto legislativo 1° settembre 1993, n. 385 si applicano alle violazioni commesse dopo l'entrata in vigore delle disposizioni adottate dalla Banca d'Italia ai sensi dell'art. 145 quater *del predetto D.L.vo n. 72/2015.*

Alle violazioni commesse prima della data di entrata in vigore delle disposizioni adottate dalla Banca d'Italia continuano ad applicarsi le norme del titolo VIII del D.L.vo n. 385/1993 vigenti prima della data di entrata in vigore del presente decreto legislativo.

144 *ter*. (1) (2) Altre sanzioni amministrative agli esponenti o al personale. – 1. Fermo restando quanto previsto per le società e gli enti nei confronti dei quali sono accertate le violazioni, per l'inosservanza delle norme richiamate dall'articolo 144, comma 1, lettera *a*), si applica la sanzione amministrativa pecuniaria da euro 5.000 fino a 5 milioni di euro nei confronti dei soggetti che svolgono funzioni di amministrazione, di direzione o di controllo, nonché del personale, quando l'inosservanza è conseguenza della violazione di doveri propri o dell'organo di appartenenza e ricorrono una o più delle seguenti condizioni:

a) la condotta ha inciso in modo rilevante sulla complessiva organizzazione o sui profili di rischio aziendali;

b) la condotta ha contribuito a determinare la mancata ottemperanza della società o dell'ente a provvedimenti specifici adottati ai sensi degli articoli 53 *bis*, comma 1, lettera *d*), 67 *ter*, comma 1, lettera *d*), 108, comma 3, lettera *d*), 109, comma 3, lettera *a*), 114 *quinquies*.2, comma 3, lettera *d*), 114 *quaterdecies*, comma 3, lettera *d*);

c) le violazioni riguardano obblighi imposti ai sensi dell'articolo 26 o dell'articolo 53, commi 4, 4 *ter*, e 4 *quater*, ovvero obblighi in materia di remunerazione e incentivazione, quando l'esponente o il personale è la parte interessata.

2. Nei confronti dei soggetti che svolgono funzioni di amministrazione, di direzione o di controllo, nonché del personale, nei casi in cui la loro condotta abbia contribuito a determinare l'inosservanza dell'ordine di cui all'articolo 144 *bis* da parte della società o dell'ente, si applica la sanzione amministrativa pecuniaria da euro 5.000 fino a 5 milioni di euro.

3. Con il provvedimento di applicazione della sanzione, in ragione della gravità della violazione accertata e tenuto conto dei criteri stabiliti dall'articolo 144 *quater*, la Banca d'Italia può applicare la sanzione amministrativa accessoria dell'interdizione, per un periodo non inferiore a sei mesi e non superiore a tre anni, dallo svolgimento di funzioni di amministrazione, direzione e controllo presso intermediari autorizzati ai sensi del presente decreto legislativo, del decreto legislativo 24 febbraio 1998, n. 58, del decreto legislativo 7 settembre 2005, n. 209, o presso fondi pensione.

4. Si applica l'articolo 144, comma 9.

(1) *A norma dell'art. 2, comma 6, del D.L.vo 12 maggio 2015, n. 72, nel rispetto di quanto previsto dal comma 3, del medesimo provvedimento, dalla data di entrata in vigore del presente decreto legislativo ogni riferimento all'articolo 144 del decreto legislativo 1° settembre 1993, n. 385, in vigore a tale data si intende effettuato agli articoli 144 e 144 ter del decreto legislativo 1° settembre 1993, n. 385, come modificato dal presente decreto legislativo, ad eccezione dei riferimenti contenuti in disposizioni relative alle materie disciplinate dal titolo VI del medesimo decreto legislativo.*

(2) *Questo articolo è stato inserito dall'art. 1, comma 52, del D.L.vo 12 maggio 2015, n. 72.*

A norma dell'art. 2, comma 3, del medesimo provvedimento, le modifiche apportate al titolo VIII del decreto legislativo 1° settembre 1993, n. 385 si applicano alle violazioni commesse dopo l'entrata in vigore delle disposizioni adottate dalla Banca d'Italia ai sensi dell'art. 145 quater *del predetto D.L.vo n. 72/2015.*

Alle violazioni commesse prima della data di entrata in vigore delle disposizioni adottate dalla Banca d'Italia continuano ad applicarsi le norme del titolo VIII del D.L.vo n. 385/1993 vigenti prima della data di entrata in vigore del presente decreto legislativo.

144 *quater*. (1) Criteri per la determinazione delle sanzioni. – 1. Nella determinazione dell'ammontare delle sanzioni amministrative pecuniarie o della durata delle sanzioni accessorie previste nel presente titolo la Banca d'Italia considera ogni circostanza rilevante e, in particolare, tenuto conto del fatto che il destinatario della sanzione sia persona fisica o giuridica, le seguenti, ove pertinenti:

a) gravità e durata della violazione;

b) grado di responsabilità;

c) capacità finanziaria del responsabile della violazione;

d) entità del vantaggio ottenuto o delle perdite evitate attraverso la violazione, nella misura in cui essa sia determinabile;

e) pregiudizi cagionati a terzi attraverso la violazione, nella misura in cui il loro ammontare sia determinabile;

f) livello di cooperazione del responsabile della violazione con la Banca d'Italia;

g) precedenti violazioni in materia bancaria o finanziaria commesse da parte del medesimo soggetto;

h) potenziali conseguenze sistemiche della violazione.

(1) *Questo articolo è stato inserito dall'art. 1, comma 52, del D.L.vo 12 maggio 2015, n. 72.*

A norma dell'art. 2, comma 3, del medesimo provvedimento, le modifiche apportate al titolo VIII del decreto legislativo 1° settembre 1993, n. 385 si applicano alle violazioni commesse dopo l'entrata in vigore delle disposizioni adottate dalla Banca d'Italia ai sensi dell'art. 145 quater *del predetto D.L.vo n. 72/2015.*

Alle violazioni commesse prima della data di entrata in vigore delle disposizioni adottate dalla Banca d'Italia continuano ad applicarsi le norme del titolo VIII del D.L.vo n. 385/1993 vigenti prima della data di entrata in vigore del presente decreto legislativo.

144 *quinquies*. (1) **Sanzioni per violazioni di disposizioni dell'Unione europea direttamente applicabili.** – 1. Nelle materie a cui si riferiscono le disposizioni richiamate agli articoli 139, 140, 144, 144 *bis* e 144 *ter*, le sanzioni ivi previste si applicano, nella misura e con le modalità stabilite nel presente titolo, anche in caso di inosservanza del regolamento UE n. 575/2013, delle relative norme tecniche di regolamentazione e di attuazione emanate dalla Commissione europea ai sensi degli articoli 10 e 15 del regolamento (CE) n. 1093/2010, ovvero in caso di inosservanza degli atti dell'ABE direttamente applicabili ai soggetti vigilati adottati ai sensi di quest'ultimo regolamento.

(1) *Questo articolo è stato inserito dall'art. 1, comma 52, del D.L.vo 12 maggio 2015, n. 72.*

A norma dell'art. 2, comma 3, del medesimo provvedimento, le modifiche apportate al titolo VIII del decreto legislativo 1° settembre 1993, n. 385 si applicano alle violazioni commesse dopo l'entrata in vigore delle disposizioni adottate dalla Banca d'Italia ai sensi dell'art. 145 quater *del predetto D.L.vo n. 72/2015.*

Alle violazioni commesse prima della data di entrata in vigore delle disposizioni adottate dalla Banca d'Italia continuano ad applicarsi le norme del titolo VIII del D.L.vo n. 385/1993 vigenti prima della data di entrata in vigore del presente decreto legislativo.

144 *sexies*. (1) **Obbligo di astensione.** – 1. I soci e gli amministratori che violano l'obbligo di astensione di cui all'articolo 53, comma 4, secondo periodo, sono puniti con una sanzione amministrativa pecuniaria da euro 50.000 a euro 150.000.

(1) *Questo articolo è stato inserito dall'art. 1, comma 52, del D.L.vo 12 maggio 2015, n. 72.*

A norma dell'art. 2, comma 3, del medesimo provvedimento, le modifiche apportate al titolo VIII del decreto legislativo 1° settembre 1993, n. 385 si applicano alle violazioni commesse dopo l'entrata in vigore delle disposizioni adottate dalla Banca d'Italia ai sensi dell'art. 145 quater *del predetto D.L.vo n. 72/2015.*

Alle violazioni commesse prima della data di entrata in vigore delle disposizioni adottate dalla Banca d'Italia continuano ad applicarsi le norme del titolo VIII del D.L.vo n. 385/1993 vigenti prima della data di entrata in vigore del presente decreto legislativo.

144 *septies*. (1) **Applicazione delle sanzioni nell'ambito del MVU.** – 1. Il presente articolo si applica in caso di violazioni commesse dai soggetti significativi o dai loro soci, esponenti o personale in materie inerenti l'esercizio dei compiti attribuiti alla BCE dalle disposizioni del MVU.

2. Con riferimento ai soggetti indicati al comma 1, la Banca d'Italia può applicare le sanzioni amministrative previste nel presente Titolo esclusivamente su richiesta della BCE, quando ricorre una o più delle seguenti condizioni:

a) la violazione ha ad oggetto disposizioni diverse da quelle dell'Unione europea direttamente applicabili;

b) la sanzione è diretta a persone fisiche, nei casi previsti dagli articoli 139, 140, 144 *ter*, 144 *quinquies* e 144 *sexies*;

c) la sanzione ha natura non pecuniaria.

3. Nei casi indicati al comma 2, la procedura sanzionatoria si svolge secondo quanto previsto dall'articolo 145. La conclusione della procedura ed il suo esito sono comunicati tempestivamente alla BCE.

4. La Banca d'Italia può chiedere alla BCE di formulare una richiesta di avvio di procedura sanzionatoria ai sensi del comma 2.

5. L'applicazione delle sanzioni per le violazioni dei regolamenti e delle decisioni della BCE è riservata alla stessa BCE, sia per i soggetti significativi sia per quelli meno significativi, nei casi e secondo le modalità stabiliti dalle disposizioni dell'Unione europea.

(1) *Questo articolo è stato inserito dall'art. 1, comma 24, del D.L.vo 14 novembre 2016, n. 223.*

Capo VI
Disposizioni generali in materia di sanzioni amministrative (1)

(1) *Questa intitolazione è stata introdotta dall'articolo 64, comma 34, del D.L.vo 23 luglio 1996, n. 415.*

145. (1) **Procedura sanzionatoria.** - 1. Per le violazioni previste nel presente titolo cui è applicabile una sanzione amministrativa, la Banca d'Italia contestati gli addebiti ai soggetti interessati, tenuto conto del complesso delle informazioni raccolte, applica le sanzioni con provvedimento motivato. I soggetti interessati possono, entro trenta giorni dalla contestazione, presentare deduzioni e chiedere un'audizione personale in sede di istruttoria, cui possono partecipare anche con l'assistenza di un avvocato (2).

1 *bis*. Il procedimento sanzionatorio è retto dai principi del contraddittorio, della conoscenza degli atti istruttori, della verbalizzazione nonché della distinzione tra funzioni istruttorie e funzioni decisorie (3).

[2. Il Ministro dell'economia e delle finanze, sulla base della proposta della Banca d'Italia o dell'Uic, provvede ad applicare le sanzioni con decreto motivato] (4).

3. Il provvedimento di applicazione delle sanzioni previste dal presente titolo è pubblicato senza ritardo e per estratto sul sito web della Banca d'Italia. Nel caso in cui avverso il provvedimento di applicazione della sanzione sia adita l'autorità giudiziaria, la Banca d'Italia menziona l'avvio dell'azione giudiziaria e l'esito della stessa nel proprio sito web a margine della pubblicazione. La Banca d'Italia, tenuto conto della natura della violazione e degli interessi coinvolti, può stabilire modalità ulteriori per dare pubblicità al provvedimento, ponendo le relative spese a carico dell'autore della violazione (5).

3 *bis*. Nel provvedimento di applicazione della sanzione la Banca d'Italia dispone la pubblicazione in forma anonima del provvedimento sanzionatorio quando quella ordinaria:

a) abbia ad oggetto dati personali ai sensi del decreto legislativo 30 giugno 2003, n. 196, la cui pubblicazione appaia sproporzionata rispetto alla violazione sanzionata;

b) possa comportare rischi per la stabilità dei mercati finanziari o pregiudicare lo svolgimento di un'indagine penale in corso;

c) possa causare un pregiudizio sproporzionato ai soggetti coinvolti, purchè tale pregiudizio sia determinabile (6).

3 *ter*. Se le situazioni descritte nel comma 3 *bis* hanno carattere temporaneo, la pubblicazione è effettuata quando queste sono venute meno (6).

4. Contro il provvedimento che applica la sanzione è ammesso ricorso alla corte di appello di Roma. Il ricorso è notificato, a pena di decadenza, alla Banca d'Italia nel termine di trenta giorni dalla comunicazione del provvedimento impugnato, ovvero sessanta giorni se il ricorrente risiede all'estero, ed è depositato in cancelleria, unitamente ai documenti offerti in comunicazione, nel termine perentorio di trenta giorni dalla notifica (7).

5. L'opposizione non sospende l'esecuzione del provvedimento. La corte d'appello, se ricorrono gravi motivi, può disporre la sospensione con ordinanza non impugnabile (8) (9).

6. Il Presidente della corte di appello designa il giudice relatore e fissa con decreto l'udienza pubblica per la discussione dell'opposizione. Il decreto è notificato alle parti a cura della cancelleria almeno sessanta giorni prima dell'udienza. La Banca d'Italia deposita memorie e documenti nel termine di dieci giorni prima dell'udienza. Se alla prima udienza l'opponente non si presenta senza addurre alcun legittimo impedimento, il giudice, con ordinanza ricorribile per cassazione, dichiara il ricorso improcedibile, ponendo a carico dell'opponente le spese del procedimento (10).

7. All'udienza, la Corte di appello dispone, anche d'ufficio, i mezzi di prova che ritiene necessari, nonché l'audizione personale delle parti che ne abbiano fatto richiesta. Successivamente le parti procedono alla discussione orale della causa. La sentenza è depositata in cancelleria entro sessanta giorni. Quando almeno una delle parti manifesta l'interesse alla pubblicazione anticipata del dispositivo rispetto alla sentenza, il dispositivo è pubblicato mediante deposito in cancelleria non oltre sette giorni dall'udienza di discussione (11).

7 *bis*. Con la sentenza la Corte d'Appello può rigettare l'opposizione, ponendo a carico dell'opponente le spese del procedimento, o accoglierla, annullando in tutto o in parte il provvedimento o riducendo l'ammontare o la durata della sanzione (12).

8. Copia della sentenza è trasmessa, a cura della cancelleria della corte di appello, alla Banca d'Italia, anche ai fini della pubblicazione prevista dal comma 3 (13).

9. Alla riscossione delle sanzioni previste dal presente titolo si provvede mediante ruolo secondo i termini e le modalità previsti dal decreto del Presidente della Repubblica 23 settembre 1973, n. 602, come modificato dal decreto legislativo 26 febbraio 1999, n. 46. I proventi derivanti dalle sanzioni previste dal presente titolo affluiscono al bilancio dello Stato ([14]).

[10. Le banche, le società o gli enti ai quali appartengono i responsabili delle violazioni rispondono, in solido con questi, del pagamento della sanzione e delle spese di pubblicità previste dal primo periodo del comma 3 e sono tenuti a esercitare il regresso verso i responsabili] ([15]).

11. Alle sanzioni amministrative pecuniarie previste dal presente titolo non si applicano le disposizioni contenute negli articoli 6, 10, 11 e ([16]) 16 della legge 24 novembre 1981, n. 689.

([1]) *Questo articolo è stato così sostituito dall'art. 34 del D.L.vo 4 agosto 1999, n. 342.*

([2]) *Questo comma, sostituito dall'art. 26, comma 2, lett.* a)*, della L. 28 dicembre 2005, n. 262 è stato, da ultimo, così sostituito dall'art. 1, comma 53, lett. a), del D.L.vo 12 maggio 2015, n. 72.*

A norma dell'art. 2, comma 3, del medesimo provvedimento, le modifiche apportate al titolo VIII del decreto legislativo 1° settembre 1993, n. 385 si applicano alle violazioni commesse dopo l'entrata in vigore delle disposizioni adottate dalla Banca d'Italia ai sensi dell'art. 145 quater *del predetto D.L.vo n. 72/2015.*

Alle violazioni commesse prima della data di entrata in vigore delle disposizioni adottate dalla Banca d'Italia continuano ad applicarsi le norme del titolo VIII del D.L.vo n. 385/1993 vigenti prima della data di entrata in vigore del presente decreto legislativo.

Si riporta pertanto il testo previgente:

«1. Per le violazioni previste nel presente titolo cui è applicabile una sanzione amministrativa, la Banca d'Italia o l'UIC, nell'ambito delle rispettive competenze, contestati gli addebiti alle persone e alla banca, alla società o all'ente interessati e valutate le deduzioni presentate entro trenta giorni, tenuto conto del complesso delle informazioni raccolte applicano le sanzioni con provvedimento motivato.».

([3]) *Questo comma è stato inserito dall'art. 1, comma 53, lett.* b)*, del D.L.vo 12 maggio 2015, n. 72.*

A norma dell'art. 2, comma 3, del medesimo provvedimento, le modifiche apportate al titolo VIII del decreto legislativo 1° settembre 1993, n. 385 si applicano alle violazioni commesse dopo l'entrata in vigore delle disposizioni adottate dalla Banca d'Italia ai sensi dell'art. 145 quater *del predetto D.L.vo n. 72/2015.*

Alle violazioni commesse prima della data di entrata in vigore delle disposizioni adottate dalla Banca d'Italia continuano ad applicarsi le norme del titolo VIII del D.L.vo n. 385/1993 vigenti prima della data di entrata in vigore del presente decreto legislativo.

([4]) *Questo comma è stato abrogato dall'art. 26, comma 2, lett.* b)*, della L. 28 dicembre 2005, n. 262.*

([5]) *Questo comma, sostituito dall'art. 26, comma 2, lett.* c)*, della L. 28 dicembre 2005, n. 262 è stato, da ultimo, così sostituito dall'art. 1, comma 53, lett.* c)*, del D.L.vo 12 maggio 2015, n. 72.*

A norma dell'art. 2, comma 3, del medesimo provvedimento, le modifiche apportate al titolo VIII del decreto legislativo 1° settembre 1993, n. 385 si applicano alle violazioni commesse dopo l'entrata in vigore delle disposizioni adottate dalla Banca d'Italia ai sensi dell'art. 145 quater *del predetto D.L.vo n. 72/2015.*

Alle violazioni commesse prima della data di entrata in vigore delle disposizioni adottate dalla Banca d'Italia continuano ad applicarsi le norme del titolo VIII del D.L.vo n. 385/1993 vigenti prima della data di entrata in vigore del presente decreto legislativo.

Si riporta pertanto il testo previgente:

«3. Il provvedimento di applicazione delle sanzioni previste dall'articolo 144, commi 3, 3 bis e 4, è pubblicato, per estratto, entro il termine di trenta giorni dalla data di notificazione, a cura e spese della banca, della società o dell'ente al quale appartengono i responsabili delle violazioni, su almeno due quotidiani a diffusione nazionale, di cui uno economico. Il provvedimento di applicazione delle altre sanzioni previste dal presente titolo è pubblicato per estratto sul bollettino previsto dall'articolo 8.».

([6]) *Questo comma, è stato inserito dall'art. 1, comma 53, lett.* d)*, del D.L.vo 12 maggio 2015, n. 72.*

A norma dell'art. 2, comma 3, del medesimo provvedimento, le modifiche apportate al titolo VIII del decreto legislativo 1° settembre 1993, n. 385 si applicano alle violazioni commesse dopo l'entrata in vigore delle disposizioni adottate dalla Banca d'Italia ai sensi dell'art. 145 quater *del predetto D.L.vo n. 72/2015.*

Alle violazioni commesse prima della data di entrata in vigore delle disposizioni adottate dalla Banca d'Italia continuano ad applicarsi le norme del titolo VIII del D.L.vo n. 385/1993 vigenti prima della data di entrata in vigore del presente decreto legislativo.

([7]) *Questo comma, già sostituito dall'art. 26, comma 2, lett.* c)*, della L. 28 dicembre 2005, n. 262, era stato abrogato dall'art. 4, comma 1, dell'Allegato 4 del D.L.vo 2 luglio 2010, n. 104, a decorrere dal 16 settembre 2010. La Corte costituzionale, con sentenza n. 50 del 15 aprile 2014, ha dichiarato l'illegittimità costituzionale dell'art. 4, comma 1, dell'Allegato 4 del D.L.vo 2 luglio 2010, n. 104, nella parte in cui abroga l'art. 145, commi da 4 a 8, di questo provvedimento. La stessa Corte, con sentenza n. 94 del 15 aprile 2014, ha dichiarato l'illegittimità costituzionale dell'art. 4, comma 1, n. 17), nella parte in cui abroga l'art. 145, commi da 4 a 8, del decreto legislativo 1° settembre 1993, n. 385. Da ultimo, questo comma, è stato così sostituito dall'art. 1, comma 53, lett.* e)*, del D.L.vo 12 maggio 2015, n. 72.*

A norma dell'art. 2, comma 3, del medesimo provvedimento, le modifiche apportate al titolo VIII del decreto legislativo 1° settembre 1993, n. 385 si applicano alle violazioni commesse dopo l'entrata in vigore delle disposizioni adottate dalla Banca d'Italia ai sensi dell'art. 145 quater *del predetto D.L.vo n. 72/2015.*

Alle violazioni commesse prima della data di entrata in vigore delle disposizioni adottate dalla Banca d'Italia continuano ad applicarsi le norme del titolo VIII del D.L.vo n. 385/1993 vigenti prima della data di entrata in vigore del presente decreto legislativo.

A norma dell'art. 2, comma 5, del predetto provvedimento, questo comma, come modificato dal presente decreto legislativo, si applica ai giudizi proposti successivamente all'entrata in vigore del presente decreto legislativo; nei giudizi di opposizione pendenti alla medesima data le udienze sono pubbliche.

Si riporta pertanto il testo previgente:

«4. Contro il provvedimento che applica la sanzione è ammessa opposizione alla corte di appello di Roma. L'opposizione deve essere notificata all'autorità che ha emesso il provvedimento nel termine di trenta giorni dalla data di comunicazione del provvedimento impugnato e deve essere depositata presso la cancelleria della corte di appello entro trenta giorni dalla notifica.».

(8) *Le parole: «decreto motivato» sono state così sostituite dalle seguenti: «ordinanza non impugnabile.» dall'art. 1, comma 53, lett.* f), *del D.L.vo 12 maggio 2015, n. 72.*

A norma dell'art. 2, comma 3, del medesimo provvedimento, le modifiche apportate al titolo VIII del decreto legislativo 1° settembre 1993, n. 385 si applicano alle violazioni commesse dopo l'entrata in vigore delle disposizioni adottate dalla Banca d'Italia ai sensi dell'art. 145 quater *del predetto D.L.vo n. 72/2015.*

Alle violazioni commesse prima della data di entrata in vigore delle disposizioni adottate dalla Banca d'Italia continuano ad applicarsi le norme del titolo VIII del D.L.vo n. 385/1993 vigenti prima della data di entrata in vigore del presente decreto legislativo.

A norma dell'art. 2, comma 5, del predetto provvedimento, questo comma, come modificato dal presente decreto legislativo, si applica ai giudizi proposti successivamente all'entrata in vigore del presente decreto legislativo; nei giudizi di opposizione pendenti alla medesima data le udienze sono pubbliche.

Si riporta pertanto il testo previgente:

«L'opposizione non sospende l'esecuzione del provvedimento. La corte d'appello, se ricorrono gravi motivi, può disporre la sospensione con decreto motivato.».

(9) *Questo comma è stato abrogato dall'art. 4, comma 1, dell'Allegato 4 del D.L.vo 2 luglio 2010, n. 104, a decorrere dal 16 settembre 2010. La Corte costituzionale, con sentenza n. 50 del 15 aprile 2014, ha dichiarato l'illegittimità costituzionale dell'art. 4, comma 1, dell'Allegato 4 del D.L.vo 2 luglio 2010, n. 104, nella parte in cui abroga l'art. 145, commi da 4 a 8, di questo provvedimento.*

(10) *Questo comma è stato abrogato dall'art. 4, comma 1, dell'Allegato 4 del D.L.vo 2 luglio 2010, n. 104, a decorrere dal 16 settembre 2010. La Corte costituzionale, con sentenza n. 50 del 15 aprile 2014, ha dichiarato l'illegittimità costituzionale dell'art. 4, comma 1, dell'Allegato 4 del D.L.vo 2 luglio 2010, n. 104, nella parte in cui abroga l'art. 145, commi da 4 a 8, di questo provvedimento.*

Da ultimo, questo comma, è stato così sostituito dall'art. 1, comma 53, lett. h), *del D.L.vo 12 maggio 2015, n. 72.*

A norma dell'art. 2, comma 3, del medesimo provvedimento, le modifiche apportate al titolo VIII del decreto legislativo 1° settembre 1993, n. 385 si applicano alle violazioni commesse dopo l'entrata in vigore delle disposizioni adottate dalla Banca d'Italia ai sensi dell'art. 145 quater *del predetto D.L.vo n. 72/2015.*

Alle violazioni commesse prima della data di entrata in vigore delle disposizioni adottate dalla Banca d'Italia continuano ad applicarsi le norme del titolo VIII del D.L.vo n. 385/1993 vigenti prima della data di entrata in vigore del presente decreto legislativo.

A norma dell'art. 2, comma 5, del predetto provvedimento, questo comma, come modificato dal presente decreto legislativo, si applica ai giudizi proposti successivamente all'entrata in vigore del presente decreto legislativo; nei giudizi di opposizione pendenti alla medesima data le udienze sono pubbliche.

Si riporta pertanto il testo previgente:

«6. La corte d'appello, su istanza delle parti, fissa i termini per la presentazione di memorie e documenti, nonché per consentire l'audizione anche personale delle parti.».

(11) *Questo comma è stato abrogato dall'art. 4, comma 1, dell'Allegato 4 del D.L.vo 2 luglio 2010, n. 104, a decorrere dal 16 settembre 2010. La Corte costituzionale, con sentenza n. 50 del 15 aprile 2014, ha dichiarato l'illegittimità costituzionale dell'art. 4, comma 1, dell'Allegato 4 del D.L.vo 2 luglio 2010, n. 104, nella parte in cui abroga l'art. 145, commi da 4 a 8, di questo provvedimento.*

Da ultimo, questo comma, è stato così sostituito dall'art. 1, comma 53, lett. h), *del D.L.vo 12 maggio 2015, n. 72.*

A norma dell'art. 2, comma 3, del medesimo provvedimento, le modifiche apportate al titolo VIII del decreto legislativo 1° settembre 1993, n. 385 si applicano alle violazioni commesse dopo l'entrata in vigore delle disposizioni adottate dalla Banca d'Italia ai sensi dell'art. 145 quater *del predetto D.L.vo n. 72/2015.*

Alle violazioni commesse prima della data di entrata in vigore delle disposizioni adottate dalla Banca d'Italia continuano ad applicarsi le norme del titolo VIII del D.L.vo n. 385/1993 vigenti prima della data di entrata in vigore del presente decreto legislativo.

A norma dell'art. 2, comma 5, del predetto provvedimento, questo comma, come modificato dal presente decreto legislativo, si applica ai giudizi proposti successivamente all'entrata in vigore del presente decreto legislativo; nei giudizi di opposizione pendenti alla medesima data le udienze sono pubbliche.

Si riporta pertanto il testo previgente:

«7. La corte d'appello decide sull'opposizione in camera di consiglio, sentito il pubblico ministero, con decreto motivato.».

(12) *Questo comma è stato inserito dall'art. 1, comma 53, lett.* i*), del D.L.vo 12 maggio 2015, n. 72.*

A norma dell'art. 2, comma 3, del medesimo provvedimento, le modifiche apportate al titolo VIII del decreto legislativo 1° settembre 1993, n. 385 si applicano alle violazioni commesse dopo l'entrata in vigore delle disposizioni adottate dalla Banca d'Italia ai sensi dell'art. 145 quater *del predetto D.L.vo n. 72/2015.*

Alle violazioni commesse prima della data di entrata in vigore delle disposizioni adottate dalla Banca d'Italia continuano ad applicarsi le norme del titolo VIII del D.L.vo n. 385/1993 vigenti prima della data di entrata in vigore del presente decreto legislativo.

A norma dell'art. 2, comma 5, del predetto provvedimento, questo comma, come modificato dal presente decreto legislativo, si applica ai giudizi proposti successivamente all'entrata in vigore del presente decreto legislativo; nei giudizi di opposizione pendenti alla medesima data le udienze sono pubbliche.

(13) *Questo comma, già sostituito dall'art. 26, comma 2, lett.* d)*, della L. 28 dicembre 2005, n. 262, è stato abrogato dall'art. 4, comma 1, dell'Allegato 4 del D.L.vo 2 luglio 2010, n. 104, a decorrere dal 16 settembre 2010. La Corte costituzionale, con sentenza n. 50 del 15 aprile 2014, ha dichiarato l'illegittimità costituzionale dell'art. 4, comma 1, dell'Allegato 4 del D.L.vo 2 luglio 2010, n. 104, nella parte in cui abroga l'art. 145, commi da 4 a 8, di questo provvedimento.*

Da ultimo, questo comma, è stato così sostituito dall'art. 1, comma 53, lett. l*), del D.L.vo 12 maggio 2015, n. 72.*

A norma dell'art. 2, comma 3, del medesimo provvedimento, le modifiche apportate al titolo VIII del decreto legislativo 1° settembre 1993, n. 385 si applicano alle violazioni commesse dopo l'entrata in vigore delle disposizioni adottate dalla Banca d'Italia ai sensi dell'art. 145 quater *del predetto D.L.vo n. 72/2015.*

Alle violazioni commesse prima della data di entrata in vigore delle disposizioni adottate dalla Banca d'Italia continuano ad applicarsi le norme del titolo VIII del D.L.vo n. 385/1993 vigenti prima della data di entrata in vigore del presente decreto legislativo.

A norma dell'art. 2, comma 5, del predetto provvedimento, questo comma, come modificato dal presente decreto legislativo, si applica ai giudizi proposti successivamente all'entrata in vigore del presente decreto legislativo; nei giudizi di opposizione pendenti alla medesima data le udienze sono pubbliche.

Si riporta pertanto il testo previgente:

«8. Copia del decreto è trasmessa, a cura della cancelleria della corte d'appello, all'autorità che ha emesso il provvedimento, anche ai fini della pubblicazione per estratto nel bollettino previsto dall'articolo 8.».

(14) *Questo periodo è stato aggiunto dall'art. 1, comma 53, lett.* m*), del D.L.vo 12 maggio 2015, n. 72.*

A norma dell'art. 2, comma 3, del medesimo provvedimento, le modifiche apportate al titolo VIII del decreto legislativo 1° settembre 1993, n. 385 si applicano alle violazioni commesse dopo l'entrata in vigore delle disposizioni adottate dalla Banca d'Italia ai sensi dell'art. 145 quater *del predetto D.L.vo n. 72/2015.*

Alle violazioni commesse prima della data di entrata in vigore delle disposizioni adottate dalla Banca d'Italia continuano ad applicarsi le norme del titolo VIII del D.L.vo n. 385/1993 vigenti prima della data di entrata in vigore del presente decreto legislativo.

Si riporta pertanto il testo previgente:

«9. Alla riscossione delle sanzioni previste dal presente titolo si provvede mediante ruolo secondo i termini e le modalità previsti dal decreto del Presidente della Repubblica 23 settembre 1973, n. 602, come modificato dal decreto legislativo 26 febbraio 1999, n. 46.».

(15) *Questo comma è stato abrogato dall'art. 1, comma 53, lett.* n*), del D.L.vo 12 maggio 2015, n. 72.*

A norma dell'art. 2, comma 3, del medesimo provvedimento, le modifiche apportate al titolo VIII del decreto legislativo 1° settembre 1993, n. 385 si applicano alle violazioni commesse dopo l'entrata in vigore delle disposizioni adottate dalla Banca d'Italia ai sensi dell'art. 145 quater *del predetto D.L.vo n. 72/2015.*

Alle violazioni commesse prima della data di entrata in vigore delle disposizioni adottate dalla Banca d'Italia continuano ad applicarsi le norme del titolo VIII del D.L.vo n. 385/1993 vigenti prima della data di entrata in vigore del presente decreto legislativo.

(16) *Le parole: «nell'articolo» sono state così sostituite dalle seguenti: «negli articoli 6, 10, 11 e», dall'art. 1, comma 53, lett. o), del D.L.vo 12 maggio 2015, n. 72.*

A norma dell'art. 2, comma 3, del medesimo provvedimento, le modifiche apportate al titolo VIII del decreto legislativo 1° settembre 1993, n. 385 si applicano alle violazioni commesse dopo l'entrata in vigore delle disposizioni adottate dalla Banca d'Italia ai sensi dell'art. 145 quater *del predetto D.L.vo n. 72/2015.*

Alle violazioni commesse prima della data di entrata in vigore delle disposizioni adottate dalla Banca d'Italia continuano ad applicarsi le norme del titolo VIII del D.L.vo n. 385/1993 vigenti prima della data di entrata in vigore del presente decreto legislativo.

Si riporta pertanto il testo previgente:

«11. Alle sanzioni amministrative pecuniarie previste dal presente titolo non si applicano le disposizioni contenute nell'articolo 16 della legge 24 novembre 1981, n. 689.».

145 *bis*. (1) **Procedure contenziose.** – 1. I provvedimenti sanzionatori emessi dagli Organismi di cui agli articoli 112 *bis*, 113 e 128 *duodecies* sono disposti con atto motivato, previa contestazione degli addebiti agli interessati da effettuarsi entro centoventi giorni dall'accertamento ovvero entro duecentoquaranta giorni se l'interessato ha la sede o la residenza all'estero e valutate le deduzioni da essi presentate, rispettivamente, nei successivi quarantacinque e novanta giorni. Nello stesso termine gli interessati possono altresì chiedere di essere sentiti personalmente.

2. La tutela giurisdizionale davanti al giudice amministrativo è disciplinata dal codice del processo amministrativo (²).

3. Si applicano le norme procedurali del processo amministrativo, in quanto compatibili, compresa la sospensione dell'esecutività del provvedimento impugnato per gravi motivi (³).

4. Copia della sentenza del tribunale amministrativo regionale è trasmessa, a cura delle parti, all'Organismo ai fini della pubblicazione, per estratto (⁴).

(¹) *Questo articolo è stato inserito dall'art. 8, comma 11, del D.L.vo 13 agosto 2010, n. 141.*

(²) *Questo comma è stato così sostituito dall'art. 3, comma 5* bis, *lett.* a), *dell'Allegato 4 al D.L.vo 2 luglio 2010, n. 104, così come inserito dall'art. 1, comma 3, lett.* a), *n. 1), del D.L.vo 15 novembre 2011, n. 195.*

(³) *Questo comma è stato abrogato dall'art. 4, comma 1, n. 17), dell'Allegato 4 al D.L.vo 2 luglio 2010, n. 104, così come modificato dall'art. 1, comma 3, lett.* b), *n. 6), del D.L.vo 15 novembre 2011, n. 195. La Corte costituzionale, con sentenza n. 50 del 15 aprile 2014, ha dichiarato l'illegittimità costituzionale dell'art. 4, comma 1, dell'Allegato 4 del D.L.vo 2 luglio 2010, n. 104, nella parte in cui abroga l'art. 145* bis, *comma 3, di questo provvedimento.*

(⁴) *Questo comma è stato così sostituito dall'art. 3, comma 5* bis, *lett.* b), *dell'Allegato 4 al D.L.vo 2 luglio 2010, n. 104, così come inserito dall'art. 1, comma 3, lett.* a), *n. 1), del D.L.vo 15 novembre 2011, n. 195.*

145 *ter*. (¹) Comunicazione all'ABE sulle sanzioni applicate. – 1. La Banca d'Italia comunica all'ABE le sanzioni amministrative applicate ai sensi del presente titolo, ivi comprese quelle pubblicate in forma anonima, nonché le informazioni ricevute dai soggetti interessati sulle azioni da essi avviate avverso i provvedimenti sanzionatori e sull'esito delle stesse.

(¹) *Questo articolo è stato inserito dall'art. 1, comma 54, del D.L.vo 12 maggio 2015, n. 72.*

A norma dell'art. 2, comma 3, del medesimo provvedimento, le modifiche apportate al titolo VIII del decreto legislativo 1° settembre 1993, n. 385 si applicano alle violazioni commesse dopo l'entrata in vigore delle disposizioni adottate dalla Banca d'Italia ai sensi dell'art. 145 quater *del predetto D.L.vo n. 72/2015.*

Alle violazioni commesse prima della data di entrata in vigore delle disposizioni adottate dalla Banca d'Italia continuano ad applicarsi le norme del titolo VIII del D.L.vo n. 385/1993 vigenti prima della data di entrata in vigore del presente decreto legislativo.

145 *quater*. (¹) Disposizioni di attuazione. – 1. La Banca d'Italia emana disposizioni di attuazione del presente titolo.

(¹) *Questo articolo è stato inserito dall'art. 1, comma 54, del D.L.vo 12 maggio 2015, n. 72.*

A norma dell'art. 2, comma 3, del medesimo provvedimento, le modifiche apportate al titolo VIII del decreto legislativo 1° settembre 1993, n. 385 si applicano alle violazioni commesse dopo l'entrata in vigore delle disposizioni adottate dalla Banca d'Italia ai sensi dell'art. 145 quater *del predetto D.L.vo n. 72/2015.*

Alle violazioni commesse prima della data di entrata in vigore delle disposizioni adottate dalla Banca d'Italia continuano ad applicarsi le norme del titolo VIII del D.L.vo n. 385/1993 vigenti prima della data di entrata in vigore del presente decreto legislativo.

Titolo IX
Disposizioni transitorie e finali

146. (¹) Sorveglianza sul sistema dei pagamenti. – 1. La Banca d'Italia esercita la sorveglianza sul sistema dei pagamenti avendo riguardo al suo regolare funzionamento, alla sua affidabilità ed efficienza nonché alla tutela degli utenti di servizi di pagamento.

2. Per le finalità di cui al comma 1 la Banca d'Italia, nei confronti dei soggetti che emettono o gestiscono strumenti di pagamento, prestano servizi di pagamento, gestiscono sistemi di scambio, di compensazione e di regolamento o gestiscono infrastrutture strumentali tecnologiche o di rete, può:

a) richiedere la comunicazione, anche periodica, con le modalità e i termini da essa stabiliti, di dati, notizie, atti e documenti concernenti l'attività esercitata;

b) emanare disposizioni di carattere generale aventi a oggetto:

1) il contenimento dei rischi che possono inficiare il regolare funzionamento, l'affidabilità e l'efficienza del sistema dei pagamenti;

2) l'accesso dei prestatori di servizi di pagamento ai sistemi di scambio, di compensazione e di regolamento nonché alle infrastrutture strumentali tecnologiche o di rete;

3) il funzionamento, le caratteristiche e le modalità di prestazione dei servizi offerti;

4) gli assetti organizzativi e di controllo relativi alle attività svolte nel sistema dei pagamenti;

c) disporre ispezioni, chiedere l'esibizione di documenti e prenderne copia al fine di verificare il rispetto delle norme disciplinanti la corretta esecuzione dei servizi di pagamento nonché di ogni disposizione e provvedimento emanati ai sensi del presente articolo;

d) adottare per le materie indicate alla lettera b), ove la situazione lo richieda, provvedimenti specifici volti a far cessare le infrazioni accertate o a rimuoverne le cause, ivi inclusi il divieto di effettuare determinate operazioni e la restrizione delle attività dei soggetti sottoposti a sorveglianza nonché, nei casi più gravi, la sospensione dell'attività.

3. Nei confronti dei soggetti che emettono o gestiscono strumenti di pagamento e di quelli che prestano servizi di pagamento resta fermo quanto previsto ai sensi degli articoli 51, 53, 54, 66, 67, 68, 78, 79, 114 *quater*, 114 *quaterdecies* e del titolo VI.

4. La Banca d'Italia partecipa all'esercizio dei poteri conferiti al SEBC in materia di sistemi di pagamento.

(1) *Questo articolo è stato così sostituito dall'art. 35, comma 18, del D.L.vo 27 gennaio 2010, n. 11.*

147. Altri poteri delle Autorità creditizie. – 1. Le Autorità creditizie continuano a esercitare, nei confronti di tutte le banche che operano nel territorio della Repubblica, i poteri previsti dall'articolo 32, primo comma, lettere *d*) e *f*), e dall'articolo 35, secondo comma, lettera *b*) (1), del R.D.L. 12 marzo 1936, n. 375, convertito, con modificazioni, dalla L. 7 marzo 1938, n. 141, e successive modificazioni.

(1) *Nel quadro degli interventi regolamentari consentiti alla Banca d'Italia, questa lettera le permette «di determinare i limiti massimi dei fidi concedibili e di stabilire norme e termini per le riduzioni in caso di constatate eccedenze».*

148. [Obbligazioni stanziabili. – (*Omissis*)] (1).

(1) *Questo articolo è stato abrogato dall'articolo 6, comma 2, del D.L.vo 10 marzo 1998, n. 43, relativo al sistema europeo delle banche centrali.*

149. Banche popolari. – (*Omissis*).

150. Banche di credito cooperativo. – 1. Le banche di credito cooperativo costituite anteriormente al 1° gennaio 1993 possono mantenere l'originaria denominazione purché integrata dall'espressione: credito cooperativo.

2. (*Omissis*).

3. Le banche di credito cooperativo costituite prima del 22 febbraio 1992 non sono tenute ad adeguarsi alle prescrizioni dell'articolo 33, comma 4, relative al limite minimo del valore nominale delle azioni.

4. (*Omissis*).

5. La Banca d'Italia impartisce istruzioni per il graduale rispetto dell'obbligo previsto dall'articolo 35, comma 1, alle banche di credito cooperativo che, a fine esercizio 1992, abbiano in essere impieghi a non soci in misura eccedente quella consentita.

6. Le disposizioni dettate dall'articolo 37 si applicano a decorrere dall'approvazione del bilancio relativo all'esercizio 1993. Le relative modificazioni statutarie sono deliberate con le maggioranze previste dagli statuti per le deliberazioni dell'assemblea ordinaria.

150 *bis*. (1) **Disposizioni in tema di banche cooperative.** – 1. Alle banche di credito cooperativo non si applicano le seguenti disposizioni del codice civile: 2349, secondo comma, 2513, 2514, secondo comma, 2519, secondo comma, 2522, 2525 primo, secondo, terzo e quarto comma, 2527, secondo e terzo comma, 2528, terzo e quarto comma, 2530 secondo, terzo, quarto e quinto comma, 2538, secondo comma, secondo periodo, terzo e quarto comma, 2540, secondo comma, 2541, 2542 quarto comma, 2543 primo e secondo comma, 2545 *bis*, 2545 *quater*, 2545 *quinquies*, 2545 *octies*, 2545 *decies*, 2545 *undecies*, terzo comma, 2545 *terdecies*, 2545 *quinquiesdecies*, 2545 *sexiesdecies*, 2545 *septiesdecies* e 2545 *octiesdecies* (2).

2. Alle banche popolari non si applicano le seguenti disposizioni del codice civile: 2349, secondo comma, 2512, 2513, 2514, 2519, secondo comma, 2522, 2525, primo, secondo, terzo e quarto comma, 2527, secondo e terzo comma, 2528, terzo e quarto comma, 2530, primo, secondo, terzo, quarto e quinto comma, 2538, secondo comma, secondo periodo, e quarto comma, 2540, secondo comma, 2542, secondo e quarto comma, 2543, primo e secondo comma, 2545 *bis*, 2545 *quater*, 2545 *quinquies*, 2545 *octies*, 2545 *decies*, 2545 *undecies*, terzo comma, 2545 *terdecies*, 2545 *quinquiesdecies*, 2545 *sexiesdecies*, 2545 *septiesdecies* e 2545 *octiesdecies* (3).

2 *bis*. In deroga a quanto previsto dall'articolo 2539, primo comma, del codice civile, gli statuti delle banche popolari determinano il numero massimo di deleghe che possono essere conferite

ad un socio; in ogni caso, questo numero non è inferiore a 10 e non è superiore a 20 ([4]).

3. Alle banche di credito cooperativo continuano ad applicarsi le disposizioni degli articoli 7 e 9 della legge 31 gennaio 1992, n. 59, in quanto compatibili.

4. Lo statuto delle banche di credito cooperativo contiene le clausole previste dall'articolo 2514, primo comma, del Codice civile.

5. Nei casi di fusione e trasformazione previsti dall'articolo 36, nonché di cessione di rapporti giuridici in blocco e scissione da cui risulti una banca costituita in forma di società per azioni, restano fermi gli effetti di devoluzione del patrimonio stabiliti dall'articolo 17 della legge 23 dicembre 2000, n. 388 ([5]) ([6]).

6. L'atto costitutivo delle banche popolari e delle banche di credito cooperativo può prevedere, determinandone i criteri, la ripartizione di ristorni ai soci secondo quanto previsto dall'articolo 2545 *sexies* del codice civile.

7. Il termine per l'adeguamento degli statuti delle banche di credito cooperativo alle nuove disposizioni del comma 2 *bis* dell'articolo 52 è fissato al 30 giugno 2005.

([1]) *Questo articolo è stato inserito dall'art. 38 del D.L.vo 28 dicembre 2004, n. 310.*

([2]) *Questo comma è stato così sostituito dall'art. 1, comma 6, lett.* a)*, del D.L. 14 febbraio 2016, n. 18, convertito, con modificazioni, nella L. 8 aprile 2016, n. 49.*

([3]) *Questo comma è stato così sostituito dall'art. 1, comma 1, lett.* d)*, n. 2), del D.L. 24 gennaio 2015, n. 3, convertito, con modificazioni, nella L. 24 marzo 2015, n. 33.*

([4]) *Questo comma, inserito dall'art. 23* quater*, comma 1, lett.* b)*, del D.L. 18 ottobre 2012, n. 179, convertito, con modificazioni, nella L. 17 dicembre 2012, n. 221, è stato da ultimo così sostituito dall'art. 1, comma 1, lett.* d)*, n. 3), del D.L. 24 gennaio 2015, n. 3, convertito, con modificazioni, nella L. 24 marzo 2015, n. 33.*

([5]) *Questo comma è stato così sostituito dall'art. 1, comma 6, lett.* b)*, del D.L. 14 febbraio 2016, n. 18, convertito, con modificazioni, nella L. 8 aprile 2016, n. 49.*

([6]) *Si veda l'art. 2, commi 3* bis*, 3* ter *e 3* quater*, del D.L. 14 febbraio 2016, n. 18, convertito, con modificazioni, nella L. 8 aprile 2016, n. 49, che si riportano:*

«3 bis. *In deroga a quanto previsto dall'articolo 150* bis*, comma 5, del decreto legislativo 1° settembre 1993, n. 385, la devoluzione non si produce per le banche di credito cooperativo che, entro sessanta giorni dalla data di entrata in vigore della legge di conversione del presente decreto, presentino istanza, anche congiunta, alla Banca d'Italia, ai sensi dell'articolo 58 del decreto legislativo n. 385 del 1993, di conferimento delle rispettive aziende bancarie ad una medesima società per azioni, anche di nuova costituzione, autorizzata all'esercizio dell'attività bancaria, purchè la banca istante o, in caso di istanza congiunta, almeno una delle banche istanti, possieda, alla data del 31 dicembre 2015, un patrimonio netto superiore a duecento milioni di euro, come risultante dal bilancio riferito a tale data, su cui il revisore contabile ha espresso un giudizio senza rilievi.*

3 ter. *All'atto del conferimento, la banca di credito cooperativo conferente versa al bilancio dello Stato un importo pari al 20 per cento del patrimonio netto al 31 dicembre 2015, come risultante dal bilancio riferito a tale data, su cui il revisore contabile ha espresso un giudizio senza rilievi.*

3 quater. *A seguito del conferimento, la banca di credito cooperativo conferente, che mantiene le riserve indivisibili al netto del versamento di cui al comma 3* ter*, modifica il proprio oggetto sociale per escludere l'esercizio dell'attività bancaria e si obbliga a mantenere le clausole mutualistiche di cui all'articolo 2514 del codice civile, nonché ad assicurare ai soci servizi funzionali al mantenimento del rapporto con la società per azioni conferitaria, di formazione e informazione sui temi del risparmio e di promozione di programmi di assistenza. Non spetta ai soci il diritto di recesso previsto dall'articolo 2437, primo comma, lettera* a)*, del codice civile. In caso di inosservanza degli obblighi previsti dal presente comma e dai commi 3* bis *e 3* ter*, il patrimonio della conferente o, a seconda dei casi, della banca di credito cooperativo è devoluto ai sensi dell'articolo 17 della legge 23 dicembre 2000, n. 388. In caso di mancato ottenimento delle autorizzazioni indicate al comma 3* bis *entro il termine indicato dal comma 1, la banca di credito cooperativo può chiedere l'adesione a un gruppo cooperativo già costituito entro i successivi novanta giorni. In caso di diniego dell'adesione si applica il comma 3».*

150 *ter*. ([1]) **Disposizioni in tema di partecipazione a banche di credito cooperativo.** – 01. Le banche di credito cooperativo emettono le azioni previste dall'articolo 2526 del codice civile nei casi e nei modi previsti dal presente articolo ([2]).

1. Alle banche di credito cooperativo che versino in una situazione di inadeguatezza patrimoniale, ovvero siano sottoposte ad amministrazione straordinaria [, ai sensi dell'articolo 70, comma 1, lettera *b*),] ([3]) è consentita, previa modifica dello statuto sociale [ed in deroga alle previsioni di cui all'articolo 150 *bis*, comma 1] ([3]), l'emissione di azioni di finanziamento di cui all'articolo 2526 del codice civile.

2. L'emissione delle azioni di cui al comma 1 deve essere autorizzata dalla Banca d'Italia e, fatto salvo quanto previsto dal comma 4 *bis*, esse sono sottoscrivibili solo da parte dei sistemi di garanzia istituiti tra banche di credito cooperativo e dei fondi mutualistici per la promozione e lo sviluppo della cooperazione, di cui alla legge 31

gennaio 1992, n. 59, in deroga ai limiti di cui all'articolo 34, commi 2 e 4 ([4]).

3. I diritti patrimoniali e amministrativi, spettanti ai soci finanziatori, anche in deroga ai limiti previsti dall'articolo 2526, secondo comma, terzo periodo, del codice civile, e all'articolo 34, comma 3, del presente decreto, sono stabiliti dallo statuto, ma ad essi spetta comunque il diritto di designare uno o più componenti dell'organo amministrativo ed il presidente dell'organo che svolge la funzione di controllo ([5]).

4. I sottoscrittori delle azioni di finanziamento possono chiedere il rimborso del valore nominale delle azioni e, ove versato, del sovrapprezzo. L'organo amministrativo, sentito l'organo che svolge la funzione di controllo, delibera sulla richiesta di rimborso avendo riguardo alla situazione di liquidità, finanziaria e patrimoniale attuale e prospettica della banca di credito cooperativo. L'efficacia della delibera è condizionata alla preventiva autorizzazione della Banca d'Italia ([6]).

4 *bis*. Le azioni di finanziamento possono essere sottoscritte, in deroga ai limiti di cui all'articolo 34, commi 2 e 4, anche dalla capogruppo del gruppo bancario cooperativo a cui appartiene l'emittente. In tal caso, l'emissione è consentita anche fuori dei casi indicati al comma 1, si applicano i commi 3 e 4 e l'autorizzazione della Banca d'Italia ai sensi del comma 4 ha riguardo alla situazione di liquidità, finanziaria e patrimoniale attuale e prospettica della singola banca di credito cooperativo emittente e del gruppo nel suo complesso ([7]).

4 *ter*. Le azioni di cui al presente articolo non possono essere cedute con effetto verso la società, se la cessione non è autorizzata dagli amministratori. Non si applicano gli articoli 2542, secondo comma e terzo comma, secondo periodo, 2543, terzo comma, 2544, secondo comma, primo periodo, e terzo comma, del codice civile ([7]).

([1]) *Questo articolo è stato inserito dall'art. 22, comma 3* bis, *del D.L. 24 giugno 2014, n. 91, convertito, con modificazioni, nella L. 11 agosto 2014, n. 116.*

([2]) *Questo comma è stato inserito dall'art. 1, comma 7, lett.* a), *del D.L. 14 febbraio 2016, n. 18, convertito, con modificazioni, nella L. 8 aprile 2016, n. 49.*

([3]) *Le parole tra parentesi quadrate sono state soppresse dall'art. 1, comma 7, lett.* b), *del D.L. 14 febbraio 2016, n. 18, convertito, con modificazioni, nella L. 8 aprile 2016, n. 49.*

([4]) *Questo comma è stato così sostituito dall'art. 1, comma 7, lett.* c), *del D.L. 14 febbraio 2016, n. 18, convertito, con modificazioni, nella L. 8 aprile 2016, n. 49.*

([5]) *Questo comma è stato così sostituito dall'art. 1, comma 7, lett.* d), *del D.L. 14 febbraio 2016, n. 18, convertito, con modificazioni, nella L. 8 aprile 2016, n. 49.*

([6]) *Questo comma è stato così sostituito dall'art. 1, comma 7, lett.* e), *del D.L. 14 febbraio 2016, n. 18, convertito, con modificazioni, nella L. 8 aprile 2016, n. 49.*

([7]) *Questo comma è stato inserito dall'art. 1, comma 7, lett.* f), *del D.L. 14 febbraio 2016, n. 18, convertito, con modificazioni, nella L. 8 aprile 2016, n. 49.*

151. Banche pubbliche residue. – 1. L'operatività, l'organizzazione e il funzionamento delle banche pubbliche residue sono disciplinati dal presente decreto legislativo, dagli statuti e dalle altre norme in questi richiamate.

152. Casse comunali di credito agrario e Monti di credito su pegno di seconda categoria. – (*Omissis*) ([1]).

([1]) *Il presente articolo prevede la cessazione dell'attività entro il 1° gennaio 1996 per gli enti indicati nella rubrica che non svolgano attività creditizia. Essendo tale termine ormai abbondantemente decorso, questo articolo non viene riprodotto.*

153. Disposizioni relative a particolari operazioni di credito. – 1. Fino all'emanazione delle disposizioni della Banca d'Italia previste dall'articolo 38, comma 2, continua ad applicarsi in materia la disciplina dettata dalle norme previgenti.

2. Le disposizioni disciplinanti le cartelle fondiarie, ancorché abrogate, continuano a essere applicate alle cartelle in circolazione, a eccezione delle norme che prevedono interventi della Banca d'Italia.

3. Gli enti non bancari abilitati a effettuare operazioni di credito agrario continuano a esercitarlo con le limitazioni previste nei rispettivi provvedimenti autorizzativi.

4. Quando nelle norme statali e regionali sono richiamate le disposizioni del regio D.L. 29 luglio 1927, n. 1509, convertito con modificazioni, dalla L. 5 luglio 1928, n. 1760 ([1]), e del D.M. 23 gennaio 1928 ([2]), e successive modificazioni e integrazioni, dette disposizioni continuano a integrare le norme suddette che a esse fanno riferimento.

5. Fino alla stipulazione delle convenzioni previste dall'articolo 47 continuano ad applicarsi le disposizioni vigenti in materia di assegnazione e gestione di fondi pubblici di agevolazione creditizia.

([1]) *Queste norme contenevano provvedimenti per l'ordinamento del credito agrario del Regno, abrogati dall'articolo 161 del decreto legislativo qui riprodotto.*

(2) *Questo decreto recava le norme regolamentari per l'esecuzione del R.D.L. 29 luglio 1927, n. 1509, sull'ordinamento del credito agrario del Regno: anche tale decreto è stato soppresso dall'articolo 161 del testo unico bancario.*

154. Fondo interbancario di garanzia. – 1. Al Fondo, alla Sezione speciale e alla Sezione di garanzia per il credito peschereccio, previsti dall'articolo 45, si applicano le disposizioni dell'articolo 22 del decreto del Presidente della Repubblica del 29 settembre 1973, n. 601.

155. [Soggetti operanti nel settore finanziario. – (*Omissis*)] (1).

(1) *Questo articolo è stato abrogato dall'art. 8, comma 12, del D.L.vo 13 agosto 2010, n. 141.*

156 - 157. (*Omissis*).

158. [Disposizioni applicabili alle banche e alle società finanziarie comunitarie che esercitano attività di intermediazione mobiliare. – (*Omissis*)] (1).

(1) *Questo articolo è stato abrogato dall'articolo 66, comma 2, lettera c), del D.L.vo 23 luglio 1996, n. 415.*

159. Regioni a statuto speciale. – 1. Le valutazioni di vigilanza sono riservate alla Banca d'Italia.

2. Nei casi in cui i provvedimenti previsti dagli articoli 14, 31, 36, 56 e 57 sono attribuiti alla competenza delle Regioni, la Banca d'Italia esprime, a fini di vigilanza, un parere vincolante.

3. Sono inderogabili e prevalgono sulle contrarie disposizioni già emanate le norme dettate dai commi 1 e 2 nonché dagli articoli 15, 16, 26 e 47. [Restano peraltro ferme le competenze attribuite agli organi regionali nella materia disciplinata dall'articolo 26] (1).

4. Le regioni a statuto speciale, alle quali sono riconosciuti, in base alle norme di attuazione dei rispettivi statuti, poteri nelle materie disciplinate dalla direttiva 2013/36/UE, (2) provvedono a emanare norme di recepimento della direttiva stessa nel rispetto delle disposizioni di principio non derogabili contenute nei commi precedenti.

4 *bis*. Le competenze delle regioni di cui al presente articolo sono esercitate nei limiti derivanti dalle disposizioni del MVU e in armonia con esse (3).

(1) *Questo periodo è stato soppresso dall'art. 1, comma 55, lett.* a), *del D.L.vo 12 maggio 2015, n. 72.*

(2) *Le parole: «n. 89/646/CEE,» sono state così sostituite dalle seguenti: «2013/36/UE,» dall'art. 1, comma 55. lett.* b), *del D.L.vo 12 maggio 2015, n. 72.*

(3) *Questo comma è stato aggiunto dall'art. 1, comma 25, del D.L.vo 14 novembre 2016, n. 223.*

159 *bis*. (1) **Informazioni da inserire nei piani di risanamento.** – 1. Fino all'emanazione dei provvedimenti della Banca d'Italia previsti dall'articolo 69 *quater*, comma 3, e 69 *quinquies*, comma 4, i piani di risanamento individuali o di gruppo riportano almeno le seguenti informazioni:

a) una sintesi degli elementi fondamentali del piano e una sintesi della capacità complessiva di risanamento;

b) una sintesi delle modifiche sostanziali apportate alla banca o al gruppo bancario dopo l'ultimo piano di risanamento;

c) un piano di comunicazione e informazione pubblica che delinea in che modo la banca o capogruppo intende gestire le eventuali reazioni negative del mercato;

d) una gamma di azioni sul capitale e sulla liquidità necessarie per mantenere o ripristinare l'equilibrio patrimoniale e finanziario della banca o del gruppo bancario nel suo complesso e delle singole banche che ne fanno parte;

e) una stima dei tempi necessari per l'esecuzione di ciascun aspetto sostanziale del piano;

f) una descrizione dettagliata degli eventuali impedimenti sostanziali all'esecuzione efficace e tempestiva del piano tenuto conto anche dell'impatto sul resto del gruppo, sulla clientela e sulle controparti;

g) l'individuazione delle funzioni essenziali;

h) una descrizione dettagliata delle procedure per determinare il valore e la trasferibilità delle linee di *business* principali, delle operazioni e delle attività dell'ente;

i) una descrizione dettagliata delle modalità con cui la pianificazione del risanamento è integrata nella struttura di governo societario della banca o della capogruppo;

l) una descrizione dettagliata delle politiche e procedure che disciplinano l'approvazione del piano di risanamento e l'identificazione delle persone responsabili della preparazione e dell'attuazione del piano all'interno dell'organizzazione;

m) dispositivi e misure per conservare o ripristinare i fondi propri della banca o del gruppo bancario;

n) dispositivi e misure intesi a garantire che la banca o la capogruppo abbia un accesso adeguato a fonti di finanziamento di emergenza, comprese le potenziali fonti di liquidità;

o) una valutazione delle garanzie reali disponibili e una valutazione della possibilità di trasferire liquidità tra entità del gruppo e linee di business, affinchè la banca o il gruppo bancario possa continuare a svolgere le proprie funzioni e rispettare i propri obblighi;

p) dispositivi e misure intesi a ridurre il rischio e la leva finanziaria;

q) dispositivi e misure per ristrutturare le passività;

r) dispositivi e misure per ristrutturare le linee di *business*;

s) dispositivi e misure necessari per assicurare la continuità dell'accesso alle infrastrutture dei mercati finanziari;

t) dispositivi e misure necessari per assicurare la continuità del funzionamento dei processi operativi della banca o del gruppo bancario, compresi infrastrutture e servizi informatici;

u) dispositivi preparatori per agevolare la vendita di attività o di linee di *business* in tempi adeguati per il ripristino della solidità finanziaria;

v) altre azioni o strategie di gestione intese a ripristinare la solidità finanziaria nonché effetti finanziari previsti di tali azioni o strategie;

z) misure preparatorie che la banca o la capogruppo ha attuato o intende attuare al fine di agevolare l'attuazione del piano di risanamento, comprese le misure necessarie per consentire una ricapitalizzazione tempestiva della banca o del gruppo bancario;

aa) un quadro di indicatori nel quale siano identificati i casi in cui possano essere adottate le azioni opportune riportate nel piano.

2. Il piano di risanamento indica altresì le modalità e la tempistica con cui, nelle situazioni previste dal piano, la banca o il gruppo potrebbe chiedere di ricorrere a forme di assistenza della Banca centrale europea e identifica le attività che, a tal fine, potrebbero essere considerate idonee quali garanzie.

3. Il piano di risanamento include infine le misure che la banca o il gruppo può adottare qualora sussistano le condizioni per un intervento precoce a norma dell'articolo 69 *octiesdecies*.

(1) *Questo articolo è stato inserito dall'art. 1, comma 54, del D.L.vo 16 novembre 2015, n. 181. Tali disposizioni si applicano alle procedure di amministrazione straordinaria e di liquidazione coatta amministrativa avviate successivamente all'entrata in vigore del suddetto decreto.*

160. [**Conferma di disposizioni vigenti in materia di valori mobiliari. –** (*Omissis*)] (1).

(1) *Questo articolo è stato abrogato dall'articolo 211, comma 4, del D.L.vo 24 febbraio 1998, n. 58.*

161. Norme abrogate. – 1. (*Omissis*).

2. (*Omissis*).

3. Gli articoli 28 e 31 del D.M. 23 gennaio 1928 (1), così come successivamente modificati, continuano a essere applicati fino all'attuazione dell'articolo 152 del presente decreto legislativo.

3 *bis*. Sono abrogati i commi 4, 5 e 6 dell'articolo 4 del decreto del Presidente della Repubblica 31 marzo 1988, n. 148; tuttavia essi continuano a essere applicati fino all'attuazione dell'articolo 155, comma 5, del presente decreto legislativo (2).

4. È abrogata ogni altra disposizione incompatibile con il presente decreto legislativo.

5. Le disposizioni emanate dalle Autorità creditizie ai sensi di norme abrogate o sostituite continuano a essere applicate fino alla data di entrata in vigore dei provvedimenti emanati ai sensi del presente decreto legislativo.

6. I contratti già conclusi e i procedimenti esecutivi in corso alla data di entrata in vigore del presente decreto legislativo restano regolati dalle norme anteriori.

7. Restano autorizzate, salvo eventuali revoche, le partecipazioni già consentite in sede di prima applicazione del titolo V della L. 10 ottobre 1990, n. 287.

7 *bis*. Le disposizioni di cui all'articolo 40 *bis* si applicano ai contratti di mutuo stipulati a decorrere dal 2 giugno 2007. Dalla stessa data decorrono i termini di cui ai commi 2 e 3 del medesimo articolo per i mutui immobiliari estinti a decorrere dal 3 aprile 2007 e sono abrogate le disposizioni legislative e regolamentari statali incompatibili con le disposizioni di cui all'articolo 40 *bis* e le clausole in contrasto con il medesimo articolo sono nulle e non comportano la nullità del contratto. Per i mutui immobiliari estinti prima del 3 aprile 2007 e la cui ipoteca non sia stata cancellata alla medesima data, il termine di cui al comma 2 dell'articolo 40 *bis* decorre dalla data della richiesta della quietanza da parte del debitore, da effettuarsi mediante lettera raccomandata con avviso di ricevimento (3).

7 *ter*. Le disposizioni di cui ai commi 1 e 2 dell'articolo 120 *ter* si applicano ai contratti di mutuo per l'acquisto della prima casa stipulati a decorrere dal 2 febbraio 2007 e ai contratti

di mutuo per l'acquisto o per la ristrutturazione di unità immobiliari adibite ad abitazione ovvero allo svolgimento della propria attività economica o professionale da parte di persone fisiche stipulati o accollati a seguito di frazionamento, anche ai sensi del decreto legislativo 20 giugno 2005, n. 122, a decorrere dal 3 aprile 2007. La misura massima dell'importo della penale dovuta per il caso di estinzione anticipata o parziale dei mutui indicati nel comma 1 dell'articolo 120 *ter* stipulati antecedentemente al 2 febbraio 2007 è quella definita nell'accordo siglato il 2 maggio 2007 dall'Associazione bancaria italiana e dalle associazioni dei consumatori rappresentative a livello nazionale, ai sensi dell'articolo 137 del decreto legislativo 6 settembre 2005, n. 206. Le banche e gli intermediari finanziari non possono rifiutare la rinegoziazione dei contratti di mutuo stipulati prima del 2 febbraio 2007, nei casi in cui il debitore proponga la riduzione dell'importo della penale entro i limiti stabiliti ai sensi dell'accordo di cui al periodo precedente ([3]).

7 *quater*. Per i mutui a tasso variabile e a rata variabile per tutta la durata del contratto, stipulati o accollati, anche a seguito di frazionamento, per l'acquisto, la ristrutturazione o la costruzione dell'abitazione principale entro il 29 gennaio 2009, gli atti di consenso alla surrogazione di cui all'articolo 120 *quater*, comma 3 ([4]) sono autenticati dal notaio senza l'applicazione di alcun onorario e con il solo rimborso delle spese. A tal fine, la quietanza rilasciata dal finanziatore originario e il contratto stipulato con il creditore surrogato sono forniti al notaio per essere prodotti unitamente all'atto di surrogazione. Con il provvedimento di cui al comma 3 dell'articolo 120 *quater* sono stabilite le modalità con cui la quietanza, il contratto e l'atto di surrogazione sono presentati al conservatore al fine dell'annotazione ([5]). Per eventuali attività aggiuntive non necessarie all'operazione, espressamente richieste dalle parti, gli onorari di legge restano a carico della parte richiedente ([3]).

7 *quinquies*. A decorrere dal 2 maggio 2012, la cancellazione di cui all'articolo 40 *bis* si esegue anche con riferimento alle ipoteche, ivi previste, iscritte da oltre venti anni e non rinnovate ai sensi dell'articolo 2847 del codice civile. Per tali ipoteche il creditore, entro sei mesi dalla data in cui ne ha ricevuto richiesta da parte del debitore mediante lettera raccomandata con avviso di ricevimento e salvo che ricorra un giustificato motivo ostativo da comunicare al debitore medesimo, trasmette al conservatore la comunicazione attestante la data di estinzione dell'obbligazione ovvero l'insussistenza di ragioni di credito da garantire con l'ipoteca. Per le richieste ricevute prima del 2 maggio 2012, il termine di sei mesi decorre dalla medesima data. Il conservatore procede d'ufficio alla cancellazione dell'ipoteca, senza alcun onere per il debitore, entro il giorno successivo a quello di ricezione della comunicazione. Con provvedimento del Direttore dell'Agenzia del territorio, da emanare entro il 30 giugno 2012, sono definite le modalità di attuazione delle disposizioni di cui al presente comma ([6]).

([1]) *Questo decreto contiene le norme regolamentari per l'esecuzione del R.D.L. 29 luglio 1927, n. 1509, sull'ordinamento del credito agrario del Regno.*

([2]) *Questo comma è stato inserito dall'art. 37, comma 1, del D.L.vo 4 agosto 1999, n. 342.*

([3]) *Questo comma è stato aggiunto dall'art. 6, comma 1, del D.L.vo 13 agosto 2010, n. 141, a decorrere dal 3 dicembre 2010.*

([4]) *Le parole: «comma 1» sono state così sostituite dalle parole: «comma 3» dall'art. 8, comma 8, lett.* d), *n. 1), del D.L. 13 maggio 2011, n. 70, convertito, con modificazioni, nella L. 12 luglio 2011, n. 106.*

([5]) *Questo periodo è stato aggiunto dall'art. 8, comma 8, lett.* d), *n. 2), del D.L. 13 maggio 2011, n. 70, convertito, con modificazioni, nella L. 12 luglio 2011, n. 106.*

([6]) *Questo comma è stato aggiunto dall'art. 6, comma 5* quinquiesdecies, *lett.* b), *del D.L. 2 marzo 2012, n. 16, convertito, con modificazioni, nella L. 26 aprile 2012, n. 44.*

162. Entrata in vigore. – 1. Il presente decreto legislativo entra in vigore l'1 gennaio 1994.

2.

R.D.L. 12 marzo 1936, n. 375. Disposizioni per la difesa del risparmio e per la disciplina della funzione creditizia (*Gazzetta Ufficiale* n. 63 del 16 marzo 1936), convertito nella legge 7 marzo 1938, n. **141** (1).

(1) *L'articolo 161, comma 1, del D.L.vo 1° settembre 1993, n. 385, testo unico delle leggi in materia bancaria e creditizia, ha lasciato in vigore le sole norme qui riprodotte abrogando ogni altro articolo di questo decreto.*

(*Estratto*)

Titolo III
L'istituto di emissione

20. La Banca d'Italia, creata con L. 10 agosto 1893, n. 449, è dichiarata Istituto di diritto pubblico.

Il capitale della Banca d'Italia è di trecento milioni di lire ed è rappresentato da trecentomila quote di mille lire ciascuna interamente versate (1).

Ai fini della tutela del pubblico credito e della continuità di indirizzo dell'Istituto di emissione, le quote di partecipazione al capitale sono nominative e possono appartenere solamente a:

a) Casse di risparmio;

b) Istituti di credito di diritto pubblico e Banche di interesse nazionale;

c) Istituti di previdenza;

d) Istituti di assicurazione.

(1) *Benché gli importi indicati nel presente comma siano ormai superati dal processo inflazionistico, non consta che siano stati adeguati all'attuale potere d'acquisto della moneta.*

21. In conseguenza del nuovo ordinamento della Banca d'Italia, agli attuali azionisti verrà rimborsato, a partire dal 1° giugno 1936, il valore delle azioni in relazione con la situazione della Banca al 31 dicembre 1935, nella misura fissa di lire 1.300 (milletrecento) per ciascuna azione rappresentante il capitale versato e la quota di riserva afferente a ciascuna azione.

L'importo relativo alle azioni che sono vincolate per qualsiasi motivo, o intestate a minori o a persone non aventi la piena capacità, resterà depositato presso l'Istituto di emissione in attesa della definizione delle pratiche per la sua liberazione o per il reimpiego ai fini e con i vincoli preesistenti. Entro il 15 aprile 1936 sarà costituito, sotto la presidenza del Governatore della Banca d'Italia un consorzio fra gli istituti e gli enti di che all'articolo 20 per l'assunzione delle trecentomila quote di partecipazione del capitale della Banca d'Italia.

Le Casse di risparmio saranno chiamate ad impiegare nella sottoscrizione delle dette quote di partecipazione somme non eccedenti quelle che ad esse saranno rimborsate in base al primo comma del presente articolo. Le rimanenti quote di partecipazione saranno assegnate agli altri enti ed istituti di che all'articolo 20.

22. Il Consiglio superiore della Banca si compone del Governatore e di tredici consiglieri, da nominarsi nelle assemblee generali dei partecipanti presso le sedi della Banca.

Ciascun consigliere rimane in carica cinque anni ed è rieleggibile (1).

(*Omissis*) (2).

(1) *Questo comma è stato così sostituito dall'articolo 3, comma 2, del D.L.vo 10 marzo 1998, n. 43, recante l'adeguamento dell'ordinamento nazionale alle disposizioni del Trattato istitutivo della Comunità europea in materia di politica monetaria e di Sistema europeo delle banche centrali. In conformità all'articolo 9, comma 1, dello stesso decreto n. 43 del 1998, il mandato dei Consiglieri della Banca d'Italia attualmente in carica è prorogato di altri due anni.*

(2) *Questo comma è stato abrogato dall'articolo 3, comma 2, del D.L.vo 10 marzo 1998, n. 43, relativo al sistema europeo delle banche centrali.*

23. A partire dal 1° luglio 1936, le operazioni di risconto potranno essere fatte solamente nei confronti delle aziende di credito, sia di diritto pubblico che di diritto privato, sottoposte al controllo della Banca d'Italia (1).

Le operazioni di sconto in essere al 30 giugno 1936 con la clientela privata saranno avviate a graduale completa estinzione.

Le operazioni di anticipazione su titoli continueranno ad essere compiute in conformità delle leggi vigenti anche nei confronti dei privati. Ad esse non si applica quanto è disposto dall'articolo 67, terzo comma, del R.D. 16 marzo 1942, n. 267 (2).

(1) *L'originario riferimento all'Ispettorato per la difesa del risparmio e per l'esercizio del credito dev'essere così sostituito in virtù dell'articolo 2, comma 1, del D.L.vo C.P.S. 17 luglio 1947, n. 691, istitutivo del Comitato interministeriale per il credito ed il risparmio. I successivi commi di tale articolo e l'articolo 3 dello stesso decreto dettano poi regole particolari sul personale. Si trascrivono, qui di seguito, le norme richiamate:*

«2. *Per gli accertamenti nella materia di propria competenza e per l'esecuzione delle proprie deliberazioni, il Comitato Interministeriale si vale della Banca d'Italia, alla quale sono devolute le funzioni del cessato Ispettorato per la difesa del risparmio e per l'esercizio del credito. Le facoltà e le attribuzioni riconosciute al Capo dell'Ispettorato suddetto sono conferite al Governatore della Banca d'Italia, il quale le esercita secondo le direttive fissate dal Comitato Interministeriale. Il Governatore della Banca d'Italia partecipa alle sedute del Comitato Interministeriale*».

«3. *La Banca d'Italia, per l'espletamento dei compiti ad essa attribuiti col precedente articolo, ha facoltà di valersi, oltre che del proprio, di altro personale anche in deroga alle norme del suo statuto e del suo regolamento.*

«*Allo stesso fine, su richiesta della Banca d'Italia, con provvedimenti delle amministrazioni interessate, può essere comandato a prestare servizio temporaneamente presso la Banca stessa personale di qualsiasi gruppo o ruolo delle amministrazioni dello Stato, nonché personale appartenente ad Istituti di credito di diritto pubblico ed ad altri enti di diritto pubblico e a Banche di interesse nazionale*».

([2]) *L'originario riferimento all'articolo 709 del codice di commercio del 1882 dev'essere sostituito con quello alla norma qui citata, che così recita:* «*Le disposizioni di questo articolo non si applicano all'Istituto di emissione, agli istituti autorizzati a compiere operazioni di credito su pegno, limitatamente a queste operazioni, e agli istituti di credito fondiario. Sono salve le disposizioni delle leggi speciali*».

24. Con decreto reale ([1]), su proposta del Capo del Governo, di concerto col Ministro per le finanze, sarà approvato il nuovo Statuto della Banca d'Italia, in armonia con le disposizioni della presente legge.

([1]) *Non è possibile tenere conto, in questa sede, del mutamento della forma istituzionale dello Stato, in quanto la delega conferita dalla presente disposizione è stata esercitata con il R.D. 11 giugno 1936, n. 1067.*

1.

R.D. 14 dicembre 1933, n. 1669. Modificazioni alle norme sulla cambiale e sul vaglia cambiario (*Gazzetta Ufficiale* n. 292 del 19 dicembre 1933) ([1]).

([1]) *Si vedano anche la L. 13 gennaio 1994, n. 43, recante disciplina delle cambiali finanziarie ed il D.M. 7 ottobre 1994, recante caratteristiche delle cambiali finanziarie.*

1. Alle disposizioni contenute nel codice di commercio concernenti la cambiale sono sostituite le norme sulla cambiale e sul vaglia cambiario allegate al presente decreto e firmate d'ordine Nostro dal Ministro Guardasigilli.

Restano abrogate le disposizioni di leggi speciali concernenti la materia regolata dalle anzidette norme.

2. Le norme sulla cambiale e sul vaglia cambiario approvate con il presente decreto entreranno in vigore il 1° gennaio 1934.

Titolo I
Della cambiale

Capo I
Della emissione e della forma della cambiale

1. La cambiale contiene:

1) la denominazione di cambiale inserita nel contesto del titolo ed espressa nella lingua in cui esso è redatto;

2) l'ordine incondizionato di pagare una somma determinata;

3) il nome, il luogo e la data di nascita ovvero il codice fiscale di chi è designato a pagare (trattario) ([1]);

4) l'indicazione della scadenza;

5) l'indicazione del luogo di pagamento;

6) il nome di colui al quale o all'ordine del quale deve farsi il pagamento;

7) l'indicazione della data e del luogo dove la cambiale è emessa;

8) la sottoscrizione di colui che emette la cambiale (traente).

([1]) *Questo numero è stato così sostituito dall'art. 45, comma 1, lett. a), della L. 12 dicembre 2002, n. 273.*

2. Il titolo nel quale manchi alcuno dei requisiti indicati nell'articolo precedente non vale come cambiale, salvo i casi previsti nei seguenti commi.

La cambiale senza indicazione di scadenza si considera pagabile a vista.

In mancanza dell'indicazione speciale, il luogo indicato accanto al nome del trattario si reputa luogo del pagamento e, insieme, domicilio del trattario.

La cambiale in cui non è indicato il luogo di emissione si considera sottoscritta nel luogo indicato accanto al nome del traente.

Se sono indicati più luoghi di pagamento s'intende che il portatore possa presentare in qualunque di essi la cambiale per l'accettazione ed il pagamento.

3. La cambiale può essere all'ordine dello stesso traente.

Può essere tratta sullo stesso traente.

Può essere tratta per conto di un terzo.

4. La cambiale può essere pagabile al domicilio di un terzo sia nel luogo di domicilio del trattario, sia in altro luogo.

Se non è detto che il pagamento sarà fatto presso il terzo dal trattario, si intende che sarà fatto dal terzo.

5. Nella cambiale pagabile a vista o a certo tempo vista il traente può disporre che la somma sia produttiva d'interessi. In qualunque altra specie di cambiale la promessa d'interessi si ha per non scritta.

Il tasso d'interesse deve essere indicato nella cambiale; mancando tale indicazione, la clausola si ha per non scritta.

Gli interessi decorrono dalla data della cambiale quando non sia indicata una decorrenza diversa.

6. La cambiale con la somma da pagarsi scritta in lettere ed in cifre vale, in caso di differenza, per la somma indicata in lettere.

Se la somma da pagarsi è scritta più di una volta in lettere o in cifre, la cambiale, in caso di differenza, vale per la somma minore.

7. Se la cambiale contiene firme di persone incapaci di obbligarsi cambiariamente, firme false o di persone immaginarie, ovvero firme che per qualsiasi altra ragione non obbligano le persone che hanno firmata la cambiale, o col nome delle quali essa è stata firmata, le obbligazioni degli altri firmatari restano tuttavia valide.

8. Ogni sottoscrizione cambiaria deve contenere il nome e cognome o la ditta di colui che si obbliga. È valida tuttavia la sottoscrizione nella quale il nome sia abbreviato o indicato con la sola iniziale.

9. Il minore emancipato non autorizzato all'esercizio del commercio e l'inabilitato non assumono obbligazioni cambiarie se la loro firma non sia accompagnata da quella del curatore con la clausola «per assistenza» o altra equivalente. Se sia omessa detta clausola o altra equivalente il curatore è obbligato personalmente.

10. Il genitore o il tutore non autorizzato all'esercizio del commercio per conto del minore o dell'interdetto si può obbligare cambiariamente in nome di costoro, il primo con l'autorizzazione del tribunale, l'altro con l'autorizzazione del consiglio di famiglia o di tutela omologata dal tribunale, l'una e l'altra anche di carattere generale.

11. Chi appone la firma sulla cambiale quale rappresentante di una persona per la quale non ha il potere di agire, è obbligato cambiariamente come se avesse firmato in proprio, e, se ha pagato, ha gli stessi diritti che avrebbe avuto il preteso rappresentato. La stessa disposizione si applica al rappresentante che abbia ecceduto i suoi poteri.

12. La facoltà generale di obbligarsi in nome e per conto altrui non fa presumere, salvo prova contraria, la facoltà di obbligarsi cambiariamente.

La facoltà generale di obbligarsi in nome e per conto di un commerciante comprende anche quella di obbligarsi cambiariamente, salvo che l'atto di rappresentanza, pubblicato a norma dell'articolo 9 del codice di commercio, non disponga diversamente.

13. Il traente risponde dell'accettazione e del pagamento.

Egli può esonerarsi dalla responsabilità per l'accettazione; ogni clausola con la quale si esoneri dalla responsabilità per il pagamento si ha per non scritta.

14. Se una cambiale, incompleta quando fu emessa, venga completata contrariamente agli accordi interceduti, la inosservanza di tali accordi non può essere opposta al portatore, a meno che questi abbia acquistato la cambiale in mala fede, ovvero abbia commesso colpa grave acquistandola.

Il portatore decade dal diritto di riempire la cambiale in bianco dopo tre anni dal giorno dell'emissione del titolo.

Tale decadenza non è opponibile al portatore di buona fede, al quale il titolo sia pervenuto già completo.

Capo II
Della girata

15. La cambiale ancorché non espressamente tratta all'ordine è trasferibile mediante girata.

Se il traente abbia inserito nella cambiale le parole «non all'ordine» o un'espressione equivalente, il titolo è trasferibile solo nella forma e con gli effetti di una cessione ordinaria.

La girata può essere fatta anche a favore del trattario, abbia o non abbia accettato, del traente o di qualunque altro obbligato. Essi possono girare di nuovo la cambiale.

16. La girata deve essere incondizionata. Qualsiasi condizione alla quale sia subordinata si ha per non scritta.

La girata parziale è nulla.

La girata al portatore vale come girata in bianco.

17. La girata deve essere scritta sulla cambiale o su un foglio ad essa attaccato (allungamento). Deve essere sottoscritta dal girante.

La girata è valida ancorché il beneficiario non sia indicato o il girante abbia apposto soltanto la firma (girata in bianco). In questo caso la girata per essere valida deve essere scritta a tergo della cambiale o sull'allungamento.

18. La girata trasferisce tutti i diritti inerenti alla cambiale.

Se la girata è in bianco, il portatore può:

1) riempirla col proprio nome o con quello di altra persona;

2) girare la cambiale di nuovo in bianco o a persona determinata;

3) trasmettere la cambiale a un terzo, senza riempire la girata in bianco e senza girarla.

19. Il girante, se non vi sia clausola contraria, risponde della accettazione e del pagamento.

Egli può vietare una nuova girata; in questo caso non è responsabile verso coloro ai quali la cambiale sia stata ulteriormente girata.

20. Il detentore della cambiale è considerato portatore legittimo se giustifica il suo diritto con una serie continua di girate, anche se l'ultima è in bianco. Le girate cancellate si hanno, a questo effetto, per non scritte. Se una girata in bianco è seguita da un'altra girata, si reputa che il sottoscrittore di quest'ultima abbia acquistato la cambiale per effetto della girata in bianco.

Se una persona ha perduto per qualsiasi ragione il possesso di una cambiale, il nuovo portatore che giustifichi il suo diritto nella maniera indicata nel precedente comma, non è tenuto a consegnarla se non quando l'abbia acquistata in mala fede ovvero abbia commesso colpa grave acquistandola.

21. La persona contro la quale sia promossa azione cambiaria non può opporre al portatore le eccezioni fondate sui rapporti suoi personali col traente o con i portatori precedenti a meno che il portatore, acquistando la cambiale, abbia agito scientemente a danno del debitore.

22. Se alla girata è apposta la clausola «valuta per incasso», «per incasso», «per procura» od ogni altra che implichi un semplice mandato, il portatore può esercitare tutti i diritti inerenti alla cambiale, ma non può girarla che per procura.

Gli obbligati non possono in questo caso opporre al portatore se non le eccezioni che avrebbero potuto opporre al girante.

Il mandato contenuto in una girata per procura non si estingue per la morte del mandante o per la sopravvenuta sua incapacità.

23. Se alla girata è apposta la clausola «valuta in garanzia», «valuta in pegno» od ogni altra che implichi un pegno, il portatore può esercitare tutti i diritti inerenti alla cambiale, ma la girata da lui fatta vale solo come girata per procura.

Gli obbligati non possono opporre al portatore le eccezioni fondate sui loro rapporti personali col girante a meno che il portatore, ricevendo la cambiale, abbia agito scientemente a danno del debitore.

24. La girata posteriore alla scadenza produce gli stessi effetti di una girata anteriore. Nondimeno la girata fatta posteriormente al protesto per mancato pagamento o dopo spirato il termine per levare protesto produce solo gli effetti di una cessione ordinaria.

La girata senza data si presume, fino a prova contraria, fatta prima dello spirare del termine stabilito per levare protesto.

25. Con la cessione della cambiale, sia derivante da una girata fatta posteriormente al protesto per mancato pagamento o dopo spirato il termine per levare protesto, sia derivante da atto separato ancorché anteriore alla scadenza, si trasmettono al cessionario tutti i diritti cambiari del cedente, ma egli resta soggetto alle eccezioni opponibili a questo.

Il cessionario ha diritto alla consegna della cambiale.

Capo III
Dell'accettazione

26. La cambiale può, dal portatore o da un semplice detentore, essere presentata per l'accettazione al trattario nel suo domicilio fino alla scadenza.

27. In qualsiasi cambiale il traente può prescrivere che essa sia presentata per l'accettazione, fissando o non fissando un termine.

Egli può vietare nella cambiale che essa sia presentata all'accettazione, a meno che non sia pagabile presso un terzo, o in un luogo diverso da quello del domicilio del trattario, o sia tratta a certo tempo vista.

Egli può anche prescrivere che la presentazione per l'accettazione non abbia luogo prima di un certo termine.

Ogni girante può prescrivere che la cambiale sia presentata per l'accettazione, fissando o non fissando un termine, salvo che il traente l'abbia dichiarata non accettabile.

28. La cambiale a certo tempo vista deve essere presentata alla accettazione entro un anno dalla sua data.

Il traente può abbreviare questo termine o prolungarlo.

Detti termini possono esser abbreviati dai giranti.

29. Il trattario può chiedere che gli sia fatta una seconda presentazione il giorno seguente alla prima. Gli interessati non possono prevalersi dell'inosservanza di tale richiesta se non sia stata menzionata nel protesto.

Il portatore non è obbligato a consegnare al trattario la cambiale presentata per l'accettazione.

30. L'accettazione è scritta sulla cambiale. È espressa colla parola «accettato», «visto» o con altre equivalenti; è sottoscritta dal trattario; il trattario indica il luogo e la data di nascita ovvero il codice fiscale ([1]). La semplice sottoscrizione del trattario sulla faccia anteriore della cambiale vale accettazione. Ciò vale anche per la cambiale a certo tempo vista.

Se la cambiale è pagabile a certo tempo vista o, in virtù di clausola speciale, deve essere presentata per l'accettazione entro un termine stabilito, l'accettazione deve portare la data del giorno in cui è fatta, a meno che il portatore non esiga che vi sia apposta la data della presentazione. Se manca la data, il portatore, per conservare il regresso contro i giranti e contro il traente, deve far constatare la mancanza con protesto levato in tempo utile.

([1]) *Le parole*: «*; il trattario indica il luogo e la data di nascita ovvero il codice fiscale» sono state inserite dall'art. 45, comma 1, lett.* b), *della L. 12 dicembre 2002, n. 273.*

31. L'accettazione deve essere incondizionata; il trattario può limitarla ad una parte della somma.

Qualsiasi altra modificazione apportata nell'accettazione al tenore della cambiale equivale a rifiuto di accettazione; nondimeno l'accettante resta obbligato nei termini della sua accettazione.

32. Se il traente ha indicato nella cambiale un luogo di pagamento diverso da quello del domicilio del trattario, ma non una terza persona presso la quale il pagamento deve essere effettuato, il trattario può indicarla al momento dell'accettazione. In mancanza di tale indicazione si reputa che l'accettante sia tenuto a pagare egli stesso nel luogo di pagamento.

Se la cambiale è pagabile al domicilio del trattario, questi può indicare nell'accettazione un indirizzo nello stesso luogo in cui il pagamento deve essere effettuato.

33. Con l'accettazione il trattario si obbliga di pagare la cambiale alla scadenza.

In mancanza di pagamento, il portatore, ancorché sia il traente, ha contro l'accettante un'azione cambiaria diretta per tutto quanto può essere chiesto ai sensi degli articoli 55 e 56.

Il trattario che accetta resta obbligato anche se ignora il fallimento del traente.

34. Se l'accettazione apposta sulla cambiale dal trattario è da lui cancellata prima di restituire il titolo, l'accettazione si ha per rifiutata. La cancellazione si reputa fatta, fino a prova contraria, prima della restituzione del titolo.

Nondimeno, se il trattario ha dato notizia dell'accettazione per iscritto al portatore o a un firmatario qualsiasi, è tenuto verso di essi nei termini dell'accettazione.

Capo IV
Dell'avallo

35. Il pagamento di una cambiale può essere garantito con avallo per tutta o parte della somma.

Questa garanzia può essere prestata da un terzo o anche da un firmatario della cambiale.

36. L'avallo è apposto sulla cambiale o sull'allungamento.

È espresso con le parole «per avallo» o con ogni altra formula equivalente; è sottoscritto dall'avallante.

Si considera dato colla sola firma dell'avallante apposta sulla faccia anteriore della cambiale, purché non si tratti della firma del trattario o del traente.

L'avallo deve indicare per chi è dato. In mancanza di questa indicazione si intende dato per il traente.

37. L'avallante è obbligato nello stesso modo di colui per il quale l'avallo è stato dato.

La sua obbligazione è valida ancorché l'obbligazione garantita sia nulla per qualsiasi altra causa che un vizio di forma.

L'avallante che paga la cambiale acquista i diritti ad essa inerenti contro l'avallato e contro coloro che sono obbligati cambiariamente verso questo ultimo.

Capo V
Della scadenza

38. La cambiale può essere tratta:
a vista;
a certo tempo vista;
a certo tempo data;
a giorno fisso.

Le cambiali ad altre scadenze o a scadenze successive sono nulle.

39. La cambiale a vista è pagabile alla presentazione. Essa deve essere presentata per il pagamento nel termine di un anno dalla sua data. Il traente può abbreviare questo termine o prolungarlo. Tali termini possono essere abbreviati dai giranti.

Il traente può stabilire che una cambiale pagabile a vista non sia presentata per il pagamento prima di una certa data. In questo caso il termine di presentazione decorre da tale data.

40. La scadenza della cambiale a certo tempo vista è determinata dalla data dell'accettazione o da quella del protesto.

In mancanza di protesto l'accettazione non data si reputa data, rispetto all'accettante, l'ultimo giorno del termine previsto per la presentazione all'accettazione.

41. La cambiale tratta a uno o più mesi data o vista scade nel giorno corrispondente del mese in cui il pagamento deve essere effettuato. In mancanza del giorno corrispondente la cambiale scade l'ultimo del mese.

Se la cambiale è tratta a uno o più mesi e mezzo data o vista si computano prima i mesi interi.

Se la scadenza è fissata al principio, alla metà (metà gennaio, metà febbraio, ecc.) o alla fine del mese, la cambiale scade il primo, il quindici o l'ultimo giorno del mese.

Con le espressioni «otto giorni» o «quindici giorni» s'intende non già una o due settimane ma otto o quindici giorni effettivi.

Con la espressione «mezzo mese» si intende il termine di quindici giorni.

42. Se la cambiale è pagabile a giorno fisso in un luogo in cui il calendario è differente da quello del luogo di emissione, la data della scadenza si intende fissata secondo il calendario del luogo di pagamento.

Se una cambiale tratta fra due piazze che hanno calendari diversi è pagabile a certo tempo data, la scadenza è stabilita contando dal giorno che, secondo il calendario del luogo di pagamento, corrisponda al giorno della emissione.

I termini di presentazione delle cambiali sono calcolati in conformità alle disposizioni del comma precedente.

Queste disposizioni non si applicano se da clausola della cambiale o anche dalle sole enunciazioni del titolo risulti l'intenzione di adottare norme diverse.

Capo VI
Del pagamento

43. Il portatore di una cambiale pagabile a giorno fisso o a certo tempo data o vista deve presentarla al pagamento nel giorno in cui essa è pagabile o in uno dei due giorni feriali successivi.

La presentazione della cambiale ad una stanza di compensazione equivale a presentazione per il pagamento.

44. La cambiale deve essere presentata per il pagamento nel luogo e all'indirizzo indicato sul titolo.

Quando manchi tale indirizzo, deve essere presentata per il pagamento:

1) al domicilio del trattario o della persona designata sul titolo a pagare per esso;

2) al domicilio dell'accettante per intervento o della persona designata sul titolo a pagare per esso;

3) al domicilio dell'indicato al bisogno.

45. Il trattario che paga la cambiale può esigere che gli sia consegnata quietanza dal portatore.

Il portatore non può rifiutare un pagamento parziale.

In caso di pagamento parziale il trattario può esigere che ne sia fatta menzione sulla cambiale o gliene sia data quietanza.

46. Il portatore della cambiale non è tenuto a riceverne il pagamento prima della scadenza.

Il trattario che paga prima della scadenza lo fa a suo rischio e pericolo.

Chi paga alla scadenza è validamente liberato, a meno che da parte sua non vi sia dolo o colpa grave. Egli è tenuto ad accertare la regolare continuità delle girate ma non a verificare l'autenticità delle firme dei giranti.

47. Se la cambiale è pagabile in moneta che non ha corso nel luogo di pagamento, la somma può essere pagata nella moneta del Paese secondo il suo valore nel giorno della scadenza. Se il debitore è in ritardo, il portatore può a sua scelta domandare che la somma sia pagata nella moneta del Paese secondo il valore nel giorno di scadenza o in quello del pagamento.

Il valore della moneta estera è determinato dagli usi del luogo di pagamento. Il traente può tuttavia stabilire che la somma da pagare sia calcolata secondo il corso indicato nella cambiale.

Le disposizioni precedenti non si applicano nel caso in cui il traente abbia stabilito che il pagamento sia fatto in una moneta espressamente indicata (clausola di pagamento effettivo in moneta estera).

Se la somma è indicata in una moneta avente la stessa denominazione ma un valore diverso nel Paese di emissione e in quello del pagamento, si presume che l'indicazione si riferisca alla moneta del luogo di pagamento.

48. Se la cambiale non è presentata per il pagamento nel termine fissato nell'articolo 32, qualsiasi debitore ha facoltà di depositare la somma presso l'autorità competente, a spese, rischio e pericolo del portatore del titolo.

Per le cambiali pagabili nello Stato l'autorità competente a ricevere il deposito è l'Istituto di emissione.

Capo VII
Del regresso per mancata accettazione o per mancato pagamento

49. L'azione cambiaria è diretta o di regresso: diretta contro l'accettante ed i suoi avallanti; di regresso contro ogni altro obbligato.

50. Il portatore può esercitare il regresso contro i giranti, il traente e gli altri obbligati:

alla scadenza, se il pagamento non ha avuto luogo;

anche prima della scadenza:

1) se l'accettazione sia stata rifiutata in tutto o in parte;

2) in caso di fallimento del trattario, abbia o non abbia accettato; di cessazione dei pagamenti, ancorché non constatata con sentenza; di esecuzione infruttuosa sui suoi beni;

3) in caso di fallimento del traente di una cambiale non accettabile.

51. Il rifiuto dell'accettazione o del pagamento deve essere constatato con atto autentico (protesto per mancata accettazione o per mancato pagamento).

Il protesto per mancata accettazione deve essere levato nei termini fissati per la presentazione all'accettazione. Se la prima presentazione, nel caso previsto dall'articolo 29, comma primo, è stata fatta nell'ultimo giorno del termine, il protesto può essere levato anche il giorno successivo.

Il protesto per mancato pagamento di una cambiale pagabile a giorno fisso o a certo tempo data o vista deve essere levato in uno dei due giorni feriali seguenti al giorno in cui la cambiale è pagabile. Se la cambiale è a vista, il protesto deve essere levato secondo le norme del precedente comma relativo al protesto per mancata accettazione.

Il protesto per mancata accettazione dispensa dalla presentazione al pagamento e dal protesto per mancato pagamento.

In caso di cessazione di pagamenti del trattario, abbia o non abbia accettato, o in caso di esecuzione infruttuosa sui suoi beni, il portatore non può esercitare il regresso che dopo aver presentato la cambiale al trattario per il pagamento e dopo aver levato protesto.

In caso di fallimento del trattario, abbia o non abbia accettato, e nel caso di fallimento del traente di una cambiale non accettabile, la produzione della sentenza dichiarativa del fallimento basta al portatore per esercitare il regresso.

52. Il portatore deve dare avviso al proprio girante e al traente della mancata accettazione o del mancato pagamento entro i quattro giorni feriali successivi al giorno del protesto o della presentazione se vi sia la clausola «senza spese». Ogni girante nei due giorni feriali successivi al giorno in cui ha ricevuto l'avviso deve informare il precedente girante dell'avviso ricevuto, indicando i nomi e gli indirizzi di coloro che hanno dato gli avvisi precedenti, e così di seguito, risalendo fino al traente. I termini predetti decorrono dal ricevimento dell'avviso precedente.

Se in conformità del precedente comma l'avviso è dato ad un firmatario della cambiale, analogo avviso deve essere dato entro lo stesso termine anche al suo avallante.

Se un girante non ha indicato il suo indirizzo o l'ha indicato in maniera illeggibile basta che l'avviso sia dato al girante che lo precede.

Chi è tenuto a dare l'avviso può darlo in una forma qualsiasi anche col semplice rinvio della cambiale.

Egli deve provare di aver dato l'avviso nel termine stabilito. Il termine si considera rispettato se una lettera contenente l'avviso sia stata spedita per posta nel termine predetto.

Chi non dà l'avviso nel termine sopra indicato non decade dal regresso; tuttavia è responsabile della sua negligenza se abbia causato danno, senza però che l'ammontare del risarcimento possa superare quello della cambiale.

53. Il traente, il girante o l'avallante può con la clausola «senza spese», «senza protesto» od ogni altra equivalente, apposta sulla cambiale e firmata, dispensare il portatore dal protesto per mancata accettazione o per mancato pagamento, per esercitare il regresso.

Tale clausola non dispensa il portatore dalla presentazione della cambiale nei termini prescritti, né dagli avvisi. La prova della inosservanza dei termini incombe a colui che la oppone al portatore.

Se la clausola è apposta dal traente produce i suoi effetti nei confronti di tutti i firmatari; se è apposta da un girante o da un avallante, produce i suoi effetti soltanto rispetto a costui. Se la clausola è apposta dal traente e il portatore fa elevare il protesto, le spese restano a suo carico. Se la clausola è apposta da un girante o da un avallante le spese per il protesto, qualora sia levato, sono ripetibili contro tutti i firmatari.

54. Il traente, l'accettante, il girante e l'avallante della cambiale rispondono in solido verso il portatore.

Il portatore ha diritto di agire contro queste persone individualmente o congiuntamente e non è tenuto ad osservare l'ordine nel quale si sono obbligate.

Lo stesso diritto spetta a ogni firmatario che abbia pagato la cambiale.

L'azione promossa contro uno degli obbligati non impedisce di agire contro gli altri, anche se posteriori a colui contro il quale si sia prima proceduto.

55. Il portatore può chiedere in via di regresso:

1) l'ammontare della cambiale non accettata o non pagata con gli interessi, se siano stati indicati;

2) gli interessi dalla scadenza in misura uguale a quella indicata nel titolo a norma dell'articolo 5, o, in mancanza, al tasso legale;

3) le spese per il protesto, per gli avvisi dati e le altre spese.

Se il regresso è esercitato prima della scadenza, sarà dedotto uno sconto dall'ammontare della cambiale. Tale sconto è calcolato in base al tasso ufficiale vigente (tasso della banca di emissione) alla data del regresso nel luogo del domicilio del portatore.

56. Chi ha pagato la cambiale può ripetere dai suoi garanti:

1) la somma integrale sborsata;

2) gli interessi sulla somma in misura uguale a quella indicata nel titolo a norma dell'articolo 5, o, in mancanza, al tasso legale, dal giorno del disborso;

3) le spese sostenute.

57. Qualsiasi obbligato contro il quale sia stato o possa essere promosso il regresso può esigere, contro pagamento, la consegna della cambiale col protesto e il conto di ritorno quietanzato.

Qualsiasi girante che ha pagato la cambiale può cancellare la propria girata e quelle dei giranti susseguenti.

58. In caso di regresso dopo una accettazione parziale, chi paga la somma per la quale la cambiale non è stata accettata, può esigere che del pagamento sia fatta menzione sulla cambiale e che gliene sia data quietanza. Il portatore deve inoltre rilasciargli copia certificata conforme della cambiale ed il protesto per rendere possibile l'esercizio degli ulteriori regressi.

59. Chi ha diritto di esercitare il regresso può, salvo clausola contraria, rimborsarsi con una nuova cambiale (rivalsa) tratta a vista su uno dei propri garanti e pagabile al domicilio di costui.

La rivalsa comprende, oltre le somme indicate negli articoli 55 e 56, un diritto di provvigione e la tassa di bollo sulla rivalsa.

Se la rivalsa è tratta dal portatore, l'ammontare ne è fissato secondo il corso di una cambiale a vista tratta dal luogo dove la cambiale originaria era pagabile sul luogo del domicilio del garante. Se la rivalsa è tratta da un girante, l'ammontare ne è fissato secondo il corso di una cambiale a vista tratta dal luogo dove il traente della rivalsa ha il suo domicilio sul luogo del domicilio del garante.

60. Spirati i termini stabiliti:

per la presentazione di una cambiale a vista o a certo tempo vista;

per levare il protesto per mancata accettazione o mancato pagamento;

per la presentazione al pagamento se vi sia la clausola «senza spese»;

il portatore decade dai suoi diritti contro i giranti, contro il traente e contro gli altri obbligati, ad eccezione dell'accettante.

Se la cambiale non è presentata per l'accettazione nel termine stabilito dal traente, il portatore decade dal diritto di esercitare il regresso sia per mancato pagamento sia per mancata accettazione, salvo che non risulti dal tenore del titolo che il traente abbia inteso di esonerarsi soltanto dalla garanzia per l'accettazione.

Se un termine per la presentazione è fissato in una girata, solo il girante può prevalersene.

61. Se un ostacolo insormontabile (disposizione di legge di uno Stato o altro caso di forza maggiore) impedisce di presentare la cambiale o di elevare il protesto nei termini stabiliti, questi sono prolungati.

Il portatore è tenuto a dare avviso senza indugio del caso di forza maggiore al girante precedente e a fare, sulla cambiale o sull'allungamento, menzione datata e sottoscritta di questo avviso; per il resto si applicano le disposizioni dell'articolo 52.

Cessata la forza maggiore, il portatore deve presentare senza indugio la cambiale per l'accettazione e per il pagamento e, se necessario, levare protesto.

Se la forza maggiore dura oltre trenta giorni dalla scadenza, il regresso può essere esercitato senza bisogno di presentazione e di protesto.

Nelle cambiali a vista o a certo tempo vista, il termine di trenta giorni decorre dalla data in cui il portatore, anche prima che sia scaduto il termine di presentazione, ha dato avviso della forza maggiore al girante precedente; nelle cambiali a certo tempo vista al termine di trenta giorni si aggiunge il termine dalla vista indicato nella cambiale.

Non sono considerati casi di forza maggiore i fatti puramente personali al portatore o alla persona da lui incaricata di presentare la cambiale o di levare il protesto.

62. Fra più obbligati che abbiano assunto una posizione di pari grado nella cambiale non ha luogo l'azione cambiaria e il rapporto è regolato con le norme relative alle obbligazioni solidali.

63. La cambiale ha gli effetti di titolo esecutivo per il capitale e per gli accessori a norma degli articoli 55, 56 e 59.

La cambiale emessa all'estero ha gli stessi effetti in quanto questi siano ammessi dalla legge del luogo in cui la cambiale è stata emessa.

Il precetto deve contenere la trascrizione della cambiale o del protesto e degli altri documenti necessari a dimostrare la somma dovuta.

Nelle obbligazioni cambiarie sottoscritte per procura il precetto deve indicare anche l'atto dal quale risulta il mandato.

64. L'opposizione al precetto non sospende l'esecuzione; ma il presidente del tribunale o il pretore [1] competente per valore, su ricorso dell'opponente che disconosca la propria firma o la rappresentanza oppure adduca gravi e fondati motivi, può, con decreto motivato non soggetto a gravame, esaminati i documenti prodotti, sospendere in tutto o in parte gli atti esecutivi, imponendo idonea cauzione.

(1) *Ai sensi del D.L.vo 19 febbraio 1998, n. 51, l'ufficio del pretore è soppresso a decorrere dal 2 giugno 1999, fatta salva l'attività necessaria per l'esaurimento degli affari pendenti. Le relative competenze sono trasferite al tribunale ordinario, fuori dei casi in cui è diversamente disposto dal predetto provvedimento.*

65. Nei giudizi cambiari, tanto di cognizione quanto di opposizione al precetto, il debitore può opporre soltanto le eccezioni di nullità della cambiale a termini dell'articolo 2 e quelle non vietate dall'articolo 21.

Se le eccezioni siano di lunga indagine, il giudice, su istanza del creditore, deve emettere sentenza provvisoria di condanna con cauzione o senza.

Può anche concedere su richiesta del debitore, quando concorrano gravi ragioni, la sospensione della esecuzione, imponendo, se lo ritenga opportuno, idonea cauzione.

Se la sospensione fosse stata già concessa col decreto indicato nell'articolo precedente, il giudice in prosieguo di giudizio deciderà la conferma o la revocazione del provvedimento.

66. Se dal rapporto che diede causa alla emissione o alla trasmissione della cambiale derivi un'azione, questa permane nonostante l'emissione o la trasmissione della cambiale, salvo che si provi che vi fu novazione.

Tale azione non può esercitarsi se non dopo accertata col protesto la mancanza di accettazione o di pagamento.

Il portatore non può esercitare l'azione causale se non offrendo al debitore la restituzione della cambiale e depositandola presso la cancelleria del giudice competente, purché abbia adempiuto le formalità necessarie per conservare al debitore stesso le azioni di regresso che possono competergli.

67. Qualora il portatore abbia perduto l'azione cambiaria contro tutti gli obbligati e non abbia contro i medesimi azione causale, può agire contro il traente o l'accettante o il girante per la somma di cui si siano arricchiti ingiustamente a suo danno.

68. Il protesto deve essere fatto con un solo atto da un notaro o da un ufficiale giudiziario.

Nei comuni nei quali non esista notaro o ufficiale giudiziario il protesto può essere levato dal segretario comunale.

Non è richiesta l'assistenza di testimoni per levare protesto.

69. Il protesto può essere fatto con atto separato, oppure essere scritto sulla cambiale o sul duplicato o sulla copia ovvero sul foglio di allungamento. Questo foglio può essere aggiunto anche dal notaro o dall'ufficiale giudiziario o dal segretario comunale, i quali in ogni caso dovranno apporre il proprio sigillo sulla linea di congiunzione.

Se il protesto è fatto con atto separato chi vi procede deve farne menzione sulla cambiale o sul duplicato o sulla copia o sul foglio di allungamento, a meno che si sia dovuto procedere al protesto pur non avendo il possesso del titolo.

70. Il protesto si deve fare nei luoghi indicati dall'articolo 44 contro le persone ivi rispettivamente indicate, anche se non presenti.

Se il domicilio di dette persone non si può rintracciare, il protesto può essere fatto in qualsiasi località nel luogo di pagamento a scelta di chi vi procede.

L'incapacità delle persone alle quali la cambiale deve essere presentata non dispensa dall'obbligo di levare il protesto contro di esse, salvo quanto è disposto nell'ultimo comma dell'articolo 51.

Se la persona alla quale la cambiale deve essere presentata è morta, il protesto si leva egualmente al suo nome secondo le regole precedenti.

71. Il protesto deve contenere:

1) la data;

2) il nome del richiedente;

3) l'indicazione dei luoghi in cui è fatto e la menzione delle ricerche eseguite a termine dell'articolo 44;

4) l'oggetto delle richieste, il nome delle persone richieste, le risposte avute o i motivi pei quali non se ne ebbe alcuna;

5) la sottoscrizione del notaro o dell'ufficiale o del segretario comunale.

Il protesto per atto separato deve contenere la trascrizione della cambiale.

Per più cambiali da pagarsi dalla stessa persona nello stesso luogo, il creditore può levare protesto con unico atto separato.

72. A meno che il traente non abbia prescritto sullo stesso titolo l'obbligo del protesto, questo può essere sostituito, se il portatore lo consente, da una dichiarazione di rifiuto dell'accettazione o del pagamento, scritta e datata sulla cambiale o sul foglio di allungamento o su atto separato e firmata dal trattario.

Questa dichiarazione per avere gli effetti del protesto deve essere sottoposta a registrazione nei termini del protesto medesimo.

Nei casi previsti nel primo comma la girata senza data si presume fatta anteriormente alla dichiarazione.

73. I notari, gli ufficiali giudiziari e i segretari comunali debbono tener nota, nel repertorio, dei protesti, indicando i requisiti di cui agli articoli precedenti, giorno per giorno e per ordine di data.

L'originale del protesto fatto per atto separato deve essere consegnato al portatore della cambiale.

Capo VIII
Dell'intervento

Sezione I
Disposizioni generali

74. Il traente, il girante o l'avallante può indicare una persona per accettare o pagare al bisogno.

La cambiale può, nelle condizioni sottoindicate, essere accettata o pagata da una persona che interviene per qualsiasi obbligato in via di regresso.

L'interveniente può essere un terzo, lo stesso trattario o una persona già obbligata cambiariamente tranne l'accettante.

L'interveniente deve, nei due giorni feriali successivi all'intervento, darne avviso a colui per il quale è intervenuto. In caso d'inosservanza di tale termine egli è responsabile della sua negligenza se abbia causato danno, senza però che l'ammontare del risarcimento possa superare quello della cambiale.

Sezione II
Dell'accettazione per intervento

75. L'accettazione per intervento può essere fatta ogni qualvolta il portatore di una cambiale accettabile possa esercitare il regresso prima della scadenza.

Se sulla cambiale è stata indicata una persona per accettarla o pagarla al bisogno nel luogo del pagamento, il portatore non può esercitare prima della scadenza il regresso contro colui che ha apposto l'indicazione e contro i firmatari susseguenti a meno che egli abbia presentato la cambiale alla persona indicata e, avendone questi rifiutato l'accettazione, il rifiuto sia stato constatato con protesto.

Negli altri casi d'intervento il portatore può rifiutare l'accettazione per intervento. Tuttavia, se l'ammette, perde il diritto di agire prima della scadenza in via di regresso contro colui per il quale l'accettazione è stata data e contro i firmatari susseguenti.

76. L'accettazione per intervento è apposta sulla cambiale ed è firmata dall'interveniente. Essa indica per chi è stata data; in mancanza di questa indicazione l'accettazione si reputa data per il traente.

77. L'accettante per intervento risponde verso il portatore e verso i giranti susseguenti a colui per il quale è intervenuto, nello stesso modo di questo.

Nonostante l'accettazione per intervento, colui per il quale è stata data e i suoi garanti possono chiedere al portatore, contro rimborso della somma indicata nell'articolo 55, la consegna della cambiale, del protesto e del conto di ritorno quietanzato, se del caso.

Se la cambiale non sia presentata all'accettazione per intervento non più tardi del giorno seguente all'ultimo giorno consentito per levare il protesto per mancato pagamento, l'obbligazione dell'accettante per intervento si estingue.

Sezione III
Del pagamento per intervento

78. Il pagamento per intervento può essere fatto ogni qualvolta il portatore possa esercitare il regresso alla scadenza o prima di essa.

Il pagamento deve comprendere tutta la somma che avrebbe dovuto essere pagata da colui per il quale l'intervento ha luogo.

Esso deve essere fatto al più tardi nel giorno successivo all'ultimo giorno consentito per levare il protesto per mancato pagamento.

Il pagamento per intervento deve risultare dal protesto e, se questo era stato già levato, deve essere annotato in prosecuzione del protesto dal pubblico ufficiale che vi ha proceduto. Le spese del protesto sono ripetibili ancorché il traente abbia apposto sulla cambiale la clausola «senza spese».

79. Se la cambiale è stata accettata da intervenienti che hanno il loro domicilio nel luogo del pagamento o se sono state indicate per pagare al bisogno persone che hanno il loro domicilio nel detto luogo, il portatore deve presentare la cambiale a tutte queste persone e, se del caso, levare protesto per mancato pagamento non più tardi del giorno seguente all'ultimo consentito per levare il protesto.

Se il protesto non è levato entro questo termine, colui che ha apposto l'indicazione al bisogno o per il quale la cambiale è stata accettata e i giranti susseguenti sono liberati.

80. Il portatore che rifiuta il pagamento per intervento perde il regresso contro coloro che sarebbero stati liberati.

81. Del pagamento per intervento deve essere data quietanza sulla cambiale coll'indicazione per chi è fatto. In mancanza di tale indicazione, il pagamento si intende fatto per il traente.

La cambiale o il protesto, se sia stato levato, devono essere consegnati a chi paga per intervento.

82. Chi paga per intervento acquista i diritti inerenti alla cambiale contro colui per il quale ha pagato e contro coloro che sono obbligati cambiariamente verso quest'ultimo, ma non può girare nuovamente la cambiale.

I giranti susseguenti all'obbligato per il quale il pagamento è stato fatto sono liberati.

Se più persone offrono il pagamento per intervento, è preferita quella il cui pagamento libera il maggior numero di obbligati. Chi scientemente interviene in contrasto con questa disposizione perde il regresso contro coloro che sarebbero stati liberati.

Capo IX
Dei duplicati e delle copie

Sezione I
Dei duplicati

83. La cambiale può essere tratta in più esemplari identici (duplicati).

I duplicati devono essere numerati nel contesto di ciascun titolo; in difetto, si considerano come altrettante cambiali distinte.

Il portatore può chiedere il rilascio di duplicati a sue spese, salvo che dalla cambiale risulti che essa è tratta come sola di cambio. A tale effetto egli deve rivolgersi al suo girante immediato il quale è tenuto a prestare l'opera sua verso il proprio girante e così di seguito fino al traente. I giranti sono tenuti a riprodurre le girate sui duplicati.

84. Il pagamento di un duplicato è liberatorio, ancorché non sia dichiarato che tale pagamento annulli gli effetti degli altri duplicati. Il trattario resta però obbligato per ogni duplicato accettato del quale non abbia ottenuta la restituzione.

Il girante che ha trasferito i duplicati a persone diverse e i giranti susseguenti sono obbligati per tutti i duplicati che portino la loro firma e non siano stati restituiti.

85. Chi ha inviato un duplicato per l'accettazione deve indicare sugli altri il nome della persona presso cui esso si trova. Questa è tenuta a consegnarlo al portatore legittimo di un altro duplicato.

Se essa rifiuta, il portatore non può esercitare il regresso che dopo aver fatto constatare con protesto:

1) che il duplicato inviato per l'accettazione non gli è stato consegnato malgrado sua richiesta;

2) che l'accettazione o il pagamento non ha potuto essere ottenuto su altro duplicato.

Sezione II
Delle copie

86. Qualsiasi portatore di una cambiale ha diritto di farne una o più copie.

La copia deve riprodurre esattamente l'originale con le girate e tutte le altre indicazioni che vi figurano; essa deve indicare fin dove arriva.

Può essere girata ed avallata nello stesso modo e con gli stessi effetti dell'originale.

87. La copia deve indicare chi detiene il titolo originale. Questi è tenuto a consegnarlo al portatore legittimo della copia.

In caso di rifiuto il portatore non può esercitare il regresso contro le persone che hanno girato o avallato la copia se non dopo aver fatto constatare con protesto che l'originale non gli è stato consegnato malgrado sua richiesta.

Se l'originale, dopo l'ultima girata apposta prima che la copia sia stata fatta, porti la clausola «da qui la girata non vale che sulla copia» od ogni altra formula equivalente, la girata fatta ulteriormente sull'originale è nulla.

Capo X
Delle alterazioni

88. In caso di alterazione del testo della cambiale chi ha firmato dopo l'alterazione risponde nei termini del testo alterato; chi ha firmato prima risponde nei termini del testo originario.

Qualora non risulti dal titolo o non si dimostri che la firma sia stata apposta prima o dopo, si presume che sia stata apposta prima.

Capo XI
Dell'ammortamento

89. In caso di smarrimento, sottrazione o distruzione, il portatore della cambiale può farne denunzia al trattario e chiedere l'ammortamento del titolo con ricorso al presidente del tribunale del luogo in cui la cambiale è pagabile, o al pretore ([1]) del luogo in cui egli ha domicilio.

Il ricorso deve indicare i requisiti essenziali della cambiale e, se si tratta di cambiale in bianco, quelli sufficienti a identificarla.

Il presidente del tribunale o il pretore ([1]), premessi gli opportuni accertamenti sulla verità dei fatti e sul diritto del portatore, emette nel più breve tempo possibile un decreto con il quale, menzionando i dati della cambiale, ne pronuncia l'ammortamento e ne autorizza il pagamento dopo trenta giorni dalla data di pubblicazione del decreto nella *Gazzetta Ufficiale* della Repubblica, se la cambiale sia già scaduta o sia a vista, oppure dalla data della scadenza, se questa sia successiva alla detta pubblicazione, purché non venga fatta nel frattempo opposizione dal detentore.

Il decreto deve essere, a cura del ricorrente, notificato al trattario e pubblicato nella *Gazzetta Ufficiale* della Repubblica.

Malgrado la denuncia, il pagamento della cambiale al detentore prima della notificazione del decreto libera il debitore.

([1]) *Ai sensi del D.L.vo 19 febbraio 1998, n. 51, l'ufficio del pretore è soppresso a decorrere dal 2 giugno 1999, fatta salva l'attività necessaria per l'esaurimento degli affari pendenti. Le relative competenze sono trasferite al tribunale ordinario, fuori dei casi in cui è diversamente disposto dal predetto provvedimento.*

90. L'opposizione del detentore deve essere in ogni caso proposta con citazione da notificarsi al ricorrente e al trattario della cambiale per comparire davanti al tribunale del luogo di pagamento.

91. Durante il termine stabilito nell'articolo 89, il ricorrente può esercitare tutti gli atti che tendono a conservare i suoi diritti, e, trattandosi di cambiale a vista o già scaduta o che sia venuta intanto a scadere, è in facoltà di esigerne il pagamento mediante cauzione o di chiedere il deposito giudiziario della somma.

92. Trascorso il termine indicato nell'articolo 89, senza opposizione o rigettata l'opposizione con sentenza definitiva, la cambiale smarrita non ha più alcuna efficacia. Colui che ottenne l'ammortamento può, su presentazione del decreto e di un certificato del cancelliere del tribunale comprovante la non interposta opposizione, o su presentazione della sentenza definitiva che respinge l'opposizione, esigere il pagamento e, qualora la cambiale sia in bianco o non sia ancora scaduta, un duplicato.

Sulle cambiali sia scadute sia a vista dichiarate inefficaci sono dovuti interessi nella misura indicata negli articoli 55 e 56 salvo che la somma sia stata depositata a norma dell'articolo 88 per conto della persona a favore della quale ha luogo l'ammortamento o è pronunziata la sentenza.

93. L'ammortamento estingue ogni diritto derivante dalla cambiale ammortizzata, ma non pregiudica le eventuali ragioni del portatore verso chi ottenne l'ammortamento.

Capo XII
Della prescrizione

94. Le azioni cambiarie contro l'accettante si prescrivono in tre anni a decorrere dalla data della scadenza.

Le azioni del portatore contro i giranti e contro il traente si prescrivono in un anno a decorrere dalla data del protesto levato in tempo utile o da quello della scadenza, se vi sia la clausola «senza spese».

Le azioni dei giranti gli uni contro gli altri e quelle contro il traente si prescrivono in sei mesi a decorrere dal giorno in cui il girante ha pagato la cambiale o dal giorno in cui l'azione di regresso è stata promossa contro di lui.

L'azione d'arricchimento si prescrive nel termine di un anno dal giorno della perdita dell'azione cambiaria.

95. L'interruzione della prescrizione non vale che contro colui rispetto al quale è stato compiuto l'atto interruttivo.

Capo XIII
Disposizioni generali

96. Il pagamento della cambiale che scade in un giorno festivo legale non si può chiedere che il primo giorno feriale successivo. Ugualmente tutti gli altri atti relativi alla cambiale, e in particolare la presentazione per l'accettazione e il protesto, non possono esser fatti che in giorno feriale.

Se uno di questi atti deve essere fatto entro un termine il cui ultimo giorno è festivo legale, il termine è prorogato fino al primo giorno feriale successivo. I giorni festivi intermedi sono compresi nel computo del termine.

97. Nei termini legali o convenzionali non si computa il giorno da cui cominciano a decorrere.

98. Non sono ammessi giorni di rispetto né legali né giudiziari.

99. Agli effetti della presente legge col termine domicilio si intende il luogo di residenza e col termine luogo di pagamento l'intero territorio del comune.

Titolo II
Del vaglia cambiario

100. Il vaglia cambiario contiene:

1) la denominazione del titolo inserita nel contesto ed espressa nella lingua in cui esso è redatto;

2) la promessa incondizionata di pagare una somma determinata;

3) l'indicazione della scadenza;

4) l'indicazione del luogo di pagamento;

5) il nome di colui al quale o all'ordine del quale deve farsi il pagamento;

6) l'indicazione della data e del luogo in cui il vaglia è emesso;

7) la sottoscrizione di colui che emette il titolo;

7 *bis*) l'indicazione del luogo e della data di nascita ovvero del codice fiscale dell'emittente ([1]).

Il vaglia cambiario può anche denominarsi «pagherò cambiario» o «cambiale».

([1]) *Questo numero è stato aggiunto dall'art. 45, comma 1, lett.* c), *della L. 12 dicembre 2002, n. 273.*

101. Il titolo nel quale manchi alcuno dei requisiti indicati nell'articolo precedente non vale come vaglia cambiario, salvo nei casi previsti nei seguenti commi.

Il vaglia cambiario senza indicazione di scadenza si considera pagabile a vista.

In mancanza d'indicazione speciale, il luogo di emissione del titolo si reputa luogo del pagamento ed insieme domicilio dell'emittente.

Il vaglia cambiario in cui non è indicato il luogo di emissione si considera sottoscritto nel luogo indicato accanto al nome dell'emittente.

102. In quanto non siano incompatibili con la natura del vaglia cambiario, sono applicabili ad esso le disposizioni relative alla cambiale e concernenti:

la girata;

la scadenza;

il pagamento;

l'azione cambiaria, il regresso per mancato pagamento ed il protesto;

il pagamento per intervento;

le copie;

le alterazioni;

la prescrizione;

i giorni festivi, il computo dei termini e l'inammissibilità dei giorni di rispetto.

Sono egualmente applicabili al vaglia cambiario le disposizioni concernenti la cambiale pagabile presso un terzo o in luogo diverso da quello del domicilio del trattario, la promessa d'interessi, le differenze nella indicazione della somma, gli effetti delle firme apposte nelle circostanze previste dall'articolo 7, quelli della firma di persona che agisce senza poteri o eccedono i suoi poteri e la cambiale in bianco.

Sono egualmente applicabili al vaglia cambiario le disposizioni relative all'avallo; se l'avallo nel caso previsto dall'articolo 36 ultimo comma non indica per chi è dato, si reputa dato per l'emittente.

Sono egualmente applicabili al vaglia cambiario le disposizioni relative all'ammortamento e quelle dell'articolo 99.

103. L'emittente è obbligato nello stesso modo dell'accettante di una cambiale.

Il vaglia cambiario pagabile a certo tempo vista deve essere presentato al visto dell'emittente nel termine fissato dall'articolo 28. Il termine della vista decorre dalla data del visto apposto dall'emittente sul vaglia. Il rifiuto dell'emittente di apporre il visto datato è constatato con protesto, la cui data serve a fissare l'inizio del termine dalla vista.

Titolo III
Disposizioni tributarie

104. La validità della cambiale e del vaglia cambiario, compresi quelli a vista o a certo tempo vista, non è subordinata all'osservanza delle disposizioni della legge sul bollo. Essi tuttavia, se non siano stati regolarmente bollati originariamente, o nel tempo prescritto dalla legge non hanno la qualità di titolo esecutivo.

Il portatore non può esercitare i diritti cambiari inerenti al titolo se non abbia corrisposto la tassa di bollo dovuta e pagato la relativa penalità.

La inefficacia come titolo esecutivo dev'essere rilevata e pronunciata dai giudici anche d'ufficio.

105. Qualora la cambiale pagabile a vista o a certo tempo vista od il vaglia cambiario pagabile a vista o a certo tempo vista portino l'indicazione di interessi, la tassa graduale di bollo è dovuta oltre che sul capitale anche sull'importo degli interessi, i quali debbono essere calcolati in base al saggio indicato sul titolo e in ragione del periodo di validità del titolo stesso nei riguardi del bollo. In nessun caso gli interessi possono essere calcolati per un periodo superiore a dieci mesi.

Titolo IV
Disposizioni transitorie e finali

106 - 107. (*Omissis*) [1].

[1] *Si omettono perché di carattere transitorio.*

1.

L. 5 febbraio 1992, n. 91. Nuove norme sulla cittadinanza (*Gazzetta Ufficiale* Serie gen. - n. 38 del 15 febbraio 1992).

1. 1. È cittadino per nascita:

a) il figlio di padre o di madre cittadini;

b) chi è nato nel territorio della Repubblica se entrambi i genitori sono ignoti o apolidi, ovvero se il figlio non segue la cittadinanza dei genitori secondo la legge dello Stato al quale questi appartengono.

2. È considerato cittadino per nascita il figlio di ignoti trovato nel territorio della Repubblica, se non venga provato il possesso di altra cittadinanza.

2. 1. Il riconoscimento o la dichiarazione giudiziale della filiazione durante la minore età del figlio ne determina la cittadinanza secondo le norme della presente legge.

2. Se il figlio riconosciuto o dichiarato è maggiorenne conserva il proprio stato di cittadinanza, ma può dichiarare, entro un anno dal riconoscimento o dalla dichiarazione giudiziale, ovvero dalla dichiarazione di efficacia del provvedimento straniero, di eleggere la cittadinanza determinata dalla filiazione.

3. Le disposizioni del presente articolo si applicano anche ai figli per i quali la paternità o maternità non può essere dichiarata, purché sia stato riconosciuto giudizialmente il loro diritto al mantenimento o agli alimenti.

3. 1. Il minore straniero adottato da cittadino italiano acquista la cittadinanza.

2. La disposizione del comma 1 si applica anche nei confronti degli adottati prima della data di entrata in vigore della presente legge.

3. Qualora l'adozione sia revocata per fatto dell'adottato, questi perde la cittadinanza italiana, sempre che sia in possesso di altra cittadinanza o la riacquisti.

4. Negli altri casi di revoca, l'adottato conserva la cittadinanza italiana. Tuttavia, qualora la revoca intervenga durante la maggiore età dell'adottato, lo stesso, se in possesso di altra cittadinanza o se la riacquisti, potrà comunque rinunciare alla cittadinanza italiana entro un anno dalla revoca stessa.

4. 1. Lo straniero o l'apolide, del quale il padre o la madre o uno degli ascendenti in linea retta di secondo grado sono stati cittadini per nascita, diviene cittadino:

a) se presta effettivo servizio militare per lo Stato italiano e dichiara preventivamente di voler acquistare la cittadinanza italiana;

b) se assume pubblico impiego alle dipendenze dello Stato, anche all'estero, e dichiara di voler acquistare la cittadinanza italiana;

c) se, al raggiungimento della maggiore età, risiede legalmente da almeno due anni nel territorio della Repubblica e dichiara, entro un anno dal raggiungimento, di voler acquistare la cittadinanza italiana.

2. Lo straniero nato in Italia, che vi abbia risieduto legalmente senza interruzione fino al raggiungimento della maggiore età, diviene cittadino se dichiara di voler acquistare la cittadinanza italiana entro un anno dalla suddetta data ([1]).

([1]) *A norma dell'art. 33 del D.L. 21 giugno 2013, n. 69, convertito, con modificazioni, nella L. 9 agosto 2013, n. 98, ai fini di questo comma all'interessato non sono imputabili eventuali inadempimenti riconducibili ai genitori o agli uffici della Pubblica Amministrazione, ed egli può dimostrare il possesso dei requisiti con ogni idonea documentazione.*

Gli ufficiali di stato civile sono tenuti, nel corso dei sei mesi precedenti il compimento del diciottesimo anno di età, a comunicare all'interessato, nella sede di residenza quale risulta all'ufficio, la possibilità di esercitare il diritto di cui al comma 2 del citato articolo 4 della legge n. 91 del 1992 entro il compimento del diciannovesimo anno di età. In mancanza, il diritto può essere esercitato anche oltre tale data.

Entro tre mesi dalla data di entrata in vigore della legge di conversione del presente decreto, gli uffici pubblici coinvolti nei procedimenti di rilascio della cittadinanza acquisiscono e trasmettono dati e documenti attraverso gli strumenti informatici.

5. ([1]) 1. Il coniuge, straniero o apolide, di cittadino italiano può acquistare la cittadinanza italiana quando, dopo il matrimonio, risieda legalmente da almeno due anni nel territorio della Repubblica, oppure dopo tre anni dalla data del matrimonio se residente all'estero, qualora, al momento dell'adozione del decreto di cui all'articolo 7, comma 1, non sia intervenuto lo scioglimento, l'annullamento o la cessazione degli effetti civili del matrimonio e non sussista la separazione personale dei coniugi.

2. I termini di cui al comma 1 sono ridotti della metà in presenza di figli nati o adottati dai coniugi.

([1]) *Questo articolo è stato così sostituito dall'art. 1, comma 11, della L. 15 luglio 2009, n. 94.*

6. 1. Precludono l'acquisto della cittadinanza ai sensi dell'articolo 5:

a) la condanna per uno dei delitti previsti nel libro secondo, titolo I, capi I, II e III, del codice penale;

b) la condanna per un delitto non colposo per il quale la legge preveda una pena edittale non inferiore nel massimo a tre anni di reclusione; ovvero la condanna per un reato non politico ad una pena detentiva superiore ad un anno da parte di una autorità giudiziaria straniera, quando la sentenza sia stata riconosciuta in Italia;

c) la sussistenza, nel caso specifico, di comprovati motivi inerenti alla sicurezza della Repubblica.

2. Il riconoscimento della sentenza straniera è richiesto dal procuratore generale del distretto dove ha sede l'ufficio dello stato civile in cui è iscritto o trascritto il matrimonio, anche ai soli fini ed effetti di cui al comma 1, lettera *b*).

3. La riabilitazione fa cessare gli effetti preclusivi della condanna.

4. L'acquisto della cittadinanza è sospeso fino a comunicazione della sentenza definitiva, se sia stata promossa azione penale per uno dei delitti di cui al comma 1, lettera *a*) e lettera *b*), primo periodo, nonché per il tempo in cui è pendente il procedimento di riconoscimento della sentenza straniera, di cui al medesimo comma 1, lettera *b*), secondo periodo.

7. [1. Ai sensi dell'articolo 5, la cittadinanza si acquista con decreto del Ministro dell'interno, a istanza dell'interessato, presentata al sindaco del comune di residenza o alla competente autorità consolare] ([1]).

2. Si applicano le disposizioni di cui all'articolo 3 della L. 12 gennaio 1991, n. 13.

([1]) *Questo comma è stato abrogato dall'art. 8 del D.P.R. 18 aprile 1994, n. 362, regolamento recante disciplina dei procedimenti di acquisto della cittadinanza italiana, a decorrere dal 10 dicembre 1994.*

8. 1. Con decreto motivato, il Ministro dell'interno respinge l'istanza di cui all'articolo 7 ove sussistano le cause ostative previste nell'articolo 6. Ove si tratti di ragioni inerenti alla sicurezza della Repubblica, il decreto è emanato su conforme parere del Consiglio di Stato. L'istanza respinta può essere riproposta dopo cinque anni dall'emanazione del provvedimento.

2. L'emanazione del decreto di rigetto dell'istanza è preclusa quando dalla data di presentazione dell'istanza stessa, corredata dalla prescritta documentazione, sia decorso il termine di due anni.

9. 1. La cittadinanza italiana può essere concessa con decreto del Presidente della Repubblica, sentito il Consiglio di Stato, su proposta del Ministro dell'interno:

a) allo straniero del quale il padre o la madre o uno degli ascendenti in linea retta di secondo grado sono stati cittadini per nascita, o che è nato nel territorio della Repubblica e, in entrambi i casi, vi risiede legalmente da almeno tre anni, comunque fatto salvo quanto previsto dall'articolo 4, comma 1, lettera *c*);

b) allo straniero maggiorenne adottato da cittadino italiano che risiede legalmente nel territorio della Repubblica da almeno cinque anni successivamente all'adozione;

c) allo straniero che ha prestato servizio, anche all'estero, per almeno cinque anni alle dipendenze dello Stato;

d) al cittadino di uno Stato membro delle Comunità europee se risiede legalmente da almeno quattro anni nel territorio della Repubblica;

e) all'apolide che risiede legalmente da almeno cinque anni nel territorio della Repubblica;

f) allo straniero che risiede legalmente da almeno dieci anni nel territorio della Repubblica.

2. Con decreto del Presidente della Repubblica, sentito il Consiglio di Stato e previa deliberazione del Consiglio dei Ministri, su proposta del Ministro dell'interno, di concerto con il Ministro degli affari esteri, la cittadinanza può essere concessa allo straniero quando questi abbia reso emi-

nenti servizi all'Italia, ovvero quando ricorra un eccezionale interesse dello Stato.

9 *bis.* ([1]) 1. Ai fini dell'elezione, acquisto, riacquisto, rinuncia o concessione della cittadinanza, all'istanza o dichiarazione dell'interessato deve essere comunque allegata la certificazione comprovante il possesso dei requisiti richiesti per legge.

2. Le istanze o dichiarazioni di elezione, acquisto, riacquisto, rinuncia o concessione della cittadinanza sono soggette al pagamento di un contributo di importo pari a 200 euro.

3. Il gettito derivante dal contributo di cui al comma 2 è versato all'entrata del bilancio dello Stato per essere riassegnato allo stato di previsione del Ministero dell'interno che lo destina, per la metà, al finanziamento di progetti del Dipartimento per le libertà civili e l'immigrazione diretti alla collaborazione internazionale e alla cooperazione e assistenza ai Paesi terzi in materia di immigrazione anche attraverso la partecipazione a programmi finanziati dall'Unione europea e, per l'altra metà, alla copertura degli oneri connessi alle attività istruttorie inerenti ai procedimenti di competenza del medesimo Dipartimento in materia di immigrazione, asilo e cittadinanza.

([1]) *Questo articolo è stato inserito dall'art. 1, comma 12, della L. 15 luglio 2009, n. 94.*

10. 1. Il decreto di concessione della cittadinanza non ha effetto se la persona a cui si riferisce non presta, entro sei mesi dalla notifica del decreto medesimo, giuramento di essere fedele alla Repubblica e di osservare la Costituzione e le leggi dello Stato.

11. 1. Il cittadino che possiede, acquista o riacquista una cittadinanza straniera conserva quella italiana, ma può ad essa rinunciare qualora risieda o stabilisca la residenza all'estero.

12. 1. Il cittadino italiano perde la cittadinanza se, avendo accettato un impiego pubblico od una carica pubblica da uno Stato o ente pubblico estero o da un ente internazionale cui non partecipi l'Italia, ovvero prestando servizio militare per uno Stato estero, non ottempera, nel termine fissato, all'intimazione che il Governo italiano può rivolgergli di abbandonare l'impiego, la carica o il servizio militare.

2. Il cittadino italiano che, durante lo stato di guerra con uno Stato estero, abbia accettato o non abbia abbandonato un impiego pubblico od una carica pubblica, od abbia prestato servizio militare per tale Stato senza esservi obbligato, ovvero ne abbia acquistato volontariamente la cittadinanza, perde la cittadinanza italiana al momento della cessazione dello stato di guerra.

13. 1. Chi ha perduto la cittadinanza la riacquista:

a) se presta effettivo servizio militare per lo Stato italiano e dichiara previamente di volerla riacquistare;

b) se, assumendo o avendo assunto un pubblico impiego alle dipendenze dello Stato, anche all'estero, dichiara di volerla riacquistare;

c) se dichiara di volerla riacquistare ed ha stabilito o stabilisce, entro un anno dalla dichiarazione, la residenza nel territorio della Repubblica;

d) dopo un anno dalla data in cui ha stabilito la residenza nel territorio della Repubblica, salvo espressa rinuncia entro lo stesso termine;

e) se, avendola perduta per non aver ottemperato all'intimazione di abbandonare l'impiego o la carica accettati da uno Stato, da un ente pubblico estero o da un ente internazionale, ovvero il servizio militare per uno Stato estero, dichiara di volerla riacquistare, sempre che abbia stabilito la residenza da almeno due anni nel territorio della Repubblica e provi di aver abbandonato l'impiego o la carica o il servizio militare, assunti o prestati nonostante l'intimazione di cui all'articolo 12, comma 1.

2. Non è ammesso il riacquisto della cittadinanza a favore di chi l'abbia perduta in applicazione dell'articolo 3, comma 3, nonché dell'articolo 12, comma 2.

3. Nei casi indicati al comma 1, lett. *c*), *d*) ed *e*), il riacquisto della cittadinanza non ha effetto se viene inibito con decreto del Ministro dell'interno, per gravi e comprovati motivi e su conforme parere del Consiglio di Stato. Tale inibizione può intervenire entro il termine di un anno dal verificarsi delle condizioni stabilite.

14. 1. I figli minori di chi acquista o riacquista la cittadinanza italiana, se convivono con esso, acquistano la cittadinanza italiana, ma, divenuti maggiorenni, possono rinunciarvi, se in possesso di altra cittadinanza.

15. 1. L'acquisto o il riacquisto della cittadinanza ha effetto, salvo quanto stabilito dall'articolo 13, comma 3, dal giorno successivo a quello in cui sono adempiute le condizioni e le formalità richieste.

16. 1. L'apolide che risiede legalmente nel territorio della Repubblica è soggetto alla legge italiana per quanto si riferisce all'esercizio dei diritti civili ed agli obblighi del servizio militare.

2. Lo straniero riconosciuto rifugiato dallo Stato italiano secondo le condizioni stabilite dalla legge o dalle convenzioni internazionali è equiparato all'apolide ai fini dell'applicazione della presente legge, con esclusione degli obblighi inerenti al servizio militare.

17. 1. Chi ha perduto la cittadinanza in applicazione degli artt. 8 e 12 della L. 13 giugno 1912, n. 555, o per non aver reso l'opzione prevista dall'art. 5 della L. 21 aprile 1983, n. 123, la riacquista se effettua una dichiarazione in tal senso entro due anni ([1]) dalla data di entrata in vigore della presente legge.

2. Resta fermo quanto disposto dall'art. 219 della L. 19 maggio 1975, n. 151.

([1]) *Il termine è stato da ultimo prorogato al 31 dicembre 1997, dall'art. 2, comma 195, della L. 23 dicembre 1996, n. 662.*

17 *bis*. ([1]) 1. Il diritto alla cittadinanza italiana è riconosciuto:

a) ai soggetti che siano stati cittadini italiani, già residenti nei territori facenti parte dello Stato italiano successivamente ceduti alla Repubblica jugoslava in forza del Trattato di pace firmato a Parigi il 10 febbraio 1947, reso esecutivo dal decreto legislativo del Capo provvisorio dello Stato 28 novembre 1947, n. 1430, ratificato dalla legge 25 novembre 1952, n. 3054, ovvero in forza del Trattato di Osimo del 10 novembre 1975, reso esecutivo dalla legge 14 marzo 1977, n. 73, alle condizioni previste e in possesso dei requisiti per il diritto di opzione di cui all'articolo 19 del Trattato di pace di Parigi e all'articolo 3 del Trattato di Osimo;

b) alle persone di lingua e cultura italiane che siano figli o discendenti in linea retta dei soggetti di cui alla lettera *a*).

([1]) *Questo articolo è stato inserito dall'art. 1 della L. 8 marzo 2006, n. 124.*

17 *ter*. ([1]) 1. Il diritto al riconoscimento della cittadinanza italiana di cui all'articolo 17 *bis* è esercitato dagli interessati mediante la presentazione di una istanza all'autorità comunale italiana competente per territorio in relazione alla residenza dell'istante, ovvero, qualora ne ricorrano i presupposti, all'autorità consolare, previa produzione da parte dell'istante di idonea documentazione, ai sensi di quanto disposto con circolare del Ministero dell'interno, emanata di intesa con il Ministero degli affari esteri.

2. Al fine di attestare la sussistenza dei requisiti di cui alla lettera *a*) del comma 1 dell'articolo 17 *bis*, all'istanza deve essere comunque allegata la certificazione comprovante il possesso, all'epoca, della cittadinanza italiana e della residenza nei territori facenti parte dello Stato italiano e successivamente ceduti alla Repubblica jugoslava in forza dei Trattati di cui al medesimo comma 1 dell'articolo 17 *bis*.

3. Al fine di attestare la sussistenza dei requisiti di cui alla lettera *b*) del comma 1 dell'articolo 17 *bis*, all'istanza deve essere comunque allegata la seguente documentazione:

a) i certificati di nascita attestanti il rapporto di discendenza diretta tra l'istante e il genitore o l'ascendente;

b) la certificazione storica, prevista per l'esercizio del diritto di opzione di cui alla lettera *a*) del comma 1 dell'articolo 17 *bis*, attestante la cittadinanza italiana del genitore dell'istante o del suo ascendente in linea retta e la residenza degli stessi nei territori facenti parte dello Stato italiano e successivamente ceduti alla Repubblica jugoslava in forza dei Trattati di cui al medesimo comma 1 dell'articolo 17 *bis*;

c) la documentazione atta a dimostrare il requisito della lingua e della cultura italiane dell'istante.

([1]) *Questo articolo è stato inserito dall'art. 1 della L. 8 marzo 2006, n. 124.*

18. ([1]) [1. Le persone già residenti nei territori che sono appartenuti alla monarchia austro-ungarica ed emigrate all'estero prima del 16 luglio 1920 ed i loro discendenti in linea retta sono equiparati, ai fini e per gli effetti dell'articolo 9, comma 1, lett. *a*), agli stranieri di origine italiana o nati nel territorio della Repubblica].

([1]) *Questo articolo è stato abrogato dall'art. 1, comma 3, della L. 14 dicembre 2000, n. 379. Per il riconoscimento della cittadinanza italiana alle persone nate e già residenti nei territori appartenenti all'Impero austro-ungarico e ai loro discendenti si veda la L. 14 dicembre 2000, n. 379.*

19. 1. Restano salve le disposizioni della L. 9 gennaio 1956, n. 27, sulla trascrizione nei registri dello stato civile dei provvedimenti di riconoscimento delle opzioni per la cittadinanza italiana, effettuate ai sensi dell'articolo 19 del Trattato di pace tra le potenze alleate ed associate e l'Italia, firmato a Parigi il 10 febbraio 1947.

20. 1. Salvo che sia espressamente previsto, lo stato di cittadinanza acquisito anteriormente alla presente legge non si modifica se non per fatti posteriori alla data di entrata in vigore della stessa.

21. 1. Ai sensi e con le modalità di cui all'articolo 9, la cittadinanza italiana può essere concessa allo straniero che sia stato affiliato da un cittadino italiano prima della data di entrata in vigore della L. 4 maggio 1983, n. 184, e che risieda legalmente nel territorio della Repubblica da almeno sette anni dopo l'affiliazione.

22. 1. Per coloro i quali, alla data di entrata in vigore della presente legge, abbiano già perduto la cittadinanza italiana ai sensi dell'art. 8 della L. 13 giugno 1912, n. 555, cessa ogni obbligo militare.

23. 1. Le dichiarazioni per l'acquisto, la conservazione, il riacquisto e la rinunzia alla cittadinanza e la prestazione del giuramento previste dalla presente legge sono rese all'ufficiale dello stato civile del comune dove il dichiarante risiede o intende stabilire la propria residenza, ovvero, in caso di residenza all'estero, davanti all'autorità diplomatica o consolare del luogo di residenza.

2. Le dichiarazioni di cui al comma 1, nonché gli atti o i provvedimenti attinenti alla perdita, alla conservazione e al riacquisto della cittadinanza italiana vengono trascritti nei registri di cittadinanza e di essi viene effettuata annotazione a margine dell'atto di nascita.

24. (1) [1. Il cittadino italiano, in caso di acquisto o riacquisto di cittadinanza straniera o di opzione per essa, deve darne, entro tre mesi dall'acquisto, riacquisto o opzione, o dal raggiungimento della maggiore età, se successivo, comunicazione mediante dichiarazione all'ufficiale dello stato civile del luogo di residenza, ovvero se residente all'estero, all'autorità consolare competente.

2. Le dichiarazioni di cui al comma 1 sono soggette alla medesima disciplina delle dichiarazioni di cui all'articolo 23.

3. Chiunque non adempia agli obblighi indicati nel comma 1 è assoggettato alla sanzione amministrativa pecuniaria da lire duecentomila a lire duemilioni. Competente all'applicazione della sanzione amministrativa è il prefetto].

(1) *Questo articolo è stato abrogato dall'art. 110, comma 5, del D.P.R. 3 novembre 2000, n. 396, a decorrere dal 30 marzo 2001.*

25. 1. Le disposizioni necessarie per l'esecuzione della presente legge sono emanate, entro un anno dalla sua entrata in vigore, con decreto del Presidente della Repubblica, udito il parere del Consiglio di Stato e previa deliberazione del Consiglio dei Ministri, su proposta dei Ministri degli affari esteri e dell'interno, di concerto con il Ministro di grazia e giustizia (1).

(1) *Si veda il D.P.R. 12 ottobre 1993, n. 572, recante regolamento di esecuzione a questa legge.*

26. 1. Sono abrogati la L. 13 giugno 1912, n. 555, la L. 31 gennaio 1926, n. 108, il R.D.L. 1 dicembre 1934, n. 1997, convertito nella L. 4 aprile 1935, n. 517, l'art. 143 *ter* del codice civile, la L. 21 aprile 1983, n. 123, l'art. 39 della L. 4 maggio 1983, n. 184, la L. 15 maggio 1986, n. 180, e ogni altra disposizione incompatibile con la presente legge.

2. È soppresso l'obbligo dell'opzione di cui all'art. 5, comma secondo, della L. 21 aprile 1983, n. 123, e all'art. 1, comma 1, della L. 15 maggio 1986, n. 180.

3. Restano salve le diverse disposizioni previste da accordi internazionali.

27. 1. La presente legge entra in vigore sei mesi dopo la sua pubblicazione nella *Gazzetta Ufficiale*.

2.

D.P.R. 18 aprile 1994, n. 362. Regolamento recante disciplina dei procedimenti di acquisto della cittadinanza italiana (Suppl. ord. alla *Gazzetta Ufficiale* Serie gen. - n. 136 del 13 giugno 1994).

1. Presentazione della domanda. – 1. L'istanza per l'acquisto o la concessione della cittadinanza italiana, di cui all'art. 7 ed all'art. 9 della L. 5 febbraio 1992, n. 91, si presenta al prefetto competente per territorio in relazione alla residenza dell'istante, ovvero, qualora ne ricorrano i presupposti, all'autorità consolare.

2. Nell'istanza devono essere indicati i presupposti in base ai quali l'interessato ritiene di aver titolo all'acquisto o alla concessione della cittadinanza.

3. L'istanza deve essere corredata della seguente documentazione, in forma autentica:

a) estratto dell'atto di nascita o equivalente;

b) stato di famiglia;

c) documentazione relativa alla cittadinanza dei genitori, limitatamente all'ipotesi in cui trattisi di elemento rilevante per l'acquisto della cittadinanza;

d) certificazione dello Stato estero o degli Stati esteri, di origine e di residenza, relative ai procedimenti penali ed ai carichi penali pendenti;

e) certificato penale dell'autorità giudiziaria italiana;

f) certificato di residenza;

g) copia dell'atto di matrimonio o estratto per riassunto del registro dei matrimoni, limitatamente all'ipotesi di acquisto della cittadinanza per matrimonio.

4. Ai fini della concessione, di cui all'art. 9 della L. 5 febbraio 1992, n. 91, il Ministro dell'interno, è autorizzato ad emanare, con proprio decreto, disposizioni concernenti l'allegazione di ulteriori documenti.

2. Istruttoria. – 1. L'autorità che ha ricevuto l'istanza di cui all'art. 1 ne trasmette in ogni caso immediatamente copia al Ministero dell'interno, ed entro trenta giorni dalla presentazione, salvo il caso previsto dal comma 2, inoltra al Ministro stesso la relativa documentazione con le proprie osservazioni.

2. Nel caso di incompletezza o irregolarità della domanda o della relativa documentazione, entro trenta giorni l'autorità invita il richiedente ad integrarla e regolarizzarla, dando le opportune indicazioni ed i termini del procedimento restano interrotti fino all'adempimento.

3. Una volta che l'interessato abbia adempiuto a quanto richiesto, l'autorità procede a norma del comma 1, seconda parte. Qualora l'adempimento risulti insufficiente, o la nuova documentazione prodotta sia a sua volta irregolare, l'autorità dichiara inammissibile l'istanza, con provvedimento motivato, dandone comunicazione all'interessato ed al Ministro.

3. Definizione del procedimento. – 1. Per quanto previsto dagli artt. 2 e 4 della L. 7 agosto 1990, n. 241, il termine per la definizione dei procedimenti di cui al presente regolamento è di settecentotrenta giorni dalla data di presentazione della domanda.

4. Comunicazioni e notificazioni. – 1. Ai fini previsti dall'art. 7 del regolamento emanato con D.P.R. 12 ottobre 1993, n. 572, il decreto del Ministro è immediatamente trasmesso all'autorità che ha ricevuto la domanda. Quest'ultima ne cura la notifica all'interessato, entro i successivi quindici giorni.

5. Disposizioni sul termine. – 1. Il Ministro dell'interno, entro quindici giorni dall'entrata in vigore del presente regolamento, provvede alla modifica del D.M. 2 febbraio 1993, n. 284, di attuazione degli artt. 2 e 4 della L. 7 agosto 1990, n. 241, indicando i termini previsti dal presente regolamento.

2. Resta salva la facoltà del Ministro, ai sensi dell'art. 2 della L. 7 agosto 1990, n. 241, di stabilire ulteriori riduzioni dei termini.

6. Verifiche periodiche. – 1. Il Ministro dell'interno verifica periodicamente la funzionalità, la trasparenza e la speditezza dei procedimenti disciplinati dal presente regolamento e adotta tutte le misure di propria competenza per l'adeguamento della relativa disciplina ai principi ed alle disposizioni delle leggi 7 agosto 1990, n. 241, e 24 dicembre 1993, n. 537, e del presente regolamento.

2. I risultati delle verifiche svolte e le misure adottate in esito ad esse sono illustrate in un'apposita relazione che viene inviata, entro il 31 marzo di ogni anno, alla Presidenza del Consiglio dei Ministri - Dipartimento della funzione pubblica.

7. Disposizioni transitorie. – 1. Dalla data di entrata in vigore del presente regolamento, per i procedimenti già in corso, iniziano a decorrere i termini previsti dal regolamento stesso, purché più favorevoli per l'interessato a quelli indicati dalle norme previgenti.

8. Norme abrogate. – 1. Ai sensi dell'art. 2, comma 8, della L. 24 dicembre 1993, n. 537, a decorrere dalla data di entrata in vigore del presente regolamento sono abrogate, limitatamente alle parti modificate con il presente regolamento, le seguenti norme: l'art. 7, comma 1, della L. 5 febbraio 1992, n. 91, e gli artt. 4, 7, 14, commi 1, 2, e 4 del D.P.R. 12 ottobre 1993, n. 572.

9. Entrata in vigore. – 1. Il presente regolamento entra in vigore centottanta giorni dopo la sua pubblicazione nella *Gazzetta Ufficiale* della Repubblica.

3.

D.L. 21 giugno 2013, n. 69. Disposizioni urgenti per il rilancio dell'economia (Suppl. ord. alla *Gazzetta Ufficiale* Serie gen. - n. 144 del 21 giugno 2013), convertito, con modificazioni, nella L. 9 agosto 2013, n. **98** (Suppl. ord. alla *Gazzetta Ufficiale* Serie gen. - n. 194 del 20 agosto 2013).

(*Estratto*)

Titolo II
Semplificazioni

Capo I
Misure per la semplificazione amministrativa

33. Semplificazione del procedimento per l'acquisto della cittadinanza per lo straniero nato in Italia. – 1. Ai fini di cui all'articolo 4, comma 2, della legge 5 febbraio 1992, n. 91, all'interessato non sono imputabili eventuali inadempimenti riconducibili ai genitori o agli uffici della Pubblica Amministrazione, ed egli può dimostrare il possesso dei requisiti con ogni idonea documentazione.

2. Gli ufficiali di stato civile sono tenuti, nel corso dei sei mesi precedenti il compimento del diciottesimo anno di età, a comunicare all'interessato, nella sede di residenza quale risulta all'ufficio, la possibilità di esercitare il diritto di cui al comma 2 del citato articolo 4 della legge n. 91 del 1992 entro il compimento del diciannovesimo anno di età. In mancanza, il diritto può essere esercitato anche oltre tale data.

2 *bis*. Entro tre mesi dalla data di entrata in vigore della legge di conversione del presente decreto, gli uffici pubblici coinvolti nei procedimenti di rilascio della cittadinanza acquisiscono e trasmettono dati e documenti attraverso gli strumenti informatici.

1.

L. 22 giugno 2016, n. 112. Disposizioni in materia di assistenza in favore delle persone con disabilità grave prive del sostegno familiare (*Gazzetta Ufficiale* Serie gen. - n. 146 del 24 giugno 2016).

1. Finalità. – 1. La presente legge, in attuazione dei principi stabiliti dagli articoli 2, 3, 30, 32 e 38 della Costituzione, dagli articoli 24 e 26 della Carta dei diritti fondamentali dell'Unione europea e dagli articoli 3 e 19, con particolare riferimento al comma 1, lettera *a*), della Convenzione delle Nazioni Unite sui diritti delle persone con disabilità, fatta a New York il 13 dicembre 2006 e ratificata dall'Italia ai sensi della legge 3 marzo 2009, n. 18, è volta a favorire il benessere, la piena inclusione sociale e l'autonomia delle persone con disabilità.

2. La presente legge disciplina misure di assistenza, cura e protezione nel superiore interesse delle persone con disabilità grave, non determinata dal naturale invecchiamento o da patologie connesse alla senilità, prive di sostegno familiare in quanto mancanti di entrambi i genitori o perchè gli stessi non sono in grado di fornire l'adeguato sostegno genitoriale, nonché in vista del venir meno del sostegno familiare, attraverso la progressiva presa in carico della persona interessata già durante l'esistenza in vita dei genitori. Tali misure, volte anche ad evitare l'istituzionalizzazione, sono integrate, con il coinvolgimento dei soggetti interessati, nel progetto individuale di cui all'articolo 14 della legge 8 novembre 2000, n. 328, nel rispetto della volontà delle persone con disabilità grave, ove possibile, dei loro genitori o di chi ne tutela gli interessi. Lo stato di disabilità grave, di cui all'articolo 3, comma 3, della legge 5 febbraio 1992, n. 104, è accertato con le modalità indicate all'articolo 4 della medesima legge. Restano comunque salvi i livelli essenziali di assistenza e gli altri interventi di cura e di sostegno previsti dalla legislazione vigente in favore delle persone con disabilità.

3. La presente legge è volta, altresì, ad agevolare le erogazioni da parte di soggetti privati, la stipula di polizze di assicurazione e la costituzione di trust, di vincoli di destinazione di cui all'articolo 2645 *ter* del codice civile e di fondi speciali, composti di beni sottoposti a vincolo di destinazione e disciplinati con contratto di affidamento fiduciario anche a favore di enti del Terzo settore non commerciali, che operano prevalentemente nel settore della beneficenza di cui all'articolo 5, comma 1, lettera *u*) ([1]), in favore di persone con disabilità grave, secondo le modalità e alle condizioni previste dagli articoli 5 e 6 della presente legge.

([1]) *Le parole: «organizzazioni non lucrative di utilità sociale di cui all'articolo 10, comma 1, del decreto legislativo 4 dicembre 1997, n. 460, riconosciute come persone giuridiche, che operano prevalentemente nel settore della beneficenza di cui al comma 1, lettera* a), *numero 3), dell'articolo 10 del decreto legislativo 4 dicembre 1997, n. 460, anche ai sensi del comma 2* bis *dello stesso articolo» sono state così sostituite dalle attuali: «enti del Terzo settore non commerciali, che operano prevalentemente nel settore della beneficenza di cui all'articolo 5, comma 1, lettera* u)*» dall'art. 89, comma 8, del D.L.vo 3 luglio 2017, n. 117.*

2. Definizione delle prestazioni assistenziali da garantire in tutto il territorio nazionale. – 1. Le regioni e le province autonome di Trento e di Bolzano assicurano, nell'ambito delle risorse disponibili a legislazione vigente, l'assistenza sanitaria e sociale ai soggetti di cui all'articolo 1, comma 2, anche mediante l'integrazione tra le relative prestazioni e la collaborazione con i comuni. Nel rispetto delle disposizioni vigenti in materia e dei vincoli di finanza pubblica, le regioni e le province autonome di Trento e di Bolzano garantiscono, nell'ambito territoriale di competenza, i macrolivelli di assistenza ospedaliera, di assistenza territoriale e di prevenzione. Nell'ambito del procedimento di determinazione dei livelli essenziali delle prestazioni (LEP) e degli obiettivi di servizio di cui all'articolo 13 del decreto legislativo 6 maggio 2011, n. 68, sono definiti i livelli essenziali delle prestazioni nel campo sociale da garantire ai soggetti di cui all'articolo 1, comma 2, della presente legge in tutto il territorio nazionale, ai sensi dell'articolo 117, secondo comma, lettera *m*), della Costituzione.

2. Nelle more del completamento del procedimento di definizione dei livelli essenziali delle prestazioni di cui all'articolo 13 del decreto legislativo 6 maggio 2011, n. 68, il Ministro del lavoro e delle politiche sociali, di concerto con il Ministro dell'economia e delle finanze, previa intesa in sede di Conferenza unificata di cui all'articolo 8 del decreto legislativo 28 agosto 1997, n. 281, definisce con proprio decreto, da emanare entro sei mesi dalla data di entrata in vigore della presente legge, gli obiettivi di servizio per le prestazioni da erogare ai soggetti di cui all'articolo 1, comma 2, nei limiti delle risorse disponibili a valere sul Fondo di cui all'articolo 3.

3. Istituzione del Fondo per l'assistenza alle persone con disabilità grave prive del sostegno familiare. – 1. Per le finalità di cui all'articolo 1, commi 1 e 2, e per l'attuazione dell'articolo 2, comma 2, è istituito nello stato di previsione del Ministero del lavoro e delle politiche sociali il Fondo per l'assistenza alle persone con disabilità grave prive del sostegno familiare, di seguito denominato «Fondo». La dotazione del Fondo è determinata in 90 milioni di euro per l'anno 2016, in 38,3 milioni di euro per l'anno 2017 e in 56,1 milioni di euro annui a decorrere dal 2018.

2. L'accesso alle misure di assistenza, cura e protezione a carico del Fondo è subordinato alla sussistenza di requisiti da individuare con decreto del Ministro del lavoro e delle politiche sociali, da emanare entro sei mesi dalla data di entrata in vigore della presente legge, di concerto con il Ministro dell'economia e delle finanze e con il Ministro della salute, previa intesa in sede di Conferenza unificata di cui all'articolo 8 del decreto legislativo 28 agosto 1997, n. 281. Con le medesime modalità il Ministro del lavoro e delle politiche sociali provvede annualmente alla ripartizione delle risorse del Fondo.

3. Le regioni adottano indirizzi di programmazione e definiscono i criteri e le modalità per l'erogazione dei finanziamenti, le modalità per la pubblicità dei finanziamenti erogati e per la verifica dell'attuazione delle attività svolte e le ipotesi di revoca dei finanziamenti concessi.

4. Finalità del Fondo. – 1. Il Fondo è destinato all'attuazione degli obiettivi di servizio di cui all'articolo 2, comma 2, e, in particolare, alle seguenti finalità:

a) attivare e potenziare programmi di intervento volti a favorire percorsi di deistituzionalizzazione e di supporto alla domiciliarità in abitazioni o gruppi-appartamento che riproducano le condizioni abitative e relazionali della casa familiare e che tengano conto anche delle migliori opportunità offerte dalle nuove tecnologie, al fine di impedire l'isolamento delle persone con disabilità grave di cui all'articolo 1, comma 2;

b) realizzare, ove necessario e, comunque, in via residuale, nel superiore interesse delle persone con disabilità grave di cui all'articolo 1, comma 2, interventi per la permanenza temporanea in una soluzione abitativa extrafamiliare per far fronte ad eventuali situazioni di emergenza, nel rispetto della volontà delle persone con disabilità grave, ove possibile, dei loro genitori o di chi ne tutela gli interessi;

c) realizzare interventi innovativi di residenzialità per le persone con disabilità grave di cui all'articolo 1, comma 2, volti alla creazione di soluzioni alloggiative di tipo familiare e di co-housing, che possono comprendere il pagamento degli oneri di acquisto, di locazione, di ristrutturazione e di messa in opera degli impianti e delle attrezzature necessari per il funzionamento degli alloggi medesimi, anche sostenendo forme di mutuo aiuto tra persone con disabilità;

d) sviluppare, ai fini di cui alle lettere *a*) e *c*), programmi di accrescimento della consapevolezza, di abilitazione e di sviluppo delle competenze per la gestione della vita quotidiana e per il raggiungimento del maggior livello di autonomia possibile delle persone con disabilità grave di cui all'articolo 1, comma 2.

2. Al finanziamento dei programmi e all'attuazione degli interventi di cui al comma 1, nel rispetto del principio di sussidiarietà e delle rispettive competenze, possono compartecipare le regioni, gli enti locali, gli enti del terzo settore, nonché altri soggetti di diritto privato con comprovata esperienza nel settore dell'assistenza alle persone con disabilità e le famiglie che si associano per le finalità di cui all'articolo 1. Le attività di programmazione degli interventi di cui al comma 1 prevedono il coinvolgimento delle organizzazioni di rappresentanza delle persone con disabilità.

5. Detraibilità delle spese sostenute per le polizze assicurative finalizzate alla tutela delle persone con disabilità grave. – 1. All'articolo 15, comma 1, lettera *f*), del testo unico delle imposte sui redditi, di cui al decreto del Presidente della Repubblica 22 dicembre 1986, n. 917, dopo le parole: «o di invalidità permanente.» è inserito il seguente periodo: «A decorrere dal periodo d'imposta in corso al 31 dicembre 2016, l'importo di euro 530 è elevato a euro 750 relativamente ai premi per assicurazioni aventi per oggetto il rischio di morte finalizzate alla tutela delle persone con disabilità grave come definita dall'articolo 3, comma 3, della legge 5 febbraio 1992, n. 104, accertata con le modalità di cui all'articolo 4 della medesima legge».

2. Alla copertura delle minori entrate derivanti dal comma 1, valutate in 35,7 milioni di euro per l'anno 2017 e in 20,4 milioni di euro annui a decorrere dal 2018, si provvede ai sensi dell'articolo 9.

6. Istituzione di trust, vincoli di destinazione e fondi speciali composti di beni sottoposti a vincolo di destinazione. – 1. I beni e i diritti conferiti in trust ovvero gravati da vincoli di destinazione di cui all'articolo 2645 *ter* del codice civile ovvero destinati a fondi speciali di cui al comma 3 dell'articolo 1, istituiti in favore delle persone con disabilità grave come definita dall'articolo 3, comma 3, della legge 5 febbraio 1992, n. 104, accertata con le modalità di cui all'articolo 4 della medesima legge, sono esenti dall'imposta sulle successioni e donazioni prevista dall'articolo 2, commi da 47 a 49, del decreto legge 3 ottobre 2006, n. 262, convertito, con modificazioni, dalla legge 24 novembre 2006, n. 286, e successive modificazioni.

2. Le esenzioni e le agevolazioni di cui al presente articolo sono ammesse a condizione che il trust ovvero i fondi speciali di cui al comma 3 dell'articolo 1 ovvero il vincolo di destinazione di cui all'articolo 2645 *ter* del codice civile perseguano come finalità esclusiva l'inclusione sociale, la cura e l'assistenza delle persone con disabilità grave, in favore delle quali sono istituiti. La suddetta finalità deve essere espressamente indicata nell'atto istitutivo del trust, nel regolamento dei fondi speciali o nell'atto istitutivo del vincolo di destinazione.

3. Le esenzioni e le agevolazioni di cui al presente articolo sono ammesse se sussistono, congiuntamente, anche le seguenti condizioni:

a) l'istituzione del trust ovvero il contratto di affidamento fiduciario che disciplina i fondi speciali di cui al comma 3 dell'articolo 1 ovvero la costituzione del vincolo di destinazione di cui all'articolo 2645 *ter* del codice civile siano fatti per atto pubblico;

b) l'atto istitutivo del trust ovvero il contratto di affidamento fiduciario che disciplina i fondi speciali di cui al comma 3 dell'articolo 1 ovvero l'atto di costituzione del vincolo di destinazione di cui all'articolo 2645 *ter* del codice civile identifichino in maniera chiara e univoca i soggetti coinvolti e i rispettivi ruoli; descrivano la funzionalità e i bisogni specifici delle persone con disabilità grave, in favore delle quali sono istituiti; indichino le attività assistenziali necessarie a garantire la cura e la soddisfazione dei bisogni delle persone con disabilità grave, comprese le attività finalizzate a ridurre il rischio della istituzionalizzazione delle medesime persone con disabilità grave;

c) l'atto istitutivo del trust ovvero il contratto di affidamento fiduciario che disciplina i fondi speciali di cui al comma 3 dell'articolo 1 ovvero l'atto di costituzione del vincolo di destinazione di cui all'articolo 2645 *ter* del codice civile individuino, rispettivamente, gli obblighi del trustee, del fiduciario e del gestore, con riguardo al progetto di vita e agli obiettivi di benessere che lo stesso deve promuovere in favore delle persone con disabilità grave, adottando ogni misura idonea a salvaguardarne i diritti; l'atto istitutivo ovvero il contratto di affidamento fiduciario ovvero l'atto di costituzione del vincolo di destinazione indichino inoltre gli obblighi e le modalità di rendicontazione a carico del trustee o del fiduciario o del gestore;

d) gli esclusivi beneficiari del trust ovvero del contratto di affidamento fiduciario che disciplina i fondi speciali di cui al comma 3 dell'articolo 1 ovvero del vincolo di destinazione di cui all'articolo 2645 *ter* del codice civile siano le persone con disabilità grave;

e) i beni, di qualsiasi natura, conferiti nel trust o nei fondi speciali di cui al comma 3 dell'articolo 1 ovvero i beni immobili o i beni mobili iscritti in pubblici registri gravati dal vincolo di destinazione di cui all'articolo 2645 *ter* del codice civile siano destinati esclusivamente alla realizzazione delle finalità assistenziali del trust ovvero dei fondi speciali o del vincolo di destinazione;

f) l'atto istitutivo del trust ovvero il contratto di affidamento fiduciario che disciplina i fondi speciali di cui al comma 3 dell'articolo 1 ovvero l'atto di costituzione del vincolo di destinazione di cui all'articolo 2645 *ter* del codice civile individuino il soggetto preposto al controllo delle obbligazioni imposte all'atto dell'istituzione del trust o della stipula dei fondi speciali ovvero della costituzione del vincolo di destinazione a carico del trustee o del fiduciario o del gestore. Tale soggetto deve essere individuabile per tutta la durata del trust o dei fondi speciali o del vincolo di destinazione;

g) l'atto istitutivo del trust ovvero il contratto di affidamento fiduciario che disciplina i fondi speciali di cui al comma 3 dell'articolo 1 ovvero l'atto di costituzione del vincolo di destinazione di cui all'articolo 2645 *ter* del codice civile stabiliscano il termine finale della durata del trust ovvero dei fondi speciali di cui al comma 3 dell'articolo 1 ovvero del vincolo di destinazione di cui all'articolo 2645 *ter* del codice civile nella data della morte della persona con disabilità grave;

h) l'atto istitutivo del trust ovvero il contratto di affidamento fiduciario che disciplina i fondi speciali di cui al comma 3 dell'articolo 1 ovvero l'atto di costituzione del vincolo di destinazione di cui all'articolo 2645 *ter* del codice civile stabiliscano la destinazione del patrimonio residuo.

4. In caso di premorienza del beneficiario rispetto ai soggetti che hanno istituito il trust ovvero stipulato i fondi speciali di cui al comma 3 dell'articolo 1 ovvero costituito il vincolo di destinazione di cui all'articolo 2645 *ter* del codice civile, i trasferimenti di beni e di diritti reali a favore dei suddetti soggetti godono delle medesime esenzioni dall'imposta sulle successioni e donazioni di cui al presente articolo e le imposte di registro, ipotecaria e catastale si applicano in misura fissa.

5. Al di fuori dell'ipotesi di cui al comma 4, in caso di morte del beneficiario del trust ovvero del contratto che disciplina i fondi speciali di cui al comma 3 dell'articolo 1 ovvero del vincolo di destinazione di cui all'articolo 2645 *ter* del codice civile istituito a favore di soggetti con disabilità grave, come definita dall'articolo 3, comma 3, della legge 5 febbraio 1992, n. 104, accertata con le modalità di cui all'articolo 4 della medesima legge, il trasferimento del patrimonio residuo, ai sensi della lettera *h*) del comma 3 del presente articolo, è soggetto all'imposta sulle successioni e donazioni prevista dall'articolo 2, commi da 47 a 49, del decreto legge 3 ottobre 2006, n. 262, convertito, con modificazioni, dalla legge 24 novembre 2006, n. 286, e successive modificazioni, in considerazione del rapporto di parentela o coniugio intercorrente tra disponente, fiduciante e destinatari del patrimonio residuo.

6. Ai trasferimenti di beni e di diritti in favore dei trust ovvero dei fondi speciali di cui al comma 3 dell'articolo 1 ovvero dei vincoli di destinazione di cui all'articolo 2645 *ter* del codice civile, istituiti in favore delle persone con disabilità grave come definita dall'articolo 3, comma 3, della legge 5 febbraio 1992, n. 104, accertata con le modalità di cui all'articolo 4 della medesima legge, le imposte di registro, ipotecaria e catastale si applicano in misura fissa.

7. Gli atti, i documenti, le istanze, i contratti, nonché le copie dichiarate conformi, gli estratti, le certificazioni, le dichiarazioni e le attestazioni posti in essere o richiesti dal trustee ovvero dal fiduciario del fondo speciale ovvero dal gestore del vincolo di destinazione sono esenti dall'imposta di bollo prevista dal decreto del Presidente della Repubblica 26 ottobre 1972, n. 642.

8. In caso di conferimento di immobili e di diritti reali sugli stessi nei trust ovvero di loro destinazione ai fondi speciali di cui al comma 3 dell'articolo 1, i comuni possono stabilire, senza nuovi o maggiori oneri per la finanza pubblica, aliquote ridotte, franchigie o esenzioni ai fini dell'imposta municipale propria per i soggetti passivi di cui all'articolo 9, comma 1, del decreto legislativo 14 marzo 2011, n. 23.

9. Alle erogazioni liberali, alle donazioni e agli altri atti a titolo gratuito effettuati dai privati nei confronti di trust ovvero dei fondi speciali di cui al comma 3 dell'articolo 1 si applicano le agevolazioni previste per le organizzazioni di volontariato ai sensi dell'articolo 83, commi 1 e 2, del codice del Terzo settore di cui all'articolo 1, comma 2, lettera *b*), della legge 6 giugno 2016, n. 106 ([1]).

10. Le agevolazioni di cui ai commi 1, 4, 6 e 7 si applicano a decorrere dal 1° gennaio 2017; le agevolazioni di cui al comma 9 si applicano a decorrere dal periodo d'imposta 2016.

11. Con decreto del Ministro dell'economia e delle finanze, da emanare, di concerto con il Ministro del lavoro e delle politiche sociali, entro sessanta giorni dalla data di entrata in vigore della presente legge, sono definite le modalità di attuazione del presente articolo.

12. Alle minori entrate derivanti dai commi 1, 4, 6 e 7, valutate in 10 milioni di euro annui a decorrere dall'anno 2017, e dal comma 9, valutate in 6,258 milioni di euro per l'anno 2017 e in 3,650

milioni di euro annui a decorrere dall'anno 2018, si provvede ai sensi dell'articolo 9.

(1) *Le parole: «le agevolazioni di cui all'articolo 14, comma 1, del decreto legge 14 marzo 2005, n. 35, convertito, con modificazioni, dalla legge 14 maggio 2005, n. 80, e i limiti ivi indicati sono elevati, rispettivamente, al 20 per cento del reddito complessivo dichiarato e a 100.000 euro» sono state così sostituite dalle attuali: «le agevolazioni previste per le organizzazioni di volontariato ai sensi dell'articolo 83, commi 1 e 2, del codice del Terzo settore di cui all'articolo 1, comma 2, lettera* b)*, della legge 6 giugno 2016, n. 106» dall'art. 89, comma 10, del D.L.vo 3 luglio 2017, n. 117.*

7. Campagne informative. – 1. La Presidenza del Consiglio dei ministri avvia, nell'ambito delle risorse umane, strumentali e finanziarie disponibili a legislazione vigente e, comunque, senza nuovi o maggiori oneri a carico della finanza pubblica, campagne informative al fine di diffondere la conoscenza delle disposizioni della presente legge e delle altre forme di sostegno pubblico previste per le persone con disabilità grave, in modo da consentire un più diretto ed agevole ricorso agli strumenti di tutela previsti per l'assistenza delle persone con disabilità prive del sostegno familiare, nonché di sensibilizzare l'opinione pubblica sulla finalità di favorire l'inclusione sociale delle persone con disabilità.

8. Relazione alle Camere. – 1. Il Ministro del lavoro e delle politiche sociali trasmette alle Camere, entro il 30 giugno di ogni anno, una relazione sullo stato di attuazione delle disposizioni della presente legge e sull'utilizzo delle risorse di cui all'articolo 9. La relazione illustra altresì l'effettivo andamento delle minori entrate derivanti dalle medesime disposizioni, anche al fine di evidenziare gli eventuali scostamenti rispetto alle previsioni.

9. Disposizioni finanziarie. – 1. Agli oneri derivanti dall'articolo 3, comma 1, pari a 90 milioni di euro per l'anno 2016, a 38,3 milioni di euro per l'anno 2017 e a 56,1 milioni di euro annui a decorrere dal 2018, e alle minori entrate derivanti dagli articoli 5 e 6, valutate complessivamente in 51,958 milioni di euro per l'anno 2017 e in 34,050 milioni di euro annui a decorrere dal 2018, si provvede:

a) quanto a 90 milioni di euro a decorrere dall'anno 2016, mediante corrispondente riduzione del Fondo di cui all'articolo 1, comma 400, della legge 28 dicembre 2015, n. 208;

b) quanto a 258.000 euro per l'anno 2017 e a 150.000 euro annui a decorrere dall'anno 2018, mediante corrispondente riduzione delle proiezioni dello stanziamento del fondo speciale di parte corrente iscritto, ai fini del bilancio triennale 2016-2018, nell'ambito del programma «Fondi di riserva e speciali» della missione «Fondi da ripartire» dello stato di previsione del Ministero dell'economia e delle finanze per l'anno 2016, allo scopo parzialmente utilizzando l'accantonamento relativo al medesimo Ministero.

2. Il Ministero dell'economia e delle finanze - Dipartimento delle finanze effettua il monitoraggio delle minori entrate recate dagli articoli 5 e 6. Le eventuali risorse corrispondenti all'eventuale minore esigenza di copertura delle minori entrate di cui al primo periodo, valutata in via strutturale sulla base delle risultanze del monitoraggio delle predette minori entrate e quantificata con decreto del Ministro dell'economia e delle finanze, confluiscono, a decorrere dall'anno di quantificazione, nel Fondo di cui all'articolo 3.

3. Il Ministro dell'economia e delle finanze è autorizzato ad apportare, con propri decreti, le occorrenti variazioni di bilancio.

10. Entrata in vigore. – 1. La presente legge entra in vigore il giorno successivo a quello della sua pubblicazione nella *Gazzetta Ufficiale*.

1.

R.D. 16 marzo 1942, n. 267. Disciplina del fallimento, del concordato preventivo, [dell'amministrazione controllata] e della liquidazione coatta amministrativa (*Gazzetta Ufficiale* n. 81 del 6 aprile 1942) ([1]).

([1]) *A norma dell'art. 147, comma 2, del D.L.vo 9 gennaio 2006, n. 5, a decorrere dal 16 luglio 2006 sono soppressi tutti i riferimenti all'amministrazione controllata contenuti in questo provvedimento. Per la disciplina transitoria, si veda l'art. 150 del D.L.vo 9 gennaio 2006, n. 5, di cui si riporta il testo:*

«150. (Disciplina transitoria). *1. I ricorsi per dichiarazione di fallimento e le domande di concordato fallimentare depositate prima dell'entrata in vigore del presente decreto, nonché le procedure di fallimento e di concordato fallimentare pendenti alla stessa data, sono definiti secondo la legge anteriore».*

Si veda inoltre l'art. 22 del D.L.vo 12 settembre 2007, n. 169, di cui si riporta il testo:

«1. Il presente decreto entra in vigore il 1° gennaio 2008.

«2. Le disposizioni del presente decreto si applicano ai procedimenti per dichiarazione di fallimento pendenti alla data della sua entrata in vigore, nonché alle procedure concorsuali e di concordato fallimentare aperte successivamente alla sua entrata in vigore.

«3. Gli articoli 7, comma 6, 18, comma 5, e 20 si applicano anche alle procedure concorsuali pendenti.

«4. L'articolo 19 si applica alle procedure di fallimento pendenti alla data di entrata in vigore del decreto legislativo 9 gennaio 2006, n. 5, pendenti o chiuse alla data di entrata in vigore del presente decreto».

Titolo I
Disposizioni generali

1. ([1]) **Imprese soggette al fallimento e al concordato preventivo.** – Sono soggetti alle disposizioni sul fallimento e sul concordato preventivo gli imprenditori che esercitano una attività commerciale, esclusi gli enti pubblici.

Non sono soggetti alle disposizioni sul fallimento e sul concordato preventivo gli imprenditori di cui al primo comma, i quali dimostrino il possesso congiunto dei seguenti requisiti:

a) aver avuto, nei tre esercizi antecedenti la data di deposito della istanza di fallimento o dall'inizio dell'attività se di durata inferiore, un attivo patrimoniale di ammontare complessivo annuo non superiore ad euro trecentomila;

b) aver realizzato, in qualunque modo risulti, nei tre esercizi antecedenti la data di deposito dell'istanza di fallimento o dall'inizio dell'attività se di durata inferiore, ricavi lordi per un ammontare complessivo annuo non superiore ad euro duecentomila;

c) avere un ammontare di debiti anche non scaduti non superiore ad euro cinquecentomila.

I limiti di cui alle lettere *a*), *b*) e *c*) del secondo comma possono essere aggiornati ogni tre anni con decreto del Ministro della Giustizia, sulla base della media delle variazioni degli indici ISTAT dei prezzi al consumo per le famiglie di operai ed impiegati intervenute nel periodo di riferimento.

([1]) *Questo articolo, già sostituito dall'art. 1 del D.L.vo 9 gennaio 2006, n. 5, è stato ora così sostituito dall'art. 1, comma 1, del D.L.vo 12 settembre 2007, n. 169, a decorrere dal 1° gennaio 2008.*

2. Liquidazione coatta amministrativa e fallimento. – La legge determina le imprese soggette a liquidazione coatta amministrativa, i casi per i quali la liquidazione coatta amministrativa può essere disposta e l'autorità competente a disporla.

Le imprese soggette a liquidazione coatta amministrativa non sono soggette al fallimento, salvo che la legge diversamente disponga.

Nel caso in cui la legge ammette la procedura di liquidazione coatta amministrativa e quella di fallimento si osservano le disposizioni dell'art. 196.

3. Liquidazione coatta amministrativa, concordato preventivo [e amministrazione controllata] ([1]). – Se la legge non dispone diversamente le imprese soggette a liquidazione coatta amministrativa possono essere ammesse alla procedura di concordato preventivo [e di amministrazione controllata] ([1]), osservate per le imprese escluse dal fallimento le norme del settimo comma dell'art. 195.

[Le imprese esercenti il credito non sono soggette all'amministrazione controllata prevista da questa legge] (2).

(1) *A norma dell'art. 147, comma 2, del D.L.vo 9 gennaio 2006, n. 5, sono soppressi tutti i riferimenti all'amministrazione controllata contenuti in questo provvedimento.*

(2) *Questo comma è stato abrogato dall'art. 2 del D.L.vo 9 gennaio 2006, n. 5, a decorrere dal 16 luglio 2006.*

4. (1) [**Rinvio a leggi speciali.** – L'agente di cambio è soggetto al fallimento nei casi stabiliti dalle leggi speciali.

Sono salve le disposizioni delle leggi speciali circa la dichiarazione di fallimento del contribuente per debito d'imposta].

(1) *Questo articolo è stato abrogato dall'art. 3 del D.L.vo 9 gennaio 2006, n. 5, a decorrere dal 16 luglio 2006.*

Titolo II
Del fallimento

Capo I
Della dichiarazione di fallimento

5. Stato d'insolvenza. – L'imprenditore che si trova in stato d'insolvenza è dichiarato fallito.

Lo stato d'insolvenza si manifesta con inadempimenti od altri fatti esteriori, i quali dimostrino che il debitore non è più in grado di soddisfare regolarmente le proprie obbligazioni.

6. (1) **Iniziativa per la dichiarazione di fallimento.** – Il fallimento è dichiarato su ricorso del debitore, di uno o più creditori o su richiesta del pubblico ministero.

Nel ricorso di cui al primo comma l'istante può indicare il recapito telefax o l'indirizzo di posta elettronica presso cui dichiara di voler ricevere le comunicazioni e gli avvisi previsti dalla presente legge.

(1) *Questo articolo è stato così sostituito dall'art. 4 del D.L.vo 9 gennaio 2006, n. 5, a decorrere dal 16 luglio 2006.*

7. (1) **Iniziativa del pubblico ministero.** – Il pubblico ministero presenta la richiesta di cui al primo comma dell'articolo 6:

1) quando l'insolvenza risulta nel corso di un procedimento penale, ovvero dalla fuga, dalla irreperibilità o dalla latitanza dell'imprenditore, dalla chiusura dei locali dell'impresa, dal trafugamento, dalla sostituzione o dalla diminuzione fraudolenta dell'attivo da parte dell'imprenditore;

2) quando l'insolvenza risulta dalla segnalazione proveniente dal giudice che l'abbia rilevata nel corso di un procedimento civile.

(1) *Questo articolo è stato così sostituito dall'art. 5 del D.L.vo 9 gennaio 2006, n. 5, a decorrere dal 16 luglio 2006.*

8. (1) [**Stato d'insolvenza risultante in giudizio civile.** – Se nel corso di un giudizio civile risulta l'insolvenza di un imprenditore che sia parte nel giudizio il giudice ne riferisce al tribunale competente per la dichiarazione di fallimento].

(1) *Questo articolo è stato abrogato dall'art. 6 del D.L.vo 9 gennaio 2006, n. 5, a decorrere dal 16 luglio 2006.*

9. Competenza. – Il fallimento è dichiarato dal tribunale del luogo dove l'imprenditore ha la sede principale dell'impresa.

Il trasferimento della sede intervenuto nell'anno antecedente all'esercizio dell'iniziativa per la dichiarazione di fallimento non rileva ai fini della competenza (1).

L'imprenditore, che ha all'estero la sede principale dell'impresa, può essere dichiarato fallito nella Repubblica italiana anche se è stata pronunciata dichiarazione di fallimento all'estero (1).

Sono fatte salve le convenzioni internazionali e la normativa dell'Unione europea (1).

Il trasferimento della sede dell'impresa all'estero non esclude la sussistenza della giurisdizione italiana, se è avvenuto dopo il deposito del ricorso di cui all'articolo 6 o la presentazione della richiesta di cui all'articolo 7 (1).

(1) *Gli originari secondo e terzo comma sono stati così sostituiti dagli attuali secondo, terzo, quarto e quinto dall'art. 7 del D.L.vo 9 gennaio 2006, n. 5, a decorrere dal 16 luglio 2006.*

9 *bis*. (1) **Disposizioni in materia di incompetenza.** – Il provvedimento che dichiara l'incompetenza è trasmesso (2) in copia al tribunale dichiarato incompetente, il quale dispone con decreto l'immediata trasmissione degli atti a quello competente. Allo stesso modo provvede il tribunale che dichiara la propria incompetenza.

Il tribunale dichiarato competente, entro venti giorni dal ricevimento degli atti, se non richiede d'ufficio il regolamento di competenza ai sensi dell'articolo 45 del codice di procedura civile, dispone la prosecuzione della procedura fallimentare, provvedendo alla nomina del giudice delegato e del curatore.

Restano salvi gli effetti degli atti precedentemente compiuti.

Qualora l'incompetenza sia dichiarata all'esito del giudizio di cui all'articolo 18, l'appello, per le questioni diverse dalla competenza, è riassunto, a norma dell'articolo 50 del codice di procedura civile, dinanzi alla corte di appello competente.

Nei giudizi promossi ai sensi dell'articolo 24 dinanzi al tribunale dichiarato incompetente, il giudice assegna alle parti un termine per la riassunzione della causa davanti al giudice competente ai sensi dell'articolo 50 del codice di procedura civile e ordina la cancellazione della causa dal ruolo.

(1) *Questo articolo è stato inserito dall'art. 8 del D.L.vo 9 gennaio 2006, n. 5, a decorrere dal 16 luglio 2006.*

(2) *Le parole: «La sentenza che dichiara l'incompetenza è trasmessa» sono state così sostituite dalle attuali: «Il provvedimento che dichiara l'incompetenza è trasmesso» dall'art. 2, comma 1, del D.L.vo 12 settembre 2007, n. 169, a decorrere dal 1° gennaio 2008.*

9 *ter*. (1) **Conflitto positivo di competenza.** – Quando il fallimento è stato dichiarato da più tribunali, il procedimento prosegue avanti al tribunale competente che si è pronunciato per primo.

Il tribunale che si è pronunciato successivamente, se non richiede d'ufficio il regolamento di competenza ai sensi dell'articolo 45 del codice di procedura civile, dispone la trasmissione degli atti al tribunale che si è pronunziato per primo. Si applica l'articolo 9 *bis*, in quanto compatibile.

(1) *Questo articolo è stato inserito dall'art. 8 del D.L.vo 9 gennaio 2006, n. 5, a decorrere dal 16 luglio 2006.*

10. (1) **Fallimento dell'imprenditore che ha cessato l'esercizio dell'impresa.** – Gli imprenditori individuali e collettivi possono essere dichiarati falliti entro un anno dalla cancellazione dal registro delle imprese, se l'insolvenza si è manifestata anteriormente alla medesima o entro l'anno successivo.

In caso di impresa individuale o di cancellazione di ufficio degli imprenditori collettivi, è fatta salva la facoltà per il creditore o per il pubblico ministero (2) di dimostrare il momento dell'effettiva cessazione dell'attività da cui decorre il termine del primo comma.

(1) *Questo articolo è stato così sostituito dall'art. 9 del D.L.vo 9 gennaio 2006, n. 5, a decorrere dal 16 luglio 2006.*

(2) *Le parole: «per il creditore o per il pubblico ministero» sono state aggiunte dall'art. 2, comma 2, del D.L.vo 12 settembre 2007, n. 169, a decorrere dal 1° gennaio 2008.*

11. Fallimento dell'imprenditore defunto. – L'imprenditore defunto può essere dichiarato fallito quando ricorrono le condizioni stabilite nell'articolo precedente.

L'erede può chiedere il fallimento del defunto, purché l'eredità non sia già confusa con il suo patrimonio; l'erede che chiede il fallimento del defunto non è soggetto agli obblighi di deposito di cui agli articoli 14 e 16, secondo comma, numero 3) (1).

Con la dichiarazione di fallimento cessano di diritto gli effetti della separazione dei beni ottenuta dai creditori del defunto a norma del codice civile.

(1) *Questo comma è stato così sostituito dall'art. 1 del D.L.vo 9 gennaio 2006, n. 5, a decorrere dal 16 luglio 2006.*

12. Morte del fallito. – Se l'imprenditore muore dopo la dichiarazione di fallimento, la procedura prosegue nei confronti degli eredi, anche se hanno accettato con beneficio d'inventario.

Se ci sono più eredi, la procedura prosegue in confronto di quello che è designato come rappresentante. In mancanza di accordo nella designazione del rappresentante entro quindici giorni dalla morte del fallito, la designazione è fatta dal giudice delegato.

Nel caso previsto dall'art. 528 del codice civile, la procedura prosegue in confronto del curatore dell'eredità giacente e nel caso previsto dall'art. 641 del codice civile nei confronti dell'amministratore nominato a norma dell'art. 642 dello stesso codice.

13. (1) **[Obbligo di trasmissione dell'elenco dei protesti.** – I pubblici ufficiali abilitati a levare protesti cambiari devono trasmettere ogni quindici giorni al presidente del tribunale, nella cui giurisdizione esercitano le loro funzioni, un elenco dei protesti per mancato pagamento levati nei quindici giorni precedenti. L'elenco deve indicare la data di ciascun protesto, il cognome, il nome e il domicilio della persona alla quale fu fatto e del richiedente, la scadenza del titolo protestato, la somma dovuta ed i motivi del rifiuto di pagamento.

Leggi complementari

Eguale obbligo hanno i procuratori del registro per i rifiuti di pagamento fatti in conformità della legge cambiaria].

([1]) *Questo articolo è stato abrogato dall'art. 11 del D.L.vo 9 gennaio 2006, n. 5, a decorrere dal 16 luglio 2006.*

14. ([1]) **Obbligo dell'imprenditore che chiede il proprio fallimento.** – L'imprenditore che chiede il proprio fallimento deve depositare presso la cancelleria del tribunale le scritture contabili e fiscali obbligatorie concernenti i tre esercizi precedenti ovvero l'intera esistenza dell'impresa, se questa ha avuto una minore durata. Deve inoltre depositare uno stato particolareggiato ed estimativo delle sue attività, l'elenco nominativo dei creditori e l'indicazione dei rispettivi crediti, l'indicazione dei ricavi lordi per ciascuno degli ultimi tre esercizi ([2]), l'elenco nominativo di coloro che vantano diritti reali e personali su cose in suo possesso e l'indicazione delle cose stesse e del titolo da cui sorge il diritto.

([1]) *Questo articolo è stato così sostituito dall'art. 12 del D.L.vo 9 gennaio 2006, n. 5, a decorrere dal 16 luglio 2006.*

([2]) *Le parole: «tre anni» sono state così sostituite dalle attuali: «tre esercizi» dall'art. 2, comma 3, del D.L.vo 12 settembre 2007, n. 169, a decorrere dal 1° gennaio 2008.*

15. ([1]) **Procedimento per la dichiarazione di fallimento.** – Il procedimento per la dichiarazione di fallimento si svolge dinanzi al tribunale in composizione collegiale con le modalità dei procedimenti in camera di consiglio.

Il tribunale convoca, con decreto apposto in calce al ricorso, il debitore ed i creditori istanti per il fallimento; nel procedimento interviene il pubblico ministero che ha assunto l'iniziativa per la dichiarazione di fallimento.

Il decreto di convocazione è sottoscritto dal presidente del tribunale o dal giudice relatore se vi è delega alla trattazione del procedimento ai sensi del sesto comma. Il ricorso e il decreto devono essere notificati, a cura della cancelleria, all'indirizzo di posta elettronica certificata del debitore risultante dal registro delle imprese ovvero dall'Indice nazionale degli indirizzi di posta elettronica certificata delle imprese e dei professionisti. L'esito della comunicazione è trasmesso, con modalità automatica, all'indirizzo di posta elettronica certificata del ricorrente. Quando, per qualsiasi ragione, la notificazione non risulta possibile o non ha esito positivo, la notifica, a cura del ricorrente, del ricorso e del decreto si esegue esclusivamente di persona a norma dell'articolo 107, primo comma, del decreto del Presidente della Repubblica 15 dicembre 1959, n. 1229, presso la sede risultante dal registro delle imprese. Quando la notificazione non può essere compiuta con queste modalità, si esegue con il deposito dell'atto nella casa comunale della sede che risulta iscritta nel registro delle imprese e si perfeziona nel momento del deposito stesso. L'udienza è fissata non oltre quarantacinque giorni dal deposito del ricorso e tra la data della comunicazione o notificazione e quella dell'udienza deve intercorrere un termine non inferiore a quindici giorni ([2]).

Il decreto contiene l'indicazione che il procedimento è volto all'accertamento dei presupposti per la dichiarazione di fallimento e fissa un termine non inferiore a sette giorni prima dell'udienza per la presentazione di memorie e il deposito di documenti e relazioni tecniche. In ogni caso, il tribunale dispone che l'imprenditore depositi i bilanci relativi agli ultimi tre esercizi, nonché una situazione patrimoniale, economica e finanziaria aggiornata; può richiedere eventuali informazioni urgenti.

I termini di cui al terzo e quarto comma possono essere abbreviati dal presidente del tribunale, con decreto motivato, se ricorrono particolari ragioni di urgenza. In tali casi, il presidente del tribunale può disporre che il ricorso e il decreto di fissazione dell'udienza siano portati a conoscenza delle parti con ogni mezzo idoneo, omessa ogni formalità non indispensabile alla conoscibilità degli stessi.

Il tribunale può delegare al giudice relatore l'audizione delle parti. In tal caso, il giudice delegato provvede all'ammissione ed all'espletamento dei mezzi istruttori richiesti dalle parti o disposti d'ufficio.

Le parti possono nominare consulenti tecnici.

Il tribunale, ad istanza di parte, può emettere i provvedimenti cautelari o conservativi a tutela del patrimonio o dell'impresa oggetto del provvedimento, che hanno efficacia limitata alla durata del procedimento e vengono confermati o revocati dalla sentenza che dichiara il fallimento, ovvero revocati con il decreto che rigetta l'istanza.

Non si fa luogo alla dichiarazione di fallimento se l'ammontare dei debiti scaduti e non pagati risultanti dagli atti dell'istruttoria prefallimentare è complessivamente inferiore a euro trentamila.

Tale importo è periodicamente aggiornato con le modalità di cui al terzo comma dell'articolo 1.

(1) *Questo articolo, già sostituito dall'art. 13 del D.L.vo 9 gennaio 2006, n. 5, è stato ora così sostituito dall'art. 2, comma 4, del D.L.vo 12 settembre 2007, n. 169, a decorrere dal 1° gennaio 2008.*

(2) *Questo comma è stato così sostituito dall'art. 17, comma 1, lett. a), del D.L. 18 ottobre 2012, n. 179, convertito, con modificazioni, nella L. 17 dicembre 2012, n. 221. A norma dell'art. 17, comma 3, del medesimo decreto tali disposizioni si applicano ai procedimenti introdotti dopo il 31 dicembre 2013.*

Si riporta il testo precedente: «Il decreto di convocazione è sottoscritto dal presidente del tribunale o dal giudice relatore se vi è delega alla trattazione del procedimento ai sensi del sesto comma. Tra la data della notificazione, a cura di parte, del decreto di convocazione e del ricorso e quella dell'udienza deve intercorrere un termine non inferiore a quindici giorni.».

16. (1) **Sentenza dichiarativa di fallimento. –** Il tribunale dichiara il fallimento con sentenza, con la quale:

1) nomina il giudice delegato per la procedura;

2) nomina il curatore;

3) ordina al fallito il deposito dei bilanci e delle scritture contabili e fiscali obbligatorie, nonché dell'elenco dei creditori, entro tre giorni, se non è stato ancora eseguito a norma dell'articolo 14;

4) stabilisce il luogo, il giorno e l'ora dell'adunanza in cui si procederà all'esame dello stato passivo, entro il termine perentorio di non oltre centoventi giorni dal deposito della sentenza, ovvero centottanta giorni in caso di particolare complessità della procedura;

5) assegna ai creditori e ai terzi, che vantano diritti reali o personali su cose in possesso del fallito, il termine perentorio di trenta giorni prima dell'adunanza di cui al numero 4 per la presentazione in cancelleria delle domande di insinuazione.

La sentenza produce i suoi effetti dalla data della pubblicazione ai sensi dell'articolo 133, primo comma, del codice di procedura civile. Gli effetti nei riguardi dei terzi si producono dalla data di iscrizione della sentenza nel registro delle imprese ai sensi dell'articolo 17, secondo comma.

(1) *Questo articolo è stato così sostituito dall'art. 2, comma 5, del D.L.vo 12 settembre 2007, n. 169, a decorrere dal 1° gennaio 2008.*

17. (1) **Comunicazione e pubblicazione della sentenza dichiarativa di fallimento. –** Entro il giorno successivo al deposito in cancelleria, la sentenza che dichiara il fallimento è notificata, su richiesta del cancelliere, ai sensi dell'articolo 137 del codice di procedura civile, al pubblico ministero, (2) al debitore, eventualmente presso il domicilio eletto nel corso del procedimento previsto dall'articolo 15, ed è comunicata per estratto, ai sensi dell'articolo 136 del codice di procedura civile, al curatore ed al richiedente il fallimento. L'estratto deve contenere il nome del debitore, il nome del curatore, il dispositivo e la data del deposito della sentenza.

La sentenza è altresì annotata presso l'ufficio del registro delle imprese ove l'imprenditore ha la sede legale e, se questa differisce dalla sede effettiva, anche presso quello corrispondente al luogo ove la procedura è stata aperta.

A tal fine, il cancelliere, entro il termine di cui al primo comma, trasmette, anche per via telematica, l'estratto della sentenza all'ufficio del registro delle imprese indicato nel comma precedente.

(1) *Questo articolo è stato così sostituito dall'art. 15 del D.L.vo 9 gennaio 2006, n. 5, a decorrere dal 16 luglio 2006.*

(2) *Le parole: «al pubblico ministero,» sono state aggiunte dall'art. 2, comma 6, del D.L.vo 12 settembre 2007, n. 169, a decorrere dal 1° gennaio 2008.*

18. (1) **Reclamo. –** Contro la sentenza che dichiara il fallimento può essere proposto reclamo dal debitore e da qualunque interessato con ricorso da depositarsi nella cancelleria della corte d'appello nel termine perentorio di trenta giorni.

Il ricorso deve contenere:

1) l'indicazione della corte d'appello competente;

2) le generalità dell'impugnante e l'elezione del domicilio nel comune in cui ha sede la corte d'appello;

3) l'esposizione dei fatti e degli elementi di diritto su cui si basa l'impugnazione, con le relative conclusioni;

4) l'indicazione dei mezzi di prova di cui il ricorrente intende avvalersi e dei documenti prodotti.

Il reclamo non sospende gli effetti della sentenza impugnata, salvo quanto previsto dall'articolo 19, primo comma.

Il termine per il reclamo decorre per il debitore dalla data della notificazione della sentenza a norma dell'articolo 17 e per tutti gli altri interessati dalla data della iscrizione nel registro delle imprese ai sensi del medesimo articolo. In ogni caso, si applica la disposizione di cui all'articolo 327, primo comma, del codice di procedura civile.

Il presidente, nei cinque giorni successivi al deposito del ricorso, designa il relatore, e fissa con decreto l'udienza di comparizione entro sessanta giorni dal deposito del ricorso.

Il ricorso, unitamente al decreto di fissazione dell'udienza, deve essere notificato, a cura del reclamante, al curatore e alle altre parti entro dieci giorni dalla comunicazione del decreto.

Tra la data della notificazione e quella dell'udienza deve intercorrere un termine non minore di trenta giorni. Le parti resistenti devono costituirsi almeno dieci giorni prima della udienza, eleggendo il domicilio nel comune in cui ha sede la corte d'appello.

La costituzione si effettua mediante il deposito in cancelleria di una memoria contenente l'esposizione delle difese in fatto e in diritto, nonché l'indicazione dei mezzi di prova e dei documenti prodotti.

L'intervento di qualunque interessato non può avere luogo oltre il termine stabilito per la costituzione delle parti resistenti con le modalità per queste previste.

All'udienza, il collegio, sentite le parti, assume, anche d'ufficio, nel rispetto del contraddittorio, tutti i mezzi di prova che ritiene necessari, eventualmente delegando un suo componente.

La corte provvede sul ricorso con sentenza.

La sentenza che revoca il fallimento è notificata, a cura della cancelleria, al curatore, al creditore che ha chiesto il fallimento e al debitore, se non reclamante, e deve essere pubblicata a norma dell'articolo 17.

La sentenza che rigetta il reclamo è notificata al reclamante a cura della cancelleria.

Il termine per proporre il ricorso per cassazione è di trenta giorni dalla notificazione.

Se il fallimento è revocato, restano salvi gli effetti degli atti legalmente compiuti dagli organi della procedura.

Le spese della procedura ed il compenso al curatore (2) sono liquidati dal tribunale, su relazione del giudice delegato, con decreto reclamabile ai sensi dell'articolo 26.

(1) *Questo articolo, già sostituito dall'art. 16 del D.L.vo 9 gennaio 2006, n. 5, è stato ora così sostituito dall'art. 2, comma 7, del D.L.vo 12 settembre 2007, n. 169, a decorrere dal 1° gennaio 2008.*

(2) *Si veda il D.M. 28 luglio 1992, n. 570.*

19. (1) **Sospensione della liquidazione dell'attivo.** – Proposto il reclamo (2), la corte d'appello (3), su richiesta di parte, ovvero del curatore, può, quando ricorrono gravi motivi, sospendere, in tutto o in parte, ovvero temporaneamente, la liquidazione dell'attivo (4).

[Se è proposto ricorso per cassazione i provvedimenti di cui al primo comma o la loro revoca sono chiesti alla corte di appello] (5).

L'istanza si propone con ricorso. Il presidente, con decreto in calce al ricorso, ordina la comparizione delle parti dinanzi al collegio in camera di consiglio. Copia del ricorso e del decreto sono notificate alle altre parti ed al curatore.

(1) *Questo articolo è stato così sostituito dall'art. 17 del D.L.vo 9 gennaio 2006, n. 5, a decorrere dal 16 luglio 2006.*

(2) *Le parole: «l'appello» sono state così sostituite dalle attuali: «il reclamo» dall'art. 2, comma 8, lett.* a), *del D.L.vo 12 settembre 2007, n. 169, a decorrere dal 1° gennaio 2008.*

(3) *Le parole: «il collegio» sono state così sostituite dalle attuali: «la corte d'appello» dall'art. 2, comma 8, lett.* a), *del D.L.vo 12 settembre 2007, n. 169, a decorrere dal 1° gennaio 2008.*

(4) *Si vedano gli artt. 104* ter *ss. della legge fallimentare.*

(5) *Questo comma è stato abrogato dall'art. 2, comma 8, lett.* b), *del D.L.vo 12 settembre 2007, n. 169, a decorrere dal 1° gennaio 2008.*

20. (1) [**Morte del fallito durante il giudizio di opposizione.** – Se il fallito muore durante il giudizio di opposizione, il giudizio prosegue in confronto delle persone indicate nell'art. 12, osservate le disposizioni degli artt. 299 e seguenti del codice di procedura civile].

(1) *Questo articolo è stato abrogato dall'art. 2, comma 9, del D.L.vo 12 settembre 2007, n. 169, a decorrere dal 1° gennaio 2008.*

21. (1) [**Revoca della dichiarazione di fallimento.** – Se la sentenza dichiarativa di fallimento è revocata restano salvi gli effetti degli atti legalmente compiuti dagli organi del fallimento.

Le spese della procedura ed il compenso al curatore sono liquidati dal tribunale con decreto non soggetto a reclamo, su relazione del giudice delegato.

Le spese di procedura e il compenso al curatore sono a carico del creditore istante, che è stato condannato ai danni per avere chiesto la dichiarazione di fallimento con colpa. In caso contrario il curatore può ottenere il pagamento, in tutto o in parte, secondo le modalità stabilite dalle speciali norme vigenti per l'attribuzione di compensi ai curatori che non poterono conseguire adeguate retribuzioni].

(1) *Questo articolo è stato abrogato dall'art. 18 del D.L.vo 9 gennaio 2006, n. 5, a decorrere dal 16 luglio 2006.*

22. (1) **Gravami contro il provvedimento che respinge l'istanza di fallimento.** – Il tribunale, che respinge il ricorso per la dichiarazione di fallimento, provvede con decreto motivato, comunicato a cura del cancelliere alle parti.

Entro trenta giorni (2) dalla comunicazione, il creditore ricorrente o il pubblico ministero richiedente possono proporre reclamo contro il decreto alla corte d'appello (3) che, sentite le parti, provvede in camera di consiglio con decreto motivato. Il debitore non può chiedere in separato giudizio la condanna del creditore istante alla rifusione delle spese ovvero al risarcimento del danno per responsabilità aggravata ai sensi dell'articolo 96 del codice di procedura civile.

Il decreto della corte d'appello (3) è comunicato a cura del cancelliere alle parti del procedimento di cui all'articolo 15.

Se la corte d'appello (3) accoglie il reclamo del creditore ricorrente o del pubblico ministero richiedente, rimette d'ufficio gli atti al tribunale, per la dichiarazione di fallimento, salvo che, anche su segnalazione di parte, accerti che sia venuto meno alcuno dei presupposti necessari.

I termini di cui agli articoli 10 e 11 si computano con riferimento al decreto della corte d'appello (3).

(1) *Questo articolo è stato così sostituito dall'art. 19 del D.L.vo 9 gennaio 2006, n. 5, a decorrere dal 16 luglio 2006.*

(2) *Le parole*: «*quindici giorni*» *sono state così sostituite dalle attuali*: «*trenta giorni*» *dall'art. 2, comma 10, lett.* b), *del D.L.vo 12 settembre 2007, n. 169, a decorrere dal 1° gennaio 2008.*

(3) *Le parole*: «*Corte d'appello*» *sono state così sostituite dalle attuali*: «*corte d'appello*» *dall'art. 2, comma 10, lett.* a), *del D.L.vo 12 settembre 2007, n. 169, a decorrere dal 1° gennaio 2008.*

Capo II
Degli organi preposti al fallimento

Sezione I
Del tribunale fallimentare

23. (1) **Poteri del tribunale fallimentare.** – Il tribunale che ha dichiarato il fallimento è investito dell'intera procedura fallimentare; provvede alla nomina ed alla revoca o sostituzione, per giustificati motivi, degli organi della procedura, quando non è prevista la competenza del giudice delegato; può in ogni tempo sentire in camera di consiglio il curatore, il fallito e il comitato dei creditori; decide le controversie relative alla procedura stessa che non sono di competenza del giudice delegato, nonché i reclami contro i provvedimenti del giudice delegato.

I provvedimenti del tribunale nelle materie previste da questo articolo sono pronunciate con decreto, salvo che non sia diversamente disposto.

(1) *Questo articolo è stato così sostituito dall'art. 20 del D.L.vo 9 gennaio 2006, n. 5, a decorrere dal 16 luglio 2006.*

24. (1) **Competenza del tribunale fallimentare.** – Il tribunale che ha dichiarato il fallimento è competente a conoscere di tutte le azioni che ne derivano, qualunque ne sia il valore.

[Salvo che non sia diversamente previsto, alle controversie di cui al primo comma si applicano le norme previste dagli articoli da 737 a 742 del codice di procedura civile. Non si applica l'articolo 40, terzo comma, del codice di procedura civile] (2).

(1) *Questo articolo è stato così sostituito dall'art. 21 del D.L.vo 9 gennaio 2006, n. 5, a decorrere dal 16 luglio 2006.*

(2) *Questo comma è stato abrogato dall'art. 3, comma 1, del D.L.vo 12 settembre 2007, n. 169, a decorrere dal 1° gennaio 2008.*

Sezione II
Del giudice delegato

25. ([1]) **Poteri del giudice delegato.** – Il giudice delegato esercita funzioni di vigilanza e di controllo sulla regolarità della procedura e:

1) riferisce al tribunale su ogni affare per il quale è richiesto un provvedimento del collegio;

2) emette o provoca dalle competenti autorità i provvedimenti urgenti per la conservazione del patrimonio, ad esclusione di quelli che incidono su diritti di terzi che rivendichino un proprio diritto incompatibile con l'acquisizione;

3) convoca il curatore e il comitato dei creditori nei casi prescritti dalla legge e ogni qualvolta lo ravvisi opportuno per il corretto e sollecito svolgimento della procedura;

4) su proposta del curatore, liquida i compensi e dispone l'eventuale revoca dell'incarico conferito alle persone la cui opera è stata richiesta dal medesimo curatore nell'interesse del fallimento;

5) provvede, nel termine di quindici giorni, sui reclami proposti contro gli atti del curatore e del comitato dei creditori ([2]);

6) autorizza per iscritto il curatore a stare in giudizio come attore o come convenuto. L'autorizzazione deve essere sempre data per atti determinati e per i giudizi deve essere rilasciata per ogni grado di essi. Su proposta del curatore, liquida i compensi e dispone l'eventuale revoca dell'incarico conferito ai difensori ([3]) nominati dal medesimo curatore;

7) su proposta del curatore, nomina gli arbitri, verificata la sussistenza dei requisiti previsti dalla legge;

8) procede all'accertamento dei crediti e dei diritti reali e personali vantati dai terzi, a norma del Capo V.

Il giudice delegato non può trattare i giudizi che abbia autorizzato, né può far parte del collegio investito del reclamo proposto contro i suoi atti.

I provvedimenti del giudice delegato sono pronunciati con decreto motivato.

([1]) *Questo articolo è stato così sostituito dall'art. 22 del D.L.vo 9 gennaio 2006, n. 5, a decorrere dal 16 luglio 2006.*

([2]) *Si veda l'art. 36 della legge fallimentare.*

([3]) *Le parole: «agli avvocati» sono state così sostituite dalle attuali: «ai difensori» dall'art. 3, comma 2, del D.L.vo 12 settembre 2007, n. 169, a decorrere dal 1° gennaio 2008.*

26. ([1]) **Reclamo contro i decreti del giudice delegato e del tribunale.** – Salvo che sia diversamente disposto, contro i decreti del giudice delegato e del tribunale, può essere proposto reclamo al tribunale o alla corte di appello, che provvedono in camera di consiglio.

Il reclamo è proposto dal curatore, dal fallito, dal comitato dei creditori e da chiunque vi abbia interesse.

Il reclamo è proposto nel termine perentorio di dieci giorni, decorrente dalla comunicazione o dalla notificazione del provvedimento per il curatore, per il fallito, per il comitato dei creditori e per chi ha chiesto o nei cui confronti è stato chiesto il provvedimento; per gli altri interessati, il termine decorre dall'esecuzione delle formalità pubblicitarie disposte dal giudice delegato o dal tribunale, se quest'ultimo ha emesso il provvedimento. La comunicazione integrale del provvedimento fatta dal curatore mediante lettera raccomandata con avviso di ricevimento, telefax o posta elettronica con garanzia dell'avvenuta ricezione in base al testo unico delle disposizioni legislative e regolamentari in materia di documentazione amministrativa, di cui al decreto del Presidente della Repubblica 28 dicembre 2000, n. 445, equivale a notificazione.

Indipendentemente dalla previsione di cui al terzo comma, il reclamo non può più proporsi decorso il termine perentorio di novanta giorni dal deposito del provvedimento in cancelleria.

Il reclamo non sospende l'esecuzione del provvedimento.

Il reclamo si propone con ricorso che deve contenere:

1) l'indicazione del tribunale o della corte di appello competente, del giudice delegato e della procedura fallimentare;

2) le generalità del ricorrente e l'elezione del domicilio nel comune in cui ha sede il giudice adito;

3) l'esposizione dei fatti e degli elementi di diritto su cui si basa il reclamo, con le relative conclusioni;

4) l'indicazione dei mezzi di prova di cui il ricorrente intende avvalersi e dei documenti prodotti.

Il presidente, nei cinque giorni successivi al deposito del ricorso, designa il relatore, e fissa con decreto l'udienza di comparizione entro quaranta giorni dal deposito del ricorso.

Il ricorso, unitamente al decreto di fissazione dell'udienza, deve essere notificato, a cura del reclamante, al curatore ed ai controinteressati entro cinque giorni dalla comunicazione del decreto.

Tra la data della notificazione e quella dell'udienza deve intercorrere un termine non minore di quindici giorni.

Il resistente deve costituirsi almeno cinque giorni prima dell'udienza, eleggendo il domicilio nel comune in cui ha sede il tribunale o la corte d'appello, e depositando una memoria contenente l'esposizione delle difese in fatto e in diritto, nonché l'indicazione dei mezzi di prova e dei documenti prodotti.

L'intervento di qualunque interessato non può avere luogo oltre il termine stabilito per la costituzione della parte resistente, con le modalità per questa previste.

All'udienza il collegio, sentite le parti, assume anche d'ufficio i mezzi di prova, eventualmente delegando un suo componente.

Entro trenta giorni dall'udienza di comparizione delle parti, il collegio provvede con decreto motivato, con il quale conferma, modifica o revoca il provvedimento reclamato.

([1]) *Questo articolo, già sostituito dall'art. 23 del D.L.vo 9 gennaio 2006, n. 5, è stato ora così sostituito dall'art. 3, comma 3, del D.L.vo 12 settembre 2007, n. 169, a decorrere dal 1° gennaio 2008.*

Sezione III
Del curatore

27. ([1]) **Nomina del curatore.** – Il curatore è nominato con la sentenza di fallimento, o in caso di sostituzione o di revoca, con decreto del tribunale.

([1]) *Questo articolo è stato così sostituito dall'art. 24 del D.L.vo 9 gennaio 2006, n. 5, a decorrere dal 16 luglio 2006. Il testo previgente era in tema di ruolo degli amministratori giudiziari, soppresso dal D.L.vo C.P.S. 23 agosto 1946, n. 153.*

28. ([1]) **Requisiti per la nomina a curatore.** – Possono essere chiamati a svolgere le funzioni di curatore:

a) avvocati, dottori commercialisti, ragionieri e ragionieri commercialisti;

b) studi professionali associati o società tra professionisti, sempre che i soci delle stesse abbiano i requisiti professionali di cui alla lettera *a*). In tal caso, all'atto dell'accettazione dell'incarico, deve essere designata la persona fisica responsabile della procedura;

c) coloro che abbiano svolto funzioni di amministrazione, direzione e controllo in società per azioni, dando prova di adeguate capacità imprenditoriali e purché non sia intervenuta nei loro confronti dichiarazione di fallimento.

[Nel provvedimento di nomina, il tribunale indica le specifiche caratteristiche e attitudini del curatore] ([2]).

Non possono essere nominati curatore il coniuge, i parenti e gli affini entro il quarto grado del fallito, i creditori di questo e chi ha concorso al dissesto dell'impresa [durante i due anni anteriori alla dichiarazione di fallimento] ([3]), nonché chiunque si trovi in conflitto di interessi con il fallimento.

Il curatore è nominato tenuto conto delle risultanze dei rapporti riepilogativi di cui all'articolo 33, quinto comma ([4]).

È istituito presso il Ministero della giustizia un registro nazionale nel quale confluiscono i provvedimenti di nomina dei curatori, dei commissari giudiziali e dei liquidatori giudiziali ([5]). Nel registro vengono altresì annotati i provvedimenti di chiusura del fallimento e di omologazione del concordato, nonché l'ammontare dell'attivo e del passivo delle procedure chiuse. Il registro è tenuto con modalità informatiche ed è accessibile al pubblico ([6]).

([1]) *Questo articolo è stato così sostituito dall'art. 25 del D.L.vo 9 gennaio 2006, n. 5, a decorrere dal 16 luglio 2006.*

([2]) *Questo comma è stato abrogato dall'art. 3, comma 4, del D.L.vo 12 settembre 2007, n. 169, a decorrere dal 1° gennaio 2008.*

([3]) *Le parole tra parentesi quadrate sono state soppresse dall'art. 5, comma 1, lett.* a), *del D.L. 27 giugno 2015, n. 83, convertito, con modificazioni, nella L. 6 agosto 2015, n. 132.*

A norma dell'art. 23, comma 3, del medesimo provvedimento, tali disposizioni si applicano ai fallimenti dichiarati successivamente alla data di entrata in vigore del presente decreto.

([4]) *Questo comma è stato aggiunto dall'art. 5, comma 1, lett.* b), *del D.L. 27 giugno 2015, n. 83, convertito, con modificazioni, nella L. 6 agosto 2015, n. 132.*

A norma dell'art. 23, comma 3, del medesimo provvedimento, tali disposizioni si applicano ai fallimenti dichiarati successivamente alla data di entrata in vigore del presente decreto.

([5]) *A norma dell'art. 23, comma 3, del D.L. 27 giugno 2015, n. 83, convertito, con modificazioni, nella L. 6 agosto 2015, n. 132, tali disposizioni si applicano ai fallimenti dichiarati successivamente alla data di entrata in vigore del presente decreto.*

([6]) *Questo comma è stato aggiunto dall'art. 5, comma 1, lett.* b), *del D.L. 27 giugno 2015, n. 83, convertito, con modificazioni, nella L. 6 agosto 2015, n. 132.*

A norma dell'art. 23, comma 4, del D.L. 27 giugno 2015, n. 83, convertito, con modificazioni, nella L. 6 agosto 2015, n. 132, tali disposizioni acquistano efficacia decorsi sessanta giorni dalla pubblicazione sul sito internet del Ministero della giustizia delle specifiche tecniche previste dall'articolo 16 bis, *comma 9* septies, *del decreto legge 18 ottobre 2012, n. 179, convertito, con modificazioni, dalla legge 17 dicembre 2012, n. 221, da adottarsi entro sei mesi dalla data di entrata in vigore del presente decreto.*

29. Accettazione del curatore. – Il curatore deve, entro i due giorni successivi alla partecipazione della sua nomina, far pervenire ([1]) al giudice delegato la propria accettazione.

Se il curatore non osserva questo obbligo, il tribunale, in camera di consiglio, provvede d'urgenza alla nomina di altro curatore.

([1]) *La parola: «comunicare» è stata così sostituita dalle attuali: «far pervenire» dall'art. 26 del D.L.vo 9 gennaio 2006, n. 5, a decorrere dal 16 luglio 2006.*

30. Qualità di pubblico ufficiale. – Il curatore, per quanto attiene all'esercizio delle sue funzioni, è pubblico ufficiale.

31. ([1]) **Gestione della procedura.** – Il curatore ha l'amministrazione del patrimonio fallimentare e compie tutte le operazioni della procedura sotto la vigilanza del giudice delegato e del comitato dei creditori, nell'ambito delle funzioni ad esso attribuite.

Egli non può stare in giudizio senza l'autorizzazione del giudice delegato, salvo che in materia di contestazioni e di tardive dichiarazioni di crediti e di diritti di terzi sui beni acquisiti al fallimento, e salvo che nei procedimenti promossi per impugnare atti del giudice delegato o del tribunale e in ogni altro caso in cui non occorra ministero di difensore.

Il curatore non può assumere la veste di avvocato nei giudizi che riguardano il fallimento.

([1]) *Questo articolo è stato così sostituito dall'art. 27 del D.L.vo 9 gennaio 2006, n. 5, a decorrere dal 16 luglio 2006.*

31 *bis*. ([1]) **Comunicazioni del curatore.** – Le comunicazioni ai creditori e ai titolari di diritti sui beni che la legge o il giudice delegato pone a carico del curatore sono effettuate all'indirizzo di posta elettronica certificata da loro indicato nei casi previsti dalla legge. Quando è omessa l'indicazione di cui al comma precedente, nonché nei casi di mancata consegna del messaggio di posta elettronica certificata per cause imputabili al destinatario, tutte le comunicazioni sono eseguite esclusivamente mediante deposito in cancelleria. In pendenza della procedura e per il periodo di due anni dalla chiusura della stessa, il curatore è tenuto a conservare i messaggi di posta elettronica certificata inviati e ricevuti.

([1]) *Questo articolo è stato inserito dall'art. 17, comma 1, lett.* b), *del D.L. 18 ottobre 2012, n. 179, convertito, con modificazioni, nella L. 17 dicembre 2012, n. 221. A norma dell'art. 17, commi 4 e 5 del medesimo decreto, tali disposizioni si applicano dalla data di entrata in vigore della legge di conversione del predetto decreto, anche alle procedure di fallimento, di concordato preventivo, di liquidazione coatta amministrativa e di amministrazione straordinaria pendenti, rispetto alle quali, alla stessa data, non è stata effettuata la comunicazione rispettivamente prevista dagli articoli 92, 171, 207 del regio decreto 16 marzo 1942, n. 267 e dall'articolo 22 decreto legislativo 8 luglio 1999, n. 270. Per le procedure in cui, alla data di entrata in vigore della legge di conversione del predetto decreto, sia stata effettuata la comunicazione di cui al comma 4, le disposizioni di cui ai commi 1 e 2 del presente articolo si applicano a decorrere dal 31 ottobre 2013. Il curatore, il commissario giudiziale, il commissario liquidatore e il commissario straordinario entro il 30 giugno 2013 comunicano ai creditori e ai terzi titolari di diritti sui beni il loro indirizzo di posta elettronica certificata e li invitano a comunicare, entro tre mesi, l'indirizzo di posta elettronica certificata al quale ricevere tutte le comunicazioni relative alla procedura, avvertendoli di rendere nota ogni successiva variazione e che in caso di omessa indicazione le comunicazioni sono eseguite esclusivamente mediante deposito in cancelleria.*

32. ([1]) **Esercizio delle attribuzioni del curatore.** – Il curatore esercita personalmente le funzioni del proprio ufficio e può delegare ad altri specifiche operazioni, previa autorizzazione del comitato dei creditori, con esclusione degli adempimenti di cui agli articoli 89, 92, 95, 97 e 104 *ter* ([2]). L'onere per il compenso del delegato, liquidato dal giudice, è detratto dal compenso del curatore.

Il curatore può essere autorizzato dal comitato dei creditori, a farsi coadiuvare da tecnici o da altre persone retribuite, compreso il fallito, sotto la sua responsabilità. Del compenso riconosciuto a tali soggetti si tiene conto ai fini della liquidazione del compenso finale del curatore.

([1]) *Questo articolo è stato così sostituito dall'art. 28 del D.L.vo 9 gennaio 2006, n. 5, a decorrere dal 16 luglio 2006.*

([2]) *Le parole: «giudice delegato» sono state così sostituite dalle attuali: «comitato dei creditori, con esclusione degli adempimenti di cui agli articoli 89, 92, 95, 97 e 104* ter*» dall'art. 3, comma 5, del D.L.vo 12 settembre 2007, n. 169, a decorrere dal 1° gennaio 2008.*

33. Relazione al giudice e rapporti riepilogativi (1). – Il curatore, entro sessanta giorni (2) dalla dichiarazione di fallimento, deve presentare al giudice delegato una relazione particolareggiata sulle cause e circostanze del fallimento, sulla diligenza spiegata dal fallito nell'esercizio dell'impresa, [sul tenore della vita privata di lui e della famiglia] (3), sulla responsabilità del fallito o di altri e su quanto può interessare anche ai fini delle indagini preliminari in sede penale (4).

Il curatore deve inoltre indicare gli atti del fallito già impugnati dai creditori, nonché quelli che egli intende impugnare. Il giudice delegato può chiedere al curatore una relazione sommaria anche prima del termine suddetto (5).

Se si tratta di società, la relazione deve esporre i fatti accertati e le informazioni raccolte sulla responsabilità degli amministratori e degli organi di controllo, dei soci e, eventualmente, di estranei alla società (5).

Il giudice delegato ordina il deposito della relazione in cancelleria, disponendo la segretazione delle parti relative alla responsabilità penale del fallito e di terzi ed alle azioni che il curatore intende proporre qualora possano comportare l'adozione di provvedimenti cautelari, nonché alle circostanze estranee agli interessi della procedura e che investano la sfera personale del fallito. Copia della relazione, nel suo testo integrale, è trasmessa al pubblico ministero (5).

Il curatore, ogni sei mesi successivi alla presentazione della relazione di cui al primo comma, redige altresì un rapporto riepilogativo delle attività svolte, con indicazione di tutte le informazioni raccolte dopo la prima relazione, accompagnato dal conto della sua gestione. Copia del rapporto è trasmessa al comitato dei creditori, unitamente agli estratti conto dei depositi postali o bancari relativi al periodo. Il comitato dei creditori o ciascuno dei suoi componenti possono formulare osservazioni scritte. Altra copia del rapporto è trasmessa, assieme alle eventuali osservazioni, per via telematica all'ufficio del registro delle imprese, nei quindici giorni successivi alla scadenza del termine per il deposito delle osservazioni nella cancelleria del tribunale. Nello stesso termine altra copia del rapporto, assieme alle eventuali osservazioni, è trasmessa a mezzo posta elettronica certificata ai creditori e ai titolari di diritti sui beni (6) (5).

(1) *Le parole: «e rapporti riepilogativi» sono state aggiunte dall'art. 3, comma 6, lett.* a)*, del D.L.vo 12 settembre 2007, n. 169, a decorrere dal 1° gennaio 2008.*

(2) *Le parole: «entro un mese» sono state così sostituite dalle attuali: «entro sessanta giorni» dall'art. 29, comma 1, lett.* a)*, del D.L.vo 9 gennaio 2006, n. 5, a decorrere dal 16 luglio 2006.*

(3) *Le parole fra parentesi quadrate sono state soppresse dall'art. 29, comma 1, lett.* a)*, del D.L.vo 9 gennaio 2006, n. 5, a decorrere dal 16 luglio 2006.*

(4) *Le parole: «dell'istruttoria penale» sono state così sostituite dalle attuali: «delle indagini preliminari in sede penale» dall'art. 3, comma 6, lett.* b)*, del D.L.vo 12 settembre 2007, n. 169, a decorrere dal 1° gennaio 2008.*

(5) *Gli originari secondo, terzo e quarto comma sono stati così sostituiti dagli attuali secondo, terzo, quarto e quinto comma dall'art. 29, comma 1, lett.* b)*, del D.L.vo 9 gennaio 2006, n. 5, a decorrere dal 16 luglio 2006.*

(6) *Questo periodo è stato aggiunto dall'art. 17, comma 1, lett.* c)*, del D.L. 18 ottobre 2012, n. 179, convertito, con modificazioni, nella L. 17 dicembre 2012, n. 221. A norma dell'art. 17, commi 4 e 5 del medesimo decreto, tali disposizioni si applicano dalla data di entrata in vigore della legge di conversione del predetto decreto, anche alle procedure di fallimento, di concordato preventivo, di liquidazione coatta amministrativa e di amministrazione straordinaria pendenti, rispetto alle quali, alla stessa data, non è stata effettuata la comunicazione rispettivamente prevista dagli articoli 92, 171, 207 del regio decreto 16 marzo 1942, n. 267 e dall'articolo 22 decreto legislativo 8 luglio 1999, n. 270. Per le procedure in cui, alla data di entrata in vigore della legge di conversione del predetto decreto, sia stata effettuata la comunicazione di cui al comma 4, le disposizioni di cui ai commi 1 e 2 del presente articolo si applicano a decorrere dal 31 ottobre 2013. Il curatore, il commissario giudiziale, il commissario liquidatore e il commissario straordinario entro il 30 giugno 2013 comunicano ai creditori e ai terzi titolari di diritti sui beni il loro indirizzo di posta elettronica certificata e li invitano a comunicare, entro tre mesi, l'indirizzo di posta elettronica certificata al quale ricevere tutte le comunicazioni relative alla procedura, avvertendoli di rendere nota ogni successiva variazione e che in caso di omessa indicazione le comunicazioni sono eseguite esclusivamente mediante deposito in cancelleria.*

34. (1) **Deposito delle somme riscosse.** – Le somme riscosse a qualunque titolo dal curatore sono depositate entro il termine massimo di dieci giorni dalla corresponsione sul conto corrente intestato alla procedura fallimentare aperto presso un ufficio postale o presso una banca scelti dal curatore.

Su proposta del curatore il comitato dei creditori può autorizzare che le somme riscosse vengano in tutto o in parte investite con strumenti diversi dal deposito in conto corrente, purché sia garantita l'integrità del capitale ([2]).

La mancata costituzione del deposito nel termine prescritto è valutata dal tribunale ai fini della revoca del curatore.

[Se è prevedibile che le somme disponibili non possano essere immediatamente destinate ai creditori, su richiesta del curatore e previa approvazione del comitato dei creditori, il giudice delegato può ordinare che le disponibilità liquide siano impiegate nell'acquisto di titoli emessi dallo Stato] ([3]).

Il prelievo delle somme è eseguito su copia conforme del mandato di pagamento del giudice delegato.

([1]) *Questo articolo è stato così sostituito dall'art. 30 del D.L.vo 9 gennaio 2006, n. 5, a decorrere dal 16 luglio 2006.*

([2]) *Questo periodo è stato aggiunto dall'art. 3, comma 7, lett.* a)*, del D.L.vo 12 settembre 2007, n. 169, a decorrere dal 1° gennaio 2008.*

([3]) *Questo comma è stato abrogato dall'art. 3, comma 7, lett.* b)*, del D.L.vo 12 settembre 2007, n. 169, a decorrere dal 1° gennaio 2008.*

35. ([1]) ([2]) **Integrazione dei poteri del curatore.** – Le riduzioni di crediti, le transazioni, i compromessi, le rinunzie alle liti, le ricognizioni di diritti di terzi, la cancellazione di ipoteche, la restituzione di pegni, lo svincolo delle cauzioni, l'accettazione di eredità e donazioni e gli atti di straordinaria amministrazione sono effettuate dal curatore, previa autorizzazione del comitato dei creditori.

Nel richiedere l'autorizzazione del comitato dei creditori, il curatore formula le proprie conclusioni anche sulla convenienza della proposta ([3]).

Se gli atti suddetti sono di valore superiore a cinquantamila euro e in ogni caso per le transazioni, il curatore ne informa previamente il giudice delegato, salvo che gli stessi siano già stati autorizzati dal medesimo ai sensi dell'articolo 104 *ter*, comma ottavo ([4]).

Il limite di cui al secondo comma può essere adeguato con decreto del Ministro della giustizia.

([1]) *Questo articolo è stato così sostituito dall'art. 31 del D.L.vo 9 gennaio 2006, n. 5, a decorrere dal 16 luglio 2006.*

([2]) *A norma dell'art. 1, comma 412, della L. 27 dicembre 2013, n. 147, al fine di accelerare la definitiva chiusura della gestione liquidatoria, in deroga alle procedure autorizzative previste dagli articoli 35 e 206 di questo provvedimento, il Commissario liquidatore è autorizzato a stipulare transazioni per debiti iscritti nello stato passivo e per aliquote non inferiori del 5 per cento rispetto all'aliquota di riparto determinata al momento della transazione.*

([3]) *Questo comma è stato inserito dall'art. 3, comma 8, lett.* a)*, del D.L.vo 12 settembre 2007, n. 169, a decorrere dal 1° gennaio 2008.*

([4]) *Le parole: «approvati dal medesimo ai sensi dell'articolo 104* ter*» sono state così sostituite dalle attuali: «autorizzati dal medesimo ai sensi dell'articolo 104* ter*, comma ottavo» dall'art. 3, comma 8, lett.* b)*, del D.L.vo 12 settembre 2007, n. 169, a decorrere dal 1° gennaio 2008.*

36. ([1]) **Reclamo contro gli atti del curatore e del comitato dei creditori.** – Contro gli atti di amministrazione del curatore, contro le autorizzazioni o i dinieghi del comitato dei creditori e i relativi comportamenti omissivi, il fallito e ogni altro interessato possono proporre reclamo al giudice delegato per violazione di legge, entro otto giorni dalla conoscenza dell'atto o, in caso di omissione, dalla scadenza del termine indicato nella diffida a provvedere. Il giudice delegato, sentite le parti, decide con decreto motivato, omessa ogni formalità non indispensabile al contraddittorio.

Contro il decreto del giudice delegato è ammesso ricorso al tribunale entro otto giorni dalla data della comunicazione del decreto medesimo. Il tribunale decide entro trenta giorni, sentito il curatore e il reclamante, omessa ogni formalità non essenziale al contraddittorio, con decreto motivato non soggetto a gravame.

Se è accolto il reclamo concernente un comportamento omissivo del curatore, questi è tenuto a dare esecuzione al provvedimento della autorità giudiziaria. Se è accolto il reclamo concernente un comportamento omissivo del comitato dei creditori, il giudice delegato provvede in sostituzione di quest'ultimo con l'accoglimento del reclamo.

([1]) *Questo articolo è stato così sostituito dall'art. 32 del D.L.vo 9 gennaio 2006, n. 5, a decorrere dal 16 luglio 2006.*

36 *bis*. ([1]) **Termini processuali.** – Tutti i termini processuali previsti negli articoli 26 e 36 non sono soggetti alla sospensione feriale.

([1]) *Questo articolo è stato inserito dall'art. 33 del D.L.vo 9 gennaio 2006, n. 5, a decorrere dal 16 luglio 2006.*

37. Revoca del curatore. – Il tribunale può in ogni tempo, su proposta del giudice delegato o su richiesta del comitato dei creditori o d'ufficio, revocare il curatore.

Il tribunale provvede con decreto motivato, sentiti il curatore e il comitato dei creditori (1).

Contro il decreto di revoca o di rigetto dell'istanza di revoca, è ammesso reclamo alla corte di appello ai sensi dell'articolo 26; il reclamo non sospende l'efficacia del decreto (2).

(1) *Questo comma è stato così sostituito dall'art. 34, comma 1, lett.* a), *del D.L.vo 9 gennaio 2006, n. 5, a decorrere dal 16 luglio 2006. Si riporta il testo precedente*:

«Il tribunale provvede con decreto, sentiti il curatore ed il pubblico ministero».

(2) *Questo comma è stato aggiunto dall'art. 34, comma 1, lett.* b), *del D.L.vo 9 gennaio 2006, n. 5, a decorrere dal 16 luglio 2006.*

37 *bis*. (1) Sostituzione del curatore e dei componenti del comitato dei creditori. – Conclusa l'adunanza per l'esame dello stato passivo e prima della dichiarazione di esecutività dello stesso, i creditori presenti, personalmente o per delega, che rappresentano la maggioranza dei crediti ammessi, possono effettuare nuove designazioni in ordine ai componenti del comitato dei creditori nel rispetto dei criteri di cui all'articolo 40; possono chiedere la sostituzione del curatore indicando al tribunale le ragioni della richiesta e un nuovo nominativo. Il tribunale, valutate le ragioni della richiesta di sostituzione del curatore, provvede alla nomina dei soggetti designati dai creditori salvo che non siano rispettati i criteri di cui agli articoli 28 e 40 (2).

Dal computo dei crediti, su istanza di uno o più creditori, sono esclusi quelli che si trovino in conflitto di interessi.

Nella stessa adunanza, i creditori che rappresentano la maggioranza di quelli [allo stato] (3) ammessi, indipendentemente dall'entità dei crediti vantati, possono stabilire che ai componenti del comitato dei creditori sia attribuito, oltre al rimborso delle spese di cui all'articolo 41, un compenso per la loro attività, in misura non superiore al dieci per cento di quello liquidato al curatore.

(1) *Questo articolo è stato inserito dall'art. 35 del D.L.vo 9 gennaio 2006, n. 5, a decorrere dal 16 luglio 2006.*

(2) *Questo comma è stato così sostituito dall'art. 3, comma 9, lett.* a), *del D.L.vo 12 settembre 2007, n. 169, a decorrere dal 1° gennaio 2008.*

(3) *Le parole tra parentesi quadrate sono state soppresse dall'art. 3, comma 9, lett.* b), *del D.L.vo 12 settembre 2007, n. 169, a decorrere dal 1° gennaio 2008.*

38. Responsabilità del curatore. – Il curatore adempie ai doveri del proprio ufficio, imposti dalla legge o derivanti dal piano di liquidazione approvato, con la diligenza richiesta dalla natura dell'incarico. Egli deve tenere un registro preventivamente vidimato da almeno un componente del comitato dei creditori, e annotarvi giorno per giorno le operazioni relative alla sua amministrazione (1).

Durante il fallimento l'azione di responsabilità contro il curatore revocato è proposta dal nuovo curatore, previa autorizzazione del giudice delegato, ovvero del comitato dei creditori (2).

Il curatore che cessa dal suo ufficio, anche durante il fallimento, deve rendere il conto della gestione a norma dell'art. 116.

(1) *Questo comma è stato così sostituito dall'art. 36, comma 1, lett.* a), *del D.L.vo 9 gennaio 2006, n. 5, a decorrere dal 16 luglio 2006.*

(2) *Le parole*: «, *ovvero del comitato dei creditori*» *sono state aggiunte dall'art. 36, comma 1, lett.* b), *del D.L.vo 9 gennaio 2006, n. 5, a decorrere dal 16 luglio 2006.*

39. Compenso del curatore. – Il compenso (1) e le spese dovuti al curatore, anche se il fallimento si chiude con concordato, sono liquidati ad istanza del curatore con decreto del tribunale non soggetto a reclamo, su relazione del giudice delegato, secondo le norme stabilite con decreto del ministro della giustizia (2).

La liquidazione del compenso è fatta dopo l'approvazione del rendiconto e, se del caso, dopo l'esecuzione del concordato. È in facoltà del tribunale di accordare al curatore acconti sul compenso per giustificati motivi.

Se nell'incarico si sono succeduti più curatori, il compenso è stabilito secondo criteri di proporzionalità ed è liquidato, in ogni caso, al termine della procedura, salvi eventuali acconti. Salvo che non ricorrano giustificati motivi, ogni acconto liquidato dal tribunale deve essere preceduto dalla presentazione di un progetto di ripartizione parziale (3) (4).

Nessun compenso, oltre quello liquidato dal tribunale, può essere preteso dal curatore, nemmeno per rimborso di spese. Le promesse e i pagamenti fatti contro questo divieto sono nulli, ed è sempre ammessa la ripetizione di ciò che è stato pagato indipendentemente dall'esercizio dell'azione penale [, se vi è luogo] (5).

(1) *La misura del compenso spettante al curatore è ora regolata dal D.M. 28 luglio 1992, n. 570.*

(2) *Le parole: «ministro per la grazia e giustizia» sono state così sostituite dalle attuali: «ministro della giustizia» dall'art. 37, comma 1, lett.* a)*, del D.L.vo 9 gennaio 2006, n. 5, a decorrere dal 16 luglio 2006.*

(3) *Questo periodo è stato aggiunto dall'art. 7, comma 1, lett.* 0a)*, del D.L. 27 giugno 2015, n. 83, convertito, con modificazioni, nella L. 6 agosto 2015, n. 132.*

A norma dell'art. 23, comma 7, del medesimo provvedimento, tali disposizioni si applicano a decorrere dalla data di entrata in vigore della legge di conversione del presente decreto.

(4) *Questo comma è stato inserito dall'art. 37 comma 1, lett.* b)*, del D.L.vo 9 gennaio 2006, n. 5, a decorrere dal 16 luglio 2006.*

(5) *Le parole fra parentesi quadrate sono state soppresse dall'art. 37 comma 1, lett.* c)*, del D.L.vo 9 gennaio 2006, n. 5, a decorrere dal 16 luglio 2006.*

Sezione IV
Del comitato dei creditori

40. (1) **Nomina del comitato.** – Il comitato dei creditori è nominato dal giudice delegato entro trenta giorni dalla sentenza di fallimento sulla base delle risultanze documentali, sentiti il curatore e i creditori che, con la domanda di ammissione al passivo o precedentemente, hanno dato la disponibilità ad assumere l'incarico ovvero hanno segnalato altri nominativi aventi i requisiti previsti. Salvo quanto previsto dall'articolo 37 *bis*, la composizione del comitato può essere modificata dal giudice delegato in relazione alle variazioni dello stato passivo o per altro giustificato motivo.

Il comitato è composto di tre o cinque membri scelti tra i creditori, in modo da rappresentare in misura equilibrata quantità e qualità dei crediti ed avuto riguardo alla possibilità di soddisfacimento dei crediti stessi.

Il comitato, entro dieci giorni dalla nomina, provvede, su convocazione del curatore, a nominare a maggioranza il proprio presidente.

La sostituzione dei membri del comitato avviene secondo le modalità stabilite nel secondo comma.

Il comitato dei creditori si considera costituito con l'accettazione, anche per via telematica, della nomina da parte dei suoi componenti, senza necessità di convocazione dinanzi al curatore ed anche prima della elezione del suo presidente (2).

Il componente del comitato che si trova in conflitto di interessi si astiene dalla votazione.

Ciascun componente del comitato dei creditori può delegare in tutto o in parte l'espletamento delle proprie funzioni ad uno dei soggetti aventi i requisiti indicati nell'articolo 28, previa comunicazione al giudice delegato.

(1) *Questo articolo è stato così sostituito dall'art. 38 del D.L.vo 9 gennaio 2006, n. 5, a decorrere dal 16 luglio 2006.*

(2) *Questo comma è stato aggiunto dall'art. 6, comma 1, lett.* a)*, del D.L. 3 maggio 2016, n. 59, convertito, con modificazioni, nella L. 30 giugno 2016, n. 119.*

41. (1) **Funzioni del comitato.** – Il comitato dei creditori vigila sull'operato del curatore, ne autorizza gli atti ed esprime pareri nei casi previsti dalla legge, ovvero su richiesta del tribunale o del giudice delegato, succintamente motivando le proprie deliberazioni.

Il presidente convoca il comitato per le deliberazioni di competenza o quando sia richiesto da un terzo dei suoi componenti.

Le deliberazioni del comitato sono prese a maggioranza dei votanti, nel termine massimo di quindici giorni successivi a quello in cui la richiesta è pervenuta al presidente. Il voto può essere espresso in riunioni collegiali ovvero per mezzo telefax o con altro mezzo elettronico o telematico, purché sia possibile conservare la prova della manifestazione di voto.

In caso di inerzia, di impossibilità di costituzione per insufficienza di numero o indisponibilità dei creditori, o (2) di funzionamento del comitato o di urgenza, provvede il giudice delegato.

Il comitato ed ogni componente possono ispezionare in qualunque tempo le scritture contabili e i documenti della procedura ed hanno diritto di chiedere notizie e chiarimenti al curatore e al fallito.

I componenti del comitato hanno diritto al rimborso delle spese, oltre all'eventuale compenso riconosciuto ai sensi e nelle forme di cui all'articolo 37 *bis*, terzo comma.

Ai componenti del comitato dei creditori si applica, in quanto compatibile, l'articolo 2407, primo e terzo comma, del codice civile (3).

L'azione di responsabilità può essere proposta dal curatore durante lo svolgimento della procedura. Con il decreto di autorizzazione il giudice delegato sostituisce i componenti del comitato dei creditori nei confronti dei quali ha autorizzato l'azione (3).

(1) *Questo articolo è stato così sostituito dall'art. 39 del D.L.vo 9 gennaio 2006, n. 5, a decorrere dal 16 luglio 2006 e corretto con errata corrige pubblicata sulla G.U. Serie gen. - n. 66 del 20 marzo 2006.*

([2]) *Le parole: «di costituzione per insufficienza di numero o indisponibilità dei creditori, o» sono state inserite dall'art. 3, comma 10, lett. a), del D.L.vo 12 settembre 2007, n. 169, a decorrere dal 1° gennaio 2008.*

([3]) *L'originario settimo comma è stato così sostituito dagli attuali commi settimo e ottavo, dall'art. 3, comma 10, lett. b), del D.L.vo 12 settembre 2007, n. 169, a decorrere dal 1° gennaio 2008. Si riporta il testo dell'originario settimo comma, in vigore dal 16 luglio 2006 al 31 dicembre 2007:*

«Ai componenti del comitato dei creditori si applica, in quanto compatibile, l'articolo 2407 del codice civile. L'azione di responsabilità può essere proposta anche durante lo svolgimento della procedura».

Capo III
Degli effetti del fallimento

Sezione I
Degli effetti del fallimento per il fallito

42. Beni del fallito. – La sentenza che dichiara il fallimento priva dalla sua data il fallito dell'amministrazione e della disponibilità dei suoi beni esistenti alla data di dichiarazione di fallimento.

Sono compresi nel fallimento anche i beni che pervengono al fallito durante il fallimento, dedotte le passività incontrate per l'acquisto e la conservazione dei beni medesimi.

Il curatore, previa autorizzazione del comitato dei creditori, può rinunciare ad acquisire i beni che pervengono al fallito durante la procedura fallimentare qualora i costi da sostenere per il loro acquisto e la loro conservazione risultino superiori al presumibile valore di realizzo dei beni stessi ([1]).

([1]) *Questo comma è stato aggiunto dall'art. 40 del D.L.vo 9 gennaio 2006, n. 5, a decorrere dal 16 luglio 2006.*

43. Rapporti processuali. – Nelle controversie, anche in corso, relative a rapporti di diritto patrimoniale del fallito compresi nel fallimento sta in giudizio il curatore.

Il fallito può intervenire nel giudizio solo per le questioni dalle quali può dipendere un'imputazione di bancarotta a suo carico o se l'intervento è previsto dalla legge.

L'apertura del fallimento determina l'interruzione del processo ([1]).

Le controversie in cui è parte un fallimento sono trattate con priorità. Il capo dell'ufficio trasmette annualmente al presidente della corte di appello i dati relativi al numero di procedimenti in cui è parte un fallimento e alla loro durata, nonché le disposizioni adottate per la finalità di cui al periodo precedente. Il presidente della corte di appello ne dà atto nella relazione sull'amministrazione della giustizia ([2]).

([1]) *Questo comma è stato aggiunto dall'art. 41 del D.L.vo 9 gennaio 2006, n. 5, a decorrere dal 16 luglio 2006.*

([2]) *Questo comma è stato aggiunto dall'art. 7, comma 1, lett. 0b), del D.L. 27 giugno 2015, n. 83, convertito, con modificazioni, nella L. 6 agosto 2015, n. 132.*

A norma dell'art. 23, comma 7, del medesimo provvedimento, tali disposizioni si applicano a decorrere dalla data di entrata in vigore della legge di conversione del presente decreto.

44. Atti compiuti dal fallito dopo la dichiarazione di fallimento. – Tutti gli atti compiuti dal fallito e i pagamenti da lui eseguiti dopo la dichiarazione di fallimento sono inefficaci rispetto ai creditori.

Sono egualmente inefficaci i pagamenti ricevuti dal fallito dopo la sentenza dichiarativa di fallimento.

Fermo quanto previsto dall'articolo 42, secondo comma, sono acquisite al fallimento tutte le utilità che il fallito consegue nel corso della procedura per effetto degli atti di cui al primo e secondo comma ([1]).

([1]) *Questo comma è stato aggiunto dall'art. 42 del D.L.vo 9 gennaio 2006, n. 5, a decorrere dal 16 luglio 2006.*

45. Formalità eseguite dopo la dichiarazione di fallimento. – Le formalità necessarie per rendere opponibili gli atti ai terzi, se compiute dopo la data della dichiarazione di fallimento, sono senza effetto rispetto ai creditori.

46. Beni non compresi nel fallimento. – Non sono compresi nel fallimento:

1) i beni e i diritti di natura strettamente personale;

2) gli assegni aventi carattere alimentare, gli stipendi, pensioni, salari e ciò che il fallito guadagna con la sua attività, entro i limiti di quanto occorre per il mantenimento suo e della famiglia;

3) i frutti derivanti dall'usufrutto legale sui beni dei figli, i beni costituiti in fondo patrimoniale e i frutti di essi, salvo quanto è disposto dall'articolo 170 del codice civile ([1]);

[4) i frutti dei beni costituiti in dote e i crediti dotali, salvo quanto è disposto dall'art. 188 del codice civile] ([2]);

5) le cose che non possono essere pignorate per disposizione di legge.

I limiti previsti nel primo comma, numero 2), sono fissati con decreto motivato del giudice delegato che deve tener conto della condizione personale del fallito e di quella della sua famiglia (3).

(1) *Questo numero è stato così sostituito dall'art. 43, comma 1, lett.* a), *del D.L.vo 9 gennaio 2006, n. 5, a decorrere dal 16 luglio 2006.*

(2) *Questo numero è stato soppresso dall'art. 43, comma 1, lett.* b), *del D.L.vo 9 gennaio 2006, n. 5, a decorrere dal 16 luglio 2006.*

(3) *Questo comma è stato così sostituito dall'art. 43, comma 1, lett.* c), *del D.L.vo 9 gennaio 2006, n. 5, a decorrere dal 16 luglio 2006. Si riporta il testo precedente:*

«I limiti previsti nel n. 2 di questo articolo sono fissati con decreto del giudice delegato».

47. Alimenti al fallito e alla famiglia. - Se al fallito vengono a mancare i mezzi di sussistenza, il giudice delegato, sentiti il curatore e il comitato dei creditori, [se è stato nominato,] (1) può concedergli un sussidio a titolo di alimenti per lui e per la famiglia.

La casa di proprietà del fallito, nei limiti in cui è necessaria all'abitazione di lui e della sua famiglia, non può essere distratta da tale uso fino alla liquidazione delle attività.

(1) *Le parole fra parentesi quadrate sono state soppresse dall'art. 44 del D.L.vo 9 gennaio 2006, n. 5, a decorrere dal 16 luglio 2006.*

48. (1) **Corrispondenza diretta al fallito.** - Il fallito persona fisica è tenuto (2) a consegnare al curatore la propria corrispondenza di ogni genere, inclusa quella elettronica, riguardante i rapporti compresi nel fallimento.

La corrispondenza diretta al fallito che non sia persona fisica è consegnata al curatore (3).

(1) *Questo articolo è stato così sostituito dall'art. 45 del D.L.vo 9 gennaio 2006, n. 5. A norma dell'art. 153 del medesimo provvedimento, questo articolo entra in vigore il 16 gennaio 2006.*

(2) *Le parole: «L'imprenditore del quale sia stato dichiarato il fallimento, nonché gli amministratori o i liquidatori di società o enti soggetti alla procedura di fallimento sono tenuti» sono state così sostituite dalle attuali: «Il fallito persona fisica è tenuto» dall'art. 4, comma 1, lett.* a), *del D.L.vo 12 settembre 2007, n. 169, a decorrere dal 1° gennaio 2008.*

(3) *Questo comma è stato aggiunto dall'art. 4, comma 1, lett.* b), *del D.L.vo 12 settembre 2007, n. 169, a decorrere dal 1° gennaio 2008.*

49. (1) **Obblighi del fallito.** - L'imprenditore del quale sia stato dichiarato il fallimento, nonché gli amministratori o i liquidatori di società o enti soggetti alla procedura di fallimento sono tenuti a comunicare al curatore ogni cambiamento della propria residenza o del proprio domicilio.

Se occorrono informazioni o chiarimenti ai fini della gestione della procedura, i soggetti di cui al primo comma devono presentarsi personalmente al giudice delegato, al curatore o al comitato dei creditori.

In caso di legittimo impedimento o di altro giustificato motivo, il giudice può autorizzare l'imprenditore o il legale rappresentante della società o enti soggetti alla procedura di fallimento a comparire per mezzo di mandatario.

(1) *Questo articolo è stato così sostituito dall'art. 46 del D.L.vo 9 gennaio 2006, n. 5. A norma dell'art. 153 del medesimo provvedimento, questo articolo entra in vigore il 16 gennaio 2006.*

50. (1) (2) [**Pubblico registro dei falliti.** - Nella cancelleria di ciascun tribunale è tenuto un pubblico registro nel quale sono iscritti i nomi di coloro che sono dichiarati falliti dallo stesso tribunale, nonché di quelli dichiarati altrove, se il luogo di nascita del fallito si trova sotto la giurisdizione del tribunale.

Le iscrizioni dei nomi dei falliti sono cancellate dal registro in seguito a sentenza del tribunale.

Finché l'iscrizione non è cancellata, il fallito è soggetto alle incapacità stabilite dalla legge.

Le norme per la tenuta del registro saranno emanate con decreto del ministro per la grazia e giustizia. Fino all'istituzione del registro dei falliti le iscrizioni previste dal presente articolo sono eseguite nell'albo dei falliti attualmente esistente].

(1) *Questo articolo è stato abrogato dall'art. 47 del D.L.vo 9 gennaio 2006, n. 5. A norma dell'art. 153 del medesimo provvedimento, l'abrogazione decorre dal 16 gennaio 2006.*

(2) *La Corte costituzionale, con sentenza n. 39 del 27 febbraio 2008 ha dichiarato l'illegittimità costituzionale di questo articolo e dell'art. 142 del medesimo provvedimento, nel testo anteriore all'entrata in vigore del D.L.vo 9 gennaio 2006, n. 5, in quanto stabiliscono che le incapacità personali derivanti al fallito dalla dichiarazione di fallimento perdurano oltre la chiusura della procedura concorsuale.*

Sezione II
Degli effetti del fallimento per i creditori

51. ([1]) **Divieto di azioni esecutive e cautelari individuali.** – Salvo diversa disposizione della legge, dal giorno della dichiarazione di fallimento nessuna azione individuale esecutiva o cautelare, anche per crediti maturati durante il fallimento, può essere iniziata o proseguita sui beni compresi nel fallimento.

([1]) *Questo articolo è stato così sostituito dall'art. 48 del D.L.vo 9 gennaio 2006, n. 5, a decorrere dal 16 luglio 2006. Si riporta il testo precedente*:

«51. (Divieto di azioni esecutive individuali). *Salvo diversa disposizione della legge, dal giorno della dichiarazione di fallimento nessuna azione individuale esecutiva può essere iniziata o proseguita sui beni compresi nel fallimento*».

52. Concorso dei creditori. – Il fallimento apre il concorso dei creditori sul patrimonio del fallito.

Ogni credito, anche se munito di diritto di prelazione o trattato ai sensi dell'articolo 111, primo comma, n. 1, nonché ogni diritto reale o personale, mobiliare o immobiliare, deve essere accertato secondo le norme stabilite dal Capo V, salvo diverse disposizioni della legge ([1]).

Le disposizioni del secondo comma si applicano anche ai crediti esentati dal divieto di cui all'articolo 51 ([2]).

([1]) *Questo comma è stato così sostituito dall'art. 49 del D.L.vo 9 gennaio 2006, n. 5, a decorrere dal 16 luglio 2006. Si riporta il testo precedente*:

«Ogni credito, anche se munito di diritto di prelazione, deve essere accertato secondo le norme stabilite dal capo V, salvo diverse disposizioni della legge».

([2]) *Questo comma è stato inserito dall'art. 4, comma 2, del D.L.vo 12 settembre 2007, n. 169, a decorrere dal 1° gennaio 2008.*

53. ([1]) **Creditori muniti di pegno o privilegio su mobili.** – I crediti garantiti da pegno o assistiti da privilegio a norma degli artt. 2756 e 2761 del codice civile possono essere realizzati anche durante il fallimento, dopo che sono stati ammessi al passivo con prelazione.

Per essere autorizzato alla vendita il creditore fa istanza al giudice delegato, il quale, sentiti il curatore e il comitato dei creditori, stabilisce con decreto il tempo della vendita, determinandone le modalità a norma dell'articolo 107 ([2]).

Il giudice delegato, sentito il comitato dei creditori, se è stato nominato, può anche autorizzare il curatore a riprendere le cose sottoposte a pegno o a privilegio, pagando il creditore, o ad eseguire la vendita nei modi stabiliti dal comma precedente.

([1]) *Si veda l'art. 3, comma 2* quater, *del D.L. 28 agosto 2008, n. 134, convertito, con modificazioni, nella L. 27 ottobre 2008, n. 166, che così dispone*:

«2 quater. *Nella procedura di amministrazione straordinaria, la domanda di ammissione al passivo per conto degli obbligazionisti e dei titolari di strumenti finanziari ammessi alla negoziazione sui mercati regolamentati è presentata dal rappresentante comune delle relative assemblee speciali. I documenti giustificativi sono presentati dai possessori dei titoli di cui al periodo precedente entro il termine indicato dal giudice delegato*».

([2]) *Le parole*: *«disponendo se questa debba essere fatta ad offerte private o all'incanto, e determinando le modalità relative» sono state così sostituite dalle attuali*: *«determinandone le modalità a norma dell'articolo 107» dall'art. 4, comma 3, del D.L.vo 12 settembre 2007, n. 169, a decorrere dal 1° gennaio 2008.*

54. Diritto dei creditori privilegiati nella ripartizione dell'attivo. – I creditori garantiti da ipoteca, pegno o privilegio fanno valere il loro diritto di prelazione sul prezzo dei beni vincolati per il capitale, gli interessi e le spese; se non sono soddisfatti integralmente, concorrono, per quanto è ancora loro dovuto, con i creditori chirografari nelle ripartizioni del resto dell'attivo.

Essi hanno diritto di concorrere anche nelle ripartizioni che si eseguono prima della distribuzione del prezzo dei beni vincolati a loro garanzia. In tal caso, se ottengono un'utile collocazione definitiva su questo prezzo per la totalità del loro credito, computati in primo luogo gli interessi, l'importo ricevuto nelle ripartizioni anteriori viene detratto dalla somma loro assegnata per essere attribuito ai creditori chirografari. Se la collocazione utile ha luogo per una parte del credito garantito, per il capitale non soddisfatto essi hanno diritto di trattenere solo la percentuale definitiva assegnata ai creditori chirografari.

L'estensione del diritto di prelazione agli interessi è regolata dagli articoli 2749, 2788 e 2855, commi secondo e terzo, del codice civile, intendendosi equiparata la dichiarazione di fallimento all'atto di pignoramento. Per i crediti assistiti da privilegio generale, il decorso degli interessi cessa alla data del deposito del progetto di riparto nel quale il credito è soddisfatto anche se parzialmente ([1]).

([1]) *Questo comma è stato così sostituito dall'art. 50 del D.L.vo 9 gennaio 2006, n. 5, a decorrere dal 16 luglio 2006.*

55. [1] **Effetti del fallimento sui debiti pecuniari.** – La dichiarazione di fallimento sospende il corso degli interessi convenzionali o legali, agli effetti del concorso, fino alla chiusura del fallimento, a meno che i crediti non siano garantiti da ipoteca, da pegno o privilegio, salvo quanto è disposto dal terzo comma dell'articolo precedente [2] [3].

I debiti pecuniari del fallito si considerano scaduti, agli effetti del concorso, alla data di dichiarazione del fallimento.

I crediti condizionali partecipano al concorso, a norma degli articoli 96, 113 e 113 *bis* [4]. Sono compresi tra i crediti condizionali quelli che non possono farsi valere contro il fallito, se non previa escussione di un obbligato principale.

[1] *La Corte costituzionale, con sentenza n. 300 del 31 dicembre 1986, ha dichiarato l'illegittimità costituzionale del combinato disposto di questo articolo e dell'articolo 59 richiamato dall'art. 169, nella parte in cui esclude la rivalutazione dei crediti di lavoro per il periodo successivo alla domanda di concordato preventivo.*

[2] *La Corte costituzionale, con sentenza n. 300 del 31 dicembre 1986, ha dichiarato l'illegittimità costituzionale di questo comma, richiamato dall'art. 169, nella parte in cui non estende il privilegio agli interessi dovuti sui crediti privilegiati di lavoro nella procedura di concordato preventivo del datore di lavoro.*

La Corte costituzionale, con sentenza n. 204 del 20 aprile 1989, ha dichiarato l'illegittimità costituzionale di questo comma, nella parte in cui non estende la prelazione agli interessi dovuti sui crediti privilegiati da lavoro nella procedura di fallimento del datore di lavoro.

[3] *La Corte costituzionale, con sentenza n. 408 del 18 luglio 1989, ha dichiarato l'illegittimità costituzionale di questo comma nella parte in cui, nelle procedure di fallimento del debitore e di concordato preventivo, non estendono la prelazione agli interessi dovuti sui crediti privilegiati delle società o enti cooperativi di produzione e di lavoro, di cui all'art. 2751* bis, *numero 5 del codice civile, che rispondono ai requisiti prescritti dalla legislazione in tema di cooperazione.*

La Corte costituzionale, con sentenza n. 567 del 22 dicembre 1989, ha dichiarato l'illegittimità costituzionale di questo comma, in relazione all'art. 1 del D.L. n. 26 del 1979, convertito in L. 3 aprile 1979, n. 95, nella parte in cui non estende la prelazione agli interessi dovuti sui crediti privilegiati da lavoro nella procedura di amministrazione straordinaria.

[4] *Le parole: «a norma degli articoli 95 e 113» sono state così sostituite dalle attuali: «a norma degli articoli 96, 113 e 113* bis*» dall'art. 51 del D.L.vo 9 gennaio 2006, n. 5, a decorrere dal 16 luglio 2006.*

56. Compensazione in sede di fallimento. – I creditori hanno diritto di compensare coi loro debiti verso il fallito i crediti che essi vantano verso lo stesso, ancorché non scaduti prima della dichiarazione di fallimento.

Per i crediti non scaduti la compensazione tuttavia non ha luogo se il creditore ha acquistato il credito per atto tra vivi dopo la dichiarazione di fallimento o nell'anno anteriore.

57. Crediti infruttiferi. – I crediti infruttiferi non ancora scaduti alla data della dichiarazione di fallimento sono ammessi al passivo per l'intera somma. Tuttavia ad ogni singola ripartizione saranno detratti gli interessi composti, in ragione del cinque per cento all'anno, per il tempo che resta a decorrere dalla data del mandato di pagamento sino al giorno della scadenza del credito.

58. [1] **Obbligazioni e titoli di debito.** – I crediti derivanti da obbligazioni e da altri titoli di debito sono ammessi al passivo per il loro valore nominale detratti i rimborsi già effettuati; se è previsto un premio da estrarre a sorte, il suo valore attualizzato viene distribuito tra tutti i titoli che hanno diritto al sorteggio.

[1] *Questo articolo è stato così sostituito dall'art. 52 del D.L.vo 9 gennaio 2006, n. 5, a decorrere dal 16 luglio 2006.*

59. Crediti non pecuniari. – I crediti non scaduti, aventi per oggetto una prestazione in danaro determinata con riferimento ad altri valori o aventi per oggetto una prestazione diversa dal danaro, concorrono secondo il loro valore alla data della dichiarazione di fallimento [1].

[1] *La Corte costituzionale, con sentenza n. 300 del 31 dicembre 1986, ha dichiarato l'illegittimità costituzionale del combinato disposto degli artt. 55 e 59 richiamato dall'art. 169, nella parte in cui esclude la rivalutazione dei crediti di lavoro per il periodo successivo alla domanda di concordato preventivo.*

La Corte costituzionale, con sentenza n. 204 del 20 aprile 1989, ha dichiarato l'illegittimità costituzionale di questo articolo, anche in relazione all'art. 429 terzo comma c.p.c. nella parte in cui non prevede la rivalutazione dei crediti da lavoro con riguardo al periodo successivo all'apertura del fallimento fino al momento in cui lo stato passivo diviene definitivo.

La Corte costituzionale, con sentenza n. 567 del 22 dicembre 1989, ha dichiarato l'illegittimità costituzionale di questo articolo, in relazione all'art. 1 del D.L. 30 gennaio 1979, n. 26, convertito in L. 3 aprile 1979, n. 95, nella parte in cui non prevede la rivalutazione dei crediti di lavoro con riguardo al periodo successivo al decreto ministeriale con cui si dispone la procedura di amministrazione straordinaria fino al momento in cui la verifica del passivo diviene definitiva.

60. Rendita perpetua e rendita vitalizia. – Se nel passivo del fallimento sono compresi crediti per rendita perpetua, questa è riscattata a norma dell'art. 1866 del codice civile.

Il creditore di una rendita vitalizia è ammesso al passivo per una somma equivalente al valore capitale della rendita stessa al momento della dichiarazione di fallimento.

61. Creditore di più coobbligati solidali. – Il creditore di più coobbligati in solido concorre nel fallimento di quelli tra essi che sono falliti, per l'intero credito in capitale e accessori, sino al totale pagamento.

Il regresso tra i coobbligati falliti può essere esercitato solo dopo che il creditore sia stato soddisfatto per l'intero credito.

62. Creditore di più coobbligati solidali parzialmente soddisfatto. – Il creditore che, prima della dichiarazione di fallimento, ha ricevuto da un coobbligato in solido col fallito o da un fideiussore una parte del proprio credito ha diritto di concorrere nel fallimento per la parte non riscossa.

Il coobbligato che ha diritto di regresso verso il fallito ha diritto di concorrere nel fallimento di questo per la somma pagata.

Tuttavia il creditore ha diritto di farsi assegnare la quota di riparto spettante al coobbligato fino a concorrenza di quanto ancora dovutogli. Resta impregiudicato il diritto verso il coobbligato se il creditore rimane parzialmente insoddisfatto.

63. Coobbligato o fideiussore del fallito con diritto di garanzia. – Il coobbligato o fideiussore del fallito, che ha un diritto di pegno o d'ipoteca sui beni di lui a garanzia della sua azione di regresso concorre nel fallimento per la somma per la quale ha ipoteca o pegno.

Il ricavato della vendita dei beni ipotecati o delle cose date in pegno spetta al creditore in deduzione della somma dovuta.

Sezione III
Degli effetti del fallimento
sugli atti pregiudizievoli ai creditori ([1])

([1]) *Si veda l'art. 6, comma 1* ter, *del D.L. 23 dicembre 2003, n. 347, convertito, con modificazioni, nella L. 18 febbraio 2004, n. 39.*

64. Atti a titolo gratuito. – Sono privi di effetto rispetto ai creditori, se compiuti dal fallito nei due anni anteriori alla dichiarazione di fallimento, gli atti a titolo gratuito, esclusi i regali d'uso e gli atti compiuti in adempimento di un dovere morale o a scopo di pubblica utilità, in quanto la liberalità sia proporzionata al patrimonio del donante.

I beni oggetto degli atti di cui al primo comma sono acquisiti al patrimonio del fallimento mediante trascrizione della sentenza dichiarativa di fallimento. Nel caso di cui al presente articolo ogni interessato può proporre reclamo avverso la trascrizione a norma dell'articolo 36 ([1]).

([1]) *Questo comma è stato aggiunto dall'art. 6, comma 1* bis, *del D.L. 27 giugno 2015, n. 83, convertito, con modificazioni, nella L. 6 agosto 2015, n. 132.*

A norma dell'art. 23, comma 3, del medesimo provvedimento, tali disposizioni si applicano ai fallimenti dichiarati successivamente alla data di entrata in vigore del presente decreto.

65. Pagamenti. – Sono privi di effetto rispetto ai creditori i pagamenti di crediti che scadono nel giorno della dichiarazione di fallimento o posteriormente, se tali pagamenti sono stati eseguiti dal fallito nei due anni anteriori alla dichiarazione di fallimento.

66. Azione revocatoria ordinaria. – Il curatore può domandare che siano dichiarati inefficaci gli atti compiuti dal debitore in pregiudizio dei creditori secondo le norme del codice civile.

L'azione si propone dinanzi al tribunale fallimentare, sia in confronto del contraente immediato, sia in confronto dei suoi aventi causa nei casi in cui sia proponibile contro costoro.

67. ([1]) ([2]) **Atti a titolo oneroso, pagamenti, garanzie.** – Sono revocati, salvo che l'altra parte provi che non conosceva lo stato d'insolvenza del debitore:

1) gli atti a titolo oneroso compiuti nell'anno anteriore alla dichiarazione di fallimento, in cui le prestazioni eseguite o le obbligazioni assunte dal fallito sorpassano di oltre un quarto ciò che a lui è stato dato o promesso;

2) gli atti estintivi di debiti pecuniari scaduti ed esigibili non effettuati con danaro o con altri mezzi normali di pagamento, se compiuti nell'anno anteriore alla dichiarazione di fallimento;

3) i pegni, le anticresi e le ipoteche volontarie costituiti nell'anno anteriore alla dichiarazione di fallimento per debiti preesistenti non scaduti;

4) i pegni, le anticresi e le ipoteche giudiziali o volontarie costituiti entro sei mesi anteriori alla dichiarazione di fallimento per debiti scaduti.

Sono altresì revocati, se il curatore prova che l'altra parte conosceva lo stato d'insolvenza del debitore, i pagamenti di debiti liquidi ed esigibili, gli atti a titolo oneroso e quelli costitutivi di un diritto di prelazione per debiti, anche di terzi, contestualmente creati, se compiuti entro sei mesi anteriori alla dichiarazione di fallimento.

Non sono soggetti all'azione revocatoria:

a) i pagamenti di beni e servizi effettuati nell'esercizio dell'attività d'impresa nei termini d'uso;

b) le rimesse effettuate su un conto corrente bancario, purché non abbiano ridotto in maniera consistente e durevole l'esposizione debitoria del fallito nei confronti della banca;

c) le vendite ed i preliminari di vendita trascritti ai sensi dell'articolo 2645 *bis* del codice civile, i cui effetti non siano cessati ai sensi del comma terzo della suddetta disposizione, conclusi a giusto prezzo ed aventi ad oggetto immobili ad uso abitativo, destinati a costituire l'abitazione principale dell'acquirente o di suoi parenti e affini entro il terzo grado, ovvero immobili ad uso non abitativo destinati a costituire la sede principale dell'attività di impresa dell'acquirente, purché alla data di dichiarazione di fallimento tale attività sia effettivamente esercitata ovvero siano stati compiuti investimenti per darvi inizio ([3]) ([4]);

d) gli atti, i pagamenti e le garanzie concesse su beni del debitore purchè posti in essere in esecuzione di un piano che appaia idoneo a consentire il risanamento della esposizione debitoria dell'impresa e ad assicurare il riequilibrio della sua situazione finanziaria; un professionista indipendente designato dal debitore, iscritto nel registro dei revisori legali ed in possesso dei requisiti previsti dall'articolo 28, lettere *a*) e *b*) deve attestare la veridicità dei dati aziendali e la fattibilità del piano; il professionista è indipendente quando non è legato all'impresa e a coloro che hanno interesse all'operazione di risanamento da rapporti di natura personale o professionale tali da comprometterne l'indipendenza di giudizio; in ogni caso, il professionista deve essere in possesso dei requisiti previsti dall'articolo 2399 del codice civile e non deve, neanche per il tramite di soggetti con i quali è unito in associazione professionale, avere prestato negli ultimi cinque anni attività di lavoro subordinato o autonomo in favore del debitore ovvero partecipato agli organi di amministrazione o di controllo; il piano può essere pubblicato nel registro delle imprese su richiesta del debitore ([5]);

e) gli atti, i pagamenti e le garanzie posti in essere in esecuzione del concordato preventivo, [dell'amministrazione controllata] ([6]), nonché dell'accordo omologato ai sensi dell'articolo 182 *bis*, nonché gli atti, i pagamenti e le garanzie legalmente posti in essere dopo il deposito del ricorso di cui all'articolo 161 ([7]);

f) i pagamenti dei corrispettivi per prestazioni di lavoro effettuate da dipendenti ed altri collaboratori, anche non subordinati, del fallito;

g) i pagamenti di debiti liquidi ed esigibili eseguiti alla scadenza per ottenere la prestazione di servizi strumentali all'accesso alle procedure concorsuali [di amministrazione controllata] ([6]) e di concordato preventivo.

Le disposizioni di questo articolo non si applicano all'istituto di emissione, alle operazioni di credito su pegno e di credito fondiario; sono salve le disposizioni delle leggi speciali.

([1]) *Questo articolo è stato così sostituito dall'art. 2, comma 1, lett.* a), *del D.L. 14 marzo 2005, n. 35, convertito, con modificazioni, nella L. 14 maggio 2005, n. 80. A norma dell'art. 2, comma 2, dello stesso D.L., le disposizioni di questo articolo si applicano alle azioni revocatorie proposte nell'ambito di procedure iniziate dopo la data di entrata in vigore del predetto D.L.*

([2]) *Si veda l'art. 10 del D.L.vo 20 giugno 2005, n. 122, di cui si riporta il testo*:

«10. (Esenzioni e limiti alla esperibilità dell'azione revocatoria fallimentare). *1. Gli atti a titolo oneroso che hanno come effetto il trasferimento della proprietà o di altro diritto reale di godimento di immobili da costruire, nei quali l'acquirente si impegni a stabilire, entro dodici mesi dalla data di acquisto o di ultimazione degli stessi, la residenza propria o del proprio coniuge* (*) *o di suoi parenti o affini entro il terzo grado, se posti in essere al giusto prezzo da valutarsi alla data della stipula del preliminare, non sono soggetti all'azione revocatoria prevista dall'articolo 67 del regio decreto 16 marzo 1942, n. 267, e successive modificazioni.*

«2. Non sono, altresì, soggetti alla medesima azione revocatoria i pagamenti dei premi e commissioni relativi ai contratti di fideiussione e di assicurazione di cui agli articoli 3 e 4, qualora effettuati nell'esercizio dell'attività d'impresa nei termini d'uso».

(*) *Le parole*: *«o del proprio coniuge» sono state inserite dall'art. 10* quater, *lett.* c), *del D.L. 28 marzo 2014, n. 47, convertito, con modificazioni, nella L. 23 maggio 2014, n. 80.*

([3]) *Le parole*: *«, ovvero immobili ad uso non abitativo destinati a costituire la sede principale dell'attività di impresa dell'acquirente, purché alla data di dichiarazione di fallimento tale attività sia effettivamente esercitata ovvero siano stati compiuti investimenti per darvi inizio» sono state aggiunte dall'art. 33, comma 1, lett.* a), *n. 01), del D.L. 22 giugno 2012, n. 83, convertito, con modificazioni, nella L. 7 agosto 2012, n. 134. A norma dell'art. 33, comma 3, del medesimo decreto, tali disposizioni si applicano ai procedimenti di concordato preventivo e per l'omologazione di accordi di ristrutturazione dei debiti introdotti dal trentesimo giorno successivo a quello di entrata in vigore della legge di conversione del predetto decreto, nonché ai piani di cui al comma 1, lettera* a), *n. 1), elaborati successivamente al predetto termine.*

([4]) *Questa lettera è stata così sostituita dall'art. 4, comma 4, lett.* a), *del D.L.vo 12 settembre 2007, n. 169, a decorrere dal 1° gennaio 2008. Si riporta il testo precedente:*

«c) *le vendite a giusto prezzo d'immobili ad uso abitativo, destinati a costituire l'abitazione principale dell'acquirente o di suoi parenti e affini entro il terzo grado*».

([5]) *Questa lettera è stata così sostituita dall'art. 33, comma 1, lett.* a), *n. 1), del D.L. 22 giugno 2012, n. 83, convertito, con modificazioni, nella L. 7 agosto 2012, n. 134. A norma dell'art. 33, comma 3, del medesimo decreto, tali disposizioni si applicano ai procedimenti di concordato preventivo e per l'omologazione di accordi di ristrutturazione dei debiti introdotti dal trentesimo giorno successivo a quello di entrata in vigore della legge di conversione del presente decreto, nonché ai piani di cui al comma 1, lettera* a), *n. 1) elaborati successivamente al predetto termine.*

([6]) *A norma dell'art. 147, comma 2, del D.L.vo 9 gennaio 2006, n. 5, sono soppressi tutti i riferimenti all'amministrazione controllata contenuti in questo provvedimento.*

([7]) *Le parole: «, nonché gli atti, i pagamenti e le garanzie legalmente posti in essere dopo il deposito del ricorso di cui all'articolo 161;» sono state aggiunte dall'art. 33, comma 1, lett.* a), *n. 2), del D.L. 22 giugno 2012, n. 83, convertito, con modificazioni, nella L. 7 agosto 2012, n. 134. A norma dell'art. 33, comma 3, del medesimo decreto tali disposizioni si applicano ai procedimenti di concordato preventivo e per l'omologazione di accordi di ristrutturazione dei debiti introdotti dal trentesimo giorno successivo a quello di entrata in vigore della legge di conversione del presente decreto, nonché ai piani di cui al comma 1, lettera* a), *n. 1) elaborati successivamente al predetto termine.*

67 *bis*. ([1]) **Patrimoni destinati ad uno specifico affare.** – Gli atti che incidono su un patrimonio destinato ad uno specifico affare previsto dall'articolo 2447 *bis*, primo comma, lettera *a*) del codice civile, sono revocabili quando pregiudicano il patrimonio della società. Il presupposto soggettivo dell'azione è costituito dalla conoscenza dello stato d'insolvenza della società.

([1]) *Questo articolo è stato inserito dall'art. 53 del D.L.vo 9 gennaio 2006, n. 5, a decorrere dal 16 luglio 2006.*

68. Pagamento di cambiale scaduta. – In deroga a quanto disposto dall'art. 67, secondo comma, non può essere revocato il pagamento di una cambiale, se il possessore di questa doveva accettarlo per non perdere l'azione cambiaria di regresso. In tal caso, l'ultimo obbligato in via di regresso, in confronto del quale il curatore provi che conosceva lo stato d'insolvenza del principale obbligato quando ha tratto o girato la cambiale, deve versare la somma riscossa al curatore.

69. ([1]) **Atti compiuti tra i coniugi.** – Gli atti previsti dall'articolo 67, compiuti tra coniugi nel tempo in cui il fallito esercitava un'impresa commerciale e quelli a titolo gratuito compiuti tra coniugi più di due anni prima della dichiarazione di fallimento, ma nel tempo in cui il fallito esercitava un'impresa commerciale sono revocati se il coniuge non prova che ignorava lo stato d'insolvenza del coniuge fallito.

([1]) *Questo articolo è stato così sostituito dall'art. 54 del D.L.vo 9 gennaio 2006, n. 5, a decorrere dal 16 luglio 2006.*

69 *bis*. ([1]) **Decadenza dall'azione e computo dei termini** ([2]). – Le azioni revocatorie disciplinate nella presente sezione non possono essere promosse decorsi tre anni dalla dichiarazione di fallimento e comunque decorsi cinque anni dal compimento dell'atto.

Nel caso in cui alla domanda di concordato preventivo segua la dichiarazione di fallimento, i termini di cui agli articoli 64, 65, 67, primo e secondo comma, e 69 decorrono dalla data di pubblicazione della domanda di concordato nel registro delle imprese ([3]).

([1]) *Questo articolo è stato inserito dall'art. 55 del D.L.vo 9 gennaio 2006, n. 5, a decorrere dal 16 luglio 2006.*

([2]) *La precedente rubrica:* «Decadenza dall'azione» *è stata così sostituita dall'attuale dall'art. 33, comma 1, lett.* a bis), *n. 1), del D.L. 22 giugno 2012, n. 83, convertito, con modificazioni, nella L. 7 agosto 2012, n. 134.*

A norma dell'art. 33, comma 3, del medesimo decreto tali disposizioni si applicano ai procedimenti di concordato preventivo e per l'omologazione di accordi di ristrutturazione dei debiti introdotti dal trentesimo giorno successivo a quello di entrata in vigore della legge di conversione del presente decreto, nonché ai piani di cui al comma 1, lettera a), *n. 1) elaborati successivamente al predetto termine.*

([3]) *Questo comma è stato aggiunto dall'art. 33, comma 1, lett.* a bis), *n. 2), del D.L. 22 giugno 2012, n. 83, convertito, con modificazioni, nella L. 7 agosto*

2012, n. 134. A norma dell'art. 33, comma 3, del medesimo decreto tali disposizioni si applicano ai procedimenti di concordato preventivo e per l'omologazione di accordi di ristrutturazione dei debiti introdotti dal trentesimo giorno successivo a quello di entrata in vigore della legge di conversione del presente decreto, nonché ai piani di cui al comma 1, lettera a)*, n. 1) elaborati successivamente al predetto termine.*

70. (1) **Effetti della revocazione.** – La revocatoria dei pagamenti avvenuti tramite intermediari specializzati, procedure di compensazione multilaterale o dalle società previste dall'articolo 1 della legge 23 novembre 1939, n. 1966, si esercita e produce effetti nei confronti del destinatario della prestazione.

Colui che, per effetto della revoca prevista dalle disposizioni precedenti, ha restituito quanto aveva ricevuto è ammesso al passivo fallimentare per il suo eventuale credito.

Qualora la revoca abbia ad oggetto atti estintivi di posizioni passive derivanti da rapporti di conto corrente bancario o comunque (2) rapporti continuativi o reiterati, il terzo deve restituire una somma pari alla differenza tra l'ammontare massimo raggiunto dalle sue pretese, nel periodo per il quale è provata la conoscenza dello stato d'insolvenza, e l'ammontare residuo delle stesse, alla data in cui si è aperto il concorso. Resta salvo il diritto del convenuto d'insinuare al passivo un credito d'importo corrispondente a quanto restituito.

(1) *Questo articolo è stato così sostituito dall'art. 2, comma 1, lett.* b)*, del D.L. 14 marzo 2005, n. 35, convertito, con modificazioni, nella L. 14 maggio 2005, n. 80. A norma dell'art. 2, comma 2, dello stesso D.L., le disposizioni di questo articolo si applicano alle azioni revocatorie proposte nell'ambito di procedure iniziate dopo la data di entrata in vigore del predetto D.L. Il testo previgente era il seguente:*

«70. (Beni acquistati dal coniuge del fallito). *I beni, che il coniuge del fallito ha acquistato a titolo oneroso nel quinquennio anteriore alla dichiarazione di fallimento, si presumono di fronte ai creditori, salvo prova contraria, acquistati con danaro del fallito e si considerano proprietà di lui. Il curatore è legittimato ad apprenderne il possesso.*

«Se i beni stessi furono nel frattempo alienati o ipotecati, la revocazione a danno del terzo non può aver luogo se questi prova la sua buona fede».

(2) *Le parole: «posizioni passive derivanti da rapporti di conto corrente bancario o comunque» sono state aggiunte dall'art. 4, comma 5, del D.L.vo 12 settembre 2007, n. 169, a decorrere dal 1° gennaio 2008.*

71. (1) [**Effetti della revocazione.** – Colui che per effetto della revoca prevista nelle disposizioni precedenti ha restituito quanto aveva ricevuto è ammesso al passivo fallimentare per il suo eventuale credito].

(1) *Questo articolo è stato abrogato dall'art. 56 del D.L.vo 9 gennaio 2006, n. 5, a decorrere dal 16 luglio 2006.*

Sezione IV
Degli effetti del fallimento sui rapporti giuridici preesistenti

72. (1) **Rapporti pendenti.** – Se un contratto è ancora ineseguito o non compiutamente eseguito da entrambe le parti quando, nei confronti di una di esse, è dichiarato il fallimento, l'esecuzione del contratto, fatte salve le diverse disposizioni della presente Sezione, rimane sospesa fino a quando il curatore, con l'autorizzazione del comitato dei creditori, dichiara di subentrare nel contratto in luogo del fallito, assumendo tutti i relativi obblighi, ovvero di sciogliersi dal medesimo, salvo che, nei contratti ad effetti reali, sia già avvenuto il trasferimento del diritto (2).

Il contraente può mettere in mora il curatore, facendogli assegnare dal giudice delegato un termine non superiore a sessanta giorni, decorso il quale il contratto si intende sciolto.

La disposizione di cui al primo comma si applica anche al contratto preliminare salvo quanto previsto nell'articolo 72 *bis*.

In caso di scioglimento, il contraente ha diritto di far valere nel passivo il credito conseguente al mancato adempimento, senza che gli sia dovuto risarcimento del danno (3).

L'azione di risoluzione del contratto promossa prima del fallimento nei confronti della parte inadempiente spiega i suoi effetti nei confronti del curatore, fatta salva, nei casi previsti, l'efficacia della trascrizione della domanda; se il contraente intende ottenere con la pronuncia di risoluzione la restituzione di una somma o di un bene, ovvero il risarcimento del danno, deve proporre la domanda secondo le disposizioni di cui al Capo V.

Sono inefficaci le clausole negoziali che fanno dipendere la risoluzione del contratto dal fallimento.

In caso di scioglimento del contratto preliminare di vendita immobiliare trascritto ai sensi dell'articolo 2645 *bis* del codice civile, l'acquirente ha diritto di far valere il proprio credito nel passivo, senza che gli sia dovuto il risarcimento del danno e gode del privilegio di cui all'articolo 2775 *bis* del codice civile a condizione che gli effetti della trascrizione del contratto preliminare non siano cessati anteriormente alla data della dichiarazione di fallimento (4).

Le disposizioni di cui al primo comma non si applicano al contratto preliminare di vendita trascritto ai sensi dell'articolo 2645 *bis* del codice civile avente ad oggetto un immobile ad uso abitativo destinato a costituire l'abitazione principale dell'acquirente o di suoi parenti ed affini entro il terzo grado ovvero un immobile ad uso non abitativo destinato a costituire la sede principale dell'attività di impresa dell'acquirente (5) (4).

(1) *Questo articolo è stato così sostituito dall'art. 57 del D.L.vo 9 gennaio 2006, n. 5, a decorrere dal 16 luglio 2006.*

(2) *Le parole*: «, *salvo che, nei contratti ad effetti reali, sia già avvenuto il trasferimento del diritto» sono state aggiunte dall'art. 4, comma 6, lett.* a), *del D.L.vo 12 settembre 2007, n. 169, a decorrere dal 1° gennaio 2008.*

(3) *Le parole*: «, *senza che gli sia dovuto risarcimento del danno» sono state aggiunte dall'art. 4, comma 6, lett.* b), *del D.L.vo 12 settembre 2007, n. 169, a decorrere dal 1° gennaio 2008.*

(4) *L'originario settimo comma è stato così sostituito dagli attuali commi settimo e ottavo, dall'art. 4, comma 6, lett.* c), *del D.L.vo 12 settembre 2007, n. 169, a decorrere dal 1° gennaio 2008. Si riporta il testo dell'originario settimo comma, in vigore dal 16 luglio 2006 al 31 dicembre 2007*:

«*Qualora l'immobile sia stato oggetto di preliminare di vendita trascritto ai sensi dell'articolo 2645* bis *del codice civile e il curatore, ai sensi del precedente comma, scelga lo scioglimento del contratto, l'acquirente ha diritto di far valere il proprio credito nel passivo, senza che gli sia dovuto il risarcimento del danno e gode del privilegio di cui all'articolo 2775* bis *del codice civile a condizione che gli effetti della trascrizione del contratto preliminare non siano cessati anteriormente alla data della dichiarazione di fallimento*».

(5) *Le parole: «ovvero un immobile ad uso non abitativo destinato a costituire la sede principale dell'attività di impresa dell'acquirente» sono state aggiunte dall'art. 33, comma 1, lett.* a ter), *del D.L. 22 giugno 2012, n. 83, convertito, con modificazioni, nella L. 7 agosto 2012, n. 134. A norma dell'art. 33, comma 3, del medesimo decreto tali disposizioni si applicano ai procedimenti di concordato preventivo e per l'omologazione di accordi di ristrutturazione dei debiti introdotti dal trentesimo giorno successivo a quello di entrata in vigore della legge di conversione del presente decreto, nonché ai piani di cui al comma 1, lettera* a), *n. 1) elaborati successivamente al predetto termine.*

72 *bis*. (1) **Contratti relativi ad immobili da costruire.** – I contratti di cui all'articolo 5 del decreto legislativo 20 giugno 2005, n. 122 (2) si sciolgono se, prima che il curatore comunichi la scelta tra esecuzione o scioglimento, l'acquirente abbia escusso la fideiussione a garanzia della restituzione di quanto versato al costruttore, dandone altresì comunicazione al curatore. In ogni caso, la fideiussione non può essere escussa dopo che il curatore ha comunicato di voler dare esecuzione al contratto.

(1) *Questo articolo, già sostituito dall'art. 58 del D.L.vo 9 gennaio 2006, n. 5, è stato ora così sostituito dall'art. 4, comma 7, del D.L.vo 12 settembre 2007, n. 169, a decorrere dal 1° gennaio 2008.*

(2) *Si riporta il testo dell'art. 5 del D.L.vo 20 giugno 2005, n. 122*:

«5. (Applicabilità della disciplina). *1. La disciplina prevista dagli articoli 2, 3 e 4 si applica ai contratti aventi ad oggetto il trasferimento non immediato della proprietà o di altro diritto reale di godimento di immobili per i quali il permesso di costruire o altra denuncia o provvedimento abilitativo sia stato richiesto successivamente alla data di entrata in vigore del presente decreto*».

72 *ter*. (1) **Effetti sui finanziamenti destinati ad uno specifico affare.** – Il fallimento della società determina lo scioglimento del contratto di finanziamento di cui all'articolo 2447 *bis*, primo comma, lettera *b*) del codice civile quando impedisce la realizzazione o la continuazione dell'operazione.

In caso contrario, il curatore, sentito il parere del comitato dei creditori, può decidere di subentrare nel contratto in luogo della società assumendone gli oneri relativi.

Ove il curatore non subentri nel contratto, il finanziatore può chiedere al giudice delegato, sentito il comitato dei creditori, di realizzare o di continuare l'operazione, in proprio o affidandola a terzi; in tale ipotesi il finanziatore può trattenere i proventi dell'affare e può insinuarsi al passivo del fallimento in via chirografaria per l'eventuale credito residuo.

Nelle ipotesi previste nel secondo e terzo comma, resta ferma la disciplina prevista dall'articolo 2447 *decies*, terzo, quarto e quinto comma, del codice civile.

Qualora, nel caso di cui al primo comma, non si verifichi alcuna delle ipotesi previste nel secondo e nel terzo comma, si applica l'articolo 2447 *decies*, sesto comma, del codice civile.

(1) *Questo articolo è stato inserito dall'art. 59 del D.L.vo 9 gennaio 2006, n. 5, a decorrere dal 16 luglio 2006.*

72 *quater*. ([1]) **Locazione finanziaria.** – Al contratto di locazione finanziaria si applica, in caso di fallimento dell'utilizzatore, l'articolo 72. Se è disposto l'esercizio provvisorio dell'impresa il contratto continua ad avere esecuzione salvo che il curatore dichiari di volersi sciogliere dal contratto.

In caso di scioglimento del contratto, il concedente ha diritto alla restituzione del bene ed è tenuto a versare alla curatela l'eventuale differenza fra la maggiore somma ricavata dalla vendita o da altra collocazione del bene stesso avvenute a valori di mercato ([2]) rispetto al credito residuo in linea capitale; per le somme già riscosse si applica l'articolo 67, terzo comma, lettera *a*).

Il concedente ha diritto ad insinuarsi nello stato passivo per la differenza fra il credito vantato alla data del fallimento e quanto ricavato dalla nuova allocazione del bene.

In caso di fallimento delle società autorizzate alla concessione di finanziamenti sotto forma di locazione finanziaria, il contratto prosegue; l'utilizzatore conserva la facoltà di acquistare, alla scadenza del contratto, la proprietà del bene, previo pagamento dei canoni e del prezzo pattuito.

([1]) *Questo articolo è stato inserito dall'art. 59 del D.L.vo 9 gennaio 2006, n. 5, a decorrere dal 16 luglio 2006.*

([2]) *Le parole: «avvenute a valori di mercato» sono state inserite dall'art. 4, comma 8, del D.L.vo 12 settembre 2007, n. 169, a decorrere dal 1° gennaio 2008.*

73. ([1]) **Vendita con riserva di proprietà.** – Nella vendita con riserva di proprietà, in caso di fallimento del compratore, se il prezzo deve essere pagato a termine o a rate, il curatore può subentrare nel contratto con l'autorizzazione del comitato dei creditori; il venditore può chiedere cauzione a meno che il curatore paghi immediatamente il prezzo con lo sconto dell'interesse legale. Qualora il curatore si sciolga dal contratto, il venditore deve restituire le rate di prezzo già riscosse, salvo il diritto ad un equo compenso per l'uso della cosa.

Il fallimento del venditore non è causa di scioglimento del contratto.

([1]) *Questo articolo è stato così sostituito dall'art. 4, comma 9, del D.L.vo 12 settembre 2007, n. 169, a decorrere dal 1° gennaio 2008.*

74. ([1]) **Contratti ad esecuzione continuata o periodica.** – Se il curatore subentra in un contratto ad esecuzione continuata o periodica deve pagare integralmente il prezzo anche delle consegne già avvenute o dei servizi già erogati.

([1]) *Questo articolo è stato così sostituito dall'art. 4, comma 10, del D.L.vo 12 settembre 2007, n. 169, a decorrere dal 1° gennaio 2008.*

75. Restituzione di cose non pagate. – Se la cosa mobile oggetto della vendita è già stata spedita al compratore prima della dichiarazione di fallimento di questo, ma non è ancora a sua disposizione nel luogo di destinazione, né altri ha acquistato diritti sulla medesima, il venditore può riprenderne il possesso, assumendo a suo carico le spese e restituendo gli acconti ricevuti, sempreché egli non preferisca dar corso al contratto facendo valere nel passivo il credito per il prezzo, o il curatore non intenda farsi consegnare la cosa pagandone il prezzo integrale.

76. Contratto di borsa a termine. – Il contratto di borsa a termine, se il termine scade dopo la dichiarazione di fallimento di uno dei contraenti, si scioglie ([1]) alla data della dichiarazione di fallimento. La differenza fra il prezzo contrattuale e il valore delle cose o dei titoli alla data di dichiarazione di fallimento è versata nel fallimento se il fallito risulta in credito, o è ammessa al passivo del fallimento nel caso contrario.

([1]) *Le parole: «è risolto» sono state così sostituite dalle attuali: «si scioglie» dall'art. 62 del D.L.vo 9 gennaio 2006, n. 5, a decorrere dal 16 luglio 2006.*

77. Associazione in partecipazione. – L'associazione in partecipazione si scioglie per il fallimento dell'associante. L'associato ha diritto di far valere nel passivo il credito per quella parte dei conferimenti, la quale non è assorbita dalle perdite a suo carico.

L'associato ([1]) è tenuto al versamento della parte ancora dovuta nei limiti delle perdite che sono a suo carico.

Nei suoi confronti è applicata la procedura prevista dall'art. 150.

([1]) *La parola: «Egli» è stata così sostituita dalle attuali: «L'associato» dall'art. 63 del D.L.vo 9 gennaio 2006, n. 5, a decorrere dal 16 luglio 2006.*

78. ([1]) **Conto corrente, mandato, commissione.** – I contratti di conto corrente, anche bancario, e di commissione, si sciolgono per il fallimento di una delle parti.

Il contratto di mandato si scioglie per il fallimento del mandatario.

Se il curatore del fallimento del mandante subentra nel contratto, il credito del mandatario è trattato a norma dell'articolo 111, primo comma, n. 1, per l'attività compiuta dopo il fallimento.

(1) *Questo articolo è stato così sostituito dall'art. 64 del D.L.vo 9 gennaio 2006, n. 5, a decorrere dal 16 luglio 2006.*

79. (1) **Contratto di affitto d'azienda. –** Il fallimento non è causa di scioglimento del contratto di affitto d'azienda, ma entrambe le parti possono recedere entro sessanta giorni, corrispondendo alla controparte un equo indennizzo, che, nel dissenso tra le parti, è determinato dal giudice delegato, sentiti gli interessati. L'indennizzo dovuto dalla curatela è regolato dall'articolo 111, n. 1.

(1) *Questo articolo è stato così sostituito dall'art. 4, comma 11, del D.L.vo 12 settembre 2007, n. 169, a decorrere dal 1° gennaio 2008.*

80. (1) **Contratto di locazione di immobili. –** Il fallimento del locatore non scioglie il contratto di locazione d'immobili e il curatore subentra nel contratto.

Qualora la durata del contratto sia complessivamente superiore a quattro anni dalla dichiarazione di fallimento, il curatore ha, entro un anno dalla dichiarazione di fallimento, la facoltà di recedere dal contratto corrispondendo al conduttore un equo indennizzo per l'anticipato recesso, che nel dissenso fra le parti, è determinato dal giudice delegato, sentiti gli interessati. Il recesso ha effetto decorsi quattro anni dalla dichiarazione di fallimento.

In caso di fallimento del conduttore, il curatore può in qualunque tempo recedere dal contratto, corrispondendo al locatore un equo indennizzo per l'anticipato recesso, che nel dissenso fra le parti, è determinato dal giudice delegato, sentiti gli interessati.

Il credito per l'indennizzo è soddisfatto in prededuzione ai sensi dell'articolo 111, n. 1 con il privilegio dell'articolo 2764 del codice civile.

(1) *Questo articolo, già sostituito dall'art. 66 del D.L.vo 9 gennaio 2006, n. 5, è stato ora così sostituito dall'art. 4, comma 12, del D.L.vo 12 settembre 2007, n. 169, a decorrere dal 1° gennaio 2008.*

80 *bis*. (1) [**Contratto di affitto d'azienda. –** Il fallimento non è causa di scioglimento del contratto di affitto d'azienda, ma entrambe le parti possono recedere entro sessanta giorni, corrispondendo alla controparte un equo indennizzo, che, nel dissenso tra le parti, è determinato dal giudice delegato, sentiti gli interessati. L'indennizzo dovuto dalla curatela è regolato dall'articolo 111, primo comma, n. 1].

(1) *Questo articolo è stato inserito dall'art. 67 del D.L.vo 9 gennaio 2006, n. 5, a decorrere dal 16 luglio 2006 e successivamente abrogato dall'art. 4, comma 13, del D.L.vo 12 settembre 2007, n. 169, a decorrere dal 1° gennaio 2008.*

81. (1) **Contratto di appalto. –** Il contratto di appalto si scioglie per il fallimento di una delle parti, se il curatore, previa autorizzazione del comitato dei creditori non dichiara di voler subentrare nel rapporto dandone comunicazione all'altra parte nel termine di giorni sessanta dalla dichiarazione di fallimento ed offrendo idonee garanzie.

Nel caso di fallimento dell'appaltatore, il rapporto contrattuale si scioglie se la considerazione della qualità soggettiva è stata un motivo determinante del contratto, salvo che il committente non consenta, comunque, la prosecuzione del rapporto. Sono salve le norme relative al contratto di appalto per le opere pubbliche.

(1) *Questo articolo è stato così sostituito dall'art. 68 del D.L.vo 9 gennaio 2006, n. 5, a decorrere dal 16 luglio 2006.*

82. Contratto di assicurazione. – Il fallimento dell'assicurato non scioglie il contratto di assicurazione contro i danni, salvo patto contrario e salva l'applicazione dell'art. 1898 del codice civile se ne deriva un aggravamento del rischio.

Se il contratto continua, il credito dell'assicuratore per i premi non pagati deve essere soddisfatto integralmente, anche se la scadenza del premio è anteriore alla dichiarazione di fallimento.

83. Contratto di edizione. – Gli effetti del fallimento dell'editore sul contratto di edizione sono regolati dalla legge speciale (1).

(1) *Si vedano gli artt. 132 e 135 della L. 22 aprile 1941, n. 633.*

83 *bis*. (1) **Clausola arbitrale. –** Se il contratto in cui è contenuta una clausola compromissoria è sciolto a norma delle disposizioni della presente sezione, il procedimento arbitrale pendente non può essere proseguito.

(1) *Questo articolo è stato inserito dall'art. 69 del D.L.vo 9 gennaio 2006, n. 5, a decorrere dal 16 luglio 2006.*

Capo IV
Della custodia e dell'amministrazione delle attività fallimentari

84. ([1]) **Dei sigilli.** – Dichiarato il fallimento, il curatore procede, secondo le norme stabilite dal codice di procedura civile, all'apposizione dei sigilli sui beni che si trovano nella sede principale dell'impresa e sugli altri beni del debitore.

Il curatore può richiedere l'assistenza della forza pubblica.

Se i beni o le cose si trovano in più luoghi e non è agevole l'immediato completamento delle operazioni, l'apposizione dei sigilli può essere delegata a uno o più coadiutori designati dal giudice delegato.

Per i beni e le cose sulle quali non è possibile apporre i sigilli si procede a norma dell'articolo 758 del codice di procedura civile.

([1]) *Questo articolo è stato così sostituito dall'art. 70 del D.L.vo 9 gennaio 2006, n. 5, a decorrere dal 16 luglio 2006.*

85. ([1]) [**Apposizione dei sigilli da parte del giudice di pace.** – Anche prima di ricevere la richiesta prevista dal secondo comma dell'articolo precedente, il giudice di pace, che abbia certa notizia della dichiarazione di fallimento, può procedere all'apposizione dei sigilli nei luoghi compresi nella sua giurisdizione].

([1]) *Questo articolo è stato abrogato dall'art. 71 del D.L.vo 9 gennaio 2006, n. 5, a decorrere dal 16 luglio 2006.*

86. ([1]) **Consegna del denaro, titoli, scritture contabili e di altra documentazione.** – Devono essere consegnate al curatore:

a) il denaro contante per essere dal medesimo depositato a norma dell'articolo 34;

b) le cambiali e gli altri titoli compresi quelli scaduti;

c) le scritture contabili e ogni altra documentazione dal medesimo richiesta o acquisita se non ancora depositate in cancelleria.

Il giudice delegato può autorizzarne il deposito in luogo idoneo, anche presso terzi. In ogni caso, il curatore deve esibire le scritture contabili a richiesta del fallito o di chi ne abbia diritto. Nel caso in cui il curatore non ritenga di dover esibire la documentazione richiesta, l'interessato può proporre ricorso al giudice delegato che provvede con decreto motivato.

Può essere richiesto il rilascio di copia, previa autorizzazione del giudice delegato, a cura e spese del richiedente.

([1]) *Questo articolo è stato così sostituito dall'art. 72 del D.L.vo 9 gennaio 2006, n. 5, a decorrere dal 16 luglio 2006.*

87. ([1]) **Inventario.** – Il curatore, rimossi i sigilli, redige l'inventario nel più breve termine possibile secondo le norme stabilite dal codice di procedura civile, presenti o avvisati il fallito e il comitato dei creditori, se nominato, formando, con l'assistenza del cancelliere, processo verbale delle attività compiute. Possono intervenire i creditori.

Il curatore, quando occorre, nomina uno stimatore.

Prima di chiudere l'inventario il curatore invita il fallito o, se si tratta di società, gli amministratori a dichiarare se hanno notizia che esistano altre attività da comprendere nell'inventario, avvertendoli delle pene stabilite dall'articolo 220 in caso di falsa o omessa dichiarazione.

L'inventario è redatto in doppio originale e sottoscritto da tutti gli intervenuti. Uno degli originali deve essere depositato nella cancelleria del tribunale.

([1]) *Questo articolo è stato così sostituito dall'art. 73 del D.L.vo 9 gennaio 2006, n. 5, a decorrere dal 16 luglio 2006.*

87 *bis*. ([1]) **Inventario su altri beni.** – In deroga a quanto previsto dagli articoli 52 e 103, i beni mobili sui quali i terzi vantano diritti reali o personali chiaramente riconoscibili possono essere restituiti con decreto del giudice delegato, su istanza della parte interessata e con il consenso del curatore e del comitato dei creditori, anche provvisoriamente nominato.

I beni di cui al primo comma possono non essere inclusi nell'inventario.

Sono inventariati i beni di proprietà del fallito per i quali il terzo detentore ha diritto di rimanere nel godimento in virtù di un titolo negoziale opponibile al curatore. Tali beni non sono soggetti alla presa in consegna a norma dell'articolo 88.

([1]) *Questo articolo è stato inserito dall'art. 74 del D.L.vo 9 gennaio 2006, n. 5, a decorrere dal 16 luglio 2006.*

88. Presa in consegna dei beni del fallito da parte del curatore. – Il curatore prende in consegna i beni di mano in mano che ne fa l'inventario insieme con le scritture contabili e i documenti del fallito.

Se il fallito possiede immobili o altri beni soggetti a pubblica registrazione, il curatore notifica un estratto della sentenza dichiarativa di fallimento ai competenti uffici, perché sia trascritto ([1]) nei pubblici registri.

([1]) *La parola: «annotato» è stata così sostituita dall'attuale: «trascritto» dall'art. 5, comma 1, del D.L.vo 12 settembre 2007, n. 169, a decorrere dal 1° gennaio 2008.*

89. Elenchi dei creditori e dei titolari di diritti reali mobiliari e bilancio. – Il curatore, in base alle scritture contabili del fallito e alle ([1]) altre notizie che può raccogliere, deve compilare l'elenco dei creditori, con l'indicazione dei rispettivi crediti e diritti di prelazione, nonché l'elenco di tutti coloro che vantano diritti reali e personali, mobiliari e immobiliari, su cose in possesso o nella disponibilità del fallito, con l'indicazione dei titoli relativi. Gli elenchi sono depositati in cancelleria ([2]).

Il curatore deve inoltre redigere il bilancio dell'ultimo esercizio, se non è stato presentato dal fallito nel termine stabilito, ed apportare le rettifiche necessarie e le eventuali aggiunte ai bilanci e agli elenchi presentati dal fallito a norma dell'art. 14.

([1]) *Le parole: «e delle» sono state così sostituite dalle attuali: «e alle» dall'art. 5, comma 2, del D.L.vo 12 settembre 2007, n. 169, a decorrere dal 1° gennaio 2008.*

([2]) *Questo comma è stato così sostituito dall'art. 75 del D.L.vo 9 gennaio 2006, n. 5, a decorrere dal 16 luglio 2006.*

90. ([1]) **Fascicolo della procedura.** – Immediatamente dopo la pubblicazione della sentenza di fallimento, il cancelliere forma un fascicolo, anche in modalità informatica, munito di indice, nel quale devono essere contenuti tutti gli atti, i provvedimenti ed i ricorsi attinenti al procedimento, opportunamente suddivisi in sezioni, esclusi quelli che, per ragioni di riservatezza, debbono essere custoditi separatamente.

Il comitato dei creditori e ciascun suo componente hanno diritto di prendere visione di qualunque atto o documento contenuti nel fascicolo. Analogo diritto, con la sola eccezione della relazione del curatore e degli atti eventualmente riservati su disposizione del giudice delegato, spetta anche al fallito.

Gli altri creditori ed i terzi hanno diritto di prendere visione e di estrarre copia degli atti e dei documenti per i quali sussiste un loro specifico ed attuale interesse, previa autorizzazione del giudice delegato, sentito il curatore.

([1]) *Questo articolo è stato così sostituito dall'art. 76 del D.L.vo 9 gennaio 2006, n. 5, a decorrere dal 16 luglio 2006.*

91. ([1]) [**Anticipazione delle spese dall'erario.** – Se fra i beni compresi nel fallimento non vi è danaro occorrente alle spese giudiziali per gli atti richiesti dalla legge, dalla sentenza dichiarativa di fallimento alla chiusura della procedura, l'erario anticipa tali spese.

L'anticipazione delle spese si esegue quanto alle tasse di bollo e alle imposte di registro mediante prenotazione a debito in forza di decreto del giudice delegato per ogni singolo atto della procedura, e quanto alle altre spese mediante pagamento eseguito direttamente dai ricevitori del registro agli aventi diritto indicati nel decreto del giudice delegato.

Le spese anticipate dall'erario per le procedure fallimentari sono annotate in un registro apposito, che è tenuto dal cancelliere.

Il cancelliere provvede al recupero delle spese anticipate mediante prelevazione dalle somme ricavate dalla liquidazione dell'attivo, anche prima della chiusura della procedura fallimentare appena vi siano disponibilità liquide].

([1]) *Questo articolo è stato abrogato dall'art. 299 del D.P.R. 30 maggio 2002, n. 115.*

Capo V
Dell'accertamento del passivo e dei diritti reali mobiliari dei terzi

92. ([1]) **Avviso ai creditori ed agli altri interessati.** – Il curatore, esaminate le scritture dell'imprenditore ed altre fonti di informazione, comunica senza indugio ai creditori e ai titolari di diritti reali o personali su beni mobili e immobili di proprietà o in possesso del fallito, a mezzo posta elettronica certificata se il relativo indirizzo del destinatario risulta dal registro delle imprese ovvero dall'Indice nazionale degli indirizzi di posta elettronica certificata delle imprese e dei professionisti e, in ogni altro caso, a mezzo lettera raccomandata o telefax presso la sede dell'impresa o la residenza del creditore:

1) che possono partecipare al concorso trasmettendo domanda con le modalità indicate nell'articolo seguente;

2) la data fissata per l'esame dello stato passivo e quella entro cui vanno presentate le domande;

3) ogni utile informazione per agevolare la presentazione della domanda, con l'avvertimento delle conseguenze di cui all'articolo 31 *bis*, secondo comma, nonché della sussistenza dell'onere previsto dall'articolo 93, terzo comma, n. 5);

4) il suo indirizzo di posta elettronica certificata (2).

Se il creditore ha sede o risiede all'estero, la comunicazione può essere effettuata al suo rappresentante in Italia, se esistente.

(1) *Questo articolo è stato così sostituito dall'art. 77 del D.L.vo 9 gennaio 2006, n. 5, a decorrere dal 16 luglio 2006.*

(2) *Questo comma è stato così sostituito dall'art. 17, comma 1, lett.* d), *del D.L. 18 ottobre 2012, n. 179, convertito, con modificazioni, nella L. 17 dicembre 2012, n. 221. A norma dell'art. 17, commi 4 e 5 del medesimo decreto, tali disposizioni si applicano dalla data di entrata in vigore della legge di conversione del predetto decreto, anche alle procedure di fallimento, di concordato preventivo, di liquidazione coatta amministrativa e di amministrazione straordinaria pendenti, rispetto alle quali, alla stessa data, non è stata effettuata la comunicazione rispettivamente prevista dagli articoli 92, 171, 207 del regio decreto 16 marzo 1942, n. 267 e dall'articolo 22 decreto legislativo 8 luglio 1999, n. 270. Per le procedure in cui, alla data di entrata in vigore della legge di conversione del predetto decreto, sia stata effettuata la comunicazione di cui al comma 4, le disposizioni di cui ai commi 1 e 2 del presente articolo si applicano a decorrere dal 31 ottobre 2013. Il curatore, il commissario giudiziale, il commissario liquidatore e il commissario straordinario entro il 30 giugno 2013 comunicano ai creditori e ai terzi titolari di diritti sui beni il loro indirizzo di posta elettronica certificata e li invitano a comunicare, entro tre mesi, l'indirizzo di posta elettronica certificata al quale ricevere tutte le comunicazioni relative alla procedura, avvertendoli di rendere nota ogni successiva variazione e che in caso di omessa indicazione le comunicazioni sono eseguite esclusivamente mediante deposito in cancelleria.*

93. (1) (2) **Domanda di ammissione al passivo. –** La domanda di ammissione al passivo di un credito, di restituzione o rivendicazione di beni mobili e immobili, si propone con ricorso da trasmettere a norma del comma seguente almeno trenta giorni prima dell'udienza fissata per l'esame dello stato passivo (3).

Il ricorso può essere sottoscritto anche personalmente dalla parte ed è formato ai sensi degli articoli 21, comma 2, ovvero 22, comma 3, del decreto legislativo 7 marzo 2005, n. 82, e successive modificazioni e, nel termine stabilito dal primo comma, è trasmesso all'indirizzo di posta elettronica certificata del curatore indicato nell'avviso di cui all'articolo 92, unitamente ai documenti di cui al successivo sesto comma. L'originale del titolo di credito allegato al ricorso è depositato presso la cancelleria del tribunale (4).

Il ricorso contiene:

1) l'indicazione della procedura cui si intende partecipare e le generalità del creditore;

2) la determinazione della somma che si intende insinuare al passivo, ovvero la descrizione del bene di cui si chiede la restituzione o la rivendicazione;

3) la succinta esposizione dei fatti e degli elementi di diritto che costituiscono la ragione della domanda;

4) l'eventuale indicazione di un titolo di prelazione, [anche in relazione alla graduazione del credito,] (5) nonché la descrizione del bene sul quale la prelazione si esercita, se questa ha carattere speciale;

5) l'indicazione dell'indirizzo di posta elettronica certificata, al quale ricevere tutte le comunicazioni relative alla procedura, le cui variazioni è onere comunicare al curatore (6).

Il ricorso è inammissibile se è omesso o assolutamente incerto uno dei requisiti di cui ai numeri 1, 2 o 3 del precedente comma. Se è omesso o assolutamente incerto il requisito di cui al n. 4, il credito è considerato chirografario.

Se è omessa l'indicazione di cui al terzo comma, n. 5), nonché nei casi di mancata consegna del messaggio di posta elettronica certificata per cause imputabili al destinatario si applica l'articolo 31 *bis*, secondo comma (7).

Al ricorso sono allegati i documenti dimostrativi del diritto del creditore ovvero del diritto del terzo che chiede la restituzione o rivendica il bene.

[I documenti non presentati con la domanda devono essere depositati, a pena di decadenza, almeno quindici giorni prima dell'udienza fissata per l'esame dello stato passivo] (8).

Con la domanda di restituzione o rivendicazione, il terzo può chiedere la sospensione della liquidazione dei beni oggetto della domanda.

Il ricorso può essere presentato dal rappresentante comune degli obbligazionisti ai sensi dell'articolo 2418, secondo comma, del codice civile, anche per singoli gruppi di creditori.

Il giudice ad istanza della parte può disporre che il cancelliere prenda copia dei titoli al portatore o all'ordine presentati e li restituisca con l'annotazione dell'avvenuta domanda di ammissione al passivo.

(1) *Questo articolo è stato così sostituito dall'art. 78 del D.L.vo 9 gennaio 2006, n. 5, a decorrere dal 16 luglio 2006.*

([2]) *A norma dell'art. 17, commi 4 e 5 del D.L. 18 ottobre 2012, n. 179, convertito, con modificazioni, nella L. 17 dicembre 2012, n. 221, le disposizioni modificate dal medesimo articolo si applicano dalla data di entrata in vigore della legge di conversione del predetto decreto, anche alle procedure di fallimento, di concordato preventivo, di liquidazione coatta amministrativa e di amministrazione straordinaria pendenti, rispetto alle quali, alla stessa data, non è stata effettuata la comunicazione rispettivamente prevista dagli articoli 92, 171, 207 del regio decreto 16 marzo 1942, n. 267 e dall'articolo 22 decreto legislativo 8 luglio 1999, n. 270. Per le procedure in cui, alla data di entrata in vigore della legge di conversione del predetto decreto, sia stata effettuata la comunicazione di cui al comma 4, le disposizioni di cui ai commi 1 e 2 del presente articolo si applicano a decorrere dal 31 ottobre 2013. Il curatore, il commissario giudiziale, il commissario liquidatore e il commissario straordinario entro il 30 giugno 2013 comunicano ai creditori e ai terzi titolari di diritti sui beni il loro indirizzo di posta elettronica certificata e li invitano a comunicare, entro tre mesi, l'indirizzo di posta elettronica certificata al quale ricevere tutte le comunicazioni relative alla procedura, avvertendoli di rendere nota ogni successiva variazione e che in caso di omessa indicazione le comunicazioni sono eseguite esclusivamente mediante deposito in cancelleria.*

([3]) *Questo comma è stato così sostituito dall'art. 17, comma 1, lett. e), n. 1), del D.L. 18 ottobre 2012, n. 179, convertito, con modificazioni, nella L. 17 dicembre 2012, n. 221.*

([4]) *Questo comma è stato così sostituito dall'art. 17, comma 1, lett. e), n. 2), del D.L. 18 ottobre 2012, n. 179, convertito, con modificazioni, nella L. 17 dicembre 2012, n. 221, così come modificato dall'art. 1, comma 19, n. 3), della L. 24 dicembre 2012, n. 228.*

([5]) *Le parole tra parentesi quadrate sono state soppresse dall'art. 6, comma 1, lett. a), del D.L.vo 12 settembre 2007, n. 169, a decorrere dal 1° gennaio 2008.*

([6]) *Questo numero è stato così sostituito dall'art. 17, comma 1, lett. e), n. 3), del D.L. 18 ottobre 2012, n. 179, convertito, con modificazioni, nella L. 17 dicembre 2012, n. 221.*

([7]) *Questo comma è stato così sostituito dall'art. 17, comma 1, lett. e), n. 4), del D.L. 18 ottobre 2012, n. 179, convertito, con modificazioni, nella L. 17 dicembre 2012, n. 221.*

([8]) *Questo comma è stato abrogato dall'art. 6, comma 1, lett. b), del D.L.vo 12 settembre 2007, n. 169, a decorrere dal 1° gennaio 2008.*

94. ([1]) **Effetti della domanda.** – La domanda di cui all'articolo 93 produce gli effetti della domanda giudiziale per tutto il corso del fallimento.

([1]) *Questo articolo è stato così sostituito dall'art. 79 del D.L.vo 9 gennaio 2006, n. 5, a decorrere dal 16 luglio 2006.*

95. ([1]) **Progetto di stato passivo e udienza di discussione.** – Il curatore esamina le domande di cui all'articolo 93 e predispone elenchi separati dei creditori e dei titolari di diritti su beni mobili e immobili di proprietà o in possesso del fallito, rassegnando per ciascuno le sue motivate conclusioni. Il curatore può eccepire i fatti estintivi, modificativi o impeditivi del diritto fatto valere, nonché l'inefficacia del titolo su cui sono fondati il credito o la prelazione, anche se è prescritta la relativa azione.

Il curatore deposita il progetto di stato passivo corredato dalle relative domande nella cancelleria del tribunale almeno quindici giorni prima dell'udienza fissata per l'esame dello stato passivo e nello stesso termine lo trasmette ai creditori e ai titolari di diritti sui beni all'indirizzo indicato nella domanda di ammissione al passivo. I creditori, i titolari di diritti sui beni ed il fallito possono esaminare il progetto e presentare al curatore, con le modalità indicate dall'articolo 93, secondo comma, osservazioni scritte e documenti integrativi fino a cinque giorni prima dell'udienza ([2]).

All'udienza fissata per l'esame dello stato passivo, il giudice delegato, anche in assenza delle parti, decide su ciascuna domanda, nei limiti delle conclusioni formulate ed avuto riguardo alle eccezioni del curatore, a quelle rilevabili d'ufficio ed a quelle formulate dagli altri interessati. Il giudice delegato può procedere ad atti di istruzione su richiesta delle parti, compatibilmente con le esigenze di speditezza del procedimento. In relazione al numero dei creditori e alla entità del passivo, il giudice delegato può stabilire che l'udienza sia svolta in via telematica con modalità idonee a salvaguardare il contraddittorio e l'effettiva partecipazione dei creditori, anche utilizzando le strutture informatiche messe a disposizione della procedura da soggetti terzi ([3]).

Il fallito può chiedere di essere sentito.

Delle operazioni si redige processo verbale.

([1]) *Questo articolo è stato così sostituito dall'art. 80 del D.L.vo 9 gennaio 2006, n. 5, a decorrere dal 16 luglio 2006.*

([2]) *Questo comma è stato dapprima sostituito dall'art. 6, comma 2, del D.L.vo 12 settembre 2007, n. 169, a decorrere dal 1° gennaio 2008 e poi così sostituito dall'art. 17, comma 1, lett. f), del D.L. 18 ottobre 2012, n. 179, convertito, con modificazioni, nella L. 17 dicembre 2012, n. 221. A norma dell'art. 17, commi 4 e 5 del medesimo decreto, tali disposizioni si applicano dalla data di entrata in vigore della legge di conversione del predetto decreto, anche alle procedure di fallimento, di concordato preventivo, di liquidazione coatta amministrativa e di amministrazione straordinaria pendenti, rispetto alle quali, alla stessa data, non è stata effettuata la comunicazione rispettivamente prevista dagli articoli 92, 171, 207 del regio decreto 16 marzo 1942, n. 267 e dall'articolo 22 decreto legislativo 8 luglio 1999, n. 270. Per le procedure in cui, alla data di entrata in vigore della legge di conversione del presente decreto, sia stata effettuata la comunicazione di cui al comma 4, le disposizioni di cui ai commi 1 e 2 del predetto articolo si applicano a decorrere dal 31 ottobre 2013. Il curatore, il commissario giudiziale, il commissario liquidatore e il commissario straordinario entro il 30 giugno 2013 comunicano ai creditori e ai terzi titolari di diritti sui beni il loro indirizzo di posta elettronica certificata e li invitano a comunicare, entro tre mesi, l'indirizzo di posta elettronica certificata al quale ricevere tutte le comunicazioni relative alla procedura, avvertendoli di rendere nota ogni successiva variazione e che in caso di omessa indicazione le comunicazioni sono eseguite esclusivamente mediante deposito in cancelleria.*

([3]) *Questo periodo è stato aggiunto dall'art. 6, comma 1, lett.* b)*, del D.L. 3 maggio 2016, n. 59, convertito, con modificazioni, nella L. 30 giugno 2016, n. 119.*

96. ([1]) **Formazione ed esecutività dello stato passivo. –** Il giudice delegato, con decreto succintamente motivato ([2]), accoglie in tutto o in parte ovvero respinge o dichiara inammissibile la domanda proposta ai sensi dell'articolo 93. [Il decreto è succintamente motivato se sussiste contestazione da parte del curatore sulla domanda proposta] ([3]). La dichiarazione di inammissibilità della domanda non ne preclude la successiva riproposizione.

[Con il provvedimento di accoglimento della domanda, il giudice delegato indica anche il grado dell'eventuale diritto di prelazione] ([4]).

Oltre che nei casi stabiliti dalla legge, sono ammessi al passivo con riserva:

1) i crediti condizionati e quelli indicati nell'ultimo comma dell'articolo 55;

2) i crediti per i quali la mancata produzione del titolo dipende da fatto non riferibile al creditore, salvo che la produzione avvenga nel termine assegnato dal giudice;

3) i crediti accertati con sentenza del giudice ordinario o speciale non passata in giudicato, pronunziata prima della dichiarazione di fallimento. Il curatore può proporre o proseguire il giudizio di impugnazione.

Se le operazioni non possono esaurirsi in una sola udienza, il giudice ne rinvia la prosecuzione a non più di otto giorni, senza altro avviso per gli intervenuti e per gli assenti.

Terminato l'esame di tutte le domande, il giudice delegato forma lo stato passivo e lo rende esecutivo con decreto depositato in cancelleria.

Il decreto che rende esecutivo lo stato passivo e le decisioni assunte dal tribunale all'esito dei giudizi di cui all'articolo 99, producono effetti soltanto ai fini del concorso.

([1]) *Questo articolo è stato così sostituito dall'art. 81 del D.L.vo 9 gennaio 2006, n. 5, a decorrere dal 16 luglio 2006.*

([2]) *Le parole*: «*succintamente motivato*» *sono state aggiunte dall'art. 6, comma 1, lett.* a)*, n. 1), del D.L.vo 12 settembre 2007, n. 169, a decorrere dal 1° gennaio 2008.*

([3]) *Questo periodo è stato soppresso dall'art. 6, comma 1, lett.* a)*, n. 2), del D.L.vo 12 settembre 2007, n. 169, a decorrere dal 1° gennaio 2008.*

([4]) *Questo comma è stato abrogato dall'art. 6, comma 1, lett.* b)*, del D.L.vo 12 settembre 2007, n. 169, a decorrere dal 1° gennaio 2008.*

97. ([1]) **Comunicazione dell'esito del procedimento di accertamento del passivo. –** Il curatore, immediatamente dopo la dichiarazione di esecutività dello stato passivo, ne dà comunicazione trasmettendo una copia a tutti i ricorrenti, informandoli del diritto di proporre opposizione in caso di mancato accoglimento della domanda.

([1]) *Questo articolo è stato così da ultimo sostituito dall'art. 17, comma 1, lett.* g)*, del D.L. 18 ottobre 2012, n. 179, convertito, con modificazioni, nella L. 17 dicembre 2012, n. 221. A norma dell'art. 17, commi 4 e 5 del medesimo decreto, tali disposizioni si applicano dalla data di entrata in vigore della legge di conversione del predetto decreto, anche alle procedure di fallimento, di concordato preventivo, di liquidazione coatta amministrativa e di amministrazione straordinaria pendenti, rispetto alle quali, alla stessa data, non è stata effettuata la comunicazione rispettivamente prevista dagli articoli 92, 171, 207 del regio decreto 16 marzo 1942, n. 267 e dall'articolo 22 decreto legislativo 8 luglio 1999, n. 270. Per le procedure in cui, alla data di entrata in vigore della legge di conversione del predetto decreto, sia stata effettuata la comunicazione di cui al comma 4, le disposizioni di cui ai commi 1 e 2 del presente articolo si applicano a decorrere dal 31 ottobre 2013. Il curatore, il commissario giudiziale, il commissario liquidatore e il commissario straordinario entro il 30 giugno 2013 comunicano ai creditori e ai terzi titolari di diritti sui beni il loro indirizzo di posta elettronica certificata e li invitano a comunicare, entro tre mesi, l'indirizzo di posta elettronica certificata al quale ricevere tutte le comunicazioni relative alla procedura, avvertendoli di rendere nota ogni successiva variazione e che in caso di omessa indicazione le comunicazioni sono eseguite esclusivamente mediante deposito in cancelleria.*

98. ([1]) **Impugnazioni.** – Contro il decreto che rende esecutivo lo stato passivo può essere proposta opposizione, impugnazione dei crediti ammessi o revocazione.

Con l'opposizione il creditore o il titolare di diritti su beni mobili o immobili contestano che la propria domanda sia stata accolta in parte o sia stata respinta; l'opposizione è proposta nei confronti del curatore.

Con l'impugnazione il curatore, il creditore o il titolare di diritti su beni mobili o immobili contestano che la domanda di un creditore o di altro concorrente sia stata accolta; l'impugnazione è rivolta nei confronti del creditore concorrente, la cui domanda è stata accolta. Al procedimento partecipa anche il curatore.

Con la revocazione il curatore, il creditore o il titolare di diritti su beni mobili o immobili, decorsi i termini per la proposizione della opposizione o della impugnazione, possono chiedere che il provvedimento di accoglimento o di rigetto vengano revocati se si scopre che essi sono stati determinati da falsità, dolo, errore essenziale di fatto o dalla mancata conoscenza di documenti decisivi che non sono stati prodotti tempestivamente per causa non imputabile. La revocazione è proposta nei confronti del creditore concorrente, la cui domanda è stata accolta, ovvero nei confronti del curatore quando la domanda è stata respinta. Nel primo caso, al procedimento partecipa il curatore.

Gli errori materiali contenuti nello stato passivo sono corretti con decreto del giudice delegato su istanza del creditore o del curatore, sentito il curatore o la parte interessata.

([1]) *Questo articolo è stato così sostituito dall'art. 83 del D.L.vo 9 gennaio 2006, n. 5, a decorrere dal 16 luglio 2006.*

99. ([1]) **Procedimento.** – Le impugnazioni di cui all'articolo precedente si propongono con ricorso depositato presso la cancelleria del tribunale entro trenta giorni dalla comunicazione di cui all'articolo 97 ovvero in caso di revocazione dalla scoperta del fatto o del documento.

Il ricorso deve contenere:

1) l'indicazione del tribunale, del giudice delegato e del fallimento;

2) le generalità dell'impugnante e l'elezione del domicilio nel comune ove ha sede il tribunale che ha dichiarato il fallimento;

3) l'esposizione dei fatti e degli elementi di diritto su cui si basa l'impugnazione e le relative conclusioni;

4) a pena di decadenza, le eccezioni processuali e di merito non rilevabili d'ufficio, nonché l'indicazione specifica dei mezzi di prova di cui il ricorrente intende avvalersi e dei documenti prodotti.

Il presidente, nei cinque giorni successivi al deposito del ricorso, designa il relatore, al quale può delegare la trattazione del procedimento, e fissa con decreto l'udienza di comparizione entro sessanta giorni dal deposito del ricorso.

Il ricorso, unitamente al decreto di fissazione dell'udienza, deve essere notificato, a cura del ricorrente, al curatore ed all'eventuale controinteressato entro dieci giorni dalla comunicazione del decreto.

Tra la data della notificazione e quella dell'udienza deve intercorrere un termine non minore di trenta giorni.

Le parti resistenti devono costituirsi almeno dieci giorni prima dell'udienza, eleggendo il domicilio nel comune in cui ha sede il tribunale.

La costituzione si effettua mediante il deposito in cancelleria di una memoria difensiva contenente, a pena di decadenza, le eccezioni processuali e di merito non rilevabili d'ufficio, nonché l'indicazione specifica dei mezzi di prova e dei documenti prodotti.

L'intervento di qualunque interessato non può avere luogo oltre il termine stabilito per la costituzione delle parti resistenti con le modalità per queste previste.

Il giudice provvede, anche ai sensi del terzo comma, all'ammissione ed all'espletamento dei mezzi istruttori.

Il giudice delegato al fallimento non può far parte del collegio.

Il collegio provvede in via definitiva sull'opposizione, impugnazione o revocazione con decreto motivato entro sessanta giorni dall'udienza o dalla scadenza del termine eventualmente assegnato per il deposito di memorie.

Il decreto è comunicato dalla cancelleria alle parti che, nei successivi trenta giorni, possono proporre ricorso per cassazione.

([1]) *Questo articolo, già sostituito dall'art. 84 del D.L.vo 9 gennaio 2006, n. 5, è stato ora così sostituito dall'art. 6, comma 4, del D.L.vo 12 settembre 2007, n. 169, a decorrere dal 1° gennaio 2008.*

100. ([1]) [**Impugnazione dei crediti ammessi.** – Entro quindici giorni dal deposito dello stato passivo in cancelleria ciascun creditore può impugnare i crediti ammessi, con ricorso al giudice delegato.

Il giudice fissa con decreto l'udienza in cui le parti e il curatore devono comparire davanti a lui, nonché il termine perentorio per la notificazione del ricorso e del decreto al curatore ed ai creditori i cui crediti vengono impugnati. Le parti si costituiscono a norma dell'art. 98, terzo comma.

Se all'udienza le parti non raggiungono l'accordo, il giudice dispone con ordinanza non impugnabile che in caso di ripartizione siano accantonate le quote spettanti ai creditori contestati.

Per l'istruzione e la decisione delle impugnazioni si applicano le disposizioni dell'articolo precedente e il giudizio deve essere riunito a quello sulle opposizioni].

(1) *Questo articolo è stato abrogato dall'art. 85 del D.L.vo 9 gennaio 2006, n. 5, a decorrere dal 16 luglio 2006.*

101. (1) **Domande tardive di crediti.** – Le domande di ammissione al passivo di un credito, di restituzione o rivendicazione di beni mobili o immobili, trasmesse al curatore (2) oltre il termine di trenta giorni prima dell'udienza fissata per la verifica del passivo e non oltre quello di dodici mesi dal deposito del decreto di esecutività dello stato passivo sono considerate tardive; in caso di particolare complessità della procedura, il tribunale, con la sentenza che dichiara il fallimento, può prorogare quest'ultimo termine fino a diciotto mesi.

Il procedimento di accertamento delle domande tardive si svolge nelle stesse forme di cui all'articolo 95. Il giudice delegato fissa per l'esame delle domande tardive un'udienza ogni quattro mesi, salvo che sussistano motivi d'urgenza (3). Il curatore dà avviso a coloro che hanno presentato la domanda, della data dell'udienza. Si applicano le disposizioni di cui agli articoli da 93 a 99.

Il creditore ha diritto di concorrere sulle somme già distribuite nei limiti di quanto stabilito nell'articolo 112. Il titolare di diritti su beni mobili o immobili, se prova che il ritardo è dipeso da causa non imputabile, può chiedere che siano sospese le attività di liquidazione del bene sino all'accertamento del diritto.

Decorso il termine di cui al primo comma, e comunque fino a quando non siano esaurite tutte le ripartizioni dell'attivo fallimentare, le domande tardive sono ammissibili se l'istante prova che il ritardo è dipeso da causa a lui non imputabile.

(1) *Questo articolo è stato così sostituito dall'art. 86 del D.L.vo 9 gennaio 2006, n. 5, a decorrere dal 16 luglio 2006.*

(2) *Le parole: «depositate in cancelleria» sono state così sostituite dalle attuali: «trasmesse al curatore» dall'art. 17, comma 1, lett.* h), *del D.L. 18 ottobre 2012, n. 179, convertito, con modificazioni, nella L. 17 dicembre 2012, n. 221. A norma dell'art. 17, commi 4 e 5 del medesimo decreto, tali disposizioni si applicano dalla data di entrata in vigore della legge di conversione del predetto decreto, anche alle procedure di fallimento, di concordato preventivo, di liquidazione coatta amministrativa e di amministrazione straordinaria pendenti, rispetto alle quali, alla stessa data, non è stata effettuata la comunicazione rispettivamente prevista dagli articoli 92, 171, 207 del regio decreto 16 marzo 1942, n. 267 e dall'articolo 22 decreto legislativo 8 luglio 1999, n. 270. Per le procedure in cui, alla data di entrata in vigore della legge di conversione del predetto decreto, sia stata effettuata la comunicazione di cui al comma 4, le disposizioni di cui ai commi 1 e 2 del presente articolo si applicano a decorrere dal 31 ottobre 2013. Il curatore, il commissario giudiziale, il commissario liquidatore e il commissario straordinario entro il 30 giugno 2013 comunicano ai creditori e ai terzi titolari di diritti sui beni il loro indirizzo di posta elettronica certificata e li invitano a comunicare, entro tre mesi, l'indirizzo di posta elettronica certificata al quale ricevere tutte le comunicazioni relative alla procedura, avvertendoli di rendere nota ogni successiva variazione e che in caso di omessa indicazione le comunicazioni sono eseguite esclusivamente mediante deposito in cancelleria.*

(3) *Questo periodo è stato inserito dall'art. 6, comma 5, del D.L.vo 12 settembre 2007, n. 169, a decorrere dal 1° gennaio 2008.*

102. (1) **Previsione di insufficiente realizzo.** – Il tribunale, con decreto motivato da adottarsi prima dell'udienza per l'esame dello stato passivo, su istanza del curatore depositata almeno venti giorni prima dell'udienza stessa, corredata da una relazione sulle prospettive della liquidazione, e dal parere del comitato dei creditori, sentito il fallito (2), dispone non farsi luogo al procedimento di accertamento del passivo relativamente ai crediti concorsuali se risulta che non può essere acquisito attivo da distribuire ad alcuno dei creditori che abbiano chiesto l'ammissione al passivo, salva la soddisfazione dei crediti prededucibili e delle spese di procedura.

Le disposizioni di cui al primo comma si applicano, in quanto compatibili, ove la condizione di insufficiente realizzo emerge successivamente alla verifica dello stato passivo (3).

Il curatore comunica il decreto di cui al primo comma trasmettendone copia (4) ai creditori che abbiano presentato domanda di ammissione al passivo ai sensi degli articoli 93 e 101, i quali, nei quindici giorni successivi, possono presentare reclamo alla corte di appello, che provvede con decreto in camera di consiglio, sentito il reclamante, il curatore, il comitato dei creditori ed il fallito.

(¹) *Questo articolo è stato così sostituito dall'art. 87 del D.L.vo 9 gennaio 2006, n. 5, a decorrere dal 16 luglio 2006.*

(²) *Le parole: «e sentiti il comitato dei creditori ed il fallito» sono state così sostituite dalle attuali: «e dal parere del comitato dei creditori, sentito il fallito» dall'art. 6, comma 6, lett.* a), *del D.L.vo 12 settembre 2007, n. 169, a decorrere dal 1° gennaio 2008.*

(³) *Questo comma è stato così sostituito dall'art. 6, comma 6, lett.* b), *del D.L.vo 12 settembre 2007, n. 169, a decorrere dal 1° gennaio 2008. Si riporta il testo precedente, in vigore dal 16 luglio 2006 al 31 dicembre 2007:*

«Il tribunale dispone in conformità a quanto previsto nel primo comma anche se la condizione di insufficiente realizzo emerge nel corso delle eventuali udienze successive a quella fissata ai sensi dell'articolo 16».

(⁴) *Le parole: «trasmettendone copia» sono state inserite dall'art. 17, comma 1, lett.* i), *del D.L. 18 ottobre 2012, n. 179, convertito, con modificazioni, nella L. 17 dicembre 2012, n. 221. A norma dell'art. 17, commi 4 e 5 del medesimo decreto, tali disposizioni si applicano dalla data di entrata in vigore della legge di conversione del predetto decreto, anche alle procedure di fallimento, di concordato preventivo, di liquidazione coatta amministrativa e di amministrazione straordinaria pendenti, rispetto alle quali, alla stessa data, non è stata effettuata la comunicazione rispettivamente prevista dagli articoli 92, 171, 207 del regio decreto 16 marzo 1942, n. 267 e dall'articolo 22 decreto legislativo 8 luglio 1999, n. 270. Per le procedure in cui, alla data di entrata in vigore della legge di conversione del predetto decreto, sia stata effettuata la comunicazione di cui al comma 4, le disposizioni di cui ai commi 1 e 2 del presente articolo si applicano a decorrere dal 31 ottobre 2013. Il curatore, il commissario giudiziale, il commissario liquidatore e il commissario straordinario entro il 30 giugno 2013 comunicano ai creditori e ai terzi titolari di diritti sui beni il loro indirizzo di posta elettronica certificata e li invitano a comunicare, entro tre mesi, l'indirizzo di posta elettronica certificata al quale ricevere tutte le comunicazioni relative alla procedura, avvertendoli di rendere nota ogni successiva variazione e che in caso di omessa indicazione le comunicazioni sono eseguite esclusivamente mediante deposito in cancelleria.*

103. (¹) **Procedimenti relativi a domande di rivendica e restituzione.** – Ai procedimenti che hanno ad oggetto domande di restituzione o di rivendicazione, si applica il regime probatorio previsto nell'articolo 621 del codice di procedura civile. Se il bene non è stato acquisito all'attivo della procedura, il titolare del diritto, anche nel corso dell'udienza di cui all'articolo 95, può modificare l'originaria domanda e chiedere l'ammissione al passivo del controvalore del bene alla data di apertura del concorso. Se il curatore perde il possesso della cosa dopo averla acquisita, il titolare del diritto può chiedere che il controvalore del bene sia corrisposto in prededuzione.

Sono salve le disposizioni dell'articolo 1706 del codice civile (²).

(¹) *Questo articolo è stato così sostituito dall'art. 88 del D.L.vo 9 gennaio 2006, n. 5, a decorrere dal 16 luglio 2006.*

(²) *Questo comma è stato aggiunto dall'art. 6, comma 7, del D.L.vo 12 settembre 2007, n. 169, a decorrere dal 1° gennaio 2008.*

Capo VI
Dell'esercizio provvisorio e della liquidazione dell'attivo (¹)

(¹) *L'originaria rubrica: «DELLA LIQUIDAZIONE DELL'ATTIVO» è stata così sostituita dall'attuale: «DELL'ESERCIZIO PROVVISORIO E DELLA LIQUIDAZIONE DELL'ATTIVO» dall'art. 89 del D.L.vo 9 gennaio 2006, n. 5, a decorrere dal 16 luglio 2006.*

Sezione I
Disposizioni generali

104. (¹) **Esercizio provvisorio dell'impresa del fallito.** – Con la sentenza dichiarativa del fallimento, il tribunale può disporre l'esercizio provvisorio dell'impresa, anche limitatamente a specifici rami dell'azienda, se dalla interruzione può derivare un danno grave, purché non arrechi pregiudizio ai creditori.

Successivamente, su proposta del curatore, il giudice delegato, previo parere favorevole del comitato dei creditori, autorizza, con decreto motivato, la continuazione temporanea dell'esercizio dell'impresa, anche limitatamente a specifici rami dell'azienda, fissandone la durata.

Durante il periodo di esercizio provvisorio, il comitato dei creditori è convocato dal curatore, almeno ogni tre mesi, per essere informato sull'andamento della gestione e per pronunciarsi sull'opportunità di continuare l'esercizio.

Se il comitato dei creditori non ravvisa l'opportunità di continuare l'esercizio provvisorio, il giudice delegato ne ordina la cessazione.

Ogni semestre, o comunque alla conclusione del periodo di esercizio provvisorio, il curatore deve presentare un rendiconto dell'attività mediante deposito in cancelleria.

In ogni caso il curatore informa senza indugio il giudice delegato e il comitato dei creditori di circostanze sopravvenute che possono influire sulla prosecuzione dell'esercizio provvisorio.

Il tribunale può ordinare la cessazione dell'esercizio provvisorio in qualsiasi momento laddove ne ravvisi l'opportunità, con decreto in camera di consiglio non soggetto a reclamo sentiti il curatore ed il comitato dei creditori.

Durante l'esercizio provvisorio i contratti pendenti proseguono, salvo che il curatore non intenda sospenderne l'esecuzione o scioglierli.

I crediti sorti nel corso dell'esercizio provvisorio sono soddisfatti in prededuzione ai sensi dell'articolo 111, primo comma, n. 1).

Al momento della cessazione dell'esercizio provvisorio si applicano le disposizioni di cui alla sezione IV del capo III del titolo II.

(1) *Questo articolo è stato così sostituito dall'art. 90 del D.L.vo 9 gennaio 2006, n. 5, a decorrere dal 16 luglio 2006.*

104 *bis*. (1) **Affitto dell'azienda o di rami dell'azienda.** – Anche prima della presentazione del programma di liquidazione di cui all'articolo 104 *ter* su proposta del curatore, il giudice delegato, previo parere favorevole del comitato dei creditori, autorizza l'affitto dell'azienda del fallito a terzi anche limitatamente a specifici rami quando appaia utile al fine della più proficua vendita dell'azienda o di parti della stessa.

La scelta dell'affittuario è effettuata dal curatore a norma dell'articolo 107, sulla base di stima, assicurando, con adeguate forme di pubblicità, la massima informazione e partecipazione degli interessati. La scelta dell'affittuario deve tenere conto, oltre che dell'ammontare del canone offerto, delle garanzie prestate e della attendibilità del piano di prosecuzione delle attività imprenditoriali, avuto riguardo alla conservazione dei livelli occupazionali.

Il contratto di affitto stipulato dal curatore nelle forme previste dall'articolo 2556 del codice civile deve prevedere il diritto del curatore di procedere alla ispezione della azienda, la prestazione di idonee garanzie per tutte le obbligazioni dell'affittuario derivanti dal contratto e dalla legge, il diritto di recesso del curatore dal contratto che può essere esercitato, sentito il comitato dei creditori, con la corresponsione all'affittuario di un giusto indennizzo da corrispondere ai sensi dell'articolo 111, primo comma, n. 1).

La durata dell'affitto deve essere compatibile con le esigenze della liquidazione dei beni.

Il diritto di prelazione a favore dell'affittuario può essere concesso convenzionalmente, previa espressa autorizzazione del giudice delegato e previo parere favorevole del comitato dei creditori. In tal caso, esaurito il procedimento di determinazione del prezzo di vendita dell'azienda, o del singolo ramo, il curatore, entro dieci giorni, lo comunica all'affittuario, il quale può esercitare il diritto di prelazione entro cinque giorni dal ricevimento della comunicazione.

La retrocessione al fallimento di aziende, o rami di aziende, non comporta la responsabilità della procedura per i debiti maturati sino alla retrocessione, in deroga a quanto previsto dagli articoli 2112 e 2560 del codice civile. Ai rapporti pendenti al momento della retrocessione si applicano le disposizioni di cui alla sezione IV del capo III del titolo II.

(1) *Questo articolo è stato inserito dall'art. 91 del D.L.vo 9 gennaio 2006, n. 5, a decorrere dal 16 luglio 2006.*

104 *ter*. (1) **Programma di liquidazione.** – Entro sessanta giorni dalla redazione dell'inventario, e in ogni caso non oltre centottanta giorni dalla sentenza dichiarativa di fallimento, (2) il curatore predispone un programma di liquidazione da sottoporre all'approvazione del comitato dei creditori. Il mancato rispetto del termine di centottanta giorni di cui al primo periodo senza giustificato motivo è giusta causa di revoca del curatore (3) (4).

Il programma costituisce l'atto di pianificazione e di indirizzo in ordine alle modalità e ai termini previsti per la realizzazione dell'attivo, e deve specificare:

a) l'opportunità di disporre l'esercizio provvisorio dell'impresa, o di singoli rami di azienda, ai sensi dell'articolo 104, ovvero l'opportunità di autorizzare l'affitto dell'azienda, o di rami, a terzi ai sensi dell'articolo 104 *bis*;

b) la sussistenza di proposte di concordato ed il loro contenuto;

c) le azioni risarcitorie, recuperatorie o revocatorie da esercitare ed il loro possibile esito;

d) le possibilità di cessione unitaria dell'azienda, di singoli rami, di beni o di rapporti giuridici individuabili in blocco;

e) le condizioni della vendita dei singoli cespiti (5);

f) il termine entro il quale sarà completata la liquidazione dell'attivo ([6]).

Il termine di cui alla lettera *f*) del precedente comma non può eccedere due anni dal deposito della sentenza di fallimento. Nel caso in cui, limitatamente a determinati cespiti dell'attivo, il curatore ritenga necessario un termine maggiore, egli è tenuto a motivare specificamente in ordine alle ragioni che giustificano tale maggior termine ([7]).

Il curatore, fermo restando quanto disposto dall'articolo 107, ([8]) può essere autorizzato dal giudice delegato ad affidare ad altri professionisti o società specializzate ([9]) alcune incombenze della procedura di liquidazione dell'attivo.

Il comitato dei creditori può proporre al curatore modifiche al programma presentato. [L'approvazione del programma di liquidazione tiene luogo delle singole autorizzazioni eventualmente necessarie ai sensi della presente legge per l'adozione di atti o l'effettuazione di operazioni inclusi nel programma] ([10]).

Per sopravvenute esigenze, il curatore può presentare, con le modalità di cui ai commi primo, secondo e terzo, un supplemento del piano di liquidazione.

Prima della approvazione del programma, il curatore può procedere alla liquidazione di beni, previa autorizzazione del giudice delegato, sentito il comitato dei creditori se già nominato, solo quando dal ritardo può derivare pregiudizio all'interesse dei creditori.

Il curatore, previa autorizzazione del comitato dei creditori, può non acquisire all'attivo o rinunciare a liquidare uno o più beni, se l'attività di liquidazione appaia manifestamente non conveniente. In questo caso, il curatore ne dà comunicazione ai creditori i quali, in deroga a quanto previsto nell'articolo 51, possono iniziare azioni esecutive o cautelari sui beni rimessi nella disponibilità del debitore.

Il programma approvato è comunicato al giudice delegato che autorizza l'esecuzione degli atti a esso conformi ([11]).

Il mancato rispetto dei termini previsti dal programma di liquidazione senza giustificato motivo è giusta causa di revoca del curatore. È altresì giusta causa di revoca, in presenza di somme disponibili per la ripartizione, il mancato rispetto dell'obbligo di cui all'articolo 110 primo comma ([12]) ([13]).

([1]) *Questo articolo è stato inserito dall'art. 91 del D.L.vo 9 gennaio 2006, n. 5, a decorrere dal 16 luglio 2006.*

([2]) *Le parole: «e in ogni caso non oltre centottanta giorni dalla sentenza dichiarativa di fallimento,» sono state aggiunte dall'art. 6, comma 1, lett.* a), *del D.L. 27 giugno 2015, n. 83, convertito, con modificazioni, nella L. 6 agosto 2015, n. 132.*

A norma dell'art. 23, comma 3, del medesimo provvedimento, tali disposizioni si applicano ai fallimenti dichiarati successivamente alla data di entrata in vigore del presente decreto.

([3]) *Questo periodo è stato aggiunto dall'art. 6, comma 1, lett.* a), *del D.L. 27 giugno 2015, n. 83, convertito, con modificazioni, nella L. 6 agosto 2015, n. 132.*

A norma dell'art. 23, comma 3, del medesimo provvedimento, tali disposizioni si applicano ai fallimenti dichiarati successivamente alla data di entrata in vigore del presente decreto.

([4]) *Questo comma è stato così sostituito dall'art. 7, comma 1, lett.* a), *del D.L.vo 12 settembre 2007, n. 169, a decorrere dal 1° gennaio 2008.*

([5]) *Questo comma è stato così sostituito dall'art. 7, comma 1, lett.* a), *del D.L.vo 12 settembre 2007, n. 169, a decorrere dal 1° gennaio 2008.*

([6]) *Questa lettera è stata aggiunta dall'art. 6, comma 1, lett.* b), *del D.L. 27 giugno 2015, n. 83, convertito, con modificazioni, nella L. 6 agosto 2015, n. 132.*

A norma dell'art. 23, comma 3, del medesimo provvedimento, tali disposizioni si applicano ai fallimenti dichiarati successivamente alla data di entrata in vigore del presente decreto.

([7]) *Questo comma è stato aggiunto dall'art. 6, comma 1, lett.* c), *del D.L. 27 giugno 2015, n. 83, convertito, con modificazioni, nella L. 6 agosto 2015, n. 132.*

A norma dell'art. 23, comma 3, del medesimo provvedimento, tali disposizioni si applicano ai fallimenti dichiarati successivamente alla data di entrata in vigore del presente decreto.

([8]) *Le parole: «, fermo restando quanto disposto dall'articolo 107,» sono state aggiunte dall'art. 6, comma 1, lett.* d), *del D.L. 27 giugno 2015, n. 83, convertito, con modificazioni, nella L. 6 agosto 2015, n. 132.*

A norma dell'art. 23, comma 3, del medesimo provvedimento, tali disposizioni si applicano ai fallimenti dichiarati successivamente alla data di entrata in vigore del presente decreto.

([9]) *Le parole: «o società specializzate» sono state aggiunte dall'art. 6, comma 1, lett.* d), *del D.L. 27 giugno 2015, n. 83, convertito, con modificazioni, nella L. 6 agosto 2015, n. 132.*

A norma dell'art. 23, comma 3, del medesimo provvedimento, tali disposizioni si applicano ai fallimenti dichiarati successivamente alla data di entrata in vigore del presente decreto.

([10]) *Questo periodo è stato soppresso dall'art. 7, comma 1, lett.* b), *del D.L.vo 12 settembre 2007, n. 169, a decorrere dal 1° gennaio 2008.*

([11]) *Questo comma è stato inserito dall'art. 7, comma 1, lett.* c), *del D.L.vo 12 settembre 2007, n. 169, a decorrere dal 1° gennaio 2008.*

([12]) *Questo periodo è stato inserito dall'art. 6, comma 1, lett. c), del D.L. 3 maggio 2016, n. 59, convertito, con modificazioni, nella L. 30 giugno 2016, n. 119.*

([13]) *Questo comma è stato aggiunto dall'art. 6, comma 1, lett. e), del D.L. 27 giugno 2015, n. 83, convertito, con modificazioni, nella L. 6 agosto 2015, n. 132.*

A norma dell'art. 23, comma 3, del medesimo provvedimento, tali disposizioni si applicano ai fallimenti dichiarati successivamente alla data di entrata in vigore del presente decreto.

Sezione II

Della vendita dei beni ([1])

([1]) *Le parole «Sezione II DELLA VENDITA DEI BENI» sono state inserite dall'art. 7, comma 2, del D.L.vo 12 settembre 2007, n. 169, a decorrere dal 1° gennaio 2008.*

105. ([1]) **Vendita dell'azienda, di rami, di beni e rapporti in blocco.** – La liquidazione dei singoli beni ai sensi degli articoli seguenti del presente capo è disposta quando risulta prevedibile che la vendita dell'intero complesso aziendale, di suoi rami, di beni o rapporti giuridici individuabili in blocco non consenta una maggiore soddisfazione dei creditori.

La vendita del complesso aziendale o di rami dello stesso è effettuata con le modalità di cui all'articolo 107, in conformità a quanto disposto dall'articolo 2556 del codice civile.

Nell'ambito delle consultazioni sindacali relative al trasferimento d'azienda, il curatore, l'acquirente e i rappresentanti dei lavoratori possono convenire il trasferimento solo parziale dei lavoratori alle dipendenze dell'acquirente e le ulteriori modifiche del rapporto di lavoro consentite dalle norme vigenti.

Salva diversa convenzione, è esclusa la responsabilità dell'acquirente per i debiti relativi all'esercizio delle aziende cedute, sorti prima del trasferimento.

Il curatore può procedere altresì alla cessione delle attività e delle passività dell'azienda o dei suoi rami, nonché di beni o rapporti giuridici individuabili in blocco, esclusa comunque la responsabilità dell'alienante prevista dall'articolo 2560 del codice civile.

La cessione dei crediti relativi alle aziende cedute, anche in mancanza di notifica al debitore o di sua accettazione, ha effetto, nei confronti dei terzi, dal momento dell'iscrizione del trasferimento nel registro delle imprese. Tuttavia il debitore ceduto è liberato se paga in buona fede al cedente.

I privilegi e le garanzie di qualsiasi tipo, da chiunque prestate o comunque esistenti a favore del cedente, conservano la loro validità e il loro grado a favore del cessionario.

Il curatore può procedere alla liquidazione anche mediante il conferimento in una o più società, eventualmente di nuova costituzione, dell'azienda o di rami della stessa, ovvero di beni o crediti, con i relativi rapporti contrattuali in corso, esclusa la responsabilità dell'alienante ai sensi dell'articolo 2560 del codice civile ed osservate le disposizioni inderogabili contenute nella presente sezione. Sono salve le diverse disposizioni previste in leggi speciali.

Il pagamento del prezzo può essere effettuato mediante accollo di debiti da parte dell'acquirente solo se non viene alterata la graduazione dei crediti.

([1]) *Questo articolo è stato così sostituito dall'art. 92 del D.L.vo 9 gennaio 2006, n. 5, a decorrere dal 16 luglio 2006.*

[Sezione II

Della vendita dei beni mobili] ([1])

([1]) *Le parole tra parentesi quadrate sono state soppresse dall'art. 7, comma 3, del D.L.vo 12 settembre 2007, n. 169, a decorrere dal 1° gennaio 2008.*

106. ([1]) **Cessione** ([2]) **dei crediti, dei diritti e delle quote, delle azioni, mandato a riscuotere.** – Il curatore può cedere i crediti, compresi quelli di natura fiscale o futuri, anche se oggetto di contestazione; può altresì cedere le azioni revocatorie concorsuali, se i relativi giudizi sono già pendenti.

Per la vendita della quota di società a responsabilità limitata si applica l'articolo 2471 del codice civile.

In alternativa alla cessione di cui al primo comma, il curatore può stipulare contratti di mandato per la riscossione dei crediti.

([1]) *Questo articolo è stato così sostituito dall'art. 93 del D.L.vo 9 gennaio 2006, n. 5, a decorrere dal 16 luglio 2006.*

([2]) *La parola: «Vendita» è stata così sostituita dall'attuale: «Cessione» dall'art. 7, comma 4, del D.L.vo 12 settembre 2007, n. 169, a decorrere dal 1° gennaio 2008.*

[Sezione III
Della vendita dei beni immobili] ([1])

([1]) *Le parole tra parentesi quadrate sono state soppresse dall'art. 7, comma 5, del D.L.vo 12 settembre 2007, n. 169, a decorrere dal 1° gennaio 2008.*

107. ([1]) ([2]) **Modalità delle vendite.** – Le vendite e gli altri atti di liquidazione posti in essere in esecuzione del programma di liquidazione sono effettuati dal curatore tramite procedure competitive anche avvalendosi di soggetti specializzati, sulla base di stime effettuate, salvo il caso di beni di modesto valore, da parte di operatori esperti, assicurando, con adeguate forme di pubblicità, la massima informazione e partecipazione degli interessati ([3]) ([4]). Le vendite e gli atti di liquidazione possono prevedere che il versamento del prezzo abbia luogo ratealmente; si applicano, in quanto compatibili, le disposizioni di cui agli articoli 569, terzo comma, terzo periodo, 574, primo comma, secondo periodo e 587, primo comma, secondo periodo, del codice di procedura civile ([5]). In ogni caso, al fine di assicurare la massima informazione e partecipazione degli interessati, il curatore effettua la pubblicità prevista dall'articolo 490, primo comma, del codice di procedura civile, almeno trenta giorni prima dell'inizio della procedura competitiva ([6]).

Il curatore può prevedere nel programma di liquidazione che le vendite dei beni mobili, immobili e mobili registrati vengano effettuate dal giudice delegato secondo le disposizioni del codice di procedura civile in quanto compatibili ([7]) ([4]).

Per i beni immobili e gli altri beni iscritti nei pubblici registri ([8]) ([4]), prima del completamento delle operazioni di vendita, è data notizia mediante notificazione da parte del curatore, a ciascuno dei creditori ipotecari o comunque muniti di privilegio.

Il curatore può sospendere la vendita ove pervenga offerta irrevocabile d'acquisto migliorativa per un importo non inferiore al dieci per cento del prezzo offerto.

Degli esiti delle procedure, il curatore informa il giudice delegato ed il comitato dei creditori, depositando in cancelleria la relativa documentazione.

Se alla data di dichiarazione di fallimento sono pendenti procedure esecutive, il curatore può subentrarvi; in tal caso si applicano le disposizioni del codice di procedura civile; altrimenti su istanza del curatore il giudice dell'esecuzione dichiara l'improcedibilità dell'esecuzione, salvi i casi di deroga di cui all'articolo 51.

Con regolamento del Ministro della giustizia da adottare ai sensi dell'articolo 17, comma 3, della legge 23 agosto 1988, n. 400, sono stabiliti requisiti di onorabilità e professionalità dei soggetti specializzati e degli operatori esperti dei quali il curatore può avvalersi ai sensi del primo comma, nonché i mezzi di pubblicità e trasparenza delle operazioni di vendita.

([1]) *Questo articolo è stato così sostituito dall'art. 94 del D.L.vo 9 gennaio 2006, n. 5, a decorrere dal 16 luglio 2006.*

([2]) *Si veda l'art. 16, commi 1, 2, 2 bis e 3, del D.L. 14 febbraio 2016, n. 18, convertito, con modificazioni, nella L. 8 aprile 2016, n. 49, che si riportano:*

«1. Gli atti e i provvedimenti recanti il trasferimento della proprietà o di diritti reali su beni immobili emessi, a favore di soggetti che svolgono attività d'impresa, nell'ambito di una procedura giudiziaria di espropriazione immobiliare di cui al libro III, titolo II, capo IV, del codice di procedura civile, ovvero di una procedura di vendita di cui all'articolo 107 del regio decreto 16 marzo 1942, n. 267, sono assoggettati alle imposte di registro, ipotecaria e catastale nella misura fissa di 200 euro ciascuna a condizione che l'acquirente dichiari che intende trasferirli entro due anni.

2. Ove non si realizzi la condizione del ritrasferimento entro il biennio, le imposte di registro, ipotecaria e catastale sono dovute nella misura ordinaria e si applica una sanzione amministrativa del 30 per cento oltre agli interessi di mora di cui all'articolo 55, comma 4, del testo unico delle disposizioni concernenti l'imposta di registro, di cui al decreto del Presidente della Repubblica 26 aprile 1986, n. 131. Dalla scadenza del biennio decorre il termine per il recupero delle imposte ordinarie da parte dell'amministrazione finanziaria.

2 bis. Gli atti e i provvedimenti di cui al comma 1 emessi a favore di soggetti che non svolgono attività d'impresa sono assoggettati alle imposte di registro, ipotecaria e catastale nella misura fissa di 200 euro ciascuna sempre che in capo all'acquirente ricorrano le condizioni di cui alla nota II bis) all'articolo 1 della tariffa, parte prima, allegata al testo unico delle disposizioni concernenti l'imposta di registro, di cui al decreto del Presidente della Repubblica 26 aprile 1986, n. 131. In caso di dichiarazione mendace nell'atto di acquisto, ovvero di rivendita nel quinquiennio dalla data dell'atto, si applicano le disposizioni indicate nella predetta nota.

3. Le disposizioni del presente articolo hanno effetto per gli atti emessi dalla data di entrata in vigore del presente decreto fino al 31 dicembre 2016».

([3]) *Questo comma è stato così sostituito dall'art. 7, comma 6, lett. a), del D.L.vo 12 settembre 2007, n. 169, a decorrere dal 1° gennaio 2008. Si riporta il testo precedente, in vigore dal 16 luglio 2006 al 31 dicembre 2007:*

«Le vendite e gli altri atti di liquidazione sono effettuati dal curatore, tramite procedure competitive anche avvalendosi di soggetti specializzati, sulla base di stime effettuate, salvo il caso di beni di modesto valore, da parte di operatori esperti, assicurando, con adeguate forme di pubblicità, la massima informazione e partecipazione degli interessati».

(4) *A norma dell'art. 22, comma 3, del D.L.vo 12 settembre 2007, n. 169, queste disposizioni si applicano anche alle procedure concorsuali pendenti al 1° gennaio 2008.*

(5) *Questo periodo è stato aggiunto dall'art. 11 del D.L. 27 giugno 2015, n. 83, convertito, con modificazioni, nella L. 6 agosto 2015, n. 132.*

A norma dell'art. 23, comma 5, del medesimo provvedimento, tali disposizioni si applicano anche ai fallimenti e ai procedimenti di concordato preventivo pendenti alla data di entrata in vigore del presente decreto.

(6) *Questo periodo è stato aggiunto dall'art. 11 del D.L. 27 giugno 2015, n. 83, convertito, con modificazioni, nella L. 6 agosto 2015, n. 132.*

A norma dell'art. 23, comma 2, del medesimo provvedimento, tali disposizioni si applicano decorsi trenta giorni dalla pubblicazione in Gazzetta Ufficiale *delle specifiche tecniche previste dall'articolo 161* quater *delle disposizioni per l'attuazione del codice di procedura civile.*

A norma dell'art. 23, comma 5, del medesimo provvedimento, tali disposizioni si applicano anche ai fallimenti e ai procedimenti di concordato preventivo pendenti alla data di entrata in vigore del presente decreto.

(7) *Questo comma è stato inserito dall'art. 7, comma 6, lett.* b), *del D.L.vo 12 settembre 2007, n. 169, a decorrere dal 1° gennaio 2008.*

(8) *Le parole: «e gli altri beni iscritti nei pubblici registri» sono state inserite dall'art. 7, comma 6, lett.* c), *del D.L.vo 12 settembre 2007, n. 169, a decorrere dal 1° gennaio 2008.*

108. (1) **Poteri del giudice delegato.** – Il giudice delegato, su istanza del fallito, del comitato dei creditori o di altri interessati, previo parere dello stesso comitato dei creditori, può sospendere, con decreto motivato, le operazioni di vendita qualora ricorrano gravi e giustificati motivi ovvero, su istanza presentata dagli stessi soggetti entro dieci giorni dal deposito di cui al quarto comma dell'articolo 107, impedire il perfezionamento della vendita quando il prezzo offerto risulti notevolmente inferiore a quello giusto tenuto conto delle condizioni di mercato.

Per i beni immobili e gli altri beni iscritti in pubblici registri, (2) una volta eseguita la vendita e riscosso interamente il prezzo, il giudice delegato ordina, con decreto, la cancellazione delle iscrizioni relative ai diritti di prelazione, nonché delle trascrizioni dei pignoramenti e dei sequestri conservativi e di ogni altro vincolo.

(1) *Questo articolo è stato così sostituito dall'art. 95 del D.L.vo 9 gennaio 2006, n. 5, a decorrere dal 16 luglio 2006.*

(2) *Le parole: «Per i veicoli iscritti nel pubblico registro automobilistico e per i beni immobili,» sono state così sostituite dalle attuali: «Per i beni immobili e gli altri beni iscritti in pubblici registri,» dall'art. 7, comma 7, del D.L.vo 12 settembre 2007, n. 169, a decorrere dal 1° gennaio 2008.*

108 *bis*. (1) **[Modalità della vendita di navi, galleggianti ed aeromobili.** – La vendita di navi, galleggianti ed aeromobili iscritti nei registri indicati dal codice della navigazione è eseguita a norma delle disposizioni dello stesso codice, in quanto applicabili].

(1) *Questo articolo è stato inserito dall'art. 96 del D.L.vo 9 gennaio 2006, n. 5, a decorrere dal 16 luglio 2006 e successivamente abrogato dall'art. 7, comma 8, del D.L.vo 12 settembre 2007, n. 169, a decorrere dal 1° gennaio 2008.*

108 *ter*. (1) **Modalità della vendita di diritti sulle opere dell'ingegno; sulle invenzioni industriali; sui marchi.** – Il trasferimento dei diritti di utilizzazione economica delle opere dell'ingegno, il trasferimento dei diritti nascenti dalle invenzioni industriali, il trasferimento dei marchi e la cessione di banche di dati sono fatte a norma delle rispettive leggi speciali.

(1) *Questo articolo è stato inserito dall'art. 96 del D.L.vo 9 gennaio 2006, n. 5, a decorrere dal 16 luglio 2006.*

109. Procedimento di distribuzione della somma ricavata. – Il giudice delegato provvede alla distribuzione della somma ricavata dalla vendita secondo le disposizioni del capo seguente.

Il tribunale (1) stabilisce con decreto la somma da attribuire, se del caso, al curatore in conto del compenso finale da liquidarsi a norma dell'art. 39. Tale somma è prelevata sul prezzo insieme alle spese di procedura e di amministrazione.

(1) *Le originarie parole: «Il giudice delegato» sono state così sostituite dalle attuali: «Il tribunale» dall'art. 97 del D.L.vo 9 gennaio 2006, n. 5, a decorrere dal 16 luglio 2006.*

Capo VII
Della ripartizione dell'attivo

110. ([1]) **Procedimento di ripartizione.** – Il curatore, ogni quattro mesi a partire dalla data del decreto previsto dall'articolo 97 o nel diverso termine stabilito dal giudice delegato, presenta un prospetto delle somme disponibili ed un progetto di ripartizione delle medesime, riservate quelle occorrenti per la procedura. Nel progetto sono collocati anche i crediti per i quali non si applica il divieto di azioni esecutive e cautelari di cui all'articolo 51 ([2]). Nel caso in cui siano in corso giudizi di cui all'articolo 98, il curatore, nel progetto di ripartizione di cui al presente comma, indica, per ciascun creditore, le somme immediatamente ripartibili nonché le somme ripartibili soltanto previo rilascio in favore della procedura di una fideiussione autonoma, irrevocabile e a prima richiesta, rilasciata da uno dei soggetti di cui all'articolo 574, primo comma, secondo periodo, del codice di procedura civile, idonea a garantire la restituzione alla procedura delle somme che risultino ripartite in eccesso, anche in forza di provvedimenti provvisoriamente esecutivi resi nell'ambito dei giudizi di cui all'articolo 98, oltre agli interessi, al tasso applicato dalla Banca centrale europea alle sue più recenti operazioni di rifinanziamento principali, a decorrere dal pagamento e sino all'effettiva restituzione ([3]). Le disposizioni del periodo precedente si applicano anche ai creditori che avrebbero diritto alla ripartizione delle somme ricavate nel caso in cui risulti insussistente, in tutto o in parte, il credito avente diritto all'accantonamento ovvero oggetto di controversia a norma dell'articolo 98 ([3]).

Il giudice ordina il deposito del progetto di ripartizione in cancelleria, disponendo che a tutti i creditori, compresi quelli per i quali è in corso uno dei giudizi di cui all'articolo 98, ne sia data comunicazione mediante l'invio di copia a mezzo posta elettronica certificata ([4]).

I creditori, entro il termine perentorio di quindici giorni dalla ricezione della comunicazione di cui al secondo comma, possono proporre reclamo al giudice delegato ([5]) contro il progetto di riparto ai sensi dell'art. 36 ([6]).

Decorso tale termine, il giudice delegato, su richiesta del curatore, dichiara esecutivo il progetto di ripartizione. Se sono proposti reclami, il progetto di ripartizione è dichiarato esecutivo con accantonamento delle somme corrispondenti ai crediti oggetto di contestazione; non si fa luogo ad accantonamento qualora sia presentata in favore della procedura una fideiussione a norma del terzo periodo del primo comma, idonea a garantire la restituzione di somme che, in forza del provvedimento che decide il reclamo, risultino ripartite in eccesso, oltre agli interessi nella misura prevista dal predetto terzo periodo del primo comma ([7]). Il provvedimento che decide sul reclamo dispone in ordine alla destinazione delle somme accantonate.

([1]) *Questo articolo è stato così sostituito dall'art. 98 del D.L.vo 9 gennaio 2006, n. 5, a decorrere dal 16 luglio 2006.*

([2]) *Questo periodo è stato aggiunto dall'art. 8, comma 1, lett.* a), *del D.L.vo 12 settembre 2007, n. 169, a decorrere dal 1° gennaio 2008.*

([3]) *Questo periodo è stato aggiunto dall'art. 6, comma 1, lett.* c bis), *n. 1), del D.L. 3 maggio 2016, n. 59, convertito, con modificazioni, nella L. 30 giugno 2016, n. 119.*

([4]) *Questo comma è stato così sostituito dall'art. 17, comma 1, lett.* l), *del D.L. 18 ottobre 2012, n. 179, convertito, con modificazioni, nella L. 17 dicembre 2012, n. 221. A norma dell'art. 17, commi 4 e 5 del medesimo decreto, tali disposizioni si applicano dalla data di entrata in vigore della legge di conversione del predetto decreto, anche alle procedure di fallimento, di concordato preventivo, di liquidazione coatta amministrativa e di amministrazione straordinaria pendenti, rispetto alle quali, alla stessa data, non è stata effettuata la comunicazione rispettivamente prevista dagli articoli 92, 171, 207 del regio decreto 16 marzo 1942, n. 267 e dall'articolo 22 decreto legislativo 8 luglio 1999, n. 270. Per le procedure in cui, alla data di entrata in vigore della legge di conversione del predetto decreto, sia stata effettuata la comunicazione di cui al comma 4, le disposizioni di cui ai commi 1 e 2 del presente articolo si applicano a decorrere dal 31 ottobre 2013. Il curatore, il commissario giudiziale, il commissario liquidatore e il commissario straordinario entro il 30 giugno 2013 comunicano ai creditori e ai terzi titolari di diritti sui beni il loro indirizzo di posta elettronica certificata e li invitano a comunicare, entro tre mesi, l'indirizzo di posta elettronica certificata al quale ricevere tutte le comunicazioni relative alla procedura, avvertendoli di rendere nota ogni successiva variazione e che in caso di omessa indicazione le comunicazioni sono eseguite esclusivamente mediante deposito in cancelleria.*

([5]) *Le parole: «al giudice delegato» sono state aggiunte dall'art. 8, comma 1, lett.* c), *del D.L.vo 12 settembre 2007, n. 169, a decorrere dal 1° gennaio 2008.*

([6]) *Le parole: «nelle forme di cui all'articolo 26.» sono state così sostituite dalle attuali: «ai sensi dell'art. 36» dall'art. 8, comma 1, lett.* c), *del D.L.vo 12 settembre 2007, n. 169, a decorrere dal 1° gennaio 2008.*

(7) *Le parole: «; non si fa luogo ad accantonamento qualora sia presentata in favore della procedura una fideiussione a norma del terzo periodo del primo comma, idonea a garantire la restituzione di somme che, in forza del provvedimento che decide il reclamo, risultino ripartite in eccesso, oltre agli interessi nella misura prevista dal predetto terzo periodo del primo comma» sono state aggiunte dall'art. 6, comma 1, lett.* c bis), *n. 2), del D.L. 3 maggio 2016, n. 59, convertito, con modificazioni, nella L. 30 giugno 2016, n. 119.*

111. (1) **Ordine di distribuzione delle somme.** – Le somme ricavate dalla liquidazione dell'attivo sono erogate nel seguente ordine:

1) per il pagamento dei crediti prededucibili (2);

2) per il pagamento dei crediti ammessi con prelazione sulle cose vendute secondo l'ordine assegnato dalla legge;

3) per il pagamento dei creditori chirografari, in proporzione dell'ammontare del credito per cui ciascuno di essi fu ammesso, compresi i creditori indicati al n. 2), qualora non sia stata ancora realizzata la garanzia, ovvero per la parte per cui rimasero non soddisfatti da questa.

Sono considerati crediti (3) prededucibili quelli così qualificati da una specifica disposizione di legge, e quelli sorti in occasione o in funzione delle procedure concorsuali di cui alla presente legge; tali crediti (3) sono soddisfatti con preferenza ai sensi del primo comma n. 1) (4) (5).

(1) *A norma dell'art. 30 della L. 11 dicembre 2012, n. 220, i contributi per le spese di manutenzione ordinaria e straordinaria nonché per le innovazioni sono prededucibili ai sensi di questo articolo (in vigore dal 18 giugno 2013) se divenute esigibili ai sensi dell'articolo 63, primo comma, delle disposizioni per l'attuazione del codice civile e disposizioni transitorie, come sostituito dall'articolo 18 della presente legge, durante le procedure concorsuali.*

(2) *Questo numero è stato così sostituito dall'art. 99, comma 1, lett.* a), *del D.L.vo 9 gennaio 2006, n. 5, a decorrere dal 16 luglio 2006.*

(3) *La parola*: «*debiti*» *è stata così sostituita dalla attuale*: «*crediti*» *dall'art. 8, comma 2, del D.L.vo 12 settembre 2007, n. 169, a decorrere dal 1° gennaio 2008.*

(4) *Questo comma è stato così sostituito dall'art. 99, comma 1, lett.* b), *del D.L.vo 9 gennaio 2006, n. 5, a decorrere dal 16 luglio 2006. Si riporta il testo precedente*:

«I prelevamenti indicati al n. 1) sono determinati con decreto dal giudice delegato».

(5) *A norma dell'art. 11, comma 3* quater, *del D.L. 23 dicembre 2013, n. 145, convertito, con modificazioni, nella L. 21 febbraio 2014, n. 9, la disposizione di cui al presente comma si interpreta nel senso che i crediti sorti in occasione o in funzione della procedura di concordato preventivo aperta ai sensi dell'articolo 161, sesto comma, del presente regio decreto n. 267 del 1942, e successive modificazioni, sono prededucibili alla condizione che la proposta, il piano e la documentazione di cui ai commi secondo e terzo del citato articolo 161 siano presentati entro il termine, eventualmente prorogato, fissato dal giudice e che la procedura sia aperta ai sensi dell'articolo 163 del presente regio decreto, e successive modificazioni, senza soluzione di continuità rispetto alla presentazione della domanda ai sensi del citato articolo 161, sesto comma. Si segnala che il predetto art. 11, comma 3* quater *è stato abrogato dall'art. 22, comma 7, del D.L. 24 giugno 2014, n. 91, convertito, con modificazioni, nella L. 11 agosto 2014, n. 116.*

111 *bis*. (1) **Disciplina dei crediti prededucibili.** – I crediti prededucibili devono essere accertati con le modalità di cui al capo V, con esclusione di quelli non contestati per collocazione e ammontare, anche se sorti durante l'esercizio provvisorio, e di quelli sorti a seguito di provvedimenti di liquidazione di compensi dei soggetti nominati ai sensi dell'articolo 25; in questo ultimo caso, se contestati, devono essere accertati con il procedimento di cui all'articolo 26.

[Per i crediti prededucibili sorti dopo l'adunanza di verificazione dello stato passivo ovvero dopo l'udienza alla quale essa sia stata differita, si provvede all'accertamento ai sensi del secondo comma dell'articolo 101] (2).

I crediti prededucibili vanno soddisfatti per il capitale, le spese e gli interessi con il ricavato della liquidazione del patrimonio mobiliare e immobiliare, tenuto conto delle rispettive cause di prelazione (3), con esclusione di quanto ricavato dalla liquidazione dei beni oggetto di pegno ed ipoteca per la parte destinata ai creditori garantiti. Il corso degli interessi cessa al momento del pagamento.

I crediti prededucibili sorti nel corso del fallimento che sono liquidi, esigibili e non contestati per collocazione e per ammontare, possono essere soddisfatti al di fuori del procedimento di riparto se l'attivo è presumibilmente sufficiente a soddisfare tutti i titolari di tali crediti. Il pagamento deve essere autorizzato dal comitato dei creditori ovvero dal giudice delegato [se l'importo è superiore a euro 25.000,00; l'importo può essere aggiornato ogni cinque anni con decreto del Ministro della giustizia in base agli indici ISTAT sul costo della vita] (4).

Se l'attivo è insufficiente, la distribuzione deve avvenire secondo i criteri della graduazione e della proporzionalità, conformemente all'ordine assegnato dalla legge.

(1) *Questo articolo è stato inserito dall'art. 100 del D.L.vo 9 gennaio 2006, n. 5, a decorrere dal 16 luglio 2006.*

(2) *Questo comma è stato abrogato dall'art. 8, comma 3, lett. a), del D.L.vo 12 settembre 2007, n. 169, a decorrere dal 1° gennaio 2008.*

(3) *Le parole: «secondo un criterio proporzionale» sono state così sostituite dalle attuali: «tenuto conto delle rispettive cause di prelazione» dall'art. 8, comma 3, lett. b), del D.L.vo 12 settembre 2007, n. 169, a decorrere dal 1° gennaio 2008.*

(4) *Le parole tra parentesi quadrate sono state soppresse dall'art. 8, comma 3, lett. c), del D.L.vo 12 settembre 2007, n. 169, a decorrere dal 1° gennaio 2008.*

111 *ter*. (1) Conti speciali. – La massa liquida attiva immobiliare è costituita dalle somme ricavate dalla liquidazione dei beni immobili, come definiti dall'articolo 812 del codice civile, e dei loro frutti e pertinenze, nonché dalla quota proporzionale di interessi attivi liquidati sui depositi delle relative somme.

La massa liquida attiva mobiliare è costituita da tutte le altre entrate.

Il curatore deve tenere un conto autonomo delle vendite dei singoli beni immobili oggetto di privilegio speciale e di ipoteca e dei singoli beni mobili o gruppo di mobili oggetto di pegno e privilegio speciale, con analitica indicazione delle entrate e delle uscite di carattere specifico e della quota di quelle di carattere generale imputabili a ciascun bene o gruppo di beni secondo un criterio proporzionale.

(1) *Questo articolo è stato inserito dall'art. 100 del D.L.vo 9 gennaio 2006, n. 5, a decorrere dal 16 luglio 2006.*

111 *quater*. (1) Crediti assistiti da prelazione. – I crediti assistiti da privilegio generale hanno diritto di prelazione per il capitale, le spese e gli interessi, nei limiti di cui agli articoli 54 e 55, sul prezzo ricavato dalla liquidazione del patrimonio mobiliare, sul quale concorrono in un'unica graduatoria con i crediti garantiti da privilegio speciale mobiliare, secondo il grado previsto dalla legge.

I crediti garantiti da ipoteca e pegno e quelli assistiti da privilegio speciale hanno diritto di prelazione per il capitale, le spese e gli interessi, nei limiti di cui agli articoli 54 e 55, sul prezzo ricavato dai beni vincolati alla loro garanzia.

(1) *Questo articolo è stato inserito dall'art. 100 del D.L.vo 9 gennaio 2006, n. 5, a decorrere dal 16 luglio 2006.*

112. (1) Partecipazione dei creditori ammessi tardivamente. – I creditori ammessi a norma dell'articolo 101 concorrono soltanto alle ripartizioni posteriori alla loro ammissione in proporzione del rispettivo credito salvo il diritto di prelevare le quote che sarebbero loro spettate nelle precedenti ripartizioni se assistiti da cause di prelazione o se il ritardo è dipeso da cause ad essi non imputabili.

(1) *Questo articolo è stato così sostituito dall'art. 101 del D.L.vo 9 gennaio 2006, n. 5, a decorrere dal 16 luglio 2006.*

113. (1) Ripartizioni parziali. – Nelle ripartizioni parziali, che non possono superare l'ottanta per cento delle somme da ripartire, devono essere trattenute e depositate, nei modi stabiliti dal giudice delegato, le quote assegnate:

1) ai creditori ammessi con riserva;

2) ai creditori opponenti a favore dei quali sono state disposte misure cautelari;

3) ai creditori opponenti la cui domanda è stata accolta ma la sentenza non è passata in giudicato;

4) ai creditori nei cui confronti sono stati proposti i giudizi di impugnazione e di revocazione.

Le somme ritenute necessarie per spese future, per soddisfare il compenso al curatore e ogni altro debito prededucibile devono essere trattenute; in questo caso, l'ammontare della quota da ripartire indicata nel primo comma del presente articolo deve essere ridotta se la misura dell'ottanta per cento appare insufficiente.

Devono essere altresì trattenute e depositate nei modi stabiliti dal giudice delegato le somme ricevute dalla procedura per effetto di provvedimenti provvisoriamente esecutivi e non ancora passati in giudicato.

(1) *Questo articolo è stato così sostituito dall'art. 102 del D.L.vo 9 gennaio 2006, n. 5, a decorrere dal 16 luglio 2006.*

113 *bis*. (1) Scioglimento delle ammissioni con riserva. – Quando si verifica l'evento che ha determinato l'accoglimento di una domanda con riserva, su istanza del curatore o della parte interessata, il giudice delegato modifica lo stato passivo, con decreto, disponendo che la domanda deve intendersi accolta definitivamente.

(¹) *Questo articolo è stato inserito dall'art. 103 del D.L.vo 9 gennaio 2006, n. 5, a decorrere dal 16 luglio 2006.*

114. (¹) **Restituzione di somme riscosse.** – I pagamenti effettuati in esecuzione dei piani di riparto non possono essere ripetuti, salvo il caso dell'accoglimento di domande di revocazione.

I creditori che hanno percepito pagamenti non dovuti, devono restituire le somme riscosse, oltre agli interessi legali dal momento del pagamento effettuato a loro favore.

(¹) *Questo articolo è stato così sostituito dall'art. 104 del D.L.vo 9 gennaio 2006, n. 5, a decorrere dal 16 luglio 2006.*

115. (¹) **Pagamento ai creditori.** – Il curatore provvede al pagamento delle somme assegnate ai creditori nel piano di ripartizione nei modi stabiliti dal giudice delegato, purché tali da assicurare la prova del pagamento stesso.

Se prima della ripartizione i crediti ammessi sono stati ceduti, il curatore attribuisce le quote di riparto ai cessionari, qualora la cessione sia stata tempestivamente comunicata, unitamente alla documentazione che attesti, con atto recante le sottoscrizioni autenticate di cedente e cessionario, l'intervenuta cessione. In questo caso, il curatore provvede alla rettifica formale dello stato passivo. Le stesse disposizioni si applicano in caso di surrogazione del creditore (²).

(¹) *Questo articolo è stato così sostituito dall'art. 105 del D.L.vo 9 gennaio 2006, n. 5, a decorrere dal 16 luglio 2006.*

(²) *Questo periodo è stato aggiunto dall'art. 8, comma 4, del D.L.vo 12 settembre 2007, n. 169, a decorrere dal 1° gennaio 2008.*

116. (¹) **Rendiconto del curatore.** – Compiuta la liquidazione dell'attivo e prima del riparto finale, nonché in ogni caso in cui cessa dalle funzioni, il curatore presenta al giudice delegato l'esposizione analitica delle operazioni contabili e delle attività di gestione della procedura.

Il giudice ordina il deposito del conto in cancelleria e fissa l'udienza che non può essere tenuta prima che siano decorsi quindici giorni dalla comunicazione del rendiconto a tutti i creditori (²).

Dell'avvenuto deposito e della fissazione dell'udienza il curatore dà immediata comunicazione ai creditori ammessi al passivo, a coloro che hanno proposto opposizione, ai creditori in prededuzione non soddisfatti, con posta elettronica certificata, inviando loro copia del rendiconto ed avvisandoli che possono presentare eventuali osservazioni o contestazioni fino a cinque giorni prima dell'udienza con le modalità di cui all'articolo 93, secondo comma. Al fallito, se non è possibile procedere alla comunicazione con modalità telematica, il rendiconto e la data dell'udienza sono comunicati mediante lettera raccomandata con avviso di ricevimento (³).

Se all'udienza stabilita non sorgono contestazioni o su queste viene raggiunto un accordo, il giudice approva il conto con decreto; altrimenti, fissa l'udienza innanzi al collegio che provvede in camera di consiglio.

(¹) *Questo articolo è stato così sostituito dall'art. 106 del D.L.vo 9 gennaio 2006, n. 5, a decorrere dal 16 luglio 2006.*

(²) *Questo comma è stato così sostituito dall'art. 17, comma 1, lett.* m), *n. 1), del D.L. 18 ottobre 2012, n. 179, convertito, con modificazioni, nella L. 17 dicembre 2012, n. 221. A norma dell'art. 17, commi 4 e 5 del medesimo decreto, tali disposizioni si applicano dalla data di entrata in vigore della legge di conversione del predetto decreto, anche alle procedure di fallimento, di concordato preventivo, di liquidazione coatta amministrativa e di amministrazione straordinaria pendenti, rispetto alle quali, alla stessa data, non è stata effettuata la comunicazione rispettivamente prevista dagli articoli 92, 171, 207 del regio decreto 16 marzo 1942, n. 267 e dall'articolo 22 decreto legislativo 8 luglio 1999, n. 270. Per le procedure in cui, alla data di entrata in vigore della legge di conversione del predetto decreto, sia stata effettuata la comunicazione di cui al comma 4, le disposizioni di cui ai commi 1 e 2 del presente articolo si applicano a decorrere dal 31 ottobre 2013. Il curatore, il commissario giudiziale, il commissario liquidatore e il commissario straordinario entro il 30 giugno 2013 comunicano ai creditori e ai terzi titolari di diritti sui beni il loro indirizzo di posta elettronica certificata e li invitano a comunicare, entro tre mesi, l'indirizzo di posta elettronica certificata al quale ricevere tutte le comunicazioni relative alla procedura, avvertendoli di rendere nota ogni successiva variazione e che in caso di omessa indicazione le comunicazioni sono eseguite esclusivamente mediante deposito in cancelleria.*

(³) *Questo comma è stato così sostituito dall'art. 17, comma 1, lett.* m), *n. 2), del D.L. 18 ottobre 2012, n. 179, convertito, con modificazioni, nella L. 17 dicembre 2012, n. 221. A norma dell'art. 17, commi 4 e 5 del medesimo decreto, tali disposizioni si applicano dalla data di entrata in vigore della legge di conversione del predetto decreto, anche alle procedure di fallimento, di concordato preventivo, di liquidazione coatta ammi-*

nistrativa e di amministrazione straordinaria pendenti, rispetto alle quali, alla stessa data, non è stata effettuata la comunicazione rispettivamente prevista dagli articoli 92, 171, 207 del regio decreto 16 marzo 1942, n. 267 e dall'articolo 22 decreto legislativo 8 luglio 1999, n. 270. Per le procedure in cui, alla data di entrata in vigore della legge di conversione del predetto decreto, sia stata effettuata la comunicazione di cui al comma 4, le disposizioni di cui ai commi 1 e 2 del presente articolo si applicano a decorrere dal 31 ottobre 2013. Il curatore, il commissario giudiziale, il commissario liquidatore e il commissario straordinario entro il 30 giugno 2013 comunicano ai creditori e ai terzi titolari di diritti sui beni il loro indirizzo di posta elettronica certificata e li invitano a comunicare, entro tre mesi, l'indirizzo di posta elettronica certificata al quale ricevere tutte le comunicazioni relative alla procedura, avvertendoli di rendere nota ogni successiva variazione e che in caso di omessa indicazione le comunicazioni sono eseguite esclusivamente mediante deposito in cancelleria.

117. (1) **Ripartizione finale.** - Approvato il conto e liquidato il compenso del curatore, il giudice delegato, sentite le proposte del curatore, ordina il riparto finale secondo le norme precedenti.

Nel riparto finale vengono distribuiti anche gli accantonamenti precedentemente fatti.

Tuttavia, se la condizione non si è ancora verificata ovvero se il provvedimento non è ancora passato in giudicato, la somma è depositata nei modi stabiliti dal giudice delegato, perché, verificatisi gli eventi indicati, possa essere versata ai creditori cui spetta o fatta oggetto di riparto supplementare fra gli altri creditori. Gli accantonamenti non impediscono la chiusura della procedura.

Il giudice delegato, nel rispetto delle cause di prelazione, può disporre che a singoli creditori che vi consentono siano assegnati, in luogo delle somme agli stessi spettanti, crediti di imposta del fallito non ancora rimborsati.

Per i creditori che non si presentano o sono irreperibili le somme dovute sono nuovamente depositate presso l'ufficio postale o la banca già indicati ai sensi dell'articolo 34. Decorsi cinque anni dal deposito, le somme non riscosse dagli aventi diritto e i relativi interessi, se non richieste da altri creditori, rimasti insoddisfatti, sono versate a cura del depositario all'entrata del bilancio dello Stato per essere riassegnate, con decreti del Ministro dell'economia e delle finanze, ad apposita unità previsionale di base dello stato di previsione del Ministero della giustizia.

Il giudice, anche se è intervenuta l'esdebitazione del fallito, omessa ogni formalità non essenziale al contraddittorio, su ricorso dei creditori rimasti insoddisfatti che abbiano presentato la richiesta di cui al quarto comma, dispone la distribuzione delle somme non riscosse in base all'articolo 111 fra i soli richiedenti.

(1) *Questo articolo è stato così sostituito dall'art. 107 del D.L.vo 9 gennaio 2006, n. 5, a decorrere dal 16 luglio 2006.*

Capo VIII
Della cessazione della procedura fallimentare

Sezione I
Della chiusura del fallimento

118. Casi di chiusura. - Salvo quanto disposto nella sezione seguente per il caso di concordato, la procedura di fallimento si chiude:

1) se nel termine stabilito (1) nella sentenza dichiarativa di fallimento non sono state proposte domande di ammissione al passivo;

2) quando, anche prima che sia compiuta la ripartizione finale dell'attivo, le ripartizioni ai creditori raggiungono l'intero ammontare dei crediti ammessi, o questi sono in altro modo estinti e sono pagati tutti i debiti e le spese da soddisfare in prededuzione (2);

3) quando è compiuta la ripartizione finale dell'attivo;

4) quando nel corso della procedura si accerta che la sua prosecuzione non consente di soddisfare, neppure in parte, i creditori concorsuali, né i crediti prededucibili e le spese di procedura. Tale circostanza può essere accertata con la relazione o con i successivi rapporti riepilogativi di cui all'articolo 33 (3).

Nei casi di chiusura di cui ai numeri 3) e 4), ove si tratti di fallimento di società il curatore ne chiede la cancellazione dal registro delle imprese (4). La chiusura della procedura di fallimento della società nei casi di cui ai numeri 1) e 2) (5) determina anche la chiusura della procedura estesa ai soci ai sensi dell'articolo 147, salvo che nei confronti del socio non sia stata aperta una procedura di fallimento come imprenditore individuale (6). La chiusura della procedura di fallimento nel caso di cui al n. 3) non è impedita dalla pendenza di giudizi, rispetto ai quali il curatore può mantenere la legittimazione processuale, anche nei successivi stati e gradi del giudizio, ai sensi dell'articolo 43

(7). In deroga all'articolo 35, anche le rinunzie alle liti e le transazioni sono autorizzate dal giudice delegato (7). Le somme necessarie per spese future ed eventuali oneri relativi ai giudizi pendenti, nonché le somme ricevute dal curatore per effetto di provvedimenti provvisoriamente esecutivi e non ancora passati in giudicato, sono trattenute dal curatore secondo quanto previsto dall'articolo 117, comma secondo (7). Dopo la chiusura della procedura di fallimento, le somme ricevute dal curatore per effetto di provvedimenti definitivi e gli eventuali residui degli accantonamenti sono fatti oggetto di riparto supplementare fra i creditori secondo le modalità disposte dal tribunale con il decreto di cui all'articolo 119 (7). In relazione alle eventuali sopravvenienze attive derivanti dai giudizi pendenti non si fa luogo a riapertura del fallimento (7). Qualora alla conclusione dei giudizi pendenti consegua, per effetto di riparti, il venir meno dell'impedimento all'esdebitazione di cui al comma secondo dell'articolo 142, il debitore può chiedere l'esdebitazione nell'anno successivo al riparto che lo ha determinato (7).

(1) *Le parole: «nei termini stabiliti» sono state così sostituite dalle attuali: «nel termine stabilito» dall'art. 108, comma 1, lett.* a), *del D.L.vo 9 gennaio 2006, n. 5, a decorrere dal 16 luglio 2006.*

(2) *Le parole: «il compenso del curatore e le spese di procedura» sono state così sostituite dalle attuali: «tutti i debiti e le spese da soddisfare in prededuzione» dall'art. 108, comma 1, lett.* b), *del D.L.vo 9 gennaio 2006, n. 5, a decorrere dal 16 luglio 2006.*

(3) *Questo numero è stato così sostituito dall'art. 108, comma 1, lett.* c), *del D.L.vo 9 gennaio 2006, n. 5, a decorrere dal 16 luglio 2006. Si riporta il testo precedente:*

«4) quando non possa essere utilmente continuata la procedura per insufficienza di attivo».

(4) *Le parole: «Ove si tratti di fallimento di società il curatore ne chiede la cancellazione dal registro delle imprese» sono state così sostituite dalle attuali da: «Nei casi di chiusura ...» fino a: «... registro delle imprese» dall'art. 9, comma 1, lett.* a), *del D.L.vo 12 settembre 2007, n. 169, a decorrere dal 1° gennaio 2008.*

(5) *Le parole: «nei casi di cui ai numeri 1) e 2)» sono state inserite dall'art. 9, comma 1, lett.* b), *del D.L.vo 12 settembre 2007, n. 169, a decorrere dal 1° gennaio 2008.*

(6) *Questo comma è stato aggiunto dall'art. 108, comma 1, lett.* d), *del D.L.vo 9 gennaio 2006, n. 5, a decorrere dal 16 luglio 2006.*

(7) *Questo periodo è stato aggiunto dall'art. 7, comma 1, lett.* a), *del D.L. 27 giugno 2015, n. 83, convertito, con modificazioni, nella L. 6 agosto 2015, n. 132.*

A norma dell'art. 23, comma 7, del medesimo provvedimento, tali disposizioni si applicano a decorrere dalla data di entrata in vigore della legge di conversione del presente decreto.

119. Decreto di chiusura. – La chiusura del fallimento è dichiarata con decreto motivato del tribunale su istanza del curatore o del debitore ovvero di ufficio, pubblicato nelle forme prescritte nell'art. 17.

Quando la chiusura del fallimento è dichiarata ai sensi dell'articolo 118, primo comma, n. 4, prima dell'approvazione del programma di liquidazione, il tribunale decide sentiti il comitato dei creditori ed il fallito (1).

Contro il decreto che dichiara la chiusura e ne respinge la richiesta è ammesso reclamo a norma dell'articolo 26. Contro il decreto della corte d'appello il ricorso per cassazione è proposto nel termine perentorio di trenta giorni, decorrente dalla notificazione o comunicazione del provvedimento per il curatore, per il fallito, per il comitato dei creditori e per chi ha proposto il reclamo o è intervenuto nel procedimento; dal compimento della pubblicità di cui all'articolo 17 per ogni altro interessato (2) (1).

Il decreto di chiusura acquista efficacia quando è decorso il termine per il reclamo, senza che questo sia stato proposto, ovvero quando il reclamo è definitivamente rigettato (3).

Con i decreti emessi ai sensi del primo e del terzo comma del presente articolo, sono impartite le disposizioni esecutive volte ad attuare gli effetti della decisione. Allo stesso modo si provvede a seguito del passaggio in giudicato della sentenza di revoca del fallimento o della definitività del decreto di omologazione del concordato fallimentare (1).

(1) *L'originario comma secondo è stato così sostituito dagli attuali commi secondo, terzo e quarto dall'art. 110 del D.L.vo 9 gennaio 2006, n. 5, a decorrere dal 16 luglio 2006.*

(2) *Questo periodo è stato aggiunto dall'art. 9, comma 2, lett.* a), *del D.L.vo 12 settembre 2007, n. 169, a decorrere dal 1° gennaio 2008.*

(3) *Questo comma è stato inserito dall'art. 9, comma 2, lett.* b), *del D.L.vo 12 settembre 2007, n. 169, a decorrere dal 1° gennaio 2008.*

120. Effetti della chiusura. – Con la chiusura cessano gli effetti del fallimento sul patrimonio del fallito e le conseguenti incapacità personali e decadono gli organi preposti al fallimento (1).

Le azioni esperite dal curatore per l'esercizio di diritti derivanti dal fallimento non possono essere proseguite.

I creditori riacquistano il libero esercizio delle azioni verso il debitore per la parte non soddisfatta dei loro crediti per capitale e interessi, salvo quanto previsto dagli articoli 142 e seguenti.

Il decreto o la sentenza con la quale il credito è stato ammesso al passivo costituisce prova scritta per gli effetti di cui all'articolo 634 del codice di procedura civile.

Nell'ipotesi di chiusura in pendenza di giudizi ai sensi dell'articolo 118, secondo comma, terzo periodo e seguenti, il giudice delegato e il curatore restano in carica ai soli fini di quanto ivi previsto. In nessun caso i creditori possono agire su quanto è oggetto dei giudizi medesimi (2).

(1) *Questo comma è stato così sostituito dall'art. 9, comma 3, del D.L.vo 12 settembre 2007, n. 169, a decorrere dal 1° gennaio 2008.*

(2) *Questo comma è stato aggiunto dall'art. 7, comma 1, lett. b), del D.L. 27 giugno 2015, n. 83, convertito, con modificazioni, nella L. 6 agosto 2015, n. 132.*

A norma dell'art. 23, comma 7, del medesimo provvedimento, tali disposizioni si applicano a decorrere dalla data di entrata in vigore della legge di conversione del presente decreto.

121. Casi di riapertura del fallimento. – Nei casi preveduti dai numeri 3) e 4) dell'art. 118, il tribunale, entro cinque anni dal decreto di chiusura, su istanza del debitore o di qualunque creditore può ordinare che il fallimento già chiuso sia riaperto, quando risulta che nel patrimonio del fallito esistono attività in misura tale da rendere utile il provvedimento o quando il fallito offre garanzia di pagare almeno il dieci per cento ai creditori vecchi e nuovi.

Il tribunale, con sentenza in camera di consiglio [non soggetta a gravame] (1), se accoglie l'istanza:

1) richiama in ufficio il giudice delegato ed il curatore o li nomina di nuovo;

2) stabilisce i termini previsti dai numeri 4 e 5 del secondo comma dell'articolo 16, eventualmente abbreviandoli non oltre la metà; i creditori già ammessi al passivo nel fallimento chiuso possono chiedere la conferma del provvedimento di ammissione salvo che intendano insinuare al passivo ulteriori interessi (2).

La sentenza può essere reclamata (3) a norma dell'articolo 18 (4).

La sentenza è pubblicata a norma dell'art. 17.

Il giudice delegato nomina il comitato dei creditori, tenendo conto nella scelta anche dei nuovi creditori.

Per le altre operazioni si seguono le norme stabilite nei capi precedenti.

(1) *Le parole fra parentesi quadrate sono state soppresse dall'art. 111, comma 1, lett.* a), *del D.L.vo 9 gennaio 2006, n. 5, a decorrere dal 16 luglio 2006.*

(2) *Questo numero è stato così sostituito dall'art. 111, comma 1, lett.* b), *del D.L.vo 9 gennaio 2006, n. 5, a decorrere dal 16 luglio 2006. Si riporta il testo precedente:*

«2) stabilisce i termini previsti dai numeri 4) e 5) dell'art. 16, abbreviandoli non oltre la metà».

(3) *La parola: «appellata» è stata così sostituita dalla attuale: «reclamata» dall'art. 9, comma 4, del D.L.vo 12 settembre 2007, n. 169, a decorrere dal 1° gennaio 2008.*

(4) *Questo comma è stato aggiunto dall'art. 111, comma 1, lett.* c), *del D.L.vo 9 gennaio 2006, n. 5, a decorrere dal 16 luglio 2006.*

122. Concorso dei vecchi e nuovi creditori. – I creditori concorrono alle nuove ripartizioni per le somme loro dovute al momento della riapertura, dedotto quanto hanno percepito nelle precedenti ripartizioni, salve in ogni caso le cause legittime di prelazione.

Restano ferme le precedenti statuizioni a norma del Capo V (1).

(1) *Questo comma è stato così sostituito dall'art. 112 del D.L.vo 9 gennaio 2006, n. 5, a decorrere dal 16 luglio 2006.*

123. Effetti della riapertura sugli atti pregiudizievoli ai creditori. – In caso di riapertura del fallimento, per le azioni revocatorie relative agli atti del fallito compiuti dopo la chiusura del fallimento, i termini stabiliti dagli artt. 65, 67 e 67 *bis* (1) sono computati dalla data della sentenza di riapertura.

Sono privi di effetto nei confronti dei creditori gli atti a titolo gratuito e quelli di cui all'articolo 69, posteriori alla chiusura e anteriori alla riapertura del fallimento (2).

(1) *La parola: «70» è stata così sostituita dalle attuali: «67 bis» dall'art. 113, comma 1, lett.* a), *del D.L.vo 9 gennaio 2006, n. 5, a decorrere dal 16 luglio 2006.*

(2) *Questo comma è stato così sostituito dall'art. 113, comma 1, lett.* b), *del D.L.vo 9 gennaio 2006, n. 5, a decorrere dal 16 luglio 2006.*

Sezione II
Del concordato

124. ([1]) **Proposta di concordato.** – La proposta di concordato può essere presentata da uno o più creditori o da un terzo, anche prima del decreto che rende esecutivo lo stato passivo, purché sia stata tenuta la contabilità ed i dati risultanti da essa e le altre notizie disponibili consentano al curatore di predisporre un elenco provvisorio dei creditori del fallito da sottoporre all'approvazione del giudice delegato. Essa non può essere presentata dal fallito, da società cui egli partecipi o da società sottoposte a comune controllo se non dopo il decorso di un anno dalla dichiarazione di fallimento e purché non siano decorsi due anni dal decreto che rende esecutivo lo stato passivo ([2]).

La proposta può prevedere:

a) la suddivisione dei creditori in classi, secondo posizione giuridica ed interessi economici omogenei;

b) trattamenti differenziati fra creditori appartenenti a classi diverse, indicando le ragioni dei trattamenti differenziati dei medesimi;

c) la ristrutturazione dei debiti e la soddisfazione dei crediti attraverso qualsiasi forma, anche mediante cessione dei beni, accollo o altre operazioni straordinarie, ivi compresa l'attribuzione ai creditori, nonché a società da questi partecipate, di azioni, quote ovvero obbligazioni, anche convertibili in azioni o altri strumenti finanziari e titoli di debito.

La proposta può prevedere che i creditori muniti di privilegio, pegno o ipoteca, non vengano soddisfatti integralmente, purché il piano ne preveda la soddisfazione in misura non inferiore a quella realizzabile, in ragione della collocazione preferenziale, sul ricavato in caso di liquidazione, avuto riguardo al valore di mercato attribuibile ai beni o diritti sui quali sussiste la causa di prelazione indicato nella relazione giurata di un professionista in possesso dei requisiti di cui all'art. 67, terzo comma, lett. *d*) designato dal tribunale. Il trattamento stabilito per ciascuna classe non può avere l'effetto di alterare l'ordine delle cause legittime di prelazione ([3]).

La proposta presentata da uno o più creditori o ([4]) da un terzo può prevedere la cessione, oltre che dei beni compresi nell'attivo fallimentare, anche delle azioni di pertinenza della massa, purché autorizzate dal giudice delegato, con specifica indicazione dell'oggetto e del fondamento della pretesa. Il proponente ([5]) può limitare gli impegni assunti con il concordato ai soli creditori ammessi al passivo, anche provvisoriamente, e a quelli che hanno proposto opposizione allo stato passivo o domanda di ammissione tardiva al tempo della proposta. In tale caso, verso gli altri creditori continua a rispondere il fallito, fermo quanto disposto dagli articoli 142 e seguenti in caso di esdebitazione.

([1]) *Questo articolo è stato così sostituito dall'art. 114 del D.L.vo 9 gennaio 2006, n. 5, a decorrere dal 16 luglio 2006.*

([2]) *Questo comma è stato così sostituito dall'art. 9, comma 5, lett.* a), *del D.L.vo 12 settembre 2007, n. 169, a decorrere dal 1° gennaio 2008.*

([3]) *Questo comma è stato così sostituito dall'art. 9, comma 5, lett.* b), *del D.L.vo 12 settembre 2007, n. 169, a decorrere dal 1° gennaio 2008.*

([4]) *Le parole: «da uno o più creditori o» sono state inserite dall'art. 9, comma 5, lett.* c), *n. 1), del D.L.vo 12 settembre 2007, n. 169, a decorrere dal 1° gennaio 2008.*

([5]) *Le parole: «Il terzo» sono state così sostituite dalle attuali: «Il proponente» dall'art. 9, comma 5, lett.* c), *n. 2), del D.L.vo 12 settembre 2007, n. 169, a decorrere dal 1° gennaio 2008.*

125. ([1]) **Esame della proposta e comunicazione ai creditori.** – La proposta di concordato è presentata con ricorso al giudice delegato, il quale chiede il parere del [comitato dei creditori e] ([2]) del curatore, con specifico riferimento ai presumibili risultati della liquidazione ed alle garanzie offerte ([3]). Quando il ricorso è proposto da un terzo, esso deve contenere l'indicazione dell'indirizzo di posta elettronica certificata al quale ricevere le comunicazioni ([4]). Si applica l'articolo 31 *bis*, secondo comma ([4]) ([5]).

Una volta espletato tale adempimento preliminare il giudice delegato, acquisito il parere favorevole del comitato dei creditori, valutata la ritualità della proposta, ordina che la stessa, unitamente al parere del comitato dei creditori e del curatore, venga comunicata a cura di quest'ultimo ai creditori a mezzo posta elettronica certificata, specificando dove possono essere reperiti i dati per la sua valutazione ed informandoli che la mancata risposta sarà considerata come voto favorevole ([6]) ([5]). Nel medesimo provvedimento il giudice delegato fissa un termine non inferiore a venti giorni né superiore a trenta, entro il quale i creditori devono far pervenire nella cancelleria del tribunale eventuali dichiarazioni di dissenso. In caso di presentazione di più proposte o se comunque ne soppraggiunge una nuova, prima che il giudice delegato ordini la comunicazione, il comitato dei creditori sceglie quella da sottoporre all'approvazione dei creditori; su richiesta del curatore, il giudice delegato può ordinare la comunicazione ai creditori di una o di altre proposte, tra quelle non scelte, ritenute parimenti convenienti. Si applica l'articolo 41, quarto comma ([7]) ([8]).

Qualora la proposta contenga condizioni differenziate per singole classi di creditori essa, prima di essere comunicata ai creditori, deve essere sottoposta, con i pareri di cui al primo e secondo comma, al giudizio del tribunale che verifica il corretto utilizzo dei criteri di cui all'articolo 124, secondo comma, lettere *a*) e *b*) tenendo conto della relazione resa ai sensi dell'articolo 124, terzo comma ([9]).

Se la società fallita ha emesso obbligazioni o strumenti finanziari oggetto della proposta di concordato, la comunicazione è inviata agli organi che hanno il potere di convocare le rispettive assemblee, affinché possano esprimere il loro eventuale dissenso. Il termine previsto dal terzo comma è prolungato per consentire l'espletamento delle predette assemblee.

([1]) *Questo articolo è stato così sostituito dall'art. 115 del D.L.vo 9 gennaio 2006, n. 5, a decorrere dal 16 luglio 2006.*

([2]) *Le parole tra parentesi quadrate sono state soppresse dall'art. 9, comma 6, lett.* a)*, del D.L.vo 12 settembre 2007, n. 169, a decorrere dal 1° gennaio 2008.*

([3]) *Le parole: «ed alle garanzie offerte» sono state aggiunte dall'art. 9, comma 6, lett.* a)*, del D.L.vo 12 settembre 2007, n. 169, a decorrere dal 1° gennaio 2008.*

([4]) *Questo periodo è stato aggiunto dall'art. 17, comma 1, lett.* n)*, n. 1), del D.L. 18 ottobre 2012, n. 179, convertito, con modificazioni, nella L. 17 dicembre 2012, n. 221.*

([5]) *A norma dell'art. 17, commi 4 e 5 del D.L. 18 ottobre 2012, n. 179, convertito, con modificazioni, nella L. 17 dicembre 2012, n. 221, le disposizioni modificate dal comma 1 dell'art. 17, si applicano dalla data di entrata in vigore della legge di conversione del predetto decreto, anche alle procedure di fallimento, di concordato preventivo, di liquidazione coatta amministrativa e di amministrazione straordinaria pendenti, rispetto alle quali, alla stessa data, non è stata effettuata la comunicazione rispettivamente prevista dagli articoli 92, 171, 207 del regio decreto 16 marzo 1942, n. 267 e dall'articolo 22 decreto legislativo 8 luglio 1999, n. 270. Per le procedure in cui, alla data di entrata in vigore della legge di conversione del predetto decreto, sia stata effettuata la comunicazione di cui al comma 4, le disposizioni di cui ai commi 1 e 2 del presente articolo si applicano a decorrere dal 31 ottobre 2013. Il curatore, il commissario giudiziale, il commissario liquidatore e il commissario straordinario entro il 30 giugno 2013 comunicano ai creditori e ai terzi titolari di diritti sui beni il loro indirizzo di posta elettronica certificata e li invitano a comunicare, entro tre mesi, l'indirizzo di posta elettronica certificata al quale ricevere tutte le comunicazioni relative alla procedura, avvertendoli di rendere nota ogni successiva variazione e che in caso di omessa indicazione le comunicazioni sono eseguite esclusivamente mediante deposito in cancelleria.*

([6]) *Questo periodo è stato così sostituito dall'art. 17, comma 1, lett.* n)*, n. 2), del D.L. 18 ottobre 2012, n. 179, convertito, con modificazioni, nella L. 17 dicembre 2012, n. 221.*

([7]) *Questo comma è stato così sostituito dall'art. 9, comma 6, lett.* b)*, del D.L.vo 12 settembre 2007, n. 169, a decorrere dal 1° gennaio 2008.*

([8]) *Gli ultimi due periodi di questo comma sono stati aggiunti dall'art. 61, comma 1, della L. 18 giugno 2009, n. 69.*

([9]) *Questo comma è stato così sostituito dall'art. 9, comma 6, lett.* b)*, del D.L.vo 12 settembre 2007, n. 169, a decorrere dal 1° gennaio 2008.*

126. ([1]) **Concordato nel caso di numerosi creditori.** – Ove le comunicazioni siano dirette ad un rilevante numero di destinatari, il giudice delegato può autorizzare il curatore a dare notizia della proposta di concordato, anziché con comunicazione ai singoli creditori, mediante pubblicazione del testo integrale della medesima su uno o più quotidiani a diffusione nazionale o locale.

([1]) *Questo articolo è stato così sostituito dall'art. 116 del D.L.vo 9 gennaio 2006, n. 5, a decorrere dal 16 luglio 2006.*

127. ([1]) **Voto nel concordato.** – Se la proposta è presentata prima che lo stato passivo venga reso esecutivo, hanno diritto al voto i creditori che risultano dall'elenco provvisorio predisposto dal curatore e approvato dal giudice delegato; altrimenti, gli aventi diritto al voto sono quelli indicati nello stato passivo reso esecutivo ai sensi dell'articolo 97. In quest'ultimo caso, hanno diritto al voto anche i creditori ammessi provvisoriamente e con riserva.

I creditori muniti di privilegio, pegno o ipoteca, ancorché la garanzia sia contestata, dei quali la proposta di concordato prevede l'integrale pagamento, non hanno diritto al voto se non rinunciano al diritto di prelazione, salvo quanto previsto dal terzo comma.

La rinuncia può essere anche parziale, purché non inferiore alla terza parte dell'intero credito fra capitale ed accessori.

Qualora i creditori muniti di privilegio, pegno o ipoteca rinuncino in tutto o in parte alla prelazione, per la parte del credito non coperta dalla garanzia sono assimilati ai creditori chirografari; la rinuncia ha effetto ai soli fini del concordato.

I creditori muniti di diritto di prelazione di cui la proposta di concordato prevede, ai sensi dell'articolo 124, terzo comma, la soddisfazione non integrale, sono considerati chirografari per la parte residua del credito.

Sono esclusi dal voto e dal computo delle maggioranze il coniuge del debitore, i suoi parenti ed affini fino al quarto grado e coloro che sono diventati cessionari o aggiudicatari dei crediti di dette persone da meno di un anno prima della dichiarazione di fallimento.

La stessa disciplina si applica ai crediti delle società controllanti o controllate o sottoposte a comune controllo.

I trasferimenti di crediti avvenuti dopo la dichiarazione di fallimento non attribuiscono diritto di voto, salvo che siano effettuati a favore di banche o altri intermediari finanziari.

([1]) *Questo articolo è stato così sostituito dall'art. 117 del D.L.vo 9 gennaio 2006, n. 5, a decorrere dal 16 luglio 2006.*

128. ([1]) **Approvazione del concordato.** – Il concordato è approvato dai creditori che rappresentano la maggioranza dei crediti ammessi al voto. Ove siano previste diverse classi di creditori, il concordato è approvato se tale maggioranza si verifica inoltre nel maggior numero di classi ([2]).

I creditori che non fanno pervenire il loro dissenso nel termine fissato dal giudice delegato si ritengono consenzienti.

La variazione del numero dei creditori ammessi o dell'ammontare dei singoli crediti, che avvenga per effetto di un provvedimento emesso ([3]) successivamente alla scadenza del termine fissato dal giudice delegato per le votazioni, non influisce sul calcolo della maggioranza.

Quando il giudice delegato dispone il voto su più proposte di concordato ai sensi dell'articolo 125, secondo comma, terzo periodo, ultima parte, si considera approvata quella tra esse che ha conseguito il maggior numero di consensi a norma dei commi precedenti e, in caso di parità, la proposta presentata per prima ([4]).

([1]) *Questo articolo è stato così sostituito dall'art. 118 del D.L.vo 9 gennaio 2006, n. 5, a decorrere dal 16 luglio 2006.*

([2]) *I commi primo e secondo sono stati così sostituiti dall'attuale comma primo dall'art. 9, comma 7, lett.* a), *del D.L.vo 12 settembre 2007, n. 169, a decorrere dal 1° gennaio 2008.*

([3]) *Le parole: «una sentenza emessa» sono state così sostituite dalle attuali: «un provvedimento emesso» dall'art. 9, comma 7, lett.* b), *del D.L.vo 12 settembre 2007, n. 169, a decorrere dal 1° gennaio 2008.*

([4]) *Questo comma è stato aggiunto dall'art. 61, comma 2, della L. 18 giugno 2009, n. 69.*

129. ([1]) **Giudizio di omologazione.** – Decorso il termine stabilito per le votazioni, il curatore presenta al giudice delegato una relazione sul loro esito.

Se la proposta è stata approvata, il giudice delegato dispone che il curatore ne dia immediata comunicazione a mezzo posta elettronica certificata al proponente, affinchè richieda l'omologazione del concordato e ai creditori dissenzienti. Al fallito, se non è possibile procedere alla comunicazione con modalità telematica, la notizia dell'approvazione è comunicata mediante lettera raccomandata con avviso di ricevimento. Con decreto da pubblicarsi a norma dell'articolo 17, fissa un termine non inferiore a quindici giorni e non superiore a trenta giorni per la proposizione di eventuali opposizioni, anche da parte di qualsiasi altro interessato, e per il deposito da parte del comitato dei creditori di una relazione motivata col suo parere definitivo. Se il comitato dei creditori non provvede nel termine, la relazione è redatta e depositata dal curatore nei sette giorni successivi ([2]).

L'opposizione e la richiesta di omologazione si propongono con ricorso a norma dell'articolo 26.

Se nel termine fissato non vengono proposte opposizioni, il tribunale, verificata la regolarità della procedura e l'esito della votazione, omologa il concordato con decreto motivato non soggetto a gravame.

Se sono state proposte opposizioni, il tribunale assume i mezzi istruttori richiesti dalle parti o disposti di ufficio, anche delegando uno dei componenti del collegio. Nell'ipotesi di cui al secondo periodo del primo comma dell'articolo 128, se un creditore appartenente ad una classe dissenziente contesta la convenienza della proposta, il tribunale può omologare il concordato qualora ritenga che il credito possa risultare soddisfatto dal concordato in misura non inferiore rispetto alle alternative concretamente praticabili.

Il tribunale provvede con decreto motivato pubblicato a norma dell'articolo 17.

([1]) *Questo articolo, già sostituito dall'art. 119 del D.L.vo 9 gennaio 2006, n. 5, è stato ora così sostituito dall'art. 9, comma 8, del D.L.vo 12 settembre 2007, n. 169, a decorrere dal 1° gennaio 2008.*

([2]) *Questo comma è stato così sostituito dall'art. 17, comma 1, lett. o), del D.L. 18 ottobre 2012, n. 179, convertito, con modificazioni, nella L. 17 dicembre 2012, n. 221. A norma dell'art. 17, commi 4 e 5 del medesimo decreto, tali disposizioni si applicano dalla data di entrata in vigore della legge di conversione del predetto decreto, anche alle procedure di fallimento, di concordato preventivo, di liquidazione coatta amministrativa e di amministrazione straordinaria pendenti, rispetto alle quali, alla stessa data, non è stata effettuata la comunicazione rispettivamente prevista dagli articoli 92, 171, 207 del regio decreto 16 marzo 1942, n. 267 e dall'articolo 22 decreto legislativo 8 luglio 1999, n. 270. Per le procedure in cui, alla data di entrata in vigore della legge di conversione del predetto decreto, sia stata effettuata la comunicazione di cui al comma 4, le disposizioni di cui ai commi 1 e 2 del presente articolo si applicano a decorrere dal 31 ottobre 2013. Il curatore, il commissario giudiziale, il commissario liquidatore e il commissario straordinario entro il 30 giugno 2013 comunicano ai creditori e ai terzi titolari di diritti sui beni il loro indirizzo di posta elettronica certificata e li invitano a comunicare, entro tre mesi, l'indirizzo di posta elettronica certificata al quale ricevere tutte le comunicazioni relative alla procedura, avvertendoli di rendere nota ogni successiva variazione e che in caso di omessa indicazione le comunicazioni sono eseguite esclusivamente mediante deposito in cancelleria.*

130. ([1]) **Efficacia del decreto.** – La proposta di concordato diventa efficace dal momento in cui scadono i termini per opporsi all'omologazione, o dal momento in cui si esauriscono le impugnazioni previste dall'articolo 129.

Quando il decreto di omologazione diventa definitivo, il curatore rende conto della gestione ai sensi dell'articolo 116 ed il tribunale dichiara chiuso il fallimento.

([1]) *Questo articolo è stato così sostituito dall'art. 120 del D.L.vo 9 gennaio 2006, n. 5, a decorrere dal 16 luglio 2006.*

131. ([1]) **Reclamo.** – Il decreto del tribunale è reclamabile dinanzi alla corte di appello che pronuncia in camera di consiglio.

Il reclamo è proposto con ricorso da depositarsi nella cancelleria della corte d'appello nel termine perentorio di trenta giorni dalla notificazione del decreto fatta dalla cancelleria del tribunale.

Esso deve contenere i requisiti prescritti dall'articolo 18, secondo comma, numeri 1), 2), 3) e 4).

Il presidente, nei cinque giorni successivi al deposito del ricorso, designa il relatore, e fissa con decreto l'udienza di comparizione entro sessanta giorni dal deposito del ricorso.

Il ricorso, unitamente al decreto di fissazione dell'udienza, deve essere notificato, a cura del reclamante, entro dieci giorni dalla comunicazione del decreto, al curatore e alle altre parti, che si identificano, se non sono reclamanti, nel fallito, nel proponente e negli opponenti.

Tra la data della notificazione e quella dell'udienza deve intercorrere un termine non minore di trenta giorni.

Le parti resistenti devono costituirsi almeno dieci giorni prima della udienza, eleggendo il domicilio nel comune in cui ha sede la corte d'appello.

La costituzione si effettua mediante il deposito in cancelleria di una memoria contenente l'esposizione delle difese in fatto e in diritto, nonché l'indicazione dei mezzi di prova e dei documenti prodotti.

L'intervento di qualunque interessato non può aver luogo oltre il termine stabilito per la costituzione delle parti resistenti, con le modalità per queste previste.

All'udienza, il collegio, sentite le parti, assume, anche d'ufficio, i mezzi di prova, eventualmente delegando un suo componente.

La corte provvede con decreto motivato.

Il decreto è pubblicato a norma dell'articolo 17 e notificato alle parti, a cura della cancelleria, ed è impugnabile con ricorso per cassazione entro trenta giorni dalla notificazione.

([1]) *Questo articolo, già sostituito dall'art. 121 del D.L.vo 9 gennaio 2006, n. 5, è stato ora così sostituito dall'art. 9, comma 9, del D.L.vo 12 settembre 2007, n. 169, a decorrere dal 1° gennaio 2008.*

132. ([1]) [**Intervento del pubblico ministero.** – Il pubblico ministero interviene sia nel giudizio di primo grado sia nel giudizio di appello].

([1]) *Questo articolo è stato abrogato dall'art. 122 del D.L.vo 9 gennaio 2006, n. 5, a decorrere dal 16 luglio 2006.*

133. ([1]) [**Spese per l'omologazione.** – Alle spese di omologazione si provvede con le somme liquide del fallimento, mediante prelevamenti disposti dal giudice delegato.

Se non vi sono somme liquide, il giudice dispone che si proceda alle spese di omologazione con prenotazione a debito. Per il rimborso delle spese anticipate dall'erario si provvede a norma dell'art. 91].

([1]) *Questo articolo è stato abrogato dall'art. 122 del D.L.vo 9 gennaio 2006, n. 5, a decorrere dal 16 luglio 2006.*

134. ([1]) [**Rendiconto del curatore.** – Appena la sentenza di omologazione è passata in giudicato, il curatore deve rendere il conto a norma dell'art. 116].

([1]) *Questo articolo è stato abrogato dall'art. 122 del D.L.vo 9 gennaio 2006, n. 5, a decorrere dal 16 luglio 2006.*

135. Effetti del concordato. – Il concordato omologato è obbligatorio per tutti i creditori anteriori all'apertura del fallimento, compresi quelli che non hanno presentato domanda di ammissione al passivo. A questi però non si estendono le garanzie date nel concordato da terzi.

I creditori conservano la loro azione per l'intero credito contro i coobbligati, i fideiussori del fallito e gli obbligati in via di regresso.

136. Esecuzione del concordato. – Dopo l'omologazione del concordato il giudice delegato, il curatore e il comitato dei creditori ne sorvegliano l'adempimento, secondo le modalità stabilite nel decreto ([1]) di omologazione.

Le somme spettanti ai creditori contestati, condizionali o irreperibili sono depositate nei modi stabiliti dal giudice delegato.

Accertata la completa esecuzione del concordato, il giudice delegato ordina lo svincolo delle cauzioni e la cancellazione delle ipoteche iscritte a garanzia e adotta ogni misura idonea per il conseguimento delle finalità del concordato ([2]).

Il provvedimento è pubblicato ed affisso ai sensi dell'art. 17. Le spese sono a carico del debitore.

([1]) *Le parole: «nella sentenza» sono state così sostituite dalle attuali: «nel decreto» dall'art. 123, comma 1, lett.* a), *del D.L.vo 9 gennaio 2006, n. 5, a decorrere dal 16 luglio 2006.*

([2]) *Questo comma è stato così sostituito dall'art. 123, comma 1, lett.* b), *del D.L.vo 9 gennaio 2006, n. 5, a decorrere dal 16 luglio 2006.*

137. ([1]) **Risoluzione del concordato.** – Se le garanzie promesse non vengono costituite o se il proponente non adempie regolarmente gli obblighi derivanti dal concordato, ciascun creditore può chiederne la risoluzione.

Si applicano le disposizioni dell'articolo 15 in quanto compatibili.

Al procedimento è chiamato a partecipare anche l'eventuale garante.

La sentenza che risolve il concordato riapre la procedura di fallimento ed è provvisoriamente esecutiva.

La sentenza è reclamabile ai sensi dell'articolo 18.

Il ricorso per la risoluzione deve proporsi entro un anno dalla scadenza del termine fissato per l'ultimo adempimento previsto nel concordato.

Le disposizioni di questo articolo non si applicano quando gli obblighi derivanti dal concordato sono stati assunti dal proponente o da uno o più creditori con liberazione immediata del debitore. Non possono proporre istanza di risoluzione i creditori del fallito verso cui il terzo, ai sensi dell'articolo 124, non abbia assunto responsabilità per effetto del concordato.

([1]) *Questo articolo, già sostituito dall'art. 124 del D.L.vo 9 gennaio 2006, n. 5, è stato ora così sostituito dall'art. 9, comma 10, del D.L.vo 12 settembre 2007, n. 169, a decorrere dal 1° gennaio 2008.*

138. ([1]) **Annullamento del concordato.** – Il concordato omologato può essere annullato dal tribunale, su istanza del curatore o di qualunque creditore, in contraddittorio con il debitore, quando si scopre che è stato dolosamente esagerato il passivo, ovvero sottratta o dissimulata una parte rilevante dell'attivo. Non è ammessa alcuna altra azione di nullità. Si procede a norma dell'articolo 137.

La sentenza che annulla il concordato riapre la procedura di fallimento ed è provvisoriamente esecutiva. Essa è reclamabile ai sensi dell'articolo 18.

Il ricorso per l'annullamento deve proporsi nel termine di sei mesi dalla scoperta del dolo e, in ogni caso, non oltre due anni dalla scadenza del termine fissato per l'ultimo adempimento previsto nel concordato.

([1]) *Questo articolo è stato così sostituito dall'art. 9, comma 11, del D.L.vo 12 settembre 2007, n. 169, a decorrere dal 1° gennaio 2008.*

139. ([1]) **Provvedimenti conseguenti alla riapertura.** – La sentenza che riapre la procedura a norma degli articoli 137 e 138 provvede ai sensi dell'articolo 121.

([1]) *Questo articolo è stato così sostituito dall'art. 126 del D.L.vo 9 gennaio 2006, n. 5, a decorrere dal 16 luglio 2006.*

140. Effetti della riapertura. – Gli effetti della riapertura sono regolati dagli artt. 122 e 123.

Possono essere riproposte le azioni revocatorie già iniziate e interrotte per effetto del concordato.

I creditori anteriori conservano le garanzie per le somme tuttora ad essi dovute in base al concordato risolto o annullato e non sono tenuti a restituire quanto hanno già riscosso.

Essi concorrono per l'importo del primitivo credito, detratta la parte riscossa in parziale esecuzione del concordato.

141. (1) **Nuova proposta di concordato.** – Reso esecutivo il nuovo stato passivo, il proponente è ammesso a presentare una nuova proposta di concordato. Questo non può tuttavia essere omologato se prima dell'udienza a ciò destinata non sono depositate, nei modi stabiliti dal giudice delegato, le somme occorrenti per il suo integrale adempimento o non sono prestate garanzie equivalenti.

(1) *Questo articolo è stato così sostituito dall'art. 127 del D.L.vo 9 gennaio 2006, n. 5, a decorrere dal 16 luglio 2006.*

Capo IX
Della esdebitazione (1) (2)

(1) *L'originario Capo IX: «DELLA RIABILITAZIONE CIVILE» è stato così sostituito dall'attuale: «DELLA ESDEBITAZIONE» dall'art. 128 del D.L.vo 9 gennaio 2006, n. 5, a decorrere dal 16 luglio 2006.*

(2) *Si veda l'art. 19 del D.L.vo 12 settembre 2007, n. 169, che così dispone:*

«1. Le disposizioni di cui al Capo IX "della esdebitazione" del Titolo II del regio decreto 16 marzo 1942, n. 267 e successive modificazioni, si applicano anche alle procedure di fallimento pendenti alla data di entrata in vigore del decreto legislativo 9 gennaio 2006, n. 5.

«2. Qualora le procedure fallimentari di cui al comma 1 risultino chiuse alla data di entrata in vigore del presente decreto, la domanda di esdebitazione può essere presentata nel termine di un anno dalla medesima data».

142. Esdebitazione. – Il fallito persona fisica è ammesso al beneficio della liberazione dai debiti residui nei confronti dei creditori concorsuali non soddisfatti a condizione che:

1) abbia cooperato con gli organi della procedura, fornendo tutte le informazioni e la documentazione utile all'accertamento del passivo e adoperandosi per il proficuo svolgimento delle operazioni;

2) non abbia in alcun modo ritardato o contribuito a ritardare lo svolgimento della procedura;

3) non abbia violato le disposizioni di cui all'articolo 48;

4) non abbia beneficiato di altra esdebitazione nei dieci anni precedenti la richiesta;

5) non abbia distratto l'attivo o esposto passività insussistenti, cagionato o aggravato il dissesto rendendo gravemente difficoltosa la ricostruzione del patrimonio e del movimento degli affari o fatto ricorso abusivo al credito;

6) non sia stato condannato con sentenza passata in giudicato per bancarotta fraudolenta o per delitti contro l'economia pubblica, l'industria e il commercio, e altri delitti compiuti in connessione con l'esercizio dell'attività d'impresa, salvo che per tali reati sia intervenuta la riabilitazione. Se è in corso il procedimento penale per uno di tali reati, il tribunale sospende il procedimento fino all'esito di quello penale.

L'esdebitazione non può essere concessa qualora non siano stati soddisfatti, neppure in parte, i creditori concorsuali.

Restano esclusi dall'esdebitazione:

a) gli obblighi di mantenimento e alimentari e comunque le obbligazioni derivanti da rapporti estranei all'esercizio dell'impresa (1);

b) i debiti per il risarcimento dei danni da fatto illecito extracontrattuale nonché le sanzioni penali ed amministrative di carattere pecuniario che non siano accessorie a debiti estinti.

Sono salvi i diritti vantati dai creditori nei confronti di coobbligati, dei fideiussori del debitore e degli obbligati in via di regresso.

(1) *Le parole: «non compresi nel fallimento ai sensi dell'articolo 46» sono state così sostituite dalle attuali: «estranei all'esercizio dell'impresa» dall'art. 10, comma 1, del D.L.vo 12 settembre 2007, n. 169, a decorrere dal 1° gennaio 2008.*

143. (1) **Procedimento di esdebitazione.** – Il tribunale, con il decreto di chiusura del fallimento o su ricorso del debitore presentato entro l'anno successivo, verificate le condizioni di cui all'articolo 142 e tenuto altresì conto dei comportamenti collaborativi del medesimo, sentito il curatore ed il comitato dei creditori, dichiara inesigibili nei confronti del debitore già dichiarato fallito i debiti concorsuali non soddisfatti integralmente. Il ricorso e il decreto del tribunale sono comunicati dal curatore ai creditori a mezzo posta elettronica certificata (2).

Contro il decreto che provvede sul ricorso, il debitore, i creditori non integralmente soddisfatti, il pubblico ministero e qualunque interessato possono proporre reclamo a norma dell'articolo 26.

(1) *La Corte costituzionale, con sentenza n. 181 del 30 maggio 2008, ha dichiarato l'illegittimità costituzio-*

nale di questo articolo nel testo introdotto a seguito della entrata in vigore del decreto legislativo 9 gennaio 2006, n. 5 (Riforma organica della disciplina delle procedure concorsuali a norma dell'art. 1, comma 5, della legge 14 maggio 2005, n. 80), limitatamente alla parte in cui esso, in caso di procedimento di esdebitazione attivato, ad istanza del debitore già dichiarato fallito, nell'anno successivo al decreto di chiusura del fallimento, non prevede la notificazione, a cura del ricorrente e nelle forme previste dagli artt. 137 e seguenti del codice di procedura civile, ai creditori concorrenti non integralmente soddisfatti, del ricorso col quale il debitore chiede di essere ammesso al beneficio della liberazione dai debiti residui nei confronti dei medesimi creditori, nonché del decreto col quale il giudice fissa l'udienza in camera di consiglio.

(2) *Questo periodo è stato aggiunto dall'art. 17, comma 1, lett. p), del D.L. 18 ottobre 2012, n. 179, convertito, con modificazioni, nella L. 17 dicembre 2012, n. 221. A norma dell'art. 17, commi 4 e 5 del medesimo decreto tali disposizioni si applicano dalla data di entrata in vigore della legge di conversione del predetto decreto, anche alle procedure di fallimento, di concordato preventivo, di liquidazione coatta amministrativa e di amministrazione straordinaria pendenti, rispetto alle quali, alla stessa data, non è stata effettuata la comunicazione rispettivamente prevista dagli articoli 92, 171, 207 del regio decreto 16 marzo 1942, n. 267 e dall'articolo 22 decreto legislativo 8 luglio 1999, n. 270. Per le procedure in cui, alla data di entrata in vigore della legge di conversione del predetto decreto, sia stata effettuata la comunicazione di cui al comma 4, le disposizioni di cui ai commi 1 e 2 del presente articolo si applicano a decorrere dal 31 ottobre 2013. Il curatore, il commissario giudiziale, il commissario liquidatore e il commissario straordinario entro il 30 giugno 2013 comunicano ai creditori e ai terzi titolari di diritti sui beni il loro indirizzo di posta elettronica certificata e li invitano a comunicare, entro tre mesi, l'indirizzo di posta elettronica certificata al quale ricevere tutte le comunicazioni relative alla procedura, avvertendoli di rendere nota ogni successiva variazione e che in caso di omessa indicazione le comunicazioni sono eseguite esclusivamente mediante deposito in cancelleria.*

144. Esdebitazione per i crediti concorsuali non concorrenti. – Il decreto di accoglimento della domanda di esdebitazione produce effetti anche nei confronti dei creditori anteriori alla apertura della procedura di liquidazione che non hanno presentato la domanda di ammissione al passivo; in tale caso, l'esdebitazione opera per la sola eccedenza alla percentuale attribuita nel concorso ai creditori di pari grado (1).

(1) *Le parole: «rispetto a quanto i creditori avrebbero avuto diritto di percepire nel concorso» sono state così sostituite dalle attuali: «alla percentuale attribuita nel concorso ai creditori di pari grado» dall'art. 10, comma 2, del D.L.vo 12 settembre 2007, n. 169, a decorrere dal 1° gennaio 2008.*

145. (1) **[Condanne penali che ostano alla riabilitazione. –** In nessun caso la riabilitazione può essere concessa se il fallito è stato condannato per bancarotta fraudolenta o per delitti contro il patrimonio, la fede pubblica, l'economia pubblica, l'industria e il commercio, salvo che per tali reati sia intervenuta la riabilitazione prevista dalla legge penale.

Se è in corso il procedimento per uno di tali reati, il tribunale sospende di pronunziare sull'istanza fino all'esito del procedimento].

(1) *Questo articolo è stato abrogato dall'art. 129 del D.L.vo 9 gennaio 2006, n. 5, a decorrere dal 16 luglio 2006.*

Capo X
Del fallimento delle società

146. (1) **Amministratori, direttori generali, componenti degli organi di controllo, liquidatori e soci di società a responsabilità limitata. –** Gli amministratori e i liquidatori della società sono tenuti agli obblighi imposti al fallito dall'articolo 49. Essi devono essere sentiti in tutti i casi in cui la legge richiede che sia sentito il fallito.

Sono esercitate dal curatore previa autorizzazione del giudice delegato, sentito il comitato dei creditori:

a) le azioni di responsabilità contro gli amministratori, i componenti degli organi di controllo, i direttori generali e i liquidatori;

b) l'azione di responsabilità contro i soci della società a responsabilità limitata, nei casi previsti dall'articolo 2476, comma settimo, del codice civile.

(1) *Questo articolo è stato così sostituito dall'art. 130 del D.L.vo 9 gennaio 2006, n. 5, a decorrere dal 16 luglio 2006.*

147. (1) **Società con soci a responsabilità illimitata. –** La sentenza che dichiara il fallimento di una società appartenente ad uno dei tipi regolati nei capi III, IV e VI del titolo V del libro V del codice civile, produce anche il fallimento dei soci, pur se non persone fisiche, illimitatamente responsabili.

Il fallimento dei soci di cui al comma primo non può essere dichiarato decorso un anno dallo scioglimento del rapporto sociale o dalla cessazione della responsabilità illimitata, anche in caso di trasformazione, fusione o scissione, se sono state osservate le formalità per rendere noti ai terzi i fatti indicati. La dichiarazione di fallimento è possibile solo se l'insolvenza della società attenga, in tutto o in parte, a debiti esistenti alla data della cessazione della responsabilità illimitata.

Il tribunale, prima di dichiarare il fallimento dei soci illimitatamente responsabili, deve disporne la convocazione a norma dell'articolo 15.

Se dopo la dichiarazione di fallimento della società risulta l'esistenza di altri soci illimitatamente responsabili, il tribunale, su istanza del curatore, di un creditore, di un socio fallito, dichiara il fallimento dei medesimi.

Allo stesso modo si procede qualora dopo la dichiarazione di fallimento di un imprenditore individuale risulti che l'impresa è riferibile ad una società di cui il fallito è socio illimitatamente responsabile.

Contro la sentenza del tribunale è ammesso reclamo ([2]) a norma dell'articolo 18.

In caso di rigetto della domanda, contro il decreto del tribunale l'istante può proporre reclamo alla corte d'appello a norma dell'articolo 22.

([1]) *Questo articolo è stato così sostituito dall'art. 131 del D.L.vo 9 gennaio 2006, n. 5, a decorrere dal 16 luglio 2006.*

([2]) *La parola: «appello» è stata così sostituita dall'attuale: «reclamo» dall'art. 11, comma 1, del D.L.vo 12 settembre 2007, n. 169, a decorrere dal 1° gennaio 2008.*

148. ([1]) **Fallimento della società e dei soci.** – Nei casi previsti dall'articolo 147, il tribunale nomina, sia per il fallimento della società, sia per quello dei soci un solo giudice delegato e un solo curatore, pur rimanendo distinte le diverse procedure. Possono essere nominati più comitati dei creditori.

Il patrimonio della società e quello dei singoli soci sono tenuti distinti.

Il credito dichiarato dai creditori sociali nel fallimento della società si intende dichiarato per l'intero e con il medesimo eventuale privilegio generale anche nel fallimento dei singoli soci. Il creditore sociale ha diritto di partecipare a tutte le ripartizioni fino all'integrale pagamento, salvo il regresso fra i fallimenti dei soci per la parte pagata in più della quota rispettiva.

I creditori particolari partecipano soltanto al fallimento dei soci loro debitori.

Ciascun creditore può contestare i crediti dei creditori con i quali si trova in concorso.

([1]) *Questo articolo è stato così sostituito dall'art. 132 del D.L.vo 9 gennaio 2006, n. 5, a decorrere dal 16 luglio 2006.*

149. Fallimento dei soci. – Il fallimento di uno o più soci illimitatamente responsabili non produce il fallimento della società.

150. Versamenti dei soci a responsabilità limitata. – Nel fallimento delle società con soci a responsabilità limitata il giudice delegato può, su proposta del curatore, ingiungere con decreto ai soci a responsabilità limitata e ai precedenti titolari delle quote o delle azioni di eseguire i versamenti ancora dovuti, quantunque non sia scaduto il termine stabilito per il pagamento.

Contro il decreto emesso a norma del primo comma può essere proposta opposizione ai sensi dell'articolo 645 del codice di procedura civile ([1]).

([1]) *Questo comma è stato aggiunto dall'art. 133, comma 1, del D.L.vo 9 gennaio 2006, n. 5, a decorrere dal 16 luglio 2006.*

151. ([1]) **Fallimento di società a responsabilità limitata: polizza assicurativa e fideiussione bancaria.** – Nei fallimenti di società a responsabilità limitata il giudice, ricorrendone i presupposti, può autorizzare il curatore ad escutere la polizza assicurativa o la fideiussione bancaria rilasciata ai sensi dell'articolo 2464, quarto e sesto comma, del codice civile.

([1]) *Questo articolo è stato così sostituito dall'art. 134 del D.L.vo 9 gennaio 2006, n. 5, a decorrere dal 16 luglio 2006.*

152. Proposta di concordato. – La proposta di concordato per la società fallita è sottoscritta da coloro che ne hanno la rappresentanza sociale.

La proposta e le condizioni del concordato, salva diversa disposizione dell'atto costitutivo o dello statuto:

a) nelle società di persone, sono approvate dai soci che rappresentano la maggioranza assoluta del capitale;

b) nelle società per azioni, in accomandita per azioni e a responsabilità limitata, nonché nelle società cooperative, sono deliberate dagli amministratori ([1]).

In ogni caso, la decisione o la deliberazione di cui alla lettera *b*), del secondo comma deve risultare da verbale redatto da notaio ed è depositata ed iscritta nel registro delle imprese a norma dell'articolo 2436 del codice civile.

([1]) *L'originario secondo comma è stato così sostituito dagli attuali secondo e terzo comma dall'art. 135 del D.L.vo 9 gennaio 2006, n. 5, a decorrere dal 16 luglio 2006.*

153. Effetti del concordato della società. – Salvo patto contrario, il concordato fatto da una società con soci a responsabilità illimitata ha efficacia anche di fronte ai soci e fa cessare il loro fallimento. [Tuttavia i creditori particolari possono apporsi a norma dell'articolo 129, secondo comma, alla chiusura del fallimento del socio loro debitore] ([1]).

Contro il decreto di chiusura del fallimento del socio è ammesso reclamo a norma dell'articolo 26 ([2]).

([1]) *Le parole fra parentesi quadrate sono state soppresse dall'art. 136, comma 1, lett.* a), *del D.L.vo 9 gennaio 2006, n. 5, a decorrere dal 16 luglio 2006.*

([2]) *Questo comma è stato così sostituito dall'art. 136, comma 1, lett.* b), *del D.L.vo 9 gennaio 2006, n. 5, a decorrere dal 16 luglio 2006. Si riporta il testo precedente:*

«Sull'opposizione decide il tribunale con sentenza in camera di consiglio non soggetta a gravame».

154. Concordato particolare del socio. – Nel fallimento di una società con soci a responsabilità illimitata, ciascuno dei soci dichiarato fallito può proporre un concordato ai creditori sociali e particolari concorrenti nel proprio fallimento.

Capo XI
Dei patrimoni destinati ad uno specifico affare ([1])

([1]) *L'originaria rubrica: «DEL PROCEDIMENTO SOMMARIO» è stata così sostituita dall'art. 137 del D.L.vo 9 gennaio 2006, n. 5, a decorrere dal 16 luglio 2006.*

155. ([1]) **Patrimoni destinati ad uno specifico affare.** – Se è dichiarato il fallimento della società, l'amministrazione del patrimonio destinato previsto dall'articolo 2447 *bis*, primo comma, lettera *a*), del codice civile è attribuita al curatore che vi provvede con gestione separata.

Il curatore provvede a norma dell'articolo 107 alla cessione a terzi del patrimonio, al fine di conservarne la funzione produttiva. Se la cessione non è possibile, il curatore provvede alla liquidazione del patrimonio secondo le regole della liquidazione della società in quanto compatibili.

Il corrispettivo della cessione al netto dei debiti del patrimonio o il residuo attivo della liquidazione sono acquisiti dal curatore nell'attivo fallimentare, detratto quanto spettante ai terzi che vi abbiano effettuato apporti, ai sensi dell'articolo 2447 *ter*, primo comma, lettera *d*), del codice civile.

([1]) *Questo articolo è stato così sostituito dall'art. 138 del D.L.vo 9 gennaio 2006, n. 5, a decorrere dal 16 luglio 2006.*

156. ([1]) **Patrimonio destinato incapiente; violazione delle regole di separatezza.** – Se a seguito del fallimento della società o nel corso della gestione il curatore rileva che il patrimonio destinato è incapiente provvede, previa autorizzazione del giudice delegato, alla sua liquidazione secondo le regole della liquidazione della società in quanto compatibili.

I creditori particolari del patrimonio destinato possono presentare domanda di insinuazione al passivo del fallimento della società nei casi di responsabilità sussidiaria o illimitata previsti dall'articolo 2447 *quinquies*, terzo e quarto comma, del codice civile.

Se risultano violate le regole di separatezza fra uno o più patrimoni destinati costituiti dalla società e il patrimonio della società medesima, il curatore può agire in responsabilità contro gli amministratori e i componenti degli organi di controllo della società ai sensi dell'articolo 146.

([1]) *Questo articolo è stato così sostituito dall'art. 139 del D.L.vo 9 gennaio 2006, n. 5, a decorrere dal 16 luglio 2006.*

157. ([1]) [**Accertamento del passivo.** – Il curatore forma l'elenco dei creditori in base alle scritture contabili, alle dichiarazioni del debitore e alle altre notizie che può assumere.

L'elenco, con i documenti giustificativi, è trasmesso al giudice, il quale procede alla formazione dello stato passivo e lo rende esecutivo con decreto. Lo stato passivo col decreto del giudice è depositato in cancelleria e chiunque può prenderne visione.

Il curatore dà notizia mediante lettera raccomandata a ciascun creditore, entro tre giorni dal deposito, del provvedimento che lo riguarda.

Entro quindici giorni dal deposito dello stato passivo in cancelleria i creditori non ammessi possono proporre reclamo avanti al giudice. Nello stesso termine possono essere proposte le contestazioni dei crediti ammessi da parte di altri creditori.

Il giudice stabilisce l'udienza di discussione delle contestazioni e dei reclami. Egli tenta di definire amichevolmente le questioni e, in caso di risultato negativo, pronuncia unica sentenza].

([1]) *Questo articolo è stato abrogato dall'art. 140 del D.L.vo 9 gennaio 2006, n. 5, a decorrere dal 16 luglio 2006.*

158. ([1]) [**Domande di rivendicazione, restituzione e separazione di cose mobili.** – Le disposizioni dell'articolo precedente si applicano anche alle domande di rivendicazione, restituzione e separazione di cose mobili possedute dal fallito].

([1]) *Questo articolo è stato abrogato dall'art. 140 del D.L.vo 9 gennaio 2006, n. 5, a decorrere dal 16 luglio 2006.*

159. ([1]) [**Concordato.** – La proposta del concordato è approvata se riporta il consenso della maggioranza di numero e di somma dei creditori che hanno diritto al voto.

Il giudice, accertato il concorso delle maggioranze indicate nel comma precedente e qualora ritenga tuttora conveniente il concordato, lo approva con decreto e dispone per la sua esecuzione.

Contro il decreto che approva o respinge il concordato non è ammesso gravame].

([1]) *Questo articolo è stato abrogato dall'art. 140 del D.L.vo 9 gennaio 2006, n. 5, a decorrere dal 16 luglio 2006.*

Titolo III
Del concordato preventivo e degli accordi di ristrutturazione ([1])

([1]) *Le parole: «E DEGLI ACCORDI DI RISTRUTTURAZIONE» sono state aggiunte dall'art. 2, comma 1, lett.* c)*, del D.L. 14 marzo 2005, n. 35, convertito, con modificazioni, nella L. 14 maggio 2005, n. 80.*

Capo I
Dell'ammissione alla procedura di concordato preventivo

160. ([1]) **Presupposti** ([2]) **per l'ammissione alla procedura.** – L'imprenditore che si trova in stato di crisi può proporre ai creditori un concordato preventivo sulla base di un piano che può prevedere:

a) la ristrutturazione dei debiti e la soddisfazione dei crediti attraverso qualsiasi forma, anche mediante cessione dei beni, accollo, o altre operazioni straordinarie, ivi compresa l'attribuzione ai creditori, nonché a società da questi partecipate, di azioni, quote, ovvero obbligazioni, anche convertibili in azioni, o altri strumenti finanziari e titoli di debito;

b) l'attribuzione delle attività delle imprese interessate dalla proposta di concordato ad un assuntore; possono costituirsi come assuntori anche i creditori o società da questi partecipate o da costituire nel corso della procedura, le azioni delle quali siano destinate ad essere attribuite ai creditori per effetto del concordato;

c) la suddivisione dei creditori in classi secondo posizione giuridica e interessi economici omogenei;

d) trattamenti differenziati tra creditori appartenenti a classi diverse.

La proposta può prevedere che i creditori muniti di privilegio, pegno o ipoteca, non vengano soddisfatti integralmente, purché il piano ne preveda la soddisfazione in misura non inferiore a quella realizzabile, in ragione della collocazione preferenziale, sul ricavato in caso di liquidazione, avuto riguardo al valore di mercato attribuibile ai beni o diritti sui quali sussiste la causa di prelazione indicato nella relazione giurata di un professionista in possesso dei requisiti di cui all'art. 67, terzo comma, lettera *d*). Il trattamento stabilito per ciascuna classe non può avere l'effetto di alterare l'ordine delle cause legittime di prelazione ([3]).

Ai fini di cui al primo comma per stato di crisi si intende anche lo stato di insolvenza ([4]).

In ogni caso la proposta di concordato deve assicurare il pagamento di almeno il venti per cento dell'ammontare dei crediti chirografari. La disposizione di cui al presente comma non si applica al concordato con continuità aziendale di cui all'articolo 186 *bis* ([5]).

([1]) *Questo articolo è stato così sostituito dall'art. 2, comma 1, lett.* d)*, del D.L. 14 marzo 2005, n. 35, convertito, con modificazioni, nella L. 14 maggio 2005, n. 80.*

A norma dell'art. 2, comma 2 bis, dello stesso provvedimento, queste disposizioni si applicano altresì ai procedimenti di concordato preventivo pendenti e non ancora omologati alla data di entrata in vigore del predetto decreto.

([2]) *La parola: «Condizioni» è stata così sostituita dall'attuale: «Presupposti» dall'art. 12, comma 1, del D.L.vo 12 settembre 2007, n. 169, a decorrere dal 1° gennaio 2008.*

([3]) *Questo comma è stato inserito dall'art. 12, comma 2, del D.L.vo 12 settembre 2007, n. 169, a decorrere dal 1° gennaio 2008.*

([4]) *Questo comma è stato aggiunto dall'art. 36, del D.L. 30 dicembre 2005, n. 273, convertito, con modificazioni, nella L. 23 febbraio 2006, n. 51.*

([5]) *Questo comma è stato aggiunto dall'art. 4, comma 1, lett.* a)*, del D.L. 27 giugno 2015, n. 83, convertito, con modificazioni, nella L. 6 agosto 2015, n. 132.*

A norma dell'art. 23, comma 1, del medesimo provvedimento, queste disposizioni si applicano ai procedimenti di concordato preventivo introdotti successivamente all'entrata in vigore della legge di conversione del presente decreto.

161. ([1]) **Domanda di concordato.** – La domanda per l'ammissione alla procedura di concordato preventivo è proposta con ricorso, sottoscritto dal debitore, al tribunale del luogo in cui l'impresa ha la propria sede principale; il trasferimento della stessa intervenuto nell'anno antecedente al deposito del ricorso non rileva ai fini della individuazione della competenza.

Il debitore deve presentare con il ricorso:

a) una aggiornata relazione sulla situazione patrimoniale, economica e finanziaria dell'impresa;

b) uno stato analitico ed estimativo delle attività e l'elenco nominativo dei creditori, con l'indicazione dei rispettivi crediti e delle cause di prelazione;

c) l'elenco dei titolari dei diritti reali o personali su beni di proprietà o in possesso del debitore;

d) il valore dei beni e i creditori particolari degli eventuali soci illimitatamente responsabili;

e) un piano contenente la descrizione analitica delle modalità e dei tempi di adempimento della proposta; in ogni caso, la proposta deve indicare l'utilità specificamente individuata ed economicamente valutabile che il proponente si obbliga ad assicurare a ciascun creditore ([2]) ([3]).

Il piano e la documentazione di cui ai commi precedenti devono essere accompagnati dalla relazione di un professionista, designato dal debitore, ([4]) in possesso dei requisiti di cui all'art. 67, terzo comma, lett. *d*), che attesti la veridicità dei dati aziendali e la fattibilità del piano medesimo. Analoga relazione deve essere presentata nel caso di modifiche sostanziali della proposta o del piano ([5]) ([6]).

Per la società la domanda deve essere approvata e sottoscritta a norma dell'articolo 152.

La domanda di concordato è comunicata al pubblico ministero ed è pubblicata, a cura del cancelliere, nel registro delle imprese entro il giorno successivo al deposito in cancelleria ([7]). Al pubblico ministero è trasmessa altresì copia degli atti e documenti depositati a norma del secondo e del terzo comma, nonché copia della relazione del commissario giudiziale prevista dall'articolo 172 ([8]) ([9]).

L'imprenditore può depositare il ricorso contenente la domanda di concordato unitamente ai bilanci relativi agli ultimi tre esercizi e all'elenco nominativo dei creditori con l'indicazione dei rispettivi crediti ([10]), riservandosi di presentare la proposta, il piano e la documentazione di cui ai commi secondo e terzo entro un termine fissato dal giudice, compreso fra sessanta e centoventi giorni e prorogabile, in presenza di giustificati motivi, di non oltre sessanta giorni. Nello stesso termine, in alternativa e con conservazione sino all'omologazione degli effetti prodotti dal ricorso, il debitore può depositare domanda ai sensi dell'articolo 182 *bis*, primo comma. In mancanza, si applica l'articolo 162, commi secondo e terzo. Con decreto motivato che fissa il termine di cui al primo periodo il tribunale può nominare il commissario giudiziale di cui all'articolo 163, secondo comma, n. 3; si applica l'articolo 170, secondo comma ([11]). Il commissario giudiziale, quando accerta che il debitore ha posto in essere una delle condotte previste dall'articolo 173, deve riferirne immediatamente al tribunale che, nelle forme del procedimento di cui all'articolo 15 e verificata la sussistenza delle condotte stesse, può, con decreto, dichiarare improcedibile la domanda e, su istanza del creditore o su richiesta del pubblico ministero, accertati i presupposti di cui agli articoli 1 e 5, dichiara il fallimento del debitore con contestuale sentenza reclamabile a norma dell'articolo 18 ([11]) ([12]).

Dopo il deposito del ricorso e fino al decreto di cui all'articolo 163 il debitore può compiere gli atti urgenti di straordinaria amministrazione previa autorizzazione del tribunale, il quale può assumere sommarie informazioni e deve acquisire il parere del commissario giudiziale, se nominato ([13]). Nello stesso periodo e a decorrere dallo stesso termine il debitore può altresì compiere gli atti di ordinaria amministrazione. I crediti di terzi eventualmente sorti per effetto degli atti legalmente compiuti dal debitore sono prededucibili ai sensi dell'articolo 111 ([12]).

Con il decreto che fissa il termine di cui al sesto comma, primo periodo, il tribunale deve disporre gli obblighi informativi periodici, anche relativi alla gestione finanziaria dell'impresa e all'attività compiuta ai fini della predisposizione della proposta e del piano, che il debitore deve assolvere, con periodicità almeno mensile e sotto la vigilanza del commissario giudiziale se nominato, sino alla scadenza del termine fissato. Il debitore, con periodicità mensile, deposita una situazione finanziaria dell'impresa che, entro il giorno successivo, è pubblicata nel registro delle imprese a cura del cancelliere. In caso di violazione di tali obblighi, si applica l'articolo 162, commi secondo e terzo. Quando risulta che l'attività compiuta dal debitore è manifestamente inidonea alla predisposizione della proposta e del piano, il tribunale, anche d'ufficio, sentito il debitore e il commissario giudiziale se nominato, abbrevia il termine fissato con il decreto di cui al sesto comma, primo periodo. Il tribunale può in ogni momento sentire i creditori ([14]).

La domanda di cui al sesto comma è inammissibile quando il debitore, nei due anni precedenti, ha presentato altra domanda ai sensi del medesimo comma alla quale non abbia fatto seguito l'ammissione alla procedura di concordato preventivo o l'omologazione dell'accordo di ristrutturazione dei debiti ([12]).

Fermo restando quanto disposto dall'articolo 22, primo comma, quando pende il procedimento per la dichiarazione di fallimento il termine di cui al sesto comma del presente articolo è di sessanta giorni, prorogabili, in presenza di giustificati motivi, di non oltre sessanta giorni ([12]).

([1]) *Questo articolo è stato così sostituito dall'art. 2, comma 1, lett.* e), *del D.L. 14 marzo 2005, n. 35, convertito, con modificazioni, nella L. 14 maggio 2005, n. 80.*

A norma dell'art. 2, comma 2 bis, *dello stesso provvedimento, queste disposizioni si applicano altresì ai procedimenti di concordato preventivo pendenti e non ancora omologati alla data di entrata in vigore del predetto decreto.*

([2]) *Le parole: «; in ogni caso, la proposta deve indicare l'utilità specificamente individuata ed economicamente valutabile che il proponente si obbliga ad assicurare a ciascun creditore» sono state aggiunte dall'art. 4, comma 1, lett.* b), *n. 1), del D.L. 27 giugno 2015, n. 83, convertito, con modificazioni, nella L. 6 agosto 2015, n. 132.*

A norma dell'art. 23, comma 1, del medesimo provvedimento, queste disposizioni si applicano ai procedimenti di concordato preventivo introdotti successivamente all'entrata in vigore della legge di conversione del presente decreto.

([3]) *Questa lettera è stata aggiunta dall'art. 33, comma 1, lett.* b), *n. 1), del D.L. 22 giugno 2012, n. 83, convertito, con modificazioni, nella L. 7 agosto 2012, n. 134. A norma dell'art. 33, comma 3, del medesimo decreto tali disposizioni si applicano ai procedimenti di concordato preventivo e per l'omologazione di accordi di ristrutturazione dei debiti introdotti dal trentesimo giorno successivo a quello di entrata in vigore della legge di conversione del presente decreto, nonché ai piani di cui al comma 1, lettera* a), *n. 1) elaborati successivamente al predetto termine.*

([4]) *Le parole: «, designato dal debitore,» sono state aggiunte dall'art. 33, comma 1, lett.* b), *n. 2), punto* a), *del D.L. 22 giugno 2012, n. 83, convertito, con modificazioni, nella L. 7 agosto 2012, n. 134. A norma dell'art. 33, comma 3, del medesimo decreto tali disposizioni si applicano ai procedimenti di concordato preventivo e per l'omologazione di accordi di ristrutturazione dei debiti introdotti dal trentesimo giorno successivo a quello di entrata in vigore della legge di conversione del presente decreto, nonché ai piani di cui al comma 1, lettera* a), *n. 1), elaborati successivamente al predetto termine.*

([5]) *Questo periodo è stato aggiunto dall'art. 33, comma 1, lett.* b), *n. 2), punto* b), *del D.L. 22 giugno 2012, n. 83, convertito, con modificazioni, nella L. 7 agosto 2012, n. 134. A norma dell'art. 33, comma 3, del medesimo decreto tali disposizioni si applicano ai procedimenti di concordato preventivo e per l'omologazione di accordi di ristrutturazione dei debiti introdotti dal trentesimo giorno successivo a quello di entrata in vigore della legge di conversione del presente decreto, nonché ai piani di cui al comma 1, lettera* a), *n. 1), elaborati successivamente al predetto termine.*

([6]) *Questo comma è stato così sostituito dall'art. 12, comma 3, lett.* a), *del D.L.vo 12 settembre 2007, n. 169, a decorrere dal 1° gennaio 2008. Si riporta il testo precedente:*

«Il piano e la documentazione di cui ai commi precedenti devono essere accompagnati dalla relazione di un professionista di cui all'articolo 28 che attesti la veridicità dei dati aziendali e la fattibilità del piano medesimo».

([7]) *Le parole: «ed è pubblicata, a cura del cancelliere, nel registro delle imprese entro il giorno successivo al deposito in cancelleria» sono state aggiunte dall'art. 33, comma 1, lett.* b), *n. 3), del D.L. 22 giugno 2012, n. 83, convertito, con modificazioni, nella L. 7 agosto 2012, n. 134. A norma dell'art. 33, comma 3, del medesimo decreto tali disposizioni si applicano ai procedimenti di concordato preventivo e per l'omologazione di accordi di ristrutturazione dei debiti introdotti dal trentesimo giorno successivo a quello di entrata in vigore della legge di conversione del presente decreto, nonché ai piani di cui al comma 1, lettera* a), *n. 1), elaborati successivamente al predetto termine.*

([8]) *Questo periodo è stato aggiunto dall'art. 4, comma 1, lett.* b), *n. 2), del D.L. 27 giugno 2015, n. 83, convertito, con modificazioni, nella L. 6 agosto 2015, n. 132.*

A norma dell'art. 23, comma 1, del medesimo provvedimento, queste disposizioni si applicano ai procedimenti di concordato preventivo introdotti successivamente all'entrata in vigore della legge di conversione del presente decreto.

([9]) *Questo comma è stato aggiunto dall'art. 12, comma 3, lett.* b), *del D.L.vo 12 settembre 2007, n. 169, a decorrere dal 1° gennaio 2008.*

([10]) *Le parole: «e all'elenco nominativo dei creditori con l'indicazione dei rispettivi crediti» sono state aggiunte dall'art. 82, comma 1, lett.* a), *del D.L. 21 giu-*

gno 2013, n. 69, convertito, con modificazioni, nella L. 9 agosto 2013, n. 98.

([11]) *Questo periodo è stato aggiunto dall'art. 82, comma 1, lett.* b), *del D.L. 21 giugno 2013, n. 69, convertito, con modificazioni, nella L. 9 agosto 2013, n. 98.*

([12]) *Questo comma è stato aggiunto dall'art. 33, comma 1, lett.* b), *n. 4), del D.L. 22 giugno 2012, n. 83, convertito, con modificazioni, nella L. 7 agosto 2012, n. 134. A norma dell'art. 33, comma 3, del medesimo decreto tali disposizioni si applicano ai procedimenti di concordato preventivo e per l'omologazione di accordi di ristrutturazione dei debiti introdotti dal trentesimo giorno successivo a quello di entrata in vigore della legge di conversione del presente decreto, nonché ai piani di cui al comma 1, lettera* a), *n. 1), elaborati successivamente al predetto termine.*

([13]) *Le parole: «e deve acquisire il parere del commissario giudiziale, se nominato» sono state inserite dall'art. 82, comma 2, del D.L. 21 giugno 2013, n. 69, convertito, con modificazioni, nella L. 9 agosto 2013, n. 98.*

([14]) *Questo comma aggiunto dall'art. 33, comma 1, lett.* b), *n. 4), del D.L. 22 giugno 2012, n. 83, convertito, con modificazioni, nella L. 7 agosto 2012, n. 134, è stato così sostituito dall'art. 82, comma 3, del D.L. 21 giugno 2013, n. 69, convertito, con modificazioni, nella L. 9 agosto 2013, n. 98.*

162. ([1]) **Inammissibilità della proposta.** – Il Tribunale può concedere al debitore un termine non superiore a quindici giorni per apportare integrazioni al piano e produrre nuovi documenti.

Il Tribunale, se all'esito del procedimento verifica che non ricorrono i presupposti di cui agli articoli 160, commi primo e secondo, e 161, sentito il debitore in camera di consiglio, con decreto non soggetto a reclamo dichiara inammissibile la proposta di concordato. In tali casi il Tribunale, su istanza del creditore o su richiesta del pubblico ministero, accertati i presupposti di cui agli articoli 1 e 5 dichiara il fallimento del debitore.

Contro la sentenza che dichiara il fallimento è proponibile reclamo a norma dell'articolo 18. Con il reclamo possono farsi valere anche motivi attinenti all'ammissibilità della proposta di concordato.

([1]) *Questo articolo è stato così sostituito dall'art. 12, comma 4, del D.L.vo 12 settembre 2007, n. 169, a decorrere dal 1° gennaio 2008.*

163. ([1]) ([2]) **Ammissione alla procedura e proposte concorrenti** ([3]). – Il tribunale, ove non abbia provveduto a norma dell'articolo 162, commi primo e secondo, ([4]) con decreto non soggetto a reclamo, dichiara aperta la procedura di concordato preventivo; ove siano previste diverse classi di creditori, il tribunale provvede analogamente previa valutazione della correttezza dei criteri di formazione delle diverse classi.

Con il provvedimento di cui al primo comma, il tribunale:

1) delega un giudice alla procedura di concordato;

2) ordina la convocazione dei creditori non oltre centoventi ([5]) giorni dalla data del provvedimento e stabilisce il termine per la comunicazione di questo ai creditori;

2 *bis*) in relazione al numero dei creditori e alla entità del passivo, può stabilire che l'adunanza sia svolta in via telematica con modalità idonee a salvaguardare il contraddittorio e l'effettiva partecipazione dei creditori, anche utilizzando le strutture informatiche messe a disposizione della procedura da soggetti terzi ([6]);

3) nomina il commissario giudiziale osservate le disposizioni degli articoli 28 e 29;

4) stabilisce il termine non superiore a quindici giorni entro il quale il ricorrente deve depositare nella cancelleria del tribunale la somma pari al 50 per cento delle spese che si presumono necessarie per l'intera procedura, ovvero la diversa minor somma, non inferiore al 20 per cento di tali spese, che sia determinata dal giudice. Su proposta del commissario giudiziale, il giudice delegato può disporre che le somme riscosse vengano investite secondo quanto previsto dall'articolo 34, primo comma ([7]);

4 *bis*) ordina al ricorrente di consegnare al commissario giudiziale entro sette giorni copia informatica o su supporto analogico delle scritture contabili e fiscali obbligatorie ([8]).

Qualora non sia eseguito il deposito prescritto, il commissario giudiziale provvede a norma dell'articolo 173, primo comma ([9]).

Uno o più creditori che, anche per effetto di acquisti successivi alla presentazione della domanda di cui all'articolo 161, rappresentano almeno il dieci per cento dei crediti risultanti dalla situazione patrimoniale depositata ai sensi dell'articolo 161, secondo comma, lettera *a*), possono presentare una proposta concorrente di concordato preventivo e il relativo piano non oltre trenta giorni prima dell'adunanza dei creditori. Ai fini del computo della percentuale del dieci per cento, non si considerano i crediti della società che controlla la società debitrice, delle società da questa controllate e di quelle sottoposte a comune controllo. La relazione di cui al comma terzo dell'articolo 161 può essere limitata alla fattibilità del piano per gli aspetti che non siano già oggetto di verifica da parte del commissario giudiziale, e può essere omessa qualora non ve ne siano ([10]).

Le proposte di concordato concorrenti non sono ammissibili se nella relazione di cui all'articolo 161, terzo comma, il professionista attesta che la proposta di concordato del debitore assicura il pagamento di almeno il quaranta per cento dell'ammontare dei crediti chirografari o, nel caso di concordato con continuità aziendale di cui all'articolo 186 *bis*, di almeno il trenta per cento dell'ammontare dei crediti chirografari. La proposta può prevedere l'intervento di terzi e, se il debitore ha la forma di società per azioni o a responsabilità limitata, può prevedere un aumento di capitale della società con esclusione o limitazione del diritto d'opzione ([10]).

I creditori che presentano una proposta di concordato concorrente hanno diritto di voto sulla medesima solo se collocati in una autonoma classe ([10]).

Qualora la proposta concorrente preveda diverse classi di creditori essa, prima di essere comunicata ai creditori ai sensi del secondo comma dell'articolo 171, deve essere sottoposta al giudizio del tribunale che verifica la correttezza dei criteri di formazione delle diverse classi ([10]).

([1]) *Questo articolo è stato così sostituito dall'art. 2, comma 1, lett.* f), *del D.L. 14 marzo 2005, n. 35, convertito, con modificazioni, nella L. 14 maggio 2005, n. 80.*

A norma dell'art. 2, comma 2 bis, *dello stesso provvedimento, queste disposizioni si applicano altresì ai procedimenti di concordato preventivo pendenti e non ancora omologati alla data di entrata in vigore del predetto decreto.*

([2]) *A norma dell'art. 17, comma 2* bis, *del D.L. 18 ottobre 2012, n. 179, convertito, con modificazioni, nella L. 17 dicembre 2012, n. 221, così come modificato dall'art. 1, comma 19, n. 3), della L. 24 dicembre 2012, n. 228, il curatore, il commissario giudiziale nominato a norma di questo articolo, il commissario liquidatore e il commissario giudiziale nominato a norma dell'articolo 8 del decreto legislativo 8 luglio 1999, n. 270, entro dieci giorni dalla nomina, comunicano al registro delle imprese, ai fini dell'iscrizione, il proprio indirizzo di posta elettronica certificata.*

([3]) *Le parole: «e proposte concorrenti» sono state aggiunte dall'art. 3, comma 1, lett.* a), *del D.L. 27 giugno 2015, n. 83, convertito, con modificazioni, nella L. 6 agosto 2015, n. 132.*

A norma dell'art. 23, comma 1, del medesimo provvedimento, queste disposizioni si applicano ai procedimenti di concordato preventivo introdotti successivamente all'entrata in vigore della legge di conversione del presente decreto.

([4]) *Le parole: «verificata la completezza e la regolarità della documentazione» sono state così sostituite dalle attuali: «ove non abbia provveduto a norma dell'articolo 162, commi primo e secondo,» dall'art. 12, comma 5, lett.* a), *del D.L.vo 12 settembre 2007, n. 169, a decorrere dal 1° gennaio 2008.*

([5]) *La parola: «trenta» è stata così sostituita dalla seguente: «centoventi» dall'art. 3, comma 1, lett.* b), *del D.L. 27 giugno 2015, n. 83, convertito, con modificazioni, nella L. 6 agosto 2015, n. 132.*

A norma dell'art. 23, comma 1, del medesimo provvedimento, queste disposizioni si applicano ai procedimenti di concordato preventivo introdotti successivamente all'entrata in vigore della legge di conversione del presente decreto.

([6]) *Questo numero è stato aggiunto dall'art. 6, comma 1, lett.* d), *del D.L. 3 maggio 2016, n. 59, convertito, con modificazioni, nella L. 30 giugno 2016, n. 119.*

([7]) *Le parole: «che si presume necessaria per l'intera procedura» sono state così sostituite dalle attuali da: «pari al 50 per cento ...» fino alla fine del comma, dall'art. 12, comma 5, lett.* b), *del D.L.vo 12 settembre 2007, n. 169, a decorrere dal 1° gennaio 2008.*

([8]) *Questo numero è stato aggiunto dall'art. 4, comma 1, lett.* c), *del D.L. 27 giugno 2015, n. 83, convertito, con modificazioni, nella L. 6 agosto 2015, n. 132.*

A norma dell'art. 23, comma 1, del medesimo provvedimento, queste disposizioni si applicano ai procedimenti di concordato preventivo introdotti successivamente all'entrata in vigore della legge di conversione del presente decreto.

([9]) *Le parole: «quarto comma» sono state così sostituite dalle attuali: «primo comma» dall'art. 12, comma 5, lett.* c), *del D.L.vo 12 settembre 2007, n. 169, a decorrere dal 1° gennaio 2008.*

([10]) *Questo comma è stato aggiunto dall'art. 3, comma 1, lett.* c), *del D.L. 27 giugno 2015, n. 83, convertito, con modificazioni, nella L. 6 agosto 2015, n. 132.*

A norma dell'art. 23, comma 1, del medesimo provvedimento, queste disposizioni si applicano ai procedimenti di concordato preventivo introdotti successivamente all'entrata in vigore della legge di conversione del presente decreto.

163 *bis*. ([1]) **Offerte concorrenti. –** Quando il piano di concordato di cui all'articolo 161, secondo comma, lettera *e*), comprende una offerta da parte di un soggetto già individuato avente ad oggetto il trasferimento in suo favore, anche prima dell'omologazione, verso un corrispettivo in denaro o comunque a titolo oneroso dell'azienda o di uno o più rami d'azienda o di specifici beni, il tribunale dispone la ricerca di interessati all'acquisto disponendo l'apertura di un procedimento competitivo a norma delle disposizioni previste dal secondo comma del presente articolo. Le disposizioni del presente articolo si applicano anche quando il debitore ha stipulato un contratto che comunque abbia la finalità del trasferimento non immediato dell'azienda, del ramo d'azienda o di specifici beni.

Il decreto che dispone l'apertura del procedimento competitivo stabilisce le modalità di presentazione di offerte irrevocabili, prevedendo che ne sia assicurata in ogni caso la comparabilità, i requisiti di partecipazione degli offerenti, le forme e i tempi di accesso alle informazioni rilevanti, gli eventuali limiti al loro utilizzo e le modalità con cui il commissario deve fornirle a coloro che ne fanno richiesta, la data dell'udienza per l'esame delle offerte, le modalità di svolgimento della procedura competitiva, le garanzie che devono essere prestate dagli offerenti e le forme di pubblicità del decreto. Con il medesimo decreto è in ogni caso disposta la pubblicità sul portale delle vendite pubbliche di cui all'articolo 490 del codice di procedura civile ed è stabilito l'aumento minimo del corrispettivo di cui al primo comma del presente articolo che le offerte devono prevedere.

L'offerta di cui al primo comma diviene irrevocabile dal momento in cui viene modificata l'offerta in conformità a quanto previsto dal decreto di cui al presente comma e viene prestata la garanzia stabilita con il medesimo decreto. Le offerte, da presentarsi in forma segreta, non sono efficaci se non conformi a quanto previsto dal decreto e, in ogni caso, quando sottoposte a condizione.

Le offerte sono rese pubbliche all'udienza fissata per l'esame delle stesse, alla presenza degli offerenti e di qualunque interessato. Se sono state presentate più offerte migliorative, il giudice dispone la gara tra gli offerenti. La gara può avere luogo alla stessa udienza o ad un'udienza immediatamente successiva e deve concludersi prima dell'adunanza dei creditori, anche quando il piano prevede che la vendita o l'aggiudicazione abbia luogo dopo l'omologazione. In ogni caso, con la vendita o con l'aggiudicazione, se precedente, a soggetto diverso da colui che ha presentato l'offerta di cui al primo comma, quest'ultimo è liberato dalle obbligazioni eventualmente assunte nei confronti del debitore e in suo favore il commissario dispone il rimborso delle spese e dei costi sostenuti per la formulazione dell'offerta entro il limite massimo del tre per cento del prezzo in essa indicato.

Il debitore deve modificare la proposta e il piano di concordato in conformità all'esito della gara.

La disciplina del presente articolo si applica, in quanto compatibile, anche agli atti da autorizzare ai sensi dell'articolo 161, settimo comma, nonché all'affitto di azienda o di uno o più rami di azienda.

(1) *Questo articolo è stato aggiunto dall'art. 2, comma 1, del D.L. 27 giugno 2015, n. 83, convertito, con modificazioni, nella L. 6 agosto 2015, n. 132.*

A norma dell'art. 23, comma 1, del medesimo provvedimento, tali disposizioni si applicano ai procedimenti di concordato preventivo introdotti successivamente all'entrata in vigore del presente decreto.

164. (1) **Decreti del giudice delegato.** – I decreti del giudice delegato sono soggetti a reclamo a norma dell'articolo 26.

(1) *Questo articolo è stato così sostituito dall'art. 141 del D.L.vo 9 gennaio 2006, n. 5, a decorrere dal 16 luglio 2006.*

165. Commissario giudiziale. – Il commissario giudiziale è, per quanto attiene all'esercizio delle sue funzioni, pubblico ufficiale.

Si applicano al commissario giudiziale gli artt. 36, 37, 38 e 39.

Il commissario giudiziale fornisce ai creditori che ne fanno richiesta, valutata la congruità della richiesta medesima e previa assunzione di opportuni obblighi di riservatezza, le informazioni utili per la presentazione di proposte concorrenti, sulla base delle scritture contabili e fiscali obbligatorie del debitore, nonché ogni altra informazione rilevante in suo possesso. In ogni caso si applica il divieto di cui all'articolo 124, comma primo, ultimo periodo (1).

La disciplina di cui al terzo comma si applica anche in caso di richieste, da parte di creditori o di terzi, di informazioni utili per la presentazione di offerte ai sensi dell'articolo 163 *bis* (1).

Il commissario giudiziale comunica senza ritardo al pubblico ministero i fatti che possono interessare ai fini delle indagini preliminari in sede penale e dei quali viene a conoscenza nello svolgimento delle sue funzioni (2).

(1) *Questo comma è stato aggiunto dall'art. 3, comma 2, del D.L. 27 giugno 2015, n. 83, convertito, con modificazioni, nella L. 6 agosto 2015, n. 132.*

A norma dell'art. 23, comma 1, del medesimo provvedimento, queste disposizioni si applicano ai procedimenti di concordato preventivo introdotti successivamente all'entrata in vigore della legge di conversione del presente decreto.

([2]) *Questo comma è stato aggiunto dall'art. 4, comma 1, lett.* d), *del D.L. 27 giugno 2015, n. 83, convertito, con modificazioni, nella L. 6 agosto 2015, n. 132.*

A norma dell'art. 23, comma 1, del medesimo provvedimento, queste disposizioni si applicano ai procedimenti di concordato preventivo introdotti successivamente all'entrata in vigore della legge di conversione del presente decreto.

166. ([1]) **Pubblicità del decreto.** – Il decreto è pubblicato, a cura del cancelliere, a norma dell'articolo 17 ([2]). Il tribunale può, inoltre, disporne la pubblicazione in uno o più giornali, da esso indicati.

Se il debitore possiede beni immobili o altri beni soggetti a pubblica registrazione, si applica la disposizione dell'articolo 88, secondo comma.

([1]) *Questo articolo è stato così sostituito dall'art. 142 del D.L.vo 9 gennaio 2006, n. 5, a decorrere dal 16 luglio 2006.*

([2]) *Questo periodo è stato così sostituito dall'art. 12, comma 6, del D.L.vo 12 settembre 2007, n. 169, a decorrere dal 1° gennaio 2008. Si riporta il testo precedente, in vigore dal 16 luglio 2006 al 31 dicembre 2007:*

«Il decreto è pubblicato, a cura del cancelliere, mediante affissione all'albo del tribunale e comunicato in via telematica per la iscrizione all'ufficio del registro delle imprese».

Capo II
Degli effetti dell'ammissione al concordato preventivo

167. Amministrazione dei beni durante la procedura. – Durante la procedura di concordato, il debitore conserva l'amministrazione dei suoi beni e l'esercizio dell'impresa, sotto la vigilanza del commissario giudiziale [e la direzione del giudice delegato] ([1]).

I mutui, anche sotto forma cambiaria, le transazioni, i compromessi, le alienazioni di beni immobili, le concessioni di ipoteche o di pegno, le fideiussioni, le rinunzie alle liti, le ricognizioni di diritti di terzi, le cancellazioni di ipoteche, le restituzioni di pegni, le accettazioni di eredità e di donazioni e in genere gli atti eccedenti l'ordinaria amministrazione, compiuti senza l'autorizzazione scritta del giudice delegato, sono inefficaci rispetto ai creditori anteriori al concordato.

Con il decreto previsto dall'articolo 163 o con successivo decreto, il tribunale può stabilire un limite di valore al di sotto del quale non è dovuta l'autorizzazione di cui al secondo comma ([2]).

([1]) *Le parole fra parentesi quadrate sono state soppresse dall'art. 143, comma 1, lett.* a), *del D.L.vo 9 gennaio 2006, n. 5, a decorrere dal 16 luglio 2006.*

([2]) *Questo comma è stato aggiunto dall'art. 143, comma 1, lett.* b), *del D.L.vo 9 gennaio 2006, n. 5, a decorrere dal 16 luglio 2006.*

168. Effetti della presentazione del ricorso. – Dalla data della pubblicazione del ricorso nel registro delle imprese ([1]) e fino al momento in cui il decreto di omologazione del concordato preventivo diventa definitivo ([2]), i creditori per titolo o causa anteriore [al decreto] ([3]) non possono, sotto pena di nullità, iniziare o proseguire azioni esecutive e cautelari ([4]) sul patrimonio del debitore.

Le prescrizioni che sarebbero state interrotte dagli atti predetti rimangono sospese e le decadenze non si verificano.

I creditori non possono acquistare diritti di prelazione con efficacia rispetto ai creditori concorrenti, salvo che vi sia autorizzazione del giudice nei casi previsti dall'articolo precedente. Le ipoteche giudiziali iscritte nei novanta giorni che precedono la data della pubblicazione del ricorso nel registro delle imprese sono inefficaci rispetto ai creditori anteriori al concordato ([5]).

([1]) *Le parole: «presentazione del ricorso» sono state così sostituite dalle attuali: «pubblicazione del ricorso nel registro delle imprese» dall'art. 33, comma 1, lett.* c), *n. 1), punto* a), *del D.L. 22 giugno 2012, n. 83, convertito, con modificazioni, nella L. 7 agosto 2012, n. 134. A norma dell'art. 33, comma 3, del medesimo decreto tali disposizioni si applicano ai procedimenti di concordato preventivo e per l'omologazione di accordi di ristrutturazione dei debiti introdotti dal trentesimo giorno successivo a quello di entrata in vigore della legge di conversione del presente decreto, nonché ai piani di cui al comma 1, lettera* a), *n. 1), elaborati successivamente al predetto termine.*

([2]) *Le parole: «fino al passaggio in giudicato della sentenza di omologazione del concordato» sono state così sostituite dalle attuali: «fino al momento in cui il decreto di omologazione del concordato preventivo diventa definitivo» dall'art. 13, comma 1, del D.L.vo 12 settembre 2007, n. 169, a decorrere dal 1° gennaio 2008.*

([3]) *Le parole fra parentesi quadrate sono state soppresse dall'art. 33, comma 1, lett.* c), *n. 1), punto* c), *del D.L. 22 giugno 2012, n. 83, convertito, con modificazioni, nella L. 7 agosto 2012, n. 134. A norma dell'art. 33, comma 3, del medesimo decreto tali disposizioni si applicano ai procedimenti di concordato preventivo e per l'omologazione di accordi di ristrutturazione dei debiti introdotti dal trentesimo giorno successivo a quello di entrata in vigore della legge di conversione del presente decreto, nonché ai piani di cui al comma 1, lettera* a)*, n. 1) elaborati successivamente al predetto termine.*

([4]) *Le parole: «e cautelari» sono state aggiunte dall'art. 33, comma 1, lett.* c)*, n. 1), punto* b)*, del D.L. 22 giugno 2012, n. 83, convertito, con modificazioni, nella L. 7 agosto 2012, n. 134. A norma dell'art. 33, comma 3, del medesimo decreto tali disposizioni si applicano ai procedimenti di concordato preventivo e per l'omologazione di accordi di ristrutturazione dei debiti introdotti dal trentesimo giorno successivo a quello di entrata in vigore della legge di conversione del presente decreto, nonché ai piani di cui al comma 1, lettera* a)*, n. 1), elaborati successivamente al predetto termine.*

([5]) *Questo periodo è stato aggiunto dall'art. 33, comma 1, lett.* c)*, n. 2), del D.L. 22 giugno 2012, n. 83, convertito, con modificazioni, nella L. 7 agosto 2012, n. 134. A norma dell'art. 33, comma 3, del medesimo decreto tali disposizioni si applicano ai procedimenti di concordato preventivo e per l'omologazione di accordi di ristrutturazione dei debiti introdotti dal trentesimo giorno successivo a quello di entrata in vigore della legge di conversione del presente decreto, nonché ai piani di cui al comma 1, lettera* a)*, n. 1), elaborati successivamente al predetto termine.*

169. Norme applicabili. – Si applicano, con riferimento alla data di presentazione della domanda di concordato, le disposizioni degli artt. 45, ([1]) 55 ([2]), 56, 57, 58, 59, 60, 61, 62, 63.

Si applica l'articolo 43, quarto comma, sostituendo al fallimento l'impresa ammessa al concordato preventivo ([3]).

([1]) *Le parole: «45,» sono state inserite dall'art. 144 del D.L.vo 9 gennaio 2006, n. 5, a decorrere dal 16 luglio 2006.*

([2]) *La Corte costituzionale, con sentenza n. 408 del 18 luglio 1989, ha dichiarato l'illegittimità costituzionale degli artt. 54, comma terzo e 55, comma primo, l. fall., nonché di questo articolo là dove richiama l'art. 55, nella parte in cui, nelle procedure di fallimento del debitore e di concordato preventivo, non estendono la prelazione agli interessi dovuti sui crediti privilegiati delle società o enti cooperativi di produzione e di lavoro, di cui all'art. 2751* bis*, numero 5 del codice civile, che rispondono ai requisiti prescritti dalla legislazione in tema di cooperazione.*

Si vedano inoltre le sentenze della Corte costituzionale riportate in nota agli artt. 55 e 59 l. fall.

([3]) *Questo comma è stato aggiunto dall'art. 7, comma 1, lett.* b bis)*, del D.L. 27 giugno 2015, n. 83, convertito, con modificazioni, nella L. 6 agosto 2015, n. 132.*

A norma dell'art. 23, comma 7, del medesimo provvedimento, tali disposizioni si applicano a decorrere dalla data di entrata in vigore della legge di conversione del presente decreto.

169 *bis*. ([1]) **Contratti pendenti** ([2]). – Il debitore con il ricorso di cui all'articolo 161 o successivamente può chiedere che il Tribunale o, dopo il decreto di ammissione, il giudice delegato con decreto motivato sentito l'altro contraente, assunte, ove occorra, sommarie informazioni, lo autorizzi a sciogliersi dai contratti ancora ineseguiti o non compiutamente eseguiti alla data della presentazione del ricorso. Su richiesta del debitore può essere autorizzata la sospensione del contratto per non più di sessanta giorni, prorogabili una sola volta. Lo scioglimento o la sospensione del contratto hanno effetto dalla comunicazione del provvedimento autorizzativo all'altro contraente ([3]).

In tali casi, il contraente ha diritto ad un indennizzo equivalente al risarcimento del danno conseguente al mancato adempimento. Tale credito è soddisfatto come credito anteriore al concordato, ferma restando la prededuzione del credito conseguente ad eventuali prestazioni eseguite legalmente e in conformità agli accordi o agli usi negoziali, dopo la pubblicazione della domanda ai sensi dell'articolo 161 ([4]).

Lo scioglimento del contratto non si estende alla clausola compromissoria in esso contenuta.

Le disposizioni di questo articolo non si applicano ai rapporti di lavoro subordinato nonché ai contratti di cui agli articoli 72, ottavo comma, 72 *ter* e 80 primo comma.

In caso di scioglimento del contratto di locazione finanziaria, il concedente ha diritto alla restituzione del bene ed è tenuto a versare al debitore l'eventuale differenza fra la maggiore somma ricavata dalla vendita o da altra collocazione del bene stesso avvenute a valori di mercato rispetto al credito residuo in linea capitale. La somma versata al debitore a norma del periodo precedente è acquisita alla procedura.Il concedente ha diritto di far valere verso il debitore un credito determinato nella differenza tra il credito vantato alla data del deposito della domanda e quanto ricavato dalla nuova allocazione del bene. Tale credito è soddisfatto come credito anteriore al concordato ([5]).

([1]) *Questo articolo è stato aggiunto dall'art. 33, comma 1, lett.* d)*, del D.L. 22 giugno 2012, n. 83, convertito, con modificazioni, nella L. 7 agosto 2012, n. 134. A norma dell'art. 33, comma 3, del medesimo decreto tali disposizioni si applicano ai procedimenti di concordato preventivo e per l'omologazione di accordi di ristrutturazione dei debiti introdotti dal trentesimo giorno successivo a quello di entrata in vigore della legge di conversione del presente decreto, nonché ai piani* *di cui al comma 1, lettera* a), *n. 1), elaborati successivamente al predetto termine.*

(²) *Le parole: «in corso di esecuzione» sono state così sostituite dalla seguente: «pendenti» dall'art. 8, comma 1, lett.* a), *del D.L. 27 giugno 2015, n. 83, convertito, con modificazioni, nella L. 6 agosto 2015, n. 132.*

A norma dell'art. 23, comma 8, del medesimo provvedimento, tali disposizioni si applicano alle istanze di scioglimento depositate successivamente alla data di entrata in vigore del presente decreto.

(³) *Questo comma è stato così sostituito dall'art. 8, comma 1, lett.* b), *del D.L. 27 giugno 2015, n. 83, convertito, con modificazioni, nella L. 6 agosto 2015, n. 132.*

A norma dell'art. 23, comma 8, del medesimo provvedimento, tali disposizioni si applicano alle istanze di scioglimento depositate successivamente alla data di entrata in vigore del presente decreto.

(⁴) *Le parole: «, ferma restando la prededuzione del credito conseguente ad eventuali prestazioni eseguite legalmente e in conformità agli accordi o agli usi negoziali, dopo la pubblicazione della domanda ai sensi dell'articolo 161» sono state aggiunte dall'art. 8, comma 1, lett.* c), *del D.L. 27 giugno 2015, n. 83, convertito, con modificazioni, nella L. 6 agosto 2015, n. 132.*

A norma dell'art. 23, comma 8, del medesimo provvedimento, tali disposizioni si applicano alle istanze di scioglimento depositate successivamente alla data di entrata in vigore del presente decreto.

(⁵) *Questo comma è stato aggiunto dall'art. 8, comma 1, lett.* d), *del D.L. 27 giugno 2015, n. 83, convertito, con modificazioni, nella L. 6 agosto 2015, n. 132.*

A norma dell'art. 23, comma 8, del medesimo provvedimento, tali disposizioni si applicano alle istanze di scioglimento depositate successivamente alla data di entrata in vigore del presente decreto.

Capo III
Dei provvedimenti immediati

170. Scritture contabili. – Il giudice delegato, immediatamente dopo il decreto di ammissione al concordato, ne fa annotazione sotto l'ultima scrittura dei libri presentati.

I libri sono restituiti al debitore, che deve tenerli a disposizione del giudice delegato e del commissario giudiziale.

171. Convocazione dei creditori. – Il commissario giudiziale deve procedere alla verifica dell'elenco dei creditori e dei debitori con la scorta delle scritture contabili presentate a norma dell'art. 161, apportando le necessarie rettifiche.

Il commissario giudiziale provvede a comunicare ai creditori a mezzo posta elettronica certificata, se il relativo indirizzo del destinatario risulta dal registro delle imprese ovvero dall'Indice nazionale degli indirizzi di posta elettronica certificata delle imprese e dei professionisti e, in ogni altro caso, a mezzo lettera raccomandata o telefax presso la sede dell'impresa o la residenza del creditore, un avviso contenente la data di convocazione dei creditori, la proposta del debitore, il decreto di ammissione, il suo indirizzo di posta elettronica certificata, l'invito ad indicare un indirizzo di posta elettronica certificata, le cui variazioni è onere comunicare al commissario. Nello stesso avviso è contenuto l'avvertimento di cui all'articolo 92, primo comma, n. 3). Tutte le successive comunicazioni ai creditori sono effettuate dal commissario a mezzo posta elettronica certificata. Quando, nel termine di quindici giorni dalla comunicazione dell'avviso, non è comunicato l'indirizzo di cui all'invito previsto dal primo periodo e nei casi di mancata consegna del messaggio di posta elettronica certificata per cause imputabili al destinatario, esse si eseguono esclusivamente mediante deposito in cancelleria. Si applica l'articolo 31 *bis*, terzo comma, sostituendo al curatore il commissario giudiziale (¹).

Quando la comunicazione prevista dal comma precedente è sommamente difficile per il rilevante numero dei creditori o per la difficoltà di identificarli tutti, il tribunale, sentito il commissario giudiziale può dare l'autorizzazione prevista dall'art. 126.

Se vi sono obbligazionisti, il termine previsto dall'art. 163, primo comma n. 2), deve essere raddoppiato.

In ogni caso l'avviso di convocazione per gli obbligazionisti è comunicato al loro rappresentante comune.

Sono salve per le imprese esercenti il credito le disposizioni del regio decreto-legge 8 febbraio 1924, n. 136.

(¹) *Questo comma è stato così sostituito dall'art. 17, comma 1, lett.* q), *del D.L. 18 ottobre 2012, n. 179, convertito, con modificazioni, nella L. 17 dicembre 2012, n. 221. A norma dell'art. 17, commi 4 e 5 del medesimo decreto tali disposizioni si applicano dalla data di entrata in vigore della legge di conversione del predetto decreto, anche alle procedure di fallimento, di concordato preventivo, di liquidazione coatta amministrativa e di amministrazione straordinaria pendenti, rispetto alle quali, alla stessa data, non è stata effettuata la comunicazione rispettivamente prevista dagli articoli 92, 171, 207 del regio decreto 16 marzo 1942, n. 267 e dall'articolo 22 decreto legislativo 8 luglio 1999, n. 270. Per le procedure in cui, alla data di entrata in vigore della legge di conversione del predetto decreto, sia sta-*

ta effettuata la comunicazione di cui al comma 4, le disposizioni di cui ai commi 1 e 2 del presente articolo si applicano a decorrere dal 31 ottobre 2013. Il curatore, il commissario giudiziale, il commissario liquidatore e il commissario straordinario entro il 30 giugno 2013 comunicano ai creditori e ai terzi titolari di diritti sui beni il loro indirizzo di posta elettronica certificata e li invitano a comunicare, entro tre mesi, l'indirizzo di posta elettronica certificata al quale ricevere tutte le comunicazioni relative alla procedura, avvertendoli di rendere nota ogni successiva variazione e che in caso di omessa indicazione le comunicazioni sono eseguite esclusivamente mediante deposito in cancelleria.

172. Operazioni e relazione del commissario. – Il commissario giudiziale redige l'inventario del patrimonio del debitore e una relazione particolareggiata sulle cause del dissesto, sulla condotta del debitore, sulle proposte di concordato e sulle garanzie offerte ai creditori, e la deposita in cancelleria almeno quarantacinque (1) giorni prima dell'adunanza dei creditori. Nella relazione il commissario deve illustrare le utilità che, in caso di fallimento, possono essere apportate dalle azioni risarcitorie, recuperatorie o revocatorie che potrebbero essere promosse nei confronti di terzi (2). Nello stesso termine la comunica a mezzo posta elettronica certificata a norma dell'articolo 171, secondo comma (3).

Qualora nel termine di cui al quarto comma dell'articolo 163 siano depositate proposte concorrenti, il commissario giudiziale riferisce in merito ad esse con relazione integrativa da depositare in cancelleria e comunicare ai creditori, con le modalità di cui all'articolo 171, secondo comma, almeno dieci giorni prima dell'adunanza dei creditori. La relazione integrativa contiene, di regola, una particolareggiata comparazione tra tutte le proposte depositate. Le proposte di concordato, ivi compresa quella presentata dal debitore, possono essere modificate fino a quindici giorni prima dell'adunanza dei creditori. Analoga relazione integrativa viene redatta qualora emergano informazioni che i creditori devono conoscere ai fini dell'espressione del voto (4).

Su richiesta del commissario il giudice può nominare uno stimatore che lo assista nella valutazione dei beni.

(1) La parola: «dieci» è stata così sostituita dalla seguente: «quarantacinque» dall'art. 3, comma 3, lett. a), del D.L. 27 giugno 2015, n. 83, convertito, con modificazioni, nella L. 6 agosto 2015, n. 132.

A norma dell'art. 23, comma 1, del medesimo provvedimento, queste disposizioni si applicano ai procedimenti di concordato preventivo introdotti successivamente all'entrata in vigore della legge di conversione del presente decreto.

(2) Questo periodo è stato inserito dall'art. 4, comma 1, lett. e), del D.L. 27 giugno 2015, n. 83, convertito, con modificazioni, nella L. 6 agosto 2015, n. 132.

A norma dell'art. 23, comma 1, del medesimo provvedimento, queste disposizioni si applicano ai procedimenti di concordato preventivo introdotti successivamente all'entrata in vigore della legge di conversione del presente decreto.

(3) Questo comma è stato così sostituito dall'art. 17, comma 1, lett. r), del D.L. 18 ottobre 2012, n. 179, convertito, con modificazioni, nella L. 17 dicembre 2012, n. 221. A norma dell'art. 17, commi 4 e 5 del medesimo decreto tali disposizioni si applicano dalla data di entrata in vigore della legge di conversione del predetto decreto, anche alle procedure di fallimento, di concordato preventivo, di liquidazione coatta amministrativa e di amministrazione straordinaria pendenti, rispetto alle quali, alla stessa data, non è stata effettuata la comunicazione rispettivamente prevista dagli articoli 92, 171, 207 del regio decreto 16 marzo 1942, n. 267 e dall'articolo 22 decreto legislativo 8 luglio 1999, n. 270. Per le procedure in cui, alla data di entrata in vigore della legge di conversione del predetto decreto, sia stata effettuata la comunicazione di cui al comma 4, le disposizioni di cui ai commi 1 e 2 del presente articolo si applicano a decorrere dal 31 ottobre 2013. Il curatore, il commissario giudiziale, il commissario liquidatore e il commissario straordinario entro il 30 giugno 2013 comunicano ai creditori e ai terzi titolari di diritti sui beni il loro indirizzo di posta elettronica certificata e li invitano a comunicare, entro tre mesi, l'indirizzo di posta elettronica certificata al quale ricevere tutte le comunicazioni relative alla procedura, avvertendoli di rendere nota ogni successiva variazione e che in caso di omessa indicazione le comunicazioni sono eseguite esclusivamente mediante deposito in cancelleria.

(4) Questo comma è stato aggiunto dall'art. 3, comma 3, lett. b), del D.L. 27 giugno 2015, n. 83, convertito, con modificazioni, nella L. 6 agosto 2015, n. 132.

A norma dell'art. 23, comma 1, del medesimo provvedimento, queste disposizioni si applicano ai procedimenti di concordato preventivo introdotti successivamente all'entrata in vigore della legge di conversione del presente decreto.

173. (1) **Revoca dell'ammissione al concordato e dichiarazione del fallimento nel corso della procedura. –** Il commissario giudiziale, se accerta che il debitore ha occultato o dissimulato parte dell'attivo, dolosamente omesso di denunciare uno o più crediti, esposto passività insussistenti o commesso altri atti di frode, deve riferirne immediatamente al tribunale, il quale apre d'ufficio il procedimento per la revoca dell'ammissione al concordato, dandone comunicazione al pubblico ministero e ai creditori. La comunicazione ai creditori è eseguita dal commissario giudiziale a mezzo posta elettronica certificata ai sensi dell'articolo 171, secondo comma (2).

All'esito del procedimento, che si svolge nelle forme di cui all'articolo 15, il tribunale provvede con decreto e, su istanza del creditore o su richiesta del pubblico ministero, accertati i presupposti di cui agli articoli 1 e 5, dichiara il fallimento del debitore con contestuale sentenza, reclamabile a norma dell'articolo 18.

Le disposizioni di cui al secondo comma si applicano anche se il debitore durante la procedura di concordato compie atti non autorizzati a norma dell'articolo 167 o comunque diretti a frodare le ragioni dei creditori, o se in qualunque momento risulta che mancano le condizioni prescritte per l'ammissibilità del concordato.

(1) *Questo articolo è stato così sostituito dall'art. 14, comma 1, del D.L.vo 12 settembre 2007, n. 169, a decorrere dal 1° gennaio 2008.*

(2) *Questo periodo è stato aggiunto dall'art. 17, comma 1, lett.* s), *del D.L. 18 ottobre 2012, n. 179, convertito, con modificazioni, nella L. 17 dicembre 2012, n. 221. A norma dell'art. 17, commi 4 e 5 del medesimo decreto tali disposizioni si applicano dalla data di entrata in vigore della legge di conversione del predetto decreto, anche alle procedure di fallimento, di concordato preventivo, di liquidazione coatta amministrativa e di amministrazione straordinaria pendenti, rispetto alle quali, alla stessa data, non è stata effettuata la comunicazione rispettivamente prevista dagli articoli 92, 171, 207 del regio decreto 16 marzo 1942, n. 267 e dall'articolo 22 decreto legislativo 8 luglio 1999, n. 270. Per le procedure in cui, alla data di entrata in vigore della legge di conversione del predetto decreto, sia stata effettuata la comunicazione di cui al comma 4, le disposizioni di cui ai commi 1 e 2 del presente articolo si applicano a decorrere dal 31 ottobre 2013. Il curatore, il commissario giudiziale, il commissario liquidatore e il commissario straordinario entro il 30 giugno 2013 comunicano ai creditori e ai terzi titolari di diritti sui beni il loro indirizzo di posta elettronica certificata e li invitano a comunicare, entro tre mesi, l'indirizzo di posta elettronica certificata al quale ricevere tutte le comunicazioni relative alla procedura, avvertendoli di rendere nota ogni successiva variazione e che in caso di omessa indicazione le comunicazioni sono eseguite esclusivamente mediante deposito in cancelleria.*

Capo IV
Della deliberazione del concordato preventivo

174. Adunanza dei creditori. – L'adunanza dei creditori è presieduta dal giudice delegato.

Ogni creditore può farsi rappresentare da un mandatario speciale, con procura che può essere scritta senza formalità sull'avviso di convocazione.

Il debitore o chi ne ha la legale rappresentanza deve intervenire personalmente. Solo in caso di assoluto impedimento, accertato dal giudice delegato, può farsi rappresentare da un mandatario speciale.

Possono intervenire anche i coobbligati, i fideiussori del debitore e gli obbligati in via di regresso.

175. Discussione della proposta di concordato. – Nell'adunanza dei creditori il commissario giudiziale illustra la sua relazione e le proposte definitive del debitore e quelle eventualmente presentate dai creditori ai sensi dell'articolo 163, comma quarto (1).

[La proposta di concordato non può più essere modificata dopo l'inizio delle operazioni di voto] (2).

Ciascun creditore può esporre le ragioni per le quali non ritiene ammissibili o convenienti le proposte di concordato e sollevare contestazioni sui crediti concorrenti. Il debitore può esporre le ragioni per le quali non ritiene ammissibili o fattibili le eventuali proposte concorrenti. Quando il tribunale ha disposto che l'adunanza sia svolta in via telematica, la discussione sulla proposta del debitore e sulle eventuali proposte concorrenti è disciplinata con decreto, non soggetto a reclamo, reso dal giudice delegato almeno dieci giorni prima dell'adunanza (3) (4).

Il debitore ha facoltà di rispondere e contestare a sua volta i crediti, e ha il dovere di fornire al giudice gli opportuni chiarimenti.

Sono sottoposte alla votazione dei creditori tutte le proposte presentate dal debitore e dai creditori, seguendo, per queste ultime, l'ordine temporale del loro deposito (5).

(1) *Le parole*: «*e quelle eventualmente presentate dai creditori ai sensi dell'articolo 163, comma quarto*» *sono state aggiunte dall'art. 3, comma 4, lett.* a), *del D.L. 27 giugno 2015, n. 83, convertito, con modificazioni, nella L. 6 agosto 2015, n. 132.*

A norma dell'art. 23, comma 1, del medesimo provvedimento, queste disposizioni si applicano ai proce-

dimenti di concordato preventivo introdotti successivamente all'entrata in vigore della legge di conversione del presente decreto.

([2]) *Questo comma, aggiunto dall'art. 15, comma 1, del D.L.vo 12 settembre 2007, n. 169, a decorrere dal 1° gennaio 2008, è stato soppresso dall'art. 3, comma 4, lett.* b), *del D.L. 27 giugno 2015, n. 83, convertito, con modificazioni, nella L. 6 agosto 2015, n. 132.*

A norma dell'art. 23, comma 1, del medesimo provvedimento, queste disposizioni si applicano ai procedimenti di concordato preventivo introdotti successivamente all'entrata in vigore della legge di conversione del presente decreto.

([3]) *Questo periodo è stato inserito dall'art. 6, comma 1, lett.* e), *del D.L. 3 maggio 2016, n. 59, convertito, con modificazioni, nella L. 30 giugno 2016, n. 119.*

([4]) *Questo comma è stato così sostituito dall'art. 3, comma 4, lett.* c), *del D.L. 27 giugno 2015, n. 83, convertito, con modificazioni, nella L. 6 agosto 2015, n. 132.*

A norma dell'art. 23, comma 1, del medesimo provvedimento, queste disposizioni si applicano ai procedimenti di concordato preventivo introdotti successivamente all'entrata in vigore della legge di conversione del presente decreto.

([5]) *Questo comma è stato aggiunto dall'art. 3, comma 4, lett.* d), *del D.L. 27 giugno 2015, n. 83, convertito, con modificazioni, nella L. 6 agosto 2015, n. 132.*

A norma dell'art. 23, comma 1, del medesimo provvedimento, queste disposizioni si applicano ai procedimenti di concordato preventivo introdotti successivamente all'entrata in vigore della legge di conversione del presente decreto.

176. Ammissione provvisoria dei crediti contestati. – Il giudice delegato può ammettere provvisoriamente in tutto o in parte i crediti contestati ai soli fini del voto e del calcolo delle maggioranze, senza che ciò pregiudichi le pronunzie definitive sulla sussistenza dei crediti stessi.

I creditori esclusi possono opporsi all'esclusione in sede di omologazione del concordato nel caso in cui la loro ammissione avrebbe avuto influenza sulla formazione delle maggioranze.

177. ([1]) **Maggioranza per l'approvazione del concordato.** – Il concordato è approvato dai creditori che rappresentano la maggioranza dei crediti ammessi al voto. Ove siano previste diverse classi di creditori, il concordato è approvato se tale maggioranza si verifica inoltre nel maggior numero di classi. Quando sono poste al voto più proposte di concordato ai sensi dell'articolo 175, quinto comma, si considera approvata la proposta che ha conseguito la maggioranza più elevata dei crediti ammessi al voto; in caso di parità, prevale quella del debitore o, in caso di parità fra proposte di creditori, quella presentata per prima ([2]). Quando nessuna delle proposte concorrenti poste al voto sia stata approvata con le maggioranze di cui al primo e secondo periodo del presente comma, il giudice delegato, con decreto da adottare entro trenta giorni dal termine di cui al quarto comma dell'articolo 178, rimette al voto la sola proposta che ha conseguito la maggioranza relativa dei crediti ammessi al voto, fissando il termine per la comunicazione ai creditori e il termine a partire dal quale i creditori, nei venti giorni successivi, possono far pervenire il proprio voto con le modalità previste dal predetto articolo ([2]). In ogni caso si applicano il primo e secondo periodo del presente comma ([2]).

I creditori muniti di privilegio, pegno o ipoteca, ancorché la garanzia sia contestata, dei quali la proposta di concordato prevede l'integrale pagamento, non hanno diritto al voto se non rinunciano in tutto od in parte al diritto di prelazione. Qualora i creditori muniti di privilegio, pegno o ipoteca rinuncino in tutto o in parte alla prelazione, per la parte del credito non coperta dalla garanzia sono equiparati ai creditori chirografari; la rinuncia ha effetto ai soli fini del concordato.

I creditori muniti di diritto di prelazione di cui la proposta di concordato prevede, ai sensi dell'articolo 160, la soddisfazione non integrale, sono equiparati ai chirografari per la parte residua del credito.

Sono esclusi dal voto e dal computo delle maggioranze il coniuge del debitore, i suoi parenti e affini fino al quarto grado, la società che controlla la società debitrice, le società da questa controllate e quelle sottoposte a comune controllo, nonché ([3]), i cessionari o aggiudicatari dei loro crediti da meno di un anno prima della proposta di concordato.

([1]) *Questo articolo è stato così sostituito dall'art. 15, comma 2, del D.L.vo 12 settembre 2007, n. 169, a decorrere dal 1° gennaio 2008.*

([2]) *Questo periodo è stato aggiunto dall'art. 3, comma 5, lett.* a), *del D.L. 27 giugno 2015, n. 83, convertito, con modificazioni, nella L. 6 agosto 2015, n. 132.*

A norma dell'art. 23, comma 1, del medesimo provvedimento, queste disposizioni si applicano ai procedimenti di concordato preventivo introdotti successivamente all'entrata in vigore della legge di conversione del presente decreto.

([3]) *Le parole*: «*la società che controlla la società debitrice, le società da questa controllate e quelle sottoposte a comune controllo, nonché*» *sono state aggiunte dall'art. 3, comma 5, lett.* b), *del D.L. 27 giugno*

2015, n. 83, convertito, con modificazioni, nella L. 6 agosto 2015, n. 132.

A norma dell'art. 23, comma 1, del medesimo provvedimento, queste disposizioni si applicano ai procedimenti di concordato preventivo introdotti successivamente all'entrata in vigore della legge di conversione del presente decreto.

178. Adesioni alla proposta di concordato. – Nel processo verbale dell'adunanza dei creditori sono inseriti i voti favorevoli e contrari dei creditori con l'indicazione nominativa dei votanti e dell'ammontare dei rispettivi crediti. È altresì inserita l'indicazione nominativa dei creditori che non hanno esercitato il voto e dell'ammontare dei loro crediti (1).

Il processo verbale è sottoscritto dal giudice delegato, dal commissario e dal cancelliere.

Se nel giorno stabilito non è possibile compiere tutte le operazioni, la loro continuazione viene rimessa dal giudice ad un'udienza prossima, non oltre otto giorni, dandone comunicazione (2) agli assenti.

I creditori che non hanno esercitato il voto possono far pervenire lo stesso per telegramma o per lettera o per telefax o per posta elettronica nei venti giorni successivi alla chiusura del verbale. Le manifestazioni di voto sono annotate dal cancelliere in calce al verbale (3).

(1) *Questo periodo è stato aggiunto dall'art. 33, comma 1, lett.* d bis), *n. 1), del D.L. 22 giugno 2012, n. 83, convertito, con modificazioni, nella L. 7 agosto 2012, n. 134. A norma dell'art. 33, comma 3, del medesimo decreto tali disposizioni si applicano ai procedimenti di concordato preventivo e per l'omologazione di accordi di ristrutturazione dei debiti introdotti dal trentesimo giorno successivo a quello di entrata in vigore della legge di conversione del presente decreto, nonché ai piani di cui al comma 1, lettera* a), *n. 1), elaborati successivamente al predetto termine.*

(2) *Le parole: «senza bisogno di avviso» sono state così sostituite dalle attuali: «dandone comunicazione» dall'art. 33, comma 1, lett.* d bis), *n. 2), del D.L. 22 giugno 2012, n. 83, convertito, con modificazioni, nella L. 7 agosto 2012, n. 134. A norma dell'art. 33, comma 3, del medesimo decreto tali disposizioni si applicano ai procedimenti di concordato preventivo e per l'omologazione di accordi di ristrutturazione dei debiti introdotti dal trentesimo giorno successivo a quello di entrata in vigore della legge di conversione del presente decreto, nonché ai piani di cui al comma 1, lettera* a), *n. 1), elaborati successivamente al predetto termine.*

(3) *Questo comma è stato da ultimo così sostituito dall'art. 4, lett.* f), *del D.L. 27 giugno 2015, n. 83, convertito, con modificazioni, nella L. 6 agosto 2015, n. 132.*

A norma dell'art. 23, comma 1, del medesimo provvedimento, queste disposizioni si applicano ai procedimenti di concordato preventivo introdotti successivamente all'entrata in vigore della legge di conversione del presente decreto.

Capo V
Dell'omologazione e dell'esecuzione del concordato preventivo. Degli accordi di ristrutturazione di debiti (1)

(1) *L'originaria rubrica: «DELL'OMOLOGAZIONE DEL CONCORDATO PREVENTIVO» è stata così sostituita dall'attuale dall'art. 145 del D.L.vo 9 gennaio 2006, n. 5, a decorrere dal 16 luglio 2006.*

179. Mancata approvazione del concordato. – Se nei termini stabiliti non si raggiungono le maggioranze richieste dal primo comma dell'articolo 177 (1), il giudice delegato ne riferisce immediatamente al tribunale, che deve provvedere a norma dell'art. 162, secondo comma.

Quando il commissario giudiziario rileva, dopo l'approvazione del concordato, che sono mutate le condizioni di fattibilità del piano, ne dà avviso ai creditori, i quali possono costituirsi nel giudizio di omologazione fino all'udienza di cui all'articolo 180 per modificare il voto (2).

(1) *Le parole: «raggiungono le maggioranze richieste negli articoli 177 e 178» sono state così sostituite dalle attuali: «raggiungono le maggioranze richieste dal primo comma dell'articolo 177» dall'art. 16, comma 1, del D.L.vo 12 settembre 2007, n. 169, a decorrere dal 1° gennaio 2008.*

(2) *Questo comma è stato aggiunto dall'art. 33, comma 1, lett.* d ter), *del D.L. 22 giugno 2012, n. 83, convertito, con modificazioni, nella L. 7 agosto 2012, n. 134. A norma dell'art. 33, comma 3, del medesimo decreto tali disposizioni si applicano ai procedimenti di concordato preventivo e per l'omologazione di accordi di ristrutturazione dei debiti introdotti dal trentesimo giorno successivo a quello di entrata in vigore della legge di conversione del presente decreto, nonché ai piani di cui al comma 1, lettera* a), *n. 1), elaborati successivamente al predetto termine.*

180. (1) **Giudizio di omologazione.** – Se il concordato è stato approvato a norma del primo comma dell'articolo 177, il giudice delegato riferisce al tribunale il quale fissa un'udienza in camera di consiglio per la comparizione delle parti e del commissario giudiziale, disponendo che il provvedimento venga pubblicato a norma dell'articolo

17 e notificato, a cura del debitore, al commissario giudiziale e agli eventuali creditori dissenzienti.

Il debitore, il commissario giudiziale, gli eventuali creditori dissenzienti e qualsiasi interessato devono costituirsi almeno dieci giorni prima dell'udienza fissata. Nel medesimo termine il commissario giudiziale deve depositare il proprio motivato parere.

Se non sono proposte opposizioni, il tribunale, verificata la regolarità della procedura e l'esito della votazione, omologa il concordato con decreto motivato non soggetto a gravame.

Se sono state proposte opposizioni, il tribunale assume i mezzi istruttori richiesti dalle parti o disposti di ufficio, anche delegando uno dei componenti del collegio. Nell'ipotesi di cui al secondo periodo del primo comma dell'articolo 177 se un creditore appartenente ad una classe dissenziente ovvero, nell'ipotesi di mancata formazione delle classi, i creditori dissenzienti che rappresentano il venti per cento dei crediti ammessi al voto, contestano (2) la convenienza della proposta, il tribunale può omologare il concordato qualora ritenga che il credito possa risultare soddisfatto dal concordato in misura non inferiore rispetto alle alternative concretamente praticabili.

Il tribunale provvede con decreto motivato comunicato al debitore e al commissario giudiziale, che provvede a darne notizia ai creditori. Il decreto è pubblicato a norma dell'articolo 17 ed è provvisoriamente esecutivo.

Le somme spettanti ai creditori contestati, condizionali o irreperibili sono depositate nei modi stabiliti dal tribunale, che fissa altresì le condizioni e le modalità per lo svincolo.

Il tribunale, se respinge il concordato, su istanza del creditore o su richiesta del pubblico ministero, accertati i presupposti di cui gli articoli 1 e 5, dichiara il fallimento del debitore, con separata sentenza, emessa contestualmente al decreto.

(1) *Questo articolo è stato così sostituito dall'art. 16, comma 2, del D.L.vo 12 settembre 2007, n. 169, a decorrere dal 1° gennaio 2008.*

(2) *La parola: «contesta» è stata così sostituita dalle parole: «ovvero, nell'ipotesi di mancata formazione delle classi, i creditori dissenzienti che rappresentano il venti per cento dei crediti ammessi al voto, contestano» dall'art. 33, comma 1, lett.* d quater)*, del D.L. 22 giugno 2012, n. 83, convertito, con modificazioni, nella L. 7 agosto 2012, n. 134. A norma dell'art. 33, comma 3, del medesimo decreto tali disposizioni si applicano ai procedimenti di concordato preventivo e per l'omologazione di accordi di ristrutturazione dei debiti introdotti dal trentesimo giorno successivo a quello di entrata in vigore della legge di conversione del presente decreto, nonché ai piani di cui al comma 1, lettera* a)*, n. 1), elaborati successivamente al predetto termine.*

181. (1) **Chiusura della procedura.** – La procedura di concordato preventivo si chiude con il decreto di omologazione ai sensi dell'articolo 180. L'omologazione deve intervenire nel termine di nove mesi (2) dalla presentazione del ricorso ai sensi dell'articolo 161; il termine può essere prorogato per una sola volta dal tribunale di sessanta giorni.

(1) *Questo articolo è stato così sostituito dall'art. 2, comma 1, lett.* i)*, del D.L. 14 marzo 2005, n. 35, convertito, con modificazioni, nella L. 14 maggio 2005, n. 80.*

A norma dell'art. 2, comma 2 bis*, dello stesso provvedimento, queste disposizioni si applicano altresì ai procedimenti di concordato preventivo pendenti e non ancora omologati alla data di entrata in vigore del predetto decreto.*

(2) *Le parole: «sei mesi» sono state così sostituite dalle seguenti: «nove mesi» dall'art. 3, comma 5* bis*, del D.L. 27 giugno 2015, n. 83, convertito, con modificazioni, nella L. 6 agosto 2015, n. 132.*

A norma dell'art. 23, comma 1, del medesimo provvedimento, queste disposizioni si applicano ai procedimenti di concordato preventivo introdotti successivamente all'entrata in vigore della legge di conversione del presente decreto.

182. Cessioni (1). – Se il concordato consiste nella cessione dei beni e non dispone diversamente, il tribunale nomina nel decreto (2) di omologazione uno o più liquidatori e un comitato di tre o cinque creditori per assistere alla liquidazione e determina le altre modalità della liquidazione. In tal caso, il tribunale dispone che il liquidatore effettui la pubblicità prevista dall'articolo 490, primo comma, del codice di procedura civile e fissa il termine entro cui la stessa deve essere eseguita (3).

Si applicano ai liquidatori gli articoli 28, 29, 37, 38, 39 e 116 in quanto compatibili (4).

Si applicano al comitato dei creditori gli articoli 40 e 41 in quanto compatibili. Alla sostituzione dei membri del comitato provvede in ogni caso il tribunale (4).

Le vendite di aziende e rami di aziende, beni immobili e altri beni iscritti in pubblici registri, nonché le cessioni di attività e passività dell'azienda e di beni o rapporti giuridici individuali in blocco devono essere autorizzate dal comitato dei creditori (4).

Alle vendite, alle cessioni e ai trasferimenti legalmente posti in essere dopo il deposito della domanda di concordato o in esecuzione di questo, si applicano gli articoli da 105 a 108 *ter* in quanto compatibili. La cancellazione delle iscrizioni relative ai diritti di prelazione, nonché delle trascrizioni dei pignoramenti e dei sequestri conservativi e di ogni altro vincolo, sono effettuati su ordine del giudice, salvo diversa disposizione contenuta nel decreto di omologazione per gli atti a questa successivi ([4]).

Si applica l'articolo 33, quinto comma, primo, secondo e terzo periodo, sostituendo al curatore il liquidatore, che provvede con periodicità semestrale dalla nomina. Quest'ultimo comunica a mezzo di posta elettronica certificata altra copia del rapporto al commissario giudiziale, che a sua volta lo comunica ai creditori a norma dell'articolo 171, secondo comma ([5]).

([1]) *La precedente rubrica*: «Provvedimenti in caso di cessione dei beni» *è stata così sostituita dall'attuale, dall'art. 2, comma 2, lett. a), del D.L. 27 giugno 2015, n. 83, convertito, con modificazioni, nella L. 6 agosto 2015, n. 132.*

A norma dell'art. 23, comma 5, del medesimo provvedimento, tali disposizioni si applicano anche ai fallimenti e ai procedimenti di concordato preventivo pendenti alla data di entrata in vigore del presente decreto.

([2]) *Le parole*: «*nella sentenza*» *sono state così sostituite dalle attuali*: «*nel decreto*» *dall'art. 16, comma 3, lett. a), del D.L.vo 12 settembre 2007, n. 169, a decorrere dal 1° gennaio 2008.*

([3]) *Questo periodo è stato aggiunto dall'art. 2, comma 2, lett. b), del D.L. 27 giugno 2015, n. 83, convertito, con modificazioni, nella L. 6 agosto 2015, n. 132.*

A norma dell'art. 23, comma 2, del medesimo provvedimento, tali disposizioni si applicano decorsi trenta giorni dalla pubblicazione in Gazzetta Ufficiale *delle specifiche tecniche previste dall'articolo 161* quater *delle disposizioni per l'attuazione del codice di procedura civile.*

A norma dell'art. 23, comma 5, del medesimo provvedimento, tali disposizioni si applicano anche ai fallimenti e ai procedimenti di concordato preventivo pendenti alla data di entrata in vigore del presente decreto.

([4]) *Questo comma, aggiunto dall'art. 16, comma 3, lett. b), del D.L.vo 12 settembre 2007, n. 169, a decorrere dal 1° gennaio 2008, è stato così sostituito dall'attuale, dall'art. 2, comma 2, lett. c), del D.L. 27 giugno 2015, n. 83, convertito, con modificazioni, nella L. 6 agosto 2015, n. 132.*

A norma dell'art. 23, comma 5, del medesimo provvedimento, tali disposizioni si applicano anche ai fallimenti e ai procedimenti di concordato preventivo pendenti alla data di entrata in vigore del presente decreto.

([5]) *Questo comma è stato aggiunto dall'art. 17, comma 1, lett. t), del D.L. 18 ottobre 2012, n. 179, convertito, con modificazioni, nella L. 17 dicembre 2012, n. 221. A norma dell'art. 17, commi 4 e 5 del medesimo decreto tali disposizioni si applicano dalla data di entrata in vigore della legge di conversione del predetto decreto, anche alle procedure di fallimento, di concordato preventivo, di liquidazione coatta amministrativa e di amministrazione straordinaria pendenti, rispetto alle quali, alla stessa data, non è stata effettuata la comunicazione rispettivamente prevista dagli articoli 92, 171, 207 del regio decreto 16 marzo 1942, n. 267 e dall'articolo 22 decreto legislativo 8 luglio 1999, n. 270. Per le procedure in cui, alla data di entrata in vigore della legge di conversione del predetto decreto, sia stata effettuata la comunicazione di cui al comma 4, le disposizioni di cui ai commi 1 e 2 del presente articolo si applicano a decorrere dal 31 ottobre 2013. Il curatore, il commissario giudiziale, il commissario liquidatore e il commissario straordinario entro il 30 giugno 2013 comunicano ai creditori e ai terzi titolari di diritti sui beni il loro indirizzo di posta elettronica certificata e li invitano a comunicare, entro tre mesi, l'indirizzo di posta elettronica certificata al quale ricevere tutte le comunicazioni relative alla procedura, avvertendoli di rendere nota ogni successiva variazione e che in caso di omessa indicazione le comunicazioni sono eseguite esclusivamente mediante deposito in cancelleria.*

182 *bis*. ([1]) **Accordi di ristrutturazione dei debiti.** – L'imprenditore in stato di crisi può domandare, depositando la documentazione di cui all'articolo 161, l'omologazione di un accordo di ristrutturazione dei debiti stipulato con i creditori rappresentanti almeno il sessanta per cento dei crediti, unitamente ad una relazione redatta da un professionista, designato dal debitore, in possesso dei requisiti di cui all'articolo 67, terzo comma, lettera *d*) sulla veridicità dei dati aziendali e sull'attuabilità dell'accordo stesso con particolare riferimento alla sua idoneità ad assicurare l'integrale pagamento dei creditori estranei nel rispetto dei seguenti termini:

a) entro centoventi giorni dall'omologazione, in caso di crediti già scaduti a quella data;

b) entro centoventi giorni dalla scadenza, in caso di crediti non ancora scaduti alla data dell'omologazione ([2]).

L'accordo è pubblicato nel registro delle imprese e acquista efficacia dal giorno della sua pubblicazione.

Dalla data della pubblicazione e per sessanta giorni i creditori per titolo e causa anteriore a tale data non possono iniziare o proseguire azioni cautelari o esecutive sul patrimonio del debitore, nè acquisire titoli di prelazione se non concordati (3). Si applica l'articolo 168 secondo comma.

Entro trenta giorni dalla pubblicazione i creditori e ogni altro interessato possono proporre opposizione. Il tribunale, decise le opposizioni, procede all'omologazione in camera di consiglio con decreto motivato.

Il decreto del tribunale è reclamabile alla corte di appello ai sensi dell'articolo 183, in quanto applicabile, entro quindici giorni dalla sua pubblicazione nel registro delle imprese.

Il divieto di iniziare o proseguire le azioni cautelari o esecutive di cui al terzo comma può essere richiesto dall'imprenditore anche nel corso delle trattative e prima della formalizzazione dell'accordo di cui al presente articolo, depositando presso il tribunale competente ai sensi dell'articolo 9 la documentazione di cui all'articolo 161, primo e secondo comma lettere *a*), *b*), *c*) e *d*) (4), e una proposta di accordo corredata da una dichiarazione dell' imprenditore, avente valore di autocertificazione, attestante che sulla proposta sono in corso trattative con i creditori che rappresentano almeno il sessanta per cento dei crediti e da una dichiarazione del professionista avente i requisiti di cui all'articolo 67, terzo comma, lettera *d*), circa la idoneità della proposta, se accettata, ad assicurare l'integrale (5) pagamento dei creditori con i quali non sono in corso trattative o che hanno comunque negato la propria disponibilità a trattare. Il decreto del precedente periodo è reclamabile a norma del quinto comma in quanto applicabile. L'istanza di sospensione di cui al presente comma è pubblicata nel registro delle imprese e produce l'effetto del divieto di inizio o prosecuzione delle azioni esecutive e cautelari, nonché del divieto di acquisire titoli di prelazione, se non concordati, dalla pubblicazione (6).

Il tribunale, verificata la completezza della documentazione depositata, fissa con decreto l'udienza entro il termine di trenta giorni dal deposito dell'istanza di cui al sesto comma, disponendo la comunicazione ai creditori della documentazione stessa. Nel corso dell'udienza, riscontrata la sussistenza dei presupposti per pervenire a un accordo di ristrutturazione dei debiti con le maggioranze di cui al primo comma e delle condizioni per l'integrale (7) pagamento dei creditori con i quali non sono in corso trattative o che hanno comunque negato la propria disponibilità a trattare, dispone con decreto motivato il divieto di iniziare o proseguire le azioni cautelari o esecutive e di acquisire titoli di prelazione se non concordati assegnando il termine di non oltre sessanta giorni per il deposito dell'accordo di ristrutturazione e della relazione redatta dal professionista a norma del primo comma. Il decreto del precedente periodo è reclamabile a norma del quinto comma in quanto applicabile (6).

A seguito del deposito di un accordo di ristrutturazione dei debiti nei termini assegnati dal tribunale trovano applicazione le disposizioni di cui al secondo, terzo, quarto e quinto comma. Se nel medesimo termine è depositata una domanda di concordato preventivo, si conservano gli effetti di cui ai commi sesto e settimo (8).

(1) *Questo articolo è stato inserito dall'art. 2, comma 1, lett.* l), *del D.L. 14 marzo 2005, n. 35, convertito, con modificazioni, nella L. 14 maggio 2005, n. 80 e poi così sostituito dall'art. 16, comma 4, del D.L.vo 12 settembre 2007, n. 169, a decorrere dal 1° gennaio 2008.*

(2) *Questo comma è stato così sostituito dall'art. 33, comma 1, lett.* e), *n. 1), del D.L. 22 giugno 2012, n. 83, convertito, con modificazioni, nella L. 7 agosto 2012, n. 134. A norma dell'art. 33, comma 3, del medesimo decreto tali disposizioni si applicano ai procedimenti di concordato preventivo e per l'omologazione di accordi di ristrutturazione dei debiti introdotti dal trentesimo giorno successivo a quello di entrata in vigore della legge di conversione del presente decreto, nonché ai piani di cui al comma 1, lettera* a), *n. 1) elaborati successivamente al predetto termine.*

(3) *Le parole: «, nè acquisire titoli di prelazione se non concordati» sono state aggiunte dall'art. 33, comma 1, lett.* e), *n. 2), del D.L. 22 giugno 2012, n. 83, convertito, con modificazioni, nella L. 7 agosto 2012, n. 134. A norma dell'art. 33, comma 3, del medesimo decreto tali disposizioni si applicano ai procedimenti di concordato preventivo e per l'omologazione di accordi di ristrutturazione dei debiti introdotti dal trentesimo giorno successivo a quello di entrata in vigore della legge di conversione del presente decreto, nonché ai piani di cui al comma 1, lettera* a), *n. 1), elaborati successivamente al predetto termine.*

(4) *Le parole: «lettere* a), b), c) e d)*» sono state aggiunte dall'art. 33, comma 1, lett.* e), *n. 3), punto* a), *del D.L. 22 giugno 2012, n. 83, convertito, con modificazioni, nella L. 7 agosto 2012, n. 134. A norma dell'art. 33, comma 3, del medesimo decreto tali disposizioni si applicano ai procedimenti di concordato preventivo e per l'omologazione di accordi di ristrutturazione dei debiti introdotti dal trentesimo giorno successivo a quello di entrata in vigore della legge di conversione del presente decreto, nonché ai piani di cui al comma 1, lettera* a), *n. 1), elaborati successivamente al predetto termine.*

([5]) Le parole: «il regolare» sono state così sostituite dalle attuali: «l'integrale» dall'art. 33, comma 1, lett. e), n. 3), punto b), del D.L. 22 giugno 2012, n. 83, convertito, con modificazioni, nella L. 7 agosto 2012, n. 134.

A norma dell'art. 33, comma 3, del medesimo decreto tali disposizioni si applicano ai procedimenti di concordato preventivo e per l'omologazione di accordi di ristrutturazione dei debiti introdotti dal trentesimo giorno successivo a quello di entrata in vigore della legge di conversione del presente decreto, nonché ai piani di cui al comma 1, lettera a), n. 1) elaborati successivamente al predetto termine.

([6]) Questo comma è stato aggiunto dall'art. 48, comma 2, del D.L. 31 maggio 2010, n. 78, convertito, con modificazioni, nella L. 30 luglio 2010, n. 122.

([7]) Le parole: «il regolare» sono state così sostituite dalle attuali: «l'integrale» dall'art. 33, comma 1, lett. e), n. 4), del D.L. 22 giugno 2012, n. 83, convertito, con modificazioni, nella L. 7 agosto 2012, n. 134. A norma dell'art. 33, comma 3, del medesimo decreto tali disposizioni si applicano ai procedimenti di concordato preventivo e per l'omologazione di accordi di ristrutturazione dei debiti introdotti dal trentesimo giorno successivo a quello di entrata in vigore della legge di conversione del presente decreto, nonché ai piani di cui al comma 1, lettera a), n. 1) elaborati successivamente al predetto termine.

([8]) Questo comma, aggiunto dall'art. 48, comma 2, del D.L. 31 maggio 2010, n. 78, convertito, con modificazioni, nella L. 30 luglio 2010, n. 122, è stato così sostituito dall'art. 33, comma 1, lett. e), n. 5), del D.L. 22 giugno 2012, n. 83, convertito, con modificazioni, nella L. 7 agosto 2012, n. 134. A norma dell'art. 33, comma 2, del medesimo decreto tali disposizioni si applicano ai procedimenti di concordato preventivo e per l'omologazione di accordi di ristrutturazione dei debiti introdotti dal trentesimo giorno successivo a quello di entrata in vigore della legge di conversione del presente decreto, nonché ai piani di cui al comma 1, lettera a), n. 1) elaborati successivamente al predetto termine.

182 *ter*. ([1]) Trattamento dei crediti tributari e contributivi. – 1. Con il piano di cui all'articolo 160 il debitore, esclusivamente mediante proposta presentata ai sensi del presente articolo, può proporre il pagamento, parziale o anche dilazionato, dei tributi e dei relativi accessori amministrati dalle agenzie fiscali, nonché dei contributi amministrati dagli enti gestori di forme di previdenza e assistenza obbligatorie e dei relativi accessori, se il piano ne prevede la soddisfazione in misura non inferiore a quella realizzabile, in ragione della collocazione preferenziale, sul ricavato in caso di liquidazione, avuto riguardo al valore di mercato attribuibile ai beni o ai diritti sui quali sussiste la causa di prelazione, indicato nella relazione di un professionista in possesso dei requisiti di cui all'articolo 67, terzo comma, lettera d). Se il credito tributario o contributivo è assistito da privilegio, la percentuale, i tempi di pagamento e le eventuali garanzie non possono essere inferiori o meno vantaggiosi rispetto a quelli offerti ai creditori che hanno un grado di privilegio inferiore o a quelli che hanno una posizione giuridica e interessi economici omogenei a quelli delle agenzie e degli enti gestori di forme di previdenza e assistenza obbligatorie; se il credito tributario o contributivo ha natura chirografaria, il trattamento non può essere differenziato rispetto a quello degli altri creditori chirografari ovvero, nel caso di suddivisione in classi, dei creditori rispetto ai quali è previsto un trattamento più favorevole. Nel caso in cui sia proposto il pagamento parziale di un credito tributario o contributivo privilegiato, la quota di credito degradata al chirografo deve essere inserita in un'apposita classe.

2. Ai fini della proposta di accordo sui crediti di natura fiscale, copia della domanda e della relativa documentazione, contestualmente al deposito presso il tribunale, deve essere presentata al competente agente della riscossione e all'ufficio competente sulla base dell'ultimo domicilio fiscale del debitore, unitamente alla copia delle dichiarazioni fiscali per le quali non è pervenuto l'esito dei controlli automatici nonché delle dichiarazioni integrative relative al periodo fino alla data di presentazione della domanda. L'agente della riscossione, non oltre trenta giorni dalla data della presentazione, deve trasmettere al debitore una certificazione attestante l'entità del debito iscritto a ruolo scaduto o sospeso. L'ufficio, nello stesso termine, deve procedere alla liquidazione dei tributi risultanti dalle dichiarazioni e alla notifica dei relativi avvisi di irregolarità, unitamente a una certificazione attestante l'entità del debito derivante da atti di accertamento, ancorché non definitivi, per la parte non iscritta a ruolo, nonché dai ruoli vistati, ma non ancora consegnati all'agente della riscossione. Dopo l'emissione del decreto di cui all'articolo 163, copia dell'avviso di irregolarità e delle certificazioni deve essere trasmessa al commissario giudiziale per gli adempimenti previsti dagli articoli 171, primo comma, e 172. In particolare, per i tributi amministrati dall'Agenzia delle dogane e dei monopoli, l'ufficio competente a ricevere copia della domanda con la relativa documentazione prevista al primo periodo, nonché a rilasciare la certificazione di cui al terzo periodo, si identifica con l'ufficio che ha notificato al debitore gli atti di accertamento.

3. Relativamente al credito tributario complessivo, il voto sulla proposta concordataria è espresso dall'ufficio, previo parere conforme della competente direzione regionale, in sede di adunanza dei creditori, ovvero nei modi previsti dall'articolo 178, quarto comma.

4. Il voto è espresso dall'agente della riscossione limitatamente agli oneri di riscossione di cui all'articolo 17 del decreto legislativo 13 aprile 1999, n. 112.

5. Il debitore può effettuare la proposta di cui al comma 1 anche nell'ambito delle trattative che precedono la stipulazione dell'accordo di ristrutturazione di cui all'articolo 182-bis. In tali casi l'attestazione di cui al citato articolo 182-bis, primo comma, relativamente ai crediti fiscali deve inerire anche alla convenienza del trattamento proposto rispetto alle alternative concretamente praticabili; tale punto costituisce oggetto di specifica valutazione da parte del tribunale. La proposta di transazione fiscale, unitamente alla documentazione di cui all'articolo 161, è depositata presso gli uffici indicati al comma 2 del presente articolo. Alla proposta di transazione deve altresì essere allegata la dichiarazione sostitutiva, resa dal debitore o dal suo legale rappresentante ai sensi dell'articolo 47 del testo unico delle disposizioni legislative e regolamentari in materia di documentazione amministrativa, di cui al decreto del Presidente della Repubblica 28 dicembre 2000, n. 445, che la documentazione di cui al periodo precedente rappresenta fedelmente e integralmente la situazione dell'impresa, con particolare riguardo alle poste attive del patrimonio. L'adesione alla proposta è espressa, su parere conforme della competente direzione regionale, con la sottoscrizione dell'atto negoziale da parte del direttore dell'ufficio. L'atto è sottoscritto anche dall'agente della riscossione in ordine al trattamento degli oneri di riscossione di cui all'articolo 17 del decreto legislativo 13 aprile 1999, n. 112. L'assenso così espresso equivale a sottoscrizione dell'accordo di ristrutturazione.

6. La transazione fiscale conclusa nell'ambito dell'accordo di ristrutturazione di cui all'articolo 182-bis è risolta di diritto se il debitore non esegue integralmente, entro novanta giorni dalle scadenze previste, i pagamenti dovuti alle Agenzie fiscali e agli enti gestori di forme di previdenza e assistenza obbligatorie.

(1) *Questo articolo, inserito dall'art. 146 del D.L.vo 9 gennaio 2006, n. 5, a decorrere dal 16 luglio 2006, è stato così sostituito dall'art. 1, comma 81, della L. 11 dicembre 2016, n. 232.*

182 *quater*. (1) Disposizioni in tema di prededucibilità dei crediti nel concordato preventivo, negli accordi di ristrutturazione dei debiti. – I crediti derivanti da finanziamenti in qualsiasi forma effettuati [da banche e intermediari finanziari iscritti negli elenchi di cui agli articoli 106 e 107 del decreto legislativo 1° settembre 1993, n. 385,] (2) in esecuzione di un concordato preventivo di cui agli articoli 160 e seguenti ovvero di un accordo di ristrutturazione dei debiti omologato ai sensi dell'articolo 182 *bis*) sono prededucibili ai sensi e per gli effetti dell'articolo 111.

Sono parificati ai crediti di cui al primo comma i crediti derivanti da finanziamenti erogati in funzione della presentazione della domanda di ammissione alla procedura di concordato preventivo o della domanda di omologazione dell'accordo di ristrutturazione dei debiti, qualora i finanziamenti siano previsti dal piano di cui all'articolo 160 o dall'accordo di ristrutturazione e purché la prededuzione sia espressamente disposta nel provvedimento con cui il tribunale accoglie la domanda di ammissione al concordato preventivo ovvero l'accordo sia omologato (3).

In deroga agli articoli 2467 e 2497 *quinquies* del codice civile, il primo e il secondo comma del presente articolo si applicano anche ai finanziamenti effettuati dai soci fino alla concorrenza dell'ottanta per cento del loro ammontare. Si applicano i commi primo e secondo quando il finanziatore ha acquisito la qualità di socio in esecuzione dell'accordo di ristrutturazione dei debiti o del concordato preventivo (4).

[Sono altresì prededucibili i compensi spettanti al professionista incaricato di predisporre la relazione di cui agli articoli 161, terzo comma, 182 *bis*, primo comma, purché ciò sia espressamente disposto nel provvedimento con cui il tribunale accoglie la domanda di ammissione al concordato preventivo ovvero l'accordo sia omologato] (5).

Con riferimento ai crediti indicati al secondo comma, i creditori, anche se soci, (6) sono esclusi dal voto e dal computo delle maggioranze per l'approvazione del concordato ai sensi dell'articolo 177 e dal computo della percentuale dei crediti prevista all'articolo 182 *bis*, primo e sesto comma.

(1) *Questo articolo è stato inserito dall'art. 48, comma 1, del D.L. 31 maggio 2010, n. 78, convertito, con modificazioni, nella L. 30 luglio 2010, n. 122.*

([2]) Le parole fra parentesi quadrate sono state soppresse dall'art. 33, comma 1, lett. e bis), *n. 1), del D.L. 22 giugno 2012, n. 83, convertito, con modificazioni, nella L. 7 agosto 2012, n. 134. A norma dell'art. 33, comma 3, del medesimo decreto tali disposizioni si applicano ai procedimenti di concordato preventivo e per l'omologazione di accordi di ristrutturazione dei debiti introdotti dal trentesimo giorno successivo a quello di entrata in vigore della legge di conversione del presente decreto, nonché ai piani di cui al comma 1, lettera* a), *n. 1) elaborati successivamente al predetto termine.*

([3]) Questo comma è stato così sostituito dall'art. 33, comma 1, lett. e bis), *n. 2), del D.L. 22 giugno 2012, n. 83, convertito, con modificazioni, nella L. 7 agosto 2012, n. 134. A norma dell'art. 33, comma 3, del medesimo decreto tali disposizioni si applicano ai procedimenti di concordato preventivo e per l'omologazione di accordi di ristrutturazione dei debiti introdotti dal trentesimo giorno successivo a quello di entrata in vigore della legge di conversione del presente decreto, nonché ai piani di cui al comma 1, lettera* a), *n. 1) elaborati successivamente al predetto termine.*

([4]) Questo comma è stato così sostituito dall'art. 33, comma 1, lett. e bis), *n. 3), del D.L. 22 giugno 2012, n. 83, convertito, con modificazioni, nella L. 7 agosto 2012, n. 134. A norma dell'art. 33, comma 3, del medesimo decreto tali disposizioni si applicano ai procedimenti di concordato preventivo e per l'omologazione di accordi di ristrutturazione dei debiti introdotti dal trentesimo giorno successivo a quello di entrata in vigore della legge di conversione del presente decreto, nonché ai piani di cui al comma 1, lettera* a), *n. 1) elaborati successivamente al predetto termine.*

([5]) Questo comma è stato abrogato dall'art. 33, comma 1, lett. e bis), *n. 4), del D.L. 22 giugno 2012, n. 83, convertito, con modificazioni, nella L. 7 agosto 2012, n. 134. A norma dell'art. 33, comma 3, del medesimo decreto tali disposizioni si applicano ai procedimenti di concordato preventivo e per l'omologazione di accordi di ristrutturazione dei debiti introdotti dal trentesimo giorno successivo a quello di entrata in vigore della legge di conversione del presente decreto, nonché ai piani di cui al comma 1, lettera* a), *n. 1) elaborati successivamente al predetto termine.*

([6]) Le parole: «ai commi secondo, terzo e quarto, i creditori» sono state così sostituite dalle attuali: «al secondo comma, i creditori, anche se soci,» dall'art. 33, comma 1, lett. e bis), *n. 5), del D.L. 22 giugno 2012, n. 83, convertito, con modificazioni, nella L. 7 agosto 2012, n. 134. A norma dell'art. 33, comma 3, del medesimo decreto tali disposizioni si applicano ai procedimenti di concordato preventivo e per l'omologazione di accordi di ristrutturazione dei debiti introdotti dal trentesimo giorno successivo a quello di entrata in vigore della legge di conversione del presente decreto, nonché ai piani di cui al comma 1, lettera* a), *n. 1) elaborati successivamente al predetto termine.*

182 *quinquies*. ([1]) Disposizioni in tema di finanziamento e di continuità aziendale nel concordato preventivo e negli accordi di ristrutturazione dei debiti. – Il debitore che presenta, anche ai sensi dell'articolo 161 sesto comma, una domanda di ammissione al concordato preventivo o una domanda di omologazione di un accordo di ristrutturazione dei debiti ai sensi dell'articolo 182 *bis*, primo comma, o una proposta di accordo ai sensi dell'articolo 182 *bis*, sesto comma, può chiedere al tribunale di essere autorizzato, anche prima del deposito della documentazione di cui all'articolo 161, commi secondo e terzo ([2]), assunte se del caso sommarie informazioni, a contrarre finanziamenti, prededucibili ai sensi dell'articolo 111, se un professionista designato dal debitore in possesso dei requisiti di cui all'articolo 67, terzo comma, lettera *d*), verificato il complessivo fabbisogno finanziario dell'impresa sino all'omologazione, attesta che tali finanziamenti sono funzionali alla migliore soddisfazione dei creditori.

L'autorizzazione di cui al primo comma può riguardare anche finanziamenti individuati soltanto per tipologia ed entità, e non ancora oggetto di trattative.

Il debitore che presenta una domanda di ammissione al concordato preventivo ai sensi dell'articolo 161, sesto comma, anche in assenza del piano di cui all'articolo 161, secondo comma, lettera *e*), o una domanda di omologazione di un accordo di ristrutturazione dei debiti ai sensi dell'articolo 182 *bis*, primo comma, o una proposta di accordo ai sensi dell'articolo 182 *bis*, sesto comma, può chiedere al tribunale di essere autorizzato in via d'urgenza a contrarre finanziamenti, prededucibili ai sensi dell'articolo 111, funzionali a urgenti necessità relative all'esercizio dell'attività aziendale fino alla scadenza del termine fissato dal tribunale ai sensi dell'articolo 161, sesto comma, o all'udienza di omologazione di cui all'articolo 182 *bis*, quarto comma, o alla scadenza del termine di cui all'articolo 182 *bis*, settimo comma. Il ricorso deve specificare la destinazione dei finanziamenti, che il debitore non è in grado di reperire altrimenti tali finanziamenti e che, in assenza di tali finanziamenti, deriverebbe un pregiudizio imminente ed irreparabile all'azienda. Il tribunale, assunte sommarie informazioni sul piano e sulla proposta in corso di elaborazione, sentito il commissario giudiziale se nominato, e, se del caso, sentiti senza formalità i principali creditori, decide in camera di consiglio con decreto motivato, entro dieci giorni dal deposito dell'istanza di autorizzazione. La richiesta può avere ad oggetto anche il mantenimento di linee di credito autoliquidanti in essere al momento del deposito della domanda (3).

Il tribunale può autorizzare il debitore a concedere pegno o ipoteca o a cedere crediti (4) a garanzia dei medesimi finanziamenti.

Il debitore che presenta domanda di ammissione al concordato preventivo con continuità aziendale, anche ai sensi dell'articolo 161 sesto comma, può chiedere al tribunale di essere autorizzato, assunte se del caso sommarie informazioni, a pagare crediti anteriori per prestazioni di beni o servizi, se un professionista in possesso dei requisiti di cui all'articolo 67, terzo comma, lettera *d*), attesta che tali prestazioni sono essenziali per la prosecuzione della attività di impresa e funzionali ad assicurare la migliore soddisfazione dei creditori. L'attestazione del professionista non è necessaria per pagamenti effettuati fino a concorrenza dell'ammontare di nuove risorse finanziarie che vengano apportate al debitore senza obbligo di restituzione o con obbligo di restituzione postergato alla soddisfazione dei creditori.

Il debitore che presenta una domanda di omologazione di un accordo di ristrutturazione dei debiti ai sensi dell'articolo 182 *bis*, primo comma, o una proposta di accordo ai sensi dell'articolo 182 *bis*, sesto comma, può chiedere al Tribunale di essere autorizzato, in presenza dei presupposti di cui al quinto comma del presente articolo (5), a pagare crediti anche anteriori per prestazioni di beni o servizi. In tal caso i pagamenti effettuati non sono soggetti all'azione revocatoria di cui all'articolo 67.

(1) *Questo articolo è stato aggiunto dall'art. 33, comma 1, lett.* f), *del D.L. 22 giugno 2012, n. 83, convertito, con modificazioni, nella L. 7 agosto 2012, n. 134. A norma dell'art. 33, comma 3, del medesimo decreto tali disposizioni si applicano ai procedimenti di concordato preventivo e per l'omologazione di accordi di ristrutturazione dei debiti introdotti dal trentesimo giorno successivo a quello di entrata in vigore della legge di conversione del presente decreto, nonché ai piani di cui al comma 1, lettera* a), *n.* 1) *elaborati successivamente al predetto termine.*

(2) *Le parole: «, anche prima del deposito della documentazione di cui all'articolo 161, commi secondo e terzo» sono state aggiunte dall'art. 1, comma 1, lett.* a), *del D.L. 27 giugno 2015, n. 83, convertito, con modificazioni, nella L. 6 agosto 2015, n. 132.*

A norma dell'art. 23, comma 1, del medesimo provvedimento, tali disposizioni si applicano ai procedimenti di concordato preventivo introdotti anche anteriormente alla data di entrata in vigore del presente decreto.

(3) *Questo comma è stato aggiunto dall'art. 1, comma 1, lett.* b), *del D.L. 27 giugno 2015, n. 83, convertito, con modificazioni, nella L. 6 agosto 2015, n. 132.*

A norma dell'art. 23, comma 1, del medesimo provvedimento, tali disposizioni si applicano ai procedimenti di concordato preventivo introdotti anche anteriormente alla data di entrata in vigore del presente decreto.

(4) *Le parole: «o a cedere crediti» sono state aggiunte dall'art. 1, comma 1, lett.* c), *del D.L. 27 giugno 2015, n. 83, convertito, con modificazioni, nella L. 6 agosto 2015, n. 132.*

A norma dell'art. 23, comma 1, del medesimo provvedimento, tali disposizioni si applicano ai procedimenti di concordato preventivo introdotti anche anteriormente alla data di entrata in vigore del presente decreto.

(5) *Le parole: «quarto comma» sono state così sostituite dalle seguenti: «quinto comma del presente articolo» dall'art. 1, comma 1, lett.* c bis), *del D.L. 27 giugno 2015, n. 83, convertito, con modificazioni, nella L. 6 agosto 2015, n. 132.*

A norma dell'art. 23, comma 1, del medesimo provvedimento, tali disposizioni si applicano ai procedimenti di concordato preventivo introdotti anche anteriormente alla data di entrata in vigore del presente decreto.

182 *sexies*. (1) **Riduzione o perdita del capitale della società in crisi.** – Dalla data del deposito della domanda per l'ammissione al concordato preventivo, anche a norma dell'articolo 161, sesto comma, della domanda per l'omologazione dell'accordo di ristrutturazione di cui all'articolo 182 *bis* ovvero della proposta di accordo a norma del sesto comma dello stesso articolo e sino all'omologazione non si applicano gli articoli 2446, commi secondo e terzo, 2447, 2482 *bis*, commi quarto, quinto e sesto, e 2482 *ter* del codice civile. Per lo stesso periodo non opera la causa di scioglimento della società per riduzione o perdita del capitale sociale di cui agli articoli 2484, n. 4, e 2545 *duodecies* del codice civile.

Resta ferma, per il periodo anteriore al deposito delle domande e della proposta di cui al primo comma, l'applicazione dell'articolo 2486 del codice civile.

(1) *Questo articolo è stato aggiunto dall'art. 33, comma 1, lett.* f), *del D.L. 22 giugno 2012, n. 83, convertito, con modificazioni, nella L. 7 agosto 2012, n. 134. A norma dell'art. 33, comma 3, del medesimo decreto tali disposizioni si applicano ai procedimenti di concordato preventivo e per l'omologazione di accordi di ristrutturazione dei debiti introdotti dal trentesimo gior-*

no successivo a quello di entrata in vigore della legge di conversione del presente decreto, nonché ai piani di cui al comma 1, lettera a)*, n. 1) elaborati successivamente al predetto termine.*

182 *septies*. (1) **Accordo di ristrutturazione con intermediari finanziari e convenzione di moratoria.** – Quando un'impresa ha debiti verso banche e intermediari finanziari in misura non inferiore alla metà dell'indebitamento complessivo, la disciplina di cui all'articolo 182 *bis*, in deroga agli articoli 1372 e 1411 del codice civile, è integrata dalle disposizioni contenute nei commi secondo, terzo e quarto. Restano fermi i diritti dei creditori diversi da banche e intermediari finanziari.

L'accordo di ristrutturazione dei debiti di cui all'articolo 182 *bis* può individuare una o più categorie tra i creditori di cui al primo comma che abbiano fra loro posizione giuridica e interessi economici omogenei. In tal caso, con il ricorso di cui al primo comma di tale articolo, il debitore può chiedere che gli effetti dell'accordo vengano estesi anche ai creditori non aderenti che appartengano alla medesima categoria, quando tutti i creditori della categoria siano stati informati dell'avvio delle trattative e siano stati messi in condizione di parteciparvi in buona fede e i crediti delle banche e degli intermediari finanziari aderenti rappresentino il settantacinque per cento dei crediti della categoria. Una banca o un intermediario finanziario può essere titolare di crediti inseriti in più di una categoria.

Ai fini di cui al precedente comma non si tiene conto delle ipoteche giudiziali iscritte dalle banche o dagli intermediari finanziari nei novanta giorni che precedono la data di pubblicazione del ricorso nel registro delle imprese.

Il debitore, oltre agli adempimenti pubblicitari già previsti, deve notificare il ricorso e la documentazione di cui al primo comma dell'articolo 182 *bis* alle banche e agli intermediari finanziari ai quali chiede di estendere gli effetti dell'accordo. Per costoro il termine per proporre l'opposizione di cui al quarto comma del medesimo articolo decorre dalla data della notificazione del ricorso. Il tribunale procede all'omologazione previo accertamento, avvalendosi ove occorra di un ausiliario, che le trattative si siano svolte in buona fede e che le banche e gli intermediari finanziari ai quali il debitore chiede di estendere gli effetti dell'accordo:

a) abbiano posizione giuridica e interessi economici omogenei rispetto a quelli delle banche e degli intermediari finanziari aderenti;

b) abbiano ricevuto complete ed aggiornate informazioni sulla situazione patrimoniale, economica e finanziaria del debitore nonché sull'accordo e sui suoi effetti, e siano stati messi in condizione di partecipare alle trattative;

c) possano risultare soddisfatti, in base all'accordo, in misura non inferiore rispetto alle alternative concretamente praticabili.

Quando fra l'impresa debitrice e una o più banche o intermediari finanziari viene stipulata una convenzione diretta a disciplinare in via provvisoria gli effetti della crisi attraverso una moratoria temporanea dei crediti nei confronti di una o più banche o intermediari finanziari e sia raggiunta la maggioranza di cui al secondo comma, la convenzione di moratoria, in deroga agli articoli 1372 e 1411 del codice civile, produce effetti anche nei confronti delle banche e degli intermediari finanziari non aderenti se questi siano stati informati dell'avvio delle trattative e siano stati messi in condizione di parteciparvi in buona fede, e un professionista in possesso dei requisiti di cui all'articolo 67, terzo comma, lettera *d*), attesti l'omogeneità della posizione giuridica e degli interessi economici fra i creditori interessati dalla moratoria.

Nel caso previsto dal comma precedente, le banche e gli intermediari finanziari non aderenti alla convenzione possono proporre opposizione entro trenta giorni dalla comunicazione della convenzione stipulata, accompagnata dalla relazione del professionista a norma dell'articolo 67, terzo comma, lettera *d*). La comunicazione deve essere effettuata, alternativamente, mediante lettera raccomandata o posta elettronica certificata. Con l'opposizione, la banca o l'intermediario finanziario può chiedere che la convenzione non produca effetti nei suoi confronti. Il tribunale, con decreto motivato, decide sulle opposizioni, verificando la sussistenza delle condizioni di cui al comma quarto, terzo periodo. Nel termine di quindici giorni dalla comunicazione, il decreto del tribunale è reclamabile alla corte di appello, ai sensi dell'articolo 183.

In nessun caso, per effetto degli accordi e convenzioni di cui ai commi precedenti, ai creditori non aderenti possono essere imposti l'esecuzione di nuove prestazioni, la concessione di affidamenti, il mantenimento della possibilità di utilizzare affidamenti esistenti o l'erogazione di nuovi finanziamenti. Agli effetti del presente articolo non è considerata nuova prestazione la prosecuzione della concessione del godimento di beni oggetto di contratti di locazione finanziaria già stipulati.

La relazione dell'ausiliario è trasmessa a norma dell'articolo 161, quinto comma.

([1]) *Questo articolo è stato aggiunto dall'art. 9 del D.L. 27 giugno 2015, n. 83, convertito, con modificazioni, nella L. 6 agosto 2015, n. 132.*

183. ([1]) **Reclamo.** – Contro il decreto del tribunale può essere proposto reclamo alla corte di appello, la quale pronuncia in camera di consiglio.

Con lo stesso reclamo è impugnabile la sentenza dichiarativa di fallimento, contestualmente emessa a norma dell'articolo 180, settimo comma.

([1]) *Questo articolo è stato così sostituito dall'art. 16, comma 6, del D.L.vo 12 settembre 2007, n. 169, a decorrere dal 1° gennaio 2008.*

184. Effetti del concordato per i creditori. – Il concordato omologato è obbligatorio per tutti i creditori anteriori alla pubblicazione nel registro delle imprese del ricorso di cui all'articolo 161 ([1]). Tuttavia essi conservano impregiudicati i diritti contro i coobbligati, i fideiussori del debitore e gli obbligati in via di regresso.

Salvo patto contrario, il concordato della società ha efficacia nei confronti dei soci illimitatamente responsabili.

([1]) *Le parole: «al decreto di apertura della procedura di concordato» sono state così sostituite dalle attuali: «alla pubblicazione nel registro delle imprese del ricorso di cui all'articolo 161» dall'art. 33, comma 1, lett. g), del D.L. 22 giugno 2012, n. 83, convertito, con modificazioni, nella L. 7 agosto 2012, n. 134. A norma dell'art. 33, comma 3, del medesimo decreto tali disposizioni si applicano ai procedimenti di concordato preventivo e per l'omologazione di accordi di ristrutturazione dei debiti introdotti dal trentesimo giorno successivo a quello di entrata in vigore della legge di conversione del presente decreto, nonché ai piani di cui al comma 1, lettera a), n. 1) elaborati successivamente al predetto termine.*

Capo VI
Dell'esecuzione, della risoluzione e dell'annullamento del concordato preventivo

185. Esecuzione del concordato. – Dopo l'omologazione del concordato, il commissario giudiziale ne sorveglia l'adempimento, secondo le modalità stabilite nella sentenza di omologazione. Egli deve riferire al giudice ogni fatto dal quale possa derivare pregiudizio ai creditori.

Si applica il secondo comma dell'art. 136.

Il debitore è tenuto a compiere ogni atto necessario a dare esecuzione alla proposta di concordato presentata da uno o più creditori, qualora sia stata approvata e omologata ([1]).

Nel caso in cui il commissario giudiziale rilevi che il debitore non sta provvedendo al compimento degli atti necessari a dare esecuzione alla suddetta proposta o ne sta ritardando il compimento, deve senza indugio riferirne al tribunale. Il tribunale, sentito il debitore, può attribuire al commissario giudiziale i poteri necessari a provvedere in luogo del debitore al compimento degli atti a questo richiesti ([1]).

Il soggetto che ha presentato la proposta di concordato approvata e omologata dai creditori può denunziare al tribunale i ritardi o le omissioni da parte del debitore, mediante ricorso al tribunale notificato al debitore e al commissario giudiziale, con il quale può chiedere al tribunale di attribuire al commissario giudiziale i poteri necessari a provvedere in luogo del debitore al compimento degli atti a questo richiesti ([1]).

Fermo restando il disposto dell'articolo 173, il tribunale, sentiti in camera di consiglio il debitore e il commissario giudiziale, può revocare l'organo amministrativo, se si tratta di società, e nominare un amministratore giudiziario stabilendo la durata del suo incarico e attribuendogli il potere di compiere ogni atto necessario a dare esecuzione alla suddetta proposta, ivi inclusi, qualora tale proposta preveda un aumento del capitale sociale del debitore, la convocazione dell'assemblea straordinaria dei soci avente ad oggetto la delibera di tale aumento di capitale e l'esercizio del voto nella stessa. Quando è stato nominato il liquidatore a norma dell'articolo 182, i compiti di amministratore giudiziario possono essere a lui attribuiti ([1]).

([1]) *Questo comma è stato aggiunto dall'art. 3, comma 6, del D.L. 27 giugno 2015, n. 83, convertito, con modificazioni, nella L. 6 agosto 2015, n. 132.*

A norma dell'art. 23, comma 1, del medesimo provvedimento, queste disposizioni si applicano ai procedimenti di concordato preventivo introdotti successivamente all'entrata in vigore della legge di conversione del presente decreto.

186. ([1]) **Risoluzione e annullamento del concordato.** – Ciascuno dei creditori può richiedere la risoluzione del concordato per inadempimento.

Il concordato non si può risolvere se l'inadempimento ha scarsa importanza.

Il ricorso per la risoluzione deve proporsi entro un anno dalla scadenza del termine fissato per l'ultimo adempimento previsto dal concordato.

Le disposizioni che precedono non si applicano quando gli obblighi derivanti dal concordato sono stati assunti da un terzo con liberazione immediata del debitore.

Si applicano le disposizioni degli articoli 137 e 138, in quanto compatibili, intendendosi sostituito al curatore il commissario giudiziale.

(1) *Questo articolo è stato così sostituito dall'art. 17, comma 1, del D.L.vo 12 settembre 2007, n. 169, a decorrere dal 1° gennaio 2008.*

186 *bis*. (1) **Concordato con continuità aziendale.** – Quando il piano di concordato di cui all'articolo 161, secondo comma, lettera *e*) prevede la prosecuzione dell'attività di impresa da parte del debitore, la cessione dell'azienda in esercizio ovvero il conferimento dell'azienda in esercizio in una o più società, anche di nuova costituzione, si applicano le disposizioni del presente articolo. Il piano può prevedere anche la liquidazione di beni non funzionali all'esercizio dell'impresa.

Nei casi previsti dal presente articolo:

a) il piano di cui all'articolo 161, secondo comma, lettera *e*), deve contenere anche un'analitica indicazione dei costi e dei ricavi attesi dalla prosecuzione dell'attività d'impresa prevista dal piano di concordato, delle risorse finanziarie necessarie e delle relative modalità di copertura;

b) la relazione del professionista di cui all'articolo 161, terzo comma, deve attestare che la prosecuzione dell'attività d'impresa prevista dal piano di concordato è funzionale al miglior soddisfacimento dei creditori;

c) il piano può prevedere, fermo quanto disposto dall'articolo 160, secondo comma, una moratoria fino a un anno dall'omologazione per il pagamento dei creditori muniti di privilegio, pegno o ipoteca, salvo che sia prevista la liquidazione dei beni o diritti sui quali sussiste la causa di prelazione. In tal caso, i creditori muniti di cause di prelazione di cui al periodo precedente non hanno diritto al voto.

Fermo quanto previsto nell'articolo 169 *bis*, i contratti in corso di esecuzione alla data di deposito del ricorso, anche stipulati con pubbliche amministrazioni, non si risolvono per effetto dell'apertura della procedura. Sono inefficaci eventuali patti contrari. L'ammissione al concordato preventivo non impedisce la continuazione di contratti pubblici se il professionista designato dal debitore di cui all'articolo 67 ha attestato la conformità al piano e la ragionevole capacità di adempimento. Di tale continuazione può beneficiare, in presenza dei requisiti di legge, anche la società cessionaria o conferitaria d'azienda o di rami d'azienda cui i contratti siano trasferiti. Il giudice delegato, all'atto della cessione o del conferimento, dispone la cancellazione delle iscrizioni e trascrizioni.

Successivamente al deposito del ricorso, la partecipazione a procedure di affidamento di contratti pubblici deve essere autorizzata dal tribunale, acquisito il parere del commissario giudiziale, se nominato; in mancanza di tale nomina, provvede il tribunale (2).

L'ammissione al concordato preventivo non impedisce la partecipazione a procedure di assegnazione di contratti pubblici, quando l'impresa presenta in gara:

a) una relazione di un professionista in possesso dei requisiti di cui all'articolo 67, terzo comma, lettera *d*), che attesta la conformità al piano e la ragionevole capacità di adempimento del contratto;

b) la dichiarazione di altro operatore in possesso dei requisiti di carattere generale, di capacità finanziaria, tecnica, economica nonché di certificazione, richiesti per l'affidamento dell'appalto, il quale si è impegnato nei confronti del concorrente e della stazione appaltante a mettere a disposizione, per la durata del contratto, le risorse necessarie all'esecuzione dell'appalto e a subentrare all'impresa ausiliata nel caso in cui questa fallisca nel corso della gara ovvero dopo la stipulazione del contratto, ovvero non sia per qualsiasi ragione più in grado di dare regolare esecuzione all'appalto. Si applica l'articolo 49 del decreto legislativo 12 aprile 2006, n. 163.

Fermo quanto previsto dal comma precedente, l'impresa in concordato può concorrere anche riunita in raggruppamento temporaneo di imprese, purchè non rivesta la qualità di mandataria e sempre che le altre imprese aderenti al raggruppamento non siano assoggettate ad una procedura concorsuale. In tal caso la dichiarazione di cui al quarto comma, lettera *b*), può provenire anche da un operatore facente parte del raggruppamento.

Se nel corso di una procedura iniziata ai sensi del presente articolo l'esercizio dell'attività d'impresa cessa o risulta manifestamente dannoso per i creditori, il tribunale provvede ai sensi dell'articolo 173. Resta salva la facoltà del debitore di modificare la proposta di concordato.

(1) *Questo articolo è stato aggiunto dall'art. 33, comma 1, lett.* h), *del D.L. 22 giugno 2012, n. 83, convertito, con modificazioni, nella L. 7 agosto 2012, n. 134. A norma dell'art. 33, comma 3, del medesimo decreto tali disposizioni si applicano ai procedimenti di concordato preventivo e per l'omologazione di accordi di ristrutturazione dei debiti introdotti dal trentesimo giorno successivo a quello di entrata in vigore della legge di conversione del presente decreto, nonché ai piani di cui al comma 1, lettera* a), *n. 1) elaborati successivamente al predetto termine.*

(2) *Questo comma è stato inserito dall'art. 13, comma 11* bis, *del D.L. 23 dicembre 2013, n. 145, convertito, con modificazioni, nella L. 21 febbraio 2014, n. 9.*

[Titolo IV
Dell'amministrazione controllata] (1)

(1) *Questo Titolo, comprendente gli articoli da 187 a 193, è stato abrogato dall'art. 147 del D.L.vo 9 gennaio 2006, n. 5, a decorrere dal 16 luglio 2006.*

187. [**Domanda di ammissione alla procedura.** – L'imprenditore che si trova in temporanea difficoltà di adempiere le proprie obbligazioni, se ricorrono le condizioni previste dai numeri 1, 2 e 3 del primo comma dell'articolo 160 e vi siano comprovate possibilità di risanare l'impresa, può chiedere al tribunale il controllo della gestione della sua impresa e dell'amministrazione dei suoi beni a tutela degli interessi dei creditori, per un periodo non superiore a due anni.

La domanda si propone nelle forme stabilite dall'art. 161].

188. [**Ammissione alla procedura.** – Il tribunale, se concorrono le condizioni stabilite dalla legge e se ritiene il debitore meritevole del beneficio, ammette il ricorrente alla procedura di amministrazione controllata con decreto non soggetto a reclamo. Con lo stesso provvedimento:

1) delega un giudice alla procedura;

2) ordina la convocazione dei creditori non oltre i trenta giorni dalla data del provvedimento e stabilisce il termine per la comunicazione del provvedimento stesso ai creditori;

3) nomina il commissario giudiziale secondo le disposizioni degli artt. 27, 28 e 29;

4) stabilisce il termine non superiore a otto giorni entro il quale il ricorrente deve depositare nella cancelleria del tribunale la somma che si presume necessaria per l'intera procedura.

Il decreto è pubblicato a norma dell'art. 166 e per la durata della procedura produce gli effetti stabiliti dagli artt. 167 e 168.

Si applicano inoltre le disposizioni degli artt. 164, 165, 170 e 173].

189. [**Adunanza dei creditori.** – Alla deliberazione dei creditori si applicano le disposizioni degli artt. 174, 175, 176, primo comma, 177, quarto comma, 178, primo, secondo e terzo comma.

Si tiene conto a tutti gli effetti dei voti dati per lettera o per telegramma purché pervenuti prima della chiusura delle operazioni.

La proposta del debitore è approvata quando riporta il voto favorevole della maggioranza dei creditori che rappresenti la maggioranza dei crediti, esclusi i creditori aventi diritti di prelazione sui beni del debitore.

Se le maggioranze prescritte non sono raggiunte cessano gli effetti del decreto di ammissione alla procedura].

190. [**Provvedimenti del giudice delegato.** – Se le maggioranze prescritte sono raggiunte, il giudice delegato, tenuto conto del parere dei creditori intervenuti all'adunanza, nomina con decreto un comitato di tre o cinque creditori che assiste il commissario giudiziale.

Contro il decreto del giudice delegato è ammesso reclamo da parte di ogni interessato entro dieci giorni dalla sua data. Il tribunale decide in camera di consiglio con decreto non soggetto a gravame].

191. [**Poteri di gestione del commissario giudiziale.** – Durante la procedura il tribunale, su istanza di ogni interessato o ufficio e sentito il comitato dei creditori, può con decreto non soggetto a reclamo, affidare al commissario giudiziale in tutto o in parte la gestione dell'impresa e l'amministrazione dei beni del debitore, determinandone i poteri.

Il decreto è pubblicato a norma dell'art. 166.

In tal caso il commissario al termine del suo ufficio deve rendere conto della sua amministrazione a norma dell'art. 116].

192. [**Relazioni del commissario giudiziale e revoca dell'amministrazione controllata.** – Il commissario giudiziale riferisce ogni due mesi al giudice delegato sull'andamento dell'impresa.

Il commissario giudiziale e il comitato dei creditori devono inoltre denunciare al giudice delegato i fatti che consigliano la revoca dell'amministrazione controllata, non appena ne vengano a conoscenza.

Se in qualunque momento risulta che l'amministrazione controllata non può utilmente essere continuata, il giudice delegato promuove dal tribunale la dichiarazione di fallimento, salva la facoltà dell'imprenditore di proporre il concordato preventivo secondo le disposizioni del titolo precedente].

193. [**Fine dell'amministrazione controllata.** – Il debitore che dimostra di essere in grado di soddisfare regolarmente le proprie obbligazioni può chiedere al tribunale anche prima del termine stabilito la cessazione della procedura. In tal caso il tribunale provvede con decreto pubblicato a norma dell'art. 17.

Se al termine dell'amministrazione controllata risulta che l'impresa non è in condizioni di adempiere regolarmente le proprie obbligazioni, si applica il terzo comma dell'articolo precedente].

Titolo V
Della liquidazione coatta amministrativa

194. Norme applicabili. – La liquidazione coatta amministrativa è regolata dalle disposizioni del presente titolo, salvo che le leggi speciali dispongano diversamente.

Sono abrogate le disposizioni delle leggi speciali, incompatibili con quelle degli artt. 195, 196, 200, 201, 202, 203, 209, 211 e 213.

195. (1) **Accertamento giudiziario dello stato d'insolvenza anteriore alla liquidazione coatta amministrativa.** – Se un'impresa soggetta a liquidazione coatta amministrativa con esclusione del fallimento si trova in stato di insolvenza, il tribunale del luogo dove l'impresa ha la sede principale, su richiesta di uno o più creditori, ovvero dell'autorità che ha la vigilanza sull'impresa o di questa stessa, dichiara tale stato con sentenza. Il trasferimento della sede principale dell'impresa intervenuto nell'anno antecedente l'apertura del procedimento, non rileva ai fini della competenza.

Con la stessa sentenza o con successivo decreto adotta i provvedimenti conservativi che ritenga opportuni nell'interesse dei creditori fino all'inizio della procedura di liquidazione.

Prima di provvedere il tribunale deve sentire il debitore, con le modalità di cui all'articolo 15, e l'autorità governativa che ha la vigilanza sull'impresa.

La sentenza è comunicata entro tre giorni, a norma dell'articolo 136 del codice di procedura civile, all'autorità competente perché disponga la liquidazione o, se ne ritiene sussistenti i presupposti, l'avvio della risoluzione ai sensi del decreto di recepimento della direttiva 2014/59/UE (2). Essa è inoltre notificata, affissa e resa pubblica nei modi e nei termini stabiliti per la sentenza dichiarativa di fallimento.

Contro la sentenza predetta può essere proposto reclamo (3) da qualunque interessato, a norma degli articoli 18 e 19.

Il tribunale che respinge il ricorso per la dichiarazione d'insolvenza provvede con decreto motivato. Contro il decreto è ammesso reclamo a norma dell'articolo 22.

Il tribunale provvede su istanza del commissario giudiziale alla dichiarazione d'insolvenza a norma di questo articolo quando nel corso della procedura di concordato preventivo di un'impresa soggetta a liquidazione coatta amministrativa, con esclusione del fallimento, si verifica la cessazione della procedura e sussiste lo stato di insolvenza. Si applica in ogni caso il procedimento di cui al terzo comma.

Le disposizioni di questo articolo non si applicano agli enti pubblici.

(1) *Questo articolo è stato così sostituito dall'art. 148 del D.L.vo 9 gennaio 2006, n. 5, a decorrere dal 16 luglio 2006.*

(2) *Le parole: «o, se ne ritiene sussistenti i presupposti, l'avvio della risoluzione ai sensi del decreto di recepimento della direttiva 2014/59/UE» sono state inserite dall'art. 100, comma 1, del D.L.vo 16 novembre 2015, n. 180.*

(3) *La parola: «appello» è stata così sostituita dalla attuale: «reclamo» dall'art. 18, comma 1, del D.L.vo 12 settembre 2007, n. 169, a decorrere dal 1° gennaio 2008.*

196. Concorso fra fallimento e liquidazione coatta amministrativa. – Per le imprese soggette a liquidazione coatta amministrativa, per le quali la legge non esclude la procedura fallimentare, la dichiarazione di fallimento preclude la liquidazione coatta amministrativa, e il provvedimento di liquidazione coatta amministrativa preclude la dichiarazione di fallimento.

197. Provvedimento di liquidazione. – Il provvedimento che ordina la liquidazione, entro dieci giorni dalla sua data, è pubblicato integralmente, a cura dell'autorità che lo ha emanato nella *Gazzetta Ufficiale* della Repubblica ed è comunicato per l'iscrizione all'ufficio del registro delle imprese, salve le altre forme di pubblicità disposte nel provvedimento.

198. (1) **Organi della liquidazione amministrativa.** – Con il provvedimento che ordina la liquidazione o con altro successivo viene nominato un commissario liquidatore. È altresì nominato un comitato di sorveglianza di tre o cinque membri scelti fra persone particolarmente esperte nel ramo di attività esercitato dall'impresa, possibilmente fra i creditori.

Qualora l'importanza dell'impresa lo consigli, possono essere nominati tre commissari liquidatori. In tal caso essi deliberano a maggioranza, e la rappresentanza è esercitata congiuntamente da due di essi. Nella liquidazione delle cooperative la nomina del comitato di sorveglianza è facoltativa.

(1) *A norma dell'art. 12, comma 75, del D.L. 6 luglio 2012, n. 95, convertito, con modificazioni, nella L. 7 agosto 2012, n. 135, l'incarico di commissario, previsto da questo articolo, è monocratico. Il commissario liquidatore esercita personalmente le funzioni del proprio ufficio; nel caso di delega a terzi di specifiche operazioni, l'onere per il compenso del delegato è detratto dal compenso del commissario.*

199. Responsabilità del commissario liquidatore. – Il commissario liquidatore è, per quanto attiene all'esercizio delle sue funzioni, pubblico ufficiale.

Durante la liquidazione l'azione di responsabilità contro il commissario liquidatore revocato è proposta dal nuovo liquidatore con l'autorizzazione dell'autorità che vigila sulla liquidazione.

Si applicano al commissario liquidatore le disposizioni degli artt. 32, 37 e 38, primo comma, intendendosi sostituiti nei poteri del tribunale e del giudice delegato quelli dell'autorità che vigila sulla liquidazione.

200. Effetti del provvedimento di liquidazione per l'impresa. – Dalla data del provvedimento che ordina la liquidazione si applicano gli artt. 42, 44, 45, 46 e 47 e se l'impresa è una società o una persona giuridica cessano le funzioni delle assemblee e degli organi di amministrazione e di controllo, salvo per il caso previsto dall'art. 214.

Nelle controversie anche in corso, relative a rapporti di diritto patrimoniale dell'impresa, sta in giudizio il commissario liquidatore.

201. Effetti della liquidazione per i creditori e sui rapporti giuridici preesistenti. – Dalla data del provvedimento che ordina la liquidazione si applicano le disposizioni del titolo II, capo III, sezione II e sezione IV e le disposizioni dell'art. 66.

Si intendono sostituiti nei poteri del tribunale e del giudice delegato l'autorità amministrativa che vigila sulla liquidazione, nei poteri del curatore il commissario liquidatore e in quelli del comitato dei creditori il comitato di sorveglianza.

202. Accertamento giudiziario dello stato d'insolvenza. – Se l'impresa, al tempo in cui è stata ordinata la liquidazione, si trovava in stato d'insolvenza e questa non è stata preventivamente dichiarata a norma dell'art. 195, il tribunale del luogo dove l'impresa ha la sede principale, su ricorso del commissario liquidatore o su istanza del pubblico ministero, accerta tale stato con sentenza in camera di consiglio, anche se la liquidazione è stata disposta per insufficienza di attivo.

Si applicano le norme dell'art. 195, commi secondo, terzo, quarto, quinto e sesto.

203. Effetti dell'accertamento giudiziario dello stato d'insolvenza. – Accertato giudizialmente lo stato d'insolvenza a norma degli artt. 195 o 202, sono applicabili con effetto dalla data del provvedimento che ordina la liquidazione le disposizioni del titolo II, capo III, sezione III, anche nei riguardi dei soci a responsabilità illimitata. [Si applicano inoltre nei confronti di questi ultimi, degli amministratori, dei direttori generali, dei liquidatori e dei componenti degli organi di vigilanza le disposizioni degli artt. 216 a 219 e 223 a 225] (1).

L'esercizio delle azioni di revoca degli atti compiuti in frode dei creditori compete al commissario liquidatore.

Il commissario liquidatore presenta al procuratore della Repubblica una relazione in conformità di quanto è disposto dall'art. 33, primo comma.

(1) *Questo periodo è stato abrogato dall'art. 99 del D.L.vo 8 luglio 1999, n. 270.*

204. Commissario liquidatore. – Il commissario liquidatore procede a tutte le operazioni della liquidazione secondo le direttive dell'autorità che vigila sulla liquidazione, e sotto il controllo del comitato di sorveglianza.

Egli prende in consegna i beni compresi nella liquidazione, le scritture contabili e gli altri documenti dell'impresa, richiedendo, ove occorra, l'assistenza di un notaio.

Il commissario liquidatore forma quindi l'inventario, nominando, se necessario, uno o più stimatori per la valutazione dei beni.

205. Relazione del commissario. – L'imprenditore o, se l'impresa è una società o una persona giuridica, gli amministratori devono rendere al commissario liquidatore il conto della gestione relativo al tempo posteriore all'ultimo bilancio.

Il commissario è dispensato dal formare il bilancio annuale, ma deve presentare alla fine di ogni semestre all'autorità che vigila sulla liquidazione una relazione sulla situazione patrimoniale dell'impresa e sull'andamento della gestione accompagnata da un rapporto del comitato di sorveglianza. Nello stesso termine, copia della relazione è trasmessa al comitato di sorveglianza, unitamente agli estratti conto dei depositi postali o bancari relativi al periodo (1). Il comitato di sorveglianza o ciascuno dei suoi componenti possono formulare osservazioni scritte (1). Altra copia della relazione è trasmessa, assieme alle eventuali osservazioni, per via telematica all'ufficio del registro delle imprese ed è trasmessa a mezzo di posta elettronica certificata ai creditori e ai titolari di diritti sui beni (1).

(1) *Questo periodo è stato aggiunto dall'art. 17, comma 1, lett. u), del D.L. 18 ottobre 2012, n. 179, convertito, con modificazioni, nella L. 17 dicembre 2012, n. 221. A norma dell'art. 17, commi 4 e 5 del medesimo decreto tali disposizioni si applicano dalla data di entrata in vigore della legge di conversione del predetto decreto, anche alle procedure di fallimento, di concordato preventivo, di liquidazione coatta amministrativa e di amministrazione straordinaria pendenti, rispetto alle quali, alla stessa data, non è stata effettuata la comunicazione rispettivamente prevista dagli articoli 92, 171, 207 del regio decreto 16 marzo 1942, n. 267 e dall'articolo 22 decreto legislativo 8 luglio 1999, n. 270. Per le procedure in cui, alla data di entrata in vigore della legge di conversione del predetto decreto, sia stata effettuata la comunicazione di cui al comma 4, le disposizioni di cui ai commi 1 e 2 del presente articolo si applicano a decorrere dal 31 ottobre 2013. Il curatore, il commissario giudiziale, il commissario liquidatore e il commissario straordinario entro il 30 giugno 2013 comunicano ai creditori e ai terzi titolari di diritti sui beni il loro indirizzo di posta elettronica certificata e li invitano a comunicare, entro tre mesi, l'indirizzo di posta elettronica certificata al quale ricevere tutte le comunicazioni relative alla procedura, avvertendoli di rendere nota ogni successiva variazione e che in caso di omessa indicazione le comunicazioni sono eseguite esclusivamente mediante deposito in cancelleria.*

206. (1) **Poteri del commissario.** – L'azione di responsabilità contro gli amministratori e i componenti degli organi di controllo dell'impresa in liquidazione, a norma degli artt. 2393 e 2394 del codice civile, è esercitata dal commissario liquidatore, previa autorizzazione dell'autorità che vigila sulla liquidazione.

Per il compimento degli atti previsti dall'art. 35, in quanto siano di valore indeterminato o di valore superiore a € 1.032,91 (2), e per la continuazione dell'esercizio dell'impresa il commissario deve essere autorizzato dall'autorità predetta, la quale provvede sentito il comitato di sorveglianza.

(1) *A norma dell'art. 1, comma 412, della L. 27 dicembre 2013, n. 147, al fine di accelerare la definitiva chiusura della gestione liquidatoria, in deroga alle procedure autorizzative previste dagli articoli 35 e 206 di questo provvedimento, il Commissario liquidatore è autorizzato a stipulare transazioni per debiti iscritti nello stato passivo e per aliquote non inferiori del 5 per cento rispetto all'aliquota di riparto determinata al momento della transazione.*

(2) *Questo limite è stato così elevato dall'art. 4 della L. 17 luglio 1975, n. 400.*

207. Comunicazione ai creditori ed ai terzi. – Entro un mese dalla nomina il commissario comunica a ciascun creditore, a mezzo posta elettronica certificata, se il relativo indirizzo del destinatario risulta dal registro delle imprese ovvero dall'Indice nazionale degli indirizzi di posta elettronica certificata delle imprese e dei professionisti e, in ogni altro caso, a mezzo lettera raccomandata o telefax presso la sede dell'impresa o la residenza del creditore, il suo indirizzo di posta elettronica certificata e le somme risultanti a credito di ciascuno secondo le scritture contabili e i documenti dell'impresa. Contestualmente il commissario invita i creditori ad indicare, entro il termine di cui al terzo comma, il loro indirizzo di posta elettronica certificata, con l'avvertimento sulle conseguenze di cui al quarto comma e relativo all'onere del creditore di comunicarne ogni variazione. La comunicazione s'intende fatta con riserva delle eventuali contestazioni (1) (2).

Analoga comunicazione è fatta a coloro che possono far valere domande di rivendicazione, restituzione e separazione su cose mobili possedute dall'impresa.

Entro quindici giorni dal ricevimento della comunicazione i creditori e le altre persone indicate dal comma precedente possono far pervenire al commissario mediante posta elettronica certificata le loro osservazioni o istanze (2) (3).

Tutte le successive comunicazioni sono effettuate dal commissario all'indirizzo di posta elettronica certificata indicato ai sensi del primo comma. In caso di mancata indicazione dell'indirizzo di posta elettronica certificata o di mancata comunicazione della variazione, ovvero nei casi di mancata consegna per cause imputabili al destinatario, esse si eseguono mediante deposito in cancelleria. Si applica l'articolo 31 *bis*, terzo comma, sostituendo al curatore il commissario liquidatore (2) (4).

(1) Questo comma è stato così sostituito dall'art. 17, comma 1, lett. v), *n. 1), del D.L. 18 ottobre 2012, n. 179, convertito, con modificazioni, nella L. 17 dicembre 2012, n. 221.*

(2) A norma dell'art. 17, commi 4 e 5 del D.L. 18 ottobre 2012, n. 179, convertito, con modificazioni, nella L. 17 dicembre 2012, n. 221, le disposizioni modificate dall'art. 17, comma 1, si applicano dalla data di entrata in vigore della legge di conversione del predetto decreto, anche alle procedure di fallimento, di concordato preventivo, di liquidazione coatta amministrativa e di amministrazione straordinaria pendenti, rispetto alle quali, alla stessa data, non è stata effettuata la comunicazione rispettivamente prevista dagli articoli 92, 171, 207 del regio decreto 16 marzo 1942, n. 267 e dall'articolo 22 decreto legislativo 8 luglio 1999, n. 270. Per le procedure in cui, alla data di entrata in vigore della legge di conversione del predetto decreto, sia stata effettuata la comunicazione di cui al comma 4, le disposizioni di cui ai commi 1 e 2 del presente articolo si applicano a decorrere dal 31 ottobre 2013. Il curatore, il commissario giudiziale, il commissario liquidatore e il commissario straordinario entro il 30 giugno 2013 comunicano ai creditori e ai terzi titolari di diritti sui beni il loro indirizzo di posta elettronica certificata e li invitano a comunicare, entro tre mesi, l'indirizzo di posta elettronica certificata al quale ricevere tutte le comunicazioni relative alla procedura, avvertendoli di rendere nota ogni successiva variazione e che in caso di omessa indicazione le comunicazioni sono eseguite esclusivamente mediante deposito in cancelleria.

(3) Questo comma è stato così sostituito dall'art. 17, comma 1, lett. v), *n. 2), del D.L. 18 ottobre 2012, n. 179, convertito, con modificazioni, nella L. 17 dicembre 2012, n. 221.*

(4) Questo comma è stato aggiunto dall'art. 17, comma 1, lett. v), *n. 3), del D.L. 18 ottobre 2012, n. 179, convertito, con modificazioni, nella L. 17 dicembre 2012, n. 221.*

208. Domande dei creditori e dei terzi. – I creditori e le altre persone indicate nell'articolo precedente che non hanno ricevuto la comunicazione prevista dal predetto articolo possono chiedere mediante raccomandata, entro sessanta giorni dalla pubblicazione nella *Gazzetta Ufficiale* del provvedimento di liquidazione, il riconoscimento dei propri crediti e la restituzione dei loro beni, comunicando l'indirizzo di posta elettronica certificata. Si applica l'articolo 207, quarto comma (1).

(1) Le parole: «, comunicando l'indirizzo di posta elettronica certificata. Si applica l'articolo 207, quarto comma» sono state aggiunte dall'art. 17, comma 1, lett. z), *del D.L. 18 ottobre 2012, n. 179, convertito, con modificazioni, nella L. 17 dicembre 2012, n. 221. A norma dell'art. 17, commi 4 e 5 del medesimo decreto, tali disposizioni si applicano dalla data di entrata in vigore della legge di conversione del predetto decreto, anche alle procedure di fallimento, di concordato preventivo, di liquidazione coatta amministrativa e di amministrazione straordinaria pendenti, rispetto alle quali, alla stessa data, non è stata effettuata la comunicazione rispettivamente prevista dagli articoli 92, 171, 207 del regio decreto 16 marzo 1942, n. 267 e dall'articolo 22 decreto legislativo 8 luglio 1999, n. 270. Per le procedure in cui, alla data di entrata in vigore della legge di conversione del predetto decreto, sia stata effettuata la comunicazione di cui al comma 4, le disposizioni di cui ai commi 1 e 2 del presente articolo si applicano a decorrere dal 31 ottobre 2013. Il curatore, il commissario giudiziale, il commissario liquidatore e il commissario straordinario entro il 30 giugno 2013 comunicano ai creditori e ai terzi titolari di diritti sui beni il loro indirizzo di posta elettronica certificata e li invitano a comunicare, entro tre mesi, l'indirizzo di posta elettronica certificata al quale ricevere tutte le comunicazioni relative alla procedura, avvertendoli di rendere nota ogni successiva variazione e che in caso di omessa indicazione le comunicazioni sono eseguite esclusivamente mediante deposito in cancelleria.*

209. Formazione dello stato passivo. – Salvo che le leggi speciali stabiliscano un maggior termine, entro novanta giorni dalla data del provvedimento di liquidazione, il commissario forma l'elenco dei crediti ammessi o respinti e delle domande indicate nel secondo comma dell'articolo 207 accolte o respinte, e lo deposita nella cancelleria del luogo dove l'impresa ha la sede principale. Il commissario trasmette l'elenco dei crediti ammessi o respinti a coloro la cui pretesa non sia in tutto o in parte ammessa a mezzo posta elettronica certificata ai sensi dell'articolo 207, quarto comma. Col deposito in cancelleria l'elenco diventa esecutivo (1).

Le impugnazioni, le domande tardive di crediti e le domande di rivendica e di restituzione sono disciplinate dagli articoli 98, 99, 101 e 103, sostituiti al giudice delegato il giudice istruttore ed al curatore il commissario liquidatore (2).

Restano salve le disposizioni delle leggi speciali relative all'accertamento dei crediti chirografari nella liquidazione delle imprese che esercitano il credito.

([1]) *Questo comma è stato così sostituito dall'art. 17, comma 1, lett.* aa)*, del D.L. 18 ottobre 2012, n. 179, convertito, con modificazioni, nella L. 17 dicembre 2012, n. 221. A norma dell'art. 17, commi 4 e 5 del medesimo decreto, tali disposizioni si applicano dalla data di entrata in vigore della legge di conversione del predetto decreto, anche alle procedure di fallimento, di concordato preventivo, di liquidazione coatta amministrativa e di amministrazione straordinaria pendenti, rispetto alle quali, alla stessa data, non è stata effettuata la comunicazione rispettivamente prevista dagli articoli 92, 171, 207 del regio decreto 16 marzo 1942, n. 267 e dall'articolo 22 decreto legislativo 8 luglio 1999, n. 270. Per le procedure in cui, alla data di entrata in vigore della legge di conversione del predetto decreto, sia stata effettuata la comunicazione di cui al comma 4, le disposizioni di cui ai commi 1 e 2 del presente articolo si applicano a decorrere dal 31 ottobre 2013. Il curatore, il commissario giudiziale, il commissario liquidatore e il commissario straordinario entro il 30 giugno 2013 comunicano ai creditori e ai terzi titolari di diritti sui beni il loro indirizzo di posta elettronica certificata e li invitano a comunicare, entro tre mesi, l'indirizzo di posta elettronica certificata al quale ricevere tutte le comunicazioni relative alla procedura, avvertendoli di rendere nota ogni successiva variazione e che in caso di omessa indicazione le comunicazioni sono eseguite esclusivamente mediante deposito in cancelleria.*

([2]) *Gli originari commi secondo e terzo sono stati così sostituiti dall'attuale comma secondo dall'art. 18, comma 2, del D.L.vo 12 settembre 2007, n. 169, a decorrere dal 1° gennaio 2008.*

210. Liquidazione dell'attivo. – Il commissario ha tutti i poteri necessari per la liquidazione dell'attivo, salve le limitazioni stabilite dall'autorità che vigila sulla liquidazione.

In ogni caso per la vendita degli immobili e per la vendita dei mobili in blocco occorrono l'autorizzazione dell'autorità che vigila sulla liquidazione e il parere del comitato di sorveglianza.

Nel caso di società con soci a responsabilità limitata il presidente del tribunale può, su proposta del commissario liquidatore, ingiungere con decreto ai soci a responsabilità limitata e ai precedenti titolari delle quote o delle azioni di eseguire i versamenti ancora dovuti, quantunque non sia scaduto il termine stabilito per il pagamento.

211. ([1]) **[Società con responsabilità sussidiaria limitata o illimitata dei soci.** – Nella liquidazione di una società con responsabilità sussidiaria limitata o illimitata dei soci, il commissario liquidatore, dopo il deposito nella cancelleria del tribunale dell'elenco previsto dall'art. 209, comma primo, previa autorizzazione dell'autorità che vigila sulla liquidazione, può chiedere ai soci il versamento delle somme che egli ritiene necessarie per l'estinzione delle passività. Si osservano per il rimanente le disposizioni dell'art. 151, sostituiti ai poteri del giudice delegato quelli del presidente del tribunale e al curatore il commissario liquidatore ed escluso il reclamo a norma dell'art. 26].

([1]) *Questo articolo è stato abrogato dall'art. 18, comma 3, del D.L.vo 12 settembre 2007, n. 169, a decorrere dal 1° gennaio 2008.*

212. Ripartizione dell'attivo. – Le somme ricavate dalla liquidazione dell'attivo sono distribuite secondo l'ordine stabilito nell'art. 111.

Previo il parere del comitato di sorveglianza, e con l'autorizzazione dell'autorità che vigila sulla liquidazione, il commissario può distribuire acconti parziali, sia a tutti i creditori sia ad alcune categorie di essi, anche prima che siano realizzate tutte le attività e accertate tutte le passività.

Le domande tardive per l'ammissione di crediti o per il riconoscimento di diritti reali non pregiudicano le ripartizioni già avvenute, e possono essere fatte valere sulle somme non ancora distribuite, osservate le disposizioni dell'art. 112.

Alle ripartizioni parziali si applicano le disposizioni dell'art. 113.

213. ([1]) **Chiusura della liquidazione.** – Prima dell'ultimo riparto ai creditori, il bilancio finale della liquidazione con il conto della gestione e il piano di riparto tra i creditori, accompagnati da una relazione del comitato di sorveglianza, devono essere sottoposti all'autorità, che vigila sulla liquidazione, la quale ne autorizza il deposito presso la cancelleria del tribunale e liquida il compenso al commissario.

Dell'avvenuto deposito, a cura del commissario liquidatore, è data comunicazione ai creditori ammessi al passivo ed ai creditori prededucibili con le modalità di cui all'articolo 207, quarto comma ([2]), ed è data notizia mediante inserzione nella *Gazzetta Ufficiale* e nei giornali designati dall'autorità che vigila sulla liquidazione.

Gli interessati possono proporre le loro contestazioni con ricorso al tribunale nel termine perentorio di venti giorni, decorrente dalla comunicazione fatta dal commissario a norma del primo comma per i creditori e dalla inserzione nella *Gazzetta Ufficiale* per ogni altro interessato. Le contestazioni sono comunicate, a cura del cancelliere, all'autorità che vigila sulla liquidazione, al commissario liquidatore e al comitato di sorveglianza, che nel termine di venti giorni possono presentare nella cancelleria del tribunale le loro osservazioni. Il tribunale provvede con decreto in camera di consiglio. Si applicano, in quanto compatibili, le disposizioni dell'articolo 26.

Decorso il termine senza che siano proposte contestazioni, il bilancio, il conto di gestione e il piano di riparto si intendono approvati, e il commissario provvede alle ripartizioni finali tra i creditori. Si applicano le norme dell'articolo 117, e se del caso degli articoli 2495 e 2496 del codice civile.

(1) *Questo articolo è stato così sostituito dall'art. 18, comma 4, del D.L.vo 12 settembre 2007, n. 169, a decorrere dal 1° gennaio 2008.*

(2) *Le parole: «nelle forme previste dall'articolo 26, terzo comma» sono state così sostituite dalle attuali: «con le modalità di cui all'articolo 207, quarto comma» dall'art. 17, comma 1, lett.* bb), *del D.L. 18 ottobre 2012, n. 179, convertito, con modificazioni, nella L. 17 dicembre 2012, n. 221. A norma dell'art. 17, commi 4 e 5 del medesimo decreto, tali disposizioni si applicano dalla data di entrata in vigore della legge di conversione del predetto decreto, anche alle procedure di fallimento, di concordato preventivo, di liquidazione coatta amministrativa e di amministrazione straordinaria pendenti, rispetto alle quali, alla stessa data, non è stata effettuata la comunicazione rispettivamente prevista dagli articoli 92, 171, 207 del regio decreto 16 marzo 1942, n. 267 e dall'articolo 22 decreto legislativo 8 luglio 1999, n. 270. Per le procedure in cui, alla data di entrata in vigore della legge di conversione del predetto decreto, sia stata effettuata la comunicazione di cui al comma 4, le disposizioni di cui ai commi 1 e 2 del presente articolo si applicano a decorrere dal 31 ottobre 2013. Il curatore, il commissario giudiziale, il commissario liquidatore e il commissario straordinario entro il 30 giugno 2013 comunicano ai creditori e ai terzi titolari di diritti sui beni il loro indirizzo di posta elettronica certificata e li invitano a comunicare, entro tre mesi, l'indirizzo di posta elettronica certificata al quale ricevere tutte le comunicazioni relative alla procedura, avvertendoli di rendere nota ogni successiva variazione e che in caso di omessa indicazione le comunicazioni sono eseguite esclusivamente mediante deposito in cancelleria.*

214. (1) (2) **Concordato.** – L'autorità che vigila sulla liquidazione, su parere del commissario liquidatore, sentito il comitato di sorveglianza, può autorizzare l'impresa in liquidazione, uno o più creditori o un terzo a proporre al tribunale un concordato, a norma dell'articolo 124, osservate le disposizioni dell'articolo 152, se si tratta di società.

La proposta di concordato è depositata nella cancelleria del tribunale col parere del commissario liquidatore e del comitato di sorveglianza, comunicata dal commissario a tutti i creditori ammessi al passivo con le modalità di cui all'articolo 207, quarto comma (3), e pubblicata mediante inserzione nella *Gazzetta Ufficiale* e deposito presso l'ufficio del registro delle imprese.

I creditori e gli altri interessati possono presentare nella cancelleria le loro opposizioni nel termine perentorio di trenta giorni, decorrente dalla comunicazione fatta dal commissario per i creditori e dall'esecuzione delle formalità pubblicitarie di cui al secondo comma per ogni altro interessato.

Il tribunale, sentito il parere dell'autorità che vigila sulla liquidazione, decide sulle opposizioni e sulla proposta di concordato con decreto in camera di consiglio. Si applicano, in quanto compatibili, le disposizioni degli articoli 129, 130 e 131.

Gli effetti del concordato sono regolati dall'articolo 135.

Il commissario liquidatore con l'assistenza del comitato di sorveglianza sorveglia l'esecuzione del concordato.

(1) *Questo articolo è stato così sostituito dall'art. 18, comma 5, del D.L.vo 12 settembre 2007, n. 169, a decorrere dal 1° gennaio 2008.*

(2) *A norma dell'art. 22, comma 3, del D.L.vo 12 settembre 2007, n. 169, tale disposizione si applica anche alle procedure concorsuali pendenti al 1° gennaio 2008.*

(3) *Le parole: «nelle forme previste dall'articolo 26, terzo comma» sono state così sostituite dalle attuali: «con le modalità di cui all'articolo 207, quarto comma» dall'art. 17, comma 1, lett.* cc), *del D.L. 18 ottobre 2012, n. 179, convertito, con modificazioni, nella L. 17 dicembre 2012, n. 221. A norma dell'art. 17, commi 4 e 5 del medesimo decreto, tali disposizioni si applicano dalla data di entrata in vigore della legge di conversione del predetto decreto, anche alle procedure di fallimento, di concordato preventivo, di liquidazione coatta amministrativa e di amministrazione straordinaria pendenti, rispetto alle quali, alla stessa data, non è stata effettuata la comunicazione rispettivamente prevista dagli articoli 92, 171, 207 del regio decreto 16 marzo 1942, n. 267 e dall'articolo 22 decreto legislativo 8 luglio 1999, n. 270. Per le procedure in cui, alla data di entrata in vigore della legge di conversione del predetto decreto, sia stata effettuata la comunicazione di*

cui al comma 4, le disposizioni di cui ai commi 1 e 2 del presente articolo si applicano a decorrere dal 31 ottobre 2013. Il curatore, il commissario giudiziale, il commissario liquidatore e il commissario straordinario entro il 30 giugno 2013 comunicano ai creditori e ai terzi titolari di diritti sui beni il loro indirizzo di posta elettronica certificata e li invitano a comunicare, entro tre mesi, l'indirizzo di posta elettronica certificata al quale ricevere tutte le comunicazioni relative alla procedura, avvertendoli di rendere nota ogni successiva variazione e che in caso di omessa indicazione le comunicazioni sono eseguite esclusivamente mediante deposito in cancelleria.

215. ([1]) **Risoluzione e annullamento del concordato.** – Se il concordato non è eseguito, il tribunale, su ricorso del commissario liquidatore o di uno o più creditori, pronuncia, con sentenza in camera di consiglio, la risoluzione del concordato. Si applicano le disposizioni dei commi dal secondo al sesto dell'articolo 137.

Su richiesta del commissario o dei creditori il concordato può essere annullato a norma dell'articolo 138.

Risolto o annullato il concordato, si riapre la liquidazione amministrativa e l'autorità che vigila sulla liquidazione adotta i provvedimenti che ritiene necessari.

([1]) *Questo articolo è stato così sostituito dall'art. 18, comma 6, del D.L.vo 12 settembre 2007, n. 169, a decorrere dal 1° gennaio 2008.*

Titolo VI
Disposizioni penali

Capo I
Reati commessi dal fallito

216. Bancarotta fraudolenta. – È punito con la reclusione da tre a dieci anni, se è dichiarato fallito, l'imprenditore che:

1) ha distratto, occultato, dissimulato, distrutto o dissipato in tutto o in parte i suoi beni ovvero, allo scopo di recare pregiudizio ai creditori, ha esposto o riconosciuto passività inesistenti;

2) ha sottratto, distrutto o falsificato, in tutto o in parte, con lo scopo di procurare a sé o ad altri un ingiusto profitto o di recare pregiudizio ai creditori, i libri o le altre scritture contabili o li ha tenuti in guisa da non rendere possibile la ricostruzione del patrimonio o del movimento degli affari.

La stessa pena si applica all'imprenditore dichiarato fallito, che, durante la procedura fallimentare, commette alcuno dei fatti preveduti dal n. 1) del comma precedente ovvero sottrae, distrugge o falsifica i libri o le altre scritture contabili.

È punito con la reclusione da uno a cinque anni il fallito, che, prima o durante la procedura fallimentare, a scopo di favorire, a danno dei creditori, taluno di essi, esegue pagamenti o simula titoli di prelazione.

Salve le altre pene accessorie, di cui al capo III, titolo II, libro I del codice penale, la condanna per uno dei fatti previsti nel presente articolo importa per la durata di dieci anni l'inabilitazione all'esercizio di un'impresa commerciale e l'incapacità per la stessa durata ad esercitare uffici direttivi presso qualsiasi impresa.

217. Bancarotta semplice. – È punito con la reclusione da sei mesi a due anni, se è dichiarato fallito, l'imprenditore che, fuori dei casi preveduti nell'articolo precedente:

1) ha fatto spese personali o per la famiglia eccessive rispetto alla sua condizione economica;

2) ha consumato una notevole parte del suo patrimonio in operazioni di pura sorte o manifestamente imprudenti;

3) ha compiuto operazioni di grave imprudenza per ritardare il fallimento;

4) ha aggravato il proprio dissesto, astenendosi dal richiedere la dichiarazione del proprio fallimento o con altra grave colpa;

5) non ha soddisfatto le obbligazioni assunte in un precedente concordato preventivo o fallimentare.

La stessa pena si applica al fallito che, durante i tre anni antecedenti alla dichiarazione di fallimento ovvero dall'inizio dell'impresa, se questa ha avuto una minore durata, non ha tenuto i libri e le altre scritture contabili prescritti dalla legge o li ha tenuti in maniera irregolare o incompleta.

Salve le altre pene accessorie di cui al capo III, titolo II, libro I del codice penale, la condanna importa l'inabilitazione all'esercizio di un'impresa commerciale e l'incapacità ad esercitare uffici direttivi presso qualsiasi impresa fino a due anni.

217 *bis*. ([1]) **Esenzioni dei reati di bancarotta.** – 1. Le disposizioni di cui all'articolo 216, terzo comma, e 217 non si applicano ai pagamenti e alle operazioni compiuti in esecuzione di un concordato preventivo di cui all'articolo 160 o di un accordo di ristrutturazione dei debiti omologato ai sensi dell'articolo 182 *bis* o del piano di cui all'articolo 67, terzo comma, lettera *d*), ovvero di un accordo di composizione della crisi omologato ai sensi dell'articolo 12 della legge 27 gennaio 2012, n. 3 ([2]), nonché ai pagamenti e alle operazioni di finanziamento autorizzati dal giudice a norma dell'articolo 182 *quinquies* ([3]) e alle operazioni di finanziamento effettuate ai sensi dell'articolo 22 *quater*, comma 1, del decreto legge 24 giugno 2014, n. 91, convertito, con modificazioni, dalla legge 11 agosto 2014, n. 116, nonché ai pagamenti ed alle operazioni compiuti, per le finalità di cui alla medesima disposizione, con impiego delle somme provenienti da tali finanziamenti ([4]).

([1]) *Questo articolo è stato inserito dall'art. 48, comma 2* bis, *del D.L. 31 maggio 2010, n. 78, convertito, con modificazioni, nella L. 30 luglio 2010, n. 122.*

([2]) *Le parole: «ovvero del piano di cui all'articolo 67, terzo comma, lettera* d)*» sono state così sostituite dalle attuali: «o del piano di cui all'articolo 67, terzo comma, lettera* d), *ovvero di un accordo di composizione della crisi omologato ai sensi dell'articolo 12 della legge 27 gennaio 2012, n. 3» dall'art. 18, comma 2* bis, *del D.L. 18 ottobre 2012, n. 179, convertito, con modificazioni, nella L. 17 dicembre 2012, n. 221.*

([3]) *Le parole: «, nonché ai pagamenti e alle operazioni di finanziamento autorizzati dal giudice a norma dell'articolo 182* quinquies*» sono state aggiunte dall'art. 33, comma 1, lett.* l bis), *del D.L. 22 giugno 2012, n. 83, convertito, con modificazioni, nella L. 7 agosto 2012, n. 134. A norma dell'art. 33, comma 3, del medesimo decreto tali disposizioni si applicano ai procedimenti di concordato preventivo e per l'omologazione di accordi di ristrutturazione dei debiti introdotti dal trentesimo giorno successivo a quello di entrata in vigore della legge di conversione del presente decreto, nonché ai piani di cui al comma 1, lettera* a), *n. 1) elaborati successivamente al predetto termine.*

([4]) *Il periodo da: «e alle operazioni di finanziamento...» fino alla fine del comma è stato aggiunto dall'art. 2, comma 7, del D.L. 5 gennaio 2015, n. 1, convertito, con modificazioni, nella L. 4 marzo 2015, n. 20.*

218. ([1]) **Ricorso abusivo al credito.** – 1. Gli amministratori, i direttori generali, i liquidatori e gli imprenditori esercenti un'attività commerciale che ricorrono o continuano a ricorrere al credito, anche al di fuori dei casi di cui agli articoli precedenti, dissimulando il dissesto o lo stato d'insolvenza sono puniti con la reclusione da sei mesi a tre anni.

2. La pena è aumentata nel caso di società soggette alle disposizioni di cui al capo II, titolo III, parte IV, del testo unico delle disposizioni in materia di intermediazione finanziaria, di cui al decreto legislativo 24 febbraio 1998, n. 58, e successive modificazioni.

3. Salve le altre pene accessorie di cui al libro I, titolo II, capo III, del codice penale, la condanna importa l'inabilitazione all'esercizio di un'impresa commerciale e l'incapacità ad esercitare uffici direttivi presso qualsiasi impresa fino a tre anni.

([1]) *Questo articolo è stato così sostituito dall'art. 32, comma 1, della L. 28 dicembre 2005, n. 262.*

219. Circostanze aggravanti e circostanze attenuanti. – Nel caso in cui i fatti previsti negli artt. 216, 217 e 218 hanno cagionato un danno patrimoniale di rilevante gravità, le pene da essi stabilite sono aumentate fino alla metà.

Le pene stabilite negli articoli suddetti sono aumentate:

1) se il colpevole ha commesso più fatti tra quelli previsti in ciascuno degli articoli indicati;

2) se il colpevole per divieto di legge non poteva esercitare un'impresa commerciale.

Nel caso in cui i fatti indicati nel primo comma hanno cagionato un danno patrimoniale di speciale tenuità, le pene sono ridotte fino al terzo.

220. Denuncia di creditori inesistenti e altre inosservanze da parte del fallito. – È punito con la reclusione da sei a diciotto mesi il fallito, il quale, fuori dei casi preveduti all'art. 216, nell'elenco nominativo dei suoi creditori, denuncia creditori inesistenti od omette di dichiarare l'esistenza di altri beni da comprendere nell'inventario, ovvero non osserva gli obblighi imposti dagli artt. 16 n. 3) e 49.

Se il fatto è avvenuto per colpa, si applica la reclusione fino ad un anno.

221. Fallimento con procedimento sommario. – Se al fallimento si applica il procedimento sommario le pene previste in questo capo sono ridotte fino al terzo.

222. Fallimento della società in nome collettivo e in accomandita semplice. – Nel fallimento delle società in nome collettivo e in accomandita semplice le disposizioni del presente capo si applicano ai fatti commessi dai soci illimitatamente responsabili.

Capo II
Reati commessi da persone diverse dal fallito

223. ([1]) **Fatti di bancarotta fraudolenta.** – Si applicano le pene stabilite nell'art. 216 agli amministratori, ai direttori generali, ai sindaci e ai liquidatori di società dichiarate fallite, i quali hanno commesso alcuno dei fatti preveduti nel suddetto articolo.

Si applica alle persone suddette la pena prevista dal primo comma dell'art. 216, se:

1) hanno cagionato, o concorso a cagionare, il dissesto della società, commettendo alcuno dei fatti previsti dagli articoli 2621, 2622, 2626, 2627, 2628, 2629, 2632, 2633 e 2634 del codice civile ([2]);

2) hanno cagionato con dolo o per effetto di operazioni dolose il fallimento della società.

Si applica altresì in ogni caso la disposizione dell'ultimo comma dell'art. 216.

([1]) *Il reato punito da questo articolo appartiene alla competenza del tribunale in composizione collegiale (art. 33* bis *c.p.p.).*

([2]) *Questo numero è stato così sostituito dall'art. 4 del D.L.vo 11 aprile 2002, n. 61.*

224. ([1]) **Fatti di bancarotta semplice.** – Si applicano le pene stabilite nell'art. 217 agli amministratori, ai direttori generali, ai sindaci e ai liquidatori di società dichiarate fallite, i quali:

1) hanno commesso alcuno dei fatti preveduti nel suddetto articolo;

2) hanno concorso a cagionare od aggravare il dissesto della società con inosservanza degli obblighi ad essi imposti dalla legge.

([1]) *Il reato punito da questo articolo appartiene alla competenza del tribunale in composizione monocratica (art. 33* ter *c.p.p.).*

225. ([1]) **Ricorso abusivo al credito.** – Si applicano le pene stabilite nell'art. 218 agli amministratori ed ai direttori generali di società dichiarate fallite, i quali hanno commesso il fatto in esso previsto.

([1]) *Il reato punito da questo articolo appartiene alla competenza del tribunale in composizione monocratica (art. 33* ter *c.p.p.).*

226. ([1]) **Denuncia di crediti inesistenti.** – Si applicano le pene stabilite nell'art. 220 agli amministratori, ai direttori generali e ai liquidatori di società dichiarate fallite, che hanno commesso i fatti in esso indicati.

([1]) *Il reato punito da questo articolo appartiene alla competenza del tribunale in composizione monocratica (art. 33* ter *c.p.p.).*

227. ([1]) **Reati dell'institore.** – All'institore dell'imprenditore, dichiarato fallito, il quale nella gestione affidatagli si è reso colpevole dei fatti preveduti negli artt. 216, 217, 218 e 220 si applicano le pene in questi stabilite.

([1]) *Il reato punito da questo articolo appartiene alla competenza del tribunale in composizione monocratica (art. 33* ter *c.p.p.).*

228. ([1]) **Interesse privato del curatore negli atti del fallimento.** – Salvo che al fatto non siano applicabili gli artt. 315, 317, 318, 319, 321, 322 e 323 del codice penale, il curatore che prende interesse privato in qualsiasi atto del fallimento direttamente o per interposta persona o con atti simulati è punito con la reclusione da due a sei anni e con la multa non inferiore a € 206 ([2]).

La condanna importa l'interdizione dai pubblici uffici.

([1]) *Il reato punito da questo articolo appartiene alla competenza del tribunale in composizione collegiale (art. 33* bis *c.p.p.).*

([2]) *La multa originaria di L. 2.000 è stata così aumentata di quaranta volte ai sensi dell'art. 3 della L. 12 luglio 1961, n. 603 e poi quintuplicata ai sensi dell'art. 113 della L. 24 novembre 1981, n. 689.*

229. ([1]) **Accettazione di retribuzione non dovuta.** – Il curatore del fallimento che riceve o pattuisce una retribuzione in danaro o in altra forma, in aggiunta di quella liquidata in suo favore dal tribunale o dal giudice delegato, è punito con la reclusione da tre mesi a due anni e con la multa da € 103 a € 516 ([2]).

Nei casi più gravi alla condanna può aggiungersi l'inabilitazione temporanea all'ufficio di amministratore per la durata non inferiore a due anni.

([1]) *Il reato punito da questo articolo appartiene alla competenza del tribunale in composizione monocratica (art. 33* ter *c.p.p.).*

([2]) *La multa originaria da L. 1.000 a L. 5.000 è stata aumentata di quaranta volte ai sensi dell'art. 3 della L. 12 luglio 1961, n. 603 e poi quintuplicata ai sensi dell'art. 113 della L. 24 novembre 1981, n. 689.*

230. ([1]) **Omessa consegna o deposito di cose del fallimento.** – Il curatore che non ottempera all'ordine del giudice di consegnare o depositare somme o altra cosa del fallimento, ch'egli detiene a causa del suo ufficio, è punito con la reclusione fino a due anni e con la multa fino a € 1.032 ([2]).

Se il fatto avviene per colpa, si applica la reclusione fino a sei mesi o la multa fino a € 309 ([2]).

([1]) *Il reato punito da questo articolo appartiene alla competenza del tribunale in composizione monocratica (art. 33* ter *c.p.p.).*

([2]) *Le multe originarie di L. 10.000 e di L. 3.000 sono state aumentate di quaranta volte ai sensi dell'art. 3 della L. 12 luglio 1961, n. 603 e poi quintuplicate ai sensi dell'art. 113 della L. 24 novembre 1981, n. 689.*

231. ([1]) **Coadiutori del curatore.** – Le disposizioni degli artt. 228, 229 e 230 si applicano anche alle persone che coadiuvano il curatore nell'amministrazione del fallimento.

([1]) *Il reato punito da questo articolo appartiene alla competenza del tribunale in composizione monocratica (art. 33* ter *c.p.p.).*

232. ([1]) **Domande di ammissione di crediti simulati o distrazioni senza concorso col fallito.** – È punito con la reclusione da uno a cinque anni e con la multa da € 51 a € 516 ([2]) chiunque, fuori dei casi di concorso in bancarotta, anche per interposta persona presenta domanda di ammissione al passivo del fallimento per un credito fraudolentemente simulato.

Se la domanda è ritirata prima della verificazione dello stato passivo, la pena è ridotta alla metà.

È punito con la reclusione da uno a cinque anni chiunque:

1) dopo la dichiarazione di fallimento, fuori dei casi di concorso in bancarotta o di favoreggiamento, sottrae, distrae, ricetta ovvero in pubbliche o private dichiarazioni dissimula beni del fallito;

2) essendo consapevole dello stato di dissesto dell'imprenditore distrae o ricetta merci o altri beni dello stesso o li acquista a prezzo notevolmente inferiore al valore corrente, se il fallimento si verifica.

La pena, nei casi previsti ai numeri 1) e 2) è aumentata se l'acquirente è un imprenditore che esercita un'attività commerciale.

([1]) *Il reato punito da questo articolo appartiene alla competenza del tribunale in composizione monocratica (art. 33* ter *c.p.p.).*

([2]) *La multa originaria da L. 500 a L. 5.000 è stata aumentata di quaranta volte ai sensi dell'art. 3 della L. 12 luglio 1961, n. 603 e poi quintuplicata ai sensi dell'art. 113 della L. 24 novembre 1981, n. 689.*

233. ([1]) **Mercato di voto.** – Il creditore che stipula col fallito o con altri nell'interesse del fallito vantaggi a proprio favore per dare il suo voto nel concordato o nelle deliberazioni del comitato dei creditori, è punito con la reclusione da sei mesi a tre anni e con la multa non inferiore a € 103 ([2]).

La somma o le cose ricevute dal creditore sono confiscate.

La stessa pena si applica al fallito e a chi ha contrattato col creditore nell'interesse del fallito.

([1]) *Il reato punito da questo articolo appartiene alla competenza del tribunale in composizione monocratica (art. 33* ter *c.p.p.).*

([2]) *La multa originaria di L. 1.000 è stata aumentata di quaranta volte ai sensi dell'art. 3 della L. 12 luglio 1961, n. 603 e poi quintuplicata ai sensi dell'art. 113 della L. 24 novembre 1981, n. 689.*

234. ([1]) **Esercizio abusivo di un'attività commerciale.** – Chiunque esercita un'impresa commerciale, sebbene si trovi in stato d'inabilitazione ad esercitarla per effetto di condanna penale, è punito con la reclusione fino a due anni e con la multa non inferiore a € 103 ([2]).

([1]) *Il reato punito da questo articolo appartiene alla competenza del tribunale in composizione collegiale (art. 33* bis *c.p.p.).*

([2]) *La multa originaria di L. 1.000 è stata aumentata di quaranta volte ai sensi dell'art. 3 della L. 12 luglio 1961, n. 603 e poi quintuplicata ai sensi dell'art. 113 della L. 24 novembre 1981, n. 689.*

235. ([1]) ([2]) ([3]) **Omessa trasmissione dell'elenco dei protesti cambiari.** – Il pubblico ufficiale abilitato a levare protesti cambiari che, senza giustificato motivo, omette d'inviare nel termine prescritto al presidente del tribunale gli elenchi dei protesti cambiari per mancato pagamento, o invia elenchi incompleti, è punito con l'ammenda fino a € 258.

La stessa pena si applica al procuratore del registro che nel termine prescritto non trasmette l'elenco delle dichiarazioni di rifiuto di pagamento a norma dell'art. 13, secondo comma, o trasmette un elenco incompleto.

([1]) *Questo articolo è stato così sostituito dall'art. 48 della L. 24 novembre 1981, n. 689.*

([2]) *Questo articolo è stato depenalizzato dall'art. 1, comma 1, lett.* c)*, della L. 28 dicembre 1993, n. 561, recante trasformazione di reati minori in illeciti amministrativi. L'art. 2 della stessa legge prevede che la somma dovuta come sanzione amministrativa per le violazioni indicate da questo articolo sia da L. 500.000 (€ 258) a L. 3.000.000 (€ 1.549). Inoltre l'art. 4 della medesima legge, stabilisce che tali disposizioni si applicano anche alle violazioni commesse anteriormente alla data dell'entrata in vigore della legge citata quando il procedimento penale non sia stato definito con sentenza passata in giudicato o con decreto irrevocabile.*

([3]) *Il reato punito da questo articolo appartiene alla competenza del tribunale in composizione monocratica (art. 33* ter *c.p.p.).*

Capo III
Disposizioni applicabili nel caso di concordato preventivo, accordi di ristrutturazione dei debiti, piani attestati e liquidazione coatta amministrativa (1)

(1) *La precedente rubrica: «Disposizioni applicabili nel caso di concordato preventivo, di amministrazione controllata e di liquidazione coatta amministrativa» è stata così sostituita dall'attuale dall'art. 33, comma 1, lett.* i), *del D.L. 22 giugno 2012, n. 83, convertito, con modificazioni, nella L. 7 agosto 2012, n. 134.*

236. (1) **Concordato preventivo [e amministrazione controllata] (2) e, accordo di ristrutturazione con intermediari finanziari, e convenzione di moratoria (3).** – È punito con la reclusione da uno a cinque anni l'imprenditore, che, al solo scopo di essere ammesso alla procedura di concordato preventivo [o di amministrazione controllata] o di ottenere l'omologazione di un accordo di ristrutturazione con intermediari finanziari o il consenso degli intermediari finanziari alla sottoscrizione della convenzione di moratoria (4), siasi attribuito attività inesistenti, ovvero, per influire sulla formazione delle maggioranze, abbia simulato crediti in tutto o in parte inesistenti.

Nel caso di concordato preventivo [o di amministrazione controllata] (2), si applicano:

1) le disposizioni degli artt. 223 (5) e 224 agli amministratori, direttori generali, sindaci e liquidatori di società;

2) la disposizione dell'art. 227 agli institori dell'imprenditore;

3) le disposizioni degli artt. 228 (6) e 229 al commissario del concordato preventivo [o dell'amministrazione controllata] (2);

4) le disposizioni degli artt. 232 e 233 ai creditori.

Nel caso di accordo di ristrutturazione con intermediari finanziari o di convenzione di moratoria, si applicano le disposizioni previste dal secondo comma, numeri 1), 2) e 4) (7).

(1) *Il reato punito da questo articolo appartiene alla competenza del tribunale in composizione monocratica* (art. 33 ter c.p.p.).

(2) *A norma dell'art. 147, comma 2, del D.L.vo 9 gennaio 2006, n. 5, sono soppressi tutti i riferimenti all'amministrazione controllata contenuti in questo provvedimento.*

(3) *Le parole: «e, accordo di ristrutturazione con intermediari finanziari, e convenzione di moratoria» sono state aggiunte dall'art. 10, comma 1, lett.* a), *n.* 1), *del D.L. 27 giugno 2015, n. 83, convertito, con modificazioni, nella L. 6 agosto 2015, n. 132.*

(4) *Le parole: «o di ottenere l'omologazione di un accordo di ristrutturazione con intermediari finanziari o il consenso degli intermediari finanziari alla sottoscrizione della convenzione di moratoria» sono state aggiunte dall'art. 10, comma 1, lett.* a), *n.* 2), *del D.L. 27 giugno 2015, n. 83, convertito, con modificazioni, nella L. 6 agosto 2015, n. 132.*

(5) *In deroga a quanto indicato nella nota (1) del presente articolo, le condotte degli organi societari integranti la bancarotta fraudolenta rientrano nella competenza del tribunale in composizione collegiale.*

(6) *In deroga a quanto indicato alla nota (1) del presente articolo, l'interesse privato del commissario del concordato preventivo o dell'amministrazione controllata rientra nella competenza del tribunale in composizione collegiale.*

(7) *Questo comma è stato aggiunto dall'art. 10, comma 1, lett.* a), *n.* 3), *del D.L. 27 giugno 2015, n. 83, convertito, con modificazioni, nella L. 6 agosto 2015, n. 132.*

236 *bis*. (1) **Falso in attestazioni e relazioni.** – Il professionista che nelle relazioni o attestazioni di cui agli articoli 67, terzo comma, lettera *d*), 161, terzo comma, 182 *bis*, 182 *quinquies*, 182 *septies* (2) e 186 *bis* espone informazioni false ovvero omette di riferire informazioni rilevanti, è punito con la reclusione da due a cinque anni e con la multa da 50.000 a 100.000 euro.

Se il fatto è commesso al fine di conseguire un ingiusto profitto per sè o per altri, la pena è aumentata.

Se dal fatto consegue un danno per i creditori la pena è aumentata fino alla metà.

(1) *Questo articolo è stato inserito dall'art. 33, comma 1, lett.* l), *del D.L. 22 giugno 2012, n. 83, convertito, con modificazioni, nella L. 7 agosto 2012, n. 134. A norma dell'art. 33, comma 3, del medesimo decreto tali disposizioni si applicano ai procedimenti di concordato preventivo e per l'omologazione di accordi di ristrutturazione dei debiti introdotti dal trentesimo giorno successivo a quello di entrata in vigore della legge di conversione del presente decreto, nonché ai piani di cui al comma 1, lettera* a), *n.* 1) *elaborati successivamente al predetto termine.*

(2) *Le parole: «, 182* septies*» sono state aggiunte dall'art. 10, comma 1, lett.* b), *del D.L. 27 giugno 2015, n. 83, convertito, con modificazioni, nella L. 6 agosto 2015, n. 132.*

237. (1) **Liquidazione coatta amministrativa.** – L'accertamento giudiziale dello stato di insolvenza a norma degli articoli 195 e 202 è equiparato alla dichiarazione di fallimento ai fini dell'applicazione delle disposizioni del presente titolo.

Nel caso di liquidazione coatta amministrativa, si applicano al commissario liquidatore ed alle persone che lo coadiuvano nell'amministrazione della procedura le disposizioni degli artt. 228, 229 e 230.

Nel caso di risoluzione, si applicano al commissario speciale di cui all'articolo 37 del decreto di recepimento della direttiva 2014/59/UE e alle persone che lo coadiuvano nell'amministrazione della procedura le disposizioni degli articoli 228, 229 e 230 ([2]).

([1]) *Questo articolo è stato così sostituito dall'art. 99 del D.L.vo 8 luglio 1999, n. 270.*

([2]) *Questo comma è stato aggiunto dall'art. 100, comma 2, del D.L.vo 16 novembre 2015, n. 180.*

Capo IV
Disposizioni di procedura

238. Esercizio dell'azione penale per reati in materia di fallimento. – Per i reati previsti negli artt. 216, 217, 223 e 224 l'azione penale è esercitata dopo la comunicazione della sentenza dichiarativa di fallimento di cui all'art. 17.

È iniziata anche prima nel caso previsto dall'art. 7 e in ogni altro in cui concorrano gravi motivi e già esista o sia contemporaneamente presentata domanda per ottenere la dichiarazione suddetta.

239. [**Mandato di cattura.** – (*Omissis*)] ([1]).

([1]) *Questo articolo è stato abrogato dalla L. 18 novembre 1964, n. 1217.*

240. ([1]) **Costituzione di parte civile.** – 1. Il curatore, il commissario giudiziale, il commissario liquidatore e il commissario speciale di cui all'articolo 37 del decreto di recepimento della direttiva 2014/59/UE possono costituirsi parte civile nel procedimento penale per i reati preveduti nel presente titolo, anche contro il fallito.

2. I creditori possono costituirsi parte civile nel procedimento penale per bancarotta fraudolenta quando manca la costituzione del curatore, del commissario giudiziale, del commissario liquidatore o del commissario speciale di cui all'articolo 37 del decreto di recepimento della direttiva 2014/59/UE o quando intendono far valere un titolo di azione propria personale.

([1]) *Questo articolo è stato così sostituito dall'art. 100, comma 3, del D.L.vo 16 novembre 2015, n. 180.*

241. Riabilitazione. – La riabilitazione civile del fallito estingue il reato di bancarotta semplice. Se vi è condanna, ne fa cessare l'esecuzione e gli effetti.

Titolo VII
Disposizioni transitorie

242. Disposizione generale. – Gli effetti della sentenza dichiarativa di fallimento pronunciata prima dell'entrata in vigore del presente decreto sono regolati dalle leggi anteriori.

Tuttavia le forme del procedimento stabilite dal presente decreto si applicano anche alle procedure di fallimento in corso, salvo quanto disposto dagli articoli seguenti.

Conservano in ogni caso la loro efficacia gli atti anteriormente compiuti, se erano validi secondo le norme anteriori.

243. Rappresentante degli eredi. – Nei fallimenti in corso il rappresentante degli eredi previsto dall'art. 12, comma secondo, deve essere designato entro quindici giorni dall'entrata in vigore del presente decreto.

244. Sentenza dichiarativa di fallimento. – Le opposizioni alla sentenza dichiarativa di fallimento pronunciata prima dell'entrata in vigore del presente decreto sono regolate dalle leggi anteriori.

Il gravame contro il provvedimento che respinge la istanza di fallimento è regolato dalle nuove disposizioni, sempreché la causa relativa non sia stata già assegnata a sentenza.

245. Deposito delle somme riscosse. – Il curatore, entro trenta giorni dalla data dell'entrata in vigore del presente decreto, deve provvedere in conformità alle disposizioni dell'art. 34 per i depositi di somme effettuati anteriormente alla predetta data.

246. Provvedimenti del giudice delegato. – I reclami contro i provvedimenti del giudice delegato sono regolati dalle nuove disposizioni, sempreché le cause relative non siano già state assegnate a sentenza.

247. Delegazione dei creditori. – Nei fallimenti in corso le delegazioni dei creditori già costituite rimangono in carica. Tuttavia ove si debba procedere alla sostituzione di uno o più membri di essi, si applicano le norme dell'art. 40.

248. Esercizio provvisorio. – Le disposizioni dell'art. 90 si applicano anche all'esercizio provvisorio dell'impresa del fallito in corso alla data di entrata in vigore del presente decreto.

249. Giudizi di retrodatazione. – Per i fallimenti dichiarati anteriormente all'entrata in vigore del presente decreto il giudizio per la determinazione della data di cessazione dei pagamenti e le opposizioni contro la sentenza che determina tale data sono regolati dalle leggi anteriori, salva l'osservanza dell'art. 265.

250. Accertamento del passivo. – Il procedimento per l'accertamento del passivo, quando il verbale di verificazione dei crediti è stato chiuso prima dell'entrata in vigore del presente decreto, prosegue secondo le norme anteriori.

Per i fallimenti dichiarati anteriormente alla data di entrata in vigore del presente decreto, alle domande di rivendicazione, di separazione o di restituzione di cose mobili si applicano le disposizioni anteriori.

251. Domande tardive e istanze di revocazione. – Se sono in corso giudizi su domande tardive per l'ammissione dei crediti al passivo o su istanze di revocazione contro crediti ammessi e le cause relative non sono già state assegnate a sentenza, il tribunale con ordinanza rimette le parti davanti al giudice delegato per la prosecuzione del giudizio secondo le disposizioni degli artt. 101 e 102.

252. Liquidazione dell'attivo. – Se prima della entrata in vigore del presente decreto è stata eseguita o autorizzata la vendita di beni compresi nel fallimento il relativo procedimento prosegue secondo le disposizioni anteriori.

253. Ripartizione dell'attivo. – Alla ripartizione dell'attivo fra i creditori si applicano le nuove disposizioni a meno che lo stato di ripartizione non sia stato già reso esecutivo con ordinanza del giudice delegato pronunciata anteriormente alla data di entrata in vigore del presente decreto.

254. Rendiconto del curatore. – Se il curatore ha presentato il conto della gestione, ma questo non è stato ancora approvato a norma delle leggi anteriori prima dell'entrata in vigore del presente decreto, la procedura per l'approvazione del conto prosegue secondo le nuove disposizioni.

255. Concordato. – La proposta di concordato presentata prima dell'entrata in vigore del presente decreto conserva la sua efficacia se era valida secondo le leggi anteriori.

L'approvazione della proposta di concordato in relazione alla quale il giudice delegato ha ordinato la convocazione dei creditori prima dell'entrata in vigore del presente decreto ha luogo secondo le disposizioni anteriori. Ma il giudizio di omologazione è regolato dalle nuove disposizioni.

Se un giudizio di omologazione di concordato è in corso, ma non ancora assegnato a sentenza, alla data di entrata in vigore del presente decreto, il tribunale rimette con ordinanza gli atti al giudice delegato per la prosecuzione del giudizio secondo le nuove disposizioni.

Gli effetti e le modalità di esecuzione del concordato sono regolati dalle nuove disposizioni, a meno che la sentenza di omologazione non sia passata in giudicato prima dell'entrata in vigore del presente decreto.

Tuttavia i termini previsti dagli artt. 137 e 138 per l'esercizio delle azioni di risoluzione e di annullamento si applicano anche ai concordati omologati prima della data di entrata in vigore del presente decreto con decorrenza dalla data medesima, a meno che il tempo ancora utile per proporre l'azione, secondo le disposizioni anteriori, sia più breve.

256. Riabilitazione civile. – Anche per i fallimenti dichiarati anteriormente alla data di entrata in vigore del presente decreto il fallito, che non ha già ottenuto la cancellazione dall'albo dei falliti a norma delle leggi anteriori, può chiedere la riabilitazione civile secondo le norme del presente decreto.

La cancellazione dall'albo dei falliti ottenuta a norma delle leggi anteriori produce gli stessi effetti della riabilitazione civile.

257. Azione di responsabilità contro gli amministratori. – Il giudice può autorizzare le misure cautelari previste dall'art. 146 anche se l'azione di responsabilità contro gli amministratori è stata disposta prima dell'entrata in vigore del presente decreto.

258. Versamenti dei soci. – Nei giudizi promossi contro i soci per i versamenti ancora dovuti, in corso alla data di entrata in vigore del presente decreto, se la causa non è stata ancora assegnata a sentenza, il tribunale rimette le parti con ordinanza davanti al giudice delegato, che provvede a termini dell'articolo 150.

259. Piccoli fallimenti. – Per i piccoli fallimenti in corso alla entrata in vigore del presente decreto si applicano le disposizioni anteriori.

260. Concordato preventivo. – La procedura di concordato preventivo, per la quale prima della entrata in vigore del presente decreto sia intervenuto il decreto previsto dall'art. 4 della legge 24 maggio 1903, n. 197, sul concordato preventivo e sulla procedura dei piccoli fallimenti, prosegue secondo le disposizioni anteriori. Ma il giudizio di omologazione è regolato dalle nuove disposizioni.

Per i giudizi di omologazione in corso e per gli effetti e le modalità di esecuzione del concordato si applicano le disposizioni dell'art. 255, commi secondo, terzo e quarto.

261. Liquidazione coatta amministrativa. – Le liquidazioni coatte amministrative in corso alla data di entrata in vigore del presente decreto proseguono secondo le disposizioni anteriori.

Se per un'impresa soggetta a liquidazione coatta amministrativa è in corso la procedura di fallimento o di concordato, questa procede fino al suo compimento.

262. Iscrizione nel registro delle imprese. – Fino all'attuazione del registro delle imprese non si fa luogo alle iscrizioni che secondo il presente decreto dovrebbero essere eseguite in detto registro.

Tuttavia i provvedimenti relativi alle società, per i quali sia prevista la iscrizione nel registro delle imprese, sono iscritti nei registri di cancelleria presso i tribunali, provvisoriamente mantenuti.

263. Ruolo degli amministratori giudiziari. – Col regio decreto preveduto nell'art. 27, comma terzo, o con altro decreto separato saranno riunite e coordinate le disposizioni in vigore relative al fondo speciale preveduto nella L. 10 luglio 1930, n. 995 ([1]).

Fino a quando non sarà emanato il regio decreto anzidetto continueranno ad osservarsi le disposizioni del regio decreto 10 novembre 1930, n. 1595, e le altre norme ora in vigore riguardanti la formazione dei ruoli e la nomina e disciplina degli amministratori giudiziari.

Parimenti continueranno ad osservarsi, fino a quando non sarà provveduto ai sensi dell'art. 39, le norme contenute nel decreto ministeriale 30 novembre 1930 sulle determinazioni della misura dei compensi spettanti ai curatori dei fallimenti ([2]).

([1]) *Il ruolo degli amministratori giudiziari è stato soppresso con D.L.vo C.P.S. 23 agosto 1946, n. 153.*

([2]) *La misura del compenso spettante ai curatori è ora regolata dal D.M. 28 luglio 1992, n. 570.*

264. ([1]) **Istituto di credito.** – Quando nel presente decreto si fa riferimento a istituto di credito, in detta espressione s'intendono comprese, oltre l'Istituto di emissione, le imprese autorizzate e controllate a norma delle leggi vigenti dall'Ispettorato per la difesa del risparmio e per l'esercizio del credito.

([1]) *Le funzioni dell'Ispettorato sono state devolute alla Banca d'Italia con D.L.vo C.P.S. 17 luglio 1947, n. 691.*

265. Norma di rinvio. – Le disposizioni transitorie per il codice di procedura civile approvate con regio decreto 18 dicembre 1941, n. 1368, si applicano anche ai procedimenti in corso connessi alle procedure di fallimento o di concordato preventivo.

266. Disposizioni abrogate. – Con l'entrata in vigore del presente decreto sono abrogate le disposizioni del codice di commercio approvato con L. 2 aprile 1882, n. 681, relative al fallimento, le disposizioni della L. 24 maggio 1903, n. 197, sul concordato preventivo e sulla procedura dei piccoli fallimenti, della L. 10 luglio 1930, n. 995, sul fallimento, sul concordato preventivo e sui piccoli fallimenti, salvo quanto disposto dall'art. 263, nonché ogni altra disposizione contraria o incompatibile con quelle del decreto medesimo.

2.

L. 19 luglio 1967, n. 587. Rimborso spese e compenso ai commissari liquidatori nelle procedure di liquidazione delle società cooperative disposte ai sensi degli articoli 2540 e 2544 del codice civile (1) (*Gazzetta Ufficiale* n. 189 del 29 luglio 1967).

(1) *Si vedano ora gli artt. 2545* terdecies *e* septiesdecies *del codice civile.*

(*Estratto*)

1. Nelle procedure di liquidazione delle società cooperative disposte ai sensi degli articoli 2540 e 2544 (secondo comma) del codice civile sono posti a carico dello Stato le spese sostenute dai commissari liquidatori per gli atti richiesti dalla legge o dall'autorità governativa di vigilanza nonché i compensi agli stessi commissari liquidatori, quando dette procedure si chiudano per totale mancanza di attivo.

Quando nelle procedure di liquidazione di cui al comma precedente l'attivo realizzato non sia sufficiente a coprire integralmente le spese ed i compensi predetti è posta a carico dello Stato la differenza necessaria.

2. Nelle ipotesi di cui all'articolo precedente la somma da porsi a carico dello Stato è liquidata, con provvedimento del ministro per il lavoro e la previdenza sociale, dopo la presentazione dell'istanza del commissario liquidatore per la cancellazione della società cooperativa dal registro delle imprese.

La liquidazione delle spese di procedura si esegue in base alle annotazioni risultanti dal registro previsto dagli articoli 38 e 199 del regio decreto 16 marzo 1942, n. 267.

3.

D.L. 30 gennaio 1979, n. 26. Provvedimenti urgenti per l'amministrazione straordinaria delle grandi imprese in crisi (*Gazzetta Ufficiale* n. 36 del 6 febbraio 1979), convertito, con modificazioni, nella L. 3 aprile 1979, n. **95** (*Gazzetta Ufficiale* n. 94 del 4 aprile 1979) (1).

(1) *Questo provvedimento è stato abrogato, fatta eccezione per l'art. 2* bis, *dall'art. 109 del D.L.vo 8 luglio 1999, n. 270.*

(*Estratto*)

2 *bis*. (1) **Garanzia dello Stato.** – Il Tesoro dello Stato può garantire in tutto o in parte i debiti che le imprese in amministrazione straordinaria (2) contraggono con istituzioni creditizie per il finanziamento della gestione corrente e per la riattivazione ed il completamento di impianti, immobili ed attrezzature industriali.

L'ammontare complessivo delle garanzie prestate ai sensi del precedente comma non può eccedere, per il totale delle imprese garantite, i cinquecentocinquanta milioni di euro (3) (4).

Le condizioni e modalità della prestazione delle garanzie saranno disciplinate con decreto del Ministro del tesoro su conforme delibera del CIPI.

Gli oneri derivanti dalle garanzie graveranno su apposito capitolo dello stato di previsione del Ministero del tesoro, da classificarsi tra le spese di carattere obbligatorio.

(1) *Si veda il D.M. 19 ottobre 1999, n. 533.*

(2) *Le originarie parole: «società in amministrazione straordinaria», sono state sostituite con le attuali: «imprese in amministrazione straordinaria», dall'art. 100 del D.L.vo 8 luglio 1999, n. 270.*

(3) *Le parole: «settecento miliardi di lire» sono state così sostituite dalle parole: «cinquecento milioni di euro», dall'art. 1, comma 2, del D.L. 5 agosto 2010, n. 125, convertito, con modificazioni, nella L. 1° ottobre 2010, n. 163.*

Le parole: «cinquecento milioni di euro» sono state, da ultimo, così sostituite dalle seguenti: «cinquecentocinquanta milioni di euro», dall'art. 7 bis, *comma 1, del D.L. 24 gennaio 2015, n. 3, convertito, con modificazioni, nella L. 24 marzo 2015, n. 33.*

(4) *Questo comma è stato così sostituito dalla L. 31 marzo 1982, n. 119.*

4.

L. 19 dicembre 1983, n. 696. Norme concernenti l'agevolazione della produzione industriale delle piccole e medie imprese e l'amministrazione straordinaria delle grandi imprese in crisi (*Gazzetta Ufficiale* n. 348 del 21 dicembre 1983).

1. (1) [Al fine di agevolare l'acquisto o l'utilizzazione mediante locazione finanziaria di macchine operatrici a comando e controllo elettronico destinate all'automazione di processi produttivi per la lavorazione o la misurazione o la movimentazione o lo stivaggio dei materiali oppure di apparecchiature meccaniche ed elettroniche di automazione delle macchine operatrici oppure di apparecchiature elettroniche di comando e di controllo di macchine operatrici è concesso un contributo pari al 25 per cento del loro costo al netto dell'IVA.

Il contributo di cui al comma precedente è elevato al 32 per cento per l'acquisto di macchine da parte di imprese operanti nelle zone di competenza della Cassa per gli interventi straordinari nel Mezzogiorno.

Sono ammesse ai contributi per gli ordini emessi entro il 31 maggio 1984, nell'ambito dei settori estrattivo e manifatturiero, le piccole e medie imprese individuate ai sensi dell'articolo 2, secondo comma, lettera *f*), della legge 12 agosto 1977, n. 675, e le imprese artigiane.

Il contributo è concesso dal Ministro dell'industria, del commercio e dell'artigianato su proposta del comitato interministeriale di cui all'articolo 9, quinto comma, del decreto del Presidente della Repubblica 9 novembre 1976, n. 902, sulla base dell'ordine ed è successivamente erogato su presentazione della fattura quietanzata.

Le categorie delle macchine operatrici e delle apparecchiature di cui al primo comma sono stabilite dal CIPI, su proposta del Ministro dell'industria, del commercio e dell'artigianato, entro quindici giorni dalla data di entrata in vigore della presente legge.

Le modalità, i tempi e le procedure per la presentazione delle domande e per l'erogazione dei contributi sono stabiliti con decreto del Ministro dell'industria, del commercio e dell'artigianato entro quindici giorni dalla data della predetta delibera del CIPI.

Per le operazioni di locazione finanziaria il contributo è erogato nella misura del 50 per cento alla presentazione delle quietanze relative ai pagamenti dell'acconto e del primo canone e per il restante 50 per cento alla presentazione delle quietanze relative al pagamento per canoni, compresi l'acconto e il primo canone, che coprano almeno il 60 per cento del costo del bene al netto dell'IVA.

Ad ogni singola impresa non possono essere concessi complessivamente contributi per un importo superiore a € 258.228,45, se ubicata nel Centro-Nord, e a € 309.874,14, se ubicata nei territori di cui al secondo comma.

È fatto divieto di distrazione delle macchine acquistate con il contributo di cui alla presente legge per un periodo di tre anni dalla consegna delle macchine stesse.

Il contributo non è cumulabile con quelli previsti da altre leggi statali, regionali o delle province autonome.

Alle macchine ed apparecchiature acquistate a norma della presente legge si applicano le disposizioni di cui all'articolo 15 della legge 26 aprile 1983, n. 130.

All'onere derivante dall'attuazione del presente articolo, valutato in lire 100 miliardi per l'esercizio finanziario 1983, si provvede mediante corrispondente utilizzo delle disponibilità esistenti sul Fondo speciale per l'innovazione tecnologica, intendendosi corrispondentemente ridotta la quota di cui al terzo comma dell'articolo 18 della legge 17 febbraio 1982, n. 46].

(1) *Questo articolo è stato abrogato dall'Allegato 1, n. 8) del D.L. 22 giugno 2012, n. 83, convertito, con modificazioni, nella L. 7 agosto 2012, n. 134.*

2. Agli oneri relativi all'applicazione degli articoli da 14 a 19 della legge 17 febbraio 1982, n. 46, compresi quelli per il funzionamento, le indennità di missione ed il rimborso delle spese di trasporto, si provvede mediante la spesa di lire 100 milioni per ciascun anno a valere sulle disponibilità del Fondo speciale rotativo per l'innovazione tecnologica di cui all'articolo 14 della predetta legge 17 febbraio 1982, n. 46.

3. Gli istituti ed aziende di credito, di cui all'articolo 19 della legge 25 luglio 1952, n. 949, sono autorizzati ad erogare direttamente alle imprese acquirenti i contributi concessi dall'Istituto centrale per il credito a medio termine (Mediocredito centrale) a valere sulle assegnazioni statali al fondo di cui al primo capoverso dell'articolo 3 della legge 28 maggio 1973, n. 295, per la concessione di contributi agli interessi sulle operazioni di finanziamento relative agli acquisti di nuove macchine utensili o di produzione ai sensi della legge 28 novembre 1965, n. 1329, e successive modificazioni.

4. Nel primo comma, dell'articolo 1 del decreto legge 30 gennaio 1979, n. 26, concernente provvedimenti urgenti per l'amministrazione straordinaria delle grandi imprese in crisi, convertito con modificazioni nella L. 3 aprile 1979, n. 95, come sostituito dall'articolo 1 della legge 31 marzo 1982, n. 119, l'inciso «di cui almeno uno per finanziamenti assistiti dal contributo dello Stato» è soppresso.

5. La presente legge entra in vigore il giorno successivo a quello della sua pubblicazione nella *Gazzetta Ufficiale*.

5.

D.L. 9 aprile 1984, n. 62. Norme urgenti in materia di amministrazione straordinaria delle grandi imprese in crisi e di agevolazione alla produzione industriale delle piccole e medie imprese (*Gazzetta Ufficiale* n. 101 dell'11 aprile 1984), convertito, con modificazioni, nella L. 8 giugno 1984, n. **212** (*Gazzetta Ufficiale* n. 158 del 9 giugno 1984).

(*Estratto*)

3. Le macchine di cui all'art. 1 della L. 19 dicembre 1983, n. 696, sono ammesse al contributo previsto dallo stesso articolo anche nei casi di acquisto a norma dell'art. 1523 del codice civile e della L. 28 novembre 1965, n. 1329, e successive modificazioni, sempre che in relazione a quest'ultima non vi sia richiesta di contributo in conto interessi.

Per le macchine di cui al precedente comma 1, il contributo è erogato nella misura del 50 per cento alla presentazione delle quietanze relative al pagamento di almeno il 20 per cento del costo della macchina al netto dell'IVA e per il restante 50 per cento alla presentazione delle quietanze relative al pagamento del 60 per cento del costo della macchina al netto dell'IVA.

Il Fondo speciale rotativo per l'innovazione tecnologica di cui all'art. 14 della L. 17 febbraio 1982, n. 46, è incrementato della somma di lire 85 miliardi, da destinare alle finalità di cui all'art. 1 della L. 19 dicembre 1983, n. 696, come integrato dai precedenti commi.

All'onere derivante dall'attuazione del precedente comma 4, pari a lire 85 miliardi, in ragione di lire 35 miliardi per il 1984 e lire 50 miliardi per il 1985, si provvede mediante corrispondente riduzione degli stanziamenti iscritti al capitolo 7545 dello stato di previsione della spesa del Ministero dell'industria, del commercio e dell'artigianato per il 1984 e al corrispondente capitolo dell'anno 1985, all'uopo intendendosi corrispondentemente ridotte, per gli anni medesimi, le autorizzazioni di spesa previste dal D.P.R. 9 novembre 1976, n. 902.

Il Ministro del tesoro è autorizzato ad apportare, con propri decreti, le occorrenti variazioni di bilancio.

Il termine di cui all'art. 1, terzo comma, della L. 19 dicembre 1983, n. 696, è prorogato al 31 dicembre 1984.

6.

D.L. 2 novembre 1985, n. 593. Norme per la proroga del termine massimo di continuazione dell'esercizio di impresa per le società sottoposte ad amministrazione straordinaria (*Gazzetta Ufficiale* n. 259 del 4 novembre 1985), convertito, con modificazioni, nella L. 18 dicembre 1985, n. **755** (*Gazzetta Ufficiale* n. 301 del 23 dicembre 1985).

1. Nei confronti delle società sottoposte ad amministrazione straordinaria per le quali il termine massimo di continuazione dell'esercizio di impresa, ai sensi dell'art. 2 del D.L. 30 gennaio 1979, n. 26, convertito, con modificazioni, nella L. 3 aprile 1979, n. 95, e successive integrazioni e modificazioni, scade nel periodo compreso tra l'1 maggio e il 31 dicembre 1985, può essere disposta una ulteriore proroga della continuazione dell'esercizio di impresa per non più di nove mesi, qualora siano in via di definizione, alla data di scadenza del termine massimo anzidetto, soluzioni imprenditoriali e gestionali che realizzino una adeguata salvaguardia dei patrimoni aziendali e dei livelli occupazionali.

La suddetta proroga non può superare la durata di sei mesi per le imprese per le quali il termine massimo di continuazione dell'esercizio scade successivamente alla data di entrata in vigore del presente decreto.

2. Il presente decreto entra in vigore il giorno stesso della sua pubblicazione nella *Gazzetta Ufficiale* della Repubblica italiana e sarà presentato alle Camere per la conversione in legge.

7.

D.L. 5 giugno 1986, n. 233. Norme urgenti sulla liquidazione coatta amministrativa delle società fiduciarie e di revisione e disposizioni transitorie sugli enti di gestione fiduciaria (*Gazzetta Ufficiale* Serie gen. - n. 128 del 5 giugno 1986) ed *errata corrige* in *Gazzetta Ufficiale* Serie gen. - n. 133 dell'11 giugno 1986, convertito, con modificazioni, nella L. 1 agosto 1986, n. **430** (*Gazzetta Ufficiale* Serie gen. - n. 179 del 4 agosto 1986).

1. Liquidazione coatta amministrativa. – 1. Le società fiduciarie e le società fiduciarie e di revisione, di cui alla legge 23 novembre 1939, n. 1966, nei confronti delle quali venga o sia stata pronunciata successivamente all'1 gennaio 1985 la revoca dell'autorizzazione ai sensi dell'articolo 2 della legge suindicata o venga dichiarato lo stato di insolvenza con sentenza dell'autorità giudiziaria competente, sono poste in liquidazione coatta amministrativa, con esclusione del fallimento, ai sensi degli articoli 197 e seguenti del regio decreto 16 marzo 1942, n. 267, con decreto del Ministro dell'industria, del commercio e dell'artigianato, con il quale sono altresì nominati il commissario o i commissari liquidatori. Con successivo decreto è nominato il comitato di sorveglianza.

2. Nell'esercizio della vigilanza sulle società di cui al comma 1, il Ministro dell'industria, del commercio e dell'artigianato può disporre ispezioni periodiche o straordinarie, avvalendosi, ove occorra, dell'opera di esperti con onere a carico delle società, anche al fine di controllare che siano rimosse situazioni di irregolarità.

2. Società controllate, a direzione unica e finanziate. – 1. Dalla data di pubblicazione nella *Gazzetta Ufficiale* del decreto con il quale è stata disposta la liquidazione coatta amministrativa di una società fiduciaria o di una società fiduciaria e di revisione o di un ente di gestione fiduciaria, sono altresì soggette alla liquidazione coatta amministrativa, con esclusione del fallimento, ai sensi degli articoli 197 e seguenti del regio decreto 16 marzo 1942, n. 267, quando venga dichiarato lo stato di insolvenza e salvo che per esse sia prevista dalla legge una diversa ed autonoma procedura di liquidazione coatta amministrativa:

a) la società che controlla direttamente od indirettamente la società posta in liquidazione coatta amministrativa;

b) le società direttamente od indirettamente controllate dalla società posta in liquidazione coatta amministrativa o dalla società che la controlla;

c) le società che, in base alla composizione dei rispettivi organi amministrativi, risultano sottoposte alla stessa direzione della società posta in liquidazione coatta amministrativa;

d) le società finanziate in via continuativa o in misura prevalente dalla società posta in liquidazione coatta amministrativa; si considera finanziamento l'erogazione, anche per conto dei fiducianti, sia di capitale di credito che di capitale di rischio, nonché l'acquisto a qualsiasi titolo di crediti da tali società.

2. L'accertamento giudiziario dello stato di insolvenza delle società di cui al comma 1 è compiuto dal tribunale competente, anche su iniziativa del commissario.

3. Alla procedura di liquidazione coatta amministrativa, da disporre con separato decreto per ciascuna società, sono preposti gli stessi organi nominati con i decreti di cui all'articolo 1, salvo l'eventuale integrazione del comitato di sorveglianza anche in eccedenza al numero massimo previsto nell'articolo 198 del regio-decreto 16 marzo 1942, n. 267.

4. Nei confronti delle società di cui al comma 1, ancorché non ne sia stato accertato lo stato di insolvenza, il commissario delle società poste in liquidazione coatta amministrativa può esperire l'azione revocatoria di cui all'articolo 67 del predetto regio-decreto relativamente agli atti indicati al primo comma, numeri 1), 2) e 3), dello stesso articolo posti in essere nei cinque anni anteriori alla sentenza dichiarativa dello stato di insolvenza della società posta in liquidazione coatta amministrativa e, relativamente agli atti indicati al n. 4) e al secondo comma del medesimo articolo, posti in essere nei tre anni anteriori.

5. Ai soli fini dell'esperimento dell'azione, il commissario può richiedere informazioni alla Commissione nazionale per le società e la borsa (CONSOB) e ad ogni altro pubblico ufficio, i quali sono tenuti a fornirle entro trenta giorni. Può altresì chiedere alla CONSOB di effettuare, allo scopo di accertare tutti i rapporti di carattere giuridico e patrimoniale intercorsi tra le società in liquidazione coatta amministrativa e quelle passivamente legittimate rispetto all'azione revocatoria di cui al comma 4, le indagini consentite dal decreto-legge 8 aprile 1974, n. 95, convertito, con

modificazioni, dalla legge 7 giugno 1974, n. 216, e successive modifiche ed integrazioni. L'accertamento deve compiersi entro centoventi giorni dalla data della richiesta. In considerazione delle accresciute esigenze di servizio, la dotazione organica della CONSOB, determinata dall'articolo 2 del decreto legge 8 aprile 1974, n. 95, convertito, con modificazioni, dalla legge 7 giugno 1974, n. 216, come sostituito dall'articolo 2 della legge 4 giugno 1985, n. 281, è aumentata di quindici unità. Conseguentemente la CONSOB provvederà a modificare la tabella relativa all'organico del personale di ruolo allegata al proprio regolamento, con deliberazione da assumersi a norma dell'articolo 1 del decreto-legge 8 aprile 1974, n. 95, convertito, con modificazioni, dalla legge 7 giugno 1974, n. 216, come sostituito dall'articolo 1 della legge 4 giugno 1985, n. 281, con la procedura stabilita dal nono comma del medesimo articolo 1.

6. Il commissario è legittimato a proporre la denuncia prevista dall'articolo 2409 del codice civile contro gli amministratori e i sindaci delle società indicate al comma 1 del presente articolo. Ove il tribunale accerti la sussistenza delle più gravi irregolarità di cui al terzo comma del citato articolo 2409, il commissario potrà essere nominato amministratore giudiziario della società i cui amministratori hanno compiuto tali irregolarità.

7. Le domande giudiziali previste dai commi precedenti e quelle di responsabilità, cui il commissario è legittimato a norma dell'articolo 206, primo comma, del regio-decreto 16 marzo 1942, n. 267, vanno proposte dinanzi al tribunale del luogo dove la società fiduciaria o la società fiduciaria e di revisione o l'ente di gestione fiduciaria hanno la sede legale, con il rito disciplinato dalla legge 11 agosto 1973, n. 533. Le relative sentenze sono provvisoriamente esecutive.

8. Le norme di cui ai commi precedenti sono applicabili anche agli atti ed ai fatti posti in essere anteriormente alla data di entrata in vigore del presente decreto.

9. Il Ministero dell'industria, del commercio e dell'artigianato, l'Istituto per la vigilanza sulle assicurazioni private e di interesse collettivo ed il commissario, allo scopo di accertare l'esistenza di società nelle condizioni di cui al comma 1, possono richiedere informazioni alla CONSOB e ad ogni altro pubblico ufficio, i quali sono tenuti a fornirle entro quindici giorni.

10. Al medesimo fine possono richiedere alle società fiduciarie, e alle società fiduciarie e di revisione le quali sono parimenti tenute a fornirle entro quindici giorni, le generalità degli effettivi proprietari dei titoli azionari e delle altre partecipazioni sociali intestati al proprio nome.

11. Nei casi di società collegate a norma del comma 1, ove si verifichi l'ipotesi di una direzione unitaria, gli amministratori delle società che hanno esercitato tale direzione rispondono in solido con gli amministratori della società posta in liquidazione coatta amministrativa dei danni da questi cagionati alla società stessa.

12. Le disposizioni di cui al presente articolo si applicano anche alle procedure di liquidazione coatta amministrativa di enti di gestione fiduciaria in corso alla data di entrata in vigore del presente decreto.

3. Conversione delle procedure di fallimento in procedure di liquidazione coatta amministrativa. – 1. Dalla data di entrata in vigore del presente decreto, le procedure di fallimento, alle quali siano già assoggettate le società di cui agli articoli 1 e 2 sono convertite in procedure di liquidazione coatta amministrativa, ferma la dichiarazione di insolvenza adottata dall'autorità giudiziaria (1) (2).

2. Il tribunale dichiara con sentenza in camera di consiglio che la società è soggetta alla procedura della liquidazione coatta amministrativa ed ordina la trasmissione degli atti al Ministero dell'industria, del commercio e dell'artigianato. Restano salvi gli effetti degli atti legalmente compiuti.

3. Il Ministro dell'industria, del commercio e dell'artigianato dispone la liquidazione coatta amministrativa delle società con proprio decreto, con il quale adotta anche gli altri provvedimenti di cui all'articolo 1.

4. Alle procedure di liquidazione coatta amministrativa risultanti dalla conversione di cui al presente articolo sono applicabili le disposizioni dell'articolo 2.

(1) *Questo comma è stato così sostituito dall'art. 4* bis *del D.L. 16 febbraio 1987, n. 27, convertito, con modificazioni, nella L. 13 aprile 1987, n. 148.*

(2) *La Corte costituzionale, con sentenza n. 18 del 18 gennaio 1991, ha dichiarato l'illegittimità costituzionale di questo comma nella parte in cui — per le società indicate nell'art. 2, primo comma, fallite anteriormente alla data di pubblicazione del provvedimento di liquidazione coatta amministrativa delle società fiduciaria e di revisione con la quale sono collegate — non prevede la conversione del fallimento dichiarato dopo l'entrata in vigore del citato decreto legge.*

4 - 6. (*Omissis*) ([1]).

([1]) *Articoli soppressi dalla legge di conversione.*

7. Il presente decreto entra in vigore il giorno successivo a quello della sua pubblicazione nella *Gazzetta Ufficiale* della Repubblica italiana e sarà presentato alle Camere per la conversione in legge.

8.

D.L. 9 dicembre 1986, n. 835. Norme per le imprese in crisi sottoposte ad amministrazione straordinaria per il settore siderurgico e per l'avvio dell'attività dell'Agenzia per la promozione dello sviluppo del Mezzogiorno (*Gazzetta Ufficiale* Serie gen. - n. 286 del 10 dicembre 1986), convertito, con modificazioni, nella L. 6 febbraio 1987, n. **19** (*Gazzetta Ufficiale* Serie gen. - n. 32 del 9 febbraio 1987) ([1]).

([1]) *Le modifiche stabilite da questa legge sono state inserite nelle leggi relative.*

(*Estratto*)

1. 1. Nei confronti delle imprese sottoposte ad amministrazione straordinaria, per le quali il termine massimo di continuazione dell'esercizio di impresa, ai sensi dell'art. 2 del D.L. 30 gennaio 1979, n. 26, convertito, con modificazioni dalla L. 3 aprile 1979, n. 95, e successive modificazioni ed integrazioni, scade nel periodo compreso tra l'1 maggio 1986 e il 31 marzo 1987, può essere disposta una ulteriore proroga della continuazione dell'esercizio di impresa per non più di nove mesi, qualora siano in via di definizione, alla data di scadenza del termine massimo anzidetto, soluzioni imprenditoriali e gestionali che realizzino una adeguata salvaguardia dei patrimoni aziendali e dei livelli occupazionali.

2. La suddetta proroga non può superare la durata di sei mesi per le imprese per le quali il termine massimo di continuazione dell'esercizio scade successivamente alla data di entrata in vigore del presente decreto.

2. ([1]) [1. Nelle procedure di amministrazione straordinaria, salva la esperibilità di azioni revocatorie, la comunicazione da parte del commissario della revoca per giusta causa dei mandati irrevocabili all'incasso rilasciati nei due anni anteriori all'inizio della procedura, anche se nell'interesse del creditore, per i crediti che maturano durante la gestione commissariale e relativi contratti con terzi debitori nei quali il commissario sia subentrato, obbliga il debitore a versare le somme direttamente all'amministrazione straordinaria. Ogni eventuale azione di rivalsa da parte del mandatario, anche per i pagamenti diretti già effettuati, potrà essere intrapresa o proseguita solo nei confronti della procedura di amministrazione straordinaria.

2. Le disposizioni di cui al comma primo si applicano alle procedure in corso alla data di entrata in vigore della legge di conversione del presente decreto, con effetto dalla data di inizio delle procedure stesse e fatte salve le sentenze passate in giudicato].

([1]) *Questo articolo è stato abrogato dall'art. 109 del D.L.vo 8 luglio 1999, n. 270.*

3. ([1]) [1. In caso di cessioni di aziende o di rami di aziende effettuate in attuazione di programmi di imprese in amministrazione straordinaria autorizzati ai sensi dell'art. 2 del D.L. 30 gennaio 1979, n. 26, convertito, con modificazioni, dalla L. 3 aprile 1979, n. 95, e successive modificazioni, non si applicano le disposizioni dell'art. 2560, secondo comma, del codice civile e dell'art. 2112, primo comma, del codice civile limitatamente al personale non contestualmente trasferito anche qualora il prezzo di cessione sia stato determinato ai sensi dell'art. 2 del D.L. 9 aprile 1984, n. 62, convertito, con modificazioni, dalla L. 8 giugno 1984, n. 212, con l'obbligo per il cessionario alla continuazione dell'esercizio dell'attività produttiva per almeno due anni dalla cessione e al mantenimento dei livelli occupazionali entro il limite stabilito nell'autorizzazione dell'autorità vigilante.

2. Le procedure di amministrazione straordinaria sono esonerate dal pagamento delle penali e sanzioni amministrative per i contributi previdenziali obbligatori non versati alla data di entrata in vigore della legge di conversione del presente decreto, compresi quelli di cui all'art. 2, comma 7, del D.L. 12 settembre 1983, n. 463, convertito, con modificazioni, dalla L. 11 novembre 1983, n. 638. I pagamenti effettuati sono irripetibili.

3. Il presente articolo si applica alle procedure in corso alla data di entrata in vigore della legge di conversione del presente decreto, con effetto dalla data di inizio delle procedure stesse e fatte salve le sentenze passate in giudicato].

([1]) *Questo articolo è stato abrogato dall'art. 109 del D.L.vo 8 luglio 1999, n. 270.*

5. 1. Il termine del 30 settembre 1986 previsto dall'art. 2, comma 1, del D.L. 6 febbraio 1986, n. 20, convertito, con modificazioni, dalla L. 2 aprile 1986, n. 88, è prorogato al 31 dicembre 1987. Le domande di contributo di cui al comma 4 del medesimo art. 2 devono pervenire entro la data del 31 luglio 1987.

2. Il termine del 30 settembre 1986 per la presentazione delle domande relative ai programmi di cui all'art. 2 *bis* del D.L. 6 febbraio 1986, n. 20, convertito, con modificazioni, dalla L. 2 aprile 1986, n. 88, è prorogato al 30 settembre 1987.

3. Fino alla data del 30 settembre 1987, il Comitato interministeriale per la politica industriale (CIPI), su proposta del Ministro dell'industria, del commercio e dell'artigianato, sentito il comitato tecnico di cui all'art. 20 della L. 17 febbraio 1982, n. 46, potrà esaminare le domande di modifica dei programmi di reinvestimenti già approvati ai sensi dell'art. 4 della L. 31 maggio 1984, n. 193, presentate dalle imprese che abbiano proposto programmi di ristrutturazione o di riconversione ai sensi dell'art. 2 *bis* di cui al comma 2 del presente articolo, nonché dalle imprese a favore delle quali ai sensi del predetto art. 4 sia stato deliberato un contributo finalizzato al sostegno di iniziative consortili.

3 *bis*. Al comma 1 dell'art. 2 *bis* del D.L. 6 febbraio 1986, n. 20, convertito, con modificazioni, dalla L. 2 aprile 1986, n. 88, le parole: «Alle imprese per la produzione di tubi senza saldatura che presentino» sono sostituite dalle seguenti: «Alle imprese che, per la soluzione di situazioni di crisi nel settore dei tubi senza saldatura, ed impianti strettamente connessi, presentino».

3 *ter*. All'art. 5, comma 4, del D.L. 6 febbraio 1986, n. 20, convertito, con modificazioni, dalla L. 2 aprile 1986, n. 88, le parole: «al precedente art. 2» sono sostituite dalle seguenti: «ai precedenti artt. 2 e 2 *bis*».

6. 1. Alle imprese per la produzione di tubi saldati che entro il 30 giugno 1987 realizzino riduzioni di capacità produttiva attraverso la rottamazione totale e completa degli impianti, sono concessi i benefici di cui al primo comma dell'art. 4 della L. 31 maggio 1984, n. 193. Saranno consentite rottamazioni anche di singole linee produttive se le stesse avvengano nell'ambito di accordi di specializzazione produttiva tra aziende dello stesso settore o comunque collegate da rapporti di fornitura di materia prima, in essere e da realizzare, nonché in aziende acquisite da procedure concorsuali o in amministrazione straordinaria.

2. Il predetto contributo è elevato a € 25,82 a favore delle imprese con obbligo di reinvestire, a tutela dell'occupazione locale, l'intero importo di maggiorazione del contributo in altri settori industriali o in servizi alla produzione industriale stessa.

3. Gli impianti che formeranno oggetto di incentivazione debbono essere in possesso dell'istante alla data dell'1 gennaio 1986 ed essere, alla data del 30 marzo 1986, agibili, cioè idonei a produrre mediante normale attività manutentiva.

4. Le domande di contributo devono pervenire al Ministero dell'industria, del commercio e dell'artigianato entro due mesi dalla data di entrata in vigore della legge di conversione del presente decreto. Per le procedure di concessione o di erogazione si fa riferimento a quanto disposto dall'art. 2 della L. 31 maggio 1984, n. 193.

5. I contributi previsti dai precedenti commi graveranno sul «Fondo per la razionalizzazione aziendale ed interaziendale degli impianti siderurgici» di cui all'art. 20 della L. 17 febbraio 1982, n. 46, che è all'uopo incrementato di € 41.316.551,93.

6. L'onere derivante dall'attuazione del presente articolo è a carico del Fondo di cui all'art. 3 della L. 12 agosto 1977, n. 675, le cui disponibilità sono corrispondentemente ridotte di € 41.316.551,93.

7. 1. L'Agenzia per la promozione dello sviluppo del Mezzogiorno e la gestione separata, previste dagli artt. 4 e 5 della L. 1 marzo 1986, n. 64, possono iniziare la loro attività anche prima dell'emanazione del decreto previsto dal comma 8 del citato art. 4, che dovrà essere effettuata entro il 28 febbraio 1987.

2. Fino a tale data, all'attuazione dei programmi già approvati nell'ambito del piano dei completamenti, trasferimenti e liquidazione delle attività della cessata Cassa per il Mezzogiorno provvede l'Agenzia con i criteri, le modalità e le procedure di cui al D.L. 18 settembre 1984, n. 581, convertito, con modificazioni, dalla L. 17 novembre 1984, n. 775. Restano ferme tutte le altre norme della L. 17 novembre 1984, n. 775, non incompatibili con le disposizioni del presente articolo.

3. In deroga a quanto previsto nel quarto e quinto comma dell'art. 2 della L. 26 novembre 1975, n. 748, le somme assegnate dalle Comunità europee allo Stato italiano destinate al finanziamento, a titolo di complementarietà, dei progetti ammessi al contributo del Fondo europeo di sviluppo regionale possono essere trasferite alla gestione della cessata Cassa per il Mezzogiorno attraverso operazioni di giroconto di tesoreria.

8. 1. I crediti per capitale, interessi ed accessori, maturati ed esistenti alla data di entrata in vigore della legge di conversione del presente decreto, nonché gli altri diritti derivanti dai contratti di finanziamento, concessi ai sensi della L. 18 dicembre 1961, n. 1470, e successive modificazioni e integrazioni, sono trasferiti all'Istituto mobiliare italiano che potrà adottare tutti i provvedimenti previsti dall'art. 3 della L. 18 maggio 1973,n. 274, anche in deroga al proprio statuto e alle leggi che regolano la sua attività.

2. I crediti di cui al comma 1 vengono trasferiti senza i privilegi che li assistono e le ditte finanziate potranno ottenere la formale cancellazione dei privilegi su semplice loro richiesta senza il consenso dell'Istituto mobiliare italiano.

3. La disposizione di cui al comma 2 si applica anche alle procedure esecutive e concorsuali in corso alla data di entrata in vigore della legge di conversione del presente decreto, esclusi i versamenti già precedentemente effettuati. Per i residui crediti l'Istituto mobiliare italiano parteciperà con gli altri creditori chirografari.

4. A fronte dei crediti trasferiti l'Istituto mobiliare italiano iscriverà un corrispondente debito verso lo Stato e provvederà entro il 28 febbraio di ogni anno al versamento al fondo speciale per la ricerca applicata istituito con l'art. 4 della L. 25 ottobre 1968, n. 1089, di un importo determinato annualmente dal Ministro del tesoro, correlato ai rientri dei crediti avvenuti nell'anno precedente al netto delle spese sostenute e degli interessi maturati successivamente alla data di entrata in vigore della legge di conversione del presente decreto.

5. Agli interessi maturati sui crediti di cui ai precedenti commi è applicabile la disciplina degli interessi di mora prevista dall'art. 66 del D.P.R. 29 settembre 1973, n. 597.

9.

D.L.vo 8 luglio 1999, n. 270. Nuova disciplina dell'amministrazione straordinaria delle grandi imprese in stato di insolvenza, a norma dell'articolo 1 della legge 30 luglio 1998, n. 274 (*Gazzetta Ufficiale* Serie gen. - n. 185 del 9 agosto 1999) (1).

(1) *L'art. 1, commi 13* bis *e 13* ter, *del D.L. 28 agosto 2008, n. 134, convertito, con modificazioni, nella L. 27 ottobre 2008, n. 166, così dispone:*

«13 bis. *Il rinvio operato dalle disposizioni del presente decreto nonché da quelle del decreto legge n. 347 e del decreto legislativo 8 luglio 1999, n. 270, all'articolo 27, comma 2, lettera* a) *ovvero lettera* b) *del medesimo decreto legislativo n. 270 si intende operato anche alla lettera* b bis) *del medesimo comma.*

«13 ter. *Le disposizioni del presente decreto nonché quelle del decreto legge n. 347 e del decreto legislativo 8 luglio 1999, n. 270, che si applicano alla cessione di complessi aziendali, aziende o rami di aziende si applicano, altresì, alla cessione dei complessi di beni e contratti*».

(*Estratto*)

Titolo I
Disposizioni generali

1. Natura e finalità dell'amministrazione straordinaria. – 1. L'amministrazione straordinaria è la procedura concorsuale della grande impresa commerciale insolvente, con finalità conservative del patrimonio produttivo, mediante prosecuzione, riattivazione o riconversione delle attività imprenditoriali.

2. Imprese soggette all'amministrazione straordinaria. – 1. Possono essere ammesse all'amministrazione straordinaria, alle condizioni e nelle forme previste dal presente decreto, le imprese, anche individuali, soggette alle disposizioni sul fallimento che hanno congiuntamente i seguenti requisiti:

a) un numero di lavoratori subordinati, compresi quelli ammessi al trattamento di integrazioni dei guadagni, non inferiore a duecento da almeno un anno;

b) debiti per un ammontare complessivo non inferiore ai due terzi tanto del totale dell'attivo dello stato patrimoniale che dei ricavi provenienti dalle vendite e dalle prestazioni dell'ultimo esercizio.

1 *bis*. Le imprese confiscate ai sensi della legge 31 maggio 1965, n. 575 (1), e successive modificazioni, possono essere ammesse all'amministrazione straordinaria, alle condizioni e nelle forme previste dal presente decreto, anche in mancanza dei requisiti di cui alle lettere *a*) e *b*) del comma 1 (2).

(1) *A norma dell'art. 116, comma 2, del D.L.vo 6 settembre 2011, n. 159, i richiami alle disposizioni contenute nella L. 31 maggio 1965, n. 575, ovunque presenti, si intendono riferiti alle corrispondenti disposizioni contenute nel D.L.vo n. 159/2011.*

(2) *Questo comma è stato aggiunto dall'art. 1, comma 257, della L. 24 dicembre 2007, n. 244.*

Titolo II
Dichiarazione dello stato di insolvenza

Capo I
Procedimento

3. Accertamento dello stato di insolvenza. – 1. Se un'impresa avente i requisiti previsti dall'articolo 2 si trova in stato di insolvenza, il tribunale del luogo in cui essa ha la sede principale, su ricorso dell'imprenditore, di uno o più creditori, del pubblico ministero, ovvero d'ufficio, dichiara tale stato con sentenza in camera di consiglio.

2. Il tribunale provvede a norma del comma 1 anche quando, in base alle disposizioni contenute nei titoli III e IV del regio decreto 16 marzo 1942, n. 267 («legge fallimentare»), si dovrebbe far luogo alla dichiarazione di fallimento di un'impresa ammessa alla procedura di concordato preventivo o di amministrazione controllata.

4. Dichiarazione dello stato di insolvenza di una impresa individuale. – 1. La dichiarazione dello stato di insolvenza di una impresa individuale è soggetta alle disposizioni degli articoli 10 e 11 della legge fallimentare.

2. Se l'imprenditore muore dopo la dichiarazione dello stato di insolvenza si applicano le disposizioni dell'articolo 12 della legge fallimentare.

5. Obblighi dell'imprenditore che chiede la dichiarazione del proprio stato di insolvenza. – 1. L'imprenditore che chiede la dichiarazione del proprio stato di insolvenza deve esporre, nel ricorso, le cause che lo hanno determinato, segnalando ogni elemento utile ai fini della valutazione dell'esistenza dei requisiti e delle condizioni indicati negli articoli 2 e 27.

2. L'imprenditore deve altresì depositare presso la cancelleria del tribunale:

a) le scritture contabili;

b) i bilanci relativi agli ultimi due esercizi, ovvero dall'inizio dell'impresa, se questa ha avuto una minore durata;

c) una situazione patrimoniale aggiornata a non più di trenta giorni anteriori alla data di presentazione del ricorso;

d) l'elenco nominativo dei creditori con l'indicazione dei rispettivi crediti e delle cause di prelazione;

e) l'elenco nominativo di coloro che vantano diritti reali mobiliari su cose in suo possesso e l'indicazione delle cose stesse e del titolo da cui deriva il diritto.

6. Ricorso dei creditori. – 1. Il creditore, nel ricorso per la dichiarazione dello stato di insolvenza, deve eleggere domicilio nella circoscrizione del tribunale adito.

2. Se l'elezione di domicilio manca, ovvero è insufficiente o inidonea, le notificazioni e le comunicazioni che debbono effettuarsi al creditore ricorrente nel corso del procedimento sono eseguite presso la cancelleria del tribunale.

7. Procedimento. – 1. Prima di provvedere, il tribunale convoca l'imprenditore, il ricorrente e il Ministro dell'industria, del commercio e dell'artigianato («Ministro dell'industria»), il quale può designare un delegato per la comparizione o far pervenire un parere scritto. L'audizione può essere delegata dal tribunale ad uno dei componenti del collegio.

2. Tra la data della comunicazione dell'avviso di convocazione e quella dell'udienza deve intercorrere un termine non inferiore a quindici giorni liberi. Il termine può essere abbreviato dal tribunale, con decreto motivato, se ricorrono particolari ragioni di urgenza.

3. L'avviso di convocazione diretto al Ministro dell'industria contiene l'invito ad indicare, entro la data fissata per l'udienza, uno o tre commissari giudiziali, da nominare nel caso di dichiarazione dello stato di insolvenza. Il numero dei commissari è stabilito dal tribunale.

8. Sentenza dichiarativa dello stato di insolvenza. – 1. Con la sentenza dichiarativa dello stato di insolvenza il tribunale:

a) nomina il giudice delegato per la procedura;

b) nomina uno o tre commissari giudiziali, in conformità dell'indicazione del Ministro dell'industria, ovvero autonomamente, se l'indicazione non è pervenuta nel termine stabilito a norma dell'articolo 7, comma 3;

c) ordina all'imprenditore di depositare entro due giorni in cancelleria le scritture contabili e i bilanci, se non vi si è provveduto a norma dell'articolo 5, comma 2;

d) assegna ai creditori e ai terzi, che vantano diritti reali mobiliari su beni in possesso dell'imprenditore, un termine non inferiore a novanta giorni e non superiore a centoventi giorni dalla data dell'affissione della sentenza per la presentazione in cancelleria delle domande;

e) stabilisce il luogo, il giorno e l'ora dell'adunanza in cui, nel termine di trenta giorni da quello indicato nella lettera *d*), si procederà all'esame dello stato passivo davanti al giudice delegato;

f) stabilisce se la gestione dell'impresa, fino a quando non si provveda a norma dell'articolo 30, è lasciata all'imprenditore insolvente o è affidata al commissario giudiziale.

2. La nomina di tre commissari giudiziali è limitata ai casi di eccezionale rilevanza e complessità della procedura.

3. La sentenza è comunicata ed affissa nei modi e nei termini stabiliti dall'articolo 17, primo e secondo comma, della legge fallimentare, salvo quanto previsto dall'articolo 94 del presente decreto. A cura del cancelliere, essa è altresì comunicata entro tre giorni al Ministro dell'industria.

9. Opposizione alla dichiarazione dello stato di insolvenza. – 1. Contro la sentenza dichiarativa dello stato di insolvenza può essere proposta opposizione da qualunque interessato, davanti al tribunale che l'ha pronunciata, nel termine di trenta giorni. Il termine decorre per l'imprenditore dalla data della comunicazione e, per ogni altro interessato, dalla data dell'affissione.

2. L'opposizione è proposta con atto di citazione notificato al commissario giudiziale e a chi ha richiesto la dichiarazione dell'insolvenza, nonché all'imprenditore dichiarato insolvente, se l'opponente è soggetto diverso da quest'ultimo.

3. L'opposizione non sospende l'esecuzione della sentenza.

10. Revoca della sentenza dichiarativa dello stato di insolvenza. – 1. La sentenza che revoca la dichiarazione dello stato di insolvenza è comunicata e affissa a norma dell'articolo 8, comma 3.

2. Restano salvi gli effetti degli atti legalmente compiuti dagli organi della procedura.

11. Accoglimento dell'opposizione per mancanza dei requisiti per l'ammissione all'amministrazione straordinaria. – 1. L'accertamento della mancanza dei requisiti indicati nell'articolo 2 non comporta la revoca della dichiarazione dello stato di insolvenza.

2. Quando è passata in giudicato la sentenza che accoglie l'opposizione per tale motivo, il tribunale che ha dichiarato lo stato di insolvenza dispone, con decreto, la conversione della procedura in fallimento, sempre che questo non sia stato già dichiarato a norma degli articoli 30, 69 e 70.

3. Si applicano le disposizioni dell'articolo 71, commi 2 e 3.

12. Rigetto del ricorso. – 1. Il tribunale che respinge il ricorso per dichiarazione dello stato di insolvenza provvede con decreto motivato.

2. Contro il decreto il ricorrente può, entro quindici giorni dalla comunicazione, proporre reclamo alla corte di appello, la quale provvede in camera di consiglio, sentiti il reclamante e l'imprenditore.

3. La corte di appello, se accoglie il reclamo, rimette d'ufficio gli atti al tribunale per la dichiarazione dello stato di insolvenza.

Capo II
Organi

13. Competenza del tribunale che ha dichiarato lo stato di insolvenza. – 1. Il tribunale che ha dichiarato lo stato di insolvenza è competente a conoscere di tutte le azioni che ne derivano, qualunque ne sia il valore, fatta eccezione per le azioni reali immobiliari, per le quali restano ferme le norme ordinarie di competenza.

14. Giudice delegato. – 1. Il giudice delegato adotta i provvedimenti di sua competenza con decreto.

2. I decreti sono impugnabili nei modi consentiti per i decreti del giudice delegato al fallimento.

15. Commissario giudiziale. – 1. Il commissario giudiziale è, per quanto attiene all'esercizio delle sue funzioni, pubblico ufficiale.

2. In caso di nomina di tre commissari giudiziali, gli stessi deliberano a maggioranza. La rappresentanza è esercitata da almeno due di essi.

3. Si applicano al commissario giudiziale le disposizioni degli articoli 37, 38, primo e secondo comma, e 39 della legge fallimentare, salvo quanto previsto dagli articoli 39, comma 1, e 47 del presente decreto.

16. Sostituzione del commissario giudiziale. – 1. Se occorre procedere alla sostituzione del commissario giudiziale il tribunale richiede al Ministro dell'industria di indicare il nuovo commissario, stabilendo il termine entro il quale l'indicazione deve pervenire.

2. Il tribunale nomina il nuovo commissario in conformità dell'indicazione del Ministro, ovvero

autonomamente, se l'indicazione stessa non è pervenuta nel termine.

17. Reclamo contro gli atti del commissario giudiziale. – 1. Contro gli atti di amministrazione del commissario giudiziale chiunque vi abbia interesse può proporre reclamo al giudice delegato, che decide con decreto motivato.

2. Il decreto del giudice delegato è impugnabile nei modi indicati dall'articolo 14, comma 2.

Capo III
Effetti e provvedimenti immediati

18. Effetti della dichiarazione dello stato di insolvenza. – 1. La sentenza che dichiara lo stato di insolvenza determina gli effetti previsti dagli articoli 45, 52, 167, 168 e 169 della legge fallimentare. Si applica, altresì, nei medesimi limiti che nel fallimento, la disposizione dell'articolo 54, terzo comma, della legge fallimentare.

2. Sono inefficaci rispetto ai creditori i pagamenti di debiti anteriori alla dichiarazione dello stato di insolvenza eseguiti dall'imprenditore dopo la dichiarazione stessa senza l'autorizzazione del giudice delegato.

19. Affidamento della gestione dell'impresa al commissario giudiziale. – 1. L'affidamento della gestione dell'impresa al commissario giudiziale, ove non stabilito con la sentenza dichiarativa dello stato di insolvenza, può essere disposto dal tribunale con successivo decreto.

2. Il decreto è a cura del cancelliere pubblicato mediante affissione e comunicato per l'iscrizione all'ufficio del registro delle imprese.

3. Fermo quanto previsto dall'articolo 18, l'affidamento della gestione al commissario giudiziale determina gli effetti stabiliti dagli articoli 42, 43, 44, 46 e 47 della legge fallimentare, sostituito al curatore il commissario giudiziale. Si applicano altresì al commissario giudiziale, in quanto compatibili, le disposizioni degli articoli 31, 32, 34 e 35 della legge fallimentare, salva la facoltà del tribunale di stabilire ulteriori limiti ai suoi poteri.

4. Al termine del proprio ufficio, il commissario giudiziale cui è affidata la gestione dell'impresa deve rendere il conto a norma dell'articolo 116 della legge fallimentare. Dell'avvenuto deposito del conto e della fissazione dell'udienza per la presentazione delle osservazioni è data notizia mediante affissione, a cura del cancelliere; tale formalità sostituisce la comunicazione ai singoli creditori prevista dal terzo comma del medesimo articolo 116 della legge fallimentare.

20. Crediti sorti per la continuazione dell'esercizio dell'impresa. – 1. I crediti sorti per la continuazione dell'esercizio dell'impresa e la gestione del patrimonio del debitore dopo la dichiarazione dello stato di insolvenza sono soddisfatti in prededuzione, a norma dell'articolo 111, primo comma, numero 1), della legge fallimentare.

21. Provvedimenti conservativi. – 1. Il tribunale, con la sentenza dichiarativa dello stato di insolvenza o con successivo decreto, adotta i provvedimenti conservativi opportuni nell'interesse della procedura.

22. Avviso ai creditori per l'accertamento del passivo. – 1. Il commissario giudiziale comunica ai creditori e ai terzi che vantano diritti reali mobiliari sui beni in possesso dell'imprenditore insolvente, a mezzo posta elettronica certificata, se il relativo indirizzo del destinatario risulta dal registro delle imprese ovvero dall'Indice nazionale degli indirizzi di posta elettronica certificata delle imprese e dei professionisti e, in ogni altro caso, a mezzo lettera raccomandata o telefax presso la sede dell'impresa o la residenza del creditore, il proprio indirizzo di posta elettronica certificata e il termine entro il quale devono trasmettergli a tale indirizzo le loro domande, nonché le disposizioni della sentenza dichiarativa dello stato di insolvenza che riguardano l'accertamento del passivo ([1]).

2. I creditori e i terzi titolari di diritti sui beni sono invitati ad indicare nella domanda l'indirizzo di posta elettronica certificata ed avvertiti delle conseguenze di cui ai periodi seguenti e dell'onere di comunicarne al commissario ogni variazione. Tutte le successive comunicazioni sono effettuate dal commissario all'indirizzo di posta elettronica certificata indicato dal creditore o dal terzo titolare di diritti sui beni. In caso di mancata indicazione dell'indirizzo di posta elettronica certificata o di mancata comunicazione della variazione, ovvero nei casi di mancata consegna per cause imputabili al destinatario, esse si eseguono mediante deposito in cancelleria. Si applica l'articolo 31 *bis*, terzo comma, del regio decreto, 16 marzo 1942, n. 267, sostituendo al curatore il commissario giudiziale ([2]).

([1]) *Questo comma è stato così sostituito dall'art. 17, comma 2, lett.* a), *del D.L. 18 ottobre 2012, n. 179, con-*

vertito, con modificazioni, nella L. 17 dicembre 2012, n. 221. A norma dell'art. 17, commi 4 e 5 del predetto decreto, tali disposizioni si applicano dalla data di entrata in vigore della legge di conversione del presente decreto, anche alle procedure di fallimento, di concordato preventivo, di liquidazione coatta amministrativa e di amministrazione straordinaria pendenti, rispetto alle quali, alla stessa data, non è stata effettuata la comunicazione rispettivamente prevista dagli articoli 92, 171, 207 del regio decreto 16 marzo 1942, n. 267 e dall'articolo 22 decreto legislativo 8 luglio 1999, n. 270. Per le procedure in cui, alla data di entrata in vigore della legge di conversione del predetto decreto, sia stata effettuata la comunicazione di cui al comma 4, le disposizioni di cui ai commi 1 e 2 del presente articolo si applicano a decorrere dal 31 ottobre 2013. Il curatore, il commissario giudiziale, il commissario liquidatore e il commissario straordinario entro il 30 giugno 2013 comunicano ai creditori e ai terzi titolari di diritti sui beni il loro indirizzo di posta elettronica certificata e li invitano a comunicare, entro tre mesi, l'indirizzo di posta elettronica certificata al quale ricevere tutte le comunicazioni relative alla procedura, avvertendoli di rendere nota ogni successiva variazione e che in caso di omessa indicazione le comunicazioni sono eseguite esclusivamente mediante deposito in cancelleria.

(2) *Questo comma è stato così sostituito dall'art. 17, comma 2, lett.* b), *del D.L. 18 ottobre 2012, n. 179, convertito, con modificazioni, nella L. 17 dicembre 2012, n. 221. A norma dell'art. 17, commi 4 e 5 del medesimo decreto, tali disposizioni si applicano dalla data di entrata in vigore della legge di conversione del predetto decreto, anche alle procedure di fallimento, di concordato preventivo, di liquidazione coatta amministrativa e di amministrazione straordinaria pendenti, rispetto alle quali, alla stessa data, non è stata effettuata la comunicazione rispettivamente prevista dagli articoli 92, 171, 207 del regio decreto 16 marzo 1942, n. 267 e dall'articolo 22 decreto legislativo 8 luglio 1999, n. 270. Per le procedure in cui, alla data di entrata in vigore della legge di conversione del predetto decreto, sia stata effettuata la comunicazione di cui al comma 4, le disposizioni di cui ai commi 1 e 2 del presente articolo si applicano a decorrere dal 31 ottobre 2013. Il curatore, il commissario giudiziale, il commissario liquidatore e il commissario straordinario entro il 30 giugno 2013 comunicano ai creditori e ai terzi titolari di diritti sui beni il loro indirizzo di posta elettronica certificata e li invitano a comunicare, entro tre mesi, l'indirizzo di posta elettronica certificata al quale ricevere tutte le comunicazioni relative alla procedura, avvertendoli di rendere nota ogni successiva variazione e che in caso di omessa indicazione le comunicazioni sono eseguite esclusivamente mediante deposito in cancelleria.*

Capo IV
Società con soci illimitatamente responsabili

23. Dichiarazione dello stato di insolvenza di società con soci illimitatamente responsabili. – 1. Gli effetti della dichiarazione dello stato di insolvenza di una società con soci illimitatamente responsabili previsti dagli articoli 18 e 19, comma 3, si estendono ai soci illimitatamente responsabili.

2. Nei confronti del socio receduto o escluso e del socio defunto l'estensione ha luogo se la dichiarazione dello stato di insolvenza è pronunciata entro l'anno successivo, rispettivamente, alla data in cui il recesso o l'esclusione sono divenuti opponibili ai terzi e a quella della morte, sempre che l'insolvenza della società attenga, in tutto o in parte, a debiti contratti anteriormente a tale data.

3. Il tribunale, prima di provvedere, sente i soci illimitatamente responsabili nelle forme previste dall'articolo 7, commi 1 e 2.

4. Contro la sentenza il socio può proporre opposizione a norma dell'articolo 9 nel termine di trenta giorni dalla comunicazione.

24. Accertamento successivo dell'esistenza di un socio illimitatamente responsabile. – 1. Se l'esistenza di un socio illimitatamente responsabile risulta dopo la dichiarazione dello stato di insolvenza della società o di una impresa individuale, il tribunale estende i relativi effetti nei suoi confronti con sentenza in camera di consiglio, che è comunicata ed affissa a norma dell'articolo 8, comma 3.

2. Il tribunale provvede su ricorso dei soggetti indicati nell'articolo 3, comma 1, di altro socio, del commissario giudiziale, ovvero d'ufficio.

3. Se la società o l'impresa individuale è stata ammessa alla procedura di amministrazione straordinaria, il ricorso può essere proposto anche dal commissario straordinario.

4. Si osservano le disposizioni degli articoli 12 e 23, commi 2, 3 e 4, sostituita alla dichiarazione dello stato di insolvenza la sentenza di estensione.

25. Estensione dell'amministrazione straordinaria e del fallimento ai soci illimitatamente responsabili. – 1. I provvedimenti di apertura dell'amministrazione straordinaria, di dichiarazione di fallimento e di conversione delle procedure, previsti dal presente decreto, si estendono ai soci illimitatamente responsabili cui sono estesi gli effetti della dichiarazione dello stato di insolvenza o che, nel caso di conversione del fallimento in amministrazione straordinaria, sono stati dichiarati falliti.

26. Società cooperative. – 1. Le disposizioni del presente capo non si applicano alle società cooperative.

Titolo III
Amministrazione straordinaria

Capo I
Apertura della procedura

27. Condizioni per l'ammissione alla procedura. – 1. Le imprese dichiarate insolventi a norma dell'articolo 3 sono ammesse alla procedura di amministrazione straordinaria qualora presentino concrete prospettive di recupero dell'equilibrio economico delle attività imprenditoriali.

2. Tale risultato deve potersi realizzare, in via alternativa:

a) tramite la cessione dei complessi aziendali, sulla base di un programma di prosecuzione dell'esercizio dell'impresa di durata non superiore ad un anno («programma di cessione dei complessi aziendali»);

b) tramite la ristrutturazione economica e finanziaria dell'impresa, sulla base di un programma di risanamento di durata non superiore a due anni («programma di ristrutturazione»);

b bis) per le società operanti nel settore dei servizi pubblici essenziali anche tramite la cessione di complessi di beni e contratti sulla base di un programma di prosecuzione dell'esercizio dell'impresa di durata non superiore ad un anno ("programma di cessione dei complessi di beni e contratti") ([1]).

2 *bis*. Per le imprese di cui all'articolo 2, comma 2, del decreto legge 23 dicembre 2003, n. 347, convertito, con modificazioni, dalla legge 18 febbraio 2004, n. 39, la durata dei programmi di cui al comma 2 del presente articolo può essere autorizzata dal Ministro dello sviluppo economico fino ad un massimo di quattro anni ([2]).

([1]) *Questa lettera è stata aggiunta dall'art. 1, comma 1* bis, *del D.L. 28 agosto 2008, n. 134, convertito, con modificazioni, nella L. 27 ottobre 2008, n. 166.*

([2]) *Questo comma è stato aggiunto dall'art. 1, comma 841, della L. 28 dicembre 2015, n. 208.*

28. Relazione del commissario giudiziale. – 1. Entro trenta giorni dalla dichiarazione dello stato di insolvenza, il commissario giudiziale deposita in cancelleria una relazione contenente la descrizione particolareggiata delle cause dello stato di insolvenza e una valutazione motivata circa l'esistenza delle condizioni previste dall'articolo 27 ai fini dell'ammissione alla procedura di amministrazione straordinaria.

2. Alla relazione sono allegati lo stato analitico ed estimativo delle attività e l'elenco nominativo dei creditori con l'indicazione dei rispettivi crediti e delle cause di prelazione.

3. Nel medesimo termine indicato nel comma 1, il commissario giudiziale trasmette copia della relazione al Ministero dell'industria, depositando in cancelleria la prova dell'avvenuta ricezione.

4. Un avviso dell'avvenuto deposito della relazione è affisso entro ventiquattro ore, a cura del cancelliere.

5. L'imprenditore insolvente e ogni altro interessato hanno facoltà di prendere visione della relazione e di estrarne copia. La stessa è trasmessa dal commissario giudiziale a tutti i creditori e ai terzi titolari di diritti sui beni all'indirizzo di posta elettronica certificata indicato a norma dell'articolo 22, comma 2, entro dieci giorni dal deposito in cancelleria ([1]).

([1]) *Questo comma è stato così sostituito dall'art. 17, comma 2, lett. c), del D.L. 18 ottobre 2012, n. 179, convertito, con modificazioni, nella L. 17 dicembre 2012, n. 221. A norma dell'art. 17, commi 4 e 5 del medesimo decreto, tali disposizioni si applicano dalla data di entrata in vigore della legge di conversione del predetto decreto, anche alle procedure di fallimento, di concordato preventivo, di liquidazione coatta amministrativa e di amministrazione straordinaria pendenti, rispetto alle quali, alla stessa data, non è stata effettuata la comunicazione rispettivamente prevista dagli articoli 92, 171, 207 del regio decreto 16 marzo 1942, n. 267 e dall'articolo 22 decreto legislativo 8 luglio 1999, n. 270. Per le procedure in cui, alla data di entrata in vigore della legge di conversione del predetto decreto, sia stata effettuata la comunicazione di cui al comma 4, le disposizioni di cui ai commi 1 e 2 del presente articolo si applicano a decorrere dal 31 ottobre 2013. Il curatore, il commissario giudiziale, il commissario liquidatore e il commissario straordinario entro il 30 giugno 2013 comunicano ai creditori e ai terzi titolari di diritti sui beni il loro indirizzo di posta elettronica certificata e li invitano a comunicare, entro tre mesi, l'indirizzo di posta elettronica certificata al quale ricevere tutte le comunicazioni relative alla procedura, avvertendoli di rendere nota ogni successiva variazione e che in caso di omessa indicazione le comunicazioni sono eseguite esclusivamente mediante deposito in cancelleria.*

29. Parere del Ministero dell'industria e osservazioni. – 1. Il Ministero dell'industria, nei dieci giorni successivi alla ricezione della relazione del commissario giudiziale, deposita in cancelleria il proprio parere in ordine all'ammissione dell'impresa dichiarata insolvente alla procedura di amministrazione straordinaria. Il tribunale provvede a norma dell'articolo 30 anche in mancanza del parere, se lo stesso non è depositato nel termine.

2. L'imprenditore insolvente, i creditori e ogni altro interessato possono depositare in cancelleria osservazioni scritte nel termine di dieci giorni dall'affissione dell'avviso di deposito della relazione.

30. Apertura della procedura. Dichiarazione di fallimento. – 1. Il tribunale, entro trenta giorni dal deposito della relazione, tenuto conto del parere e delle osservazioni depositati, nonché degli ulteriori accertamenti eventualmente disposti, dichiara con decreto motivato l'apertura della procedura di amministrazione straordinaria, se sussistono le condizioni indicate dall'articolo 27. In caso contrario, dichiara con decreto motivato il fallimento.

2. I decreti previsti dal comma 1 sono comunicati ed affissi a norma dell'articolo 8, comma 3. Di essi è data altresì comunicazione, a cura del cancelliere, alla regione ed al comune in cui l'impresa ha la sede principale.

31. Dichiarazione di fallimento. – 1. Il decreto che dichiara il fallimento nomina il giudice delegato per la procedura e il curatore. A seguito di esso cessano le funzioni degli organi nominati con la sentenza dichiarativa dello stato di insolvenza, salvo quanto previsto dall'articolo 34.

2. L'accertamento dello stato passivo nel fallimento prosegue sulla base delle disposizioni della sentenza dichiarativa dello stato di insolvenza.

32. Provvedimenti per la prosecuzione dell'esercizio dell'impresa. – 1. Con il decreto che dichiara aperta la procedura di amministrazione straordinaria, il tribunale adotta o conferma i provvedimenti opportuni ai fini della prosecuzione dell'esercizio dell'impresa, sotto la gestione del commissario giudiziale, sino alla nomina del commissario straordinario.

33. Reclamo avverso il decreto di apertura dell'amministrazione straordinaria o di dichiarazione del fallimento. – 1. Contro i decreti previsti dall'articolo 30, comma 1, chiunque vi abbia interesse può proporre reclamo alla corte di appello nel termine di quindici giorni. Il termine decorre, per il Ministro dell'industria, per l'imprenditore insolvente e per il creditore che ha richiesto la dichiarazione dello stato di insolvenza, dalla data della comunicazione; per ogni altro interessato, dalla data dell'affissione.

2. Il reclamo non sospende l'esecuzione del decreto.

3. Con il reclamo non possono dedursi motivi che avrebbero potuto o che possono farsi valere con l'opposizione alla sentenza dichiarativa dello stato di insolvenza.

4. La corte di appello provvede in camera di consiglio, sentiti i soggetti indicati nel comma 1. Prima di provvedere, la corte sente altresì il commissario giudiziale, anche se cessato dalle funzioni, nonché il commissario straordinario o il curatore, secondo che il reclamo sia proposto avverso il decreto di apertura della procedura di amministrazione straordinaria o il decreto che dichiara il fallimento. Se il commissario straordinario non è stato ancora nominato, è sentito esclusivamente il commissario giudiziale.

5. La pendenza del giudizio di opposizione alla sentenza dichiarativa dello stato di insolvenza non costituisce motivo di sospensione del procedimento di reclamo a norma dell'articolo 295 del codice di procedura civile.

6. Se la corte accoglie il reclamo, rimette d'ufficio gli atti al tribunale affinché adotti i provvedimenti previsti dagli articoli 30, 31 e 32, in conformità della decisione della corte stessa. Restano in ogni caso salvi gli effetti degli atti legalmente compiuti dagli organi della procedura.

34. Giudizi in corso nei confronti del commissario giudiziale. – 1. Se i decreti previsti dall'articolo 30, comma 1, sono emessi mentre è in corso il giudizio di opposizione alla sentenza dichiarativa dello stato di insolvenza, il commissario straordinario o il curatore, secondo che sia stata aperta la procedura di amministrazione straordinaria o dichiarato il fallimento, intervengono nel giudizio in sostituzione del commissario giudiziale.

2. In mancanza dell'intervento, il giudizio prosegue nei confronti del commissario giudiziale, salva la facoltà delle parti di chiamare nel processo il commissario straordinario o il curatore.

3. Se alla data dei decreti previsti dall'articolo 30, comma 1, non è ancora scaduto il termine per proporre opposizione alla sentenza dichiarativa dello stato di insolvenza, l'atto di opposizione è notificato al commissario straordinario, ove

nominato, o al curatore, in luogo del commissario giudiziale.

4. Le disposizioni dei commi 1 e 2 si applicano anche agli altri giudizi in corso nei quali è parte il commissario giudiziale.

35. Conversione del fallimento a seguito di accoglimento dell'opposizione. – 1. L'accertamento del possesso, da parte dell'impresa fallita, dei requisiti indicati dall'articolo 2 non comporta la revoca della sentenza dichiarativa di fallimento pronunciata in base alle disposizioni della legge fallimentare.

2. Quando è passata in giudicato la sentenza che accoglie per tale motivo l'opposizione prevista dall'articolo 18 della legge fallimentare, il tribunale che ha dichiarato il fallimento, ove non sia esaurita la liquidazione dell'attivo, invita con decreto il curatore a depositare in cancelleria ed a trasmettere al Ministro dell'industria entro trenta giorni una relazione contenente una valutazione motivata circa l'esistenza delle condizioni previste dall'articolo 27 ai fini dell'ammissione dell'impresa fallita alla procedura di amministrazione straordinaria.

3. Il tribunale, entro trenta giorni dal deposito della relazione, con decreto motivato dispone la conversione del fallimento in amministrazione straordinaria, ovvero dichiara che non sussistono le condizioni per farvi luogo.

4. Si applicano, in quanto compatibili, le disposizioni degli articoli 28, commi 4 e 5, 29, 30, comma 2, e 33, sostituito al commissario giudiziale il curatore.

36. Disposizioni applicabili all'amministrazione straordinaria. – 1. Per quanto non previsto dal presente decreto, si applicano alla procedura di amministrazione straordinaria, in quanto compatibili, le disposizioni sulla liquidazione coatta amministrativa, sostituito al commissario liquidatore il commissario straordinario.

Capo II
Organi

37. Vigilanza sulla procedura. – 1. La procedura di amministrazione straordinaria si svolge ad opera di uno o tre commissari straordinari, sotto la vigilanza del Ministero dell'industria, salve le competenze del tribunale e del giudice delegato nelle materie ad essi affidate.

2. Ai fini dell'esercizio delle funzioni previste dal presente decreto il Ministero può avvalersi dell'opera di esperti o di società specializzate, a norma dell'articolo 3 della legge 11 maggio 1999, n. 140.

3. Il Ministero dell'industria può altresì avvalersi del personale della Guardia di finanza per le verifiche ed i controlli necessari ai fini dell'espletamento dell'attività di vigilanza e dell'adozione degli atti e dei provvedimenti di propria competenza.

38. Nomina del commissario straordinario. – 1. Entro cinque giorni dalla comunicazione del decreto che dichiara aperta la procedura, il Ministro dell'industria nomina con decreto uno o tre commissari straordinari. In quest'ultimo caso, i commissari deliberano a maggioranza e la rappresentanza è esercitata congiuntamente da almeno due di essi.

1 *bis*. Non può essere nominato commissario straordinario e, se nominato, decade dal suo ufficio, l'interdetto, l'inabilitato, chi sia stato dichiarato fallito o chi sia stato condannato ad una pena che importa l'interdizione, anche temporanea, dai pubblici uffici. Non possono inoltre essere nominati commissari straordinari il coniuge, i parenti ed affini entro il quarto grado dell'imprenditore insolvente, ovvero chi, avendo intrattenuto con l'impresa, personalmente o quale socio, amministratore, o dipendente di altra organizzazione imprenditoriale o professionale, rapporti non occasionali di collaborazione o consulenza professionale, abbia preso parte o si sia comunque ingerito nella gestione che ha portato al dissesto dell'impresa. Il commissario straordinario, nell'accettare l'incarico, dichiara sotto la propria responsabilità, che non ricorre alcuna delle ipotesi di incompatibilità di cui al presente comma ([1]).

2. La nomina di tre commissari è limitata ai casi di eccezionale rilevanza e complessità della procedura.

2 *bis*. Nei casi di cui all'articolo 50 *bis*, il Ministro dello sviluppo economico può nominare lo stesso organo commissariale ([2]).

3. Il decreto di nomina è comunicato al tribunale che ha dichiarato lo stato di insolvenza, all'ufficio del registro delle imprese, nonché alla regione ed al comune in cui l'impresa ha la sede principale. Di esso è data altresì pubblica notizia con mezzi informatici, a cura del Ministero dell'industria, secondo le modalità stabilite con il regolamento previsto dall'articolo 94.

4. Con la nomina del commissario straordinario cessano le funzioni del commissario giudiziale, salvo quanto previsto dall'articolo 34.

([1]) *Questo comma è stato inserito dall'art. 5 del D.L. 3 maggio 2004, n. 119, convertito, con modificazioni, nella L. 5 luglio 2004, n. 166.*

([2]) *Questo comma è stato inserito dall'art. 8, comma 3, lett.* c), *n. 01), del D.L. 13 maggio 2011, n. 70, convertito, con modificazioni, nella L. 12 luglio 2011, n. 106.*

39. Criteri per la scelta dei commissari e degli esperti. – 1. Con regolamento del Ministro dell'industria, di concerto con il Ministro di grazia e giustizia, sono stabiliti i requisiti di professionalità e di onorabilità dei commissari giudiziali e dei commissari straordinari.

2. Il Ministro dell'industria stabilisce altresì preventivamente, con proprio decreto, i criteri per la scelta degli esperti la cui opera è richiesta dalla procedura e gli obblighi da osservare circa la pubblicità degli incarichi conferiti e dei relativi costi, al fine di garantire piena trasparenza alla procedura ([1]).

([1]) *Le parole: «e gli obblighi da osservare circa la pubblicità degli incarichi conferiti e dei relativi costi, al fine di garantire piena trasparenza alla procedura» sono state aggiunte dall'art. 50, comma 1, lett.* a), *del D.L. 22 giugno 2012, n. 83, convertito, con modificazioni, nella L. 7 agosto 2012, n. 134.*

40. Poteri del commissario straordinario. – 1. Il commissario straordinario ha la gestione dell'impresa e l'amministrazione dei beni dell'imprenditore insolvente e dei soci illimitatamente responsabili ammessi alla procedura, fermo, per questi ultimi, quanto previsto dall'articolo 148, secondo comma, della legge fallimentare. Per quanto attiene all'esercizio delle sue funzioni, egli è pubblico ufficiale.

1 *bis*. Il commissario straordinario, redige ogni sei mesi una relazione sulla situazione patrimoniale dell'impresa e sull'andamento della gestione in conformità a modelli standard stabiliti con decreto, avente natura non regolamentare, del Ministero dello sviluppo economico. La relazione di cui al periodo precedente è trasmessa al predetto Ministero con modalità telematiche ([1]).

([1]) *Questo comma è stato aggiunto dall'art. 20, comma 2, lett.* a), *del D.L. 12 settembre 2014, n. 132, convertito, con modificazioni, nella L. 10 novembre 2014, n. 162. A norma dell'art. 20, comma 6, dello stesso provvedimento, tali disposizioni si applicano anche alle procedure di amministrazione straordinaria pendenti, a decorrere dal novantesimo giorno dalla pubblicazione nella* Gazzetta Ufficiale *dei decreti previsti all'articolo 40, comma 1* bis, *e 75, comma 1, secondo periodo, del decreto legislativo 8 luglio 1999, n. 270.*

41. Intrasmissibilità delle attribuzioni del commissario straordinario. – 1. Il commissario esercita personalmente le attribuzioni del proprio ufficio, con facoltà di delegare ad altri, sotto la propria responsabilità, le funzioni inerenti alla gestione corrente dell'impresa. Negli altri casi, la delega può essere conferita soltanto per singole operazioni e con l'autorizzazione del Ministero dell'industria. L'onere per il compenso del delegato, è detratto dal compenso del commissario ([1]).

2. Il commissario può essere autorizzato dal comitato di sorveglianza a farsi coadiuvare da tecnici o da altre persone retribuite, compreso il fallito, sotto la propria responsabilità e ad attribuire a professionisti ed esperti incarichi di consulenza e collaborazione tecnica e professionale limitatamente ai casi di effettiva necessità e previa verifica circa la insussistenza di adeguate professionalità tra i dipendenti dell'impresa ([2]).

([1]) *Le parole: «L'onere per il compenso del delegato, è detratto dal compenso del commissario.» sono state aggiunte dall'art. 50, comma 1, lett.* b), *del D.L. 22 giugno 2012, n. 83, convertito, con modificazioni, nella L. 7 agosto 2012, n. 134.*

([2]) *Questo comma è stato così sostituito dall'art. 50, comma 1, lett.* c), *del D.L. 22 giugno 2012, n. 83, convertito, con modificazioni, nella L. 7 agosto 2012, n. 134.*

42. Controllo preventivo sugli atti del commissario straordinario. – 1. Sono soggetti ad autorizzazione del Ministero dell'industria, sentito il comitato di sorveglianza:

a) gli atti di alienazione e di affitto di aziende e di rami di aziende;

b) gli atti di alienazione e di locazione di beni immobili e di costituzione di diritti reali sui medesimi, gli atti di alienazione di beni mobili in blocco, di costituzione di pegno e le transazioni, se di valore indeterminato o superiore a € 206.582,76.

43. Revoca del commissario straordinario. – 1. Il Ministro dell'industria può in ogni tempo, su proposta del comitato di sorveglianza o d'ufficio, revocare il commissario straordinario. Il Ministro provvede previa comunicazione dei motivi di revoca o contestazione degli eventuali addebiti e dopo aver invitato il commissario ad esporre le proprie deduzioni.

44. Rendiconto del commissario straordinario. – 1. Il commissario straordinario che cessa dal suo ufficio, anche durante l'amministrazione straordinaria, deve rendere il conto della gestione a norma dell'articolo 75.

45. Nomina del comitato di sorveglianza. – 1. Entro quindici giorni dalla nomina del commissario straordinario, il Ministro dell'industria nomina con decreto un comitato di sorveglianza, composto da tre o cinque membri. Uno o due di essi, a seconda che il comitato sia composto da tre o cinque membri, sono scelti tra i creditori chirografari; i membri residui tra persone particolarmente esperte nel ramo di attività esercitata dall'impresa o nella materia concorsuale.

2. Il Ministro nomina, altresì, tra i membri del comitato, il presidente.

3. Il decreto di nomina del comitato è comunicato al tribunale che ha dichiarato lo stato di insolvenza, nonché alla regione ed al comune in cui l'impresa ha la sede principale.

4. I membri del comitato nominati in qualità di esperti hanno diritto a compenso secondo le disposizioni del regolamento previsto dall'articolo 47; gli altri membri al solo rimborso delle spese. Il compenso e le spese sono liquidati dal Ministero dell'industria.

46. Funzioni del comitato di sorveglianza. – 1. Il comitato di sorveglianza esprime il parere sugli atti del commissario nei casi previsti dal presente decreto e in ogni altro caso in cui il Ministero dell'industria lo ritiene opportuno.

2. Le deliberazioni del comitato sono prese a maggioranza di voti dei suoi componenti.

3. Il comitato esprime il parere entro dieci giorni dalla richiesta, salvo che, per ragioni di urgenza, non sia invitato a pronunciarsi entro un termine più breve, comunque non inferiore a tre giorni.

4. Il comitato ed ogni suo membro possono in qualunque momento ispezionare le scritture contabili e i documenti della procedura e possono chiedere chiarimenti al commissario straordinario e all'imprenditore insolvente.

47. (1) **Compenso dei commissari e dei membri del comitato di sorveglianza.** – 1. L'ammontare del compenso spettante al commissario giudiziale, al commissario straordinario ed ai membri del comitato di sorveglianza ed i relativi criteri di liquidazione sono determinati con decreto non regolamentare del Ministro dello sviluppo economico, di concerto con il Ministro dell'economia e delle finanze, da adottarsi tenuto conto, per quanto applicabili e con gli adattamenti resi necessari dalla specificità della procedura, delle disposizioni di cui al decreto ministeriale 25 gennaio 2012, n. 30, recante "Regolamento concernente l'adeguamento dei compensi spettanti ai curatori fallimentari e la determinazione dei compensi nelle procedure di concordato preventivo" nonché dei seguenti ulteriori criteri:

a) determinazione del compenso del commissario giudiziale in misura fissa, tra un importo minimo e un importo massimo definiti in relazione a parametri dimensionali dell'impresa, tenuto anche conto dell'eventuale affidamento della gestione dell'esercizio;

b) articolazione del compenso del commissario straordinario in: un compenso remunerativo dell'attività gestionale, parametrato al fatturato dell'impresa; un compenso remunerativo dell'attività concorsuale, da liquidarsi in rapporto all'attivo realizzato al netto dei costi sostenuti per l'attività concorsuale e al passivo della procedura, secondo aliquote individuate in misura non superiore all'80% di quelle vigenti per la determinazione dei compensi dei curatori fallimentari e modulate sulla base di criteri predeterminati di apprezzamento della economicità, efficacia ed efficienza della procedura;

c) determinazione del compenso dei membri esperti del Comitato di sorveglianza secondo importi minimi e massimi definiti in relazione al numero degli occupati, al fatturato e al numero delle imprese del gruppo assoggettate alla procedura.

(1) *Questo articolo è stato così sostituito dall'art. 50, comma 1, lett.* d), *del D.L. 22 giugno 2012, n. 83, convertito, con modificazioni, nella L. 7 agosto 2012, n. 134.*

Leggi complementari

Capo III
Effetti

48. Divieto di azioni esecutive individuali. – 1. Sui beni dei soggetti ammessi alla procedura di amministrazione straordinaria non possono essere iniziate o proseguite azioni esecutive individuali, anche speciali.

49. Azioni revocatorie. – 1. Le azioni per la dichiarazione di inefficacia e la revoca degli atti pregiudizievoli ai creditori previste dalle disposizioni della sezione III del capo III del titolo II della legge fallimentare possono essere proposte dal commissario straordinario soltanto se è stata autorizzata l'esecuzione di un programma di cessione dei complessi aziendali, salvo il caso di conversione della procedura in fallimento.

2. I termini stabiliti dalle disposizioni indicate nel comma 1 si computano a decorrere dalla dichiarazione dello stato di insolvenza. Tale disposizione si applica anche in tutti i casi in cui alla dichiarazione dello stato di insolvenza segua la dichiarazione di fallimento.

50. Contratti in corso. – 1. Salvo quanto previsto dal comma 4, il commissario straordinario può sciogliersi dai contratti, anche ad esecuzione continuata o periodica, ancora ineseguiti o non interamente eseguiti da entrambe le parti alla data di apertura dell'amministrazione straordinaria.

2. Fino a quando la facoltà di scioglimento non è esercitata, il contratto continua ad avere esecuzione (1).

3. Dopo che è stata autorizzata l'esecuzione del programma, l'altro contraente può intimare per iscritto al commissario straordinario di far conoscere le proprie determinazioni nel termine di trenta giorni dalla ricezione dell'intimazione, decorso il quale il contratto si intende sciolto.

4. Le disposizioni del presente articolo non si applicano:

a) ai contratti di lavoro subordinato, in rapporto ai quali restano ferme le disposizioni vigenti;

b) se sottoposto ad amministrazione straordinaria è il locatore, ai contratti di locazione di immobili, nei quali il commissario straordinario subentra, salvo patto contrario.

(1) *L'art. 1* bis *del D.L. 28 agosto 2008, n. 134, convertito, con modificazioni, nella L. 27 ottobre 2008, n. 166, così dispone*:

«1 bis. *1. La disposizione di cui al comma 2 dell'articolo 50 del decreto legislativo 8 luglio 1999, n. 270, va interpretata nel senso che l'esecuzione del contratto, o la richiesta di esecuzione del contratto da parte del commissario straordinario, non fanno venir meno la facoltà di scioglimento dai contratti di cui al medesimo articolo, che rimane impregiudicata, né comportano, fino all'espressa dichiarazione di subentro del commissario straordinario, l'attribuzione all'altro contraente dei diritti previsti in caso di subentro del commissario straordinario dall'articolo 51, commi 1 e 2, del decreto legislativo n. 270 del 1999*».

50 *bis*. (1) Cessione di azienda o ramo d'azienda nell'anno anteriore la dichiarazione di insolvenza. – 1. Nel caso di cessione di azienda o di ramo d'azienda che costituisca l'attività prevalente dell'impresa cessionaria, in qualsiasi forma attuata, qualora per l'impresa cedente e l'impresa cessionaria sia intervenuta, anche in tempi diversi, la dichiarazione dello stato di insolvenza con conseguente apertura della procedura di amministrazione straordinaria per entrambe, entro un anno dall'avvenuta cessione, l'impresa cedente risponde in solido con l'impresa cessionaria dei debiti da questa maturati fino alla data dell'insolvenza.

(1) *Questo articolo è stato aggiunto dall'art. 8, comma 3, lett.* c)*, n. 1), del D.L. 13 maggio 2011, n. 70, convertito, con modificazioni, nella L. 12 luglio 2011, n. 106.*

51. Diritti dell'altro contraente. – 1. I diritti dell'altro contraente, nel caso di scioglimento o di subentro del commissario straordinario nei contratti ancora ineseguiti o non interamente eseguiti alla data di apertura dell'amministrazione straordinaria, sono regolati dalle disposizioni della sezione IV del capo III del titolo II della legge fallimentare.

2. Nel caso di subentro del commissario straordinario nei contratti di somministrazione, la disposizione del secondo comma dell'articolo 74 della legge fallimentare non si applica se il somministrante opera in condizione di monopolio.

3. Nei casi in cui le disposizioni indicate nel comma 1 prevedono diritti da far valere mediante ammissione al passivo, il contraente può chiedere l'ammissione sotto condizione dello scioglimento o del subentro del commissario straordinario nel contratto, ove non ancora verificatosi, a norma dell'articolo 55, terzo comma, della legge fallimentare.

52. Crediti sorti per la continuazione dell'esercizio dell'impresa. – 1. I crediti sorti per la continuazione dell'esercizio dell'impresa e la gestione del patrimonio del debitore sono soddisfatti in prededuzione a norma dell'articolo 111, primo comma, numero 1), della legge fallimentare, anche nel fallimento successivo alla procedura di amministrazione straordinaria.

Capo IV
Accertamento del passivo

53. Accertamento del passivo. – 1. L'accertamento del passivo prosegue sulla base delle disposizioni della sentenza dichiarativa dello stato di insolvenza, secondo il procedimento previsto dagli articoli 93 e seguenti della legge fallimentare, sostituito al curatore il commissario straordinario.

2. Se è ammessa all'amministrazione straordinaria una società con soci illimitatamente responsabili si applicano altresì le disposizioni dell'articolo 148, terzo, quarto e quinto comma, della legge fallimentare.

Capo V
Definizione ed esecuzione del programma

54. Predisposizione del programma. – 1. Il commissario straordinario, entro i sessanta giorni successivi al decreto di apertura della procedura, presenta al Ministero dell'industria un programma redatto secondo uno degli indirizzi alternativi indicati nell'articolo 27, comma 2.

2. Il termine previsto dal comma 1 può essere prorogato dal Ministero dell'industria, per una sola volta e per non più di sessanta giorni, se la definizione del programma risulta di particolare complessità.

3. Della presentazione del programma e del provvedimento di proroga del relativo termine è data notizia, entro tre giorni, al tribunale che ha dichiarato lo stato di insolvenza, a cura del commissario straordinario.

4. La mancata presentazione del programma nel termine originario o prorogato costituisce causa di revoca del commissario.

55. Criteri di definizione del programma. – 1. Il programma è redatto sotto la vigilanza del Ministero dell'industria ed in conformità degli indirizzi di politica industriale dal medesimo adottati, in modo da salvaguardare l'unità operativa dei complessi aziendali, tenuto conto degli interessi dei creditori.

1 *bis*. Ai fini dell'applicazione dell'articolo 50 *bis*, il Ministro dello sviluppo economico adotta le direttive idonee ad assicurare che i programmi delle procedure siano coordinati e finalizzati alla salvaguardia dell'unità operativa dei complessi aziendali dell'impresa cedente e dell'impresa cessionaria ([1]).

2. Se il programma prevede il ricorso alla garanzia del Tesoro dello Stato di cui all'articolo 2 *bis* del decreto legge 30 gennaio 1979, n. 26, convertito, con modificazioni, dalla legge 3 aprile 1979, n. 95, o ad altre agevolazioni pubbliche non rientranti fra le misure autorizzate dalla Commissione europea, esso deve conformarsi alle disposizioni ed agli orientamenti comunitari sugli aiuti di Stato per il salvataggio e la ristrutturazione di imprese in difficoltà.

([1]) *Questo comma è stato aggiunto dall'art. 8, comma 3, lett. c), n. 2), del D.L. 13 maggio 2011, n. 70, convertito, con modificazioni, nella L. 12 luglio 2011, n. 106.*

56. Contenuto del programma. – 1. Il programma deve indicare:

a) le attività imprenditoriali destinate alla prosecuzione e quelle da dismettere;

b) il piano per la eventuale liquidazione dei beni non funzionali all'esercizio dell'impresa;

c) le previsioni economiche e finanziarie connesse alla prosecuzione dell'esercizio dell'impresa;

d) i modi della copertura del fabbisogno finanziario, con specificazione dei finanziamenti o delle altre agevolazioni pubbliche di cui è prevista l'utilizzazione;

d bis) i costi generali e specifici complessivamente stimati per l'attuazione della procedura, con esclusione del compenso dei commissari e del comitato di sorveglianza ([1]).

2. Se è adottato l'indirizzo della cessione dei complessi aziendali, il programma deve altresì indicare le modalità della cessione, segnalando le offerte pervenute o acquisite, nonché le previsioni in ordine alla soddisfazione dei creditori.

3. Se è adottato l'indirizzo della ristrutturazione dell'impresa, il programma deve indicare, in aggiunta a quanto stabilito nel comma 1, le eventuali previsioni di ricapitalizzazione dell'impresa e di mutamento degli assetti imprenditoriali, nonché i tempi e le modalità di soddisfazione dei creditori, anche sulla base di piani di modifica convenzionale delle scadenze dei debiti o di definizione mediante concordato.

3 *bis*. Le operazioni di cui ai commi 1 e 2 effettuate in attuazione dell'articolo 27, comma 2, let-

tere a) e b *bis*), in vista della liquidazione dei beni del cedente, non costituiscono comunque trasferimento di azienda, di ramo o di parti dell'azienda agli effetti previsti dall'articolo 2112 del codice civile (2).

(1) *Questa lettera è stata aggiunta dall'art. 8, comma 3, lett.* c), *n.* 5), *del D.L. 13 maggio 2011, n. 70, convertito, con modificazioni, nella L. 12 luglio 2011, n. 106.*

(2) *Questo comma è stato aggiunto dall'art. 14, comma 5, del D.L. 29 novembre 2008, n. 185, convertito, con modificazioni, nella L. 28 gennaio 2009, n. 2.*

57. Autorizzazione all'esecuzione del programma. – 1. L'esecuzione del programma è autorizzata dal Ministero dell'industria con decreto, sentito il comitato di sorveglianza, entro trenta giorni dalla sua presentazione.

2. Salvo quanto previsto dall'articolo 58, il programma si intende comunque autorizzato se il Ministero non si pronuncia entro novanta giorni dalla presentazione.

3. Il termine previsto dal comma 2 è sospeso se il Ministero chiede chiarimenti, modifiche o integrazioni del programma; ad essi il commissario straordinario provvede entro trenta giorni dalla richiesta, a pena di revoca dall'incarico. Ulteriori richieste di chiarimenti, modifiche o integrazioni non hanno effetto sospensivo.

4. I termini di durata del programma stabiliti a norma dell'articolo 27, comma 2, decorrono dalla data dell'autorizzazione.

4 *bis*. Se in prossimità della scadenza del programma, anche in caso di proroga dei termini di cui all'articolo 66, la cessione non è ancora intervenuta, in tutto o in parte, il Ministro dello sviluppo economico può disporre, per una sola volta, un'ulteriore proroga del termine di esecuzione del programma per un periodo non superiore a dodici mesi, quando, sulla base di una specifica relazione, predisposta dal Commissario straordinario, sentito il comitato di sorveglianza, l'attuazione del programma richiede la prosecuzione dell'esercizio dell'impresa, senza pregiudizio per i creditori. Il provvedimento ministeriale di proroga è comunicato al Tribunale competente ai fini dell'esercizio delle proprie attribuzioni ai sensi del presente decreto (1).

(1) *Questo comma è stato aggiunto dall'art. 2, comma 1, del D.L. 1° ottobre 2015, n. 154, convertito, con modificazioni, nella L. 29 novembre 2015, n. 189.*

58. Autorizzazione all'esecuzione del programma in casi particolari. – 1. Se il programma prevede il ricorso a finanziamenti o agevolazioni pubbliche soggetti ad autorizzazione della Commissione europea in base alle disposizioni ed agli orientamenti comunitari sugli aiuti di Stato per il salvataggio e la ristrutturazione di imprese in difficoltà, i termini per l'autorizzazione del programma previsti dall'articolo 57, commi 1 e 2, decorrono dalla data della decisione della Commissione stessa.

2. Nel caso di diniego dell'autorizzazione della Commissione europea, o se questa non è concessa nei centoventi giorni successivi alla presentazione del programma, il commissario straordinario presenta al Ministero dell'industria un nuovo programma che non preveda il ricorso ai finanziamenti e alle agevolazioni.

3. Il commissario straordinario provvede a norma del comma 2 entro trenta giorni, a pena di revoca dall'incarico. In rapporto al nuovo programma i termini previsti dall'articolo 57, commi 2 e 3, sono ridotti della metà.

59. Comunicazione al tribunale del programma autorizzato. – 1. Il commissario straordinario trasmette entro tre giorni copia del programma autorizzato al tribunale, segnalando se esso contenga notizie o previsioni specifiche la cui divulgazione prima della scadenza potrebbe pregiudicarne l'attuazione.

2. Il giudice delegato dispone il deposito in cancelleria del programma, con esclusione delle parti in relazione alle quali siano ravvisabili esigenze di riservatezza a norma del comma 1. L'imprenditore insolvente e ogni altro interessato possono prendere visione ed estrarre copia del programma depositato, che reca l'indicazione della eventuale mancanza di parti per ragioni di riservatezza (1). La stessa copia è trasmessa entro dieci giorni dal deposito in cancelleria a cura del commissario straordinario a tutti i creditori a mezzo posta elettronica certificata all'indirizzo indicato a norma dell'articolo 22, comma 2. Si applica l'articolo 31 *bis*, terzo comma, del regio decreto, 16 marzo 1942, n. 267, sostituendo al curatore il commissario straordinario (1).

(1) *L'originario secondo periodo è stato così sostituito dagli attuali secondo e terzo periodo dall'art. 17, comma 2, lett.* d), *del D.L. 18 ottobre 2012, n. 179, convertito, con modificazioni, nella L. 17 dicembre 2012, n. 221. A norma dell'art. 17, commi 4 e 5 del medesimo decreto, tali disposizioni si applicano dalla data di entrata in vigore della legge di conversione del predetto decreto, anche alle procedure di fallimento, di concordato preventivo, di liquidazione coatta amministrativa e di amministrazione straordinaria pendenti, rispetto alle*

quali, alla stessa data, non è stata effettuata la comunicazione rispettivamente prevista dagli articoli 92, 171, 207 del regio decreto 16 marzo 1942, n. 267 e dall'articolo 22 decreto legislativo 8 luglio 1999, n. 270. Per le procedure in cui, alla data di entrata in vigore della legge di conversione del predetto decreto, sia stata effettuata la comunicazione di cui al comma 4, le disposizioni di cui ai commi 1 e 2 del presente articolo si applicano a decorrere dal 31 ottobre 2013. Il curatore, il commissario giudiziale, il commissario liquidatore e il commissario straordinario entro il 30 giugno 2013 comunicano ai creditori e ai terzi titolari di diritti sui beni il loro indirizzo di posta elettronica certificata e li invitano a comunicare, entro tre mesi, l'indirizzo di posta elettronica certificata al quale ricevere tutte le comunicazioni relative alla procedura, avvertendoli di rendere nota ogni successiva variazione e che in caso di omessa indicazione le comunicazioni sono eseguite esclusivamente mediante deposito in cancelleria.

60. Modifica o sostituzione del programma autorizzato. – 1. Nel corso dell'esecuzione del programma, il commissario straordinario può chiedere al Ministero dell'industria, indicandone le ragioni, la modifica del programma autorizzato o la sua sostituzione con un programma che adotta l'indirizzo alternativo fra quelli previsti nell'articolo 27, comma 2.

2. La modifica o la sostituzione è autorizzata a norma degli articoli 57, comma 1, 58, comma 1, e 59. L'autorizzazione è inefficace se interviene dopo la scadenza del termine del primo programma autorizzato, ovvero, nel caso di sostituzione del programma di ristrutturazione con un programma di cessione dei complessi aziendali, se interviene dopo che è trascorso un anno dalla data di autorizzazione del primo programma.

3. Il termine di durata del programma modificativo o sostitutivo stabilito a norma dell'articolo 27, comma 2, si computa in ogni caso a decorrere dalla data di autorizzazione del primo programma.

4. Nel caso di sostituzione di un programma di cessione dei complessi aziendali con un programma di ristrutturazione, le azioni proposte dal commissario straordinario in base alle disposizioni della sezione III del capo III del titolo II della legge fallimentare sono sospese sino a quando è in corso l'esecuzione del programma sostitutivo. Ai fini della fissazione dell'udienza per la eventuale prosecuzione del processo dopo la sospensione, l'istanza prevista dall'articolo 297 del codice di procedura civile deve essere proposta entro sei mesi dalla cessazione dell'esecuzione del programma stesso.

61. Esecuzione del programma. – 1. Il commissario straordinario compie tutte le attività dirette all'esecuzione del programma autorizzato, fermo quanto stabilito dall'articolo 42.

2. Il commissario straordinario presenta ogni tre mesi al Ministro dell'industria una relazione sull'andamento dell'esercizio dell'impresa e sulla esecuzione del programma.

3. Nei dieci giorni successivi al termine di scadenza del programma, il commissario presenta una relazione finale, con la quale illustra analiticamente gli esiti della sua esecuzione, specificando se gli obiettivi indicati nell'articolo 27 siano stati o meno conseguiti.

4. Le relazioni sono sottoposte al parere del comitato di sorveglianza. Copia delle medesime e del parere del comitato è depositata entro tre giorni dal commissario presso la cancelleria del tribunale, ove qualunque interessato può prenderne visione ed estrarne copia. Il commissario straordinario trasmette una copia di ciascuna relazione periodica e della relazione finale a tutti i creditori a mezzo posta elettronica certificata all'indirizzo indicato a norma dell'articolo 22, comma 2, entro dieci giorni dal deposito in cancelleria ([1]).

([1]) *Questo periodo è stato inserito dall'art. 17, comma 2, lett. e), del D.L. 18 ottobre 2012, n. 179, convertito, con modificazioni, nella L. 17 dicembre 2012, n. 221. A norma dell'art. 17, commi 4 e 5 del medesimo decreto, tali disposizioni si applicano dalla data di entrata in vigore della legge di conversione del presente decreto, anche alle procedure di fallimento, di concordato preventivo, di liquidazione coatta amministrativa e di amministrazione straordinaria pendenti, rispetto alle quali, alla stessa data, non è stata effettuata la comunicazione rispettivamente prevista dagli articoli 92, 171, 207 del regio decreto 16 marzo 1942, n. 267 e dall'articolo 22 decreto legislativo 8 luglio 1999, n. 270. Per le procedure in cui, alla data di entrata in vigore della legge di conversione del presente decreto, sia stata effettuata la comunicazione di cui al comma 4, le disposizioni di cui ai commi 1 e 2 del presente articolo si applicano a decorrere dal 31 ottobre 2013. Il curatore, il commissario giudiziale, il commissario liquidatore e il commissario straordinario entro il 30 giugno 2013 comunicano ai creditori e ai terzi titolari di diritti sui beni il loro indirizzo di posta elettronica certificata e li invitano a comunicare, entro tre mesi, l'indirizzo di posta elettronica certificata al quale ricevere tutte le comunicazioni relative alla procedura, avvertendoli di rendere nota ogni successiva variazione e che in caso di omessa indicazione le comunicazioni sono eseguite esclusivamente mediante deposito in cancelleria.*

62. Alienazione dei beni. – 1. L'alienazione dei beni dell'impresa insolvente, in conformità delle previsioni del programma autorizzato, è effettuata con forme adeguate alla natura dei beni e finalizzate al migliore realizzo, in conformità dei criteri generali stabiliti dal Ministro dell'industria.

2. La vendita di beni immobili, aziende e rami d'azienda di valore superiore a € 51.645,69 è effettuata previo espletamento di idonee forme di pubblicità.

3. Il valore dei beni è preventivamente determinato da uno o più esperti nominati dal commissario straordinario.

63. Vendita di aziende in esercizio. – 1. Per le aziende e i rami di azienda in esercizio la valutazione effettuata a norma dell'articolo 62, comma 3, tiene conto della redditività, anche se negativa, all'epoca della stima e nel biennio successivo.

2. Ai fini della vendita di aziende o di rami di azienda in esercizio, l'acquirente deve obbligarsi a proseguire per almeno un biennio le attività imprenditoriali e a mantenere per il medesimo periodo i livelli occupazionali stabiliti all'atto della vendita.

3. La scelta dell'acquirente è effettuata tenendo conto, oltre che dell'ammontare del prezzo offerto, dell'affidabilità dell'offerente e del piano di prosecuzione delle attività imprenditoriali da questi presentato, anche con riguardo alla garanzia di mantenimento dei livelli occupazionali.

4. Nell'ambito delle consultazioni relative al trasferimento d'azienda previste dall'articolo 47 della legge 29 dicembre 1990, n. 428, il commissario straordinario, l'acquirente e i rappresentanti dei lavoratori possono convenire il trasferimento solo parziale dei lavoratori alle dipendenze dell'acquirente e ulteriori modifiche delle condizioni di lavoro consentite dalle norme vigenti in materia.

5. Salva diversa convenzione, è esclusa la responsabilità dell'acquirente per i debiti relativi all'esercizio delle aziende cedute, anteriori al trasferimento.

64. Cancellazione delle iscrizioni e trascrizioni. – 1. La cancellazione delle iscrizioni relative a diritti di prelazione e delle trascrizioni dei pignoramenti e dei sequestri conservativi sui beni trasferiti è ordinata dal Ministero dell'industria con decreto nei quindici giorni successivi al trasferimento.

65. Impugnazione degli atti di liquidazione. – 1. Contro gli atti e i provvedimenti lesivi di diritti soggettivi, relativi alla liquidazione dei beni di imprese in amministrazione straordinaria, è ammesso ricorso al tribunale in confronto del commissario straordinario e degli altri eventuali interessati.

2. Il tribunale decide in camera di consiglio con decreto soggetto a reclamo a norma dell'articolo 739 del codice di procedura civile.

3. Il ricorso non ha effetto sospensivo.

4. Nel caso di accoglimento dell'impugnazione proposta contro i decreti di cancellazione delle iscrizioni e delle trascrizioni, previsti dall'articolo 64, il tribunale ordina al conservatore dei registri le rettifiche e le integrazioni conseguenti alla decisione assunta.

65 *bis*. (1) **Misure per la salvaguardia della continuità aziendale.** – 1. In caso di reclamo previsto dall'articolo 65, comma 2, sono prorogati i termini di durata del programma di cui all'articolo 54 ed ai commissari straordinari è attribuito il potere di regolare convenzionalmente con l'acquirente dell'azienda o di rami di azienda, sentito il comitato di sorveglianza e previa autorizzazione ministeriale, modalità di gestione idonee a consentire la salvaguardia della continuità aziendale e dei livelli occupazionali nelle more del passaggio in giudicato del decreto che definisce il giudizio.

1 *bis*. Ove in forza o per l'effetto di pronunce giurisdizionali sia dichiarata l'inefficacia della vendita di complessi aziendali, si applicano gli articoli 27 e da 54 a 66 in quanto compatibili; i termini per l'esecuzione del nuovo programma, di cui all'articolo 27, comma 2, sono ridotti alla metà e decorrono dalla data di autorizzazione all'esecuzione del programma medesimo. A seguito della predetta autorizzazione il decreto di cui all'articolo 73, se adottato, cessa di avere efficacia (2).

(1) *Questo articolo è stato inserito dall'art. 9, comma 1, D.L. 10 dicembre 2013, n. 136, convertito, con modificazioni, nella L. 6 febbraio 2014, n. 6. A norma dell'art. 9, comma 2, dello stesso D.L. tali disposizioni si applicano anche alle procedure di amministrazione straordinaria di cui al decreto legge 23 dicembre 2003, n. 347, convertito, con modificazioni, dalla legge 18 febbraio 2004, n. 39.*

(2) *Questo comma è stato aggiunto dall'art. 2, comma 1* bis, *del D.L. 1° ottobre 2015, n. 154, convertito, con modificazioni, nella L. 29 novembre 2015, n. 189. A norma dell'art. 2, comma 1* ter, *del medesimo provvedimento tali disposizioni si applicano anche alle procedure di amministrazione straordinaria di cui al decreto legge 23 dicembre 2003, n. 347, convertito, con modificazioni, dalla legge 18 febbraio 2004, n. 39, in corso alla data di entrata in vigore della legge di conversione del presente decreto.*

66. Proroga del termine di scadenza del programma di cessione dei complessi aziendali. – 1. Se alla scadenza del programma di cessione dei complessi aziendali, la cessione non è ancora avvenuta, in tutto o in parte, ma risultano in corso iniziative di imminente definizione, il commissario straordinario può chiedere al tribunale, con l'autorizzazione del Ministero dell'industria, sentito il comitato di sorveglianza, la proroga del termine di scadenza del programma.

2. La proroga può essere concessa una sola volta e per un periodo non superiore a tre mesi.

3. Il tribunale provvede con decreto motivato.

4. Alla scadenza del termine prorogato, il commissario straordinario presenta una ulteriore relazione a norma dell'articolo 61, commi 3 e 4.

Capo VI
Ripartizione dell'attivo

67. Ripartizione dell'attivo. – 1. Ogni quattro mesi a partire dalla data di scadenza del programma di cessione dei complessi aziendali, ovvero dalla data di deposito del decreto che dichiara esecutivo lo stato passivo a norma dell'articolo 97 della legge fallimentare, se successiva, il commissario straordinario presenta al giudice delegato un prospetto delle somme disponibili ed un progetto di ripartizione delle medesime, corredato dal parere del comitato di sorveglianza.

2. Le ripartizioni hanno luogo secondo le disposizioni degli articoli 110, secondo e terzo comma, 111, 112, 113, 114, 115 e 117, secondo e terzo comma, della legge fallimentare.

3. La ripartizione finale ha luogo dopo l'approvazione del conto della gestione e la liquidazione del compenso al commissario straordinario a norma dell'articolo 75.

68. Acconti ai creditori. – 1. In qualunque momento nel corso della procedura, tenuto conto delle esigenze connesse all'esercizio dell'impresa, il commissario straordinario, sentito il parere del comitato di sorveglianza e con l'autorizzazione del giudice delegato, può distribuire acconti parziali ai creditori, o ad alcune categorie di essi, sulle somme che saranno prevedibilmente attribuite in via definitiva nel rispetto delle cause legittime di prelazione.

2. Nella distribuzione degli acconti è data preferenza ai crediti dei lavoratori subordinati e ai crediti degli imprenditori per le vendite e somministrazioni di beni e per le prestazioni di servizi effettuate a favore dell'impresa insolvente nei sei mesi precedenti la dichiarazione dello stato di insolvenza.

3. Le disposizioni del presente articolo si applicano indipendentemente dal tipo di programma adottato fra quelli alternativamente previsti dall'articolo 27, comma 2.

Capo VII
Cessazione della procedura

Sezione I
Conversione
dell'amministrazione
straordinaria in fallimento

69. Conversione in corso di procedura. – 1. Qualora, in qualsiasi momento nel corso della procedura di amministrazione straordinaria, risulta che la stessa non può essere utilmente proseguita, il tribunale, su richiesta del commissario straordinario o d'ufficio, dispone la conversione della procedura in fallimento.

2. Prima di presentare la richiesta di conversione, il commissario straordinario ne riferisce al Ministro dell'industria.

70. Conversione al termine della procedura. – 1. Il tribunale, su richiesta del commissario straordinario o d'ufficio, dispone la conversione della procedura di amministrazione straordinaria in fallimento:

a) quando, essendo stato autorizzato un programma di cessione dei complessi aziendali, tale cessione non sia ancora avvenuta, in tutto o in parte, alla scadenza del programma, salvo quanto previsto dall'articolo 66;

b) quando, essendo stato autorizzato un programma di ristrutturazione, l'imprenditore non abbia recuperato la capacità di soddisfare regolarmente le proprie obbligazioni alla scadenza del programma.

71. Decreto di conversione. – 1. La conversione della procedura di amministrazione straordinaria in fallimento, a norma degli articoli 69 e 70, è disposta dal tribunale con decreto motivato, sentiti il Ministro dell'industria, il commissario straordinario e l'imprenditore dichiarato insolvente.

2. Con il decreto il tribunale nomina il giudice delegato per la procedura e il curatore; a seguito di esso cessano le funzioni del commissario straordinario e del comitato di sorveglianza. L'accertamento dello stato passivo, se non esaurito, pro-

segue sulla base delle disposizioni della sentenza dichiarativa dello stato di insolvenza.

3. Il decreto è comunicato e affisso a norma dell'articolo 8, comma 3.

4. Contro il decreto che dispone la conversione o rigetta la richiesta del commissario straordinario chiunque vi abbia interesse può proporre reclamo alla corte di appello nel termine di quindici giorni. Il termine decorre, per l'imprenditore insolvente ed il commissario straordinario, dalla comunicazione del decreto e, per ogni altro interessato, dalla sua affissione.

5. La corte provvede in camera di consiglio, sentiti il commissario straordinario, l'imprenditore ed il reclamante. Il decreto che accoglie il reclamo è comunicato e affisso a norma del comma 3.

72. Applicabilità delle disposizioni relative alla chiusura. – 1. In tutti i casi in cui è disposta la conversione della procedura di amministrazione straordinaria in fallimento, il commissario straordinario presenta il bilancio della procedura con il conto della gestione a norma dell'articolo 75.

Sezione II
Chiusura della procedura

73. Cessazione dell'esercizio dell'impresa. – 1. Nei casi in cui è stato autorizzato un programma di cessione dei complessi aziendali, se nel termine di scadenza del programma, originario o prorogato a norma dell'articolo 66, è avvenuta la integrale cessione dei complessi stessi, il tribunale, su richiesta del commissario straordinario o d'ufficio, dichiara con decreto la cessazione dell'esercizio dell'impresa.

2. Il decreto è affisso e comunicato al Ministero dell'industria e all'ufficio del registro delle imprese a cura del cancelliere. Contro di esso chiunque vi abbia interesse può proporre reclamo alla corte di appello nel termine di dieci giorni dall'affissione; la corte di appello provvede in camera di consiglio, sentito il commissario straordinario. Il reclamo non ha effetto sospensivo.

3. A far data dal decreto previsto dal comma 1 l'amministrazione straordinaria è considerata, ad ogni effetto, come procedura concorsuale liquidatoria.

4. La liquidazione degli eventuali beni residui acquisiti all'attivo è effettuata secondo le disposizioni previste dagli articoli 42, 62, 64 e 65.

74. Chiusura della procedura. – 1. La procedura di amministrazione straordinaria si chiude:

a) se, nei termini previsti dalla sentenza dichiarativa dello stato di insolvenza, non sono state proposte domande di ammissione al passivo;

b) se, anche prima del termine di scadenza del programma, l'imprenditore insolvente ha recuperato la capacità di soddisfare regolarmente le proprie obbligazioni;

c) con il passaggio in giudicato della sentenza che approva il concordato.

2. Se è stato autorizzato un programma di cessione dei complessi aziendali, la procedura di amministrazione straordinaria si chiude altresì:

a) quando, anche prima che sia compiuta la ripartizione finale dell'attivo, le ripartizioni ai creditori raggiungono l'intero ammontare dei crediti ammessi, o questi sono in altro modo estinti e sono pagati i compensi agli organi della procedura e le relative spese;

b) quando è compiuta la ripartizione finale dell'attivo.

75. Bilancio finale della procedura e rendiconto del commissario straordinario. – 1. Prima della chiusura della procedura, il commissario straordinario sottopone al Ministero dell'industria il bilancio finale della procedura con il conto della gestione, accompagnati da una relazione del comitato di sorveglianza. Il bilancio finale della procedura e il conto della gestione sono redatti in conformità a modelli standard stabiliti con decreto, avente natura non regolamentare, del Ministero di cui al periodo che precede, al quale sono sottoposti con modalità telematiche ([1]). Il Ministero ne autorizza il deposito presso la cancelleria del tribunale che ha dichiarato lo stato di insolvenza e liquida il compenso al commissario.

2. Un avviso dell'avvenuto deposito è, a cura del cancelliere, comunicato all'imprenditore insolvente e affisso entro tre giorni. Il commissario straordinario trasmette una copia del bilancio finale della procedura e del conto della gestione a tutti i creditori a mezzo posta elettronica certificata all'indirizzo indicato a norma dell'articolo 22, comma 2, entro dieci giorni dal deposito in cancelleria ([2]).

3. Gli interessati possono proporre le loro contestazioni con ricorso al tribunale nel termine di venti giorni. Il termine decorre, per l'imprenditore, dalla comunicazione dell'avviso, per i creditori e i titolari di diritti sui beni, dalla comunicazione a mezzo posta elettronica certificata a norma dell'articolo 22, comma 2 e, per ogni altro interes-

sato, dalla sua affissione ([3]). Si osservano le disposizioni dell'articolo 213, secondo comma, secondo e terzo periodo, della legge fallimentare.

4. Decorso il termine indicato nel comma 3 senza che siano proposte osservazioni, il bilancio e il conto della gestione si intendono approvati.

([1]) *Questo periodo è stato inserito dall'art. 20, comma 2, lett. b), del D.L. 12 settembre 2014, n. 132, convertito, con modificazioni, nella L. 10 novembre 2014, n. 162. A norma dell'art. 20, comma 6, dello stesso provvedimento, tali disposizioni si applicano anche alle procedure di amministrazione straordinaria pendenti, a decorrere dal novantesimo giorno dalla pubblicazione nella* Gazzetta Ufficiale *dei decreti previsti all'articolo 40, comma 1 bis, e 75, comma 1, secondo periodo, del decreto legislativo 8 luglio 1999, n. 270.*

([2]) *Questo periodo è stato aggiunto dall'art. 17, comma 2, lett. f), n. 1), del D.L. 18 ottobre 2012, n. 179, convertito, con modificazioni, nella L. 17 dicembre 2012, n. 221.A norma dell'art. 17, commi 4 e 5 del medesimo decreto, tali disposizioni si applicano dalla data di entrata in vigore della legge di conversione del predetto decreto, anche alle procedure di fallimento, di concordato preventivo, di liquidazione coatta amministrativa e di amministrazione straordinaria pendenti, rispetto alle quali, alla stessa data, non è stata effettuata la comunicazione rispettivamente prevista dagli articoli 92, 171, 207 del regio decreto 16 marzo 1942, n. 267 e dall'articolo 22 decreto legislativo 8 luglio 1999, n. 270. Per le procedure in cui, alla data di entrata in vigore della legge di conversione del predetto decreto, sia stata effettuata la comunicazione di cui al comma 4, le disposizioni di cui ai commi 1 e 2 del presente articolo si applicano a decorrere dal 31 ottobre 2013. Il curatore, il commissario giudiziale, il commissario liquidatore e il commissario straordinario entro il 30 giugno 2013 comunicano ai creditori e ai terzi titolari di diritti sui beni il loro indirizzo di posta elettronica certificata e li invitano a comunicare, entro tre mesi, l'indirizzo di posta elettronica certificata al quale ricevere tutte le comunicazioni relative alla procedura, avvertendoli di rendere nota ogni successiva variazione e che in caso di omessa indicazione le comunicazioni sono eseguite esclusivamente mediante deposito in cancelleria.*

([3]) *Il secondo periodo di questo comma è stato così sostituito dall'attuale dall'art. 17, comma 2, lett. f), n. 2), del D.L. 18 ottobre 2012, n. 179, convertito, con modificazioni, nella L. 17 dicembre 2012, n. 221. A norma dell'art. 17, commi 4 e 5 del medesimo decreto, tali disposizioni si applicano dalla data di entrata in vigore della legge di conversione del predetto decreto, anche alle procedure di fallimento, di concordato preventivo, di liquidazione coatta amministrativa e di amministrazione straordinaria pendenti, rispetto alle quali, alla stessa data, non è stata effettuata la comunicazione rispettivamente prevista dagli articoli 92, 171, 207 del regio decreto 16 marzo 1942, n. 267 e dall'articolo 22 decreto legislativo 8 luglio 1999, n. 270. Per le procedure in cui, alla data di entrata in vigore della legge di conversione del predetto decreto, sia stata effettuata la comunicazione di cui al comma 4, le disposizioni di cui ai commi 1 e 2 del presente articolo si applicano a decorrere dal 31 ottobre 2013. Il curatore, il commissario giudiziale, il commissario liquidatore e il commissario straordinario entro il 30 giugno 2013 comunicano ai creditori e ai terzi titolari di diritti sui beni il loro indirizzo di posta elettronica certificata e li invitano a comunicare, entro tre mesi, l'indirizzo di posta elettronica certificata al quale ricevere tutte le comunicazioni relative alla procedura, avvertendoli di rendere nota ogni successiva variazione e che in caso di omessa indicazione le comunicazioni sono eseguite esclusivamente mediante deposito in cancelleria.*

76. Decreto di chiusura. – 1. La chiusura della procedura di amministrazione straordinaria è dichiarata con decreto motivato dal tribunale, su istanza del commissario straordinario o dell'imprenditore dichiarato insolvente, ovvero d'ufficio.

2. Si applicano le disposizioni dell'articolo 71, commi 3, 4 e 5.

77. Riapertura della procedura. – 1. Nel caso previsto dall'articolo 74, comma 2, lettera *b*), il tribunale, entro cinque anni dal decreto di chiusura, su istanza dell'imprenditore dichiarato insolvente o di qualunque creditore, può ordinare la riapertura della procedura di amministrazione straordinaria, convertendola in fallimento, quando risulta che nel patrimonio dell'imprenditore esistono attività in misura tale da rendere utile il provvedimento o quando l'imprenditore offre garanzia di pagare almeno il dieci per cento ai creditori vecchi e nuovi.

2. Il tribunale, sentito l'imprenditore, se accoglie l'istanza, pronuncia sentenza in camera di consiglio non soggetta ad appello, con la quale:

a) richiama in ufficio il giudice delegato, o lo nomina di nuovo;

b) nomina il curatore;

c) impartisce l'ordine previsto dall'articolo 8, comma 1, lettera *c*);

d) stabilisce i termini previsti dall'articolo 8, comma 1, lettere *d*) ed *e*), abbreviandoli di non oltre la metà.

3. La sentenza è comunicata e affissa a norma dell'articolo 8, comma 3.

Sezione III
Concordato

78. Concordato. – 1. Dopo il decreto previsto dall'articolo 97 della legge fallimentare, il Ministero dell'industria, su parere del commissario straordinario, sentito il comitato di sorveglianza, può autorizzare l'imprenditore dichiarato insolvente o un terzo a proporre al tribunale un concordato, osservate le disposizioni dell'articolo 152 della legge fallimentare, se si tratta di società.

2. L'autorizzazione è concessa tenuto conto della convenienza del concordato e della sua compatibilità con il fine conservativo della procedura.

3. Si applicano le disposizioni dell'articolo 214, secondo, terzo, quarto e quinto comma della legge fallimentare, sostituito al commissario liquidatore il commissario straordinario. I termini per proporre l'appello e il ricorso per cassazione previsti dal quarto comma dello stesso articolo 214 decorrono dalla comunicazione della sentenza soggetta ad impugnazione.

79. Concordato particolare del socio. – 1. Nell'amministrazione straordinaria di una società con soci a responsabilità illimitata, ciascuno dei soci ammessi alla procedura può proporre un concordato ai creditori sociali e particolari che concorrono sul suo patrimonio con l'osservanza delle disposizioni dell'articolo 78.

Titolo IV
Gruppo di imprese

Capo I
Estensione dell'amministrazione straordinaria alle imprese del gruppo

80. Definizioni. – 1. Ai fini dell'applicazione delle disposizioni del presente capo si intendono:

a) per «procedura madre», la procedura di amministrazione straordinaria di una impresa che ha i requisiti previsti dagli articoli 2 e 27, facente parte di un gruppo;

b) per «imprese del gruppo»:

1) le imprese che controllano direttamente o indirettamente la società sottoposta alla procedura madre;

2) le società direttamente o indirettamente controllate dall'impresa sottoposta alla procedura madre o dall'impresa che la controlla;

3) le imprese che, per la composizione degli organi amministrativi o sulla base di altri concordanti elementi, risultano soggette ad una direzione comune a quella dell'impresa sottoposta alla procedura madre.

2. Agli effetti del comma 1, lettera *b*), numeri 1) e 2), il rapporto di controllo sussiste, anche con riferimento a soggetti diversi dalle società, nei casi previsti dall'articolo 2359, primo e secondo comma, del codice civile.

81. Amministrazione straordinaria delle imprese del gruppo. – 1. Dalla data del decreto che dichiara aperta la procedura madre, e fino a quando la stessa è in corso, le imprese del gruppo soggette alle disposizioni sul fallimento, che si trovano in stato di insolvenza, possono essere ammesse all'amministrazione straordinaria indipendentemente dal possesso dei requisiti previsti nell'articolo 2.

2. Le imprese del gruppo sono ammesse all'amministrazione straordinaria qualora presentino concrete prospettive di recupero dell'equilibrio economico delle attività imprenditoriali, nei modi indicati dall'articolo 27, ovvero quando risulti comunque opportuna la gestione unitaria dell'insolvenza nell'ambito del gruppo, in quanto idonea ad agevolare, per i collegamenti di natura economica o produttiva esistenti tra le singole imprese, il raggiungimento degli obiettivi della procedura.

82. Accertamento dei presupposti per l'ammissione alla procedura. – 1. L'accertamento dei presupposti e delle condizioni per l'ammissione alla procedura di amministrazione straordinaria dell'impresa del gruppo è effettuato dal tribunale del luogo in cui essa ha la sede principale con l'osservanza delle disposizioni del titolo II e del capo I del titolo III.

2. Il ricorso per la dichiarazione dello stato di insolvenza dell'impresa del gruppo può essere proposto anche dal commissario straordinario della procedura madre.

83. Informazioni sui rapporti di gruppo. – 1. Al fine di accertare l'esistenza dei rapporti indicati nell'articolo 80, comma 1, lettera *b*), il tribunale, il Ministero dell'industria ed il commissario straordinario possono chiedere informazioni alla Commissione nazionale per le società e la borsa e ad ogni altro pubblico ufficio. Possono chiedere, altresì, alle società fiduciarie previste dalla legge 23 novembre 1939, n. 1966 le generalità degli effettivi titolari di diritti sulle azioni intestate a loro nome.

2. Le informazioni sono fornite entro quindici giorni dalla richiesta.

84. Conversione del fallimento in amministrazione straordinaria. – 1. Se il decreto che dichiara aperta la procedura madre è emesso dopo la sentenza di fallimento di una impresa del gruppo, il tribunale che ha dichiarato il fallimento ne dispone la conversione in amministrazione straordinaria, qualora sussistano i presupposti stabiliti dall'articolo 81 e sempre che non sia già esaurita la liquidazione dell'attivo. Il tribunale provvede su istanza di chiunque vi abbia interesse o d'ufficio.

2. Ai fini indicati nel comma 1, il tribunale invita con decreto il curatore ed il commissario straordinario a depositare in cancelleria ed a trasmettere al Ministro dell'industria entro trenta giorni una relazione contenente una valutazione motivata circa la sussistenza dei presupposti per la conversione.

3. Si applicano, in quanto compatibili, le disposizioni degli articoli 28, commi 4 e 5, 29, 30 e 33, sostituiti al commissario giudiziale il curatore ed il commissario straordinario.

85. Organi della procedura e imputazione delle spese. – 1. Alla procedura di amministrazione straordinaria dell'impresa del gruppo sono preposti gli stessi organi nominati per la procedura madre, salva l'eventuale integrazione del comitato di sorveglianza, anche in eccedenza rispetto al numero massimo dei componenti stabilito dal comma 1 dell'articolo 45, al fine di assicurare il rispetto della disposizione prevista dal secondo periodo dello stesso comma 1 dell'articolo 45.

2. Le spese generali della procedura sono imputate alle singole imprese del gruppo in proporzione delle rispettive masse attive.

86. Programma delle imprese del gruppo. – 1. Se l'impresa del gruppo è stata ammessa alla procedura di amministrazione straordinaria nel concorso delle condizioni indicate nell'articolo 27, il commissario straordinario predispone un programma secondo uno degli indirizzi alternativi previsti dal comma 2 del medesimo articolo.

2. Se l'impresa del gruppo è stata ammessa alla procedura in assenza delle condizioni indicate nell'articolo 27, ed in considerazione della opportunità della gestione unitaria dell'insolvenza nell'ambito del gruppo, il commissario straordinario predispone un programma integrativo di quello approvato a norma dell'articolo 57 nell'ambito della procedura madre o in relazione ad altra impresa del gruppo ammessa alla procedura.

3. Il commissario provvede a norma dei commi 1 e 2 nei termini stabiliti dall'articolo 54, ridotti della metà.

87. Conversione dell'amministrazione straordinaria in fallimento. – 1. La conversione in fallimento e la chiusura della procedura madre a norma degli articoli 11, 69, 70 e 74, comma 1, determinano la conversione in fallimento della procedura di amministrazione straordinaria delle imprese del gruppo in rapporto alle quali non sussistono le condizioni previste dall'articolo 27.

Capo II
Responsabilità e azioni revocatorie

88. Definizioni. – 1. Ai fini dell'applicazione delle disposizioni del presente capo si intendono:

a) per «impresa dichiarata insolvente», l'impresa dichiarata insolvente a norma dell'articolo 3, anche se successivamente ammessa alla procedura di amministrazione straordinaria o dichiarata fallita, nonché l'impresa che, nel caso previsto dall'articolo 35, avrebbe dovuto essere dichiarata insolvente a norma del medesimo articolo 3;

b) per «imprese del gruppo», le imprese, anche non insolventi, che si trovano nei rapporti indicati dall'articolo 80, comma 1, lettera *b*), con l'impresa dichiarata insolvente;

c) per «società del gruppo», le imprese del gruppo costituite in forma societaria.

89. Denuncia al tribunale. – 1. Il commissario giudiziale, il commissario straordinario e il curatore dell'impresa dichiarata insolvente possono proporre la denuncia prevista dall'articolo 2409 del codice civile contro gli amministratori e i sindaci delle società del gruppo.

2. Nel caso di accertamento delle gravi irregolarità denunciate, il commissario o il curatore denunciante può essere nominato amministratore giudiziario della società del gruppo a norma del terzo comma dell'articolo 2409 del codice civile.

90. Responsabilità nei casi di direzione unitaria. – 1. Nei casi di direzione unitaria delle imprese del gruppo, gli amministratori delle società che hanno abusato di tale direzione rispondono in solido con gli amministratori della società dichiarata insolvente dei danni da questi cagionati alla società stessa in conseguenza delle direttive impartite.

91. Azioni revocatorie. – 1. Fermo quanto stabilito dall'articolo 49, comma 1, il commissario straordinario ed il curatore dell'impresa dichiarata insolvente possono proporre l'azione revocatoria prevista dall'articolo 67 della legge fallimentare nei confronti delle imprese del gruppo relativamente agli atti indicati nei numeri 1), 2) e 3) dello stesso articolo compiuti nei cinque anni anteriori alla dichiarazione dello stato di insolvenza, e relativamente agli atti indicati nel numero 4) e nel secondo comma dello stesso articolo compiuti nei tre anni anteriori.

2. Al fine dell'esperimento dell'azione il commissario straordinario ed il curatore possono chiedere le informazioni previste dall'articolo 83.

Titolo V
Disposizioni comuni di procedura

92. Composizione collegiale del tribunale. – 1. Il tribunale dichiara lo stato di insolvenza e adotta gli altri provvedimenti previsti dal presente decreto in composizione collegiale.

2. Nell'ambito della procedura regolata dal presente decreto, il tribunale giudica altresì in composizione collegiale nelle cause relative all'accertamento del passivo previste dagli articoli 98 e seguenti della legge fallimentare e nelle cause di approvazione del concordato previste dall'articolo 214, terzo comma, della medesima legge.

93. Sospensione dei termini processuali. – 1. La sospensione dei termini processuali, prevista dalla legge 7 ottobre 1969, n. 742, non si applica:

a) ai procedimenti per la dichiarazione dello stato di insolvenza e di opposizione alla medesima;

b) al procedimento per l'apertura della procedura di amministrazione straordinaria o la dichiarazione di fallimento dell'impresa insolvente, previsto dagli articoli 28, 29 e 30, ed al relativo procedimento di reclamo;

c) ai procedimenti di conversione dell'amministrazione straordinaria in fallimento e di conversione del fallimento in amministrazione straordinaria, nonché ai relativi procedimenti di reclamo.

94. Affissione con mezzi informatici. – 1. In tutti i casi in cui il presente decreto prevede, anche mediante rinvio a disposizione della legge fallimentare, l'affissione di atti, provvedimenti, estratti o avvisi, questa è effettuata mediante il loro inserimento in una rete informatica accessibile al pubblico, secondo le modalità stabilite con regolamento del Ministro di grazia e giustizia, di concerto con i Ministri dell'industria e del tesoro, del bilancio e della programmazione economica.

2. Il regolamento stabilisce i criteri di imputazione alle imprese sottoposte alle procedure dei costi di servizio.

Titolo VI
Disposizioni penali

95. Applicabilità delle disposizioni penali della legge fallimentare. – 1. La dichiarazione dello stato di insolvenza a norma degli articoli 3 e 82 è equiparata alla dichiarazione di fallimento ai fini dell'applicazione delle disposizioni dei capi I, II e IV del titolo VI della legge fallimentare.

2. Ai fini dell'applicazione dell'articolo 220 della legge fallimentare, l'obbligo previsto dall'articolo 16, secondo comma, numero 3), della medesima legge si intende sostituito dall'obbligo previsto dall'articolo 8, comma 1, lettera *c*), del presente decreto.

96. Reati del commissario giudiziale e del commissario straordinario. – 1. Si applicano al commissario giudiziale ed al commissario straordinario le disposizioni degli articoli 228, 229 e 230 della legge fallimentare.

2. Le stesse disposizioni si applicano, altresì, alle persone che coadiuvano il commissario giudiziale o il commissario straordinario nell'amministrazione della procedura.

97. Costituzione di parte civile. – 1. La facoltà di costituzione di parte civile prevista dall'articolo 240, primo comma, della legge fallimentare è esercitata, dopo la dichiarazione dello stato di insolvenza, dal commissario giudiziale e, dopo l'apertura della procedura di amministrazione straordinaria, dal commissario straordinario.

Titolo VII
Disposizioni di coordinamento transitorie e finali

101. Adeguamento delle disposizioni attuative dell'articolo 2 bis del decreto legge 30 gennaio 1979, n. 26. – 1. Con regolamento emanato entro centoventi giorni dalla data di entrata in vigore del presente decreto, il Ministro del tesoro, del bilancio e della programmazione economica adegua le disposizioni attuative in ordine alle condizioni e modalità di prestazione della garanzia dello Stato per i debiti delle imprese in amministrazione straordinaria, previste dall'articolo 2 *bis*, terzo comma, del decreto legge 30 gennaio 1979, n. 26, convertito, con modificazioni, dalla legge 3 aprile 1979, n. 95, alla disciplina comunitaria in materia di aiuti di Stato per il salvataggio e la ristrutturazione di imprese in difficoltà e alle disposizioni del presente decreto (1).

(1) *Si veda il D.M. 23 dicembre 2004, n. 319.*

102. Pagamento di crediti di lavoro a carico del Fondo di garanzia. – 1. Le domande dirette a conseguire il pagamento, a carico del Fondo di garanzia, dei crediti dei prestatori di lavoro subordinato alle dipendenze di imprese in amministrazione straordinaria e dei loro aventi causa, previsti dall'articolo 2 della legge 29 maggio 1982, n. 297 e dall'articolo 2 del decreto legislativo 27 gennaio 1992, n. 80, possono essere presentate dopo l'adozione dei provvedimenti indicati nell'articolo 2, secondo e terzo comma, della citata legge n. 297 del 1982.

103. Impiego della Guardia di finanza ai fini dell'espletamento dei compiti di vigilanza. – 1. Ai fini dell'espletamento dei compiti previsti dall'articolo 37, comma 3, il Ministero dell'industria, previa intesa con il Ministero delle finanze, può chiedere il distacco presso di esso di un contingente del personale della Guardia di finanza, nell'ambito delle vigenti strutture e dotazione organica del Corpo.

104. Termine per l'emanazione dei regolamenti in materia di scelta dei commissari e di compensi. – 1. I regolamenti previsti dagli articoli 39 e 47 sono emanati entro centoventi giorni dalla data di entrata in vigore del presente decreto.

2. Fino alla data di entrata in vigore del regolamento previsto dall'articolo 39 si applicano ai commissari giudiziali ed ai commissari straordinari i requisiti per la nomina dei curatori fallimentari.

105. Termine per l'emanazione del regolamento in materia di pubblicità con mezzi informatici. – 1. Il regolamento previsto dall'articolo 94 è emanato entro centottanta giorni dalla data di entrata in vigore del presente decreto ed entra in vigore decorsi centottanta giorni dalla pubblicazione del regolamento stesso nella *Gazzetta Ufficiale* della Repubblica.

2. Fino alla data di entrata in vigore del regolamento, nonché nei casi di indisponibilità presso gli uffici giudiziari delle dotazioni necessarie ai fini dell'effettuazione della pubblicità con mezzi informatici, l'affissione di atti, provvedimenti, estratti o avvisi, prevista dal presente decreto, è eseguita con mezzo cartaceo presso la porta esterna del tribunale; nei casi in cui è prevista l'applicazione delle disposizioni dell'articolo 8, comma 3, un estratto del provvedimento è inoltre pubblicato nel foglio degli annunzi legali della provincia (1) a cura del cancelliere.

3. Il regolamento stabilisce adeguate modalità di informazione del pubblico in ordine alla mancata effettuazione dell'affissione con mezzi informatici da parte dei singoli tribunali per indisponibilità delle necessarie dotazioni.

4. Fino alla data di entrata in vigore del regolamento, la pubblicità prevista dall'articolo 38, comma 3, secondo periodo, è eseguita mediante pubblicazione nella *Gazzetta Ufficiale* della Repubblica.

(1) *A norma dell'art. 31, comma 1, della L. 24 novembre 2000, n. 340, a decorrere dal novantesimo giorno successivo alla data di entrata in vigore della stessa legge sono aboliti i fogli degli annunzi legali delle province.*

106. Procedure di amministrazione straordinaria in corso. – 1. Salvo quanto previsto dal comma 3, le procedure di amministrazione straordinaria in corso alla data di entrata in vigore del presente decreto continuano ad essere regolate dalle disposizioni anteriormente vigenti, anche per quanto attiene al successivo assoggettamento ad amministrazione straordinaria delle società o imprese controllate, a direzione unica e garanti a norma dell'articolo 3 del decreto legge 30 gennaio 1979, n. 26, convertito, con modificazioni, dalla legge 3 aprile 1979, n. 95.

2. La procedura di amministrazione straordinaria si considera in corso quando, alla data di entrata in vigore del presente decreto, è stato giudizialmente accertato lo stato di insolvenza dell'impresa, ancorchè non sia stato ancora emesso il decreto che dispone l'amministrazione straordinaria a norma dell'articolo 1, quinto comma, o dell'articolo 3, secondo comma, del citato decreto legge n. 26 del 1979.

3. Alle procedure di amministrazione straordinaria in corso si applicano in ogni caso le disposizioni degli articoli 46, comma 3, 77 e 78 del presente decreto.

107. (1) **[Compenso dei commissari delle procedure di amministrazione straordinaria in corso.** – 1. Con il regolamento previsto dall'articolo 47 sono stabiliti i criteri di liquidazione del compenso dei commissari straordinari e dei membri del comitato di sorveglianza nelle procedure di amministrazione straordinaria in corso alla data del presente decreto, per quanto attiene alle attività espletate successivamente all'entrata in vigore del decreto medesimo].

(1) *Questo articolo è stato abrogato dall'art. 7, comma 4, della L. 12 dicembre 2002, n. 273.*

108. Proroga del trattamento di cassa integrazione guadagni. – 1. Ferma l'applicazione della disciplina vigente in materia di interventi straordinari di integrazione salariale, i trattamenti a favore dei lavoratori dipendenti delle imprese sottoposte ad amministrazione straordinaria alla data di entrata in vigore del presente decreto, previsti dall'articolo 3 della legge 23 luglio 1991, n. 223, possono essere ulteriormente prorogati alla scadenza, su proposta del Ministero dell'industria, per un periodo massimo di dodici mesi, nei limiti di disponibilità stabiliti dall'articolo 5, comma 1, della legge 30 luglio 1998, n. 274.

2. La proposta del Ministero dell'industria, prevista dal comma 1, costituisce criterio di priorità ai fini della concessione dei trattamenti ivi indicati.

110. Norma di coordinamento. – 1. I riferimenti contenuti in norme vigenti, non abrogate esplicitamente o implicitamente dal presente decreto, alle disposizioni del decreto legge 30 gennaio 1979, n. 26, convertito, con modificazioni, dalla legge 3 aprile 1979, n. 95, si intendono effettuati alle corrispondenti disposizioni del presente decreto.

10.

D.L. 23 dicembre 2003, n. 347. Misure urgenti per la ristrutturazione industriale di grandi imprese in stato di insolvenza (*Gazzetta Ufficiale* Serie gen. - n. 298 del 24 dicembre 2003), convertito, con modificazioni, nella L. 18 febbraio 2004, n. **39** (*Gazzetta Ufficiale* Serie gen. - n. 42 del 20 febbraio 2004) (1) (2).

(1) *L'art. 1, commi 13* bis *e 13* ter, *del D.L. 28 agosto 2008, n. 134, convertito, con modificazioni, nella L. 27 ottobre 2008, n. 166, così dispone*:

«13 bis. *Il rinvio operato dalle disposizioni del presente decreto nonché da quelle del decreto legge n. 347 e del decreto legislativo 8 luglio 1999, n. 270, all'articolo 27, comma 2, lettera* a) *ovvero lettera* b) *del medesimo decreto legislativo n. 270 si intende operato anche alla lettera* b bis) *del medesimo comma.*

«13 ter. *Le disposizioni del presente decreto nonché quelle del decreto legge n. 347 e del decreto legislativo 8 luglio 1999, n. 270, che si applicano alla cessione di complessi aziendali, aziende o rami di aziende si applicano, altresì, alla cessione dei complessi di beni e contratti*».

(2) *A norma dell'art. 2, comma 1* ter, *del D.L. 1° ottobre 2015, n. 154, convertito, con modificazioni, nella L. 29 novembre 2015, n. 189, le disposizioni dell'art. 65* bis, *comma 1* bis, *del D.L.vo 8 luglio 1999, n. 870, come introdotte dall'art. 2, comma 1* bis, *del citato D.L. n. 154/2015, si applicano anche alle procedure di amministrazione straordinaria di cui a questo provvedimento, in corso alla data di entrata in vigore della legge di conversione del presente decreto.*

1. (1) **Requisiti per l'ammissione.** – 1. Le disposizioni del presente decreto si applicano alle imprese soggette alle disposizioni sul fallimento in stato di insolvenza che intendono avvalersi della procedura di ristrutturazione economica e finanziaria di cui all'articolo 27, comma 2, lettera *b*), del decreto legislativo 8 luglio 1999, n. 270, di seguito denominato: «decreto legislativo n. 270», ovvero del programma di cessione dei complessi aziendali, di cui all'articolo 27, comma 2, lettera *a*), del medesimo decreto, (2) purché abbiano, singolarmente o, come gruppo di imprese costituito da almeno un anno, entrambi i seguenti requisiti:

a) lavoratori subordinati, compresi quelli ammessi al trattamento di integrazione dei guadagni, non inferiori a cinquecento da almeno un anno;

b) debiti, inclusi quelli derivanti da garanzie rilasciate, per un ammontare complessivo non inferiore a trecento milioni di euro.

(1) *Questo articolo è stato così sostituito dall'art. 1 del D.L. 29 novembre 2004, n. 281, convertito, senza modificazioni, nella L. 28 gennaio 2005, n. 6.*

([2]) *Le parole: «ovvero del programma di cessione dei complessi aziendali, di cui all'articolo 27, comma 2, lettera* a), *del medesimo decreto,» sono state inserite dall'art. 1, comma 1, del D.L. 28 agosto 2008, n. 134, convertito, con modificazioni, nella L. 27 ottobre 2008, n. 166.*

2. Ammissione immediata all'amministrazione straordinaria. – 1. L'impresa che si trovi nelle condizioni di cui all'articolo 1 può richiedere al Ministro delle attività produttive, con istanza motivata e corredata di adeguata documentazione, presentando contestuale ricorso per la dichiarazione dello stato di insolvenza al tribunale del luogo in cui ha la sede principale, l'ammissione alla procedura di amministrazione straordinaria, tramite la ristrutturazione economica e finanziaria di cui all'articolo 27, comma 2, lettera *b*), del decreto legislativo n. 270, ovvero tramite la cessione dei complessi aziendali di cui al comma 2, lettera *a*), del medesimo articolo 27 ([1]).

2. Con proprio decreto il Ministro delle attività produttive provvede, valutati i requisiti di cui all'articolo 1, all'ammissione immediata dell'impresa alla procedura di amministrazione straordinaria e alla nomina del commissario straordinario, con le modalità di cui all'articolo 38 del decreto legislativo n. 270 in conformità ai criteri fissati dal medesimo Ministro. Per le imprese operanti nel settore dei servizi pubblici essenziali ovvero che gestiscono almeno uno stabilimento industriale di interesse strategico nazionale ai sensi dell'articolo 1 del decreto legge 3 dicembre 2012, n. 207, convertito, con modificazioni, dalla legge 24 dicembre 2012, n. 231 ([2]), l'ammissione immediata alla procedura di amministrazione straordinaria, la nomina del commissario straordinario e la determinazione del relativo compenso, ivi incluse le altre condizioni dell'incarico anche in deroga alla vigente normativa in materia, sono disposte con decreto del Presidente del Consiglio dei Ministri o del Ministro dello sviluppo economico, con le modalità di cui all'articolo 38 del decreto legislativo n. 270, in quanto compatibili, e in conformità ai criteri fissati dal medesimo decreto ([3]). Tale decreto può prescrivere il compimento di atti necessari al conseguimento delle finalità della procedura ([3]) ([4]).

2 *bis*. Il decreto di cui al comma 2 determina lo spossessamento del debitore e l'affidamento al commissario straordinario della gestione dell'impresa e dell'amministrazione dei beni dell'imprenditore insolvente. Determina altresì gli effetti di cui all'articolo 48 del decreto legislativo n. 270 e agli articoli 42, 44, 45, 46 e 47 del regio decreto 16 marzo 1942, n. 267. Nelle controversie, anche in corso, relative a rapporti di diritto patrimoniale dell'impresa, sta in giudizio il commissario straordinario ([5]).

2 *ter*. L'istanza per l'ammissione alla procedura di amministrazione straordinaria di imprese che gestiscono almeno uno stabilimento industriale di interesse strategico nazionale ai sensi dell'articolo 1 del decreto legge 3 dicembre 2012, n. 207, convertito, con modificazioni, dalla legge 24 dicembre 2012, n. 231, che sono soggette al commissariamento straordinario ai sensi del decreto legge 4 giugno 2013, n. 61, convertito, con modificazioni, dalla legge 3 agosto 2013, n. 89, è presentata dal commissario straordinario. In tal caso, il commissario straordinario ai sensi del medesimo decreto legge n. 61 del 2013 può essere nominato commissario straordinario della procedura di amministrazione straordinaria ([6]).

3. Il decreto di cui al comma 2 è comunicato immediatamente al competente tribunale.

([1]) *Le parole: «la ristrutturazione economica e finanziaria di cui all'articolo 1» sono state così sostituite dalle parole: «la ristrutturazione economica e finanziaria di cui all'articolo 27, comma 2, lettera* b), *del decreto legislativo n. 270, ovvero tramite la cessione dei complessi aziendali di cui al comma 2, lettera* a), *del medesimo articolo 27» dall'art. 1, comma 2, del D.L. 28 agosto 2008, n. 134, convertito, con modificazioni, nella L. 27 ottobre 2008, n. 166.*

([2]) *Le parole: «ovvero che gestiscono almeno uno stabilimento industriale di interesse strategico nazionale ai sensi dell'articolo 1 del decreto legge 3 dicembre 2012, n. 207, convertito, con modificazioni, dalla legge 24 dicembre 2012, n. 231» sono state inserite dall'art. 1, comma 1, del D.L. 5 gennaio 2015, n. 1, convertito, con modificazioni, nella L. 4 marzo 2015, n. 20.*

([3]) *Questo periodo è stato aggiunto dall'art. 1, comma 3, del D.L. 28 agosto 2008, n. 134, convertito, con modificazioni, nella L. 27 ottobre 2008, n. 166.*

([4]) *Si veda l'art. 15, comma 5, del D.L. 6 luglio 2011, n. 98, convertito, con modificazioni, nella L. 15 luglio 2011, n. 111, che si riporta:«5. Al fine di contenere i tempi di svolgimento delle procedure di amministrazione straordinaria delle imprese di cui all'articolo 2, comma 2 del decreto legge 23 dicembre 2003, n. 347, convertito dalla legge 18 febbraio 2004, n. 39 e successive modificazioni, nelle quali sia avvenuta la dismissione dei compendi aziendali e che si trovino nella fase di liquidazione, l'organo commissariale monocratico è integrato da due ulteriori commissari, da nominarsi con decreto del Presidente del Consiglio dei Ministri o del Ministro dello sviluppo economico con le modalità di*

Leggi complementari

cui all'articolo 38 del decreto legislativo 8 luglio 1999, n. 270. A ciascun commissario il collegio può delegare incombenze specifiche. L'applicazione delle norme di cui ai commi da 2 a 5 del presente articolo non può comportare aggravio di costi a carico della procedura per i compensi che sono liquidati ripartendo per tre le somme già riconoscibili al commissario unico.».

([5]) *Questo comma è stato inserito dall'art. 4* bis *del D.L. 3 maggio 2004, n. 119, convertito, con modificazioni, nella L. 5 luglio 2004, n. 166.*

([6]) *Questo comma è stato inserito dall'art. 1, comma 2, del D.L. 5 gennaio 2015, n. 1, convertito, con modificazioni, nella L. 4 marzo 2015, n. 20.*

3. Funzioni del commissario straordinario. – 1. Il commissario straordinario [svolge anche le funzioni attribuite al commissario giudiziale di cui al decreto legislativo n. 270 e] ([1]), sino alla dichiarazione dello stato di insolvenza, provvede all'amministrazione dell'impresa, compiendo ogni atto utile all'accertamento dello stato di insolvenza.

1 *bis*. Il giudice delegato, prima dell'autorizzazione del programma [di ristrutturazione] ([2]), può autorizzare il commissario straordinario al pagamento di creditori anteriori, quando ciò sia necessario per evitare un grave pregiudizio alla continuazione dell'attività d'impresa o alla consistenza patrimoniale dell'impresa stessa ([3]).

1 *ter*. Per le imprese che gestiscono almeno uno stabilimento industriale di interesse strategico nazionale ai sensi dell'articolo 1 del decreto legge 3 dicembre 2012, n. 207, convertito, con modificazioni, dalla legge 24 dicembre 2012, n. 231, e che sono ammesse alla procedura di amministrazione straordinaria di cui al presente decreto, i crediti anteriori all'ammissione alla procedura, vantati da piccole e medie imprese individuate dalla raccomandazione 2003/361/CE della Commissione, del 6 maggio 2003, relativi a prestazioni necessarie al risanamento ambientale, alla sicurezza e alla continuità dell'attività degli impianti produttivi essenziali nonché i crediti anteriori relativi al risanamento ambientale, alla sicurezza e all'attuazione degli interventi in materia di tutela dell'ambiente e della salute previsti dal piano di cui al decreto del Presidente del Consiglio dei ministri 14 marzo 2014, pubblicato nella *Gazzetta Ufficiale* n. 105 dell'8 maggio 2014, sono prededucibili ai sensi dell'articolo 111 del regio decreto 16 marzo 1942, n. 267, e successive modificazioni ([4]). Le distribuzioni di acconti parziali ai creditori prededucibili sono effettuate dal commissario straordinario dando preferenza al pagamento dei crediti delle imprese fornitrici ([5]). Si applica l'articolo 212 del regio decreto 16 marzo 1942, n. 267, intendendosi sostituito all'autorità di vigilanza il giudice delegato alla procedura ([5]) ([6]).

[2. Entro il termine di sessanta giorni dalla data del decreto di nomina, il commissario straordinario deposita presso il tribunale una relazione, corredata dai documenti e dalle informazioni indicate dall'articolo 5 del decreto legislativo n. 270; tale termine può essere prorogato dal tribunale, su richiesta motivata del commissario, una sola volta e per non più di ulteriori sessanta giorni] ([7]).

3. Quando ricorrono le condizioni di cui all'articolo 81 del decreto legislativo n. 270, il commissario straordinario ([8]) può richiedere al Ministro delle attività produttive l'ammissione alla procedura di amministrazione straordinaria di altre imprese del gruppo, presentando contestuale ricorso per la dichiarazione dello stato di insolvenza al tribunale che ha dichiarato l'insolvenza dell'impresa di cui all'articolo 2, comma 1 ([9]). Per "imprese del gruppo" si intendono anche le imprese partecipate che intrattengono, in via sostanzialmente esclusiva, rapporti contrattuali con l'impresa sottoposta alle procedure previste dal presente decreto, per la fornitura di servizi necessari allo svolgimento dell'attività ([10]). Alle imprese del gruppo si applica la stessa disciplina prevista dal presente decreto per l'impresa soggetta alle procedure di cui al presente comma ([10]).

3 *bis*. Le procedure relative alle imprese del gruppo di cui al comma 3 possono attuarsi unitamente a quella relativa alla capogruppo, a norma dell'articolo 4, comma 2, ovvero in via autonoma, attraverso un programma di ristrutturazione o mediante un programma di cessione, nel rispetto dei termini di cui all'articolo 4, commi 2 e 3 ([11]).

([1]) *Le parole tra parentesi quadrate sono state soppresse dall'art. 1, comma 1, lett.* a), *del D.L. 3 maggio 2004, n. 119, convertito, con modificazioni, nella L. 5 luglio 2004, n. 166.*

([2]) *Le parole fra parentesi quadrate sono state soppresse dall'art. 1, comma 4, del D.L. 28 agosto 2008, n. 134, convertito, con modificazioni, nella L. 27 ottobre 2008, n. 166.*

([3]) *Questo comma è stato inserito dall'art. 1, comma 1, lett.* b), *del D.L. 3 maggio 2004, n. 119, convertito, con modificazioni, nella L. 5 luglio 2004, n. 166.*

([4]) *Questo comma è stato inserito dall'art. 1, comma 2* bis, *del D.L. 5 gennaio 2015, n. 1, convertito, con modificazioni, nella L. 4 marzo 2015, n. 20.*

([5]) *Questo periodo è stato aggiunto dall'art. 1, comma 1* ter, *del D.L. 9 giugno 2016, n. 98, convertito, con modificazioni, nella L. 1 agosto 2016, n. 151.*

A norma del comma 5 del medesimo articolo, tali disposizioni si applicano anche in relazione alle procedure di amministrazione straordinaria iniziate anteriormente alla data di entrata in vigore del presente decreto.

([6]) *A norma dell'art. 8, comma 1* bis, *del D.L. 20 giugno 2017, n. 91, convertito, con modificazioni, nella L. 3 agosto 2017, n. 123, questo comma si interpreta nel senso che nella categoria dei crediti prededucibili ai sensi dell'articolo 111 del regio decreto 16 marzo 1942, n. 267, e successive modificazioni, rientrano quelli delle imprese di autotrasporto che consentono le attività ivi previste e la funzionalità degli impianti produttivi dell'ILVA.*

([7]) *Questo comma è stato abrogato dall'art. 1, comma 1, lett.* c), *del D.L. 3 maggio 2004, n. 119, convertito, con modificazioni, nella L. 5 luglio 2004, n. 166.*

([8]) *Le parole*: «*Il commissario straordinario*» *sono state così sostituite dalle attuali da*: «*Quando ricorrono ...*» *fino a*: «*... il commissario straordinario*» *dall'art. 1, comma 1, lett.* d), *del D.L. 3 maggio 2004, n. 119, convertito, con modificazioni, nella L. 5 luglio 2004, n. 166.*

([9]) *Le parole*: «*al tribunale di cui all'articolo 2, comma 1*» *sono state così sostituite dalle attuali da*: «*al tribunale ...*» *fino a*: «*... articolo 2, comma 1*» *dall'art. 1, comma 1, lett.* d), *del D.L. 3 maggio 2004, n. 119, convertito, con modificazioni, nella L. 5 luglio 2004, n. 166.*

([10]) *Questo periodo è stato aggiunto dall'art. 1, comma 5, del D.L. 28 agosto 2008, n. 134, convertito, con modificazioni, nella L. 27 ottobre 2008, n. 166.*

([11]) *Questo comma è stato inserito dall'art. 1, comma 1, lett.* e), *del D.L. 3 maggio 2004, n. 119, convertito, con modificazioni, nella L. 5 luglio 2004, n. 166.*

4. Accertamento dello stato di insolvenza e programma del commissario straordinario ([1]). – 1. Il tribunale, con sentenza pubblicata entro quindici ([2]) giorni dalla comunicazione del decreto di cui all'articolo 2, comma 2, sentiti il commissario straordinario, ove lo ritenga necessario, e il debitore nelle ipotesi di cui all'articolo 3, comma 3 ([3]), dichiara lo stato di insolvenza dell'impresa e assume i provvedimenti di cui all'articolo 8, comma 1, lettere *a*), *d*) ed *e*), del decreto legislativo n. 270. La sentenza determina, con riferimento alla data del decreto di ammissione alla procedura di amministrazione straordinaria, gli effetti di cui al decreto legislativo n. 270, in quanto compatibili ([4]).

1 *bis*. Qualora il tribunale respinga la richiesta di dichiarazione dello stato di insolvenza ovvero accerti l'insussistenza di anche uno solo dei requisiti previsti dall'articolo 1, ([5]) cessano gli effetti del decreto di cui all'articolo 2, comma 2. Restano in ogni caso salvi gli effetti degli atti legalmente compiuti dagli organi della procedura.

2. Salvo che per le imprese di cui all'articolo 2, comma 2, secondo periodo, ([6]) per le quali sia stato fatto immediato ricorso alla trattativa di cui al comma 4 *quater* del presente articolo, e con esclusivo riferimento ai beni, rami e complessi aziendali oggetto della stessa, ([7]) entro centottanta giorni dalla data del decreto di nomina, il commissario straordinario presenta al Ministro delle attività produttive il programma di cui all'articolo 54 del decreto legislativo n. 270, redatto secondo l'indirizzo di cui all'articolo 27, comma 2, lettera *a*), ovvero ([8]) lettera *b*), del decreto medesimo, considerando specificamente, anche ai fini di cui all'articolo 4 *bis*, la posizione dei piccoli risparmiatori persone fisiche, che abbiano investito in obbligazioni, emesse o garantite dall'impresa in amministrazione straordinaria ([9]). Contestualmente, il commissario presenta al giudice delegato la relazione contenente la descrizione particolareggiata delle cause di insolvenza, prevista dall'articolo 28 del decreto legislativo n. 270, accompagnata dallo stato analitico ed estimativo delle attività e dall'elenco nominativo dei creditori, con l'indicazione dei rispettivi crediti e delle cause di prelazione.

2 *bis*. Un estratto della relazione e del programma è pubblicato, tempestivamente, in almeno due quotidiani a diffusione nazionale o internazionale, ovvero secondo altra modalità ritenuta idonea dal giudice delegato, con l'avvertimento che l'imprenditore insolvente, i creditori e ogni altro interessato hanno facoltà di prenderne visione e di estrarne copia, eventualmente mediante collegamento a rete informatica accessibile al pubblico secondo modalità stabilite dal giudice delegato. Si applica, anche con riferimento alla relazione, la disposizione di cui all'articolo 59 del decreto legislativo n. 270 ([10]).

3. Su richiesta motivata del commissario, il termine per la presentazione del programma può essere prorogato dal Ministro delle attività produttive, per non più di ulteriori novanta giorni.

3 *bis*. Nel caso in cui al termine di scadenza il programma non risulti completato, anche in ragione del protrarsi delle conseguenze negative di ordine economico e produttivo generate dagli eventi sismici del 2009 nella regione Abruzzo, nonché delle conseguenti difficoltà connesse alla definizione dei problemi occupazionali, il Ministro dello sviluppo economico, su istanza del Commissario

straordinario, sentito il Comitato di sorveglianza, può disporre nel limite massimo di 1 milione di euro per il 2010 la proroga del termine di esecuzione del programma per i gruppi industriali con imprese ed unità locali nella regione Abruzzo, fino al 31 dicembre 2010, compatibilmente con il predetto limite di spesa. Agli oneri derivanti dall'attuazione del presente comma si provvede, per l'anno 2010, mediante corrispondente utilizzo di quota parte delle maggiori entrate derivanti dai commi 13 *bis*, 13 *ter* e 13 *quater* dell'articolo 38 ([11]).

4. Qualora non sia possibile adottare, oppure il Ministro non autorizzi il programma di cui all'articolo 27, comma 2, lettera *a*), né quello di cui alla lettera *b*), del decreto legislativo n. 270, il tribunale, sentito il commissario straordinario, dispone la conversione della procedura di amministrazione straordinaria in fallimento, ferma restando la disciplina dell'articolo 70 del decreto legislativo n. 270 ([12]).

4 *bis*. Il programma di cessione può anche essere presentato ([13]) dal commissario straordinario entro sessanta giorni dalla comunicazione della mancata autorizzazione del programma di ristrutturazione. Se il programma di cessione è autorizzato, in deroga a quanto previsto dall'articolo 27, comma 2, lettera *a*), del decreto legislativo n. 270, la prosecuzione dell'esercizio d'impresa può avere una durata non superiore a due anni, decorrenti dalla data dell'autorizzazione ([14]).

4 *ter*. Nel caso in cui al termine di scadenza il programma risulti eseguito solo in parte, in ragione della particolare complessità delle operazioni attinenti alla ristrutturazione o alla cessione a terzi dei complessi aziendali e delle difficoltà connesse alla definizione dei problemi occupazionali, il Ministro dello sviluppo economico, su istanza del commissario straordinario, sentito il comitato di sorveglianza, può disporre la proroga del termine di esecuzione del programma per un massimo di dodici mesi ([15]).

4 *ter*.1. Nel caso in cui, al termine di scadenza, il programma non risulti completato, in ragione delle conseguenze negative di ordine economico e produttivo generate dagli eventi sismici del 2009 nella regione Abruzzo, nonché delle conseguenti difficoltà connesse alla definizione dei problemi occupazionali, il Ministro dello sviluppo economico, su istanza del commissario straordinario, sentito il comitato di sorveglianza, può disporre la proroga del termine di esecuzione del programma per le imprese con unita' locali nella regione Abruzzo, fino al 30 giugno 2010 ([16]).

4 *ter*.2. Nel caso in cui al termine di scadenza il programma non risulti completato, in ragione del protrarsi delle conseguenze di ordine economico e produttivo determinate dagli eventi sismici del 2009 nella regione Abruzzo che continuano a generare complessità nelle operazioni attinenti alla ristrutturazione o alla cessione a terzi dei complessi aziendali, il Ministro dello sviluppo economico, su istanza del Commissario straordinario, sentito il Comitato di sorveglianza, può disporre la proroga del termine di esecuzione del programma per i gruppi industriali con imprese o unità locali nella regione Abruzzo, fino al 30 giugno 2011. Agli oneri derivanti dall'attuazione delle disposizioni di cui al presente comma, nel limite massimo di 2.500.000 euro per l'anno 2011, si provvede a valere sulle risorse di cui all'articolo 14, comma 1, del decreto legge 28 aprile 2009, n. 39, convertito, con modificazioni, dalla legge 24 giugno 2009, n. 77 ([17]).

4 *quater*. Fermo restando il rispetto dei principi di trasparenza e non discriminazione per ogni operazione disciplinata dal presente decreto, in deroga al disposto dell'articolo 62 del decreto legislativo 8 luglio 1999, n. 270, e con riferimento alle imprese di cui all'articolo 2, comma 2, secondo periodo, e alle imprese del gruppo, il commissario straordinario individua l'affittuario o l'acquirente, a trattativa privata, tra i soggetti che garantiscono, a seconda dei casi, la continuità nel medio periodo del relativo servizio pubblico essenziale ovvero la continuità produttiva dello stabilimento industriale di interesse strategico nazionale anche con riferimento alla garanzia di adeguati livelli occupazionali, nonché la rapidità ed efficienza dell'intervento, anche con riferimento ai profili di tutela ambientale ([18]) e il rispetto dei requisiti previsti dalla legislazione nazionale e dai Trattati sottoscritti dall'Italia. Il canone di affitto o il prezzo di cessione non sono inferiori a quelli di mercato come risultanti da perizia effettuata da primaria istituzione finanziaria o di consulenza aziendale ([19]) con funzione di esperto indipendente, individuate, ai sensi delle disposizioni vigenti, ([20]) con decreto del Ministro dello sviluppo economico. Le offerte sono corredate da ([21]) un piano industriale e finanziario nel quale devono essere indicati gli investimenti, con le risorse finanziarie necessarie e le relative modalità di copertura, che si intendono effettuare per garantire le predette finalità nonché

gli obiettivi strategici della produzione industriale degli stabilimenti del gruppo. Si applicano i commi terzo, quinto e sesto dell'articolo 104 *bis* del regio decreto 16 marzo 1942, n. 267. L'autorizzazione di cui al quinto comma dell'articolo 104 *bis* del regio decreto 16 marzo 1942, n. 267, è rilasciata dal Ministro dello sviluppo economico e al comitato dei creditori previsto dal terzo e quinto comma si sostituisce il comitato di sorveglianza ([22]). Si applicano i commi dal quarto al nono dell'articolo 105 del regio decreto 16 marzo 1942, n. 267 ([23]).

4 *quinquies*. Con riferimento alle imprese di cui all'articolo 2, comma 2, secondo periodo, le operazioni di concentrazione connesse o contestuali o comunque previste nel programma debitamente autorizzato di cui al comma 2 del presente articolo, ovvero nel provvedimento di autorizzazione di cui al comma 1 dell'articolo 5, rispondono a preminenti interessi generali e sono escluse dalla necessità dell'autorizzazione di cui alla legge 10 ottobre 1990, n. 287, fermo quanto previsto dagli articoli 2 e 3 della stessa legge. Fatto salvo quanto previsto dalla normativa comunitaria, qualora le suddette operazioni di concentrazione rientrino nella competenza dell'Autorità garante della concorrenza e del mercato, le parti sono, comunque, tenute a notificare preventivamente le suddette operazioni all'Autorità unitamente alla proposta di misure comportamentali idonee a prevenire il rischio di imposizione di prezzi o altre condizioni contrattuali ingiustificatamente gravose per i consumatori in conseguenza dell'operazione. L'Autorità, con propria deliberazione adottata entro trenta giorni dalla comunicazione dell'operazione, prescrive le suddette misure con le modificazioni e integrazioni ritenute necessarie; definisce altresì il termine, comunque non inferiore a tre anni, entro il quale le posizioni di monopolio eventualmente determinatesi devono cessare. In caso di inottemperanza si applicano le sanzioni di cui all'articolo 19 della citata legge n. 287 del 1990. Il presente comma si applica alle operazioni effettuate entro il 30 giugno 2009 ([24]).

4 *sexies*. L'ammissione delle imprese di cui all'articolo 2, comma 2, secondo periodo, alla procedura di amministrazione straordinaria di cui al presente decreto e lo stato economico e finanziario di tali imprese non comportano, per un periodo di diciotto mesi dalla data di ammissione alla procedura prevista dal presente decreto, il venir meno dei requisiti per il mantenimento, in capo alle stesse, delle eventuali autorizzazioni, certificazioni, licenze, concessioni o altri atti o titoli per l'esercizio e la conduzione delle relative attività svolte alla data di sottoposizione delle stesse alla procedura prevista dal presente decreto. In caso di affitto o cessione di aziende e rami di aziende ai sensi del presente decreto, le autorizzazioni, certificazioni, licenze, concessioni o altri atti o titoli sono rispettivamente trasferiti all'affittuario o all'acquirente ([25]).

4 *septies*. Per le procedure il cui programma risulti già prorogato ai sensi del comma 4 *ter* e che, in ragione della loro particolare complessità, non possano essere definite entro il termine indicato al suddetto comma, il Ministro dello sviluppo economico può disporre con le medesime modalità un'ulteriore proroga del termine di esecuzione del programma per un massimo di 12 mesi, o per un massimo di 24 mesi nel caso in cui, essendo stato autorizzato un programma di cessione dei complessi aziendali, tale cessione non sia ancora realizzata, in tutto o in parte, e risulti, sulla base di una specifica relazione del commissario straordinario, l'utile prosecuzione dell'esercizio d'impresa ([26]) ([27]).

([1]) *Le parole*: «*di ristrutturazione*» *sono state così sostituite dalle parole*: «*del commissario straordinario*» *dall'art. 1, comma 6, del D.L. 28 agosto 2008, n. 134, convertito, con modificazioni, nella L. 27 ottobre 2008, n. 166.*

([2]) *La parola*: «*cinque*» *è stata così sostituita dall'attuale dall'art. 2, comma 1, lett.* 0a), *del D.L. 3 maggio 2004, n. 119, convertito, con modificazioni, nella L. 5 luglio 2004, n. 166.*

([3]) *Le parole*: «*sentito il commissario straordinario*» *sono state così sostituite dalle attuali da*: «*sentiti il commissario straordinario ...*» *fino a*: «*... articolo 3, comma 3*» *dall'art. 2, comma 1, lett.* 0a), *del D.L. 3 maggio 2004, n. 119, convertito, con modificazioni, nella L. 5 luglio 2004, n. 166.*

([4]) *Questo periodo è stato aggiunto dall'art. 2, comma 1, lett.* 0a), *del D.L. 3 maggio 2004, n. 119, convertito, con modificazioni, nella L. 5 luglio 2004, n. 166.*

([5]) *Le parole da*: «*Qualora il tribunale ...*» *fino a*: «*... articolo 1,*» *sono state così sostituite dalle attuali da*: «*Qualora il tribunale ...*» *fino a*: «*... articolo 1,*» *dall'art. 2, comma 1, lett.* 00a), *del D.L. 3 maggio 2004, n. 119, convertito, con modificazioni, nella L. 5 luglio 2004, n. 166.*

([6]) *Le parole*: «*operanti nel settore dei servizi pubblici essenziali*» *sono state così sostituite dalle attuali*: «*di cui all'articolo 2, comma 2, secondo periodo,*», *dall'art. 1, comma 3, del D.L. 5 gennaio 2015, n. 1, convertito, con modificazioni, nella L. 4 marzo 2015, n. 20.*

([7]) *Le parole da*: «*Salvo che per le imprese ...*» *sino a*: «*... oggetto della stessa,*» *sono state premesse* *dall'art. 1, comma 6* bis, *del D.L. 28 agosto 2008, n. 134, convertito, con modificazioni, nella L. 27 ottobre 2008, n. 166.*

([8]) *Le parole: «lettera* a), *ovvero» sono state inserite dall'art. 1, comma 7, del D.L. 28 agosto 2008, n. 134, convertito, con modificazioni, nella L. 27 ottobre 2008, n. 166.*

([9]) *Le parole da: «, considerando specificamente, ...» fino a: «... amministrazione straordinaria» sono state inserite dall'art. 2, comma 1, lett.* a), *del D.L. 3 maggio 2004, n. 119, convertito, con modificazioni, nella L. 5 luglio 2004, n. 166.*

([10]) *Questo comma è stato inserito dall'art. 2, comma 1, lett.* b), *del D.L. 3 maggio 2004, n. 119, convertito, con modificazioni, nella L. 5 luglio 2004, n. 166.*

([11]) *Questo comma è stato inserito dall'art. 39, comma 4* quater, *del D.L. 31 maggio 2010, n. 78, convertito, con modificazioni, nella L. 30 luglio 2010, n. 122.*

([12]) *Questo comma è stato così sostituito dall'art. 1, comma 8, del D.L. 28 agosto 2008, n. 134, convertito, con modificazioni, nella L. 27 ottobre 2008, n. 166.*

([13]) *Le parole: «è presentato» sono state sostituite dalle parole: «può anche essere presentato» dall'art. 1, comma 9, del D.L. 28 agosto 2008, n. 134, convertito, con modificazioni, nella L. 27 ottobre 2008, n. 166.*

([14]) *Questo comma è stato aggiunto dall'art. 2, comma 1, lett.* c), *del D.L. 3 maggio 2004, n. 119, convertito, con modificazioni, nella L. 5 luglio 2004, n. 166.*

([15]) *Questo comma è stato aggiunto dall'art. 8* bis, *comma 5, del D.L. 2 luglio 2007, n. 81, convertito, con modificazioni, nella L. 3 agosto 2007, n. 127.*

([16]) *Questo comma è stato inserito dall'art. 23, comma 14* bis *del D.L. 1 luglio 2009, n. 78, convertito, con modificazioni, nella L. 3 agosto 2009, n. 102.*

([17]) *Questo comma è stato inserito dall'art. 2, comma 3* quinquies, *del D.L. 29 dicembre 2010, n. 225, convertito, con modificazioni, nella L. 26 febbraio 2011, n. 10.*

([18]) *Le parole: «, anche con riferimento ai profili di tutela ambientale» sono state inserite dall'art. 1, comma 1, lett.* a), *del D.L. 4 dicembre 2015, n. 191, convertito, con modificazioni, nella L. 1° febbraio 2016, n. 13.*

([19]) *Le parole: «o di consulenza aziendale» sono state aggiunte dall'art. 1, comma 1, lett.* b), *del D.L. 4 dicembre 2015, n. 191, convertito, con modificazioni, nella L. 1° febbraio 2016, n. 13.*

([20]) *La parola: «individuata» è stata così sostituita dalle attuali: «individuate, ai sensi delle disposizioni vigenti,» dall'art. 1, comma 1, lett.* b), *del D.L. 4 dicembre 2015, n. 191, convertito, con modificazioni, nella L. 1° febbraio 2016, n. 13.*

([21]) *Le parole: «Il commissario straordinario richiede al potenziale affittuario o acquirente, contestualmente alla presentazione dell'offerta, la presentazione di» sono state così sostituite dalle attuali: «Le offerte sono corredate da» dall'art. 1, comma 1, lett.* c), *del D.L. 4 dicembre 2015, n. 191, convertito, con modificazioni, nella L. 1° febbraio 2016, n. 13.*

([22]) *A norma dell'art. 1, comma 2, del D.L. 9 giugno 2016, n. 98, convertito, con modificazioni, nella L. 1 agosto 2016, n. 151, i commi terzo e quinto dell'articolo 104* bis *del regio decreto 16 marzo 1942, n. 267, ivi richiamati, non trovano applicazione qualora il contratto di affitto preveda l'obbligo, anche sottoposto a condizione o termine, di acquisto dell'azienda o del ramo d'azienda da parte dell'affittuario. Resta fermo l'obbligo dell'affittuario di prestare idonee garanzie per tutte le obbligazioni dal medesimo assunte in base al contratto o derivanti dalla legge e anche di inviare alle Camere ogni sei mesi una relazione sull'attività posta in essere con particolare riguardo al piano ambientale e al rispetto delle obbligazioni contrattuali assunte dall'aggiudicatario.*

A norma del comma 5 del medesimo articolo, tali disposizioni si applicano anche in relazione alle procedure di amministrazione straordinaria iniziate anteriormente alla data di entrata in vigore del presente decreto.

([23]) *Questo comma, aggiunto dall'art. 1, comma 10, del D.L. 28 agosto 2008, n. 134, convertito, con modificazioni, nella L. 27 ottobre 2008, n. 166, è stato così sostituito dall'art. 1, comma 4, del D.L. 5 gennaio 2015, n. 1, convertito, con modificazioni, nella L. 4 marzo 2015, n. 20.*

([24]) *Questo comma è stato aggiunto dall'art. 1, comma 10, del D.L. 28 agosto 2008, n. 134, convertito, con modificazioni, nella L. 27 ottobre 2008, n. 166.*

([25]) *Questo comma, aggiunto dall'art. 1, comma 10, del D.L. 28 agosto 2008, n. 134, convertito, con modificazioni, nella L. 27 ottobre 2008, n. 166, è stato così sostituito dall'art. 1, comma 5, del D.L. 5 gennaio 2015, n. 1, convertito, con modificazioni, nella L. 4 marzo 2015, n. 20.*

([26]) *Le parole: «, o per un massimo di 24 mesi nel caso in cui, essendo stato autorizzato un programma di cessione dei complessi aziendali, tale cessione non sia ancora realizzata, in tutto o in parte, e risulti, sulla base di una specifica relazione del commissario straordinario, l'utile prosecuzione dell'esercizio d'impresa» sono state aggiunte dall'art. 11, comma 3* ter, *del D.L. 23 dicembre 2013, n. 145, convertito, con modificazioni, nella L. 21 febbraio 2014, n. 9.*

([27]) *Questo comma è stato aggiunto dall'art. 1, comma 10, del D.L. 28 agosto 2008, n. 134, convertito, con modificazioni, nella L. 27 ottobre 2008, n. 166.*

4 *bis*. ([1]) **Concordato. –** 1. Nel programma [di ristrutturazione] ([2]) il commissario straordinario può prevedere la soddisfazione dei creditori attraverso un concordato, di cui deve indicare dettagliatamente le condizioni e le eventuali garanzie. Il concordato può prevedere:

a) la suddivisione dei creditori in classi secondo la posizione giuridica ed interessi economici omogenei ([3]);

b) trattamenti differenziati fra creditori appartenenti a classi diverse;

c) la ristrutturazione dei debiti e la soddisfazione dei creditori attraverso qualsiasi forma tecnica, o giuridica, anche mediante accollo, fusione o altra operazione societaria ([4]); in particolare, la proposta di concordato può prevedere l'attribuzione ai creditori o ad alcune categorie di essi, nonché a società da questi partecipate ([5]), di azioni o quote, ovvero obbligazioni, anche convertibili in azioni o altri strumenti finanziari e titoli di debito;

c bis) l'attribuzione ad un assuntore delle attività delle imprese interessate dalla proposta di concordato. Potranno costituirsi come assuntori anche i creditori o società da questi partecipate o società, costituite dal commissario straordinario, le cui azioni siano destinate ad essere attribuite ai creditori per effetto del concordato. Come patto di concordato, potranno essere trasferite all'assuntore le azioni revocatorie, di cui all'articolo 6, promosse dal commissario straordinario fino alla data di pubblicazione della sentenza di approvazione del concordato ([6]).

1 *bis*. La presentazione della proposta di concordato comporta l'interruzione delle operazioni di accertamento del passivo. Anche prima della presentazione, il commissario straordinario può chiedere al giudice delegato di disporre la sospensione delle operazioni di verifica dello stato passivo, quando vi siano concrete possibilità di proporre il concordato ([7]).

2. La proposta di concordato può essere unica per più società del gruppo sottoposte alla procedura di amministrazione straordinaria, ferma restando l'autonomia delle rispettive masse attive e passive. Da tale autonomia possono conseguire trattamenti differenziati, pur all'interno della stessa classe di creditori, a seconda delle condizioni patrimoniali di ogni singola società cui la proposta di concordato si riferisce ([8]).

[3. Ove siano previste diverse classi di creditori, la proposta di concordato è autorizzata dal Ministro delle attività produttive previa valutazione della correttezza dei criteri di formazione delle diverse classi] ([9]).

4. Nel caso di cui al comma 1, entro tre giorni dall'autorizzazione del Ministro delle attività produttive, di cui all'articolo 57 del decreto legislativo n. 270, all'esecuzione del programma [di ristrutturazione] ([2]), il commissario straordinario trasmette alla cancelleria del tribunale copia del programma autorizzato, depositando presso il giudice delegato istanza di [definizione della procedura di amministrazione straordinaria tramite] ([10]) concordato.

5. La proposta di concordato, quale parte integrante del programma, deve essere pubblicata ai sensi dell'articolo 4, comma 2 *bis*, e, in ogni caso, nella *Gazzetta Ufficiale* della Repubblica italiana; unitamente alla proposta di concordato deve essere pubblicato il provvedimento del giudice delegato che fissa il termine entro il quale l'imprenditore insolvente, i creditori ed ogni altro interessato possono depositare presso la cancelleria del tribunale documenti e memorie scritte contenenti le proprie osservazioni sull'elenco dei creditori, sugli importi indicati e sulle relative cause di prelazione ([11]). Nel medesimo termine i soggetti che non figurano nell'elenco dei creditori possono depositare istanza di ammissione dei propri crediti, corredata dai documenti giustificativi.

6. Nei successivi sessanta giorni il giudice delegato, con la collaborazione del commissario straordinario, forma gli elenchi dei creditori ammessi o ammessi con riserva e di quelli esclusi, con indicazione dei relativi importi e delle cause di prelazione; nel caso di ammissione di strumenti finanziari che non consentano l'individuazione nominativa dei soggetti legittimati, saranno ammessi nell'elenco i crediti relativi all'importo complessivo di ogni singola categoria di strumenti finanziari. Gli elenchi dei creditori ammessi o ammessi con riserva e di quelli esclusi sono quindi depositati presso la cancelleria del tribunale e dichiarati esecutivi con decreto del giudice delegato. Il commissario straordinario comunica senza ritardo ai creditori, tramite lettera raccomandata con avviso di ricevimento, ovvero tramite pubblicazione, a spese della procedura, in due o più quotidiani a diffusione nazionale o internazionale, ovvero altra modalità, anche telematica, determinata dal giudice delegato, e comunque attraverso pubblicazione nella *Gazzetta Ufficiale* della Repubblica italiana, l'avvenuto deposito in cancelleria degli elenchi suddetti, invitando i creditori e l'imprenditore insolvente a prenderne visione. Comunica, inoltre, con le stesse modalità, il provvedimento di cui al comma 7. I creditori esclusi, in tutto o in parte, e quelli ammessi con riserva possono fare opposizione presentando ricorso al giudice delegato secondo la disciplina di cui agli articoli 98 e seguenti del regio decreto 16 marzo 1942, n. 267. I creditori ammessi possono impugnare le

ammissioni di altri creditori ai sensi dell'articolo 100 del regio decreto 16 marzo 1942, n. 267. I termini per proporre l'opposizione e l'impugnazione sono determinati in quindici giorni per i creditori residenti in Italia e in trenta giorni per quelli residenti all'estero, decorrenti dalla data di comunicazione del deposito degli elenchi effettuata secondo le modalità di cui al presente comma ([12]). Non si applica la disposizione del terzo comma dell'articolo 100 del regio decreto 16 marzo 1942, n. 267, ma il giudice può, ove riscontri fondati elementi e tenuto anche conto del rapporto tra l'ammontare del credito vantato dall'impugnante e quello del credito contestato, adottare gli opportuni provvedimenti, se del caso, ordinando l'accantonamento delle somme ovvero anche l'intrasferibilità delle azioni eventualmente spettanti ai titolari di crediti contestati, disponendo le opportune annotazioni ([13]). Ove sia disposto tale vincolo, i titolari delle azioni possono esercitare i diritti di opzione e partecipare alle assemblee societarie, ma non effettuare atti di disposizione sui titoli ([13]). Con il provvedimento che decide sull'opposizione il giudice dispone in merito alle azioni già attribuite al soggetto il credito del quale sia stato ritenuto insussistente, ovvero dispone l'attribuzione delle somme accantonate ([13]).

7. Contestualmente al deposito degli elenchi di cui al comma 6, il giudice delegato stabilisce le modalità ed il termine entro cui i creditori ammessi e quelli ammessi con riserva sono chiamati a votare sulla proposta di concordato, indicando una data compresa nei sessanta giorni successivi alla data di comunicazione dell'avvenuto deposito degli elenchi di cui al comma 6. Il giudice delegato stabilisce altresì i criteri di legittimazione al voto dei portatori di strumenti finanziari il cui importo complessivo è già stato ammesso al voto ([14]).

8. Il concordato è approvato se riporta il voto favorevole dei creditori che rappresentino la maggioranza dei crediti ammessi al voto ([15]). Ove siano previste diverse classi di creditori, il concordato è approvato se riporta il voto favorevole dei creditori che rappresentino la maggioranza dei crediti ammessi al voto nella classe medesima ([16]). I creditori possono esprimere il loro voto, da fare pervenire presso la cancelleria del tribunale nel termine stabilito dal giudice delegato, tramite telegramma, ovvero lettera raccomandata, ovvero altra modalità ritenuta idonea dal giudice delegato medesimo. I creditori che non fanno pervenire il proprio voto o che non si legittimano al voto ([17]) entro il suddetto termine si ritengono favorevoli all'approvazione del concordato ([18]). [L'eventuale variazione del numero dei creditori ammessi in via provvisoria, ovvero dell'ammontare dei singoli crediti, che avvenga per effetto di provvedimento successivo al deposito dell'elenco provvisorio dei creditori di cui al comma 6, non influisce sul calcolo della suddetta maggioranza. Il concordato approvato dai creditori è obbligatorio per tutti i creditori anteriori all'apertura della procedura di amministrazione straordinaria. I crediti accertati con provvedimento successivo al deposito dell'elenco provvisorio dei creditori, di cui al comma 6, ivi inclusi quelli di cui all'articolo 4 *ter* e quelli fatti valere successivamente alla chiusura della procedura di amministrazione straordinaria ai sensi del comma 11, sono soddisfatti nella stessa misura e con le stesse modalità previste dal concordato] ([19]).

9. Se la maggioranza di cui al comma 8 è raggiunta, il tribunale approva il concordato con sentenza in camera di consiglio. Quando sono previste diverse classi di creditori, il tribunale, riscontrata in ogni caso la maggioranza di cui al comma 8, può approvare il concordato nonostante il dissenso di una o più classi di creditori, se la maggioranza delle classi ha approvato la proposta di concordato e qualora ritenga che i creditori appartenenti alle classi dissenzienti possano risultare soddisfatti dal concordato in misura non inferiore rispetto alle altre alternative concretamente praticabili ([20]).

10. La sentenza che approva o respinge il concordato è pubblicata, oltre che a norma dell'articolo 17 del regio decreto 16 marzo 1942, n. 267, attraverso la riproduzione di un suo estratto in quotidiani a diffusione nazionale e, se del caso, internazionale, ovvero altra forma ritenuta idonea, secondo le modalità ed entro i termini stabiliti con la sentenza stessa. La sentenza è provvisoriamente esecutiva e produce effetti nei confronti di tutti i creditori per titolo, fatto, ragione o causa anteriore all'apertura della procedura di amministrazione straordinaria; determina altresì, in caso di concordato con assunzione, l'immediato trasferimento all'assuntore dei beni cui si riferisce la proposta di concordato compresi nell'attivo delle società. Il commissario straordinario o, nel caso di concordato per assunzione, l'assuntore, provvedono, anche in pendenza di impugnazione, all'esecuzione del concordato sotto la vigilanza ed il controllo del comitato di sorveglianza e del Ministro delle attività produttive. La sentenza può essere

impugnata dall'imprenditore insolvente, dai creditori e dal commissario straordinario, con atto di citazione avanti la corte d'appello, entro il termine di quindici giorni decorrenti dalla pubblicazione della stessa secondo le modalità sopra indicate. L'impugnazione della sentenza non ne può sospendere l'efficacia esecutiva ([21]).

11. La procedura di amministrazione straordinaria si chiude con il passaggio in giudicato della sentenza che approva il concordato.

11 *bis*. Ferma la prosecuzione dell'attività d'impresa, entro sessanta giorni dalla pubblicazione della sentenza che respinge il concordato, il commissario straordinario può presentare al Ministro delle attività produttive un programma di cessione dei complessi aziendali, ai sensi dell'articolo 27, comma 2, lettera *a*), del decreto legislativo n. 270. Se il programma di cessione è autorizzato, la prosecuzione dell'esercizio d'impresa può avere, in deroga a quanto previsto dalla medesima lettera *a*), del decreto legislativo n. 270, una durata non superiore a due anni, decorrenti dalla data di autorizzazione del programma di cessione. Se il programma di cessione non è tempestivamente presentato al Ministro, ovvero non è autorizzato, il tribunale, sentito il commissario straordinario, dispone la conversione della procedura di amministrazione straordinaria in fallimento. Restano in ogni caso salvi gli effetti degli atti legalmente compiuti dagli organi della procedura ([22]).

([1]) *A norma dell'art. 1, comma 2 septies, del D.L. 29 dicembre 2010, n. 225, convertito, con modificazioni, nella L. 26 febbraio 2011, n. 10, questo articolo si interpreta nel senso che le modificazioni degli obblighi assunti attraverso il concordato dall'ente assuntore, ovvero dai suoi successori o aventi causa, sono inefficaci, anche se contenuti in emendamenti statutari, prima della decorrenza dei termini previsti nel concordato.*

([2]) *Le parole fra parentesi quadrate sono state soppresse dall'art. 1, comma 6, del D.L. 5 gennaio 2015, n. 1, convertito, con modificazioni, nella L. 4 marzo 2015, n. 20.*

([3]) *Questa lettera è stata così sostituita dall'art. 3, comma 1, lett.* a), *del D.L. 3 maggio 2004, n. 119, convertito, con modificazioni, nella L. 5 luglio 2004, n. 166.*

([4]) *Le parole da: «in termini di scadenza ...» fino a: «... garanzie reali e personali» sono state così sostituite dalle attuali da: «o giuridica ...» fino a: «... operazione societaria» dall'art. 3, comma 1, lett.* b), *del D.L. 3 maggio 2004, n. 119, convertito, con modificazioni, nella L. 5 luglio 2004, n. 166.*

([5]) *Le parole: «nonché a società da questi partecipate» sono state inserite dall'art. 3, comma 1, lett.* b), *del D.L. 3 maggio 2004, n. 119, convertito, con modificazioni, nella L. 5 luglio 2004, n. 166.*

([6]) *Questa lettera è stata aggiunta dall'art. 3, comma 1, lett.* c), *del D.L. 3 maggio 2004, n. 119, convertito, con modificazioni, nella L. 5 luglio 2004, n. 166.*

([7]) *Questo comma è stato inserito dall'art. 3, comma 1, lett.* d), *del D.L. 3 maggio 2004, n. 119, convertito, con modificazioni, nella L. 5 luglio 2004, n. 166.*

([8]) *Questo periodo è stato aggiunto dall'art. 3, comma 1, lett.* e), *del D.L. 3 maggio 2004, n. 119, convertito, con modificazioni, nella L. 5 luglio 2004, n. 166.*

([9]) *Questo comma è stato soppresso dall'art. 3, comma 1, lett.* f), *del D.L. 3 maggio 2004, n. 119, convertito, con modificazioni, nella L. 5 luglio 2004, n. 166.*

([10]) *Le parole fra parentesi quadrate sono state soppresse dall'art. 3, comma 1, lett.* g), *del D.L. 3 maggio 2004, n. 119, convertito, con modificazioni, nella L. 5 luglio 2004, n. 166.*

([11]) *Il primo periodo di questo comma è stato così sostituito dall'art. 3, comma 1, lett.* h), *del D.L. 3 maggio 2004, n. 119, convertito, con modificazioni, nella L. 5 luglio 2004, n. 166.*

([12]) *Questo comma è stato così sostituito dall'art. 3, comma 1, lett.* i), *del D.L. 3 maggio 2004, n. 119, convertito, con modificazioni, nella L. 5 luglio 2004, n. 166.*

([13]) *Questo periodo è stato aggiunto dall'art. 3 del D.L. 28 febbraio 2005, n. 22, convertito, con modificazioni, nella L. 29 aprile 2005, n. 71.*

([14]) *Questo comma è stato così sostituito dall'art. 3, comma 1, lett.* l), *del D.L. 3 maggio 2004, n. 119, convertito, con modificazioni, nella L. 5 luglio 2004, n. 166.*

([15]) *Le parole da: «della maggioranza ...» fino a: «... dei crediti ammessi» sono state così sostituite dalle attuali da: «dei creditori ...» fino a: «... al voto» dall'art. 3, comma 1, lett.* m), *del D.L. 3 maggio 2004, n. 119, convertito, con modificazioni, nella L. 5 luglio 2004, n. 166.*

([16]) *Le parole da: «della maggioranza ...» fino a: «... classe medesima» sono state così sostituite dalle attuali da: «dei creditori che rappresentino...» fino a: «... classe medesima» dall'art. 3, comma 1, lett.* m), *del D.L. 3 maggio 2004, n. 119, convertito, con modificazioni, nella L. 5 luglio 2004, n. 166.*

([17]) *Le parole: «che non si legittimano al voto» sono state inserite dall'art. 3, comma 1, lett.* m), *del D.L. 3 maggio 2004, n. 119, convertito, con modificazioni, nella L. 5 luglio 2004, n. 166.*

([18]) *Le parole: «si ritengono consenzienti» sono state così sostituite dalle attuali: «si ritengono favorevoli all'approvazione del concordato» dall'art. 3, comma 1, lett.* m), *del D.L. 3 maggio 2004, n. 119, convertito, con modificazioni, nella L. 5 luglio 2004, n. 166.*

([19]) *Il quinto, sesto e settimo periodo di questo comma sono stati soppressi dall'art. 3, comma 1, lett.* m), *del D.L. 3 maggio 2004, n. 119, convertito, con modificazioni, nella L. 5 luglio 2004, n. 166.*

([20]) *Questo comma è stato così sostituito dall'art. 3, comma 1, lett.* n), *del D.L. 3 maggio 2004, n. 119, convertito, con modificazioni, nella L. 5 luglio 2004, n. 166.*

([21]) *Questo comma è stato così sostituito dall'art. 3, comma 1, lett. o), del D.L. 3 maggio 2004, n. 119, convertito, con modificazioni, nella L. 5 luglio 2004, n. 166.*

([22]) *Questo comma è stato aggiunto dall'art. 3, comma 1, lett. p), del D.L. 3 maggio 2004, n. 119, convertito, con modificazioni, nella L. 5 luglio 2004, n. 166.*

4 *ter*. ([1]) **Accertamento del passivo.** – 1. L'accertamento del passivo, improntato a criteri di massima celerità e speditezza, è disciplinato dall'articolo 53 del decreto legislativo n. 270.

2. Nel caso in cui sia stata autorizzata la presentazione di una proposta di concordato, si applicano le disposizioni dell'articolo 4 *bis*, anche in caso di mancata approvazione del concordato.

([1]) *Questo articolo è stato così sostituito dall'art. 4 del D.L. 3 maggio 2004, n. 119, convertito, con modificazioni, nella L. 5 luglio 2004, n. 166.*

5. Operazioni necessarie per la salvaguardia del gruppo. – 1. Il Ministero delle attività produttive ([1]), dopo la dichiarazione dello stato di insolvenza, può autorizzare operazioni di cessione e di utilizzo di beni, di aziende o di rami di aziende dell'impresa richieste dal commissario straordinario qualora siano finalizzate alla ristrutturazione o alla salvaguardia del valore economico e produttivo totale o parziale ([2]) dell'impresa o del gruppo. Per motivi di urgenza le medesime operazioni possono essere autorizzate anche prima della dichiarazione dello stato di insolvenza ([3]). Gli atti del Commissario straordinario restano devoluti alla cognizione del giudice di cui all'articolo 13 del decreto legislativo n. 270 del 1999 ([3]).

2. Fino all'autorizzazione del programma di cui all'articolo 4, il commissario straordinario richiede al Ministero delle attività produttive ([4]) l'autorizzazione al compimento delle operazioni o delle categorie di operazioni necessarie per la salvaguardia della continuità dell'attività aziendale delle imprese del gruppo.

2 *bis*. L'autorizzazione di cui al comma 2 non è necessaria per gli atti non eccedenti l'ordinaria amministrazione o il cui valore individuale sia inferiore a 250.000 euro ([5]).

2 *ter*. Nel caso di ammissione alla procedura di amministrazione straordinaria di imprese di cui all'articolo 2, comma 2, secondo periodo, e ai fini della concessione degli ammortizzatori sociali di cui all'articolo 1 *bis*, comma 1, del decreto legge 5 ottobre 2004, n. 249, convertito, con modificazioni, dalla legge 3 dicembre 2004, n. 291, e successive modificazioni, i termini di cui all'articolo 4, commi 6 e 7, della legge 23 luglio 1991, n. 223, di cui all'articolo 2, comma 6, del decreto del Presidente della Repubblica 10 giugno 2000, n. 218, e di cui all'articolo 47, comma 1, della legge 29 dicembre 1990, n. 428, sono ridotti della metà. Nell'ambito delle consultazioni di cui all'articolo 63, comma 4, del decreto legislativo 8 luglio 1999, n. 270, ovvero esaurite le stesse infruttuosamente, il Commissario e il cessionario possono concordare il trasferimento solo parziale di complessi aziendali o attività produttive in precedenza unitarie e definire i contenuti di uno o più rami d'azienda, anche non preesistenti, con individuazione di quei lavoratori che passano alle dipendenze del cessionario. I passaggi anche solo parziali di lavoratori alle dipendenze del cessionario possono essere effettuati anche previa collocazione in cassa integrazione guadagni straordinaria o cessazione del rapporto di lavoro in essere e assunzione da parte del cessionario ([5]).

2 *quater*. Nel caso di assunzione o trasferimento di lavoratori dipendenti di imprese ammesse alla procedura di amministrazione straordinaria di cui all'articolo 2, comma 2, secondo periodo, destinatari di trattamenti di cassa integrazione guadagni straordinaria e di mobilità, al fine di agevolarne il reimpiego, sono garantiti i benefici di cui all'articolo 8, commi 2 e 4, e di cui all'articolo 25, comma 9, della legge 23 luglio 1991, n. 223 ([5]).

([1]) *Le parole: «Il Ministro delle attività produttive» sono state così sostituite dalle attuali dall'art. 4* ter, *comma 1, lett.* a), *del D.L. 3 maggio 2004, n. 119, convertito, con modificazioni, nella L. 5 luglio 2004, n. 166.*

([2]) *Le parole: «o alla salvaguardia del valore economico e produttivo totale o parziale» sono state inserite dall'art. 1, comma 11, del D.L. 28 agosto 2008, n. 134, convertito, con modificazioni, nella L. 27 ottobre 2008, n. 166.*

([3]) *Questo periodo è stato aggiunto dall'art. 1, comma 12, del D.L. 28 agosto 2008, n. 134, convertito, con modificazioni, nella L. 27 ottobre 2008, n. 166.*

([4]) *Le parole: «al Ministro delle attività produttive» sono state così sostituite dalle attuali dall'art. 4* ter, *comma 1, lett.* b), *del D.L. 3 maggio 2004, n. 119, convertito, con modificazioni, nella L. 5 luglio 2004, n. 166.*

([5]) *Questo comma è stato aggiunto dall'art. 1, comma 13, del D.L. 28 agosto 2008, n. 134, convertito, con modificazioni, nella L. 27 ottobre 2008, n. 166.*

6. Azioni revocatorie. – 1. Il commissario straordinario può proporre le azioni revocatorie previste dagli articoli 49 e 91 ([1]) del decreto legislativo n. 270 anche nel caso di autorizzazione all'esecuzione del programma di ristrutturazione, purchè si traducano in un vantaggio per i creditori ([2]). Non sono in ogni caso soggetti ad azione revocatoria gli atti e i pagamenti compiuti in pendenza del commissariamento straordinario di cui al decreto legge 4 giugno 2013, n. 61, convertito, con modificazioni, dalla legge 3 agosto 2013, n. 89, in attuazione della finalità di cui all'articolo 1, comma 2, del medesimo decreto legge n. 61 del 2013 ([3]).

1 *bis*. Nel caso in cui la soddisfazione dei creditori avvenga attraverso un concordato, si applica l'articolo 4 *bis*, comma 1, lettera c *bis*) ([4]).

1 *ter*. I termini stabiliti dalle disposizioni della sezione III del capo III del titolo secondo del regio decreto 16 marzo 1942, n. 267, si computano a decorrere dalla data di emanazione del decreto di cui al comma 2 dell'articolo 2. Tale disposizione si applica anche in tutti i casi di conversione della procedura in fallimento ([4]).

([1]) *Le parole*: «*dall'articolo 49*» *sono state così sostituite dalle attuali*: «*dagli articoli 49 e 91*» *dall'art.* 4 quater, *comma 1, lett.* a), *del D.L. 3 maggio 2004, n. 119, convertito, con modificazioni, nella L. 5 luglio 2004, n. 166.*

([2]) *Le parole da*: «*anche dopo ...*» *fino a*: «*... programma stesso*» *sono state così sostituite dalle attuali da*: «*anche nel caso ...*» *fino a*: «*... creditori*» *dall'art.* 4 quater, *comma 1, lett.* a), *del D.L. 3 maggio 2004, n. 119, convertito, con modificazioni, nella L. 5 luglio 2004, n. 166.*

([3]) *Questo periodo è stato inserito dall'art. 1, comma 7, del D.L. 5 gennaio 2015, n. 1, convertito, con modificazioni, nella L. 4 marzo 2015, n. 20.*

([4]) *Questo comma è stato aggiunto dall'art.* 4 quater, *comma 1, lett.* b), *del D.L. 3 maggio 2004, n. 119, convertito, con modificazioni, nella L. 5 luglio 2004, n. 166.*

7. Intesa del Ministero delle politiche agricole e forestali. – 1. In caso di imprese che operano nella produzione, prima trasformazione e commercializzazione nei settori connessi ai prodotti elencati nell'allegato 1 del trattato istitutivo della comunità europea, negli allegati 1 e 2 del regolamento (CEE) n. 2081/92 come modificato dal regolamento CE n. 692/2003 del Consiglio dell'8 aprile 2003 ed agli altri prodotti qualificati agricoli dal diritto comunitario, il Ministro delle attività produttive autorizza l'esecuzione del programma di ristrutturazione, di intesa con il Ministro delle politiche agricole e forestali.

8. Disposizioni finali. – 1. Per quanto non disposto diversamente dal presente decreto, si applicano le norme di cui al decreto legislativo n. 270, in quanto compatibili.

1 *bis*. La facoltà prevista dall'articolo 97 del decreto legislativo n. 270 è esercitata dal Commissario straordinario nominato ai sensi dell'articolo 2, comma 2 del presente decreto. Nel caso di concordato con assunzione, la medesima facoltà è esercitata, dopo la chiusura della procedura a norma dell'articolo 4 *bis*, comma 11, del presente decreto, dall'assuntore del concordato. Se, al momento della chiusura della procedura, il Commissario straordinario è costituito parte civile nel processo penale, l'assuntore subentra nell'azione anche se è scaduto il termine previsto dall'articolo 79 del codice di procedura penale ([1]).

([1]) *Questo comma è stato aggiunto dall'art. 1, comma 502, della L. 27 dicembre 2006, n. 296.*

9. Entrata in vigore. – 1. Il presente decreto entra in vigore il giorno stesso della sua pubblicazione nella *Gazzetta Ufficiale* della Repubblica italiana e sarà presentato alle Camere per la conversione in legge.

11.

L. 14 maggio 2005, n. 80. Conversione in legge, con modificazioni, del decreto legge 14 marzo 2005, n. 35, recante disposizioni urgenti nell'ambito del Piano di azione per lo sviluppo economico, sociale e territoriale. Deleghe al Governo per la modifica del codice di procedura civile in materia di processo di cassazione e di arbitrato nonché per la riforma organica della disciplina delle procedure concorsuali (Suppl. ord. alla *Gazzetta Ufficiale* Serie gen. - n. 111 del 14 maggio 2005).

(*Estratto*)

1. 1.- 4. (*Omissis*).

5. Il Governo è delegato ad adottare, entro centottanta giorni dalla data di entrata in vigore della presente legge, con l'osservanza dei princìpi e dei criteri direttivi di cui al comma 6, uno o più decreti legislativi recanti la riforma organica della disciplina delle procedure concorsuali di cui al regio decreto 16 marzo 1942, n. 267. La riforma, nel rispetto ed in coerenza con la normativa comunitaria e in conformità ai princìpi e ai criteri direttivi di cui al comma 6, realizza il necessario coordinamento con le altre disposizioni vigenti, nonché la riconduzione della disciplina della transazione in sede fiscale per insolvenza o assoggettamento a procedure concorsuali al concordato preventivo come disciplinato in attuazione della presente legge. I decreti legislativi previsti dal presente comma

sono adottati su proposta del Ministro della giustizia e del Ministro dell'economia e delle finanze, di concerto con il Ministro delle attività produttive, e successivamente trasmessi al Parlamento, ai fini dell'espressione dei pareri da parte delle Commissioni competenti per materia e per le conseguenze di carattere finanziario che sono resi entro il termine di trenta giorni dalla data di trasmissione, decorso il quale i decreti sono emanati anche in mancanza dei pareri. Qualora detto termine venga a scadere nei trenta giorni antecedenti allo spirare del termine previsto dal primo periodo del presente comma o successivamente, la scadenza di quest'ultimo è prorogata di sessanta giorni.

5 *bis*. Entro un anno dalla data di entrata in vigore del decreto legislativo adottato nell'esercizio della delega di cui al comma 5, il Governo può adottare disposizioni correttive e integrative, nel rispetto dei principi e dei criteri direttivi di cui al comma 6 e con la procedura di cui al medesimo comma 5 ([1]).

6. Nell'esercizio della delega di cui al comma 5, il Governo si attiene ai seguenti principi e criteri direttivi:

a) modificare la disciplina del fallimento, secondo i seguenti princìpi:

1) semplificare la disciplina attraverso l'estensione dei soggetti esonerati dall'applicabilità dell'istituto e l'accelerazione delle procedure applicabili alle controversie in materia;

2) ampliare le competenze del comitato dei creditori, consentendo una maggiore partecipazione dell'organo alla gestione della crisi dell'impresa; coordinare i poteri degli altri organi della procedura;

3) modificare la disciplina dei requisiti per la nomina a curatore, annoverando tra i soggetti legittimati a ricoprire la carica gli studi professionali associati, le società tra professionisti, nonché coloro che abbiano comprovate capacità di gestione imprenditoriale;

4) modificare la disciplina delle conseguenze personali del fallimento, eliminando le sanzioni personali e prevedendo che le limitazioni alla libertà di residenza e di corrispondenza del fallito siano connesse alle sole esigenze della procedura;

5) modificare la disciplina degli effetti della revocazione, prevedendo che essi si rivolgano nei confronti dell'effettivo destinatario della prestazione;

6) ridurre il termine di decadenza per l'esercizio dell'azione revocatoria;

7) modificare la disciplina degli effetti del fallimento sui rapporti giuridici pendenti, ampliando i termini entro i quali il curatore deve manifestare la propria scelta in ordine allo scioglimento dei relativi contratti e prevedendo una disciplina per i patrimoni destinati ad uno specifico affare e per i contratti di locazione finanziaria;

8) modificare la disciplina della continuazione temporanea dell'esercizio dell'impresa, ampliando i poteri del comitato dei creditori e del curatore ed introducendo l'obbligo di informativa periodica da parte del curatore al comitato dei creditori sulla gestione provvisoria;

9) modificare la disciplina dell'accertamento del passivo, abbreviando i tempi della procedura, semplificando le modalità di presentazione delle relative domande di ammissione e prevedendo che in sede di adunanza per l'esame dello stato passivo i creditori possano, a maggioranza dei crediti insinuati, confermare o effettuare nuove designazioni in ordine ai componenti del comitato dei creditori, nonché confermare il curatore ovvero richiederne la sostituzione indicando al giudice delegato un nuovo nominativo;

10) prevedere che, entro sessanta giorni dalla redazione dell'inventario, il curatore predisponga un programma di liquidazione da sottoporre, previa approvazione del comitato dei creditori, all'autorizzazione del giudice delegato contenente le modalità e i termini previsti per la realizzazione dell'attivo, specificando:

10.1) se è opportuno disporre l'esercizio provvisorio dell'impresa o di singoli rami di azienda, anche tramite l'affitto a terzi;

10.2) la sussistenza di proposte di concordato;

10.3) le azioni risarcitorie, recuperatorie o revocatorie da esercitare;

10.4) le possibilità di cessione unitaria dell'azienda, di singoli rami, di beni o di rapporti giuridici individuabili in blocco;

10.5) le condizioni della vendita dei singoli cespiti, e che il comitato dei creditori possa proporre al curatore modifiche al programma presentato, prima di procedere alla sua votazione, e che l'approvazione del programma sia subordinata all'esito favorevole della votazione, da parte del comitato dei creditori;

11) modificare la disciplina della ripartizione dell'attivo, abbreviando i tempi della procedura e semplificando gli adempimenti connessi;

12) modificare la disciplina del concordato fallimentare, accelerando i tempi della procedura e prevedendo l'eventuale suddivisione dei creditori in classi che tengano conto della posizione giuridi-

ca e degli interessi omogenei delle varie categorie di creditori, nonché trattamenti differenziati per i creditori appartenenti a classi diverse; disciplinare le modalità di voto per classi, prevedendo che non abbiano diritto di voto i creditori muniti di privilegio, pegno ed ipoteca, a meno che dichiarino di rinunciare al privilegio; disciplinare le modalità di approvazione del concordato, modificando altresì la disciplina delle impugnazioni al fine di garantire una maggiore celerità dei relativi procedimenti;

13) introdurre la disciplina dell'esdebitazione e disciplinare il relativo procedimento, prevedendo che essa consista nella liberazione del debitore persona fisica dai debiti residui nei confronti dei creditori concorsuali non soddisfatti qualora:

13.1) abbia cooperato con gli organi della procedura fornendo tutte le informazioni e la documentazione utile all'accertamento del passivo e al proficuo svolgimento delle operazioni;

13.2) non abbia in alcun modo ritardato o contribuito a ritardare la procedura;

13.3) non abbia violato le disposizioni di cui alla gestione della propria corrispondenza;

13.4) non abbia beneficiato di altra esdebitazione nei dieci anni precedenti la richiesta;

13.5) non abbia distratto l'attivo o esposto passività insussistenti, cagionato o aggravato il dissesto rendendo gravemente difficoltosa la ricostruzione del patrimonio e del movimento degli affari o fatto ricorso abusivo al credito;

13.6) non sia stato condannato per bancarotta fraudolenta o per delitti contro l'economia pubblica, l'industria e il commercio, e altri delitti compiuti in connessione con l'esercizio dell'attività d'impresa, salvo che per tali reati sia intervenuta la riabilitazione.

14) abrogare la disciplina del procedimento sommario;

b) prevedere l'abrogazione dell'amministrazione controllata;

c) prevedere che i crediti di rivalsa verso il cessionario previsti dalle norme relative all'imposta sul valore aggiunto, se relativi alla cessione di beni mobili, abbiano privilegio sulla generalità dei mobili del debitore con lo stesso grado del privilegio generale di cui agli articoli 2752 e 2753 del codice civile, cui tuttavia è posposto.

7. (*Omissis*).

(1) *Questo comma è stato aggiunto dall'art. 1, comma 3, della L. 12 luglio 2006, n. 228.*

12.

L. 27 dicembre 2006, n. 296. Disposizioni per la formazione del bilancio annuale e pluriennale dello Stato (Legge finanziaria 2007) (Suppl. ord. alla *Gazzetta Ufficiale* Serie gen. - n. 299 del 27 dicembre 2006).

(*Estratto*)

1. 1. - 497. (*Omissis*).

498. I commissari liquidatori, nominati a norma dell'articolo 7, comma 3, della legge 12 dicembre 2002, n. 273, nelle procedure di amministrazione straordinaria disciplinate dal decreto legge 30 gennaio 1979, n. 26, convertito, con modificazioni, dalla legge 3 aprile 1979, n. 95, e successive modificazioni, e i commissari straordinari nominati nelle procedure di amministrazione straordinaria disciplinate dal decreto legislativo 8 luglio 1999, n. 270 e dal decreto legge 23 dicembre 2003, n. 347, convertito, con modificazioni, dalla legge 18 febbraio 2004, n. 39, decadono se non confermati entro novanta giorni dalla data di entrata in vigore della presente legge. A tal fine, il Ministro dello sviluppo economico, con proprio decreto, può disporre l'attribuzione al medesimo organo commissariale, se del caso con composizione collegiale, dell'incarico relativo a più procedure che si trovano nella fase liquidatoria, dando mandato ai commissari di realizzare una gestione unificata dei servizi generali e degli affari comuni, al fine di assicurare le massime sinergie organizzative e conseguenti economie gestionali. Con il medesimo decreto l'incarico di commissario può essere attribuito a studi professionali associati o a società tra professionisti, in conformità a quanto disposto all'articolo 28, primo comma, lettera *b*), del regio decreto 16 marzo 1942, n. 267, e successive modificazioni.

499. Il numero dei commissari nominati o confermati ai sensi del comma 498 non può superare la metà del numero dei commissari in carica alla data di entrata in vigore della presente legge. Gli stessi stipulano convenzioni con i professionisti la cui opera si rende necessaria nell'interesse della procedura, al fine di ridurre i costi a carico dei creditori.

500. Con decreto del Ministro dello sviluppo economico, da adottare nel termine di centottanta giorni dalla data di entrata in vigore della presente legge, sono definiti i criteri per la determinazione e la liquidazione dei compensi dovuti ai commissari liquidatori nominati nelle procedure di amministrazione straordinaria disciplinate dal

decreto legge 30 gennaio 1979, n. 26, convertito, con modificazioni, dalla legge 3 aprile 1979, n. 95, e successive modificazioni, tenuto conto dei criteri previsti dal regolamento di cui al decreto del Ministro di grazia e giustizia 28 luglio 1992, n. 570, nonché delle modifiche e degli adattamenti suggeriti dalla diversità delle procedure.

501. Il compenso dei commissari di cui al comma 498 è determinato nella misura spettante in relazione al numero delle procedure ad essi assegnate ridotto del 30 per cento.

502. - 1364. (*Omissis*).

13.

D.L.vo 6 settembre 2011, n. 159. Codice delle leggi antimafia e delle misure di prevenzione, nonché nuove disposizioni in materia di documentazione antimafia, a norma degli articoli 1 e 2 della legge 13 agosto 2010, n. 136 (Suppl. ord. alla *Gazzetta Ufficiale* Serie gen. - n. 226 del 28 settembre 2011) (1) (2).

(1) *Ai fini dell'applicazione del presente decreto, a norma dell'art. 6, comma 7, del D.L.vo 12 maggio 2015, n. 72, è acquisita, anche a campione, la comunicazione antimafia nei confronti dei soggetti di cui agli articoli 13 e 14 del decreto legislativo 24 febbraio 1998, n. 58. La Banca d'Italia e la Consob hanno accesso diretto al Sistema informativo del Casellario e alla Banca dati nazionale unica della documentazione antimafia.*

(2) *Ai sensi dell'art. 36, comma 1, della L. 17 ottobre 2017, n. 161, le modifiche alle disposizioni sulla competenza dell'Agenzia nazionale per l'amministrazione e la destinazione dei beni sequestrati e confiscati alla criminalità organizzata non si applicano ai casi nei quali l'amministrazione è stata assunta ai sensi delle disposizioni di questo provvedimento, vigenti fino alla data di entrata in vigore della presente legge* (Gazzetta Ufficiale *Serie gen. - n. 258 del 4 novembre 2017*).

(*Estratto*)

Libro I
Le misure di prevenzione

Titolo IV
La tutela dei terzi e i rapporti con le procedure concorsuali

Capo III
Rapporti con le procedure concorsuali

63. Dichiarazione di fallimento successiva al sequestro. – 1. Salva l'iniziativa per la dichiarazione di fallimento assunta dal debitore o da uno o più creditori, il pubblico ministero, anche su segnalazione dell'amministratore giudiziario che ne rilevi i presupposti, chiede al tribunale competente che venga dichiarato il fallimento dell'imprenditore i cui beni aziendali siano sottoposti a sequestro o a confisca.

2. Nel caso in cui l'imprenditore di cui al comma 1 sia soggetto alla procedura di liquidazione coatta amministrativa con esclusione del fallimento, il pubblico ministero chiede al tribunale competente l'emissione del provvedimento di cui all'articolo 195 del regio decreto 16 marzo 1942, n. 267 e successive modificazioni.

3. Il pubblico ministero segnala alla Banca d'Italia la sussistenza del procedimento di prevenzione su beni appartenenti ad istituti bancari o creditizi ai fini dell'adozione dei provvedimenti di cui al titolo IV del decreto legislativo 1° settembre 1993, n. 385.

4. Quando viene dichiarato il fallimento, i beni assoggettati a sequestro o confisca sono esclusi dalla massa attiva fallimentare. La verifica dei crediti e dei diritti inerenti ai rapporti relativi ai suddetti beni viene svolta dal giudice delegato del tribunale di prevenzione nell'ambito del procedimento di cui agli articoli 52 e seguenti (1).

5. Nel caso di cui al comma 4, il giudice delegato al fallimento provvede all'accertamento del passivo e dei diritti dei terzi nelle forme degli articoli 92 e seguenti del regio decreto 16 marzo 1942, n. 267, verificando altresì, anche con riferimento ai rapporti relativi ai beni sottoposti a sequestro, la sussistenza delle condizioni di cui all'articolo 52, comma 1, lettere *b*), *c*) e *d*) e comma 3 del presente decreto.

6. Se nella massa attiva del fallimento sono ricompresi esclusivamente beni già sottoposti a sequestro, il tribunale, sentiti il curatore e il comitato dei creditori, dichiara chiuso il fallimento con decreto ai sensi dell'articolo 119 del regio decreto 16 marzo 1942, n. 267, e successive modificazioni (2).

7. In caso di revoca del sequestro o della confisca, il curatore procede all'apprensione dei beni ai sensi del capo IV del titolo II del regio decreto 16 marzo 1942, n. 267, e successive modificazioni. Il giudice delegato al fallimento procede alla verifica dei crediti e dei diritti in relazione ai beni per i quali è intervenuta la revoca del sequestro o della confisca. Se la revoca interviene dopo la chiusura del fallimento, il tribunale provvede ai sensi dell'articolo 121 del regio decreto 16 marzo 1942, n. 267, e successive modificazioni, anche su iniziati-

va del pubblico ministero, ancorché sia trascorso il termine di cinque anni dalla chiusura del fallimento. Il curatore subentra nei rapporti processuali in luogo dell'amministratore giudiziario (2).

8. L'amministratore giudiziario propone le azioni disciplinate dalla sezione III del capo III del titolo II del regio decreto 16 marzo 1942, n. 267, con gli effetti di cui all'articolo 70 del medesimo decreto, ove siano relative ad atti, pagamenti o garanzie concernenti i beni oggetto di sequestro. Gli effetti del sequestro e della confisca si estendono ai beni oggetto dell'atto dichiarato inefficace.

8 *bis*. L'amministratore giudiziario, ove siano stati sequestrati complessi aziendali e produttivi o partecipazioni societarie di maggioranza, prima che intervenga la confisca definitiva, può, previa autorizzazione del tribunale ai sensi dell'articolo 41, presentare al tribunale fallimentare competente ai sensi dell'articolo 9 del regio decreto 16 marzo 1942, n. 267, e successive modificazioni, in quanto compatibile, domanda per l'ammissione al concordato preventivo, di cui agli articoli 160 e seguenti del citato regio decreto n. 267 del 1942, nonché accordo di ristrutturazione dei debiti ai sensi dell'articolo 182-bis del regio decreto n. 267 del 1942, o predisporre un piano attestato ai sensi dell'articolo 67, terzo comma, lettera d), del regio decreto n. 267 del 1942. Ove finalizzato a garantire la salvaguardia dell'unità produttiva e il mantenimento dei livelli occupazionali, il piano di ristrutturazione può prevedere l'alienazione dei beni sequestrati anche fuori dei casi di cui all'articolo 48 (3).

(1) *Questo comma è stato così sostituito dall'art. 22, comma 1, lett.* a), *della L. 17 ottobre 2017, n. 161.*

(2) *Questo comma è stato così sostituito dall'art. 22, comma 1, lett.* b), *della L. 17 ottobre 2017, n. 161.*

(3) *Questo comma è stato aggiunto dall'art. 22, comma 1, lett.* c), *della L. 17 ottobre 2017, n. 161.*

64. Sequestro successivo alla dichiarazione di fallimento. – 1. Ove sui beni compresi nel fallimento ai sensi dell'articolo 42 del regio decreto 16 marzo 1942, n. 267 sia disposto sequestro, il giudice delegato al fallimento, sentito il curatore ed il comitato dei creditori, dispone con decreto non reclamabile la separazione di tali beni dalla massa attiva del fallimento e la loro consegna all'amministratore giudiziario.

2. Salvo quanto previsto dal comma 7, i crediti e i diritti inerenti ai rapporti relativi ai beni sottoposti a sequestro, ancorché già verificati dal giudice del fallimento, sono ulteriormente verificati dal giudice delegato del tribunale di prevenzione ai sensi degli articoli 52 e seguenti (1).

[3. Alla stessa verifica sono soggetti i crediti ed i diritti insinuati nel fallimento dopo il deposito della richiesta di applicazione di una misura di prevenzione] (2).

4. Se sono pendenti, con riferimento ai crediti e ai diritti inerenti ai rapporti relativi per cui interviene il sequestro, i giudizi di impugnazione di cui all'articolo 98 del regio decreto 16 marzo 1942, n. 267, e successive modificazioni, il tribunale fallimentare sospende il giudizio sino all'esito del procedimento di prevenzione. Le parti interessate, in caso di revoca del sequestro, dovranno riassumere il giudizio (3).

[5. Alle ripartizioni dell'attivo fallimentare concorrono, secondo la disciplina del capo VII del titolo II del regio decreto 16 marzo 1942, n. 267, i soli creditori ammessi al passivo fallimentare ai sensi delle disposizioni che precedono] (4).

6. I crediti di cui al comma 2, verificati ai sensi degli articoli 53 e seguenti dal giudice delegato del tribunale di prevenzione, sono soddisfatti sui beni oggetto di confisca secondo il piano di pagamento di cui all'articolo 61 (5).

7. Se il sequestro o la confisca di prevenzione hanno per oggetto l'intera massa attiva fallimentare ovvero, nel caso di società di persone, l'intero patrimonio personale dei soci illimitatamente responsabili, il tribunale, sentiti il curatore e il comitato dei creditori, dichiara la chiusura del fallimento con decreto ai sensi dell'articolo 119 del regio decreto 16 marzo 1942, n. 267, e successive modificazioni (5).

8. Se il sequestro o la confisca intervengono dopo la chiusura del fallimento, essi si eseguono su quanto eventualmente residua dalla liquidazione.

9. Si applica l'articolo 63, comma 8, ed ove le azioni siano state proposte dal curatore, l'amministratore lo sostituisce nei processi in corso.

10. Se il sequestro o la confisca sono revocati prima della chiusura del fallimento, i beni sono nuovamente ricompresi nella massa attiva. L'amministratore giudiziario provvede alla consegna degli stessi al curatore, il quale prosegue i giudizi di cui al comma 9.

11. Se il sequestro o la confisca sono revocati dopo la chiusura del fallimento, si provvede ai sensi dell'articolo 63, comma 7.

(1) *Questo comma è stato così sostituito dall'art. 22, comma 2, lett.* a), *della L. 17 ottobre 2017, n. 161.*

([2]) *Questo comma è stato abrogato dall'art. 22, comma 2, lett.* b), *della L. 17 ottobre 2017, n. 161.*

([3]) *Questo comma è stato così sostituito dall'art. 22, comma 2, lett.* c), *della L. 17 ottobre 2017, n. 161.*

([4]) *Questo comma è stato abrogato dall'art. 22, comma 2, lett.* d), *della L. 17 ottobre 2017, n. 161.*

([5]) *Questo comma è stato così sostituito dall'art. 22, comma 2, lett.* e), *della L. 17 ottobre 2017, n. 161.*

65. Rapporti del controllo giudiziario e dell'amministrazione giudiziaria con il fallimento. – 1. Il controllo e l'amministrazione giudiziaria non possono essere disposti su beni compresi nel fallimento.

2. Quando la dichiarazione di fallimento è successiva all'applicazione delle misure di prevenzione del controllo ovvero dell'amministrazione giudiziaria, la misura di prevenzione cessa sui beni compresi nel fallimento. La cessazione è dichiarata dal tribunale con ordinanza.

3. Nel caso previsto al comma 2, se alla chiusura del fallimento residuano beni già sottoposti alle anzidette misure di prevenzione, il tribunale della prevenzione dispone con decreto l'applicazione della misura sui beni medesimi, ove persistano le esigenze di prevenzione.

14.

D.M. 25 gennaio 2012, n. 30. Regolamento concernente l'adeguamento dei compensi spettanti ai curatori fallimentari e la determinazione dei compensi nelle procedure di concordato preventivo (*Gazzetta Ufficiale* Serie gen. - n. 72 del 26 marzo 2012).

1. 1. Il compenso al curatore di fallimento è liquidato dal tribunale a norma dell'articolo 39 del regio decreto 16 marzo 1942, n. 267, tenendo conto dell'opera prestata, dei risultati ottenuti, dell'importanza del fallimento, nonché della sollecitudine con cui sono state condotte le relative operazioni, e deve consistere in una percentuale sull'ammontare dell'attivo realizzato non superiore alle misure seguenti:

a) dal 12% al 14% quando l'attivo non superi i 16.227,08 euro;

b) dal 10% al 12% sulle somme eccedenti i 16.227,08 euro fino a 24.340,62 euro;

c) dall'8,50% al 9,50% sulle somme eccedenti i 24.340,62 euro fino a 40.567,68 euro;

d) dal 7% all'8% sulle somme eccedenti i 40.567,68 euro fino a 81.135,38 euro;

e) dal 5,5% al 6,5% sulle somme eccedenti i 81.135,38 euro fino a 405.676,89 euro;

f) dal 4% al 5% sulle somme eccedenti i 405.676,89 euro fino a 811.353,79 euro;

g) dallo 0,90% all'1,80% sulle somme eccedenti i 811.353,79 euro fino a 2.434.061,37 euro;

h) dallo 0,45% allo 0,90% sulle somme che superano i 2.434.061,37 euro.

2. Al curatore è inoltre corrisposto, sull'ammontare del passivo accertato, un compenso supplementare dallo 0,19% allo 0,94% sui primi 81.131,38 euro e dallo 0,06% allo 0,46% sulle somme eccedenti tale cifra.

2. 1. Qualora il curatore cessi dalle funzioni prima della chiusura delle operazioni di fallimento, il compenso è liquidato al termine della procedura, in base ai parametri indicati nell'articolo 1, tenuto conto dell'opera prestata e in applicazione di criteri di cui all'articolo 39, comma 3, del regio decreto 16 marzo 1942, n. 267 e successive modificazioni.

2. Nel caso che il fallimento si chiuda con concordato, il compenso dovuto al curatore è liquidato in proporzione all'opera prestata, in modo però da non eccedere in nessun caso le percentuali sull'ammontare dell'attivo, previste dall'articolo 1, comma 1, calcolate sull'ammontare complessivo di quanto col concordato viene attribuito ai creditori. Al curatore è inoltre corrisposto il compenso supplementare di cui all'articolo 1, comma 2.

3. 1. Qualora sia autorizzata la continuazione dell'attività economica dell'impresa fallita al curatore è corrisposto, oltre ai compensi di cui agli articoli 1 e 2, un ulteriore compenso dello 0,50% sugli utili netti e dello 0,25% sull'ammontare dei ricavi lordi conseguiti durante l'esercizio provvisorio.

4. 1. Il compenso liquidato a termini degli articoli 1, 2 e 3 non può essere inferiore, nel suo complesso, a 811,35 euro, salvo il caso previsto dall'articolo 2, comma 1.

2. Al curatore spetta, inoltre, un rimborso forfettario delle spese generali in ragione del 5% sull'importo del compenso liquidato ai sensi degli articoli 1, 2, 3 e del comma 1 del presente articolo, nonché il rimborso delle spese vive effettivamente sostenute ed autorizzate dal giudice delegato, documentalmente provate, escluso qualsiasi altro compenso o indennità. Nel caso di trasferimento fuori dalla residenza spetta il trattamento econo-

mico di missione previsto per gli impiegati civili dello Stato con qualifica di primo dirigente.

5. 1. Nelle procedure di concordato preventivo in cui siano previste forme di liquidazione dei beni spetta al commissario giudiziale, anche per l'opera prestata successivamente all'omologazione, il compenso determinato con le percentuali di cui all'articolo 1, comma 1, sull'ammontare dell'attivo realizzato dalla liquidazione e di cui all'articolo 1, comma 2, sull'ammontare del passivo risultante dall'inventario redatto ai sensi dell'articolo 172 del regio decreto 16 marzo 1942, n. 267. Si applica l'articolo 4, comma 1.

2. Nelle procedure di concordato preventivo diverse da quelle di cui al comma 1, spetta al commissario giudiziale, anche per l'opera prestata successivamente all'omologazione, il compenso determinato con le percentuali di cui all'articolo1, sull'ammontare dell'attivo e del passivo risultanti dall'inventario redatto ai sensi dell'articolo 172 del regio decreto 16 marzo 1942, n. 267. Si applica l'articolo 4, comma 1.

3. Per il compenso del liquidatore dei beni, nominato ai sensi dell'articolo 182 del regio decreto 16 marzo 1942, n. 267, si applica l'articolo 39 del regio decreto 16 marzo 1942, n. 267, in quanto compatibile. Al liquidatore spetta un compenso determinato ai sensi dell'articolo 1, comma 1, sull'ammontare dell'attivo realizzato dalla liquidazione, nonché un compenso determinato ai sensi dell'articolo 1, comma 2, calcolato sull'ammontare del passivo risultante dall'inventario redatto ai sensi dell'articolo 172 del regio decreto 16 marzo 1942, n. 267. Si applica l'articolo 4, comma 1.

4. Al commissario giudiziale e al liquidatore competono, inoltre, i rimborsi e il trattamento previsto all'articolo 4, comma 2.

5. Qualora il commissario giudiziale o il liquidatore cessino dalle funzioni prima della chiusura delle operazioni, il compenso è liquidato, al termine della procedura, secondo i parametri fissati, rispettivamente dai commi 1, 2 e 3 del presente articolo e conformemente ai criteri previsti dall'articolo 2, comma 1.

6. 1. Nel corso della procedura possono essere disposti acconti sul compenso, ai sensi dell'articolo 109, comma 2 del regio decreto 16 marzo 1942, n. 267, tenendo conto dei risultati ottenuti e dell'attività prestata.

7. 1. Nelle procedure di amministrazione controllata che continuano ad essere disciplinate dal Titolo IV del regio decreto 16 marzo 1942, n. 267, abrogato dall'articolo 147, comma 1, del decreto legislativo 9 gennaio 2006, n. 5, spettano al commissario giudiziale i compensi determinati con le percentuali di cui all'articolo 1, sull'ammontare dell'attivo e del passivo risultanti dall'inventario redatto ai sensi dell'articolo 188 del regio decreto 16 marzo 1942, n. 267.

2. Nei casi di gestione dell'impresa o di amministrazione dei beni, previsti dall'articolo 191 del regio decreto 16 marzo 1942, n. 267, oltre ai compensi previsti dal comma 1, spetta allo stesso commissario il compenso aggiuntivo di cui all'articolo 3.

3. Si applica l'articolo 5, commi 4 e 5.

8. 1. Il presente decreto si applica a tutti i compensi da liquidarsi successivamente all'entrata in vigore del decreto, ivi compresi quelli concernenti le procedure concorsuali ancora pendenti a tale data.

9. 1. Il presente decreto entra in vigore il giorno successivo a quello della sua pubblicazione nella *Gazzetta Ufficiale* della Repubblica italiana e abroga, dalla medesima data, i decreti del Ministero di Grazia e Giustizia 30 novembre 1930, 1° gennaio 1945, 4 giugno 1949, 16 luglio 1965, 27 novembre 1976, 17 aprile 1987 e del 28 luglio 1992, n. 570.

15.

D.M. 10 aprile 2013, n. 60. Regolamento recante determinazione dei requisiti di professionalità ed onorabilità dei commissari giudiziali e straordinari delle procedure di amministrazione straordinaria delle grandi imprese in crisi, ai sensi dell'articolo 39, comma 1, del decreto legislativo 8 luglio 1999, n. 270 (*Gazzetta Ufficiale* Serie gen. - n. 126 del 31 maggio 2013).

1. Definizioni. – 1. Ai fini del presente regolamento, si intendono per:

a) «Ministero», il Ministero dello sviluppo economico;

b) «commissari giudiziali», i commissari giudiziali da nominare a norma dell'articolo 8, comma 1, lettera *c*), del decreto legislativo 8 luglio 1999, n. 270;

c) «commissari straordinari», i commissari straordinari da nominare a norma dell'articolo 38 del decreto legislativo 8 luglio 1999, n. 270 e dell'articolo 2, comma 2, del decreto legge 23 dicembre 2003, n. 347, convertito in legge, con modificazioni, dalla legge 18 febbraio 2004, n. 39;

d) «impresa insolvente», l'impresa dichiarata insolvente alla quale si riferisce la nomina del commissario giudiziale o del commissario straordinario.

2. Requisiti di professionalità dei commissari. – 1. I commissari giudiziali sono scelti, secondo criteri di professionalità e di competenza, tra:

a) persone iscritte da almeno cinque anni negli albi dei revisori dei conti, degli avvocati, dei dottori commercialisti, dei ragionieri e periti commerciali, che hanno esercitato per eguale periodo l'attività professionale, maturando una specifica competenza nel settore della analisi e revisione di azienda;

b) persone che abbiano maturato una esperienza complessiva di almeno cinque anni nell'attività d'insegnamento universitario in materie economico-aziendali;

c) persone che abbiano maturato, presso imprese pubbliche o private aventi dimensioni comparabili con quello dell'impresa insolvente e preferibilmente in settori analoghi a quello dell'impresa medesima, una esperienza complessiva di almeno cinque anni in funzioni di amministrazione o di direzione.

2. I commissari straordinari sono scelti, secondo criteri di professionalità e di competenza, tra:

a) persone iscritte da almeno cinque anni negli albi degli avvocati, dei dottori commercialisti, dei ragionieri e periti commerciali che hanno esercitato per eguale periodo l'attività professionale, maturando una specifica competenza nel settore delle procedure concorsuali, ovvero della programmazione, ristrutturazione o risanamento aziendale;

b) persone in possesso di diploma di laurea in materie giuridiche, economiche o ingegneristiche o tecnico-scientifiche, o materie equipollenti, ovvero di diploma di ragioniere e perito commerciale, che hanno maturato una esperienza complessiva di almeno cinque anni nell'esercizio di:

1) funzione di amministrazione o di direzione presso imprese pubbliche o private aventi dimensioni comparabili con quelle dell'impresa insolvente;

2) funzioni dirigenziali presso enti pubblici o pubbliche amministrazioni aventi attinenza con il settore di attività dell'impresa insolvente e che comportano la gestione di rilevanti risorse economico-finanziarie;

3) funzioni di curatore, commissario giudiziale, commissario liquidatore o commissario straordinario di procedure concorsuali che hanno comportato, a norma degli articoli 90, 191 e 206, terzo comma, del regio decreto 16 marzo 1942, n. 267, dell'articolo 2 del decreto legge 30 gennaio 1979, n. 26, convertito, con modificazioni, dalla legge 3 aprile 1979, n. 95 e degli articoli 19 e 40 del decreto legislativo 8 luglio 1999, n. 270, la gestione di imprese di dimensioni comparabili con quelle dell'impresa insolvente.

3. L'assunzione dell'incarico di commissario da parte dei dirigenti di amministrazioni dello Stato è compatibile con la prosecuzione del servizio nelle posizioni di cui all'articolo 19, comma 10, del decreto legislativo 30 marzo 2001, n. 165.

3. Requisiti di onorabilità. – 1. Non può essere nominato commissario giudiziale o commissario straordinario:

a) l'interdetto e l'inabilitato;

b) chi è stato dichiarato fallito e chi è stato dichiarato insolvente ai sensi delle disposizioni che regolano la procedura di amministrazione straordinaria;

c) chi è sottoposto a procedure di concordato preventivo o di amministrazione controllata, fin quando la procedura è in corso;

d) chi è stato sottoposto a misure di prevenzione disposte dall'autorità giudiziaria ai sensi del decreto legislativo 6 settembre 2011, n. 159, salvi gli effetti della riabilitazione;

e) chi è stato condannato con sentenza irrevocabile, salvi gli effetti della riabilitazione:

1) alla reclusione per uno dei delitti previsti nel Titolo XI del libro V del codice civile e nel Titolo VI del regio decreto 16 marzo 1942, n. 267;

2) alla reclusione per un tempo non inferiore a sei mesi per un delitto contro la pubblica amministrazione, contro la fede pubblica, contro il patrimonio, contro l'economia pubblica, l'industria e il commercio ovvero per un delitto in materia tributaria e valutaria;

3) alla reclusione per un tempo non inferiore ad un anno per un qualunque delitto non colposo;

4) a pena che comporti l'interdizione, anche temporanea, dai pubblici uffici, ovvero l'interdizione o la sospensione dall'esercizio degli uffici direttivi delle persone giuridiche e delle imprese;

5) colui al quale è stata applicata su richiesta delle parti, a norma dell'articolo 444 del codice di procedura penale, una delle pene previste dalla lettera *e*), numeri 1), 2) e 3) del presente articolo, salvo che sia intervenuta l'estinzione del reato a norma dell'articolo 445, comma 2, del codice di procedura penale.

2. La sopravvenienza delle condizioni indicate nel comma 1 determina l'automatica decadenza dall'incarico.

3. Le disposizioni di cui al comma 2 trovano applicazione anche nei confronti dei commissari giudiziali e dei commissari straordinari nominati a norma dell'articolo 104 del decreto legislativo 8 luglio 1999, n. 270.

4. Situazioni impeditive. – 1. Non può essere nominato commissario giudiziale o commissario straordinario:

a) chi ha esercitato funzioni di amministrazione, direzione o controllo nell'impresa insolvente ovvero si è in qualsiasi modo ingerito nella medesima;

b) il coniuge, i parenti e gli affini entro il quarto grado dell'imprenditore insolvente, se persona fisica, ovvero delle persone che hanno esercitato funzioni di amministrazione, direzione o controllo nell'impresa insolvente;

c) il creditore ed il debitore dell'impresa insolvente;

d) chi, nei due anni anteriori alla dichiarazione dello stato di insolvenza, ha prestato a qualunque titolo la sua attività professionale a favore dell'impresa insolvente.

5. Cause di sospensione. – 1. Costituiscono causa di sospensione dalle funzioni di commissario giudiziale o commissario straordinario le seguenti situazioni:

a) condanna con sentenza non definitiva per uno dei reati di cui all'articolo 3, comma 1, lettera *e*);

b) applicazione su richiesta delle parti di una delle pene di cui all'articolo 3, comma 1, lettera *e*), con sentenza non definitiva;

c) applicazione provvisoria di una delle misure previste dall'articolo 67, comma 3, del decreto legislativo 6 settembre 2011, n. 159;

d) applicazione di una misura cautelare di tipo personale.

2. Possono costituire causa di sospensione dalle funzioni di commissario giudiziale o commissario straordinario le seguenti situazioni:

a) notifica di informazione di garanzia o rinvio a giudizio per delitto non colposo;

b) avvio del procedimento per l'applicazione di misure di prevenzione ai sensi del decreto legislativo 6 settembre 2011, n. 159.

3. Ai fini della sospensione di cui al comma 2 il Ministero valuta, nell'interesse della procedura ovvero nell'interesse dello stesso Ministero, il pregiudizio alla credibilità, le possibili negative ricadute sulla gestione operativa, e il danno all'immagine che possono derivare dalla permanenza del commissario nell'incarico.

6. Documentazione dei requisiti. – 1. Il possesso dei requisiti di cui all'articolo 2, comma 1 e dell'articolo 3, comma 1 e l'assenza delle situazioni impeditive di cui all'articolo 4, sono auto-certificati dall'interessato, a norma degli articoli 46 e 47 del decreto del Presidente della Repubblica 28 dicembre 2000, n. 445, unitamente ad ogni altro fatto, stato e qualità personale attinente alla specifica professionalità ed esperienza lavorativa maturata, ivi comprese le eventuali pendenze, a proprio carico, di procedimenti di cui all'articolo 5, l'applicazione di provvedimenti di cui al medesimo articolo e la pendenza di azioni giudiziarie penali o civili, avviate in relazione ad atti compiuti nell'esercizio di funzioni di amministrazione, direzione o controllo in enti o imprese, salvi i poteri di verifica della veridicità delle dichiarazioni da parte del Ministero.

2. I commissari giudiziali e straordinari sono tenuti a comunicare tempestivamente al Ministero ogni variazione ed aggiornamento dei dati autocertificati.

3. La mancata comunicazione o la comunicazione di informazioni non veritiere costituisce grave inadempienza, da valutarsi ai fini della revoca dell'incarico ai sensi dell'articolo 43 del decreto legislativo 8 luglio 1999, n. 270, fermo restando ogni altro provvedimento per l'applicazione delle sanzioni previste per legge.

4. L'accettazione della nomina deve avvenire, a pena di decadenza, nel termine di dieci giorni dalla ricezione del provvedimento.

7. Disposizione di coordinamento. – 1. Il presente regolamento si applica ai commissari straordinari nominati ai sensi dell'articolo 2, comma 2, del decreto legge 23 dicembre 2003, n. 347, per quanto non diversamente disposto dal decreto del Ministro delle attività produttive in data 24 dicembre 2003.

1.

L. 6 maggio 2004, n. 129. Norme per la disciplina dell'affiliazione commerciale (*Gazzetta Ufficiale* Serie gen. - n. 120 del 24 maggio 2004).

1. Definizioni. – 1. L'affiliazione commerciale (*franchising*) è il contratto, comunque denominato, fra due soggetti giuridici, economicamente e giuridicamente indipendenti, in base al quale una parte concede la disponibilità all'altra, verso corrispettivo, di un insieme di diritti di proprietà industriale o intellettuale relativi a marchi, denominazioni commerciali, insegne, modelli di utilità, disegni, diritti di autore, *know-how*, brevetti, assistenza o consulenza tecnica e commerciale, inserendo l'affiliato in un sistema costituito da una pluralità di affiliati distribuiti sul territorio, allo scopo di commercializzare determinati beni o servizi.

2. Il contratto di affiliazione commerciale può essere utilizzato in ogni settore di attività economica.

3. Nel contratto di affiliazione commerciale si intende:

a) per *know-how*, un patrimonio di conoscenze pratiche non brevettate derivanti da esperienze e da prove eseguite dall'affiliante, patrimonio che è segreto, sostanziale ed individuato; per segreto, che il *know-how*, considerato come complesso di nozioni o nella precisa configurazione e composizione dei suoi elementi, non è generalmente noto né facilmente accessibile; per sostanziale, che il *know-how* comprende conoscenze indispensabili all'affiliato per l'uso, per la vendita, la rivendita, la gestione o l'organizzazione dei beni o servizi contrattuali; per individuato, che il *know-how* deve essere descritto in modo sufficientemente esauriente, tale da consentire di verificare se risponde ai criteri di segretezza e di sostanzialità;

b) per diritto di ingresso, una cifra fissa, rapportata anche al valore economico e alla capacità di sviluppo della rete, che l'affiliato versa al momento della stipula del contratto di affiliazione commerciale;

c) per *royalties*, una percentuale che l'affiliante richiede all'affiliato commisurata al giro d'affari del medesimo o in quota fissa, da versarsi anche in quote fisse periodiche;

d) per beni dell'affiliante, i beni prodotti dall'affiliante o secondo le sue istruzioni e contrassegnati dal nome dell'affiliante.

2. Ambito di applicazione della legge. – 1. Le disposizioni relative al contratto di affiliazione commerciale, come definito all'articolo 1, si applicano anche al contratto di affiliazione commerciale principale con il quale un'impresa concede all'altra, giuridicamente ed economicamente indipendente dalla prima, dietro corrispettivo, diretto o indiretto, il diritto di sfruttare un'affiliazione commerciale allo scopo di stipulare accordi di affiliazione commerciale con terzi, nonché al contratto con il quale l'affiliato, in un'area di sua disponibilità, allestisce uno spazio dedicato esclusivamente allo svolgimento dell'attività commerciale di cui al comma 1 dell'articolo 1.

3. Forma e contenuto del contratto. – 1. Il contratto di affiliazione commerciale deve essere redatto per iscritto a pena di nullità.

2. Per la costituzione di una rete di affiliazione commerciale l'affiliante deve aver sperimentato sul mercato la propria formula commerciale.

3. Qualora il contratto sia a tempo determinato, l'affiliante dovrà comunque garantire all'affiliato una durata minima sufficiente all'ammortamento dell'investimento e comunque non inferiore a tre anni. È fatta salva l'ipotesi di risoluzione anticipata per inadempienza di una delle parti.

4. Il contratto deve inoltre espressamente indicare:

a) l'ammontare degli investimenti e delle eventuali spese di ingresso che l'affiliato deve sostenere prima dell'inizio dell'attività;

b) le modalità di calcolo e di pagamento delle *royalties*, e l'eventuale indicazione di un incasso minimo da realizzare da parte dell'affiliato;

c) l'ambito di eventuale esclusiva territoriale sia in relazione ad altri affiliati, sia in relazione a canali ed unità di vendita direttamente gestiti dall'affiliante;

d) la specifica del *know-how* fornito dall'affiliante all'affiliato;

e) le eventuali modalità di riconoscimento dell'apporto di *know-how* da parte dell'affiliato;

f) le caratteristiche dei servizi offerti dall'affiliante in termini di assistenza tecnica e commerciale, progettazione ed allestimento, formazione;

g) le condizioni di rinnovo, risoluzione o eventuale cessione del contratto stesso.

4. Obblighi dell'affiliante. – 1. Almeno trenta giorni prima della sottoscrizione di un contratto di affiliazione commerciale l'affiliante deve consegnare all'aspirante affiliato copia completa del contratto da sottoscrivere, corredato dei seguenti allegati, ad eccezione di quelli per i quali sussistano obiettive e specifiche esigenze di riservatezza, che comunque dovranno essere citati nel contratto:

a) principali dati relativi all'affiliante, tra cui ragione e capitale sociale e, previa richiesta dell'aspirante affiliato, copia del suo bilancio degli ultimi tre anni o dalla data di inizio della sua attività, qualora esso sia avvenuto da meno di tre anni;

b) l'indicazione dei marchi utilizzati nel sistema, con gli estremi della relativa registrazione o del deposito, o della licenza concessa all'affiliante dal terzo, che abbia eventualmente la proprietà degli stessi, o la documentazione comprovante l'uso concreto del marchio;

c) una sintetica illustrazione degli elementi caratterizzanti l'attività oggetto dell'affiliazione commerciale;

d) una lista degli affiliati al momento operanti nel sistema e dei punti vendita diretti dell'affiliante;

e) l'indicazione della variazione, anno per anno, del numero degli affiliati con relativa ubicazione negli ultimi tre anni o dalla data di inizio dell'attività dell'affiliante, qualora esso sia avvenuto da meno di tre anni;

f) la descrizione sintetica degli eventuali procedimenti giudiziari o arbitrali, promossi nei confronti dell'affiliante e che si siano conclusi negli ultimi tre anni, relativamente al sistema di affiliazione commerciale in esame, sia da affiliati sia da terzi privati o da pubbliche autorità, nel rispetto delle vigenti norme sulla privacy.

2. Negli allegati di cui alle lettere *d*), *e*) ed *f*) del comma 1 l'affiliante può limitarsi a fornire le informazioni relative alle attività svolte in Italia. Con decreto del Ministro delle attività produttive, da emanare entro novanta giorni dalla data di entrata in vigore della presente legge, sono definite le informazioni che, in relazione a quanto previsto dalla predette lettere *d*), *e*) ed *f*), dovranno essere fornite dagli affilianti che in precedenza abbiano operato esclusivamente all'estero ([1]).

([1]) *Si veda il D.M. 2 settembre 2005, n. 204* (G.U. *Serie gen. - n. 231 del 4 ottobre 2005*).

5. Obblighi dell'affiliato. – 1. L'affiliato non può trasferire la sede, qualora sia indicata nel contratto, senza il preventivo consenso dell'affiliante, se non per causa di forza maggiore.

2. L'affiliato si impegna ad osservare e a far osservare ai propri collaboratori e dipendenti, anche dopo lo scioglimento del contratto, la massima riservatezza in ordine al contenuto dell'attività oggetto dell'affiliazione commerciale.

6. Obblighi precontrattuali di comportamento. – 1. L'affiliante deve tenere, in qualsiasi momento, nei confronti dell'aspirante affiliato, un comportamento ispirato a lealtà, correttezza e buona fede e deve tempestivamente fornire, all'aspirante affiliato, ogni dato e informazione che lo stesso ritenga necessari o utili ai fini della stipulazione del contratto di affiliazione commerciale, a meno che non si tratti di informazioni oggettivamente riservate o la cui divulgazione costituirebbe violazione di diritti di terzi.

2. L'affiliante deve motivare all'aspirante affiliato l'eventuale mancata comunicazione delle informazioni e dei dati dallo stesso richiesti.

3. L'aspirante affiliato deve tenere in qualsiasi momento, nei confronti dell'affiliante, un comportamento improntato a lealtà, correttezza e buona fede e deve fornire, tempestivamente ed in modo esatto e completo, all'affiliante ogni informazione e dato la cui conoscenza risulti necessaria o opportuna ai fini della stipulazione del contratto di affiliazione commerciale, anche se non espressamente richiesti dall'affiliante.

7. Conciliazione. – 1. Per le controversie relative ai contratti di affiliazione commerciale le parti possono convenire che, prima di adire l'autorità giudiziaria o ricorrere all'arbitrato, dovrà essere fatto un tentativo di conciliazione presso la camera di commercio, industria, artigianato e agricoltura nel cui territorio ha sede l'affiliato. Al procedimento di conciliazione si applicano, in quanto compatibili, le disposizioni di cui agli articoli 38, 39 e 40 del decreto legislativo 17 gennaio 2003, n. 5, e successive modificazioni.

8. Annullamento del contratto. – 1. Se una parte ha fornito false informazioni, l'altra parte può chiedere l'annullamento del contratto ai sensi dell'articolo 1439 del codice civile nonché il risarcimento del danno, se dovuto.

9. Norme transitorie e finali. – 1. Le disposizioni della presente legge si applicano a tutti i contratti di affiliazione commerciale in corso nel territorio dello Stato alla data di entrata in vigore della legge stessa.

2. Gli accordi di affiliazione commerciale anteriori alla data di entrata in vigore della presente legge se non stipulati a norma dell'articolo 3, comma 1, devono essere formalizzati per iscritto secondo le disposizioni della presente legge entro un anno dalla predetta data. Entro lo stesso termine devono essere adeguati alle disposizioni della presente legge i contratti anteriori stipulati per iscritto.

3. La presente legge entra in vigore il giorno successivo a quella della sua pubblicazione nella *Gazzetta Ufficiale*.

1.

D.L.vo 3 luglio 2017, n. 112. Revisione della disciplina in materia di impresa sociale, a norma dell'articolo 2, comma 2, lettera *c*) della legge 6 giugno 2016, n. 106 (*Gazzetta Ufficiale* Serie gen. - n. 167 del 19 luglio 2017).

(*Estratto*)

1. Nozione e qualifica di impresa sociale. – 1. Possono acquisire la qualifica di impresa sociale tutti gli enti privati, inclusi quelli costituiti nelle forme di cui al libro V del codice civile, che, in conformità alle disposizioni del presente decreto, esercitano in via stabile e principale un'attività d'impresa di interesse generale, senza scopo di lucro e per finalità civiche, solidaristiche e di utilità sociale, adottando modalità di gestione responsabili e trasparenti e favorendo il più ampio coinvolgimento dei lavoratori, degli utenti e di altri soggetti interessati alle loro attività.

2. Non possono acquisire la qualifica di impresa sociale le società costituite da un unico socio persona fisica, le amministrazioni pubbliche di cui all'articolo 1, comma 2, del decreto legislativo 30 marzo 2001, n. 165, e successive modificazioni, e gli enti i cui atti costitutivi limitino, anche indirettamente, l'erogazione dei beni e dei servizi in favore dei soli soci o associati.

3. Agli enti religiosi civilmente riconosciuti le norme del presente decreto si applicano limitatamente allo svolgimento delle attività di cui all'articolo 2, a condizione che per tali attività adottino un regolamento, in forma di atto pubblico o scrittura privata autenticata, che, ove non diversamente previsto ed in ogni caso nel rispetto della struttura e delle finalità di tali enti, recepisca le norme del presente decreto. Per lo svolgimento di tali attività deve essere costituito un patrimonio destinato e devono essere tenute separatamente le scritture contabili di cui all'articolo 9.

4. Le cooperative sociali e i loro consorzi, di cui alla legge 8 novembre 1991, n. 381, acquisiscono di diritto la qualifica di imprese sociali. Alle cooperative sociali e ai loro consorzi, le disposizioni del presente decreto si applicano nel rispetto della normativa specifica delle cooperative ed in quanto compatibili, fermo restando l'ambito di attività di cui all'articolo 1 della citata legge n. 381 del 1991, come modificato ai sensi dell'articolo 17, comma 1.

5. Alle imprese sociali si applicano, in quanto compatibili con le disposizioni del presente decreto, le norme del codice del Terzo settore di cui all'articolo 1, comma 2, lettera *b*), della legge 6 giugno 2016, n. 106, e, in mancanza e per gli aspetti non disciplinati, le norme del codice civile e le relative disposizioni di attuazione concernenti la forma giuridica in cui l'impresa sociale è costituita.

6. Le disposizioni del presente decreto si applicano in quanto compatibili con il decreto legislativo 19 agosto 2016, n. 175.

7. Le disposizioni del presente decreto non si applicano agli enti di cui al decreto legislativo 17 maggio 1999, n. 153.

2. Attività d'impresa di interesse generale. – 1. L'impresa sociale esercita in via stabile e principale una o più attività d'impresa di interesse generale per il perseguimento di finalità civiche, solidaristiche e di utilità sociale. Ai fini del presente decreto, si considerano di interesse generale, se svolte in conformità alle norme particolari che ne disciplinano l'esercizio, le attività d'impresa aventi ad oggetto:

a) interventi e servizi sociali ai sensi dell'articolo 1, commi 1 e 2, della legge 8 novembre 2000, n. 328, e successive modificazioni, ed interventi, servizi e prestazioni di cui alla legge 5 febbraio 1992, n. 104, e successive modificazioni, e di cui alla legge 22 giugno 2016, n. 112, e successive modificazioni;

b) interventi e prestazioni sanitarie;

c) prestazioni socio-sanitarie di cui al decreto del Presidente del Consiglio dei ministri del 14 febbraio 2001, pubblicato nella *Gazzetta Ufficiale* n. 129 del 6 giugno 2001, e successive modificazioni;

d) educazione, istruzione e formazione professionale, ai sensi della legge 28 marzo 2003, n. 53, e successive modificazioni, nonché le attività culturali di interesse sociale con finalità educativa;

e) interventi e servizi finalizzati alla salvaguardia e al miglioramento delle condizioni dell'ambiente e all'utilizzazione accorta e razionale delle risorse naturali, con esclusione dell'attività, esercitata abitualmente, di raccolta e riciclaggio dei rifiuti urbani, speciali e pericolosi;

f) interventi di tutela e valorizzazione del patrimonio culturale e del paesaggio, ai sensi del decreto legislativo 22 gennaio 2004, n. 42, e successive modificazioni;

g) formazione universitaria e post-universitaria;

h) ricerca scientifica di particolare interesse sociale;

i) organizzazione e gestione di attività culturali, artistiche o ricreative di interesse sociale, incluse attività, anche editoriali, di promozione e diffusione della cultura e della pratica del volontariato, e delle attività di interesse generale di cui al presente articolo;

j) radiodiffusione sonora a carattere comunitario, ai sensi dell'articolo 16, comma 5, della legge 6 agosto 1990, n. 223, e successive modificazioni;

k) organizzazione e gestione di attività turistiche di interesse sociale, culturale o religioso;

l) formazione extra-scolastica, finalizzata alla prevenzione della dispersione scolastica e al successo scolastico e formativo, alla prevenzione del bullismo ed al contrasto della povertà educativa;

m) servizi strumentali alle imprese sociali o ad altri enti del Terzo settore resi da enti composti in misura non inferiore al settanta per cento da imprese sociali o da altri enti del Terzo settore;

n) cooperazione allo sviluppo, ai sensi della legge 11 agosto 2014, n. 125, e successive modificazioni;

o) attività commerciali, produttive, di educazione e informazione, di promozione, di rappresentanza, di concessione in licenza di marchi di certificazione, svolte nell'ambito o a favore di filiere del commercio equo e solidale, da intendersi come un rapporto commerciale con un produttore operante in un'area economica svantaggiata situata, di norma, in un Paese in via di sviluppo, sulla base di un accordo di lunga durata finalizzato a promuovere l'accesso del produttore al mercato, e che preveda il pagamento di un prezzo equo, misure di sviluppo in favore del produttore e l'obbligo del produttore di garantire condizioni di lavoro sicure, nel rispetto delle normative nazionali ed internazionali, in modo da permettere ai lavoratori di condurre un'esistenza libera e dignitosa, e di rispettare i diritti sindacali, nonché di impegnarsi per il contrasto del lavoro infantile;

p) servizi finalizzati all'inserimento o al reinserimento nel mercato del lavoro dei lavoratori e delle persone di cui al comma 4;

q) alloggio sociale, ai sensi del decreto del Ministro delle infrastrutture 22 aprile 2008, e successive modificazioni nonché ogni altra attività di carattere residenziale temporaneo diretta a soddisfare bisogni sociali, sanitari, culturali, formativi o lavorativi;

r) accoglienza umanitaria ed integrazione sociale dei migranti;

s) microcredito, ai sensi dell'articolo 111 del decreto legislativo 1° settembre 1993, n. 385, e successive modificazioni;

t) agricoltura sociale, ai sensi dell'articolo 2 della legge 18 agosto 2015, n. 141, e successive modificazioni;

u) organizzazione e gestione di attività sportive dilettantistiche;

v) riqualificazione di beni pubblici inutilizzati o di beni confiscati alla criminalità organizzata.

2. Tenuto conto delle finalità civiche, solidaristiche e di utilità sociale di cui all'articolo 1, comma 1, della legge n. 106 del 2016, nonché delle finalità e dei principi di cui agli articoli 1 e 2 del codice del Terzo settore di cui all'articolo 1, comma 2, lettera *b*), della legge 6 giugno 2016, n. 106, l'elenco delle attività d'impresa di interesse generale di cui al comma 1 può essere aggiornato con decreto del Presidente del Consiglio dei ministri da adottarsi, ai sensi dell'articolo 17, comma 3, della legge 23 agosto 1988, n. 400, su proposta del Ministro del lavoro e delle politiche sociali, di concerto con il Ministro dell'economia e delle finanze, previa intesa in sede di Conferenza unificata, acquisito il parere delle commissioni parlamentari competenti, che si esprimono entro trenta giorni dalla data di trasmissione del decreto, decorsi i quali quest'ultimo può essere comunque adottato.

3. Ai fini di cui al comma 1, si intende svolta in via principale l'attività per la quale i relativi ricavi siano superiori al settanta per cento dei rica-

vi complessivi dell'impresa sociale, secondo criteri di computo definiti con decreto del Ministro dello sviluppo economico, di concerto con il Ministro del lavoro e delle politiche sociali.

4. Ai fini del presente decreto, si considera comunque di interesse generale, indipendentemente dal suo oggetto, l'attività d'impresa nella quale, per il perseguimento di finalità civiche, solidaristiche e di utilità sociale, sono occupati:

a) lavoratori molto svantaggiati ai sensi dell'articolo 2, numero 99), del regolamento (UE) n. 651/2014 della Commissione, del 17 giugno 2014, e successive modificazioni;

b) persone svantaggiate o con disabilità ai sensi dell'articolo 112, comma 2, del decreto legislativo 18 aprile 2016, n. 50, e successive modificazioni, nonché persone beneficiarie di protezione internazionale ai sensi del decreto legislativo 19 novembre 2007, n. 251, e successive modificazioni, e persone senza fissa dimora iscritte nel registro di cui all'articolo 2, quarto comma, della legge 24 dicembre 1954, n. 1228, le quali versino in una condizione di povertà tale da non poter reperire e mantenere un'abitazione in autonomia.

5. Ai fini di cui al comma 4, l'impresa sociale impiega alle sue dipendenze un numero di persone di cui alle lettere *a*) e *b*) non inferiore al trenta per cento dei lavoratori. Ai fini del computo di questa percentuale minima, i lavoratori di cui alla lettera *a*) non possono contare per più di un terzo. La situazione dei lavoratori di cui al comma 4 deve essere attestata ai sensi della normativa vigente.

6. Per gli enti di cui all'articolo 1, comma 3, le disposizioni di cui ai commi 3 e 5 si applicano limitatamente allo svolgimento delle attività di cui al presente articolo.

3. Assenza di scopo di lucro. – 1. Salvo quanto previsto dal comma 3 e dall'articolo 16, l'impresa sociale destina eventuali utili ed avanzi di gestione allo svolgimento dell'attività statutaria o ad incremento del patrimonio.

2. Ai fini di cui al comma 1, è vietata la distribuzione, anche indiretta, di utili ed avanzi di gestione, fondi e riserve comunque denominati, a fondatori, soci o associati, lavoratori e collaboratori, amministratori ed altri componenti degli organi sociali, anche nel caso di recesso o di qualsiasi altra ipotesi di scioglimento individuale del rapporto. Nelle imprese sociali costituite nelle forme di cui al libro V del codice civile è ammesso il rimborso al socio del capitale effettivamente versato ed eventualmente rivalutato o aumentato nei limiti di cui al comma 3, lettera *a*). Ai sensi e per gli effetti di cui al presente comma, si considerano in ogni caso distribuzione indiretta di utili:

a) la corresponsione ad amministratori, sindaci e a chiunque rivesta cariche sociali di compensi individuali non proporzionati all'attività svolta, alle responsabilità assunte e alle specifiche competenze o comunque superiori a quelli previsti in enti che operano nei medesimi o analoghi settori e condizioni;

b) la corresponsione ai lavoratori subordinati o autonomi di retribuzioni o compensi superiori del quaranta per cento rispetto a quelli previsti, per le medesime qualifiche, dai contratti collettivi di cui all'articolo 51 del decreto legislativo 15 giugno 2015, n. 81, salvo comprovate esigenze attinenti alla necessità di acquisire specifiche competenze ai fini dello svolgimento delle attività di interesse generale di cui all'articolo 2, comma 1, lettere *b*), *g*) o *h*);

c) la remunerazione degli strumenti finanziari diversi dalle azioni o quote, a soggetti diversi dalle banche e dagli intermediari finanziari autorizzati, in misura superiore a due punti rispetto al limite massimo previsto per la distribuzione di dividendi dal comma 3, lettera *a*);

d) l'acquisto di beni o servizi per corrispettivi che, senza valide ragioni economiche, siano superiori al loro valore normale;

e) le cessioni di beni e le prestazioni di servizi, a condizioni più favorevoli di quelle di mercato, a soci, associati o partecipanti, ai fondatori, ai componenti gli organi amministrativi e di controllo, a coloro che a qualsiasi titolo operino per l'organizzazione o ne facciano parte, ai soggetti che effettuano erogazioni liberali a favore dell'organizzazione, ai loro parenti entro il terzo grado ed ai loro affini entro il secondo grado, nonché alle società da questi direttamente o indirettamente controllate o collegate, esclusivamente in ragione della loro qualità, salvo che tali cessioni o prestazioni non costituiscano l'oggetto dell'attività di interesse generale di cui all'articolo 2;

f) la corresponsione a soggetti diversi dalle banche e dagli intermediari finanziari autorizzati, di interessi passivi, in dipendenza di prestiti di ogni specie, superiori di quattro punti al tasso annuo di riferimento. Il predetto limite può essere aggiornato con decreto del Ministro del lavoro e delle politiche sociali, di concerto con il Ministro dell'economia e delle finanze.

3. L'impresa sociale può destinare una quota inferiore al cinquanta per cento degli utili e degli avanzi di gestione annuali, dedotte eventuali perdite maturate negli esercizi precedenti:

a) se costituita nelle forme di cui al libro V del codice civile, ad aumento gratuito del capitale sociale sottoscritto e versato dai soci, nei limiti delle variazioni dell'indice nazionale generale annuo dei prezzi al consumo per le famiglie di operai e di impiegati, calcolate dall'Istituto nazionale di statistica (ISTAT) per il periodo corrispondente a quello dell'esercizio sociale in cui gli utili e gli avanzi di gestione sono stati prodotti, oppure alla distribuzione, anche mediante aumento gratuito del capitale sociale o l'emissione di strumenti finanziari, di dividendi ai soci, in misura comunque non superiore all'interesse massimo dei buoni postali fruttiferi, aumentato di due punti e mezzo rispetto al capitale effettivamente versato;

b) a erogazioni gratuite in favore di enti del Terzo settore diversi dalle imprese sociali, che non siano fondatori, associati, soci dell'impresa sociale o società da questa controllate, finalizzate alla promozione di specifici progetti di utilità sociale.

4. Struttura proprietaria e disciplina dei gruppi. – 1. All'attività di direzione e coordinamento di un'impresa sociale si applicano, in quanto compatibili, le norme di cui al capo IX del titolo V del libro V e l'articolo 2545 *septies* del codice civile. Si considera, in ogni caso, esercitare attività di direzione e coordinamento il soggetto che, per previsioni statutarie o per qualsiasi altra ragione, abbia la facoltà di nominare la maggioranza dei componenti dell'organo di amministrazione dell'impresa sociale.

2. I gruppi di imprese sociali sono tenuti a depositare l'accordo di partecipazione presso il registro delle imprese. I gruppi di imprese sociali sono inoltre tenuti a redigere e depositare i documenti contabili ed il bilancio sociale in forma consolidata, predisposto in conformità alle linee guida di cui all'articolo 9.

3. Le società costituite da un unico socio persona fisica, gli enti con scopo di lucro e le amministrazioni pubbliche di cui all'articolo 1, comma 2, del decreto legislativo 30 marzo 2001, n. 165, e successive modificazioni, non possono esercitare attività di direzione e coordinamento o detenere, in qualsiasi forma, anche analoga, congiunta o indiretta, il controllo di un'impresa sociale ai sensi dell'articolo 2359 del codice civile.

4. Le decisioni assunte in violazione del divieto di cui al comma 3 sono annullabili e possono essere impugnate in conformità delle norme del codice civile entro il termine di centottanta giorni. La legittimazione ad impugnare spetta anche al Ministero del lavoro e delle politiche sociali.

5. Costituzione. – 1. L'impresa sociale è costituita con atto pubblico. Oltre a quanto specificamente previsto per ciascun tipo di organizzazione, secondo la normativa applicabile a ciascuna di esse, gli atti costitutivi devono esplicitare il carattere sociale dell'impresa in conformità alle norme del presente decreto e in particolare indicare:

a) l'oggetto sociale, con particolare riferimento alle disposizioni di cui all'articolo 2, comma 1, 2 e 3 o le condizioni di cui all'articolo 2, commi 4 e 5;

b) l'assenza di scopo di lucro, di cui all'articolo 3.

2. Gli atti costitutivi, le loro modificazioni e gli altri atti relativi all'impresa devono essere depositati entro trenta giorni a cura del notaio o degli amministratori presso l'ufficio del registro delle imprese nella cui circoscrizione è stabilita la sede legale, per l'iscrizione in apposita sezione. Si applica l'articolo 31, comma 2, della legge 24 novembre 2000, n. 340.

3. Il Ministero del lavoro e delle politiche sociali, ai fini di cui all'articolo 15, accede anche in via telematica agli atti depositati presso l'ufficio del registro delle imprese.

4. Gli enti di cui all'articolo 1, comma 3, sono tenuti al deposito del solo regolamento e delle sue modificazioni.

5. Con decreto del Ministro dello sviluppo economico, di concerto con il Ministro del lavoro e delle politiche sociali, sono definiti gli atti che devono essere depositati e le procedure di cui al presente articolo.

6. Denominazione. – 1. La denominazione o ragione sociale, in qualunque modo formate, devono contenere l'indicazione di «impresa sociale». Di tale indicazione deve farsi uso negli atti e nella corrispondenza dell'impresa sociale.

2. La disposizione di cui al comma 1 non si applica agli enti di cui all'articolo 1, comma 3.

3. L'indicazione di «impresa sociale», ovvero di altre parole o locuzioni equivalenti o ingannevoli, non può essere usata da soggetti diversi dalle imprese sociali.

7. Cariche sociali. – 1. L'atto costitutivo o lo statuto possono riservare a soggetti esterni all'impresa sociale la nomina di componenti degli organi sociali. In ogni caso, la nomina della maggioranza dei componenti dell'organo di amministrazione è riservata all'assemblea degli associati o dei soci dell'impresa sociale.

2. Non possono assumere la presidenza dell'impresa sociale rappresentanti degli enti di cui all'articolo 4, comma 3.

3. Fermo restando quanto previsto dal decreto legislativo 8 aprile 2013, n. 39, l'atto costitutivo deve prevedere specifici requisiti di onorabilità, professionalità ed indipendenza per coloro che assumono cariche sociali.

8. Ammissione ed esclusione. – 1. Le modalità di ammissione ed esclusione di soci o associati, nonché il rapporto sociale, sono regolati dagli atti costitutivi o dagli statuti dell'impresa sociale secondo il principio di non discriminazione, tenendo conto delle peculiarità della compagine sociale e della struttura associativa o societaria e compatibilmente con la forma giuridica in cui l'impresa sociale è costituita.

2. Compatibilmente con la forma giuridica in cui l'impresa sociale è costituita, gli atti costitutivi o gli statuti disciplinano la facoltà per l'istante di investire l'assemblea degli associati o dei soci, o un altro organo eletto dalla medesima, in relazione ai provvedimenti di diniego di ammissione o di esclusione di soci o associati.

9. Scritture contabili. – 1. L'impresa sociale deve tenere il libro giornale e il libro degli inventari in conformità alle disposizioni del codice civile applicabili, e deve redigere e depositare presso il registro delle imprese il bilancio di esercizio redatto, a seconda dei casi, ai sensi degli articoli 2423 e seguenti, 2435 *bis* o 2435 *ter* del codice civile, in quanto compatibili.

2. L'impresa sociale deve, inoltre, depositare presso il registro delle imprese e pubblicare nel proprio sito internet il bilancio sociale redatto secondo linee guida adottate con decreto del Ministro del lavoro e delle politiche sociali, sentito il Consiglio nazionale del Terzo settore di cui all'articolo 5, comma 1, lettera *g*), della legge 6 giugno 2016, n. 106, e tenendo conto, tra gli altri elementi, della natura dell'attività esercitata e delle dimensioni dell'impresa sociale, anche ai fini della valutazione dell'impatto sociale delle attività svolte.

3. Per gli enti di cui all'articolo 1, comma 3, le disposizioni di cui al presente articolo si applicano limitatamente alle attività indicate nel regolamento.

10. Organi di controllo interno. – 1. Fatte salve disposizioni più restrittive relative alla forma giuridica in cui l'impresa sociale è costituita, l'atto costitutivo dell'impresa sociale deve prevedere la nomina di uno o più sindaci aventi i requisiti di cui all'articolo 2397, comma 2, e 2399 del codice civile.

2. I sindaci vigilano sull'osservanza della legge e dello statuto e sul rispetto dei principi di corretta amministrazione, anche con riferimento alle disposizioni del decreto legislativo 8 giugno 2001, n. 231, qualora applicabili, nonché sull'adeguatezza dell'assetto organizzativo, amministrativo e contabile e sul suo concreto funzionamento.

3. I sindaci esercitano, inoltre, compiti di monitoraggio dell'osservanza delle finalità sociali da parte dell'impresa sociale, avuto particolare riguardo alle disposizioni di cui agli articoli 2, 3, 4, 11 e 13, ed attestano che il bilancio sociale sia stato redatto in conformità alle linee guida di cui all'articolo 9, comma 2. Il bilancio sociale dà atto degli esiti del monitoraggio svolto dai sindaci.

4. I sindaci possono in qualsiasi momento procedere ad atti di ispezione e di controllo. A tal fine, essi possono chiedere agli amministratori notizie, anche con riferimento ai gruppi di imprese sociali, sull'andamento delle operazioni o su determinati affari.

5. Fatte salve disposizioni più restrittive relative alla forma giuridica in cui l'impresa sociale è costituita, nel caso in cui l'impresa sociale superi per due esercizi consecutivi due dei limiti indicati nel primo comma dell'articolo 2435 *bis* del codice civile, la revisione legale dei conti è esercitata da un revisore legale o da una società di revisione legale iscritti nell'apposito registro, o da sindaci iscritti nell'apposito registro dei revisori legali.

11. Coinvolgimento dei lavoratori, degli utenti e di altri soggetti interessati alle attività. – 1. Nei regolamenti aziendali o negli statuti delle imprese sociali devono essere previste adeguate forme di coinvolgimento dei lavoratori e degli utenti e di altri soggetti direttamente interessati alle loro attività.

2. Per coinvolgimento deve intendersi un meccanismo di consultazione o di partecipazione mediante il quale lavoratori, utenti e altri soggetti

direttamente interessati alle attività siano posti in grado di esercitare un'influenza sulle decisioni dell'impresa sociale, con particolare riferimento alle questioni che incidano direttamente sulle condizioni di lavoro e sulla qualità dei beni o dei servizi.

3. Le modalità di coinvolgimento devono essere individuate dall'impresa sociale tenendo conto, tra gli altri elementi, dei contratti collettivi di cui all'articolo 51 del decreto legislativo 15 giugno 2015, n. 81, della natura dell'attività esercitata, delle categorie di soggetti da coinvolgere e delle dimensioni dell'impresa sociale, in conformità a linee guida adottate con decreto del Ministro del lavoro e delle politiche sociali, sentito il Consiglio nazionale del Terzo settore. Delle forme e modalità di coinvolgimento deve farsi menzione nel bilancio sociale di cui all'articolo 9, comma 2.

4. Gli statuti delle imprese sociali devono in ogni caso disciplinare:

a) i casi e le modalità della partecipazione dei lavoratori e degli utenti, anche tramite loro rappresentanti, all'assemblea degli associati o dei soci;

b) nelle imprese sociali che superino due dei limiti indicati nel primo comma dell'articolo 2435 *bis* del codice civile ridotti della metà, la nomina, da parte dei lavoratori ed eventualmente degli utenti di almeno un componente sia dell'organo di amministrazione che dell'organo di controllo.

5. Il presente articolo non si applica alle imprese sociali costituite nella forma di società cooperativa a mutualità prevalente e agli enti di cui all'articolo 1, comma 3.

12. Trasformazione, fusione, scissione, cessione d'azienda e devoluzione del patrimonio. – 1. La trasformazione, la fusione e la scissione delle imprese sociali devono essere realizzate in modo da preservare l'assenza di scopo di lucro, i vincoli di destinazione del patrimonio, e il perseguimento delle attività e delle finalità da parte dei soggetti risultanti dagli atti posti in essere; la cessione d'azienda o di un ramo d'azienda relativo allo svolgimento dell'attività d'impresa di interesse generale deve essere realizzata, previa relazione giurata di un esperto designato dal tribunale nel cui circondario ha sede l'impresa sociale, attestante il valore effettivo del patrimonio dell'impresa, in modo da preservare il perseguimento delle attività e delle finalità da parte del cessionario. Per gli enti di cui all'articolo 1, comma 3, la disposizione di cui al presente comma si applica limitatamente alle attività indicate nel regolamento.

2. Gli atti di cui al comma 1 devono essere posti in essere in conformità alle disposizioni dell'apposito decreto adottato dal Ministro del lavoro e delle politiche sociali, sentito il Consiglio nazionale del Terzo settore.

3. L'organo di amministrazione dell'impresa sociale notifica, con atto scritto di data certa, al Ministero del lavoro e delle politiche sociali l'intenzione di procedere ad uno degli atti di cui al comma 1, allegando la documentazione necessaria alla valutazione di conformità al decreto di cui al comma 2, ovvero la denominazione dei beneficiari della devoluzione del patrimonio.

4. L'efficacia degli atti di cui al comma 1 è subordinata all'autorizzazione del Ministero del lavoro e delle politiche sociali, che si intende concessa decorsi novanta giorni dalla ricezione della notificazione. Avverso il provvedimento del Ministero del lavoro e delle politiche sociali che nega l'autorizzazione è ammesso ricorso dinanzi al giudice amministrativo.

5. In caso di scioglimento volontario dell'ente o di perdita volontaria della qualifica di impresa sociale, il patrimonio residuo, dedotto, nelle imprese sociali costituite nelle forme di cui al libro V del codice civile, il capitale effettivamente versato dai soci, eventualmente rivalutato o aumentato, e i dividendi deliberati e non distribuiti nei limiti di cui all'articolo 3, comma 3, lettera *a*), è devoluto, salvo quanto specificamente previsto in tema di società cooperative, ad altri enti del Terzo settore costituiti ed operanti da almeno tre anni o ai fondi di cui all'articolo 16, comma 1, secondo le disposizioni statutarie. La disposizione di cui al presente comma non si applica agli enti di cui all'articolo 1, comma 3.

13. Lavoro nell'impresa sociale. – 1. I lavoratori dell'impresa sociale hanno diritto ad un trattamento economico e normativo non inferiore a quello previsto dai contratti collettivi di cui all'articolo 51 del decreto legislativo 15 giugno 2015, n. 81. In ogni caso, la differenza retributiva tra lavoratori dipendenti dell'impresa sociale non può essere superiore al rapporto uno ad otto, da calcolarsi sulla base della retribuzione annua lorda. Le imprese sociali danno conto del rispetto di tale parametro nel proprio bilancio sociale.

2. Salva la specifica disciplina per gli enti di cui all'articolo 1, comma 3, nelle imprese sociali è

ammessa la prestazione di attività di volontariato, ma il numero dei volontari impiegati nell'attività d'impresa, dei quali l'impresa sociale deve tenere un apposito registro, non può essere superiore a quello dei lavoratori. L'impresa sociale deve assicurare i volontari che prestano attività di volontariato nell'impresa medesima contro gli infortuni e le malattie connessi allo svolgimento dell'attività stessa, nonché per la responsabilità civile verso terzi.

14. Procedure concorsuali. – 1. In caso di insolvenza, le imprese sociali sono assoggettate alla liquidazione coatta amministrativa, di cui al regio decreto 16 marzo 1942, n. 267, e successive modificazioni.

2. Il provvedimento che dispone la liquidazione coatta amministrativa delle imprese sociali, ad esclusione di quelle aventi la forma di società cooperativa, nonché la contestuale o successiva nomina del relativo commissario liquidatore di cui all'articolo 198 del regio decreto 16 marzo 1942, n. 267, è adottato con decreto del Ministro del lavoro e delle politiche sociali.

3. Nelle procedure di liquidazione coatta amministrativa di cui al comma 2, con decreto del Ministro del lavoro e delle politiche sociali, di concerto con il Ministro dell'economia e delle finanze, sono individuati criteri e modalità di remunerazione dei commissari liquidatori e dei membri del comitato di sorveglianza, sulla base dell'economicità, efficacia ed efficienza delle attività svolte.

4. Fino all'adozione del decreto di cui al comma 3, la liquidazione del compenso dei commissari liquidatori e dei componenti dei comitati di sorveglianza è stabilita sulla base del decreto del Ministro dello sviluppo economico 3 novembre 2016, recante «Criteri per la determinazione e liquidazione dei compensi spettanti ai commissari liquidatori e ai membri dei comitati di sorveglianza delle procedure di liquidazione coatta amministrativa ai sensi dell'articolo 2545 *terdecies* c.c. e di scioglimento per atto dell'autorità ai sensi dell'articolo 2545 *septiesdecies* c.c.».

5. Il patrimonio residuo al termine della procedura concorsuale è devoluto ai sensi dell'articolo 15, comma 8.

6. Le disposizioni di cui al presente articolo non si applicano agli enti di cui all'articolo 1, comma 3.

15. Funzioni di monitoraggio, ricerca e controllo. – 1. Il Ministero del lavoro e delle politiche sociali promuove attività di raccordo con altre amministrazioni pubbliche di cui all'articolo 1, comma 2, del decreto legislativo 30 marzo 2001, n. 165, il Consiglio nazionale del Terzo settore e le parti sociali, al fine di sviluppare azioni di sistema e svolgere attività di monitoraggio e ricerca.

2. Il Ministero del lavoro e delle politiche sociali demanda all'Ispettorato nazionale del lavoro di cui all'articolo 1 del decreto legislativo 14 settembre 2015, n. 149, le funzioni ispettive, al fine di verificare il rispetto delle disposizioni del presente decreto da parte delle imprese sociali.

3. Ai fini dell'esercizio dell'attività ispettiva nei confronti delle imprese sociali il Ministero del lavoro e delle politiche sociali può avvalersi di enti associativi riconosciuti, cui aderiscano almeno mille imprese sociali iscritte nel registro delle imprese di almeno cinque diverse regioni o province autonome, e delle associazioni di cui all'articolo 3 del decreto legislativo 2 agosto 2002, n. 220.

4. Con decreto del Ministro del lavoro e delle politiche sociali sono definiti le forme, i contenuti e le modalità dell'attività ispettiva sulle imprese sociali, nonché il contributo per l'attività ispettiva da porre a loro carico, e, ai fini del comma 3, sono individuati i criteri, i requisiti e le procedure per il riconoscimento degli enti associativi tra imprese sociali, e le forme di vigilanza su tali enti da parte del Ministero del lavoro e delle politiche sociali. Le imprese sociali sono sottoposte ad attività ispettiva almeno una volta all'anno sulla base di un modello di verbale approvato con decreto del Ministro del lavoro e delle politiche sociali.

5. L'attività ispettiva sulle imprese sociali costituite in forma di società cooperativa è svolta nel rispetto delle attribuzioni, delle modalità e dei termini di cui al decreto legislativo 2 agosto 2002, n. 220. Con decreto del Ministro dello sviluppo economico, di concerto con il Ministro del lavoro e delle politiche sociali, sono individuate le norme di coordinamento necessarie al fine di assicurare l'unicità, la completezza, la periodicità e l'efficacia dell'attività ispettiva.

6. In caso di accertata violazione delle disposizioni di cui al presente decreto, il soggetto esercente l'attività ispettiva ai sensi dei commi 2 e 3 diffida gli organi di amministrazione dell'impresa sociale a regolarizzare i comportamenti illegittimi entro un congruo termine.

7. In caso di ostacolo allo svolgimento dell'attività ispettiva o di mancata ottemperanza alla diffida di cui al comma 6, il Ministero vigilante può nominare un commissario ad acta, anche nella persona del legale rappresentante dell'impresa sociale, che affianchi gli organi dell'impresa sociale e provveda allo specifico adempimento richiesto.

8. Nel caso di irregolarità non sanabili o non sanate il Ministro vigilante dispone la perdita della qualifica di impresa sociale. Tale provvedimento dispone altresì che il patrimonio residuo dell'impresa sociale, dedotto, nelle imprese sociali costituite nelle forme di cui al libro V del codice civile, il capitale effettivamente versato dai soci, eventualmente rivalutato o aumentato, e i dividendi deliberati e non distribuiti nei limiti di cui all'articolo 3, comma 3, lettera *a*), è devoluto al fondo istituito ai sensi dell'articolo 16 dall'ente o dall'associazione cui l'impresa sociale aderisce o, in mancanza, dalla Fondazione Italia Sociale, salvo quanto specificamente previsto in tema di società cooperative. Il provvedimento è trasmesso ai fini della cancellazione dell'impresa sociale dall'apposita sezione del registro delle imprese.

9. Avverso i provvedimenti del Ministro del lavoro e delle politiche sociali emessi ai sensi del comma 8 è ammesso ricorso dinanzi al giudice amministrativo.

16. Fondo per la promozione e lo sviluppo delle imprese sociali. – 1. Le imprese sociali possono destinare una quota non superiore al tre per cento degli utili netti annuali, dedotte eventuali perdite maturate negli esercizi precedenti, a fondi istituiti dagli enti e dalle associazioni di cui all'articolo 15, comma 3, nonché dalla Fondazione Italia Sociale, specificamente ed esclusivamente destinati alla promozione e allo sviluppo delle imprese sociali attraverso azioni ed iniziative di varia natura, quali il finanziamento di progetti di studio e di ricerca in tema di impresa sociale o di attività di formazione dei lavoratori dell'impresa sociale, la promozione della costituzione di imprese sociali o di loro enti associativi, o il finanziamento di specifici programmi di sviluppo di imprese sociali o di loro enti associativi. Tali versamenti sono deducibili ai fini dell'imposta sui redditi dell'impresa sociale erogante.

1.

D.L.vo 24 febbraio 1998, n. 58. Testo unico delle disposizioni in materia di intermediazione finanziaria, ai sensi degli articoli 8 e 21 della legge 6 febbraio 1996, n. 52 (Suppl. ord. alla *Gazzetta Ufficiale* Serie gen. - n. 71 del 26 marzo 1998) (1) (2) (3) (4) (5) (6).

(1) *A norma dell'art. 8, commi 3, 4 e 5 del D.L.vo 19 novembre 2007, n. 229, di modifica a questo provvedimento, le disposizioni di cui al D.L.vo n. 229/2007 si applicano alle offerte pubbliche comunicate alla Consob o per le quali l'obbligo di promozione sia sorto dopo l'entrata in vigore del presente decreto legislativo. I regolamenti e le disposizioni di attuazione da emanarsi ai sensi del presente decreto sono adottati entro sei mesi dalla data di entrata in vigore del medesimo. In sede di prima applicazione del presente decreto e fino all'entrata in vigore delle disposizioni di cui al comma 4, continuano ad applicarsi, in quanto compatibili, le disposizioni di attuazione, attualmente vigenti e corrispondenti per materia, del testo unico delle disposizioni in materia di intermediazione finanziaria, di cui al decreto legislativo 24 febbraio 1998, n. 58.*

(2) *Ai sensi dell'art. 1 del D.L.vo 6 febbraio 2004, n. 37, le espressioni: «Ministro del tesoro» e: «Ministro del tesoro, del bilancio e della programmazione economica», ovunque ricorrano, sono sostituite dalle parole: «Ministro dell'economia e delle finanze» e le parole: «Ministero del tesoro» e: «Ministero del tesoro, del bilancio e della programmazione economica», ovunque ricorrano, sono sostituite dalle parole: «Ministero dell'economia e delle finanze».*

(3) *Ai sensi dell'art. 2, comma 3, del D.L. vo 15 febbraio 2016, n. 25, la Consob provvede ad integrare la disciplina di questo provvedimento, così come modificata dal presente decreto legislativo, apportando le opportune modifiche ai propri regolamenti, al fine di garantire la piena rispondenza agli obblighi di trasparenza di cui alla direttiva 2004/109/CE, così come modificata dalla direttiva 2013/50/UE, con particolare riferimento agli obblighi di tempestiva diffusione al pubblico delle informazioni sui soggetti che superano determinate soglie partecipative nelle società quotate.*

(4) *A norma dell'art. 5, comma 1, del D.L.vo 12 agosto 2016, n. 176, la disciplina in materia di liquidazione di operazioni in strumenti finanziari non derivati e di società di gestione accentrata oggetto di modifica o abrogazione da parte del presente decreto, e le relative disposizioni attuative contenute nel provvedimento adottato dalla Banca d'Italia e dalla Consob il 22 febbraio 2008, recante disciplina dei servizi di gestione accentrata, di liquidazione, dei sistemi di garanzia e delle relative società di gestione, pubblicato nella Gazzetta Ufficiale della Repubblica Italiana n. 54 del 4 marzo 2008, come successivamente modificato, nonché la relativa disciplina sanzionatoria, continuano ad applicarsi in conformità alle disposizioni transitorie previste dall'articolo 69, paragrafo 4, del regolamento (UE) n. 909/2014, di cui si riporta il testo:*

«4. Fino alla decisione di autorizzazione o riconoscimento dei CSD e delle loro attività, compresi i collegamenti tra CSD, ai sensi del presente regolamento, continuano ad applicarsi le rispettive norme nazionali in materia di autorizzazione e riconoscimento dei CSD.»

(5) *A norma dell'art. 5, comma 2, del D.L.vo 12 agosto 2016, n. 176, fino alla data di applicazione delle disposizioni attuative della direttiva 2014/65/UE e di adeguamento al regolamento (UE) n. 600/2014, la locuzione «sedi di negoziazione» si riferisce ai mercati regolamentati e ai sistemi multilaterali di negoziazione e la locuzione «gestori» si riferisce alle società di gestione, per quanto concerne i mercati regolamentati, e ai soggetti che gestiscono i sistemi multilaterali di negoziazione, per quanto concerne questi ultimi.*

(6) *A norma dell'art. 10, comma 2, del D.L.vo 3 agosto 2017, n. 129, le disposizioni di questo provvedimento, modificate dal presente decreto, si applicano dal 3 gennaio 2018, fatto salvo quanto diversamente previsto dall'articolo 93 della direttiva 2014/65/UE, con riferimento dell'articolo 65, paragrafo 2, della direttiva medesima, le cui disposizioni attuative si applicano dal 3 settembre 2019, e dall'articolo 55 del regolamento (UE) n. 600/2014, e successive modificazioni, nonché dal comma 3. Fino alle predette date continuano ad applicarsi le disposizioni in vigore il giorno precedente alla data di entrata in vigore del presente decreto legislativo. Fermo restando quanto previsto dalle disposizioni dell'Unione europea direttamente applicabili, le disposizioni emanate dalla Banca d'Italia e dalla Consob, anche congiuntamente, ai sensi di disposizioni del decreto legislativo 24 febbraio 1998, n. 58, abrogate o modificate dal presente decreto, continuano a essere applicate fino alla data di entrata in vigore dei provvedimenti emanati dalla Banca d'Italia*

o dalla Consob nelle corrispondenti materie. La Banca d'Italia e la Consob adottano tali provvedimenti entro centottanta giorni dalla data di entrata in vigore del presente decreto. Al fine di garantire il coordinamento dell'esercizio delle funzioni di vigilanza nell'ambito delle rispettive competenze, continua ad applicarsi, fino alla data della sua revisione, il protocollo d'intesa stipulato dalla Consob e dalla Banca d'Italia in data 31 ottobre 2007 ai sensi dell'articolo 5, comma 5 bis, *del decreto legislativo 24 febbraio 1998, n. 58, nel testo vigente prima della data di entrata in vigore del presente decreto. Al fine di assicurare il rispetto delle disposizioni attuative, emanate ai sensi delle norme abrogate o sostituite dal presente decreto, che continuano ad applicarsi, ai sensi del periodo precedente, la Banca d'Italia e la Consob, per la fase transitoria, conservano tutti i poteri previsti dal decreto legislativo 24 febbraio 1998, n. 58, previgente alla data di entrata in vigore del presente decreto.*

(*Estratto*)

Parte I
Disposizioni comuni

1. Definizioni. – 1. Nel presente decreto legislativo si intendono per:

a) «legge fallimentare»: il regio decreto 16 marzo 1942, n. 267 e successive modificazioni;

b) «Testo Unico bancario» (T.U. bancario): il decreto legislativo 1° settembre 1993, n. 385 e successive modificazioni;

c) «CONSOB»: la Commissione nazionale per le società e la borsa;

d) «IVASS»: l'Istituto per la Vigilanza sulle Assicurazioni (1);

d bis) «SEVIF»: il Sistema europeo di vigilanza finanziaria composto dalle seguenti parti:

1) «ABE»: Autorità bancaria europea, istituita con regolamento (UE) n. 1093/2010;

2) «AEAP»: Autorità europea delle assicurazioni e delle pensioni aziendali e professionali, istituita con regolamento (UE) n. 1094/2010;

3) «AESFEM»: Autorità europea degli strumenti finanziari e dei mercati, istituita con regolamento (UE) n. 1095/2010;

4) «Comitato congiunto»: il Comitato congiunto delle Autorità europee di vigilanza, previsto dall'articolo 54 del regolamento (UE) n. 1093/2010, del regolamento (UE) n. 1094/2010, del regolamento (UE) n. 1095/2010;

5) «CERS»: Comitato europeo per il rischio sistemico, istituito dal regolamento (UE) n. 1092/2010;

6) «Autorità di vigilanza degli Stati membri»: le autorità competenti o di vigilanza degli Stati membri specificate negli atti dell'Unione di cui all'articolo 1, paragrafo 2, del regolamento (UE) n. 1093/2010, del regolamento (UE) n. 1094/2010 e del regolamento (UE) n. 1095/2010 (2);

d ter) "UE": l'Unione europea (3);

d quater) "impresa di investimento": l'impresa la cui occupazione o attività abituale consiste nel prestare uno o più servizi di investimento a terzi e/o nell'effettuare una o più attività di investimento a titolo professionale (3);

d quinquies) "banca": la banca come definita dall'articolo 1, comma 1, lettera *b*), del Testo unico bancario (3);

d sexies) "banca dell'Unione europea" o "banca UE": la banca avente sede legale e amministrazione centrale in un medesimo Stato dell'Unione europea diverso dall'Italia (3);

e) "società di intermediazione mobiliare" (Sim): l'impresa di investimento avente forma di persona giuridica con sede legale e direzione generale in Italia, diversa dalle banche e dagli intermediari finanziari iscritti nell'albo previsto dall'articolo 106 del T.U. bancario, autorizzata a svolgere servizi o attività di investimento (4);

f) "impresa di investimento dell'Unione europea" o "impresa di investimento UE": l'impresa di investimento, diversa dalla banca, autorizzata a svolgere servizi o attività di investimento, avente sede legale e direzione generale in un medesimo Stato dell'Unione europea, diverso dall'Italia (4);

g) "impresa di paesi terzi": l'impresa che non ha la propria sede legale o direzione generale nell'Unione europea, la cui attività è corrispondente a quella di un'impresa di investimento UE o di una banca UE che presta servizi o attività di investimento (4);

[*h*) «imprese di investimento»: le SIM e le imprese di investimento comunitarie ed extracomunitarie] (5);

i) «società di investimento a capitale variabile» (SICAV): l'Oicr aperto costituito in forma di società per azioni a capitale variabile con sede legale e direzione generale in Italia avente per oggetto esclusivo l'investimento collettivo del patrimonio raccolto mediante l'offerta di proprie azioni (6);

i bis) «società di investimento a capitale fisso» (Sicaf): l'Oicr chiuso costituito in forma di società per azioni a capitale fisso con sede legale e direzione generale in Italia avente per oggetto esclusivo l'investimento collettivo del patrimonio raccolto mediante l'offerta di proprie azioni e di altri strumenti finanziari partecipativi [7];

i ter) «personale»: i dipendenti e coloro che comunque operano sulla base di rapporti che ne determinano l'inserimento nell'organizzazione aziendale, anche in forma diversa dal rapporto di lavoro subordinato [8];

j) «fondo comune di investimento»: l'Oicr costituito in forma di patrimonio autonomo, suddiviso in quote, istituito e gestito da un gestore [9];

k) «Organismo di investimento collettivo del risparmio» (Oicr): l'organismo istituito per la prestazione del servizio di gestione collettiva del risparmio, il cui patrimonio è raccolto tra una pluralità di investitori mediante l'emissione e l'offerta di quote o azioni, gestito in monte nell'interesse degli investitori e in autonomia dai medesimi nonché investito in strumenti finanziari, crediti, inclusi quelli erogati, a favore di soggetti diversi da consumatori, [10] a valere sul patrimonio dell'OICR, [11] partecipazioni o altri beni mobili o immobili, in base a una politica di investimento predeterminata [9];

k bis) «Oicr aperto»: l'Oicr i cui partecipanti hanno il diritto di chiedere il rimborso delle quote o azioni a valere sul patrimonio dello stesso, secondo le modalità e con la frequenza previste dal regolamento, dallo statuto e dalla documentazione d'offerta dell'Oicr [9];

k ter) «Oicr chiuso»: l'Oicr diverso da quello aperto [9];

l) «Oicr italiani»: i fondi comuni d'investimento, le Sicav e le Sicaf [9];

m) «Organismi di investimento collettivo in valori mobiliari italiani» (OICVM italiani): il fondo comune di investimento e la Sicav rientranti nell'ambito di applicazione della direttiva 2009/65/CE [9];

m bis) «Organismi di investimento collettivo in valori mobiliari UE» (OICVM UE): gli Oicr rientranti nell'ambito di applicazione della direttiva 2009/65/CE, costituiti in uno Stato dell'UE diverso dall'Italia [9];

m ter) «Oicr alternativo italiano» (FIA italiano): il fondo comune di investimento, la Sicav e la Sicaf rientranti nell'ambito di applicazione della direttiva 2011/61/UE [9];

m quater) «FIA italiano riservato»: il FIA italiano la cui partecipazione è riservata a investitori professionali e alle categorie di investitori individuate dal regolamento di cui all'articolo 39 [9];

m quinquies) «Oicr alternativi UE (FIA UE)»: gli Oicr rientranti nell'ambito di applicazione della direttiva 2011/61/UE, costituiti in uno Stato dell'UE diverso dall'Italia [9];

m sexies) «Oicr alternativi non UE (FIA non UE)»: gli Oicr rientranti nell'ambito di applicazione della direttiva 2011/61/UE, costituiti in uno Stato non appartenente all'UE [9];

m septies) «fondo europeo per il venture capital» (EuVECA): l'Oicr rientrante nell'ambito di applicazione del regolamento (UE) n. 345/2013 [12];

m octies) «fondo europeo per l'imprenditoria sociale» (EuSEF); l'Oicr rientrante nell'ambito di applicazione del regolamento (UE) n. 346/2013 [12];

m novies) «Oicr feeder»: l'Oicr che investe le proprie attività totalmente o in prevalenza nell'Oicr master [12];

m decies) «Oicr master»: l'Oicr nel quale uno o più Oicr feeder investono totalmente o in prevalenza le proprie attività [12];

m undecies) clienti professionali o [13] «investitori professionali»: i clienti professionali ai sensi dell'articolo 6, commi 2 *quinquies* e 2 *sexies* [12];

m duodecies) "clienti al dettaglio o investitori al dettaglio": i clienti o gli investitori che non sono clienti professionali o investitori professionali [14];

n) «gestione collettiva del risparmio»: il servizio che si realizza attraverso la gestione di Oicr e dei relativi rischi [15];

o) «società di gestione del risparmio» (SGR): la società per azioni con sede legale e direzione generale in Italia autorizzata a prestare il servizio di gestione collettiva del risparmio [16] [17];

o bis) «società di gestione UE»: la società autorizzata ai sensi della direttiva 2009/65/CE in uno Stato dell'UE diverso dall'Italia, che esercita l'attività di gestione di uno o più OICVM [18];

p) «gestore di FIA UE (GEFIA UE): la società autorizzata ai sensi della direttiva 2011/61/UE in uno Stato dell'UE diverso dall'Italia, che esercita l'attività di gestione di uno o più FIA [18];

q) «gestore di FIA non UE» (GEFIA non UE): la società autorizzata ai sensi della direttiva 2011/61/UE con sede legale in uno Stato non appartenente all'UE, che esercita l'attività di gestione di uno o più FIA [18];

q bis) «gestore»: la Sgr, la Sicav e la Sicaf che gestiscono direttamente i propri patrimoni, la società di gestione UE, il GEFIA UE, il GEFIA non UE, il gestore di EuVECA e il gestore di EuSEF [18];

q ter) «depositario di Oicr»: il soggetto autorizzato nel paese di origine dell'Oicr ad assumere l'incarico di depositario ([18]);

q quater) «depositario dell'Oicr master o dell'Oicr feeder»: il depositario dell'Oicr master o dell'Oicr feeder ovvero, se l'Oicr master o l'Oicr feeder è un Oicr UE o non UE, il soggetto autorizzato nello Stato di origine a svolgere i compiti di depositario ([18]);

q quinquies) «quote e azioni di Oicr»: le quote dei fondi comuni di investimento, le azioni di Sicav e le azioni e altri strumenti finanziari partecipativi di Sicaf ([18]);

r) "soggetti abilitati": le Sim, le imprese di investimento UE con succursale in Italia, le imprese di paesi terzi autorizzate in Italia, le Sgr, le società di gestione UE con succursale in Italia, le Sicav, le Sicaf, i GEFIA UE con succursale in Italia, i GEFIA non UE autorizzati in Italia, i GEFIA non UE autorizzati in uno Stato dell'UE diverso dall'Italia con succursale in Italia, nonché gli intermediari finanziari iscritti nell'albo previsto dall'articolo 106 del T.U. bancario, le banche italiane e le banche UE con succursale in Italia autorizzate all'esercizio dei servizi o delle attività di investimento ([19]);

r bis) «Stato di origine della società di gestione UE ([20])»: lo Stato dell'UE dove la società di gestione UE ([20]) ha la propria sede legale e direzione generale ([21]);

r ter) «Stato di origine dell'OICR»: Stato dell'UE in cui l'OICR è stato costituito ([21]);

r quater) «rating del credito»: un parere relativo al merito creditizio di un'entità, così come definito dall'articolo 3, paragrafo 1, lettera *a*), del regolamento (CE) n. 1060/2009 ([22]);

r quinquies) «agenzia di rating del credito»: una persona giuridica la cui attività include l'emissione di rating del credito a livello professionale ([22]);

s) «servizi ammessi al mutuo riconoscimento»: le attività e i servizi elencati nelle sezioni A e B dell'Allegato I ([23]) al presente decreto, autorizzati nello Stato dell'UE ([24]) di origine ([25]);

t) «offerta al pubblico di prodotti finanziari»: ogni comunicazione rivolta a persone, in qualsiasi forma e con qualsiasi mezzo, che presenti sufficienti informazioni sulle condizioni dell'offerta e dei prodotti finanziari offerti così da mettere un investitore in grado di decidere di acquistare o di sottoscrivere tali prodotti finanziari, incluso il collocamento tramite soggetti abilitati ([26]);

u) «prodotti finanziari»: gli strumenti finanziari e ogni altra forma di investimento di natura finanziaria; non costituiscono prodotti finanziari i depositi bancari o postali non rappresentati da strumenti finanziari ([27]);

v) «offerta pubblica di acquisto o di scambio»: ogni offerta, invito a offrire o messaggio promozionale, in qualsiasi forma effettuati, finalizzati all'acquisto o allo scambio di prodotti finanziari e rivolti a un numero di soggetti e di ammontare complessivo superiori a quelli indicati nel regolamento previsto dall'articolo 100, comma 1, lettere *b*) e *c*); non costituisce offerta pubblica di acquisto o di scambio quella avente a oggetto titoli emessi dalle banche centrali degli Stati comunitari ([28]);

w) «emittenti quotati»: i soggetti, italiani o esteri, inclusi i trust, che emettono strumenti finanziari quotati in un mercato regolamentato italiano. Nel caso di ricevute di deposito ammesse alle negoziazioni in un mercato regolamentato, per emittente si intende l'emittente dei valori mobiliari rappresentati, anche qualora tali valori non sono ammessi alla negoziazione in un mercato regolamentato ([29]);

w bis) «prodotti finanziari emessi da imprese di assicurazione»: le polizze e le operazioni di cui ai rami vita III e V di cui all'articolo 2, comma 1, del decreto legislativo 7 settembre 2005, n. 209, con esclusione delle forme pensionistiche individuali di cui all'articolo 13, comma 1, lettera *b*), del decreto legislativo 5 dicembre 2005, n. 252 ([30]);

w bis.1) «prodotto di investimento al dettaglio e assicurativo preassemblato» o «PRIIP»: un prodotto ai sensi all'articolo 4, numero 3), del regolamento (UE) n. 1286/2014 ([31]);

w bis.2) «prodotto d'investimento al dettaglio preassemblato» o «PRIP»: un investimento ai sensi dell'articolo 4, numero 1), del regolamento (UE) n. 1286/2014 ([31]);

w bis.3) «prodotto di investimento assicurativo»: un prodotto ai sensi dell'articolo 4, numero 2), del regolamento (UE) n. 1286/2014 ([31]);

w bis.4) «ideatore di prodotti d'investimento al dettaglio preassemblati e assicurativi» o «ideatore di PRIIP»: un soggetto di cui all'articolo 4, numero 4), del regolamento (UE) n. 1286/2014 ([31]);

w bis.5) «persona che vende un PRIIP»: un soggetto di cui all'articolo 4, numero 5), del regolamento (UE) n. 1286/2014 ([31]);

w bis.6) «investitore al dettaglio in PRIIP»: un cliente ai sensi dell'articolo 4, numero 6), del regolamento (UE) n. 1286/2014 ([31]).

w bis.7) "gestore del mercato": il soggetto che gestisce e/o amministra l'attività di un mercato regolamentato e può coincidere con il mercato regolamentato stesso ([32]);

w ter) "mercato regolamentato": sistema multilaterale amministrato e/o gestito da un gestore del mercato, che consente o facilita l'incontro, al suo interno e in base alle sue regole non discrezionali, di interessi multipli di acquisto e di vendita di terzi relativi a strumenti finanziari, in modo da dare luogo a contratti relativi a strumenti finanziari ammessi alla negoziazione conformemente alle sue regole e/o ai suoi sistemi, e che è autorizzato e funziona regolarmente e conformemente alla parte III ([33]);

w quater) «emittenti quotati aventi l'Italia come Stato membro d'origine»:

1) gli ([34]) emittenti azioni ammesse alle negoziazioni in mercati regolamentati italiani o di altro Stato membro dell'Unione europea, aventi sede legale in Italia ([35]);

2) gli emittenti titoli di debito di valore nominale unitario inferiore ad euro mille, o valore corrispondente in valuta diversa, ammessi alle negoziazioni in mercati regolamentati italiani o di altro Stato membro dell'Unione europea, aventi sede legale in Italia ([36]);

3) gli emittenti valori mobiliari di cui ai numeri 1) e 2), aventi sede legale in uno Stato non appartenente all'Unione europea, che hanno scelto l'Italia come Stato membro d'origine tra gli Stati membri in cui i propri valori mobiliari sono ammessi alla negoziazione in un mercato regolamentato. La scelta dello Stato membro d'origine resta valida salvo che l'emittente abbia scelto un nuovo Stato membro d'origine ai sensi del numero 5) e abbia comunicato tale scelta ([37]);

4) gli emittenti valori mobiliari diversi da quelli di cui ai numeri 1) e 2), aventi sede legale ([38]) in Italia o i cui valori mobiliari sono ammessi alle negoziazioni in un mercato regolamentato italiano, che hanno scelto l'Italia come Stato membro d'origine. L'emittente può scegliere un solo Stato membro [come Stato membro] ([39]) d'origine. La scelta resta valida per almeno tre anni, salvo il caso in cui i valori mobiliari dell'emittente non sono più ammessi alla negoziazione in alcun mercato regolamentato dell'Unione europea, o salvo che l'emittente, nel triennio, rientri tra gli emittenti di cui ai numeri 1), 2), 3) e 4 *bis*), della presente lettera ([40]) ([41]) ([42]);

4 *bis*) gli emittenti di cui ai numeri 3) e 4) i cui valori mobiliari non sono più ammessi alla negoziazione in un mercato regolamentato dello Stato membro d'origine, ma sono stati ammessi alla negoziazione in un mercato regolamentato italiano o di altri Stati membri e, se del caso, aventi sede legale in Italia oppure che hanno scelto l'Italia come nuovo Stato membro d'origine ([43]);

*w quater.*1) "PMI": fermo quanto previsto da altre disposizioni di legge, le piccole e medie imprese, emittenti azioni quotate, il cui fatturato anche anteriormente all'ammissione alla negoziazione delle proprie azioni, sia inferiore a 300 milioni di euro, ovvero che abbiano una capitalizzazione di mercato inferiore ai 500 milioni di euro. Non si considerano PMI gli emittenti azioni quotate che abbiano superato entrambi i predetti limiti per tre anni consecutivi. La Consob stabilisce con regolamento le disposizioni attuative della presente lettera, incluse le modalità informative cui sono tenuti tali emittenti in relazione all'acquisto ovvero alla perdita della qualifica di PMI. La Consob sulla base delle informazioni fornite dagli emittenti pubblica l'elenco delle PMI tramite il proprio sito internet ([44]).

w quinquies) "controparti centrali": i soggetti indicati nell'articolo 2, punto 1), del regolamento (UE) n. 648/2012 del Parlamento europeo e del Consiglio, del 4 luglio 2012, concernente gli strumenti derivati OTC, le controparti centrali e i repertori di dati sulle negoziazioni ([45]).

w sexies) "provvedimenti di risanamento": i provvedimenti con cui sono disposte:

1) l'amministrazione straordinaria, nonché le misure adottate nel suo ambito;

2) le misure adottate ai sensi dell'articolo 60 *bis*.4;

3) le misure, equivalenti a quelle indicate ai punti 1 e 2, adottate da autorità di altri Stati dell'Unione europea ([46]) ([47]);

w septies)"depositari centrali di titoli o depositari centrali" ([48]): i soggetti indicati nell'articolo 2, paragrafo1, punto 1), del regolamento (UE) n. 909/2014 del Parlamento europeo e del Consiglio, del 23 luglio 2014, relativo al miglioramento del regolamento titoli nell'Unione europea e ai depositari centrali di titoli ([49]).

1 *bis*. Per "valori mobiliari" si intendono categorie di valori che possono essere negoziati nel mercato dei capitali, quali ad esempio:

a) azioni di società e altri titoli equivalenti ad azioni di società, di partnership o di altri soggetti e ricevute di deposito azionario;

b) obbligazioni e altri titoli di debito, comprese le ricevute di deposito relative a tali titoli;

c) qualsiasi altro valore mobiliare che permetta di acquisire o di vendere i valori mobiliari indicati alle lettere *a*) e *b*) o che comporti un regolamento a pronti determinato con riferimento a valori mobiliari, valute, tassi di interesse o rendimenti, merci o altri indici o misure ([50]).

1 *ter*. Per «strumenti del mercato monetario» si intendono categorie di strumenti normalmente negoziati nel mercato monetario, quali, ad esempio, i buoni del Tesoro, i certificati di deposito e le carte commerciali ([51]).

1 *quater*. Per "ricevute di deposito" si intendono titoli negoziabili sul mercato dei capitali, rappresentanti la proprietà dei titoli di un emittente non domiciliato, ammissibili alla negoziazione in un mercato regolamentato e negoziati indipendentemente dai titoli dell'emittente non domiciliato ([52]).

2. Per "strumento finanziario" si intende qualsiasi strumento riportato nella Sezione C dell'Allegato I. Gli strumenti di pagamento non sono strumenti finanziari ([53]).

2 *bis*. Il Ministro dell'economia e delle finanze, con il regolamento di cui all'articolo 18, comma 5, può individuare:

a) gli altri contratti derivati di cui al punto 7, sezione C, dell'Allegato I aventi le caratteristiche di altri strumenti finanziari derivati;

b) gli altri contratti derivati di cui al punto 10, sezione C, dell'Allegato I aventi le caratteristiche di altri strumenti finanziari derivati, negoziati in un mercato regolamentato, in un sistema multilaterale di negoziazione o in un sistema organizzato di negoziazione ([54]).

2 *ter*. Nel presente decreto legislativo si intendono per:

a) "strumenti derivati": gli strumenti finanziari citati nell'Allegato I, sezione C, punti da 4 a 10, nonché gli strumenti finanziari previsti dal comma 1 *bis*, lettera *c*);

b) "derivati su merci": gli strumenti finanziari che fanno riferimento a merci o attività sottostanti di cui all'Allegato I,sezione C, punti 5), 6), 7) e 10), nonché gli strumenti finanziari previsti dal comma 1 *bis*, lettera *c*), quando fanno riferimento a merci o attività sottostanti menzionati all'Allegato I, sezione C, punto 10);

c) "contratti derivati su prodotti energetici C6": i contratti di opzione, i contratti finanziari a termine standardizzati (future), gli swap e tutti gli altri contratti derivati concernenti carbone o petrolio menzionati nella Sezione C, punto 6, dell'Allegato I che sono negoziati in un sistema organizzato di negoziazione e devono essere regolati con consegna fisica del sottostante ([55]).

[3. Per «strumenti finanziari derivati» si intendono gli strumenti finanziari previsti dal comma 2, lettere *d*), *e*), *f*), *g*), *h*), *i*) e *j*), nonché gli strumenti finanziari previsti dal comma 1 *bis*, lettera *d*)] ([56]).

[4. I mezzi di pagamento non sono strumenti finanziari. Sono strumenti finanziari ed, in particolare, contratti finanziari differenziali, i contratti di acquisto e vendita di valuta, estranei a transazioni commerciali e regolati per differenza, anche mediante operazioni di rinnovo automatico (c.d. "roll-over"). Sono altresì strumenti finanziari le ulteriori operazioni su valute individuate ai sensi dell'articolo 18, comma 5] ([56]).

5. Per «servizi e attività di investimento» si intendono i seguenti, quando hanno per oggetto strumenti finanziari:

a) negoziazione per conto proprio;

b) esecuzione di ordini per conto dei clienti;

c) assunzione a fermo e/o collocamento sulla base di un impegno irrevocabile nei confronti dell'emittente ([57]);

c bis) collocamento senza impegno irrevocabile ([58]) nei confronti dell'emittente;

d) gestione di portafogli;

e) ricezione e trasmissione di ordini;

f) consulenza in materia di investimenti;

g) gestione di sistemi multilaterali di negoziazione ([59]);

g bis) gestione di sistemi organizzati di negoziazione ([60]).

5 *bis*. Per «negoziazione per conto proprio» si intende l'attività di acquisto e vendita di strumenti finanziari, in contropartita diretta [e in relazione a ordini dei clienti, nonché l'attività di market maker] ([61]) ([62]).

5 *bis*.1. Per "sistema multilaterale" si intende un sistema che consente l'interazione tra interessi multipli di acquisto e di vendita di terzi relativi a strumenti finanziari ([63]).

5 *ter*. Per "internalizzatore sistematico" si intende l'impresa di investimento che in modo organizzato, frequente, sistematico e sostanziale negozia per conto proprio eseguendo gli ordini dei clienti al di fuori di un mercato regolamentato, di

un sistema multilaterale di negoziazione o di un sistema organizzato di negoziazione senza gestire un sistema multilaterale. Il modo frequente e sistematico si misura per numero di negoziazioni fuori listino (OTC) su strumenti finanziari effettuate per conto proprio eseguendo gli ordini dei clienti. Il modo sostanziale si misura per dimensioni delle negoziazioni OTC effettuate dal soggetto su uno specifico strumento finanziario in relazione al totale delle negoziazioni effettuate sullo strumento finanziario dal soggetto medesimo o all'interno dell'Unione europea ([64]).

5 *quater*. Per "market maker" si intende una persona che si propone, nelle sedi di negoziazione e/o al di fuori delle stesse, su base continuativa, come disposta a negoziare per conto proprio acquistando e vendendo strumenti finanziari in contropartita diretta ai prezzi dalla medesima definiti ([65]).

5 *quinquies*. Per «gestione di portafogli» si intende la gestione, su base discrezionale e individualizzata, di portafogli di investimento che includono uno o più strumenti finanziari e nell'ambito di un mandato conferito dai clienti ([62]).

5 *sexies*. Il servizio di cui al comma 5, lettera *e*), comprende la ricezione e la trasmissione di ordini, nonché l'attività consistente nel mettere in contatto due o più investitori, rendendo così possibile la conclusione di un'operazione fra loro (mediazione) ([62]).

5 *septies*. Per "consulenza in materia di investimenti" si intende la prestazione di raccomandazioni personalizzate a un cliente, dietro sua richiesta o per iniziativa del prestatore del servizio, riguardo a una o più operazioni relative a strumenti finanziari ([66]).

5 *septies*.1. Per "esecuzione di ordini per conto dei clienti" si intende la conclusione di accordi di acquisto o di vendita di uno o più strumenti finanziari per conto dei clienti, compresa la conclusione di accordi per la sottoscrizione o la compravendita di strumenti finanziari emessi da un'impresa di investimento o da una banca al momento della loro emissione ([67]).

5 *septies*.2. Per "agente collegato" si intende la persona fisica o giuridica che, sotto la piena e incondizionata responsabilità di una sola impresa di investimento per conto della quale opera, promuove servizi di investimento e/o servizi accessori presso clienti o potenziali clienti, riceve e trasmette le istruzioni o gli ordini dei clienti riguardanti servizi di investimento o strumenti finanziari, colloca strumenti finanziari o presta consulenza ai clienti o potenziali clienti rispetto a detti strumenti o servizi finanziari ([67]).

5 *septies*.3. Per "consulente finanziario abilitato all'offerta fuori sede" si intende la persona fisica iscritta nell'apposita sezione dell'albo previsto dall'articolo 31, comma 4, del presente decreto che, in qualità di agente collegato, esercita professionalmente l'offerta fuori sede come dipendente, agente o mandatario ([67]).

5 *octies*. Nel presente decreto legislativo si intendono per:

a) "sistema multilaterale di negoziazione": un sistema multilaterale gestito da un'impresa di investimento o da un gestore del mercato che consente l'incontro, al suo interno e in base a regole non discrezionali, di interessi multipli di acquisto e di vendita di terzi relativi a strumenti finanziari, in modo da dare luogo a contratti conformemente alla parte II e alla parte III;

b) "sistema organizzato di negoziazione": un sistema multilaterale diverso da un mercato regolamentato o da un sistema multilaterale di negoziazione che consente l'interazione tra interessi multipli di acquisto e di vendita di terzi relativi a obbligazioni, strumenti finanziari strutturati, quote di emissioni e strumenti derivati, in modo da dare luogo a contratti conformemente alla parte II e alla parte III;

c) "sede di negoziazione": un mercato regolamentato, un sistema multilaterale di negoziazione o un sistema organizzato di negoziazione ([68]).

5 *octies*.1. Per "ordine con limite di prezzo" si intende un ordine di acquisto o di vendita di uno strumento finanziario al prezzo limite fissato o a un prezzo più vantaggioso e per un quantitativo fissato ([69]).

5 *novies*. Per "portale per la raccolta di capitali per le piccole e medie imprese e per le imprese sociali" si intende una piattaforma on line che abbia come finalità esclusiva la facilitazione della raccolta di capitale di rischio da parte delle piccole e medie imprese, come definite dall'articolo 2, paragrafo 1, lettera (f), primo alinea, del regolamento (UE) 2017/1129, delle imprese sociali e degli organismi di investimento collettivo del risparmio o di altre società che investono prevalentemente in piccole e medie imprese ([70]).

[5 *decies*. Per «start-up innovativa» si intende la società definita dall'articolo 25, comma 2, del decreto legge 18 ottobre 2012, n. 179] ([71]).

[5 *undecies*. Per «piccola e media impresa innovativa» o «PMI innovativa» si intende la PMI definita dall'articolo 4, comma 1, del decreto legge 24 gennaio 2015, n. 3] ([72]).

5 *duodecies*. Per "imprese sociali" si intendono le imprese sociali ai sensi del decreto legislativo di cui all'articolo 1, comma 2, lettera *c*), della legge 6 giugno 2016, n. 106, costituite in forma di società di capitali o di società cooperativa ([73]).

6. Per "servizio accessorio" si intende qualsiasi servizio riportato nella sezione B dell'Allegato I ([74]).

6 *bis*. Per «partecipazioni» si intendono le azioni, le quote e gli altri strumenti finanziari che attribuiscono diritti amministrativi o comunque quelli previsti dall'articolo 2351, ultimo comma, del codice civile ([75]).

6 *bis*.1. Per "controllante" si intende un'impresa controllante ai sensi degli articoli 2, paragrafo 9, e 22 della direttiva 2013/34/UE ([76]).

6 *bis*.2. Per "controllata" si intende un'impresa controllata ai sensi degli articoli 2, paragrafo 10, e 22 della direttiva 2013/34/UE; l'impresa controllata di un'impresa controllata è parimenti considerata impresa controllata dell'impresa controllante che è a capo di tali imprese ([76]).

6 *bis*.3. Per "stretti legami" si intende la situazione nella quale due o più persone fisiche o giuridiche sono legate:

a) da una «partecipazione», ossia dal fatto di detenere, direttamente o tramite un legame di controllo, il 20 per cento o più dei diritti di voto o del capitale di un'impresa;

b) da un legame di «controllo», ossia dalla relazione esistente tra un'impresa controllante e un'impresa controllata, in tutti i casi di cui all'articolo 22, paragrafi 1 e 2, della direttiva 2013/34/UE, o relazione analoga esistente tra persone fisiche e giuridiche e un'impresa, nel qual caso ogni impresa controllata di un'impresa controllata è considerata impresa controllata dell'impresa controllante che è a capo di tali imprese;

c) da un legame duraturo tra due o tutte le suddette persone e uno stesso soggetto che sia una relazione di controllo ([76]).

6 *ter*. Se non diversamente disposto, le norme del presente decreto legislativo che fanno riferimento al consiglio di amministrazione, all'organo amministrativo ed agli amministratori si applicano anche al consiglio di gestione e ai suoi componenti ([75]).

6 *quater*. Se non diversamente disposto, le norme del presente decreto legislativo che fanno riferimento al collegio sindacale, ai sindaci e all'organo che svolge la funzione di controllo si applicano anche al consiglio di sorveglianza e al comitato per il controllo sulla gestione e ai loro componenti ([75]).

6 *quinquies*. Per "negoziazione algoritmica" si intende la negoziazione di strumenti finanziari in cui un algoritmo informatizzato determina automaticamente i parametri individuali degli ordini, come ad esempio l'avvio dell'ordine, la relativa tempistica, il prezzo, la quantità o le modalità di gestione dell'ordine dopo l'invio, con intervento umano minimo o assente, ad esclusione dei sistemi utilizzati unicamente per trasmettere ordini a una o più sedi di negoziazione, per trattare ordini che non comportano la determinazione di parametri di negoziazione, per confermare ordini o per eseguire il regolamento delle operazioni ([77]).

6 *sexies*. Per "accesso elettronico diretto" si intende un accordo in base al quale un membro o un partecipante o un cliente di una sede di negoziazione consente a un terzo l'utilizzo del proprio codice identificativo di negoziazione per la trasmissione in via elettronica direttamente alla sede di negoziazione di ordini relativi a uno strumento finanziario, sia nel caso in cui l'accordo comporti l'utilizzo da parte del terzo dell'infrastruttura del membro, del partecipante o del cliente, o di qualsiasi sistema di collegamento fornito dal membro, partecipante o cliente per trasmettere gli ordini (accesso diretto al mercato) sia nel caso in cui non vi sia tale utilizzo (accesso sponsorizzato) ([77]).

6 *septies*. Per "tecnica di negoziazione algoritmica ad alta frequenza" si intende qualsiasi tecnica di negoziazione algoritmica caratterizzata da:

a) infrastrutture volte a ridurre al minimo le latenze di rete e di altro genere, compresa almeno una delle strutture per l'inserimento algoritmico dell'ordine: co-ubicazione, hosting di prossimità o accesso elettronico diretto a velocità elevata;

b) determinazione da parte del sistema dell'inizializzazione, generazione, trasmissione o esecuzione dell'ordine senza intervento umano per il singolo ordine o negoziazione, e

c) elevato traffico infra-giornaliero di messaggi consistenti in ordini, quotazioni o cancellazioni ([77]).

6 *octies*. Per "negoziazione matched principal" si intende una negoziazione in cui il soggetto che si interpone tra l'acquirente e il venditore non è

mai esposto al rischio di mercato durante l'intera esecuzione dell'operazione, con l'acquisto e la vendita eseguiti simultaneamente ad un prezzo che non permette a tale soggetto di realizzare utili o perdite, fatta eccezione per le commissioni, gli onorari o le spese dell'operazione previamente comunicati ([77]).

6 *novies*. Per "pratica di vendita abbinata" si intende l'offerta di un servizio di investimento insieme a un altro servizio o prodotto come parte di un pacchetto o come condizione per l'ottenimento dello stesso accordo o pacchetto ([77]).

6 *decies*. Per "deposito strutturato" si intende un deposito quale definito all'articolo 69 *bis*, comma 1, lettera *c*), del T.U. bancario che è pienamente rimborsabile alla scadenza in base a termini secondo i quali qualsiasi interesse o premio sarà rimborsato (o è a rischio) secondo una formula comprendente fattori quali:

a) un indice o una combinazione di indici, eccetto i depositi a tasso variabile il cui rendimento è direttamente legato a un tasso di interesse quale l'Euribor o il Libor;

b) uno strumento finanziario o una combinazione degli strumenti finanziari;

c) una merce o combinazione di merci o di altri beni infungibili, materiali o immateriali; o

d) un tasso di cambio o una combinazione di tassi di cambio ([77]).

6 *undecies*. Nel presente decreto legislativo si intendono per:

a) "dispositivo di pubblicazione autorizzato" o "APA": un soggetto autorizzato ai sensi della direttiva 2014/65/UE a pubblicare i report delle operazioni concluse per conto di imprese di investimento ai sensi degli articoli 20 e 21 del regolamento (UE) n. 600/2014;

b) "fornitore di un sistema consolidato di pubblicazione" o "CTP": un soggetto autorizzato ai sensi della direttiva 2014/65/UE a fornire il servizio di raccolta presso mercati regolamentati, sistemi multilaterali di negoziazione, sistemi organizzati di negoziazione e APA dei report delle operazioni concluse per gli strumenti finanziari di cui agli articoli 6, 7, 10, 12, 13, 20 e 21 del regolamento (UE) n. 600/2014 e di consolidamento delle suddette informazioni in un flusso elettronico di dati attualizzati in continuo, in grado di fornire informazioni sui prezzi e sul volume per ciascuno strumento finanziario;

c) "meccanismo di segnalazione autorizzato" o "ARM": un soggetto autorizzato ai sensi della direttiva 2014/65/UE a segnalare le informazioni di dettaglio sulle operazioni concluse alle autorità competenti o all'AESFEM per conto delle imprese di investimento;

d) "servizi di comunicazione dati": la gestione di un dispositivo di pubblicazione autorizzato (APA) o di un sistema consolidato di pubblicazione (CTP) o di un meccanismo di segnalazione autorizzato (ARM);

e) "fornitore di servizi di comunicazione dati": un APA, un CTP o un ARM ([77]).

6 *duodecies*. Nel presente decreto legislativo si intendono per:

a) "Stato membro d'origine dell'impresa di investimento":

1) se l'impresa di investimento è una persona fisica, lo Stato membro in cui tale persona ha la propria sede principale;

2) se l'impresa di investimento è una persona giuridica, lo Stato membro in cui si trova la sua sede legale;

3) se, in base al diritto nazionale cui è soggetta, l'impresa di investimento non ha una sede legale, lo Stato membro in cui è situata la sua direzione generale;

b) "Stato membro d'origine del mercato regolamentato": lo Stato membro in cui è registrato il mercato regolamentato o se, in base al diritto nazionale di tale Stato membro detto mercato non ha una sede legale, lo Stato membro in cui è situata la propria direzione generale;

c) "Stato membro d'origine di un APA, di un sistema consolidato di pubblicazione o di meccanismo di segnalazione autorizzato":

1) se il dispositivo di pubblicazione autorizzato, il meccanismo di segnalazione autorizzato o il sistema consolidato di pubblicazione è una persona fisica, lo Stato membro in cui tale persona ha la propria direzione generale;

2) se il dispositivo di pubblicazione autorizzato, il meccanismo di segnalazione autorizzato o il sistema consolidato di pubblicazione è una persona giuridica, lo Stato membro in cui si trova la sua sede legale;

3) se, in base al diritto nazionale cui è soggetto, il dispositivo di pubblicazione autorizzato, il meccanismo di segnalazione autorizzato o il sistema consolidato di pubblicazione non ha una sede legale, lo Stato membro in cui è situata la sua direzione generale ([77]).

6 *terdecies*. Nel presente decreto legislativo si intendono per:

a) "Stato membro ospitante l'impresa di investimento": lo Stato membro, diverso dallo Stato membro d'origine, in cui un'impresa di investimento ha una succursale o presta servizi di investimento e/o esercita attività di investimento;

b) "Stato membro ospitante il mercato regolamentato": lo Stato membro in cui un mercato regolamentato adotta opportune misure in modo da facilitare l'accesso alla negoziazione a distanza nel suo sistema da parte di membri o partecipanti stabiliti in tale Stato membro ([77]).

6 *quaterdecies*. Per "prodotto energetico all'ingrosso" si intende un prodotto energetico all'ingrosso quale definito all'articolo 2, punto 4, del regolamento (UE) n. 1227/2011 ([77]).

6 *quinquiesdecies*. Per "derivati su merci agricole" si intendono i contratti derivati connessi a prodotti di cui all'articolo 1 e all'allegato I, parti da I a XXIV/1 del regolamento (UE) n. 1308/2013 ([77]).

6 *sexiesdecies*. Per "emittente sovrano" si intende uno dei seguenti emittenti di titoli di debito:

a) l'Unione europea;

b) uno Stato membro, ivi inclusi un ministero, un'agenzia o una società veicolo di tale Stato membro;

c) in caso di Stato membro federale, un membro della federazione;

d) una società veicolo per conto di diversi Stati membri;

e) un ente finanziario internazionale costituito da due o più Stati membri con l'obiettivo di mobilitare risorse e fornire assistenza finanziaria a beneficio dei suoi membri che stanno affrontando o sono minacciati da gravi crisi finanziarie; o

f) la Banca europea per gli investimenti ([77]).

6 *septiesdecies*. Per "debito sovrano" si intende un titolo di debito emesso da un emittente sovrano ([77]).

6 *octiesdecies*. Per "supporto durevole" si intende qualsiasi strumento che:

a) permetta al cliente di memorizzare informazioni a lui personalmente dirette, in modo che possano essere agevolmente recuperate per un periodo di tempo adeguato ai fini cui sono destinate le informazioni stesse; e

b) che consenta la riproduzione inalterata delle informazioni memorizzate ([77]).

([1]) *Questa lettera è stata così sostituita dall'art. 1, comma 1, lett.* a), *del D.L.vo 4 marzo 2014, n. 44.*

([2]) *Questa lettera è stata inserita dall'art. 2, comma 1, del D.L.vo 30 luglio 2012, n. 130.*

([3]) *Questa lettera è stata inserita dall'art. 1, comma 1, lett.* a), *del D.L.vo 3 agosto 2017, n. 129. A norma dell'art. 10, comma 2, del medesimo decreto, tali disposizioni si applicano dal 3 gennaio 2018.*

([4]) *Le precedenti lettere da e) a g) sono state così sostituite dalle attuali lettere, dall'art. 1, comma 1, lett.* b), *del D.L.vo 3 agosto 2017, n. 129. A norma dell'art. 10, comma 2, del medesimo decreto, tali disposizioni si applicano dal 3 gennaio 2018. Fino a tale data si applicano le disposizioni nel testo previgente che si riporta:*

«e) *«società di intermediazione mobiliare» (SIM): l'impresa, diversa dalle banche e dagli intermediari finanziari iscritti nell'elenco previsto dall'articolo 107 del T.U. bancario, autorizzata a svolgere servizi o attività di investimento, avente sede legale e direzione generale in Italia;*

f) *«impresa di investimento comunitaria»: l'impresa, diversa dalla banca, autorizzata a svolgere servizi o attività di investimento, avente sede legale e direzione generale in un medesimo Stato comunitario, diverso dall'Italia;*

g) *«impresa di investimento extracomunitaria»: l'impresa, diversa dalla banca, autorizzata a svolgere servizi o attività di investimento, avente sede legale in uno Stato extracomunitario».*

([5]) *Questa lettera è stata abrogata dall'art. 1, comma 1, lett.* c), *del D.L.vo 3 agosto 2017, n. 129. A norma dell'art. 10, comma 2, del medesimo decreto, tali disposizioni si applicano dal 3 gennaio 2018.*

([6]) *Questa lettera è stata così sostituita dall'art. 1, comma 1, lett.* b), *del D.L.vo 4 marzo 2014, n. 44.*

([7]) *Questa lettera è stata inserita dall'art. 1, comma 1, lett.* c), *del D.L.vo 4 marzo 2014, n. 44.*

([8]) *Questa lettera è stata inserita dall'art. 4, comma 1, del D.L.vo 12 maggio 2015, n. 72.*

([9]) *Le lettere da* j) *a* m sexies) *sono state così sostituite dalle attuali:* j), k), k bis), k ter), l), m), m bis), m ter), m quater), m quinquies) e m sexies), *dall'art. 1, comma 1, lett.* d), *del D.L.vo 4 marzo 2014, n. 44.*

([10]) *Le parole: «, a favore di soggetti diversi da consumatori,» sono state inserite dall'art. 17, comma 1, lett.* a), *del D.L. 14 febbraio 2016, n. 18, convertito, con modificazioni, nella L. 8 aprile 2016, n. 49.*

([11]) *Le parole: «, inclusi quelli erogati a valere sul patrimonio dell'OICR,» sono state inserite dall'art. 22, comma 5, lett.* a), *del D.L. 24 giugno 2014, n. 91, convertito, con modificazioni, nella L. 11 agosto 2014, n. 116.*

([12]) *Questa lettera è stata inserita dall'art. 1, comma 1, lett.* e), *del D.L.vo 4 marzo 2014, n. 44.*

([13]) *Le parole: «clienti professionali o» sono state inserite dall'art. 1, comma 1, lett.* d), *del D.L.vo 3 agosto 2017, n. 129. A norma dell'art. 10, comma 2, del medesimo decreto, tali disposizioni si applicano dal 3 gennaio 2018.*

([14]) *Questa lettera, aggiunta dall'art. 1, comma 1, lett.* e), *del D.L.vo 4 marzo 2014, n. 44, è stata così sostituita dalla attuale, dall'art. 1, comma 1, lett.* e), *del D.L.vo 3 agosto 2017, n. 129. A norma dell'art. 10, com-*

ma 2, del medesimo decreto, tali disposizioni si applicano dal 3 gennaio 2018. Fino a tale data si applicano le disposizioni nel testo previgente che si riporta:

«m duodecies) «*investitori al dettaglio*»: *gli investitori che non sono investitori professionali*».

([15]) *Questa lettera è stata così sostituita dall'art. 1, comma 1, lett.* f), *del D.L.vo 4 marzo 2014, n. 44.*

([16]) *Le società di gestione del risparmio di cui alla presente lettera, che gestiscono i fondi immobiliari previsti dagli articoli 12 bis e 13 del regolamento di cui al decreto del Ministro del tesoro, del bilancio e della programmazione economica 24 maggio 1999, n. 228, i cui certificati rappresentativi delle quote risultino ammessi, ovvero siano oggetto di istanza di ammissione, alle negoziazioni in un mercato regolamentato, possono, entro il 31 dicembre 2014, nell'esclusivo interesse dei partecipanti, modificare il regolamento del fondo, secondo le procedure di cui alle disposizioni dei commi da 5* quater *a 5* novies, *per stabilire la possibilità di prorogare in via straordinaria il termine di durata del fondo medesimo per un periodo massimo non superiore a due anni al solo fine di completare lo smobilizzo degli investimenti. Tale modifica del regolamento è possibile per i fondi immobiliari anzidetti, esistenti alla data di entrata in vigore della legge di conversione del presente decreto, anche nel caso in cui il regolamento del fondo già preveda la possibilità di prorogarne la durata per un massimo di tre anni, ai sensi dell'articolo 14, comma 6, del citato decreto ministeriale n. 228 del 1999.*

([17]) *A norma dell'art. 20, comma 8* quinquies, *del D.L. 24 giugno 2014, n. 91, convertito, con modificazioni, nella L. 11 agosto 2014, n. 116, le società di gestione del risparmio di cui alla presente lettera, che gestiscono fondi chiusi di cui al titolo III, capo II, del regolamento di cui al decreto del Ministro del tesoro, del bilancio e della programmazione economica 24 maggio 1999, n. 228, per i quali, alla data di entrata in vigore del suddetto decreto, non sia scaduto il termine entro il quale devono essere sottoscritte le quote, possono modificare il regolamento del fondo, previa deliberazione dell'assemblea dei quotisti, per prevedere i casi in cui è possibile una proroga del termine di sottoscrizione non superiore a dodici mesi per il completamento della raccolta del patrimonio. La proroga deve in ogni caso essere deliberata, previa modifica del regolamento del fondo, entro tre mesi dalla data di entrata in vigore della legge di conversione del suddetto decreto n. 91/2014.*

([18]) *Le lettere da* o bis) *a* r) *sono state così sostituite dalle attuali:* o bis), p), q), q bis), q ter), q quater), q quinquies) *e* r), *dall'art. 1, comma 1, lett.* g), *del D.L.vo 4 marzo 2014, n. 44.*

([19]) *Questa lettera è stata da ultimo così sostituita dalla attuale, dall'art. 1, comma 1, lett.* f), *del D.L.vo 3 agosto 2017, n. 129. A norma dell'art. 10, comma 2, del medesimo decreto, tali disposizioni si applicano dal 3 gennaio 2018. Fino a tale data si applicano le disposizioni nel testo previgente che si riporta:*

«r) «*soggetti abilitati*»: *le Sim, le imprese di investimento comunitarie con succursale in Italia, le imprese di investimento extracomunitarie, le Sgr, le società di gestione UE con succursale in Italia, le Sicav, le Sicaf, i GEFIA UE con succursale in Italia, i GEFIA non UE autorizzati in Italia, i GEFIA non UE autorizzati in uno Stato dell'UE diverso dall'Italia con succursale in Italia, nonché gli intermediari finanziari iscritti nell'elenco previsto dall'articolo 106 del Testo Unico bancario e le banche italiane, le banche comunitarie con succursale in Italia e le banche extracomunitarie, autorizzate all'esercizio dei servizi o delle attività di investimento*».

([20]) *Le parole*: «*società di gestione armonizzata*» *sono state così sostituite dalle seguenti*: «*società di gestione UE*» *dall'art. 1, comma 1, lett.* h), *del D.L.vo 4 marzo 2014, n. 44.*

([21]) *Questa lettera è stata inserita dall'art. 1, comma 1, lett.* e), *del D.L.vo 16 aprile 2012, n. 47.*

([22]) *Questa lettera è stata inserita dall'art. 1, comma 1, del D.L.vo 7 maggio 2015, n. 66.*

([23]) *Le parole: «della tabella allegata» sono state così sostituite dalle attuali: «dell'Allegato I» dall'art. 1, comma 1, lett.* g), *del D.L.vo 3 agosto 2017, n. 129. A norma dell'art. 10, comma 2, del medesimo decreto, tali disposizioni si applicano dal 3 gennaio 2018.*

([24]) *Le parole: «Stato comunitario» sono state così sostituite dalle attuali: «Stato dell'UE» dall'art. 1, comma 1, lett.* g), *del D.L.vo 3 agosto 2017, n. 129. A norma dell'art. 10, comma 2, del medesimo decreto, tali disposizioni si applicano dal 3 gennaio 2018.*

([25]) *Questa lettera è stata così sostituita dall'art. 1, comma 1, lett.* e), *del D.L.vo 17 settembre 2007, n. 164, a decorrere dal 1° novembre 2007.*

([26]) *Questa lettera è stata così sostituita dall'art. 2, comma 1, lett.* a), *del D.L.vo 28 marzo 2007, n. 51.*

([27]) *Le parole da*: «*non costituiscono prodotti ...*» *fino alla fine di questa lettera sono state aggiunte dall'art. 3, comma 1, lett.* b), *del D.L.vo 29 dicembre 2006, n. 303.*

([28]) *Le parole*: «*superiore a quello indicato nel regolamento previsto dall'articolo 100 nonché di ammontare complessivo superiore a quello indicato nel medesimo regolamento;*» *sono state così sostituite dalle attuali da*: «*e di ammontare complessivo superiori a quelli indicati nel regolamento previsto dall'articolo 100, ...*» *fino alla fine della lettera dall'art. 1, comma 1, del D.L.vo 19 novembre 2007, n. 229.*

([29]) *Questa lettera è stata così sostituita dall'art. 1, comma 1, lett.* a), *del D.L.vo 15 febbraio 2016, n. 25.*

([30]) *Questa lettera è stata aggiunta dall'art. 3, comma 1, lett.* c), *del D.L.vo 29 dicembre 2006, n. 303.*

([31]) *Questa lettera è stata inserita dall'art. 1, comma 1, del D.L.vo 14 novembre 2016, n. 224. Le disposizioni del presente decreto si applicano a decorrere dalla data di applicazione del regolamento (UE) n. 1286/2014 (31 dicembre 2016).*

([32]) *Questa lettera è stata inserita dall'art. 1, comma 1, lett.* h), *del D.L.vo 3 agosto 2017, n. 129. A norma dell'art. 10, comma 2, del medesimo decreto, tali disposizioni si applicano dal 3 gennaio 2018.*

([33]) *Questa lettera, aggiunta dall'art. 2, comma 1, lett.* b), *del D.L.vo 28 marzo 2007, n. 51, è stata da ultimo così sostituita dall'art. 1, comma 1, lett.* i), *del D.L.vo 3 agosto 2017, n. 129. A norma dell'art. 10, comma 2, del medesimo decreto, tali disposizioni si applicano dal 3 gennaio 2018. Fino a tale data si applicano le disposizioni nel testo previgente che si riporta*:

«w ter) *«mercato regolamentato»: sistema multilaterale che consente o facilita l'incontro, al suo interno e in base a regole non discrezionali, di interessi multipli di acquisto e di vendita di terzi relativi a strumenti finanziari, ammessi alla negoziazione conformemente alle regole del mercato stesso, in modo da dare luogo a contratti, e che è gestito da una società di gestione, è autorizzato e funziona regolarmente».*

([34]) *La parola: «le» è stata così sostituita dalla parola: «gli» dall'art. 1, comma 1, lett.* b), *n. 1), del D.L.vo 15 febbraio 2016, n. 25.*

([35]) *Le parole: «della Comunità europea, aventi sede in Italia» sono state così sostituite dalle parole: «dell'Unione europea, aventi sede legale in Italia» dall'art. 1, comma 1, lett.* b), *n. 1), del D.L.vo 15 febbraio 2016, n. 25.*

([36]) *Le parole: «della Comunità europea, aventi sede in Italia» sono state così sostituite dalle parole: «dell'Unione europea, aventi sede legale in Italia» dall'art. 1, comma 1, lett.* b), *n. 2), del D.L.vo 15 febbraio 2016, n. 25.*

([37]) *Questo numero è stato così sostituito dall'attuale dall'art. 1, comma 1, lett.* b), *n. 3), del D.L.vo 15 febbraio 2016, n. 25.*

Ai sensi dell'art. 2, comma 2, del D.L.vo 15 febbraio 2016, n. 25, gli emittenti di cui a questo numero, che hanno scelto l'Italia quale Stato membro d'origine e hanno effettuato la comunicazione prima del 27 novembre 2015, sono esentati dall'obbligo di comunicazione, salvo che scelgano un altro Stato membro d'origine dopo tale data.

([38]) *La parola: «legale» è stata inserita dall'art. 1, comma 1, lett.* b), *n. 4), del D.L.vo 15 febbraio 2016, n. 25.*

([39]) *Le parole fra parentesi quadrate sono state soppresse dall'art. 1, comma 1, lett.* b), *n. 4), del D.L.vo 15 febbraio 2016, n. 25.*

([40]) *Le parole: «della Comunità europea» sono state così sostituite dalle parole: «dell'Unione europea, o salvo che l'emittente, nel triennio, rientri tra gli emittenti di cui ai numeri 1), 2), 3) e 4* bis), *della presente lettera» dall'art. 1, comma 1, lett.* b), *n. 4), del D.L.vo 15 febbraio 2016, n. 25.*

([41]) *Ai sensi dell'art. 2, comma 2, del D.L.vo 15 febbraio 2016, n. 25, gli emittenti di cui a questo numero, che hanno scelto l'Italia quale Stato membro d'origine e hanno effettuato la comunicazione prima del 27 novembre 2015, sono esentati dall'obbligo di comunicazione, salvo che scelgano un altro Stato membro d'origine dopo tale data.*

([42]) *Questa lettera è stata aggiunta dall'art. 1, comma 1, del D.L.vo 6 novembre 2007, n. 195.*

([43]) *Questo numero è stato aggiunto dall'art, 1, comma 1, lett.* b), *n. 5), del D.L.vo 15 febbraio 2016, n. 25.*

Ai sensi dell'art. 2, comma 2, del D.L.vo 15 febbraio 2016, n. 25, gli emittenti di cui a questo numero, che hanno scelto l'Italia quale Stato membro d'origine e hanno effettuato la comunicazione prima del 27 novembre 2015, sono esentati dall'obbligo di comunicazione, salvo che scelgano un altro Stato membro d'origine dopo tale data.

([44]) *Questa lettera inserita dall'art. 20, comma 1, lett.* a), *del D.L. 24 giugno 2014, n. 91, convertito, con modificazioni, nella L. 11 agosto 2014, n. 116 è stata, da ultimo, così sostituita dall'art. 1, comma 1, lett.* c), *del D.L.vo 15 febbraio 2016, n. 25.*

([45]) *Questa lettera è stata aggiunta dall'art. 33, comma 1, lett.* a), *della L. 6 agosto 2013, n. 97.*

([46]) *Le parole: «Stati comunitari» sono state così sostituite dalle attuali: «Stati dell'Unione europea» dall'art. 1, comma 1, lett.* l), *del D.L.vo 3 agosto 2017, n. 129. A norma dell'art. 10, comma 2, del medesimo decreto, tali disposizioni si applicano dal 3 gennaio 2018.*

([47]) *Questa lettera è stata aggiunta dall'art. 2, comma 1, del D.L.vo 16 novembre 2015, n. 181. Tali disposizioni si applicano alle procedure di amministrazione straordinaria e di liquidazione coatta amministrativa avviate successivamente all'entrata in vigore del suddetto decreto.*

([48]) *Le parole: «"depositari centrali di titoli"» sono state così sostituite dalle attuali: «"depositari centrali di titoli o depositari centrali"» dall'art. 1, comma 1, lett.* m), *del D.L.vo 3 agosto 2017, n. 129. A norma dell'art. 10, comma 2, del medesimo decreto, tali disposizioni si applicano dal 3 gennaio 2018.*

([49]) *Questa lettera è stata aggiunta dall'art. 1, comma 1, del D.L.vo 12 agosto 2016, n. 176.*

([50]) *Questo comma, inserito dall'art. 1, comma 1, lett.* g), *del D.L.vo 17 settembre 2007, n. 164, a decorrere dal 1° novembre 2007, è stato così sostituito dall'attuale, dall'art. 1, comma 1, lett.* n), *del D.L.vo 3 agosto 2017, n. 129. A norma dell'art. 10, comma 2, del medesimo decreto, tali disposizioni si applicano dal 3 gennaio 2018. Fino a tale data si applicano le disposizioni nel testo previgente che si riporta*:

«1 bis) *Per «valori mobiliari» si intendono categorie di valori che possono essere negoziati nel mercato dei capitali, quali ad esempio:*

a) *le azioni di società e altri titoli equivalenti ad azioni di società, di partnership o di altri soggetti e certificati di deposito azionario;*

b) *obbligazioni e altri titoli di debito, compresi i certificati di deposito relativi a tali titoli;*

c) *qualsiasi altro titolo normalmente negoziato che permette di acquisire o di vendere i valori mobiliari indicati alle precedenti lettere;*

d) *qualsiasi altro titolo che comporta un regolamento in contanti determinato con riferimento ai valori mobiliari indicati alle precedenti lettere, a valute, a tassi di interesse, a rendimenti, a merci, a indici o a misure».*

([51]) *Questo comma è stato inserito dall'art. 1, comma 1, lett.* g), *del D.L.vo 17 settembre 2007, n. 164, a decorrere dal 1° novembre 2007.*

([52]) *Questo comma è stato inserito dall'art. 1, comma 1, lett.* o), *del D.L.vo 3 agosto 2017, n. 129. A norma dell'art. 10, comma 2, del medesimo decreto, tali disposizioni si applicano dal 3 gennaio 2018.*

([53]) *Questo comma è stato da ultimo così sostituito, dall'art. 1, comma 1, lett.* p), *del D.L.vo 3 agosto 2017, n. 129. A norma dell'art. 10, comma 2, del medesimo decreto, tali disposizioni si applicano dal 3 gennaio 2018. Fino a tale data si applicano le disposizioni nel testo previgente che si riporta:*

«2. Per «strumenti finanziari» si intendono:

a) *valori mobiliari;*

b) *strumenti del mercato monetario;*

c) *quote di un organismo di investimento collettivo del risparmio;*

d) *contratti di opzione, contratti finanziari a termine standardizzati («future»), «swap», accordi per scambi futuri di tassi di interesse e altri contratti derivati connessi a valori mobiliari, valute, tassi di interesse o rendimenti, o ad altri strumenti derivati, indici finanziari o misure finanziarie che possono essere regolati con consegna fisica del sottostante o attraverso il pagamento di differenziali in contanti;*

e) *contratti di opzione, contratti finanziari a termine standardizzati («future»), «swap», accordi per scambi futuri di tassi di interesse e altri contratti derivati connessi a merci il cui regolamento avviene attraverso il pagamento di differenziali in contanti o può avvenire in tal modo a discrezione di una delle parti, con esclusione dei casi in cui tale facoltà consegue a inadempimento o ad altro evento che determina la risoluzione del contratto;*

f) *contratti di opzione, contratti finanziari a termine standardizzati («future»), «swap» e altri contratti derivati connessi a merci il cui regolamento può avvenire attraverso la consegna del sottostante e che sono negoziati su un mercato regolamentato e/o in un sistema multilaterale di negoziazione;*

g) *contratti di opzione, contratti finanziari a termine standardizzati («future»), «swap», contratti a termine («forward») e altri contratti derivati connessi a merci il cui regolamento può avvenire attraverso la consegna fisica del sottostante, diversi da quelli indicati alla lettera* f) *che non hanno scopi commerciali, e aventi le caratteristiche di altri strumenti finanziari derivati, considerando, tra l'altro, se sono compensati ed eseguiti attraverso stanze di compensazione riconosciute o se sono soggetti a regolari richiami di margini;*

h) *strumenti derivati per il trasferimento del rischio di credito;*

i) *contratti finanziari differenziali;*

j) *contratti di opzione, contratti finanziari a termine standardizzati («future»), «swap», contratti a termine sui tassi d'interesse e altri contratti derivati connessi a variabili climatiche, tariffe di trasporto, quote di emissione, tassi di inflazione o altre statistiche economiche ufficiali, il cui regolamento avviene attraverso il pagamento di differenziali in contanti o può avvenire in tal modo a discrezione di una delle parti, con esclusione dei casi in cui tale facoltà consegue a inadempimento o ad altro evento che determina la risoluzione del contratto, nonché altri contratti derivati connessi a beni, diritti, obblighi, indici e misure, diversi da quelli indicati alle lettere precedenti, aventi le caratteristiche di altri strumenti finanziari derivati, considerando, tra l'altro, se sono negoziati su un mercato regolamentato o in un sistema multilaterale di negoziazione, se sono compensati ed eseguiti attraverso stanze di compensazione riconosciute o se sono soggetti a regolari richiami di margini».*

([54]) *Questo comma, inserito dall'art. 1, comma 1, lett.* i), *del D.L.vo 17 settembre 2007, n. 164, a decorrere dal 1° novembre 2007, è stato così sostituito dall'attuale, dall'art. 1, comma 1, lett.* p), *del D.L.vo 3 agosto 2017, n. 129. A norma dell'art. 10, comma 2, del medesimo decreto, tali disposizioni si applicano dal 3 gennaio 2018. Fino a tale data si applicano le disposizioni nel testo previgente che si riporta:*

«2 bis) Il Ministro dell'economia e delle finanze, con il regolamento di cui all'articolo 18, comma 5, individua:

a) *gli altri contratti derivati di cui al comma 2, lettera* g), *aventi le caratteristiche di altri strumenti finanziari derivati, compensati ed eseguiti attraverso stanze di compensazione riconosciute o soggetti a regolari richiami di margine;*

b) *gli altri contratti derivati di cui al comma 2, lettera* j), *aventi le caratteristiche di altri strumenti finanziari derivati, negoziati su un mercato regolamentato o in un sistema multilaterale di negoziazione, compensati ed eseguiti attraverso stanze di compensazione riconosciute o soggetti a regolari richiami di margine.».*

([55]) *Questo comma è stato inserito dall'art. 1, comma 1, lett.* q), *del D.L.vo 3 agosto 2017, n. 129. A norma dell'art. 10, comma 2, del medesimo decreto, tali disposizioni si applicano dal 3 gennaio 2018.*

([56]) *Questo comma è stato abrogato dall'art. 1, comma 1, lett.* r), *del D.L.vo 3 agosto 2017, n. 129. A norma dell'art. 10, comma 2, del medesimo decreto, tali disposizioni si applicano dal 3 gennaio 2018.*

([57]) *Questa lettera è stata così sostituita dalla attuale, dall'art. 1, comma 1, lett.* s), *n. 1, del D.L.vo 3 agosto 2017, n. 129. A norma dell'art. 10, comma 2, del medesimo decreto, tali disposizioni si applicano dal 3 gennaio 2018. Fino a tale data si applicano le disposizioni nel testo previgente che si riporta:*

«c) *sottoscrizione e/o collocamento con assunzione a fermo ovvero con assunzione di garanzia nei confronti dell'emittente».*

([58]) *Le parole: «assunzione a fermo nè assunzione di garanzia» sono state così sostituite dalle attuali: «impegno irrevocabile» dall'art. 1, comma 1, lett.* s), *n. 2, del D.L.vo 3 agosto 2017, n. 129. A norma dell'art. 10, comma 2, del medesimo decreto, tali disposizioni si applicano dal 3 gennaio 2018.*

([59]) *Questo comma è stato così sostituito dall'art. 1, comma 1, lett.* m), *del D.L.vo 17 settembre 2007, n. 164, a decorrere dal 1° novembre 2007.*

([60]) *Questa lettera è stata aggiunta dall'art. 1, comma 1, lett.* s), *n. 3, del D.L.vo 3 agosto 2017, n. 129. A norma dell'art. 10, comma 2, del medesimo decreto, tali disposizioni si applicano dal 3 gennaio 2018.*

([61]) *Le parole tra parentesi quadrate sono state soppresse dall'art. 1, comma 1, lett.* t), *del D.L.vo 3 agosto 2017, n. 129. A norma dell'art. 10, comma 2, del medesimo decreto, tali disposizioni si applicano dal 3 gennaio 2018.*

([62]) *Questo comma è stato inserito dall'art. 1, comma 1, lett.* n), *del D.L.vo 17 settembre 2007, n. 164, a decorrere dal 1° novembre 2007.*

([63]) *Questo comma è stato inserito dall'art. 1, comma 1, lett.* u), *del D.L.vo 3 agosto 2017, n. 129. A norma dell'art. 10, comma 2, del medesimo decreto, tali disposizioni si applicano dal 3 gennaio 2018.*

([64]) *Questo comma, inserito dall'art. 1, comma 1, lett.* n), *del D.L.vo 17 settembre 2007, n. 164, a decorrere dal 1° novembre 2007, è stato così sostituito dall'attuale, dall'art. 1, comma 1, lett.* v), *del D.L.vo 3 agosto 2017, n. 129. A norma dell'art. 10, comma 2, del medesimo decreto, tali disposizioni si applicano dal 3 gennaio 2018. Fino a tale data si applicano le disposizioni nel testo previgente che si riporta:*

«5 ter) *Per «internalizzatore sistematico» si intende il soggetto che in modo organizzato, frequente e sistematico negozia per conto proprio eseguendo gli ordini del cliente al di fuori di un mercato regolamentato o di un sistema multilaterale di negoziazione».*

([65]) *Questo comma, inserito dall'art. 1, comma 1, lett.* n), *del D.L.vo 17 settembre 2007, n. 164, a decorrere dal 1° novembre 2007, è stato così sostituito dall'attuale, dall'art. 1, comma 1, lett.* v), *del D.L.vo 3 agosto 2017, n. 129. A norma dell'art. 10, comma 2, del medesimo decreto, tali disposizioni si applicano dal 3 gennaio 2018. Fino a tale data si applicano le disposizioni nel testo previgente che si riporta:*

«5 quater) *Per «market maker» si intende il soggetto che si propone sui mercati regolamentati e sui sistemi multilaterali di negoziazione, su base continua, come disposto a negoziare in contropartita diretta acquistando e vendendo strumenti finanziari ai prezzi da esso definiti».*

([66]) *Questo comma, inserito dall'art. 1, comma 1, lett.* n), *del D.L.vo 17 settembre 2007, n. 164, a decorrere dal 1° novembre 2007, è stato così sostituito dall'attuale, dall'art. 1, comma 1, lett.* z), *del D.L.vo 3 agosto 2017, n. 129. A norma dell'art. 10, comma 2, del medesimo decreto, tali disposizioni si applicano dal 3 gennaio 2018. Fino a tale data si applicano le disposizioni nel testo previgente che si riporta:*

5 septies) *Per «consulenza in materia di investimenti» si intende la prestazione di raccomandazioni personalizzate a un cliente, dietro sua richiesta o per iniziativa del prestatore del servizio, riguardo a una o più operazioni relative ad un determinato strumento finanziario. La raccomandazione è personalizzata quando è presentata come adatta per il cliente o è basata sulla considerazione delle caratteristiche del cliente. Una raccomandazione non è personalizzata se viene diffusa al pubblico mediante canali di distribuzione.*

([67]) *Questo comma è stato inserito dall'art. 1, comma 1, lett.* aa), *del D.L.vo 3 agosto 2017, n. 129. A norma dell'art. 10, comma 2, del medesimo decreto, tali disposizioni si applicano dal 3 gennaio 2018.*

([68]) *Questo comma, inserito dall'art. 1, comma 1, lett.* n), *del D.L.vo 17 settembre 2007, n. 164, a decorrere dal 1° novembre 2007, è stato così sostituito dall'attuale, dall'art. 1, comma 1, lett.* bb), *del D.L.vo 3 agosto 2017, n. 129. A norma dell'art. 10, comma 2, del medesimo decreto, tali disposizioni si applicano dal 3 gennaio 2018. Fino a tale data si applicano le disposizioni nel testo previgente che si riporta:*

«5 octies) *Per «gestione di sistemi multilaterali di negoziazione» si intende la gestione di sistemi multilaterali che consentono l'incontro, al loro interno ed in base a regole non discrezionali, di interessi multipli di acquisto e di vendita di terzi relativi a strumenti finanziari, in modo da dare luogo a contratti».*

([69]) *Questo comma è stato inserito dall'art. 1, comma 1, lett.* cc), *del D.L.vo 3 agosto 2017, n. 129. A norma dell'art. 10, comma 2, del medesimo decreto, tali disposizioni si applicano dal 3 gennaio 2018.*

([70]) *Questo comma, inserito dall'art. 30, comma 1, del D.L. 18 ottobre 2012, n. 179, convertito, con modificazioni, nella L. 17 dicembre 2012, n. 221, è stato da ultimo così sostituito dall'attuale, dall'art. 1, comma 1, lett.* dd), *del D.L.vo 3 agosto 2017, n. 129. A norma dell'art. 10, comma 2, del medesimo decreto, tali disposizioni si applicano dal 3 gennaio 2018. Fino a tale data si applicano le disposizioni nel testo previgente che si riporta:*

«5 novies) *Per "portale per la raccolta di capitali per le PMI e per le imprese sociali" si intende una piattaforma on line che abbia come finalità esclusiva la facilitazione della raccolta di capitale di rischio da parte delle PMI come definite dalla disciplina dell'Unione europea, delle imprese sociali e degli organismi di investimento collettivo del risparmio o altre società che investono prevalentemente in PMI».*

([71]) *Questo comma, inserito dall'art. 30, comma 1, del D.L. 18 ottobre 2012, n. 179, convertito, con modifica-*

zioni, nella L. 17 dicembre 2012, n. 221, è stato abrogato dall'art. 1, comma 1, lett. ee)*, del D.L.vo 3 agosto 2017, n. 129. A norma dell'art. 10, comma 2, del medesimo decreto, tali disposizioni si applicano dal 3 gennaio 2018.*

([72]) *Questo comma, inserito dall'art. 4, comma 10, lett.* 0a)*, n. 2), del D.L. 24 gennaio 2015, n. 3, convertito, con modificazioni, nella L. 24 marzo 2015, n. 33, è stato abrogato dall'art. 1, comma 1, lett.* ee)*, del D.L.vo 3 agosto 2017, n. 129. A norma dell'art. 10, comma 2, del medesimo decreto, tali disposizioni si applicano dal 3 gennaio 2018.*

([73]) *Questo comma è stato inserito dall'art. 18, comma 8, lett.* a)*, n. 2), del D.L.vo 3 luglio 2017, n. 112.*

A norma dell'art. 18, comma 9, del medesimo provvedimento, l'efficacia delle disposizioni del presente articolo è subordinata, ai sensi dell'articolo 108, paragrafo 3, del Trattato sul funzionamento dell'Unione europea, all'autorizzazione della Commissione europea, richiesta a cura del Ministero del lavoro e delle politiche sociali.

([74]) *Questo comma è stato così sostituito dall'art. 1, comma 1, lett.* ff)*, del D.L.vo 3 agosto 2017, n. 129. A norma dell'art. 10, comma 2, del medesimo decreto, tali disposizioni si applicano dal 3 gennaio 2018. Fino a tale data si applicano le disposizioni nel testo previgente che si riporta:*

«6. Per «servizi accessori» si intendono:

a) *la custodia e amministrazione di strumenti finanziari e relativi servizi connessi;*

b) *la locazione di cassette di sicurezza;*

c) *la concessione di finanziamenti agli investitori per consentire loro di effettuare un'operazione relativa a strumenti finanziari, nella quale interviene il soggetto che concede il finanziamento;*

d) *la consulenza alle imprese in materia di struttura finanziaria, di strategia industriale e di questioni connesse, nonché la consulenza e i servizi concernenti le concentrazioni e l'acquisto di imprese;*

e) *i servizi connessi all'emissione o al collocamento di strumenti finanziari, ivi compresa l'organizzazione e la costituzione di consorzi di garanzia e collocamento;*

f) *la ricerca in materia di investimenti, l'analisi finanziaria o altre forme di raccomandazione generale riguardanti operazioni relative a strumenti finanziari;*

g) *l'intermediazione in cambi, quando collegata alla prestazione di servizi d'investimento;*

g bis) *le attività e i servizi individuati con regolamento del Ministro dell'economia e delle finanze, sentite la Banca d'Italia e la CONSOB, e connessi alla prestazione di servizi di investimento o accessori aventi ad oggetto strumenti derivati».*

([75]) *Questo comma è stato aggiunto dall'art. 9.48, lett.* b)*, del D.L.vo 17 gennaio 2003, n. 6, così come inserito dall'art. 3 del D.L.vo 6 febbraio 2004, n. 37.*

([76]) *Questo comma è stato inserito dall'art. 1, comma 1, lett.* gg)*, del D.L.vo 3 agosto 2017, n. 129. A norma dell'art. 10, comma 2, del medesimo decreto, tali disposizioni si applicano dal 3 gennaio 2018.*

([77]) *Questa lettera è stata aggiunta dall'art. 1, comma 1, lett.* hh)*, del D.L.vo 3 agosto 2017, n. 129. A norma dell'art. 10, comma 2, del medesimo decreto, tali disposizioni si applicano dal 3 gennaio 2018.*

2. ([1]) **Rapporti con il diritto dell'Unione europea e integrazione nel SEVIF.** – 1. Il Ministero dell'economia e delle finanze, la Banca d'Italia e la Consob esercitano i poteri loro attribuiti in armonia con le disposizioni dell'Unione europea, applicano i regolamenti e le decisioni dell'Unione europea e provvedono in merito alle raccomandazioni concernenti le materie disciplinate dal presente decreto.

2. La Banca d'Italia e la Consob, nell'esercizio delle rispettive competenze, sono parti del SEVIF e partecipano alle attività che esso svolge, tenendo conto della convergenza in ambito europeo degli strumenti e delle prassi di vigilanza.

2 *bis*. Le Autorità indicate al comma 1 esercitano, ciascuna per quanto di competenza, i poteri d'intervento attribuiti loro dalle parti I e II del presente decreto legislativo anche per assicurare il rispetto del regolamento UE n. 575/2013, delle relative norme tecniche di regolamentazione e di attuazione emanate dalla Commissione europea ai sensi degli articoli 10 e 15 del regolamento UE n. 1093/2010, ovvero in caso di inosservanza degli atti dell'AESFEM o dell'ABE direttamente applicabili adottati ai sensi di questi ultimi regolamenti ([2]).

3. La Banca d'Italia e la Consob, nei casi di crisi o di tensioni sui mercati finanziari, tengono conto degli effetti dei propri atti sulla stabilità del sistema finanziario degli altri Stati membri, anche avvalendosi degli opportuni scambi di informazioni con l'AESFEM, il Comitato congiunto, il CERS e le autorità di vigilanza degli altri Stati membri.

([1]) *Questo articolo è stato così sostituito dall'art. 2, comma 2, del D.L.vo 30 luglio 2012, n. 130.*

([2]) *Questo comma è stato inserito dall'art. 4, comma 2, del D.L.vo 12 maggio 2015, n. 72.*

3. Provvedimenti. – 1. I regolamenti ministeriali previsti dal presente decreto sono adottati ai sensi dell'articolo 17, comma 3, della legge 23 agosto 1988, n. 400.

2. La Banca d'Italia e la CONSOB stabiliscono i termini e le procedure per l'adozione degli atti e dei provvedimenti di propria competenza.

3. I regolamenti e i provvedimenti di carattere generale della Banca d'Italia e della Consob sono pubblicati nella *Gazzetta Ufficiale*. Gli altri

provvedimenti rilevanti relativi ai soggetti sottoposti a vigilanza sono pubblicati nel sito internet della Banca d'Italia o della Consob. Si applicano, in quanto compatibili, le disposizioni dell'articolo 195 *bis* (1).

4. Entro il 31 gennaio di ogni anno, tutti i regolamenti e i provvedimenti di carattere generale emanati ai sensi del presente decreto nonché i regolamenti dei mercati sono pubblicati, a cura del Ministero dell'economia e delle finanze, in un unico compendio, anche in forma elettronica, ove anche uno solo di essi sia stato modificato nel corso dell'anno precedente.

(1) *Questo comma è stato così sostituito dall'attuale, dall'art. 1, comma 2, del D.L.vo 3 agosto 2017, n. 129. A norma dell'art. 10, comma 2, del medesimo decreto, tali disposizioni si applicano dal 3 gennaio 2018. Fino a tale data si applicano le disposizioni nel testo previgente che si riporta*:

«3. I regolamenti e i provvedimenti di carattere generale della Banca d'Italia e della CONSOB sono pubblicati nella Gazzetta Ufficiale*. Gli altri provvedimenti rilevanti relativi ai soggetti sottoposti a vigilanza sono pubblicati dalla Banca d'Italia nel proprio sito internet e dalla CONSOB, in formato elettronico, nel proprio Bollettino».*

4. Collaborazione tra autorità e segreto d'ufficio. – 1. La Banca d'Italia, la CONSOB, la Commissione di vigilanza sui fondi pensione e l'IVASS (1) collaborano tra loro, anche mediante scambio di informazioni, al fine di agevolare le rispettive funzioni. Dette autorità non possono reciprocamente opporsi al segreto d'ufficio.

2. La Banca d'Italia e la Consob collaborano, anche mediante scambio di informazioni, con le autorità e i comitati che compongono il SEVIF e con la Banca Centrale Europea (BCE) (2) al fine di agevolare le rispettive funzioni. Nei casi e nei modi stabiliti dalla normativa europea adempiono agli obblighi di comunicazione nei confronti di tali soggetti e delle altre autorità e istituzioni indicate dalle disposizioni dell'Unione europea (3).

2 *bis*. Ai fini indicati al comma 2, la Consob e la Banca d'Italia possono concludere con le autorità competenti degli Stati membri dell'Unione europea, con l'AESFEM e la BCE (4) accordi di collaborazione, che possono prevedere la delega reciproca di compiti di vigilanza. La Consob e la Banca d'Italia possono ricorrere all'AESFEM per la risoluzione delle controversie con le autorità di vigilanza degli altri Stati membri in situazioni transfrontaliere (5).

2 *ter*. La CONSOB è il punto di contatto per la ricezione delle richieste di informazioni provenienti da autorità competenti di Stati membri dell'Unione europea in materia di servizi e attività di investimento svolti da soggetti abilitati, di sedi di negoziazione e di servizi di comunicazione dati (6). La CONSOB interessa la Banca d'Italia per gli aspetti di competenza di questa ultima. La Banca d'Italia trasmette le informazioni contestualmente all'autorità competente dello Stato membro dell'Unione europea che le ha richieste e alla CONSOB (5).

3. [Al medesimo fine,] (7) la Banca d'Italia e la CONSOB possono cooperare anche mediante scambio di informazioni, con le autorità competenti degli Stati extracomunitari.

4. Le informazioni ricevute dalla Banca d'Italia e dalla CONSOB ai sensi dei commi 1, 2 e 3 non possono essere trasmesse a terzi né ad altre autorità italiane, ivi incluso il Ministro dell'economia e delle finanze, senza il consenso dell'autorità che le ha fornite (8).

5. La Banca d'Italia e la CONSOB possono scambiare informazioni:

a) con autorità amministrative e giudiziarie nell'ambito di procedimenti di liquidazione o di fallimento, in Italia o all'estero, relativi a soggetti abilitati;

b) con gli organismi preposti all'amministrazione dei sistemi di indennizzo;

c) con le controparti centrali e i depositari centrali (9);

d) con i gestori delle sedi di negoziazione, al fine di garantire il regolare funzionamento delle sedi da essi gestite (10).

5 *bis*. Lo scambio di informazioni con autorità di Paesi extracomunitari è subordinato all'esistenza di norme in materia di segreto di ufficio [equivalenti a quelle vigenti in Italia] (11) (12).

6. Le informazioni indicate nel comma 5, lettere *b*), *c*) e *d*), possono essere rivelate a terzi con il consenso del soggetto che le ha fornite. Si può prescindere dal consenso se le informazioni siano fornite in ottemperanza a obblighi di cooperazione e collaborazione internazionale.

7. La Banca d'Italia e la CONSOB possono esercitare i poteri a esse assegnati dall'ordinamento anche ai fini della cooperazione con altre autorità e su richiesta delle medesime. Le autorità competenti di Stati comunitari o extracomunitari possono chiedere alla Banca d'Italia e alla CONSOB di effettuare per loro conto, secondo le norme previste nel presente decreto, un'inda-

gine sul territorio dello Stato, nonché di eseguire, per loro conto, notifiche sul territorio dello Stato inerenti ai provvedimenti da esse adottati ([13]) ([14]). Le predette autorità possono chiedere che venga consentito ad alcuni membri del loro personale di accompagnare il personale della Banca d'Italia e della CONSOB durante l'espletamento dell'indagine ([14]).

8. Restano ferme le norme che disciplinano il segreto d'ufficio sulle notizie, i dati e le informazioni in possesso della Banca d'Italia.

9. Al fine di agevolare l'esercizio della vigilanza su base consolidata nei confronti di gruppi operanti in più Stati comunitari la Banca d'Italia, sulla base di accordi con le autorità competenti, definisce forme di collaborazione e coordinamento, istituisce collegi di supervisori e partecipa ai collegi istituiti da altre autorità. In tale ambito, la Banca d'Italia può concordare specifiche ripartizioni di compiti e deleghe di funzioni ([15]).

10. Tutte le notizie, le informazioni e i dati in possesso della CONSOB in ragione della sua attività di vigilanza sono coperti dal segreto d'ufficio anche nei confronti delle pubbliche amministrazioni, a eccezione del Ministro dell'economia e delle finanze. Sono fatti salvi i casi previsti dalla legge per le indagini relative a violazioni sanzionate penalmente.

11. I dipendenti della CONSOB, nell'esercizio delle funzioni di vigilanza, sono pubblici ufficiali e hanno l'obbligo di riferire esclusivamente alla Commissione tutte le irregolarità constatate, anche quando integrino ipotesi di reato.

12. I dipendenti della CONSOB, i consulenti e gli esperti dei quali la stessa si avvale sono vincolati dal segreto d'ufficio.

13. Le pubbliche amministrazioni e gli enti pubblici forniscono dati, notizie e documenti e ogni ulteriore collaborazione richiesta dalla CONSOB, in conformità delle leggi disciplinanti i rispettivi ordinamenti.

13 *bis*. Ai fini della cooperazione, mediante scambio di informazioni, con le autorità competenti di Stati membri dell'Unione europea e con l'AESFEM, la Consob e la Banca d'Italia stabiliscono con il Ministero della giustizia, anche sulla base di un protocollo d'intesa, le modalità di acquisizione delle informazioni relative alle sanzioni penali applicate dall'Autorità giudiziaria, per i reati di cui all'articolo 2638 del codice civile e agli articoli 166, 167, 168, 169, 170 *bis* e 173 *bis*, per la successiva comunicazione all'AESFEM, ai sensi dell'articolo 195 *ter*, comma 1 *bis* ([16]).

13 *ter*. Per i medesimi fini di cui al comma 13 *bis* e fermo restando il divieto di cui all'articolo 329 del codice di procedura penale, la Consob e la Banca d'Italia possono richiedere informazioni all'autorità giudiziaria procedente in ordine alle indagini e ([17]) ai procedimenti penali per i reati previsti dal comma 13 *bis* ([16]).

([1]) *La parola: «Isvap» è stata così sostituita dall'attuale: «IVASS» dall'art. 1, comma 2, del D.L.vo 4 marzo 2014, n. 44.*

([2]) *Le parole: «e con la Banca Centrale Europea (BCE)» sono state inserite dall'art. 1, comma 3, lett. a), del D.L.vo 3 agosto 2017, n. 129. A norma dell'art. 10, comma 2, del medesimo decreto, tali disposizioni si applicano dal 3 gennaio 2018.*

([3]) *Questo comma è stato così sostituito dall'art. 2, comma 3, lett. b), del D.L.vo 30 luglio 2012, n. 130.*

([4]) *Le parole: «e con l'AESFEM» sono state così sostituite dalle attuali: «, con l'AESFEM e la BCE» dall'art. 1, comma 3, lett. b), del D.L.vo 3 agosto 2017, n. 129. A norma dell'art. 10, comma 2, del medesimo decreto, tali disposizioni si applicano dal 3 gennaio 2018.*

([5]) *Questo comma è stato inserito dall'art. 1, comma 2, lett. a), del D.L.vo 17 settembre 2007, n. 164, a decorrere dal 1° novembre 2007 e successivamente così sostituito dall'art. 2, comma 3, lett. c), del D.L.vo 30 luglio 2012, n. 130.*

([6]) *Le parole: «e di mercati regolamentati» sono state così sostituite dalle attuali: «, di sedi di negoziazione e di servizi di comunicazione dati» dall'art. 1, comma 3, lett. c), del D.L.vo 3 agosto 2017, n. 129. A norma dell'art. 10, comma 2, del medesimo decreto, tali disposizioni si applicano dal 3 gennaio 2018.*

([7]) *Le parole fra parentesi quadrate sono state soppresse dall'art. 1, comma 2, lett. b), del D.L.vo 17 settembre 2007, n. 164, a decorrere dal 1° novembre 2007.*

([8]) *Questo comma è stato da ultimo così sostituito dall'art. 9, comma 1, lett a), n. 1, della L. 18 aprile 2005, n. 62.*

([9]) *Questa lettera è stata così sostituita dall'art. 1, comma 2, lett. a), del D.L.vo 12 agosto 2016, n. 176.*

([10]) *Questa lettera è stata così sostituita dalla attuale, dall'art. 1, comma 3, lett. d), del D.L.vo 3 agosto 2017, n. 129. A norma dell'art. 10, comma 2, del medesimo decreto, tali disposizioni si applicano dal 3 gennaio 2018. Fino a tale data si applicano le disposizioni nel testo previgente che si riporta:*

«d) con le società di gestione dei mercati, al fine di garantire il regolare funzionamento nei mercati da esse gestiti».

([11]) *Le parole fra parentesi quadrate sono state soppresse dall'art. 9, comma 1, lett. a), n. 2, della L. 18 aprile 2005, n. 62.*

([12]) *Questo comma è stato inserito dall'art. 3 del D.L.vo 1° agosto 2003, n. 274.*

([13]) *Le parole: «, nonché di eseguire, per loro conto, notifiche sul territorio dello Stato inerenti ai provvedimenti da esse adottati» sono state inserite dall'art. 1, comma 2, del D.L.vo 19 novembre 2007, n. 229.*

([14]) *Questo periodo è stato aggiunto dall'art. 9, comma 1, lett.* a), *n. 3, della L. 18 aprile 2005, n. 62.*

([15]) *Questo comma è stato così sostituito dall'art. 2, comma 1, lett.* a), *del D.L.vo 30 dicembre 2010, n. 239.*

([16]) *Questo comma è stato aggiunto dall'art. 1, comma 1, lett.* a), *del D.L.vo 18 aprile 2016, n. 71, a decorrere dal 4 giugno 2016.*

([17]) *Le parole: «alle indagini e» sono state aggiunte dall'art. 1, comma 2, lett.* b), *del D.L.vo 12 agosto 2016, n. 176.*

4 *bis*. ([1]) Individuazione dell'autorità competente e delle autorità competenti settoriali ai fini del regolamento (CE) n. 1060/2009, e successive modificazioni, relativo alle agenzie di rating del credito. – 1. La Consob è l'autorità competente ai sensi dell'articolo 22 del regolamento (CE) n. 1060/2009 del Parlamento europeo e del Consiglio, del 16 settembre 2009, relativo alle agenzie di rating del credito, ed esercita i poteri previsti dal predetto regolamento.

2. La Consob, la Banca d'Italia, l'IVASS ([2]) e la COVIP sono le autorità settoriali competenti, ai sensi dell'articolo 3, paragrafo 1, lettera *r*), del regolamento di cui al comma 1. Le predette autorità collaborano tra loro e si scambiano informazioni, anche sulla base di appositi protocolli d'intesa.

([1]) *Questo articolo, inserito dall'art. 1, comma 1, del D.L.vo 5 ottobre 2010, n. 176, è stato così sostituito dall'art. 1, comma 2, del D.L.vo 7 maggio 2015, n. 66.*

([2]) *La parola: «Isvap» è stata così sostituita dall'attuale: «Ivass» dall'art. 4, comma 22, del D.L.vo 12 maggio 2015, n. 72.*

4 *ter*. ([1]) Individuazione delle autorità nazionali competenti ai sensi del regolamento (UE) n. 236/2012 relativo alle vendite allo scoperto e a taluni aspetti dei contratti derivati aventi ad oggetto la copertura del rischio di inadempimento dell'emittente (credit default swap). – 1. Il Ministero dell'economia e delle finanze, la Banca d'Italia e la Consob sono le autorità nazionali competenti ai sensi del regolamento (UE) n. 236/2012 relativo alle vendite allo scoperto e a taluni aspetti dei contratti derivati aventi ad oggetto la copertura del rischio di inadempimento dell'emittente (credit default swap), secondo quanto disposto dai commi seguenti.

2. La Consob è l'autorità competente per ricevere le notifiche, attuare le misure ed esercitare le funzioni e i poteri previsti dal regolamento di cui al comma 1 con riferimento a strumenti finanziari diversi dai titoli del debito sovrano e credit default swap su emittenti sovrani.

3. Salvo quanto previsto dal comma 4, la Banca d'Italia e la Consob, nell'ambito delle rispettive attribuzioni, sono le autorità competenti per ricevere le notifiche, attuare le misure e esercitare le funzioni e i poteri previsti dal regolamento di cui al comma 1 con riferimento ai titoli del debito sovrano e ai credit default swap su emittenti sovrani.

4. Con riferimento al debito sovrano e ai credit default swap su emittenti sovrani, i poteri di temporanea sospensione delle restrizioni e i poteri di intervento in circostanze eccezionali, previsti dal regolamento di cui al comma 1, sono esercitati dal Ministero dell'economia e delle finanze, su proposta della Banca d'Italia, sentita la Consob.

5. La Consob è l'autorità responsabile per coordinare la cooperazione e lo scambio di informazioni con la Commissione dell'Unione europea, l'AESFEM e le autorità competenti degli altri Stati membri, ai sensi dell'articolo 32 del regolamento di cui al comma 1.

6. Al fine di coordinare l'esercizio delle funzioni di cui al comma 3 e 4, il Ministero dell'economia e delle finanze, la Banca d'Italia e la Consob stabiliscono mediante un protocollo di intesa le modalità della cooperazione e del reciproco scambio di informazioni rilevanti ai fini dell'esercizio delle predette funzioni, anche con riferimento alle irregolarità rilevate e alle misure adottate nell'esercizio delle rispettive competenze nonché le modalità di ricezione delle predette notifiche, tenuto conto dell'esigenza di ridurre al minimo gli oneri gravanti sugli operatori.

7. La Banca d'Italia e la Consob per adempiere alle rispettive competenze come definite dal presente articolo e assicurare il rispetto delle misure adottate ai sensi del Regolamento di cui al comma 1, ivi comprese quelle demandate al Ministero dell'economia e delle finanze ai sensi del comma 4, dispongono dei poteri previsti dall'articolo 187 *octies*.

([1]) *Questo articolo è stato inserito dall'art. 24, comma 1, lett.* a), *del D.L. 18 ottobre 2012, n. 179, convertito, con modificazioni, nella L. 17 dicembre 2012, n. 221.*

4 *quater*. ([1]) Individuazione delle autorità nazionali competenti ai sensi del regolamento (UE) n. 648/2012 del Parlamento europeo e del Consiglio,

del 4 luglio 2012. – [1. La Banca d'Italia e la Consob sono le autorità competenti per l'autorizzazione e la vigilanza delle controparti centrali, ai sensi dell'articolo 22, paragrafo 1, del regolamento (UE) n. 648/2012, secondo quanto disposto dai commi seguenti e dall'articolo 69 *bis*] (2).

[2. La Consob è l'autorità competente, ai sensi dell'articolo 22, paragrafo 1, del regolamento di cui al comma 1, per il coordinamento della cooperazione e dello scambio di informazioni con la Commissione europea, l'Autorità europea degli strumenti finanziari e dei mercati (AESFEM), le autorità competenti degli altri Stati membri, l'Autorità bancaria europea (ABE) e i membri interessati del Sistema europeo delle Banche centrali, conformemente agli articoli 23, 24, 83 e 84 del regolamento di cui al comma 1] (2).

2 *bis*. La Banca d'Italia, la Consob, l'IVASS e la Commissione di vigilanza sui fondi pensione (COVIP) sono le autorità competenti per il rispetto degli obblighi posti dal regolamento (UE) n. 648/2012 (3) a carico dei soggetti vigilati dalle medesime autorità, secondo le rispettive attribuzioni di vigilanza (4).

3. Ai sensi dell'articolo 10, paragrafo 5, del regolamento di cui al comma 2 *bis* (5), la Consob è l'autorità competente nei confronti delle controparti non finanziarie, che non siano soggetti vigilati da altra autorità ai sensi [del comma 2 *bis*] (6) del presente articolo, per il rispetto degli obblighi previsti dagli articoli 9, 10 e 11 del medesimo regolamento (7). A tal fine la Consob esercita i poteri previsti dall'articolo 187 *octies* del presente decreto legislativo, secondo le modalità ivi stabilite, e può dettare disposizioni inerenti alle modalità di esercizio dei poteri di vigilanza.

[4. La Banca d'Italia istituisce, gestisce e presiede il collegio di autorità previsto dall'articolo 18 del regolamento di cui al comma 1] (8).

[5. La Banca d'Italia è l'autorità competente ai sensi dell'articolo 25, paragrafo 3, lettera *a*), del regolamento di cui al comma 1, nell'ambito della procedura per il riconoscimento delle controparti centrali dei Paesi terzi; il parere è reso all'AESFEM dalla Banca d'Italia, d'intesa con la Consob] (8).

(1) *Questo articolo è stato aggiunto dall'art. 33, comma 1, lett.* c), *della L. 6 agosto 2013, n. 97.*

(2) *Questo comma è stato abrogato dall'art. 1, comma 3, lett.* a), *del D.L.vo 12 agosto 2016, n. 176.*

(3) *Le parole: «di cui al comma 1» sono state così sostituite dalle seguenti: «(UE) n. 648/2012» dall'art. 1, comma 3, lett.* b), *del D.L.vo 12 agosto 2016, n. 176.*

(4) *Questo comma è stato inserito dall'art. 11, comma 1, lett.* a), *della L. 30 ottobre 2014, n. 161.*

(5) *Le parole: «comma 1» sono state così sostituite dalle seguenti: «comma 2 bis» dall'art. 1, comma 3, lett.* c), *del D.L.vo 12 agosto 2016, n. 176.*

(6) *Le parole fra parentesi quadrate sono state soppresse dall'art. 1, comma 3, lett.* c), *del D.L.vo 12 agosto 2016, n. 176.*

(7) *Questo periodo è stato così sostituito dall'art. 11, comma 1, lett.* b), *della L. 30 ottobre 2014, n. 161.*

(8) *Questo comma è stato abrogato dall'art. 1, comma 3, lett.* d), *del D.L.vo 12 agosto 2016, n. 176.*

4 *quinquies*. (1) Individuazione delle autorità nazionali competenti ai sensi del regolamento (UE) n. 345/2013, relativo ai fondi europei per il venture capital (EuVECA), e del regolamento (UE) n. 346/2013, relativo ai fondi europei per l'imprenditoria sociale (EuSEF). – 1. La Banca d'Italia e la Consob, secondo le rispettive attribuzioni e le finalità indicate dall'articolo 5, sono le autorità nazionali competenti ai sensi del regolamento (UE) n. 345/2013 e del regolamento (UE) n. 346/2013. La Banca d'Italia e la Consob si trasmettono tempestivamente le informazioni che ciascuna di esse è competente a ricevere ai sensi del presente articolo.

2. La Banca d'Italia, sentita la Consob, registra e cancella i gestori italiani di EuVECA e di EuSEF ai sensi dell'articolo 14 del regolamento (UE) n. 345/2013 e dell'articolo 15 del regolamento (UE) n. 346/2013. Tali gestori sono iscritti in una sezione distinta dell'albo di cui all'articolo 35, tenuto dalla Banca d'Italia. Si applicano gli articoli 35, commi 2 e 3, e 35 *undecies* e la relativa disciplina di attuazione in quanto compatibile con il regolamento (UE) n. 345/2013 e il regolamento (UE) n. 346/2013.

3. La Banca d'Italia è l'autorità competente a ricevere dai gestori italiani di EuVECA e di EuSEF la comunicazione prescritta dall'articolo 15 del regolamento (UE) n. 345/2013 e dall'articolo 16 del regolamento (UE) n. 346/2013. Essa riceve inoltre la comunicazione circa l'intenzione di prevedere un nuovo domicilio per lo stabilimento di un Oicr, prevista dall'articolo 16 del regolamento (UE) n. 345/2013 e dall'articolo 17 del regolamento (UE) n. 346/2013.

4. La Consob effettua le notifiche previste dall'articolo 16 del regolamento (UE) n. 345/2013 e dall'articolo 17 del regolamento (UE) n. 346/2013 nei confronti delle autorità competenti

Leggi complementari

degli Stati membri in cui i gestori italiani di EuVECAe di EuSEF registrati ai sensi del comma 2 intendono commercializzare i relativi Oicr in conformità con la disciplina dei regolamenti stessi.

5. I gestori di EuVECA o di EuSEF stabiliti in uno Stato membro diverso dall'Italia che soddisfano i requisiti previsti nei regolamenti (UE) n. 345/2013 e n. 346/2013 e che intendono commercializzare in Italia gli Oicr dagli stessi gestiti effettuano, per il tramite della competente autorità dello Stato d'origine, la notifica prescritta dall'articolo 16 del regolamento (UE) n. 345/2013 e dall'articolo 17 del regolamento (UE) n. 346/2013, una volta ottenuta la registrazione ai sensi di citati regolamenti. La Consob è l'autorità competente a ricevere tale notifica.

6. Nel caso di superamento della soglia di cui all'articolo 3, paragrafo 2, lettera *b*), della direttiva 2011/61/UE, ai gestori indicati dai commi 2 e 5 si applicano le disposizioni previste per il gestore dal presente decreto legislativo e dalle relative disposizioni di attuazione. In tale ipotesi, la denominazione di EuVECA o EuSEF può essere mantenuta solo ove previsto dai suddetti regolamenti dell'UE.

7. Per assicurare il rispetto del presente articolo nonché dei regolamenti indicati al comma 1, la Banca d'Italia e la Consob dispongono, secondo le rispettive attribuzioni e le finalità dell'articolo 5, dei poteri loro attribuiti dal presente decreto legislativo.

([1]) *Questo articolo è stato inserito dall'art. 1, comma 3, del D.L.vo 4 marzo 2014, n. 44.*

4 *sexies*. ([1]) **Individuazione delle autorità nazionali competenti ai sensi del regolamento (UE) n. 1286/2014, relativo ai documenti contenenti le informazioni chiave per i prodotti d'investimento al dettaglio e assicurativi preassemblati (PRIIPs).** – 1. La Consob e l'IVASS sono le autorità nazionali competenti designate ai sensi dell'articolo 4, numero 8), del regolamento (UE) n. 1286/2014 ai fini della vigilanza sul rispetto degli obblighi che il medesimo regolamento (UE) n. 1286/2014 impone agli ideatori di PRIIP e alle persone che forniscono consulenza sui PRIIP o vendono i PRIIP, anche mediante i rispettivi poteri di vigilanza, d'indagine e sanzionatori, secondo le rispettive attribuzioni e conformemente a quanto disposto dal presente articolo.

2. Ai fini di cui al comma 1, la Consob è l'autorità competente:

a) ad assicurare l'osservanza degli obblighi imposti dal regolamento (UE) n. 1286/2014 agli ideatori di un PRIIP e alle persone che forniscono consulenza sui PRIIP o vendono i PRIIP, fatto salvo quanto disposto al comma 3, lettera *a*), per gli intermediari assicurativi ivi indicati;

b) a esercitare, con riferimento ai prodotti di investimento assicurativo commercializzati, distribuiti o venduti in Italia, oppure a partire dall'Italia, l'attività di monitoraggio e i poteri di cui agli articoli 15, paragrafo 2, 17 e 18, paragrafo 3, del regolamento (UE) n. 1286/2014, per quanto riguarda la tutela degli investitori o l'integrità e l'ordinato funzionamento dei mercati, fatto salvo quanto disposto al comma 3, lettera *b*), per gli intermediari assicurativi ivi indicati;

c) a ricevere dall'ideatore di PRIIP, o dalla persona che vende un PRIIP, la notifica preventiva del documento contenente le informazioni chiave conformi ai requisiti stabiliti ai sensi del regolamento (UE) n. 1286/2014, prima che i PRIIP siano commercializzati in Italia, nonché la notifica delle versioni riviste del documento stesso ai sensi dell'articolo 10 del regolamento medesimo.

3. Ai fini di cui al comma 1, l'IVASS è l'autorità competente:

a) ad assicurare l'osservanza degli obblighi posti dal regolamento (UE) n. 1286/2014 agli ideatori di PRIIP e alle persone che forniscono consulenza sui PRIIP, o vendono i PRIIP, nel caso di prodotti distribuiti dagli intermediari assicurativi di cui all'articolo 109, comma 2, lettere *a*) e *b*) del decreto legislativo 7 settembre 2005, n. 209, dagli altri soggetti di cui questi intermediari assicurativi eventualmente si avvalgono iscritti nella sezione del registro di cui alla lettera *e*) dell'articolo 109, comma 2, del decreto legislativo 7 settembre 2005, n. 209, e dai soggetti iscritti nella sezione del registro di cui alla lettera *c*) dell'articolo 109, comma 2, del decreto legislativo 7 settembre 2005, n. 209;

b) a esercitare, con riferimento ai prodotti di investimento assicurativo commercializzati, distribuiti o venduti in Italia, oppure a partire dall'Italia, l'attività di monitoraggio e i poteri di cui agli articoli 15, paragrafo 2, 17 e 18, paragrafo 3, del regolamento (UE) n. 1286/2014 per quanto riguarda la tutela degli investitori o l'integrità e l'ordinato funzionamento dei mercati nel caso di prodotti distribuiti dagli intermediari assicurativi di cui all'articolo 109, comma 2, lettere *a*) e *b*), del decreto legislativo 7 settembre 2005, n. 209, dagli altri soggetti di cui questi intermediari assicurativi eventualmente si avvalgono iscritti nella sezione del registro di cui alla lettera *e*) dell'articolo 109, comma 2, del decreto legislativo 7 settembre 2005,

n. 209, e dai soggetti iscritti nella sezione del registro di cui alla lettera *c*) dell'articolo 109, comma 2, del decreto legislativo 7 settembre 2005, n. 209;

c) a esercitare con riferimento ai prodotti di investimento assicurativo commercializzati, distribuiti o venduti in Italia, oppure a partire dall'Italia, l'attività di monitoraggio e i poteri di cui agli articoli 15, paragrafo 2, 17 e 18, paragrafo 3, del regolamento (UE) n. 1286/2014 con riguardo ai profili attinenti alla stabilità del sistema finanziario e assicurativo o di una sua parte, nonché per quanto riguarda i rischi inerenti alla stabilità delle imprese di assicurazione nei confronti delle imprese di assicurazione medesime.

4. La Consob e l'IVASS, nel rispetto della reciproca indipendenza, individuano forme di coordinamento operativo, anche ai sensi dell'articolo 20 della legge 28 dicembre 2005, n. 262, per l'esercizio delle competenze e dei poteri loro attribuiti ai sensi del presente articolo, anche attraverso protocolli d'intesa, senza nuovi o maggiori oneri a carico della finanza pubblica, perseguendo l'obiettivo di semplificare, ove possibile, gli oneri per i soggetti vigilati. La Consob e l'IVASS collaborano tra loro, anche ai sensi dell'articolo 21 della legge 28 dicembre 2005, n. 262, per agevolare l'esercizio delle competenze e dei poteri loro attribuiti ai sensi del presente articolo e si danno reciproca comunicazione dei provvedimenti adottati ai sensi degli articoli 17 e 18, paragrafo 3, del regolamento (UE) n. 1286/2014.

5. La Consob, sentita l'IVASS, adotta con proprio regolamento le disposizioni attuative del comma 2, stabilendo in ogni caso una disciplina delle modalità di assolvimento degli obblighi di notifica preventiva del documento contenente le informazioni chiave di cui al comma 2, lettera *c*) e all'articolo 4 *decies*, in conformità agli atti delegati e alle norme tecniche di regolamentazione adottate dalla Commissione europea ai sensi del regolamento (UE) n. 1286/2014.

6. L'IVASS, sentita la Consob, adotta con proprio regolamento le disposizioni attuative del comma 3.

7. La Consob e l'IVASS adottano le disposizioni di cui ai commi 5 e 6 avuto riguardo all'esigenza di semplificare, ove possibile, gli oneri per i soggetti vigilati e alla ripartizione delle competenze secondo i principi indicati ai commi 2 e 3.

(1) *Questo articolo è stato inserito dall'art. 1, comma 2, del D.L.vo 14 novembre 2016, n. 224. Le disposizioni del presente decreto si applicano a decorrere dalla data di applicazione del regolamento (UE) n. 1286/2014 (31 dicembre 2016).*

4 *septies*. (1) **Poteri d'intervento relativi alla violazione delle disposizioni previste dal regolamento (UE) n. 1286/2014.** – 1. Fermi restando le attribuzioni e i poteri di cui agli articoli 15, paragrafo 2, 17 e 18, paragrafo 3, del regolamento (UE) n. 1286/2014, in caso di violazione delle disposizioni previste dall'articolo 5, paragrafo 1, dagli articoli 6 e 7, dall'articolo 8, paragrafi da 1 a 3, dall'articolo 9, dall'articolo 10, paragrafo 1, dall'articolo 13, paragrafi 1, 3 e 4, e dagli articoli 14 e 19 del regolamento (UE) n. 1286/2014, o in caso di mancata notifica alla Consob del documento concernente le informazioni chiave o delle versioni riviste dello stesso ai sensi dell'articolo 4 *decies* e delle relative disposizioni attuative, la Consob o l'IVASS, secondo le rispettive competenze definite ai sensi dell'articolo 4 *sexies*, possono, tenuto conto, in quanto compatibili, dei criteri stabiliti dall'articolo 194 *bis*:

a) sospendere, per un periodo non superiore a 60 giorni [lavorativi consecutivi] (2) per ciascuna volta, la commercializzazione di un PRIIP;

b) vietare l'offerta;

c) vietare la fornitura di un documento contenente le informazioni chiave che non rispetti i requisiti di cui agli articoli 6, 7, 8 o 10 del regolamento (UE) n. 1286/2014 e imporre la pubblicazione di una nuova versione di un documento contenente le informazioni chiave.

2. La Consob e l'IVASS possono imporre, secondo le rispettive competenze definite ai sensi dell'articolo 4 *sexies*, agli ideatori di PRIIP o ai soggetti che forniscono consulenza sui PRIIP o vendono tali prodotti, di trasmettere una comunicazione diretta all'investitore al dettaglio in PRIIP interessato, fornendogli informazioni circa le misure amministrative adottate e comunicando le modalità per la presentazione di eventuali reclami o domande di risarcimento anche mediante il ricorso ai meccanismi di risoluzione stragiudiziale delle controversie previsti dal decreto legislativo 8 ottobre 2007, n. 179.

3. I provvedimenti adottati dalla Consob ai sensi del presente articolo sono pubblicati in conformità alle disposizioni sulla pubblicazione dei provvedimenti sanzionatori di cui all'articolo 195 *bis*.

4. Ai provvedimenti adottati dall'IVASS ai sensi del presente articolo si applicano, in quan-

to compatibili, le disposizioni del Titolo XVIII del decreto legislativo 7 settembre 2005, n. 209.

5. La Consob e l'IVASS adottano, secondo le rispettive competenze definite ai sensi dell'articolo 4 *sexies* e sentita l'altra autorità, le disposizioni attuative del presente articolo, avuto riguardo all'esigenza di semplificare, ove possibile, gli oneri per i destinatari delle disposizioni stesse.

(1) *Questo articolo è stato inserito dall'art. 1, comma 2, del D.L.vo 14 novembre 2016, n. 224. Le disposizioni del presente decreto si applicano a decorrere dalla data di applicazione del regolamento (*UE*) n. 1286/2014 (31 dicembre 2016).*

(2) *Le parole tra parentesi quadrate sono state soppresse dall'art. 1, comma 4, del D.L.vo 3 agosto 2017, n. 129. A norma dell'art. 10, comma 2, del medesimo decreto, tali disposizioni si applicano dal 3 gennaio 2018.*

4 *octies*. (1) (2) [**Sistemi interni di segnalazione delle violazioni del regolamento** ([**UE**) [**n. 1286/2014.** – 1. L'articolo 8 *bis* si applica anche con riferimento alle procedure di segnalazione a livello interno delle violazioni effettive o potenziali del regolamento (UE) n. 1286/2014 che devono essere messe in atto da parte dei soggetti abilitati e delle relative capogruppo in conformità alle prescrizioni dell'articolo 28, paragrafo 4, del regolamento stesso, tenendo a tal fine conto anche dell'obiettivo di ridurre al minimo gli oneri gravanti sugli ideatori di PRIIP e sulle persone che vendono PRIIP o che forniscono consulenza su PRIIP.

2. Le imprese di assicurazione mettono in pratica le procedure di segnalazione interne di cui al comma 1 in conformità alle disposizione attuative adottate dall'IVASS, sentita la Consob].

(1) *Questo articolo è stato inserito dall'art. 1, comma 2, del D.L.vo 14 novembre 2016, n. 224. Le disposizioni del presente decreto si applicano a decorrere dalla data di applicazione del regolamento (*UE*) n. 1286/2014 (31 dicembre 2016).*

(2) *Questo articolo è stato abrogato dall'art. 1, comma 5, del D.L.vo 3 agosto 2017, n. 129. A norma dell'art. 10, comma 2, del medesimo decreto, tali disposizioni si applicano dal 3 gennaio 2018.*

4 *novies*. (1) (2) [**Procedura di segnalazione alle Autorità di Vigilanza.** – 1. La Consob e l'IVASS, ciascuna secondo le rispettive competenze, definite ai sensi dell'articolo 4 *sexies*, mettono in atto i meccanismi efficaci di cui all'articolo 28 del regolamento (UE) n. 1286/2014 con riferimento alle segnalazioni che si riferiscono a:

a) violazioni effettive o potenziali delle norme del regolamento (UE) n. 1286/2014;

b) violazioni effettive o potenziali delle norme dell'articolo 4 *decies* e delle relative disposizioni attuative;

c) la mancata osservanza delle misure adottate ai sensi dell'articolo 4 *septies*.

2. Le disposizioni previste nell'articolo 8 *ter*, commi 2, 3 e 4, si applicano anche alle segnalazioni alla Consob e all'IVASS dei fatti indicati al comma 1, lettere *a*), *b*) e *c*), effettuate in conformità all'articolo 28 del regolamento (UE) n. 1286/2014].

(1) *Questo articolo è stato inserito dall'art. 1, comma 2, del D.L.vo 14 novembre 2016, n. 224. Le disposizioni del presente decreto si applicano a decorrere dalla data di applicazione del regolamento (*UE*) n. 1286/2014 (31 dicembre 2016).*

(2) *Questo articolo è stato abrogato dall'art. 1, comma 5, del D.L.vo 3 agosto 2017, n. 129. A norma dell'art. 10, comma 2, del medesimo decreto, tali disposizioni si applicano dal 3 gennaio 2018.*

4 *decies*. (1) **Obbligo di notifica preventiva del documento contenente le informazioni chiave sui PRIIP.** – 1. L'ideatore di PRIIP, o la persona che vende PRIIP, notificano alla Consob il documento contenente le informazioni chiave redatto in conformità a quanto stabilito ai sensi del regolamento (UE) n. 1286/2014, prima che i PRIIP in questione siano commercializzati in Italia.

2. L'obbligo di notifica di cui al comma 1 si applica anche alle versioni riviste del documento contenente le informazioni chiave da predisporre in ottemperanza all'articolo 10 del regolamento (UE) n. 1286/2014.

(1) *Questo articolo è stato inserito dall'art. 1, comma 2, del D.L.vo 14 novembre 2016, n. 224. Le disposizioni del presente decreto si applicano a decorrere dalla data di applicazione del regolamento (*UE*) n. 1286/2014 (31 dicembre 2016).*

4 *undecies*. (1) **Sistemi interni di segnalazione delle violazioni.** – 1. I soggetti di cui alle parti II e III e le imprese di assicurazione adottano procedure specifiche per la segnalazione al proprio interno, da parte del personale, di atti o fatti che possano costituire violazioni delle norme disciplinanti l'attività svolta, nonché del regolamento (UE) n. 596/2014.

2. Le procedure previste al comma 1 sono idonee a garantire:

a) la riservatezza dei dati personali del segnalante e del presunto responsabile della violazione, ferme restando le regole che disciplinano le indagini o i procedimenti avviati dall'autorità giudiziaria in relazione ai fatti oggetto della segnalazione; l'identità del segnalante è sottratta all'applicazione dell'articolo 7, comma 2, del decreto legislativo 30 giugno 2003, n. 196, e non può essere rivelata per tutte le fasi della procedura, salvo suo consenso o quando la conoscenza sia indispensabile per la difesa del segnalato;

b) la tutela adeguata del soggetto segnalante contro condotte ritorsive, discriminatorie o comunque sleali conseguenti la segnalazione;

c) un canale specifico, indipendente e autonomo per la segnalazione.

3. Fuori dei casi di responsabilità a titolo di calunnia o diffamazione, ovvero per lo stesso titolo ai sensi dell'articolo 2043 del Codice civile, la presentazione di una segnalazione nell'ambito della procedura di cui al comma 1 non costituisce violazione degli obblighi derivanti dal rapporto di lavoro.

4. La Banca d'Italia e la Consob adottano, secondo le rispettive competenze, le disposizioni attuative del presente articolo, avuto riguardo all'esigenza di coordinare le funzioni di vigilanza e ridurre al minimo gli oneri gravanti sui soggetti destinatari. Le imprese di assicurazione osservano le disposizioni attuative adottate dall'IVASS, sentita la Consob.

(¹) *Questo articolo è stato inserito dall'art. 1, comma 6, del D.L.vo 3 agosto 2017, n. 129. A norma dell'art. 10, comma 2, del medesimo decreto, tali disposizioni si applicano dal 3 gennaio 2018.*

4 *duodecies*. (¹) Procedura di segnalazione alle Autorità di Vigilanza. – 1. Le Autorità di cui all'articolo 4, comma 1:

a) ricevono, ciascuna per le materie di propria competenza, da parte del personale dei soggetti indicati dall'articolo 4 *undecies*, segnalazioni che si riferiscono a violazioni delle norme del presente decreto, nonché di atti dell'Unione europea direttamente applicabili nelle stesse materie;

b) tengono conto dei criteri previsti all'articolo 4 *undecies*, comma 2, lettere *a*) e *b*), e possono stabilire condizioni, limiti e procedure per la ricezione delle segnalazioni;

c) si avvalgono delle informazioni contenute nelle segnalazioni, ove rilevanti, esclusivamente nell'esercizio delle funzioni di vigilanza;

d) prevedono, mediante protocollo d'intesa, le opportune misure di coordinamento nello svolgimento delle attività di rispettiva competenza, ivi compresa l'applicazione delle relative sanzioni, in modo da coordinare l'esercizio delle funzioni di vigilanza e ridurre al minimo gli oneri gravanti sui soggetti vigilati.

2. Gli atti relativi alle segnalazioni di cui al comma 1 sono sottratti all'accesso previsto dagli articoli 22 e seguenti della legge 7 agosto 1990, n. 241, e successive modificazioni.

(¹) *Questo articolo è stato inserito dall'art. 1, comma 6, del D.L.vo 3 agosto 2017, n. 129. A norma dell'art. 10, comma 2, del medesimo decreto, tali disposizioni si applicano dal 3 gennaio 2018.*

4 *terdecies*. (¹) Esenzioni. – 1. Le disposizioni contenute nella parte II non si applicano:

a) alle imprese di assicurazione nè alle imprese che svolgono le attività di riassicurazione e di retrocessione di cui al decreto legislativo 7 settembre 2005, n. 209, ad eccezione dell'articolo 25 *ter*;

b) ai soggetti che prestano servizi di investimento esclusivamente nei confronti di soggetti controllanti, controllati o sottoposti a comune controllo;

c) ai soggetti che prestano servizi di investimento a titolo accessorio nell'ambito di un'attività professionale disciplinata da disposizioni legislative o regolamentari o da un codice di deontologia professionale che ammettano la prestazione di detti servizi, fermo restando quanto previsto dal presente decreto per gli intermediari iscritti nell'albo previsto dall'articolo 106 del T.U. bancario;

d) ai soggetti che negoziano per conto proprio in strumenti finanziari diversi dagli strumenti derivati su merci o dalle quote di emissione o relativi strumenti derivati e che non prestano altri servizi di investimento o non esercitano altre attività di investimento in strumenti finanziari diversi dagli strumenti derivati su merci, dalle quote di emissione o relativi derivati, salvo che tali soggetti:

1) siano market maker,

2) siano membri o partecipanti di un mercato regolamentato o sistema multilaterale di negoziazione o abbiano accesso elettronico diretto a una sede di negoziazione, secondo quanto previsto dal regolamento delegato (UE) 2017/565, ad eccezione dei soggetti non finanziari che eseguono in una sede di negoziazione operazioni di cui è oggettivamente possibile misurare la capacità di ridurre i rischi direttamente connessi all'attività commer-

ciale o all'attività di finanziamento della tesoreria propria o del gruppo di appartenenza;

3) applichino una tecnica di negoziazione algoritmica ad alta frequenza, o

4) negozino per conto proprio quando eseguono gli ordini dei clienti.

I gestori di Oicr, le Sicav, le Sicaf e i relativi depositari, le controparti centrali e i soggetti esentati a norma delle lettere *a*), *h*), *i*) e *l*), non sono tenuti, ai fini dell'esenzione, a soddisfare le condizioni enunciate nella presente lettera.

e) agli operatori soggetti agli obblighi previsti dal decreto legislativo 30 maggio 2005, n. 142, che, quando trattano quote di emissione, non eseguono ordini di clienti e non prestano servizi o attività di investimento diversi dalla negoziazione per conto proprio, a condizione che non applichino tecniche di negoziazione algoritmica ad alta frequenza;

f) ai soggetti che prestano servizi di investimento consistenti esclusivamente nella gestione di sistemi di partecipazione dei lavoratori;

g) ai soggetti che prestano servizi di investimento consistenti esclusivamente nel gestire sistemi di partecipazione dei lavoratori e nel prestare servizi di investimento esclusivamente per la propria controllante, le proprie controllate o altre controllate della propria controllante;

h) alla Banca centrale europea, alla Banca d'Italia, ad altri membri del SEBC e ad altri organismi nazionali che svolgono funzioni analoghe nell'Unione europea, al Ministero dell'economia e delle finanze e ad altri organismi pubblici che sono incaricati o che intervengono nella gestione del debito pubblico nell'Unione europea e ad istituzioni finanziarie internazionali create da due o più Stati membri allo scopo di mobilitare risorse e fornire assistenza finanziaria a quelli, tra i loro membri, che stiano affrontando o siano minacciati da gravi difficoltà finanziarie;

i) ai fondi pensione, siano essi armonizzati o meno dal diritto dell'Unione europea, nonché ai loro soggetti depositari;

l) ai soggetti:

i) compresi i market maker, che negoziano per conto proprio strumenti derivati su merci o quote di emissione o derivati dalle stesse, esclusi quelli che negoziano per conto proprio eseguendo ordini di clienti; o

ii) che prestano servizi di investimento diversi dalla negoziazione per conto proprio, in strumenti derivati su merci o quote di emissione o strumenti derivati dalle stesse ai clienti o ai fornitori della loro attività principale; purchè:

1) per ciascuno di tali casi, considerati sia singolarmente che in forma aggregata, si tratti di un'attività accessoria alla loro attività principale considerata nell'ambito del gruppo, purchè tale attività principale non consista nella prestazione di servizi di investimento ai sensi del presente decreto, di attività bancarie ai sensi T.U. bancario o in attività di market making in relazione agli strumenti derivati su merci;

2) tali soggetti non applichino una tecnica di negoziazione algoritmica ad alta frequenza; e

3) detti soggetti comunichino formalmente, entro il 31 dicembre di ogni anno alla Consob, se si servono di tale esenzione e, su richiesta della Consob, su quale base ritengono che la loro attività ai sensi dei punti *i*) e *ii*) sia accessoria all'attività principale.

La data di avvenuta perdita dei requisiti previsti per l'esenzione di cui alla presente lettera deve essere comunicata senza indugio alla Consob dai soggetti interessati che possono continuare ad esercitare l'attività di negoziazione per conto proprio di strumenti derivati su merci o di quote di emissione o di derivati dalle stesse purchè, entro sei mesi dalla suddetta data, presentino domanda di autorizzazione secondo le norme previste dal presente decreto;

m) ai soggetti che forniscono consulenza in materia di investimenti nell'esercizio di un'altra attività professionale non contemplata dalla direttiva 2014/65/UE, purchè tale consulenza non sia specificamente remunerata;

n) agli agenti di cambio le cui attività e funzioni sono disciplinate dall'articolo 201 del presente decreto;

o) ai gestori del sistema di trasmissione quali definiti all'articolo 2, paragrafo 4, della direttiva 2009/72/CE o all'articolo 2, paragrafo 4, della direttiva 2009/73/CE, quando svolgono le loro funzioni in conformità delle suddette direttive o del regolamento (CE) n. 714/2009 o del regolamento (CE) n. 715/2009 o dei codici di rete o degli orientamenti adottati a norma di tali regolamenti, alle persone che agiscono in qualità di prestatori di servizi per loro conto per espletare i loro compiti ai sensi di tali atti legislativi o dei codici di rete o degli orientamenti adottati a norma di tali regolamenti, o a qualsiasi gestore o amministratore di un meccanismo di bilanciamento dell'energia, di una rete o sistema di condotte per bilanciare le forniture e i consumi di energia quando svolgono detti compiti. Tale esenzione si applica alle persone che esercitano le attività menzionate nella presente lettera solo quando effettuano attività di investimento o prestano servizi di investimento relativi ai derivati su merci al fine di svolgere tali attività. Tale esenzione non si applica in relazione alla gestione di un mercato secondario, incluse le piattaforme per la negoziazione secondaria di diritti di trasmissione finanziari;

p) ai depositari centrali autorizzati ai sensi del regolamento (UE) n. 909/2014, salvo quanto previsto dall'articolo 79 *noviesdecies*.1 del presente decreto.

(1) *Questo articolo è stato inserito dall'art. 1, comma 6, del D.L.vo 3 agosto 2017, n. 129. A norma dell'art. 10, comma 2, del medesimo decreto, tali disposizioni si applicano dal 3 gennaio 2018.*

Parte II
Disciplina degli intermediari

Titolo I
Disposizioni generali e poteri di vigilanza (1)

(1) *La precedente rubrica:* «Disposizioni generali» *è stata così sostituita dalla attuale:* «Disposizioni generali e poteri di vigilanza» *dall'art. 2, comma 1, del D.L.vo 3 agosto 2017, n. 129. A norma dell'art. 10, comma 2, del medesimo decreto, tali disposizioni si applicano dal 3 gennaio 2018.*

Capo I
Vigilanza

5. Finalità e destinatari della vigilanza. – 1. La vigilanza sulle attività disciplinate dalla presente parte ha per obiettivi:

a) la salvaguardia della fiducia nel sistema finanziario;

b) la tutela degli investitori;

c) la stabilità e il buon funzionamento del sistema finanziario;

d) la competitività del sistema finanziario;

e) l'osservanza delle disposizioni in materia finanziaria (1).

2. Per il perseguimento degli obiettivi di cui al comma 1, la Banca d'Italia è competente per quanto riguarda il contenimento del rischio, la stabilità patrimoniale e la sana e prudente gestione degli intermediari (1).

3. Per il perseguimento degli obiettivi di cui al comma 1, la CONSOB è competente per quanto riguarda la trasparenza e la correttezza dei comportamenti (1).

4. La Banca d'Italia e la CONSOB esercitano i poteri di vigilanza nei confronti dei soggetti abilitati; ciascuna vigila sull'osservanza delle disposizioni legislative e regolamentari secondo le competenze definite dai commi 2 e 3 (1).

5. La Banca d'Italia e la CONSOB operano in modo coordinato anche al fine di ridurre al minimo gli oneri gravanti sui soggetti abilitati e si danno reciproca comunicazione dei provvedimenti assunti e delle irregolarità rilevate nell'esercizio dell'attività di vigilanza.

5 *bis*. La Banca d'Italia e la CONSOB, al fine di coordinare l'esercizio delle proprie funzioni di vigilanza e di ridurre al minimo gli oneri gravanti sui soggetti abilitati, stipulano un protocollo d'intesa, avente ad oggetto:

a) i compiti di ciascuna e le modalità del loro svolgimento, secondo il criterio della prevalenza delle funzioni di cui ai commi 2 e 3;

b) lo scambio di informazioni, anche con riferimento alle irregolarità rilevate e ai provvedimenti assunti nell'esercizio dell'attività di vigilanza (2).

5 *ter*. Il protocollo d'intesa di cui al comma 5 *bis* è reso pubblico dalla Banca d'Italia e dalla CONSOB con le modalità da esse stabilite [ed è allegato al regolamento di cui all'articolo 6, comma 2 *bis*] (3) (2).

(1) *I precedenti commi 1, 2, 3 e 4 sono stati così sostituiti dagli attuali commi 1, 2, 3 e 4 dall'art. 2, comma 1, lett.* a)*, del D.L.vo 17 settembre 2007, n. 164, a decorrere dal 1° novembre 2007.*

(2) *Questo comma è stato inserito dall'art. 2, comma 1, lett.* b)*, del D.L.vo 17 settembre 2007, n. 164, a decorrere dal 1° novembre 2007.*

(3) *Le parole tra parentesi quadrate sono state soppresse dall'art. 2, comma 2, del D.L.vo 3 agosto 2017, n. 129. A norma dell'art. 10, comma 2, del medesimo decreto, tali disposizioni si applicano dal 3 gennaio 2018.*

6. Poteri regolamentari (1). – 01. Nell'esercizio dei poteri regolamentari (2), la Banca d'Italia e la CONSOB osservano i seguenti principi:

a) valorizzazione dell'autonomia decisionale delle SIM, delle imprese di investimento extracomunitarie, delle SGR, nonché degli intermediari finanziari iscritti nell'elenco previsto dall'articolo 107 del Testo unico bancario, delle banche italiane e delle banche extracomunitarie, autorizzate all'esercizio dei servizi o delle attività di investimento;

b) proporzionalità, intesa come criterio di esercizio del potere adeguato al raggiungimento del fine, con il minore sacrificio degli interessi dei destinatari;

c) riconoscimento del carattere internazionale del mercato finanziario e salvaguardia della posizione competitiva dell'industria italiana;

d) agevolazione dell'innovazione e della concorrenza ([3]).

02. La Banca d'Italia e la Consob possono mantenere o imporre nei regolamenti obblighi aggiuntivi rispetto a quelli previsti dall'articolo 16, paragrafi 8, 9 e 10, della direttiva 2014/65/UE e dai relativi atti delegati, nonché dall'articolo 24 della direttiva medesima, solo nei casi eccezionali in cui tali obblighi sono obiettivamente giustificati e proporzionati, tenuto conto della necessità di fare fronte a rischi specifici per la protezione degli investitori o l'integrità del mercato che presentano particolare rilevanza nel contesto della struttura del mercato italiano ([4]).

03. La Banca d'Italia e la CONSOB comunicano al Ministero dell'economia e delle finanze le disposizioni regolamentari recanti gli obblighi aggiuntivi di cui al comma 02 ai fini della loro notifica alla Commissione europea ([3]).

1. La Banca d'Italia, sentita la CONSOB, disciplina con regolamento:

a) gli obblighi delle SIM e delle SGR in materia di adeguatezza patrimoniale, contenimento del rischio nelle sue diverse configurazioni e partecipazioni detenibili, nonché l'informativa da rendere al pubblico sulle stesse materie e sul governo societario, l'organizzazione amministrativa e contabile, i controlli interni e i sistemi di remunerazione e di incentivazione ([5]) ([6]);

b) gli obblighi delle Sim, delle imprese di paesi terzi, delle Sgr, nonché degli intermediari finanziari iscritti nell'albo previsto dall'articolo 106 del Testo Unico bancario, delle banche italiane autorizzate all'esercizio dei servizi o delle attività di investimento, in materia di modalità di deposito e di sub-deposito degli strumenti finanziari e del denaro di pertinenza della clientela ([7]);

c) le regole applicabili agli OICR italiani aventi a oggetto:

1) i criteri e i divieti relativi all'attività di investimento, avuto riguardo anche ai rapporti di gruppo;

2) le norme prudenziali di contenimento e frazionamento del rischio, limitatamente agli Oicr diversi dai FIA riservati. La Banca d'Italia può prevedere l'applicazione ai FIA italiani riservati di limiti di leva finanziaria massima e di norme prudenziali per assicurare la stabilità e l'integrità del mercato finanziario;

3) gli schemi tipo e le modalità di redazione dei prospetti contabili che le società di gestione del risparmio, le Sicav e le Sicaf redigono periodicamente;

4) i metodi di calcolo del valore delle quote o azioni di Oicr;

5) i criteri e le modalità da adottare per la valutazione dei beni e dei valori in cui è investito il patrimonio e la periodicità della valutazione. Per la valutazione di beni non negoziati in mercati regolamentati, la Banca d'Italia può prevedere il ricorso a esperti indipendenti e richiederne l'intervento anche in sede di acquisto e vendita dei beni da parte del gestore;

6) le condizioni per la delega a terzi della valutazione dei beni in cui è investito il patrimonio dell'Oicr e del calcolo del valore delle relative quote o azioni ([8]).

c bis) gli obblighi dei soggetti abilitati relativi alla prestazione dei servizi e delle attività di investimento e alla gestione collettiva del risparmio, in materia di:

1) governo societario e requisiti generali di organizzazione, compresa l'attuazione dell'articolo 4 *undecies*;

2) sistemi di remunerazione e di incentivazione;

3) continuità dell'attività;

4) organizzazione amministrativa e contabile, compresa l'istituzione della funzione di controllo della conformità alle norme;

5) gestione del rischio dell'impresa;

6) audit interno;

7) responsabilità dell'alta dirigenza;

8) esternalizzazione di funzioni operative essenziali o importanti o di servizi o di attività ([9]).

1 *bis*. Le disposizioni di cui al comma 1, lettera *a*), prevedono la possibilità di adottare sistemi interni di misurazione dei rischi per la determinazione dei requisiti patrimoniali, previa autorizzazione della Banca d'Italia, nonché di utilizzare valutazioni del rischio di credito rilasciate da società o enti esterni ([10]).

2. La CONSOB, sentita la Banca d'Italia, tenuto conto delle differenti esigenze di tutela degli investitori connesse con la qualità e l'esperienza professionale dei medesimi, disciplina con regola-

mento ([11]) gli obblighi dei soggetti abilitati in materia di:

a) trasparenza, ivi inclusi:

1) gli obblighi informativi nella prestazione dei servizi e delle attività di investimento, nonché della gestione collettiva del risparmio, con particolare riferimento al grado di rischiosità di ciascun tipo specifico di prodotto finanziario e delle gestioni di portafogli offerti, all'impresa e ai servizi prestati, alla salvaguardia degli strumenti finanziari o delle disponibilità liquide detenuti dall'impresa, ai costi, agli incentivi, alle strategie di esecuzione degli ordini e alle pratiche di vendita abbinata ([12]);

2) le modalità e i criteri da adottare nella diffusione di comunicazioni pubblicitarie e promozionali e di ricerche in materia di investimenti;

3) gli obblighi di comunicazione ai clienti relativi all'esecuzione degli ordini, alla gestione di portafogli, alle operazioni con passività potenziali e ai rendiconti di strumenti finanziari o delle disponibilità liquide dei clienti detenuti dall'impresa;

3 *bis*) gli obblighi informativi nei confronti degli investitori dei FIA italiani, dei FIA UE e dei FIA non UE ([13]).

b) correttezza dei comportamenti, ivi inclusi:

1) gli obblighi di acquisizione di informazioni dai clienti o dai potenziali clienti ai fini della valutazione di adeguatezza o di appropriatezza delle operazioni o dei servizi forniti, ivi inclusi i casi di pratiche di vendita abbinata ([14]);

2) le misure per eseguire gli ordini alle condizioni più favorevoli per i clienti;

3) gli obblighi in materia di gestione degli ordini;

4) l'obbligo di assicurare che la gestione di portafogli si svolga con modalità aderenti alle specifiche esigenze dei singoli investitori e che quella su base collettiva avvenga nel rispetto degli obiettivi di investimento dell'OICR;

5) le condizioni alle quali possono essere corrisposti o percepiti incentivi ([15]).

b bis) prestazione dei servizi e delle attività di investimento e di gestione collettiva del risparmio, relativi:

1) alle procedure, anche di controllo interno, per la corretta e trasparente prestazione dei servizi e delle attività di investimento, ivi incluse quelle per:

a) il governo degli strumenti finanziari e dei depositi strutturati;

b) la percezione o la corresponsione di incentivi;

2) alle procedure, anche di controllo interno, per la corretta e trasparente prestazione della gestione collettiva del risparmio, ivi incluse quelle per la percezione o la corresponsione di incentivi;

3) alle modalità di esercizio della funzione di controllo della conformità alle norme;

4) al trattamento dei reclami;

5) alle operazioni personali;

6) alla gestione dei conflitti di interesse potenzialmente pregiudizievoli per i clienti, ivi inclusi quelli derivanti dai sistemi di remunerazione e di incentivazione;

7) alla conservazione delle registrazioni;

8) alla conoscenza e competenza delle persone fisiche che forniscono consulenza alla clientela in materia di investimenti o informazioni su strumenti finanziari, servizi di investimento o accessori per conto dei soggetti abilitati ([16]).

2 *bis*. Con riferimento alle materie indicate al comma 1, lettera c *bis*), numeri 1), 2), 3), 7) e 8), la Banca d'Italia acquisisce l'intesa della Consob sugli aspetti di disciplina rilevanti per le finalità di cui all'articolo 5, comma 3. Con riferimento alle materie indicate al comma 2, lettera b *bis*), numero 6), la Consob acquisisce l'intesa della Banca d'Italia sugli aspetti di disciplina rilevanti per le finalità di cui all'articolo 5, comma 2. Gli aspetti di disciplina rilevanti per le finalità di competenza della Banca d'Italia e della Consob sono specificati nel protocollo previsto all'articolo 5, comma 5 *bis*. Per l'esercizio della vigilanza ai sensi della presente parte, sono competenti la Banca d'Italia per il rispetto delle disposizioni adottate ai sensi del comma 1, lettera c *bis*), numeri 1), 2), 3), 7) e 8), e la Consob per il rispetto delle disposizioni adottate ai sensi del comma 2, lettera b *bis*), numero 6); inoltre, la Banca d'Italia e la Consob, in relazione agli aspetti sui quali hanno fornito l'intesa e per le finalità di cui all'articolo 5, commi 2 e 3, possono:

a) esercitare i poteri di vigilanza informativa e di indagine loro attribuiti dal presente capo, anche al fine di adottare i provvedimenti di intervento di propria competenza, secondo le modalità previste nel protocollo;

b) comunicare le irregolarità riscontrate all'altra Autorità ai fini dell'adozione dei provvedimenti di competenza ([17]) ([18]).

[2 *ter*. Per l'esercizio della vigilanza, nelle materie di cui al comma 2 *bis*, sono competenti:

a) la Banca d'Italia per gli aspetti previsti dalle lettere *a*), *b*), *c*), *f*), *g*) e *h*);

b) la CONSOB per gli aspetti previsti dalle lettere *d*), *e*), *i*), *j*), *l*), *m*) e *n*);

c) la Banca d'Italia e la CONSOB, secondo le rispettive funzioni di cui all'articolo 5, commi 2 e 3, per gli aspetti previsti dalla lettera *k*)] ([19]).

2 *quater*. La CONSOB, sentita la Banca d'Italia, individua con regolamento:

[*a*) le norme di condotta che non si applicano ai rapporti fra gestori di sistemi multilaterali di negoziazione e i partecipanti ai medesimi] ([20]);

b) le condizioni alle quali i soggetti abilitati non sono obbligati a osservare le disposizioni regolamentari di cui al comma 2, lettera *b*), numero 1), quando prestano i servizi di cui all'articolo 1, comma 5, lettere *b*) ed *e*);

c) la disciplina specifica di condotta applicabile ai rapporti tra soggetti abilitati e clienti professionali;

d) le norme di condotta che non si applicano ai rapporti fra soggetti abilitati che prestano i servizi di cui all'articolo 1, comma 5, lettere *a*), *b*) ed *e*), e controparti qualificate, intendendosi per tali:

1) le Sim, le imprese di investimento UE, le banche, le imprese di assicurazione, gli Oicr, i gestori, i fondi pensione, gli intermediari finanziari iscritti nell'albo previsto dall'articolo 106 del Testo Unico bancario, le società di cui all'articolo 18 del Testo Unico bancario, gli istituti di moneta elettronica, le fondazioni bancarie, i Governi nazionali e i loro corrispondenti uffici, compresi gli organismi pubblici incaricati di gestire il debito pubblico, le banche centrali e le organizzazioni sovranazionali a carattere pubblico;

2) le altre categorie di soggetti privati individuati con regolamento dalla Consob, sentita Banca d'Italia, nel rispetto dei criteri di cui alla direttiva 2014/65/UE e alle relative misure di esecuzione;

3) le categorie corrispondenti a quelle dei numeri 1) e 2) di soggetti di paesi non appartenenti all'Unione europea ([21]) ([22]);

2 *quinquies*. La Consob, sentita la Banca d'Italia, individua con regolamento:

a) i clienti professionali privati;

b) i criteri di identificazione dei soggetti privati che su richiesta possono essere trattati come clienti professionali e la relativa procedura di richiesta ([23]).

2 *sexies*. Il Ministro dell'economia e delle finanze, sentite la Banca d'Italia e la Consob, individua con regolamento:

a) i clienti professionali pubblici;

b) i criteri di identificazione dei soggetti pubblici che su richiesta possono essere trattati come clienti professionali e la relativa procedura di richiesta ([24]) ([25]).

2 *septies*. Le disposizioni in materia di sistemi di remunerazione e di incentivazione emanate ai sensi del comma 1, lettera c *bis*), numero 2) ([26]), possono prevedere che determinate decisioni in materia di remunerazione e di incentivazione siano rimesse alla competenza dell'assemblea dei soci, anche nel modello dualistico di amministrazione e controllo, stabilendo quorum costitutivi e deliberativi anche in deroga a norme di legge ([27]).

2 *octies*. È nullo qualunque patto o clausola non conforme alle disposizioni in materia di sistemi di remunerazione e di incentivazione emanate ai sensi del comma 1, lettera c *bis*), numero 2) ([26]), o contenute in atti dell'Unione europea direttamente applicabili. La nullità della clausola non comporta la nullità del contratto. Le previsioni contenute nelle clausole nulle sono sostituite di diritto, ove possibile, con i parametri indicati nelle disposizioni suddette nei valori più prossimi alla pattuizione originaria ([27]).

2 *novies*. I soci e gli amministratori dei soggetti abilitati, fermi restando gli obblighi previsti dall'articolo 2391, primo comma, del codice civile, si astengono dalle deliberazioni in cui abbiano un interesse in conflitto, per conto proprio o di terzi ([27]).

([1]) *La precedente rubrica:* «Vigilanza regolamentare» *è stata così sostituita dalla attuale:* «Poteri regolamentari» *dall'art. 2, comma 3, lett.* a), *del D.L.vo 3 agosto 2017, n. 129. A norma dell'art. 10, comma 2, del medesimo decreto, tali disposizioni si applicano dal 3 gennaio 2018.*

([2]) *Le parole: «delle funzioni di vigilanza regolamentare» sono state così sostituite dalle attuali: «dei poteri regolamentari» dall'art. 2, comma 3, lett.* b), *del D.L.vo 3 agosto 2017, n. 129. A norma dell'art. 10, comma 2, del medesimo decreto, tali disposizioni si applicano dal 3 gennaio 2018.*

([3]) *Questo comma è stato premesso al comma 1 dall'art. 2, comma 2, lett.* a), *del D.L.vo 17 settembre 2007, n. 164, a decorrere dal 1° novembre 2007.*

([4]) *Questo comma, premesso al comma 1 dall'art. 2, comma 2, lett.* a), *del D.L.vo 17 settembre 2007, n. 164, a decorrere dal 1° novembre 2007, è stato così sostituito dall'attuale, dall'art. 2, comma 3, lett.* c), *del D.L.vo 3 agosto 2017, n. 129. A norma dell'art. 10, comma 2, del medesimo decreto, tali disposizioni si applicano dal 3 gennaio 2018. Fino a tale data si applicano le disposizioni nel testo previgente che si riporta*:

«*02. Per le materie disciplinate dalla direttiva 2006/73/CE, della Commissione, del 10 agosto 2006, la Banca d'Italia e la CONSOB possono mantenere o imporre nei regolamenti obblighi aggiuntivi a quelli previsti dalla direttiva medesima solo nei casi eccezionali in cui tali obblighi sono obiettivamente giustificati e proporzionati, tenuto conto della necessità di fare fronte a rischi specifici per la protezione degli investitori o l'integrità del mercato che non sono adeguatamente considerati dalle disposizioni comunitarie e se almeno una delle seguenti condizioni è soddisfatta*:

a) *i rischi specifici cui gli obblighi aggiuntivi sono volti a fare fronte sono particolarmente rilevanti, considerata la struttura del mercato italiano;*

b) *i rischi specifici cui gli obblighi aggiuntivi sono volti a fare fronte emergono o diventano evidenti dopo l'emanazione delle disposizioni comunitarie pertinenti per materia*».

([5]) *Le parole: «, nonché l'informativa da rendere al pubblico sulle stesse materie e sul governo societario, l'organizzazione amministrativa e contabile, i controlli interni e i sistemi di remunerazione e di incentivazione» sono state inserite dall'art. 4, comma 4, lett.* a), *del D.L.vo 12 maggio 2015, n. 72.*

([6]) *Questa lettera è stata così sostituita dall'art. 2, comma 2, lett.* b), *del D.L.vo 17 settembre 2007, n. 164, a decorrere dal 1° novembre 2007.*

([7]) *Questa lettera è stata da ultimo così sostituita dalla attuale, dall'art. 2, comma 3, lett.* d), *del D.L.vo 3 agosto 2017, n. 129. A norma dell'art. 10, comma 2, del medesimo decreto, tali disposizioni si applicano dal 3 gennaio 2018. Fino a tale data si applicano le disposizioni nel testo previgente che si riporta*:

«b) *gli obblighi delle SIM, delle imprese di investimento extracomunitarie, delle SGR, nonché degli intermediari finanziari iscritti nell'elenco previsto dall'articolo 107 del Testo unico bancario, delle banche italiane e delle banche extracomunitarie, autorizzate all'esercizio dei servizi o delle attività di investimento in materia di modalità di deposito e di sub-deposito degli strumenti finanziari e del denaro di pertinenza della clientela*».

([8]) *Questa lettera è stata così sostituita dall'art. 2, comma 1, lett.* a), *del D.L.vo 4 marzo 2014, n. 44.*

([9]) *Questa lettera è stata inserita dall'art. 2, comma 3, lett.* e), *del D.L.vo 3 agosto 2017, n. 129. A norma dell'art. 10, comma 2, del medesimo decreto, tali disposizioni si applicano dal 3 gennaio 2018.*

([10]) *Questo comma è stato inserito dall'art. 2, comma 1, lett.* a), *n. 2), del D.L. 27 dicembre 2006, n. 297, convertito, con modificazioni, nella L. 23 febbraio 2007, n. 15.*

([11]) *Si veda ora la Delib. CONSOB 29 ottobre 2007, n. 16190 (Suppl. ord. alla* Gazzetta Ufficiale *Serie gen. - n. 255 del 2 novembre 2007).*

([12]) *Le parole: «e alle strategie di esecuzione degli ordini» sono state così sostituite dalle attuali: «, alle strategie di esecuzione degli ordini e alle pratiche di vendita abbinata» dall'art. 2, comma 3, lett.* f), *del D.L.vo 3 agosto 2017, n. 129. A norma dell'art. 10, comma 2, del medesimo decreto, tali disposizioni si applicano dal 3 gennaio 2018.*

([13]) *Questo numero è stato inserito dall'art. 2, comma 1, lett.* b), *del D.L.vo 4 marzo 2014, n. 44.*

([14]) *Le parole: «, ivi inclusi i casi di pratiche di vendita abbinata» sono state aggiunte dall'art. 2, comma 3, lett.* g), *del D.L.vo 3 agosto 2017, n. 129. A norma dell'art. 10, comma 2, del medesimo decreto, tali disposizioni si applicano dal 3 gennaio 2018.*

([15]) *Questo comma è stato così sostituito dall'art. 2, comma 2, lett.* d), *del D.L.vo 17 settembre 2007, n. 164, a decorrere dal 1° novembre 2007.*

([16]) *Questa lettera è stata inserita dall'art. 2, comma 3, lett.* h), *del D.L.vo 3 agosto 2017, n. 129. A norma dell'art. 10, comma 2, del medesimo decreto, tali disposizioni si applicano dal 3 gennaio 2018.*

([17]) *In precedenza, questo comma era stato aggiunto dall'art. 10, comma 1, lett.* a), *della L. 28 dicembre 2005, n. 262 e poi abrogato dall'art. 10, comma 6, della L. 6 febbraio 2007, n. 13. L'art. 2, comma 2, lett.* e), *del D.L.vo 17 settembre 2007, n. 164, ha nuovamente inserito il comma 2* bis.

([18]) *Questo comma, inserito dall'art. 2, comma 2, lett.* e), *del D.L.vo 17 settembre 2007, n. 164, a decorrere dal 1° novembre 2007, è stato così sostituito dall'attuale, dall'art. 2, comma 3, lett.* i), *del D.L.vo 3 agosto 2017, n. 129. A norma dell'art. 10, comma 2, del medesimo decreto, tali disposizioni si applicano dal 3 gennaio 2018. Fino a tale data si applicano le disposizioni nel testo previgente che si riporta*:

«2 bis) *La Banca d'Italia e la CONSOB disciplinano congiuntamente mediante regolamento, con riferimento alla prestazione dei servizi e delle attività di investimento, nonché alla gestione collettiva del risparmio, gli obblighi dei soggetti abilitati in materia di:*

a) *governo societario, requisiti generali di organizzazione, sistemi di remunerazione e di incentivazione;*

b) *continuità dell'attività;*

c) *organizzazione amministrativa e contabile, compresa l'istituzione della funzione di cui alla lettera* e);

d) *procedure, anche di controllo interno, per la corretta e trasparente prestazione dei servizi di investimento e delle attività di investimento nonché della gestione collettiva del risparmio;*

e) *controllo della conformità alle norme;*

f) *gestione del rischio dell'impresa;*

g) *audit interno;*

h) *responsabilità dell'alta dirigenza;*

i) *trattamento dei reclami;*

j) operazioni personali;

k) esternalizzazione di funzioni operative essenziali o importanti o di servizi o attività;

l) gestione dei conflitti di interesse, potenzialmente pregiudizievoli per i clienti;

m) conservazione delle registrazioni;

n) procedure anche di controllo interno, per la percezione o corresponsione di incentivi».

([19]) *Questo comma, inserito dall'art. 2, comma 2, lett. e), del D.L.vo 17 settembre 2007, n. 164, a decorrere dal 1° novembre 2007, è stato abrogato dall'art. 2, comma 3, lett. l), del D.L.vo 3 agosto 2017, n. 129. A norma dell'art. 10, comma 2, del medesimo decreto, tali disposizioni si applicano dal 3 gennaio 2018.*

([20]) *Questa lettera è stata abrogata dall'art. 2, comma 3, lett. m), del D.L.vo 3 agosto 2017, n. 129. A norma dell'art. 10, comma 2, del medesimo decreto, tali disposizioni si applicano dal 3 gennaio 2018.*

([21]) *Questo comma è stato inserito dall'art. 2, comma 2, lett. e), del D.L.vo 17 settembre 2007, n. 164, a decorrere dal 1° novembre 2007.*

([22]) *Questa lettera è stata così sostituita dalla attuale, dall'art. 2, comma 3, lett. m), del D.L.vo 3 agosto 2017, n. 129. A norma dell'art. 10, comma 2, del medesimo decreto, tali disposizioni si applicano dal 3 gennaio 2018. Fino a tale data si applicano le disposizioni nel testo previgente che si riporta:*

«d) *le norme di condotta che non si applicano ai rapporti fra soggetti abilitati che prestano i servizi di cui all'articolo 1, comma 5, lettere* a), b) *ed* e), *e controparti qualificate, intendendosi per tali:*

1) *le imprese di investimento, le banche, le imprese di assicurazioni, gli Oicr, i gestori, i fondi pensione, gli intermediari finanziari iscritti negli elenchi previsti dagli articoli 106 e 113 del testo unico bancario, le società di cui all'articolo 18 del testo unico bancario, gli istituti di moneta elettronica, le fondazioni bancarie, i Governi nazionali e i loro corrispondenti uffici, compresi gli organismi pubblici incaricati di gestire il debito pubblico, le banche centrali e le organizzazioni sovranazionali a carattere pubblico;*

2) *le imprese la cui attività principale consista nel negoziare per conto proprio merci e strumenti finanziari derivati su merci;*

3) *le imprese la cui attività esclusiva consista nel negoziare per conto proprio nei mercati di strumenti finanziari derivati e, per meri fini di copertura, nei mercati a pronti, purchè esse siano garantite da membri che aderiscono alle controparti centrali di tali mercati, quando la responsabilità del buon fine dei contratti stipulati da dette imprese spetta a membri che aderiscono alle controparti centrali di tali mercati;*

4) *le altre categorie di soggetti privati individuati con regolamento dalla CONSOB, sentita Banca d'Italia, nel rispetto dei criteri di cui alla direttiva 2004/39/CE e alle relative misure di esecuzione;*

5) *le categorie corrispondenti a quelle dei numeri precedenti di soggetti di Paesi non appartenenti all'Unione europea».*

([23]) *Questo comma, inserito dall'art. 2, comma 2, lett. e), del D.L.vo 17 settembre 2007, n. 164, a decorrere dal 1° novembre 2007, è stato così sostituito dall'attuale, dall'art. 2, comma 3, lett. n), del D.L.vo 3 agosto 2017, n. 129. A norma dell'art. 10, comma 2, del medesimo decreto, tali disposizioni si applicano dal 3 gennaio 2018. Fino a tale data si applicano le disposizioni nel testo previgente che si riporta:*

«2 quinquies) *La CONSOB, sentita la Banca d'Italia, individua con regolamento i clienti professionali privati nonché i criteri di identificazione dei soggetti privati che su richiesta possono essere trattati come clienti professionali e la relativa procedura di richiesta».*

([24]) *Questo comma, inserito dall'art. 2, comma 2, lett. e), del D.L.vo 17 settembre 2007, n. 164, a decorrere dal 1° novembre 2007, è stato così sostituito dall'attuale, dall'art. 2, comma 3, lett. n), del D.L.vo 3 agosto 2017, n. 129. A norma dell'art. 10, comma 2, del medesimo decreto, tali disposizioni si applicano dal 3 gennaio 2018. Fino a tale data si applicano le disposizioni nel testo previgente che si riporta:*

«2 sexies) *Il Ministro dell'economia e delle finanze, sentite la Banca d'Italia e la CONSOB, individua con regolamento i clienti professionali pubblici nonché i criteri di identificazione dei soggetti pubblici che su richiesta possono essere trattati come clienti professionali e la relativa procedura di richiesta».*

([25]) *Si veda il D.M. 11 novembre 2011, n. 236, recante: «Definizione ed individuazione dei clienti professionali pubblici, criteri di identificazione dei soggetti pubblici che su richiesta possono essere trattati come clienti professionali e relativa procedura di richiesta ai sensi dell'articolo 6, comma 2* sexies, *del decreto legislativo 24 febbraio 1998, n. 58».*

([26]) *Le parole: «comma 2 bis, lettera* a)*» sono state così sostituite dalle attuali: «comma 1, lettera* c bis), *numero 2)» dall'art. 2, comma 3, lett.* o), *del D.L.vo 3 agosto 2017, n. 129. A norma dell'art. 10, comma 2, del medesimo decreto, tali disposizioni si applicano dal 3 gennaio 2018.*

([27]) *Questo comma è stato aggiunto dall'art. 4, comma 4, lett.* b), *del D.L.vo 12 maggio 2015, n. 72.*

6 *bis*. ([1]) **Poteri informativi e di indagine.** – 1. La Banca d'Italia può chiedere, nell'ambito delle sue competenze, ai soggetti abilitati la comunicazione di dati e notizie e la trasmissione di atti e documenti con le modalità e nei termini dalla stessa stabiliti. La Banca d'Italia, nell'ambito delle sue competenze, può chiedere informazioni al personale dei soggetti abilitati, anche per il tramite di questi ultimi.

2. Gli obblighi previsti dal comma 1 si applicano anche a coloro ai quali i soggetti abilitati abbiano esternalizzato funzioni aziendali essenziali o importanti e al loro personale.

3. I poteri previsti dal comma 1 possono essere esercitati anche nei confronti del soggetto incaricato della revisione legale dei conti.

4. La Consob, nell'ambito delle sue competenze, può:

a) chiedere a chiunque la comunicazione di dati e notizie e la trasmissione di atti e documenti con le modalità e nei termini dalla stessa stabiliti, che possano essere pertinenti ai fini dell'esercizio della propria funzione di vigilanza;

b) procedere ad audizione personale nei confronti di chiunque possa essere in possesso di informazioni pertinenti.

5. La Consob, nell'ambito delle sue competenze, può altresì, nei confronti dei soggetti abilitati:

a) procedere a perquisizioni nei modi previsti dall'articolo 33 del decreto del Presidente della Repubblica 29 settembre 1973, n. 600, e dall'articolo 52 del decreto del Presidente della Repubblica 26 ottobre 1972, n. 633;

b) richiedere le registrazioni esistenti relative a conversazioni telefoniche, comunicazioni elettroniche o scambi di dati conservate da un soggetto abilitato;

c) richiedere le registrazioni detenute da un operatore di telecomunicazioni riguardanti le comunicazioni telefoniche e gli scambi di dati di un soggetto abilitato;

d) avvalersi della collaborazione delle pubbliche amministrazioni, richiedendo la comunicazione di dati ed informazioni anche in deroga ai divieti di cui all'articolo 25, comma 1, del decreto legislativo 30 giugno 2003, n. 196, ed accedere al sistema informativo dell'anagrafe tributaria secondo le modalità previste dagli articoli 2 e 3, comma 1, del decreto legislativo 12 luglio 1991, n. 212;

e) richiedere la comunicazione di dati personali anche in deroga ai divieti di cui all'articolo 25, comma 1, del decreto legislativo 30 giugno 2003, n. 196;

f) avvalersi, ove necessario, dei dati contenuti nell'anagrafe dei conti e dei depositi di cui all'articolo 20, comma 4, della legge 30 dicembre 1991, n. 413, nonché acquisire, anche mediante accesso diretto, i dati contenuti nell'archivio indicato all'articolo 13 del decreto legge 15 dicembre 1979, n. 625, convertito, con modificazioni, dalla legge 6 febbraio 1980, n. 15;

g) accedere direttamente, mediante apposita connessione telematica, ai dati contenuti nella Centrale dei rischi della Banca d'Italia;

h) avvalersi, ove necessario, anche mediante connessione telematica, dei dati contenuti nell'apposita sezione dell'anagrafe tributaria di cui all'articolo 7, comma sesto, del decreto del Presidente della Repubblica 29 settembre 1973, n. 605;

i) procedere al sequestro dei beni che possono formare oggetto di confisca ai sensi dell'articolo 187 *sexies* del presente decreto. Si applicano i commi 9, 10 e 11 dell'articolo 187 *octies* del presente decreto.

6. È fatta salva l'applicazione delle disposizioni degli articoli 199, 200, 201, 202 e 203 del codice di procedura penale, in quanto compatibili.

7. I poteri di cui al comma 5, lettere *a*), *c*) ed *i*), sono esercitati previa autorizzazione del procuratore della Repubblica.

8. Nei casi previsti dal comma 4, lettera *b*), dal comma 5, lettere *a*) ed *i*), e dal comma 9 viene redatto processo verbale dei dati e delle informazioni acquisite o dei fatti accertati, dei sequestri eseguiti, e delle dichiarazioni rese dagli interessati, i quali sono invitati a firmare il processo verbale e hanno diritto di averne copia.

9. Nell'esercizio dei poteri previsti dai commi 4 e 5 la Consob può avvalersi della Guardia di Finanza che esegue gli accertamenti richiesti agendo con i poteri di indagine ad essa attribuiti ai fini dell'accertamento dell'imposta sul valore aggiunto e delle imposte sui redditi.

10. Tutte le notizie, le informazioni e i dati acquisiti dalla Guardia di Finanza nell'assolvimento dei compiti previsti dal comma 9 sono coperti dal segreto d'ufficio e vengono, senza indugio, comunicati esclusivamente alla Consob.

11. La Banca d'Italia, nell'ambito delle sue competenze, può esercitare il potere previsto dal comma 4, lettera *b*), nei confronti degli esponenti e del personale dei soggetti abilitati. In tale caso si applica il comma 8.

(1) *Questo articolo è stato inserito dall'art. 2, comma 4, del D.L.vo 3 agosto 2017, n. 129. A norma dell'art. 10, comma 2, del medesimo decreto, tali disposizioni si applicano dal 3 gennaio 2018.*

6 *ter*. (1) **Poteri ispettivi.** – 1. La Banca d'Italia e la Consob possono, nell'ambito delle rispettive competenze e nel rispetto delle disposizioni normative europee, effettuare ispezioni e richiedere l'esibizione dei documenti e il compimento degli atti ritenuti necessari nei confronti dei soggetti abilitati e di coloro ai quali i soggetti abilitati abbiano esternalizzato funzioni aziendali essenziali o importanti e al loro personale. Si applicano i commi 9 e 10 dell'articolo 6 *bis*.

2. Al fine di verificare l'osservanza da parte di un soggetto abilitato delle disposizioni di cui alla presente parte, la Consob, previa autorizzazione del procuratore della Repubblica, può esercitare il potere di cui al comma 1 anche nei confronti di soggetti, diversi da quelli ivi indicati, che abbiano intrattenuto rapporti di natura patrimoniale o professionale con il soggetto abilitato.

3. La Consob può richiedere ai soggetti incaricati della revisione legale dei conti dei soggetti abilitati di fornire informazioni.Quando sussistono particolari necessità e non sia possibile provvedere con risorse proprie, la Consob può altresì autorizzare revisori legali o società di revisione legale a procedere a verifiche o ispezioni per suo conto. Il soggetto autorizzato a procedere alle predette verifiche ed ispezioni agisce in veste di Pubblico Ufficiale.

4. Nei casi previsti dal comma 2 la Consob redige processo verbale dei dati e delle informazioni acquisite o dei fatti accertati e delle dichiarazioni rese dagli interessati, i quali sono invitati a firmare il processo verbale e hanno diritto di averne copia.

5. Ciascuna autorità comunica le ispezioni disposte all'altra autorità, la quale può chiedere accertamenti su profili di propria competenza.

6. La Banca d'Italia e la Consob possono chiedere alle autorità competenti di uno Stato UE di effettuare accertamenti presso succursali di Sim, di Sgr e di banche stabilite sul territorio di detto Stato ovvero concordare altre modalità per le verifiche.

7. Le autorità competenti di uno Stato UE, dopo aver informato la Banca d'Italia e la Consob, possono ispezionare, anche tramite loro incaricati, le succursali di imprese di investimento UE, di banche UE, di società di gestione UE e di GEFIA UE dalle stesse autorizzate, stabilite nel territorio della Repubblica. Se le autorità di uno Stato dell'Unione europea lo richiedono, la Banca d'Italia e la Consob, nell'ambito delle rispettive competenze, procedono direttamente agli accertamenti ovvero concordano altre modalità per le verifiche.

8. La Banca d'Italia e la Consob possono concordare, nell'ambito delle rispettive competenze, con le autorità competenti degli Stati non UE modalità per l'ispezione di succursali di Sim, banche italiane, e imprese di paesi terzi insediate nei rispettivi territori.

([1]) *Questo articolo è stato inserito dall'art. 2, comma 4, del D.L.vo 3 agosto 2017, n. 129. A norma dell'art. 10, comma 2, del medesimo decreto, tali disposizioni si applicano dal 3 gennaio 2018.*

7. Poteri di intervento sui soggetti abilitati ([1]). – 1. La Banca d'Italia e la CONSOB, nell'ambito delle rispettive competenze, possono, con riguardo ai soggetti abilitati:

a) convocare gli amministratori, i sindaci e il personale ([2]);

b) ordinare la convocazione degli organi collegiali, fissandone l'ordine del giorno;

c) procedere direttamente alla convocazione degli organi collegiali quando gli organi competenti non abbiano ottemperato a quanto previsto dalla lettera *b*).

1 *bis*. La Banca d'Italia e la Consob, nell'ambito delle rispettive competenze, possono altresì convocare gli amministratori, i sindaci e il personale di coloro ai quali i soggetti abilitati abbiano esternalizzato funzioni aziendali essenziali o importanti ([3]).

1 *ter*. La Banca d'Italia e la Consob, nell'ambito delle rispettive competenze, possono pubblicare avvertimenti al pubblico ([4]).

1 *quater*. La Consob intima ai soggetti abilitati di non avvalersi, nell'esercizio della propria attività e per un periodo non superiore a tre anni, dell'attività professionale di un soggetto ove possa essere di pregiudizio per la trasparenza e la correttezza dei comportamenti ([4]).

2. La Banca d'Italia può adottare, a fini di stabilità, provvedimenti specifici aventi a oggetto le materie disciplinate dall'articolo 6, comma 1, lettera *a*), e, ove la situazione lo richieda: adottare, sentita la Consob, provvedimenti restrittivi o limitativi concernenti i servizi, le attività, le operazioni e la struttura territoriale; vietare la distribuzione di utili o di altri elementi del patrimonio; con riferimento a strumenti finanziari computabili nel patrimonio a fini di vigilanza, vietare il pagamento di interessi; fissare limiti all'importo totale della parte variabile delle remunerazioni nei soggetti abilitati, quando sia necessario per il mantenimento di una solida base patrimoniale. I provvedimenti possono essere emanati nei confronti di uno o più soggetti abilitati, nonché di una o più categorie di essi ([5]).

2 *bis*. La Banca d'Italia, nell'ambito delle sue competenze, ([6]) può disporre, sentita la Consob, ([7]) la rimozione di uno o più esponenti aziendali di Sim, società di gestione del risparmio, Sicav e Sicaf, qualora la loro permanenza in carica sia di pregiudizio per la sana e prudente gestione del soggetto abilitato; la rimozione non è disposta ove ricorrano gli estremi per pronunciare la decadenza ai sensi dell'articolo 13, salvo che sussista urgenza di provvedere ([8]).

2 *ter*. La Consob, nell'ambito delle sue competenze, dispone, sentita la Banca d'Italia, la rimozione di uno o più esponenti aziendali di Sim, banche italiane, società di gestione del risparmio, Sicav e Sicaf, qualora la loro permanenza in carica sia di pregiudizio alla trasparenza e correttezza dei comportamenti dei soggetti abilitati; la rimozione non è disposta ove ricorrano gli estremi per pronunciare la decadenza ai sensi dell'articolo 13, salvo che sussista urgenza di provvedere ([9]).

3. Nell'interesse pubblico o dei partecipanti la Banca d'Italia e la CONSOB, ciascuna per quanto di competenza, possono ordinare la sospensione o la limitazione temporanea dell'emissione o del rimborso delle quote o azioni di OICR.

3 *bis*. La Consob ordina la sospensione per un periodo non superiore a 60 giorni per ciascuna volta della commercializzazione o della vendita di strumenti finanziari in caso di violazione delle disposizioni di attuazione dell'articolo 6, comma 2, lettera b *bis*), numero 1), lettera *a*), e di esistenza di un pregiudizio per la tutela degli investitori ([10]).

([1]) *La precedente rubrica: «*Interventi sui soggetti abilitati*» è stata così sostituita dalla attuale: «*Poteri di intervento sui soggetti abilitati*» dall'art. 2, comma 5, lett.* a)*, del D.L.vo 3 agosto 2017, n. 129. A norma dell'art. 10, comma 2, del medesimo decreto, tali disposizioni si applicano dal 3 gennaio 2018.*

([2]) *Le parole: «i dirigenti» sono state così sostituite dalle attuali: «il personale» dall'art. 4, comma 5, lett.* a)*, del D.L.vo 12 maggio 2015, n. 72.*

([3]) *Questo comma è stato inserito dall'art. 4, comma 5, lett.* b)*, del D.L.vo 12 maggio 2015, n. 72.*

([4]) *Questo comma è stato inserito dall'art. 2, comma 5, lett.* b)*, del D.L.vo 3 agosto 2017, n. 129. A norma dell'art. 10, comma 2, del medesimo decreto, tali disposizioni si applicano dal 3 gennaio 2018.*

([5]) *Questo comma è stato così, da ultimo, sostituito dall'art. 4, comm 5, lett.* c)*, del D.L.vo 12 maggio 2015, n. 72.*

([6]) *Le parole: «, nell'ambito delle sue competenze,» sono state inserite dall'art. 2, comma 5, lett.* c)*, del D.L.vo 3 agosto 2017, n. 129. A norma dell'art. 10, comma 2, del medesimo decreto, tali disposizioni si applicano dal 3 gennaio 2018.*

([7]) *Le parole: «, sentita la Consob,» sono state inserite dall'art. 2, comma 5, lett.* c)*, del D.L.vo 3 agosto 2017, n. 129. A norma dell'art. 10, comma 2, del medesimo decreto, tali disposizioni si applicano dal 3 gennaio 2018.*

([8]) *Questo comma è stato inserito dall'art. 4, comma 5, lett.* d)*, del D.L.vo 12 maggio 2015, n. 72.*

([9]) *Questo comma è stato inserito dall'art. 2, comma 5, lett.* d)*, del D.L.vo 3 agosto 2017, n. 129. A norma dell'art. 10, comma 2, del medesimo decreto, tali disposizioni si applicano dal 3 gennaio 2018.*

([10]) *Questo comma è stato inserito dall'art. 2, comma 5, lett.* e)*, del D.L.vo 3 agosto 2017, n. 129. A norma dell'art. 10, comma 2, del medesimo decreto, tali disposizioni si applicano dal 3 gennaio 2018.*

7 *bis*. ([1]) **Poteri di intervento di cui al Titolo VII, Capo I, del regolamento (UE) n. 600/2014. –** 1. La Banca d'Italia e la Consob sono le autorità nazionali competenti ai fini dell'applicazione delle disposizioni di cui al Titolo VII, Capo I, del regolamento (UE) n. 600/2014. Esse esercitano i poteri e adottano le misure di vigilanza previsti dall'articolo 39, paragrafo 3, dall'articolo 42 e dall'articolo 43, paragrafo 3, del regolamento (UE) n. 600/2014, in conformità anche a quanto stabilito dagli atti delegati emanati ai sensi dell'articolo 42, paragrafo 7, del predetto regolamento.

2. Ai fini di cui al comma 1, la Consob è competente per quanto riguarda la protezione degli investitori, l'ordinato funzionamento e integrità dei mercati finanziari o dei mercati delle merci, nonché per le finalità di cui all'articolo 42, paragrafo 2, lettera *a*), punto ii), del regolamento (UE) n. 600/2014.

3. Ai fini di cui al comma 1, la Banca d'Italia è competente per quanto riguarda la stabilità dell'insieme o di una parte del sistema finanziario.

4. Al fine di coordinare l'esercizio delle funzioni di cui al comma 1, la Banca d'Italia e la Consob stabiliscono, anche sulla base di un apposito protocollo d'intesa, le modalità della cooperazione e del reciproco scambio di informazioni rilevanti ai fini dell'esercizio delle predette funzioni e dell'esercizio da parte della Consob delle funzioni di punto di contatto ai sensi dell'articolo 4 del presente decreto.

5. Fermi restando i poteri previsti dall'articolo 39, paragrafo 3, dall'articolo 42 e dall'articolo 43, paragrafo 3, del regolamento (UE) n. 600/2014, la Banca d'Italia e la Consob, nell'ambito delle rispettive competenze, possono altresì ordinare la

sospensione per un periodo non superiore a 60 giorni per ciascuna volta della commercializzazione o della vendita di strumenti finanziari o di depositi strutturati qualora le condizioni di cui agli articoli 40, 41 o 42 del regolamento (UE) n. 600/2014 risultino soddisfatte.

6. Ciascuna autorità esercita i poteri e adotta le misure di vigilanza in conformità ai commi 1 e 5 del presente articolo sentita l'altra autorità.

(1) *Questo articolo, inserito dall'art. 4, comma 6, del D.L.vo 12 maggio 2015, n. 72, è stato così sostituito dall'attuale, dall'art. 2, comma 6, del D.L.vo 3 agosto 2017, n. 129. A norma dell'art. 10, comma 2, del medesimo decreto, tali disposizioni si applicano dal 3 gennaio 2018. Fino a tale data si applicano le disposizioni nel testo previgente che si riporta:*

«Art. 7 bis. Riserve di capitale - *1. La Banca d'Italia adotta le misure sulle riserve di capitale previste dal capo IV del titolo VII della direttiva 2013/36/UE, nonché quelle di natura macroprudenziale previste dal regolamento UE n. 575/2013, quale autorità designata ai sensi di tali normative comunitarie nei confronti delle Sim e delle succursali di imprese di investimento extracomunitarie».*

7 *ter*. (1) Poteri ingiuntivi nei confronti degli intermediari nazionali e non UE. – 1. In caso di violazione da parte di Sim, di imprese di paesi terzi e di società di gestione del risparmio, di Sicav, di Sicaf, di GEFIA non UE autorizzati in Italia e di banche autorizzate alla prestazione di servizi e attività di investimento aventi sede in Italia di obblighi derivanti da disposizioni dell'ordinamento italiano e dell'Unione europea loro applicabili nelle materie del presente decreto, la Banca d'Italia o la Consob, nell'ambito delle rispettive competenze, possono ordinare alle stesse, anche in via cautelare, la cessazione temporanea o permanente di tali irregolarità.

2. L'autorità di vigilanza che procede, sentita l'altra autorità, vieta ai soggetti indicati nel comma 1 di intraprendere nuove operazioni, nonché imporre ogni altra limitazione riguardante singole tipologie di operazioni, singoli servizi o attività, anche limitatamente a singole succursali o dipendenze dell' intermediario, quando:

a) le violazioni commesse possono pregiudicare gli interessi inerenti agli obiettivi di carattere generale elencati nell'articolo 5, comma 1;

b) nei casi di urgenza per la tutela degli interessi degli investitori.

(1) *Questo articolo è stato inserito dall'art. 2, comma 7, del D.L.vo 3 agosto 2017, n. 129. A norma dell'art. 10, comma 2, del medesimo decreto, tali disposizioni si applicano dal 3 gennaio 2018.*

7 *quater*. (1) Poteri ingiuntivi nei confronti di intermediari UE. – 1. In caso di violazione da parte di imprese di investimento UE con succursale in Italia, di società di gestione UE, di GEFIA UE e non UE autorizzati in uno Stato dell'UE diverso dall'Italia, di banche UE con succursale in Italia e di società finanziarie previste dall'articolo 18, comma 2, del T.U. bancario, di obblighi derivanti da disposizioni dell'ordinamento italiano e dell'Unione europea loro applicabili nelle materie del presente decreto, la Banca d'Italia o la Consob, nell'ambito delle rispettive competenze, possono ordinare alle stesse di porre termine a tali irregolarità, dandone comunicazione anche all'Autorità di vigilanza dello Stato membro in cui l'intermediario ha sede legale per i provvedimenti eventualmente necessari.

2. L'autorità di vigilanza che procede adotta i provvedimenti necessari, sentita l'altra autorità, compresa l'imposizione del divieto di intraprendere nuove operazioni, nonché ogni altra limitazione riguardante singole tipologie di operazioni, singoli servizi o attività anche limitatamente a singole succursali o dipendenze dell'intermediario, ovvero ordinare la chiusura della succursale, quando:

a) mancano o risultano inadeguati i provvedimenti dell'autorità competente dello Stato in cui l'intermediario ha sede legale;

b) risultano violazioni delle norme di comportamento;

c) le irregolarità commesse possono pregiudicare gli interessi inerenti agli obiettivi di carattere generale elencati nell'articolo 5, comma 1;

d) nei casi di urgenza per la tutela degli interessi degli investitori.

3. I provvedimenti previsti dal comma 2 sono comunicati dall'autorità che li ha adottati all'autorità competente dello Stato UE in cui l'intermediario ha sede legale.

4. Se vi è fondato sospetto che un'impresa di investimento UE o una banca UE, operanti in regime di libera prestazione di servizi in Italia, non ottemperano agli obblighi derivanti dalle disposizioni dell'Unione europea, la Banca d'Italia o la Consob informano l'autorità competente dello Stato membro in cui l'intermediario ha sede legale per i provvedimenti necessari. Se, nonostante le misure adottate dall'autorità competente, l'intermediario persiste nell'agire in modo tale da pregiudicare gli interessi degli investitori o il buon

funzionamento dei mercati, la Banca d'Italia o la Consob, dopo avere informato l'autorità competente dello Stato membro in cui l'intermediario ha sede legale, adottano tutte le misure necessarie compresa l'imposizione del divieto di intraprendere nuove operazioni in Italia. La Banca d'Italia o la Consob procedono sentita l'altra autorità, e informano la Commissione europea delle misure adottate.

5. Il comma 4 si applica anche nel caso di violazioni, da parte di imprese di investimento UE o banche UE, con succursale in Italia, ovvero società di gestione UE, GEFIA UE e non UE autorizzati in uno Stato dell'UE diverso dall'Italia, di obblighi derivanti da disposizioni dell'Unione europea per le quali è competente lo Stato membro in cui l'intermediario ha sede legale.

6. Se la violazione riguarda disposizioni relative alla liquidità dell'impresa d'investimento UE o in ogni altro caso di deterioramento della situazione di liquidità della stessa, la Banca d'Italia può adottare le misure necessarie per la stabilità finanziaria o per la tutela delle ragioni dei soggetti ai quali sono prestati i servizi, se quelle prese dall'autorità competente dello Stato d'origine mancano o risultano inadeguate; le misure da adottare sono comunicate all'autorità competente dello Stato d'origine.

(1) *Questo articolo è stato inserito dall'art. 2, comma 7, del D.L.vo 3 agosto 2017, n. 129. A norma dell'art. 10, comma 2, del medesimo decreto, tali disposizioni si applicano dal 3 gennaio 2018.*

7 *quinquies*. (1) **Poteri ingiuntivi nei confronti degli OICVM UE, FIA UE e non UE con quote o azioni offerte in Italia.** – 1. Quando sussistono elementi che fanno presumere l'inosservanza da parte degli OICVM UE, dei FIA UE e non UE di obblighi derivanti da disposizioni dell'ordinamento italiano e dell'Unione europea loro applicabili nelle materie del presente decreto, la Banca d'Italia o la Consob, nell'ambito delle rispettive competenze, possono sospendere in via cautelare, per un periodo non superiore a sessanta giorni, l'offerta delle relative quote o azioni. In caso di accertata violazione, le autorità di vigilanza, nell'ambito delle rispettive competenze, possono sospendere temporaneamente ovvero vietare l'offerta delle quote o delle azioni degli Oicr.

2. Se vi è fondato sospetto che un OICVM UE, un FIA UE e non UE le cui quote o azioni sono offerte in Italia, ovvero il gestore di tale Oicr, non ottemperi agli obblighi derivanti da disposizioni dell'Unione europea per le quali sia competente lo Stato di origine dell'Oicr, la Banca d'Italia o la Consob informano l'autorità competente di tale Stato affinchè assuma i provvedimenti necessari. Se, nonostante le misure adottate dall'autorità competente, l'Oicr, ovvero il suo gestore, persiste nell'agire in modo tale da pregiudicare gli interessi degli investitori o il buon funzionamento dei mercati, la Banca d'Italia o la Consob, dopo aver informato l'autorità dello Stato di origine, adottano le misure necessarie per proteggere gli investitori o assicurare il buon funzionamento dei mercati, ivi compreso il divieto di offerta delle quote o azioni dell'Oicr.

(1) *Questo articolo è stato inserito dall'art. 2, comma 7, del D.L.vo 3 agosto 2017, n. 129. A norma dell'art. 10, comma 2, del medesimo decreto, tali disposizioni si applicano dal 3 gennaio 2018.*

7 *sexies*. (1) **Sospensione degli organi amministrativi.** – 1. Il Presidente della Consob dispone, in via d'urgenza, ove ricorrano situazioni di pericolo per i clienti o per i mercati, la sospensione degli organi di amministrazione delle Sim e la nomina di un commissario che ne assume la gestione quando risultino gravi irregolarità nell'amministrazione ovvero gravi violazioni delle disposizioni legislative, amministrative o statutarie. Il provvedimento assunto dal Presidente della Consob è sottoposto all'approvazione della Commissione.

2. Il commissario dura in carica per un periodo massimo di sessanta giorni. Il commissario, nell'esercizio delle sue funzioni, è pubblico ufficiale. Il Presidente dalla Consob può stabilire speciali cautele e limitazioni per la gestione della Sim.

3. L'indennità spettante al commissario è determinata dalla Consob in base a criteri dalla stessa stabiliti ed è a carico della società commissariata. Si applica l'articolo 91, comma 1, ultimo periodo, del T.U. bancario.

4. Le azioni civili contro il commissario, per atti compiuti nell'espletamento dell'incarico, sono promosse previa autorizzazione della Consob.

5. Il presente articolo si applica anche alle succursali italiane di imprese di paesi terzi diverse dalle banche. Il commissario assume nei confronti delle succursali i poteri degli organi di amministrazione dell'impresa.

6. Il presente articolo si applica anche alle società di gestione del risparmio e alle Sicav. Il Pre-

sidente della Consob dispone il provvedimento, sentito il Governatore della Banca d'Italia.

(1) *Questo articolo è stato inserito dall'art. 2, comma 7, del D.L.vo 3 agosto 2017, n. 129. A norma dell'art. 10, comma 2, del medesimo decreto, tali disposizioni si applicano dal 3 gennaio 2018.*

7 *septies*. (1) **Poteri cautelari applicabili ai consulenti finanziari autonomi, alle società di consulenza finanziaria ed ai consulenti finanziari abilitati all'offerta fuori sede. –** 1. L'Organismo di vigilanza e tenuta dell'albo unico dei consulenti finanziari, in caso di necessità e urgenza, dispone in via cautelare la sospensione del consulente finanziario autonomo, della società di consulenza finanziaria e del consulente finanziario abilitato all'offerta fuori sede dall'esercizio dell'attività per un periodo massimo di centottanta giorni, qualora sussistano elementi che facciano presumere l'esistenza di gravi violazioni di legge ovvero di disposizioni generali o particolari emanate in forza del presente decreto.

2. L'Organismo di cui al comma 1 dispone in via cautelare, per un periodo massimo di un anno, la sospensione dall'esercizio dell'attività qualora il soggetto iscritto all'albo sia sottoposto a una delle misure cautelari personali del libro IV, titolo I, capo II, del codice di procedura penale o assuma la qualità di imputato ai sensi dell'articolo 60 dello stesso codice in relazione ai seguenti reati:

a) delitti previsti nel titolo XI del libro V del codice civile e nella legge fallimentare;

b) delitti contro la pubblica amministrazione, contro la fede pubblica, contro il patrimonio, contro l'ordine pubblico, contro l'economia pubblica, ovvero delitti in materia tributaria;

c) reati previsti dal titolo VIII del T.U. bancario;

d) reati previsti dal presente decreto.

(1) *Questo articolo è stato inserito dall'art. 2, comma 7, del D.L.vo 3 agosto 2017, n. 129. A norma dell'art. 10, comma 2, del medesimo decreto, tali disposizioni si applicano dal 3 gennaio 2018.*

7 *octies*. (1) **Poteri di contrasto all'abusivismo. –** 1. La Consob può, nei confronti di chiunque offre o svolge servizi o attività di investimento tramite la rete internet senza esservi abilitato ai sensi del presente decreto:

a) rendere pubblica, anche in via cautelare, la circostanza che il soggetto non è autorizzato allo svolgimento delle attività indicate dall'articolo 1, comma 5;

b) ordinare di porre termine alla violazione.

(1) *Questo articolo è stato inserito dall'art. 2, comma 7, del D.L.vo 3 agosto 2017, n. 129. A norma dell'art. 10, comma 2, del medesimo decreto, tali disposizioni si applicano dal 3 gennaio 2018.*

7 *novies*. (1) **Riserve di capitale. –** 1. La Banca d'Italia adotta le misure sulle riserve di capitale previste dal Capo IV del Titolo VII della direttiva 2013/36/UE, nonché quelle di natura macroprudenziale previste dal regolamento (UE) n. 575/2013, quale autorità designata ai sensi di tali normative europee nei confronti delle Sim e delle succursali di imprese di paesi terzi diverse dalle banche.

(1) *Questo articolo è stato inserito dall'art. 2, comma 7, del D.L.vo 3 agosto 2017, n. 129. A norma dell'art. 10, comma 2, del medesimo decreto, tali disposizioni si applicano dal 3 gennaio 2018.*

7 *decies*. (1) **Vigilanza sul rispetto di disposizioni dell'Unione europea direttamente applicabili. –** 1. La Banca d'Italia e la Consob vigilano, ciascuna per quanto di competenza, ai sensi della presente parte, sul rispetto delle disposizioni dettate dal regolamento (UE) n. 600/2014, nonché dagli atti delegati e dalle norme tecniche di regolamentazione e di attuazione del citato regolamento e della direttiva 2014/65/UE.

(1) *Questo articolo è stato inserito dall'art. 2, comma 7, del D.L.vo 3 agosto 2017, n. 129. A norma dell'art. 10, comma 2, del medesimo decreto, tali disposizioni si applicano dal 3 gennaio 2018.*

8. Doveri informativi (1). **–** [1. La Banca d'Italia e la CONSOB possono chiedere, nell'ambito delle rispettive competenze, ai soggetti abilitati la comunicazione di dati e notizie e la trasmissione di atti e documenti con le modalità e nei termini dalle stesse stabiliti. La Banca d'Italia e la Consob, nell'ambito delle rispettive competenze, possono chiedere informazioni al personale dei soggetti abilitati, anche per il tramite di questi ultimi] (2) (3).

1 *bis*. Gli OICR che investono in crediti partecipano alla Centrale dei Rischi della Banca d'Italia, secondo quanto stabilito dalla Banca d'Italia. La Banca d'Italia può prevedere che la partecipazione alla centrale dei rischi avvenga per il tramite di banche e intermediari iscritti all'albo di cui all'articolo 106 (4).

[1 *ter*. Gli obblighi previsti dal comma 1 si applicano anche a coloro ai quali i soggetti abilitati abbiano esternalizzato funzioni aziendali essenziali o importanti e al loro personale] (5) (3).

[2. I poteri previsti dal comma 1 possono essere esercitati anche nei confronti del soggetto incaricato della revisione legale dei conti] (3).

3. Il collegio sindacale informa senza indugio la Banca d'Italia e la CONSOB di tutti gli atti o i fatti, di cui venga a conoscenza nell'esercizio dei propri compiti, che possano costituire un'irregolarità nella gestione ovvero una violazione delle norme che disciplinano l'attività delle SIM, delle società di gestione del risparmio, delle Sicav o delle Sicaf (6). A tali fini lo statuto delle SIM, delle società di gestione del risparmio, delle Sicav o delle Sicaf (6), indipendentemente dal sistema di amministrazione e controllo adottato, assegna all'organo che svolge la funzione di controllo i relativi compiti e poteri (7).

4. I soggetti incaricati della revisione legale dei conti (8) delle SIM, delle società di gestione del risparmio, delle Sicav o delle Sicaf (9) comunicano senza indugio alla Banca d'Italia e alla CONSOB gli atti o i fatti, rilevati nello svolgimento dell'incarico, che possano costituire una grave violazione delle norme disciplinanti l'attività delle società sottoposte a revisione ovvero che possano pregiudicare la continuità dell'impresa o comportare un giudizio negativo, un giudizio con rilievi o una dichiarazione di impossibilità di esprimere un giudizio sui bilanci o sui prospetti periodici degli OICR.

5. I commi 3, primo periodo, e 4 si applicano anche all'organo che svolge funzioni di controllo ed ai soggetti incaricati della revisione legale dei conti (10) presso le società che controllano le SIM, le società di gestione del risparmio, le Sicav o le Sicaf (11) o che sono da queste controllate ai sensi dell'art. 23 del Testo Unico bancario (12).

[5 *bis*. La CONSOB, nell'ambito delle sue competenze, può esercitare sui soggetti abilitati i poteri previsti dall'articolo 187 *octies*. La Banca d'Italia, nell'ambito delle sue competenze, può esercitare sui soggetti abilitati i poteri previsti dall'articolo 187 *octies*, comma 3, lettera *c*)] (13) (3).

6. I commi 3, 4, 5 [e 5 *bis*] (14) si applicano alle banche limitatamente alla prestazione dei servizi e delle attività di investimento (15).

(1) *La precedente rubrica: «Vigilanza informativa» è stata così sostituita dalla attuale: «Doveri informativi» dall'art. 2, comma 8, lett.* a)*, del D.L.vo 3 agosto 2017, n. 129. A norma dell'art. 10, comma 2, del medesimo decreto, tali disposizioni si applicano dal 3 gennaio 2018.*

(2) *Questo periodo è stato inserito dall'art. 4, comma 7, lett.* a)*, del D.L.vo 12 maggio 2015, n. 72.*

(3) *Questo comma è stato abrogato dall'art. 2, comma 8, lett.* b)*, del D.L.vo 3 agosto 2017, n. 129. A norma dell'art. 10, comma 2, del medesimo decreto, tali disposizioni si applicano dal 3 gennaio 2018.*

(4) *Questo comma è stato inserito dall'art. 22, comma 5, lett.* b)*, del D.L. 24 giugno 2014, n. 91, convertito, con modificazioni, nella L. 11 agosto 2014, n. 116.*

(5) *Questo comma è stato inserito dall'art. 4, comma 7, lett.* b)*, del D.L.vo 12 maggio 2015, n. 72.*

(6) *Le parole: «o delle Sicav» sono state così sostituite dalle seguenti: «, delle Sicav o delle Sicaf» dall'art. 2, comma 2, lett.* a)*, del D.L.vo 4 marzo 2014, n. 44.*

(7) *L'ultimo periodo di questo comma è stato aggiunto dall'art. 9.49, lett.* a)*, del D.L.vo 17 gennaio 2003, n. 6, così come inserito dall'art. 3 del D.L.vo 6 febbraio 2004, n. 37.*

(8) *Le originarie parole: «le società incaricate della revisione contabile», sono state così sostituite dalle attuali parole: «i soggetti incaricati della revisione legale dei conti», dall'art. 40, comma 1, lett.* b)*, del D.L.vo 27 gennaio 2010, n. 39.*

(9) *Le parole: «o delle Sicav» sono state così sostituite dalle seguenti: «, delle Sicav o delle Sicaf» dall'art. 2, comma 2, lett.* b)*, del D.L.vo 4 marzo 2014, n. 44.*

(10) *Le originarie parole: «alle società incaricate della revisione contabile», sono state così sostituite dalle attuali parole: «ai soggetti incaricati della revisione legale dei conti», dall'art. 40, comma 1, lett.* c)*, del D.L.vo 27 gennaio 2010, n. 39.*

(11) *Le parole: «o le Sicav» sono state così sostituite dalle seguenti: «, le Sicav o le Sicaf» dall'art. 2, comma 2, lett.* c)*, del D.L.vo 4 marzo 2014, n. 44.*

(12) *Questo comma è stato così sostituito dall'art. 9.49, lett.* b)*, del D.L.vo 17 gennaio 2003, n. 6, così come inserito dall'art. 3 del D.L.vo 6 febbraio 2004, n. 37.*

(13) *Questo comma è stato inserito dall'art. 2, comma 3, lett.* b)*, del D.L.vo 17 settembre 2007, n. 164, a decorrere dal 1° novembre 2007.*

(14) *Le parole tra parentesi quadrate sono state soppresse dall'art. 2, comma 8, lett.* c)*, del D.L.vo 3 agosto 2017, n. 129. A norma dell'art. 10, comma 2, del medesimo decreto, tali disposizioni si applicano dal 3 gennaio 2018.*

(15) *Questo comma è stato così sostituito dall'art. 2, comma 3, lett.* c)*, del D.L.vo 17 settembre 2007, n. 164, a decorrere dal 1° novembre 2007.*

8 *bis*. (1) **[Sistemi interni di segnalazione delle violazioni.** – 1. I soggetti abilitati e le relative capogruppo adottano procedure specifiche per la segnalazione al proprio interno da parte del personale, di atti o fatti che possano costituire una violazione delle norme disciplinanti l'attività svolta.

2. Le procedure previste al comma 1 sono idonee a:

a) garantire la riservatezza dei dati personali del segnalante e del presunto responsabile della violazione, ferme restando le regole che disciplinano le indagini o i procedimenti avviati dall'autorità giudiziaria in relazione ai fatti oggetto della segnalazione;

b) tutelare adeguatamente il soggetto segnalante contro condotte ritorsive, discriminatorie o comunque sleali conseguenti la segnalazione;

c) assicurare per la segnalazione un canale specifico, indipendente e autonomo.

3. La presentazione di una segnalazione non costituisce di per sè violazione degli obblighi derivanti dal rapporto di lavoro.

4. L'articolo 7, comma 2, del decreto legislativo 30 giugno 2003, n. 196, non si applica con riguardo all'identità del segnalante, che può essere rivelata solo con il suo consenso o quando la conoscenza sia indispensabile per la difesa del segnalato.

5. La Banca d'Italia e la Consob emanano, con regolamento congiunto, le disposizioni attuative del presente articolo].

(1) *Questo articolo, inserito dall'art. 4, comma 8, del D.L.vo 12 maggio 2015, n. 72, è stato abrogato dall'art. 2, comma 9, del D.L.vo 3 agosto 2017, n. 129. A norma dell'art. 10, comma 2, del medesimo decreto, tali disposizioni si applicano dal 3 gennaio 2018.*

8 *ter*. (1) [**Segnalazione di violazioni alla Banca d'Italia e alla Consob. –** 1. La Banca d'Italia e la Consob ricevono, ciascuna per le materie di propria competenza, da parte del personale dei soggetti abilitati e delle relative capogruppo, segnalazioni che si riferiscono a violazioni riguardanti le norme della parte II, titolo I, II e III del presente decreto legislativo, nonché atti dell'Unione europea direttamente applicabili nelle stesse materie.

2. La Banca d'Italia e la Consob tengono conto dei criteri previsti all'articolo 8 *bis*, comma 2, lettere *a*) e *b*), e possono stabilire condizioni, limiti e procedure per la ricezione delle segnalazioni.

3. La Banca d'Italia e la Consob si avvalgono delle informazioni contenute nelle segnalazioni, ove rilevanti, esclusivamente nell'esercizio delle funzioni di vigilanza e per il perseguimento delle finalità previste dall'articolo 5.

4. Nel caso di accesso ai sensi degli articoli 22 e seguenti della legge 7 agosto 1990, n. 241, l'ostensione del documento è effettuata con modalità che salvaguardino comunque la riservatezza del segnalante. Si applica l'articolo 8 *bis*, commi 3 e 4].

(1) *Questo articolo, inserito dall'art. 4, comma 8, del D.L.vo 12 maggio 2015, n. 72, è stato abrogato dall'art. 2, comma 9, del D.L.vo 3 agosto 2017, n. 129. A norma dell'art. 10, comma 2, del medesimo decreto, tali disposizioni si applicano dal 3 gennaio 2018.*

9. (1) **Revisione legale. –** 1. Alle SIM, alle società di gestione del risparmio, alle Sicav e alle Sicaf (2) si applica l'articolo 159, comma 1.

2. Per le società di gestione del risparmio, il revisore legale o la società di revisione legale incaricati della revisione provvedono con apposita relazione di revisione a rilasciare un giudizio sul rendiconto del fondo comune.

(1) *Questo articolo è stato così sostituito dall'art. 40, comma 2, del D.L.vo 27 gennaio 2010, n. 39.*

(2) *Le parole: «e alle Sicav» sono state così sostituite dalle seguenti: «, alle Sicav e alle Sicaf» dall'art. 2, comma 3, del D.L.vo 4 marzo 2014, n. 44.*

10. (1) [**Vigilanza ispettiva. –** 1. La Banca d'Italia e la CONSOB possono, nell'ambito delle rispettive competenze e in armonia con le disposizioni comunitarie, effettuare ispezioni e richiedere l'esibizione dei documenti e il compimento degli atti ritenuti necessari presso i soggetti abilitati.

1 *bis*. La CONSOB può richiedere al soggetto incaricato della revisione legale dei conti di procedere a verifiche ispettive. Le relative spese, la cui congruità è valutata dalla CONSOB, sono poste a carico del soggetto ispezionato (2).

1 *ter*. La Banca d'Italia e la Consob possono effettuare ispezioni, richiedere l'esibizione dei documenti e il compimento degli atti ritenuti necessari anche presso coloro ai quali i soggetti abilitati abbiano esternalizzato funzioni aziendali essenziali o importanti e al loro personale (3).

2. Ciascuna autorità comunica le ispezioni disposte all'altra autorità, la quale può chiedere accertamenti su profili di propria competenza.

3. La Banca d'Italia e la CONSOB possono chiedere alle autorità competenti di uno Stato comunitario di effettuare accertamenti presso succursali di SIM, di SGR e di banche stabilite sul territorio di detto Stato ovvero concordare altre modalità per le verifiche.

4. Le autorità competenti di uno Stato comunitario, dopo aver informato la Banca d'Italia e la CONSOB, possono ispezionare, anche tramite loro incaricati, le succursali di imprese di investi-

mento, di banche comunitarie e di società di gestione UE e di GEFIA UE dalle stesse autorizzate, stabilite nel territorio della Repubblica. Se le autorità di uno Stato comunitario lo richiedono, la Banca d'Italia e la CONSOB, nell'ambito delle rispettive competenze, procedono direttamente agli accertamenti ovvero concordano altre modalità per le verifiche.

5. La Banca d'Italia e la CONSOB possono concordare, nell'ambito delle rispettive competenze, con le autorità competenti degli Stati extracomunitari modalità per l'ispezione di succursali di imprese di investimento e di banche insediate nei rispettivi territori].

(1) *Questo articolo è stato abrogato dall'art. 2, comma 9, del D.L.vo 3 agosto 2017, n. 129. A norma dell'art. 10, comma 2, del medesimo decreto, tali disposizioni si applicano dal 3 gennaio 2018.*

(2) *Questo comma è stato inserito dall'art. 2, comma 4, lett.* b), *del D.L.vo 17 settembre 2007, n. 164, a decorrere dal 1° novembre 2007.*

(3) *Questo comma è stato inserito dall'art. 4, comma 9, del D.L.vo 12 maggio 2015, n. 72.*

11. Composizione del gruppo. – 1. La Banca d'Italia, sentita la CONSOB:

a) determina la nozione di gruppo rilevante ai fini della verifica dei requisiti previsti dagli articoli 19, comma 1, lettera *h*), e 34, comma 1, lettera *f*);

a bis) individua le disposizioni di cui al Capo II del presente Titolo applicabili alle società che controllano una Sim o una società di gestione del risparmio, individuate ai sensi della lettera *b*) (1);

b) emana disposizioni volte a individuare l'insieme dei soggetti da sottoporre a vigilanza su base consolidata tra quelli esercenti attività bancaria e servizi di investimento o di gestione collettiva del risparmio, nonché attività connesse e strumentali o altre attività finanziarie, come individuate ai sensi dell'articolo 59, comma 1, lettera *b*) e lettera *b bis*) (2), del T.U. bancario. Tali soggetti sono individuati tra quelli che, non sottoposti a vigilanza consolidata ai sensi del medesimo testo unico:

1) sono controllati, direttamente o indirettamente, da una SIM o da una società di gestione del risparmio;

2) controllano, direttamente o indirettamente, una SIM o una società di gestione del risparmio (3).

1 *bis*. Il gruppo individuato ai sensi del comma 1, lettera *b*), è iscritto in un apposito albo tenuto dalla Banca d'Italia. La capogruppo comunica tempestivamente alla Banca d'Italia l'esistenza del gruppo e la sua composizione aggiornata. Copia della predetta comunicazione è trasmessa dalla Banca d'Italia alla CONSOB (4).

(1) *Questa lettera è stata inserita dall'art. 4, comma 1, lett.* a), *del D.L.vo 4 marzo 2014, n. 53.*

(2) *Le parole: «e lettera* b bis)*» sono state inserite dall'art. 4, comma 1, lett.* b), *del D.L.vo 4 marzo 2014, n. 53.*

(3) *Questo comma è stato così sostituito dall'art. 2, comma 1, lett.* c), *n. 1), del D.L. 27 dicembre 2006, n. 297, convertito, con modificazioni, nella L. 23 febbraio 2007, n. 15.*

(4) *Questo comma è stato aggiunto dall'art. 2, comma 1, lett.* c), *n. 2), del D.L. 27 dicembre 2006, n. 297, convertito, con modificazioni, nella L. 23 febbraio 2007, n. 15.*

12. Vigilanza sul gruppo. – 1. La Banca d'Italia impartisce alla società posta al vertice del gruppo individuato ai sensi dell'articolo 11, comma 1, lettera *b*), disposizioni riferite al complesso dei soggetti individuati ai sensi del medesimo articolo, aventi ad oggetto le materie dell'articolo 6, comma 1, lettera *a*), e lettera c *bis*), numeri 1), 2), 3), 4) e 6), e comma 1 *bis*. Ove lo richiedano esigenze di stabilità, la Banca d'Italia può emanare nelle stesse materie disposizioni di carattere particolare (1).

1 *bis*. In armonia con la disciplina comunitaria, la Banca d'Italia individua le ipotesi di esenzione dall'applicazione delle disposizioni adottate ai sensi del comma 1 (2).

2. La società capogruppo, nell'esercizio dell'attività di direzione e coordinamento, emana disposizioni alle singole componenti del gruppo individuato ai sensi dell'articolo 11, comma 1, lettera *b*), per l'esecuzione delle istruzioni impartite dalla Banca d'Italia. Gli organi amministrativi delle società del gruppo sono tenuti a fornire ogni dato e informazione per l'emanazione delle disposizioni e la necessaria collaborazione per il rispetto delle norme sulla vigilanza consolidata (3).

3. La Banca d'Italia e la CONSOB possono chiedere, nell'ambito delle rispettive competenze (4), ai soggetti individuati ai sensi dell'articolo 11, comma 1, lettera *b*), al soggetto che controlla la società capogruppo di cui all'articolo 11, comma 1 *bis*, la SIM o la società di gestione del risparmio, nonché a quelli che sono controllati, direttamente o indirettamente, ovvero partecipati almeno per il venti per cento da uno dei soggetti individuati ai sensi dell'articolo 11, comma 1, lettera *b*), la trasmissione, anche periodica, di dati e informazioni (5).

3 *bis*. Nell'esercizio della vigilanza su base consolidata, la Banca d'Italia può impartire disposizioni, ai sensi del presente articolo, nei confronti di tutti i soggetti inclusi nel gruppo individuato ai sensi dell'articolo 11, comma 1, lettera *b*) ([6]).

[4. La Banca d'Italia può disporre nei confronti dei soggetti appartenenti al gruppo l'applicazione delle disposizioni previste dalla parte IV, titolo III, capo II, sezione VI] ([7]).

5. La Banca d'Italia e la CONSOB possono, nell'ambito delle rispettive competenze ([4]):

a) effettuare ispezioni presso i soggetti individuati ai sensi dell'articolo 11, comma 1, lettera *b*);

b) al fine esclusivo di verificare l'esattezza dei dati e delle informazioni forniti, effettuare ispezioni presso i soggetti controllati, direttamente o indirettamente, ovvero partecipati almeno per il venti per cento da uno dei soggetti individuati ai sensi dell'articolo 11, comma 1, lettera *b*) ([8]).

b bis) effettuare ispezioni presso soggetti ai quali siano state esternalizzate funzioni aziendali essenziali o importanti da parte dei soggetti indicati dalle lettere *a*) e *b*), limitatamente alle finalità ivi richiamate ([9]).

5 *bis*. Nell'esercizio della vigilanza su base consolidata, la Banca d'Italia può adottare i provvedimenti previsti dall'articolo 7, comma 2, nei confronti dei soggetti di cui all'articolo 11, comma 1, lettera *b*) ([10]).

5 *ter*. La Banca d'Italia può disporre, qualora la loro permanenza in carica sia di pregiudizio per la sana e prudente gestione del gruppo, la rimozione di uno o più esponenti aziendali della capogruppo; la rimozione non è disposta ove ricorrano gli estremi per pronunciare la decadenza ai sensi dell'articolo 13, salvo che sussista urgenza di provvedere ([11]).

5 *quater*. La Banca d'Italia e la Consob possono chiedere, nell'ambito delle rispettive competenze, informazioni anche al personale dei soggetti indicati al comma 3, anche per il tramite di questi ultimi ([11]).

5 *quinquies*. Gli obblighi previsti dai commi 2 e 3 si applicano anche ai soggetti ai quali siano state esternalizzate funzioni aziendali essenziali o importanti e al loro personale ([11]).

5 *sexies*. Alla società capogruppo si applicano gli articoli 6, commi 2 *septies* e 2 *octies*, e 7, commi 1 e 1 *bis* ([11]).

([1]) *Questo comma è stato da ultimo così sostituito dall'attuale, dall'art. 2, comma 10, del D.L.vo 3 agosto 2017, n. 129. A norma dell'art. 10, comma 2, del medesimo decreto, tali disposizioni si applicano dal 3 gennaio 2018. Fino a tale data si applicano le disposizioni nel testo previgente che si riporta:*

«1. La Banca d'Italia impartisce alla società posta al vertice del gruppo individuato ai sensi dell'articolo 11, comma 1, lettera b), disposizioni riferite al complesso dei soggetti individuati ai sensi del medesimo articolo, aventi ad oggetto le materie dell'articolo 6, commi 1, lettera a), 1 bis e 2 bis, lettere a), b), c) e g). Ove lo richiedano esigenze di stabilità, la Banca d'Italia può emanare nelle stesse materie disposizioni di carattere particolare.».

([2]) *Questo comma è stato inserito dall'art. 2, comma 1, lett.* d), *n. 2), del D.L. 27 dicembre 2006, n. 297, convertito, con modificazioni, nella L. 23 febbraio 2007, n. 15.*

([3]) *Questo comma è stato così sostituito dall'art. 2, comma 1, lett.* d), *n. 3), del D.L. 27 dicembre 2006, n. 297, convertito, con modificazioni, nella L. 23 febbraio 2007, n. 15.*

([4]) *Le parole: «per le materie di rispettiva competenza» sono state così sostituite dalle attuali: «nell'ambito delle rispettive competenze» dall'art. 2, comma 5, del D.L.vo 17 settembre 2007, n. 164, a decorrere dal 1° novembre 2007.*

([5]) *Questo comma è stato così sostituito dall'art. 2, comma 1, lett.* d), *n. 4), del D.L. 27 dicembre 2006, n. 297, convertito, con modificazioni, nella L. 23 febbraio 2007, n. 15.*

([6]) *Questo comma è stato inserito dall'art. 2, comma 1, lett.* d), *n. 5), del D.L. 27 dicembre 2006, n. 297, convertito, con modificazioni, nella L. 23 febbraio 2007, n. 15.*

([7]) *Questo comma è stato abrogato dall'art. 40, comma 21, del D.L.vo 27 gennaio 2010, n. 39.*

([8]) *Questo comma è stato così sostituito dall'art. 2, comma 1, lett.* d), *n. 6), del D.L. 27 dicembre 2006, n. 297, convertito, con modificazioni, nella L. 23 febbraio 2007, n. 15.*

([9]) *Questa lettera è stata aggiunta dall'art. 4, comma 10, lett.* a), *del D.L.vo 12 maggio 2015, n. 72.*

([10]) *Questo comma è stato aggiunto dall'art. 2, comma 1, lett.* d), *n. 7), del D.L. 27 dicembre 2006, n. 297, convertito, con modificazioni, nella L. 23 febbraio 2007, n. 15.*

([11]) *Questo comma è stato aggiunto dall'art. 4, comma 10, lett.* b), *del D.L.vo 12 maggio 2015, n. 72.*

Capo II
Esponenti aziendali e partecipanti al capitale

13. ([1]) **Esponenti aziendali.** – 1. I soggetti che svolgono funzioni di amministrazione, direzione e controllo presso Sim, società di gestione del risparmio, Sicav e Sicaf devono essere idonei allo svolgimento dell'incarico.

2. Ai fini del comma 1, gli esponenti possiedono requisiti di professionalità, onorabilità e indipendenza, soddisfano criteri di competenza e correttezza, dedicano il tempo necessario all'efficace espletamento dell'incarico.

3. Il Ministro dell'economia e delle finanze, con regolamento adottato sentite la Banca d'Italia e la Consob, individua:

a) requisiti di onorabilità omogenei per tutti gli esponenti;

b) i requisiti di professionalità e indipendenza, graduati secondo principi di proporzionalità;

c) i criteri di competenza, coerenti con la carica da ricoprire e con le caratteristiche del soggetto abilitato, e di adeguata composizione dell'organo;

d) i criteri di correttezza per gli esponenti delle Sim, con riguardo, tra l'altro, alle relazioni d'affari dell'esponente, alle condotte tenute nei confronti delle autorità di vigilanza e alle sanzioni o misure correttive da queste irrogate, a provvedimenti restrittivi inerenti ad attività professionali svolte, nonché a ogni altro elemento suscettibile di incidere sulla correttezza dell'esponente;

e) i limiti al cumulo di incarichi per gli esponenti delle Sim, graduati secondo principi di proporzionalità e tenendo conto delle dimensioni dell'intermediario;

f) le cause che comportano la sospensione temporanea dalla carica e la sua durata.

4. Con il regolamento previsto dal comma 3 possono essere determinati i casi in cui i requisiti e criteri di idoneità si applicano anche ai responsabili delle principali funzioni aziendali nei soggetti indicati al comma 1 di maggiore rilevanza.

5. Gli organi di amministrazione e controllo dei soggetti indicati al comma 1 valutano l'idoneità dei propri componenti e l'adeguatezza complessiva dell'organo, documentando il processo di analisi e motivando opportunamente l'esito della valutazione. In caso di specifiche e limitate carenze riferite ai criteri previsti ai sensi del comma 3, lettera *c*), i medesimi organi possono adottare misure necessarie a colmarle. In ogni altro caso il difetto di idoneità o la violazione dei limiti al cumulo degli incarichi determina la decadenza dall'ufficio; questa è pronunciata dall'organo di appartenenza entro trenta giorni dalla nomina o dalla conoscenza del difetto o della violazione sopravvenuti. Per i soggetti che non sono componenti di un organo la valutazione e la pronuncia della decadenza sono effettuate dall'organo che li ha nominati.

6. La Banca d'Italia e la Consob, nell'ambito delle rispettive competenze, secondo modalità e tempi stabiliti con regolamento congiunto, anche al fine di ridurre al minimo gli oneri gravanti sui soggetti abilitati: valutano l'idoneità degli esponenti e il rispetto dei limiti al cumulo degli incarichi, anche sulla base dell'analisi compiuta e delle eventuali misure adottate ai sensi del comma 5; in caso di difetto o violazione, pronunciano la decadenza dalla carica.

([1]) *Questo articolo è stato così sostituito dall'art. 4, comma 11, del D.L.vo 12 maggio 2015, n. 72* (G.U. *Serie gen. - n. 134 del 12 giugno 2015*).

A norma dell'art. 6, comma 5, del medesimo decreto, la disciplina attuativa emanata ai sensi di questo articolo, così come modificato dal D.L.vo n. 72/2015, si applica alle nomine successive alla data della sua entrata in vigore. Fino a tale momento, questo articolo continua ad applicarsi nella versione precedente alle modifiche apportate dal D.L.vo n. 72/2015, e la relativa disciplina attuativa.

Si riporta il testo previgente:

«*Art. 13.* (*Requisiti di professionalità, onorabilità e indipendenza degli esponenti aziendali*). *1. I soggetti che svolgono funzioni di amministrazione, direzione e controllo presso SIM, società di gestione del risparmio, SICAV e SICAF devono possedere i requisiti di professionalità, onorabilità e indipendenza stabiliti dal Ministro dell'economia e delle finanze, con regolamento adottato sentite la Banca d'Italia e la CONSOB* (*).

2. Il difetto dei requisiti determina la decadenza dalla carica. Essa è dichiarata dal consiglio di amministrazione, dal consiglio di sorveglianza o dal consiglio di gestione entro trenta giorni dalla nomina o dalla conoscenza del difetto sopravvenuto.

3. In caso di inerzia, la decadenza è pronunciata dalla Banca d'Italia o dalla CONSOB.

3 bis. *Nel caso di difetto dei requisiti di indipendenza stabiliti dal codice civile o dallo statuto si applicano i commi 2 e 3.*

4. Il regolamento previsto dal comma 1 stabilisce le cause che comportano la sospensione temporanea dalla carica e la sua durata. La sospensione è dichiarata con le modalità indicate nei commi 2 e 3.

(*) *Il regolamento è stato adottato con D.M. 11 novembre 1998, n. 468* (G.U. *n. 7 dell'11 gennaio 1999*).»

Leggi complementari

14. ([1]) **Partecipanti al capitale.** – 1. I titolari delleparte cipazioni indicate all'articolo 15 possiedono requisiti di onorabilità e soddisfano criteri di competenza e correttezza in modo da garantire la sana e prudente gestione della società partecipata.

2. Il Ministro dell'economia e delle finanze, con regolamento adottato sentite la Banca d'Italia e la Consob, individua:

a) i requisiti di onorabilità;

b) i criteri di competenza, graduati in relazione all'influenza sulla gestione della società che il titolare della partecipazione può esercitare;

c) i criteri di correttezza, con riguardo, tra l'altro, alle relazioni d'affari del titolare della partecipazione, alle condotte tenute nei confronti delle autorità di vigilanza e alle sanzioni o misure correttive da queste irrogate, a provvedimenti restrittivi inerenti ad attività professionali svolte, nonché a ogni altro elemento suscettibile di incidere sulla correttezza del titolare della partecipazione.

3. Ai fini dell'applicazione del presente articolo e dell'articolo 15, per le Sicav e le Sicaf si fa riferimento alle sole azioni nominative e le disposizioni di cui al comma 2 stabiliscono le ipotesi in cui, al fine dell'attribuzione del diritto di voto, tali azioni sono considerate come azioni al portatore, con riguardo alla data di acquisto.

4. Ai fini dei commi 1 e 2 si considerano anche le partecipazioni possedute per il tramite di società controllate, di società fiduciarie o per interposta persona, nonché i casi in cui i diritti derivanti dalle partecipazioni spettano o sono attribuiti ad un soggetto diverso dal titolare delle partecipazioni stesse od esistono accordi concernenti l'esercizio dei diritti di voto.

5. Fermo restando quanto previsto dall'articolo 16, qualora non siano soddisfatti i requisiti e i criteri di cui ai commi 1 e 2 non possono essere esercitati i diritti di voto e gli altri diritti che consentono di influire sulla società, inerenti alle partecipazioni eccedenti le soglie previste dall'articolo 15, comma 1.

6. In caso di inosservanza del divieto, la deliberazione od il diverso atto, adottati con il voto o, comunque, il contributo determinanti delle partecipazioni di cui al comma 1, sono impugnabili secondo le previsioni del codice civile. Le partecipazioni per le quali non può essere esercitato il diritto di voto sono computate ai fini della regolare costituzione della relativa assemblea.

7. L'impugnazione può essere proposta anche dalla Banca d'Italia o dalla Consob entro centottanta giorni dalla data della deliberazione ovvero, se questa è soggetta a iscrizione nel registro delle imprese, entro centottanta giorni dall'iscrizione o, se è soggetta solo a deposito presso l'ufficio del registro delle imprese, entro centottanta giorni dalla data di questo.

8. Le partecipazioni, eccedenti le soglie previste dall'articolo 15, comma 1, dei soggetti privi dei requisiti di onorabilità devono essere alienate entro i termini stabiliti dalla Banca d'Italia o dalla Consob.

([1]) *Questo articolo è stato così sostituito dall'art. 4, comma 12, del D.L.vo 12 maggio 2015, n. 72* (G.U. *Serie gen. - n. 134 del 12 giugno 2015*).

A norma dell'art. 6, comma 6, del medesimo decreto, fino all'entrata in vigore della disciplina attuativa emanata ai sensi di questo articolo, così come modificato dal D.L.vo n. 72/2015, questo articolo continua ad applicarsi nella versione precedente alle modifiche apportate dal D.L.vo n. 72/2015, e la relativa disciplina attuativa.

Si riporta il testo previgente:

«Art. 14 (Requisiti di onorabilità). 1. Il Ministro dell'economia e delle finanze, con regolamento adottato sentite la Banca d'Italia e la CONSOB, determina i requisiti di onorabilità dei titolari delle partecipazioni indicate nell'articolo 15, comma 1, nelle SIM e nelle società di gestione del risparmio, nonché dei partecipanti al capitale delle SICAV e delle SICAF.

2. Ai fini dell'applicazione del presente articolo e dell'articolo 15, per le SICAV e le SICAF si fa riferimento alle sole azioni nominative ed il regolamento di cui al comma 1 stabilisce le ipotesi in cui, al fine dell'attribuzione del diritto di voto, tali azioni sono considerate come azioni al portatore, con riguardo alla data di acquisto.

3. Ai fini del comma 1 si considerano anche le partecipazioni possedute per il tramite di società controllate, di società fiduciarie o per interposta persona, nonché i casi in cui i diritti derivanti dalle partecipazioni spettano o sono attribuiti ad un soggetto diverso dal titolare delle partecipazioni stesse od esistono accordi concernenti l'esercizio dei diritti di voto.

4. In assenza dei requisiti non possono essere esercitati i diritti di voto e gli altri diritti che consentono di influire sulla società, inerenti alle partecipazioni eccedenti le soglie previste dall'articolo 15, comma 1.

5. In caso di inosservanza del divieto, la deliberazione od il diverso atto, adottati con il voto o, comunque, il contributo determinanti delle partecipazioni di cui al comma 1, sono impugnabili secondo le previsioni del codice civile. Le partecipazioni per le quali non può essere esercitato il diritto di voto sono computate ai fini della regolare costituzione della relativa assemblea.

6. L'impugnazione può essere proposta anche dalla Banca d'Italia o dalla CONSOB entro centottanta giorni dalla data della deliberazione ovvero, se questa è soggetta a iscrizione nel registro delle imprese, entro centottanta giorni dall'iscrizione o, se è soggetta solo a deposito presso l'ufficio del registro delle imprese, entro centottanta giorni dalla data di questo.

7. Le partecipazioni, eccedenti le soglie previste dall'articolo 15, comma 1, dei soggetti privi dei requisiti di onorabilità devono essere alienate entro i termini stabiliti dalla Banca d'Italia o dalla CONSOB».

15. Acquisizione e cessione di partecipazioni ([1]). – 1. Chiunque, a qualsiasi titolo, intenda acquisire o cedere, direttamente od indirettamente, in una Sim, società di gestione del risparmio, Sicav o Sicaf ([2]) una partecipazione che comporta il controllo o la possibilità di esercitare un'influenza notevole sulla società o che attribuisce una quota dei diritti di voto o del capitale almeno pari al 10 per cento, tenuto conto delle azioni o quote già possedute, deve darne preventiva comunicazione alla Banca d'Italia. La comunicazione preventiva è dovuta anche per le variazioni delle partecipazioni quando la quota dei diritti di voto o del capitale raggiunga o superi, in aumento o in diminuzione, il 20 per cento, 30 per cento o 50 per cento e, in ogni caso, quando le variazioni comportano l'acquisizione o la perdita del controllo della società ([3]).

2. La Banca d'Italia può vietare entro il termine stabilito ai sensi del comma 5, lettera *c*), l'acquisizione della partecipazione quando ritenga che non ricorrono condizioni atte a garantire una gestione sana e prudente dell'intermediario, valutando la qualità del potenziale acquirente e la solidità finanziaria del progetto di acquisizione in base ai seguenti criteri: la reputazione del potenziale acquirente ai sensi dell'articolo 14; l'idoneità, ai sensi dell'articolo 13, da parte di coloro che, in esito all'acquisizione, svolgeranno funzioni di amministrazione, direzione e controllo; la solidità finanziaria del potenziale acquirente; la capacità dell'intermediario di rispettare a seguito dell'acquisizione le disposizioni che ne regolano l'attività; l'idoneità della struttura del gruppo del potenziale acquirente a consentire l'esercizio efficace della vigilanza; l'assenza di fondato sospetto che l'acquisizione sia connessa a operazioni di riciclaggio o di finanziamento del terrorismo. La Banca d'Italia può fissare un termine massimo per l'acquisizione nonché comunicare, anche prima della scadenza del termine, che nulla osta all'operazione ([4]).

3. Gli acquisti e le cessioni indicati nel comma 1 sono comunicati, una volta avvenuti, alla Banca d'Italia, alla CONSOB e alla società. [La comunicazione è dovuta anche per le variazioni della partecipazione che comportino il superamento, in aumento o in diminuzione, delle soglie partecipative stabilite ai sensi del comma 5, ovvero l'acquisizione del controllo della società] ([5]).

4. Le partecipazioni si considerano acquisite o cedute indirettamente quando l'acquisto o la cessione avvengano per il tramite di società controllate, di società fiduciarie o per interposta persona. Il controllo sussiste nei casi previsti dall'articolo 23 del T.U. bancario.

5. La Banca d'Italia determina con regolamento:

a) i criteri di calcolo dei diritti di voto rilevanti ai fini dell'applicazione delle soglie previste al comma 1, ivi inclusi i casi in cui i diritti di voto non sono computati ai fini dell'applicazione del medesimo comma, nonché i criteri per l'individuazione dei casi di influenza notevole ([6]);

b) i soggetti tenuti ad effettuare le comunicazioni quando i diritti derivanti dalle partecipazioni spettano o sono attribuiti a un soggetto diverso dal titolare delle partecipazioni stesse, nonché quando esistono accordi concernenti l'esercizio del diritto di voto;

c) le procedure ed i termini per l'effettuazione delle comunicazioni, nonché per condurre la valutazione prevista al comma 2 ([7]) ([8]).

([1]) *La precedente rubrica*: «Partecipazioni» *è stata da ultimo così sostituita dall'attuale dall'art. 4, comma 13, lett.* a), *del D.L.vo 12 maggio 2015, n. 72.*

([2]) *Le parole*: «o Sicaf» *sono state inserite dall'art. 2, comma 7, del D.L.vo 4 marzo 2014, n. 44.*

([3]) *Questo comma è stato sostituito dapprima dall'art. 9.52, lett.* a), *del D.L.vo 17 gennaio 2003, n. 6, così come inserito dall'art. 3 del D.L.vo 6 febbraio 2004, n. 37 e successivamente dall'art. 2, comma 1, lett.* b), *n. 2), del D.L.vo 27 gennaio 2010, n. 21.*

([4]) *Questo comma è stato così sostituito dall'art. 4, comma 13, lett.* b), *del D.L.vo 12 maggio 2015, n. 72.*

([5]) *Questo periodo è stato soppresso dall'art. 2, comma 1, lett.* b), *n. 4), del D.L.vo 27 gennaio 2010, n. 21.*

([6]) *Questa lettera è stata così sostituita dall'art. 2, comma 1, lett.* b), *n. 5), del D.L.vo 27 gennaio 2010, n. 21.*

([7]) *Le parole*: «, nonché per condurre la valutazione prevista al comma 2» *sono state aggiunte dall'art. 2, comma 1, lett.* b), *n. 5), del D.L.vo 27 gennaio 2010, n. 21.*

([8]) *Questo comma è stato così sostituito dall'art. 9.52, lett.* b), *del D.L.vo 17 gennaio 2003, n. 6, così come inserito dall'art. 3 del D.L.vo 6 febbraio 2004, n. 37.*

16. Sospensione del diritto di voto, obbligo di alienazione ([1]). – 1. Il diritto di voto e gli altri diritti, che consentono di influire sulla società, inerenti alle partecipazioni eccedenti le soglie stabilite ai sensi dell'articolo 15, comma 5, non possono essere esercitati quando non siano state effettuate le comunicazioni previste dall'articolo 15, commi 1 e 3, quando sia intervenuto il divieto della Banca d'Italia o non sia ancora decorso il termine entro il quale la Banca d'Italia può vietare l'acquisizione o quando sia scaduto il termine massimo eventualmente fissato ai sensi dell'articolo 15, comma 2 ([2]).

2. La Banca d'Italia, anche su proposta della CONSOB, può in ogni momento sospendere il diritto di voto e gli altri diritti, che consentono di influire sulla società, inerenti a una partecipazione qualificata in una SIM, in una società di gestione del risparmio, in una Sicav o in una Sicaf ([3]), quando l'influenza esercitata dal titolare della partecipazione possa pregiudicarne la gestione sana e prudente o l'effettivo esercizio della vigilanza ([4]).

3. In caso di inosservanza dei divieti previsti dai commi 1 e 2, si applica l'articolo 14, commi 5 e 6.

4. La Banca d'Italia può fissare un termine entro il quale devono essere alienate le partecipazioni eccedenti i limiti stabiliti ai sensi dell'articolo 15, comma 5, quando non siano state effettuate le comunicazioni preventive previse dall'articolo 15, comma 1, ovvero quando, ai sensi dell'articolo 15, comma 2, sia intervenuto il divieto della Banca d'Italia all'acquisto o sia scaduto il termine massimo per l'acquisizione eventualmente fissato ([5]).

([1]) *Questa rubrica è stata così sostituita dall'art. 9.53, lett.* a), *del D.L.vo 17 gennaio 2003, n. 6, così come inserito dall'art. 3 del D.L.vo 6 febbraio 2004, n. 37.*

([2]) *Questo comma è stato così sostituito dall'art. 9.53, lett.* b), *del D.L.vo 17 gennaio 2003, n. 6, così come inserito dall'art. 3 del D.L.vo 6 febbraio 2004, n. 37.*

([3]) *Le parole*: «o in una Sicav» *sono state così sostituite dalle seguenti*: «, in una Sicav o in una Sicaf» *dall'art. 2, comma 8, del D.L.vo 4 marzo 2014, n. 44.*

([4]) *Questo comma è stato così sostituito dall'art. 9.53, lett.* c), *del D.L.vo 17 gennaio 2003, n. 6, così come inserito dall'art. 3 del D.L.vo 6 febbraio 2004, n. 37.*

([5]) *Questo comma è stato aggiunto dall'art. 9.53, lett.* d), *del D.L.vo 17 gennaio 2003, n. 6, così come inserito dall'art. 3 del D.L.vo 6 febbraio 2004, n. 37.*

17. ([1]) **Richiesta di informazioni sulle partecipazioni.** – 1. La Banca d'Italia e la CONSOB, indicando il termine per la risposta, possono richiedere:

a) alle SIM, alle società di gestione del risparmio, alle Sicav e alle Sicaf ([2]), l'indicazione nominativa dei titolari delle partecipazioni secondo quanto risulta dal libro dei soci, dalle comunicazioni ricevute e da altri dati a loro disposizione;

b) alle società ed agli enti di qualsiasi natura che possiedono partecipazioni nei soggetti indicati nella lettera *a*), l'indicazione nominativa dei titolari delle partecipazioni secondo quanto risulta dal libro dei soci, dalle comunicazioni ricevute e da altri dati a loro disposizione;

c) agli amministratori delle società e degli enti titolari di partecipazioni nelle SIM, nelle società di gestione del risparmio, nelle Sicav e nelle Sicaf ([3]), l'indicazione dei soggetti controllanti;

d) alle società fiduciarie che abbiano intestato a proprio nome partecipazioni in società indicate nella lettera *c*), le generalità dei fiducianti.

([1]) *Questo articolo è stato così sostituito dall'art. 9.54 del D.L.vo 17 gennaio 2003, n. 6, così come inserito dall'art. 3 del D.L.vo 6 febbraio 2004, n. 37.*

([2]) *Le parole*: «ed alle Sicav» *sono state così sostituite dalle seguenti*: «, alle Sicav e alle Sicaf» *dall'art. 2, comma 9, lett.* a), *del D.L.vo 4 marzo 2014, n. 44.*

([3]) *Le parole*: «e nelle Sicav» *sono state così sostituite dalle seguenti*: «, nelle Sicav e nelle Sicaf» *dall'art. 2, comma 9, lett.* b), *del D.L.vo 4 marzo 2014, n. 44.*

Titolo II
Servizi e attività di investimento ([1])

([1]) *Le parole*: «e attività» *sono state inserite dall'art. 3, comma 1, del D.L.vo 17 settembre 2007, n. 164, a decorrere dal 1° novembre 2007.*

Capo I
Soggetti e autorizzazione

18. Soggetti. – 1. L'esercizio professionale nei confronti del pubblico dei servizi e delle attività di investimento è riservato alle Sim, alle imprese di investimento UE, alle banche italiane, alle banche UE e alle imprese di paesi terzi ([1]).

2. Le Sgr possono prestare professionalmente nei confronti del pubblico i servizi previsti dall'articolo 1, comma 5, lettere *d*) ed *f*). Le Sgr possono, altresì, prestare professionalmente nei confronti del pubblico il servizio previsto dall'articolo 1, comma 5, lettera *e*), qualora autorizzate a prestare il servizio di gestione di FIA. Le società di gestione UE possono prestare professionalmente nei confronti del pubblico i servizi previsti dall'articolo 1, comma 5, lettere *d*) ed *f*), qualora autorizzate nello Stato membro d'origine ([2]).

3. Gli intermediari finanziari iscritti nell'albo previsto dall'articolo 106 ([3]) del testo unico bancario possono esercitare professionalmente nei confronti del pubblico, nei casi e alle condizioni stabilite dalla Banca d'Italia, sentita la CONSOB, i servizi e le attività previsti dall'articolo 1, comma 5, lettere *a*) e *b*), limitatamente agli strumenti finanziari derivati, nonché il servizio previsto dall'articolo 1, comma 5, lettere *c*) e c *bis*) ([2]).

[3 *bis*. Le società di gestione di mercati regolamentati possono essere abilitate a svolgere l'attività di cui all'articolo 1, comma 5, lettera *g*)] ([4]).

4. Le SIM possono prestare professionalmente nei confronti del pubblico i servizi accessori e altre attività finanziarie, nonché attività connesse o strumentali. Sono salve le riserve di attività previste dalla legge.

5. Il Ministro dell'economia e delle finanze, con regolamento adottato sentite la Banca d'Italia e la CONSOB:

a) può individuare, al fine di tener conto dell'evoluzione dei mercati finanziari e delle norme di adattamento stabilite dalle autorità comunitarie, nuove categorie di strumenti finanziari, nuovi servizi e attività di investimento e nuovi servizi accessori, indicando quali soggetti sottoposti a forme di vigilanza prudenziale possono esercitare i nuovi servizi e attività ([5]);

b) adotta le norme di attuazione e di integrazione delle riserve di attività previste dal presente articolo, nel rispetto delle disposizioni europee ([6]).

([1]) *Questo comma è stato così sostituito dall'art. 2, comma 11, lett.* a), *del D.L.vo 3 agosto 2017, n. 129. A norma dell'art. 10, comma 2, del medesimo decreto, tali disposizioni si applicano dal 3 gennaio 2018. Fino a tale data si applicano le disposizioni nel testo previgente che si riporta:*

«1. L'esercizio professionale nei confronti del pubblico dei servizi e delle attività di investimento è riservato alle imprese di investimento e alle banche.».

([2]) *Questo comma è stato così sostituito dall'art. 2, comma 10, del D.L.vo 4 marzo 2014, n. 44.*

([3]) *Le parole: «nell'elenco previsto dall'articolo 107» sono state così sostituite dalle attuali: «nell'albo previsto dall'articolo 106» dall'art. 2, comma 11, lett.* b), *del D.L.vo 3 agosto 2017, n. 129. A norma dell'art. 10, comma 2, del medesimo decreto, tali disposizioni si applicano dal 3 gennaio 2018.*

([4]) *Questo comma, inserito dall'art. 3, comma 2, lett.* c), *del D.L.vo 17 settembre 2007, n. 164, a decorrere dal 1° novembre 2007, è stato abrogato dall'art. 2, comma 11, lett.* c), *del D.L.vo 3 agosto 2017, n. 129. A norma dell'art. 10, comma 2, del medesimo decreto, tali disposizioni si applicano dal 3 gennaio 2018.*

([5]) *Questa lettera è stata così sostituita dall'art. 3, comma 2, lett.* d), *del D.L.vo 17 settembre 2007, n. 164, a decorrere dal 1° novembre 2007.*

([6]) *La parola: «comunitarie» è stata così sostituita dalla attuale: «europee» dall'art. 2, comma 11, lett.* d), *del D.L.vo 3 agosto 2017, n. 129. A norma dell'art. 10, comma 2, del medesimo decreto, tali disposizioni si applicano dal 3 gennaio 2018.*

18 *bis*. ([1]) **Consulenti finanziari autonomi.** – 1. La riserva di attività di cui all'articolo 18 non pregiudica la possibilità per le persone fisiche, in possesso dei requisiti di professionalità, onorabilità, indipendenza e patrimoniali stabiliti con regolamento adottato dal Ministro dell'economia e delle finanze, sentita la Consob, ed iscritte in una sezione apposita dell'albo di cui all'articolo 31, comma 4, di prestare la consulenza in materia di investimenti, relativamente a valori mobiliari e a quote di organismi di investimento collettivo, senza detenere fondi o titoli appartenenti ai clienti. I requisiti di professionalità per l'iscrizione nell'albo sono accertati sulla base di rigorosi criteri valutativi che tengono conto della pregressa esperienza professionale, validamente documentata, ovvero sulla base di prove valutative.

2. Ai consulenti finanziari autonomi si applicano le disposizioni stabilite dalla Consob con il regolamento di cui all'articolo 31, comma 6.

([1]) *Questo articolo, inserito dall'art. 3, comma 3, del D.L.vo 17 settembre 2007, n. 164, a decorrere dal 1° novembre 2007, è stato da ultimo così sostituito dall'attuale, dall'art. 2, comma 12, del D.L.vo 3 agosto 2017, n. 129. A norma dell'art. 10, comma 2, del medesimo decreto, tali disposizioni si applicano dal 3 gennaio 2018.*

Fino a tale data si applicano le disposizioni nel testo previgente che si riporta:

«Art. 18 bis. *Consulenti finanziari autonomi - 1. La riserva di attività di cui all'articolo 18 non pregiudica la possibilità per le persone fisiche, in possesso dei requisiti di professionalità, onorabilità, indipendenza e patrimoniali stabiliti con regolamento adottato dal Ministro dell'economia e delle finanze, sentite la Banca d'Italia e la Consob, ed iscritte nell'albo di cui al comma 2, di prestare la consulenza in materia di investimenti, senza detenere somme di denaro o strumenti finanziari di pertinenza dei clienti. I requisiti di professionalità per l'iscrizione nell'albo sono accertati sulla base di rigorosi criteri valutativi che tengano conto della pregressa esperienza professionale, validamente documentata, ovvero sulla base di prove valutative.*

2. È istituito l'albo delle persone fisiche consulenti finanziari, alla cui tenuta, in conformità alle disposizioni emanate ai sensi del comma 7, provvede un organismo composto da un presidente e quattro membri, di cui

Leggi complementari

due in rappresentanza degli iscritti che li designano secondo le modalità fissate nello statuto dell'organismo, nominati tutti con decreto del Ministro dell'economia e delle finanze. I membri dell'organismo sono individuati tra persone di comprovate professionalità e competenza in materie finanziarie, giuridiche ed economiche.

3. L'organismo di cui al comma 2 ha personalità giuridica ed è dotato di autonomia organizzativa e finanziaria.

4. L'organismo cura la redazione del proprio statuto che contiene le regole sul funzionamento e sull'assetto organizzativo interno, nel rispetto dei principi e criteri determinati dalla Consob con il regolamento adottato ai sensi del comma 7 e dal Ministro dell'economia e delle finanze con il regolamento adottato ai sensi del comma 1. Lo statuto deve essere trasmesso al Ministro dell'economia e delle finanze per la successiva approvazione, sentite la Banca d'Italia e la Consob, e pubblicazione.

5. Nell'ambito della propria autonomia finanziaria, l'organismo determina e riscuote i contributi e le altre somme dovute dagli iscritti, dai richiedenti l'iscrizione nell'albo, nonché da coloro i quali presentano domanda di partecipazione alle prove valutative volte all'accertamento del possesso dei requisiti di professionalità per l'iscrizione nell'albo, nella misura necessaria per garantire lo svolgimento delle proprie attività. Il provvedimento con cui l'organismo ingiunge il pagamento dei contributi dovuti ha efficacia di titolo esecutivo. Decorso inutilmente il termine fissato per il pagamento, l'organismo procede alla esazione delle somme dovute in base alle norme previste per la riscossione, mediante ruolo, delle entrate dello Stato, degli enti territoriali, degli enti pubblici e previdenziali. Nel caso di mancato versamento dei contributi dovuti, l'organismo dispone la cancellazione dall'albo del soggetto inadempiente.

6. L'organismo di cui al comma 2:

a) *provvede all'iscrizione nell'albo, previa verifica dei necessari requisiti, delle persone fisiche che ne facciano richiesta al fine di prestare l'attività di cui al comma 1, e ne dispone la cancellazione qualora vengano meno i requisiti;*

b) *vigila sul rispetto delle disposizioni di cui alle lettere c), d), e) e g) del comma 7;*

c) *per i casi di violazione delle regole di condotta, di cui al comma 7, lettera d), delibera, dopo aver sentito il soggetto interessato, in relazione alla gravità dell'infrazione e in conformità alle disposizioni di cui al comma 7, lettera b), il richiamo scritto, il pagamento di un importo da euro cinquecento a euro venticinquemila, la sospensione dall'albo da uno a quattro mesi, ovvero la radiazione dal medesimo;*

d) *svolge ogni altra attività necessaria per la tenuta dell'albo;*

e) *può richiedere agli iscritti nell'albo la comunicazione di dati e notizie e la trasmissione di atti e documenti, secondo le modalità e nei termini dallo stesso determinati;*

f) *può effettuare nei confronti degli iscritti ispezioni e richiedere l'esibizione dei documenti e il compimento degli atti ritenuti necessari, nonché procedere ad audizione personale.*

7. La CONSOB determina, con regolamento, i principi e i criteri relativi:

a) *alla formazione dell'albo e alle relative forme di pubblicità;*

b) *alla iscrizione nell'albo, alle cause di sospensione, radiazione e riammissione e alle misure applicabili nei confronti degli iscritti nell'albo;*

c) *alle cause di incompatibilità;*

d) *alle regole di condotta che gli iscritti nell'albo devono rispettare nel rapporto con i clienti, avuto riguardo alla disciplina cui sono sottoposti i soggetti abilitati;*

e) *alle modalità di tenuta della documentazione concernente l'attività svolta dagli iscritti nell'albo;*

f) *all'attività dell'organismo, con specifico riferimento ai compiti di cui al comma 6;*

g) *all'aggiornamento professionale degli iscritti.*

8. Avverso le decisioni di cui al comma 6, lettera c), è ammesso ricorso, da parte dell'interessato, alla Consob, entro trenta giorni dalla data di comunicazione del provvedimento. La presentazione del ricorso e la decisione sul medesimo avvengono secondo le procedure determinate dalla Consob con il regolamento di cui al comma 7.

9. Avverso le decisioni adottate dalla Consob ai sensi del comma 8 è ammessa opposizione da parte dell'interessato dinnanzi alla Corte d'appello. Si applicano i commi 4, 5, 6, 7 e 8 dell'articolo 195.

10. La CONSOB può richiedere all'organismo la comunicazione di dati e notizie e la trasmissione di atti e documenti con le modalità e nei termini dalla stessa stabiliti. La Consob può effettuare ispezioni e richiedere l'esibizione dei documenti e il compimento degli atti ritenuti necessari presso l'organismo.

11. In caso di inerzia o malfunzionamento dell'organismo la CONSOB propone motivatamente al Ministro dell'economia e delle finanze l'adozione dei provvedimenti più opportuni, e, per i casi più gravi, lo scioglimento dell'organismo e la nomina di un commissario.».

18 *ter*. (1) Società di consulenza finanziaria. – 1. La riserva di attività di cui all'articolo 18 non pregiudica la possibilità per le società costituite in forma di società per azioni o società a responsabilità limitata, in possesso dei requisiti patrimoniali e di indipendenza stabiliti con regolamento adottato dal Ministro dell'economia e delle finanze, sentita la Consob, ed iscritte in una sezione apposita dell'albo di cui all'articolo 31, comma 4, di prestare la consulenza in materia di investimenti relativamente a valori mobiliari e a quote di organismi d'investimento collettivo, senza detenere fondi o titoli appartenenti ai clienti (2).

2. Il Ministro dell'economia e delle finanze, sentita la Consob, stabilisce con regolamento i requisiti di professionalità, onorabilità e indipendenza che gli esponenti aziendali devono possedere ([3]).

[3. Nell'albo di cui all'articolo 18 *bis*, comma 2, è istituita una sezione dedicata alle società di consulenza finanziaria per la quale si applicano i commi 3, 4, 5, 6, 7 e 8 del medesimo articolo] ([4]).

3 *bis*. Alle società di consulenza finanziaria si applicano le disposizioni stabilite dalla Consob con il regolamento di cui all'articolo 31, comma 6 ([5]).

3 *ter*. Le società di consulenza finanziaria rispondono in solido dei danni arrecati a terzi dai consulenti finanziari autonomi di cui esse si avvalgono nell'esercizio dell'attività, anche se tali danni siano conseguenti a responsabilità accertata in sede penale ([5]).

([1]) *Questo articolo è stato inserito dall'art. 2 della L. 18 giugno 2009, n. 69.*

([2]) *Questo comma è stato così sostituito dall'art. 2, comma 13, lett.* a), *del D.L.vo 3 agosto 2017, n. 129. A norma dell'art. 10, comma 2, del medesimo decreto, tali disposizioni si applicano dal 3 gennaio 2018. Fino a tale data si applicano le disposizioni nel testo previgente che si riporta*:

«1. A decorrere dal 1º ottobre 2009, la riserva di attività di cui all'articolo 18 non pregiudica la possibilità per le società costituite in forma di società per azioni o società a responsabilità limitata, in possesso dei requisiti patrimoniali e di indipendenza stabiliti con regolamento adottato dal Ministro dell'economia e delle finanze, sentite la Banca d'Italia e la CONSOB, di prestare la consulenza in materia di investimenti, senza detenere somme di denaro o strumenti finanziari di pertinenza dei clienti».

([3]) *Questo comma è stato così sostituito dall'art. 2, comma 13, lett.* a), *del D.L.vo 3 agosto 2017, n. 129. A norma dell'art. 10, comma 2, del medesimo decreto, tali disposizioni si applicano dal 3 gennaio 2018. Fino a tale data si applicano le disposizioni nel testo previgente che si riporta:*

2. Il Ministro dell'economia e delle finanze, sentite la Banca d'Italia e la CONSOB, può prevedere il possesso, da parte degli esponenti aziendali, dei requisiti di professionalità, onorabilità e indipendenza.

([4]) *Questo comma è stato abrogato dall'art. 2, comma 13, lett.* b), *del D.L.vo 3 agosto 2017, n. 129. A norma dell'art. 10, comma 2, del medesimo decreto, tali disposizioni si applicano dal 3 gennaio 2018.*

([5]) *Questo comma è stato inserito dall'art. 2, comma 13, lett.* c), *del D.L.vo 3 agosto 2017, n. 129. A norma dell'art. 10, comma 2, del medesimo decreto, tali disposizioni si applicano dal 3 gennaio 2018.*

19. Autorizzazione. – 1. La Consob, sentita la Banca d'Italia, autorizza, entro sei mesi dalla presentazione della domanda completa, l'esercizio dei servizi e delle attività di investimento da parte delle Sim, quando, in conformità a quanto specificato dalle pertinenti norme tecniche di regolamentazione e di attuazione emanate dalla Commissione europea ai sensi della direttiva 2014/65/UE, ricorrono le seguenti condizioni:

a) sia adottata la forma di società per azioni;

b) la denominazione sociale comprenda le parole "società di intermediazione mobiliare";

c) la sede legale e la direzione generale della società siano situate nel territorio della Repubblica;

d) il capitale versato sia di ammontare non inferiore a quello determinato in via generale dalla Banca d'Italia;

e) vengano fornite tutte le informazioni, compreso un programma di attività, che indichi in particolare i tipi di operazioni previste e la struttura organizzativa;

f) i soggetti che svolgono funzioni di amministrazione, direzione e controllo siano idonei ai sensi dell'articolo 13;

g) i titolari delle partecipazioni indicate nell'articolo 15, comma 1, abbiano i requisiti e soddisfino i criteri stabiliti ai sensi dell'articolo 14 e non ricorrano le condizioni per il divieto previsto dall'articolo 15, comma 2;

h) la struttura del gruppo di cui è parte la società non sia tale da pregiudicare l'effettivo esercizio della vigilanza sulla società stessa e siano fornite almeno le informazioni richieste ai sensi dell'articolo 15, comma 5;

i) siano rispettati, per la gestione di sistemi multilaterali di negoziazione o di sistemi organizzati di negoziazione, gli ulteriori requisiti dettati nella parte III ([1]).

2. L'autorizzazione è negata quando dalla verifica delle condizioni indicate nel comma 1 non risulta garantita la sana e prudente gestione, e assicurata la capacità dell'impresa di esercitare correttamente i servizi o le attività di investimento ([2]).

3. La Consob disciplina la procedura di autorizzazione delle Sim ([3]).

3 *bis*. Le Sim comunicano alla CONSOB e alla Banca d'Italia ogni modifica rilevante, intervenuta successivamente all'autorizzazione, alle condizioni di cui al comma 1 ([4]).

3 *ter*. La Consob, sentita la Banca d'Italia, disciplina le ipotesi di decadenza dall'autorizzazione di una Sim. La Consob, sentita la Banca d'Italia, pronuncia la decadenza dall'autorizzazione qualora la Sim non abbia iniziato lo svolgimento dei servizi e delle attività entro il termine di un anno dal rilascio dall'autorizzazione oppure vi rinunci espressamente ([5]).

4. La Banca d'Italia, sentita la Consob, autorizza l'esercizio dei servizi e delle attività d'investimento da parte delle banche italiane e delle succursali italiane di banche di paesi terzi, nonché l'esercizio dei servizi e delle attività indicati nell'articolo 18, comma 3, da parte di intermediari finanziari iscritti nell'albo previsto dall'articolo 106 del Testo unico bancario ([6]).

4 *bis*. La Banca d'Italia, sentita la Consob, pronuncia la decadenza dall'autorizzazione qualora la banca non abbia iniziato lo svolgimento dei servizi e delle attività entro il termine di un anno dal rilascio dall'autorizzazione oppure vi rinunci espressamente ([7]).

4 *ter*. I commi 3 *ter* e 4 *bis* si applicano anche alle imprese di paesi terzi autorizzate ai sensi degli articoli 28 e 29 *ter* ([7]).

([1]) *Questo comma è stato così sostituito dall'attuale, dall'art. 2, comma 14, lett.* a), *del D.L.vo 3 agosto 2017, n. 129. A norma dell'art. 10, comma 2, del medesimo decreto, tali disposizioni si applicano dal 3 gennaio 2018. Fino a tale data si applicano le disposizioni nel testo previgente che si riporta*:

«1. La CONSOB, sentita la Banca d'Italia, autorizza, entro sei mesi dalla presentazione della domanda completa, l'esercizio dei servizi e delle attività di investimento da parte delle SIM, quando ricorrono le seguenti condizioni:

a) *sia adottata la forma di società per azioni;*

b) *la denominazione sociale comprenda le parole "società di intermediazione mobiliare";*

c) *la sede legale e la direzione generale della società siano situate nel territorio della Repubblica;*

d) *il capitale versato sia di ammontare non inferiore a quello determinato in via generale dalla Banca d'Italia;*

e) *venga presentato, unitamente all'atto costitutivo e allo statuto, un programma concernente l'attività iniziale, ivi compresa l'illustrazione dei tipi delle operazioni previste, delle procedure adottate per l'esercizio dell'attività e dei tipi di servizi accessori che si intende esercitare, nonché una relazione sulla struttura organizzativa, ivi compresa l'illustrazione dell'eventuale affidamento a terzi di funzioni operative essenziali;*

f) *i soggetti che svolgono funzioni di amministrazione, direzione e controllo siano idonei ai sensi dell'articolo 13;*

g) *i titolari delle partecipazioni indicate nell'articolo 15, comma 1, abbiano i requisiti e soddisfino i criteri stabiliti ai sensi dell'articolo 14 e non ricorrano le condizioni per il divieto previsto dall'articolo 15, comma 2;*

h) *la struttura del gruppo di cui è parte la società non sia tale da pregiudicare l'effettivo esercizio della vigilanza sulla società stessa e siano fornite almeno le informazioni richieste ai sensi dell'articolo 15, comma 5».*

([2]) *Le parole da: «, e assicurata la capacità ...» fino alla fine del comma, sono state aggiunte dall'art. 3, comma 4, lett.* c), *del D.L.vo 17 settembre 2007, n. 164, a decorrere dal 1° novembre 2007.*

([3]) *Questo comma è stato così sostituito dall'attuale, dall'art. 2, comma 14, lett.* b), *del D.L.vo 3 agosto 2017, n. 129. A norma dell'art. 10, comma 2, del medesimo decreto, tali disposizioni si applicano dal 3 gennaio 2018. Fino a tale data si applicano le disposizioni nel testo previgente che si riporta:*

3. La CONSOB, sentita la Banca d'Italia, disciplina la procedura di autorizzazione e le ipotesi di decadenza dalla stessa quando la SIM non abbia iniziato o abbia interrotto lo svolgimento dei servizi e delle attività autorizzati.

([4]) *Questo comma è stato inserito dall'art. 3, comma 4, lett.* e), *del D.L.vo 17 settembre 2007, n. 164, a decorrere dal 1° novembre 2007.*

([5]) *Questo comma è stato inserito dall'art. 2, comma 14, lett.* c), *del D.L.vo 3 agosto 2017, n. 129. A norma dell'art. 10, comma 2, del medesimo decreto, tali disposizioni si applicano dal 3 gennaio 2018.*

([6]) *Questo comma è stato da ultimo così sostituito dall'attuale, dall'art. 2, comma 14, lett.* d), *del D.L.vo 3 agosto 2017, n. 129. A norma dell'art. 10, comma 2, del medesimo decreto, tali disposizioni si applicano dal 3 gennaio 2018. Fino a tale data si applicano le disposizioni nel testo previgente che si riporta*:

«4. La Banca d'Italia, sentita la CONSOB per l'attività di cui all'articolo 1, comma 5, lettera g), *autorizza l'esercizio dei servizi e delle attività d'investimento da parte delle banche autorizzate in Italia, nonché l'esercizio dei servizi e delle attività indicati nell'articolo 18, comma 3, da parte di intermediari finanziari iscritti nell'elenco previsto dall'articolo 107 del testo unico bancario».*

([7]) *Questo comma è stato aggiunto dall'art. 2, comma 14, lett.* e), *del D.L.vo 3 agosto 2017, n. 129. A norma dell'art. 10, comma 2, del medesimo decreto, tali disposizioni si applicano dal 3 gennaio 2018.*

20. Albo. – 1. Ferme restando le disposizioni del Titolo VIII del regolamento (UE) n. 600/2014, la Consob iscrive in un apposito albo le Sim e le imprese di paesi terzi diverse dalle banche. Le imprese di investimento UE sono iscritte in un apposito elenco allegato all'albo ([1]).

2. La CONSOB comunica alla Banca d'Italia le iscrizioni all'albo.

3. I soggetti indicati nel comma 1 indicano negli atti e nella corrispondenza gli estremi dell'iscrizione all'albo o all'elenco.

(1) *Questo comma è stato così sostituito dall'attuale, dall'art. 2, comma 15, del D.L.vo 3 agosto 2017, n. 129. A norma dell'art. 10, comma 2, del medesimo decreto, tali disposizioni si applicano dal 3 gennaio 2018. Fino a tale data si applicano le disposizioni nel testo previgente che si riporta:*

«1. La CONSOB iscrive in un apposito albo le SIM e le imprese di investimento extracomunitarie. Le imprese di investimento comunitarie sono iscritte in un apposito elenco allegato all'albo».

20 *bis*. (1) **Revoca dell'autorizzazione. –** 1. Le disposizioni del presente articolo trovano applicazione nei casi in cui non ricorrano i presupposti per l'applicazione degli articoli 57, comma 1, e 60 *bis*.4, del presente decreto, nonché degli articoli 17 e 20 del decreto legislativo 16 novembre 2015, n. 180, e dell'articolo 80 del T.U. bancario.

2. La Consob, sentita la Banca d'Italia, revoca l'autorizzazione all'esercizio dei servizi e delle attività d'investimento delle Sim quando:

a) l'esercizio dei servizi e delle attività di investimento è interrotto da più di sei mesi;

b) l'autorizzazione è stata ottenuta presentando false dichiarazioni o con qualsiasi altro mezzo irregolare;

c) vengono meno le condizioni cui è subordinata l'autorizzazione.

3. La revoca dell'autorizzazione ai sensi del comma 2 costituisce causa di scioglimento della società quando riguarda tutti i servizi e attività di investimento al cui esercizio la Sim è autorizzata. Entro sessanta giorni dalla comunicazione del provvedimento di revoca, la Sim comunica alla Banca d'Italia e alla Consob il programma di liquidazione della società. La Consob, sentita la Banca d'Italia, può autorizzare, anche contestualmente alla revoca, l'esercizio provvisorio di attività ai sensi dell'articolo 2487 del codice civile. L'organo liquidatore trasmette riferimenti periodici sullo stato di avanzamento della liquidazione alla Banca d'Italia e, per il periodo di eventuale esercizio provvisorio di attività, alla Consob. La Banca d'Italia vigila sul regolare svolgimento della procedura di liquidazione. Nei confronti delle società in liquidazione restano fermi i poteri del Ministero dell'economia e delle finanze, della Banca d'Italia e della Consob previsti nel presente decreto.

4. La revoca dell'autorizzazione all'esercizio dei servizi e delle attività d'investimento delle banche, nei casi previsti dal comma 2, è disposta dalla Banca d'Italia, sentita la Consob.

5. Il presente articolo si applica anche alle imprese di paesi terzi autorizzate ai sensi degli articoli 28 e 29 *ter*.

(1) *Questo articolo è stato inserito dall'art. 2, comma 16, del D.L.vo 3 agosto 2017, n. 129. A norma dell'art. 10, comma 2, del medesimo decreto, tali disposizioni si applicano dal 3 gennaio 2018.*

Capo II
Svolgimento dei servizi e delle attività (1)

(1) *Le parole: «e delle attività» sono state aggiunte dall'art. 4, comma 1, del D.L.vo 17 settembre 2007, n. 164, a decorrere dal 1° novembre 2007.*

21. Criteri generali. – 1. Nella prestazione dei servizi e delle attività di investimento e accessori i soggetti abilitati devono:

a) comportarsi con diligenza, correttezza e trasparenza, per servire al meglio l'interesse dei clienti e per l'integrità dei mercati;

b) acquisire le informazioni necessarie dai clienti e operare in modo che essi siano sempre adeguatamente informati;

c) utilizzare comunicazioni pubblicitarie e promozionali corrette, chiare e non fuorvianti;

d) disporre di risorse e procedure, anche di controllo interno, idonee ad assicurare l'efficiente svolgimento dei servizi e delle attività (1).

1 *bis*. Nella prestazione dei servizi e delle attività di investimento e dei servizi accessori, le Sim, le imprese di paesi terzi autorizzate in Italia, le Sgr, i GEFIA non UE autorizzati in Italia, gli intermediari finanziari iscritti nell'albo previsto dall'articolo 106 del Testo Unico bancario e le banche italiane:

a) adottano ogni misura idonea ad identificare e prevenire o gestire i conflitti di interesse che potrebbero insorgere tra tali soggetti, inclusi i dirigenti, i dipendenti e gli agenti collegati o le persone direttamente o indirettamente connesse e i loro clienti o tra due clienti al momento della prestazione di qualunque servizio di investimento o servizio accessorio o di una combinazione di tali servizi;

b) mantengono e applicano disposizioni organizzative e amministrative efficaci al fine di adottare tutte le misure ragionevoli volte ad evitare che i conflitti di interesse incidano negativamente sugli interessi dei loro clienti;

c) quando le disposizioni organizzative e amministrative adottate a norma della lettera *b*) non sono sufficienti ad assicurare, con ragionevole certezza, che il rischio di nuocere agli interessi dei clienti sia evitato, informano chiaramente i clienti, prima di agire per loro conto, della natura generale e/o delle fonti dei conflitti di interesse nonché delle misure adottate per mitigare i rischi connessi.

d) svolgono una gestione indipendente, sana e prudente e adottano misure idonee a salvaguardare i diritti dei clienti sui beni affidati ([2]).

1 *ter*. Le disposizioni di cui alle lettere *a*), *b*) e *c*) del comma 1 *bis* si applicano anche ai conflitti di interesse determinati dalla percezione da parte di Sim, imprese di paesi terzi autorizzate in Italia, Sgr, GEFIA non UE autorizzati in Italia, intermediari finanziari iscritti nell'albo previsto dall'articolo 106 del Testo Unico bancario e banche italiane di incentivi corrisposti da soggetti terzi o determinati dalle politiche di remunerazione e dalle strutture di incentivazione da loro adottate ([3]).

2. Nello svolgimento dei servizi e delle attività di investimento è possibile agire in nome proprio e per conto del cliente previo consenso scritto di quest'ultimo ([4]).

2 *bis*. Quando realizzano strumenti finanziari per la vendita alla clientela, i soggetti abilitati alla prestazione dei servizi e delle attività di investimento fanno sì che tali prodotti siano concepiti per soddisfare le esigenze di un determinato mercato di riferimento di clienti finali individuato all'interno della pertinente categoria di clienti e che la strategia di distribuzione degli strumenti finanziari sia compatibile con i clienti target. I soggetti di cui al presente comma adottano inoltre misure ragionevoli per assicurare che lo strumento finanziario sia distribuito ai clienti all'interno del mercato target ([5]).

2 *ter*. Il soggetto abilitato deve conoscere gli strumenti finanziari offerti o raccomandati, valutarne la compatibilità con le esigenze della clientela cui fornisce servizi di investimento tenendo conto del mercato di riferimento di clienti finali di cui al comma 2 *bis*, e fare in modo che gli strumenti finanziari siano offerti o raccomandati solo quando ciò sia nell'interesse del cliente ([5]).

([1]) *Questo comma è stato così sostituito dall'art. 4, comma 2, lett.* a)*, del D.L.vo 17 settembre 2007, n. 164, a decorrere dal 1° novembre 2007.*

([2]) *Questo comma, inserito dall'art. 4, comma 2, lett.* b)*, del D.L.vo 17 settembre 2007, n. 164, a decorrere dal 1° novembre 2007, è stato così sostituito dall'articolo 2, comma 17, lett.* a)*, del D.L.vo 3 agosto 2017, n. 129. A norma dell'art. 10, comma 2, del medesimo decreto, tali disposizioni si applicano dal 3 gennaio 2018. Fino a tale data si applicano le disposizioni nel testo previgente che si riporta:*

«*1* bis. *Nella prestazione dei servizi e delle attività di investimento e dei servizi accessori, le Sim, le imprese di investimento extracomunitarie, le Sgr, le società di gestione armonizzate, gli intermediari finanziari iscritti nell'elenco previsto dall'articolo 107 del testo unico bancario, le banche italiane e quelle extracomunitarie:*

a) *adottano ogni misura ragionevole per identificare i conflitti di interesse che potrebbero insorgere con il cliente o fra clienti, e li gestiscono, anche adottando idonee misure organizzative, in modo da evitare che incidano negativamente sugli interessi dei clienti;*

b) *informano chiaramente i clienti, prima di agire per loro conto, della natura generale e/o delle fonti dei conflitti di interesse quando le misure adottate ai sensi della lettera a) non sono sufficienti per assicurare, con ragionevole certezza, che il rischio di nuocere agli interessi dei clienti sia evitato;*

c) *svolgono una gestione indipendente, sana e prudente e adottano misure idonee a salvaguardare i diritti dei clienti sui beni affidati*».

([3]) *Questo comma è stato inserito dall'art. 2, comma 17, lett.* b)*, del D.L.vo 3 agosto 2017, n. 129. A norma dell'art. 10, comma 2, del medesimo decreto, tali disposizioni si applicano dal 3 gennaio 2018.*

([4]) *Questo comma è stato così sostituito dall'art. 2, comma 17, lett.* c)*, del D.L.vo 3 agosto 2017, n. 129. A norma dell'art. 10, comma 2, del medesimo decreto, tali disposizioni si applicano dal 3 gennaio 2018. Fino a tale data si applicano le disposizioni nel testo previgente che si riporta:*

«*2. Nello svolgimento dei servizi le imprese di investimento, le banche e le società di gestione del risparmio possono, previo consenso scritto, agire in nome proprio e per conto del cliente*».

([5]) *Questo comma è stato aggiunto dall'art. 2, comma 17, lett.* d)*, del D.L.vo 3 agosto 2017, n. 129. A norma dell'art. 10, comma 2, del medesimo decreto, tali disposizioni si applicano dal 3 gennaio 2018.*

22. Separazione patrimoniale. – 1. Nella prestazione dei servizi di investimento e accessori, gli strumenti finanziari e le somme di denaro dei singoli clienti, a qualunque titolo detenuti dalla Sim, dall'impresa di investimento UE, dall'impresa di paesi terzi diversa dalla banca, dalla Sgr, dalla società di gestione UE, dai GEFIA UE o dagli intermediari finanziari iscritti nell'albo previsto dall'articolo 106 del T.U. bancario, nonché gli strumenti finanziari dei singoli clienti a qualsiasi titolo detenuti dalla banca, costituiscono patrimonio distinto a tutti gli effetti da quello dell'intermediario e da quello degli altri clienti ([1]). Su tale patrimonio non sono ammesse azioni dei creditori dell'intermediario o nell'interesse degli stessi, né quelli dei creditori dell'eventuale depositario o sub-depositario o nell'interesse degli stessi. Le azioni dei creditori dei singoli clienti sono ammesse nei limiti del patrimonio di proprietà di questi ultimi.

2. Per i conti relativi a strumenti finanziari e a somme di denaro depositati presso terzi non operano le compensazioni legale e giudiziale e non può essere pattuita la compensazione convenzionale rispetto ai crediti vantati dai depositario o dal sub-depositario nei confronti dell'intermediario o del depositario.

3. Salvo consenso scritto dei clienti, la Sim, l'impresa di investimento UE, l'impresa di paesi terzi diversa dalla banca, la Sgr, la società di gestione UE, il GEFIA UE, l'intermediario finanziario iscritto nell'albo previsto dall'articolo 106 del T.U. bancario e la banca non possono utilizzare, nell'interesse proprio o di terzi, gli strumenti finanziari di pertinenza dei clienti, da essi detenuti a qualsiasi titolo. La Sim, l'impresa di investimento UE, l'impresa di paesi terzi diversa dalla banca, l'intermediario finanziario iscritto nell'albo previsto dall'articolo 106 del T.U. bancario, la Sgr, la società di gestione UE e il GEFIA UE non possono utilizzare, nell'interesse proprio o di terzi, le disponibilità liquide degli investitori, da esse detenute a qualsiasi titolo ([2]).

([1]) *Questo periodo è stato così sostituito dall'attuale, dall'art. 2, comma 18, lett.* a), *del D.L.vo 3 agosto 2017, n. 129. A norma dell'art. 10, comma 2, del medesimo decreto, tali disposizioni si applicano dal 3 gennaio 2018. Fino a tale data si applicano le disposizioni nel testo previgente che si riporta:*

«Nella prestazione dei servizi di investimento e accessori gli strumenti finanziari e le somme di denaro dei singoli clienti, a qualunque titolo detenuti dall'impresa di investimento, dalla SGR, dalla società di gestione UE o dagli intermediari finanziari iscritti nell'elenco previsto dall'articolo 107 del T.U. bancario, nonché gli strumenti finanziari dei singoli clienti a qualsiasi titolo detenuti dalla banca, costituiscono patrimonio distinto a tutti gli effetti da quello dell'intermediario e da quello degli altri clienti.»

([2]) *Questo comma è stato da ultimo così sostituito dall'attuale, dall'art. 2, comma 18, lett.* b), *del D.L.vo 3 agosto 2017, n. 129. A norma dell'art. 10, comma 2, del medesimo decreto, tali disposizioni si applicano dal 3 gennaio 2018. Fino a tale data si applicano le disposizioni nel testo previgente che si riporta:*

3. Salvo consenso scritto dei clienti, l'impresa di investimento, la SGR, la società di gestione UE, l'intermediario finanziario iscritto nell'elenco previsto dall'articolo 107 del T.U. bancario e la banca non possono utilizzare, nell'interesse proprio o di terzi, gli strumenti finanziari di pertinenza dei clienti, da essi detenuti a qualsiasi titolo. L'impresa di investimento, l'intermediario finanziario iscritto nell'elenco previsto dall'articolo 107 del T.U. bancario, la SGR e la società di gestione UE non possono utilizzare, nell'interesse proprio o di terzi, le disponibilità liquide degli investitori, da esse detenute a qualsiasi titolo.

23. Contratti. – 1. I contratti relativi alla prestazione dei servizi di investimento, e, se previsto, i contratti relativi alla prestazione dei servizi accessori, sono redatti per iscritto, in conformità a quanto previsto dagli atti delegati della direttiva 2014/65/UE, e un esemplare è consegnato ai clienti. La Consob, sentita la Banca d'Italia, può prevedere con regolamento che, per motivate ragioni o in relazione alla natura professionale dei contraenti, particolari tipi di contratto possano o debbano essere stipulati in altra forma, assicurando nei confronti dei clienti al dettaglio appropriato livello di garanzia. Nei casi di inosservanza della forma prescritta, il contratto è nullo ([1]).

2. È nulla ogni pattuizione di rinvio agli usi per la determinazione del corrispettivo dovuto dal cliente e di ogni altro onere a suo carico. In tali casi nulla è dovuto.

3. Nei casi previsti dai commi 1 e 2 la nullità può essere fatta valere solo dal cliente.

4. Le disposizioni del titolo VI, del T.U. bancario non si applicano:

a) ai servizi e attività di investimento;

b) al collocamento di prodotti finanziari;

c) alle operazioni e ai servizi che siano componenti di prodotti finanziari assoggettati alla disciplina degli articoli 25 *bis* e 25 *ter* ovvero della parte IV, titolo II, capo I. In ogni caso, alle operazioni di credito nonché ai servizi e conti di pagamento disciplinati dai capi I *bis*, II, II *bis* e II *ter* del T.U. bancario si applicano le pertinenti disposizioni del titolo VI del T.U. bancario ([2]).

4 *bis*. Nella prestazione dei servizi e delle attività di investimento e dei servizi accessori non vengono conclusi contratti di garanzia finanziaria con trasferimento del titolo di proprietà con clienti al dettaglio al fine di assicurare o coprire obbligazioni presenti o future, effettive o condizionate o potenziali dei clienti. Sono nulli i contratti conclusi in violazione della presente disposizione.

La Consob disciplina le modalità di svolgimento dell'attività di cui al presente comma in caso di clienti professionali e di controparti qualificate ([3]).

5. Nell'ambito della prestazione dei servizi e attività di investimento, agli strumenti finanziari derivati nonché a quelli analoghi individuati ai sensi dell'articolo 18, comma 5, lettera *a*), non si applica l'articolo 1933 del codice civile.

6. Nei giudizi di risarcimento dei danni cagionati al cliente nello svolgimento dei servizi di investimento e di quelli accessori, spetta ai soggetti abilitati l'onere della prova di aver agito con la specifica diligenza richiesta.

([1]) *Questo comma è stato così sostituito dall'art. 2, comma 19, lett.* a), *del D.L.vo 3 agosto 2017, n. 129. A norma dell'art. 10, comma 2, del medesimo decreto, tali disposizioni si applicano dal 3 gennaio 2018. Fino a tale data si applicano le disposizioni nel testo previgente che si riporta:*

«1. I contratti relativi alla prestazione dei servizi di investimento, escluso il servizio di cui all'articolo 1, comma 5, lettera f), *e, se previsto, i contratti relativi alla prestazione dei servizi accessori sono redatti per iscritto e un esemplare è consegnato ai clienti. La CONSOB, sentita la Banca d'Italia, può prevedere con regolamento che, per motivate ragioni tecniche o in relazione alla natura professionale dei contraenti, particolari tipi di contratto possano o debbano essere stipulati in altra forma. Nei casi di inosservanza della forma prescritta, il contratto è nullo».*

([2]) *Questo comma è stato così sostituito dall'attuale, dall'art. 2, comma 19, lett.* b), *del D.L.vo 3 agosto 2017, n. 129. A norma dell'art. 10, comma 2, del medesimo decreto, tali disposizioni si applicano dal 3 gennaio 2018. Fino a tale data si applicano le disposizioni nel testo previgente che si riporta:*

«4. Le disposizioni del titolo VI, capo I, del T.U. bancario non si applicano ai servizi e attività di investimento [né al servizio accessorio previsto dall'articolo 1, comma 6, lettera f)], al collocamento di prodotti finanziari nonché alle operazioni e ai servizi che siano componenti di prodotti finanziari assoggettati alla disciplina dell'articolo 25 bis *ovvero della parte IV, titolo II, capo I. In ogni caso, alle operazioni di credito al consumo si applicano le pertinenti disposizioni del titolo VI del Testo unico bancario».*

([3]) *Questo comma è stato inserito dall'art. 2, comma 19, lett.* c), *del D.L.vo 3 agosto 2017, n. 129. A norma dell'art. 10, comma 2, del medesimo decreto, tali disposizioni si applicano dal 3 gennaio 2018.*

24. Gestione di portafogli [di investimento] ([1]). – 1. Al servizio di gestione di portafogli si applicano le seguenti regole:

a) il cliente può impartire istruzioni vincolanti in ordine alle operazioni da compiere;

b) il cliente può recedere in ogni momento dal contratto, fermo restando il diritto di recesso del prestatore del servizio ([2]) ai sensi dell'articolo 1727 del codice civile;

c) la rappresentanza per l'esercizio dei diritti di voto inerenti agli strumenti finanziari in gestione può essere conferita al prestatore del servizio ([3]) con procura da rilasciarsi per iscritto e per singola assemblea nel rispetto dei limiti e con le modalità stabiliti con regolamento dal Ministro dell'economia e delle finanze, sentite la Banca d'Italia e la CONSOB ([4]) ([5]).

1 *bis*. Nella prestazione del servizio di gestione di portafogli non devono essere accettati e trattenuti onorari, commissioni o altri benefici monetari o non monetari pagati o forniti da terzi o da una persona che agisce per conto di terzi, ad eccezione dei benefici non monetari di entità minima che possono migliorare la qualità del servizio offerto ai clienti e che, per la loro portata e natura, non possono essere considerati tali da pregiudicare il rispetto del dovere di agire nel migliore interesse dei clienti. Tali benefici non monetari di entità minima devono essere chiaramente comunicati ai clienti ([6]).

2. Sono nulli i patti contrari alle disposizioni del presente articolo; la nullità può essere fatta valere solo dal cliente.

([1]) *Le parole fra parentesi quadrate sono state soppresse dall'art. 4, comma 4, lett.* a), *del D.L.vo 17 settembre 2007, n. 164, a decorrere dal 1° novembre 2007.*

([2]) *Le parole: «dell'impresa di investimento, della società di gestione del risparmio o della banca» sono state così sostituite dalle attuali: «del prestatore del servizio» dall'art. 2, comma 20, lett.* a), *del D.L.vo 3 agosto 2017, n. 129. A norma dell'art. 10, comma 2, del medesimo decreto, tali disposizioni si applicano dal 3 gennaio 2018.*

([3]) *Le parole: «all'impresa di investimento, alla banca o alla società di gestione del risparmio» sono state così sostituite dalle attuali: «al prestatore del servizio» dall'art. 2, comma 20, lett.* b), *del D.L.vo 3 agosto 2017, n. 129. A norma dell'art. 10, comma 2, del medesimo decreto, tali disposizioni si applicano dal 3 gennaio 2018.*

([4]) *Questo comma è stato così sostituito dall'art. 4, comma 4, lett.* b), *del D.L.vo 17 settembre 2007, n. 164, a decorrere dal 1° novembre 2007.*

([5]) *Il regolamento è stato adottato con D.M. 11 novembre 1998, n. 470* (G.U. *n. 7 dell'11 gennaio 1999).*

([6]) *Questo comma è stato inserito dall'art. 2, comma 20, lett.* c), *del D.L.vo 3 agosto 2017, n. 129. A norma dell'art. 10, comma 2, del medesimo decreto, tali disposizioni si applicano dal 3 gennaio 2018.*

24 *bis*. (1) Consulenza in materia di investimenti. – 1. In caso di esercizio della consulenza in materia di investimenti, il cliente è informato, in tempo utile prima della prestazione del servizio, anche di quanto segue:

a) se la consulenza è fornita su base indipendente o meno;

b) se la consulenza è basata su un'analisi del mercato ampia o più ristretta delle varie tipologie di strumenti finanziari, e in particolare se la gamma è limitata agli strumenti finanziari emessi o forniti da entità che hanno con il prestatore del servizio stretti legami o altro stretto rapporto legale o economico, come un rapporto contrattuale talmente stretto da comportare il rischio di compromettere l'indipendenza della consulenza prestata;

c) se verrà fornita ai clienti la valutazione periodica dell'adeguatezza degli strumenti finanziari raccomandati.

2. Nella prestazione del servizio di consulenza in materia di investimenti su base indipendente, si applicano le seguenti regole:

a) è valutata una congrua gamma di strumenti finanziari disponibili sul mercato, che siano sufficientemente diversificati in termini di tipologia ed emittenti o fornitori di prodotti in modo da garantire che gli obiettivi di investimento del cliente siano opportunamente soddisfatti e non siano limitati agli strumenti finanziari emessi o forniti:

i) dal prestatore del servizio o da entità che hanno con esso stretti legami, o

ii) da altre entità che hanno con il prestatore del servizio stretti legami o rapporti legali o economici, come un rapporto contrattuale talmente stretto da comportare il rischio di compromettere l'indipendenza della consulenza prestata;

b) non sono accettati e trattenuti onorari, commissioni o altri benefici monetari o non monetari pagati o forniti da terzi o da una persona che agisce per conto di terzi, ad eccezione dei benefici non monetari di entità minima che possono migliorare la qualità del servizio offerto ai clienti e che, per la loro portata e natura, non possono essere considerati tali da pregiudicare il rispetto del dovere di agire nel migliore interesse dei clienti. Tali benefici non monetari di entità minima sono chiaramente comunicati ai clienti.

(1) *Questo articolo è stato inserito dall'art. 2, comma 21, del D.L.vo 3 agosto 2017, n. 129. A norma dell'art. 10, comma 2, del medesimo decreto, tali disposizioni si applicano dal 3 gennaio 2018.*

25. (1) Attività di negoziazione nei mercati regolamentati, nei sistemi multilaterali di negoziazione e nei sistemi organizzati di negoziazione. – 1. Le Sim e le banche italiane autorizzate all'esercizio dei servizi e attività di negoziazione per conto proprio o di esecuzione di ordini per conto dei clienti possono operare nelle sedi di negoziazione italiane o di un altro Stato membro dell'Unione europea e nei mercati extra-UE riconosciuti dalla Consob ai sensi dell'articolo 70.

(1) *Questo articolo è stato, da ultimo, così sostituito dall'art. 2, comma 22, del D.L.vo 3 agosto 2017, n. 129. A norma dell'art. 10, comma 2, del medesimo decreto, tali disposizioni si applicano dal 3 gennaio 2018. Fino a tale data si applicano le disposizioni nel testo previgente che si riporta*:

*«Art. 25 (*Attività di negoziazione nei mercati regolamentati*) - 1. Le SIM e le banche italiane autorizzate all'esercizio dei servizi e attività di negoziazione per conto proprio e di esecuzione di ordini per conto dei clienti possono operare nei mercati regolamentati italiani, nei mercati comunitari e nei mercati extracomunitari riconosciuti dalla CONSOB ai sensi dell'articolo 67. Le imprese di investimento comunitarie ed extracomunitarie e le banche comunitarie ed extracomunitarie autorizzate all'esercizio dei medesimi servizi e attività possono operare nei mercati regolamentati italiani.*

2. Possono accedere ai mercati regolamentati, tenuto conto delle regole adottate dalla società di gestione ai sensi dell'articolo 62, comma 2, soggetti diversi da quelli di cui al comma 1 del presente articolo alle seguenti condizioni:

a) *soddisfano i requisiti di onorabilità e professionalità;*

b) *dispongono di un livello sufficiente di competenza e capacità di negoziazione;*

c) *dispongono di adeguati dispositivi organizzativi;*

d) *dispongono di risorse sufficienti per il ruolo che devono svolgere.*

3. I soggetti di cui al comma 2, ammessi alle negoziazioni nei mercati regolamentati, si comportano con diligenza, correttezza e trasparenza al fine di assicurare l'integrità dei mercati».

25 *bis*. (1) (2) Depositi strutturati e prodotti finanziari, diversi dagli strumenti finanziari, emessi da banche. – 1. Gli articoli 21, 23 e 24 *bis* si applicano all'offerta e alla consulenza aventi ad oggetto depositi strutturati e prodotti finanziari, diversi dagli strumenti finanziari, emessi da banche. Rimane fermo quanto stabilito ai sensi dell'articolo 3 del decreto legislativo 15 febbraio 2016, n. 30.

2. In relazione ai prodotti di cui al comma 1 e nel perseguimento delle finalità di cui all'articolo 5, comma 3, la Consob esercita sui soggetti abilitati e sulle banche non autorizzate all'esercizio dei servizi o delle attività di investimento, ferme restando le attribuzioni delle autorità competenti degli Stati membri di origine, i poteri di cui all'articolo 6, comma 2, ad eccezione, limitatamente ai depositi strutturati, della lettera *b*), numero 2), e dei commi 2 *bis* e 2 *quater*; all'articolo 6 *bis*, commi 4, 5, 6, 7, 8, 9 e 10; all'articolo 6 *ter*, commi 1, 2, 3 e 4; all'articolo 7, ad eccezione dei commi 2, 2 *bis* e 3; all'articolo 7 *bis*, fermi restando i poteri della Banca d'Italia previsti dal medesimo articolo.

(1) *Questo articolo è stato aggiunto dall'art. 11, comma 3, della L. 28 dicembre 2005, n. 262. Ai sensi dell'art. 24* bis *del D.L. 30 dicembre 2005, n. 273, convertito, con modificazioni, nella L. 23 febbraio 2006, n. 51, questa disposizione, limitatamente ai prodotti assicurativi, si applica a decorrere dal 18 marzo 2006.*

L'art. 34 quater*, comma 1, del D.L. 10 gennaio 2006, n. 4, convertito, con modificazioni, nella L. 9 marzo 2006, n. 80, ha prorogato l'applicazione a decorrere dal 17 maggio 2006 ovvero, ove previste, dall'emanazione delle relative disposizioni di attuazione da parte della Commissione nazionale per le società e la borsa (CONSOB) e dell'Istituto per la vigilanza sulle assicurazioni private e di interesse collettivo (ISVAP).*

(2) *Questo articolo è stato così sostituito dall'art. 2, comma 23, del D.L.vo 3 agosto 2017, n. 129. A norma dell'art. 10, comma 2, del medesimo decreto, tali disposizioni si applicano dal 3 gennaio 2018. Fino a tale data si applicano le disposizioni nel testo previgente che si riporta:*

«Art. 25 bis*.* (Prodotti finanziari emessi da banche e da imprese di assicurazione) *- 1. Gli articoli 21 e 23 si applicano alla sottoscrizione e al collocamento di prodotti finanziari emessi da banche e da imprese di assicurazione.*

2. In relazione ai prodotti di cui al comma 1 e nel perseguimento delle finalità di cui all'articolo 5, comma 3, la CONSOB esercita sui soggetti abilitati e sulle imprese di assicurazione i poteri di vigilanza regolamentare, informativa e ispettiva di cui all'articolo 6, commi 2 e 2 bis, lettere d), e), i), j), l), m) ed n), all'articolo 8, commi 1 e 2, e all'articolo 10, comma 1, nonché i poteri di cui all'articolo 7, comma 1.

3. Il collegio sindacale, il consiglio di sorveglianza o il comitato per il controllo sulla gestione delle imprese di assicurazione informa senza indugio la CONSOB di tutti gli atti o i fatti, di cui venga a conoscenza nell'esercizio dei propri compiti, che possano costituire una violazione delle norme di cui al presente capo ovvero delle disposizioni generali o particolari emanate dalla CONSOB ai sensi del comma 2.

4. I soggetti incaricati della revisione legale dei conti delle imprese di assicurazione comunicano senza indugio alla CONSOB gli atti o i fatti, rilevati nello svolgimento dell'incarico, che possano costituire una grave violazione delle norme di cui al presente capo ovvero delle disposizioni generali o particolari emanate dalla CONSOB ai sensi del comma 2.

5. I commi 3 e 4 si applicano anche all'organo che svolge funzioni di controllo e ai soggetti incaricati della revisione legale dei conti presso le società che controllano l'impresa di assicurazione o che sono da queste controllate ai sensi dell'articolo 2359 del codice civile.

6. L'IVASS e la CONSOB si comunicano reciprocamente le ispezioni da ciascuna disposte sulle imprese di assicurazione. Ciascuna autorità può chiedere all'altra di svolgere accertamenti su aspetti di propria competenza».

25 *ter*. (1) Prodotti finanziari emessi da imprese di assicurazione. – 1. Gli articoli 21, 23 e 24 *bis* si applicano alla realizzazione, all'offerta e alla consulenza aventi ad oggetto prodotti finanziari emessi da imprese di assicurazione.

2. In relazione ai prodotti di cui al comma 1 e nel perseguimento delle finalità di cui all'articolo 5, comma 3, la Consob esercita sui soggetti abilitati e sulle imprese di assicurazione i poteri di cui all'articolo 6, comma 2; all'articolo 6 *bis*, commi 4, 5, 6, 7, 8, 9 e 10; all'articolo 6 *ter*, commi 1, 2, 3 e 4; all'articolo 7, commi 1, 1 *bis*, 1 *ter* e 3 *bis*.

3. Il collegio sindacale, il consiglio di sorveglianza o il comitato per il controllo sulla gestione delle imprese di assicurazione informa senza indugio la Consob di tutti gli atti o i fatti, di cui venga a conoscenza nell'esercizio dei propri compiti, che possano costituire una violazione delle norme di cui al presente capo ovvero delle disposizioni generali o particolari emanate dalla Consob ai sensi del comma 2.

4. I soggetti incaricati della revisione legale dei conti delle imprese di assicurazione comunicano senza indugio alla Consob gli atti o i fatti, rilevati nello svolgimento dell'incarico, che possano costituire una grave violazione delle norme di cui al presente capo ovvero delle disposizioni generali o particolari emanate dalla Consob ai sensi del comma 2.

5. I commi 3 e 4 si applicano anche all'organo che svolge funzioni di controllo e ai soggetti incaricati della revisione legale dei conti presso le società che controllano l'impresa di assicurazione o che sono da queste controllate ai sensi dell'articolo 2359 del codice civile.

6. L'IVASS e la Consob si comunicano reciprocamente le ispezioni da ciascuna disposte sulle imprese di assicurazione. Ciascuna autorità può chiedere all'altra di svolgere accertamenti su aspetti di propria competenza.

(¹) *Questo articolo è stato inserito dall'art. 2, comma 24, del D.L.vo 3 agosto 2017, n. 129. A norma dell'art. 10, comma 2, del medesimo decreto, tali disposizioni si applicano dal 3 gennaio 2018.*

Capo III
Operatività transfrontaliera

26. (¹) **Succursali e libera prestazione di servizi di Sim.** – 1. Le Sim, previa comunicazione alla Consob e in conformità a quanto previsto dal comma 4, possono prestare servizi e attività di investimento, con o senza servizi accessori, in altri Stati dell'Unione europea, nell'esercizio del diritto di stabilimento, mediante succursali o agenti collegati stabiliti nel territorio dello Stato membro ospitante.

2. La Consob, sentita la Banca d'Italia, procede, in conformità a quanto previsto dal comma 4, a comunicare all'autorità competente dello Stato membro ospitante le informazioni oggetto della comunicazione di cui al comma 1, a meno di avere motivi di dubitare dell'adeguatezza della struttura organizzativa o della situazione finanziaria, economica o patrimoniale della Sim interessata.

3. Le Sim, previa comunicazione alla Consob e in conformità a quanto previsto dal comma 4, possono prestare servizi e attività di investimento, con o senza servizi accessori, in altri Stati dell'Unione europea in regime di libera prestazione di servizi, anche mediante l'impiego di agenti collegati stabiliti nel territorio della Repubblica. La Consob, sentita la Banca d'Italia, comunica all'autorità competente dello Stato membro ospitante l'impiego di agenti collegati in conformità a quanto previsto dal comma 4.

4. Le condizioni necessarie e le procedure che devono essere rispettate perchè le Sim possano prestare negli altri Stati UE i servizi ammessi al mutuo riconoscimento mediante il diritto di stabilimento ovvero attraverso la libera prestazione di servizi sono disciplinate dalla Consob, in conformità alle relative norme tecniche di regolamentazione e di attuazione emanate dalla Commissione europea ai sensi della direttiva 2014/65/UE.

5. Le Sim possono prestare negli altri Stati dell'UE le attività non ammesse al mutuo riconoscimento, previa autorizzazione della Consob, sentita la Banca d'Italia.

6. Le Sim, possono operare in uno Stato non UE, anche senza stabilirvi succursali, previa autorizzazione della Consob, sentita la Banca d'Italia.

7. Costituiscono in ogni caso condizioni per il rilascio delle autorizzazioni di cui ai commi 5 e 6 l'esistenza di apposite intese di collaborazione con le competenti autorità dello Stato ospitante.

8. La Consob, sentita la Banca d'Italia, stabilisce con regolamento:

a) le procedure previste nel caso in cui non intenda procedere alla comunicazione di cui al comma 2, qualora vi siano motivi di dubitare dell'adeguatezza della struttura organizzativa o della situazione finanziaria, economica o patrimoniale della Sim interessata;

b) le condizioni e le procedure per il rilascio alle Sim dell'autorizzazione a prestare negli altri Stati dell'UE le attività non ammesse al mutuo riconoscimento e negli Stati non UE i propri servizi.

(¹) *Questo articolo è stato così sostituito dall'art. 2, comma 25, del D.L.vo 3 agosto 2017, n. 129. A norma dell'art. 10, comma 2, del medesimo decreto, tali disposizioni si applicano dal 3 gennaio 2018. Fino a tale data si applicano le disposizioni nel testo previgente che si riporta*:

«*Art. 26* (Succursali e libera prestazione di servizi di SIM) - *1. Le SIM possono operare:*

a) *in uno Stato comunitario, anche senza stabilirvi succursali, in conformità a quanto previsto dal regolamento indicato nel comma 2;*

b) *in uno Stato extracomunitario, anche senza stabilirvi succursali, previa autorizzazione della Banca d'Italia.*

2. La Banca d'Italia, sentita la CONSOB, stabilisce con regolamento:

a) *le norme di attuazione delle disposizioni comunitarie concernenti le condizioni necessarie e le procedure che devono essere rispettate perché le SIM possano prestare negli altri Stati comunitari i servizi ammessi al mutuo riconoscimento mediante lo stabilimento di succursali o la libera prestazione di servizi;*

b) *le condizioni e le procedure per il rilascio alle SIM dell'autorizzazione a prestare negli altri Stati comunitari, le attività non ammesse al mutuo riconoscimento e negli Stati extracomunitari i propri servizi.*

3. Costituiscono in ogni caso condizioni per il rilascio dell'autorizzazione l'esistenza di apposite intese di collaborazione tra la Banca d'Italia, la CONSOB e le competenti Autorità dello Stato ospitante e il parere della CONSOB».

27. (¹) **Imprese di investimento dell'Unione europea.** – 1. Le imprese di investimento dell'UE possono prestare servizi e attività di investimento, con o senza servizi accessori, nell'esercizio del diritto di stabilimento mediante succursali o agenti collegati stabiliti nel territorio della Repubblica. Il primo insediamento è preceduto da una comunicazione alla Consob da parte dell'autorità competente dello Stato di origine, in conformità a quanto previsto dalle relative norme tecniche di regolamentazione e di attuazione emanate dalla Commissione europea ai sensi della direttiva 2014/65/UE. La succursale o l'agente collegato iniziano l'attività dal momento in cui ricevono apposita comunicazione dalla Consob ovvero, in caso di silenzio, decorsi due mesi dalla comunicazione alla Consob da parte dell'autorità dello Stato membro di origine.

2. Le imprese di investimento dell'UE possono prestare servizi e attività di investimento, con o senza servizi accessori, nel territorio della Repubblica in regime di libera prestazione di servizi, anche avvalendosi di agenti collegati stabiliti nello Stato membro d'origine, i quali non possono detenere denaro e/o strumenti finanziari dei clienti o potenziali clienti del soggetto per cui operano, a condizione che la Consob sia stata informata dall'autorità competente dello Stato d'origine, in conformità a quanto previsto dalle relative norme tecniche di regolamentazione e di attuazione indicate nel comma 1.

3. La Consob, sentita la Banca d'Italia, disciplina con regolamento le procedure relative alle eventuali richieste di modifica da parte della Consob delle disposizioni riguardanti le succursali da stabilire nel territorio della Repubblica.

4. La Consob, sentita la Banca d'Italia, disciplina con regolamento l'autorizzazione all'esercizio di attività non ammesse al mutuo riconoscimento comunque effettuato da parte delle imprese di investimento dell'UE nel territorio della Repubblica.

(1) *Questo articolo è stato così sostituito dall'art. 2, comma 25, del D.L.vo 3 agosto 2017, n. 129. A norma dell'art. 10, comma 2, del medesimo decreto, tali disposizioni si applicano dal 3 gennaio 2018. Fino a tale data si applicano le disposizioni nel testo previgente che si riporta*:

*«Art. 27 (*Imprese di investimento comunitarie*) - 1. Per l'esercizio dei servizi ammessi al mutuo riconoscimento, le imprese di investimento comunitarie possono stabilire succursali nel territorio della Repubblica. Il primo insediamento è preceduto da una comunicazione [alla Banca d'Italia e] alla CONSOB da parte dell'autorità competente dello Stato di origine; la succursale inizia l'attività decorsi due mesi dalla comunicazione.*

2. Le imprese di investimento comunitarie possono esercitare i servizi ammessi al mutuo riconoscimento nel territorio della Repubblica senza stabilirvi succursali a condizione che [la Banca d'Italia e] la CONSOB sia stata informata dall'autorità competente dello Stato d'origine.

3. La CONSOB, sentita la Banca d'Italia, disciplina con regolamento le procedure che le imprese di investimento comunitarie devono rispettare per prestare nel territorio della Repubblica i servizi ammessi al mutuo riconoscimento, ivi incluse le procedure relative alle eventuali richieste di modifica da parte della CONSOB delle disposizioni riguardanti le succursali da stabilire nel territorio della Repubblica.

4. La CONSOB, sentita la Banca d'Italia, disciplina con regolamento l'autorizzazione all'esercizio di attività non ammesse al mutuo riconoscimento comunque effettuato da parte delle imprese di investimento comunitarie nel territorio della Repubblica».

28. (1) **Imprese di paesi terzi diverse dalle banche.** - 1. Lo stabilimento in Italia di succursali da parte di imprese di paesi terzi diverse dalle banche è autorizzato dalla Consob, sentita la Banca d'Italia. L'autorizzazione è subordinata:

a) alla sussistenza, in capo alla succursale, di requisiti corrispondenti a quelli previsti dall'articolo 19, comma 1, lettere *d*) ed *f*);

b) alla trasmissione di tutte le informazioni, compresi un programma di attività, che illustri in particolare i tipi di operazioni previste e la struttura organizzativa della succursale, specificate ai sensi del comma 4;

c) all'autorizzazione, alla vigilanza e all'effettivo svolgimento nello Stato d'origine dei servizi o attività di investimento e dei servizi accessori che l'impresa istante intende prestare in Italia, nonché alla circostanza che l'autorità competente dello Stato d'origine presti debita attenzione alle raccomandazioni del GAFI nel contesto delle azioni contro il riciclaggio di denaro e del contrasto al finanziamento del terrorismo;

d) all'esistenza di accordi di collaborazione tra la Banca d'Italia, la Consob e le competenti autorità dello Stato d'origine, comprendenti disposizioni disciplinanti lo scambio di informazioni, allo scopo di preservare l'integrità del mercato e garantire la protezione degli investitori;

e) all'esistenza di un accordo tra l'Italia e lo Stato d'origine che rispetta pienamente le norme di cui all'articolo 26 del Modello di Convenzione fiscale sul reddito e il patrimonio dell'OCSE e assicura un efficace scambio di informazioni in materia fiscale, compresi eventuali accordi fiscali multilaterali;

f) all'adesione da parte dell'impresa istante ad un sistema di indennizzo a tutela degli investitori riconosciuto ai sensi dell'articolo 60, comma 2.

2. L'autorizzazione di cui al comma 1 è negata se non risulta garantita la capacità della succursale dell'impresa di paesi terzi diversa dalla banca di rispettare gli obblighi alla stessa applicabili ai sensi del presente decreto o contenuti in atti dell'Unione europea direttamente applicabili.

3. Le imprese di paesi terzi diverse dalle banche possono prestare servizi e attività di investimento, con o senza servizi accessori, a clienti al dettaglio o a clienti professionali su richiesta come individuati ai sensi dell'articolo 6, comma 2 *quinquies*, lettera *b*), e comma 2 *sexies*, lettera *b*), del presente decreto esclusivamente mediante stabilimento di succursali nel territorio della Repubblica, in conformità al comma 1.

4. La Consob, sentita la Banca d'Italia, può disciplinare le condizioni per il rilascio dell'autorizzazione allo svolgimento dei servizi e delle attività di cui ai commi 1 e 6.

5. Alla prestazione in Italia di servizi e attività di investimento, con o senza servizi accessori, in regime di libera prestazione di servizi, nei confronti di controparti qualificate o di clienti professionali come individuati ai sensi dell'articolo 6, comma 2 *quinquies*, lettera *a*), e comma 2 *sexies*, lettera *a*), del presente decreto, da parte di imprese di paesi terzi diverse dalle banche, si applica il Titolo VIII del regolamento (UE) n. 600/2014.

6. Le imprese di paesi terzi diverse dalle banche possono prestare servizi e attività di investimento, con o senza servizi accessori, a controparti qualificate o a clienti professionali come individuati ai sensi dell'articolo 6, comma 2 *quinquies*, lettera *a*), e comma 2 *sexies*, lettera *a*), del presente decreto, anche senza stabilimento di succursali nel territorio della Repubblica, in mancanza di una decisione della Commissione europea a norma dell'articolo 47, paragrafo 1, del regolamento (UE) n. 600/2014 oppure ove tale decisione non sia più vigente, semprechè ricorrano le condizioni previste dal comma 1, lettere *b*), *c*), *d*) ed *e*), e venga presentato un programma concernente l'attività che si intende svolgere nel territorio della Repubblica. L'autorizzazione è rilasciata dalla Consob, sentita la Banca d'Italia.

7. La Consob, sentita la Banca d'Italia, può indicare, in via generale, i servizi e le attività che, ai sensi del comma 6, le imprese di paesi terzi diverse dalle banche non possono prestare nel territorio della Repubblica senza stabilimento di succursali.

(1) *Questo articolo è stato così sostituito dall'art. 2, comma 25, del D.L.vo 3 agosto 2017, n. 129. A norma dell'art. 10, comma 2, del medesimo decreto, tali disposizioni si applicano dal 3 gennaio 2018. Fino a tale data si applicano le disposizioni nel testo previgente che si riporta*:

«*Art. 28 (*Imprese di investimento extracomunitarie*) - 1. Lo stabilimento in Italia della prima succursale di imprese di investimento extracomunitarie è autorizzato dalla CONSOB, sentita la Banca d'Italia. L'autorizzazione è subordinata:*

a) *alla sussistenza, in capo alla succursale, di requisiti corrispondenti a quelli previsti dall'articolo 19, comma 1, lettere* d), e) *e* f)*;*

b) *all'autorizzazione e all'effettivo svolgimento nello Stato d'origine dei servizi e delle attività di investimento e dei servizi accessori che le imprese di investimento extracomunitarie intendono prestare in Italia;*

c) *alla vigenza nello Stato d'origine di disposizioni in materia di autorizzazione, organizzazione e vigilanza equivalenti a quelli vigenti in Italia per le SIM;*

d) *all'esistenza di apposite intese tra la Banca d'Italia, la CONSOB e le competenti autorità dello Stato d'origine.*

e) *al rispetto nello Stato d'origine di condizioni di reciprocità, nei limiti consentiti dagli accordi internazionali.*

2. La CONSOB, sentita la Banca d'Italia, autorizza le imprese di investimento extracomunitarie a svolgere i servizi e le attività di investimento e i servizi accessori senza stabilimento di succursali, sempreché ricorrano le condizioni previste dal comma 1, lettere b), c), d)*, ed* e)*, e venga presentato un programma concernente l'attività che si intende svolgere nel territorio della Repubblica.*

3. La CONSOB, sentita la Banca d'Italia, può indicare, in via generale, i servizi e le attività che le imprese di investimento extracomunitarie non possono prestare nel territorio della Repubblica senza stabilimento di succursali».

29. (1) **Banche italiane.** – 1. Le banche italiane possono prestare servizi o attività di investimento, con o senza servizi accessori, in altri Stati dell'Unione europea, nell'esercizio del diritto di stabilimento, mediante succursali o agenti collegati stabiliti nel territorio dello Stato membro ospitante. Lo stabilimento di succursali è disciplinato dall'articolo 15 del T.U. bancario. La Banca d'Italia può vietare, sentita la Consob, l'impiego di agenti collegati per motivi attinenti all'adeguatezza delle strutture organizzative o della situazione finanziaria, economica o patrimoniale della banca. La Banca d'Italia, sentita la Consob, comunica l'impiego di agenti collegati all'autorità competente dello Stato membro ospitante in conformità a quanto previsto dalle disposizioni del comma 4.

2. Le banche italiane possono prestare servizi e attività di investimento, con o senza servizi accessori, in altri Stati dell'Unione europea, in regime di libera prestazione di servizi, anche mediante l'impiego di agenti collegati stabiliti nel territorio della Repubblica, secondo quanto previsto dalle disposizioni di cui al comma 4.

3. Alla prestazione di servizi e attività di investimento, con o senza servizi accessori, da parte di banche italiane in Stati non UE si applicano gli articoli 15 e 16 del T.U. bancario.

4. La Banca d'Italia disciplina le modalità e le procedure per la prestazione dei servizi di investimento ai sensi dei commi 1, 2 e 3, in conformità con le disposizioni previste dal Meccanismo di Vigilanza Unico istituito ai sensi del regolamento (UE) n. 1024/2013.

(¹) *Questo articolo è stato così sostituito dall'art. 2, comma 25, del D.L.vo 3 agosto 2017, n. 129. A norma dell'art. 10, comma 2, del medesimo decreto, tali disposizioni si applicano dal 3 gennaio 2018. Fino a tale data si applicano le disposizioni nel testo previgente che si riporta*:

«Art. 29 (Banche) - *1. Alla prestazione all'estero di servizi e attività di investimento e di servizi accessori da parte di banche italiane e alla prestazione in Italia dei medesimi da parte di banche estere si applicano le disposizioni del titolo II, capo II, del testo unico bancario».*

29 *bis*. (¹) Banche dell'Unione europea. – 1. Le banche dell'Unione europea possono prestare servizi o attività di investimento, con o senza servizi accessori, nell'esercizio del diritto di stabilimento, mediante succursali o agenti collegati stabiliti nel territorio della Repubblica. Lo stabilimento di succursali è disciplinato dall'articolo 15 del T.U. bancario. La prestazione di servizi di investimento mediante agenti collegati è preceduta da una comunicazione alla Consob, in conformità alle norme tecniche di regolamentazione e di attuazione indicate all'articolo 27, comma 1.

2. Le banche dell'Unione europea possono prestare servizi e attività di investimento, con o senza servizi accessori, nel territorio della Repubblica in regime di libera prestazione di servizi ai sensi dell'articolo 16, comma 3, del T.U. bancario, anche avvalendosi di agenti collegati stabiliti nello Stato membro d'origine, i quali non possono detenere denaro e/o strumenti finanziari dei clienti o potenziali clienti del soggetto per cui operano. La prestazione di servizi di investimento mediante agenti collegati è preceduta da una comunicazione alla Consob, in conformità alle norme tecniche di regolamentazione e di attuazione indicate all'articolo 27, comma 1.

(¹) *Questo articolo è stato inserito dall'art. 2, comma 26, del D.L.vo 3 agosto 2017, n. 129. A norma dell'art. 10, comma 2, del medesimo decreto, tali disposizioni si applicano dal 3 gennaio 2018.*

29 *ter*. (¹) Banche di paesi terzi. – 1. Nel caso in cui sia previsto lo svolgimento di servizi o attività di investimento, con o senza servizi accessori, lo stabilimento in Italia di succursali daparte di banche di paesi terzi è autorizzato dalla Banca d'Italia, sentita la Consob, al ricorrere delle condizioni di cui all'articolo 28, comma 1. Resta ferma l'applicazione degli articoli 13, 14, comma 4, e 15, comma 4, del T.U. bancario.

2. L'autorizzazione è negata se non risulta garantita la capacità della succursale della banca di paesi terzi di rispettare gli obblighi alla stessa applicabili ai sensi del presente decreto o contenuti in atti dell'Unione europea direttamente applicabili.

3. Le banche di paesi terzi possono prestare servizi e attività di investimento, con o senza servizi accessori, a clienti al dettaglio o a clienti professionali su richiesta come individuati ai sensi dell'articolo 6, comma 2 *quinquies*, lettera *b*), e comma 2 *sexies*, lettera *b*), esclusivamente mediante stabilimento di succursali nel territorio della Repubblica.

4. La Banca d'Italia, sentita la Consob, può disciplinare le condizioni per il rilascio dell'autorizzazione allo svolgimento dei servizi e delle attività di cui ai commi 1 e 6.

5. Alla prestazione in Italia di servizi e attività di investimento, con o senza servizi accessori, in regime di libera prestazione di servizi nei confronti di controparti qualificate o di clienti professionali come individuati ai sensi dell'articolo 6, comma 2 *quinquies*, lettera *a*), e comma 2 *sexies*, lettera *a*), del presente decreto da parte di banche di paesi terzi si applicano le disposizioni del Titolo VIII del regolamento (UE) n. 600/2014.

6. Le banche di paesi terzi possono prestare servizi e attività di investimento, con o senza servizi accessori, a controparti qualificate o a clienti professionali come individuati ai sensi dell'articolo 6, comma 2 *quinquies*, lettera *a*), e comma 2 *sexies*, lettera *a*), del presente decreto anche senza stabilimento di succursali nel territorio della Repubblica, in mancanza di una decisione della Commissione europea a norma dell'articolo 47,paragrafo 1, del regolamento (UE) n. 600/2014, oppure ove tale decisione non sia più vigente, sempreché ricorrano le condizioni previste dall'articolo 28, comma 1, lettere *b*), *c*), *d*) ed *e*), e venga presentato un programma concernente l'attività che si intende svolgere nel territorio della Repubblica. L'autorizzazione è rilasciata dalla Banca d'Italia, sentita la Consob.

7. La Banca d'Italia, sentita la Consob, può indicare, in via generale, i servizi e le attività che le banche di paesi terzi, ai sensi del comma 6, non possono prestare nel territorio della Repubblica senza stabilimento di succursali.

(1) *Questo articolo è stato inserito dall'art. 2, comma 26, del D.L.vo 3 agosto 2017, n. 129. A norma dell'art. 10, comma 2, del medesimo decreto, tali disposizioni si applicano dal 3 gennaio 2018.*

Capo IV
Disciplina dell'offerta fuori sede e della vigilanza sui consulenti finanziari (1)

(1) *La precedente rubrica: «Offerta fuori sede» è stata così sostituita dalla attuale: «Disciplina dell'offerta fuori sede e della vigilanza sui consulenti finanziari» dall'art. 2, comma 27, del D.L.vo 3 agosto 2017, n. 129. A norma dell'art. 10, comma 2, del medesimo decreto, tali disposizioni si applicano dal 3 gennaio 2018.*

30. Offerta fuori sede. – 1. Per offerta fuori sede si intendono la promozione e il collocamento presso il pubblico:

a) di strumenti finanziari in luogo diverso dalla sede legale o dalle dipendenze dell'emittente, del proponente l'investimento o del soggetto incaricato della promozione o del collocamento;

b) di servizi e attività di investimento in luogo diverso dalla sede legale o dalle dipendenze di chi presta, promuove o colloca il servizio o l'attività (1).

2. Non costituisce offerta fuori sede:

a) l'offerta effettuata nei confronti di clienti professionali, come individuati ai sensi dell'articolo 6, commi 2 *quinquies* e 2 *sexies*;

b) l'offerta di propri strumenti finanziari rivolta ai componenti del consiglio di amministrazione ovvero del consiglio di gestione, ai dipendenti, nonché ai collaboratori non subordinati dell'emittente, della controllante ovvero delle sue controllate, effettuata presso le rispettive sedi o dipendenze (2).

3. L'offerta fuori sede di strumenti finanziari può essere effettuata:

a) dai soggetti autorizzati allo svolgimento dei servizi previsti dall'articolo 1, comma 5, lettere *c*) e c *bis*) (3);

b) dalle Sgr, dalle società di gestione UE, dalle Sicav, dalle Sicaf, dai GEFIA UE e non UE, limitatamente alle quote o azioni di Oicr (4).

4. Le Sim, le imprese di investimento UE, le imprese di paesi terzi, le banche, gli intermediari finanziari iscritti nell'albo previsto dall'articolo 106 del Testo Unico bancario, le Sgr, le società di gestione UE, i GEFIA UE e non UE possono effettuare l'offerta fuori sede dei propri servizi e attività di investimento. Ove l'offerta abbia per oggetto servizi e attività prestati da altri intermediari, le Sim, le imprese di investimento UE, le imprese di paesi terzi e le banche devono essere autorizzate allo svolgimento dei servizi previsti dall'articolo 1, comma 5, lettere *c*) o c *bis*) (5).

5. Le Sim, le imprese di investimento UE, le imprese di paesi terzi diverse dalle banche (6) possono procedere all'offerta fuori sede di prodotti diversi dagli strumenti finanziari e dai servizi e attività (7) d'investimento, le cui caratteristiche sono stabilite con regolamento dalla CONSOB, sentita la Banca d'Italia (8).

6. L'efficacia dei contratti di collocamento di strumenti finanziari o di gestione di portafogli individuali conclusi fuori sede [ovvero collocati a distanza ai sensi dell'articolo 32] (9) è sospesa per la durata di sette giorni decorrenti dalla data di sottoscrizione da parte dell'investitore. Entro detto termine l'investitore può comunicare il proprio recesso senza spese nè corrispettivo al consulente finanziario abilitato all'offerta fuori sede (10) o al soggetto abilitato; tale facoltà è indicata nei moduli o formulari consegnati all'investitore. Ferma restando l'applicazione della disciplina di cui al primo e al secondo periodo ai servizi di investimento di cui all'articolo 1, comma 5, lettere *c*), *c bis*) e *d*), per i contratti sottoscritti a decorrere dal 1° settembre 2013 la medesima disciplina si applica anche ai servizi di investimento di cui all'articolo 1, comma 5, lettera *a*) (11). La medesima discipli-

na si applica alle proposte contrattuali effettuate fuori sede [ovvero a distanza ai sensi dell'articolo 32] (9).

7. L'omessa indicazione della facoltà di recesso nei moduli o formulari comporta la nullità dei relativi contratti, che può essere fatta valere solo dal cliente.

8. Il comma 6 non si applica alle offerte pubbliche di vendita o di sottoscrizione di azioni con diritto di voto o di altri strumenti finanziari che permettano di acquisire o sottoscrivere tali azioni, purché le azioni o gli strumenti finanziari siano negoziati in mercati regolamentati italiani o di Paesi dell'Unione Europea.

9. Il presente articolo si applica anche ai depositi strutturati e (12) ai prodotti finanziari diversi dagli strumenti finanziari emessi da banche (13) e, limitatamente ai soggetti abilitati, ai prodotti finanziari emessi da imprese di assicurazione (14) (15).

(1) *Questa lettera è stata così sostituita dall'art. 6, comma 1, lett.* a), *del D.L.vo 17 settembre 2007, n. 164, a decorrere dal 1° novembre 2007.*

(2) *Questo comma è stato, da ultimo, così sostituito dall'art. 1, comma 1, del D.L.vo 11 ottobre 2012, n. 184.*

(3) *Questa lettera è stata così sostituita dall'art. 6, comma 1, lett.* c), *del D.L.vo 17 settembre 2007, n. 164, a decorrere dal 1° novembre 2007.*

(4) *Questa lettera è stata così sostituita dall'art. 3, comma 2, lett.* a), *del D.L.vo 4 marzo 2014, n. 44.*

(5) *Questo comma è stato da ultimo così sostituito dall'attuale, dall'art. 2, comma 28, lett.* a), *del D.L.vo 3 agosto 2017, n. 129. A norma dell'art. 10, comma 2, del medesimo decreto, tali disposizioni si applicano dal 3 gennaio 2018. Fino a tale data si applicano le disposizioni nel testo previgente che si riporta*:

«4. Le imprese di investimento, le banche, gli intermediari finanziari iscritti nell'elenco previsto dall'articolo 107 del testo unico bancario, le Sgr e le società di gestione UE e i GEFIA UE e non UE possono effettuare l'offerta fuori sede dei propri servizi e attività di investimento. Ove l'offerta abbia per oggetto servizi e attività prestati da altri intermediari, le imprese di investimento e le banche devono essere autorizzate allo svolgimento dei servizi previsti dall'articolo 1, comma 5, lettere c) *o* c bis)».

(6) *Le parole: «Le imprese di investimento» sono state così sostituite dalle attuali: «Le Sim, le imprese di investimento UE, le imprese di paesi terzi diverse dalle banche» dall'art. 2, comma 28, lett.* b), *del D.L.vo 3 agosto 2017, n. 129. A norma dell'art. 10, comma 2, del medesimo decreto, tali disposizioni si applicano dal 3 gennaio 2018.*

(7) *Le parole*: *«e attività» sono state inserite dall'art. 6, comma 1, lett.* e), *del D.L.vo 17 settembre 2007, n. 164, a decorrere dal 1° novembre 2007.*

(8) *Si veda il Regolamento della Banca d'Italia 4 agosto 2000, pubblicato nel Suppl. ord. alla* Gazzetta Ufficiale *Serie gen. - n. 218 del 18 settembre 2000.*

(9) *Le parole fra parentesi quadrate sono state soppresse dall'art. 6, comma 1, del D.L.vo 17 settembre 2007, n. 164, a decorrere dal 1° novembre 2007.*

(10) *Le parole: «promotore finanziario» sono state così sostituite dalle attuali: «consulente finanziario abilitato all'offerta fuori sede» dall'art. 1, comma 39, della L. 28 dicembre 2015, n. 208.*

(11) *Questo periodo è stato aggiunto dall'art. 56* quater, *del D.L. 21 giugno 2013, n. 69, convertito, con modificazioni, nella L. 9 agosto 2013, n. 98.*

(12) *Le parole: «ai depositi strutturati e» sono state inserite dall'art. 2, comma 28, lett.* c), *del D.L.vo 3 agosto 2017, n. 129. A norma dell'art. 10, comma 2, del medesimo decreto, tali disposizioni si applicano dal 3 gennaio 2018.*

(13) *Le parole: «emessi da banche» sono state inserite dall'art. 2, comma 28, lett.* c), *del D.L.vo 3 agosto 2017, n. 129. A norma dell'art. 10, comma 2, del medesimo decreto, tali disposizioni si applicano dal 3 gennaio 2018.*

(14) *Questo comma è stato così sostituito dall'art. 11, comma 2, lett.* a), *della L. 28 dicembre 2005, n. 262.*

(15) *Le originarie parole*: *«e dai prodotti finanziari emessi dalle imprese di assicurazione, fermo restando l'obbligo di consegna del prospetto informativo» sono state così sostituite dalle attuali da*: *«e, limitatamente ...» fino alla fine di questo comma, dall'art. 3, comma 5, del D.L.vo 29 dicembre 2006, n. 303.*

A norma dell'art. 8, comma 4, del medesimo provvedimento, in deroga alle modifiche apportate dall'articolo 3, comma 5, l'articolo 30 del decreto legislativo 24 febbraio 1998, n. 58, si applica ai prodotti finanziari emessi dalle imprese di assicurazione a partire dal 1° luglio 2007.

30 *bis*. (1) Modalità di prestazione del servizio di consulenza in materia di investimenti da parte dei consulenti finanziari autonomi e delle società di consulenza finanziaria. – 1. I consulenti finanziari autonomi, iscritti nell'albo di cui all'articolo 31, comma 4, possono promuovere e prestare il servizio di consulenza in materia di investimenti anche in luogo diverso dal domicilio eletto. Le società di consulenza finanziaria, iscritte nell'albo di cui all'articolo 31, comma 4, possono promuovere e prestare il servizio di consulenza in materia di investimenti anche in luogo diverso dalla sede legale mediante consulenti finanziari autonomi.

2. L'efficacia del contratto di consulenza concluso in luogo diverso dal domicilio eletto o dalla sede legale è sospesa per la durata di sette giorni decorrenti dalla data di sottoscrizione da parte del cliente al dettaglio. Entro detto termine il cliente

può comunicare il proprio recesso senza spese, nè corrispettivo al consulente finanziario autonomo o alla società di consulenza finanziaria; tale facoltà è indicata nei moduli o formulari consegnati al cliente al dettaglio.

3. L'omessa indicazione della facoltà di recesso nei moduli o formulari comporta la nullità dei relativi contratti, che può essere fatta valere solo dal cliente dal dettaglio.

(1) *Questo articolo è stato inserito dall'art. 2, comma 29, del D.L.vo 3 agosto 2017, n. 129. A norma dell'art. 10, comma 2, del medesimo decreto, tali disposizioni si applicano dal 3 gennaio 2018.*

31. Consulenti finanziari abilitati all'offerta fuori sede e Organismo di vigilanza e tenuta dell'albo unico dei consulenti finanziari (1). – 1. Per l'offerta fuori sede i soggetti abilitati si avvalgono di consulenti finanziari abilitati all'offerta fuori sede. I consulenti finanziari abilitati all'offerta fuori sede stabiliti sul territorio della Repubblica di cui si avvalgono le imprese di investimento UE e le banche UE sono equiparati, ai fini dell'applicazione delle regole di condotta, a una succursale costituita nel territorio della Repubblica (2).

2. L'attività di consulente finanziario abilitato all'offerta fuori sede è svolta esclusivamente nell'interesse di un solo soggetto abilitato. Il consulente finanziario abilitato all'offerta fuori sede promuove e colloca i servizi d'investimento e/o i servizi accessori presso clienti o potenziali clienti, riceve e trasmette le istruzioni o gli ordini dei clienti riguardanti servizi d'investimento o prodotti finanziari, promuove e colloca prodotti finanziari, presta consulenza in materia di investimenti ai clienti o potenziali clienti rispetto a detti prodotti o servizi finanziari. Il consulente finanziario abilitato all'offerta fuori sede può promuovere e collocare contratti relativi alla concessione di finanziamenti o alla prestazione di servizi di pagamento per conto del soggetto abilitato nell'interesse del quale esercita l'attività di offerta fuori sede (3).

2 *bis*. I consulenti finanziari abilitati all'offerta fuori sede non possono detenere denaro e/o strumenti finanziari dei clienti o potenziali clienti del soggetto per cui operano (4).

3. Il soggetto abilitato che conferisce l'incarico è responsabile in solido dei danni arrecati a terzi dal consulente finanziario abilitato all'offerta fuori sede (5), anche se tali danni siano conseguenti a responsabilità accertata in sede penale.

3 *bis*. I soggetti abilitati garantiscono che i consulenti finanziari abilitati all'offerta fuori sede comunichino immediatamente a qualsiasi cliente o potenziale cliente in che veste operano e quale soggetto abilitato rappresentano. I soggetti abilitati adottano tutti i necessari controlli sulle attività esercitate dai consulenti finanziari abilitati all'offerta fuori sede in modo che i soggetti abilitati stessi continuino a rispettare le disposizioni del presente decreto e delle relative norme di attuazione. I soggetti abilitati che si avvalgono di consulenti finanziari abilitati all'offerta fuori sede verificano che i medesimi possiedano le conoscenze e la competenza adeguate per essere in grado di prestare i servizi d'investimento o i servizi accessori e di comunicare accuratamente tutte le informazioni riguardanti i servizi proposti al cliente o potenziale cliente. I soggetti abilitati che nominano consulenti finanziari abilitati all'offerta fuori sede adottano misure adeguate per evitare qualsiasi eventuale impatto negativo delle attività di questi ultimi che non rientrano nell'ambito di applicazione della direttiva 2014/65/UE del Parlamento europeo e del Consiglio sulle attività esercitate dagli stessi per conto del soggetto abilitato (6).

4. È istituito l'albo unico dei consulenti finanziari, nel quale sono iscritti in tre distinte sezioni i consulenti finanziari abilitati all'offerta fuori sede, i consulenti finanziari autonomi e le società di consulenza finanziaria. Alla tenuta dell'albo provvede l'Organismo di vigilanza e tenuta dell'albo unico dei consulenti finanziari che è costituito dalle associazioni professionali rappresentative dei consulenti finanziari abilitati all'offerta fuori sede, dei consulenti finanziari autonomi, delle società di consulenza finanziaria e dei soggetti abilitati. Alle riunioni dell'assemblea dell'Organismo può assistere un rappresentante della Consob. L'Organismo ha personalità giuridica ed è ordinato in forma di associazione, con autonomia organizzativa e statutaria, nel rispetto del principio di articolazione territoriale delle proprie strutture e attività. L'Organismo esercita i poteri cautelari di cui all'articolo 7 *septies* e i poteri sanzionatori di cui all'articolo 196. I provvedimenti dell'Organismo sono pubblicati sul proprio sito internet. Lo statuto e il regolamento interno dell'Organismo, e le loro successive modifiche, sono trasmessi al Ministero dell'economia e delle finanze per l'approvazione, sentita la Consob. Il Ministero dell'economia e delle finanze nomina il Presidente del

collegio sindacale dell'Organismo. Nell'ambito della propria autonomia finanziaria l'Organismo determina e riscuote i contributi e le altre somme dovute dagli iscritti, dai richiedenti l'iscrizione e da coloro che intendono sostenere la prova valutativa di cui al comma 5, nella misura necessaria per garantire lo svolgimento delle proprie attività. Il provvedimento con cui l'Organismo ingiunge il pagamento dei contributi dovuti ha efficacia di titolo esecutivo. Decorso inutilmente il termine fissato per il pagamento, l'Organismo procede alla esazione delle somme dovute in base alle norme previste per la riscossione, mediante ruolo, delle entrate dello Stato, degli enti territoriali, degli enti pubblici e previdenziali. Esso provvede all'iscrizione all'albo, previa verifica dei necessari requisiti, alla cancellazione dall'albo nelle ipotesi stabilite dalla Consob con il regolamento di cui al comma 6, e svolge ogni altra attività necessaria per la tenuta dell'albo. L'Organismo opera nel rispetto dei principi e dei criteri stabiliti con regolamento della Consob, e sotto la vigilanza della medesima. All'Organismo, nell'esercizio dell'attività di vigilanza sui soggetti iscritti all'albo, si applica il regime di responsabilità previsto per l'esercizio delle funzioni di controllo da parte della Consob ai sensi dell'articolo 24, comma 6 *bis*, della legge 28 dicembre 2005, n. 262 ([7]) ([8]).

5. Il Ministro dell'economia e delle finanze, con regolamento adottato sentita la CONSOB, determina i requisiti di onorabilità e di professionalità per l'iscrizione dei consulenti finanziari abilitati all'offerta fuori sede ([9]) all'albo previsto dal comma 4. I requisiti di professionalità per l'iscrizione all'albo sono accertati sulla base di rigorosi criteri valutativi che tengano conto della pregressa esperienza professionale, validamente documentata, ovvero sulla base di prove valutative [indette dalla CONSOB] ([10]) ([11]).

6. La CONSOB determina, con regolamento, i princìpi e i criteri relativi:

a) alla formazione dell'albo previsto dal comma 4 e alle relative forme di pubblicità;

b) ai requisiti di rappresentatività delle associazioni professionali dei consulenti finanziari abilitati all'offerta fuori sede, dei consulenti finanziari autonomi, delle società di consulenza finanziaria ([12]) e dei soggetti abilitati;

c) all'iscrizione, alla cancellazione e alle cause di riammissione all'albo previsto dal comma 4 ([13]);

d) alle cause di incompatibilità;

d bis) all'attività di vigilanza svolta dall'Organismo ([14]);

e) ai provvedimenti cautelari e alle sanzioni disciplinati, rispettivamente, dagli articoli 7 *septies* ([15]) e 196 e alle violazioni cui si applicano le sanzioni previste dallo stesso articolo 196, comma 1;

f) all'esame, da parte della stessa CONSOB, dei reclami contro le delibere dell'Organismo ([16]) di cui al comma 4, relative ai provvedimenti indicati alla lettera *c*);

g) alle regole di presentazione e di comportamento che i consulenti finanziari abilitati all'offerta fuori sede, i consulenti finanziari autonomi e le società di consulenza finanziaria ([17]) devono osservare nei rapporti con la clientela;

h) alle modalità di tenuta della documentazione concernente l'attività svolta dai consulenti finanziari abilitati all'offerta fuori sede, dai consulenti finanziari autonomi e dalle società di consulenza finanziaria ([18]);

i) all'attività dell'Organismo di cui al comma 4 ([19]);

l) alle modalità di aggiornamento professionale dei consulenti finanziari abilitati all'offerta fuori sede, dei consulenti finanziari autonomi e dei soggetti che svolgono, per conto delle società di cui all'articolo 18 *ter*, attività di consulenza in materia di investimenti nei confronti della clientela ([20]) ([21]).

6 *bis*. Per le società di consulenza finanziaria di cui all'articolo 18 *ter*, la Consob adotta le disposizioni attuative dell'articolo 4 *undecies* ([22]).

7. L'Organismo può chiedere ai consulenti finanziari abilitati all'offerta fuori sede o ai soggetti che si avvalgono dei medesimi, ai consulenti finanziari autonomi ed alle società di consulenza finanziaria la comunicazione di dati e notizie e la trasmissione di atti e documenti fissando i relativi termini. Esso può inoltre effettuare ispezioni e richiedere l'esibizione di documenti e il compimento degli atti ritenuti necessari nonché procedere ad audizione personale. Nell'esercizio dell'attività ispettiva, l'Organismo può avvalersi, previa comunicazione alla Consob, della Guardia di Finanza che agisce con i poteri ad essa attribuiti per l'accertamento dell'imposta sul valore aggiunto e delle imposte sui redditi, utilizzando strutture e personale esistenti in modo da non determinare oneri aggiuntivi. I contenuti e le modalità di collaborazione tra l'Organismo e la Guardia di finanza sono definite in apposito protocollo d'intesa ([23]).

(1) *La precedente rubrica: «Consulenti finanziari abilitati all'offerta fuori sede» è stata così sostituita dalla attuale: «Consulenti finanziari abilitati all'offerta fuori sede e Organismo di vigilanza e tenuta dell'albo unico dei consulenti finanziari» dall'art. 2, comma 30, lett.* a), *del D.L.vo 3 agosto 2017, n. 129. A norma dell'art. 10, comma 2, del medesimo decreto, tali disposizioni si applicano dal 3 gennaio 2018.*

(2) *Questo comma è stato, da ultimo, così sostituito dall'art. 2, comma 30, lett.* b), *del D.L.vo 3 agosto 2017, n. 129. A norma dell'art. 10, comma 2, del medesimo decreto, tali disposizioni si applicano dal 3 gennaio 2018.*

Fino a tale data si applicano le disposizioni nel testo previgente, che si riporta:

«1. Per l'offerta fuori sede, le imprese di investimento, le Sgr, le società di gestione UE, le Sicav, le Sicaf, i GEFIA UE e non UE, gli intermediari finanziari iscritti nell'elenco previsto dall'articolo 106 del testo unico bancario e le banche si avvalgono di consulenti finanziari abilitati all'offerta fuori sede. I consulenti finanziari abilitati all'offerta fuori sede di cui si avvalgono le imprese di investimento comunitarie ed extracomunitarie, le società di gestione UE, i GEFIA UE e non UE, le banche comunitarie ed extracomunitarie, sono equiparati, ai fini dell'applicazione delle regole di condotta, a una succursale costituita nel territorio della Repubblica».

(3) *Questo comma è stato da ultimo così sostituito dall'art. 2, comma 30, lett.* b), *del D.L.vo 3 agosto 2017, n. 129. A norma dell'art. 10, comma 2, del medesimo decreto, tali disposizioni si applicano dal 3 gennaio 2018.*

Fino a tale data si applicano le disposizioni nel testo previgente, che si riporta:

«2. È consulente finanziario abilitato all'offerta fuori sede la persona fisica che, in qualità di agente collegato ai sensi della direttiva 2004/39/CE, esercita professionalmente l'offerta fuori sede come dipendente, agente o mandatario. L'attività di consulente finanziario abilitato all'offerta fuori sede è svolta esclusivamente nell'interesse di un solo soggetto».

(4) *Questo comma è stato inserito dall'art. 2, comma 30, lett.* c), *del D.L.vo 3 agosto 2017, n. 129. A norma dell'art. 10, comma 2, del medesimo decreto, tali disposizioni si applicano dal 3 gennaio 2018.*

(5) *Le parole: «promotore finanziario» sono state così sostituite dalle attuali: «consulente finanziario abilitato all'offerta fuori sede» dall'art. 1, comma 39, della L. 28 dicembre 2015, n. 208.*

(6) *Questo comma è stato inserito dall'art. 2, comma 30, lett.* d), *del D.L.vo 3 agosto 2017, n. 129. A norma dell'art. 10, comma 2, del medesimo decreto, tali disposizioni si applicano dal 3 gennaio 2018.*

(7) *Questo comma è stato da ultimo così sostituito dall'attuale, dall'art. 2, comma 30, lett.* e), *del D.L.vo 3 agosto 2017, n. 129. A norma dell'art. 10, comma 2, del medesimo decreto, tali disposizioni si applicano dal 3 gennaio 2018. Fino a tale data si applicano le disposizioni nel testo previgente, che si riporta:*

«4. È istituito l'albo unico dei consulenti finanziari abilitati all'offerta fuori sede, articolato in sezioni territoriali. Alla tenuta dell'albo provvede un organismo costituito dalle associazioni professionali rappresentative dei promotori e dei soggetti abilitati. L'organismo ha personalità giuridica ed è ordinato in forma di associazione, con autonomia organizzativa e statutaria, nel rispetto del principio di articolazione territoriale delle proprie strutture e attività. Nell'ambito della propria autonomia finanziaria l'organismo determina e riscuote i contributi e le altre somme dovute dagli iscritti, dai richiedenti l'iscrizione e da coloro che intendono sostenere la prova valutativa di cui al comma 5, nella misura necessaria per garantire lo svolgimento delle proprie attività. Il provvedimento con cui l'organismo ingiunge il pagamento dei contributi dovuti ha efficacia di titolo esecutivo. Decorso inutilmente il termine fissato per il pagamento, l'organismo procede alla esazione delle somme dovute in base alle norme previste per la riscossione, mediante ruolo, delle entrate dello Stato, degli enti territoriali, degli enti pubblici e previdenziali. Esso provvede all'iscrizione all'albo, previa verifica dei necessari requisiti, alla cancellazione dall'albo nelle ipotesi stabilite dalla Consob con il regolamento di cui al comma 6, lettera a), e svolge ogni altra attività necessaria per la tenuta dell'albo. L'organismo opera nel rispetto dei principi e dei criteri stabiliti con regolamento della Consob, e sotto la vigilanza della medesima».

(8) *A norma dell'art. 10, comma 3, del D.L.vo 3 agosto 2017, n. 129, la data di avvio dell'operatività dell'Albo unico dei consulenti finanziari e la data di avvio dell'operatività dell'Organismo di vigilanza e tenuta dell'Albo unico dei consulenti finanziari, di cui a questo comma, sono stabilite dalla Consob con proprie delibere ai sensi dell'articolo 1, comma 41, ultimo periodo, della legge 28 dicembre 2015, n. 208 (legge di stabilità 2016).*

(9) *Le parole: «dei consulenti finanziari abilitati all'offerta fuori sede» sono state inserite dall'art. 2, comma 30, lett.* f), *del D.L.vo 3 agosto 2017, n. 129. A norma dell'art. 10, comma 2, del medesimo decreto, tali disposizioni si applicano dal 3 gennaio 2018.*

(10) *Il regolamento è stato adottato con D.M. 11 novembre 1998, n. 472 (G.U. n. 7 dell'11 gennaio 1999).*

(11) *Le parole poste fra parentesi quadrate sono state soppresse dall'art. 14, comma 1, lett.* b), *n. 2, della L. 28 dicembre 2005, n. 262.*

(12) *Le parole: «, dei consulenti finanziari autonomi, delle società di consulenza finanziaria» sono state inserite dall'art. 2, comma 30, lett.* g), *n. 1, del D.L.vo 3 agosto 2017, n. 129. A norma dell'art. 10, comma 2, del medesimo decreto, tali disposizioni si applicano dal 3 gennaio 2018.*

(13) *Questa lettera è stata così sostituita dall'art. 2, comma 30, lett.* g), *n. 2, del D.L.vo 3 agosto 2017, n. 129.*

A norma dell'art. 10, comma 2, del medesimo decreto, tali disposizioni si applicano dal 3 gennaio 2018. Fino a tale data si applicano le disposizioni nel testo previgente, che si riporta:

«c) *all'iscrizione all'albo previsto dal comma 4 e alle cause di sospensione, di radiazione e di riammissione*».

([14]) *Questa lettera è stata inserita dall'art. 2, comma 30, lett.* g), *n. 3, del D.L.vo 3 agosto 2017, n. 129. A norma dell'art. 10, comma 2, del medesimo decreto, tali disposizioni si applicano dal 3 gennaio 2018.*

([15]) *La parola*: «*55*» *è stata così sostituita dalle attuali*: «*7* septies» *dall'art. 2, comma 30, lett.* g), *n. 4, del D.L.vo 3 agosto 2017, n. 129. A norma dell'art. 10, comma 2, del medesimo decreto, tali disposizioni si applicano dal 3 gennaio 2018.*

([16]) *La parola: «organismo» è stata così sostituita dalla attuale «Organismo» dall'art. 2, comma 30, lett.* g), *n. 5, del D.L.vo 3 agosto 2017, n. 129. A norma dell'art. 10, comma 2, del medesimo decreto, tali disposizioni si applicano dal 3 gennaio 2018.*

([17]) *Le parole: «, i consulenti finanziari autonomi e le società di consulenza finanziaria» sono state inserite dall'art. 2, comma 30, lett.* g), *n. 6, del D.L.vo 3 agosto 2017, n. 129. A norma dell'art. 10, comma 2, del medesimo decreto, tali disposizioni si applicano dal 3 gennaio 2018.*

([18]) *Le parole: «, dai consulenti finanziari autonomi e dalle società di consulenza finanziaria» sono state inserite dall'art. 2, comma 30, lett.* g), *n. 7, del D.L.vo 3 agosto 2017, n. 129. A norma dell'art. 10, comma 2, del medesimo decreto, tali disposizioni si applicano dal 3 gennaio 2018.*

([19]) *Questa lettera è stata così sostituita dall'attuale, dall'art. 2, comma 30, lett.* g), *n. 8, del D.L.vo 3 agosto 2017, n. 129. A norma dell'art. 10, comma 2, del medesimo decreto, tali disposizioni si applicano dal 3 gennaio 2018. Fino a tale data si applicano le disposizioni nel testo previgente che si riporta*:

«i) *all'attività dell'organismo di cui al comma 4 e alle modalità di esercizio della vigilanza da parte della stessa CONSOB*».

([20]) *Questa lettera è stata così sostituita dall'attuale, dall'art. 2, comma 30, lett.* g), *n. 8, del D.L.vo 3 agosto 2017, n. 129. A norma dell'art. 10, comma 2, del medesimo decreto, tali disposizioni si applicano dal 3 gennaio 2018. Fino a tale data si applicano le disposizioni nel testo previgente che si riporta*:

«l) *alle modalità di aggiornamento professionale dei consulenti finanziari abilitati all'offerta fuori sede*».

([21]) *Questo comma è stato così sostituito dall'art. 14, comma 1, lett.* b), *n. 3, della L. 28 dicembre 2005, n. 262.*

([22]) *Questo comma è stato inserito dall'art. 2, comma 30, lett.* h), *del D.L.vo 3 agosto 2017, n. 129. A norma dell'art. 10, comma 2, del medesimo decreto, tali disposizioni si applicano dal 3 gennaio 2018.*

([23]) *Questo comma è stato così sostituito dall'attuale, dall'art. 2, comma 30, lett.* i), *del D.L.vo 3 agosto 2017, n. 129. A norma dell'art. 10, comma 2, del medesimo decreto, tali disposizioni si applicano dal 3 gennaio 2018. Fino a tale data si applicano le disposizioni nel testo previgente che si riporta*:

«*7. La CONSOB può chiedere ai consulenti finanziari abilitati all'offerta fuori sede o ai soggetti che si avvalgono di consulenti finanziari abilitati all'offerta fuori sede la comunicazione di dati e notizie e la trasmissione di atti e documenti fissando i relativi termini. Essa può inoltre effettuare ispezioni e richiedere l'esibizione di documenti e il compimento degli atti ritenuti necessari*».

31 *bis*. ([1]) **Vigilanza della Consob sull'Organismo. –** 1. La Consob vigila sull'Organismo secondo modalità, dalla stessa stabilite, improntate a criteri di proporzionalità ed economicità dell'azione di controllo e con la finalità di verificare l'adeguatezza delle procedure interne adottate dall'Organismo per lo svolgimento dei compiti a questo affidati.

2. Per le finalità indicate al comma 1, la Consob può accedere al sistema informativo che gestisce l'albo, richiedere all'Organismo la comunicazione periodica di dati e notizie e la trasmissione di atti e documenti con le modalità e nei termini dalla stessa stabiliti, effettuare ispezioni, richiedere l'esibizione dei documenti e il compimento degli atti ritenuti necessari, nonché convocare i componenti dell'Organismo.

3. L'Organismo informa tempestivamente la Consob degli atti e degli eventi di maggior rilievo relativi all'esercizio delle proprie funzioni e trasmette, entro il 31 gennaio di ogni anno, una relazione dettagliata sull'attività svolta nell'anno precedente e sul piano delle attività predisposto per l'anno in corso.

4. La Consob e l'Organismo collaborano tra loro, anche mediante scambio di informazioni, al fine di agevolare lo svolgimento delle rispettive funzioni.

5. Tutte le notizie, le informazioni e i dati in possesso dell'Organismo in ragione della sua attività di vigilanza sono coperti dal segreto d'ufficio. Sono fatti salvi i casi previsti dalla legge per le indagini relative a violazioni sanzionate penalmente. L'Organismo non può opporre il segreto d'ufficio alla Banca d'Italia, all'IVASS, alla Covip e al Ministro dell'economia e delle finanze.

6. Il Ministero dell'economia e delle finanze, su proposta della Consob, può disporre con de-

creto lo scioglimento degli organi di gestione e di controllo dell'organismo di cui all'articolo 31 qualora risultino gravi irregolarità nell'amministrazione, ovvero gravi violazioni delle disposizioni legislative, amministrative o statutarie che regolano l'attività dello stesso. Il Ministero dell'economia e delle finanze provvede agli adempimenti necessari alla ricostituzione degli organi di gestione e controllo dell'organismo, assicurandone la continuità operativa, se necessario anche attraverso la nomina di un commissario. La Consob può disporre la rimozione di uno o più componenti degli organi di gestione e controllo in caso di grave inosservanza dei doveri ad essi assegnati dalla legge, dallo statuto o dalle disposizioni di vigilanza, nonché dei provvedimenti specifici e di altre istruzioni impartite dalla Consob, ovvero in caso di comprovata inadeguatezza, accertata dalla Consob, all'esercizio delle funzioni cui sono preposti.

(¹) *Questo articolo è stato inserito dall'art. 2, comma 31, del D.L.vo 3 agosto 2017, n. 129. A norma dell'art. 10, comma 2, del medesimo decreto, tali disposizioni si applicano dal 3 gennaio 2018.*

32. Promozione e collocamento a distanza di servizi e attività (¹) **di investimento e strumenti finanziari.** – 1. Per tecniche di comunicazione a distanza si intendono le tecniche di contatto con la clientela, diverse dalla pubblicità, che non comportano la presenza fisica e simultanea del cliente e del soggetto offerente o di un suo incaricato.

2. La CONSOB, sentita la Banca d'Italia, può disciplinare con regolamento, in conformità ai principi stabiliti nell'articolo 30 e nel decreto legislativo 19 agosto 2005, n. 190, la promozione e il collocamento mediante tecniche di comunicazione a distanza di servizi e attività di investimento e di prodotti finanziari (²).

(¹) *Le parole: «e attività» sono state inserite dall'art. 6, comma 3, lett. a), del D.L.vo 17 settembre 2007, n. 164, a decorrere dal 1° novembre 2007.*

(²) *Questo comma è stato così sostituito dall'art. 6, comma 3, lett. b), del D.L.vo 17 settembre 2007, n. 164, a decorrere dal 1° novembre 2007.*

Capo IV *bis*
Tutela degli investitori (¹)

(¹) *Questo Capo è stato inserito dall'art. 7 del D.L.vo 17 settembre 2007, n. 164, a decorrere dal 1° novembre 2007.*

32 *bis*. Tutela degli interessi collettivi degli investitori. – 1. Le associazioni dei consumatori inserite nell'elenco di cui all'articolo 137 del decreto legislativo 6 settembre 2005, n. 206, sono legittimate ad agire per la tutela degli interessi collettivi degli investitori, connessi alla prestazione di servizi e attività di investimento e di servizi accessori e di gestione collettiva del risparmio, nelle forme previste dagli articoli 139 e 140 del predetto decreto legislativo.

32 *ter*. (¹) **Risoluzione stragiudiziale di controversie.** – 1. I soggetti nei cui confronti la Consob esercita la propria attività di vigilanza, da individuarsi con il regolamento di cui al comma 2, devono aderire a sistemi di risoluzione stragiudiziale delle controversie con gli investitori diversi dai clienti professionali di cui all'articolo 6, commi 2 *quinquies* e 2 *sexies*, del presente decreto. In caso di mancata adesione, alle società e agli enti si applicano le sanzioni di cui all'articolo 190, comma 1, e alle persone fisiche di cui all'articolo 18 *bis* si applicano le sanzioni di cui all'articolo 187 *quinquiesdecies*, comma 1 *bis*, del presente decreto.

2. La Consob determina, con proprio regolamento, nel rispetto dei principi, delle procedure e dei requisiti di cui alla parte V, titolo II *bis*, del decreto legislativo 6 settembre 2005, n. 206, e successive modificazioni, i criteri di svolgimento delle procedure di risoluzione delle controversie di cui al comma 1 nonché i criteri di composizione dell'organo decidente, in modo che risulti assicurata l'imparzialità dello stesso e la rappresentatività dei soggetti interessati.

3. Alla copertura delle relative spese di funzionamento si provvede, senza nuovi o maggiori oneri per la finanza pubblica, con le risorse di cui all'articolo 40, comma 3, della legge 23 dicembre 1994, n. 724, e successive modificazioni, oltre che con gli importi posti a carico degli utenti delle procedure medesime.

(¹) *Questo articolo è stato così sostituito dall'attuale, dall'art. 2, comma 32, del D.L.vo 3 agosto 2017, n. 129. A norma dell'art. 10, comma 2, del medesimo decreto, tali disposizioni si applicano dal 3 gennaio 2018. Fino a tale data si applicano le disposizioni nel testo previgente che si riporta:*

«Art. 32 ter (Risoluzione stragiudiziale di controversie) *- 1. Ai fini della risoluzione stragiudiziale di controversie sorte fra investitori e soggetti abilitati e relative alla prestazione di servizi e di attività di investimento e di servizi accessori e di gestione collettiva del risparmio, trovano applicazione le procedure di conciliazione e arbitrato definite ai sensi dell'articolo 27 della legge 28 dicembre 2005, n. 262. Fino all'istituzione*

Leggi complementari

di tali procedure, si applica l'articolo 141 del decreto legislativo 6 settembre 2005, n. 206».

32 *ter*.1. (1) **Fondo per la tutela stragiudiziale dei risparmiatori e degli investitori.** – 1. Al fine di agevolare l'accesso dei risparmiatori e degli investitori alla più ampia tutela nell'ambito delle procedure di risoluzione stragiudiziale delle controversie di cui all'articolo 32 *ter*, la Consob istituisce presso il proprio bilancio il Fondo per la tutela stragiudiziale dei risparmiatori e degli investitori, di seguito denominato "Fondo". Il Fondo è destinato a garantire ai risparmiatori e agli investitori, diversi dai clienti professionali di cui all'articolo 6, commi 2 *quinquies* e 2 *sexies*, del presente decreto, nei limiti delle disponibilità del Fondo medesimo, la gratuità dell'accesso alla procedura di risoluzione stragiudiziale delle controversie di cui all'articolo 32 *ter* del presente decreto, mediante esonero dal versamento della relativa quota concernente le spese amministrative per l'avvio della procedura, nonché, per l'eventuale parte residua, a consentire l'adozione di ulteriori misure a favore dei risparmiatori e degli investitori, da parte della Consob, anche con riguardo alla tematica dell'educazione finanziaria.

2. Il Fondo è finanziato con il versamento della metà degli importi delle sanzioni amministrative pecuniarie riscosse per la violazione delle norme che disciplinano le attività di cui alla parte II del presente decreto, nonché, nel limite di 250.000 euro annui a decorrere dall'anno 2016, con le risorse iscritte in un apposito capitolo dello stato di previsione del Ministero dell'economia e delle finanze in relazione ai versamenti effettuati all'entrata del bilancio dello Stato per il pagamento della tassa sulle concessioni governative di cui al decreto del Presidente della Repubblica 26 ottobre 1972, n. 641, per l'iscrizione nell'albo di cui all'articolo 31, comma 4, del presente decreto. L'impiego delle somme affluite al Fondo, con riguardo a quelle relative alla violazione delle norme che disciplinano le attività di cui alla parte II del presente decreto, è condizionato all'accertamento, con sentenza passata in giudicato o con lodo arbitrale non più impugnabile, della violazione sanzionata. Nel caso di incapienza del Fondo resta fermo quanto previsto dal comma 3 dell'articolo 32 *ter* del presente decreto. La Consob adotta le occorrenti misure affinchè gli importi delle sanzioni amministrative pecuniarie di cui al primo periodo affluiscano, nella misura spettante, contestualmente al versamento da parte del soggetto obbligato, direttamente al bilancio della Consob, per essere destinate al Fondo.

(1) *Questo articolo è stato inserito dall'art. 2, comma 33, del D.L.vo 3 agosto 2017, n. 129. A norma dell'art. 10, comma 2, del medesimo decreto, tali disposizioni si applicano dal 3 gennaio 2018.*

Titolo III
Gestione collettiva del risparmio

Capo I (1)
Soggetti autorizzati e attività esercitabili

(1) *Questo Capo è stato così sostituito dall'art. 4, comma 1, del D.L.vo 4 marzo 2014, n. 44.*

32 *quater*. Riserva di attività. – 1. L'esercizio in via professionale del servizio di gestione collettiva del risparmio è riservato alle Sgr, alle Sicav, alle Sicaf, alle società di gestione UE che gestiscono OICVM italiani, ai GEFIA UE e ai GEFIA non UE che gestiscono un FIA italiano, secondo le disposizioni del presente titolo.

2. Le disposizioni del presente titolo non si applicano:

a) alle istituzioni sovranazionali, quali la Banca centrale europea, la Banca europea per gli investimenti, il Fondo europeo per gli investimenti, le istituzioni europee di finanziamento allo sviluppo e le banche sviluppo bilaterali, la Banca Mondiale, il Fondo Monetario Internazionale, e le altre istituzioni sovranazionali e organizzazioni internazionali analoghe, quando tali istituzioni o organizzazioni gestiscono FIA per finalità di interesse pubblico;

b) alle Banche centrali nazionali;

c) agli Stati, agli enti pubblici territoriali e agli altri enti che gestiscono fondi destinati al finanziamento dei regimi di sicurezza sociale e dei sistemi pensionistici;

d) alle società di partecipazione finanziaria, intese come società che detengono partecipazioni in una o più imprese, con lo scopo di realizzare strategie imprenditoriali per contribuire all'aumento del valore nel lungo termine delle stesse, attraverso l'esercizio del controllo, dell'influenza notevole o dei diritti derivanti da partecipazioni e che:

1) operano per proprio conto e le cui azioni sono ammesse alla negoziazione in un mercato regolamentato dell'Unione europea; oppure

2) non sono costituite con lo scopo principale di generare utili per i propri investitori mediante

disinvestimenti delle partecipazioni nelle società controllate, sottoposte a influenza notevole o partecipate, come comprovato dal loro bilancio e da altri documenti societari;

e) ai regimi di partecipazione dei lavoratori all'impresa o ai regimi di risparmio dei lavoratori;

f) alle società di cartolarizzazione dei crediti;

g) alle forme pensionistiche previste dal decreto legislativo 5 dicembre 2005, n. 252.

3. La Banca d'Italia, sentita la Consob, adotta con proprio regolamento le disposizioni attuative del presente articolo, nel rispetto delle disposizioni dell'Unione europea.

33. Attività esercitabili. – 1. Le Sgr gestiscono il patrimonio e i rischi degli Oicr nonché amministrano e commercializzano gli Oicr gestiti.

2. Le SGR possono altresì:

a) prestare il servizio di gestione di portafogli;

b) istituire e gestire fondi pensione;

c) svolgere le attività connesse o strumentali;

d) prestare i servizi accessori di cui all'Allegato I, Sezione B, numero (1) ([1]), limitatamente alle quote di Oicr gestiti;

e) prestare il servizio di consulenza in materia di investimenti;

f) commercializzare quote o azioni di Oicr gestiti da terzi, in conformità alle regole di condotta stabilite dalla Consob, sentita la Banca d'Italia;

g) prestare il servizio di ricezione e trasmissione di ordini, qualora autorizzate a prestare il servizio di gestione di FIA.

3. Le Sicav e le Sicaf prestano il servizio di gestione collettiva del risparmio e le attività previste dal comma 1 in relazione al patrimonio raccolto mediante l'offerta di azioni proprie; esse possono altresì svolgere le attività connesse e strumentali.

4. Le Sgr, le Sicav e le Sicaf possono delegare a soggetti terzi specifiche funzioni inerenti alla prestazione dei servizi di cui al presente capo. La delega è effettuata con modalità tali da evitare lo svuotamento di attività della società stessa ed è esercitata nel rispetto delle disposizioni in materia di esternalizzazione di funzioni previste in attuazione dell'articolo 6, comma 1, lettera c *bis*), numero 8), e comma 2 *bis*) ([2]), ferma restando la responsabilità della Sgr, della Sicav e della Sicaf nei confronti degli investitori per l'operato dei soggetti delegati.

5. La Banca d'Italia, sentita la Consob, detta, con proprio regolamento, disposizioni attuative del presente articolo, nel rispetto delle disposizioni dell'Unione europea.

([1]) *Le parole: «articolo 1, comma 6, lettera a)» sono state così sostituite dalle attuali: «Allegato I, Sezione B, numero (1)» dall'art. 2, comma 34, lett.* a), *del D.L.vo 3 agosto 2017, n. 129. A norma dell'art. 10, comma 2, del medesimo decreto, tali disposizioni si applicano dal 3 gennaio 2018.*

([2]) *Le parole: «6, comma 2* bis*» sono state così sostituite dalle attuali: «6, comma 1, lettera c bis), numero 8), e comma 2* bis*)» dall'art. 2, comma 34, lett.* b), *del D.L.vo 3 agosto 2017, n. 129. A norma dell'art. 10, comma 2, del medesimo decreto, tali disposizioni si applicano dal 3 gennaio 2018.*

Capo I *bis*
Disciplina dei soggetti autorizzati ([1])

([1]) *Questo Capo è stato inserito dall'art. 4, comma 2, del D.L.vo 4 marzo 2014, n. 44.*

Sezione I
Società di gestione del risparmio

34. Autorizzazione della società di gestione del risparmio. – 1. La Banca d'Italia, sentita la Consob, autorizza le Sgr all'esercizio del servizio di gestione collettiva del risparmio con riferimento sia agli OICVM sia ai FIA, nonché all'esercizio del servizio di gestione di portafogli, del servizio di consulenza in materia di investimenti e del servizio di ricezione e trasmissione di ordini, quando ricorrono le seguenti condizioni ([1]):

a) sia adottata la forma di società per azioni;

b) la sede legale e la direzione generale della società siano situate nel territorio della Repubblica;

c) il capitale sociale versato sia di ammontare non inferiore a quello determinato in via generale dalla Banca d'Italia;

d) i soggetti che svolgono funzioni di amministrazione, direzione e controllo siano idonei, secondo quanto previsto dall'articolo 13 ([2]);

e) i titolari delle partecipazioni indicate all'articolo 15, comma 1, hanno i requisiti e soddisfano i criteri stabiliti ai sensi dell'articolo 14 e non ricorrono le condizioni per il divieto previsto dall'articolo 15, comma 2 ([3]);

f) la struttura del gruppo di cui è parte la società non sia tale da pregiudicare l'effettivo esercizio della vigilanza sulla società stessa e siano fornite almeno le informazioni richieste ai sensi dell'articolo 15, comma 5;

g) venga presentato, unitamente all'atto costitutivo e allo statuto, un programma concernente l'attività iniziale nonché una relazione sulla struttura organizzativa;

h) la denominazione sociale contenga le parole "società di gestione del risparmio".

2. L'autorizzazione è negata quando dalla verifica delle condizioni indicate nel comma 1 non risulta garantita la sana e prudente gestione.

3. La Banca d'Italia, sentita la CONSOB, disciplina la procedura di autorizzazione e le ipotesi di decadenza dall'autorizzazione quando la società di gestione del risparmio non abbia iniziato o abbia interrotto lo svolgimento dei servizi autorizzati.

4. La Banca d'Italia, sentita la CONSOB, autorizza le operazioni di fusione o di scissione di società di gestione del risparmio.

(1) *Questo alinea è stato così sostituito dall'art. 4, comma 3, del D.L.vo 4 marzo 2014, n. 44.*

(2) *Questa lettera è stata da ultimo così sostituita dall'art. 4, comma 15, lett.* a), *del D.L.vo 12 maggio 2015, n. 72.*

(3) *Questa lettera è stata da ultimo così sostituita dall'art. 4, comma 15, lett.* b), *del D.L.vo 12 maggio 2015, n. 72.*

35. Albo. – 1. Le Sgr sono iscritte in un apposito albo tenuto dalla Banca d'Italia distinto in due sezioni per la gestione di OICVM e di FIA. Le società di gestione UE e i GEFIA UE e non UE che hanno effettuato le comunicazioni ai sensi degli articoli 41 *bis*, 41 *ter* e 41 *quater*, sono iscritte in sezioni distinte di un apposito elenco allegato all'albo (1).

2. La Banca d'Italia comunica alla CONSOB le iscrizioni all'albo di cui al comma 1 (1).

3. I soggetti indicati nel comma 1 indicano negli atti e nella corrispondenza gli estremi dell'iscrizione all'albo.

(1) *Questo comma è stato così sostituito dall'art. 4, comma 4, del D.L.vo 4 marzo 2014, n. 44.*

Sezione II (1)
Sicav e Sicaf

(1) *Questa Sezione è stata inserita dall'art. 4, comma 5, del D.L.vo 4 marzo 2014, n. 44.*

35 *bis*. Costituzione. – 1. La Banca d'Italia, sentita la Consob, autorizza la costituzione delle Sicav e delle Sicaf se ricorrono le seguenti condizioni:

a) è adottata la forma di società per azioni nel rispetto delle disposizioni del presente capo;

b) la sede legale e la direzione generale della società sono situate nel territorio della Repubblica;

c) il capitale sociale è di ammontare non inferiore a quello determinato in via generale dalla Banca d'Italia;

d) i soggetti che svolgono funzioni di amministrazione, direzione e controllo siano idonei secondo quanto previsto dall'articolo 13 (1);

e) i titolari delle partecipazioni indicate all'articolo 15, comma 1, hanno i requisiti e soddisfano i criteri stabiliti ai sensi dell'articolo 14 e non ricorrono le condizioni per il divieto previsto dall'articolo 15, comma 2 (2);

f) per le Sicav lo statuto prevede come oggetto esclusivo l'investimento collettivo del patrimonio raccolto mediante offerta delle proprie azioni; per le Sicaf lo statuto prevede come oggetto esclusivo l'investimento collettivo del patrimonio raccolto mediante offerta delle proprie azioni e degli strumenti finanziariparte cipativi indicati nello statuto stesso;

g) la struttura del gruppo di cui è parte la società non è tale da pregiudicare l'effettivo esercizio della vigilanza sulla società e sono fornite almeno le informazioni richieste ai sensi dell'articolo 15, comma 5;

h) è presentato, unitamente all'atto costitutivo e allo statuto, un programma concernente l'attività iniziale nonché una relazione sulla struttura organizzativa.

2. La Banca d'Italia, sentita la Consob, con regolamento:

a) disciplina la procedura di autorizzazione prevista dal comma 1 e le ipotesi di decadenza dalla stessa;

b) individua la documentazione che i soci fondatori sono tenuti a presentare unitamente alla richiesta di autorizzazione e al contenuto del progetto di atto costitutivo e di statuto.

3. La Banca d'Italia attesta la conformità del progetto di atto costitutivo e di statuto alle prescrizioni di legge e di regolamento e, con riferimento alle Sicav e alle Sicaf diverse dai FIA riservati, ai criteri generali dalla stessa predeterminati.

4. I soci fondatori della Sicav o della Sicaf procedono alla costituzione della società ed ad effettuare i versamenti relativi al capitale iniziale sottoscritto entro trenta giorni dalla data di rilascio

dell'autorizzazione. Il capitale iniziale deve essere interamente versato.

5. La denominazione sociale della Sicav contiene l'indicazione di società di investimento per azioni a capitale variabile. La denominazione sociale della Sicaf contiene l'indicazione di società di investimento per azioni a capitale fisso. Tali denominazioni risultano in tutti i documenti delle società. Alla Sicav e alla Sicaf non si applicano gli articoli 2333, 2334, 2335 e 2336 del codice civile; per le Sicav non sono ammessi i conferimenti in natura.

6. Nel caso di Sicav e Sicaf multicomparto, ciascun comparto costituisce patrimonio autonomo, distinto a tutti gli effetti da quello degli altri comparti. Il patrimonio di una medesima Sicav può essere suddiviso in comparti costituiti esclusivamente da FIA o da OICVM.

(1) *Questa lettera è stata così sostituita dall'art. 4, comma 16, lett.* a)*, del D.L.vo 12 maggio 2015, n. 72.*

(2) *Questa lettera è stata così sostituita dall'art. 4, comma 16, lett.* b)*, del D.L.vo 12 maggio 2015, n. 72.*

35 *ter*. Albi. – 1. Le Sicav e le Sicaf autorizzate in Italia sono iscritte in appositi albi tenuti dalla Banca d'Italia. L'albo delle Sicav è articolato in due sezioni distinte a seconda che le Sicav siano costituite in forma di OICVM o FIA.

2. La Banca d'Italia comunica alla Consob le iscrizioni all'albo di cui al comma 1.

3. I soggetti previsti dal comma 1 indicano negli atti e nella corrispondenza gli estremi dell'iscrizione all'albo.

35 *quater*. Capitale e azioni della Sicav. – 1. Il capitale della Sicav è sempre uguale al patrimonio netto detenuto dalla società, così come determinato ai sensi dell'articolo 6, comma 1, lettera *c*), n. 5).

2. Alla Sicav non si applicano gli articoli da 2438 a 2447 *decies* del codice civile.

3. Le azioni rappresentative del capitale della Sicav devono essere interamente liberate al momento della loro emissione.

4. Le azioni della Sicav possono essere nominative o al portatore secondo quanto stabilito dallo statuto. Le azioni al portatore attribuiscono un solo voto per ogni socio indipendentemente dal numero di azioni di tale categoria possedute.

5. Lo statuto della Sicav indica le modalità di determinazione del valore delle azioni e del prezzo di emissione e di rimborso nonché la periodicità con cui le azioni possono essere emesse e rimborsate.

6. Lo statuto della Sicav può prevedere:

a) limiti all'emissione di azioni nominative;

b) particolari vincoli di trasferibilità delle azioni nominative;

c) l'esistenza di più comparti di investimento per ognuno dei quali può essere emessa una particolare categoria di azioni; in tal caso sono stabiliti i criteri di ripartizione delle spese generali tra i vari comparti;

d) la possibilità di emettere frazioni di azioni, fermo restando che l'attribuzione e l'esercizio dei diritti sociali sono comunque subordinati al possesso di almeno un'azione, secondo la disciplina del presente capo.

7. Alla Sicav non si applicano gli articoli 2346, comma sesto, 2348, commi secondo e terzo, 2349, 2350, commi secondo e terzo, 2351, 2352, comma terzo, 2353, 2354, comma terzo, numeri 3) e 4), 2355 *bis* e 2356 del codice civile.

8. La Sicav non può emettere obbligazioni o azioni di risparmio nè acquistare o comunque detenere azioni proprie.

35 *quinquies*. Capitale e azioni della Sicaf. – 1. Alla Sicaf non si applicano gli articoli da 2447 *bis* a 2447 *decies* del codice civile.

2. Le azioni della Sicaf possono essere nominative o al portatore secondo quanto stabilito dallo statuto. Le azioni al portatore attribuiscono un solo voto per ogni socio indipendentemente dal numero di azioni di tale categoria possedute.

3. Lo statuto della Sicaf indica le modalità di determinazione del valore delle azioni e degli eventuali strumenti finanziari partecipativi emessi.

4. Lo statuto della Sicaf può prevedere:

a) limiti all'emissione di azioni nominative;

b) particolari vincoli di trasferibilità delle azioni nominative;

c) l'esistenza di più comparti di investimento per ognuno dei quali può essere emessa una particolare categoria di azioni; in tal caso sono stabiliti i criteri di ripartizione delle spese generali tra i vari comparti;

d) la possibilità di emettere frazioni di azioni, fermo restando che l'attribuzione e l'esercizio dei diritti sociali sono comunque subordinati al possesso di almeno un'azione, secondo la disciplina del presente capo;

e) nel caso di Sicaf riservata e fermo restando quanto previsto dall'articolo 35 *bis*, comma

4, la possibilità di effettuare i versamenti relativi alle azioni sottoscritte in più soluzioni, a seguito dell'impegno dell'azionista a effettuare il versamento a richiesta della Sicaf stessa in base alle esigenze di investimento.

5. Alle Sicaf non si applicano gli articoli 2349, 2350, commi secondo e terzo, e 2353 del codice civile. Alle Sicaf non riservate a investitori professionali e alle categorie di investitori individuate dal regolamento di cui all'articolo 39 non si applica, altresì, l'articolo 2356 del codice civile.

6. Le Sicaf non possono emettere obbligazioni.

35 *sexies*. Assemblea della Sicav. – 1. L'assemblea ordinaria e l'assemblea straordinaria in seconda convocazione della Sicav sono regolarmente costituite e possono validamente deliberare qualunque sia la parte del capitale sociale intervenuta.

2. Il voto può essere dato per corrispondenza se ciò è ammesso dallo statuto. In tal caso l'avviso di convocazione deve contenere per esteso la deliberazione proposta. Non si tiene conto del voto in tal modo espresso se la delibera sottoposta a votazione dall'assemblea non è conforme a quella contenuta nell'avviso di convocazione, ma le azioni relative sono computate ai fini della regolare costituzione dell'assemblea straordinaria. Con regolamento del Ministro dell'economia e delle finanze, sentite la Banca d'Italia e la Consob, sono stabilite le modalità operative per l'esercizio del voto per corrispondenza.

3. L'avviso previsto dall'articolo 2366, comma secondo, del codice civile è pubblicato anche con le modalità previste dallo statuto per la pubblicazione del valore patrimoniale della società e il valore unitario delle azioni; il termine indicato nello stesso articolo 2366, comma secondo, è fissato in trenta giorni.

35 *septies*. Modifiche dello statuto. – 1. La Banca d'Italia approva le modifiche dello statuto della Sicav e della Sicaf non riservate.

2. Le deliberazioni comportanti modifiche allo statuto della Sicav e della Sicaf non riservate non possono essere iscritte ai sensi e per gli effetti previsti dall'articolo 2436 del codice civile, se non hanno ottenuto l'approvazione nei termini e con le modalità previste dal comma 1. La delibera è inviata alla Banca d'Italia entro quindici giorni dalla data di svolgimento dell'assemblea; il deposito previsto dall'articolo 2436 del codice civile deve essere effettuato

35 *octies*. Scioglimento e liquidazione volontaria. – 1. Alle Sicav non si applica l'articolo 2484, primo comma, numeri 4) e 5), del codice civile. Quando il capitale della Sicav si riduce al di sotto della misura determinata ai sensi dell'articolo 35 *bis*, comma 1, lettera *c*), e permane tale per un periodo di sessanta giorni, la società si scioglie. Il termine è sospeso qualora sia iniziata una procedura di fusione con altra Sicav o una Sicaf.

2. Per le Sicav e le Sicaf, gli atti per i quali è prevista la pubblicità dall'articolo 2484, terzo e quarto comma, del codice civile, sono pubblicati anche con le modalità previste dallo statuto per la pubblicazione del valore patrimoniale della società e comunicati alla Banca d'Italia nel termine di dieci giorni dall'avvenuta iscrizione nel registro delle imprese. L'emissione ed il rimborso di azioni sono sospesi, nel caso previsto dall'articolo 2484, primo comma, numero 6), del codice civile, dalla data di assunzione della delibera, nei casi previsti dall'articolo 2484 del codice civile e, per le Sicav, dal comma 1 del presente articolo, dal momento dell'assunzione della delibera del consiglio di amministrazione ovvero dal momento dell'iscrizione presso il registro delle imprese del decreto del presidente del tribunale. La delibera del consiglio di amministrazione è trasmessa anche alla Consob nel medesimo termine.

3. La nomina, la revoca e la sostituzione dei liquidatori spetta all'assemblea straordinaria. Si applicano l'articolo 2487 del codice civile, ad eccezione del comma 1, lettera *c*), e l'articolo 97 del testo unico bancario.

4. Alla Banca d'Italia sono preventivamente comunicati il piano di smobilizzo e quello di riparto. I liquidatori provvedono a liquidare l'attivo della società nel rispetto delle disposizioni stabilite dalla Banca d'Italia.

5. Il bilancio di liquidazione è sottoposto al giudizio del soggetto incaricato della revisione legale dei conti ed è pubblicato sui quotidiani indicati nello statuto.

6. Il depositario procede, su istruzione dei liquidatori, al rimborso delle azioni nella misura prevista dal bilancio finale di liquidazione.

7. Per quanto non previsto dal presente articolo alla Sicav e alla Sicaf si applicano, in quanto compatibili, le disposizioni del libro V, titolo V, capo VIII, del codice civile.

35 *novies*. Trasformazione. – 1. Le Sicav che hanno la forma di OICVM non possono trasformarsi in un organismo diverso da un OICVM italiano. Le Sicav che hanno la forma di FIA e le Sicaf non possono trasformarsi in un organismo diverso da un Oicr italiano.

Sezione III (1)
Disposizioni comuni
e deroghe

(1) *Questa Sezione è stata inserita dall'art. 4, comma 5, del D.L.vo 4 marzo 2014, n. 44.*

35 *decies*. Regole di comportamento e diritto di voto. – 1. Le Sgr, le Sicav e le Sicaf che gestiscono i propri patrimoni:

a) operano con diligenza, correttezza e trasparenza nel miglior interesse degli Oicr gestiti, dei relativi partecipanti e dell'integrità del mercato;

b) si organizzano in modo tale da ridurre al minimo il rischio di conflitti di interesse anche tra i patrimoni gestiti e, in situazioni di conflitto, agiscono in modo da assicurare comunque un equo trattamento degli Oicr gestiti;

c) adottano misure idonee a salvaguardare i diritti dei partecipanti agli Oicr gestiti e dispongono di adeguate risorse e procedure idonee ad assicurare l'efficiente svolgimento dei servizi;

d) assicurano la parità di trattamento nei confronti di tutti i partecipanti a uno stesso Oicr gestito nel rispetto delle condizioni stabilite dalla Consob, sentita la Banca d'Italia, in conformità al diritto dell'Unione europea. In relazione ai FIA riservati, trattamenti preferenziali nei confronti di uno o più investitori o categorie di investitori sono consentiti nel rispetto della direttiva 2011/61/UE e delle relative disposizioni attuative;

e) provvedono, nell'interesse dei partecipanti, all'esercizio dei diritti di voto inerenti agli strumenti finanziari di pertinenza degli Oicr gestiti, salvo diversa disposizione di legge.

35 *undecies*. Deroghe per i GEFIA italiani. – 1. Per le finalità indicate dall'articolo 6, comma 01, la Banca d'Italia e la Consob, nell'ambito delle rispettive competenze, possono esentare i gestori autorizzati che gestiscono FIA italiani riservati il cui valore totale dei beni gestiti non supera 100 milioni di euro ovvero 500 milioni se gli Oicr gestiti non fanno ricorso alla leva finanziaria e non consentono agli investitori di esercitare il diritto di rimborso per 5 anni dopo l'investimento iniziale, dall'applicazione delle disposizioni attuative dell'articolo 6, commi 1, 2 e 2 *bis*

35 *duodecies*. (1) **Valutazione del merito di credito.** – 1. I gestori, per la valutazione del merito di credito dei beni in cui investono gli Oicr, adottano sistemi e procedure che non prevedono l'affidamento esclusivo o meccanico alle valutazioni emesse da agenzie di rating del credito.

2. Tenendo conto della natura, della portata e della complessità delle attività degli Oicr, la Banca d'Italia e la Consob, nell'ambito delle rispettive competenze, verificano l'adeguatezza dei sistemi e delle procedure adottati dai gestori ai sensi del comma 1 e valutano che l'utilizzo, nell'ambito delle politiche di investimento degli Oicr, dei riferimenti ai rating del credito emessi da agenzie di rating del credito, sia effettuato in modo da ridurre l'affidamento esclusivo o meccanico agli stessi.

(1) *Questo articolo è stato aggiunto dall'art. 1, comma 3, del D.L.vo 7 maggio 2015, n. 66.*

Capo II (1)
Oicr italiani

(1) *I Capi* II, II bis *e* III *sono stati così sostituiti dagli attuali Capi* II, II bis, II ter, II quater *e* III, *dall'art. 4, comma 6, del D.L.vo 4 marzo 2014, n. 44.*

Sezione I
Fondi comuni
di investimento

36. Fondi comuni di investimento. – 1. Il fondo comune di investimento è gestito dalla società di gestione del risparmio che lo ha istituito o dalla società di gestione subentrata nella gestione, in conformità alla legge e al regolamento.

2. Il rapporto di partecipazione al fondo comune di investimento è disciplinato dal regolamento del fondo. La Banca d'Italia, sentita la Consob, determina i criteri generali di redazione del regolamento del fondo diverso dal FIA riservato e il suo contenuto minimo, a integrazione di quanto previsto dall'articolo 39.

3. La Sgr che ha istituito il fondo o la società di gestione che è subentrata nella gestione agiscono in modo indipendente e nell'interesse dei partecipanti al fondo, assumendo verso questi ultimi gli obblighi e le responsabilità del mandatario.

4. Ciascun fondo comune di investimento, o ciascun comparto di uno stesso fondo, costituisce patrimonio autonomo, distinto a tutti gli effetti dal patrimonio della società di gestione del rispar-

mio e da quello di ciascun partecipante, nonché da ogni altro patrimonio gestito dalla medesima società; delle obbligazioni contratte per conto del fondo, la Sgr risponde esclusivamente con il patrimonio del fondo medesimo. Su tale patrimonio non sono ammesse azioni dei creditori della società di gestione del risparmio o nell'interesse della stessa, nè quelle dei creditori del depositario o del sub depositario o nell'interesse degli stessi. Le azioni dei creditori dei singoli investitori sono ammesse soltanto sulle quote di partecipazione dei medesimi. La società di gestione del risparmio non può in alcun caso utilizzare, nell'interesse proprio o di terzi, i beni di pertinenza dei fondi gestiti.

5. Le quote di partecipazione ai fondi comuni, sono nominative o al portatore, secondo quanto previsto nel regolamento del fondo. La Banca d'Italia può stabilire in via generale, sentita la Consob, le caratteristiche dei certificati e il valore nominale unitario iniziale delle quote, tenendo conto anche dell'esigenza di assicurare la portabilità delle quote.

37. Regolamento del fondo. – 1. Il regolamento di ciascun fondo comune di investimento definisce le caratteristiche del fondo, ne disciplina il funzionamento, indica il gestore e il depositario, definisce la ripartizione dei compiti tra tali soggetti, regola i rapporti intercorrenti tra tali soggetti e i partecipanti al fondo.

2. Il regolamento stabilisce in particolare:

a) la denominazione e la durata del fondo;

b) le modalità di partecipazione al fondo, i termini e le modalità dell'emissione ed estinzione dei certificati e della sottoscrizione e del rimborso delle quote nonché le modalità di liquidazione del fondo;

c) gli organi competenti per la scelta degli investimenti e i criteri di ripartizione degli investimenti medesimi;

d) il tipo di beni, di strumenti finanziari e di altri valori in cui è possibile investire il patrimonio del fondo;

e) i criteri relativi alla determinazione dei proventi e dei risultati della gestione nonché le eventuali modalità di ripartizione e distribuzione dei medesimi;

f) le spese a carico del fondo e quelle a carico della società di gestione del risparmio;

g) la misura o i criteri di determinazione delle provvigioni spettanti alla società di gestione del risparmio e degli oneri a carico dei partecipanti;

h) le modalità di pubblicità del valore delle quote di partecipazione;

i) se il fondo è un fondo feeder.

3. Il regolamento dei fondi chiusi diversi dai FIA riservati prevede che i partecipanti possono riunirsi in assemblea esclusivamente per deliberare sulla sostituzione del gestore. L'assemblea è convocata dal consiglio di amministrazione della società di gestione anche su richiesta dei partecipanti che rappresentano almeno il 5 per cento del valore delle quote in circolazione e le deliberazioni sono approvate con il voto favorevole della maggioranza assoluta delle quote degli intervenuti all'assemblea. Il quorum deliberativo non può in ogni caso essere inferiore al 10 per cento del valore di tutte le quote in circolazione.

4. La Banca d'Italia approva il regolamento dei fondi diversi dai FIA riservati e le relative modificazioni, valutandone in particolare la completezza e la compatibilità con i criteri generali determinati ai sensi degli articoli 36 e 37.

5. La Banca d'Italia individua le ipotesi in cui, in base all'oggetto dell'investimento, alla categoria di investitori o alle regole di funzionamento del fondo, il regolamento e le sue modificazioni si intendono approvati in via generale. Negli altri casi il regolamento si intende approvato quando la Banca d'Italia non adotta un provvedimento di diniego nel termine dalla medesima preventivamente stabilito.

Sezione II
Sicav e Sicaf
in gestione esterna

38. Sicav e Sicaf che designano un gestore esterno. – 1. La Banca d'Italia, sentita la Consob, autorizza la costituzione di Sicav e di Sicaf che designano per la gestione del proprio patrimonio un gestore esterno quando ricorrono le seguenti condizioni:

a) è adottata la forma di società per azioni nel rispetto delle disposizioni del presente capo;

b) la sede legale e la direzione generale della società sono situate nel territorio della Repubblica;

c) il capitale sociale è di ammontare non inferiore a quello determinato in via generale dalla Banca d'Italia;

d) i soggetti che svolgono funzioni di amministrazione, direzione e controllo siano idonei secondo quanto previsto dall'articolo 13 (1);

e) i titolari delle partecipazioni indicate all'articolo 15, comma 1, posseggono e soddisfano i criteri (2) di onorabilità stabiliti ai sensi dell'articolo 14 e non ricorrono le condizioni per l'adozione del divieto previsto dall'articolo 15, comma 2;

f) nello statuto è previsto:

1) per le Sicav, come oggetto sociale esclusivo, l'investimento collettivo del patrimonio raccolto mediante offerta al pubblico delle proprie azioni; per le Sicaf, come oggetto sociale esclusivo, l'investimento collettivo del patrimonio raccolto mediante offerta al pubblico delle proprie azioni e degli altri strumenti finanziari partecipativi previsti dallo statuto stesso;

2) l'affidamento della gestione dell'intero patrimonio a un gestore esterno e l'indicazione della società designata;

g) la stipula di un accordo tra il gestore, se diverso da una Sgr, e il depositario che assicura a quest'ultimo la disponibilità delle informazioni necessarie per lo svolgimento delle proprie funzioni, secondo quanto previsto nell'articolo 41 *bis*, comma 2 *bis*.

2. Si applica l'articolo 35 *bis*, commi 3, 4, 5 e 6.

(1) *Questa lettera è stata così sostituita dall'art. 4, comma 17, lett.* a), *del D.L.vo 12 maggio 2015, n. 72.*

(2) *Le parole: «i requisiti» (n.d.r.: in G.U. è riportato erroneamente "requisiti") sono state così sostituite dalle seguenti: «e soddisfano i criteri» dall'art. 4, comma 17, lett.* a), *del D.L.vo 12 maggio 2015, n. 72.*

Sezione III
Disposizioni comuni

39. Struttura degli Oicr italiani. – 1. Il Ministro dell'economia e delle finanze, con regolamento adottato sentite la Banca d'Italia e la Consob, determina i criteri generali cui devono uniformarsi gli Oicr italiani con riguardo:

a) all'oggetto dell'investimento;

b) alle categorie di investitori cui è destinata l'offerta delle quote o azioni;

c) alla forma aperta o chiusa e alle modalità di partecipazione, con particolare riferimento alla frequenza di emissione e rimborso delle quote, all'eventuale ammontare minimo delle sottoscrizioni e alle procedure da seguire;

d) all'eventuale durata minima e massima;

e) alle condizioni e alle modalità con le quali devono essere effettuati gli acquisti o i conferimenti dei beni, sia in fase costitutiva che in fase successiva alla costituzione del fondo.

2. Il regolamento previsto dal comma 1 stabilisce inoltre:

a) le categorie di investitori non professionali nei cui confronti è possibile commercializzare quote di FIA italiani riservati, secondo le modalità previste dall'articolo 43;

b) le scritture contabili, il rendiconto e i prospetti periodici che le società di gestione del risparmio redigono, in aggiunta a quanto prescritto per le imprese commerciali, nonché gli obblighi di pubblicità del rendiconto e dei prospetti periodici;

c) le ipotesi nelle quali la società di gestione del risparmio deve chiedere l'ammissione alla negoziazione in un mercato regolamentato delle quote dei fondi;

d) i requisiti e i compensi degli esperti indipendenti indicati nell'articolo 6, comma 1, lettera *c*), numero 5).

Sezione IV
Strutture master - feeder

40. Autorizzazione e regole di funzionamento delle strutture master-feeder. – 1. La Banca d'Italia autorizza l'investimento dell'Oicr italiano feeder nell'Oicr master, quando ricorrono le seguenti condizioni:

a) sussistono accordi, rispettivamente, tra i gestori, i depositari e i revisori legali o le società di revisione legale degli Oicr master e degli Oicr feeder, che consentono la disponibilità dei documenti e delle informazioni necessari a svolgere i rispettivi compiti;

b) nel caso in cui l'Oicr master e l'Oicr feeder hanno lo stesso gestore, quest'ultimo adotta norme interne di comportamento che assicurano la medesima disponibilità di documenti e informazioni di cui alla lettera *a*);

c) l'Oicr master e l'Oicr feeder possiedono le caratteristiche previste dal regolamento di cui al comma 2.

2. La Banca d'Italia, sentita la Consob, disciplina con regolamento:

a) la procedura di autorizzazione dell'investimento dell'Oicr feeder nell'Oicr master, nonché le informazioni e i documenti da fornire con l'istanza di autorizzazione;

b) il contenuto degli accordi e delle norme interne di comportamento di cui al comma 1;

c) i requisiti dell'Oicr master e dell'Oicr feeder, nonché le regole ad essi applicabili;

d) le regole applicabili all'Oicr feeder nel caso di liquidazione, fusione, scissione, sospensione temporanea del riacquisto, del rimborso o della sottoscrizione delle quote dell'Oicr master, nonché le regole applicabili all'Oicr feeder e all'Oicr master per coordinare la tempistica del calcolo e della pubblicazione del loro valore patrimoniale netto;

e) gli obblighi di comunicazione e lo scambio di informazioni e documenti tra il gestore, il depositario, il revisore legale o la società di revisione legale, rispettivamente dell'Oicr master e dell'Oicr feeder, nonché tra tali soggetti e la Banca d'Italia, la Consob e le autorità competenti dell'Oicr master e dell'Oicr feeder UE e non UE.

3. Agli Oicr master e agli Oicr feeder si applicano, in quanto compatibili, le disposizioni delle sezioni I, II, III e V del presente capo.

4. Agli OICVM UE master, che non commercializzano in Italia le proprie quote nei confronti di soggetti diversi dagli Oicr feeder, non si applica l'articolo 42, commi 1, 2, 3 e 4. Ai FIA master UE e non UE si applicano le disposizioni del capo II *ter*.

5. Fermo restando quanto previsto nell'articolo 9, il revisore legale o la società di revisione legale incaricati della revisione dell'Oicr feeder indicano nella relativa relazione sulla revisione le irregolarità evidenziate nella relazione di revisione dell'Oicr master nonché l'impatto delle irregolarità riscontrate nell'Oicr feeder. Nel caso in cui gli esercizi sociali dell'Oicr master e dell'Oicr feeder si chiudano in date diverse, il revisore legale o la società di revisione legale incaricati della revisione dell'Oicr master redigono una specifica relazione di revisione con riferimento alla data di chiusura dell'esercizio dell'Oicr feeder.

6. La Banca d'Italia e la Consob, in conformità alle disposizioni dell'UE, comunicano al gestore dell'Oicr feeder ovvero all'autorità competente dell'OICVM feeder UE i provvedimenti assunti per il mancato rispetto delle disposizioni contenute nel presente capo nei confronti dei soggetti individuati dal presente articolo, nonché le informazioni ricevute ai sensi dell'articolo 8, comma 4, relative al gestore dell'Oicr master e all'Oicr master.

7. Le norme del presente articolo non si applicano ai FIA italiani riservati.

Sezione V
Fusione e scissione
di organismi di investimento
del risparmio

40 *bis*. Fusione e scissione di Oicr. – 1. La Banca d'Italia autorizza, dandone comunicazione alla Consob, la fusione o la scissione di Oicr italiani sulla base dei relativi progetti, delle attestazioni di conformità rese dai depositari dei fondi coinvolti e dell'informativa ai partecipanti che deve essere idonea a consentire di pervenire ad un fondato giudizio sull'impatto della fusione sull'investimento. La Banca d'Italia può individuare le ipotesi, in base alle caratteristiche degli Oicr oggetto dell'operazione o al contenuto dell'informativa ai partecipanti, in cui l'autorizzazione alla fusione o alla scissione di Oicr è rilasciata in via generale.

2. Le Sgr mettono a disposizione dei partecipanti ai fondi e della Banca d'Italia una relazione, redatta dal depositario ovvero da un revisore legale o da una società di revisione legale, che attesta la correttezza dei criteri adottati per la valutazione delle attività e delle passività del fondo, dell'eventuale conguaglio in denaro, del metodo di calcolo e del livello effettivo del rapporto di cambio alla data di riferimento di tale rapporto.

3. Le Sicav e le Sicaf coinvolte in operazioni di fusione o scissione applicano gli articoli contenuti nel libro V, titolo V,capo X, sezioni II e III del codice civile, in quanto compatibili. Il progetto di fusione o quello di scissione, redatti sulla base di quanto richiesto dal regolamento della Banca d'Italia di cui al comma 4, e le eventuali deliberazioni assembleari di modifica dei medesimi progetti sono preventivamente autorizzati dalla Banca d'Italia. In assenza dell'autorizzazione prevista dal comma 1, non è possibile dare corso alle iscrizioni nel registro delle imprese.

4. La Banca d'Italia, sentita la Consob, disciplina con regolamento:

a) la procedura di autorizzazione e le relative condizioni;

b) l'individuazione della data di efficacia dell'operazione e i criteri di imputazione dei costi dell'operazione;

c) l'informativa da rendere ai partecipanti;

d) le forme ammesse per le fusioni e le scissioni;

e) l'oggetto delle attestazioni di conformità e della relazione previste dai commi 1 e 2;

f) i diritti dei partecipanti.

5. Le norme del presente articolo non si applicano ai FIA italiani riservati.

40 *ter*. Fusione transfrontaliera di OICVM. – 1. Alle fusioni tra OICVM UE e OICVM italiani e a quelle che coinvolgono OICVM italiani le cui quote sono commercializzate in un altro Stato dell'UE ai sensi dell'articolo 41, comma 2, lettera *a*), si applicano, oltre all'articolo 40 *bis*, le disposizioni contenute nel presente articolo.

2. Nel caso in cui l'OICVM risultante dalla fusione o incorporante non sia un OICVM italiano, l'autorizzazione alla fusione è rilasciata dalla Banca d'Italia, secondo quanto previsto dalle disposizioni dell'Unione europea.

3. Nel caso in cui l'OICVM risultante dalla fusione o incorporante sia un OICVM italiano, la Banca d'Italia può richiedere per tale OICVM la modifica dell'informativa ai partecipanti, secondo quanto previsto dalle disposizioni dell'Unione europea.

4. La Banca d'Italia, sentita la Consob, definisce con regolamento le disposizioni di attuazione del presente articolo, nel rispetto delle disposizioni dell'Unione europea.

Capo II bis
Operatività transfrontaliera
dei gestori (1)

(1) *I Capi* II, II bis *e* III *sono stati così sostituiti dagli attuali Capi* II, II bis, II ter, II quater *e* III, *dall'art. 4, comma 6, del D.L.vo 4 marzo 2014, n. 44.*

41. Operatività transfrontaliera delle Sgr. – 1. Le Sgr possono operare, anche senza stabilirvi succursali, in uno Stato UE e non UE, in conformità al regolamento previsto dal comma 2.

2. La Banca d'Italia, sentita la Consob, stabilisce con regolamento le norme di attuazione delle disposizioni dell'UE concernenti le condizioni e le procedure che le Sgr rispettano per:

a) la prestazione negli Stati dell'UE delle attività per le quali sono autorizzate ai sensi della direttiva 2009/65/CE e delle relative disposizioni attuative, ivi inclusa l'istituzione di OICVM;

b) l'operatività in via transfrontaliera negli Stati UE e non UE, in conformità alle previsioni della direttiva 2011/61/UE e delle relative disposizioni attuative, fermo restando quanto previsto nel capo II *ter*.

3. La Banca d'Italia, nel regolamento previsto dal comma 2, definisce altresì le condizioni e le procedure in base alle quali le Sgr sono autorizzate dalla Banca d'Italia, d'intesa con la Consob, per operare in via transfrontaliera negli Stati UE e non UE nei casi esclusi dall'ambito di applicazione delle direttive 2009/65/CE e 2011/61/UE. Ai fini dell'operatività delle Sgr in uno Stato non UE è necessaria la sussistenza di apposite intese di collaborazione con le competenti autorità dello Stato ospitante.

4. Le disposizioni del presente articolo si applicano anche alle Sicav e alle Sicaf che gestiscono i propri patrimoni.

41 *bis*. Società di gestione UE. – 1. Per l'esercizio delle attività per le quali sono autorizzate ai sensi delle disposizioni dell'Unione europea, le società di gestione UE possono stabilire succursali nel territorio della Repubblica. Il primo insediamento è preceduto da una comunicazione alla Banca d'Italia e alla Consob da parte dell'autorità competente dello Stato di origine. La succursale inizia l'attività decorsi due mesi dalla comunicazione.

2. Salvo quanto previsto dall'articolo 42, le società di gestione UE possono svolgere le attività per le quali sono autorizzate ai sensi delle disposizioni dell'Unione europea nel territorio della Repubblica senza stabilirvi succursali, a condizione che la Banca d'Italia e la Consob siano informate dall'autorità competente dello Stato di origine.

3. Le società di gestione UE che intendono gestire un OICVM italiano rispettano le disposizioni previste nel capo II, nonché le disposizioni di attuazione dell'articolo 6, comma 1, lettera *c*). La Banca d'Italia approva il regolamento del fondo ai sensi dell'articolo 37 o autorizza la Sicav a condizione che:

a) il fondo o la Sicav rispetti le norme richiamate nel presente comma;

b) la società di gestione UE sia autorizzata a gestire nello Stato di origine un OICVM con caratteristiche analoghe a quello oggetto di approvazione;

c) la società di gestione UE abbia stipulato con il depositario un accordo che assicura al depositario la disponibilità delle informazioni necessarie per lo svolgimento dei propri compiti.

4. Qualora la Banca d'Italia intenda rifiutare l'approvazione del regolamento del fondo o l'autorizzazione della Sicav di cui al comma 3, consulta l'autorità competente dello Stato di origine della società di gestione UE.

5. La Banca d'Italia, sentita la Consob, disciplina con regolamento le condizioni e le procedu-

re che le società di gestione UE devono rispettare per svolgere nel territorio della Repubblica le attività richiamate ai commi 1, 2 e 3 mediante stabilimento di succursali o in regime di libera prestazione di servizi, nonché il contenuto dell'accordo tra la società di gestione UE e il depositario previsto nel comma 3, lettera *c*).

6. Le società di gestione UE che svolgono le attività di cui ai commi 1 e 3 nel territorio della Repubblica, mediante stabilimento di succursali, sono tenute a rispettare le norme di condotta previste all'articolo 35 *decies*. La Banca d'Italia e la Consob possono chiedere, nell'ambito delle rispettive competenze, alle società di gestione UE la comunicazione di dati e notizie e la trasmissione di atti e documenti con le modalità e nei termini dalle stesse stabiliti. La Banca d'Italia e la Consob, nell'ambito delle rispettive competenze, possono chiedere informazioni al personale delle società di gestione UE, anche per il tramite di queste ultime ([1]).

([1]) *Questo comma è stato così sostituito dall'attuale, dall'art. 2, comma 35, del D.L.vo 3 agosto 2017, n. 129. A norma dell'art. 10, comma 2, del medesimo decreto, tali disposizioni si applicano dal 3 gennaio 2018. Fino a tale data si applicano le disposizioni nel testo previgente che si riporta:*

«6. Le società di gestione UE che svolgono le attività di cui ai commi 1 e 3 nel territorio della Repubblica, mediante stabilimento di succursali, sono tenute a rispettare le norme di condotta previste all'articolo 35 decies. Alle società di gestione UE si applica l'articolo 8, comma 1».

41 *ter*. GEFIA UE. – 1. Fermo restando quanto previsto nelcapo II *ter*, i GEFIA UE possono svolgere l'attività di gestione collettiva del risparmio per la quale sono autorizzati ai sensi delle disposizioni dell'UE nel territorio della Repubblica in libera prestazione di servizi o mediante stabilimento di succursali, a condizione che la Banca d'Italia sia informata dall'autorità competente dello Stato di origine. La Banca d'Italia trasmette tempestivamente copia di tale comunicazione alla Consob.

2. I GEFIA UE che intendono gestire un FIA italiano rispettano le disposizioni previste nel capo II, le disposizioni di attuazione dell'articolo 6, comma 1, lettera *c*), e le seguenti condizioni:

a) sono autorizzati a gestire nello Stato di origine FIA con caratteristiche analoghe a quelli che intendono istituire e gestire in Italia;

b) hanno stipulato con il depositario un accordo idoneo ad assicurare a quest'ultimo la disponibilità delle informazioni necessarie per lo svolgimento dei propri compiti.

3. La Banca d'Italia, sentita la Consob, disciplina con regolamento il contenuto dell'accordo tra la società di gestione e il depositario previsto dal comma 2, lettera *b*).

4. I GEFIA UE che svolgono le attività previste dal comma 1 e dal capo II *ter* nel territorio della Repubblica mediante stabilimento di succursali, sono tenute a rispettare le norme di condotta previste dall'articolo 35 *decies* e dalle relative disposizioni di attuazione e gli obblighi in materia di gestione dei conflitti di interessi adottati in attuazione dell'articolo 6, comma 2, lettera b *bis*), numero 6), e comma 2 *bis*. La Banca d'Italia e la Consob possono chiedere, nell'ambito delle rispettive competenze, ai GEFIA UE la comunicazione di dati e notizie e la trasmissione di atti e documenti con le modalità e nei termini dalle stesse stabiliti. La Banca d'Italia e la Consob, nell'ambito delle rispettive competenze, possono chiedere informazioni al personale dei GEFIA UE, anche per il tramite di questi ultimi ([1]).

([1]) *Questo comma è stato così sostituito dall'attuale, dall'art. 2, comma 36, del D.L.vo 3 agosto 2017, n. 129. A norma dell'art. 10, comma 2, del medesimo decreto, tali disposizioni si applicano dal 3 gennaio 2018. Fino a tale data si applicano le disposizioni nel testo previgente che si riporta:*

«4. I GEFIA UE che svolgono le attività previste dal comma 1 e dal capo II ter nel territorio della Repubblica mediante stabilimento di succursali, sono tenute a rispettare le norme di condotta previste dall'articolo 35 decies e dalle relative disposizioni di attuazione e gli obblighi in materia di gestione dei conflitti di interessi adottati in attuazione dell'articolo 6, comma 2 bis, lettera l). *Ai GEFIA UE si applica l'articolo 8, comma 1».*

41 *quater*. GEFIA non UE. – 1. La Banca d'Italia, d'intesa con la Consob, autorizza i GEFIA non UE alla gestione di FIA italiani e FIA UE o alla commercializzazione nel territorio dell'UE dei FIA gestiti, quando l'Italia è, ai sensi della direttiva 2011/61/UE, lo Stato di riferimento. La Banca d'Italia trasmette tempestivamente alla Consob copia della richiesta di autorizzazione delle suddette società. La Banca d'Italia iscrive i GEFIA non UE autorizzati in un'apposita sezione dell'albo previsto dall'articolo 35. La Banca d'Italia comunica alla Consob le avvenute iscrizioni.

2. Ai GEFIA non UE autorizzati in un altro Stato dell'UE che intendono gestire un FIA italia-

no in libera prestazione di servizi o mediante stabilimento di succursali si applica, in quanto compatibile, l'articolo 41 *ter*.

3. I GEFIA non UE che svolgono le attività previste dal comma 1 nel territorio della Repubblica mediante stabilimento di succursali, rispettano le norme di condotta previste dall'articolo 35 *decies* e dalle relative disposizioni di attuazione e gli obblighi in materia di gestione dei conflitti di interessi adottate in attuazione dell'articolo 6, comma 2, lettera b *bis*), numero 6), e comma 2 *bis*. La Banca d'Italia e la Consob possono chiedere, nell'ambito delle rispettive competenze, alle succursali italiane di GEFIA non UE la comunicazione di dati e notizie e la trasmissione di atti e documenti con le modalità e nei termini dalle stesse stabiliti. La Banca d'Italia e la Consob, nell'ambito delle rispettive competenze, possono chiedere informazioni al personale delle succursali italiane di GEFIA non UE, anche per il tramite di queste ultime ([1]).

4. La Banca d'Italia, sentita la Consob, stabilisce con regolamento:

a) le condizioni e la procedura per il rilascio dell'autorizzazione di cui al comma 1;

b) le norme di attuazione delle disposizioni dell'UE concernenti le condizioni e le procedure che i GEFIA non UE autorizzati in Italia rispettano per operare in via transfrontaliera negli Stati dell'UE in conformità alle previsioni della direttiva 2011/61/UE e delle relative disposizioni attuative, fermo restando quanto previsto dal capo II *ter*.

([1]) *Questo comma è stato così sostituito dall'attuale, dall'art. 2, comma 37, del D.L.vo 3 agosto 2017, n. 129. A norma dell'art. 10, comma 2, del medesimo decreto, tali disposizioni si applicano dal 3 gennaio 2018. Fino a tale data si applicano le disposizioni nel testo previgente che si riporta:*

3. I GEFIA non UE che svolgono le attività previste dal comma 1 nel territorio della Repubblica mediante stabilimento di succursali, rispettano le norme di condotta previste dall'articolo 35 decies e dalle relative disposizioni di attuazione e gli obblighi in materia di gestione dei conflitti di interessi adottate in attuazione dell'articolo 6, comma 2 bis, lettera l). *Alle succursali italiane di GEFIA non UE si applica l'articolo 8, comma 1.*

Capo II ter ([1])
Commercializzazione di Oicr

([1]) *I Capi* II, II bis *e* III *sono stati così sostituiti dagli attuali Capi* II, II bis, II ter, II quater *e* III, *dall'art. 4, comma 6, del D.L.vo 4 marzo 2014, n. 44.*

42. Commercializzazione in Italia di quote o di azioni di OICVM UE. – 1. La commercializzazione in Italia di quote o di azioni di OICVM UE è preceduta da una notifica alla Consob da parte dell'autorità dello Stato di origine dell'OICVM, secondo le procedure previste dalle disposizioni dell'UE e nel rispetto delle relative norme di attuazione adottate con regolamento dalla Consob, sentita la Banca d'Italia. Con il medesimo regolamento la Consob determina le modalità di esercizio in Italia dei diritti degli investitori, avuto riguardo alle attività concernenti i pagamenti, il riacquisto e il rimborso delle quote.

2. Alle società di gestione UE che intendono offrire in Italia, senza stabilimento di succursali, quote di OICVM dalle stesse gestiti non si applicano le disposizioni dell'articolo 41 *bis*.

3. La Consob, sentita la Banca d'Italia, con regolamento:

a) individua le informazioni da fornire al pubblico nell'ambito della commercializzazione delle quote o delle azioni nel territorio della Repubblica nonché le modalità con cui tali informazioni devono essere fornite;

b) determina le modalità con cui devono essere resi pubblici il prezzo di emissione o di vendita, di riacquisto o di rimborso delle quote o delle azioni.

4. La Banca d'Italia e la Consob possono richiedere, nell'ambito delle rispettive competenze, agli emittenti e a coloro che curano la commercializzazione delle quote o delle azioni indicate nel comma 1 la comunicazione, anche periodica, di dati e notizie e la trasmissione di atti e documenti.

43. Commercializzazione di FIA riservati. – 1. La commercializzazione di FIA è l'offerta, anche indiretta, su iniziativa o per conto del gestore, delle quote o azioni del FIA gestito rivolta ad investitori residenti o aventi sede legale nel territorio dell'UE.

2. La commercializzazione in Italia delle quote o delle azioni di FIA italiani riservati, FIA UE e FIA non UE gestiti da una Sgr o da un GEFIA non UE autorizzato in Italia e la commercializza-

zione in uno Stato dell'UE diverso dall'Italia, nei confronti di investitori professionali, delle quote o azioni di FIA italiani, FIA UE e FIA non UE gestiti da una Sgr o da un GEFIA non UE autorizzato in Italia, sono precedute da una notifica alla Consob. La Consob trasmette tempestivamente alla Banca d'Italia le informazioni contenute nella notifica e i documenti ivi allegati.

3. La notifica contiene:

a) la lettera di notifica, corredata del programma di attività che individua il FIA oggetto della commercializzazione e lo Stato di origine del FIA;

b) il regolamento o lo statuto del FIA;

c) l'identità del depositario del FIA;

d) la descrizione del FIA e le altre informazioni messe a disposizione degli investitori ai sensi dell'articolo 6, comma 2, lettera *a*), n. 3 *bis*), e della relativa disciplina attuativa;

e) l'indicazione dello Stato d'origine dell'OICR master se l'OICR oggetto di commercializzazione è un OICR feeder;

f) se rilevante, l'indicazione dello Stato dell'UE diverso dall'Italia in cui le quote o azioni del FIA saranno commercializzate;

g) le informazioni sulle modalità stabilite per impedire la commercializzazione delle quote o azioni del FIA nei confronti di investitori al dettaglio. A tal fine, il regolamento o lo statuto e la documentazione messa a disposizione degli investitori prevedono che le quote o le azioni dei FIA possono essere commercializzate solo nei confronti di investitori professionali.

4. La Consob, d'intesa con la Banca d'Italia, se non sussistono motivi ostativi, entro 20 giorni lavorativi dal ricevimento della notifica:

a) comunica alla Sgr o al GEFIA non UE che può avviare la commercializzazione in Italia delle quote o azioni del FIA oggetto della notifica. Nel caso di commercializzazione in Italia di un FIA UE, la comunicazione è effettuata anche nei confronti dell'autorità competente dello Stato d'origine del FIA;

b) trasmette all'autorità competente dello Stato dell'UE diverso dall'Italia in cui la Sgr o il GEFIA non UE intende commercializzare il FIA il fascicolo di notifica che include la documentazione prevista dal comma 3 e l'attestato di cui al comma 5. La Consob informa tempestivamente il gestore dell'avvenuta trasmissione del fascicolo di notifica. Il gestore non può avviare la commercializzazione prima della ricezione di tale comunicazione.

5. La Banca d'Italia esprime la propria intesa sui profili indicati dalle lettere *a*), *b*), *c*) ed *e*) del comma 3, e in ordine all'adeguatezza del gestore a gestire il FIA oggetto di notifica. Nel caso di commercializzazione in uno Stato membro dell'UE diverso dall'Italia, la Banca d'Italia, ove rilasci la propria intesa, attesta che il gestore è autorizzato a gestire il FIA oggetto di notifica.

6. La Consob, sentita la Banca d'Italia, definisce con regolamento le procedure per la notifica prevista dal comma 2.

7. Nel caso di modifiche rilevanti delle informazioni e dei documenti indicati nel comma 3, il gestore comunica tali modifiche alla Consob almeno trenta giorni prima della relativa vigenza o, nel caso di modifiche che non è possibile pianificare, non appena esse intervengono. La Consob trasmette tempestivamente alla Banca d'Italia le informazioni contenute nella notifica ed i documenti alla stessa allegati. Entro trenta giorni dal ricevimento della comunicazione la Consob e la Banca d'Italia, nell'ambito delle rispettive competenze, possono disporre il divieto della modifica.

8. La commercializzazione in Italia, a investitori professionali e alle categorie di investitori individuate dal regolamento di cui all'articolo 39, delle quote o azioni di FIA italiani riservati, FIA UE e non UE gestiti da un GEFIA UE o da un GEFIA non UE autorizzato in uno Stato dell'UE diverso dall'Italia, è preceduta da una notifica alla Consob da parte dell'autorità dello Stato membro di origine per ciascun FIA oggetto di commercializzazione. La Consob trasmette tempestivamente alla Banca d'Italia le informazioni contenute nella notifica e i documenti alla stessa allegati. Nel caso di commercializzazione di quote o azioni di FIA italiani resta fermo quanto previsto nell'articolo 41 *ter*, commi 2 e 3. La Consob, sentita la Banca d'Italia, definisce con regolamento la procedura per la notifica prevista dal presente comma.

9. Le disposizioni del presente articolo relative alle Sgr, ai GEFIA UE e ai GEFIA non UE si applicano anche ai FIA italiani, ai FIA UE e ai FIA non UE che gestiscono i propri patrimoni.

44. Commercializzazione di FIA non riservati. – 1. Fermo restando quanto previsto dagli articoli 35 *bis*, 37, 38 e 39, la commercializzazione in Italia di quote o azioni di FIA italiani non riservati alle categorie di investitori di cui all'articolo 43, è preceduta da una notifica inoltrata dal gestore alla Consob per ciascun FIA oggetto di commercializzazione.

2. Alla lettera di notifica è allegata la seguente documentazione:

a) il prospetto destinato alla pubblicazione;

b) il regolamento o lo statuto del FIA oggetto di commercializzazione;

c) il documento contenente le ulteriori informazioni da mettere a disposizione prima dell'investimento ai sensi dell'articolo 6, comma 2, lettera *a*), n. 3 *bis*), e delle relative disposizioni di attuazione, da cui risulta l'assenza di trattamenti preferenziali nei confronti di uno o più investitori o categorie di investitori.

3. La Consob comunica al gestore che può iniziare a commercializzare agli investitori al dettaglio non rientranti nelle categorie di investitori cui possono essere commercializzati i FIA italiani riservati, i FIA indicati nella notifica entro 10 giorni lavorativi dal ricevimento della medesima quando è verificata la completezza, la coerenza e la comprensibilità delle informazioni contenute nella documentazione allegata alla lettera di notifica. Il gestore non può avviare la commercializzazione agli investitori al dettaglio non rientranti nelle categorie di investitori cui possono essere commercializzati i FIA italiani riservati, prima della ricezione della comunicazione.

4. La Consob, sentita la Banca d'Italia, disciplina la procedura per la notifica prevista dal comma 1.

5. I gestori di FIA UE e FIA non UE che commercializzano nello Stato di origine dei FIA medesimi le relative azioni o quote nei confronti di investitori al dettaglio ed intendono commercializzare tali FIA in Italia nei confronti di investitori al dettaglio non rientranti nelle categorie di investitori cui possono essere commercializzati i FIA italiani riservati, presentano istanza di autorizzazione alla Consob. La Consob, d'intesa con la Banca d'Italia sui profili di cui alle lettere *b*) e *c*), autorizza la commercializzazione se sono rispettate le seguenti condizioni:

a) i gestori hanno completato le procedure previste dall'articolo 43;

b) gli schemi di funzionamento e le norme di contenimento e di frazionamento del rischio di tali FIA sono compatibili con quelli previsti per i FIA italiani;

c) la disciplina del depositario di FIA è equivalente a quella applicabile ai FIA italiani non riservati;

d) il regolamento o lo statuto del FIA non consente trattamenti preferenziali nei confronti di uno o più investitori o categorie di investitori ai sensi dell'articolo 35 *decies*, comma 1, lettera *d*), e delle disposizioni dell'UE vigenti che disciplinano la materia;

e) il modulo organizzativo adottato assicura in Italia l'esercizio dei diritti patrimoniali degli investitori in conformità alle disposizioni regolamentari dettate dalla Consob, sentita la Banca d'Italia;

f) le informazioni da mettere a disposizione degli investitori al dettaglio prima dell'investimento risultano complete, coerenti e comprensibili.

6. La Consob, sentita la Banca d'Italia, disciplina con regolamento le procedure per il rilascio dell'autorizzazione prevista dal comma 5.

7. All'offerta al pubblico e all'ammissione alle negoziazioni delle quote o azioni dei FIA commercializzati ai sensi del presente articolo si applicano le disposizioni previste dalla parte IV, titolo II, capo I e titolo III, capo I, e le relative norme di attuazione.

8. Nel caso di FIA soggetti alla disciplina prevista dalla parte IV, titolo II, capo I, sezione I, per la cui offerta l'Italia è lo Stato membro d'origine, la notifica prevista dal comma 1 si considera effettuata anche ai fini e per gli effetti dell'articolo 94, comma 1, e la verifica della completezza, coerenza e comprensibilità delle informazioni contenute nel documento di cui al comma 2, lettera *c*), è effettuata nel corso della procedura prevista dall'articolo 94 *bis*, comma 2. La comunicazione prevista dal comma 3 è effettuata con il provvedimento di approvazione del prospetto.

9. La Consob e la Banca d'Italia esercitano i poteri previsti dagli articoli 6 *bis* e 6 *ter* nei confronti degli organismi esteri indicati al comma 5 e dei relativi gestori. A tali soggetti si applica altresì l'articolo 8 ([1]).

([1]) *Questo comma è stato così sostituito dall'attuale, dall'art. 2, comma 38, del D.L.vo 3 agosto 2017, n. 129. A norma dell'art. 10, comma 2, del medesimo decreto, tali disposizioni si applicano dal 3 gennaio 2018. Fino a tale data si applicano le disposizioni nel testo previgente che si riporta:*

«9. La Consob e la Banca d'Italia esercitano i poteri previsti dagli articoli 8 e 10 nei confronti degli organismi esteri indicati al comma 5 e dei relativi gestori».

Leggi complementari

Capo II *quater* (1)
Obblighi delle Sgr i cui FIA acquisiscono partecipazioni rilevanti e di controllo di società non quotate e di emittenti

(1) *I Capi* II, II bis *e* III *sono stati così sostituiti dagli attuali Capi* II, II bis, II ter, II quater *e* III, *dall'art. 4, comma 6, del D.L.vo 4 marzo 2014, n. 44.*

45. Obblighi relativi all'acquisizione di partecipazioni rilevanti o di controllo di società non quotate. – 1. Le Sgr comunicano alla Consob il raggiungimento, il superamento o la riduzione al di sotto delle soglie del 10%, 20%, 30%, 50% e 75% dei diritti di voto in una società non quotata in conseguenza dell'acquisto, della detenzione o della cessione di partecipazioni al capitale sociale da parte del FIA italiano, del FIA UE o non UE da esse gestito. Tale comunicazione è effettuata entro dieci giorni lavorativi dalla data dell'operazione.

2. Le Sgr i cui FIA italiani, FIA UE o non UE acquisiscono o detengono, anche indirettamente per il tramite di fiduciari o per interposta persona, la maggioranza assoluta dei diritti di voto esercitabili nell'assemblea di una società non quotata, comunicano l'acquisizione del controllo, entro dieci giorni lavorativi:

a) alla società;

b) agli azionisti le cui identità e i cui indirizzi sono a disposizione della Sgr ovvero possono essere messi a disposizione tramite la società non quotata ovvero tramite un registro a cui la Sgr può avere accesso;

c) alla Consob.

3. Le disposizioni contenute nei commi 1 e 2 si applicano anche:

a) alle Sgr i cui FIA acquisiscono, anche congiuntamente, una partecipazione rilevante in una società non quotata;

b) alle Sgr che gestiscono uno o più FIA che, individualmente o congiuntamente in base a un accordo, acquisiscono il controllo di una società non quotata;

c) alle Sgr che cooperano con altre Sgr ovvero con GEFIA UE o non UE, in base ad un accordo in virtù del quale i FIA dalle stesse gestiti acquisiscono congiuntamente il controllo di una società non quotata;

d) alle Sicav e alle Sicaf che gestiscono direttamente i propri patrimoni che si trovano nelle situazioni previste dalle lettere *a*), *b*) e *c*).

4. Ai fini del presente articolo, sono considerate società non quotate le società aventi sede legale nell'Unione europea non aventi azioni ammesse alle negoziazioni in un mercato regolamentato, diverse dalle:

a) microimprese, piccole imprese e medie imprese, come definite dall'articolo 2, paragrafo 1, dell'allegato alla raccomandazione 2003/361/CE della Commissione europea, del 6 maggio 2003;

b) società veicolo finalizzate all'acquisto, alla detenzione o all'amministrazione di beni immobili.

5. La Consob, nel rispetto delle disposizioni della direttiva 2011/61/UE, stabilisce con regolamento:

a) le modalità di effettuazione delle comunicazioni previste dal comma 1;

b) il contenuto e le modalità di adempimento degli obblighi informativi nei confronti dei soggetti indicati al comma 2, nonché dei rappresentanti dei lavoratori della società non quotata ovvero, in loro mancanza, dei lavoratori stessi;

c) il contenuto delle informazioni ulteriori da inserire nella relazione annuale della società non quotata controllata, nonché le modalità e i termini con cui la stessa è messa a disposizione dall'organo amministrativo ai rappresentanti dei lavoratori o, in loro mancanza, ai lavoratori stessi;

d) gli obblighi che le Sgr sono tenute ad osservare al fine di garantire la tutela del capitale ed impedire lo scorporo delle attività della società non quotata per un periodo di ventiquattro mesi dall'acquisizione del controllo da parte degli Oicr gestiti.

46. Obblighi relativi all'acquisizione di partecipazioni di controllo di un emittente. – 1. Le Sgr i cui FIA italiani, FIA UE e non UE acquisiscono una partecipazione di controllo al capitale di un emittente comunicano le informazioni stabilite dalla Consob con proprio regolamento, secondo le modalità e nei termini ivi stabiliti, nei confronti:

a) dell'emittente;

b) degli azionisti le cui identità e i cui indirizzi sono a disposizione della Sgr ovvero possono essere messi a disposizione tramite l'emittente ovvero tramite un registro a cui la Sgr può avere accesso;

c) della Consob.

2. Ai fini di quanto previsto dal comma 1, per acquisto di unaparte cipazione di controllo si intende l'acquisto da parte di una Sgr, individualmente o in accordo con altre Sgr, anche indirettamente per il tramite di fiduciari o per interposta persona, di una partecipazione che attribuisca di-

ritti di voto in misura pari o superiore alla soglia del trenta per cento del capitale di un'emittente avente sede legale in Italia, ovvero alla diversa soglia determinata ai sensi dell'articolo 5, paragrafo 3, della direttiva 2004/25/CE, concernente le offerte pubbliche d'acquisto, secondo l'ordinamento dello Stato membro ove ha sede l'emittente.

3. Il presente articolo si applica anche:

a) alle Sgr che gestiscono uno o più FIA italiani, FIA UE o non UE che, individualmente o congiuntamente in base a un accordo, acquisiscono il controllo di un emittente;

b) alle Sgr che cooperano con altre Sgr ovvero con GEFIA UE o non UE, in base ad un accordo in virtù del quale i FIA italiani, i FIA UE o non UE dalle stesse gestiti acquisiscono congiuntamente il controllo di un emittente;

c) alle Sicav e alle Sicaf che gestiscono direttamente i propri patrimoni che si trovano nelle situazioni previste dalle lettere *a*) e *b*).

4. La Consob, nel rispetto delle disposizioni della direttiva 2011/61/UE, stabilisce con regolamento:

a) il contenuto e le modalità di adempimento degli obblighi informativi nei confronti dei soggetti indicati al comma 1, nonché dei rappresentanti dei lavoratori dell'emittente;

b) ovvero, in loro mancanza, dei lavoratori stessi;

c) gli obblighi che le Sgr sono tenute ad osservare al fine di garantire la tutela del capitale ed impedire lo scorporo delle attività dell'emittente per un periodo di ventiquattro mesi dall'acquisizione del controllo da parte degli Oicr gestiti.

5. Ai fini del presente articolo, sono considerate emittenti le società aventi azioni ammesse alle negoziazioni in un mercato regolamentato, diverse dalle:

a) microimprese, piccole imprese e medie imprese, come definite dall'articolo 2, paragrafo 1, dell'allegato alla raccomandazione 2003/361/CE della Commissione europea, del 6 maggio 2003;

b) società veicolo finalizzate all'acquisto, alla detenzione o all'amministrazione di beni immobili.

Capo II *quinquies* (1)
Oicr di credito

(1) *Questo Capo è stato inserito dall'art. 17, comma 1, lett.* b), *del D.L. 14 febbraio 2016, n. 18, convertito, con modificazioni, nella L. 8 aprile 2016, n. 49.*

46 *bis*. Erogazione diretta di crediti da parte di FIA italiani. – 1. I FIA italiani possono investire in crediti, a valere sul proprio patrimonio, a favore di soggetti diversi da consumatori, nel rispetto delle norme del presente decreto e delle relative disposizioni attuative adottate ai sensi degli articoli 6, comma 1, e 39.

46 *ter*. Erogazione diretta di crediti da parte di FIA UE in Italia. – 1. I FIA UE possono investire in crediti, a valere sul proprio patrimonio, a favore di soggetti diversi da consumatori, in Italia nel rispetto delle seguenti condizioni:

a) il FIA UE è autorizzato dall'autorità competente dello stato membro d'origine a investire in crediti, inclusi quelli erogati a valere sul proprio patrimonio, nel paese di origine;

b) il FIA UE ha forma chiusa e lo schema di funzionamento dello stesso, in particolare per quanto riguarda le modalità diparte cipazione, è analogo a quello dei FIA italiani che investono in crediti;

c) le norme del paese d'origine del FIA UE in materia di contenimento e di frazionamento del rischio, inclusi i limiti di leva finanziaria, sono equivalenti alle norme stabilite per i FIA italiani che investono in crediti. L'equivalenza rispetto alle norme italiane può essere verificata con riferimento anche alle sole disposizioni statutarie o regolamentari del FIA UE, a condizione che l'autorità competente dello stato membro di origine ne assicuri l'osservanza.

2. I gestori che gestiscono FIA UE che intendono investire in crediti a valere sul proprio patrimonio in Italia comunicano tale intenzione alla Banca d'Italia. Il FIA UE non può iniziare ad operare prima che siano trascorsi sessanta giorni dalla comunicazione, entro i quali la Banca d'Italia può vietare l'investimento in crediti a valere sul proprio patrimonio in Italia.

3. La Banca d'Italia e la Consob possono chiedere, nell'ambito delle rispettive competenze, ai gestori, la comunicazione di dati e notizie e la trasmissione di atti e documenti con le modalità e nei termini dalle stesse stabiliti (1). La Banca d'Italia e la Consob, nell'ambito delle rispettive competenze, possono chiedere informazioni al personale dei gestori, anche per il tramite di questi ultimi (1). La Banca d'Italia può prevedere la partecipazione dei FIA UE di cui al comma 1 alla centrale dei rischi e può prevedere altresì che la partecipazione avvenga per il tramite di banche e intermediari iscritti all'albo di cui all'articolo 106 del decreto legislativo 1° settembre 1993, n. 385.

4. Restano ferme le disposizioni italiane applicabili ai FIA UE sulla commercializzazione di azioni o quote e in ogni altra materia non espressamente regolata dal presente articolo.

5. La Banca d'Italia detta le disposizioni attuative del presente articolo.

(1) *Questo periodo è stato così sostituito dall'attuale, dall'art. 2, comma 39, del D.L.vo 3 agosto 2017, n. 129. A norma dell'art. 10, comma 2, del medesimo decreto, tali disposizioni si applicano dal 3 gennaio 2018. Fino a tale data si applicano le disposizioni nel testo previgente che si riporta:*

«Ai gestori si applica l'articolo 8, comma 1».

46 *quater*. Altre disposizioni applicabili. – 1. Ai crediti erogati in Italia da parte di FIA italiani e FIA UE, a valere sul proprio patrimonio, si applicano le disposizioni sulla trasparenza delle condizioni contrattuali e dei rapporti con i clienti di cui al Titolo VI, Capi I e III, con esclusione dell'articolo 128 *bis*, e le disposizioni sulle sanzioni amministrative di cui al Titolo VIII, Capi V e VI, del decreto legislativo 1° settembre 1993, n. 385, fermo restando quanto previsto dall'articolo 23, comma 4 del presente decreto.

2. Al rispetto degli obblighi previsti dalle disposizioni indicate al comma 1 è tenuto il gestore del FIA.

Capo III (1)
Depositario

(1) *I Capi* II, II bis *e* III *sono stati così sostituiti dagli attuali Capi* II, II bis, II ter, II quater *e* III, *dall'art. 4, comma 6, del D.L.vo 4 marzo 2014, n. 44.*

47. Incarico di depositario. – 1. Per ciascun Oicr il gestore conferisce l'incarico di depositario a un unico soggetto, cui sono affidati i beni dell'Oicr secondo quanto previsto nel presente capo.

2. L'incarico di depositario può essere assunto da banche italiane, succursali italiane di banche UE e di banche di paesi terzi, Sim e succursali italiane di imprese di investimento UE e di imprese di paesi terzi diverse dalle banche (1).

3. La Banca d'Italia autorizza l'esercizio delle funzioni di depositario e disciplina, sentita la Consob, le condizioni per l'assunzione dell'incarico.

4. Gli amministratori e i sindaci del depositario riferiscono senza ritardo alla Banca d'Italia e alla Consob, ciascuna per le proprie competenze, sulle irregolarità riscontrate nell'amministrazione del gestore e nella gestione degli Oicr e forniscono, su richiesta della Banca d'Italia e della Consob, informazioni su atti o fatti di cui sono venuti a conoscenza nell'esercizio delle funzioni di depositario.

(1) *Questo comma è stato così sostituito dall'attuale, dall'art. 2, comma 40, del D.L.vo 3 agosto 2017, n. 129. A norma dell'art. 10, comma 2, del medesimo decreto, tali disposizioni si applicano dal 3 gennaio 2018. Fino a tale data si applicano le disposizioni nel testo previgente che si riporta:*

«2. L'incarico di depositario può essere assunto da banche autorizzate in Italia, succursali italiane di banche comunitarie, Sim e succursali italiane di imprese di investimento».

48. Compiti del depositario. – 1. Il depositario agisce in modo indipendente e nell'interesse dei partecipanti all'Oicr. Esso adotta ogni misura idonea a prevenire potenziali conflitti di interesse tra l'esercizio delle funzioni di depositario e le altre attività svolte.

2. Il depositario adempie agli obblighi di custodia degli strumenti finanziari ad esso affidati e alla verifica della proprietà nonché alla tenuta delle registrazioni degli altri beni. Se non sono affidate a soggetti diversi, detiene altresì le disponibilità liquide degli Oicr.

3. Il depositario, nell'esercizio delle proprie funzioni:

a) accerta la legittimità delle operazioni di vendita, emissione, riacquisto, rimborso e annullamento delle quote del fondo, nonché la destinazione dei redditi dell'Oicr;

b) accerta la correttezza del calcolo del valore delle parti dell'Oicr [o, nel caso di OICVM italiani, su incarico del gestore, provvede esso stesso a tale calcolo] (1);

c) accerta che nelle operazioni relative all'Oicr la controprestazione sia rimessa nei termini d'uso;

d) esegue le istruzioni del gestore se non sono contrarie alla legge, al regolamento o alle prescrizioni degli organi di vigilanza;

e) monitora i flussi di liquidità dell'Oicr, nel caso in cui la liquidità non sia affidata al medesimo.

3 *bis*. Il depositario può svolgere altre attività nei confronti del gestore, incluso il calcolo del valore delle parti dell'OICVM, ferma restando l'applicazione della disciplina in materia di esternalizzazione ai sensi dell'articolo 6, comma 1, lettera c *bis*), numero 8), e comma 2 *bis* e a condizione che separi, sotto il profilo gerarchico e funzionale, l'espletamento delle funzioni di depositario dagli altri suoi compiti potenzialmente confliggenti e che

i potenziali conflitti di interesse siano identificati, gestiti, monitorati e comunicati agli investitori dell'Oicr (2).

4. La Banca d'Italia, sentita la Consob, emana disposizioni di attuazione del presente articolo, anche con riferimento all'individuazione dei soggetti diversi dal depositario cui possono essere affidate le disponibilità liquide, alle modalità di deposito di tali disponibilità liquide, nonché alle condizioni per la delega della custodia e il riuso dei beni dell'Oicr da parte del depositario.

(1) *Le parole tra parentesi quadrate sono state soppresse dall'art. 1, comma 1, lett.* b), *n.* 1), *del D.L.vo 18 aprile 2016, n. 71, a decorrere dal 4 giugno 2016.*

(2) *Questo comma è stato inserito dall'art. 1, comma 1, lett.* b), *n.* 2), *del D.L.vo 18 aprile 2016, n. 71, a decorrere dal 4 giugno 2016.*

49. Responsabilità del depositario. – 1. Il depositario è responsabile nei confronti del gestore e dei partecipanti all'Oicr di ogni pregiudizio da essi subito in conseguenza dell'inadempimento dei propri obblighi.

2. In caso di perdita di strumenti finanziari detenuti in custodia, il depositario, se non prova che l'inadempimento è stato determinato da caso fortuito o forza maggiore, è tenuto a restituire senza indebito ritardo strumenti finanziari della stessa specie o una somma di importo corrispondente, salva la responsabilità per ogni altra perdita subita dall'Oicr o dagli investitori in conseguenza del mancato rispetto, intenzionale o dovuto a negligenza, dei propri obblighi.

3. In caso di perdita di strumenti finanziari da parte del terzo al quale è stata delegata la custodia, resta impregiudicata la responsabilità del depositario, fatta salva l'eventuale stipula di accordi scritti tra il gestore, il depositario e il terzo al quale è stata delegata la custodia, volti a determinare l'assunzione in via esclusiva della responsabilità da parte del terzo. Per l'eventuale stipula di tali accordi il gestore, il depositario e il terzo si attengono alla disciplina, stabilita dalla Banca d'Italia, sentita la Consob, che individua i casi in cui tali accordi sono consentiti e il loro contenuto minimo.

4. In caso di assunzione in via esclusiva della responsabilità da parte del terzo ai sensi del comma 3, esso risponde ai sensi del comma 2. Resta impregiudicata la responsabilità del terzo, qualora deleghi a sua volta la custodia degli strumenti finanziari a un altro soggetto, fatta salva la possibilità di accordi secondo quanto previsto dal comma 3.

50. (1) [**Altre disposizioni applicabili.** – 1. Alle SICAV, per quanto non disciplinato dal presente capo, si applicano gli articoli 36, comma 2, 37, 38, 40 e 41. Alle SICAV autorizzate ai sensi dell'articolo 43, si applica altresì l'articolo 33, comma 4.

2. All'offerta in Italia di azioni di SICAV comunitarie ed extracomunitarie si applica l'articolo 42].

(1) *Questo articolo è stato abrogato dall'art. 4, comma 7, del D.L.vo 4 marzo 2014, n. 44.*

Capo III quater
Gestione di portali per la raccolta di capitali per le piccole e medie imprese e per le imprese sociali (1) (2)

(1) *Questo Capo è stato inserito dall'art. 30, comma 2, del D.L. 18 ottobre 2012, n. 179, convertito, con modificazioni, nella L. 17 dicembre 2012, n. 221.*

(2) *La precedente rubrica*: «Gestione di portali per la raccolta di capitali per le PMI e per le imprese sociali» *è stata da ultimo così sostituita dalla attuale: «Gestione di portali per la raccolta di capitali per le piccole e medie imprese e per le imprese sociali» dall'art. 2, comma 42, del D.L.vo 3 agosto 2017, n. 129. A norma dell'art. 10, comma 2, del medesimo decreto, tali disposizioni si applicano dal 3 gennaio 2018.*

50 *quinquies*. Gestione di portali per la raccolta di capitali per le piccole e medie imprese e per le imprese sociali (1). – 1. È gestore di portali il soggetto che esercita professionalmente il servizio di gestione di portali per la raccolta di capitali per le piccole e medie imprese e per le imprese sociali ed è iscritto nel registro di cui al comma 2 (2).

2. L'attività di gestione di portali per la raccolta di capitali per le piccole e medie imprese e per le imprese sociali è riservata alle Sim, alle imprese di investimento UE, alle imprese di paesi terzi diverse dalle banche autorizzate in Italia, ai gestori di cui all'articolo 1, comma 1, lettera q *bis*), limitatamente all'offerta di quote o azioni di Oicr che investono prevalentemente in piccole e medie imprese e alle banche, autorizzati ai relativi servizi di investimento, nonché ai soggetti iscritti in un apposito registro tenuto dalla Consob, a condizione che questi ultimi trasmettano gli ordini riguardanti la sottoscrizione e la compravendita di strumenti finanziari rappresentativi di capitale esclusivamente a banche, Sim, imprese di investimento UE e imprese di paesi terzi diverse dalla banche, e gli ordini riguardanti azioni o quote degli Oicr ai relativi gestori. Ai soggetti iscritti in tale

Leggi complementari

registro non si applicano le disposizioni della parte II, titolo II, capo II e dell'articolo 32 ([3]).

3. L'iscrizione nel registro di cui al comma 2 è subordinata al ricorrere dei seguenti requisiti:

a) forma di società per azioni, di società in accomandita per azioni, di società a responsabilità limitata o di società cooperativa;

b) sede legale e amministrativa o, per i soggetti comunitari, stabile organizzazione nel territorio della Repubblica;

c) oggetto sociale conforme con quanto previsto dal comma 1;

d) possesso da parte di coloro che detengono il controllo e dei soggetti che svolgono funzioni di amministrazione, direzione e controllo dei requisiti di onorabilità stabiliti dalla Consob;

e) possesso da parte dei soggetti che svolgono funzioni di amministrazione, direzione e controllo, di requisiti di professionalità stabiliti dalla Consob.

e bis) adesione a un sistema di indennizzo a tutela degli investitori o stipula di un'assicurazione di responsabilità professionale che garantisca una protezione equivalente alla clientela, secondo i criteri stabiliti dalla Consob con regolamento ([4]).

4. I soggetti iscritti nel registro di cui al comma 2 non possono detenere somme di denaro o strumenti finanziari di pertinenza di terzi.

5. La Consob determina, con regolamento, i principi e i criteri relativi:

a) alla formazione del registro e alle relative forme di pubblicità;

b) alle eventuali ulteriori condizioni per l'iscrizione nel registro, alle cause di sospensione, radiazione e riammissione e alle misure applicabili nei confronti degli iscritti nel registro;

c) alle eventuali ulteriori cause di incompatibilità;

d) alle regole di condotta che i gestori di portali devono rispettare nel rapporto con gli investitori, prevedendo un regime semplificato per i clienti professionali.

6. La Consob esercita la vigilanza sui gestori di portali per verificare l'osservanza delle disposizioni di cui al presente articolo e della relativa disciplina di attuazione. A questo fine la Consob può convocare gli amministratori, i sindaci e il personale dei gestori, ([5]) chiedere la comunicazione di dati e di notizie e la trasmissione di atti e di documenti, fissando i relativi termini, nonché effettuare ispezioni.

6 *bis*. La Consob adotta le disposizioni attuative dell'articolo 4 *undecies* ([6]).

[7. I gestori di portali che violano le norme del presente articolo o le disposizioni emanate dalla Consob in forza di esso, sono puniti, in base alla gravità della violazione e tenuto conto dell'eventuale recidiva, con una sanzione amministrativa pecuniaria da euro cinquecento a euro venticinquemila. Per i soggetti iscritti nel registro di cui al comma 2, può altresì essere disposta la sospensione da uno a quattro mesi o la radiazione dal registro. Si applicano i commi 2 e 3 dell'articolo 196. Resta fermo quanto previsto dalle disposizioni della parte II, titolo IV, capo I, applicabili alle imprese di investimento, alle banche, alle SGR e alle società di gestione armonizzate] ([7]).

([1]) *La precedente rubrica*: «Gestione di portali per la raccolta di PMI e per le imprese sociali» *è stata da ultimo così sostituita dalla attuale: «Gestione di portali per la raccolta di capitali per le piccole e medie imprese e per le imprese sociali» dall'art. 2, comma 43, lett.* a), *del D.L.vo 3 agosto 2017, n. 129. A norma dell'art. 10, comma 2, del medesimo decreto, tali disposizioni si applicano dal 3 gennaio 2018.*

([2]) *Questo comma è stato così sostituito dall'art. 2, comma 43, lett.* b), *del D.L.vo 3 agosto 2017, n. 129. A norma dell'art. 10, comma 2, del medesimo decreto, tali disposizioni si applicano dal 3 gennaio 2018. Fino a tale data si applicano le disposizioni nel testo previgente che si riporta:*

«1. È gestore di portali il soggetto che esercita professionalmente il servizio di gestione di portali per la raccolta di capitali per le PMI, per le imprese sociali, per gli organismi di investimento collettivo del risparmio e per le società di capitali che investono prevalentemente in PMI ed è iscritto nel registro di cui al comma 2».

([3]) *Questo comma è stato così sostituito dall'art. 2, comma 43, lett.* b), *del D.L.vo 3 agosto 2017, n. 129. A norma dell'art. 10, comma 2, del medesimo decreto, tali disposizioni si applicano dal 3 gennaio 2018. Fino a tale data si applicano le disposizioni nel testo previgente che si riporta:*

2. L'attività di gestione di portali per la raccolta di capitali per le PMI, per le imprese sociali, per gli organismi di investimento collettivo del risparmio e per le società di capitali che investono prevalentemente in PMI è riservata alle imprese di investimento e alle banche autorizzate ai relativi servizi di investimento nonché ai soggetti iscritti in un apposito registro tenuto dalla Consob, a condizione che questi ultimi trasmettano gli ordini riguardanti la sottoscrizione e la compravendita di strumenti finanziari rappresentativi di capitale esclusivamente a banche e imprese di investimento. Ai soggetti iscritti in tale registro non si applicano le disposizioni della parte II, titolo II, capo II e dell'articolo 32.

(4) *Questa lettera è stata aggiunta dall'art. 2, comma 43, lett.* c), *del D.L.vo 3 agosto 2017, n. 129. A norma dell'art. 10, comma 2, del medesimo decreto, tali disposizioni si applicano dal 3 gennaio 2018.*

(5) *Le parole: «convocare gli amministratori, i sindaci e il personale dei gestori,» sono state inserite dall'art. 2, comma 43, lett.* d), *del D.L.vo 3 agosto 2017, n. 129. A norma dell'art. 10, comma 2, del medesimo decreto, tali disposizioni si applicano dal 3 gennaio 2018.*

(6) *Questo comma è stato inserito dall'art. 2, comma 43, lett.* e), *del D.L.vo 3 agosto 2017, n. 129. A norma dell'art. 10, comma 2, del medesimo decreto, tali disposizioni si applicano dal 3 gennaio 2018.*

(7) *Questo comma è stato abrogato dall'art. 2, comma 43, lett.* f), *del D.L.vo 3 agosto 2017, n. 129. A norma dell'art. 10, comma 2, del medesimo decreto, tali disposizioni si applicano dal 3 gennaio 2018.*

Titolo IV
Provvedimenti ingiuntivi e crisi

Capo I (1)
Disciplina
dei provvedimenti ingiuntivi

(1) *Questo capo è stato abrogato dall'art. 2, comma 44, del D.L.vo 3 agosto 2017, n. 129. A norma dell'art. 10, comma 2, del medesimo decreto, tali disposizioni si applicano dal 3 gennaio 2018.*

51. [Provvedimenti ingiuntivi nei confronti di intermediari nazionali e extracomunitari. – 1. In caso di violazione da parte di SIM, di imprese di investimento e di banche extracomunitarie, di società di gestione del risparmio, di Sicav, di Sicaf, di GEFIA non UE autorizzati in Italia (1) e di banche autorizzate alla prestazione di servizi e attività (2) di investimento aventi sede in Italia delle disposizioni loro applicabili ai sensi del presente decreto, la Banca d'Italia o la CONSOB, nell'ambito delle rispettive competenze (3), possono ordinare alle stesse di porre termine a tali irregolarità.

2. L'autorità di vigilanza che procede può altresì, sentita l'altra autorità, vietare ai soggetti indicati nel comma 1 di intraprendere nuove operazioni, nonché imporre ogni altra limitazione riguardante singole tipologie di operazioni, (4) singoli servizi o attività, anche limitatamente a singole succursali o dipendenze dell'intermediario, quando:

a) le violazioni commesse possano pregiudicare interessi di carattere generale;

b) nei casi di urgenza per la tutela degli interessi degli investitori].

(1) *Le parole: «, di Sicaf, di GEFIA non UE autorizzati in Italia» sono state inserite dall'art. 5, comma 1, del D.L.vo 4 marzo 2014, n. 44.*

(2) *Le parole: «e attività» sono state inserite dall'art. 9, comma 1, lett.* a), *del D.L.vo 17 settembre 2007, n. 164, a decorrere dal 1° novembre 2007.*

(3) *Le parole: «ciascuna per le materie di propria competenza» sono state così sostituite dalle attuali: «nell'ambito delle rispettive competenze» dall'art. 9, comma 1, lett.* b), *del D.L.vo 17 settembre 2007, n. 164, a decorrere dal 1° novembre 2007.*

(4) *La parola: «riguardanti» è stata così sostituita dalle attuali: «, nonché imporre ogni altra limitazione riguardante singole tipologie di operazioni,» dall'art. 9, comma 1, lett.* c), *del D.L.vo 17 settembre 2007, n. 164, a decorrere dal 1° novembre 2007.*

52. [Provvedimenti ingiuntivi nei confronti di intermediari comunitari. – 1. In caso di violazione da parte di imprese di investimento comunitarie con succursale in Italia, di società di gestione UE, di GEFIA UE e non UE autorizzati in uno Stato dell'UE diverso dall'Italia, (1) di banche comunitarie con succursale in Italia e di società finanziarie previste dall'articolo 18, comma 2, del testo unico bancario, delle disposizioni loro applicabili secondo l'ordinamento italiano (2), la Banca d'Italia o la CONSOB, nell'ambito delle rispettive competenze, possono ordinare alle stesse di porre termine a tali irregolarità, dandone comunicazione anche all'Autorità di vigilanza dello Stato membro in cui l'intermediario ha sede legale per i provvedimenti eventualmente necessari (3).

2. L'autorità di vigilanza che procede può adottare i provvedimenti necessari, sentita l'altra autorità, compresa l'imposizione del divieto di intraprendere nuove operazioni, nonché ogni altra limitazione riguardante singole tipologie di operazioni, singoli servizi o attività anche limitatamente a singole succursali o dipendenze dell'intermediario, ovvero ordinare la chiusura della succursale, quando (4):

a) manchino o risultino inadeguati i provvedimenti dell'autorità competente dello Stato in cui l'intermediario ha sede legale;

b) risultino violazioni delle norme di comportamento;

c) le irregolarità commesse possano pregiudicare interessi di carattere generale;

d) nei casi di urgenza per la tutela degli interessi degli investitori.

3. I provvedimenti previsti dal comma 2 sono comunicati dall'autorità che li ha adottati all'autorità competente dello Stato comunitario in cui l'intermediario ha sede legale.

3 *bis*. Se vi è fondato sospetto che un'impresa di investimento comunitaria o una banca comunitaria operanti in regime di libera prestazione di servizi in Italia ovvero società di gestione armonizzate (5) non ottemperano agli obblighi derivanti dalle disposizioni dell'Unione europea (6), la Banca d'Italia o la CONSOB informano l'autorità competente dello Stato membro in cui l'intermediario ha sede legale per i provvedimenti necessari. Se, nonostante le misure adottate dall'autorità competente, l'intermediario persiste nell'agire in modo tale da pregiudicare gli interessi degli investitori o il buon funzionamento dei mercati, la Banca d'Italia o la CONSOB, dopo avere informato l'autorità competente dello Stato membro in cui l'intermediario ha sede legale, adottano tutte le misure necessarie compresa l'imposizione del divieto di intraprendere nuove operazioni in Italia. La Banca d'Italia o la CONSOB procedono sentita l'altra autorità, e informano la Commissione europea delle misure adottate (7).

3 *ter*. Il comma 3 *bis* si applica anche nel caso di violazioni, da parte di imprese di investimento o banche comunitarie con succursale in Italia, ovvero società di gestione UE, GEFIA UE e non UE autorizzati in uno Stato dell'UE diverso dall'Italia, (8) di obblighi derivanti da disposizioni dell'Unione europea (9) per le quali è competente lo Stato membro in cui l'intermediario ha sede legale (7).

3 *quater*. Se la violazione riguarda disposizioni relative alla liquidità dell'impresa d'investimento comunitaria o in ogni altro caso di deterioramento della situazione di liquidità della stessa, la Banca d'Italia può adottare le misure necessarie per la stabilità finanziaria o per la tutela delle ragioni dei soggetti ai quali sono prestati i servizi, se quelle prese dall'autorità competente dello Stato d'origine mancano o risultano inadeguate; le misure da adottare sono comunicate all'autorità competente dello Stato d'origine] (10).

(1) *Le parole: «di società di gestione armonizzate» sono state così sostituite dalle seguenti: «di società di gestione UE, di GEFIA UE e non UE autorizzati in uno Stato dell'UE diverso dall'Italia,» dall'art. 5, comma 2, lett.* a)*, del D.L.vo 4 marzo 2014, n. 44.*

(2) *Le parole: «ai sensi del presente decreto» sono state così sostituite dalle attuali: «secondo l'ordinamento italiano» dall'art. 1, comma 15, lett.* a)*, del D.L.vo 16 aprile 2012, n. 47.*

(3) *Questo comma è stato così da ultimo sostituito dall'art. 9, comma 2, lett.* a)*, del D.L.vo 17 settembre 2007, n. 164, a decorrere dal 1° novembre 2007.*

(4) *Questo alinea è stato così sostituito dall'art. 9, comma 2, lett.* b)*, del D.L.vo 17 settembre 2007, n. 164, a decorrere dal 1° novembre 2007.*

(5) *Le parole: «ovvero società di gestione armonizzate» sono state inserite dall'art. 1, comma 15, lett.* a)*, del D.L.vo 16 aprile 2012, n. 47.*

(6) *Le parole: «disposizioni comunitarie» sono state così sostituite dalle seguenti: «disposizioni dell'Unione europea» dall'art. 5, comma 2, lett.* b)*, del D.L.vo 4 marzo 2014, n. 44.*

(7) *Questo comma è stato aggiunto dall'art. 9, comma 2, lett.* c)*, del D.L.vo 17 settembre 2007, n. 164, a decorrere dal 1° novembre 2007.*

(8) *Le parole: «società di gestione armonizzate» sono state così sostituite dalle seguenti: «società di gestione UE, GEFIA UE e non UE autorizzati in uno Stato dell'UE diverso dall'Italia,» dall'art. 5, comma 2, lett.* c)*, del D.L.vo 4 marzo 2014, n. 44.*

(9) *Le parole: «disposizioni comunitarie» sono state così sostituite dalle seguenti: «disposizioni dell'Unione europea» dall'art. 5, comma 2, lett.* c)*, del D.L.vo 4 marzo 2014, n. 44.*

(10) *Questo comma è stato aggiunto dall'art. 4, comma 18, del D.L.vo 12 maggio 2015, n. 72.*

53. [Sospensione degli organi amministrativi. – 1. Il Presidente della CONSOB può disporre in via d'urgenza, ove ricorrano situazioni di pericolo per i clienti o per i mercati, la sospensione degli organi di amministrazione delle SIM e la nomina di un commissario che ne assume la gestione quando risultino gravi irregolarità nell'amministrazione ovvero gravi violazioni delle disposizioni legislative, amministrative o statutarie.

2. Il commissario dura in carica per un periodo massimo di sessanta giorni. Il commissario, nell'esercizio delle sue funzioni, è pubblico ufficiale. Il Presidente della CONSOB può stabilire speciali cautele e limitazioni per la gestione della SIM.

3. L'indennità spettante al commissario è determinata dalla CONSOB in base a criteri dalla stessa stabiliti ed è a carico della società commissariata. Si applica l'articolo 91, comma 1, ultimo periodo, del T.U. bancario.

4. Le azioni civili contro il commissario, per atti compiuti nell'espletamento dell'incarico, sono promosse previa autorizzazione della CONSOB.

5. Il presente articolo si applica anche alle succursali italiane di imprese di investimento extracomunitarie. Il commissario assume nei confronti

delle succursali i poteri degli organi di amministrazione dell'impresa di investimento.

6. Il presente articolo si applica anche alle società di gestione del risparmio e alle Sicav. Il Presidente della CONSOB dispone il provvedimento, sentito il Governatore della Banca d'Italia].

54. [Provvedimenti ingiuntivi nei confronti degli OICVM UE, FIA UE e non UE con quote o azioni offerte in Italia (1). – 1. Quando sussistono elementi che fanno presumere l'inosservanza da parte degli OICVM UE, dei FIA UE e non UE (2) delle disposizioni loro applicabili ai sensi del presente decreto, la Banca d'Italia o la CONSOB, nell'ambito delle rispettive competenze, possono sospendere in via cautelare, per un periodo non superiore a sessanta giorni, l'offerta delle relative quote o azioni. In caso di accertata violazione, le autorità di vigilanza, nell'ambito delle rispettive competenze, possono sospendere temporaneamente ovvero vietare l'offerta delle quote o delle azioni degli OICR.

1 *bis*. Se vi è fondato sospetto che un OICVM UE, un FIA UE e non UE (3) le cui quote o azioni sono offerte in Italia, ovvero il gestore di tale OICR, non ottemperi agli obblighi derivanti da disposizioni dell'Unione europea (4) per le quali sia competente lo Stato di origine dell'OICR, la Banca d'Italia o la Consob informano l'autorità competente di tale Stato affinchè assuma i provvedimenti necessari. Se, nonostante le misure adottate dall'autorità competente, l'OICR, ovvero il suo gestore, persiste nell'agire in modo tale da pregiudicare gli interessi degli investitori o il buon funzionamento dei mercati, la Banca d'Italia o la Consob, dopo aver informato l'autorità dello Stato di origine, adottano le misure necessarie per proteggere gli investitori o assicurare il buon funzionamento dei mercati, ivi compreso il divieto di offerta delle quote o azioni dell'OICR] (5).

(1) *La precedente rubrica*: «Provvedimenti ingiuntivi nei confronti degli OICR comunitari e extracomunitari con quote o azioni offerte in Italia» *è stata così sostituita dall'attuale, dall'art. 5, comma 3, lett.* a), *del D.L.vo 4 marzo 2014, n. 44.*

(2) *Le parole*: *«degli Oicr comunitari ed extracomunitari» sono state così sostituite dalle seguenti*: *«degli OICVM UE, dei FIA UE e non UE» dall'art. 5, comma 3, lett.* b), *del D.L.vo 4 marzo 2014, n. 44.*

(3) *Le parole*: *«un OICR comunitario armonizzato» sono state così sostituite dalle seguenti*: *«un OICVM UE, un FIA UE e non UE» dall'art. 5, comma 3, lett.* c), *del D.L.vo 4 marzo 2014, n. 44.*

(4) *Le parole*: *«disposizioni comunitarie» sono state così sostituite dalle seguenti*: *«disposizioni dell'Unione europea» dall'art. 5, comma 3, lett.* c), *del D.L.vo 4 marzo 2014, n. 44.*

(5) *Questo comma è stato inserito dall'art. 1, comma 16, lett.* c), *del D.L.vo 16 aprile 2012, n. 47.*

55. (1) (2) **[Provvedimenti cautelari applicabili ai consulenti finanziari abilitati all'offerta fuori sede.** – 1. La CONSOB, in caso di necessità e urgenza, può disporre in via cautelare la sospensione del consulente finanziario abilitato all'offerta fuori sede (3) dall'esercizio dell'attività per un periodo massimo di sessanta giorni, qualora sussistano elementi che facciano presumere l'esistenza di gravi violazioni di legge ovvero di disposizioni generali o particolari impartite dalla CONSOB.

2. La CONSOB può disporre in via cautelare, per un periodo massimo di un anno, la sospensione dall'esercizio dell'attività qualora il consulente finanziario abilitato all'offerta fuori sede (3) sia sottoposto a una delle misure cautelari personali del libro IV, titolo I, capo II, del codice di procedura penale o assuma la qualità di imputato ai sensi dell'articolo 60 dello stesso codice in relazione ai seguenti reati:

a) delitti previsti nel titolo XI del libro V del codice civile e nella legge fallimentare;

b) delitti contro la pubblica amministrazione, contro la fede pubblica, contro il patrimonio, contro l'ordine pubblico, contro l'economia pubblica, ovvero delitti in materia tributaria;

c) reati previsti dal titolo VIII del T.U. bancario;

d) reati previsti dal presente decreto].

(1) *A norma dell'art. 1, comma 36, della L. 28 dicembre 2015, n. 208, i riferimenti all'organismo di tenuta dell'albo dei consulenti finanziari nonché alla CONSOB, contenuti negli articoli 18* bis*, comma 6, 31, comma 7, 55 e 196, comma 2, del decreto legislativo n. 58 del 1998, si intendono sostituiti da riferimenti all'organismo di cui all'articolo 31, comma 4, del predetto decreto legislativo.*

(2) *A norma dell'art. 1, comma 39, della L. 28 dicembre 2015, n. 208, le parole: «i promotori finanziari» sono state così sostituite dalle attuali: «consulenti finanziari abilitati all'offerta fuori sede».*

(3) *Le parole: «promotore finanziario» sono state così sostituite dalle attuali: «consulente finanziario abilitato all'offerta fuori sede» dall'art. 1, comma 39, della L. 28 dicembre 2015, n. 208.*

Leggi complementari

Capo I *bis*
Piani di risanamento,
sostegno finanziario di gruppo
e intervento precoce ([1])

([1]) *Questo capo è stato inserito dall'art. 2, comma 2, del D.L.vo 16 novembre 2015, n. 181. Tali disposizioni si applicano alle procedure di amministrazione straordinaria e di liquidazione coatta amministrativa avviate successivamente all'entrata in vigore del suddetto decreto.*

55 *bis*. Ambito di applicazione. – 1. Il presente Capo si applica alle Sim aventi sede legale in Italia che prestano uno o più dei seguenti servizi o attività di investimento:

a) negoziazione per conto proprio;

b) sottoscrizione e/o collocamento con assunzione a fermo o assunzione di garanzia nei confronti dell'emittente;

c) gestione di sistemi multilaterali di negoziazione.

2. Ai fini del presente Capo si applicano le definizioni contenute nell'articolo 69 *bis* del Testo unico bancario.

3. La Banca d'Italia adotta disposizioni attuative del presente Capo, anche per tenere conto di orientamenti dell'ABE.

55 *ter*. Piani di risanamento. – 1. Le Sim si dotano di un piano di risanamento individuale secondo quanto previsto dall'articolo 69 *quater* del Testo unico bancario. Non sono tenute a dotarsi di piani di risanamento individuali le Sim appartenenti a un gruppo bancario o a un gruppo individuato ai sensi dell'articolo 11, salvo che ciò non sia loro specificamente richiesto dalla Banca d'Italia. Per le Sim sottoposte a vigilanza consolidata in un altro Stato comunitario, la richiesta di piani individuali è effettuata in conformità dell'articolo 69 *septies* del Testo unico bancario.

2. La società posta al vertice di un gruppo ai sensi dell'articolo 11 si dota di un piano di risanamento di gruppo nei casi e secondo quanto previsto dall'articolo 69 *quinquies* del Testo unico bancario.

3. La Banca d'Italia, sentita la Consob per i profili di competenza, valuta i piani di risanamento indicati ai commi 1 e 2 secondo quanto previsto dagli articoli 69 *sexies* e 69 *septies* del Testo unico bancario. Essa può prevedere modalità semplificate di adempimento degli obblighi stabiliti dal presente articolo secondo quanto previsto dall'articolo 69 *decies* del Testo unico bancario.

4. Si applicano gli articoli 69 *octies* e 69 *novies* del Testo unico bancario.

55 *quater*. Sostegno finanziario di gruppo. – 1. Le Sim appartenenti a un gruppo ai sensi dell'articolo 11 possono concludere con altre componenti del gruppo accordi per fornirsi sostegno finanziario per il caso in cui per una di esse si realizzino i presupposti dell'intervento precoce ai sensi dell'articolo 55 *quinquies*. Agli accordi si applicano, in quanto compatibili, gli articoli 69 *duodecies*, 69 *terdecies*, 69 *quaterdecies*, 69 *quinquiesdecies*, 69 *sexiesdecies* e 69 *septiesdecies* del Testo unico bancario.

55 *quinquies*. Intervento precoce. – 1. La Banca d'Italia può, sentita la Consob per i profili di competenza, disporre le misure indicate agli articoli 69 *noviesdecies* e 69 *vicies semel* del Testo unico bancario nei confronti di una Sim o di una società posta al vertice di un gruppo ai sensi dell'articolo 11 al ricorrere dei presupposti indicati dall'articolo 69 *octiesdecies* del Testo unico bancario. A tal fine la Banca d'Italia esercita i poteri indicati dagli articoli 6 *bis*, commi 1, 2, 3, 11; 6 *ter*, commi 1, 5, 6, 7, 8; e 12, comma 5. Le misure sono adottate su proposta della Consob quando le violazioni riguardano disposizioni sul cui rispetto questa vigila ([1]). Le misure sono adottate su proposta della Consob quando le violazioni riguardano disposizioni sul cui rispetto questa vigila.

2. Alle Sim disciplinate dal presente Capo non si applica l'articolo 56 *bis*.

([1]) *Questo periodo è stato così sostituito dall'attuale, dall'art. 2, comma 45, del D.L.vo 3 agosto 2017, n. 129. A norma dell'art. 10, comma 2, del medesimo decreto, tali disposizioni si applicano dal 3 gennaio 2018.*

Capo II
Disciplina delle crisi

56. Amministrazione straordinaria. – 1. La Banca d'Italia, di propria iniziativa o su proposta formulata dalla Consob nell'ambito delle sue competenze, può disporre lo scioglimento degli organi con funzione di amministrazione e di controllo delle Sim, delle società di gestione del risparmio, delle Sicav e delle Sicaf quando:

a) risultino gravi irregolarità nell'amministrazione ovvero gravi violazioni delle disposizioni legislative, amministrative o statutarie che ne regolano l'attività, sempre che gli interventi indicati dagli articoli 55 *quinquies* o 56 *bis*, ove applicabili, non siano sufficienti per porre rimedio alla situazione;

b) siano previste gravi perdite del patrimonio della società;

c) lo scioglimento sia richiesto con istanza motivata dagli organi amministrativi o dall'assemblea straordinaria ovvero dal commissario nominato ai sensi dell'articolo 7 *sexies* (1) (2).

2. Il provvedimento previsto dal comma 1 può essere adottato anche nei confronti delle succursali italiane di imprese di paesi terzi diverse dalle banche (3) e di GEFIA non UE autorizzati in Italia (4): in tale ipotesi i commissari straordinari e il comitato di sorveglianza assumono nei confronti delle succursali stesse i poteri degli organi di amministrazione e di controllo dell'impresa (5).

3. La direzione della procedura e tutti gli adempimenti a essa connessi spettano alla Banca d'Italia. Si applicano, in quanto compatibili, gli articoli 70, commi 2, 3, 4 e 5, 71, 72, 73, 74, 75, 75 *bis* e 77 *bis* del Testo unico bancario, (6) intendendosi le suddette disposizioni riferite agli investitori in luogo dei depositanti, alle SIM, alle imprese di paesi terzi diverse dalle banche (7), alle società di gestione del risparmio, alle Sicav, alle Sicaf e ai GEFIA non UE autorizzati in Italia (8) in luogo delle banche, e l'espressione "strumenti finanziari" riferita agli strumenti finanziari e al denaro.

4. Alle SIM, alle società di gestione del risparmio, alle Sicav e alle Sicaf (9) non si applica il titolo IV della legge fallimentare.

4 *bis*. La procedura disciplinata dal presente articolo trova applicazione anche nei confronti della società posta al vertice del gruppo di Sim ai sensi dell'articolo 11 e delle altre componenti del gruppo. Si applicano gli articoli 98, 100, 102, 103, 104, 105 del decreto legislativo 1° settembre 1993, n. 385, intendendosi le suddette disposizioni riferite alle Sim in luogo delle banche, nonché alla società posta al vertice del gruppo ai sensi dell'articolo 11 in luogo della capogruppo. Il riferimento all'articolo 64 del decreto legislativo 1° settembre 1993, n. 385, contenuto nell'articolo 105 del decreto legislativo 1° settembre 1993, n. 385, si intende effettuato all'articolo 11 del presente decreto (10).

(1) *Le parole: «articolo 53» sono state così sostituite dalle attuali: «articolo 7 sexies» dall'art. 2, comma 46, lett.* a), *del D.L.vo 3 agosto 2017, n. 129. A norma dell'art. 10, comma 2, del medesimo decreto, tali disposizioni si applicano dal 3 gennaio 2018.*

(2) *Questo comma è stato così sostituito dall'art. 2, comma 3, lett.* a), *del D.L.vo 16 novembre 2015, n. 181. Tali disposizioni si applicano alle procedure di amministrazione straordinaria e di liquidazione coatta amministrativa avviate successivamente all'entrata in vigore del suddetto decreto.*

Si riporta il testo previgente:

«1. Il Ministero dell'economia e delle finanze, su proposta della Banca d'Italia o della CONSOB, nell'ambito delle rispettive competenze, può disporre con decreto lo scioglimento degli organi con funzione di amministrazione e di controllo delle SIM, delle società di gestione del risparmio, delle Sicav e delle Sicaf quando:

a) *risultino gravi irregolarità nell'amministrazione ovvero gravi violazioni delle disposizioni legislative, amministrative o statutarie che ne regolano l'attività;*

b) *siano previste gravi perdite del patrimonio della società;*

c) *lo scioglimento sia richiesto con istanza motivata dagli organi amministrativi o dall'assemblea straordinaria ovvero dal commissario nominato ai sensi dell'articolo 53».*

(3) *Le parole: «investimento extracomunitarie» sono state così sostituite dalle attuali: «paesi terzi diverse dalle banche» dall'art. 2, comma 46, lett.* b), *del D.L.vo 3 agosto 2017, n. 129. A norma dell'art. 10, comma 2, del medesimo decreto, tali disposizioni si applicano dal 3 gennaio 2018.*

(4) *Le parole: «e di GEFIA non UE autorizzati in Italia» sono state inserite dall'art. 5, comma 4, lett.* b), *del D.L.vo 4 marzo 2014, n. 44.*

(5) *Le parole: «dell'impresa di investimento» sono state così sostituite dalle attuali: «dell'impresa» dall'art. 2, comma 46, lett.* b), *del D.L.vo 3 agosto 2017, n. 129. A norma dell'art. 10, comma 2, del medesimo decreto, tali disposizioni si applicano dal 3 gennaio 2018.*

(6) *Le parole: «gli articoli 70, commi da 2 a 6, 71, 72, 73, 74, 75 del Testo unico bancario,» sono state così sostituite dalle seguenti: «gli articoli 70, commi 2, 3, 4 e 5, 71, 72, 73, 74, 75, 75* bis *e 77* bis *del Testo unico bancario,», dall'art. 2, comma 3, lett.* b), *del D.L.vo 16 novembre 2015, n. 181. Tali disposizioni si applicano alle procedure di amministrazione straordinaria e di liquidazione coatta amministrativa avviate successivamente all'entrata in vigore del suddetto decreto.*

(7) *Le parole: «investimento extracomunitarie» sono state così sostituite dalle attuali: «paesi terzi diverse dalle banche» dall'art. 2, comma 46, lett.* c), *del D.L.vo 3 agosto 2017, n. 129. A norma dell'art. 10, comma 2, del medesimo decreto, tali disposizioni si applicano dal 3 gennaio 2018.*

(8) *Le parole: «e alle SICAV» sono state così sostituite dalle seguenti: «, alle Sicav, alle Sicaf e ai GEFIA non UE autorizzati in Italia» dall'art. 5, comma 4, lett.* c), *del D.L.vo 4 marzo 2014, n. 44.*

(9) *Le parole: «e alle SICAV» sono state così sostituite dalle seguenti: «, alle Sicav e alle Sicaf» dall'art. 5, comma 4, lett.* d), *del D.L.vo 4 marzo 2014, n. 44.*

(10) *Questo comma è stato aggiunto dall'art. 2, comma 3, lett.* c), *del D.L.vo 16 novembre 2015, n. 181.*

Tali disposizioni si applicano alle procedure di amministrazione straordinaria e di liquidazione coatta amministrativa avviate successivamente all'entrata in vigore del suddetto decreto.

56 *bis*. (1) **Rimozione collettiva dei componenti degli organi di amministrazione e controllo.** – 1. La Banca d'Italia, sentita la Consob (2) può disporre la rimozione di tutti i componenti degli organi con funzione di amministrazione e di controllo delle Sim, delle società di gestione del risparmio, delle Sicav e delle relative società capogruppo, al ricorrere dei presupposti indicati all'articolo 56, comma 1, lettera *a*). Il provvedimento è pubblicato per estratto nella *Gazzetta Ufficiale* della Repubblica italiana.

2. Il provvedimento fissa la data da cui decorre la rimozione dei componenti degli organi. La Banca d'Italia convoca l'assemblea della Sim, della società di gestione del risparmio, della Sicav o della società capogruppo con all'ordine del giorno il rinnovo degli organi con funzioni di amministrazione e controllo.

3. Resta salva la possibilità di disporre in ogni momento l'amministrazione straordinaria nei casi previsti dall'articolo 56, secondo le modalità e con gli effetti previsti dal presente titolo.

(1) *Questo articolo è stato inserito dall'art. 4, comma 19, del D.L.vo 12 maggio 2015, n. 72.*

(2) *Le parole: «, sentita la Consob» sono state inserite dall'art. 2, comma 47, del D.L.vo 3 agosto 2017, n. 129. A norma dell'art. 10, comma 2, del medesimo decreto, tali disposizioni si applicano dal 3 gennaio 2018.*

57. Liquidazione coatta amministrativa. – 1. Il Ministero dell'economia e delle finanze, su proposta della Banca d'Italia o della CONSOB, nell'ambito delle rispettive competenze (1), può disporre con decreto la revoca dell'autorizzazione all'esercizio dell'attività e la liquidazione coatta amministrativa delle SIM, delle società di gestione del risparmio, delle Sicav e delle Sicaf (2), anche quando ne sia in corso l'amministrazione straordinaria ovvero la liquidazione secondo le norme ordinarie, qualora le irregolarità nell'amministrazione ovvero le violazioni delle disposizioni legislative, amministrative o statutarie o le perdite previste dall'articolo 56 siano di eccezionale gravità. Nei confronti delle Sim indicate all'articolo 55 *bis*, comma 1, la liquidazione è disposta se ricorrono i presupposti indicati all'articolo 17 del decreto legislativo 16 novembre 2015, n. 180 (3), ma non sussiste quella indicata all'articolo 20 del medesimo decreto per disporre la risoluzione (4).

2. La liquidazione coatta può essere disposta con il medesimo procedimento previsto dal comma 1, su istanza motivata degli organi amministrativi, dell'assemblea straordinaria, del commissario nominato ai sensi dell'articolo 7 *sexies* (5), dei commissari straordinari o dei liquidatori.

3. La direzione della procedura e tutti gli adempimenti a essa connessi spettano alla Banca d'Italia. Si applicano, in quanto compatibili, l'articolo 80, comma da 3 a 6, e gli articoli 81, 82, 83, 84, 85, 86, a eccezione dei commi 6 e 7, 87, commi 2 e 3, 88, 89, 90, 91, a eccezione dei commi 1 *bis* e 11 *bis*, 92, 92 *bis*, 93, 94 e 97 del Testo unico bancario, intendendosi le suddette disposizioni riferite alle Sim, alle società di gestione del risparmio, alle Sicav, alle Sicaf in luogo delle banche, e l'espressione "strumenti finanziari" riferita agli strumenti finanziari e al denaro. Ai fini dell'applicazione dell'articolo 92 *bis* del Testo unico bancario alle società di gestione del risparmio, le disposizioni ivi contenute relative ai clienti iscritti nella sezione separata si intendono riferite ai fondi o ai comparti gestiti dalla società (6).

3 *bis*. Se è disposta la liquidazione coatta di una società di gestione del risparmio, i commissari liquidatori provvedono alla liquidazione o alla cessione dei fondi da questa gestiti e dei relativi comparti, esercitando a tali fini i poteri di amministrazione degli stessi. Si applicano, in quanto compatibili, gli articoli 83, 86, ad eccezione dei commi 6 e 7, 87, commi 2 e 3, 88, 89, 90, 91 ad eccezione dei commi 1 *bis*, 2, 3 e 11 *bis*, 92, 92 *bis*, 93 e 94 del T.U. bancario, (7) nonché i commi 4 e 5 del presente articolo. I partecipanti ai fondi o ai comparti hanno diritto esclusivamente alla ripartizione del residuo netto di liquidazione in misura proporzionale alle rispettive quote di partecipazione; dalla data dell'emanazione del decreto di liquidazione coatta amministrativa cessano le funzioni degli organi del fondo (8).

4. I commissari, trascorso il termine previsto dall'articolo 86, comma 5, del T.U. bancario e non oltre i trenta giorni successivi, sentiti i cessati amministratori, depositano presso la Banca d'Italia e, a disposizione degli aventi diritto, nella cancelleria del tribunale del luogo dove la SIM, la società di gestione del risparmio, la Sicav e la Sicaf (9) hanno la sede legale, gli elenchi dei creditori ammessi, indicando i diritti di prelazione e l'ordine degli stessi, dei titolari dei diritti indicati nel

comma 2 del predetto articolo, nonché dei soggetti appartenenti alle medesime categorie cui è stato negato il riconoscimento delle pretese. I clienti aventi diritto alla restituzione degli strumenti finanziari e del denaro relativi ai servizi e alle attività ([10]) previsti dal presente decreto sono iscritti in apposita e separata sezione dello stato passivo. Il presente comma si applica in luogo dell'articolo 86, commi 6 e 7 del T.U. bancario.

5. Possono proporre opposizione allo stato passivo, relativamente alla propria posizione e contro il riconoscimento dei diritti in favore dei soggetti inclusi negli elenchi indicati nella disposizione del comma 4, i soggetti le cui pretese non siano state accolte, in tutto o in parte, entro 15 giorni dal ricevimento della comunicazione ([11]) prevista dall'articolo 86, comma 8, del T.U. bancario e i soggetti ammessi entro lo stesso termine decorrente dalla data di pubblicazione dell'avviso previsto dal medesimo comma 8. Il presente comma si applica in luogo dell'articolo 87, comma 1, del T.U. bancario.

6. Se il provvedimento di liquidazione coatta amministrativa riguarda una Sicav o una Sicaf ([12]), i commissari, entro trenta giorni dalla nomina, comunicano ai soci il numero e la specie delle azioni risultanti di pertinenza di ciascuno secondo le scritture e i documenti della società.

6 *bis*. Qualora le attività del fondo o del comparto non consentano di soddisfare le obbligazioni dello stesso e non sussistano ragionevoli prospettive che tale situazione possa essere superata, uno o più creditori o la SGR possono chiedere la liquidazione del fondo al tribunale del luogo in cui la SGR ha la sede legale. Il tribunale, sentiti la Banca d'Italia e i rappresentanti legali della SGR, quando ritenga fondato il pericolo di pregiudizio, dispone la liquidazione del fondo con sentenza deliberata in camera di consiglio. In tale ipotesi, la Banca d'Italia nomina uno o più liquidatori che provvedono secondo quanto disposto dal comma 3 *bis*; possono essere nominati liquidatori anche SGR o enti. Il provvedimento della Banca d'Italia è pubblicato per estratto nella *Gazzetta Ufficiale* della Repubblica italiana. Si applica ai liquidatori, in quanto compatibile, l'articolo 84, ad eccezione dei commi 2 e 5, del T.U. bancario. Se la SGR che gestisce il fondo è successivamente sottoposta a liquidazione coatta amministrativa, i commissari liquidatori della SGR assumono l'amministrazione del fondo sulla base di una situazione dei conti predisposta dai liquidatori del fondo stesso. Quando il fondo o il comparto sia privo di risorse liquide o queste siano stimate dai liquidatori insufficienti a soddisfare i crediti in prededuzione fino alla chiusura della liquidazione, i liquidatori pagano, con priorità rispetto a tutti gli altri crediti prededucibili, le spese necessarie per il funzionamento della liquidazione, le indennità e le spese per lo svolgimento dell'incarico dei liquidatori, le spese per l'accertamento del passivo, per la conservazione e il realizzo dell'attivo, per l'esecuzione di riparti e restituzioni e per la chiusura della liquidazione stessa, utilizzando dapprima le risorse liquide eventualmente disponibili della liquidazione, e poi le somme messe a disposizione dalla società di gestione del risparmio che gestisce il fondo o il comparto, somme che restano a carico della società stessa ([13]). Non si applica l'articolo 92 *bis*, commi 1, 2, 3, 4 e 5, del Testo unico bancario; il comma 6 del medesimo articolo si applica nel caso in cui non vi siano prospettive di utile realizzo dei beni del fondo o del comparto ([13]) ([14]).

6 *ter*. La procedura disciplinata dal presente articolo trova applicazione anche nei confronti della società posta al vertice del gruppo di Sim ai sensi dell'articolo 11 e delle altre componenti del gruppo. Si applicano gli articoli 99, 101, 102, 103, 104, 105 del decreto legislativo 1° settembre 1993, n. 385, intendendosi le suddette disposizioni riferite alle Sim in luogo delle banche, nonché alla società posta al vertice del gruppo ai sensi dell'articolo 11 in luogo della capogruppo. Il riferimento all'articolo 64 del decreto legislativo 1° settembre 1993, n. 385, contenuto nell'articolo 105 del decreto legislativo 1° settembre 1993, n. 385, si intende effettuato all'articolo 11 del presente decreto ([15]).

([1]) *Le parole*: *«ciascuna per le materie di propria competenza» sono state così sostituite dalle attuali*: *«nell'ambito delle rispettive competenze» dall'art. 9, comma 4, lett.* a), *del D.L.vo 17 settembre 2007, n. 164, a decorrere dal 1° novembre 2007.*

([2]) *Le parole*: *«e delle SICAV» sono state così sostituite dalle seguenti*: *«, delle Sicav e delle Sicaf» dall'art. 5, comma 5, lett.* a), *del D.L.vo 4 marzo 2014, n. 44.*

([3]) *Le parole: «decreto di recepimento della direttiva 2014/59/UE» sono state così sostituite dalle attuali: «decreto legislativo 16 novembre 2015, n. 180» dall'art. 2, comma 48, lett.* a), *del D.L.vo 3 agosto 2017, n. 129. A norma dell'art. 10, comma 2, del medesimo decreto, tali disposizioni si applicano dal 3 gennaio 2018.*

([4]) *Questo periodo è stato aggiunto dall'art. 2, comma 4, lett.* a), *del D.L.vo 16 novembre 2015, n. 181. Tali disposizioni si applicano alle procedure di ammi-*

Leggi complementari

nistrazione straordinaria e di liquidazione coatta amministrativa avviate successivamente all'entrata in vigore del suddetto decreto.

([5]) *Le parole: «articolo 53» sono state così sostituite dalle attuali: «articolo 7 sexies» dall'art. 2, comma 48, lett.* b), *del D.L.vo 3 agosto 2017, n. 129. A norma dell'art. 10, comma 2, del medesimo decreto, tali disposizioni si applicano dal 3 gennaio 2018.*

([6]) *Questo comma è stato così sostituito dall'art. 2, comma 4, lett.* b), *del D.L.vo 16 novembre 2015, n. 181. Tali disposizioni si applicano alle procedure di amministrazione straordinaria e di liquidazione coatta amministrativa avviate successivamente all'entrata in vigore del suddetto decreto.*

Si riporta il testo previgente:

«3. La direzione della procedura e tutti gli adempimenti a essa connessi spettano alla Banca d'Italia. Si applicano, in quanto compatibili, l'articolo 80, commi da 3 a 6, e gli articoli 81, 82, 83, 84, 85, 86, a eccezione dei commi 6 e 7, 87, commi 2, 3 e 4, 88, 89, 90, 91, 92, 93, 94 e 97 del T.U. bancario, intendendosi le suddette disposizioni riferite alle SIM, alle società di gestione del risparmio, alle Sicav, alle Sicaf in luogo delle banche, e l'espressione "strumenti finanziari" riferita agli strumenti finanziari e al denaro».

([7]) *Le parole: «Si applicano, in quanto compatibili, gli articoli 83, 86, ad eccezione dei commi 6 e 7, 87, commi 2, 3 e 4, 88, 89, 90, 91 ad eccezione dei commi 2 e 3, 92, 93 e 94 del T.U. bancario,» sono state così sostituite dalle seguenti: «Si applicano, in quanto compatibili, gli articoli 83, 86, ad eccezione dei commi 6 e 7, 87, commi 2 e 3, 88, 89, 90, 91 ad eccezione dei commi 1* bis, *2, 3 e 11* bis, *92, 92* bis, *93 e 94 del T.U. bancario,», dall'art. 2, comma 4, lett.* c), *del D.L.vo 16 novembre 2015, n. 181. Tali disposizioni si applicano alle procedure di amministrazione straordinaria e di liquidazione coatta amministrativa avviate successivamente all'entrata in vigore del suddetto decreto.*

([8]) *Questo comma è stato inserito dall'art. 1, comma 17, lett.* a), *del D.L.vo 16 aprile 2012, n. 47.*

([9]) *Le parole: «e la SICAV» sono state così sostituite dalle seguenti: «, la Sicav e la Sicaf» dall'art. 5, comma 5, lett.* c), *del D.L.vo 4 marzo 2014, n. 44.*

([10]) *Le parole: «e alle attività» sono state inserite dall'art. 9, comma 4, lett.* b), *del D.L.vo 17 settembre 2007, n. 164, a decorrere dal 1° novembre 2007.*

([11]) *La parola: «raccomandata» è stata così sostituita dalla seguente: «comunicazione», dall'art. 2, comma 4, lett.* d), *del D.L.vo 16 novembre 2015, n. 181. Tali disposizioni si applicano alle procedure di amministrazione straordinaria e di liquidazione coatta amministrativa avviate successivamente all'entrata in vigore del suddetto decreto.*

([12]) *Le parole: «o una Sicaf» sono state inserite dall'art. 5, comma 5, lett.* d), *del D.L.vo 4 marzo 2014, n. 44.*

([13]) *Questo periodo è stato aggiunto dall'art. 2, comma 4, lett.* e), *del D.L.vo 16 novembre 2015, n. 181.*

A norma dell'art. 3, comma 4, del medesimo provvedimento, tali disposizioni si applicano anche alle procedure di liquidazione coatta amministrativa in corso alla data di entrata in vigore del presente decreto e per le quali non sia stato già autorizzato il deposito della documentazione finale.

A norma dell'art. 3, comma 6, del medesimo provvedimento, per gli aspetti non disciplinati da questo comma, alle procedure di liquidazione coatta amministrativa in corso alla data di entrata in vigore del presente decreto si continuano ad applicare le disposizioni del titolo IV del D.L.vo n. 385/1993, nel testo vigente prima dell'entrata in vigore del presente decreto.

A norma dell'art. 3, comma 7, del medesimo provvedimento, i commi 3, 4, 5 e 6, del citato articolo 3, si applicano anche alle procedure di amministrazione straordinaria e liquidazione coatta amministrativa previste dal presente D.L.vo n. 58/1998, in relazione alle disposizioni indicate dai medesimi commi e a esse applicabili.

([14]) *Questo comma è stato inserito dall'art. 1, comma 17, lett.* b), *del D.L.vo 16 aprile 2012, n. 47.*

([15]) *Questo comma è stato aggiunto dall'art. 2, comma 4, lett.* f), *del D.L.vo 16 novembre 2015, n. 181. Tali disposizioni si applicano alle procedure di amministrazione straordinaria e di liquidazione coatta amministrativa avviate successivamente all'entrata in vigore del suddetto decreto.*

58. ([1]) **Succursali in Italia di imprese di investimento e di gestori esteri.** – 1. Quando a una impresa di investimento UE ([2]), a una società di gestione UE, a un GEFIA UE o a un GEFIA non UE autorizzato in uno Stato membro dell'UE diverso dall'Italia è revocata l'autorizzazione all'attività da parte dell'autorità competente, le succursali italiane possono essere sottoposte alla procedura di liquidazione coatta amministrativa secondo le disposizioni dell'articolo 57, in quanto compatibili.

2. Alle succursali italiane di imprese di paesi terzi diverse dalle banche ([3]) e di GEFIA non UE autorizzati in Italia si applicano le disposizioni dell'articolo 57, in quanto compatibili.

([1]) *Questo articolo è stato così sostituito dall'art. 5, comma 6, del D.L.vo 4 marzo 2014, n. 44.*

([2]) *La parola: «comunitaria» è stata così sostituita dalla attuale: «UE» dall'art. 2, comma 49, lett.* a), *del D.L.vo 3 agosto 2017, n. 129. A norma dell'art. 10, comma 2, del medesimo decreto, tali disposizioni si applicano dal 3 gennaio 2018.*

([3]) *Le parole: «investimento extracomunitarie» sono state così sostituite dalle attuali: «paesi terzi diverse dalle banche» dall'art. 2, comma 49, lett.* b), *del D.L.vo 3 agosto 2017, n. 129. A norma dell'art. 10, comma 2, del medesimo decreto, tali disposizioni si applicano dal 3 gennaio 2018.*

58 *bis*. (1) Imprese di investimento operanti nell'Unione europea (2). – 1. Ai provvedimenti di risanamento e alle procedure di liquidazione delle Sim indicate all'articolo 55 *bis*, comma 1, e delle imprese di investimento comunitarie che svolgono le attività indicate dal medesimo articolo si applicano gli articoli 95 *bis*, 95 *ter*, 95 *quater*, 95 *quinquies* e 95 *septies* del Testo unico bancario, intendendosi suddette disposizioni riferite alle Sim o alle imprese di investimento UE (3) in luogo delle banche.

2. Ai fini del comma 1:

a) il riferimento all'articolo 79, comma 1, del Testo unico bancario contenuto nell'articolo 95 *bis*, comma 1 *bis*, del medesimo decreto si intende riferito all'articolo 7 *quater* (4), comma 1, del presente decreto;

b) la richiesta di cui all'articolo 95 *quater*, comma 2, del Testo unico bancario può essere effettuata anche a seguito di una segnalazione della Consob al ricorrere dei presupposti previsti dall'articolo 56, comma 1, lettera *a*);

c) la Banca d'Italia può emanare disposizioni di attuazione del presente articolo ai sensi dell'articolo 95 *sexies* del Testo unico bancario.

(1) *Questo articolo è stato inserito dall'art. 2, comma 5, del D.L.vo 16 novembre 2015, n. 181. Tali disposizioni si applicano alle procedure di amministrazione straordinaria e di liquidazione coatta amministrativa avviate successivamente all'entrata in vigore del suddetto decreto.*

(2) *La precedente rubrica: «Imprese di investimento operanti in ambito comunitario» è stata così sostituita dalla attuale: «Imprese di investimento operanti nell'Unione europea» dall'art. 2, comma 50, lett.* a), *del D.L.vo 3 agosto 2017, n. 129. A norma dell'art. 10, comma 2, del medesimo decreto, tali disposizioni si applicano dal 3 gennaio 2018.*

(3) *La parola: «comunitarie» è stata così sostituita dalla attuale: «UE» dall'art. 2, comma 50, lett.* b), *del D.L.vo 3 agosto 2017, n. 129. A norma dell'art. 10, comma 2, del medesimo decreto, tali disposizioni si applicano dal 3 gennaio 2018.*

(4) *Le parole: «articolo 52» sono state così sostituite dalle attuali: «articolo 7 quater» dall'art. 2, comma 50, lett.* c), *del D.L.vo 3 agosto 2017, n. 129. A norma dell'art. 10, comma 2, del medesimo decreto, tali disposizioni si applicano dal 3 gennaio 2018.*

59. Sistemi d'indennizzo. – 1. Il rilascio dell'autorizzazione alla prestazione di servizi e attività di investimento (1) è subordinato all'adesione a un sistema di indennizzo a tutela degli investitori riconosciuto dal Ministro dell'economia e delle finanze, sentite la Banca d'Italia e la CONSOB.

2. Il Ministro dell'economia e delle finanze, sentite la Banca d'Italia e la CONSOB, disciplina con regolamento l'organizzazione e il funzionamento dei sistemi di indennizzo.

3. La Banca d'Italia, sentita la CONSOB, coordina con regolamento l'operatività dei sistemi d'indennizzo con la procedura di liquidazione coatta amministrativa e, in generale, con l'attività di vigilanza.

4. I sistemi di indennizzo sono surrogati nei diritti degli investitori fino alla concorrenza dei pagamenti effettuati a loro favore.

5. Gli organi della procedura concorsuale verificano e attestano se i crediti ammessi allo stato passivo derivano dall'esercizio dei servizi e delle attività (2) di investimento tutelati dai sistemi di indennizzo.

6. Per le cause relative alle richieste di indennizzo è competente il giudice del luogo ove ha sede legale il sistema di indennizzo.

(1) *Le parole: «L'esercizio dei servizi di investimento» sono state così sostituite dalle attuali: «Il rilascio dell'autorizzazione alla prestazione di servizi e attività di investimento» dall'art. 9, comma 5, lett.* a), *del D.L.vo 17 settembre 2007, n. 164, a decorrere dal 1° novembre 2007.*

(2) *Le parole: «e delle attività» sono state inserite dall'art. 9, comma 5, lett.* b), *del D.L.vo 17 settembre 2007, n. 164, a decorrere dal 1° novembre 2007.*

60. Adesione ai sistemi d'indennizzo da parte di intermediari esteri. – 1. Le succursali di imprese di investimento UE (1), di società di gestione UE, di GEFIA UE e di GEFIA non UE autorizzati in uno Stato membro dell'UE diverso dall'Italia (2) o di banche UE (3) insediate in Italia possono aderire, al fine di integrare la tutela offerta dal sistema di indennizzo del Paese d'origine, a un sistema di indennizzo riconosciuto, limitatamente all'attività svolta in Italia (4).

2. Salvo che aderiscano a un sistema di indennizzo estero equivalente, le succursali di imprese di paesi terzi (5) insediate in Italia devono aderire a un sistema di indennizzo riconosciuto, limitatamente all'attività svolta in Italia. La Banca d'Italia verifica che la copertura offerta dai sistemi di indennizzo esteri cui aderiscono le succursali di imprese di investimento e di banche extracomunitarie operanti in Italia possa considerarsi equivalente a quella offerta dai sistemi di indennizzo riconosciuti.

(1) *La parola: «UE» è stata inserita dall'art. 2, comma 51, lett.* a), *del D.L.vo 3 agosto 2017, n. 129. A norma dell'art. 10, comma 2, del medesimo decreto, tali disposizioni si applicano dal 3 gennaio 2018.*

(2) *Le parole: «di società di gestione armonizzate» sono state così sostituite dalle seguenti: «di società di gestione UE, di GEFIA UE e di GEFIA non UE autorizzati in uno Stato membro dell'UE diverso dall'Italia» dall'art. 5, comma 7, del D.L.vo 4 marzo 2014, n. 44.*

(3) *La parola: «comunitarie» è stata così sostituita dalla attuale: «UE» dall'art. 2, comma 51, lett.* a), *del D.L.vo 3 agosto 2017, n. 129. A norma dell'art. 10, comma 2, del medesimo decreto, tali disposizioni si applicano dal 3 gennaio 2018.*

(4) *Questo comma è stato così sostituito dall'art. 23 del D.L.vo 1° agosto 2003, n. 274.*

(5) *Le parole: «investimento e di banche extracomunitarie» sono state così sostituite dalle attuali: «paesi terzi» dall'art. 2, comma 51, lett.* b), *del D.L.vo 3 agosto 2017, n. 129. A norma dell'art. 10, comma 2, del medesimo decreto, tali disposizioni si applicano dal 3 gennaio 2018.*

60 *bis*. (1) **Responsabilità delle Sim, delle Sgr, delle Sicav e delle Sicaf per illecito amministrativo dipendente da reato** (2). – 1. Il pubblico ministero che iscrive, ai sensi dell'articolo 55 del decreto legislativo 8 giugno 2001, n. 231, nel registro delle notizie di reato un illecito amministrativo a carico di una SIM, di una SGR, di una Sicav o di una Sicaf (3), ne dà comunicazione alla Banca d'Italia e alla CONSOB. Nel corso del procedimento, ove il pubblico ministero ne faccia richiesta, vengono sentite la Banca d'Italia e la CONSOB, le quali hanno, in ogni caso, facoltà di presentare relazioni scritte.

2. In ogni grado del giudizio di merito, prima della sentenza, il giudice dispone, anche d'ufficio, l'acquisizione dalla Banca d'Italia e dalla CONSOB di aggiornate informazioni sulla situazione dell'intermediario, con particolare riguardo alla struttura organizzativa e di controllo.

3. La sentenza irrevocabile che irroga nei confronti di una SIM, di una SGR, di una Sicav, o di una Sicaf (4) le sanzioni interdittive di cui all'articolo 9, comma 2, lettere *a*) e *b*), del decreto legislativo 8 giugno 2001, n. 231, decorsi i termini per la conversione delle sanzioni medesime, é trasmessa per l'esecuzione dall'Autorità giudiziaria alla Banca d'Italia e alla CONSOB; a tal fine, la CONSOB o la Banca d'Italia, ciascuna nell'ambito delle rispettive competenze, possono proporre o adottare gli atti previsti dagli articoli 7 *ter*, 7 *quater*, 7 *quinquies*, 7 *sexies* e (5) dal titolo IV della parte II, avendo presenti le caratteristiche della sanzione irrogata e le preminenti finalità di salvaguardia della stabilità e di tutela dei diritti degli investitori.

4. Le sanzioni interdittive indicate nell'articolo 9, comma 2, lettere *a*) e *b*), del decreto legislativo 8 giugno 2001, n. 231, non possono essere applicate in via cautelare alle SIM, SGR, Sicav e Sicaf (6). Ai medesimi intermediari non si applica, altresì, l'articolo 15 del decreto legislativo 8 giugno 2001, n. 231.

5. Il presente articolo si applica, in quanto compatibile, alle succursali italiane di imprese di investimento UE o di imprese di paesi terzi diverse dalle banche (7), di società di gestione UE, di GEFIA UE, di GEFIA non UE autorizzati in Italia e di GEFIA non UE autorizzati in uno Stato membro dell'UE diverso dall'Italia (8).

(1) *Questo articolo è stato inserito dall'art. 10 del D.L.vo 9 luglio 2004, n. 197.*

(2) *La precedente rubrica:* «Responsabilità delle SIM, delle SGR e delle SICAV per illecito amministrativo dipendente da reato» *è stata così sostituita dall'attuale, dall'art. 5, comma 8, lett.* a), *del D.L.vo 4 marzo 2014, n. 44.*

(3) *Le parole: «o di una SICAV» sono state così sostituite dalle seguenti: «, di una Sicav o di una Sicaf», dall'art. 5, comma 8, lett.* b), *del D.L.vo 4 marzo 2014, n. 44.*

(4) *Le parole: «o di una SICAV» sono state così sostituite dalle seguenti: «, di una Sicav, o di una Sicaf», dall'art. 5, comma 8, lett.* c), *del D.L.vo 4 marzo 2014, n. 44.*

(5) *Le parole: «dagli articoli 7* ter, *7* quater, *7* quinquies, *7* sexies *e» sono state inserite dall'art. 2, comma 52, lett.* a), *del D.L.vo 3 agosto 2017, n. 129. A norma dell'art. 10, comma 2, del medesimo decreto, tali disposizioni si applicano dal 3 gennaio 2018.*

(6) *Le parole: «e Sicav» sono state così sostituite dalle seguenti: «, Sicav e Sicaf» dall'art. 5, comma 8, lett.* d), *del D.L.vo 4 marzo 2014, n. 44.*

(7) *Le parole: «comunitarie o extracomunitarie» sono state così sostituite dalle attuali: «UE o di imprese di paesi terzi diverse dalle banche» dall'art. 2, comma 52, lett.* b), *del D.L.vo 3 agosto 2017, n. 129. A norma dell'art. 10, comma 2, del medesimo decreto, tali disposizioni si applicano dal 3 gennaio 2018.*

(8) *Le parole: «, di società di gestione UE, di GEFIA UE, di GEFIA non UE autorizzati in Italia e di GEFIA non UE autorizzati in uno Stato membro dell'UE diverso dall'Italia» sono state aggiunte dall'art. 5, comma 8, lett.* e), *del D.L.vo 4 marzo 2014, n. 44.*

Capo II *bis*
Risoluzione delle Sim ([1])

([1]) *Questo capo è stato inserito dall'art. 2, comma 6, del D.L.vo 16 novembre 2015, n. 181. Tali disposizioni si applicano alle procedure di amministrazione straordinaria e di liquidazione coatta amministrativa avviate successivamente all'entrata in vigore del suddetto decreto.*

60 *bis*.1. Ambito di applicazione. – 1. Il presente Capo si applica alle Sim indicate all'articolo 55 *bis*, comma 1, e alle succursali italiane di imprese di paesi terzi diverse dalle banche ([1]) che svolgono le attività indicate dal medesimo articolo, se non rientrano nel campo di applicazione del decreto legislativo 16 novembre 2015, n. 180 ([2]).

2. Le Sim che rientrano nel campo di applicazione previsto dall'articolo 2 del decreto legislativo 16 novembre 2015, n. 180 ([3]) sono equiparate alle banche ai fini dell'applicazione del decreto medesimo.

3. In relazione a quanto disciplinato dal presente Capo, e anche in deroga agli articoli 1, 2, 3, 4, 4 *bis* e 4 *ter*, si applicano gli articoli 3, 4, 5 e 6 del decreto legislativo 16 novembre 2015, n. 180 ([3]), nonché le definizioni contenute nell'articolo 1 del medesimo decreto.

4. Quando nel presente capo si fa rinvio a disposizioni del decreto legislativo 16 novembre 2015, n. 180 ([3]), le disposizioni riferite alle banche si intendono riferite alle Sim e quelle riferite alla capogruppo si intendono riferite alla società posta al vertice del gruppo ai sensi dell'articolo 11.

([1]) *Le parole: «investimento extracomunitarie» sono state così sostituite dalle attuali: «paesi terzi diverse dalle banche» dall'art. 2, comma 53, lett.* a)*, del D.L.vo 3 agosto 2017, n. 129. A norma dell'art. 10, comma 2, del medesimo decreto, tali disposizioni si applicano dal 3 gennaio 2018.*

([2]) *Le parole: «di recepimento della direttiva 2014/59/UE» sono state così sostituite dalle attuali: «legislativo 16 novembre 2015, n. 180» dall'art. 2, comma 53, lett.* a)*, del D.L.vo 3 agosto 2017, n. 129. A norma dell'art. 10, comma 2, del medesimo decreto, tali disposizioni si applicano dal 3 gennaio 2018.*

([3]) *Le parole: «di recepimento della direttiva 2014/59/UE» sono state così sostituite dalle attuali: «legislativo 16 novembre 2015, n. 180» dall'art. 2, comma 53, lett.* b)*, del D.L.vo 3 agosto 2017, n. 129. A norma dell'art. 10, comma 2, del medesimo decreto, tali disposizioni si applicano dal 3 gennaio 2018.*

60 *bis*.2. Piani di risoluzione. – 1. La Banca d'Italia predispone, sentita la Consob per i profili di competenza:

a) un piano di risoluzione individuale per ciascuna Sim non sottoposta a vigilanza su base consolidata secondo quanto previsto dall'articolo 7 del decreto [di recepimento della direttiva 2014/59/UE]; ovvero

b) un piano di risoluzione di gruppo per i gruppi indicati dall'articolo 11, secondo quanto previsto dagli articoli 8, 9 e 10 del decreto [di recepimento della direttiva 2014/59/UE].

2. I piani di risoluzione sono comunicati alla Consob.

3. Si applicano, in quanto compatibili, il Titolo III, Capo I, del decreto [di recepimento della direttiva 2014/59/UE] e le disposizioni da esso richiamate.

60 *bis*.3. Risolvibilità. – 1. La Banca d'Italia valuta se una Sim non facente parte di un gruppo è risolvibile secondo quanto previsto dall'articolo 12 del decreto [di recepimento della direttiva 2014/59/UE] e dalle disposizioni da esso richiamate.

2. La Banca d'Italia valuta se un gruppo individuato ai sensi dell'articolo 11 è risolvibile, quando ne è l'autorità di risoluzione di gruppo, nei casi e secondo quanto previsto dall'articolo 13 del decreto [di recepimento della direttiva 2014/59/UE] e dalle disposizioni da esso richiamate.

3. Se, a seguito della valutazione effettuata ai sensi dei commi 1 e 2, risultano impedimenti sostanziali alla risolvibilità di una Sim o di un gruppo, la Banca d'Italia procede secondo quanto previsto dagli articoli 14, 15 e 16 del decreto [di recepimento della direttiva 2014/59/UE], adottando, ove opportuno, le misure ivi disciplinate, sentita la Consob per i profili di competenza.

60 *bis*.4. Risoluzione a altre procedure di gestione delle crisi. – 1. Alle Sim si applicano i Titoli IV e VI nonché gli articoli 99, 102, 103, 104 e 105 del decreto [di recepimento della direttiva 2014/59/UE]. I provvedimenti, indicati all'articolo 20 del medesimo decreto legislativo, con cui è disposta la riduzione o la conversione di azioni, di altre partecipazione e di strumenti di capitale, o l'avvio della risoluzione o della liquidazione coatta amministrativa sono adottati sentita la Consob per i profili di competenza.

2. Ai fini del comma 1, i riferimenti contenuti nel decreto [di recepimento della direttiva 2014/59/UE] alla disciplina in materia di acquisto di partecipazioni qualificate, amministrazione straordinaria e liquidazione coatta amministrativa prevista ai sensi del Testo unico bancario si intendono effettuati alle corrispondenti disposizioni del presente decreto legislativo.

Parte III
Disciplina dei mercati ([1])

([1]) *L'originaria rubrica*: «Disciplina dei mercati e della gestione accentrata di strumenti finanziari» è *stata così sostituita dall'attuale dall'art. 2, comma 1, del D.L.vo 12 agosto 2016, n. 176.*

Titolo I ([1])
Disposizioni comuni

([1]) *Questo titolo è stato così sostituito dagli attuali Titolo I* (*artt. 61-61* bis), *Titolo I* bis (*artt. 62-78*), *Titolo I* ter (*79-79* ter.*1*) *dall'art. 3, comma 1, del D.L.vo 3 agosto 2017, n. 129. A norma dell'art. 10, comma 2, del medesimo decreto, tali disposizioni si applicano dal 3 gennaio 2018. Fino a tale data si applicano le disposizioni nel testo previgente che si riporta*:

«*Titolo I* (Disciplina dei sistemi di negoziazione)

Capo I (Mercati regolamentati)

Art. 60 ter (Principi di regolamentazione) - *1. La Banca d'Italia e la CONSOB esercitano i poteri regolamentari previsti dal presente titolo nell'osservanza dei principi di cui all'articolo 6, comma 01.*

Art. 61 (Mercati regolamentati di strumenti finanziari) - *1. L'attività di organizzazione e gestione di mercati regolamentati di strumenti finanziari ha carattere di impresa ed è esercitata da società per azioni, anche senza scopo di lucro (società di gestione).*

2. La CONSOB determina con regolamento:

a) *le risorse finanziarie delle società di gestione;*

b) *le attività connesse e strumentali a quelle di organizzazione e gestione dei mercati che possono essere svolte dalle società di gestione.*

3. Il Ministro dell'economia e delle finanze, sentita la Consob, determina con regolamento i requisiti di onorabilità, professionalità e indipendenza dei soggetti che svolgono funzioni di amministrazione, direzione e controllo nelle società di gestione, in conformità a quanto previsto ai sensi dell'articolo 13. Il difetto dei requisiti determina la decadenza dalla carica. Essa è dichiarata dal consiglio di amministrazione, dal consiglio di sorveglianza o dal consiglio di gestione entro trenta giorni dalla nomina o dalla conoscenza del difetto sopravvenuto. In caso di inerzia la decadenza è pronunciata dalla Consob.

4. Il regolamento previsto dal comma 3 stabilisce le cause che comportano la sospensione temporanea dalla carica e la sua durata. La sospensione è dichiarata con le modalità indicate nel comma 3.

5. Il Ministro dell'economia e delle finanze, sentita la CONSOB, determina con regolamento i requisiti di onorabilità dei partecipanti al capitale [*, individuando la soglia partecipativa a tal fine rilevante*]

6. Gli acquisti e le cessioni di partecipazioni nelle società di gestione, effettuati direttamente o indirettamente, anche per il tramite di società controllate di società fiduciarie o per interposta persona, devono essere comunicati dal soggetto acquirente entro ventiquattro ore [*alla CONSOB e*] *alla società di gestione unitamente alla documentazione attestante il possesso da parte degli acquirenti dei requisiti individuati ai sensi del comma 5.*

6 bis. *La CONSOB disciplina con regolamento:*

a) *contenuto, termini e modalità di comunicazione alla CONSOB da parte della società di gestione delle informazioni relative ai partecipanti al capitale, individuando la soglia partecipativa rilevante a tale fine e ai fini del possesso dei requisiti di onorabilità di cui al comma 5 e delle comunicazioni di cui al comma 6;*

b) *contenuto, termini e modalità di comunicazione alla CONSOB da parte della società di gestione delle informazioni relative ai soggetti che svolgono funzioni di amministrazione, direzione e controllo nella società di gestione e ai soggetti che dirigono effettivamente l'attività e le operazioni del mercato regolamentato e di ogni successivo cambiamento;*

c) *contenuto, termini e modalità di pubblicazione da parte della società di gestione delle informazioni relative ai partecipanti al capitale e di ogni successivo cambiamento nell'identità delle persone che possiedono una partecipazione rilevante.*

6 ter. Le disposizioni di cui al comma 6 bis sono adottate dal Ministero dell'economia e delle finanze, sentita la Banca d'Italia e la CONSOB, nei casi di società di gestione di mercati regolamentati all'ingrosso di titoli di Stato e dalla CONSOB, sentita la Banca d'Italia, nei casi di società di gestione di mercati regolamentati all'ingrosso di titoli obbligazionari privati e pubblici, diversi da titoli di Stato, nonché di società di gestione di mercati regolamentati di strumenti previsti dall'articolo 1, comma 2, lettera b), *e di strumenti finanziari derivati su titoli pubblici, su tassi di interesse e su valute.*

7. In assenza dei requisiti o in mancanza della comunicazione non può essere esercitato il diritto di voto inerente alle azioni eccedenti la soglia individuata ai sensi del comma 6 bis.

8. In caso di inosservanza del divieto previsto dal comma 7, si applica l'articolo 14, comma 5. L'impugnazione può essere proposta anche dalla CONSOB entro il termine previsto dall'articolo 14, comma 6.

8 bis. *Entro novanta giorni dalla comunicazione da parte della società di gestione, la CONSOB può opporsi ai cambiamenti negli assetti azionari quando tali cambiamenti mettono a repentaglio la gestione sana e prudente del mercato. Per i mercati all'ingrosso di titoli di Stato il provvedimento è adottato dalla Banca d'Italia. In caso di opposizione da parte dell'Autorità competente, i diritti di voto inerenti alle azioni oggetto di cessione non possono essere esercitati.*

8 ter. *I provvedimenti di cui al comma 8 bis sono adottati sentita la Banca d'Italia, nei casi di società di gestione di mercati regolamentati all'ingrosso di titoli obbligazionari privati e pubblici, diversi da titoli di Stato, nonché di società di gestione di mercati regolamentati di strumenti previsti dall'articolo 1, comma*

2, lettera b), e di strumenti finanziari derivati su titoli pubblici, su tassi di interesse e su valute.

9. Alle società di gestione si applicano le disposizioni della parte IV, titolo III, capo II, sezione VI, a eccezione degli articoli 157 e 158.

10. Il Ministro dell'economia e delle finanze, sentite la Banca d'Italia e la CONSOB, individua le caratteristiche delle negoziazioni all'ingrosso di strumenti finanziari ai fini dell'applicazione delle disposizioni del presente decreto.

Art. 62 (Regolamento del mercato) - 1. L'organizzazione e la gestione del mercato sono disciplinate da un regolamento deliberato dall'assemblea ordinaria o dal consiglio di sorveglianza della società di gestione ovvero, ove così previsto dallo statuto, dall'organo di amministrazione; il regolamento stabilisce le modalità di emanazione delle disposizioni di attuazione da parte della società.

1 bis. Qualora le azioni della società di gestione siano quotate in un mercato regolamentato, il regolamento di cui al comma 1 è deliberato dal consiglio di amministrazione o dal consiglio di gestione della società medesima.

1 ter. La CONSOB, in conformità alle disposizioni della direttiva 2004/39/CE e delle relative misure di esecuzione, individua con regolamento i criteri generali ai quali il regolamento del mercato deve adeguarsi in materia di:

a) ammissione di strumenti finanziari alle negoziazioni;

b) sospensione ed esclusione di strumenti finanziari dalle negoziazioni nei mercati regolamentati;

c) modalità per assicurare la pubblicità del regolamento del mercato.

1 quater. Le disposizioni di cui al comma 1 ter sono adottate sentita la Banca d'Italia per i mercati nei quali sono negoziati all'ingrosso titoli obbligazionari privati e pubblici, diversi dai titoli di Stato, nonché per i mercati nei quali sono negoziati gli strumenti previsti dall'articolo 1, comma 2, lettera b), e gli strumenti finanziari derivati su titoli pubblici, tassi di interesse e valute.

2. Le società di gestione si dotano di regole e procedure trasparenti e non discrezionali che garantiscono una negoziazione corretta e ordinata nonché di criteri obiettivi che consentono l'esecuzione efficiente degli ordini. In ogni caso il regolamento del mercato determina:

a) le condizioni e le modalità di ammissione, di esclusione e di sospensione degli operatori [e degli strumenti finanziari] dalle negoziazioni;

a bis) le condizioni e le modalità di ammissione alla quotazione, nonché quelle relative all'ammissione alle negoziazioni degli strumenti finanziari e alla loro esclusione e sospensione dalla quotazione e dalle negoziazioni.

b) le condizioni e le modalità per lo svolgimento delle negoziazioni e gli eventuali obblighi degli operatori e degli emittenti;

c) le modalità di accertamento, pubblicazione e diffusione dei prezzi;

d) i tipi di contratti ammessi alle negoziazioni, nonché i criteri per la determinazione dei quantitativi minimi negoziabili;

d bis) le condizioni e le modalità per la compensazione, liquidazione e garanzia delle operazioni concluse sui mercati.

2 bis. Il regolamento può stabilire che le azioni di società controllanti, il cui attivo sia prevalentemente composto dalla partecipazione, diretta o indiretta, in una o più società con azioni quotate in mercati regolamentati, vengano negoziate in segmento distinto del mercato.

3. Il regolamento di cui al comma 1 disciplina l'accesso degli operatori al mercato regolamentato, secondo regole trasparenti, non discriminatorie e basate su criteri oggettivi, nonché i criteri per la partecipazione diretta o remota al mercato regolamentato e gli obblighi imposti agli operatori derivanti:

a) dall'istituzione e dalla gestione del mercato regolamentato;

b) dalle disposizioni riguardanti le operazioni eseguite nel mercato;

c) dagli standard professionali imposti al personale dei soggetti di cui all'articolo 25, comma 1, che sono operanti nel mercato;

d) dalle condizioni stabilite, per i partecipanti diversi dai soggetti di cui alla lettera c), a norma dell'articolo 25, comma 2;

e) dalle regole e procedure per la compensazione e la liquidazione delle operazioni concluse nel mercato regolamentato.

3 bis. La CONSOB determina con proprio regolamento:

a) i criteri di trasparenza contabile e di adeguatezza della struttura organizzativa e del sistema dei controlli interni che le società controllate, costituite e regolate dalla legge di Stati non appartenenti all'Unione europea, devono rispettare affinchè le azioni della società controllante possano essere quotate in un mercato regolamentato italiano. Si applica la nozione di controllo di cui all'articolo 93;

b) le condizioni in presenza delle quali non possono essere quotate le azioni di società controllate sottoposte all'attività di direzione e coordinamento di altra società;

c) i criteri di trasparenza e i limiti per l'ammissione alla quotazione sul mercato mobiliare italiano delle società finanziarie, il cui patrimonio è costituito esclusivamente da partecipazioni.

Art. 63 (Autorizzazione dei mercati regolamentati) - 1. La CONSOB autorizza l'esercizio dei mercati regolamentati quando:

a) *sussistono i requisiti previsti dall'articolo 61, commi 2, 3, 4 e 5;*

b) *il regolamento del mercato è conforme alla disciplina comunitaria ed è idoneo ad assicurare la trasparenza del mercato, l'ordinato svolgimento delle negoziazioni e la tutela degli investitori.*

1 bis. L'autorizzazione di cui al comma 1 è subordinata alla presentazione di un programma di attività che illustra i tipi di attività previsti e la struttura organizzativa della società di gestione.

2. La CONSOB iscrive i mercati regolamentati in un elenco, curando l'adempimento delle disposizioni comunitarie in materia, e approva le modificazioni del regolamento del mercato.

3. I provvedimenti previsti dai commi 1 e 2 sono adottati, sentita la Banca d'Italia, per i mercati nei quali sono negoziati all'ingrosso titoli obbligazionari privati e pubblici, diversi dai titoli di Stato, nonché per i mercati nei quali sono negoziati gli strumenti previsti dall'articolo 1, comma 2, lettera b), *e gli strumenti finanziari derivati su titoli pubblici, tassi di interesse e valute.*

4. La Banca d'Italia è ammessa alle negoziazioni sui mercati dei contratti uniformi a termine sui titoli di Stato.

Art. 64 (Organizzazione e funzionamento del mercato e delle società di gestione) - *01. La CONSOB, con proprio regolamento, individua gli adempimenti informativi delle società di gestione nei propri confronti, nonché, avendo riguardo alla trasparenza, all'ordinato svolgimento delle negoziazioni e alla tutela degli investitori e in conformità alle disposizioni della direttiva 2004/39/CE, i requisiti generali di organizzazione delle società di gestione dei mercati regolamentati.*

1. La società di gestione:

a) *predispone le strutture, fornisce i servizi del mercato e determina i corrispettivi a essa dovuti;*

b) *adotta tutti gli atti necessari per il buon funzionamento del mercato e predispone e mantiene dispositivi e procedure efficaci per il controllo del rispetto del regolamento;*

b bis) *adotta le disposizioni e gli atti necessari a prevenire e identificare abusi di informazioni privilegiate e manipolazioni del mercato.*

c) *dispone l'ammissione, l'esclusione e la sospensione degli strumenti finanziari dalla quotazione e dalle negoziazioni e degli operatori dalle negoziazioni e comunica immediatamente le proprie decisioni alla CONSOB; l'esecuzione delle decisioni di ammissione alle negoziazioni di azioni ordinarie, di obbligazioni e di altri strumenti finanziari emessi da soggetti diversi dagli Stati membri dell'Unione europea, dalle banche comunitarie e dalle società con azioni quotate in un mercato regolamentato nonché delle decisioni di esclusione di azioni dalle negoziazioni è sospesa finchè non sia decorso il termine indicato al comma 1 bis, lettera* a)*; tale sospensione non si applica nel caso di ammissione alle negoziazioni di strumenti finanziari ammessi in regime di esenzione dall'obbligo di pubblicare il prospetto nonché per l'ammissione di lotti supplementari di azioni già ammesse alle negoziazioni.*

d) *comunica alla CONSOB le violazioni del regolamento del mercato, segnalando le iniziative assunte;*

e) *[provvede alla gestione e alla diffusione al pubblico delle informazioni e dei documenti indicati nei regolamenti previsti dagli articoli 65 e 114].*

f) *provvede agli altri compiti a essa eventualmente affidati dalla CONSOB.*

1 bis. La CONSOB:

a) *può vietare l'esecuzione delle decisioni di ammissione alle negoziazioni e di esclusione dalle negoziazioni di cui al comma 1, lettera* c)*, secondo periodo, ovvero ordinare la revoca di una decisione di sospensione degli strumenti finanziari e degli operatori dalle negoziazioni, entro cinque giorni dal ricevimento della comunicazione di cui al comma 1, lettera c), se, sulla base degli elementi informativi diversi da quelli valutati, ai sensi del regolamento del mercato, dalla società di gestione nel corso della propria istruttoria, ritiene la decisione contraria alle finalità di cui all'articolo 74, comma 1;*

b) *può chiedere alla società di gestione tutte le informazioni che ritenga utili per i fini di cui alla lettera* a)*;*

c) *può chiedere alla società di gestione l'esclusione o la sospensione degli strumenti finanziari e degli operatori dalle negoziazioni.*

1 ter. *L'ammissione, l'esclusione e la sospensione dalla quotazione e dalle negoziazioni degli strumenti finanziari emessi da una società di gestione in un mercato da essa gestito sono disposte dalla CONSOB. In tali casi, la CONSOB determina le modificazioni da apportare al regolamento del mercato per assicurare la trasparenza, l'ordinato svolgimento delle negoziazioni e la tutela degli investitori, nonché per regolare le ipotesi di conflitto d'interessi. L'ammissione dei suddetti strumenti è subordinata all'adeguamento del regolamento del relativo mercato.*

1 quater. *Nel caso in cui uno strumento finanziario risulti negoziato nei mercati regolamentati di cui all'articolo 67, comma 1, la CONSOB:*

a) *rende pubbliche le decisioni assunte ai sensi del comma 1* bis, *lettera* c)*, e ne informa le autorità competenti degli Stati membri dei mercati regolamentati nei quali lo strumento finanziario oggetto della decisione è ammesso a negoziazione;*

b) *informa le autorità competenti degli altri Stati membri della decisione di sospensione o esclusione di uno strumento finanziario dalle negoziazioni, sulla base della comunicazione ricevuta dalla società di gestione ai sensi del comma 1, lettera* c).

1 quinquies. *Le disposizioni di cui al comma 01 sono adottate, sentita la Banca d'Italia, nei casi di società di gestione di mercati regolamentati all'ingrosso di titoli obbligazionari privati e pubblici, diversi da titoli di*

Stato, nonché di società di gestione di mercati regolamentati di strumenti previsti dall'articolo 1, comma 2, lettera b)*, e di strumenti finanziari derivati su titoli pubblici, su tassi di interesse e su valute.*

1 sexies. *Salvo quando ciò possa causare danni agli interessi degli investitori o all'ordinato funzionamento del mercato, la CONSOB richiede la sospensione o l'esclusione di uno strumento finanziario dalle negoziazioni in un mercato regolamentato nei casi in cui tale strumento finanziario sia stato oggetto di provvedimento di sospensione o esclusione da parte di autorità competenti di altri Stati membri.*

Art. 65 (Registrazione delle operazioni presso la società di gestione e obblighi di comunicazione delle operazioni concluse su strumenti finanziari) - *1. La CONSOB stabilisce con regolamento:*

a) *le modalità di registrazione presso le società di gestione delle operazioni compiute su strumenti finanziari ammessi a negoziazione nei mercati regolamentati da essa gestiti;*

b) *il contenuto, i termini e le modalità di comunicazione alla CONSOB da parte dei soggetti abilitati delle operazioni concluse su strumenti finanziari ammessi alla negoziazione su un mercato regolamentato.*

2. La CONSOB, quando ciò sia necessario al fine di assicurare la tutela degli investitori, può estendere gli obblighi di comunicazione di cui al comma 1, lettera b)*, anche a strumenti finanziari non ammessi alla negoziazione nei mercati regolamentati.*

Art. 66 (Mercati all'ingrosso di titoli di Stato) - *1. Il Ministero dell'economia e delle finanze, anche in deroga alle disposizioni del presente capo, sentite la Banca d'Italia e la CONSOB, disciplina e autorizza i mercati all'ingrosso di titoli di Stato e ne approva i regolamenti.*

2. La Banca d'Italia è ammessa alle negoziazioni sui mercati all'ingrosso di titoli di Stato. Il Ministero dell'economia e delle finanze è ammesso alle negoziazioni sui mercati all'ingrosso di titoli di Stato e vi partecipa comunicando preventivamente alla Banca d'Italia i tempi e le modalità degli interventi. Per motivate ragioni di tutela della stabilità della moneta, la Banca d'Italia entro ventiquattro ore dalla comunicazione può chiedere il differimento degli interventi o diverse modalità di attuazione. [*Le disposizioni emanate ai sensi del comma 1 possono prevedere l'ammissione alle negoziazioni anche di soggetti diversi dagli intermediari autorizzati all'attività di negoziazione*].

Art. 66 bis. (Mercati di strumenti finanziari derivati sull'energia e il gas) - *1. Ai mercati regolamentati per la negoziazione di strumenti finanziari derivati sull'energia elettrica ed il gas e alle società che organizzano e gestiscono tali mercati si applicano le disposizioni del presente capo, fatto salvo quanto indicato ai successivi commi.*

2. I provvedimenti di cui agli articoli 61, commi 8 e 8 bis, 63, commi 1 e 2, 67, commi 2, 3, 5 bis e 5 ter, 73, comma 4, 75, commi 2 e 4, 90 quinquies, *comma 2, lettera* b) *e 90* sexies, *comma 2, sono adottati dalla CONSOB, d'intesa con l'Autorità per l'energia elettrica e il gas.*

3. Le disposizioni di cui all'articolo 62, comma 1 ter, *sono adottate dalla CONSOB, sentita l'Autorità per l'energia elettrica ed il gas.*

4. I provvedimenti di cui all'articolo 64, comma 1 bis, *lettera* c)*, sono adottati dalla CONSOB sentita l'Autorità per l'energia elettrica e il gas.*

5. I compiti di cui all'articolo 67, comma 2 bis, *sono attribuiti alla CONSOB, sentita l'Autorità per l'energia elettrica e il gas.*

6. L'Autorità per l'energia elettrica ed il gas esercita le attribuzioni previste nel presente articolo in funzione delle generali esigenze di stabilità, economicità e concorrenzialità dei mercati dell'energia elettrica e del gas, nonché di sicurezza e efficiente funzionamento delle reti nazionali di trasporto dell'energia elettrica e del gas.

7. Nell'esercizio delle funzioni previste dal presente articolo, la CONSOB e l'Autorità per l'energia elettrica e il gas si prestano reciproca assistenza e collaborano tra loro anche mediante scambio di informazioni, senza che sia opponibile il segreto d'ufficio. La CONSOB e l'Autorità per l'energia elettrica e il gas agiscono in modo coordinato, a tale fine stipulando appositi protocolli di intesa.

8. L'Autorità per l'energia elettrica e il gas informa il Ministero dello sviluppo economico sull'attività di vigilanza svolta e sulle irregolarità riscontrate che possono incidere sul funzionamento dei mercati fisici dei prodotti sottesi nonché sulla sicurezza e sull'efficiente funzionamento delle reti nazionali di trasporto dell'energia elettrica e del gas.

Art. 67 (Riconoscimento dei mercati) - *1. La CONSOB iscrive in un'apposita sezione dell'elenco previsto dall'articolo 63, comma 2, i mercati regolamentati riconosciuti ai sensi dell'ordinamento comunitario.*

2. La CONSOB, previa stipula di accordi con le corrispondenti autorità, può riconoscere mercati esteri di strumenti finanziari, diversi da quelli inseriti nella sezione prevista dal comma 1, al fine di estenderne l'operatività sul territorio della Repubblica.

2 bis. *La CONSOB, al fine di assicurare la trasparenza, l'ordinato svolgimento delle negoziazioni e la tutela degli investitori, può stipulare accordi con le autorità di vigilanza dello Stato di origine di mercati regolamentati comunitari che abbiano acquisito, a giudizio della CONSOB, un'importanza sostanziale per il funzionamento del mercato finanziario italiano e la tutela degli investitori in Italia. Per i mercati all'ingrosso di titoli di Stato tali compiti sono attribuiti alla Banca d'Italia.*

3. Le società di gestione che intendano chiedere ad autorità di Stati extracomunitari il riconoscimento dei mercati da esse gestiti, ne danno comunicazione alla CONSOB, che rilascia il proprio nulla osta previa stipula di accordi con le corrispondenti autorità estere.

Per i mercati all'ingrosso di titoli di Stato la comunicazione è data alla Banca d'Italia, che rilascia il proprio nulla osta previa stipula di accordi con le competenti autorità estere e ne informa la CONSOB.

4. Nei casi di cui ai commi 2 e 3, la CONSOB o la Banca d'Italia, secondo le rispettive competenze, accertano che le informazioni sugli strumenti finanziari e sugli emittenti, le modalità di formazione dei prezzi, le modalità di liquidazione dei contratti, le norme di vigilanza sui mercati e sugli intermediari siano equivalenti a quelli della normativa vigente in Italia e comunque in grado di assicurare adeguata tutela degli investitori.

5. Le società di gestione che intendono estendere l'operatività dei mercati regolamentati da esse gestiti in altri Stati comunitari ne danno comunicazione preventiva alla CONSOB. La CONSOB ne informa, nel rispetto delle disposizioni comunitarie, l'autorità competente dello Stato membro in cui il mercato regolamentato intende operare. Per i mercati all'ingrosso di titoli di Stato la comunicazione preventiva è data alla Banca d'Italia, che ne informa l'autorità competente dello Stato membro interessato e la CONSOB.

5 bis. *La CONSOB autorizza i mercati di cui al comma 1 a dotarsi di dispositivi appropriati per facilitare l'accesso e la negoziazione in tali mercati ai loro membri e partecipanti remoti stabiliti nel territorio della Repubblica.*

5 ter. *La CONSOB può richiedere all'autorità competente dello Stato membro d'origine dei mercati di cui al comma 5* bis *l'identità dei membri o partecipanti al mercato regolamentato stabiliti nel territorio della Repubblica.*

5 quater. *Ai partecipanti remoti ai mercati regolamentati italiani si applicano gli articoli 8, comma 1, e 10, comma 1. In tale caso la CONSOB informa l'autorità competente dello Stato membro d'origine del partecipante remoto. Per i mercati all'ingrosso di titoli di Stato, la Banca d'Italia informa l'autorità competente dello Stato membro d'origine del partecipante remoto e la CONSOB.*

[*Art. 68* (Sistemi di garanzia dei contratti) - *1. La Banca d'Italia, d'intesa con la CONSOB, può disciplinare l'istituzione e il funzionamento di sistemi finalizzati a garantire il buon fine delle operazioni aventi a oggetto strumenti finanziari non derivati effettuate nei mercati regolamentati, anche emanando disposizioni concernenti la costituzione di fondi di garanzia alimentati da versamenti effettuati dai relativi partecipanti.*

2. Ciascun fondo costituisce patrimonio separato da quello del soggetto che lo amministra e dagli altri fondi. Sui fondi non sono ammesse azioni, sequestri o pignoramenti dei creditori del soggetto che li amministra né dei creditori dei singoli partecipanti o nell'interesse degli stessi. I fondi non possono essere compresi nelle procedure concorsuali che riguardano il soggetto che li amministra o i singoli partecipanti. Non opera la compensazione legale e giudiziale e non può essere pattuita la compensazione volontaria tra i saldi attivi dei conti di deposito dei fondi e i debiti che il gestore dei fondi stessi abbia nei confronti del depositario].

Art. 69 (Liquidazione delle operazioni su strumenti finanziari non derivati) - *1. La Banca d'Italia, d'intesa con la CONSOB, disciplina il funzionamento dei servizi di liquidazione delle operazioni aventi a oggetto strumenti finanziari non derivati, inclusi le modalità di tempo e gli adempimenti preliminari e complementari. Tale disciplina può prevedere che i servizi di liquidazione esclusa la fase di regolamento finale del contante, siano gestiti da una società autorizzata dalla Banca d'Italia, d'intesa con la CONSOB. Per il trasferimento dei titoli nominativi, anche diversi da quelli azionari, la girata può essere eseguita e completata ai sensi dell'articolo 15, commi 1 e 3, del regio decreto legge 29 marzo 1942, n. 239. Si applica l'articolo 80, commi 4, 5, 6, 7, 8 e 10.*

1 bis. *La Banca d'Italia, d'intesa con la CONSOB, determina:*

a) *le risorse finanziarie della società di gestione;*

b) *le attività connesse e strumentali a quelle di* [*compensazione e*] *liquidazione;*

c) *i requisiti di organizzazione della società;*

d) *i criteri generali per l'ammissione, esclusione e sospensione dei partecipanti;*

e) *i criteri generali in base ai quali la società di gestione può partecipare direttamente ai sistemi di* [*compensazione e*] *liquidazione esteri.*

1 ter. *L'accesso ai servizi di liquidazione delle operazioni aventi a oggetto strumenti finanziari non derivati è subordinato a criteri non discriminatori, trasparenti e obiettivi.*

2. La Banca d'Italia, d'intesa con la CONSOB, può disciplinare l'istituzione e il funzionamento di sistemi finalizzati a garantire il buon fine [*della compensazione e*] *della liquidazione delle operazioni indicate nel comma 1, anche emanando disposizioni concernenti la costituzione e l'amministrazione di fondi di garanzia alimentati da versamenti effettuati dai partecipanti.*

3. Ai fondi di garanzia previsti dal comma 2 si applica l'articolo 68, comma 2.

Art. 69 bis. (Autorizzazione e vigilanza delle controparti centrali) - *1. La Banca d'Italia autorizza lo svolgimento dei servizi di compensazione in qualità di controparte centrale da parte di persone giuridiche stabilite nel territorio nazionale, ai sensi degli articoli 14 e 15 e secondo la procedura prevista dall'articolo 17 del regolamento (UE) n. 648/2012. La medesima autorità revoca l'autorizzazione allo svolgimento di servizi da parte di una controparte centrale quando ricorrono i presupposti di cui all'articolo 20 del medesimo regolamento. Si applicano l'articolo 80, commi 4, 5 e 10, e l'articolo 83 del presente decreto legislativo.*

2. La Banca d'Italia, in qualità di presidente del collegio di autorità previsto dall'articolo 18 del regolamento di cui al comma 1, può rinviare la questione dell'adozione di un parere comune negativo sull'autorizzazione di una controparte centrale all'AESFEM, come previsto dall'articolo 17, paragrafo 4, del medesimo regolamento, interrompendo i termini del procedimento di autorizzazione.

3. La vigilanza sulle controparti centrali è esercitata dalla Banca d'Italia, avendo riguardo alla stabilità e al contenimento del rischio sistemico, e dalla Consob, avendo riguardo alla trasparenza e alla tutela degli investitori. A tale fine la Banca d'Italia e la Consob possono chiedere alle controparti centrali e agli operatori la comunicazione anche periodica di dati, notizie, atti e documenti e possono effettuare ispezioni. Le modalità di esercizio dei poteri di vigilanza informativa sono disciplinate con regolamento adottato dalla Banca d'Italia, d'intesa con la Consob; con il medesimo regolamento possono essere stabiliti requisiti supplementari per lo svolgimento dei servizi di controparte centrale, in conformità al regolamento di cui al comma 1.

4. In caso di necessità e urgenza, la Banca d'Italia adotta, per le finalità attribuite ai sensi del comma 3, i provvedimenti necessari anche sostituendosi alle controparti centrali. Dei provvedimenti adottati la Banca d'Italia dà tempestiva comunicazione alla Consob, all'AESFEM, al collegio di autorità richiamato al comma 2, alle rilevanti autorità del Sistema europeo delle Banche centrali e alle altre autorità interessate, ai sensi dell'articolo 24 del regolamento di cui al comma 1.

5. La Banca d'Italia esercita le competenze specificamente indicate dagli articoli 41, paragrafo 2, 49, paragrafo 1, e 54, paragrafo 1, del regolamento di cui al comma 1 e adotta, d'intesa con la Consob, i provvedimenti richiesti ai sensi degli articoli 7, paragrafo 4, 31, paragrafi 1 e 2, e 35, paragrafo 1, del medesimo regolamento. Si applica l'articolo 80, commi 6, 7 e 8, del presente decreto legislativo.

6. La Consob, d'intesa con la Banca d'Italia, adotta i provvedimenti di cui all'articolo 8, paragrafo 4, del regolamento di cui al comma 1.

7. Ove non diversamente specificato dal presente articolo, le competenze previste dal regolamento di cui al comma 1 in materia di vigilanza delle controparti centrali sono esercitate dalla Banca d'Italia e dalla Consob, ciascuna nell'ambito delle rispettive attribuzioni.

8. La Banca d'Italia e la Consob stabiliscono, mediante un protocollo di intesa, le modalità della cooperazione nello svolgimento delle rispettive competenze, con particolare riferimento alle posizioni rappresentate nell'ambito dei collegi e alla gestione delle situazioni di emergenza, nonché le modalità del reciproco scambio di informazioni rilevanti, anche con riferimento alle irregolarità rilevate e ai provvedimenti assunti nell'esercizio delle rispettive funzioni, tenuto conto dell'esigenza di ridurre al minimo gli oneri gravanti sugli operatori e dell'economicità dell'azione delle autorità di vigilanza. Il protocollo d'intesa è reso pubblico dalla Banca d'Italia e dalla Consob con le modalità da esse stabilite.

Art. 70 (Garanzie acquisite nell'esercizio dell'attività di controparte centrale) - *1. I margini e le altre prestazioni acquisite da una controparte centrale a titolo di garanzia dell'adempimento degli obblighi derivanti dall'attività di compensazione svolta in favore dei propri partecipanti non possono essere soggetti ad azioni esecutive o cautelari da parte dei creditori del singolo partecipante o del soggetto che gestisce la controparte centrale, anche in caso di apertura di procedure concorsuali. Le garanzie acquisite possono essere utilizzate esclusivamente secondo quanto previsto dal regolamento (UE) n. 648/2012.*

Art. 70 bis. (Accesso alle controparti centrali e ai sistemi di liquidazione delle operazioni su strumenti finanziari) - *1. Le imprese di investimento e le banche comunitarie autorizzate all'esercizio dei servizi o delle attività di investimento possono accedere alle controparti centrali e ai sistemi di cui agli articoli 68 e 69, per finalizzare o per disporre la finalizzazione delle operazioni su strumenti finanziari.*

2. Le società di gestione assicurano ai partecipanti ai mercati da esse gestiti il diritto di designare un sistema di compensazione e liquidazione delle operazioni su strumenti finanziari effettuate su tali mercati, diverso da quello designato dal mercato stesso, qualora risultino rispettate le seguenti condizioni:

a) *la presenza di collegamenti e dispositivi fra il sistema di compensazione e liquidazione designato e i sistemi e la struttura del mercato regolamentato per garantire il regolamento efficace ed economico delle operazioni;*

b) *il riconoscimento da parte della CONSOB che le condizioni tecniche di regolamento delle operazioni concluse nel mercato regolamentato tramite un sistema diverso da quello designato dal mercato stesso siano tali da consentire il regolare e ordinato funzionamento dei mercati. Nei casi di società di gestione di mercati regolamentati all'ingrosso di titoli di Stato il riconoscimento è effettuato dalla Banca d'Italia.*

3. Le società di gestione comunicano alla CONSOB le designazioni effettuate dai partecipanti al mercato ai sensi del comma 2. Tali comunicazioni sono effettuate alla Banca d'Italia nel caso dei mercati all'ingrosso dei titoli di Stato.

4. Il riconoscimento di cui al comma 2, lettera b), *è effettuato, sentita la Banca d'Italia, nei casi di società di gestione di mercati regolamentati all'ingrosso di titoli obbligazionari privati e pubblici, diversi da titoli di Stato, nonché di società di gestione di mercati regolamentati di strumenti previsti dall'articolo 1, comma 2, lettera* d), *e di strumenti finanziari derivati su titoli pubblici, su tassi di interesse e su valute.*

Art. 70 ter. (Accordi conclusi dalle società di gestione dei mercati regolamentati con controparti centrali o con società che gestiscono servizi di liquidazione) - *1. Le società di gestione dei mercati rego-*

lamentati possono concludere accordi con le controparti centrali o con le società che gestiscono servizi di liquidazione di un altro Stato membro al fine di disporre la compensazione o la liquidazione di alcune o tutte le operazioni concluse dai partecipanti al mercato regolamentato.

2. La CONSOB, d'intesa con la Banca d'Italia, può opporsi agli accordi di cui al comma 1 qualora, tenuto anche conto delle condizioni previste all'articolo 70 bis, *comma 2, ciò si renda necessario per preservare l'ordinato funzionamento del mercato regolamentato. A tale fine, la CONSOB, d'intesa con la Banca d'Italia, disciplina con regolamento gli adempimenti informativi delle società di gestione in occasione degli accordi di cui al comma 1.*

3. I provvedimenti di cui al comma 2 sono adottati dalla Banca d'Italia, d'intesa con la CONSOB, per i mercati all'ingrosso dei titoli di Stato.

Art. 71 (Definitività del regolamento delle operazioni aventi a oggetto strumenti finanziari) - *1. La compensazione, la liquidazione e la garanzia delle operazioni effettuate con l'intervento dei sistemi disciplinati ai sensi degli articoli 69 e 70 sono definitive e non possono essere dichiarate inefficaci, con riferimento all'effetto retroattivo dell'apertura di procedure concorsuali, neppure nel caso in cui i partecipanti siano assoggettati alle procedure medesime.*

[*Art. 72* (Disciplina delle insolvenze di mercato) - *1. La Consob, d'intesa con la Banca d'Italia, disciplina con regolamento l'insolvenza di mercato dei soggetti ammessi alle negoziazioni nei mercati regolamentati e nei sistemi multilaterali di negoziazione e dei partecipanti alle controparti centrali, stabilendone i presupposti, l'ambito di applicazione e le modalità di accertamento e di liquidazione. L'insolvenza di mercato è dichiarata dalla Consob, d'intesa con la Banca d'Italia.*

2. Fermo restando quanto previsto al comma 1, l'apertura, da parte dell'autorità giudiziaria o amministrativa competente, di una procedura di liquidazione o di risanamento dei soggetti ammessi alle negoziazioni nei mercati regolamentati e nei sistemi multilaterali di negoziazione e dei partecipanti alle controparti centrali, costituisce presupposto per la dichiarazione di insolvenza di mercato. Ai fini del presente comma, si applicano le definizioni di 'procedura di risanamento' e 'procedura di liquidazione' previste dall'articolo 1 del decreto legislativo 21 maggio 2004, n. 170.

3. Ai fini della dichiarazione di cui al comma 1, l'autorità giudiziaria o amministrativa competente comunica immediatamente alla Consob e alla Banca d'Italia, anche per via telematica, l'apertura della procedura di liquidazione o di risanamento dei soggetti ammessi alle negoziazioni nei mercati regolamentati e nei sistemi multilaterali di negoziazione e dei partecipanti alle controparti centrali.

4. La liquidazione delle insolvenze di mercato, inclusi gli adempimenti previsti al comma 6, può essere effettuata dalle società di gestione previste dall'articolo 61, comma 1, per i contratti stipulati nei mercati da esse gestiti, dalle controparti centrali e dai gestori dei sistemi previsti dall'articolo 77 bis, *rispettivamente per le operazioni da essi garantite e per i contratti stipulati nei sistemi da essi gestiti, e da altri soggetti, conformemente alle disposizioni contenute nella disciplina prevista dal comma 1. Le spese per la gestione della liquidazione delle insolvenze di mercato sono poste a carico dei soggetti che gestiscono i mercati o i sistemi nei quali l'insolvente ha operato.*

5. Ai fini della liquidazione delle insolvenze di mercato, le societa di gestione previste dall'articolo 61, comma 1, le controparti centrali, i gestori previsti dall'articolo 77 bis *e gli altri soggetti possono prevedere clausole di close-out netting per i contratti e per le operazioni previsti al comma 4. Tali clausole sono valide e hanno effetto in conformità a quanto dalle stesse previsto, anche in caso di apertura di una procedura di risanamento o di una procedura di liquidazione nei confronti dell'insolvente di mercato. Ai fini del presente comma, si applicano le definizioni di 'clausola di close-out netting', 'procedura di risanamento e 'procedura di liquidazione previste dall'articolo 1 del decreto legislativo 21 maggio 2004, n. 170, anche in assenza di garanzie finanziarie.*

6. La procedura di liquidazione dell'insolvenza di mercato si conclude con il rilascio agli aventi diritto, per i crediti residui, di un certificato di credito, comprensivo delle spese sostenute dal creditore stesso, che costituisce titolo esecutivo nei confronti dell'insolvente per gli effetti dell'articolo 474 del codice di procedura civile.

7. Alla liquidazione delle insolvenze di mercato si applicano, ove ne ricorrano i presupposti, le disposizioni di attuazione della direttiva 98/26/CE del Parlamento europeo e del Consiglio del 19 maggio 1998, relative al carattere definitivo del regolamento nei sistemi di pagamento e nei sistemi di regolamento titoli].

Art. 73 (Vigilanza sulle società di gestione) - *1. Le società di gestione sono soggette alla vigilanza della CONSOB, che a tal fine si avvale dei poteri previsti dagli articoli 74, comma 2, e 187* octies.

2. La CONSOB iscrive le società di gestione in un albo.

3. La CONSOB verifica che le modificazioni statutarie delle società di gestione non contrastino con i requisiti previsti dall'articolo 61. Non si può dare corso al procedimento per l'iscrizione nel registro delle imprese se non consti tale verifica.

4. La CONSOB vigila affinché la regolamentazione del mercato sia idonea ad assicurare l'effettivo conseguimento della trasparenza del mercato, dell'ordinato svolgimento delle negoziazioni e della tutela degli investitori e può richiedere alle società di gestione modifiche della regolamentazione del mercato stesso idonee a eliminare le disfunzioni riscontrate.

Art. 74 (Vigilanza sui mercati) - *1. La CONSOB vigila sui mercati regolamentati al fine di assicurare la trasparenza, l'ordinato svolgimento delle negoziazioni e la tutela degli investitori e può adottare ogni misura per garantire il rispetto degli obblighi previsti dal presente capo. A tale fine, agli operatori ammessi alle negoziazioni nei mercati regolamentati, diversi dai soggetti abilitati, si applicano gli articoli 8, comma 1 e 10, comma 1.*

1 bis. *La CONSOB vigila sul rispetto delle disposizioni del regolamento del mercato, relative agli strumenti finanziari di cui all'articolo 64, comma 1* ter, *da parte della società di gestione.*

2. La CONSOB, con le modalità e nei termini da essa stabiliti, può chiedere alle società di gestione la comunicazione anche periodica di dati, notizie, atti e documenti, nonché eseguire ispezioni presso le medesime società e richiedere l'esibizione di documenti e il compimento degli atti ritenuti necessari.

3. In caso di necessità e urgenza, la CONSOB adotta, per le finalità indicate al comma 1, i provvedimenti necessari, anche sostituendosi alla società di gestione.

4. I provvedimenti previsti dal comma 3 possono essere adottati dal Presidente della CONSOB o da chi lo sostituisce in caso di sua assenza o impedimento. Essi sono immediatamente esecutivi e sono sottoposti all'approvazione della Commissione che delibera nel termine di cinque giorni, i provvedimenti perdono efficacia se non approvati entro tale termine.

4 bis. *La CONSOB può esercitare gli ulteriori poteri previsti dall'articolo 187 octies.*

Art. 75 (Provvedimenti straordinari a tutela del mercato e crisi della società di gestione) - *1. In caso di gravi irregolarità nella gestione dei mercati ovvero nell'amministrazione della società di gestione e comunque quando lo richiede la tutela degli investitori, il Ministero dell'economia e delle finanze, su proposta della CONSOB, dispone lo scioglimento degli organi amministrativi e di controllo della società di gestione. I poteri dei disciolti organi amministrativi sono attribuiti a un commissario nominato con il medesimo provvedimento, che li esercita, sulla base delle direttive e sotto il controllo della CONSOB, sino alla ricostituzione degli organi. L'indennità spettante al commissario è determinata con decreto del Ministero ed è a carico della società di gestione. Per quanto non previsto dal presente comma, si applicano gli articoli 70, commi 2, 3, 4, 5 e 6, 72, a eccezione dei commi 2 e 8, e 75 del T.U. bancario, intendendosi attribuiti alla CONSOB i poteri della Banca d'Italia.*

2. La CONSOB può revocare l'autorizzazione prevista dall'articolo 63 quando:

a) *la società di gestione non si avvale dell'autorizzazione entro dodici mesi ovvero vi rinuncia espressamente;*

b) *la società di gestione ovvero il mercato regolamentato ha cessato di funzionare da più di sei mesi;*

c) *la società di gestione ha ottenuto l'autorizzazione presentando false dichiarazioni o con qualsiasi altro mezzo irregolare;*

d) *la società di gestione ovvero il mercato regolamentato non soddisfa più le condizioni cui è subordinata l'autorizzazione;*

e) *la società di gestione ha violato in modo grave e sistematico le disposizioni del presente capo.*

2 bis. *La procedura di cui al comma 1 può determinare la revoca dell'autorizzazione prevista al comma 2.*

3. Entro trenta giorni dalla comunicazione del provvedimento di revoca dell'autorizzazione gli amministratori o il commissario convocano l'assemblea per modificare l'oggetto sociale ovvero per deliberare la liquidazione volontaria della società. Qualora non si provveda alla convocazione entro detto termine ovvero l'assemblea non deliberi entro tre mesi dalla data della comunicazione del provvedimento di revoca, il Ministero dell'economia e delle finanze, su proposta della CONSOB, può disporre lo scioglimento della società di gestione nominando i liquidatori. Si applicano le disposizioni sulla liquidazione delle società per azioni, a eccezione di quelle concernenti la revoca dei liquidatori.

4. Nei casi previsti dai commi 1 e 2, la CONSOB promuove gli accordi necessari ad assicurare la continuità delle negoziazioni. A tal fine può disporre il trasferimento temporaneo della gestione del mercato ad altra società, previo consenso di quest'ultima. Il trasferimento definitivo della gestione del mercato può avvenire anche in deroga alle disposizioni del titolo II, capo VI, della legge fallimentare.

5. Le proposte previste dai precedenti commi sono formulate dalla CONSOB, sentita la Banca d'Italia per le società di gestione di mercati nei quali sono negoziati all'ingrosso titoli obbligazionari privati e pubblici, diversi dai titoli di Stato, nonché per le società di gestione di mercati nei quali sono negoziati gli strumenti previsti dall'articolo 1, comma 2, lettera b), *e gli strumenti finanziari derivati su titoli pubblici, tassi di interesse e valute.*

6. Le iniziative per la dichiarazione di fallimento o per l'ammissione alle procedure di concordato preventivo o amministrazione controllata e i relativi provvedimenti del tribunale sono comunicati entro tre giorni alla CONSOB a cura del cancelliere.

Art. 76 (Vigilanza sui mercati all'ingrosso di titoli di Stato) - *1. Ferme restando le competenze della CONSOB ai sensi del presente decreto, la Banca d'Italia vigila sui mercati all'ingrosso dei titoli di Stato, avendo riguardo all'efficienza complessiva del mercato e all'ordinato svolgimento delle negoziazioni. Agli operatori ammessi alle negoziazioni nei mercati all'ingrosso dei titoli di Stato, diversi dai soggetti abilitati, si applicano gli articoli 8, comma 1 e 10, comma 1.*

2. La Banca d'Italia vigila sulle società di gestione dei mercati all'ingrosso dei titoli di Stato, avvalendosi a tal fine dei poteri previsti dall'articolo 74, comma 2.

2 bis. *La Banca d'Italia, con le modalità e nei termini da essa stabiliti, può chiedere alle società di gestione la comunicazione anche periodica di dati,*

notizie, atti e documenti, nonché eseguire ispezioni presso le medesime società e richiedere l'esibizione di documenti e il compimento degli atti ritenuti necessari. Gli stessi poteri possono essere esercitati anche nei confronti degli altri soggetti coinvolti nell'attività della società di gestione. A tale fine, la Banca d'Italia può procedere anche ad audizioni personali. La Banca d'Italia può autorizzare revisori dei conti o esperti a procedere a verifiche presso le società di gestione; le relative spese sono poste a carico del soggetto ispezionato.

2 ter. *In caso di necessità e urgenza, la Banca d'Italia adotta, per le finalità indicate al comma 1, i provvedimenti necessari, anche sostituendosi alla società di gestione.*

2 quater. *Per i mercati all'ingrosso di titoli di Stato, la CONSOB può esercitare i poteri previsti dall'articolo 187* octies.

3. Si applica l'articolo 75. I poteri e le attribuzioni della CONSOB ivi previsti spettano alla Banca d'Italia.

[*Art. 77* (Vigilanza sui sistemi di garanzia dei contratti e di liquidazione) - *1. La vigilanza sui sistemi indicati negli articoli 68 e 69 e sui soggetti che li gestiscono è esercitata dalla Banca d'Italia, avendo riguardo alla stabilità e al contenimento del rischio sistemico e dalla CONSOB, avendo riguardo alla trasparenza e alla tutela degli investitori. A tale fine la Banca d'Italia e la CONSOB possono richiedere ai gestori dei sistemi e agli operatori la comunicazione anche periodica di dati, notizie, atti e documenti in ordine alla* [*compensazione,*] *liquidazione e garanzia delle operazioni ed effettuare ispezioni.*

2. In caso di necessità e urgenza, la Banca d'Italia adotta, per le finalità indicate al comma 1, i provvedimenti necessari, anche sostituendosi alle società di gestione dei servizi indicati nell'articolo 69.

3. Ai gestori dei sistemi e dei servizi indicati negli articoli 68 e 69 si applica l'articolo 83].

Capo II (*Sistemi di negoziazione diversi dai mercati regolamentati*)

Art. 77 bis. (Sistemi multilaterali di negoziazione) - *1. La CONSOB individua con proprio regolamento i requisiti minimi di funzionamento dei sistemi multilaterali di negoziazione, ivi inclusi gli obblighi dei loro gestori in materia di:*

a) *processo di negoziazione e finalizzazione di operazioni;*

b) *ammissione di strumenti finanziari;*

c) *informazioni fornite al pubblico e agli utenti;*

d) *accesso al sistema;*

e) *controllo dell'ottemperanza da parte degli utenti delle regole del sistema.*

2. La CONSOB:

a) *può chiedere ai soggetti che gestiscono un sistema multilaterale di negoziazione l'esclusione o la sospensione degli strumenti finanziari dalle negoziazioni sul sistema multilaterale di negoziazione;*

b) *può chiedere ai soggetti che gestiscono un sistema multilaterale di negoziazione tutte le informazioni che ritenga utili per i fini di cui alla lettera* a)*;*

c) *vigila, al momento dell'autorizzazione e in via continuativa, che le regole e le procedure adottate dai sistemi multilaterali di negoziazione siano conformi alle disposizioni comunitarie.*

3. Salvo quando ciò possa causare danni agli interessi degli investitori o all'ordinato funzionamento del mercato, la CONSOB richiede la sospensione o l'esclusione di uno strumento finanziario dalle negoziazioni in un sistema multilaterale di negoziazione nei casi in cui tale strumento finanziario sia ammesso alle negoziazioni in un mercato regolamentato e sia stato oggetto di provvedimento di sospensione o esclusione da parte di autorità competenti di altri Stati membri.

[*4.Agli accordi conclusi dai soggetti che gestiscono un sistema multilaterale di negoziazione con le controparti centrali o con le società che gestiscono servizi di liquidazione si applica l'articolo 70 ter, commi 1 e 2*].

5. Agli operatori ammessi alle negoziazioni in un sistema multilaterale di negoziazione, diversi dai soggetti abilitati, si applicano gli articoli 8, comma 1, e 10, comma 1.

6. Il provvedimento previsto dal comma 1 è adottato dalla CONSOB, sentita la Banca d'Italia, quando riguarda i sistemi all'ingrosso di titoli obbligazionari privati e pubblici, diversi dai titoli di Stato, nonché di titoli normalmente negoziati sul mercato monetario e di strumenti finanziari derivati su titoli pubblici, su tassi di interesse e su valute, e dal Ministero dell'economia e delle finanze, sentite la Banca d'Italia e la CONSOB, quando riguarda sistemi all'ingrosso di titoli di Stato. Per questi ultimi le attività di cui ai commi 2 e 3 sono svolte dalla Banca d'Italia, sentita la CONSOB.

Art. 78 (Internalizzatori sistematici) - *1. La CONSOB può chiedere agli internalizzatori sistematici l'esclusione o la sospensione degli scambi sugli strumenti finanziari ammessi alle negoziazioni sui mercati regolamentati e per i quali essi risultano internalizzatori sistematici.*

2. La CONSOB disciplina con regolamento i criteri per l'individuazione degli internalizzatori sistematici e i loro obblighi in materia di pubblicazione di quotazioni, esecuzione di ordini e accesso alle quotazioni.

Art. 79 (Sistemi multilaterali di scambio di depositi monetari in euro) - *1. La Banca d'Italia vigila sull'efficienza e sul buon funzionamento dei sistemi multilaterali di scambio di depositi monetari in euro, nonché sui soggetti gestori.*

2. La Banca d'Italia, con le modalità e nei termini da essa stabiliti, può richiedere la comunicazione anche periodica di dati, notizie, atti e documenti ai soggetti gestori e agli operatori. La Banca d'Italia può eseguire ispezioni presso i medesimi soggetti gestori e richiedere l'esibizione di documenti e il compimento degli atti ritenuti necessari. Gli stessi poteri possono essere esercitati anche nei confronti di altri soggetti coinvolti nell'attività del soggetto abilitato. A tale fine, la Banca d'Italia può procedere anche ad audizioni personali. La Banca d'Italia può autorizzare i revisori dei conti o gli esperti a procedere a verifiche presso i soggetti gestori; le relative spese sono poste a carico del soggetto ispezionato.

3. I soggetti gestori di sistemi multilaterali di scambio di depositi monetari in euro possono gestire anche sistemi multilaterali di negoziazione di strumenti finanziari derivati su tassi di interesse e valute.

4. Agli scambi previsti dal comma 1 non si applica l'articolo 77 bis*.*

Capo II bis *(Disposizioni comuni)*

Art. 79 bis*. (Requisiti di trasparenza) - 1. Al fine di garantire l'effettiva integrazione dei mercati e il rafforzamento dell'efficacia del processo di formazione dei prezzi, la CONSOB disciplina con regolamento:*

a) *il regime di trasparenza pre-negoziazione per le operazioni aventi ad oggetto azioni ammesse alla negoziazione nei mercati regolamentati, effettuate nei mercati medesimi, nei sistemi multilaterali di negoziazione e dagli internalizzatori sistematici;*

b) *il regime di trasparenza post-negoziazione per le operazioni aventi ad oggetto azioni ammesse alla negoziazione nei mercati regolamentati, effettuate nei mercati medesimi, nei sistemi multilaterali di negoziazione e dai soggetti abilitati.*

2. La CONSOB, quando ciò si renda necessario per assicurare l'ordinato svolgimento delle negoziazioni e la tutela dell'investitore, può estendere, in tutto in parte, il regime di trasparenza pre-negoziazione e post-negoziazione applicabile alle operazioni aventi ad oggetto strumenti finanziari diversi dalle azioni ammesse a negoziazione nei mercati regolamentati.

3. Le disposizioni di cui al comma 2 sono adottate dalla CONSOB, sentita la Banca d'Italia, quando riguardano scambi all'ingrosso di titoli obbligazionari privati e pubblici, diversi dai titoli di Stato, nonché scambi di titoli normalmente negoziati sul mercato monetario e di strumenti finanziari derivati su titoli pubblici, su tassi di interesse e su valute, e dal Ministero dell'economia e delle finanze, sentite la Banca d'Italia e la CONSOB, quando riguardano scambi all'ingrosso di titoli di Stato.

4. La CONSOB disciplina con regolamento la gestione degli ordini dei clienti con limite di prezzo aventi ad oggetto azioni ammesse alla negoziazione in un mercato regolamentato.

Art. 79 ter*. (Consolidamento delle informazioni) - 1. Al fine di garantire che i partecipanti al mercato e gli investitori possano raffrontare i prezzi che i mercati regolamentati, i sistemi multilaterali di negoziazione e i soggetti abilitati sono tenuti a rendere pubblici, la CONSOB, sentita la Banca d'Italia, può individuare con regolamento misure volte ad eliminare gli ostacoli che possono impedire il consolidamento delle informazioni e della relativa pubblicazione».*

61. Definizioni. – 1. Nella presente parte si intendono per:

a) "strategia di market making": ai fini degli articoli 65 *sexies* e 67 *ter*, la strategia perseguita da chi svolge negoziazioni algoritmiche quando, operando per conto proprio in qualità di membro o partecipante di una o più sedi di negoziazione, la strategia comporta l'immissione di quotazioni irrevocabili e simultanee di acquisto e di vendita, di misura comparabile e a prezzi competitivi, relative a uno o più strumenti finanziari su un'unica sede di negoziazione o su diverse sedi di negoziazione, con il risultato di fornire liquidità in modo regolare e frequente al mercato;

b) "fondi indicizzati quotati" (exchange-traded funds - ETF): gli Oicr con almeno una particolare categoria di azioni o quote negoziata per tutta la giornata in almeno una sede di negoziazione, nell'ambito della quale almeno un market-maker interviene per assicurare che il prezzo delle sue azioni o quote nella sede di negoziazione non si discosti in maniera significativa dal rispettivo valore netto di inventario nè, se del caso, da quello indicativo calcolato in tempo reale (indicative net asset value);

c) "certificates": i titoli negoziabili quali definiti all'articolo 2, paragrafo 1, punto 27), del regolamento (UE) n. 600/2014;

d) "strumenti finanziari strutturati": gli strumenti finanziari strutturati quali definiti all'articolo 2, paragrafo 1, punto 28), del regolamento (UE) n. 600/2014;

e) "sedi di negoziazione all'ingrosso": le sedi di negoziazione di titoli di Stato o di titoli obbligazionari privati e pubblici, diversi da titoli di Stato, nonché di strumenti del mercato monetario e di strumenti finanziari derivati su titoli pubblici, su tassi di interesse e su valute che, in base alle regole adottate dal gestore della sede, consentono esclusivamente le negoziazioni tra operatori che impegnano posizioni proprie ovvero, nel caso dei soggetti abilitati, quelle nelle quali gli operatori eseguono in contropartita diretta, con posizioni proprie, ordini di clienti professionali;

f) "operatore principale": i soggetti indicati nell'articolo 2,paragrafo 1, lettera *n*), del regolamento (UE) n. 236/2012, relativo alle vendite allo scoperto e a taluni aspetti dei contratti derivati aventi ad oggetto la copertura del rischio di inadempimento dell'emittente (credit default swap);

g) "mercato di crescita per le PMI": un sistema multilaterale di negoziazione registrato come un mercato di crescita per le PMI in conformità all'articolo 69;

h) "piccola o media impresa": un'impresa come definita dall'articolo 2, paragrafo 1, lettera (f), del regolamento (UE)2017/1129.

61 *bis*. Principi di regolamentazione. – 1. La Banca d'Italia e la Consob esercitano i poteri regolamentari previsti dalla presenteparte nell'osservanza dei principi di cui all'articolo 6, comma 01.

Titolo I *bis*
Disciplina delle sedi di negoziazione e internalizzatori sistematici

Capo I
Finalità e destinatari della vigilanza

62. Vigilanza sulle sedi di negoziazione. – 1. La Consob vigila sulle sedi di negoziazione e, fermi restando i poteri e le attribuzioni della Consob e della Banca d'Italia ai sensi della parte II del presente decreto, sui relativi gestori, al fine di assicurare la trasparenza, l'ordinato svolgimento delle negoziazioni e la tutela degli investitori.

2. La Consob vigila affinchè la regolamentazione del mercato regolamentato e le regole delle altre sedi di negoziazione, adottate dai relativi gestori, siano idonee ad assicurare l'effettivo conseguimento della trasparenza del mercato, l'ordinato svolgimento delle negoziazioni e la tutela degli investitori e può richiedere ai gestori delle sedi di negoziazione le opportune modifiche idonee a eliminare le disfunzioni riscontrate.

3. In caso di necessità e urgenza, la Consob adotta nei confronti dei mercati regolamentati e per le finalità indicate al comma 1 i provvedimenti necessari, anche sostituendosi al gestore del mercato regolamentato.

4. I provvedimenti previsti dal comma 3 possono essere adottati dal Presidente della Consob o da chi lo sostituisce in caso di sua assenza o impedimento. Essi sono immediatamente esecutivi e sono sottoposti all'approvazione della Commissione che delibera nel termine di cinque giorni; i provvedimenti perdono efficacia se non approvati entro tale termine.

62 *bis*. Sedi di negoziazione all'ingrosso di titoli di Stato e operatori principali. – 1. Il Ministro dell'economia e delle finanze, sentite la Banca d'Italia e la Consob, con regolamento può stabilire requisiti specifici per le sedi di negoziazione all'ingrosso di titoli di Stato e per i relativi gestori, individuare ulteriori modalità di negoziazione e/o tipologie di operatori ammessi su tali sedi, nonché definire criteri per attribuire la qualifica di operatore principale ai soggetti operanti sulle sedi di negoziazione di titoli di Stato.

62 *ter*. Vigilanza sulle sedi di negoziazione all'ingrosso. – 1. Ferme restando le competenze e i poteri della Consob ai sensi del presente decreto, la Banca d'Italia vigila sulle sedi di negoziazione all'ingrosso di titoli di Stato e, fermi restando i poteri e le attribuzioni della Consob e della Banca d'Italia ai sensi della parte II del presente decreto, sui relativi gestori, avendo riguardo all'efficienza complessiva del mercato e all'ordinato svolgimento delle negoziazioni.

2. La Banca d'Italia vigila affinchè la regolamentazione del mercato regolamentato all'ingrosso di titoli di Stato e le regole delle altre sedi di negoziazione all'ingrosso di titoli di Stato, adottate dai relativi gestori, siano idonee ad assicurare una negoziazione corretta e ordinata e un'esecuzione efficiente degli ordini e può richiedere ai gestori delle sedi di negoziazione le opportune modifiche idonee a eliminare le disfunzioni riscontrate.

3. In caso di necessità e urgenza, la Banca d'Italia adotta, nei confronti dei mercati regolamentati e per le finalità indicate al comma 1, i provvedimenti necessari, anche sostituendosi al gestore del mercato regolamentato.

4. La Banca d'Italia e la Consob, al fine di coordinare l'esercizio delle proprie funzioni di vigilanza e di ridurre al minimo gli oneri gravanti sulle sedi di negoziazione all'ingrosso, stipulano un protocollo d'intesa avente ad oggetto i compiti di ciascuna e le modalità della cooperazione e dello scambio di informazioni nello svolgimento delle rispettive competenze, anche con riferimento all'operatività in Italia di sedi di negoziazione di altri Stati membri che scambiano all'ingrosso titoli di Stato, nonché alle irregolarità rilevate e ai provvedimenti assunti nell'esercizio dell'attività di vigilanza. Il protocollo d'intesa è reso pubblico dalla Banca d'Italia e dalla Consob con le modalità da esse stabilite.

62 *quater*. Vigilanza regolamentare e informativa sulle sedi di negoziazione all'ingrosso. – 1. La Banca d'Italia con proprio provvedimento individua gli obblighi informativi e di comunicazione dei gestori delle sedi di negoziazione all'ingrosso dei titoli di Stato nei propri confronti, indicando anche contenuto, termini e modalità di comunicazione.

2. Per le sedi di negoziazione all'ingrosso di titoli di Stato:

a) i poteri regolamentari previsti negli articoli 64, comma 4; 64 *bis*, comma 6; 64 *ter*, comma 9; 65, comma 2; 65 *quater*, comma 5; 65 *sexies*, comma 7; 74, comma 2 e 76, comma 2, sono esercitati dalla Consob, d'intesa con la Banca d'Italia;

b) le attribuzioni della Consob di cui agli articoli 64, comma 5; 64 *quater*, commi 1, 6, 7 e 9 e 64 *quinquies*, comma 1, sono esercitate dal Ministero dell'economia e delle finanze, sentite la Banca d'Italia e la Consob;

c) le attribuzioni della Consob di cui agli articoli 64, comma 7; 64 *bis*, commi 5, 8 e 9; 64 *ter*, comma 7; 64 *quinquies*, commi 2, 4, 5 e 6; 65 *sexies*, comma 6; 67, commi 8 e 11 e 67 *bis*, comma 2, spettano alla Banca d'Italia; il diritto di accesso al book di negoziazione, ai sensi dell'articolo 65 *septies*, comma 2, è attribuito, oltre che alla Consob, anche alla Banca d'Italia;

d) le informazioni, le comunicazioni e le segnalazioni previste dagli articoli 64 *bis*, commi 3 e 4; 64 *ter*, comma 8; 64 *quater*, comma 8; 65 *bis*, comma 3; 65 *septies*, comma 3; e 66 *ter*, comma 3, sono trasmesse al Ministero dell'economia e delle finanze, alla Banca d'Italia e alla Consob;

e) le informazioni e le comunicazioni previste dalle disposizioni incluse nel capo II sono trasmesse alla Banca d'Italia in luogo della Consob, ad eccezione delle comunicazioni previste dall'articolo 65 *septies*, commi 4 e 5.

3. Per le sedi di negoziazione all'ingrosso di titoli obbligazionari privati e pubblici, diversi da titoli di Stato, nonché di strumenti del mercato monetario e di strumenti finanziari derivati su titoli pubblici, su tassi di interesse e su valute, i poteri e le attribuzioni di cui agli articoli 64, commi 4, 5 e 7; 64 *bis*, commi 5, 6, 8 e 9; 64 *ter*, commi 7 e 9; 64 *quater*, commi 1, 6, 7 e 9; 64 *quinquies* comma 1, 2, 4, 5 e 6; 65, comma 2; 65 *quater*, comma 5; 65 *sexies*, comma 7, sono esercitati dalla Consob, sentita la Banca d'Italia.

4. La Banca d'Italia e la Consob si scambiano reciprocamente le informazioni e le comunicazioni acquisite con riguardo alle sedi di negoziazione all'ingrosso di titoli obbligazionari privati e pubblici, inclusi i titoli di Stato, nonché di strumenti di mercato monetario e di strumenti finanziari derivati su titoli pubblici, su tassi di interesse e su valute secondo le modalità stabilite nel protocollo di intesa di cui all'articolo 62 *ter*, comma 4.

62 *quinquies*. Vigilanza sul rispetto di disposizioni dell'Unione europea direttamente applicabili. – 1. La Consob e la Banca d'Italia vigilano, ciascuna per quanto di competenza, ai sensi della presente parte, sul rispetto delle disposizioni dettate dal regolamento (UE) n. 600/2014 nonché dagli atti delegati, dalle norme tecniche di regolamentazione e di attuazione del citato regolamento e della direttiva 2014/65/UE.

62 *sexies*. Vigilanza sulle sedi di negoziazione di strumenti finanziari sull'energia e il gas. – 1. Ai mercati regolamentati per la negoziazione di strumenti finanziari derivati sull'energia elettrica e il gas e alle società che organizzano e gestiscono tali mercati si applicano le disposizioni del presente titolo, fatto salvo quanto indicato ai commi 2, 3, 4, 5 e 6.

2. I provvedimenti di cui agli articoli 62, comma 2; 64 *bis*, commi 5 e 8; 64 *quater*, commi 1, 2 e 6; 64 *quinquies*, commi 1 e 5; 67, comma 9; 70, commi 1 e 2; 90 *quinquies*, comma 2, lettera *b*), e 90 *sexies*, comma 2, sono adottati dalla Consob, d'intesa con l'Autorità per l'energia elettrica, il gas e il sistema idrico.

3. I poteri e le attribuzioni della Consob previsti dall'articolo 67, comma 10, sono esercitati dalla Consob, sentita l'Autorità per l'energia elettrica, il gas e il sistema idrico.

4. L'Autorità per l'energia elettrica, il gas e il sistema idrico esercita le attribuzioni previste nel presente articolo in funzione delle generali esigenze di stabilità, economicità e concorrenzialità dei mercati dell'energia elettrica e del gas, nonché di sicurezza e efficiente funzionamento delle reti nazionali di trasporto dell'energia elettrica e del gas.

5. Nell'esercizio delle funzioni previste dal presente articolo, la Consob e l'Autorità per l'energia elettrica, il gas e il sistema idrico si prestano reciproca assistenza e collaborano tra loro anche mediante scambio di informazioni, senza che sia opponibile il segreto d'ufficio. La Consob e l'Autorità per l'energia elettrica, il gas e il sistema idrico agiscono in modo coordinato, a tal fine stipulando appositi protocolli di intesa.

6. L'Autorità per l'energia elettrica, il gas e il sistema idrico informa il Ministero dello sviluppo economico sull'attività di vigilanza svolta e sulle irregolarità riscontrate che possono incidere sul funzionamento dei mercati fisici dei prodotti sottesi nonché sulla sicurezza e sull'efficiente funzionamento delle reti nazionali di trasporto dell'energia elettrica e del gas.

62 *septies*. Vigilanza sui sistemi multilaterali di scambio di depositi monetari in euro. – 1. La Banca d'Italia vigila sull'efficienza e sul buon funzionamento dei sistemi multilaterali di scambio di depositi monetari in euro, nonché sui soggetti gestori, e può richiedere le opportune modifiche alle regole del sistema idonee a eliminare le disfunzioni riscontrate.

2. La Banca d'Italia, con le modalità e nei termini da essa stabiliti, può richiedere la comunicazione anche periodica di dati, notizie, atti e documenti ai soggetti gestori dei sistemi multilaterali di scambio di depositi monetari in euro e agli operatori che vi partecipano. La Banca d'Italia può eseguire ispezioni presso i medesimi soggetti gestori e richiedere l'esibizione di documenti e il compimento degli atti ritenuti necessari. Gli stessi poteri possono essere esercitati anche nei confronti di altri soggetti coinvolti nell'attività del soggetto gestore. A tale fine, la Banca d'Italia può procedere anche ad audizioni personali. La Banca d'Italia può autorizzare i revisori dei conti o gli esperti a procedere a verifiche presso i soggetti gestori; le relative spese sono poste a carico del soggetto ispezionato.

3. La Banca d'Italia con proprio provvedimento individua gli obblighi informativi e di comunicazione dei gestori nei propri confronti, indicando anche contenuto, termini e modalità di comunicazione.

4. Agli scambi previsti dal comma 1 non si applicano le disposizioni dettate nella presente parte per i sistemi multilaterali di negoziazione.

62 *octies*. Poteri informativi e di indagine. – 1. La Consob e la Banca d'Italia, nell'ambito delle rispettive competenze e nel perseguimento delle finalità previste dagli articoli 62, comma 1, e 62 *ter*, comma 1, possono:

a) chiedere a chiunque la comunicazione, anche periodica, di dati e notizie e la trasmissione di atti e documenti con le modalità e nei termini da esse stabiliti;

b) procedere ad audizione personale nei confronti di chiunque possa essere in possesso di informazioni pertinenti;

c) richiedere ai revisori legali o alle società di revisione delle sedi di negoziazione di fornire informazioni.

2. Nel caso previsto dalla lettera *b*) del comma 1, viene redatto processo verbale dei dati, delle informazioni acquisite e delle dichiarazioni rese dagli interessati, i quali sono invitati a firmare il processo verbale e hanno diritto di averne copia.

3. La Consob, nell'ambito delle sue competenze e nel perseguimento delle finalità previste dall'articolo 62, comma 1, può esercitare nei confronti di chiunque gli ulteriori poteri previsti dall'articolo 187 *octies* secondo le modalità ivi previste.

4. Per le finalità di cui agli articoli 62, comma 1, e 62 *ter*, comma 1, la Consob e la Banca d'Italia possono esercitare nei confronti degli operatori ammessi alle sedi di negoziazione, diversi dai soggetti abilitati, e dei partecipanti remoti, i poteri di cui al comma 1. In caso di partecipanti remoti, l'autorità competente dello Stato membro d'origine del partecipante remoto è informata.

62 *novies*. Poteri ispettivi. – 1. Nell'ambito delle rispettive competenze e nel perseguimento delle finalità previste dagli articoli 62, comma 1, e 62 *ter*, comma 1, la Consob e la Banca d'Italia possono effettuare ispezioni e richiedere l'esibizione di documenti e il compimento degli atti ritenuti necessari nei confronti dei gestori delle sedi di negoziazione e di coloro ai quali i gestori medesimi abbiano esternalizzato funzioni operative essenziali o importanti e al loro personale. Nell'esercizio di tali poteri daparte della Consob si applicano i commi 12 e 13 dell'articolo 187 *octies*.

2. La Consob può richiedere ai soggetti incaricati della revisione legale dei conti dei mercati regolamentati di fornire informazioni. Quando sussistono particolari necessità e non sia possibile provvedere con risorse proprie, la Consob può altresì autorizzare revisori legali o società di revisione legale a procedere a verifiche o ispezioni per suo conto. Il soggetto autorizzato a procedere a verifiche o ispezioni agisce in veste di Pubblico Ufficiale.

3. La Banca d'Italia può richiedere ai soggetti incaricati della revisione legale dei conti delle sedi di negoziazione all'ingrosso dei titoli di Stato di fornire informazioni. Quando sussistono partico-

lari necessità e non sia possibile provvedere con risorse proprie, la Banca d'Italia può altresì autorizzare revisori legali o società di revisione legale a procedere a verifiche o ispezioni per suo conto. Il soggetto autorizzato a procedere a verifiche o ispezioni agisce in veste di pubblico ufficiale.

4. Per le finalità di cui agli articoli 62, comma 1, e 62 *ter*, comma 1, la Consob e la Banca d'Italia possono esercitare nei confronti degli operatori ammessi alle sedi di negoziazione, diversi dai soggetti abilitati, e dei partecipanti remoti, i rispettivi poteri di cui ai commi 1, 2 e 3. In caso di partecipanti remoti, l'autorità competente dello Stato membro d'origine del partecipante remoto è informata.

5. Nei casi previsti dal presente articolo, la Consob redige processo verbale dei dati, delle informazioni acquisite e delle dichiarazioni rese dagli interessati, i quali sono invitati a firmare il processo verbale e hanno diritto di averne copia. Gli esiti degli accertamenti ispettivi effettuati dalla Banca d'Italia ai sensi del presente articolo sono comunicati per iscritto agli interessati con le modalità stabilite dalla Banca d'Italia con proprio provvedimento.

62 *decies*. Poteri di intervento. – 1. Al fine di garantire il rispetto delle disposizioni della presente parte, la Consob e la Banca d'Italia, nell'ambito delle rispettive competenze e nel perseguimento delle finalità previste dagli articoli 62, comma 1, e 62 *ter*, comma 1, possono:

a) pubblicare avvertimenti al pubblico nel sito internet della Consob o della Banca d'Italia;

b) intimare ai gestori delle sedi di negoziazione di non avvalersi, nell'esercizio della propria attività e per un periodo non superiore a tre anni, dell'attività professionale di un soggetto ove possa essere di pregiudizio per la trasparenza, l'ordinato svolgimento delle negoziazioni, la tutela degli investitori e l'efficienza complessiva del mercato;

c) disporre la rimozione di uno o più esponenti aziendali del gestore di un mercato regolamentato ovvero, sentita l'altra autorità, della Sim o della banca italiana che gestisce un sistema multilaterale di negoziazione o un sistema organizzato di negoziazione, qualora la loro permanenza in carica sia di pregiudizio al perseguimento delle finalità previste dagli articoli 62, comma 1 e 62 *ter*, comma 1; la rimozione non è disposta ove ricorrano gli estremi per pronunciare la decadenza ai sensi dell'articolo 64 *ter*, salvo che sussista urgenza di provvedere;

d) nei confronti di chiunque, ivi inclusi gli operatori, diversi dai soggetti abilitati, ammessi alle sedi di negoziazione, anche come partecipanti remoti, ordinare, anche in via cautelare, la cessazione temporanea o permanente di pratiche o condotte contrarie alle disposizioni della presente parte;

In caso di intervento nei confronti dei partecipanti remoti, l'autorità competente dello Stato membro d'origine del partecipante remoto è informata.

2. In caso di necessità e urgenza, la Consob e la Banca d'Italia possono altresì adottare, nell'ambito delle rispettive competenze e nel perseguimento delle finalità previste dagli articoli 62, comma 1, e 62 *ter*, comma 1, ogni misura idonea al mantenimento di ordinate condizioni di negoziazione sui mercati regolamentati, sui sistemi multilaterali di negoziazione e sui sistemi organizzati di negoziazione.

Capo II
Le sedi di negoziazione

63. Sistemi multilaterali per la negoziazione di strumenti finanziari. – 1. Ciascun sistema multilaterale per la negoziazione di strumenti finanziari opera come mercato regolamentato, sistema multilaterale di negoziazione o sistema organizzato di negoziazione, nel rispetto delle relative disposizioni della presente parte.

Sezione I
Autorizzazione del mercato regolamentato e requisiti del gestore

64. L'attività di organizzazione e gestione di mercati regolamentati. – 1. L'attività di organizzazione e gestione di mercati regolamentati di strumenti finanziari è esercitata da società per azioni anche senza scopo di lucro (gestore del mercato regolamentato).

2. Il gestore del mercato regolamentato:

a) predispone le strutture, fornisce i servizi del mercato e determina i corrispettivi a esso dovuti;

b) assicura e verifica il rispetto dei requisiti del mercato regolamentato previsti nel presente titolo;

c) dispone l'ammissione, l'esclusione e la sospensione degli strumenti finanziari dalla quotazione e dalle negoziazioni e degli operatori dalle negoziazioni;

d) adotta tutti gli atti necessari per l'ordinato funzionamento del mercato regolamentato;

e) adotta le disposizioni e gli atti necessari a prevenire e identificare abusi di informazioni privilegiate e manipolazioni del mercato;

f) provvede agli altri compiti a esso eventualmente affidati dalle autorità competenti.

3. Il gestore del mercato regolamentato esercita i diritti che corrispondono al mercato regolamentato e ha la responsabilità di garantire che il mercato gestito soddisfi, al momento dell'autorizzazione e continuativamente, i requisiti stabiliti dalla presente parte, anche qualora l'esecuzione di funzioni operative essenziali sia affidata a terzi.

4. La Consob, con regolamento:

a) individua le attività connesse e strumentali che possono essere svolte dal gestore del mercato regolamentato;

b) stabilisce i requisiti generali di organizzazione del gestore del mercato regolamentato;

c) adotta le disposizioni attuative dell'articolo 4 *undecies*.

5. La Consob verifica che le modificazioni statutarie dei gestori dei mercati regolamentati non contrastino con i requisiti previsti dal presente capo. Non si può dare corso al procedimento per l'iscrizione nel registro delle imprese se non consti tale verifica.

6. Ai gestori dei mercati regolamentati si applicano le disposizioni della parte IV, titolo III, capo II, sezione VI, a eccezione degli articoli 157 e 158.

7. Il gestore del mercato regolamentato può gestire un sistema multilaterale di negoziazione o un sistema organizzato di negoziazione, previa verifica da parte della Consob che esso rispetti le pertinenti disposizioni contenute nella parte III.

64 *bis*. Obblighi riguardanti le persone che esercitano un'influenza significativa sulla gestione del mercato regolamentato. – 1. Le persone che sono nella posizione di esercitare, direttamente o indirettamente, un'influenza significativa sulla gestione del mercato regolamentato devono rispettare i requisiti di onorabilità determinati con regolamento dal Ministro dell'economia e delle finanze, sentita la Consob e la Banca d'Italia.

2. Gli acquisti delle partecipazioni nel capitale del gestore del mercato regolamentato e le successive variazioni, effettuati direttamente o indirettamente, anche per il tramite di società controllate, di società fiduciarie o per interposta persona, devono essere comunicati dal soggetto acquirente entro ventiquattro ore al gestore del mercato. Nel caso in cui l'acquisto determini la possibilità di esercitare un'influenza significativa l'acquirente trasmette, altresì, al gestore del mercato regolamentato, la documentazione attestante il possesso dei requisiti individuati al sensi del comma 1.

3. I gestori dei mercati regolamentati:

a) trasmettono alla Consob e rendono pubbliche le informazioni sulla proprietà del gestore del mercato regolamentato, e in particolare l'identità delle parti che sono in grado di esercitare un'influenza significativa sulla sua gestione e l'entità dei loro interessi;

b) comunicano alla Consob e rendono pubblico qualsiasi trasferimento di proprietà che determini un cambiamento dell'identità delle persone che esercitano un'influenza significativa sul funzionamento del mercato regolamentato.

4. Chiunque, a qualsiasi titolo, intenda acquisire o cedere, direttamente o indirettamente, una partecipazione nel capitale del gestore del mercato che ne comporti il controllo ne dà preventiva comunicazione alla Consob.

5. Entro 90 giorni dalla comunicazione prevista dal comma 4, la Consob può opporsi ai cambiamenti negli assetti di controllo quando vi siano ragioni obiettive e dimostrabili per ritenere che tali cambiamenti mettono a repentaglio la gestione sana e prudente del mercato.

6. La Consob disciplina con regolamento:

a) i criteri per l'individuazione dei casi e delle soglie di partecipazione che determinano un'influenza significativa ai sensi del comma 1;

b) contenuto, termini e modalità delle comunicazioni previste dai commi 3 e 4;

c) contenuto, termini e modalità di pubblicazione da parte del gestore del mercato regolamentato delle informazioni relative ai partecipanti al capitale e di ogni successivo cambiamento nell'identità delle persone che possiedono una partecipazione che comporta la possibilità di esercitare un'influenza significativa.

7. In assenza dei requisiti di onorabilità o in mancanza delle comunicazioni previste dai commi 2 e 4, nonché in caso di opposizione ai sensi del comma 5, non può essere esercitato il diritto di voto inerente alle azioni eccedenti le soglie individuate ai sensi del comma 6, lettera *a*), o alla partecipazione acquisita in violazione dei commi 4 e 5.

8. In caso di inosservanza del divieto previsto dal comma 7, si applica l'articolo 14, comma 6.

L'impugnazione può essere proposta anche dalla Consob entro il termine previsto dall'articolo 14, comma 7.

9. La Consob può imporre che le azioni per le quali non può essere esercitato il diritto di voto a norma del comma 7 siano alienate, fissando un termine.

64 *ter*. Requisiti degli esponenti aziendali del gestore del mercato regolamentato. – 1. I soggetti che svolgono funzioni di amministrazione, direzione e controllo nel gestore del mercato regolamentato possiedono i requisiti di onorabilità, professionalità e indipendenza previsti con regolamento dal Ministero dell'economia e delle finanze, sentita la Consob e la Banca d'Italia. Con il medesimo regolamento, il Ministero dell'economia e delle finanze, sentita la Consob e la Banca d'Italia, individua le cause che comportano il venir meno dei requisiti previsti nel presente articolo e che determinano la sospensione temporanea o la decadenza dall'incarico.

2. L'organo di amministrazione possiede conoscenze, competenze ed esperienze adeguate, ha una composizione tale da garantire un apporto sufficientemente ampio di esperienze e i relativi membri dedicano tempo sufficiente all'esercizio delle proprie funzioni.

3. Il gestore del mercato regolamentato destina risorse umane e finanziarie adeguate alla preparazione e alla formazione dei membri dell'organo di amministrazione.

4. I gestori di mercati regolamentati significativi in base alle dimensioni, organizzazione interna, e tipologia, portata e complessità delle attività, istituiscono un comitato per le nomine composto dai membri dell'organo di amministrazione che non esercitano funzioni esecutive presso il gestore del mercato regolamentato interessato.

5. L'organo di amministrazione di un gestore del mercato regolamentato definisce e vigila sull'applicazione di misure di governo societario, anche in materia di separazione delle funzioni aziendali e prevenzione dei conflitti di interesse, che garantiscono la sana e prudente gestione e promuovono l'integrità del mercato. L'organo di amministrazione controlla e valuta periodicamente l'efficacia delle misure di governo societario del gestore del mercato regolamentato e adotta misure opportune per rimediare a eventuali carenze.

6. I soggetti che svolgono funzioni di amministrazione e controllo hanno accesso adeguato alle informazioni e ai documenti necessari per vigilare e valutare periodicamente il processo decisionale della dirigenza.

7. La sospensione o la decadenza degli esponenti aziendali per le cause individuate dal regolamento di cui al comma 1 sono dichiarate dall'organo di appartenenza entro 30 giorni dalla nomina o dalla conoscenza della causa sopravvenuta. Per i soggetti che non sono componenti di un organo la dichiarazione della sospensione o della decadenza è effettuata dall'organo che li ha nominati. In caso di inerzia vi provvede la Consob.

8. Ai fini della verifica del rispetto dei requisiti previsti nel presente articolo, il gestore del mercato regolamentato trasmette alla Consob le informazioni relative agli esponenti aziendali e ai soggetti che dirigono effettivamente l'attività e le operazioni del mercato regolamentato e di ogni successivo cambiamento.

9. La Consob, con proprio regolamento:

a) specifica i requisiti previsti dai commi 2, 3 e 4, anche con riferimento al numero di incarichi assumibili dai membri dell'organo di amministrazione e alle funzioni svolte dal comitato per le nomine;

b) stabilisce contenuto, termini e modalità delle comunicazioni previste dal comma 8.

64 *quater*. Autorizzazione dei mercati regolamentati. – 1. La Consob rilascia l'autorizzazione a operare in qualità di mercato regolamentato ai sistemi che ottemperano alle disposizioni del presente titolo.

2. La Consob iscrive i mercati regolamentati in un elenco, curando l'adempimento delle disposizioni dell'Unione europea in materia.

3. L'autorizzazione è altresì subordinata all'accertamento che:

a) il gestore del mercato rispetta i requisiti previsti dal presente titolo;

b) il regolamento del mercato è conforme alla disciplina dell'Unione europea e idoneo ad assicurare la trasparenza del mercato, l'ordinato svolgimento delle negoziazioni e la tutela degli investitori.

4. Il regolamento del mercato determina quantomeno:

a) le condizioni e le modalità di ammissione alle negoziazioni e di esclusione e sospensione dalle negoziazioni degli operatori;

b) le condizioni e le modalità di ammissione alla quotazione e alle negoziazioni e di esclusione e sospensione dalla quotazione e dalle negoziazioni degli strumenti finanziari;

c) le condizioni e le modalità per lo svolgimento delle negoziazioni e gli eventuali obblighi degli operatori e degli emittenti;

d) le modalità di accertamento, pubblicazione e diffusione dei prezzi;

e) i tipi di contratti ammessi alle negoziazioni nonché i criteri per la determinazione dei quantitativi minimi negoziabili;

f) le condizioni e le modalità per la compensazione e il regolamento delle operazioni concluse sui mercati;

g) le modalità di emanazione delle disposizioni di attuazione del regolamento da parte del gestore.

5. Il regolamento del mercato è deliberato dall'assemblea ordinaria o dal consiglio di sorveglianza del gestore del mercato regolamentato ovvero, ove così previsto dallo statuto, dall'organo di amministrazione. Qualora le azioni del gestore del mercato regolamentato siano quotate in un mercato regolamentato, il regolamento del mercato è deliberato dal consiglio di amministrazione o dal consiglio di gestione della società medesima.

6. La Consob approva le modificazioni al regolamento del mercato regolamentato.

7. Fermo restando quanto previsto dai commi 1 e 3, la Consob rifiuta l'autorizzazione anche se:

a) i soggetti che svolgono funzioni di amministrazione, direzione e controllo nel gestore del mercato non rispettano i requisiti previsti dall'articolo 64 *ter*; o

b) esistano ragioni obiettive e dimostrabili per ritenere che l'organo di amministrazione del gestore del mercato può metterne a repentaglio la gestione efficace, sana e prudente e l'integrità del mercato.

8. Il gestore del mercato fornisce alla Consob tutte le informazioni, fra cui un programma di attività che illustri i tipi di attività previsti e la struttura organizzativa, necessarie per accertare che il mercato regolamentato abbia instaurato tutti i dispositivi necessari per rispettare gli obblighi stabiliti dal presente titolo.

9. La Consob pronuncia la decadenza dell'autorizzazione rilasciata a un mercato regolamentato allorchè questo non si avvale dell'autorizzazione entro dodici mesi.

64 *quinquies*. Revoca dell'autorizzazione, provvedimenti straordinari a tutela del mercato e crisi del gestore del mercato regolamentato. – 1. La Consob può revocare l'autorizzazione del mercato regolamentato quando:

a) l'autorizzazione è stata ottenuta presentando false dichiarazioni o con qualsiasi altro mezzo irregolare;

b) non sono più soddisfatte le condizioni cui è subordinata l'autorizzazione;

c) sono state violate in modo grave e sistematico le disposizioni del presente titolo relative al mercato regolamentato o al gestore del mercato;

d) abbia cessato di funzionare da più di sei mesi o rinunci espressamente all'autorizzazione.

2. In caso di gravi irregolarità nella gestione del mercato regolamentato ovvero nell'amministrazione del gestore del mercato regolamentato e comunque quando lo richiede la tutela degli investitori, il Ministero dell'economia e delle finanze, su proposta della Consob, dispone lo scioglimento degli organi amministrativi e di controllo del gestore del mercato. I poteri dei disciolti organi amministrativi sono attribuiti a un commissario nominato con il medesimo provvedimento, che li esercita, sulla base delle direttive e sotto il controllo della Consob, sino alla ricostituzione degli organi. L'indennità spettante al commissario è determinata con decreto del Ministero ed è a carico del gestore del mercato regolamentato. Si applicano, per quanto compatibili, gli articoli 70, commi 2, 3, 4 e 5, 72, a eccezione dei commi 2, 2 *bis* e 8, e 75 del T.U. bancario, intendendosi le suddette disposizioni riferite alla Consob in luogo della Banca d'Italia, ai partecipanti in luogo dei depositanti e al gestore del mercato regolamentato in luogo delle banche.

3. La procedura indicata al comma 2 può determinare la revoca dell'autorizzazione prevista dal comma 1.

4. Entro trenta giorni dalla comunicazione del provvedimento di revoca dell'autorizzazione del mercato, gli amministratori del gestore del mercato o il commissario nominato ai sensi del comma 2 convocano l'assemblea per modificare l'oggetto sociale ovvero per deliberare la liquidazione volontaria del gestore del mercato. Qualora non si provveda alla convocazione entro detto termine ovvero l'assemblea non deliberi entro tre mesi dalla data della comunicazione del provvedimento di revoca, il Ministero dell'economia e delle finanze, su proposta della Consob, può disporre lo scioglimento del gestore del mercato regolamentato nominando i liquidatori. Si applicano

le disposizioni sulla liquidazione delle società per azioni, di cui al libro V, titolo V, capo VIII, del codice civile, a eccezione di quelle concernenti la revoca dei liquidatori.

5. Nei casi previsti dai commi 1 e 2, la Consob promuove gli accordi necessari ad assicurare la continuità delle negoziazioni. A tal fine può disporre il trasferimento temporaneo della gestione del mercato ad altro gestore, previo consenso di quest'ultimo. Il trasferimento definitivo della gestione del mercato può avvenire anche in deroga alle disposizioni del titolo II, capo VI, della legge fallimentare.

6. Le iniziative per la dichiarazione di fallimento o per l'ammissione alle procedure di concordato preventivo o amministrazione controllata e i relativi provvedimenti del tribunale sono comunicati entro tre giorni alla Consob a cura del cancelliere.

Sezione II
Organizzazione e funzionamento delle sedi di negoziazione

65. Requisiti organizzativi dei mercati regolamentati. – 1. Il mercato regolamentato dispone di:

a) misure per identificare chiaramente e gestire le potenziali conseguenze negative, per il funzionamento del mercato regolamentato o per i suoi membri o partecipanti, di qualsiasi conflitto tra gli interessi del mercato regolamentato, dei suoi proprietari o del gestore del mercato e il suo ordinato funzionamento, in particolare quando tali conflitti possono risultare pregiudizievoli per l'assolvimento di qualsiasi funzione delegata al mercato regolamentato dall'autorità competente;

b) procedure per gestire i rischi ai quali sono esposti, dispositivi e sistemi adeguati per identificare tutti i rischi che possono comprometterne il funzionamento e misure efficaci per attenuare tali rischi;

c) misure per garantire una gestione sana delle operazioni tecniche del sistema, comprese misure di emergenza efficaci per far fronte ai rischi di disfunzione del sistema;

d) regole e procedure trasparenti e non discrezionali che garantiscono un processo di negoziazione corretto e ordinato nonché di criteri obiettivi che consentono l'esecuzione efficiente degli ordini;

e) misure efficaci atte ad agevolare il regolamento efficiente delle operazioni eseguite nell'ambito del sistema;

f) risorse finanziarie sufficienti per renderne possibile il funzionamento ordinato, tenendo conto della natura e dell'entità delle operazioni concluse nel mercato, nonché della portata e del grado dei rischi ai quali esso è esposto.

2. La Consob può ulteriormente dettagliare, con regolamento, i requisiti organizzativi del mercato regolamentato e può dettare la metodologia di determinazione dell'entità delle risorse finanziarie previste nel comma 1, lettera *f*).

3. Per le operazioni concluse su un mercato regolamentato, i membri e i partecipanti non sono tenuti ad applicarsi reciprocamente gli obblighi specificamente individuati ai sensi dell'articolo 6, comma 2. I membri o i partecipanti di un mercato regolamentato applicano detti obblighi per quanto concerne i loro clienti quando, operando per conto di questi ultimi, ne eseguono gli ordini su un mercato regolamentato.

65 *bis*. Requisiti dei sistemi multilaterali di negoziazione e dei sistemi organizzati di negoziazione. – 1. Il gestore di un sistema multilaterale di negoziazione o di un sistema organizzato di negoziazione dispone di:

a) regole e procedure trasparenti che garantiscono un processo di negoziazione corretto e ordinato nonché di criteri obiettivi che consentono l'esecuzione efficiente degli ordini;

b) misure per garantire una gestione sana dell'operatività del sistema, compresi dispositivi di emergenza efficaci per far fronte ai rischi di disfunzione del sistema;

c) misure atte ad individuare puntualmente e a gestire le potenziali conseguenze negative per l'operatività dei sistemi da essi gestiti o per i loro membri o partecipanti e clienti di eventuali conflitti tra gli interessi del sistema multilaterale di negoziazione, del sistema organizzato di negoziazione, dei loro proprietari, del gestore del sistema multilaterale di negoziazione o del sistema organizzato di negoziazione e il sano funzionamento dei sistemi;

d) almeno tre membri o partecipanti o clienti concretamente attivi, ciascuno dei quali con la possibilità di interagire con tutti gli altri per quanto concerne la formazione dei prezzi.

2. Il gestore di un sistema multilaterale di negoziazione o di un sistema organizzato di nego-

ziazione adotta altresì le misure necessarie per favorire il regolamento efficiente delle operazioni concluse nel sistema multilaterale di negoziazione o sistema organizzato di negoziazione e informa chiaramente i membri oparte cipanti o clienti delle rispettive responsabilità per quanto concerne il regolamento delle operazioni effettuate nel sistema.

3. Il gestore di un sistema multilaterale di negoziazione o di un sistema organizzato di negoziazione fornisce alla Consob:

a) una descrizione dettagliata del funzionamento del sistema tra cui, fatto salvo quanto previsto dall'articolo 65 *quater*, commi 2, 3 e 4, gli eventuali legami o la partecipazione di un mercato regolamentato, un sistema multilaterale di negoziazione, un sistema organizzato di negoziazione o un internalizzatore sistematico di proprietà dello stesso gestore;

b) un elenco dei membri, partecipanti o clienti.

65 *ter*. Requisiti specifici per i sistemi multilaterali di negoziazione. – 1. Il gestore di un sistema multilaterale di negoziazione, oltre a soddisfare i requisiti di cui all'articolo 65 *bis*, dispone di:

a) regole non discrezionali per l'esecuzione degli ordini nel sistema;

b) procedure per gestire i rischi ai quali è esposto il sistema, meccanismi e sistemi adeguati ad identificare tutti i rischi che possano compromettere il funzionamento del sistema e misure efficaci per attenuare tali rischi;

c) risorse finanziarie sufficienti ad assicurare il funzionamento ordinato, tenuto conto della tipologia di operazioni concluse sul mercato e dei relativi volumi, nonché della portata e del grado di rischio al quale il sistema è esposto.

2. Gli obblighi individuati ai sensi dell'articolo 6, comma 2, non si applicano alle operazioni concluse in base alle norme che disciplinano un sistema multilaterale di negoziazione tra i membri del medesimo o i suoi partecipanti ovvero tra il sistema multilaterale di negoziazione e i suoi membri o i suoi partecipanti in relazione all'impiego del sistema multilaterale di negoziazione. I membri del sistema multilaterale di negoziazione o i suoi partecipanti rispettano detti obblighi nei confronti dei loro clienti quando, agendo per conto di questi ultimi, eseguono i loro ordini tramite i sistemi di un sistema multilaterale di negoziazione.

65 *quater*. Requisiti specifici per i sistemi organizzati di negoziazione. – 1. Fatto salvo quanto disposto dall'articolo 65 *bis* e nel rispetto degli obblighi individuati ai sensi dell'articolo 6, comma 2, lettera *b*), numero 2), in un sistema organizzato di negoziazione l'esecuzione degli ordini è svolta su base discrezionale. Il gestore di un sistema organizzato di negoziazione esercita la propria discrezionalità quando decide di:

a) collocare o ritirare un ordine sul proprio sistema; o

b) non abbinare lo specifico ordine di un cliente con gli altri ordini disponibili nel sistema in un determinato momento, purché ciò avvenga nel rispetto delle specifiche istruzioni ricevute dal cliente, nonché degli obblighi individuati ai sensi dell'articolo 6, comma 2, lettera *b*), numero 2).

1 *bis*. Il gestore di un sistema organizzato di negoziazione che abbina gli ordini dei clienti può decidere se, quando e in che misura abbinare due o più ordini all'interno del sistema. Fatto salvo il rispetto di quanto previsto dal presente articolo e dall'articolo 65 *quinquies*, il gestore di un sistema organizzato di negoziazione può facilitare la negoziazione tra clienti, in modo da far incrociare due o più interessi di negoziazione potenzialmente compatibili in un'operazione.

2. Il gestore di un sistema organizzato di negoziazione non può operare anche come internalizzatore sistematico. Un sistema organizzato di negoziazione non si collega a un internalizzatore sistematico in modo tale da consentire l'interazione tra i propri ordini e gli ordini o quotazioni in un internalizzatore sistematico, nè si collega a un altro sistema organizzato di negoziazione in modo tale da consentire l'interazione tra gli ordini dei diversi sistemi.

3. Il gestore di un sistema organizzato di negoziazione può impiegare un'impresa di investimento per svolgere l'attività di market maker in tale sistema su base indipendente, a condizione che non vi siano stretti legami con il gestore medesimo.

4. Il gestore di un sistema organizzato di negoziazione stabilisce meccanismi volti a impedire che siano eseguiti ordini di clienti nel sistema in contropartita diretta con il gestore o con un'entità dello stesso gruppo del gestore.

5. La Consob stabilisce con regolamento le informazioni che una Sim o una banca italiana o un gestore del mercato regolamentato devono

fornire, per dimostrare il rispetto dei requisiti specifici dettati dal presente articolo, in sede di autorizzazione alla gestione di un sistema organizzato di negoziazione o ai fini della verifica richiesta dall'articolo 64, comma 7.

6. Alle operazioni concluse in un sistema organizzato di negoziazione si applicano i pertinenti obblighi individuati ai sensi dell'articolo 6, comma 2.

65 *quinquies*. Negoziazione «matched principal». – 1. Il gestore di un sistema organizzato di negoziazione può svolgere negoziazione «matched principal» esclusivamente nel caso in cui:

a) il cliente vi abbia acconsentito; e

b) la negoziazione interviene su obbligazioni, strumenti finanziari strutturati, quote di emissione e strumenti derivati non appartenenti a una categoria di derivati dichiarata soggetta all'obbligo di compensazione in conformità dell'articolo 5 del regolamento (UE) n. 648/2012.

2. Lo svolgimento di negoziazione «matched principal» non deve generare conflitti di interesse tra il gestore e la sua clientela.

3. Il gestore di un sistema organizzato di negoziazione può effettuare negoziazione per conto proprio diversa dalla negoziazione «matched principal» in relazione a titoli di debito sovrano privi di un mercato liquido.

4. Ai fini del comma 3, per mercato liquido si intende il mercato di uno strumento finanziario o di una categoria di strumenti finanziari in cui vi siano venditori e compratori pronti e disponibili su base continua, valutato conformemente ai criteri sottoelencati, tenendo conto delle specifiche strutture di mercato del particolare strumento finanziario o della particolare categoria di strumenti finanziari:

a) la frequenza e le dimensioni medie delle operazioni in una serie di condizioni di mercato, tenendo conto della natura e del ciclo di vita dei prodotti della categoria di strumenti finanziari;

b) il numero e il tipo di partecipanti al mercato, compreso il rapporto tra i partecipanti al mercato e gli strumenti negoziati in relazione a un determinato prodotto;

c) le dimensioni medie dei differenziali tra le quotazioni in acquisto e vendita, ove disponibili.

5. Il gestore di un mercato regolamentato o di un sistema multilaterale di negoziazione non può eseguire gli ordini in contropartita diretta all'interno del sistema, nè svolgere negoziazione «matched principal».

65 *sexies*. Requisiti operativi delle sedi di negoziazione. – 1. I mercati regolamentati e i gestori di un sistema multilaterale di negoziazione o di un sistema organizzato di negoziazione dispongono di sistemi, procedure e meccanismi efficaci atti ad assicurare che i sistemi di negoziazione:

a) siano resilienti e abbiano capacità sufficiente a gestire i picchi di volume di ordini e messaggi;

b) siano in grado di garantire negoziazioni ordinate in condizioni di mercato critiche;

c) siano pienamente testati per garantire il rispetto delle condizioni di cui alle lettere *a*) e *b*);

d) siano soggetti a efficaci disposizioni in materia di continuità operativa per garantire la continuità dei servizi in caso di malfunzionamento.

2. I mercati regolamentati e i gestori di un sistema multilaterale di negoziazione o di un sistema organizzato di negoziazione dispongono di sistemi, procedure e meccanismi efficaci:

a) per garantire che i sistemi algoritmici di negoziazione utilizzati dai membri o partecipanti o clienti non possano creare o contribuire a creare condizioni di negoziazione anormali sulla sede di negoziazione e per gestire qualsiasi condizione di negoziazione anormale causata dagli stessi;

b) per identificare, attraverso la segnalazione di membri o partecipanti o clienti, gli ordini generati mediante negoziazione algoritmica, i diversi algoritmi utilizzati per la creazione degli ordini e le corrispondenti persone che avviano tali ordini;

c) per rifiutare gli ordini che eccedono soglie predeterminate di prezzo e volume o sono chiaramente errati;

d) per sospendere o limitare temporaneamente le negoziazioni qualora si registri un'oscillazione significativa nel prezzo di uno strumento finanziario nel mercato gestito o in un mercato correlato in un breve lasso di tempo;

e) in casi eccezionali, per cancellare, modificare o correggere qualsiasi operazione;

f) per controllare gli ordini inseriti, incluse le cancellazioni e le operazioni eseguite dai loro membri o partecipanti o clienti, per identificare le violazioni delle regole del sistema, le condizioni di negoziazione anormali o gli atti che possono indicare comportamenti vietati dal regolamento (UE) n. 596/2014 o le disfunzioni del sistema in relazione a uno strumento finanziario.

3. I mercati regolamentati e i gestori di un sistema multilaterale di negoziazione o di un sistema organizzato di negoziazione sottoscrivono accordi scritti vincolanti con i membri o partecipanti o clienti che perseguono strategie di market making sul sistema, e si adoperano affinchè un numero sufficiente di soggetti aderisca a tali accordi, in virtù dei quali sono tenuti a trasmettere quotazioni irrevocabili a prezzi concorrenziali, con il risultato di fornire liquidità al mercato su base regolare e prevedibile, qualora tale requisito sia adeguato alla natura e alle dimensioni delle negoziazioni nelle sedi di negoziazione in questione.

4. I mercati regolamentati e i gestori di un sistema multilaterale di negoziazione o di un sistema organizzato di negoziazione dispongono di misure e procedure efficaci, tra cui le necessarie risorse, per il controllo regolare dell'ottemperanza alle proprie regole.

5. I mercati regolamentati e i gestori di un sistema multilaterale di negoziazione o di un sistema organizzato di negoziazione:

a) sincronizzano, unitamente ai loro membri o partecipanti o clienti, gli orologi utilizzati per registrare la data e l'ora degli eventi che possono essere oggetto di negoziazione;

b) adottano regole trasparenti, eque e non discriminatorie in materia di servizi di co-ubicazione;

c) adottano una struttura delle commissioni, incluse le commissioni di esecuzione delle operazioni, le commissioni accessorie e i rimborsi, trasparente, equa e non discriminatoria;

d) adottano regimi in materia di dimensioni dei tick di negoziazione per azioni, ricevute di deposito, fondi indicizzati quotati, certificates e altri strumenti finanziari analoghi.

6. La Consob approva gli accordi che il gestore di una sede di negoziazione intende concludere per l'esternalizzazione a soggetti terzi di tutte o parte delle funzioni operative critiche relative ai sistemi della sede da esso gestita che consentono la negoziazione algoritmica, intendendosi come funzioni operative critiche quelle indicate dall'articolo 65, comma 1, lettere *b*), *c*) ed *e*).

7. La Consob individua con regolamento i requisiti operativi specifici di cui le sedi di negoziazione devono dotarsi con riguardo a:

a) il contenuto minimo degli accordi scritti richiesti ai sensi del comma 3 e gli obblighi di controllo del gestore della sede di negoziazione in merito ai medesimi;

b) i sistemi, le procedure e i dispositivi in materia di sistemi algoritmici di negoziazione previsti dal comma 2, lettere *a*) e *b*);

c) i criteri in base ai quali fissare i parametri per la sospensione delle negoziazioni e le relative modalità di gestione;

d) i requisiti per l'accesso elettronico diretto alle sedi di negoziazione;

e) i requisiti della struttura delle commissioni di cui al comma 5, lettera *c*);

f) i parametri per calibrare i regimi in materia di dimensioni dei tick di negoziazione indicati nel comma 5, lettera *d*).

8. Le disposizioni di cui al comma 7, lettera *b*), sono adottate dalla Consob, sentita la Banca d'Italia, per i sistemi multilaterali di negoziazione e i sistemi organizzati di negoziazione che siano gestiti da Sim e banche italiane.

65 *septies*. Obblighi informativi e di comunicazione. – 1. La Consob, con proprio regolamento, individua gli obblighi informativi e di comunicazione nei propri confronti dei gestori delle sedi di negoziazione, indicandone contenuto, termini e modalità di adempimento.

2. Le sedi di negoziazione mettono a disposizione della Consob, su richiesta, i dati relativi al book di negoziazione, anche mediante accesso allo stesso.

3. Fermi restando gli obblighi previsti dal comma 1, i gestori delle sedi di negoziazione segnalano senza indugio alla Consob le violazioni significative delle regole del mercato o le condizioni di negoziazione anormali o disfunzioni del sistema in relazione a uno strumento finanziario, nonché le conseguenti iniziative assunte.

4. I gestori delle sedi di negoziazione segnalano altresì senza indugio alla Consob gli atti che possono indicare un comportamento vietato ai sensi del regolamento (UE) n. 596/2014.

5. I gestori delle sedi di negoziazione comunicano senza indugio alla Consob le informazioni pertinenti per le indagini e per l'accertamento degli abusi di mercato nei sistemi gestititi, e offrono piena assistenza in relazione agli abusi di mercato commessi nei loro sistemi o per loro tramite.

6. I gestori delle sedi di negoziazione mettono a disposizione del pubblico, con frequenza almeno annuale e senza oneri, i dati relativi alla qualità dell'esecuzione delle operazioni, ivi inclusi i dati sul prezzo, i costi, la velocità e la probabilità dell'esecuzione per singoli strumenti finanziari.

Sezione III
Ammissione, sospensione ed esclusione di strumenti finanziari dalla quotazione e dalla negoziazione

66. Criteri generali di ammissione alla quotazione e alle negoziazioni. – 1. I mercati regolamentati:

a) si dotano di regole chiare e trasparenti riguardanti l'ammissione degli strumenti finanziari alla quotazione e alla negoziazione;

b) adottano e mantengono meccanismi efficaci per verificare che gli emittenti dei valori mobiliari ammessi alla negoziazione nel mercato regolamentato rispettino gli obblighi cui sono soggetti ai sensi del diritto dell'Unione europea in materia di informativa iniziale, continuativa e ad hoc;

c) si dotano di meccanismi atti ad agevolare ai loro membri e ai loro partecipanti l'accesso alle informazioni che sono state pubblicate in base al diritto dell'Unione europea.

2. Le regole di cui al comma 1, lettera *a*), assicurano che gli strumenti finanziari ammessi alla negoziazione in un mercato regolamentato possano essere negoziati in modo corretto, ordinato ed efficiente e, nel caso dei valori mobiliari, siano liberamente negoziabili. Nel caso degli strumenti derivati, tali regole assicurano in particolare che le caratteristiche del contratto derivato siano compatibili con un processo ordinato di formazione del suo prezzo, nonché con l'esistenza di condizioni efficaci di regolamento.

3. I gestori di un sistema multilaterale di negoziazione o di un sistema organizzato di negoziazione:

a) instaurano regole trasparenti concernenti i criteri per la determinazione degli strumenti finanziari che possono essere negoziati nell'ambito del proprio sistema;

b) forniscono o si accertano che siano accessibili al pubblico informazioni sufficienti per permettere ai loro clienti di emettere un giudizio in materia di investimenti, tenuto conto sia della categoria dei clienti che delle tipologie di strumenti negoziati.

4. Le sedi di negoziazione si dotano dei meccanismi necessari a controllare regolarmente l'osservanza dei requisiti di ammissione per gli strumenti finanziari ammessi alla quotazione e alla negoziazione.

5. Un valore mobiliare, una volta ammesso alla negoziazione in un mercato regolamentato e in ottemperanza alle pertinenti disposizioni del regolamento 2017/1129/UE può essere ammesso alla negoziazione, anche senza il consenso dell'emittente, in altri mercati regolamentati, i quali ne informano l'emittente.

6. Quando uno strumento finanziario che è stato ammesso alla negoziazione in un mercato regolamentato è negoziato anche in un sistema multilaterale di negoziazione o in un sistema organizzato di negoziazione senza il consenso dell'emittente, quest'ultimo non è soggetto ad alcun obbligo nei confronti di tale sistema per quanto riguarda la divulgazione iniziale, continuativa o ad hoc di informazioni finanziarie.

66 *bis*. Condizioni per la quotazione di determinate società. – 1. Il regolamento del mercato regolamentato può stabilire che le azioni di società controllanti, il cui attivo sia prevalentemente composto dalla partecipazione, diretta o indiretta, in una o più società con azioni quotate in mercati regolamentati, vengano negoziate in un segmento distinto del mercato.

2. La Consob determina con proprio regolamento:

a) i criteri di trasparenza contabile e di adeguatezza della struttura organizzativa e del sistema dei controlli interni che le società controllate, costituite e regolate dalla legge di Stati non appartenenti all'Unione europea, devono rispettare affinchè le azioni della società controllante possano essere quotate in un mercato regolamentato italiano. Si applica la nozione di controllo di cui all'articolo 93;

b) le condizioni in presenza delle quali non possono essere quotate le azioni di società controllate sottoposte all'attività di direzione e coordinamento di altra società;

c) i criteri di trasparenza e i limiti per l'ammissione alla quotazione sul mercato mobiliare italiano delle società finanziarie, il cui patrimonio è costituito esclusivamente da partecipazioni.

66 *ter*. Provvedimenti di ammissione, sospensione ed esclusione di strumenti finanziari dalla quotazione e dalle negoziazioni adottati dal gestore della sede di negoziazione. – 1. Fatto salvo il potere della Consob di cui all'articolo 66 *quater*, comma 1, di richiedere la sospensione o l'esclusione di uno strumento finanziario dalle negoziazioni, il gestore di una sede di negoziazione può sospendere o escludere dalle negoziazioni gli strumenti finanziari che cessano di rispettare le regole del sistema, a meno che tale sospensione o esclusione non rischi di causare un danno rilevante agli interessi degli investitori o al funzionamento ordinato del mercato.

2. Il gestore di una sede di negoziazione che sospende o esclude dalle negoziazioni uno strumento finanziario, sospende o esclude anche gli strumenti finanziari derivati di cui all'Allegato I, sezione C, punti da 4 a 10, relativi o riferiti a detto strumento finanziario, qualora necessario per sostenere le finalità della sospensione o dell'esclusione dello strumento finanziario sottostante.

3. Il gestore di una sede di negoziazione rende pubbliche le decisioni di ammissione alla quotazione e alle negoziazioni, nonché di sospensione ed esclusione dalla quotazione e dalle negoziazioni, di strumenti finanziari e le comunica immediatamente alla Consob.

4. Nel caso di mercati regolamentati, l'esecuzione delle decisioni di ammissione alla quotazione di azioni ordinarie, di obbligazioni e di altri strumenti finanziari emessi da soggetti diversi dagli Stati membri dell'Unione europea, dalle banche UE e dalle società con azioni quotate in un mercato regolamentato, nonché delle decisioni di esclusione di azioni dalle negoziazioni, è sospesa finchè non sia decorso il termine indicato al comma 6.

5. La sospensione indicata al comma 4 non si applica nel caso di ammissione alla quotazione di strumenti finanziari in regime di esenzione dall'obbligo di pubblicare il prospetto o sulla base di un prospetto per il quale l'Italia risulta Stato membro ospitante, nonché per l'ammissione di lotti supplementari di azioni già ammesse alle negoziazioni.

6. La Consob:

a) può vietare l'esecuzione delle decisioni di ammissione alla quotazione e di esclusione dalle negoziazioni di cui al comma 4, ovvero ordinare la revoca di una decisione di sospensione degli strumenti finanziari dalle negoziazioni, entro cinque giorni di mercato aperto dal ricevimento della comunicazione di cui al comma 3 se, sulla base degli elementi informativi diversi da quelli valutati, ai sensi del regolamento del mercato, dal gestore del mercato nel corso della propria istruttoria, ritiene la decisione contraria alle finalità di cui all'articolo 62, comma 1;

b) può chiedere al gestore del mercato regolamentato tutte le informazioni che ritenga utili per i fini di cui alla lettera *a*).

66 *quater*. Provvedimenti di sospensione ed esclusione di strumenti finanziari dalle negoziazioni su iniziativa della Consob. – 1. La Consob può sospendere o escludere uno strumento finanziario dalle negoziazioni o richiedere che vi provveda il gestore di una sede di negoziazione. A tal fine la Consob può chiedere al gestore medesimo tutte le informazioni che ritenga utili. Per le sedi di negoziazione all'ingrosso di titoli di Stato, i poteri di cui al presente comma sono esercitati dalla Banca d'Italia, che ne dà tempestiva comunicazione alla Consob, ai fini delle comunicazioni previste dal comma 3.

2. Nel caso in cui un gestore di una sede di negoziazione sospenda o escluda, ai sensi dell'articolo 66 *ter*, commi 1 e 2, uno strumento finanziario dalle negoziazioni, la Consob prescrive che le altre sedi di negoziazione e gli internalizzatori sistematici che negoziano lo stesso strumento finanziario o gli strumenti finanziari derivati di cui all'Allegato I, Sezione C, punti da 4 a 10, relativi o riferiti a detto strumento finanziario, sospendano o escludano anch'essi tale strumento finanziario o tali strumenti derivati dalla negoziazione, se la sospensione o l'esclusione è dovuta a presunti abusi di mercato, a un'offerta pubblica di acquisto o alla mancata divulgazione di informazioni privilegiate riguardanti l'emittente o lo strumento finanziario in violazione degli articoli 7 e 17 del regolamento (UE) n. 596/2014, tranne qualora tale sospensione o esclusione possa causare un danno rilevante agli interessi dell'investitore o all'ordinato funzionamento del mercato.

3. Salvo quando ciò possa causare danni agli interessi degli investitori o all'ordinato funzionamento del mercato, la Consob prescrive alle sedi di negoziazione e agli internalizzatori sistematici di sospendere o escludere uno strumento finanziario dalle negoziazioni nei casi in cui tale strumento finanziario sia stato oggetto di provvedimento di sospensione o esclusione da parte di autorità competenti di altri Stati membri ovvero di una decisione assunta da parte di autorità competenti di altri Stati membri in relazione alle decisioni di sospensione ed esclusione adottate dai gestori delle sedi di negoziazione da esse vigilate, se la sospensione o l'esclusione è dovuta a presunti abusi di mercato, a un'offerta d'acquisto o alla mancata divulgazione di informazioni privilegiate riguardanti l'emittente o lo strumento finanziario in violazione degli articoli 7 e 17 del regolamento (UE) n. 596/2014.

4. Qualora la sospensione o l'esclusione ai sensi del comma 3 debba essere disposta con ri-

ferimento a una sede di negoziazione all'ingrosso di titoli obbligazionari privati e pubblici, diversi da titoli di Stato, nonché di strumenti del mercato monetario e di strumenti finanziari derivati su titoli pubblici, su tassi di interesse e su valute, la decisione della Consob è adottata sentita la Banca d'Italia. Qualora la sospensione o l'esclusione ai sensi del comma 3 debba essere disposta con riferimento ad una sede di negoziazione all'ingrosso di titoli di Stato, la decisione è adottata dalla Banca d'Italia; a tal fine, la Consob informa la Banca d'Italia delle decisioni assunte dalle autorità competenti degli altri Stati membri.

5. I commi 2, 3 e 4 si applicano anche in caso di revoca della sospensione dalla negoziazione di uno strumento finanziario o degli strumenti finanziari derivati di cui all'Allegato I, Sezione C, punti da 4 a 10, relativi o riferiti a detto strumento finanziario.

6. La procedura di notifica di cui al presente articolo si applica anche nel caso in cui la decisione di sospendere o escludere dalla negoziazione lo strumento finanziario o gli strumenti finanziari derivati di cui all'Allegato I, Sezione C, punti da 4 a 10 relativi o riferiti a detto strumento finanziario sia adottata dalla Consob ai sensi del comma 1.

66 *quinquies*. Negoziazione di strumenti finanziari emessi dal gestore del mercato regolamentato. – 1. La Consob dispone l'ammissione, l'esclusione e la sospensione dalla quotazione e dalle negoziazioni degli strumenti finanziari emessi da un gestore del mercato in un mercato regolamentato da esso gestito.

2. La Consob determina le modificazioni da apportare al regolamento del mercato regolamentato per assicurare la trasparenza, l'ordinato svolgimento delle negoziazioni e la tutela degli investitori, nonché per regolare le ipotesi di conflitto d'interessi. L'ammissione a quotazione e a negoziazione è subordinata all'adeguamento del regolamento del mercato regolamentato.

3. La Consob vigila sul rispetto da parte del gestore del mercato delle disposizioni del regolamento del mercato relative agli strumenti finanziari di cui al comma 1.

Sezione IV
Accesso alle sedi di negoziazione

67. Criteri generali di accesso degli operatori. – 1. Il gestore di un mercato regolamentato o di un sistema multilaterale di negoziazione o di un sistema organizzato di negoziazione stabilisce, attua e mantiene regole trasparenti e non discriminatorie, basate su criteri oggettivi, che disciplinano l'accesso in qualità di membri o partecipanti o clienti.

2. Ai mercati regolamentati e ai sistemi multilaterali di negoziazione possono accedere in qualità di membri o partecipanti le Sim, le banche italiane, le imprese di investimento UE, le banche UE e le imprese di paesi terzi autorizzate all'esercizio dei servizi o attività di negoziazione per conto proprio o di esecuzione di ordini per conto dei clienti ai sensi degli articoli 28 e 29 *ter*.

3. Le imprese di investimento UE, le banche UE e le imprese di paesi terzi autorizzate all'esercizio dei servizi o attività di negoziazione per conto proprio o di esecuzione di ordini per conto dei clienti ai sensi degli articoli 28 e 29 *ter*, possono essere ammesse in qualità di membri o partecipanti dei mercati regolamentati o sistemi multilaterali di negoziazione stabiliti sul territorio della Repubblica secondo una delle seguenti modalità:

a) direttamente, stabilendo una succursale;

b) diventando membri remoti o avendo accesso remoto al mercato regolamentato o al sistema multilaterale di negoziazione, quando le procedure e i sistemi di negoziazione della sede in questione non richiedono una presenza fisica per la conclusione delle operazioni.

4. Possono altresì accedere ai mercati regolamentati e ai sistemi multilaterali di negoziazione, tenuto conto delle regole adottate dal gestore della sede di negoziazione, i soggetti che:

a) godono di sufficiente buona reputazione;

b) dispongono di un livello sufficiente di capacità di negoziazione, di competenza ed esperienza;

c) dispongono di adeguati dispositivi organizzativi;

d) dispongono di risorse sufficienti per il ruolo che devono svolgere, tenendo conto delle varie disposizioni finanziarie eventualmente fissate dal mercato regolamentato per garantire l'adeguato regolamento delle operazioni.

5. Il gestore di un mercato regolamentato o di un sistema multilaterale di negoziazione specifica, nell'ambito delle regole previste dal comma 1, i criteri per la partecipazione diretta o remota al mercato regolamentato e gli obblighi imposti ai membri o partecipanti derivanti:

a) dall'istituzione e dalla gestione della sede di negoziazione;

b) dalle disposizioni riguardanti le operazioni eseguite nella sede di negoziazione;

c) dagli standard professionali imposti al personale di membri o partecipanti che operano sulla sede di negoziazione;

d) dalle condizioni stabilite, a norma del comma 4, per i membri o partecipanti diversi da Sim, banche italiane, imprese di investimento UE, banche UE e imprese di paesi terzi autorizzate all'esercizio dei servizi o attività di negoziazione per conto proprio o di esecuzione di ordini per conto dei clienti ai sensi degli articoli 28 e 29 *ter*;

e) dalle norme e procedure per la compensazione e il regolamento delle operazioni concluse nel mercato regolamentato.

6. I membri o partecipanti ai mercati regolamentati e ai sistemi multilaterali di negoziazione e i clienti dei sistemi organizzati di negoziazione si comportano con diligenza, correttezza e trasparenza al fine di non compromettere l'integrità dei mercati.

7. Il Ministero dell'economia e delle finanze e la Banca d'Italia sono ammessi alle negoziazioni sulle sedi di negoziazione all'ingrosso di titoli di Stato.

8. Il gestore di una sede di negoziazione comunica alla Consob lo Stato membro in cui intende predisporre dispositivi appropriati per facilitare l'accesso e la negoziazione ai membri, partecipanti o clienti remoti ivi stabiliti. La Consob trasmette, entro un mese, detta informazione allo Stato membro in cui si intende predisporre tali dispositivi. Su richiesta dell'autorità competente dello Stato membro ospitante, la Consob comunica tempestivamente l'identità dei membri o dei partecipanti o dei clienti della sede di negoziazione che ha stabilito i propri dispositivi nel territorio dell'altro Stato membro.

9. Il gestore di una sede di negoziazione di un altro Stato membro può dotarsi di dispositivi appropriati, nel territorio della Repubblica, per facilitare l'accesso e la negoziazione ai suoi membri, partecipanti o clienti remoti ivi stabiliti, a condizione che la Consob ne abbia ricevuto preventiva comunicazione da parte dell'autorità competente dello Stato membro d'origine della sede di negoziazione. La Consob può chiedere all'autorità competente dello Stato membro d'origine di comunicare l'identità dei membri, partecipanti o clienti delle sedi di negoziazione che hanno stabilito i propri dispositivi sul territorio della Repubblica.

10. La Consob, al fine di assicurare la trasparenza, l'ordinato svolgimento delle negoziazioni e la tutela degli investitori, stipula accordi con le autorità di vigilanza dello Stato membro di origine delle sedi di negoziazione di altri Stati membri di cui al comma 9 che abbiano acquisito un'importanza sostanziale per il funzionamento del mercato finanziario italiano e la tutela degli investitori in Italia, idonei ad assicurare il coordinamento della cooperazione in materia di vigilanza e dello scambio di informazioni su base transfrontaliera. Tali accordi sono stipulati dalla Consob congiuntamente con Banca d'Italia, previa informativa al Ministero dell'economia e delle finanze, qualora le sedi di negoziazione di altri Stati membri abbiano acquisito un'importanza sostanziale per il funzionamento del mercato finanziario italiano nonché per l'ordinato svolgimento delle negoziazioni e l'efficienza complessiva delle sedi di negoziazione all'ingrosso di titoli di Stato. Il Ministero dell'economia e delle finanze può richiedere alla Banca d'Italia le informazioni acquisite ai sensi degli accordi anzidetti.

11. La Consob stipula altresì i citati accordi di cooperazione con le autorità di vigilanza dello Stato membro ospitante di sedi di negoziazione italiane che abbiano acquisito un'importanza sostanziale per il funzionamento del mercato finanziario di tale Stato membro e la tutela degli investitori nello stesso.

12. Quando ha motivi chiari e dimostrabili di ritenere che un mercato regolamentato, un sistema multilaterale di negoziazione o un sistema organizzato di negoziazione che si siano dotati di dispositivi nel territorio della Repubblica, ai sensi del comma 9, violino gli obblighi derivanti dalle disposizioni della presente parte, la Consob ne informa l'autorità competente dello Stato membro d'origine della sede di negoziazione. Se, nonostante le misure adottate dall'autorità competente dello Stato membro d'origine o per via dell'inadeguatezza di tali misure, la sede di negoziazione persiste nell'agire in un modo che mette chiaramente a repentaglio gli interessi degli investitori domestici o il buon funzionamento dei mercati, la Consob, dopo avere informato l'autorità competente dello Stato membro d'origine, adotta tutte le misure adeguate e necessarie per tutelare gli investitori e assicurare il buon funzionamento dei mercati, che comprendono la possibilità di impedire a tale sede di negoziazione di rendere accessibili i loro dispositivi ai membri o partecipanti a distanza stabiliti nel territorio della Repubblica. Le misure adottate ai sensi del presente comma, che comportano sanzioni o restrizioni delle attività di

un'impresa di investimento o di un mercato regolamentato sono opportunamente giustificate e comunicate all'impresa di investimento o al mercato regolamentato interessato.

67 *bis*. Ammissione, sospensione ed esclusione degli operatori da un mercato regolamentato. – 1. Il gestore del mercato regolamentato comunica immediatamente alla Consob le proprie decisioni di ammissione, esclusione e sospensione degli operatori dalle negoziazioni.

2. La Consob può:

a) ordinare la revoca di una decisione di sospensione degli operatori dalle negoziazioni, entro cinque giorni dal ricevimento della comunicazione di cui al comma 1 se, sulla base degli elementi informativi diversi da quelli valutati, ai sensi del regolamento del mercato, dal gestore del mercato regolamentato nel corso della propria istruttoria, ritiene la decisione contraria alle finalità di assicurare la trasparenza, l'ordinato svolgimento delle negoziazioni e la tutela degli investitori;

b) chiedere al gestore del mercato regolamentato tutte le informazioni che ritenga utili per i fini di cui alla lettera *a*).

c) chiedere al gestore del mercato regolamentato l'esclusione o la sospensione degli operatori dalle negoziazioni.

67 *ter*. Negoziazione algoritmica, accesso elettronico diretto, partecipazione a controparti centrali. – 1. Le Sim e le banche italiane che svolgono negoziazione algoritmica:

a) pongono in essere controlli dei sistemi e del rischio efficaci e idonei alla luce dell'attività esercitata sulle sedi di negoziazione, volti a garantire che i propri sistemi di negoziazione algoritmica siano resilienti e dispongano di sufficiente capacità, siano soggetti a soglie e limiti di negoziazione appropriati, impediscano di inviare ordini erronei o comunque recare pregiudizio all'ordinato svolgimento delle negoziazioni;

b) pongono in essere controlli efficaci dei sistemi e del rischio per garantire che i sistemi di negoziazione algoritmica non possano essere utilizzati per finalità contrarie al regolamento (UE) n. 596/2014 o alle regole della sede di negoziazione;

c) dispongono di meccanismi efficaci di continuità operativa per rimediare a malfunzionamenti dei sistemi di negoziazione algoritmica e provvedono affinchè i loro sistemi siano soggetti a verifica e monitoraggio in modo adeguato per garantirne la conformità ai requisiti del presente comma.

2. Le Sim e le banche italiane che effettuano negoziazioni algoritmiche lo notificano alla Consob e, se diversa, all'autorità competente dello Stato membro della sede di negoziazione in cui effettuano la negoziazione algoritmica quali membri o partecipanti o clienti della sede di negoziazione. La notifica è altresì effettuata alla Banca d'Italia per le sedi di negoziazione all'ingrosso di titoli di Stato.

3. Ferme restando le competenze di vigilanza prudenziale della Banca d'Italia, la Consob vigila sul rispetto dei requisiti previsti nel presente articolo da parte di Sim e banche italiane che svolgono negoziazione algoritmica. A tale fine la Consob può chiedere, su base regolare o ad hoc, ai soggetti sopra indicati:

a) una descrizione della natura delle strategie di negoziazione algoritmica;

b) i dettagli sui parametri o sui limiti di negoziazione a cui il sistema è soggetto;

c) i controlli di conformità e di rischio attuati per assicurare che le condizioni stabilite al comma 1 siano soddisfatte;

d) i dettagli sulla verifica dei sistemi;

e) ulteriori informazioni sulla negoziazione algoritmica effettuata e sui sistemi utilizzati.

4. La Consob comunica alla Banca d'Italia le informazioni che riceve ai sensi del comma 3 o dall'autorità competente dello Stato membro d'origine della banca UE o dell'impresa di investimento UE, quando dette informazioni si riferiscono a membri o partecipanti o clienti che effettuano negoziazione algoritmica nelle sedi di negoziazioni all'ingrosso di titoli di Stato.

5. Le Sim e le banche italiane possono fornire accesso elettronico diretto a una sede di negoziazione a condizione che esse pongano in essere efficaci controlli dei sistemi e del rischio.

6. La Consob, sentita la Banca d'Italia, disciplina con regolamento:

a) gli obblighi di registrazione cui sono tenuti i soggetti di cui al comma 1 che pongono in essere tecniche di negoziazione algoritmica;

b) le condizioni in base alle quali le Sim e le banche italiane possono fornire accesso elettronico diretto a una sede di negoziazione e le caratteristiche dei controlli di conformità e di rischio attuati per assicurare che le condizioni stabilite al comma 1 siano soddisfatte;

c) gli obblighi di notifica, di informazione e di registrazione cui sono tenuti le Sim e le banche italiane che forniscono un accesso elettronico diretto a una sede di negoziazione;

d) gli obblighi delle Sim e delle banche italiane che effettuano negoziazione algoritmica per perseguire una strategia di market making.

7. La Consob, su richiesta dell'autorità competente della sede di negoziazione di un altro Stato membro nella quale una Sim o una banca italiana svolgono negoziazione algoritmica o forniscono accesso elettronico diretto, comunica tempestivamente alla stessa le informazioni ricevute ai sensi del comma 3.

8. Le disposizioni di cui al presente articolo si applicano anche:

a) ai membri o partecipanti di mercati regolamentati e sistemi multilaterali di negoziazione che non sono tenuti a essere autorizzati a norma dell'articolo 4 *terdecies*, comma 1, lettere *a*), *e*), *g*), *i*) e *l*) o che sono gestori di Oicr, Sicav o Sicaf;

b) alle imprese di paesi terzi autorizzate all'esercizio dei servizi o attività di negoziazione per conto proprio o di esecuzione di ordini per conto dei clienti ai sensi degli articoli 28 e 29 *ter*.

8 *bis*. La Consob detta con regolamento i requisiti di cui al comma 6 applicabili ai soggetti di cui al comma 8 quando effettuano negoziazione algoritmica e/o forniscono accesso elettronico diretto a una sede di negoziazione.

9. Le Sim e le banche italiane e le imprese di paesi terzi autorizzate all'esercizio dei servizi e attività di investimento, con o senza servizi accessori, ai sensi degli articoli 28 e 29 *ter*, che agiscono in qualità di partecipanti alle controparti centrali per conto di propri clienti:

a) pongono in essere controlli e sistemi efficaci per garantire che possano fruire dei servizi di compensazione solo persone idonee e che a tali persone siano imposti requisiti appropriati per ridurre i rischi per la Sim o per la banca e per il mercato;

b) assicurano che vi sia un accordo scritto vincolante tra gli stessi e la persona per la quale agiscono per quanto riguarda i diritti e gli obblighi essenziali derivanti dalla prestazione del servizio.

Sezione V
Limiti di posizione e controlli sulla gestione delle posizioni in strumenti derivati su merci

68. Limiti alle posizioni in strumenti derivati su merci. – 1. Al fine di prevenire abusi di mercato e favorire condizioni ordinate di formazione dei prezzi e di regolamento delle operazioni, la Consob stabilisce e vigila sull'applicazione dei limiti di posizione sull'entità di una posizione netta che può essere detenuta da una persona in qualsiasi momento per ciascun contratto di strumenti derivati su merci negoziati in sedi di negoziazione, e contratti negoziati fuori listino (OTC) economicamente equivalenti, secondo quanto previsto con proprio regolamento, conformemente alla metodologia di calcolo determinata dall'AESFEM.

2. La Consob approva le richieste di esenzione dall'applicazione dei limiti di posizione stabiliti ai sensi del comma 1, che possono essere presentate da entità non finanziarie con riferimento alle posizioni dalle stesse detenute, direttamente o indirettamente, che abbiano la capacità oggettivamente misurabile di ridurre i rischi direttamente legati all'attività commerciale di tali entità non finanziarie.

3. La Consob comunica all'AESFEM i limiti di posizione che intende stabilire al fine di ricevere il parere dell'autorità in merito alla compatibilità dei limiti di posizione con le finalità enunciate al comma 1 e con la metodologia di calcolo determinata dall'AESFEM. Se necessario la Consob modifica i limiti di posizione in conformità al parere dell'AESFEM o fornisce a quest'ultima le ragioni per cui non ritiene necessario modificarli, rendendo pubbliche tempestivamente le motivazioni di tale decisione sul proprio sito internet.

4. Qualora siano negoziati quantitativi rilevanti del medesimo strumento derivato su merci presso sedi di negoziazione di più Stati membri, la Consob, nel caso in cui sia l'autorità competente della sede in cui è negoziato il quantitativo più elevato (autorità competente centrale) stabilisce, secondo quanto previsto con il regolamento di cui al comma 1, il limite di posizione unico da applicare a tutte le negoziazioni relative a tale contratto di strumento derivato su merci. In tale caso la Consob consulta le autorità competenti di altre sedi in cui è negoziato un ingente quantitativo del derivato in questione, in merito al limite di posizione unico da applicare e all'eventuale riesame di tale limite.

5. A seguito di ricezione, da parte della Consob, della comunicazione di un'autorità competente centrale, dei limiti di posizione applicabili ad un contratto di strumento derivato su merci negoziato per quantitativi ingenti in sedi di negoziazione soggette alla sua vigilanza, la Consob, in caso di

disaccordo, espone per iscritto le ragioni complete e dettagliate per cui non considera soddisfatti i requisiti enunciati al comma 1.

6. La Consob conclude accordi di cooperazione con le altre autorità competenti delle sedi in cui è negoziato il medesimo strumento derivato su merci negoziato su una sede soggetta alla sua vigilanza, e con le autorità competenti dei titolari di posizioni in tale strumento derivato, al fine di prevedere lo scambio reciproco di dati pertinenti e al fine di verificare e far rispettare il limite di posizione unico.

7. In casi eccezionali, la Consob può imporre limiti più restrittivi di quelli adottati a norma del comma 1 che siano debitamente giustificati e proporzionati, tenendo conto della liquidità e dell'ordinato funzionamento del mercato specifico. La decisione di imporre limiti di posizione più restrittivi è valida per un periodo che non può superare i sei mesi a decorrere dalla data della relativa pubblicazione sul sito internet della Consob e può essere prorogata di sei mesi in sei mesi, se continuano a sussistere i motivi che hanno determinato la restrizione. In assenza di una proroga espressa, al decorrere del periodo di sei mesi i limiti più restrittivi decadono automaticamente.

8. La Consob pubblica sul proprio sito internet le decisioni adottate ai sensi del comma 7, incluse informazioni sui limiti di posizione più restrittivi e le comunica all'AESFEM, unitamente alle ragioni che hanno portato all'adozione delle decisioni medesime affinchè tale autorità possa pronunciarsi sulla necessità dei limiti di posizione più restrittivi alla luce dell'eccezionalità del caso. Qualora la Consob imponga limiti in contrasto con il parere dell'AESFEM, pubblica immediatamente sul proprio sito internet una comunicazione in cui spiega le ragioni che l'hanno indotta a prendere tale decisione.

68 *bis*. Controlli del gestore della sede di negoziazione sulle posizioni in strumenti derivati su merci. – 1. Il gestore di una sede di negoziazione che negozia derivati su merci si dota di un sistema di controlli sulla gestione delle posizioni che includono almeno la facoltà del gestore di:

a) controllare le posizioni aperte delle persone;

b) ottenere dalle persone accesso alle informazioni, compresa tutta la documentazione pertinente, in relazione all'entità e alle finalità di una posizione o esposizione assunta, alle informazioni sui titolari effettivi o sottostanti, a qualsiasi misura concertata e alle eventuali attività e passività nel mercato sottostante;

c) imporre a una persona di chiudere o ridurre una posizione in via temporanea o permanente a seconda del caso specifico e di adottare unilateralmente le misure appropriate per la chiusura o la riduzione nel caso in cui la persona non ottemperi; e

d) se del caso, esigere che la persona reimmetta temporaneamente liquidità nel mercato a un prezzo e un volume convenuti, con l'esplicito intento di lenire gli effetti di una posizione elevata o dominante.

68 *ter*. Caratteristiche dei limiti e dei controlli sulla gestione delle posizioni e obblighi di informazione. – 1. I limiti di posizione e i controlli sulla gestione delle posizioni sono trasparenti e non discriminatori, specificano come si applicano alle persone e tengono conto della natura e della composizione dei membri e partecipanti al mercato e dell'utilizzo che essi fanno dei contratti presentati alla negoziazione.

2. Il gestore della sede di negoziazione informa dettagliatamente la Consob circa i controlli sulla gestione delle posizioni, secondo le modalità e i termini da quest'ultima stabiliti con regolamento.

68 *quater*. Notifica dei titolari di posizioni in base alle categorie. – 1. Il gestore di una sede di negoziazione nella quale sono negoziati derivati su merci o quote di emissione o strumenti derivati sulle stesse pubblica una relazione settimanale indicante le posizioni aggregate detenute dalle differenti categorie di persone per i differenti strumenti finanziari derivati su merci o quote di emissione o strumenti derivati sulle stesse, negoziati sulla sede di negoziazione, quando sia il numero delle persone sia le loro posizioni aperte superano soglie minime, distinguendo fra le posizioni identificate come atte a ridurre, in una maniera oggettivamente misurabile, i rischi direttamente connessi alle attività commerciali e le altre posizioni. Tale relazione è trasmessa alla Consob e all'AESFEM.

2. Le Sim e le banche italiane che negoziano derivati su merci o quote di emissione o loro prodotti derivati al di fuori di una sede di negoziazione forniscono alla Consob o all'autorità competente centrale, se diversa dalla Consob, nel caso in cui gli strumenti menzionati siano scambiati in

più di una giurisdizione, i dati disaggregati delle loro posizioni assunte in derivati su merci o quote di emissione o strumenti derivati sulle stesse negoziati in una sede di negoziazione e i contratti OTC economicamente equivalenti, distinguendo fra le posizioni identificate come atte a ridurre, in una maniera oggettivamente misurabile, i rischi direttamente connessi alle attività commerciali e le altre posizioni.

3. I membri o partecipanti ai mercati regolamentati e ai sistemi multilaterali di negoziazione e i clienti dei sistemi organizzati di negoziazione comunicano al gestore della sede di negoziazione informazioni dettagliate sulle loro posizioni detenute mediante contratti negoziati nella sede di negoziazione in oggetto, almeno su base giornaliera, comprese le posizioni dei loro clienti, e dei clienti di detti clienti, fino a raggiungere il cliente finale.

4. La Consob prevede con regolamento:

a) i tempi e le modalità di invio da parte del gestore della sede di negoziazione, dei dati disaggregati inerenti alle posizioni di tutte le persone, compresi i membri o partecipanti e i relativi clienti nella sede di negoziazione;

b) le modalità di classificazione, da parte dei gestori delle sedi di negoziazione, ai fini dell'informativa da rendere ai sensi del presente articolo, delle persone che detengono posizioni in strumenti derivati su merci ovvero quote di emissione o strumenti derivati delle stesse.

68 *quinquies*. Poteri della Consob e obblighi di collaborazione. – 1. Nello svolgimento dei compiti di vigilanza ai sensi della presente sezione, la Consob esercita i poteri previsti dagli articoli 62 *octies*, 62 *novies*, 62 *decies* e può altresì:

a) richiedere a chiunque informazioni, notizie, dati o l'esibizione di documenti, in originale o in copia, in relazione all'entità e alla finalità di una posizione o esposizione aperta mediante uno strumento derivato su merci e alle eventuali attività e passività nel mercato sottostante;

b) limitare la possibilità di chiunque di concludere un contratto derivato su merci, anche introducendo limiti sull'entità di una posizione che detto soggetto può detenere in ogni momento a norma dell'articolo 68;

c) richiedere a chiunque di adottare misure per ridurre l'entità di una posizione o esposizione in strumenti derivati su merci.

2. La Consob comunica alle autorità competenti degli altri Stati membri le informazioni relative a:

a) eventuali richieste di riduzione dell'entità di una posizione o esposizione, ai sensi del comma 1, lettera *c*);

b) eventuali limitazioni alla possibilità delle persone di aprire una posizione in un derivato su merci, ai sensi del comma 1, lettera *b*).

2 *bis*. La notifica, se del caso, include informazioni dettagliate sulla richiesta o sulla domanda, ai sensi del comma 1, lettera *a*), compresa l'identità della o delle persone cui è stata indirizzata e le ragioni addotte, come pure la portata delle limitazioni introdotte a norma del comma 1, lettera *b*), compresa la persona interessata, gli strumenti finanziari applicabili, eventuali limiti all'entità delle posizioni che qualsiasi persona può detenere in qualsiasi momento, le eventuali esenzioni concesse ai sensi del comma 2 e le ragioni addotte. La notifica è fatta almeno 24 ore prima dell'entrata in vigore prevista degli interventi o delle misure. In circostanze eccezionali, la notifica può essere effettuata meno di 24 ore prima dell'entrata in vigore della misura quando non sia possibile rispettare tale termine. Se le misure adottate ai sensi del comma 1, lettere *b*) o *c*) sono relative a prodotti energetici all'ingrosso, la Consob ne informa anche l'Agenzia per la collaborazione fra i regolatori nazionali dell'energia (ACER) istituita a norma del regolamento (CE) n. 713/2009. La Consob invia una notifica in conformità del presente comma anche quando ha intenzione di adottare le misure di cui alle lettere *b*) e *c*) del comma 1.

3. La Consob, a seguito della ricezione di una notifica, da parte di autorità competenti di altri Stati membri, di misure di riduzione dell'entità di una posizione o esposizione o di limitazione alla possibilità delle persone di aprire una posizione in un derivato su merci, può adottare misure in conformità del comma 1, lettere *b*) o *c*), quando tali misure sono necessarie per conseguire l'obiettivo dell'autorità competente di altro Stato membro che ha effettuato la notifica.

Sezione VI
Mercati di crescita per le PMI

69. Mercati di crescita per le PMI. – 1. La Consob, su domanda del gestore di un sistema multilaterale di negoziazione, registra un sistema come mercato di crescita per le PMI se sono soddisfatti i requisiti di cui al comma 2.

2. Fermo restando il rispetto degli altri obblighi del presente decreto relativi alla gestione di un sistema multilaterale di negoziazione, ai fini della registrazione di cui al comma 1, il sistema multilaterale di negoziazione dispone di regole, sistemi e procedure efficaci, atti a garantire che siano soddisfatte le seguenti condizioni:

a) almeno il 50 per cento degli emittenti i cui strumenti finanziari sono ammessi alla negoziazione sul sistema sono PMI, sia al momento della registrazione come mercato di crescita per le PMI sia successivamente, con riferimento a ciascun anno civile;

b) sono stabiliti criteri appropriati per l'ammissione e la permanenza alla negoziazione degli strumenti finanziari sul sistema;

c) al momento dell'ammissione alla negoziazione di uno strumento finanziario sul mercato sono state pubblicate informazioni sufficienti per permettere agli investitori di effettuare una scelta consapevole in merito all'investimento. Tali informazioni possono consistere in un appropriato documento di ammissione o in un prospetto se i requisiti di cui al regolamento 2017/1129/UE sono applicabili con riguardo a un'offerta pubblica presentata insieme all'ammissione alla negoziazione dello strumento finanziario sul sistema multilaterale di negoziazione;

d) sul mercato esiste un'adeguata informativa finanziaria periodica, messa a disposizione dall'emittente o da altri per suo conto, che comprenda quantomeno la relazione finanziaria annuale sottoposta a revisione;

e) gli emittenti, le persone che esercitano responsabilità di direzione e le persone ad esse strettamente legate, come individuati rispettivamente dai punti 21), 25) e 26) dell'articolo 3, paragrafo 1, del regolamento (UE) n. 596/2014, rispettano i requisiti loro applicabili dettati dal citato regolamento;

f) le informazioni regolamentate riguardanti gli emittenti sono conservate e divulgate pubblicamente;

g) esistono sistemi e controlli efficaci tesi a prevenire e individuare gli abusi di mercato secondo quanto prescritto dal regolamento (UE) n. 596/2014.

3. Il gestore di un mercato di crescita per le PMI può prevedere requisiti aggiuntivi a quelli previsti dal comma 2.

4. La Consob può revocare la registrazione di un sistema multilaterale di negoziazione come mercato di crescita per le PMI su richiesta del gestore ovvero quando il sistema non rispetta i requisiti previsti dal comma 2.

5. Uno strumento finanziario di un emittente ammesso alla negoziazione su un mercato di crescita per le PMI può essere negoziato anche su un altro mercato di crescita per le PMI solo se l'emittente è stato preventivamente informato e non ha sollevato obiezioni alla negoziazione su un altro mercato. In tal caso l'emittente non è soggetto ad alcun obbligo relativo al governo societario o all'informativa iniziale, continuativa o ad hoc con riguardo a quest'ultimo mercato di crescita per le PMI.

Sezione VII
Riconoscimento dei mercati

70. Riconoscimento dei mercati. – 1. La Consob, previa stipula di accordi con le corrispondenti autorità, può riconoscere mercati extra-UE di strumenti finanziari, al fine di estenderne l'operatività sul territorio della Repubblica.

2. I gestori dei mercati regolamentati che intendano estendere in Stati non UE l'operatività dei mercati da essi gestiti, ne danno comunicazione alla Consob, che rilascia il proprio nulla-osta previa stipula di accordi con le corrispondenti autorità estere. Per i mercati regolamentati all'ingrosso di titoli di Stato la comunicazione è data alla Banca d'Italia, che rilascia il proprio nulla-osta previa stipula di accordi con le competenti autorità estere e ne informa la Consob.

3. Nei casi di cui ai commi 1 e 2, la Consob o la Banca d'Italia, secondo le rispettive competenze, accertano che le informazioni sugli strumenti finanziari e sugli emittenti, le modalità di formazione dei prezzi, le modalità di liquidazione dei contratti, le norme di vigilanza sui mercati e sugli intermediari siano equivalenti a quanto disposto dalla normativa vigente in Italia con riferimento ai mercati regolamentati, e comunque in grado di assicurare adeguata tutela degli investitori.

4. La Consob può specificare, con regolamento, le modalità e le condizioni per riconoscere mercati extra-UE di strumenti finanziari.

Capo IV
Obblighi di negoziazione,
di trasparenza e di segnalazione
di operazioni in strumenti finanziari

72. Individuazione dell'autorità competente. – 1. Il Ministero dell'economia e delle finanze, la Consob e la Banca d'Italia sono le autorità nazionali competenti ai sensi dell'articolo 2, paragrafo 1, punto 18), del regolamento (UE) n. 600/2014, secondo quanto disposto dal presente capo.

73. Vigilanza. – 1. La Consob vigila sull'osservanza delle disposizioni di cui ai Titoli II, III e IV del regolamento (UE) n. 600/2014, sugli obblighi di negoziazione previsti dagli articoli 23 e 28 del regolamento (UE) n. 600/2014, nonché sull'accesso non discriminatorio agli indici di riferimento e sull'obbligo di concedere una licenza per gli stessi, secondo quanto previsto dall'articolo 37 del medesimo regolamento, nonché sul rispetto delle inerenti norme tecniche di regolamentazione e di attuazione. A tali fini si avvale dei poteri previsti dagli articoli 62 *octies*, 62 *novies* e 62 *decies*.

74. Esenzioni dai requisiti di trasparenza pre-negoziazione delle sedi di negoziazione. – 1. Fermo restando quanto previsto dal comma 4 e in conformità a quanto previsto dagli articoli 4, paragrafo 1, e 9, paragrafi 1 e 2, del regolamento (UE) n. 600/2014, la Consob può esentare il gestore di una sede di negoziazione dagli obblighi di pubblicare le informazioni pre-negoziazione stabiliti dagli articoli 3 e 8 del citato regolamento nonché revocare le esenzioni concesse.

2. La Consob disciplina con regolamento il contenuto e le modalità di presentazione della domanda di esenzione da parte del gestore di una sede di negoziazione.

3. La Consob adotta i provvedimenti di sospensione delle esenzioni concesse, ai sensi dell'articolo 5, paragrafi 2 e 3, del regolamento indicato al primo comma.

4. I provvedimenti di esenzione dagli obblighi di trasparenza pre-negoziazione sono adottati dalla Consob, d'intesa con la Banca d'Italia, nei confronti dei gestori delle sedi di negoziazione all'ingrosso di titoli di Stato. Gli stessi provvedimenti sono adottati dalla Consob, sentita la Banca d'Italia, nei confronti dei gestori delle sedi di negoziazione all'ingrosso di titoli obbligazionari privati e pubblici, diversi dai titoli di Stato, nonché di titoli normalmente negoziati sul mercato monetario e di strumenti finanziari derivati su titoli pubblici, su tassi di interesse e su valute.

5. Il Ministero dell'economia e delle finanze e la Banca d'Italia sono informati dalla Consob delle domande di esenzione dagli obblighi di trasparenza pre-negoziazione su titoli di Stato ricevute, nonché dell'adozione dei provvedimenti di esenzione dagli obblighi di trasparenza pre-negoziazione aventi ad oggetto titoli di Stato.

75. Provvedimenti di temporanea sospensione degli obblighi di trasparenza pre-negoziazione. – 1. Al ricorrere delle condizioni previste dall'articolo 9, paragrafo 4, del regolamento (UE) n. 600/2014 la Consob adotta i provvedimenti di temporanea sospensione degli obblighi di pubblicare le informazioni pre-negoziazione stabiliti, dall'articolo 8 del regolamento citato, per gli strumenti finanziari non rappresentativi di capitale.

2. I provvedimenti di cui al comma 1 sono adottati dal Ministero dell'economia e delle finanze, su proposta della Banca d'Italia d'intesa con la Consob, relativamente agli obblighi di pubblicazione riguardanti i titoli di Stato. Gli stessi provvedimenti sono adottati dalla Consob, sentita la Banca d'Italia, relativamente agli obblighi di pubblicazione riguardanti i titoli obbligazionari privati e pubblici, diversi dai titoli di Stato, nonché i titoli normalmente negoziati sul mercato monetario e gli strumenti finanziari derivati su titoli pubblici, su tassi di interesse e su valute.

76. Autorizzazioni alla pubblicazione differita. – 1. Fermo restando quanto previsto dal comma 3 e in conformità a quanto previsto dagli articoli 7, 11, 20 e 21 del regolamento (UE) n. 600/2014, la Consob ha il potere di:

a) autorizzare il gestore di una sede di negoziazione o un'impresa di investimento che concluda, anche come internalizzatore sistematico, per proprio conto o per conto dei clienti, operazioni in strumenti finanziari, a differire la pubblicazione delle informazioni post-negoziazione sulle operazioni, stabilite dagli articoli 6 e 10 del citato regolamento;

b) applicare le misure previste dall'articolo 11, paragrafo 3, del medesimo regolamento;

c) revocare l'autorizzazione concessa ai sensi del presente comma.

2. La Consob disciplina con regolamento il contenuto e le modalità di presentazione della

domanda di autorizzazione alla pubblicazione differita.

3. I provvedimenti di autorizzazione alla pubblicazione differita delle informazioni post-negoziazione sono adottati dalla Consob, d'intesa con la Banca d'Italia, nei confronti dei gestori delle sedi di negoziazione all'ingrosso di titoli di Stato. Gli stessi provvedimenti sono adottati dalla Consob, sentita la Banca d'Italia, nei confronti dei gestori delle sedi di negoziazione all'ingrosso di titoli obbligazionari privati e pubblici, diversi dai titoli di Stato, nonché di titoli normalmente negoziati sul mercato monetario e di strumenti finanziari derivati su titoli pubblici, su tassi di interesse e su valute.

4. Il Ministero dell'economia e delle finanze e la Banca d'Italia vengono informati dalla Consob delle domande di autorizzazione alla pubblicazione differita delle informazioni post-negoziazione su operazioni in titoli di Stato ricevute, nonché dell'adozione dei provvedimenti di autorizzazione alla pubblicazione differita delle informazioni post-negoziazione aventi ad oggetto titoli di Stato.

77. Provvedimenti di temporanea sospensione degli obblighi di trasparenza post-negoziazione. – 1. Al ricorrere delle condizioni previste dall'articolo 11, paragrafo 2, del regolamento (UE) n. 600/2014 la Consob adotta i provvedimenti di temporanea sospensione degli obblighi di pubblicare le informazioni post-negoziazione stabiliti, dall'articolo 10 del regolamento citato, per gli strumenti finanziari non rappresentativi di capitale.

2. I provvedimenti di cui al comma 1 sono adottati dal Ministero dell'economia e delle finanze, su proposta della Banca d'Italia d'intesa con la Consob, relativamente agli obblighi di pubblicazione delle informazioni post-negoziazione riguardanti i titoli di Stato. Gli stessi provvedimenti sono adottati dalla Consob, sentita la Banca d'Italia, relativamente agli obblighi di pubblicazione delle informazioni post-negoziazione riguardanti i titoli obbligazionari privati e pubblici, diversi dai titoli di Stato, nonché i titoli normalmente negoziati sul mercato monetario e gli strumenti finanziari derivati su titoli pubblici, su tassi di interesse e su valute.

78. Informazioni da fornire ai fini della trasparenza e dell'effettuazione degli altri calcoli e obblighi di pubblicazione. – 1. Al fine dell'applicazione dei requisiti di trasparenza pre e post-negoziazione imposti dagli articoli da 3 a 11 e da 14 a 21 del regolamento (UE) n. 600/2014 e dell'implementazione del regime previsto dall'articolo 32 del medesimo regolamento in connessione con l'obbligo di negoziazione su strumenti derivati, nonché per determinare se un'impresa di investimento è un internalizzatore sistematico, la Consob, secondo le modalità e i termini dalla stessa determinati con regolamento, può chiedere informazioni:

a) alle sedi di negoziazione;

b) ai dispositivi di pubblicazione autorizzati; e

c) ai fornitori di un sistema consolidato di pubblicazione.

2. Gli obblighi di pubblicazione imposti dalle disposizioni contenute nei Titoli II e III del regolamento (UE) n. 600/2014 e dalle inerenti norme tecniche di regolamentazione e di attuazione sono assolti dalla Consob attraverso la messa a disposizione dei dati e delle informazioni sul proprio sito internet.

3. Le informazioni necessarie allo svolgimento delle funzioni assegnate alla Banca d'Italia nel presente capo, ottenute ai sensi del comma 1, sono trasmesse dalla Consob alla Banca d'Italia secondo il contenuto, le modalità e i tempi stabiliti nel protocollo di intesa previsto dall'articolo 62 *ter*, comma 4.

Titolo I *ter*
Servizi di comunicazione dati

79. Individuazione dell'autorità competente. – 1. La fornitura di servizi di comunicazione dati è soggetta ad autorizzazione preventiva da parte della Consob.

2. La Consob vigila sui fornitori di servizi di comunicazione dati e controlla regolarmente che essi rispettino le disposizioni contenute nel presente titolo. A tali fini la Consob esercita i poteri previsti dagli articoli 62 *octies*, 62 *novies* e 62 *decies*, comma 1, lettere *a*), *b*) e *d*).

79 *bis*. Autorizzazione e revoca. – 1. L'autorizzazione è rilasciata a condizione che il richiedente soddisfi tutti i requisiti derivanti dal presente titolo. Il gestore di una sede di negoziazione può gestire i servizi di comunicazione dati previa verifica che esso rispetti le disposizioni del presente titolo. Il servizio è inserito nell'autorizzazione del gestore della sede di negoziazione.

2. Fermo restando quanto previsto dal comma 1, la Consob rifiuta l'autorizzazione anche se ritiene che le persone che dirigeranno effettivamente

l'attività del fornitore di servizi di comunicazione dati non possiedono i requisiti di onorabilità e professionalità o laddove esistono ragioni obiettive e dimostrabili per ritenere che le stesse possano mettere a repentaglio la gestione sana e prudente e non consentano di tenere adeguatamente conto degli interessi dei clienti e dell'integrità del mercato.

3. Il fornitore di servizi di comunicazione dati fornisce tutte le informazioni, compreso un programma di attività che includa i tipi di servizi previsti e la struttura organizzativa, necessarie per permettere alla Consob di accertarsi che tale fornitore abbia adottato, al momento dell'autorizzazione iniziale, tutte le misure per adempiere agli obblighi derivanti dalle disposizioni del presente titolo.

4. La Consob disciplina con regolamento il contenuto e le modalità di presentazione della domanda di autorizzazione e iscrive i soggetti autorizzati ai servizi di comunicazione dati in un registro, accessibile al pubblico e regolarmente aggiornato.

5. L'autorizzazione specifica i servizi che i fornitori di servizi di comunicazione dati sono autorizzati a prestare. Un soggetto autorizzato che intende ampliare la propria attività aggiungendovi altri servizi di comunicazione dati presenta una richiesta di estensione dell'autorizzazione.

6. L'autorizzazione rilasciata ai sensi del presente articolo è valida in tutta l'Unione europea.

7. La Consob pronuncia la decadenza dell'autorizzazione rilasciata a un fornitore di servizi di comunicazione dati allorchè questo non si avvale dell'autorizzazione entro dodici mesi.

8. La Consob può revocare l'autorizzazione prevista dal comma 1 quando:

a) il fornitore di servizi di comunicazione dati ha ottenuto l'autorizzazione presentando false dichiarazioni o con qualsiasi altro mezzo irregolare;

b) il fornitore di servizi di comunicazione dati non soddisfa più le condizioni cui è subordinata l'autorizzazione;

c) il fornitore di servizi di comunicazione dati ha violato in modo grave e sistematico le disposizioni del presente titolo;

d) il servizio di comunicazione dati è interrotto da più di sei mesi o il fornitore rinunci espressamente all'autorizzazione.

79 *ter*. Requisiti dei soggetti che svolgono funzioni di amministrazione presso il fornitore di servizi di comunicazione dati. – 1. I membri dell'organo di amministrazione di un fornitore di servizi di comunicazione dati soddisfano requisiti di onorabilità, professionalità e indipendenza, possiedono conoscenze, competenze ed esperienze adeguate e dedicano tempo sufficiente all'esercizio delle proprie funzioni.

2. Se un gestore del mercato chiede l'autorizzazione per gestire un APA, un CTP o un ARM e i soggetti che svolgono funzioni di amministrazione, direzione e controllo nell'APA, CTP o ARM sono gli stessi che svolgono le medesime funzioni nel mercato regolamentato, tali soggetti sono tenuti al rispetto dei requisiti previsti al comma 1.

3. L'organo di amministrazione di un fornitore di servizi di comunicazione dati:

a) possiede collettivamente conoscenze, competenze ed esperienze adeguate per essere in grado di comprendere le attività del fornitore di servizi di comunicazione dati;

b) definisce dispositivi di governo societario che garantiscono un'efficace e prudente gestione, compresa la separazione delle funzioni aziendali sotto un profilo organizzativo e la prevenzione dei conflitti di interesse, in modo tale da promuovere l'integrità del mercato e gli interessi dei propri clienti.

4. La Consob, con proprio regolamento:

a) specifica i requisiti dell'organo di amministrazione del fornitore di servizi di comunicazione dati e dei relativi membri, previsti dal comma 1;

b) stabilisce contenuto, termini e modalità di comunicazione alla Consob, da parte del fornitore di servizi di comunicazione dati, delle informazioni relative ai soggetti che svolgono funzioni di amministrazione, direzione e controllo e ai soggetti che dirigono effettivamente l'attività e le operazioni del servizio e di ogni successivo cambiamento.

79 *ter*.1. Requisiti organizzativi dei fornitori di servizi di comunicazione dati. – 1. I fornitori di servizi di comunicazione dati dispongono, al momento dell'autorizzazione e continuativamente, di:

a) dispositivi efficaci al fine di evitare conflitti di interesse con i clienti. In particolare, un APA o un ARM che opera anche come gestore del mercato regolamentato o come impresa di investimento ovvero un gestore del mercato regolamentato o un APA che gestisce anche un CTP tratta tutte le informazioni raccolte in modo non discriminatorio e applica e mantiene dispositivi adeguati per tenere separate le differenti aree di attività;

b) risorse adeguate e dispositivi di back-up al fine di poter offrire e mantenere i propri servizi in ogni momento.

2. La Consob detta con regolamento:

a) i requisiti organizzativi specifici dei meccanismi di pubblicazione (APA), dei sistemi consolidati di pubblicazione (CTP) e dei meccanismi di segnalazione (ARM);

b) gli elementi minimi che le informazioni rese pubbliche dall'APA e le informazioni consolidate dal CTP devono riportare;

c) le disposizioni attuative dell'articolo 4 *undecies*.

3. Qualora una sede di negoziazione effettui segnalazioni di operazioni in strumenti finanziari per conto di un'impresa di investimento, ai sensi di quanto previsto dall'articolo 26 del regolamento (UE) n. 600/2014, essa rispetta le disposizioni previste al comma 1, lettera *b*), nonché le disposizioni emanate dalla Consob ai sensi del comma 2, lettera *a*).

Titolo II

Disciplina delle controparti centrali ([1])

([1]) *L'originaria rubrica: «Gestione accentrata di strumenti finanziari» è stata così sostituita dalla seguente: «Disciplina delle controparti centrali» dall'art. 2, comma 6, del D.L.vo 12 agosto 2016, n. 176.*

79 *quater*. ([1]) [**Definizioni.** – 1. Ai fini del presente titolo per "intermediari" si intendono i soggetti, individuati dal regolamento indicato nell'articolo 81, comma l, abilitati alla tenuta dei conti sui quali sono registrati gli strumenti finanziari e i relativi trasferimenti].

([1]) *Questo articolo è stato abrogato dall'art. 2, comma 7, del D.L.vo 12 agosto 2016, n. 176.*

Capo I ([1])

Le controparti centrali

([1]) *Questo capo è stato così sostituito dall'art. 2, comma 8, del D.L.vo 12 agosto 2016, n. 176.*

79 *quinquies*. Individuazione delle autorità nazionali competenti sulle controparti centrali. – 1. La Banca d'Italia e la Consob sono le autorità competenti per l'autorizzazione e la vigilanza delle controparti centrali, ai sensi dell'articolo 22, paragrafo 1, del regolamento (UE) n. 648/2012, secondo quanto disposto dai commi seguenti e dall'articolo 79 *sexies*.

2. La Consob è l'autorità competente, ai sensi dell'articolo 22,paragrafo 1, del regolamento di cui al comma 1, per il coordinamento della cooperazione e dello scambio di informazioni con la Commissione europea, l'AESFEM, le autorità competenti degli altri Stati membri, l'ABE e i membri interessati del Sistema europeo delle Banche centrali, conformemente agli articoli 23, 24, 83 e 84 del regolamento di cui al comma 1.

3. La Banca d'Italia istituisce, gestisce e presiede il collegio di autorità previsto dall'articolo 18 del regolamento di cui al comma 1.

4. La Banca d'Italia è l'autorità competente ai sensi dell'articolo 25, paragrafo 3, lettera *a*), del regolamento di cui al comma 1, nell'ambito della procedura per il riconoscimento delle controparti centrali dei Paesi terzi. Il parere è reso all'AESFEM dalla Banca d'Italia, d'intesa con la Consob.

79 *sexies*. Autorizzazione e vigilanza delle controparti centrali. – 1. La Banca d'Italia autorizza lo svolgimento dei servizi di compensazione in qualità di controparte centrale da parte di persone giuridiche stabilite nel territorio nazionale, ai sensi degli articoli 14 e 15 e secondo la procedura prevista dall'articolo 17 del regolamento (UE) n. 648/2012. La medesima autorità revoca l'autorizzazione allo svolgimento di servizi da parte di una controparte centrale quando ricorrono i presupposti di cui all'articolo 20 del medesimo regolamento. Si applicano l'articolo 79 *octiesdecies* e l'articolo 79 *bisdecies*.

2. La Banca d'Italia, in qualità di presidente del collegio di autorità previsto dall'articolo 18 del regolamento di cui al comma 1, può rinviare la questione dell'adozione di un parere comune negativo sull'autorizzazione di una controparte centrale all'AESFEM, come disposto dall'articolo 17, paragrafo 4, del medesimo regolamento, interrompendo i termini del procedimento di autorizzazione.

3. La vigilanza sulle controparti centrali è esercitata dalla Banca d'Italia, avendo riguardo alla stabilità e al contenimento del rischio sistemico, e dalla Consob, avendo riguardo alla trasparenza e alla tutela degli investitori. A tale fine la Banca d'Italia e la Consob, nell'ambito delle rispettive competenze, possono nei confronti delle controparti centrali e dei partecipanti:

a) chiedere la comunicazione anche periodica di dati e notizie e la trasmissione di atti e documenti, con le modalità e nei termini da esse stabiliti;

b) procedere ad audizione personale;

c) eseguire ispezioni;

d) richiedere l'esibizione di documenti e il compimento degli atti ritenuti necessari.

Nel caso previsto alla lettera *b*) del presente comma, la Banca d'Italia e la Consob redigono processo verbale dei dati, delle informazioni acquisite e delle dichiarazioni rese dagli interessati, i quali sono invitati a firmare il processo verbale e hanno diritto di averne copia. La Consob redige il processo verbale anche nel caso previsto dalla lettera *c*) del presente comma. Le modalità di esercizio dei poteri di vigilanza informativa sono disciplinate con regolamento adottato dalla Banca d'Italia, d'intesa con la Consob; con il medesimo regolamento possono essere stabiliti requisiti supplementari per lo svolgimento dei servizi di controparte centrale, in conformità al regolamento di cui al comma 1. La Banca d'Italia e la Consob, nell'ambito delle rispettive competenze e nel perseguimento delle finalità previste nel presente comma, possono imporre alle controparti centrali di adottare le azioni e le misure necessarie per assicurare il rispetto del regolamento di cui al comma 1, dei relativi atti delegati, delle norme tecniche di regolamentazione e di attuazione, nonché del presente titolo.

4. In caso di necessità e urgenza, la Banca d'Italia adotta, per le finalità attribuite ai sensi del comma 3, i provvedimenti necessari anche sostituendosi alle controparti centrali. Dei provvedimenti adottati la Banca d'Italia dà tempestiva comunicazione alla Consob, all'AESFEM, al collegio di autorità di cui al comma 2, alle rilevanti autorità del Sistema europeo delle Banche centrali e alle altre autorità interessate, ai sensi dell'articolo 24 del regolamento di cui al comma 1.

5. La Banca d'Italia esercita le competenze specificamente indicate dagli articoli 41, paragrafo 2, 49, paragrafo 1, e 54, paragrafo 1, del regolamento di cui al comma 1 e adotta, d'intesa con la Consob, i provvedimenti richiesti ai sensi degli articoli 31, paragrafi 1 e 2, e 35, paragrafo 1, del medesimo regolamento.

6. Ai sensi dell'articolo 32, paragrafo 4, del regolamento di cui al comma 1, la Banca d'Italia e la Consob individuano e rendono pubbliche le informazioni necessarie per effettuare la valutazione prevista dal medesimo articolo.

7. Il Ministro dell'economia e delle finanze, sentite la Banca d'Italia e la Consob, determina con regolamento i requisiti di onorabilità, professionalità e indipendenza dei soggetti che svolgono funzioni di amministrazione, direzione e controllo nella controparte centrale, in conformità a quanto previsto dall'articolo 13. Il difetto dei requisiti determina la decadenza dalla carica. Essa è dichiarata dal consiglio di amministrazione, dal consiglio di sorveglianza o dal consiglio di gestione entro trenta giorni dalla nomina o dalla conoscenza del difetto sopravvenuto. In caso di inerzia, la decadenza è pronunciata dalla Banca d'Italia o dalla Consob.

8. Il regolamento previsto dal comma 7 stabilisce le cause che comportano la sospensione temporanea dalla carica e la sua durata. Si applica il comma 7, terzo e quarto periodo.

9. In caso di violazione delle disposizioni previste dall'articolo 31 del regolamento di cui al comma 1 per il trasferimento diparte cipazioni qualificate nelle controparti centrali, non possono essere esercitati i diritti di voto inerenti alle partecipazioni detenute.

10. In caso di inosservanza del divieto di cui al comma precedente, la deliberazione o il diverso atto, adottati con il voto o, comunque, il contributo determinanti delle partecipazioni di cui al medesimo comma, sono impugnabili secondo le previsioni del codice civile. Leparte cipazioni per le quali non può essere esercitato il diritto di voto sono computate ai fini della regolare costituzione della relativa assemblea.

11. L'impugnazione può essere proposta anche dalla Banca d'Italia o dalla Consob entro centottanta giorni dalla data della deliberazione ovvero, se questa è soggetta a iscrizione nel registro delle imprese, entro centottanta giorni dall'iscrizione o, se è soggetta solo a deposito presso l'ufficio del registro delle imprese, entro centottanta giorni dalla data di questo.

11 *bis*. La Banca d'Italia può adottare, d'intesa con la Consob, le disposizioni previste dall'articolo 4 *undecies*, comma 4 ([1]).

12. Ove non diversamente specificato dal presente decreto, le competenze previste dal regolamento di cui al comma 1 in materia di vigilanza delle controparti centrali sono esercitate dalla Banca d'Italia e dalla Consob, ciascuna nell'ambito delle rispettive attribuzioni.

13. La Banca d'Italia e la Consob stabiliscono, mediante un protocollo di intesa, le modalità della cooperazione nello svolgimento delle rispettive competenze, con particolare riferimento alle posizioni rappresentate nell'ambito dei collegi e al-

la gestione delle situazioni di emergenza, nonché le modalità del reciproco scambio di informazioni rilevanti, anche con riferimento alle irregolarità rilevate e ai provvedimenti assunti nell'esercizio delle rispettive funzioni, tenuto conto dell'esigenza di ridurre al minimo gli oneri gravanti sugli operatori e dell'economicità dell'azione delle autorità di vigilanza. Il protocollo d'intesa è reso pubblico dalla Banca d'Italia e dalla Consob con le modalità da esse stabilite.

(¹) *Questo comma è stato inserito dall'art. 3, comma 2, del D.L.vo 3 agosto 2017, n. 129. A norma dell'art. 10, comma 2, del medesimo decreto, tali disposizioni si applicano dal 3 gennaio 2018.*

79 *septies*. Garanzie acquisite nell'esercizio dell'attività di controparte centrale e prevalenza delle disposizioni in materia di segregazione e portabilità delle posizioni e delle garanzie della clientela. – 1. I margini e le altre prestazioni acquisite da una controparte centrale a titolo di garanzia dell'adempimento degli obblighi derivanti dall'attività di compensazione svolta in favore dei propri partecipanti non possono essere soggetti ad azioni esecutive o cautelari da parte dei creditori del singolo partecipante o della controparte centrale, anche in caso di apertura di procedure concorsuali. Le garanzie acquisite possono essere utilizzate esclusivamente secondo quanto previsto dal regolamento (UE) n. 648/2012. L'apertura di una procedura di insolvenza nei confronti di un partecipante non pregiudica l'adozione e l'efficacia delle misure previste dall'articolo 48 del predetto regolamento da parte della controparte centrale, in conformità al medesimo articolo, finalizzate alla gestione delle posizioni del partecipante insolvente e funzionali alla portabilità delle medesime e delle relative garanzie o alla restituzione di queste ultime ai clienti, secondo quanto previsto dal predetto regolamento. Tali misure non possono essere dichiarate inefficaci in virtù dell'applicazione di altre norme dell'ordinamento.

2. In caso di apertura di una procedura di insolvenza nei confronti di un partecipante italiano ad una controparte centrale autorizzata ai sensi del regolamento di cui al comma 1 ma stabilita in un altro Stato membro, l'opponibilità alla procedura delle misure adottate dalla controparte centrale ai sensi dell'articolo 48 del regolamento di cui al comma 1 è disciplinata dalla legge regolatrice del sistema, secondo quanto previsto dall'articolo 7 del decreto legislativo 12 aprile 2001, n. 210.

3. In caso di apertura di una procedura di insolvenza nei confronti di un partecipante italiano ad una controparte centrale stabilita in un Paese terzo ma riconosciuta ai sensi del regolamento (UE) n. 648/2012, si applicano le tutele previste al comma 1.

Capo II (¹)
Autorità nazionali competenti per l'esercizio di ulteriori poteri di vigilanza

(¹) *Questo capo è stato così sostituito dall'art. 2, comma 8, del D.L.vo 12 agosto 2016, n. 176.*

79 *octies*. Individuazione delle autorità nazionali competenti per l'esercizio di ulteriori poteri di vigilanza ai sensi del regolamento (UE) n. 648/2012. – 1. La Consob è l'autorità nazionale competente per il rispetto degli obblighi di cui all'articolo 4, paragrafo 3, del regolamento n. 648/2012 e delle relative norme tecniche di regolamentazione da parte dei soggetti che agiscono in qualità di partecipanti alle controparti centrali o in qualità di clienti di questi ultimi, come definiti dall'articolo 2, punto 15), del citato regolamento, nonché degli obblighi di cui all'articolo 38, paragrafo 1, e all'articolo 39, paragrafi 4, 5, 6 e 7 del medesimo regolamento, da parte dei soggetti che agiscono in qualità di partecipanti alle controparti centrali.

79 *octies*.1. (¹) Individuazione delle autorità nazionali competenti per l'esercizio di ulteriori poteri di vigilanza ai sensi del regolamento (UE) n. 600/2014. – 1. La Consob è l'autorità competente per il rispetto degli obblighi di cui all'articolo 29, paragrafi 1 e 2, del regolamento (UE) n. 600/2014 da parte delle sedi di negoziazione, delle Sim, delle banche italiane, nonché delle imprese dei paesi terzi autorizzate ai sensi dell'articolo 28 o dell'articolo 29 *ter* del presente decreto, che operano in qualità di partecipanti alle controparti centrali.

2. La Consob è l'autorità competente per il rispetto degli obblighi connessi agli accordi stipulati ai sensi dell'articolo 30 del regolamento di cui al comma 1 da parte dei soggetti che agiscono in qualità di partecipanti alle controparti centrali o in qualità di clienti di questi ultimi, come definiti dall'articolo 2, punto 15), del regolamento (UE) n. 648/2012.

3. La Consob è l'autorità competente per il rispetto degli obblighi di cui all'articolo 31, paragrafi 2 e 3, del regolamento di cui al comma 1 da parte delle Sim, delle banche italiane, nonché delle im-

prese dei paesi terzi autorizzate ai sensi dell'articolo 28 o dell'articolo 29 *ter* del presente decreto e dei gestori dei mercati regolamentati.

4. La Banca d'Italia è l'autorità competente per il rispetto degli obblighi di cui al comma 3 per i mercati all'ingrosso di titoli di Stato.

([1]) *Questo articolo è stato inserito dall'art. 3, comma 3, del D.L.vo 3 agosto 2017, n. 129. A norma dell'art. 10, comma 2, del medesimo decreto, tali disposizioni si applicano dal 3 gennaio 2018.*

79 *novies*. Poteri di vigilanza. – 1. Ai fini dello svolgimento delle funzioni attribuite dal presente titolo, nei confronti dei soggetti che agiscono in qualità di partecipanti alle controparti centrali o in qualità di clienti di questi ultimi, la Consob dispone dei poteri previsti dagli articoli 6 *bis*, 6 *ter* e 7. Nei confronti dei gestori delle sedi di negoziazione la Consob e la Banca d'Italia dispongono dei poteri previsti dagli articoli 62 *octies*, 62 *novies* e 62 *decies* ([1]).

([1]) *Questo comma è stato così sostituito dall'attuale, dall'art. 3, comma 4, del D.L.vo 3 agosto 2017, n. 129. A norma dell'art. 10, comma 2, del medesimo decreto, tali disposizioni si applicano dal 3 gennaio 2018. Fino a tale data si applicano le disposizioni nel testo previgente che si riporta:*

1. Ai fini dello svolgimento delle funzioni attribuite dal presente titolo, nei confronti dei soggetti che agiscono in qualità di partecipanti alle controparti centrali o in qualità di clienti di questi ultimi la Consob dispone dei poteri previsti dagli articoli 7, 8 e 10.

Titolo II *bis*
Disciplina dei depositari centrali e delle attività di regolamento e di gestione accentrata ([1])

([1]) *Questo Titolo è stato inserito dall'art. 2, comma 9, del D.L.vo 12 agosto 2016, n. 176.*

79 *decies*. Definizioni. – 1. Nel presente titolo si intendono per:

a) «autorità rilevanti»: le autorità indicate nell'articolo 12, paragrafo 1, del regolamento (UE) n. 909/2014;

b) «intermediari»: i soggetti abilitati alla tenuta dei conti sui quali sono registrati gli strumenti finanziari e i relativi trasferimenti.

Capo I
Autorità nazionali competenti e rilevanti

79 *undecies*. Individuazione delle autorità nazionali competenti sui depositari centrali. – 1. La Consob e la Banca d'Italia sono le autorità nazionali competenti per l'autorizzazione e la vigilanza dei depositari centrali stabiliti nel territorio della Repubblica, ai sensi dell'articolo 11, paragrafo 1, del regolamento (UE) n. 909/2014, secondo quanto disposto dai capi I e II.

2. La Consob, d'intesa con la Banca d'Italia, autorizza la prestazione dei servizi in qualità di depositario centrale di titoli da parte di persone giuridiche stabilite nel territorio della Repubblica, nonché l'estensione delle attività o l'esternalizzazione a terzi dei servizi, ai sensi degli articoli 16 e 19 del regolamento n. 909/2014 e secondo la procedura prevista dall'articolo 17 del medesimo regolamento. La Consob, d'intesa con la Banca d'Italia, revoca l'autorizzazione quando ricorrono i presupposti di cui all'articolo 20 del regolamento di cui al comma 1.

3. La Consob, d'intesa con la Banca d'Italia, autorizza i depositari centrali stabiliti nel territorio della Repubblica a prestare in proprio i servizi accessori di tipo bancario, nonché a designare uno o più banche italiane o UE ([1]) e a estendere i menzionati servizi, ai sensi degli articoli 54 e 56 e secondo la procedura prevista dall'articolo 55 del regolamento di cui al comma 1. La Consob, d'intesa con la Banca d'Italia, revoca l'autorizzazione quando ricorrono i presupposti di cui all'articolo 57 dell'indicato regolamento.

4. La Consob comunica al soggetto richiedente l'esito del procedimento di autorizzazione di cui ai commi 2 e 3.

5. La Consob è l'autorità responsabile della cooperazione con le autorità competenti e le autorità rilevanti degli altri Stati membri, l'AESFEM e l'ABE. La medesima autorità è il punto di contatto nello scambio di informazioni e interessa la Banca d'Italia per gli aspetti di competenza di questa ultima.

6. La Consob adotta, d'intesa con la Banca d'Italia, i provvedimenti richiesti ai sensi degli articoli 18, paragrafo 3, e 27, paragrafo 8, del regolamento di cui al comma 1.

7. La Consob esercita, d'intesa con la Banca d'Italia, le competenze indicate dall'articolo 23 del regolamento di cui al comma 1 in qualità di autorità competente dello Stato membro d'origine e in qualità di autorità competente dello Stato membro ospitante.

8. Fermo restando quanto previsto dal comma 5, la Consob e la Banca d'Italia, nell'ambito delle rispettive attribuzioni, collaborano con le autori-

tà dello Stato membro d'origine o di quello ospitante, scambiano informazioni, concludono gli accordi di cooperazione previsti dall'articolo 24, paragrafo 4, del regolamento di cui al comma 1. Le predette autorità, nell'ambito delle rispettive attribuzioni, adottano le misure previste dal paragrafo 5 del medesimo articolo e possono effettuare ispezioni presso le succursali. Ciascuna autorità comunica le ispezioni disposte all'altra autorità, la quale può chiedere di svolgere accertamenti su aspetti di propria competenza.

9. La Consob esercita, d'intesa con la Banca d'Italia, le competenze indicate dall'articolo 25, paragrafi 6 e 7, del regolamento di cui al comma 1.

9 *bis*. La Consob può adottare, d'intesa con la Banca d'Italia, le disposizioni previste dall'articolo 4 *undecies*, comma 4 ([2]).

10. La Consob adotta, d'intesa con la Banca d'Italia, le ulteriori misure previste dagli atti delegati e dalle norme tecniche di regolamentazione e di attuazione del regolamento di cui al comma 1.

([1]) *La parola: «comunitarie» è stata così sostituita dalla attuale: «UE» dall'art. 3, comma 5, lett.* a)*, del D.L.vo 3 agosto 2017, n. 129. A norma dell'art. 10, comma 2, del medesimo decreto, tali disposizioni si applicano dal 3 gennaio 2018.*

([2]) *Questo comma è stato inserito dall'art. 3, comma 5, lett.* b)*, del D.L.vo 3 agosto 2017, n. 129. A norma dell'art. 10, comma 2, del medesimo decreto, tali disposizioni si applicano dal 3 gennaio 2018.*

79 *duodecies*. Individuazione delle autorità nazionali competenti a svolgere le ulteriori funzioni previste dal regolamento (UE) n. 909/2014. – 1. Le autorità competenti a vigilare sull'applicazione della disciplina in materia di scritture contabili, prevista dall'articolo 3 del regolamento (UE) n. 909/2014, sono:

a) la Banca d'Italia, per quanto riguarda gli obblighi a carico delle controparti di un contratto di garanzia finanziaria e delle sedi di negoziazione all'ingrosso dei titoli di Stato;

b) la Consob, per quanto riguarda gli obblighi a carico delle altre sedi di negoziazione e degli emittenti.

2. Le autorità competenti a vigilare sull'applicazione della disciplina in materia di data fissata per il regolamento titoli prevista dall'articolo 5 del regolamento (UE) n. 909/2014 sono:

a) la Consob e la Banca d'Italia, per quanto riguarda gli obblighi a carico dei partecipanti a un sistema di regolamento titoli;

b) la Banca d'Italia, per quanto riguarda gli obblighi a carico delle sedi di negoziazione all'ingrosso dei titoli di Stato;

c) la Consob, per quanto riguarda gli obblighi a carico delle altre sedi di negoziazione.

3. La Consob è l'autorità competente a vigilare sull'adempimento degli obblighi previsti dall'articolo 6, paragrafo 2, del regolamento di cui al comma 1 da parte delle Sim e delle banche italiane autorizzate all'esercizio dei servizi o delle attività di investimento.

4. Le autorità competenti a vigilare sull'applicazione della disciplina degli acquisti forzosi, prevista dall'articolo 7 del regolamento di cui al comma 1, sono:

a) la Banca d'Italia e la Consob, per gli obblighi relativi alle operazioni compensate mediante controparte centrale, di cui all'articolo 7, paragrafo 10, lettera *a*), del regolamento di cui al comma 1;

b) la Banca d'Italia, per gli obblighi relativi alle operazioni non compensate mediante controparte centrale ma eseguite in una sede di negoziazione all'ingrosso di titoli di Stato, e la Consob, per le operazioni eseguite nelle altre sedi di negoziazione, di cui all'articolo 7, paragrafo 10, lettera *b*), del regolamento di cui al comma 1;

c) la Banca d'Italia, per gli obblighi relativi alle operazioni su titoli di Stato non compensate mediante controparte centrale ed eseguite al di fuori di una sede di negoziazione, e la Consob, per gli obblighi relativi alle operazioni eseguite su altri strumenti finanziari, di cui all'articolo 7, paragrafo 10, lettera *c*), del regolamento di cui al comma 1.

5. La Consob e la Banca d'Italia ricevono i dati trasmessi dagli internalizzatori di regolamento ai sensi dell'articolo 9, paragrafo 1, primo comma, del regolamento di cui al comma 1.

6. La Consob è l'autorità competente per vigilare sull'adempimento degli obblighi previsti dall'articolo 38, paragrafi 5 e 6, del regolamento di cui al comma 1 da parte dei partecipanti a un sistema di regolamento titoli.

79 *terdecies*. Individuazione delle autorità nazionali rilevanti. – 1. La Banca d'Italia e la Consob sono le autorità rilevanti ai sensi dell'articolo 12, paragrafo 1, lettera *a*), del regolamento (UE) n. 909/2014.

Capo II
Finalità e destinatari della vigilanza

79 *quaterdecies*. Finalità e poteri di vigilanza. – 1. La vigilanza sui depositari centrali è esercitata dalla Consob, avendo riguardo alla trasparenza, all'ordinata prestazione dei servizi svolti dai depositari centrali, all'integrità dei mercati e alla tutela degli investitori, e dalla Banca d'Italia, avendo riguardo alla stabilità e al contenimento del rischio sistemico.

2. Ove non diversamente specificato nel presente decreto, le competenze previste dal regolamento (UE) n. 909/2014 in materia di vigilanza sono esercitate dalla Consob e dalla Banca d'Italia, ciascuna nell'ambito delle rispettive attribuzioni.

3. La Consob e la Banca d'Italia, nell'ambito delle rispettive competenze e nel perseguimento delle finalità previste nel comma 1, possono, nei confronti dei depositari centrali, degli intermediari e degli altri soggetti tenuti all'applicazione del regolamento di cui al comma 2:

a) chiedere la comunicazione anche periodica di dati e notizie e la trasmissione di atti e documenti, con le modalità e nei termini da esse stabiliti;

b) procedere ad audizione personale;

c) eseguire ispezioni;

d) richiedere l'esibizione di documenti e il compimento degli atti ritenuti necessari.

4. Nel caso previsto dal comma 3, lettera *b*), la Banca d'Italia e la Consob redigono processo verbale dei dati e delle informazioni acquisite e delle dichiarazioni rese dagli interessati, i quali sono invitati a firmare il processo verbale e hanno diritto di averne copia. La Consob redige il processo verbale anche nel caso previsto dalla lettera *c*) del comma 3.

5. La Consob e la Banca d'Italia, nell'ambito delle rispettive competenze e nel perseguimento delle finalità previste nel comma 1, possono imporre ai depositari centrali di adottare le azioni e le misure necessarie per assicurare il rispetto del regolamento di cui al comma 2, dei relativi atti delegati, delle norme tecniche di regolamentazione e di attuazione, nonché del presente titolo.

6. La Consob può esercitare gli ulteriori poteri previsti dall'articolo 187 *octies*, comma 4, lettere *a*), *c*), *d*) ed e *bis*), e comma 6.

7. In caso di necessità e urgenza, la Banca d'Italia adotta, per le finalità indicate al comma 1, i provvedimenti necessari, anche sostituendosi ai depositari centrali.

8. La Consob e la Banca d'Italia possono dettare disposizioni inerenti alle modalità di esercizio dei poteri di vigilanza.

9. Al fine di coordinare l'esercizio delle funzioni di cui al presente titolo, la Consob e la Banca d'Italia stabiliscono, mediante un protocollo di intesa, le modalità della cooperazione e del reciproco scambio delle informazioni rilevanti, tenuto conto dell'esigenza di ridurre al minimo gli oneri gravanti sui soggetti vigilati e di assicurare l'economicità dell'azione delle autorità di vigilanza. Il protocollo d'intesa è reso pubblico dalla Consob e dalla Banca d'Italia con le modalità da esse stabilite.

79 *quinquiesdecies*. Regolamento dei servizi. – 1. I depositari centrali disciplinano con regolamento i servizi da essi prestati, le relative modalità di svolgimento e i criteri di ammissione dei partecipanti.

2. La Consob, d'intesa con la Banca d'Italia, approva in sede di autorizzazione iniziale i regolamenti di cui al comma 1, ogni successiva modificazione e può richiedere di apportare modificazioni idonee a eliminare le disfunzioni riscontrate nei servizi prestati.

79 *sexiesdecies*. ([1]) **[Sistemi interni di segnalazione delle violazioni.** – 1. Ai depositari centrali e ai soggetti tenuti all'osservanza del regolamento (UE) n. 909/2014 si applica l'articolo 8 *bis*].

([1]) Questo articolo è stato abrogato dall'art. 3, comma 6, del D.L.vo 3 agosto 2017, n. 129. A norma dell'art. 10, comma 2, del medesimo decreto, tali disposizioni si applicano dal 3 gennaio 2018.

79 *septiesdecies*. ([1]) **[Segnalazione di violazioni alla Banca d'Italia e alla Consob.** – 1. La Banca d'Italia e la Consob ricevono, ciascuna secondo le rispettive attribuzioni di vigilanza, da parte del personale dei depositari centrali e dei soggetti tenuti all'osservanza del regolamento (UE) n. 909/2014, segnalazioni che si riferiscono a violazioni riguardanti le norme di cui al medesimo regolamento e la parte III, titolo II *bis* e II *ter*.

2. Si applicano le disposizioni previste nell'articolo 8 *ter*, commi 2, 3 e 4].

([1]) Questo articolo è stato abrogato dall'art. 3, comma 6, del D.L.vo 3 agosto 2017, n. 129. A norma dell'art. 10, comma 2, del medesimo decreto, tali disposizioni si applicano dal 3 gennaio 2018.

Capo III
I depositari centrali

Sezione I
Disciplina dei depositari centrali

79 *octiesdecies*. Revisione legale dei conti. – 1. Ai depositari centrali stabiliti nel territorio della Repubblica si applicano gli articoli 155, comma 2, 156, comma 4 e 159, comma 1.

79 *noviesdecies*. Modifiche all'assetto di controllo. – 1. In caso di violazione delle disposizioni previste dall'articolo 27, paragrafi 7 e 8, del regolamento (UE) n. 909/2014 per il trasferimento delle partecipazioni che danno origine a cambiamenti dell'identità delle persone che esercitano il controllo sul funzionamento del depositario centrale di titoli, non possono essere esercitati i diritti di voto inerenti alle partecipazioni detenute. In caso di inosservanza del divieto, la deliberazione o il diverso atto, adottati con il voto o, comunque, il contributo determinanti delle medesime partecipazioni, sono impugnabili secondo le previsioni del codice civile. Le partecipazioni per le quali non può essere esercitato il diritto di voto sono computate ai fini della regolare costituzione della relativa assemblea.

2. L'impugnazione può essere proposta anche dalla Consob o dalla Banca d'Italia entro centottanta giorni dalla data della deliberazione ovvero, se questa è soggetta a iscrizione nel registro delle imprese, entro centottanta giorni dall'iscrizione o, se è soggetta solo a deposito presso l'ufficio del registro delle imprese, entro centottanta giorni dalla data di questo.

79 *noviesdecies*.1. ([1]) **Disposizioni applicabili allo svolgimento di servizi e attività di investimento da parte dei depositari centrali.** – 1. Fermo restando quanto previsto dal presente titolo e dal titolo II *ter*, ai depositari centrali autorizzati ai sensi del regolamento (UE) n. 909/2014 e stabiliti nel territorio della Repubblica o stabiliti in un altro Stato membro aventi succursale in Italia, che svolgono servizi e attività di investimento in aggiunta alla prestazione dei servizi esplicitamente elencati alle sezioni A e B dell'allegato all'indicato regolamento, si applicano le disposizioni del presente decreto disciplinanti la prestazione di tali servizi e attività, ad eccezione degli articoli 13, 14, 15, 16, 17, 18, 19, 20 e 20 *bis*, in conformità a quanto previsto dall'articolo 73 del predetto regolamento.

([1]) *Questo articolo è stato inserito dall'art. 3, comma 7, del D.L.vo 3 agosto 2017, n. 129. A norma dell'art. 10, comma 2, del medesimo decreto, tali disposizioni si applicano dal 3 gennaio 2018.*

Sezione II
Crisi dei depositari centrali

79 *bisdecies*. Crisi. – 1. Nel caso di accertate gravi irregolarità, il Ministero dell'economia e delle finanze, su proposta della Consob o della Banca d'Italia, può disporre lo scioglimento degli organi amministrativi dei depositari centrali stabiliti nel territorio della Repubblica, con decreto pubblicato nella *Gazzetta Ufficiale* della Repubblica Italiana. Con tale decreto sono nominati uno o più commissari straordinari per l'amministrazione del depositario centrale di titoli e sono determinate le indennità spettanti ai commissari, a carico della società stessa. Si applicano gli articoli 70, commi da 2 a 5, 72, ad eccezione dei commi 2 e 8, e 75 del decreto legislativo 1° settembre 1993, n. 385, intendendosi attribuiti all'autorità che ha proposto il provvedimento i poteri della Banca d' Italia.

2. Se è dichiarato lo stato di insolvenza di un depositario centrale ai sensi dell'articolo 195 della legge fallimentare ovvero sia disposta la revoca dell'autorizzazione ai sensi del regolamento (UE) n. 909/2014, il Ministero dell'economia e delle finanze dispone con decreto la liquidazione coatta amministrativa con esclusione del fallimento, secondo le disposizioni degli articoli 80, commi 3, 4, 5 e 6, 81, 82, 83, 84, ad eccezione del comma 2, da 85 a 90, 91 ad eccezione dei commi 1 *bis* e 11 *bis*, 92, 93 e 94 del decreto legislativo 1° settembre 1993, n. 385, in quanto compatibili.

80. ([1]) **[Attività di gestione accentrata di strumenti finanziari.** – 1. L'attività di gestione accentrata di strumenti finanziari ha carattere di impresa ed è esercitata nella forma di società per azioni, anche senza fine di lucro.

2. Le società di gestione accentrata hanno per oggetto esclusivo la prestazione del servizio di gestione accentrata di strumenti finanziari, ai sensi del capo II del presente titolo. Esse possono svolgere attività connesse e strumentali.

3. La Consob, d'intesa con la Banca d'Italia, determina con regolamento le risorse finanziarie e i requisiti di organizzazione della società e le attività connesse e strumentali tra le quali non rientra, in ogni caso, l'attività di rappresentanza nell'assemblea delle società per azioni quotate.

4. Il Ministro dell'economia e delle finanze, sentite la Banca d'Italia e la Consob, determina

con regolamento i requisiti di onorabilità, professionalità e indipendenza dei soggetti che svolgono funzioni di amministrazione, direzione e controllo nella società, in conformità a quanto previsto ai sensi dell'articolo 13 ([2]). Il difetto dei requisiti determina la decadenza dalla carica. Essa è dichiarata dal consiglio di amministrazione, dal consiglio di sorveglianza o dal consiglio di gestione entro trenta giorni dalla nomina o dalla conoscenza del difetto sopravvenuto. In caso di inerzia, la decadenza è pronunciata dalla Banca d'Italia o dalla Consob ([3]) ([4]).

5. Il regolamento previsto dal comma 4 stabilisce le cause che comportano la sospensione temporanea dalla carica e la sua durata. Si applica il comma 4, terzo e quarto periodo ([5]).

6. Il Ministro dell'economia e delle finanze, con regolamento adottato sentite la Consob e la Banca d'Italia, determina i requisiti di onorabilità dei partecipanti al capitale, individuando la soglia partecipativa a tal fine rilevante ([4]).

7. Gli acquisti e le cessioni di partecipazioni rilevanti ai sensi del comma 6, effettuati direttamente o indirettamente, anche per il tramite di società controllate, di società fiduciarie o per interposta persona, devono essere comunicati entro ventiquattro ore dal soggetto acquirente alla Consob, alla Banca d'Italia e alla società di gestione unitamente alla documentazione attestante il possesso da parte degli acquirenti dei requisiti determinati ai sensi del comma 6.

8. In assenza dei requisiti o in mancanza della comunicazione non può essere esercitato il diritto di voto inerente alle azioni eccedenti la soglia determinata ai sensi del comma 6. In caso di inosservanza del divieto, si applica l'articolo 14, commi 5 e 6.

9. La Consob, d'intesa con la Banca d'Italia, autorizza la società all'esercizio dell'attività di gestione accentrata di strumenti finanziari quando sussistono i requisiti previsti dai commi 1, 2, 3,4, 5 e 6, e il regolamento dei servizi di cui all'articolo 81, comma 2, sia conforme alla disciplina contenuta nel presente titolo e alle relative norme di attuazione.

10. Alle società di gestione accentrata si applicano gli articoli 155, comma 2, 156, comma 4 e 159, comma 1].

([1]) *Questo articolo è stato abrogato dall'art. 2, comma 10, del D.L.vo 12 agosto 2016, n. 176.*

([2]) *Le parole: «, in conformità a quanto previsto ai sensi dell'articolo 13» sono state aggiunte dall'art. 4, comma 21, lett.* a), *del D.L.vo 12 maggio 2015, n. 72.*

([3]) *Le parole: «Si applica l'articolo 13, commi 2 e 3.» sono state così sostituite dalle seguenti: «Il difetto dei requisiti determina la decadenza dalla carica. Essa è dichiarata dal consiglio di amministrazione, dal consiglio di sorveglianza o dal consiglio di gestione entro trenta giorni dalla nomina o dalla conoscenza del difetto sopravvenuto. In caso di inerzia, la decadenza è pronunciata dalla Banca d'Italia o dalla Consob.» dall'art. 4, comma 21, lett.* b), *del D.L.vo 12 maggio 2015, n. 72.*

([4]) *Il regolamento è stato adottato con D.M. 11 novembre 1998, n. 471* (G.U. *n. 7 dell'11 gennaio 1999).*

([5]) *Il periodo: «Si applica l'articolo 13, commi 2 e 3.» è stato così sostituito dal seguente: «Si applica il comma 4, terzo e quarto periodo.» dall'art. 4, comma 21, lett.* c), *del D.L.vo 12 maggio 2015, n. 72.*

81. ([1]) [**Regolamento di attuazione e regolamento dei servizi.** – 1. La CONSOB, d'intesa con la Banca d'Italia, individua con regolamento, al fine di assicurare la trasparenza del sistema di gestione accentrata, l'ordinata prestazione dei servizi e la tutela degli investitori ([2]):

a) i requisiti che debbono possedere gli intermediari e le attività, previste dal presente titolo, che essi sono abilitati a svolgere;

b) gli strumenti finanziari ammessi alla gestione accentrata;

c) le caratteristiche di diffusione tra il pubblico degli strumenti finanziari indicate all'articolo 83 *bis*, comma 2, ([3]) ai fini dell'assoggettamento dei medesimi alle disposizioni del presente titolo;

d) le procedure e le modalità per assoggettare o sottrarre alla disciplina del presente titolo strumenti finanziari, in dipendenza del sorgere o del cessare dei relativi presupposti;

e) il contenuto minimo ed essenziale del contratto da stipularsi tra la società di gestione accentrata e l'emittente, ovvero l'intermediario;

f) le caratteristiche tecniche ed il contenuto delle registrazioni e dei conti accesi presso la società di gestione accentrata e l'intermediario;

g) le forme e le modalità che la società di gestione accentrata deve osservare nella tenuta dei conti e nelle registrazioni sugli stessi, rispettando il principio di separatezza tra i conti propri e quelli intestati ai singoli intermediari;

h) le forme e le modalità che gli intermediari devono osservare nella tenuta dei conti e nell'effettuazione delle registrazioni sugli stessi, rispettando il principio di separatezza tra i conti propri e quelli intestati ai singoli titolari dei conti;

i) le modalità con le quali la società di gestione accentrata deve garantire la continua corrispondenza tra le evidenze dei conti intestati agli emittenti e di quelli intestati agli intermediari, nonché le relative comunicazioni;

l) le modalità con le quali gli intermediari devono garantire la continua corrispondenza tra le evidenze dei conti propri presso la società di gestione accentrata e quelle dei conti propri e dei conti intestati ai clienti;

m) fatto salvo quanto previsto dall'articolo 83 *sexies*, comma 4, ([4]) i modelli, le modalità, i termini e l'intermediario responsabile per il rilascio e la revoca delle certificazioni nonché per l'effettuazione e la rettifica delle comunicazioni previste, rispettivamente, dall'articolo 83 *quinquies*, comma 3, e dall'articolo 83 *sexies*;

n) i criteri e le modalità di svolgimento dell'attività indicata nell'articolo 83 *octies*;

o) i termini entro i quali gli intermediari e le società di gestione accentrata adempiono, ai sensi dell'articolo 83 *novies*, comma l, lettere *d*), *e*), *j*) e *g*), e dell'articolo 89, rispettivamente, agli obblighi di segnalazione agli emittenti dei nominativi degli aventi diritti sulle azioni e delle registrazioni effettuate ai sensi dell'articolo 83 *octies*;

o bis) le modalità e i termini di comunicazione, su richiesta, nei casi e ai soggetti individuati dal regolamento stesso, dei dati identificativi dei titolari degli strumenti finanziari e degli intermediari che li detengono, fatta salva la possibilità per i titolari degli strumenti finanziari di vietare espressamente la comunicazione dei propri dati identificativi e fatto altresì salvo quanto previsto dall'articolo 83 *duodecies* per gli strumenti finanziari ivi previsti ([5]);

p) le ulteriori disposizioni necessarie per l'attuazione di quanto previsto nel presente titolo e ([6]) quelle comunque dirette a perseguire le finalità indicate nella prima parte del presente comma ([7]).

2. La società di gestione accentrata adotta il regolamento dei servizi nel quale indica i servizi svolti, le modalità di svolgimento, i criteri per l'ammissione alla gestione accentrata dei soggetti e degli strumenti finanziari, sulla base di principi non discriminatori, trasparenti e obiettivi. Il regolamento dei servizi è approvato dalla Consob, d'intesa con la Banca d'Italia. La Consob, d'intesa con la Banca d'Italia, può stabilire che i corrispettivi per i servizi svolti dalla società di gestione accentrata, nonché i corrispettivi richiesti dagli intermediari per le certificazioni, comunicazioni e segnalazioni previste dal capo II del presente titolo, siano soggetti ad approvazione da parte delle medesime autorità.

2 *bis*. Il regolamento previsto nel comma 1 può demandare ([8]) al regolamento dei servizi la disciplina di alcune delle materie delegate ([9]), ai sensi del medesimo comma o di altre disposizioni del presente titolo, alla potestà regolamentare della Consob esercitata ([10]) d'intesa con la Banca d'Italia].

([1]) *Questo articolo è stato abrogato dall'art. 2, comma 10, del D.L.vo 12 agosto 2016, n. 176.*

([2]) *Le parole: «, al fine di assicurare la trasparenza del sistema di gestione accentrata, l'ordinata prestazione dei servizi e la tutela degli investitori» sono state inserite dall'art. 2, comma 1, lett.* a), *del D.L.vo 18 giugno 2012, n. 91.*

([3]) *Le parole: «di cui al comma 2 dell'articolo 83* bis,*» sono state così sostituite dalle attuali: «indicate all'articolo 83* bis, *comma 2,» dall'art. 2, comma 1, lett.* b), *del D.L.vo 18 giugno 2012, n. 91.*

([4]) *Le parole: «dal comma 4 dell'articolo 83* sexies,*» sono state così sostituite dalle attuali: «dall'articolo 83* sexies, *comma 4,» dall'art. 2, comma 1, lett.* c), *del D.L.vo 18 giugno 2012, n. 91.*

([5]) *Questa lettera è stata inserita dall'art. 2, comma 1, lett.* d), *del D.L.vo 18 giugno 2012, n. 91.*

([6]) *Le parole: «e di» sono state così sostituite dalla attuale: «e» dall'art. 2, comma 1, lett.* e), *del D.L.vo 18 giugno 2012, n. 91.*

([7]) *Le parole: «ad assicurare la trasparenza del sistema di gestione accentrata e l'ordinata prestazione dei servizi» sono state così sostituite dalle attuali: «a perseguire le finalità indicate nella prima parte del presente comma» dall'art. 2, comma 1, lett.* e), *del D.L.vo 18 giugno 2012, n. 91.*

([8]) *La parola: «rinviare» è stata così sostituita dall'attuale: «demandare» dall'art. 2, comma 2, lett.* a), *del D.L.vo 18 giugno 2012, n. 91.*

([9]) *La parola: «demandate» è stata così sostituita dall'attuale: «delegate» dall'art. 2, comma 2, lett.* b), *del D.L.vo 18 giugno 2012, n. 91.*

([10]) *La parola: «esercitata» è stata inserita dall'art. 2, comma 2, lett.* c), *del D.L.vo 18 giugno 2012, n. 91.*

81 *bis*. ([1]) [**Accesso alla gestione accentrata. –** 1. Le imprese di investimento e le banche comunitarie autorizzate all' esercizio dei servizi o delle attività di investimento possono accedere al sistema di gestione accentrata].

([1]) *Questo articolo è stato abrogato dall'art. 2, comma 10, del D.L.vo 12 agosto 2016, n. 176.*

Capo IV (1)
Gestione accentrata
di strumenti finanziari

(1) *Questo capo è stato inserito dall'art. 2, comma 11, del D.L.vo 12 agosto 2016, n. 176.*

82. (1) **Attività e regolamento della gestione accentrata.** – 1. L'attività di gestione accentrata è esercitata da depositari centrali autorizzati ai sensi del regolamento (UE) n. 909/2014 alla prestazione dei servizi di cui alla Sezione A, punti 1) e 2), dell'Allegato al medesimo regolamento e relativi servizi accessori.

2. Al fine di assicurare il perseguimento delle finalità di cui all'articolo 79 *quaterdecies*, comma 1, la Consob, d'intesa con la Banca d'Italia, può individuare con regolamento nel rispetto delle disposizioni del regolamento di cui al comma 1:

a) le modalità di svolgimento e le caratteristiche del servizio di cui alla Sezione A, punto 1), e dei servizi accessori di tipo non bancario elencati nella Sezione B, punti 2) e 3), dell'Allegato al regolamento di cui al comma 1, nonché di ogni ulteriore servizio di tipo non bancario, accessorio ai servizi di cui alla Sezione A, punti 1) e 2), consentito ma non esplicitamente elencato nella sezione B dell'Allegato al regolamento di cui al comma 1;

b) le categorie di intermediari che possono detenere conti titoli presso il depositario centrale e le attività, previste dal presente capo, che gli intermediari sono abilitati a svolgere;

c) le caratteristiche degli strumenti finanziari indicati all'articolo 83 *bis*, comma 2, ai fini dell'assoggettamento dei medesimi alle disposizioni della sezione I del presente capo;

d) fatto salvo quanto previsto dall'articolo 83 *sexies*, comma 4, i modelli, le modalità, i termini e l'intermediario responsabile per il rilascio e la revoca delle certificazioni nonché per l'effettuazione e la rettifica delle comunicazioni;

e) i criteri e le modalità di svolgimento dell'attività indicata nell'articolo 83 *octies*;

f) i termini entro i quali gli intermediari e i depositari centrali adempiono, ai sensi dell'articolo 83 *novies*, comma 1, lettere *d*), *e*), *f*) e *g*), e dell'articolo 89, rispettivamente, agli obblighi di segnalazione agli emittenti dei dati identificativi degli aventi diritti sulle azioni e delle registrazioni effettuate ai sensi dell'articolo 83 *octies*;

g) le modalità e i termini di comunicazione, su richiesta, nei casi e ai soggetti individuati dal regolamento stesso, dei dati identificativi dei titolari degli strumenti finanziari e degli intermediari che li detengono, fatta salva la possibilità per i titolari degli strumenti finanziari di vietare espressamente la comunicazione dei propri dati identificativi e fatto altresì salvo quanto previsto dall'articolo 83 *duodecies* per gli strumenti finanziari ivi previsti;

h) i requisiti che i corrispettivi indicati al comma 3 e i corrispettivi richiesti dagli intermediari per la tenuta dei conti devono rispettare;

i) le altre modalità operative per la gestione delle operazioni societarie da parte degli intermediari e le ulteriori disposizioni necessarie per l'attuazione di quanto previsto nel presente capo e quelle comunque dirette a perseguire le finalità indicate nella prima parte del presente comma.

3. La Consob, sentita la Banca d'Italia, può stabilire che i corrispettivi per i servizi di cui alla Sezione A, punti 1), 2) e 3), dell'Allegato al regolamento di cui al comma 1, svolti dai depositari centrali, nonché i corrispettivi richiesti dagli intermediari per le certificazioni, comunicazioni e segnalazioni previste dal presente capo siano soggetti ad approvazione da parte della medesima autorità.

4. Il regolamento previsto nel comma 2 può demandare al regolamento previsto dall'articolo 79 *quinquiesdecies*, comma 1, la disciplina di alcune delle materie delegate, ai sensi del medesimo comma o di altre disposizioni del presente capo, alla potestà regolamentare della Consob esercitata d'intesa con la Banca d'Italia.

(1) *Questo articolo è stato così sostituito dall'art. 2, comma 12, del D.L.vo 12 agosto 2016, n. 176.*

Sezione I (1)
Gestione accentrata in regime
di dematerializzazione

(1) *Questa sezione è stata inserita dall'art. 2, comma 13, del D.L.vo 12 agosto 2016, n. 176.*

83. (1) [**Crisi delle società di gestione accentrata.** – 1. Nel caso di accertate gravi irregolarità, il Ministero dell'economia e delle finanze, su proposta della Consob o della Banca d'Italia, può disporre lo scioglimento degli organi amministrativi delle società di gestione accentrata, con decreto pubblicato nella *Gazzetta Ufficiale*. Con tale decreto sono nominati uno o più commissari straordinari per l'amministrazione della società e sono determinate le indennità spettanti ai commissari, a carico della società stessa. Si applicano gli articoli 70, commi da 2 a 6, 72, ad eccezione dei commi 2 e 8, e 75 del T.U. bancario, intendendosi attribuiti all'autorità che ha proposto il provvedimento i poteri della Banca d'Italia.

1 *bis*. Nel caso siano accertate irregolarità di eccezionale gravità, la Consob può disporre, d'intesa con la Banca d'Italia, la revoca dell'autorizzazione di cui all'articolo 80, comma 9.

2. Se è dichiarato lo stato di insolvenza della società ai sensi dell'articolo 195 della legge fallimentare ovvero sia disposta la revoca dell'autorizzazione ai sensi del comma 1 *bis*, il Ministero dell'economia e delle finanze dispone con decreto la liquidazione coatta amministrativa con esclusione del fallimento, secondo le disposizioni degli articoli 80, commi 3, 4, 5 e 6, 81, 82, 83, 84, ad eccezione del comma 2, e da 85 a 94 del T.U. bancario, in quanto compatibili].

(1) *Questo articolo è stato abrogato dall'art. 2, comma 14, del D.L.vo 12 agosto 2016, n. 176.*

83 *bis*. Ambito di applicazione. – 1. I valori mobiliari regolati dalla legge italiana ammessi alla negoziazione o negoziati in una sede di negoziazione italiana o di altro Paese dell'Unione europea con il consenso dell'emittente possono esistere solo in forma scritturale (1).

1 *bis*. L'obbligo di cui al comma 1 può essere assolto tramite emissione diretta o immissione, in regime di dematerializzazione, presso un depositario centrale stabilito nel territorio della Repubblica, o presso un depositario centrale autorizzato alla prestazione transfrontaliera dei servizi nel territorio della Repubblica, ai sensi dell'articolo 23 del regolamento (UE) n. 909/2014 (2).

2. [In funzione della loro diffusione tra il pubblico] (3) il regolamento indicato dall'articolo 82 (4), comma 2 (5), può prevedere che siano assoggettati alla disciplina della presente sezione anche strumenti finanziari non aventi le caratteristiche indicate al comma 1 (6), al fine di agevolarne la circolazione (7) (8).

3. L'emittente strumenti finanziari diversi da quelli di cui al comma 1 può volontariamente assoggettarli al regime di dematerializzazione presso un depositario centrale stabilito nel territorio della Repubblica, secondo la disciplina della presente sezione (9).

(1) *Questo comma è stato così sostituito dall'attuale, dall'art. 2, comma 15, lett.* a), *del D.L.vo 12 agosto 2016, n. 176.*

A norma dell'art. 5, comma 3, del medesimo D.L.vo n. 176/2016, questo comma si applica fino alla data di applicazione dell'articolo 3, paragrafo 1, del regolamento (UE) n. 909/2014.

A decorrere dalla medesima data, il suddetto comma è abrogato e il comma 1 bis*, così come inserito dall'art. 2, comma 15, lett. b), dello stesso D.L.vo n. 176/2016 è sostituito dal seguente e rinumerato come comma 1:*

«1. L'obbligo di rappresentazione in forma scritturale previsto dall'articolo 3, paragrafo 1, del regolamento (UE) n. 909/2014 può essere assolto tramite emissione diretta, o immissione, in regime di dematerializzazione, presso un depositario centrale di titoli stabilito nel territorio della Repubblica, o presso un depositario centrale di titoli autorizzato alla prestazione transfrontaliera dei servizi nel territorio della Repubblica, ai sensi dell'articolo 23 del medesimo regolamento».

Si riporta il testo previgente:

«1. Gli strumenti finanziari negoziati o destinati alla negoziazione sui mercati regolamentati italiani non possono essere rappresentati da documenti (*)»

(*) *Le parole: «titoli, ai sensi e per gli effetti della disciplina di cui al titolo V, libro IV, del codice civile» sono state così sostituite dalle seguenti: «documenti» dall'art. 2, comma 4, lett.* a), *del D.L.vo 18 giugno 2012, n. 91.*

(2) *Questo comma è stato inserito dall'art. 2, comma 15, lett.* b), *del D.L.vo 12 agosto 2016, n. 176.*

A norma dell'art. 5, comma 3, del medesimo D.L.vo n. 176/2016, questo comma, a decorrere dalla data di applicazione dell'articolo 3, paragrafo 1, del regolamento (UE) n. 909/2014 è sostituito dal seguente comma e rinumerato come comma 1:

«1. L'obbligo di rappresentazione in forma scritturale previsto dall'articolo 3, paragrafo 1, del regolamento (UE) n. 909/2014 può essere assolto tramite emissione diretta, o immissione, in regime di dematerializzazione, presso un depositario centrale di titoli stabilito nel territorio della Repubblica, o presso un depositario centrale di titoli autorizzato alla prestazione transfrontaliera dei servizi nel territorio della Repubblica, ai sensi dell'articolo 23 del medesimo regolamento».

(3) *Le parole fra parentesi quadrate sono state soppresse dall'art. 2, comma 15, lett.* c), *n. 1., del D.L.vo 12 agosto 2016, n. 176.*

(4) *Le parole: «regolamento di cui all'articolo 81» sono state così sostituite dalle attuali: «regolamento indicato dall'articolo 81» dall'art. 2, comma 4, lett.* b), *del D.L.vo 18 giugno 2012, n. 91.*

(5) *Le parole: «81, comma 1» sono state così sostituite dalle seguenti: «82, comma 2» dall'art. 2, comma 15, lett.* c), *n. 2., del D.L.vo 12 agosto 2016, n. 176.*

(6) *Le parole: «le caratteristiche di cui al comma 1» sono state così sostituite dalle attuali: «le caratteristiche indicate al comma 1» dall'art. 2, comma 4, lett.* b), *del D.L.vo 18 giugno 2012, n. 91.*

([7]) *Le parole: «, al fine di agevolarne la circolazione.» sono state aggiunte dall'art. 2, comma 15, lett.* c*), n. 3., del D.L.vo 12 agosto 2016, n. 176.*

([8]) *A norma dell'art. 5, comma 4, del D.L.vo 12 agosto 2016, n. 176, a decorrere dalla data di applicazione dell'articolo 3, paragrafo 1, del regolamento (UE) n. 909/2014, questo comma è sostituito dal seguente:*

«2. Il regolamento indicato dall'articolo 82 può prevedere che siano assoggettati alla disciplina della presente sezione anche strumenti finanziari non soggetti all'applicazione dell'articolo 3, paragrafo 1, del regolamento (UE) n. 909/2014, al fine di agevolarne la circolazione.».

([9]) *Questo comma è stato così sostituito dall'art. 2, comma 15, lett.* d*), del D.L.vo 12 agosto 2016, n. 176.*

83 *ter*. ([1]) **[Emissione di strumenti finanziari** ([2])**.** – 1. Per ciascuna emissione di strumenti finanziari soggetti alla disciplina della presente sezione deve essere scelta un'unica società di gestione accentrata. L'emittente comunica alla società l'ammontare globale dell'emissione di strumenti finanziari, il suo frazionamento ed ogni ulteriore caratteristica stabilita dal regolamento indicato nell'articolo 81, comma 1. La società di gestione accentrata apre per ogni emissione un conto a nome dell'emittente].

([1]) *Questo articolo è stato abrogato dall'art. 2, comma 16, del D.L.vo 12 agosto 2016, n. 176.*

([2]) *La precedente rubrica: «*Sistema di gestione accentrata*» è stata così sostituita dall'attuale dall'art. 2, comma 5, del D.L.vo 18 giugno 2012, n. 91.*

83 *quater*. Attribuzioni dei depositari centrali e degli intermediari ([1])**.** – 1. Il trasferimento degli strumenti finanziari soggetti alla disciplina della presente sezione nonché l'esercizio dei relativi diritti patrimoniali possono effettuarsi soltanto tramite gli intermediari.

2. A nome e su richiesta degli intermediari, i depositari centrali accendono ([2]) per ogni intermediario conti destinati a registrare i movimenti degli strumenti finanziari disposti tramite lo stesso.

3. L'intermediario, qualora incaricato dello svolgimento del servizio, registra per ogni titolare di conto gli strumenti finanziari di sua pertinenza nonché il trasferimento, gli atti di esercizio ed i vincoli di cui all'articolo 83 *octies*, disposti dal titolare o a carico del medesimo, in conti distinti e separati sia tra loro sia rispetto agli eventuali conti di pertinenza dell'intermediario stesso. In ogni altro caso l'intermediario fornisce comunicazione dell'avvenuta operazione all'intermediario presso cui il titolare ha aperto il conto, per i successivi adempimenti. La registrazione dei trasferimenti è effettuata dagli intermediari all'esito del regolamento delle relative operazioni.

4. Le rilevazioni e le comunicazioni prescritte dalle norme vigenti che prevedono la individuazione numerica dei certificati sono effettuate mediante l'indicazione della specie e della quantità degli strumenti finanziari cui esse si riferiscono.

([1]) *L'originaria rubrica: «*Attribuzioni della società di gestione e dell'intermediario*» è stata così sostituita dall'attuale: «*Attribuzioni dei depositari centrali e degli intermediari*» dall'art. 2, comma 17, lett.* a*), del D.L.vo 12 agosto 2016, n. 176.*

([2]) *Le parole: «la società di gestione accentrata accende» sono state così sostituite dalle seguenti: «i depositari centrali accendono» dall'art. 2, comma 17, lett.* b*), del D.L.vo 12 agosto 2016, n. 176.*

83 *quinquies*. Diritti del titolare del conto. – 1. Effettuata la registrazione, il titolare del conto indicato nell'articolo 83 *quater*, comma 3, ha la legittimazione piena ed esclusiva all'esercizio dei diritti relativi agli strumenti finanziari in esso registrati, secondo la disciplina propria di ciascuno di essi e le norme del presente titolo. Il titolare può disporre degli strumenti finanziari registrati nel conto in conformità con quanto previsto dalle norme vigenti in materia.

2. Colui il quale ha ottenuto la registrazione in suo favore, in base a titolo idoneo e in buona fede, non è soggetto a pretese o azioni da parte di precedenti titolari.

3. Salvo quanto previsto all'articolo 83 *sexies*, la legittimazione all'esercizio dei diritti indicati nel comma 1 è attestata dall'esibizione di certificazioni o da comunicazioni all'emittente ([1]), rilasciate o effettuate dagli intermediari, in conformità alla proprie scritture contabili, in favore del soggetto a cui spetta il diritto e recanti l'indicazione del diritto sociale esercitabile, secondo quanto previsto dal regolamento di cui all'articolo 82, comma 2 ([2]).

4. Le certificazioni e le comunicazioni non conferiscono altri diritti oltre alla legittimazione sopra indicata. Sono nulli gli atti di disposizione aventi a oggetto le certificazioni suddette ([2]).

4 *bis*. Fuori dai casi previsti dall'articolo 2352, ultimo comma, del codice civile non può esservi, per gli stessi strumenti finanziari, più di una certificazione o comunicazione ai fini della legittimazione all'esercizio degli stessi diritti ([3]).

([1]) *Le parole: «dell'emittente» sono state così sostituite dalle attuali: «all'emittente» dall'art. 3, comma 8, del D.L.vo 3 agosto 2017, n. 129. A norma dell'art. 10, comma 2, del medesimo decreto, tali disposizioni si applicano dal 3 gennaio 2018.*

(2) *Questo comma è stato così sostituito dall'art. 2, comma 18, lett. a), del D.L.vo 12 agosto 2016, n. 176.*

(3) *Questo comma è stato aggiunto dall'art. 2, comma 18, lett. b), del D.L.vo 12 agosto 2016, n. 176.*

83 *sexies*. (1) **Diritto d'intervento in assemblea ed esercizio del voto. –** 1. La legittimazione all'intervento in assemblea e all'esercizio del diritto di voto è attestata da una comunicazione all'emittente, effettuata dall'intermediario, in conformità alle proprie scritture contabili, in favore del soggetto a cui spetta il diritto di voto.

2. Per le assemblee dei portatori di strumenti finanziari ammessi alla negoziazione con il consenso dell'emittente nei mercati regolamentati o nei sistemi multilaterali di negoziazione italiani o di altri Paesi dell'Unione europea, la comunicazione prevista al comma 1 è effettuata dall'intermediario sulla base delle evidenze dei conti indicati all'articolo 83 *quater*, comma 3, relative al termine della giornata contabile del settimo giorno di mercato aperto precedente la data fissata per l'assemblea. Le registrazioni in accredito o in addebito compiute sui conti successivamente a tale termine non rilevano ai fini della legittimazione all'esercizio del diritto di voto nell'assemblea. Ai fini della presente disposizione si ha riguardo alla data della prima convocazione purchè le date delle eventuali convocazioni successive siano indicate nell'unico avviso di convocazione; in caso contrario si ha riguardo alla data di ciascuna convocazione (2).

3. Per le assemblee diverse da quelle indicate al comma 2, lo statuto può richiedere che gli strumenti finanziari oggetto di comunicazione siano registrati nel conto del soggetto a cui spetta il diritto di voto a partire da un termine prestabilito, eventualmente prevedendo che essi non possano essere ceduti fino alla chiusura dell'assemblea. Con riferimento alle assemblee dei portatori di azioni diffuse tra il pubblico in misura rilevante il termine non può essere superiore a due giorni non festivi. Qualora lo statuto non impedisca la cessione degli strumenti finanziari, l'eventuale cessione degli stessi comporta l'obbligo per l'intermediario di rettificare la comunicazione precedentemente inviata (3).

4. Le comunicazioni indicate nel comma 1 devono pervenire all'emittente entro la fine del terzo giorno di mercato aperto precedente la data indicata nel comma 2, ultimo periodo (4) ovvero il diverso termine stabilito dalla Consob, d'intesa con la Banca d'Italia con regolamento, oppure entro il successivo termine indicato nello statuto ai sensi del comma 3 e del comma 5 (5). Resta ferma la legittimazione all'intervento e al voto qualora le comunicazioni siano pervenute all'emittente oltre i termini indicati nel presente comma, purché entro l'inizio dei lavori assembleari della singola convocazione.

5. Alle assemblee dei portatori di strumenti finanziari emessi dalle società cooperative si applicano i commi 1, 3 e 4. Con riferimento alle assemblee dei portatori di strumenti finanziari ammessi alla negoziazione con il consenso dell'emittente nei mercati regolamentati o nei sistemi multilaterali di negoziazione italiani o di altri Paesi dell'Unione europea, il termine indicato al comma 3 non può essere superiore a due giorni non festivi (6).

(1) *A norma dell'art. 7 del D.L.vo 27 gennaio 2010, n. 27, questa disposizione si applica alle assemblee il cui avviso di convocazione sia pubblicato dopo il 31 ottobre 2010. Fino a tale data continuano ad applicarsi le disposizioni sostituite od abrogate dalle corrispondenti disposizioni del D.L.vo n. 27/2010.*

(2) *Questo comma è stato così sostituito dall'art. 2, comma 7, lett. a), del D.L.vo 18 giugno 2012, n. 91. Tali disposizioni si applicano alle assemblee il cui avviso di convocazione sia pubblicato dopo il 1° gennaio 2013.*

(3) *Questo comma è stato così sostituito dall'art. 2, comma 7, lett. b), del D.L.vo 18 giugno 2012, n. 91. Tali disposizioni si applicano alle assemblee il cui avviso di convocazione sia pubblicato dopo il 1° gennaio 2013.*

(4) *Le parole: «fissata per l'assemblea in prima convocazione» sono state così sostituite dalle attuali: «indicata nel comma 2, ultimo periodo» dall'art. 2, comma 7, lett. c), del D.L.vo 18 giugno 2012, n. 91. Tali disposizioni si applicano alle assemblee il cui avviso di convocazione sia pubblicato dopo il 1° gennaio 2013.*

(5) *Le parole: «entro il successivo termine indicato nello statuto delle società indicate nel comma 3» sono state così sostituite dalle attuali: «entro il successivo termine indicato nello statuto ai sensi del comma 3 e del comma 5» dall'art. 2, comma 7, lett. c), del D.L.vo 18 giugno 2012, n. 91. Tali disposizioni si applicano alle assemblee il cui avviso di convocazione sia pubblicato dopo il 1° gennaio 2013.*

(6) *Questo comma è stato così sostituito dall'art. 2, comma 7, lett. d), del D.L.vo 18 giugno 2012, n. 91. Tali disposizioni si applicano alle assemblee il cui avviso di convocazione sia pubblicato dopo il 1° gennaio 2013.*

83 *septies*. Eccezioni opponibili. – 1. All'esercizio dei diritti inerenti agli strumenti finanziari da parte del soggetto in favore del quale è avvenuta la registrazione l'emittente può opporre soltanto le eccezioni personali al soggetto stesso e quelle comuni a tutti gli altri titolari degli stessi diritti.

83 *octies*. Costituzione di vincoli. – 1. I vincoli di ogni genere sugli strumenti finanziari disciplinati dalla presente sezione, ivi compresi quelli previsti dalla normativa speciale sui titoli di debito pubblico, si costituiscono unicamente con le registrazioni in apposito conto tenuto dall'intermediario.

2. Possono essere accesi specifici conti destinati a consentire la costituzione di vincoli sull'insieme degli strumenti finanziari in essi registrati; in tal caso l'intermediario è responsabile dell'osservanza delle istruzioni ricevute all'atto di costituzione del vincolo in ordine alla conservazione dell'integrità del valore del vincolo ed all'esercizio dei diritti relativi agli strumenti finanziari.

83 *novies*. Compiti dell'intermediario. – 1. L'intermediario:

a) esercita, in nome e per conto del titolare del conto i diritti inerenti agli strumenti finanziari, qualora quest'ultimo gli abbia conferito il relativo mandato;

b) a richiesta dell'interessato, effettua le comunicazioni e rilascia le certificazioni di cui all'articolo 83 *quinquies*, comma 3, quando necessarie per l'esercizio dei diritti relativi agli strumenti finanziari ([1]);

c) effettua, a richiesta dell'interessato, le comunicazioni previste dall'articolo 83 *sexies*; la richiesta può essere effettuata con riferimento a tutte le assemblee di uno o più emittenti, fino a diversa indicazione; in tal caso, l'intermediario provvede senza necessità di ulteriori richieste all'invio delle comunicazioni;

d) segnala all'emittente i dati identificativi dei soggetti che hanno richiesto la certificazione prevista dall'articolo 83 *quinquies*, comma 3, nonché di coloro ai quali sono stati pagati dividendi e di coloro che, esercitando il diritto di opzione o altro diritto, hanno acquisito la titolarità di strumenti finanziari nominativi, specificandone le relative quantità ai fini degli adempimenti a carico dell'emittente; salvo quanto previsto dalla lettera *f*), nei casi in cui si dà luogo alla comunicazione, essa soddisfa gli obblighi di segnalazione ([2]);

e) segnala altresì all'emittente, a richiesta dell'interessato ovvero quando previsto dalle disposizioni vigenti i dati identificativi ([3]) degli aventi diritti sugli strumenti finanziari ai fini degli adempimenti a carico dell' emittente;

f) nei casi in cui siano diversi dai soggetti richiedenti le certificazioni o a cui favore siano state effettuate le comunicazioni [per l'intervento in assemblea] ([4]), segnala all'emittente i dati identificativi ([3]) degli aventi diritti sugli strumenti finanziari ai fini degli adempimenti a carico dell'emittente;

g) nei casi in cui effettua le comunicazioni di cui alle lettere *b*) e *c*) ([5]) e le segnalazioni di cui alle lettere *d*), *e*) ed *f*), segnala all'emittente i vincoli sugli strumenti finanziari iscritti ai sensi dell'articolo 83 *octies* ([6]).

2. Il deposito delle certificazioni rilasciate dall'intermediario e la ricezione delle comunicazioni da parte dell'emittente sostituiscono, ad ogni effetto di legge, il deposito del titolo previsto da disposizioni vigenti ([7]).

[3. L'obbligo di rilasciare le certificazioni si applica altresì con riferimento agli strumenti finanziari non ammessi alla gestione accentrata ai sensi del capo I e registrati presso i conti degli intermediari] ([8]).

([1]) *Questa lettera è stata così sostituita dall'art. 2, comma 19, lett.* a), *del D.L.vo 12 agosto 2016, n. 176.*

([2]) *Questa lettera è stata così sostituita dall'art. 2, comma 19, lett.* b), *del D.L.vo 12 agosto 2016, n. 176.*

([3]) *La parola: «nominativi» è stata così sostituita dalle seguenti: «dati identificativi» dall'art. 2, comma 19, lett.* c), *del D.L.vo 12 agosto 2016, n. 176.*

([4]) *Le parole tra parentesi quadrate sono state soppresse dall'art. 3, comma 9, del D.L.vo 3 agosto 2017, n. 129. A norma dell'art. 10, comma 2, del medesimo decreto, tali disposizioni si applicano dal 3 gennaio 2018.*

([5]) *Le parole: «alla lettera* c)*» sono state così sostituite dalle seguenti: «alle lettere* b) *e* c)*» dall'art. 2, comma 19, lett.* d), *del D.L.vo 12 agosto 2016, n. 176.*

([6]) *Le parole: «le registrazioni di cui all'articolo 83* octies*» sono state così sostituite dalle attuali: «i vincoli sugli strumenti finanziari iscritti ai sensi dell'articolo 83* octies*» dall'art. 2, comma 8, del D.L.vo 18 giugno 2012, n. 91.*

([7]) *Questo comma è stato così sostituito dall'art. 2, comma 19, lett.* e), *del D.L.vo 12 agosto 2016, n. 176.*

([8]) *Questo comma è stato abrogato dall'art. 2, comma 19, lett.* f), *del D.L.vo 12 agosto 2016, n. 176.*

83 *decies*. Responsabilità dell'intermediario. – 1. L'intermediario è responsabile:

a) verso il titolare del conto, per i danni derivanti dall'esercizio dell'attività di trasferimento suo tramite degli strumenti finanziari, di tenuta dei conti, e per il puntuale adempimento degli obblighi posti dal presente decreto e dal regolamento di cui all'articolo 82, comma 2 ([1]);

b) verso l'emittente, per l'adempimento degli obblighi di comunicazione e segnalazione imposti dal presente decreto e dal regolamento di cui all'articolo 82, comma 2 ([1]).

([1]) *Le parole: «81, comma 1» sono state così sostituite dalle seguenti: «82, comma 2» dall'art. 2, comma 20, del D.L.vo 12 agosto 2016, n. 176.*

83 *undecies*. Obblighi degli emittenti azioni. – 1. Gli emittenti azioni aggiornano il libro dei soci in conformità alle comunicazioni e alle segnalazioni effettuate dagli intermediari ai sensi dell'articolo 83 *novies*, comma 1, lettere *b*), *c*), *d*), *e*), *f*) e *g*), ([1]) dell'articolo 83 *duodecies* nonché, nell'ipotesi di sollecitazione di deleghe promossa dall'emittente stesso, in conformità alle comunicazioni effettuate dagli intermediari ai sensi dell'articolo 144, comma 1, ([2]) entro trenta giorni dal ricevimento delle medesime.

2. Fermo restando l'articolo 2421 del codice civile, anche qualora il libro soci non sia formato o tenuto con strumenti informatici, le risultanze del medesimo libro sono messe a disposizione dei soci, a loro richiesta, anche su supporto informatico in un formato comunemente utilizzato ([3]).

3. Alle società cooperative non si applica il comma 1 ([4]).

4. Resta fermo quanto previsto dall'articolo 7 della legge 29 dicembre 1962, n. 1745.

([1]) *Le parole: «ed* f), *e» sono state così sostituite dalle attuali: «,* f) *e* g),*» dall'art. 2, comma 9, lett.* a), *del D.L.vo 18 giugno 2012, n. 91.*

([2]) *Le parole: «nonché, nell'ipotesi di sollecitazione di deleghe promossa dall'emittente stesso, in conformità alle comunicazioni effettuate dagli intermediari ai sensi dell'articolo 144, comma 1,» sono state inserite dall'art. 2, comma 9, lett.* a), *del D.L.vo 18 giugno 2012, n. 91.*

([3]) *Le parole: «in un formato comunemente utilizzato» sono state inserite dall'art. 2, comma 9, lett.* b), *del D.L.vo 18 giugno 2012, n. 91.*

([4]) *Questo comma è stato così sostituito dall'art. 2, comma 9, lett.* c), *del D.L.vo 18 giugno 2012, n. 91.*

83 *duodecies*. ([1]) Identificazione degli azionisti. – 1. Ove previsto dallo statuto, le società italiane con azioni ammesse alla negoziazione con il consenso dell'emittente nei mercati regolamentati o nei sistemi multilaterali di negoziazione italiani o di altri Paesi dell'Unione europea ([2]) possono chiedere, in qualsiasi momento e con oneri a proprio carico, agli intermediari, tramite un depositario centrale ([3]), i dati identificativi degli azionisti che non abbiano espressamente vietato la comunicazione degli stessi, unitamente al numero di azioni registrate sui conti ad essi intestati.

2. Le segnalazioni indicate nel comma 1 pervengono ([4]) all'emittente entro dieci giorni di mercato aperto dal giorno della richiesta, ovvero il diverso termine stabilito dalla Consob, d'intesa con la Banca d'Italia, con regolamento.

3. Nel caso in cui lo statuto preveda la facoltà di cui al comma 1, la società è tenuta ad effettuare la medesima richiesta su istanza di tanti soci che rappresentino almeno ([5]) la metà della quota minima di partecipazione stabilita dalla Consob ai sensi dell'articolo 147 *ter*, comma 1. I relativi costi sono ripartiti tra la società ed i soci richiedenti secondo i criteri stabiliti dalla Consob con regolamento, avendo riguardo all'esigenza di non incentivare l'uso dello strumento da parte dei soci per finalità non coerenti con l'obiettivo di facilitare il coordinamento tra i soci stessi al fine di esercitare i diritti che richiedono una partecipazione qualificata.

4. Le società pubblicano, con le modalità e nei termini indicati nell'articolo 114, comma 1, un comunicato con cui danno notizia dell'avvenuta presentazione dell'istanza di identificazione, rendendo note le relative motivazioni nel caso di richiesta ai sensi del comma 1, o l'identità e la partecipazione complessiva dei soci istanti nel caso di richiesta ai sensi del comma 3. I dati ricevuti sono messi a disposizione dei soci su supporto informatico in un formato comunemente utilizzato ([6]) senza oneri a loro carico, fermo restando l'obbligo di aggiornamento del libro soci.

5. Il presente articolo non si applica alle società cooperative.

([1]) *A norma dell'art. 7, comma 3, secondo periodo, del D.L.vo n. 27/2010, «Fino all'emanazione del regolamento previsto dall'articolo 83* duodecies, *comma 3, i costi relativi alla richiesta di identificazione degli azionisti su istanza dei soci sono sostenuti dai soci richiedenti».*

([2]) *Le parole: «azioni ammesse alla negoziazione nei mercati regolamentati o nei sistemi multilaterali di negoziazione italiani o di altri Paesi dell'Unione Europea con il consenso dell' emittente» sono state così sostituite dalle attuali: «azioni ammesse alla negoziazione con il consenso dell'emittente nei mercati regolamentati o nei sistemi multilaterali di negoziazione italiani o di altri Paesi dell'Unione europea» dall'art. 2, comma 10, lett.* a), *del D.L.vo 18 giugno 2012, n. 91.*

([3]) *Le parole: «una società di gestione accentrata» sono state così sostituite dalle seguenti: «un depositario centrale» dall'art. 2, comma 21, del D.L.vo 12 agosto 2016, n. 176.*

([4]) *Le parole: «devono pervenire» sono state così sostituite dalle attuali: «pervengono» dall'art. 2, comma 10, lett.* b), *del D.L.vo 18 giugno 2012, n. 91.*

([5]) *La parola: «almeno» è stata inserita dall'art. 2, comma 10, lett.* c), *del D.L.vo 18 giugno 2012, n. 91.*

([6]) *Le parole: «su supporto informatico in un formato comunemente utilizzato» sono state inserite dall'art. 2, comma 10, lett.* d), *del D.L.vo 18 giugno 2012, n. 91.*

83 *terdecies*. ([1]) **Pagamento dei dividendi.** – 1. In deroga all'articolo 4 della legge 29 dicembre 1962, n. 1745, la legittimazione al pagamento degli utili e delle altre distribuzioni afferenti gli strumenti finanziari registrati nei conti indicati all'articolo 83 *quater*, comma 3, è determinata con riferimento alle evidenze dei conti relative al termine della giornata contabile individuata dall'emittente che stabilisce altresì le modalità del relativo pagamento.

([1]) *Questo articolo è stato inserito dall'art. 2, comma 11, del D.L.vo 18 giugno 2012, n. 91.*

83 *quaterdecies*. ([1]) **Accesso degli emittenti ad un depositario centrale stabilito in un altro Stato membro.** – 1. Le disposizioni contenute nella presente sezione costituiscono disciplina applicabile, ai sensi dell'articolo 49, paragrafo 1, secondo e terzo comma, del regolamento (UE) n. 909/2014, anche nel caso di emissione diretta o immissione di valori mobiliari regolati dalla legge italiana in un sistema di scritture contabili gestito da un depositario centrale stabilito in un altro Stato membro.

([1]) *Questo articolo è stato inserito dall'art. 2, comma 22, del D.L.vo 12 agosto 2016, n. 176.*

84. ([1]) **Rilevazioni e comunicazioni inerenti agli strumenti finanziari accentrati.** – 1. L'immissione degli strumenti finanziari nel sistema non modifica gli obblighi di legge connessi con la titolarità di diritti sugli strumenti finanziari stessi. Le rilevazioni e le comunicazioni prescritte dalle norme vigenti che prevedono la individuazione numerica dei certificati sono effettuate mediante l'indicazione della specie e della quantità degli strumenti finanziari cui esse si riferiscono.

2. Restano fermi gli obblighi di rilevazione e di aggiornamento del libro dei soci previsti dall'articolo 5 ([2]) della legge 29 dicembre 1962, n. 1745, da parte degli emittenti e dei soggetti incaricati ai sensi dell'articolo 6 della stessa legge. Il termine per le annotazioni nel libro dei soci indicato nell'ultimo comma del predetto articolo 5 decorre dalla data di pagamento degli utili o da quella del rilascio della certificazione per l'intervento in assemblea.

3. Restano altresì fermi gli obblighi di comunicazione allo Schedario generale dei titoli azionari previsti dall'articolo 7 della legge 29 dicembre 1962, n. 1745, da parte degli emittenti e dei soggetti incaricati ai sensi dell'articolo 6 della stessa legge. Il Ministro delle finanze, con propri decreti, detta, ove occorrano, le norme di applicazione della presente disposizione e di quella prevista dall'articolo 89, comma 2.

([1]) *Questo articolo non è stato ricompreso nè come contenuto, nè come numerazione, nella sostituzione del Titolo II della Parte III di questo provvedimento. Si segnala la contraddizione, in attesa di una* errata-corrige *in G.U.*

([2]) *In base a questo articolo le società devono procedere all'aggiornamento del libro dei soci entro 90 giorni dalla presentazione dei titoli per il pagamento dei dividendi o per l'intervento in assemblea.*

Sezione II
Gestione accentrata di strumenti finanziari cartolari ([1])

([1]) *Le parole: «rappresentati da titoli» sono state così sostituite dalle attuali: «cartolari» dall'art. 2, comma 12, del D.L.vo 18 giugno 2012, n. 91.*

85. Deposito accentrato. – 1. Nei casi in cui gli strumenti finanziari immessi nel sistema di gestione accentrata siano rappresentati da documenti ([1]), lo svolgimento e gli effetti dell'attività di gestione accentrata sono disciplinati dalla presente sezione. Si applicano, ove non altrimenti previsto dalla presente sezione, gli articoli da 83 *quater* ([2]) a 83 *undecies*.

2. La clausola del contratto di deposito stipulato con i soggetti individuati nel regolamento previsto dall'articolo 82, comma 2 ([3]), avente a oggetto gli strumenti finanziari individuati nel medesimo regolamento, che attribuisce al depositario la facoltà di procedere al subdeposito degli strumenti finanziari stessi presso un depositario centrale di titoli ([4]) deve essere approvata per iscritto. Nell'esercizio di tale facoltà il depositario ha tutti i poteri necessari, compreso quello di apporre la girata a favore del depositario centrale di titoli ([5]), quando si tratta di strumenti finanziari nominativi. Il deposito può essere effettuato direttamente dall'emittente.

3. Gli strumenti finanziari sono immessi nel sistema in deposito regolare. Il depositario centrale di titoli ([6]) è legittimato ([7]) a compiere tutte

le operazioni inerenti alla gestione in conformità al regolamento dei servizi previsto dall'articolo 79 *quinquiesdecies*, comma 1 ([8]), nonché le azioni conseguenti alla distruzione, allo smarrimento e alla sottrazione degli strumenti finanziari.

([1]) *La parola: «titoli» è stata così sostituita dall'attuale: «documenti» dall'art. 2, comma 13, del D.L.vo 18 giugno 2012, n. 91.*

([2]) *Le parole: «83* ter*» sono state così sostituite dalle seguenti: «83* quater*» dall'art. 2, comma 23, lett.* a*), del D.L.vo 12 agosto 2016, n. 176.*

([3]) *Le parole: «81, comma 1» sono sostituite dalle seguenti: «82, comma 2» dall'art. 2, comma 23, lett.* b*), del D.L.vo 12 agosto 2016, n. 176.*

([4]) *Le parole: «la società di gestione accentrata» sono state così sostituite dalle seguenti: «un depositario centrale di titoli» dall'art. 2, comma 23, lett.* b*), del D.L.vo 12 agosto 2016, n. 176.*

([5]) *Le parole: «della società di gestione accentrata» sono state così sostituite dalle seguenti: «del depositario centrale di titoli» dall'art. 2, comma 23, lett.* b*), del D.L.vo 12 agosto 2016, n. 176.*

([6]) *Le parole: «La società di gestione accentrata» sono state così sostituite dalle seguenti: «Il depositario centrale di titoli» dall'art. 2, comma 23, lett.* c*), del D.L.vo 12 agosto 2016, n. 176.*

([7]) *La parola: «legittimata» è stata così sostituita dalla seguente: «legittimato» dall'art. 2, comma 23, lett.* c*), del D.L.vo 12 agosto 2016, n. 176.*

([8]) *Le parole: «81, comma 2» sono state così sostituite dalle seguenti: «79* quinquiesdecies*, comma 1» dall'art. 2, comma 23, lett.* c*), del D.L.vo 12 agosto 2016, n. 176.*

86. Trasferimento dei diritti inerenti agli strumenti finanziari depositati. – 1. Il depositante degli strumenti finanziari immessi nel sistema può, tramite il depositario e secondo le modalità indicate nel regolamento dei servizi previsto dall'articolo 79 *quinquiesdecies*, comma 1 ([1]), chiedere la consegna di un corrispondente quantitativo di strumenti finanziari della stessa specie in deposito presso il depositario centrale di titoli ([2]).

2. Il proprietario degli strumenti finanziari immessi nel sistema assume tutti i diritti e gli obblighi conseguenti al deposito quando provi che il depositante non aveva titolo per effettuarlo.

([1]) *Le parole: «81, comma 2» sono state così sostituite dalle seguenti: «79* quinquiesdecies*, comma 1» dall'art. 2, comma 24, del D.L.vo 12 agosto 2016, n. 176.*

([2]) *Le parole: «la società di gestione accentrata» sono state così sostituite dalle seguenti: «il depositario centrale di titoli» dall'art. 2, comma 24, del D.L.vo 12 agosto 2016, n. 176.*

87. Vincoli sugli strumenti finanziari accentrati. – 1. I vincoli gravanti sugli strumenti finanziari immessi nel sistema si trasferiscono, senza effetti novativi, sui diritti del depositante con la girata al depositario centrale di titoli ([1]); le annotazioni dei vincoli sui certificati si hanno per non apposte; di ciò è fatta menzione sul titolo.

2. Nel caso di ritiro di strumenti finanziari dal sistema, il depositario fa annotazione dei vincoli sui relativi certificati con l'indicazione della data della loro costituzione.

3. Nel caso di pignoramento di strumenti finanziari immessi nel sistema gli adempimenti nei confronti dei comproprietari previsti dagli articoli 599 e 600 del codice di procedura civile sono eseguiti nei confronti dei depositari.

([1]) *Le parole: «alla società di gestione accentrata» sono state così sostituite dalle seguenti: «al depositario centrale di titoli» dall'art. 2, comma 25, del D.L.vo 12 agosto 2016, n. 176.*

88. Ritiro degli strumenti finanziari accentrati. – 1. Il depositario centrale di titoli ([1]) mette a disposizione del depositario gli strumenti finanziari di cui è chiesto il ritiro. Gli strumenti finanziari nominativi sono girati al nome del depositario che completa la girata con il nome del giratario. Il completamento della girata è convalidato con timbro, data e firma del depositario.

2. Il depositario centrale di titoli ([2]) può autenticare la sottoscrizione del girante anche quando la girata è fatta a proprio favore. La sottoscrizione da esse apposta sul titolo in qualità di girante non ha bisogno di autenticazione. La girata e la intestazione a favore del depositario centrale di titoli ([3]) di strumenti finanziari da immettere nel sistema fanno esplicita menzione del presente decreto.

([1]) *Le parole: «La società di gestione accentrata» sono state così sostituite dalle seguenti: «Il depositario centrale di titoli» dall'art. 2, comma 26, lett.* a*), del D.L.vo 12 agosto 2016, n. 176.*

([2]) *Le parole: «La società di gestione accentrata» sono state così sostituite dalle seguenti: «Il depositario centrale di titoli» dall'art. 2, comma 26, lett.* b*), del D.L.vo 12 agosto 2016, n. 176.*

([3]) *Le parole: «della società di gestione accentrata» sono state così sostituite dalle seguenti: «del depositario centrale di titoli» dall'art. 2, comma 26, lett.* b*), del D.L.vo 12 agosto 2016, n. 176.*

89. Aggiornamento del libro soci. – 1. Il depositario centrale di titoli ([1]) comunica agli emittenti le azioni nominative ad essa girate ai fini dell'aggiornamento del libro dei soci.

([1]) *Le parole: «La società di gestione accentrata» sono state così sostituite dalle seguenti: «Il depositario centrale di titoli» dall'art. 2, comma 27, del D.L.vo 12 agosto 2016, n. 176.*

Sezione III ([1])
Gestione accentrata dei titoli di Stato

([1]) *L'originario Capo III è stato così sostituito dall'art. 2, comma 28, del D.L.vo 12 agosto 2016, n. 176.*

90. ([1]) **Gestione accentrata dei titoli di Stato. –** 1. Il Ministro dell'economia e delle finanze stabilisce con regolamento le modalità di individuazione dei depositari centrali dei titoli di Stato nonché i criteri per la fornitura dei relativi servizi.

([1]) *Questo articolo è stato così sostituito dall'art. 2, comma 28, del D.L.vo 12 agosto 2016, n. 176.*

Titolo II *ter*
Accesso alle infrastrutture di post-trading e tra sedi di negoziazione e infrastrutture di post-trading ([1])

([1]) *Questo Titolo è stato inserito dall'art. 2, comma 29, del D.L.vo 12 agosto 2016, n. 176.*

Capo I
Autorità nazionali competenti

90 *bis*. Individuazione delle autorità nazionali competenti in materia di accesso ai depositari centrali stabiliti sul territorio della Repubblica. – 1. La Consob è l'autorità competente a ricevere i reclami ed esercitare, d'intesa con la Banca d'Italia, le competenze in materia di accesso ai depositari centrali stabiliti nel territorio della Repubblica da parte di:

a) partecipanti, ai sensi dell'articolo 33, paragrafo 3, del regolamento (UE) n. 909/2014;

b) emittenti, ai sensi dell'articolo 49, paragrafo 4, del medesimo regolamento;

c) depositari centrali, ai sensi dell'articolo 52, paragrafo 2, del medesimo regolamento.

90 *ter*. Individuazione delle autorità nazionali competenti in materia di accesso tra sedi di negoziazione e infrastrutture di post-trading. – 1. La Consob è l'autorità competente a ricevere i reclami e svolgere, d'intesa con la Banca d'Italia, le funzioni in materia di accesso di controparti centrali e sedi di negoziazione ai servizi di regolamento gestiti da depositari centrali, ai sensi dell'articolo 53, paragrafo 1, secondo comma, e paragrafo 3, del regolamento (UE) n. 909/2014.

2. In materia di accesso alle sedi di negoziazione, la Consob è l'autorità competente a:

a) svolgere le funzioni previste dall'articolo 8, paragrafo 4, del regolamento (UE) n. 648/2012 e dall'articolo 36, paragrafo 4, del regolamento (UE) n. 600/2014 ([1]), quando le richieste di accesso sono presentate da controparti centrali;

b) ricevere i reclami e svolgere le funzioni indicate all'articolo 53, paragrafo 1, primo comma, e paragrafo 3, del regolamento (UE) n. 909/2014, quando le richieste di accesso sono presentate da depositari centrali.

3. Le competenze di cui al comma 2 sono esercitate dalla Banca d'Italia con riguardo alle sedi di negoziazione all'ingrosso dei titoli di Stato.

4. In materia di accesso alle controparti centrali, la Banca d'Italia, d'intesa con la Consob, è l'autorità competente a:

a) svolgere le funzioni previste dall'articolo 7, paragrafo 4, del regolamento (UE) n. 648/2012 e dall'articolo 35, paragrafo 4, del regolamento (UE) n. 600/2014 ([2]), quando le richieste di accesso sono presentate da sedi di negoziazione;

b) ricevere i reclami e svolgere le funzioni indicate all'articolo 53, paragrafo 1, primo comma, e paragrafo 3, del regolamento (UE) n. 909/2014, quando le richieste di accesso sono presentate da depositari centrali.

([1]) *Le parole: «e dall'articolo 36, paragrafo 4, del regolamento (UE) n. 600/2014» sono state inserite dall'art. 3, comma 10, lett.* a), *del D.L.vo 3 agosto 2017, n. 129. A norma dell'art. 10, comma 2, del medesimo decreto, tali disposizioni si applicano dal 3 gennaio 2018.*

([2]) *Le parole: «e dall'articolo 35, paragrafo 4, del regolamento (UE) n. 600/2014» sono state inserite dall'art. 3, comma 10, lett.* b), *del D.L.vo 3 agosto 2017, n. 129. A norma dell'art. 10, comma 2, del medesimo decreto, tali disposizioni si applicano dal 3 gennaio 2018.*

Capo II
Diritto di accesso e accordi

90 *quater*. Accesso alle controparti centrali su base transfrontaliera. – 1. Fatti salvi i titoli III, IV e V del regolamento (UE) n. 648/2012, le imprese di investimento UE e le banche UE (1) autorizzate all'esercizio dei servizi o delle attività di investimento hanno diritto di accedere direttamente e indirettamente alle controparti centrali stabilite nel territorio della Repubblica, per finalizzare o per disporre la finalizzazione delle operazioni su strumenti finanziari.

(1) *Le parole: «le imprese di investimento e le banche comunitarie» sono state così sostituite dalle attuali: «le imprese di investimento UE e le banche UE» dall'art. 3, comma 11, del D.L.vo 3 agosto 2017, n. 129. A norma dell'art. 10, comma 2, del medesimo decreto, tali disposizioni si applicano dal 3 gennaio 2018.*

90 *quinquies*. Accesso ai servizi di regolamento delle operazioni su strumenti finanziari su base transfrontaliera. – 1. Fatto salvo l'articolo 33 del regolamento (UE) n. 909/2014, le imprese di investimento UE e le banche UE (1) autorizzate all'esercizio dei servizi o delle attività di investimento hanno il diritto di accedere direttamente e indirettamente ai servizi di regolamento gestiti da depositari centrali stabiliti nel territorio della Repubblica, per finalizzare o per disporre la finalizzazione delle operazioni su strumenti finanziari.

2. Le società di gestione assicurano ai partecipanti ai mercati da esse gestiti il diritto di designare un sistema di regolamento delle operazioni su strumenti finanziari effettuate su tali mercati, diverso da quello designato dal mercato stesso, qualora risultino rispettate le seguenti condizioni:

a) la presenza di collegamenti e dispositivi fra il sistema di regolamento designato e i sistemi e la struttura del mercato regolamentato per garantire il regolamento efficace ed economico delle operazioni;

b) il riconoscimento da parte della Consob che le condizioni tecniche di regolamento delle operazioni concluse nel mercato regolamentato tramite un sistema diverso da quello designato dal mercato stesso siano tali da consentire il regolare e ordinato funzionamento dei mercati. Nei casi di società di gestione di mercati regolamentati all'ingrosso di titoli di Stato il riconoscimento è effettuato dalla Banca d'Italia.

3. Le società di gestione comunicano alla Consob le designazioni effettuate dai partecipanti al mercato ai sensi del comma 2. Tali comunicazioni sono effettuate alla Banca d'Italia nel caso dei mercati all'ingrosso dei titoli di Stato.

4. Il riconoscimento di cui al comma 2, lettera *b*), è effettuato sentita la Banca d'Italia, nei casi di società di gestione di mercati regolamentati all'ingrosso di titoli obbligazionari privati e pubblici, diversi da titoli di Stato, nonché di società di gestione di mercati regolamentati di strumenti previsti dall'articolo 1, comma 2, lettera *d*), e di strumenti finanziari derivati su titoli pubblici, su tassi di interesse e su valute.

(1) *Le parole: «le imprese di investimento e le banche comunitarie» sono state così sostituite dalle attuali: «le imprese di investimento UE e le banche UE» dall'art. 3, comma 12, del D.L.vo 3 agosto 2017, n. 129. A norma dell'art. 10, comma 2, del medesimo decreto, tali disposizioni si applicano dal 3 gennaio 2018.*

90 *sexies*. Accordi conclusi dai gestori dei mercati regolamentati e dei sistemi multilaterali di negoziazione con controparti centrali o con depositari centrali che gestiscono servizi di regolamento. – 1. Fatti salvi gli articoli 7 e 8 e il Titolo V del regolamento (UE) n. 648/2012, l'articolo 53 del regolamento (UE) n. 909/2014, nonché gli articoli 35 e 36 del regolamento (UE) n. 600/2014 (1), i gestori di un mercato regolamentato o di un sistema multilaterale di negoziazione possono concludere accordi con le controparti centrali o con i depositari centrali stabiliti in un altro Stato membro al fine di disporre la compensazione o il regolamento di alcune o tutte le operazioni concluse dai partecipanti al mercato regolamentato o al sistema multilaterale di negoziazione (2).

2. La Consob può opporsi agli accordi di cui al comma 1 qualora, tenuto anche conto delle condizioni previste all'articolo 90 *quinquies*, comma 2, ciò si renda necessario per preservare l'ordinato funzionamento dei mercati regolamentati e dei sistemi multilaterali di negoziazione.

3. I provvedimenti di cui al comma 2 sono adottati dalla Banca d'Italia per i mercati regolamentati e i sistemi multilaterali di negoziazione all'ingrosso dei titoli di Stato.

4. La Consob e Banca d'Italia possono disciplinare con regolamento gli adempimenti informativi dei gestori in occasione degli accordi di cui al comma 1.

(1) *Le parole: «, nonché gli articoli 35 e 36 del regolamento (UE) n. 600/2014» sono state inserite dall'art. 3, comma 13, del D.L.vo 3 agosto 2017, n. 129. A norma*

dell'art. 10, comma 2, del medesimo decreto, tali disposizioni si applicano dal 3 gennaio 2018.

([2]) *Le parole: «o al sistema multilaterale di negoziazione» sono state inserite dall'art. 3, comma 13, del D.L.vo 3 agosto 2017, n. 129. A norma dell'art. 10, comma 2, del medesimo decreto, tali disposizioni si applicano dal 3 gennaio 2018.*

Capo III
Vigilanza

90 *septies*. Poteri di vigilanza. – 1. Ai fini dello svolgimento delle funzioni attribuite dal presente Titolo, la Consob e la Banca d'Italia dispongono, nei confronti dei gestori delle sedi di negoziazione, delle controparti centrali e dei depositari centrali, dei poteri rispettivamente previsti dagli articoli 62 *octies*, 62 *novies*, 62 *decies*, ([1]) 79 *sexies* e 79 *quaterdecies*.

([1]) *Le parole: «7, 8, 10, 74,» sono state così sostituite dalle attuali: «62 octies, 62 novies, 62 decies,» dall'art. 3, comma 14, del D.L.vo 3 agosto 2017, n. 129. A norma dell'art. 10, comma 2, del medesimo decreto, tali disposizioni si applicano dal 3 gennaio 2018.*

Parte IV
Disciplina degli emittenti

Titolo I
Disposizioni generali

91. Poteri della CONSOB. – 1. La CONSOB esercita i poteri previsti dalla presente parte avendo riguardo alla tutela degli investitori nonché all'efficienza e alla trasparenza del mercato del controllo societario e del mercato dei capitali.

91 *bis*. ([1]) Comunicazione dello Stato membro d'origine. – 1. Nei casi previsti dall'articolo 1, comma 1, lettera w *quater*), gli emittenti comunicano lo Stato membro d'origine in conformità all'articolo 113 *ter* e alle disposizioni adottate dalla Consob con regolamento. La medesima comunicazione è effettuata alle autorità competenti dello Stato membro in cui l'emittente ha la sede legale, ove applicabile, nonché alle autorità competenti dello Stato membro d'origine e degli Stati membri ospitanti.

2. Per gli emittenti indicati all'articolo 1, comma 1, lettera w *quater*), numeri 3), 4) e 4 *bis*), che non hanno effettuato la comunicazione dello Stato membro d'origine entro tre mesi dalla data in cui i valori mobiliari sono stati ammessi alla negoziazione, per la prima volta nell'Unione europea, unicamente in un mercato regolamentato italiano, lo Stato membro d'origine è l'Italia. Per gli emittenti valori mobiliari ammessi alla negoziazione in mercati regolamentati di più Stati membri, inclusa l'Italia, in assenza della comunicazione richiesta dal comma 1, sia l'Italia che tali altri Stati membri sono considerati Stato membro d'origine, fino alla successiva scelta e relativa comunicazione.

([1]) *Questo articolo è stato inserito dall'art. 1, comma 4, del D.L.vo 15 febbraio 2016, n. 25.*

92. ([1]) Parità di trattamento. – 1. Gli emittenti quotati e gli emittenti quotati aventi l'Italia come Stato membro d'origine assicurano il medesimo trattamento a tutti i portatori degli strumenti finanziari quotati che si trovino in identiche condizioni.

2. Gli emittenti quotati e gli emittenti quotati aventi l'Italia come Stato membro d'origine garantiscono a tutti i portatori degli strumenti finanziari quotati gli strumenti e le informazioni necessari per l'esercizio dei loro diritti.

3. La CONSOB detta con regolamento, in conformità alla normativa comunitaria, disposizioni di attuazione del comma 2, prevedendo anche la possibilità dell'utilizzo di mezzi elettronici per la trasmissione delle informazioni.

([1]) *Questo articolo è stato così sostituito dall'art. 1, comma 3, del D.L.vo 6 novembre 2007, n. 195.*

93. Definizione di controllo. – 1. Nella presente parte sono considerate imprese controllate, oltre a quelle indicate nell'articolo 2359, primo comma, nn. 1) e 2), del codice civile, anche:

a) le imprese, italiane o estere, su cui un soggetto ha il diritto, in virtù di un contratto o di una clausola statutaria, di esercitare un'influenza dominante, quando la legge applicabile consenta tali contratti o clausole;

b) le imprese, italiane o estere, su cui un socio, in base ad accordi con altri soci, dispone da solo di voti sufficienti a esercitare un'influenza dominante nell'assemblea ordinaria.

2. Ai fini del comma 1 si considerano anche i diritti spettanti a società controllate o esercitati per il tramite di fiduciari o di interposte persone; non si considerano quelli spettanti per conto di terzi.

Titolo II
Appello al pubblico risparmio

Capo I
Offerta al pubblico
di sottoscrizione e di vendita ([1])

([1]) *Questo Capo è stato interamente così sostituito dall'art. 3, comma 1, del D.L.vo 28 marzo 2007, n. 51.*

93 *bis*. Definizioni. – 1. Nel presente Capo si intendono per:

a) «strumenti finanziari comunitari»: i valuti mobiliari e le quote di Oicr ([1]) chiusi ([2]);

b) «titoli di capitale»: le azioni e altri strumenti negoziabili equivalenti ad azioni di società nonché qualsiasi altro tipo di strumento finanziario comunitario negoziabile che attribuisca il diritto di acquisire i summenzionati strumenti mediante conversione o esercizio di diritti che essi conferiscono, purché gli strumenti di quest'ultimo tipo siano emessi dall'emittente delle azioni sottostanti o da un'entità appartenente al gruppo di detto emittente;

c) «strumenti diversi dai titoli di capitale»: tutti gli strumenti finanziari comunitari che non sono titoli di capitale;

[*d*) «quote o azioni di OICR aperti»: le quote di un fondo comune di investimento di tipo aperto e le azioni di una società di investimento a capitale variabile] ([3]);

e) «responsabile del collocamento»: il soggetto che organizza e costituisce il consorzio di collocamento, il coordinatore del collocamento o il collocatore unico;

f) «Stato membro d'origine»:

1) per tutti gli emittenti comunitari di strumenti finanziari comunitari che non sono menzionati nel successivo punto 2), lo Stato membro della UE in cui l'emittente ha la sua sede sociale;

2) per l'emissione di strumenti finanziari comunitari diversi dai titoli di capitale il cui valore nominale unitario è di almeno 1.000 euro e per l'emissione di strumenti finanziari comunitari diversi dai titoli di capitale che conferiscono il diritto di acquisire titoli negoziabili o di ricevere un importo in contanti mediante conversione o esercizio dei diritti che essi conferiscono, purché l'emittente degli strumenti finanziari comunitari diversi dai titoli di capitale non sia l'emittente degli strumenti finanziari comunitari sottostanti o un'entità appartenente al gruppo di quest'ultimo emittente, lo Stato membro della UE in cui l'emittente ha la sua sede sociale, o nel quale gli strumenti finanziari comunitari sono stati o sono destinati ad essere ammessi alla negoziazione in un mercato regolamentato o nel quale gli strumenti finanziari comunitari sono offerti al pubblico, a scelta dell'emittente, dell'offerente o della persona che chiede l'ammissione, secondo il caso. Lo stesso regime è applicabile a strumenti finanziari comunitari diversi dai titoli di capitale in una valuta diversa dall'euro, a condizione che il valore di una tale denominazione minima sia pressoché equivalente a 1.000 euro;

3) per tutti gli emittenti di strumenti finanziari comunitari che non sono menzionati nel punto 2) aventi sede in un paese terzo, lo Stato membro della UE nel quale gli strumenti finanziari comunitari sono destinati ad essere offerti al pubblico per la prima volta dopo la data di entrata in vigore della direttiva 2013/50/UE ([4]) o nel quale è stata presentata la prima domanda di ammissione alla negoziazione in un mercato regolamentato a scelta dell'emittente, dell'offerente o della persona che chiede l'ammissione, secondo il caso, salvo scelta successiva da parte degli emittenti aventi sede in un paese terzo, nelle seguenti circostanze:

3.1) qualora lo Stato membro d'origine non fosse stato determinato da una loro scelta, o

3.2) ai sensi dell'articolo 2, paragrafo 1, lettera *i*), punto iii), della direttiva 2004/109/CE ([5]);

3 *bis*) in relazione all'offerta di quote o azioni di OICR armonizzati, lo Stato membro della UE in cui l'OICR è stato costituito ([6]).

g) «Stato membro ospitante»: lo Stato membro della UE in cui viene effettuata un'offerta al pubblico o viene richiesta l'ammissione alla negoziazione di strumenti finanziari comunitari, qualora sia diverso dallo Stato membro d'origine.

([1]) *La parola: «fondi» è stata così sostituita dalla seguente: «Oicr», dall'art. 6, comma 1, lett.* a), *del D.L.vo 4 marzo 2014, n. 44.*

([2]) *Questa lettera è stata così sostituita dall'art. 15, comma 1, del D.L.vo 17 settembre 2007, n. 164, a decorrere dal 1° novembre 2007.*

([3]) *Questa lettera è stata abrogata dall'art. 6, comma 1, lett.* b), *del D.L.vo 4 marzo 2014, n. 44.*

([4]) *Le parole: «2003/71/CE» sono sono state così sostituite dalle parole: «2013/50/UE» dall'art. 1, comma 5, del D.L.vo 15 febbraio 2016, n. 25.*

([5]) *Le parole: «qualora lo Stato membro d'origine non fosse stato determinato da una loro scelta;» sono state così sostituite dalle parole: «nelle seguenti circostanze:* 3.1 *qualora lo Stato membro d'origine non fosse stato determinato da una loro scelta, o* 3.2 *ai sensi dell'articolo 2, paragrafo 1, lettera i), punto iii), della direttiva 2004/109/CE» dall'art. 1, comma 5, del D.L.vo 15 febbraio 2016, n. 25.*

(6) *Questo numero è stato aggiunto dall'art. 1, comma 18, del D.L.vo 16 aprile 2012, n. 47.*

Sezione I
Offerta al pubblico
di strumenti finanziari comunitari
e di prodotti finanziari diversi
dalle quote o azioni di OICR aperti

94. Prospetto d'offerta. – 1. Coloro che intendono effettuare un'offerta al pubblico pubblicano preventivamente un prospetto. A tal fine, per le offerte aventi ad oggetto strumenti finanziari comunitari nelle quali l'Italia è Stato membro d'origine e per le offerte aventi ad oggetto prodotti finanziari diversi dagli strumenti finanziari comunitari, ne danno preventiva comunicazione alla CONSOB allegando il prospetto destinato alla pubblicazione. Il prospetto non può essere pubblicato finché non è approvato dalla CONSOB. Nel caso di offerta al pubblico di quote o azioni di Oicr chiusi per le quali l'Italia è lo Stato membro d'origine, il prospetto è pubblicato quando si è conclusa la procedura prevista dall'articolo 43 o dall'articolo 44 e dalle relative disposizioni di attuazione (1).

2. Il prospetto contiene, in una forma facilmente analizzabile e comprensibile, tutte le informazioni che, a seconda delle caratteristiche dell'emittente e dei prodotti finanziari offerti, sono necessarie affinché gli investitori possano pervenire ad un fondato giudizio sulla situazione patrimoniale e finanziaria, sui risultati economici e sulle prospettive dell'emittente e degli eventuali garanti, nonché sui prodotti finanziari e sui relativi diritti. Il prospetto contiene altresì una nota di sintesi la quale, concisamente e con linguaggio non tecnico, fornisce le informazioni chiave nella lingua in cui il prospetto è stato in origine redatto (2). Il formato e il contenuto della nota di sintesi forniscono, unitamente al prospetto, informazioni adeguate circa le caratteristiche fondamentali dei prodotti finanziari che aiutino gli investitori al momento di valutare se investire in tali prodotti (2).

3. Il prospetto per l'offerta di strumenti finanziari comunitari è redatto in conformità agli schemi previsti dai regolamenti comunitari che disciplinano la materia.

4. L'emittente o l'offerente può redigere il prospetto nella forma di un unico documento o di documenti distinti. Nel prospetto composto di documenti distinti, le informazioni richieste sono suddivise in un documento di registrazione, una nota informativa sugli strumenti e i prodotti offerti e una nota di sintesi.

5. Se è necessario per la tutela degli investitori, la CONSOB può esigere che l'emittente o l'offerente includa nel prospetto informazioni supplementari.

6. Se l'offerta ha ad oggetto prodotti finanziari diversi dagli strumenti finanziari comunitari il cui prospetto non è disciplinato ai sensi dell'articolo 95, comma 1, lettera *b*), la CONSOB stabilisce, su richiesta dell'emittente o dell'offerente, il contenuto del prospetto.

7. Qualunque fatto nuovo significativo, errore materiale o imprecisione relativi alle informazioni contenute nel prospetto che sia atto ad influire sulla valutazione dei prodotti finanziari e che sopravvenga o sia rilevato tra il momento in cui è approvato il prospetto e quello in cui è definitivamente chiusa l'offerta al pubblico deve essere menzionato in un supplemento del prospetto.

8. L'emittente, l'offerente e l'eventuale garante, a seconda dei casi, nonché le persone responsabili delle informazioni contenute nel prospetto rispondono, ciascuno in relazione alle parti di propria competenza, dei danni subiti dall'investitore che abbia fatto ragionevole affidamento sulla veridicità e completezza delle informazioni contenute nel prospetto, a meno che non provi di aver adottato ogni diligenza allo scopo di assicurare che le informazioni in questione fossero conformi ai fatti e non presentassero omissioni tali da alterarne il senso.

9. La responsabilità per informazioni false o per omissioni idonee ad influenzare le decisioni di un investitore ragionevole grava sull'intermediario responsabile del collocamento, a meno che non provi di aver adottato la diligenza prevista dal comma precedente.

10. Nessuno può essere ritenuto civilmente responsabile esclusivamente in base alla nota di sintesi, comprese le eventuali traduzioni, salvo che la nota di sintesi risulti fuorviante, imprecisa o incoerente se letta insieme ad altre parti del prospetto oppure che essa, quando viene letta insieme con altre parti del prospetto, non contenga informazioni chiave che aiutino gli investitori nel valutare se investire nei prodotti finanziari offerti. La nota di sintesi contiene inoltre una chiara avvertenza a tale riguardo (3).

11. Le azioni risarcitorie sono esercitate entro cinque anni dalla pubblicazione del prospetto, salvo che l'investitore provi di avere scoperto le falsità delle informazioni o le omissioni nei due anni precedenti l'esercizio dell'azione.

([1]) *Questo periodo è stato aggiunto dall'art. 6, comma 2, del D.L.vo 4 marzo 2014, n. 44.*

([2]) *L'ultimo periodo di questo comma è stato così sostituito dagli attuali ultimi due periodi dall'art. 1, comma 3, lett.* a), *del D.L.vo 11 ottobre 2012, n. 184.*

([3]) *Questo comma è stato così sostituito dall'art. 1, comma 3, lett.* b), *del D.L.vo 11 ottobre 2012, n. 184.*

94 *bis*. Approvazione del prospetto. – 1. Ai fini dell'approvazione, la CONSOB verifica la completezza del prospetto ivi incluse ([1]) la coerenza e la comprensibilità delle informazioni fornite.

2. La CONSOB approva il prospetto nei termini e secondo le modalità e le procedure ([2]) da essa stabiliti con regolamento conformemente alle disposizioni comunitarie. La mancata decisione da parte della CONSOB nei termini previsti non costituisce approvazione del prospetto.

[3. Tenuto anche conto delle caratteristiche dei singoli mercati, la CONSOB può affidare alla società di gestione del mercato, mediante apposite convenzioni, compiti inerenti al controllo del prospetto per offerte riguardanti strumenti finanziari comunitari ammessi alle negoziazioni ovvero oggetto di domanda di ammissione alle negoziazioni in un mercato regolamentato nel rispetto dei principi stabiliti dalle disposizioni comunitarie. Nel rispetto dei suddetti principi e delle relative eccezioni, le deleghe di compiti hanno termine il 31 dicembre 2011. La CONSOB informa la Commissione europea e le autorità competenti degli altri Stati membri in merito agli accordi relativi alla delega di compiti, precisando le condizioni che disciplinano la delega] ([3]).

4. Al fine di assicurare l'efficienza del procedimento di approvazione del prospetto avente ad oggetto titoli di debito bancari non destinati alla negoziazione in un mercato regolamentato, la CONSOB stipula accordi di collaborazione con la Banca d'Italia.

5. La CONSOB può trasferire l'approvazione di un prospetto in caso di offerta avente ad oggetto strumenti finanziari comunitari all'autorità competente di un altro Stato membro, previa accettazione di quest'ultima autorità. Tale trasferimento è comunicato all'emittente e all'offerente entro tre giorni lavorativi dalla data della decisione assunta dalla CONSOB. I termini per l'approvazione decorrono da tale data.

([1]) *La parola: «nonché» è stata così sostituita dalle parole: «ivi incluse» dall'art. 1, comma 3, del D.L.vo 17 luglio 2009, n. 101.*

([2]) *Le parole: «e secondo le modalità e le procedure» sono state inserite dall'art. 1, comma 4, lett.* a), *del D.L.vo 11 ottobre 2012, n. 184.*

([3]) *Questo comma è stato abrogato dall'art. 1, comma 4, lett.* b), *del D.L.vo 11 ottobre 2012, n. 184.*

95. Disposizioni di attuazione. – 1. La CONSOB detta con regolamento disposizioni di attuazione della presente Sezione anche differenziate in relazione alle caratteristiche dei prodotti finanziari, degli emittenti e dei mercati. Il regolamento stabilisce in particolare:

a) il contenuto della comunicazione alla CONSOB, [le caratteristiche della nota di sintesi,] ([1]) le modalità e i termini per la pubblicazione del prospetto e dell'avviso nonché per l'aggiornamento del prospetto, conformemente alle disposizioni comunitarie;

b) il contenuto del prospetto nei casi consentiti dalla normativa comunitaria;

c) le modalità da osservare per diffondere notizie, per svolgere indagini di mercato ovvero per raccogliere intenzioni di acquisto o di sottoscrizione;

d) le modalità di svolgimento dell'offerta anche al fine di assicurare la parità di trattamento tra i destinatari;

e) la lingua da utilizzare nel prospetto;

f) le condizioni per il trasferimento dell'approvazione di un prospetto all'autorità competente di un altro Stato membro;

f bis) le procedure organizzative e decisionali interne per l'adozione dell'atto finale di approvazione del prospetto, anche mediante attribuzione della competenza a personale con qualifica dirigenziale ([2]).

2. La CONSOB individua con regolamento le norme di correttezza che sono tenuti a osservare l'emittente, l'offerente e chi colloca i prodotti finanziari nonché coloro che si trovano in rapporto di controllo o di collegamento con tali soggetti.

3. La CONSOB pubblica nel proprio sito internet almeno un elenco dei prospetti approvati ai sensi dell'articolo 94 *bis*.

4. La CONSOB determina quali strumenti o prodotti finanziari, ammessi alle negoziazioni in mercati regolamentati ovvero diffusi tra il pubbli-

Leggi complementari

co ai sensi dell'articolo 116 e individuati attraverso una particolare denominazione o sulla base di specifici criteri qualificativi, devono avere un contenuto tipico determinato.

([1]) *Le parole fra parentesi quadrate sono state soppresse dall'art. 1, comma 5, lett.* a), *del D.L.vo 11 ottobre 2012, n. 184.*

([2]) *Questa lettera è stata inserita dall'art. 1, comma 5, lett.* b), *del D.L.vo 11 ottobre 2012, n. 184.*

95 *bis*. Revoca dell'acquisto o della sottoscrizione. – 1. Ove il prospetto non indichi le condizioni o i criteri in base ai quali il prezzo di offerta definitivo e la quantità dei prodotti da offrirsi al pubblico sono determinati o, nel caso del prezzo, il prezzo massimo, l'accettazione dell'acquisto o della sottoscrizione di prodotti finanziari può essere revocata entro il termine indicato nel prospetto e comunque entro un termine non inferiore a due giorni lavorativi calcolati a decorrere dal momento in cui vengono depositati il prezzo d'offerta definitivo e la quantità dei prodotti finanziari offerti al pubblico.

2. Gli investitori che hanno già accettato di acquistare o sottoscrivere i prodotti finanziari prima della pubblicazione di un supplemento hanno il diritto, esercitabile entro due giorni lavorativi dopo tale pubblicazione, di revocare la loro accettazione, sempre che i nuovi fatti, errori o imprecisioni previsti dall'articolo 94, comma 7, siano intervenuti prima della chiusura definitiva dell'offerta al pubblico o della consegna dei prodotti finanziari. Tale termine può essere prorogato dall'emittente o dall'offerente. La data ultima entro la quale il diritto di revoca è esercitabile è indicata nel supplemento ([1]).

([1]) *Questo comma è stato così sostituito dall'art. 1, comma 6, del D.L.vo 11 ottobre 2012, n. 184.*

96. ([1]) **Bilanci dell'emittente.** – 1. L'ultimo bilancio e il bilancio consolidato eventualmente redatto dall'emittente sono corredati delle relazioni di revisione nelle quali un revisore legale o una società di revisione legale iscritti nel registro tenuto dal Ministero dell'economia e delle finanze esprimono il proprio giudizio. L'offerta avente ad oggetto prodotti finanziari diversi dagli strumenti finanziari comunitari non può essere effettuata se il revisore legale o la società di revisione legale hanno espresso un giudizio negativo ovvero si sono dichiarati impossibilitati ad esprimere un giudizio.

([1]) *Questo articolo è stato così sostituito dall'attuale, dall'art. 40, comma 7, del D.L.vo 27 gennaio 2010, n. 39.*

97. Obblighi informativi. – 1. Fermo quanto previsto dal Titolo III, Capo I, agli emittenti, agli offerenti, ai revisori contabili e ai componenti degli organi sociali degli emittenti e degli offerenti, nonché agli intermediari incaricati del collocamento si applicano, in relazione all'offerta, l'articolo 114, commi 5 e 6, e l'articolo 115 dalla data della comunicazione, prevista dall'articolo 94, comma 1.

2. La CONSOB individua con regolamento quali delle disposizioni richiamate nel comma 1 si applicano, nei medesimi periodi, agli altri soggetti indicati nell'articolo 95, comma 2, nonché ai soggetti che prestano i servizi indicati nell'articolo 1, comma 6, lettera *e*).

3. Gli emittenti sottopongono il bilancio d'esercizio e quello consolidato, eventualmente approvati o redatti nel periodo dell'offerta, al giudizio di un revisore legale o di una società di revisione legale iscritti nell'apposito registro ([1]).

4. Qualora sussista fondato sospetto di violazione delle disposizioni contenute nel presente Capo o delle relative norme di attuazione, la CONSOB, allo scopo di acquisire elementi conoscitivi, può richiedere, entro un anno dall'acquisto o dalla sottoscrizione, la comunicazione di dati e notizie e la trasmissione di atti e documenti agli acquirenti o sottoscrittori dei prodotti finanziari di cui alla presente Sezione, fissando i relativi termini. Il potere di richiesta può essere esercitato anche nei confronti di coloro per i quali vi è fondato sospetto che svolgano, o abbiano svolto, ([2]) un'offerta al pubblico in violazione delle disposizioni previste dall'articolo 94.

([1]) *Questo comma è stato così sostituito dall'attuale, dall'art. 40, comma 8, del D.L.vo 27 gennaio 2010, n. 39.*

([2]) *Le parole: «, o abbiano svolto,» sono state inserite dall'art. 1, comma 4, del D.L.vo 17 luglio 2009, n. 101.*

98. Validità comunitaria del prospetto. – 1. Il prospetto nonché gli eventuali supplementi approvati dalla CONSOB sono validi ai fini dell'offerta degli strumenti finanziari comunitari negli altri Stati membri della UE. A tal fine la CONSOB effettua la notifica secondo la procedura prevista dalle disposizioni dell'Unione europea ([1]).

2. Ove l'offerta di strumenti finanziari comunitari sia prevista in Italia, quale Stato membro ospitante, il prospetto e gli eventuali supplementi approvati dall'autorità dello Stato membro d'origine sono validi, purchè siano rispettate le proce-

dure di notifica previste dalle disposizioni dell'Unione europea. Nel caso di offerta al pubblico di quote o azioni di FIA UE chiusi, il prospetto è pubblicato quando si è conclusa la procedura prevista dall'articolo 44 e dalle relative disposizioni di attuazione ([2]).

3. La CONSOB può informare l'autorità competente dello Stato membro d'origine della necessità di fornire nuove informazioni.

([1]) *Le parole*: «*disposizioni comunitarie*» *sono state così sostituite dalle seguenti*: «*disposizioni dell'Unione europea*», *dall'art. 6, comma 3, lett.* a), *del D.L.vo 4 marzo 2014, n. 44.*

([2]) *Questo comma è stato così sostituito dall'art. 6, comma 3, lett.* b), *del D.L.vo 4 marzo 2014, n. 44.*

98 *bis*. Emittenti di Paesi extracomunitari. – 1. Nel caso di emittenti aventi la loro sede legale in un Paese extracomunitario, per i quali l'Italia sia lo Stato membro d'origine, la CONSOB può approvare il prospetto redatto secondo la legislazione del Paese extracomunitario, ove ricorrano le seguenti condizioni:

a) il prospetto sia stato redatto conformemente a standard internazionali definiti dagli organismi internazionali delle Commissioni di vigilanza dei mercati, compresi i Disclosure Standards della IOSCO e

b) le informazioni richieste, incluse le informazioni di natura finanziaria, siano equivalenti alle prescrizioni previste dalle disposizioni comunitarie.

2. Ove l'offerta sia prevista in Italia quale Stato membro ospitante si applica l'articolo 98, commi 2 e 3.

Sezione II
Offerta al pubblico di quote
o azioni di OICR aperti

98 *ter*. ([1]) Documento contenente le informazioni chiave per gli investitori e prospetto. – 1. L'offerta al pubblico di quote o azioni di Oicr aperti italiani, FIA UE e non UE è preceduta da una comunicazione alla Consob. Nel caso di offerta di OICVM italiani, alla comunicazione sono allegati il documento contenente le informazioni chiave per gli investitori e il prospetto destinati alla pubblicazione. Nel caso di offerta di FIA italiani aperti, FIA UE e non UE, alla comunicazione è allegata la documentazione d'offerta individuata dalla Consob ai sensi dell'articolo 98 *quater*, lettera a *bis*) ([2]).

2. Il documento contenente le informazioni chiave per gli investitori è redatto in conformità ai regolamenti comunitari che disciplinano la materia e alle relative disposizioni attuative adottate in sede comunitaria.

3. Il documento contenente le informazioni chiave per gli investitori e il prospetto devono consentire agli investitori di poter ragionevolmente comprendere la natura e i rischi dell'investimento proposto e, di conseguenza, effettuare una scelta consapevole in merito all'investimento. Il documento contenente le informazioni chiave per gli investitori e il prospetto hanno natura precontrattuale. Le informazioni chiave per gli investitori sono corrette, chiare, non fuorvianti e coerenti con le corrispondenti parti del prospetto.

4. Si applica l'articolo 94, commi 8, 9 e 11. Nessuno può essere chiamato a rispondere esclusivamente sulla base del documento contenente le informazioni chiave per gli investitori, ivi compresa la relativa traduzione, a meno che esse possano risultare fuorvianti, imprecise o non coerenti con le corrispondenti parti del prospetto.

5. Nel caso di offerta di quote o azioni di OICVM comunitari ([3]), il documento contenente le informazioni chiave per gli investitori e il prospetto possono essere pubblicati in Italia una volta espletata la procedura di notifica prevista dall'articolo 42.

5 *bis*. Nel caso di offerta al pubblico di quote o azioni di FIA italiani, di FIA UE e non UE aperti, la documentazione d'offerta è pubblicata quando si è conclusa la procedura prevista dall'articolo 43 o dall'articolo 44 e dalle relative disposizioni di attuazione ([4]).

([1]) *Questo articolo è stato così sostituito dall'art. 1, comma 19, del D.L.vo 16 aprile 2012, n. 47.*

([2]) *Questo comma è stato così sostituito dall'art. 6, comma 4, lett.* a), *del D.L.vo 4 marzo 2014, n. 44.*

([3]) *Le parole*: «*OICR comunitari armonizzati*» *sono state così sostituite dalle seguenti*: «*OICVM comunitari*», *dall'art. 6, comma 4, lett.* b), *del D.L.vo 4 marzo 2014, n. 44.*

([4]) *Questo comma è stato inserito dall'art. 6, comma 4, lett.* c), *del D.L.vo 4 marzo 2014, n. 44.*

98 *quater*. ([1]) Disposizioni di attuazione. – 1. La Consob detta con regolamento disposizioni di attuazione della presente sezione anche differenziate in relazione alle caratteristiche degli OICR aperti, degli emittenti e dei mercati. In armonia con le disposizioni dell'Unione europea ([2]), il regolamento stabilisce in particolare:

a) il contenuto della comunicazione alla Consob e del prospetto relativo all'offerta di quote o azioni di OICVM italiani, nonché le modalità e i termini di pubblicazione del documento contenente le informazioni chiave per gli investitori e del prospetto, il relativo regime di consegna ed il loro eventuale aggiornamento (3);

a bis) il contenuto della documentazione d'offerta di quote o azioni di FIA italiani, FIA UE e non UE, il relativo regime di consegna e di pubblicazione (3);

a ter) il regime linguistico del documento contenente le informazioni chiave per gli investitori e del prospetto;

b) le modalità da osservare per diffondere notizie, svolgere indagini di mercato ovvero raccogliere intenzioni di acquisto o di sottoscrizione;

c) le modalità di svolgimento dell'offerta anche al fine di assicurare la parità di trattamento tra i destinatari.

2. Ove le caratteristiche degli OICR lo richiedano la Consob può consentire, su istanza degli offerenti, l'inserimento nella documentazione d'offerta di informazioni ulteriori o equivalenti a quelle previste dal regolamento di cui al comma 1.

(1) *Questo articolo è stato così sostituito dall'art. 1, comma 20, del D.L.vo 16 aprile 2012, n. 47.*

(2) *Le parole: «disposizioni comunitarie» sono state così sostituite dalle seguenti: «disposizioni dell'Unione europea», dall'art. 6, comma 5, lett.* a)*, del D.L.vo 4 marzo 2014, n. 44.*

(3) *Questa lettera è stata così sostituita dall'art. 6, comma 5, lett.* b)*, del D.L.vo 4 marzo 2014, n. 44.*

98 *quinquies*. Obblighi informativi. – 1. Fermo quanto previsto dal Titolo III, Capo I, agli offerenti quote o azioni di OICR aperti si applicano:

a) l'articolo 114, commi 5 e 6, dalla data di pubblicazione dei prospetti fino alla conclusione dell'offerta;

b) l'articolo 115, dalla data della comunicazione prevista dall'articolo 98 *ter* fino a un anno dalla conclusione dell'offerta.

[2. La CONSOB individua con regolamento quali delle disposizioni richiamate nel comma 1 si applicano, nei medesimi periodi, agli altri soggetti indicati nell'articolo 98 *quater*, comma 3, nonché ai soggetti che prestano i servizi indicati nell'articolo 1, comma 6, lettera *e*)] (1).

3. Qualora sussista fondato sospetto di violazione delle disposizioni contenute nel presente Capo o delle relative norme di attuazione, la CONSOB, allo scopo di acquisire elementi conoscitivi, può richiedere, entro un anno dall'acquisto o dalla sottoscrizione, la comunicazione di dati e notizie e la trasmissione di atti e documenti agli acquirenti o sottoscrittori delle quote o azioni di OICR aperti, fissando i relativi termini. Il potere di richiesta può essere esercitato anche nei confronti di coloro per i quali vi è fondato sospetto che svolgano un'offerta al pubblico in violazione delle disposizioni previste dall'articolo 98 *ter*.

(1) *Questo comma è stato abrogato dall'art. 6, comma 6, del D.L.vo 4 marzo 2014, n. 44.*

98 *sexies*. (1) [**Obblighi relativi alla segnalazione delle violazioni.** – 1. Gli articoli 8 *bis* e 8 *ter* si applicano anche con riferimento alle violazioni commesse nell'ambito di un'offerta al pubblico di quote o azioni di OICVM].

(1) *Questo articolo, inserito dall'art. 1, comma 1, lett.* c)*, del D.L.vo 18 aprile 2016, n. 71, a decorrere dal 4 giugno 2016 è stato abrogato dall'art. 4, comma 1, del D.L.vo 3 agosto 2017, n. 129. A norma dell'art. 10, comma 2, del medesimo decreto, tali disposizioni si applicano dal 3 gennaio 2018.*

Sezione III
Disposizioni comuni

99. Poteri della CONSOB. – 1. La CONSOB può:

a) sospendere in via cautelare, per un periodo non superiore a dieci giorni lavorativi consecutivi per ciascuna volta, l'offerta avente ad oggetto strumenti finanziari comunitari, in caso di fondato sospetto di violazione delle disposizioni del presente Capo o delle relative norme di attuazione;

b) sospendere in via cautelare, per un periodo non superiore a novanta giorni, l'offerta avente ad oggetto prodotti diversi da quelli di cui alla lettera *a*), in caso di fondato sospetto di violazione delle disposizioni del presente Capo o delle relative norme di attuazione;

c) vietare l'offerta nel caso in cui abbia fondato sospetto che potrebbero essere violate le disposizioni del presente Capo o le relative norme di attuazione;

d) vietare l'offerta in caso di accertata violazione delle disposizioni o delle norme indicate nelle lettere *a*) o *b*);

e) rendere pubblico il fatto che l'offerente o l'emittente non ottempera ai propri obblighi;

f) fermo restando il potere previsto nell'articolo 66 *quater*, comma 1 (1), può chiedere alla società di gestione del mercato la sospensione in via cautelare, per un periodo non superiore a dieci giorni lavorativi consecutivi per ciascuna volta, delle negoziazioni in un mercato regolamentato in caso di fondato sospetto di violazione delle disposizioni del presente Capo e delle relative norme di attuazione;

g) fermo restando il potere previsto nell'articolo 66 *quater*, comma 1 ([1]), può chiedere alla società di gestione di vietare le negoziazioni in un mercato regolamentato in caso di accertata violazione delle disposizioni del presente Capo e delle relative norme di attuazione.

2. Qualora la CONSOB, quale autorità competente dello Stato membro ospitante, rilevi irregolarità commesse dall'emittente o dai soggetti abilitati incaricati dell'offerta degli strumenti finanziari comunitari, essa ne informa l'autorità competente dello Stato membro d'origine.

3. Se, nonostante le misure adottate dall'autorità competente dello Stato membro d'origine o perché tali misure si rivelano inadeguate, l'emittente o il soggetto abilitato incaricato dell'offerta perseverano nella violazione delle disposizioni legislative o regolamentari pertinenti, la CONSOB, dopo averne informato l'autorità competente dello Stato membro d'origine, adotta tutte le misure opportune per tutelare gli investitori. Dell'adozione di tali misure la CONSOB informa al più presto la Commissione europea.

([1]) *Le parole: «64, comma 1* bis, *lettera* c)*» sono state così sostituite dalle attuali: «66* quater, *comma 1» dall'art. 4, comma 2, del D.L.vo 3 agosto 2017, n. 129. A norma dell'art. 10, comma 2, del medesimo decreto, tali disposizioni si applicano dal 3 gennaio 2018.*

100. Casi di inapplicabilità. – 1. Le disposizioni del presente Capo non si applicano alle offerte:

a) rivolte ai soli investitori qualificati, [comprese le persone fisiche e le piccole e medie imprese,] ([1]) come definiti dalla CONSOB con regolamento in base ai criteri fissati dalle disposizioni comunitarie;

b) rivolte a un numero di soggetti non superiore a quello indicato dalla CONSOB con regolamento;

c) di ammontare complessivo non superiore a quello indicato dalla CONSOB con regolamento;

d) aventi a oggetto strumenti finanziari diversi dai titoli di capitale emessi da o che beneficiano della garanzia incondizionata e irrevocabile di uno Stato membro dell'Unione europea o emessi da organismi internazionali a carattere pubblico di cui facciano parte uno o più Stati membri dell'Unione europea;

e) aventi a oggetto strumenti finanziari emessi dalla Banca Centrale Europea o dalle banche centrali nazionali degli Stati membri dell'Unione europea;

f) aventi ad oggetto strumenti diversi dai titoli di capitale emessi in modo continuo o ripetuto da banche a condizione che tali strumenti:

1) non siano subordinati, convertibili o scambiabili;

2) non conferiscano il diritto di sottoscrivere o acquisire altri tipi di strumenti finanziari e non siano collegati ad uno strumento derivato;

3) diano veste materiale al ricevimento di depositi rimborsabili;

4) siano coperti da un sistema di garanzia dei depositi a norma degli articoli da 96 a 96 *quater* del decreto legislativo 1° settembre 1993, n. 385;

g) aventi ad oggetto strumenti del mercato monetario emessi da banche con una scadenza inferiore a 12 mesi.

2. La CONSOB può individuare con regolamento le offerte al pubblico di prodotti finanziari alle quali le disposizioni del presente Capo non si applicano in tutto o in parte.

3. L'emittente o l'offerente ha diritto di redigere un prospetto ai sensi e per gli effetti delle disposizioni comunitarie in occasione dell'offerta degli strumenti di cui alle lettere *c*), *d*) ed *e*) del comma 1.

3 *bis*. Restano fermi gli obblighi di cui al regolamento (UE) n. 1286/2014 nel caso di offerta di un PRIIP a investitori al dettaglio come ivi definiti ([2]).

([1]) *Le parole fra parentesi quadrate sono state soppresse dall'art. 1, comma 8, del D.L.vo 11 ottobre 2012, n. 184.*

([2]) *Questo comma è stato inserito dall'art. 1, comma 3, del D.L.vo 14 novembre 2016, n. 224. Le disposizioni del presente decreto si applicano a decorrere dalla data di applicazione del regolamento (UE) n. 1286/2014 (31 dicembre 2016).*

100 *bis*. Circolazione dei prodotti finanziari. – 1. La successiva rivendita di prodotti finanziari che hanno costituito oggetto di un'offerta al pubblico ([1]) esente dall'obbligo di pubblicare un prospetto costituisce ad ogni effetto una distinta e autonoma offerta al pubblico nel caso in cui ricorrano le condizioni indicate nella definizione prevista all'articolo 1, comma 1, lettera *t*), e non ricorra alcuno dei casi di inapplicabilità previsti dall'articolo 100.

2. Si realizza una offerta al pubblico anche qualora i prodotti finanziari che abbiano costituito oggetto in Italia o all'estero di un collocamento riservato a investitori qualificati (2) siano, nei dodici mesi successivi, sistematicamente rivenduti a soggetti diversi da investitori qualificati (2) e tale rivendita non ricada in alcuno dei casi di inapplicabilità previsti dall'articolo 100.

2 *bis*. L'intermediario, nelle rivendite successive di prodotti finanziari, può avvalersi di un prospetto già disponibile e ancora valido, purchè l'emittente o la persona responsabile della redazione del prospetto abbiano dato il loro consenso a tale utilizzo mediante accordo scritto (3).

3. Nell'ipotesi di cui al comma 2, qualora non sia stato pubblicato un prospetto [informativo] (4), l'acquirente, che agisce per scopi estranei all'attività imprenditoriale o professionale, può far valere la nullità del contratto e i soggetti abilitati presso i quali è avvenuta la rivendita dei prodotti finanziari rispondono del danno arrecato. Resta ferma l'applicazione delle sanzioni dall'articolo 191 e quanto stabilito dagli articoli 2412, secondo comma, 2483, secondo comma, e 2526, quarto comma, del codice civile.

4. Il comma 2 non si applica alla rivendita di titoli di debito emessi da Stati membri dell'Organizzazione per la cooperazione e lo sviluppo economico (OCSE) con classamento creditizio di qualità bancaria (*rating investment grade*) assegnato da almeno due agenzie di *rating* del credito, registrate ai sensi del regolamento (CE) n. 1060/2009 o i cui *rating* sono avallati da agenzie di *rating* registrate ai sensi del regolamento anzidetto (5), fermo restando l'esercizio delle altre azioni civili, penali e amministrative previste a tutela del risparmiatore.

4 *bis*. La Consob può dettare disposizioni di attuazione del presente articolo (6).

(1) *Le parole*: «*una sollecitazione*» *sono state così sostituite dalle attuali*: «*un'offerta al pubblico*» *dall'art. 15, comma 2, lett.* a), *del D.L.vo 17 settembre 2007, n. 164, a decorrere dal 1° novembre 2007.*

(2) *Le parole*: «*investitori professionali*» *sono state così sostituite dalle attuali*: «*investitori qualificati*» *dall'art. 15, comma 2, lett.* b), *del D.L.vo 17 settembre 2007, n. 164, a decorrere dal 1° novembre 2007.*

(3) *Questo comma è stato inserito dall'art. 1, comma 9, lett.* a), *del D.L.vo 11 ottobre 2012, n. 184.*

(4) *La parola*: «*informativo*» *è stata soppressa dall'art. 15, comma 2, lett.* c), *del D.L.vo 17 settembre 2007, n. 164, a decorrere dal 1° novembre 2007.*

(5) *Le parole*: «*primarie agenzie internazionali di classamento creditizio* (rating)» *sono state così sostituite dalle attuali*: «*agenzie di* rating *del credito, registrate ai sensi del regolamento (CE) n. 1060/2009 o i cui* rating *sono avallati da agenzie di* rating *registrate ai sensi del regolamento anzidetto*» *dall'art. 1, comma 9, lett.* b), *del D.L.vo 11 ottobre 2012, n. 184.*

(6) *Questo comma è stato aggiunto dall'art. 1, comma 5, del D.L.vo 17 luglio 2009, n. 101.*

100 *ter*. (1) Offerte attraverso portali per la raccolta di capitali. – 1. Le offerte al pubblico condotte attraverso uno o più portali per la raccolta di capitali possono avere ad oggetto soltanto la sottoscrizione di strumenti finanziari emessi dalle piccole e medie imprese, dalle imprese sociali e dagli organismi di investimento collettivo del risparmio o altre società di capitali che investono prevalentemente in piccole e medie imprese. Le offerte relative a strumenti finanziari emessi da piccole e medie imprese devono avere un corrispettivo totale inferiore a quello determinato dalla Consob ai sensi dell'articolo 100, comma 1, lettera *c*) (2).

1 *bis*. In deroga a quanto previsto dall'articolo 2468, primo comma, del codice civile, le quote di partecipazione in piccole e medie imprese costituite in forma di società a responsabilità limitata possono costituire oggetto di offerta al pubblico di prodotti finanziari, anche attraverso i portali per la raccolta di capitali, nei limiti previsti dal presente decreto (3).

2. La Consob determina la disciplina applicabile alle offerte di cui al comma 1 (4), al fine di assicurare la sottoscrizione da parte di investitori professionali o particolari categorie di investitori dalla stessa individuate di una quota degli strumenti finanziari offerti, quando l'offerta non sia riservata esclusivamente a clienti professionali, e di tutelare gli investitori diversi dai clienti professionali nel caso in cui i soci di controllo della piccola e media impresa o dell'impresa sociale (5) cedano le proprie partecipazioni a terzi successivamente all'offerta.

2 *bis*. In alternativa a quanto stabilito dall'articolo 2470, secondo comma, del codice civile e dall'articolo 36, comma 1 *bis*, del decreto legge 25 giugno 2008, n. 112, convertito, con modificazioni, dalla legge 6 agosto 2008, n. 133, e successive modificazioni, per la sottoscrizione e per la suc-

cessiva alienazione di quote rappresentative del capitale di piccole e medie imprese e di imprese sociali costituite in forma di società a responsabilità limitata:

a) la sottoscrizione può essere effettuata per il tramite di intermediari abilitati alla prestazione di uno o più dei servizi di investimento previsti dall'articolo 1, comma 5, lettere *a*), *b*), *c*), c *bis*), ed *e*); gli intermediari abilitati effettuano la sottoscrizione delle quote in nome proprio e per conto dei sottoscrittori o degli acquirenti che abbiano aderito all'offerta tramite portale;

b) entro i trenta giorni successivi alla chiusura dell'offerta, gli intermediari abilitati depositano al registro delle imprese una certificazione attestante la loro titolarità di soci per conto di terzi, sopportandone il relativo costo; a tale fine, le condizioni di adesione pubblicate nel portale devono espressamente prevedere che l'adesione all'offerta, in caso di buon fine della stessa e qualora l'investitore decida di avvalersi del regime alternativo di cui al presente comma, comporta il contestuale e obbligatorio conferimento di mandato agli intermediari incaricati affinchè i medesimi:

1) effettuino l'intestazione delle quote in nome proprio e per conto dei sottoscrittori, tenendo adeguata evidenza dell'identità degli stessi e delle quote possedute;

2) rilascino, a richiesta del sottoscrittore o del successivo acquirente, una certificazione comprovante la titolarità delle quote; tale certificazione ha natura di puro titolo di legittimazione per l'esercizio dei diritti sociali, è nominativamente riferita al sottoscrittore, non è trasferibile, neppure in via temporanea nè a qualsiasi titolo, a terzi e non costituisce valido strumento per il trasferimento della proprietà delle quote;

3) consentano ai sottoscrittori che ne facciano richiesta di alienare le quote secondo quanto previsto alla lettera *c*) del presente comma;

4) accordino ai sottoscrittori e ai successivi acquirenti la facoltà di richiedere, in ogni momento, l'intestazione diretta a se stessi delle quote di loro pertinenza;

c) l'alienazione delle quote da parte di un sottoscrittore o del successivo acquirente avviene mediante semplice annotazione del trasferimento nei registri tenuti dall'intermediario; la scritturazione e il trasferimento non comportano costi o oneri nè per l'acquirente nè per l'alienante; la successiva certificazione effettuata dall'intermediario, ai fini dell'esercizio dei diritti sociali, sostituisce ed esaurisce le formalità di cui all'articolo 2470, secondo comma, del codice civile (6).

2 *ter*. Il regime alternativo di trasferimento delle quote di cui al comma 2 *bis* deve essere chiaramente indicato nel portale, ove sono altresì predisposte apposite idonee modalità per consentire all'investitore di (7) esercitare l'opzione ovvero indicare l'intenzione di applicare il regime ordinario di cui all'articolo 2470, secondo comma, del codice civile e all'articolo 36, comma 1 *bis*, del decreto legge 25 giugno 2008, n. 112, convertito, con modificazioni, dalla legge 6 agosto 2008, n. 133, e successive modificazioni (8).

2 *quater*. L'esecuzione di sottoscrizioni, acquisti e alienazioni di strumenti finanziari emessi da piccole e medie imprese e da imprese sociali ovvero di quote rappresentative del capitale delle medesime, effettuati secondo le modalità previste alle lettere *b*) e *c*) del comma 2 *bis* del presente articolo, non necessita della stipulazione di un contratto scritto (9). Ogni corrispettivo, spesa o onere gravante sul sottoscrittore, acquirente o alienante deve essere indicato nel portale dell'offerta, con separata e chiara evidenziazione delle condizioni praticate da ciascuno degli intermediari coinvolti, nonché in apposita sezione del sito internet di ciascun intermediario. In difetto, nulla è dovuto agli intermediari (8).

[2 *quinquies*. Trascorsi due anni dalla data in cui la società interessata abbia cessato di essere una start-up innovativa per il decorso del termine previsto dall'articolo 25, commi 2, lettera *b*), e 3, del decreto legge 18 ottobre 2012, n. 179, convertito, con modificazioni, dalla legge 17 dicembre 2012, n. 221, e successive modificazioni, gli intermediari provvedono a intestare le quote detenute per conto dei sottoscrittori e degli acquirenti direttamente agli stessi. L'intestazione ha luogo mediante comunicazione dell'elenco dei titolari delle partecipazioni al registro delle imprese ed è soggetta a un diritto di segreteria unico, a carico dell'intermediario. Nel caso di opzione per il regime di cui al comma 2 *bis* del presente articolo, la successiva registrazione effettuata dal registro delle imprese sostituisce ed esaurisce le formalità di cui all'articolo 2470, secondo comma, del codice civile] (10).

(1) *Questo articolo è stato inserito dall'art. 30, comma 3, del D.L. 18 ottobre 2012, n. 179, convertito, con modificazioni, nella L. 17 dicembre 2012, n. 221.*

(2) *Questo comma è stato così sostituito dall'attuale, dall'art. 4, comma 3, lett.* a), *del D.L.vo 3 agosto*

2017, n. 129. A norma dell'art. 10, comma 2, del medesimo decreto, tali disposizioni si applicano dal 3 gennaio 2018.

Fino a tale data si applicano le disposizioni nel testo previgente che si riporta:

«1. Le offerte al pubblico condotte esclusivamente attraverso uno o più portali per la raccolta di capitali possono avere ad oggetto soltanto la sottoscrizione di strumenti finanziari emessi dalle start-up *innovative, dalle PMI innovative, dalle imprese sociali, dagli organismi di investimento collettivo del risparmio o altre società di capitali che investono prevalentemente in* start-up *innovative e in PMI innovative e devono avere un corrispettivo totale inferiore a quello determinato dalla Consob ai sensi dell'articolo 100, comma 1, lettera* c)».

([3]) *Questo comma è stato inserito dall'art. 4, comma 3, lett.* c), *del D.L.vo 3 agosto 2017, n. 129. A norma dell'art. 10, comma 2, del medesimo decreto, tali disposizioni si applicano dal 3 gennaio 2018.*

([4]) *Le parole: «comma precedente» sono state così sostituite dalle attuali: «comma 1» dall'art. 4, comma 3, lett.* d), *del D.L.vo 3 agosto 2017, n. 129. A norma dell'art. 10, comma 2, del medesimo decreto, tali disposizioni si applicano dal 3 gennaio 2018.*

([5]) *Le parole: «della start up innovativa, della PMI innovativa o dell'impresa sociale» sono state così sostituite dalle attuali: «della piccola e media impresa o dell'impresa sociale» dall'art. 4, comma 3, lett.* d), *del D.L.vo 3 agosto 2017, n. 129. A norma dell'art. 10, comma 2, del medesimo decreto, tali disposizioni si applicano dal 3 gennaio 2018.*

([6]) *Questo comma, aggiunto dall'art. 4, comma 10, lett.* c ter), *del D.L. 24 gennaio 2015, n. 3, convertito, con modificazioni, nella L. 24 marzo 2015, n. 33 è stato così, da ultimo, sostituito dall'art. 4, comma 3, lett.* e), *del D.L.vo 3 agosto 2017, n. 129. A norma dell'art. 10, comma 2, del medesimo decreto, tali disposizioni si applicano dal 3 gennaio 2018. Fino a tale data si applicano le disposizioni nel testo previgente che si riporta:*

«2 bis. *In alternativa a quanto stabilito dall'articolo 2470, secondo comma, del codice civile e dall'articolo 36, comma 1* bis, *del decreto legge 25 giugno 2008, n. 112, convertito, con modificazioni, dalla legge 6 agosto 2008, n. 133, e successive modificazioni, per la sottoscrizione o l'acquisto e per la successiva alienazione di quote rappresentative del capitale di* start-up *innovative, di PMI innovative e di imprese sociali costituite in forma di società a responsabilità limitata:*

a) *la sottoscrizione o l'acquisto possono essere effettuati per il tramite di intermediari abilitati alla resa di uno o più dei servizi di investimento previsti dall'articolo 1, comma 5, lettere* a), b) *ed* e)*; gli intermediari abilitati effettuano la sottoscrizione o l'acquisto delle quote in nome proprio e per conto dei sottoscrittori o degli acquirenti che abbiano aderito all'offerta tramite portale;*

b) *entro i trenta giorni successivi alla chiusura dell'offerta, gli intermediari abilitati comunicano al registro delle imprese la loro titolarità di soci per conto di terzi, sopportando il relativo costo; a tale fine, le condizioni di adesione pubblicate nel portale devono espressamente prevedere che l'adesione all'offerta, in caso di buon fine della stessa e qualora l'investitore decida di avvalersi del regime alternativo di cui al presente comma, comporti il contestuale e obbligatorio conferimento di mandato agli intermediari incaricati affinchè i medesimi:*

1) *effettuino l'intestazione delle quote in nome proprio e per conto dei sottoscrittori o degli acquirenti, tenendo adeguata evidenza dell'identità degli stessi e delle quote possedute;*

2) *rilascino, a richiesta del sottoscrittore o dell'acquirente, un attestato di conferma comprovante la titolarità delle quote; tale attestato di conferma ha natura di puro titolo di legittimazione per l'esercizio dei diritti sociali, è nominativamente riferito al sottoscrittore o all'acquirente, non è trasferibile, neppure in via temporanea nè a qualsiasi titolo, a terzi e non costituisce valido strumento per il trasferimento della proprietà delle quote;*

3) *consentano ai sottoscrittori e agli acquirenti che ne facciano richiesta di alienare le quote secondo quanto previsto alla lettera* c) *del presente comma;*

4) *accordino ai sottoscrittori e agli acquirenti la facoltà di richiedere, in ogni momento, l'intestazione diretta a se stessi delle quote di loro pertinenza;*

c) *la successiva alienazione delle quote da parte di un sottoscrittore o acquirente, ai sensi della lettera* b), *numero 3), avviene mediante semplice annotazione del trasferimento nei registri tenuti dall'intermediario; la scritturazione e il trasferimento non comportano costi o oneri nè per l'acquirente nè per l'alienante; la successiva certificazione effettuata dall'intermediario, ai fini dell'esercizio dei diritti sociali, sostituisce ed esaurisce le formalità di cui all'articolo 2470, secondo comma, del codice civile».*

([7]) *Le parole: «è altresì prevista apposita casella o altra idonea modalità per» sono state così sostituite dalle attuali: «sono altresì predisposte apposite idonee modalità per consentire all'investitore di» dall'art. 4, comma 3, lett.* f), *del D.L.vo 3 agosto 2017, n. 129. A norma dell'art. 10, comma 2, del medesimo decreto, tali disposizioni si applicano dal 3 gennaio 2018.*

([8]) *Questo comma è stato aggiunto dall'art. 4, comma 10, lett.* c ter), *del D.L. 24 gennaio 2015, n. 3, convertito, con modificazioni, nella L. 24 marzo 2015, n. 33.*

([9]) *Questo periodo è stato così sostituito dall'attuale dall'art. 4, comma 3, lett.* g), *del D.L.vo 3 agosto 2017, n. 129. A norma dell'art. 10, comma 2, del medesimo decreto, tali disposizioni si applicano dal 3 gennaio 2018. Fino a tale data si applicano le disposizioni nel testo previgente che si riporta:*

«Ferma restando ogni altra disposizione della parte II, titolo II, capo II, l'esecuzione di sottoscrizio-

ni, acquisti e alienazioni di strumenti finanziari emessi da start-up *innovative, da PMI innovative e da imprese sociali ovvero di quote rappresentative del capitale delle medesime, effettuati secondo le modalità previste alle lettere* b) e c) *del comma 2* bis *del presente articolo, non necessita della stipulazione di un contratto scritto a norma dell'articolo 23, comma 1».*

([10]) *Questo comma, aggiunto dall'art. 4, comma 10, lett.* c ter), *del D.L. 24 gennaio 2015, n. 3, convertito, con modificazioni, nella L. 24 marzo 2015, n. 33 è stato abrogato dall'art. 4, comma 3, lett.* h), *del D.L.vo 3 agosto 2017, n. 129. A norma dell'art. 10, comma 2, del medesimo decreto, tali disposizioni si applicano dal 3 gennaio 2018.*

101. Attività pubblicitaria. – 1. La documentazione relativa a qualsiasi tipo di pubblicità concernente un'offerta è trasmessa alla CONSOB contestualmente alla sua diffusione.

2. Prima della pubblicazione del prospetto è vietata la diffusione di qualsiasi annuncio pubblicitario riguardante offerte al pubblico di prodotti finanziari diversi dagli strumenti finanziari comunitari.

3. La pubblicità è effettuata secondo i criteri stabiliti dalla CONSOB con regolamento in conformità alle disposizioni comunitarie e, in ogni caso, avendo riguardo alla correttezza dell'informazione e alla sua coerenza con quella contenuta nel prospetto, se è già stato pubblicato, o con quella che deve figurare nel prospetto da pubblicare.

4. La CONSOB può:

a) sospendere in via cautelare, per un periodo non superiore a dieci giorni lavorativi consecutivi, l'ulteriore diffusione dell'annuncio pubblicitario relativo ad un'offerta avente ad oggetto strumenti finanziari comunitari, in caso di fondato sospetto di violazione delle disposizioni previste nei precedenti commi o delle relative norme di attuazione;

b) sospendere in via cautelare, per un periodo non superiore a novanta giorni, l'ulteriore diffusione dell'annuncio pubblicitario relativo ad un'offerta avente ad oggetto prodotti diversi da quelli di cui alla lettera *a*), in caso di fondato sospetto di violazione delle disposizioni previste nei precedenti commi o delle relative norme di attuazione;

c) vietare l'ulteriore diffusione dell'annuncio pubblicitario, in caso di accertata violazione delle disposizioni o delle norme indicate nelle lettere *a*) o *b*);

d) vietare l'esecuzione dell'offerta, in caso di mancata ottemperanza ai provvedimenti previsti dalle lettere *a*), *b*) o *c*).

5. A prescindere dall'obbligo di pubblicazione di un prospetto, le informazioni rilevanti fornite dall'emittente o dall'offerente agli investitori qualificati o a categorie speciali di investitori, comprese le informazioni comunicate nel corso di riunioni riguardanti offerte di prodotti finanziari, devono essere divulgate a tutti gli investitori qualificati o a tutte le categorie speciali di investitori a cui l'offerta è diretta in esclusiva.

101 *bis*. ([1]) **Definizioni e ambito applicativo.** – 1. Ai fini del presente capo si intendono per «società italiane quotate» le società con sede legale nel territorio italiano e con titoli ammessi alla negoziazione in un mercato regolamentato di uno Stato comunitario.

2. Ai fini del presente capo e dell'articolo 123 *bis*, per «titoli» si intendono gli strumenti finanziari che attribuiscono il diritto di voto, anche limitatamente a specifici argomenti, nell'assemblea ordinaria o straordinaria.

3. Gli articoli 102, commi 2 e 5, l'articolo 103, comma 3 *bis*, ogni altra disposizione del presente decreto che pone a carico dell'offerente o della società emittente specifici obblighi informativi nei confronti dei dipendenti o dei loro rappresentanti, nonché gli articoli 104, 104 *bis* e 104 *ter*, non si applicano alle:

a) offerte pubbliche di acquisto o di scambio aventi ad oggetto prodotti finanziari diversi dai titoli;

b) offerte pubbliche di acquisto o scambio che non hanno ad oggetto titoli che attribuiscono il diritto di voto sugli argomenti di cui all'articolo 105, commi 2 e 3;

c) offerte pubbliche di acquisto o di scambio promosse da chi detiene ([2]) individualmente, direttamente o indirettamente, la maggioranza ([3]) dei diritti di voto esercitabili nell'assemblea ordinaria della società;

d) offerte pubbliche di acquisto aventi ad oggetto azioni proprie.

3 *bis*. Salvo quanto previsto dal comma 3, la Consob può individuare con regolamento le offerte pubbliche di acquisto o di scambio, aventi ad oggetto prodotti finanziari diversi dai titoli, alle quali le disposizioni della presente Sezione non si applicano in tutto o in parte, ove ciò non contrasti con le finalità indicate all'articolo 91 ([4]).

4. Per "persone che agiscono di concerto" si intendono i soggetti che cooperano tra di loro sulla base di un accordo, espresso o tacito, verbale o scritto, ancorchè invalido o inefficace, volto ad acquisire, mantenere o rafforzare il controllo della società emittente o a contrastare il conseguimento degli obiettivi di un'offerta pubblica di acquisto o di scambio ([5]).

4 *bis*. Sono, in ogni caso, persone che agiscono di concerto:

a) gli aderenti a un patto, anche nullo, previsto dall'articolo 122, comma 1 e comma 5 lettere *a*), *b*), *c*) e *d*);

b) un soggetto, il suo controllante, e le società da esso controllate;

c) le società sottoposte a comune controllo;

d) una società e i suoi amministratori, componenti del consiglio di gestione, o di sorveglianza o direttori generali ([6]).

4 *ter*. Fermo restando il comma 4 *bis*, la Consob individua con regolamento:

a) i casi per i quali si presume che i soggetti coinvolti siano persone che agiscono di concerto ai sensi del comma 4, salvo che provino che non ricorrono le condizioni di cui al medesimo comma;

b) i casi nei quali la cooperazione tra più soggetti non configura un'azione di concerto ai sensi del comma 4 ([6]).

([1]) *Questo articolo è stato inserito dall'art. 2, comma 1, del D.L.vo 19 novembre 2007, n. 229.*

([2]) *La parola*: «*dispone*» *è stata così sostituita dall'attuale*: «*detiene*» *dall'art. 1, comma 1, lett.* a), *del D.L.vo 25 settembre 2009, n. 146*

([3]) *Le parole*: «*della maggioranza*» *sono state così sostituite dalle attuali*: «*la maggioranza*» *dall'art. 1, comma 1, lett.* a), *del D.L.vo 25 settembre 2009, n. 146.*

([4]) *Questo comma è stato aggiunto dall'art. 1, comma 1, lett.* b), *del D.L.vo 25 settembre 2009, n. 146.*

([5]) *Questo comma è stato così sostituito dall'art. 1, comma 1, lett.* c), *del D.L.vo 25 settembre 2009, n. 146.*

([6]) *Questo comma è stato aggiunto dall'art. 1, comma 1, lett.* d), *del D.L.vo 25 settembre 2009, n. 146.*

101 *ter*. ([1]) Autorità di vigilanza e diritto applicabile. – 1. La CONSOB vigila sulle offerte pubbliche di acquisto o di scambio in conformità alle disposizioni del presente capo.

2. Ai fini del riparto delle competenze tra la CONSOB e le autorità degli altri Stati comunitari con riguardo alle offerte pubbliche di acquisto o di scambio, aventi ad oggetto titoli di società regolate dal diritto di uno Stato comunitario, e strumentali o successive all'acquisizione del controllo secondo il diritto nazionale della società emittente, si osservano le disposizioni seguenti.

3. La CONSOB vigila sullo svolgimento delle offerte pubbliche:

a) aventi a oggetto titoli emessi da una società la cui sede legale è situata nel territorio italiano e ammessi alla negoziazione su uno o più mercati regolamentati italiani;

b) aventi ad oggetto titoli emessi da una società la cui sede legale è situata in uno Stato comunitario diverso dall'Italia e ammessi alla negoziazione esclusivamente su mercati regolamentati italiani;

c) aventi ad oggetto titoli emessi da una società la cui sede legale è situata in uno Stato comunitario diverso dall'Italia e ammessi alla negoziazione su mercati regolamentati italiani e di altri Stati comunitari diversi da quello dove la società ha la propria sede legale, qualora siano stati ammessi per la prima volta alla negoziazione su un mercato regolamentato italiano ovvero, qualora i titoli siano stati ammessi per la prima volta alla negoziazione contemporaneamente sui mercati regolamentati italiani e di altri Stati comunitari, nel caso in cui la società emittente scelga la CONSOB quale autorità di vigilanza, informandone i suddetti mercati e le loro autorità di vigilanza il primo giorno della negoziazione. La CONSOB stabilisce con regolamento le modalità e i termini per la comunicazione al pubblico della decisione della società emittente relativa alla scelta dell'autorità competente per la vigilanza sull'offerta.

4. Nei casi in cui la CONSOB sia l'autorità di vigilanza competente ai sensi del comma 3, lettere *b*) e *c*), sono disciplinate dal diritto italiano le questioni inerenti al corrispettivo dell'offerta, alla procedura, con particolare riguardo agli obblighi di informazione sulla decisione dell'offerente di procedere all'offerta, al contenuto del documento di offerta e alla divulgazione dell'offerta. Per le questioni riguardanti l'informazione che deve essere fornita ai dipendenti della società emittente, per le questioni di diritto societario con particolare riguardo a quelle relative alla soglia al cui superamento consegue l'obbligo di offerta pubblica di acquisto, alle deroghe a tale obbligo e alle condizioni in presenza delle quali l'organo di amministrazione della società emittente può compiere atti od operazioni che possano contrastare il conseguimento degli obiettivi dell'offerta, le norme applicabili e l'autorità competente sono quelle

dello Stato membro in cui la società emittente ha la propria sede legale.

5. Nei casi in cui l'offerta abbia ad oggetto titoli emessi da società la cui sede legale è situata nel territorio italiano e ammessi alla negoziazione esclusivamente su uno o più mercati regolamentati di altri Stati comunitari, sono disciplinate dal diritto italiano le materie indicate nel comma 4, secondo periodo e l'autorità competente in relazione ad esse è la CONSOB.

(1) *Questo articolo è stato inserito dall'art. 2, comma 1, del D.L.vo 19 novembre 2007, n. 229.*

Capo II
Offerte pubbliche di acquisto o di scambio

Sezione I
Disposizioni generali

102. (1) **Obblighi degli offerenti e poteri interdittivi.** – 1. La decisione ovvero il sorgere dell'obbligo di promuovere un'offerta pubblica di acquisto o di scambio sono senza indugio comunicati alla CONSOB e contestualmente resi pubblici. La CONSOB stabilisce con regolamento i contenuti e le modalità di pubblicazione della comunicazione.

2. Non appena l'offerta sia stata resa pubblica, il consiglio di amministrazione o di gestione della società emittente e dell'offerente ne informano i rispettivi rappresentanti dei lavoratori o, in mancanza di rappresentanti, i lavoratori stessi.

3. Salvo quanto previsto dall'articolo 106, comma 2, l'offerente promuove l'offerta tempestivamente, e comunque non oltre venti giorni dalla comunicazione di cui al comma 1, presentando alla CONSOB il documento d'offerta destinato alla pubblicazione. In caso di mancato rispetto del termine il documento d'offerta è dichiarato irricevibile e l'offerente non può promuovere un'ulteriore offerta avente a oggetto prodotti finanziari del medesimo emittente nei successivi dodici mesi.

4. Entro quindici giorni dalla presentazione del documento d'offerta, la CONSOB lo approva se esso è idoneo a consentire ai destinatari di pervenire ad un fondato giudizio sull'offerta. Con l'approvazione la CONSOB può indicare all'offerente informazioni integrative da fornire, specifiche modalità di pubblicazione del documento d'offerta nonché particolari garanzie da prestare. Il termine è di trenta giorni per le offerte aventi ad oggetto o corrispettivo prodotti finanziari non quotati o diffusi tra il pubblico ai sensi dell'articolo 116. Qualora si renda necessario richiedere all'offerente informazioni supplementari, tali termini sono sospesi, per una sola volta, fino alla ricezione delle stesse. Tali informazioni sono fornite entro il termine fissato dalla CONSOB, comunque non superiore a quindici giorni. Nell'ipotesi in cui, per lo svolgimento dell'offerta, la normativa di settore richieda autorizzazioni di altre autorità, la CONSOB approva il documento d'offerta entro cinque giorni dalla comunicazione delle autorizzazioni stesse. Decorsi i termini di cui al presente comma, il documento d'offerta si considera approvato.

4 *bis*. Limitatamente alle offerte pubbliche di scambio che abbiano ad oggetto obbligazioni e altri titoli di debito, l'offerente può richiedere alla Consob che l'offerta sia soggetta, anche in deroga alle disposizioni del presente capo, alla disciplina delle offerte al pubblico di vendita e di sottoscrizione, di cui al capo I del presente titolo. La Consob, entro quindici giorni dalla presentazione della richiesta, accoglie la medesima, ove ciò non contrasti con le finalità indicate nell'articolo 91 (2).

5. Non appena il documento sia stato reso pubblico, il consiglio di amministrazione o di gestione della società emittente e dell'offerente lo trasmettono ai rispettivi rappresentanti dei lavoratori o, in mancanza di rappresentanti, ai lavoratori stessi.

6. In pendenza dell'offerta la CONSOB può:

a) sospenderla in via cautelare, in caso di fondato sospetto di violazione delle disposizioni del presente capo o delle norme regolamentari;

b) sospenderla, per un termine non superiore a trenta giorni, nel caso intervengano fatti nuovi o non resi noti in precedenza tali da non consentire ai destinatari di pervenire ad un fondato giudizio sull'offerta;

c) dichiararla decaduta, in caso di accertata violazione delle disposizioni o delle norme indicate nella lettera *a*).

7. Ai fini dell'esercizio delle proprie funzioni di vigilanza sul rispetto delle disposizioni del presente capo, la CONSOB esercita i poteri previsti dall'articolo 115, comma 1, lettere *a*) e *b*), nei confronti di chiunque appaia informato dei fatti. In caso di fondato sospetto di violazione delle disposizioni del presente capo o delle norme regolamentari si applica l'articolo 187 *octies*.

8. In presenza di indiscrezioni comunque diffuse tra il pubblico in merito ad una possibile offerta pubblica di acquisto o scambio e di irregolarità nell'andamento del mercato dei titoli interessati, ai potenziali offerenti si applica l'articolo 114, commi 5 e 6.

(1) *Questo articolo è stato così sostituito dall'art. 2, comma 2, del D.L.vo 19 novembre 2007, n. 229.*

(2) *Questo comma è stato così sostituito dall'art. 1, comma 2, del D.L.vo 25 settembre 2009, n. 146.*

103. Svolgimento dell'offerta. – 1. L'offerta è irrevocabile. Ogni clausola contraria è nulla. L'offerta è rivolta a parità di condizioni a tutti i titolari dei prodotti finanziari che ne formano oggetto.

2. Fermo quanto previsto dal titolo III, capo I, agli emittenti, agli offerenti, alle persone che agiscono di concerto con essi, nonché agli intermediari incaricati di raccogliere le adesioni si applicano gli articoli 114, commi 5 e 6, e 115 dalla data della comunicazione prevista dall'articolo 102, comma 1, e fino ad un anno dalla chiusura dell'offerta (1).

3. Il consiglio di amministrazione dell'emittente diffonde un comunicato contenente ogni dato utile per l'apprezzamento dell'offerta e la propria valutazione sulla medesima. Per le società organizzate secondo il modello dualistico il comunicato, eventualmente congiunto, è approvato dal consiglio di gestione e dal consiglio di sorveglianza (2).

3 *bis*. Il comunicato contiene altresì una valutazione degli effetti che l'eventuale successo dell'offerta avrà sugli interessi dell'impresa, nonché sull'occupazione e la localizzazione dei siti produttivi. Contestualmente alla sua diffusione, il comunicato è trasmesso ai rappresentanti dei lavoratori della società o, in loro mancanza, ai lavoratori direttamente. Se ricevuto in tempo utile, al comunicato è allegato il parere dei rappresentanti dei lavoratori quanto alle ripercussioni sull'occupazione (3).

4. La CONSOB detta con regolamento disposizioni di attuazione della presente sezione e, in particolare, disciplina:

a) il contenuto del documento d'offerta, nonché le modalità per la pubblicazione del documento e per lo svolgimento dell'offerta;

b) la correttezza e la trasparenza delle operazioni sui prodotti finanziari oggetto dell'offerta;

c) gli effetti sul corrispettivo dell'offerta degli acquisti di prodotti finanziari che ne sono oggetto, effettuati dagli offerenti o dalle persone che agiscono di concerto con essi dopo la comunicazione di cui all'articolo 102, comma 1, in pendenza dell'offerta o nei sei mesi successivi alla chiusura di questa;

d) le modifiche all'offerta, le offerte di aumento e quelle concorrenti, senza limitare il numero dei rilanci, effettuabili fino alla scadenza di un termine massimo;

e) il riconoscimento dei documenti d'offerta approvati da autorità di vigilanza di altri Stati comunitari o da autorità di vigilanza di Stati extracomunitari con le quali vi siano accordi di cooperazione;

f) le modalità di pubblicazione dei provvedimenti da essa adottati ai sensi della presente sezione (4).

[5. La CONSOB individua con regolamento quali delle disposizioni richiamate nel comma 2 si applicano, nei periodi ivi indicati, agli offerenti, ai soggetti in rapporto di controllo con gli offerenti e con l'emittente nonché agli intermediari incaricati di raccogliere le adesioni] (5).

(1) *Questo comma è stato così sostituito dall'art. 2, comma 3, lett.* a), *del D.L.vo 19 novembre 2007, n. 229.*

(2) *Questo comma è stato così sostituito dall'art. 2, comma 3, lett.* b), *del D.L.vo 19 novembre 2007, n. 229.*

(3) *Questo comma è stato inserito dall'art. 2, comma 3, lett.* c), *del D.L.vo 19 novembre 2007, n. 229.*

(4) *Questo comma è stato così sostituito dall'art. 2, comma 3, lett.* d), *del D.L.vo 19 novembre 2007, n. 229.*

(5) *Questo comma è stato abrogato dall'art. 2, comma 3, lett.* e), *del D.L.vo 19 novembre 2007, n. 229.*

104. (1) **Difese.** – 1. Salvo autorizzazione dell'assemblea ordinaria o di quella straordinaria per le delibere di competenza, le società italiane quotate i cui titoli sono oggetto dell'offerta si astengono dal compiere atti od operazioni che possono contrastare il conseguimento degli obiettivi dell'offerta. L'obbligo di astensione si applica dalla comunicazione di cui all'articolo 102, comma 1, e fino alla chiusura dell'offerta ovvero fino a quando l'offerta stessa non decada. La mera ricerca di altre offerte non costituisce atto od operazione in contrasto con gli obiettivi dell'offerta. Resta ferma la responsabilità degli amministratori, dei componenti del consiglio di gestione e di sorveglianza e dei direttori generali per gli atti e le operazioni compiuti (2).

1 *bis*. L'autorizzazione assembleare prevista dal comma 1 e richiesta anche per l'attuazione di ogni decisione presa prima dell'inizio del perio-

do indicato nel comma 1, che non sia ancora stata attuata in tutto o in parte, che non rientri nel corso normale delle attività della società e la cui attuazione possa contrastare il conseguimento degli obiettivi dell'offerta ([3]).

1 *ter*. Gli statuti possono derogare, in tutto o in parte, alle disposizioni dei commi 1 e 1 *bis*. Le società comunicano le deroghe approvate ai sensi del presente comma alla Consob e alle autorità di vigilanza in materia di offerte pubbliche di acquisto degli Stati membri in cui i loro titoli sono ammessi alla negoziazione su un mercato regolamentato o in cui è stata chiesta tale ammissione. Fermo quanto disposto dall'articolo 114, tali deroghe sono altresì tempestivamente comunicate al pubblico secondo le modalità previste dalla medesima disposizione ([4]).

2. L'avviso di convocazione relativo alle assemblee di cui al presente articolo è pubblicato con le modalità di cui all'articolo 125 *bis* entro il quindicesimo giorno precedente la data fissata per l'assemblea ([5]).

([1]) *Questo articolo è stato così sostituito dall'art. 13, comma 1, del D.L. 29 novembre 2008, n. 185, convertito, con modificazioni, nella L. 28 gennaio 2009, n. 2.*

([2]) *Questo comma è stato così sostituito dall'art. 1, comma 3, lett. a), del D.L.vo 25 settembre 2009, n. 146, a decorrere dal 1 luglio 2010.*

([3]) *Questo comma è stato così sostituito dall'art. 1, comma 3, lett. b), del D.L.vo 25 settembre 2009, n. 146, a decorrere dal 1 luglio 2010.*

([4]) *Questo comma è stato così sostituito dall'art. 1, comma 3, lett. c), del D.L.vo 25 settembre 2009, n. 146, a decorrere dal 1 luglio 2010.*

([5]) *Questo comma è stato così sostituito dall'art. 3, comma 1, del D.L.vo 27 gennaio 2010, n. 27. A norma dell'art. 7 dello stesso D.L.vo, questa disposizione si applica alle assemblee il cui avviso di convocazione sia pubblicato dopo il 31 ottobre 2010. Fino a tale data continuano ad applicarsi le disposizioni sostituite od abrogate dalle corrispondenti disposizioni del D.L.vo n. 27/2010.*

104 *bis*. ([1]) **Regola di neutralizzazione.** – 1. Fermo quanto previsto dall'articolo 123, comma 3, gli statuti delle società italiane quotate, diverse dalle società cooperative, possono prevedere che, quando sia promossa un'offerta pubblica di acquisto o di scambio avente ad oggetto i titoli da loro emessi si applichino le regole previste dai commi 2 e 3 ([2]).

2. Nel periodo di adesione all'offerta non hanno effetto nei confronti dell'offerente le limitazioni al trasferimento di titoli previste nello statuto nè hanno effetto, nelle assemblee chiamate a decidere sugli atti e le operazioni previsti dall'articolo 104, le limitazioni al diritto di voto previste nello statuto o da patti parasociali. Nelle medesime assemblee le azioni a voto plurimo conferiscono soltanto un voto e non si computano i diritti di voto assegnati ai sensi dell'articolo 127 *quinquies* ([3]) ([4]).

3. Quando, a seguito di un'offerta di cui al comma 1, l'offerente venga a detenere almeno il settantacinque per cento del capitale con diritto di voto nelle deliberazioni riguardanti la nomina o la revoca degli amministratori o dei componenti del consiglio di gestione o di sorveglianza, nella prima assemblea che segue la chiusura dell'offerta, convocata per modificare lo statuto o per revocare o nominare gli amministratori o i componenti del consiglio di gestione o di sorveglianza, le azioni a voto plurimo conferiscono soltanto un voto e ([5]) non hanno effetto:

a) le limitazioni al diritto di voto previste nello statuto o da patti parasociali;

b) qualsiasi diritto speciale in materia di nomina o revoca degli amministratori o dei componenti del consiglio di gestione o di sorveglianza previsto nello statuto ([4]).

b bis) le maggiorazioni di voto spettanti ai sensi dell'articolo 127 *quinquies* ([6]).

4. Le disposizioni di cui ai commi 2 e 3 non si applicano alle limitazioni statutarie al diritto di voto attribuito da titoli dotati di privilegi di natura patrimoniale.

5. Qualora l'offerta di cui al comma 1 abbia avuto esito positivo, l'offerente è tenuto a corrispondere un equo indennizzo per l'eventuale pregiudizio patrimoniale subito dai titolari dei diritti che l'applicazione delle disposizioni di cui ai commi 2 e 3 abbia reso non esercitabili, purché le disposizioni statutarie o contrattuali che costituiscono tali diritti fossero efficaci anteriormente alla comunicazione di cui all'articolo 102, comma 1. La richiesta di indennizzo deve essere presentata all'offerente, a pena di decadenza, entro novanta giorni dalla chiusura dell'offerta ovvero, nel caso di cui al comma 3, entro novanta giorni dalla data dell'assemblea. In mancanza di accordo, l'ammontare dell'indennizzo eventualmente dovuto è fissato dal giudice in via equitativa, avendo riguardo, tra l'altro, al raffronto tra la media dei prezzi di mercato del titolo nei dodici mesi antecedenti la prima diffusione della notizia dell'offerta e l'an-

damento dei prezzi successivamente all'esito positivo dell'offerta.

6. L'indennizzo di cui al comma 5 non è dovuto per l'eventuale pregiudizio patrimoniale derivante dall'esercizio del diritto di voto in contrasto con un patto parasociale, se al momento dell'esercizio del diritto di voto è già stata presentata la dichiarazione di recesso di cui all'articolo 123, comma 3.

7. Restano ferme le disposizioni in materia di poteri speciali di cui all'articolo 2 del decreto legge 31 maggio 1994, n. 332, convertito, con modificazioni, dalla legge 30 luglio 1994, n. 474, e successive modificazioni, e in materia di limiti di possesso azionario e al diritto di voto (7) di cui all'articolo 3 del medesimo decreto legge.

(1) *Questo articolo è stato inserito dall'art. 2, comma 5, del D.L.vo 19 novembre 2007, n. 229.*

(2) *Questo comma è stato così sostituito dall'art. 13, comma 2, lett.* a), *del D.L. 29 novembre 2008, n. 185, convertito, con modificazioni, nella L. 28 gennaio 2009, n. 2.*

(3) *Le parole: «Nelle medesime assemblee le azioni a voto plurimo conferiscono soltanto un voto e non si computano i diritti di voto assegnati ai sensi dell'articolo 127* quinquies*» sono state aggiunte dall'art. 20, comma 1, lett.* b), *del D.L. 24 giugno 2014, n. 91, convertito, con modificazioni, nella L. 11 agosto 2014, n. 116.*

(4) *A norma dell'art. 8, comma 2, del D.L.vo 19 novembre 2007, n. 229, le disposizioni di questo comma si applicano ai patti parasociali conclusi dopo l'entrata in vigore del D.L.vo n. 229/2007.*

(5) *Le parole: «, le azioni a voto plurimo conferiscono soltanto un voto e» sono state inserite dall'art. 20, comma 1, lett.* b), *del D.L. 24 giugno 2014, n. 91, convertito, con modificazioni, nella L. 11 agosto 2014, n. 116.*

(6) *Questa lettera è stata aggiunta dall'art. 20, comma 1, lett.* b), *del D.L. 24 giugno 2014, n. 91, convertito, con modificazioni, nella L. 11 agosto 2014, n. 116.*

(7) *Le parole: «e al diritto di voto» sono state aggiunte dall'art. 13, comma 2, lett.* b), *del D.L. 29 novembre 2008, n. 185, convertito, con modificazioni, nella L. 28 gennaio 2009, n. 2.*

104 *ter*. (1) **Clausola di reciprocità.** – 1. Le disposizioni di cui all'articolo 104, commi 1 e 1 *bis*, e, qualora previste negli statuti, le disposizioni di cui all'articolo 104 *bis*, commi 2 e 3, (2), non si applicano in caso di offerta pubblica promossa da chi non sia soggetto a tali disposizioni ovvero a disposizioni equivalenti, ovvero da una società o ente da questi controllata. In caso di offerta promossa di concerto, è sufficiente che a tali disposizioni non sia soggetto anche uno solo fra gli offerenti.

[2. Nel caso in cui i soggetti di cui al comma 1 applichino disposizioni analoghe all'articolo 104, commi 1 e 1 *ter*, ma, anche con riguardo ad uno solo tra essi, la relativa assemblea sia costituita o deliberi secondo regole meno rigorose di quelle stabilite all'articolo 104, comma 1, le assemblee ivi previste sono costituite e deliberano con le maggioranze di cui agli articoli 2368 e 2369 del codice civile, secondo l'oggetto della delibera.] (3)

3. La CONSOB, su istanza dell'offerente o della società emittente ed entro venti giorni dalla presentazione di questa, determina se le disposizioni applicabili ai soggetti di cui al comma 1 siano equivalenti a quelle cui è soggetta la società emittente. La CONSOB stabilisce con regolamento i contenuti e le modalità di presentazione di tale istanza.

4. Qualsiasi misura idonea a contrastare il conseguimento degli obiettivi dell'offerta adottata dalla società emittente in virtù di quanto disposto al comma 1 deve essere espressamente autorizzata dall'assemblea in vista di una eventuale offerta pubblica, nei diciotto mesi anteriori alla comunicazione della decisione di promuovere l'offerta ai sensi dell'articolo 102, comma 1. Fermo quanto disposto dall'articolo 114, l'autorizzazione prevista dal presente comma è tempestivamente comunicata al mercato secondo le modalità previste ai sensi del medesimo articolo 114 (4).

(1) *Questo articolo è stato inserito dall'art. 2, comma 5, del D.L.vo 19 novembre 2007, n. 229.*

(2) *Le parole: «Le disposizioni di cui agli articoli 104 e 104* bis*, commi 2 e 3» erano state sostituite dalle parole: «Qualora previste dagli statuti, le disposizioni di cui agli articoli 104, commi 1* bis *e 1* ter *e 104* bis*, commi 2 e 3», dall' art. 13, comma 3, lett.* a), *del D.L. 29 novembre 2008, n. 185, convertito, con modificazioni, nella L. 28 gennaio 2009, n. 2 e successivamente così sostituite dalle attuali: «Le disposizioni di cui all'articolo 104, commi 1 e 1* bis*, e, qualora previste negli statuti, le disposizioni di cui all'articolo 104* bis*, commi 2 e 3,» dall'art. 1, comma 4, del D.L.vo 25 settembre 2009, n. 146, a decorrere dal 1 luglio 2010.*

(3) *Questo comma è stato soppresso dall'art. 13, comma 3, lett.* b) *del D.L. 29 novembre 2008, n. 185, convertito, con modificazioni, nella L. 28 gennaio 2009, n. 2.*

(4) *Questo comma è stato così sostituito dall'art. 13, comma 3, lett.* c), *del D.L. 29 novembre 2008, n. 185, convertito, con modificazioni, nella L. 28 gennaio 2009, n. 2.*

Sezione II
Offerte pubbliche
di acquisto obbligatorie

105. ([1]) **Disposizioni generali.** – 1. Salvo quanto previsto dall'articolo 101 *ter*, commi 4 e 5, le disposizioni ([2]) della presente sezione si applicano alle società italiane con titoli ammessi alla negoziazione ([3]) in mercati regolamentati italiani.

2. Ai fini della presente sezione, per partecipazione si intende una quota, detenuta anche indirettamente per il tramite di fiduciari o per interposta persona, dei titoli emessi da una società di cui al comma 1 ([4]) che attribuiscono diritti di voto nelle deliberazioni assembleari riguardanti nomina o revoca [o responsabilità] ([5]) degli amministratori o del consiglio di sorveglianza.

3. La CONSOB può con regolamento includere nella partecipazione categorie di titoli ([6]) che attribuiscono diritti di voto su uno o più argomenti diversi tenuto conto della natura e del tipo di influenza sulla gestione della società che può avere il loro esercizio anche congiunto. La CONSOB determina, altresì, con regolamento i criteri di calcolo della partecipazione di cui al comma 2 nelle ipotesi in cui i titoli di cui al medesimo comma, risultino privati, per effetto di disposizioni legislative o regolamentari, del diritto di voto ovvero nelle ipotesi in cui lo statuto preveda la maggiorazione del diritto di voto ([7]) ([8]).

3 *bis*. La Consob stabilisce con regolamento i casi e le modalità con cui gli strumenti finanziari derivati detenuti sono computati nella partecipazione di cui al comma 2 ([9]).

([1]) *Questo articolo è stato così sostituito dall'art. 9.63 del D.L.vo 17 gennaio 2003, n. 6, così come inserito dall'art. 3 del D.L.vo 6 febbraio 2004, n. 37.*

([2]) *Le parole: «Le disposizioni» sono state così sostituite dalle attuali: «Salvo quanto previsto dall'articolo 101* ter*, commi 4 e 5, le disposizioni» dall'art. 3, comma 1, lett.* a)*, del D.L.vo 19 novembre 2007, n. 229.*

([3]) *Le parole: «con azioni ordinarie quotate» sono state così sostituite dalle attuali: «con titoli ammessi alla negoziazione» dall'art. 3, comma 1, lett.* a)*, del D.L.vo 19 novembre 2007, n. 229.*

([4]) *Le parole: «del capitale rappresentato da azioni» sono state così sostituite dalle attuali: «dei titoli emessi da una società di cui al comma 1» dall'art. 3, comma 1, lett.* b)*, del D.L.vo 19 novembre 2007, n. 229.*

([5]) *Le parole fra parentesi quadrate sono state soppresse dall'art. 3, comma 1, lett.* b)*, del D.L.vo 19 novembre 2007, n. 229.*

([6]) *Le parole: «nel capitale rilevante categorie di azioni» sono state così sostituite dalle attuali: «nella partecipazione categorie di titoli» dall'art. 3, comma 1, lett.* c)*, del D.L.vo 19 novembre 2007, n. 229.*

([7]) *Le parole: «ovvero nelle ipotesi in cui lo statuto preveda la maggiorazione del diritto di voto» sono state aggiunte dall'art. 20, comma 1, lett.* c)*, del D.L. 24 giugno 2014, n. 91, convertito, con modificazioni, nella L. 11 agosto 2014, n. 116.*

([8]) *Questo periodo è stato aggiunto dall'art. 3, comma 1, lett.* c)*, del D.L.vo 19 novembre 2007, n. 229.*

([9]) *Questo comma è stato aggiunto dall'art. 2, comma 1, del D.L.vo 25 settembre 2009, n. 146.*

106. ([1]) **Offerta pubblica di acquisto totalitaria.** – 1. Chiunque, a seguito di acquisti ovvero di maggiorazione dei diritti di voto, venga a detenere una partecipazione superiore alla soglia del trenta per cento ovvero a disporre di diritti di voto in misura superiore al trenta per cento dei medesimi promuove un'offerta pubblica di acquisto rivolta a tutti i possessori di titoli sulla totalità dei titoli ammessi alla negoziazione in un mercato regolamentato in loro possesso ([2]).

1 *bis*. Nelle società diverse dalle PMI l'offerta di cui al comma 1 è promossa anche da chiunque, a seguito di acquisti, venga a detenere una partecipazione superiore alla soglia del venticinque per cento in assenza di altro socio che detenga una partecipazione più elevata ([3]).

1 *ter*. Gli statuti delle PMI possono prevedere una soglia diversa da quella indicata nel comma 1, comunque non inferiore al venticinque per cento né superiore al quaranta per cento. Se la modifica dello statuto interviene dopo l'inizio delle negoziazioni dei titoli in un mercato regolamentato, i soci che non hanno concorso alla relativa deliberazione hanno diritto di recedere per tutti o parte dei loro titoli; si applicano gli articoli 2437 *bis*, 2437 *ter* e 2437 *quater* del codice civile ([3]).

2. Per ciascuna categoria di titoli, l'offerta è promossa entro venti giorni a un prezzo non inferiore a quello più elevato pagato dall'offerente e da persone che agiscono di concerto con il medesimo, nei dodici mesi anteriori alla comunicazione di cui all'articolo 102, comma 1, per acquisti di titoli della medesima categoria. Qualora non siano stati effettuati acquisti a titolo oneroso di titoli della medesima categoria nel periodo indicato, l'offerta è promossa per tale categoria di titoli ad un prezzo non inferiore a quello medio ponderato di mercato degli ultimi dodici mesi o del minor periodo disponibile. Il medesimo prezzo si applica, in mancanza di acquisti a un prezzo più elevato, in caso di superamento della soglia relativa ai dirit-

ti di voto per effetto della maggiorazione ai sensi dell'articolo 127 *quinquies* ([4]).

2 *bis*. Il corrispettivo dell'offerta può essere costituito in tutto o in parte da titoli. Nel caso in cui i titoli offerti quale corrispettivo dell'offerta non siano ammessi alla negoziazione su di un mercato regolamentato in uno Stato comunitario ovvero l'offerente o le persone che agiscono di concerto con questi, abbia acquistato verso un corrispettivo in denaro, nel periodo di cui al comma 2 e fino alla chiusura dell'offerta, titoli che conferiscono almeno il cinque per cento dei diritti di voto esercitabili nell'assemblea della società i cui titoli sono oggetto di offerta, l'offerente deve proporre ai destinatari dell'offerta, almeno in alternativa al corrispettivo in titoli, un corrispettivo in contanti.

3. La CONSOB disciplina con regolamento le ipotesi in cui:

a) la partecipazione indicata nei commi 1, 1 *bis* e 1 *ter* ([5]) è acquisita mediante l'acquisto di partecipazioni o la maggiorazione dei diritti di voto, ([6]) in società il cui patrimonio è prevalentemente costituito da titoli emessi da altra società di cui all'articolo 105, comma 1;

b) l'obbligo di offerta consegue ad acquisti superiori al cinque per cento o alla maggiorazione dei diritti di voto in misura superiore al cinque per cento dei medesimi, ([7]) da parte di coloro che già detengono la partecipazione indicata nei commi 1 e 1 *ter* ([8]) senza detenere la ([9]) della maggioranza dei diritti di voto nell'assemblea ordinaria ([10]);

c) l'offerta, previo provvedimento motivato della CONSOB, è promossa ad un prezzo inferiore a quello più elevato pagato, fissando i criteri per determinare tale prezzo e purché ricorra una delle seguenti circostanze:

1) i prezzi di mercato siano stati influenzati da eventi eccezionali o vi sia il fondato sospetto che siano stati oggetto di manipolazione;

2) il prezzo più elevato pagato dall'offerente o dalle persone che agiscono di concerto con il medesimo nel periodo di cui al comma 2 sia il prezzo ([11]) di operazioni di compravendita sui titoli oggetto dell'offerta effettuate a condizioni di mercato e nell'ambito della gestione ordinaria della propria attività caratteristica ovvero sia ([12]) il prezzo di operazioni di compravendita che avrebbero beneficiato di una delle esenzioni di cui al comma 5 ([13]);

d) l'offerta, previo provvedimento motivato della CONSOB, è promossa ad un prezzo superiore a quello più elevato pagato purché ciò sia necessario per la tutela degli investitori e ricorra almeno una delle seguenti circostanze:

1) l'offerente o le persone che agiscono di concerto con il medesimo abbiano pattuito l'acquisto di titoli ad un prezzo più elevato di quello pagato per l'acquisto di titoli della medesima categoria;

2) vi sia stata collusione tra l'offerente o le persone che agiscono di concerto con il medesimo e uno o più venditori;

[3) l'offerente o le persone che agiscono di concerto con il medesimo abbiano posto in essere operazioni volte ad eludere l'obbligo di offerta pubblica di acquisto] ([14]);

4) vi sia il fondato sospetto che i prezzi di mercato siano stati oggetto di manipolazione ([13]).

3 *bis*. La CONSOB, tenuto conto delle caratteristiche degli strumenti finanziari emessi, può stabilire con regolamento le ipotesi in cui l'obbligo di offerta consegue ad acquisti che determinino la detenzione congiunta di titoli e altri strumenti finanziari con diritto di voto sugli argomenti indicati nell'articolo 105, in misura tale da attribuire un potere complessivo di voto equivalente a quella di chi detenga la partecipazione indicata nei commi 1, 1 *bis* e 1 *ter* ([5]).

3 *ter*. I provvedimenti di cui alle lettere *c*) e *d*) del comma 3 sono resi pubblici con le modalità indicate nel regolamento di cui all'articolo 103, comma 4, lettera *f*).

3 *quater*. L'obbligo di offerta previsto dal comma 3, lettera *b*), non si applica alle PMI, a condizione che ciò sia previsto dallo statuto, sino alla data dell'assemblea convocata per approvare il bilancio relativo al quinto esercizio successivo alla quotazione ([15]).

4. L'obbligo di offerta non sussiste se la partecipazione indicata nei commi 1, 1 *bis* e 1 *ter* ([5]) è detenuta a seguito di un'offerta pubblica di acquisto o di scambio rivolta a tutti i possessori di titoli per la totalità dei titoli in loro possesso, purché, nel caso di offerta pubblica di scambio, siano offerti titoli quotati in un mercato regolamentato di uno Stato comunitario o sia offerto come alternativa un corrispettivo in contanti.

5. La CONSOB stabilisce con regolamento i casi in cui il superamento della partecipazione indicata nei commi 1, 1 *bis* e 1 *ter* ([5]) o nel comma 3, lettera *b*), non comporta l'obbligo di offerta ove sia realizzato in presenza di uno o più soci che detengono il controllo o sia determinato da:

a) operazioni dirette al salvataggio di società in crisi;

b) trasferimento dei titoli previsti dall'articolo 105 tra soggetti legati da rilevanti rapporti di partecipazione;

c) cause indipendenti dalla volontà dell'acquirente;

d) operazioni ovvero superamenti della soglia di carattere temporaneo ([16]);

e) operazioni di fusione o di scissione;

f) acquisti a titolo gratuito.

6. La CONSOB può con provvedimento motivato, disporre che il superamento della partecipazione indicata nei commi 1, 1 *bis* e 1 *ter* ([5]) o nel comma 3, lettera *b*), non comporta obbligo di offerta con riguardo a casi riconducibili alle ipotesi di cui al comma 5, ma non espressamente previsti nel regolamento approvato ai sensi del medesimo comma.

([1]) *Questo articolo è stato così sostituito dall'art. 3, comma 2, del D.L.vo 19 novembre 2007, n. 229.*

([2]) *Questo comma è stato così sostituito dall'art. 20, comma 1, lett.* d), *del D.L. 24 giugno 2014, n. 91, convertito, con modificazioni, nella L. 11 agosto 2014, n. 116.*

([3]) *Questo comma è stato inserito dall'art. 20, comma 1, lett.* e), *del D.L. 24 giugno 2014, n. 91, convertito, con modificazioni, nella L. 11 agosto 2014, n. 116.*

([4]) *Le parole: «Il medesimo prezzo si applica, in mancanza di acquisti a un prezzo più elevato, in caso di superamento della soglia relativa ai diritti di voto per effetto della maggiorazione ai sensi dell'articolo 127* quinquies.*» sono state aggiunte dall'art. 20, comma 1, lett.* f), *del D.L. 24 giugno 2014, n. 91, convertito, con modificazioni, nella L. 11 agosto 2014, n. 116.*

([5]) *Le parole: «nel comma 1» sono state così sostituite dalle attuali: «nei commi 1, 1* bis *e 1* ter*» dall'art. 20, comma 1, lett.* g), *del D.L. 24 giugno 2014, n. 91, convertito, con modificazioni, nella L. 11 agosto 2014, n. 116.*

([6]) *Le parole: «o la maggiorazione dei diritti di voto,» sono state aggiunte dall'art. 20, comma 1, lett.* h), *del D.L. 24 giugno 2014, n. 91, convertito, con modificazioni, nella L. 11 agosto 2014, n. 116.*

([7]) *Le parole: «o alla maggiorazione dei diritti di voto in misura superiore al cinque per cento dei medesimi,» sono state inserite dall'art. 20, comma 1, lett.* i), *del D.L. 24 giugno 2014, n. 91, convertito, con modificazioni, nella L. 11 agosto 2014, n. 116.*

([8]) *Le parole: «nel comma 1» sono state così sostituite dalle attuali: «nei commi 1 e 1* ter*» dall'art. 20, comma 1, lett.* g), *del D.L. 24 giugno 2014, n. 91, convertito, con modificazioni, nella L. 11 agosto 2014, n. 116.*

([9]) *La parola: «disporre» è stata così sostituita dalle attuali: «detenere la» dall'art. 2, comma 2, lett.* a), *del D.L.vo 25 settembre 2009, n. 146.*

([10]) *Questa lettera è stata così sostituita dall'art. 7, comma 3* quater, *del D.L. 10 febbraio 2009, n. 5, convertito, con modificazioni, nella L. 9 aprile 2009, n. 33.*

([11]) *Le parole: «è il prezzo» sono state così sostituite dalle attuali: «sia il prezzo» dall'art. 2, comma 2, lett.* b), *del D.L.vo 25 settembre 2009, n. 146.*

([12]) *Le parole: «ovvero è il prezzo» sono state così sostituite dalle attuali: «ovvero sia il prezzo» dall'art. 2, comma 2, lett.* b), *del D.L.vo 25 settembre 2009, n. 146.*

([13]) *A norma dell'art. 8, comma 6, del D.L.vo 19 novembre 2007, n. 229, le disposizioni di questa lettera si applicano a decorrere dalla data di entrata in vigore delle norme di attuazione ivi previste.*

([14]) *Questo numero è stato abrogato dall'art. 2, comma 2, lett.* c), *del D.L.vo 25 settembre 2009, n. 146.*

([15]) *Questo comma è stato inserito dall'art. 20, comma 1, lett.* l), *del D.L. 24 giugno 2014, n. 91, convertito, con modificazioni, nella L. 11 agosto 2014, n. 116.*

([16]) *Questa lettera è stata così sostituita dall'art. 20, comma 1, lett.* m), *del D.L. 24 giugno 2014, n. 91, convertito, con modificazioni, nella L. 11 agosto 2014, n. 116.*

107. Offerta pubblica di acquisto preventiva. – 1. Oltre che nei casi indicati nell'articolo 106, commi 4 e 5, l'obbligo di offerta pubblica previsto dal medesimo articolo, commi 1 e 3, non sussiste se la partecipazione viene a essere detenuta a seguito di un'offerta pubblica di acquisto o di scambio avente a oggetto almeno il sessanta per cento dei titoli di ciascuna categoria ([1]) ([2]):

a) l'offerente e le persone che agiscono di concerto con lui, ([3]) non abbiano acquistato partecipazioni in misura superiore all'uno per cento, anche mediante contratti a termine con scadenza successiva, nei dodici mesi precedenti la comunicazione alla CONSOB prevista dall'articolo 102, comma 1, né durante l'offerta;

b) l'efficacia dell'offerta sia stata condizionata all'approvazione di tanti possessori di titoli ([4]) che possiedano la maggioranza dei titoli stessi ([5]) ([6]) escluse dal computo i titoli detenuti ([7]), in conformità dei criteri stabiliti ai sensi dell'articolo 120, comma 4, lettera *b*), dall'offerente, dal socio di maggioranza, anche relativa, se la sua partecipazione sia superiore al dieci per cento, dalle persone che agiscono di concerto con lui ([8]);

c) la CONSOB accordi l'esenzione, previa verifica della sussistenza delle condizioni indicate nelle lettere *a*) e *b*).

2. Le modalità di approvazione sono stabilite dalla CONSOB con regolamento. Possono esprimere il proprio giudizio sull'offerta ai sensi del comma 1, lettera *b*), anche i soci che non vi aderiscono.

3. L'offerente è tenuto a promuovere l'offerta pubblica prevista dall'articolo 106 se, nei dodici mesi successivi alla chiusura dell'offerta preventiva:

a) l'offerente medesimo o persone che agiscono di concerto con esso, (⁹) abbiano effettuato acquisti di partecipazioni in misura superiore all'uno per cento, anche mediante contratti a termine con scadenza successiva;

b) la società emittente abbia deliberato operazioni di fusione o di scissione (¹⁰).

(¹) *Le parole: «delle azioni quotate in mercati regolamentati italiani che attribuiscono diritti di voto sugli argomenti indicati nell'articolo 105» sono state così sostituite dalle attuali: «dei titoli di ciascuna categoria» dall'art. 3, comma 3, lett.* a), *del D.L.vo 19 novembre 2007, n. 229.*

(²) *Questo comma è stato così modificato dall'art. 9.65, lett.* a), *n. 1, del D.L.vo 17 gennaio 2003, n. 6, così come inserito dall'art. 3 del D.L.vo 6 febbraio 2004, n. 37.*

(³) *Le parole: «l'offerente e i soggetti a esso legati da uno dei rapporti indicati nell'articolo 101* bis, *comma 4,» sono state così sostituite dalle attuali: «l'offerente e le persone che agiscono di concerto con lui,» dall'art. 2, comma 3, lett.* a), *del D.L.vo 25 settembre 2009, n. 146.*

(⁴) *La parola: «soci» è stata così sostituita dalle attuali: «possessori di titoli» dall'art. 3, comma 3, lett.* c), *del D.L.vo 19 novembre 2007, n. 229.*

(⁵) *Le originarie parole: «azioni ordinarie» sono state sostituite dalle parole: «azioni previste dall'articolo 106, comma 1,» dall'art. 9.65, lett.* a), *n. 2, del D.L.vo 17 gennaio 2003, n. 6, così come inserito dall'art. 3 del D.L.vo 6 febbraio 2004, n. 37.*

(⁶) *Le parole: «delle azioni previste dall'articolo 106, comma 1» sono state così sostituite dalle attuali: «dei titoli stessi» dall'art. 3, comma 3, lett.* c), *del D.L.vo 19 novembre 2007, n. 229.*

(⁷) *Le parole: «le partecipazioni detenute» sono state così sostituite dalle attuali: «i titoli detenuti» dall'art. 3, comma 3, lett.* c), *del D.L.vo 19 novembre 2007, n. 229.*

(⁸) *Le parole: «dai soggetti ad esso legati da uno dei rapporti, indicati nell'articolo 101* bis, *comma 4» sono state così sostituite dalle attuali: «dalle persone che agiscono di concerto con lui» dall'art. 2, comma 3, lett.* b), *del D.L.vo 25 settembre 2009, n. 146.*

(⁹) *Le parole: «l'offerente medesimo o soggetti ad esso legati da uno dei rapporti indicati nell'articolo 109, comma 1,» sono state così sostituite dalle attuali «l'offerente medesimo o persone che agiscono di concerto con esso,» dall'art. 2, comma 3, lett.* c), *del D.L.vo 25 settembre 2009, n. 146*

(¹⁰) *Questa lettera è stata così sostituita dall'art. 9.65, lett.* b), *del D.L.vo 17 gennaio 2003, n. 6, così come inserito dall'art. 3 del D.L.vo 6 febbraio 2004, n. 37.*

108. (¹) **Obbligo di acquisto.** – 1. L'offerente che venga a detenere, a seguito di un'offerta pubblica totalitaria, una partecipazione almeno pari al novantacinque per cento del capitale rappresentato da titoli in una società italiana quotata (²) ha l'obbligo di acquistare i restanti titoli da chi ne faccia richiesta. Qualora siano emesse più categorie di titoli, l'obbligo sussiste solo per le categorie di titoli per le quali sia stata raggiunta la soglia del novantacinque per cento.

2. Salvo quanto previsto al comma 1, chiunque venga a detenere una partecipazione superiore al novanta per cento del capitale rappresentato da titoli ammessi alla negoziazione in un mercato regolamentato, ha l'obbligo di acquistare i restanti titoli ammessi alla negoziazione in un mercato regolamentato da chi ne faccia richiesta se non ripristina entro novanta giorni un flottante sufficiente ad assicurare il regolare andamento delle negoziazioni. Qualora siano emesse più categorie di titoli, l'obbligo sussiste soltanto in relazione alle categorie di titoli per le quali sia stata raggiunta la soglia del novanta per cento.

3. Nell'ipotesi di cui al comma 1, nonché nei casi di cui al comma 2 in cui la partecipazione ivi indicata sia raggiunta esclusivamente a seguito di offerta pubblica totalitaria, il corrispettivo è pari a quello dell'offerta pubblica totalitaria precedente, sempre che, in caso di offerta volontaria, l'offerente abbia acquistato a seguito dell'offerta stessa, titoli che rappresentano non meno del novanta per cento del capitale con diritto di voto compreso nell'offerta.

4. Al di fuori dei casi di cui al comma 3, il corrispettivo è determinato dalla Consob, tenendo conto anche del corrispettivo dell'eventuale offerta precedente o del prezzo di mercato del semestre anteriore all'annuncio dell'offerta effettuato ai sensi dell'articolo 102, comma 1, o dell'articolo 114, ovvero antecedente l'acquisto che ha determinato il sorgere dell'obbligo (³).

5. Nell'ipotesi di cui al comma 1, nonché nei casi di cui al comma 2 in cui la partecipazione ivi indicata siaraggiunta esclusivamente a seguito di offerta pubblica totalitaria, il corrispettivo assume la stessa forma di quello dell'offerta, ma il possessore dei titoli può sempre esigere che gli sia corrisposto in misura integrale un corrispettivo in contanti, determinato in base a criteri generali definiti dalla Consob con regolamento (⁴) (⁵).

6. Se il corrispettivo offerto è pari a quello proposto nell'offerta precedente l'obbligo può es-

sere adempiuto attraverso una riapertura dei termini della stessa.

7. La CONSOB detta con regolamento norme di attuazione del presente articolo riguardanti in particolare:

a) gli obblighi informativi connessi all'attuazione del presente articolo;

b) i termini entro i quali i possessori dei titoli residui possono richiedere di cedere i suddetti titoli;

c) la procedura da seguire per la determinazione del prezzo.

(1) *Questo articolo è stato da ultimo così sostituito dall'art. 3, comma 4, del D.L.vo 19 novembre 2007, n. 229.*

(2) *Le parole: «in una società italiana quotata» sono state inserite dall'art. 2, comma 4, lett.* a), *del D.L.vo 25 settembre 2009, n. 146.*

(3) *Questo comma è stato così sostituito dall'art. 2, comma 4, lett.* b), *del D.L.vo 25 settembre 2009, n. 146.*

(4) *Le parole: «corrisposto un corrispettivo in contanti, nella misura determitata dalla Consob, in base a criteri generali definiti da questa con regolamento» sono state così sostituite dalle attuali: «corrisposto in misura integrale un corrispettivo in contanti, determinato in base a criteri generali definiti dalla Consob con regolamento.», dall'art. 2, comma 4, lett.* c), *del D.L.vo 25 settembre 2009, n. 146.*

(5) *A norma dell'art. 8, comma 7, del D.L.vo 19 novembre 2007, n. 229, in sede di prima applicazione di questo comma e sino all'entrata in vigore delle relative norme di attuazione, il possessore dei titoli può esigere il corrispettivo in contanti in misura integrale.*

109. (1) **Acquisto di concerto.** – 1. Sono solidalmente tenuti agli obblighi previsti dagli articoli 106 e 108 le persone che agiscono di concerto quando vengano a detenere, a seguito di acquisti effettuati anche da uno solo di essi, una partecipazione complessiva superiore alle percentuali indicate nei predetti articoli. I medesimi obblighi sussistono in capo a coloro che agiscono di concerto, a seguito di maggiorazione, anche a favore di uno solo di essi, dei diritti di voto, qualora essi vengano a disporre di diritti di voto in misura superiore alle percentuali indicate nell'articolo 106 (2).

2. Il comma 1, primo periodo, (3) non si applica quando la detenzione di una partecipazione complessiva superiore alle percentuali indicate agli articoli 106 e 108 costituisce effetto della stipula di un patto, anche nullo, di cui all'articolo 122, salvo che gli aderenti siano venuti a detenere una partecipazione complessiva superiore alle predette percentuali nei dodici mesi precedenti la stipulazione del patto.

3. Ai fini dell'applicazione del comma 1, le fattispecie di cui all'articolo 101 *bis*, comma 4 *bis* (4), assumono rilievo anche congiuntamente, limitatamente ai soggetti che detengono partecipazioni.

(1) *Questo articolo è stato così sostituito dall'art. 3, comma 5, del D.L.vo 19 novembre 2007, n. 229.*

(2) *Le parole: «I medesimi obblighi sussistono in capo a coloro che agiscono di concerto, a seguito di maggiorazione, anche a favore di uno solo di essi, dei diritti di voto, qualora essi vengano a disporre di diritti di voto in misura superiore alle percentuali indicate nell'articolo 106.» sono state aggiunte dall'art. 20, comma 1, lett.* n), *del D.L. 24 giugno 2014, n. 91, convertito, con modificazioni, nella L. 11 agosto 2014, n. 116.*

(3) *Le parole: «, primo periodo,» sono state aggiunte dall'art. 20, comma 1, lett.* o), *del D.L. 24 giugno 2014, n. 91, convertito, con modificazioni, nella L. 11 agosto 2014, n. 116.*

(4) *Le parole: «di cui all'articolo 101* bis, *comma 4» sono state così sostituite dalle attuali: «di cui all'articolo 101* bis, *comma 4* bis» *dall'art. 2, comma 5, del D.L.vo 25 settembre 2009, n. 146.*

110. Inadempimento degli obblighi (1). – 1. In caso di violazione degli obblighi previsti dalla presente sezione, il diritto di voto inerente all'intera partecipazione detenuta non può essere esercitato e i titoli (2) eccedenti le percentuali indicate negli articoli 106 e 108 devono essere alienati (3) entro dodici mesi. Nel caso in cui il diritto di voto venga esercitato, si applica l'articolo 14, comma 5. L'impugnazione può essere proposta anche dalla CONSOB entro il termine indicato nell'articolo 14, comma 6.

1 *bis*. Fermo restando quanto stabilito dall'articolo 192, comma 1, la CONSOB, in alternativa all'alienazione di cui al comma 1, con provvedimento motivato, avuto riguardo tra l'altro alle ragioni del mancato adempimento, agli effetti che conseguirebbero all'alienazione e alle modifiche intervenute nella compagine azionaria, può imporre la promozione dell'offerta totalitaria al prezzo da essa stabilito, anche tenendo conto del prezzo di mercato dei titoli (4).

1 *ter*. L'alienazione prevista dal comma 1 o la promozione dell'offerta prevista dal comma 1 *bis* fanno venire meno la sospensione del diritto di voto di cui al comma 1 (4).

(1) *La precedente rubrica: «Sospensione del diritto di voto» è stata così sostituita dall'attuale dall'art. 3, comma 6, lett.* a), *del D.L.vo 19 novembre 2007, n. 229.*

([2]) *Le parole: «le azioni» sono state così sostituite dalle attuali: «i titoli» dall'art. 3, comma 6, lett.* b)*, del D.L.vo 19 novembre 2007, n. 229.*

([3]) *La parola: «alienate» è stata così sostituita dall'attuale: «alienati» dall'art. 3, comma 6, lett.* b)*, del D.L.vo 19 novembre 2007, n. 229.*

([4]) *Questo comma è stato inserito dall'art. 3, comma 6, lett.* c)*, del D.L.vo 19 novembre 2007, n. 229.*

111. Diritto di acquisto. – 1. L'offerente che venga a detenere a seguito di offerta pubblica totalitaria una partecipazione almeno pari al novantacinque per cento del capitale rappresentato da titoli in una società italiana quotata ([1]) ha diritto di acquistare i titoli residui entro tre mesi dalla scadenza del termine per l'accettazione dell'offerta, se ha dichiarato nel documento d'offerta l'intenzione di avvalersi di tale diritto. Qualora siano emesse più categorie di titoli, il diritto di acquisto può essere esercitato soltanto per le categorie di titoli per le quali sia stata raggiunta la soglia del novantacinque per cento ([2]).

2. Il corrispettivo e la forma che esso deve assumere sono determinati ai sensi dell'articolo 108, commi 3, 4 e 5 ([2]).

3. Il trasferimento ha efficacia dal momento della comunicazione dell'avvenuto deposito del prezzo di acquisto presso una banca alla società emittente, che provvede alle conseguenti annotazioni nel libro dei soci.

([1]) *Le parole: «in una società italiana quotata» sono state aggiunte dall'art. 2, comma 6, del D.L.vo 25 settembre 2009, n. 146.*

([2]) *Questo comma è stato così sostituito dall'art. 3, comma 7, del D.L.vo 19 novembre 2007, n. 229.*

112. Disposizioni di attuazione. – 1. La CONSOB detta con regolamento disposizioni di attuazione della presente sezione; con provvedimento da pubblicare nella *Gazzetta Ufficiale*, essa può, sentita la società di gestione del mercato, elevare per singole società la percentuale prevista dall'articolo 108.

Titolo III
Emittenti

Capo I
Informazione societaria

113. ([1]) **Ammissione alle negoziazioni di strumenti finanziari comunitari.** – 1. Prima della data stabilita per l'inizio delle negoziazioni degli strumenti finanziari comunitari in un mercato regolamentato l'emittente o la persona che chiede l'ammissione alle negoziazioni pubblica un prospetto. Si applicano gli articoli 94, commi 1, 2, 3, 4, 5, 8, 10 e 11 e 94 *bis*, commi 1, 2, 3 e 5 anche nei confronti della persona che chiede l'ammissione alle negoziazioni.

2. Qualunque fatto nuovo significativo, errore materiale o imprecisione relativi alle informazioni contenute nel prospetto che sia atto ad influire sulla valutazione degli strumenti finanziari e che sopravvenga o sia rilevato tra il momento in cui è approvato il prospetto e quello in cui inizia la negoziazione in un mercato regolamentato deve essere menzionato in un supplemento del prospetto.

3. La CONSOB:

a) determina con regolamento le modalità e i termini di pubblicazione del prospetto e di eventuali supplementi dettando specifiche disposizioni per i casi in cui l'ammissione alle negoziazioni in un mercato regolamentato sia preceduta da un'offerta al pubblico;

b) determina con regolamento la lingua da utilizzare nel prospetto per l'ammissione alle negoziazioni di strumenti finanziari;

c) può individuare con regolamento in quali casi non si applica l'obbligo di pubblicazione del prospetto previsto al comma 1;

d) disciplina l'obbligo di depositare presso la CONSOB un documento concernente le informazioni che gli emittenti hanno pubblicato o reso disponibili al pubblico nel corso di un anno;

e) stabilisce le condizioni per il trasferimento dell'approvazione di un prospetto all'autorità competente di un altro Stato membro;

f) esercita i poteri previsti negli articoli 114, commi 5 e 6, e 115 nei confronti dell'emittente, della persona che chiede l'ammissione alle negoziazioni e degli altri soggetti indicati in tali disposizioni;

g) può sospendere l'ammissione alle negoziazioni in un mercato regolamentato per un massimo di dieci giorni lavorativi consecutivi per ciascuna volta se ha ragionevole motivo di sospettare che le disposizioni del presente articolo e delle relative norme di attuazione sono state violate;

h) fermo restando il potere previsto nell'articolo 64, comma 1 *bis*, lettera *c*), può chiedere alla società di gestione del mercato la sospensione in via cautelare, per un periodo non superiore a dieci giorni lavorativi consecutivi, delle negoziazioni in un mercato regolamentato in caso di fondato sospetto di violazione delle disposizioni del presente articolo e delle relative norme di attuazione;

i) fermo restando il potere previsto nell'articolo 64, comma 1 *bis*, lettera *c*), può chiedere alla società di gestione del mercato di vietare le negoziazioni in un mercato regolamentato in caso di accertata violazione delle disposizioni del presente articolo e delle relative norme di attuazione;

l) informa l'autorità competente dello Stato membro d'origine, qualora, quale autorità competente dello Stato membro ospitante, rilevi che siano state commesse violazioni degli obblighi incombenti all'emittente in virtù dell'ammissione degli strumenti finanziari alle negoziazioni in un mercato regolamentato;

m) adotta, dopo averne informato l'autorità competente dello Stato membro d'origine, le misure opportune per tutelare gli investitori, se, nonostante le misure adottate dall'autorità competente dello Stato membro d'origine o perché tali misure si rivelano inadeguate, l'emittente persevera nella violazione delle disposizioni legislative o regolamentari pertinenti. Dell'adozione di tali misure ne informa al più presto la Commissione europea;

n) rende pubblico il fatto che l'emittente o la persona che chiede l'ammissione alle negoziazioni non ottempera ai propri obblighi.

4. Alla pubblicità relativa ad un'ammissione di strumenti finanziari alla negoziazione in un mercato regolamentato si applica l'articolo 101.

5. Al prospetto di ammissione alle negoziazioni in un mercato regolamentato si applicano gli articoli 98 e 98 *bis*.

(1) *Questo articolo è stato così sostituito dall'art. 4, comma 1, lett.* a), *del D.L.vo 28 marzo 2007, n. 51.*

113 *bis*. (1) Ammissione alle negoziazioni di quote o azioni di OICR aperti. – 1. Prima della data stabilita per l'inizio delle negoziazioni delle quote o azioni di OICR aperti in un mercato regolamentato l'emittente pubblica un prospetto contenente le informazioni indicate nell'articolo 98 *ter*, comma 2.

2. La CONSOB:

a) determina con regolamento i contenuti del prospetto e le relative modalità di pubblicazione ferma restando la necessità di pubblicazione tramite mezzi di informazione su giornali quotidiani nazionali, (2) e di aggiornamento del prospetto dettando specifiche disposizioni per i casi in cui l'ammissione alla quotazione in un mercato regolamentato avvenga simultaneamente ad un'offerta al pubblico;

b) può indicare all'emittente informazioni integrative da inserire nel prospetto e specifiche modalità di pubblicazione;

c) detta disposizioni per coordinare le funzioni della società di gestione del mercato con quelle proprie e, su richiesta di questa, può affidarle compiti inerenti al controllo del prospetto tenuto anche conto delle caratteristiche dei singoli mercati.

3. Il prospetto approvato dall'autorità competente di un altro Stato membro dell'Unione europea è riconosciuto dalla CONSOB, con le modalità e alle condizioni stabilite nel regolamento previsto dal comma 2, quale prospetto per l'ammissione alle negoziazioni in un mercato regolamentato. La CONSOB può richiedere, con il regolamento previsto dal comma 2, la pubblicazione di un documento per la quotazione.

4. Alla pubblicità relativa ad un'ammissione di quote o azioni di OICR aperti alla negoziazione in un mercato regolamentato si applica l'articolo 101.

(1) *Questo articolo è stato inserito dall'art. 4, comma 1, lett.* b), *del D.L.vo 28 marzo 2007, n. 51.*

(2) *Le parole*: «*ferma restando la necessità di pubblicazione tramite mezzi di informazione su giornali quotidiani nazionali,*» *sono state inserite dall'art. 1, comma 6, del D.L.vo 17 luglio 2009, n. 101.*

113 *ter*. (1) Disposizioni generali in materia di informazioni regolamentate. – 1. Per informazioni regolamentate si intendono quelle che devono essere pubblicate dagli emittenti quotati, dagli emittenti quotati aventi l'Italia come Stato membro d'origine o dai soggetti che li controllano, ai sensi delle disposizioni contenute nel presente Titolo, Capo I e Capo II, Sezioni I, I *bis* [, II] (2) e V *bis*, e nei relativi regolamenti di attuazione ovvero delle disposizioni previste da Paesi extracomunitari ritenute equivalenti dalla CONSOB.

2. Le informazioni regolamentate sono depositate presso la CONSOB e la società di gestione del mercato per il quale l'emittente ha richiesto o ha approvato l'ammissione alla negoziazione dei propri valori mobiliari o quote di fondi chiusi, al fine di assicurare l'esercizio delle funzioni attribuite a detta società ai sensi dell'articolo 64, comma 1.

3. La CONSOB, nell'esercizio dei poteri ad essa attribuiti dal presente Titolo, stabilisce modalità e termini di diffusione al pubblico delle informazioni regolamentate, ferma restando la necessità di pubblicazione tramite mezzi di informazione su giornali quotidiani nazionali, (3) tenuto conto della natura di tali informazioni, al fine di assicurarne un accesso rapido, non discriminatorio e ragionevolmente idoneo a garantirne l'effettiva diffusione in tutta la Comunità europea.

4. La CONSOB:

a) autorizza soggetti terzi rispetto all'emittente all'esercizio dei servizi di diffusione delle informazioni regolamentate;

b) autorizza il servizio di stoccaggio centralizzato delle informazioni regolamentate;

c) organizza e gestisce il servizio di stoccaggio centralizzato delle informazioni in assenza di soggetti autorizzati ai sensi della lettera *b*).

5. La CONSOB, in relazione alle informazioni regolamentate, stabilisce con regolamento:

a) modalità e termini per il deposito di cui al comma 2;

b) requisiti e condizioni per il rilascio dell'autorizzazione all'esercizio del servizio di diffusione, nonché disposizioni per lo svolgimento di tale attività, avendo riguardo agli obiettivi di cui al comma 3;

c) requisiti e condizioni per il rilascio dell'autorizzazione all'esercizio del servizio di stoccaggio, nonché disposizioni per lo svolgimento di tale attività che garantiscano sicurezza, certezza delle fonti d'informazione, registrazione dell'ora e della data della ricezione delle informazioni regolamentate, agevole accesso per gli utenti finali, procedure allineate con quelle previste per il deposito presso la CONSOB;

d) la lingua in cui devono essere comunicate;

e) eventuali esenzioni dagli obblighi di deposito, diffusione e stoccaggio in conformità alla disciplina comunitaria.

6. Se un soggetto ha chiesto, senza il consenso dell'emittente, l'ammissione alla negoziazione in un mercato regolamentato di valori mobiliari o quote di fondi chiusi, gli obblighi di comunicazione delle informazioni regolamentate sono osservati da tale soggetto, salvo il caso in cui l'emittente comunica al pubblico, ai sensi delle disposizioni del proprio Stato di origine, le informazioni regolamentate richieste dalla normativa comunitaria.

7. I soggetti tenuti alla comunicazione al pubblico delle informazioni regolamentate non possono esigere corrispettivi per tale comunicazione.

8. La CONSOB può rendere pubblico il fatto che i soggetti tenuti alla comunicazione delle informazioni regolamentate non ottemperano ai loro obblighi.

9. Fermo restando quanto previsto dall'articolo 64, comma 1 *bis*, la CONSOB può:

a) sospendere o richiedere che il mercato regolamentato interessato sospenda la negoziazione dei valori mobiliari o quote di fondi chiusi per un massimo di dieci giorni per volta, se ha motivi ragionevoli di sospettare che le disposizioni relative alle informazioni regolamentate siano state violate dal soggetto obbligato, ai sensi del presente articolo, alla comunicazione delle informazioni regolamentate;

b) proibire la negoziazione in un mercato regolamentato se accerta che le disposizioni indicate alla lettera *a*) sono state violate.

(1) *Questo articolo è stato inserito dall'art. 1, comma 4, del D.L.vo 6 novembre 2007, n. 195. A norma dell'art. 2, comma 2, dello stesso decreto legislativo, fino all'attuazione di questo articolo si applicano le disposizioni legislative e regolamentari vigenti in materia di modalità di diffusione delle informazioni regolamentate.*

(2) *Le parole tra parentesi quadrate sono state soppresse dall'art. 3, comma 2, del D.L.vo 27 gennaio 2010, n. 27. A norma dell'art. 7 dello stesso D.L.vo, questa disposizione si applica alle assemblee il cui avviso di convocazione sia pubblicato dopo il 31 ottobre 2010. Fino a tale data continuano ad applicarsi le disposizioni sostituite od abrogate dalle corrispondenti disposizioni del D.L.vo n. 27/2010.*

(3) *Le parole: «ferma restando la necessità di pubblicazione tramite mezzi di informazione su giornali quotidiani nazionali,» sono state inserite dall'art. 1, comma 7, del D.L.vo 17 luglio 2009, n. 101.*

114. (1) **Comunicazioni al pubblico.** – 1. Fermi gli obblighi di pubblicità previsti da specifiche disposizioni di legge, gli emittenti quotati [e i soggetti che li controllano] (2) comunicano al pubblico, senza indugio, le informazioni privilegiate di cui all'articolo 181 che riguardano direttamente detti emittenti e le società controllate. La CONSOB stabilisce con regolamento le modalità e i termini di comunicazione delle informazioni, ferma restando la necessità di pubblicazione tramite mezzi di informazione su giornali quotidiani nazionali, (3) detta disposizioni per coordinare le funzioni attribuite alla società di gestione del mercato con le proprie e può individuare compiti da affidarle per il corretto svolgimento delle funzioni previste dall'articolo 64, comma 2, lettera *d*) (4).

2. Gli emittenti quotati impartiscono le disposizioni occorrenti affinché le società controllate forniscano tutte le notizie necessarie per adempiere gli obblighi di comunicazione previsti dalla legge. Le società controllate trasmettono tempestivamente le notizie richieste.

3. Gli emittenti quotati possono, sotto la propria responsabilità, ritardare la comunicazione al pubblico delle informazioni privilegiate, al fine di non pregiudicare i loro legittimi interessi, nelle

ipotesi e alle condizioni stabilite dalla Consob con regolamento, sempre che ciò non possa indurre in errore il pubblico su fatti e circostanze essenziali e che gli stessi soggetti siano in grado di garantirne la riservatezza ([5]). La CONSOB, con regolamento, può stabilire che l'emittente informi senza indugio la stessa autorità della decisione di ritardare la divulgazione al pubblico di informazioni privilegiate e può individuare le misure necessarie a garantire che il pubblico sia correttamente informato.

4. Qualora i soggetti indicati al comma 1, o una persona che agisca in loro nome o per loro conto, comunichino nel normale esercizio del lavoro, della professione, della funzione o dell'ufficio le informazioni indicate al comma 1 ad un terzo che non sia soggetto ad un obbligo di riservatezza legale, regolamentare, statutario o contrattuale, gli stessi soggetti indicati al comma 1 ne danno integrale comunicazione al pubblico, simultaneamente nel caso di divulgazione intenzionale e senza indugio in caso di divulgazione non intenzionale.

5. La CONSOB può, anche in via generale, richiedere agli emittenti, ai soggetti che li controllano ([6]), agli emittenti quotati aventi l'Italia come Stato membro d'origine, ([7]) ai componenti degli organi di amministrazione e controllo e ai dirigenti, nonché ai soggetti che detengono una partecipazione rilevante ai sensi dell'articolo 120 o che partecipano a un patto previsto dall'articolo 122 che siano resi pubblici, con le modalità da essa stabilite, notizie e documenti necessari per l'informazione del pubblico. In caso di inottemperanza, la CONSOB provvede direttamente a spese del soggetto inadempiente ([8]).

6. Qualora gli emittenti, i soggetti che li controllano ([9]) e gli emittenti quotati aventi l'Italia come Stato membro d'origine ([10]) oppongano, con reclamo motivato, che dalla comunicazione al pubblico delle informazioni, richiesta ai sensi del comma 5, possa derivare loro grave danno, gli obblighi di comunicazione sono sospesi. La CONSOB, entro sette giorni, può escludere anche parzialmente o temporaneamente la comunicazione delle informazioni, sempre che ciò non possa indurre in errore il pubblico su fatti e circostanze essenziali. Trascorso tale termine, il reclamo si intende accolto.

7. I soggetti che svolgono funzioni di amministrazione, di controllo o di direzione in un emittente quotato e i dirigenti che abbiano regolare accesso a informazioni privilegiate indicate al comma 1 e detengano il potere di adottare decisioni di gestione che possono incidere sull'evoluzione e sulle prospettive future dell'emittente quotato, chiunque detenga azioni in misura almeno pari al 10 per cento del capitale sociale, nonché ogni altro soggetto che controlla l'emittente quotato, devono comunicare alla CONSOB e al pubblico le operazioni, aventi ad oggetto azioni emesse dall'emittente o altri strumenti finanziari ad esse collegati, da loro effettuate, anche per interposta persona. Tale comunicazione deve essere effettuata anche dal coniuge non separato legalmente, dai figli, anche del coniuge, a carico, nonché dai genitori, i parenti e gli affini conviventi dei soggetti sopra indicati, nonché negli altri casi individuati dalla CONSOB con regolamento, in attuazione della direttiva 2004/72/CE della Commissione, del 29 aprile 2004. La CONSOB individua con lo stesso regolamento le operazioni, le modalità e i termini delle comunicazioni, le modalità e i termini di diffusione al pubblico delle informazioni, nonché i casi in cui i detti obblighi si applicano anche con riferimento alle società in rapporto di controllo con l'emittente nonché ad ogni altro ente nel quale i soggetti sopra indicati svolgono le funzioni previste dal primo periodo del presente comma.

8. I soggetti che producono o diffondono ricerche o valutazioni, con l'esclusione delle società di rating, riguardanti gli strumenti finanziari indicati all'articolo 180, comma 1, lettera *a*), o gli emittenti di tali strumenti, nonché i soggetti che producono o diffondono altre informazioni che raccomandano o propongono strategie di investimento destinate ai canali di divulgazione o al pubblico, devono presentare l'informazione in modo corretto e comunicare l'esistenza di ogni loro interesse o conflitto di interessi riguardo agli strumenti finanziari cui l'informazione si riferisce ([11]).

9. La CONSOB stabilisce con regolamento:

a) disposizioni di attuazione del comma 8;

b) le modalità di pubblicazione delle ricerche e delle informazioni indicate al comma 8 prodotte o diffuse da emittenti quotati o da soggetti abilitati, nonché da soggetti in rapporto di controllo con essi.

10. Fatto salvo il disposto del comma 8, le disposizioni emanate ai sensi del comma 9, lettera *a*), non si applicano ai giornalisti soggetti a norme di autoregolamentazione equivalenti purché la loro applicazione consenta di conseguire gli stessi effetti. La CONSOB valuta, preventivamente e in via generale, la sussistenza di dette condizioni.

11. Le istituzioni che diffondono al pubblico dati o statistiche idonei ad influenzare sensibilmente il prezzo degli strumenti finanziari indicati all'articolo 180, comma 1, lettera *a*), devono divulgare tali informazioni in modo corretto e trasparente.

12. Le disposizioni del presente articolo si applicano anche ai soggetti italiani ed esteri che emettono strumenti finanziari per i quali sia stata presentata una richiesta di ammissione alle negoziazioni nei mercati regolamentati italiani.

([1]) *Questo articolo è stato così sostituito dall'art. 9, comma 1, lett.* e), *della L. 18 aprile 2005, n. 62.*

([2]) *Le parole fra parentesi quadrate sono state soppresse dall'art. 1, comma 10, lett.* a), *del D.L.vo 11 ottobre 2012, n. 184.*

([3]) *Le parole: «, ferma restando la necessità di pubblicazione tramite mezzi di informazione su giornali quotidiani nazionali,» sono state inserite dall'art. 1, comma 8, del D.L.vo 17 luglio 2009, n. 101.*

([4]) *Le parole: «64, comma 1, lettera* b)*» sono state così sostituite dalle attuali: «64, comma 2, lettera* d)*» dall'art. 4, comma 4, del D.L.vo 3 agosto 2017, n. 129. A norma dell'art. 10, comma 2, del medesimo decreto, tali disposizioni si applicano dal 3 gennaio 2018.*

([5]) *L'originario primo periodo è stato così sostituito dall'attuale dall'art. 1, comma 10, lett.* b), *del D.L.vo 11 ottobre 2012, n. 184.*

([6]) *Le parole: «ai soggetti indicati nel comma 1» sono state così sostituite dalle attuali: «agli emittenti, ai soggetti che li controllano» dall'art. 1, comma 10, lett.* c), *del D.L.vo 11 ottobre 2012, n. 184.*

([7]) *Le parole: «agli emittenti quotati aventi l'Italia come Stato membro d'origine,» sono state inserite dall'art. 1, comma 5, del D.L.vo 6 novembre 2007, n. 195.*

([8]) *Questo comma è stato così sostituito dall'art. 14, comma 1, lett.* g), *n. 1, della L. 28 dicembre 2005, n. 262.*

([9]) *Le parole: «i soggetti indicati nel comma 1» sono state così sostituite dalle attuali: «gli emittenti, i soggetti che li controllano» dall'art. 1, comma 10, lett.* d), *del D.L.vo 11 ottobre 2012, n. 184.*

([10]) *Le parole: «e gli emittenti quotati aventi l'Italia come Stato membro d'origine» sono state inserite dall'art. 1, comma 9, del D.L.vo 17 luglio 2009, n. 101.*

([11]) *Questo comma è stato così sostituito dall'art. 14, comma 1, lett.* g), *n. 2, della L. 28 dicembre 2005, n. 262.*

114 *bis*. ([1]) Informazione al mercato in materia di attribuzione di strumenti finanziari ([2]) a esponenti aziendali, dipendenti o collaboratori. – 1. I piani di compensi basati su [azioni o] ([3]) strumenti finanziari a favore di componenti del consiglio di amministrazione ovvero del consiglio di gestione, di dipendenti o di collaboratori non legati alla società da rapporti di lavoro subordinato, ovvero di componenti del consiglio di amministrazione ovvero del consiglio di gestione, di dipendenti o di collaboratori di altre società controllanti o controllate sono approvati dall'assemblea ordinaria ([4]) dei soci. Nei termini e con le modalità previsti dall'articolo 125 *ter*, comma 1, ([5]) l'emittente mette a disposizione del pubblico la relazione con le informazioni concernenti ([6]):

a) le ragioni che motivano l'adozione del piano;

b) i componenti del consiglio di amministrazione ovvero del consiglio di gestione della società, delle controllanti o controllate, che beneficiano del piano ([7]);

b bis) le categorie di dipendenti, o di collaboratori della società e delle società controllanti o controllate della società, che beneficiano del piano ([8]);

c) le modalità e le clausole di attuazione del piano, specificando se la sua attuazione è subordinata al verificarsi di condizioni e, in particolare, al conseguimento di risultati determinati;

d) l'eventuale sostegno del piano da parte del Fondo speciale per l'incentivazione della partecipazione dei lavoratori nelle imprese, di cui all'articolo 4, comma 112, della legge 24 dicembre 2003, n. 350;

e) le modalità per la determinazione dei prezzi o dei criteri per la determinazione dei prezzi per la sottoscrizione o per l'acquisto delle azioni;

f) i vincoli di disponibilità gravanti sulle azioni ovvero sui diritti di opzione attribuiti, con particolare riferimento ai termini entro i quali sia consentito o vietato il successivo trasferimento alla stessa società o a terzi.

2. Le disposizioni del presente articolo si applicano agli enti emittenti quotati e ([9]) agli emittenti strumenti finanziari diffusi fra il pubblico in misura rilevante ai sensi dell'articolo 116.

3. La CONSOB definisce con proprio regolamento le informazioni, relative agli elementi indicati nel comma 1, che devono essere fornite in relazione alle varie modalità di realizzazione del piano, prevedendo informazioni più dettagliate per piani di particolare rilevanza ([10]).

([1]) *Questo articolo è stato inserito dall'art. 16, comma 1, della L. 28 dicembre 2005, n. 262.*

([2]) *L'originaria parola: «azioni» è stata così sostituita dalle attuali: «strumenti finanziari» dall'art. 3, comma 9, lett.* a), *del D.L.vo 29 dicembre 2006, n. 303.*

([3]) *Le parole fra parentesi quadrate sono state soppresse dall'art. 3, comma 9, lett.* b), *del D.L.vo 29 dicembre 2006, n. 303.*

([4]) *La parola: «ordinaria» è stata inserita dall'art. 3, comma 9, lett.* c), *del D.L.vo 29 dicembre 2006, n. 303.*

([5]) *Le parole: «Almeno quindici giorni prima del termine fissato per l'assemblea, convocata per le deliberazioni di cui al presente comma,» sono state così sostituite dalle parole: «Nei termini e con le modalità previsti dall'articolo 125* ter, *comma 1,» dall'art. 3, comma 3, del D.L.vo 27 gennaio 2010, n. 27. A norma dell'art. 7 dello stesso D.L.vo, questa disposizione si applica alle assemblee il cui avviso di convocazione sia pubblicato dopo il 31 ottobre 2010. Fino a tale data continuano ad applicarsi le disposizioni sostituite od abrogate dalle corrispondenti disposizioni del D.L.vo n. 27/2010.*

([6]) *Le originarie parole: «Almeno quindici giorni prima dell'esecuzione dei piani sono rese pubbliche, mediante invio di un comunicato alla CONSOB, alla società di gestione del mercato, che lo mette immediatamente a disposizione del pubblico, e ad almeno due agenzie di stampa, le informazioni concernenti» sono state così sostituite dalle attuali da: «Almeno quindici giorni» fino a: «informazioni concernenti» dall'art. 3, comma 9, lett.* d), *del D.L.vo 29 dicembre 2006, n. 303.*

([7]) *Questa lettera è stata così sostituita dall'art. 3, comma 9, lett.* e), *del D.L.vo 29 dicembre 2006, n. 303.*

([8]) *Questa lettera è stata inserita dall'art. 3, comma 9, lett.* f), *del D.L.vo 29 dicembre 2006, n. 303.*

([9]) *L'originaria parola: «anche» è stata così sostituita dalle attuali: «agli enti emittenti quotati e» dall'art. 3, comma 9, lett.* g), *del D.L.vo 29 dicembre 2006, n. 303.*

([10]) *Questo comma è stato così sostituito dall'art. 3, comma 9, lett.* h), *del D.L.vo 29 dicembre 2006, n. 303.*

115. Comunicazioni alla CONSOB. – 1. La CONSOB, al fine di vigilare sulla correttezza delle informazioni fornite al pubblico può, anche in via generale:

a) richiedere agli emittenti quotati, agli emittenti quotati aventi l'Italia come Stato membro d'origine, ([1]) ai soggetti che li controllano e alle società dagli stessi controllate, la comunicazione di notizie e documenti, fissandone le relative modalità;

b) assumere notizie, anche mediante la loro audizione, dai componenti degli organi sociali, dai direttori generali, dai dirigenti preposti alla redazione dei documenti contabili societari e dagli altri dirigenti, dai revisori legali e dalle società di revisione legale ([2]), dalle società e dai soggetti indicati nella lettera *a*) ([3]);

c) eseguire ispezioni presso i soggetti indicati nelle lettere *a*) e *b*), al fine di controllare i documenti aziendali e di acquisirne copia ([4]);

c bis) esercitare gli ulteriori poteri previsti dall'articolo 187 *octies* ([5]).

2. I poteri previsti dalle lettere *a*), *b*) e *c*) ([6]) possono essere esercitati nei confronti dei soggetti che detengono una partecipazione rilevante ai sensi dell'articolo 120 o che partecipano a un patto previsto dall'articolo 122.

3. La CONSOB può altresì richiedere alle società o agli enti che partecipano direttamente o indirettamente a società con azioni quotate l'indicazione nominativa, in base ai dati disponibili, dei soci e, nel caso di società fiduciarie, dei fiducianti.

([1]) *Le parole: «agli emittenti quotati aventi l'Italia come Stato membro d'origine,» sono state inserite dall'art. 1, comma 6, del D.L.vo 6 novembre 2007, n. 195.*

([2]) *Le originarie parole: «dalle società di revisione» sono state così sostituite dalle attuali: «dai revisori legali e dalle società di revisione legale», dall'art. 40, comma 9, del D.L.vo 27 gennaio 2010, n. 39.*

([3]) *Questa lettera è stata così sostituita dall'art. 14, comma 1, lett.* h), *n. 1, della L. 28 dicembre 2005, n. 262.*

([4]) *Le originarie parole: «nella lettera* a)*» sono state così sostituite dall'art. 14, comma 1, lett.* h), *n. 2, della L. 28 dicembre 2005, n. 262.*

([5]) *Questa lettera è stata aggiunta dall'art. 9, comma 1, lett.* f), *della L. 18 aprile 2005, n. 62.*

([6]) *Le originarie parole: «dalle lettere* a) *e* b)*» sono state così sostituite dall'art. 14, comma 1, lett.* h), *n. 3, della L. 28 dicembre 2005, n. 262.*

115 *bis*. ([1]) Registri delle persone che hanno accesso ad informazioni privilegiate. – 1. Gli emittenti quotati e i soggetti da questi controllati ([2]), o le persone che agiscono in loro nome o per loro conto, devono istituire, e mantenere regolarmente aggiornato, un registro delle persone che, in ragione dell'attività lavorativa o professionale ovvero in ragione delle funzioni svolte, hanno accesso alle informazioni indicate all'articolo 114, comma 1. La CONSOB determina con regolamento le modalità di istituzione, tenuta e aggiornamento dei registri.

([1]) *Questo articolo è stato inserito dall'art. 9, comma 1, lett.* g), *della L. 18 aprile 2005, n. 62.*

([2]) *Le parole: «in rapporto di controllo con essi» sono state così sostituite dalle attuali: «da questi controllati» dall'art. 1, comma 11, del D.L.vo 11 ottobre 2012, n. 184.*

116. Strumenti finanziari diffusi tra il pubblico. – 1. Gli articoli 114, ad eccezione del comma 7, ([1]) e 115 si applicano anche agli emittenti strumenti finanziari che, ancorché non quotati in mercati regolamentati italiani, siano diffusi tra il pubblico in misura rilevante. La CONSOB stabilisce con regolamento i criteri per l'individuazione di tali emittenti e può dispensare, in tutto o in parte, dall'osservanza degli obblighi previsti dai predetti articoli emittenti strumenti finanziari quotati in mercati regolamentati di altri Paesi dell'Unione Europea o in mercati di Paesi extracomunitari, in considerazione degli obblighi informativi a cui sono tenuti in forza della quotazione.

2. Agli emittenti indicati al comma 1 si applicano le disposizioni della parte IV, titolo III, capo II, sezione VI, ad eccezione degli articoli 157 e 158 ([2]).

2 *bis*. Gli articoli 114, ad eccezione del comma 7, e 115, si applicano anche gli emittenti strumenti finanziari ammessi alle negoziazioni nei sistemi multilaterali di negoziazione che presentano le caratteristiche stabilite dalla CONSOB con regolamento e a condizione che l'ammissione sia stata richiesta o autorizzata dall'emittente ([3]).

[2 *ter*. Agli emittenti azioni diffuse tra il pubblico in misura rilevante si applicano le disposizioni degli articoli 125 *bis*, commi 1 e 3, e, in quanto compatibile, 4, 125 *ter*, 125 *quater*, 126, 126 *bis* e 127. La Consob può, estendere con regolamento, in tutto o in parte, gli obblighi previsti negli articoli 125 *bis*, 125 *ter* e 125 *quater* agli emittenti strumenti finanziari, diversi dalle azioni, diffusi tra il pubblico in misura rilevante. La Consob può dispensare dall'osservanza delle suddette disposizioni gli emittenti strumenti finanziari quotati in mercati regolamentati di altri paesi dell'Unione Europea o in mercati di paesi extracomunitari, in considerazione degli obblighi informativi a cui sono tenuti in forza della quotazione] ([4]).

([1]) *Le parole: «, ad eccezione del comma 7,» sono state inserite dall'art. 9, comma 1, lett.* h), *della L. 18 aprile 2005, n. 62.*

([2]) *Questo comma è stato così sostituito dall'art. 40, comma 10, del D.L.vo 27 gennaio 2010, n. 39.*

([3]) *Questo comma è stato aggiunto dall'art. 1, comma 10, del D.L.vo 17 luglio 2009, n. 101.*

([4]) *Questo comma, aggiunto dall'art. 3, comma 4, del D.L.vo 27 gennaio 2010, n. 27, è stato abrogato dall'art. 3, comma 1, del D.L.vo 18 giugno 2012, n. 91. Tali disposizioni si applicano alle assemblee il cui avviso di convocazione sia pubblicato dopo il 1° gennaio 2013.*

117. Informazione contabile. – 1. Alle società italiane con azioni quotate in mercati regolamentati italiani o di altri Paesi dell'Unione Europea non si applicano i casi di esonero dall'obbligo di redazione del bilancio consolidato previsti dall'articolo 27 del decreto legislativo 9 aprile 1991, n. 127, dall'articolo 27 del decreto legislativo 27 gennaio 1992, n. 87 e dall'articolo 61 del decreto legislativo 26 maggio 1997, n. 173.

2. Il Ministro di grazia e giustizia, di concerto con il Ministero dell'economia e delle finanze, individua con regolamento tra i principi contabili riconosciuti in ambito internazionale e compatibili con quelli delle direttive emanate in materia dall'Unione Europea quelli sulla base dei quali gli emittenti strumenti finanziari quotati sia in mercati regolamentati italiani o di altri Paesi dell'Unione sia in mercati di Paesi extracomunitari possono, in deroga alle vigenti disposizioni in materia, redigere il bilancio consolidato, sempre che i suddetti principi siano accettati nei mercati di Paesi extracomunitari. L'individuazione dei principi ha luogo su proposta della CONSOB, da formularsi d'intesa con la Banca d'Italia per le banche e per le società finanziarie previste dall'articolo 1, comma 1, del decreto legislativo 27 gennaio 1992, n. 87 e con l'IVASS ([1]) per le imprese di assicurazione e di riassicurazione previste dall'articolo 1 del decreto legislativo 26 maggio 1997, n. 173.

([1]) *La parola: «Isvap» è stata così sostituita dall'attuale: «Ivass» dall'art. 4, comma 22, del D.L.vo 12 maggio 2015, n. 72.*

117 *bis*. ([1]) **Fusioni fra società con azioni quotate e società con azioni non quotate.** – 1. Sono assoggettate alle disposizioni dell'articolo 113 le operazioni di fusione nelle quali una società con azioni non quotate viene incorporata in una società con azioni quotate, quando l'entità degli attivi di quest'ultima, diversi dalle disponibilità liquide e dalle attività finanziarie che non costituiscono immobilizzazioni, sia significativamente inferiore alle attività della società incorporata.

2. Fermi restando i poteri previsti dall'articolo 113, comma 2, la CONSOB, con proprio regolamento, stabilisce disposizioni specifiche relative alle operazioni di cui al comma 1 del presente articolo.

([1]) *Questo articolo è stato inserito dall'art. 14, comma 1, lett.* i), *della L. 28 dicembre 2005, n. 262.*

117 *ter*. ([1]) ([2]) **Disposizioni in materia di finanza etica.** – 1. La CONSOB, previa consultazione con tutti i soggetti interessati e sentite le Autorità di vigilanza competenti, determina con proprio regolamento gli specifici obblighi di informazione e di rendicontazione cui sono tenuti i soggetti abilitati e le imprese di assicurazione che promuovono prodotti e servizi qualificati come etici o socialmente responsabili.

([1]) *Questo articolo è stato inserito dall'art. 14, comma 1, lett.* i), *della L. 28 dicembre 2005, n. 262.*

([2]) *Si veda ora la Delib. CONSOB 29 ottobre 2007, n. 16190 (Suppl. ord. alla* Gazzetta Ufficiale *Serie gen. - n. 255 del 2 novembre 2007).*

118. Casi di inapplicabilità. – 1. Le disposizioni della presente sezione non si applicano agli strumenti finanziari previsti dall'articolo 100, comma 1, lettere *d*) ed *e*).

2. I commi 1 e 2 dell'articolo 116 non si applicano ([1]) agli strumenti finanziari emessi dalle banche, diversi dalle azioni o dagli strumenti finanziari che permettono di acquisire o sottoscrivere azioni ([2]).

([1]) *Le parole: «L'articolo 116 non si applica» sono state così sostituite dalle parole: «I commi 1 e 2 dell'articolo 116 non si applicano» dall'art. 1, comma 11, del D.L.vo 17 luglio 2009, n. 101.*

([2]) *Questo comma è stato così sostituito dall'art. 11, comma 2, lett.* d), *della L. 28 dicembre 2005, n. 262.*

118 *bis*. ([1]) Controllo sulle ([2]) informazioni fornite al pubblico. – 1. La CONSOB stabilisce con regolamento, tenuto conto dei principi internazionali in materia di vigilanza sull'informazione societaria, ([3]) le modalità e i termini per il controllo dalla stessa effettuato sulle ([4]) informazioni comunicate al pubblico ai sensi di legge, comprese le informazioni contenute nei documenti contabili, dagli emittenti quotati e dagli emittenti quotati aventi l'Italia come Stato membro d'origine ([5]).

([1]) *Questo articolo è stato aggiunto dall'art. 14, comma 1, lett.* l), *della L. 28 dicembre 2005, n. 262.*

([2]) *Le originarie parole: «Riesame delle» sono state così sostituite dalle attuali: «Controllo sulle» dall'art. 3, comma 10, lett.* a), *del D.L.vo 29 dicembre 2006, n. 303.*

([3]) *Le parole da: «, tenuto conto» fino a: «informazione societaria,» sono state inserite dall'art. 3, comma 10, lett.* b), *del D.L.vo 29 dicembre 2006, n. 303.*

([4]) *Le originarie parole: «riesame periodico delle» sono state così sostituite dalle attuali: «controllo dalla stessa effettuato sulle» dall'art. 3, comma 10, lett.* b), *del D.L.vo 29 dicembre 2006, n. 303.*

([5]) *Le parole:«e dagli emittenti quotati aventi l'Italia come Stato membro d'origine» sono state aggiunte dall'art. 1, comma 12, del D.L.vo 17 luglio 2009, n. 101.*

Capo II
Disciplina delle società con azioni quotate

119. Ambito di applicazione. – 1. Le disposizioni del presente capo si applicano, salvo che sia diversamente specificato, alle società italiane con azioni quotate in mercati regolamentati italiani o di altri Paesi dell'Unione Europea (società con azioni quotate).

Sezione I
Assetti proprietari

120. Obblighi di comunicazione delle partecipazioni rilevanti. – 1. Ai fini della presente sezione, per capitale di società per azioni si intende quello rappresentato da azioni con diritto di voto. Nelle società i cui statuti consentono la maggiorazione del diritto di voto o hanno previsto l'emissione di azioni a voto plurimo, per capitale si intende il numero complessivo dei diritti di voto ([1]).

2. Coloro che partecipano in un emittente azioni quotate avente l'Italia come Stato membro d'origine ([2]) in misura superiore al tre ([3]) per cento del capitale ne danno comunicazione alla società partecipata e alla CONSOB. Nel caso in cui l'emittente sia una PMI, tale soglia è pari al cinque per cento ([4]).

2 *bis*. La CONSOB può, con provvedimento motivato da esigenze di tutela degli investitori nonché di efficienza e trasparenza del mercato del controllo societario e del mercato dei capitali, prevedere, per un limitato periodo di tempo, soglie inferiori a quella indicata nel comma 2 per società ad elevato valore corrente di mercato e ad azionariato particolarmente diffuso ([5]).

[3. Gli emittenti azioni quotate aventi l'Italia come Stato membro d'origine che partecipano in misura superiore al dieci per cento del capitale in una società con azioni non quotate o in una società a responsabilità limitata, anche estere, ne danno comunicazione alla società partecipata e alla CONSOB] ([6]).

4. La CONSOB, tenuto anche conto delle caratteristiche degli investitori, stabilisce con regolamento ([7]):

a) le variazioni delle partecipazioni indicate nel comma 2 ([8]) che comportano obbligo di comunicazione;

b) i criteri per il calcolo delle partecipazioni, avendo riguardo anche alle partecipazioni indirettamente detenute, alle ipotesi in cui il diritto di voto spetta o è attribuito a soggetto diverso dal socio nonché a quelle di maggiorazione dei diritti di voto ([9]);

c) il contenuto e le modalità delle comunicazioni e dell'informazione del pubblico, nonché le eventuali deroghe per quest'ultima;

Leggi complementari

d) i termini per la comunicazione e per l'informazione del pubblico [, che nel caso previsto dal comma 3 possono avere carattere periodico] ([10]);

d bis) i casi in cui le comunicazioni sono dovute dai possessori di strumenti finanziari dotati dei diritti previsti dall'articolo 2351, ultimo comma, del codice civile ([11]);

d ter) i casi in cui la detenzione di strumenti finanziari derivati determina obblighi di comunicazione ([12]);

d quater) le ipotesi di esenzione dall'applicazione delle presenti disposizioni ([12]).

4 *bis*. In occasione dell'acquisto di una partecipazione in emittenti quotati pari o superiore alle soglie del 10 per cento, 20 per cento e 25 per cento del relativo capitale, salvo quanto previsto dall'articolo 106, comma 1 *bis*, il soggetto che effettua le comunicazioni di cui ai commi 2 e seguenti del presente articolo deve dichiarare gli obiettivi che ha intenzione di perseguire nel corso dei sei mesi successivi. Nella dichiarazione sono indicati sotto la responsabilità del dichiarante:

a) i modi di finanziamento dell'acquisizione;

b) se agisce solo o in concerto;

c) se intende fermare i suoi acquisti o proseguirli nonché se intende acquisire il controllo dell'emittente o comunque esercitare un'influenza sulla gestione della società e, in tali casi, la strategia che intende adottare e le operazioni per metterla in opera;

d) le sue intenzioni per quanto riguarda eventuali accordi e patti parasociali di cui è parte;

e) se intende proporre l'integrazione o la revoca degli organi amministrativi o di controllo dell'emittente.

La CONSOB può individuare con proprio regolamento i casi in cui la suddetta dichiarazione non è dovuta, tenendo conto delle caratteristiche del soggetto che effettua la dichiarazione o della società di cui sono state acquistate le azioni.

La dichiarazione è trasmessa alla società di cui sono state acquistate le azioni e alla CONSOB, nonché è oggetto di comunicazione al pubblico secondo le modalità e i termini stabiliti con il regolamento della CONSOB emanato in attuazione del comma 4, lettere *c*) e *d*).

Fermo restando quanto previsto ai sensi dell'articolo 185, se nel termine di sei mesi dalla comunicazione della dichiarazione intervengono cambiamenti delle intenzioni sulla base di circostanze oggettive sopravvenute, una nuova dichiarazione motivata deve essere senza ritardo indirizzata alla società e alla CONSOB e portata alla conoscenza del pubblico secondo le medesime modalità. La nuova dichiarazione fa decorrere nuovamente il termine di sei mesi citato nel primo periodo del presente comma ([13]).

5. Il diritto di voto inerente alle azioni quotate od agli strumenti finanziari per i quali sono state omesse le comunicazioni previste dal comma 2 o la dichiarazione prevista dal comma 4 *bis* ([14]) non può essere esercitato. In caso di inosservanza, si applica l'articolo 14, comma 5. L'impugnazione può essere proposta anche dalla CONSOB entro il termine indicato nell'articolo 14, comma 6 ([15]).

6. Il comma 2 non si applica alle partecipazioni detenute, per il tramite di società controllate, dal Ministero dell'economia e delle finanze. I relativi obblighi di comunicazione sono adempiuti dalle società controllate.

([1]) *Le parole: «Nelle società i cui statuti consentono la maggiorazione del diritto di voto o hanno previsto l'emissione di azioni a voto plurimo, per capitale si intende il numero complessivo dei diritti di voto.» sono state aggiunte dall'art. 20, comma 1, lett.* q), *del D.L. 24 giugno 2014, n. 91, convertito, con modificazioni, nella L. 11 agosto 2014, n. 116.*

([2]) *Le parole*: *«una società con azioni quotate», sono state così sostituite dalle attuali*: *«un emittente azioni quotate avente l'Italia come Stato membro d'origine», dall'art. 1, comma 7, lett.* a), *del D.L.vo 6 novembre 2007, n. 195.*

([3]) *La parola: «due» è stata così sostituita dalla parola: «tre» dall'art. 1, comma 6, del D.L.vo 15 febbraio 2016, n. 25.*

([4]) *Le parole: «Nel caso in cui l'emittente sia una PMI, tale soglia è pari al cinque per cento.» sono state aggiunte dall'art. 20, comma 1, lett.* r), *del D.L. 24 giugno 2014, n. 91, convertito, con modificazioni, nella L. 11 agosto 2014, n. 116.*

([5]) *Questo comma è stato inserito dall'art. 7, comma 3* quinquies, *lett.* a), *del D.L. 10 febbraio 2009, n. 5, convertito, con modificazioni, nella L. 9 aprile 2009, n. 33.*

([6]) *Questo comma è stato abrogato dall'art. 1, comma 12, lett.* a), *del D.L.vo 11 ottobre 2012, n. 184.*

([7]) *Ved. Delib. 24 novembre 1998, n. 50 (Suppl. ord. alla* G.U. *n. 289 dell'11 dicembre 1998) e Delib. 14 maggio 1999, n. 11971 (Suppl. ord. alla* G.U. *n. 123 del 28 maggio 1999).*

([8]) *Le parole: «nei commi 2 e 3» sono state così sostituite dalle attuali: «nel comma 2» dall'art. 1, comma 12, lett.* b), *del D.L.vo 11 ottobre 2012, n. 184.*

([9]) *Questa lettera è stata così sostituita dall'art. 20, comma 1, lett.* s), *del D.L. 24 giugno 2014, n. 91, convertito, con modificazioni, nella L. 11 agosto 2014, n. 116.*

([10]) *Le parole fra parentesi quadrate sono state soppresse dall'art. 1, comma 12, lett.* c), *del D.L.vo 11 ottobre 2012, n. 184.*

([11]) *Questa lettera è stata aggiunta dall'art. 9.68, lett.* a), *del D.L.vo 17 gennaio 2003, n. 6, così come inserito dall'art. 3 del D.L.vo 6 febbraio 2004, n. 37.*

([12]) *Questa lettera è stata aggiunta dall'art. 1, comma 7, lett.* c), *del D.L.vo 6 novembre 2007, n. 195.*

([13]) *Questo comma è stato aggiunto dall'art. 13, comma 1, lett.* a), *n. 1), del D.L. 16 ottobre 2017, n. 148, convertito, con modificazioni, nella L. 4 dicembre 2017, n. 172.*

([14]) *Le parole: «o la dichiarazione prevista dal comma 4* bis*» sono state aggiunte dall'art. 13, comma 1, lett.* a), *n. 2), del D.L. 16 ottobre 2017, n. 148, convertito, con modificazioni, nella L. 4 dicembre 2017, n. 172.*

([15]) *Questo comma è stato così sostituito dall'art. 9.68, lett.* b), *del D.L.vo 17 gennaio 2003, n. 6, così come inserito dall'art. 3 del D.L.vo 6 febbraio 2004, n. 37.*

121. Disciplina delle partecipazioni reciproche. – 1. Fuori dai casi previsti dall'articolo 2359 *bis* del codice civile, in caso di partecipazioni reciproche eccedenti il limite indicato nell'articolo 120, comma 2, la società che ha superato il limite successivamente non può esercitare il diritto di voto inerente alle azioni eccedenti e deve alienarle entro dodici mesi dalla data in cui ha superato il limite ([1]). Se non è possibile accertare quale delle due società ha superato il limite successivamente, la sospensione del diritto di voto e l'obbligo di alienazione si applicano a entrambe, salvo loro diverso accordo.

2. Il limite richiamato nel comma 1 è elevato al cinque per cento, ovvero, nei casi previsti dall'articolo 120, comma 2, secondo periodo, al dieci per cento, a condizione che il superamento della soglia da parte di entrambe le società abbia luogo a seguito di un accordo preventivamente autorizzato dall'assemblea ordinaria delle società interessate ([2]).

3. Se un soggetto detiene una partecipazione in misura superiore alla soglia indicata nel comma 2 ([3]) in una società con azioni quotate, questa o il soggetto che la controlla non possono acquisire una partecipazione superiore a tale limite in una società con azioni quotate controllata dal primo. In caso di inosservanza, il diritto di voto inerente alle azioni eccedenti il limite indicato è sospeso. Se non è possibile accertare quale dei due soggetti ha superato il limite successivamente, la sospensione del diritto di voto si applica a entrambi, salvo loro diverso accordo.

4. Per il calcolo delle partecipazioni si applicano i criteri stabiliti ai sensi dell'articolo 120, comma 4, lettera *b*).

5. I commi 1, 2 e 3 non si applicano quando i limiti ivi indicati sono superati a seguito di un'offerta pubblica di acquisto o di scambio ([4]) diretta a conseguire almeno il sessanta per cento delle azioni ordinarie.

6. In caso di inosservanza dei divieti di esercizio del voto previsti dai commi 1 e 3, si applica l'articolo 14, comma 5. L'impugnazione può essere proposta anche dalla CONSOB entro il termine indicato nell'articolo 14, comma 6.

([1]) *L'originario primo periodo è stato così sostituito dall'attuale dall'art. 1, comma 13, del D.L.vo 11 ottobre 2012, n. 184.*

([2]) *Questo comma è stato così sostituito dall'art. 20, comma 1, lett.* t), *del D.L. 24 giugno 2014, n. 91, convertito, con modificazioni, nella L. 11 agosto 2014, n. 116.*

([3]) *Le parole: «superiore al due per cento del capitale» sono state così sostituite dalle attuali: «in misura superiore alla soglia indicata nel comma 2» dall'art. 20, comma 1, lett.* u), *del D.L. 24 giugno 2014, n. 91, convertito, con modificazioni, nella L. 11 agosto 2014, n. 116.*

([4]) *Le parole: «o di scambio» sono state aggiunte dall'art. 3, comma 1, del D.L.vo 25 settembre 2009, n. 146.*

122. Patti parasociali. – 1. I patti, in qualunque forma stipulati, aventi per oggetto l'esercizio del diritto di voto nelle società con azioni quotate e nelle società che le controllano entro cinque giorni dalla stipulazione sono:

a) comunicati alla CONSOB;

b) pubblicati per estratto sulla stampa quotidiana;

c) depositati presso il registro delle imprese del luogo ove la società ha la sede legale;

d) comunicati alle società con azioni quotate ([1]).

2. La CONSOB stabilisce con regolamento le modalità e i contenuti della comunicazione, dell'estratto e della pubblicazione.

3. In caso di inosservanza degli obblighi previsti dal comma 1 i patti sono nulli.

4. Il diritto di voto inerente alle azioni quotate per le quali non sono stati adempiuti gli obblighi previsti dal comma 1 non può essere esercitato. In caso di inosservanza, si applica l'articolo 14, comma 5. L'impugnazione può essere proposta anche dalla CONSOB entro il termine indicato nell'articolo 14, comma 6.

5. Il presente articolo si applica anche ai patti, in qualunque forma stipulati:

a) che istituiscono obblighi di preventiva consultazione per l'esercizio del diritto di voto nelle società con azioni quotate e nelle società che le controllano;

b) che pongono limiti al trasferimento delle relative azioni o di strumenti finanziari che attribuiscono diritti di acquisto o di sottoscrizione delle stesse;

c) che prevedono l'acquisto delle azioni o degli strumenti finanziari previsti dalla lettera *b*);

d) aventi per oggetto o per effetto l'esercizio anche congiunto di un'influenza dominante su tali società;

d bis) volti a favorire o a contrastare il conseguimento degli obiettivi di un'offerta pubblica di acquisto o di scambio, ivi inclusi gli impegni a non aderire ad un'offerta ([2]).

5 *bis*. Ai patti di cui al presente articolo non si applicano gli articoli 2341 *bis* e 2341 *ter* del codice civile ([3]).

5 *ter*. Gli obblighi di comunicazione di cui al comma 1 del presente articolo non si applicano ai patti, in qualunque forma stipulati, aventi ad oggetto partecipazioni complessivamente inferiori alla soglia indicata all'articolo 120, comma 2 ([4]).

([1]) *Questo comma è stato così sostituito dall'art. 3, comma 2, lett.* a), *del D.L.vo 25 settembre 2009, n. 146.*

([2]) *Questa lettera è stata aggiunta dall'art. 4, comma 1, del D.L.vo 19 novembre 2007, n. 229.*

([3]) *Questo comma è stato aggiunto dall'art. 9.69 del D.L.vo 17 gennaio 2003, n. 6, così come inserito dall'art. 3 del D.L.vo 6 febbraio 2004, n. 37.*

([4]) *Questo comma è stato aggiunto dall'art. 3, comma 2, lett.* b), *del D.L.vo 25 settembre 2009, n. 146.*

123. Durata dei patti e diritto di recesso. – 1. I patti indicati nell'articolo 122, se a tempo determinato, non possono avere durata superiore a tre anni e si intendono stipulati per tale durata anche se le parti hanno previsto un termine maggiore; i patti sono rinnovabili alla scadenza.

2. I patti possono essere stipulati anche a tempo indeterminato; in tal caso ciascun contraente ha diritto di recedere con un preavviso di sei mesi. Al recesso si applica l'articolo 122, commi 1 e 2.

3. Gli azionisti che intendano aderire a un'offerta pubblica di acquisto o di scambio promossa al sensi degli articoli 106 o 107 possono recedere senza preavviso dai patti indicati nell'articolo 122. La dichiarazione di recesso non produce effetto se non si è perfezionato il trasferimento delle azioni.

123 *bis*. ([1]) **Relazione sul governo societario e gli assetti proprietari. –** 1. La relazione sulla gestione delle società emittenti valori mobiliari ammessi alle negoziazioni in mercati regolamentati contiene in una specifica sezione, denominata: «Relazione sul governo societario e gli assetti proprietari», informazioni dettagliate riguardanti:

a) la struttura del capitale sociale, compresi i titoli che non sono negoziati su un mercato regolamentato di uno Stato comunitario, con l'indicazione delle varie categorie di azioni e, per ogni categoria di azioni, i diritti e gli obblighi connessi, nonché la percentuale del capitale sociale che esse rappresentano;

b) qualsiasi restrizione al trasferimento di titoli, quali ad esempio limiti al possesso di titoli o la necessità di ottenere il gradimento da parte della società o di altri possessori di titoli;

c) le partecipazioni rilevanti nel capitale, dirette o indirette, ad esempio tramite strutture piramidali o di partecipazione incrociata, secondo quanto risulta dalle comunicazioni effettuate ai sensi dell'articolo 120;

d) se noti, i possessori di ogni titolo che conferisce diritti speciali di controllo e una descrizione di questi diritti;

e) il meccanismo di esercizio dei diritti di voto previsto in un eventuale sistema di partecipazione azionaria dei dipendenti, quando il diritto di voto non è esercitato direttamente da questi ultimi;

f) qualsiasi restrizione al diritto di voto, ad esempio limitazioni dei diritti di voto ad una determinata percentuale o ad un certo numero di voti, termini imposti per l'esercizio del diritto di voto o sistemi in cui, con la cooperazione della società, i diritti finanziari connessi ai titoli sono separati dal possesso dei titoli;

g) gli accordi che sono noti alla società ai sensi dell'articolo 122;

h) gli accordi significativi dei quali la società o sue controllate siano parti e che acquistano efficacia, sono modificati o si estinguono in caso di cambiamento di controllo della società, e i loro effetti, tranne quando sono di natura tale per cui la loro divulgazione arrecherebbe grave pregiudizio alla società; tale deroga non si applica quando la società ha l'obbligo specifico di divulgare tali informazioni sulla base di altre disposizioni di legge;

i) gli accordi tra la società e gli amministratori, i componenti del consiglio di gestione o di sorveglianza, che prevedono indennità in caso di dimissioni o licenziamento senza giusta causa o se il loro rapporto di lavoro cessa a seguito di un'offerta pubblica di acquisto;

l) le norme applicabili alla nomina e alla sostituzione degli amministratori e dei componenti del consiglio di gestione e di sorveglianza, nonché alla modifica dello statuto, se diverse da quelle legislative e regolamentari applicabili in via suppletiva;

m) l'esistenza di deleghe per gli aumenti di capitale ai sensi dell'articolo 2443 del codice civile ovvero del potere in capo agli amministratori o ai componenti del consiglio di gestione di emettere strumenti finanziari partecipativi nonché di autorizzazioni all'acquisto di azioni proprie.

2. Nella medesima sezione della relazione sulla gestione di cui al comma 1 sono riportate le informazioni riguardanti:

a) l'adesione ad un codice di comportamento in materia di governo societario promosso da società di gestione di mercati regolamentati o da associazioni di categoria, motivando le ragioni dell'eventuale mancata adesione ad una o più disposizioni, nonché le pratiche di governo societario effettivamente applicate dalla società al di là degli obblighi previsti dalle norme legislative o regolamentari. La società indica altresì dove il codice di comportamento in materia governo societario al quale aderisce è accessibile al pubblico;

b) le principali caratteristiche dei sistemi di gestione dei rischi e di controllo interno esistenti in relazione al processo di informativa finanziaria, anche consolidata, ove applicabile;

c) i meccanismi di funzionamento dell'assemblea degli azionisti, i suoi principali poteri, i diritti degli azionisti e le modalità del loro esercizio, se diversi da quelli previsti dalle disposizioni legislative e regolamentari applicabili in via suppletiva;

d) la composizione e il funzionamento degli organi di amministrazione e controllo e dei loro comitati.

3. Le informazioni di cui ai commi 1 e 2 possono figurare in una relazione distinta dalla relazione sulla gestione, approvata dall'organo di amministrazione, e pubblicata congiuntamente alla relazione sulla gestione. In alternativa, la relazione sulla gestione può indicare la sezione del sito internet dell'emittente dove è pubblicato tale documento.

4. La società di revisione esprime il giudizio di cui all'articolo 156, comma 4 *bis*, lettera *d*), sulle informazioni di cui al comma 1, lettere *c*), *d*), *f*), *l*) e *m*), e al comma 2, lettera *b*), e verifica che sia stata elaborata una relazione sul governo societario e gli assetti proprietari.

5. Le società che non emettono azioni ammesse alle negoziazioni in mercati regolamentati o in sistemi multilaterali di negoziazione, possono omettere la pubblicazione delle informazioni di cui ai commi 1 e 2, salvo quelle di cui al comma 2, lettera *b*).

(1) *Questo articolo, inserito dall'art. 4, comma 2, del D.L.vo 19 novembre 2007, n. 229, è stato successivamente così sostituito dall'art. 5, comma 1, del D.L.vo 3 novembre 2008, n. 173.*

123 *ter*. (1) **Relazione sulla remunerazione. –** 1. Almeno ventuno giorni prima della data dell'assemblea prevista dall'articolo 2364, secondo comma, o dell'assemblea prevista dall'articolo 2364 *bis*, secondo comma, del codice civile, le società con azioni quotate mettono a disposizione del pubblico una relazione sulla remunerazione, presso la sede sociale, sul proprio sito Internet e con le altre modalità stabilite dalla CONSOB con regolamento.

2. La relazione sulla remunerazione è articolata nelle due sezioni previste ai commi 3 e 4 ed è approvata dal consiglio di amministrazione. Nelle società che adottano il sistema dualistico la relazione è approvata dal consiglio di sorveglianza, su proposta, limitatamente alla sezione prevista dal comma 4, lettera *b*), del consiglio di gestione.

3. La prima sezione della relazione sulla remunerazione illustra:

a) la politica della società in materia di remunerazione dei componenti degli organi di amministrazione, dei direttori generali e dei dirigenti con responsabilità strategiche con riferimento almeno all'esercizio successivo;

b) le procedure utilizzate per l'adozione e l'attuazione di tale politica.

4. La seconda sezione, nominativamente per i componenti degli organi di amministrazione e di controllo, i direttori generali e in forma aggregata, salvo quanto previsto dal regolamento emanato ai sensi del comma 8, per i dirigenti con responsabilità strategiche:

a) fornisce un'adeguata rappresentazione di ciascuna delle voci che compongono la remunerazione, compresi i trattamenti previsti in caso di cessazione dalla carica o di risoluzione del rapporto di lavoro, evidenziandone la coerenza con la politica della società in materia di remunerazione approvata nell'esercizio precedente;

b) illustra analiticamente i compensi corrisposti nell'esercizio di riferimento a qualsiasi titolo e in qualsiasi forma dalla società e da società controllate o collegate, segnalando le eventuali componenti dei suddetti compensi che sono riferibili ad attività svolte in esercizi precedenti a quello di riferimento ed evidenziando, altresì, i compensi da corrispondere in uno o più esercizi successivi a fronte dell'attività svolta nell'esercizio di riferimento, eventualmente indicando un valore di stima per le componenti non oggettivamente quantificabili nell'esercizio di riferimento.

5. Alla relazione sono allegati i piani di compensi previsti dall'articolo 114 *bis* ovvero è indicata nella relazione la sezione del sito Internet della società dove tali documenti sono reperibili.

6. Fermo restando quanto previsto dagli articoli 2389 e 2409 *terdecies*, primo comma, lettera *a*), del codice civile, e dall'articolo 114 *bis*, l'assemblea convocata ai sensi dell'articolo 2364, secondo comma, ovvero dell'articolo 2364 *bis*, secondo comma, del codice civile, delibera in senso favorevole o contrario sulla sezione della relazione sulla remunerazione prevista dal comma 3. La deliberazione non è vincolante. L'esito del voto è posto a disposizione del pubblico ai sensi dell'articolo 125 *quater*, comma 2.

7. La CONSOB con regolamento, adottato sentite Banca d'Italia e IVASS ([2]) per quanto concerne i soggetti rispettivamente vigilati e tenuto conto della normativa comunitaria di settore, indica le informazioni da includere nella sezione della relazione sulla remunerazione prevista dal comma 3, comprese le informazioni volte ad evidenziare la coerenza della politica delle remunerazioni con il perseguimento degli interessi a lungo termine della società e con la politica di gestione del rischio, secondo quanto previsto dal paragrafo 3 della raccomandazione 2004/913/CE e dal paragrafo 5 della raccomandazione 2009/385/CE.

8. La CONSOB, con il regolamento adottato ai sensi del comma 7, indica altresì le informazioni da includere nella sezione della relazione sulla remunerazione prevista dal comma 4. La CONSOB può:

a) individuare i dirigenti con responsabilità strategiche per i quali le informazioni sono fornite in forma nominativa;

b) differenziare il livello di dettaglio delle informazioni in funzione della dimensione della società.

([1]) *Questo articolo è stato inserito dall'art. 1 del D.L.vo 30 dicembre 2010, n. 259. A norma dell'art. 2 dello stesso provvedimento la relazione sulla remunerazione prevista da questo articolo, è presentata all'assemblea prevista dall'articolo 2364, secondo comma, o dall'articolo 2364* bis*, secondo comma, del codice civile, convocata nell'esercizio successivo a quello nel corso del quale entra in vigore il regolamento previsto dai commi 7 e 8 di questo articolo.*

([2]) *La parola: «Isvap» è stata così sostituita dall'attuale: «Ivass» dall'art. 4, comma 22, del D.L.vo 12 maggio 2015, n. 72.*

124. Casi di inapplicabilità. – 1. La CONSOB può dichiarare inapplicabili gli articoli 120, 121, 122 e 123, comma 2, secondo periodo, alle società italiane con azioni quotate solo in mercati regolamentati di altri Paesi dell'Unione Europea, in considerazione della normativa applicabile a tali società in forza della quotazione.

Sezione I *bis*
Informazioni sull'adesione a codici di comportamento ([1])

([1]) *Questa sezione è stata inserita dall'art. 14, lett.* m)*, della L. 28 dicembre 2005, n. 262.*

124 *ter*. ([1]) **Informazione relativa ai codici di comportamento.** – 1. La CONSOB, negli ambiti di propria competenza, stabilisce le forme di pubblicità cui sono sottoposti i codici di comportamento in materia di governo societario promossi da società di gestione del mercato o da associazioni di categoria.

([1]) *Questo articolo è stato così sostituito dall'art. 5, comma 3, del D.L.vo 3 novembre 2008, n. 173.*

Sezione II
Diritti dei soci ([1])

([1]) *Questa rubrica è stata così sostituita dall'art. 3, comma 5, del D.L.vo 27 gennaio 2010, n. 27. A norma dell'art. 7 dello stesso D.L.vo, questa disposizione si applica alle assemblee il cui avviso di convocazione sia pubblicato dopo il 31 ottobre 2010. Fino a tale data continuano ad applicarsi le disposizioni sostituite od abrogate dalle corrispondenti disposizioni del D.L.vo n. 27/2010.*

125 *bis*. ([1]) **Avviso di convocazione dell'assemblea.** – 1. L'assemblea è convocata mediante avviso pubblicato sul sito Internet della società entro il trentesimo giorno precedente la data dell'assemblea, nonché con le altre modalità ed entro i termini previsti dalla Consob con regolamento emanato ai sensi dell'articolo 113 *ter*, comma 3, ivi inclusa la pubblicazione per estratto sui giornali quotidiani ([2]).

2. Nel caso di assemblea convocata per l'elezione mediante voto di lista ([3]) dei componenti degli organi di amministrazione e controllo, il termine per la pubblicazione dell'avviso di convocazione è anticipato al quarantesimo giorno precedente la data dell'assemblea.

3. Per le assemblee previste dagli articoli 2446, 2447 e 2487 del codice civile, il termine indicato nel comma 1 è posticipato al ventunesimo giorno precedente la data dell'assemblea.

4. L'avviso di convocazione reca:

a) l'indicazione del giorno, dell'ora e del luogo dell'adunanza nonché l'elenco delle materie da trattare;

b) una descrizione chiara e precisa delle procedure da rispettare per poter partecipare e votare in assemblea, ivi comprese le informazioni riguardanti:

1) i termini per l'esercizio del diritto di porre domande prima dell'assemblea e del diritto di integrare l'ordine del giorno o di presentare ulteriori proposte su materie già all'ordine del giorno, nonché, anche mediante riferimento al sito Internet della società, le eventuali ulteriori modalità per l'esercizio di tali diritti;

2) la procedura per l'esercizio del voto per delega e, in particolare, le modalità per il reperimento dei moduli utilizzabili in via facoltativa per il voto per delega nonché le modalità per l'eventuale notifica, anche elettronica, delle deleghe di voto;

3) la procedura per il conferimento delle deleghe al soggetto eventualmente designato dalla società ai sensi dell'articolo 135 *undecies*, con la precisazione che la delega non ha effetto con riguardo alle proposte per le quali non siano state conferite istruzioni di voto;

4) le procedure di voto per corrispondenza o con mezzi elettronici, se previsto dallo statuto;

c) la data indicata nell'articolo 83 *sexies*, comma 2, con la precisazione che coloro che diventeranno titolari delle azioni solo successivamente a tale data non avranno il diritto di intervenire e votare in assemblea;

d) le modalità e i termini di reperibilità del testo integrale delle proposte di deliberazione, unitamente alle relazioni illustrative, e dei documenti che saranno sottoposti all'assemblea;

d bis) le modalità e i termini di presentazione delle liste per l'elezione dei componenti del consiglio di amministrazione e del componente di minoranza del collegio sindacale o del consiglio di sorveglianza;

e) l'indirizzo del sito Internet indicato nell'articolo 125 *quater*;

f) le altre informazioni la cui indicazione nell'avviso di convocazione è richiesta da altre disposizioni ([4]).

([1]) *Questo articolo è stato inserito dall'art. 3, comma 6, del D.L.vo 27 gennaio 2010, n. 27. A norma dell'art. 7 dello stesso D.L.vo, questa disposizione si applica alle assemblee il cui avviso di convocazione sia pubblicato dopo il 31 ottobre 2010. Fino a tale data continuano ad applicarsi le disposizioni sostituite od abrogate dalle corrispondenti disposizioni del D.L.vo n. 27/2010.*

([2]) *Questo comma è stato così sostituito dall'art. 3, comma 2, lett.* a), *del D.L.vo 18 giugno 2012, n. 91. Tali disposizioni si applicano alle assemblee il cui avviso di convocazione sia pubblicato dopo il 1° gennaio 2013.*

([3]) *Le parole: «mediante voto di lista» sono state inserite dall'art. 3, comma 2, lett.* b), *del D.L.vo 18 giugno 2012, n. 91. Tali disposizioni si applicano alle assemblee il cui avviso di convocazione sia pubblicato dopo il 1° gennaio 2013.*

([4]) *Questo comma è stato così sostituito dall'art. 3, comma 2, lett.* c), *del D.L.vo 18 giugno 2012, n. 91. Tali disposizioni si applicano alle assemblee il cui avviso di convocazione sia pubblicato dopo il 1° gennaio 2013.*

125 *ter*. ([1]) **Relazioni sulle materie all'ordine del giorno.** – 1. Ove già non richiesto da altre disposizioni di legge, l'organo di amministrazione entro il termine di pubblicazione dell'avviso di convocazione dell'assemblea previsto in ragione di ciascuna delle materie all'ordine del giorno, ([2]) mette a disposizione del pubblico presso la sede sociale, sul sito Internet della società, e con le altre modalità previste dalla Consob con regolamento, una relazione su ciascuna delle materie ([3]) all'ordine del giorno.

2. Le relazioni predisposte ai sensi di altre norme di legge sono messe a disposizione del pubblico nei termini indicati dalle medesime norme, con le modalità previste dal comma 1. La relazione di cui all'articolo 2446, primo comma, del codice civile è messa a disposizione del pubblico almeno ventuno giorni prima dell'assemblea. Resta fermo quanto previsto dall'articolo 154 *ter*, commi 1, 1 *bis* e 1 *ter*.

3. Nel caso di convocazione dell'assemblea ai sensi dell'articolo 2367 del codice civile, la relazione sulle [proposte concernenti le] ([4]) materie da trattare è predisposta dai soci che richiedono la convocazione dell'assemblea. L'organo di amministrazione ovvero i sindaci o il consiglio di sor-

veglianza o il comitato per il controllo sulla gestione, ove abbiano provveduto alla convocazione ai sensi dell'articolo 2367, secondo comma, primo periodo, del codice civile, mettono a disposizione del pubblico ([5]) la relazione, accompagnata dalle proprie eventuali valutazioni, contestualmente alla pubblicazione dell'avviso di convocazione dell'assemblea con le modalità di cui al comma 1.

([1]) *Questo articolo è stato inserito dall'art. 3, comma 6, del D.L.vo 27 gennaio 2010, n. 27. A norma dell'art. 7 dello stesso D.L.vo, questa disposizione si applica alle assemblee il cui avviso di convocazione sia pubblicato dopo il 31 ottobre 2010. Fino a tale data continuano ad applicarsi le disposizioni sostituite od abrogate dalle corrispondenti disposizioni del D.L.vo n. 27/2010.*

([2]) *Le parole: «previsto in ragione di ciascuna delle materie all'ordine del giorno,» sono state inserite dall'art. 3, comma 3, lett.* a), *del D.L.vo 18 giugno 2012, n. 91.*

([3]) *Le parole: «sulle materie» sono state così sostituite dalle attuali: «su ciascuna delle materie» dall'art. 3, comma 3, lett.* a), *del D.L.vo 18 giugno 2012, n. 91.*

([4]) *Le parole fra parentesi quadrate sono state soppresse dall'art. 3, comma 3, lett.* b), *del D.L.vo 18 giugno 2012, n. 91.*

([5]) *Le parole: «L'organo di amministrazione mette a disposizione del pubblico» sono state così sostituite dalle attuali: «L'organo di amministrazione ovvero i sindaci o il consiglio di sorveglianza o il comitato per il controllo sulla gestione, ove abbiano provveduto alla convocazione ai sensi dell'articolo 2367, secondo comma, primo periodo, del codice civile, mettono a disposizione del pubblico» dall'art. 3, comma 3, lett.* b), *del D.L.vo 18 giugno 2012, n. 91.*

125 *quater*. ([1]) **Sito Internet.** – 1. Fermo restando quanto previsto negli articoli 125 *bis* e 125 *ter*, sono messi a disposizione sul sito Internet della società:

a) entro il termine di pubblicazione dell'avviso di convocazione previsto per ciascuna delle materie all'ordine del giorno a cui si riferiscono, ovvero il successivo termine previsto dalla legge per la loro pubblicazione, i documenti che saranno sottoposti all'assemblea;

b) entro il termine di pubblicazione dell'avviso di convocazione, i moduli utilizzabili in via facoltativa per il voto per delega e, qualora previsto dallo statuto, per il voto per corrispondenza; qualora i moduli non possono essere resi disponibili in forma elettronica per motivi tecnici, sul medesimo sito sono indicate le modalità per ottenerli in forma cartacea e, in tal caso, la società è tenuta a trasmetterli gratuitamente, previa richiesta, per corrispondenza, anche per il tramite degli intermediari;

c) entro il termine di pubblicazione dell'avviso di convocazione, informazioni sull'ammontare del capitale sociale con l'indicazione del numero e delle categorie di azioni in cui è suddiviso ([2]).

2. Un rendiconto sintetico delle votazioni contenente il numero di azioni rappresentate in assemblea e delle azioni per le quali è stato espresso il voto, la percentuale di capitale che tali azioni rappresentano, nonché il numero di voti favorevoli e contrari alla delibera e il numero di astensioni, è reso disponibile sul sito Internet della società entro cinque giorni dalla data dell'assemblea. Il verbale dell'assemblea di cui all'articolo 2375 del codice civile è comunque reso disponibile sul sito Internet entro trenta giorni dalla data dell' assemblea.

([1]) *Questo articolo è stato inserito dall'art. 3, comma 6, del D.L.vo 27 gennaio 2010, n. 27. A norma dell'art. 7 dello stesso D.L.vo, questa disposizione si applica alle assemblee il cui avviso di convocazione sia pubblicato dopo il 31 ottobre 2010. Fino a tale data continuano ad applicarsi le disposizioni sostituite od abrogate dalle corrispondenti disposizioni del D.L.vo n. 27/2010.*

([2]) *Questo comma è stato così sostituito dall'art. 3, comma 4, del D.L.vo 18 giugno 2012, n. 91.*

126. Convocazioni successive alla prima ([1]). – [1. L'assemblea straordinaria è regolarmente costituita, in prima e in seconda convocazione, con la partecipazione di tanti soci che rappresentano la parte di capitale indicata rispettivamente negli articoli 2368, ultimo comma, e 2369, terzo comma, del codice civile] ([2]).

2. Qualora lo statuto preveda la possibilità di convocazioni successive alla prima, se il giorno per la seconda convocazione o per quelle successive non è indicato nell'avviso di convocazione, l'assemblea in seconda o successiva convocazione è tenuta entro trenta giorni. In tal caso i termini previsti dall'articolo 125 *bis*, commi 1 e 2, sono ridotti a ventuno giorni purchè l'elenco delle materie da trattare non venga modificato. Nel caso di assemblea convocata ai sensi dell'articolo 125 *bis*, comma 2, le liste per l'elezione dei componenti del consiglio di amministrazione e del componente di minoranza del collegio sindacale o del consiglio di sorveglianza già depositate presso l'emittente sono considerate valide anche in relazione alla nuova convocazione. È consentita la presentazione di nuove liste e i termini previsti dall'articolo 147 *ter*,

comma 1 *bis*, sono ridotti rispettivamente a quindici e dieci giorni (3).

[3. In terza convocazione l'assemblea è regolarmente costituita con la presenza di un numero di soci che rappresentano più di un quinto del capitale sociale, se l'atto costitutivo non richiede una quota di capitale più elevata] (2).

[4. L'assemblea straordinaria delibera, in prima, seconda e terza convocazione, con il voto favorevole di almeno i due terzi del capitale rappresentato in assemblea. L'atto costitutivo può richiedere una maggioranza più elevata] (2).

[5. Restano ferme per le società cooperative le disposizioni del codice civile] (2).

(1) *Questa rubrica è stata così sostituita dall'art. 3, comma 7, n. 1), del D.L.vo 27 gennaio 2010, n. 27. A norma dell'art. 7 dello stesso D.L.vo, questa disposizione si applica alle assemblee il cui avviso di convocazione sia pubblicato dopo il 31 ottobre 2010. Fino a tale data continuano ad applicarsi le disposizioni sostituite od abrogate dalle corrispondenti disposizioni del D.L.vo n. 27/2010.*

(2) *Questo comma è stato abrogato dall'art. 9, comma 1, lett.* b) *del D.L.vo 6 febbraio 2004, n. 37.*

(3) *Questo comma è stato così, da ultimo, sostituito dall'art. 3, comma 5, del D.L.vo 18 giugno 2012, n. 91.*

126 *bis*. (1) **Integrazione dell'ordine del giorno dell'assemblea e presentazione di nuove proposte di delibera.** – 1. I soci che, anche congiuntamente, rappresentino almeno un quarantesimo del capitale sociale possono chiedere, entro dieci giorni dalla pubblicazione dell'avviso di convocazione dell'assemblea, ovvero entro cinque giorni nel caso di convocazione ai sensi dell'articolo 125 *bis*, comma 3, o dell'articolo 104, comma 2, l'integrazione dell'elenco delle materie da trattare, indicando nella domanda gli ulteriori argomenti da essi proposti ovvero presentare proposte di deliberazione su materie già all'ordine del giorno. Le domande, unitamente alla certificazione attestante la titolarità della partecipazione, sono presentate per iscritto, anche per corrispondenza ovvero in via elettronica, nel rispetto degli eventuali requisiti strettamente necessari per l'identificazione dei richiedenti indicati dalla società. Colui al quale spetta il diritto di voto può presentare individualmente proposte di deliberazione in assemblea. Per le società cooperative la misura del capitale è determinata dagli statuti anche in deroga all'articolo 135 (2).

2. Delle integrazioni all'ordine del giorno o della presentazione di ulteriori proposte di deliberazione su materie già all'ordine del giorno, ai sensi del comma 1, è data notizia, nelle stesse forme prescritte per la pubblicazione dell'avviso di convocazione, almeno quindici giorni prima di quello fissato per l'assemblea. Le ulteriori proposte di deliberazione su materie già all'ordine del giorno sono messe a disposizione del pubblico con le modalità di cui all'articolo 125 *ter*, comma 1, contestualmente alla pubblicazione della notizia della presentazione. Il termine è ridotto a sette giorni nel caso di assemblea convocata ai sensi dell'articolo 104, comma 2, ovvero nel caso di assemblea convocata ai sensi dell'articolo 125 *bis*, comma 3.

3. L'integrazione dell'ordine del giorno non è ammessa per gli argomenti sui quali l'assemblea delibera, a norma di legge, su proposta dell'organo di amministrazione o sulla base di un progetto o di una relazione da essi predisposta, diversa da quelle indicate all'articolo 125 *ter*, comma 1.

4. I soci che richiedono l'integrazione ai sensi del comma 1 predispongono una relazione che riporti la motivazione delle proposte di deliberazione sulle nuove materie di cui essi propongono la trattazione ovvero la motivazione relativa alle ulteriori proposte di deliberazione presentate su materie già all'ordine del giorno. La relazione è trasmessa all'organo di amministrazione entro il termine ultimo per la presentazione della richiesta di integrazione. L'organo di amministrazione mette a disposizione del pubblico la relazione, accompagnata dalle proprie eventuali valutazioni, contestualmente alla pubblicazione della notizia dell'integrazione o della presentazione, con le modalità indicate all'articolo 125 *ter*, comma 1.

5. Se l'organo di amministrazione, ovvero, in caso di inerzia di questo, il collegio sindacale, o il consiglio di sorveglianza o il comitato per il controllo sulla gestione, non provvedono all'integrazione dell'ordine del giorno con le nuove materie o proposte presentate ai sensi del comma 1, il tribunale, sentiti i componenti degli organi di amministrazione e di controllo, ove il rifiuto di provvedere risulti ingiustificato, ordina con decreto l'integrazione. Il decreto è pubblicato con le modalità previste dall'articolo 125 *ter*, comma 1.

(1) *Questo articolo, inserito dall'art. 5, comma 1, della L. 28 dicembre 2005, n. 262 è stato così, da ultimo, sostituito dall'art. 3, comma 6, del D.L.vo 18 giugno 2012, n. 91.*

(2) *Le parole: «Per le società cooperative la misura del capitale è determinata dagli statuti anche in deroga all'articolo 135» sono state aggiunte dall'art. 23*

quater, comma 2, lett. a), del D.L. 18 ottobre 2012, n. 179, convertito, con modificazioni, nella L. 17 dicembre 2012, n. 221.

127. ([1]) **Voto per corrispondenza o in via elettronica.** – 1. La Consob stabilisce con regolamento le modalità di esercizio del voto e di svolgimento dell'assemblea nei casi previsti dall'articolo 2370, comma quarto, del codice civile.

([1]) *Questo articolo è stato così sostituito dall'art. 3, comma 9, del D.L.vo 27 gennaio 2010, n. 27. A norma dell'art. 7 dello stesso D.L.vo, questa disposizione si applica alle assemblee il cui avviso di convocazione sia pubblicato dopo il 31 ottobre 2010. Fino a tale data continuano ad applicarsi le disposizioni sostituite od abrogate dalle corrispondenti disposizioni del D.L.vo n. 27/2010.*

127 *bis*. ([1]) **Annullabilità delle deliberazioni e diritto di recesso.** – 1. Ai fini dell'articolo 2377 del codice civile colui a cui favore sia effettuata la registrazione delle azioni successivamente alla data indicata nell'articolo 83 *sexies*, comma 2 e prima dell'apertura dei lavori dell'assemblea, è considerato assente all'assemblea.

2. Ai fini dell'esercizio del diritto di recesso previsto dall'articolo 2437 del codice civile, colui a cui favore sia effettuata, successivamente alla data di cui all'articolo 83 *sexies*, comma 2, e prima dell'apertura dei lavori dell'assemblea, la registrazione in conto delle azioni è considerato non aver concorso all'approvazione delle deliberazioni.

3. La presente disposizione si applica anche alle società italiane con azioni ammesse nei sistemi multilaterali di negoziazione italiani o di altri paesi dell'Unione europea con il consenso dell'emittente.

([1]) *Questo articolo è stato inserito dall'art. 3, comma 10, del D.L.vo 27 gennaio 2010, n. 27. A norma dell'art. 7 dello stesso D.L.vo, questa disposizione si applica alle assemblee il cui avviso di convocazione sia pubblicato dopo il 31 ottobre 2010. Fino a tale data continuano ad applicarsi le disposizioni sostituite od abrogate dalle corrispondenti disposizioni del D.L.vo n. 27/2010.*

127 *ter*. ([1]) **Diritto di porre domande prima dell'assemblea.** – 1. Coloro ai quali spetta il diritto di voto possono porre domande sulle materie all'ordine del giorno anche prima dell'assemblea. Alle domande pervenute prima dell'assemblea è data risposta al più tardi durante la stessa. La società può fornire una risposta unitaria alle domande aventi lo stesso contenuto.

1 *bis*. L'avviso di convocazione indica il termine entro il quale le domande poste prima dell'assemblea devono pervenire alla società. Il termine non può essere anteriore a tre giorni precedenti la data dell'assemblea in prima o unica convocazione, ovvero a cinque giorni qualora l'avviso di convocazione preveda che la società fornisca, prima dell'assemblea, una risposta alle domande pervenute. In tal caso le risposte sono fornite almeno due giorni prima dell'assemblea anche mediante pubblicazione in una apposita sezione del sito Internet della società.

2. Non è dovuta una risposta, neppure in assemblea, alle domande poste prima della stessa, quando le informazioni richieste siano già disponibili in formato "domanda e risposta" nella sezione del sito Internet della società indicata nel comma 1 *bis* ovvero quando la risposta sia stata pubblicata ai sensi del medesimo comma.

3. Si considera fornita in assemblea la risposta in formato cartaceo messa a disposizione, all'inizio dell'adunanza, di ciascuno degli aventi diritto al voto.

([1]) *Questo articolo, inserito dall'art. 3, comma 10, del D.L.vo 27 gennaio 2010, n. 27, è stato così sostituito dall'art. 3, comma 7, del D.L.vo 18 giugno 2012, n. 91.*

127 *quater*. ([1]) **Maggiorazione del dividendo.** – 1. In deroga all'articolo 2350, comma 1, del codice civile, gli statuti possono disporre che ciascuna azione detenuta dal medesimo azionista per un periodo continuativo indicato nella statuto, comunque non inferiore ad un anno o al minor periodo intercorrente tra due date consecutive di pagamento del dividendo annuale ([2]), attribuisca il diritto ad una maggiorazione non superiore al 10 per cento del dividendo distribuito alle altre azioni. Gli statuti possono subordinare l'assegnazione della maggiorazione a condizioni ulteriori. Il beneficio può estendersi anche alle azioni assegnate ai sensi dell'articolo 2442 del codice civile a un azionista che abbia diritto alla maggiorazione indicata nel primo periodo.

2. Qualora il medesimo soggetto, durante la maturazione del periodo indicato nel comma 1, abbia detenuto ([3]), direttamente, o indirettamente per il tramite di fiduciari, di società controllate o per interposta persona, una partecipazione superiore allo 0,5 per cento del capitale della società o la minore percentuale indicata nello statuto, la maggiorazione può essere attribuita solo per le azioni che rappresentino complessivamente tale

partecipazione massima. La maggiorazione non può altresì essere attribuita alle azioni detenute da chi durante il suddetto periodo abbia esercitato, anche temporaneamente, un'influenza dominante, individuale o congiunta con altri soci tramite un patto parasociale previsto dall'articolo 122, ovvero un'influenza notevole sulla società (4). In ogni caso la maggiorazione non può essere attribuita alle azioni che durante il periodo indicato nel comma 1 siano state conferite, anche temporaneamente, ad un patto parasociale previsto dall'articolo 122 che nel medesimo periodo o parte di esso abbia avuto ad oggetto una partecipazione complessiva superiore a quella indicata nell'articolo 106, comma 1.

3. La cessione dell'azione a titolo oneroso o gratuito comporta la perdita dei benefici previsti nel comma 1. I benefici sono conservati in caso di successione universale, nonché in caso di fusione e scissione del titolare delle azioni. In caso di fusione o scissione della società che abbia emesso le azioni indicate nel comma 1, i benefici si trasferiscono sulle azioni emesse dalle società risultanti, ferma l'applicazione del comma 2 con riferimento a tali società.

4. Le azioni a cui si applicano i benefici indicati nel comma 1 non costituiscono una categoria speciale di azioni ai sensi dell'articolo 2348 del codice civile.

4 *bis*. Colui che ha ottenuto l'assegnazione della maggiorazione dichiara, su richiesta della società, l'insussistenza delle condizioni ostative previste dal comma 2 ed esibisce la certificazione prevista dall'articolo 83 *quinquies* attestante la durata della detenzione delle azioni per le quali è richiesto il beneficio nonché le attestazioni relative alla sussistenza delle eventuali ulteriori condizioni alle quali lo statuto subordina l'assegnazione del beneficio (5).

4 *ter*. La deliberazione di modifica dello statuto prevista al comma 1 non attribuisce il diritto di recesso ai sensi dell'articolo 2437 del codice civile (5).

(1) *Questo articolo è stato inserito dall'art. 3, comma 10, del D.L.vo 27 gennaio 2010, n. 27. A norma dell'art. 7 dello stesso D.L.vo, questa disposizione si applica alle assemblee il cui avviso di convocazione sia pubblicato dopo il 31 ottobre 2010. Fino a tale data continuano ad applicarsi le disposizioni sostituite od abrogate dalle corrispondenti disposizioni del D.L.vo n. 27/2010.*

(2) *Le parole: «e comunque non inferiore ad un anno» sono state così sostituite dalle attuali: «comunque non inferiore ad un anno o al minor periodo intercorrente tra due date consecutive di pagamento del dividendo annuale» dall'art. 3, comma 8, lett.* a), *del D.L.vo 18 giugno 2012, n. 91.*

(3) *Le parole: «abbia anche temporaneamente detenuto» sono state così sostituite dalle attuali: «abbia detenuto» dall'art. 3, comma 8, lett.* b), *del D.L.vo 18 giugno 2012, n. 91.*

(4) *Le parole: «esercitato, anche temporaneamente o congiuntamente con altri soci tramite un patto parasociale previsto dall'articolo 122, un'influenza dominante ovvero un'influenza notevole sulla società» sono state così sostituite dalle attuali: «esercitato, anche temporaneamente, un'influenza dominante, individuale o congiunta con altri soci tramite un patto parasociale previsto dall'articolo 122, ovvero un'influenza notevole sulla società» dall'art. 3, comma 8, lett.* b), *del D.L.vo 18 giugno 2012, n. 91.*

(5) *Questo comma è stato aggiunto dall'art. 3, comma 8, lett.* c), *del D.L.vo 18 giugno 2012, n. 91.*

127 *quinquies*. (1) **Maggiorazione del voto. –** 1. Gli statuti possono disporre che sia attribuito voto maggiorato, fino a un massimo di due voti, per ciascuna azione appartenuta al medesimo soggetto per un periodo continuativo non inferiore a ventiquattro mesi a decorrere dalla data di iscrizione nell'elenco previsto dal comma 2. In tal caso, gli statuti possono altresì prevedere che colui al quale spetta il diritto di voto possa irrevocabilmente rinunciare, in tutto o in parte, al voto maggiorato.

2. Gli statuti stabiliscono le modalità per l'attribuzione del voto maggiorato e per l'accertamento dei relativi presupposti, prevedendo in ogni caso un apposito elenco. La Consob stabilisce con proprio regolamento le disposizioni di attuazione del presente articolo al fine di assicurare la trasparenza degli assetti proprietari e l'osservanza delle disposizioni del titolo II, capo II, sezione II. Restano fermi gli obblighi di comunicazione previsti in capo ai titolari di partecipazioni rilevanti (2).

3. La cessione dell'azione a titolo oneroso o gratuito, ovvero la cessione diretta o indiretta di partecipazioni di controllo in società o enti che detengono azioni a voto maggiorato in misura superiore alla soglia prevista dall'articolo 120, comma 2, comporta la perdita della maggiorazione del voto. Se lo statuto non dispone diversamente, il diritto di voto maggiorato:

a) è conservato in caso di successione per causa di morte nonché in caso di fusione e scissione del titolare delle azioni;

b) si estende alle azioni di nuova emissione in caso di aumento di capitale ai sensi dell'articolo 2442 del codice civile.

4. Il progetto di fusione o di scissione di una società il cui statuto prevede la maggiorazione del voto può prevedere che il diritto di voto maggiorato spetti anche alle azioni spettanti in cambio di quelle a cui è attribuito voto maggiorato. Lo statuto può prevedere che la maggiorazione del voto si estenda proporzionalmente alle azioni emesse in esecuzione di un aumento di capitale mediante nuovi conferimenti.

5. Le azioni cui si applica il beneficio previsto dal comma 1 non costituiscono una categoria speciale di azioni ai sensi dell'articolo 2348 del codice civile.

6. La deliberazione di modifica dello statuto con cui viene prevista la maggiorazione del voto non attribuisce il diritto di recesso ai sensi dell'articolo 2437 del codice civile.

7. Qualora la deliberazione di modifica dello statuto di cui al comma 6 sia adottata nel corso del procedimento di quotazione in un mercato regolamentato delle azioni di una società non risultante da una fusione che coinvolga una società con azioni quotate, la relativa clausola può prevedere che ai fini del possesso continuativo previsto dal comma 1 sia computato anche il possesso anteriore alla data di iscrizione nell'elenco previsto dal comma 2.

8. Se lo statuto non dispone diversamente, la maggiorazione del diritto di voto si computa anche per la determinazione dei quorum costitutivi e deliberativi che fanno riferimento ad aliquote del capitale sociale. La maggiorazione non ha effetto sui diritti, diversi dal voto, spettanti in forza del possesso di determinate aliquote di capitale.

([1]) *Questo articolo è stato inserito dall'art. 20, comma 1, lett.* aa), *del D.L. 24 giugno 2014, n. 91, convertito, con modificazioni, nella L. 11 agosto 2014, n. 116.*

Si veda l'art. 20, comma 1 bis, *del medesimo provvedimento, che si riporta: «In sede di prima applicazione, le deliberazioni di modifica dello statuto assunte entro il 31 gennaio 2015 da società aventi titoli quotati nel mercato regolamentato italiano iscritte nel registro delle imprese alla data di entrata in vigore della legge di conversione del presente decreto, con cui viene prevista la creazione di azioni a voto maggiorato ai sensi dell'articolo 127 quinquies del decreto legislativo 24 febbraio 1998, n. 58, sono prese, anche in prima convocazione, con il voto favorevole di almeno la maggioranza del capitale rappresentato in assemblea.».*

([2]) *A norma dell'art. 20, comma 8* quater, *del D.L. 24 giugno 2014, n. 91, convertito, con modificazioni, nella L. 11 agosto 2014, n. 116, il regolamento previsto da questo comma è adottato dalla Consob entro il 31 dicembre 2014.*

127 *sexies*. ([1]) **Azioni a voto plurimo.** – 1. In deroga all'articolo 2351, quarto comma, del codice civile, gli statuti non possono prevedere l'emissione di azioni a voto plurimo.

2. Le azioni a voto plurimo emesse anteriormente all'inizio delle negoziazioni in un mercato regolamentato mantengono le loro caratteristiche e diritti. Se lo statuto non dispone diversamente, al fine di mantenere inalterato il rapporto tra le varie categorie di azioni, le società che hanno emesso azioni a voto plurimo ovvero le società risultanti dalla fusione o dalla scissione di tali società possono procedere all'emissione di azioni a voto plurimo con le medesime caratteristiche e diritti di quelle già emesse limitatamente ai casi di:

a) aumento di capitale ai sensi dell'articolo 2442 del codice civile ovvero mediante nuovi conferimenti senza esclusione o limitazione del diritto d'opzione;

b) fusione o scissione.

3. Nel caso previsto dal comma 2 gli statuti non possono prevedere ulteriori maggiorazioni del diritto di voto a favore di singole categorie di azioni né ai sensi dell'articolo 127 *quinquies*.

4. Ove la società non si avvalga della facoltà di emettere nuove azioni a voto plurimo ai sensi del comma 2, secondo periodo, è esclusa in ogni caso la necessità di approvazione delle deliberazioni, ai sensi dell'articolo 2376 del codice civile, da parte dell'assemblea speciale degli appartenenti alla categoria delle azioni a voto plurimo.

([1]) *Questo articolo è stato inserito dall'art. 20, comma 1, lett.* aa bis), *del D.L. 24 giugno 2014, n. 91, convertito, con modificazioni, nella L. 11 agosto 2014, n. 116.*

130. Informazione dei soci. – 1. I soci hanno diritto di prendere visione di tutti gli atti depositati presso la sede sociale per assemblee già convocate e di ottenerne copia a proprie spese.

132. Acquisto di azioni proprie e della società controllante. – 1. Gli acquisti di azioni proprie, operati ai sensi degli articoli 2357 e 2357 *bis*, primo comma, numero 1), del codice civile, da società con azioni quotate, devono essere effettuati in modo da assicurare la parità di trattamento tra gli azionisti, secondo modalità stabilite dalla CONSOB con proprio regolamento ([1]).

2. Il comma 1 si applica anche agli acquisti di azioni quotate effettuati ai sensi dell'articolo 2359 *bis* del codice civile da parte di una società controllata.

3. I commi 1 e 2 non si applicano agli acquisti di azioni proprie o della società controllante possedute da dipendenti della società emittente, di società controllate o della società controllante e assegnate o sottoscritte a norma degli articoli 2349 e 2441, ottavo comma, del codice civile, ovvero rivenienti da piani di compenso approvati ai sensi dell'articolo 114 *bis* ([2]).

([1]) *Questo comma è stato così sostituito dall'art. 9, comma 1, lett.* i), *della L. 18 aprile 2005, n. 62.*

([2]) *Le parole: «codice civile.» sono state così sostituite dalle attuali: «codice civile, ovvero rivenienti da piani di compenso approvati ai sensi dell'articolo 114* bis.*» dall'art. 2, comma 1, del D.L.vo 29 novembre 2010, n. 224.*

133. Esclusione su richieste dalle negoziazioni. – 1. Le società italiane con azioni quotate nei mercati regolamentati italiani, previa deliberazione dell'assemblea straordinaria, possono richiedere l'esclusione dalle negoziazioni dei propri strumenti finanziari, secondo quanto previsto dal regolamento del mercato, se ottengono l'ammissione su altro mercato regolamentato italiano o di altro Paese dell'Unione Europea, purché sia garantita una tutela equivalente degli investitori, secondo i criteri stabiliti dalla CONSOB con regolamento.

134. [**Aumenti di capitale.** – 1. Per le società con azioni quotate, il termine previsto dall'articolo 2441, secondo comma, del codice civile è ridotto alla metà ([1]).

2. Alle deliberazioni di aumento di capitale previste dall'articolo 2441, ottavo comma, secondo periodo, del codice civile si applica la maggioranza richiesta per le assemblee straordinarie, a condizione che l'aumento non ecceda la misura dell'uno per cento del capitale ([2]).

3. L'articolo 2441, ottavo comma, del codice civile si applica anche alle deliberazioni di aumento di capitale con esclusione del diritto di opzione che prevedono l'offerta in sottoscrizione delle azioni ai dipendenti di società controllanti o controllate] ([3]).

([1]) *Questo comma è stato soppresso dall'art. 20, comma 1, lett.* bb), *del D.L. 24 giugno 2014, n. 91, convertito, con modificazioni, nella L. 11 agosto 2014, n. 116.*

([2]) *Questo comma è stato abrogato dall'art. 1, comma 14, del D.L.vo 11 ottobre 2012, n. 184.*

([3]) *Questo comma è stato abrogato dall'art. 9, comma 1, lett.* c), *del D.L.vo 6 febbraio 2004, n. 37.*

Sezione II *bis*
Società cooperative ([1])

([1]) *Questa sezione è stata aggiunta dall'art. 3, comma 11, del D.L.vo 27 gennaio 2010, n. 27. A norma dell'art. 7 dello stesso D.L.vo, questa disposizione si applica alle assemblee il cui avviso di convocazione sia pubblicato dopo il 31 ottobre 2010. Fino a tale data continuano ad applicarsi le disposizioni sostituite od abrogate dalle corrispondenti disposizioni del D.L.vo n. 27/2010.*

135. Percentuali di capitale. – 1. Per le società cooperative, le percentuali di capitale individuate nel codice civile e nel presente decreto ([1]) per l'esercizio di diritti da parte dei soci sono rapportate al numero complessivo dei soci stessi.

([1]) *Le parole: «e nel presente decreto» sono state aggiunte dall'art. 3, comma 9, del D.L.vo 18 giugno 2012, n. 91. Tali disposizioni si applicano alle assemblee il cui avviso di convocazione sia pubblicato dopo il 1° gennaio 2013.*

135 *bis*. ([1]) **Disciplina delle società cooperative.** – 1. Alle società cooperative non si applica il comma 2 dell'articolo 125 *bis*, nonché il comma 4, lettera *b*), numero 1), limitatamente alle parole: "del diritto di porre domande prima dell'assemblea" e numero 3, e lettera *c*), del medesimo articolo. Non si applicano altresì gli articoli 127 *bis*, 127 *ter* e 127 *quater*.

2. Restano ferme le altre esclusioni espressamente previste dal presente decreto.

3. Il termine previsto dall'articolo 126 *bis*, comma 2, primo periodo, è ridotto a dieci giorni.

([1]) *Questo articolo è stato così sostituito dall'art. 3, comma 10, del D.L.vo 18 giugno 2012, n. 91. Tali disposizioni si applicano alle assemblee il cui avviso di convocazione sia pubblicato dopo il 1° gennaio 2013.*

Sezione II *ter*
Deleghe di voto ([1])

([1]) *Questa sezione è stata aggiunta dall'art. 3, comma 11, del D.L.vo 27 gennaio 2010, n. 27. A norma dell'art. 7 dello stesso D.L.vo, questa disposizione si applica alle assemblee il cui avviso di convocazione sia pubblicato dopo il 31 ottobre 2010. Fino a tale data continuano ad applicarsi le disposizioni sostituite od abrogate dalle corrispondenti disposizioni del D.L.vo n. 27/2010.*

135 *novies*. Rappresentanza nell'assemblea. – 1. Colui al quale spetta il diritto di voto può indicare un unico rappresentante per ciascuna assemblea, salva la facoltà di indicare uno o più ([1]) sostituti.

2. In deroga al comma 1, colui al quale spetta il diritto di voto può delegare un rappresentante diverso per ciascuno dei conti, destinati a registrare i movimenti degli strumenti finanziari, a valere sui quali sia stata effettuata la comunicazione prevista dall'articolo 83 *sexies*.

3. In deroga al comma 1, qualora il soggetto indicato come titolare delle azioni nella comunicazione prevista dall'articolo 83 *sexies* agisca, anche mediante intestazioni fiduciarie, per conto di propri clienti, questi può indicare come rappresentante i soggetti per conto dei quali esso agisce ovvero uno o più terzi designati da tali soggetti.

4. Se la delega prevede tale facoltà, il delegato può farsi sostituire da un soggetto di propria scelta, fermo il rispetto dell'articolo 135 *decies*, comma 3 ([2]), e ferma la facoltà del rappresentato di indicare uno o più sostituti.

5. Il rappresentante può, in luogo dell' originale, consegnare o trasmettere una copia, anche su supporto informatico, della delega, attestando sotto la propria responsabilità la conformità della delega all'originale e l'identità del delegante. Il rappresentante conserva l'originale della delega e tiene traccia delle istruzioni di voto eventualmente ricevute per un anno a decorrere dalla conclusione dei lavori assembleari.

6. La delega può essere conferita con documento informatico sottoscritto in forma elettronica ai sensi dell'articolo 21, comma 2, del decreto legislativo 7 marzo 2005, n. 82. Le società indicano nello statuto almeno una modalità di notifica elettronica della delega ([3]).

7. I commi 1, 2, 3 e 4 si applicano anche nel caso di trasferimento delle azioni per procura.

8. Resta fermo quanto previsto dall'articolo 2372 del codice civile. In deroga all'articolo 2372, secondo comma, del codice civile, le Sgr, le Sicav, le società di gestione armonizzate, nonché i soggetti extracomunitari che svolgono attività di gestione collettiva del risparmio, possono conferire la rappresentanza per più assemblee ([4]).

([1]) *Le parole: «uno o più» sono state inserite dall'art. 3, comma 12, lett.* a), *del D.L.vo 18 giugno 2012, n. 91.*

([2]) *Le parole: «comma 4» sono state così sostituite dalle attuali: «comma 3» dall'art. 3, comma 12, lett.* b), *del D.L.vo 18 giugno 2012, n. 91.*

([3]) *Questo comma è stato così sostituito dall'art. 3, comma 12, lett.* c), *del D.L.vo 18 giugno 2012, n. 91.*

([4]) *Questo periodo è stato inserito dall'art. 3, comma 12, lett.* d), *del D.L.vo 18 giugno 2012, n. 91.*

135 *decies*. Conflitto di interessi del rappresentante e dei sostituti. – 1. Il conferimento di una delega ad un rappresentante in conflitto di interessi è consentito purché il rappresentante comunichi per iscritto al socio le circostanze da cui deriva tale conflitto e purché vi siano specifiche istruzioni di voto per ciascuna delibera in relazione alla quale il rappresentante dovrà votare per conto del socio. Spetta al rappresentante l'onere della prova di aver comunicato al socio le circostanze che danno luogo al conflitto d'interessi. Non si applica l'articolo 1711, secondo comma, del codice civile ([1]).

2. Ai fini del presente articolo, sussiste in ogni caso un conflitto di interessi ove il rappresentante o il sostituto:

a) controlli, anche congiuntamente, la società o ne sia controllato, anche congiuntamente, ovvero sia sottoposto a comune controllo con la società;

b) sia collegato alla società o eserciti un'influenza notevole su di essa ovvero quest'ultima eserciti sul rappresentante stesso un'influenza notevole ([2]);

c) sia un componente dell'organo di amministrazione o di controllo della società o dei soggetti indicati alle lettere *a*) e *b*);

d) sia un dipendente o un revisore della società o dei soggetti indicati alla lettera *a*);

e) sia coniuge, parente o affine entro quarto grado dei soggetti indicati alle lettere da *a*) a *c*);

f) sia legato alla società o ai soggetti indicati alle lettere *a*), *b*), *c*) ed *e*) da rapporti di lavoro autonomo o subordinato ovvero da altri rapporti di natura patrimoniale che ne compromettano l'indipendenza.

3. La sostituzione del rappresentante con un sostituto in conflitto di interessi è consentita solo qualora il sostituto sia stato indicato dal socio. Si applica in tal caso il comma 1. Gli obblighi di comunicazione e il relativo onere della prova rimangono in capo al rappresentante.

4. Il presente articolo si applica anche nel caso di trasferimento delle azioni per procura.

(1) *Questo periodo è stato inserito dall'art. 3, comma 13, lett.* a)*, del D.L.vo 18 giugno 2012, n. 91.*

(2) *Le parole: «ovvero quest'ultima eserciti sul rappresentante stesso un'influenza notevole» sono state aggiunte dall'art. 3, comma 13, lett.* b)*, del D.L.vo 18 giugno 2012, n. 91.*

135 *undecies*. Rappresentante designato dalla società con azioni quotate. – 1. Salvo che lo statuto disponga diversamente, le società con azioni quotate designano per ciascuna assemblea un soggetto al quale i soci possono conferire, entro la fine del secondo giorno di mercato aperto precedente la data fissata per l'assemblea, anche in convocazione successiva alla prima, (1) una delega con istruzioni di voto su tutte o alcune delle proposte all'ordine del giorno. La delega ha effetto per le sole proposte in relazione alle quali siano conferite istruzioni di voto.

2. La delega è conferita mediante la sottoscrizione di un modulo di delega il cui contenuto è disciplinato dalla Consob con regolamento. Il conferimento della delega non comporta spese per il socio. La delega e le istruzioni di voto sono sempre revocabili entro il termine indicato nel comma 1.

3. Le azioni per le quali è stata conferita la delega, anche parziale, sono computate ai fini della regolare costituzione dell'assemblea. In relazione alle proposte per le quali non siano state conferite istruzioni di voto, le azioni [del socio] (2) non sono computate ai fini del calcolo della maggioranza e della quota di capitale richiesta per l'approvazione delle delibere.

4. Il soggetto designato come rappresentante è tenuto a comunicare eventuali interessi che per conto proprio o di terzi abbia rispetto alle proposte di delibera all'ordine del giorno. Mantiene altresì la riservatezza sul contenuto delle istruzioni di voto ricevute fino all'inizio dello scrutinio, salva la possibilità di comunicare tali informazioni ai propri dipendenti e ausiliari, i quali sono soggetti al medesimo di dovere di riservatezza. Al soggetto designato come rappresentante non possono essere conferite deleghe se non nel rispetto del presente articolo (3).

5. Con il regolamento di cui al comma 2, la Consob può stabilire i casi in cui il rappresentante che non si trovi in alcuna delle condizioni indicate (4) all'articolo 135 *decies* può esprimere un voto difforme da quello indicato nelle istruzioni.

(1) *Le parole: «la data fissata per l'assemblea in prima o unica convocazione,» sono state così sostituite dalle attuali: «la data fissata per l'assemblea, anche in convocazione successiva alla prima,» dall'art. 3, comma 14, lett.* a)*, del D.L.vo 18 giugno 2012, n. 91.*

(2) *Le parole fra parentesi quadrate sono state soppresse dall'art. 3, comma 14, lett.* b)*, del D.L.vo 18 giugno 2012, n. 91.*

(3) *Questo periodo è stato aggiunto dall'art. 3, comma 14, lett.* c)*, del D.L.vo 18 giugno 2012, n. 91.*

(4) *Le parole: «delle condizioni di cui» sono state così sostituite dalle attuali: «delle condizioni indicate» dall'art. 3, comma 14, lett.* d)*, del D.L.vo 18 giugno 2012, n. 91.*

135 *duodecies*. Società cooperative. – 1. Le disposizioni della presente sezione non si applicano alle società cooperative.

Sezione III

Sollecitazione di deleghe (1)

(1) *Questa rubrica è stata così sostituita dall'art. 3, comma 12, del D.L.vo 27 gennaio 2010, n. 27. Questa sezione è stata aggiunta dall'art. 3, comma 11, del D.L.vo 27 gennaio 2010, n. 27. A norma dell'art. 7 dello stesso D.L.vo, questa disposizione si applica alle assemblee il cui avviso di convocazione sia pubblicato dopo il 31 ottobre 2010. Fino a tale data continuano ad applicarsi le disposizioni sostituite od abrogate dalle corrispondenti disposizioni del D.L.vo n. 27/2010.*

136. (1) **Definizioni.** – 1. Ai fini della presente sezione, si intendono per:

a) "delega di voto", il conferimento della rappresentanza per l'esercizio del voto nelle assemblee;

b) "sollecitazione", la richiesta di conferimento di deleghe di voto rivolta a più di duecento azionisti su specifiche proposte di voto ovvero accompagnata da raccomandazioni, dichiarazioni o altre indicazioni idonee a influenzare il voto;

c) "promotore", il soggetto, compreso l'emittente, (2) o i soggetti che congiuntamente promuovono la sollecitazione.

(1) *Questo articolo è stato così sostituito dall'art. 3, comma 13, del D.L.vo 27 gennaio 2010, n. 27. A norma dell'art. 7 dello stesso D.L.vo, questa disposizione si applica alle assemblee il cui avviso di convocazione*

sia pubblicato dopo il 31 ottobre 2010. Fino a tale data continuano ad applicarsi le disposizioni sostituite od abrogate dalle corrispondenti disposizioni del D.L.vo n. 27/2010.

([2]) *Le parole: «, compreso l'emittente,» sono state inserite dall'art. 3, comma 15, del D.L.vo 18 giugno 2012, n. 91.*

137. Disposizioni generali. – 1. Al conferimento di deleghe di voto ai sensi della presente sezione si applicano gli articoli 135 *novies* e 135 *decies* ([1]).

2. Le clausole statutarie che limitano in qualsiasi modo la rappresentanza nelle assemblee non si applicano alle deleghe di voto conferite in conformità delle disposizioni della presente sezione.

3. Lo statuto può prevedere disposizioni dirette a facilitare l'espressione del voto tramite delega da parte degli azionisti dipendenti ([2]).

4. Le disposizioni della presente sezione non si applicano alle società cooperative.

4 *bis*. Le disposizioni della presente sezione si applicano anche alle società italiane con strumenti finanziari diversi dalle azioni ammessi con il consenso dell'emittente alla negoziazione sui mercati regolamentati italiani o di altri Paesi dell'Unione europea, con riguardo al conferimento della rappresentanza per l'esercizio del diritto di voto nelle assemblee dei titolari di tali strumenti finanziari ([3]).

([1]) *Questo comma è stato così sostituito dall'art. 3, comma 14, n. 1), del D.L.vo 27 gennaio 2010, n. 27. A norma dell'art. 7 dello stesso D.L.vo, questa disposizione si applica alle assemblee il cui avviso di convocazione sia pubblicato dopo il 31 ottobre 2010. Fino a tale data continuano ad applicarsi le disposizioni sostituite od abrogate dalle corrispondenti disposizioni del D.L.vo n. 27/2010.*

([2]) *Le parole: «la raccolta delle deleghe di voto presso gli azionisti dipendenti» sono state così sostituite dalle parole: «l'espressione del voto tramite delega da parte degli azionisti dipendenti» dall'art. 3, comma 14, n. 2), del D.L.vo 27 gennaio 2010, n. 27. A norma dell'art. 7 dello stesso D.L.vo, questa disposizione si applica alle assemblee il cui avviso di convocazione sia pubblicato dopo il 31 ottobre 2010. Fino a tale data continuano ad applicarsi le disposizioni sostituite od abrogate dalle corrispondenti disposizioni del D.L.vo n. 27/2010.*

([3]) *Questo comma è stato inserito dall'art. 3, comma 16, del D.L.vo 18 giugno 2012, n. 91.*

138. ([1]) **Sollecitazione.** – 1. La sollecitazione è effettuata dal promotore mediante la diffusione di un prospetto e di un modulo di delega.

2. Il voto relativo alle azioni per le quali è stata rilasciata la delega è esercitato dal promotore. Il promotore può farsi sostituire solo da chi sia espressamente indicato nel modulo di delega e nel prospetto di sollecitazione.

([1]) *Questo articolo è stato così sostituito dall'art. 3, comma 15, del D.L.vo 27 gennaio 2010, n. 27. A norma dell'art. 7 dello stesso D.L.vo, questa disposizione si applica alle assemblee il cui avviso di convocazione sia pubblicato dopo il 31 ottobre 2010. Fino a tale data continuano ad applicarsi le disposizioni sostituite od abrogate dalle corrispondenti disposizioni del D.L.vo n. 27/2010.*

141. ([1]) **Associazioni di azionisti.** – 1. Non costituisce sollecitazione ai sensi dell'articolo 136, comma 1, lettera b), la richiesta di conferimento di deleghe di voto accompagnata da raccomandazioni, dichiarazioni o altre indicazioni idonee a influenzare il voto rivolta ai propri associati dalle associazioni di azionisti che:

a) sono costituite con scrittura privata autenticata;

b) non esercitano attività di impresa, salvo quelle direttamente strumentali al raggiungimento dello scopo associativo;

c) sono composte da almeno cinquanta persone fisiche ciascuna delle quali è proprietaria di un quantitativo di azioni non superiore allo 0,1 per cento del capitale sociale rappresentato da azioni con diritto di voto.

2. Le deleghe conferite all'associazione di azionisti ai sensi del comma 1 non sono computate ai fini del calcolo del limite di duecento azionisti previsto dall'articolo 136, comma 1, lettera *b*).

([1]) *Questo articolo è stato così sostituito dall'art. 3, comma 17, del D.L.vo 27 gennaio 2010, n. 27. A norma dell'art. 7 dello stesso D.L.vo, questa disposizione si applica alle assemblee il cui avviso di convocazione sia pubblicato dopo il 31 ottobre 2010. Fino a tale data continuano ad applicarsi le disposizioni sostituite od abrogate dalle corrispondenti disposizioni del D.L.vo n. 27/2010.*

142. Delega di voto. – 1. La delega di voto è sottoscritta dal delegante, è revocabile e può essere conferita soltanto per singole assemblee già convocate, con effetto per le eventuali convocazioni successive; essa non può essere rilasciata in bianco e indica la data. il nome del delegato e le istruzioni di voto.

2. La delega può essere conferita anche solo per alcune delle proposte di voto indicate nel modulo di delega o solo per alcune materie all'ordi-

ne del giorno. Il rappresentante è tenuto a votare per conto del delegante anche sulle materie iscritte all'ordine del giorno, sulle quali abbia ricevuto istruzioni, non oggetto della sollecitazione ([1]). Le azioni per le quali è stata conferita la delega, anche parziale, sono computate ai fini della regolare costituzione dell'assemblea.

([1]) *Le parole da: «o solo per alcune materie all'ordine del giorno...» fino a: «...non oggetto della sollecitazione.» sono state inserite dall'art. 3, comma 18, del D.L.vo 27 gennaio 2010, n. 27. A norma dell'art. 7 dello stesso D.L.vo, questa disposizione si applica alle assemblee il cui avviso di convocazione sia pubblicato dopo il 31 ottobre 2010. Fino a tale data continuano ad applicarsi le disposizioni sostituite od abrogate dalle corrispondenti disposizioni del D.L.vo n. 27/2010.*

143. Responsabilità. – 1. Le informazioni contenute nel prospetto o nel modulo di delega e quelle eventualmente diffuse nel corso della sollecitazione [o della raccolta di deleghe] ([1]) devono essere idonee a consentire all'azionista di assumere una decisione consapevole; dell'idoneità risponde il promotore ([2]).

2. Il promotore ([3]) è responsabile della completezza delle informazioni diffuse nel corso della sollecitazione.

3. Nei giudizi di risarcimento dei danni derivanti da violazione delle disposizioni della presente sezione e delle relative norme regolamentari spetta al promotore ([4]) l'onere della prova di avere agito con la diligenza richiesta.

([1]) *Le parole tra parentesi quadrate sono state soppresse dall'art. 3, comma 19, lett.* a), *del D.L.vo 27 gennaio 2010, n. 27. A norma dell'art. 7 dello stesso D.L.vo, questa disposizione si applica alle assemblee il cui avviso di convocazione sia pubblicato dopo il 31 ottobre 2010. Fino a tale data continuano ad applicarsi le disposizioni sostituite od abrogate dalle corrispondenti disposizioni del D.L.vo n. 27/2010.*

([2]) *Le parole: «rispondono il committente e i rappresentanti delle associazioni di azionisti» sono state così sostituite dalle parole: «risponde il promotore» dall'art. 3, comma 19, lett.* a), *del D.L.vo 27 gennaio 2010, n. 27. A norma dell'art. 7 dello stesso D.L.vo, questa disposizione si applica alle assemblee il cui avviso di convocazione sia pubblicato dopo il 31 ottobre 2010. Fino a tale data continuano ad applicarsi le disposizioni sostituite od abrogate dalle corrispondenti disposizioni del D.L.vo n. 27/2010.*

([3]) *Le parole: «L'intermediario» sono state così sostituite dalle parole: «Il promotore» dall'art. 3, comma 19, lett.* b), *del D.L.vo 27 gennaio 2010, n. 27. A norma dell'art. 7 dello stesso D.L.vo, questa disposizione si applica alle assemblee il cui avviso di convocazione sia pubblicato dopo il 31 ottobre 2010. Fino a tale data continuano ad applicarsi le disposizioni sostituite od abrogate dalle corrispondenti disposizioni del D.L.vo n. 27/2010.*

([4]) *Le parole: «committente, alle associazioni di azionisti e all'intermediario» sono state così sostituite dalla parola: «promotore» dall'art. 3, comma 19, lett.* c), *del D.L.vo 27 gennaio 2010, n. 27. A norma dell'art. 7 dello stesso D.L.vo, questa disposizione si applica alle assemblee il cui avviso di convocazione sia pubblicato dopo il 31 ottobre 2010. Fino a tale data continuano ad applicarsi le disposizioni sostituite od abrogate dalle corrispondenti disposizioni del D.L.vo n. 27/2010.*

144. Svolgimento della sollecitazione e della raccolta. – 1. La Consob ([1]) stabilisce con regolamento regole di trasparenza e correttezza per lo svolgimento della sollecitazione e della raccolta di deleghe. Il regolamento, in particolare, disciplina:

a) il contenuto del prospetto e del modulo di delega, nonché le relative modalità di diffusione;

b) sospendere l'attività di sollecitazione in caso di fondato sospetto di violazione delle disposizioni della presente sezione ovvero vietarla in caso di accertata violazione delle predette disposizioni ([2]);

c) le forme di collaborazione tra il promotore ([3]) e i soggetti in possesso delle informazioni relative all'identità dei soci, al fine di consentire lo svolgimento della sollecitazione.

2. La CONSOB può:

a) richiedere che il prospetto e il modulo di delega contengano informazioni integrative e stabilire particolari modalità di diffusione degli stessi;

b) sospendere l'attività di sollecitazione in caso di fondato sospetto di violazione delle disposizioni della presente sezione ovvero vietarla in caso di accertata violazione delle predette disposizioni ([4]);

c) esercitare nei confronti dei promotori i poteri previsti dagli articoli 114, comma 5, e 115, comma 1 ([5]).

[3. Il Ministro di grazia e giustizia, sentita la CONSOB, disciplina con regolamento i termini di convocazione dell'assemblea, anche in deroga alle vigenti disposizioni di legge, assicurando una sufficiente e tempestiva pubblicità delle proposte di deliberazione] ([6]).

4. Nei casi in cui la legge preveda forme di controllo sulle partecipazioni al capitale delle società, copia del prospetto e del modulo di delega deve essere inviata alle autorità di vigilanza competenti prima della sollecitazione. Le autorità vie-

tano la sollecitazione quando pregiudica il perseguimento delle finalità inerenti ai controlli sulle partecipazioni al capitale ([7]).

([1]) *La parola: «CONSOB» è stata così sostituita dall'attuale: «Consob» dall'art. 3, comma 17, lett.* a), *del D.L.vo 18 giugno 2012, n. 91.*

([2]) *Questa lettera è stata così sostituita dall'art. 3, comma 17, lett.* b), *del D.L.vo 18 giugno 2012, n. 91*

([3]) *Le parole: «gli intermediari», sono sostituite dalle seguenti: «il promotore» dall'art. 3, comma 20, lett.* a), *del D.L.vo 27 gennaio 2010, n. 27. A norma dell'art. 7 dello stesso D.L.vo, questa disposizione si applica alle assemblee il cui avviso di convocazione sia pubblicato dopo il 31 ottobre 2010. Fino a tale data continuano ad applicarsi le disposizioni sostituite od abrogate dalle corrispondenti disposizioni del D.L.vo n. 27/2010.*

([4]) *Questa lettera è stata così sostituita dall'art. 3, comma 17, lett.* b), *del D.L.vo 18 giugno 2012, n. 91. Si riporta il testo precedente: «*b) *vietare l'attività di sollecitazione quando riscontri una violazione delle disposizioni della presente sezione».*

([5]) *Questo comma è stato così sostituito dall'art. 3, comma 20, lett.* b), *del D.L.vo 27 gennaio 2010, n. 27. A norma dell'art. 7 dello stesso D.L.vo, questa disposizione si applica alle assemblee il cui avviso di convocazione sia pubblicato dopo il 31 ottobre 2010. Fino a tale data continuano ad applicarsi le disposizioni sostituite od abrogate dalle corrispondenti disposizioni del D.L.vo n. 27/2010.*

([6]) *Questo comma è stato abrogato dall'art. 3, comma 20, lett.* c), *del D.L.vo 27 gennaio 2010, n. 27. A norma dell'art. 7 dello stesso D.L.vo, questa disposizione si applica alle assemblee il cui avviso di convocazione sia pubblicato dopo il 31 ottobre 2010. Fino a tale data continuano ad applicarsi le disposizioni sostituite od abrogate dalle corrispondenti disposizioni del D.L.vo n. 27/2010.*

([7]) *Questo comma è stato così sostituito dall'art. 3, comma 20, lett.* d), *del D.L.vo 27 gennaio 2010, n. 27. A norma dell'art. 7 dello stesso D.L.vo, questa disposizione si applica alle assemblee il cui avviso di convocazione sia pubblicato dopo il 31 ottobre 2010. Fino a tale data continuano ad applicarsi le disposizioni sostituite od abrogate dalle corrispondenti disposizioni del D.L.vo n. 27/2010.*

Sezione IV
Azioni di risparmio ed altre categorie di azioni ([1])

([1]) *Questa rubrica è stata così sostituita dall'art. 9.74 del D.L.vo 17 gennaio 2003, n. 6, così come inserito dall'art. 3 del D.L.vo 6 febbraio 2004, n. 37.*

145. Emissione delle azioni. – 1. Le società italiane con azioni ordinarie quotate in mercati regolamentati italiani o di altri Paesi dell'Unione Europea possono emettere azioni prive del diritto di voto, dotate di particolari privilegi di natura patrimoniale.

2. L'atto costitutivo determina il contenuto del privilegio, le condizioni, i limiti, le modalità e i termini per il suo esercizio; stabilisce altresì i diritti spettanti agli azionisti di risparmio in caso di esclusione dalle negoziazioni delle azioni ordinarie o di risparmio.

3. Le azioni devono contenere, in aggiunta alle indicazioni prescritte dall'articolo 2354 del codice civile, la denominazione di "azioni di risparmio" e l'indicazione dei privilegi che le assistono; le azioni possono essere al portatore, salvo il disposto dell'articolo 2354 ([1]), secondo comma, del codice civile. Le azioni appartenenti agli amministratori, ai sindaci e ai direttori generali devono essere nominative.

[4. Il valore nominale complessivo delle azioni di risparmio, in concorso con quello delle azioni con voto limitato emesse ai sensi dell'articolo 2351 del codice civile, non può superare la metà del capitale sociale] ([2]).

5. Se, in conseguenza della riduzione del capitale per perdite, l'ammontare delle azioni di risparmio e delle azioni a voto limitato supera la metà del capitale sociale, il rapporto indicato nel comma 4 deve essere ristabilito entro due anni mediante emissione di azioni ordinarie da attribuire in opzione ai possessori di azioni ordinarie. Tuttavia, se la parte di capitale rappresentata da azioni ordinarie si è ridotta al di sotto del quarto del capitale sociale, deve essere riportata almeno al quarto entro sei mesi. La società si scioglie se il rapporto tra azioni ordinarie e azioni di risparmio e con voto limitato non è ristabilito entro i termini predetti.

6. Della parte di capitale sociale rappresentata da azioni di risparmio non si tiene conto ai fini della costituzione dell'assemblea e della validità delle deliberazioni, né per il calcolo delle aliquote stabilite dagli articoli 2367, 2393, quinto e sesto comma ([3]), 2393 *bis*, 2408, secondo comma e 2409, primo comma, del codice civile ([4]).

7. Le azioni di risparmio possono essere emesse sia in sede di aumento del capitale sociale, osservando le disposizioni dell'articolo 2441 del codice civile, sia in sede di conversione di azioni già emesse, ordinarie o di altra categoria; il diritto di conversione è attribuito ai soci con deliberazione dell'assemblea straordinaria.

8. Salvo diversa disposizione dell'atto costitutivo, in caso di aumento di capitale a pagamento per il quale non sia stato escluso o limitato il diritto di opzione, i possessori di azioni di risparmio hanno diritto di opzione su azioni di risparmio della stessa categoria ovvero, in mancanza o per la differenza, nell'ordine, su azioni di risparmio di altra categoria, su azioni privilegiate ovvero su azioni ordinarie.

(1) *L'originaria parola: «2355» è stata così sostituita dall'art. 9.72, lett.* a) *del D.L.vo 17 gennaio 2003, n. 6, così come inserito dall'art. 3 del D.L.vo 6 febbraio 2004, n. 37.*

(2) *Questo comma è stato abrogato dall'art. 9.72, lett.* b), *del D.L.vo 17 gennaio 2003, n. 6, così come inserito dall'art. 3 del D.L.vo 6 febbraio 2004, n. 37.*

(3) *Le parole: «2393, quarto e quinto comma» sono state così sostituite dalle attuali dall'art. 3, comma 2, della L. 28 dicembre 2005, n. 262.*

(4) *Questo comma è stato così sostituito dall'art. 9.72, lett.* c) *del D.L.vo 17 gennaio 2003, n. 6, così come inserito dall'art. 3 del D.L.vo 6 febbraio 2004, n. 37.*

146. Assemblea speciale. – 1. L'assemblea speciale dei possessori di azioni di risparmio delibera:

a) sulla nomina e sulla revoca del rappresentante comune e sull'azione di responsabilità nei suoi confronti;

b) sull'approvazione delle deliberazioni dell'assemblea della società che pregiudicano i diritti della categoria, con il voto favorevole di tante azioni che rappresentino almeno il venti per cento delle azioni della categoria;

c) sulla costituzione di un fondo per le spese necessarie alla tutela dei comuni interessi e sul rendiconto relativo; il fondo è anticipato dalla società, che può rivalersi sugli utili spettanti agli azionisti di risparmio in eccedenza al minimo eventualmente garantito;

d) sulla transazione delle controversie con la società, con il voto favorevole di tante azioni che rappresentino almeno il venti per cento delle azioni della categoria;

e) sugli altri oggetti d'interesse comune.

2. L'assemblea speciale dei possessori di azioni di risparmio è convocata dal rappresentante comune degli azionisti di risparmio, ovvero dal consiglio di amministrazione o dal consiglio di gestione (1), entro sessanta giorni dall'emissione o dalla conversione delle azioni e quando lo ritengano necessario o ne sia fatta richiesta da tanti possessori di azioni di risparmio che rappresentino almeno l'uno per cento delle azioni di risparmio della categoria (2).

2 *bis*. In caso di omissione o di ingiustificato ritardo da parte del consiglio di amministrazione o del consiglio di gestione (3) l'assemblea speciale è convocata dal collegio sindacale o dal consiglio di sorveglianza o, nel caso di richiesta da parte degli azionisti ai sensi del comma precedente, dal comitato per il controllo sulla gestione (4).

3. In deroga all'articolo 2376, secondo comma, del codice civile l'assemblea, salvo i casi previsti dal comma 1, lettere *b*) e *d*), delibera in prima e in seconda convocazione col voto favorevole di tante azioni che rappresentino rispettivamente almeno il venti e il dieci per cento delle azioni in circolazione; in terza o unica convocazione (5) l'assemblea delibera a maggioranza dei presenti, qualunque sia la parte di capitale rappresentata dai soci intervenuti. Si applica l'articolo 2416 del codice civile.

(1) *Le parole: «ovvero dagli amministratori della società» sono state così sostituite dalle attuali: «ovvero dal consiglio di amministrazione o dal consiglio di gestione» dall'art. 3, comma 18, lett.* a), *del D.L.vo 18 giugno 2012, n. 91.*

(2) *Questo comma è stato così sostituito dall'art. 9.73, lett.* a), *del D.L.vo 17 gennaio 2003, n. 6, così come inserito dall'art. 3 del D.L.vo 6 febbraio 2004, n. 37.*

(3) *Le parole: «da parte degli amministratori» sono state così sostituite dalle attuali: «da parte del consiglio di amministrazione o del consiglio di gestione» dall'art. 3, comma 18, lett.* b), *del D.L.vo 18 giugno 2012, n. 91.*

(4) *Questo comma è stato inserito dall'art. 9.73, lett.* b), *del D.L.vo 17 gennaio 2003, n. 6, così come inserito dall'art. 3 del D.L.vo 6 febbraio 2004, n. 37.*

(5) *Le parole: «in terza convocazione» sono state così sostituite dalle attuali: «in terza o unica convocazione» dall'art. 3, comma 18, lett.* c), *del D.L.vo 18 giugno 2012, n. 91.*

147. Rappresentante comune. – 1. Al rappresentante comune degli azionisti di risparmio si applica l'articolo 2417 del codice civile, intendendosi l'espressione obbligazionisti riferita ai possessori di azioni di risparmio.

[2. Possono essere nominate rappresentante comune anche le persone giuridiche autorizzate all'esercizio dei servizi d'investimento nonché le società fiduciarie] (1).

3. Il rappresentante comune ha gli obblighi e i poteri previsti dall'articolo 2418 del codice civile, intendendosi l'espressione obbligazionisti riferita ai possessori di azioni di risparmio; egli inoltre

ha diritto di esaminare i libri indicati nell'articolo 2421, nn. 1) e 3), del codice civile e di ottenerne estratti, di assistere all'assemblea della società e di impugnarne le deliberazioni. Le spese sono imputate al fondo previsto dall'articolo 146, comma 1, lettera *c*).

4. L'atto costituivo può attribuire al rappresentante comune e all'assemblea ulteriori poteri a tutela degli interessi dei possessori di azioni di risparmio e deve prevedere le modalità per assicurare un'adeguata informazione al rappresentante comune sulle operazioni societarie che possano influenzare l'andamento delle quotazioni delle azioni della categoria.

(1) *Questo comma è stato abrogato dall'art. 9, comma 1, lett.* d), *del D.L.vo 6 febbraio 2004, n. 37.*

147 *bis.* (1) **Assemblea di categoria.** – 1. Gli articoli 146 e 147 si applicano alle assemblee speciali previste dall'art. 2376, comma 1, del codice civile, qualora le azioni siano quotate in mercati regolamentati italiani o di altri paesi dell'Unione europea.

(1) *Questo articolo è stato inserito dall'articolo 9.75 del D.L.vo 17 gennaio 2003, n. 6, così come inserito dall'art. 3 del D.L.vo 6 febbraio 2004, n. 37.*

Sezione IV *bis*

Organi di amministrazione (1)

(1) *Questa sezione è stata inserita dall'art. 1 della L. 28 dicembre 2005, n. 262.*

147 *ter.* Elezione e composizione del consiglio di amministrazione. – 1. Lo statuto prevede che i componenti (1) del consiglio di amministrazione siano eletti sulla base di liste di candidati e determina la quota minima di partecipazione richiesta per la presentazione di esse, in misura non superiore a un quarantesimo del capitale sociale o alla diversa misura stabilita dalla CONSOB con regolamento tenendo conto della capitalizzazione, del flottante e degli assetti proprietari delle società quotate. Le liste indicano quali sono gli amministratori in possesso dei requisiti di indipendenza stabiliti dalla legge e dallo statuto. Lo statuto può prevedere che, ai fini del riparto degli amministratori da eleggere, non si tenga conto delle liste che non hanno conseguito una percentuale di voti almeno pari alla metà di quella richiesta dallo statuto per la presentazione delle stesse (2); per le società cooperative la misura è stabilita dagli statuti anche in deroga all'articolo 135 (3).

1 *bis*. Le liste sono depositate presso l'emittente, anche tramite un mezzo di comunicazione a distanza, nel rispetto degli eventuali requisiti strettamente necessari per l'identificazione dei richiedenti indicati dalla società, (4) entro il venticinquesimo giorno precedente la data dell'assemblea convocata per (5) deliberare sulla nomina dei componenti del consiglio di amministrazione e messe a disposizione del pubblico presso la sede sociale, sul sito Internet e con le altre modalità previste dalla Consob con regolamento almeno ventuno giorni prima della data dell'assemblea. La titolarità della quota minima di partecipazione prevista dal comma 1 è determinata avendo riguardo alle azioni che risultano registrate a favore del socio nel giorno in cui le liste sono depositate presso l'emittente. La relativa certificazione può essere prodotta anche successivamente al deposito purché entro il termine previsto per la pubblicazione delle liste da parte dell'emittente (6).

1 *ter*. Lo statuto prevede, inoltre, che il riparto degli amministratori da eleggere sia effettuato in base a un criterio che assicuri l'equilibrio tra i generi. Il genere meno rappresentato deve ottenere almeno un terzo degli amministratori eletti. Tale criterio di riparto si applica per tre mandati consecutivi. Qualora la composizione del consiglio di amministrazione risultante dall'elezione non rispetti il criterio di riparto previsto dal presente comma, la Consob diffida la società interessata affinchè si adegui a tale criterio entro il termine massimo di quattro mesi dalla diffida. In caso di inottemperanza alla diffida, la Consob applica una sanzione amministrativa pecuniaria da euro 100.000 a euro 1.000.000, secondo criteri e modalità stabiliti con proprio regolamento e fissa un nuovo termine di tre mesi ad adempiere. In caso di ulteriore inottemperanza rispetto a tale nuova diffida, i componenti eletti decadono dalla carica. Lo statuto provvede a disciplinare le modalità di formazione delle liste ed i casi di sostituzione in corso di mandato al fine di garantire il rispetto del criterio di riparto previsto dal presente comma. La Consob statuisce in ordine alla violazione, all'applicazione ed al rispetto delle disposizioni in materia di quota di genere, anche con riferimento alla fase istruttoria e alle procedure da adottare, in base a proprio regolamento da adottare entro sei mesi dalla data di entrata in vigore delle disposizioni recate dal presente comma. Le disposizioni del presente comma si applicano anche alle società organizzate secondo il sistema monistico (7).

[2. Per le elezioni alle cariche sociali le votazioni devono sempre svolgersi con scrutinio segreto] ([8]).

3. Salvo quanto previsto dall'articolo 2409 *septiesdecies* del codice civile, almeno uno dei componenti ([9]) del consiglio di amministrazione è espresso dalla lista di minoranza che abbia ottenuto il maggior numero di voti e non sia collegata in alcun modo, neppure indirettamente, con i soci che hanno presentato o votato la lista risultata prima per numero di voti ([10]). Nelle società organizzate secondo il sistema monistico, il componente ([11]) espresso dalla lista di minoranza deve essere in possesso dei requisiti di onorabilità, professionalità e indipendenza determinati ai sensi dell'articolo 148, commi 3 e 4. Il difetto dei requisiti determina la decadenza dalla carica.

4. In aggiunta a quanto disposto dal comma 3, almeno uno dei componenti del consiglio di amministrazione, ovvero due se il consiglio di amministrazione sia composto da più di sette componenti, devono ([12]) possedere i requisiti di indipendenza stabiliti per i sindaci dall'articolo 148, comma 3, nonché, se lo statuto lo prevede, gli ulteriori requisiti previsti da codici di comportamento redatti da società di gestione di mercati regolamentati o da associazioni di categoria. Il presente comma non si applica al consiglio di amministrazione delle società organizzate secondo il sistema monistico, per le quali rimane fermo il disposto dell'articolo 2409 *septiesdecies*, secondo comma, del codice civile. L'amministratore indipendente che, successivamente alla nomina, perda i requisiti di indipendenza deve darne immediata comunicazione al consiglio di amministrazione e, in ogni caso, decade dalla carica ([13]).

([1]) *L'originaria parola: «membri» è stata così sostituita dall'attuale: «componenti» dall'art. 3, comma 13, lett.* a), *del D.L.vo 29 dicembre 2006, n. 303.*

([2]) *Le parole da: «o alla diversa misura ...» fino a: «....presentazione delle stesse» sono state aggiunte dall'art. 3, comma 13, lett.* b), *del D.L.vo 29 dicembre 2006, n. 303.*

([3]) *Le parole: «; per le società cooperative la misura è stabilita dagli statuti anche in deroga all'articolo 135» sono state aggiunte dall'art. 23* quater, *comma 2, lett.* b), *del D.L. 18 ottobre 2012, n. 179, convertito, con modificazioni, nella L. 17 dicembre 2012, n. 221.*

([4]) *Le parole: «Le liste sono depositate presso l'emittente» sono state così sostituite dalle attuali: «Le liste sono depositate presso l'emittente, anche tramite un mezzo di comunicazione a distanza, nel rispetto degli eventuali requisiti strettamente necessari per l'identificazione dei richiedenti indicati dalla società,» dall'art. 3, comma 19, lett.* a), *del D.L.vo 18 giugno 2012, n. 91.*

([5]) *Le parole: «chiamata a» sono state così sostituite dalle attuali: «convocata per» dall'art. 3, comma 19, lett.* b), *del D.L.vo 18 giugno 2012, n. 91.*

([6]) *Questo comma è stato inserito dall'art. 3, comma 21, del D.L.vo 27 gennaio 2010, n. 27. A norma dell'art. 7 dello stesso D.L.vo, questa disposizione si applica alle assemblee il cui avviso di convocazione sia pubblicato dopo il 31 ottobre 2010. Fino a tale data continuano ad applicarsi le disposizioni sostituite od abrogate dalle corrispondenti disposizioni del D.L.vo n. 27/2010.*

([7]) *Questo comma è stato inserito dall'art. 1, comma 1, della L. 12 luglio 2011, n. 120. A norma dell'art. 2 della medesima legge, tali disposizioni si applicano a decorrere dal primo rinnovo degli organi di amministrazione e degli organi di controllo delle società quotate in mercati regolamentati successivo ad un anno dalla data di entrata in vigore della presente legge, riservando al genere meno rappresentato, per il primo mandato in applicazione della legge, una quota pari almeno a un quinto degli amministratori e dei sindaci eletti. A norma dell'art. 3 della medesima legge, tali disposizioni si applicano anche alle società, costituite in Italia, controllate da pubbliche amministrazioni ai sensi dell'articolo 2359, commi primo e secondo, del codice civile, non quotate in mercati regolamentati.*

([8]) *Questo comma è stato abrogato dall'art. 3, comma 13, lett.* c), *del D.L.vo 29 dicembre 2006, n. 303.*

([9]) *L'originaria parola: «membri» è stata così sostituita dall'attuale: «componenti» dall'art. 3, comma 13, lett.* d), *del D.L.vo 29 dicembre 2006, n. 303.*

([10]) *Le originarie parole: «la lista risultata prima per numero di voti» sono state così sostituite dalle attuali: «i soci che hanno presentato o votato la lista risultata prima per numero di voti» dall'art. 3, comma 13, lett.* e), *del D.L.vo 29 dicembre 2006, n. 303.*

([11]) *L'originaria parola: «membro» è stata così sostituita dall'attuale: «componente» dall'art. 3, comma 13, lett.* f), *del D.L.vo 29 dicembre 2006, n. 303.*

([12]) *Le originarie parole: «qualora il consiglio di amministrazione sia composto da più di sette membri, almeno uno di essi deve» sono state così sostituite dalle attuali da: «almeno uno dei componenti ...» fino a: «... più di sette componenti, devono» dall'art. 3, comma 13, lett.* g), *del D.L.vo 29 dicembre 2006, n. 303.*

([13]) *Le parole da: «L'amministratore indipendente che, ...» fino alla fine di questo comma sono state aggiunte dall'art. 3, comma 13, lett.* h), *del D.L.vo 29 dicembre 2006, n. 303.*

147 *quater*. Composizione del consiglio di gestione. – 1. Qualora il consiglio di gestione sia composto da più di quattro membri, almeno uno di essi deve possedere i requisiti di indipendenza stabiliti per i sindaci dall'articolo 148, comma 3, nonché, se lo statuto lo prevede, gli ulteriori requisiti previsti da codici di comportamento redatti da società di gestione di mercati regolamentati o da associazioni di categoria.

1 *bis*. Qualora il consiglio di gestione sia costituito da un numero di componenti non inferiore a tre, ad esso si applicano le disposizioni dell'articolo 147 *ter*, comma 1 *ter* (1).

(1) *Questo comma è stato inserito dall'art. 1, comma 2, della L. 12 luglio 2011, n. 120. A norma dell'art. 2 della medesima legge, tali disposizioni si applicano a decorrere dal primo rinnovo degli organi di amministrazione e degli organi di controllo delle società quotate in mercati regolamentati successivo ad un anno dalla data di entrata in vigore della presente legge, riservando al genere meno rappresentato, per il primo mandato in applicazione della legge, una quota pari almeno a un quinto degli amministratori e dei sindaci eletti. A norma dell'art. 3 della medesima legge, tali disposizioni si applicano anche alle società, costituite in Italia, controllate da pubbliche amministrazioni ai sensi dell'articolo 2359, commi primo e secondo, del codice civile, non quotate in mercati regolamentati.*

147 *quinquies*. Requisiti di onorabilità. - 1. I soggetti che svolgono funzioni di amministrazione e direzione devono possedere i requisiti di onorabilità stabiliti per i membri degli organi di controllo con il regolamento emanato dal Ministro della giustizia ai sensi dell'articolo 148, comma 4.

2. Il difetto dei requisiti determina la decadenza dalla carica.

Sezione V
Organi di controllo (1)

(1) *Questa rubrica è stata così sostituita dall'art. 9.76 del D.L.vo 17 gennaio 2003, n. 6, così come inserito dall'art. 3 del D.L.vo 6 febbraio 2004, n. 37.*

148. (1) **Composizione.** - 1. L'atto costitutivo della società stabilisce per il collegio sindacale:

a) il numero, non inferiore a tre, dei membri effettivi;

b) il numero, non inferiore a due, dei membri supplenti;

[*c*) criteri e modalità per la nomina del presidente] (2);

[*d*) limiti al cumulo degli incarichi] (2).

1 *bis*. L'atto costitutivo della società stabilisce, inoltre, che il riparto dei membri di cui al comma 1 sia effettuato in modo che il genere meno rappresentato ottenga almeno un terzo dei membri effettivi del collegio sindacale. Tale criterio di riparto si applica per tre mandati consecutivi. Qualora la composizione del collegio sindacale risultante dall'elezione non rispetti il criterio di riparto previsto dal presente comma, la Consob diffida la società interessata affinchè si adegui a tale criterio entro il termine massimo di quattro mesi dalla diffida. In caso di inottemperanza alla diffida, la Consob applica una sanzione amministrativa pecuniaria da euro 20.000 a euro 200.000 e fissa un nuovo termine di tre mesi ad adempiere. In caso di ulteriore inottemperanza rispetto a tale nuova diffida, i componenti eletti decadono dalla carica. La Consob statuisce in ordine alla violazione, all'applicazione ed al rispetto delle disposizioni in materia di quota di genere, anche con riferimento alla fase istruttoria e alle procedure da adottare, in base a proprio regolamento da adottare entro sei mesi dalla data di entrata in vigore delle disposizioni recate dal presente comma (3).

2. La CONSOB stabilisce con regolamento modalità per l'elezione, con voto di lista, (4) di un membro effettivo del collegio sindacale da parte dei soci di minoranza (5) che non siano collegati, neppure indirettamente, con i soci che hanno presentato o votato la lista risultata prima per numero di voti (6). Si applica l'articolo 147 *ter*, comma 1 *bis* (7).

2 *bis*. Il presidente del collegio sindacale è nominato dall'assemblea tra i sindaci eletti dalla minoranza (5).

3. Non possono essere eletti sindaci e, se eletti, decadono dall'ufficio:

a) coloro che si trovano nelle condizioni previste dall'articolo 2382 del codice civile;

b) il coniuge, i parenti e gli affini entro il quarto grado degli amministratori della società, gli amministratori, il coniuge, i parenti e gli affini entro il quarto grado degli amministratori delle società da questa controllate, delle società che la controllano e di quelle sottoposte a comune controllo (8);

c) coloro che sono legati alla società od alle società da questa controllate od alle società che la controllano od a quelle sottoposte a comune controllo ovvero agli amministratori della società e ai soggetti di cui alla lettera *b*) (9) da rapporti di lavoro autonomo o subordinato ovvero da altri rapporti di natura patrimoniale o professionale (10) che ne compromettano l'indipendenza (8).

4. Con regolamento adottato ai sensi dell'articolo 17, comma 3, della legge 23 agosto 1988, n. 400, dal Ministro della giustizia, di concerto con il Ministro dell'economia e delle finanze, sentiti la CONSOB, la Banca d'Italia e l'IVASS (11), sono

stabiliti i requisiti di onorabilità e di professionalità dei membri del collegio sindacale, del consiglio di sorveglianza e del comitato per il controllo sulla gestione. Il difetto dei requisiti determina la decadenza dalla carica ([12]).

4 *bis*. Al consiglio di sorveglianza si applicano le disposizioni di cui ai commi 1 *bis*, ([13]) 2 e 3 ([12]).

4 *ter*. Al comitato per il controllo sulla gestione si applicano le disposizioni dei commi 2 *bis* e 3. Il rappresentante della minoranza è il membro del consiglio di amministrazione eletto ai sensi dell'articolo 147 *ter*, comma 3 ([12]).

4 *quater*. Nei casi previsti dal presente articolo, la decadenza è dichiarata dal consiglio di amministrazione o, nelle società organizzate secondo i sistemi dualistico e monistico, dall'assemblea entro trenta giorni dalla nomina o dalla conoscenza del difetto sopravvenuto. In caso di inerzia, vi provvede la CONSOB, su richiesta di qualsiasi soggetto interessato o qualora abbia avuto comunque notizia dell'esistenza della causa di decadenza ([12]).

([1]) *Si veda il D.M. 30 marzo 2000, n. 162, pubblicato sulla* Gazzetta Ufficiale *Serie gen. - n. 141 del 19 giugno 2000.*

([2]) *Questa lettera è stata abrogata dall'art. 2, comma 1, lett.* a), *n. 1, della L. 28 dicembre 2005, n. 262.*

([3]) *Questo comma è stato inserito dall'art. 1, comma 3, lett.* a), *della L. 12 luglio 2011, n. 120. A norma dell'art. 2 della medesima legge, tali disposizioni si applicano a decorrere dal primo rinnovo degli organi di amministrazione e degli organi di controllo delle società quotate in mercati regolamentati successivo ad un anno dalla data di entrata in vigore della presente legge, riservando al genere meno rappresentato, per il primo mandato in applicazione della legge, una quota pari almeno a un quinto degli amministratori e dei sindaci eletti.*

A norma dell'art. 3 della medesima legge, tali disposizioni si applicano anche alle società, costituite in Italia, controllate da pubbliche amministrazioni ai sensi dell'articolo 2359, commi primo e secondo, del codice civile, non quotate in mercati regolamentati.

([4]) *Le parole: «, con voto di lista,» sono state inserite dall'art. 3, comma 14, lett.* a), *del D.L.vo 29 dicembre 2006, n. 303.*

([5]) *L'originario comma 2 è stato così sostituito dagli attuali commi 2 e 2* bis *dall'art. 2, comma 1, lett.* a), *n. 2, della L. 28 dicembre 2005, n. 262.*

([6]) *Le parole da: «che non siano collegati ...» fino alla fine di questo comma sono state aggiunte dall'art. 3, comma 14, lett.* b), *del D.L.vo 29 dicembre 2006, n. 303.*

([7]) *Questo periodo è stato aggiunto dall'art. 3, comma 22, del D.L.vo 27 gennaio 2010, n. 27. A norma dell'art. 7 dello stesso D.L.vo, questa disposizione si applica alle assemblee il cui avviso di convocazione sia pubblicato dopo il 31 ottobre 2010. Fino a tale data continuano ad applicarsi le disposizioni sostituite od abrogate dalle corrispondenti disposizioni del D.L.vo n. 27/2010.*

([8]) *Questa lettera è stata così sostituita, dall'art. 9.77, lett.* a), *del D.L.vo 17 gennaio 2003, n. 6, così come inserito dall'art. 3 del D.L.vo 6 febbraio 2004, n. 37.*

([9]) *Le parole: «ovvero agli amministratori della società e ai soggetti di cui alla lettera* b)*» sono state inserite dall'art. 2, comma 1, lett.* a), *n. 3, della L. 28 dicembre 2005, n. 262.*

([10]) *Le parole: «o professionale» sono state inserite dall'art. 2, comma 1, lett.* a), *n. 3, della L. 28 dicembre 2005, n. 262.*

([11]) *La parola: «Isvap» è stata così sostituita dall'attuale: «Ivass» dall'art. 4, comma 22, del D.L.vo 12 maggio 2015, n. 72.*

([12]) *Gli originari commi 4, 4* bis, *4* ter *e 4* quater *sono stati così sostituiti dagli attuali dall'art. 2, comma 1, lett.* a), *n. 4, della L. 28 dicembre 2005, n. 262.*

([13]) *Le parole: «1* bis,*» sono state inserite dall'art. 1, comma 3, lett.* b), *della L. 12 luglio 2011, n. 120. A norma dell'art. 2 della medesima legge, tali disposizioni si applicano a decorrere dal primo rinnovo degli organi di amministrazione e degli organi di controllo delle società quotate in mercati regolamentati successivo ad un anno dalla data di entrata in vigore della presente legge, riservando al genere meno rappresentato, per il primo mandato in applicazione della legge, una quota pari almeno a un quinto degli amministratori e dei sindaci eletti. A norma dell'art. 3 della medesima legge, tali disposizioni si applicano anche alle società, costituite in Italia, controllate da pubbliche amministrazioni ai sensi dell'articolo 2359, commi primo e secondo, del codice civile, non quotate in mercati regolamentati.*

148 *bis*. ([1]) Limiti al cumulo degli incarichi. – 1. Con regolamento della CONSOB sono stabiliti limiti al cumulo degli incarichi di amministrazione e controllo che i componenti degli organi di controllo delle società di cui al presente capo, nonché delle società emittenti strumenti finanziari diffusi fra il pubblico in misura rilevante ai sensi dell'articolo 116, possono assumere presso tutte le società di cui al libro V, titolo V, capi V, VI e VII, del codice civile. La CONSOB stabilisce tali limiti avendo riguardo all'onerosità e alla complessità di ciascun tipo di incarico, anche in rapporto alla dimensione della società, al numero e alla dimensione delle imprese incluse nel consolidamento, nonché all'estensione e all'articolazione della sua struttura organizzativa.

2. Fermo restando quanto previsto dall'articolo 2400, quarto comma, del codice civile, i componenti degli organi di controllo delle società di

cui al presente capo, nonché delle società emittenti strumenti finanziari diffusi fra il pubblico in misura rilevante ai sensi dell'articolo 116, informano la CONSOB e il pubblico, nei termini e modi prescritti dalla stessa CONSOB con il regolamento di cui al comma 1, circa gli incarichi di amministrazione e controllo da essi rivestiti presso tutte le società di cui al libro V, titolo V, capi V, VI e VII, del codice civile. La CONSOB dichiara la decadenza dagli incarichi assunti dopo il raggiungimento del numero massimo previsto dal regolamento di cui al primo periodo.

(1) *Questo articolo è stato inserito dall'art. 2, comma 1, lett.* b), *della L. 28 dicembre 2005, n. 262.*

149. Doveri. – 1. Il collegio sindacale vigila:

a) sull'osservanza della legge e dell'atto costitutivo;

b) sul rispetto dei principi di corretta amministrazione;

c) sull'adeguatezza della struttura organizzativa della società per gli aspetti di competenza, del sistema di controllo interno e del sistema amministrativo-contabile nonché sull'affidabilità di quest'ultimo nel rappresentare correttamente i fatti di gestione;

c bis) sulle modalità di concreta attuazione delle regole di governo societario previste da codici di comportamento redatti da società di gestione di mercati regolamentati o da associazioni di categoria, cui la società, mediante informativa al pubblico, dichiara di attenersi (1);

d) sull'adeguatezza delle disposizioni impartite dalla società alle società controllate ai sensi dell'articolo 114, comma 2.

2. I membri del collegio sindacale assistono alle assemblee ed alle riunioni del consiglio di amministrazione e del comitato esecutivo. I sindaci, che non assistono senza giustificato motivo alle assemblee o, durante un esercizio sociale, a due adunanze del consiglio d'amministrazione o del comitato esecutivo, decadono dall'ufficio (2).

3. Il collegio sindacale comunica senza indugio alla CONSOB le irregolarità riscontrate nell'attività di vigilanza e trasmette i relativi verbali delle riunioni e degli accertamenti svolti e ogni altra utile documentazione.

4. Il comma 3 non si applica alle società con azioni quotate solo in mercati regolamentati di altri Paesi dell'Unione Europea.

4 *bis*. Al consiglio di sorveglianza si applicano i commi 1, 3 e 4. Almeno un componente del consiglio di sorveglianza partecipa alle riunioni del consiglio di gestione (3).

4 *ter*. Al comitato per il controllo sulla gestione si applicano i commi 1, limitatamente alle lettere *c* bis e *d*) (4), 3 e 4 (3).

(1) *Questa lettera è stata inserita dall'art. 2, comma 1, lett.* c), *n. 1, della L. 28 dicembre 2005, n. 262.*

(2) *Questo comma è stato così sostituito dall'art. 9.78, lett.* a), *del D.L.vo 17 gennaio 2003, n. 6, così come inserito dall'art. 3 del D.L.vo 6 febbraio 2004, n. 37.*

(3) *Questo comma è stato inserito dall'art. 9.78, lett.* b), *del D.L.vo 17 gennaio 2003, n. 6, così come inserito dall'art. 3 del D.L.vo 6 febbraio 2004, n. 37.*

(4) *Le parole: «limitatamente alla lettera* d)*» sono state così sostituite dalle attuali dall'art. 2, comma 1, lett.* c), *n. 2, della L. 28 dicembre 2005, n. 262.*

150. (1) **Informazione.** – 1. Gli amministratori riferiscono tempestivamente, secondo le modalità stabilite dallo statuto e con periodicità almeno trimestrale, al collegio sindacale sull'attività svolta e sulle operazioni di maggior rilievo economico, finanziario e patrimoniale, effettuate dalla società o dalle società controllate; in particolare, riferiscono sulle operazioni nelle quali essi abbiano un interesse, per conto proprio o di terzi, o che siano influenzate dal soggetto che esercita l'attività di direzione e coordinamento.

2. L'obbligo previsto dal comma precedente è adempiuto, nel sistema dualistico, dal consiglio di gestione nei confronti del consiglio di sorveglianza e, in quello monistico, dagli organi delegati nei confronti del comitato per il controllo sulla gestione.

3. Il collegio sindacale e il revisore legale o la società di revisione legale (2) si scambiano tempestivamente i dati e le informazioni rilevanti per l'espletamento dei rispettivi compiti.

4. Coloro che sono preposti al controllo interno riferiscono anche al collegio sindacale di propria iniziativa o su richiesta anche di uno solo dei sindaci.

5. Le disposizioni previste dai commi 3 e 4 si applicano anche al consiglio di sorveglianza ed al comitato per il controllo sulla gestione.

(1) *Questo articolo è stato così sostituito dall'art. 9.79 del D.L.vo 17 gennaio 2003, n. 6, così come inserito dall'art. 3 del D.L.vo 6 febbraio 2004, n. 37.*

(2) *Le originarie parole: «e la società di revisione» sono state così sostituite dalle attuali: «e il revisore legale o la società di revisione legale», dall'art. 40, comma 11, del D.L.vo 27 gennaio 2010, n. 39.*

150 *bis*. (1) **Disposizioni in tema di banche cooperative.** – 1. Alle banche popolari e alle banche di credito cooperativo non si applicano le seguenti disposizioni del codice civile: 2346 sesto comma, 2349 secondo comma, 2513, 2514 secondo comma, 2519 secondo comma, 2522, 2525 primo, secondo, terzo e quarto comma, 2526, 2527 secondo e terzo comma, 2528 terzo e quarto comma, 2530 secondo, terzo, quarto e quinto comma, 2538 secondo comma secondo periodo, terzo e quarto comma, 2540 secondo comma, 2541, 2542 primo, terzo e quinto comma, 2543, 2544 secondo comma primo periodo e terzo comma, 2545 *bis*, 2545 *quater*, 2545 *quinquies*, 2545 *octies*, 2545 *decies*, 2545 *undecies* terzo comma, 2545 *terdecies*, 2545 *quinquiesdecies*, 2545 *sexiesdecies*, 2545 *septiesdecies* e 2545 *octiesdecies*.

2. Alle banche popolari non si applicano gli articoli 2512, 2514, 2530 primo comma del codice civile.

3. Alle banche di credito cooperativo continuano ad applicarsi le disposizioni degli articoli 7 e 9 della legge 31 gennaio 1992, n. 59, in quanto compatibili.

4. Lo statuto delle banche di credito cooperativo contiene le clausole previste dall'articolo 2514, primo comma, del Codice civile.

5. L'articolo 2545 *undecies*, primo e secondo comma, del codice civile si applica in tutti i casi di fusione previsti dall'art. 36.

6. L'atto costitutivo delle banche popolari e delle banche di credito cooperativo può prevedere, determinandone i criteri, la ripartizione di ristorni ai soci secondo quanto previsto dall'articolo 2545 *sexies* del codice civile.

7. Il termine per l'adeguamento degli statuti delle banche di credito cooperativo alle nuove disposizioni del comma 2 *bis* dell'articolo 52 è fissato al 30 giugno 2005.

(1) *Questo articolo è stato inserito dall'art. 38 del D.L.vo 28 dicembre 2004, n. 310.*

151. Poteri. – 1. I sindaci possono, anche individualmente, procedere in qualsiasi momento ad atti di ispezione e di controllo, nonché chiedere agli amministratori notizie, anche con riferimento a società controllate, sull'andamento delle operazioni sociali o su determinati affari (1), ovvero rivolgere le medesime richieste di informazione direttamente agli organi di amministrazione e di controllo delle società controllate (2).

2. Il collegio sindacale può scambiare informazioni con i corrispondenti organi delle società controllate in merito ai sistemi di amministrazione e controllo ed all'andamento generale dell'attività sociale. Può altresì, previa comunicazione al presidente del consiglio di amministrazione, convocare l'assemblea dei soci, il consiglio di amministrazione od il comitato esecutivo ed avvalersi di dipendenti della società per l'espletamento delle proprie funzioni. I poteri di convocazione e di richiesta di collaborazione possono essere esercitati anche individualmente da ciascun membro del collegio, ad eccezione del potere di convocare l'assemblea dei soci, che può essere esercitato da almeno due membri (3) (4).

3. Al fine di valutare l'adeguatezza e l'affidabilità del sistema amministrativo-contabile, i sindaci, sotto la propria responsabilità e a proprie spese, possono avvalersi, anche individualmente, di propri dipendenti e ausiliari che non si trovino in una delle condizioni previste dall'articolo 148, comma 3. La società può rifiutare agli ausiliari l'accesso a informazioni riservate.

4. Gli accertamenti eseguiti devono risultare dal libro delle adunanze e delle deliberazioni del collegio sindacale da tenersi, a cura del collegio, nella sede della società. Si applicano le disposizioni dell'articolo 2421, ultimo comma, del codice civile.

(1) *Questo comma è stato così sostituito dall'art. 9.80, lett.* a), *del D.L.vo 17 gennaio 2003, n. 6, così come inserito dall'art. 3 del D.L.vo 6 febbraio 2004, n. 37.*

(2) *Le parole: «, ovvero rivolgere le medesime richieste di informazione direttamente agli organi di amministrazione e di controllo delle società controllate» sono state aggiunte dall'art. 2, comma 1, lett.* d), *n. 1, della L. 28 dicembre 2005, n. 262.*

(3) *Questo comma è stato così sostituito dall'art. 9.80, lett.* b), *del D.L.vo 17 gennaio 2003, n. 6, così come inserito dall'art. 3 del D.L.vo 6 febbraio 2004, n. 37.*

(4) *Le parole: «da almeno due membri del collegio» sono state così sostituite dalle attuali, da «individualmente ...» sino alla fine del comma dall'art. 2, comma 1, lett.* d), *n. 2, della L. 28 dicembre 2005, n. 262.*

151 *bis*. (1) **Poteri del consiglio di sorveglianza.** – 1. I componenti del consiglio di sorveglianza possono, anche individualmente, chiedere notizie ai consiglieri di gestione, anche con riferimento a società controllate, sull'andamento delle operazioni sociali o su determinati affari, ovvero rivolgere le medesime richieste di informazione direttamente agli organi di amministrazione e di controllo delle società controllate (²). Le notizie sono fornite a tutti i componenti del consiglio di sorveglianza.

2. I componenti del consiglio di sorveglianza possono, anche individualmente, chiedere al presidente la convocazione dell'organo, indicando gli argomenti da trattare. La riunione deve essere convocata senza ritardo, salvo che vi ostino ragioni tempestivamente comunicate al richiedente ed illustrate al consiglio alla prima riunione successiva.

3. Il consiglio di sorveglianza può, previa comunicazione al presidente del consiglio di gestione, convocare l'assemblea dei soci, il consiglio di gestione ed avvalersi di dipendenti della società per l'espletamento delle proprie funzioni. I poteri di convocazione e di richiesta di collaborazione possono essere esercitati anche individualmente da ciascun membro del consiglio, ad eccezione del potere di convocare l'assemblea dei soci, che può essere esercitato da almeno due membri (³).

4. Il consiglio di sorveglianza, od un componente dello stesso appositamente delegato, può procedere in qualsiasi momento ad atti d'ispezione e di controllo nonché scambiare informazioni con i corrispondenti organi delle società controllate in merito ai sistemi di amministrazione e controllo ed all'andamento generale dell'attività sociale.

(¹) *Questo articolo è stato inserito dall'art. 9.81 del D.L.vo 17 gennaio 2003, n. 6, così come inserito dall'art. 3 del D.L.vo 6 febbraio 2004, n. 37.*

(²) *Le parole: «, ovvero rivolgere le medesime richieste di informazione direttamente agli organi di amministrazione e di controllo delle società controllate» sono state aggiunte dall'art. 2, comma 1, lett.* e), *n. 1, della L. 28 dicembre 2005, n. 262.*

(³) *Le parole: «da almeno due membri del consiglio» sono state così sostituite dalle attuali, da: «individualmente ...» sino alla fine del comma dall'art. 2, comma 1, lett.* e), *n. 2, della L. 28 dicembre 2005, n. 262.*

151 *ter*. (¹) **Poteri del comitato per il controllo sulla gestione.** – 1. I componenti del comitato per il controllo sulla gestione possono, anche individualmente chiedere agli altri amministratori notizie, anche con riferimento a società controllate, sull'andamento delle operazioni sociali o su determinati affari, ovvero rivolgere le medesime richieste di informazione direttamente agli organi di amministrazione e di controllo delle società controllate (²). Le notizie sono fornite a tutti i componenti del comitato per il controllo sulla gestione.

2. I componenti del comitato per il controllo sulla gestione possono, anche individualmente, chiedere al presidente la convocazione del comitato, indicando gli argomenti da trattare. La riunione deve essere convocata senza ritardo, salvo che vi ostino ragioni tempestivamente comunicate al richiedente ed illustrate al comitato alla prima riunione successiva.

3. Il comitato per il controllo sulla gestione può, previa comunicazione al presidente del consiglio di amministrazione, convocare il consiglio di amministrazione od il comitato esecutivo ed avvalersi di dipendenti della società per l'espletamento delle proprie funzioni. I poteri di convocazione e di richiesta di collaborazione possono essere esercitati anche individualmente da ciascun membro del comitato (³).

4. Il comitato per il controllo sulla gestione, od un componente dello stesso appositamente delegato, può procedere in qualsiasi momento ad atti d'ispezione e di controllo nonché scambiare informazioni con i corrispondenti organi delle società controllate in merito ai sistemi di amministrazione e controllo ed all'andamento generale dell'attività sociale.

(¹) *Questo articolo è stato inserito dall'art. 9.81 del D.L.vo 17 gennaio 2003, n. 6, così come inserito dall'art. 3 del D.L.vo 6 febbraio 2004, n. 37.*

(²) *Le parole: «, ovvero rivolgere le medesime richieste di informazione direttamente agli organi di amministrazione e di controllo delle società controllate» sono state aggiunte dall'art. 2, comma 1, lett.* f), *n. 1, della L. 28 dicembre 2005, n. 262.*

(³) *Le parole: «da almeno due membri del comitato» sono state così sostituite dalle attuali, da: «individualmente ...» sino alla fine del comma dall'art. 2, comma 1, lett.* f), *n. 2, della L. 28 dicembre 2005, n. 262.*

152. Denunzia al tribunale. – 1. Il collegio sindacale o il consiglio di sorveglianza o il comitato per il controllo sulla gestione, se ha fondato sospetto che gli amministratori, in violazione dei loro doveri, abbiano compiuto gravi irregolarità nella gestione che possono recare danno alla società o ad una o più società controllate, possono denunziare i fatti al tribunale ai sensi dell'articolo 2409 del codice civile. In tale ipotesi le spese per l'ispezione sono a carico della società ed il tribunale può revocare anche i soli amministratori (¹).

2. La CONSOB, se ha fondato sospetto di gravi irregolarità nell'adempimento dei doveri di vigilanza del collegio sindacale, del consiglio di sorveglianza o del comitato per il controllo sulla

gestione, può denunziare i fatti al tribunale ai sensi dell'articolo 2409 del codice civile; le spese per l'ispezione sono a carico della società (2).

(1) *Questo comma è stato così sostituito dall'art. 9.82, lett.* a), *del D.L.vo 17 gennaio 2003, n. 6, così come inserito dall'art. 3 del D.L.vo 6 febbraio 2004, n. 37.*

(2) *Questo comma è stato così sostituito dall'art. 9.82, lett.* b), *del D.L.vo 17 gennaio 2003, n. 6, così come inserito dall'art. 3 del D.L.vo 6 febbraio 2004, n. 37.*

153. Obbligo di riferire all'assemblea. – 1. Il collegio sindacale, il consiglio di sorveglianza ed il comitato per il controllo sulla gestione riferiscono sull'attività di vigilanza svolta e sulle omissioni e sui fatti censurabili rilevati all'assemblea convocata per l'approvazione del bilancio di esercizio ovvero ai sensi dell'articolo 2364 *bis*, comma 2, del codice civile (1).

2. Il collegio sindacale può fare proposte all'assemblea in ordine al bilancio e alla sua approvazione nonché alle materie di propria competenza.

(1) *Questo comma è stato così sostituito dall'art. 9.83 del D.L.vo 17 gennaio 2003, n. 6, così come inserito dall'art. 3 del D.L.vo 6 febbraio 2004, n. 37.*

154. (1) **Disposizioni non applicabili.** – 1. Al collegio sindacale delle società con azioni quotate non si applicano gli articoli 2397, 2398, 2399, 2403, 2403 *bis*, 2405, 2426, numeri 5 e 6, 2429, secondo comma, e 2441, sesto comma, del codice civile.

2. Al consiglio di sorveglianza delle società con azioni quotate non si applicano gli articoli 2409 *septies*, 2409 *duodecies*, decimo comma, 2409 *terdecies*, primo comma, lettere *c*), *e*) ed *f*) del codice civile.

3. Al comitato per il controllo sulla gestione delle società con azioni quotate non si applicano gli articoli 2399, primo comma, e 2409 *septies* del codice civile.

(1) *Questo articolo è stato così sostituito dall'art. 9.84 del D.L.vo 17 gennaio 2003, n. 6, così come inserito dall'art. 3 del D.L.vo 6 febbraio 2004, n. 37.*

Sezione V *bis*
Informazione finanziaria (1) (2)

(1) *Questa sezione è stata inserita dall'art. 14, comma 1, lett.* n), *della L. 28 dicembre 2005, n. 262.*

(2) *La rubrica: «REDAZIONE DEI DOCUMENTI CONTABILI SOCIETARI» è stata così sostituita dall'attuale: «INFORMAZIONE FINANZIARIA» dall'art. 1, comma 8, del D.L.vo 6 novembre 2007, n. 195.*

154 *bis*. Dirigente preposto alla redazione dei documenti contabili societari. – 1. Lo statuto degli emittenti quotati aventi l'Italia come Stato membro d'origine (1) (2) prevede i requisiti di professionalità e (3) le modalità di nomina di un dirigente preposto alla redazione dei documenti contabili societari, previo parere obbligatorio dell'organo di controllo.

2. Gli atti e le comunicazioni della società diffusi al mercato, e relativi all'informativa contabile anche infrannuale (4) della stessa società, sono accompagnati da una dichiarazione scritta [del direttore generale e] (5) del dirigente preposto alla redazione dei documenti contabili societari, che ne attestano la corrispondenza alle risultanze documentali, ai libri e alle scritture contabili (6).

3. Il dirigente preposto alla redazione dei documenti contabili societari predispone adeguate procedure amministrative e contabili per la formazione (7) del bilancio di esercizio e, ove previsto, del bilancio consolidato nonché di ogni altra comunicazione di carattere finanziario.

4. Il consiglio di amministrazione vigila affinché il dirigente preposto alla redazione dei documenti contabili societari disponga di adeguati poteri e mezzi per l'esercizio dei compiti a lui attribuiti ai sensi del presente articolo, nonché sul rispetto effettivo delle procedure amministrative e contabili (8).

5. Gli organi amministrativi delegati e il dirigente preposto alla redazione dei documenti contabili societari attestano con apposita relazione sul bilancio di esercizio, sul bilancio semestrale abbreviato e, ove redatto, sul bilancio consolidato:

a) l'adeguatezza e l'effettiva applicazione delle procedure di cui al comma 3 nel corso del periodo cui si riferiscono i documenti;

b) che i documenti sono redatti in conformità ai principi contabili internazionali applicabili riconosciuti nella Comunità europea ai sensi del regolamento (CE) n. 1606/2002 del Parlamento europeo e del Consiglio, del 19 luglio 2002;

c) la corrispondenza dei documenti alle risultanze dei libri e delle scritture contabili;

d) l'idoneità dei documenti a fornire una rappresentazione veritiera e corretta della situazione patrimoniale, economica e finanziaria dell'emittente e dell'insieme delle imprese incluse nel consolidamento;

e) per il bilancio d'esercizio e per quello consolidato, che la relazione sulla gestione comprende un'analisi attendibile dell'andamento e del risultato della gestione, nonché della situazione dell'emittente e dell'insieme delle imprese incluse nel consolidamento, unitamente alla descrizione dei principali rischi e incertezze cui sono esposti;

f) per il bilancio semestrale abbreviato, che la relazione intermedia sulla gestione contiene un'analisi attendibile delle informazioni di cui al comma 4 dell'articolo 154 *ter* (9) (2).

5 *bis*. L'attestazione di cui al comma 5 è resa secondo il modello stabilito con regolamento dalla CONSOB (10) (2).

6. Le disposizioni che regolano la responsabilità degli amministratori si applicano anche ai dirigenti preposti alla redazione dei documenti contabili societari, in relazione ai compiti loro spettanti, salve le azioni esercitabili in base al rapporto di lavoro con la società.

(1) *Le parole: «degli emittenti quotati aventi l'Italia come Stato membro d'origine», sono state inserite dall'art. 1, comma 9, lett.* a), *del D.L.vo 6 novembre 2007, n. 195.*

(2) *A norma dell'art. 2, comma 2, del D.L.vo 6 novembre 2007, n. 195, le disposizioni di questo articolo, così come modificato dall'art. 1, comma 9, dello stesso decreto, si applicano nella redazione delle relazioni finanziarie relative a esercizi, semestri e periodi aventi inizio dalla data successiva a quella di entrata in vigore del presente decreto.*

(3) *Le parole: «i requisiti di professionalità e» sono state inserite dall'art. 3, comma 15, lett.* a), *del D.L.vo 29 dicembre 2006, n. 303.*

(4) *Le originarie parole: «previste dalla legge o diffuse al mercato, contenenti informazioni e dati sulla situazione economica, patrimoniale o finanziaria» sono state così sostituite dalle attuali da: «diffusi al mercato ...» fino a: «... infrannuale» dall'art. 3, comma 15, lett.* b), *del D.L.vo 29 dicembre 2006, n. 303.*

(5) *Le parole fra parentesi quadrate sono state soppresse dall'art. 3, comma 15, lett.* c), *del D.L.vo 29 dicembre 2006, n. 303.*

(6) *Le originarie parole: «al vero» sono state così sostituite dalle attuali: «alle risultanze documentali, ai libri e alle scritture contabili» dall'art. 3, comma 15, lett.* d), *del D.L.vo 29 dicembre 2006, n. 303.*

(7) *La parola: «predisposizione» è stata sostituita dall'attuale: «formazione» dall'art. 3, comma 15, lett.* e), *del D.L.vo 29 dicembre 2006, n. 303.*

(8) *Questo comma è stato così sostituito dall'art. 3, comma 15, lett.* f), *del D.L.vo 29 dicembre 2006, n. 303.*

(9) *Questo comma è stato sostituito dapprima dall'art. 3, comma 15, lett.* g), *del D.L.vo 29 dicembre 2006, n. 303 e da ultimo dall'art. 1, comma 9, lett.* b), *del D.L.vo 6 novembre 2007, n. 195.*

(10) *Questo comma è stato inserito dall'art. 1, comma 9, lett.* c), *del D.L.vo 6 novembre 2007, n. 195.*

154 *ter*. (1) **Relazioni finanziarie.** – 1. Fermo restando quanto previsto dagli articoli 2364, secondo comma, e 2364 *bis*, secondo comma, del codice civile, entro quattro mesi (2) dalla chiusura dell'esercizio, gli emittenti quotati aventi l'Italia come Stato membro d'origine mettono a disposizione del pubblico presso la sede sociale, sul sito Internet e con le altre modalità previste dalla Consob con regolamento, la relazione finanziaria annuale, comprendente il progetto di bilancio di esercizio o, per le società che abbiano adottato il sistema di amministrazione e controllo dualistico, il bilancio di esercizio, nonché il bilancio consolidato, ove redatto, la relazione sulla gestione e l'attestazione prevista all'articolo 154 *bis*, comma 5. Nelle ipotesi previste dall'articolo 2409 *terdecies*, secondo comma, del codice civile, in luogo del bilancio di esercizio, è pubblicato, ai sensi del presente comma, il progetto di bilancio di esercizio. La relazione di revisione redatta dal revisore legale o dalla società di revisione legale nonché la relazione indicata nell'articolo 153 sono messe integralmente a disposizione del pubblico entro il medesimo termine (3).

1 *bis*. Tra la pubblicazione di cui al comma 1 e la data dell'assemblea convocata ai sensi degli articoli 2364, secondo comma, e 2364 *bis*, secondo comma, del codice civile, (4) intercorrono non meno di ventuno giorni (5).

1 *ter*. In deroga all'articolo 2429, primo comma, del codice civile il progetto di bilancio di esercizio è comunicato dagli amministratori al collegio sindacale, al revisore legale o alla società di revisione legale (6), con la relazione sulla gestione, almeno quindici giorni prima della pubblicazione di cui al comma 1 (5).

2. Gli (7) emittenti quotati aventi l'Italia come Stato membro d'origine pubblicano, quanto prima possibile e comunque entro tre mesi dalla chiusura del primo semestre dell'esercizio, (8) una relazione finanziaria semestrale comprendente il bilancio semestrale abbreviato, la relazione intermedia sulla gestione e l'attestazione prevista dall'articolo 154 *bis*, comma 5. La relazione sul bilancio semestrale abbreviato del revisore legale o della società di revisione legale (9), ove redatta, è pubblicata integralmente entro il medesimo termine.

3. Il bilancio semestrale abbreviato di cui al comma 2, è redatto in conformità ai principi contabili internazionali applicabili riconosciuti nella Comunità europea ai sensi del regolamento (CE) n. 1606/2002. Tale bilancio è redatto in forma consolidata se l'emittente quotato avente l'Italia co-

me Stato membro d'origine è obbligato a redigere il bilancio consolidato.

4. La relazione intermedia sulla gestione contiene almeno riferimenti agli eventi importanti che si sono verificati nei primi sei mesi dell'esercizio e alla loro incidenza sul bilancio semestrale abbreviato, unitamente a una descrizione dei principali rischi e incertezze per i sei mesi restanti dell'esercizio. Per gli emittenti azioni quotate aventi l'Italia come Stato membro d'origine, la relazione intermedia sulla gestione contiene, altresì, informazioni sulle operazioni rilevanti con parti correlate.

5. Con il regolamento di cui al comma 6, la Consob può disporre, nei confronti di emittenti aventi l'Italia come Stato membro d'origine, inclusi gli enti finanziari, l'obbligo di pubblicare informazioni finanziarie periodiche aggiuntive consistenti al più in:

a) una descrizione generale della situazione patrimoniale e dell'andamento economico dell'emittente e delle sue imprese controllate nel periodo di riferimento;

b) una illustrazione degli eventi rilevanti e delle operazioni che hanno avuto luogo nel periodo di riferimento e la loro incidenza sulla situazione patrimoniale dell'emittente e delle sue imprese controllate ([10]).

5 *bis*. Prima dell'eventuale introduzione degli obblighi di cui al comma 5, la Consob rende pubblica l'analisi di impatto effettuata ai sensi dell'articolo 14, comma 24 *quater*, della legge 28 novembre 2005, n. 246. Quest'ultima, in conformità alla disciplina comunitaria di riferimento, esamina, anche in chiave comparatistica, la sussistenza delle seguenti condizioni:

a) le informazioni finanziarie periodiche aggiuntive non comportano oneri sproporzionati, in particolare per i piccoli e medi emittenti interessati;

b) il contenuto delle informazioni finanziarie periodiche aggiuntive richieste è proporzionato ai fattori che contribuiscono alle decisioni di investimento assunte dagli investitori;

c) le informazioni finanziarie periodiche aggiuntive richieste non favoriscono un'attenzione eccessiva ai risultati e al rendimento a breve termine degli emittenti e non incidono negativamente sulle possibilità di accesso dei piccoli e medi emittenti ai mercati regolamentati ([11]).

6. La CONSOB, in conformità alla disciplina europea ([12]), stabilisce con regolamento:

a) i termini e le modalità di pubblicazione dei documenti di cui ai commi 1 e 2 e delle eventuali informazioni aggiuntive di cui al comma 5 ([13]);

b) i casi di esenzione dall'obbligo di pubblicazione delle relazioni finanziarie ([14]);

c) il contenuto delle informazioni sulle operazioni rilevanti con parti correlate di cui al comma 4;

d) le modalità di applicazione del presente articolo per gli emittenti quote di fondi chiusi.

7. Fermi restando i poteri previsti dall'articolo 157, comma 2, la CONSOB, nel caso in cui abbia accertato che i documenti che compongono le relazioni finanziarie di cui al presente articolo non sono conformi alle norme che ne disciplinano la redazione, può chiedere all'emittente di rendere pubblica tale circostanza e di provvedere alla pubblicazione delle informazioni supplementari necessarie a ripristinare una corretta informazione del mercato.

([1]) *Questo articolo è stato inserito dall'art. 1, comma 10, del D.L.vo 6 novembre 2007, n. 195. A norma dell'art. 2, comma 2, dello stesso decreto legislativo, le disposizioni di questo articolo, così come modificato dall'art. 1, comma 9, del D.L.vo 6 novembre 2007, n. 195, si applicano nella redazione delle relazioni finanziarie relative a esercizi, semestri e periodi aventi inizio dalla data successiva a quella di entrata in vigore del presente decreto.*

([2]) *Le parole: «centoventi giorni» sono state così sostituite dalla parole: «quattro mesi» dall'art. 1, comma 7, lett.* a), *del D.L.vo 15 febbraio 2016, n. 25.*

([3]) *Questo comma è stato, da ultimo, così sostituito dall'art. 3, comma 20, lett.* a), *del D.L.vo 18 giugno 2012, n. 91.*

([4]) *Le parole: «convocata ai sensi degli articoli 2364, secondo comma, e 2364* bis, *secondo comma, del codice civile,» sono state inserite dall'art. 3, comma 20, lett.* b), *del D.L.vo 18 giugno 2012, n. 91.*

([5]) *Questo comma è stato inserito dall'art. 3, comma 23, lett.* b), *del D.L.vo 27 gennaio 2010, n. 27. A norma dell'art. 7 dello stesso D.L.vo, questa disposizione si applica alle assemblee il cui avviso di convocazione sia pubblicato dopo il 31 ottobre 2010. Fino a tale data continuano ad applicarsi le disposizioni sostituite od abrogate dalle corrispondenti disposizioni del D.L.vo n. 27/2010.*

([6]) *Le parole: «e alla società di revisione» sono state così sostituite dalle parole: «, al revisore legale o alla società di revisione legale» dall'art. 1, comma 7, lett.* b), *del D.L.vo 15 febbraio 2016, n. 25.*

([7]) *Le parole: «Entro sessanta giorni dalla chiusura del primo semestre dell'esercizio, gli» sono state così sostituite dalla parola: «Gli» dall'art. 1, comma 7, lett.* c), *del D.L.vo 15 febbraio 2016, n. 25.*

(8) *Le parole: «, quanto prima possibile e comunque entro tre mesi dalla chiusura del primo semestre dell'esercizio,» sono state inserite dall'art. 1, comma 7, lett.* c)*, del D.L.vo 15 febbraio 2016, n. 25.*

(9) *Le originarie parole: «della società di revisione» sono state così sostituite dalle attuali: «del revisore legale o della società di revisione legale», dall'art. 40, comma 12, lett.* b)*, del D.L.vo 27 gennaio 2010, n. 39.*

(10) *Questo comma è stato così sostituito dall'attuale dall'art. 1, comma 7, lett.* d)*, del D.L.vo 15 febbraio 2016, n. 25.*

(11) *Questo comma è stato inserito dall'art. 1, comma 7, lett.* e)*, del D.L.vo 15 febbraio 2016, n. 25.*

(12) *La parola: «comunitaria» è stata così sostituita dalla parola: «europea» dall'art. 1, comma 7, lett.* f)*, del D.L.vo 15 febbraio 2016, n. 25.*

(13) *Questa lettera è stata così sostituita dall'attuale, dall'art. 1, comma 7, lett* f)*, del D.L.vo 15 febbraio 2016, n. 25.*

(14) *Le parole: «della relazione finanziaria semestrale» sono state così sostituite dalle attuali: «delle relazioni finanziarie» dall'art. 1, comma 15, del D.L.vo 11 ottobre 2012, n. 184.*

154 *quater*. (1) **Trasparenza dei pagamenti ai governi.** – 1. Gli emittenti quotati aventi l'Italia come Stato membro d'origine, operanti in uno dei settori di cui all'articolo 1, comma 1, lettere *h*) ed *i*), del decreto legislativo 18 agosto 2015, n. 139, pubblicano, nel proprio sito internet e con le altre modalità previste dalla Consob con regolamento, la relazione sui pagamenti ai governi redatta in conformità alle disposizioni contenute nel Capo I del medesimo decreto, entro sei mesi dalla data di chiusura dell'esercizio.

2. La medesima relazione resta a disposizione del pubblico per un periodo di dieci anni dalla prima pubblicazione.

3. I pagamenti ai governi sono riportati a livello consolidato.

(1) *Questo articolo è stato inserito dall'art. 1, comma 8, del D.L.vo 15 febbraio 2016, n. 25.*

Sezione VI
Revisione legale dei conti (1)

(1) *La precedente rubrica: «*Revisione contabile*» è stata così sostituita dall'art. 40, comma 13, del D.L.vo 27 gennaio 2010, n. 39.*

155. Attività di revisione contabile. – [1. Una società di revisione iscritta nell'albo speciale previsto dall'articolo 161 verifica:

a) nel corso dell'esercizio, la regolare tenuta della contabilità sociale e la corretta rilevazione dei fatti di gestione nelle scritture contabili;

b) che il bilancio di esercizio e il bilancio consolidato corrispondano alle risultanze delle scritture contabili e degli accertamenti eseguiti e che siano conformi alle norme che li disciplinano] (1).

2. Il revisore legale o la società di revisione legale informano senza indugio la Consob e l'organo di controllo dei fatti ritenuti censurabili rilevati nello svolgimento dell'attività di revisione legale sul bilancio d'esercizio e consolidato (2).

[3. La società di revisione riporta in apposito libro tenuto presso la sede della società che ha conferito l'incarico le informazioni concernenti l'attività di revisione svolta, secondo i criteri e le modalità stabiliti dalla CONSOB con regolamento. Si applica l'articolo 2421, terzo comma, del codice civile] (1).

(1) *Questo comma è stato abrogato dall'art. 40, comma 21, del D.L.vo 27 gennaio 2010, n. 39.*

(2) *Questo comma è stato così sostituito dall'art. 40, comma 14, del D.L.vo 27 gennaio 2010, n. 39.*

156. Relazioni di revisione (1). – [1. La società di revisione esprime con apposite relazioni un giudizio sul bilancio di esercizio e sul bilancio consolidato. Le relazioni sono datate e sottoscritte dal responsabile della revisione contabile, che deve essere socio o amministratore della società di revisione e iscritto nel registro dei revisori contabili istituito presso il Ministero di grazia e giustizia] (2).

[2. La società di revisione esprime un giudizio senza rilievi se il bilancio di esercizio e il bilancio consolidato sono conformi alle norme che ne disciplinano i criteri di redazione e se rappresentano in modo veritiero e corretto la situazione patrimoniale e finanziaria e il risultato economico dell'esercizio] (2).

[3. La società di revisione può esprimere un giudizio con rilievi, un giudizio negativo ovvero rilasciare una dichiarazione di impossibilità di esprimere un giudizio. In tali casi la società espone analiticamente nelle relazioni i motivi della propria decisione] (2).

4. In caso di giudizio negativo o di dichiarazione di impossibilità di esprimere un giudizio o in presenza di richiami di informativa relativi a dubbi significativi sulla continuità aziendale il revisore legale o la società di revisione legale informano tempestivamente la Consob (3).

[4 *bis*. Oltre al giudizio sul bilancio, le relazioni comprendono:

a) un paragrafo introduttivo che identifica il bilancio sottoposto a revisione e il quadro delle regole di redazione applicate dalla società che ha conferito l'incarico;

b) una descrizione della portata della revisione svolta con l'indicazione dei principi di revisione osservati;

c) eventuali richiami di informativa che il revisore sottopone all'attenzione dei destinatari del bilancio, senza che essi costituiscano rilievi;

d) un giudizio sulla coerenza della relazione sulla gestione con il bilancio] ([4]).

[5. Le relazioni sui bilanci sono depositate a norma dell'articolo 2435 del codice civile [e devono restare depositate presso la sede della società durante i quindici giorni che precedono l'assemblea o la riunione del consiglio di sorveglianza che approva il bilancio e finché il bilancio non è approvato] ([5])] ([6]).

([1]) *La rubrica*: «Giudizi sui bilanci» *è stata così sostituita dall'attuale*: «Relazioni di revisione» *dall'art. 2, comma 4, del D.L.vo 2 febbraio 2007, n. 32.*

([2]) *Questo comma è stato abrogato dall'art. 40, comma 21, del D.L.vo 27 gennaio 2010, n. 39.*

([3]) *Questo comma è stato così sostituito dall'art. 40, comma 15, del D.L.vo 27 gennaio 2010, n. 39.*

([4]) *Questo comma, inserito dall'art. 2, comma 7, del D.L.vo 2 febbraio 2007, n. 32 è stato poi abrogato dall'art. 40, comma 21, del D.L.vo 27 gennaio 2010, n. 39.*

([5]) *Le parole tra parentesi quadrate sono state soppresse dall'art. 3, comma 24, del D.L.vo 27 gennaio 2010, n. 27. A norma dell'art. 7 dello stesso D.L.vo, questa disposizione si applica alle assemblee il cui avviso di convocazione sia pubblicato dopo il 31 ottobre 2010. Fino a tale data continuano ad applicarsi le disposizioni sostituite od abrogate dalle corrispondenti disposizioni del D.L.vo n. 27/2010.*

([6]) *Questo comma è stato così sostituito dall'art. 9.85 del D.L.vo 17 gennaio 2003, n. 6, così come inserito dall'art. 3 del D.L.vo 6 febbraio 2004, n. 37 e successivamente abrogato dall'art. 40, comma 21, del D.L.vo 27 gennaio 2010, n. 39.*

157. Effetti dei giudizi sui bilanci. – 1. Salvi i casi previsti dall'articolo 156, comma 4, la deliberazione dell'assemblea o del consiglio di sorveglianza che approva il bilancio d'esercizio può essere impugnata, per mancata conformità del bilancio alle norme che ne disciplinano i criteri di redazione, da tanti soci che rappresentano almeno il cinque per cento del capitale sociale. Tanti soci che rappresentano la medesima quota di capitale della società con azioni quotate possono richiedere al tribunale di accertare la conformità del bilancio consolidato alle norme che ne disciplinano i criteri di redazione ([1]).

2. La CONSOB può esercitare in ogni caso le azioni previste dal comma 1 entro sei mesi dalla data di deposito del bilancio d'esercizio e del bilancio consolidato presso l'ufficio del registro delle imprese.

3. Il presente articolo non si applica alle società con azioni quotate solo in mercati regolamentati di altri Paesi dell'Unione Europea.

4. Per le società cooperative, la percentuale di capitale indicata nel comma 1 è rapportata al numero complessivo dei soci.

([1]) *Questo comma è stato così sostituito dall'art. 9.86 del D.L.vo 17 gennaio 2003, n. 6, così come inserito dall'art. 3 del D.L.vo 6 febbraio 2004, n. 37.*

158. Proposte di aumento di capitale [, di fusione, di scissione e di distribuzione di acconti sui dividendi] ([1]). – 1. In caso di aumento di capitale con esclusione o limitazione del diritto di opzione, il parere sulla congruità del prezzo di emissione delle azioni è rilasciato da un revisore legale o da una società di revisione legale ([2]). Le proposte di aumento del capitale sociale sono comunicate al revisore legale o alla società di revisione legale ([3]), unitamente alla relazione illustrativa degli amministratori prevista dall'articolo 2441, sesto comma, del codice civile, almeno quarantacinque giorni prima di quello fissato per l'assemblea che deve esaminarle. [La società di revisione esprime il proprio parere entro trenta giorni.] ([4]).

2. La relazione degli amministratori e il parere del revisore legale o della società di revisione legale ([5]) sono messe a disposizione del pubblico con le modalità di cui all'articolo 125 *ter*, comma 1, almeno ventuno giorni prima dell'assemblea ([6]) e finché questa abbia deliberato. Tali documenti devono essere allegati agli altri documenti richiesti per l'iscrizione della deliberazione nel registro delle imprese.

3. La disposizione del comma precedente si applica anche alla relazione del revisore legale o della società di revisione legale ([5]) prevista dall'articolo 2441, comma 4, seconda parte, del codice civile ([7]).

3 *bis*. La relazione giurata dell'esperto designato dal tribunale ai sensi dell'articolo 2343 del codice civile ovvero la documentazione indicata dall'articolo 2343 *ter*, terzo comma, del codice civile, sono messe a disposizione del pubblico con le modalità previste all'articolo 125 *ter*, comma 1,

almeno ventuno giorni prima dell'assemblea e finchè questa non abbia deliberato ([8]).

[4. La società incaricata della revisione contabile di più di una delle società partecipanti a una fusione o a una scissione può redigere la relazione sulla congruità del rapporto di cambio esclusivamente per una delle società partecipanti] ([9]).

[5. Il parere previsto dall'articolo 2433 *bis*, quinto comma, del codice civile è reso dalla società incaricata della revisione contabile] ([9]).

([1]) *Le parole tra parentesi quadrate sono state soppresse dall'art. 3, comma 25, lett.* a), *del D.L.vo 27 gennaio 2010, n. 27. A norma dell'art. 7 dello stesso D.L.vo, questa disposizione si applica alle assemblee il cui avviso di convocazione sia pubblicato dopo il 31 ottobre 2010. Fino a tale data continuano ad applicarsi le disposizioni sostituite od abrogate dalle corrispondenti disposizioni del D.L.vo n. 27/2010.*

([2]) *Le originarie parole: «dalla società incaricata della revisione contabile» sono state sostituite dalle parole: «dal soggetto incaricato della revisione legale dei conti», dall'art. 40, comma 16, lett.* a), *del D.L.vo 27 gennaio 2010, n. 39. Tali parole sono poi state così sostituite dalle attuali: «da un revisore legale o da una società di revisione legale» dall'art. 1, comma 16, del D.L.vo 11 ottobre 2012, n. 184.*

([3]) *Le originarie parole: «alla società di revisione» sono state così sostituite dalle attuali: «al revisore legale o alla società di revisione legale», dall'art. 40, comma 16, lett.* b), *del D.L.vo 27 gennaio 2010, n. 39.*

([4]) *Le parole tra parentesi quadrate sono state soppresse dall'art. 3, comma 25, lett.* b), *del D.L.vo 27 gennaio 2010, n. 27. A norma dell'art. 7 dello stesso D.L.vo, questa disposizione si applica alle assemblee il cui avviso di convocazione sia pubblicato dopo il 31 ottobre 2010. Fino a tale data continuano ad applicarsi le disposizioni sostituite od abrogate dalle corrispondenti disposizioni del D.L.vo n. 27/2010.*

([5]) *Le originarie parole: «della società di revisione» sono state così sostituite dalle attuali: «del revisore legale o della società di revisione legale», dall'art. 40, comma 16, lett.* c), *del D.L.vo 27 gennaio 2010, n. 39.*

([6]) *Le parole*: «*devono restare depositati nella sede della società durante i quindici giorni che precedono l'assemblea*» *sono state così sostituite dalle parole*: «*sono messe a disposizione del pubblico con le modalità di cui all'articolo 125* ter, *comma 1, almeno ventuno giorni prima dell'assemblea*» *dall'art. 3, comma 25, lett.* c), *del D.L.vo 27 gennaio 2010, n. 27. A norma dell'art. 7 dello stesso D.L.vo, questa disposizione si applica alle assemblee il cui avviso di convocazione sia pubblicato dopo il 31 ottobre 2010. Fino a tale data continuano ad applicarsi le disposizioni sostituite od abrogate dalle corrispondenti disposizioni del D.L.vo n. 27/2010.*

([7]) *Questo comma è stato così sostituito dall'art. 9.87, lett.* a), *del D.L.vo 17 gennaio 2003, n. 6, così come inserito dall'art. 3 del D.L.vo 6 febbraio 2004, n. 37.*

([8]) *Questo comma è stato inserito dall'art. 3, comma 21, del D.L.vo 18 giugno 2012, n. 91.*

([9]) *Questo comma è stato soppresso dall'art. 9.87, lett.* b), *del D.L.vo 17 gennaio 2003, n. 6, così come inserito dall'art. 3 del D.L.vo 6 febbraio 2004, n. 37.*

159. ([1]) **Conferimento e revoca dell'incarico. –** 1. In caso di mancata nomina del revisore legale o della società di revisione legale, la società che deve conferire l'incarico informa tempestivamente la Consob, esponendo le cause che hanno determinato il ritardo nell'affidamento dell'incarico ([2]).

[2. L'assemblea revoca l'incarico, su proposta motivata dell'organo di controllo ([3]), quando ricorra una giusta causa, provvedendo contestualmente a conferire l'incarico ad altra società di revisione secondo le modalità di cui al comma 1. Non costituisce giusta causa di revoca la divergenza di opinioni rispetto a valutazioni contabili o a procedure di revisione. Le funzioni di controllo contabile continuano ad essere esercitate dalla società revocata fino a quando la deliberazione di conferimento dell'incarico non sia divenuta efficace ovvero fino al conferimento d'ufficio da parte della CONSOB] ([4]).

[3. Alle deliberazioni previste dai commi 1 e 2 adottate dall'assemblea delle società in accomandita per azioni con azioni quotate in mercati regolamentati si applica l'articolo 2459 del codice civile] ([4]).

[4. L'incarico ha durata di nove esercizi e non può essere rinnovato o nuovamente conferito se non siano decorsi almeno tre anni dalla data di cessazione del precedente] ([5]) ([4]).

[5. Le deliberazioni previste dai commi 1 e 2 sono trasmesse alla CONSOB entro il termine fissato ai sensi del comma 7, lettera *b*). Entro venti giorni dalla data di ricevimento della deliberazione di revoca, la CONSOB può vietarne l'esecuzione qualora rilevi la mancanza di una giusta causa. La deliberazione di revoca dell'incarico ha effetto dalla scadenza del termine di cui al periodo precedente, qualora la CONSOB non ne abbia vietata l'esecuzione] ([6]) ([4]).

[6. La CONSOB dispone d'ufficio la revoca dell'incarico di revisione contabile qualora rilevi una causa di incompatibilità ovvero qualora siano state accertate gravi irregolarità nello svolgimento dell'attività di revisione, anche in relazione ai princìpi e criteri di revisione stabiliti ai sensi dell'articolo 162, comma 2, lettera *a*). Il provvedimento di revoca è notificato alla società di revisione e comunicato immediatamente alla società interessata, con l'invito alla società medesima a deliberare il conferimento dell'incarico ad altra società di revisione, secondo le disposizioni del comma 1, entro trenta giorni dalla data di ricevimento della comunicazione. Qualora la deliberazione non sia adottata entro tale termine, la CONSOB provvede d'ufficio al conferimento dell'incarico entro trenta giorni. Le funzioni di controllo contabile continuano ad essere esercitate dalla società revocata fino a quando la deliberazione di conferimento dell'incarico non sia divenuta efficace ovvero fino al provvedimento della CONSOB] ([4]).

[7. La CONSOB stabilisce con regolamento:

a) i criteri generali per la determinazione del corrispettivo per l'incarico di revisione contabile. La corresponsione del compenso non può comunque essere subordinata ad alcuna condizione relativa all'esito della revisione, né la misura di esso può dipendere in alcun modo dalla prestazione di servizi aggiuntivi da parte della società di revisione;

b) la documentazione da inviare unitamente alle deliberazioni previste dai commi 1 e 2, le modalità e i termini di trasmissione;

c) le modalità e i termini per l'adozione e la comunicazione agli interessati dei provvedimenti da essa assunti;

d) i termini entro i quali gli amministratori o i membri del consiglio di gestione depositano presso il registro delle imprese le deliberazioni e i provvedimenti indicati ai commi 1, 2, 5 e 6] ([4]).

[8. Non si applica l'articolo 2409 *quater* del codice civile] ([4]).

([1]) *Questo articolo è stato così sostituito dall'art. 18, comma 1, lett.* b), *della L. 28 dicembre 2005, n. 262.*

([2]) *Questo comma è stato così sostituito dall'attuale, dall'art. 40, comma 17, del D.L.vo 27 gennaio 2010, n. 39.*

([3]) *Le originarie parole: «previo parere dell'organo di controllo» sono state così sostituite dalle attuali: «su proposta motivata dell'organo di controllo» dall'art. 3, comma 16, lett.* c), *del D.L.vo 29 dicembre 2006, n. 303.*

([4]) *Questo comma è stato abrogato dall'art. 40, comma 21, del D.L.vo 27 gennaio 2010, n. 39.*

([5]) *Questo comma è stato così sostituito dall'art. 3, comma 16, lett.* d), *del D.L.vo 29 dicembre 2006, n. 303.*

([6]) *Questo comma è stato così sostituito dall'art. 3, comma 16, lett.* e), *del D.L.vo 29 dicembre 2006, n. 303.*

Sezione VI *bis*
Rapporti con società estere aventi sede legale in Stati che non garantiscono la trasparenza societaria ([1])

([1]) *Questa sezione è stata aggiunta dall'art. 6, comma 1, della L. 28 dicembre 2005, n. 262. A norma dell'art. 42, comma 3, della medesima legge, le disposizioni contenute negli articoli 165* ter, *165* quater *e 165* quinquies, *introdotti dall'art. 6 della citata L. n. 262/2005, si applicano alle società che vi sono soggette, a decorrere dall'esercizio successivo a quello in corso alla data di entrata in vigore della presente legge.*

165 *ter*. ([1]) **Ambito di applicazione.** – 1. Sono soggette alle disposizioni contenute nella presente sezione le società italiane con azioni quotate in mercati regolamentati, di cui all'articolo 119, e le società italiane emittenti strumenti finanziari diffusi fra il pubblico in misura rilevante, ai sensi dell'articolo 116, le quali controllino società aventi sede legale in Stati i cui ordinamenti non garantiscono la trasparenza della costituzione, della situazione patrimoniale e finanziaria e della gestione delle società, nonché le società italiane con azioni quotate in mercati regolamentati o emittenti strumenti finanziari diffusi fra il pubblico in misura rilevante, le quali siano collegate alle suddette società estere o siano da queste controllate.

2. Si applicano le nozioni di controllo previste dall'articolo 93 e quelle di collegamento previste dall'articolo 2359, terzo comma, del codice civile.

3. Gli Stati di cui al comma 1 sono individuati con decreti del Ministro della giustizia, di concerto con il Ministro dell'economia e delle finanze, sulla base dei seguenti criteri:

a) per quanto riguarda le forme e le condizioni per la costituzione delle società:

1) mancanza di forme di pubblicità dell'atto costitutivo e dello statuto, nonché delle successive modificazioni di esso;

2) mancanza del requisito di un capitale sociale minimo, idoneo a garantire i terzi creditori, per la costituzione delle società, nonché della previsione di scioglimento in caso di riduzione del capitale al di sotto del minimo legale, salvo il caso di reintegrazione entro un termine definito;

3) mancanza di norme che garantiscano l'effettività e l'integrità del capitale sociale sottoscritto, in particolare con la sottoposizione dei conferimenti costituiti da beni in natura o crediti alla

valutazione da parte di un esperto appositamente nominato;

4) mancanza di forme di controllo, da parte di soggetti o organismi a ciò abilitati da specifiche disposizioni di legge, circa la conformità degli atti di cui al numero 1) alle condizioni richieste per la costituzione delle società;

b) per quanto riguarda la struttura delle società, mancanza della previsione di un organo di controllo distinto dall'organo di amministrazione, o di un comitato di controllo interno all'organo amministrativo, dotato di adeguati poteri di ispezione, controllo e autorizzazione sulla contabilità, sul bilancio e sull'assetto organizzativo della società, e composto da soggetti forniti di adeguati requisiti di onorabilità, professionalità e indipendenza;

c) per quanto riguarda il bilancio di esercizio:

1) mancanza della previsione dell'obbligo di redigere tale bilancio, comprendente almeno il conto economico e lo stato patrimoniale, con l'osservanza dei seguenti principi:

1.1) rappresentazione chiara, veritiera e corretta della situazione patrimoniale e finanziaria della società e del risultato economico dell'esercizio;

1.2) illustrazione chiara dei criteri di valutazione adottati nella redazione del conto economico e dello stato patrimoniale;

2) mancanza dell'obbligo di deposito, presso un organo amministrativo o giudiziario, del bilancio, redatto secondo i princìpi di cui al numero 1);

3) mancanza dell'obbligo di sottoporre la contabilità e il bilancio delle società a verifica da parte dell'organo o del comitato di controllo di cui alla lettera *b*) ovvero di un revisore legale dei conti;

d) la legislazione del Paese ove la società ha sede legale impedisce o limita l'operatività della società stessa sul proprio territorio;

e) la legislazione del Paese ove la società ha sede legale esclude il risarcimento dei danni arrecati agli amministratori rimossi senza una giusta causa, ovvero consente che tale clausola sia contenuta negli atti costitutivi delle società o in altri strumenti negoziali;

f) mancata previsione di un'adeguata disciplina che impedisca la continuazione dell'attività sociale dopo l'insolvenza, senza ricapitalizzazione o prospettive di risanamento;

g) mancanza di adeguate sanzioni penali nei confronti degli esponenti aziendali che falsificano la contabilità e i bilanci.

4. Con i decreti del Ministro della giustizia, di cui al comma 3, possono essere individuati, in relazione alle forme e alle discipline societarie previste in ordinamenti stranieri, criteri equivalenti in base ai quali possano considerarsi soddisfatti i requisiti di trasparenza e di idoneità patrimoniale e organizzativa determinati nel presente articolo.

5. I decreti di cui al comma 3 possono individuare Stati i cui ordinamenti presentino carenze particolarmente gravi con riguardo ai profili indicati alle lettere *b*), *c*) e *g*) del medesimo comma 3.

6. Con proprio regolamento la CONSOB detta criteri in base ai quali è consentito alle società italiane di cui all'articolo 119 e alle società italiane emittenti strumenti finanziari diffusi tra il pubblico in misura rilevante ai sensi dell'articolo 116 di controllare imprese aventi sede in uno degli Stati di cui al comma 5. A tal fine sono prese in considerazione le ragioni di carattere imprenditoriale che motivano il controllo e l'esigenza di assicurare la completa e corretta informazione societaria.

7. In caso di inottemperanza alle disposizioni emanate ai sensi dei commi 5 e 6, la CONSOB può denunziare i fatti al tribunale ai fini dell'adozione delle misure previste dall'articolo 2409 del codice civile.

(1) *Si veda l'art. 42, comma 3, della L. 28 dicembre 2005, n. 262, che così dispone: «3. Le disposizioni contenute negli articoli 165* ter, *165* quater *e 165* quinquies *del testo unico di cui al decreto legislativo 24 febbraio 1998, n. 58, introdotti dall'articolo 6, comma 1, della presente legge, si applicano alle società che vi sono soggette, a decorrere dall'esercizio successivo a quello in corso alla data di entrata in vigore della presente legge».*

165 *quater*. (1) **Obblighi delle società italiane controllanti.** – 1. Le società italiane con azioni quotate in mercati regolamentati, di cui all'articolo 119, e le società italiane emittenti strumenti finanziari diffusi fra il pubblico in misura rilevante, ai sensi dell'articolo 116, le quali controllano società aventi sede legale in uno degli Stati determinati con i decreti di cui all'articolo 165 *ter*, comma 3, allegano al proprio bilancio di esercizio o bilancio consolidato, qualora siano tenute a predisporlo, il bilancio della società estera controllata, redatto secondo i princìpi e le regole applicabili ai bilanci delle società italiane o secondo i princìpi contabili internazionalmente riconosciuti.

2. Il bilancio della società estera controllata, allegato al bilancio della società italiana ai sensi del comma 1, è sottoscritto dagli organi di ammi-

nistrazione, dal direttore generale e dal dirigente preposto alla redazione dei documenti contabili societari di quest'ultima, che attestano la veridicità e la correttezza della rappresentazione della situazione patrimoniale e finanziaria e del risultato economico dell'esercizio. Al bilancio della società italiana è altresì allegato il parere espresso dall'organo di controllo della medesima sul bilancio della società estera controllata.

3. Il bilancio della società italiana controllante è corredato da una relazione degli amministratori sui rapporti intercorrenti fra la società italiana e la società estera controllata, con particolare riguardo alle reciproche situazioni debitorie e creditorie, e sulle operazioni compiute tra loro nel corso dell'esercizio cui il bilancio si riferisce, compresa la prestazione di garanzie per gli strumenti finanziari emessi in Italia o all'estero dai predetti soggetti. La relazione è altresì sottoscritta dal direttore generale e dal dirigente preposto alla redazione dei documenti contabili societari. È allegato ad essa il parere espresso dall'organo di controllo.

4. Il bilancio della società estera controllata, allegato al bilancio della società italiana ai sensi del comma 1, è sottoposto a revisione da parte del revisore legale o della società di revisione legale incaricata della revisione del bilancio della società italiana; ove tale soggetto non operi nello Stato in cui ha sede la società estera controllata, deve avvalersi di altro idoneo revisore o società di revisione, assumendo la responsabilità dell'operato di quest'ultimo. Ove la società italiana, non avendone l'obbligo, non abbia incaricato della revisione legale dei conti un revisore legale o una società di revisione legale, deve comunque conferire tale incarico relativamente al bilancio della società estera controllata (2).

5. Il bilancio della società estera controllata, sottoscritto ai sensi del comma 2, con la relazione, i pareri ad esso allegati e il giudizio espresso dal soggetto (3) responsabile della revisione ai sensi del comma 4, sono trasmessi alla CONSOB.

(1) *Si veda l'art. 42, comma 3, della L. 28 dicembre 2005, n. 262, che così dispone: «3. Le disposizioni contenute negli articoli 165* ter, *165* quater *e 165* quinquies *del testo unico di cui al decreto legislativo 24 febbraio 1998, n. 58, introdotti dall'articolo 6, comma 1, della presente legge, si applicano alle società che vi sono soggette, a decorrere dall'esercizio successivo a quello in corso alla data di entrata in vigore della presente legge».*

(2) *Questo comma è stato così sostituito dall'attuale, dall'art. 40, comma 18, del D.l.vo 27 gennaio 2010, n. 39.*

(3) *Le originarie parole: «dalla società» sono state così sostituite dalle attuali: «dal soggetto», dall'art. 40, comma 19, del D.L.vo 27 gennaio 2010, n. 39.*

165 *quinquies*. (1) **Obblighi delle società italiane collegate. –** 1. Il bilancio delle società italiane con azioni quotate in mercati regolamentati, di cui all'articolo 119, e delle società italiane emittenti strumenti finanziari diffusi fra il pubblico in misura rilevante, ai sensi dell'articolo 116, le quali siano collegate a società aventi sede legale in uno degli Stati determinati con i decreti di cui all'articolo 165 *ter*, comma 3, è corredato da una relazione degli amministratori sui rapporti intercorrenti fra la società italiana e la società estera collegata, con particolare riguardo alle reciproche situazioni debitorie e creditorie, e sulle operazioni compiute tra loro nel corso dell'esercizio cui il bilancio si riferisce, compresa la prestazione di garanzie per gli strumenti finanziari emessi in Italia o all'estero dai predetti soggetti. La relazione è altresì sottoscritta dal direttore generale e dal dirigente preposto alla redazione dei documenti contabili societari. È allegato ad essa il parere espresso dall'organo di controllo.

(1) *Si veda l'art. 42, comma 3, della L. 28 dicembre 2005, n. 262, che così dispone: «3. Le disposizioni contenute negli articoli 165* ter, *165* quater *e 165* quinquies *del testo unico di cui al decreto legislativo 24 febbraio 1998, n. 58, introdotti dall'articolo 6, comma 1, della presente legge, si applicano alle società che vi sono soggette, a decorrere dall'esercizio successivo a quello in corso alla data di entrata in vigore della presente legge».*

165 *sexies*. Obblighi delle società italiane controllate. – 1. Il bilancio delle società italiane con azioni quotate in mercati regolamentati, di cui all'articolo 119, e delle società italiane emittenti strumenti finanziari diffusi fra il pubblico in misura rilevante, ai sensi dell'articolo 116, ovvero che hanno ottenuto rilevanti concessioni di credito, le quali siano controllate da società aventi sede legale in uno degli Stati determinati con i decreti di cui all'articolo 165 *ter*, comma 3, è corredato da una relazione degli amministratori sui rapporti intercorrenti fra la società italiana e la società estera controllante, nonché le società da essa controllate o ad essa collegate o sottoposte a comune controllo, con particolare riguardo alle reciproche situazioni debitorie e creditorie, e sulle operazioni compiute tra loro nel corso dell'esercizio cui il bilancio si riferisce, compresa la prestazione di garanzie per gli strumenti finanziari emessi in Italia o all'estero dai predetti soggetti. La relazione è altresì sottoscritta dal direttore generale e dal dirigente preposto alla redazione dei documenti contabili societari. È allegato ad essa il parere espresso dall'organo di controllo.

165 *septies*. Poteri della CONSOB e disposizioni di attuazione. – 1. La CONSOB esercita i poteri previsti dagli articoli 114 e 115, con le finalità indicate dall'articolo 91, nei riguardi delle società italiane di cui alla presente sezione. Per accertare l'osservanza degli obblighi di cui alla presente sezione da parte delle società italiane, può esercitare i medesimi poteri nei riguardi delle società estere, previo consenso delle competenti autorità straniere, o chiedere l'assistenza o la collaborazione di queste ultime, anche sulla base di accordi di cooperazione con esse.

2. La CONSOB emana, con proprio regolamento, le disposizioni per l'attuazione della presente sezione.

Parte V
Sanzioni ([1])

([1]) *A norma dell'art. 10, commi 13 e 14, del D.L.vo 3 agosto 2017, n. 129, le modifiche apportate dal presente decreto a questa parte V si applicano alle violazioni commesse a partire dal 3 gennaio 2018.*

Alle violazioni commesse prima del 3 gennaio 2018 continuano ad applicarsi le norme della parte V in vigore il giorno precedente alla data di entrata in vigore del D.L.vo n. 129/2017 (26 agosto 2017).

Titolo I
Sanzioni penali

Capo I
Intermediari e mercati

166. ([1]) **Abusivismo.** – 1. È punito con la reclusione da uno a otto anni e con la multa da euro quattromila a euro diecimila chiunque, senza esservi abilitato ai sensi del presente decreto ([2]):

a) svolge servizi o attività ([3]) di investimento o di gestione collettiva del risparmio;

b) offre in Italia quote o azioni di OICR;

c) offre fuori sede, ovvero promuove o colloca mediante tecniche di comunicazione a distanza, prodotti finanziari o ([4]) strumenti finanziari o servizi o attività ([5]) di investimento.

c bis) svolge servizi di comunicazione dati ([6]).

2. Con la stessa pena è punito chiunque esercita l'attività di consulente finanziario abilitato all'offerta fuori sede ([7]) senza essere iscritto nell'albo indicato dall'articolo 31.

2 *bis*. Con la stessa pena è punito chiunque esercita l'attività di controparte centrale di cui al regolamento (UE) n. 648/2012 del Parlamento europeo e del Consiglio, del 4 luglio 2012, senza aver ottenuto la preventiva autorizzazione ivi prevista ([8]).

3. Se vi è fondato sospetto che una società svolga servizi o attività ([9]) di investimento o il servizio di gestione collettiva del risparmio o i servizi di comunicazione dati ([10]) ovvero l'attività di cui al comma 2 *bis* ([11]) senza esservi abilitata ai sensi del presente decreto, la Banca d'Italia o la CONSOB denunziano i fatti al pubblico ministero ai fini dell'adozione dei provvedimenti previsti dall'articolo 2409 del codice civile ovvero possono richiedere al tribunale l'adozione dei medesimi provvedimenti. Le spese per l'ispezione sono a carico della società ([12]).

([1]) *A norma dell'art. 39, comma 1, della L. 28 dicembre 2005, n. 262, le pene previste da questo provvedimento, sono raddoppiate entro i limiti posti per ciascun tipo di pena dal libro I, titolo II, capo II, del codice penale. Inoltre, ai sensi dell'art. 39, comma 3, della citata legge n. 262/2005, le sanzioni amministrative finanziarie che non sono state modificate dalla medesima legge, sono quintuplicate.*

([2]) *Questo alinea è stato così sostituito dall'attuale, dall'art. 5, comma 1, lett.* a), *del D.L.vo 3 agosto 2017, n. 129. A norma dell'art. 10, comma 2, del medesimo decreto, tali disposizioni si applicano dal 3 gennaio 2018. Fino a tale data si applicano le disposizioni nel testo previgente che si riporta:*

«È punito con la reclusione da sei mesi a quattro anni e con la multa da € 2.065 a € 10.329, senza esservi abilitato ai sensi del presente decreto:»

([3]) *Le parole: «o attività» sono state inserite dall'art. 16, comma 1, lett.* a), *del D.L.vo 17 settembre 2007, n. 164, a decorrere dal 1° novembre 2007.*

([4]) *Le parole: «prodotti finanziari o» sono state inserite dall'art. 5, comma 1, lett.* b), *del D.L.vo 3 agosto 2017, n. 129. A norma dell'art. 10, comma 2, del medesimo decreto, tali disposizioni si applicano dal 3 gennaio 2018.*

([5]) *Le parole: «o attività» sono state inserite dall'art. 16, comma 1, lett.* b), *del D.L.vo 17 settembre 2007, n. 164, a decorrere dal 1° novembre 2007.*

([6]) *Questa lettera è stata aggiunta dall'art. 5, comma 1, lett.* c), *del D.L.vo 3 agosto 2017, n. 129. A norma dell'art. 10, comma 2, del medesimo decreto, tali disposizioni si applicano dal 3 gennaio 2018.*

([7]) *Le parole: «promotore finanziario» sono state così sostituite dalle attuali: «consulente finanziario abilitato all'offerta fuori sede» dall'art. 1, comma 39, della L. 28 dicembre 2015, n. 208.*

([8]) *Questo comma è stato inserito dall'art. 33, comma 1, lett.* p), *n. 1), della L. 6 agosto 2013, n. 97.*

([9]) *Le parole: «o attività» sono state inserite dall'art. 16, comma 1, lett.* c), *del D.L.vo 17 settembre 2007, n. 164, a decorrere dal 1° novembre 2007.*

([10]) *Le parole: «o i servizi di comunicazione dati» sono state inserite dall'art. 5, comma 1, lett.* d), *del D.L.vo 3 agosto 2017, n. 129. A norma dell'art. 10, comma 2, del medesimo decreto, tali disposizioni si applicano dal 3 gennaio 2018.*

([11]) *Le parole: «ovvero l'attività di cui al comma 2* bis» *sono state inserite dall'art. 33, comma 1, lett.* p), *n. 2), della L. 6 agosto 2013, n. 97.*

([12]) *Questo comma è stato così sostituito dall'art. 9.91 del D.L.vo 17 gennaio 2003, n. 6, così come inserito dall'art. 3 del D.L.vo 6 febbraio 2004, n. 37.*

167. ([1]) **Gestione infedele.** – 1. Salvo che il fatto costituisca reato più grave, chi, nella prestazione del servizio di gestione di portafogli [di investimento su base individuale] ([2]) o del servizio di gestione collettiva del risparmio, in violazione delle disposizioni regolanti i conflitti di interesse, pone in essere operazioni che arrecano danno agli investitori, al fine di procurare a sé o ad altri un ingiusto profitto, è punito con l'arresto da sei mesi a tre anni e con l'ammenda da € 5.164 a € 103.291.

([1]) *A norma dell'art. 39, comma 1, della L. 28 dicembre 2005, n. 262, le pene previste da questo provvedimento, sono raddoppiate entro i limiti posti per ciascun tipo di pena dal libro I, titolo II, capo II, del codice penale. Inoltre, ai sensi dell'art. 39, comma 3, della citata legge n. 262/2005, le sanzioni amministrative finanziarie che non sono state modificate dalla medesima legge, sono quintuplicate.*

([2]) *Le parole tra parentesi quadrate sono state soppresse dall'art. 16, comma 2, del D.L.vo 17 settembre 2007, n. 164, a decorrere dal 1° novembre 2007.*

168. ([1]) **Confusione di patrimoni.** – 1. Salvo che il fatto costituisca reato più grave, chi, nell'esercizio di servizi o attività ([2]) di investimento o di gestione collettiva del risparmio, ovvero nella custodia degli strumenti finanziari e delle disponibilità liquide di un OICR, al fine di procurare a sé o ad altri un ingiusto profitto, viola le disposizioni concernenti la separazione patrimoniale arrecando danno agli investitori, è punito con l'arresto da sei mesi a tre anni e con l'ammenda da € 5.164 a € 103.291.

([1]) *A norma dell'art. 39, comma 1, della L. 28 dicembre 2005, n. 262, le pene previste da questo provvedimento, sono raddoppiate entro i limiti posti per ciascun tipo di pena dal libro I, titolo II, capo II, del codice penale. Inoltre, ai sensi dell'art. 39, comma 3, della citata legge n. 262/2005, le sanzioni amministrative finanziarie che non sono state modificate dalla medesima legge, sono quintuplicate.*

([2]) *Le parole: «o attività» sono state inserite dall'art. 16, comma 3, del D.L.vo 17 settembre 2007, n. 164, a decorrere dal 1° novembre 2007.*

169. ([1]) **Partecipazioni al capitale.** – 1. Salvo che il fatto costituisca reato più grave, chiunque fornisce informazioni false nelle comunicazioni previste dagli articoli 15, commi 1 e 3, 64 *bis*, comma 2, ([2]) o in quelle richieste ai sensi dell'articolo 17 del presente decreto, o in quelle previste dall'articolo 31, paragrafo 2, del regolamento (UE) n. 648/2012 e dall'articolo 27, paragrafo 7, secondo periodo, del regolamento (UE) n. 909/2014 è punito con l'arresto da un anno a tre anni e con l'ammenda da euro cinquemilacentosessantacinque a euro cinquantunomilaseicentoquarantasei ([3]).

([1]) *A norma dell'art. 39, comma 1, della L. 28 dicembre 2005, n. 262, le pene previste da questo provvedimento, sono raddoppiate entro i limiti posti per ciascun tipo di pena dal libro I, titolo II, capo II, del codice penale. Inoltre, ai sensi dell'art. 39, comma 3, della citata legge n. 262/2005, le sanzioni amministrative finanziarie che non sono state modificate dalla medesima legge, sono quintuplicate.*

([2]) *Le parole: «61, comma 6,» sono state così sostituite dalle attuali: «64 bis, comma 2,» dall'art. 5, comma 2, del D.L.vo 3 agosto 2017, n. 129. A norma dell'art. 10, comma 2, del medesimo decreto, tali disposizioni si applicano dal 3 gennaio 2018.*

([3]) *Questo comma è stato così sostituito dall'art. 3, comma 1, del D.L.vo 12 agosto 2016, n. 176.*

170. ([1]) **Gestione accentrata di strumenti finanziari.** – 1. Chiunque, nelle registrazioni o nelle certificazioni effettuate o rilasciate nell'ambito della gestione accentrata, attesta falsamente fatti di cui la registrazione o la certificazione è destinata a provare la verità ovvero dà corso al trasferimento o alla consegna degli strumenti finanziari o al trasferimento dei relativi diritti senza aver ottenuto in restituzione le certificazioni, è punito con la reclusione da tre mesi a due anni.

([1]) *A norma dell'art. 39, comma 1, della L. 28 dicembre 2005, n. 262, le pene previste da questo provvedimento, sono raddoppiate entro i limiti posti per ciascun tipo di pena dal libro I, titolo II, capo II, del codice penale. Inoltre, ai sensi dell'art. 39, comma 3, della citata legge n. 262/2005, le sanzioni amministrative finanziarie che non sono state modificate dalla medesima legge, sono quintuplicate.*

170 *bis*. (1) (2) **Ostacolo alle funzioni di vigilanza della Banca d'Italia e della Consob** (3). – 1. Fuori dai casi previsti dall'articolo 2638 del codice civile, chiunque ostacola le funzioni di vigilanza attribuite alla Banca d'Italia e (4) alla CONSOB è punito con la reclusione fino a due anni e con la multa da euro diecimila ad euro duecentomila.

(1) *Questo articolo è stato inserito dall'art. 9, comma 1, lett.* l), *della L. 18 aprile 2005, n. 62.*

(2) *A norma dell'art. 39, comma 1, della L. 28 dicembre 2005, n. 262, le pene previste da questo provvedimento, sono raddoppiate entro i limiti posti per ciascun tipo di pena dal libro I, titolo II, capo II, del codice penale. Inoltre, ai sensi dell'art. 39, comma 3, della citata legge n. 262/2005, le sanzioni amministrative finanziarie che non sono state modificate dalla medesima legge, sono quintuplicate.*

(3) *La precedente rubrica:* «Ostacolo alle funzioni di vigilanza della CONSOB» *è stata così sostituita dall'attuale: «Ostacolo alle funzioni di vigilanza della Banca d'Italia e della Consob» dall'art. 24, comma 1, lett.* b), *n. 1), del D.L. 18 ottobre 2012, n. 179, convertito, con modificazioni, nella L. 17 dicembre 2012, n. 221.*

(4) *Le parole: «alla Banca d'Italia e» sono state inserite dall'art. 24, comma 1, lett.* b), *n. 2), del D.L. 18 ottobre 2012, n. 179, convertito, con modificazioni, nella L. 17 dicembre 2012, n. 221.*

Capo II
Emittenti

172. (1) **Irregolare acquisto di azioni.** – 1. Gli amministratori di società con azioni quotate o di società da queste controllate che acquistano azioni proprie o della società controllante in violazione delle disposizioni dell'articolo 132 sono puniti con la reclusione da sei mesi a tre anni e con la multa da € 206 a € 1.032.

2. La disposizione prevista dal comma 1 non si applica se l'acquisto è operato sul mercato regolamentato secondo modalità diverse da quelle stabilite dalla Consob con regolamento, ma comunque idonee ad assicurare la parità di trattamento tra gli azionisti (2).

(1) *A norma dell'art. 39, comma 1, della L. 28 dicembre 2005, n. 262, le pene previste da questo provvedimento, sono raddoppiate entro i limiti posti per ciascun tipo di pena dal libro I, titolo II, capo II, del codice penale. Inoltre, ai sensi dell'art. 39, comma 3, della citata legge n. 262/2005, le sanzioni amministrative finanziarie che non sono state modificate dalla medesima legge, sono quintuplicate.*

(2) *Questo comma è stato così sostituito dall'art. 2, comma 2, del D.L.vo 29 novembre 2010, n. 224.*

173. (1) **Omessa alienazione di partecipazioni.** – 1. Gli amministratori di società con azioni quotate, o di società che partecipano al capitale di società con azioni quotate, i quali violano gli obblighi di alienazione delle partecipazioni previsti dagli articoli 110 e 121 sono puniti con la reclusione fino ad un anno e con la multa da euro venticinquemila a euro duemilionicinquecentomila (2).

(1) *A norma dell'art. 39, comma 1, della L. 28 dicembre 2005, n. 262, le pene previste da questo provvedimento, sono raddoppiate entro i limiti posti per ciascun tipo di pena dal libro I, titolo II, capo II, del codice penale. Inoltre, ai sensi dell'art. 39, comma 3, della citata legge n. 262/2005, le sanzioni amministrative finanziarie che non sono state modificate dalla medesima legge, sono quintuplicate.*

(2) *Le parole*: «*da lire duecentomila* (N.d.R: *€ 103*) *a lire due milioni* (N.d.R: *€ 1.032*)» *sono state così sostituite dalle attuali dall'art. 5, comma 1, del D.L.vo 19 novembre 2007, n. 229.*

173 *bis*. (1) **Falso in prospetto.** – 1. Chiunque, allo scopo di conseguire per sè o per altri un ingiusto profitto, nei prospetti richiesti per l'offerta al pubblico di prodotti finanziari (2) o l'ammissione alla quotazione nei mercati regolamentati, ovvero nei documenti da pubblicare in occasione delle offerte pubbliche di acquisto o di scambio, con l'intenzione di ingannare i destinatari del prospetto, espone false informazioni od occulta dati o notizie in modo idoneo a indurre in errore i suddetti destinatari, è punito con la reclusione da uno a cinque anni.

(1) *Questo articolo è stato inserito dall'art. 34, comma 1, della L. 28 dicembre 2005, n. 262.*

(2) *Le parole*: «*sollecitazione all'investimento*» *sono state così sostituite dalle attuali parole*: «*offerta al pubblico di prodotti finanziari*» *dall'art. 4, comma 1, lett.* c), *del D.L.vo 28 marzo 2007, n. 51.*

Titolo I *bis*
Abuso di informazioni privilegiate e manipolazione del mercato (¹)

(¹) *L'originario Capo IV, rubricato: «Capo IV - Abuso di informazioni privilegiate e aggiotaggio su strumenti finanziari», comprendente gli articoli da 180 a 187* bis, *è stato così sostituito dal titolo: «Titolo I* bis *- Abuso di informazioni privilegiate e manipolazione del mercato», comprendente gli articoli da 180 a 187* quaterdecies, *dall'art. 9, comma 2, lett.* a), *della L. 18 aprile 2005, n. 62. Si veda, altresì, l'art. 9, comma 6, della citata legge che si riporta:*

«6. Le disposizioni previste dalla parte V, titolo I bis, del testo unico di cui al decreto legislativo 28 febbraio 1998, n. 58, si applicano anche alle violazioni commesse anteriormente alla data di entrata in vigore della presente legge che le ha depenalizzate, quando il relativo procedimento penale non sia stato definito. Per ogni altro effetto si applica l'articolo 2 del codice penale. L'autorità giudiziaria, in relazione ai procedimenti penali per le violazioni non costituenti più reato, pendenti alla data di entrata in vigore della presente legge, se non deve pronunciare decreto di archiviazione o sentenza di assoluzione o di proscioglimento con formula che esclude la rilevanza penale del fatto, dispone la trasmissione degli atti alla CONSOB. Da tale momento decorre il termine di centottanta giorni per la notifica dell'atto di contestazione delle violazioni».

Capo I
Disposizioni generali

180. Definizioni. – 1. Ai fini del presente titolo si intendono per:

a) «strumenti finanziari»:

1) gli strumenti finanziari di cui all'articolo 1, comma 2, ammessi alla negoziazione o per i quali è stata presentata una richiesta di ammissione alle negoziazioni in un mercato regolamentato italiano o di altro Paese dell'Unione europea, nonché qualsiasi altro strumento ammesso o per il quale è stata presentata una richiesta di ammissione alle negoziazioni in un mercato regolamentato di un Paese dell'Unione europea;

2) gli strumenti finanziari di cui all'articolo 1, comma 2, ammessi alla negoziazione in un sistema multilaterale di negoziazione italiano, per i quali l'ammissione è stata richiesta o autorizzata dall'emittente (¹);

b) «derivati su merci»: gli strumenti finanziari di cui all'articolo 1, comma 3, relativi a merci, ammessi alle negoziazioni o per i quali è stata presentata una richiesta di ammissione alle negoziazioni in un mercato regolamentato italiano o di altro Paese dell'Unione europea, nonché qualsiasi altro strumento derivato relativo a merci ammesso o per il quale è stata presentata una richiesta di ammissione alle negoziazioni in un mercato regolamentato di un Paese dell'Unione europea;

c) «prassi di mercato ammesse»: prassi di cui è ragionevole attendersi l'esistenza in uno o più mercati finanziari e ammesse o individuate dalla CONSOB in conformità alle disposizioni di attuazione della direttiva 2003/6/CE, del Parlamento europeo e del Consiglio, del 28 gennaio 2003;

d) «ente»: uno dei soggetti indicati nell'articolo 1 del decreto legislativo 8 giugno 2001, n. 231.

(¹) *Questa lettera è stata così sostituita dall'art. 1, comma 13, del D.L.vo 17 luglio 2009, n. 101.*

181. Informazione privilegiata. – 1. Ai fini del presente titolo per informazione privilegiata si intende un'informazione di carattere preciso, che non è stata resa pubblica, concernente, direttamente o indirettamente, uno o più emittenti strumenti finanziari o uno o più strumenti finanziari, che, se resa pubblica, potrebbe influire in modo sensibile sui prezzi di tali strumenti finanziari.

2. In relazione ai derivati su merci, per informazione privilegiata si intende un'informazione di carattere preciso, che non è stata resa pubblica, concernente, direttamente o indirettamente, uno o più derivati su merci, che i partecipanti ai mercati su cui tali derivati sono negoziati si aspettano di ricevere secondo prassi di mercato ammesse in tali mercati.

3. Un'informazione si ritiene di carattere preciso se:

a) si riferisce ad un complesso di circostanze esistente o che si possa ragionevolmente prevedere che verrà ad esistenza o ad un evento verificatosi o che si possa ragionevolmente prevedere che si verificherà;

b) è sufficientemente specifica da consentire di trarre conclusioni sul possibile effetto del complesso di circostanze o dell'evento di cui alla lettera *a*) sui prezzi degli strumenti finanziari.

4. Per informazione che, se resa pubblica, potrebbe influire in modo sensibile sui prezzi di strumenti finanziari si intende un'informazione che presumibilmente un investitore ragionevole utilizzerebbe come uno degli elementi su cui fondare le proprie decisioni di investimento.

5. Nel caso delle persone incaricate dell'esecuzione di ordini relativi a strumenti finanziari, per informazione privilegiata si intende anche l'informazione trasmessa da un cliente e concernente gli ordini del cliente in attesa di esecuzione, che ha

un carattere preciso e che concerne, direttamente o indirettamente, uno o più emittenti di strumenti finanziari o uno o più strumenti finanziari, che, se resa pubblica, potrebbe influire in modo sensibile sui prezzi di tali strumenti finanziari.

182. Ambito di applicazione. – 1. I reati e gli illeciti previsti dal presente titolo sono puniti secondo la legge italiana anche se commessi all'estero, qualora attengano a strumenti finanziari ammessi o per i quali è stata presentata una richiesta di ammissione alla negoziazione in un mercato regolamentato italiano o in un sistema multilaterale di negoziazione italiano ([1]).

2. Salvo quanto previsto dal comma 1, le disposizioni degli articoli 184, 185, 187 *bis* e 187 *ter* si applicano ai fatti concernenti strumenti finanziari ammessi alla negoziazione o per i quali è stata presentata una richiesta di ammissione alla negoziazione in un mercato regolamentato italiano o di altri Paesi dell'Unione europea.

2 *bis*. Salvo quanto previsto dal comma 1, le disposizioni degli articoli 184, 185, 187 *bis* e 187 *ter* si applicano ai fatti concernenti gli strumenti finanziari di cui all'articolo 180, comma 1, lettera *a*), numero 2) ([2]).

([1]) *Le parole: «o in un sistema multilaterale di negoziazione italiano» sono state aggiunte dall'art. 1, comma 14 del D.L.vo 17 luglio 2009, n. 101.*

([2]) *Questo comma è stato aggiunto dall'art. 1, comma 15, del D.L.vo 17 luglio 2009, n. 101.*

183. Esenzioni. – 1. Le disposizioni di cui al presente titolo non si applicano:

a) alle operazioni attinenti alla politica monetaria, alla politica valutaria o alla gestione del debito pubblico compiute dallo Stato italiano, da uno Stato membro dell'Unione europea, dal Sistema europeo delle Banche centrali, da una Banca centrale di uno Stato membro dell'Unione europea, o da qualsiasi altro ente ufficialmente designato ovvero da un soggetto che agisca per conto degli stessi;

b) alle negoziazioni di azioni proprie di cui all'articolo 180, comma 1, lettera *a*), effettuate nell'ambito di programmi di riacquisto da parte dell'emittente o di società controllate o collegate, ed alle operazioni di stabilizzazione di strumenti finanziari di cui all'articolo 180, comma 1, lettera *a*), che rispettino le condizioni stabilite dalla Consob con regolamento ([1]).

([1]) *Questa lettera è stata così sostituita dall'art. 1, comma 16, del D.L.vo 17 luglio 2009, n. 101.*

Capo II
Sanzioni penali

184. ([1]) **Abuso di informazioni privilegiate.** – 1. È punito con la reclusione da uno a sei anni e con la multa da euro ventimila a euro tre milioni chiunque, essendo in possesso di informazioni privilegiate in ragione della sua qualità di membro di organi di amministrazione, direzione o controllo dell'emittente, della partecipazione al capitale dell'emittente, ovvero dell'esercizio di un'attività lavorativa, di una professione o di una funzione, anche pubblica, o di un ufficio:

a) acquista, vende o compie altre operazioni, direttamente o indirettamente, per conto proprio o per conto di terzi, su strumenti finanziari utilizzando le informazioni medesime;

b) comunica tali informazioni ad altri, al di fuori del normale esercizio del lavoro, della professione, della funzione o dell'ufficio;

c) raccomanda o induce altri, sulla base di esse, al compimento di taluna delle operazioni indicate nella lettera *a*).

2. La stessa pena di cui al comma 1 si applica a chiunque essendo in possesso di informazioni privilegiate a motivo della preparazione o esecuzione di attività delittuose compie taluna delle azioni di cui al medesimo comma 1.

3. Il giudice può aumentare la multa fino al triplo o fino al maggiore importo di dieci volte il prodotto o il profitto conseguito dal reato quando, per la rilevante offensività del fatto, per le qualità personali del colpevole o per l'entità del prodotto o del profitto conseguito dal reato, essa appare inadeguata anche se applicata nel massimo.

3 *bis*. Nel caso di operazioni relative agli strumenti finanziari di cui all'articolo 180, comma 1, lettera *a*), numero 2), la sanzione penale è quella dell'ammenda fino a euro centotremila e duecentonovantuno e dell'arresto fino a tre anni ([2]).

4. Ai fini del presente articolo per strumenti finanziari si intendono anche gli strumenti finanziari di cui all'articolo 1, comma 2, il cui valore dipende da uno strumento finanziario di cui all'articolo 180, comma 1, lettera *a*).

([1]) *A norma dell'art. 39, comma 1, della L. 28 dicembre 2005, n. 262, le pene previste da questo provvedimento, sono raddoppiate entro i limiti posti per ciascun tipo di pena dal libro I, titolo II, capo II, del codice penale. Inoltre, ai sensi dell'art. 39, comma 3, della citata legge n. 262/2005, le sanzioni amministrative finanzia-*

rie che non sono state modificate dalla medesima legge, sono quintuplicate.

([2]) *Questo comma è stato inserito dall'art. 1, comma 17, del D.L.vo 17 luglio 2009, n. 101.*

185. ([1]) **Manipolazione del mercato.** – 1. Chiunque diffonde notizie false o pone in essere operazioni simulate o altri artifizi concretamente idonei a provocare una sensibile alterazione del prezzo di strumenti finanziari, è punito con la reclusione da uno a sei anni e con la multa da euro ventimila a euro cinque milioni.

2. Il giudice può aumentare la multa fino al triplo o fino al maggiore importo di dieci volte il prodotto o il profitto conseguito dal reato quando, per la rilevante offensività del fatto, per le qualità personali del colpevole o per l'entità del prodotto o del profitto conseguito dal reato, essa appare inadeguata anche se applicata nel massimo.

2 *bis*. Nel caso di operazioni relative agli strumenti finanziari di cui all'articolo 180, comma 1, lettera *a*), numero 2), la sanzione penale è quella dell'ammenda fino a euro centotremila e duecentonovantuno e dell'arresto fino a tre anni ([2]).

([1]) *A norma dell'art. 39, comma 1, della L. 28 dicembre 2005, n. 262, le pene previste da questo provvedimento, sono raddoppiate entro i limiti posti per ciascun tipo di pena dal libro I, titolo II, capo II, del codice penale. Inoltre, ai sensi dell'art. 39, comma 3, della citata legge n. 262/2005, le sanzioni amministrative finanziarie che non sono state modificate dalla medesima legge, sono quintuplicate.*

([2]) *Questo comma è stato inserito dall'art. 1, comma 18, del D.L.vo 17 luglio 2009, n. 101.*

186. Pene accessorie. – 1. La condanna per taluno dei delitti previsti dal presente capo importa l'applicazione delle pene accessorie previste dagli articoli 28, 30, 32 *bis* e 32 *ter* del codice penale per una durata non inferiore a sei mesi e non superiore a due anni, nonché la pubblicazione della sentenza su almeno due quotidiani, di cui uno economico, a diffusione nazionale.

187. Confisca. – 1. Fuori dai casi previsti dall'articolo 2638 del codice civile, è punito ai sensi del presente articolo chiunque non ottempera nei termini alle richieste della Banca d'Italia e della Consob, ovvero non coopera con le medesime autorità al fine dell'espletamento delle relative funzioni di vigilanza, ovvero ritarda l'esercizio delle stesse ([1]).

1 *bis*. Se la violazione è commessa da una persona fisica, si applica nei confronti di quest'ultima la sanzione amministrativa pecuniaria da euro diecimila fino a euro cinque milioni ([2]).

1 *ter*. Se la violazione è commessa da una società o un ente, si applica nei confronti di questi ultimi la sanzione amministrativa pecuniaria da euro diecimila fino a euro cinque milioni, ovvero fino al dieci per cento del fatturato, quando tale importo è superiore a euro cinque milioni e il fatturato è determinabile ai sensi dell'articolo 195, comma 1 *bis*. Fermo restando quanto previsto per le società e gli enti nei confronti dei quali sono accertate le violazioni, si applica la sanzione amministrativa pecuniaria prevista dal comma 1 *bis* nei confronti degli esponenti aziendali e del personale della società o dell'ente nei casi previsti dall'articolo 190 *bis*, comma 1, lettera *a*) ([2]).

1 *quater*. Se il vantaggio ottenuto dall'autore della violazione come conseguenza della violazione stessa è superiore ai limiti massimi indicati nel presente articolo, la sanzione amministrativa pecuniaria è elevata fino al doppio dell'ammontare del vantaggio ottenuto, purché tale ammontare sia determinabile ([2]).

2. Qualora non sia possibile eseguire la confisca a norma del comma 1, la stessa può avere ad oggetto una somma di denaro o beni di valore equivalente.

3. Per quanto non stabilito nei commi 1 e 2 si applicano le disposizioni dell'articolo 240 del codice penale.

([1]) *Questo comma è stato così sostituito dall'attuale, dall'art. 5, comma 3, lett.* a), *del D.L.vo 3 agosto 2017, n. 129. A norma dell'art. 10, comma 2, del medesimo decreto, tali disposizioni si applicano dal 3 gennaio 2018. Fino a tale data si applicano le disposizioni nel testo previgente che si riporta:*

«1. In caso di condanna per uno dei reati previsti dal presente capo è disposta la confisca del prodotto o del profitto conseguito dal reato e dei beni utilizzati per commetterlo.».

([2]) *Questo comma è stato aggiunto dall'art. 5, comma 3, lett.* b), *del D.L.vo 3 agosto 2017, n. 129. A norma dell'art. 10, comma 2, del medesimo decreto, tali disposizioni si applicano dal 3 gennaio 2018.*

Capo III
Sanzioni amministrative

187 *bis*. ([1]) **Abuso di informazioni privilegiate.** – 1. Salve le sanzioni penali quando il fatto costituisce reato, è punito con la sanzione amministrativa pecuniaria da euro ventimila a euro tre milioni chiunque, essendo in possesso di informazioni privilegiate in ragione della sua qualità di membro di organi di amministrazione, direzione o controllo dell'emittente, della partecipazione al capitale dell'emittente, ovvero dell'esercizio di un'attività lavorativa, di una professione o di una funzione, anche pubblica, o di un ufficio:

a) acquista, vende o compie altre operazioni, direttamente o indirettamente, per conto proprio o per conto di terzi su strumenti finanziari utilizzando le informazioni medesime;

b) comunica informazioni ad altri, al di fuori del normale esercizio del lavoro, della professione, della funzione o dell'ufficio;

c) raccomanda o induce altri, sulla base di esse, al compimento di taluna delle operazioni indicate nella lettera *a*).

2. La stessa sanzione di cui al comma 1 si applica a chiunque essendo in possesso di informazioni privilegiate a motivo della preparazione o esecuzione di attività delittuose compie taluna delle azioni di cui al medesimo comma 1.

3. Ai fini del presente articolo per strumenti finanziari si intendono anche gli strumenti finanziari di cui all'articolo 1, comma 2, il cui valore dipende da uno strumento finanziario di cui all'articolo 180, comma 1, lettera *a*).

4. La sanzione prevista al comma 1 si applica anche a chiunque, in possesso di informazioni privilegiate, conoscendo o potendo conoscere in base ad ordinaria diligenza il carattere privilegiato delle stesse, compie taluno dei fatti ivi descritti.

5. Le sanzioni amministrative pecuniarie previste dai commi 1, 2 e 4 sono aumentate fino al triplo o fino al maggiore importo di dieci volte il prodotto o il profitto conseguito dall'illecito quando, per le qualità personali del colpevole ovvero per l'entità del prodotto o del profitto conseguito dall'illecito, esse appaiono inadeguate anche se applicate nel massimo.

6. Per le fattispecie previste dal presente articolo il tentativo è equiparato alla consumazione.

([1]) *A norma dell'art. 39, comma 1, della L. 28 dicembre 2005, n. 262, le pene previste da questo provvedimento, sono raddoppiate entro i limiti posti per ciascun tipo di pena dal libro I, titolo II, capo II, del codice penale. Inoltre, ai sensi dell'art. 39, comma 3, della citata legge n. 262/2005, le sanzioni amministrative finanziarie che non sono state modificate dalla medesima legge, sono quintuplicate.*

187 *ter*. ([1]) **Manipolazione del mercato.** – 1. Salve le sanzioni penali quando il fatto costituisce reato, è punito con la sanzione amministrativa pecuniaria da euro ventimila a euro cinque milioni chiunque, tramite mezzi di informazione, compreso INTERNET o ogni altro mezzo, diffonde informazioni, voci o notizie false o fuorvianti che forniscano o siano suscettibili di fornire indicazioni false ovvero fuorvianti in merito agli strumenti finanziari.

2. Per i giornalisti che operano nello svolgimento della loro attività professionale la diffusione delle informazioni va valutata tenendo conto delle norme di autoregolamentazione proprie di detta professione, salvo che tali soggetti traggano, direttamente o indirettamente, un vantaggio o un profitto dalla diffusione delle informazioni.

3. Salve le sanzioni penali quando il fatto costituisce reato, è punito con la sanzione amministrativa pecuniaria di cui al comma 1 chiunque pone in essere:

a) operazioni od ordini di compravendita che forniscano o siano idonei a fornire indicazioni false o fuorvianti in merito all'offerta, alla domanda o al prezzo di strumenti finanziari;

b) operazioni od ordini di compravendita che consentono, tramite l'azione di una o di più persone che agiscono di concerto, di fissare il prezzo di mercato di uno o più strumenti finanziari ad un livello anomalo o artificiale;

c) operazioni od ordini di compravendita che utilizzano artifizi od ogni altro tipo di inganno o di espediente;

d) altri artifizi idonei a fornire indicazioni false o fuorvianti in merito all'offerta, alla domanda o al prezzo di strumenti finanziari.

4. Per gli illeciti indicati al comma 3, lettere *a*) e *b*), non può essere assoggettato a sanzione amministrativa chi dimostri di avere agito per motivi legittimi e in conformità alle prassi di mercato ammesse nel mercato interessato.

5. Le sanzioni amministrative pecuniarie previste dai commi precedenti sono aumentate fino al triplo o fino al maggiore importo di dieci volte il prodotto o il profitto conseguito dall'illecito quando, per le qualità personali del colpevole,

per l'entità del prodotto o del profitto conseguito dall'illecito ovvero per gli effetti prodotti sul mercato, esse appaiono inadeguate anche se applicate nel massimo.

6. Il Ministero dell'economia e delle finanze, sentita la CONSOB ovvero su proposta della medesima, può individuare, con proprio regolamento, in conformità alle disposizioni di attuazione della direttiva 2003/6/CE adottate dalla Commissione europea, secondo la procedura di cui all'articolo 17, paragrafo 2, della stessa direttiva, le fattispecie, anche ulteriori rispetto a quelle previste nei commi precedenti, rilevanti ai fini dell'applicazione del presente articolo.

7. La CONSOB rende noti, con proprie disposizioni, gli elementi e le circostanze da prendere in considerazione per la valutazione dei comportamenti idonei a costituire manipolazioni di mercato, ai sensi della direttiva 2003/6/CE e delle disposizioni di attuazione della stessa.

(1) *A norma dell'art. 39, comma 1, della L. 28 dicembre 2005, n. 262, le pene previste da questo provvedimento, sono raddoppiate entro i limiti posti per ciascun tipo di pena dal libro I, titolo II, capo II, del codice penale. Inoltre, ai sensi dell'art. 39, comma 3, della citata legge n. 262/2005, le sanzioni amministrative finanziarie che non sono state modificate dalla medesima legge, sono quintuplicate.*

187 *quater*. Sanzioni amministrative accessorie. – 1. L'applicazione delle sanzioni amministrative pecuniarie previste dal presente capo importa la perdita temporanea dei requisiti di onorabilità per gli esponenti aziendali ed i partecipanti al capitale dei soggetti abilitati, delle società di gestione del mercato, nonché per i revisori e i consulenti finanziari abilitati all'offerta fuori sede (1) e, per gli esponenti aziendali di società quotate, l'incapacità temporanea ad assumere incarichi di amministrazione, direzione e controllo nell'ambito di società quotate e di società appartenenti al medesimo gruppo di società quotate.

2. La sanzione amministrativa accessoria di cui al comma 1 ha una durata non inferiore a due mesi e non superiore a tre anni.

3. Con il provvedimento di applicazione delle sanzioni amministrative pecuniarie previste dal presente capo la CONSOB, tenuto conto della gravità della violazione e del grado della colpa, può intimare ai soggetti abilitati, alle società di gestione del mercato, agli emittenti quotati e alle società di revisione di non avvalersi, nell'esercizio della propria attività e per un periodo non superiore a tre anni, dell'autore della violazione, e richiedere ai competenti ordini professionali la temporanea sospensione del soggetto iscritto all'ordine dall'esercizio dell'attività professionale.

(1) *A norma dell'art. 1, comma 39, della L. 28 dicembre 2015, n. 208, le parole: «i promotori finanziari» sono state così sostituite dalle attuali: «consulenti finanziari abilitati all'offerta fuori sede».*

187 *quinquies*. Responsabilità dell'ente. – 1. L'ente è responsabile del pagamento di una somma pari all'importo della sanzione amministrativa irrogata per gli illeciti di cui al presente capo commessi nel suo interesse o a suo vantaggio:

a) da persone che rivestono funzioni di rappresentanza, di amministrazione o di direzione dell'ente o di una sua unità organizzativa dotata di autonomia finanziaria o funzionale nonché da persone che esercitano, anche di fatto, la gestione e il controllo dello stesso;

b) da persone sottoposte alla direzione o alla vigilanza di uno dei soggetti di cui alla lettera *a*).

2. Se, in seguito alla commissione degli illeciti di cui al comma 1, il prodotto o il profitto conseguito dall'ente è di rilevante entità, la sanzione è aumentata fino a dieci volte tale prodotto o profitto.

3. L'ente non è responsabile se dimostra che le persone indicate nel comma 1 hanno agito esclusivamente nell'interesse proprio o di terzi.

4. In relazione agli illeciti di cui al comma 1 si applicano, in quanto compatibili, gli articoli 6, 7, 8 e 12 del decreto legislativo 8 giugno 2001, n. 231. Il Ministero della giustizia formula le osservazioni di cui all'articolo 6 del decreto legislativo 8 giugno 2001, n. 231, sentita la CONSOB, con riguardo agli illeciti previsti dal presente titolo.

187 *sexies*. Confisca. – 1. L'applicazione delle sanzioni amministrative pecuniarie previste dal presente capo importa sempre la confisca del prodotto o del profitto dell'illecito e dei beni utilizzati per commetterlo.

2. Qualora non sia possibile eseguire la confisca a norma del comma 1, la stessa può avere ad oggetto somme di denaro, beni o altre utilità di valore equivalente.

3. In nessun caso può essere disposta la confisca di beni che non appartengono ad una delle persone cui è applicata la sanzione amministrativa pecuniaria.

187 *septies*. Procedura sanzionatoria. – 1. Le sanzioni amministrative previste dal presente capo sono applicate dalla Consob con provvedimento motivato, previa contestazione degli addebiti agli interessati, da effettuarsi entro centottanta giorni dall'accertamento ovvero entro trecentosessanta giorni se l'interessato risiede o ha la sede all'estero. I soggetti interessati possono, entro trenta giorni dalla contestazione, presentare deduzioni e chiedere un'audizione personale in sede di istruttoria, cui possono partecipare anche con l'assistenza di un avvocato ([1]).

2. Il procedimento sanzionatorio è retto dai principi del contraddittorio, della conoscenza degli atti istruttori, della verbalizzazione nonché della distinzione tra funzioni istruttorie e funzioni decisorie.

[3. Il provvedimento di applicazione delle sanzioni è pubblicato per estratto nel Bollettino della CONSOB. Avuto riguardo alla natura delle violazioni e degli interessi coinvolti, possono essere stabilite dalla CONSOB modalità ulteriori per dare pubblicità al provvedimento, ponendo le relative spese a carico dell'autore della violazione. La CONSOB, anche dietro richiesta degli interessati, può differire ovvero escludere, in tutto o in parte, la pubblicazione del provvedimento, quando da questa possa derivare grave pregiudizio alla integrità del mercato ovvero questa possa arrecare un danno sproporzionato alle parti coinvolte] ([2]).

4. Avverso il provvedimento che applica la sanzione è ammesso ricorso alla corte d'appello nella cui circoscrizione è la sede legale o la residenza dell'opponente. Se l'opponente non ha la sede legale o la residenza nello Stato, è competente la corte d'appello del luogo in cui è stata commessa la violazione. Quando tali criteri non risultano applicabili, è competente la corte d'appello di Roma. Il ricorso è notificato, a pena di decadenza, all'Autorità che ha emesso il provvedimento nel termine di trenta giorni dalla comunicazione del provvedimento impugnato, ovvero sessanta giorni se il ricorrente risiede all'estero, ed è depositato in cancelleria, unitamente ai documenti offerti in comunicazione, nel termine perentorio di trenta giorni dalla notifica ([3]) ([4]).

5. L'opposizione non sospende l'esecuzione del provvedimento. La corte d'appello, se ricorrono gravi motivi, può disporre la sospensione con ordinanza non impugnabile ([3]) ([5]).

6. Il Presidente della corte d'appello designa il giudice relatore e fissa con decreto l'udienza pubblica per la discussione dell'opposizione. Il decreto è notificato alle parti a cura della cancelleria almeno sessanta giorni prima dell'udienza. L'Autorità deposita memorie e documenti nel termine di dieci giorni prima dell'udienza. Se alla prima udienza l'opponente non si presenta senza addurre alcun legittimo impedimento, il giudice, con ordinanza ricorribile per Cassazione, dichiara il ricorso improcedibile, ponendo a carico dell'opponente le spese del procedimento ([3]) ([6]).

6 *bis*. All'udienza la corte d'appello dispone, anche d'ufficio, i mezzi di prova che ritiene necessari, nonché l'audizione personale delle parti che ne abbiano fatto richiesta. Successivamente le parti procedono alla discussione orale della causa. La sentenza è depositata in cancelleria entro sessanta giorni. Quando almeno una delle parti manifesta l'interesse alla pubblicazione anticipata del dispositivo rispetto alla sentenza, il dispositivo è pubblicato mediante deposito in cancelleria non oltre sette giorni dall'udienza di discussione ([7]).

6 *ter*. Con la sentenza la corte d'appello può rigettare l'opposizione, ponendo a carico dell'opponente le spese del procedimento o accoglierla, annullando in tutto o in parte il provvedimento o riducendo l'ammontare o la durata della sanzione ([7]).

7. Copia della sentenza è trasmessa, a cura della cancelleria della corte d'appello, all'Autorità che ha emesso il provvedimento, anche ai fini della pubblicazione prevista dall'articolo 195 *bis* ([3]) ([8]).

8. Alle sanzioni amministrative pecuniarie previste dal presente capo non si applica l'articolo 16 della legge 24 novembre 1981, n. 689 ([3]).

([1]) *Questo comma è stato così sostituito dall'art. 5, comma 1, lett.* a), *del D.L.vo 12 maggio 2015, n. 72.*

A norma dell'art. 6, comma 2, del medesimo decreto, le modifiche apportate alla parte V di questo decreto, si applicano alle violazioni commesse dopo l'entrata in vigore delle disposizioni adottate dalla Consob e dalla Banca d'Italia secondo le rispettive competenze ai sensi dell'articolo 196 bis *del presente decreto. Alle violazioni commesse prima della data di entrata in vigore delle disposizioni adottate dalla Consob e dalla Banca d'Italia continuano ad applicarsi le norme della parte V del decreto legislativo 24 febbraio 1998, n. 58, vigenti prima della data di entrata in vigore del D.L.vo n. 72/2015.*

Si riporta il testo previgente:

«1. Le sanzioni amministrative previste dal presente capo sono applicate dalla CONSOB con provvedi-

mento motivato, previa contestazione degli addebiti agli interessati, da effettuarsi entro centottanta giorni dall'accertamento ovvero entro trecentosessanta giorni se l'interessato risiede o ha la sede all'estero, e valutate le deduzioni da essi presentate nei successivi trenta giorni. Nello stesso termine gli interessati possono altresì chiedere di essere sentiti personalmente».

(2) *Questo comma è stato abrogato dall'art. 5, comma 1, lett.* b), *del D.L.vo 12 maggio 2015, n. 72.*

A norma dell'art. 6, comma 2, del medesimo decreto, le modifiche apportate alla parte V di questo decreto, si applicano alle violazioni commesse dopo l'entrata in vigore delle disposizioni adottate dalla Consob e dalla Banca d'Italia secondo le rispettive competenze ai sensi dell'articolo 196 bis *del presente decreto. Alle violazioni commesse prima della data di entrata in vigore delle disposizioni adottate dalla Consob e dalla Banca d'Italia continuano ad applicarsi le norme della parte V del decreto legislativo 24 febbraio 1998, n. 58, vigenti prima della data di entrata in vigore del D.L.vo n. 72/2015.*

(3) *Questo comma è stato abrogato dal'art. 4, comma 1, n. 19), dell'Allegato 4 del D.L.vo 2 luglio 2010, n. 104, a decorrere dal 16 settembre 2010. La Corte costituzionale, con sentenza n. 162 del 27 giugno 2012, ha dichiarato l'illegittimità costituzionale dell'art. 4, comma 1, n. 19), del D.L.vo n. 104/2010. A norma dell'art. 3, comma 1, del D.L.vo 14 settembre 2012, n. 160, il numero 19), dell'Allegato 4 del D.L.vo 2 luglio 2010, n. 104 è stato soppresso. La Corte costituzionale, con sentenza n. 50 del 15 aprile 2014, ha dichiarato l'illegittimità costituzionale dell'art. 4, comma 1, n. 19) dell'Allegato 4 del D.L.vo 2 luglio 2010, n. 104, nella parte in cui abroga l'art. 187* septies, *commi da 4 a 8, e l'art. 195, commi da 4 a 8, di questo provvedimento. La Corte costituzionale, con sentenza n. 94 del 15 aprile 2014, ha, altresì, dichiarato l'illegittimità costituzionale dell'art. 4, comma 1, n. 19) dell'Allegato 4 del D.L.vo 2 luglio 2010, n. 104, nella parte in cui abroga l'art. 187* septies, *commi da 4 a 8, e l'art. 195, commi da 4 a 8, di questo provvedimento.*

(4) *Questo comma è stato così sostituito dall'art. 5, comma 1, lett.* c), *del D.L.vo 12 maggio 2015, n. 72.*

A norma dell'art. 6, comma 2, del medesimo decreto, le modifiche apportate alla parte V di questo decreto, si applicano alle violazioni commesse dopo l'entrata in vigore delle disposizioni adottate dalla Consob e dalla Banca d'Italia secondo le rispettive competenze ai sensi dell'articolo 196 bis *del presente decreto. Alle violazioni commesse prima della data di entrata in vigore delle disposizioni adottate dalla Consob e dalla Banca d'Italia continuano ad applicarsi le norme della parte V di questo decreto, vigenti prima della data di entrata in vigore del D.L.vo n. 72/2015.*

A norma dell'art. 6, comma 8, secondo periodo, del medesimo decreto, le modifiche ai commi 4, 5, 6, 6 bis, *6* ter, *7, 8 e 9 del presente articolo, si applicano ai giudizi proposti a decorrere dall'entrata in vigore del presente decreto legislativo.*

In attesa di errata corrige *in* Gazzetta Ufficiale, *si segnala che il comma 8 del presente articolo non è stato soggetto ad alcuna modifica ed il comma 9 non esiste.*

Si riporta il testo previgente:

«4. Avverso il provvedimento di applicazione delle sanzioni previste dal presente capo può proporsi, nel termine di sessanta giorni dalla comunicazione, ricorso in opposizione alla corte d'appello nella cui circoscrizione è la sede legale o la residenza dell'opponente. Se l'opponente non ha la sede legale o la residenza nello Stato, è competente la corte d'appello del luogo in cui è stata commessa la violazione. Quando tali criteri non risultano applicabili, è competente la corte d'appello di Roma. Il ricorso deve essere notificato alla CONSOB e depositato presso la cancelleria della corte d'appello nel termine di trenta giorni dalla notificazione».

(5) *Le parole: «decreto motivato.» sono state così sostituite dalle seguenti: «ordinanza non impugnabile.» dall'art. 5, comma 1, lett.* d), *del D.L.vo 12 maggio 2015, n. 72.*

A norma dell'art. 6, comma 2, del medesimo decreto, le modifiche apportate alla parte V di questo decreto, si applicano alle violazioni commesse dopo l'entrata in vigore delle disposizioni adottate dalla Consob e dalla Banca d'Italia secondo le rispettive competenze ai sensi dell'articolo 196 bis *del presente decreto. Alle violazioni commesse prima della data di entrata in vigore delle disposizioni adottate dalla Consob e dalla Banca d'Italia continuano ad applicarsi le norme della parte V di questo decreto, vigenti prima della data di entrata in vigore del D.L.vo n. 72/2015.*

A norma dell'art. 6, comma 8, secondo periodo, del medesimo decreto, le modifiche ai commi 4, 5, 6, 6 bis, *6* ter, *7, 8 e 9 del presente articolo, si applicano ai giudizi proposti a decorrere dall'entrata in vigore del presente decreto legislativo.*

In attesa di errata corrige *in* Gazzetta Ufficiale, *si segnala che il comma 8 del presente articolo non è stato soggetto ad alcuna modifica ed il comma 9 non esiste.*

(6) *Questo comma è stato così sostituito dall'art. 5, comma 1, lett.* e), *del D.L.vo 12 maggio 2015, n. 72.*

A norma dell'art. 6, comma 2, del medesimo decreto, le modifiche apportate alla parte V di questo decreto, si applicano alle violazioni commesse dopo l'entrata in vigore delle disposizioni adottate dalla Consob e dalla Banca d'Italia secondo le rispettive competenze ai sensi dell'articolo 196 bis *del presente decreto. Alle violazioni commesse prima della data di entrata in vigore delle disposizioni adottate dalla Consob e dalla Banca d'Italia continuano ad applicarsi le norme della parte V di questo decreto, vigenti prima della data di entrata in vigore del D.L.vo n. 72/2015.*

A norma dell'art. 6, comma 8, secondo periodo, del medesimo decreto, le modifiche ai commi 4, 5, 6, 6 bis, *6* ter, *7, 8 e 9 del presente articolo, si applicano ai giudizi proposti a decorrere dall'entrata in vigore del presente decreto legislativo.*

In attesa di errata corrige *in* Gazzetta Ufficiale, *si segnala che il comma 8 del presente articolo non è stato soggetto ad alcuna modifica ed il comma 9 non esiste.*

Si riporta il testo previgente:

«6. Il giudizio di opposizione si svolge nelle forme previste dall'articolo 23 della legge 24 novembre 1981, n. 689, in quanto compatibili».

([7]) Questo comma è stato inserito dall'art. 5, comma 1, lett. f), del D.L.vo 12 maggio 2015, n. 72.

A norma dell'art. 6, comma 2, del medesimo decreto, le modifiche apportate alla parte V di questo decreto, si applicano alle violazioni commesse dopo l'entrata in vigore delle disposizioni adottate dalla Consob e dalla Banca d'Italia secondo le rispettive competenze ai sensi dell'articolo 196 bis *del presente decreto. Alle violazioni commesse prima della data di entrata in vigore delle disposizioni adottate dalla Consob e dalla Banca d'Italia continuano ad applicarsi le norme della parte V di questo decreto, vigenti prima della data di entrata in vigore del D.L.vo n. 72/2015.*

A norma dell'art. 6, comma 8, secondo periodo, del medesimo decreto, le modifiche ai commi 4, 5, 6, 6 bis, *6* ter, *7, 8 e 9 del presente articolo, si applicano ai giudizi proposti a decorrere dall'entrata in vigore del presente decreto legislativo.*

In attesa di errata corrige *in* Gazzetta Ufficiale, *si segnala che il comma 8 del presente articolo non è stato soggetto ad alcuna modifica ed il comma 9 non esiste.*

([8]) Questo comma è stato così sostituito dall'art. 5, comma 1, lett. g), del D.L.vo 12 maggio 2015, n. 72.

A norma dell'art. 6, comma 2, del medesimo decreto, le modifiche apportate alla parte V di questo decreto, si applicano alle violazioni commesse dopo l'entrata in vigore delle disposizioni adottate dalla Consob e dalla Banca d'Italia secondo le rispettive competenze ai sensi dell'articolo 196 bis *del presente decreto. Alle violazioni commesse prima della data di entrata in vigore delle disposizioni adottate dalla Consob e dalla Banca d'Italia continuano ad applicarsi le norme della parte V di questo decreto, vigenti prima della data di entrata in vigore del D.L.vo n. 72/2015.*

A norma dell'art. 6, comma 8, secondo periodo, del medesimo decreto, le modifiche ai commi 4, 5, 6, 6 bis, *6* ter, *7, 8 e 9 del presente articolo, si applicano ai giudizi proposti a decorrere dall'entrata in vigore del presente decreto legislativo.*

In attesa di errata corrige *in* Gazzetta Ufficiale, *si segnala che il comma 8 del presente articolo non è stato soggetto ad alcuna modifica ed il comma 9 non esiste.*

Si riporta il testo previgente:

«7. Copia della sentenza è trasmessa a cura della cancelleria della corte d'appello alla CONSOB ai fini della pubblicazione per estratto nel Bollettino di quest'ultima».

Capo IV
Poteri della CONSOB

187 *octies*. Poteri della CONSOB. – 1. La CONSOB vigila sulla osservanza delle disposizioni di cui al presente titolo e di tutte le altre disposizioni emanate in attuazione della direttiva 2003/6/CE.

2. La CONSOB compie tutti gli atti necessari all'accertamento delle violazioni delle disposizioni di cui al presente titolo, utilizzando i poteri ad essa attribuiti dal presente decreto.

3. La CONSOB può nei confronti di chiunque possa essere informato sui fatti:

a) richiedere notizie, dati o documenti sotto qualsiasi forma stabilendo il termine per la relativa comunicazione;

b) richiedere le registrazioni telefoniche esistenti stabilendo il termine per la relativa comunicazione;

c) procedere ad audizione personale;

d) procedere al sequestro dei beni che possono formare oggetto di confisca ai sensi dell' articolo 187 *sexies*;

e) procedere ad ispezioni;

f) procedere a perquisizioni nei modi previsti dall'articolo 33 del decreto del Presidente della Repubblica 29 settembre 1973, n. 600, e dall'articolo 52 del decreto del Presidente della Repubblica 26 ottobre 1972, n. 633.

4. La CONSOB può altresì:

a) avvalersi della collaborazione delle pubbliche amministrazioni, richiedendo la comunicazione di dati ed informazioni anche in deroga ai divieti di cui all'articolo 25, comma 1, del decreto legislativo 30 giugno 2003, n. 196, ed accedere al sistema informativo dell'anagrafe tributaria secondo le modalità previste dagli articoli 2 e 3, comma 1, del decreto legislativo 12 luglio 1991, n. 212;

b) chiedere l'acquisizione presso il fornitore dei dati relativi al traffico di cui al decreto legislativo 30 giugno 2003, n. 196;

c) richiedere la comunicazione di dati personali anche in deroga ai divieti di cui all'articolo 25, comma 1, del decreto legislativo 30 giugno 2003, n. 196;

d) avvalersi, ove necessario, dei dati contenuti nell'anagrafe dei conti e dei depositi di cui all'articolo 20, comma 4, della legge 30 dicembre 1991, n. 413, secondo le modalità indicate dall'articolo 3, comma 4, lettera *b*), del decreto legge 3 maggio 1991, n. 143, convertito, con modificazioni, dalla legge 5 luglio 1991, n. 197, nonché acquisire anche mediante accesso diretto i dati contenuti nell'archivio indicato all'articolo 13 del decreto legge 15 dicembre 1979, n. 625, convertito, con modificazioni, dalla legge 6 febbraio 1980, n. 15;

e) accedere direttamente, mediante apposita connessione telematica, ai dati contenuti nella Centrale dei rischi della Banca d'Italia, di cui alla deliberazione del Comitato interministeriale per il credito e il risparmio del 29 marzo 1994, pubblicata nella *Gazzetta Ufficiale* n. 91 del 20 aprile 1994;

e bis) avvalersi, ove necessario, anche mediante connessione telematica, dei dati contenuti nell'apposita sezione dell'anagrafe tributaria di cui all'articolo 7, sesto comma, del decreto del Presidente della Repubblica 29 settembre 1973, n. 605 ([1]).

5. I poteri di cui al comma 3, lettere *d*) e *f*), e al comma 4, lettera *b*), sono esercitati previa autorizzazione del procuratore della Repubblica. Detta autorizzazione è necessaria anche in caso di esercizio dei poteri di cui al comma 3, lettere *b*) ed *e*), e al comma 4, lettera *c*), nei confronti di soggetti diversi dai soggetti abilitati, dai soggetti indicati nell'articolo 114, commi 1, 2 e 8, e dagli altri soggetti vigilati ai sensi del presente decreto.

6. Qualora sussistano elementi che facciano presumere l'esistenza di violazioni delle norme del presente titolo, la CONSOB può in via cautelare ordinare di porre termine alle relative condotte.

7. È fatta salva l'applicazione delle disposizioni degli articoli 199, 200, 201, 202 e 203 del codice di procedura penale, in quanto compatibili.

8. Nei casi previsti dai commi 3, lettere *c*), *d*), *e*) e *f*), e 12 viene redatto processo verbale dei dati e delle informazioni acquisite o dei fatti accertati, dei sequestri eseguiti e delle dichiarazioni rese dagli interessati, i quali sono invitati a firmare il processo verbale e hanno diritto di averne copia.

9. Quando si è proceduto a sequestro ai sensi del comma 3, lettera *d*), gli interessati possono proporre opposizione alla CONSOB.

10. Sull'opposizione la decisione è adottata con provvedimento motivato emesso entro il trentesimo giorno successivo alla sua proposizione.

11. I valori sequestrati devono essere restituiti agli aventi diritto quando:

a) è deceduto l'autore della violazione;

b) viene provato che gli aventi diritto sono terzi estranei all'illecito;

c) l'atto di contestazione degli addebiti non è notificato nei termini prescritti dall'articolo 14 della legge 24 novembre 1981, n. 689;

d) la sanzione amministrativa pecuniaria non è stata applicata entro il termine di due anni dall'accertamento della violazione.

12. Nell'esercizio dei poteri previsti dai commi 2, 3 e 4 la CONSOB può avvalersi della Guardia di finanza che esegue gli accertamenti richiesti agendo con i poteri di indagine ad essa attribuiti ai fini dell'accertamento dell'imposta sul valore aggiunto e delle imposte sui redditi.

13. Tutte le notizie, le informazioni e i dati acquisiti dalla Guardia di finanza nell'assolvimento dei compiti previsti dal comma 12 sono coperti dal segreto d'ufficio e vengono, senza indugio, comunicati esclusivamente alla CONSOB.

14. Il provvedimento della CONSOB che infligge la sanzione pecuniaria ha efficacia di titolo esecutivo. Decorso inutilmente il termine fissato per il pagamento, la CONSOB procede alla esazione delle somme dovute in base alle norme previste per la riscossione, mediante ruolo, delle entrate dello Stato, degli enti territoriali, degli enti pubblici e previdenziali.

15. Quando l'autore della violazione esercita un'attività professionale, il provvedimento che infligge la sanzione è trasmesso al competente ordine professionale.

([1]) *Questa lettera è stata aggiunta dall'art. 1, comma 20, del D.L.vo 17 luglio 2009, n. 101.*

187 *novies*. Operazioni sospette. – 1. I soggetti abilitati, gli agenti di cambio iscritti nel ruolo unico nazionale e le società di gestione del mercato devono segnalare senza indugio alla CONSOB le operazioni che, in base a ragionevoli motivi, possono ritenersi configurare una violazione delle disposizioni di cui al presente titolo. La CONSOB stabilisce, con regolamento, le categorie di soggetti tenuti a tale obbligo, gli elementi e le circostanze da prendere in considerazione per la valutazione dei comportamenti idonei a costituire operazioni sospette, nonché le modalità e i termini di tali segnalazioni.

Capo V
Rapporti tra procedimenti

187 *decies*. Rapporti con la magistratura. – 1. Quando ha notizia di uno dei reati previsti dal capo II il pubblico ministero ne informa senza ritardo il Presidente della CONSOB.

2. Il Presidente della CONSOB trasmette al pubblico ministero, con una relazione motivata, la documentazione raccolta nello svolgimento dell'attività di accertamento nel caso in cui emergano elementi che facciano presumere la esistenza di un reato. La trasmissione degli atti al pubblico ministero avviene al più tardi al termine dell'attività di accertamento delle violazioni delle disposizioni di cui al presente titolo, capo III.

3. La CONSOB e l'autorità giudiziaria collaborano tra loro, anche mediante scambio di informazioni, al fine di agevolare l'accertamento delle violazioni di cui al presente titolo anche quando queste non costituiscono reato. A tale fine la CONSOB può utilizzare i documenti, i dati e le notizie acquisiti dalla Guardia di finanza nei modi e con le forme previsti dall'articolo 63, primo comma, del decreto del Presidente della Repubblica 26 ottobre 1972, n. 633, e dall'articolo 33, terzo comma, del decreto del Presidente della Repubblica 29 settembre 1973, n. 600.

187 *undecies*. Facoltà della CONSOB nel procedimento penale. – 1. Nei procedimenti per i reati previsti dagli articoli 184 e 185, la CONSOB esercita i diritti e le facoltà attribuiti dal codice di procedura penale agli enti e alle associazioni rappresentativi di interessi lesi dal reato.

2. La CONSOB può costituirsi parte civile e richiedere, a titolo di riparazione dei danni cagionati dal reato all'integrità del mercato, una somma determinata dal giudice, anche in via equitativa, tenendo comunque conto dell'offensività del fatto, delle qualità personali del colpevole e dell'entità del prodotto o del profitto conseguito dal reato.

187 *duodecies*. Rapporti tra procedimento penale e procedimento amministrativo e di opposizione. – 1. Il procedimento amministrativo di accertamento e il procedimento di opposizione di cui all'articolo 187 *septies* non possono essere sospesi per la pendenza del procedimento penale avente ad oggetto i medesimi fatti o fatti dal cui accertamento dipende la relativa definizione.

187 *terdecies*. Esecuzione delle pene pecuniarie e delle sanzioni pecuniarie nel processo penale. – 1. Quando per lo stesso fatto è stata applicata a carico del reo o dell'ente una sanzione amministrativa pecuniaria ai sensi dell'articolo 187 *septies* (1), la esazione della pena pecuniaria e della sanzione pecuniaria dipendente da reato è limitata alla parte eccedente quella riscossa dall'Autorità amministrativa.

(1) *Le originarie parole*: «*dell'articolo 195*» *sono state così sostituite dalle attuali*: «*dell'articolo 187* septies» *dall'art. 3, comma 19, del D.L.vo 29 dicembre 2006, n. 303.*

187 *quaterdecies*. Procedure consultive. – 1. La CONSOB definisce entro dodici mesi dalla data di entrata in vigore della presente disposizione, con proprio regolamento, le modalità e i tempi delle procedure consultive da attivare, mediante costituzione di un Comitato, con organismi rappresentativi dei consumatori e dei prestatori di servizi finanziari e degli altri soggetti vigilati, in occasione delle modifiche regolamentari in materia di abusi di mercato e in altre materie rientranti nelle proprie competenze istituzionali.

Titolo II
Sanzioni amministrative

187 *quinquiesdecies*. (1) (2) Tutela dell'attività di vigilanza della Banca d'Italia e della CONSOB (3). – 1. Fuori dai casi previsti dall'articolo 2638 del codice civile, è punito ai sensi del presente articolo chiunque non ottempera nei termini alle richieste della Banca d'Italia e della Consob, ovvero non coopera con le medesime autorità al fine dell'espletamento delle relative funzioni di vigilanza, ovvero ritarda l'esercizio delle stesse (4).

1 *bis*. Se la violazione è commessa da una persona fisica, si applica nei confronti di quest'ultima la sanzione amministrativa pecuniaria da euro diecimila fino a euro cinque milioni (5).

1 *ter*. Se la violazione è commessa da una società o un ente, si applica nei confronti di questi ultimi la sanzione amministrativa pecuniaria da euro diecimila fino a euro cinque milioni, ovvero fino al dieci per cento del fatturato, quando tale importo è superiore a euro cinque milioni e il fatturato è determinabile ai sensi dell'articolo 195, comma 1 *bis*. Fermo restando quanto previsto per le società e gli enti nei confronti dei quali sono accertate le violazioni, si applica la sanzione amministrativa pecuniaria prevista dal comma 1 *bis* nei

confronti degli esponenti aziendali e del personale della società o dell'ente nei casi previsti dall'articolo 190 *bis*, comma 1, lettera *a*) (5).

1 *quater*. Se il vantaggio ottenuto dall'autore della violazione come conseguenza della violazione stessa è superiore ai limiti massimi indicati nel presente articolo, la sanzione amministrativa pecuniaria è elevata fino al doppio dell'ammontare del vantaggio ottenuto, purché tale ammontare sia determinabile (5).

(1) *Questo articolo è stato inserito dall'art. 9, comma 2, lett.* b), *della L. 18 aprile 2005, n. 62.*

(2) *A norma dell'art. 39, comma 1, della L. 28 dicembre 2005, n. 262, le pene previste dal presente Testo unico sono raddoppiate entro i limiti posti per ciascun tipo di pena dal libro I, titolo II, capo II, del codice penale. Inoltre, ai sensi dell'art. 39, comma 3, della citata legge n. 262/2005, le sanzioni amministrative finanziarie che non sono state modificate dalla medesima legge, sono quintuplicate.*

(3) *La precedente rubrica*: «Tutela dell'attività di vigilanza della CONSOB» *è stata così sostituita dall'attuale dall'art. 24, comma 1, lett.* c), *n. 1), del D.L. 18 ottobre 2012, n. 179, convertito, con modificazioni, nella L. 17 dicembre 2012, n. 221.*

(4) *Questo comma è stato così sostituito dall'art. 5, comma 3, lett.* a), *del D.L.vo 3 agosto 2017, n. 129. A norma dell'art. 10, comma 2, del medesimo decreto, tali disposizioni si applicano dal 3 gennaio 2018. Fino a tale data si applicano le disposizioni nel testo previgente che si riporta*:

«1. Fuori dai casi previsti dall'articolo 2638 del codice civile, chiunque non ottempera nei termini alle richieste della Banca d'Italia e della CONSOB ovvero ritarda l'esercizio delle sue funzioni è punito con la sanzione amministrativa pecuniaria da euro diecimila ad euro duecentomila».

(5) *Questo comma è stato aggiunto dall'art. 5, comma 3, lett.* b), *del D.L.vo 3 agosto 2017, n. 129. A norma dell'art. 10, comma 2, del medesimo decreto, tali disposizioni si applicano dal 3 gennaio 2018.*

188. (1) **Abuso di denominazione.** – 1. L'uso, nella denominazione o in qualsivoglia segno distintivo o comunicazione rivolta al pubblico, delle parole: "Sim" o "società di intermediazione mobiliare" o "impresa di investimento"; "Sgr" o "società di gestione del risparmio"; "Sicav" o "società di investimento a capitale variabile"; "Sicaf" o "società di investimento a capitale fisso"; "EuVECA" o "fondo europeo per il venture capital"; "EuSEF" o "fondo europeo per l'imprenditoria sociale"; "APA" o "dispositivo di pubblicazione autorizzato"; "CTP" o "fornitore di un sistema consolidato di pubblicazione"; "ARM" o "meccanismo di segnalazione autorizzato"; "mercato regolamentato"; "mercato di crescita per le PMI"; ovvero di altre parole o locuzioni, anche in lingua straniera, idonee a trarre in inganno sulla legittimazione allo svolgimento dei servizi o delle attività di investimento o del servizio di gestione collettiva del risparmio o dei servizi di comunicazione dati o dell'attività di gestione di mercati regolamentati è vietato a soggetti diversi, rispettivamente, dalle imprese di investimento, dalle società di gestione del risparmio, dalle Sicav, dalle Sicaf, dai soggetti abilitati a tenore dei regolamenti (UE) n. 345/2013, relativo ai fondi europei per il venture capital (EuVECA), e n. 346/2013, relativo ai fondi europei per l'imprenditoria sociale (EuSEF), dai fornitori autorizzati allo svolgimento dei servizi di comunicazione dati, dai mercati regolamentati e dai sistemi registrati come un mercato di crescita per le PMI, ai sensi del presente decreto. Chiunque contravviene al divieto previsto dal presente articolo è punito con la sanzione amministrativa pecuniaria da euro cinquemila fino a euro cinque milioni. Se la violazione è commessa da una società o un ente, è applicata la sanzione amministrativa pecuniaria da euro trentamila fino a euro cinque milioni, ovvero fino al dieci per cento del fatturato, quando tale importo è superiore a euro cinque milioni e il fatturato è determinabile ai sensi dell'articolo 195, comma 1 *bis*.

2. Si applica l'articolo 187 *quinquiesdecies*, comma 1 *quater*.

(1) *Questo articolo è stato così sostituito dall'art. 5, comma 4, del D.L.vo 3 agosto 2017, n. 129. A norma dell'art. 10, comma 2, del medesimo decreto, tali disposizioni si applicano dal 3 gennaio 2018. Fino a tale data si applicano le disposizioni nel testo previgente che si riporta*:

«Art. 188 (Abuso di denominazione) - *1. L'uso, nella denominazione o in qualsivoglia segno distintivo o comunicazione rivolta al pubblico, delle parole: "Sim" o "società di intermediazione mobiliare" o "impresa di investimento"; "Sgr" o "società di gestione del risparmio"; "Sicav" o "società di investimento a capitale variabile"; "Sicaf" o "società di investimento a capitale fisso"; "EuVECA" o "fondo europeo per il venture capital"; "EuSEF" o "fondo europeo per l'imprenditoria sociale"; ovvero di altre parole o locuzioni, anche in lingua straniera, idonee a trarre in inganno sulla legittimazione allo svolgimento dei servizi o delle attività di investimento o del servizio di gestione collettiva del risparmio è vietato a soggetti diversi, rispettivamente, dalle imprese di investimento, dalle società di gestione del risparmio, dalle Sicav, dalle Sicaf, dai soggetti abilitati a tenore dei regolamenti (UE) n. 345/2013, relati-*

vo ai fondi europei per il venture capital (EuVECA), e n. 346/2013, relativo ai fondi europei per l'imprenditoria sociale (EuSEF). Chiunque contravviene al divieto previsto dal presente articolo è punito con la sanzione amministrativa pecuniaria da euro cinquemila a cinque milioni di euro. Se la violazione è commessa da una società o un ente, è applicata la sanzione amministrativa pecuniaria da euro trentamila fino a cinque milioni di euro, ovvero al dieci per cento del fatturato, quando tale importo è superiore a cinque milioni di euro e il fatturato è disponibile e determinabile.

2. Alla sanzione amministrativa pecuniaria prevista dal presente articolo non si applicano gli 6, 10, 11 e 16 della legge 24 novembre 1981, n. 689.

2 bis. *Se il vantaggio ottenuto dall'autore della violazione come conseguenza della violazione stessa è superiore ai limiti massimi indicati nel presente articolo, la sanzione amministrativa pecuniaria è elevata fino al doppio dell'ammontare del vantaggio ottenuto, purchè tale ammontare sia determinabile».*

189. ([1]) **Partecipazioni al capitale.** – 1. La violazione degli obblighi di comunicazione previsti dagli articoli 15, commi 1 e 3, 64 *bis*, comma 2, e delle relative disposizioni attuative, e di quelli richiesti ai sensi dell'articolo 17, nonché di quelli previsti dall'articolo 31, paragrafo 2, del regolamento (UE) n. 648/2012 e dall'articolo 27, paragrafo 7, secondo periodo, del regolamento (UE) n. 909/2014, è punita con la sanzione amministrativa pecuniaria da euro cinquemila fino a euro cinque milioni. Se la violazione è commessa da una società o un ente, è applicata la sanzione amministrativa pecuniaria da euro trentamila fino a euro cinque milioni, ovvero fino al dieci per cento del fatturato, quando tale importo è superiore a euro cinque milioni e il fatturato è determinabile ai sensi dell'articolo 195, comma 1 *bis*.

2. La stessa sanzione si applica in caso di violazione dei divieti di esercizio dei diritti e in caso di inadempimento degli obblighi di alienazione previsti dagli articoli 14, commi 4 e 7; 16, commi 1, 2 e 4; 64 *bis*, comma 5; 79 *sexies*, comma 9; e 79 *noviesdecies*, comma 1.

3. Si applica l'articolo 187 *quinquiesdecies*, comma 1 *quater*.

([1]) *Questo articolo è stato così sostituito dall'art. 5, comma 5, del D.L.vo 3 agosto 2017, n. 129. A norma dell'art. 10, comma 2, del medesimo decreto, tali disposizioni si applicano dal 3 gennaio 2018. Fino a tale data si applicano le disposizioni nel testo previgente che si riporta:*

«Art. 189 (Partecipazioni al capitale) *- 1. L'omissione delle comunicazioni previste dagli articoli 15, commi 1 e 3, 61, comma 6,* [*e 80, comma 7,*] *e di quelle richieste ai sensi dell'articolo 17, nonché la violazione degli obblighi di comunicazione previsti dall'articolo 31, paragrafo 2, del regolamento (UE) n. 648/2012 e dall'articolo 27, paragrafo 7, secondo periodo, del regolamento (UE) n. 909/2014, è punita con la sanzione amministrativa pecuniaria da euro cinquemila a cinque milioni di euro. Se la violazione è commessa da una società o un ente, è applicata la sanzione amministrativa pecuniaria da euro trentamila fino a cinque milioni di euro, ovvero al dieci per cento del fatturato, quando tale importo è superiore a cinque milioni di euro e il fatturato è disponibile e determinabile.*

2. La stessa sanzione si applica in caso di violazione dei divieti di esercizio dei diritti ed in caso di inadempimento degli obblighi di alienazione previsti dagli articoli 14, commi 4 e 7, 16, commi 1, 2 e 4, 61, comma 7, 79 sexies, *comma 9, e 79* noviesdecies, *comma 1* [*e 80, comma 8*].

2 bis. *Si applica l'articolo 188, commi 2 e 2* bis».

190. ([1]) **Sanzioni amministrative pecuniarie in tema di disciplina degli intermediari** ([2]). – 1. Salvo che il fatto costituisca reato ai sensi dell'articolo 166, nei confronti dei soggetti abilitati, dei depositari e dei soggetti ai quali sono state esternalizzate funzioni operative essenziali o importanti si applica la sanzione amministrativa pecuniaria da euro trentamila fino a euro cinque milioni, ovvero fino al dieci per cento del fatturato, quando tale importo è superiore a euro cinque milioni e il fatturato è determinabile ai sensi dell'articolo 195, comma 1 *bis*, per la mancata osservanza degli articoli 6; 6 *bis*; 6 *ter*; 7, commi 2, 2 *bis*, 2 *ter*, 3 e 3 *bis*; 7 *bis*, comma 5; 7 *ter*; 9; 12; 13, comma 3; 21; 22; 23, commi 1 e 4 *bis*; 24, commi 1 e 1 *bis*; 24 *bis*; 25; 25 *bis*; 25 *ter*, commi 1 e 2; 26, commi 1, 3 e 4; 27, commi 1 e 3; 28, comma 4; 29; 29 *bis*, comma 1; 29 *ter*, comma 4; 30, comma 5; 31, commi 1, 2, 2 *bis*, 3 *bis*, 5, 6 e 7; 32, comma 2; 33, comma 4; 35 *bis*, comma 6; 35 *novies*; 35 *decies*; 36, commi 2, 3 e 4; 37, commi 1, 2 e 3; 39; 40, commi 2, 4 e 5; 40 *bis*, comma 4; 40 *ter*, comma 4; 41, commi 2, 3 e 4; 41 *bis*; 41 *ter*; 41 *quater*; 42, commi 1, 3 e 4; 43, commi 2, 3, 4, 7, 8 e 9; 44, commi 1, 2, 3 e 5; 45; 46, commi 1, 3 e 4; 47; 48; 49, commi 3 e 4; 55 *ter*;55 *quater*; 55 *quinquies*; ovvero delle disposizioni generali o particolari emanate in base ai medesimi articoli ([3]).

1 *bis*.1. Chiunque eserciti l'attività di gestore di portale in assenza dell'iscrizione nel registro previsto dall'articolo 50 *quinquies* è punito con la sanzione amministrativa pecuniaria da euro cinquemila fino a euro cinque milioni. Se la violazione è commessa da una società o un ente, si applica nei confronti di questi ultimi la sanzione ammini-

strativa pecuniaria da euro trentamila fino a euro cinque milioni, ovvero fino al dieci per cento del fatturato, quando tale importo è superiore a euro cinque milioni e il fatturato è determinabile ai sensi dell'articolo 195, comma 1 *bis* ([4]).

[1 *bis*. Nelle materie a cui si riferiscono le disposizioni richiamate al comma 1, le sanzioni ivi previste si applicano anche in caso di inosservanza delle norme tecniche di regolamentazione e di attuazione emanate dalla Commissione europea ai sensi degli articoli 10 e 15 del regolamento UE n. 1095/2010, ovvero in caso di inosservanza degli atti dell'AESFEM direttamente applicabili ai soggetti vigilati adottati ai sensi di quest'ultimo regolamento] ([5]).

2. La stessa sanzione prevista dal comma 1 si applica:

a) alle banche non autorizzate alla prestazione di servizi o di attività di investimento, nel caso in cui non osservino le disposizioni dell'articolo 25 *bis* e di quelle emanate in base ad esse;

b) alle imprese di assicurazione, nel caso in cui non osservino le disposizioni previste dall'articolo 25 *ter*, commi 1 e 2, e quelle emanate in base ad esse;

c) ai depositari centrali che prestano servizi o attività di investimento per la violazione delle disposizioni del presente decreto richiamate dall'articolo 79 *noviesdecies*.1 ([6]).

2 *bis*. La medesima sanzione prevista dal comma 1 si applica:

a) ai gestori dei fondi europei per il venture capital (EuVECA), in caso di violazione delle disposizioni previste dagli articoli 2, 5, 6, 7, 8, 9, 10, 11, 12 e 13 del regolamento (UE) n. 345/2013 e delle relative disposizioni attuative;

b) ai gestori dei fondi europei per l'imprenditoria sociale (EuSEF), in caso di violazione delle disposizioni previste dagli articoli 2, 5, 6, 7, 8, 9, 10, 11, 12, 13, 14 del regolamento (UE) n. 346/2013 e delle relative disposizioni attuative ([7]).

b bis) ai gestori e ai depositari di FIA, in caso di violazione delle disposizioni del regolamento delegato (UE) n. 231/2013 della Commissione e delle relative disposizioni attuative ([8]);

b ter) ai gestori e ai depositari di OICVM, in caso di violazione delle disposizioni del regolamento delegato (UE) n. 438/2016 della Commissione e delle relative disposizioni attuative ([8]).

[2 *ter*. Si applica la sanzione amministrativa pecuniaria da euro duemilacinquecento a euro centocinquantamila:

a) nei confronti di Sim, imprese di investimento comunitarie con succursale in Italia, imprese di investimento extracomunitarie, intermediari finanziari iscritti nell'elenco previsto dall'articolo 106 del TUB, banche italiane, banche comunitarie con succursale in Italia e banche extracomunitarie autorizzate all'esercizio dei servizi o delle attività di investimento, nonché nei confronti dei soggetti che svolgono funzioni di amministrazione o di direzione delle controparti centrali, in caso di violazione delle disposizioni previste dagli articoli 4, paragrafo 1, comma 1, e 5 *bis* del regolamento (CE) n. 1060/2009 del Parlamento europeo e del Consiglio, del 16 settembre 2009, relativo alle agenzie di rating del credito, e delle relative disposizioni attuative;

b) nei confronti dei gestori in caso di violazione dell'articolo 35 *duodecies* e dell'articolo 4, paragrafo 1, comma 1, del regolamento di cui alla lettera *a*), e delle relative disposizioni attuative] ([9]).

3. Si applica l'articolo 187 *quinquiesdecies*, comma 1 *quater* ([10]) ([11]).

[3 *bis*. I soggetti che svolgono funzioni di amministrazione, direzione o controllo nei soggetti abilitati, i quali non osservano le disposizioni previste dall'articolo 6, comma 2 *bis*, ovvero le disposizioni generali o particolari emanate in base al medesimo comma dalla Banca d'Italia, sono puniti con la sanzione amministrativa pecuniaria da cinquantamila euro a cinquecentomila euro] ([12]).

[4. Salvo quanto previsto dall'articolo 194 *quinquies*, alle sanzioni amministrative pecuniarie previste dal presente articolo non si applicano gli articoli 6, 10, 11 e 16 della legge 24 novembre 1981, n. 689] ([13]).

([1]) *A norma dell'art. 6, comma 4, del D.L.vo 12 maggio 2015, n. 72, nel rispetto di quanto previsto dal comma 2 del medesimo articolo, dalla data di entrata in vigore del suddetto decreto legislativo, ogni riferimento all'articolo 190 del presente decreto, in vigore a tale data, si intende effettuato agli articoli 190, 190* bis *e 190* ter *del presente decreto, come modificato dal D.L.vo n. 72/2015.*

([2]) *Questa rubrica, già sostituita dall'art. 4, comma 1, lett.* a)*, del D.L.vo 27 gennaio 2010, n. 27, è stata, da ultimo, così sostituita dall'attuale, dall'art. 5, comma 6, lett.* a)*, del D.L.vo 3 agosto 2017, n. 129. A norma dell'art. 10, comma 2, del medesimo decreto, tali disposizioni si applicano dal 3 gennaio 2018. Fino a tale data si applicano le disposizioni nel testo previgente che si riporta:*

«Altre sanzioni amministrative pecuniarie in tema di disciplina degli intermediari e dei mercati».

(3) *Questo comma è stato, da ultimo, così sostituito dall'attuale, dall'art. 5, comma 6, lett.* b), *del D.L.vo 3 agosto 2017, n. 129. A norma dell'art. 10, comma 2, del medesimo decreto, tali disposizioni si applicano dal 3 gennaio 2018. Fino a tale data si applicano le disposizioni nel testo previgente che si riporta:*

«1. Nei confronti dei soggetti abilitati, dei depositari e dei soggetti ai quali sono state esternalizzate funzioni operative essenziali o importanti si applica la sanzione amministrativa pecuniaria da euro trentamila fino a cinque milioni di euro, ovvero al dieci per cento del fatturato, quando tale importo è superiore a cinque milioni di euro e il fatturato è disponibile e determinabile, per la mancata osservanza degli articoli 6, 7, commi 2, 2 bis *e 3, 8, commi 1 e 1* ter*; 9, 10, 12, 13, comma 3, 21, 22, 24, comma 1, 25, 25* bis*, commi 1 e 2, 27, commi 3 e 4, 28, comma 3, 30, commi 3, 4 e 5, 31, commi 1, 2, 5, 6 e 7, 32, comma 2, 33, comma 4, 35* bis*, comma 6, 35* novies*, 35* decies*, 36, commi 2, 3 e 4, 37, commi 1, 2 e 3, 39, 40, commi 2, 4 e 5, 40* bis*, comma 4, 40* ter*, comma 4, 41, commi 2, 3 e 4, 41* bis*; 41* ter*, 41* quater*; 42, commi 1, 3 e 4, 43, commi 2, 3, 4, 7, 8 e 9, 44, commi 1, 2, 3 e 5, 45, 46, commi 1, 3 e 4, 47, 48, 49, commi 3 e 4, 55* ter*, 55* quater*, 55* quinquies*, 65, 79* bis*, 187* novies*, ovvero le disposizioni generali o particolari emanate dalla Banca d'Italia o dalla Consob in base ai medesimi articoli. La stessa sanzione si applica nei confronti di società o enti in caso inosservanza delle disposizioni dell'articolo 18, comma 2, [e dell'articolo 32 quater, commi 1 e 3,] ovvero in caso di esercizio dell'attività di gestore di portale in assenza dell'iscrizione nel registro di cui all'articolo 50* quinquies*».*

(4) *Questo comma è stato inserito dall'art. 5, comma 6, lett.* c), *del D.L.vo 3 agosto 2017, n. 129. A norma dell'art. 10, comma 2, del medesimo decreto, tali disposizioni si applicano dal 3 gennaio 2018.*

(5) *Questo comma è stato inserito dall'art. 7, comma 2, lett.* b), *del D.L.vo 4 marzo 2014, n. 44 e successivamente abrogato dall'art. 5, comma 4, lett.* b), *del D.L.vo 12 maggio 2015, n. 72.*

A norma dell'art. 6, comma 2, del medesimo decreto, le modifiche apportate alla parte V di questo decreto, si applicano alle violazioni commesse dopo l'entrata in vigore delle disposizioni adottate dalla Consob e dalla Banca d'Italia secondo le rispettive competenze ai sensi dell'articolo 196 bis *del presente decreto. Alle violazioni commesse prima della data di entrata in vigore delle disposizioni adottate dalla Consob e dalla Banca d'Italia continuano ad applicarsi le norme della parte V di questo decreto, vigenti prima della data di entrata in vigore del D.L.vo n. 72/2015.*

(6) *Questo comma è stato così sostituito dall'attuale, dall'art. 5, comma 6, lett.* d), *del D.L.vo 3 agosto 2017, n. 129. A norma dell'art. 10, comma 2, del medesimo decreto, tali disposizioni si applicano dal 3 gennaio 2018. Fino a tale data si applicano le disposizioni nel testo previgente che si riporta:*

«2. La stessa sanzione prevista dal comma 1 si applica:

a) *alle società di gestione del mercato, nel caso di inosservanza delle disposizioni previste dal capo I del titolo I della parte III e di quelle emanate in base ad esse;*

b) *alle società di gestione accentrata, nel caso di inosservanza delle disposizioni previste dal titolo II della parte III e di quelle emanate in base ad esse;*

c) *agli intermediari indicati nell'articolo 79* quater *per inosservanza delle disposizioni di cui all'articolo 83* novies*, comma 1, lettere* c), d), e) *ed* f), *83* duodecies*, e di quelle emanate in base ad esse;*

d) *agli organizzatori e agli operatori dei sistemi di scambi di fondi interbancari, ai soggetti che gestiscono sistemi multilaterali di negoziazione ed agli internalizzatori sistematici, nel caso di inosservanza delle disposizioni previste dai capi II e II* bis *del titolo I della parte III e di quelle emanate in base ad esse;*

e) *ai gestori dei sistemi indicati negli articoli 68 e 69, comma 2, alla società indicata nell'articolo 69, comma 1, nel caso di inosservanza delle disposizioni previste dagli articoli 68, 69, 70* bis *e 77, comma 1, e di quelle applicative delle medesime;*

f) *alle imprese di assicurazione, nel caso in cui non osservino le disposizioni previste dall'articolo 25* bis*, commi 1 e 2, e quelle emanate in base ad esse;*

g) *agli operatori ammessi alle negoziazioni nei mercati regolamentati in caso di inosservanza delle disposizioni previste dall'articolo 25, comma 3;*

h) *agli emittenti azioni in caso di inosservanza di quanto previsto dall'articolo 83* undecies*, comma 1».*

(7) *Questo comma è stato inserito dall'art. 7, comma 2, lett.* c), *del D.L.vo 4 marzo 2014, n. 44 e successivamente sostituito dall'art. 5, comma 4, lett.* d), *del D.L.vo 12 maggio 2015, n. 72.*

A norma dell'art. 6, comma 2, del medesimo decreto, le modifiche apportate alla parte V di questo decreto, si applicano alle violazioni commesse dopo l'entrata in vigore delle disposizioni adottate dalla Consob e dalla Banca d'Italia secondo le rispettive competenze ai sensi dell'articolo 196 bis *del presente decreto. Alle violazioni commesse prima della data di entrata in vigore delle disposizioni adottate dalla Consob e dalla Banca d'Italia continuano ad applicarsi le norme della parte V di questo decreto, vigenti prima della data di entrata in vigore del D.L.vo n. 72/2015.*

Si riporta il testo previgente:

«2 bis. La medesima sanzione prevista dal comma 1 si applica ai soggetti che svolgono funzioni di amministrazione o di direzione e ai dipendenti:

a) *dei gestori dei fondi europei per il venture capital (EuVECA), in caso di violazione delle disposizioni previste dagli articoli 2, 5, 6, 7, 8, 9, 10, 11, 12 e 13 del regolamento (UE) n. 345/2013 e delle relative disposizioni attuative;*

b) *dei gestori dei fondi europei per l'imprenditoria sociale (EuSEF), in caso di violazione delle disposizio-*

ni previste dagli articoli 2, 5, 6, 7, 8, 9, 10, 11, 12, 13, 14, del regolamento (UE) n. 346/2013 e delle relative disposizioni attuative».

([8]) *Questa lettera è stata aggiunta dall'art. 1, comma 1, lett.* f), *n.* 3), *del D.L.vo 18 aprile 2016, n. 71, a decorrere dal 4 giugno 2016.*

([9]) *Questo comma, inserito dall'art. 1, comma 4, del D.L.vo 7 maggio 2015, n. 66 è stato abrogato dall'art. 5, comma 6, lett.* e), *del D.L.vo 3 agosto 2017, n. 129. A norma dell'art. 10, comma 2, del medesimo decreto, tali disposizioni si applicano dal 3 gennaio 2018.*

([10]) *Le parole: «188, comma 2 bis» sono state così sostituite dalle attuali: «187 quinquiesdecies, comma 1* quater.» *dall'art. 5, comma 6, lett.* f), *del D.L.vo 3 agosto 2017, n. 129. A norma dell'art. 10, comma 2, del medesimo decreto, tali disposizioni si applicano dal 3 gennaio 2018.*

([11]) *Questo comma è stato così sostituito dall'art. 5, comma 4, lett.* e), *del D.L.vo 12 maggio 2015, n. 72.*

A norma dell'art. 6, comma 2, del medesimo decreto, le modifiche apportate alla parte V di questo decreto, si applicano alle violazioni commesse dopo l'entrata in vigore delle disposizioni adottate dalla Consob e dalla Banca d'Italia secondo le rispettive competenze ai sensi dell'articolo 196 bis *del presente decreto. Alle violazioni commesse prima della data di entrata in vigore delle disposizioni adottate dalla Consob e dalla Banca d'Italia continuano ad applicarsi le norme della parte V di questo decreto, vigenti prima della data di entrata in vigore del D.L.vo n. 72/2015.*

Si riporta il testo previgente:

«3. Le sanzioni previste dai commi 1, 2 e 2 bis *si applicano anche ai soggetti che svolgono funzioni di controllo nelle società o negli enti ivi indicati, i quali abbiano violato le disposizioni indicate nei medesimi commi o non abbiano vigilato, in conformità dei doveri inerenti al loro ufficio, affinché le disposizioni stesse non fossero da altri violate. La stessa sanzione si applica nel caso di violazione delle disposizioni previste dall'articolo 8, commi da 2 a 6».*

([12]) *Questo comma è stato inserito dall'art. 10, comma 1, lett.* b), *della L. 28 dicembre 2005, n. 262 e poi abrogato dall'art. 10, comma 6, della L. 6 febbraio 2007, n. 13.*

([13]) *Questo comma è stato abrogato dall'art. 5, comma 6, lett.* g), *del D.L.vo 3 agosto 2017, n. 129. A norma dell'art. 10, comma 2, del medesimo decreto, tali disposizioni si applicano dal 3 gennaio 2018.*

190.1. ([1]) **Sanzioni amministrative pecuniarie in tema di disciplina della gestione accentrata di strumenti finanziari.** – 1. Nei confronti dei depositari centrali di titoli, nel caso di inosservanza delle disposizioni previste dal Capo IV del titolo II *bis* della parte III e di quelle emanate dalla Consob, d'intesa o sentita la Banca d'Italia, ai sensi dell'articolo 82, si applica la sanzione amministrativa pecuniaria da euro trentamila fino a euro cinque milioni, ovvero fino al dieci per cento del fatturato, quando tale importo è superiore a euro cinque milioni e il fatturato è determinabile ai sensi dell'articolo 195, comma 1 *bis* ([2]).

2. La stessa sanzione prevista dal comma 1 si applica:

a) agli intermediari indicati nell'articolo 79 *decies*, comma 1, lettera *b*), per inosservanza delle disposizioni di cui all'articolo 83 *novies*, comma 1, lettere *c*), *d*), *e*) ed *f*), 83 *duodecies*, e di quelle emanate in base ad esse;

b) agli emittenti azioni in caso di inosservanza di quanto previsto dall'articolo 83 *undecies*, comma 1.

3. Si applica l'articolo 187 *quinquiesdecies*, comma 1 *quater* ([3]).

([1]) *Questo articolo è stato inserito dall'art. 3, comma 4, del D.L.vo 12 agosto 2016, n. 176.*

([2]) *Le parole: «disponibile e determinabile» sono state così sostituite dalle attuali: «determinabile ai sensi dell'articolo 195, comma 1 bis» dall'art. 5, comma 7, lett.* a), *del D.L.vo 3 agosto 2017, n. 129. A norma dell'art. 10, comma 2, del medesimo decreto, tali disposizioni si applicano dal 3 gennaio 2018.*

([3]) *Le parole: «188, commi 2 e 2 bis.» sono state così sostituite dalle attuali: «187 quinquiesdecies, comma 1 quater.» dall'art. 5, comma 7, lett.* b), *del D.L.vo 3 agosto 2017, n. 129. A norma dell'art. 10, comma 2, del medesimo decreto, tali disposizioni si applicano dal 3 gennaio 2018.*

190.2. ([1]) **Sanzioni amministrative pecuniarie relative alla violazione delle disposizioni previste dal regolamento (UE) n. 909/2014.** – 1. Nei confronti dei depositari centrali e delle banche designate ai sensi dell'articolo 54 del regolamento (UE) n. 909/2014, in caso di inosservanza delle disposizioni richiamate dall'articolo 63, paragrafo 1, del medesimo regolamento si applica la sanzione amministrativa pecuniaria da euro trentamila fino a euro venti milioni, ovvero fino al dieci per cento del fatturato, quando tale importo è superiore a euro venti milioni e il fatturato è determinabile ai sensi dell'articolo 195, comma 1 *bis* ([2]). La medesima sanzione si applica altresì in caso di inosservanza delle norme tecniche di regolamentazione e di attuazione emanate dalla Commissione europea ai sensi del predetto regolamento.

2. Chiunque presti i servizi elencati nell'Allegato al regolamento (UE) n. 909/2014 e quelli consentiti, ma non esplicitamente elencati dal medesimo Allegato, in violazione degli articoli 16,

25 e 54 del predetto regolamento, è punito con la sanzione amministrativa pecuniaria da euro cinquemila fino a euro cinque milioni. Se la violazione è commessa da una società o un ente, è applicata la sanzione amministrativa pecuniaria da euro trentamila fino a euro venti milioni, ovvero fino al dieci per cento del fatturato, quando tale importo è superiore a euro venti milioni e il fatturato è determinabile ai sensi dell'articolo 195, comma 1 *bis* ([2]).

3. Si applica la sanzione amministrativa pecuniaria da euro duemilacinquecento fino a euro centocinquantamila:

a) ai gestori delle sedi di negoziazione, in caso di inosservanza delle disposizioni previste dall'articolo 3, paragrafo 2, comma 1, del regolamento di cui al comma 1;

b) alle controparti di un contratto di garanzia finanziaria, in caso di violazione delle disposizioni previste dall'articolo 3,paragrafo 2, comma 2, del regolamento di cui al comma 1;

c) alle imprese di investimento, in caso di inosservanza delle disposizioni previste dall'articolo 6, paragrafo 2, del regolamento di cui al comma 1 e delle relative disposizioni attuative;

d) ai depositari centrali, in caso di inosservanza delle disposizioni previste dall'articolo 6, paragrafi 3 e 4, e dall'articolo 7, paragrafi 1 e 2, del regolamento di cui al comma 1, e delle relative disposizioni attuative;

e) ai depositari centrali, alle controparti centrali e alle sedi di negoziazione, in caso di inosservanza delle disposizioni previste dall'articolo 7, paragrafi 9 e 10, del regolamento di cui al comma 1, e delle relative disposizioni attuative;

f) ai partecipanti, in caso di inosservanza delle disposizioni previste dall'articolo 38, paragrafi 5 e 6, del regolamento di cui al comma 1;

g) a chiunque non osservi le disposizioni previste dall'articolo 7, paragrafi 3, 6, 7 e 8, e dall'articolo 9, paragrafo 1, del regolamento di cui al comma 1 e dalle relative disposizioni attuative.

4. Alle fattispecie disciplinate dai commi 1 e 2 si applica l'articolo 187 *quinquiesdecies*, comma 1 *quater* ([3]).

[5. Alle fattispecie disciplinate dal comma 3 si applica l'articolo 188, comma 2] ([4]).

([1]) *Questo articolo è stato inserito dall'art. 3, comma 4, del D.L.vo 12 agosto 2016, n. 176.*

([2]) *Le parole: «disponibile e determinabile» sono state così sostituite dalle attuali: «determinabile ai sensi dell'articolo 195, comma 1 bis» dall'art. 5, comma 8, lett.* a), *del D.L.vo 3 agosto 2017, n. 129. A norma dell'art. 10, comma 2, del medesimo decreto, tali disposizioni si applicano dal 3 gennaio 2018.*

([3]) *Le parole: «188, commi 2 e 2 bis» sono state così sostituite dalle attuali: «187 quinquiesdecies, comma 1 quater.» dall'art. 5, comma 8, lett.* b), *del D.L.vo 3 agosto 2017, n. 129. A norma dell'art. 10, comma 2, del medesimo decreto, tali disposizioni si applicano dal 3 gennaio 2018.*

([4]) *Questo comma è stato abrogato dall'art. 5, comma 8, lett.* c), *del D.L.vo 3 agosto 2017, n. 129. A norma dell'art. 10, comma 2, del medesimo decreto, tali disposizioni si applicano dal 3 gennaio 2018.*

190.3. ([1]) **Sanzioni amministrative in tema di disciplina dei mercati e dei servizi di comunicazione dati. –** 1. Salvo che il fatto costituisca reato ai sensi dell'articolo 166, si applica la sanzione amministrativa pecuniaria da euro trentamila fino a euro cinque milioni ovvero fino al dieci per cento del fatturato, quando tale importo è superiore a euro cinque milioni e il fatturato è determinabile ai sensi dell'articolo 195, comma 1 *bis*:

a) ai gestori delle sedi negoziazione, nel caso di inosservanza delle disposizioni previste dal capo II del titolo I *bis* della parte III e di quelle emanate in base ad esse;

b) agli internalizzatori sistematici, nel caso di inosservanza delle disposizioni previste dal capo III del titolo I *bis* della parte III e di quelle emanate in base ad esse;

c) agli organizzatori e agli operatori dei sistemi multilaterali di depositi in euro, nel caso di inosservanza delle disposizioni previste dall'articolo 62 *septies* e di quelle emanate in base ad esse;

d) ai membri e ai partecipanti ammessi ai mercati regolamentati e ai sistemi multilaterali di negoziazione nonché ai clienti di sistemi organizzati di negoziazione, nel caso di inosservanza delle disposizioni previste dal capo II del titolo I *bis* della parte III e di quelle emanate in base ad esse;

e) ai soggetti indicati nell'articolo 187 *novies*, nel caso di inosservanza delle disposizioni previste dal medesimo articolo e di quelle emanate in base ad esse;

f) ai fornitori di servizi di comunicazione dati, nel caso di inosservanza delle disposizioni previste dagli articoli 79 *bis*, 79 *ter* e 79 *ter*.1 e di quelle emanate in base ad esse.

2. Chiunque viola le disposizioni previste dall'articolo 68, comma 1, e dalle relative norme attuative, ovvero viola le misure adottate in base alle medesime disposizioni è punito con la sanzio-

ne amministrativa pecuniaria da euro cinquemila fino a euro cinque milioni. Se la violazione è commessa da una società o un ente, si applica nei confronti di questi ultimi la sanzione amministrativa pecuniaria da euro trentamila fino a euro cinque milioni, ovvero fino al dieci per cento del fatturato, quando tale importo è superiore a euro cinque milioni e il fatturato è determinabile ai sensi dell'articolo 195, comma 1 *bis*.

3. Per la violazione delle disposizioni previste dagli articoli 67 *ter*, 68, comma 1, e 68 *quater*, commi 2 e 3, in ragione della gravità della violazione accertata e tenuto conto dei criteri stabiliti dall'articolo 194 *bis*, può essere applicata anche la sanzione amministrativa accessoria dell'interdizione temporanea, per un periodo non inferiore a sei mesi e non superiore a tre anni, a essere membro o partecipante di un mercato regolamentato, di un sistema multilaterale di negoziazione o a essere cliente di un sistema organizzato di negoziazione.

4. Si applica l'articolo 187 *quinquiesdecies*, comma 1 *quater*.

(1) *Questo articolo è stato inserito dall'art. 5, comma 9, del D.L.vo 3 agosto 2017, n. 129. A norma dell'art. 10, comma 2, del medesimo decreto, tali disposizioni si applicano dal 3 gennaio 2018.*

190.4. (1) **Sanzioni amministrative pecuniarie relative alle violazioni delle disposizioni previste dal regolamento (UE) n. 600/2014, dagli atti delegati e dalle norme tecniche di regolamentazione e di attuazione della direttiva 2014/65/UE e del regolamento (UE) n. 600/2014.** – 1. La violazione delle norme del regolamento (UE) n. 600/2014 richiamate dall'articolo 70, paragrafi 3, lettera *b*), e 4, lettera *b*), della direttiva 2014/65/UE e dell'articolo 22, paragrafo 1, del medesimo regolamento, nonché delle relative disposizioni attuative, ovvero la mancata osservanza delle misure adottate ai sensi dell'articolo 42 del regolamento (UE) n. 600/2014, è punita con la sanzione amministrativa pecuniaria da euro cinquemila fino a euro cinque milioni. Se la violazione è commessa da una società o un ente, è applicata la sanzione amministrativa pecuniaria da euro trentamila fino a euro cinque milioni, ovvero fino al dieci per cento del fatturato, quando tale importo è superiore a euro cinque milioni e il fatturato è determinabile ai sensi dell'articolo 195, comma 1 *bis*.

2. La stessa sanzione prevista dal comma 1 si applica anche in caso di violazione delle disposizioni contenute negli atti delegati e nelle norme tecniche di regolamentazione e di attuazione della direttiva 2014/65/UE e del regolamento (UE) n. 600/2014, nelle materie a cui si riferiscono le disposizioni richiamate al comma 1 e agli articoli 190 e 190.3.

3. Si applica l'articolo 187 *quinquiesdecies*, comma 1 *quater*.

(1) *Questo articolo è stato inserito dall'art. 5, comma 9, del D.L.vo 3 agosto 2017, n. 129. A norma dell'art. 10, comma 2, del medesimo decreto, tali disposizioni si applicano dal 3 gennaio 2018.*

190.5. (1) **Sanzioni amministrative pecuniarie in tema di agenzie di rating del credito relative alle violazioni delle disposizioni previste dal regolamento (CE) n. 1060/2009.** – 1. Si applica la sanzione amministrativa pecuniaria da euro duemilacinquecento a euro centocinquantamila:

a) nei confronti di Sim, imprese di investimento UE con succursale in Italia, imprese di paesi terzi autorizzate in Italia, intermediari finanziari iscritti nell'albo previsto dall'articolo 106 del T.U. bancario, banche italiane e banche UE con succursale in Italia autorizzate alla prestazione di servizi e attività di investimento, nonché nei confronti dei soggetti che svolgono funzioni di amministrazione o di direzione delle controparti centrali, in caso di violazione delle disposizioni previste dagli articoli 4, paragrafo 1, comma 1, e 5 *bis* del regolamento (CE) n. 1060/2009 del Parlamento europeo e del Consiglio, del 16 settembre 2009, relativo alle agenzie di rating del credito, e delle relative disposizioni attuative;

b) nei confronti dei gestori, in caso di violazione dell'articolo 35 *duodecies* del presente decreto e dell'articolo 4, paragrafo 1, comma 1, del regolamento di cui alla lettera *a*), e delle relative disposizioni attuative;

c) nei confronti degli emittenti, degli offerenti o delle persone che chiedono l'ammissione alla negoziazione sui mercati regolamentati italiani, in caso di violazione dell'articolo 4, paragrafo 1, comma 2, del regolamento di cui alla lettera *a*);

d) nei confronti degli emittenti, cedenti o promotori di strumenti di finanza strutturata, in caso di violazione dell'articolo 8 *ter* del regolamento di cui alla lettera *a*);

e) nei confronti degli emittenti o terzi collegati come definiti dall'articolo 3, paragrafo 1, lettera *i*), del regolamento di cui alla lettera *a*), in caso di violazione degli articoli 8 *quater* e 8 *quinquies* del predetto regolamento.

2. Si applica l'articolo 187 *quinquiesdecies*, comma 1 *quater*.

(1) *Questo articolo è stato inserito dall'art. 5, comma 9, del D.L.vo 3 agosto 2017, n. 129. A norma dell'art. 10, comma 2, del medesimo decreto, tali disposizioni si applicano dal 3 gennaio 2018.*

190 *bis*. (1) **Responsabilità degli esponenti aziendali e del personale per le violazioni in tema di disciplina degli intermediari, dei mercati, dei depositari centrali e della gestione accentrata di strumenti finanziari e dei servizi di comunicazione dati** (2) (3). – 1. Fermo restando quanto previsto per le società e gli enti nei confronti dei quali sono accertate le violazioni, per l'inosservanza delle disposizioni richiamate dagli articoli 188, 189, 190, 190.1, 190.2, commi 1 e 2, 190.3, 190.4, e 190.5 (4), (5) si applica la sanzione amministrativa pecuniaria da euro cinquemila fino a euro cinque milioni (6) nei confronti dei soggetti che svolgono funzioni di amministrazione, di direzione o di controllo, nonché nei confronti del personale, quando l'inosservanza è conseguenza della violazione di doveri propri o dell'organo di appartenenza e ricorrono una o più delle seguenti condizioni:

a) la condotta ha inciso in modo rilevante sulla complessiva organizzazione o sui profili di rischio aziendali, ovvero ha provocato un grave pregiudizio per la tutela degli investitori o per la trasparenza, l'integrità e (7) il corretto funzionamento del mercato;

b) la condotta ha contribuito a determinare la mancata ottemperanza della società o dell'ente a provvedimenti specifici adottati ai sensi degli articoli 7, comma 2, e 12, comma 5 *bis*;

c) le violazioni riguardano obblighi imposti ai sensi dell'articolo 6, commi, 2 *septies*, 2 *octies*, 2 *novies*, o dell'articolo 13, ovvero obblighi in materia di remunerazione e incentivazione, quando l'esponente o il personale è la parte interessata.

2. Nei confronti dei soggetti che svolgono funzioni di amministrazione, di direzione o di controllo, nonché del personale, nei casi in cui la loro condotta abbia contribuito a determinare l'inosservanza dell'ordine di cui all'articolo 194 *quater* da parte della società o dell'ente, si applica la sanzione amministrativa pecuniaria da euro cinquemila fino a euro cinque milioni (8).

3. Con il provvedimento di applicazione della sanzione, in ragione della gravità della violazione accertata e tenuto conto dei criteri stabiliti dall'articolo 194 *bis*, la Banca d'Italia o la Consob possono applicare la sanzione amministrativa accessoria dell'interdizione, per un periodo non inferiore a sei mesi e non superiore a tre anni, dallo svolgimento di funzioni di amministrazione, direzione e controllo presso soggetti (9) autorizzati ai sensi del presente decreto legislativo, del decreto legislativo 1° settembre 1993, n. 385, del decreto legislativo 7 settembre 2005, n. 209, o presso fondi pensione.

3 *bis*. La Banca d'Italia o la Consob, in ragione della gravità della violazione accertata e tenuto conto dei criteri stabiliti dall'articolo 194 *bis*, possono applicare (10) la sanzione amministrativa accessoria dell'interdizione permanente dallo svolgimento delle funzioni richiamate al comma 3, nel caso in cui al medesimo soggetto sia stata già applicata, due o più volte negli ultimi dieci anni, sempre per le violazioni commesse con dolo o colpa grave, (11) l'interdizione di cui al comma 3, per un periodo complessivo non inferiore a cinque anni (12).

4. Si applica l'articolo 187 *quinquiesdecies*, comma 1 *quater* (13).

(1) *Questo articolo è stato inserito dall'art. 5, comma 5, del D.L.vo 12 maggio 2015, n. 72.*

A norma dell'art. 6, comma 2, del medesimo decreto, le modifiche apportate alla parte V di questo decreto, si applicano alle violazioni commesse dopo l'entrata in vigore delle disposizioni adottate dalla Consob e dalla Banca d'Italia secondo le rispettive competenze ai sensi dell'articolo 196 bis *del presente decreto. Alle violazioni commesse prima della data di entrata in vigore delle disposizioni adottate dalla Consob e dalla Banca d'Italia continuano ad applicarsi le norme della parte V di questo decreto, vigenti prima della data di entrata in vigore del D.L.vo n. 72/2015.*

(2) *Le parole: «e dei servizi di comunicazione dati» sono state aggiunte dall'art. 5, comma 10, lett.* a), *del D.L.vo 3 agosto 2017, n. 129. A norma dell'art. 10, comma 2, del medesimo decreto, tali disposizioni si applicano dal 3 gennaio 2018.*

(3) *L'originaria rubrica:* «Responsabilità degli esponenti aziendali e del personale per le violazioni in tema di disciplina degli intermediari, dei mercati e della gestione accentrata di strumenti finanziari» *è stata così sostituita dall'attuale:* «Responsabilità degli esponenti aziendali e del personale per le violazioni in tema di disciplina degli intermediari, dei mercati, dei depositari centrali e della gestione accentrata di strumenti finanziari» *dall'art. 3, comma 5, lett.* a), *del D.L.vo 12 agosto 2016, n. 176.*

(4) *Le parole: «e 190.2, commi 1 e 2» sono state così sostituite dalle attuali: «, 190.2, commi 1 e 2, 190.3, 190.4, e 190.5» dall'art. 5, comma 10, lett.* b), *del D.L.vo 3 agosto 2017, n. 129. A norma dell'art. 10, comma 2, del*

medesimo decreto, tali disposizioni si applicano dal 3 gennaio 2018.

(5) *Le parole: «188, 189 e 190» sono state così sostituite dalle seguenti: «188, 189, 190, 190.1 e 190.2, commi 1 e 2,» dall'art. 3, comma 5, lett.* b)*, del D.L.vo 12 agosto 2016, n. 176.*

(6) *Le parole: «cinque milioni di euro» sono state così sostituite dalle attuali: «euro cinque milioni» dall'art. 5, comma 10, lett.* b)*, del D.L.vo 3 agosto 2017, n. 129. A norma dell'art. 10, comma 2, del medesimo decreto, tali disposizioni si applicano dal 3 gennaio 2018.*

(7) *Le parole: «o per l'integrità ed» sono state così sostituite dalle attuali: «o per la trasparenza, l'integrità e» dall'art. 5, comma 10, lett.* c)*, del D.L.vo 3 agosto 2017, n. 129. A norma dell'art. 10, comma 2, del medesimo decreto, tali disposizioni si applicano dal 3 gennaio 2018.*

(8) *Le parole: «cinque milioni di euro» sono state così sostituite dalle attuali: «euro cinque milioni» dall'art. 5, comma 10, lett.* d)*, del D.L.vo 3 agosto 2017, n. 129. A norma dell'art. 10, comma 2, del medesimo decreto, tali disposizioni si applicano dal 3 gennaio 2018.*

(9) *La parola: «intermediari» è stata così sostituita dalla attuale: «soggetti» dall'art. 5, comma 10, lett.* e)*, del D.L.vo 3 agosto 2017, n. 129. A norma dell'art. 10, comma 2, del medesimo decreto, tali disposizioni si applicano dal 3 gennaio 2018.*

(10) *La parola: «applicano» è stata così sostituita dalle attuali: «possono applicare» dall'art. 5, comma 10, lett.* f)*, del D.L.vo 3 agosto 2017, n. 129. A norma dell'art. 10, comma 2, del medesimo decreto, tali disposizioni si applicano dal 3 gennaio 2018.*

(11) *Le parole: «sempre per le violazioni commesse con dolo o colpa grave,» sono state inserite dall'art. 5, comma 10, lett.* f)*, del D.L.vo 3 agosto 2017, n. 129. A norma dell'art. 10, comma 2, del medesimo decreto, tali disposizioni si applicano dal 3 gennaio 2018.*

(12) *Questo comma è stato inserito dall'art. 1, comma 1, lett.* g)*, del D.L.vo 18 aprile 2016, n. 71, a decorrere dal 4 giugno 2016.*

(13) *Le parole: «188, commi 2 e 2 bis» sono state così sostituite dalle attuali: «187* quinquiesdecies*, comma 1 quater.» dall'art. 5, comma 10, lett.* g)*, del D.L.vo 3 agosto 2017, n. 129. A norma dell'art. 10, comma 2, del medesimo decreto, tali disposizioni si applicano dal 3 gennaio 2018.*

190 *ter*. (1) [**Altre violazioni in tema di attività riservate.** – 1. Si applica la sanzione amministrativa pecuniaria da euro cinquemila fino a cinque milioni di euro:

a) in caso di esercizio dell'attività di consulente finanziario o di promotore finanziario in assenza dell'iscrizione negli albi prevista, rispettivamente, agli articoli 18 *bis* e 31;

[*b*) ai membri dell'organismo dei consulenti finanziari in caso di inosservanza delle disposizioni previste dall'articolo 18 *bis* e di quelle emanate in base ad esso] (2);

[*c*) ai membri dell'organismo dei consulenti finanziari abilitati all'offerta fuori sede in caso di inosservanza delle disposizioni previste dall'articolo 31 e di quelle emanate in base ad esso] (2);

d) alle persone fisiche, in caso di inosservanza dell'articolo 32 *quater*, commi 1 e 3, ovvero in caso di esercizio dell'attività di gestore di portale in assenza dell'iscrizione nel registro di cui all'articolo 50 *quinquies*.

2. Si applica l'articolo 188, commi 2 e 2 *bis*.

2 *bis*. Su proposta della CONSOB, il Ministro dell'economia e delle finanze può sciogliere gli organi di gestione e di controllo dell'organismo di cui all'articolo 31 qualora risultino gravi irregolarità nell'amministrazione, ovvero gravi violazioni delle disposizioni legislative, amministrative o statutarie che regolano l'attività dello stesso. Il Ministero dell'economia e delle finanze provvede agli adempimenti necessari alla ricostituzione degli organi di gestione e controllo dell'organismo, assicurandone la continuità operativa, se necessario anche attraverso la nomina di un commissario. La CONSOB può disporre la rimozione di uno o più componenti degli organi di gestione e controllo in caso di grave inosservanza dei doveri ad essi assegnati dalla legge, dallo statuto o dalle disposizioni di vigilanza, nonché dei provvedimenti specifici e di altre istruzioni impartite dalla CONSOB, ovvero in caso di comprovata inadeguatezza, accertata dalla CONSOB, all'esercizio delle funzioni cui sono preposti] (3).

(1) *Questo articolo, inserito dall'art. 5, comma 5, del D.L.vo 12 maggio 2015, n. 72 è stato abrogato dall'art. 5, comma 11, del D.L.vo 3 agosto 2017, n. 129. A norma dell'art. 10, comma 2, del medesimo decreto, tali disposizioni si applicano dal 3 gennaio 2018.*

(2) *Questa lettera è stata abrogata dall'art. 1, comma 43, lett.* a)*, della L. 28 dicembre 2015, n. 208.*

(3) *Questo comma è stato aggiunto dall'art. 1, comma 43, lett.* b)*, della L. 28 dicembre 2015, n. 208.*

190 *quater*. (1) **Sanzioni amministrative in tema di gestione di portali.** – 1. I gestori di portali per la raccolta di capitali per le piccole e medie imprese che violano le norme degli articoli 50 *quinquies* e 100 *ter* o le relative disposizioni attuative sono puniti con una sanzione amministrativa pecuniaria da euro cinquecento a euro venticinquemila. Per i soggetti iscritti nel registro di cui al comma

2 dell'articolo 50 *quinquies*, può altresì essere disposta la sospensione da uno a quattro mesi o la radiazione dal registro.

(¹) *Questo articolo è stato inserito dall'art. 5, comma 12, del D.L.vo 3 agosto 2017, n. 129. A norma dell'art. 10, comma 2, del medesimo decreto, tali disposizioni si applicano dal 3 gennaio 2018.*

191. (¹) **Offerta al pubblico di sottoscrizione e di vendita.** – 1. Chiunque effettua un'offerta al pubblico in violazione dell'articolo 94, comma 1, è punito con la sanzione amministrativa pecuniaria da euro venticinquemila fino a euro cinque milioni (²).

2. Chiunque viola gli articoli 94, commi 2, 3, 5, 6 e 7, 96, 97 e 101, salvo il caso specifico di cui al comma 4, ovvero le relative disposizioni generali o particolari emanate dalla Consob ai sensi degli articoli 95, commi 1, 2 e 4, 97, comma 2, 99, comma 1, lettere *a*), *b*), *c*) e *d*), è punito con la sanzione amministrativa pecuniaria da euro cinquemila fino (³) a euro settecentocinquantamila.

3. Chiunque effettua un'offerta al pubblico in violazione dell'articolo 98 *ter*, comma 1, è punito con la sanzione amministrativa pecuniaria da euro venticinquemila fino a euro cinque milioni. Se la violazione è commessa da una società o un ente, è applicata la sanzione amministrativa pecuniaria da euro venticinquemila fino a euro cinque milioni, ovvero fino al dieci per cento del fatturato, quando tale importo è superiore a euro cinque milioni e il fatturato è determinabile ai sensi dell'articolo 195, comma 1 *bis* (⁴).

4. Chiunque viola l'articolo 98 *ter*, commi 2 e 3, ovvero le relative disposizioni generali o particolari emanate dalla Consob ai sensi dell'articolo 98 *quater*, è punito con la sanzione amministrativa pecuniaria da euro cinquemila fino a cinque milioni di euro. Se la violazione è commessa da una società o un ente, è applicata la sanzione amministrativa pecuniaria da euro cinquemila fino a cinque milioni di euro, ovvero fino al dieci per cento del fatturato, quando tale importo è superiore a euro cinque milioni e il fatturato è determinabile ai sensi dell'articolo 195, comma 1 *bis* (⁵). Le medesime sanzioni si applicano alla violazione dell'articolo 101 commessa nell'ambito di un'offerta di OICVM.

5. Fermo restando quanto previsto dai commi 3 e 4, se all'osservanza delle disposizioni previste dai commi 1, 2, 3 e 4 è tenuta una società o un ente, le sanzioni ivi previste si applicano nei confronti di questi ultimi; la stessa sanzione si applica nei confronti degli esponenti aziendali e del personale della società o dell'ente nei casi previsti dall'articolo 190 *bis*, comma 1, lettera *a*). Se all'osservanza delle medesime disposizioni è tenuta una persona fisica, in caso di violazione, la sanzione si applica nei confronti di quest'ultima.

6. Alle violazioni previste dai commi 3 e 4 si applicano gli articoli 187 *quinquiesdecies*, comma 1 *quater* (⁶), e 190 *bis*, commi 2, 3 e 3 *bis*.

7. Fermo restando quanto previsto dal comma 6, l'applicazione delle sanzioni amministrative pecuniarie previste dai commi 1 e 3, importa la perdita temporanea dei requisiti di idoneità previsti dal presente decreto per gli esponenti aziendali dei soggetti abilitati e dei requisiti previsti per i consulenti finanziari abilitati all'offerta fuori sede, per i consulenti finanziari autonomi e per gli esponenti aziendali delle società di consulenza finanziaria (⁷) nonché l'incapacità temporanea ad assumere incarichi di amministrazione, direzione e controllo nell'ambito di società aventi titoli quotati nei mercati regolamentati o diffusi tra il pubblico in maniera rilevante e di società appartenenti al medesimo gruppo. La sanzione amministrativa accessoria ha durata non inferiore a due mesi e non superiore a tre anni.

[8. Salvo quanto previsto dall'articolo 194 *quinquies*, alle sanzioni amministrative pecuniarie previste dal presente articolo non si applicano gli articoli 6, 10, 11 e 16 della legge 24 novembre 1981, n. 689] (⁸).

(¹) *Questo articolo è stato così sostituito dall'art. 1, comma 1, lett.* h), *del D.L.vo 18 aprile 2016, n. 71, a decorrere dal 4 giugno 2016.*

(²) *Le parole: «cinque milioni di euro» sono state così sostituite dalle attuali: «euro cinque milioni» dall'art. 5, comma 13, lett.* a), *del D.L.vo 3 agosto 2017, n. 129. A norma dell'art. 10, comma 2, del medesimo decreto, tali disposizioni si applicano dal 3 gennaio 2018.*

(³) *La parola: «fino» è stata inserita dall'art. 5, comma 13, lett.* b), *del D.L.vo 3 agosto 2017, n. 129. A norma dell'art. 10, comma 2, del medesimo decreto, tali disposizioni si applicano dal 3 gennaio 2018.*

(⁴) *Questo comma è stato così sostituito dall'art. 5, comma 13, lett.* c), *del D.L.vo 3 agosto 2017, n. 129. A norma dell'art. 10, comma 2, del medesimo decreto, tali disposizioni si applicano dal 3 gennaio 2018. Fino a tale data si applicano le disposizioni nel testo previgente che si riporta:*

«3. Chiunque effettua un'offerta al pubblico in violazione dell'articolo 98 ter, *comma 1, è punito con la sanzione amministrativa pecuniaria da euro venticinquemila fino a cinque milioni di euro. Se la violazione è commessa da una società o un ente, è applicata la*

sanzione amministrativa pecuniaria da euro venticinquemila fino a cinque milioni di euro, ovvero al dieci per cento del fatturato, quando tale importo è superiore a 5 milioni di euro e il fatturato è disponibile e determinabile».

([5]) *Le parole: «ovvero al dieci per cento del fatturato, quando tale importo è superiore a 5 milioni di euro e il fatturato è disponibile e determinabile.» sono state così sostituite dalle attuali: «ovvero fino al dieci per cento del fatturato, quando tale importo è superiore a euro cinque milioni e il fatturato è determinabile ai sensi dell'articolo 195, comma 1 bis.» dall'art. 5, comma 13, lett.* d), *del D.L.vo 3 agosto 2017, n. 129. A norma dell'art. 10, comma 2, del medesimo decreto, tali disposizioni si applicano dal 3 gennaio 2018.*

([6]) *Le parole: «188, comma 2* bis*» sono state così sostituite dalle attuali: «187* quinquiesdecies, *comma 1* quater*» dall'art. 5, comma 13, lett.* e), *del D.L.vo 3 agosto 2017, n. 129. A norma dell'art. 10, comma 2, del medesimo decreto, tali disposizioni si applicano dal 3 gennaio 2018.*

([7]) *Le parole: «per i promotori finanziari» sono state così sostituite dalle attuali: «per i consulenti finanziari abilitati all'offerta fuori sede, per i consulenti finanziari autonomi e per gli esponenti aziendali delle società di consulenza finanziaria» dall'art. 5, comma 13, lett.* f), *del D.L.vo 3 agosto 2017, n. 129. A norma dell'art. 10, comma 2, del medesimo decreto, tali disposizioni si applicano dal 3 gennaio 2018.*

([8]) *Questo comma è stato abrogato dall'art. 5, comma 13, lett.* g), *del D.L.vo 3 agosto 2017, n. 129. A norma dell'art. 10, comma 2, del medesimo decreto, tali disposizioni si applicano dal 3 gennaio 2018.*

192. Offerte pubbliche di acquisto o di scambio. – 1. Chiunque viola l'obbligo di promuovere un'offerta pubblica di acquisto o di scambio ovvero effettua un'offerta pubblica di acquisto o di scambio in violazione delle disposizioni dell'articolo 102, commi 1, 3 e 6 ([1]), è punito con la sanzione amministrativa pecuniaria di importo non inferiore ad euro venticinquemila e non superiore al corrispettivo complessivamente dovuto dall'offerente ovvero che sarebbe stato complessivamente dovuto dall'offerente se l'offerta fosse stata promossa ([2]).

2. La sanzione indicata nel comma 1 si applica a chi:

a) non rispetta le indicazioni fornite dalla CONSOB ai sensi dell'articolo 102, comma 4 ([3]), ovvero viola le disposizioni dei regolamenti emanati a norma dell'articolo 102, comma 1 e dell'articolo 103, comma 4 ([4]);

a bis) viola le disposizioni di cui all'articolo 103, commi 3 e 3 *bis* ([5]);

a ter) viola le disposizioni relative all'obbligo di acquisto di cui all'articolo 108, commi 1 e 2 e le disposizioni del regolamento emanato a norma dell'articolo 108, comma 7 ([5]);

b) esercita il diritto di voto in violazione delle disposizioni dell'articolo 110;

b bis) viola l'obbligo di cui all'articolo 110, comma 1 *bis* ([6]).

2 *bis*. Se all'osservanza delle disposizioni previste dai commi 1 e 2 è tenuta una società o un ente, le sanzioni ivi previste si applicano nei confronti di questi ultimi; la stessa sanzione si applica nei confronti degli esponenti aziendali e del personale della società o dell'ente nei casi previsti dall'art. 190 *bis*, comma 1, lettera *a*). Se all'osservanza delle medesime disposizioni è tenuta una persona fisica, in caso di violazione, la sanzione si applica nei confronti di quest'ultima. La sanzione massima applicabile ad una persona fisica per le violazioni previste ai commi 1 e 2 non può essere superiore a euro cinque milioni ([7]) ([8]).

2 *ter*. Si applica l'articolo 187 *quinquiesdecies*, comma 1 *quater* ([9]) ([8]).

[3. Gli amministratori, i componenti del consiglio di gestione e di sorveglianza di società con azioni quotate in mercati regolamentati italiani che eseguono operazioni in violazione dell'obbligo di astensione previsto dall'articolo 104, comma 1, sono puniti con la sanzione amministrativa pecuniaria da euro venticinquemila a euro cinquecentoquindicimila] ([10]).

([1]) *Le parole: «dell'articolo 102, comma 1 e 3» sono state così sostituite dalle attuali: «dell'articolo 102, commi 1, 3 e 6» dall'art. 5, comma 2, lett.* a), *del D.L.vo 19 novembre 2007, n. 229.*

([2]) *Le parole: «da lire dieci milioni* (N.d.R.: *€ 5.164*) *a lire duecento milioni* (N.d.R.: *€ 103.291*)*» sono state così sostituite dalle attuali da: «di importo non inferiore» fino alla fine del comma, dall'art. 5, comma 2, lett.* a), *del D.L.vo 19 novembre 2007, n. 229.*

([3]) *Le parole: «dell'articolo 102, comma 2» sono state così sostituite dalle attuali: «dell'articolo 102, comma 4» dall'art. 5, comma 2, lett.* b), *del D.L.vo 19 novembre 2007, n. 229.*

([4]) *Le parole: «a norma dell'articolo 103, commi 4 e 5» sono state così sostituite dalle attuali: «a norma dell'articolo 102, comma 1 e dell'articolo 103, comma 4» dall'art. 5, comma 2, lett.* b), *del D.L.vo 19 novembre 2007, n. 229.*

([5]) *Questa lettera è stata aggiunta dall'art. 4, comma 1, lett.* a), *del D.L.vo 25 settembre 2009, n. 146.*

([6]) *Questa lettera è stata aggiunta dall'art. 5, comma 2, lett.* b), *del D.L.vo 19 novembre 2007, n. 229.*

([7]) *Le parole: «cinque milioni di euro» sono state così sostituite dalle attuali: «euro cinque milioni» dall'art. 5, comma 14, lett.* a), *del D.L.vo 3 agosto 2017, n. 129. A norma dell'art. 10, comma 2, del medesimo decreto, tali disposizioni si applicano dal 3 gennaio 2018.*

(8) *Questo comma è stato aggiunto dall'art. 5, comma 7, del D.L.vo 12 maggio 2015, n. 72.*

A norma dell'art. 6, comma 2, del medesimo decreto, le modifiche apportate alla parte V di questo decreto, si applicano alle violazioni commesse dopo l'entrata in vigore delle disposizioni adottate dalla Consob e dalla Banca d'Italia secondo le rispettive competenze ai sensi dell'articolo 196 bis *del presente decreto. Alle violazioni commesse prima della data di entrata in vigore delle disposizioni adottate dalla Consob e dalla Banca d'Italia continuano ad applicarsi le norme della parte V di questo decreto, vigenti prima della data di entrata in vigore del D.L.vo n. 72/2015.*

(9) *Le parole: «188, commi 2 e 2* bis*» sono state così sostituite dalle attuali: «187* quinquiesdecies*, comma 1* quater*» dall'art. 5, comma 14, lett.* b)*, del D.L.vo 3 agosto 2017, n. 129. A norma dell'art. 10, comma 2, del medesimo decreto, tali disposizioni si applicano dal 3 gennaio 2018.*

(10) *Questo comma è stato così sostituito dall'art. 5, comma 2, lett.* c)*, del D.L.vo 19 novembre 2007, n. 229 e poi abrogato dall'art. 4, comma 1, lett.* b)*, del D.L.vo 25 settembre 2009, n. 146.*

192 *bis*. (1) **Informazioni sul governo societario** (2)**.** – 1. Salvo che il fatto costituisca reato, nei confronti delle società quotate nei mercati regolamentati che omettono le comunicazioni prescritte dall'articolo 123 *bis*, comma 2, lettera *a*), si applica una delle seguenti sanzioni amministrative (3):

a) una dichiarazione pubblica indicante la persona giuridica responsabile della violazione e la natura della stessa, quando questa sia connotata da scarsa offensività o pericolosità e l'infrazione contestata sia cessata; (4)

b) un ordine di eliminare le infrazioni contestate, con eventuale indicazione delle misure da adottare e del termine per l'adempimento, e di astenersi dal ripeterle, quando le infrazioni stesse siano connotate da scarsa offensività o pericolosità;

c) una sanzione amministrativa pecuniaria da euro diecimila a euro dieci milioni, ovvero, fino al cinque per cento del fatturato quando tale importo è superiore a euro dieci milioni e il fatturato è determinabile ai sensi dell'articolo 195, comma 1 *bis* (5) (6).

1 *bis*. Per l'omissione delle comunicazioni indicate al comma 1, nei casi previsti dall'articolo 190 *bis*, comma 1, lettera *a*), salvo che il fatto costituisca reato, nei confronti dei soggetti che svolgono funzioni di amministrazione, di direzione o di controllo, nonché del personale, qualora la loro condotta abbia contribuito a determinare l'omissione delle comunicazioni da parte della società o dell'ente, si applica una delle seguenti sanzioni amministrative (7):

a) una dichiarazione pubblica indicante la persona responsabile della violazione e la natura della stessa, quando questa sia connotata da scarsa offensività o pericolosità e l'infrazione contestata sia cessata; (8)

b) un ordine di eliminare le infrazioni contestate, con eventuale indicazione delle misure da adottare e del termine per l'adempimento, e di astenersi dal ripeterle, quando le infrazioni stesse siano connotate da scarsa offensività o pericolosità;

c) una sanzione amministrativa pecuniaria da euro diecimila a euro due milioni (9).

1 *ter*. Si applica l'articolo 187 *quinquiesdecies*, comma 1 *quater* (10) (11).

1 *quater*. Nei casi di inosservanza dell'ordine di eliminare le infrazioni contestate e di astenersi dal ripeterle, si applica la sanzione amministrativa pecuniaria prevista per la violazione originariamente contestata aumentata fino ad un terzo. Fermo restando quanto previsto per le persone giuridiche nei confronti delle quali è accertata l'inosservanza dell'ordine, si applica la sanzione amministrativa pecuniaria da euro diecimila a euro due milioni nei confronti dei soggetti che svolgono funzioni di amministrazione, di direzione o di controllo, nonché del personale, qualora la loro condotta abbia contribuito a determinare l'inosservanza dell'ordine da parte della persona giuridica (12).

(1) *Questo articolo è stato inserito dall'art. 36, comma 1, della L. 28 dicembre 2005, n. 262.*

(2) *La rubrica*: «False comunicazioni circa l'applicazione delle regole previste nei codici di comportamento delle società quotate» *è stata così sostituita dall'attuale dall'art. 5, comma 4, lett.* a)*, del D.L.vo 3 novembre 2008, n. 173.*

(3) *Le parole*: *«si applicano le seguenti misure e sanzioni amministrative» sono state così sostituite dalle attuali*: *«si applica una delle seguenti sanzioni amministrative» dall'art. 5, comma 15, lett.* a)*, del D.L.vo 3 agosto 2017, n. 129. A norma dell'art. 10, comma 2, del medesimo decreto, tali disposizioni si applicano dal 3 gennaio 2018.*

(4) *Le parole: «, quando questa sia connotata da scarsa offensività o pericolosità e l'infrazione contestata sia cessata;» sono state aggiunte dall'art. 5, comma 15, lett.* b)*, del D.L.vo 3 agosto 2017, n. 129. A*

norma dell'art. 10, comma 2, del medesimo decreto, tali disposizioni si applicano dal 3 gennaio 2018.

(5) *Le parole: «se superiore, fino al cinque per cento del fatturato complessivo annuo.» sono state così sostituite dalle attuali: «fino al cinque per cento del fatturato quando tale importo è superiore a euro dieci milioni e il fatturato è determinabile ai sensi dell'articolo 195, comma 1 bis.» dall'art. 5, comma 15, lett.* c), *del D.L.vo 3 agosto 2017, n. 129. A norma dell'art. 10, comma 2, del medesimo decreto, tali disposizioni si applicano dal 3 gennaio 2018.*

(6) *Questo comma, originariamente sostituito dall'art. 5, comma 8, lett.* a), *del D.L.vo 12 maggio 2015, n. 72 è stato da ultimo così sostituito dall'attuale, dall'art. 1, comma 9, lett.* a), *del D.L.vo 15 febbraio 2016, n. 25.*

(7) *Le parole: «si applicano le seguenti misure e sanzioni amministrative» sono state così sostituite dalle attuali: «si applica una delle seguenti sanzioni amministrative» dall'art. 5, comma 15, lett.* d), *del D.L.vo 3 agosto 2017, n. 129. A norma dell'art. 10, comma 2, del medesimo decreto, tali disposizioni si applicano dal 3 gennaio 2018.*

(8) *Le parole: «, quando questa sia connotata da scarsa offensività o pericolosità e l'infrazione contestata sia cessata;» sono state aggiunte dall'art. 5, comma 15, lett.* e), *del D.L.vo 3 agosto 2017, n. 129. A norma dell'art. 10, comma 2, del medesimo decreto, tali disposizioni si applicano dal 3 gennaio 2018.*

(9) *Questo comma, originariamente inserito dall'art. 5, comma 8, lett.* b), *del D.L.vo 12 maggio 2015, n. 72, è stato da ultimo così sostituito dall'art. 1, comma 9, lett.* b), *del D.L.vo 15 febbraio 2016, n. 25.*

(10) *Le parole: «188, commi 2 e 2 bis» sono state così sostituite dalle attuali: «187* quinquiesdecies, *comma 1* quater*» dall'art. 5, comma 15, lett.* f), *del D.L.vo 3 agosto 2017, n. 129. A norma dell'art. 10, comma 2, del medesimo decreto, tali disposizioni si applicano dal 3 gennaio 2018.*

(11) *Questo comma è stato inserito dall'art. 5, comma 8, lett.* b), *del D.L.vo 12 maggio 2015, n. 72.*

A norma dell'art. 6, comma 2, del medesimo decreto, le modifiche apportate alla parte V di questo decreto, si applicano alle violazioni commesse dopo l'entrata in vigore delle disposizioni adottate dalla Consob e dalla Banca d'Italia secondo le rispettive competenze ai sensi dell'articolo 196 bis *del presente decreto. Alle violazioni commesse prima della data di entrata in vigore delle disposizioni adottate dalla Consob e dalla Banca d'Italia continuano ad applicarsi le norme della parte V di questo decreto, vigenti prima della data di entrata in vigore del D.L.vo n. 72/2015.*

(12) *Questo comma è stato aggiunto dall'art. 1, comma 9, lett.* c), *del D.L.vo 15 febbraio 2016, n. 25.*

192 *ter*. (1) **Ammissione alle negoziazioni.** – 1. Nei confronti dell'emittente o della persona che chiede l'ammissione alle negoziazioni che viola le disposizioni contenute negli articoli 113, commi 2, 3, lettere *a*), *d*), *f*), e 4, e 113 *bis*, commi 1, 2, lettere *a*) e *b*), e 4, ovvero le disposizioni generali o particolari emanate dalla Consob in base ai medesimi articoli, si applica la sanzione amministrativa pecuniaria da euro cinquemila a euro settecentocinquantamila (2).

[2. La CONSOB pubblica, ai sensi del comma 3 dell'articolo 195, le misure e le sanzioni applicate per la violazione delle disposizioni richiamate nel presente articolo, salvo il caso in cui la pubblicazione possa turbare gravemente i mercati o possa arrecare un danno sproporzionato alle parti coinvolte] (3).

2 *bis*. La sanzione prevista al comma 1 si applica [anche] (4) nei confronti degli esponenti aziendali e del personale della società o dell'ente nei casi previsti dall'articolo 190 *bis*, comma 1, lettera *a*) (5).

[3. Alle sanzioni amministrative pecuniarie previste dal presente articolo non si applica l'articolo 16 della legge 24 novembre 1981, n. 689] (6).

3 *bis*. Si applica l'articolo 187 *quinquiesdecies*, comma 1 *quater* (7) (8).

(1) *Questo articolo è stato inserito dall'art. 4, comma 1, lett.* e), *del D.L.vo 28 marzo 2007, n. 51.*

(2) *Questo comma è stato così sostituito dall'art. 5, comma 9, lett.* a), *del D.L.vo 12 maggio 2015, n. 72.*

A norma dell'art. 6, comma 2, del medesimo decreto, le modifiche apportate alla parte V di questo decreto, si applicano alle violazioni commesse dopo l'entrata in vigore delle disposizioni adottate dalla Consob e dalla Banca d'Italia secondo le rispettive competenze ai sensi dell'articolo 196 bis *del presente decreto. Alle violazioni commesse prima della data di entrata in vigore delle disposizioni adottate dalla Consob e dalla Banca d'Italia continuano ad applicarsi le norme della parte V di questo decreto, vigenti prima della data di entrata in vigore del D.L.vo n. 72/2015.*

Si riporta il testo previgente:

«1. L'emittente o la persona che chiede l'ammissione alle negoziazioni che viola le disposizioni contenute negli articoli 113, commi 2, 3, lettere a), d) *e* f), *4 e 113* bis, *commi 1, 2, lettere* a) *e* b) *e 4, ovvero le disposizioni generali o particolari emanate dalla CONSOB in base ai medesimi articoli, è punito con la sanzione amministrativa pecuniaria da cinquemila euro a cinquecentomila euro».*

(3) *Questo comma è stato abrogato dall'art. 5, comma 9, lett.* b), *del D.L.vo 12 maggio 2015, n. 72.*

A norma dell'art. 6, comma 2, del medesimo decreto, le modifiche apportate alla parte V di questo decreto, si applicano alle violazioni commesse dopo l'entrata in vigore delle disposizioni adottate dalla Consob e dalla Banca d'Italia secondo le rispettive competen-

ze ai sensi dell'articolo 196 bis *del presente decreto. Alle violazioni commesse prima della data di entrata in vigore delle disposizioni adottate dalla Consob e dalla Banca d'Italia continuano ad applicarsi le norme della parte V di questo decreto, vigenti prima della data di entrata in vigore del D.L.vo n. 72/2015.*

(4) *La parola tra parentesi quadrate è stata soppressa dall'art. 5, comma 16, lett.* a)*, del D.L.vo 3 agosto 2017, n. 129. A norma dell'art. 10, comma 2, del medesimo decreto, tali disposizioni si applicano dal 3 gennaio 2018.*

(5) *Questo comma è stato inserito dall'art. 5, comma 9, lett.* c)*, del D.L.vo 12 maggio 2015, n. 72.*

A norma dell'art. 6, comma 2, del medesimo decreto, le modifiche apportate alla parte V di questo decreto, si applicano alle violazioni commesse dopo l'entrata in vigore delle disposizioni adottate dalla Consob e dalla Banca d'Italia secondo le rispettive competenze ai sensi dell'articolo 196 bis *del presente decreto. Alle violazioni commesse prima della data di entrata in vigore delle disposizioni adottate dalla Consob e dalla Banca d'Italia continuano ad applicarsi le norme della parte V di questo decreto, vigenti prima della data di entrata in vigore del D.L.vo n. 72/2015.*

(6) *Questo comma è stato abrogato dall'art. 5, comma 9, lett.* d)*, del D.L.vo 12 maggio 2015, n. 72.*

A norma dell'art. 6, comma 2, del medesimo decreto, le modifiche apportate alla parte V di questo decreto, si applicano alle violazioni commesse dopo l'entrata in vigore delle disposizioni adottate dalla Consob e dalla Banca d'Italia secondo le rispettive competenze ai sensi dell'articolo 196 bis *del presente decreto. Alle violazioni commesse prima della data di entrata in vigore delle disposizioni adottate dalla Consob e dalla Banca d'Italia continuano ad applicarsi le norme della parte V di questo decreto, vigenti prima della data di entrata in vigore del D.L.vo n. 72/2015.*

(7) *Le parole: «188, commi 2 e 2* bis*» sono state così sostituite dalle attuali: «187* quinquiesdecies*, comma 1* quater*» dall'art. 5, comma 16, lett.* b)*, del D.L.vo 3 agosto 2017, n. 129. A norma dell'art. 10, comma 2, del medesimo decreto, tali disposizioni si applicano dal 3 gennaio 2018.*

(8) *Questo comma è stato aggiunto dall'art. 5, comma 9, lett.* e)*, del D.L.vo 12 maggio 2015, n. 72.*

A norma dell'art. 6, comma 2, del medesimo decreto, le modifiche apportate alla parte V di questo decreto, si applicano alle violazioni commesse dopo l'entrata in vigore delle disposizioni adottate dalla Consob e dalla Banca d'Italia secondo le rispettive competenze ai sensi dell'articolo 196 bis *del presente decreto. Alle violazioni commesse prima della data di entrata in vigore delle disposizioni adottate dalla Consob e dalla Banca d'Italia continuano ad applicarsi le norme della parte V di questo decreto, vigenti prima della data di entrata in vigore del D.L.vo n. 72/2015.*

192 *quater*. (1) **Obbligo di astensione.** – 1. I soci e gli amministratori che violano l'obbligo di astensione di cui all'articolo 6, comma 2 *novies*, sono puniti con una sanzione amministrativa pecuniaria da euro cinquantamila a euro centocinquantamila.

(1) *Questo articolo è stato inserito dall'art. 5, comma 10, del D.L.vo 12 maggio 2015, n. 72.*

A norma dell'art. 6, comma 2, del medesimo decreto, le modifiche apportate alla parte V di questo decreto, si applicano alle violazioni commesse dopo l'entrata in vigore delle disposizioni adottate dalla Consob e dalla Banca d'Italia secondo le rispettive competenze ai sensi dell'articolo 196 bis *del presente decreto. Alle violazioni commesse prima della data di entrata in vigore delle disposizioni adottate dalla Consob e dalla Banca d'Italia continuano ad applicarsi le norme della parte V di questo decreto, vigenti prima della data di entrata in vigore del D.L.vo n. 72/2015.*

193. (1) **Informazione societaria e doveri dei sindaci, dei revisori legali e delle società di revisione legale.** – 1. Salvo che il fatto costituisca reato, nei confronti di società, enti o associazioni tenuti a effettuare le comunicazioni previste dagli articoli 114, 114 *bis*, 115, 154 *bis*, 154 *ter* e 154 *quater*, o soggetti agli obblighi di cui all'articolo 115 *bis* per l'inosservanza delle disposizioni degli articoli medesimi o delle relative disposizioni attuative, si applica una delle seguenti sanzioni amministrative (2):

a) una dichiarazione pubblica indicante la persona giuridica responsabile della violazione e la natura della stessa, quando questa sia connotata da scarsa offensività o pericolosità e l'infrazione contestata sia cessata; (3)

b) un ordine di eliminare le infrazioni contestate, con eventuale indicazione delle misure da adottare e del termine per l'adempimento, e di astenersi dal ripeterle, quando le infrazioni stesse siano connotate da scarsa offensività o pericolosità;

c) una sanzione amministrativa pecuniaria da euro cinquemila a euro dieci milioni, ovvero fino al cinque per cento del fatturato quando tale importo è superiore a euro dieci milioni e il fatturato è determinabile ai sensi dell'articolo 195, comma 1 *bis* (4) (5).

1.1. Se le comunicazioni indicate nel comma 1 sono dovute da una persona fisica, salvo che il fatto costituisca reato, in caso di violazione si applicano nei confronti di quest'ultima, salvo che ricorra la causa di esenzione prevista dall'articolo 114, comma 10, una delle seguenti sanzioni amministrative (6):

a) una dichiarazione pubblica indicante la persona responsabile della violazione e la natura della stessa, quando questa sia connotata da scarsa offensività o pericolosità e l'infrazione contestata sia cessata; ([7])

b) un ordine di eliminare le infrazioni contestate, con eventuale indicazione delle misure da adottare e del termine per l'adempimento, e di astenersi dal ripeterle, quando le infrazioni stesse siano connotate da scarsa offensività o pericolosità;

c) una sanzione amministrativa pecuniaria da euro cinquemila a euro due milioni ([8]).

1.2. Per le violazioni indicate nel comma 1, nei confronti dei soggetti che svolgono funzioni di amministrazione, di direzione o di controllo, nonché del personale, qualora la loro condotta abbia contribuito a determinare dette violazioni da parte della persona giuridica si applicano, nei casi previsti dall'articolo 190 *bis*, comma 1, lettera *a*), le sanzioni amministrative previste dal comma 1.1. ([8]).

[1 *bis*. Alla stessa sanzione di cui al comma 1 soggiacciono coloro i quali esercitano funzioni di amministrazione, di direzione e di controllo presso le società e gli enti che svolgono le attività indicate all'articolo 114, commi 8 e 11, nonché i loro dipendenti, e i soggetti indicati nell'articolo 114, comma 7, in caso di inosservanza delle disposizioni ivi previste nonché di quelle di attuazione emanate dalla CONSOB] ([9]).

[1 *ter*. La stessa sanzione di cui al comma 1 è applicabile in caso di inosservanza delle disposizioni previste dall'articolo 114, commi 8 e 11, nonché di quelle di attuazione emanate dalla CONSOB, nei confronti della persona fisica che svolge le attività indicate nel comma 1 *bis* e, quando non ricorra la causa di esenzione prevista dall'articolo 114, comma 10, nei confronti della persona fisica che svolge l'attività di giornalista] ([10]).

1 *quater*. Le stesse sanzioni indicate ai commi 1, 1.1 e 1.2 si applicano ([11]), in caso di inosservanza delle disposizioni di attuazione emanate dalla CONSOB ai sensi dell'articolo 113 *ter*, comma 5, lettere *b*) e *c*), nei confronti dei soggetti autorizzati dalla CONSOB all'esercizio del servizio di diffusione e di stoccaggio delle informazioni regolamentate ([12]).

[1 *quinquies*. Si applica la sanzione amministrativa pecuniaria da euro cinquemila a euro centocinquantamila:

a) agli emittenti, agli offerenti o alle persone che chiedono l'ammissione alla negoziazione sui mercati regolamentati italiani, in caso di violazione dell'articolo 4, paragrafo 1, comma 2, del regolamento (CE) n. 1060/2009 del Parlamento europeo e del Consiglio, del 16 settembre 2009, relativo alle agenzie di rating del credito;

b) agli emittenti, ai cedenti o ai promotori di strumenti di finanza strutturata, in caso di violazione dell'articolo 8 *ter* del regolamento di cui alla lettera *a*);

c) agli emittenti o ai terzi collegati come definiti dall'articolo 3, paragrafo 1, lettera *i*), del regolamento di cui alla lettera *a*), in caso di violazione degli articoli 8 *quater* e 8 *quinquies* del predetto regolamento] ([13]).

2. Salvo che il fatto costituisca reato, nei casi di omissione delle comunicazioni delleparte cipazioni rilevanti e dei patti parasociali previste, rispettivamente dagli articoli 120, commi 2, 2 *bis*, 4 e 4 *bis* ([14]), e 122, commi 1, 2 e 5, nonché di violazione dei divieti previsti dagli articoli 120, comma 5, 121, commi 1 e 3, e 122, comma 4, nei confronti di società, enti o associazioni, si applica una delle seguenti sanzioni amministrative ([15]):

a) una dichiarazione pubblica indicante il soggetto responsabile della violazione e la natura della stessa, quando questa sia connotata da scarsa offensività o pericolosità e l'infrazione contestata sia cessata; ([16])

b) un ordine di eliminare le infrazioni contestate, con eventuale indicazione delle misure da adottare e del termine per l'adempimento, e di astenersi dal ripeterle, quando le infrazioni stesse siano connotate da scarsa offensività o pericolosità;

c) una sanzione amministrativa pecuniaria da euro diecimila a euro dieci milioni, ovvero fino al cinque per cento del fatturato quando tale importo è superiore a euro dieci milioni e il fatturato è determinabile ai sensi dell'articolo 195, comma 1 *bis* ([17]) ([18]).

2.1. Salvo che il fatto costituisca reato, ove le comunicazioni indicate nel comma 2 sono dovute da una persona fisica, in caso di violazione si applica una delle seguenti sanzioni amministrative ([19]):

a) una dichiarazione pubblica indicante la persona responsabile della violazione e la natura della stessa, quando questa sia connotata da scarsa offensività o pericolosità e l'infrazione contestata sia cessata; ([20])

b) un ordine di eliminare le infrazioni contestate, con eventuale indicazione delle misure da adottare e del termine per l'adempimento, e di astenersi dal ripeterle, quando le infrazioni stesse siano connotate da scarsa offensività o pericolosità;

c) una sanzione amministrativa pecuniaria da euro diecimila a euro due milioni ([21]).

2.2. Per le violazioni indicate nel comma 2, nei confronti dei soggetti che svolgono funzioni di amministrazione, di direzione o di controllo, nonché del personale, qualora la loro condotta abbia contribuito a determinare dette violazioni da parte della persona giuridica si applicano, nei casi previsti dall'articolo 190 *bis*, comma 1, lettera *a*), le sanzioni amministrative previste dal comma 2.1. ([21]).

2.3. Nei casi di ritardo delle comunicazioni previste dall'articolo 120, commi 2, 2 *bis* e 4, non superiore a due mesi, l'importo minimo edittale delle sanzioni amministrative pecuniarie indicate nei commi 2 e 2.1 è pari a euro cinquemila ([21]).

2.4. Se il vantaggio ottenuto dall'autore della violazione come conseguenza della violazione stessa è superiore ai limiti massimi edittali indicati nei commi 1, 1.1, 2 e 2.1, del presente articolo, la sanzione amministrativa pecuniaria è elevata fino al doppio dell'ammontare del vantaggio ottenuto, purchè tale ammontare sia determinabile ([21]).

[2 *bis*. Le sanzioni indicate ai commi 1 e 2 si applicano nei confronti degli esponenti aziendali e del personale della società o dell'ente nei casi previsti dall'art. 190 *bis*, comma 1, lettera *a*)] ([22]).

3. Si applica la sanzione amministrativa pecuniaria da euro diecimila a euro un milione e cinquecentomila ([23]) applica:

a) ai componenti del collegio sindacale, del consiglio di sorveglianza e del comitato per il controllo sulla gestione che commettono irregolarità nell'adempimento dei doveri previsti dall'articolo 149, commi 1, 4 *bis*, primo periodo, e 4 *ter*, ovvero omettono le comunicazioni previste dall'articolo 149, comma 3 ([24]);

[*b*) agli amministratori delle società di revisione che violano le disposizioni contenute nell'articolo 162, comma 3] ([25]).

3 *bis*. Salvo che il fatto costituisca reato, i componenti degli organi di controllo, i quali omettano di eseguire nei termini prescritti le comunicazioni di cui all'articolo 148 *bis*, comma 2, sono puniti con la sanzione amministrativa in misura pari al doppio della retribuzione annuale prevista per l'incarico relativamente al quale è stata omessa la comunicazione. Con il provvedimento sanzionatorio è dichiarata altresì la decadenza dall'incarico ([26]).

[3 *ter*. Salvo quanto previsto dall'articolo 194 *quinquies*, alle sanzioni amministrative pecuniarie previste dal presente articolo non si applicano gli articoli 6, 10, 11 e 16 della legge 24 novembre 1981, n. 689] ([27]).

3 *quater*. Nel caso di violazione degli ordini previsti dal presente articolo si applica l'articolo 192 *bis*, comma 1 *quater* ([28]).

([1]) *L'originaria rubrica:* «Informazione societaria e doveri dei sindaci e delle società di revisione» *è stata sostituita dall'attuale dall'art. 40, comma 20, del D.L.vo 27 gennaio 2010, n. 39.*

([2]) *Le parole: «si applicano le seguenti misure e sanzioni amministrative» sono state così sostituite dalle attuali: «si applica una delle seguenti sanzioni amministrative» dall'art. 5, comma 17, lett.* a), *del D.L.vo 3 agosto 2017, n. 129. A norma dell'art. 10, comma 2, del medesimo decreto, tali disposizioni si applicano dal 3 gennaio 2018.*

([3]) *Le parole: «, quando questa sia connotata da scarsa offensività o pericolosità e l'infrazione contestata sia cessata;» sono state aggiunte dall'art. 5, comma 17, lett.* b), *del D.L.vo 3 agosto 2017, n. 129. A norma dell'art. 10, comma 2, del medesimo decreto, tali disposizioni si applicano dal 3 gennaio 2018.*

([4]) *Le parole: «o se superiore fino al cinque per cento del fatturato complessivo annuo.» sono state così sostituite dalle attuali: «ovvero fino al cinque per cento del fatturato quando tale importo è superiore a euro dieci milioni e il fatturato è determinabile ai sensi dell'articolo 195, comma 1 bis.» dall'art. 5, comma 17, lett.* c), *del D.L.vo 3 agosto 2017, n. 129. A norma dell'art. 10, comma 2, del medesimo decreto, tali disposizioni si applicano dal 3 gennaio 2018.*

([5]) *Questo comma è stato così sostituito dall'art. 1, comma 10, lett.* a), *del D.L.vo 15 febbraio 2016, n. 25.*

([6]) *Le parole: «le seguenti misure e sanzioni amministrative» sono state così sostituite dalle attuali: «una delle seguenti sanzioni amministrative» dall'art. 5, comma 17, lett.* d), *del D.L.vo 3 agosto 2017, n. 129. A norma dell'art. 10, comma 2, del medesimo decreto, tali disposizioni si applicano dal 3 gennaio 2018.*

([7]) *Le parole: «, quando questa sia connotata da scarsa offensività o pericolosità e l'infrazione contestata sia cessata;» sono state aggiunte dall'art. 5, comma 17, lett.* e), *del D.L.vo 3 agosto 2017, n. 129. A norma dell'art. 10, comma 2, del medesimo decreto, tali disposizioni si applicano dal 3 gennaio 2018.*

([8]) *Questo comma è stato inserito dall'art. 1, comma 10, lett.* b), *del D.L.vo 15 febbraio 2016, n. 25.*

([9]) *Questo comma è stato abrogato dall'art. 5, comma 11, lett.* b), *del D.L.vo 12 maggio 2015, n. 72.*

A norma dell'art. 6, comma 2, del medesimo decreto, le modifiche apportate alla parte V di questo decreto, si applicano alle violazioni commesse dopo l'entrata in vigore delle disposizioni adottate dalla Consob e dalla Banca d'Italia secondo le rispettive competenze ai sensi dell'articolo 196 bis *del presente decreto. Alle violazioni commesse prima della data di entrata in vigore delle disposizioni adottate dalla Consob e dalla Banca d'Italia continuano ad applicarsi le norme della parte V di questo decreto, vigenti prima della data di entrata in vigore del D.L.vo n. 72/2015.*

([10]) *Questo comma è stato abrogato dall'art. 5, comma 11, lett.* c), *del D.L.vo 12 maggio 2015, n. 72.*

A norma dell'art. 6, comma 2, del medesimo decreto, le modifiche apportate alla parte V di questo decreto, si applicano alle violazioni commesse dopo l'entrata in vigore delle disposizioni adottate dalla Consob e dalla Banca d'Italia secondo le rispettive competenze ai sensi dell'articolo 196 bis *del presente decreto. Alle violazioni commesse prima della data di entrata in vigore delle disposizioni adottate dalla Consob e dalla Banca d'Italia continuano ad applicarsi le norme della parte V di questo decreto, vigenti prima della data di entrata in vigore del D.L.vo n. 72/2015.*

([11]) *Le parole: «La stessa sanzione di cui al comma 1 è applicabile» sono state così sostituite dalle parole: «Le stesse sanzioni indicate ai commi 1, 1.1 e 1.2 si applicano» dall'art. 1, comma 10, lett.* c), *del D.L.vo 15 febbraio 2016, n. 25.*

([12]) *Questo comma è stato inserito dall'art. 1, comma 11, lett.* b), *del D.L.vo 6 novembre 2007, n. 195.*

([13]) *Questo comma, inserito dall'art. 1, comma 2, del D.L.vo 5 ottobre 2010, n. 176, è stato abrogato dall'art. 5, comma 17, lett.* f), *del D.L.vo 3 agosto 2017, n. 129. A norma dell'art. 10, comma 2, del medesimo decreto, tali disposizioni si applicano dal 3 gennaio 2018.*

([14]) *Le parole: «rispettivamente dagli articoli 120, commi 2, 2* bis *e 4» sono state così sostituite dalle attuali: «rispettivamente dagli articoli 120, commi 2, 2* bis, *4 e 4* bis» *dall'art. 13, comma 1, lett.* b), *del D.L. 16 ottobre 2017, n. 148, convertito, con modificazioni, nella L. 4 dicembre 2017, n. 172.*

([15]) *Le parole: «si applicano le seguenti misure e sanzioni amministrative» sono state così sostituite dalle attuali: «si applica una delle seguenti sanzioni amministrative» dall'art. 5, comma 17, lett.* g), *del D.L.vo 3 agosto 2017, n. 129. A norma dell'art. 10, comma 2, del medesimo decreto, tali disposizioni si applicano dal 3 gennaio 2018.*

([16]) *Le parole: «, quando questa sia connotata da scarsa offensività o pericolosità e l'infrazione contestata sia cessata;» sono state aggiunte dall'art. 5, comma 17, lett.* h), *del D.L.vo 3 agosto 2017, n. 129. A norma dell'art. 10, comma 2, del medesimo decreto, tali disposizioni si applicano dal 3 gennaio 2018.*

([17]) *Le parole: «o, se superiore, fino al cinque per cento del fatturato complessivo annuo» sono state così sostituite dalle attuali: «ovvero fino al cinque per cento del fatturato quando tale importo è superiore a euro dieci milioni e il fatturato è determinabile ai sensi dell'articolo 195, comma 1 bis.» dall'art. 5, comma 17, lett.* i), *del D.L.vo 3 agosto 2017, n. 129. A norma dell'art. 10, comma 2, del medesimo decreto, tali disposizioni si applicano dal 3 gennaio 2018.*

([18]) *Questo comma, originariamente sostituito dall'art. 5, comma 11, lett.* d), *del D.L.vo 12 maggio 2015, n. 72, è stato da ultimo così sostituito dall'attuale, dall'art. 1, comma 10, lett.* d), *del D.L.vo 15 febbraio 2016, n. 25.*

([19]) *Le parole: «si applicano le seguenti misure e sanzioni amministrative» sono state così sostituite dalle attuali: «si applica una delle seguenti sanzioni amministrative» dall'art. 5, comma 17, lett.* l), *del D.L.vo 3 agosto 2017, n. 129. A norma dell'art. 10, comma 2, del medesimo decreto, tali disposizioni si applicano dal 3 gennaio 2018.*

([20]) *Le parole: «, quando questa sia connotata da scarsa offensività o pericolosità e l'infrazione contestata sia cessata;» sono state aggiunte dall'art. 5, comma 17, lett.* m), *del D.L.vo 3 agosto 2017, n. 129. A norma dell'art. 10, comma 2, del medesimo decreto, tali disposizioni si applicano dal 3 gennaio 2018.*

([21]) *Questo comma è stato inserito dall'art. 1, comma 10, lett.* e), *del D.L.vo 15 febbraio 2016, n. 25.*

([22]) *Questo comma, inserito dall'art. 5, comma 11, lett.* e), *del D.L.vo 12 maggio 2015, n. 72, è stato da ultimo così soppresso dall'art. 1, comma 10, lett.* f), *del D.L.vo 15 febbraio 2016, n. 25.*

([23]) *Le parole: «La sanzione indicata nel comma 2, primo periodo, si» sono state così sostituite dalle parole: «Si applica la sanzione amministrativa pecuniaria da euro diecimila a euro un milione e cinquecentomila» dall'art. 10, comma 1, lett.* g), *del D.L.vo 15 febbraio 2016, n. 25.*

([24]) *Questa lettera è stata così sostituita dall'art. 2, comma 1, lett.* g), *della L. 28 dicembre 2005, n. 262.*

([25]) *Questa lettera è stata abrogata dall'art. 40, comma 21, del D.L.vo 27 gennaio 2010, n. 39.*

([26]) *Questo comma è stato inserito dall'art. 9, comma 1, lett.* n), *n. 4) della L. 18 aprile 2005, n. 62 e poi così sostituito dall'art. 37, comma 1, della L. 28 dicembre 2005, n. 262.*

([27]) *Questo comma, aggiunto dall'art. 5, comma 11, lett.* g), *del D.L.vo 12 maggio 2015, n. 72 è stato abrogato dall'art. 5, comma 17, lett.* n), *del D.L.vo 3 agosto 2017, n. 129. A norma dell'art. 10, comma 2, del medesimo decreto, tali disposizioni si applicano dal 3 gennaio 2018.*

([28]) *Questo comma è stato aggiunto dall'art. 1, comma 10, lett.* h), *del D.L.vo 15 febbraio 2016, n. 25.*

193 *bis*. ([1]) Rapporti con società estere aventi sede legale in Stati che non garantiscono la trasparenza societaria. – 1. Coloro che sottoscrivono il bilancio della società estera di cui all'articolo 165 *quater*, comma 2, le relazioni e i pareri di cui agli

Leggi complementari

articoli 165 *quater*, commi 2 e 3, 165 *quinquies*, comma 1, e 165 *sexies*, comma 1, e coloro che esercitano la revisione ai sensi dell'articolo 165 *quater*, comma 4, sono soggetti a responsabilità civile, penale e amministrativa secondo quanto previsto in relazione al bilancio delle società italiane.

2. Salvo che il fatto costituisca reato, la violazione degli obblighi derivanti dall'esercizio dei poteri attribuiti alla CONSOB dall'articolo 165 *septies*, comma 1, è punita con la sanzione amministrativa pecuniaria prevista dall'articolo 193, comma 1.

(1) *Questo articolo è stato inserito dall'art. 6, comma 2, della L. 28 dicembre 2005, n. 262.*

193 *ter*. (1) **Sanzioni amministrative pecuniarie relative alle violazioni delle prescrizioni di cui al regolamento (UE) n. 236/2012. –** 1. Chiunque non osservi le disposizioni previste dagli articoli 5, 6, 7, 8, 9, 15, 17, 18 e 19 del regolamento (UE) n. 236/2012 e relative disposizioni attuative, è soggetto alla sanzione amministrativa del pagamento di una somma da euro venticinquemila a euro duemilionicinquecentomila.

2. La stessa sanzione del comma 1 è applicabile a chi:

a) violi le disposizioni di cui agli articoli 12, 13 e 14 del regolamento (2) indicato al comma 1 e relative disposizioni attuative;

b) violi le misure adottate dall'autorità competente di cui all'articolo 4 *ter* ai sensi degli articoli 20, 21 e 23 del medesimo regolamento.

3. Le sanzioni amministrative pecuniarie previste al comma 2, lettere *a*) e *b*), sono aumentate fino al triplo o fino al maggiore importo di dieci volte il prodotto o il profitto conseguito dall'illecito quando, per le qualità personali del colpevole, per l'entità del prodotto o del profitto conseguito dall'illecito ovvero per gli effetti prodotti sul mercato, esse appaiono inadeguate anche se applicate nel massimo.

4. L'applicazione delle sanzioni amministrative pecuniarie previste dal presente articolo comporta sempre la confisca del prodotto o del profitto dell'illecito. Qualora non sia possibile eseguire la confisca, la stessa può avere ad oggetto somme di denaro, beni o altre utilità di valore equivalente.

[5. Alle sanzioni amministrative pecuniarie previste dal presente articolo non si applica l'articolo 16 della legge 24 novembre 1981, n. 689] (3).

(1) *Questo articolo è stato inserito dall'art. 24, comma 1, lett.* d), *del D.L. 18 ottobre 2012, n. 179, convertito, con modificazioni, nella L. 17 dicembre 2012, n. 221.*

(2) *La parola: «Regolamento» è stata così sostituita dalla attuale: «regolamento» dall'art. 5, comma 18, punto 1.1, del D.L.vo 3 agosto 2017, n. 129. A norma dell'art. 10, comma 2, del medesimo decreto, tali disposizioni si applicano dal 3 gennaio 2018.*

(3) *Questo comma è stato abrogato dall'art. 5, comma 18, punto 1.2, del D.L.vo 3 agosto 2017, n. 129. A norma dell'art. 10, comma 2, del medesimo decreto, tali disposizioni si applicano dal 3 gennaio 2018.*

193 *quater*. (1) **Sanzioni amministrative pecuniarie relative alla violazione delle disposizioni previste dal regolamento (UE) n. 648/2012 del Parlamento europeo e del Consiglio, del 4 luglio 2012.** – 1. Le controparti centrali, i gestori delle sedi di negoziazione, le controparti finanziarie e le controparti non finanziarie, come definite dall'articolo 2, punti 1), 4), 8) e 9), del regolamento (UE) n. 648/2012 del Parlamento europeo e del Consiglio, del 4 luglio 2012, i soggetti che agiscono in qualità di partecipanti alle controparti centrali o in qualità di clienti di questi ultimi, come definiti dall'articolo 2, punto 15), del citato regolamento, i quali non osservano le disposizioni previste dai titoli II, III, IV e V del medesimo regolamento e le relative disposizioni attuative, sono puniti (2) con la sanzione amministrativa pecuniaria da euro cinquemila fino a euro cinque milioni, se sono persone fisiche. Se la violazione è commessa da una società o da un ente, si applica nei confronti di questi ultimi la sanzione amministrativa pecuniaria da euro trentamila fino a euro cinque milioni, ovvero fino al dieci per cento del fatturato, quando tale importo è superiore a euro cinque milioni e il fatturato è determinabile ai sensi dell'articolo 195, comma 1 *bis* (3) (4).

[2. Le sanzioni previste dal comma 1 si applicano anche ai soggetti che svolgono funzioni di controllo nelle controparti centrali, nelle sedi di negoziazione, nelle controparti finanziarie e nelle controparti non finanziarie, come definite al comma 1, i quali abbiano violato le disposizioni previste dai titoli II, III, IV e V del regolamento di cui al comma 1 o non abbiano vigilato, in conformità ai doveri inerenti al loro ufficio, affinchè le disposizioni stesse non siano da altri violate] (5).

3. Le sanzioni amministrative previste dal comma 1 (6) sono applicate dalla Banca d'Italia, dalla Consob, dall'IVASS e dalla COVIP, secondo le rispettive attribuzioni di vigilanza (7).

4. Si applica l'articolo 187 *quinquiesdecies*, comma 1 *quater* (8) (9).

(1) *Questo articolo è stato inserito dall'art. 33, comma 1, lett.* r)*, della L. 6 agosto 2013, n. 97.*

(2) *Le parole: «sono punite» sono state così sostituite dalle attuali: «sono puniti» dall'art. 5, comma 19, lett.* a)*, del D.L.vo 3 agosto 2017, n. 129. A norma dell'art. 10, comma 2, del medesimo decreto, tali disposizioni si applicano dal 3 gennaio 2018.*

(3) *Le parole: «ovvero al dieci per cento del fatturato, quando tale importo è superiore a euro cinque milioni e il fatturato è disponibile e determinabile.» sono state così sostituite dalle attuali: «ovvero fino al dieci per cento del fatturato, quando tale importo è superiore a euro cinque milioni e il fatturato è determinabile ai sensi dell'articolo 195, comma 1* bis*.» dall'art. 5, comma 19, lett.* a)*, del D.L.vo 3 agosto 2017, n. 129. A norma dell'art. 10, comma 2, del medesimo decreto, tali disposizioni si applicano dal 3 gennaio 2018.*

(4) *Questo comma, originariamente sostituito dall'art. 5, comma 12, lett.* a)*, del D.L.vo 12 maggio 2015, n. 72, è stato da ultimo così sostituito dall'attuale, dall'art. 3, comma 6, lett.* a)*, del D.L.vo 12 agosto 2016, n. 176.*

(5) *Questo comma è stato abrogato dall'art. 5, comma 12, lett.* b)*, del D.L.vo 12 maggio 2015, n. 72.*

A norma dell'art. 6, comma 2, del medesimo decreto, le modifiche apportate alla parte V di questo decreto, si applicano alle violazioni commesse dopo l'entrata in vigore delle disposizioni adottate dalla Consob e dalla Banca d'Italia secondo le rispettive competenze ai sensi dell'articolo 196 bis *del presente decreto. Alle violazioni commesse prima della data di entrata in vigore delle disposizioni adottate dalla Consob e dalla Banca d'Italia continuano ad applicarsi le norme della parte V di questo decreto, vigenti prima della data di entrata in vigore del D.L.vo n. 72/2015.*

(6) *Le parole: «Le sanzioni amministrative previste dai commi 1 e 2» sono state così sostituite dalle seguenti: «Le sanzioni amministrative previste dal comma 1» dall'art. 5, comma 12, lett.* c)*, del D.L.vo 12 maggio 2015, n. 72.*

A norma dell'art. 6, comma 2, del medesimo decreto, le modifiche apportate alla parte V di questo decreto, si applicano alle violazioni commesse dopo l'entrata in vigore delle disposizioni adottate dalla Consob e dalla Banca d'Italia secondo le rispettive competenze ai sensi dell'articolo 196 bis *del presente decreto. Alle violazioni commesse prima della data di entrata in vigore delle disposizioni adottate dalla Consob e dalla Banca d'Italia continuano ad applicarsi le norme della parte V di questo decreto, vigenti prima della data di entrata in vigore del D.L.vo n. 72/2015.*

(7) *Questo comma è stato così sostituito dall'art. 11, comma 1, lett.* c)*, della L. 30 ottobre 2014, n. 161.*

(8) *Le parole: «188, commi 2 e 2* bis*» sono state così sostituite dalle attuali: «187* quinquiesdecies*, comma 1* quater*» dall'art. 5, comma 19, lett.* b)*, del D.L.vo 3 agosto 2017, n. 129. A norma dell'art. 10, comma 2, del medesimo decreto, tali disposizioni si applicano dal 3 gennaio 2018.*

(9) *Questo comma è stato così sostituito dall'art. 3, comma 6, lett.* b)*, del D.L.vo 12 agosto 2016, n. 176.*

193 *quinquies*. (1) **Sanzioni amministrative pecuniarie relative alle violazioni delle disposizioni previste dal regolamento (UE) n. 1286/2014.** – 1. La violazione delle disposizioni richiamate dall'articolo 24, paragrafo 1, del regolamento (UE) n. 1286/2014, ovvero la mancata osservanza delle misure adottate ai sensi dell'articolo 4 *septies*, comma 1, è punita con la sanzione amministrativa pecuniaria da euro cinquemila fino a euro settecentomila con provvedimento adottato dalla Consob o dall'IVASS secondo le rispettive competenze definite ai sensi dell'articolo 4 *sexies*. Se la violazione è commessa da una società o un ente, è applicata la sanzione amministrativa pecuniaria da euro trentamila fino a euro cinque milioni, ovvero fino al tre per cento del relativo fatturato [totale annuo determinato in conformità all'articolo 24 del regolamento (UE) n. 1286/2014] (2) quando tale importo è superiore a euro cinque milioni e il fatturato è determinabile ai sensi dell'articolo 195, comma 1 *bis* (3).

2. La violazione degli obblighi di notifica di cui all'articolo 4 *decies* e delle relative disposizioni attuative è punita con le sanzioni previste dal comma 1.

3. Le sanzioni previste ai commi 1 e 2 per le persone fisiche si applicano nei confronti degli esponenti aziendali e del personale della società o dell'ente nei casi previsti dall'articolo 190 *bis*, comma 1, lettera *a*).

4. Se il profitto ottenuto dall'autore della violazione come conseguenza della violazione stessa o la perdita evitata grazie alla violazione sono superiori ai limiti massimi indicati nel comma 1, la sanzione amministrativa pecuniaria è elevata fino al doppio dell'ammontare dei profitti ottenuti o delle perdite evitate, purchè tale ammontare sia determinabile.

5. La Consob e l'IVASS possono imporre, secondo le rispettive competenze definite ai sensi dell'articolo 4 *sexies*, agli ideatori di PRIIP o ai soggetti che forniscono consulenza sui PRIIP o vendono tali prodotti, di trasmettere una comunicazione diretta all'investitore al dettaglio in PRIIP interessato, fornendogli informazioni circa le sanzioni adottate e comunicando le modalità per la presentazione di eventuali reclami o domande di risarcimento anche mediante il ricorso

ai meccanismi di risoluzione stragiudiziale delle controversie previsti dal decreto legislativo 8 ottobre 2007, n. 179.

(¹) *Questo articolo è stato inserito dall'art. 1, comma 4, del D.L.vo 14 novembre 2016, n. 224. Le disposizioni del presente decreto si applicano a decorrere dalla data di applicazione del regolamento (UE) n. 1286/2014 (31 dicembre 2016).*

(²) *Le parole tra parentesi quadrate sono state soppresse dall'art. 5, comma 20, del D.L.vo 3 agosto 2017, n. 129. A norma dell'art. 10, comma 2, del medesimo decreto, tali disposizioni si applicano dal 3 gennaio 2018.*

(³) *Le parole: «e il fatturato è determinabile ai sensi dell'articolo 195, comma 1 bis.» sono state aggiunte dall'art. 5, comma 20, del D.L.vo 3 agosto 2017, n. 129. A norma dell'art. 10, comma 2, del medesimo decreto, tali disposizioni si applicano dal 3 gennaio 2018.*

193 *sexies*. (¹) **Sistemi interni di segnalazione. –** 1. In caso di inosservanza delle disposizioni previste dall'articolo 4 *undecies* e dalle relative disposizioni attuative, si applica la sanzione amministrativa pecuniaria da euro trentamila fino a euro cinque milioni, ovvero fino al dieci per cento del fatturato, quando tale importo è superiore a euro cinque milioni e il fatturato è determinabile ai sensi dell'articolo 195, comma 1 *bis*. In tal caso, fermo restando quanto previsto per le società e gli enti nei confronti dei quali sono accertate le violazioni, si applica anche la sanzione amministrativa pecuniaria da euro cinquemila fino a euro cinque milioni nei confronti degli esponenti aziendali e del personale della società o dell'ente nei casi previsti dall'articolo 190 *bis*, comma 1, lettera *a*).

(¹) *Questo articolo è stato inserito dall'art. 5, comma 21, del D.L.vo 3 agosto 2017, n. 129. A norma dell'art. 10, comma 2, del medesimo decreto, tali disposizioni si applicano dal 3 gennaio 2018.*

194. Deleghe di voto. – [1. Chiunque effettua o da incarico di effettuare una sollecitazione o una raccolta di deleghe di voto in assemblea di società con azioni quotate in mercati regolamentati italiani o di altri Paesi dell'Unione Europea senza esservi abilitato ai sensi dell'articolo 140 ovvero senza possedere i requisiti previsti dagli articoli 139 e 141 è punito con la sanzione amministrativa pecuniaria da € 5.164 a € 103.291] (¹).

2. Il soggetto che promuove una sollecitazione di deleghe di voto che viola le norme degli articoli 138, 142, commi 1 e 2, 144, comma 4, e del regolamento emanato a norma dell'articolo 144, comma 1, è punito con la sanzione amministrativa pecuniaria da euro cinquemila a euro settecentocinquantamila (²).

2 *bis*. La sanzione prevista al comma 2 si applica al rappresentante designato dalla società con azioni quotate che viola l'articolo 135 *undecies*, comma 4 (³).

2 *ter*. Se all'osservanza delle disposizioni previste dal comma 2 è tenuta una società o un ente le sanzioni ivi previste si applicano nei confronti di questi; la stessa sanzione si applica nei confronti degli esponenti aziendali e del personale della società o dell'ente nei casi previsti dall'articolo 190 *bis*, comma 1, lettera *a*). Se all'osservanza delle medesime disposizioni è tenuta una persona fisica, in caso di violazione, la sanzione si applica nei confronti di quest'ultima (⁴).

[2 *quater*. Salvo quanto previsto dall'articolo 194 *quinquies*, alle sanzioni amministrative pecuniarie previste dal presente articolo non si applicano gli articoli 6, 10, 11 e 16 della legge 24 novembre 1981, n. 689] (⁵).

(¹) *Questo comma è stato abrogato dall'art. 4, comma 2, lett.* a), *del D.L.vo 27 gennaio 2010, n. 27.*

(²) *Questo comma è stato da ultimo così sostituito dall'art. 5, comma 13, lett.* a), *del D.L.vo 12 maggio 2015, n. 72.*

A norma dell'art. 6, comma 2, del medesimo decreto, le modifiche apportate alla parte V di questo decreto, si applicano alle violazioni commesse dopo l'entrata in vigore delle disposizioni adottate dalla Consob e dalla Banca d'Italia secondo le rispettive competenze ai sensi dell'articolo 196 bis *del presente decreto. Alle violazioni commesse prima della data di entrata in vigore delle disposizioni adottate dalla Consob e dalla Banca d'Italia continuano ad applicarsi le norme della parte V di questo decreto, vigenti prima della data di entrata in vigore del D.L.vo n. 72/2015.*

Si riporta il testo previgente:

«2. Il promotore di una sollecitazione di deleghe di voto che viola le norme degli articoli 138, 142, commi 1 e 2, 144, comma 4, e del regolamento emanato a norma dell'articolo 144, comma 1, è punito con la sanzione amministrativa pecuniaria da euro venticinquemila a euro cinquecentomila».

(³) *Questo comma è stato aggiunto dall'art. 4, comma 2, lett.* c), *del D.L.vo 27 gennaio 2010, n. 27.*

(⁴) *Questo comma è stato aggiunto dall'art. 5, comma 13, lett.* b), *del D.L.vo 12 maggio 2015, n. 72.*

A norma dell'art. 6, comma 2, del medesimo decreto, le modifiche apportate alla parte V di questo decreto, si applicano alle violazioni commesse dopo l'entrata in vigore delle disposizioni adottate dalla Consob e dalla Banca d'Italia secondo le rispettive competenze ai sensi dell'articolo 196 bis *del presente decreto. Alle violazioni commesse prima della data di entrata in vigore delle disposizioni adottate dalla Consob e dalla Banca d'Italia continuano ad applicarsi le norme della parte V di questo decreto, vigenti prima della data di entrata in vigore del D.L.vo n. 72/2015.*

(5) *Questo comma, aggiunto dall'art. 5, comma 13, lett.* b), *del D.L.vo 12 maggio 2015, n. 72 è stato abrogato dall'art. 5, comma 22, del D.L.vo 3 agosto 2017, n. 129. A norma dell'art. 10, comma 2, del medesimo decreto, tali disposizioni si applicano dal 3 gennaio 2018.*

194 *bis*. (1) **Criteri per la determinazione delle sanzioni.** – 1. Nella determinazione del tipo, della durata e dell'ammontare delle sanzioni (2) previste dal presente decreto, la Banca d'Italia o la Consob considerano ogni circostanza rilevante e, in particolare, tenuto conto del fatto che il destinatario della sanzione sia persona fisica o giuridica, le seguenti, ove pertinenti:

a) gravità e durata della violazione;

b) grado di responsabilità;

c) capacità finanziaria del responsabile della violazione;

d) entità del vantaggio ottenuto o delle perdite evitate attraverso la violazione, nella misura in cui essa sia determinabile;

e) pregiudizi cagionati a terzi attraverso la violazione, nella misura in cui il loro ammontare sia determinabile;

f) livello di cooperazione del responsabile della violazione con la Banca d'Italia o la Consob;

g) precedenti violazioni in materia bancaria o finanziaria commesse da parte del medesimo soggetto;

h) potenziali conseguenze sistemiche della violazione;

h bis) misure adottate dal responsabile della violazione, successivamente alla violazione stessa, al fine di evitare, in futuro, il suo ripetersi (3).

(1) *Questo articolo è stato inserito dall'art. 5, comma 14, del D.L.vo 12 maggio 2015, n. 72.*

A norma dell'art. 6, comma 2, del medesimo decreto, le modifiche apportate alla parte V di questo decreto, si applicano alle violazioni commesse dopo l'entrata in vigore delle disposizioni adottate dalla Consob e dalla Banca d'Italia secondo le rispettive competenze ai sensi dell'articolo 196 bis *del presente decreto. Alle violazioni commesse prima della data di entrata in vigore delle disposizioni adottate dalla Consob e dalla Banca d'Italia continuano ad applicarsi le norme della parte V di questo decreto, vigenti prima della data di entrata in vigore del D.L.vo n. 72/2015.*

(2) *Le parole: «Nella determinazione del tipo e dell'ammontare delle sanzioni amministrative pecuniarie o della durata delle sanzioni accessorie» sono state così sostituite dalle seguenti: «Nella determinazione del tipo, della durata e dell'ammontare delle sanzioni», dall'art. 1, comma 1, lett.* i), *n.* 1), *del D.L.vo 18 aprile 2016, n. 71, a decorrere dal 4 giugno 2016.*

(3) *Questa lettera è stata aggiunta dall'art. 1, comma 1, lett.* i), *n.* 2), *del D.L.vo 18 aprile 2016, n. 71, a decorrere dal 4 giugno 2016.*

194 *ter*. (1) **Sanzioni amministrative pecuniarie relative alle violazioni delle disposizioni previste dal regolamento (UE) n. 575/2013 e delle relative norme tecniche di regolamentazione e di attuazione** (2). – 1. Nelle materie a cui si riferiscono le disposizioni richiamate agli articoli 189, 190, 190.3 (3) e 190 *bis*, le sanzioni ivi previste si applicano, nella misura, secondo la ripartizione di competenze e con le modalità ivi stabilite, anche in caso di inosservanza del regolamento UE n. 575/2013, delle relative norme tecniche di regolamentazione e di attuazione emanate dalla Commissione europea ai sensi degli articoli 10 e 15 del regolamento UE n. 1093/2010, ovvero in caso di inosservanza degli atti dell'AESFEM o dell'ABE direttamente applicabili ai soggetti vigilati adottati ai sensi di questi ultimo regolamento o del regolamento UE n. 1095/2010.

(1) *Questo articolo è stato inserito dall'art. 5, comma 14, del D.L.vo 12 maggio 2015, n. 72.*

A norma dell'art. 6, comma 2, del medesimo decreto, le modifiche apportate alla parte V di questo decreto, si applicano alle violazioni commesse dopo l'entrata in vigore delle disposizioni adottate dalla Consob e dalla Banca d'Italia secondo le rispettive competenze ai sensi dell'articolo 196 bis *del presente decreto. Alle violazioni commesse prima della data di entrata in vigore delle disposizioni adottate dalla Consob e dalla Banca d'Italia continuano ad applicarsi le norme della parte V di questo decreto, vigenti prima della data di entrata in vigore del D.L.vo n. 72/2015.*

(2) *La precedente rubrica: «Sanzioni per violazioni di disposizioni dell'Unione europea direttamente applicabili» è stata così sostituita dalla attuale: «Sanzioni amministrative pecuniarie relative alle violazioni delle disposizioni previste dal regolamento (UE) n. 575/2013 e delle relative norme tecniche di regolamentazione e di attuazione» dall'art. 5, comma 23, lett.* a), *del D.L.vo 3 agosto 2017, n. 129. A norma dell'art. 10, comma 2, del medesimo decreto, tali disposizioni si applicano dal 3 gennaio 2018.*

(3) *La parola: «, 190.3» è stata inserita dall'art. 5, comma 23, lett.* b), *del D.L.vo 3 agosto 2017, n. 129. A norma dell'art. 10, comma 2, del medesimo decreto, tali disposizioni si applicano dal 3 gennaio 2018.*

194 *quater*. (1) **Ordine di porre termine alle violazioni.** – 1. Quando le violazioni sono connotate da scarsa offensività o pericolosità, nei confronti delle società o degli enti interessati, può essere applicata, in alternativa alle sanzioni amministrative pecuniarie, una sanzione consistente nell'ordine di eliminare le infrazioni contestate, anche indicando le misure da adottare e il termine per l'adempimento, nel caso di inosservanza:

a) delle norme previste dagli articoli 4 *undecies*; 6; 12; 21; 33, comma 4; 35 *decies*; 67 *ter*; 68, commi 1 e 2; 68 *quater*, commi 2 e 3; 98 *ter*, commi 2 e 3, e delle relative disposizioni attuative ([2]);

b) delle disposizioni generali o particolari emanate dalla Consob ai sensi dell'articolo 98 *quater*;

c) delle norme richiamate dall'articolo 63, paragrafo 1, del regolamento (UE) n. 909/2014 e delle relative disposizioni attuative.

c bis) delle norme del regolamento (UE) n. 600/2014 richiamate dall'articolo 70, paragrafo 3, lettera *b*), della direttiva 2014/65/UE e delle relative disposizioni attuative ([3]).

2. Per l'inosservanza dell'ordine entro il termine stabilito si applica la sanzione amministrativa pecuniaria prevista per la violazione originariamente contestata aumentata fino ad un terzo.

([1]) *Questo articolo, originariamente inserito dall'art. 5, comma 14, del D.L.vo 12 maggio 2015, n. 72, è stato da ultimo così sostituito dall'art. 3, comma 7, del D.L.vo 12 agosto 2016, n. 176.*

([2]) *Questa lettera è stata così sostituita dall'art. 5, comma 24, lett.* a)*, del D.L.vo 3 agosto 2017, n. 129. A norma dell'art. 10, comma 2, del medesimo decreto, tali disposizioni si applicano dal 3 gennaio 2018. Fino a tale data si applicano le disposizioni nel testo previgente che si riporta:*

«a) *delle norme previste dagli articoli 6, 12, 21, commi 1 e 1* bis, *33, comma 4, 35* decies, *79* bis, *98* ter, *commi 2 e 3, e delle relative disposizioni attuative».*

([3]) *Questa lettera è stata aggiunta dall'art. 5, comma 24, lett.* b)*, del D.L.vo 3 agosto 2017, n. 129. A norma dell'art. 10, comma 2, del medesimo decreto, tali disposizioni si applicano dal 3 gennaio 2018.*

194 *quinquies*. ([1]) **Pagamento in misura ridotta.** – 1. Possono essere estinte mediante pagamento, nel termine di trenta giorni dalla notificazione della lettera di contestazione, di una somma pari al doppio del minimo della sanzione edittale, quando non sussistano le circostanze previste dal comma 2, le violazioni previste:

a) dall'articolo 190, per la violazione degli articoli 45, comma 1, 46, comma 1, 65, [83 *novies*, comma 1, lettere *c*), *d*), *e*) ed *f*), 83 *duodecies*,] ([2]) e delle relative disposizioni attuative [adottate dalla Consob] ([3]);

a bis) dall'articolo 190.1, per la violazione degli articoli 83 *novies*, comma 1, lettere *c*), *d*), *e*) ed *f*), 83 *duodecies*, e delle relative disposizioni attuative ([4]);

a ter) dall'articolo 190.3, per la violazione degli articoli 64 *ter*, commi 2, 3 e 4, e 79 *ter*.1, e delle relative disposizioni attuative ([5]);

a quater) dall'articolo 190.4, per la violazione dell'articolo 3, paragrafo 1; dell'articolo 6, paragrafo 1; dell'articolo 8, paragrafo 1; dell'articolo 10, paragrafo 1; dell'articolo 12, paragrafo 1; dell'articolo 15, paragrafo 1, primo comma, paragrafo 2 e paragrafo 4, seconda frase; dell'articolo 18, paragrafo 6, primo comma; dell'articolo 20, paragrafi 1 e 2, prima frase; dell'articolo 21, paragrafi 1, 2 e 3; dell'articolo 26, paragrafo 1, primo comma, paragrafi da 2 a 5 e 6, primo comma, e paragrafo 7, commi dal primo al terzo, del regolamento (UE) n. 600/2014, e delle relative disposizioni attuative ([5]);

b) dall'articolo 191, commi 2 e 4 ([6]), per la violazione degli articoli 96 e 101, commi 1, 2 e 3 e delle relative disposizioni attuative ([7]);

c) dall'articolo 193, commi 1, 1.1 e 1.2, ([8]) per la violazione degli articoli 113 *ter*, comma 5, lettera *b*), 114, commi 2 e 7, e dall'articolo 193, commi 2, 2.1, 2.2 e 2.3, ([9]) per la violazione dell'articolo 120;

d) dall'articolo 194, comma 2, per la violazione dell'articolo 142, e dell'articolo 194, comma 2 *bis* e delle relative disposizioni attuative ([7]).

2. Il pagamento in misura ridotta non può essere effettuato nel caso in cui il soggetto interessato abbia già usufruito di tale misura nei dodici mesi precedenti alla violazione contestata.

([1]) *Questo articolo è stato inserito dall'art. 5, comma 14, del D.L.vo 12 maggio 2015, n. 72.*

A norma dell'art. 6, comma 2, del medesimo decreto, le modifiche apportate alla parte V di questo decreto, si applicano alle violazioni commesse dopo l'entrata in vigore delle disposizioni adottate dalla Consob e dalla Banca d'Italia secondo le rispettive competenze ai sensi dell'articolo 196 bis *del presente decreto. Alle violazioni commesse prima della data di entrata in vigore delle disposizioni adottate dalla Consob e dalla Banca d'Italia continuano ad applicarsi le norme della parte V di questo decreto, vigenti prima della data di entrata in vigore del D.L.vo n. 72/2015.*

([2]) *Le parole fra parentesi quadrate sono state soppresse dall'art. 3, comma 8, lett.* a)*, del D.L.vo 12 agosto 2016, n. 176.*

([3]) *Le parole tra parentesi quadrate sono state soppresse dall'art. 5, comma 25, lett.* a)*, del D.L.vo 3* *agosto 2017, n. 129. A norma dell'art. 10, comma 2, del medesimo decreto, tali disposizioni si applicano dal 3 gennaio 2018.*

([4]) *Questa lettera è stata inserita dall'art. 3, comma 8, lett. b), del D.L.vo 12 agosto 2016, n. 176.*

([5]) *Questa lettera è stata inserita dall'art. 5, comma 25, lett. b), del D.L.vo 3 agosto 2017, n. 129. A norma dell'art. 10, comma 2, del medesimo decreto, tali disposizioni si applicano dal 3 gennaio 2018.*

([6]) *Le parole: «comma 2» sono state così sostituite dalle seguenti: «commi 2 e 4» dall'art. 3, comma 8, lett. c), del D.L.vo 12 agosto 2016, n. 176.*

([7]) *Le parole: «e delle relative disposizioni attuative» sono state aggiunte dall'art. 5, comma 25, lett. c), del D.L.vo 3 agosto 2017, n. 129. A norma dell'art. 10, comma 2, del medesimo decreto, tali disposizioni si applicano dal 3 gennaio 2018.*

([8]) *Le parole: «comma 1,» sono state così sostituite dalle parole: «commi 1, 1.1 e 1.2,» dall'art. 1, comma 13, del D.L.vo 15 febbraio 2016, n. 25.*

([9]) *Le parole: «comma 2» sono state così sostituite dalle parole: «commi 2, 2.1, 2.2 e 2.3,» dall'art. 1, comma 13, del D.L.vo 15 febbraio 2016, n. 25.*

194 *sexies*. ([1]) **Condotte inoffensive.** – 1. Nei casi previsti dall'articolo 194 *quinquies*, la Consob non procede alla contestazione delle violazioni nei casi di assoluta mancanza di pregiudizio per la tutela degli investitori e per la trasparenza del mercato del controllo societario e del mercato dei capitali, ovvero per il tempestivo esercizio delle funzioni di vigilanza.

([1]) *Questo articolo è stato inserito dall'art. 5, comma 14, del D.L.vo 12 maggio 2015, n. 72.*

A norma dell'art. 6, comma 2, del medesimo decreto, le modifiche apportate alla parte V di questo decreto, si applicano alle violazioni commesse dopo l'entrata in vigore delle disposizioni adottate dalla Consob e dalla Banca d'Italia secondo le rispettive competenze ai sensi dell'articolo 196 bis del presente decreto. Alle violazioni commesse prima della data di entrata in vigore delle disposizioni adottate dalla Consob e dalla Banca d'Italia continuano ad applicarsi le norme della parte V di questo decreto, vigenti prima della data di entrata in vigore del D.L.vo n. 72/2015.

194 *septies*. ([1]) **Dichiarazione pubblica.** – 1. Quando le violazioni sono connotate da scarsa offensività o pericolosità e l'infrazione contestata sia cessata, può essere applicata, in alternativa alle sanzioni amministrative pecuniarie, una sanzione consistente nella dichiarazione pubblica avente ad oggetto la violazione commessa e il soggetto responsabile, nel caso di inosservanza:

a) delle norme previste dagli articoli 4 *undecies*; 6; 12; 21; 22; 24, comma 1 *bis*; 24 *bis*; 29; 33, comma 4; 35 *decies*; 67 *ter*; 68, commi 1 e 2; 68 *quater*, commi 2 e 3; 98 *ter*, commi 2 e 3; e 187 *quinquiesdecies*, comma 1, e delle relative disposizioni attuative;

b) delle disposizioni generali o particolari emanate dalla Consob ai sensi dell'articolo 98 *quater*;

c) delle norme richiamate dall'articolo 63, paragrafo 1, del regolamento (UE) n. 909/2014 e delle relative disposizioni attuative;

d) delle norme richiamate dall'articolo 24, paragrafo 1, del regolamento (UE) n. 1286/2014, dell'obbligo di notifica di cui all'articolo 4 *decies* e delle relative disposizioni attuative, nonché per la mancata osservanza delle misure adottate ai sensi dell'articolo 4 *septies*, comma 1;

e) delle norme del regolamento (UE) n. 600/2014 richiamate dall'articolo 70, paragrafo 3, lettera *b*), della direttiva 2014/65/UE e delle relative disposizioni attuative e delle misure adottate dalla Consob ai sensi dell'articolo 42 del medesimo regolamento.

([1]) *Questo articolo, inserito dall'art. 1, comma 1, lett. m), del D.L.vo 18 aprile 2016, n. 71, a decorrere dal 4 giugno 2016, è stato così sostituito dall'attuale, dall'art. 5, comma 26, del D.L.vo 3 agosto 2017, n. 129. A norma dell'art. 10, comma 2, del medesimo decreto, tali disposizioni si applicano dal 3 gennaio 2018. Fino a tale data si applicano le disposizioni nel testo previgente che si riporta:*

«Art. 194 septies. (Dichiarazione pubblica) - *1. Per le violazioni delle norme previste dagli articoli 6, 12, 21, commi 1 e 1* bis, *33, comma 4, 35* decies, *79* bis, *98* ter, *commi 2 e 3, 115* bis, *e delle relative disposizioni attuative, e per le violazioni delle disposizioni generali o particolari emanate dalla Consob ai sensi dell'articolo 98 quater, quando esse siano connotate da scarsa offensività o pericolosità e l'infrazione contestata sia cessata, la Banca d'Italia o la Consob, secondo le rispettive competenze, possono applicare, in alternativa alle sanzioni amministrative pecuniarie, una sanzione consistente nella dichiarazione pubblica avente a oggetto la violazione commessa e il soggetto responsabile.*

1 bis. *Il comma 1 si applica anche alle violazioni delle norme richiamate dall'articolo 63, paragrafo 1, del regolamento (UE) n. 909/2014 e delle relative disposizioni attuative.*

1 ter. *Per le violazioni delle norme richiamate dall'articolo 24, paragrafo 1, del regolamento (UE) n. 1286/2014, dell'obbligo di notifica di cui all'articolo 4* decies *e delle relative disposizioni attuative, nonché per la mancata osservanza delle misure adottate ai sensi dell'articolo 4* septies, *comma 1, quando esse siano connotate da scarsa offensività o pericolosità e*

l'infrazione contestata sia cessata, l'IVASS o la Consob, secondo le rispettive competenze definite ai sensi dell'articolo 4 sexies, *possono applicare, in alternativa alle sanzioni amministrative pecuniarie, una sanzione consistente nella dichiarazione pubblica avente ad oggetto la violazione commessa e il soggetto responsabile».*

195. ([1]) **Procedura sanzionatoria.** – 1. Le sanzioni amministrative previste nel presente titolo sono applicate dalla Banca d'Italia o dalla Consob, secondo le rispettive competenze, con provvedimento motivato, previa contestazione degli addebiti agli interessati, da effettuarsi entro centottanta giorni dall'accertamento ovvero entro trecentosessanta giorni se l'interessato risiede o ha la sede all'estero. I soggetti interessati possono, entro trenta giorni dalla contestazione, presentare deduzioni e chiedere un'audizione personale in sede di istruttoria, cui possono partecipare anche con l'assistenza di un avvocato ([2]).

1 *bis*. Ai fini dell'applicazione delle sanzioni amministrative pecuniarie previste dal presente titolo, per fatturato si intende il fatturato totale annuo della società o dell'ente, risultante dall'ultimo bilancio disponibile approvato dall'organo competente, così come definito dalle disposizioni attuative di cui all'articolo 196 *bis* ([3]).

2. Il procedimento sanzionatorio è retto dai principi del contraddittorio, della conoscenza degli atti istruttori, della verbalizzazione nonché della distinzione tra funzioni istruttorie e funzioni decisorie.

[3. Il provvedimento di applicazione delle sanzioni è pubblicato per estratto nel Bollettino della Banca d'Italia o della CONSOB. La Banca d'Italia o la CONSOB, tenuto conto della natura della violazione e degli interessi coinvolti, possono stabilire modalità ulteriori per dare pubblicità al provvedimento, ponendo le relative spese a carico dell'autore della violazione, ovvero escludere la pubblicità del provvedimento, quando la stessa possa mettere gravemente a rischio i mercati finanziari o arrecare un danno sproporzionato alle parti] ([4]).

4. Avverso il provvedimento che applica la sanzione è ammesso ricorso alla corte d'appello del luogo in cui ha sede la società o l'ente cui appartiene l'autore della violazione ovvero, nei casi in cui tale criterio non sia applicabile, del luogo in cui la violazione è stata commessa. Il ricorso è notificato, a pena di decadenza, all'Autorità che ha emesso il provvedimento nel termine di trenta giorni dalla comunicazione del provvedimento impugnato, ovvero sessanta giorni se il ricorrente risiede all'estero, ed è depositato in cancelleria, unitamente ai documenti offerti in comunicazione, nel termine perentorio di trenta giorni dalla notifica ([5]) ([6]).

5. L'opposizione non sospende l'esecuzione del provvedimento. La corte d'appello, se ricorrono gravi motivi, può disporre la sospensione con ordinanza non impugnabile ([5]) ([7]).

6. Il Presidente della corte d'appello designa il giudice relatore e fissa con decreto l'udienza pubblica per la discussione dell'opposizione. Il decreto è notificato alle parti a cura della cancelleria almeno sessanta giorni prima dell'udienza. L'Autorità deposita memorie e documenti nel termine di dieci giorni prima dell'udienza. Se alla prima udienza l'opponente non si presenta senza addurre alcun legittimo impedimento, il giudice, con ordinanza ricorribile per Cassazione, dichiara il ricorso improcedibile, ponendo a carico dell'opponente le spese del procedimento ([5]) ([8]).

7. All'udienza la corte d'appello dispone, anche d'ufficio, i mezzi di prova che ritiene necessari, nonché l'audizione personale delle parti che ne abbiano fatto richiesta. Successivamente le parti procedono alla discussione orale della causa. La sentenza è depositata in cancelleria entro sessanta giorni. Quando almeno una delle parti manifesta l'interesse alla pubblicazione anticipata del dispositivo rispetto alla sentenza, il dispositivo è pubblicato mediante deposito in cancelleria non oltre sette giorni dall'udienza di discussione ([5]) ([9]).

7 *bis*. Con la sentenza la corte d'appello può rigettare l'opposizione, ponendo a carico dell'opponente le spese del procedimento o accoglierla, annullando in tutto o in parte il provvedimento o riducendo l'ammontare o la durata della sanzione ([10]).

8. Copia della sentenza è trasmessa, a cura della cancelleria della corte d'appello, all'Autorità che ha emesso il provvedimento, anche ai fini della pubblicazione prevista dall'articolo 195 *bis* ([5]) ([11]).

[9. Le società e gli enti ai quali appartengono gli autori delle violazioni rispondono, in solido con questi, del pagamento della sanzione e delle spese di pubblicità previste dal secondo periodo del comma 3 e sono tenuti ad esercitare il diritto di regresso verso i responsabili] ([12]).

([1]) *Questo articolo è stato così sostituito dall'art. 9, comma 2, lett.* c), *della L. 18 aprile 2005, n. 62.*

([2]) *Questo comma è stato così sostituito dall'art.* 5, *comma 15, lett.* a), *del D.L.vo 12 maggio 2015, n. 72.*

A norma dell'art. 6, comma 2, del medesimo decreto, le modifiche apportate alla parte V di questo decreto, si applicano alle violazioni commesse dopo l'entrata in vigore delle disposizioni adottate dalla Consob e dalla Banca d'Italia secondo le rispettive competenze ai sensi dell'articolo 196 bis *del presente decreto. Alle violazioni commesse prima della data di entrata in vigore delle disposizioni adottate dalla Consob e dalla Banca d'Italia continuano ad applicarsi le norme della parte V di questo decreto, vigenti prima della data di entrata in vigore del D.L.vo n. 72/2015.*

Si riporta il testo previgente:

«1. Salvo quanto previsto dall'articolo 196, le sanzioni amministrative previste nel presente titolo sono applicate dalla Banca d'Italia o dalla CONSOB, secondo le rispettive competenze, con provvedimento motivato, previa contestazione degli addebiti agli interessati, da effettuarsi entro centottanta giorni dall'accertamento ovvero entro trecentosessanta giorni se l'interessato risiede o ha la sede all'estero, e valutate le deduzioni dagli stessi presentate nei successivi trenta giorni».

([3]) *Questo comma è stato inserito dall'art. 5, comma 27, del D.L.vo 3 agosto 2017, n. 129. A norma dell'art. 10, comma 2, del medesimo decreto, tali disposizioni si applicano dal 3 gennaio 2018.*

([4]) *Questo comma è stato abrogato dall'art. 5, comma 15, lett.* b), *del D.L.vo 12 maggio 2015, n. 72.*

A norma dell'art. 6, comma 2, del medesimo decreto, le modifiche apportate alla parte V di questo decreto, si applicano alle violazioni commesse dopo l'entrata in vigore delle disposizioni adottate dalla Consob e dalla Banca d'Italia secondo le rispettive competenze ai sensi dell'articolo 196 bis *del presente decreto. Alle violazioni commesse prima della data di entrata in vigore delle disposizioni adottate dalla Consob e dalla Banca d'Italia continuano ad applicarsi le norme della parte V di questo decreto, vigenti prima della data di entrata in vigore del D.L.vo n. 72/2015.*

([5]) *Questo comma è stato abrogato dal'art. 4, comma 1, n. 19), dell'Allegato 4 del D.L.vo 2 luglio 2010, n. 104, a decorrere dal 16 settembre 2010. La Corte costituzionale, con sentenza n. 162 del 27 giugno 2012, ha dichiarato l'illegittimità costituzionale dell'art. 4, comma 1, n. 19), del D.L.vo n. 104/2010. A norma dell'art. 3, comma 1, del D.L.vo 14 settembre 2012, n. 160, il numero 19), dell'Allegato 4 del D.L.vo 2 luglio 2010, n. 104 è stato soppresso. La Corte costituzionale, con sentenza n. 50 del 15 aprile 2014, ha dichiarato l'illegittimità costituzionale dell'art. 4, comma 1, n. 19), dell'Allegato 4 del D.L.vo 2 luglio 2010, n. 104, nella parte in cui abroga l'art. 195, commi da 4 a 8, di questo provvedimento. La Corte costituzionale, con sentenza n. 94 del 15 aprile 2014, ha, altresì, dichiarato l'illegittimità costituzionale dell'art. 4, comma 1, n. 19) dell'Allegato 4 del D.L.vo 2 luglio 2010, n. 104, nella parte in cui abroga l'art. 187* septies, *commi da 4 a 8, e l'art. 195, commi da 4 a 8, di questo provvedimento.*

([6]) *Questo comma è stato così sostituito dall'art. 5, comma 15, lett.* c), *del D.L.vo 12 maggio 2015, n. 72.*

A norma dell'art. 6, comma 2, del medesimo decreto, le modifiche apportate alla parte V di questo decreto, si applicano alle violazioni commesse dopo l'entrata in vigore delle disposizioni adottate dalla Consob e dalla Banca d'Italia secondo le rispettive competenze ai sensi dell'articolo 196 bis *del presente decreto. Alle violazioni commesse prima della data di entrata in vigore delle disposizioni adottate dalla Consob e dalla Banca d'Italia continuano ad applicarsi le norme della parte V di questo decreto, vigenti prima della data di entrata in vigore del D.L.vo n. 72/2015.*

A norma dell'art. 6, comma 8, primo periodo, del D.L.vo, n. 72/2015, le modifiche ai commi 4, 5, 6, 7, 7 bis, *e 8 e 9 del presente articolo si applicano ai giudizi proposti a decorrere dall'entrata in vigore del suddetto decreto; nei giudizi pendenti alla medesima data le udienze sono pubbliche.*

Si riporta il testo previgente:

«4. Avverso il provvedimento di applicazione delle sanzioni previste dal presente titolo è ammessa opposizione alla corte d'appello del luogo in cui ha sede la società o l'ente cui appartiene l'autore della violazione ovvero, nei casi in cui tale criterio non sia applicabile, del luogo in cui la violazione è stata commessa. L'opposizione deve essere notificata all'Autorità che ha adottato il provvedimento entro trenta giorni dalla sua comunicazione e deve essere depositata presso la cancelleria della corte d'appello entro trenta giorni dalla notifica».

([7]) *Questo comma è stato così sostituito dall'art. 5, comma 15, lett.* d), *del D.L.vo 12 maggio 2015, n. 72.*

A norma dell'art. 6, comma 2, del medesimo decreto, le modifiche apportate alla parte V di questo decreto, si applicano alle violazioni commesse dopo l'entrata in vigore delle disposizioni adottate dalla Consob e dalla Banca d'Italia secondo le rispettive competenze ai sensi dell'articolo 196 bis *del presente decreto. Alle violazioni commesse prima della data di entrata in vigore delle disposizioni adottate dalla Consob e dalla Banca d'Italia continuano ad applicarsi le norme della parte V di questo decreto, vigenti prima della data di entrata in vigore del D.L.vo n. 72/2015.*

A norma dell'art. 6, comma 8, primo periodo, del D.L.vo, n. 72/2015, le modifiche ai commi 4, 5, 6, 7, 7 bis, *e 8 e 9 del presente articolo si applicano ai giudizi proposti a decorrere dall'entrata in vigore del suddetto decreto; nei giudizi pendenti alla medesima data le udienze sono pubbliche.*

Si riporta il testo previgente:

«5. L'opposizione non sospende l'esecuzione del provvedimento. La corte d'appello, se ricorrono gravi motivi, può disporre la sospensione con decreto motivato».

([8]) *Questo comma è stato così sostituito dall'art. 5, comma 15, lett. e), del D.L.vo 12 maggio 2015, n. 72.*

A norma dell'art. 6, comma 2, del medesimo decreto, le modifiche apportate alla parte V di questo decreto, si applicano alle violazioni commesse dopo l'entrata in vigore delle disposizioni adottate dalla Consob e dalla Banca d'Italia secondo le rispettive competenze ai sensi dell'articolo 196 bis *del presente decreto. Alle violazioni commesse prima della data di entrata in vigore delle disposizioni adottate dalla Consob e dalla Banca d'Italia continuano ad applicarsi le norme della parte V di questo decreto, vigenti prima della data di entrata in vigore del D.L.vo n. 72/2015.*

A norma dell'art. 6, comma 8, primo periodo, del D.L.vo, n. 72/2015, le modifiche ai commi 4, 5, 6, 7, 7 bis, *e 8 e 9 del presente articolo si applicano ai giudizi proposti a decorrere dall'entrata in vigore del suddetto decreto; nei giudizi pendenti alla medesima data le udienze sono pubbliche.*

Si riporta il testo previgente:

«6. La corte d'appello, su istanza delle parti, può fissare termini per la presentazione di memorie e documenti, nonché consentire l'audizione anche personale delle parti».

([9]) *Questo comma è stato così sostituito dall'art. 5, comma 15, lett. f), del D.L.vo 12 maggio 2015, n. 72.*

A norma dell'art. 6, comma 2, del medesimo decreto, le modifiche apportate alla parte V di questo decreto, si applicano alle violazioni commesse dopo l'entrata in vigore delle disposizioni adottate dalla Consob e dalla Banca d'Italia secondo le rispettive competenze ai sensi dell'articolo 196 bis *del presente decreto. Alle violazioni commesse prima della data di entrata in vigore delle disposizioni adottate dalla Consob e dalla Banca d'Italia continuano ad applicarsi le norme della parte V di questo decreto, vigenti prima della data di entrata in vigore del D.L.vo n. 72/2015.*

A norma dell'art. 6, comma 8, primo periodo, del D.L.vo, n. 72/2015, le modifiche ai commi 4, 5, 6, 7, 7 bis, *e 8 e 9 del presente articolo si applicano ai giudizi proposti a decorrere dall'entrata in vigore del suddetto decreto; nei giudizi pendenti alla medesima data le udienze sono pubbliche.*

Si riporta il testo previgente:

«7. La corte d'appello decide sull'opposizione in camera di consiglio, sentito il pubblico ministero, con decreto motivato».

([10]) *Questo comma è stato inserito dall'art. 5, comma 15, lett. g), del D.L.vo 12 maggio 2015, n. 72.*

A norma dell'art. 6, comma 2, del medesimo decreto, le modifiche apportate alla parte V di questo decreto, si applicano alle violazioni commesse dopo l'entrata in vigore delle disposizioni adottate dalla Consob e dalla Banca d'Italia secondo le rispettive competenze ai sensi dell'articolo 196 bis *del presente decreto. Alle violazioni commesse prima della data di entrata in vigore delle disposizioni adottate dalla Consob e dalla Banca d'Italia continuano ad applicarsi le norme della parte V di questo decreto, vigenti prima della data di entrata in vigore del D.L.vo n. 72/2015.*

A norma dell'art. 6, comma 8, primo periodo, del D.L.vo, n. 72/2015, le modifiche ai commi 4, 5, 6, 7, 7 bis, *e 8 e 9 del presente articolo si applicano ai giudizi proposti a decorrere dall'entrata in vigore del suddetto decreto; nei giudizi pendenti alla medesima data le udienze sono pubbliche.*

([11]) *Questo comma è stato così sostituito dall'art. 5, comma 15, lett. h), del D.L.vo 12 maggio 2015, n. 72.*

A norma dell'art. 6, comma 2, del medesimo decreto, le modifiche apportate alla parte V di questo decreto, si applicano alle violazioni commesse dopo l'entrata in vigore delle disposizioni adottate dalla Consob e dalla Banca d'Italia secondo le rispettive competenze ai sensi dell'articolo 196 bis *del presente decreto. Alle violazioni commesse prima della data di entrata in vigore delle disposizioni adottate dalla Consob e dalla Banca d'Italia continuano ad applicarsi le norme della parte V di questo decreto, vigenti prima della data di entrata in vigore del D.L.vo n. 72/2015.*

A norma dell'art. 6, comma 8, primo periodo, del D.L.vo, n. 72/2015, le modifiche ai commi 4, 5, 6, 7, 7 bis, *e 8 e 9 del presente articolo si applicano ai giudizi proposti a decorrere dall'entrata in vigore del suddetto decreto; nei giudizi pendenti alla medesima data le udienze sono pubbliche.*

Si riporta il testo previgente:

«8. Copia del decreto è trasmessa a cura della cancelleria della corte d'appello all'Autorità che ha adottato il provvedimento ai fini della pubblicazione, per estratto, nel Bollettino di quest'ultima».

([12]) *Questo comma è stato abrogato dall'art. 5, comma 15, lett. i), del D.L.vo 12 maggio 2015, n. 72.*

A norma dell'art. 6, comma 2, del medesimo decreto, le modifiche apportate alla parte V di questo decreto, si applicano alle violazioni commesse dopo l'entrata in vigore delle disposizioni adottate dalla Consob e dalla Banca d'Italia secondo le rispettive competenze ai sensi dell'articolo 196 bis *del presente decreto. Alle violazioni commesse prima della data di entrata in vigore delle disposizioni adottate dalla Consob e dalla Banca d'Italia continuano ad applicarsi le norme della parte V di questo decreto, vigenti prima della data di entrata in vigore del D.L.vo n. 72/2015.*

A norma dell'art. 6, comma 8, primo periodo, del D.L.vo, n. 72/2015, le modifiche ai commi 4, 5, 6, 7, 7 bis, *e 8 e 9 del presente articolo si applicano ai giudizi proposti a decorrere dall'entrata in vigore del suddetto decreto; nei giudizi pendenti alla medesima data le udienze sono pubbliche.*

195 *bis.* ([1]) **Pubblicazione delle sanzioni.** – 1. Il provvedimento di applicazione delle sanzioni previste dal presente decreto è pubblicato senza ritardo e per estratto nel sito internet della Banca d'Italia o [nel Bollettino] ([2]) della Consob, in conformità alla normativa europea di riferimento ([3]).

Nel caso in cui avverso il provvedimento di applicazione della sanzione sia adita l'autorità giudiziaria, la Banca d'Italia o la Consob menzionano l'avvio dell'azione giudiziaria e l'esito della stessa a margine della pubblicazione. La Banca d'Italia o la Consob, tenuto conto della natura della violazione e degli interessi coinvolti, possono stabilire modalità ulteriori per dare pubblicità al provvedimento, ponendo le relative spese a carico dell'autore della violazione [, ovvero escludere la pubblicità del provvedimento, quando la stessa possa mettere gravemente a rischio i mercati finanziari o arrecare un danno sproporzionato alle parti] ([4]).

2. Nel provvedimento di applicazione della sanzione, la Banca d'Italia o la Consob dispongono la pubblicazione in forma anonima del provvedimento sanzionatorio quando quella ordinaria:

a) abbia ad oggetto dati personali ai sensi del decreto legislativo 30 giugno 2003, n. 196, la cui pubblicazione appaia sproporzionata rispetto alla violazione sanzionata;

b) possa comportare rischi per la stabilità dei mercati finanziari o pregiudicare lo svolgimento di un'indagine penale in corso;

c) possa causare un danno sproporzionato ai soggetti coinvolti, purchè tale danno sia determinabile.

3. Se le situazioni descritte nel comma 2 hanno carattere temporaneo, la pubblicazione può essere rimandata ed effettuata quando dette esigenze sono venute meno.

3 *bis*. La Banca d'Italia o la Consob possono escludere ([5]) la pubblicità del provvedimento sanzionatorio, se consentito dal diritto dell'Unione europea, nel caso in cui le opzioni stabilite dai commi 2 e 3 siano ritenute insufficienti ad assicurare:

a) che la stabilità dei mercati finanziari non sia messa a rischio;

b) la proporzionalità della pubblicazione delle decisioni rispetto all'irrogazione della sanzione prevista dall'articolo 194 *quater* ([6]) ([7]).

([1]) *Questo articolo è stato inserito dall'art. 5, comma 16, del D.L.vo 12 maggio 2015, n. 72.*

A norma dell'art. 6, comma 2, del medesimo decreto, le modifiche apportate alla parte V di questo decreto, si applicano alle violazioni commesse dopo l'entrata in vigore delle disposizioni adottate dalla Consob e dalla Banca d'Italia secondo le rispettive competenze ai sensi dell'articolo 196 bis *del presente decreto. Alle violazioni commesse prima della data di entrata in vigore delle disposizioni adottate dalla Consob e dalla Banca d'Italia continuano ad applicarsi le norme della parte V di questo decreto, vigenti prima della data di entrata in vigore del D.L.vo n. 72/2015.*

([2]) *Le parole fra parentesi quadrate sono state soppresse dall'art. 1, comma 14, del D.L.vo 15 febbraio 2016, n. 25.*

([3]) *Le parole: «, in conformità alla normativa europea di riferimento.» sono state inserite dall'art. 1, comma 14, del D.L.vo 15 febbraio 2016, n. 25.*

([4]) *Le parole tra parentesi quadrate sono state soppresse dall'art. 1, comma 1, lett.* n), *n. 1), del D.L.vo 18 aprile 2016, n. 71, a decorrere dal 4 giugno 2016.*

([5]) *La parola: «escludono» è stata così sostituita dalle seguenti: «possono escludere» dall'art. 3, comma 10, lett.* a), *del D.L.vo 12 agosto 2016, n. 176.*

([6]) *Le parole: «alle misure ritenute di natura minore» sono state così sostituite dalle seguenti: «all'irrogazione della sanzione prevista dall'articolo 194 quater.» dall'art. 3, comma 10, lett.* b), *del D.L.vo 12 agosto 2016, n. 176.*

([7]) *Questo comma è stato aggiunto dall'art. 1, comma 1, lett.* n), *n. 2), del D.L.vo 18 aprile 2016, n. 71, a decorrere dal 4 giugno 2016.*

195 *ter*. ([1]) Comunicazione all'ABE e all'AESFEM sulle sanzioni applicate ([2]). – 1. La Banca d'Italia comunica all'ABE le sanzioni amministrative applicate alle banche alle Sim, alle imprese di investimento UE e alle imprese di paesi terzi diverse dalle banche ([3]) ai sensi degli articoli 189, 190, 190.3, ([4]) 190 *bis*, 194 *ter*, 194 *quater* e 194 *septies*, ivi comprese quelle pubblicate in forma anonima, nonché le informazioni ricevute dai soggetti interessati sulle azioni da essi avviate avverso i provvedimenti sanzionatori e sull'esito delle stesse ([5]).

1 *bis*. La Consob e la Banca d'Italia, secondo le rispettive competenze, comunicano all'AESFEM le informazioni relative alle sanzioni amministrative da esse applicate, nonché alle sanzioni penali applicate dall'Autorità giudiziaria, necessarie ai fini dell'adempimento degli obblighi informativi previsti dalla normativa europea nei confronti dell'AESFEM ([6]).

([1]) *Questo articolo è stato inserito dall'art. 5, comma 16, del D.L.vo 12 maggio 2015, n. 72.*

A norma dell'art. 6, comma 2, del medesimo decreto, le modifiche apportate alla parte V di questo decreto, si applicano alle violazioni commesse dopo l'entrata in vigore delle disposizioni adottate dalla Consob e dalla Banca d'Italia secondo le rispettive competenze ai sensi dell'articolo 196 bis *del presente decreto. Alle violazioni commesse prima della data di entrata in vigore delle disposizioni adottate dalla Consob e dalla Banca d'Italia continuano ad applicarsi le norme della parte V di questo decreto, vigenti prima della data di entrata in vigore del D.L.vo n. 72/2015.*

([2]) *La precedente rubrica:* «Comunicazione all'ABE sulle sanzioni applicate» *è stata così sostituita dall'attuale, dall'art. 1, comma 1, lett.* o), *n.* 1), *del D.L.vo 18 aprile 2016, n. 71, a decorrere dal 4 giugno 2016.*

([3]) *Le parole: «o alle imprese di investimento» sono state così sostituite dalle attuali: «alle Sim, alle imprese di investimento UE e alle imprese di paesi terzi diverse dalle banche» dall'art. 5, comma 28, del D.L.vo 3 agosto 2017, n. 129. A norma dell'art. 10, comma 2, del medesimo decreto, tali disposizioni si applicano dal 3 gennaio 2018.*

([4]) *La parola: «190.3,» è stata inserita dall'art. 5, comma 28, del D.L.vo 3 agosto 2017, n. 129. A norma dell'art. 10, comma 2, del medesimo decreto, tali disposizioni si applicano dal 3 gennaio 2018.*

([5]) *Questo comma è stato così sostituito dall'art. 3, comma 11, del D.L.vo 12 agosto 2016, n. 176.*

([6]) *Questo comma è stato aggiunto dall'art. 1, comma 1, lett.* o), *n.* 2), *del D.L.vo 18 aprile 2016, n. 71, a decorrere dal 4 giugno 2016.*

195 *quater*. ([1]) **Sanzioni in caso di risoluzione.** – 1. Nei confronti delle Sim disciplinate dal Capo II *bis* della Parte II,Titolo IV e delle succursali stabilite in Italia delle imprese di paesi terzi diverse dalle banche ([2]) che svolgono le attività indicate all'articolo 55 *bis* la Banca d'Italia applica la sanzione amministrativa pecuniaria prevista dall'articolo 190, comma 1, per l'inosservanza degli articoli 9, 15, 16, 19, comma 1, 33, comma 6, 50, 58, 59, 60, comma 1, lettere *a*) ed *h*), 70, commi 2 e 3, 80, comma 1, 82 e 83 del decreto legislativo 16 novembre 2015, n. 180 ([3]), in quanto applicabili ai sensi del presente decreto legislativo, o delle relative disposizioni generali o particolari emanate dalla Banca d'Italia.

2. Per l'inosservanza delle norme richiamate al comma 1, si applica l'articolo 194 *quater*, al ricorrere delle condizioni e secondo le modalità da esso stabilite. In caso di inosservanza dell'ordine di porre termine alle violazioni ivi previsto, si applicano le sanzioni stabilite dagli articoli 194 *quater*, comma 2, e 190 *bis*, comma 2, nei confronti dei soggetti e al ricorrere delle condizioni ivi previsti.

3. Fermo restando quanto previsto dai commi 1 e 2, per l'inosservanza delle norme richiamate dai medesimi commi si applicano le sanzioni amministrative previste dall'articolo 190 *bis* nei confronti dei soggetti che svolgono funzioni di amministrazione, di direzione o di controllo, nonché del personale, al ricorrere delle condizioni e secondo le modalità previste dall'articolo 190 *bis*.

4. Alle sanzioni amministrative disciplinate dal presente articolo si applicano gli articoli 194 *bis*, 195 e 196 *bis*.

5. Nelle materie a cui si riferiscono le disposizioni richiamate al comma 1, le sanzioni ivi previste si applicano, nella medesima misura e con le stesse modalità, anche in caso di inosservanza degli atti delegati o delle norme tecniche di regolamentazione e di attuazione emanati dalla Commissione europea ai sensi della direttiva 2014/59/UE o degli articoli 10 e 15 del regolamento (UE) n. 1093/2010, o in caso di inosservanza degli atti dell'ABE direttamente applicabili ai soggetti vigilati adottati ai sensi di quest'ultimo regolamento.

6. La Banca d'Italia comunica all'ABE le sanzioni amministrative applicate ai sensi del presente articolo, ivi comprese quelle pubblicate in forma anonima, nonché le informazioni ricevute dai soggetti interessati sulle azioni da essi avviate avverso i provvedimenti sanzionatori e sull'esito delle stesse.

([1]) *Questo articolo è stato inserito dall'art. 2, comma 8, del D.L.vo 16 novembre 2015, n. 181. Tali disposizioni si applicano alle procedure di amministrazione straordinaria e di liquidazione coatta amministrativa avviate successivamente all'entrata in vigore del suddetto decreto.*

([2]) *Le parole: «investimento extracomunitarie» sono state così sostituite dalle attuali: «paesi terzi diverse dalle banche» dall'art. 5, comma 29, del D.L.vo 3 agosto 2017, n. 129. A norma dell'art. 10, comma 2, del medesimo decreto, tali disposizioni si applicano dal 3 gennaio 2018.*

([3]) *Le parole: «[di recepimento della direttiva 2014/59/UE]» sono state così sostituite dalle attuali: «legislativo 16 novembre 2015, n. 180» dall'art. 5, comma 29, del D.L.vo 3 agosto 2017, n. 129. A norma dell'art. 10, comma 2, del medesimo decreto, tali disposizioni si applicano dal 3 gennaio 2018.*

195 *quinquies*. ([1]) **Inapplicabilità di specifiche disposizioni della legge 24 novembre 1981, n. 689.** – 1. Alle sanzioni amministrative pecuniarie previste dal presente titolo non si applicano gli articoli 6, 10, 11 e 16 della legge 24 novembre 1981, n. 689.

2. In deroga a quanto previsto dal comma 1, alle sanzioni amministrative previste dall'articolo 196 si applicano le disposizioni contenute nella legge 24 novembre 1981, n. 689, ad eccezione dell'articolo 16.

([1]) *Questo articolo è stato inserito dall'art. 5, comma 30, del D.L.vo 3 agosto 2017, n. 129. A norma dell'art. 10, comma 2, del medesimo decreto, tali disposizioni si applicano dal 3 gennaio 2018.*

196. ([1]) **Sanzioni applicabili ai consulenti finanziari** ([2]). – 1. I soggetti iscritti all'albo di cui all'articolo 31, comma 4 ([1]) che violano le norme del presente decreto o le disposizioni generali o particolari emanate [dalla CONSOB] ([3]) in forza di esso, sono puniti, in base alla gravità della violazione e tenuto conto dell'eventuale recidiva, con una delle seguenti sanzioni:

a) richiamo scritto;

b) sanzione amministrativa pecuniaria da € 516 ad € 25.822 ([4]);

c) sospensione da uno a quattro mesi dall'albo;

d) radiazione dall'albo.

2. Il procedimento sanzionatorio è retto dai principi del contraddittorio, della conoscenza degli atti istruttori, della verbalizzazione nonché della distinzione tra funzioni istruttorie e funzioni decisorie. Le sanzioni sono applicate dall'Organismo di vigilanza e tenuta dell'albo unico dei consulenti finanziari previsto dall'articolo 31, comma 4, con provvedimento motivato, previa contestazione degli addebiti agli interessati, da effettuarsi entro centottanta giorni dall'accertamento ovvero entro trecentossessanta giorni se l'interessato risiede o ha la sede all'estero, e valutate le deduzioni da essi presentate nei successivi trenta giorni. Nello stesso termine gli interessati possono altresì chiedere di essere sentiti personalmente ([5]).

[3. Alle sanzioni previste dal presente articolo si applicano le disposizioni contenute nella legge 24 novembre 1981, n. 689, ad eccezione dell'articolo 16] ([6]).

4. Le società che si avvalgono dei responsabili delle violazioni rispondono, in solido con essi, del pagamento delle sanzioni pecuniarie e sono tenute ad esercitare il regresso verso i responsabili.

4 *bis*. Avverso le decisioni adottate ai sensi del comma 1 dall'Organismo di vigilanza e tenuta dell'albo unico dei consulenti finanziari è ammesso ricorso dinanzi alla Corte d'Appello. Si applicano i commi 4, 5, 6, 7, 7 *bis* e 8 dell'articolo 195 ([7]).

([1]) *Le parole: «consulenti finanziari abilitati all'offerta fuori sede» sono state da ultimo così sostituite dalle attuali: «soggetti iscritti all'albo di cui all'articolo 31, comma 4» dall'art. 5, comma 31, lett.* b), *del D.L.vo 3 agosto 2017, n. 129. A norma dell'art. 10, comma 2, del medesimo decreto, tali disposizioni si applicano dal 3 gennaio 2018.*

([2]) *La precedente rubrica: «Sanzioni applicabili ai consulenti finanziari abilitati all'offerta fuori sede» è stata così sostituita dalla attuale: «Sanzioni applicabili ai consulenti finanziari» dall'art. 5, comma 31, lett.* a), *del D.L.vo 3 agosto 2017, n. 129. A norma dell'art. 10, comma 2, del medesimo decreto, tali disposizioni si applicano dal 3 gennaio 2018.*

([3]) *Le parole tra parentesi quadrate sono state soppresse dall'art. 5, comma 31, lett.* b), *del D.L.vo 3 agosto 2017, n. 129. A norma dell'art. 10, comma 2, del medesimo decreto, tali disposizioni si applicano dal 3 gennaio 2018.*

([4]) *A norma dell'art. 39, comma 1, della L. 28 dicembre 2005, n. 262, le pene previste da questo provvedimento, sono raddoppiate entro i limiti posti per ciascun tipo di pena dal libro I, titolo II, capo II, del codice penale. Inoltre, ai sensi dell'art. 39, comma 3, della citata legge n. 262/2005, le sanzioni amministrative finanziarie che non sono state modificate dalla medesima legge, sono quintuplicate.*

([5]) *Questo comma è stato così sostituito dall'art. 5, comma 31, lett.* c), *del D.L.vo 3 agosto 2017, n. 129. A norma dell'art. 10, comma 2, del medesimo decreto, tali disposizioni si applicano dal 3 gennaio 2018. Fino a tale data si applicano le disposizioni nel testo previgente che si riporta:*

«2. Le sanzioni sono applicate dalla CONSOB con provvedimento motivato, previa contestazione degli addebiti agli interessati, da effettuarsi entro centottanta giorni dall'accertamento ovvero entro trecentosessanta giorni se l'interessato risiede o ha la sede all'estero, e valutate le deduzioni da essi presentate nei successivi trenta giorni. Nello stesso termine gli interessati possono altresì chiedere di essere sentiti personalmente».

([6]) *Questo comma è stato abrogato dall'art. 5, comma 31, lett.* d), *del D.L.vo 3 agosto 2017, n. 129. A norma dell'art. 10, comma 2, del medesimo decreto, tali disposizioni si applicano dal 3 gennaio 2018.*

([7]) *Questo comma è stato aggiunto dall'art. 5, comma 31, lett.* e), *del D.L.vo 3 agosto 2017, n. 129. A norma dell'art. 10, comma 2, del medesimo decreto, tali disposizioni si applicano dal 3 gennaio 2018.*

196 *bis*. ([1]) **Disposizioni di attuazione.** – 1. La Consob e la Banca d'Italia, secondo le rispettive competenze, emanano disposizioni di attuazione del presente titolo.

([1]) *Questo articolo è stato inserito dall'art. 5, comma 17, del D.L.vo 12 maggio 2015, n. 72.*

Leggi complementari

Parte VI
Disposizioni transitorie e finali

197. Personale della CONSOB. – 1. Al fine di assicurare il pieno e tempestivo esercizio delle funzioni di controllo previste dall'articolo 62 della legge 27 dicembre 1997, n. 449, la CONSOB provvede direttamente a tutte le procedure necessarie per l'immediata copertura dei posti di organico secondo i criteri concorsuali ivi previsti, nei limiti delle autonome risorse finanziarie e senza oneri per la finanza pubblica.

198. Girata di titoli azionari. – 1. Il potere di autenticare le girate dei titoli azionari previsto dall'articolo 12 del regio decreto legge 29 marzo 1942, n. 239, può essere esercitato anche da SIM.

199. (1) **Società fiduciarie. –** 1. Fino alla riforma organica della disciplina delle società fiduciarie e di revisione conservano vigore le disposizioni previste dalla legge 23 novembre 1939, n. 1966, e dell'articolo 60, comma 4, del decreto legislativo 23 luglio 1996, n. 415.

2. Le società fiduciarie di cui alla legge 23 novembre 1939, n. 1966, che svolgono attività di custodia e amministrazione di valori mobiliari e che, alternativamente, sono controllate direttamente o indirettamente da una banca o da un intermediario finanziario o hanno adottato la forma di società per azioni ed hanno capitale versato di ammontare non inferiore al doppio di quello richiesto dall'articolo 2327 del codice civile, sono autorizzate e iscritte in una sezione separata dell'albo previsto dall'articolo 106 del decreto legislativo 1° settembre 1993, n. 385, ma non possono esercitare le attività elencate nel comma 1 del medesimo articolo. All'istanza si applica l'articolo 107 del decreto legislativo 1° settembre 1993, n. 385, in quanto compatibile. Il diniego dell'autorizzazione, con la relativa motivazione, è comunicato al Ministero dello sviluppo economico e comporta la revoca dell'autorizzazione di cui all'articolo 2 della legge 23 novembre 1939, n. 1966, ove non vengano meno, nel termine di novanta giorni dalla notifica del provvedimento di diniego, le condizioni che comportano l'obbligo di iscrizione. La Banca d'Italia esercita i poteri indicati all'articolo 108 del decreto legislativo 1° settembre 1993, n. 385, al fine di assicurare il rispetto da parte delle società fiduciarie iscritte nella sezione separata delle disposizioni contenute nel decreto legislativo 21 novembre 2007, n. 231. Alle società fiduciarie iscritte si applicano gli articoli 110, 113 *bis*, 113 *ter* del decreto legislativo 1° settembre 1993, n. 385, in quanto compatibili.

3. Il Ministero dello sviluppo economico e la Banca d'Italia, per quanto concerne le società di cui al comma 2, si danno reciproca comunicazione dei provvedimenti adottati ai fini dell'adozione dei rispettivi provvedimenti di competenza.

(1) *Questo articolo è stato così sostituito dall'art. 9, comma 8, del D.L.vo 13 agosto 2010, n. 141, come modificato dall'art. 4, comma 1, lett.* b), *del D.L.vo 19 settembre 2012, n. 169.*

200. Intermediari già autorizzati. – 1. Le imprese di investimento che alla data di entrata in vigore del presente decreto sono iscritte nell'albo previsto dall'articolo 9 del decreto legislativo 23 luglio 1996, n. 415 sono iscritte di diritto nell'albo previsto dall'articolo 20.

2. Le società di gestione che alla data di entrata in vigore del presente decreto sono iscritte nell'albo previsto dall'articolo 7, comma 1 della legge 23 marzo 1983, n. 77, nell'albo previsto dall'articolo 3, comma 1 della legge 14 agosto 1993, n. 344, e nell'albo previsto dall'articolo 3, comma 1, della legge 25 gennaio 1994, n. 86, vengono iscritte di diritto nell'albo previsto dall'articolo 35 e si intendono autorizzate ai sensi dell'articolo 34.

3. Le SICAV che alla data di entrata in vigore del presente decreto sono iscritte nell'albo previsto dall'articolo 9, comma 1 del decreto legislativo 25 gennaio 1992, n. 84, vengono iscritte di diritto nell'albo previsto dall'articolo 44.

4. Le banche che alla data di entrata in vigore del presente decreto sono autorizzate a prestare servizi di investimento restano autorizzate a prestare i servizi medesimi.

201. Agenti di cambio. – 1. Sono sciolti, a cura del Consiglio Nazionale degli Ordini degli agenti di cambio, gli Ordini professionali previsti dall'articolo 3 della legge 29 maggio 1967, n. 402, a eccezione degli Ordini professionali di Milano e di Roma.

2. Gli agenti di cambio sono iscritti all'Albo professionale tenuto da uno degli Ordini indicati nel comma 1, al quale affluiscono i pagamenti della tassa annuale fissata dall'Ordine medesimo, avuto riguardo all'iscrizione al ruolo speciale o al ruolo nazionale previsti dai commi 5 e 6. L'Ordine è tenuto a conservare i libri degli agenti di cambio defunti o cancellati dal ruolo unico nazionale.

3. Restano ferme le altre disposizioni previste dalla legge 29 maggio 1967, n. 402. Non possono essere banditi concorsi per la nomina di agenti di cambio. Gli agenti di cambio cessano di appartenere ai ruoli previsti dai commi 5 e 6 al compimento del settantesimo anno di età. Gli agenti di cambio nominati prima dell'entrata in vigore della legge 23 maggio 1956, n. 515, sono collocati nella posizione di fuori ruolo al compimento del settantesimo anno di età conservando i diritti e gli obblighi inerenti alla carica.

4. Le disponibilità del Fondo comune degli agenti di cambio e delle cauzioni esistenti alla data di entrata in vigore del presente decreto sono restituite agli aventi diritto.

5. Gli agenti di cambio in carica che siano soci, amministratori, dirigenti, dipendenti o collaboratori di SIM, di banche o di società di gestione del risparmio sono iscritti in un ruolo speciale tenuto dal Ministero dell'economia e delle finanze. Essi non possono prestare servizi di investimento e possono essere dirigenti, dipendenti o collaboratori soltanto di uno dei predetti intermediari. Essi restano individualmente assoggettati alle incompatibilità previste dal comma 11.

6. Gli agenti di cambio in carica che non siano iscritti nel ruolo speciale previsto dal comma 5 sono iscritti nel ruolo unico nazionale tenuto dal Ministero dell'economia e delle finanze.

7. Gli agenti di cambio iscritti nel ruolo unico nazionale possono svolgere i servizi di investimento indicati nell'articolo 1, comma 5, lettere *b*), c *bis*), *d*), *e*) ed *f*). Essi possono svolgere altresì l'offerta fuori sede dei propri servizi di investimento e i servizi accessori indicati nell'Allegato I, Sezione B, numero 2), limitatamente alla conclusione di contratti di riporto e altre operazioni in uso sui mercati, e numero 4) ([1]), nonché attività connesse e strumentali, ferme restando le riserve di attività previste dalla legge ([2]).

8. Gli agenti di cambio iscritti nel ruolo unico nazionale devono tenere le scritture contabili previste dagli articoli 2214 e seguenti del codice civile; la CONSOB, con proprio regolamento, stabilisce le modalità del controllo contabile da parte di società di revisione iscritte nell'albo speciale previsto dall'articolo 161.

9. Il mancato esercizio del servizio di esecuzione di ordini per conto dei clienti ([3]) per un periodo di tempo superiore a sei mesi comporta la decadenza dalla carica; il Ministero dell'economia e delle finanze, in presenza di comprovati motivi di salute, può prorogare, sentita la CONSOB, detto termine fino a un periodo massimo di 18 mesi.

10. Per l'esercizio dei servizi di investimento gli agenti di cambio aderiscono ai sistemi di indennizzo previsti dall'articolo 59. Il coordinamento dell'operatività dei sistemi di indennizzo con la procedura di fallimento dell'agente di cambio è disciplinato dal regolamento previsto dall'articolo 59, comma 3.

11. La posizione di agente di cambio iscritto nel ruolo unico nazionale è incompatibile con l'esercizio di qualsiasi attività commerciale, con la partecipazione in qualità di soci illimitatamente responsabili in società di qualsiasi natura, con la qualità di amministratore o dirigente di società che esercitano attività commerciale e, in particolare, con la qualità di socio, amministratore, dirigente, dipendente o collaboratore di banche, SIM, società di gestione del risparmio e di ogni altro intermediario finanziario.

12. Agli agenti di cambio iscritti nel ruolo unico nazionale si applicano gli articoli 6, commi 1, lettera *b*) e lettera c *bis*), 2 e 2 *bis*; 6 *bis* e 6 *ter*, in quanto compatibili; 7 *bis*; 21; 22; 23; 24; 24 *bis*; 25; 25 *bis*; 31; 32; 167; 187 *quinquiesdecies*; 190; 190.4;193 *sexies*; 194 *bis*; 194 *quater*; 194 *septies*; 195; 195 *bis* e 196 *bis* ([4]).

13. È vietato agli agenti di cambio, compiere anche per interposta persona qualsiasi negoziazione in proprio di strumenti finanziari, salvo i casi di investimento del patrimonio personale; tali investimenti sono immediatamente comunicati alla CONSOB.

14. Il Presidente della CONSOB può disporre in via d'urgenza, ove ricorrano situazioni di pericolo per i clienti o per i mercati, la sospensione dell'agente di cambio iscritto nel ruolo unico nazionale dall'esercizio delle attività svolte e la nomina di un commissario che assume la gestione delle attività stesse quando risultino gravi violazioni delle disposizioni legislative o amministrative. Si applicano i commi 2, 3 e 4 dell'articolo 7 *sexies* ([5]).

15. Il Ministero dell'economia e delle finanze, su proposta della CONSOB, può disporre con decreto la cancellazione dell'agente di cambio dal ruolo unico nazionale qualora le irregolarità o le violazioni delle disposizioni legislative o amministrative siano di eccezionale gravità. Il provvedimento può essere adottato anche su proposta del commissario previsto dal comma 14 o su richiesta dell'agente di cambio.

16. Nel caso previsto dal comma 15, il Ministero dell'economia e delle finanze nomina un commissario preposto alla tutela e alla restituzione dei patrimoni di proprietà dei clienti. Il commissario nell'esercizio delle sue funzioni è pubblico ufficiale; egli si affianca agli organi delle procedure concorsuali, ove disposte. Il Ministero può prevedere speciali cautele e limitazioni all'attività del commissario e procedere alla sua revoca o sostituzione. L'indennità spettante al commissario è determinata dal Ministero ed è a carico dell'agente di cambio. I provvedimenti previsti dal presente comma possono essere assunti anche successivamente alla morte dell'agente di cambio, su proposta della CONSOB o del commissario nominato ai sensi del comma 14, ovvero su richiesta dei clienti.

17. La cancellazione dell'agente di cambio dal ruolo unico nazionale consegue di diritto all'accertamento giudiziale dello stato di insolvenza. La CONSOB denuncia al tribunale civile l'insolvenza dichiarata ai sensi dell'articolo 72.

18. Per la violazione dei commi 8, 11 e 13, si applica l'articolo 190.

(1) *Le parole: «nell'articolo 1, comma 6, lettere* c), *limitatamente alla conclusione di contratti di riporto e altre operazioni in uso sui mercati, e* g)» *sono state così sostituite dalle attuali: «nell'Allegato I, Sezione B, numero 2), limitatamente alla conclusione di contratti di riporto e altre operazioni in uso sui mercati, e numero 4)» dall'art. 6, comma 1, lett.* a), *del D.L.vo 3 agosto 2017, n. 129. A norma dell'art. 10, comma 2, del medesimo decreto, tali disposizioni si applicano dal 3 gennaio 2018.*

(2) *Questo comma è stato così sostituito dall'art. 17, comma 1, lett.* a), *del D.L.vo 17 settembre 2007, n. 164, a decorrere dal 1° novembre 2007.*

(3) *Le parole: «negoziazione per conto terzi» sono state così sostituite dalle attuali: «esecuzione di ordini per conto dei clienti» dall'art. 6, comma 1, lett.* b), *del D.L.vo 3 agosto 2017, n. 129. A norma dell'art. 10, comma 2, del medesimo decreto, tali disposizioni si applicano dal 3 gennaio 2018.*

(4) *Questo comma è stato così sostituito dall'art. 6, comma 1, lett.* c), *del D.L.vo 3 agosto 2017, n. 129. A norma dell'art. 10, comma 2, del medesimo decreto, tali disposizioni si applicano dal 3 gennaio 2018. Fino a tale data si applicano le disposizioni nel testo previgente che si riporta:*

«12. Agli agenti di cambio iscritti nel ruolo unico nazionale si applicano gli articoli 6, commi 1, lettera b), *2 e 2 bis; 8, comma 1; 10, comma 1; 21, 22, 23, 24, 25, 31, 32, 167, 171, 190 e 195».*

(5) *La parola: «53» è stata così sostituita dalla attuale: «7 sexies» dall'art. 6, comma 1, lett.* d), *del D.L.vo 3 agosto 2017, n. 129. A norma dell'art. 10, comma 2, del medesimo decreto, tali disposizioni si applicano dal 3 gennaio 2018.*

203. Contratti a termine. – 1. Fermi restando la decorrenza degli effetti della liquidazione coatta amministrativa ai sensi dell'articolo 83 del T.U. bancario, e quanto previsto dall'articolo 90, comma 3, del medesimo T.U. bancario, l'articolo 76 della legge fallimentare si applica agli strumenti finanziari derivati, a quelli analoghi individuati ai sensi dell'articolo 18, comma 5, lettera *a*), alle operazioni a termine su valute nonché alle operazioni di prestito titoli, di pronti contro termine e di riporto. Ai fini del presente articolo sono ricompresi tutti i contratti conclusi, ancorché non ancora eseguiti in tutto o in parte, entro la data di dichiarazione del fallimento o di efficacia del provvedimento di liquidazione coatta amministrativa.

2. Per l'applicazione dell'articolo 76 della legge fallimentare agli strumenti finanziari e alle operazioni indicati nel comma 1, può farsi riferimento anche al costo di sostituzione dei medesimi, calcolato secondo i valori di mercato alla data di dichiarazione di fallimento o di efficacia del provvedimento di liquidazione coatta amministrativa.

204. Gestione accentrata. – 1. Entro ventiquattro mesi dalla data di entrata in vigore del presente decreto, la Banca d'Italia promuove la vendita della partecipazione al capitale della "Monte Titoli S.p.A. Istituto per la custodia e l'amministrazione accentrata di valori mobiliari" dalla stessa detenuta.

2. Fino all'emanazione dei decreti previsti dall'articolo 90, la gestione accentrata dei titoli di Stato presso la Banca d'Italia resta disciplinata dalle previgenti disposizioni.

205. Quotazioni di prezzi. – 1. Le offerte di acquisto e di vendita di prodotti finanziari effettuate in mercati regolamentati, nei sistemi multilaterali di negoziazione e, se ricorrono le condizioni indicate dalla Consob con regolamento, da internalizzatori sistematici non costituiscono offerta al pubblico di prodotti finanziari nè offerta pubblica di acquisto o di scambio ai sensi della parte IV, titolo II (1).

(1) *Questo comma è stato così sostituito dall'art. 1, comma 17, del D.L.vo 11 ottobre 2012, n. 184.*

206. Disposizioni applicabili alle società quotate in mercati diversi dalla borsa. – 1. Le disposizioni dettate dal codice civile per le società con azioni quotate in borsa si applicano a tutte le società con azioni quotate in mercati regolamentati italiani o di altri Paesi dell'Unione Europea.

207. Patti parasociali. – 1. I patti parasociali previsti dall'articolo 122 ed esistenti alla data di entrata in vigore del medesimo articolo sono depositati presso il registro delle imprese entro un mese da tale data.

2. I patti parasociali a tempo determinato esistenti alla data di entrata in vigore del presente decreto restano efficaci fino al termine finale pattuito, ma comunque non oltre il 1° luglio 2001.

3. Salvo quanto previsto dal comma 2, l'articolo 123 si applica ai patti anche a tempo indeterminato esistenti alla data di entrata in vigore del presente decreto.

208. Deleghe di voto, azioni di risparmio, collegio sindacale e revisione contabile. – 1. Le disposizioni in materia di deleghe di voto si applicano alle assemblee convocate a partire dal sessantesimo giorno successivo all'emanazione dei regolamenti previsti dall'articolo 144.

2. Le disposizioni in materia di azioni di risparmio si applicano anche alle azioni di risparmio già emesse alla data di entrata in vigore del presente decreto.

3. Le società con azioni quotate applicano le disposizioni in materia di nomina del collegio sindacale a partire dal primo rinnovo successivo all'entrata in vigore del presente decreto. Fino all'emanazione del regolamento previsto dall'articolo 148, comma 4, si applica l'articolo 2397, secondo comma, del codice civile.

4. I collegi sindacali nominati prima dell'entrata in vigore del presente decreto ma successivamente alla sua pubblicazione nella *Gazzetta Ufficiale* restano in carica per un solo esercizio.

5. Le altre disposizioni in materia di collegio sindacale e quelle in materia di società di revisione si applicano a partire dall'esercizio sociale che inizia il 1° luglio 1998 o successivamente a tale data.

209. Società di revisione. – 1. Le società di revisione che alla data di entrata in vigore del presente decreto sono iscritte nell'albo previsto dall'articolo 8 del decreto del Presidente della Repubblica 31 marzo 1975, n. 136, sono iscritte di diritto nell'albo previsto dall'articolo 161.

2. Ai fini dell'iscrizione nel registro dei revisori contabili istituito presso il Ministero di grazia e giustizia il termine previsto dall'articolo 13, comma 1, della legge 13 maggio 1997, n. 132, è prorogato fino a sessanta giorni successivi alla data di entrata in vigore del presente decreto.

3. Le società con azioni quotate conservano copia della relazione della società di revisione sul bilancio d'esercizio, ai fini degli eventuali accertamenti dell'amministrazione finanziaria sulle corrispondenti dichiarazioni dei redditi. In caso di omissione si applicano le disposizioni dell'articolo 39, secondo comma, del decreto del Presidente della Repubblica 29 settembre 1973, n. 600.

213. Conversione del fallimento in liquidazione coatta amministrativa. – 1. Dalla data di entrata in vigore del presente decreto le procedure di fallimento degli intermediari previsti dall'articolo 107 del T.U. bancario, per i quali ricorrano i presupposti indicati nel comma 6 del medesimo articolo e non sia ancora stata dichiarata l'esecutività dello stato passivo, sono convertite in procedure di liquidazione coatta amministrativa.

2. Fermo restando l'accertamento dello stato di insolvenza già dichiarato, il tribunale, anche d'ufficio, dichiara con sentenza in camera di consiglio che la società è soggetta alla procedura di liquidazione coatta e ordina la trasmissione degli atti al Ministero dell'economia e delle finanze, per l'emanazione del relativo decreto, e alla Banca d'Italia.

3. Gli organi del cessato fallimento e quelli della liquidazione coatta provvedono con urgenza al passaggio delle consegne, dandone notizia con le forme di pubblicità stabilite dalla Banca d'Italia. Restano salvi gli effetti degli atti legalmente compiuti.

215. Disposizioni di attuazione. – 1. In sede di prima applicazione i regolamenti e i provvedimenti di carattere generale da emanarsi ai sensi del presente decreto sono adottati entro sei mesi dalla data di entrata in vigore del medesimo.

216. Entrata in vigore. – 1. Il presente decreto entra in vigore il 1° luglio 1998.

(*Si omettono gli allegati*)

1.

L. 20 maggio 1970, n. 300. Norme sulla tutela della libertà e dignità dei lavoratori, della libertà sindacale e dell'attività sindacale nei luoghi di lavoro e norme sul collocamento (*Gazzetta Ufficiale* n. 131 del 27 maggio 1970).

Titolo I
Della libertà e dignità del lavoratore

1. Libertà di opinione. – I lavoratori, senza distinzione di opinioni politiche, sindacali e di fede religiosa, hanno diritto, nei luoghi dove prestano la loro opera, di manifestare liberamente il proprio pensiero, nel rispetto dei principi della Costituzione ([1]) e delle norme della presente legge.

([1]) *V. artt. 3, 19 e 21 della Costituzione.*

2. Guardie giurate. – Il datore di lavoro può impiegare le guardie particolari giurate, di cui agli artt. 133 e seguenti del T.U. approvato con R.D. 18 giugno 1931, n. 773, soltanto per scopi di tutela del patrimonio aziendale.

Le guardie giurate non possono contestare ai lavoratori azioni o fatti diversi da quelli che attengono alla tutela del patrimonio aziendale.

È fatto divieto al datore di lavoro di adibire alla vigilanza sull'attività lavorativa le guardie di cui al primo comma, le quali non possono accedere nei locali dove si svolge tale attività, durante lo svolgimento della stessa, se non eccezionalmente per specifiche e motivate esigenze attinenti ai compiti di cui al primo comma.

In caso di inosservanza da parte di una guardia particolare giurata delle disposizioni di cui al presente articolo, l'Ispettorato del lavoro ne promuove presso il questore la sospensione dal servizio, salvo il provvedimento di revoca della licenza da parte del prefetto nei casi più gravi.

3. Personale di vigilanza. – I nominativi e le mansioni specifiche del personale addetto alla vigilanza dell'attività lavorativa debbono essere comunicati ai lavoratori interessati.

4. ([1]) ([2]) **Impianti audiovisivi e altri strumenti di controllo.** – Gli impianti audiovisivi e gli altri strumenti dai quali derivi anche la possibilità di controllo a distanza dell'attività dei lavoratori possono essere impiegati esclusivamente per esigenze organizzative e produttive, per la sicurezza del lavoro e per la tutela del patrimonio aziendale e possono essere installati previo accordo collettivo stipulato dalla rappresentanza sindacale unitaria o dalle rappresentanze sindacali aziendali. In alternativa, nel caso di imprese con unità produttive ubicate in diverse province della stessa regione ovvero in più regioni, tale accordo può essere stipulato dalle associazioni sindacali comparativamente più rappresentative sul piano nazionale. In mancanza di accordo, gli impianti e gli strumenti di cui al primo periodo possono essere installati previa autorizzazione delle sede territoriale dell'Ispettorato nazionale del lavoro o, in alternativa, nel caso di imprese con unità produttive dislocate negli ambiti di competenza di più sedi territoriali, della sede centrale dell'Ispettorato nazionale del lavoro ([3]). I provvedimenti di cui al terzo periodo sono definitivi ([3]).

La disposizione di cui al comma 1 non si applica agli strumenti utilizzati dal lavoratore per rendere la prestazione lavorativa e agli strumenti di registrazione degli accessi e delle presenze.

Le informazioni raccolte ai sensi dei commi 1 e 2 sono utilizzabili a tutti i fini connessi al rapporto di lavoro a condizione che sia data al lavoratore adeguata informazione delle modalità d'uso degli strumenti e di effettuazione dei controlli e nel rispetto di quanto disposto dal decreto legislativo 30 giugno 2003, n. 196.

([1]) *Questo articolo è stato così sostituito dall'art. 23, comma 1, del D.L.vo 14 settembre 2015, n. 151.*

([2]) *Si veda l'art. 171 del D.L.vo 30 giugno 2003, n. 196, così come sostituito dall'art. 23, comma 2, del D.L.vo 14 settembre 2015, n. 151, di cui si riporta il testo:*

«171 (Altre fattispecie). *1. La violazione delle disposizioni di cui all'articolo 113 e all'articolo 4, primo e secondo comma, della legge 20 maggio 1970, n. 300, è punita con le sanzioni di cui all'articolo 38 della legge n. 300 del 1970.».*

(3) *Questo periodo è stato così sostituito dall'art. 5, comma 2, del D.L.vo 24 settembre 2016, n. 185.*

5. Accertamenti sanitari. – Sono vietati accertamenti da parte del datore di lavoro sull'idoneità e sull'infermità per malattia o infortunio del lavoratore dipendente.

Il controllo delle assenze per infermità può essere effettuato soltanto attraverso i servizi ispettivi degli istituti previdenziali competenti, i quali sono tenuti a compierlo quando il datore di lavoro lo richieda.

Il datore di lavoro ha facoltà di far controllare l'idoneità fisica del lavoratore da parte di enti pubblici ed istituti specializzati di diritto pubblico (1).

(1) *L'effettuazione di visite fiscali è ora regolata dall'art. 2 del D.L. 30 dicembre 1979, n. 663, convertito, con modificazioni, nella L. 29 febbraio 1980, n. 33, recante norme per il finanziamento del servizio sanitario nazionale, in forza del quale tali visite sono eseguite dai medici dei servizi sanitari indicati dalle regioni.*

Si veda, anche, l'art. 5, comma 12, del D.L. 12 settembre 1983, n. 463, e il D.M. 27 maggio 1987.

L'art. 5 della L. 5 giugno 1990, n. 135 per la prevenzione e la lotta all'Aids, vieta ai datori di lavoro, pubblici e privati, lo svolgimento di indagini volte ad accertare nei dipendenti o in persone prese in considerazione per l'instaurazione di un rapporto di lavoro l'esistenza di uno stato di sieropositività.

6. Visite personali di controllo. – Le visite personali di controllo sul lavoratore sono vietate fuorché nei casi in cui siano indispensabili ai fini della tutela del patrimonio aziendale, in relazione alla qualità degli strumenti di lavoro o delle materie prime o dei prodotti.

In tali casi le visite personali potranno essere effettuate soltanto a condizione che siano eseguite all'uscita dei luoghi di lavoro, che siano salvaguardate la dignità e la riservatezza del lavoratore e che avvengano con l'applicazione di sistemi di selezione automatica riferiti alla collettività o a gruppi di lavoratori.

Le ipotesi nelle quali possono essere disposte le visite personali, nonché, ferme restando le condizioni di cui al secondo comma del presente articolo, le relative modalità debbono essere concordate dal datore di lavoro con le rappresentanze sindacali aziendali oppure, in mancanza di queste, con la commissione interna. In difetto di accordo, su istanza del datore di lavoro, provvede l'Ispettorato del lavoro (1).

Contro i provvedimenti dell'Ispettorato del lavoro di cui al precedente comma, il datore di lavoro, le rappresentanze sindacali aziendali o, in mancanza di queste, la commissione interna, oppure i sindacati dei lavoratori di cui al successivo art. 19 possono ricorrere, entro 30 giorni dalla comunicazione del provvedimenti, al Ministro per il lavoro e la previdenza sociale.

(1) *Nelle forme di cui al D.M. 12 gennaio 1995, n. 227.*

7. Sanzioni disciplinari (1). – Le norme disciplinari relative alle sanzioni, alle infrazioni in relazione alle quali ciascuna di esse può essere applicata ed alle procedure di contestazione delle stesse, devono essere portate a conoscenza dei lavoratori mediante affissione in luogo accessibile a tutti. Esse devono applicare quanto in materia è stabilito da accordi e contratti di lavoro ove esistano (2).

Il datore di lavoro non può adottare alcun provvedimento disciplinare nei confronti del lavoratore senza avergli preventivamente contestato l'addebito e senza averlo sentito a sua difesa.

Il lavoratore potrà farsi assistere da un rappresentante dell'associazione sindacale cui aderisce o conferisce mandato.

Fermo restando quanto disposto dalla L. 15 luglio 1966, n. 604, non possono essere disposte sanzioni disciplinari che comportino mutamenti definitivi del rapporto di lavoro; inoltre la multa non può essere disposta per un importo superiore a quattro ore della retribuzione base e la sospensione dal servizio e dalla retribuzione per più di dieci giorni.

In ogni caso, i provvedimenti disciplinari più gravi del rimprovero verbale non possono essere applicati prima che siano trascorsi cinque giorni dalla contestazione per iscritto del fatto che vi ha dato causa (2) (3).

Salvo analoghe procedure previste dai contratti collettivi di lavoro e ferma restando la facoltà di adire l'autorità giudiziaria, il lavoratore al quale sia stata applicata una sanzione disciplinare può promuovere, nei venti giorni successivi, anche per mezzo dell'associazione alla quale sia iscritto ovvero conferisca mandato, la costituzione, tramite l'ufficio provinciale del lavoro e della massima occupazione, di un collegio di conciliazione ed arbitrato composto da un rappresentante di ciascuna delle parti e da un terzo membro scelto di comune accordo o, in difetto di accordo, nominato dal direttore dell'ufficio del lavoro. La sanzione disciplinare resta sospesa fino alla pronuncia da parte del collegio.

Qualora il datore di lavoro non provveda, entro dieci giorni dall'invito rivoltogli dall'ufficio del lavoro, a nominare il proprio rappresentante in seno al collegio di cui al comma precedente, la sanzione disciplinare non ha effetto. Se il datore di lavoro adisce l'autorità giudiziaria, la sanzione disciplinare resta sospesa fino alla definizione del giudizio.

Non può tenersi conto ad alcun effetto delle sanzioni disciplinari decorsi due anni dalla loro applicazione (2).

(1) *La Corte costituzionale, con sentenza n. 204 del 30 novembre 1982, ha dichiarato l'illegittimità costituzionale dei primi tre commi, interpretati nel senso che siano inapplicabili ai licenziamenti disciplinari, per i quali detti commi non siano espressamente richiamati dalla normativa legislativa, collettiva o validamente posta dal datore di lavoro.*

La Corte costituzionale, con sentenza n. 427 del 25 luglio 1989, ha dichiarato l'illegittimità costituzionale del secondo e terzo comma, nella parte in cui è esclusa la loro applicabilità al licenziamento per motivi disciplinari irrogato da imprenditore che abbia meno di sedici dipendenti.

(2) *L'art. 55 del D.L.vo 30 marzo 2001, n. 165, sul pubblico impiego, precisa che le norme contenute in questo comma e nell'art. 2106 del codice civile si applicano anche ai dipendenti delle amministrazioni pubbliche.*

(3) *Si veda l'art. 1, comma 41, della L. 28 giugno 2012, n. 92, che si riporta: «41. Il licenziamento intimato all'esito del procedimento disciplinare di cui all'articolo 7 della legge 20 maggio 1970, n. 300, oppure all'esito del procedimento di cui all'articolo 7 della legge 15 luglio 1966, n. 604, come sostituito dal comma 40 del presente articolo, produce effetto dal giorno della comunicazione con cui il procedimento medesimo è stato avviato, salvo l'eventuale diritto del lavoratore al preavviso o alla relativa indennità sostitutiva; è fatto salvo, in ogni caso, l'effetto sospensivo disposto dalle norme del testo unico delle disposizioni legislative in materia di tutela della maternità e della paternità, di cui al decreto legislativo 26 marzo 2001, n. 151. Gli effetti rimangono altresì sospesi in caso di impedimento derivante da infortunio occorso sul lavoro. Il periodo di eventuale lavoro svolto in costanza della procedura si considera come preavviso lavorato.»*

8. Divieto di indagini sulle opinioni. – È fatto divieto al datore di lavoro, ai fini dell'assunzione, come nel corso dello svolgimento del rapporto di lavoro, di effettuare indagini, anche a mezzo di terzi, sulle opinioni politiche, religiose o sindacali del lavoratore, nonché su fatti non rilevanti ai fini della valutazione dell'attitudine professionale del lavoratore.

9. Tutela della salute e dell'integrità fisica. – I lavoratori, mediante loro rappresentanze, hanno diritto di controllare l'applicazione delle norme per la prevenzione degli infortuni e delle malattie professionali e di promuovere la ricerca, l'elaborazione e l'attuazione di tutte le misure idonee a tutelare la loro salute e la loro integrità fisica.

10. Lavoratori studenti (1). – I lavoratori studenti, iscritti e frequentanti corsi regolari di studio in scuole di istruzione primaria, secondaria e di qualificazione professionale, statali, pareggiate o legalmente riconosciute o comunque abilitate al rilascio di titoli di studio legali, hanno diritto a turni di lavoro che agevolino la frequenza ai corsi e la preparazione agli esami e non sono obbligati a prestazioni di lavoro straordinario o durante i riposi settimanali.

I lavoratori studenti, compresi quelli universitari, che devono sostenere prove di esame, hanno diritto a fruire di permessi giornalieri retribuiti.

Il datore di lavoro potrà richiedere la produzione delle certificazioni necessarie all'esercizio dei diritti di cui al primo e secondo comma.

(1) *Le agevolazioni previste da questa norma, come pure la facoltà di differire il servizio militare, sono state estese a tutti i lavoratori che frequentano i corsi di formazione professionale disciplinati dalla L. 21 dicembre 1978, n. 854, legge-quadro in materia di formazione professionale (art. 13).*

11. Attività culturali, ricreative e assistenziali e controlli sul servizio di mensa (1). – Le attività culturali, ricreative ed assistenziali promosse nell'azienda sono gestite da organismi formati a maggioranza dai rappresentanti dei lavoratori.

Le rappresentanze sindacali aziendali, costituite a norma dell'articolo 19, hanno diritto di controllare la qualità del servizio di mensa secondo modalità stabilite dalla contrattazione collettiva (2).

(1) *Le parole: «e controlli sul servizio di mensa» sono state aggiunte dall'art. 6 del D.L. 11 luglio 1992, n. 333, recante misure urgenti per il risanamento della finanza pubblica, convertito, con modificazioni, nella L. 8 agosto 1992, n. 359.*

(2) *Questo comma è stato aggiunto dall'art. 6 del D.L. 11 luglio 1992, n. 333, recante misure urgenti per il risanamento della finanza pubblica, convertito, con modificazioni, nella L. 8 agosto 1992, n. 359.*

12. Istituti di patronato. – Gli istituti di patronato e di assistenza sociale, riconosciuti dal Ministero del lavoro e della previdenza sociale, per l'adempimento dei compiti di cui al decreto legislativo del Capo provvisorio dello Stato 29 luglio 1947, n. 804, hanno diritto di svolgere, su un piano di parità, la loro attività all'interno dell'azienda, secondo le modalità da stabilirsi con accordi aziendali.

13. (1) **Mansioni del lavoratore.** – L'art. 2103 del cod. civ. è sostituito dal seguente:

(*Omissis*).

(1) *Vedi ora l'art. 6, L. 13 maggio 1985, n. 190, riconoscimento giuridico dei quadri intermedi.*

Titolo II
Della libertà sindacale

14. Diritto di associazione e di attività sindacale. – Il diritto di costituire associazioni sindacali, di aderirvi e di svolgere attività sindacale, è garantito a tutti i lavoratori all'interno dei luoghi di lavoro.

15. Atti discriminatori. – È nullo qualsiasi patto od atto diretto a:

a) subordinare l'occupazione di un lavoratore alla condizione che aderisca o non aderisca ad una associazione sindacale ovvero cessi di farne parte;

b) licenziare un lavoratore, discriminarlo nell'assegnazione di qualifiche o mansioni, nei trasferimenti, nei provvedimenti disciplinari, o recargli altrimenti pregiudizio a causa della sua affiliazione o attività sindacale ovvero della sua partecipazione ad uno sciopero.

Le disposizioni di cui al comma precedente si applicano altresì ai patti o atti diretti a fini di discriminazione politica, religiosa, razziale, di lingua o di sesso, di handicap, di età o basata sull'orientamento sessuale o sulle convinzioni personali (1) (2).

(1) *Questo comma è stato così sostituito dall'art. 13 della L. 9 dicembre 1977, n. 903.*

(2) *Le parole da: «, di handicap,» fino alla fine di questo comma sono state aggiunte dall'art. 4, comma 1, del D.L.vo 9 luglio 2003, n. 216.*

16. Trattamenti economici collettivi discriminatori. – È vietata la concessione di trattamenti economici di maggior favore aventi carattere discriminatorio a mente dell'art. 15.

Il pretore (1), su domanda dei lavoratori nei cui confronti è stata attuata la discriminazione di cui al comma precedente o delle associazioni sindacali alle quali questi hanno dato mandato, accertati i fatti, condanna il datore di lavoro al pagamento, a favore del fondo adeguamento pensioni, di una somma pari all'importo dei trattamenti economici di maggior favore illegittimamente corrisposti nel periodo massimo di un anno.

(1) *Ai sensi del D.L.vo 19 febbraio 1998, n. 51, l'ufficio del pretore è soppresso a decorrere dal 2 giugno 1999, fatta salva l'attività necessaria per l'esaurimento degli affari pendenti. Le relative competenze sono trasferite al tribunale ordinario, fuori dei casi in cui è diversamente disposto dal predetto provvedimento.*

17. Sindacati di comodo. – È fatto divieto ai datori di lavoro e alle associazioni di datori di lavoro di costituire o sostenere, con mezzi finanziari o altrimenti, associazioni sindacali di lavoratori.

18. Tutela del lavoratore in caso di licenziamento illegittimo (1). – Il giudice, con la sentenza con la quale dichiara la nullità del licenziamento perchè discriminatorio ai sensi dell'articolo 3 della legge 11 maggio 1990, n. 108, ovvero intimato in concomitanza col matrimonio ai sensi dell'articolo 35 del codice delle pari opportunità tra uomo e donna, di cui al decreto legislativo 11 aprile 2006, n. 198, o in violazione dei divieti di licenziamento di cui all'articolo 54, commi 1, 6, 7 e 9, del testo unico delle disposizioni legislative in materia di tutela e sostegno della maternità e della paternità, di cui al decreto legislativo 26 marzo 2001, n. 151, e successive modificazioni, ovvero perchè riconducibile ad altri casi di nullità previsti dalla legge o determinato da un motivo illecito determinante ai sensi dell'articolo 1345 del codice civile, ordina al datore di lavoro, imprenditore o non imprenditore, la reintegrazione del lavoratore nel posto di lavoro, indipendentemente dal motivo formalmente addotto e quale che sia il numero dei dipendenti occupati dal datore di lavoro. La presente disposizione si applica anche ai dirigenti. A seguito dell'ordine di reintegrazione, il rapporto di lavoro si intende risolto quando il lavoratore non abbia ripreso servizio entro trenta giorni dall'invito del datore di lavoro, salvo il caso in cui abbia richiesto l'indennità di cui al terzo comma del presente articolo.Il regime di cui al presente articolo si applica anche al licenziamento dichiarato inefficace perchè intimato in forma orale (2).

Il giudice, con la sentenza di cui al primo comma, condanna altresì il datore di lavoro al risarcimento del danno subito dal lavoratore per il licenziamento di cui sia stata accertata la nullità, stabilendo a tal fine un'indennità commisurata all'ultima retribuzione globale di fatto maturata dal giorno del licenziamento sino a quello dell'effettiva reintegrazione, dedotto quanto percepito, nel periodo di estromissione, per lo svolgimento di altre attività lavorative. In ogni caso la misura del risarcimento non potrà essere inferiore a cinque mensilità della retribuzione globale di fatto. Il datore di lavoro è condannato inoltre, per il medesimo periodo, al versamento dei contributi previdenziali e assistenziali ([2]).

Fermo restando il diritto al risarcimento del danno come previsto al secondo comma, al lavoratore è data la facoltà di chiedere al datore di lavoro, in sostituzione della reintegrazione nel posto di lavoro, un'indennità pari a quindici mensilità dell'ultima retribuzione globale di fatto, la cui richiesta determina la risoluzione del rapporto di lavoro, e che non è assoggettata a contribuzione previdenziale. La richiesta dell'indennità deve essere effettuata entro trenta giorni dalla comunicazione del deposito della sentenza, o dall'invito del datore di lavoro a riprendere servizio, se anteriore alla predetta comunicazione ([2]).

Il giudice, nelle ipotesi in cui accerta che non ricorrono gli estremi del giustificato motivo soggettivo o della giusta causa addotti dal datore di lavoro, per insussistenza del fatto contestato ovvero perchè il fatto rientra tra le condotte punibili con una sanzione conservativa sulla base delle previsioni dei contratti collettivi ovvero dei codici disciplinari applicabili, annulla il licenziamento e condanna il datore di lavoro alla reintegrazione nel posto di lavoro di cui al primo comma e al pagamento di un'indennità risarcitoria commisurata all'ultima retribuzione globale di fatto dal giorno del licenziamento sino a quello dell'effettiva reintegrazione, dedotto quanto il lavoratore ha percepito, nel periodo di estromissione, per lo svolgimento di altre attività lavorative, nonché quanto avrebbe potuto percepire dedicandosi con diligenza alla ricerca di una nuova occupazione. In ogni caso la misura dell'indennità risarcitoria non può essere superiore a dodici mensilità della retribuzione globale di fatto. Il datore di lavoro è condannato, altresì, al versamento dei contributi previdenziali e assistenziali dal giorno del licenziamento fino a quello della effettiva reintegrazione, maggiorati degli interessi nella misura legale senza applicazione di sanzioni per omessa o ritardata contribuzione, per un importo pari al differenziale contributivo esistente tra la contribuzione che sarebbe stata maturata nel rapporto di lavoro risolto dall'illegittimo licenziamento e quella accreditata al lavoratore in conseguenza dello svolgimento di altre attività lavorative. In quest'ultimo caso, qualora i contributi afferiscano ad altra gestione previdenziale, essi sono imputati d'ufficio alla gestione corrispondente all'attività lavorativa svolta dal dipendente licenziato, con addebito dei relativi costi al datore di lavoro. A seguito dell'ordine di reintegrazione, il rapporto di lavoro si intende risolto quando il lavoratore non abbia ripreso servizio entro trenta giorni dall'invito del datore di lavoro, salvo il caso in cui abbia richiesto l'indennità sostitutiva della reintegrazione nel posto di lavoro ai sensi del terzo comma ([2]).

Il giudice, nelle altre ipotesi in cui accerta che non ricorrono gli estremi del giustificato motivo soggettivo o della giusta causa addotti dal datore di lavoro, dichiara risolto il rapporto di lavoro con effetto dalla data del licenziamento e condanna il datore di lavoro al pagamento di un'indennità risarcitoria onnicomprensiva determinata tra un minimo di dodici e un massimo di ventiquattro mensilità dell'ultima retribuzione globale di fatto, in relazione all'anzianità del lavoratore e tenuto conto del numero dei dipendenti occupati, delle dimensioni dell'attività economica, del comportamento e delle condizioni delle parti, con onere di specifica motivazione a tale riguardo ([2]).

Nell'ipotesi in cui il licenziamento sia dichiarato inefficace per violazione del requisito di motivazione di cui all'articolo 2, comma 2, della legge 15 luglio 1966, n. 604, e successive modificazioni, della procedura di cui all'articolo 7 della presente legge, o della procedura di cui all'articolo 7 della legge 15 luglio 1966, n. 604, e successive modificazioni, si applica il regime di cui al quinto comma, ma con attribuzione al lavoratore di un'indennità risarcitoria onnicomprensiva determinata, in relazione alla gravità della violazione formale o procedurale commessa dal datore di lavoro, tra un minimo di sei e un massimo di dodici mensilità dell'ultima retribuzione globale di fatto, con onere di specifica motivazione a tale riguardo, a meno che il giudice, sulla base della domanda del lavoratore, accerti che vi è anche un difetto di giustificazione del licenziamento, nel qual caso applica, in luogo di quelle previste dal presente comma, le tutele di cui ai commi quarto, quinto o settimo ([2]).

Il giudice applica la medesima disciplina di cui al quarto comma del presente articolo nell'ipotesi in cui accerti il difetto di giustificazione del licenziamento intimato, anche ai sensi degli articoli

4, comma 4, e 10, comma 3, della legge 12 marzo 1999, n. 68, per motivo oggettivo consistente nell'inidoneità fisica o psichica del lavoratore, ovvero che il licenziamento è stato intimato in violazione dell'articolo 2110, secondo comma, del codice civile. Può altresì applicare la predetta disciplina nell'ipotesi in cui accerti la manifesta insussistenza del fatto posto a base del licenziamento per giustificato motivo oggettivo; nelle altre ipotesi in cui accerta che non ricorrono gli estremi del predetto giustificato motivo, il giudice applica la disciplina di cui al quinto comma. In tale ultimo caso il giudice, ai fini della determinazione dell'indennità tra il minimo e il massimo previsti, tiene conto, oltre ai criteri di cui al quinto comma, delle iniziative assunte dal lavoratore per la ricerca di una nuova occupazione e del comportamento delle parti nell'ambito della procedura di cui all'articolo 7 della legge 15 luglio 1966, n. 604, e successive modificazioni. Qualora, nel corso del giudizio, sulla base della domanda formulata dal lavoratore, il licenziamento risulti determinato da ragioni discriminatorie o disciplinari, trovano applicazione le relative tutele previste dal presente articolo ([2]).

Le disposizioni dei commi dal quarto al settimo si applicano al datore di lavoro, imprenditore o non imprenditore, che in ciascuna sede, stabilimento, filiale, ufficio o reparto autonomo nel quale ha avuto luogo il licenziamento occupa alle sue dipendenze più di quindici lavoratori o più di cinque se si tratta di imprenditore agricolo, nonché al datore di lavoro, imprenditore o non imprenditore, che nell'ambito dello stesso comune occupa più di quindici dipendenti e all'impresa agricola che nel medesimo ambito territoriale occupa più di cinque dipendenti, anche se ciascuna unità produttiva, singolarmente considerata, non raggiunge tali limiti, e in ogni caso al datore di lavoro, imprenditore e non imprenditore, che occupa più di sessanta dipendenti ([2]).

Ai fini del computo del numero dei dipendenti di cui all'ottavo comma si tiene conto dei lavoratori assunti con contratto a tempo indeterminato parziale per la quota di orario effettivamente svolto, tenendo conto, a tale proposito, che il computo delle unità lavorative fa riferimento all'orario previsto dalla contrattazione collettiva del settore. Non si computano il coniuge e i parenti del datore di lavoro entro il secondo grado in linea diretta e in linea collaterale. Il computo dei limiti occupazionali di cui all'ottavo comma non incide su norme o istituti che prevedono agevolazioni finanziarie o creditizie ([2]).

Nell'ipotesi di revoca del licenziamento, purchè effettuata entro il termine di quindici giorni dalla comunicazione al datore di lavoro dell'impugnazione del medesimo, il rapporto di lavoro si intende ripristinato senza soluzione di continuità, con diritto del lavoratore alla retribuzione maturata nel periodo precedente alla revoca, e non trovano applicazione i regimi sanzionatori previsti dal presente articolo ([2]).

Nell'ipotesi di licenziamento dei lavoratori di cui all'art. 22, su istanza congiunta del lavoratore e del sindacato cui questo aderisce o conferisca mandato, il giudice, in ogni stato e grado del giudizio di merito, può disporre con ordinanza, quando ritenga irrilevanti o insufficienti gli elementi di prova forniti dal datore di lavoro, la reintegrazione del lavoratore nel posto di lavoro.

L'ordinanza di cui al comma precedente può essere impugnata con reclamo immediato al giudice medesimo che l'ha pronunciata. Si applicano le disposizioni dell'art. 178, terzo, quarto, quinto e sesto comma del codice di procedura civile.

L'ordinanza può essere revocata con la sentenza che decide la causa.

Nell'ipotesi di licenziamento dei lavoratori di cui all'art. 22, il datore di lavoro che non ottempera alla sentenza di cui al primo comma ovvero all'ordinanza di cui all'undicesimo comma ([3]), non impugnata o confermata dal giudice che l'ha pronunciata, è tenuto anche, per ogni giorno di ritardo, al pagamento a favore del Fondo adeguamento pensioni di una somma pari all'importo della retribuzione dovuta al lavoratore.

([1]) *La precedente rubrica: «*Reintegrazione nel posto di lavoro*» è stata così sostituita dall'attuale dall'art. 1, comma 42, lett.* a)*, della L. 28 giugno 2012, n. 92.*

([2]) *Gli attuali commi dal primo al decimo hanno così sostituito i precedenti commi dal primo al sesto ai sensi dell'art. 1, comma 42, lett.* b)*, della L. 28 giugno 2012, n. 92.*

([3]) *Le parole: «al quarto comma» sono state così sostituite dalle attuali: «all'undicesimo comma» dall'art. 1, comma 42, lett.* c)*, della L. 28 giugno 2012, n. 92.*

Titolo III
Dell'attività sindacale

19. Costituzione delle rappresentanze sindacali aziendali. – Rappresentanze sindacali aziendali possono essere costituite ad iniziativa dei lavoratori in ogni unità produttiva, nell'ambito:

[*a*) delle associazioni aderenti alle confederazioni maggiormente rappresentative sul piano nazionale] ([1]);

b) delle associazioni sindacali, [non affiliate alle predette confederazioni] ([2]), che siano firmatarie di contratti collettivi [nazionali o provinciali] ([2]) di lavoro applicati nell'unità produttiva ([3]).

Nell'ambito di aziende con più unità produttive le rappresentanze sindacali possono istituire organi di coordinamento.

([1]) *Questa lettera è stata abrogata dall'art. 1 del D.P.R. 28 luglio 1995, n. 312, con decorrenza dal sessantesimo giorno dalla data di pubblicazione sulla* G.U. *avvenuta il 29 luglio 1995.*

([2]) *Le parole poste fra parentesi quadre sono state abrogate dall'art. 1 del D.P.R. 28 luglio 1995, n. 312, con decorrenza dal sessantesimo giorno dalla data di pubblicazione sulla* G.U. *avvenuta il 29 luglio 1995.*

([3]) *La Corte costituzionale, con sentenza n. 231 del 23 luglio 2013, ha dichiarato l'illegittimità costituzionale di questa lettera, nella parte in cui non prevede che la rappresentanza sindacale aziendale possa essere costituita anche nell'ambito di associazioni sindacali che, pur non firmatarie dei contratti collettivi applicati nell'unità produttiva, abbiano comunque partecipato alla negoziazione relativa agli stessi contratti quali rappresentanti dei lavoratori dell'azienda.*

20. Assemblea. – I lavoratori hanno diritto di riunirsi, nella unità produttiva in cui prestano la loro opera, fuori dell'orario di lavoro, nonché durante l'orario di lavoro, nei limiti di dieci ore annue, per le quali verrà corrisposta la normale retribuzione. Migliori condizioni possono essere stabilite dalla contrattazione collettiva.

Le riunioni – che possono riguardare la generalità dei lavoratori o gruppi di essi – sono indette, singolarmente o congiuntamente, dalle rappresentanze sindacali aziendali nell'unità produttiva, con ordine del giorno su materie di interesse sindacale e del lavoro e secondo l'ordine di precedenza delle convocazioni, comunicate al datore di lavoro.

Alle riunioni possono partecipare, previo preavviso al datore di lavoro, dirigenti esterni del sindacato che ha costituito la rappresentanza sindacale aziendale.

Ulteriori modalità per l'esercizio del diritto di assemblea possono essere stabilite dai contratti di lavoro, anche aziendali.

21. Referendum. – Il datore di lavoro deve consentire nell'ambito aziendale lo svolgimento, fuori dell'orario di lavoro, di referendum, sia generali che per categoria, su materie inerenti all'attività sindacale, indetti da tutte le rappresentanze sindacali aziendali tra i lavoratori, con diritto di partecipazione di tutti i lavoratori appartenenti alla unità produttiva e alla categoria particolarmente interessata.

Ulteriori modalità per lo svolgimento del referendum possono essere stabilite dai contratti collettivi di lavoro anche aziendali.

22. Trasferimento dei dirigenti delle rappresentanze sindacali aziendali. – Il trasferimento dall'unità produttiva dei dirigenti delle rappresentanze sindacali aziendali di cui al precedente art. 19, dei candidati e dei membri di commissione interna può essere disposto solo previo nulla osta delle associazioni sindacali di appartenenza.

Le disposizioni di cui al comma precedente ed ai commi quarto, quinto, sesto e settimo ([1]) dell'art. 18 si applicano sino alla fine del terzo mese successivo a quello in cui è stata eletta la commissione interna per i candidati nelle elezioni della commissione stessa e sino alla fine dell'anno successivo a quello in cui è cessato l'incarico per tutti gli altri.

([1]) *Riferimento da intendersi attualmente ai commi settimo, ottavo, nono e decimo, dopo la sostituzione del testo dell'art. 18 disposta dall'art. 1 della L. 11 maggio 1990, n. 108.*

23. Permessi retribuiti. – I dirigenti delle rappresentanze sindacali aziendali di cui all'art. 19 hanno diritto, per l'espletamento del loro mandato, a permessi retribuiti.

Salvo clausole più favorevoli dei contratti collettivi di lavoro hanno diritto ai permessi di cui al primo comma almeno:

a) un dirigente per ciascuna rappresentanza sindacale aziendale nelle unità produttive che occupano fino a 200 dipendenti della categoria per cui la stessa è organizzata;

b) un dirigente ogni 300 o frazione di 300 dipendenti per ciascuna rappresentanza sindacale aziendale nelle unità produttive che occupano fino a 3.000 dipendenti della categoria per cui la stessa è organizzata;

c) un dirigente ogni 500 o frazione di 500 dipendenti della categoria per cui è organizzata la rappresentanza sindacale aziendale nelle unità produttive di maggiori dimensioni, in aggiunta al numero minimo di cui alla precedente lettera *b*).

I permessi retribuiti di cui al presente articolo non potranno essere inferiori a otto ore mensili nelle aziende di cui alle lettere *b*) e *c*) del comma precedente; nelle aziende di cui alla lettera *a*) i permessi retribuiti non potranno essere inferiori ad un'ora all'anno per ciascun dipendente.

Il lavoratore che intende esercitare il diritto di cui al primo comma deve darne comunicazione scritta al datore di lavoro di regola 24 ore prima, tramite le rappresentanze sindacali aziendali.

24. Permessi non retribuiti. – I dirigenti sindacali aziendali di cui all'art. 23 hanno diritto a permessi non retribuiti per la partecipazione a trattative sindacali o a congressi e convegni di natura sindacale, in misura non inferiore a otto giorni all'anno.

I lavoratori che intendano esercitare il diritto di cui al comma precedente devono darne comunicazione scritta al datore di lavoro di regola tre giorni prima, tramite le rappresentanze sindacali aziendali.

25. Diritto di affissione. – Le rappresentanze sindacali aziendali hanno diritto di affiggere, su appositi spazi, che il datore di lavoro ha l'obbligo di predisporre in luoghi accessibili a tutti i lavoratori all'interno dell'unità produttiva, pubblicazioni, testi e comunicati inerenti a materie di interesse sindacale e del lavoro.

26. Contributi sindacali. – I lavoratori hanno diritto di raccogliere contributi e di svolgere opera di proselitismo per le loro organizzazioni sindacali all'interno dei luoghi di lavoro, senza pregiudizio del normale svolgimento dell'attività aziendale.

[Le associazioni sindacali dei lavoratori hanno diritto di percepire, tramite ritenuta sul salario nonché sulle prestazioni erogate per conto degli enti previdenziali, i contributi sindacali che i lavoratori intendono loro versare, con modalità stabilite dai contratti collettivi di lavoro, che garantiscano la segretezza del versamento effettuato dal lavoratore a ciascuna associazione sindacale] ([1]).

[Nelle aziende nelle quali il rapporto di lavoro non è regolato da contratti collettivi, il lavoratore ha diritto di chiedere il versamento del contributo sindacale all'associazione da lui indicata] ([1]).

([1]) *Questo comma è stato abrogato dall'art. 1 del D.P.R. 28 luglio 1995, n. 313, con decorrenza dal sessantesimo giorno dalla data di pubblicazione sulla* G.U. *avvenuta il 29 luglio 1995.*

27. Locali delle rappresentanze sindacali aziendali. – Il datore di lavoro nelle unità produttive con almeno 200 dipendenti pone permanentemente a disposizione delle rappresentanze sindacali aziendali, per l'esercizio delle loro funzioni, un idoneo locale comune all'interno dell'unità produttiva o nelle immediate vicinanze di essa.

Nelle unità produttive con un numero inferiore di dipendenti le rappresentanze sindacali aziendali hanno diritto di usufruire, ove ne facciano richiesta, di un locale idoneo per le loro riunioni.

Titolo IV
Disposizioni varie e generali

28. Repressione della condotta antisindacale. – Qualora il datore di lavoro ponga in essere comportamenti diretti ad impedire o limitare l'esercizio della libertà e dell'attività sindacale nonché del diritto di sciopero, su ricorso degli organismi locali delle associazioni sindacali nazionali che vi abbiano interesse, il pretore ([1]) del luogo ove è posto in essere il comportamento denunziato, nei due giorni successivi, convocate le parti ed assunte sommarie informazioni, qualora ritenga sussistente la violazione di cui al presente comma, ordina al datore di lavoro, con decreto motivato ed immediatamente esecutivo, la cessazione del comportamento illegittimo e la rimozione degli effetti.

L'efficacia esecutiva del decreto non può essere revocata fino alla sentenza con cui il pretore ([1]) in funzione di giudice del lavoro definisce il giudizio instaurato a norma del comma successivo ([2]).

Contro il decreto che decide sul ricorso è ammessa, entro 15 giorni dalla comunicazione del decreto alle parti, opposizione davanti al pretore ([1]) in funzione di giudice del lavoro che decide con sentenza immediatamente esecutiva. Si osservano le disposizioni degli articoli 413 e seguenti del codice di procedura civile ([2]).

Il datore di lavoro che non ottempera al decreto, di cui al primo comma, o alla sentenza pronunciata nel giudizio di opposizione è punito ai sensi dell'art. 650 del codice penale.

L'autorità giudiziaria ordina la pubblicazione della sentenza penale di condanna nei modi stabiliti dall'art. 36 del codice penale.

[Se il comportamento di cui al primo comma è posto in essere da una amministrazione statale o da un altro ente pubblico non economico, l'azione è proposta con ricorso davanti al pretore competente per territorio] ([3]).

[Qualora il comportamento antisindacale sia lesivo anche di situazioni soggettive inerenti al rapporto di impiego, le organizzazioni sindacali di cui al primo comma, ove intendano ottenere anche la rimozione dei provvedimenti lesivi delle predette situazioni, propongono il ricorso davanti al tribunale amministrativo regionale competente per territorio, che provvede in via di urgenza con le modalità di cui al primo comma. Contro il decreto che decide sul ricorso è ammessa, entro quindici giorni dalla comunicazione del decreto alle parti, opposizione davanti allo stesso tribunale, che decide con sentenza immediatamente esecutiva] ([3]).

([1]) *Ai sensi del D.L.vo 19 febbraio 1998, n. 51, l'ufficio del pretore è soppresso a decorrere dal 2 giugno 1999, fatta salva l'attività necessaria per l'esaurimento degli affari pendenti. Le relative competenze sono trasferite al tribunale ordinario, fuori dei casi in cui è diversamente disposto dal predetto provvedimento.*

([2]) *Questo comma è stato così modificato dalla L. 8 novembre 1977, n. 847.*

([3]) *Questo comma è stato aggiunto dall'art. 6 della L. 12 giugno 1990, n. 146, e poi abrogato dall'articolo 4 della L. 11 aprile 2000, n. 83. Si veda anche l'art. 7 della citata legge 12 giugno 1990, n. 146, che di seguito si riporta, nel testo modificato dall'art. 5 della L. 11 aprile 2000, n. 83:*

«La disciplina di cui all'art. 28 della L. 20 maggio 1970, n. 300, si applica anche in caso di violazione di clausole concernenti i diritti e l'attività del sindacato contenute negli accordi di cui al D.L.vo 3 febbraio 1993, n. 29, e successive modificazioni, e nei contratti collettivi di lavoro, che disciplinano il rapporto di lavoro nei servizi di cui alla presente legge».

Si veda, inoltre, l'art. 47 della L. 29 dicembre 1990, n. 428, modif. dall'art. 2 del D.L.vo 2 febbraio 2001, n. 18, secondo cui costituisce condotta antisindacale a sensi dell'art. 28 L. 20 maggio 1970, n. 300, il mancato rispetto, da parte del cedente o del cessionario, degli obblighi di comunicazione alle rappresentanze sindacali del progettato trasferimento d'azienda in cui siano occupati più di quindici lavoratori.

29. Fusione delle rappresentanze sindacali aziendali. – Quando le rappresentanze sindacali aziendali di cui all'art. 19 si siano costituite nell'ambito di due o più delle associazioni di cui alle lettere *a*) e *b*) del primo comma dell'articolo predetto, nonché nell'ipotesi di fusione di più rappresentanze sindacali, i limiti numerici stabiliti dall'art. 23, secondo comma, si intendono riferiti a ciascuna delle associazioni sindacali unitariamente rappresentate nell'unità produttiva.

Quando la formazione di rappresentanze sindacali unitarie consegua alla fusione delle associazioni di cui alle lettere *a*) e *b*) del primo comma dell'art. 19, i limiti numerici della tutela accordata ai dirigenti di rappresentanze sindacali aziendali, stabiliti in applicazione dell'art. 23, secondo comma, ovvero del primo comma del presente articolo restano immutati.

30. Permessi per i dirigenti provinciali e nazionali. – I componenti degli organi direttivi, provinciali e nazionali, delle associazioni di cui all'art. 19 hanno diritto a permessi retribuiti, secondo le norme dei contratti di lavoro, per la partecipazione alle riunioni degli organi suddetti.

31. ([1]) **Aspettativa dei lavoratori chiamati a funzioni pubbliche elettive o a ricoprire cariche sindacali provinciali e nazionali.** – I lavoratori che siano eletti membri del Parlamento nazionale o del Parlamento europeo o di assemblee regionali ovvero siano chiamati ad altre funzioni pubbliche elettive possono, a richiesta, essere collocati in aspettativa non retribuita, per tutta la durata del loro mandato ([2]).

La medesima disposizione si applica ai lavoratori chiamati a ricoprire cariche sindacali provinciali e nazionali.

I periodi di aspettativa di cui ai precedenti commi sono considerati utili, a richiesta dell'interessato, ai fini del riconoscimento del diritto e della determinazione della misura della pensione a carico della assicurazione generale obbligatoria di cui al R.D.L. 4 ottobre 1935, n. 1827, e successive modifiche ed integrazioni, nonché a carico di enti, fondi, casse e gestioni per forme obbligatorie di previdenza sostitutive dell'assicurazione predetta, o che ne comportino comunque l'esonero.

Durante i periodi di aspettativa l'interessato, in caso di malattia, conserva il diritto alle prestazioni a carico dei competenti enti preposti all'erogazione delle prestazioni medesime.

Le disposizioni di cui al terzo e al quarto comma non si applicano qualora a favore dei lavoratori siano previste forme previdenziali per il trattamento di pensione e per malattia, in relazione all'attività espletata durante il periodo di aspettativa ([3]).

([1]) *A norma dell'art. 22, comma 39, della L. 23 dicembre 1994, n. 724, le disposizioni previste da questo articolo si interpretano nel senso della loro applicabi-*

lità ai dipendenti pubblici eletti nel Parlamento nazionale, nel Parlamento europeo e nei consigli regionali.

([2]) *Questo comma è stato così sostituito dall'art. 2 della L. 13 agosto 1979, n. 384.*

([3]) *La L. 9 maggio 1977, n. 210, di interpretazione autentica di questo comma, così dispone: «Le limitazioni previste dall'ultimo comma dell'articolo 31 della legge 20 maggio 1970, n. 300, si applicano ai lavoratori che durante il periodo di aspettativa esplicano attività lavorativa che comporti forme di tutela previdenziale a carico dell'assicurazione generale obbligatoria di cui al R.D.L. 4 ottobre 1935, n. 1827, e successive modificazioni ed integrazioni, ovvero a carico di fondi sostitutivi, esclusivi o esonerativi dell'assicurazione predetta».*

32. Permessi ai lavoratori chiamati a funzioni pubbliche elettive. – I lavoratori eletti alla carica di consigliere comunale o provinciale che non chiedano di essere collocati in aspettativa sono, a loro richiesta, autorizzati ad assentarsi dal servizio per il tempo strettamente necessario all'espletamento del mandato, senza alcuna decurtazione della retribuzione.

I lavoratori eletti alla carica di sindaco o di assessore comunale, ovvero di presidente di giunta provinciale o di assessore provinciale, hanno diritto anche a permessi non retribuiti per un minimo di trenta ore mensili.

Titolo VI
Disposizioni finali e penali

35. Campo di applicazione. – Per le imprese industriali e commerciali, le disposizioni del titolo III, ad eccezione del primo comma dell'art. 27, della presente legge si applicano a ciascuna sede, stabilimento, filiale, ufficio o reparto autonomo che occupa più di quindici dipendenti. Le stesse disposizioni si applicano alle imprese agricole che occupano più di cinque dipendenti ([1]).

Le norme suddette si applicano, altresì, alle imprese industriali e commerciali che nell'ambito dello stesso comune occupano più di quindici dipendenti ed alle imprese agricole che nel medesimo ambito territoriale occupano più di cinque dipendenti anche se ciascuna unità produttiva, singolarmente considerata, non raggiunge tali limiti.

Ferme restando le norme di cui agli artt. 1, 8, 9, 14, 15, 16 e 17, i contratti collettivi di lavoro provvedono ad applicare i principi di cui alla presente legge alle imprese di navigazione per il personale navigante ([2]).

([1]) *Comma così modificato dall'art. 6, L. 11 maggio 1990, n. 108, disciplina dei licenziamenti individuali.*

([2]) *La Corte costituzionale, con sentenza n. 96 del 3 aprile 1987, ha dichiarato l'illegittimità costituzionale di questo comma, nella parte in cui non prevede la diretta applicabilità al predetto personale anche dell'art. 18 della stessa legge.*

La Corte costituzionale, con sentenza n. 41 del 31 gennaio 1991, ha dichiarato l'illegittimità costituzionale di questo comma, nella parte in cui non prevede la diretta applicabilità al personale navigante delle imprese di navigazione aerea anche nell'art. 18 di questa legge, come modificato dall'art. 1 della L. 11 maggio 1990, n. 108.

La Corte costituzionale, con sentenza n. 364 del 23 luglio 1991, ha dichiarato l'illegittimità costituzionale di questo comma, nella parte in cui non prevede la diretta applicabilità al personale navigante delle «imprese di navigazione» dei commi 1, 2 e 3 dell'art. 7 di questa legge.

36. ([1]) Obblighi dei titolari di benefici accordati dallo Stato e degli appaltatori di opere pubbliche. – Nei provvedimenti di concessione di benefici accordati ai sensi delle vigenti leggi dallo Stato a favore di imprenditori che esercitano professionalmente un'attività economica organizzata e nei capitolati di appalto attinenti all'esecuzione di opere pubbliche, deve essere inserita la clausola esplicita determinante l'obbligo per il beneficiario o appaltatore di applicare o di far applicare nei confronti dei lavoratori dipendenti condizioni non inferiori a quelle risultanti dai contratti collettivi di lavoro della categoria e della zona.

Tale obbligo deve essere osservato sia nella fase di realizzazione degli impianti o delle opere che in quella successiva, per tutto il tempo in cui l'imprenditore beneficia delle agevolazioni finanziarie e creditizie concesse dallo Stato ai sensi delle vigenti disposizioni di legge.

Ogni infrazione al suddetto obbligo che sia accertata dall'Ispettorato del lavoro viene comunicata immediatamente ai Ministri nella cui amministrazione sia stata disposta la concessione del beneficio o dell'appalto. Questi adotteranno le opportune determinazioni, fino alla revoca del beneficio, e nei casi più gravi o nel caso di recidiva potranno decidere l'esclusione del responsabile, per un tempo fino a cinque anni, da qualsiasi ulteriore concessione di agevolazioni finanziarie o creditizie ovvero da qualsiasi appalto.

Le disposizioni di cui ai commi precedenti si applicano anche quando si tratti di agevolazioni finanziarie o creditizie ovvero di appalti concessi da enti pubblici, ai quali l'Ispettorato del lavoro comunica direttamente le infrazioni per l'adozione delle sanzioni.

(1) *La Corte costituzionale, con sentenza n. 226 del 19 giugno 1998, ha dichiarato l'illegittimità costituzionale di questo articolo nella parte in cui non prevede che, nelle concessioni di pubblico servizio, deve essere inserita la clausola esplicita determinante l'obbligo per il concessionario di applicare o di far applicare nei confronti dei lavoratori dipendenti condizioni non inferiori a quelle risultanti dai contratti collettivi di lavoro della categoria e della zona.*

37. (1) **Applicazione ai dipendenti da enti pubblici.** – Le disposizioni della presente legge si applicano anche ai rapporti di lavoro e di impiego dei dipendenti da enti pubblici che svolgono esclusivamente o prevalentemente attività economica. Le disposizioni della presente legge si applicano altresì ai rapporti di impiego dei dipendenti dagli altri enti pubblici, salvo che la materia sia diversamente regolata da norme speciali.

(1) *Questa norma è da ritenere in gran parte abrogata per incompatibilità con la legislazione successiva. Si veda in particolare il D.L.vo 30 marzo 2001, n. 165.*

38. Disposizioni penali. – Le violazioni degli artt. 2, [4,] (1) 5, 6 [, 8] (1) e 15, primo comma, lettera *a*), sono punite, salvo che il fatto non costituisca più grave reato, con l'ammenda da € 154 a € 1.549 (2) o con l'arresto da 15 giorni ad un anno.

Nei casi più gravi le pene dell'arresto e dell'ammenda sono applicate congiuntamente.

Quando, per le condizioni economiche del reo, l'ammenda stabilita nel primo comma può presumersi inefficace anche se applicata nel massimo, il giudice ha facoltà di aumentarla fino al quintuplo.

Nei casi previsti dal secondo comma, l'autorità giudiziaria ordina la pubblicazione della sentenza penale di condanna nei modi stabiliti dall'art. 36 del cod. pen.

(1) *Le parole*: «4,» e «, 8» *sono state soppresse dall'art. 179, comma 2, del D.L.vo 30 giugno 2003, n. 196, a decorrere dal 1° gennaio 2004.*

(2) *L'ammenda originaria da L. 100.000 a un milione è stata triplicata ai sensi dell'art. 113 della L. 24 novembre 1981, n. 689.*

39. Versamento delle ammende al Fondo adeguamento pensioni. – L'importo delle ammende è versato al Fondo adeguamento pensioni dei lavoratori.

40. Abrogazione delle disposizioni contrastanti. – Ogni disposizione in contrasto con le norme contenute nella presente legge è abrogata.

Restano salve le condizioni dei contratti collettivi e degli accordi sindacali più favorevoli ai lavoratori.

41. Esenzioni fiscali. – Tutti gli atti e documenti necessari per l'attuazione della presente legge e per l'esercizio dei diritti connessi, nonché tutti gli atti e documenti relativi ai giudizi nascenti dalla sua applicazione sono esenti da bollo, da imposte di registro o di qualsiasi altra specie e da tasse.

2.

D.L.vo 10 settembre 2003, n. 276. Attuazione delle deleghe in materia di occupazione e mercato del lavoro, di cui alla legge 14 febbraio 2003, n. 30 (Suppl. ord. alla *Gazzetta Ufficiale* Serie gen. - n. 235 del 9 ottobre 2003), avviso di rettifica ed *errata corrige* pubblicati nella *Gazzetta Ufficiale* Serie gen. - n. 251 del 28 ottobre 2003 (1).

(1) *Ai sensi dell'art. 85, comma 1, lett.* i), *dalla data di entrata in vigore del presente decreto legislativo sono abrogate tutte le disposizioni legislative e regolamentari incompatibili con il presente decreto.*

(*Estratto*)

Titolo I
Disposizioni generali

1. Finalità e campo di applicazione. – 1. Le disposizioni di cui al presente decreto legislativo, nel dare attuazione ai principi e criteri direttivi contenuti nella legge 14 febbraio 2003, n. 30, si collocano nell'ambito degli orientamenti comunitari in materia di occupazione e di apprendimento permanente e sono finalizzate ad aumentare, nel rispetto delle disposizioni relative alla libertà e dignità del lavoratore di cui alla legge 20 maggio 1970, n. 300, e successive modificazioni e integrazioni, alla parità tra uomini e donne di cui alla legge 9 dicembre 1977, n. 903, e successive modificazioni ed integrazioni, e alle pari opportunità tra i sessi di cui alla legge 10 aprile 1991, n. 125, e successive modificazioni ed integrazioni, i tassi di occupazione e a promuovere la qualità e la stabilità del lavoro, anche attraverso contratti a contenuto formativo e contratti a orario modulato compatibili con le esigenze delle aziende e le aspirazioni dei lavoratori.

2. Il presente decreto non trova applicazione per le pubbliche amministrazioni e per il loro personale.

3. Sono fatte salve le competenze riconosciute alle regioni a statuto speciale ed alle province

autonome di Trento e di Bolzano dallo statuto e dalle relative norme di attuazione, anche con riferimento alle disposizioni del Titolo V, parte seconda, della Costituzione per le parti in cui sono previste forme di autonomie più ampie rispetto a quelle già attribuite.

2. Definizioni. – 1. Ai fini e agli effetti delle disposizioni di cui al presente decreto legislativo si intende per:

a) «contratto di somministrazione di lavoro»: il contratto avente ad oggetto la fornitura professionale di manodopera, a tempo indeterminato o a termine, ai sensi dell'articolo 20 ([1]);

a bis) «missione»: il periodo durante il quale, nell'ambito di un contratto di somministrazione di lavoro, il lavoratore dipendente da un'agenzia di somministrazione di cui all'articolo 4, comma 1, lettere *a*) e *b*), è messo a disposizione di un utilizzatore di cui all'articolo 20, comma 1, e opera sotto il controllo e la direzione dello stesso ([2]);

a ter) «condizioni di base di lavoro e d'occupazione»: il trattamento economico, normativo e occupazionale previsto da disposizioni legislative, regolamentari e amministrative, da contratti collettivi o da altre disposizioni vincolanti di portata generale in vigore presso un utilizzatore di cui all'articolo 20, comma 1, ivi comprese quelle relative:

1) all'orario di lavoro, le ore di lavoro straordinario, le pause, i periodi di riposo, il lavoro notturno, le ferie e i giorni festivi;

2) alla retribuzione;

3) alla protezione delle donne in stato di gravidanza e in periodo di allattamento, nonché la protezione di bambini e giovani; la parità di trattamento fra uomo e donna, nonché altre disposizioni in materia di non discriminazione ([2]);

b) «intermediazione»: l'attività di mediazione tra domanda e offerta di lavoro, anche in relazione all'inserimento lavorativo dei disabili e dei gruppi di lavoratori svantaggiati, comprensiva tra l'altro: della raccolta dei curricula dei potenziali lavoratori; della preselezione e costituzione di relativa banca dati; della promozione e gestione dell'incontro tra domanda e offerta di lavoro; della effettuazione, su richiesta del committente, di tutte le comunicazioni conseguenti alle assunzioni avvenute a seguito della attività di intermediazione; dell'orientamento professionale; della progettazione ed erogazione di attività formative finalizzate all'inserimento lavorativo;

c) «ricerca e selezione del personale»: l'attività di consulenza di direzione finalizzata alla risoluzione di una specifica esigenza dell'organizzazione committente, attraverso l'individuazione di candidature idonee a ricoprire una o più posizioni lavorative in seno all'organizzazione medesima, su specifico incarico della stessa, e comprensiva di: analisi del contesto organizzativo dell'organizzazione committente; individuazione e definizione delle esigenze della stessa; definizione del profilo di competenze e di capacità della candidatura ideale; pianificazione e realizzazione del programma di ricerca delle candidature attraverso una pluralità di canali di reclutamento; valutazione delle candidature individuate attraverso appropriati strumenti selettivi; formazione della rosa di candidature maggiormente idonee; progettazione ed erogazione di attività formative finalizzate all'inserimento lavorativo; assistenza nella fase di inserimento dei candidati; verifica e valutazione dell'inserimento e del potenziale dei candidati;

d) «supporto alla ricollocazione professionale»: l'attività effettuata su specifico ed esclusivo incarico dell'organizzazione committente, anche in base ad accordi sindacali, finalizzata alla ricollocazione nel mercato del lavoro di prestatori di lavoro, singolarmente o collettivamente considerati, attraverso la preparazione, la formazione finalizzata all'inserimento lavorativo, l'accompagnamento della persona e l'affiancamento della stessa nell'inserimento nella nuova attività;

e) «autorizzazione»: provvedimento mediante il quale lo Stato abilita operatori, pubblici e privati, di seguito denominati «agenzie per il lavoro», allo svolgimento delle attività di cui alle lettere da *a*) a *d*);

f) «accreditamento»: provvedimento mediante il quale le regioni riconoscono a un operatore, pubblico o privato, l'idoneità a erogare i servizi al lavoro negli ambiti regionali di riferimento, anche mediante l'utilizzo di risorse pubbliche, nonché la partecipazione attiva alla rete dei servizi per il mercato del lavoro con particolare riferimento ai servizi di incontro fra domanda e offerta;

g) «borsa continua del lavoro»: sistema aperto di incontro domanda-offerta di lavoro finalizzato, in coerenza con gli indirizzi comunitari, a favorire la maggior efficienza e trasparenza del mercato del lavoro, all'interno del quale cittadini, lavoratori, disoccupati, persone in cerca di un lavoro, soggetti autorizzati o accreditati e datori di lavoro possono decidere di incontrarsi in maniera libera e dove i servizi sono liberamente scelti dall'utente;

h) «enti bilaterali»: organismi costituiti a iniziativa di una o più associazioni dei datori e dei prestatori di lavoro comparativamente più rappresentative, quali sedi privilegiate per la regolazione del mercato del lavoro attraverso: la promozione di una occupazione regolare e di qualità; l'intermediazione nell'incontro tra domanda e offerta di lavoro; la programmazione di attività formative e la determinazione di modalità di attuazione della formazione professionale in azienda; la promozione di buone pratiche contro la discriminazione e per la inclusione dei soggetti più svantaggiati; la gestione mutualistica di fondi per la formazione e l'integrazione del reddito; la certificazione dei contratti di lavoro e di regolarità o congruità contributiva; lo sviluppo di azioni inerenti la salute e la sicurezza sul lavoro; ogni altra attività o funzione assegnata loro dalla legge o dai contratti collettivi di riferimento;

[*i*) «libretto formativo del cittadino»: libretto personale del lavoratore definito, ai sensi dell'accordo Stato-regioni del 18 febbraio 2000, di concerto tra il Ministero del lavoro e delle politiche sociali e il Ministero dell'istruzione, dell'università e della ricerca, previa intesa con la Conferenza unificata Stato-regioni e sentite le parti sociali, in cui vengono registrate le competenze acquisite durante la formazione in apprendistato, la formazione in contratto di inserimento, la formazione specialistica e la formazione continua svolta durante l'arco della vita lavorativa ed effettuata da soggetti accreditati dalle regioni, nonché le competenze acquisite in modo non formale e informale secondo gli indirizzi della Unione europea in materia di apprendimento permanente, purché riconosciute e certificate] (3);

j) «lavoratore»: qualsiasi persona che lavora o che è in cerca di un lavoro;

k) «lavoratore svantaggiato»: qualsiasi persona appartenente a una categoria che abbia difficoltà a entrare, senza assistenza, nel mercato del lavoro ai sensi dell'articolo 2, lettera *f*), del regolamento (CE) n. 2204/2002 della Commissione del 12 dicembre 2002 relativo alla applicazione degli articoli 87 e 88 del trattato CE agli aiuti di Stato a favore della occupazione, nonché ai sensi dell'articolo 4, comma 1, della legge 8 novembre 1991, n. 381;

l) «divisioni operative»: soggetti polifunzionali gestiti con strumenti di contabilità analitica, tali da consentire di conoscere tutti i dati economico-gestionali specifici in relazione a ogni attività;

m) «associazioni di datori e prestatori di lavoro»: organizzazioni datoriali e sindacali comparativamente più rappresentative.

(1) *Questa lettera è stata così sostituita dall'art. 2, comma 1, lett.* a), *del D.L.vo 2 marzo 2012, n. 24.*

(2) *Questa lettera è stata inserita dall'art. 2, comma 1, lett.* b), *del D.L.vo 2 marzo 2012, n. 24.*

(3) *Questa lettera è stata abrogata dall'art. 34, comma 1, lett.* a), *del D.L.vo 14 settembre 2015, n. 150.*

Titolo II
Organizzazione e disciplina del mercato del lavoro

3. Finalità. – 1. Le disposizioni contenute nel presente titolo hanno lo scopo di realizzare un sistema efficace e coerente di strumenti intesi a garantire trasparenza ed efficienza del mercato del lavoro e migliorare le capacità di inserimento professionale dei disoccupati e di quanti sono in cerca di una prima occupazione, con particolare riferimento alle fasce deboli del mercato del lavoro.

2. Ferme restando le competenze delle regioni in materia di regolazione e organizzazione del mercato del lavoro regionale e fermo restando il mantenimento da parte delle province delle funzioni amministrative attribuite dal decreto legislativo 23 dicembre 1997, n. 469, e successive modificazioni ed integrazioni, per realizzare l'obiettivo di cui al comma 1:

a) viene identificato un unico regime di autorizzazione per i soggetti che svolgono attività di somministrazione di lavoro, intermediazione, ricerca e selezione del personale, supporto alla ricollocazione professionale;

b) vengono stabiliti i principi generali per la definizione dei regimi di accreditamento regionali degli operatori pubblici o privati che forniscono servizi al lavoro nell'ambito dei sistemi territoriali di riferimento anche a supporto delle attività di cui alla lettera *a*);

c) vengono identificate le forme di coordinamento e raccordo tra gli operatori, pubblici o privati, al fine di un migliore funzionamento del mercato del lavoro;

d) vengono stabiliti i principi e criteri direttivi per la realizzazione di una borsa continua del lavoro;

e) vengono abrogate tutte le disposizioni incompatibili con la nuova regolamentazione del mercato del lavoro e viene introdotto un nuovo regime sanzionatorio.

Capo I
Regime autorizzatorio
e accreditamenti

4. Agenzie per il lavoro. – 1. Presso il Ministero del lavoro e delle politiche sociali è istituito un apposito albo delle agenzie per il lavoro ai fini dello svolgimento delle attività di somministrazione, intermediazione, ricerca e selezione del personale, supporto alla ricollocazione professionale. Il predetto albo è articolato in cinque sezioni:

a) agenzie di somministrazione di lavoro abilitate allo svolgimento di tutte le attività di cui all'articolo 20;

b) agenzie di somministrazione di lavoro a tempo indeterminato abilitate a svolgere esclusivamente una delle attività specifiche di cui all'articolo 20, comma 3, lettere da *a*) a *h*);

c) agenzie di intermediazione;

d) agenzie di ricerca e selezione del personale;

e) agenzie di supporto alla ricollocazione professionale.

2. Il Ministero del lavoro e delle politiche sociali rilascia entro sessanta giorni dalla richiesta e previo accertamento della sussistenza dei requisiti giuridici e finanziari di cui all'articolo 5, l'autorizzazione provvisoria all'esercizio delle attività per le quali viene fatta richiesta di autorizzazione, provvedendo contestualmente alla iscrizione delle agenzie nel predetto albo. Decorsi due anni, entro i novanta giorni successivi, i soggetti autorizzati possono richiedere l'autorizzazione a tempo indeterminato. Il Ministero del lavoro e delle politiche sociali rilascia l'autorizzazione a tempo indeterminato entro novanta giorni dalla richiesta, previa verifica del rispetto degli obblighi di legge e del contratto collettivo e, in ogni caso, subordinatamente al corretto andamento della attività svolta ([1]).

3. Nelle ipotesi di cui al comma 2, decorsi inutilmente i termini previsti, la domanda di autorizzazione provvisoria o a tempo indeterminato si intende accettata.

4. Le agenzie autorizzate comunicano alla autorità concedente, nonché alle regioni e alle province autonome competenti, gli spostamenti di sede, l'apertura delle filiali o succursali, la cessazione della attività ed hanno inoltre l'obbligo di fornire alla autorità concedente tutte le informazioni da questa richieste.

5. Il Ministro del lavoro e delle politiche sociali, con decreto da emanare entro trenta giorni dalla data di entrata in vigore del presente decreto legislativo, stabilisce le modalità della presentazione della richiesta di autorizzazione di cui al comma 2, i criteri per la verifica del corretto andamento della attività svolta cui è subordinato il rilascio della autorizzazione a tempo indeterminato, i criteri e le modalità di revoca della autorizzazione, nonché ogni altro profilo relativo alla organizzazione e alle modalità di funzionamento dell'albo delle agenzie per il lavoro.

6. L'iscrizione alla sezione dell'albo di cui alla lettera *a*), comma 1, comporta automaticamente l'iscrizione della agenzia alle sezioni di cui alle lettere *c*), *d*) ed *e*) del predetto albo. L'iscrizione alla sezione dell'albo di cui al comma 1, lettera *c*), comporta automaticamente l'iscrizione della agenzia alle sezioni di cui alle lettere *d*) ed *e*) del predetto albo.

7. L'autorizzazione di cui al presente articolo non può essere oggetto di transazione commerciale.

([1]) *Il secondo periodo di questo comma è stato così sostituito dagli attuali secondo e terzo periodo dall'art. 48, comma 1, della L. 4 novembre 2010, n. 183.*

5. Requisiti giuridici e finanziari. – 1. I requisiti richiesti per l'iscrizione all'albo di cui all'articolo 4 sono:

a) la costituzione della agenzia nella forma di società di capitali ovvero cooperativa o consorzio di cooperative, italiana o di altro Stato membro della Unione europea. Per le agenzie di cui alle lettere *d*) ed *e*) è ammessa anche la forma della società di persone;

b) la sede legale o una sua dipendenza nel territorio dello Stato o di altro Stato membro della Unione europea;

c) la disponibilità di uffici in locali idonei allo specifico uso e di adeguate competenze professionali, dimostrabili per titoli o per specifiche esperienze nel settore delle risorse umane o nelle relazioni industriali, secondo quanto precisato dal Ministero del lavoro e delle politiche sociali con decreto da adottarsi, d'intesa con la Conferenza permanente per i rapporti tra lo Stato, le regioni e le province autonome di Trento e di Bolzano e sentite le associazioni dei datori e dei prestatori di lavoro comparativamente più rappresentative, entro trenta giorni dalla data di entrata in vigore del presente decreto legislativo ([1]);

d) in capo agli amministratori, ai direttori generali, ai dirigenti muniti di rappresentanza e ai soci accomandatari: assenza di condanne penali, anche non definitive, ivi comprese le sanzioni sostitutive di cui alla legge 24 novembre 1981, n. 689, e successive modificazioni ed integrazioni, per delitti contro il patrimonio, per delitti contro la fede pubblica o contro l'economia pubblica, per il delitto previsto dall'articolo 416 *bis* del codice penale, o per delitti non colposi per i quali la legge commini la pena della reclusione non inferiore nel massimo a tre anni, per delitti o contravvenzioni previsti da leggi dirette alla prevenzione degli infortuni sul lavoro o, in ogni caso, previsti da leggi in materia di lavoro o di previdenza sociale; assenza, altresì, di sottoposizione alle misure di prevenzione disposte ai sensi della legge 27 dicembre 1956, n. 1423, o della legge 31 maggio 1965, n. 575 ([2]), o della legge 13 settembre 1982, n. 646, e successive modificazioni;

e) nel caso di soggetti polifunzionali, non caratterizzati da un oggetto sociale esclusivo, presenza di distinte divisioni operative, gestite con strumenti di contabilità analitica, tali da consentire di conoscere tutti i dati economico-gestionali specifici;

f) l'interconnessione con la borsa continua nazionale del lavoro di cui all'articolo 15, attraverso il raccordo con uno o più nodi regionali, nonché l'invio all'autorità concedente, pena la revoca dell'autorizzazione, di ogni informazione strategica per un efficace funzionamento del mercato del lavoro, tra cui i casi in cui un percettore di sussidio o indennità pubblica rifiuti senza giustificato motivo una offerta formativa, un progetto individuale di reinserimento nel mercato del lavoro ovvero una occupazione congrua ai sensi della legislazione vigente ([3]);

g) il rispetto delle disposizioni di cui all'articolo 8 a tutela del diritto del lavoratore alla diffusione dei propri dati nell'ambito da essi stessi indicato.

2. Per l'esercizio delle attività di cui all'articolo 20, oltre ai requisiti di cui al comma l, è richiesta:

a) l'acquisizione di un capitale versato non inferiore a 600.000 euro ovvero la disponibilità di 600.000 euro tra capitale sociale versato e riserve indivisibili nel caso in cui l'agenzia sia costituita in forma cooperativa;

b) la garanzia che l'attività interessi un ambito distribuito sull'intero territorio nazionale e comunque non inferiore a quattro regioni;

c) a garanzia dei crediti dei lavoratori impiegati e dei corrispondenti crediti contributivi degli enti previdenziali, la disposizione, per i primi due anni, di un deposito cauzionale di 350.000 euro presso un istituto di credito avente sede o dipendenza nei territorio nazionale o di altro Stato membro della Unione europea; a decorrere dal terzo anno solare, la disposizione, in luogo della cauzione, di una fideiussione bancaria o assicurativa o rilasciata da intermediari iscritti nell'elenco speciale di cui all'articolo 107 del decreto legislativo 1° settembre 1993, n. 385, che svolgono in via prevalente o esclusiva attività di rilascio di garanzie, a ciò autorizzati dal Ministero dell'economia e delle finanze, ([4]) non inferiore al 5 per cento del fatturato, al netto dell'imposta sul valore aggiunto, realizzato nell'anno precedente e comunque non inferiore a 350.000 euro. Sono esonerate dalla prestazione delle garanzie di cui alla presente lettera le società che abbiano assolto ad obblighi analoghi previsti per le stesse finalità dalla legislazione di altro Stato membro della Unione europea;

d) la regolare contribuzione ai fondi per la formazione e l'integrazione del reddito di cui all'articolo 12, il regolare versamento dei contributi previdenziali e assistenziali, il rispetto degli obblighi previsti dal contratto collettivo nazionale delle imprese di somministrazione di lavoro applicabile;

e) nel caso di cooperative di produzione e lavoro, oltre ai requisiti indicati al comma 1 e nel presente comma 2, la presenza di almeno sessanta soci e tra di essi, come socio sovventore, almeno un fondo mutualistico per la promozione e lo sviluppo della cooperazione, di cui agli articoli 11 e 12 della legge 31 gennaio 1992, n. 59, e successive modificazioni;

f) l'indicazione della somministrazione di lavoro di cui all'articolo 4, comma 1, lettera *a*), come oggetto sociale prevalente, anche se non esclusivo.

3. Per l'esercizio di una delle attività specifiche di cui alle lettere da *a*) ad *h*) del comma 3, dell'articolo 20, oltre ai requisiti di cui al comma 1, è richiesta:

a) l'acquisizione di un capitale versato non inferiore a 350.000 euro ovvero la disponibilità di 350.000 euro tra capitale sociale versato e riserve indivisibili nel caso in cui l'agenzia sia costituita in forma cooperativa;

b) a garanzia dei crediti dei lavoratori impiegati e dei corrispondenti crediti contributivi degli enti previdenziali, la disposizione, per i primi due anni, di un deposito cauzionale di 200.000 euro presso un istituto di credito avente sede o dipendenza nel territorio nazionale o di altro Stato membro della Unione europea; a decorrere dal terzo anno solare, la disposizione, in luogo della cauzione, di una fideiussione bancaria o assicurativa o rilasciata da intermediari iscritti nell'elenco speciale di cui all'articolo 107 del decreto legislativo 1° settembre 1993, n. 385, che svolgono in via prevalente o esclusiva attività di rilascio di garanzie, a ciò autorizzati dal Ministero dell'economia e delle finanze, (5) non inferiore al 5 per cento del fatturato, al netto dell'imposta sul valore aggiunto, realizzato nell'anno precedente e comunque non inferiore a 200.000 euro. Sono esonerate dalla prestazione delle garanzie di cui alla presente lettera le società che abbiano assolto ad obblighi analoghi previsti per le stesse finalità dalla legislazione di altro Stato membro della Unione europea;

c) la regolare contribuzione ai fondi per la formazione e l'integrazione del reddito di cui all'articolo 12, il regolare versamento dei contributi previdenziali e assistenziali, il rispetto degli obblighi previsti dal contratto collettivo nazionale delle imprese di somministrazione di lavoro applicabile;

d) nel caso di cooperative di produzione e lavoro, oltre ai requisiti indicati al comma 1 e nel presente comma 3, la presenza di almeno venti soci e tra di essi, come socio sovventore, almeno un fondo mutualistico per la promozione e lo sviluppo della cooperazione, di cui agli articoli 11 e 12 della legge 31 gennaio 1992, n. 59.

4. Per l'esercizio della attività di intermediazione, oltre ai requisiti di cui al comma 1, è richiesta:

a) l'acquisizione di un capitale versato non inferiore a 50.000 euro;

b) la garanzia che l'attività interessi un ambito distribuito sull'intero territorio nazionale e comunque non inferiore a quattro regioni;

c) l'indicazione della attività di intermediazione di cui all'articolo 4, comma 1, lettera *c*), come oggetto sociale prevalente, anche se non esclusivo.

5. Per l'esercizio della attività di ricerca e selezione del personale, oltre ai requisiti di cui al comma 1, è richiesta:

a) l'acquisizione di un capitale versato non inferiore a 25.000 euro;

b) l'indicazione della ricerca e selezione del personale come oggetto sociale, anche se non esclusivo.

6. Per l'esercizio della attività di supporto alla ricollocazione professionale, oltre ai requisiti di cui al comma 1, è richiesta:

a) l'acquisizione di un capitale versato non inferiore a 25.000 euro;

b) l'indicazione della attività di supporto alla ricollocazione professionale come oggetto sociale, anche se non esclusivo.

(1) *Si veda il D.M. 5 maggio 2004* (G.U. *Serie gen. - n. 153 del 2 luglio 2004*).

(2) *A norma dell'art. 116, commi 1 e 2, del D.L.vo 6 settembre 2011, n. 159, i richiami alle disposizioni contenute nella L. 27 dicembre 1956, n. 1423 e nella L. 31 maggio 1965, n. 575, ovunque presenti, si intendono riferiti alle corrispondenti disposizioni contenute nel D.L.vo n. 159/2011.*

(3) *Questa lettera è stata così sostituita dall'art. 48, comma 2, della L. 4 novembre 2010, n. 183.*

(4) *Le parole da: «o rilasciata ...» fino a: «... delle finanze,» sono state inserite dall'art. 1, comma 1, del D.L.vo 6 ottobre 2004, n. 251.*

(5) *Le parole da: «o rilasciata da intermediari ...» fino a: «... delle finanze,» sono state inserite dall'art. 1, comma 1, del D.L.vo 6 ottobre 2004, n. 251.*

6. (1) **Regimi particolari di autorizzazione.** – 1. Sono autorizzati allo svolgimento delle attività di intermediazione:

a) gli istituti di scuola secondaria di secondo grado, statali e paritari, a condizione che rendano pubblici e gratuitamente accessibili sui relativi siti istituzionali i curricula dei propri studenti all'ultimo anno di corso e fino ad almeno dodici mesi successivi alla data del conseguimento del titolo di studio;

b) le università, pubbliche e private, e i consorzi universitari, a condizione che rendano pubblici e gratuitamente accessibili sui relativi siti istituzionali i curricula dei propri studenti dalla data di immatricolazione e fino ad almeno dodici mesi successivi alla data del conseguimento del titolo di studio;

c) i comuni, singoli o associati nelle forme delle unioni di comuni e delle comunità montane, e le camere di commercio;

d) le associazioni dei datori di lavoro e dei lavoratori comparativamente più rappresentative sul piano nazionale anche per il tramite delle associazioni territoriali e delle società di servizi controllate;

e) i patronati, gli enti bilaterali e le associazioni senza fini di lucro che hanno per oggetto la tutela del lavoro, l'assistenza e la promozione delle attività imprenditoriali, la progettazione e l'erogazione di percorsi formativi e di alternanza, la tutela della disabilità;

f) i gestori di siti internet a condizione che svolgano la predetta attività senza finalità di lucro e che rendano pubblici sul sito medesimo i dati identificativi del legale rappresentante;

f bis) l'Ente nazionale di previdenza e di assistenza per i lavoratori dello spettacolo e dello sport professionistico, con esclusivo riferimento ai lavoratori dello spettacolo come definiti ai sensi della normativa vigente ([2]).

2. L'ordine nazionale dei consulenti del lavoro può chiedere l'iscrizione all'albo di cui all'articolo 4 di una apposita fondazione o di altro soggetto giuridico dotato di personalità giuridica costituito nell'ambito del consiglio nazionale dei consulenti del lavoro per lo svolgimento a livello nazionale di attività di intermediazione. L'iscrizione è subordinata al rispetto dei requisiti di cui alle lettere *c*), *d*), *e*), *f*), *g*) di cui all'articolo 5, comma 1.

3. Ferme restando le normative regionali vigenti per specifici regimi di autorizzazione su base regionale, l'autorizzazione allo svolgimento della attività di intermediazione per i soggetti di cui ai commi che precedono è subordinata alla interconnessione alla borsa continua nazionale del lavoro per il tramite del portale clic lavoro, nonché al rilascio alle regioni e al Ministero del lavoro e delle politiche sociali di ogni informazione utile relativa al monitoraggio dei fabbisogni professionali e al buon funzionamento del mercato del lavoro.

4. Entro trenta giorni dalla data di entrata in vigore della presente disposizione il Ministero del lavoro e delle politiche sociali definisce con proprio decreto le modalità di interconnessione dei soggetti di cui al comma 3 al portale clic lavoro che costituisce la borsa continua nazionale del lavoro, nonché le modalità della loro iscrizione in una apposita sezione dell'albo di cui all'articolo 4, comma 1. Il mancato conferimento dei dati alla borsa continua nazionale del lavoro comporta l'applicazione di una sanzione amministrativa pecuniaria da euro 2000 a euro 12000, nonché la cancellazione dall'albo di cui all'articolo 4, comma 1, con conseguente divieto di proseguire l'attività di intermediazione.

5. Le amministrazioni di cui al comma 1 inserite nell'elenco di cui all'articolo 1, comma 3, della legge 31 dicembre 2009, n. 196, svolgono l'attività di intermediazione senza nuovi o maggiori oneri a carico della finanza pubblica.

5 *bis*. L'iscrizione alla sezione dell'albo di cui all'articolo 4, comma 1, lettera *c*), dei soggetti autorizzati secondo il regime particolare di cui al comma 1, lettere *c*), *d*), *e*), *f*), e f *bis*), nonché al comma 2 del presente articolo, comporta automaticamente l'iscrizione degli stessi alle sezioni dell'Albo di cui alle lettere *d*) ed *e*) dell'articolo 4, comma 1 ([3]).

([1]) *Questo articolo è stato così sostituito dall'art. 29, comma 1, del D.L. 6 luglio 2011, n. 98, convertito, con modificazioni, nella L. 15 luglio 2011, n. 111.*

([2]) *Questa lettera è stata aggiunta dall'art. 22, comma 9, lett.* b), *della L. 12 novembre 2011, n. 183, a decorrere dal 1° gennaio 2012.*

([3]) *Questo comma è stato aggiunto dall'art. 12, comma 4, del D.L.vo 14 settembre 2015, n. 150.*

7. Accreditamenti. – 1. Le regioni, sentite le associazioni dei datori e dei prestatori di lavoro comparativamente più rappresentative, istituiscono appositi elenchi per l'accreditamento degli operatori pubblici e privati che operano nel proprio territorio nel rispetto degli indirizzi da esse definiti ai sensi dell'articolo 3 del decreto legislativo 21 aprile 2000, n. 181, e successive modificazioni, e dei seguenti principi e criteri:

a) garanzia della libera scelta dei cittadini, nell'ambito di una rete di operatori qualificati, adeguata per dimensione e distribuzione alla domanda espressa dal territorio;

b) salvaguardia di standard omogenei a livello nazionale nell'affidamento di funzioni relative all'accertamento dello stato di disoccupazione e al monitoraggio dei flussi del mercato del lavoro;

c) costituzione negoziale di reti di servizio ai fini dell'ottimizzazione delle risorse;

d) obbligo della interconnessione con la borsa continua nazionale del lavoro di cui all'articolo 15, nonché l'invio alla autorità concedente di ogni informazione strategica per un efficace funzionamento del mercato del lavoro;

e) raccordo con il sistema regionale di accreditamento degli organismi di formazione.

2. I provvedimenti regionali istitutivi dell'elenco di cui al comma 1 disciplinano altresì:

a) le forme della cooperazione tra i servizi pubblici e operatori privati, autorizzati ai sensi delle disposizioni di cui agli articoli 4, 5 e 6 o accreditati ai sensi del presente articolo, per le funzioni di incontro tra domanda e offerta di lavoro, prevenzione della disoccupazione di lunga durata, promozione dell'inserimento lavorativo dei lavoratori svantaggiati, sostegno alla mobilità geografica del lavoro;

b) requisiti minimi richiesti per l'iscrizione nell'elenco regionale in termini di capacità gestionali e logistiche, competenze professionali, situazione economica, esperienze maturate nel contesto territoriale di riferimento;

c) le procedure per l'accreditamento;

d) le modalità di misurazione dell'efficienza e della efficacia dei servizi erogati;

e) le modalità di tenuta dell'elenco e di verifica del mantenimento dei requisiti.

Capo II
Tutele sul mercato
e disposizioni speciali
con riferimento ai lavoratori svantaggiati

8. Ambito di diffusione dei dati relativi all'incontro domanda-offerta di lavoro. – [1. Ferme restando le disposizioni di cui alla legge 31 dicembre 1996, n. 675, e successive modificazioni ed integrazioni, le agenzie per il lavoro e gli altri operatori pubblici e privati autorizzati o accreditati assicurano ai lavoratori il diritto di indicare i soggetti o le categorie di soggetti ai quali i propri dati devono essere comunicati, e garantiscono l'ambito di diffusione dei dati medesimi indicato dai lavoratori stessi, anche ai fini del pieno soddisfacimento del diritto al lavoro di cui all'articolo 4 della Costituzione] (1).

[2. Il Ministero del lavoro e delle politiche sociali, con decreto da adottare entro sessanta giorni dalla data di entrata in vigore del presente decreto legislativo, sentite le regioni e le province autonome di Trento e di Bolzano nonché, ai sensi dell'articolo 31, comma 2, della legge 31 dicembre 1996, n. 675, il Garante per la protezione dei dati personali, definisce le modalità di trattamento dei dati personali di cui al presente decreto, disciplinando, fra gli altri, i seguenti elementi:

a) le informazioni che possono essere comunicate e diffuse tra gli operatori che agiscono nell'ambito del sistema dell'incontro fra domanda e offerta di lavoro;

b) le modalità attraverso le quali deve essere data al lavoratore la possibilità di esprimere le preferenze relative alla comunicazione e alla diffusione dei dati di cui al comma 1;

c) le ulteriori prescrizioni al fine di dare attuazione alle disposizioni contenute nell'articolo 10] (1).

3. Per le informazioni che facciano riferimento a dati amministrativi in possesso dei servizi per l'impiego, con particolare riferimento alla presenza in capo al lavoratore di particolari benefici contributivi e fiscali, gli elementi contenuti nella scheda anagrafico-professionale prevista dal decreto legislativo 19 dicembre 2002, n. 297, hanno valore certificativo delle stesse.

(1) *Questo comma è stato abrogato dall'art. 1, comma 4* quaterdecies, *lett.* a), *del D.L. 25 settembre 2009, n. 134, convertito, con modificazioni, nella L. 24 novembre 2009, n. 167.*

9. Comunicazioni a mezzo stampa, internet, televisione o altri mezzi di informazione. – 1. Sono vietate comunicazioni, a mezzo stampa, internet, televisione o altri mezzi di informazione, in qualunque forma effettuate, relative ad attività di ricerca e selezione del personale, ricollocamento professionale, intermediazione o somministrazione effettuate in forma anonima e comunque da soggetti, pubblici o privati, non autorizzati o accreditati all'incontro tra domanda e offerta di lavoro eccezion fatta per quelle comunicazioni che facciano esplicito riferimento ai soggetti in questione, o entità ad essi collegate perché facenti parte dello stesso gruppo di imprese o in quanto controllati o controllanti, in quanto potenziali datori di lavoro.

2. In tutte le comunicazioni verso terzi, anche a fini pubblicitari, utilizzanti qualsiasi mezzo di comunicazione, ivi compresa la corrispondenza epistolare ed elettronica, e nelle inserzioni o annunci per la ricerca di personale, le agenzie del lavoro e gli altri soggetti pubblici e privati autorizzati o accreditati devono indicare gli estremi del provvedimento di autorizzazione o di accreditamento al fine di consentire al lavoratore, e a chiunque ne abbia interesse, la corretta e completa identificazione del soggetto stesso.

3. Se le comunicazioni di cui al comma 2 sono effettuate mediante annunci pubblicati su quotidiani e periodici o mediante reti di comunicazione elettronica, e non recano un facsimile di domanda comprensivo dell'informativa di cui all'articolo 13 del decreto legislativo 30 giugno 2003, n. 196, indicano il sito della rete di comunicazioni attraverso il quale il medesimo facsimile è conoscibile in modo agevole.

10. Divieto di indagini sulle opinioni e trattamenti discriminatori. – 1. È fatto divieto alle agenzie per il lavoro e agli altri soggetti pubblici e privati autorizzati o accreditati di effettuare qualsivoglia indagine o comunque trattamento di dati ovvero di preselezione di lavoratori, anche con il loro consenso, in base alle convinzioni personali, alla affiliazione sindacale o politica, al credo religioso, al sesso, all'orientamento sessuale, allo stato matrimoniale o di famiglia o di gravidanza, alla età, all'handicap, alla razza, all'origine etnica, al colore, alla ascendenza, all'origine nazionale, al gruppo linguistico, allo stato di salute nonché ad eventuali controversie con i precedenti datori di lavoro, a meno che non si tratti di caratteristiche che incidono sulle modalità di svolgimento della attività lavorativa o che costituiscono un requisito essenziale e determinante ai fini dello svolgimento dell'attività lavorativa. È altresì fatto divieto di trattare dati personali dei lavoratori che non siano strettamente attinenti alle loro attitudini professionali e al loro inserimento lavorativo.

2. Le disposizioni di cui al comma 1 non possono in ogni caso impedire ai soggetti di cui al medesimo comma 1 di fornire specifici servizi o azioni mirate per assistere le categorie di lavoratori svantaggiati nella ricerca di una occupazione.

11. Divieto di oneri in capo ai lavoratori. – 1. È fatto divieto ai soggetti autorizzati o accreditati di esigere o comunque di percepire, direttamente o indirettamente, compensi dal lavoratore.

2. I contratti collettivi stipulati da associazioni dei datori di lavoro e dei prestatori di lavoro comparativamente più rappresentative a livello nazionale o territoriale possono stabilire che la disposizione di cui al comma 1 non trova applicazione per specifiche categorie di lavoratori altamente professionalizzati o per specifici servizi offerti dai soggetti autorizzati o accreditati.

12. Fondi per la formazione e l'integrazione del reddito. – 1. I soggetti autorizzati alla somministrazione di lavoro sono tenuti a versare ai fondi di cui al comma 4 un contributo pari al 4 per cento (1) della retribuzione corrisposta ai lavoratori assunti con contratto a tempo determinato per l'esercizio di attività di somministrazione. Le risorse sono destinate a interventi di formazione e riqualificazione professionale, nonché a misure di carattere previdenziale e di sostegno al reddito a favore dei lavoratori assunti con contratto a tempo determinato, dei lavoratori che abbiano svolto in precedenza missioni di lavoro in somministrazione in forza di contratti a tempo determinato e, limitatamente agli interventi formativi, dei potenziali candidati a una missione (2).

2. I soggetti autorizzati alla somministrazione di lavoro sono altresì tenuti e versare ai fondi di cui al comma 4 un contributo pari al 4 per cento della retribuzione corrisposta ai lavoratori assunti con contratto a tempo indeterminato. Le risorse sono destinate a:

a) iniziative comuni finalizzate a garantire l'integrazione del reddito dei lavoratori assunti con contratto a tempo indeterminato in caso di fine lavori;

b) iniziative comuni finalizzate a verificare l'utilizzo della somministrazione di lavoro e la sua efficacia anche in termini di promozione della emersione del lavoro non regolare e di contrasto agli appalti illeciti;

c) iniziative per l'inserimento o il reinserimento nel mercato del lavoro di lavoratori svantaggiati anche in regime di accreditamento con le regioni;

d) per la promozione di percorsi di qualificazione e riqualificazione professionale.

3. Gli interventi di cui ai commi 1 e 2 sono attuati nel quadro delle politiche e delle misure stabilite dal contratto collettivo nazionale di lavoro delle imprese di somministrazione di lavoro, sottoscritto dalle organizzazioni dei datori di lavoro e dei lavoratori comparativamente più rappresentative a livello nazionale ovvero, in mancanza, dai fondi di cui al comma 4 (3).

4. I contributi di cui ai commi 1 e 2 sono rimessi a un fondo bilaterale appositamente costituito, anche nell'ente bilaterale, dalle parti stipulanti il contratto collettivo nazionale delle imprese di somministrazione di lavoro:

a) come soggetto giuridico di natura associativa ai sensi dell'articolo 36 del codice civile;

b) come soggetto dotato di personalità giuridica ai sensi dell'articolo 12 del codice civile con procedimento per il riconoscimento rientrante nelle competenze del Ministro del lavoro e delle politiche sociali ai sensi dell'articolo 2, comma 1, della legge 12 gennaio 1991, n. 13.

5. I fondi di cui al comma 4 sono attivati a seguito di autorizzazione del Ministero del lavoro e delle politiche sociali, previa verifica della congruità, rispetto alle finalità istituzionali previste ai commi 1 e 2, dei criteri di gestione e delle strutture

di funzionamento del fondo stesso, con particolare riferimento alla sostenibilità finanziaria complessiva del sistema. Il Ministero del lavoro e delle politiche sociali esercita la vigilanza sulla gestione dei fondi e approva, entro il termine di sessanta giorni dalla presentazione, il documento contenente le regole stabilite dal fondo per il versamento dei contributi e per la gestione, il controllo, la rendicontazione e il finanziamento degli interventi di cui ai commi 1 e 2. Decorso inutilmente tale termine, il documento si intende approvato ([4]).

6. Restano in ogni caso salve le clausole dei contratti collettivi nazionali di lavoro stipulate ai sensi dell'articolo 1, comma 3, della legge 24 giugno 1997, n. 196 ([5]).

7. I contributi versati ai sensi dei commi 1 e 2 si intendono soggetti alla disciplina di cui all'articolo 26 *bis* della legge 24 giugno 1997, n. 196.

8. In caso di omissione, anche parziale, dei contributi di cui ai commi 1 e 2, il datore di lavoro è tenuto a corrispondere al fondo di cui al comma 4, oltre al contributo omesso, gli interessi nella misura prevista dal tasso indicato all'articolo 1 del decreto del Ministero dell'economia e delle finanze 26 settembre 2005, pubblicato nella *Gazzetta Ufficiale* n. 236 del 10 ottobre 2005, più il 5 per cento, nonché una sanzione amministrativa di importo pari al contributo omesso ([6]).

8 *bis*. In caso di mancato rispetto delle regole contenute nel documento di cui al comma 5, il fondo nega il finanziamento delle attività formative oppure procede al recupero totale o parziale dei finanziamenti già concessi. Le relative somme restano a disposizione dei soggetti autorizzati alla somministrazione per ulteriori iniziative formative. Nei casi più gravi, individuati dalla predetta disciplina e previa segnalazione al Ministero del lavoro e delle politiche sociali, si procede ad una definitiva riduzione delle somme a disposizione dei soggetti autorizzati alla somministrazione di lavoro in misura corrispondente al valore del progetto formativo inizialmente presentato o al valore del progetto formativo rendicontato e finanziato. Tali somme sono destinate al fondo di cui al comma 4 ([7]).

9. Trascorsi dodici mesi dalla entrata in vigore del presente decreto, il Ministro del lavoro e delle politiche sociali con proprio decreto, sentite le associazioni dei datori e dei prestatori di lavoro comparativamente più rappresentative sul piano nazionale può ridurre i contributi di cui ai commi 1 e 2 in relazione alla loro congruità con le finalità dei relativi fondi.

9 *bis*. Gli interventi di cui al presente articolo trovano applicazione con esclusivo riferimento ai lavoratori assunti per prestazioni di lavoro in somministrazione ([8]).

([1]) *A norma dell'art. 2, comma 39, della L. 28 giugno 2012, n. 92, come modificato dall'art. 1, comma 250, lett.* g), *della L. 24 dicembre 2012, n. 228, a decorrere dal 1° gennaio 2014, l'aliquota contributiva è ridotta al 2,6%. A norma dell'art. 2, comma 43, della L. 28 giugno 2012, n. 92, ai contributi di cui al comma 39, si applica la disposizione di cui all'articolo 26, comma 1, lettera* e), *della legge 9 marzo 1989, n. 88.*

([2]) *Questo periodo è stato così sostituito dall'art. 48, comma 4, lett.* a), *della L. 4 novembre 2010, n. 183.*

([3]) *Questo comma è stato così sostituito dall'art. 48, comma 4, lett.* b), *della L. 4 novembre 2010, n. 183.*

Ai sensi dell'art. 55 ter *del D.L. 24 aprile 2017, n. 50, convertito, con modificazioni, nella L. 21 giugno 2017, n. 96, questo comma si interpreta nel senso che gli interventi di cui ai commi 1 e 2 del presente articolo includono le misure stabilite dal contratto collettivo nazionale di lavoro dirette a garantire ai lavoratori somministrati una protezione complessiva in termini di welfare, anche attraverso la bilateralità del settore.*

([4]) *Le parole: «e approva, entro il termine di sessanta giorni dalla presentazione, il documento contenente le regole stabilite dal fondo per il versamento dei contributi e per la gestione, il controllo, la rendicontazione e il finanziamento degli interventi di cui ai commi 1 e 2. Decorso inutilmente tale termine, il documento si intende approvato» sono state aggiunte dall'art. 48, comma 4, lett.* c), *della L. 4 novembre 2010, n. 183.*

([5]) *Questo comma è stato così sostituito dall'art. 3, comma 1, del D.L.vo 6 ottobre 2004, n. 251.*

([6]) *Questo comma è stato così sostituito dall'art. 48, comma 4, lett.* d), *della L. 4 novembre 2010, n. 183.*

([7]) *Questo comma è stato inserito dall'art. 48, comma 4, lett.* e), *della L. 4 novembre 2010, n. 183.*

([8]) *Questo comma è stato aggiunto dall'art. 48, comma 4, lett.* f), *della L. 4 novembre 2010, n. 183.*

13. Misure di incentivazione del raccordo pubblico e privato. – 1. Al fine di garantire l'inserimento o il reinserimento nel mercato del lavoro dei lavoratori svantaggiati, attraverso politiche attive e di *workfare*, alle agenzie autorizzate alla somministrazione di lavoro è consentito:

a) operare [in deroga al regime generale della somministrazione di lavoro, ai sensi del comma 2 dell'articolo 23, ma] ([1]) solo in presenza di un piano individuale di inserimento o reinserimento nel mercato del lavoro, con interventi formativi idonei e il coinvolgimento di un tutore con adeguate competenze e professionalità, e a fronte della assunzione del lavoratore, da parte delle agenzie autorizzate alla somministrazione, con contratto di durata non inferiore a sei mesi;

b) determinare altresì, per un periodo massimo di dodici mesi e solo in caso di contratti di durata non inferiore a nove mesi, il trattamento retributivo del lavoratore, detraendo dal compenso dovuto quanto eventualmente percepito dal lavoratore medesimo a titolo di indennità di mobilità, indennità di disoccupazione ordinaria o speciale, o altra indennità o sussidio la cui corresponsione è collegata allo stato di disoccupazione o inoccupazione, e detraendo dai contributi dovuti per l'attività lavorativa l'ammontare dei contributi figurativi nel caso di trattamenti di mobilità e di indennità di disoccupazione ordinaria o speciale.

2. Il lavoratore destinatario delle attività di cui al comma 1 decade dai trattamenti di mobilità, qualora l'iscrizione nelle relative liste sia finalizzata esclusivamente al reimpiego, di disoccupazione ordinaria o speciale, o da altra indennità o sussidio la cui corresponsione è collegata allo stato di disoccupazione o in occupazione, quando:

a) rifiuti di essere avviato a un progetto individuale di reinserimento nel mercato del lavoro ovvero rifiuti di essere avviato a un corso di formazione professionale autorizzato dalla regione o non lo frequenti regolarmente, fatti salvi i casi di impossibilità derivante da forza maggiore;

b) non accetti l'offerta di un lavoro inquadrato in un livello retributivo non inferiore del 20 per cento rispetto a quello delle mansioni di provenienza;

c) non abbia provveduto a dare preventiva comunicazione alla competente sede I.N.P.S. del lavoro prestato ai sensi dell'articolo 8, commi 4 e 5 del decreto legge 21 marzo 1988, n. 86, convertito, con modificazioni, dalla legge 20 maggio 1988, n. 160.

3. Le disposizioni di cui al comma 2 si applicano quando le attività lavorative o di formazione offerte al lavoratore siano congrue rispetto alle competenze e alle qualifiche del lavoratore stesso e si svolgano in un luogo raggiungibile in 80 minuti con mezzi pubblici da quello della sua residenza. Le disposizioni di cui al comma 2, lettere *b*) e *c*) non si applicano ai lavoratori inoccupati.

4. Nei casi di cui al comma 2, i responsabili della attività formativa ovvero le agenzie di somministrazione di lavoro comunicano direttamente all'I.N.P.S., e al servizio per l'impiego territorialmente competente ai fini della cancellazione dalle liste di mobilità, i nominativi dei soggetti che possono essere ritenuti decaduti dai trattamenti previdenziali. A seguito di detta comunicazione, l'I.N.P.S. sospende cautelativamente l'erogazione del trattamento medesimo, dandone comunicazione agli interessati.

5. Avverso gli atti di cui al comma 4 è ammesso ricorso entro trenta giorni alle direzioni provinciali del lavoro territorialmente competenti che decidono, in via definitiva, nei venti giorni successivi alla data di presentazione del ricorso. La decisione del ricorso è comunicata al competente servizio per l'impiego ed all'I.N.P.S.

5 *bis*. La previsione di cui al comma 1, lettera a), trova applicazione solo in presenza di una convenzione stipulata tra una o più agenzie autorizzate alla somministrazione di lavoro con i comuni, le province, le regioni ovvero con le agenzie tecniche strumentali del Ministero del lavoro e delle politiche sociali ([2]).

[6. Fino alla data di entrata in vigore di norme regionali che disciplinino la materia, le disposizioni di cui al comma 1 si applicano solo in presenza di una convenzione tra una o più agenzie autorizzate alla somministrazione di lavoro, anche attraverso le associazioni di rappresentanza e con l'ausilio delle agenzie tecniche strumentali del Ministero del lavoro e delle politiche sociali, e i comuni, le province o le regioni stesse] ([3]).

7. Le disposizioni di cui ai commi da 1 a 5 si applicano anche con riferimento ad appositi soggetti giuridici costituiti ai sensi delle normative regionali in convenzione con le agenzie autorizzate alla somministrazione di lavoro, previo accreditamento ai sensi dell'articolo 7.

8. Nella ipotesi di cui al comma 7, le agenzie autorizzate alla somministrazione di lavoro si assumono gli oneri delle spese per la costituzione e il funzionamento della agenzia stessa. Le regioni, i centri per l'impiego e gli enti locali possono concorrere alle spese di costituzione e funzionamento nei limiti delle proprie disponibilità finanziarie.

([1]) *Le parole tra parentesi quadrate sono state soppresse dall'art. 1, comma 10, lett.* a), *della L. 28 giugno 2012, n. 92.*

([2]) *Questo comma è stato inserito dall'art. 48, comma 5, della L. 4 novembre 2010, n. 183.*

([3]) *Questo comma è stato abrogato dall'art.* 1 bis, *comma 1, lett.* a), *del D.L. 14 marzo 2005, n. 35, convertito, con modificazioni, nella L. 14 maggio 2005, n. 80.*

14. ([1]) **Cooperative sociali e inserimento lavorativo dei lavoratori svantaggiati.** – 1. Al fine di favorire l'inserimento lavorativo dei lavoratori svantaggiati e dei lavoratori disabili, i servizi di cui all'articolo 6, comma 1, della legge 12 marzo 1999, n. 68, sentito l'organismo di cui all'articolo 6, comma 3, del decreto legislativo 23 dicembre 1997, n. 469, così come modificato dall'articolo 6 della legge 12 marzo 1999, n. 68, stipulano con le associazioni sindacali dei datori di lavoro e dei prestatori di lavoro comparativamente più rappresentative a livello nazionale e con le associazioni di rappresentanza, assistenza e tutela delle cooperative di cui all'articolo 1, comma 1, lettera *b*), della legge 8 novembre 1991, n. 381, e con i consorzi di cui all'articolo 8 della stessa legge, convenzioni quadro su base territoriale, che devono essere validate da parte delle regioni, sentiti gli organismi di concertazione di cui al decreto legislativo 23 dicembre 1997, n. 469, e successive modificazioni ed integrazioni, aventi ad oggetto il conferimento di commesse di lavoro alle cooperative sociali medesime da parte delle imprese associate o aderenti.

2. La convenzione quadro disciplina i seguenti aspetti:

a) le modalità di adesione da parte delle imprese interessate;

b) i criteri di individuazione dei lavoratori svantaggiati da inserire al lavoro in cooperativa; l'individuazione dei disabili sarà curata dai servizi di cui all'articolo 6, comma 1, della legge 12 marzo 1999, n. 68;

c) le modalità di attestazione del valore complessivo del lavoro annualmente conferito da ciascuna impresa e la correlazione con il numero dei lavoratori svantaggiati inseriti al lavoro in cooperativa;

d) la determinazione del coefficiente di calcolo del valore unitario delle commesse, ai fini del computo di cui al comma 3, secondo criteri di congruità con i costi del lavoro derivati dai contratti collettivi di categoria applicati dalle cooperative sociali;

e) la promozione e lo sviluppo delle commesse di lavoro a favore delle cooperative sociali;

f) l'eventuale costituzione, anche nell'ambito dell'agenzia sociale di cui all'articolo 13 di una struttura tecnico-operativa senza scopo di lucro a supporto delle attività previste dalla convenzione;

g) i limiti di percentuali massime di copertura della quota d'obbligo da realizzare con lo strumento della convenzione.

3. Allorché l'inserimento lavorativo nelle cooperative sociali, realizzato in virtù dei commi 1 e 2, riguardi i lavoratori disabili, che presentino particolari caratteristiche e difficoltà di inserimento nel ciclo lavorativo ordinario, in base alla esclusiva valutazione dei servizi di cui all'articolo 6, comma 1, della legge 12 marzo 1999, n. 68, lo stesso si considera utile ai fini della copertura della quota di riserva, di cui all'articolo 3 della stessa legge cui sono tenute le imprese conferenti. Il numero delle coperture per ciascuna impresa è dato dall'ammontare annuo delle commesse dalla stessa conferite diviso per il coefficiente di cui al comma 2, lettera *d*), e nei limiti di percentuali massime stabilite con le convenzioni quadro di cui al comma 1. Tali limiti percentuali non hanno effetto nei confronti delle imprese che occupano da 15 a 35 dipendenti. La congruità della computabilità dei lavoratori inseriti in cooperativa sociale sarà verificata dalla Commissione provinciale del lavoro.

4. L'applicazione delle disposizioni di cui al comma 3 è subordinata all'adempimento degli obblighi di assunzione di lavoratori disabili ai fini della copertura della restante quota d'obbligo a loro carico determinata ai sensi dell'articolo 3 della legge 12 marzo 1999, n. 68.

([1]) *Questo articolo era stato abrogato dall'art. 1, comma 38, della L. 24 dicembre 2007, n. 247. Successivamente è stato riportato in vigore dall'art. 39, comma 11, del D.L. 25 giugno 2008, n. 112, convertito, con modificazioni, nella L. 6 agosto 2008, n. 133.*

Capo III
Borsa continua nazionale del lavoro e monitoraggio statistico

15. ([1]) **Principi e criteri generali.** – 1. A garanzia dell'effettivo godimento del diritto al lavoro di cui all'articolo 4 della Costituzione, e nel pieno rispetto dell'articolo 120 della Costituzione stessa, viene costituita la borsa continua nazionale del lavoro, quale sistema aperto e trasparente di incontro tra domanda e offerta di lavoro basato su una rete di nodi regionali. Tale sistema è alimentato da tutte le informazioni utili a tale scopo immesse liberamente nel sistema stesso sia dagli operatori pubblici e privati, autorizzati o accreditati, sia direttamente dai lavoratori e dalle imprese.

1 *bis*. Entro il termine di cinque giorni a decorrere dalla pubblicazione prevista dall'articolo 4, comma 1, del regolamento di cui al decreto del Presidente della Repubblica 9 maggio 1994, n. 487,

le amministrazioni pubbliche di cui all'articolo 1, comma 2, del decreto legislativo 30 marzo 2001, n. 165, e successive modificazioni, sono tenute a conferire le informazioni relative alle procedure comparative previste dall'articolo 7, comma 6 *bis*, del medesimo decreto legislativo n. 165 del 2001, nonché alle procedure selettive e di avviamento di cui agli articoli 35 e 36 del medesimo decreto legislativo n. 165 del 2001, e successive modificazioni, ai nodi regionali e interregionali della borsa continua nazionale del lavoro. Il conferimento dei dati previsto dal presente comma è effettuato anche nel rispetto dei princìpi di trasparenza di cui all'articolo 11, comma 3, del decreto legislativo 27 ottobre 2009, n. 150. Con decreto del Ministro del lavoro e delle politiche sociali, di concerto con il Ministro per la pubblica amministrazione e l'innovazione, sentita la Conferenza permanente per i rapporti tra lo Stato, le regioni e le province autonome di Trento e di Bolzano, sono definite le informazioni da conferire nel rispetto dei princìpi di accessibilità degli atti (2).

2. La borsa continua nazionale del lavoro è liberamente accessibile da parte dei lavoratori e delle imprese e deve essere consultabile da un qualunque punto della rete. I lavoratori e le imprese hanno facoltà di inserire nuove candidature o richieste di personale direttamente e senza rivolgersi ad alcun intermediario da qualunque punto di rete attraverso gli accessi appositamente dedicati da tutti i soggetti pubblici e privati, autorizzati o accreditati.

3. Gli operatori pubblici e privati, accreditati o autorizzati, hanno l'obbligo di conferire alla borsa continua nazionale del lavoro i dati acquisiti, in base alle indicazioni rese dai lavoratori ai sensi dell'articolo 8 e a quelle rese dalle imprese riguardo l'ambito temporale e territoriale prescelto.

4. Gli ambiti in cui si articolano i servizi della borsa continua nazionale del lavoro sono:

a) un livello nazionale finalizzato:

1) alla definizione degli standard tecnici nazionali e dei flussi informativi di scambio;

2) alla interoperabilità dei sistemi regionali;

3) alla definizione, alla raccolta, alla comunicazione e alla diffusione dei dati che permettono la massima efficienza e trasparenza del processo di incontro tra domanda e offerta di lavoro, assicurando anche gli strumenti tecnologici necessari per la raccolta e la diffusione delle informazioni presenti nei siti internet ai fini dell'incontro tra domanda e offerta di lavoro (3);

b) un livello regionale che, nel quadro delle competenze proprie delle regioni di programmazione e gestione delle politiche regionali del lavoro:

1) realizza l'integrazione dei sistemi pubblici e privati presenti sul territorio;

2) definisce e realizza il modello di servizi al lavoro;

3) coopera alla definizione degli standard nazionali di intercomunicazione.

5. Il coordinamento tra il livello nazionale e il livello regionale deve in ogni caso garantire, nel rispetto degli articoli 4 e 120 della Costituzione, la piena operatività della borsa continua nazionale del lavoro in ambito nazionale e comunitario. A tal fine il Ministero del lavoro e delle politiche sociali rende disponibile l'offerta degli strumenti tecnici alle regioni e alle province autonome che ne facciano richiesta nell'ambito dell'esercizio delle loro competenze.

(1) *Si veda il D.M. 13 ottobre 2004, recante «Borsa nazionale continua del lavoro»* (G.U. *Serie gen. - n. 262 dell'8 novembre 2004*).

(2) *Questo comma è stato inserito dall'art. 48, comma 6, della L. 4 novembre 2010, n. 183.*

(3) *Questo numero è stato così sostituito dall'art. 1, comma 4* quaterdecies, *lett.* b), *del D.L. 25 settembre 2009, n. 134, convertito, con modificazioni, nella L. 24 novembre 2009, n. 167.*

16. (1) **Standard tecnici e flussi informativi di scambio.** – 1. Il Ministro del lavoro e delle politiche sociali, con decreto da adottare entro trenta giorni dalla data di entrata in vigore del presente decreto legislativo, stabilisce, di concerto con il Ministro della innovazione e della tecnologia, e d'intesa con le regioni e le province autonome, gli standard tecnici e i flussi informativi di scambio tra i sistemi, nonché le sedi tecniche finalizzate ad assicurare il raccordo e il coordinamento del sistema a livello nazionale.

2. La definizione degli standard tecnici e dei flussi informativi di scambio tra i sistemi avviene nel rispetto delle competenze definite nell'Accordo Stato-regioni-autonomie locali dell'11 luglio 2002 e delle disposizioni di cui all'articolo 31, comma 2, della legge 31 dicembre 1996, n. 675 (2).

(1) *Si veda il D.M. 13 ottobre 2004, recante «Borsa nazionale continua del lavoro»* (G.U. *Serie gen. - n. 262 dell'8 novembre 2004*).

(2) *Si veda il D.L.vo 30 giugno 2003, n. 196.*

17. Monitoraggio statistico e valutazione delle politiche del lavoro. – 1. Le basi informative costituite nell'ambito della borsa continua nazionale del lavoro, nonché le registrazioni delle comunicazioni dovute dai datori di lavoro ai servizi competenti e la registrazione delle attività poste in essere da questi nei confronti degli utenti per come riportate nella scheda anagrafico-professionale dei lavoratori costituiscono una base statistica omogenea e condivisa per le azioni di monitoraggio dei servizi svolte ai sensi del presente decreto legislativo e poste in essere dal Ministero del lavoro e delle politiche sociali, le regioni e le province per i rispettivi ambiti territoriali di riferimento. Le relative indagini statistiche sono effettuate in forma anonima.

2. A tal fine, la definizione e la manutenzione applicativa delle basi informative in questione, nonché di quelle in essere presso gli Enti previdenziali in tema di contribuzioni percepite e prestazioni erogate, tiene conto delle esigenze conoscitive generali, incluse quelle di ordine statistico complessivo rappresentate nell'ambito del SISTAN e da parte dell'ISTAT, nonché di quesiti specifici di valutazione di singole politiche ed interventi formulati ai sensi e con le modalità dei commi successivi del presente articolo.

3. I decreti ministeriali di cui agli articoli 1 *bis* e 4 *bis*, comma 7 del decreto legislativo n. 181 del 2000, come modificati dagli articoli 2 e 6 del decreto legislativo n. 297 del 2002, così come la definizione di tutti i flussi informativi che rientrano nell'ambito della borsa continua nazionale del lavoro, ivi inclusi quelli di pertinenza degli Enti previdenziali, sono adottati dal Ministero del lavoro e delle politiche sociali, tenuto conto delle esigenze definite nei commi 1 e 2, previo parere dell'ISTAT e dell'ISFOL. Il Ministero del lavoro e delle politiche sociali impartisce inoltre, entro tre mesi dalla attuazione del presente decreto, le necessarie direttive agli Enti previdenziali, avvalendosi a tale scopo delle indicazioni di una Commissione di esperti in politiche del lavoro, statistiche del lavoro e monitoraggio e valutazione delle politiche occupazionali, da costituire presso lo stesso Ministero ed in cui siano presenti rappresentanti delle regioni e delle province, degli Enti previdenziali, dell'ISTAT, dell'ISFOL e del Ministero dell'economia e delle finanze oltre che del Ministero del lavoro e delle politiche sociali.

4. La medesima Commissione di cui al comma 3, integrata con rappresentanti delle parti sociali, è inoltre incaricata di definire, entro sei mesi dalla attuazione del presente decreto, una serie di indicatori di monitoraggio finanziario, fisico e procedurale dei diversi interventi di cui alla presente legge. Detti indicatori, previo esame ed approvazione della Conferenza unificata, costituiranno linee guida per le attività di monitoraggio e valutazione condotte dal Ministero del lavoro e delle politiche sociali, dalle regioni e dalle province per i rispettivi ambiti territoriali di riferimento e in particolare per il contenuto del Rapporto annuale di cui al comma 6.

5. In attesa dell'entrata a regime della borsa continua nazionale del lavoro il Ministero del lavoro e delle politiche sociali predispone, d'intesa con la Conferenza unificata di cui all'articolo 8 del decreto legislativo 28 agosto 1997, n. 281, uno o più modelli di rilevazione da somministrare alle agenzie autorizzate o accreditate, nonché agli enti di cui all'articolo 6. La mancata risposta al questionario di cui al comma precedente è valutata ai fini del ritiro dell'autorizzazione o accreditamento.

6. Sulla base di tali strumenti di informazione, e tenuto conto delle linee guida definite con le modalità di cui al comma 4 nonché della formulazione di specifici quesiti di valutazione di singole politiche ed interventi formulati annualmente dalla Conferenza unificata o derivanti dall'implementazione di obblighi e programmi comunitari, il Ministero del lavoro e delle politiche sociali, avvalendosi di proprie strutture tecniche e col supporto dell'ISFOL, predispone un Rapporto annuale, al Parlamento e alla Conferenza unificata, che presenti una rendicontazione dettagliata e complessiva delle politiche esistenti, e al loro interno dell'evoluzione dei servizi di cui al presente decreto legislativo, sulla base di schemi statistico-contabili oggettivi e internazionalmente comparabili e in grado di fornire elementi conoscitivi di supporto alla valutazione delle singole politiche che lo stesso Ministero, le regioni, le province o altri attori responsabili della conduzione, del disegno o del coordinamento delle singole politiche intendano esperire.

7. Le attività di monitoraggio devono consentire di valutare l'efficacia delle politiche attive per il lavoro, nonché delle misure contenute nel presente decreto, anche nella prospettiva delle pari opportunità e, in particolare, della integrazione nel mercato del lavoro dei lavoratori svantaggiati.

8. Con specifico riferimento ai contratti di apprendistato, è istituita presso il Ministero del lavoro e delle politiche sociali, con decreto del Ministro del lavoro e delle politiche sociali da adottarsi entro novanta giorni dalla data di entrata in vi-

gore del presente decreto, una Commissione di sorveglianza con compiti di valutazione in itinere della riforma. Detta Commissione è composta da rappresentanti ed esperti designati dal Ministero del lavoro e delle politiche sociali, nel cui ambito si individua il Presidente, dal Ministero dell'istruzione, dell'università e della ricerca dalle regioni e province autonome, dalle parti sociali, dall'I.N.P.S. e dall'ISFOL. La Commissione, che si riunisce almeno tre volte all'anno, definisce in via preventiva indicatori di risultato e di impatto e formula linee guida per la valutazione, predisponendo quesiti valutativi del cui soddisfacimento il Rapporto annuale di cui al comma 6 dovrà farsi carico e può commissionare valutazioni puntuali su singoli aspetti della riforma. Sulla base degli studi valutativi commissionati nonché delle informazioni contenute nel Rapporto annuale di cui al comma precedente, la Commissione potrà annualmente formulare pareri e valutazioni. In ogni caso, trascorsi tre anni dalla approvazione del presente decreto, la Commissione predisporrà una propria Relazione che, sempre sulla base degli studi e delle evidenze prima richiamate, evidenzi le realizzazioni e i problemi esistenti, evidenziando altresì le possibili modifiche alle politiche in oggetto. Le risorse per gli studi in questione derivano dal bilancio del Ministero del lavoro e delle politiche sociali - Ufficio centrale orientamento e formazione professionale dei lavoratori.

Capo IV
Regime sanzionatorio

18. Sanzioni ([1]). – 1. L'esercizio non autorizzato delle attività di cui all'articolo 4, comma 1, lettere *a*) e *b*), è punito con la pena dell'ammenda di euro 50 ([2]) per ogni lavoratore occupato e per ogni giornata di lavoro. Se vi è sfruttamento dei minori, la pena è dell'arresto fino a diciotto mesi e l'ammenda è aumentata fino al sestuplo. L'esercizio non autorizzato delle attività di cui all'articolo 4, comma 1, lettera *c*), è punito con la pena dell'arresto fino a sei mesi e dell'ammenda da euro 1500 a euro 7500. Se non vi è scopo di lucro, la pena è dell'ammenda da euro 500 a euro 2500 ([2]). Se vi è sfruttamento dei minori, la pena è dell'arresto fino a diciotto mesi e l'ammenda è aumentata fino al sestuplo. L'esercizio non autorizzato delle attività di cui all'articolo 4, comma 1, lettere *d*) ed *e*), è punito con l'ammenda da euro 750 ad euro 3750 ([2]). Se non vi è scopo di lucro, la pena è dell'ammenda da euro 250 a euro 1250 ([2]). Nel caso di condanna, è disposta, in ogni caso, la confisca del mezzo di trasporto eventualmente adoperato per l'esercizio delle attività di cui al presente comma ([3]).

2. Nei confronti dell'utilizzatore che ricorra alla somministrazione di prestatori di lavoro da parte di soggetti diversi da quelli di cui all'articolo 4, comma 1, lettera *a*), ovvero da parte di soggetti diversi da quelli di cui all'articolo 4, comma 1, lettera *b*), o comunque al di fuori dei limiti ivi previsti, si applica la pena dell'ammenda di euro 50 ([2]) per ogni lavoratore occupato e per ogni giornata di occupazione. Se vi è sfruttamento dei minori, la pena è dell'arresto fino a diciotto mesi e l'ammenda è aumentata fino al sestuplo ([4]).

[3. La violazione degli obblighi e dei divieti di cui all'articolo 20, commi 3, 4 e 5, e articolo 21, commi 1 e 2, nonché, per il solo somministratore, la violazione del disposto di cui al comma 3 del medesimo articolo 21, è punita con la sanzione amministrativa pecuniaria da euro 250 a euro 1.250] ([5]).

[3 *bis*. La violazione delle disposizioni di cui all'articolo 23, comma 1, e, per il solo utilizzatore, di cui all'articolo 23, comma 4, secondo periodo, e comma 7 *bis*, nonché di cui all'articolo 24, comma 4, lettere *a*) e *b*), è punita con la sanzione amministrativa pecuniaria prevista dal comma 3] ([6]).

4. Fatte salve le ipotesi di cui all'articolo 11, comma 2, chi esiga o comunque percepisca compensi da parte del lavoratore per avviarlo a prestazioni di lavoro oggetto di somministrazione è punito con la pena alternativa dell'arresto non superiore ad un anno o dell'ammenda da Euro 2.500 a Euro 6.000. In aggiunta alla sanzione penale è disposta la cancellazione dall'albo.

4 *bis*. Fatte salve le ipotesi di cui all'articolo 11, comma 2, è punito con la sanzione penale prevista dal comma 4, primo periodo, chi esige o comunque percepisce compensi da parte del lavoratore in cambio di un'assunzione presso un utilizzatore ovvero per l'ipotesi di stipulazione di un contratto di lavoro o avvio di un rapporto di lavoro con l'utilizzatore dopo una missione presso quest'ultimo ([7]).

4 *ter*. Nelle ipotesi di cui al comma 4 *bis* in aggiunta alla sanzione penale è disposta la cancellazione dall'albo ([7]).

5. In caso di violazione dell'articolo 10 trovano applicazione le disposizioni di cui all'articolo 38 della legge 20 maggio 1970, n. 300, nonché nei casi più gravi, l'autorità competente procede alla

sospensione della autorizzazione di cui all'articolo 4. In ipotesi di recidiva viene revocata l'autorizzazione.

5 *bis*. Nei casi di appalto privo dei requisiti di cui all'articolo 29, comma 1, e di distacco privo dei requisiti di cui all'articolo 30, comma 1, l'utilizzatore e il somministratore sono puniti con la pena della ammenda di euro 50 (2) per ogni lavoratore occupato e per ogni giornata di occupazione. Se vi è sfruttamento dei minori, la pena è dell'arresto fino a diciotto mesi e l'ammenda è aumentata fino al sestuplo (8).

6. Entro sei mesi dalla data di entrata in vigore del presente decreto, il Ministro del lavoro e delle politiche sociali dispone, con proprio decreto, criteri interpretativi certi per la definizione delle varie forme di contenzioso in atto riferite al pregresso regime in materia di intermediazione e interposizione nei rapporti di lavoro.

(1) *L'originaria rubrica: «Sanzioni penali» è stata così sostituita dall'attuale dall'art. 4, comma 1, del D.L.vo 6 ottobre 2004, n. 251.*

(2) *Questo reato è stato depenalizzato a norma dell'art. 1, comma 1, del D.L.vo 15 gennaio 2016, n. 8 (G.U. Serie gen. n. 17 del 22 gennaio 2016).*

A norma del medesimo art. 1, comma 5, la sanzione amministrativa pecuniaria è ora così determinata nella somma da euro 5.000 ad euro 10.000.

Ai sensi dell'art. 8, del medesimo provvedimento, le disposizioni che sostituiscono sanzioni penali con sanzioni amministrative si applicano anche alle violazioni commesse anteriormente alla data di entrata in vigore del decreto stesso, sempre che il procedimento penale non sia stato definito con sentenza o con decreto divenuti irrevocabili. Se i procedimenti penali per i reati depenalizzati dal presente decreto sono stati definiti, prima della sua entrata in vigore, con sentenza di condanna o decreto irrevocabili, il giudice dell'esecuzione revoca la sentenza o il decreto, dichiarando che il fatto non è previsto dalla legge come reato e adotta i provvedimenti conseguenti. Il giudice dell'esecuzione provvede con l'osservanza delle disposizioni dell'articolo 667, comma 4, del codice di procedura penale. Ai fatti commessi prima della data di entrata in vigore del presente decreto non può essere applicata una sanzione amministrativa pecuniaria per un importo superiore al massimo della pena originariamente inflitta per il reato, tenuto conto del criterio di ragguaglio di cui all'articolo 135 del codice penale. A tali fatti non si applicano le sanzioni amministrative accessorie introdotte dal presente decreto, salvo che le stesse sostituiscano corrispondenti pene accessorie.

(3) *Questo comma è stato così sostituito dall'art. 4, comma 2, del D.L.vo 6 ottobre 2004, n. 251.*

(4) *Questo comma è stato così sostituito dall'art. 4, comma 3, del D.L.vo 6 ottobre 2004, n. 251.*

(5) *Questo comma, così sostituito dall'art. 4, comma 4, del D.L.vo 6 ottobre 2004, n. 251, è stato abrogato dall'art. 55, comma 1, lett.* d), *del D.L.vo 15 giugno 2015, n. 81. A norma dell'art. 55, comma 3, del medesimo decreto sino all'emanazione dei decreti richiamati dalle disposizioni del presente decreto legislativo, trovano applicazione le regolamentazioni vigenti.*

(6) *Questo comma, inserito dall'art. 3, comma 1, lett.* a), *del D.L.vo 2 marzo 2012, n. 24, è stato abrogato dall'art. 55, comma 1, lett.* d), *del D.L.vo 15 giugno 2015, n. 81. A norma dell'art. 55, comma 3, del medesimo decreto sino all'emanazione dei decreti richiamati dalle disposizioni del presente decreto legislativo, trovano applicazione le regolamentazioni vigenti.*

(7) *Questo comma è stato inserito dall'art. 3, comma 1, lett.* b), *del D.L.vo 2 marzo 2012, n. 24.*

(8) *Questo comma è stato inserito dall'art. 4, comma 5, del D.L.vo 6 ottobre 2004, n. 251.*

19. Sanzioni amministrative. – 1. Gli editori, i direttori responsabili e i gestori di siti sui quali siano pubblicati annunci in violazione delle disposizioni di cui all'articolo 9 sono puniti con una sanzione amministrativa pecuniaria da 4.000 a 12.000 euro.

2. La violazione degli obblighi di cui all'articolo 4 *bis*, comma 2, del decreto legislativo 21 aprile 2000, n. 181, così come modificato dall'articolo 6, comma 1 del decreto legislativo 19 dicembre 2002, n. 297, è punita con la sanzione amministrativa pecuniaria da 250 a 1.500 euro per ogni lavoratore interessato.

3. La violazione degli obblighi di cui all'articolo 4 *bis*, commi 5 e 7, del decreto legislativo 21 aprile 2000, n. 181, così come modificato dall'articolo 6, comma 1, del decreto legislativo 19 dicembre 2002, n. 297, di cui all'articolo 9 *bis*, comma 2, del decreto legge 1° ottobre 1996, n. 510, convertito, con modificazioni, dalla legge 28 novembre 1996, n. 608, così come sostituito dall'articolo 6, comma 3, del citato decreto legislativo n. 297 del 2002, e di cui all'articolo 21, comma 1, della legge 24 aprile 1949, n. 264, così come sostituito dall'articolo 6, comma 2, del decreto legislativo n. 297 del 2002, è punita con la sanzione amministrativa pecuniaria da 100 a 500 euro per ogni lavoratore interessato.

4. La violazione degli obblighi di cui all'articolo 4 *bis*, comma 4, del decreto legislativo 21 aprile 2000, n. 181, così come modificato dall'articolo 6, comma 1, del decreto legislativo 19 dicembre 2002, n. 297, è punita con la sanzione amministrati-

va pecuniaria da 50 a 250 euro per ogni lavoratore interessato.

[5. Nel caso di omessa comunicazione contestuale, omessa comunicazione di cessazione e omessa comunicazione di trasformazione, i datori di lavoro comprese le pubbliche amministrazioni sono ammessi al pagamento della sanzione minima ridotta della metà qualora l'adempimento della comunicazione venga effettuato spontaneamente entro il termine di cinque giorni decorrenti dalla data di inizio dell'omissione] ([1]).

([1]) *Questo comma è stato abrogato dall'art. 1, comma 1185, della L. 27 dicembre 2006, n. 296.*

Titolo III
Somministrazione di lavoro, appalto di servizi, distacco

Capo I
Somministrazione di lavoro ([1])

([1]) *A norma dell'art. 1, comma 46, della L. 24 dicembre 2007, n. 247, è abolito il contratto di somministrazione di lavoro a tempo indeterminato di cui a questo Capo.*

A norma dell'art. 2, comma 143, della L. 23 dicembre 2009, n. 191, dalla data di entrata in vigore della medesima legge, l'art. 1, comma 46 della L. 24 dicembre 2007, n. 247 è abrogato e trovano applicazione le disposizioni in materia di somministrazione di lavoro a tempo indeterminato di cui a questo Capo.

20. ([1]) [**Condizioni di liceità.** – 1. Il contratto di somministrazione di lavoro può essere concluso da ogni soggetto, di seguito denominato utilizzatore, che si rivolga ad altro soggetto, di seguito denominato somministratore, a ciò autorizzato ai sensi delle disposizioni di cui agli articoli 4 e 5.

2. Per tutta la durata della missione i lavoratori svolgono la propria attività nell'interesse nonché sotto la direzione e il controllo dell'utilizzatore. Nell'ipotesi in cui i lavoratori vengano assunti con contratto di lavoro a tempo indeterminato essi rimangono a disposizione del somministratore per i periodi in cui non sono in missione presso un utilizzatore, salvo che esista una giusta causa o un giustificato motivo di risoluzione del contratto di lavoro.

3. Il contratto di somministrazione di lavoro può essere concluso a termine o a tempo indeterminato. La somministrazione di lavoro a tempo indeterminato è ammessa:

a) per servizi di consulenza e assistenza nel settore informatico, compresa la progettazione e manutenzione di reti intranet e extranet, siti internet, sistemi informatici, sviluppo di software applicativo, caricamento dati;

b) per servizi di pulizia, custodia, portineria;

c) per servizi, da e per lo stabilimento, di trasporto di persone e di trasporto e movimentazione di macchinari e merci;

d) per la gestione di biblioteche, parchi, musei, archivi, magazzini, nonché servizi di economato;

e) per attività di consulenza direzionale, assistenza alla certificazione, programmazione delle risorse, sviluppo organizzativo e cambiamento, gestione del personale, ricerca e selezione del personale;

f) per attività di marketing, analisi di mercato, organizzazione della funzione commerciale;

g) per la gestione di call-center, nonché per l'avvio di nuove iniziative imprenditoriali nelle aree Obiettivo 1 di cui al regolamento (CE) n. 1260/1999 del Consiglio, del 21 giugno 1999, recante disposizioni generali sui Fondi strutturali;

h) per costruzioni edilizie all'interno degli stabilimenti, per installazioni o smontaggio di impianti e macchinari, per particolari attività produttive, con specifico riferimento all'edilizia e alla cantieristica navale, le quali richiedano più fasi successive di lavorazione, l'impiego di manodopera diversa per specializzazione da quella normalmente impiegata nell'impresa;

i) in tutti gli altri casi previsti dai contratti collettivi di lavoro nazionali, territoriali o aziendali stipulati da associazioni dei datori e prestatori di lavoro comparativamente più rappresentative.

i bis) in tutti i settori produttivi, pubblici e privati, per l'esecuzione di servizi di cura e assistenza alla persona e di sostegno alla famiglia;

i ter) in tutti i settori produttivi, in caso di utilizzo da parte del somministratore di uno o più lavoratori assunti con contratto di apprendistato.

4. [La somministrazione di lavoro a tempo determinato è ammessa a fronte di ragioni di carattere tecnico, produttivo, organizzativo o sostitutivo, anche se riferibili all'ordinaria attività dell'utilizzatore] ([2]). [È fatta salva la previsione di cui al comma 1 *bis* dell'articolo 1 del decreto legislativo 6 settembre 2001, n. 368] ([3]). La individuazione, anche in misura non uniforme, di limiti quantitativi di utilizzazione della somministrazione di lavoro a tempo determinato è affidata ai contratti collettivi nazionali di lavoro stipulati da sindacati comparativamente più rappresentativi

in conformità alla disciplina di cui all'articolo 10 del decreto legislativo 6 settembre 2001, n. 368.

5. Il contratto di somministrazione di lavoro è vietato:

a) per la sostituzione di lavoratori che esercitano il diritto di sciopero;

b) salva diversa disposizione degli accordi sindacali, presso unità produttive nelle quali si sia proceduto, entro i sei mesi precedenti, a licenziamenti collettivi ai sensi degli articoli 4 e 24 della legge 23 luglio 1991, n. 223, che abbiano riguardato lavoratori adibiti alle stesse mansioni cui si riferisce il contratto di somministrazione, a meno che tale contratto sia stipulato per provvedere alla sostituzione di lavoratori assenti ovvero sia concluso ai sensi dell'articolo 8, comma 2, della legge 23 luglio 1991, n. 223, ovvero abbia una durata iniziale non superiore a tre mesi. Salva diversa disposizione degli accordi sindacali, il divieto opera altresì presso unità produttive nelle quali sia operante una sospensione dei rapporti o una riduzione dell'orario, con diritto al trattamento di integrazione salariale, che interessino lavoratori adibiti alle stesse mansioni cui si riferisce il contratto di somministrazione;

c) da parte delle imprese che non abbiano effettuato la valutazione dei rischi ai sensi dell'articolo 4 del decreto legislativo 19 settembre 1994, n. 626, e successive modifiche.

5 *bis*. Qualora il contratto di somministrazione preveda l'utilizzo di lavoratori assunti dal somministratore ai sensi dell'articolo 8, comma 2, della legge 23 luglio 1991, n. 223, non operano le disposizioni di cui ai commi 3 e 4 del presente articolo. Ai contratti di lavoro stipulati con lavoratori in mobilità ai sensi del presente comma si applica il citato articolo 8, comma 2, della legge n. 223 del 1991.

5 *ter*. Le disposizioni di cui al comma 4 non operano qualora il contratto di somministrazione preveda l'utilizzo:

a) di soggetti disoccupati percettori dell'indennità ordinaria di disoccupazione non agricola con requisiti normali o ridotti, da almeno sei mesi;

b) di soggetti comunque percettori di ammortizzatori sociali, anche in deroga, da almeno sei mesi. Resta comunque fermo quanto previsto dei commi 4 e 5 dell'articolo 8 del decreto legge 21 marzo 1988, n. 86, convertito, con modificazioni, dalla legge 20 maggio 1988, n. 160;

c) di lavoratori definiti "svantaggiati" o "molto svantaggiati" ai sensi dei numeri 18) e 19) dell'articolo 2 del regolamento (CE) n. 800/2008 della Commissione, del 6 agosto 2008. Con decreto di natura non regolamentare del Ministero del lavoro e delle politiche sociali, da adottare entro novanta giorni dalla data di entrata in vigore della presente disposizione, si provvede all'individuazione dei lavoratori di cui alle lettere *a*), *b*) ed *e*) del n. 18) dell'articolo 2 del suddetto regolamento (CE) n. 800/2008.

5 *quater*. Le disposizioni di cui al primo periodo del comma 4 non operano nelle ulteriori ipotesi individuate dai contratti collettivi nazionali, territoriali ed aziendali stipulati dalle organizzazioni sindacali comparativamente più rappresentative dei lavoratori e dei datori di lavoro] ([4]).

([1]) *Questo articolo è stato abrogato dall'art. 55, comma 1, lett.* d), *del D.L.vo 15 giugno 2015, n. 81. A norma dell'art. 55, comma 3, del medesimo decreto sino all'emanazione dei decreti richiamati dalle disposizioni del presente decreto legislativo, trovano applicazione le regolamentazioni vigenti.*

([2]) *Questo periodo è stato soppresso dall'art. 1, comma 2, lett.* a), *n. 1), del D.L. 20 marzo 2014, n. 34, convertito, con modificazioni, nella L. 16 maggio 2014, n. 78. A norma dell'art. 2* bis, *comma 1, del medesimo decreto tali disposizioni si applicano ai rapporti di lavoro costituiti a decorrere dalla data di entrata in vigore del presente decreto. Sono fatti salvi gli effetti già prodotti dalle disposizioni introdotte dal presente decreto.*

([3]) *Questo periodo, inserito dall'art. 1, comma 10, lett.* b), *della L. 28 giugno 2012, n. 92, è stato soppresso dall'art. 1, comma 2, lett.* a), *n. 1), del D.L. 20 marzo 2014, n. 34, convertito, con modificazioni, nella L. 16 maggio 2014, n. 78. A norma dell'art. 2* bis, *comma 1, del medesimo decreto tali disposizioni si applicano ai rapporti di lavoro costituiti a decorrere dalla data di entrata in vigore del presente decreto. Sono fatti salvi gli effetti già prodotti dalle disposizioni introdotte dal presente decreto.*

([4]) *Questo comma, aggiunto dall'art. 4, comma 1, lett.* c), *del D.L.vo 2 marzo 2012, n. 24, è stato abrogato dall'art. 1, comma 2, lett.* a), *n. 2), del D.L. 20 marzo 2014, n. 34, convertito, con modificazioni, nella L. 16 maggio 2014, n. 78. A norma dell'art. 2* bis, *comma 1, del medesimo decreto tali disposizioni si applicano ai rapporti di lavoro costituiti a decorrere dalla data di entrata in vigore del presente decreto. Sono fatti salvi gli effetti già prodotti dalle disposizioni introdotte dal presente decreto.*

21. ([1]) **[Forma del contratto di somministrazione.** – 1. Il contratto di somministrazione di manodopera è stipulato in forma scritta e contiene i seguenti elementi:

a) gli estremi dell'autorizzazione rilasciata al somministratore;

b) il numero dei lavoratori da somministrare;

c) i casi e le ragioni di carattere tecnico, produttivo, organizzativo o sostitutivo di cui al comma 3 dell'articolo 20;

d) l'indicazione della presenza di eventuali rischi per l'integrità e la salute del lavoratore e delle misure di prevenzione adottate;

e) la data di inizio e la durata prevista del contratto di somministrazione;

f) le mansioni alle quali saranno adibiti i lavoratori e il loro inquadramento;

g) il luogo, l'orario e il trattamento economico e normativo delle prestazioni lavorative;

h) assunzione da parte del somministratore della obbligazione del pagamento diretto al lavoratore del trattamento economico, nonché del versamento dei contributi previdenziali;

i) assunzione dell'obbligo dell'utilizzatore di rimborsare al somministratore gli oneri retributivi e previdenziali da questa effettivamente sostenuti in favore dei prestatori di lavoro;

j) assunzione dell'obbligo dell'utilizzatore di comunicare al somministratore i trattamenti retributivi applicabili ai lavoratori comparabili;

k) assunzione da parte dell'utilizzatore, in caso di inadempimento del somministratore, dell'obbligo del pagamento diretto al lavoratore del trattamento economico nonché del versamento dei contributi previdenziali, fatto salvo il diritto di rivalsa verso il somministratore.

2. Nell'indicare gli elementi di cui al comma 1, le parti devono recepire le indicazioni contenute nei contratti collettivi.

3. Le informazioni di cui al comma 1, nonché la data di inizio e la durata prevedibile della missione, devono essere comunicate per iscritto al prestatore di lavoro da parte del somministratore all'atto della stipulazione del contratto di lavoro ovvero all'atto dell'invio presso l'utilizzatore.

4. In mancanza di forma scritta [, con indicazione degli elementi di cui alle lettere *a*), *b*), *c*), *d*) ed *e*) del comma 1,] (2) il contratto di somministrazione è nullo e i lavoratori sono considerati a tutti gli effetti alle dipendenze dell'utilizzatore].

(1) *Questo articolo è stato abrogato dall'art. 55, comma 1, lett.* d), *del D.L.vo 15 giugno 2015, n. 81. A norma dell'art. 55, comma 3, del medesimo decreto sino all'emanazione dei decreti richiamati dalle disposizioni del presente decreto legislativo, trovano applicazione le regolamentazioni vigenti.*

(2) *Le parole fra parentesi quadrate sono state soppresse dall'art. 5, comma 1, del D.L.vo 6 ottobre 2004, n. 251.*

22. (1) [**Disciplina dei rapporti di lavoro.** – 1. In caso di somministrazione a tempo indeterminato i rapporti di lavoro tra somministratore e prestatori di lavoro sono soggetti alla disciplina generale dei rapporti di lavoro di cui al codice civile e alle leggi speciali.

2. In caso di somministrazione a tempo determinato il rapporto di lavoro tra somministratore e prestatore di lavoro è soggetto alla disciplina di cui al decreto legislativo 6 settembre 2001, n. 368, per quanto compatibile, e in ogni caso con esclusione delle disposizioni di cui all'articolo 5, commi 3 e seguenti. Il termine inizialmente posto al contratto di lavoro può in ogni caso essere prorogato, con il consenso del lavoratore e per atto scritto, nei casi e per la durata prevista dal contratto collettivo applicato dal somministratore.

3. Nel caso in cui il prestatore di lavoro sia assunto con contratto stipulato a tempo indeterminato, nel medesimo è stabilita la misura della indennità mensile di disponibilità, divisibile in quote orarie, corrisposta dal somministratore al lavoratore per i periodi nei quali il lavoratore stesso rimane in attesa di assegnazione. La misura di tale indennità è stabilita dal contratto collettivo applicabile al somministratore e comunque non è inferiore alla misura prevista, ovvero aggiornata periodicamente, con decreto del Ministro del lavoro e delle politiche sociali. La predetta misura è proporzionalmente ridotta in caso di assegnazione ad attività lavorativa a tempo parziale anche presso il somministratore. L'indennità di disponibilità è esclusa dal computo di ogni istituto di legge o di contratto collettivo.

3 *bis*. Le assunzioni a tempo indeterminato e a tempo determinato, ai sensi del presente articolo, possono essere effettuate anche con rapporto di lavoro a tempo parziale. In tale caso, trova applicazione il decreto legislativo 25 febbraio 2000, n. 61, e successive modificazioni, in quanto compatibile con le disposizioni del presente decreto.

4. Le disposizioni di cui all'articolo 4 della legge 23 luglio 1991, n. 223, non trovano applicazione anche nel caso di fine dei lavori connessi alla somministrazione a tempo indeterminato. In questo caso trovano applicazione l'articolo 3 della legge 15 luglio 1966, n. 604, e le tutele del lavoratore di cui all'articolo 12.

5. In caso di contratto di somministrazione, il prestatore di lavoro non è computato nell'organico dell'utilizzatore ai fini della applicazione di normative di legge o di contratto collettivo, fatta eccezione per quelle relative alla materia dell'igiene e della sicurezza sul lavoro.

6. La disciplina in materia di assunzioni obbligatorie e la riserva di cui all'articolo 4 *bis*, comma 3, del decreto legislativo n. 181 del 2000, non si applicano in caso di somministrazione].

(1) *Questo articolo è stato abrogato dall'art. 55, comma 1, lett.* d), *del D.L.vo 15 giugno 2015, n. 81. A norma dell'art. 55, comma 3, del medesimo decreto sino all'emanazione dei decreti richiamati dalle disposizioni del presente decreto legislativo, trovano applicazione le regolamentazioni vigenti.*

23. (1) [**Tutela del prestatore di lavoro, esercizio del potere disciplinare e regime della solidarietà.** – 1. Per tutta la durata della missione presso un utilizzatore, e ferma restando l'integrale applicabilità delle disposizioni in materia di salute e sicurezza sul lavoro di cui al decreto legislativo 9 aprile 2008, n. 81 i lavoratori dipendenti dal somministratore hanno diritto a condizioni di base di lavoro e d'occupazione complessivamente non inferiori a quelle dei dipendenti di pari livello dell'utilizzatore, a parità di mansioni svolte. Restano in ogni caso salve le clausole dei contratti collettivi nazionali di lavoro stipulate ai sensi dell'articolo 1, comma 3, della legge 24 giugno 1997, n. 196.

2. La disposizione di cui al comma 1 non trova applicazione con riferimento ai contratti di somministrazione conclusi da soggetti privati autorizzati nell'ambito di specifici programmi di formazione, inserimento e riqualificazione professionale erogati, a favore dei lavoratori svantaggiati, in concorso con Regioni, Province ed enti locali ai sensi e nei limiti di cui all'articolo 13 (2).

3. L'utilizzatore è obbligato in solido con il somministratore a corrispondere ai lavoratori i trattamenti retributivi e i contributi previdenziali.

4. I contratti collettivi applicati dall'utilizzatore stabiliscono modalità e criteri per la determinazione e corresponsione delle erogazioni economiche correlate ai risultati conseguiti nella realizzazione di programmi concordati tra le parti o collegati all'andamento economico dell'impresa. I lavoratori dipendenti dal somministratore hanno altresì diritto a fruire di tutti i servizi sociali e assistenziali di cui godono i dipendenti dell'utilizzatore addetti alla stessa unità produttiva, esclusi quelli il cui godimento sia condizionato alla iscrizione ad associazioni o società cooperative o al conseguimento di una determinata anzianità di servizio.

5. Il somministratore informa i lavoratori sui rischi per la sicurezza e la salute connessi alle attività produttive in generale e li forma e addestra all'uso delle attrezzature di lavoro necessarie allo svolgimento della attività lavorativa per la quale essi vengono assunti in conformità alle disposizioni recate dal decreto legislativo 19 settembre 1994, n. 626, e successive modificazioni ed integrazioni. Il contratto di somministrazione può prevedere che tale obbligo sia adempiuto dall'utilizzatore; in tale caso ne va fatta indicazione nel contratto con il lavoratore. Nel caso in cui le mansioni cui è adibito il prestatore di lavoro richiedano una sorveglianza medica speciale o comportino rischi specifici, l'utilizzatore ne informa il lavoratore conformemente a quanto previsto dal decreto legislativo 19 settembre 1994, n. 626, e successive modificazioni ed integrazioni. L'utilizzatore osserva altresì, nei confronti del medesimo prestatore, tutti gli obblighi di protezione previsti nei confronti dei propri dipendenti ed è responsabile per la violazione degli obblighi di sicurezza individuati dalla legge e dai contratti collettivi.

6. Nel caso in cui adibisca il lavoratore a mansioni superiori o comunque a mansioni non equivalenti a quelle dedotte in contratto, l'utilizzatore deve darne immediata comunicazione scritta al somministratore consegnandone copia al lavoratore medesimo. Ove non abbia adempiuto all'obbligo di informazione, l'utilizzatore risponde in via esclusiva per le differenze retributive spettanti al lavoratore occupato in mansioni superiori e per l'eventuale risarcimento del danno derivante dalla assegnazione a mansioni inferiori.

7. Ai fini dell'esercizio del potere disciplinare, che è riservato al somministratore, l'utilizzatore comunica al somministratore gli elementi che formeranno oggetto della contestazione ai sensi dell'articolo 7 della legge 20 maggio 1970, n. 300.

7 *bis*. I lavoratori dipendenti dal somministratore sono informati dall'utilizzatore dei posti vacanti presso quest'ultimo, affinchè possano aspirare, al pari dei dipendenti del medesimo utilizzatore, a ricoprire posti di lavoro a tempo indeterminato. Tali informazioni possono essere fornite mediante un avviso generale opportunamente affisso all'interno dei locali dell'utilizzatore presso il quale e sotto il cui controllo detti lavoratori prestano la loro opera.

8. [In caso di somministrazione di lavoro a tempo determinato] ([3]) è nulla ogni clausola diretta a limitare, anche indirettamente, la facoltà dell'utilizzatore di assumere il lavoratore al termine della sua missione.

9. La disposizione di cui al comma 8 non trova applicazione nel caso in cui al lavoratore sia corrisposta una adeguata indennità, secondo quanto stabilito dal contratto collettivo applicabile al somministratore.

9 *bis*. Resta salva la facoltà per il somministratore e l'utilizzatore di pattuire un compenso ragionevole per i servizi resi a quest'ultimo in relazione alla missione, all'impiego e alla formazione del lavoratore per il caso in cui, al termine della missione, l'utilizzatore assuma il lavoratore].

([1]) *Questo articolo è stato abrogato dall'art. 55, comma 1, lett.* d), *del D.L.vo 15 giugno 2015, n. 81. A norma dell'art. 55, comma 3, del medesimo decreto sino all'emanazione dei decreti richiamati dalle disposizioni del presente decreto legislativo, trovano applicazione le regolamentazioni vigenti.*

([2]) *Questo comma è stato abrogato dall'art. 1, comma 10, lett.* c), *della L. 28 giugno 2012, n. 92.*

([3]) *Le parole tra parentesi quadrate sono state soppresse dall'art. 7, comma 1, lett.* c), *del D.L.vo 2 marzo 2012, n. 24.*

24. ([1]) [**Diritti sindacali e garanzie collettive.** – 1. Ferme restando le disposizioni specifiche per il lavoro in cooperativa, ai lavoratori delle società o imprese di somministrazione e degli appaltatori si applicano i diritti sindacali previsti dalla legge 20 maggio 1970, n. 300, e successive modificazioni.

2. Il prestatore di lavoro ha diritto a esercitare presso l'utilizzatore, per tutta la durata della somministrazione, i diritti di libertà e di attività sindacale nonché a partecipare alle assemblee del personale dipendente delle imprese utilizzatrici.

3. Ai prestatori di lavoro che dipendono da uno stesso somministratore e che operano presso diversi utilizzatori compete uno specifico diritto di riunione secondo la normativa vigente e con le modalità specifiche determinate dalla contrattazione collettiva.

4. L'utilizzatore comunica alla rappresentanza sindacale unitaria, ovvero alle rappresentanze aziendali e, in mancanza, alle associazioni territoriali di categoria aderenti alle confederazioni dei lavoratori comparativamente più rappresentative sul piano nazionale:

a) il numero e i motivi del ricorso alla somministrazione di lavoro prima della stipula del contratto di somministrazione; ove ricorrano motivate ragioni di urgenza e necessità di stipulare il contratto, l'utilizzatore fornisce le predette comunicazioni entro i cinque giorni successivi;

b) ogni dodici mesi, anche per il tramite della associazione dei datori di lavoro alla quale aderisce o conferisce mandato, il numero e i motivi dei contratti di somministrazione di lavoro conclusi, la durata degli stessi, il numero e la qualifica dei lavoratori interessati].

([1]) *Questo articolo è stato abrogato dall'art. 55, comma 1, lett.* d), *del D.L.vo 15 giugno 2015, n. 81. A norma dell'art. 55, comma 3, del medesimo decreto sino all'emanazione dei decreti richiamati dalle disposizioni del presente decreto legislativo, trovano applicazione le regolamentazioni vigenti.*

25. ([1]) [**Norme previdenziali.** – 1. Gli oneri contributivi, previdenziali, assicurativi ed assistenziali, previsti dalle vigenti disposizioni legislative, sono a carico del somministratore che, ai sensi e per gli effetti di cui all'articolo 49 della legge 9 marzo 1989, n. 88, è inquadrato nel settore terziario. Sulla indennità di disponibilità di cui all'articolo 22, comma 3, i contributi sono versati per il loro effettivo ammontare, anche in deroga alla vigente normativa in materia di minimale contributivo.

2. Il somministratore non è tenuto al versamento della aliquota contributiva di cui all'articolo 25, comma 4, della legge 21 dicembre 1978, n. 845.

3. Gli obblighi per l'assicurazione contro gli infortuni e le malattie professionali previsti dal decreto del Presidente della Repubblica 30 giugno 1965, n. 1124, e successive modificazioni, sono determinati in relazione al tipo e al rischio delle lavorazioni svolte. I premi e i contributi sono determinati in relazione al tasso medio, o medio ponderato, stabilito per la attività svolta dall'impresa utilizzatrice, nella quale sono inquadrabili le lavorazioni svolte dai lavoratori temporanei, ovvero sono determinati in base al tasso medio, o medio ponderato, della voce di tariffa corrispondente alla lavorazione effettivamente prestata dal lavoratore temporaneo, ove presso l'impresa utilizzatrice la stessa non sia già assicurata.

4. Nel settore agricolo e in caso di somministrazione di lavoratori domestici trovano applicazione i criteri erogativi, gli oneri previdenziali e assistenziali previsti dai relativi settori].

([1]) *Questo articolo è stato abrogato dall'art. 55, comma 1, lett.* d), *del D.L.vo 15 giugno 2015, n. 81. A norma dell'art. 55, comma 3, del medesimo decreto sino all'emanazione dei decreti richiamati dalle disposizioni del presente decreto legislativo, trovano applicazione le regolamentazioni vigenti.*

26. (1) [**Responsabilità civile.** – 1. Nel caso di somministrazione di lavoro l'utilizzatore risponde nei confronti dei terzi dei danni a essi arrecati dal prestatore di lavoro nell'esercizio delle sue mansioni].

(1) *Questo articolo è stato abrogato dall'art. 55, comma 1, lett.* d), *del D.L.vo 15 giugno 2015, n. 81. A norma dell'art. 55, comma 3, del medesimo decreto sino all'emanazione dei decreti richiamati dalle disposizioni del presente decreto legislativo, trovano applicazione le regolamentazioni vigenti.*

27. (1) [**Somministrazione irregolare.** – 1. Quando la somministrazione di lavoro avvenga al di fuori dei limiti e delle condizioni di cui agli articoli 20 e 21, comma 1, lettere *a*), *b*), *c*), *d*) ed *e*), il lavoratore può chiedere, mediante ricorso giudiziale a norma dell'articolo 414 del codice di procedura civile, notificato anche soltanto al soggetto che ne ha utilizzato la prestazione, la costituzione di un rapporto di lavoro alle dipendenze di quest'ultimo, con effetto dall'inizio della somministrazione.

2. Nelle ipotesi di cui al comma 1 tutti i pagamenti effettuati dal somministratore, a titolo retributivo o di contribuzione previdenziale, valgono a liberare il soggetto che ne ha effettivamente utilizzato la prestazione dal debito corrispondente fino a concorrenza della somma effettivamente pagata. Tutti gli atti compiuti dal somministratore per la costituzione o la gestione del rapporto, per il periodo durante il quale la somministrazione ha avuto luogo, si intendono come compiuti dal soggetto che ne ha effettivamente utilizzato la prestazione.

3. Ai fini della valutazione delle ragioni di cui all'articolo 20, commi 3 e 4, che consentono la somministrazione di lavoro il controllo giudiziale è limitato esclusivamente, in conformità ai principi generali dell'ordinamento, all'accertamento della esistenza delle ragioni che la giustificano e non può essere esteso fino al punto di sindacare nel merito valutazioni e scelte tecniche, organizzative o produttive che spettano all'utilizzatore].

(1) *Questo articolo è stato abrogato dall'art. 55, comma 1, lett.* d), *del D.L.vo 15 giugno 2015, n. 81. A norma dell'art. 55, comma 3, del medesimo decreto sino all'emanazione dei decreti richiamati dalle disposizioni del presente decreto legislativo, trovano applicazione le regolamentazioni vigenti.*

28. (1) [**Somministrazione fraudolenta.** – 1. Ferme restando le sanzioni di cui all'articolo 18, quando la somministrazione di lavoro è posta in essere con la specifica finalità di eludere norme inderogabili di legge o di contratto collettivo applicato al lavoratore, somministratore e utilizzatore sono puniti con una ammenda di 20 euro per ciascun lavoratore coinvolto e ciascun giorno di somministrazione].

(1) *Questo articolo è stato abrogato dall'art. 55, comma 1, lett.* d), *del D.L.vo 15 giugno 2015, n. 81. A norma dell'art. 55, comma 3, del medesimo decreto sino all'emanazione dei decreti richiamati dalle disposizioni del presente decreto legislativo, trovano applicazione le regolamentazioni vigenti.*

Capo II
Appalto e distacco

29. Appalto. – 1. Ai fini della applicazione delle norme contenute nel presente titolo, il contratto di appalto, stipulato e regolamentato ai sensi dell'articolo 1655 del codice civile, si distingue dalla somministrazione di lavoro per la organizzazione dei mezzi necessari da parte dell'appaltatore, che può anche risultare, in relazione alle esigenze dell'opera o del servizio dedotti in contratto, dall'esercizio del potere organizzativo e direttivo nei confronti dei lavoratori utilizzati nell'appalto, nonché per la assunzione, da parte del medesimo appaltatore, del rischio d'impresa.

2. [Salvo diversa disposizione dei contratti collettivi nazionali sottoscritti da associazioni dei datori di lavoro e dei lavoratori comparativamente più rappresentative del settore che possono individuare metodi e procedure di controllo e di verifica della regolarità complessiva degli appalti,] (1) in caso di appalto di opere o di servizi, il committente imprenditore o datore di lavoro è obbligato in solido con l'appaltatore, nonché con ciascuno degli eventuali subappaltatori entro il limite di due anni dalla cessazione dell'appalto, a corrispondere ai lavoratori i trattamenti retributivi, comprese le quote di trattamento di fine rapporto, nonché i contributi previdenziali e i premi assicurativi dovuti in relazione al periodo di esecuzione del contratto di appalto, restando escluso qualsiasi obbligo per le sanzioni civili di cui risponde solo il responsabile dell'inadempimento. [Il committente imprenditore o datore di lavoro è convenuto in giudizio per il pagamento unitamente all'appaltatore e con gli eventuali ulteriori subappaltato-

ri] (2). [Il committente imprenditore o datore di lavoro può eccepire, nella prima difesa, il beneficio della preventiva escussione del patrimonio dell'appaltatore medesimo e degli eventuali subappaltatori] (2). [In tal caso il giudice accerta la responsabilità solidale di tutti gli obbligati, ma l'azione esecutiva può essere intentata nei confronti del committente imprenditore o datore di lavoro solo dopo l'infruttuosa escussione del patrimonio dell'appaltatore e degli eventuali subappaltatori] (2). Il committente che ha eseguito il pagamento è tenuto, ove previsto, ad assolvere gli obblighi del sostituto d'imposta ai sensi delle disposizioni del decreto del Presidente della Repubblica 29 settembre 1973, n. 600, e (3) può esercitare l'azione di regresso nei confronti del coobbligato secondo le regole generali (4) (5).

3. L'acquisizione del personale già impiegato nell'appalto a seguito di subentro di nuovo appaltatore dotato di propria struttura organizzativa e operativa, in forza di legge, di contratto collettivo nazionale di lavoro o di clausola del contratto d'appalto, ove siano presenti elementi di discontinuità che determinano una specifica identità di impresa, non costituisce trasferimento d'azienda o di parte d'azienda (6).

3 *bis*. Quando il contratto di appalto sia stipulato in violazione di quanto disposto dal comma 1, il lavoratore interessato può chiedere, mediante ricorso giudiziale a norma dell'articolo 414 del codice di procedura civile, notificato anche soltanto al soggetto che ne ha utilizzato la prestazione, la costituzione di un rapporto di lavoro alle dipendenze di quest'ultimo. In tale ipotesi si applica il disposto dell'articolo 27, comma 2 (7).

3 *ter*. Fermo restando quando previsto dagli articoli 18 e 19, le disposizioni di cui al comma 2 non trovano applicazione qualora il committente sia una persona fisica che non esercita attività di impresa o professionale (7).

(1) *Le parole tra parentesi quadrate sono state soppresse dall'art. 2, comma 1, lett.* a), *del D.L. 17 marzo 2017, n. 25, convertito, senza modificazioni, dalla L. 20 aprile 2017, n. 49.*

(2) *Questo periodo è stato soppresso dall'art. 2, comma 1, lett.* b), *del D.L. 17 marzo 2017, n. 25, convertito, senza modificazioni, dalla L. 20 aprile 2017, n. 49.*

(3) *Le parole: «è tenuto, ove previsto, ad assolvere gli obblighi del sostituto d'imposta ai sensi delle disposizioni del decreto del Presidente della Repubblica 29 settembre 1973, n. 600, e» sono state inserite dall'art. 28, comma 2, del D.L.vo 21 novembre 2014, n. 175. A norma dell'art. 28, comma 3, dello stesso provvedimento al fine di potenziare le attività di controllo sul corretto adempimento degli obblighi fiscali in materia di ritenute ai sensi del decreto del Presidente della Repubblica 29 settembre 1973, n. 600, l'Istituto nazionale della previdenza sociale rende disponibile all'Agenzia delle entrate, con cadenza mensile, i dati relativi alle aziende e alle posizioni contributive dei relativi dipendenti gestite dall'Istituto stesso.*

(4) *Questo comma, già sostituito dall'art. 6, comma 1, del D.L.vo 6 ottobre 2004, n. 251, è stato poi sostituito dall'art. 21 del D.L. 9 febbraio 2012, n. 5, convertito, con modificazioni, nella L. 4 aprile 2012, n. 35. I periodi dal secondo al quinto sono stati da ultimo così sostituiti dagli attuali, dall'art. 4, comma 31, lett.* b), *della L. 28 giugno 2012, n. 92.*

(5) *A norma dell'art. 9, comma 1, del D.L. 28 giugno 2013, n. 76, convertito, con modificazioni, nella L. 9 agosto 2013, n. 99, le disposizioni di cui a questo comma trovano applicazione anche in relazione ai compensi e agli obblighi di natura previdenziale e assicurativa nei confronti dei lavoratori con contratto di lavoro autonomo. Le medesime disposizioni non trovano applicazione in relazione ai contratti di appalto stipulati dalle pubbliche amministrazioni di cui all'articolo 1, comma 2, del decreto legislativo 30 marzo 2001, n. 165. Le disposizioni dei contratti collettivi di cui a questo comma e successive modificazioni, hanno effetto esclusivamente in relazione ai trattamenti retributivi dovuti ai lavoratori impiegati nell'appalto con esclusione di qualsiasi effetto in relazione ai contributi previdenziali e assicurativi.*

(6) *Questo comma è stato così sostituito dall'art. 30, comma 1, della L. 7 luglio 2016, n. 122.*

(7) *Questo comma è stato aggiunto dall'art. 6, comma 2, del D.L.vo 6 ottobre 2004, n. 251.*

30. Distacco. – 1. L'ipotesi del distacco si configura quando un datore di lavoro, per soddisfare un proprio interesse, pone temporaneamente uno o più lavoratori a disposizione di altro soggetto per l'esecuzione di una determinata attività lavorativa.

2. In caso di distacco il datore di lavoro rimane responsabile del trattamento economico e normativo a favore del lavoratore.

3. Il distacco che comporti un mutamento di mansioni deve avvenire con il consenso del lavoratore interessato. Quando comporti un trasferimento a una unità produttiva sita a più di 50 km da quella in cui il lavoratore è adibito, il distacco può avvenire soltanto per comprovate ragioni tecniche, organizzative, produttive o sostitutive.

4. Resta ferma la disciplina prevista dall'articolo 8, comma 3, del decreto legge 20 maggio 1993, n. 148, convertito, con modificazioni, dalla legge 19 luglio 1993, n. 236.

4 *bis*. Quando il distacco avvenga in violazione di quanto disposto dal comma 1, il lavoratore interessato può chiedere, mediante ricorso giudiziale a norma dell'articolo 414 del codice di procedura civile, notificato anche soltanto al soggetto che ne ha utilizzato la prestazione, la costituzione di un rapporto di lavoro alle dipendenze di quest'ultimo. In tale ipotesi si applica il disposto dell'articolo 27, comma 2 ([1]).

4 *ter*. Qualora il distacco di personale avvenga tra aziende che abbiano sottoscritto un contratto di rete di impresa che abbia validità ai sensi del decreto legge 10 febbraio 2009, n. 5, convertito, con modificazioni, dalla legge 9 aprile 2009, n. 33, l'interesse della parte distaccante sorge automaticamente in forza dell'operare della rete, fatte salve le norme in materia di mobilità dei lavoratori previste dall'articolo 2103 del codice civile. Inoltre per le stesse imprese è ammessa la codatorialità dei dipendenti ingaggiati con regole stabilite attraverso il contratto di rete stesso ([2]).

([1]) *Questo comma è stato aggiunto dall'art. 7 del D.L.vo 6 ottobre 2004, n. 251.*

([2]) *Questo comma è stato aggiunto dall'art. 7, comma 2, lett.* 0a), *del D.L. 28 giugno 2013, n. 76, convertito, con modificazioni, nella L. 9 agosto 2013, n. 99.*

Titolo IV
Disposizioni in materia di gruppi di impresa e trasferimento d'azienda

31. Gruppi di impresa. – 1. I gruppi di impresa, individuati ai sensi dell'articolo 2359 del codice civile e del decreto legislativo 2 aprile 2002, n. 74, possono delegare lo svolgimento degli adempimenti di cui all'articolo 1 della legge 11 gennaio 1979, n. 12, alla società capogruppo per tutte le società controllate e collegate.

2. I consorzi di società cooperative, costituiti ai sensi dell'articolo 27 del decreto legislativo del Capo provvisorio dello Stato 14 dicembre 1947, n. 1577, possono svolgere gli adempimenti di cui all'articolo 1 della legge 11 gennaio 1979, n. 12, per conto delle società consorziate o delegarne l'esecuzione a una società consorziata. Tali servizi possono essere organizzati per il tramite dei consulenti del lavoro, anche se dipendenti dai predetti consorzi, così come previsto dall'articolo 1, comma 4, della legge 11 gennaio 1979, n. 12 ([1]).

2 *bis*. Le cooperative di imprese di pesca ed i consorzi di imprese di pesca possono svolgere gli adempimenti di cui all'articolo 1 della legge 11 gennaio 1979, n. 12, per conto delle imprese associate ([2]).

3. Le disposizioni di cui ai commi 1, 2 e 2 *bis* ([3]) non rilevano ai fini della individuazione del soggetto titolare delle obbligazioni contrattuali e legislative in capo alle singole società datrici di lavoro.

3 *bis*. Le imprese agricole, ivi comprese quelle costituite in forma cooperativa, appartenenti allo stesso gruppo di cui al comma 1, ovvero riconducibili allo stesso proprietario o a soggetti legati tra loro da un vincolo di parentela o di affinità entro il terzo grado, possono procedere congiuntamente all'assunzione di lavoratori dipendenti per lo svolgimento di prestazioni lavorative presso le relative aziende ([4]).

3 *ter*. L'assunzione congiunta di cui al precedente comma 3 *bis* può essere effettuata anche da imprese legate da un contratto di rete, quando almeno il 40 per cento ([5]) di esse sono imprese agricole ([4]).

3 *quater*. Con decreto del Ministro del lavoro e delle politiche sociali sono definite le modalità con le quali si procede alle assunzioni congiunte di cui al comma 3 *bis* ([4]).

3 *quinquies*. I datori di lavoro rispondono in solido delle obbligazioni contrattuali, previdenziali e di legge che scaturiscono dal rapporto di lavoro instaurato con le modalità disciplinate dai commi 3 *bis* e 3 *ter* ([4]).

([1]) *Questo comma è stato così sostituito dall'art. 8 del D.L.vo 6 ottobre 2004, n. 251.*

([2]) *Questo comma è stato inserito dall'art. 67* ter, *comma 1, lett.* a), *del D.L. 24 gennaio 2012, n. 1, convertito, con modificazioni, nella L. 24 marzo 2012, n. 27.*

([3]) *Le parole: «commi 1 e 2» sono state così sostituite dalle attuali: «commi 1, 2 e 2* bis*» dall'art. 67* ter, *comma 1, lett.* b), *del D.L. 24 gennaio 2012, n. 1, convertito, con modificazioni, nella L. 24 marzo 2012, n. 27.*

([4]) *Questo comma è stato aggiunto dall'art. 9, comma 11, del D.L. 28 giugno 2013, n. 76, convertito, con modificazioni, nella L. 9 agosto 2013, n. 99.*

([5]) *Le parole: «50 per cento» sono state così sostituite dalle attuali: «40 per cento» dall'art. 18 della L. 28 luglio 2016, n. 154.*

32. Modifica all'articolo 2112, comma quinto, del codice civile. – 1. Fermi restando i diritti dei prestatori di lavoro in caso di trasferimento d'azienda di cui alla normativa di recepimento delle direttive europee in materia, il comma quinto dell'articolo 2112 del codice civile è sostituito dal seguente: «Ai fini e per gli effetti di cui al presente articolo si intende per trasferimento d'azienda qualsiasi operazione che, in seguito a cessione contrattuale o fusione, comporti il mutamento nella titolarità di un'attività economica organizzata, con o senza scopo di lucro, preesistente al trasferimento e che conserva nel trasferimento la propria identità a prescindere dalla tipologia negoziale o dal provvedimento sulla base del quale il trasferimento è attuato ivi compresi l'usufrutto o l'affitto di azienda. Le disposizioni del presente articolo si applicano altresì al trasferimento di parte dell'azienda, intesa come articolazione funzionalmente autonoma di un'attività economica organizzata, identificata come tale dal cedente e dal cessionario al momento del suo trasferimento».

2. All'articolo 2112 del codice civile è aggiunto, in fine, il seguente comma: «Nel caso in cui l'alienante stipuli con l'acquirente un contratto di appalto la cui esecuzione avviene utilizzando il ramo d'azienda oggetto di cessione, tra appaltante e appaltatore opera un regime di solidarietà di cui all'articolo 29, comma 2, del decreto legislativo 10 settembre 2003, n. 276 (1)».

(1) *Le parole: «di cui all'articolo 1676» sono state così sostituite dalle attuali da: «di cui all'articolo 29 ...» fino alla fine del comma dall'art. 9 del D.L.vo 6 ottobre 2004, n. 251.*

Titolo V
Tipologie contrattuali
a orario ridotto, modulato o flessibile

Capo I
Lavoro intermittente

33. (1) [**Definizione e tipologie.** – 1. Il contratto di lavoro intermittente è il contratto mediante il quale un lavoratore si pone a disposizione di un datore di lavoro che ne può utilizzare la prestazione lavorativa nei limiti di cui all'articolo 34.

2. Il contratto di lavoro intermittente può essere stipulato anche a tempo determinato].

(1) *Questo articolo, abrogato dall'art. 1, comma 45, della L. 24 dicembre 2007, n. 247, era stato riportato in vigore dall'art. 39, comma 11, del D.L. 25 giugno 2008, n. 112, convertito, con modificazioni, nella L. 6 agosto 2008, n. 133 ed è ora stato abrogato dall'art. 55, comma 1, lett.* d), *del D.L.vo 15 giugno 2015, n. 81. A norma dell'art. 55, comma 3, del medesimo decreto sino all'emanazione dei decreti richiamati dalle disposizioni del presente decreto legislativo, trovano applicazione le regolamentazioni vigenti.*

34. (1) [**Casi di ricorso al lavoro intermittente.** – 1. Il contratto di lavoro intermittente può essere concluso per lo svolgimento di prestazioni di carattere discontinuo o intermittente, secondo le esigenze individuate dai contratti collettivi stipulati da associazioni dei datori e prestatori di lavoro comparativamente più rappresentative sul piano nazionale o territoriale ovvero per periodi predeterminati nell'arco della settimana, del mese o dell'anno [ai sensi dell'articolo 37] (2).

2. Il contratto di lavoro intermittente può in ogni caso essere concluso con soggetti con più di cinquantacinque anni di età e con soggetti con meno di ventiquattro anni di età, fermo restando in tale caso che le prestazioni contrattuali devono essere svolte entro il venticinquesimo anno di età.

2 *bis*. In ogni caso, fermi restando i presupposti di instaurazione del rapporto e con l'eccezione dei settori del turismo, dei pubblici esercizi e dello spettacolo, il contratto di lavoro intermittente è ammesso, per ciascun lavoratore con il medesimo datore di lavoro, per un periodo complessivamente non superiore alle quattrocento giornate di effettivo lavoro nell'arco di tre anni solari. In caso di superamento del predetto periodo il relativo rapporto si trasforma in un rapporto di lavoro a tempo pieno e indeterminato.

3. È vietato il ricorso al lavoro intermittente:

a) per la sostituzione di lavoratori che esercitano il diritto di sciopero;

b) salva diversa disposizione degli accordi sindacali, presso unità produttive nelle quali si sia proceduto, entro i sei mesi precedenti, a licenziamenti collettivi ai sensi degli articoli 4 e 24 della legge 23 luglio 1991, n. 223, che abbiano riguardato lavoratori adibiti alle stesse mansioni cui si riferisce il contratto di lavoro intermittente ovvero presso unità produttive nelle quali sia operante una sospensione dei rapporti o una riduzione dell'orario, con diritto al trattamento di integrazione salariale, che interessino lavoratori adibiti alle mansioni cui si riferisce il contratto di lavoro intermittente;

c) da parte delle imprese che non abbiano effettuato la valutazione dei rischi ai sensi dell'articolo 4 del decreto legislativo 19 settembre 1994, n. 626, e successive modificazioni].

(1) *Questo articolo, abrogato dall'art. 1, comma 45, della L. 24 dicembre 2007, n. 247, era stato riportato in vigore dall'art. 39, comma 11, del D.L. 25 giugno 2008, n. 112, convertito, con modificazioni, nella L. 6 agosto 2008, n. 133 ed è ora stato abrogato dall'art. 55, comma 1, lett.* d), *del D.L.vo 15 giugno 2015, n. 81. A norma dell'art. 55, comma 3, del medesimo decreto sino all'e-*

manazione dei decreti richiamati dalle disposizioni del presente decreto legislativo, trovano applicazione le regolamentazioni vigenti.

(2) *Le parole tra parentesi quadrate sono state soppresse dall'art. 1, comma 21, lett.* a), *n.* 1), *della L. 28 giugno 2012, n. 92.*

35. (1) [**Forma e comunicazioni.** – 1. Il contratto di lavoro intermittente è stipulato in forma scritta ai fini della prova dei seguenti elementi:

a) indicazione della durata e delle ipotesi, oggettive o soggettive, previste dall'articolo 34 che consentono la stipulazione del contratto;

b) luogo e la modalità della disponibilità, eventualmente garantita dal lavoratore, e del relativo preavviso di chiamata del lavoratore che in ogni caso non può essere inferiore a un giorno lavorativo;

c) il trattamento economico e normativo spettante al lavoratore per la prestazione eseguita e la relativa indennità di disponibilità, ove prevista, nei limiti di cui al successivo articolo 36;

d) indicazione delle forme e modalità, con cui il datore di lavoro è legittimato a richiedere l'esecuzione della prestazione di lavoro, nonché delle modalità di rilevazione della prestazione;

e) i tempi e le modalità di pagamento della retribuzione e della indennità di disponibilità;

f) le eventuali misure di sicurezza specifiche necessarie in relazione al tipo di attività dedotta in contratto.

2. Nell'indicare gli elementi di cui al comma 1, le parti devono recepire le indicazioni contenute nei contratti collettivi ove previste.

3. Fatte salve previsioni più favorevoli dei contratti collettivi, il datore di lavoro è altresì tenuto a informare con cadenza annuale le rappresentanze sindacali aziendali, ove esistenti, sull'andamento del ricorso al contratto di lavoro intermittente.

3 *bis*. Prima dell'inizio della prestazione lavorativa o di un ciclo integrato di prestazioni di durata non superiore a trenta giorni, il datore di lavoro è tenuto a comunicarne la durata con modalità semplificate alla Direzione territoriale del lavoro competente per territorio, mediante sms, [fax] (2) o posta elettronica. Con decreto di natura non regolamentare del Ministro del lavoro e delle politiche sociali, di concerto con il Ministro per la pubblica amministrazione e la semplificazione, possono essere individuate modalità applicative della disposizione di cui al precedente periodo, nonché ulteriori modalità di comunicazione in funzione dello sviluppo delle tecnologie. In caso di violazione degli obblighi di cui al presente comma si applica la sanzione amministrativa da euro 400 ad euro 2.400 in relazione a ciascun lavoratore per cui è stata omessa la comunicazione. Non si applica la procedura di diffida di cui all'articolo 13 del decreto legislativo 23 aprile 2004, n. 124].

(1) *Questo articolo, abrogato dall'art. 1, comma 45, della L. 24 dicembre 2007, n. 247, era stato riportato in vigore dall'art. 39, comma 11, del D.L. 25 giugno 2008, n. 112, convertito, con modificazioni, nella L. 6 agosto 2008, n. 133 ed è ora stato abrogato dall'art. 55, comma 1, lett.* d), *del D.L.vo 15 giugno 2015, n. 81. A norma dell'art. 55, comma 3, del medesimo decreto sino all'emanazione dei decreti richiamati dalle disposizioni del presente decreto legislativo, trovano applicazione le regolamentazioni vigenti.*

(2) *La parola: «fax» è stata soppressa dall'art. 1, comma 21, lett.* b), *della L. 28 giugno 2012, n. 92, così come modificato dall'art. 34, comma 54, lett.* a), *del D.L. 18 ottobre 2012, n. 179, convertito, con modificazioni, nella L. 17 dicembre 2012, n. 221.*

36. (1) [**Indennità di disponibilità.** – 1. Nel contratto di lavoro intermittente è stabilita la misura della indennità mensile di disponibilità, divisibile in quote orarie, corrisposta al lavoratore per i periodi nei quali il lavoratore stesso garantisce la disponibilità al datore di lavoro in attesa di utilizzazione. La misura di detta indennità è stabilita dai contratti collettivi e comunque non è inferiore alla misura prevista, ovvero aggiornata periodicamente, con decreto del Ministro del lavoro e delle politiche sociali, sentite le associazioni dei datori e dei prestatori di lavoro comparativamente più rappresentative sul piano nazionale.

2. Sulla indennità di disponibilità di cui al comma 1 i contributi sono versati per il loro effettivo ammontare, anche in deroga alla vigente normativa in materia di minimale contributivo.

3. L'indennità di disponibilità è esclusa dal computo di ogni istituto di legge o di contratto collettivo.

4. In caso di malattia o di altro evento che renda temporaneamente impossibile rispondere alla chiamata, il lavoratore è tenuto a informare tempestivamente il datore di lavoro, specificando la durata dell'impedimento. Nel periodo di temporanea indisponibilità non matura il diritto alla indennità di disponibilità.

5. Ove il lavoratore non provveda all'adempimento di cui al comma che precede, perde il diritto alla indennità di disponibilità per un periodo di quindici giorni, salva diversa previsione del contratto individuale.

6. Le disposizioni di cui ai commi da 1 a 5 si applicano soltanto nei casi in cui il lavoratore si obbliga contrattualmente a rispondere alla chiamata del datore di lavoro. In tal caso, il rifiuto ingiustificato di rispondere alla chiamata può comportare la risoluzione del contratto, la restituzione della quota di indennità di disponibilità riferita al periodo successivo all'ingiustificato rifiuto, nonché un congruo risarcimento del danno nella misura fissata dai contratti collettivi o, in mancanza, dal contratto di lavoro.

7. Con decreto del Ministro del lavoro e delle politiche sociali, di concerto con il Ministro dell'economia e delle finanze, è stabilita la misura della retribuzione convenzionale in riferimento alla quale i lavoratori assunti ai sensi dell'articolo 33 possono versare la differenza contributiva per i periodi in cui abbiano percepito una retribuzione inferiore rispetto a quella convenzionale ovvero abbiano usufruito della indennità di disponibilità fino a concorrenza della medesima misura].

(1) *Questo articolo, abrogato dall'art. 1, comma 45, della L. 24 dicembre 2007, n. 247, era stato riportato in vigore dall'art. 39, comma 11, del D.L. 25 giugno 2008, n. 112, convertito, con modificazioni, nella L. 6 agosto 2008, n. 133 ed è ora stato abrogato dall'art. 55, comma 1, lett.* d), *del D.L.vo 15 giugno 2015, n. 81. A norma dell'art. 55, comma 3, del medesimo decreto sino all'emanazione dei decreti richiamati dalle disposizioni del presente decreto legislativo, trovano applicazione le regolamentazioni vigenti.*

37. (1) [**Lavoro intermittente per periodi predeterminati nell'arco della settimana, del mese o dell'anno.** – 1. Nel caso di lavoro intermittente per prestazioni da rendersi il fine settimana, nonché nei periodi delle ferie estive o delle vacanze natalizie e pasquali l'indennità di disponibilità di cui all'articolo 36 è corrisposta al prestatore di lavoro solo in caso di effettiva chiamata da parte del datore di lavoro.

2. Ulteriori periodi predeterminati possono esser previsti dai contratti collettivi stipulati da associazioni dei datori e prestatori di lavoro comparativamente più rappresentative sul piano nazionale o territoriale].

(1) *Questo articolo era stato abrogato dall'art. 1, comma 45, della L. 24 dicembre 2007, n. 247. Successivamente è stato riportato in vigore dall'art. 39, comma 11, del D.L. 25 giugno 2008, n. 112, convertito, con modificazioni, nella L. 6 agosto 2008, n. 133 ed infine nuovamente abrogato dall'art. 1, comma 21, lett.* c), *della L. 28 giugno 2012, n. 92.*

38. (1) [**Principio di non discriminazione.** – 1. Fermi restando i divieti di discriminazione diretta e indiretta previsti dalla legislazione vigente, il lavoratore intermittente non deve ricevere, per i periodi lavorati, un trattamento economico e normativo complessivamente meno favorevole rispetto al lavoratore di pari livello, a parità di mansioni svolte.

2. Il trattamento economico, normativo e previdenziale del lavoratore intermittente è riproporzionato, in ragione della prestazione lavorativa effettivamente eseguita, in particolare per quanto riguarda l'importo della retribuzione globale e delle singole componenti di essa, nonché delle ferie e dei trattamenti per malattia, infortunio sul lavoro, malattia professionale, maternità, congedi parentali.

3. Per tutto il periodo durante il quale il lavoratore resta disponibile a rispondere alla chiamata del datore di lavoro non è titolare di alcun diritto riconosciuto ai lavoratori subordinati né matura alcun trattamento economico e normativo, salvo l'indennità di disponibilità di cui all'articolo 36].

(1) *Questo articolo, abrogato dall'art. 1, comma 45, della L. 24 dicembre 2007, n. 247, era stato riportato in vigore dall'art. 39, comma 11, del D.L. 25 giugno 2008, n. 112, convertito, con modificazioni, nella L. 6 agosto 2008, n. 133 ed è ora stato abrogato dall'art. 55, comma 1, lett.* d), *del D.L.vo 15 giugno 2015, n. 81. A norma dell'art. 55, comma 3, del medesimo decreto sino all'emanazione dei decreti richiamati dalle disposizioni del presente decreto legislativo, trovano applicazione le regolamentazioni vigenti.*

39. (1) [**Computo del lavoratore intermittente.** – 1. Il prestatore di lavoro intermittente è computato nell'organico dell'impresa, ai fini della applicazione di normative di legge, in proporzione all'orario di lavoro effettivamente svolto nell'arco di ciascun semestre].

(1) *Questo articolo, abrogato dall'art. 1, comma 45, della L. 24 dicembre 2007, n. 247, era stato riportato in vigore dall'art. 39, comma 11, del D.L. 25 giugno 2008, n. 112, convertito, con modificazioni, nella L. 6 agosto 2008, n. 133 ed è ora stato abrogato dall'art. 55, comma 1, lett.* d), *del D.L.vo 15 giugno 2015, n. 81. A norma dell'art. 55, comma 3, del medesimo decreto sino all'emanazione dei decreti richiamati dalle disposizioni del presente decreto legislativo, trovano applicazione le regolamentazioni vigenti.*

40. (1) [**Sostegno e valorizzazione della autonomia collettiva.** – 1. Qualora, entro cinque mesi dalla data di entrata in vigore del presente decreto legislativo, non sia intervenuta, ai sensi dell'articolo 34, comma 1, e dell'articolo 37, comma 2, la determinazione da parte del contratto collettivo nazionale dei casi di ricorso al lavoro intermittente, il Ministro del lavoro e delle politiche sociali convoca le organizzazioni sindacali interessate dei datori di lavoro e dei lavoratori e le assiste al fine di promuovere l'accordo. In caso di mancata stipulazione dell'accordo entro i quattro mesi successivi, il Ministro del lavoro e delle politiche sociali individua in via provvisoria e con proprio decreto, tenuto conto delle indicazioni contenute nell'eventuale accordo interconfederale di cui all'articolo 86, comma 13, e delle prevalenti posizioni espresse da ciascuna delle due parti interessate, i casi in cui è ammissibile il ricorso al lavoro intermittente ai sensi della disposizione di cui all'articolo 34, comma 1, e dell'articolo 37, comma 2].

(1) *Questo articolo, abrogato dall'art. 1, comma 45, della L. 24 dicembre 2007, n. 247, era stato riportato in vigore dall'art. 39, comma 11, del D.L. 25 giugno 2008, n. 112, convertito, con modificazioni, nella L. 6 agosto 2008, n. 133 ed è ora stato abrogato dall'art. 55, comma 1, lett.* d), *del D.L.vo 15 giugno 2015, n. 81. A norma dell'art. 55, comma 3, del medesimo decreto sino all'emanazione dei decreti richiamati dalle disposizioni del presente decreto legislativo, trovano applicazione le regolamentazioni vigenti.*

Capo II
Lavoro ripartito

41. (1) [**Definizione e vincolo di solidarietà.** – 1. Il contratto di lavoro ripartito è uno speciale contratto di lavoro mediante il quale due lavoratori assumono in solido l'adempimento di una unica e identica obbligazione lavorativa.

2. Fermo restando il vincolo di solidarietà di cui al comma 1 e fatta salva una diversa intesa tra le parti contraenti, ogni lavoratore resta personalmente e direttamente responsabile dell'adempimento della intera obbligazione lavorativa nei limiti di cui al presente capo.

3. Fatte salve diverse intese tra le parti contraenti o previsioni dei contratti o accordi collettivi, i lavoratori hanno la facoltà di determinare discrezionalmente e in qualsiasi momento sostituzioni tra di loro, nonché di modificare consensualmente la collocazione temporale dell'orario di lavoro, nel qual caso il rischio della impossibilità della prestazione per fatti attinenti a uno dei coobbligati è posta in capo all'altro obbligato.

4. Eventuali sostituzioni da parte di terzi, nel caso di impossibilità di uno o entrambi i lavoratori coobbligati, sono vietate e possono essere ammesse solo previo consenso del datore di lavoro.

5. Salvo diversa intesa tra le parti, le dimissioni o il licenziamento di uno dei lavoratori coobbligati comportano l'estinzione dell'intero vincolo contrattuale. Tale disposizione non trova applicazione se, su richiesta del datore di lavoro, l'altro prestatore di lavoro si renda disponibile ad adempiere l'obbligazione lavorativa, integralmente o parzialmente, nel qual caso il contratto di lavoro ripartito si trasforma in un normale contratto di lavoro subordinato di cui all'articolo 2094 del codice civile.

6. Salvo diversa intesa tra le parti, l'impedimento di entrambi i lavoratori coobbligati è disciplinato ai sensi dell'articolo 1256 del codice civile].

(1) *Questo articolo è stato abrogato dall'art. 55, comma 1, lett.* d), *del D.L.vo 15 giugno 2015, n. 81. A norma dell'art. 55, comma 3, del medesimo decreto sino all'emanazione dei decreti richiamati dalle disposizioni del presente decreto legislativo, trovano applicazione le regolamentazioni vigenti.*

42. (1) [**Forma e comunicazioni.** – 1. Il contratto di lavoro ripartito è stipulato in forma scritta ai fini della prova dei seguenti elementi:

a) la misura percentuale e la collocazione temporale del lavoro giornaliero, settimanale, mensile o annuale che si prevede venga svolto da ciascuno dei lavoratori coobbligati, secondo le intese tra loro intercorse, ferma restando la possibilità per gli stessi lavoratori di determinare discrezionalmente, in qualsiasi momento, la sostituzione tra di loro ovvero la modificazione consensuale della distribuzione dell'orario di lavoro;

b) il luogo di lavoro, nonché il trattamento economico e normativo spettante a ciascun lavoratore;

c) le eventuali misure di sicurezza specifiche necessarie in relazione al tipo di attività dedotta in contratto.

2. Ai fini della possibilità di certificare le assenze, i lavoratori sono tenuti a informare preventivamente il datore di lavoro, con cadenza almeno settimanale, in merito all'orario di lavoro di ciascuno dei soggetti coobbligati].

(1) *Questo articolo è stato abrogato dall'art. 55, comma 1, lett.* d), *del D.L.vo 15 giugno 2015, n. 81. A norma dell'art. 55, comma 3, del medesimo decreto sino all'emanazione dei decreti richiamati dalle disposizioni del presente decreto legislativo, trovano applicazione le regolamentazioni vigenti.*

43. ([1]) [**Disciplina applicabile.** – 1. La regolamentazione del lavoro ripartito è demandata alla contrattazione collettiva nel rispetto delle previsioni contenute nel presente capo.

2. In assenza di contratti collettivi, e fatto salvo quanto stabilito nel presente capo, trova applicazione, nel caso di prestazioni rese a favore di un datore di lavoro, la normativa generale del lavoro subordinato in quanto compatibile con la particolare natura del rapporto di lavoro ripartito].

([1]) *Questo articolo è stato abrogato dall'art. 55, comma 1, lett.* d), *del D.L.vo 15 giugno 2015, n. 81. A norma dell'art. 55, comma 3, del medesimo decreto sino all'emanazione dei decreti richiamati dalle disposizioni del presente decreto legislativo, trovano applicazione le regolamentazioni vigenti.*

44. ([1]) [**Principio di non discriminazione.** – 1. Fermi restando i divieti di discriminazione diretta e indiretta previsti dalla legislazione vigente, il lavoratore coobbligato non deve ricevere, per i periodi lavorati, un trattamento economico e normativo complessivamente meno favorevole rispetto al lavoratore di pari livello, a parità di mansioni svolte.

2. Il trattamento economico e normativo dei lavoratori coobbligati è riproporzionato, in ragione della prestazione lavorativa effettivamente eseguita, in particolare per quanto riguarda l'importo della retribuzione globale e delle singole componenti di essa, nonché delle ferie e dei trattamenti per malattia, infortunio sul lavoro, malattia professionale, congedi parentali.

3. Ciascuno dei lavoratori coobbligati ha diritto di partecipare alle riunioni assembleari di cui all'articolo 20, legge 20 maggio 1970, n. 300, entro il previsto limite complessivo di dieci ore annue, il cui trattamento economico verrà ripartito fra i coobbligati proporzionalmente alla prestazione lavorativa effettivamente eseguita].

([1]) *Questo articolo è stato abrogato dall'art. 55, comma 1, lett.* d), *del D.L.vo 15 giugno 2015, n. 81. A norma dell'art. 55, comma 3, del medesimo decreto sino all'emanazione dei decreti richiamati dalle disposizioni del presente decreto legislativo, trovano applicazione le regolamentazioni vigenti.*

45. ([1]) [**Disposizioni previdenziali.** – 1. Ai fini delle prestazioni della assicurazione generale e obbligatoria per la invalidità, la vecchiaia ed i superstiti, della indennità di malattia e di ogni altra prestazione previdenziale e assistenziale e delle relative contribuzioni connesse alla durata giornaliera, settimanale, mensile o annuale della prestazione lavorativa i lavoratori contitolari del contratto di lavoro ripartito sono assimilati ai lavoratori a tempo parziale. Il calcolo delle prestazioni e dei contributi andrà tuttavia effettuato non preventivamente ma mese per mese, salvo conguaglio a fine anno a seguito dell'effettivo svolgimento della prestazione lavorativa].

([1]) *Questo articolo è stato abrogato dall'art. 55, comma 1, lett.* d), *del D.L.vo 15 giugno 2015, n. 81. A norma dell'art. 55, comma 3, del medesimo decreto sino all'emanazione dei decreti richiamati dalle disposizioni del presente decreto legislativo, trovano applicazione le regolamentazioni vigenti.*

Capo III
Lavoro a tempo parziale

46. Norme di modifica al decreto legislativo 25 febbraio 2000, n. 61, e successive modifiche e integrazioni. – (*Omissis*).

Titolo VI
Apprendistato e contratto di inserimento

Capo I
Apprendistato

47. ([1]) [**Definizione, tipologie e limiti quantitativi.** – 1. Ferme restando le disposizioni vigenti in materia di diritto-dovere di istruzione e di formazione, il contratto di apprendistato è definito secondo le seguenti tipologie:

a) contratto di apprendistato per l'espletamento del diritto-dovere di istruzione e formazione;

b) contratto di apprendistato professionalizzante per il conseguimento di una qualificazione attraverso una formazione sul lavoro e un apprendimento tecnico-professionale;

c) contratto di apprendistato per l'acquisizione di un diploma o per percorsi di alta formazione.

2. Il numero complessivo di apprendisti che un datore di lavoro può assumere con contratto di apprendistato non può superare il 100 per cento delle maestranze specializzate e qualificate in servizio presso il datore di lavoro stesso. Il datore di lavoro che non abbia alle proprie dipendenze lavoratori qualificati o specializzati, o che comunque ne abbia in numero inferiore a tre, può assumere apprendisti in numero non superiore a tre. La presente norma non si applica alle imprese artigiane per le quali trovano applicazione le di-

sposizioni di cui all'articolo 4 della legge 8 agosto 1985, n. 443.

3. In attesa della regolamentazione del contratto di apprendistato ai sensi del presente decreto continua ad applicarsi la vigente normativa in materia].

([1]) *Questo articolo è stato abrogato dall'art. 7, comma 6, del D.L.vo 14 settembre 2011, n. 167.*

48. ([1]) [**Apprendistato per l'espletamento del diritto-dovere di istruzione e formazione.** – 1. Possono essere assunti, in tutti i settori di attività, con contratto di apprendistato per l'espletamento del diritto-dovere di istruzione e formazione i giovani e gli adolescenti che abbiano compiuto quindici anni.

2. Il contratto di apprendistato per l'espletamento del diritto-dovere di istruzione e di formazione ha durata non superiore a tre anni ed è finalizzato al conseguimento di una qualifica professionale. La durata del contratto è determinata in considerazione della qualifica da conseguire, del titolo di studio, dei crediti professionali e formativi acquisiti, nonché del bilancio delle competenze realizzato dai servizi pubblici per l'impiego o dai soggetti privati accreditati, mediante l'accertamento dei crediti formativi definiti ai sensi della legge 28 marzo 2003, n. 53.

3. Il contratto di apprendistato per l'espletamento del diritto-dovere di istruzione e formazione è disciplinato in base ai seguenti principi:

a) forma scritta del contratto, contenente indicazione della prestazione lavorativa oggetto del contratto, del piano formativo individuale, nonché della qualifica che potrà essere acquisita al termine del rapporto di lavoro sulla base degli esiti della formazione aziendale od extra-aziendale;

b) divieto di stabilire il compenso dell'apprendista secondo tariffe di cottimo;

c) possibilità per il datore di lavoro di recedere dal rapporto di lavoro al termine del periodo di apprendistato ai sensi di quanto disposto dall'articolo 2118 del codice civile;

d) divieto per il datore di lavoro di recedere dal contratto di apprendistato in assenza di una giusta causa o di un giustificato motivo.

4. La regolamentazione dei profili formativi dell'apprendistato per l'espletamento del diritto-dovere di istruzione e formazione è rimessa alle regioni e alle province autonome di Trento e Bolzano, d'intesa con il Ministero del lavoro e delle politiche sociali e del Ministero dell'istruzione, dell'università e della ricerca, sentite le associazioni dei datori di lavoro e dei prestatori di lavoro comparativamente più rappresentative sul piano nazionale, nel rispetto dei seguenti criteri e principi direttivi:

a) definizione della qualifica professionale ai sensi della legge 28 marzo 2003, n. 53;

b) previsione di un monte ore di formazione, esterna od interna alla azienda, congruo al conseguimento della qualifica professionale in funzione di quanto stabilito al comma 2 e secondo standard minimi formativi definiti ai sensi della legge 28 marzo 2003, n. 53;

c) rinvio ai contratti collettivi di lavoro stipulati a livello nazionale, territoriale o aziendale da associazioni dei datori e prestatori di lavoro comparativamente più rappresentative per la determinazione, anche all'interno degli enti bilaterali, delle modalità di erogazione della formazione aziendale nel rispetto degli standard generali fissati dalle regioni competenti;

d) riconoscimento sulla base dei risultati conseguiti all'interno del percorso di formazione, esterna e interna alla impresa, della qualifica professionale ai fini contrattuali;

e) registrazione della formazione effettuata nel libretto formativo;

f) presenza di un tutore aziendale con formazione e competenze adeguate].

([1]) *Questo articolo è stato abrogato dall'art. 7, comma 6, del D.L.vo 14 settembre 2011, n. 167.*

49. ([1]) [**Apprendistato professionalizzante.** – 1. Possono essere assunti, in tutti i settori di attività, con contratto di apprendistato professionalizzante, per il conseguimento di una qualificazione attraverso una formazione sul lavoro e la acquisizione di competenze di base, trasversali e tecnico-professionali, i soggetti di età compresa tra i diciotto anni e i ventinove anni.

2. Per soggetti in possesso di una qualifica professionale, conseguita ai sensi della legge 28 marzo 2003, n. 53, il contratto di apprendistato professionalizzante può essere stipulato a partire dal diciassettesimo anno di età.

3. I contratti collettivi stipulati da associazioni dei datori e prestatori di lavoro comparativamente più rappresentative sul piano nazionale o regionale stabiliscono, in ragione del tipo di qualificazione da conseguire, la durata del contratto di apprendistato professionalizzante che, in ogni caso, non può comunque essere superiore a sei anni.

4. Il contratto di apprendistato professionalizzante è disciplinato in base ai seguenti principi:

a) forma scritta del contratto, contenente indicazione della prestazione oggetto del contratto, del piano formativo individuale, nonché della eventuale qualifica che potrà essere acquisita al termine del rapporto di lavoro sulla base degli esiti della formazione aziendale od extra-aziendale;

b) divieto di stabilire il compenso dell'apprendista secondo tariffe di cottimo;

c) possibilità per il datore di lavoro di recedere dal rapporto di lavoro al termine del periodo di apprendistato ai sensi di quanto disposto dall'articolo 2118 del codice civile;

d) possibilità di sommare i periodi di apprendistato svolti nell'ambito del diritto-dovere di istruzione e formazione con quelli dell'apprendistato professionalizzante nel rispetto del limite massimo di durata di cui al comma 3;

e) divieto per il datore di lavoro di recedere dal contratto di apprendistato in assenza di una giusta causa o di un giustificato motivo.

5. La regolamentazione dei profili formativi dell'apprendistato professionalizzante è rimessa alle regioni e alle province autonome di Trento e Bolzano, d'intesa con le associazioni dei datori e prestatori di lavoro comparativamente più rappresentative sul piano regionale e nel rispetto dei seguenti criteri e principi direttivi:

a) previsione di un monte ore di formazione formale, interna o esterna alla azienda, di almeno centoventi ore per anno, per la acquisizione di competenze di base e tecnico-professionali;

b) rinvio ai contratti collettivi di lavoro stipulati a livello nazionale, territoriale o aziendale da associazioni dei datori e prestatori di lavoro comparativamente più rappresentative per la determinazione, anche all'interno degli enti bilaterali, delle modalità di erogazione e della articolazione della formazione, esterna e interna alle singole aziende, anche in relazione alla capacità formativa interna rispetto a quella offerta dai soggetti esterni;

c) riconoscimento sulla base dei risultati conseguiti all'interno del percorso di formazione, esterna e interna alla impresa, della qualifica professionale ai fini contrattuali;

d) registrazione della formazione effettuata nel libretto formativo;

e) presenza di un tutore aziendale con formazione e competenze adeguate.

5 *bis*. Fino all'approvazione della legge regionale prevista dal comma 5, la disciplina dell'apprendistato professionalizzante è rimessa ai contratti collettivi nazionali di categoria stipulati da associazioni dei datori e prestatori di lavoro comparativamente più rappresentative sul piano nazionale.

5 *ter*. In caso di formazione esclusivamente aziendale non opera quanto previsto dal comma 5. In questa ipotesi i profili formativi dell'apprendistato professionalizzante sono rimessi integralmente ai contratti collettivi di lavoro stipulati a livello nazionale, territoriale o aziendale da associazioni dei datori e prestatori di lavoro comparativamente più rappresentative sul piano nazionale ovvero agli enti bilaterali. I contratti collettivi e gli enti bilaterali definiscono la nozione di formazione aziendale e determinano, per ciascun profilo formativo, la durata e le modalità di erogazione della formazione, le modalità di riconoscimento della qualifica professionale ai fini contrattuali e la registrazione nel libretto formativo].

(1) *Questo articolo è stato abrogato dall'art. 7, comma 6, del D.L.vo 14 settembre 2011, n. 167.*

50. (1) [**Apprendistato per l'acquisizione di un diploma o per percorsi di alta formazione.** – 1. Possono essere assunti, in tutti i settori di attività, con contratto di apprendistato per conseguimento di un titolo di studio di livello secondario, per il conseguimento di titoli di studio universitari e della alta formazione, compresi i dottorati di ricerca, nonché per la specializzazione tecnica superiore di cui all'articolo 69 della legge 17 maggio 1999, n. 144, i soggetti di età compresa tra i diciotto anni e i ventinove anni.

2. Per soggetti in possesso di una qualifica professionale conseguita ai sensi della legge 28 marzo 2003, n. 53, il contratto di apprendistato di cui al comma 1 può essere stipulato a partire dal diciassettesimo anno di età.

3. Ferme restando le intese vigenti, la regolamentazione e la durata dell'apprendistato per l'acquisizione di un diploma o per percorsi di alta formazione è rimessa alle regioni, per i soli profili che attengono alla formazione, in accordo con le associazioni territoriali dei datori di lavoro e dei prestatori di lavoro, le università e le altre istituzioni formative. In assenza di regolamentazioni regionali l'attivazione dell'apprendistato di alta formazione è rimessa ad apposite convenzioni stipulate dai datori di lavoro con le Università e le

altre istituzioni formative. Trovano applicazione, per quanto compatibili, i principi stabiliti all'articolo 49, comma 4, nonché le disposizioni di cui all'articolo 53].

([1]) *Questo articolo è stato abrogato dall'art. 7, comma 6, del D.L.vo 14 settembre 2011, n. 167.*

51. ([1]) [**Crediti formativi.** – 1. La qualifica professionale conseguita attraverso il contratto di apprendistato costituisce credito formativo per il proseguimento nei percorsi di istruzione e di istruzione e formazione professionale.

2. Entro dodici mesi dalla entrata in vigore del presente decreto, il Ministero del lavoro e delle politiche sociali, di concerto con il Ministero dell'istruzione, della università e della ricerca, e previa intesa con le regioni e le province autonome definisce le modalità di riconoscimento dei crediti di cui al comma che precede, nel rispetto delle competenze delle regioni e province autonome e di quanto stabilito nell'Accordo in Conferenza unificata Stato-regioni-autonomie locali del 18 febbraio 2000 e nel decreto del Ministro del lavoro e della previdenza sociale del 31 maggio 2001].

([1]) *Questo articolo è stato abrogato dall'art. 7, comma 6, del D.L.vo 14 settembre 2011, n. 167.*

52. ([1]) [**Repertorio delle professioni.** – 1. Allo scopo di armonizzare le diverse qualifiche professionali è istituito presso il Ministero del lavoro e delle politiche sociali il repertorio delle professioni predisposto da un apposito organismo tecnico di cui fanno parte il Ministero dell'istruzione, della università e della ricerca, le associazioni dei datori e prestatori di lavoro comparativamente più rappresentative sul piano nazionale, e i rappresentanti della Conferenza Stato-regioni].

([1]) *Questo articolo è stato abrogato dall'art. 7, comma 6, del D.L.vo 14 settembre 2011, n. 167.*

53. ([1]) [**Incentivi economici e normativi e disposizioni previdenziali.** – 1. Durante il rapporto di apprendistato, la categoria di inquadramento del lavoratore non potrà essere inferiore, per più di due livelli, alla categoria spettante, in applicazione del contratto collettivo nazionale di lavoro, ai lavoratori addetti a mansioni o funzioni che richiedono qualificazioni corrispondenti a quelle al conseguimento delle quali è finalizzato il contratto.

1 *bis*. I contratti collettivi di lavoro stipulati a livello nazionale, territoriale o aziendale dalle associazioni dei datori e prestatori di lavoro comparativamente più rappresentative sul piano nazionale possono stabilire la retribuzione dell'apprendista in misura percentuale della retribuzione spettante ai lavoratori addetti a mansioni o funzioni che richiedono qualificazioni corrispondenti a quelle per il conseguimento delle quali è finalizzato il contratto. La retribuzione così determinata deve essere graduale anche in rapporto all'anzianità di servizio.

2. Fatte salve specifiche previsioni di legge o di contratto collettivo, i lavoratori assunti con contratto di apprendistato sono esclusi dal computo dei limiti numerici previsti da leggi e contratti collettivi per l'applicazione di particolari normative e istituti.

3. In attesa della riforma del sistema degli incentivi alla occupazione, restano fermi gli attuali sistemi di incentivazione economica la cui erogazione sarà tuttavia soggetta alla effettiva verifica della formazione svolta secondo le modalità definite con decreto del Ministro del lavoro e delle politiche sociali, d'intesa con la Conferenza Stato-regioni. In caso di inadempimento nella erogazione della formazione di cui sia esclusivamente responsabile il datore di lavoro e che sia tale da impedire la realizzazione delle finalità di cui agli articoli 48, comma 2, 49, comma 1, e 50, comma 1, il datore di lavoro è tenuto a versare la differenza tra la contribuzione versata e quella dovuta con riferimento al livello di inquadramento contrattuale superiore che sarebbe stato raggiunto dal lavoratore al termine del periodo di apprendistato, maggiorata del 100 per cento. La maggiorazione così stabilita esclude l'applicazione di qualsiasi altra sanzione prevista in caso di omessa contribuzione.

4. Resta ferma la disciplina previdenziale e assistenziale prevista dalla legge 19 gennaio 1955, n. 25, e successive modificazioni e integrazioni].

([1]) *Questo articolo è stato abrogato dall'art. 7, comma 6, del D.L.vo 14 settembre 2011, n. 167.*

Capo II
Contratto di inserimento

54. ([1]) [**Definizione e campo di applicazione.** - 1. Il contratto di inserimento è un contratto di lavoro diretto a realizzare, mediante un progetto individuale di adattamento delle competenze professionali del lavoratore a un determinato contesto lavorativo, l'inserimento ovvero il reinserimento nel mercato del lavoro delle seguenti categorie di persone:

a) soggetti di età compresa tra i diciotto e i ventinove anni;

b) disoccupati di lunga durata da ventinove fino a trentadue anni;

c) lavoratori con più di cinquanta anni di età che siano privi di un posto di lavoro;

d) lavoratori che desiderino riprendere una attività lavorativa e che non abbiano lavorato per almeno due anni;

e) donne di qualsiasi età prive di un impiego regolarmente retribuito da almeno sei mesi residenti in una area geografica in cui il tasso di occupazione femminile sia inferiore almeno di 20 punti percentuali a quello maschile o in cui il tasso di disoccupazione femminile superi di 10 punti percentuali quello maschile. Le aree di cui al precedente periodo nonché quelle con riferimento alle quali trovano applicazione gli incentivi economici di cui all'articolo 59, comma 3, nel rispetto del regolamento (CE) n. 800/2008 della Commissione, del 6 agosto 2008, sono individuate con decreto del Ministro del lavoro e delle politiche sociali di concerto con il Ministro dell'economia e delle finanze da adottare entro il 31 dicembre di ogni anno, con riferimento all'anno successivo ([2]);

f) persone riconosciute affette, ai sensi della normativa vigente, da un grave handicap fisico, mentale o psichico.

2. I contratti di inserimento possono essere stipulati da:

a) enti pubblici economici, imprese e loro consorzi;

b) gruppi di imprese;

c) associazioni professionali, socio-culturali, sportive;

d) fondazioni;

e) enti di ricerca, pubblici e privati;

f) organizzazioni e associazioni di categoria.

3. Per poter assumere mediante contratti di inserimento i soggetti di cui al comma 2 devono avere mantenuto in servizio almeno il sessanta per cento dei lavoratori il cui contratto di inserimento sia venuto a scadere nei diciotto mesi precedenti. A tale fine non si computano i lavoratori che si siano dimessi, quelli licenziati per giusta causa e quelli che, al termine del rapporto di lavoro, abbiano rifiutato la proposta di rimanere in servizio con rapporto di lavoro a tempo indeterminato, i contratti risolti nel corso o al termine del periodo di prova, nonché i contratti non trasformati in rapporti di lavoro a tempo indeterminato in misura pari a quattro contratti. Agli effetti della presente disposizione si considerano mantenuti in servizio i soggetti per i quali il rapporto di lavoro, nel corso del suo svolgimento sia stato trasformato in rapporto di lavoro a tempo indeterminato.

4. La disposizione di cui al comma 3 non trova applicazione quando, nei diciotto mesi precedenti alla assunzione del lavoratore, sia venuto a scadere un solo contratto di inserimento.

5. Restano in ogni caso applicabili, se più favorevoli, le disposizioni di cui all'articolo 20 della legge 23 luglio 1991, n. 223, in materia di contratto di reinserimento dei lavoratori disoccupati].

([1]) *Questo articolo è stato abrogato dall'art. 1, comma 14, della L. 28 giugno 2012, n. 92. A norma del comma 15 dello stesso articolo, nei confronti delle assunzioni effettuate fino al 31 dicembre 2012, continuano ad applicarsi le disposizioni abrogate ai sensi del comma 14, nella formulazione vigente anteriormente alla data di entrata in vigore della L. 28 giugno 2012, n. 92.*

([2]) *Questa lettera è stata così sostituita dall'art. 22, comma 3, della L. 12 novembre 2011, n. 183, a decorrere dal 1° gennaio 2012. Il medesimo articolo prevede che per gli anni 2009, 2010, 2011 e 2012, le aree geografiche di cui a questa lettera sono individuate con decreto del Ministro del lavoro e delle politiche sociali di concerto con il Ministro dell'economia e delle finanze da adottare entro trenta giorni dalla data di entrata in vigore della medesima legge.*

55. ([1]) [**Progetto individuale di inserimento.** - 1. Condizione per l'assunzione con contratto di inserimento è la definizione, con il consenso del lavoratore, di un progetto individuale di inserimento, finalizzato a garantire l'adeguamento delle competenze professionali del lavoratore stesso al contesto lavorativo.

2. I contratti collettivi nazionali o territoriali stipulati da associazioni dei datori e prestatori di lavoro comparativamente più rappresentative sul piano nazionale e i contratti collettivi aziendali stipulati dalle rappresentanze sindacali aziendali di cui all'articolo 19 della legge 20 maggio 1970,

n. 300, e successive modificazioni, ovvero dalle rappresentanze sindacali unitarie determinano, anche all'interno degli enti bilaterali, le modalità di definizione dei piani individuali di inserimento con particolare riferimento alla realizzazione del progetto, anche attraverso il ricorso ai fondi interprofessionali per la formazione continua, in funzione dell'adeguamento delle capacità professionali del lavoratore, nonché le modalità di definizione e sperimentazione di orientamenti, linee-guida e codici di comportamento diretti ad agevolare il conseguimento dell'obiettivo di cui al comma 1.

3. Qualora, entro cinque mesi dalla data di entrata in vigore del presente decreto legislativo, non sia intervenuta, ai sensi del comma 2, la determinazione da parte del contratto collettivo nazionale di lavoro delle modalità di definizione dei piani individuali di inserimento, il Ministro del lavoro e delle politiche sociali convoca le organizzazioni sindacali interessate dei datori di lavoro e dei lavoratori e le assiste al fine di promuovere l'accordo. In caso di mancata stipulazione dell'accordo entro i quattro mesi successivi, il Ministro del lavoro e delle politiche sociali individua in via provvisoria e con proprio decreto, tenuto conto delle indicazioni contenute nell'eventuale accordo interconfederale di cui all'articolo 86, comma 13, e delle prevalenti posizioni espresse da ciascuna delle due parti interessate, le modalità di definizione dei piani individuali di inserimento di cui al comma 2.

4. La formazione eventualmente effettuata durante l'esecuzione del rapporto di lavoro dovrà essere registrata nel libretto formativo.

5. In caso di gravi inadempienze nella realizzazione del progetto individuale di inserimento di cui sia esclusivamente responsabile il datore di lavoro e che siano tali da impedire la realizzazione della finalità di cui all'articolo 54, comma 1, il datore di lavoro è tenuto a versare la differenza tra la contribuzione versata e quella dovuta con riferimento al livello di inquadramento contrattuale superiore che sarebbe stato raggiunto dal lavoratore al termine del periodo di inserimento, maggiorata del 100 per cento. La maggiorazione così stabilita esclude l'applicazione di qualsiasi altra sanzione prevista in caso di omessa contribuzione] ([2]).

([1]) *Questo articolo è stato abrogato dall'art. 1, comma 14, della L. 28 giugno 2012, n. 92. A norma del comma 15 dello stesso articolo, nei confronti delle assunzioni effettuate fino al 31 dicembre 2012, continuano ad applicarsi le disposizioni abrogate ai sensi del comma 14, nella formulazione vigente anteriormente alla data di entrata in vigore della L. 28 giugno 2012, n. 92.*

([2]) *Questo comma è stato così sostituito dall'art. 12 del D.L.vo 6 ottobre 2004, n. 251.*

56. ([1]) [**Forma.** – 1. Il contratto di inserimento è stipulato in forma scritta e in esso deve essere specificamente indicato il progetto individuale di inserimento di cui all'articolo 55.

2. In mancanza di forma scritta il contratto è nullo e il lavoratore si intende assunto a tempo indeterminato].

([1]) *Questo articolo è stato abrogato dall'art. 1, comma 14, della L. 28 giugno 2012, n. 92. A norma del comma 15 dello stesso articolo, nei confronti delle assunzioni effettuate fino al 31 dicembre 2012, continuano ad applicarsi le disposizioni abrogate ai sensi del comma 14, nella formulazione vigente anteriormente alla data di entrata in vigore della L. 28 giugno 2012, n. 92.*

57. ([1]) [**Durata.** – 1. Il contratto di inserimento ha una durata non inferiore a nove mesi e non può essere superiore ai diciotto mesi. In caso di assunzione di lavoratori di cui all'articolo 54, comma 1, lettera *f*), la durata massima può essere estesa fino a trentasei mesi.

2. Nel computo del limite massimo di durata non si tiene conto degli eventuali periodi dedicati allo svolgimento del servizio militare o di quello civile, nonché dei periodi di astensione per maternità.

3. Il contratto di inserimento non è rinnovabile tra le stesse parti. Eventuali proroghe del contratto sono ammesse entro il limite massimo di durata indicato al comma 1].

([1]) *Questo articolo è stato abrogato dall'art. 1, comma 14, della L. 28 giugno 2012, n. 92. A norma del comma 15 dello stesso articolo, nei confronti delle assunzioni effettuate fino al 31 dicembre 2012, continuano ad applicarsi le disposizioni abrogate ai sensi del comma 14, nella formulazione vigente anteriormente alla data di entrata in vigore della L. 28 giugno 2012, n. 92.*

58. ([1]) [**Disciplina del rapporto di lavoro.** – 1. Salvo diversa previsione dei contratti collettivi nazionali o territoriali stipulati da associazioni dei datori e prestatori di lavoro comparativamente più rappresentative sul piano nazionale e dei contratti collettivi aziendali stipulati dalle rappresentanze sindacali aziendali di cui all'articolo 19 della legge 20 maggio 1970, n. 300, e successive modificazioni, ovvero dalle rappresentanze sindacali unitarie, ai contratti di inserimento si applicano, per quanto compatibili, le disposizioni di cui al decreto legislativo 6 settembre 2001, n. 368.

2. I contratti collettivi di cui al comma 1 possono stabilire le percentuali massime dei lavoratori assunti con contratto di inserimento].

(1) *Questo articolo è stato abrogato dall'art. 1, comma 14, della L. 28 giugno 2012, n. 92. A norma del comma 15 dello stesso articolo, nei confronti delle assunzioni effettuate fino al 31 dicembre 2012, continuano ad applicarsi le disposizioni abrogate ai sensi del comma 14, nella formulazione vigente anteriormente alla data di entrata in vigore della L. 28 giugno 2012, n. 92.*

59. (1) [**Incentivi economici e normativi. –** 1. Durante il rapporto di inserimento, la categoria di inquadramento del lavoratore non può essere inferiore, per più di due livelli, alla categoria spettante, in applicazione del contratto collettivo nazionale di lavoro, ai lavoratori addetti a mansioni o funzioni che richiedono qualificazioni corrispondenti a quelle al conseguimento delle quali è preordinato il progetto di inserimento oggetto del contratto. Il sottoinquadramento non trova applicazione per la categoria di lavoratori di cui all'articolo 54, comma 1, lettera *e*), salvo non esista diversa previsione da parte dei contratti collettivi nazionali o territoriali sottoscritti da associazioni dei datori di lavoro e dei prestatori di lavoro comparativamente più rappresentative sul piano nazionale (2).

2. Fatte salve specifiche previsioni di contratto collettivo, i lavoratori assunti con contratto di inserimento sono esclusi dal computo dei limiti numerici previsti da leggi e contratti collettivi per l'applicazione di particolari normative e istituti.

3. In attesa della riforma del sistema degli incentivi alla occupazione, gli incentivi economici previsti dalla disciplina vigente in materia di contratto di formazione e lavoro trovano applicazione con esclusivo riferimento ai lavoratori di cui all'articolo 54, comma, 1, lettere *b*), *c*), *d*), *e*) ed *f*), nel rispetto del regolamento (CE) n. 800/2008 della Commissione, del 6 agosto 2008] (3).

(1) *Questo articolo è stato abrogato dall'art. 1, comma 14, della L. 28 giugno 2012, n. 92. A norma del comma 15 dello stesso articolo, nei confronti delle assunzioni effettuate fino al 31 dicembre 2012, continuano ad applicarsi le disposizioni abrogate ai sensi del comma 14, nella formulazione vigente anteriormente alla data di entrata in vigore della L. 28 giugno 2012, n. 92.*

(2) *Questo comma è stato così sostituito dall'art. 1* bis*, comma 1, lett.* c)*, del D.L. 14 marzo 2005, n. 35, convertito, con modificazioni, nella L. 14 maggio 2005, n. 80.*

(3) *Le parole da: «, nel rispetto del regolamento ...» fino a: «... dicembre 2002» erano state aggiunte dall'art. 13 del D.L.vo 6 ottobre 2004, n. 251. Successivamente, le parole: «n. 2204/2002 della Commissione, del 5 dicembre 2002, pubblicato nella* Gazzetta Ufficiale *delle Comunità europee il 13 dicembre 2002» sono state così sostituite dalle parole: «n. 800/2008 della Commissione, del 6 agosto 2008» dall'art. 8, comma 1, lett.* b)*, del D.L. 13 maggio 2011, n. 70, convertito, con modificazioni, nella L. 12 luglio 2011, n. 106.*

59 *bis*. (1) **Disciplina transitoria dei contratti di formazione e lavoro. –** 1. Ai contratti di formazione e lavoro stipulati dal 24 ottobre 2003 e fino al 31 ottobre 2004, sulla base di progetti autorizzati entro il 23 ottobre 2003, si applica la disciplina vigente prima della data di entrata in vigore del presente decreto legislativo, ad eccezione dei benefici economici previsti in materia di contratti di formazione e lavoro, per i quali si applica la disciplina di cui al comma 2.

2. Per poter accedere ai benefici economici previsti dalla disciplina vigente prima della data del 24 ottobre 2003 in materia di contratti di formazione e lavoro, nel limite massimo complessivo di 16.000 lavoratori, i datori di lavoro, che abbiano stipulato i contratti di cui al comma 1, devono presentare, entro trenta giorni dalla stipula, domanda all'I.N.P.S. contenente l'indicazione del numero dei contratti stipulati. Alla domanda va allegata copia delle rispettive autorizzazioni.

3. L'I.N.P.S. ammette, entro il 30 novembre 2004 e nel limite numerico di cui al comma 2, l'accesso ai benefici economici di cui allo stesso comma 2, secondo il criterio della priorità della data della stipula del contratto di formazione e lavoro. L'accesso ai benefici è comunque concesso in via prioritaria ai contratti di formazione e lavoro stipulati nell'ambito di contratti d'area o patti territoriali.

(1) *Questo articolo è stato inserito dall'art. 14 del D.L.vo 6 ottobre 2004, n. 251 (G.U. Serie gen. - n. 239 dell'11 ottobre 2004). Si veda inoltre l'art. 14, comma 2, dello stesso decreto, che si riporta:*

«2. Per i contratti di formazione e lavoro già stipulati, il termine della presentazione delle domande di cui al comma 2, dell'articolo 59 bis *del decreto legislativo 10 settembre 2003, n. 276, decorre dalla data di entrata in vigore del presente decreto legislativo».*

60. (1) **Tirocini estivi di orientamento. –** 1. Si definiscono tirocini estivi di orientamento i tirocini promossi durante le vacanze estive a favore di un adolescente o di un giovane, regolarmente iscritto a un ciclo di studi presso l'università o un istituto scolastico di ogni ordine e grado, con fini orientativi e di addestramento pratico.

2. Il tirocinio estivo di orientamento ha una durata non superiore a tre mesi e si svolge nel periodo compreso tra la fine dell'anno accademico e scolastico e l'inizio di quello successivo. Tale durata è quella massima in caso di pluralità di tirocini.

3. Eventuali borse lavoro erogate a favore del tirocinante non possono superare l'importo massimo mensile di 600 euro.

4. Salvo diversa previsione dei contratti collettivi, non sono previsti limiti percentuali massimi per l'impiego di adolescenti o giovani al tirocinio estivo di orientamento.

5. Salvo quanto previsto ai commi precedenti ai tirocini estivi si applicano le disposizioni di cui all'articolo 18 della legge n. 196 del 1997 e al decreto del Ministro del lavoro e della previdenza sociale 25 marzo 1998, n. 142.

(1) *La Corte costituzionale, con sentenza n. 50 del 28 gennaio 2005, ha dichiarato l'illegittimità costituzionale di questo articolo.*

Titolo VII
Tipologie contrattuali a progetto e occasionali

Capo I
Lavoro a progetto e lavoro occasionale

61. (1) [**Definizione e campo di applicazione.** – 1. Ferma restando la disciplina degli agenti e rappresentanti di commercio, nonché delle attività di vendita diretta di beni e di servizi realizzate attraverso call center "*outbound*" per le quali il ricorso ai contratti di collaborazione a progetto è consentito sulla base del corrispettivo definito dalla contrattazione collettiva nazionale di riferimento, i rapporti di collaborazione coordinata e continuativa prevalentemente personale e senza vincolo di subordinazione, di cui all'articolo 409, numero 3), del codice di procedura civile, devono essere riconducibili a uno o più progetti specifici determinati dal committente e gestiti autonomamente dal collaboratore. Il progetto deve essere funzionalmente collegato a un determinato risultato finale e non può consistere in una mera riproposizione dell'oggetto sociale del committente, avuto riguardo al coordinamento con l'organizzazione del committente e indipendentemente dal tempo impiegato per l'esecuzione dell'attività lavorativa. Il progetto non può comportare lo svolgimento di compiti meramente esecutivi e ripetitivi, che possono essere individuati dai contratti collettivi stipulati dalle organizzazioni sindacali comparativamente più rappresentative sul piano nazionale.

2. Dalla disposizione di cui al comma 1 sono escluse le prestazioni occasionali, intendendosi per tali i rapporti di durata complessiva non superiore a trenta giorni nel corso dell'anno solare ovvero, nell'ambito dei servizi di cura e assistenza alla persona, non superiore a 240 ore, con lo stesso committente, salvo che il compenso complessivamente percepito nel medesimo anno solare sia superiore a 5 mila euro, nel qual caso trovano applicazione le disposizioni contenute nel presente capo.

2 *bis*. Se il contratto ha per oggetto un'attività di ricerca scientifica e questa viene ampliata per temi connessi o prorogata nel tempo, il progetto prosegue automaticamente.

3. Sono escluse dal campo di applicazione del presente capo le professioni intellettuali per l'esercizio delle quali è necessaria l'iscrizione in appositi albi professionali, esistenti alla data di entrata in vigore del presente decreto legislativo, nonché i rapporti e le attività di collaborazione coordinata e continuativa comunque rese e utilizzate a fini istituzionali in favore delle associazioni e società sportive dilettantistiche affiliate alle federazioni sportive nazionali, alle discipline sportive associate e agli enti di promozione sportiva riconosciute dal C.O.N.I., come individuate e disciplinate dall'articolo 90 della legge 27 dicembre 2002, n. 289 (2). Sono altresì esclusi dal campo di applicazione del presente capo i componenti degli organi di amministrazione e controllo delle società e i partecipanti a collegi e commissioni, nonché coloro che percepiscono la pensione di vecchiaia.

4. Le disposizioni contenute nel presente capo non pregiudicano l'applicazione di clausole di contratto individuale o di accordo collettivo più favorevoli per il collaboratore a progetto].

(1) *Questo articolo è stato abrogato dall'art. 52, comma 1, del D.L.vo 15 giugno 2015, n. 81. Tali disposizioni continuano ad applicarsi esclusivamente per la regolazione dei contratti già in atto alla data di entrata in vigore del presente decreto (25 giugno 2015).*

(2) *A norma dell'art. 1, comma 27, della L. 28 giugno 2012, n. 92, la disposizione contenuta in questo periodo si interpreta nel senso che l'esclusione dal campo*

di applicazione del capo I del titolo VII del medesimo decreto riguarda le sole collaborazioni coordinate e continuative il cui contenuto concreto sia riconducibile alle attività professionali intellettuali per l'esercizio delle quali è necessaria l'iscrizione in appositi albi professionali. In caso contrario, l'iscrizione del collaboratore ad albi professionali non è circostanza idonea di per sè a determinare l'esclusione dal campo di applicazione del suddetto capo I del titolo VII.

62. (1) [**Forma.** – 1. Il contratto di lavoro a progetto è stipulato in forma scritta e deve contenere [, ai fini della prova] (2), i seguenti elementi:

a) indicazione della durata, determinata o determinabile, della prestazione di lavoro;

b) descrizione del progetto, con individuazione del suo contenuto caratterizzante e del risultato finale che si intende conseguire;

c) il corrispettivo e i criteri per la sua determinazione, nonché i tempi e le modalità di pagamento e la disciplina dei rimborsi spese;

d) le forme di coordinamento del lavoratore a progetto al committente sulla esecuzione, anche temporale, della prestazione lavorativa, che in ogni caso non possono essere tali da pregiudicarne l'autonomia nella esecuzione dell'obbligazione lavorativa;

e) le eventuali misure per la tutela della salute e sicurezza del collaboratore a progetto, fermo restando quanto disposto dall'articolo 66, comma 4].

(1) *Questo articolo è stato abrogato dall'art. 52, comma 1, del D.L.vo 15 giugno 2015, n. 81. Tali disposizioni continuano ad applicarsi esclusivamente per la regolazione dei contratti già in atto alla data di entrata in vigore del presente decreto (25 giugno 2015).*

(2) *Le parole fra parentesi quadrate sono state soppresse dall'art. 7, comma 2, lett.* d), *del D.L. 28 giugno 2013, n. 76, convertito, con modificazioni, nella L. 9 agosto 2013, n. 99.*

63. (1) [**Corrispettivo.** – 1. Il compenso corrisposto ai collaboratori a progetto deve essere proporzionato alla quantità e alla qualità del lavoro eseguito e, in relazione a ciò nonché alla particolare natura della prestazione e del contratto che la regola, non può essere inferiore ai minimi stabiliti in modo specifico per ciascun settore di attività, eventualmente articolati per i relativi profili professionali tipici e in ogni caso sulla base dei minimi salariali applicati nel settore medesimo alle mansioni equiparabili svolte dai lavoratori subordinati, dai contratti collettivi sottoscritti dalle organizzazioni sindacali dei lavoratori e dei datori di lavoro comparativamente più rappresentative sul piano nazionale a livello interconfederale o di categoria ovvero, su loro delega, ai livelli decentrati.

2. In assenza di contrattazione collettiva specifica, il compenso non può essere inferiore, a parità di estensione temporale dell'attività oggetto della prestazione, alle retribuzioni minime previste dai contratti collettivi nazionali di categoria applicati nel settore di riferimento alle figure professionali il cui profilo di competenza e di esperienza sia analogo a quello del collaboratore a progetto].

(1) *Questo articolo, così sostituito dall'art. 1, comma 23, lett.* c), *della L. 28 giugno 2012, n. 92, è stato abrogato dall'art. 52, comma 1, del D.L.vo 15 giugno 2015, n. 81. Tali disposizioni continuano ad applicarsi esclusivamente per la regolazione dei contratti già in atto alla data di entrata in vigore del presente decreto (25 giugno 2015).*

64. (1) [**Obbligo di riservatezza.** – 1. Salvo diverso accordo tra le parti il collaboratore a progetto può svolgere la sua attività a favore di più committenti.

2. Il collaboratore a progetto non deve svolgere attività in concorrenza con i committenti né, in ogni caso, diffondere notizie e apprezzamenti attinenti ai programmi e alla organizzazione di essi, né compiere, in qualsiasi modo, atti in pregiudizio della attività dei committenti medesimi].

(1) *Questo articolo è stato abrogato dall'art. 52, comma 1, del D.L.vo 15 giugno 2015, n. 81. Tali disposizioni continuano ad applicarsi esclusivamente per la regolazione dei contratti già in atto alla data di entrata in vigore del presente decreto (25 giugno 2015).*

65. (1) [**Invenzioni del collaboratore a progetto.** – 1. Il lavoratore a progetto ha diritto di essere riconosciuto autore della invenzione fatta nello svolgimento del rapporto.

2. I diritti e gli obblighi delle parti sono regolati dalle leggi speciali, compreso quanto previsto dall'articolo 12 *bis* della legge 22 aprile 1941, n. 633, e successive modificazioni].

(1) *Questo articolo è stato abrogato dall'art. 52, comma 1, del D.L.vo 15 giugno 2015, n. 81. Tali disposizioni continuano ad applicarsi esclusivamente per la regolazione dei contratti già in atto alla data di entrata in vigore del presente decreto (25 giugno 2015).*

66. (1) [**Altri diritti del collaboratore a progetto.** – 1. La gravidanza, la malattia e l'infortunio del collaboratore a progetto non comportano l'estinzione del rapporto contrattuale, che rimane sospeso, senza erogazione del corrispettivo.

2. Salva diversa previsione del contratto individuale, in caso di malattia e infortunio la so-

spensione del rapporto non comporta una proroga della durata del contratto, che si estingue alla scadenza. Il committente può comunque recedere dal contratto se la sospensione si protrae per un periodo superiore a un sesto della durata stabilita nel contratto, quando essa sia determinata, ovvero superiore a trenta giorni per i contratti di durata determinabile.

3. In caso di gravidanza, la durata del rapporto è prorogata per un periodo di centottanta giorni, salva più favorevole disposizione del contratto individuale.

4. Oltre alle disposizioni di cui alla legge 11 agosto 1973, n. 533, e successive modificazioni e integrazioni, sul processo del lavoro e di cui all'articolo 64 del decreto legislativo 26 marzo 2001, n. 151, e successive modificazioni, ai rapporti che rientrano nel campo di applicazione del presente capo si applicano le norme sulla sicurezza e igiene del lavoro di cui al decreto legislativo n. 626 del 1994 e successive modifiche e integrazioni, quando la prestazione lavorativa si svolga nei luoghi di lavoro del committente, nonché le norme di tutela contro gli infortuni sul lavoro e le malattie professionali, le norme di cui all'articolo 51, comma 1, della legge 23 dicembre 1999, n. 488, e del decreto del Ministero del lavoro e della previdenza sociale in data 12 gennaio 2001, pubblicato nella *Gazzetta Ufficiale* n. 71 del 26 marzo 2001].

(1) *Questo articolo è stato abrogato dall'art. 52, comma 1, del D.L.vo 15 giugno 2015, n. 81. Tali disposizioni continuano ad applicarsi esclusivamente per la regolazione dei contratti già in atto alla data di entrata in vigore del presente decreto (25 giugno 2015).*

67. (1) [**Estinzione del contratto e preavviso.** – 1. I contratti di lavoro di cui al presente capo si risolvono al momento della realizzazione del progetto [o del programma o della fase di esso] (2) che ne costituisce l'oggetto.

2. Le parti possono recedere prima della scadenza del termine per giusta causa. Il committente può altresì recedere prima della scadenza del termine qualora siano emersi oggettivi profili di inidoneità professionale del collaboratore tali da rendere impossibile la realizzazione del progetto. Il collaboratore può recedere prima della scadenza del termine, dandone preavviso, nel caso in cui tale facoltà sia prevista nel contratto individuale di lavoro].

(1) *Questo articolo è stato abrogato dall'art. 52, comma 1, del D.L.vo 15 giugno 2015, n. 81. Tali disposizioni continuano ad applicarsi esclusivamente per la regolazione dei contratti già in atto alla data di entrata in vigore del presente decreto (25 giugno 2015).*

(2) *Le parole tra parentesi quadrate sono state soppresse dall'art. 1, comma 23, lett.* d)*, della L. 28 giugno 2012, n. 92. A norma del comma 25 dello stesso articolo, le disposizioni di cui al comma 23 si applicano ai contratti di collaborazione stipulati successivamente alla data di entrata in vigore della medesima legge 92/2012.*

68. (1) [**Rinunzie e transazioni.** – 1. Nella riconduzione a un progetto [, programma di lavoro o fase di esso] (2) dei contratti di cui all'articolo 61, comma 1, i diritti derivanti da un rapporto di lavoro già in essere possono essere oggetto di rinunzie o transazioni tra le parti in sede di certificazione del rapporto di lavoro di cui al Titolo VIII secondo lo schema dell'articolo 2113 del codice civile].

(1) *Questo articolo, così sostituito dall'art. 15 del D.L.vo 6 ottobre 2004, n. 251, è stato abrogato dall'art. 52, comma 1, del D.L.vo 15 giugno 2015, n. 81. Tali disposizioni continuano ad applicarsi esclusivamente per la regolazione dei contratti già in atto alla data di entrata in vigore del presente decreto (25 giugno 2015).*

(2) *Le parole tra parentesi quadrate sono state soppresse dall'art. 1, comma 23, lett.* f)*, della L. 28 giugno 2012, n. 92. A norma del comma 25 dello stesso articolo, le disposizioni di cui al comma 23 si applicano ai contratti di collaborazione stipulati successivamente alla data di entrata in vigore della medesima legge 92/2012.*

69. (1) [**Divieto di rapporti di collaborazione coordinata e continuativa atipici e conversione del contratto.** – 1. I rapporti di collaborazione coordinata e continuativa instaurati senza l'individuazione di uno specifico progetto [, programma di lavoro o fase di esso] (2) ai sensi dell'articolo 61, comma 1, sono considerati rapporti di lavoro subordinato a tempo indeterminato sin dalla data di costituzione del rapporto.

2. Qualora venga accertato dal giudice che il rapporto instaurato ai sensi dell'articolo 61 sia venuto a configurare un rapporto di lavoro subordinato, esso si trasforma in un rapporto di lavoro subordinato corrispondente alla tipologia negoziale di fatto realizzatasi tra le parti. Salvo prova contraria a carico del committente, i rapporti di collaborazione coordinata e continuativa, anche a progetto, sono considerati rapporti di lavoro subordinato sin dalla data di costituzione del rapporto, nel caso in cui l'attività del collaboratore sia svolta con modalità analoghe a quella svolta dai lavoratori dipendenti dell'impresa committen-

te, fatte salve le prestazioni di elevata professionalità che possono essere individuate dai contratti collettivi stipulati dalle organizzazioni sindacali comparativamente più rappresentative sul piano nazionale.

3. Ai fini del giudizio di cui al comma 2, il controllo giudiziale è limitato esclusivamente, in conformità ai principi generali dell'ordinamento, all'accertamento della esistenza del progetto [, programma di lavoro o fase di esso] ([3]) e non può essere esteso fino al punto di sindacare nel merito valutazioni e scelte tecniche, organizzative o produttive che spettano al committente].

([1]) *Questo articolo è stato abrogato dall'art. 52, comma 1, del D.L.vo 15 giugno 2015, n. 81. Tali disposizioni continuano ad applicarsi esclusivamente per la regolazione dei contratti già in atto alla data di entrata in vigore del presente decreto (25 giugno 2015).*

([2]) *Le parole tra parentesi quadrate sono state soppresse dall'art. 1, comma 23, lett.* f)*, della L. 28 giugno 2012, n. 92. A norma del comma 25 dello stesso articolo, le disposizioni di cui al comma 23 si applicano ai contratti di collaborazione stipulati successivamente alla data di entrata in vigore della medesima legge 92/2012.*

([3]) *Le parole tra parentesi quadrate sono state soppresse dall'art. 1, comma 23, lett.* f)*, della L. 28 giugno 2012, n. 92. A norma del comma 25 dello stesso articolo, le disposizioni di cui al comma 23 si applicano ai contratti di collaborazione stipulati successivamente alla data di entrata in vigore della medesima legge 92/2012.*

69 *bis*. ([1]) [**Altre prestazioni lavorative rese in regime di lavoro autonomo.** – 1. Le prestazioni lavorative rese da persona titolare di posizione fiscale ai fini dell'imposta sul valore aggiunto sono considerate, salvo che sia fornita prova contraria da parte del committente, rapporti di collaborazione coordinata e continuativa, qualora ricorrano almeno due dei seguenti presupposti:

a) che la collaborazione con il medesimo committente abbia una durata complessiva superiore a otto mesi annui per due anni consecutivi;

b) che il corrispettivo derivante da tale collaborazione, anche se fatturato a più soggetti riconducibili al medesimo centro d'imputazione di interessi, costituisca più dell'80 per cento dei corrispettivi annui complessivamente percepiti dal collaboratore nell'arco di due anni solari consecutivi;

c) che il collaboratore disponga di una postazione fissa di lavoro presso una delle sedi del committente.

2. La presunzione di cui al comma 1 non opera qualora la prestazione lavorativa presenti i seguenti requisiti:

a) sia connotata da competenze teoriche di grado elevato acquisite attraverso significativi percorsi formativi, ovvero da capacità tecnico-pratiche acquisite attraverso rilevanti esperienze maturate nell'esercizio concreto di attività;

b) sia svolta da soggetto titolare di un reddito annuo da lavoro autonomo non inferiore a 1,25 volte il livello minimo imponibile ai fini del versamento dei contributi previdenziali di cui all'articolo 1, comma 3, della legge 2 agosto 1990, n. 233.

3. La presunzione di cui al comma 1 non opera altresì con riferimento alle prestazioni lavorative svolte nell'esercizio di attività professionali per le quali l'ordinamento richiede l'iscrizione ad un ordine professionale, ovvero ad appositi registri, albi, ruoli o elenchi professionali qualificati e detta specifici requisiti e condizioni. Alla ricognizione delle predette attività si provvede con decreto del Ministero del lavoro e delle politiche sociali, da emanare, in fase di prima applicazione, entro tre mesi dalla data di entrata in vigore della presente disposizione, sentite le parti sociali.

4. La presunzione di cui al comma 1, che determina l'integrale applicazione della disciplina di cui al presente capo, ivi compresa la disposizione dell'articolo 69, comma 1, si applica ai rapporti instaurati successivamente alla data di entrata in vigore della presente disposizione. Per i rapporti in corso a tale data, al fine di consentire gli opportuni adeguamenti, le predette disposizioni si applicano decorsi dodici mesi dalla data di entrata in vigore della presente disposizione.

5. Quando la prestazione lavorativa di cui al comma 1 si configura come collaborazione coordinata e continuativa, gli oneri contributivi derivanti dall'obbligo di iscrizione alla gestione separata dell'INPS ai sensi dell'articolo 2, comma 26, della legge 8 agosto 1995, n. 335, sono a carico per due terzi del committente e per un terzo del collaboratore, il quale, nel caso in cui la legge gli imponga l'assolvimento dei relativi obblighi di pagamento, ha il relativo diritto di rivalsa nei confronti del committente].

([1]) *Questo articolo, aggiunto dall'art. 1, comma 26, della L. 28 giugno 2012, n. 92, è stato abrogato dall'art. 52, comma 1, del D.L.vo 15 giugno 2015, n. 81. Tali disposizioni continuano ad applicarsi esclusivamente per la regolazione dei contratti già in atto alla data di entrata in vigore del presente decreto (25 giugno 2015).*

Capo II
Prestazioni occasionali
di tipo accessorio
rese da particolari soggetti

70. ([1]) [**Definizione e campo di applicazione.** – 1. Per prestazioni di lavoro accessorio si intendono attività lavorative [di natura meramente occasionale] ([2]) che non danno luogo, con riferimento alla totalità dei committenti, a compensi superiori a 5.000 euro nel corso di un anno solare, annualmente rivalutati sulla base della variazione dell'indice ISTAT dei prezzi al consumo per le famiglie degli operai e degli impiegati intercorsa nell'anno precedente. Fermo restando il limite complessivo di 5.000 euro nel corso di un anno solare, nei confronti dei committenti imprenditori commerciali o professionisti, le attività lavorative di cui al presente comma possono essere svolte a favore di ciascun singolo committente per compensi non superiori a 2.000 euro, rivalutati annualmente ai sensi del presente comma. Per gli anni 2013 e 2014, prestazioni di lavoro accessorio possono essere altresì rese, in tutti i settori produttivi, compresi gli enti locali, fermo restando quanto previsto dal comma 3 e nel limite massimo di 3.000 euro di corrispettivo per anno solare, da percettori di prestazioni integrative del salario o di sostegno al reddito. L'INPS provvede a sottrarre dalla contribuzione figurativa relativa alle prestazioni integrative del salario o di sostegno al reddito gli accrediti contributivi derivanti dalle prestazioni di lavoro accessorio.

2. Le disposizioni di cui al comma 1 si applicano in agricoltura:

a) alle attività lavorative di natura occasionale rese nell'ambito delle attività agricole di carattere stagionale effettuate da pensionati e da giovani con meno di venticinque anni di età se regolarmente iscritti a un ciclo di studi presso un istituto scolastico di qualsiasi ordine e grado, compatibilmente con gli impegni scolastici, ovvero in qualunque periodo dell'anno se regolarmente iscritti a un ciclo di studi presso l'università;

b) alle attività agricole svolte a favore di soggetti di cui all'articolo 34, comma 6, del decreto del Presidente della Repubblica 26 ottobre 1972, n. 633, che non possono, tuttavia, essere svolte da soggetti iscritti l'anno precedente negli elenchi anagrafici dei lavoratori agricoli.

3. Il ricorso a prestazioni di lavoro accessorio da parte di un committente pubblico è consentito nel rispetto dei vincoli previsti dalla vigente disciplina in materia di contenimento delle spese di personale e, ove previsto, dal patto di stabilità interno.

4. I compensi percepiti dal lavoratore secondo le modalità di cui all'articolo 72 sono computati ai fini della determinazione del reddito necessario per il rilascio o il rinnovo del permesso di soggiorno].

([1]) *Questo articolo, così sostituito dall'art. 1, comma 32, lett.* a), *della L. 28 giugno 2012, n. 92, è stato abrogato dall'art. 55, comma 1, lett.* d), *del D.L.vo 15 giugno 2015, n. 81. A norma dell'art. 55, comma 3, del medesimo decreto sino all'emanazione dei decreti richiamati dalle disposizioni del presente decreto legislativo, trovano applicazione le regolamentazioni vigenti.*

([2]) *Le parole fra parentesi quadrate sono state eliminate dall'art. 7, comma 2, lett.* e), *del D.L. 28 giugno 2013, n. 76, convertito, con modificazioni, nella L. 9 agosto 2013, n. 99.*

71. ([1]) [**Prestatori di lavoro accessorio.** – 1. Possono svolgere attività di lavoro accessorio:

a) disoccupati da oltre un anno;

b) casalinghe, studenti e pensionati;

c) disabili e soggetti in comunità di recupero;

d) lavoratori extracomunitari, regolarmente soggiornanti in Italia, nei sei mesi successivi alla perdita del lavoro.

2. I soggetti di cui al comma 1, interessati a svolgere prestazioni di lavoro accessorio, comunicano la loro disponibilità ai servizi per l'impiego delle province, nell'ambito territoriale di riferimento, o ai soggetti accreditati di cui all'articolo 7. A seguito della loro comunicazione i soggetti interessati allo svolgimento di prestazioni di lavoro accessorio ricevono, a proprie spese, una tessera magnetica dalla quale risulti la loro condizione].

([1]) *Questo articolo è stato abrogato dall'art. 22, comma 4, del D.L. 25 giugno 2008, n. 112, convertito, con modificazioni, nella L. 6 agosto 2008, n. 133.*

72. ([1]) [**Disciplina del lavoro accessorio.** – 1. Per ricorrere a prestazioni di lavoro accessorio, i beneficiari acquistano presso le rivendite autorizzate uno o più carnet di buoni orari, numerati progressivamente e datati, per prestazioni di lavoro accessorio il cui valore nominale è fissato con decreto del Ministro del lavoro e delle politiche sociali, da adottarsi entro trenta giorni e periodicamente aggiornato, tenuto conto delle risultanze istruttorie del confronto con le parti sociali.

2. Tale valore nominale è stabilito tenendo conto della media delle retribuzioni rilevate per

le attività lavorative affini a quelle di cui all'articolo 70, comma 1, nonché del costo di gestione del servizio.

3. Il prestatore di lavoro accessorio percepisce il proprio compenso presso il concessionario, di cui al comma 5, all'atto della restituzione dei buoni ricevuti dal beneficiario della prestazione di lavoro accessorio. Tale compenso è esente da qualsiasi imposizione fiscale e non incide sullo stato di disoccupato o inoccupato del prestatore di lavoro accessorio.

4. Fermo restando quanto disposto dal comma 4 *bis*, il concessionario provvede al pagamento delle spettanze alla persona che presenta i buoni, registrandone i dati anagrafici e il codice fiscale, effettua il versamento per suo conto dei contributi per fini previdenziali all'Inps, alla gestione separata di cui all'articolo 2, comma 26, della legge 8 agosto 1995, n. 335, in misura pari al 13 per cento del valore nominale del buono e per fini assicurativi contro gli infortuni all'INAIL, in misura pari al 7 per cento del valore nominale del buono, e trattiene l'importo autorizzato dal decreto di cui al comma 1, a titolo di rimborso spese. La percentuale relativa al versamento dei contributi previdenziali è rideterminata con decreto del Ministro del lavoro e delle politiche sociali di concerto con il Ministro dell'economia e delle finanze in funzione degli incrementi delle aliquote contributive per gli iscritti alla gestione separata dell'INPS.

4 *bis*. In considerazione delle particolari e oggettive condizioni sociali di specifiche categorie di soggetti correlate allo stato di disabilità, di detenzione, di tossicodipendenza o di fruizione di ammortizzatori sociali per i quali è prevista una contribuzione figurativa, utilizzati nell'ambito di progetti promossi da amministrazioni pubbliche, il Ministro del lavoro e delle politiche sociali, con proprio decreto, può stabilire specifiche condizioni, modalità e importi dei buoni orari.

5. Il Ministro del lavoro, della salute e delle politiche sociali individua con proprio decreto il concessionario del servizio e regolamenta i criteri e le modalità per il versamento dei contributi di cui al comma 4 e delle relative coperture assicurative e previdenziali. In attesa del decreto ministeriale i concessionari del servizio sono individuati nell'I.N.P.S. e nelle agenzie per il lavoro di cui agli articoli 4, comma 1, lettere *a*) e *c*) e 6, commi 1, 2 e 3 del presente decreto].

(1) *Questo articolo, così sostituito dall'art. 17 del D.L.vo 6 ottobre 2004, n. 251, è stato abrogato dall'art. 55, comma 1, lett.* d), *del D.L.vo 15 giugno 2015, n. 81. A norma dell'art. 55, comma 3, del medesimo decreto sino all'emanazione dei decreti richiamati dalle disposizioni del presente decreto legislativo, trovano applicazione le regolamentazioni vigenti.*

73. (1) [**Coordinamento informativo a fini previdenziali.** – 1. Al fine di verificare, mediante apposita banca dati informativa, l'andamento delle prestazioni di carattere previdenziale e delle relative entrate contributive, conseguenti allo sviluppo delle attività di lavoro accessorio disciplinate dalla presente legge, anche al fine di formulare proposte per adeguamenti normativi delle disposizioni di contenuto economico di cui all'articolo che precede, l'INPS e l'INAIL stipulano apposita convenzione con il Ministero del lavoro e delle politiche sociali.

2. Decorsi diciotto mesi dalla entrata in vigore del presente provvedimento il Ministero del lavoro e delle politiche sociali predispone, d'intesa con INPS e INAIL, una relazione sull'andamento del lavoro occasionale di tipo accessorio e ne riferisce al Parlamento].

(1) *Questo articolo è stato abrogato dall'art. 55, comma 1, lett.* d), *del D.L.vo 15 giugno 2015, n. 81. A norma dell'art. 55, comma 3, del medesimo decreto sino all'emanazione dei decreti richiamati dalle disposizioni del presente decreto legislativo, trovano applicazione le regolamentazioni vigenti.*

74. Prestazioni che esulano dal mercato del lavoro. – 1. Con specifico riguardo alle attività agricole non integrano in ogni caso un rapporto di lavoro autonomo o subordinato le prestazioni svolte da parenti e affini sino al quarto grado (1) in modo meramente occasionale o ricorrente di breve periodo, a titolo di aiuto, mutuo aiuto, obbligazione morale senza corresponsione di compensi, salvo le spese di mantenimento e di esecuzione dei lavori.

(1) *Le originarie parole: «parenti e affini sino al terzo grado» sono state così sostituite dall'art. 7* ter, *comma 13, del D.L. 10 febbraio 2009, n. 5, convertito, con modificazioni, nella L. 9 aprile 2009, n. 33.*

Titolo VIII
Procedure di certificazione

Capo I
Certificazione dei contratti di lavoro

75. ([1]) **Finalità.** – 1. Al fine di ridurre il contenzioso in materia di lavoro, le parti possono ottenere la certificazione dei contratti in cui sia dedotta, direttamente o indirettamente, una prestazione di lavoro secondo la procedura volontaria stabilita nel presente titolo.

([1]) *Questo articolo è stato così da ultimo sostituito dall'art. 30, comma 4, della L. 4 novembre 2010, n. 183.*

76. Organi di certificazione. – 1. Sono organi abilitati alla certificazione dei contratti di lavoro le commissioni di certificazione istituite presso:

a) gli enti bilaterali costituiti nell'ambito territoriale di riferimento ovvero a livello nazionale quando la commissione di certificazione sia costituita nell'ambito di organismi bilaterali a competenza nazionale;

b) le Direzioni provinciali del lavoro e le province, secondo quanto stabilito da apposito decreto del Ministro del lavoro e delle politiche sociali entro sessanta giorni dalla entrata in vigore del presente decreto;

c) le università pubbliche e private, comprese le Fondazioni universitarie, registrate nell'albo di cui al comma 2, esclusivamente nell'ambito di rapporti di collaborazione e consulenza attivati con docenti di diritto del lavoro di ruolo ai sensi dell'articolo 66 del decreto del Presidente della Repubblica 11 luglio 1980, n. 382;

c bis) il Ministero del lavoro e delle politiche sociali - Direzione generale della tutela delle condizioni di lavoro, esclusivamente nei casi in cui il datore di lavoro abbia le proprie sedi di lavoro in almeno due province anche di regioni diverse ovvero per quei datori di lavoro con unica sede di lavoro associati ad organizzazioni imprenditoriali che abbiano predisposto a livello nazionale schemi di convenzioni certificati dalla commissione di certificazione istituita presso il Ministero del lavoro e delle politiche sociali, nell'ambito delle risorse umane e strumentali già operanti presso la Direzione generale della tutela delle condizioni di lavoro ([1]);

c ter) i consigli provinciali dei consulenti del lavoro di cui alla legge 11 gennaio 1979, n. 12, esclusivamente per i contratti di lavoro instaurati nell'ambito territoriale di riferimento e senza nuovi o maggiori oneri per la finanza pubblica e comunque unicamente nell'ambito di intese definite tra il Ministero del lavoro e delle politiche sociali e il Consiglio nazionale dei consulenti del lavoro, con l'attribuzione a quest'ultimo delle funzioni di coordinamento e vigilanza per gli aspetti organizzativi ([1]) ([2]).

1 *bis*. Nel solo caso di cui al comma 1, lettera c *bis*), le commissioni di certificazione istituite presso le direzioni provinciali del lavoro e le province limitano la loro funzione alla ratifica di quanto certificato dalla commissione di certificazione istituita presso il Ministero del lavoro e delle politiche sociali ([3]).

2. Per essere abilitate alla certificazione ai sensi del comma 1, le università sono tenute a registrarsi presso un apposito albo istituito presso il Ministero del lavoro e delle politiche sociali con apposito decreto del Ministro del lavoro e delle politiche sociali di concerto con il Ministro dell'istruzione, della università e della ricerca. Per ottenere la registrazione le università sono tenute a inviare, all'atto della registrazione e ogni sei mesi, studi ed elaborati contenenti indici e criteri giurisprudenziali di qualificazione dei contratti di lavoro con riferimento a tipologie di lavoro indicate dal Ministero del lavoro e delle politiche sociali.

3. Le commissioni istituite ai sensi dei commi che precedono possono concludere convenzioni con le quali prevedano la costituzione di una commissione unitaria di certificazione.

([1]) *Questa lettera è stata aggiunta dall'art. 1, comma 256, lett.* a), *della L. 23 dicembre 2005, n. 266.*

([2]) *Le parole: «e comunque unicamente nell'ambito di intese definite tra il Ministero del lavoro e delle politiche sociali e il Consiglio nazionale dei consulenti del lavoro, con l'attribuzione a quest'ultimo delle funzioni di coordinamento e vigilanza per gli aspetti organizzativi» sono state aggiunte dall'art. 30, comma 5, della L. 4 novembre 2010, n. 183.*

([3]) *Questo comma è stato inserito dall'art. 1, comma 256, lett.* b), *della L. 23 dicembre 2005, n. 266.*

77. Competenza. – 1. Nel caso in cui le parti intendano presentare l'istanza di avvio della procedura di certificazione presso le commissioni di cui all'articolo 76, comma 1, lettera *b*), le parti stesse devono rivolgersi alla commissione nella cui circoscrizione si trova l'azienda o una sua dipendenza alla quale sarà addetto il lavoratore. Nel caso in cui le parti intendano presentare l'istanza di avvio della procedura di certificazione alle commissioni istituite a iniziativa degli enti bilaterali, esse devono rivolgersi alle commissioni costituite dalle rispettive associazioni dei datori e dei prestatori di lavoro.

78. Procedimento di certificazione e codici di buone pratiche. – 1. La procedura di certificazione è volontaria e consegue obbligatoriamente a una istanza scritta comune delle parti del contratto di lavoro.

2. Le procedure di certificazione sono determinate all'atto di costituzione delle commissioni di certificazione e si svolgono nel rispetto dei codici di buone pratiche di cui al comma 4, nonché dei seguenti principi:

a) l'inizio del procedimento deve essere comunicato alla Direzione provinciale del lavoro che provvede a inoltrare la comunicazione alle autorità pubbliche nei confronti delle quali l'atto di certificazione è destinato a produrre effetti. Le autorità pubbliche possono presentare osservazioni alle commissioni di certificazione;

b) il procedimento di certificazione deve concludersi entro il termine di trenta giorni dal ricevimento della istanza;

c) l'atto di certificazione deve essere motivato e contenere il termine e l'autorità cui è possibile ricorrere;

d) l'atto di certificazione deve contenere esplicita menzione degli effetti, civili, amministrativi, previdenziali o fiscali, in relazione ai quali le parti richiedono la certificazione.

3. I contratti di lavoro certificati, e la relativa pratica di documentazione, devono essere conservati presso le sedi di certificazione, per un periodo di almeno cinque anni a far data dalla loro scadenza. Copia del contratto certificato può essere richiesta dal servizio competente di cui all'articolo 4 *bis*, comma 5, del decreto legislativo 21 aprile 2000, n. 181, oppure dalle altre autorità pubbliche nei confronti delle quali l'atto di certificazione è destinato a produrre effetti.

4. Entro sei mesi dalla entrata in vigore del presente decreto legislativo, il Ministro del lavoro e delle politiche sociali adotta con proprio decreto codici di buone pratiche per l'individuazione delle clausole indisponibili in sede di certificazione dei rapporti di lavoro, con specifico riferimento ai diritti e ai trattamenti economici e normativi. Tali codici recepiscono, ove esistano, le indicazioni contenute negli accordi interconfederali stipulati da associazioni dei datori e dei prestatori di lavoro comparativamente più rappresentative sul piano nazionale.

5. Con decreto del Ministro del lavoro e delle politiche sociali vengono altresì definiti appositi moduli e formulari per la certificazione del contratto o del relativo programma negoziale, che tengano conto degli orientamenti giurisprudenziali prevalenti in materia di qualificazione del contratto di lavoro, come autonomo o subordinato, in relazione alle diverse tipologie di lavoro.

79. Efficacia giuridica della certificazione. – 1. Gli effetti dell'accertamento dell'organo preposto alla certificazione del contratto di lavoro permangono, anche verso i terzi, fino al momento in cui sia stato accolto, con sentenza di merito, uno dei ricorsi giurisdizionali esperibili ai sensi dell'articolo 80, fatti salvi i provvedimenti cautelari.

2. Gli effetti dell'accertamento dell'organo preposto alla certificazione del contratto di lavoro, nel caso di contratti in corso di esecuzione, si producono dal momento di inizio del contratto, ove la commissione abbia appurato che l'attuazione del medesimo è stata, anche nel periodo precedente alla propria attività istruttoria, coerente con quanto appurato in tale sede. In caso di contratti non ancora sottoscritti dalle parti, gli effetti si producono soltanto ove e nel momento in cui queste ultime provvedano a sottoscriverli, con le eventuali integrazioni e modifiche suggerite dalla commissione adita ([1]).

([1]) *Questo comma è stato aggiunto dall'art. 31, comma 17, della L. 4 novembre 2010, n. 183.*

80. Rimedi esperibili nei confronti della certificazione. – 1. Nei confronti dell'atto di certificazione, le parti e i terzi nella cui sfera giuridica l'atto stesso è destinato a produrre effetti, possono proporre ricorso, presso l'autorità giudiziaria di cui all'articolo 413 del codice di procedura civile, per erronea qualificazione del contratto oppure difformità tra il programma negoziale certificato e la sua successiva attuazione. Sempre presso la medesima autorità giudiziaria, le parti del contratto certificato potranno impugnare l'atto di certificazione anche per vizi del consenso.

2. L'accertamento giurisdizionale dell'erroneità della qualificazione ha effetto fin dal momento della conclusione dell'accordo contrattuale. L'accertamento giurisdizionale della difformità tra il programma negoziale e quello effettivamente re-

alizzato ha effetto a partire dal momento in cui la sentenza accerta che ha avuto inizio la difformità stessa.

3. Il comportamento complessivo tenuto dalle parti in sede di certificazione del rapporto di lavoro e di definizione della controversia davanti alla commissione di certificazione potrà essere valutato dal giudice del lavoro, ai sensi degli articoli 9, 92 e 96 del codice di procedura civile.

4. Chiunque presenti ricorso giurisdizionale contro la certificazione ai sensi dei precedenti commi 1 e 3, deve previamente rivolgersi obbligatoriamente alla commissione di certificazione che ha adottato l'atto di certificazione per espletare un tentativo di conciliazione ai sensi dell'articolo 410 del codice di procedura civile ([1]).

5. Dinnanzi al tribunale amministrativo regionale nella cui giurisdizione ha sede la commissione che ha certificato il contratto, può essere presentato ricorso contro l'atto certificatorio per violazione del procedimento o per eccesso di potere.

([1]) *A norma dell'art. 31, comma 2, della L. 4 novembre 2010, n. 183, il tentativo di conciliazione previsto da questo comma è obbligatorio.*

81. Attività di consulenza e assistenza alle parti. – 1. Le sedi di certificazione di cui all'articolo 75 svolgono anche funzioni di consulenza e assistenza effettiva alle parti contrattuali, sia in relazione alla stipulazione del contratto di lavoro e del relativo programma negoziale sia in relazione alle modifiche del programma negoziale medesimo concordate in sede di attuazione del rapporto di lavoro, con particolare riferimento alla disponibilità dei diritti e alla esatta qualificazione dei contratti di lavoro.

Capo II
Altre ipotesi di certificazione

82. Rinunzie e transazioni. – 1. Le sedi di certificazione di cui all'articolo 76 ([1]), del presente decreto legislativo sono competenti altresì a certificare le rinunzie e transazioni di cui all'articolo 2113 del codice civile a conferma della volontà abdicativa o transattiva delle parti stesse.

1 *bis*. Si applicano, in quanto compatibili, le procedure previste dal capo I del presente titolo ([2]).

([1]) *Le parole: «di cui all'articolo 76, comma 1, lettera* a),» *sono state così sostituite dalle attuali: «di cui all'articolo 76» dall'art. 31, comma 14, lett.* a), *della L. 4 novembre 2010, n. 183.*

([2]) *Questo comma è stato aggiunto dall'art. 31, comma 14, lett.* b), *della L. 4 novembre 2010, n. 183.*

83. Deposito del regolamento interno delle cooperative. – 1. La procedura di certificazione di cui al capo I è estesa all'atto di deposito del regolamento interno delle cooperative riguardante la tipologia dei rapporti di lavoro attuati o che si intendono attuare, in forma alternativa, con i soci lavoratori, ai sensi dell'articolo 6 della legge 3 aprile 2001, n. 142, e successive modificazioni. La procedura di certificazione attiene al contenuto del regolamento depositato.

[2. Nell'ipotesi di cui al comma 1, la procedura di certificazione deve essere espletata da specifiche commissioni istituite nella sede di certificazione di cui all'articolo 76, comma 1, lettera *b*). Tali commissioni sono presiedute da un presidente indicato dalla provincia e sono costituite, in maniera paritetica, da rappresentanti delle associazioni di rappresentanza, assistenza e tutela del movimento cooperativo e delle organizzazioni sindacali dei lavoratori, comparativamente più rappresentative] ([1]).

([1]) *Questo comma è stato abrogato dall'art. 31, comma 15, della L. 4 novembre 2010, n. 183.*

84. Interposizione illecita e appalto genuino. – 1. Le procedure di certificazione di cui al capo primo possono essere utilizzate, sia in sede di stipulazione di appalto di cui all'articolo 1655 del codice civile sia nelle fasi di attuazione del relativo programma negoziale, anche ai fini della distinzione concreta tra somministrazione di lavoro e appalto ai sensi delle disposizioni di cui al Titolo III del presente decreto legislativo.

2. Entro sei mesi dalla entrata in vigore del presente decreto, il Ministro del lavoro e delle politiche sociali adotta con proprio decreto codici di buone pratiche e indici presuntivi in materia di interposizione illecita e appalto genuino, che tengano conto della rigorosa verifica della reale organizzazione dei mezzi e della assunzione effettiva del rischio tipico di impresa da parte dell'appaltatore. Tali codici e indici presuntivi recepiscono, ove esistano, le indicazioni contenute negli accordi interconfederali o di categoria stipulati da associazioni dei datori e dei prestatori di lavoro comparativamente più rappresentative sul piano nazionale.

Titolo IX
Disposizioni transitorie e finali

85. Abrogazioni. – 1. Dalla data di entrata in vigore del presente decreto legislativo sono abrogati:

a) l'articolo 27 della legge 29 aprile 1949, n. 264;

b) l'articolo 2, comma 2, l'articolo 3 e l'articolo 11, lettera *l*), della legge 19 gennaio 1955, n. 25 ([1]);

c) la legge 23 ottobre 1960, n. 1369;

d) l'articolo 21, comma 3 della legge 28 febbraio 1987, n. 56;

e) gli articoli 9 *bis*, comma 3 e 9 *quater*, commi 4 e 18, quest'ultimo limitatamente alla violazione degli obblighi di comunicazione, del decreto legge 1° ottobre 1996, n. 510, convertito, con modificazioni, dalla legge 28 novembre 1996, n. 608;

f) gli articoli da 1 a 11 della legge 24 giugno 1997, n. 196;

g) l'articolo 4, comma 3, del decreto legislativo 25 febbraio 2000, n. 72;

h) l'articolo 3 del decreto del Presidente della Repubblica 7 luglio 2000, n. 442;

i) tutte le disposizioni legislative e regolamentari incompatibili con il presente decreto.

2. All'articolo 2, comma 1, del decreto legislativo 25 febbraio 2000, n. 61, le parole da: «Il datore di lavoro» fino a: «dello stesso» sono soppresse.

([1]) *Questa lettera è stata così sostituita dall'art. 19 del D.L.vo 6 ottobre 2004, n. 251.*

86. Norme transitorie e finali. – 1. Le collaborazioni coordinate e continuative stipulate ai sensi della disciplina vigente, che non possono essere ricondotte a un progetto o a una fase di esso, mantengono efficacia fino alla loro scadenza e, in ogni caso, non oltre un anno dalla data di entrata in vigore del presente provvedimento. Termini diversi, comunque non superiori al 24 ottobre 2005, di efficacia ([1]) delle collaborazioni coordinate e continuative stipulate ai sensi della disciplina vigente potranno essere stabiliti nell'ambito di accordi sindacali di transizione al nuovo regime di cui al presente decreto, stipulati in sede aziendale con le istanze aziendali dei sindacati comparativamente più rappresentativi sul piano nazionale ([2]).

[2. Al fine di evitare fenomeni elusivi della disciplina di legge e contratto collettivo, in caso di rapporti di associazione in partecipazione resi senza una effettiva partecipazione e adeguate erogazioni a chi lavora, il lavoratore ha diritto ai trattamenti contributivi, economici e normativi stabiliti dalla legge e dai contratti collettivi per il lavoro subordinato svolto nella posizione corrispondente del medesimo settore di attività, o in mancanza di contratto collettivo, in una corrispondente posizione secondo il contratto di settore analogo, a meno che il datore di lavoro, o committente, o altrimenti utilizzatore non comprovi, con idonee attestazioni o documentazioni, che la prestazione rientra in una delle tipologie di lavoro disciplinate nel presente decreto ovvero in un contratto di lavoro subordinato speciale o con particolare disciplina, o in un contratto nominato di lavoro autonomo, o in altro contratto espressamente previsto nell'ordinamento] ([3]).

3. In relazione agli effetti derivanti dalla abrogazione delle disposizioni di cui agli articoli da 1 a 11 della legge 24 giugno 1997, n. 196, le clausole dei contratti collettivi nazionali di lavoro stipulate ai sensi dell'articolo 1, comma 2, lettera *a*), della medesima legge e vigenti alla data di entrata in vigore del presente decreto, mantengono, in via transitoria e salve diverse intese, la loro efficacia fino alla data di scadenza dei contratti collettivi nazionali di lavoro, con esclusivo riferimento alla determinazione per via contrattuale delle esigenze di carattere temporaneo che consentono la somministrazione di lavoro a termine. Le clausole dei contratti collettivi nazionali di lavoro stipulate ai sensi dell'articolo 1, comma 3, della legge 24 giugno 1997, n. 196, vigenti alla data di entrata in vigore del presente decreto, mantengono la loro efficacia fino a diversa determinazione delle parti stipulanti o recesso unilaterale.

4. Le disposizioni di cui all'articolo 26 *bis* della legge 24 giugno 1997, n. 196, e di cui al n. 5 *ter* dell'articolo 2751 *bis* del codice civile si intendono riferiti alla disciplina della somministrazione prevista dal presente decreto.

5. Ferma restando la disciplina di cui all'articolo 17, comma 1, della legge 28 gennaio 1994, n. 84, come sostituito dall'articolo 3 della legge 30 giugno 2000, n. 186, i riferimenti che lo stesso articolo 17 fa alla legge 24 giugno 1997, n. 196, si intendono riferiti alla disciplina della somministrazione di cui al presente decreto.

6. Per le società di somministrazione, intermediazione, ricerca e selezione del personale, ricollocamento professionale già autorizzate ai sensi della normativa previgente opera una disciplina transitoria e di raccordo definita con apposito decreto del Ministro del lavoro e delle politiche sociali entro trenta giorni dalla entrata in vigore del

presente decreto. In attesa della disciplina transitoria restano in vigore le norme di legge e regolamento vigenti alla data di entrata in vigore del presente decreto legislativo.

7. L'obbligo di comunicazione di cui al comma 4 dell'articolo 4 *bis* del decreto legislativo n. 181 del 2000 si intende riferito a tutte le imprese di somministrazione, sia a tempo indeterminato che a tempo determinato.

8. Il Ministro per la funzione pubblica convoca le organizzazioni sindacali maggiormente rappresentative dei dipendenti delle amministrazioni pubbliche per esaminare i profili di armonizzazione conseguenti alla entrata in vigore del presente decreto legislativo entro sei mesi anche ai fini della eventuale predisposizione di provvedimenti legislativi in materia.

9. La previsione della trasformazione del rapporto di lavoro di cui all'articolo 27, comma 1, non trova applicazione nei confronti delle pubbliche amministrazioni cui la disciplina della somministrazione trova applicazione solo per quanto attiene alla somministrazione di lavoro a tempo determinato. La vigente disciplina in materia di contratti di formazione e lavoro, fatto salvo quanto previsto dall'articolo 59, comma 3, trova applicazione esclusivamente nei confronti della pubblica amministrazione. Le sanzioni amministrative di cui all'articolo 19 si applicano anche nei confronti della pubblica amministrazione.

10. All'articolo 3, comma 8, del decreto legislativo 14 agosto 1996, n. 494, sono apportate le seguenti modificazioni:

a) la lettera *b*) è sostituita dalla seguente:

«*b*) chiede alle imprese esecutrici una dichiarazione dell'organico medio annuo, distinto per qualifica, nonché una dichiarazione relativa al contratto collettivo stipulato dalle organizzazioni sindacali comparativamente più rappresentative, applicato ai lavoratori dipendenti;»;

b) dopo la lettera *b*) sono aggiunte, in fine, le seguenti:

«*b bis*) chiede un certificato di regolarità contributiva. Tale certificato può essere rilasciato, oltre che dall'INPS e dall'INAIL, per quanto di rispettiva competenza, anche dalle casse edili le quali stipulano una apposita convenzione con i predetti istituti al fine del rilascio di un documento unico di regolarità contributiva;

b ter) trasmette all'amministrazione concedente prima dell'inizio dei lavori, oggetto del permesso di costruire o della denuncia di inizio di attività, il nominativo delle imprese esecutrici dei lavori unitamente alla documentazione di cui alle lettere *b*) e *b bis*). In assenza della certificazione della regolarità contributiva, anche in caso di variazione dell'impresa esecutrice dei lavori, è sospesa l'efficacia del titolo abilitativo ([4]).».

10 *bis*. Nei casi di instaurazione di rapporti di lavoro nel settore edile, i datori di lavoro sono tenuti a dare la comunicazione di cui all'articolo 9 *bis*, comma 2, del decreto legge 1° ottobre 1996, n. 510, convertito, con modificazioni, dalla legge 28 novembre 1996, n. 608, e successive modificazioni, il giorno antecedente a quello di instaurazione dei relativi rapporti, mediante documentazione avente data certa ([5]).

10 *ter*. La violazione degli obblighi di cui al comma 10 *bis* è punita con la sanzione amministrativa pecuniaria di cui all'articolo 19, comma 3 ([6]).

11. L'abrogazione ad opera dell'articolo 8 del decreto legislativo 19 dicembre 2002, n. 297, della disciplina dei compiti della commissione regionale per l'impiego di cui all'articolo 5 della legge 28 febbraio 1987, n. 56, non si intende riferita alle regioni a statuto speciale per le quali non sia effettivamente avvenuto il trasferimento delle funzioni in materia di lavoro ai sensi del decreto legislativo 23 dicembre 1997, n. 469.

12. Le disposizioni di cui agli articoli 13, 14, 34, comma 2, di cui al Titolo III e di cui al Titolo VII, capo II, Titolo VIII hanno carattere sperimentale. Decorsi diciotto mesi dalla data di entrata in vigore, il Ministro del lavoro e delle politiche sociali procede, sulla base delle informazioni raccolte ai sensi dell'articolo 17, a una verifica con le organizzazioni sindacali, dei datori e dei prestatori di lavoro comparativamente più rappresentative sul piano nazionale degli effetti delle disposizioni in esso contenute e ne riferisce al Parlamento entro tre mesi ai fini della valutazione della sua ulteriore vigenza.

13. Entro i cinque giorni successivi alla entrata in vigore del presente decreto, il Ministro del lavoro e delle politiche sociali convoca le associazioni dei datori di lavoro e dei prestatori di lavoro comparativamente più rappresentative sul piano nazionale al fine di verificare la possibilità di affidare a uno o più accordi interconfederali la gestione della messa a regime del presente decreto, anche con riferimento al regime transitorio e alla attuazione dei rinvii contenuti alla contrattazione collettiva.

14. L'INPS provvede al monitoraggio degli effetti derivanti dalle misure del presente decreto, comunicando i risultati al Ministero del lavoro e delle politiche sociali e al Ministero dell'economia e delle finanze, anche ai fini della adozione dei provvedimenti correttivi di cui all'articolo 11 *ter*, comma 7, della legge 5 agosto 1978, n. 468, e successive modificazioni, ovvero delle misure correttive da assumere ai sensi dell'articolo 11, comma 3, lettera i *quater* della medesima legge. Limitatamente al periodo strettamente necessario alla adozione dei predetti provvedimenti correttivi, alle eventuali eccedenze di spesa rispetto alle previsioni a legislazione vigente si provvede mediante corrispondente rideterminazione, da effettuare con decreto del Ministro del lavoro e delle politiche sociali, di concerto con il Ministro dell'economia e delle finanze, degli interventi posti a carico del Fondo di cui all'articolo 1, comma 7, del decreto legge 20 maggio 1993, n. 148, convertito, con modificazione, dalla legge 19 luglio 1993, n. 236.

(1) *Le parole: «Termini diversi, anche superiori all'anno, di efficacia» sono state così sostituite dalle attuali: «Termini diversi, comunque non superiori al 24 ottobre 2005, di efficacia» dall'art. 20, comma 1, del D.L.vo 6 ottobre 2004, n. 251.*

(2) *La Corte costituzionale, con sentenza n. 399 del 5 dicembre 2008, ha dichiarato l'illegittimità costituzionale di questo comma.*

(3) *Questo comma è stato abrogato dall'art. 1, comma 31, della L. 28 giugno 2012, n. 92.*

(4) *Questa lettera è stata così sostituita dall'attuale dall'art. 20, comma 2, del D.L.vo 6 ottobre 2004, n. 251.*

(5) *Questo comma, inserito dall'art. 20, comma 3, del D.L.vo 6 ottobre 2004, n. 251, è stato così sostituito dall'art. 36* bis, *comma 6, del D.L. 4 luglio 2006, n. 223, convertito, con modificazioni, nella L. 4 agosto 2006, n. 248.*

(6) *Questo comma è stato inserito dall'art. 20, comma 3, del D.L.vo 6 ottobre 2004, n. 251.*

3.

D.M. 5 maggio 2004. Requisiti delle Agenzie per il lavoro, in attuazione dell'art. 5, comma 1, lettera *c*), del decreto legislativo 10 settembre 2003, n. 276 (*Gazzetta Ufficiale* Serie gen. - n. 153 del 2 luglio 2004).

1. Competenze. – 1. Le agenzie per il lavoro di cui all'art. 4, comma 1, del decreto legislativo 10 settembre 2003, n. 276 (di seguito denominato: «decreto legislativo»), debbono avere personale qualificato secondo le modalità di seguito indicate:

a) per le agenzie di somministrazione di lavoro e per le agenzie di intermediazione di cui all'art. 4, comma 1, lettere *a*), *b*) e *c*) del decreto legislativo:

1) almeno quattro unità nella sede principale;

2) fermo restando l'obbligo di presenza minima in almeno quattro regioni, almeno due unità per unità organizzativa in ciascuna regione;

b) per le agenzie di ricerca e selezione del personale e di supporto alla ricollocazione professionale di cui all'art. 4, comma 1, lettere *d*) ed *e*) del decreto legislativo:

1) almeno due unità nella sede principale;

2) almeno un'unità per ogni eventuale unità organizzativa periferica;

3) per ogni unità organizzativa va indicato un responsabile.

2. Il personale deve essere dotato di adeguate competenze professionali che possono derivare, alternativamente, da un'esperienza professionale di durata non inferiore a due anni acquisita in qualità di dirigente, quadro, funzionario o professionista, nel campo della gestione o della ricerca e selezione del personale o della fornitura di lavoro temporaneo o della ricollocazione professionale o dei servizi per l'impiego o della formazione professionale o di orientamento o della mediazione tra domanda ed offerta di lavoro o nel campo delle relazioni sindacali.

3. Ai fini dell'acquisizione dell'esperienza professionale di minimo due anni di cui al comma 2, si tiene altresì conto dei percorsi formativi certificati dalle regioni e province autonome e promossi anche dalle associazioni maggiormente rappresentative in materia di ricerca e selezione del personale, ricollocazione professionale e somministrazione, di durata non inferiore ad un anno.

4. L'iscrizione all'albo dei consulenti del lavoro da almeno due anni costituisce titolo idoneo alternativo all'esperienza professionale.

2. Locali. – 1. Le agenzie per il lavoro devono essere in possesso di locali ed attrezzature d'ufficio, informatiche e collegamenti telematici idonei allo svolgimento dell'attività di cui all'art. 4, comma 1, del decreto legislativo.

2. I locali nei quali le agenzie per il lavoro svolgono la propria attività debbono essere distinti da quelli di altri soggetti e le strutture relative ai medesimi locali debbono essere adeguate allo svolgimento dell'attività nonché conformi al-

la normativa in materia di sicurezza ed igiene nei luoghi di lavoro.

3. I locali adibiti a sportello per lo svolgimento delle attività autorizzate ai sensi dell'art. 4 del decreto legislativo devono essere aperti al pubblico in orario d'ufficio e accessibili ai disabili ai sensi della normativa vigente.

3. Pubblicità e trasparenza. – 1. All'esterno ed all'interno dei locali delle unità organizzative devono essere indicati in modo visibile gli estremi dell'autorizzazione e dell'iscrizione nell'albo, e deve essere affisso l'orario di apertura al pubblico che viene garantito. Deve altresì essere indicato l'organigramma delle funzioni aziendali con le specifiche competenze professionali ed il responsabile della unità organizzativa.

2. Le agenzie per il lavoro comunicano al Ministero del lavoro e delle politiche sociali ed alle regioni e province autonome l'organigramma aziendale delle unità organizzative articolato per funzioni aziendali con allegati i *curricula*, e le variazioni successivamente intervenute. A tale elenco devono poter accedere per consultazione quanti intendono avvalersi dei servizi della agenzie.

4. Autorizzazioni regionali. – 1. Ai fini dell'autorizzazione regionale per l'esercizio delle attività di cui all'art. 6, comma 6, del decreto legislativo, le agenzie per il lavoro presentano la domanda di autorizzazione nel rispetto dei requisiti di cui agli articoli 1, 2 e 3 secondo le specifiche stabilite dalle disposizioni delle regioni e delle province autonome.

4.

D.M. 13 ottobre 2004. «Borsa nazionale continua del lavoro», di cui agli articoli 15 e 16 del decreto legislativo 10 settembre 2003, n. 276, di attuazione della legge 14 febbraio 2003, n. 30 (*Gazzetta Ufficiale* Serie gen. - n. 262 dell'8 novembre 2004).

1. Principi e criteri generali. – 1. Ai sensi dell'art. 2 del decreto legislativo 10 settembre 2003, n. 276, recante «Attuazione delle deleghe in materia di occupazione e mercato del lavoro, di cui alla legge 14 febbraio 2003, n. 30», la borsa continua nazionale del lavoro è un sistema aperto e trasparente per favorire le attività d'incontro fra domanda e offerta di lavoro e, in coerenza con gli indirizzi comunitari, la maggiore efficienza del mercato del lavoro.

2. Il sistema, organizzato su una rete telematica di nodi informativi regionali, consente ai lavoratori ed alle persone in cerca di occupazione (di seguito denominate: «persone in cerca di occupazione»), agli operatori pubblici e privati autorizzati, di cui agli articoli 4 e 6 e agli operatori accreditati di cui all'art. 7 del decreto legislativo 10 settembre 2003, n. 276 (di seguito denominati «operatori») e ai datori di lavoro di decidere di incontrarsi in maniera libera e di scegliere liberamente i servizi da utilizzare.

3. Ai fini dell'erogazione dei servizi della borsa continua nazionale del lavoro, i nodi informativi regionali cooperano fra di loro e con il livello nazionale presso il Ministero del lavoro e delle politiche sociali (di seguito denominato: «Ministero») attraverso un canale di interscambio e cooperazione applicativa, che consente la corretta integrazione delle banche dati del sistema e la circolazione delle informazioni necessarie per il processo di incontro fra domanda e offerta di lavoro sul territorio nazionale.

4. La conduzione del canale di interscambio e cooperazione applicativa è realizzata secondo il modello tecnico ed organizzativo previsto dal documento «l'*e-governement* per un federalismo efficiente, – una visione condivisa, una realizzazione cooperativa» approvato nella Conferenza unificata il 24 luglio 2003.

5. Al fine di consentire il più rapido avviamento della borsa continua nazionale del lavoro, il Ministero assicura i servizi tecnici necessari alla conduzione del canale di interscambio e cooperazione applicativa di cui al comma 3. Il Ministero provvede successivamente ad adeguarsi a quanto previsto dal comma 4, fatti salvi gli impegni assunti con contratti e convenzioni in essere alla data di entrata in vigore del presente decreto.

6. I nodi regionali assicurano l'interoperabilità e la cooperazione applicativa dei sistemi informativi degli operatori presenti sul territorio regionale.

7. Le informazioni minime necessarie per favorire l'incontro fra domanda e offerta di lavoro nella borsa continua nazionale del lavoro, immesse per via telematica direttamente dalle persone in cerca di occupazione ovvero dai datori di lavoro, sono rese disponibili ai nodi informativi regionali. Le informazioni raccolte dagli operatori sono accessibili alla borsa continua nazionale del lavoro per il tramite dei nodi informativi regionali.

8. Il cittadino o il datore di lavoro, che accede ai servizi della borsa continua nazionale del lavoro, autonomamente o attraverso un operatore, deve poter scegliere in autonomia il livello territoriale, sia esso provinciale, regionale o nazionale, sul quale esporre la propria candidatura od offerta di lavoro.

9. Il sistema che realizza la borsa continua nazionale del lavoro deve essere strutturato ed evolversi prevedendo l'integrazione con i sistemi operanti nell'ambito dell'Unione europea.

2. Flussi informativi della borsa continua nazionale del lavoro. – 1. Per consentire il processo di incontro tra domanda e offerta di lavoro nella borsa continua nazionale del lavoro, sono definite, rispettivamente negli allegati *A* e *B*, che costituiscono parte integrante del presente decreto, le informazioni minime relative alle candidature e alle richieste di personale, comprensive della indicazione del contenuto e degli ambiti territoriali di diffusione dei dati.

2. Ulteriori dati possono essere inseriti sui nodi informativi regionali solo su base volontaria e non possono essere oggetto, in ogni caso, di utilizzazione a fini discriminatori o commerciali. Tale divieto vale anche in relazione ai dati relativi all'appartenenza a liste speciali.

3. Al fine di velocizzare le operazioni di incontro tra domanda ed offerta di lavoro, presso i nodi informativi regionali della borsa continua nazionale del lavoro sono memorizzate le informazioni di cui agli allegati *A* e *B*, nonché i dati che consentono il riconoscimento, all'atto dell'incrocio, degli operatori detentori delle informazioni.

4. Le interrogazioni trasversali, ovvero quelle interrogazioni la cui risposta è costituita da dati che risiedono su più archivi presenti sul territorio, vengono gestite attraverso il meccanismo di ricerca distribuita della borsa continua nazionale del lavoro di cui all'allegato *C*, che costituisce parte integrante del presente decreto, e garantiscono l'identificazione degli operatori che detengono i dati.

3. Standard tecnici della borsa continua nazionale del lavoro. – 1. L'integrazione a livello nazionale dei nodi informativi regionali del sistema della borsa continua nazionale del lavoro di cui all'art. 1, comma 2, è assicurata dai servizi di interoperabilità e cooperazione applicativa di cui all'art. 1, comma 4, sulla base degli standard tecnici di cui all'allegato *C*.

2. I nodi informativi regionali del sistema adottano i modelli di cui agli allegati *A* e *B*. I nodi informativi regionali, anche valorizzando quanto in uso presso gli operatori, al fine di attivare un dialogo unitario, garantiscono il coordinamento fra i formati di scambio e la transcodifica dei sistemi di classificazione adottati dai nodi regionali con quelli adottati a livello nazionale. Gli operatori che entrano nel sistema per il tramite dei nodi regionali devono, a richiesta dei nodi regionali stessi, fornire i sistemi di classificazione in uso.

3. La commissione tecnica di cui all'art. 7 elabora proposte per l'aggiornamento degli standard di cui agli allegati *A* e *B*, nel rispetto delle competenze definite nell'accordo in Conferenza unificata dell'11 luglio 2002 anche tenendo conto delle indicazioni fornite dalla commissione di cui all'art. 17 del decreto legislativo n. 276 del 2003. La commissione tecnica elabora inoltre proposte per l'aggiornamento degli standard di cui all'allegato *C* anche tenendo conto delle indicazioni fornite dal Centro nazionale per l'informatica nella pubblica amministrazione (di seguito denominato: «CNIPA») ([1]).

4. Gli operatori ottemperano all'obbligo di collegarsi alla borsa continua nazionale del lavoro tramite la connessione ad uno dei nodi regionali della rete, utilizzando i dati indicati all'art. 1, comma 7.

([1]) *La denominazione: «Centro nazionale per l'informatica nella pubblica amministrazione» è stata poi sostituita dalla attuale: «DigitPA», dall'art. 24, comma 2, del D.L.vo 1 dicembre 2009, n. 177. A norma dell'art. 22 del D.L. 22 giugno 2012, n. 83, convertito, con modificazioni, nella L. 7 agosto 2012, n. 134, alla data di entrata in vigore del presente decreto, DigitPA e l'Agenzia per la diffusione delle tecnologie per l'innovazione sono soppressi.*

4. Modalità di fruizione dei servizi. – 1. La borsa continua nazionale del lavoro è liberamente accessibile da parte delle persone in cerca di occupazione e dai datori di lavoro con le seguenti modalità:

a) le persone in cerca di occupazione possono conferire alla borsa continua nazionale del lavoro, previa identificazione, le informazioni personali di cui all'allegato *A*, ai fini dell'incontro fra domanda e offerta di lavoro direttamente per via telematica, anche utilizzando le postazioni appositamente installate dagli operatori;

b) le persone in cerca di occupazione hanno libero accesso alla consultazione degli annunci di ricerca del personale visibili come minimo in forma aggregata e possono candidarsi direttamente in risposta agli stessi dopo essersi identificati al sistema;

c) i datori di lavoro possono pubblicare, previa identificazione, annunci di ricerca di personale per via telematica senza intermediari, ovvero attraverso gli operatori;

d) la ricerca di personale da parte di datori di lavoro è sottoposta ad una procedura informatica di identificazione ed accesso ai servizi.

2. La commissione tecnica di cui all'art. 7 individua gli standard tecnici per l'identificazione in rete dei lavoratori e dei datori di lavoro.

3. La persona in cerca di occupazione che conferisce direttamente per via telematica alla borsa continua nazionale del lavoro le informazioni personali ai fini dell'incontro fra domanda e offerta di lavoro, indica se rendere visibili i dati che ne consentono la diretta identificazione ovvero se assicurare l'identificazione esclusivamente per il tramite dell'operatore prescelto, pubblico e privato autorizzato o accreditato.

5. Validità delle informazioni ed aggiornamento dei dati. – 1. La commissione tecnica di cui all'art. 7 definisce le modalità per l'aggiornamento delle informazioni rese dalle persone in cerca di occupazione, dai datori di lavoro e dagli operatori pubblici e privati autorizzati o accreditati, ai fini dell'incontro fra domanda e offerta di lavoro, ivi inclusa la durata massima di permanenza delle stesse nella borsa continua nazionale del lavoro.

2. Le persone in cerca di occupazione hanno facoltà di modificare le informazioni presenti nel proprio profilo di sintesi rese alla borsa continua nazionale del lavoro, salvo quanto previsto all'art. 4, comma 3.

3. I datori di lavoro, gli operatori pubblici e privati autorizzati o accreditati hanno facoltà di modificare e aggiornare gli annunci di ricerca del personale.

4. È fatto obbligo agli operatori pubblici e privati autorizzati o accreditati, nonché ai datori di lavoro nel caso di inserimento diretto, di provvedere ad annullare le richieste di personale che vengono soddisfatte.

6. Trattamento dei dati relativi all'incontro domanda offerta. – 1. Il divieto di cui all'art. 10 del decreto legislativo n. 276 del 2003, trova applicazione nei confronti dei soggetti che accedono alla borsa continua nazionale del lavoro.

2. I titolari del trattamento dei dati contenuti nella borsa continua nazionale del lavoro sono il Ministero del lavoro e delle politiche sociali, le regioni e gli operatori.

3. Con successivi provvedimenti, specifici di ciascuna organizzazione, i titolari del trattamento hanno facoltà di individuare i responsabili del trattamento medesimo.

4. I soggetti ai quali è consentita la consultazione della borsa continua nazionale del lavoro utilizzano le informazioni di cui al presente decreto e trattano solo i dati pertinenti all'instaurazione di un rapporto di lavoro.

7. Commissione per il raccordo ed il coordinamento della borsa continua nazionale del lavoro. – 1. È istituita, senza oneri aggiuntivi per il bilancio dello Stato, presso il Ministero del lavoro e delle politiche sociali, la commissione tecnica per il raccordo ed il coordinamento permanente tra il livello nazionale ed il livello regionale della borsa continua nazionale del lavoro, nel rispetto degli articoli 4 e 120 della Costituzione e tenuto conto, in particolare, delle disposizioni di cui all'art. 15, comma 5, del decreto legislativo n. 276 del 2003.

2. La commissione:

a) verifica l'efficienza e l'efficacia dei servizi erogati dalla borsa continua nazionale del lavoro, indicando eventuali azioni correttive;

b) verifica l'adeguatezza delle modalità tecniche di funzionamento della borsa continua nazionale del lavoro, in funzione delle esigenze del mercato del lavoro e del Sistema statistico nazionale, proponendo eventuali evoluzioni del modello tecnologico ed organizzativo del sistema, in coerenza con il citato accordo dell'11 luglio 2002 e con le successive decisioni assunte in sede di Conferenza unificata;

c) svolge attività di supporto per l'identificazione delle esigenze, anche di informazione statistica, di regioni e province, al fine di migliorare il funzionamento e l'operatività della borsa continua nazionale del lavoro;

d) svolge attività di supporto per l'aggiornamento e l'evoluzione dell'offerta degli strumenti tecnici messi a disposizione dal Ministero alle regioni ed alle province che ne facciano richiesta nell'ambito dell'esercizio delle relative competenze.

3. La commissione è composta da:

tre rappresentanti del Ministero, di cui uno con funzioni di presidente;

un rappresentante della Presidenza del Consiglio dei Ministri, Dipartimento per l'innovazione e le tecnologie;

un rappresentante del centro nazionale per l'informatica nella pubblica amministrazione;

sei rappresentanti delle regioni e province autonome di Trento e Bolzano designati dalla Conferenza Stato, regioni e province autonome;

un rappresentante delle province, designato dall'Unione delle province italiane (UPI);

un rappresentante dell'INPS;

un rappresentante dell'INAIL;

un rappresentante dell'UNIONCAMERE;

un rappresentante dell'ISTAT;

tre rappresentanti dei soggetti privati autorizzati, designati dagli organismi di rappresentanza;

il Presidente della commissione istituita ai sensi dell'art. 17, commi 3 e 4, del decreto legislativo n. 276 del 2003.

4. La commissione ha sede operativa presso Italia Lavoro S.p.a., che svolge attività di supporto al Ministero ai sensi dell'art. 30 della legge 28 dicembre 2001, n. 448. Italia Lavoro S.p.a. è autorizzata a fornire i supporti tecnici e strumentali per assicurare il funzionamento della commissione per la quale svolge funzioni di segreteria tecnico-organizzativa. I fondi necessari per lo svolgimento delle attività sono reperiti nell'ambito della convenzione sottoscritta con il Ministero l'11 ottobre 2002.

8. Azioni sussidiarie. – 1. Il Ministero, con il supporto della commissione di cui all'art. 7 e di Italia Lavoro S.p.a., rende disponibili alle regioni ed alle province autonome che ne facciano richiesta strumenti tecnici finalizzati a dare sollecita attuazione alla borsa continua nazionale del lavoro.

9. Regime transitorio. – 1. In attesa della completa messa a regime della borsa continua nazionale del lavoro gli operatori pubblici e privati autorizzati ai sensi delle disposizioni di cui agli articoli 4, 5 e 6 del decreto legislativo 10 settembre 2003, n. 276, ottemperano all'obbligo di interconnessione alla borsa continua nazionale del lavoro attraverso uno dei nodi regionali che risultano già attivi secondo gli standard tecnici e i flussi informativi di scambio disciplinati nel presente decreto, anche in ragione della interoperabilità dei sistemi.

(*Si omettono gli allegati*)

5.

D.M. 9 luglio 2008. Modalità di tenuta e conservazione del libro unico del lavoro e disciplina del relativo regime transitorio (*Gazzetta Ufficiale* Serie gen. - n. 192 del 18 agosto 2008).

1. Modalità di tenuta. – 1. Fermo restando l'obbligo, in fase di stampa, di attribuire a ciascun foglio una numerazione sequenziale, conservando eventuali fogli deteriorati o annullati, la tenuta e la conservazione del libro unico del lavoro può essere effettuata mediante la utilizzazione di uno dei seguenti sistemi:

a) a elaborazione e stampa meccanografica su fogli mobili a ciclo continuo, con numerazione di ogni pagina e vidimazione prima della messa in uso presso l'Inail o, in alternativa, con numerazione e vidimazione effettuata, dai soggetti appositamente autorizzati dall'Inail, in sede di stampa del modulo continuo;

b) a stampa laser, con autorizzazione preventiva, da parte dell'Inail, alla stampa e generazione della numerazione automatica;

c) su supporti magnetici, sui quali ogni singola scrittura costituisca documento informatico e sia collegata alle registrazioni in precedenza effettuate, o ad elaborazione automatica dei dati, garantendo oltre la consultabilità, in ogni momento, anche la inalterabilità e la integrità dei dati, nonché la sequenzialità cronologica delle operazioni eseguite, nel rispetto delle regole tecniche di cui all'art. 71 del decreto legislativo 7 marzo 2005, n. 82; tali sistemi sono sottratti ad obblighi di vidimazione ed autorizzazione, previa apposita comunicazione scritta, anche a mezzo fax o e-mail, alla direzione provinciale del lavoro competente per territorio, prima della messa in uso, con indicazione dettagliata delle caratteristiche tecniche del sistema adottato.

2. Ciascuna annotazione relativa allo stato di presenza o di assenza dei lavoratori deve essere effettuata utilizzando una causale precisamente identificata e inequivoca. In caso di annotazione tramite codici o sigle, il soggetto che cura la tenuta del libro unico del lavoro rende immediatamente disponibile, al momento della esibizione dello stesso, anche la decodificazione utile alla piena comprensione delle annotazioni e delle scritturazioni effettuate.

3. Fermi restando gli altri obblighi di cui ai commi 1 e 2 dell'art. 39 del decreto legge 25 giugno 2008, n. 112, la registrazione dei dati variabili

delle retribuzioni può avvenire con un differimento non superiore ad un mese, a condizione che di ciò sia data precisa annotazione sul libro unico del lavoro.

2. Gestione della numerazione unitaria per consulenti del lavoro e soggetti autorizzati. – 1. I consulenti del lavoro, i professionisti e gli altri soggetti di cui all'art. 1, commi 1 e 4, della legge 11 gennaio 1979, n. 12, che siano autorizzati ad adottare un sistema di numerazione unitaria del libro unico del lavoro per i datori di lavoro assistiti devono:

a) ottenere delega scritta da ogni datore di lavoro, anche inserita nella lettera di incarico o documento equipollente;

b) inviare, in via telematica, all'Inail con la prima richiesta di autorizzazione, un elenco dei suddetti datori di lavoro e del codice fiscale dei medesimi;

c) dare comunicazione, in via telematica, all'Inail, entro 30 giorni dall'evento, della avvenuta acquisizione di un nuovo datore di lavoro e della interruzione di assistenza nei confronti di uno dei datori di lavoro già comunicati ai sensi della precedente lettera *b*).

3. Luogo di tenuta e modalità di esibizione. – 1. Il libro unico del lavoro è conservato presso la sede legale del datore di lavoro o, in alternativa, presso lo studio dei consulenti del lavoro o degli altri professionisti abilitati o presso la sede dei servizi e dei centri di assistenza delle associazioni di categoria delle imprese artigiane e delle altre piccole imprese, anche in forma cooperativa, ai sensi e per gli effetti dell'art. 5, comma 1, della legge 11 gennaio 1979, n. 12.

2. Il libro unico del lavoro deve essere tempestivamente esibito agli organi di vigilanza nel luogo in cui si esegue il lavoro, quando trattasi di sede stabile di lavoro, anche a mezzo fax o posta elettronica, dal datore di lavoro che lo detenga nella sede legale. In caso di attività mobili o itineranti, le cui procedure operative comportano lo svolgimento delle prestazioni lavorative presso più luoghi di lavoro nell'ambito della stessa giornata o sono caratterizzate dalla mobilità dei lavoratori sul territorio, il libro unico del lavoro deve essere esibito, dal datore di lavoro che lo detenga nella sede legale, entro il termine assegnato nella richiesta espressamente formulata a verbale dagli organi di vigilanza.

3. I consulenti del lavoro e gli altri professionisti abilitati, nonché i servizi e i centri di assistenza delle associazioni di categoria di cui all'art. 1, comma 4, della legge 11 gennaio 1979, n. 12, devono esibire il libro unico del lavoro dagli stessi detenuto non oltre quindici giorni dalla richiesta espressamente formulata a verbale dagli organi di vigilanza.

4. Elenchi riepilogativi mensili. – 1. A richiesta degli organi di vigilanza, in occasione di un accesso ispettivo, i datori di lavoro che impiegano oltre dieci lavoratori od operano con più sedi stabili di lavoro ed elaborano il libro unico del lavoro con uno dei sistemi di cui all'art. 1, comma 1, del presente decreto, devono esibire elenchi riepilogativi mensili del personale occupato e dei dati individuali relativi alle presenze, alle ferie e ai tempi di lavoro e di riposo, aggiornati all'ultimo periodo di registrazione sul libro unico del lavoro, anche suddivisi per ciascuna sede.

2. Il personale ispettivo ha facoltà di richiedere gli elenchi riepilogativi mensili relativi ai cinque anni che precedono l'inizio dell'accertamento, avendo cura di verificare, nel caso concreto, la materiale possibilità di realizzazione e di esibizione degli stessi da parte del datore di lavoro, del consulente del lavoro o della associazione di categoria di cui all'art. 1, comma 4, della legge 11 gennaio 1979, n. 12.

5. Sede stabile di lavoro e computo dei lavoratori. – 1. Ai fini della corretta applicazione delle disposizioni di cui agli articoli 3 e 4 del presente decreto si considera «sede stabile di lavoro» qualsiasi articolazione autonoma della impresa, stabilmente organizzata, che sia idonea ad espletare, in tutto o in parte, l'attività aziendale e risulti dotata degli strumenti necessari, anche con riguardo alla presenza di uffici amministrativi.

2. Ai fini del calcolo dei lavoratori di cui all'art. 39, comma 7, del decreto legge 25 giugno 2008, n. 112 e all'art. 4 del presente decreto, si computano i lavoratori subordinati, a prescindere dall'effettivo orario di lavoro svolto, i collaboratori coordinati e continuativi e gli associati in partecipazione con apporto lavorativo, che siano iscritti sul libro unico del lavoro e ancora in forza.

6. Obbligo di conservazione. – 1. Il datore di lavoro ha l'obbligo di conservare il libro unico del lavoro per la durata di cinque anni dalla data dell'ultima registrazione e di custodirlo nel rispetto del decreto legislativo 30 giugno 2003, n. 196, in materia di protezione dei dati personali.

2. L'obbligo di cui al comma 1 è esteso ai libri obbligatori in materia di lavoro dismessi in seguito all'entrata in vigore della semplificazione di cui all'art. 39 del decreto legge 25 giugno 2008, n. 112 e alle disposizioni del presente decreto.

7. Regime transitorio e disposizioni finali. – 1. Fino al periodo di paga relativo al mese di dicembre 2008 i datori di lavoro, in via transitoria, possono adempiere agli obblighi di istituzione e tenuta del libro unico del lavoro, secondo le disposizioni dettate dall'art. 39 del decreto legge 25 giugno 2008, n. 112 e dal presente decreto, mediante la corretta e regolare tenuta del libro paga, nelle sue sezioni paga e presenze o del registro dei lavoranti e del libretto personale di controllo per i lavoranti a domicilio, debitamente compilati e aggiornati.

2. Dalla data di entrata in vigore del presente decreto le disposizioni normative ancora vigenti che fanno richiamo ai libri obbligatori di lavoro o ai libri di matricola e di paga, devono essere riferite al libro unico del lavoro, per quanto compatibile.

3. Il libro matricola e il registro d'impresa s'intendono immediatamente abrogati.

6.

L. 4 novembre 2010, n. 183. Deleghe al Governo in materia di lavori usuranti, di riorganizzazione di enti, di congedi, aspettative e permessi, di ammortizzatori sociali, di servizi per l'impiego, di incentivi all'occupazione, di apprendistato, di occupazione femminile, nonché misure contro il lavoro sommerso e disposizioni in tema di lavoro pubblico e di controversie di lavoro (Suppl. ord. alla *Gazzetta Ufficiale* Serie gen. - n. 262 del 9 novembre 2010).

(*Estratto*)

30. Clausole generali e certificazione del contratto di lavoro. – 1. In tutti i casi nei quali le disposizioni di legge nelle materie di cui all'articolo 409 del codice di procedura civile e all'articolo 63, comma 1, del decreto legislativo 30 marzo 2001, n. 165, contengano clausole generali, ivi comprese le norme in tema di instaurazione di un rapporto di lavoro, esercizio dei poteri datoriali, trasferimento di azienda e recesso, il controllo giudiziale è limitato esclusivamente, in conformità ai princìpi generali dell'ordinamento, all'accertamento del presupposto di legittimità e non può essere esteso al sindacato di merito sulle valutazioni tecniche, organizzative e produttive che competono al datore di lavoro o al committente. L'inosservanza delle disposizioni di cui al precedente periodo, in materia di limiti al sindacato di merito sulle valutazioni tecniche, organizzative e produttive che competono al datore di lavoro, costituisce motivo di impugnazione per violazione di norme di diritto (1).

2. Nella qualificazione del contratto di lavoro e nell'interpretazione delle relative clausole il giudice non può discostarsi dalle valutazioni delle parti, espresse in sede di certificazione dei contratti di lavoro di cui al titolo VIII del decreto legislativo 10 settembre 2003, n. 276, e successive modificazioni, salvo il caso di erronea qualificazione del contratto, di vizi del consenso o di difformità tra il programma negoziale certificato e la sua successiva attuazione.

3. Nel valutare le motivazioni poste a base del licenziamento, il giudice tiene conto delle tipizzazioni di giusta causa e di giustificato motivo presenti nei contratti collettivi di lavoro stipulati dai sindacati comparativamente più rappresentativi ovvero nei contratti individuali di lavoro ove stipulati con l'assistenza e la consulenza delle commissioni di certificazione di cui al titolo VIII del decreto legislativo 10 settembre 2003, n. 276, e successive modificazioni. Nel definire le conseguenze da riconnettere al licenziamento ai sensi dell'articolo 8 della legge 15 luglio 1966, n. 604, e successive modificazioni, il giudice tiene egualmente conto di elementi e di parametri fissati dai predetti contratti e comunque considera le dimensioni e le condizioni dell'attività esercitata dal datore di lavoro, la situazione del mercato del lavoro locale, l'anzianità e le condizioni del lavoratore, nonché il comportamento delle parti anche prima del licenziamento.

4. - 6. (*Omissis*).

(1) *Questo periodo è stato aggiunto dall'art. 1, comma 43, della L. 28 giugno 2012, n. 92.*

31. Conciliazione e arbitrato. – 1. L'articolo 410 del codice di procedura civile è sostituito dal seguente: «Art. 410. – (*Tentativo di conciliazione*). – Chi intende proporre in giudizio una domanda relativa ai rapporti previsti dall'articolo 409 può promuovere, anche tramite l'associazione sindacale alla quale aderisce o conferisce mandato, un previo tentativo di conciliazione presso la commissione di conciliazione individuata secondo i criteri di cui all'articolo 413.

La comunicazione della richiesta di espletamento del tentativo di conciliazione interrompe la prescrizione e sospende, per la durata del tentativo di conciliazione e per i venti giorni successivi alla sua conclusione, il decorso di ogni termine di decadenza.

Le commissioni di conciliazione sono istituite presso la Direzione provinciale del lavoro. La commissione è composta dal direttore dell'ufficio stesso o da un suo delegato o da un magistrato collocato a riposo, in qualità di presidente, da quattro rappresentanti effettivi e da quattro supplenti dei datori di lavoro e da quattro rappresentanti effettivi e da quattro supplenti dei lavoratori, designati dalle rispettive organizzazioni sindacali maggiormente rappresentative a livello territoriale.

Le commissioni, quando se ne ravvisi la necessità, affidano il tentativo di conciliazione a proprie sottocommissioni, presiedute dal direttore della Direzione provinciale del lavoro o da un suo delegato, che rispecchino la composizione prevista dal terzo comma. In ogni caso per la validità della riunione è necessaria la presenza del presidente e di almeno un rappresentante dei datori di lavoro e almeno un rappresentante dei lavoratori.

La richiesta del tentativo di conciliazione, sottoscritta dall'istante, è consegnata o spedita mediante raccomandata con avviso di ricevimento. Copia della richiesta del tentativo di conciliazione deve essere consegnata o spedita con raccomandata con ricevuta di ritorno a cura della stessa parte istante alla controparte.

La richiesta deve precisare:

1) nome, cognome e residenza dell'istante e del convenuto; se l'istante o il convenuto sono una persona giuridica, un'associazione non riconosciuta o un comitato, l'istanza deve indicare la denominazione o la ditta nonché la sede;

2) il luogo dove è sorto il rapporto ovvero dove si trova l'azienda o sua dipendenza alla quale è addetto il lavoratore o presso la quale egli prestava la sua opera al momento della fine del rapporto;

3) il luogo dove devono essere fatte alla parte istante le comunicazioni inerenti alla procedura;

4) l'esposizione dei fatti e delle ragioni posti a fondamento della pretesa.

Se la controparte intende accettare la procedura di conciliazione, deposita presso la commissione di conciliazione, entro venti giorni dal ricevimento della copia della richiesta, una memoria contenente le difese e le eccezioni in fatto e in diritto, nonché le eventuali domande in via riconvenzionale. Ove ciò non avvenga, ciascuna delle parti è libera di adire l'autorità giudiziaria. Entro i dieci giorni successivi al deposito, la commissione fissa la comparizione delle parti per il tentativo di conciliazione, che deve essere tenuto entro i successivi trenta giorni. Dinanzi alla commissione il lavoratore può farsi assistere anche da un'organizzazione cui aderisce o conferisce mandato.

La conciliazione della lite da parte di chi rappresenta la pubblica amministrazione, anche in sede giudiziale ai sensi dell'articolo 420, commi primo, secondo e terzo, non può dar luogo a responsabilità, salvi i casi di dolo e colpa grave».

2. Il tentativo di conciliazione di cui all'articolo 80, comma 4, del decreto legislativo 10 settembre 2003, n. 276, è obbligatorio.

3. L'articolo 411 del codice di procedura civile è sostituito dal seguente: «Art. 411. – (*Processo verbale di conciliazione*). – Se la conciliazione esperita ai sensi dell'articolo 410 riesce, anche limitatamente ad una parte della domanda, viene redatto separato processo verbale sottoscritto dalle parti e dai componenti della commissione di conciliazione. Il giudice, su istanza della parte interessata, lo dichiara esecutivo con decreto.

Se non si raggiunge l'accordo tra le parti, la commissione di conciliazione deve formulare una proposta per la bonaria definizione della controversia. Se la proposta non è accettata, i termini di essa sono riassunti nel verbale con indicazione delle valutazioni espresse dalle parti. Delle risultanze della proposta formulata dalla commissione e non accettata senza adeguata motivazione il giudice tiene conto in sede di giudizio.

Ove il tentativo di conciliazione sia stato richiesto dalle parti, al ricorso depositato ai sensi dell'articolo 415 devono essere allegati i verbali e le memorie concernenti il tentativo di conciliazione non riuscito. Se il tentativo di conciliazione si è svolto in sede sindacale, ad esso non si applicano le disposizioni di cui all'articolo 410. Il processo verbale di avvenuta conciliazione è depositato presso la Direzione provinciale del lavoro a cura di una delle parti o per il tramite di un'associazione sindacale. Il direttore, o un suo delegato, accertatane l'autenticità, provvede a depositarlo nella cancelleria del tribunale nella cui circoscrizione è stato redatto. Il giudice, su istanza della parte interessata, accertata la regolarità formale del verbale di conciliazione, lo dichiara esecutivo con decreto».

4. All'articolo 420, primo comma, del codice di procedura civile, le parole: «e tenta la conciliazione della lite» sono sostituite dalle seguenti: «, tenta la conciliazione della lite e formula alle parti una proposta transattiva» e le parole: «senza giustificato motivo, costituisce comportamento valutabile dal giudice ai fini della decisione» sono sostituite dalle seguenti: «o il rifiuto della proposta transattiva del giudice, senza giustificato motivo, costituiscono comportamento valutabile dal giudice ai fini del giudizio».

5. L'articolo 412 del codice di procedura civile è sostituito dal seguente: «Art. 412. – (*Risoluzione arbitrale della controversia*). – In qualunque fase del tentativo di conciliazione, o al suo termine in caso di mancata riuscita, le parti possono indicare la soluzione, anche parziale, sulla quale concordano, riconoscendo, quando è possibile, il credito che spetta al lavoratore, e possono accordarsi per la risoluzione della lite, affidando alla commissione di conciliazione il mandato a risolvere in via arbitrale la controversia.

Nel conferire il mandato per la risoluzione arbitrale della controversia, le parti devono indicare:

1) il termine per l'emanazione del lodo, che non può comunque superare i sessanta giorni dal conferimento del mandato, spirato il quale l'incarico deve intendersi revocato;

2) le norme invocate dalle parti a sostegno delle loro pretese e l'eventuale richiesta di decidere secondo equità, nel rispetto dei princìpi generali dell'ordinamento e dei princìpi regolatori della materia, anche derivanti da obblighi comunitari.

Il lodo emanato a conclusione dell'arbitrato, sottoscritto dagli arbitri e autenticato, produce tra le parti gli effetti di cui all'articolo 1372 e all'articolo 2113, quarto comma, del codice civile.

Il lodo è impugnabile ai sensi dell'articolo 808 *ter*. Sulle controversie aventi ad oggetto la validità del lodo arbitrale irrituale, ai sensi dell'articolo 808 *ter*, decide in unico grado il tribunale, in funzione di giudice del lavoro, nella cui circoscrizione è la sede dell'arbitrato. Il ricorso è depositato entro il termine di trenta giorni dalla notificazione del lodo. Decorso tale termine, o se le parti hanno comunque dichiarato per iscritto di accettare la decisione arbitrale, ovvero se il ricorso è stato respinto dal tribunale, il lodo è depositato nella cancelleria del tribunale nella cui circoscrizione è la sede dell'arbitrato. Il giudice, su istanza della parte interessata, accertata la regolarità formale del lodo arbitrale, lo dichiara esecutivo con decreto».

6. L'articolo 412 *ter* del codice di procedura civile è sostituito dal seguente: «Art. 412 *ter*. – (*Altre modalità di conciliazione e arbitrato previste dalla contrattazione collettiva*). – La conciliazione e l'arbitrato, nelle materie di cui all'articolo 409, possono essere svolti altresì presso le sedi e con le modalità previste dai contratti collettivi sottoscritti dalle associazioni sindacali maggiormente rappresentative».

7. All'articolo 2113, quarto comma, del codice civile, le parole: «ai sensi degli articoli 185, 410 e 411» sono sostituite dalle seguenti: «ai sensi degli articoli 185, 410, 411, 412 *ter* e 412 *quater*».

8. L'articolo 412 *quater* del codice di procedura civile è sostituito dal seguente: «Art. 412 *quater*. – (*Altre modalità di conciliazione e arbitrato*). – Ferma restando la facoltà di ciascuna delle parti di adire l'autorità giudiziaria e di avvalersi delle procedure di conciliazione e di arbitrato previste dalla legge, le controversie di cui all'articolo 409 possono essere altresì proposte innanzi al collegio di conciliazione e arbitrato irrituale costituito secondo quanto previsto dai commi seguenti.

Il collegio di conciliazione e arbitrato è composto da un rappresentante di ciascuna delle parti e da un terzo membro, in funzione di presidente, scelto di comune accordo dagli arbitri di parte tra i professori universitari di materie giuridiche e gli avvocati ammessi al patrocinio davanti alla Corte di cassazione.

La parte che intenda ricorrere al collegio di conciliazione e arbitrato deve notificare all'altra parte un ricorso sottoscritto, salvo che si tratti di una pubblica amministrazione, personalmente o da un suo rappresentante al quale abbia conferito mandato e presso il quale deve eleggere il domicilio. Il ricorso deve contenere la nomina dell'arbitro di parte e indicare l'oggetto della domanda, le ragioni di fatto e di diritto sulle quali si fonda la domanda stessa, i mezzi di prova e il valore della controversia entro il quale si intende limitare la domanda. Il ricorso deve contenere il riferimento alle norme invocate dal ricorrente a sostegno della sua pretesa e l'eventuale richiesta di decidere secondo equità, nel rispetto dei princìpi generali dell'ordinamento e dei princìpi regolatori della materia, anche derivanti da obblighi comunitari.

Se la parte convenuta intende accettare la procedura di conciliazione e arbitrato nomina il proprio arbitro di parte, il quale entro trenta giorni dalla notifica del ricorso procede, ove possibile, concordemente con l'altro arbitro, alla scelta del presidente e della sede del collegio. Ove ciò non avvenga, la parte che ha presentato ricorso può chiedere che la nomina sia fatta dal presidente del tribunale nel cui circondario è la sede dell'arbitrato. Se la parti non hanno ancora determinato la sede, il ricorso è presentato al presidente del tribunale del luogo in cui è sorto il rapporto di lavoro o ove si trova l'azienda o una sua dipendenza alla quale è addetto il lavoratore o presso la quale egli prestava la sua opera al momento della fine del rapporto.

In caso di scelta concorde del terzo arbitro e della sede del collegio, la parte convenuta, entro trenta giorni da tale scelta, deve depositare presso la sede del collegio una memoria difensiva sottoscritta, salvo che si tratti di una pubblica amministrazione, da un avvocato cui abbia conferito mandato e presso il quale deve eleggere il domicilio. La memoria deve contenere le difese e le eccezioni in fatto e in diritto, le eventuali domande in via riconvenzionale e l'indicazione dei mezzi di prova.

Entro dieci giorni dal deposito della memoria difensiva il ricorrente può depositare presso la sede del collegio una memoria di replica senza modificare il contenuto del ricorso. Nei successivi dieci giorni il convenuto può depositare presso la sede del collegio una controreplica senza modificare il contenuto della memoria difensiva.

Il collegio fissa il giorno dell'udienza, da tenere entro trenta giorni dalla scadenza del termine per la controreplica del convenuto, dandone comunicazione alle parti, nel domicilio eletto, almeno dieci giorni prima.

All'udienza il collegio esperisce il tentativo di conciliazione. Se la conciliazione riesce, si applicano le disposizioni dell'articolo 411, commi primo e terzo.

Se la conciliazione non riesce, il collegio provvede, ove occorra, a interrogare le parti e ad ammettere e assumere le prove, altrimenti invita all'immediata discussione orale. Nel caso di ammissione delle prove, il collegio può rinviare ad altra udienza, a non più di dieci giorni di distanza, l'assunzione delle stesse e la discussione orale.

La controversia è decisa, entro venti giorni dall'udienza di discussione, mediante un lodo. Il lodo emanato a conclusione dell'arbitrato, sottoscritto dagli arbitri e autenticato, produce tra le parti gli effetti di cui agli articoli 1372 e 2113, quarto comma, del codice civile. Il lodo è impugnabile ai sensi dell'articolo 808 *ter*. Sulle controversie aventi ad oggetto la validità del lodo arbitrale irrituale, ai sensi dell'articolo 808 *ter*, decide in unico grado il tribunale, in funzione di giudice del lavoro, nella cui circoscrizione è la sede dell'arbitrato. Il ricorso è depositato entro il termine di trenta giorni dalla notificazione del lodo. Decorso tale termine, o se le parti hanno comunque dichiarato per iscritto di accettare la decisione arbitrale, ovvero se il ricorso è stato respinto dal tribunale, il lodo è depositato nella cancelleria del tribunale nella cui circoscrizione è la sede dell'arbitrato. Il giudice, su istanza della parte interessata, accertata la regolarità formale del lodo arbitrale, lo dichiara esecutivo con decreto.

Il compenso del presidente del collegio è fissato in misura pari al 2 per cento del valore della controversia dichiarato nel ricorso ed è versato dalle parti, per metà ciascuna, presso la sede del collegio mediante assegni circolari intestati al presidente almeno cinque giorni prima dell'udienza. Ciascuna parte provvede a compensare l'arbitro da essa nominato. Le spese legali e quelle per il compenso del presidente e dell'arbitro di parte, queste ultime nella misura dell'1 per cento del suddetto valore della controversia, sono liquidate nel lodo ai sensi degli articoli 91, primo comma, e 92.

I contratti collettivi nazionali di categoria possono istituire un fondo per il rimborso al lavoratore delle spese per il compenso del presidente del collegio e del proprio arbitro di parte».

9. Le disposizioni degli articoli 410, 411, 412, 412 *ter* e 412 *quater* del codice di procedura civile si applicano anche alle controversie di cui all'articolo 63, comma 1, del decreto legislativo 30 marzo 2001, n. 165. Gli articoli 65 e 66 del decreto legislativo 30 marzo 2001, n. 165, sono abrogati.

10. In relazione alle materie di cui all'articolo 409 del codice di procedura civile, le parti contrattuali possono pattuire clausole compromissorie di cui all'articolo 808 del codice di procedura civile che rinviano alle modalità di espletamento dell'arbitrato di cui agli articoli 412 e 412 *quater* del codice di procedura civile, solo ove ciò sia previsto da accordi interconfederali o contratti collettivi di lavoro stipulati dalle organizzazioni dei datori di lavoro e dei lavoratori comparativamente più rappresentative sul piano nazionale. La clausola compromissoria, a pena di nullità, deve

essere certificata in base alle disposizioni di cui al titolo VIII del decreto legislativo 10 settembre 2003, n. 276, dagli organi di certificazione di cui all'articolo 76 del medesimo decreto legislativo, e successive modificazioni. Le commissioni di certificazione accertano, all'atto della sottoscrizione della clausola compromissoria, la effettiva volontà delle parti di devolvere ad arbitri le eventuali controversie nascenti dal rapporto di lavoro. La clausola compromissoria non può essere pattuita e sottoscritta prima della conclusione del periodo di prova, ove previsto, ovvero se non siano trascorsi almeno trenta giorni dalla data di stipulazione del contratto di lavoro, in tutti gli altri casi. La clausola compromissoria non può riguardare controversie relative alla risoluzione del contratto di lavoro. Davanti alle commissioni di certificazione le parti possono farsi assistere da un legale di loro fiducia o da un rappresentante dell'organizzazione sindacale o professionale a cui abbiano conferito mandato.

11. In assenza degli accordi interconfederali o contratti collettivi di cui al primo periodo del comma 10, trascorsi dodici mesi dalla data di entrata in vigore della presente legge, il Ministro del lavoro e delle politiche sociali convoca le organizzazioni dei datori di lavoro e dei lavoratori comparativamente più rappresentative, al fine di promuovere l'accordo. In caso di mancata stipulazione dell'accordo di cui al periodo precedente, entro i sei mesi successivi alla data di convocazione, il Ministro del lavoro e delle politiche sociali, con proprio decreto, tenuto conto delle risultanze istruttorie del confronto tra le parti sociali, individua in via sperimentale, fatta salva la possibilità di integrazioni e deroghe derivanti da eventuali successivi accordi interconfederali o contratti collettivi, le modalità di attuazione e di piena operatività delle disposizioni di cui al comma 10.

12. Gli organi di certificazione di cui all'articolo 76 del decreto legislativo 10 settembre 2003, n. 276, e successive modificazioni, possono istituire camere arbitrali per la definizione, ai sensi dell'articolo 808 *ter* del codice di procedura civile, delle controversie nelle materie di cui all'articolo 409 del medesimo codice e all'articolo 63, comma 1, del decreto legislativo 30 marzo 2001, n. 165. Le commissioni di cui al citato articolo 76 del decreto legislativo n. 276 del 2003, e successive modificazioni, possono concludere convenzioni con le quali prevedano la costituzione di camere arbitrali unitarie. Si applica, in quanto compatibile, l'articolo 412, commi terzo e quarto, del codice di procedura civile.

13. Presso le sedi di certificazione di cui all'articolo 76 del decreto legislativo 10 settembre 2003, n. 276, e successive modificazioni, può altresì essere esperito il tentativo di conciliazione di cui all'articolo 410 del codice di procedura civile.

42. Comunicazioni delle imprese di assicurazione all'INPS. – 1. A decorrere dal 1° giugno 2010, nei casi di infermità comportante incapacità lavorativa, derivante da responsabilità di terzi, il medico è tenuto a darne segnalazione nei certificati di malattia di cui all'articolo 2 del decreto legge 30 dicembre 1979, n. 663, convertito, con modificazioni, dalla legge 29 febbraio 1980, n. 33, al fine di consentire all'ente assicuratore l'esperibilità delle azioni surrogatorie e di rivalsa.

2. In caso di eventi occorsi in danno di soggetti aventi diritto all'indennità di malattia erogata dall'INPS ed imputabili a responsabilità di terzi, l'impresa di assicurazione, prima di procedere all'eventuale risarcimento del danno, è tenuta a darne immediata comunicazione all'INPS.

3. Entro quindici giorni dal ricevimento della comunicazione di cui al comma 2, l'INPS trasmette all'impresa di assicurazione un «certificato di indennità corrisposte» (CIR) attestante l'avvenuta liquidazione dell'indennità di malattia ed il relativo importo.

4. L'impresa assicuratrice procede, conseguentemente, ad accantonare e rimborsare preventivamente all'INPS l'importo certificato ai sensi del comma 3.

5. Dall'attuazione del presente articolo non devono derivare nuovi o maggiori oneri per la finanza pubblica.

50. Disposizioni in materia di collaborazioni coordinate e continuative. – 1. Fatte salve le sentenze passate in giudicato, in caso di accertamento della natura subordinata di rapporti di collaborazione coordinata e continuativa, anche se riconducibili ad un progetto o programma di lavoro, il datore di lavoro che abbia offerto entro il 30 settembre 2008 la stipulazione di un contratto di lavoro subordinato ai sensi dell'articolo 1, commi 1202 e seguenti, della legge 27 dicembre 2006, n. 296, nonché abbia, dopo la data di entrata in vigore della presente legge, ulteriormente offerto la conversione a tempo indeterminato del contratto in corso ovvero offerto l'assunzione a tempo indeterminato per mansioni equivalenti a quelle svolte durante il rapporto di lavoro precedentemente in essere, è tenuto unicamente a indennizzare il prestatore di lavoro con un'indennità di importo compreso tra un minimo di 2,5 ed un massimo di 6 mensilità di retribuzione, avuto riguardo ai criteri indicati nell'articolo 8 della legge 15 luglio 1966, n. 604.

7.

D.L. 13 agosto 2011, n. 138. Ulteriori misure urgenti per la stabilizzazione finanziaria e per lo sviluppo (*Gazzetta Ufficiale* Serie gen. - n. 188 del 13 agosto 2011), convertito, con modificazioni, nella L. 14 settembre 2011, n. **148** (*Gazzetta Ufficiale* Serie gen. - n. 216 del 16 settembre 2011).

(*Estratto*)

Titolo III
Misure a sostegno dell'occupazione

8. Sostegno alla contrattazione collettiva di prossimità. – 1. I contratti collettivi di lavoro sottoscritti a livello aziendale o territoriale da associazioni dei lavoratori comparativamente più rappresentative sul piano nazionale o territoriale ovvero dalle loro rappresentanze sindacali operanti in azienda ai sensi della normativa di legge e degli accordi interconfederali vigenti, compreso l'accordo interconfederale del 28 giugno 2011, possono realizzare specifiche intese con efficacia nei confronti di tutti i lavoratori interessati a condizione di essere sottoscritte sulla base di un criterio maggioritario relativo alle predette rappresentanze sindacali, finalizzate alla maggiore occupazione, alla qualità dei contratti di lavoro, all'adozione di forme di partecipazione dei lavoratori, alla emersione del lavoro irregolare, agli incrementi di competitività e di salario, alla gestione delle crisi aziendali e occupazionali, agli investimenti e all'avvio di nuove attività.

2. Le specifiche intese di cui al comma 1 possono riguardare la regolazione delle materie inerenti l'organizzazione del lavoro e della produzione con riferimento:

a) agli impianti audiovisivi e alla introduzione di nuove tecnologie;

b) alle mansioni del lavoratore, alla classificazione e inquadramento del personale;

c) ai contratti a termine, ai contratti a orario ridotto, modulato o flessibile, al regime della solidarietà negli appalti e ai casi di ricorso alla somministrazione di lavoro;

d) alla disciplina dell'orario di lavoro;

e) alle modalità di assunzione e disciplina del rapporto di lavoro, comprese le collaborazioni coordinate e continuative a progetto e le partite IVA, alla trasformazione e conversione dei contratti di lavoro e alle conseguenze del recesso dal rapporto di lavoro, fatta eccezione per il licenziamento discriminatorio il licenziamento della lavoratrice in concomitanza del matrimonio, il licenziamento della lavoratrice dall'inizio del periodo di gravidanza fino al termine dei periodi di interdizione al lavoro, nonché fino ad un anno di età del bambino, il licenziamento causato dalla domanda o dalla fruizione del congedo parentale e per la malattia del bambino da parte della lavoratrice o del lavoratore ed il licenziamento in caso di adozione o affidamento.

2 *bis*. Fermo restando il rispetto della Costituzione, nonché i vincoli derivanti dalle normative comunitarie e dalle convenzioni internazionali sul lavoro, le specifiche intese di cui al comma 1 operano anche in deroga alle disposizioni di legge che disciplinano le materie richiamate dal comma 2 ed alle relative regolamentazioni contenute nei contratti collettivi nazionali di lavoro.

3. Le disposizioni contenute in contratti collettivi aziendali vigenti, approvati e sottoscritti prima dell'accordo interconfederale del 28 giugno 2011 tra le parti sociali, sono efficaci nei confronti di tutto il personale delle unità produttive cui il contratto stesso si riferisce a condizione che sia stato approvato con votazione a maggioranza dei lavoratori.

3 *bis*. All'articolo 36, comma 1, del decreto legislativo 8 luglio 2003, n. 188, sono apportate le seguenti modifiche: (*Omissis*).

8.

D.L.vo 14 settembre 2011, n. 167. Testo unico dell'apprendistato, a norma dell'articolo 1, comma 30, della legge 24 dicembre 2007, n. 247 (*Gazzetta Ufficiale* Serie gen. - n. 236 del 10 ottobre 2011) (1).

(1) *Questo provvedimento è stato abrogato dall'art. 55, comma 1, lett. g), del D.L.vo 15 giugno 2015, n. 81, salvo quanto disposto dall'art. 47, comma 5, del medesimo provvedimento per cui per le regioni e le province autonome e i settori ove la disciplina di cui al presente capo non sia immediatamente operativa, trovano applicazione le regolazioni vigenti. In assenza della offerta formativa pubblica di cui all'articolo 44, comma 3, trovano immediata applicazione le regolazioni contrattuali vigenti. A norma dell'art. 55, comma 3, del medesimo decreto sino all'emanazione dei decreti richiamati dalle disposizioni del presente decreto legislativo, trovano applicazione le regolamentazioni vigenti.*

1. [**Definizione.** – 1. L'apprendistato è un contratto di lavoro a tempo indeterminato finalizzato alla formazione e alla occupazione dei giovani.

2. Il contratto di apprendistato è definito secondo le seguenti tipologie:

a) apprendistato per la qualifica e per il diploma professionale;

b) apprendistato professionalizzante o contratto di mestiere;

c) apprendistato di alta formazione e ricerca].

2. [**Disciplina generale.** – 1. La disciplina del contratto di apprendistato è rimessa ad appositi accordi interconfederali ovvero ai contratti collettivi di lavoro stipulati a livello nazionale da associazioni dei datori e prestatori di lavoro comparativamente più rappresentative sul piano nazionale nel rispetto dei seguenti principi:

a) forma scritta del contratto e del patto di prova. Il contratto di apprendistato contiene, in forma sintetica, il piano formativo individuale definito anche sulla base di moduli e formulari stabiliti dalla contrattazione collettiva o dagli enti bilaterali (1);

a bis) previsione di una durata minima del contratto non inferiore a sei mesi, fatto salvo quanto previsto dall'articolo 4, comma 5 (2);

b) divieto di retribuzione a cottimo;

c) possibilità di inquadrare il lavoratore fino a due livelli inferiori rispetto alla categoria spettante, in applicazione del contratto collettivo nazionale di lavoro, ai lavoratori addetti a mansioni o funzioni che richiedono qualificazioni corrispondenti a quelle al conseguimento delle quali è finalizzato il contratto ovvero, in alternativa, di stabilire la retribuzione dell'apprendista in misura percentuale e in modo graduale alla anzianità di servizio;

d) presenza di un tutore o referente aziendale;

e) possibilità di finanziare i percorsi formativi aziendali degli apprendisti per il tramite dei fondi paritetici interprofessionali di cui all'articolo 118 della legge 23 dicembre 2000, n. 388 e all'articolo 12 del decreto legislativo 10 settembre 2003, n. 276 e successive modificazioni anche attraverso accordi con le Regioni;

f) possibilità del riconoscimento, sulla base dei risultati conseguiti all'interno del percorso di formazione, esterna e interna alla impresa, della qualifica professionale ai fini contrattuali e delle competenze acquisite ai fini del proseguimento degli studi nonché nei percorsi di istruzione degli adulti;

g) registrazione della formazione effettuata e della qualifica professionale a fini contrattuali eventualmente acquisita nel libretto formativo del cittadino di cui all'articolo 2, comma 1, lettera *i*), del decreto legislativo 10 settembre 2003, n. 276;

h) possibilità di prolungare il periodo di apprendistato in caso di malattia, infortunio o altra causa di sospensione involontaria del rapporto, superiore a trenta giorni, secondo quanto previsto dai contratti collettivi;

i) possibilità di forme e modalità per la conferma in servizio, senza nuovi o maggiori oneri per la finanza pubblica, al termine del percorso formativo, al fine di ulteriori assunzioni in apprendistato, fermo restando quanto previsto dal comma 3 del presente articolo;

l) divieto per le parti di recedere dal contratto durante il periodo di formazione in assenza di una giusta causa o di un giustificato motivo. In caso di licenziamento privo di giustificazione trovano applicazione le sanzioni previste dalla normativa vigente;

m) possibilità per le parti di recedere dal contratto con preavviso decorrente dal termine del periodo di formazione ai sensi di quanto disposto dall'articolo 2118 del codice civile; nel periodo di preavviso continua a trovare applicazione la disciplina del contratto di apprendistato (3). Se nessuna delle parti esercita la facoltà di recesso al termine del periodo di formazione, il rapporto prosegue come ordinario rapporto di lavoro subordinato a tempo indeterminato.

2. Per gli apprendisti l'applicazione delle norme sulla previdenza e assistenza sociale obbligatoria si estende alle seguenti forme:

a) assicurazione contro gli infortuni sul lavoro e le malattie professionali;

b) assicurazione contro le malattie;

c) assicurazione contro l'invalidità e vecchiaia;

d) maternità;

e) assegno familiare;

e bis) assicurazione sociale per l'impiego in relazione alla quale, in via aggiuntiva a quanto previsto in relazione al regime contributivo per le assicurazioni di cui alle precedenti lettere ai sensi della disciplina di cui all'articolo 1, comma 773, della legge 27 dicembre 2006, n. 296, con effetto sui periodi contributivi maturati a decorrere dal 1° gennaio 2013 è dovuta dai datori di lavoro per gli apprendisti artigiani e non artigiani una contribuzione pari all'1,31 per cento della retribuzione imponibile ai fini previdenziali. Resta fermo che con riferimento a tale contribuzione non operano le disposizioni di cui all'articolo 22, comma 1, della legge 12 novembre 2011, n. 183 ([4]).

3. Il numero complessivo di apprendisti che un datore di lavoro può assumere, direttamente o indirettamente per il tramite delle agenzie di somministrazione di lavoro ai sensi dell'articolo 20 del decreto legislativo 10 settembre 2003, n. 276, e successive modificazioni, non può superare il rapporto di 3 a 2 rispetto alle maestranze specializzate e qualificate in servizio presso il medesimo datore di lavoro; tale rapporto non può superare il 100 per cento per i datori di lavoro che occupano un numero di lavoratori inferiore a dieci unità. È in ogni caso esclusa la possibilità di assumere in somministrazione apprendisti con contratto di somministrazione a tempo determinato di cui all'articolo 20, comma 4, del decreto legislativo 10 settembre 2003, n. 276. Il datore di lavoro che non abbia alle proprie dipendenze lavoratori qualificati o specializzati, o che comunque ne abbia in numero inferiore a tre, può assumere apprendisti in numero non superiore a tre. Le disposizioni di cui al presente comma non si applicano alle imprese artigiane per le quali trovano applicazione le disposizioni di cui all'articolo 4 della legge 8 agosto 1985, n. 443 ([5]).

3 *bis*. Ferma restando la possibilità per i contratti collettivi nazionali di lavoro, stipulati dai sindacati comparativamente più rappresentativi sul piano nazionale, di individuare limiti diversi da quelli previsti dal presente comma, esclusivamente per i datori di lavoro che occupano almeno cinquanta dipendenti l'assunzione di nuovi apprendisti è subordinata alla prosecuzione, a tempo indeterminato, del rapporto di lavoro al termine del periodo di apprendistato, nei trentasei mesi precedenti la nuova assunzione, di almeno il 20 per cento degli apprendisti dipendenti dallo stesso datore di lavoro ([6]). Dal computo della predetta percentuale sono esclusi i rapporti cessati per recesso durante il periodo di prova, per dimissioni o per licenziamento per giusta causa. Qualora non sia rispettata la predetta percentuale, è consentita l'assunzione di un ulteriore apprendista rispetto a quelli già confermati, ovvero di un apprendista in caso di totale mancata conferma degli apprendisti pregressi. Gli apprendisti assunti in violazione dei limiti di cui al presente comma sono considerati lavoratori subordinati a tempo indeterminato, al di fuori delle previsioni del presente decreto, sin dalla data di costituzione del rapporto ([7]).

3 *ter*. Le disposizioni di cui al comma 3 *bis* non si applicano nei confronti dei datori di lavoro che occupano alle loro dipendenze un numero di lavoratori inferiore a dieci unità] ([8]).

([1]) *Questa lettera è stata così sostituita dall'art. 2, comma 1, lett.* a), *n. 1), del D.L. 20 marzo 2014, n. 34, convertito, con modificazioni, nella L. 16 maggio 2014, n. 78. A norma dell'art. 2* bis, *comma 1, del medesimo decreto tali disposizioni si applicano ai rapporti di lavoro costituiti a decorrere dalla data di entrata in vigore del presente decreto. Sono fatti salvi gli effetti già prodotti dalle disposizioni introdotte dal presente decreto.*

([2]) *Questa lettera è stata inserita dall'art. 1, comma 16, lett.* a), *della L. 28 giugno 2012, n. 92.*

([3]) *Le parole: «2118 del codice civile» sono state così sostituite dalle parole: «2118 del codice civile; nel periodo di preavviso continua a trovare applicazione la disciplina del contratto di apprendistato» dall'art. 1, comma 16, lett.* b), *della L. 28 giugno 2012, n. 92.*

([4]) *Questa lettera è stata aggiunta dall'art. 2, comma 36, della L. 28 giugno 2012, n. 92. A norma del successivo comma 37 dello stesso articolo, l'aliquota contributiva di cui al comma 36, di finanziamento dell'ASpI, non ha effetto nei confronti delle disposizioni agevolative che rimandano, per l'identificazione dell'aliquota applicabile, alla contribuzione nella misura prevista per gli apprendisti.*

([5]) *Questo comma è stato così sostituito dall'art. 1, comma 16, lett.* c), *della L. 28 giugno 2012, n. 92. A norma del successivo comma 18 dello stesso articolo, la disposizione di questo comma si applica esclusiva-*

mente con riferimento alle assunzioni con decorrenza dal 1° gennaio 2013. Alle assunzioni con decorrenza anteriore alla predetta data continua ad applicarsi l'articolo 2, comma 3, nel testo vigente prima della data di entrata in vigore della presente legge, che si riporta: «3. Il numero complessivo di apprendisti che un datore di lavoro può assumere con contratto di apprendistato, direttamente o indirettamente per il tramite delle agenzie di somministrazione di lavoro ai sensi dell'articolo 20, comma 3, del decreto legislativo 10 settembre 2003, n. 276, non può superare il 100 per cento delle maestranze specializzate e qualificate in servizio presso il datore di lavoro stesso. Il datore di lavoro che non abbia alle proprie dipendenze lavoratori qualificati o specializzati, o che comunque ne abbia in numero inferiore a tre, può assumere apprendisti in numero non superiore a tre. La disposizione di cui al presente comma non si applica alle imprese artigiane per le quali trovano applicazione le disposizioni di cui all'articolo 4 della legge 8 agosto 1985, n. 443.».

(6) *Questo periodo è stato così sostituito dall'art. 2, comma 1, lett.* a), *n.* 2), *del D.L. 20 marzo 2014, n. 34, convertito, con modificazioni, nella L. 16 maggio 2014, n. 78. A norma dell'art.* 2 bis, *comma 1, del medesimo decreto tali disposizioni si applicano ai rapporti di lavoro costituiti a decorrere dalla data di entrata in vigore del presente decreto. Sono fatti salvi gli effetti già prodotti dalle disposizioni introdotte dal presente decreto.*

(7) *Questo comma è stato aggiunto dall'art. 2, comma 16, lett.* d), *della L. 28 giugno 2012, n. 92. A norma del successivo comma 19 dello stesso articolo, per un periodo di trentasei mesi decorrente dalla data di entrata in vigore della L. 92/2012, la percentuale di cui al primo periodo di questo comma è fissata nella misura del 30 per cento. Il predetto comma 19 è stato abrogato dall'art. 2, comma 2, del D.L. 20 marzo 2014, n. 34, convertito, con modificazioni, nella L. 16 maggio 2014, n. 78. A norma dell'art.* 2 bis, *comma 1, del medesimo decreto tali disposizioni si applicano ai rapporti di lavoro costituiti a decorrere dalla data di entrata in vigore del predetto decreto. Sono fatti salvi gli effetti già prodotti dalle disposizioni introdotte dal predetto decreto.*

(8) *Questo comma, aggiunto dall'art. 2, comma 16, lett.* d), *della L. 28 giugno 2012, n. 92, è stato abrogato dall'art. 2, comma 1, lett.* a), *n.* 3), *del D.L. 20 marzo 2014, n. 34, convertito, con modificazioni, nella L. 16 maggio 2014, n. 78. A norma dell'art.* 2 bis, *comma 1, del medesimo decreto tali disposizioni si applicano ai rapporti di lavoro costituiti a decorrere dalla data di entrata in vigore del presente decreto. Sono fatti salvi gli effetti già prodotti dalle disposizioni introdotte dal presente decreto.*

3. [**Apprendistato per la qualifica e per il diploma professionale.** – 1. Possono essere assunti con contratto di apprendistato per la qualifica e per il diploma professionale, in tutti i settori di attività, anche per l'assolvimento dell'obbligo di istruzione, i soggetti che abbiano compiuto quindici anni e fino al compimento del venticinquesimo anno di età. La durata del contratto è determinata in considerazione della qualifica o del diploma da conseguire e non può in ogni caso essere superiore, per la sua componente formativa, a tre anni ovvero quattro nel caso di diploma quadriennale regionale.

2. La regolamentazione dei profili formativi dell'apprendistato per la qualifica e per il diploma professionale è rimessa alle regioni e alle province autonome di Trento e Bolzano, previo accordo in Conferenza permanente per i rapporti tra lo Stato, le Regioni e le Province Autonome di Trento e di Bolzano, e sentite le associazioni dei datori di lavoro e dei prestatori di lavoro comparativamente più rappresentative sul piano nazionale, nel rispetto dei seguenti criteri e principi direttivi:

a) definizione della qualifica o diploma professionale ai sensi del decreto legislativo 17 ottobre 2005, n. 226;

b) previsione di un monte ore di formazione, esterna od interna alla azienda, congruo al conseguimento della qualifica o del diploma professionale in funzione di quanto stabilito al comma 1 e secondo standard minimi formativi definiti ai sensi del decreto legislativo 17 ottobre 2005, n. 226;

c) rinvio ai contratti collettivi di lavoro stipulati a livello nazionale, territoriale o aziendale da associazioni dei datori e prestatori di lavoro comparativamente più rappresentative per la determinazione, anche all'interno degli enti bilaterali, delle modalità di erogazione della formazione aziendale nel rispetto degli standard generali fissati dalle regioni.

2 *bis*. Successivamente al conseguimento della qualifica o diploma professionale ai sensi del decreto legislativo 17 ottobre 2005, n. 226, allo scopo di conseguire la qualifica professionale ai fini contrattuali, è possibile la trasformazione del contratto in apprendistato professionalizzante o contratto di mestiere; in tal caso la durata massima complessiva dei due periodi di apprendistato non può eccedere quella individuata dalla contrattazione collettiva di cui al presente decreto legislativo (1).

2 *ter*. Fatta salva l'autonomia della contrattazione collettiva, in considerazione della componente formativa del contratto di apprendistato per la qualifica e per il diploma professionale, al

lavoratore è riconosciuta una retribuzione che tenga conto delle ore di lavoro effettivamente prestate nonché delle ore di formazione almeno nella misura del 35% del relativo monte ore complessivo (2).

2 *quater*. Per le regioni e le province autonome di Trento e di Bolzano che abbiano definito un sistema di alternanza scuola-lavoro, i contratti collettivi di lavoro stipulati da associazioni di datori e prestatori di lavoro comparativamente più rappresentative sul piano nazionale possono prevedere specifiche modalità di utilizzo del contratto di apprendistato, anche a tempo determinato, per lo svolgimento di attività stagionali] (3).

(1) *Questo comma è stato aggiunto dall'art. 9, comma 3, del D.L. 28 giugno 2013, n. 76, convertito, con modificazioni, nella L. 9 agosto 2013, n. 99.*

(2) *Questo comma è stato aggiunto dall'art. 2, comma 1, lett.* b), *del D.L. 20 marzo 2014, n. 34, convertito, con modificazioni, nella L. 16 maggio 2014, n. 78. A norma dell'art. 2* bis, *comma 1, del medesimo decreto tali disposizioni si applicano ai rapporti di lavoro costituiti a decorrere dalla data di entrata in vigore del presente decreto. Sono fatti salvi gli effetti già prodotti dalle disposizioni introdotte dal presente decreto.*

(3) *Questo comma è stato aggiunto dall'art. 2, comma 1, lett.* b bis), *del D.L. 20 marzo 2014, n. 34, convertito, con modificazioni, nella L. 16 maggio 2014, n. 78. A norma dell'art. 2* bis, *comma 1, del medesimo decreto tali disposizioni si applicano ai rapporti di lavoro costituiti a decorrere dalla data di entrata in vigore del presente decreto. Sono fatti salvi gli effetti già prodotti dalle disposizioni introdotte dal presente decreto.*

4. [**Apprendistato professionalizzante o contratto di mestiere.** – 1. Possono essere assunti in tutti i settori di attività, pubblici o privati, con contratto di apprendistato professionalizzante o di mestiere per il conseguimento di una qualifica professionale a fini contrattuali i soggetti di età compresa tra i diciotto anni e i ventinove anni. Per i soggetti in possesso di una qualifica professionale, conseguita ai sensi del decreto legislativo 17 ottobre 2005, n. 226, il contratto di apprendistato professionalizzante o di mestiere può essere stipulato a partire dal diciassettesimo anno di età.

2. Gli accordi interconfederali e i contratti collettivi stabiliscono, in ragione dell'età dell'apprendista e del tipo di qualificazione contrattuale da conseguire, la durata e le modalità di erogazione della formazione per l'acquisizione delle competenze tecnico-professionali e specialistiche in funzione dei profili professionali stabiliti nei sistemi di classificazione e inquadramento del personale, nonché la durata, anche minima, del contratto che, per la sua componente formativa, non può comunque essere superiore a tre anni ovvero cinque per i profili professionali caratterizzanti la figura dell'artigiano individuati dalla contrattazione collettiva di riferimento (1).

3. La formazione di tipo professionalizzante e di mestiere, svolta sotto la responsabilità della azienda, è integrata, nei limiti delle risorse annualmente disponibili, dalla offerta formativa pubblica, interna o esterna alla azienda, finalizzata alla acquisizione di competenze di base e trasversali per un monte complessivo non superiore a centoventi ore per la durata del triennio e disciplinata dalle Regioni sentite le parti sociali e tenuto conto dell'età, del titolo di studio e delle competenze dell'apprendista. La Regione provvede a comunicare al datore di lavoro, entro quarantacinque giorni dalla comunicazione dell'instaurazione del rapporto, le modalità di svolgimento dell'offerta formativa pubblica, anche con riferimento alle sedi e al calendario delle attività previste, avvalendosi anche dei datori di lavoro e delle loro associazioni che si siano dichiarati disponibili, ai sensi delle linee guida adottate dalla Conferenza permanente per i rapporti tra lo Stato, le regioni e le province autonome di Trento e di Bolzano in data 20 febbraio 2014 (2). La comunicazione dell'instaurazione del rapporto di lavoro si intende effettuata dal datore di lavoro ai sensi dell'articolo 9 *bis* del decreto legge 1° ottobre 1996, n. 510, convertito, con modificazioni, dalla legge 28 novembre 1996, n. 608, e successive modificazioni (2).

4. Le Regioni e le associazioni di categoria dei datori di lavoro possono definire, anche nell'ambito della bilateralità, le modalità per il riconoscimento della qualifica di maestro artigiano o di mestiere.

5. Per i datori di lavoro che svolgono la propria attività in cicli stagionali i contratti collettivi di lavoro stipulati a livello nazionale da associazioni dei datori e prestatori di lavoro comparativamente più rappresentative sul piano nazionale possono prevedere specifiche modalità di svolgimento del contratto di apprendistato, anche a tempo determinato].

(1) *Le parole: «per le figure professionali dell'artigianato individuate dalla contrattazione collettiva di riferimento» sono state così sostituite dalle parole: «per i profili professionali caratterizzanti la figura dell'artigiano individuati dalla contrattazione collettiva di riferimento» dall'art. 1, comma 17, della L. 28 giugno 2012, n. 92.*

([2]) *Questo periodo è stato aggiunto dall'art. 2, comma 1, lett. c), del D.L. 20 marzo 2014, n. 34, convertito, con modificazioni, nella L. 16 maggio 2014, n. 78. A norma dell'art. 2 bis, comma 1, del medesimo decreto tali disposizioni si applicano ai rapporti di lavoro costituiti a decorrere dalla data di entrata in vigore del presente decreto. Sono fatti salvi gli effetti già prodotti dalle disposizioni introdotte dal presente decreto.*

5. [**Apprendistato di alta formazione e di ricerca.** – 1. Possono essere assunti in tutti i settori di attività, pubblici o privati, con contratto di apprendistato per attività di ricerca, per il conseguimento di un diploma di istruzione secondaria superiore, di titoli di studio universitari e della alta formazione, compresi i dottorati di ricerca, per la specializzazione tecnica superiore di cui all'articolo 69 della legge 17 maggio 1999, n. 144, con particolare riferimento ai diplomi relativi ai percorsi di specializzazione tecnologica degli istituti tecnici superiori di cui all'articolo 7 del decreto del Presidente del Consiglio dei Ministri 25 gennaio 2008, nonché per il praticantato per l'accesso alle professioni ordinistiche o per esperienze professionali i soggetti di età compresa tra i diciotto anni e i ventinove anni. Per soggetti in possesso di una qualifica professionale conseguita ai sensi del decreto legislativo 17 ottobre 2005, n. 226, il contratto di apprendistato di alta formazione può essere stipulato a partire dal diciassettesimo anno di età.

2. La regolamentazione e la durata del periodo di apprendistato per attività di ricerca, per l'acquisizione di un diploma o per percorsi di alta formazione è rimessa alle Regioni, per i soli profili che attengono alla formazione, in accordo con le associazioni territoriali dei datori di lavoro e dei prestatori di lavoro comparativamente più rappresentative sul piano nazionale, le università, gli istituti tecnici e professionali e altre istituzioni formative o di ricerca comprese quelle in possesso di riconoscimento istituzionale di rilevanza nazionale o regionale e aventi come oggetto la promozione delle attività imprenditoriali, del lavoro, della formazione, della innovazione e del trasferimento tecnologico.

3. In assenza di regolamentazioni regionali l'attivazione dell'apprendistato di alta formazione o ricerca è rimessa ad apposite convenzioni stipulate dai singoli datori di lavoro o dalle loro associazioni con le Università, gli istituti tecnici e professionali e le istituzioni formative o di ricerca di cui al comma che precede, senza nuovi o maggiori oneri a carico della finanza pubblica].

6. [**Standard professionali, standard formativi e certificazione delle competenze.** – 1. Entro dodici mesi dalla entrata in vigore del presente decreto, il Ministero del lavoro e delle politiche sociali, di concerto con il Ministero dell'istruzione, della università e della ricerca, e previa intesa con le Regioni e le province autonome definisce, nel rispetto delle competenze delle Regioni e province autonome e di quanto stabilito nell'intesa tra Governo, Regioni e parti sociali del 17 febbraio 2010, gli standard formativi per la verifica dei percorsi formativi in apprendistato per la qualifica e il diploma professionale e in apprendistato di alta formazione.

2. Ai fini della verifica dei percorsi formativi in apprendistato professionalizzante e in apprendistato di ricerca gli standard professionali di riferimento sono quelli definiti nei contratti collettivi nazionali di categoria o, in mancanza, attraverso intese specifiche da sottoscrivere a livello nazionale o interconfederale anche in corso della vigenza contrattuale. La registrazione nel libretto formativo del cittadino della formazione effettuata e della qualifica professionale a fini contrattuali eventualmente acquisita è di competenza del datore di lavoro.

3. Allo scopo di armonizzare le diverse qualifiche professionali acquisite secondo le diverse tipologie di apprendistato e consentire una correlazione tra standard formativi e standard professionali è istituito, senza nuovi o maggiori oneri a carico della finanza pubblica, presso il Ministero del lavoro e delle politiche sociali il repertorio delle professioni predisposto sulla base dei sistemi di classificazione del personale previsti nei contratti collettivi di lavoro e in coerenza con quanto previsto nelle premesse dalla intesa tra Governo, Regioni e parti sociali del 17 febbraio 2010, da un apposito organismo tecnico di cui fanno parte il Ministero dell'istruzione, della università e della ricerca, le associazioni dei datori e prestatori di lavoro comparativamente più rappresentative sul piano nazionale e i rappresentanti della Conferenza Stato-regioni.

4. Le competenze acquisite dall'apprendista potranno essere certificate secondo le modalità definite dalle Regioni e Provincie Autonome di Trento e Bolzano sulla base del repertorio delle professioni di cui al comma 3 e registrate sul libretto formativo del cittadino sulla base del repertorio delle professioni di cui al comma 3 e nel ri-

spetto delle intese raggiunte tra Governo, Regioni e parti sociali nell'accordo del 17 febbraio 2010. Nelle more della definizione del repertorio delle professioni di cui al comma 3, si fa riferimento ai sistemi di standard regionali esistenti].

7. [Disposizioni finali. – 1. In caso di inadempimento nella erogazione della formazione di cui sia esclusivamente responsabile il datore di lavoro e che sia tale da impedire la realizzazione delle finalità di cui agli articoli 3, 4 e 5, il datore di lavoro è tenuto a versare la differenza tra la contribuzione versata e quella dovuta con riferimento al livello di inquadramento contrattuale superiore che sarebbe stato raggiunto dal lavoratore al termine del periodo di apprendistato, maggiorata del 100 per cento, con esclusione di qualsiasi altra sanzione per omessa contribuzione. Qualora a seguito di attività di vigilanza sul contratto di apprendistato in corso di esecuzione emerga un inadempimento nella erogazione della formazione prevista nel piano formativo individuale, il personale ispettivo del Ministero del lavoro e delle politiche sociali adotterà un provvedimento di disposizione, ai sensi dell'articolo 14 del decreto legislativo 23 aprile 2004, n. 124, assegnando un congruo termine al datore di lavoro per adempiere.

2. Per ogni violazione delle disposizioni contrattuali collettive attuative dei principi di cui all'articolo 2, comma 1, lettere *a*), *b*), *c*) e *d*), il datore di lavoro è punito con la sanzione amministrativa pecuniaria da 100 a 600 euro. In caso di recidiva la sanzione amministrativa pecuniaria varia da 300 a 1500 euro. Alla contestazione delle sanzioni amministrative di cui al presente comma provvedono gli organi di vigilanza che effettuano accertamenti in materia di lavoro e previdenza nei modi e nelle forme di cui all'articolo 13 del decreto legislativo 23 aprile 2004, n. 124, come sostituito dall'articolo 33 della legge 4 novembre 2010, n. 183. Autorità competente a ricevere il rapporto ai sensi dell'articolo 17 della legge 24 novembre 1981, n. 689 è la Direzione del lavoro territorialmente competente.

3. Fatte salve specifiche previsioni di legge o di contratto collettivo, i lavoratori assunti con contratto di apprendistato sono esclusi dal computo dei limiti numerici previsti da leggi e contratti collettivi per l'applicazione di particolari normative e istituti.

4. Ai fini della loro qualificazione o riqualificazione professionale è possibile assumere in apprendistato i lavoratori in mobilità. Per essi trovano applicazione, in deroga alle previsioni di cui all'articolo 2, comma 1, lettera *m*) ([1]), le disposizioni in materia di licenziamenti individuali di cui alla legge 15 luglio 1966, n. 604, nonché il regime contributivo agevolato di cui all'articolo 25, comma 9, della legge 23 luglio 1991, n. 223 e l'incentivo di cui all'articolo 8, comma 4, della medesima legge.

5. Ai fini del presente decreto legislativo per enti bilaterali si intendono esclusivamente quelli definiti all'articolo 2, comma 1, lettera *h*), del decreto legislativo 10 settembre 2003, n. 276.

6. Ferma restando la disciplina di regolazione dei contratti di apprendistato già in essere, con l'entrata in vigore del presente decreto sono abrogati la legge 19 gennaio 1955, n. 25, gli articoli 21 e 22 della legge 28 febbraio 1987, n. 56, l'articolo 16 della legge 24 giugno 1997, n. 196 e gli articoli da 47 a 53 del decreto legislativo 10 settembre 2003, n. 276.

7. Per le Regioni e i settori ove la disciplina di cui al presente decreto non sia immediatamente operativa, trovano applicazione, in via transitoria e non oltre sei mesi dalla data di entrata in vigore del presente decreto, le regolazioni vigenti. In assenza della offerta formativa pubblica di cui all'articolo 4, comma 3, trovano immediata applicazione le regolazioni contrattuali vigenti.

8. La disciplina del reclutamento e dell'accesso, nonché l'applicazione del contratto di apprendistato per i settori di attività pubblici, di cui agli articoli 4 e 5 del presente decreto, è definita con decreto del Presidente del Consiglio dei Ministri, su proposta del Ministro per la pubblica amministrazione e l'innovazione e del Ministro del lavoro e delle politiche sociali di concerto con il Ministro dell'economia e delle finanze, sentite le parti sociali e la Conferenza unificata di cui all'articolo 8 del decreto legislativo n. 281 del 1997, entro dodici mesi dalla data di entrata in vigore del presente decreto.

9. In attesa della riforma degli incentivi alla occupazione, restano fermi gli attuali sistemi di incentivazione economica dell'apprendistato. I benefici contributivi in materia di previdenza e assistenza sociale sono mantenuti per un anno dalla prosecuzione del rapporto di lavoro al termine del periodo di formazione, con esclusione dei lavoratori assunti ai sensi del comma 4 del presente articolo.

10. I datori di lavoro che hanno sedi in più Regioni possono fare riferimento al percorso forma-

tivo della Regione dove è ubicata la sede legale e possono altresì accentrare le comunicazioni di cui all'articolo 1, commi 1180 e seguenti, della legge 27 dicembre 2006, n. 296 nel servizio informatico dove è ubicata la sede legale.

11. Restano in ogni caso ferme le competenze delle Regioni a Statuto speciale e delle Province Autonome di Trento e di Bolzano ai sensi dello statuto speciale e delle relative norme di attuazione].

([1]) *Le parole: «lettera* i)» *sono state così sostituite dalle parole: «lettera* m)» *dall'art. 22, comma 1, della L. 12 novembre 2011, n. 183, a decorrere dal 1° gennaio 2012.*

9.

L. 28 giugno 2012, n. 92. Disposizioni in materia di riforma del mercato del lavoro in una prospettiva di crescita (*Gazzetta Ufficiale* Serie gen. - n. 153 del 3 luglio 2012) ed errata corrige in *Gazzetta Ufficiale* Serie gen. - n. 163 del 14 luglio 2012.

1. Disposizioni generali, tipologie contrattuali e disciplina in tema di flessibilità in uscita e tutele del lavoratore. – 1. La presente legge dispone misure e interventi intesi a realizzare un mercato del lavoro inclusivo e dinamico, in grado di contribuire alla creazione di occupazione, in quantità e qualità, alla crescita sociale ed economica e alla riduzione permanente del tasso di disoccupazione, in particolare:

a) favorendo l'instaurazione di rapporti di lavoro più stabili e ribadendo il rilievo prioritario del lavoro subordinato a tempo indeterminato, cosiddetto «contratto dominante», quale forma comune di rapporto di lavoro;

b) valorizzando l'apprendistato come modalità prevalente di ingresso dei giovani nel mondo del lavoro;

c) ridistribuendo in modo più equo le tutele dell'impiego, da un lato contrastando l'uso improprio e strumentale degli elementi di flessibilità progressivamente introdotti nell'ordinamento con riguardo alle tipologie contrattuali; dall'altro adeguando contestualmente alle esigenze del mutato contesto di riferimento la disciplina del licenziamento, con previsione altresì di un procedimento giudiziario specifico per accelerare la definizione delle relative controversie;

d) rendendo più efficiente, coerente ed equo l'assetto degli ammortizzatori sociali e delle politiche attive in una prospettiva di universalizzazione e di rafforzamento dell'occupabilità delle persone;

e) contrastando usi elusivi di obblighi contributivi e fiscali degli istituti contrattuali esistenti;

f) promuovendo una maggiore inclusione delle donne nella vita economica;

g) favorendo nuove opportunità di impiego ovvero di tutela del reddito per i lavoratori ultracinquantenni in caso di perdita del posto di lavoro;

h) promuovendo modalità partecipative di relazioni industriali in conformità agli indirizzi assunti in sede europea, al fine di migliorare il processo competitivo delle imprese.

2. Al fine di monitorare lo stato di attuazione degli interventi e delle misure di cui alla presente legge e di valutarne gli effetti sull'efficienza del mercato del lavoro, sull'occupabilità dei cittadini, sulle modalità di entrata e di uscita nell'impiego, è istituito presso il Ministero del lavoro e delle politiche sociali, in collaborazione con le altre istituzioni competenti, un sistema permanente di monitoraggio e valutazione basato su dati forniti dall'Istituto nazionale di statistica (ISTAT) e da altri soggetti del Sistema statistico nazionale (Sistan). Al sistema concorrono altresì le parti sociali attraverso la partecipazione delle organizzazioni maggiormente rappresentative sul piano nazionale dei datori di lavoro e dei lavoratori.

3. Il sistema di cui al comma 2 assicura, con cadenza almeno annuale, rapporti sullo stato di attuazione delle singole misure, sulle conseguenze in termini microeconomici e macroeconomici, nonché sul grado di effettivo conseguimento delle finalità di cui al comma 1. Il sistema assicura altresì elementi conoscitivi sull'andamento dell'occupazione femminile, rilevando, in particolare, la corrispondenza dei livelli retributivi al principio di parità di trattamento nonché sugli effetti determinati dalle diverse misure sulle dinamiche intergenerazionali ([1]). Dagli esiti del monitoraggio e della valutazione di cui ai commi da 2 a 6 sono desunti elementi per l'implementazione ovvero per eventuali correzioni delle misure e degli interventi introdotti dalla presente legge, anche alla luce dell'evoluzione del quadro macroeconomico, degli andamenti produttivi, delle dinamiche del mercato del lavoro e, più in generale, di quelle sociali.

4. Allo scopo di assicurare il monitoraggio e la valutazione indipendenti della riforma, l'Istituto nazionale della previdenza sociale (INPS) e l'ISTAT organizzano delle banche dati informa-

tizzate anonime, rendendole disponibili, a scopo di ricerca scientifica, a gruppi di ricerca collegati a università, enti di ricerca o enti che hanno anche finalità di ricerca italiani ed esteri. I risultati delle ricerche condotte mediante l'utilizzo delle banche dati sono resi pubblici e comunicati al Ministero del lavoro e delle politiche sociali.

5. Le banche dati di cui al comma 4 contengono i dati individuali anonimi, relativi ad età, genere, area di residenza, periodi di fruizione degli ammortizzatori sociali con relativa durata ed importi corrisposti, periodi lavorativi e retribuzione spettante, stato di disoccupazione, politiche attive e di attivazione ricevute ed eventuali altre informazioni utili ai fini dell'analisi di impatto e del monitoraggio.

6. L'attuazione delle disposizioni dei commi da 1 a 5 non deve comportare nuovi o maggiori oneri a carico della finanza pubblica ed è effettuata con le risorse finanziarie, umane e strumentali previste a legislazione vigente.

7. Le disposizioni della presente legge, per quanto da esse non espressamente previsto, costituiscono principi e criteri per la regolazione dei rapporti di lavoro dei dipendenti delle pubbliche amministrazioni di cui all'articolo 1, comma 2, del decreto legislativo 30 marzo 2001, n. 165, e successive modificazioni, in coerenza con quanto disposto dall'articolo 2, comma 2, del medesimo decreto legislativo. Restano ferme le previsioni di cui all'articolo 3 del medesimo decreto legislativo.

8. Al fine dell'applicazione del comma 7 il Ministro per la pubblica amministrazione e la semplificazione, sentite le organizzazioni sindacali maggiormente rappresentative dei dipendenti delle amministrazioni pubbliche, individua e definisce, anche mediante iniziative normative, gli ambiti, le modalità e i tempi di armonizzazione della disciplina relativa ai dipendenti delle amministrazioni pubbliche.

9. - 14. (*Omissis*).

15. Nei confronti delle assunzioni effettuate fino al 31 dicembre 2012 continuano ad applicarsi le disposizioni abrogate ai sensi del comma 14, nella formulazione vigente anteriormente alla data di entrata in vigore della presente legge.

16. - 17 *bis*. (*Omissis*).

18. La disposizione di cui all'articolo 2, comma 3, del testo unico dell'apprendistato, di cui al decreto legislativo 14 settembre 2011, n. 167, come sostituito dal comma 16, lettera *c*), del presente articolo, si applica esclusivamente con riferimento alle assunzioni con decorrenza dal 1° gennaio 2013. Alle assunzioni con decorrenza anteriore alla predetta data continua ad applicarsi l'articolo 2, comma 3, del predetto testo unico di cui al decreto legislativo n. 167 del 2011, nel testo vigente prima della data di entrata in vigore della presente legge.

[19. Per un periodo di trentasei mesi decorrente dalla data di entrata in vigore della presente legge, la percentuale di cui al primo periodo del comma 3 *bis* dell'articolo 2 del testo unico di cui al decreto legislativo 14 settembre 2011, n. 167, introdotto dal comma 16, lettera *d*), del presente articolo, è fissata nella misura del 30 per cento] ([2]).

20. - 26. (*Omissis*).

27. La disposizione concernente le professioni intellettuali per l'esercizio delle quali è necessaria l'iscrizione in albi professionali, di cui al primo periodo del comma 3 dell'articolo 61 del decreto legislativo 10 settembre 2003, n. 276, si interpreta nel senso che l'esclusione dal campo di applicazione del capo I del titolo VII del medesimo decreto riguarda le sole collaborazioni coordinate e continuative il cui contenuto concreto sia riconducibile alle attività professionali intellettuali per l'esercizio delle quali è necessaria l'iscrizione in appositi albi professionali. In caso contrario, l'iscrizione del collaboratore ad albi professionali non è circostanza idonea di per sè a determinare l'esclusione dal campo di applicazione del suddetto capo I del titolo VII.

28. (*Omissis*).

29. Sono fatti salvi, fino alla loro cessazione, i contratti in essere che, alla data di entrata in vigore della presente legge, siano stati certificati ai sensi degli articoli 75 e seguenti del decreto legislativo 10 settembre 2003, n. 276.

[30. I rapporti di associazione in partecipazione con apporto di lavoro instaurati o attuati senza che vi sia stata un'effettiva partecipazione dell'associato agli utili dell'impresa o dell'affare, ovvero senza consegna del rendiconto previsto dall'articolo 2552 del codice civile, si presumono, salva prova contraria, rapporti di lavoro subordinato a tempo indeterminato. La predetta presunzione si applica, altresì, qualora l'apporto di lavoro non presenti i requisiti di cui all'articolo 69 *bis*, comma 2, lettera *a*), del decreto legislativo 10 settembre 2003, n. 276, introdotto dal comma 26 del presente articolo] ([3]).

31. - 32. (*Omissis*).

33. Resta fermo l'utilizzo, secondo la previgente disciplina, dei buoni per prestazioni di la-

voro accessorio, di cui all'articolo 72 del decreto legislativo n. 276 del 2003, già richiesti alla data di entrata in vigore della presente legge e comunque non oltre il 31 maggio 2013.

34. Entro centottanta giorni dalla data di entrata in vigore della presente legge, il Governo e le regioni concludono in sede di Conferenza permanente per i rapporti tra lo Stato, le regioni e le province autonome di Trento e di Bolzano un accordo per la definizione di linee-guida condivise in materia di tirocini formativi e di orientamento, sulla base dei seguenti criteri:

a) revisione della disciplina dei tirocini formativi, anche in relazione alla valorizzazione di altre forme contrattuali a contenuto formativo;

b) previsione di azioni e interventi volti a prevenire e contrastare un uso distorto dell'istituto, anche attraverso la puntuale individuazione delle modalità con cui il tirocinante presta la propria attività;

c) individuazione degli elementi qualificanti del tirocinio e degli effetti conseguenti alla loro assenza;

d) riconoscimento di una congrua indennità, anche in forma forfetaria, in relazione alla prestazione svolta.

35. In ogni caso, la mancata corresponsione dell'indennità di cui alla lettera *d*) del comma 34 comporta a carico del trasgressore l'irrogazione di una sanzione amministrativa il cui ammontare è proporzionato alla gravità dell'illecito commesso, in misura variabile da un minimo di 1.000 a un massimo di 6.000 euro, conformemente alle previsioni di cui alla legge 24 novembre 1981, n. 689.

36. Dall'applicazione dei commi 34 e 35 non devono derivare nuovi o maggiori oneri a carico della finanza pubblica.

37. - 38. (*Omissis*).

39. Il termine di cui all'articolo 6, secondo comma, primo periodo, della legge 15 luglio 1966, n. 604, come modificato dal comma 38 del presente articolo, si applica in relazione ai licenziamenti intimati dopo la data di entrata in vigore della presente legge.

40. (*Omissis*).

41. Il licenziamento intimato all'esito del procedimento disciplinare di cui all'articolo 7 della legge 20 maggio 1970, n. 300, oppure all'esito del procedimento di cui all'articolo 7 della legge 15 luglio 1966, n. 604, come sostituito dal comma 40 del presente articolo, produce effetto dal giorno della comunicazione con cui il procedimento medesimo è stato avviato, salvo l'eventuale diritto del lavoratore al preavviso o alla relativa indennità sostitutiva; è fatto salvo, in ogni caso, l'effetto sospensivo disposto dalle norme del testo unico delle disposizioni legislative in materia di tutela della maternità e della paternità, di cui al decreto legislativo 26 marzo 2001, n. 151. Gli effetti rimangono altresì sospesi in caso di impedimento derivante da infortunio occorso sul lavoro. Il periodo di eventuale lavoro svolto in costanza della procedura si considera come preavviso lavorato.

42. - 46. (*Omissis*).

47. Le disposizioni dei commi da 48 a 68 si applicano alle controversie aventi ad oggetto l'impugnativa dei licenziamenti nelle ipotesi regolate dall'articolo 18 della legge 20 maggio 1970, n. 300, e successive modificazioni, anche quando devono essere risolte questioni relative alla qualificazione del rapporto di lavoro.

48. La domanda avente ad oggetto l'impugnativa del licenziamento di cui al comma 47 si propone con ricorso al tribunale in funzione di giudice del lavoro. Il ricorso deve avere i requisiti di cui all'articolo 125 del codice di procedura civile. Con il ricorso non possono essere proposte domande diverse da quelle di cui al comma 47 del presente articolo, salvo che siano fondate sugli identici fatti costitutivi. A seguito della presentazione del ricorso il giudice fissa con decreto l'udienza di comparizione delle parti. L'udienza deve essere fissata non oltre quaranta giorni dal deposito del ricorso. Il giudice assegna un termine per la notifica del ricorso e del decreto non inferiore a venticinque giorni prima dell'udienza, nonché un termine, non inferiore a cinque giorni prima della stessa udienza, per la costituzione del resistente. La notificazione è a cura del ricorrente, anche a mezzo di posta elettronica certificata. Qualora dalle parti siano prodotti documenti, essi devono essere depositati presso la cancelleria in duplice copia.

49. Il giudice, sentite le parti e omessa ogni formalità non essenziale al contraddittorio, procede nel modo che ritiene più opportuno agli atti di istruzione indispensabili richiesti dalle parti o disposti d'ufficio, ai sensi dell'articolo 421 del codice di procedura civile, e provvede, con ordinanza immediatamente esecutiva, all'accoglimento o al rigetto della domanda.

50. L'efficacia esecutiva del provvedimento di cui al comma 49 non può essere sospesa o revocata fino alla pronuncia della sentenza con cui il

giudice definisce il giudizio instaurato ai sensi dei commi da 51 a 57.

51. Contro l'ordinanza di accoglimento o di rigetto di cui al comma 49 può essere proposta opposizione con ricorso contenente i requisiti di cui all'articolo 414 del codice di procedura civile, da depositare innanzi al tribunale che ha emesso il provvedimento opposto, a pena di decadenza, entro trenta giorni dalla notificazione dello stesso, o dalla comunicazione se anteriore. Con il ricorso non possono essere proposte domande diverse da quelle di cui al comma 47 del presente articolo, salvo che siano fondate sugli identici fatti costitutivi o siano svolte nei confronti di soggetti rispetto ai quali la causa è comune o dai quali si intende essere garantiti. Il giudice fissa con decreto l'udienza di discussione non oltre i successivi sessanta giorni, assegnando all'opposto termine per costituirsi fino a dieci giorni prima dell'udienza.

52. Il ricorso, unitamente al decreto di fissazione dell'udienza, deve essere notificato, anche a mezzo di posta elettronica certificata, dall'opponente all'opposto almeno trenta giorni prima della data fissata per la sua costituzione.

53. L'opposto deve costituirsi mediante deposito in cancelleria di memoria difensiva a norma e con le decadenze di cui all'articolo 416 del codice di procedura civile. Se l'opposto intende chiamare un terzo in causa deve, a pena di decadenza, farne dichiarazione nella memoria difensiva.

54. Nel caso di chiamata in causa a norma degli articoli 102, secondo comma, 106 e 107 del codice di procedura civile, il giudice fissa una nuova udienza entro i successivi sessanta giorni, e dispone che siano notificati al terzo, ad opera delle parti, il provvedimento nonché il ricorso introduttivo e l'atto di costituzione dell'opposto, osservati i termini di cui al comma 52.

55. Il terzo chiamato deve costituirsi non meno di dieci giorni prima dell'udienza fissata, depositando la propria memoria a norma del comma 53.

56. Quando la causa relativa alla domanda riconvenzionale non è fondata su fatti costitutivi identici a quelli posti a base della domanda principale il giudice ne dispone la separazione.

57. All'udienza, il giudice, sentite le parti, omessa ogni formalità non essenziale al contraddittorio, procede nel modo che ritiene più opportuno agli atti di istruzione ammissibili e rilevanti richiesti dalle parti nonché disposti d'ufficio, ai sensi dall'articolo 421 del codice di procedura civile, e provvede con sentenza all'accoglimento o al rigetto della domanda, dando, ove opportuno, termine alle parti per il deposito di note difensive fino a dieci giorni prima dell'udienza di discussione. La sentenza, completa di motivazione, deve essere depositata in cancelleria entro dieci giorni dall'udienza di discussione. La sentenza è provvisoriamente esecutiva e costituisce titolo per l'iscrizione di ipoteca giudiziale.

58. Contro la sentenza che decide sul ricorso è ammesso reclamo davanti alla corte d'appello. Il reclamo si propone con ricorso da depositare, a pena di decadenza, entro trenta giorni dalla comunicazione, o dalla notificazione se anteriore.

59. Non sono ammessi nuovi mezzi di prova o documenti, salvo che il collegio, anche d'ufficio, li ritenga indispensabili ai fini della decisione ovvero la parte dimostri di non aver potuto proporli in primo grado per causa ad essa non imputabile.

60. La corte d'appello fissa con decreto l'udienza di discussione nei successivi sessanta giorni e si applicano i termini previsti dai commi 51, 52 e 53. Alla prima udienza, la corte può sospendere l'efficacia della sentenza reclamata se ricorrono gravi motivi. La corte d'appello, sentite le parti, omessa ogni formalità non essenziale al contraddittorio, procede nel modo che ritiene più opportuno agli atti di istruzione ammessi e provvede con sentenza all'accoglimento o al rigetto della domanda, dando, ove opportuno, termine alle parti per il deposito di note difensive fino a dieci giorni prima dell'udienza di discussione. La sentenza, completa di motivazione, deve essere depositata in cancelleria entro dieci giorni dall'udienza di discussione.

61. In mancanza di comunicazione o notificazione della sentenza si applica l'articolo 327 del codice di procedura civile.

62. Il ricorso per cassazione contro la sentenza deve essere proposto, a pena di decadenza, entro sessanta giorni dalla comunicazione della stessa, o dalla notificazione se anteriore. La sospensione dell'efficacia della sentenza deve essere chiesta alla corte d'appello, che provvede a norma del comma 60.

63. La Corte fissa l'udienza di discussione non oltre sei mesi dalla proposizione del ricorso.

64. In mancanza di comunicazione o notificazione della sentenza si applica l'articolo 327 del codice di procedura civile.

65. Alla trattazione delle controversie regolate dai commi da 47 a 64 devono essere riservati particolari giorni nel calendario delle udienze.

66. I capi degli uffici giudiziari vigilano sull'osservanza della disposizione di cui al comma 65.

67. I commi da 47 a 66 si applicano alle controversie instaurate successivamente alla data di entrata in vigore della presente legge.

68. I capi degli uffici giudiziari vigilano sull'osservanza della disposizione di cui al comma 67.

69. Dall'attuazione delle disposizioni di cui ai commi da 47 a 68 non devono derivare nuovi o maggiori oneri a carico della finanza pubblica, ovvero minori entrate.

(¹) *Le parole: «nonché sugli effetti determinati dalle diverse misure sulle dinamiche intergenerazionali» sono state aggiunte dall'art. 7, comma 5, lett.* a), *n. 1), del D.L. 28 giugno 2013, n. 76, convertito, con modificazioni, nella L. 9 agosto 2013, n. 99.*

(²) *Questo comma è stato abrogato dall'art. 2, comma 2, del D.L. 20 marzo 2014, n. 34, convertito, con modificazioni, nella L. 16 maggio 2014, n. 78. A norma dell'art. 2* bis, *comma 1, del medesimo decreto tali disposizioni si applicano ai rapporti di lavoro costituiti a decorrere dalla data di entrata in vigore del presente decreto. Sono fatti salvi gli effetti già prodotti dalle disposizioni introdotte dal presente decreto.*

(³) *Questo comma è stato abrogato dall'art. 55, comma 1, lett.* h), *del D.L.vo 15 giugno 2015, n. 81. A norma dell'art. 55, comma 3, del medesimo decreto sino all'emanazione dei decreti richiamati dalle disposizioni del presente decreto legislativo, trovano applicazione le regolamentazioni vigenti.*

2. Ammortizzatori sociali. – 1. A decorrere dal 1° gennaio 2013 e in relazione ai nuovi eventi di disoccupazione verificatisi a decorrere dalla predetta data è istituita, presso la Gestione prestazioni temporanee ai lavoratori dipendenti, di cui all'articolo 24 della legge 9 marzo 1989, n. 88, l'Assicurazione sociale per l'impiego (ASpI), con la funzione di fornire ai lavoratori che abbiano perduto involontariamente la propria occupazione un'indennità mensile di disoccupazione.

2. Sono compresi nell'ambito di applicazione dell'ASpI tutti i lavoratori dipendenti, ivi compresi gli apprendisti e i soci lavoratori di cooperativa che abbiano stabilito, con la propria adesione o successivamente all'instaurazione del rapporto associativo, un rapporto di lavoro in forma subordinata, ai sensi dell'articolo 1, comma 3, della legge 3 aprile 2001, n. 142, e successive modificazioni, con esclusione dei dipendenti a tempo indeterminato delle pubbliche amministrazioni di cui all'articolo 1, comma 2, del decreto legislativo 30 marzo 2001, n. 165, e successive modificazioni.

3. Le disposizioni di cui al presente articolo non si applicano nei confronti degli operai agricoli a tempo determinato o indeterminato, per i quali trovano applicazione le norme di cui all'articolo 7, comma 1, del decreto legge 21 marzo 1988, n. 86, convertito, con modificazioni, dalla legge 20 maggio 1988, n. 160, e successive modificazioni, all'articolo 25 della legge 8 agosto 1972, n. 457, all'articolo 7 della legge 16 febbraio 1977, n. 37, e all'articolo 1 della legge 24 dicembre 2007, n. 247, e successive modificazioni.

4. L'indennità di cui al comma 1 è riconosciuta ai lavoratori che abbiano perduto involontariamente la propria occupazione e che presentino i seguenti requisiti:

a) siano in stato di disoccupazione ai sensi dell'articolo 1, comma 2, lettera *c*), del decreto legislativo 21 aprile 2000, n. 181, e successive modificazioni;

b) possano far valere almeno due anni di assicurazione e almeno un anno di contribuzione nel biennio precedente l'inizio del periodo di disoccupazione.

5. Sono esclusi dalla fruizione dell'indennità di cui al comma 1 i lavoratori che siano cessati dal rapporto di lavoro per dimissioni o per risoluzione consensuale del rapporto, fatti salvi i casi in cui quest'ultima sia intervenuta nell'ambito della procedura di cui all'articolo 7 della legge 15 luglio 1966, n. 604, come modificato dal comma 40 dell'articolo 1 della presente legge.

6. L'indennità di cui al comma 1 è rapportata alla retribuzione imponibile ai fini previdenziali degli ultimi due anni, comprensiva degli elementi continuativi e non continuativi e delle mensilità aggiuntive, divisa per il numero di settimane di contribuzione e moltiplicata per il numero 4,33.

7. L'indennità mensile è rapportata alla retribuzione mensile ed è pari al 75 per cento nei casi in cui la retribuzione mensile sia pari o inferiore nel 2013 all'importo di 1.180 euro mensili, annualmente rivalutato sulla base della variazione dell'indice ISTAT dei prezzi al consumo per le famiglie degli operai e degli impiegati intercorsa nell'anno precedente; nei casi in cui la retribuzione mensile sia superiore al predetto importo l'indennità è pari al 75 per cento del predetto importo incrementata di una somma pari al 25 per cento del differenziale tra la retribuzione mensile e il predetto importo. L'indennità mensile non può in ogni caso superare l'importo mensile massimo di cui all'articolo unico, secondo comma, lettera *b*),

della legge 13 agosto 1980, n. 427, e successive modificazioni.

8. All'indennità di cui al comma 1 non si applica il prelievo contributivo di cui all'articolo 26 della legge 28 febbraio 1986, n. 41.

9. All'indennità di cui al comma 1 si applica una riduzione del 15 per cento dopo i primi sei mesi di fruizione. L'indennità medesima, ove dovuta, è ulteriormente decurtata del 15 per cento dopo il dodicesimo mese di fruizione.

10. Per i periodi di fruizione dell'indennità sono riconosciuti i contributi figurativi nella misura settimanale pari alla media delle retribuzioni imponibili ai fini previdenziali di cui al comma 6 degli ultimi due anni. I contributi figurativi sono utili ai fini del diritto e della misura dei trattamenti pensionistici; essi non sono utili ai fini del conseguimento del diritto nei casi in cui la normativa richieda il computo della sola contribuzione effettivamente versata.

10 *bis*. Al datore di lavoro che, senza esservi tenuto, assuma a tempo pieno e indeterminato lavoratori che fruiscono dell'Assicurazione sociale per l'impiego (ASpI) di cui al comma 1 è concesso, per ogni mensilità di retribuzione corrisposta al lavoratore, un contributo mensile pari al venti per cento ([1]) dell'indennità mensile residua che sarebbe stata corrisposta al lavoratore. Il diritto ai benefici economici di cui al presente comma è escluso con riferimento a quei lavoratori che siano stati licenziati, nei sei mesi precedenti, da parte di impresa dello stesso o diverso settore di attività che, al momento del licenziamento, presenta assetti proprietari sostanzialmente coincidenti con quelli dell'impresa che assume, ovvero risulta con quest'ultima in rapporto di collegamento o controllo. L'impresa che assume dichiara, sotto la propria responsabilità, all'atto della richiesta di avviamento, che non ricorrono le menzionate condizioni ostative ([2]) ([3]).

11. A decorrere dal 1° gennaio 2016 e in relazione ai nuovi eventi di disoccupazione verificatisi a decorrere dalla predetta data:

a) per i lavoratori di età inferiore a cinquantacinque anni, l'indennità di cui al comma 1 viene corrisposta per un periodo massimo di dodici mesi, detratti i periodi di indennità eventualmente fruiti negli ultimi dodici mesi ([4]), anche in relazione ai trattamenti brevi di cui al comma 20 (mini-ASpI);

b) per i lavoratori di età pari o superiore ai cinquantacinque anni, l'indennità è corrisposta per un periodo massimo di diciotto mesi, nei limiti delle settimane di contribuzione negli ultimi due anni, detratti i periodi di indennità eventualmente fruiti negli ultimi diciotto mesi ([5]) ai sensi del comma 4 ovvero del comma 20 del presente articolo.

12. L'indennità di cui al comma 1 spetta dall'ottavo giorno successivo alla data di cessazione dell'ultimo rapporto di lavoro ovvero dal giorno successivo a quello in cui sia stata presentata la domanda.

13. Per fruire dell'indennità i lavoratori aventi diritto devono, a pena di decadenza, presentare apposita domanda, esclusivamente in via telematica, all'INPS, entro il termine di due mesi dalla data di spettanza del trattamento.

14. La fruizione dell'indennità è condizionata alla permanenza dello stato di disoccupazione di cui all'articolo 1, comma 2, lettera *c*), del decreto legislativo 21 aprile 2000, n. 181, e successive modificazioni.

15. In caso di nuova occupazione del soggetto assicurato con contratto di lavoro subordinato, l'indennità di cui al comma 1 è sospesa d'ufficio, sulla base delle comunicazioni obbligatorie di cui all'articolo 9 *bis*, comma 2, del decreto legge 1° ottobre 1996, n. 510, convertito, con modificazioni, dalla legge 28 novembre 1996, n. 608, e successive modificazioni, fino ad un massimo di sei mesi; al termine di un periodo di sospensione di durata inferiore a sei mesi l'indennità riprende a decorrere dal momento in cui era rimasta sospesa.

16. Nei casi di sospensione, i periodi di contribuzione legati al nuovo rapporto di lavoro possono essere fatti valere ai fini di un nuovo trattamento nell'ambito dell'ASpI o della mini-ASpI di cui al comma 20.

17. In caso di svolgimento di attività lavorativa in forma autonoma, dalla quale derivi un reddito inferiore al limite utile ai fini della conservazione dello stato di disoccupazione, il soggetto beneficiario deve informare l'INPS entro un mese dall'inizio dell'attività, dichiarando il reddito annuo che prevede di trarre da tale attività. Il predetto Istituto provvede, qualora il reddito da lavoro autonomo sia inferiore al limite utile ai fini della conservazione dello stato di disoccupazione, a ridurre il pagamento dell'indennità di un importo pari all'80 per cento dei proventi preventivati, rapportati al tempo intercorrente tra la data di inizio dell'attività e la data di fine dell'indennità o, se antecedente, la fine dell'anno. La riduzione di cui al periodo precedente è conguagliata d'ufficio

al momento della presentazione della dichiarazione dei redditi; nei casi di esenzione dall'obbligo di presentazione della dichiarazione dei redditi, è richiesta al beneficiario un'apposita autodichiarazione concernente i proventi ricavati dall'attività autonoma.

18. Nei casi di cui al comma 17, la contribuzione relativa all'assicurazione generale obbligatoria per l'invalidità, la vecchiaia e i superstiti versata in relazione all'attività di lavoro autonomo non dà luogo ad accrediti contributivi ed è riversata alla Gestione prestazioni temporanee ai lavoratori dipendenti, di cui all'articolo 24 della legge 9 marzo 1989, n. 88.

19. In via sperimentale per ciascuno degli anni 2013, 2014 e 2015 il lavoratore avente diritto alla corresponsione dell'indennità di cui al comma 1 può richiedere la liquidazione degli importi del relativo trattamento pari al numero di mensilità non ancora percepite, al fine di intraprendere un'attività di lavoro autonomo, ovvero per avviare un'attività in forma di auto impresa o di micro impresa, o per associarsi in cooperativa. Tale possibilità è riconosciuta nel limite massimo di 20 milioni di euro per ciascuno degli anni 2013, 2014 e 2015. Al relativo onere si provvede mediante corrispondente riduzione dell'autorizzazione di spesa di cui all'articolo 24, comma 27, del decreto legge 6 dicembre 2011, n. 201, convertito, con modificazioni, dalla legge 22 dicembre 2011, n. 214. Con decreto del Ministro del lavoro e delle politiche sociali, di natura non regolamentare, di concerto con il Ministro dell'economia e delle finanze, da adottare entro centottanta giorni dalla data di entrata in vigore della presente legge, sono determinati limiti, condizioni e modalità per l'attuazione delle disposizioni di cui al presente comma.

20. A decorrere dal 1° gennaio 2013, ai soggetti di cui al comma 2 che possano far valere almeno tredici settimane di contribuzione di attività lavorativa negli ultimi dodici mesi, per la quale siano stati versati o siano dovuti i contributi per l'assicurazione obbligatoria, è liquidata un'indennità di importo pari a quanto definito nei commi da 6 a 10, denominata mini-ASpI.

21. L'indennità di cui al comma 20 è corrisposta mensilmente per un numero di settimane pari alla metà delle settimane di contribuzione nell'ultimo anno; ai fini della durata non sono computati i periodi contributivi che hanno già dato luogo ad erogazione della prestazione ([6]).

22. All'indennità di cui al comma 20 si applicano le disposizioni di cui ai commi 3, 4, lettera *a*), 5, 6, 7, 8, 9, 10, 12, 13, 14, [15,] ([7]) 16, 17, 18 e 19.

23. In caso di nuova occupazione del soggetto assicurato con contratto di lavoro subordinato, l'indennità è sospesa d'ufficio sulla base delle comunicazioni obbligatorie di cui all'articolo 9 *bis*, comma 2, del decreto legge 1° ottobre 1996, n. 510, convertito, con modificazioni, dalla legge 28 novembre 1996, n. 608, e successive modificazioni, fino ad un massimo di cinque giorni; al termine del periodo di sospensione l'indennità riprende a decorrere dal momento in cui era rimasta sospesa.

24. Le prestazioni di cui all'articolo 7, comma 3, del decreto legge 21 marzo 1988, n. 86, convertito, con modificazioni, dalla legge 20 maggio 1988, n. 160, si considerano assorbite, con riferimento ai periodi lavorativi dell'anno 2012, nelle prestazioni della mini-ASpI liquidate a decorrere dal 1° gennaio 2013.

25. Con effetto sui periodi contributivi maturati a decorrere dal 1° gennaio 2013, al finanziamento delle indennità di cui ai commi da 1 a 24 concorrono i contributi di cui agli articoli 12, sesto comma, e 28, primo comma, della legge 3 giugno 1975, n. 160.

26. Continuano a trovare applicazione, in relazione ai contributi di cui al comma 25, le eventuali riduzioni di cui all'articolo 120 della legge 23 dicembre 2000, n. 388, e all'articolo 1, comma 361, della legge 23 dicembre 2005, n. 266, nonché le misure compensative di cui all'articolo 8 del decreto legge 30 settembre 2005, n. 203, convertito, con modificazioni, dalla legge 2 dicembre 2005, n. 248, e successive modificazioni.

27. Per i lavoratori per i quali i contributi di cui al comma 25 non trovavano applicazione, e in particolare per i soci lavoratori delle cooperative di cui al decreto del Presidente della Repubblica 30 aprile 1970, n. 602, il contributo è decurtato della quota di riduzione di cui all'articolo 120 della legge 23 dicembre 2000, n. 388, e all'articolo 1, comma 361, della legge 23 dicembre 2005, n. 266, che non sia stata ancora applicata a causa della mancata capienza delle aliquote vigenti alla data di entrata in vigore delle citate leggi n. 388 del 2000 e n. 266 del 2005. Qualora per i lavoratori di cui al periodo precedente le suddette quote di riduzione risultino già applicate, si potrà procedere, subordinatamente all'adozione annuale del decreto di cui all'ultimo periodo del presente comma in assenza del quale le disposizioni transitorie di

cui al presente e al successivo periodo non trovano applicazione, ad un allineamento graduale alla nuova aliquota ASpI, come definita dai commi 1 e seguenti, con incrementi annui pari allo 0,26 per cento per gli anni 2013, 2014, 2015, 2016 e pari allo 0,27 per cento per l'anno 2017. Contestualmente, con incrementi pari allo 0,06 per cento annuo si procederà all'allineamento graduale all'aliquota del contributo destinato al finanziamento dei Fondi interprofessionali per la formazione continua ai sensi dell'articolo 25 della legge 21 dicembre 1978, n. 845. A decorrere dall'anno 2013 e fino al pieno allineamento alla nuova aliquota ASpI, le prestazioni di cui ai commi da 6 a 10 e da 20 a 24 vengono annualmente rideterminate, in funzione dell'aliquota effettiva di contribuzione, con decreto del Ministro del lavoro e delle politiche sociali di concerto con il Ministro dell'economia e delle finanze, da emanare entro il 31 dicembre di ogni anno precedente l'anno di riferimento, tenendo presente, in via previsionale, l'andamento congiunturale del relativo settore con riferimento al ricorso agli istituti di cui ai citati commi da 6 a 10 e da 20 a 24 e garantendo in ogni caso una riduzione della commisurazione delle prestazioni alla retribuzione proporzionalmente non inferiore alla riduzione dell'aliquota contributiva per l'anno di riferimento rispetto al livello a regime ([8]).

28. Con effetto sui periodi contributivi di cui al comma 25, ai rapporti di lavoro subordinato non a tempo indeterminato si applica un contributo addizionale, a carico del datore di lavoro, pari all'1,4 per cento della retribuzione imponibile ai fini previdenziali.

29. Il contributo addizionale di cui al comma 28 non si applica:

a) ai lavoratori assunti a termine in sostituzione di lavoratori assenti;

b) ai lavoratori assunti a termine per lo svolgimento delle attività stagionali di cui al decreto del Presidente della Repubblica 7 ottobre 1963, n. 1525, nonché, per i periodi contributivi maturati dal 1° gennaio 2013 al 31 dicembre 2015, di quelle definite dagli avvisi comuni e dai contratti collettivi nazionali stipulati entro il 31 dicembre 2011 dalle organizzazioni dei lavoratori e dei datori di lavoro comparativamente più rappresentative. Alle minori entrate derivanti dall'attuazione della presente disposizione, valutate in 7 milioni di euro per ciascuno degli anni 2013, 2014 e 2015, si provvede mediante corrispondente riduzione dell'autorizzazione di spesa di cui all'articolo 24, comma 27, del decreto legge 6 dicembre 2011, n. 201, convertito, con modificazioni, dalla legge 22 dicembre 2011, n. 214;

c) agli apprendisti;

d) ai lavoratori dipendenti delle pubbliche amministrazioni di cui all'articolo 1, comma 2, del decreto legislativo 30 marzo 2001, n. 165, e successive modificazioni.

30. [Nei limiti delle ultime sei mensilità] ([9]) il contributo addizionale di cui al comma 28 è restituito, successivamente al decorso del periodo di prova, al datore di lavoro in caso di trasformazione del contratto a tempo indeterminato. La restituzione avviene anche qualora il datore di lavoro assuma il lavoratore con contratto di lavoro a tempo indeterminato entro il termine di sei mesi dalla cessazione del precedente contratto a termine. In tale ultimo caso, la restituzione avviene detraendo dalle mensilità spettanti un numero di mensilità ragguagliato al periodo trascorso dalla cessazione del precedente rapporto di lavoro a termine.

31. Nei casi di interruzione di un rapporto di lavoro a tempo indeterminato per le causali che, indipendentemente dal requisito contributivo, darebbero diritto all'ASpI, intervenuti a decorrere dal 1° gennaio 2013, é dovuta, a carico del datore di lavoro, una somma pari al 41 per cento del massimale mensile di ASpI per ogni dodici mesi di anzianità aziendale negli ultimi tre anni. Nel computo dell'anzianità aziendale sono compresi i periodi di lavoro con contratto diverso da quello a tempo indeterminato, se il rapporto é proseguito senza soluzione di continuità o se comunque si é dato luogo alla restituzione di cui al comma 30 ([10]).

32. Il contributo di cui al comma 31 è dovuto anche per le interruzioni dei rapporti di apprendistato diverse dalle dimissioni o dal recesso del lavoratore, ivi incluso il recesso del datore di lavoro ai sensi dell'articolo 2, comma 1, lettera *m*), del testo unico dell'apprendistato, di cui al decreto legislativo 14 settembre 2011, n. 167.

33. Il contributo di cui al comma 31 non è dovuto, fino al 31 dicembre 2016, nei casi in cui sia dovuto il contributo di cui all'articolo 5, comma 4, della legge 23 luglio 1991, n. 223.

34. A decorrere dal 1° gennaio 2013 ([11]), il contributo di cui al comma 31 non è dovuto nei seguenti casi: *a*) licenziamenti effettuati in conseguenza di cambi di appalto, ai quali siano succedute assunzioni presso altri datori di lavoro, in attuazione di clausole sociali che garantiscano la continuità occupazionale prevista dai contratti col-

lettivi nazionali di lavoro stipulati dalle organizzazioni sindacali dei lavoratori e dei datori di lavoro comparativamente più rappresentative sul piano nazionale; *b*) interruzione di rapporto di lavoro a tempo indeterminato, nel settore delle costruzioni edili, per completamento delle attività e chiusura del cantiere. Alle minori entrate derivanti dal presente comma, valutate in 12 milioni di euro per l'anno 2013 e in 38 milioni di euro per ciascuno degli anni 2014 e 2015, si provvede mediante corrispondente riduzione dell'autorizzazione di spesa di cui all'articolo 24, comma 27, del decreto legge 6 dicembre 2011, n. 201, convertito, con modificazioni, dalla legge 22 dicembre 2011, n. 214.

35. A decorrere dal 1° gennaio 2017, nei casi di licenziamento collettivo in cui la dichiarazione di eccedenza del personale di cui all'articolo 4, comma 9, della legge 23 luglio 1991, n. 223, non abbia formato oggetto di accordo sindacale, il contributo di cui al comma 31 del presente articolo è moltiplicato per tre volte.

36. A decorrere dal 1° gennaio 2013 all'articolo 2, comma 2, del testo unico di cui al decreto legislativo 14 settembre 2011, n. 167, è aggiunta, in fine, la seguente lettera: «e *bis*) assicurazione sociale per l'impiego in relazione alla quale, in via aggiuntiva a quanto previsto in relazione al regime contributivo per le assicurazioni di cui alle precedenti lettere ai sensi della disciplina di cui all'articolo 1, comma 773, della legge 27 dicembre 2006, n. 296, con effetto sui periodi contributivi maturati a decorrere dal 1° gennaio 2013 è dovuta dai datori di lavoro per gli apprendisti artigiani e non artigiani una contribuzione pari all'1,31 per cento della retribuzione imponibile ai fini previdenziali. Resta fermo che con riferimento a tale contribuzione non operano le disposizioni di cui all'articolo 22, comma 1, della legge 12 novembre 2011, n. 183».

37. L'aliquota contributiva di cui al comma 36, di finanziamento dell'ASpI, non ha effetto nei confronti delle disposizioni agevolative che rimandano, per l'identificazione dell'aliquota applicabile, alla contribuzione nella misura prevista per gli apprendisti.

38. All'articolo 1, comma 1, del decreto del Presidente della Repubblica 30 aprile 1970, n. 602, dopo le parole: «provvidenze della gestione case per lavoratori» sono aggiunte le seguenti: «; Assicurazione sociale per l'impiego».

[39. A decorrere dal 1° gennaio 2014 l'aliquota contributiva di cui all'articolo 12, comma 1, del decreto legislativo 10 settembre 2003, n. 276, è ridotta al 2,6 per cento] ([12]).

40. Si decade dalla fruizione delle indennità di cui al presente articolo nei seguenti casi:

a) perdita dello stato di disoccupazione;

b) inizio di un'attività in forma autonoma senza che il lavoratore effettui la comunicazione di cui al comma 17;

c) raggiungimento dei requisiti per il pensionamento di vecchiaia o anticipato;

d) acquisizione del diritto all'assegno ordinario di invalidità, sempre che il lavoratore non opti per l'indennità erogata dall'ASpI.

41. La decadenza si realizza dal momento in cui si verifica l'evento che la determina, con obbligo di restituire l'indennità che eventualmente si sia continuato a percepire.

42. All'articolo 46, comma 1, della legge 9 marzo 1989, n. 88, dopo la lettera *d*) è inserita la seguente: «d *bis*) le prestazioni dell'Assicurazione sociale per l'impiego».

43. Ai contributi di cui ai commi da 25 a 39 si applica la disposizione di cui all'articolo 26, comma 1, lettera *e*), della legge 9 marzo 1989, n. 88.

44. In relazione ai casi di cessazione dalla precedente occupazione intervenuti fino al 31 dicembre 2012, si applicano le disposizioni in materia di indennità di disoccupazione ordinaria non agricola di cui all'articolo 19 del regio decreto legge 14 aprile 1939, n. 636, convertito, con modificazioni, dalla legge 6 luglio 1939, n. 1272, e successive modificazioni.

45. La durata massima legale, in relazione ai nuovi eventi di disoccupazione verificatisi a decorrere dal 1° gennaio 2013 e fino al 31 dicembre 2015, è disciplinata nei seguenti termini:

a) per le prestazioni relative agli eventi intercorsi nell'anno 2013: otto mesi per i soggetti con età anagrafica inferiore a cinquanta anni e dodici mesi per i soggetti con età anagrafica pari o superiore a cinquanta anni;

b) per le prestazioni relative agli eventi intercorsi nell'anno 2014: otto mesi per i soggetti con età anagrafica inferiore a cinquanta anni, dodici mesi per i soggetti con età anagrafica pari o superiore a cinquanta anni e inferiore a cinquantacinque anni, quattordici mesi per i soggetti con età anagrafica pari o superiore a cinquantacinque anni, nei limiti delle settimane di contribuzione negli ultimi due anni;

c) per le prestazioni relative agli eventi intercorsi nell'anno 2015: dieci mesi per i soggetti con età anagrafica inferiore a cinquanta anni, dodici mesi per i soggetti con età anagrafica pari o superiore a cinquanta anni e inferiore a cinquantacinque anni, sedici mesi per i soggetti con età anagrafica pari o superiore a cinquantacinque anni, nei limiti delle settimane di contribuzione negli ultimi due anni.

46. Per i lavoratori collocati in mobilità a decorrere dal 1° gennaio 2013 e fino al 31 dicembre 2016 ai sensi dell'articolo 7 della legge 23 luglio 1991, n. 223, e successive modificazioni, il periodo massimo di diritto della relativa indennità di cui all'articolo 7, commi 1 e 2, della legge 23 luglio 1991, n. 223, è ridefinito nei seguenti termini:

a) lavoratori collocati in mobilità nel periodo dal 1° gennaio 2013 al 31 dicembre 2014 ([13]):

1) lavoratori di cui all'articolo 7, comma 1: dodici mesi, elevato a ventiquattro per i lavoratori che hanno compiuto i quaranta anni e a trentasei per i lavoratori che hanno compiuto i cinquanta anni;

2) lavoratori di cui all'articolo 7, comma 2: ventiquattro mesi, elevato a trentasei per i lavoratori che hanno compiuto i quaranta anni e a quarantotto per i lavoratori che hanno compiuto i cinquanta anni;

[*b*) lavoratori collocati in mobilità nel periodo dal 1° gennaio 2014 al 31 dicembre 2014:

1) lavoratori di cui all'articolo 7, comma 1: dodici mesi, elevato a ventiquattro per i lavoratori che hanno compiuto i quaranta anni e a trenta per i lavoratori che hanno compiuto i cinquanta anni;

2) lavoratori di cui all'articolo 7, comma 2: diciotto mesi, elevato a trenta per i lavoratori che hanno compiuto i quaranta anni e a quarantadue per i lavoratori che hanno compiuto i cinquanta anni] ([14]);

c) lavoratori collocati in mobilità nel periodo dal 1° gennaio 2015 al 31 dicembre 2015:

1) lavoratori di cui all'articolo 7, comma 1: dodici mesi, elevato a diciotto per i lavoratori che hanno compiuto i quaranta anni e a ventiquattro per i lavoratori che hanno compiuto i cinquanta anni;

2) lavoratori di cui all'articolo 7, comma 2: dodici mesi, elevato a ventiquattro per i lavoratori che hanno compiuto i quaranta anni e a trentasei per i lavoratori che hanno compiuto i cinquanta anni;

d) lavoratori collocati in mobilità nel periodo dal 1° gennaio 2016 al 31 dicembre 2016:

1) lavoratori di cui all'articolo 7, comma 1: dodici mesi, elevato a diciotto per i lavoratori che hanno compiuto i cinquanta anni;

2) lavoratori di cui all'articolo 7, comma 2: dodici mesi, elevato a diciotto per i lavoratori che hanno compiuto i quaranta anni e a ventiquattro per i lavoratori che hanno compiuto i cinquanta anni.

46 *bis*. Il Ministro del lavoro e delle politiche sociali, entro il 31 ottobre 2014, procede, insieme alle associazioni dei datori di lavoro e alle organizzazioni sindacali dei lavoratori comparativamente più rappresentative sul piano nazionale, ad una ricognizione delle prospettive economiche e occupazionali in essere alla predetta data, al fine di verificare la corrispondenza della disciplina transitoria di cui al comma 46 a tali prospettive e di proporre, compatibilmente con i vincoli di finanza pubblica, eventuali conseguenti iniziative ([15]).

47. A decorrere dal 1° gennaio 2019 ([16]) le maggiori somme derivanti dall'incremento dell'addizionale di cui all'articolo 6 *quater*, comma 2, del decreto legge 31 gennaio 2005, n. 7, convertito, con modificazioni, dalla legge 31 marzo 2005, n. 43, come modificato dal comma 48 del presente articolo, sono riversate alla gestione degli interventi assistenziali e di sostegno alle gestioni previdenziali dell'INPS, di cui all'articolo 37 della legge 9 marzo 1989, n. 88, e successive modificazioni.

48. All'articolo 6 *quater* del decreto legge 31 gennaio 2005, n. 7, convertito, con modificazioni, dalla legge 31 marzo 2005, n. 43, sono apportate le seguenti modificazioni:

a) al comma 2, dopo le parole: «è destinato» sono inserite le seguenti: «31 dicembre 2018 ([17])»;

b) dopo il comma 3 sono aggiunti i seguenti:

«3 *bis*. La riscossione dell'incremento dell'addizionale comunale di cui al comma 2 avviene a cura dei gestori di servizi aeroportuali, con le modalità in uso per la riscossione dei diritti di imbarco. Il versamento da parte delle compagnie aeree avviene entro tre mesi dalla fine del mese in cui sorge l'obbligo.

3 *ter*. Le somme riscosse sono comunicate mensilmente all'INPS daparte dei gestori di servizi aeroportuali con le modalità stabilite dall'Istituto e riversate allo stesso Istituto, entro la fine del mese successivo a quello di riscossione, secondo le modalità previste dagli articoli 17 e seguenti del decreto legislativo 9 luglio 1997, n. 241. Alle somme di cui al predetto comma 2 si applicano le disposizioni sanzionatorie e di riscossione previste dall'articolo 116, comma 8, lettera *a*), della legge 23 dicembre 2000, n. 388, per i contributi previdenziali obbligatori.

3 *quater*. La comunicazione di cui al comma 3 *ter* costituisce accertamento del credito e dà titolo, in caso di mancato versamento, ad attivare la riscossione coattiva, secondo le modalità previste dall'articolo 30 del decreto legge 31 maggio 2010, n. 78, convertito, con modificazioni, dalla legge 30 luglio 2010, n. 122, e successive modificazioni.».

49. I soggetti tenuti alla riscossione di cui all'articolo 6 *quater*, comma 2, del decreto legge n. 7 del 2005, convertito, con modificazioni, dalla legge n. 43 del 2005, come modificato dal comma 48 del presente articolo, trattengono, a titolo di ristoro per le spese di riscossione e comunicazione, una somma pari allo 0,25 per cento del gettito totale. In caso di inadempienza rispetto agli obblighi di comunicazione si applica una sanzione amministrativa da euro 2.000 ad euro 12.000. L'INPS provvede all'accertamento delle inadempienze e all'irrogazione delle conseguenti sanzioni. Si applicano, in quanto compatibili, le disposizioni di cui alla legge 24 novembre 1981, n. 689.

50. All'articolo 17, comma 2, del decreto legislativo 9 luglio 1997, n. 241, è aggiunta, in fine, la seguente lettera: «h *quinquies*) alle somme che i soggetti tenuti alla riscossione dell'incremento all'addizionale comunale debbono riversare all'INPS, ai sensi dell'articolo 6 *quater* del decreto legge 31 gennaio 2005, n. 7, convertito, con modificazioni, dalla legge 31 marzo 2005, n. 43, e successive modificazioni».

[51. A decorrere dall'anno 2013, nei limiti delle risorse di cui al comma 1 dell'articolo 19 del decreto legge 29 novembre 2008, n. 185, convertito, con modificazioni, dalla legge 28 gennaio 2009, n. 2, e successive modificazioni, è riconosciuta un'indennità ai collaboratori coordinati e continuativi di cui all'articolo 61, comma 1, del decreto legislativo 10 settembre 2003, n. 276, iscritti in via esclusiva alla Gestione separata presso l'INPS di cui all'articolo 2, comma 26, della legge 8 agosto 1995, n. 335, con esclusione dei soggetti individuati dall'articolo 1, comma 212, della legge 23 dicembre 1996, n. 662, i quali soddisfino in via congiunta le seguenti condizioni:

a) abbiano operato, nel corso dell'anno precedente, in regime di monocommittenza;

b) abbiano conseguito l'anno precedente un reddito lordo complessivo soggetto a imposizione fiscale non superiore al limite di 20.000 euro, annualmente rivalutato sulla base della variazione dell'indice ISTAT dei prezzi al consumo per le famiglie di operai e impiegati intervenuta nell'anno precedente;

c) con riguardo all'anno di riferimento sia accreditato, presso la predetta Gestione separata di cui all'articolo 2, comma 26, della legge n. 335 del 1995, un numero di mensilità non inferiore a uno;

d) abbiano avuto un periodo di disoccupazione ai sensi dell'articolo 1, comma 2, lettera *c*), del decreto legislativo 21 aprile 2000, n. 181, e successive modificazioni, ininterrotto di almeno due mesi nell'anno precedente;

e) risultino accreditate nell'anno precedente almeno quattro mensilità presso la predetta Gestione separata di cui all'articolo 2, comma 26, della legge n. 335 del 1995] ([18]).

[52. L'indennità è pari a un importo del 5 per cento del minimale annuo di reddito di cui all'articolo 1, comma 3, della legge 2 agosto 1990, n. 233, moltiplicato per il minor numero tra le mensilità accreditate l'anno precedente e quelle non coperte da contribuzione] ([18]).

[53. L'importo di cui al comma 52 è liquidato in un'unica soluzione se pari o inferiore a 1.000 euro, ovvero in importi mensili pari o inferiori a 1.000 euro se superiore] ([18]).

54. Restano fermi i requisiti di accesso e la misura del trattamento vigenti alla data del 31 dicembre 2012 per coloro che hanno maturato il diritto entro tale data ai sensi dell'articolo 19, comma 2, del decreto legge 29 novembre 2008, n. 185, convertito, con modificazioni, dalla legge 28 gennaio 2009, n. 2, e successive modificazioni.

55. A decorrere dal 1° gennaio 2013 le lettere *a*), *b*) e *c*) del comma 1 dell'articolo 19 del decreto legge 29 novembre 2008, n. 185, convertito, con modificazioni, dalla legge 28 gennaio 2009, n. 2, sono abrogate.

56. In via transitoria per gli anni 2013, 2014 e 2015:

a) il requisito di cui alla lettera *e*) del comma 51, relativo alle mensilità accreditate, è ridotto da quattro a tre mesi;

b) l'importo dell'indennità di cui al comma 52 è elevato dal 5 per cento al 7 per cento del minimale annuo;

c) le risorse di cui al comma 51 sono integrate nella misura di 60 milioni di euro per ciascuno dei predetti anni e al relativo onere si provvede mediante corrispondente riduzione dell'autorizzazione di spesa di cui all'articolo 24, comma 27, del decreto legge 6 dicembre 2011, n. 201, convertito, con modificazioni, dalla legge 22 dicembre 2011, n. 214.

Nel corso del periodo transitorio, in sede di monitoraggio effettuato ai sensi dell'articolo 1, comma 2, della presente legge, con particolare riferimento alle misure recate dai commi 23 e seguenti del medesimo articolo 1, si provvede a verificare la rispondenza dell'indennità di cui al comma 51 alle finalità di tutela, considerate le caratteristiche della tipologia contrattuale, allo scopo di verificare se la portata effettiva dell'onere corrisponde alle previsioni iniziali e anche al fine di valutare, ai sensi dell'articolo 1, comma 3, eventuali correzioni della misura stessa, quali la sua sostituzione con tipologie di intervento previste dal comma 20 del presente articolo.

57. (*Omissis*).

58. Con la sentenza di condanna per i reati di cui agli articoli 270 *bis*, 280, 289 *bis*, 416 *bis*, 416 *ter* e 422 del codice penale, nonché per i delitti commessi avvalendosi delle condizioni previste dal predetto articolo 416 *bis* ovvero al fine di agevolare l'attività delle associazioni previste dallo stesso articolo, il giudice dispone la sanzione accessoria della revoca delle seguenti prestazioni, comunque denominate in base alla legislazione vigente, di cui il condannato sia eventualmente titolare: indennità di disoccupazione, assegno sociale, pensione sociale e pensione per gli invalidi civili. Con la medesima sentenza il giudice dispone anche la revoca dei trattamenti previdenziali a carico degli enti gestori di forme obbligatorie di previdenza e assistenza, ovvero di forme sostitutive, esclusive ed esonerative delle stesse, erogati al condannato, nel caso in cui accerti, o sia stato già accertato con sentenza in altro procedimento giurisdizionale, che questi abbiano origine, in tutto o in parte, da un rapporto di lavoro fittizio a copertura di attività illecite connesse a taluno dei reati di cui al primo periodo.

59. I condannati ai quali sia stata applicata la sanzione accessoria di cui al comma 58, primo periodo, possono beneficiare, una volta che la pena sia stata completamente eseguita e previa presentazione di apposita domanda, delle prestazioni previste dalla normativa vigente in materia, nel caso in cui ne ricorrano i presupposti.

60. I provvedimenti adottati ai sensi del comma 58 sono comunicati, entro quindici giorni dalla data di adozione dei medesimi, all'ente titolare dei rapporti previdenziali e assistenziali facenti capo al soggetto condannato, ai fini della loro immediata esecuzione.

61. Entro tre mesi dalla data di entrata in vigore della presente legge, il Ministro della giustizia, d'intesa con il Ministro del lavoro e delle politiche sociali, trasmette agli enti titolari dei relativi rapporti l'elenco dei soggetti già condannati con sentenza passata in giudicato per i reati di cui al comma 58, ai fini della revoca, con effetto non retroattivo, delle prestazioni di cui al medesimo comma 58, primo periodo.

62. Quando esercita l'azione penale, il pubblico ministero, qualora nel corso delle indagini abbia acquisito elementi utili per ritenere irregolarmente percepita una prestazione di natura assistenziale o previdenziale, informa l'amministrazione competente per i conseguenti accertamenti e provvedimenti.

63. Le risorse derivanti dai provvedimenti di revoca di cui ai commi da 58 a 62 sono versate annualmente dagli enti interessati all'entrata del bilancio dello Stato per essere riassegnate ai capitoli di spesa corrispondenti al Fondo di rotazione per la solidarietà alle vittime dei reati di tipo mafioso, delle richieste estorsive e dell'usura, di cui all'articolo 2, comma 6 *sexies*, del decreto legge 29 dicembre 2010, n. 225, convertito, con modificazioni, dalla legge 26 febbraio 2011, n. 10, e agli interventi in favore delle vittime del terrorismo e della criminalità organizzata, di cui alla legge 3 agosto 2004, n. 206.

64. Al fine di garantire la graduale transizione verso il regime delineato dalla riforma degli ammortizzatori sociali di cui alla presente legge, assicurando la gestione delle situazioni derivanti dal perdurare dello stato di debolezza dei livelli produttivi del Paese, per gli anni 2013-2016 il Ministro del lavoro e delle politiche sociali, di concerto con il Ministro dell'economia e delle finanze, può disporre, sulla base di specifici accordi governativi e per periodi non superiori a dodici mesi, in deroga alla normativa vigente, la concessione, anche senza soluzione di continuità, di trattamenti di integrazione salariale e di mobilità, anche con riferimento a settori produttivi e ad aree regionali, nei limiti delle risorse finanziarie a tal fine destinate nell'ambito del Fondo sociale per occupazione e formazione, di cui all'articolo 18, comma 1, lettera *a*), del decreto legge 29 novembre 2008, n. 185, convertito, con modificazioni, dalla legge 28 gennaio 2009, n. 2, come rifinanziato dal comma 65 del presente articolo.

65. L'autorizzazione di spesa di cui all'articolo 1, comma 7, del decreto legge 20 maggio 1993, n. 148, convertito, con modificazioni, dalla legge 19 luglio 1993, n. 236, confluita nel Fondo sociale per occupazione e formazione, di cui all'articolo 18, comma 1, lettera *a*), del decreto legge 29 novembre 2008, n. 185, convertito, con modificazioni, dalla legge 28 gennaio 2009, n. 2, è incrementata di euro 1.000 milioni per ciascuno degli anni 2013 e 2014, di euro 700 milioni per l'anno 2015 e di euro 400 milioni per l'anno 2016.

66. Nell'ambito delle risorse finanziarie destinate alla concessione, in deroga alla normativa vigente, anche senza soluzione di continuità, di trattamenti di integrazione salariale e di mobilità, i trattamenti concessi ai sensi dell'articolo 33, comma 21, della legge 12 novembre 2011, n. 183, nonché ai sensi del comma 64 del presente articolo possono essere prorogati, sulla base di specifici accordi governativi e per periodi non superiori a dodici mesi, con decreto del Ministro del lavoro e delle politiche sociali, di concerto con il Ministro dell'economia e delle finanze. La misura dei trattamenti di cui al periodo precedente è ridotta del 10 per cento nel caso di prima proroga, del 30 per cento nel caso di seconda proroga e del 40 per cento nel caso di proroghe successive. I trattamenti di sostegno del reddito, nel caso di proroghe successive alla seconda, possono essere erogati esclusivamente nel caso di frequenza di specifici programmi di reimpiego, anche miranti alla riqualificazione professionale. Bimestralmente il Ministero del lavoro e delle politiche sociali invia al Ministero dell'economia e delle finanze una relazione sull'andamento degli impegni delle risorse destinate agli ammortizzatori in deroga.

67. Al fine di garantire criteri omogenei di accesso a tutte le forme di integrazione del reddito, si applicano anche ai lavoratori destinatari dei trattamenti di integrazione salariale in deroga e di mobilità in deroga, rispettivamente, le disposizioni di cui all'articolo 8, comma 3, del decreto legge 21 marzo 1988, n. 86, convertito, con modificazioni, dalla legge 20 maggio 1988, n. 160, e di cui all'articolo 16, comma 1, della legge 23 luglio 1991, n. 223.

68. Con effetto dal 1° gennaio 2013 le aliquote contributive pensionistiche di finanziamento e di computo di cui alle tabelle B e C dell'allegato 1 del decreto legge 6 dicembre 2011, n. 201, convertito, con modificazioni, dalla legge 22 dicembre 2011, n. 214, si applicano ai lavoratori iscritti alla gestione autonoma coltivatori diretti, mezzadri e coloni dell'INPS che non fossero già interessati dalla predetta disposizione incrementale. Le aliquote di finanziamento sono comprensive del contributo addizionale del 2 per cento previsto dall'articolo 12, comma 4, della legge 2 agosto 1990, n. 233.

69. A decorrere dal 1° gennaio 2013, sono abrogate le seguenti disposizioni:

a) articolo 19, commi 1 *bis*, 1 *ter*, 2 e 2 *bis*, del decreto legge 29 novembre 2008, n. 185, convertito, con modificazioni, dalla legge 28 gennaio 2009, n. 2;

b) articolo 7, comma 3, del decreto legge 21 marzo 1988, n. 86, convertito, con modificazioni, dalla legge 20 maggio 1988, n. 160;

c) articolo 40 del regio decreto legge 4 ottobre 1935, n. 1827, convertito, con modificazioni, dalla legge 6 aprile 1936, n. 1155.

70. All'articolo 3, comma 1, della legge 23 luglio 1991, n. 223, e successive modificazioni, le parole: "qualora la continuazione dell'attività non sia stata disposta o sia cessata" sono sostituite dalle seguenti: "quando sussistano prospettive di continuazione o di ripresa dell'attività e di salvaguardia, anche parziale, dei livelli di occupazione, da valutare in base a parametri oggettivi definiti con decreto del Ministro del lavoro e delle politiche sociali". L'articolo 3 della citata legge n. 223 del 1991, come da ultimo modificato dal presente comma, è abrogato a decorrere dal 1° gennaio 2016 ([19]).

70 *bis*. I contratti e gli accordi collettivi di gestione di crisi aziendali che prevedono il ricorso agli ammortizzatori sociali devono essere depositati presso il Ministero del lavoro e delle politiche sociali, secondo modalità indicate con decreto direttoriale. Dalla presente disposizione non devono derivare nuovi o maggiori oneri a carico della finanza pubblica ([20]).

71. A decorrere dal 1° gennaio 2017, sono abrogate le seguenti disposizioni:

a) articolo 5, commi 4, 5 e 6, della legge 23 luglio 1991, n. 223;

b) articoli da 6 a 9 della legge 23 luglio 1991, n. 223;

c) articolo 11, comma 2, della legge 23 luglio 1991, n. 223 ([21]);

d) articolo 16, commi da 1 a 3 della legge 23 luglio 1991, n. 223;

e) articolo 25, comma 9, della legge 23 luglio 1991, n. 223;

f) articolo 3, commi 3 e 4, del decreto legge 16 maggio 1994, n. 299, convertito, con modificazioni, dalla legge 19 luglio 1994, n. 451;

g) articoli da 9 a 19 della legge 6 agosto 1975, n. 427.

72. All'articolo 4 della legge 23 luglio 1991, n. 223, sono apportate le seguenti modificazioni:

a) al comma 1, le parole: «le procedure di mobilità» sono sostituite dalle seguenti: «la procedura di licenziamento collettivo»;

b) al comma 3, le parole: «la dichiarazione di mobilità» sono sostituite dalle seguenti: «il licenziamento collettivo» e le parole: «programma di mobilità» sono sostituite dalle seguenti: «programma di riduzione del personale»;

c) al comma 8, le parole: «dalla procedura di mobilità» sono sostituite dalle seguenti: «dalle procedure di licenziamento collettivo»;

d) al comma 9, le parole: «collocare in mobilità» sono sostituite dalla seguente: «licenziare» e le parole: «collocati in mobilità» sono sostituite dalla seguente: «licenziati»;

e) al comma 10, le parole: «collocare in mobilità» sono sostituite dalla seguente: «licenziare» e le parole: «posti in mobilità» sono sostituite dalla seguente: «licenziati».

73. All'articolo 5, commi 1 e 2, della legge 23 luglio 1991, n. 223, le parole: «collocare in mobilità» sono sostituite dalla seguente: «licenziare».

(1) *Le parole: «cinquanta per cento» sono state così sostituite dalle seguenti: «venti per cento» dall'art. 24, comma 3, del D.L.vo 14 settembre 2015, n. 150.*

(2) *Questo comma è stato inserito dall'art. 7, comma 5, lett.* b)*, del D.L. 28 giugno 2013, n. 76, convertito, con modificazioni, nella L. 9 agosto 2013, n. 99.*

(3) *A norma dell'art. 24, comma 3, del D.L.vo 14 settembre 2015, n. 150, nei casi di cui al presente articolo, l'INPS versa all'ANPAL una somma pari al trenta per cento dell'indennità mensile residua che sarebbe stata corrisposta al lavoratore, volta a finanziare il Fondo politiche attive del lavoro di cui all'articolo 1, comma 215, della legge n. 147 del 2013.*

(4) *Le parole: «nel medesimo periodo» sono state così sostituite dalle attuali: «negli ultimi dodici mesi» dall'art. 1, comma 250, lett.* a)*, della L. 24 dicembre 2012, n. 228.*

(5) *Le parole: «nel medesimo periodo» sono state così sostituite dalle attuali: «negli ultimi diciotto mesi» dall'art. 1, comma 250, lett.* b)*, della L. 24 dicembre 2012, n. 228.*

(6) *Le parole: «, detratti i periodi di indennità eventualmente fruiti nel periodo» sono state così sostituite dalle attuali: «; ai fini della durata non sono computati i periodi contributivi che hanno già dato luogo ad erogazione della prestazione» dall'art. 1, comma 250, lett.* c)*, della L. 24 dicembre 2012, n. 228.*

(7) *Le parole fra parentesi quadrate sono state soppresse dall'art. 1, comma 250, lett.* d)*, della L. 24 dicembre 2012, n. 228.*

(8) *Si veda il D.M. 25 gennaio 2013* (G.U. *Serie gen. - n. 113 del 16 maggio 2013*).

(9) *A norma dell'art. 1, comma 135, della L. 27 dicembre 2013, n. 147, con effetto dal 1° gennaio 2014 e con riferimento alle trasformazioni di contratto a tempo indeterminato decorrenti dalla predetta data, le parole tra parentesi quadrate sono soppresse.*

(10) *Questo comma è stato così sostituito dall'art. 1, comma 250, lett.* f)*, della L. 24 dicembre 2012, n. 228.*

(11) *Le parole: «Per il periodo 2013-2015» sono state così sostituite dalle seguenti: «Per il periodo 2013-2016», dall'art. 2* quater*, comma 1, del D.L. 30 dicembre 2015, n. 210, convertito, con modificazioni, nella L. 25 febbraio 2016, n. 21. L'art. 1, comma 164, della L. 11 dicembre 2016, n. 232, ha poi così sostituito le parole: «Per il periodo 2013-2016» con le attuali: «A decorrere dal 1° gennaio 2013».*

(12) *Questo comma è stato abrogato dall'art. 1, comma 136, della L. 27 dicembre 2013, n. 147.*

(13) *Le parole: «31 dicembre 2013» sono state così sostituite dalle parole: «31 dicembre 2014» dall'art. 46* bis*, comma 1, lett.* e)*, del D.L. 22 giugno 2012, n. 83, convertito, con modificazioni, nella L. 7 agosto 2012, n. 134.*

(14) *Questa lettera è stata abrogata dall'art. 46* bis*, comma 1, lett.* e)*, del D.L. 22 giugno 2012, n. 83, convertito, con modificazioni, nella L. 7 agosto 2012, n. 134.*

(15) *Questo comma è stato inserito dall'art. 46* bis*, comma 1, lett.* f)*, del D.L. 22 giugno 2012, n. 83, convertito, con modificazioni, nella L. 7 agosto 2012, n. 134.*

(16) *Le parole: «1° gennaio 2016» sono state così sostituite dalle attuali dall'art. 13, comma 21, lett.* a)*, del D.L. 23 dicembre 2013, n. 145, convertito, con modificazioni, nella L. 21 febbraio 2014, n. 9.*

(17) *Le parole: «31 dicembre 2015» sono state così sostituite dalle attuali dall'art. 13, comma 21, lett.* b)*, del D.L. 23 dicembre 2013, n. 145, convertito, con modificazioni, nella L. 21 febbraio 2014, n. 9.*

(18) *Questo comma è stato abrogato dall'art. 1, comma 390, della L. 28 dicembre 2015, n. 208.*

(19) *Questo comma è stato così sostituito dall'art. 46* bis*, comma 1, lett.* h)*, del D.L. 22 giugno 2012, n. 83, convertito, con modificazioni, nella L. 7 agosto 2012, n. 134.*

(20) *Questo comma è stato inserito dall'art. 46* bis*, comma 1, lett.* i)*, del D.L. 22 giugno 2012, n. 83, convertito, con modificazioni, nella L. 7 agosto 2012, n. 134.*

(21) *Questa lettera è stata così sostituita dall'art. 1, comma 250, lett.* h)*, della L. 24 dicembre 2012, n. 228.*

3. Tutele in costanza di rapporto di lavoro. – 1. (*Omissis*) (1).

2. A decorrere dal 1° gennaio 2013 ai lavoratori addetti alle prestazioni di lavoro temporaneo

occupati con contratto di lavoro a tempo indeterminato nelle imprese e agenzie di cui all'articolo 17, commi 2 e 5, della legge 28 gennaio 1994, n. 84, e successive modificazioni, e ai lavoratori dipendenti dalle società derivate dalla trasformazione delle compagnie portuali ai sensi dell'articolo 21, comma 1, lettera *b*), della medesima legge n. 84 del 1994, è riconosciuta un'indennità di importo pari a un ventiseiesimo del trattamento massimo mensile di integrazione salariale straordinaria, comprensiva della relativa contribuzione figurativa e degli assegni per il nucleo familiare, per ogni giornata di mancato avviamento al lavoro, nonché per le giornate di mancato avviamento al lavoro che coincidano, in base al programma, con le giornate definite festive, durante le quali il lavoratore sia risultato disponibile. L'indennità è riconosciuta per un numero di giornate di mancato avviamento al lavoro pari alla differenza tra il numero massimo di ventisei giornate mensili erogabili e il numero delle giornate effettivamente lavorate in ciascun mese, incrementato del numero delle giornate di ferie, malattia, infortunio, permesso e indisponibilità. L'erogazione dei trattamenti di cui al presente comma da parte dell'INPS è subordinata all'acquisizione degli elenchi recanti il numero, distinto per ciascuna impresa o agenzia, delle giornate di mancato avviamento al lavoro, predisposti dal Ministero delle infrastrutture e dei trasporti in base agli accertamenti effettuati in sede locale dalle competenti autorità portuali o, laddove non istituite, dalle autorità marittime.

3. Alle imprese e agenzie di cui all'articolo 17, commi 2 e 5, della legge 28 gennaio 1994, n. 84, e successive modificazioni, e alle società derivate dalla trasformazione delle compagnie portuali ai sensi dell'articolo 21, comma 1, lettera *b*), della medesima legge n. 84 del 1994, nonché ai relativi lavoratori, è esteso l'obbligo contributivo di cui all'articolo 9 della legge 29 dicembre 1990, n. 407.

[4. Al fine di assicurare la definizione, entro l'anno 2013, di un sistema inteso ad assicurare adeguate forme di sostegno per i lavoratori dei diversi comparti, le organizzazioni sindacali e imprenditoriali comparativamente più rappresentative a livello nazionale stipulano [, entro il 31 ottobre 2013] (2), accordi collettivi e contratti collettivi, anche intersettoriali, aventi ad oggetto la costituzione di fondi di solidarietà bilaterali per i settori non coperti dalla normativa in materia di integrazione salariale, con la finalità di assicurare ai lavoratori una tutela in costanza di rapporto di lavoro nei casi di riduzione o sospensione dell'attività lavorativa per cause previste dalla normativa in materia di integrazione salariale ordinaria o straordinaria. Decorso inutilmente il termine di cui al periodo precedente, al fine di assicurare adeguate forme di sostegno ai lavoratori interessati dalla presente disposizione, a decorrere dal 1° gennaio 2014 si provvede mediante la attivazione del fondo di solidarietà residuale di cui ai commi 19 e seguenti] (3).

[5. Entro i successivi tre mesi, con decreto non regolamentare del Ministro del lavoro e delle politiche sociali, di concerto con il Ministro dell'economia e delle finanze, si provvede all'istituzione presso l'INPS dei fondi cui al comma 4] (3).

[6. Con le medesime modalità di cui ai commi 4 e 5 possono essere apportate modifiche agli atti istitutivi di ciascun fondo. Le modifiche aventi ad oggetto la disciplina delle prestazioni o la misura delle aliquote sono adottate con decreto direttoriale dei Ministeri del lavoro e delle politiche sociali e dell'economia e delle finanze, sulla base di una proposta del comitato amministratore di cui al comma 35] (3).

[7. I decreti di cui al comma 5 determinano, sulla base degli accordi, l'ambito di applicazione dei fondi di cui al comma 4, con riferimento al settore di attività, alla natura giuridica dei datori di lavoro ed alla classe di ampiezza dei datori di lavoro. Il superamento dell'eventuale soglia dimensionale fissata per la partecipazione al fondo si verifica mensilmente con riferimento alla media del semestre precedente] (3).

[8. I fondi di cui al comma 4 non hanno personalità giuridica e costituiscono gestioni dell'INPS] (3).

[9. Gli oneri di amministrazione di ciascun fondo di cui al comma 4 sono determinati secondo i criteri definiti dal regolamento di contabilità dell'INPS] (3).

[10. L'istituzione dei fondi di cui al comma 4 è obbligatoria per tutti i settori non coperti dalla normativa in materia di integrazione salariale in relazione alle imprese che occupano mediamente più di quindici dipendenti. Le prestazioni e i relativi obblighi contributivi non si applicano al personale dirigente se non espressamente previsto] (3).

[11. I fondi di cui al comma 4, oltre alla finalità di cui al medesimo comma, possono avere le seguenti finalità:

a) assicurare ai lavoratori una tutela integrativa rispetto a prestazioni connesse alla perdita del posto di lavoro o a trattamenti di integrazione salariale previsti dalla normativa vigente;

b) prevedere assegni straordinari per il sostegno al reddito, riconosciuti nel quadro dei processi di agevolazione all'esodo, a lavoratori che raggiungano i requisiti previsti per il pensionamento di vecchiaia o anticipato nei successivi cinque anni;

c) contribuire al finanziamento di programmi formativi di riconversione o riqualificazione professionale, anche in concorso con gli appositi fondi nazionali o dell'Unione europea] ([3]).

[12. Per le finalità di cui al comma 11, i fondi di cui al comma 4 possono essere istituiti, con le medesime modalità di cui al comma 4, anche in relazione a settori e classi di ampiezza già coperti dalla normativa in materia di integrazioni salariali. Per le imprese nei confronti delle quali trovano applicazione gli articoli 4 e seguenti della legge 23 luglio 1991, n. 223, e successive modificazioni, in materia di indennità di mobilità, gli accordi e contratti collettivi con le modalità di cui al comma 4 possono prevedere che il fondo di solidarietà sia finanziato, a decorrere dal 1° gennaio 2017, con un'aliquota contributiva nella misura dello 0,30 per cento delle retribuzioni imponibili ai fini previdenziali] ([3]).

[13. Gli accordi ed i contratti di cui al comma 4 possono prevedere che nel fondo di cui al medesimo comma confluisca anche l'eventuale fondo interprofessionale istituito dalle medesime parti firmatarie ai sensi dell'articolo 118 della legge 23 dicembre 2000, n. 388, e successive modificazioni. In tal caso, al fondo affluisce anche il gettito del contributo integrativo stabilito dall'articolo 25, quarto comma, della legge 21 dicembre 1978, n. 845, e successive modificazioni, con riferimento ai datori di lavoro cui si applica il fondo e le prestazioni derivanti dall'attuazione del primo periodo del presente comma sono riconosciute nel limite di tale gettito] ([3]).

[14. In alternativa al modello previsto dai commi da 4 a 13 e dalle relative disposizioni attuative di cui ai commi 22 e seguenti, in riferimento ai settori di cui al comma 4 nei quali siano operanti, alla data di entrata in vigore della presente legge, consolidati sistemi di bilateralità e in considerazione delle peculiari esigenze dei predetti settori, quale quello dell'artigianato, le organizzazioni sindacali e imprenditoriali di cui al citato comma 4 possono [, entro il 31 ottobre 2013], ([4]) adeguare le fonti normative ed istitutive dei rispettivi fondi bilaterali ovvero dei fondi interprofessionali, di cui all'articolo 118 della legge 23 dicembre 2000, n. 388, alle finalità perseguite dai commi da 4 a 13, prevedendo misure intese ad assicurare ai lavoratori una tutela reddituale in costanza di rapporto di lavoro, in caso di riduzione o sospensione dell'attività lavorativa, correlate alle caratteristiche delle attività produttive interessate. Ove a seguito della predetta trasformazione venga ad aversi la confluenza, in tutto o in parte, di un fondo interprofessionale in un unico fondo bilaterale rimangono fermi gli obblighi contributivi previsti dal predetto articolo 118 e le risorse derivanti da tali obblighi sono vincolate alle finalità formative] ([3]).

[15. Per le finalità di cui al comma 14, gli accordi e i contratti collettivi definiscono:

a) un'aliquota complessiva di contribuzione ordinaria di finanziamento non inferiore allo 0,20 per cento;

b) le tipologie di prestazioni in funzione delle disponibilità del fondo di solidarietà bilaterale;

c) l'adeguamento dell'aliquota in funzione dell'andamento della gestione ovvero la rideterminazione delle prestazioni in relazione alle erogazioni, tra l'altro tenendo presente in via previsionale gli andamenti del relativo settore in relazione anche a quello più generale dell'economia e l'esigenza dell'equilibrio finanziario del fondo medesimo;

d) la possibilità di far confluire al fondo di solidarietà quota parte del contributo previsto per l'eventuale fondo interprofessionale di cui al comma 13;

e) criteri e requisiti per la gestione dei fondi] ([3]).

[16. In considerazione delle finalità perseguite dai fondi di cui al comma 14, volti a realizzare ovvero integrare il sistema, in chiave universalistica, di tutela del reddito in costanza di rapporto di lavoro e in caso di sua cessazione, con decreto, di natura non regolamentare, del Ministro del lavoro e delle politiche sociali, di concerto con il Ministro dell'economia e delle finanze, sentite le parti sociali istitutive dei rispettivi fondi bilaterali, sono dettate disposizioni per determinare: requisiti di professionalità e onorabilità dei soggetti preposti alla gestione dei fondi medesimi; criteri e requisiti per la contabilità dei fondi; modalità volte a rafforzare la funzione di controllo sulla loro corretta gestione e di monitoraggio sull'andamento delle prestazioni, anche attraverso la determinazione di standard e parametri omogenei] ([3]).

[17. In via sperimentale per ciascuno degli anni 2013, 2014 e 2015 l'indennità di cui all'articolo 2, comma 1, della presente legge è riconosciuta ai lavoratori sospesi per crisi aziendali o occupazionali che siano in possesso dei requisiti previsti dall'articolo 2, comma 4, e subordinatamente ad un intervento integrativo pari almeno alla misura del 20 per cento dell'indennità stessa a carico dei fondi bilaterali di cui al comma 14, ovvero a carico dei fondi di solidarietà di cui al comma 4 del presente articolo. La durata massima del trattamento non può superare novanta giornate da computare in un biennio mobile. Il trattamento è riconosciuto nel limite delle risorse non superiore a 20 milioni di euro per ciascuno degli anni 2013, 2014 e 2015; al relativo onere si provvede mediante corrispondente riduzione dell'autorizzazione di spesa di cui all'articolo 24, comma 27, del decreto legge 6 dicembre 2011, n. 201, convertito, con modificazioni, dalla legge 22 dicembre 2011, n. 214. Il Ministro dell'economia e delle finanze è autorizzato ad apportare, con propri decreti, le occorrenti variazioni di bilancio] ([3]).

[18. Le disposizioni di cui al comma 17 non trovano applicazione nei confronti dei lavoratori dipendenti da aziende destinatarie di trattamenti di integrazione salariale, nonché nei casi di contratti di lavoro a tempo indeterminato con previsione di sospensioni lavorative programmate e di contratti di lavoro a tempo parziale verticale] ([3]).

[19. Per i settori, tipologie di datori di lavoro e classi dimensionali comunque superiori ai quindici dipendenti, non coperti dalla normativa in materia di integrazione salariale, per i quali non siano stipulati [, entro il 31 ottobre 2013], ([5]) accordi collettivi volti all'attivazione di un fondo di cui al comma 4, ovvero ai sensi del comma 14, è istituito, con decreto non regolamentare del Ministro del lavoro e delle politiche sociali, di concerto con il Ministro dell'economia e delle finanze, un fondo di solidarietà residuale, cui contribuiscono i datori di lavoro dei settori identificati] ([3]).

[19 *bis*. Qualora gli accordi di cui al comma 4 avvengano in relazione a settori, tipologie di datori di lavoro e classi dimensionali già coperte dal fondo di cui al comma 19, dalla data di decorrenza del nuovo fondo i datori di lavoro del relativo settore non sono più soggetti alla disciplina del fondo residuale, ferma restando la gestione a stralcio delle prestazioni già deliberate. I contributi eventualmente già versati o dovuti in base al decreto istitutivo del fondo residuale, restano acquisiti al fondo residuale. Il Comitato amministratore, sulla base delle stime effettuate dalla tecnostruttura dell'INPS, può proporre il mantenimento, in capo ai datori di lavoro del relativo settore, dell'obbligo di corrispondere la quota di contribuzione necessaria al finanziamento delle prestazioni già deliberate, determinata ai sensi dei commi 29 e 30 del presente articolo] ([3]).

[19 *ter*. Qualora alla data del 1° gennaio 2014 risultino in corso procedure finalizzate alla costituzione di fondi di solidarietà bilaterali di cui al comma 4, l'obbligo di contribuzione al fondo di solidarietà residuale di cui al comma 19 è sospeso, con decreto del Ministro del lavoro e delle politiche sociali, di concerto con il Ministro dell'economia e delle finanze, fino al completamento delle medesime procedure e comunque non oltre il 31 marzo 2014 e con riferimento al relativo periodo non sono riconosciute le relative prestazioni previste. In caso di mancata costituzione del fondo di solidarietà bilaterale entro il 31 marzo 2014, l'obbligo è comunque ripristinato anche in relazione alle mensilità di sospensione] ([3]).

[20. Il fondo di solidarietà residuale finanziato con i contributi dei datori di lavoro e dei lavoratori dei settori coperti, secondo quanto definito dai commi 22, 23, 24 e 25, garantisce la prestazione di cui al comma 31, per una durata non inferiore a un ottavo delle ore complessivamente lavorabili da computare in un biennio mobile, in relazione alle causali di riduzione o sospensione dell'attività lavorativa previste dalla normativa in materia di cassa integrazione guadagni ordinaria e straordinaria] ([6]).

[20 *bis*. Allo scopo di assicurare l'immediata operatività del fondo di cui al comma 19 e ferme restando eventuali determinazioni assunte ai sensi dei commi 29 e 30 del presente articolo, in fase di prima applicazione, dal 1° gennaio 2014, l'aliquota di finanziamento del fondo è fissata allo 0,5 per cento, ferma restando la possibilità di fissare eventuali addizionali contributive a carico dei datori di lavoro connesse all'utilizzo degli istituti previsti] ([6]).

[21. Alla gestione del fondo di solidarietà residuale provvede un comitato amministratore, avente i compiti di cui al comma 35 e composto da esperti designati dalle organizzazioni sindacali dei datori di lavoro e dei lavoratori comparativamente più rappresentative a livello nazionale, nonché da due funzionari, con qualifica di dirigente, in rappresentanza, rispettivamente, del Ministero del lavoro e delle politiche sociali e del Ministero dell'economia e delle finanze. Le funzioni di membro del comitato sono incompatibili con quelle connesse a cariche nell'ambito delle organizzazioni sindacali. La partecipazione al comitato è gratuita e non dà diritto ad alcun compenso nè ad alcun rimborso spese] ([6]).

[22. I decreti di cui ai commi 5, 6, 7 e 19 determinano le aliquote di contribuzione ordinaria, ripartita tra datori di lavoro e lavoratori nella misura, rispettivamente, di due terzi e di un terzo, in maniera tale da garantire la precostituzione di risorse continuative adeguate sia per l'avvio dell'attività sia per la situazione a regime, da verificare anche sulla base dei bilanci di previsione di cui al comma 28] ([3]).

[23. Qualora sia prevista la prestazione di cui al comma 31, è previsto, a carico del datore di lavoro che ricorra alla sospensione o riduzione dell'attività lavorativa, un contributo addizionale, calcolato in rapporto alle retribuzioni perse, nella misura prevista dai decreti di cui ai commi 5, 6, 7 e 19 e comunque non inferiore all'1,5 per cento] ([3]).

[24. Per la prestazione straordinaria di cui al comma 32, lettera *b*), è dovuto, da parte del datore di lavoro, un contributo straordinario di importo corrispondente al fabbisogno di copertura degli assegni straordinari erogabili e della contribuzione correlata] ([3]).

[25. Ai contributi di finanziamento di cui ai commi da 22 a 24 si applicano le disposizioni vigenti in materia di contribuzione previdenziale obbligatoria, ad eccezione di quelle relative agli sgravi contributivi] ([3]).

[26. I fondi istituiti ai sensi dei commi 4, 14 e 19 hanno obbligo di bilancio in pareggio e non possono erogare prestazioni in carenza di disponibilità] ([3]).

[27. Gli interventi a carico dei fondi di cui ai commi 4, 14 e 19 sono concessi previa costituzione di specifiche riserve finanziarie ed entro i limiti delle risorse già acquisite] ([3]).

[28. I fondi istituiti ai sensi dei commi 4 e 19 hanno obbligo di presentazione, sin dalla loro costituzione, di bilanci di previsione a otto anni basati sullo scenario macroeconomico coerente con il più recente Documento di economia e finanza e relativa Nota di aggiornamento] ([3]).

[29. Sulla base del bilancio di previsione di cui al comma 28, il comitato amministratore di cui al comma 35 ha facoltà di proporre modifiche in relazione all'importo delle prestazioni o alla misura dell'aliquota di contribuzione. Le modifiche sono adottate, anche in corso d'anno, con decreto direttoriale dei Ministeri del lavoro e delle politiche sociali e dell'economia e delle finanze, verificate le compatibilità finanziarie interne al fondo, sulla base della proposta del comitato amministratore] ([3]).

[30. In caso di necessità di assicurare il pareggio di bilancio ovvero di far fronte a prestazioni già deliberate o da deliberare, ovvero di inadempienza del comitato amministratore in relazione all'attività di cui al comma 29, l'aliquota contributiva può essere modificata con decreto direttoriale dei Ministeri del lavoro e delle politiche sociali e dell'economia e delle finanze, anche in mancanza di proposta del comitato amministratore. In ogni caso, in assenza dell'adeguamento contributivo di cui al comma 29, l'INPS è tenuto a non erogare le prestazioni in eccedenza] ([3]).

[31. I fondi di cui al comma 4 assicurano, in relazione alle causali previste dalla normativa in materia di cassa integrazione ordinaria o straordinaria, la prestazione di un assegno ordinario di importo almeno pari all'integrazione salariale, la cui durata massima sia non inferiore a un ottavo delle ore complessivamente lavorabili da computare in un biennio mobile, e comunque non superiore alle durate massime previste dall'articolo 6, commi primo, terzo e quarto della legge 20 maggio 1975, n. 164, anche con riferimento ai limiti all'utilizzo in via continuativa dell'istituto dell'integrazione salariale] ([3]).

[32. I fondi di cui al comma 4 possono inoltre erogare le seguenti tipologie di prestazioni:

a) prestazioni integrative, in termini di importi o durate, rispetto alle prestazioni pubbliche previste in caso di cessazione dal rapporto di lavoro ovvero prestazioni integrative, in termini di importo, in relazione alle integrazioni salariali;

b) assegni straordinari per il sostegno al reddito, riconosciuti nel quadro dei processi di agevolazione all'esodo, a lavoratori che raggiungano i requisiti previsti per il pensionamento di vecchiaia o anticipato nei successivi cinque anni;

c) contributi al finanziamento di programmi formativi di riconversione o riqualificazione professionale, anche in concorso con gli appositi fondi nazionali o dell'Unione europea] ([3]).

[33. Nei casi di cui al comma 31, i fondi di cui ai commi 4 e 19 provvedono inoltre a versare la contribuzione correlata alla prestazione alla gestione di iscrizione del lavoratore interessato. La contribuzione dovuta è computata in base a quanto previsto dall'articolo 40 della legge 4 novembre 2010, n. 183] ([3]).

[34. La contribuzione correlata di cui al comma 33 può altresì essere prevista, dai decreti istitutivi, in relazione alle prestazioni di cui al comma 32. In tal caso, il fondo di cui al comma 4 provvede a versare la contribuzione correlata alla prestazione alla gestione di iscrizione del lavoratore interessato] ([3]).

[35. Alla gestione di ciascun fondo istituito ai sensi del comma 4 provvede un comitato amministratore con i seguenti compiti:

a) predisporre, sulla base dei criteri stabiliti dal consiglio di indirizzo e vigilanza dell'INPS, i bilanci annuali, preventivo e consuntivo, della gestione, corredati da una propria relazione, e deliberare sui bilanci tecnici relativi alla gestione stessa;

b) deliberare in ordine alla concessione degli interventi e dei trattamenti e compiere ogni altro atto richiesto per la gestione degli istituti previsti dal regolamento;

c) fare proposte in materia di contributi, interventi e trattamenti;

d) vigilare sull'affluenza dei contributi, sull'ammissione agli interventi e sull'erogazione dei trattamenti, nonché sull'andamento della gestione;

e) decidere in unica istanza sui ricorsi in ordine alle materie di competenza;

f) assolvere ogni altro compito ad esso demandato da leggi o regolamenti] ([3]).

[36. Il comitato amministratore è composto da esperti designati dalle organizzazioni sindacali dei datori di lavoro e dei lavoratori stipulanti l'accordo o il contratto collettivo, in numero complessivamente non superiore a dieci, nonché da due funzionari, con qualifica di dirigente, in rappresentanza, rispettivamente, del Ministero del lavoro e delle politiche sociali e del Ministero dell'economia e delle finanze. Le funzioni di membro del comitato sono incompatibili con quelle connesse a cariche nell'ambito delle organizzazioni sindacali. Ai componenti del comitato non spetta alcun emolumento, indennità o rimborso spese] ([3]).

[37. Il comitato amministratore è nominato con decreto del Ministro del lavoro e delle politiche sociali e rimane in carica per quattro anni o per la diversa durata prevista dal decreto istitutivo] ([3]).

[38. Il presidente del comitato amministratore è eletto dal comitato stesso tra i propri membri] ([3]).

[39. Le deliberazioni del comitato amministratore sono assunte a maggioranza e, in caso di parità nelle votazioni, prevale il voto del presidente] ([3]).

[40. Partecipa alle riunioni del comitato amministratore del fondo il collegio sindacale dell'INPS, nonché il direttore generale del medesimo Istituto o un suo delegato, con voto consultivo] ([3]).

[41. L'esecuzione delle decisioni adottate dal comitato amministratore può essere sospesa, ove si evidenzino profili di illegittimità, da parte del direttore generale dell'INPS. Il provvedimento di sospensione deve essere adottato nel termine di cinque giorni ed essere sottoposto, con l'indicazione della norma che si ritiene violata, al presidente dell'INPS nell'ambito delle funzioni di cui all'articolo 3, comma 5, del decreto legislativo 30 giugno 1994, n. 479, e successive modificazioni; entro tre mesi, il presidente stabilisce se dare ulteriore corso alla decisione o se annullarla. Trascorso tale termine la decisione diviene esecutiva] ([3]).

[42. La disciplina dei fondi di solidarietà istituiti ai sensi dell'articolo 2, comma 28, della legge 23 dicembre 1996, n. 662, è adeguata alle norme dalla presente legge con decreto non regolamentare del Ministro del lavoro e delle politiche sociali ([7]), di concerto con il Ministro dell'economia e delle finanze, sulla base di accordi collettivi e contratti collettivi, da stipulare tra le organizzazioni comparativamente più rappresentative a livello nazionale [entro il 31 ottobre 2013] ([8])] ([3]).

[43. L'entrata in vigore dei decreti di cui al comma 42 determina l'abrogazione del decreto ministeriale recante il regolamento del relativo fondo] ([3]).

[44. La disciplina del fondo di cui all'articolo 1 *ter* del decreto legge 5 ottobre 2004, n. 249, convertito, con modificazioni, dalla legge 3 dicembre 2004, n. 291, è adeguata alle norme previste dalla presente legge con decreto non regolamentare del Ministro del lavoro e delle politiche sociali ([7]), di concerto con il Ministro dell'economia e delle finanze, sulla base di accordi collettivi e contratti collettivi, anche intersettoriali, stipulati [entro il 31 ottobre 2013] ([8]) dalle organizzazioni comparativamente più rappresentative a livello nazionale nel settore del trasporto aereo e del sistema aeroportuale] (3).

[45. La disciplina del fondo di cui all'articolo 59, comma 6, della legge 27 dicembre 1997, n. 449, è adeguata alle norme previste dalla presente legge con decreto non regolamentare del Ministro del lavoro e delle politiche sociali (7), di concerto con il Ministro dell'economia e delle finanze, sulla base di accordi collettivi e contratti collettivi, anche intersettoriali, stipulati [entro il 31 ottobre 2013] (8) dalle organizzazioni comparativamente più rappresentative a livello nazionale nel settore del trasporto ferroviario] (3).

46. A decorrere dal 1° gennaio 2013, sono abrogate le seguenti disposizioni:

a) articolo 1 *bis* del decreto legge 5 ottobre 2004, n. 249, convertito, con modificazioni, dalla legge 3 dicembre 2004, n. 291;

b) articolo 2, comma 37, della legge 22 dicembre 2008, n. 203.

47. A decorrere dal 1° gennaio 2014, sono abrogate le seguenti disposizioni:

a) articolo 2, comma 28, della legge 23 dicembre 1996, n. 662;

b) regolamento di cui al decreto del Ministro del lavoro e della previdenza sociale 27 novembre 1997, n. 477;

[*c*) articolo 1 *ter* del decreto legge 5 ottobre 2004, n. 249, convertito, con modificazioni, dalla legge 3 dicembre 2004, n. 291] (9);

d) articolo 59, comma 6, quarto, quinto e sesto periodo, della legge 27 dicembre 1997, n. 449.

48. (*Omissis*).

49. Le disposizioni di cui ai commi da 475 a 479 dell'articolo 2 della legge 24 dicembre 2007, n. 244, come modificati dal comma 48 del presente articolo, si applicano esclusivamente alle domande di accesso al Fondo di solidarietà presentate dopo la data di entrata in vigore della presente legge.

(1) *Questo comma è stato abrogato dall'art. 46, comma 1, lett.* q), *del D.L.vo 14 settembre 2015, n. 148.*

(2) *Le parole: «entro sei mesi dalla data di entrata in vigore della presente legge» sono state così sostituite dalle parole: «entro dodici mesi dalla data di entrata in vigore della presente legge» dall'art. 1, comma 251, lett.* a), *della L. 24 dicembre 2012, n. 228 e poi così sostituite dalle attuali: «entro il 31 ottobre 2013» dall'art. 7, comma 5, lett.* c), *n. 1), del D.L. 28 giugno 2013, n. 76, convertito, con modificazioni, nella L. 9 agosto 2013, n. 99.*

Le parole: «, entro il 31 ottobre 2013» sono state da ultimo soppresse dall'art. 1, comma 185, lett. a), della L. 27 dicembre 2013, n. 147.

(3) *Questo comma è stato abrogato dall'art. 46, comma 1, lett.* q), *del D.L.vo 14 settembre 2015, n. 148.*

(4) *Le parole: «nel termine di sei mesi dalla data di entrata in vigore della presente legge,» sono state così sostituite dalle attuali: «entro il 31 ottobre 2013,» dall'art. 7, comma 5, lett.* c), *n. 3), del D.L. 28 giugno 2013, n. 76, convertito, con modificazioni, nella L. 9 agosto 2013, n. 99.*

Le parole: «, entro il 31 ottobre 2013» sono state da ultimo soppresse dall'art. 1, comma 185, lett. a), della L. 27 dicembre 2013, n. 147.

(5) *Le parole: «entro il 31 marzo 2013,» sono state così sostituite dalle attuali: «entro il 31 ottobre 2013,» dall'art. 7, comma 5, lett.* c), *n. 4), del D.L. 28 giugno 2013, n. 76, convertito, con modificazioni, nella L. 9 agosto 2013, n. 99.*

Le parole: «, entro il 31 ottobre 2013» sono state da ultimo soppresse dall'art. 1, comma 185, lett. a), della L. 27 dicembre 2013, n. 147.

(6) *Questo comma è stato abrogato dall'art. 46, comma 2, lett.* d), *del D.L.vo 14 settembre 2015, n. 148, a decorrere dal 1° gennaio 2016.*

(7) *Le parole: «decreto del Ministro del lavoro e delle politiche sociali» sono state così sostituite dalle attuali: «decreto non regolamentare del Ministro del lavoro e delle politiche sociali» dall'art. 7, comma 5, lett.* c), *n. 5* bis), *del D.L. 28 giugno 2013, n. 76, convertito, con modificazioni, nella L. 9 agosto 2013, n. 99.*

(8) *Le parole: «entro il 30 giugno 2013» sono state così sostituite dalle attuali: «entro il 31 ottobre 2013» dall'art. 7, comma 5, lett.* c), *n. 5), del D.L. 28 giugno 2013, n. 76, convertito, con modificazioni, nella L. 9 agosto 2013, n. 99.*

Le parole: «entro il 31 ottobre 2013» sono state da ultimo soppresse dall'art. 1, comma 185, lett. b), della L. 27 dicembre 2013, n. 147.

(9) *Questa lettera è stata abrogata dall'art. 13, comma 22, del D.L. 23 dicembre 2013, n. 145, convertito, con modificazioni, nella L. 21 febbraio 2014, n. 9.*

4. Ulteriori disposizioni in materia di mercato del lavoro. – 1. Nei casi di eccedenza di personale, accordi tra datori di lavoro che impieghino mediamente più di quindici dipendenti e le organizzazioni sindacali maggiormente rappresentative a livello aziendale possono prevedere che, al fine di incentivare l'esodo dei lavoratori più anziani, il datore di lavoro si impegni a corrispondere ai lavoratori una prestazione di importo pari al trattamento di pensione che spetterebbe in base alle regole vigenti, ed a corrispondere all'INPS la contribuzione fino al raggiungimento dei requisiti minimi per il pensionamento. La stessa prestazione può essere oggetto di accordi sindacali nell'ambito di procedure ex articoli 4 e 24 della legge 23 luglio 1991, n. 223, ovvero nell'ambito di processi di riduzione di personale dirigente conclusi con accordo firmato da associazione sindacale stipulante il contratto collettivo di lavoro della categoria ([1]).

2. I lavoratori coinvolti nel programma di cui al comma 1 debbono raggiungere i requisiti minimi per il pensionamento, di vecchiaia o anticipato, nei quattro anni successivi alla cessazione dal rapporto di lavoro.

3. Allo scopo di dare efficacia all'accordo di cui al comma 1, il datore di lavoro interessato presenta apposita domanda all'INPS, accompagnata dalla presentazione di una fideiussione bancaria a garanzia della solvibilità in relazione agli obblighi.

4. L'accordo di cui al comma 1 diviene efficace a seguito della validazione da parte dell'INPS, che effettua l'istruttoria in ordine alla presenza dei requisiti in capo al lavoratore ed al datore di lavoro.

5. A seguito dell'accettazione dell'accordo di cui al comma 1 il datore di lavoro è obbligato a versare mensilmente all'INPS la provvista per la prestazione e per la contribuzione figurativa. In ogni caso, in assenza del versamento mensile di cui al presente comma, l'INPS è tenuto a non erogare le prestazioni.

6. In caso di mancato versamento l'INPS procede a notificare un avviso di pagamento; decorsi centottanta giorni dalla notifica senza l'avvenuto pagamento l'INPS procede alla escussione della fideiussione.

7. Il pagamento della prestazione avviene da parte dell'INPS con le modalità previste per il pagamento delle pensioni. L'Istituto provvede contestualmente all'accredito della relativa contribuzione figurativa.

7 *bis*. Le disposizioni di cui ai commi da 1 a 7 trovano applicazione anche nel caso in cui le prestazioni spetterebbero a carico di forme sostitutive dell'assicurazione generale obbligatoria ([2]).

7 *ter*. Nel caso degli accordi il datore di lavoro procede al recupero delle somme pagate ai sensi dell'articolo 5, comma 4, della legge n. 223 del 1991, relativamente ai lavoratori interessati, mediante conguaglio con i contributi dovuti all'INPS e non trova comunque applicazione l'articolo 2, comma 31, della presente legge. Resta inoltre ferma la possibilità di effettuare nuove assunzioni anche presso le unità produttive interessate dai licenziamenti in deroga al diritto di precedenza di cui all'articolo 8, comma 1, della legge n. 223 del 1991 ([2]).

8. In relazione alle assunzioni effettuate, a decorrere dal 1° gennaio 2013, con contratto di lavoro dipendente, a tempo determinato anche in somministrazione, in relazione a lavoratori di età non inferiore a cinquanta anni, disoccupati da oltre dodici mesi, spetta, per la durata di dodici mesi, la riduzione del 50 per cento dei contributi a carico del datore di lavoro.

9. Nei casi di cui al comma 8, se il contratto è trasformato a tempo indeterminato, la riduzione dei contributi si prolunga fino al diciottesimo mese dalla data della assunzione con il contratto di cui al comma 8.

10. Nei casi di cui al comma 8, qualora l'assunzione sia effettuata con contratto di lavoro a tempo indeterminato, la riduzione dei contributi spetta per un periodo di diciotto mesi dalla data di assunzione.

11. Le disposizioni di cui ai commi da 8 a 10 si applicano nel rispetto del regolamento (CE) n. 800/2008 della Commissione, del 6 agosto 2008, anche in relazione alle assunzioni di donne di qualsiasi età, prive di un impiego regolarmente retribuito da almeno sei mesi, residenti in regioni ammissibili ai finanziamenti nell'ambito dei fondi strutturali dell'Unione europea e nelle aree di cui all'articolo 2, punto 18), lettera *e*), del predetto regolamento, annualmente individuate con decreto del Ministro del lavoro e delle politiche sociali, di concerto con il Ministro dell'economia e delle finanze, nonché in relazione alle assunzioni di donne di qualsiasi età prive di un impiego regolarmente retribuito da almeno ventiquattro mesi, ovunque residenti.

[12. Al fine di garantire un'omogenea applicazione degli incentivi all'assunzione, ivi compresi quelli previsti dall'articolo 8, comma 9, della legge 29 dicembre 1990, n. 407, e dagli articoli 8, commi 2 e 4, e 25, comma 9, della legge 23 luglio 1991, n. 223, per i periodi di vigenza come ridefiniti dalla presente legge, si definiscono i seguenti principi:

a) gli incentivi non spettano se l'assunzione costituisce attuazione di un obbligo preesistente, stabilito da norme di legge o della contrattazione collettiva; gli incentivi sono esclusi anche nel caso in cui il lavoratore avente diritto all'assunzione viene utilizzato mediante contratto di somministrazione;

b) gli incentivi non spettano se l'assunzione viola il diritto di precedenza, stabilito dalla legge o dal contratto collettivo, alla riassunzione di un altro lavoratore licenziato da un rapporto a tempo indeterminato o cessato da un rapporto a termine; gli incentivi sono esclusi anche nel caso in cui, prima dell'utilizzo di un lavoratore mediante contratto di somministrazione, l'utilizzatore non abbia preventivamente offerto la riassunzione al lavoratore titolare di un diritto di precedenza per essere stato precedentemente licenziato da un rapporto a tempo indeterminato o cessato da un rapporto a termine;

c) gli incentivi non spettano se il datore di lavoro o l'utilizzatore con contratto di somministrazione abbiano in atto sospensioni dal lavoro connesse ad una crisi o riorganizzazione aziendale, salvi i casi in cui l'assunzione, la trasformazione o la somministrazione siano finalizzate all'acquisizione di professionalità sostanzialmente diverse da quelle dei lavoratori sospesi oppure siano effettuate presso una diversa unità produttiva;

d) gli incentivi non spettano con riferimento a quei lavoratori che siano stati licenziati, nei sei mesi precedenti, da parte di un datore di lavoro che, al momento del licenziamento, presenti assetti proprietari sostanzialmente coincidenti con quelli del datore di lavoro che assume ovvero risulti con quest'ultimo in rapporto di collegamento o controllo; in caso di somministrazione tale condizione si applica anche all'utilizzatore] ([3]).

12 *bis*. Resta confermato, in materia di incentivi per l'incremento in termini quantitativi e qualitativi dell'occupazione giovanile e delle donne, quanto disposto dal decreto del Ministro del lavoro e delle politiche sociali, di concerto con il Ministro dell'economia e delle finanze, del 5 ottobre 2012, pubblicato sulla *Gazzetta Ufficiale* del 17 ottobre 2012, n. 243, che resta pertanto confermato in ogni sua disposizione ([4]).

[13. Ai fini della determinazione del diritto agli incentivi e della loro durata, si cumulano i periodi in cui il lavoratore ha prestato l'attività in favore dello stesso soggetto, a titolo di lavoro subordinato o somministrato; non si cumulano le prestazioni in somministrazione effettuate dallo stesso lavoratore nei confronti di diversi utilizzatori, anche se fornite dalla medesima agenzia di somministrazione di lavoro, di cui all'articolo 4, comma 1, lettere a) e *b*), del decreto legislativo n. 276 del 2003, salvo che tra gli utilizzatori ricorrano assetti proprietari sostanzialmente coincidenti ovvero intercorrano rapporti di collegamento o controllo] ([5]).

14. All'articolo 8, comma 9, della legge 29 dicembre 1990, n. 407, le parole: «quando esse non siano effettuate in sostituzione di lavoratori dipendenti dalle stesse imprese per qualsiasi causa licenziati o sospesi» sono sostituite dalle seguenti: «quando esse non siano effettuate in sostituzione di lavoratori dipendenti dalle stesse imprese licenziati per giustificato motivo oggettivo o per riduzione del personale o sospesi».

[15. L'inoltro tardivo delle comunicazioni telematiche obbligatorie inerenti l'instaurazione e la modifica di un rapporto di lavoro o di somministrazione producono la perdita di quella parte dell'incentivo relativa al periodo compreso tra la decorrenza del rapporto agevolato e la data della tardiva comunicazione] ([5]).

16. (*Omissis*).

17. Al di fuori dell'ipotesi di cui all'articolo 55, comma 4, del citato testo unico di cui al decreto legislativo 26 marzo 2001, n. 151, come sostituito dal comma 16 del presente articolo, l'efficacia delle dimissioni della lavoratrice o del lavoratore e della risoluzione consensuale del rapporto è sospensivamente condizionata alla convalida effettuata presso la Direzione territoriale del lavoro o il Centro per l'impiego territorialmente competenti, ovvero presso le sedi individuate dai contratti collettivi nazionali stipulati dalle organizzazioni sindacali comparativamente più rappresentative a livello nazionale ([6]).

18. In alternativa alla procedura di cui al comma 17, l'efficacia delle dimissioni della lavoratrice o del lavoratore e della risoluzione consensuale del rapporto è sospensivamente condizionata alla sottoscrizione di apposita dichiarazione della lavoratrice o del lavoratore apposta in calce alla ricevuta di trasmissione della comunicazione di cessazione del rapporto di lavoro di cui all'articolo 21 della legge 29 aprile 1949, n. 264, e successive modificazioni. Con decreto, di natura non regolamentare, del Ministro del lavoro e delle politiche sociali, possono essere individuate ulteriori modalità semplificate per accertare la veridicità della data e la autenticità della manifestazione di volontà della lavoratrice o del lavoratore, in relazione alle dimissioni o alla risoluzione consensuale del rapporto, in funzione dello sviluppo dei sistemi informatici e della evoluzione della disciplina in materia di comunicazioni obbligatorie ([6]).

19. Nell'ipotesi in cui la lavoratrice o il lavoratore non proceda alla convalida di cui al comma 17 ovvero alla sottoscrizione di cui al comma 18, il rapporto di lavoro si intende risolto, per il verificarsi della condizione sospensiva, qualora

la lavoratrice o il lavoratore non aderisca, entro sette giorni dalla ricezione, all'invito a presentarsi presso le sedi di cui al comma 17 ovvero all'invito ad apporre la predetta sottoscrizione, trasmesso dal datore di lavoro, tramite comunicazione scritta, ovvero qualora non effettui la revoca di cui al comma 21 (6).

20. La comunicazione contenente l'invito, cui deve essere allegata copia della ricevuta di trasmissione di cui al comma 18, si considera validamente effettuata quando è recapitata al domicilio della lavoratrice o del lavoratore indicato nel contratto di lavoro o ad altro domicilio formalmente comunicato dalla lavoratrice o dal lavoratore al datore di lavoro, ovvero è consegnata alla lavoratrice o al lavoratore che ne sottoscrive copia per ricevuta (6).

21. Nei sette giorni di cui al comma 19, che possono sovrapporsi con il periodo di preavviso, la lavoratrice o il lavoratore ha facoltà di revocare le dimissioni o la risoluzione consensuale. La revoca può essere comunicata in forma scritta. Il contratto di lavoro, se interrotto per effetto del recesso, torna ad avere corso normale dal giorno successivo alla comunicazione della revoca. Per il periodo intercorso tra il recesso e la revoca, qualora la prestazione lavorativa non sia stata svolta, il prestatore non matura alcun diritto retributivo. Alla revoca del recesso conseguono la cessazione di ogni effetto delle eventuali pattuizioni a esso connesse e l'obbligo in capo al lavoratore di restituire tutto quanto eventualmente percepito in forza di esse (6).

22. Qualora, in mancanza della convalida di cui al comma 17 ovvero della sottoscrizione di cui al comma 18, il datore di lavoro non provveda a trasmettere alla lavoratrice o al lavoratore la comunicazione contenente l'invito entro il termine di trenta giorni dalla data delle dimissioni e della risoluzione consensuale, le dimissioni si considerano definitivamente prive di effetto (6).

23. Salvo che il fatto costituisca reato, il datore di lavoro che abusi del foglio firmato in bianco dalla lavoratrice o dal lavoratore al fine di simularne le dimissioni o la risoluzione consensuale del rapporto, è punito con la sanzione amministrativa da euro 5.000 ad euro 30.000. L'accertamento e l'irrogazione della sanzione sono di competenza delle Direzioni territoriali del lavoro. Si applicano, in quanto compatibili, le disposizioni di cui alla legge 24 novembre 1981, n. 689 (6).

23 *bis*. Le disposizioni di cui ai commi da 16 a 23 trovano applicazione, in quanto compatibili, anche alle lavoratrici e ai lavoratori impegnati con contratti di collaborazione coordinata e continuativa, anche a progetto, di cui all'articolo 61, comma 1, del decreto legislativo 10 settembre 2003, n. 276 e con contratti di associazione in partecipazione di cui all'articolo 2549, secondo comma, del codice civile (7) (6).

24. Al fine di sostenere la genitorialità, promuovendo una cultura di maggiore condivisione dei compiti di cura dei figli all'interno della coppia e per favorire la conciliazione dei tempi di vita e di lavoro, in via sperimentale per gli anni 2013-2015:

a) il padre lavoratore dipendente, entro i cinque mesi dalla nascita del figlio, ha l'obbligo di astenersi dal lavoro per un periodo di un giorno. Entro il medesimo periodo, il padre lavoratore dipendente può astenersi per un ulteriore periodo di due giorni, anche continuativi, previo accordo con la madre e in sua sostituzione in relazione al periodo di astensione obbligatoria spettante a quest'ultima. In tale ultima ipotesi, per il periodo di due giorni goduto in sostituzione della madre è riconosciuta un'indennità giornaliera a carico dell'INPS pari al 100 per cento della retribuzione e per il restante giorno in aggiunta all'obbligo di astensione della madre è riconosciuta un'indennità pari al 100 per cento della retribuzione. Il padre lavoratore è tenuto a fornire preventiva comunicazione in forma scritta al datore di lavoro dei giorni prescelti per astenersi dal lavoro almeno quindici giorni prima dei medesimi. All'onere derivante dalla presente lettera, valutato in 78 milioni di euro per ciascuno degli anni 2013, 2014 e 2015, si provvede, quanto a 65 milioni di euro per ciascuno degli anni 2013, 2014 e 2015, mediante corrispondente riduzione dell'autorizzazione di spesa di cui all'articolo 24, comma 27, del decreto legge 6 dicembre 2011, n. 201, convertito, con modificazioni, dalla legge 22 dicembre 2011, n. 214, e, quanto a 13 milioni di euro per ciascuno degli anni 2013-2015, ai sensi del comma 69 del presente articolo (8);

b) nei limiti delle risorse di cui al comma 26 e con le modalità di cui al comma 25, è disciplinata la possibilità di concedere alla madre lavoratrice, al termine del periodo di congedo di maternità, per gli undici mesi successivi e in alternativa al congedo parentale di cui al comma 1, lettera *a*), dell'articolo 32 del citato testo unico di cui al decreto legislativo n. 151 del 2001, la corresponsione di voucher per l'acquisto di servizi di baby-sitting,

Leggi complementari

ovvero per fare fronte agli oneri della rete pubblica dei servizi per l'infanzia o dei servizi privati accreditati, da richiedere al datore di lavoro ([9]).

25. Con decreto, di natura non regolamentare, del Ministero del lavoro e delle politiche sociali, di concerto con il Ministero dell'economia e delle finanze, da adottare entro un mese dalla data di entrata in vigore della presente legge, sono stabiliti, nei limiti delle risorse di cui al comma 26:

a) i criteri di accesso e le modalità di utilizzo delle misure sperimentali di cui al comma 24;

b) il numero e l'importo dei voucher di cui al comma 24, lettera *b*) tenuto anche conto dell'indicatore della situazione economica equivalente del nucleo familiare di appartenenza.

26. Il decreto di cui al comma 25 provvede altresì a determinare, per la misura sperimentale di cui al comma 24, lettera *b*), e per ciascuno degli anni 2013, 2014 e 2015, la quota di risorse del citato fondo di cui all'articolo 24, comma 27, del decreto legge 6 dicembre 2011, n. 201, convertito, con modificazioni, dalla legge 22 dicembre 2011, n. 214, nel limite delle quali è riconosciuto il beneficio previsto dalla predetta misura sperimentale.

27. - 28. (*Omissis*).

29. Per l'anno 2011, per gli sgravi contributivi di cui all'articolo 1, comma 47, quarto periodo, della legge 13 dicembre 2010, n. 220, il Ministro del lavoro e delle politiche sociali è autorizzato ad utilizzare le risorse iscritte sui pertinenti capitoli dello stato di previsione del medesimo Ministero già impegnate per le medesime finalità.

30. - 35. (*Omissis*).

36. Ai fini della verifica della erogazione dei servizi in misura non inferiore ai livelli essenziali definiti ai sensi dell'articolo 3 del citato decreto legislativo n. 181 del 2000, è fatto obbligo ai servizi competenti di cui all'articolo 1, comma 2, lettera *g*), del medesimo decreto legislativo, di inserire nella banca dati di cui al comma 35, con le modalità definite dall'INPS, i dati essenziali concernenti le azioni di politica attiva e di attivazione svolte nei confronti dei beneficiari di ammortizzatori sociali.

37. Dall'attuazione delle disposizioni di cui ai commi da 34 a 36 non devono derivare nuovi o maggiori oneri a carico della finanza pubblica. Le amministrazioni interessate provvedono con le risorse finanziarie, umane e strumentali disponibili a legislazione vigente.

38. Nei casi di presentazione di una domanda di indennità nell'ambito dell'ASpI, la dichiarazione di cui all'articolo 2, comma 1, del decreto legislativo 21 aprile 2000, n. 181, e successive modificazioni, può essere resa dall'interessato all'INPS, che trasmette la dichiarazione al servizio competente per territorio mediante il sistema informativo di cui al comma 35 del presente articolo.

39. Al fine di semplificare gli adempimenti connessi al riconoscimento degli incentivi all'assunzione, le regioni e le province mettono a disposizione dell'INPS, secondo modalità dallo stesso indicate, le informazioni di propria competenza necessarie per il riconoscimento degli incentivi all'assunzione, ivi comprese le informazioni relative all'iscrizione nelle liste di mobilità, di cui all'articolo 6 della legge 23 luglio 1991, n. 223, e successive modificazioni, e le informazioni relative al possesso dello stato di disoccupazione e alla sua durata, ai sensi del decreto legislativo 21 aprile 2000, n. 181. Le informazioni di cui al primo periodo sono messe inoltre a disposizione del Ministero del lavoro e delle politiche sociali per la pubblicazione nella borsa continua nazionale del lavoro di cui all'articolo 15 del decreto legislativo 10 settembre 2003, n. 276, e successive modificazioni.

40. Il lavoratore sospeso dall'attività lavorativa e beneficiario di una prestazione di sostegno del reddito in costanza di rapporto di lavoro, ai sensi dell'articolo 3 della presente legge, decade dal trattamento qualora rifiuti di essere avviato ad un corso di formazione o di riqualificazione o non lo frequenti regolarmente senza un giustificato motivo ([10]).

41. Il lavoratore destinatario di una indennità di mobilità o di indennità o di sussidi, la cui corresponsione è collegata allo stato di disoccupazione o di inoccupazione, decade dai trattamenti medesimi, quando:

a) rifiuti di partecipare senza giustificato motivo ad una iniziativa di politica attiva o di attivazione proposta dai servizi competenti di cui all'articolo 1, comma 2, lettera *g*), del decreto legislativo 21 aprile 2000, n. 181, e successive modificazioni, o non vi partecipi regolarmente;

b) non accetti una offerta di un lavoro inquadrato in un livello retributivo superiore almeno del 20 per cento rispetto all'importo lordo dell'indennità cui ha diritto ([10]).

42. Le disposizioni di cui ai commi 40 e 41 si applicano quando le attività lavorative o di formazione ovvero di riqualificazione si svolgono in un luogo che non dista più di 50 chilometri dalla residenza del lavoratore, o comunque che è rag-

giungibile mediamente in 80 minuti con i mezzi di trasporto pubblici ([10]).

43. Nei casi di cui ai commi 40, 41 e 42, il lavoratore destinatario dei trattamenti di sostegno del reddito perde il diritto alla prestazione, fatti salvi i diritti già maturati ([10]).

44. È fatto obbligo ai servizi competenti di cui all'articolo 1, comma 2, lettera *g*), del decreto legislativo 21 aprile 2000, n. 181, e successive modificazioni, di comunicare tempestivamente gli eventi di cui ai commi da 40 a 43 all'INPS, che provvede ad emettere il provvedimento di decadenza, recuperando le somme eventualmente erogate per periodi di non spettanza del trattamento ([10]).

45. Avverso il provvedimento di cui al comma 44 è ammesso ricorso al comitato provinciale di cui all'articolo 34 del decreto del Presidente della Repubblica 30 aprile 1970, n. 639 ([10]).

46. - 48. (*Omissis*).

49. I decreti di cui all'articolo 1, comma 30, alinea, della legge n. 247 del 2007 sono adottati entro il termine di sei mesi dalla data di entrata in vigore della presente legge.

50. Nell'esercizio della delega di cui all'articolo 1, comma 30, lettera *a*), della legge 24 dicembre 2007, n. 247, come modificata dal comma 48, lettera *b*), del presente articolo, deve essere assicurata l'armonizzazione degli emanandi decreti con le disposizioni di cui ai commi da 33 a 49.

51. In linea con le indicazioni dell'Unione europea, per apprendimento permanente si intende qualsiasi attività intrapresa dalle persone in modo formale, non formale e informale, nelle varie fasi della vita, al fine di migliorare le conoscenze, le capacità e le competenze, in una prospettiva personale, civica, sociale e occupazionale. Le relative politiche sono determinate a livello nazionale con intesa in sede di Conferenza unificata, su proposta del Ministro dell'istruzione, dell'università e della ricerca e del Ministro del lavoro e delle politiche sociali, sentito il Ministro dello sviluppo economico e sentite le parti sociali, a partire dalla individuazione e riconoscimento del patrimonio culturale e professionale comunque accumulato dai cittadini e dai lavoratori nella loro storia personale e professionale, da documentare attraverso la piena realizzazione di una dorsale informativa unica mediante l'interoperabilità delle banche dati centrali e territoriali esistenti.

52. Per apprendimento formale si intende quello che si attua nel sistema di istruzione e formazione e nelle università e istituzioni di alta formazione artistica, musicale e coreutica, e che si conclude con il conseguimento di un titolo di studio o di una qualifica o diploma professionale, conseguiti anche in apprendistato a norma del testo unico di cui al decreto legislativo 14 settembre 2011, n. 167, o di una certificazione riconosciuta.

53. Per apprendimento non formale si intende quello caratterizzato da una scelta intenzionale della persona, che si realizza al di fuori dei sistemi indicati al comma 52, in ogni organismo che persegua scopi educativi e formativi, anche del volontariato, del servizio civile nazionale e del privato sociale e nelle imprese.

54. Per apprendimento informale si intende quello che, anche a prescindere da una scelta intenzionale, si realizza nello svolgimento, da parte di ogni persona, di attività nelle situazioni di vita quotidiana e nelle interazioni che in essa hanno luogo, nell'ambito del contesto di lavoro, familiare e del tempo libero.

55. Con la medesima intesa di cui al comma 51 del presente articolo, in coerenza con il principio di sussidiarietà e nel rispetto delle competenze di programmazione delle regioni, sono definiti, sentite le parti sociali, indirizzi per l'individuazione di criteri generali e priorità per la promozione e il sostegno alla realizzazione di reti territoriali che comprendono l'insieme dei servizi di istruzione, formazione e lavoro collegati organicamente alle strategie per la crescita economica, l'accesso al lavoro dei giovani, la riforma del welfare, l'invecchiamento attivo, l'esercizio della cittadinanza attiva, anche da parte degli immigrati. In tali contesti, sono considerate prioritarie le azioni riguardanti:

a) il sostegno alla costruzione, da parte delle persone, dei propri percorsi di apprendimento formale, non formale ed informale di cui ai commi da 51 a 54, ivi compresi quelli di lavoro, facendo emergere ed individuando i fabbisogni di competenza delle persone in correlazione con le necessità dei sistemi produttivi e dei territori di riferimento, con particolare attenzione alle competenze linguistiche e digitali;

b) il riconoscimento di crediti formativi e la certificazione degli apprendimenti comunque acquisiti;

c) la fruizione di servizi di orientamento lungo tutto il corso della vita.

56. Alla realizzazione e allo sviluppo delle reti territoriali dei servizi concorrono anche:

a) le università, nella loro autonomia, attraverso l'inclusione dell'apprendimento permanente nelle loro strategie istituzionali, l'offerta formativa flessibile e di qualità, che comprende anche la formazione a distanza, per una popolazione studentesca diversificata, idonei servizi di orientamento e consulenza, partenariati nazionali, europei e internazionali a sostegno della mobilità delle persone e dello sviluppo sociale ed economico;

b) le imprese, attraverso rappresentanze datoriali e sindacali;

c) le camere di commercio, industria, artigianato e agricoltura nell'erogazione dei servizi destinati a promuovere la crescita del sistema imprenditoriale e del territorio, che comprendono la formazione, l'apprendimento e la valorizzazione dell'esperienza professionale acquisita dalle persone;

d) l'Osservatorio sulla migrazione interna nell'ambito del territorio nazionale istituito con decreto del Ministro del lavoro e delle politiche sociali 11 dicembre 2009, di cui al comunicato pubblicato nella *Gazzetta Ufficiale* n. 65 del 13 marzo 2010; le strutture territoriali degli enti pubblici di ricerca.

57. Dall'attuazione delle disposizioni di cui ai commi 55 e 56 non devono derivare nuovi o maggiori oneri a carico della finanza pubblica. Le amministrazioni interessate provvedono con le risorse finanziarie, umane e strumentali disponibili a legislazione vigente.

58. Il Governo è delegato ad adottare, entro sei mesi dalla data di entrata in vigore della presente legge, su proposta del Ministro del lavoro e delle politiche sociali e del Ministro dell'istruzione, dell'università e della ricerca, di concerto con il Ministro per la pubblica amministrazione e la semplificazione, sentito il Ministro dello sviluppo economico, d'intesa con la Conferenza unificata, nel rispetto dell'autonomia delle istituzioni scolastiche e formative, delle università e degli istituti di alta formazione artistica, musicale e coreutica, sentite le parti sociali, uno o più decreti legislativi per la definizione delle norme generali e dei livelli essenziali delle prestazioni, riferiti agli ambiti di rispettiva competenza dello Stato, delle regioni e delle province autonome di Trento e di Bolzano, per l'individuazione e validazione degli apprendimenti non formali e informali, con riferimento al sistema nazionale di certificazione delle competenze di cui ai commi da 64 a 68, sulla base dei seguenti principi e criteri direttivi:

a) individuazione e validazione degli apprendimenti non formali e informali di cui ai commi 53 e 54, acquisiti dalla persona, quali servizi effettuati su richiesta dell'interessato, finalizzate a valorizzare il patrimonio culturale e professionale delle persone e la consistenza e correlabilità dello stesso in relazione alle competenze certificabili e ai crediti formativi riconoscibili ai sensi dei commi da 64 a 68;

b) individuazione e validazione dell'apprendimento non formale e informale di cui alla lettera *a*) effettuate attraverso un omogeneo processo di servizio alla persona e sulla base di idonei riscontri e prove, nel rispetto delle scelte e dei diritti individuali e in modo da assicurare a tutti pari opportunità;

c) riconoscimento delle esperienze di lavoro quale parte essenziale del percorso educativo, formativo e professionale della persona;

d) definizione dei livelli essenziali delle prestazioni per l'erogazione dei servizi di cui alla lettera *a*) da parte dei soggetti istituzionalmente competenti in materia di istruzione, formazione e lavoro, ivi incluse le imprese e loro rappresentanze nonché le camere di commercio, industria, artigianato e agricoltura;

e) possibilità di riconoscimento degli apprendimenti non formali e informali convalidati come crediti formativi in relazione ai titoli di istruzione e formazione e alle qualificazioni compresi nel repertorio nazionale di cui al comma 67;

f) previsione di procedure di convalida dell'apprendimento non formale e informale e di riconoscimento dei crediti da parte dei soggetti di cui alla lettera *d*), ispirate a principi di semplicità, trasparenza, rispondenza ai sistemi di garanzia della qualità e valorizzazione del patrimonio culturale e professionale accumulato nel tempo dalla persona;

g) effettuazione di riscontri e prove di cui alla lettera *b*) sulla base di quadri di riferimento e regole definiti a livello nazionale, in relazione ai livelli e ai sistemi di referenziazione dell'Unione europea e in modo da assicurare, anche a garanzia dell'equità e del pari trattamento delle persone, la comparabilità delle competenze certificate sull'intero territorio nazionale.

59. Nell'esercizio della delega di cui al comma 58, con riferimento alle certificazioni di competenza, è considerato anche il ruolo svolto dagli organismi di certificazione accreditati dall'organismo unico nazionale di accreditamento ai sensi

del regolamento (CE) n. 765/2008 del Parlamento europeo e del Consiglio, del 9 luglio 2008.

60. Entro ventiquattro mesi dalla data di entrata in vigore dei decreti legislativi di cui al comma 58, il Governo può adottare eventuali disposizioni integrative e correttive, con le medesime modalità e nel rispetto dei medesimi principi e criteri direttivi.

61. Dall'adozione dei decreti legislativi di cui al comma 58 non devono derivare nuovi o maggiori oneri a carico della finanza pubblica, ferma restando la facoltà delle regioni e delle province autonome di Trento e di Bolzano di stabilire la quota dei costi a carico della persona che chiede la convalida dell'apprendimento non formale e informale e la relativa certificazione delle competenze.

62. Al fine di conferire organicità e sistematicità alle norme in materia di informazione e consultazione dei lavoratori, nonché di partecipazione dei dipendenti agli utili e al capitale, il Governo è delegato ad adottare, entro nove mesi dalla data di entrata in vigore della presente legge, su proposta del Ministro del lavoro e delle politiche sociali, uno o più decreti legislativi finalizzati a favorire le forme di coinvolgimento dei lavoratori nell'impresa, attivate attraverso la stipulazione di un contratto collettivo aziendale, nel rispetto dei seguenti principi e criteri direttivi:

a) individuazione degli obblighi di informazione, consultazione o negoziazione a carico dell'impresa nei confronti delle organizzazioni sindacali, dei lavoratori, o di appositi organi individuati dal contratto medesimo, nel rispetto dei livelli minimi fissati dal decreto legislativo 6 febbraio 2007, n. 25, di recepimento della direttiva 2002/14/CE sull'informazione e consultazione dei lavoratori;

b) previsione di procedure di verifica dell'applicazione e degli esiti di piani o decisioni concordate, anche attraverso l'istituzione di organismi congiunti, paritetici o comunque misti, dotati delle prerogative adeguate;

c) istituzione di organismi congiunti, paritetici o comunque misti, dotati di competenze di controllo e partecipazione nella gestione di materie quali la sicurezza dei luoghi di lavoro e la salute dei lavoratori, l'organizzazione del lavoro, la formazione professionale, la promozione e l'attuazione di una situazione effettiva di pari opportunità, le forme di remunerazione collegate al risultato, i servizi sociali destinati ai lavoratori e alle loro famiglie, forme di welfare aziendale, ogni altra materia attinente alla responsabilità sociale dell'impresa;

d) controllo sull'andamento o su determinate scelte di gestione aziendali, mediante partecipazione di rappresentanti eletti dai lavoratori o designati dalle organizzazioni sindacali in organi di sorveglianza;

e) previsione della partecipazione dei lavoratori dipendenti agli utili o al capitale dell'impresa e della partecipazione dei lavoratori all'attuazione e al risultato di piani industriali, con istituzione di forme di accesso dei rappresentanti sindacali alle informazioni sull'andamento dei piani medesimi;

f) previsione che nelle imprese esercitate in forma di società per azioni o di società europea, a norma del regolamento (CE) n. 2157/2001 del Consiglio, dell'8 ottobre 2001, che occupino complessivamente più di trecento lavoratori e nelle quali lo statuto preveda che l'amministrazione e il controllo sono esercitati da un consiglio di gestione e da un consiglio di sorveglianza, in conformità agli articoli da 2409 *octies* a 2409 *quaterdecies* del codice civile, possa essere prevista la partecipazione di rappresentanti dei lavoratori nel consiglio di sorveglianza come membri a pieno titolo di tale organo, con gli stessi diritti e gli stessi obblighi dei membri che rappresentano gli azionisti, compreso il diritto di voto;

g) previsione dell'accesso privilegiato dei lavoratori dipendenti al possesso di azioni, quote del capitale dell'impresa, o diritti di opzione sulle stesse, direttamente o mediante la costituzione di fondazioni, di appositi enti in forma di società di investimento a capitale variabile, oppure di associazioni di lavoratori, i quali abbiano tra i propri scopi un utilizzo non speculativo delle partecipazioni e l'esercizio della rappresentanza collettiva nel governo dell'impresa.

63. Per l'adozione dei decreti legislativi di cui al comma 62 si applicano le disposizioni di cui al comma 90 dell'articolo 1 della legge 24 dicembre 2007, n. 247, in quanto compatibili. Dai decreti legislativi di cui alle lettere *a*), *b*), *c*), *d*), *f*) e *g*) del comma 62 non devono derivare nuovi o maggiori oneri a carico della finanza pubblica. Il decreto legislativo di cui alla lettera *e*) del comma 62 può essere adottato solo dopo che la legge di stabilità relativa all'esercizio in corso al momento della sua adozione avrà disposto le risorse necessarie per far fronte agli oneri derivanti dal decreto legislativo stesso.

64. Il sistema pubblico nazionale di certificazione delle competenze si fonda su standard minimi di servizio omogenei su tutto il territorio nazionale nel rispetto dei principi di accessibilità, riservatezza, trasparenza, oggettività e tracciabilità.

65. La certificazione delle competenze acquisite nei contesti formali, non formali ed informali è un atto pubblico finalizzato a garantire la trasparenza e il riconoscimento degli apprendimenti, in coerenza con gli indirizzi fissati dall'Unione europea. La certificazione conduce al rilascio di un certificato, un diploma o un titolo che documenta formalmente l'accertamento e la convalida effettuati da un ente pubblico o da un soggetto accreditato o autorizzato. Le procedure di certificazione sono ispirate a criteri di semplificazione, tracciabilità e accessibilità della documentazione e dei servizi, soprattutto attraverso la dorsale informativa unica di cui al comma 51, nel rispetto delle norme di accesso agli atti amministrativi e di tutela della privacy.

66. Per competenza certificabile ai sensi del comma 64, si intende un insieme strutturato di conoscenze e di abilità, acquisite nei contesti di cui ai commi da 51 a 54 e riconoscibili anche come crediti formativi, previa apposita procedura di validazione nel caso degli apprendimenti non formali e informali secondo quanto previsto dai commi da 58 a 61.

67. Tutti gli standard delle qualificazioni e competenze certificabili ai sensi del sistema pubblico di certificazione sono raccolti in repertori codificati a livello nazionale o regionale, pubblicamente riconosciuti e accessibili in un repertorio nazionale dei titoli di istruzione e formazione e delle qualificazioni professionali.

68. Con il medesimo decreto legislativo di cui al comma 58, sono definiti:

a) gli standard di certificazione delle competenze e dei relativi servizi, rispondenti ai principi di cui al comma 64, che contengono gli elementi essenziali per la riconoscibilità e ampia spendibilità delle certificazioni in ambito regionale, nazionale ed europeo;

b) i criteri per la definizione e l'aggiornamento, almeno ogni tre anni, del repertorio nazionale dei titoli di istruzione e formazione e delle qualificazioni professionali;

c) le modalità di registrazione delle competenze certificate, anche con riferimento al libretto formativo ed alle anagrafi del cittadino.

69. All'onere derivante dall'attuazione della presente legge, valutato complessivamente in 1.719 milioni di euro per l'anno 2013, 2.921 milioni di euro per l'anno 2014, 2.501 milioni di euro per l'anno 2015, 2.482 milioni di euro per l'anno 2016, 2.038 milioni di euro per l'anno 2017, 2.142 milioni di euro per l'anno 2018, 2.148 milioni di euro per l'anno 2019, 2.195 milioni di euro per l'anno 2020 e 2.225 milioni di euro annui a decorrere dall'anno 2021, si provvede:

a) quanto a 1.138 milioni di euro per l'anno 2013, 2.014 milioni di euro per l'anno 2014 e 1.716 milioni di euro annui a decorrere dall'anno 2015, mediante utilizzo delle maggiori entrate e dei risparmi di spesa derivanti dai commi da 72 a 79;

b) quanto a 581 milioni di euro per l'anno 2013, 907 milioni di euro per l'anno 2014, 785 milioni di euro per l'anno 2015, 766 milioni di euro per l'anno 2016, 322 milioni di euro per l'anno 2017, 426 milioni di euro per l'anno 2018, 432 milioni di euro per l'anno 2019, 479 milioni di euro per l'anno 2020 e 509 milioni di euro annui a decorrere dall'anno 2021, mediante riduzione delle dotazioni finanziarie del programma di spesa «Regolazioni contabili, restituzioni e rimborsi di imposta» nell'ambito della missione «Politiche economico-finanziarie e di bilancio» dello stato di previsione del Ministero dell'economia e delle finanze.

70. Ai sensi dell'articolo 17, comma 12, della legge 31 dicembre 2009, n. 196, il Ministero dell'economia e delle finanze provvede al monitoraggio degli effetti finanziari derivanti dalle disposizioni introdotte dalla presente legge. Nel caso in cui si verifichino, o siano in procinto di verificarsi, scostamenti rispetto alle previsioni di cui al comma 69, fatta salva l'adozione dei provvedimenti di cui all'articolo 11, comma 3, lettera *l*), della citata legge n. 196 del 2009, il Ministro dell'economia e delle finanze provvede, a decorrere dall'anno 2013, con proprio decreto, alla riduzione lineare, nella misura necessaria alla copertura finanziaria, delle dotazioni finanziarie disponibili iscritte a legislazione vigente in termini di competenza e di cassa, nell'ambito delle spese rimodulabili di parte corrente delle missioni di spesa di ciascun Ministero, di cui all'articolo 21, comma 5, lettera *b*), della legge 31 dicembre 2009, n. 196. Sono esclusi gli stanziamenti relativi all'istituto della destinazione del cinque per mille dell'imposta sul reddito delle persone fisiche, gli stanziamenti relativi alle spese per la tutela dell'ordine e la sicurezza pubblica, nonché per il soccorso pubblico. Il Ministro dell'e-

conomia e delle finanze, ai fini delle successive riduzioni, è autorizzato ad accantonare e rendere indisponibili le predette somme. Le amministrazioni potranno proporre variazioni compensative, anche relative a missioni diverse, tra gli accantonamenti interessati, nel rispetto dell'invarianza sui saldi di finanza.

71. Il Ministro dell'economia e delle finanze è autorizzato ad apportare, con propri decreti, le occorrenti variazioni di bilancio.

72. All'articolo 164, comma 1, del testo unico delle imposte sui redditi di cui al decreto del Presidente della Repubblica 22 dicembre 1986, n. 917, sono apportate le seguenti modificazioni:

a) alla lettera *b*), le parole: «nella misura del 40 per cento» e le parole: «nella suddetta misura del 40 per cento» sono sostituite dalle seguenti: «nella misura del 27,5 per cento»;

b) alla lettera b *bis*), le parole: «nella misura del 90 per cento» sono sostituite dalle seguenti: «nella misura del 70 per cento».

73. Le disposizioni di cui al comma 72 si applicano a decorrere dal periodo d'imposta successivo a quello in corso alla data di entrata in vigore della presente legge. Nella determinazione degli acconti dovuti per il periodo di imposta di prima applicazione si assume, quale imposta del periodo precedente, quella che si sarebbe determinata applicando le disposizioni di cui al comma 72.

74. All'articolo 37, comma 4 *bis*, primo periodo, del testo unico delle imposte sui redditi di cui al decreto del Presidente della Repubblica 22 dicembre 1986, n. 917, le parole: «15 per cento» sono sostituite dalle seguenti: «5 per cento». La disposizione di cui al presente comma si applica a decorrere dall'anno 2013.

75. Fermo restando quanto previsto dall'articolo 6 *quater*, comma 2, del decreto legge 31 gennaio 2005, n. 7, convertito, con modificazioni, dalla legge 31 marzo 2005, n. 43, come modificato dal comma 48 dell'articolo 2 della presente legge, l'addizionale comunale sui diritti di imbarco di passeggeri sugli aeromobili di cui all'articolo 2, comma 11, della legge 24 dicembre 2003, n. 350, è ulteriormente incrementata, a decorrere dal 1° luglio 2013, di due euro a passeggero imbarcato. Le maggiori somme derivanti dall'incremento dell'addizionale disposto dal presente comma sono versate all'INPS con le stesse modalità previste dalla disposizione di cui al comma 48, lettera *b*), dell'articolo 2, e in riferimento alle stesse si applicano le disposizioni di cui ai commi 49 e 50 del medesimo articolo 2.

76. Il contributo di cui all'articolo 334 del codice delle assicurazioni private di cui al decreto legislativo 7 settembre 2005, n. 209, applicato sui premi delle assicurazioni per la responsabilità civile per i danni causati dalla circolazione dei veicoli a motore e dei natanti, per il quale l'impresa di assicurazione ha esercitato il diritto di rivalsa nei confronti del contraente, è deducibile, ai sensi dell'articolo 10, comma 1, lettera *e*), del testo unico delle imposte sui redditi, di cui al decreto del Presidente della Repubblica 22 dicembre 1986, n. 917, dal reddito complessivo del contraente medesimo per la parte che eccede 40 euro. La disposizione di cui al presente comma si applica a decorrere dall'anno 2012 ([11]).

77. L'INPS e l'Istituto nazionale per l'assicurazione contro gli infortuni sul lavoro (INAIL), nell'ambito della propria autonomia, adottano misure di razionalizzazione organizzativa, aggiuntive rispetto a quelle previste dall'articolo 4, comma 66, della legge 12 novembre 2011, n. 183, e dall'articolo 21, commi da 1 a 9, del decreto legge 6 dicembre 2011, n. 201, convertito, con modificazioni, dalla legge 22 dicembre 2011, n. 214, volte a ridurre le proprie spese di funzionamento, in misura pari a 90 milioni di euro annui a decorrere dall'anno 2013. Le riduzioni sono quantificate, rispettivamente, in 18 milioni di euro annui per l'INAIL e in 72 milioni di euro per l'INPS, sulla base di quanto stabilito con il decreto del Ministro del lavoro e delle politiche sociali, di concerto con il Ministro dell'economia e delle finanze, emanato in applicazione del citato articolo 4, comma 66, della legge 12 novembre 2011, n. 183. Le somme derivanti dalle riduzioni di spesa di cui al presente comma sono versate entro il 30 giugno di ciascun anno ad apposito capitolo dell'entrata del bilancio dello Stato.

78. L'Amministrazione autonoma dei Monopoli di Stato, nell'ambito della propria autonomia, adotta misure di razionalizzazione organizzativa, aggiuntive rispetto a quelle previste dall'articolo 4, comma 38, della legge 12 novembre 2011, n. 183, volte a ridurre le proprie spese di funzionamento, in misura pari a euro 10 milioni a decorrere dall'esercizio 2013, che sono conseguentemente versati entro il 30 giugno di ciascun anno ad apposito capitolo dello stato di previsione dell'entrata.

79. I Ministeri vigilanti verificano l'attuazione degli adempimenti di cui ai commi 77 e 78, com-

prese le misure correttive previste dalle disposizioni vigenti ivi indicate, anche con riferimento alla effettiva riduzione delle spese di funzionamento degli enti interessati.

([1]) *Le parole: «La stessa prestazione può essere oggetto di accordi sindacali nell'ambito di procedure ex articoli 4 e 24 della legge 23 luglio 1991, n. 223, ovvero nell'ambito di processi di riduzione di personale dirigente conclusi con accordo firmato da associazione sindacale stipulante il contratto collettivo di lavoro della categoria» sono state aggiunte dall'art. 34, comma 54, lett.* b), *del D.L. 18 ottobre 2012, n. 179, convertito, con modificazioni, nella L. 17 dicembre 2012, n. 221.*

([2]) *Questo comma è stato inserito dall'art. 34, comma 54, lett.* c), *del D.L. 18 ottobre 2012, n. 179, convertito, con modificazioni, nella L. 17 dicembre 2012, n. 221.*

([3]) *Questo comma è stato abrogato dall'art. 34, comma 1, lett.* b), *del D.L.vo 14 settembre 2015, n. 150.*

([4]) *Questo comma è stato aggiunto dall'art. 1, comma 252, della L. 24 dicembre 2012, n. 228.*

([5]) *Questo comma è stato abrogato dall'art. 34, comma 1, lett.* h), *del D.L.vo 14 settembre 2015, n. 150.*

([6]) *Si veda l'art. 26 del D.L.vo 14 settembre 2015, n. 151, di cui si riporta il testo:*

«26. (Dimissioni volontarie e risoluzione contrattuale). *1. Al di fuori delle ipotesi di cui all'articolo 55, comma 4, del decreto legislativo 26 marzo 2001, n. 151, e successive modificazioni, le dimissioni e la risoluzione consensuale del rapporto di lavoro sono fatte, a pena di inefficacia, esclusivamente con modalità telematiche su appositi moduli resi disponibili dal Ministero del lavoro e delle politiche sociali attraverso il sito* www.lavoro.gov.it *e trasmessi al datore di lavoro e alla Direzione territoriale del lavoro competente con le modalità individuate con il decreto del Ministro del lavoro e delle politiche sociali di cui al comma 3.*

2. Entro sette giorni dalla data di trasmissione del modulo di cui al comma 1 il lavoratore ha la facoltà di revocare le dimissioni e la risoluzione consensuale con le medesime modalità.

3. Con decreto del Ministro del lavoro e delle politiche sociali, da emanare entro 90 giorni dalla data di entrata in vigore del presente decreto legislativo, sono stabiliti i dati di identificazione del rapporto di lavoro da cui si intende recedere o che si intende risolvere, i dati di identificazione del datore di lavoro e del lavoratore, le modalità di trasmissione nonché gli standard tecnici atti a definire la data certa di trasmissione.

4. La trasmissione dei moduli di cui al comma 1 può avvenire anche per il tramite dei patronati, delle organizzazioni sindacali nonché degli enti bilaterali e delle commissioni di certificazione di cui agli articoli 2, comma 1, lettera h), *e articolo 76 del decreto legislativo 10 settembre 2003, n. 276.*

5. Salvo che il fatto costituisca reato, il datore di lavoro che alteri i moduli di cui al comma 1 è punito con la sanzione amministrativa da euro 5.000 ad euro 30.000. L'accertamento e l'irrogazione della sanzione sono di competenza delle Direzioni territoriali del lavoro. Si applicano, in quanto compatibili, le disposizioni di cui alla legge 24 novembre 1981, n. 689.

6. All'attuazione del presente articolo si provvede con le risorse umane, strumentali e finanziarie già disponibili a legislazione vigente e comunque senza nuovi o maggiori oneri a carico del bilancio dello Stato.

7. I commi da 1 a 4 non sono applicabili al lavoro domestico e nel caso in cui le dimissioni o la risoluzione consensuale intervengono nelle sedi di cui all'articolo 2113, quarto comma, del codice civile o avanti alle commissioni di certificazione di cui all'articolo 76 del decreto legislativo n. 276 del 2003.

8. Le disposizioni di cui al presente articolo trovano applicazione a far data dal sessantesimo giorno successivo alla data di entrata in vigore del decreto di cui al comma 3 e dalla medesima data sono abrogati i commi da 17 a 23 bis *dell'articolo 4 della legge 28 giugno 2012, n. 92».*

([7]) *Questo comma è stato inserito dall'art. 7, comma 5, lett.* d), *n. 1), del D.L. 28 giugno 2013, n. 76, convertito, con modificazioni, nella L. 9 agosto 2013, n. 99.*

([8]) *A norma dell'art. 1, comma 354, della L. 11 dicembre 2016, n. 232, l'applicazione delle disposizioni concernenti il congedo obbligatorio per il padre lavoratore dipendente, da fruire entro i cinque mesi dalla nascita del figlio, introdotte in via sperimentale per gli anni 2013, 2014 e 2015 dalla presente lettera, è prorogata anche per gli anni 2017 e 2018. La durata del congedo obbligatorio per il padre lavoratore dipendente è aumentata a due giorni per l'anno 2017 e a quattro giorni per l'anno 2018, che possono essere goduti anche in via non continuativa; al medesimo congedo si applica la disciplina di cui al decreto del Ministro del lavoro e delle politiche sociali 22 dicembre 2012, pubblicato nella* Gazzetta Ufficiale *n. 37 del 13 febbraio 2013.*

Per l'anno 2018 il padre lavoratore dipendente può astenersi per un periodo ulteriore di un giorno previo accordo con la madre e in sua sostituzione in relazione al periodo di astensione obbligatoria spettante a quest'ultima.

([9]) *A norma dell'art. 1, comma 356, della L. 11 dicembre 2016, n. 232, al fine di sostenere la genitorialità, verificato il buon risultato del periodo sperimentale, il beneficio di cui a questa lettera, è riconosciuto nel limite di spesa di 40 milioni di euro per ciascuno degli anni 2017 e 2018, ferme restando le relative disposizioni attuative.*

A norma dell'art. 1, comma 357, della predetta legge e, ai medesimi fini di cui al predetto comma 356, del medesimo provvedimento, il medesimo beneficio di cui alla presente lettera è riconosciuto, nel limite di spesa di 10 milioni di euro per ciascuno degli anni 2017 e 2018, ferme restando le relative disposizioni attuative.

([10]) *A norma dell'art. 34, comma 2, del D.L.vo 14 settembre 2015, n. 150, fermo quanto previsto dall'ar-*

ticolo 25, comma 3 del suddetto decreto, le disposizioni di cui ai commi da 40 a 45 di questo articolo, sono abrogate a far data dall'adozione del decreto di cui agli articoli 20, comma 1, 21, comma 2 e 22, comma 2 del D.L.vo n. 150/2015, e non trovano, comunque, applicazione a far data dalla stipula del patto di servizio personalizzato.

([11]) *A norma dell'art. 12, comma 2* bis, *del D.L. 31 agosto 2013, n. 102, convertito, con modificazioni, nella L. 28 ottobre 2013, n. 124, a decorrere dal periodo d'imposta in corso alla data del 31 dicembre 2014, cessa l'applicazione delle disposizioni di cui a questo comma.*

10.

D.L.vo 4 marzo 2015, n. 22. Disposizioni per il riordino della normativa in materia di ammortizzatori sociali in caso di disoccupazione involontaria e di ricollocazione dei lavoratori disoccupati, in attuazione della legge 10 dicembre 2014, n. 183 (*Gazzetta Ufficiale* Serie gen. - n. 54 del 6 marzo 2015).

Titolo I
Disciplina della Nuova prestazione di Assicurazione Sociale per l'Impiego (NASpI)

1. Nuova prestazione di Assicurazione Sociale per l'Impiego - NASpI. – 1. A decorrere dal 1° maggio 2015 è istituita presso la Gestione prestazioni temporanee ai lavoratori dipendenti, di cui all'articolo 24 della legge 9 marzo 1989, n. 88, e nell'ambito dell'Assicurazione sociale per l'impiego (ASpI) di cui all'articolo 2 della legge 28 giugno 2012, n. 92, una indennità mensile di disoccupazione, denominata: «Nuova prestazione di Assicurazione Sociale per l'Impiego (NASpI)», avente la funzione di fornire una tutela di sostegno al reddito ai lavoratori con rapporto di lavoro subordinato che abbiano perduto involontariamente la propria occupazione. La NASpI sostituisce le prestazioni di ASpI e mini-ASpI introdotte dall'articolo 2 della legge n. 92 del 2012, con riferimento agli eventi di disoccupazione verificatisi dal 1° maggio 2015.

2. Destinatari. – 1. Sono destinatari della NASpI i lavoratori dipendenti con esclusione dei dipendenti a tempo indeterminato delle pubbliche amministrazioni di cui all'articolo 1, comma 2, del decreto legislativo 30 marzo 2001, n. 165, e successive modificazioni, nonché degli operai agricoli a tempo determinato o indeterminato, per i quali ultimi trovano applicazione le norme di cui all'articolo 7, comma 1, del decreto legge 21 marzo 1988, n. 86, convertito, con modificazioni, dalla legge 20 maggio 1988, n. 160, all'articolo 25 della legge 8 agosto 1972, n. 457, all'articolo 7 della legge 16 febbraio 1977, n. 37, e all'articolo 1 della legge 24 dicembre 2007, n. 247.

3. Requisiti. – 1. La NASpI è riconosciuta ai lavoratori che abbiano perduto involontariamente la propria occupazione e che presentino congiuntamente i seguenti requisiti:

a) siano in stato di disoccupazione ai sensi dell'articolo 1, comma 2, lettera *c*), del decreto legislativo 21 aprile 2000, n. 181, e successive modificazioni;

b) possano far valere, nei quattro anni precedenti l'inizio del periodo di disoccupazione, almeno tredici settimane di contribuzione;

c) possano far valere trenta giornate di lavoro effettivo, a prescindere dal minimale contributivo, nei dodici mesi che precedono l'inizio del periodo di disoccupazione.

2. La NASpI è riconosciuta anche ai lavoratori che hanno rassegnato le dimissioni per giusta causa e nei casi di risoluzione consensuale del rapporto di lavoro intervenuta nell'ambito della procedura di cui all'articolo 7 della legge 15 luglio 1966, n. 604, come modificato dall'articolo 1, comma 40, della legge n. 92 del 2012.

4. Calcolo e misura. – 1. La NASpI è rapportata alla retribuzione imponibile ai fini previdenziali degli ultimi quattro anni divisa per il numero di settimane di contribuzione e moltiplicata per il numero 4,33.

2. Nei casi in cui la retribuzione mensile sia pari o inferiore nel 2015 all'importo di 1.195 euro, rivalutato annualmente sulla base della variazione dell'indice ISTAT dei prezzi al consumo per le famiglie degli operai e degli impiegati intercorsa nell'anno precedente, la NASpI è pari al 75 per cento della retribuzione mensile. Nei casi in cui la retribuzione mensile sia superiore al predetto importo l'indennità è pari al 75 per cento del predetto importo incrementato di una somma pari al 25 per cento della differenza tra la retribuzione mensile e il predetto importo. La NASpI non può in ogni caso superare nel 2015 l'importo mensile massimo di 1.300 euro, rivalutato annualmente sulla base della variazione dell'indice ISTAT dei prezzi al consumo per le famiglie degli operai e degli impiegati intercorsa nell'anno precedente.

3. La NASpI si riduce del 3 per cento ogni mese a decorrere dal primo giorno del quarto mese di fruizione.

4. Alla NASpI non si applica il prelievo contributivo di cui all'articolo 26 della legge 28 febbraio 1986, n. 41.

5. Durata. – 1. La NASpI è corrisposta mensilmente, per un numero di settimane pari alla metà delle settimane di contribuzione degli ultimi quattro anni. Ai fini del calcolo della durata non sono computati i periodi contributivi che hanno già dato luogo ad erogazione delle prestazioni di disoccupazione. [Per gli eventi di disoccupazione verificatisi dal 1° gennaio 2017 la NASpI è corrisposta per un massimo di 78 settimane] (1).

(1) *Questo periodo è stato soppresso dall'art. 43, comma 3, primo periodo, del D.L.vo 14 settembre 2015, n. 148. A norma dell'art. 43, comma 3, secondo periodo, del medesimo provvedimento, all'onere derivante dal primo periodo del suddetto art. 43, comma 3, valutato in 270,1 milioni di euro per l'anno 2018, 567,2 milioni di euro per l'anno 2019, 570,8 milioni di euro per l'anno 2020, 576,6 milioni di euro per l'anno 2021, 582,4 milioni di euro per l'anno 2022, 588,2 milioni di euro per l'anno 2023, 594,2 milioni di euro annui a decorrere dall'anno 2024 si provvede mediante corrispondente riduzione del fondo di cui all'articolo 1, comma 107, della legge n. 190 del 2014 come rifinanziato dal presente articolo.*

6. Domanda e decorrenza della prestazione. – 1. La domanda di NASpI è presentata all'INPS in via telematica, entro il termine di decadenza di sessantotto giorni dalla cessazione del rapporto di lavoro.

2. La NASpI spetta a decorrere dall'ottavo giorno successivo alla cessazione del rapporto di lavoro o, qualora la domanda sia presentata successivamente a tale data, dal primo giorno successivo alla data di presentazione della domanda.

7. Condizionalità. – 1. L'erogazione della NASpI è condizionata alla regolare partecipazione alle iniziative di attivazione lavorativa nonché ai percorsi di riqualificazione professionale proposti dai Servizi competenti ai sensi dell'articolo 1, comma 2, lettera *g*), del decreto legislativo 21 aprile 2000, n. 181, e successive modificazioni.

2. Con il decreto legislativo di cui all'articolo 1, comma 3, della legge 10 dicembre 2014, n. 183, sono introdotte ulteriori misure volte a condizionare la fruizione della NASpI alla ricerca attiva di un'occupazione e al reinserimento nel tessuto produttivo.

3. Con decreto del Ministro del lavoro e delle politiche sociali, da adottare entro 90 giorni dalla data di entrata in vigore del presente decreto, sentita la Conferenza permanente per i rapporti tra lo Stato, le regioni e le province autonome di Trento e di Bolzano, sono determinate le condizioni e le modalità per l'attuazione della presente disposizione nonché le misure conseguenti all'inottemperanza agli obblighi di partecipazione alle azioni di politica attiva di cui al comma 1.

8. Incentivo all'autoimprenditorialità. – 1. Il lavoratore avente diritto alla corresponsione della NASpI può richiedere la liquidazione anticipata, in unica soluzione, dell'importo complessivo del trattamento che gli spetta e che non gli è stato ancora erogato, a titolo di incentivo all'avvio di un'attività lavorativa autonoma o di impresa individuale o per la sottoscrizione di una quota di capitale sociale di una cooperativa nella quale il rapporto mutualistico ha ad oggetto la prestazione di attività lavorative da parte del socio.

2. L'erogazione anticipata in un'unica soluzione della NASpI non dà diritto alla contribuzione figurativa, nè all'Assegno per il nucleo familiare.

3. Il lavoratore che intende avvalersi della liquidazione in un'unica soluzione della NASpI deve presentare all'INPS, a pena di decadenza, domanda di anticipazione in via telematica entro trenta giorni dalla data di inizio dell'attività lavorativa autonoma o di impresa individuale o dalla data di sottoscrizione di una quota di capitale sociale della cooperativa.

4. Il lavoratore che instaura un rapporto di lavoro subordinato prima della scadenza del periodo per cui è riconosciuta la liquidazione anticipata della NASpI è tenuto a restituire per intero l'anticipazione ottenuta, salvo il caso in cui il rapporto di lavoro subordinato sia instaurato con la cooperativa della quale il lavoratore ha sottoscritto una quota di capitale sociale.

9. Compatibilità con il rapporto di lavoro subordinato. – 1. Il lavoratore che durante il periodo in cui percepisce la NASpI instauri un rapporto di lavoro subordinato il cui reddito annuale sia superiore al reddito minimo escluso da imposizione fiscale decade dalla prestazione, salvo il caso in cui la durata del rapporto di lavoro non sia superiore a sei mesi. In tale caso la prestazione è sospesa d'ufficio per la durata del rapporto di lavoro. La contribuzione versata durante il periodo di sospensione è utile ai fini di cui agli articoli 3 e 5.

2. Il lavoratore che durante il periodo in cui percepisce la NASpI instauri un rapporto di lavoro subordinato il cui reddito annuale sia inferiore al reddito minimo escluso da imposizione conserva il diritto alla prestazione, ridotta nei termini di cui all'articolo 10, a condizione che comunichi all'INPS entro trenta giorni dall'inizio dell'attività il reddito annuo previsto e che il datore di lavoro o, qualora il lavoratore sia impiegato con contratto di somministrazione, l'utilizzatore, siano diversi dal datore di lavoro o dall'utilizzatore per i quali il lavoratore prestava la sua attività quando è cessato il rapporto di lavoro che ha determinato il diritto alla NASpI e non presentino rispetto ad essi rapporti di collegamento o di controllo ovvero assetti proprietari sostanzialmente coincidenti. La contribuzione versata è utile ai fini di cui agli articoli 3 e 5.

3. Il lavoratore titolare di due o più rapporti di lavoro subordinato a tempo parziale che cessi da uno dei detti rapporti a seguito di licenziamento, dimissioni per giusta causa, o di risoluzione consensuale intervenuta nell'ambito della procedura di cui all'articolo 7 della legge 15 luglio 1966, n. 604, come modificato dall'articolo 1, comma 40, della legge n. 92 del 2012, e il cui reddito corrisponda a un'imposta lorda pari o inferiore alle detrazioni spettanti ai sensi dell'articolo 13 del testo unico delle imposte sui redditi di cui al decreto del Presidente della Repubblica 22 dicembre 1986, n. 917 ([1]), ha diritto, ricorrendo tutti gli altri requisiti, di percepire la NASpI, ridotta nei termini di cui all'articolo 10, a condizione che comunichi all'INPS entro trenta giorni dalla domanda di prestazione il reddito annuo previsto.

4. La contribuzione relativa all'assicurazione generale obbligatoria per l'invalidità, la vecchiaia e i superstiti versata in relazione all'attività di lavoro subordinato non dà luogo ad accrediti contributivi ed è riversata integralmente alla Gestione prestazioni temporanee ai lavoratori dipendenti, di cui all'articolo 24 della legge n. 88 del 1989.

([1]) *Le parole: «il cui reddito sia inferiore al limite utile ai fini della conservazione dello stato di disoccupazione» sono state così sostituite dalle seguenti: «il cui reddito corrisponda a un'imposta lorda pari o inferiore alle detrazioni spettanti ai sensi dell'articolo 13 del testo unico delle imposte sui redditi di cui al decreto del Presidente della Repubblica 22 dicembre 1986, n. 917» dall'art. 34, comma 3, lett.* a), *del D.L.vo 14 settembre 2015, n. 150.*

10. Compatibilità con lo svolgimento di attività lavorativa in forma autonoma o di impresa individuale. – 1. Il lavoratore che durante il periodo in cui percepisce la NASpI intraprenda un'attività lavorativa autonoma o di impresa individuale, dalla quale ricava un reddito che corrisponde a un'imposta lorda pari o inferiore alle detrazioni spettanti ai sensi dell'articolo 13 del testo unico delle imposte sui redditi di cui al decreto del Presidente della Repubblica 22 dicembre 1986, n. 917 ([1]), deve informare l'INPS entro un mese dall'inizio dell'attività, dichiarando il reddito annuo che prevede di trarne. La NASpI è ridotta di un importo pari all'80 per cento del reddito previsto, rapportato al periodo di tempo intercorrente tra la data di inizio dell'attività e la data in cui termina il periodo di godimento dell'indennità o, se antecedente, la fine dell'anno. La riduzione di cui al periodo precedente è ricalcolata d'ufficio al momento della presentazione della dichiarazione dei redditi. Il lavoratore esentato dall'obbligo di presentazione della dichiarazione dei redditi è tenuto a presentare all'INPS un'apposita autodichiarazione concernente il reddito ricavato dall'attività lavorativa autonoma o di impresa individuale entro il 31 marzo dell'anno successivo. Nel caso di mancata presentazione dell'autodichiarazione il lavoratore è tenuto a restituire la NASpI percepita dalla data di inizio dell'attività lavorativa autonoma o di impresa individuale.

2. La contribuzione relativa all'assicurazione generale obbligatoria per l'invalidità, la vecchiaia e i superstiti versata in relazione all'attività lavorativa autonoma o di impresa individuale non dà luogo ad accrediti contributivi ed è riversata integralmente alla Gestione prestazioni temporanee ai lavoratori dipendenti, di cui all'articolo 24 della legge n. 88 del 1989.

([1]) *Le parole: «un reddito inferiore al limite utile ai fini della conservazione dello stato di disoccupazione» sono state così sostituite dalle seguenti: «un reddito che corrisponde a un'imposta lorda pari o inferiore alle detrazioni spettanti ai sensi dell'articolo 13 del testo unico delle imposte sui redditi di cui al decreto del Presidente della Repubblica 22 dicembre 1986, n. 917» dall'art. 34, comma 3, lett.* b), *del D.L.vo 14 settembre 2015, n. 150.*

11. Decadenza. – 1. Ferme restando le misure conseguenti all'inottemperanza agli obblighi di partecipazione alle azioni di politica attiva previste dal decreto di cui all'articolo 7, comma 3, il lavoratore decade dalla fruizione della NASpI nei seguenti casi:

a) perdita dello stato di disoccupazione;

b) inizio di un'attività lavorativa subordinata senza provvedere alle comunicazioni di cui all'articolo 9, commi 2 e 3;

c) inizio di un'attività lavorativa in forma autonoma o di impresa individuale senza provvedere alla comunicazione di cui all'articolo 10, comma 1, primo periodo;

d) raggiungimento dei requisiti per il pensionamento di vecchiaia o anticipato;

e) acquisizione del diritto all'assegno ordinario di invalidità, salvo il diritto del lavoratore di optare per la NASpI.

12. Contribuzione figurativa. – 1. La contribuzione figurativa è rapportata alla retribuzione di cui all'articolo 4, comma 1, entro un limite di retribuzione pari a 1,4 volte l'importo massimo mensile della NASpI per l'anno in corso.

2. Le retribuzioni computate nei limiti di cui al comma 1, rivalutate fino alla data di decorrenza della pensione, non sono prese in considerazione per la determinazione della retribuzione pensionabile qualora siano di importo inferiore alla retribuzione media pensionabile ottenuta non considerando tali retribuzioni. Rimane salvo il computo dell'anzianità contributiva relativa ai periodi eventualmente non considerati nella determinazione della retribuzione pensionabile ai fini dell'applicazione dell'articolo 24, comma 2, del decreto legge 6 dicembre 2011, n. 201, convertito con modificazioni, dalla legge 22 dicembre 2011, n. 214.

13. Misura dell'indennità per i soci lavoratori ed il personale artistico. – 1. Per i soci lavoratori delle cooperative di cui al decreto del Presidente della Repubblica 30 aprile 1970, n. 602, e per il personale artistico con rapporto di lavoro subordinato, a decorrere dal 1° maggio 2015 la NASpI è corrisposta nella misura di cui all'articolo 4.

14. Rinvio. – 1. Alla NASpI si applicano le disposizioni in materia di ASpI in quanto compatibili.

Titolo II
Indennità di disoccupazione per i lavoratori con rapporto di collaborazione coordinata (DIS-COLL)

15. Indennità di disoccupazione per i lavoratori con rapporto di collaborazione coordinata e continuativa - DIS-COLL. – 1. In attesa degli interventi di semplificazione, modifica o superamento delle forme contrattuali previsti all'articolo 1, comma 7, lettera *a*), della legge n. 183 del 2014, in via sperimentale per il 2015, in relazione agli eventi di disoccupazione verificatisi a decorrere dal 1° gennaio 2015 e sino al 31 dicembre 2015, è riconosciuta ai collaboratori coordinati e continuativi, anche a progetto, con esclusione degli amministratori e dei sindaci, iscritti in via esclusiva alla Gestione separata, non pensionati e privi di partita IVA, che abbiano perduto involontariamente la propria occupazione, una indennità di disoccupazione mensile denominata DIS-COLL.

2. La DIS-COLL è riconosciuta ai soggetti di cui al comma 1 che presentino congiuntamente i seguenti requisiti:

a) siano, al momento della domanda di prestazione, in stato di disoccupazione ai sensi dell'articolo 1, comma 2, lettera *c*), del decreto legislativo n. 181 del 2000, e successive modificazioni;

b) possano far valere almeno tre mesi di contribuzione nel periodo che va dal primo gennaio dell'anno solare precedente l'evento di cessazione dal lavoro al predetto evento;

c) possano far valere, nell'anno solare in cui si verifica l'evento di cessazione dal lavoro, un mese di contribuzione oppure un rapporto di collaborazione di cui al comma 1 di durata pari almeno ad un mese e che abbia dato luogo a un reddito almeno pari alla metà dell'importo che dà diritto all'accredito di un mese di contribuzione.

3. La DIS-COLL è rapportata al reddito imponibile ai fini previdenziali risultante dai versamenti contributivi effettuati, derivante da rapporti di collaborazione di cui al comma 1, relativo all'anno in cui si è verificato l'evento di cessazione dal lavoro e all'anno solare precedente, diviso per il numero di mesi di contribuzione, o frazione di essi.

4. La DIS-COLL, rapportata al reddito medio mensile come determinato al comma 3, è pari al 75 per cento dello stesso reddito nel caso in cui il reddito mensile sia pari o inferiore nel 2015 all'importo di 1.195 euro, annualmente rivalutato sulla base della variazione dell'indice ISTAT dei prezzi al consumo per le famiglie degli operai e degli impiegati intercorsa nell'anno precedente. Nel caso in cui il reddito medio mensile sia superiore al predetto importo la DIS-COLL è pari al 75 per cento del predetto importo incrementata di una somma pari al 25 per cento della differenza

tra il reddito medio mensile e il predetto importo. La DIS-COLL non può in ogni caso superare l'importo massimo mensile di 1.300 euro nel 2015, annualmente rivalutato sulla base della variazione dell'indice ISTAT dei prezzi al consumo per le famiglie degli operai e degli impiegati intercorsa nell'anno precedente.

5. La DIS-COLL si riduce del 3 per cento ogni mese a decorrere dal primo giorno del quarto mese di fruizione.

6. La DIS-COLL è corrisposta mensilmente per un numero di mesi pari alla metà dei mesi di contribuzione accreditati nel periodo che va dal primo gennaio dell'anno solare precedente l'evento di cessazione del lavoro al predetto evento. Ai fini della durata non sono computati i periodi contributivi che hanno già dato luogo ad erogazione della prestazione. La DIS-COLL non può in ogni caso superare la durata massima di sei mesi.

7. Per i periodi di fruizione della DIS-COLL non sono riconosciuti i contributi figurativi.

8. La domanda di DIS-COLL è presentata all'INPS, in via telematica, entro il termine di decadenza di sessantotto giorni dalla cessazione del rapporto di lavoro.

9. La DIS-COLL spetta a decorrere dall'ottavo giorno successivo alla cessazione del rapporto di lavoro o, qualora la domanda sia presentata successivamente a tale data, dal primo giorno successivo alla data di presentazione della domanda.

10. L'erogazione della DIS-COLL è condizionata alla permanenza dello stato di disoccupazione di cui all'articolo 1, comma 2, lettera *c*), del decreto legislativo n. 181 del 2000, e successive modificazioni, nonché alla regolare partecipazione alle iniziative di attivazione lavorativa e ai percorsi di riqualificazione professionale proposti dai Servizi competenti ai sensi dell'articolo 1, comma, 2 lettera *g*), del decreto legislativo n. 181 del 2000, e successive modificazioni. Con il decreto legislativo previsto all'articolo 1, comma 3, della legge n. 183 del 2014, sono introdotte ulteriori misure volte a condizionare la fruizione della DIS-COLL alla ricerca attiva di un'occupazione e al reinserimento nel tessuto produttivo.

11. In caso di nuova occupazione con contratto di lavoro subordinato di durata superiore a cinque giorni il lavoratore decade dal diritto alla DIS-COLL. In caso di nuova occupazione con contratto di lavoro subordinato di durata non superiore a cinque giorni la DIS-COLL è sospesa d'ufficio, sulla base delle comunicazioni obbligatorie di cui all'articolo 9 *bis*, comma 2, del decreto legge 1° ottobre 1996, n. 510, convertito, con modificazioni, dalla legge 28 novembre 1996, n. 608, e successive modificazioni. Al termine di un periodo di sospensione l'indennità riprende a decorrere dal momento in cui era rimasta sospesa.

12. Il beneficiario di DIS-COLL che intraprenda un'attività lavorativa autonoma o di impresa individuale, dalla quale derivi un reddito che corrisponde a un'imposta lorda pari o inferiore alle detrazioni spettanti ai sensi dell'articolo 13 del testo unico delle imposte sui redditi di cui al decreto del Presidente della Repubblica 22 dicembre 1986, n. 917 ([1]), deve comunicare all'INPS entro trenta giorni dall'inizio dell'attività il reddito annuo che prevede di trarne. Nel caso di mancata comunicazione del reddito previsto il beneficiario decade dal diritto alla DIS-COLL a decorrere dalla data di inizio dell'attività lavorativa autonoma o di impresa individuale. La DIS-COLL è ridotta di un importo pari all'80 per cento del reddito previsto, rapportato al periodo di tempo intercorrente tra la data di inizio dell'attività e la data in cui termina il periodo di godimento dell'indennità o, se antecedente, la fine dell'anno. La riduzione di cui al periodo precedente è ricalcolata d'ufficio al momento della presentazione della dichiarazione dei redditi. Il lavoratore esentato dall'obbligo di presentazione della dichiarazione dei redditi è tenuto a presentare all'INPS un'apposita autodichiarazione concernente il reddito ricavato dall'attività lavorativa autonoma o di impresa individuale entro il 31 marzo dell'anno successivo. Nel caso di mancata presentazione dell'autodichiarazione il lavoratore è tenuto a restituire la DIS-COLL percepita dalla data di inizio dell'attività lavorativa autonoma o di impresa individuale.

13. I soggetti di cui all'articolo 2, commi da 51 a 56, della legge n. 92 del 2012 fruiscono fino al 31 dicembre del 2015 esclusivamente delle prestazioni di cui al presente articolo. Restano salvi i diritti maturati in relazione agli eventi di disoccupazione verificatisi nell'anno 2013.

14. Le risorse finanziarie già previste per il finanziamento della tutela del sostegno al reddito dei collaboratori coordinati e continuativi di cui all'articolo 19, comma 1, del decreto legge 29 novembre 2008, n. 185, convertito, con modificazioni, dalla legge 28 gennaio 2009, n. 2 e all'articolo 2, commi 51 e 56, della legge n. 92 del 2012, concorrono al finanziamento degli oneri relativi alle disposizioni di cui al presente articolo per l'anno 2015 e pertanto in re-

lazione allo stesso anno 2015 non trovano applicazione le disposizioni di cui al citato articolo 2, commi da 51 a 56, della legge n. 92 del 2012.

15. All'eventuale riconoscimento della DIS-COLL ai soggetti di cui al presente articolo anche per gli anni successivi al 2015 si provvede con le risorse previste da successivi provvedimenti legislativi che stanzino le occorrenti risorse finanziarie e in particolare con le risorse derivanti dai decreti legislativi attuativi dei criteri di delega di cui alla legge n. 183 del 2014.

15 *bis*. A decorrere dal 1° luglio 2017 la DIS-COLL è riconosciuta ai soggetti di cui al comma 1 nonché agli assegnisti e ai dottorandi di ricerca con borsa di studio in relazione agli eventi di disoccupazione verificatisi a decorrere dalla stessa data. Con riguardo alla DIS-COLL riconosciuta per gli eventi di disoccupazione verificatisi a decorrere dal 1° luglio 2017 non si applica la disposizione di cui al comma 2, lettera *c*), e i riferimenti all'anno solare contenuti nel presente articolo sono da intendersi riferiti all'anno civile. A decorrere dal 1° luglio 2017, per i collaboratori, gli assegnisti e i dottorandi di ricerca con borsa di studio che hanno diritto di percepire la DIS-COLL, nonché per gli amministratori e i sindaci di cui al comma 1, è dovuta un'aliquota contributiva pari allo 0,51 per cento (2).

15 *ter*. Agli oneri derivanti dall'attuazione del comma 15 *bis*, valutati in 14,4 milioni di euro per l'anno 2017, 39 milioni di euro per l'anno 2018, 39,6 milioni di euro per l'anno 2019, 40,2 milioni di euro per l'anno 2020, 40,8 milioni di euro per l'anno 2021, 41,4 milioni di euro per l'anno 2022, 42 milioni di euro per l'anno 2023, 42,7 milioni di euro per l'anno 2024, 43,3 milioni di euro per l'anno 2025 e 44 milioni di euro annui a decorrere dall'anno 2026, si provvede, tenuto conto degli effetti fiscali indotti, mediante l'utilizzo delle maggiori entrate derivanti dall'incremento dell'aliquota contributiva disposto ai sensi del terzo periodo del comma 15 *bis* (2).

15 *quater*. L'INPS trasmette tempestivamente al Ministero del lavoro e delle politiche sociali e al Ministero dell'economia e delle finanze i dati relativi all'andamento delle entrate contributive e del costo della prestazione di cui al comma 15 *bis* ai fini dell'applicazione delle disposizioni di cui all'articolo 17, commi da 12 a 13, della legge 31 dicembre 2009, n. 196, e successive modificazioni (2).

(1) *Le parole*: «*un reddito inferiore al limite utile ai fini della conservazione dello stato di disoccupazione*» *sono state così sostituite dalle seguenti*: «*un reddito che corrisponde a un'imposta lorda pari o inferiore alle detrazioni spettanti ai sensi dell'articolo 13 del testo unico delle imposte sui redditi di cui al decreto del Presidente della Repubblica 22 dicembre 1986, n. 917*» *dall'art. 34, comma 3, lett.* b), *del D.L.vo 14 settembre 2015, n. 150.*

(2) *Questo comma è stato aggiunto dall'art. 7 della L. 22 maggio 2017, n. 81.*

Titolo III
Assegno di disoccupazione

16. (1) (2) [**Assegno di disoccupazione - ASDI. –** 1. A decorrere dal 1° maggio 2015 è istituito, in via sperimentale per l'anno 2015, l'Assegno di disoccupazione (ASDI), avente la funzione di fornire una tutela di sostegno al reddito ai lavoratori beneficiari della Nuova prestazione di Assicurazione Sociale per l'Impiego (NASpI) di cui all'articolo 1 che abbiano fruito di questa per l'intera sua durata entro il 31 dicembre 2015, siano privi di occupazione e si trovino in una condizione economica di bisogno.

2. Nel primo anno di applicazione gli interventi sono prioritariamente riservati ai lavoratori appartenenti a nuclei familiari con minorenni e, quindi, ai lavoratori in età prossima al pensionamento. In ogni caso, il sostegno economico non potrà essere erogato esaurite le risorse del Fondo di cui al comma 7.

3. L'ASDI è erogato mensilmente per una durata massima di sei mesi ed è pari al 75 per cento dell'ultima indennità NASpI percepita, e, comunque, in misura non superiore all'ammontare dell'assegno sociale, di cui all'articolo 3, comma 6, della legge 8 agosto 1995, n. 335. L'ammontare di cui al periodo precedente è incrementato per gli eventuali carichi familiari del lavoratore nella misura e secondo le modalità stabilite con il decreto di cui al comma 6.

4. Al fine di incentivare la ricerca attiva del lavoro i redditi derivanti da nuova occupazione possono essere parzialmente cumulati con l'ASDI nei limiti e secondo i criteri stabiliti con il decreto di cui al comma 6.

5. La corresponsione dell'ASDI è condizionata all'adesione ad un progetto personalizzato redatto dai competenti servizi per l'impiego, contenente specifici impegni in termini di ricerca attiva di lavoro, disponibilità a partecipare ad iniziative di orientamento e formazione, accettazione di adeguate proposte di lavoro. La partecipazione alle iniziative di attivazione proposte è obbligatoria, pena la perdita del beneficio.

6. Con decreto del Ministro del lavoro e delle politiche sociali, di concerto con il Ministro dell'economia e delle finanze, sentita la Conferenza permanente per i rapporti tra lo Stato, le regioni e le province autonome di Trento e di Bolzano, da emanare entro 90 giorni dall'entrata in vigore del presente decreto, sono definiti:

a) la situazione economica di bisogno del nucleo familiare di cui al comma 1, valutata in applicazione dell'ISEE, di cui al decreto del Presidente del Consiglio dei ministri 5 dicembre 2013, n. 159, non computando l'ammontare dei trattamenti NASpI percepiti dal richiedente l'ASDI;

b) l'individuazione di criteri di priorità nell'accesso in caso di risorse insufficienti ad erogare il beneficio ai lavoratori nelle condizioni di cui al comma 2;

c) gli incrementi dell'ASDI per carichi familiari del lavoratore di cui al comma 3, comunque nel limite di un importo massimo;

d) i limiti ed i criteri di cumulabilità dei redditi da lavoro conseguiti nel periodo di fruizione dell'ASDI di cui al comma 4;

e) le caratteristiche del progetto personalizzato e il sistema degli obblighi e delle misure conseguenti all'inottemperanza agli impegni in esso previsti;

f) i flussi informativi tra i servizi per l'impiego e l'INPS volti ad alimentare il sistema informativo dei servizi sociali, di cui all'articolo 21 della legge 8 novembre 2000, n. 328, per il tramite del Casellario dell'assistenza, di cui all'articolo 13 del decreto legge 31 maggio 2010, n. 78, convertito, con modificazioni, dalla legge 30 luglio 2010, n. 122;

g) i controlli per evitare la fruizione indebita della prestazione;

h) le modalità di erogazione dell'ASDI attraverso l'utilizzo di uno strumento di pagamento elettronico.

7. Al finanziamento dell'ASDI si provvede mediante le risorse di uno specifico Fondo istituito nello stato di previsione del Ministero del lavoro e delle politiche sociali. La dotazione del Fondo è pari ad euro 200 milioni nel 2015 e 200 milioni nel 2016. Nel limite dell'1 per cento delle risorse attribuite al Fondo, possono essere finanziate attività di assistenza tecnica per il supporto dei servizi per l'impiego, per il monitoraggio e la valutazione degli interventi, nonché iniziative di comunicazione per la diffusione della conoscenza sugli interventi. All'attuazione e alla gestione dell'intervento provvede l'INPS con le risorse umane, strumentali e finanziarie disponibili a legislazione vigente e, comunque, senza nuovi o maggiori oneri per la finanza pubblica. L'INPS riconosce il beneficio in base all'ordine cronologico di presentazione delle domande e, nel caso di insufficienza delle risorse, valutata anche su base pluriennale con riferimento alla durata della prestazione, l'INPS non prende in considerazione ulteriori domande, fornendo immediata comunicazione anche attraverso il proprio sito internet.

8. All'eventuale riconoscimento dell'ASDI negli anni successivi al 2015 si provvede con le risorse previste da successivi provvedimenti legislativi che stanzino le occorrenti risorse finanziarie e in particolare con le risorse derivanti dai decreti legislativi attuativi dei criteri di delega di cui alla legge n. 183 del 2014].

(¹) *A norma dell'art. 21, comma 3, del D.L.vo 14 settembre 2015, n. 150, ai fini della concessione dell'Assegno di disoccupazione (ASDI) di cui a questo articolo, è necessario che il richiedente abbia sottoscritto un patto di servizio personalizzato, redatto dal centro per l'impiego, in collaborazione con il richiedente, a seguito di uno o più colloqui individuali.*

(²) *Questo articolo è stato abrogato dall'art. 26, comma 2, lett.* a)*, del D.L.vo 15 settembre 2017, n. 147, a decorrere dal 1° gennaio 2018.*

Titolo IV
Contratto di ricollocazione

17. Contratto di ricollocazione. – 1. Il Fondo per le politiche attive del lavoro, istituito dall'articolo 1, comma 215, della legge 27 dicembre 2013, n. 147, è incrementato, per l'anno 2015, di 32 milioni di euro provenienti dal gettito relativo al contributo di cui all'articolo 2, comma 31, della legge 28 giugno 2012, n. 92. Nel rispetto dei principi del presente decreto, le regioni, nell'ambito della programmazione delle politiche attive del lavoro, ai sensi dell'articolo 1, comma 4, lettera *u*), della legge 10 dicembre 2014, n. 183, possono attuare e finanziare il contratto di ricollocazione.

[2. Il soggetto in stato di disoccupazione, ai sensi dell'articolo 1, comma 2, lettera *c*), del decreto legislativo 21 aprile 2000, n. 181, ha diritto di ricevere dai servizi per il lavoro pubblici o dai soggetti privati accreditati un servizio di assistenza intensiva nella ricerca del lavoro attraverso la stipulazione del contratto di ricollocazione, finanziato ai sensi del comma 1, a condizione che il soggetto effettui la procedura di definizione del profilo personale di occupabilità, ai sensi del decreto legislativo di cui all'articolo 1, comma 4, della legge 10 dicembre 2014 n. 183, in materia di politiche attive per l'impiego] ([1]).

[3. A seguito della definizione del profilo personale di occupabilità, al soggetto è riconosciuta una somma denominata «dote individuale di ricollocazione» spendibile presso i soggetti accreditati] ([1]).

[4. Il contratto di ricollocazione prevede:

a) il diritto del soggetto a una assistenza appropriata nella ricerca della nuova occupazione, programmata, strutturata e gestita secondo le migliori tecniche del settore, da parte del soggetto accreditato;

b) il dovere del soggetto di rendersi parte attiva rispetto alle iniziative proposte dal soggetto accreditato;

c) il diritto-dovere del soggetto a partecipare alle iniziative di ricerca, addestramento e riqualificazione professionale mirate a sbocchi occupazionali coerenti con il fabbisogno espresso dal mercato del lavoro, organizzate e predisposte dal soggetto accreditato] ([1]).

[5. L'ammontare della dote individuale è proporzionato in relazione al profilo personale di occupabilità e il soggetto accreditato ha diritto a incassarlo soltanto a risultato occupazionale ottenuto, secondo quanto stabilito dal decreto legislativo di cui al comma 2] ([1]).

[6. Il soggetto decade dalla dote individuale nel caso di mancata partecipazione alle iniziative previste dalle lettere *b*) e *c*) del comma 4 o nel caso di rifiuto senza giustificato motivo di una congrua offerta di lavoro ai sensi dell'articolo 4, comma 1, lettera *c*), del decreto legislativo 21 aprile 2000, n. 181 pervenuta in seguito all'attività di accompagnamento attivo al lavoro. Il soggetto decade altresì in caso di perdita dello stato di disoccupazione] ([1]).

[7. All'eventuale rifinanziamento del Fondo di cui al comma 1 negli anni successivi al 2015 si provvede con quota parte delle risorse derivanti dai decreti legislativi attuativi dei criteri di delega di cui alla legge 10 dicembre 2014 n. 183] ([1]).

([1]) *Questo comma è stato abrogato dall'art. 34, comma 1, lett. l), (Sic. in G.U.), del D.L.vo 14 settembre 2015, n. 150.*

Titolo V
Disposizioni finanziarie e finali

18. Copertura finanziaria. – 1. Ai maggiori oneri derivanti dagli articoli da 1 a 15, valutati in 751 milioni di euro per l'anno 2015, 1.574 milioni di euro per l'anno 2016, 1.902 milioni di euro per l'anno 2017, 1.794 milioni di euro per l'anno 2018, 1.707 milioni di euro per l'anno 2019, 1.706 milioni di euro per l'anno 2020, 1.709 milioni di euro per l'anno 2021, 1.712 milioni di euro per l'anno 2022, 1.715 milioni di euro per l'anno 2023 e 1.718 milioni di euro annui a decorrere dall'anno 2024 e dagli articoli 16 e 17, pari a 232 milioni di euro per l'anno 2015 e a 200 milioni di euro per l'anno 2016, si provvede, quanto a 114 milioni di euro per l'anno 2015, a valere sulle risorse di cui all'articolo 15, comma 14 e, per la restante parte, mediante corrispondente riduzione del fondo di cui all'articolo 1, comma 107, della legge 23 dicembre 2014, n. 190.

2. Il Ministro dell'economia e delle finanze provvede al monitoraggio degli effetti finanziari derivanti dalle disposizioni introdotte dal presente decreto e, nel caso in cui si verifichino, o siano in procinto di verificarsi, scostamenti rispetto alle previsioni di cui al comma 1, adotta tempestivamente, nel rispetto dei saldi di finanza pubblica, le conseguenti iniziative legislative volte alla correzione dei predetti effetti, ai sensi dell'articolo 17, comma 13, della legge 31 dicembre 2009, n. 196, ovvero, ai sensi dell'articolo 11, comma 3, lettera *l*), della legge medesima, qualora tali scostamenti siano in procinto di verificarsi al termine dell'esercizio finanziario.

3. Il Ministro dell'economia e delle finanze è autorizzato ad apportare, con propri decreti, le occorrenti variazioni di bilancio.

19. Entrata in vigore. – 1. Il presente decreto entra in vigore il giorno successivo a quello della sua pubblicazione nella *Gazzetta Ufficiale* della Repubblica italiana.

11.

D.L.vo 4 marzo 2015, n. 23. Disposizioni in materia di contratto di lavoro a tempo indeterminato a tutele crescenti, in attuazione della legge 10 dicembre 2014, n. 183 (*Gazzetta Ufficiale* Serie gen. - n. 54 del 6 marzo 2015).

1. Campo di applicazione. – 1. Per i lavoratori che rivestono la qualifica di operai, impiegati o quadri, assunti con contratto di lavoro subordinato a tempo indeterminato a decorrere dalla data di entrata in vigore del presente decreto, il regime di tutela nel caso di licenziamento illegittimo è disciplinato dalle disposizioni di cui al presente decreto.

2. Le disposizioni di cui al presente decreto si applicano anche nei casi di conversione, successiva all'entrata in vigore del presente decreto, di contratto a tempo determinato o di apprendistato in contratto a tempo indeterminato.

3. Nel caso in cui il datore di lavoro, in conseguenza di assunzioni a tempo indeterminato avvenute successivamente all'entrata in vigore del presente decreto, integri il requisito occupazionale di cui all'articolo 18, ottavo e nono comma, della legge 20 maggio 1970, n. 300, e successive modificazioni, il licenziamento dei lavoratori, anche se assunti precedentemente a tale data, è disciplinato dalle disposizioni del presente decreto.

2. Licenziamento discriminatorio, nullo e intimato in forma orale. – 1. Il giudice, con la pronuncia con la quale dichiara la nullità del licenziamento perchè discriminatorio a norma dell'articolo 15 della legge 20 maggio 1970, n. 300, e successive modificazioni, ovvero perchè riconducibile agli altri casi di nullità espressamente previsti dalla legge, ordina al datore di lavoro, imprenditore o non imprenditore, la reintegrazione del lavoratore nel posto di lavoro, indipendentemente dal motivo formalmente addotto. A seguito dell'ordine di reintegrazione, il rapporto di lavoro si intende risolto quando il lavoratore non abbia ripreso servizio entro trenta giorni dall'invito del datore di lavoro, salvo il caso in cui abbia richiesto l'indennità di cui al comma 3. Il regime di cui al presente articolo si applica anche al licenziamento dichiarato inefficace perchè intimato in forma orale.

2. Con la pronuncia di cui al comma 1, il giudice condanna altresì il datore di lavoro al risarcimento del danno subito dal lavoratore per il licenziamento di cui sia stata accertata la nullità e l'inefficacia, stabilendo a tal fine un'indennità commisurata all'ultima retribuzione di riferimento per il calcolo del trattamento di fine rapporto, corrispondente al periodo dal giorno del licenziamento sino a quello dell'effettiva reintegrazione, dedotto quanto percepito, nel periodo di estromissione, per lo svolgimento di altre attività lavorative. In ogni caso la misura del risarcimento non potrà essere inferiore a cinque mensilità dell'ultima retribuzione di riferimento per il calcolo del trattamento di fine rapporto. Il datore di lavoro è condannato, altresì, per il medesimo periodo, al versamento dei contributi previdenziali e assistenziali.

3. Fermo restando il diritto al risarcimento del danno come previsto al comma 2, al lavoratore è data la facoltà di chiedere al datore di lavoro, in sostituzione della reintegrazione nel posto di lavoro, un'indennità pari a quindici mensilità dell'ultima retribuzione di riferimento per il calcolo del trattamento di fine rapporto, la cui richiesta determina la risoluzione del rapporto di lavoro, e che non è assoggettata a contribuzione previdenziale. La richiesta dell'indennità deve essere effettuata entro trenta giorni dalla comunicazione del deposito della pronuncia o dall'invito del datore di lavoro a riprendere servizio, se anteriore alla predetta comunicazione.

4. La disciplina di cui al presente articolo trova applicazione anche nelle ipotesi in cui il giudice accerta il difetto di giustificazione per motivo consistente nella disabilità fisica o psichica del lavoratore, anche ai sensi degli articoli 4, comma 4, e 10, comma 3, della legge 12 marzo 1999, n. 68.

3. Licenziamento per giustificato motivo e giusta causa. – 1. Salvo quanto disposto dal comma 2, nei casi in cui risulta accertato che non ricorrono gli estremi del licenziamento per giustificato motivo oggettivo o per giustificato motivo soggettivo o giusta causa, il giudice dichiara estinto il rapporto di lavoro alla data del licenziamento e condanna il datore di lavoro al pagamento di un'indennità non assoggettata a contribuzione previdenziale di importo pari a due mensilità dell'ultima retribuzione di riferimento per il calcolo del trattamento di fine rapporto per ogni anno di servizio, in misura comunque non inferiore a quattro e non superiore a ventiquattro mensilità.

2. Esclusivamente nelle ipotesi di licenziamento per giustificato motivo soggettivo o per giusta causa in cui sia direttamente dimostrata in giudizio l'insussistenza del fatto materiale contestato al lavoratore, rispetto alla quale resta estra-

nea ogni valutazione circa la sproporzione del licenziamento, il giudice annulla il licenziamento e condanna il datore di lavoro alla reintegrazione del lavoratore nel posto di lavoro e al pagamento di un'indennità risarcitoria commisurata all'ultima retribuzione di riferimento per il calcolo del trattamento di fine rapporto, corrispondente al periodo dal giorno del licenziamento fino a quello dell'effettiva reintegrazione, dedotto quanto il lavoratore abbia percepito per lo svolgimento di altre attività lavorative, nonché quanto avrebbe potuto percepire accettando una congrua offerta di lavoro ai sensi dell'articolo 4, comma 1, lettera *c*), del decreto legislativo 21 aprile 2000, n. 181, e successive modificazioni. In ogni caso la misura dell'indennità risarcitoria relativa al periodo antecedente alla pronuncia di reintegrazione non può essere superiore a dodici mensilità dell'ultima retribuzione di riferimento per il calcolo del trattamento di fine rapporto. Il datore di lavoro è condannato, altresì, al versamento dei contributi previdenziali e assistenziali dal giorno del licenziamento fino a quello dell'effettiva reintegrazione, senza applicazione di sanzioni per omissione contributiva. Al lavoratore è attribuita la facoltà di cui all'articolo 2, comma 3.

3. Al licenziamento dei lavoratori di cui all'articolo 1 non trova applicazione l'articolo 7 della legge 15 luglio 1966, n. 604, e successive modificazioni.

4. Vizi formali e procedurali. – 1. Nell'ipotesi in cui il licenziamento sia intimato con violazione del requisito di motivazione di cui all'articolo 2, comma 2, della legge n. 604 del 1966 o della procedura di cui all'articolo 7 della legge n. 300 del 1970, il giudice dichiara estinto il rapporto di lavoro alla data del licenziamento e condanna il datore di lavoro al pagamento di un'indennità non assoggettata a contribuzione previdenziale di importo pari a una mensilità dell'ultima retribuzione di riferimento per il calcolo del trattamento di fine rapporto per ogni anno di servizio, in misura comunque non inferiore a due e non superiore a dodici mensilità, a meno che il giudice, sulla base della domanda del lavoratore, accerti la sussistenza dei presupposti per l'applicazione delle tutele di cui agli articoli 2 e 3 del presente decreto.

5. Revoca del licenziamento. – 1. Nell'ipotesi di revoca del licenziamento, purchè effettuata entro il termine di quindici giorni dalla comunicazione al datore di lavoro dell'impugnazione del medesimo, il rapporto di lavoro si intende ripristinato senza soluzione di continuità, con diritto del lavoratore alla retribuzione maturata nel periodo precedente alla revoca, e non trovano applicazione i regimi sanzionatori previsti dal presente decreto.

6. Offerta di conciliazione. – 1. In caso di licenziamento dei lavoratori di cui all'articolo 1, al fine di evitare il giudizio e ferma restando la possibilità per le parti di addivenire a ogni altra modalità di conciliazione prevista dalla legge, il datore di lavoro può offrire al lavoratore, entro i termini di impugnazione stragiudiziale del licenziamento, in una delle sedi di cui all'articolo 2113, quarto comma, del codice civile, e all'articolo 76 del decreto legislativo 10 settembre 2003, n. 276, e successive modificazioni, un importo che non costituisce reddito imponibile ai fini dell'imposta sul reddito delle persone fisiche e non è assoggettato a contribuzione previdenziale, di ammontare pari a una mensilità della retribuzione di riferimento per il calcolo del trattamento di fine rapporto per ogni anno di servizio, in misura comunque non inferiore a due e non superiore a diciotto mensilità, mediante consegna al lavoratore di un assegno circolare. L'accettazione dell'assegno in tale sede da parte del lavoratore comporta l'estinzione del rapporto alla data del licenziamento e la rinuncia alla impugnazione del licenziamento anche qualora il lavoratore l'abbia già proposta. Le eventuali ulteriori somme pattuite nella stessa sede conciliativa a chiusura di ogni altra pendenza derivante dal rapporto di lavoro sono soggette al regime fiscale ordinario.

2. Alle minori entrate derivanti dal comma 1 valutate in 2 milioni di euro per l'anno 2015, 7,9 milioni di euro per l'anno 2016, 13,8 milioni di euro per l'anno 2017, 17,5 milioni di euro per l'anno 2018, 21,2 milioni di euro per l'anno 2019, 24,4 milioni di euro per l'anno 2020, 27,6 milioni di euro per l'anno 2021, 30,8 milioni di euro per l'anno 2022, 34,0 milioni di euro per l'anno 2023 e 37,2 milioni di euro annui a decorrere dall'anno 2024 si provvede mediante corrispondente riduzione del fondo di cui all'articolo 1, comma 107, della legge 23 dicembre 2014, n. 190.

3. Il sistema permanente di monitoraggio e valutazione istituito a norma dell'articolo 1, comma 2, della legge 28 giugno 2012, n. 92, assicura il monitoraggio sull'attuazione della presente disposizione. A tal fine la comunicazione obbliga-

toria telematica di cessazione del rapporto di cui all'articolo 4 *bis* del decreto legislativo 21 aprile 2000, n. 181, e successive modificazioni, è integrata da una ulteriore comunicazione, da effettuarsi da parte del datore di lavoro entro 65 giorni dalla cessazione del rapporto, nella quale deve essere indicata l'avvenuta ovvero la non avvenuta conciliazione di cui al comma 1 e la cui omissione è assoggettata alla medesima sanzione prevista per l'omissione della comunicazione di cui al predetto articolo 4 *bis*. Il modello di trasmissione della comunicazione obbligatoria è conseguentemente riformulato. Alle attività di cui al presente comma si provvede con le risorse umane, strumentali e finanziarie disponibili a legislazione vigente e, comunque, senza nuovi o maggiori oneri per la finanza pubblica.

7. Computo dell'anzianità negli appalti. – 1. Ai fini del calcolo delle indennità e dell'importo di cui all'articolo 3, comma 1, all'articolo 4, e all'articolo 6, l'anzianità di servizio del lavoratore che passa alle dipendenze dell'impresa subentrante nell'appalto si computa tenendosi conto di tutto il periodo durante il quale il lavoratore è stato impiegato nell'attività appaltata.

8. Computo e misura delle indennità per frazioni di anno. – 1. Per le frazioni di anno d'anzianità di servizio, le indennità e l'importo di cui all'articolo 3, comma 1, all'articolo 4, e all'articolo 6, sono riproporzionati e le frazioni di mese uguali o superiori a quindici giorni si computano come mese intero.

9. Piccole imprese e organizzazioni di tendenza. – 1. Ove il datore di lavoro non raggiunga i requisiti dimensionali di cui all'articolo 18, ottavo e nono comma, della legge n. 300 del 1970, non si applica l'articolo 3, comma 2, e l'ammontare delle indennità e dell'importo previsti dall'articolo 3, comma 1, dall'articolo 4, comma 1 e dall'articolo 6, comma 1, è dimezzato e non può in ogni caso superare il limite di sei mensilità.

2. Ai datori di lavoro non imprenditori, che svolgono senza fine di lucro attività di natura politica, sindacale, culturale, di istruzione ovvero di religione o di culto, si applica la disciplina di cui al presente decreto.

10. Licenziamento collettivo. – 1. In caso di licenziamento collettivo ai sensi degli articoli 4 e 24 della legge 23 luglio 1991, n. 223, intimato senza l'osservanza della forma scritta, si applica il regime sanzionatorio di cui all'articolo 2 del presente decreto. In caso di violazione delle procedure richiamate all'articolo 4, comma 12, o dei criteri di scelta di cui all'articolo 5, comma 1, della legge n. 223 del 1991, si applica il regime di cui all'articolo 3, comma 1.

11. Rito applicabile. – 1. Ai licenziamenti di cui al presente decreto non si applicano le disposizioni dei commi da 48 a 68 dell'articolo 1 della legge 28 giugno 2012, n. 92.

12. Entrata in vigore. – 1. Il presente decreto entra in vigore il giorno successivo a quello della sua pubblicazione nella *Gazzetta Ufficiale* della Repubblica italiana.

12.

D.L.vo 15 giugno 2015, n. 80. Misure per la conciliazione delle esigenze di cura, di vita e di lavoro, in attuazione dell'articolo 1, commi 8 e 9, della legge 10 dicembre 2014, n. 183 (Suppl. ord. *Gazzetta Ufficiale* Serie gen. - n. 144 del 24 giugno 2015).

(*Estratto*)

23. Disposizioni in materia di telelavoro. – 1. I datori di lavoro privati che facciano ricorso all'istituto del telelavoro per motivi legati ad esigenze di conciliazione dei tempi di vita e di lavoro in forza di accordi collettivi stipulati da associazioni sindacali comparativamente più rappresentative sul piano nazionale, possono escludere i lavoratori ammessi al telelavoro dal computo dei limiti numerici previsti da leggi e contratti collettivi per l'applicazione di particolari normative e istituti.

26. Disposizioni finanziarie. – 1. Agli oneri derivanti dagli articoli da 2 a 24 valutati in 104 milioni di euro per l'anno 2015 si provvede mediante corrispondente riduzione del fondo di cui all'articolo 1, comma 107, della legge 23 dicembre 2014, n. 190.

2. Le disposizioni di cui agli articoli 2, 3, 5, 7, 8, 9, 10, 13, 14, 15, 16 e 24 si applicano in via sperimentale esclusivamente per il solo anno 2015 e per le sole giornate di astensione riconosciute nell'anno 2015 medesimo.

3. Il riconoscimento dei benefici per gli anni successivi al 2015 è condizionato alla entrata in vigore di decreti legislativi attuativi dei criteri di de-

lega di cui alla legge 10 dicembre 2014, n. 183, che individuino adeguata copertura finanziaria.

4. Nel caso in cui non entrino in vigore i provvedimenti di cui al comma 3, a decorrere dal 1° gennaio 2016 e con riferimento alle giornate di astensione riconosciute a decorrere dall'anno 2016, le disposizioni modificate dagli articoli 2, 3, 5, 7, 8, 9, 10, 13, 14, 15 e 16 si applicano nel testo vigente prima dell'entrata in vigore del presente decreto.

13.

D.L.vo 15 giugno 2015, n. 81. Disciplina organica dei contratti di lavoro e revisione della normativa in tema di mansioni, a norma dell'articolo 1, comma 7, della legge 10 dicembre 2014, n. 183 (Suppl. ord. alla *Gazzetta Ufficiale* Serie gen. - n. 144 del 24 giugno 2015).

Capo I
Disposizioni in materia
di rapporto di lavoro

1. Forma contrattuale comune. – 1. Il contratto di lavoro subordinato a tempo indeterminato costituisce la forma comune di rapporto di lavoro.

2. Collaborazioni organizzate dal committente. – 1. A far data dal 1° gennaio 2016, si applica la disciplina del rapporto di lavoro subordinato anche ai rapporti di collaborazione che si concretano in prestazioni di lavoro esclusivamente personali, continuative e le cui modalità di esecuzione sono organizzate dal committente anche con riferimento ai tempi e al luogo di lavoro.

2. La disposizione di cui al comma 1 non trova applicazione con riferimento:

a) alle collaborazioni per le quali gli accordi collettivi nazionali stipulati da associazioni sindacali comparativamente più rappresentative sul piano nazionale prevedono discipline specifiche riguardanti il trattamento economico e normativo, in ragione delle particolari esigenze produttive ed organizzative del relativo settore;

b) alle collaborazioni prestate nell'esercizio di professioni intellettuali per le quali è necessaria l'iscrizione in appositi albi professionali;

c) alle attività prestate nell'esercizio della loro funzione dai componenti degli organi di amministrazione e controllo delle società e dai partecipanti a collegi e commissioni;

d) alle collaborazioni rese a fini istituzionali in favore delle associazioni e società sportive dilettantistiche affiliate alle federazioni sportive nazionali, alle discipline sportive associate e agli enti di promozione sportiva riconosciuti dal C.O.N.I., come individuati e disciplinati dall'articolo 90 della legge 27 dicembre 2002, n. 289, nonché delle società sportive dilettantistiche lucrative ([6]);

d bis) alle collaborazioni prestate nell'ambito della produzione e della realizzazione di spettacoli da parte delle fondazioni di cui al decreto legislativo 29 giugno 1996, n. 367 ([1]);

3. Le parti possono richiedere alle commissioni di cui all'articolo 76 del decreto legislativo 10 settembre 2003, n. 276, la certificazione dell'assenza dei requisiti di cui al comma 1. Il lavoratore può farsi assistere da un rappresentante dell'associazione sindacale cui aderisce o conferisce mandato o da un avvocato o da un consulente del lavoro.

4. La ([2]) disposizione di cui al comma 1 non trova applicazione nei confronti delle pubbliche amministrazioni ([3]). [Dal 1° gennaio 2018 ([4]) è comunque fatto divieto alle pubbliche amministrazioni di stipulare i contratti di collaborazione di cui al comma 1] ([5]).

([1]) *Questa lettera è stata aggiunta dall'art. 24, comma 3* quater, *lett.* d), *del D.L. 24 giugno 2016, n. 113, convertito, con modificazioni, nella L. 7 agosto 2016, n. 160.*

([2]) *Le parole: «Fino al completo riordino della disciplina dell'utilizzo dei contratti di lavoro flessibile da parte delle pubbliche amministrazioni, la» sono state così sostituite dalla seguente: «La» dall'art. 22, comma 9, lett.* a), *del D.L.vo 25 maggio 2017, n. 75.*

([3]) *La parola: «medesime» è stata così sostituita dalle seguenti: «pubbliche amministrazioni» dall'art. 22, comma 9, lett.* a), *del D.L.vo 25 maggio 2017, n. 75.*

([4]) *Le parole: «1° gennaio 2017» sono state così sostituite dalle attuali: «1° gennaio 2018» dall'art. 1, comma 8, del D.L. 30 dicembre 2016, n. 244, convertito, con modificazioni, nella L. 27 febbraio 2017, n. 19.*

([5]) *Questo periodo è stato soppresso dall'art. 22, comma 9, lett.* b), *del D.L.vo 25 maggio 2017, n. 75.*

([6]) *Le parole: «, nonché delle società sportive dilettantistiche lucrative» sono state aggiunte dall'art. 1, comma 356, della L. 27 dicembre 2017, n. 205, a decorrere dal 1° gennaio 2018.*

3. Disciplina delle mansioni. – 1. L'articolo 2103 del codice civile è sostituito dal seguente: (*Omissis*).

2. L'articolo 6 della legge 13 maggio 1985, n. 190, è abrogato.

Capo II
Lavoro a orario ridotto e flessibile

Sezione I
Lavoro a tempo parziale

4. Definizione. – 1. Nel rapporto di lavoro subordinato, anche a tempo determinato, l'assunzione può avvenire a tempo pieno, ai sensi dell'articolo 3 del decreto legislativo 8 aprile 2003, n. 66, o a tempo parziale.

5. Forma e contenuti del contratto di lavoro a tempo parziale. – 1. Il contratto di lavoro a tempo parziale è stipulato in forma scritta ai fini della prova.

2. Nel contratto di lavoro a tempo parziale è contenuta puntuale indicazione della durata della prestazione lavorativa e della collocazione temporale dell'orario con riferimento al giorno, alla settimana, al mese e all'anno.

3. Quando l'organizzazione del lavoro è articolata in turni, l'indicazione di cui al comma 2 può avvenire anche mediante rinvio a turni programmati di lavoro articolati su fasce orarie prestabilite.

6. Lavoro supplementare, lavoro straordinario, clausole elastiche. – 1. Nel rispetto di quanto previsto dai contratti collettivi, il datore di lavoro ha la facoltà di richiedere, entro i limiti dell'orario normale di lavoro di cui all'articolo 3 del decreto legislativo n. 66 del 2003, lo svolgimento di prestazioni supplementari, intendendosi per tali quelle svolte oltre l'orario concordato fra le parti ai sensi dell'articolo 5, comma 2, anche in relazione alle giornate, alle settimane o ai mesi.

2. Nel caso in cui il contratto collettivo applicato al rapporto di lavoro non disciplini il lavoro supplementare, il datore di lavoro può richiedere al lavoratore lo svolgimento di prestazioni di lavoro supplementare in misura non superiore al 25 per cento delle ore di lavoro settimanali concordate. In tale ipotesi, il lavoratore può rifiutare lo svolgimento del lavoro supplementare ove giustificato da comprovate esigenze lavorative, di salute, familiari o di formazione professionale. Il lavoro supplementare è retribuito con una maggiorazione del 15 per cento della retribuzione oraria globale di fatto, comprensiva dell'incidenza della retribuzione delle ore supplementari sugli istituti retributivi indiretti e differiti.

3. Nel rapporto di lavoro a tempo parziale è consentito lo svolgimento di prestazioni di lavoro straordinario, così come definito dall'articolo 1, comma 2, lettera *c*), del decreto legislativo n. 66 del 2003.

4. Nel rispetto di quanto previsto dai contratti collettivi, le parti del contratto di lavoro a tempo parziale possono pattuire, per iscritto, clausole elastiche relative alla variazione della collocazione temporale della prestazione lavorativa ovvero relative alla variazione in aumento della sua durata.

5. Nei casi di cui al comma 4, il prestatore di lavoro ha diritto a un preavviso di due giorni lavorativi, fatte salve le diverse intese tra le parti, nonché a specifiche compensazioni, nella misura ovvero nelle forme determinate dai contratti collettivi.

6. Nel caso in cui il contratto collettivo applicato al rapporto non disciplini le clausole elastiche queste possono essere pattuite per iscritto dalle parti avanti alle commissioni di certificazione, con facoltà del lavoratore di farsi assistere da un rappresentante dell'associazione sindacale cui aderisce o conferisce mandato o da un avvocato o da un consulente del lavoro. Le clausole elastiche prevedono, a pena di nullità, le condizioni e le modalità con le quali il datore di lavoro, con preavviso di due giorni lavorativi, può modificare la collocazione temporale della prestazione e variarne in aumento la durata, nonché la misura massima dell'aumento, che non può eccedere il limite del 25 per cento della normale prestazione annua a tempo parziale. Le modifiche dell'orario di cui al secondo periodo comportano il diritto del lavoratore ad una maggiorazione del 15 per cento della retribuzione oraria globale di fatto, comprensiva dell'incidenza della retribuzione sugli istituti retributivi indiretti e differiti.

7. Al lavoratore che si trova nelle condizioni di cui all'articolo 8, commi da 3 a 5, ovvero in quelle di cui all'articolo 10, primo comma, della legge 20 maggio 1970, n. 300, è riconosciuta la facoltà di revocare il consenso prestato alla clausola elastica.

8. Il rifiuto del lavoratore di concordare variazioni dell'orario di lavoro non costituisce giustificato motivo di licenziamento.

7. Trattamento del lavoratore a tempo parziale. – 1. Il lavoratore a tempo parziale non deve ricevere un trattamento meno favorevole rispetto al lavoratore a tempo pieno di pari inquadramento.

2. Il lavoratore a tempo parziale ha i medesimi diritti di un lavoratore a tempo pieno comparabile ed il suo trattamento economico e normativo è ri-

proporzionato in ragione della ridotta entità della prestazione lavorativa. I contratti collettivi possono modulare la durata del periodo di prova, del periodo di preavviso in caso di licenziamento o dimissioni e quella del periodo di conservazione del posto di lavoro in caso di malattia ed infortunio in relazione all'articolazione dell'orario di lavoro.

8. Trasformazione del rapporto. – 1. Il rifiuto del lavoratore di trasformare il proprio rapporto di lavoro a tempo pieno in rapporto a tempo parziale, o viceversa, non costituisce giustificato motivo di licenziamento.

2. Su accordo delle parti risultante da atto scritto è ammessa la trasformazione del rapporto di lavoro a tempo pieno in rapporto a tempo parziale.

3. I lavoratori del settore pubblico e del settore privato affetti da patologie oncologiche nonché da gravi patologie cronico-degenerative ingravescenti, per i quali residui una ridotta capacità lavorativa, eventualmente anche a causa degli effetti invalidanti di terapie salvavita, accertata da una commissione medica istituita presso l'azienda unità sanitaria locale territorialmente competente, hanno diritto alla trasformazione del rapporto di lavoro a tempo pieno in lavoro a tempo parziale. A richiesta del lavoratore il rapporto di lavoro a tempo parziale è trasformato nuovamente in rapporto di lavoro a tempo pieno.

4. In caso di patologie oncologiche o gravi patologie cronico-degenerative ingravescenti riguardanti il coniuge, i figli o i genitori del lavoratore o della lavoratrice, nonché nel caso in cui il lavoratore o la lavoratrice assista una persona convivente con totale e permanente inabilità lavorativa con connotazione di gravità ai sensi dell'articolo 3, comma 3, della legge 5 febbraio 1992, n. 104, che abbia necessità di assistenza continua in quanto non in grado di compiere gli atti quotidiani della vita, è riconosciuta la priorità nella trasformazione del contratto di lavoro da tempo pieno a tempo parziale.

5. In caso di richiesta del lavoratore o della lavoratrice, con figlio convivente di età non superiore a tredici anni o con figlio convivente portatore di handicap ai sensi dell'articolo 3 della legge n. 104 del 1992, è riconosciuta la priorità nella trasformazione del contratto di lavoro da tempo pieno a tempo parziale.

6. Il lavoratore il cui rapporto sia trasformato da tempo pieno in tempo parziale ha diritto di precedenza nelle assunzioni con contratto a tempo pieno per l'espletamento delle stesse mansioni o di mansioni di pari livello e categoria legale rispetto a quelle oggetto del rapporto di lavoro a tempo parziale.

7. Il lavoratore può chiedere, per una sola volta, in luogo del congedo parentale od entro i limiti del congedo ancora spettante ai sensi del Capo V del decreto legislativo 26 marzo 2001, n. 151, la trasformazione del rapporto di lavoro a tempo pieno in rapporto a tempo parziale, purchè con una riduzione d'orario non superiore al 50 per cento. Il datore di lavoro è tenuto a dar corso alla trasformazione entro quindici giorni dalla richiesta.

8. In caso di assunzione di personale a tempo parziale il datore di lavoro è tenuto a darne tempestiva informazione al personale già dipendente con rapporto a tempo pieno occupato in unità produttive site nello stesso ambito comunale, anche mediante comunicazione scritta in luogo accessibile a tutti nei locali dell'impresa, ed a prendere in considerazione le domande di trasformazione a tempo parziale dei rapporti dei dipendenti a tempo pieno.

9. Criteri di computo dei lavoratori a tempo parziale. – 1. Ai fini della applicazione di qualsiasi disciplina di fonte legale o contrattuale per la quale sia rilevante il computo dei dipendenti del datore di lavoro, i lavoratori a tempo parziale sono computati in proporzione all'orario svolto, rapportato al tempo pieno. A tal fine, l'arrotondamento opera per le frazioni di orario che eccedono la somma degli orari a tempo parziale corrispondente a unità intere di orario a tempo pieno.

10. Sanzioni. – 1. In difetto di prova in ordine alla stipulazione a tempo parziale del contratto di lavoro, su domanda del lavoratore è dichiarata la sussistenza fra le parti di un rapporto di lavoro a tempo pieno, fermo restando, per il periodo antecedente alla data della pronuncia giudiziale, il diritto alla retribuzione ed al versamento dei contributi previdenziali dovuti per le prestazioni effettivamente rese.

2. Qualora nel contratto scritto non sia determinata la durata della prestazione lavorativa, su domanda del lavoratore è dichiarata la sussistenza di un rapporto di lavoro a tempo pieno a partire dalla pronuncia. Qualora l'omissione riguardi la sola collocazione temporale dell'orario, il giudice

determina le modalità temporali di svolgimento della prestazione lavorativa a tempo parziale, tenendo conto delle responsabilità familiari del lavoratore interessato e della sua necessità di integrazione del reddito mediante lo svolgimento di altra attività lavorativa, nonché delle esigenze del datore di lavoro. Per il periodo antecedente alla pronuncia, il lavoratore ha in entrambi i casi diritto, in aggiunta alla retribuzione dovuta per le prestazioni effettivamente rese, a un'ulteriore somma a titolo di risarcimento del danno.

3. Lo svolgimento di prestazioni in esecuzione di clausole elastiche senza il rispetto delle condizioni, delle modalità e dei limiti previsti dalla legge o dai contratti collettivi comporta il diritto del lavoratore, in aggiunta alla retribuzione dovuta, a un'ulteriore somma a titolo di risarcimento del danno.

11. Disciplina previdenziale. – 1. La retribuzione minima oraria, da assumere quale base per il calcolo dei contributi previdenziali dovuti per i lavoratori a tempo parziale, si determina rapportando alle giornate di lavoro settimanale ad orario normale il minimale giornaliero di cui all'articolo 7 del decreto legge 12 settembre 1983, n. 463, convertito, con modificazioni, dalla legge 11 novembre 1983, n. 638, e dividendo l'importo così ottenuto per il numero delle ore di orario normale settimanale previsto dal contratto collettivo nazionale di categoria per i lavoratori a tempo pieno.

2. Gli assegni per il nucleo familiare spettano ai lavoratori a tempo parziale per l'intera misura settimanale in presenza di una prestazione lavorativa settimanale di durata non inferiore al minimo di ventiquattro ore. A tal fine sono cumulate le ore prestate in diversi rapporti di lavoro. In caso contrario spettano tanti assegni giornalieri quante sono le giornate di lavoro effettivamente prestate, qualunque sia il numero delle ore lavorate nella giornata. Qualora non si possa individuare l'attività principale per gli effetti dell'articolo 20 del decreto del Presidente della Repubblica 30 maggio 1955, n. 797, e successive modificazioni, gli assegni per il nucleo familiare sono corrisposti direttamente dall'INPS.

3. La retribuzione dei lavoratori a tempo parziale, a valere ai fini dell'assicurazione contro gli infortuni sul lavoro e le malattie professionali è uguale alla retribuzione tabellare prevista dalla contrattazione collettiva per il corrispondente rapporto di lavoro a tempo pieno. La retribuzione tabellare è determinata su base oraria in relazione alla durata normale annua della prestazione di lavoro espressa in ore. La retribuzione minima oraria da assumere quale base di calcolo dei premi per l'assicurazione di cui al presente comma è stabilita con le modalità di cui al comma 1.

4. Nel caso di trasformazione del rapporto di lavoro a tempo pieno in rapporto di lavoro a tempo parziale e viceversa, ai fini della determinazione dell'ammontare del trattamento di pensione si computa per intero l'anzianità relativa ai periodi di lavoro a tempo pieno e, in proporzione all'orario effettivamente svolto, l'anzianità inerente ai periodi di lavoro a tempo parziale.

12. Lavoro a tempo parziale nelle amministrazioni pubbliche. – 1. Ai sensi dell'articolo 2, comma 2, del decreto legislativo 30 marzo 2001, n. 165, le disposizioni della presente sezione si applicano, ove non diversamente disposto, anche ai rapporti di lavoro alle dipendenze delle amministrazioni pubbliche, con esclusione di quelle contenute negli articoli 6, commi 2 e 6, e 10, e, comunque, fermo restando quanto previsto da disposizioni speciali in materia.

Sezione II

Lavoro intermittente

13. Definizione e casi di ricorso al lavoro intermittente. – 1. Il contratto di lavoro intermittente è il contratto, anche a tempo determinato, mediante il quale un lavoratore si pone a disposizione di un datore di lavoro che ne può utilizzare la prestazione lavorativa in modo discontinuo o intermittente secondo le esigenze individuate dai contratti collettivi, anche con riferimento alla possibilità di svolgere le prestazioni in periodi predeterminati nell'arco della settimana, del mese o dell'anno. In mancanza di contratto collettivo, i casi di utilizzo del lavoro intermittente sono individuati con decreto del Ministro del lavoro e delle politiche sociali.

2. Il contratto di lavoro intermittente può in ogni caso essere concluso con soggetti con meno di 24 anni di età, purchè le prestazioni lavorative siano svolte entro il venticinquesimo anno, e con più di 55 anni.

3. In ogni caso, con l'eccezione dei settori del turismo, dei pubblici esercizi e dello spettacolo, il contratto di lavoro intermittente è ammesso, per ciascun lavoratore con il medesimo datore di lavoro, per un periodo complessivamente non supe-

riore a quattrocento giornate di effettivo lavoro nell'arco di tre anni solari. In caso di superamento del predetto periodo il relativo rapporto si trasforma in un rapporto di lavoro a tempo pieno e indeterminato.

4. Nei periodi in cui non ne viene utilizzata la prestazione il lavoratore intermittente non matura alcun trattamento economico e normativo, salvo che abbia garantito al datore di lavoro la propria disponibilità a rispondere alle chiamate, nel qual caso gli spetta l'indennità di disponibilità di cui all'articolo 16.

5. Le disposizioni della presente sezione non trovano applicazione ai rapporti di lavoro alle dipendenze delle pubbliche amministrazioni.

14. Divieti. – 1. È vietato il ricorso al lavoro intermittente:

a) per la sostituzione di lavoratori che esercitano il diritto di sciopero;

b) presso unità produttive nelle quali si è proceduto, entro i sei mesi precedenti, a licenziamenti collettivi a norma degli articoli 4 e 24 della legge 23 luglio 1991, n. 223, che hanno riguardato lavoratori adibiti alle stesse mansioni cui si riferisce il contratto di lavoro intermittente, ovvero presso unità produttive nelle quali sono operanti una sospensione del lavoro o una riduzione dell'orario in regime di cassa integrazione guadagni, che interessano lavoratori adibiti alle mansioni cui si riferisce il contratto di lavoro intermittente;

c) ai datori di lavoro che non hanno effettuato la valutazione dei rischi in applicazione della normativa di tutela della salute e della sicurezza dei lavoratori.

15. Forma e comunicazioni. – 1. Il contratto di lavoro intermittente è stipulato in forma scritta ai fini della prova dei seguenti elementi:

a) durata e ipotesi, oggettive o soggettive, che consentono la stipulazione del contratto a norma dell'articolo 13;

b) luogo e modalità della disponibilità, eventualmente garantita dal lavoratore, e del relativo preavviso di chiamata del lavoratore, che non può essere inferiore a un giorno lavorativo;

c) trattamento economico e normativo spettante al lavoratore per la prestazione eseguita e relativa indennità di disponibilità, ove prevista;

d) forme e modalità, con cui il datore di lavoro è legittimato a richiedere l'esecuzione della prestazione di lavoro, nonché modalità di rilevazione della prestazione;

e) tempi e modalità di pagamento della retribuzione e della indennità di disponibilità;

f) misure di sicurezza necessarie in relazione al tipo di attività dedotta in contratto.

2. Fatte salve le previsioni più favorevoli dei contratti collettivi, il datore di lavoro è tenuto a informare con cadenza annuale le rappresentanze sindacali aziendali o la rappresentanza sindacale unitaria sull'andamento del ricorso al contratto di lavoro intermittente.

3. Prima dell'inizio della prestazione lavorativa o di un ciclo integrato di prestazioni di durata non superiore a trenta giorni, il datore di lavoro è tenuto a comunicarne la durata alla direzione territoriale del lavoro competente per territorio, mediante sms o posta elettronica. Con decreto del Ministro del lavoro e delle politiche sociali, di concerto con il Ministro per la semplificazione e la pubblica amministrazione, possono essere individuate modalità applicative della disposizione di cui al primo periodo, nonché ulteriori modalità di comunicazione in funzione dello sviluppo delle tecnologie. In caso di violazione degli obblighi di cui al presente comma si applica la sanzione amministrativa da euro 400 ad euro 2.400 in relazione a ciascun lavoratore per cui è stata omessa la comunicazione. Non si applica la procedura di diffida di cui all'articolo 13 del decreto legislativo 23 aprile 2004, n. 124.

16. Indennità di disponibilità. – 1. La misura dell'indennità mensile di disponibilità, divisibile in quote orarie, è determinata dai contratti collettivi e non è comunque inferiore all'importo fissato con decreto del Ministro del lavoro e delle politiche sociali, sentite le associazioni sindacali comparativamente più rappresentative sul piano nazionale.

2. L'indennità di disponibilità è esclusa dal computo di ogni istituto di legge o di contratto collettivo.

3. L'indennità di disponibilità è assoggettata a contribuzione previdenziale per il suo effettivo ammontare, in deroga alla normativa in materia di minimale contributivo.

4. In caso di malattia o di altro evento che gli renda temporaneamente impossibile rispondere alla chiamata, il lavoratore è tenuto a informarne tempestivamente il datore di lavoro, specificando la durata dell'impedimento, durante il quale non

matura il diritto all'indennità di disponibilità. Ove non provveda all'adempimento di cui al periodo precedente, il lavoratore perde il diritto all'indennità per un periodo di quindici giorni, salvo diversa previsione del contratto individuale.

5. Il rifiuto ingiustificato di rispondere alla chiamata può costituire motivo di licenziamento e comportare la restituzione della quota di indennità di disponibilità riferita al periodo successivo al rifiuto.

6. Con decreto del Ministro del lavoro e delle politiche sociali, di concerto con il Ministro dell'economia e delle finanze, è stabilita la misura della retribuzione convenzionale in riferimento alla quale il lavoratore intermittente può versare la differenza contributiva per i periodi in cui ha percepito una retribuzione inferiore a quella convenzionale ovvero ha usufruito dell'indennità di disponibilità fino a concorrenza del medesimo importo.

17. Principio di non discriminazione. – 1. Il lavoratore intermittente non deve ricevere, per i periodi lavorati e a parità di mansioni svolte, un trattamento economico e normativo complessivamente meno favorevole rispetto al lavoratore di pari livello.

2. Il trattamento economico, normativo e previdenziale del lavoratore intermittente, è riproporzionato in ragione della prestazione lavorativa effettivamente eseguita, in particolare per quanto riguarda l'importo della retribuzione globale e delle singole componenti di essa, nonché delle ferie e dei trattamenti per malattia e infortunio, congedo di maternità e parentale.

18. Computo del lavoratore intermittente. – 1. Ai fini dell'applicazione di qualsiasi disciplina di fonte legale o contrattuale per la quale sia rilevante il computo dei dipendenti del datore di lavoro, il lavoratore intermittente è computato nell'organico dell'impresa in proporzione all'orario di lavoro effettivamente svolto nell'arco di ciascun semestre.

Capo III
Lavoro a tempo determinato

19. Apposizione del termine e durata massima. – 1. Al contratto di lavoro subordinato può essere apposto un termine di durata non superiore a trentasei mesi.

2. Fatte salve le diverse disposizioni dei contratti collettivi, e con l'eccezione delle attività stagionali di cui all'articolo 21, comma 2, la durata dei rapporti di lavoro a tempo determinato intercorsi tra lo stesso datore di lavoro e lo stesso lavoratore, per effetto di una successione di contratti, conclusi per lo svolgimento di mansioni di pari livello e categoria legale e indipendentemente dai periodi di interruzione tra un contratto e l'altro, non può superare i trentasei mesi. Ai fini del computo di tale periodo si tiene altresì conto dei periodi di missione aventi ad oggetto mansioni di pari livello e categoria legale, svolti tra i medesimi soggetti, nell'ambito di somministrazioni di lavoro a tempo determinato. Qualora il limite dei trentasei mesi sia superato, per effetto di un unico contratto o di una successione di contratti, il contratto si trasforma in contratto a tempo indeterminato dalla data di tale superamento.

3. Fermo quanto disposto al comma 2, un ulteriore contratto a tempo determinato fra gli stessi soggetti, della durata massima di dodici mesi, può essere stipulato presso la direzione territoriale del lavoro competente per territorio. In caso di mancato rispetto della descritta procedura, nonché di superamento del termine stabilito nel medesimo contratto, lo stesso si trasforma in contratto a tempo indeterminato dalla data della stipulazione.

4. Con l'eccezione dei rapporti di lavoro di durata non superiore a dodici giorni, l'apposizione del termine al contratto è priva di effetto se non risulta, direttamente o indirettamente, da atto scritto, una copia del quale deve essere consegnata dal datore di lavoro al lavoratore entro cinque giorni lavorativi dall'inizio della prestazione.

5. Il datore di lavoro informa i lavoratori a tempo determinato, nonché le rappresentanze sindacali aziendali ovvero la rappresentanza sindacale unitaria, circa i posti vacanti che si rendono disponibili nell'impresa, secondo le modalità definite dai contratti collettivi.

20. Divieti. – 1. L'apposizione di un termine alla durata di un contratto di lavoro subordinato non è ammessa:

a) per la sostituzione di lavoratori che esercitano il diritto di sciopero;

b) presso unità produttive nelle quali si è proceduto, entro i sei mesi precedenti, a licenziamenti collettivi a norma degli articoli 4 e 24 della legge n. 223 del 1991, che hanno riguardato lavoratori adibiti alle stesse mansioni cui si riferisce il contratto di lavoro a tempo determinato, salvo che il contratto sia concluso per provvedere alla sostituzione di lavoratori assenti, per assumere lavoratori iscritti nelle liste di mobilità, o abbia una durata iniziale non superiore a tre mesi;

c) presso unità produttive nelle quali sono operanti una sospensione del lavoro o una riduzione dell'orario in regime di cassa integrazione guadagni, che interessano lavoratori adibiti alle mansioni cui si riferisce il contratto a tempo determinato;

d) da parte di datori di lavoro che non hanno effettuato la valutazione dei rischi in applicazione della normativa di tutela della salute e della sicurezza dei lavoratori.

2. In caso di violazione dei divieti di cui al comma 1, il contratto si trasforma in contratto a tempo indeterminato.

21. Proroghe e rinnovi. – 1. Il termine del contratto a tempo determinato può essere prorogato, con il consenso del lavoratore, solo quando la durata iniziale del contratto sia inferiore a trentasei mesi, e, comunque, per un massimo di cinque volte nell'arco di trentasei mesi a prescindere dal numero dei contratti. Qualora il numero delle proroghe sia superiore, il contratto si trasforma in contratto a tempo indeterminato dalla data di decorrenza della sesta proroga.

2. Qualora il lavoratore sia riassunto a tempo determinato entro dieci giorni dalla data di scadenza di un contratto di durata fino a sei mesi, ovvero venti giorni dalla data di scadenza di un contratto di durata superiore a sei mesi, il secondo contratto si trasforma in contratto a tempo indeterminato. Le disposizioni di cui al presente comma non trovano applicazione nei confronti dei lavoratori impiegati nelle attività stagionali individuate con decreto del Ministero del lavoro e delle politiche sociali nonché nelle ipotesi individuate dai contratti collettivi. Fino all'adozione del decreto di cui al secondo periodo continuano a trovare applicazione le disposizioni del decreto del Presidente della Repubblica 7 ottobre 1963, n. 1525.

3. I limiti previsti dal presente articolo non si applicano alle imprese start-up innovative di cui di cui all'articolo 25, commi 2 e 3, del decreto legge 18 ottobre 2012, n. 179, convertito, con modificazioni, dalla legge 17 dicembre 2012, n. 221, per il periodo di quattro anni dalla costituzione della società, ovvero per il più limitato periodo previsto dal comma 3 del suddetto articolo 25 per le società già costituite.

22. Continuazione del rapporto oltre la scadenza del termine. – 1. Fermi i limiti di durata massima di cui all'articolo 19, se il rapporto di lavoro continua dopo la scadenza del termine inizialmente fissato o successivamente prorogato, il datore di lavoro è tenuto a corrispondere al lavoratore una maggiorazione della retribuzione per ogni giorno di continuazione del rapporto pari al 20 per cento fino al decimo giorno successivo e al 40 per cento per ciascun giorno ulteriore.

2. Qualora il rapporto di lavoro continui oltre il trentesimo giorno in caso di contratto di durata inferiore a sei mesi, ovvero oltre il cinquantesimo giorno negli altri casi, il contratto si trasforma in contratto a tempo indeterminato dalla scadenza dei predetti termini.

23. Numero complessivo di contratti a tempo determinato. – 1. Salvo diversa disposizione dei contratti collettivi non possono essere assunti lavoratori a tempo determinato in misura superiore al 20 per cento del numero dei lavoratori a tempo indeterminato in forza al 1° gennaio dell'anno di assunzione, con un arrotondamento del decimale all'unità superiore qualora esso sia eguale o superiore a 0,5. Nel caso di inizio dell'attività nel corso dell'anno, il limite percentuale si computa sul numero dei lavoratori a tempo indeterminato in forza al momento dell'assunzione. Per i datori di lavoro che occupano fino a cinque dipendenti è sempre possibile stipulare un contratto di lavoro a tempo determinato.

2. Sono esenti dal limite di cui al comma 1, nonchè da eventuali limitazioni quantitative previste da contratti collettivi, i contratti a tempo determinato conclusi:

a) nella fase di avvio di nuove attività, per i periodi definiti dai contratti collettivi, anche in misura non uniforme con riferimento ad aree geografiche e comparti merceologici;

b) da imprese start-up innovative di cui all'articolo 25, commi 2 e 3, del decreto legge n. 179 del 2012, convertito, con modificazioni, dalla legge n. 221 del 2012, per il periodo di quattro anni dalla costituzione della società ovvero per il più limitato periodo previsto dal comma 3 del suddetto articolo 25 per le società già costituite;

c) per lo svolgimento delle attività stagionali di cui all'articolo 21, comma 2;

d) per specifici spettacoli ovvero specifici programmi radiofonici o televisivi o

per la produzione di specifiche opere audiovisive ([1]);

e) per sostituzione di lavoratori assenti;

f) con lavoratori di età superiore a 50 anni.

3. Il limite percentuale di cui al comma 1 non si applica, inoltre, ai contratti di lavoro a tempo determinato stipulati tra università private, incluse le filiazioni di università straniere, istituti pubblici di ricerca ovvero enti privati di ricerca e lavoratori chiamati a svolgere attività di insegnamento, di ricerca scientifica o tecnologica, di assistenza tecnica alla stessa o di coordinamento e direzione della stessa, tra istituti della cultura di appartenenza statale ovvero enti, pubblici e privati derivanti da trasformazione di precedenti enti pubblici, vigilati dal Ministero dei beni e delle attività culturali e del turismo, ad esclusione delle fondazioni di produzione musicale di cui al decreto legislativo 29 giugno 1996, n. 367, e lavoratori impiegati per soddisfare esigenze temporanee legate alla realizzazione di mostre, eventi e manifestazioni di interesse culturale. I contratti di lavoro a tempo determinato che hanno ad oggetto in via esclusiva lo svolgimento di attività di ricerca scientifica possono avere durata pari a quella del progetto di ricerca al quale si riferiscono.

4. In caso di violazione del limite percentuale di cui al comma 1, restando esclusa la trasformazione dei contratti interessati in contratti a tempo indeterminato, per ciascun lavoratore si applica una sanzione amministrativa di importo pari:

a) al 20 per cento della retribuzione, per ciascun mese o frazione di mese superiore a quindici giorni di durata del rapporto di lavoro, se il numero dei lavoratori assunti in violazione del limite percentuale non è superiore a uno;

b) al 50 per cento della retribuzione, per ciascun mese o frazione di mese superiore a quindici giorni di durata del rapporto di lavoro, se il numero dei lavoratori assunti in violazione del limite percentuale è superiore a uno.

5. I contratti collettivi definiscono modalità e contenuti delle informazioni da rendere alle rappresentanze sindacali aziendali o alla rappresentanza sindacale unitaria dei lavoratori in merito all'utilizzo del lavoro a tempo determinato.

([1]) *Le parole: «o per la produzione di specifiche opere audiovisive» sono state aggiunte dall'art. 1, comma 1, del D.L.vo 7 dicembre 2017, n. 202.*

24. Diritti di precedenza. – 1. Salvo diversa disposizione dei contratti collettivi, il lavoratore che, nell'esecuzione di uno o più contratti a tempo determinato presso la stessa azienda, ha prestato attività lavorativa per un periodo superiore a sei mesi ha diritto di precedenza nelle assunzioni a tempo indeterminato effettuate dal datore di lavoro entro i successivi dodici mesi con riferimento alle mansioni già espletate in esecuzione dei rapporti a termine.

2. Per le lavoratrici, il congedo di maternità di cui al Capo III del decreto legislativo n. 151 del 2001, e successive modificazioni, usufruito nell'esecuzione di un contratto a tempo determinato presso lo stesso datore di lavoro, concorre a determinare il periodo di attività lavorativa utile a conseguire il diritto di precedenza di cui al comma 1. Alle medesime lavoratrici è altresì riconosciuto, alle stesse condizioni di cui al comma 1, il diritto di precedenza nelle assunzioni a tempo determinato effettuate dal datore di lavoro entro i successivi dodici mesi, con riferimento alle mansioni già espletate in esecuzione dei precedenti rapporti a termine.

3. Il lavoratore assunto a tempo determinato per lo svolgimento di attività stagionali ha diritto di precedenza rispetto a nuove assunzioni a tempo determinato da parte dello stesso datore di lavoro per le medesime attività stagionali.

4. Il diritto di precedenza deve essere espressamente richiamato nell'atto scritto di cui all'articolo 19, comma 4, e può essere esercitato a condizione che il lavoratore manifesti per iscritto la propria volontà in tal senso al datore di lavoro entro sei mesi dalla data di cessazione del rapporto di lavoro nei casi di cui ai commi 1 e 2, ed entro tre mesi nel caso di cui al comma 3. Il diritto di precedenza si estingue una volta trascorso un anno dalla data di cessazione del rapporto.

25. Principio di non discriminazione. – 1. Al lavoratore a tempo determinato spetta il trattamento economico e normativo in atto nell'impresa per i lavoratori con contratto a tempo indeterminato comparabili, intendendosi per tali quelli inquadrati nello stesso livello in forza dei criteri di classificazione stabiliti dalla contrattazione collettiva, ed in proporzione al periodo lavorativo prestato, sempre che non sia obiettivamente incompatibile con la natura del contratto a tempo determinato.

2. Nel caso di inosservanza degli obblighi di cui al comma 1, il datore di lavoro è punito con la sanzione amministrativa da 25,82 euro a 154,94 euro. Se l'inosservanza si riferisce a più di cinque lavoratori, si applica la sanzione amministrativa da 154,94 euro a 1.032,91 euro.

26. Formazione. – 1. I contratti collettivi possono prevedere modalità e strumenti diretti ad agevolare l'accesso dei lavoratori a tempo determinato a opportunità di formazione adeguata, per aumentarne la qualificazione, promuoverne la carriera e migliorarne la mobilità occupazionale.

27. Criteri di computo. – 1. Salvo che sia diversamente disposto, ai fini dell'applicazione di qualsiasi disciplina di fonte legale o contrattuale per la quale sia rilevante il computo dei dipendenti del datore di lavoro, si tiene conto del numero medio mensile di lavoratori a tempo determinato, compresi i dirigenti, impiegati negli ultimi due anni, sulla base dell'effettiva durata dei loro rapporti di lavoro.

28. Decadenza e tutele. – 1. L'impugnazione del contratto a tempo determinato deve avvenire, con le modalità previste dal primo comma dell'articolo 6 della legge 15 luglio 1966, n. 604, entro centoventi giorni dalla cessazione del singolo contratto. Trova altresì applicazione il secondo comma del suddetto articolo 6.

2. Nei casi di trasformazione del contratto a tempo determinato in contratto a tempo indeterminato, il giudice condanna il datore di lavoro al risarcimento del danno a favore del lavoratore stabilendo un'indennità onnicomprensiva nella misura compresa tra un minimo di 2,5 e un massimo di 12 mensilità dell'ultima retribuzione di riferimento per il calcolo del trattamento di fine rapporto, avuto riguardo ai criteri indicati nell'articolo 8 della legge n. 604 del 1966. La predetta indennità ristora per intero il pregiudizio subito dal lavoratore, comprese le conseguenze retributive e contributive relative al periodo compreso tra la scadenza del termine e la pronuncia con la quale il giudice ha ordinato la ricostituzione del rapporto di lavoro.

3. In presenza di contratti collettivi che prevedano l'assunzione, anche a tempo indeterminato, di lavoratori già occupati con contratto a termine nell'ambito di specifiche graduatorie, il limite massimo dell'indennità fissata dal comma 2 è ridotto alla metà.

29. Esclusioni e discipline specifiche. – 1. Sono esclusi dal campo di applicazione del presente capo, in quanto già disciplinati da specifiche normative:

a) ferme restando le disposizioni di cui agli articoli 25 e 27, i rapporti instaurati ai sensi dell'articolo 8, comma 2, della legge n. 223 del 1991;

b) i rapporti di lavoro tra i datori di lavoro dell'agricoltura e gli operai a tempo determinato, così come definiti dall'articolo 12, comma 2, del decreto legislativo 11 agosto 1993, n. 375;

c) i richiami in servizio del personale volontario del Corpo nazionale dei vigili del fuoco.

2. Sono, altresì, esclusi dal campo di applicazione del presente capo:

a) i contratti di lavoro a tempo determinato con i dirigenti, che non possono avere una durata superiore a cinque anni, salvo il diritto del dirigente di recedere a norma dell'articolo 2118 del codice civile una volta trascorso un triennio;

b) i rapporti per l'esecuzione di speciali servizi di durata non superiore a tre giorni, nel settore del turismo e dei pubblici esercizi, nei casi individuati dai contratti collettivi, fermo l'obbligo di comunicare l'instaurazione del rapporto di lavoro entro il giorno antecedente;

c) i contratti a tempo determinato stipulati con il personale docente ed ATA per il conferimento delle supplenze e con il personale sanitario, anche dirigente, del Servizio sanitario nazionale;

d) i contratti a tempo determinato stipulati ai sensi della legge 30 dicembre 2010, n. 240.

3. Al personale artistico e tecnico delle fondazioni di produzione musicale di cui al decreto legislativo 29 giugno 1996, n. 367, non si applicano le disposizioni di cui all'articolo 19, commi da 1 a 3, e 21.

4. Resta fermo quanto disposto dall'articolo 36 del decreto legislativo n. 165 del 2001.

Capo IV
Somministrazione di lavoro

30. Definizione. – 1. Il contratto di somministrazione di lavoro è il contratto, a tempo indeterminato o determinato, con il quale un'agenzia di somministrazione autorizzata, ai sensi del decreto legislativo n. 276 del 2003, mette a disposizione di un utilizzatore uno o più lavoratori suoi dipendenti, i quali, per tutta la durata della missione, svolgono la propria attività nell'interesse e sotto la direzione e il controllo dell'utilizzatore.

31. Somministrazione di lavoro a tempo indeterminato e determinato. – 1. Salvo diversa previsione dei contratti collettivi applicati dall'utilizzatore, il numero dei lavoratori somministrati con contratto di somministrazione di lavoro a tempo indeterminato non può eccedere il 20 per cento del numero dei lavoratori a tempo indeterminato in forza presso l'utilizzatore al 1° gennaio dell'anno di stipula del predetto contratto, con un arrotondamento del decimale all'unità superiore qualora esso sia eguale o superiore a 0,5. Nel caso di inizio dell'attività nel corso dell'anno, il limite percentuale si computa sul numero dei lavoratori a tempo indeterminato in forza al momento della stipula del contratto di somministrazione di lavoro a tempo indeterminato. Possono essere somministrati a tempo indeterminato esclusivamente i lavoratori assunti dal somministratore a tempo indeterminato.

2. La somministrazione di lavoro a tempo determinato è utilizzata nei limiti quantitativi individuati dai contratti collettivi applicati dall'utilizzatore. È in ogni caso esente da limiti quantitativi la somministrazione a tempo determinato di lavoratori di cui all'articolo 8, comma 2, della legge n. 223 del 1991, di soggetti disoccupati che godono, da almeno sei mesi, di trattamenti di disoccupazione non agricola o di ammortizzatori sociali, e di lavoratori «svantaggiati» o «molto svantaggiati» ai sensi dei numeri 4) e 99) dell'articolo 2 del regolamento (UE) n. 651/2014 della Commissione, del 17 giugno 2014, come individuati con decreto del Ministro del lavoro e delle politiche sociali.

3. I lavoratori somministrati sono informati dall'utilizzatore dei posti vacanti presso quest'ultimo, anche mediante un avviso generale affisso all'interno dei locali dell'utilizzatore.

4. Fermo quanto disposto dall'articolo 36 del decreto legislativo n. 165 del 2001, la disciplina della somministrazione a tempo indeterminato non trova applicazione nei confronti delle pubbliche amministrazioni.

32. Divieti. – 1. Il contratto di somministrazione di lavoro è vietato:

a) per la sostituzione di lavoratori che esercitano il diritto di sciopero;

b) presso unità produttive nelle quali si è proceduto, entro i sei mesi precedenti, a licenziamenti collettivi ai sensi degli articoli 4 e 24 della legge n. 223 del 1991, che hanno riguardato lavoratori adibiti alle stesse mansioni cui si riferisce il contratto di somministrazione di lavoro, salvo che il contratto sia concluso per provvedere alla sostituzione di lavoratori assenti o abbia una durata iniziale non superiore a tre mesi;

c) presso unità produttive nelle quali sono operanti una sospensione del lavoro o una riduzione dell'orario in regime di cassa integrazione guadagni, che interessano lavoratori adibiti alle stesse mansioni cui si riferisce il contratto di somministrazione di lavoro;

d) da parte di datori di lavoro che non abbiano effettuato la valutazione dei rischi in applicazione della normativa di tutela della salute e della sicurezza dei lavoratori.

33. Forma del contratto di somministrazione. – 1. Il contratto di somministrazione di lavoro è stipulato in forma scritta e contiene i seguenti elementi:

a) gli estremi dell'autorizzazione rilasciata al somministratore;

b) il numero dei lavoratori da somministrare;

c) l'indicazione di eventuali rischi per la salute e la sicurezza del lavoratore e le misure di prevenzione adottate;

d) la data di inizio e la durata prevista della somministrazione di lavoro;

e) le mansioni alle quali saranno adibiti i lavoratori e l'inquadramento dei medesimi;

f) il luogo, l'orario di lavoro e il trattamento economico e normativo dei lavoratori.

2. Con il contratto di somministrazione di lavoro l'utilizzatore assume l'obbligo di comunicare al somministratore il trattamento economico e normativo applicabile ai lavoratori suoi dipendenti che svolgono le medesime mansioni dei lavoratori da somministrare e a rimborsare al somministratore gli oneri retributivi e previdenziali da questo effettivamente sostenuti in favore dei lavoratori.

3. Le informazioni di cui al comma 1, nonché la data di inizio e la durata prevedibile della missione, devono essere comunicate per iscritto al lavoratore da parte del somministratore all'atto della stipulazione del contratto di lavoro ovvero all'atto dell'invio in missione presso l'utilizzatore.

34. Disciplina dei rapporti di lavoro. – 1. In caso di assunzione a tempo indeterminato il rapporto di lavoro tra somministratore e lavoratore è soggetto alla disciplina prevista per il rapporto di lavoro a tempo indeterminato. Nel contratto di lavoro è determinata l'indennità mensile di disponibilità, divisibile in quote orarie, corrisposta dal somministratore al lavoratore per i periodi nei quali egli rimane in attesa di essere inviato in missione, nella misura prevista dal contratto collettivo applicabile al somministratore e comunque non inferiore all'importo fissato con decreto del Ministro del lavoro e delle politiche sociali. L'indennità di disponibilità è esclusa dal computo di ogni istituto di legge o di contratto collettivo.

2. In caso di assunzione a tempo determinato il rapporto di lavoro tra somministratore e lavoratore è soggetto alla disciplina di cui al capo III per quanto compatibile, con esclusione delle disposizioni di cui agli articoli 19, commi 1, 2 e 3, 21, 23 e 24. Il termine inizialmente posto al contratto di lavoro può in ogni caso essere prorogato, con il consenso del lavoratore e per atto scritto, nei casi e per la durata previsti dal contratto collettivo applicato dal somministratore.

3. Il lavoratore somministrato non è computato nell'organico dell'utilizzatore ai fini dell'applicazione di normative di legge o di contratto collettivo, fatta eccezione per quelle relative alla tutela della salute e della sicurezza sul lavoro. In caso di somministrazione di lavoratori disabili per missioni di durata non inferiore a dodici mesi, il lavoratore somministrato è computato nella quota di riserva di cui all'articolo 3 della legge 12 marzo 1999, n. 68.

4. Le disposizioni di cui all'articolo 4 e 24 della legge n. 223 del 1991 non trovano applicazione nel caso di cessazione della somministrazione di lavoro a tempo indeterminato, cui si applica l'articolo 3 della legge n. 604 del 1966.

35. Tutela del lavoratore, esercizio del potere disciplinare e regime della solidarietà. – 1. Per tutta la durata della missione presso l'utilizzatore, i lavoratori del somministratore hanno diritto, a parità di mansioni svolte, a condizioni economiche e normative complessivamente non inferiori a quelle dei dipendenti di pari livello dell'utilizzatore.

2. L'utilizzatore è obbligato in solido con il somministratore a corrispondere ai lavoratori i trattamenti retributivi e a versare i relativi contributi previdenziali, salvo il diritto di rivalsa verso il somministratore.

3. I contratti collettivi applicati dall'utilizzatore stabiliscono modalità e criteri per la determinazione e corresponsione delle erogazioni economiche correlate ai risultati conseguiti nella realizzazione di programmi concordati tra le parti o collegati all'andamento economico dell'impresa. I lavoratori somministrati hanno altresì diritto a fruire dei servizi sociali e assistenziali di cui godono i dipendenti dell'utilizzatore addetti alla stessa unità produttiva, esclusi quelli il cui godimento sia condizionato alla iscrizione ad associazioni o società cooperative o al conseguimento di una determinata anzianità di servizio.

4. Il somministratore informa i lavoratori sui rischi per la sicurezza e la salute connessi alle attività produttive e li forma e addestra all'uso delle attrezzature di lavoro necessarie allo svolgimento dell'attività lavorativa per la quale essi vengono assunti, in conformità al decreto legislativo 9 aprile 2008, n. 81. Il contratto di somministrazione può prevedere che tale obbligo sia adempiuto dall'utilizzatore. L'utilizzatore osserva nei confronti dei lavoratori somministrati gli obblighi di prevenzione e protezione cui è tenuto, per legge e contratto collettivo, nei confronti dei propri dipendenti.

5. Nel caso in cui adibisca il lavoratore a mansioni di livello superiore o inferiore a quelle dedotte in contratto, l'utilizzatore deve darne immediata comunicazione scritta al somministratore consegnandone copia al lavoratore medesimo. Ove non abbia adempiuto all'obbligo di informazione, l'utilizzatore risponde in via esclusiva per le differenze retributive spettanti al lavoratore occupato in mansioni superiori e per l'eventuale risarcimento del danno derivante dall'assegnazione a mansioni inferiori.

6. Ai fini dell'esercizio del potere disciplinare, che è riservato al somministratore, l'utilizzatore comunica al somministratore gli elementi che formeranno oggetto della contestazione ai sensi dell'articolo 7 della legge n. 300 del 1970.

7. L'utilizzatore risponde nei confronti dei terzi dei danni a essi arrecati dal lavoratore nello svolgimento delle sue mansioni.

8. È nulla ogni clausola diretta a limitare, anche indirettamente, la facoltà dell'utilizzatore di assumere il lavoratore al termine della sua missione, fatta salva l'ipotesi in cui al lavoratore sia corrisposta una adeguata indennità, secondo quanto stabilito dal contratto collettivo applicabile al somministratore.

36. Diritti sindacali e garanzie collettive. – 1. Ai lavoratori delle agenzie di somministrazione si applicano i diritti sindacali previsti dalla legge n. 300 del 1970, e successive modificazioni.

2. Il lavoratore somministrato ha diritto a esercitare presso l'utilizzatore, per tutta la durata della missione, i diritti di libertà e di attività sindacale, nonché a partecipare alle assemblee del personale dipendente delle imprese utilizzatrici.

3. Ogni dodici mesi l'utilizzatore, anche per il tramite della associazione dei datori di lavoro alla quale aderisce o conferisce mandato, comunica alle rappresentanze sindacali aziendali ovvero alla rappresentanza sindacale unitaria o, in

mancanza, agli organismi territoriali di categoria delle associazioni sindacali comparativamente più rappresentative sul piano nazionale, il numero dei contratti di somministrazione di lavoro conclusi, la durata degli stessi, il numero e la qualifica dei lavoratori interessati.

37. Norme previdenziali. – 1. Gli oneri contributivi, previdenziali, assicurativi ed assistenziali, previsti dalle vigenti disposizioni legislative, sono a carico del somministratore che, ai sensi e per gli effetti di cui all'articolo 49 della legge 9 marzo 1989, n. 88, è inquadrato nel settore terziario. L'indennità di disponibilità è assoggettata a contribuzione previdenziale per il suo effettivo ammontare, in deroga alla normativa in materia di minimale contributivo.

2. Il somministratore non è tenuto al versamento della aliquota contributiva di cui all'articolo 25, comma 4, della legge 21 dicembre 1978, n. 845.

3. Gli obblighi dell'assicurazione contro gli infortuni e le malattie professionali previsti dal decreto del Presidente della Repubblica 30 giugno 1965, n. 1124, e successive modificazioni, sono determinati in relazione al tipo e al rischio delle lavorazioni svolte. I premi e i contributi sono determinati in relazione al tasso medio o medio ponderato, stabilito per l'attività svolta dall'impresa utilizzatrice, nella quale sono inquadrabili le lavorazioni svolte dai lavoratori somministrati, ovvero in base al tasso medio o medio ponderato della voce di tariffa corrispondente alla lavorazione effettivamente prestata dal lavoratore somministrato, ove presso l'impresa utilizzatrice la stessa non sia già assicurata.

4. Nel settore agricolo e in caso di somministrazione di lavoratori domestici trovano applicazione i criteri di erogazione e gli oneri previdenziali e assistenziali previsti dai relativi settori.

38. Somministrazione irregolare. – 1. In mancanza di forma scritta il contratto di somministrazione di lavoro è nullo e i lavoratori sono considerati a tutti gli effetti alle dipendenze dell'utilizzatore.

2. Quando la somministrazione di lavoro avvenga al di fuori dei limiti e delle condizioni di cui agli articoli 31, commi 1 e 2, 32 e 33, comma 1, lettere *a*), *b*), *c*) e *d*), il lavoratore può chiedere, anche soltanto nei confronti dell'utilizzatore, la costituzione di un rapporto di lavoro alle dipendenze di quest'ultimo, con effetto dall'inizio della somministrazione.

3. Nelle ipotesi di cui al comma 2 tutti i pagamenti effettuati dal somministratore, a titolo retributivo o di contribuzione previdenziale, valgono a liberare il soggetto che ne ha effettivamente utilizzato la prestazione dal debito corrispondente fino a concorrenza della somma effettivamente pagata. Tutti gli atti compiuti o ricevuti dal somministratore nella costituzione o nella gestione del rapporto, per il periodo durante il quale la somministrazione ha avuto luogo, si intendono come compiuti o ricevuti dal soggetto che ha effettivamente utilizzato la prestazione.

4. La disposizione di cui al comma 2 non trova applicazione nei confronti delle pubbliche amministrazioni.

39. Decadenza e tutele. – 1. Nel caso in cui il lavoratore chieda la costituzione del rapporto di lavoro con l'utilizzatore, ai sensi dell'articolo 38, comma 2, trovano applicazione le disposizioni dell'articolo 6 della legge n. 604 del 1966, e il termine di cui al primo comma del predetto articolo decorre dalla data in cui il lavoratore ha cessato di svolgere la propria attività presso l'utilizzatore.

2. Nel caso in cui il giudice accolga la domanda di cui al comma 1, condanna il datore di lavoro al risarcimento del danno in favore del lavoratore, stabilendo un'indennità onnicomprensiva nella misura compresa tra un minimo di 2,5 e un massimo di 12 mensilità dell'ultima retribuzione di riferimento per il calcolo del trattamento di fine rapporto, avuto riguardo ai criteri indicati nell'articolo 8 della legge n. 604 del 1966. La predetta indennità ristora per intero il pregiudizio subito dal lavoratore, comprese le conseguenze retributive e contributive, relativo al periodo compreso tra la data in cui il lavoratore ha cessato di svolgere la propria attività presso l'utilizzatore e la pronuncia con la quale il giudice ha ordinato la costituzione del rapporto di lavoro.

40. Sanzioni. – 1. La violazione degli obblighi e dei divieti di cui agli articoli 33, comma 1, nonché, per il solo utilizzatore, di cui agli articoli 31 e 32 e, per il solo somministratore, di cui all'articolo 33, comma 3, sono punite con la sanzione amministrativa pecuniaria da euro 250 a euro 1.250.

2. La violazione delle disposizioni di cui all'articolo 35, comma 1, e per il solo utilizzatore, di cui all'articolo 35, comma 3, secondo periodo, e 36, comma 3, sono punite con la sanzione amministrativa pecuniaria prevista dal comma 1.

Capo V
Apprendistato

41. Definizione. – 1. L'apprendistato è un contratto di lavoro a tempo indeterminato finalizzato alla formazione e alla occupazione dei giovani.

2. Il contratto di apprendistato si articola nelle seguenti tipologie:

a) apprendistato per la qualifica e il diploma professionale, il diploma di istruzione secondaria superiore e il certificato di specializzazione tecnica superiore;

b) apprendistato professionalizzante;

c) apprendistato di alta formazione e ricerca.

3. L'apprendistato per la qualifica e il diploma professionale, il diploma di istruzione secondaria superiore e il certificato di specializzazione tecnica superiore e quello di alta formazione e ricerca integrano organicamente, in un sistema duale, formazione e lavoro, con riferimento ai titoli di istruzione e formazione e alle qualificazioni professionali contenuti nel Repertorio nazionale di cui all'articolo 8 del decreto legislativo 16 gennaio 2013, n. 13, nell'ambito del Quadro europeo delle qualificazioni.

42. Disciplina generale. – 1. Il contratto di apprendistato è stipulato in forma scritta ai fini della prova. Il contratto di apprendistato contiene, in forma sintetica, il piano formativo individuale definito anche sulla base di moduli e formulari stabiliti dalla contrattazione collettiva o dagli enti bilaterali di cui all'articolo 2, comma 1, lettera *h*), del decreto legislativo n. 276 del 2003. Nell'apprendistato per la qualifica e il diploma professionale, il diploma di istruzione secondaria superiore e il certificato di specializzazione tecnica superiore e nell'apprendistato di alta formazione e ricerca, il piano formativo individuale è predisposto dalla istituzione formativa con il coinvolgimento dell'impresa. Al piano formativo individuale, per la quota a carico dell'istituzione formativa, si provvede nell'ambito delle risorse umane, finanziarie e strumentali disponibili a legislazione vigente.

2. Il contratto di apprendistato ha una durata minima non inferiore a sei mesi, fatto salvo quanto previsto dagli articoli 43, comma 8, e 44, comma 5.

3. Durante l'apprendistato trovano applicazione le sanzioni previste dalla normativa vigente per il licenziamento illegittimo. Nel contratto di apprendistato per la qualifica e il diploma professionale, il diploma di istruzione secondaria superiore e il certificato di specializzazione tecnica superiore, costituisce giustificato motivo di licenziamento il mancato raggiungimento degli obiettivi formativi come attestato dall'istituzione formativa.

4. Al termine del periodo di apprendistato le parti possono recedere dal contratto, ai sensi dell'articolo 2118 del codice civile, con preavviso decorrente dal medesimo termine. Durante il periodo di preavviso continua a trovare applicazione la disciplina del contratto di apprendistato. Se nessuna delle parti recede il rapporto prosegue come ordinario rapporto di lavoro subordinato a tempo indeterminato.

5. Salvo quanto disposto dai commi da 1 a 4, la disciplina del contratto di apprendistato è rimessa ad accordi interconfederali ovvero ai contratti collettivi nazionali di lavoro stipulati dalle associazioni sindacali comparativamente più rappresentative sul piano nazionale, nel rispetto dei seguenti principi:

a) divieto di retribuzione a cottimo;

b) possibilità di inquadrare il lavoratore fino a due livelli inferiori rispetto a quello spettante in applicazione del contratto collettivo nazionale di lavoro ai lavoratori addetti a mansioni che richiedono qualificazioni corrispondenti a quelle al cui conseguimento è finalizzato il contratto, o, in alternativa, di stabilire la retribuzione dell'apprendista in misura percentuale e proporzionata all'anzianità di servizio;

c) presenza di un tutore o referente aziendale;

d) possibilità di finanziare i percorsi formativi aziendali degli apprendisti per il tramite dei fondi paritetici interprofessionali di cui all'articolo 118 della legge 23 dicembre 2000, n. 388, e all'articolo 12 del decreto legislativo n. 276 del 2003, anche attraverso accordi con le regioni e le province autonome di Trento e Bolzano;

e) possibilità del riconoscimento, sulla base dei risultati conseguiti nel percorso di formazione, esterna e interna alla impresa, della qualificazione professionale ai fini contrattuali e delle competenze acquisite ai fini del proseguimento degli studi nonché nei percorsi di istruzione degli adulti;

f) registrazione della formazione effettuata e della qualificazione professionale ai fini contrattuali eventualmente acquisita nel libretto formativo del cittadino di cui all'articolo 2, comma 1, lettera *i*), del decreto legislativo n. 276 del 2003;

g) possibilità di prolungare il periodo di apprendistato in caso di malattia, infortunio o altra causa di sospensione involontaria del lavoro, di durata superiore a trenta giorni;

h) possibilità di definire forme e modalità per la conferma in servizio, senza nuovi o maggiori oneri per la finanza pubblica, al termine del percorso formativo, al fine di ulteriori assunzioni in apprendistato.

6. Per gli apprendisti l'applicazione delle norme sulla previdenza e assistenza sociale obbligatoria si estende alle seguenti forme:

a) assicurazione contro gli infortuni sul lavoro e le malattie professionali;

b) assicurazione contro le malattie;

c) assicurazione contro l'invalidità e vecchiaia;

d) maternità;

e) assegno familiare;

f) assicurazione sociale per l'impiego, in relazione alla quale, in aggiunta a quanto previsto in relazione al regime contributivo per le assicurazioni di cui alle precedenti lettere, ai sensi della disciplina di cui all'articolo 1, comma 773, della legge 27 dicembre 2006, n. 296, con effetto sui periodi contributivi maturati a decorrere dal 1° gennaio 2013 è dovuta dai datori di lavoro per gli apprendisti artigiani e non artigiani una contribuzione pari all'1,31 per cento della retribuzione imponibile ai fini previdenziali, con riferimento alla quale non operano le disposizioni di cui all'articolo 22, comma 1, della legge 12 novembre 2011, n. 183.

7. Il numero complessivo di apprendisti che un datore di lavoro può assumere, direttamente o indirettamente per il tramite delle agenzie di somministrazione autorizzate, non può superare il rapporto di 3 a 2 rispetto alle maestranze specializzate e qualificate in servizio presso il medesimo datore di lavoro. Tale rapporto non può superare il 100 per cento per i datori di lavoro che occupano un numero di lavoratori inferiore a dieci unità. È in ogni caso esclusa la possibilità di utilizzare apprendisti con contratto di somministrazione a tempo determinato. Il datore di lavoro che non abbia alle proprie dipendenze lavoratori qualificati o specializzati, o che comunque ne abbia in numero inferiore a tre, può assumere apprendisti in numero non superiore a tre. Le disposizioni di cui al presente comma non si applicano alle imprese artigiane per le quali trovano applicazione le disposizioni di cui all'articolo 4 della legge 8 agosto 1985, n. 443.

8. Ferma restando la possibilità per i contratti collettivi nazionali di lavoro, stipulati dalle associazioni sindacali comparativamente più rappresentative sul piano nazionale, di individuare limiti diversi da quelli previsti dal presente comma, esclusivamente per i datori di lavoro che occupano almeno cinquanta dipendenti, l'assunzione di nuovi apprendisti con contratto di apprendistato professionalizzante è subordinata alla prosecuzione, a tempo indeterminato, del rapporto di lavoro al termine del periodo di apprendistato, nei trentasei mesi precedenti la nuova assunzione, di almeno il 20 per cento degli apprendisti dipendenti dallo stesso datore di lavoro, restando esclusi dal computo i rapporti cessati per recesso durante il periodo di prova, dimissioni o licenziamento per giusta causa. Qualora non sia rispettata la predetta percentuale, è in ogni caso consentita l'assunzione di un apprendista con contratto professionalizzante. Gli apprendisti assunti in violazione dei limiti di cui al presente comma sono considerati ordinari lavoratori subordinati a tempo indeterminato sin dalla data di costituzione del rapporto.

43. Apprendistato per la qualifica e il diploma professionale, il diploma di istruzione secondaria superiore e il certificato di specializzazione tecnica superiore. – 1. L'apprendistato per la qualifica e il diploma professionale e il certificato di specializzazione tecnica superiore è strutturato in modo da coniugare la formazione effettuata in azienda con l'istruzione e la formazione professionale svolta dalle istituzioni formative che operano nell'ambito dei sistemi regionali di istruzione e formazione sulla base dei livelli essenziali delle prestazioni di cui al decreto legislativo 17 ottobre 2005, n. 226, e di quelli di cui all'articolo 46.

2. Possono essere assunti con il contratto di cui al comma 1, in tutti i settori di attività, i giovani che hanno compiuto i 15 anni di età e fino al compimento dei 25. La durata del contratto è determinata in considerazione della qualifica o del diploma da conseguire e non può in ogni caso essere superiore a tre anni o a quattro anni nel caso di diploma professionale quadriennale.

3. Fermo restando quanto previsto dall'articolo 46, comma 1, la regolamentazione dell'apprendistato per la qualifica e il diploma professionale e il certificato di specializzazione tecnica superiore è rimessa alle regioni e alle province autonome di Trento e Bolzano. In assenza di regolamentazione regionale l'attivazione dell'apprendistato per la qualifica e il diploma professionale e il certificato di specializzazione tecnica superiore è rimessa al

Ministero del lavoro e delle politiche sociali, che ne disciplina l'esercizio con propri decreti.

4. In relazione alle qualificazioni contenute nel Repertorio di cui all'articolo 41, comma 3, i datori di lavoro hanno la facoltà di prorogare fino ad un anno il contratto di apprendistato dei giovani qualificati e diplomati, che hanno concluso positivamente i percorsi di cui al comma 1, per il consolidamento e l'acquisizione di ulteriori competenze tecnico-professionali e specialistiche, utili anche ai fini dell'acquisizione del certificato di specializzazione tecnica superiore o del diploma di maturità professionale all'esito del corso annuale integrativo di cui all'articolo 15, comma 6, del decreto legislativo n. 226 del 2005. Il contratto di apprendistato può essere prorogato fino ad un anno anche nel caso in cui, al termine dei percorsi di cui al comma 1, l'apprendista non abbia conseguito la qualifica, il diploma, il certificato di specializzazione tecnica superiore o il diploma di maturità professionale all'esito del corso annuale integrativo.

5. Possono essere, altresì, stipulati contratti di apprendistato, di durata non superiore a quattro anni, rivolti ai giovani iscritti a partire dal secondo anno dei percorsi di istruzione secondaria superiore, per l'acquisizione, oltre che del diploma di istruzione secondaria superiore, di ulteriori competenze tecnico-professionali rispetto a quelle già previste dai vigenti regolamenti scolastici, utili anche ai fini del conseguimento del certificato di specializzazione tecnica superiore. A tal fine, è abrogato il comma 2 dell'articolo 8 *bis* del decreto legge 12 settembre 2013, n. 104, convertito, con modificazioni, dalla legge 8 novembre 2013, n. 128. Sono fatti salvi, fino alla loro conclusione, i programmi sperimentali per lo svolgimento di periodi di formazione in azienda già attivati. Possono essere, inoltre, stipulati contratti di apprendistato, di durata non superiore a due anni, per i giovani che frequentano il corso annuale integrativo che si conclude con l'esame di Stato, di cui all'articolo 6, comma 5, del decreto del Presidente della Repubblica 15 marzo 2010, n. 87.

6. Il datore di lavoro che intende stipulare il contratto di apprendistato per la qualifica e il diploma professionale, il diploma di istruzione secondaria superiore e il certificato di specializzazione tecnica superiore sottoscrive un protocollo con l'istituzione formativa a cui lo studente è iscritto, che stabilisce il contenuto e la durata degli obblighi formativi del datore di lavoro, secondo lo schema definito con il decreto di cui all'articolo 46, comma 1. Con il medesimo decreto sono definiti i criteri generali per la realizzazione dei percorsi di apprendistato, e, in particolare, i requisiti delle imprese nelle quali si svolge e il monte orario massimo del percorso scolastico che può essere svolto in apprendistato, nonché il numero di ore da effettuare in azienda, nel rispetto dell'autonomia delle istituzioni scolastiche e delle competenze delle regioni e delle provincie autonome. Nell'apprendistato che si svolge nell'ambito del sistema di istruzione e formazione professionale regionale, la formazione esterna all'azienda è impartita nell'istituzione formativa a cui lo studente è iscritto e non può essere superiore al 60 per cento dell'orario ordinamentale per il secondo anno e al 50 per cento per il terzo e quarto anno, nonché per l'anno successivo finalizzato al conseguimento del certificato di specializzazione tecnica, in ogni caso nell'ambito delle risorse umane, finanziarie e strumentali disponibili nel rispetto di quanto stabilito dalla legislazione vigente.

7. Per le ore di formazione svolte nella istituzione formativa il datore di lavoro è esonerato da ogni obbligo retributivo. Per le ore di formazione a carico del datore di lavoro è riconosciuta al lavoratore una retribuzione pari al 10 per cento di quella che gli sarebbe dovuta. Sono fatte salve le diverse previsioni dei contratti collettivi.

8. Per le regioni e le province autonome di Trento e Bolzano che abbiano definito un sistema di alternanza scuola-lavoro, i contratti collettivi stipulati dalle associazioni sindacali comparativamente più rappresentative sul piano nazionale possono prevedere specifiche modalità di utilizzo del contratto di apprendistato, anche a tempo determinato, per lo svolgimento di attività stagionali.

9. Successivamente al conseguimento della qualifica o del diploma professionale ai sensi del decreto legislativo n. 226 del 2005, nonché del diploma di istruzione secondaria superiore, allo scopo di conseguire la qualificazione professionale ai fini contrattuali, è possibile la trasformazione del contratto in apprendistato professionalizzante. In tal caso, la durata massima complessiva dei due periodi di apprendistato non può eccedere quella individuata dalla contrattazione collettiva di cui all'articolo 42, comma 5.

44. Apprendistato professionalizzante. – 1. Possono essere assunti in tutti i settori di attività, pubblici o privati, con contratto di apprendistato professionalizzante per il conseguimento di una qualificazione professionale ai fini contrattuali, i soggetti di età compresa tra i 18 e i 29 anni. Per i soggetti in possesso di una qualifica professionale, conseguita ai sensi del decreto legislativo n. 226 del 2005, il contratto di apprendistato professionalizzante può essere stipulato a partire dal diciassettesimo anno di età. La qualificazione professionale al cui conseguimento è finalizzato il contratto è determinata dalle parti del contratto sulla base dei profili o qualificazioni professionali previsti per il settore di riferimento dai sistemi di inquadramento del personale di cui ai contratti collettivi stipulati dalle associazioni sindacali comparativamente più rappresentative sul piano nazionale.

2. Gli accordi interconfederali e i contratti collettivi nazionali di lavoro stipulati dalle associazioni sindacali comparativamente più rappresentative sul piano nazionale stabiliscono, in ragione del tipo di qualificazione professionale ai fini contrattuali da conseguire, la durata e le modalità di erogazione della formazione per l'acquisizione delle relative competenze tecnico-professionali e specialistiche, nonché la durata anche minima del periodo di apprendistato, che non può essere superiore a tre anni ovvero cinque per i profili professionali caratterizzanti la figura dell'artigiano individuati dalla contrattazione collettiva di riferimento.

3. La formazione di tipo professionalizzante, svolta sotto la responsabilità del datore di lavoro, è integrata, nei limiti delle risorse annualmente disponibili, dalla offerta formativa pubblica, interna o esterna alla azienda, finalizzata alla acquisizione di competenze di base e trasversali per un monte complessivo non superiore a centoventi ore per la durata del triennio e disciplinata dalle regioni e dalle province autonome di Trento e Bolzano, sentite le parti sociali e tenuto conto del titolo di studio e delle competenze dell'apprendista. La regione comunica al datore di lavoro, entro quarantacinque giorni dalla comunicazione dell'instaurazione del rapporto, effettuata ai sensi dell'articolo 9 *bis* del decreto legge 1° ottobre 1996, n. 510, convertito, con modificazioni, dalla legge 28 novembre 1996, n. 608, le modalità di svolgimento dell'offerta formativa pubblica, anche con riferimento alle sedi e al calendario delle attività previste, avvalendosi anche dei datori di lavoro e delle loro associazioni che si siano dichiarate disponibili, ai sensi delle linee guida adottate dalla Conferenza permanente per i rapporti tra lo Stato, le regioni e le province autonome di Trento e Bolzano in data 20 febbraio 2014.

4. Le regioni e le province autonome di Trento e Bolzano e le associazioni di categoria dei datori di lavoro possono definire, anche nell'ambito della bilateralità, le modalità per il riconoscimento della qualifica di maestro artigiano o di mestiere.

5. Per i datori di lavoro che svolgono la propria attività in cicli stagionali, i contratti collettivi nazionali di lavoro stipulati dalle associazioni sindacali comparativamente più rappresentative sul piano nazionale possono prevedere specifiche modalità di svolgimento del contratto di apprendistato, anche a tempo determinato. La previsione di cui al primo periodo trova applicazione altresì nell'ambito delle attività in cicli stagionali che si svolgono nel settore del cinema e dell'audiovisivo ([1]).

([1]) *Questo periodo è stato aggiunto dall'art. 2, comma 1, del D.L.vo 7 dicembre 2017, n. 202.*

45. Apprendistato di alta formazione e di ricerca. – 1. Possono essere assunti in tutti i settori di attività, pubblici o privati, con contratto di apprendistato per il conseguimento di titoli di studio universitari e della alta formazione, compresi i dottorati di ricerca, i diplomi relativi ai percorsi degli istituti tecnici superiori di cui all'articolo 7 del decreto del Presidente del Consiglio dei ministri 25 gennaio 2008, per attività di ricerca, nonché per il praticantato per l'accesso alle professioni ordinistiche, i soggetti di età compresa tra i 18 e i 29 anni in possesso di diploma di istruzione secondaria superiore o di un diploma professionale conseguito nei percorsi di istruzione e formazione professionale integrato da un certificato di specializzazione tecnica superiore o del diploma di maturità professionale all'esito del corso annuale integrativo.

2. Il datore di lavoro che intende stipulare un contratto di cui al comma 1 sottoscrive un protocollo con l'istituzione formativa a cui lo studente è iscritto o con l'ente di ricerca, che stabilisce la durata e le modalità, anche temporali, della formazione a carico del datore di lavoro, secondo lo schema definito con il decreto di cui all'articolo 46, comma 1. Il suddetto protocollo stabilisce, altresì, il numero dei crediti formativi riconoscibili a ciascuno studente per la formazione a carico del datore di lavoro in ragione del numero di ore di formazione svolte in azienda, anche in deroga al limite di cui all'articolo 2, comma 147, del decreto legge 3 ottobre 2006, n. 262, convertito, con modificazioni, dalla legge 24 novembre 2006, n. 286. I principi e le modalità di attribuzione dei crediti formativi sono definiti con il decreto di cui all'ar-

ticolo 46, comma 1. La formazione esterna all'azienda è svolta nell'istituzione formativa a cui lo studente è iscritto e nei percorsi di istruzione tecnica superiore e non può, di norma, essere superiore al 60 per cento dell'orario ordinamentale.

3. Per le ore di formazione svolte nella istituzione formativa il datore di lavoro è esonerato da ogni obbligo retributivo. Per le ore di formazione a carico del datore di lavoro è riconosciuta al lavoratore una retribuzione pari al 10 per cento di quella che gli sarebbe dovuta. Sono fatte salve le diverse previsioni dei contratti collettivi.

4. La regolamentazione e la durata del periodo di apprendistato per attività di ricerca o per percorsi di alta formazione è rimessa alle regioni e alle province autonome di Trento e Bolzano, per i soli profili che attengono alla formazione, sentite (1) le associazioni territoriali dei datori di lavoro e dei lavoratori comparativamente più rappresentative sul piano nazionale, le università, gli istituti tecnici superiori e le altre istituzioni formative o di ricerca comprese quelle in possesso di riconoscimento istituzionale di rilevanza nazionale o regionale e aventi come oggetto la promozione delle attività imprenditoriali, del lavoro, della formazione, della innovazione e del trasferimento tecnologico.

5. In assenza delle regolamentazioni regionali di cui al comma 4, l'attivazione dei percorsi di apprendistato di alta formazione e ricerca è disciplinata dalle disposizioni del decreto di cui all'articolo 46, comma 1. Sono fatte salve fino alla regolamentazione regionale le convenzioni stipulate dai datori di lavoro o dalle loro associazioni con le università, gli istituti tecnici superiori e le altre istituzioni formative o di ricerca, senza nuovi o maggiori oneri a carico della finanza pubblica (2).

(1) *Le parole: «in accordo con» sono state così sostituite dalle attuali: «sentite» dall'art. 1, comma 1, lett.* a), n. 1), *del D.L.vo 24 settembre 2016, n. 185*

(2) *Questo comma è stato così sostituito dall'art. 1, comma 1, lett.* a), *n. 2), del D.L.vo 24 settembre 2016, n. 185.*

46. Standard professionali e formativi e certificazione delle competenze. – 1. Con decreto del Ministro del lavoro e delle politiche sociali, di concerto con il Ministro dell'istruzione, dell'università e della ricerca e del Ministro dell'economia e delle finanze, previa intesa in sede di Conferenza permanente per i rapporti tra lo Stato, le regioni e le province autonome di Trento e Bolzano, ai sensi dell'articolo 3 del decreto legislativo 28 agosto 1997, n. 281, sono definiti gli standard formativi dell'apprendistato, che costituiscono livelli essenziali delle prestazioni ai sensi dell'articolo 16 del decreto legislativo n. 226 del 2005.

2. La registrazione nel libretto formativo del cittadino, ai sensi del decreto legislativo n. 13 del 2013, è di competenza: *a*) del datore di lavoro, nel contratto di apprendistato professionalizzante, per quanto riguarda la formazione effettuata per il conseguimento della qualificazione professionale ai fini contrattuali; *b*) dell'istituzione formativa o ente di ricerca di appartenenza dello studente, nel contratto di apprendistato per la qualifica e il diploma professionale, il diploma di istruzione secondaria superiore e il certificato di specializzazione tecnica superiore e nel contratto di apprendistato di alta formazione e ricerca.

3. Allo scopo di armonizzare le diverse qualifiche e qualificazioni professionali acquisite in apprendistato e consentire una correlazione tra standard formativi e standard professionali è istituito presso il Ministero del lavoro e delle politiche sociali, senza nuovi o maggiori oneri a carico della finanza pubblica, il repertorio delle professioni predisposto sulla base dei sistemi di classificazione del personale previsti nei contratti collettivi di lavoro e in coerenza con quanto previsto nelle premesse dalla intesa tra Governo, regioni, province autonome e parti sociali del 17 febbraio 2010, da un apposito organismo tecnico di cui fanno parte il Ministero dell'istruzione, della università e della ricerca, le associazioni dei datori di lavoro e dei lavoratori comparativamente più rappresentative sul piano nazionale e i rappresentanti della Conferenza permanente per i rapporti tra lo Stato, le regioni e le province autonome di Trento e Bolzano.

4. Le competenze acquisite dall'apprendista sono certificate dall'istituzione formativa di provenienza dello studente secondo le disposizioni di cui al decreto legislativo n. 13 del 2013, e, in particolare, nel rispetto dei livelli essenziali delle prestazioni ivi disciplinati.

47. Disposizioni finali. – 1. In caso di inadempimento nella erogazione della formazione a carico del datore di lavoro, di cui egli sia esclusivamente responsabile e che sia tale da impedire la realizzazione delle finalità di cui agli articoli 43, 44 e 45, il datore di lavoro è tenuto a versare la differenza tra la contribuzione versata e quella dovuta con riferimento al livello di inquadramento contrattuale superiore che sarebbe stato raggiunto dal lavoratore al termine del periodo di apprendistato, maggiorata del 100 per cento, con esclusione di qualsiasi sanzione per omessa contribuzione. Nel caso in cui rilevi un inadempimento nella erogazione della formazione prevista nel piano formativo individuale, il personale ispettivo del Ministero del lavoro e delle politiche sociali adotta un provvedimento di disposizione, ai sensi dell'articolo 14 del decreto legislativo n. 124 del 2004, assegnando un congruo termine al datore di lavoro per adempiere.

2. Per la violazione della disposizione di cui all'articolo 42, comma 1, nonché per la violazione delle previsioni contrattuali collettive attuative dei principi di cui all'articolo 42, comma 5, lettere *a*), *b*) e *c*), il datore di lavoro è punito con la sanzione amministrativa pecuniaria da 100 a 600 euro. In caso di recidiva la sanzione amministrativa pecuniaria è aumentata da 300 a 1500 euro. Alla contestazione delle sanzioni amministrative di cui al presente comma provvedono gli organi di vigilanza che effettuano accertamenti in materia di lavoro e legislazione sociale nei modi e nelle forme di cui all'articolo 13 del decreto legislativo n. 124 del 2004. L'autorità competente a ricevere il rapporto ai sensi dell'articolo 17 della legge 24 novembre 1981, n. 689, è la direzione territoriale del lavoro.

3. Fatte salve le diverse previsioni di legge o di contratto collettivo, i lavoratori assunti con contratto di apprendistato sono esclusi dal computo dei limiti numerici previsti da leggi e contratti collettivi per l'applicazione di particolari normative e istituti.

4. Ai fini della loro qualificazione o riqualificazione professionale è possibile assumere in apprendistato professionalizzante, senza limiti di età, i lavoratori beneficiari di indennità di mobilità o di un trattamento di disoccupazione. Per essi trovano applicazione, in deroga alle previsioni di cui all'articolo 42, comma 4, le disposizioni in materia di licenziamenti individuali, nonché, per i lavoratori beneficiari di indennità di mobilità, il regime contributivo agevolato di cui all'articolo 25, comma 9, della legge n. 223 del 1991, e l'incentivo di cui all'articolo 8, comma 4, della medesima legge.

5. Per le regioni e le province autonome e i settori ove la disciplina di cui al presente capo non sia immediatamente operativa, trovano applicazione le regolazioni vigenti. In assenza della offerta formativa pubblica di cui all'articolo 44, comma 3, trovano immediata applicazione le regolazioni contrattuali vigenti.

6. La disciplina del reclutamento e dell'accesso, nonché l'applicazione del contratto di apprendistato per i settori di attività pubblici, di cui agli articoli 44 e 45, sono definite con decreto del Presidente del Consiglio dei ministri, su proposta del Ministro per la semplificazione e la pubblica amministrazione e del Ministro del lavoro e delle politiche sociali, di concerto con il Ministro dell'economia e delle finanze, sentite le parti sociali e la Conferenza unificata di cui all'articolo 8 del decreto legislativo n. 281 del 1997.

7. I benefici contributivi in materia di previdenza e assistenza sociale sono mantenuti per un anno dalla prosecuzione del rapporto di lavoro al termine del periodo di apprendistato, con esclusione dei lavoratori assunti ai sensi del comma 4 del presente articolo.

8. I datori di lavoro che hanno sedi in più regioni o province autonome possono fare riferimento al percorso formativo della regione dove è ubicata la sede legale e possono altresì accentrare le comunicazioni di cui all'articolo 9 *bis* del decreto legge n. 510 del 1996 nel servizio informatico dove è ubicata la sede legale.

9. Restano in ogni caso ferme le competenze delle regioni a statuto speciale e delle province autonome di Trento e di Bolzano ai sensi dello statuto speciale e delle relative norme di attuazione.

10. Con successivo decreto, ai sensi dell'articolo 1, comma 4, lettera *a*), della legge 10 dicembre 2014, n. 183, sono definiti gli incentivi per i datori di lavoro che assumono con l'apprendistato per la qualifica e il diploma professionale, il diploma di istruzione secondaria superiore e il certificato di specializzazione tecnica superiore e con l'apprendistato di alta formazione e ricerca.

Capo VI
Lavoro accessorio

48. ([1]) [**Definizione e campo di applicazione.** – 1. Per prestazioni di lavoro accessorio si intendono attività lavorative che non danno luogo, con riferimento alla totalità dei committenti, a compensi superiori a 7.000 euro nel corso di un anno civile, annualmente rivalutati sulla base della variazione dell'indice ISTAT dei prezzi al consumo per le famiglie degli operai e degli impiegati. Fermo restando il limite complessivo di 7.000 euro, nei confronti dei committenti imprenditori o professionisti, le attività lavorative possono essere svolte a favore di ciascun singolo committente per compensi non superiori a 2.000 euro, rivalutati annualmente ai sensi del presente comma.

2. Prestazioni di lavoro accessorio possono essere altresì rese, in tutti i settori produttivi, compresi gli enti locali, nel limite complessivo di 3.000 euro di compenso per anno civile, rivalutati ai sensi del comma 1, da percettori di prestazioni integrative del salario o di sostegno al reddito. L'INPS provvede a sottrarre dalla contribuzione figurativa relativa alle prestazioni integrative del salario o di sostegno al reddito gli accrediti contributivi derivanti dalle prestazioni di lavoro accessorio.

3. Le disposizioni di cui al comma 1 si applicano in agricoltura:

a) alle attività lavorative di natura occasionale rese nell'ambito delle attività agricole di carattere stagionale effettuate da pensionati e da giovani con meno di venticinque anni di età se regolarmente iscritti a un ciclo di studi presso un istituto scolastico di qualsiasi ordine e grado, compatibilmente con gli impegni scolastici, ovvero in qualunque periodo dell'anno se regolarmente iscritti a un ciclo di studi presso l'università;

b) alle attività agricole svolte a favore di soggetti di cui all'articolo 34, comma 6, del decreto del Presidente della Repubblica 26 ottobre 1972, n. 633, che non possono, tuttavia, essere svolte da soggetti iscritti l'anno precedente negli elenchi anagrafici dei lavoratori agricoli.

4. Il ricorso a prestazioni di lavoro accessorio da parte di un committente pubblico è consentito nel rispetto dei vincoli previsti dalla vigente disciplina in materia di contenimento delle spese di personale e, ove previsto, dal patto di stabilità interno.

5. I compensi percepiti dal lavoratore secondo le modalità di cui all'articolo 49 sono computati ai fini della determinazione del reddito necessario per il rilascio o il rinnovo del permesso di soggiorno.

6. È vietato il ricorso a prestazioni di lavoro accessorio nell'ambito dell'esecuzione di appalti di opere o servizi, fatte salve le specifiche ipotesi individuate con decreto del Ministero del lavoro e delle politiche sociali, sentite le parti sociali, da adottare entro sei mesi dalla data di entrata in vigore del presente decreto.

7. Resta fermo quanto disposto dall'articolo 36 del decreto legislativo n. 165 del 2001].

([1]) *Questo articolo è stato abrogato dall'art. 1, comma 1, del D.L. 17 marzo 2017, n. 25, convertito, senza modificazioni, dalla L. 20 aprile 2017, n. 49.*

A norma dell'art. 1, comma 2, del medesimo provvedimento, i buoni per prestazioni di lavoro accessorio richiesti alla data di entrata in vigore del presente decreto possono essere utilizzati fino al 31 dicembre 2017.

49. ([1]) [**Disciplina del lavoro accessorio.** – 1. Per ricorrere a prestazioni di lavoro accessorio, i committenti imprenditori o professionisti acquistano esclusivamente attraverso modalità telematiche uno o più carnet di buoni orari, numerati progressivamente e datati, per prestazioni di lavoro accessorio il cui valore nominale è fissato con decreto del Ministro del lavoro e delle politiche sociali, tenendo conto della media delle retribuzioni rilevate per le diverse attività lavorative e delle risultanze istruttorie del confronto con le parti sociali. I committenti non imprenditori o professionisti possono acquistare i buoni anche presso le rivendite autorizzate.

2. In attesa della emanazione del decreto di cui al comma 1, e fatte salve le prestazioni rese nel settore agricolo, il valore nominale del buono orario è fissato in 10 euro e nel settore agricolo è pari all'importo della retribuzione oraria delle prestazioni di natura subordinata individuata dal contratto collettivo stipulato dalle associazioni sindacali comparativamente più rappresentative sul piano nazionale.

3. I committenti imprenditori non agricoli o professionisti che ricorrono a prestazioni di lavoro accessorio sono tenuti, almeno 60 minuti prima dell'inizio della prestazione, a comunicare alla sede territoriale competente dell'Ispettorato nazionale del lavoro, mediante sms o posta elettronica, i dati anagrafici o il codice fiscale del lavoratore, indicando, altresì, il luogo, il giorno e l'ora di ini-

zio e di fine della prestazione. I committenti imprenditori agricoli sono tenuti a comunicare, nello stesso termine e con le stesse modalità di cui al primo periodo, i dati anagrafici o il codice fiscale del lavoratore, il luogo e la durata della prestazione con riferimento ad un arco temporale non superiore a tre giorni. Con decreto del Ministro del lavoro e delle politiche sociali possono essere individuate modalità applicative della disposizione di cui al primo periodo nonché ulteriori modalità di comunicazione in funzione dello sviluppo delle tecnologie. In caso di violazione degli obblighi di cui al presente comma si applica la sanzione amministrativa da euro 400 ad euro 2.400 in relazione a ciascun lavoratore per cui è stata omessa la comunicazione. Non si applica la procedura di diffida di cui all'articolo 13 del decreto legislativo 23 aprile 2004, n. 124 ([2]).

4. Il prestatore di lavoro accessorio percepisce il proprio compenso dal concessionario di cui al comma 7, successivamente all'accreditamento dei buoni da parte del beneficiario della prestazione di lavoro accessorio. Il compenso è esente da qualsiasi imposizione fiscale e non incide sullo stato di disoccupato o inoccupato del prestatore di lavoro accessorio.

5. Fermo restando quanto disposto dal comma 6, il concessionario provvede al pagamento delle spettanze alla persona che presenta i buoni, effettuando altresì il versamento per suo conto dei contributi previdenziali all'INPS, alla gestione separata di cui all'articolo 2, comma 26, della legge 8 agosto 1995, n. 335, in misura pari al 13 per cento del valore nominale del buono, e per fini assicurativi contro gli infortuni all'INAIL, in misura pari al 7 per cento del valore nominale del buono, e trattiene l'importo autorizzato dal decreto di cui al comma 1, a titolo di rimborso spese. La percentuale relativa al versamento dei contributi previdenziali può essere rideterminata con decreto del Ministro del lavoro e delle politiche sociali, di concerto con il Ministro dell'economia e delle finanze, in funzione degli incrementi delle aliquote contributive per gli iscritti alla gestione separata dell'INPS.

6. In considerazione delle particolari e oggettive condizioni sociali di specifiche categorie di soggetti correlate allo stato di disabilità, di detenzione, di tossicodipendenza o di fruizione di ammortizzatori sociali per i quali è prevista una contribuzione figurativa, utilizzati nell'ambito di progetti promossi da pubbliche amministrazioni, il Ministro del lavoro e delle politiche sociali, con decreto, può stabilire specifiche condizioni, modalità e importi dei buoni orari.

7. Il Ministro del lavoro e delle politiche sociali individua con decreto il concessionario del servizio e regolamenta i criteri e le modalità per il versamento dei contributi di cui al comma 5 e delle relative coperture assicurative e previdenziali. In attesa del decreto ministeriale i concessionari del servizio sono individuati nell'INPS e nelle agenzie per il lavoro di cui agli articoli 4, comma 1, lettere *a*) e *c*) e 6, commi 1, 2 e 3, del decreto legislativo n. 276 del 2003.

8. Fino al 31 dicembre 2015 resta ferma la previgente disciplina per l'utilizzo dei buoni per prestazioni di lavoro accessorio già richiesti alla data di entrata in vigore del presente decreto].

([1]) *Questo articolo è stato abrogato dall'art. 1, comma 1, del D.L. 17 marzo 2017, n. 25, convertito, senza modificazioni, dalla L. 20 aprile 2017, n. 49.*

A norma dell'art. 1, comma 2, del medesimo provvedimento, i buoni per prestazioni di lavoro accessorio richiesti alla data di entrata in vigore del presente decreto possono essere utilizzati fino al 31 dicembre 2017.

([2]) *Questo comma è stato così sostituito dall'art. 1, comma 1, lett.* b), *del D.L.vo 24 settembre 2016, n. 185.*

50. ([1]) [**Coordinamento informativo a fini previdenziali.** – 1. Al fine di verificare, mediante apposita banca dati informativa, l'andamento delle prestazioni di carattere previdenziale e delle relative entrate contributive, conseguenti allo sviluppo delle attività di lavoro accessorio disciplinate dal presente decreto, anche al fine di formulare proposte per adeguamenti normativi delle disposizioni di contenuto economico di cui all'articolo 49, l'INPS e l'INAIL stipulano apposita convenzione con il Ministero del lavoro e delle politiche sociali].

([1]) *Questo articolo è stato abrogato dall'art. 1, comma 1, del D.L. 17 marzo 2017, n. 25, convertito, senza modificazioni, dalla L. 20 aprile 2017, n. 49.*

A norma dell'art. 1, comma 2, del medesimo provvedimento, i buoni per prestazioni di lavoro accessorio richiesti alla data di entrata in vigore del presente decreto possono essere utilizzati fino al 31 dicembre 2017.

Capo VII
Disposizioni finali

51. Norme di rinvio ai contratti collettivi. – 1. Salvo diversa previsione, ai fini del presente decreto, per contratti collettivi si intendono i contratti collettivi nazionali, territoriali o aziendali stipulati da associazioni sindacali comparativamente più rappresentative sul piano nazionale e i contratti collettivi aziendali stipulati dalle loro rappresentanze sindacali aziendali ovvero dalla rappresentanza sindacale unitaria.

52. Superamento del contratto a progetto. – 1. Le disposizioni di cui agli articoli da 61 a 69 *bis* del decreto legislativo n. 276 del 2003 sono abrogate e continuano ad applicarsi esclusivamente per la regolazione dei contratti già in atto alla data di entrata in vigore del presente decreto.

2. Resta salvo quanto disposto dall'articolo 409 del codice di procedura civile.

53. Superamento dell'associazione in partecipazione con apporto di lavoro. – 1. All'articolo 2549 del codice civile sono apportate le seguenti modificazioni: (*Omissis*).

2. I contratti di associazione in partecipazione in atto alla data di entrata in vigore del presente decreto, nei quali l'apporto dell'associato persona fisica consiste, in tutto o in parte, in una prestazione di lavoro, sono fatti salvi fino alla loro cessazione.

54. Stabilizzazione dei collaboratori coordinati e continuativi anche a progetto e di persone titolari di partita IVA. – 1. Al fine di promuovere la stabilizzazione dell'occupazione mediante il ricorso a contratti di lavoro subordinato a tempo indeterminato nonché di garantire il corretto utilizzo dei contratti di lavoro autonomo, a decorrere dal 1° gennaio 2016, i datori di lavoro privati che procedano alla assunzione con contratto di lavoro subordinato a tempo indeterminato di soggetti già parti di contratti di collaborazione coordinata e continuativa anche a progetto e di soggetti titolari di partita IVA con cui abbiano intrattenuto rapporti di lavoro autonomo, godono degli effetti di cui al comma 2 a condizione che:

a) i lavoratori interessati alle assunzioni sottoscrivano, con riferimento a tutte le possibili pretese riguardanti la qualificazione del pregresso rapporto di lavoro, atti di conciliazione in una delle sedi di cui all'articolo 2113, quarto comma, del codice civile, o avanti alle commissioni di certificazione;

b) nei dodici mesi successivi alle assunzioni di cui al comma 2, i datori di lavoro non recedano dal rapporto di lavoro, salvo che per giusta causa ovvero per giustificato motivo soggettivo.

2. L'assunzione a tempo indeterminato alle condizioni di cui al comma 1, lettere *a*) e *b*), comporta l'estinzione degli illeciti amministrativi, contributivi e fiscali connessi all'erronea qualificazione del rapporto di lavoro, fatti salvi gli illeciti accertati a seguito di accessi ispettivi effettuati in data antecedente alla assunzione.

55. Abrogazioni e norme transitorie. – 1. Sono abrogate le seguenti disposizioni di legge:

a) il decreto legislativo 25 febbraio 2000, n. 61;

b) il decreto legislativo 6 settembre 2001, n. 368, salvo quanto previsto al comma 2 e fermo restando quanto disposto dall'articolo 9, comma 28, del decreto legge 31 maggio 2010, n. 78, convertito, con modificazioni, dalla legge 30 luglio 2010, n. 122;

c) l'articolo 3 *bis*, del decreto legge 11 giugno 2002, n. 108, convertito, con modificazioni, dalla legge 31 luglio 2002, n. 172;

d) gli articoli 18, commi 3 e 3 *bis*, da 20 a 28, da 33 a 45, nonché da 70 a 73 del decreto legislativo n. 276 del 2003.

e) l'articolo 3, comma 5, del decreto legislativo 9 aprile 2008, n. 81;

f) l'articolo 32, commi 3, lettera *a*), dalle parole «ovvero alla nullità del termine apposto al contratto di lavoro» fino alle parole «è fissato in 180 giorni», 5 e 6 della legge 4 novembre 2010, n. 183;

g) il decreto legislativo 14 settembre 2011, n. 167, salvo quanto disposto dall'articolo 47, comma 5;

h) l'articolo 1, commi 13 e 30, della legge 28 giugno 2012, n. 92;

i) l'articolo 28, commi da 2 a 6, del decreto legge n. 179 del 2012, convertito, con modificazioni, dalla legge n. 221 del 2012;

l) l'articolo 8 *bis*, comma 2, del decreto legge 12 settembre 2013, n. 104, convertito, con modificazioni, dalla legge 8 novembre 2013, n. 128, e successive modificazioni, fatti salvi, fino alla loro conclusione, i programmi sperimentali per lo svolgimento di periodi di formazione in azienda già attivati;

m) le disposizioni vigenti alla data di entrata in vigore del presente decreto, non espressamente richiamate, che siano incompatibili con la disciplina da esso introdotta.

2. L'articolo 2 del decreto legislativo n. 368 del 2001 è abrogato dal 1° gennaio 2017.

2 *bis*. I contratti di apprendistato per la qualifica e per il diploma professionale, stipulati ai sensi dell'articolo 3 del decreto legislativo 14 settembre 2011, n. 167, in corso alla data di entrata in vigore della presente disposizione, possono essere prorogati fino ad un anno, qualora alla scadenza l'apprendista non abbia conseguito la qualifica o il diploma professionale ([1]).

3. Sino all'emanazione dei decreti richiamati dalle disposizioni del presente decreto legislativo, trovano applicazione le regolamentazioni vigenti.

([1]) *Questo comma è stato inserito dall'art. 1, comma 1, lett. c), del D.L.vo 24 settembre 2016, n. 185.*

56. Copertura finanziaria e clausola di salvaguardia. – 1. Alle minori entrate contributive derivanti dall'attuazione degli articoli 2 e da 52 a 54 del presente decreto, connesse ad un maggior accesso ai benefici contributivi di cui all'articolo 1, comma 118, della legge 23 dicembre 2014, n. 190, valutate in 16 milioni di euro per l'anno 2015, 58 milioni di euro per l'anno 2016, 67 milioni di euro per l'anno 2017, 53 milioni di euro per l'anno 2018 e in 8 milioni di euro per l'anno 2019 si provvede:

a) quanto a 16 milioni di euro per l'anno 2015, 52 milioni di euro per l'anno 2016, 40 milioni di euro per l'anno 2017, 28 milioni di euro per l'anno 2018 mediante corrispondente riduzione del fondo di cui all'articolo 1, comma 107, della legge 23 dicembre 2014, n. 190;

b) quanto a 6 milioni per l'anno 2016, 20 milioni per l'anno 2017, 16 milioni di euro per l'anno 2018 e a 8 milioni di euro per l'anno 2019 mediante le maggiori entrate derivanti dall'attuazione delle medesime disposizioni;

c) quanto a 7 milioni di euro per l'anno 2017 e a 9 milioni di euro per l'anno 2018, mediante utilizzo del Fondo sociale per l'occupazione e la formazione, di cui all'articolo 18, comma 1, lettera *a*), del decreto legge 29 novembre 2008, n. 185, convertito, con modificazioni, dalla legge 28 gennaio 2009, n. 2, in misura pari a 12 milioni di euro per l'anno 2017 e a 15 milioni di euro per l'anno 2018 al fine di garantire la necessaria compensazione sui saldi di finanza pubblica.

2. Ai sensi dell'articolo 17, comma 12, della legge 31 dicembre 2009, n. 196, il Ministero dell'economia e delle finanze e il Ministero del lavoro e delle politiche sociali, anche avvalendosi del sistema permanente di monitoraggio e valutazione istituito ai sensi dell'articolo 1, comma 2, della legge n. 92 del 2012, assicurano, con le risorse umane, strumentali e finanziarie disponibili a legislazione vigente e senza nuovi o maggiori oneri a carico della finanza pubblica, il monitoraggio degli effetti finanziari derivanti dalle disposizioni del presente decreto. Nel caso in cui si verifichino, o siano in procinto di verificarsi, effetti finanziari negativi e in particolare scostamenti rispetto alla valutazione delle minori entrate di cui al comma 1, agli eventuali maggiori oneri si provvede mediante corrispondente riduzione del Fondo di cui all'articolo 1, comma 107, della legge 23 dicembre 2014, n. 190. È conseguentemente accantonato e reso indisponibile sul medesimo Fondo nonché, ai fini degli effetti in termini di fabbisogno e indebitamento netto, sul fondo di cui all' articolo 6, comma 2, del decreto legge 7 ottobre 2008, n. 154, convertito, con modificazioni, dalla legge 4 dicembre 2008, n. 189, un importo complessivo pari al 50 per cento degli oneri indicati al comma 1, alinea, fino all'esito dei monitoraggi annuali previsti nel primo periodo del presente comma. Le somme accantonate e non utilizzate all'esito del monitoraggio sono conservate nel conto dei residui per essere destinate al Fondo sociale per l'occupazione e la formazione, di cui all'articolo 18, comma 1, lettera *a*), del decreto legge 29 novembre 2008, n. 185, convertito, con modificazioni, dalla legge 28 gennaio 2009, n. 2. In tali casi, il Ministro dell'economia e delle finanze riferisce alle Camere con apposita relazione ai sensi dell'articolo 17, comma 12, della legge 31 dicembre 2009, n. 196.

3. Il Ministro dell'economia e delle finanze è autorizzato ad apportare, con propri decreti, le occorrenti variazioni di bilancio.

57. Entrata in vigore. – 1. Il presente decreto entra in vigore il giorno successivo a quello della sua pubblicazione nella *Gazzetta Ufficiale* della Repubblica italiana.

14.

D.L.vo 14 settembre 2015, n. 148. Disposizioni per il riordino della normativa in materia di ammortizzatori sociali in costanza di rapporto di lavoro, in attuazione della legge 10 dicembre 2014, n. 183 (Suppl. ord. alla *Gazzetta Ufficiale* Serie gen. - n. 221 del 23 settembre 2015).

Titolo I
Trattamenti di integrazione salariale

Capo I
Disposizioni generali

1. Lavoratori beneficiari. – 1. Sono destinatari dei trattamenti di integrazione salariale di cui al presente titolo i lavoratori assunti con contratto di lavoro subordinato, ivi compresi gli apprendisti di cui all'articolo 2, con esclusione dei dirigenti e dei lavoratori a domicilio.

2. I lavoratori di cui al comma 1 devono possedere, presso l'unità produttiva per la quale è richiesto il trattamento, un'anzianità di effettivo lavoro di almeno novanta giorni alla data di presentazione della relativa domanda di concessione. Tale condizione non è necessaria per le domande relative a trattamenti ordinari di integrazione salariale per eventi oggettivamente non evitabili [nel settore industriale] ([1]).

3. Ai fini del requisito di cui al comma 2, l'anzianità di effettivo lavoro del lavoratore che passa alle dipendenze dell'impresa subentrante nell'appalto, si computa tenendo conto del periodo durante il quale il lavoratore è stato impiegato nell'attività appaltata.

([1]) *Le parole fra parentesi quadrate sono state soppresse dall'art. 1, comma 308, della L. 28 dicembre 2015, n. 208.*

2. Apprendisti. – 1. Sono destinatari dei trattamenti di integrazione salariale i lavoratori assunti con contratto di apprendistato professionalizzante.

2. Gli apprendisti di cui al comma 1, che sono alle dipendenze di imprese per le quali trovano applicazione le sole integrazioni salariali straordinarie, sono destinatari dei trattamenti straordinari di integrazione salariale, limitatamente alla causale di intervento per crisi aziendale di cui all'articolo 21, comma 1, lettera *b*). Nei casi in cui l'impresa rientri nel campo di applicazione sia delle integrazioni salariali ordinarie che di quelle straordinarie, oppure delle sole integrazioni salariali ordinarie, gli apprendisti di cui al comma 1 sono destinatari esclusivamente dei trattamenti ordinari di integrazione salariale.

3. Nei riguardi degli apprendisti di cui al comma 1 sono estesi gli obblighi contributivi previsti per le integrazioni salariali di cui essi sono destinatari. Restano fermi gli obblighi di cui all'articolo 1, comma 773, della legge 27 dicembre 2006, n. 296, e successive modificazioni. Alle contribuzioni di cui al primo periodo non si applicano le disposizioni di cui all'articolo 22, comma 1, della legge 12 novembre 2011, n. 183.

4. Alla ripresa dell'attività lavorativa a seguito di sospensione o riduzione dell'orario di lavoro, il periodo di apprendistato è prorogato in misura equivalente all'ammontare delle ore di integrazione salariale fruite.

3. Misura. – 1. Il trattamento di integrazione salariale ammonta all'80 per cento della retribuzione globale che sarebbe spettata al lavoratore per le ore di lavoro non prestate, comprese fra le ore zero e il limite dell'orario contrattuale. Il trattamento si calcola tenendo conto dell'orario di ciascuna settimana indipendentemente dal periodo di paga. Nel caso in cui la riduzione dell'orario di lavoro sia effettuata con ripartizione dell'orario su periodi ultrasettimanali predeterminati, l'integrazione è dovuta, nei limiti di cui ai periodi precedenti, sulla base della durata media settimanale dell'orario nel periodo ultrasettimanale considerato.

2. Ai lavoratori con retribuzione fissa periodica, la cui retribuzione sia ridotta in conformità di norme contrattuali per effetto di una contrazione di attività, l'integrazione è dovuta entro i limiti di cui al comma 1, ragguagliando ad ora la retribuzione fissa goduta in rapporto all'orario normalmente praticato.

3. Agli effetti dell'integrazione le indennità accessorie alla retribuzione base, corrisposte con riferimento alla giornata lavorativa, sono computate secondo i criteri stabiliti dalle disposizioni di legge e di contratto collettivo che regolano le indennità stesse, ragguagliando in ogni caso ad ora la misura delle indennità in rapporto a un orario di otto ore.

4. Per i lavoratori retribuiti a cottimo e per quelli retribuiti in tutto o in parte con premi di produzione, interessenze e simili, l'integrazione è riferita al guadagno medio orario percepito nel

periodo di paga per il quale l'integrazione è dovuta.

5. L'importo del trattamento di cui al comma 1 è soggetto alle disposizioni di cui all'articolo 26 della legge 28 febbraio 1986, n. 41, e non può superare per l'anno 2015 gli importi massimi mensili seguenti, comunque rapportati alle ore di integrazione salariale autorizzate e per un massimo di dodici mensilità, comprensive dei ratei di mensilità aggiuntive:

a) euro 971,71 quando la retribuzione mensile di riferimento per il calcolo del trattamento, comprensiva dei ratei di mensilità aggiuntive, è pari o inferiore a euro 2.102,24;

b) euro 1.167,91 quando la retribuzione mensile di riferimento per il calcolo del trattamento, comprensiva dei ratei di mensilità aggiuntive, è superiore a euro 2.102,24.

6. Con effetto dal 1° gennaio di ciascun anno, a decorrere dall'anno 2016, gli importi del trattamento di cui alle lettere *a*) e *b*) del comma 5, nonché la retribuzione mensile di riferimento di cui alle medesime lettere, sono aumentati nella misura del 100 per cento dell'aumento derivante dalla variazione annuale dell'indice ISTAT dei prezzi al consumo per le famiglie degli operai e impiegati.

7. Il trattamento di integrazione salariale sostituisce in caso di malattia l'indennità giornaliera di malattia, nonché la eventuale integrazione contrattualmente prevista.

8. L'integrazione non è dovuta per le festività non retribuite e per le assenze che non comportino retribuzione.

9. Ai lavoratori beneficiari dei trattamenti di integrazione salariale spetta, in rapporto al periodo di paga adottato e alle medesime condizioni dei lavoratori a orario normale, l'assegno per il nucleo familiare di cui all'articolo 2 del decreto legge 13 marzo 1988, n. 69, convertito, con modificazioni, dalla legge 13 maggio 1988, n. 153, e successive modificazioni.

10. Gli importi massimi di cui al comma 5 devono essere incrementati, in relazione a quanto disposto dall'articolo 2, comma 17, della legge 28 dicembre 1995, n. 549, nella misura ulteriore del 20 per cento per i trattamenti di integrazione salariale concessi in favore delle imprese del settore edile e lapideo per intemperie stagionali.

4. Durata massima complessiva. – 1. Per ciascuna unità produttiva, il trattamento ordinario e quello straordinario di integrazione salariale non possono superare la durata massima complessiva di 24 mesi in un quinquennio mobile, fatto salvo quanto previsto all'articolo 22, comma 5.

2. Per le imprese industriali e artigiane dell'edilizia e affini, nonché per le imprese di cui all'articolo 10, comma 1, lettere *n*) e *o*), per ciascuna unità produttiva il trattamento ordinario e quello straordinario di integrazione salariale non possono superare la durata massima complessiva di 30 mesi in un quinquennio mobile.

5. Contribuzione addizionale. – 1. A carico delle imprese che presentano domanda di integrazione salariale è stabilito un contributo addizionale, in misura pari a:

a) 9 per cento della retribuzione globale che sarebbe spettata al lavoratore per le ore di lavoro non prestate, relativamente ai periodi di integrazione salariale ordinaria o straordinaria fruiti all'interno di uno o più interventi concessi sino a un limite complessivo di 52 settimane in un quinquennio mobile;

b) 12 per cento oltre il limite di cui alla lettera *a*) e sino a 104 settimane in un quinquennio mobile;

c) 15 per cento oltre il limite di cui alla lettera *b*), in un quinquennio mobile.

6. Contribuzione figurativa. – 1. I periodi di sospensione o riduzione dell'orario di lavoro per i quali è ammessa l'integrazione salariale sono riconosciuti utili ai fini del diritto e della misura alla pensione anticipata o di vecchiaia. Per detti periodi il contributo figurativo è calcolato sulla base della retribuzione globale cui è riferita l'integrazione salariale.

2. Le somme occorrenti alla copertura della contribuzione figurativa sono versate, a carico della gestione o fondo di competenza, al fondo pensionistico di appartenenza del lavoratore beneficiario.

7. Modalità di erogazione e termine per il rimborso delle prestazioni. – 1. Il pagamento delle integrazioni salariali è effettuato dall'impresa ai dipendenti aventi diritto alla fine di ogni periodo di paga.

2. L'importo delle integrazioni è rimborsato dall'INPS all'impresa o conguagliato da questa secondo le norme per il conguaglio fra contributi dovuti e prestazioni corrisposte.

3. Per i trattamenti richiesti a decorrere dalla data di entrata in vigore del presente decreto

o, se richiesti antecedentemente, non ancora conclusi entro tale data, il conguaglio o la richiesta di rimborso delle integrazioni corrisposte ai lavoratori devono essere effettuati, a pena di decadenza, entro sei mesi dalla fine del periodo di paga in corso alla scadenza del termine di durata della concessione o dalla data del provvedimento di concessione se successivo. Per i trattamenti conclusi prima della data di entrata in vigore del presente decreto, i sei mesi di cui al primo periodo decorrono da tale data.

4. Nel caso delle integrazioni salariali ordinarie, la sede dell'INPS territorialmente competente può autorizzare il pagamento diretto, con il connesso assegno per il nucleo familiare, ove spettante, in presenza di serie e documentate difficoltà finanziarie dell'impresa, su espressa richiesta di questa.

5. Nel caso delle integrazioni salariali straordinarie, il Ministero del lavoro e delle politiche sociali può autorizzare, contestualmente al trattamento di integrazione salariale, il pagamento diretto da parte dell'INPS, con il connesso assegno per il nucleo familiare, ove spettante, in presenza di serie e documentate difficoltà finanziarie dell'impresa, fatta salva la successiva revoca nel caso in cui il servizio competente accerti l'assenza di difficoltà di ordine finanziario della stessa.

8. Condizionalità e politiche attive del lavoro. – 1. I lavoratori beneficiari di integrazioni salariali per i quali è programmata una sospensione o riduzione superiore al 50 per cento dell'orario di lavoro, calcolato in un periodo di 12 mesi, sono soggetti alle disposizioni di cui all'articolo 22 del decreto legislativo adottato in attuazione dell'articolo 1, comma 3, della legge 10 dicembre 2014, n. 183.

2. Il lavoratore che svolga attività di lavoro autonomo o subordinato durante il periodo di integrazione salariale non ha diritto al trattamento per le giornate di lavoro effettuate.

3. Il lavoratore decade dal diritto al trattamento di integrazione salariale nel caso in cui non abbia provveduto a dare preventiva comunicazione alla sede territoriale dell'INPS dello svolgimento dell'attività di cui al comma 2. Le comunicazioni a carico dei datori di lavoro e delle imprese fornitrici di lavoro temporaneo, di cui all'articolo 4 *bis* del decreto legislativo 21 aprile 2000, n. 181, sono valide al fine dell'assolvimento degli obblighi di comunicazione di cui al presente comma.

Capo II
Integrazioni salariali ordinarie

9. Gestione di appartenenza delle integrazioni salariali ordinarie. – 1. I trattamenti ordinari di integrazione salariale afferiscono alla Gestione prestazioni temporanee dei lavoratori dipendenti istituita presso l'INPS, di cui all'articolo 24 della legge 9 marzo 1989, n. 88, che eroga le relative prestazioni e riceve i relativi contributi ordinari e addizionali, di cui all'articolo 13.

2. La gestione di cui al comma 1 evidenzia, per ciascun trattamento, le prestazioni e la contribuzione ordinaria e addizionale.

10. Campo di applicazione. – 1. La disciplina delle integrazioni salariali ordinarie e i relativi obblighi contributivi si applicano a:

a) imprese industriali manifatturiere, di trasporti, estrattive, di installazione di impianti, produzione e distribuzione dell'energia, acqua e gas;

b) cooperative di produzione e lavoro che svolgano attività lavorative similari a quella degli operai delle imprese industriali, ad eccezione delle cooperative elencate dal Decreto del Presidente della Repubblica 30 aprile 1970, n. 602;

c) imprese dell'industria boschiva, forestale e del tabacco;

d) cooperative agricole, zootecniche e loro consorzi che esercitano attività di trasformazione, manipolazione e commercializzazione di prodotti agricoli propri per i soli dipendenti con contratto di lavoro a tempo indeterminato;

e) imprese addette al noleggio e alla distribuzione dei film e di sviluppo e stampa di pellicola cinematografica;

f) imprese industriali per la frangitura delle olive per conto terzi;

g) imprese produttrici di calcestruzzo preconfezionato;

h) imprese addette agli impianti elettrici e telefonici;

i) imprese addette all'armamento ferroviario;

l) imprese industriali degli enti pubblici, salvo il caso in cui il capitale sia interamente di proprietà pubblica;

m) imprese industriali e artigiane dell'edilizia e affini;

n) imprese industriali esercenti l'attività di escavazione e/o lavorazione di materiale lapideo;

o) imprese artigiane che svolgono attività di escavazione e di lavorazione di materiali lapidei, con esclusione di quelle che svolgono tale attività di lavorazione in laboratori con strutture e organizzazione distinte dalla attività di escavazione.

11. Causali. - 1. Ai dipendenti delle imprese indicate all'articolo 10, che siano sospesi dal lavoro o effettuino prestazioni di lavoro a orario ridotto è corrisposta l'integrazione salariale ordinaria nei seguenti casi:

a) situazioni aziendali dovute a eventi transitori e non imputabili all'impresa o ai dipendenti, incluse le intemperie stagionali;

b) situazioni temporanee di mercato.

12. Durata. - 1. Le integrazioni salariali ordinarie sono corrisposte fino a un periodo massimo di 13 settimane continuative, prorogabile trimestralmente fino a un massimo complessivo di 52 settimane.

2. Qualora l'impresa abbia fruito di 52 settimane consecutive di integrazione salariale ordinaria, una nuova domanda può essere proposta per la medesima unità produttiva per la quale l'integrazione è stata concessa, solo quando sia trascorso un periodo di almeno 52 settimane di normale attività lavorativa.

3. L'integrazione salariale ordinaria relativa a più periodi non consecutivi non può superare complessivamente la durata di 52 settimane in un biennio mobile.

4. Le disposizioni di cui ai commi 2 e 3 non trovano applicazione relativamente agli interventi determinati da eventi oggettivamente non evitabili, ad eccezione dei trattamenti richiesti da imprese di cui all'articolo 10, lettere *m*), *n*), e *o*).

5. Nei limiti di durata definiti nei commi da 1 a 4, non possono essere autorizzate ore di integrazione salariale ordinaria eccedenti il limite di un terzo delle ore ordinarie lavorabili nel biennio mobile, con riferimento a tutti i lavoratori dell'unità produttiva mediamente occupati nel semestre precedente la domanda di concessione dell'integrazione salariale.

6. Con riferimento all'unità produttiva oggetto di sospensione o riduzione dell'orario di lavoro, nella domanda di concessione dell'integrazione salariale l'impresa comunica il numero dei lavoratori mediamente occupati nel semestre precedente, distinti per orario contrattuale.

13. Contribuzione. - 1. A carico delle imprese di cui all'articolo 10 è stabilito un contributo ordinario, nella misura di:

a) 1,70 per cento della retribuzione imponibile ai fini previdenziali per i dipendenti delle imprese industriali che occupano fino a 50 dipendenti;

b) 2,00 per cento della retribuzione imponibile ai fini previdenziali per i dipendenti delle imprese industriali che occupano oltre 50 dipendenti;

c) 4,70 per cento della retribuzione imponibile ai fini previdenziali per gli operai delle imprese dell'industria e artigianato edile;

d) 3,30 per cento della retribuzione imponibile ai fini previdenziali per gli operai delle imprese dell'industria e artigianato lapidei;

e) 1,70 per cento della retribuzione imponibile ai fini previdenziali per gli impiegati e quadri delle imprese dell'industria e artigianato edile e lapidei che occupano fino a 50 dipendenti;

f) 2,00 per cento della retribuzione imponibile ai fini previdenziali per gli impiegati e quadri delle imprese dell'industria e artigianato edile e lapidei che occupano oltre 50 dipendenti.

2. Ai fini della determinazione del limite di dipendenti, indicato al comma 1, il limite anzidetto è determinato, con effetto dal 1° gennaio di ciascun anno, sulla base del numero medio di dipendenti in forza nell'anno precedente dichiarato dall'impresa. Per le imprese costituite nel corso dell'anno solare si fa riferimento al numero di dipendenti alla fine del primo mese di attività. L'impresa è tenuta a fornire all'INPS apposita dichiarazione al verificarsi di eventi che, modificando la forza lavoro in precedenza comunicata, influiscano ai fini del limite di cui al comma 1. Agli effetti di cui al presente articolo sono da comprendersi nel calcolo tutti i lavoratori, compresi i lavoratori a domicilio e gli apprendisti, che prestano la propria opera con vincolo di subordinazione sia all'interno che all'esterno dell'azienda.

3. A carico delle imprese che presentano domanda di integrazione salariale ordinaria è stabilito il contributo addizionale di cui all'articolo 5. Il contributo addizionale non è dovuto per gli interventi concessi per eventi oggettivamente non evitabili.

14. Informazione e consultazione sindacale. - 1. Nei casi di sospensione o riduzione dell'attività produttiva, l'impresa è tenuta a comunicare preventivamente alle rappresentanze sindacali aziendali o alla rappresentanza sindacale unitaria, ove esistenti, nonché alle articolazioni territoriali delle associazioni sindacali comparativamente più rappresentative a livello nazionale, le cause di sospensione o di riduzione dell'orario di lavoro, l'entità e la durata prevedibile, il numero dei lavoratori interessati.

2. A tale comunicazione segue, su richiesta di una delle parti, un esame congiunto della situazione avente a oggetto la tutela degli interessi dei lavoratori in relazione alla crisi dell'impresa.

3. L'intera procedura deve esaurirsi entro 25 giorni dalla data della comunicazione di cui al comma 1, ridotti a 10 per le imprese fino a 50 dipendenti.

4. Nei casi di eventi oggettivamente non evitabili che rendano non differibile la sospensione o la riduzione dell'attività produttiva, l'impresa è tenuta a comunicare ai soggetti di cui al comma 1 la durata prevedibile della sospensione o riduzione e il numero dei lavoratori interessati. Quando la sospensione o riduzione dell'orario di lavoro sia superiore a sedici ore settimanali si procede, a richiesta dell'impresa o dei soggetti di cui al comma 1, da presentarsi entro tre giorni dalla comunicazione di cui al primo periodo, a un esame congiunto in ordine alla ripresa della normale attività produttiva e ai criteri di distribuzione degli orari di lavoro. La procedura deve esaurirsi entro i cinque giorni successivi a quello della richiesta.

5. Per le imprese dell'industria e dell'artigianato edile e dell'industria e dell'artigianato lapidei, le disposizioni di cui ai commi da 1 a 4 si applicano limitatamente alle richieste di proroga dei trattamenti con sospensione dell'attività lavorativa oltre le 13 settimane continuative.

6. All'atto della presentazione della domanda di concessione di integrazione salariale deve essere data comunicazione dell'esecuzione degli adempimenti di cui al presente articolo.

15. Procedimento. – 1. Per l'ammissione al trattamento ordinario di integrazione salariale, l'impresa presenta in via telematica all'INPS domanda di concessione nella quale devono essere indicati la causa della sospensione o riduzione dell'orario di lavoro e la presumibile durata, i nominativi dei lavoratori interessati e le ore richieste.

Tali informazioni sono inviate dall'INPS alle Regioni e Province Autonome, per il tramite del sistema informativo unitario delle politiche del lavoro, ai fini delle attività e degli obblighi di cui all'articolo 8, comma 1.

2. La domanda deve essere presentata entro il termine di 15 giorni dall'inizio della sospensione o riduzione dell'attività lavorativa fatte salve le domande per eventi oggettivamente non evitabili, per le quali si applica il termine della fine del mese successivo a quello in cui si è verificato l'evento ([1]).

3. Qualora la domanda venga presentata dopo il termine indicato nel comma 2, l'eventuale trattamento di integrazione salariale non potrà aver luogo per periodi anteriori di una settimana rispetto alla data di presentazione.

4. Qualora dalla omessa o tardiva presentazione della domanda derivi a danno dei lavoratori la perdita parziale o totale del diritto all'integrazione salariale, l'impresa è tenuta a corrispondere ai lavoratori stessi una somma di importo equivalente all'integrazione salariale non percepita.

([1]) *Le parole: «fatte salve le domande per eventi oggettivamente non evitabili, per le quali si applica il termine della fine del mese successivo a quello in cui si è verificato l'evento.» sono state inserite dall'art. 2, comma 1, lett.* a)*, del D.L.vo 24 settembre 2016, n. 185.*

16. Concessione. – 1. A decorrere dal 1° gennaio 2016 le integrazioni salariali ordinarie sono concesse dalla sede dell'INPS territorialmente competente.

2. Con decreto del Ministro del lavoro e delle politiche sociali, da adottare entro sessanta giorni dalla data di entrata in vigore del presente decreto, sono definiti i criteri di esame delle domande di concessione.

17. Ricorsi. – 1. Avverso il provvedimento di rigetto della domanda di trattamento di integrazione salariale è ammesso ricorso, entro trenta giorni dalla comunicazione da parte dell'INPS, al comitato di cui all'articolo 25 della legge n. 88 del 1989.

18. Disposizioni particolari per le imprese del settore agricolo. – 1. Restano in vigore le disposizioni di cui agli articoli 8 e seguenti della legge 8 agosto 1972, n. 457, e successive modificazioni per quanto compatibili con il presente decreto.

2. La disposizione di cui all'articolo 3, comma 5, non si applica, limitatamente alla previsione di importi massimi delle prestazioni, ai trattamenti concessi per intemperie stagionali nel settore agricolo.

Capo III
Integrazioni salariali straordinarie

19. Gestione di appartenenza delle integrazioni salariali straordinarie. – 1. I trattamenti straordinari di integrazione salariale afferiscono alla Gestione degli interventi assistenziali e di sostegno alle gestioni previdenziali istituita presso l'INPS, di cui all'articolo 37 della legge n. 88 del 1989, che eroga le relative prestazioni e riceve i relativi contributi ordinari e addizionali, di cui all'articolo 23.

2. La gestione di cui al comma 1 evidenzia l'apporto dello Stato, le prestazioni e la contribuzione ordinaria e addizionale.

20. Campo di applicazione. – 1. La disciplina in materia di intervento straordinario di integrazione salariale e i relativi obblighi contributivi trovano applicazione in relazione alle seguenti imprese, che nel semestre precedente la data di presentazione della domanda, abbiano occupato mediamente più di quindici dipendenti, inclusi gli apprendisti e i dirigenti:

a) imprese industriali, comprese quelle edili e affini;

b) imprese artigiane che procedono alla sospensione dei lavoratori in conseguenza di sospensioni o riduzioni dell'attività dell'impresa che esercita l'influsso gestionale prevalente;

c) imprese appaltatrici di servizi di mensa o ristorazione, che subiscano una riduzione di attività in dipendenza di situazioni di difficoltà dell'azienda appaltante, che abbiano comportato per quest'ultima il ricorso al trattamento ordinario o straordinario di integrazione salariale;

d) imprese appaltatrici di servizi di pulizia, anche se costituite in forma di cooperativa, che subiscano una riduzione di attività in conseguenza della riduzione delle attività dell'azienda appaltante, che abbia comportato per quest'ultima il ricorso al trattamento straordinario di integrazione salariale;

e) imprese dei settori ausiliari del servizio ferroviario, ovvero del comparto della produzione e della manutenzione del materiale rotabile;

f) imprese cooperative di trasformazione di prodotti agricoli e loro consorzi;

g) imprese di vigilanza.

2. La disciplina in materia di intervento straordinario di integrazione salariale e i relativi obblighi contributivi trovano altresì applicazione in relazione alle seguenti imprese, che nel semestre precedente la data di presentazione della domanda, abbiano occupato mediamente più di cinquanta dipendenti, inclusi gli apprendisti e i dirigenti:

a) imprese esercenti attività commerciali, comprese quelle della logistica;

b) agenzie di viaggio e turismo, compresi gli operatori turistici.

3. La medesima disciplina e i medesimi obblighi contributivi trovano applicazione, a prescindere dal numero dei dipendenti, in relazione alle categorie seguenti:

a) imprese del trasporto aereo e di gestione aeroportuale e società da queste derivate, nonché imprese del sistema aereoportuale;

b) partiti e movimenti politici e loro rispettive articolazioni e sezioni territoriali, nei limiti di spesa di 8,5 milioni di euro per l'anno 2015 e di 11,25 milioni di euro annui a decorrere dall'anno 2016, a condizione che risultino iscritti nel registro di cui all'articolo 4, comma 2, del decreto legge 28 dicembre 2013, n. 149, convertito, con modificazioni, dalla legge 21 febbraio 2014, n. 13.

4. Nel caso di richieste presentate prima che siano trascorsi sei mesi dal trasferimento di azienda, il requisito relativo alla classe dimensionale deve sussistere, per l'impresa subentrante, nel periodo decorrente dalla data del predetto trasferimento.

5. Si ha influsso gestionale prevalente ai fini di cui al comma 1, lettera *b*), quando in relazione ai contratti aventi ad oggetto l'esecuzione di opere o la prestazione di servizi o la produzione di beni o semilavorati costituenti oggetto dell'attività produttiva o commerciale dell'impresa committente, la somma dei corrispettivi risultanti dalle fatture emesse dall'impresa destinataria delle commesse nei confronti dell'impresa committente, acquirente o somministrata abbia superato, nel biennio precedente, il cinquanta per cento del complessivo fatturato dell'impresa destinataria delle commesse, secondo quanto emerge dall'elenco dei clienti e dei fornitori ai sensi dell'articolo 21, comma 1, del decreto legge 31 maggio 2010, n. 78, convertito con modificazioni dalla legge 30 luglio 2010, n. 122, e successive modificazioni.

6. Resta fermo quanto disposto dall'articolo 37 della legge 5 agosto 1981, n. 416, e successive modificazioni e dall'articolo 7, comma 10 *ter*, del decreto legge 20 maggio 1993, n. 148, convertito, con modificazioni, dalla legge 19 luglio 1993, n. 236 ([1]).

([1]) *Questo comma è stato così sostituito dall'art. 4, comma 1, del D.L.vo 15 maggio 2017, n. 69, a decorrere dal 1° gennaio 2018.*

Si riporta il testo previgente:

«6. Resta fermo quanto disposto dagli articoli 35 e 37 della legge 5 agosto 1981, n. 416, e successive modificazioni e dall'articolo 7, comma 10 ter, *del decreto legge 20 maggio 1993, n. 148, convertito con modificazioni dalla legge 19 luglio 1993, n. 236».*

21. Causali di intervento. – 1. L'intervento straordinario di integrazione salariale può essere richiesto quando la sospensione o la riduzione dell'attività lavorativa sia determinata da una delle seguenti causali:

a) riorganizzazione aziendale;

b) crisi aziendale, ad esclusione, a decorrere dal 1° gennaio 2016, dei casi di cessazione dell'attività produttiva dell'azienda o di un ramo di essa;

c) contratto di solidarietà.

2. Il programma di riorganizzazione aziendale di cui al comma 1, lettera *a*), deve presentare un piano di interventi volto a fronteggiare le inefficienze della struttura gestionale o produttiva e deve contenere indicazioni sugli investimenti e sull'eventuale attività di formazione dei lavoratori. Tale programma deve, in ogni caso, essere finalizzato a un consistente recupero occupazionale del personale interessato alle sospensioni o alle riduzioni dell'orario di lavoro.

3. Il programma di crisi aziendale di cui al comma 1, lettera *b*), deve contenere un piano di risanamento volto a fronteggiare gli squilibri di natura produttiva, finanziaria, gestionale o derivanti da condizionamenti esterni. Il piano deve indicare gli interventi correttivi da affrontare e gli obiettivi concretamente raggiungibili finalizzati alla continuazione dell'attività aziendale e alla salvaguardia occupazionale.

4. In deroga agli articoli 4, comma 1, e 22, comma 2, entro il limite di spesa di 50 milioni di euro per ciascuno degli anni 2016, 2017 e 2018, può essere autorizzato, sino a un limite massimo rispettivamente di dodici, nove e sei mesi e previo accordo stipulato in sede governativa al Ministero del lavoro e delle politiche sociali, anche in presenza del Ministero dello sviluppo economico, un ulteriore intervento di integrazione salariale straordinaria qualora all'esito del programma di crisi aziendale di cui al comma 3, l'impresa cessi l'attività produttiva e sussistano concrete prospettive di rapida cessione dell'azienda e di un conseguente riassorbimento occupazionale. A tal fine il Fondo sociale per occupazione e formazione, di cui all'articolo 18, comma 1, lettera *a*), del decreto legge 29 novembre 2008, n. 185, convertito, con modificazioni, dalla legge 28 gennaio 2009, n. 2, è incrementato dell'importo di cui al primo periodo per ciascuno degli anni 2016, 2017 e 2018. Al fine del monitoraggio della relativa spesa gli accordi di cui al primo periodo del presente comma sono trasmessi al Ministero dell'economia e delle finanze. Con decreto del Ministro del lavoro e delle politiche sociali, di concerto con il Ministro dell'economia e delle finanze, da adottare entro 60 giorni dall'entrata in vigore del presente decreto, sono definiti i criteri per l'applicazione del presente comma.

5. Il contratto di solidarietà di cui al comma 1, lettera *c*), è stipulato dall'impresa attraverso contratti collettivi aziendali ai sensi dell'articolo 51 del decreto legislativo 15 giugno 2015, n. 81, che stabiliscono una riduzione dell'orario di lavoro al fine di evitare, in tutto o in parte, la riduzione o la dichiarazione di esubero del personale anche attraverso un suo più razionale impiego. La riduzione media oraria non può essere superiore al 60 per cento dell'orario giornaliero, settimanale o mensile dei lavoratori interessati al contratto di solidarietà. Per ciascun lavoratore, la percentuale di riduzione complessiva dell'orario di lavoro non può essere superiore al 70 per cento nell'arco dell'intero periodo per il quale il contratto di solidarietà è stipulato. Il trattamento retributivo perso va determinato inizialmente non tenendo conto degli aumenti retributivi previsti da contratti collettivi aziendali nel periodo di sei mesi antecedente la stipula del contratto di solidarietà. Il trattamento di integrazione salariale è ridotto in corrispondenza di eventuali successivi aumenti retributivi intervenuti in sede di contrattazione aziendale. Gli accordi di cui al primo periodo devono specificare le modalità attraverso le quali l'impresa, per soddisfare temporanee esigenze di maggior lavoro, può modificare in aumento, nei limiti del normale orario di lavoro, l'orario ridotto. Il maggior lavoro prestato comporta una corrispondente riduzione del trattamento di integrazione salariale. Le quote di accantonamento del trattamento di fine rapporto relative alla retribuzione persa a seguito della riduzione dell'orario di lavoro sono a carico della gestione di afferenza, ad eccezione di quelle relative a lavoratori licenziati per motivo oggettivo o nell'ambito di una procedura di licenziamento collettivo, entro 90 giorni dal termine del periodo di fruizione del trattamento di integrazione salariale, ovvero entro 90 giorni dal termine del periodo di fruizione di un

ulteriore trattamento straordinario di integrazione salariale concesso entro 120 giorni dal termine del trattamento precedente.

6. L'impresa non può richiedere l'intervento straordinario di integrazione salariale per le unità produttive per le quali abbia richiesto, con riferimento agli stessi periodi e per causali sostanzialmente coincidenti, l'intervento ordinario.

22. Durata. – 1. Per la causale di riorganizzazione aziendale di cui all'articolo 21, comma 1, lettera *a*), e relativamente a ciascuna unità produttiva, il trattamento straordinario di integrazione salariale può avere una durata massima di 24 mesi, anche continuativi, in un quinquennio mobile.

2. Per la causale di crisi aziendale di cui all'articolo 21, comma 1, lettera *b*), e relativamente a ciascuna unità produttiva, il trattamento straordinario di integrazione salariale può avere una durata massima di 12 mesi, anche continuativi. Una nuova autorizzazione non può essere concessa prima che sia decorso un periodo pari a due terzi di quello relativo alla precedente autorizzazione.

3. Per la causale di contratto di solidarietà di cui all'articolo 21, comma 1, lettera *c*), e relativamente a ciascuna unità produttiva, il trattamento straordinario di integrazione salariale può avere una durata massima di 24 mesi, anche continuativi, in un quinquennio mobile. Alle condizioni previste dal comma 5, la durata massima può raggiungere 36 mesi, anche continuativi, nel quinquennio mobile.

4. Per le causali di riorganizzazione aziendale e crisi aziendale, possono essere autorizzate sospensioni del lavoro soltanto nel limite dell'80 per cento delle ore lavorabili nell'unità produttiva nell'arco di tempo di cui al programma autorizzato.

5. Ai fini del calcolo della durata massima complessiva di cui all'articolo 4, comma 1, la durata dei trattamenti per la causale di contratto di solidarietà viene computata nella misura della metà per la parte non eccedente i 24 mesi e per intero per la parte eccedente.

6. La disposizione di cui al comma 5 non si applica alle imprese edili e affini.

23. Contribuzione. – 1. È stabilito un contributo ordinario nella misura dello 0,90 per cento della retribuzione imponibile ai fini previdenziali dei lavoratori per i quali trova applicazione la disciplina delle integrazioni salariali straordinarie, di cui 0,60 per cento a carico dell'impresa o del partito politico e 0,30 per cento a carico del lavoratore.

2. A carico delle imprese o dei partiti politici che presentano domanda di integrazione salariale straordinaria è stabilito il contributo addizionale di cui all'articolo 5.

24. Consultazione sindacale. – 1. L'impresa che intende richiedere il trattamento straordinario di integrazione salariale per le causali di cui all'articolo 21, comma 1, lettere *a*), e *b*), è tenuta a comunicare, direttamente o tramite l'associazione imprenditoriale cui aderisce o conferisce mandato, alle rappresentanze sindacali aziendali o alla rappresentanza sindacale unitaria, nonché alle articolazioni territoriali delle associazioni sindacali comparativamente più rappresentative a livello nazionale, le cause di sospensione o di riduzione dell'orario di lavoro, l'entità e la durata prevedibile, il numero dei lavoratori interessati.

2. Entro tre giorni dalla predetta comunicazione è presentata dall'impresa o dai soggetti di cui al comma 1, domanda di esame congiunto della situazione aziendale. Tale domanda è trasmessa, ai fini della convocazione delle parti, al competente ufficio individuato dalla regione del territorio di riferimento, qualora l'intervento richiesto riguardi unità produttive ubicate in una sola regione, o al Ministero del lavoro e delle politiche sociali, qualora l'intervento riguardi unità produttive ubicate in più regioni. In tale caso il Ministero richiede, comunque, il parere delle regioni interessate.

3. Costituiscono oggetto dell'esame congiunto il programma che l'impresa intende attuare, comprensivo della durata e del numero dei lavoratori interessati alla sospensione o riduzione di orario e delle ragioni che rendono non praticabili forme alternative di riduzioni di orario, nonché delle misure previste per la gestione delle eventuali eccedenze di personale, i criteri di scelta dei lavoratori da sospendere, che devono essere coerenti con le ragioni per le quali è richiesto l'intervento, e le modalità della rotazione tra i lavoratori o le ragioni tecnico-organizzative della mancata adozione di meccanismi di rotazione.

4. Salvo il caso di richieste di trattamento presentate da imprese edili e affini, le parti devono espressamente dichiarare la non percorribilità della causale di contratto di solidarietà di cui all'articolo 21, comma 1, lettera *c*).

5. L'intera procedura di consultazione, attivata dalla richiesta di esame congiunto, si esaurisce entro i 25 giorni successivi a quello in cui è stata

avanzata la richiesta medesima, ridotti a 10 per le imprese che occupano fino a 50 dipendenti.

6. Con decreto del Ministro del lavoro e delle politiche sociali, di concerto con il Ministro dell'economia e delle finanze, da adottare entro 60 giorni dall'entrata in vigore del presente decreto, è definito l'incremento della contribuzione addizionale, applicabile a titolo di sanzione per il mancato rispetto delle modalità di rotazione tra i lavoratori di cui al comma 3.

25. Procedimento. – 1. La domanda di concessione di trattamento straordinario di integrazione salariale è presentata entro sette giorni dalla data di conclusione della procedura di consultazione sindacale o dalla data di stipula dell'accordo collettivo aziendale relativo al ricorso all'intervento e deve essere corredata dell'elenco nominativo dei lavoratori interessati dalle sospensioni o riduzioni di orario. Tali informazioni sono inviate dall'INPS alle Regioni e Province Autonome, per il tramite del sistema informativo unitario delle politiche del lavoro, ai fini delle attività e degli obblighi di cui all'articolo 8, comma 1. Per le causali di cui all'articolo 21, comma 1, lettere *a*), e *b*), nella domanda di concessione dell'integrazione salariale l'impresa comunica inoltre il numero dei lavoratori mediamente occupati presso l'unità produttiva oggetto dell'intervento nel semestre precedente, distinti per orario contrattuale.

2. La sospensione o la riduzione dell'orario così come concordata tra le parti ha inizio entro trenta giorni dalla data di presentazione della domanda di cui al comma 1 ([1]).

3. In caso di presentazione tardiva della domanda, il trattamento decorre dal trentesimo giorno successivo alla presentazione della domanda medesima.

4. Qualora dalla omessa o tardiva presentazione della domanda derivi a danno dei lavoratori la perdita parziale o totale del diritto all'integrazione salariale, l'impresa è tenuta a corrispondere ai lavoratori stessi una somma di importo equivalente all'integrazione salariale non percepita.

5. La domanda di concessione del trattamento straordinario di integrazione salariale deve essere presentata in unica soluzione contestualmente al Ministero del lavoro e delle politiche sociali e alle Direzioni territoriali del lavoro competenti per territorio. La concessione del predetto trattamento avviene con decreto del Ministero del lavoro e delle politiche sociali per l'intero periodo richiesto. Fatte salve eventuali sospensioni del procedimento amministrativo che si rendano necessarie a fini istruttori, il decreto di cui al secondo periodo è adottato entro 90 giorni dalla presentazione della domanda da parte dell'impresa.

6. Le Direzioni territoriali del lavoro competenti per territorio, nei tre mesi antecedenti la conclusione dell'intervento di integrazione salariale, procedono alle verifiche finalizzate all'accertamento degli impegni aziendali. La relazione ispettiva deve essere trasmessa al competente ufficio ministeriale entro 30 giorni dalla conclusione dell'intervento straordinario di integrazione salariale autorizzato. Nel caso in cui dalla relazione ispettiva emerga il mancato svolgimento, in tutto o in parte, del programma presentato dall'impresa, il procedimento amministrativo volto al riesame del decreto di cui al comma 5 si conclude nei successivi 90 giorni con decreto del Ministero del lavoro e delle politiche sociali, fatte salve eventuali sospensioni che si rendano necessarie ai fini istruttori.

7. L'impresa, sentite le rappresentanze sindacali aziendali o la rappresentanza sindacale unitaria, o in mancanza le articolazioni territoriali delle associazioni sindacali comparativamente più rappresentative a livello nazionale, può chiedere una modifica del programma nel corso del suo svolgimento.

([1]) *Questo comma è stato così sostituito dall'art. 2, comma 1, lett.* b), *del D.L.vo 24 settembre 2016, n. 185.*

25 *bis*. ([1]) Disposizioni particolari per le imprese del settore dell'editoria. – 1. Sono destinatari del trattamento straordinario di integrazione salariale, a prescindere dal numero di dipendenti occupati dal datore di lavoro, i giornalisti professionisti, i pubblicisti, i praticanti dipendenti da imprese editrici di giornali quotidiani, di periodici e di agenzie di stampa a diffusione nazionale di cui all'articolo 27, secondo comma, della legge 5 agosto 1981, n. 416, nonché i dipendenti delle imprese editrici o stampatrici di giornali quotidiani, di periodici e delle agenzie di stampa a diffusione nazionale di cui all'articolo 27, secondo comma, della legge 5 agosto 1981, n. 416, ivi compresi i lavoratori assunti con contratto di apprendistato professionalizzante per i quali trova applicazione l'articolo 2, comma 3.

2. Ai lavoratori di cui al comma 1 si applica l'articolo 1, comma 2, primo periodo.

3. L'intervento straordinario di integrazione salariale può essere richiesto quando la sospensione o la riduzione dell'attività lavorativa sia determinata da una delle seguenti causali:

a) riorganizzazione aziendale in presenza di crisi, di durata non superiore a 24 mesi, anche continuativi;

b) crisi aziendale, ivi compresi i casi di cessazione dell'attività produttiva dell'azienda o di un ramo di essa anche in costanza di fallimento, di durata non superiore a 24 mesi, anche continuativi;

c) contratto di solidarietà di cui all'articolo 21, comma 1, lettera *c*).

4. In ogni caso, per ciascuna unità produttiva il trattamento straordinario di integrazione salariale non può superare la durata massima complessiva di 24 mesi, anche continuativi, in un quinquennio mobile, fermo restando quanto disposto dall'articolo 22, comma 5.

5. La misura del trattamento straordinario di integrazione salariale è disciplinata dall'articolo 3.

6. Per i periodi di sospensione o riduzione dell'orario di lavoro per i quali è ammessa l'integrazione salariale è riconosciuta la contribuzione figurativa di cui all'articolo 6.

7. Per i dipendenti delle imprese editrici o stampatrici di cui al comma 1 sono dovuti il contributo ordinario di cui all'articolo 23 e il contributo addizionale di cui all'articolo 5. Per i giornalisti professionisti, i pubblicisti, i praticanti di cui al comma 1 è dovuto il contributo addizionale di cui all'articolo 5.

8. Il pagamento del trattamento straordinario di integrazione salariale è effettuato dall'impresa ai dipendenti aventi diritto alla fine di ogni periodo di paga. Il Ministero del lavoro e delle politiche sociali può autorizzare, contestualmente al trattamento di integrazione salariale, il pagamento diretto da parte dell'Istituto nazionale della previdenza sociale o, per i giornalisti, dell'Istituto nazionale di previdenza dei giornalisti italiani "Giovanni Amendola", con il connesso assegno per il nucleo familiare, ove spettante, in presenza di serie e documentate difficoltà finanziarie dell'impresa, fatta salva la successiva revoca nel caso in cui il servizio competente accerti l'assenza di difficoltà di ordine finanziario della stessa. Trova applicazione l'articolo 7, commi 2 e 3.

9. La fase di consultazione sindacale e il procedimento di concessione del trattamento straordinario di integrazione salariale sono disciplinati dagli articoli 24 e 25.

10. Con decreto del Ministro del lavoro e delle politiche sociali di concerto con il Ministro dell'economia e delle finanze, da adottare entro 60 giorni dalla data di entrata in vigore della presente disposizione, sono stabiliti i criteri per il riconoscimento delle causali della riorganizzazione aziendale in presenza di crisi e della crisi aziendale con particolare riferimento all'andamento negativo o involutivo dei dati economico-finanziari di bilancio riferiti al biennio antecedente la domanda di trattamento straordinario di integrazione salariale, le modalità di attuazione del presente articolo, la durata minima del periodo di sospensione o di riduzione dell'orario di lavoro ai fini dell'opzione per l'anticipata liquidazione della pensione di vecchiaia di cui all'articolo 37 della legge 5 agosto 1981, n. 416, e successive modificazioni.

11. Per tutto quanto non disposto dal presente articolo, trovano applicazione le disposizioni di cui ai capi I e III del titolo I in quanto compatibili.

(¹) *Questo articolo è stato inserito dall'art. 1, comma 1, del D.L.vo 15 maggio 2017, n. 69. Ai sensi dell'art. 1, comma 2, del medesimo provvedimento, tali disposizioni si applicano ai trattamenti di integrazione salariale richiesti dal 1° gennaio 2018. Ai fini del calcolo della durata massima complessiva di cui al comma 4 del medesimo articolo 25* bis *i trattamenti richiesti prima del 1° gennaio 2018 si computano per la sola parte del periodo autorizzato successiva a tale data.*

Titolo II
Fondi di solidarietà

26. Fondi di solidarietà bilaterali. – 1. Le organizzazioni sindacali e imprenditoriali comparativamente più rappresentative a livello nazionale stipulano accordi e contratti collettivi, anche intersettoriali, aventi a oggetto la costituzione di fondi di solidarietà bilaterali per i settori che non rientrano nell'ambito di applicazione del Titolo I del presente decreto, con la finalità di assicurare ai lavoratori una tutela in costanza di rapporto di lavoro nei casi di riduzione o sospensione dell'attività lavorativa per le cause previste dalle disposizioni di cui al predetto Titolo.

2. I fondi di cui al comma 1 sono istituiti presso l'INPS, con decreto del Ministro del lavoro e delle politiche sociali, di concerto con il Ministro dell'economia e delle finanze, da adottare entro 90 giorni dagli accordi e contratti collettivi di cui al medesimo comma.

3. Con le medesime modalità di cui ai commi 1 e 2 possono essere apportate modifiche agli atti istitutivi di ciascun fondo. Le modifiche aventi a oggetto la disciplina delle prestazioni o la misura delle aliquote sono adottate con decreto direttoriale dei Ministeri del lavoro e delle politiche sociali e dell'economia e delle finanze, sulla base di una proposta del comitato amministratore di cui all'articolo 36.

4. I decreti di cui al comma 2 determinano, sulla base degli accordi e contratti collettivi, l'ambito di applicazione dei fondi di cui al comma 1, con riferimento al settore di attività, alla natura giuridica e alla classe di ampiezza dei datori di lavoro. Il superamento dell'eventuale soglia dimensionale fissata per la partecipazione al fondo è verificato mensilmente con riferimento alla media del semestre precedente.

5. I fondi di cui al comma 1 non hanno personalità giuridica e costituiscono gestioni dell'INPS.

6. Gli oneri di amministrazione di ciascun fondo di cui al comma 1 sono determinati secondo i criteri definiti dal regolamento di contabilità dell'INPS.

7. L'istituzione dei fondi di cui al comma 1 è obbligatoria per tutti i settori che non rientrano nell'ambito di applicazione del Titolo I del presente decreto, in relazione ai datori di lavoro che occupano mediamente più di cinque dipendenti. Ai fini del raggiungimento della soglia dimensionale vengono computati anche gli apprendisti. Le prestazioni e i relativi obblighi contributivi non si applicano al personale dirigente se non espressamente previsto.

8. I fondi già costituiti ai sensi del comma 1 alla data di entrata in vigore del presente decreto, si adeguano alle disposizioni di cui al comma 7 entro il 31 dicembre 2015. In mancanza, i datori di lavoro del relativo settore, che occupano mediamente più di cinque dipendenti, confluiscono nel fondo di integrazione salariale di cui all'articolo 29 a decorrere dal 1° gennaio 2016 e i contributi da questi già versati o comunque dovuti ai fondi di cui al primo periodo vengono trasferiti al fondo di integrazione salariale.

9. I fondi di cui al comma 1, oltre alla finalità di cui al medesimo comma, possono avere le seguenti finalità:

a) assicurare ai lavoratori prestazioni integrative, in termini di importi o durate, rispetto alle prestazioni previste dalla legge in caso di cessazione del rapporto di lavoro, ovvero prestazioni integrative, in termini di importo, rispetto a trattamenti di integrazione salariale previsti dalla normativa vigente;

b) prevedere un assegno straordinario per il sostegno al reddito, riconosciuto nel quadro dei processi di agevolazione all'esodo, a lavoratori che raggiungano i requisiti previsti per il pensionamento di vecchiaia o anticipato nei successivi cinque anni;

c) contribuire al finanziamento di programmi formativi di riconversione o riqualificazione professionale, anche in concorso con gli appositi fondi nazionali o dell'Unione europea.

10. Per le finalità di cui al comma 9, i fondi di cui al comma 1 possono essere istituiti anche in relazione a settori di attività e classi di ampiezza dei datori di lavoro che già rientrano nell'ambito di applicazione del Titolo I del presente decreto. Per le imprese nei confronti delle quali trovano applicazione le disposizioni in materia di indennità di mobilità di cui agli articoli 4 e seguenti della legge 23 luglio 1991, n. 223, e successive modificazioni, gli accordi e contratti collettivi di cui al comma 1 possono prevedere che il fondo di solidarietà sia finanziato, a decorrere dal 1° gennaio 2017, con un'aliquota contributiva nella misura dello 0,30 per cento delle retribuzioni imponibili ai fini previdenziali.

11. Gli accordi e i contratti collettivi di cui al comma 1 possono prevedere che nel fondo di cui al medesimo comma confluisca anche l'eventuale

fondo interprofessionale istituito dalle medesime parti firmatarie ai sensi dell'articolo 118 della legge 23 dicembre 2000, n. 388, e successive modificazioni. In tal caso, al fondo affluisce anche il gettito del contributo integrativo stabilito dall'articolo 25, quarto comma, della legge 21 dicembre 1978, n. 845, e successive modificazioni, con riferimento ai datori di lavoro cui si applica il fondo e le prestazioni derivanti dall'attuazione del primo periodo del presente comma sono riconosciute nel limite di tale gettito.

27. Fondi di solidarietà bilaterali alternativi. – 1. In alternativa al modello previsto dall'articolo 26, in riferimento ai settori dell'artigianato e della somministrazione di lavoro nei quali, in considerazione dell'operare di consolidati sistemi di bilateralità e delle peculiari esigenze di tali settori, le organizzazioni sindacali e imprenditoriali comparativamente più rappresentative a livello nazionale hanno adeguato alla data di entrata in vigore del presente decreto le fonti normative e istitutive dei rispettivi fondi bilaterali, ovvero dei fondi interprofessionali di cui all'articolo 118 della legge n. 388 del 2000, o del fondo di cui all'articolo 12 del decreto legislativo 10 settembre 2003, n. 276, alle finalità perseguite dall'articolo 26, comma 1, si applicano le disposizioni di cui ai commi seguenti.

2. Ove a seguito della trasformazione di cui al comma 1 sia avvenuta la confluenza, in tutto o in parte, di un fondo interprofessionale in un unico fondo bilaterale rimangono fermi gli obblighi contributivi previsti dal predetto articolo 118 della legge n. 388 del 2000, e le risorse derivanti da tali obblighi sono vincolate alle finalità formative.

3. I fondi di cui al comma 1 assicurano almeno una delle seguenti prestazioni:

a) un assegno di durata e misura pari all'assegno ordinario di cui all'articolo 30, comma 1;

b) l'assegno di solidarietà di cui all'articolo 31, eventualmente limitandone il periodo massimo previsto al comma 2 di tale articolo, prevedendo in ogni caso un periodo massimo non inferiore a 26 settimane in un biennio mobile.

4. I fondi di cui al comma 1 si adeguano alle disposizioni di cui al comma 3 entro il 31 dicembre 2015. In mancanza, i datori di lavoro, che occupano mediamente più di 5 dipendenti, aderenti ai fondi suddetti, confluiscono nel fondo di integrazione salariale di cui all'articolo 29, a decorrere dal 1° gennaio 2016 e possono richiedere le prestazioni previste dal fondo di integrazione salariale per gli eventi di sospensione o riduzione del lavoro verificatisi a decorrere dal 1° luglio 2016.

5. Per le finalità di cui al comma 1, gli accordi e i contratti collettivi definiscono:

a) un'aliquota complessiva di contribuzione ordinaria di finanziamento non inferiore, fatto salvo il caso di cui alla lettera *e*), allo 0,45 per cento della retribuzione imponibile previdenziale a decorrere dal 1° gennaio 2016, ripartita fra datore di lavoro e lavoratore secondo criteri che devono essere stabiliti da un accordo tra le parti sociali istitutive del fondo di cui al comma 1 entro il 31 dicembre 2015, in difetto del quale i datori di lavoro, che occupano mediamente più di 5 dipendenti, aderenti al fondo di cui al comma 1, confluiscono nel fondo di integrazione salariale di cui all'articolo 29 a decorrere dal 1° gennaio 2016 e possono richiedere le prestazioni previste dal medesimo fondo per gli eventi di sospensione o riduzione del lavoro verificatisi a decorrere dal 1° luglio 2016;

b) le tipologie di prestazioni in funzione delle disponibilità del fondo di cui al comma 1;

c) l'adeguamento dell'aliquota in funzione dell'andamento della gestione ovvero la rideterminazione delle prestazioni in relazione alle erogazioni, tra l'altro tenendo presente in via previsionale gli andamenti del relativo settore in relazione anche a quello più generale dell'economia e l'esigenza dell'equilibrio finanziario del fondo di cui al comma 1;

d) la possibilità di far confluire al fondo di cui al comma 1 quota parte del contributo previsto per l'eventuale fondo interprofessionale istituito ai sensi dell'articolo 118 della legge n. 388 del 2000;

e) la possibilità di far confluire al fondo di cui al comma 1 quota parte del contributo previsto dall'articolo 12 del decreto legislativo n. 276 del 2003, prevedendo un'aliquota complessiva di contribuzione ordinaria di finanziamento del predetto fondo a esclusivo carico del datore di lavoro, in misura non inferiore allo 0,30 per cento della retribuzione imponibile previdenziale a decorrere dal 1° gennaio 2016;

f) la possibilità per il fondo di cui al comma 1 di avere le finalità di cui all'articolo 26, comma 9, lettere *a*) e *b*);

g) criteri e requisiti per la gestione del fondo di cui al comma 1.

6. Con decreto del Ministro del lavoro e delle politiche sociali, di concerto con il Ministro dell'e-

conomia e delle finanze, sentite le parti sociali istitutive dei fondi bilaterali di cui al comma 1, sono dettate disposizioni per determinare:

a) criteri volti a garantire la sostenibilità finanziaria dei fondi;

b) requisiti di professionalità e onorabilità dei soggetti preposti alla gestione dei fondi;

c) criteri e requisiti per la contabilità dei fondi;

d) modalità volte a rafforzare la funzione di controllo sulla corretta gestione dei fondi e di monitoraggio sull'andamento delle prestazioni, anche attraverso la determinazione di standard e parametri omogenei.

28. Fondo di solidarietà residuale. – 1. Nei riguardi dei datori di lavoro, che occupano mediamente più di quindici dipendenti, appartenenti a settori, tipologie e classi dimensionali non rientranti nell'ambito di applicazione del Titolo I del presente decreto e che non hanno costituito fondi di solidarietà bilaterali di cui all'articolo 26, o fondi di solidarietà bilaterali alternativi di cui all'articolo 27, opera il fondo residuale istituito con il decreto del Ministro del lavoro e delle politiche sociali, di concerto con il Ministro dell'economia e delle finanze, 7 febbraio 2014, n. 79141.

2. Qualora gli accordi di cui all'articolo 26 avvengano in relazione a settori, tipologie di datori di lavoro e classi dimensionali già coperti dal fondo residuale, dalla data di decorrenza del nuovo fondo i datori di lavoro del relativo settore rientrano nell'ambito di applicazione di questo e non sono più soggetti alla disciplina del fondo residuale, ferma restando la gestione a stralcio delle prestazioni già deliberate. I fondi costituiti secondo le procedure di cui al presente comma prevedono un'aliquota di finanziamento almeno pari a quella stabilita per il fondo di integrazione salariale di cui all'articolo 29, in relazione ai datori di lavoro che occupano mediamente fino a quindici dipendenti, e garantiscono l'assegno ordinario di cui all'articolo 30, comma 1. I contributi eventualmente già versati o dovuti in base al decreto istitutivo del fondo residuale restano acquisiti al medesimo fondo. Il Comitato amministratore del fondo residuale, sulla base delle stime effettuate dall'INPS, può proporre al Ministero del lavoro e delle politiche sociali e al Ministero dell'economia e delle finanze il mantenimento, in capo ai datori di lavoro del relativo settore, dell'obbligo di corrispondere la quota di contribuzione necessaria al finanziamento delle prestazioni già deliberate, determinata ai sensi dei commi 4 e 5 dell'articolo 35.

3. Alla gestione del fondo di solidarietà residuale provvede un comitato amministratore, secondo quanto previsto dall'articolo 36.

4. Con decreto del Ministro del lavoro e delle politiche sociali di concerto con il Ministro dell'economia e delle finanze, da adottare entro trenta giorni dalla data di entrata in vigore del presente decreto la disciplina del fondo di solidarietà residuale è adeguata, a decorrere dal 1° gennaio 2016, alle disposizioni del presente decreto.

29. Fondo di integrazione salariale. – 1. A decorrere dal 1° gennaio 2016 il fondo residuale di cui all'articolo 28, assume la denominazione di fondo di integrazione salariale. A decorrere dalla medesima data, al fondo di integrazione salariale si applicano le disposizioni di cui al presente articolo, in aggiunta a quelle che disciplinano il fondo residuale.

2. Sono soggetti alla disciplina del fondo di integrazione salariale i datori di lavoro che occupano mediamente più di cinque dipendenti, appartenenti a settori, tipologie e classi dimensionali non rientranti nell'ambito di applicazione del Titolo I del presente decreto e che non hanno costituito fondi di solidarietà bilaterali di cui all'articolo 26 o fondi di solidarietà bilaterali alternativi di cui all'articolo 27. Ai fini del raggiungimento della soglia dimensionale vengono computati anche gli apprendisti.

3. Il fondo di integrazione salariale, finanziato con i contributi dei datori di lavoro appartenenti al fondo e dei lavoratori da questi occupati, secondo quanto definito dall'articolo 33, commi 1, 2 e 4, garantisce l'assegno di solidarietà di cui all'articolo 31. Nel caso di datori di lavoro che occupano mediamente più di quindici dipendenti, il fondo garantisce per una durata massima di 26 settimane in un biennio mobile l'ulteriore prestazione di cui all'articolo 30, comma 1, in relazione alle causali di riduzione o sospensione dell'attività lavorativa previste dalla normativa in materia di integrazioni salariali ordinarie, ad esclusione delle intemperie stagionali, e straordinarie, limitatamente alle causali per riorganizzazione e crisi aziendale.

4. Alle prestazioni erogate dal fondo di integrazione salariale si provvede nei limiti delle risorse finanziarie acquisite al fondo medesimo, al fine di garantirne l'equilibrio di bilancio. In ogni

caso, tali prestazioni sono determinate in misura non superiore a dieci volte ([1]) l'ammontare dei contributi ordinari dovuti dal medesimo datore di lavoro, tenuto conto delle prestazioni già deliberate a qualunque titolo a favore dello stesso.

5. A decorrere dal 1° gennaio 2016, il comitato amministratore del fondo cessa di esercitare il compito di cui all'articolo 36, comma 1, lettera *b*).

6. Al fine di garantire l'avvio del fondo di integrazione salariale a decorrere dal 1° gennaio 2016, qualora alla data del 30 novembre 2015 non risulti ancora costituito il comitato amministratore di cui all'articolo 28, comma 3, i compiti di pertinenza di tale comitato vengono temporaneamente assolti da un commissario straordinario del fondo nominato dal Ministro del lavoro e delle politiche sociali, che li svolge a titolo gratuito. Il commissario straordinario resta in carica sino alla costituzione del comitato amministratore del fondo.

7. I trattamenti di integrazione salariale erogati dal fondo sono autorizzati dalla struttura territoriale INPS competente in relazione all'unità produttiva. In caso di aziende plurilocalizzate l'autorizzazione è comunque unica ed è rilasciata dalla sede INPS dove si trova la sede legale del datore di lavoro, o presso la quale il datore di lavoro ha richiesto l'accentramento della posizione contributiva.

8. A decorrere dal 1° gennaio 2016, l'aliquota di finanziamento del fondo è fissata allo 0,65 per cento, per i datori di lavoro che occupano mediamente più di quindici dipendenti, e allo 0,45 per cento, per i datori di lavoro che occupano mediamente sino a 15 dipendenti. È stabilita una contribuzione addizionale a carico dei datori di lavoro connessa all'utilizzo delle prestazioni di cui al comma 3, pari al 4 per cento della retribuzione persa.

9. Al fondo di cui al presente articolo si applicano le disposizioni di cui all'articolo 35.

10. Fermo restando quanto previsto dall'articolo 35, commi 4 e 5, entro il 31 dicembre 2017 l'INPS procede all'analisi dell'utilizzo delle prestazioni del fondo da parte dei datori di lavoro distinti per classi dimensionali e settori produttivi. Sulla base di tali analisi e del bilancio di previsione di cui al comma 3 del medesimo articolo, il comitato amministratore del fondo di integrazione salariale ha facoltà di proporre modifiche in relazione all'importo delle prestazioni o alla misura delle aliquote di contribuzione. Le modifiche sono adottate con decreto del Ministro del lavoro e delle politiche sociali, di concerto con il Ministro dell'economia e delle finanze, verificate le compatibilità finanziarie interne al fondo.

11. I datori di lavoro che occupano mediamente sino a 15 dipendenti possono richiedere l'assegno di solidarietà di cui all'articolo 31 per gli eventi di sospensione o riduzione del lavoro verificatisi a decorrere dal 1° luglio 2016.

([1]) *Le parole: «quattro volte» sono state così sostituite dalle seguenti: «dieci volte» dall'art. 1, comma 159, lett.* a), *della L. 27 dicembre 2017, n. 205, a decorrere dal 1° gennaio 2018.*

30. Assegno ordinario. – 1. I fondi di cui all'articolo 26 assicurano, in relazione alle causali previste dalla normativa in materia di integrazioni salariali ordinarie o straordinarie, la prestazione di un assegno ordinario di importo almeno pari all'integrazione salariale. I fondi stabiliscono la durata massima della prestazione, non inferiore a 13 settimane in un biennio mobile e non superiore, a seconda della causale invocata, alle durate massime previste agli articoli 12 e 22, e comunque nel rispetto della durata massima complessiva prevista dall'articolo 4, comma 1. All'assegno ordinario si applica, per quanto compatibile, la normativa in materia di integrazioni salariali ordinarie.

2. La domanda di accesso all'assegno ordinario erogato dai fondi di cui agli articoli 26 e 28 deve essere presentata non prima di 30 giorni dall'inizio della sospensione o riduzione dell'attività lavorativa eventualmente programmata e non oltre il termine di 15 giorni dall'inizio della sospensione o riduzione dell'attività lavorativa.

31. Assegno di solidarietà. – 1. A decorrere dal 1° gennaio 2016 il fondo di cui all'articolo 28, garantisce un assegno di solidarietà, in favore dei dipendenti di datori di lavoro che stipulano con le organizzazioni sindacali comparativamente più rappresentative accordi collettivi aziendali che stabiliscono una riduzione dell'orario di lavoro, al fine di evitare o ridurre le eccedenze di personale nel corso della procedura di cui all'articolo 24 della legge 23 luglio 1991, n. 223, o al fine di evitare licenziamenti plurimi individuali per giustificato motivo oggettivo.

2. L'assegno di solidarietà può essere corrisposto per un periodo massimo di 12 mesi in un biennio mobile. Ai fini della determinazione della misura dell'assegno di solidarietà per le ore di lavoro non prestate si applicano le disposizioni di cui all'articolo 3.

3. Gli accordi collettivi aziendali di cui al comma 1 individuano i lavoratori interessati dalla riduzione oraria. La riduzione media oraria non può essere superiore al 60 per cento dell'orario giornaliero, settimanale o mensile dei lavoratori interessati. Per ciascun lavoratore, la percentuale di riduzione complessiva dell'orario di lavoro non può essere superiore al 70 per cento nell'arco dell'intero periodo per il quale l'accordo di solidarietà è stipulato.

4. Gli accordi di cui al comma 1 devono specificare le modalità attraverso le quali, qualora sia necessario soddisfare temporanee esigenze di maggior lavoro, il datore di lavoro può modificare in aumento, nei limiti del normale orario di lavoro, l'orario ridotto.

Il maggior lavoro prestato comporta una corrispondente riduzione dell'assegno di solidarietà.

5. Per l'ammissione all'assegno di solidarietà, il datore di lavoro presenta in via telematica all'INPS domanda di concessione, corredata dall'accordo sindacale, entro sette giorni dalla data di conclusione di questo. Nella domanda deve essere indicato l'elenco dei lavoratori interessati alla riduzione di orario, sottoscritto dalle organizzazioni sindacali di cui al comma 1 e dal datore di lavoro. Tali informazioni sono inviate dall'INPS alle Regioni e Province Autonome, per il tramite del sistema informativo unitario delle politiche del lavoro, ai fini delle attività e degli obblighi di cui all'articolo 8, comma 1.

6. La riduzione dell'attività lavorativa deve avere inizio entro il trentesimo giorno successivo alla data di presentazione della domanda.

7. All'assegno di solidarietà si applica, per quanto compatibile, la normativa in materia di integrazioni salariali ordinarie.

32. Prestazioni ulteriori. – 1. I fondi di cui all'articolo 26 possono inoltre erogare prestazioni volte a perseguire le finalità di cui al comma 9 del medesimo articolo.

2. I fondi di cui all'articolo 27 possono inoltre erogare prestazioni volte a perseguire le finalità di cui all'articolo 26, comma 9, lettere *a*) e *b*).

33. Contributi di finanziamento. – 1. I decreti di cui agli articoli 26, commi 2 e 3, e 28, comma 4, determinano le aliquote di contribuzione ordinaria, ripartita tra datori di lavoro e lavoratori nella misura, rispettivamente, di due terzi e di un terzo, in maniera tale da garantire la precostituzione di risorse continuative adeguate sia per l'avvio dell'attività sia per la situazione a regime, da verificare anche sulla base dei bilanci di previsione di cui all'articolo 35, comma 3.

2. Fatta salva la disposizione di cui all'articolo 29, comma 8, secondo periodo, qualora siano previste le prestazioni di cui all'articolo 30, comma 1, e all'articolo 31, è previsto, a carico del datore di lavoro che ricorra alla sospensione o riduzione dell'attività lavorativa, un contributo addizionale, calcolato in rapporto alle retribuzioni perse, nella misura prevista dai decreti di cui al comma 1 e comunque non inferiore all'1,5 per cento.

3. Per l'assegno straordinario di cui all'articolo 26, comma 9, è dovuto, da parte del datore di lavoro, un contributo straordinario di importo corrispondente al fabbisogno di copertura dell'assegno straordinario erogabile e della contribuzione correlata.

4. Ai contributi di finanziamento di cui ai commi da 1 a 3 si applicano le disposizioni vigenti in materia di contribuzione previdenziale obbligatoria, ad eccezione di quelle relative agli sgravi contributivi.

34. Contribuzione correlata. – 1. Nei casi di cui all'articolo 30, comma 1, e all'articolo 31, i fondi di cui agli articoli 26, 27 e 28 provvedono a versare alla gestione di iscrizione del lavoratore interessato la contribuzione correlata alla prestazione. Nel caso delle prestazioni erogate dai fondi di cui all'articolo 27 la contribuzione correlata è versata all'INPS dal datore di lavoro, il quale potrà poi rivalersi sui fondi medesimi. La contribuzione dovuta è computata in base a quanto previsto dall'articolo 40 della legge 4 novembre 2010, n. 183.

2. La contribuzione correlata di cui al comma 1 può altresì essere prevista, dai decreti istitutivi, in relazione alle prestazioni di cui all'articolo 32. In tal caso, il fondo di cui all'articolo 26 e all'articolo 27 provvede a versare la contribuzione correlata alla prestazione alla gestione di iscrizione del lavoratore interessato.

35. Equilibrio finanziario dei fondi. – 1. I fondi istituiti ai sensi degli articoli 26, 27 e 28 hanno obbligo di bilancio in pareggio e non possono erogare prestazioni in carenza di disponibilità.

2. Gli interventi a carico dei fondi di cui agli articoli 26, 27 e 28 sono concessi previa costituzione di specifiche riserve finanziarie ed entro i limiti delle risorse già acquisite.

3. I fondi istituiti ai sensi degli articoli 26 e 28 hanno obbligo di presentazione, sin dalla loro costituzione, di bilanci di previsione a otto anni basati sullo scenario macroeconomico coerente con il più recente Documento di economia e finanza e relativa Nota di aggiornamento.

4. Sulla base del bilancio di previsione di cui al comma 3, il comitato amministratore di cui all'articolo 36 ha facoltà di proporre modifiche in relazione all'importo delle prestazioni o alla misura dell'aliquota di contribuzione. Le modifiche sono adottate, anche in corso d'anno, con decreto direttoriale dei Ministeri del lavoro e delle politiche sociali e dell'economia e delle finanze, verificate le compatibilità finanziarie interne al fondo, sulla base della proposta del comitato amministratore.

5. In caso di necessità di assicurare il pareggio di bilancio ovvero di far fronte a prestazioni già deliberate o da deliberare, ovvero di inadempienza del comitato amministratore in relazione all'attività di cui al comma 4, l'aliquota contributiva può essere modificata con decreto direttoriale dei Ministeri del lavoro e delle politiche sociali e dell'economia e delle finanze, anche in mancanza di proposta del comitato amministratore. In ogni caso, in assenza dell'adeguamento contributivo di cui al comma 4, l'INPS è tenuto a non erogare le prestazioni in eccedenza.

36. Comitato amministratore. – 1. Alla gestione di ciascun fondo istituito ai sensi dell'articolo 26 e del fondo di cui all'articolo 28, provvede un comitato amministratore con i seguenti compiti:

a) predisporre, sulla base dei criteri stabiliti dal consiglio di indirizzo e vigilanza dell'INPS, i bilanci annuali, preventivo e consuntivo, della gestione, corredati da una propria relazione, e deliberare sui bilanci tecnici relativi alla gestione stessa;

b) deliberare in ordine alla concessione degli interventi e dei trattamenti e compiere ogni altro atto richiesto per la gestione delle prestazioni previste dal decreto istitutivo;

c) fare proposte in materia di contributi, interventi e trattamenti;

d) vigilare sull'affluenza dei contributi, sull'ammissione agli interventi e sull'erogazione dei trattamenti, nonché sull'andamento della gestione;

e) decidere in unica istanza sui ricorsi in ordine alle materie di competenza;

f) assolvere ogni altro compito ad esso demandato da leggi o regolamenti.

2. Il comitato amministratore è composto da esperti in possesso dei requisiti di professionalità e onorabilità previsti dagli articoli 37 e 38, designati dalle organizzazioni sindacali dei datori di lavoro e dei lavoratori stipulanti l'accordo o il contratto collettivo, in numero complessivamente non superiore a dieci, o nel maggior numero necessario a garantire la rappresentanza di tutte le parti sociali istitutive del fondo, nonché da due rappresentanti, con qualifica di dirigente, rispettivamente del Ministero del lavoro e delle politiche sociali e del Ministero dell'economia e delle finanze e in possesso dei requisiti di onorabilità previsti dall'articolo 38. Ai componenti del comitato non spetta alcun emolumento, indennità o rimborso spese.

3. Il comitato amministratore è nominato con decreto del Ministro del lavoro e delle politiche sociali e rimane in carica per quattro anni o per la diversa durata prevista dal decreto istitutivo.

4. Il presidente del comitato amministratore è eletto dal comitato stesso tra i propri membri.

5. Le deliberazioni del comitato amministratore sono assunte a maggioranza e, in caso di parità nelle votazioni, prevale il voto del presidente.

6. Partecipa alle riunioni del comitato amministratore del fondo il collegio sindacale dell'INPS, nonché il direttore generale del medesimo Istituto o un suo delegato, con voto consultivo.

7. L'esecuzione delle decisioni adottate dal comitato amministratore può essere sospesa, ove si evidenzino profili di illegittimità, da parte del direttore generale dell'INPS. Il provvedimento di sospensione deve essere adottato nel termine di cinque giorni ed essere sottoposto, con l'indicazione della norma che si ritiene violata, al presidente dell'INPS nell'ambito delle funzioni di cui all'articolo 3, comma 5, del decreto legislativo 30 giugno 1994, n. 479, e successive modificazioni; entro tre mesi, il presidente stabilisce se dare ulteriore corso alla decisione o se annullarla. Trascorso tale termine la decisione diviene esecutiva.

8. Al fine di garantire l'avvio dei fondi di cui all'articolo 26, qualora alla data del 30 novembre 2015 non risulti ancora costituito il comitato amministratore, i compiti di pertinenza di questo vengono temporaneamente assolti da un commissario straordinario del fondo nominato dal Ministro del lavoro e delle politiche sociali. Il commissario straordinario svolge i suoi compiti a titolo gratuito e resta in carica sino alla costituzione del comitato amministratore.

37. Requisiti di competenza e assenza di conflitto di interesse. – 1. Gli esperti designati dalle organizzazioni sindacali dei datori di lavoro e dei lavoratori quali membri del comitato amministratore di ciascun fondo istituito ai sensi dell'articolo 26 e del fondo di cui all'articolo 28, devono essere in possesso di specifica competenza ed esperienza in materia di lavoro e occupazione. Essi devono aver maturato un'esperienza complessiva di almeno un triennio attraverso l'esercizio di attività di insegnamento universitario in materia di lavoro e occupazione, o di amministrazione, di carattere direttivo o di partecipazione a organi collegiali presso enti e organismi associativi di rappresentanza di categoria.

2. I predetti esperti non possono, a pena di ineleggibilità o decadenza, detenere cariche in altri fondi bilaterali di solidarietà.

3. La sussistenza dei requisiti e l'assenza di situazioni impeditive è accertata dal Ministero del lavoro e delle politiche sociali. La decadenza dalla carica è dichiarata dal Ministro del lavoro e delle politiche sociali entro trenta giorni dalla conoscenza del difetto sopravvenuto.

38. Requisiti di onorabilità. – 1. I membri del comitato amministratore di ciascun fondo istituito ai sensi dell'articolo 26 e del fondo di cui all'articolo 28, non possono, a pena di ineleggibilità o decadenza, trovarsi in una delle seguenti condizioni:

a) condizioni previste dall'articolo 2382 del codice civile;

b) assoggettamento a misure di prevenzione disposte ai sensi del decreto legislativo 6 settembre 2011, n. 159, salvi gli effetti della riabilitazione;

c) condanna con sentenza definitiva a pena detentiva per uno dei reati previsti nel Titolo XI del Libro V del codice civile, salvi gli effetti della riabilitazione;

d) condanna con sentenza definitiva alla reclusione per un tempo non inferiore a un anno per un delitto contro la pubblica amministrazione, contro la fede pubblica, contro il patrimonio, contro l'ordine pubblico, contro l'economia pubblica ovvero per un delitto in materia tributaria, di lavoro e previdenza, salvi gli effetti della riabilitazione;

e) condanna con sentenza definitiva alla reclusione per un tempo non inferiore a due anni per un qualunque delitto non colposo, salvi gli effetti della riabilitazione.

2. Costituiscono causa di sospensione dalle funzioni esercitate dai membri del comitato amministratore del fondo le seguenti situazioni:

a) condanna con sentenza non definitiva per uno dei reati di cui al comma 1;

b) applicazione provvisoria di una delle misure previste dall'articolo 67, comma 3, del decreto legislativo n. 159 del 2011;

c) applicazione di una misura cautelare di tipo personale.

3. L'assenza di situazioni impeditive è accertata dal Ministero del lavoro e delle politiche sociali. La decadenza dalla carica o la sospensione dalle funzioni è dichiarata dal Ministro del lavoro e delle politiche sociali entro trenta giorni dalla nomina o dalla conoscenza del difetto sopravvenuto.

39. Disposizioni generali. – 1. Ai fondi di solidarietà di cui agli articoli 26, 27 e 28 si applica l'articolo 2, commi 1 e 4. Ai fondi di cui agli articoli 26 e 28 si applicano anche gli articoli 4, comma 1, 7, commi da 1 a 4, e 8. A decorrere dal 1° gennaio 2016, al fondo di cui all'articolo 28 si applica inoltre l'articolo 1, commi 2 e 3.

40. Fondo territoriale intersettoriale delle Province autonome di Trento e di Bolzano e altri fondi di solidarietà. – 1. Ai sensi dell'articolo 2, comma 124, della legge 23 dicembre 2009, n. 191, e del decreto legislativo 5 marzo 2013, n. 28, le Province autonome di Trento e di Bolzano possono sostenere l'istituzione di un fondo di solidarietà territoriale intersettoriale cui, salvo diverse disposizioni, si applica la disciplina prevista per i fondi di solidarietà bilaterali di cui all'articolo 26. Al predetto fondo si applica la disciplina di cui all'articolo 35.

2. Il decreto istitutivo del fondo di cui al comma 1 è adottato d'intesa con i Presidenti delle Province autonome di Trento e di Bolzano ed è trasmesso al Ministero del lavoro e delle politiche sociali e al Ministero dell'economia e delle finanze. Ai medesimi Ministeri sono trasmessi i bilanci di previsione e di consuntivo del fondo.

3. A decorrere dalla data di istituzione del fondo di cui al comma 1, sono soggetti alla sua disciplina i datori di lavoro appartenenti a settori, tipologie e classi dimensionali non rientranti nell'ambito di applicazione del Titolo I del presente decreto e che non abbiano costituito fondi di solidarietà bilaterali di cui all'articolo 26 o a fondi di solidarietà bilaterali alternativi di cui all'articolo 27, che occupano almeno il 75 per cen-

to dei propri dipendenti in unità produttive ubicate nel territorio delle province di Trento e di Bolzano.

4. Hanno facoltà di aderire al fondo di cui al comma 1 i datori di lavoro già aderenti a fondi di solidarietà bilaterali di cui all'articolo 26 o a fondi di solidarietà bilaterali alternativi di cui all'articolo 27, che occupano almeno il 75 per cento dei propri dipendenti in unità produttive ubicate nel territorio delle province di Trento e Bolzano.

5. I datori di lavoro di cui al comma 3 già aderenti al fondo residuale di cui all'articolo 28 o al fondo di integrazione salariale di cui all'articolo 29, e i datori di lavoro che esercitano la facoltà di cui al comma 4, non sono più soggetti alla disciplina del fondo di provenienza a decorrere, rispettivamente, dalla data di istituzione del fondo di cui al comma 1 o dalla data di adesione a tale fondo, ferma restando la gestione a stralcio delle prestazioni già deliberate. I contributi eventualmente già versati o dovuti al fondo di provenienza restano acquisiti a questo. Il comitato amministratore del fondo di provenienza, sulla base delle stime effettuate dall'INPS, può proporre al Ministero del lavoro e delle politiche sociali e al Ministero dell'economia e delle finanze il mantenimento, in capo ai datori di lavoro di cui al primo periodo, dell'obbligo di corrispondere la quota di contribuzione necessaria al finanziamento delle prestazioni già deliberate, determinata ai sensi dei commi 4 e 5 dell'articolo 35.

6. Le disposizioni di cui al comma 5 si applicano altresì ai datori di lavoro aderenti al fondo di cui al comma 1 che aderiscono a fondi di solidarietà bilaterali di cui all'articolo 26 costituiti successivamente.

7. Il fondo di cui al comma 1 prevede un'aliquota di finanziamento almeno pari a quella stabilita per il fondo di integrazione salariale di cui all'articolo 29, in relazione ai datori di lavoro che occupano mediamente fino a quindici dipendenti.

8. Il comitato amministratore del fondo di cui al comma 1 è integrato da due rappresentanti, con qualifica di dirigente, rispettivamente della Provincia autonoma di Trento e della Provincia autonoma di Bolzano, in possesso dei requisiti di onorabilità previsti dall'articolo 38. Ai rappresentanti del Ministero del lavoro e delle politiche sociali e del Ministero dell'economia e delle finanze è riconosciuto a valere sulle disponibilità del fondo il rimborso delle spese di missione nella misura prevista dalla normativa vigente per i dirigenti dello Stato. Nel caso previsto dall'articolo 35, comma 5, il decreto direttoriale dei Ministeri del lavoro e delle politiche sociali e dell'economia e delle finanze è adottato d'intesa con i responsabili dei dipartimenti competenti in materia di lavoro delle Province autonome di Trento e di Bolzano.

9. La disciplina del fondo di cui all'articolo 1 *ter* del decreto legge 5 ottobre 2004, n. 249, convertito, con modificazioni, dalla legge 3 dicembre 2004, n. 291, è adeguata alle norme previste dal presente decreto con decreto del Ministro del lavoro e delle politiche sociali, di concerto con il Ministro dell'economia e delle finanze, sulla base di accordi e contratti collettivi, anche intersettoriali, stipulati dalle organizzazioni comparativamente più rappresentative a livello nazionale nel settore del trasporto aereo e del sistema aeroportuale.

Titolo III
Contratti di solidarietà espansiva

41. Contratti di solidarietà espansiva. – 1. Nel caso in cui, al fine di incrementare gli organici, i contratti collettivi aziendali stipulati ai sensi dell'articolo 51 del decreto legislativo n. 81 del 2015, prevedano, programmandone le modalità di attuazione, una riduzione stabile dell'orario di lavoro, con riduzione della retribuzione, e la contestuale assunzione a tempo indeterminato di nuovo personale, ai datori di lavoro è concesso, per ogni lavoratore assunto sulla base dei predetti contratti collettivi e per ogni mensilità di retribuzione, un contributo a carico della Gestione degli interventi assistenziali e di sostegno alle gestioni previdenziali istituita presso l'INPS, di cui all'articolo 37 della legge n. 88 del 1989, pari, per i primi dodici mesi, al 15 per cento della retribuzione lorda prevista dal contratto collettivo applicabile. Per ciascuno dei due anni successivi il predetto contributo è ridotto, rispettivamente, al 10 e al 5 per cento.

2. In sostituzione del contributo di cui al comma 1, per i lavoratori di età compresa tra i 15 e i 29 anni assunti in forza dei contratti collettivi di cui al comma 1, per i primi tre anni e comunque non oltre il compimento del ventinovesimo anno di età del lavoratore assunto, la quota di contribuzione a carico del datore di lavoro è dovuta in misura corrispondente a quella prevista per gli apprendisti, ferma restando la contribuzione a carico del lavoratore nella misura prevista per la generalità dei lavoratori.

2 *bis*. Nei confronti dei lavoratori interessati da riduzione stabile dell'orario di lavoro con riduzione della retribuzione ai sensi dei commi 1 e 2, con esclusione dei soggetti di cui al comma 5, i datori di lavoro, gli enti bilaterali o i Fondi di solidarietà di cui al titolo II del presente decreto possono versare la contribuzione ai fini pensionistici correlata alla quota di retribuzione persa, nei casi in cui tale contribuzione non venga già riconosciuta dall'INPS. In relazione ai predetti versamenti non sono riconosciute le agevolazioni contributive di cui ai commi 1 e 2 ([1]).

3. Non beneficiano delle agevolazioni di cui ai commi 1 e 2 i datori di lavoro che, nei dodici mesi antecedenti le assunzioni, abbiano proceduto a riduzioni di personale ovvero a sospensioni di lavoro in regime di cassa integrazione guadagni straordinaria.

3 *bis*. I contratti di solidarietà di cui all'articolo 21, comma 5, in corso da almeno dodici mesi e quelli stipulati prima del 1° gennaio 2016 possono essere trasformati in contratti di solidarietà espansiva, a condizione che la riduzione complessiva dell'orario di lavoro non sia superiore a quella già concordata. Ai lavoratori spetta un trattamento di integrazione salariale di importo pari al 50 per cento della misura dell'integrazione salariale prevista prima della trasformazione del contratto e il datore di lavoro integra tale trattamento almeno sino alla misura dell'integrazione originaria. L'integrazione a carico del datore di lavoro non è imponibile ai fini previdenziali, e vige la contribuzione figurativa di cui all'articolo 6. Trova applicazione l'articolo 21, comma 5, ultimo periodo e la contribuzione addizionale di cui all'articolo 5 è ridotta in misura pari al 50 per cento. Il contributo di cui al comma 1 o l'agevolazione contributiva di cui al comma 2 si applicano per il solo periodo compreso tra la data di trasformazione del contratto e il suo termine di scadenza e tale periodo si computa ai fini degli articoli 4 e 22, comma 5. Per i lavoratori di cui al presente comma non trova applicazione la disposizione di cui al comma 5 ([2]).

4. Le assunzioni operate dal datore di lavoro in forza dei contratti collettivi di cui al comma 1 non devono determinare nelle unità produttive interessate dalla riduzione dell'orario una riduzione della percentuale della manodopera femminile rispetto a quella maschile, ovvero di quest'ultima quando risulti inferiore, salvo che ciò sia espressamente previsto dai contratti collettivi in ragione della carenza di manodopera femminile, ovvero maschile, in possesso delle qualifiche con riferimento alle quali è programmata l'assunzione.

5. Ai lavoratori delle imprese nelle quali siano stati stipulati i contratti collettivi di cui al comma 1, che abbiano una età inferiore a quella prevista per la pensione di vecchiaia di non più di ventiquattro mesi e abbiano maturato i requisiti minimi di contribuzione per la pensione di vecchiaia, spetta, a domanda e con decorrenza dal mese successivo a quello della presentazione, il suddetto trattamento di pensione nel caso in cui essi abbiano accettato di svolgere una prestazione di lavoro di durata non superiore alla metà dell'orario di lavoro praticato prima della riduzione convenuta nel contratto collettivo. Il trattamento spetta a condizione che la trasformazione del rapporto avvenga entro un anno dalla data di stipulazione del predetto contratto collettivo e in forza di clausole che prevedano, in corrispondenza alla maggiore riduzione di orario, un ulteriore incremento dell'occupazione. Limitatamente al predetto periodo di anticipazione il trattamento di pensione è cumulabile con la retribuzione nel limite massimo della somma corrispondente al trattamento retributivo perso al momento della trasformazione del rapporto da tempo pieno a tempo parziale ai sensi del presente comma, ferma restando negli altri casi la disciplina vigente in materia di cumulo di pensioni e reddito da lavoro.

6. Ai fini dell'individuazione della retribuzione da assumere quale base di calcolo per la determinazione delle quote retributive della pensione dei lavoratori che abbiano prestato lavoro a tempo parziale ai sensi del comma 5, è neutralizzato il numero delle settimane di lavoro prestate a tempo parziale, ove ciò comporti un trattamento pensionistico più favorevole.

7. I contratti collettivi di cui al comma 1 devono essere depositati presso la direzione territoriale del lavoro. L'attribuzione del contributo è subordinata all'accertamento, da parte della direzione territoriale del lavoro, della corrispondenza tra la riduzione concordata dell'orario di lavoro e le assunzioni effettuate. Alla direzione territoriale del lavoro è demandata, altresì, la vigilanza in ordine alla corretta applicazione dei contratti di cui al comma 1, disponendo la sospensione del contributo nei casi di accertata violazione.

8. I lavoratori assunti a norma del presente articolo sono esclusi dal computo dei limiti numerici previsti da leggi e contratti collettivi ai soli fini dell'applicazione di norme e istituti che preveda-

no l'accesso ad agevolazioni di carattere finanziario e creditizio.

([1]) *Questo comma è stato inserito dall'art. 1, comma 285, della L. 28 dicembre 2015, n. 208.*

([2]) *Questo comma è stato inserito dall'art. 2, comma 1, lett.* c), *del D.L.vo 24 settembre 2016, n. 185.*

Titolo IV
Disposizioni transitorie e finali

42. Disposizioni relative a trattamenti straordinari di integrazione salariale a seguito di accordi già stipulati. – 1. I trattamenti straordinari di integrazione salariale conseguenti a procedure di consultazione sindacale già concluse alla data di entrata in vigore del presente decreto, mantengono la durata prevista, nei limiti di cui alle disposizioni di legge vigenti alla data delle stesse.

2. I trattamenti di cui al comma 1 riguardanti periodi successivi all'entrata in vigore del presente decreto si computano ai fini della durata massima di cui all'articolo 4.

3. Per gli accordi conclusi e sottoscritti in sede governativa entro il 31 luglio 2015, riguardanti casi di rilevante interesse strategico per l'economia nazionale che comportino notevoli ricadute occupazionali, tali da condizionare le possibilità di sviluppo economico territoriale, e il cui piano industriale abbia previsto l'utilizzo di trattamenti straordinari di integrazione salariale oltre i limiti previsti dagli articoli 4, comma 1, e 22, commi 1, 3 e 4, su domanda di una delle parti firmatarie dell'accordo, da inoltrare entro 30 giorni dall'adozione del decreto di cui al comma 5, ed entro il limite di spesa di 90 milioni di euro per l'anno 2017 e di 100 milioni di euro per l'anno 2018 ed entro il limite di spesa di cui al comma 5, primo periodo, ([1]) può essere autorizzata, con decreto del Ministro del lavoro e delle politiche sociali, di concerto con il Ministro dell'economia e delle finanze, la prosecuzione dei trattamenti di integrazione salariale per la durata e alle condizioni certificate dalla commissione di cui al comma 4.

4. Presso la Presidenza del Consiglio dei ministri è istituita una commissione composta da quattro membri, rispettivamente nominati dal Presidente del Consiglio dei ministri, dal Ministro del lavoro e delle politiche sociali, dal Ministro dello sviluppo economico e dal Ministro dell'economia e delle finanze. La commissione, presieduta dal membro nominato dal Presidente del Consiglio dei ministri, certifica l'ammissibilità delle domande di cui al comma 3, la durata dei trattamenti di integrazione salariale previsti negli accordi, il numero dei lavoratori e l'ammontare delle ore integrabili, in relazione al piano industriale e di riassorbimento occupazionale dei lavoratori previsto negli accordi. Alle attività e al funzionamento della commissione si provvede con le risorse umane, strumentali e finanziarie disponibili a legislazione vigente, senza nuovi o maggiori oneri per la finanza pubblica. Ai componenti della commissione non spetta alcun compenso, indennità, gettone di presenza, rimborso spese o emolumento comunque denominato.

4 *bis*. Per gli accordi conclusi e sottoscritti in sede governativa entro il 31 luglio 2015 riguardanti casi di rilevante interesse strategico per l'economia nazionale, che comportino notevoli ricadute occupazionali, tali da condizionare le possibilità di sviluppo economico territoriale, e il cui piano industriale abbia previsto l'utilizzo del contratto di solidarietà, con decreto del Ministro del lavoro e delle politiche sociali, di concerto con il Ministro dell'economia e delle finanze, può, altresì, essere concessa, su domanda, la reiterazione della misura di cui all'articolo 6, comma 4, del decreto legge 1° ottobre 1996, n. 510, convertito, con modificazioni, dalla legge 28 novembre 1996, n. 608, per la durata stabilita dalla commissione di cui al comma 4 e, comunque, nel limite massimo di ventiquattro mesi. Il beneficio di cui al presente comma è riconosciuto entro il limite di spesa di cui al comma 5, primo periodo, e non trova applicazione il decreto del Ministro del lavoro e delle politiche sociali 14 settembre 2015, n. 17981 ([2]).

5. Ai fini di cui ai commi 3 e 4 *bis* il Fondo sociale per occupazione e formazione di cui all'articolo 18, comma 1, lettera *a*), del decreto legge n. 185 del 2008, convertito, con modificazioni, dalla legge n. 2 del 2009 è incrementato di 90 milioni di euro per l'anno 2017 e di 100 milioni di euro per l'anno 2018 che costituiscono il limite di spesa complessivo per ciascuno degli anni considerati ai fini del riconoscimento dei benefici di cui ai commi 3 e 4 *bis* secondo i criteri definiti con il decreto di cui al terzo periodo ([3]). Ai fini del monitoraggio della relativa spesa, i decreti di cui ai commi 3 e 4 *bis* sono trasmessi al Ministero dell'economia e delle finanze ([3]). Con decreto del Ministro del lavoro e delle politiche sociali, di concerto con il Ministro dello sviluppo economico e con il Ministro dell'economia e delle finanze, da adottare entro sessanta giorni dall'entrata in vigore della presen-

te disposizione, sono definiti i criteri per l'applicazione dei commi 3, 4 e 4 *bis* ivi inclusa la possibilità di rideterminazione dei benefici previsti dai commi 3 e 4 *bis* al fine del rispetto del complessivo limite di spesa di cui al primo periodo ([3]). Conseguentemente non trovano applicazione le misure attuative relative all'utilizzo del limite di spesa di cui al comma 3 emanate ai sensi della disciplina vigente prima dell'entrata in vigore della presente disposizione ([3]). Agli oneri derivanti dal presente comma pari a 90 milioni di euro per l'anno 2017 e a 100 milioni di euro per l'anno 2018 si provvede mediante corrispondente riduzione del fondo di cui all'articolo 1, comma 107, della legge 23 dicembre 2014, n. 190, come rifinanziato dall'articolo 42.

([1]) *Le parole: «ed entro il limite di spesa di cui al comma 5, primo periodo,» sono state inserite dall'art. 2, comma 1, lett.* d), *n. 1), del D.L.vo 24 settembre 2016, n. 185.*

([2]) *Questo comma è stato inserito dall'art. 2, comma 1, lett.* d), *n. 2), del D.L.vo 24 settembre 2016, n. 185.*

([3]) *I primi tre periodi di questo comma sono stati così sostituiti dagli attuali periodi dal primo al quarto dall'art. 2, comma 1, lett.* d), *n. 3), del D.L.vo 24 settembre 2016, n. 185.*

43. Disposizioni finanziarie. – 1. Il fondo di cui all'articolo 1, comma 107, della legge n. 190 del 2014 è incrementato di 25,6 milioni di euro per l'anno 2015, 191,1 milioni di euro per l'anno 2016, 592,5 milioni di euro per l'anno 2017, 713,2 milioni di euro per l'anno 2018, 845,3 milioni di euro per l'anno 2019, 868,2 milioni di euro per l'anno 2020, 856,5 milioni di euro per l'anno 2021, 852,8 milioni di euro per l'anno 2022, 846,7 milioni di euro per l'anno 2023 e 840,4 milioni di euro annui a decorrere dall'anno 2024, cui si provvede mediante le economie derivanti dalle disposizioni di cui al Titolo I del presente decreto.

2. I benefici di cui agli articoli dal 2 al 24 del decreto legislativo 15 giugno 2015, n. 80, sono riconosciuti anche per gli anni successivi al 2015, in relazione ai quali continuano a trovare applicazione le disposizioni di cui all'articolo 27 del predetto decreto legislativo. All'onere derivante dal primo periodo del presente comma valutato in 123 milioni di euro per l'anno 2016, 125 milioni di euro per l'anno 2017, 128 milioni di euro per l'anno 2018, 130 milioni di euro per l'anno 2019, 133 milioni di euro per l'anno 2020, 136 milioni di euro per l'anno 2021, 138 milioni di euro per l'anno 2022, 141 milioni di euro per l'anno 2023, 144 milioni di euro annui a decorrere dall'anno 2024 si provvede mediante corrispondente riduzione del fondo di cui all'articolo 1, comma 107, della legge n. 190 del 2014 come rifinanziato dal presente articolo.

3. L'ultimo periodo dell'articolo 5 del decreto legislativo 4 marzo 2015, n. 22, è soppresso. All'onere derivante dal primo periodo del presente comma valutato in 270,1 milioni di euro per l'anno 2018, 567,2 milioni di euro per l'anno 2019, 570,8 milioni di euro per l'anno 2020, 576,6 milioni di euro per l'anno 2021, 582,4 milioni di euro per l'anno 2022, 588,2 milioni di euro per l'anno 2023, 594,2 milioni di euro annui a decorrere dall'anno 2024 si provvede mediante corrispondente riduzione del fondo di cui all'articolo 1, comma 107, della legge n. 190 del 2014 come rifinanziato dal presente articolo. Ai sensi dell'articolo 17, comma 12, della legge 31 dicembre 2009, n. 196, il Ministero dell'economia e delle finanze e il Ministero del lavoro e delle politiche sociali, anche avvalendosi del sistema permanente di monitoraggio e valutazione istituito ai sensi dell'articolo 1, comma 2, della legge 28 giugno 2012, n. 92, provvedono, con le risorse umane, strumentali e finanziarie disponibili a legislazione vigente e senza nuovi o maggiori oneri a carico della finanza pubblica, al monitoraggio degli effetti finanziari derivanti dalla disposizione di cui al primo periodo del presente comma. Nel caso in cui si verifichino, o siano in procinto di verificarsi, scostamenti rispetto alle previsioni di spesa di cui al presente comma, il Ministro dell'economia e delle finanze provvede, sentito il Ministro del lavoro e delle politiche sociali, con proprio decreto alla rideterminazione del beneficio riconosciuto ai sensi del primo periodo del presente comma.

4. Con esclusivo riferimento agli eventi di disoccupazione verificatisi tra il 1° maggio 2015 e il 31 dicembre 2015 e limitatamente ai lavoratori con qualifica di stagionali dei settori produttivi del turismo e degli stabilimenti termali, qualora la durata della NASpI, calcolata ai sensi dell'articolo 5 del decreto legislativo n. 22 del 2015, sia inferiore a 6 mesi, ai fini del calcolo della durata non si applica il secondo periodo del comma 1 di tale articolo, relativamente ad eventuali prestazioni di disoccupazione ordinaria con requisiti ridotti e Mini-ASpI 2012 fruite negli ultimi quattro anni. In ogni caso, la durata della NASpI corrisposta in conseguenza dell'applicazione del primo periodo non può superare il limite massimo di 6 mesi. All'onere derivante dai primi due periodi del pre-

sente comma valutato in 32,8 milioni di euro per l'anno 2015 e in 64,6 milioni di euro per l'anno 2016 si provvede mediante corrispondente riduzione del fondo di cui all'articolo 1, comma 107, della legge 23 dicembre 2014, n. 190, come rifinanziato dal presente articolo. Ai sensi dell'articolo 17, comma 12, della legge 31 dicembre 2009, n. 196, il Ministero dell'economia e delle finanze e il Ministero del lavoro e delle politiche sociali, anche avvalendosi del sistema permanente di monitoraggio e valutazione istituito ai sensi dell'articolo 1, comma 2, della legge n. 92 del 2012, provvedono, con le risorse umane, strumentali e finanziarie disponibili a legislazione vigente e senza nuovi o maggiori oneri a carico della finanza pubblica, al monitoraggio degli effetti finanziari derivanti dalla disposizione di cui al primo periodo del presente comma. Nel caso in cui si verifichino, o siano in procinto di verificarsi, scostamenti rispetto alle previsioni di spesa di cui al presente comma, il Ministro dell'economia e delle finanze provvede, sentito il Ministro del lavoro e delle politiche sociali, con proprio decreto alla rideterminazione del beneficio riconosciuto ai sensi del primi due periodi del presente comma.

4 *bis*. Con riferimento agli eventi di disoccupazione verificatisi nel 2016 e limitatamente ai lavoratori con qualifica di stagionali dei settori produttivi del turismo e degli stabilimenti termali, qualora la durata della NASpI, calcolata ai sensi dell'articolo 5 del decreto legislativo 4 marzo 2015, n. 22, sia inferiore alla durata ottenuta disapplicando il secondo periodo del comma 1 di talearticolo relativamente alle prestazioni di disoccupazione, ad eccezione di prestazioni di mini-ASpI e di NASpI, fruite negli ultimi quattro anni, la durata della NASpI viene incrementata di un mese, a condizione che la differenza nelle durate così calcolata non sia inferiore a dodici settimane. In ogni caso, la durata della NASpI corrisposta in applicazione del primo periodo non può superare il limite massimo di quattro mesi ([1]).

4 *ter*. Agli oneri derivanti dal comma 4 *bis*, valutati, in 57 milioni di euro per l'anno 2016 e in 78,6 milioni di euro per l'anno 2017, si provvede, quanto a 38,1 milioni di euro per l'anno 2016, mediante corrispondente riduzione dell'autorizzazione di spesa di cui all'articolo 16, comma 7, del decreto legislativo 4 marzo 2015, n. 22, come incrementata dall'articolo 43, comma 5, e dall'articolo 1, comma 387, lettera *b*), della legge 28 dicembre 2015, n. 208, quanto a 18,9 milioni di euro per l'anno 2016, mediante corrispondente riduzione dell'autorizzazione di spesa di cui all'articolo 1, comma 107, della legge 23 dicembre 2014, n. 190 e quanto a 78,6 milioni di euro per l'anno 2017, mediante riduzione del Fondo sociale per occupazione e formazione, di cui all'articolo 18, comma 1, lettera *a*), del decreto legge 29 novembre 2008, n. 185, convertito, con modificazioni, dalla legge 28 gennaio 2009, n. 2 ([1]).

4 *quater*. Ai sensi dell'articolo 17, comma 12, della legge 31 dicembre 2009, n. 196, il Ministero dell'economia e delle finanze e il Ministero del lavoro e delle politiche sociali, anche avvalendosi del sistema permanente di monitoraggio e valutazione istituito ai sensi dell'articolo 1, comma 2, della legge n. 92 del 2012, assicurano, con le risorse umane, strumentali e finanziarie disponibili a legislazione vigente e senza nuovi o maggiori oneri a carico della finanza pubblica, il monitoraggio degli effetti finanziari derivanti dal comma 4 *bis*. Nel caso in cui si verifichino, o siano in procinto di verificarsi scostamenti rispetto alle previsioni di spesa di cui al comma 4 *ter*, agli eventuali maggiori oneri si provvede mediante corrispondente riduzione del Fondo sociale per occupazione e formazione, di cui all'articolo 18, comma 1, lettera *a*), del decreto legge 29 novembre 2008, n. 185, convertito, con modificazioni, dalla legge 28 gennaio 2009, n. 2. È conseguentemente accantonato e reso indisponibile sul medesimo Fondo nonché, ai fini degli effetti in termini di fabbisogno e indebitamento netto, sul fondo di cui all'articolo 6, comma 2, del decreto legge 7 ottobre 2008, n. 154, convertito, con modificazioni, dalla legge 4 dicembre 2008, n. 189, un importo complessivo pari al 50 per cento degli oneri indicati al comma 4 *ter* fino all'esito dei monitoraggi annuali previsti nel primo periodo. In tali casi, il Ministro dell'economia e delle finanze riferisce alle Camere con apposita relazione ai sensi dell'articolo 17, comma 12, della legge 31 dicembre 2009, n. 196. Il Ministro dell'economia e delle finanze è autorizzato ad apportare, con propri decreti, le occorrenti variazioni di bilancio ([1]).

5. Ai fini della prosecuzione della sperimentazione relativa al riconoscimento della prestazione ASDI di cui all'articolo 16 del decreto legislativo 4 marzo 2015, n. 22, anche con riferimento ai lavoratori beneficiari della prestazione NASpI che abbiano fruito di questa per l'intera sua durata oltre la data del 31 dicembre 2015, l'autorizzazione di spesa di cui all'articolo 16, comma 7 del decreto

legislativo n. 22 del 2015 è incrementata di 180 milioni di euro per l'anno 2016, di 270 milioni di euro per l'anno 2017, di 170 milioni di euro per l'anno 2018 e di 200 milioni di euro annui a decorrere dall'anno 2019. Per effetto della prosecuzione della sperimentazione relativa al riconoscimento della prestazione ASDI di cui al primo periodo del presente comma, in ogni caso nel limite delle risorse di cui alla citata autorizzazione di spesa di cui all'articolo 16, comma 7 del decreto legislativo n. 22 del 2015 come incrementata dal primo periodo medesimo del presente comma, fermi restando i criteri disciplinati dall'articolo 16 del citato decreto legislativo n. 22 del 2015, in ogni caso la prestazione ASDI non può essere usufruita per un periodo pari o superiore a 6 mesi nei 12 mesi precedenti il termine del periodo di fruizione della NASpI e comunque per un periodo pari o superiore a 24 mesi nel quinquennio precedente il medesimo termine. Con decreto del Ministro del lavoro e delle politiche sociali, di concerto con il Ministro dell'economia e delle finanze, sentita la Conferenza permanente per i rapporti tra lo Stato, le regioni e le province autonome di Trento e di Bolzano, da adottare entro 90 giorni dalla data di entrata in vigore del presente decreto, sono definite le modalità per prosecuzione della sperimentazione relativa al riconoscimento della prestazione ASDI di cui al presente comma. All'onere derivante dal primo periodo del presente comma pari a 180 milioni di euro per l'anno 2016, 270 milioni di euro per l'anno 2017, 170 milioni di euro per l'anno 2018 e a 200 milioni di euro annui a decorrere dall'anno 2019 si provvede mediante corrispondente riduzione del fondo di cui all'articolo 1, comma 107, della legge n. 190 del 2014 come rifinanziato dal presente articolo.

6. In via aggiuntiva a quanto stabilito dall'articolo 17, comma 1 del decreto legislativo n. 22 del 2015, il fondo per le politiche attive del lavoro, istituito dall'articolo 1, comma 215, della legge 27 dicembre 2013, n. 147, è incrementato di 32 milioni di euro per l'anno 2016, di 82 milioni di euro annui per ciascuno degli anni 2017-2019, di 72 milioni di euro per l'anno 2020, di 52 milioni di euro per l'anno 2021, di 40 milioni di euro per l'anno 2022, di 25 milioni di euro per l'anno 2023 e di 10 milioni di euro annui a decorrere dal 2024. All'onere derivante dal primo periodo del presente comma pari a 32 milioni di euro per l'anno 2016, a 82 milioni di euro annui per ciascuno degli anni 2017-2019, a 72 milioni di euro per l'anno 2020, a 52 milioni di euro per l'anno 2021, a 40 milioni di euro per l'anno 2022, a 25 milioni di euro per l'anno 2023 e a 10 milioni di euro annui a decorrere dal 2024 si provvede mediante corrispondente riduzione del fondo di cui all'articolo 1, comma 107, della legge n. 190 del 2014, come rifinanziato dal presente articolo.

7. Il Ministro dell'economia e delle finanze è autorizzato ad apportare, con propri decreti, le occorrenti variazioni di bilancio.

(1) *Questo comma è stato inserito dall'art. 2, comma 1, lett.* e), *del D.L.vo 24 settembre 2016, n. 185.*

44. Disposizioni finali e transitorie. – 1. Quando non diversamente indicato, le disposizioni di cui al presente decreto si applicano ai trattamenti di integrazione salariale richiesti a decorrere dalla data di entrata in vigore.

2. Ai fini del calcolo della durata massima complessiva delle integrazioni salariali di cui all'articolo 4, commi 1 e 2, i trattamenti richiesti prima della data di entrata in vigore del presente decreto si computano per la sola parte del periodo autorizzato successiva a tale data.

3. La disposizione di cui all'articolo 22, comma 4, non si applica nei primi 24 mesi dall'entrata in vigore del presente decreto.

4. Le disposizioni di cui all'articolo 25, comma 2, si applicano ai trattamenti straordinari di integrazione salariale richiesti a decorrere dal 1° novembre 2015.

[5. In via transitoria, allo scopo di consentire l'erogazione delle prestazioni per i primi anni di operatività del fondo, il limite di cui all'articolo 29, comma 4, secondo periodo, calcolato in relazione all'ammontare dei contributi ordinari dovuti dalla singola azienda, tenuto conto delle prestazioni già deliberate a qualunque titolo a favore dell'azienda medesima, è modificato nel modo seguente: nessun limite per le prestazioni erogate nell'anno 2016, dieci volte nell'anno 2017, otto volte nell'anno 2018, sette volte nell'anno 2019, sei volte nell'anno 2020, cinque volte nell'anno 2021. In ogni caso, le prestazioni possono essere erogate soltanto nei limiti delle risorse finanziarie acquisite al fondo] (1).

6. Per l'anno 2015 le regioni e province autonome possono disporre la concessione dei trattamenti di integrazione salariale e di mobilità, anche in deroga ai criteri di cui agli articoli 2 e 3 del decreto del Ministro del lavoro e delle politiche sociali 1° agosto 2014, n. 83473, in misura non su-

periore al 5 per cento delle risorse ad esse attribuite, ovvero in eccedenza a tale quota disponendo l'integrale copertura degli oneri connessi a carico delle finanze regionali ovvero delle risorse assegnate alla regione dell'ambito di piani o programmi coerenti con la specifica destinazione, ai sensi dell'articolo 1, comma 253, della legge 24 dicembre 2012, n. 228. Gli effetti dei suddetti trattamenti non possono prodursi oltre la data del 31 dicembre 2015.

6 *bis*. Con riferimento ai trattamenti di integrazione salariale e di mobilità, anche in deroga alla legislazione vigente, le regioni e le province autonome di Trento e di Bolzano possono disporre nell'anno 2016 l'utilizzo delle risorse ad esse attribuite in misura non superiore al 50 per cento anche in deroga ai criteri di cui agli articoli 2 e 3 del decreto del Ministro del lavoro e delle politiche sociali 1° agosto 2014, n. 83473, ovvero in eccedenza a tale quota disponendo l'integrale copertura degli oneri connessi a carico delle finanze regionali o delle risorse assegnate alla regione o alla provincia autonoma nell'ambito di piani o programmi coerenti con la specifica destinazione, ai sensi dell'articolo 1, comma 253, della legge 24 dicembre 2012, n. 228, destinandole preferibilmente alle aree di crisi industriale complessa di cui all'articolo 27 del decreto legge 22 giugno 2012, n. 83, convertito con modificazione dalla legge 7 agosto 2012, n. 134. In alternativa, le regioni e le province autonome di Trento e di Bolzano hanno facoltà di destinare le risorse di cui al primo periodo ad azioni di politica attiva del lavoro. Per i trattamenti di integrazione salariale in deroga, il conguaglio o la richiesta di rimborso delle integrazioni corrisposte ai lavoratori devono essere effettuati, a pena di decadenza, entro sei mesi dalla fine del periodo di paga in corso alla scadenza del termine di durata della concessione o dalla data del provvedimento di concessione se successivo ([2]). Per i trattamenti conclusi prima della data di entrata in vigore della presente disposizione, i sei mesi di cui al precedente periodo decorrono da tale data ([2]). Il presente comma è efficace anche con riferimento ai provvedimenti di assegnazione delle risorse alle regioni e alle province autonome di Trento e di Bolzano già emanati per gli anni 2014, 2015 e 2016, con esclusione delle risorse già oggetto di decretazione da parte delle regioni e delle province autonome ([3]).

7. Il Fondo sociale per occupazione e formazione di cui all'articolo 18, comma 1, lettera *a*), del decreto legge n. 185 del 2008, convertito, con modificazioni, dalla legge n. 2 del 2009, è incrementato di euro 5.286.187 per l'anno 2015 e di euro 5.510.658 per l'anno 2016, ai fini del finanziamento di misure per il sostegno al reddito dei lavoratori di cui all'ultimo periodo del presente comma. Agli oneri derivanti dal primo periodo del presente comma, pari a euro 5.286.187 per l'anno 2015 e a euro 5.510.658 per l'anno 2016, si provvede mediante corrispondente riduzione dell'autorizzazione di spesa di cui all'articolo 1, comma 22, della legge n. 147 del 2013. Conseguentemente il medesimo articolo 1, comma 22, della legge n. 147 del 2013 è soppresso. Con decreto del Ministro del lavoro e delle politiche sociali, di concerto con il Ministro dell'economia e delle finanze, viene disciplinata la concessione nel limite massimo di euro 5.286.187 per l'anno 2015 e di euro 5.510.658 per l'anno 2016 a carico del Fondo sociale per occupazione e formazione di cui all'articolo 18, comma 1, lettera *a*), del decreto legge n. 185 del 2008, convertito, con modificazioni, dalla legge n. 2 del 2009, come rifinanziato dal presente comma, di misure per il sostegno al reddito, in deroga a quanto previsto dalla normativa vigente, per i lavoratori dipendenti dalle imprese del settore del *call center*.

8. Il Ministro del lavoro e delle politiche sociali, sentite le parti sociali, elabora entro il 31 dicembre 2015 un rapporto avente ad oggetto proposte di valorizzazione della bilateralità nell'ambito del sostegno al reddito dei lavoratori in esubero e delle misure finalizzate alla loro ricollocazione.

9. All'articolo 37, comma 3, lettera *d*), della legge n. 88 del 1989, dopo le parole «6 agosto 1975, n. 427,», sono aggiunte le seguenti: «e al decreto legislativo adottato in attuazione dell'articolo 1, comma 2, lettera *a*) della legge 10 dicembre 2014, n. 183,».

10. All'articolo 37, comma 8, della legge n. 88 del 1989, dopo le parole «6 agosto 1975, n. 427,» sono inserite le seguenti: «e al decreto legislativo adottato in attuazione dell'articolo 1, comma 2, lettera *a*) della legge 10 dicembre 2014, n. 183,».

11. Con effetto per l'anno 2015, all'articolo 3, comma 5 *bis*, della legge 23 luglio 1991, n. 223, sono apportate le seguenti modificazioni: (*Omissis*).

11 *bis*. In deroga all'articolo 4, comma 1, e all'articolo 22, commi 1, 2 e 3, entro il limite massimo di spesa di 216 milioni di euro per l'anno 2016 e di 117 milioni di euro per l'anno 2017 ([4]), previo accordo stipulato in sede governativa presso il Mi-

nistero del lavoro e delle politiche sociali con la presenza del Ministero dello sviluppo economico e della regione, può essere concesso un ulteriore intervento di integrazione salariale straordinaria, sino al limite massimo di 12 mesi per ciascun anno di riferimento ([5]), alle imprese operanti in un'area di crisi industriale complessa riconosciuta alla data di entrata in vigore della presente disposizione ai sensi dell'articolo 27 del decreto legge 22 giugno 2012, n. 83, convertito, con modificazioni, dalla legge 7 agosto 2012, n. 134. Al fine di essere ammessa all'ulteriore intervento di integrazione salariale straordinaria l'impresa presenta un piano di recupero occupazionale che prevede appositi percorsi di politiche attive del lavoro concordati con la regione e finalizzati alla rioccupazione dei lavoratori, dichiarando contestualmente di non poter ricorrere al trattamento di integrazione salariale straordinaria nè secondo le disposizioni del presente decreto nè secondo le disposizioni attuative dello stesso. All'onere derivante dal primo periodo si provvede, quanto a 216 milioni per l'anno 2016 mediante corrispondente riduzione dell'autorizzazione di spesa di cui all'articolo 16, comma 7, del decreto legislativo 4 marzo 2015, n. 22, come incrementata dall'articolo 43, comma 5, e dall'articolo 1, comma 387, lettera *b*), della legge 28 dicembre 2015, n. 208, e quanto a 117 milioni per l'anno 2017 a carico del Fondo sociale per occupazione e formazione, di cui all'articolo 18, comma 1, lettera *a*), del decreto legge 29 novembre 2008, n. 185, convertito, con modificazioni, dalla legge 28 gennaio 2009, n. 2, mediante utilizzo delle disponibilità in conto residui ([6]). Entro quindici giorni dall'entrata in vigore della presente disposizione, le regioni richiedono al Ministero del lavoro e delle politiche sociali l'assegnazione delle risorse necessarie in relazione alle proprie esigenze. Con decreto del Ministro del lavoro e delle politiche sociali, di concerto con il Ministro dell'economia e delle finanze, le risorse sono proporzionalmente ripartite tra le regioni in base alle richieste, entro il limite massimo complessivo di spesa di euro 216 milioni di euro per l'anno 2016 e 117 milioni di euro per l'anno 2017 ([7]). L'INPS provvede al monitoraggio del rispetto del limite di spesa, con le risorse umane, strumentali e finanziarie disponibili a legislazione vigente e senza nuovi o maggiori oneri a carico della finanza pubblica e trasmette relazioni semestrali al Ministero del lavoro e delle politiche sociali e al Ministero dell'economia e delle finanze ([8]).

([1]) *Questo comma è stato abrogato dall'art. 1, comma 159, lett.* b), *della L. 27 dicembre 2017, n. 205, a decorrere dal 1° gennaio 2018.*

([2]) *Questo periodo è stato inserito dall'art. 55* quater *del D.L. 24 aprile 2017, n. 50, convertito, con modificazioni, nella L. 21 giugno 2017, n. 96.*

([3]) *Questo comma è stato inserito dall'art. 2, comma 1, lett.* f), *n. 1), del D.L.vo 24 settembre 2016, n. 185.*

([4]) *Le parole: «e di 117 milioni di euro per l'anno 2017» sono state inserite dall'art. 3, comma 1, lett.* a), *del D.L. 30 dicembre 2016, n. 244, convertito, con modificazioni, nella L. 27 febbraio 2017, n. 19*

([5]) *Le parole: «per ciascun anno di riferimento» sono state inserite dall'art. 3* ter, *comma 1, del D.L. 20 giugno 2017, n. 91, convertito, con modificazioni, nella L. 3 agosto 2017, n. 123.*

([6]) *Questo periodo è stato così sostituito dall'art. 3, comma 1, lett.* b), *del D.L. 30 dicembre 2016, n. 244, convertito, con modificazioni, nella L. 27 febbraio 2017, n. 19.*

([7]) *Le parole: «e 117 milioni di euro per l'anno 2017» sono state aggiunte dall'art. 3, comma 1, lett.* c), *del D.L. 30 dicembre 2016, n. 244, convertito, con modificazioni, nella L. 27 febbraio 2017, n. 19.*

([8]) *Questo comma è stato aggiunto dall'art. 2, comma 1, lett.* f), *n. 3), del D.L.vo 24 settembre 2016, n. 185.*

45. Accesso ai dati elementari. – 1. A fini di programmazione, analisi e valutazione degli interventi di politica previdenziale, assistenziale e del lavoro introdotti con i decreti legislativi di attuazione della legge 10 dicembre 2014, n. 183, il Nucleo tecnico per il coordinamento della politica economica di cui al decreto del Presidente del Consiglio dei ministri 21 maggio 2013, e successive modificazioni, e il Comitato scientifico per l'indirizzo dei metodi e delle procedure per il monitoraggio della riforma del mercato del lavoro istituito in attuazione dell'articolo 1, comma 2, della legge 28 giugno 2012, n. 92, nonché, ai fini dello svolgimento delle funzioni di cui all'articolo 10, comma 2, del decreto legislativo 14 settembre 2015, n. 150, l'ISFOL ([1]) hanno accesso diretto, anche attraverso procedure di accesso remoto, ai dati elementari detenuti dall'ISTAT, dall'INPS, dall'INAIL, dall'Agenzia delle entrate, nonché da altri enti e amministrazioni determinati dal decreto di cui al comma 2.

2. Le modalità di accesso ai dati utili ai fini di cui al comma 1, nel rispetto della normativa sulla protezione dei dati personali, sono determinate con decreto del Presidente del Consiglio dei ministri, da adottare entro 30 giorni dalla data di entrata in vigore del presente decreto nel rispetto di quanto previsto al comma 3.

3. All'attuazione del presente articolo si provvede con le risorse finanziarie, umane e strumentali già previste a legislazione vigente e comunque senza nuovi o maggiori oneri a carico della finanza pubblica.

(¹) *Le parole: «nonché, ai fini dello svolgimento delle funzioni di cui all'articolo 10, comma 2, del decreto legislativo 14 settembre 2015, n. 150, l'ISFOL» sono state inserite dall'art. 2, comma 1, lett.* g), *del D.L.vo 24 settembre 2016, n. 185.*

46. Abrogazioni. – 1. Sono abrogate le seguenti disposizioni:

a) il decreto legislativo luogotenenziale 9 novembre 1945, n. 788;

b) il decreto legislativo del Capo provvisorio dello Stato 12 agosto 1947, n. 869, ad eccezione dell'articolo 3 (¹);

c) la legge 3 febbraio 1963, n. 77;

d) gli articoli da 2 a 5 della legge 5 novembre 1968, n. 1115;

e) la legge 8 agosto 1972, n. 464;

f) gli articoli da 1 a 7, da 9 a 11, 12, comma 1, numeri 1) e 2), e da 13 a 17 della legge 20 maggio 1975, n. 164 (²);

g) gli articoli 1, 2, e da 4 a 8 della legge 6 agosto 1975, n. 427;

h) la legge 13 agosto 1980, n. 427;

i) gli articoli 1 e 2 del decreto legge 30 ottobre 1984, n. 726, convertito con modificazioni dalla legge 19 dicembre 1984, n. 863;

l) l'articolo 8, commi da 1 a 5, e 8 del decreto legge 21 marzo 1988, n. 86, convertito, con modificazioni, dalla legge 20 maggio 1988, n. 160;

m) gli articoli 1, 2, e da 12 a 14 della legge 23 luglio 1991, n. 223;

n) l'articolo 5, commi da 1 a 4, del decreto legge 20 maggio 1993, n. 148, convertito con modificazioni dalla legge 19 luglio 1993, n. 236;

o) il decreto del Presidente della Repubblica 10 giugno 2000, n. 218;

p) l'articolo 44, comma 6 del decreto legge 30 settembre 2003, n. 269, convertito, con modificazioni, dalla legge 24 novembre 2003, n. 326;

q) i commi 1, da 4 a 19 *ter*, da 22 a 45, dell'articolo 3 della legge 28 giugno 2012, n. 92.

2. A decorrere dal 1° gennaio 2016 sono abrogate le seguenti disposizioni:

a) l'articolo 8 della legge 20 maggio 1975, n. 164;

b) l'articolo 3 della legge 6 agosto 1975, n. 427;

c) il decreto del Ministro del lavoro e delle politiche sociali, di concerto con il Ministro dell'economia e delle finanze, 7 febbraio 2014, n. 79141;

d) i commi 20, 20 *bis*, e 21 dell'articolo 3 della legge 28 giugno 2012, n. 92.

3. A decorrere dal 1° luglio 2016 è abrogato l'articolo 5 del decreto legge 20 maggio 1993, n. 148, convertito, con modificazioni, dalla legge 19 luglio 1993, n. 236.

4. È abrogata ogni altra disposizione contraria o incompatibile con le disposizioni del presente decreto.

5. Laddove disposizioni di legge o regolamentari dispongano un rinvio all'articolo unico, secondo comma, della legge n. 427 del 1980, oppure all'articolo 3, commi da 4 a 45, della legge n. 92 del 2012, ovvero ad altre disposizioni abrogate dal presente articolo, tali rinvii si intendono riferiti alle corrispondenti norme del presente decreto.

(¹) *Le parole: «, ad eccezione dell'articolo 3» sono state inserite dall'art. 1, comma 309, della L. 28 dicembre 2015, n. 208.*

(²) *Questa lettera è stata così sostituita dall'art. 2, comma 1, lett.* h), *del D.L.vo 24 settembre 2016, n. 185.*

47. Entrata in vigore. – 1. Il presente decreto entra in vigore il giorno successivo a quello della sua pubblicazione nella *Gazzetta Ufficiale* della Repubblica italiana.

15.

D.L.vo 14 settembre 2015, n. 149. Disposizioni per la razionalizzazione e la semplificazione dell'attività ispettiva in materia di lavoro e legislazione sociale, in attuazione della legge 10 dicembre 2014, n. 183 (Suppl. ord. alla *Gazzetta Ufficiale* Serie gen. - n. 221 del 23 settembre 2015).

1. Ispettorato nazionale del lavoro ([1]). – 1. Al fine di razionalizzare e semplificare l'attività di vigilanza in materia di lavoro e legislazione sociale, nonché al fine di evitare la sovrapposizione di interventi ispettivi, è istituita, senza nuovi o maggiori oneri a carico della finanza pubblica, ai sensi dell'articolo 8 del decreto legislativo 30 luglio 1999, n. 300, una Agenzia unica per le ispezioni del lavoro denominata «Ispettorato nazionale del lavoro», di seguito «Ispettorato», che integra i servizi ispettivi del Ministero del lavoro e delle politiche sociali, dell'INPS e dell'INAIL.

2. L'Ispettorato svolge le attività ispettive già esercitate dal Ministero del lavoro e delle politiche sociali, dall'INPS e dall'INAIL. Al fine di assicurare omogeneità operative di tutto il personale che svolge vigilanza in materia di lavoro, contribuzione e assicurazione obbligatoria, nonché legislazione sociale, ai funzionari ispettivi dell'INPS e dell'INAIL sono attribuiti i poteri già assegnati al personale ispettivo del Ministero del lavoro e delle politiche sociali, ivi compresa la qualifica di ufficiale di polizia giudiziaria secondo quanto previsto dall'articolo 6, comma 2, del decreto legislativo 23 aprile 2004, n. 124 e alle medesime condizioni di legge.

3. L'Ispettorato ha personalità giuridica di diritto pubblico, è dotato di autonomia organizzativa e contabile ed è posto sotto la vigilanza del Ministro del lavoro e delle politiche sociali che ne monitora periodicamente gli obiettivi e la corretta gestione delle risorse finanziarie.

4. L'Ispettorato ha una sede centrale in Roma e un massimo di ottanta sedi territoriali. In fase di avvio, la sede centrale dell'Ispettorato è ubicata presso un immobile demaniale o un immobile già in uso al Ministero del lavoro e delle politiche sociali o un immobile dell'INPS, dell'INAIL o di altri Istituti previdenziali ([2]).

5. L'Ispettorato è sottoposto al controllo della Corte dei conti ai sensi dell'articolo 3, comma 4, della legge 14 gennaio 1994, n. 20, e successive modificazioni.

([1]) *Si veda il D.P.R. 26 maggio 2016, n. 109, Regolamento recante approvazione dello Statuto dell'Ispettorato nazionale del lavoro.*

([2]) *Questo comma è stato così sostituito dall'art. 3, comma 1, lett.* a), *del D.L.vo 24 settembre 2016, n. 185.*

2. Funzioni e attribuzioni. – 1. Entro quarantacinque giorni dall'entrata in vigore del presente decreto è adottato, con decreto del Presidente della Repubblica ai sensi dell'articolo 17, comma 2, della legge 23 agosto 1988, n. 400, su proposta del Ministro del lavoro e delle politiche sociali di concerto con il Ministro dell'economia e delle finanze e con il Ministro per la semplificazione e la pubblica amministrazione, lo statuto dell'Ispettorato, in conformità ai principi e ai criteri direttivi stabiliti dall'articolo 8, comma 4, del decreto legislativo n. 300 del 1999, ivi compresa la definizione, tramite convenzione da stipularsi tra il Ministro del lavoro e delle politiche sociali e il direttore dell'Ispettorato, degli obiettivi specificamente attribuiti a quest'ultimo.

2. L'Ispettorato esercita, in particolare, le seguenti funzioni e attribuzioni:

a) esercita e coordina su tutto il territorio nazionale, sulla base di direttive emanate dal Ministro del lavoro e delle politiche sociali, contenenti anche specifiche linee di indirizzo per la vigilanza sul corretto utilizzo delle prestazioni di lavoro accessorio, ([1]) la vigilanza in materia di lavoro, contribuzione e assicurazione obbligatoria nonché legislazione sociale, ivi compresa la vigilanza in materia di tutela della salute e della sicurezza nei luoghi di lavoro, nei limiti delle competenze già attribuite al personale ispettivo del Ministero del lavoro e delle politiche sociali ai sensi del decreto legislativo 9 aprile 2008, n. 81, e gli accertamenti in materia di riconoscimento del diritto a prestazioni per infortuni su lavoro e malattie professionali, della esposizione al rischio nelle malattie professionali, delle caratteristiche dei vari cicli produttivi ai fini della applicazione della tariffa dei premi;

b) emana circolari interpretative in materia ispettiva e sanzionatoria, previo parere conforme del Ministero del lavoro e delle politiche sociali, nonché direttive operative rivolte al personale ispettivo;

c) propone, sulla base di direttive del Ministro del lavoro e delle politiche sociali, gli obiettivi quantitativi e qualitativi delle verifiche ed effettua il monitoraggio sulla loro realizzazione;

d) cura la formazione e l'aggiornamento del personale ispettivo, ivi compreso quello di INPS e INAIL;

e) svolge le attività di prevenzione e promozione della legalità presso enti, datori di lavoro e associazioni finalizzate al contrasto del lavoro sommerso e irregolare, anche attraverso l'uso non corretto dei tirocini, (2) ai sensi dell'articolo 8 del decreto legislativo 23 aprile 2004, n. 124;

f) esercita e coordina le attività di vigilanza sui rapporti di lavoro nel settore dei trasporti su strada, i controlli previsti dalle norme di recepimento delle direttive di prodotto e cura la gestione delle vigilanze speciali effettuate sul territorio nazionale;

g) svolge attività di studio e analisi relative ai fenomeni del lavoro sommerso e irregolare e alla mappatura dei rischi, al fine di orientare l'attività di vigilanza;

h) gestisce le risorse assegnate ai sensi dell'articolo 8, anche al fine di garantire l'uniformità dell'attività di vigilanza, delle competenze professionali e delle dotazioni strumentali in uso al personale ispettivo;

i) svolge ogni ulteriore attività, connessa allo svolgimento delle funzioni ispettive, ad esso demandata dal Ministro del lavoro e delle politiche sociali;

l) riferisce al Ministero del lavoro e delle politiche sociali, all'INPS e all'INAIL ogni informazione utile alla programmazione e allo svolgimento delle attività istituzionali delle predette amministrazioni;

m) ferme restando le rispettive competenze, si coordina con i servizi ispettivi delle aziende sanitarie locali e delle agenzie regionali per la protezione ambientale al fine di assicurare l'uniformità di comportamento ed una maggiore efficacia degli accertamenti ispettivi, evitando la sovrapposizione degli interventi.

(1) *Le parole: «contenenti anche specifiche linee di indirizzo per la vigilanza sul corretto utilizzo delle prestazioni di lavoro accessorio,» sono state inserite dall'art. 3, comma 1, lett.* b), *n. 1), del D.L.vo 24 settembre 2016, n. 185.*

(2) *Le parole: «, anche attraverso l'uso non corretto dei tirocini,» sono inserite dall'art. 3, comma 1, lett.* b), *n. 2), del D.L.vo 24 settembre 2016, n. 185.*

3. Organi dell'Ispettorato. – 1. Sono organi dell'Ispettorato e restano in carica per tre anni rinnovabili per una sola volta:

a) il direttore;

b) il consiglio di amministrazione;

c) il collegio dei revisori.

2. Il direttore è scelto tra esperti ovvero tra personale incaricato di funzioni di livello dirigenziale generale delle amministrazioni pubbliche di cui all'articolo 1 comma 2, del decreto legislativo 30 marzo 2001 n. 165 o altro personale di cui all'articolo 3 del medesimo decreto legislativo, in possesso di provata esperienza e professionalità nelle materie di competenza dell'Ispettorato ed è nominato con decreto del Presidente della Repubblica, previa deliberazione del Consiglio dei Ministri, su proposta del Ministro del lavoro e delle politiche sociali e, se dipendente delle amministrazioni pubbliche, previo collocamento fuori ruolo, aspettativa non retribuita, comando o analogo provvedimento secondo i rispettivi ordinamenti. In tal caso è reso indisponibile un posto equivalente, dal punto di vista finanziario, presso l'amministrazione di provenienza. Al direttore dell'Ispettorato spetta il trattamento economico e normativo riconosciuto per l'incarico di capo dipartimento di cui all'articolo 5 del decreto legislativo n. 300 del 1999.

3. Il consiglio di amministrazione è nominato con decreto del Ministro del lavoro e delle politiche sociali ed è composto da quattro dirigenti incaricati di funzioni di livello dirigenziale generale delle amministrazioni pubbliche di cui all'articolo 1, comma 2, del decreto legislativo 30 marzo 2001 n. 165 o altro personale di cui all'articolo 3 del medesimo decreto legislativo, in possesso di provata esperienza e professionalità nelle materie di competenza dell'Ispettorato. Un componente ciascuno è indicato dall'INPS e dall'INAIL in rappresentanza dei predetti Istituti. Uno dei componenti del consiglio di amministrazione svolge, su designazione del Ministro del lavoro e delle politiche sociali, le funzioni di presidente.

4. Il collegio dei revisori è nominato con decreto del Ministro del lavoro e delle politiche sociali ed è composto da tre membri effettivi, di cui due in rappresentanza del Ministero del lavoro e delle politiche sociali e uno in rappresentanza del Ministero dell'economia e delle finanze. Con il medesimo decreto sono nominati i membri supplenti in rappresentanza dei predetti Ministeri. I componenti del collegio sono scelti tra i dirigenti incaricati di funzioni di livello dirigenziale non generale delle amministrazioni di cui all'articolo 1, comma 2, del decreto legislativo n. 165 del 2001,

in possesso di specifica professionalità. L'assegnazione delle funzioni di presidente del collegio dei revisori avviene secondo le modalità stabilite dallo statuto di cui all'articolo 2, comma 1. Ai componenti del collegio dei revisori compete, per lo svolgimento della loro attività, un compenso determinato con decreto del Ministro del lavoro e delle politiche sociali di concerto con il Ministro dell'economia e delle finanze, a valere sugli ordinari stanziamenti di bilancio dell'Ispettorato e comunque senza nuovi o maggiori oneri a carico della finanza pubblica.

5. Per la partecipazione alle sedute degli organi collegiali non spettano gettoni di presenza o emolumenti a qualsiasi titolo dovuti.

6. Il direttore è sottoposto alla disciplina in materia di responsabilità dirigenziale di cui all'articolo 21 del decreto legislativo 30 marzo 2001, n. 165 ivi compresa la facoltà di revoca dell'incarico.

4. Attribuzioni degli organi dell'Ispettorato. – 1. Il direttore ha la rappresentanza legale dell'Ispettorato, provvede all'attuazione degli indirizzi e delle linee guida adottate d'intesa con il consiglio di amministrazione e approvate dal Ministro del lavoro e delle politiche sociali e presenta al consiglio di amministrazione il bilancio preventivo e il conto consuntivo. Il direttore propone alla commissione centrale di coordinamento di cui all'articolo 3 del decreto legislativo 23 aprile 2004, n. 124 gli obiettivi quantitativi e qualitativi delle verifiche ispettive, riferisce periodicamente al Ministro del lavoro e delle politiche sociali e al consiglio di amministrazione e presenta una relazione annuale sull'attività svolta dall'Ispettorato. Al direttore sono assegnati i poteri e la responsabilità della gestione dell'Ispettorato, nonché la responsabilità per il conseguimento dei risultati fissati dal Ministro del lavoro e delle politiche sociali nell'ambito, ove possibile, di massimali di spesa predeterminati dal bilancio o, nell'ambito di questo, dal Ministro stesso. È inoltre facoltà del direttore proporre all'approvazione del Ministro del lavoro e delle politiche sociali, di concerto con il Ministro dell'economia e delle finanze, modifiche ai regolamenti interni di contabilità adottati ai sensi dell'articolo 5, comma 1.

2. Il consiglio di amministrazione, convocato dal componente che svolge le funzioni di presidente, che stabilisce altresì l'ordine del giorno delle sedute, coadiuva il direttore nell'esercizio delle attribuzioni ad esso conferite, delibera il bilancio preventivo, il conto consuntivo e i piani di spesa ed investimento.

3. Alle sedute del consiglio di amministrazione partecipa il direttore dell'Ispettorato.

4. Il collegio dei revisori svolge il controllo sull'attività dell'Ispettorato ai sensi del decreto legislativo 30 giugno 2011 n. 123 nonché, in quanto applicabili, degli articoli da 2397 a 2409 del codice civile.

5. Organizzazione e funzionamento dell'Ispettorato. – 1. Con uno o più decreti del Presidente del Consiglio dei ministri, su proposta del Ministro del lavoro e delle politiche sociali di concerto con il Ministro dell'economia e delle finanze, il Ministro per la semplificazione e la pubblica amministrazione e il Ministro della difesa, da adottarsi entro quarantacinque giorni dalla data di entrata in vigore del presente decreto legislativo, sono disciplinate, senza nuovi o maggiori oneri a carico della finanza pubblica, l'organizzazione delle risorse umane e strumentali per il funzionamento dell'Ispettorato e la contabilità finanziaria ed economico patrimoniale relativa alla sua gestione.

2. Fermi restando gli ordinari stanziamenti di bilancio e senza nuovi o maggiori oneri a carico della finanza pubblica, i decreti di cui al comma 1 provvedono, in deroga alle discipline normative e contrattuali vigenti, a rideterminare in modo uniforme il trattamento di missione del personale ispettivo dell'Ispettorato, dell'INPS e dell'INAIL, in considerazione delle esigenze di utilizzo abituale del mezzo proprio per lo svolgimento della ordinaria attività istituzionale che comporta, il trasporto di strumenti informatici, fotocamere e altre attrezzature di lavoro. Ai fini della rideterminazione del trattamento di missione di cui al presente comma si applicano i seguenti criteri:

a) mantenimento della misura dell'indennità chilometrica di cui al primo comma dell'articolo 15 della legge 18 dicembre 1973, n. 836 come rideterminata dall'articolo 8 della legge 26 luglio 1978, n. 417;

b) previsione di una specifica indennità volta a favorire la messa a disposizione del mezzo proprio;

c) previsione di coperture assicurative per eventi non coperti dal sistema assicurativo obbligatorio e dall'INAIL.

3. I decreti di cui al comma 1 prevedono misure volte a garantire l'omogeneizzazione delle dotazioni strumentali, anche informatiche, messe a

disposizione del personale ispettivo dell'Ispettorato, del personale di cui all'articolo 6 comma 4, nonché del personale ispettivo dell'INPS e dell'INAIL. I medesimi decreti prevedono misure volte a garantire che lo svolgimento dell'attività lavorativa del personale ispettivo abbia luogo con modalità flessibili e semplificate.

4. In relazione alle attività di cui all'articolo 14, comma 4, del decreto legislativo 27 ottobre 2009, n. 150 l'Ispettorato si avvale dell'Organismo indipendente di valutazione della performance del Ministero del lavoro e delle politiche sociali.

5. L'Ispettorato è inserito nella Tabella A allegata alla legge 29 ottobre 1984, n. 720 e successive modificazioni.

6. Disposizioni in materia di personale. – 1. La dotazione organica dell'Ispettorato, non superiore a 6357 unità ripartite tra le diverse qualifiche, dirigenziali e non, è definita con i decreti di cui all'articolo 5, comma 1 nel rispetto di quanto previsto dal comma 2. Nell'ambito della predetta dotazione organica, nella quale sono previste due posizioni dirigenziali di livello dirigenziale generale e 88 posizioni dirigenziali di livello non generale, sono ricomprese le unità di personale già in servizio presso le direzioni interregionali e territoriali del lavoro e presso la direzione generale per l'attività ispettiva del Ministero del lavoro e delle politiche sociali. Al personale dirigenziale e non dirigenziale di ruolo dell'Ispettorato si applica, rispettivamente, la contrattazione collettiva dell'Area I e la contrattazione collettiva del comparto Ministeri.

2. La dotazione organica dell'Ispettorato è ridotta in misura corrispondente alle cessazioni del personale delle aree funzionali, appartenente ai profili amministrativi, proveniente dalle Direzioni interregionali e territoriali del Ministero del lavoro e delle politiche sociali che avverranno successivamente all'entrata in vigore dei decreti di cui all'articolo 5, comma 1 e fino al 31 dicembre 2016. Le risorse derivanti dalle economie per le cessazioni dal servizio relative agli anni 2015 e 2016 non sono utilizzabili ai fini della determinazione del budget di assunzioni previsto dalle vigenti disposizioni in materia di assunzioni ed, inoltre, sono contestualmente ridotti i relativi fondi per il trattamento accessorio.

3. A partire dal 2017, in relazione ai risparmi di spesa derivanti dal progressivo esaurimento del ruolo di cui all'articolo 7, comma 1, la dotazione organica dell'Ispettorato è incrementata, ogni tre anni, di un numero di posti corrispondente alle facoltà assunzionali previste dalle vigenti disposizioni in materia di turn-over del personale, con conseguente assegnazione delle relative risorse finanziarie da parte dell'INPS e dell'INAIL in relazione al contratto collettivo applicato dall'Ispettorato.

4. Presso la sede di Roma dell'Ispettorato è istituito, alle dipendenze del Ministro del lavoro e delle politiche sociali, il «Comando carabinieri per la tutela del lavoro». L'attività di vigilanza svolta dal personale dell'Arma dei Carabinieri nonché il coordinamento con l'Ispettorato è assicurato mediante la definizione, da parte del direttore dell'Ispettorato, di linee di condotta e programmi ispettivi periodici nonché mediante l'affidamento allo stesso direttore delle spese di funzionamento del Comando carabinieri per la tutela del lavoro. Presso le sedi territoriali dell'Ispettorato opera altresì un contingente di personale che, secondo quanto stabilito dai decreti di cui all'articolo 5, comma 1, dipende funzionalmente dal dirigente preposto alla sede territoriale dell'Ispettorato e gerarchicamente dal comandante dell'articolazione del Comando carabinieri per la tutela del lavoro. In relazione a quanto stabilito dal presente comma, il contingente di personale assegnato al Ministero del lavoro e delle politiche sociali ai sensi dell'articolo 826, comma 1, del decreto legislativo 15 marzo 2010, n. 66 è assegnato all'Ispettorato. Il contingente di cui al presente comma, eventualmente ridotto con i decreti di cui all'articolo 5, comma 1, è aggiuntivo rispetto alla dotazione organica di cui al comma 1 ed è selezionato per l'assegnazione secondo criteri fissati dal Comando generale dell'Arma dei Carabinieri fra coloro che abbiano frequentato specifici corsi formativi del Ministero del lavoro e delle politiche sociali o dell'Ispettorato. Allo stesso contingente sono attribuiti, nell'esercizio delle proprie funzioni, i medesimi poteri riconosciuti al personale ispettivo dell'Ispettorato, fatto salvo il potere di conciliazione di cui all'articolo 11 del decreto legislativo 23 aprile 2004, n. 124. Sono a carico dell'Ispettorato gli oneri relativi al trattamento economico, fondamentale ed accessorio, del personale dell'Arma dei carabinieri e le spese connesse alle attività cui sono adibiti. In ragione della riorganizzazione di cui al presente comma è abrogato, dalla data indicata dai decreti di cui all'articolo 5, comma 1, il decreto del Ministro della difesa, di concerto con il Ministro del lavoro, della salute e

delle politiche sociali e con il Ministro dell'interno, del 12 novembre 2009, recante la «Riorganizzazione del Comando Carabinieri per la tutela del lavoro», pubblicato nella *Gazzetta Ufficiale* della Repubblica italiana n. 52 del 4 marzo 2010, fatte salve le disposizioni relative al rapporto di impiego dei Carabinieri per la tutela del lavoro con la Regione Sicilia.

5. Con i decreti di cui all'articolo 5, comma 1, sono altresì individuati:

a) la dislocazione sul territorio dell'Ispettorato;

b) gli assetti e gli organici del personale dell'Arma dei Carabinieri di cui al comma 4, nonché i contenuti della dipendenza funzionale delle unità territoriali dal dirigente preposto alla sede territoriale dell'Ispettorato.

6. Dalla data indicata dai decreti di cui all'articolo 5, comma 1:

a) cessano di operare le direzioni interregionali e territoriali del lavoro e sono attribuiti alle sedi territoriali dell'Ispettorato i compiti già assegnati alle predette direzioni dagli articoli 15 e 16 di cui al decreto del Presidente del Consiglio dei Ministri 14 febbraio 2014, n. 121;

b) è trasferito nei ruoli dell'Ispettorato il personale di ruolo del Ministero del lavoro e delle politiche sociali individuato dagli stessi decreti di cui all'articolo 5, comma 1. Nell'ambito del trasferimento è ricompreso il personale già in servizio presso le direzioni interregionali e territoriali del lavoro e presso la direzione generale per l'attività ispettiva del Ministero del lavoro e delle politiche sociali. È altresì trasferito presso la sede centrale e le sedi territoriali di Roma dell'Ispettorato il personale ispettivo in sevizio presso le sedi centrali del Ministero del lavoro e delle politiche sociali, fatta salva la possibilità di chiedere, entro trenta giorni dall'entrata in vigore del presente decreto, di rimanere nei ruoli dello stesso Ministero con inquadramento nei corrispondenti profili amministrativi.

7. Coordinamento e accentramento delle funzioni di vigilanza. – 1. Dalla data indicata dai decreti di cui all'articolo 5, comma 1, il personale ispettivo già appartenente all'INPS e all'INAIL è inserito in un ruolo ad esaurimento dei predetti Istituti con il mantenimento del trattamento economico e normativo in vigore. Le risorse derivanti dalle economie per le cessazioni dal servizio di cui al presente comma non sono utilizzabili ai fini della determinazione del budget di assunzioni da parte dell'INPS e dell'INAIL previsto dalle vigenti disposizioni in materia di assunzioni, fermo restando quanto previsto dall'articolo 6, comma 3. In relazione alle cessazioni del personale di cui al presente comma, che si verificheranno dalla data di entrata in vigore dei decreti di cui all'articolo 5, comma 1, sono contestualmente ridotti i relativi fondi per il trattamento accessorio.

2. Al fine di razionalizzare e semplificare l'attività ispettiva, con i decreti di cui all'articolo 5 comma 1 sono individuate forme di coordinamento tra l'Ispettorato e i servizi ispettivi di INPS e INAIL che comprendono, in ogni caso, il potere dell'Ispettorato di dettare le linee di condotta e le direttive di carattere operativo, nonché di definire tutta la programmazione ispettiva e le specifiche modalità di accertamento. Ai fini di cui al presente comma si tiene conto delle esigenze del Ministero del lavoro e delle politiche sociali, dell'INPS e dell'INAIL di effettuare accertamenti tecnici funzionali allo svolgimento delle attività istituzionali delle predette amministrazioni.

3. Entro trenta giorni dall'entrata in vigore del presente decreto, il personale ispettivo dell'INPS e dell'INAIL può chiedere di essere inquadrato nei corrispondenti profili amministrativi dei rispettivi Istituti nei limiti delle disponibilità previste dalle relative dotazioni organiche.

4. Nella Regione Sicilia e nelle Province autonome di Trento e Bolzano l'Ispettorato provvede alla stipulazione di appositi protocolli d'intesa al fine di garantire, in detti territori, l'uniforme svolgimento dell'attività di vigilanza ed evitare la sovrapposizione di interventi ispettivi, nel rispetto delle competenze attribuite dai rispettivi statuti in materia di vigilanza sul lavoro e legislazione sociale. Detti protocolli possono prevedere, altresì, iniziative formative comuni e la condivisione delle migliori pratiche in materia di svolgimento dell'attività di vigilanza al fine di promuoverne l'uniformità a livello nazionale.

8. Risorse finanziarie. – 1. I decreti di cui all'articolo 5, comma 1, individuano le risorse strumentali e finanziarie disponibili a legislazione vigente, ivi comprese quelle destinate al trattamento accessorio del personale in forza all'Ispettorato, già assegnate al Ministero del lavoro e delle politiche sociali e da trasferire all'Ispettorato, che subentra nella titolarità dei relativi rapporti giuridici attivi e passivi. Sono in ogni caso trasferite all'Ispettorato le risorse del Ministero del lavoro e delle politiche sociali, dell'INPS e dell'INAIL destinate alle dotazioni strumentali di cui all'articolo 1, comma 2, nonché le risorse di cui all'articolo 14, comma 1 lettera *d*) numero 2), del decreto legge 23 dicembre 2013, n. 145 convertito, con modificazioni, dalla legge 21 febbraio 2014, n. 9, le quali sono utilizzate per il finanziamento delle misure, già previste dallo stesso decreto legge, per l'incentivazione del personale ispettivo di ruolo dell'Ispettorato. Sono altresì trasferite all'Ispettorato le risorse del Ministero del lavoro e delle politiche sociali, dell'INPS e dell'INAIL finalizzate alla formazione del personale ispettivo ai sensi dell'articolo 2, comma 2 lettera *d*).

2. La dislocazione sul territorio dell'Ispettorato tiene conto del piano di razionalizzazione di cui all'articolo 2, comma 222 *quater*, della legge 23 dicembre 2009, n. 191 del Ministero del lavoro e delle politiche sociali, il cui termine di predisposizione è differito di sei mesi.

3. Il Ministro dell'economia e delle finanze è autorizzato ad apportare, con propri decreti, le occorrenti variazioni di bilancio in applicazione del presente decreto legislativo.

9. Rappresentanza in giudizio. – 1. Fatto salvo quanto previsto dal comma 2, all'Ispettorato si applica l'articolo 1 del testo unico delle leggi e delle norme giuridiche sulla rappresentanza e difesa in giudizio dello Stato e sull'ordinamento dell'Avvocatura dello Stato di cui al regio decreto 30 ottobre 1933, n. 1611.

2. L'Ispettorato può farsi rappresentare e difendere, nel primo e secondo grado di giudizio, da propri funzionari nei giudizi di opposizione ad ordinanza ingiunzione, nei giudizi di opposizione a cartella esattoriale nelle materie di cui all'articolo 6, comma 4, lettera *a*), del decreto legislativo 1° settembre 2011 n. 150, nonché negli altri casi in cui la legislazione vigente consente alle amministrazioni pubbliche di stare in giudizio avvalendosi di propri dipendenti. Nel secondo grado di giudizio, ove vengano in rilievo questioni di massima o aventi notevoli riflessi economici, è fatta salva la possibilità per l'Avvocatura dello Stato di assumere direttamente la trattazione della causa secondo le modalità stabilite al fine dai decreti di cui all'articolo 5, comma 1. In caso di esito favorevole della lite all'Ispettorato sono riconosciute dal giudice le spese, i diritti e gli onorari di lite, con la riduzione del venti per cento dell'importo complessivo ivi previsto. Per la quantificazione dei relativi importi si applica il decreto adottato ai sensi dell'articolo 9, comma 2, del decreto legge 24 gennaio 2012, n. 1, convertito, con modificazioni, dalla legge 24 marzo 2012, n. 27, per la liquidazione del compenso spettante agli avvocati. Le entrate derivanti dall'applicazione del presente comma confluiscono in un apposito capitolo di bilancio dell'Ispettorato e ne integrano le dotazioni finanziarie.

10. Organizzazione del Ministero del lavoro e delle politiche sociali, dell'INPS e dell'INAIL. – 1. Fatto salvo quanto previsto dal decreto di cui all'articolo 1, comma 4 lettera *c*), della legge 10 dicembre 2014, n. 183, in applicazione delle disposizioni di cui al presente decreto legislativo sono apportate le conseguenti modifiche ai decreti di organizzazione del Ministero del lavoro e delle politiche sociali, dell'INPS e dell'INAIL, anche in relazione alla individuazione della struttura dello stesso Ministero del lavoro e delle politiche sociali assegnataria dei compiti di cui all'articolo 1, comma 3.

2. I decreti di cui al comma 1 prevedono altresì la soppressione della direzione generale per l'attività ispettiva ed eventuali ridimensionamenti delle altre direzioni generali del Ministero del lavoro e delle politiche sociali.

3. In applicazione del comma 2 del presente articolo, dei commi 1, 2 ultimo periodo e 6 dell'articolo 6 sono apportate le corrispondenti riduzioni alle dotazioni organiche del Ministero del lavoro e delle politiche sociali, anche con riferimento alle relative posizioni dirigenziali di livello generale e non generale.

11. Abrogazioni e altre norme di coordinamento. – 1. Dalla data indicata dai decreti di cui all'articolo 5 comma 1, al decreto legislativo 23 aprile 2004, n. 124 sono apportate le seguenti modifiche:

a) gli articoli 1, 2, 4 e 5 sono abrogati e l'articolo 3 è sostituito dal seguente:

Art. 3 (Commissione centrale di coordinamento dell'attività di vigilanza). - 1. La Commissione centrale di coordinamento dell'attività di vigilanza, costituita ai sensi del presente articolo, opera quale sede permanente di elaborazione di orientamenti, linee e priorità dell'attività di vigilanza.

2. La Commissione, sulla base di specifici rapporti annuali presentati dall'Ispettorato nazionale

del lavoro, propone indirizzi ed obiettivi strategici e priorità degli interventi ispettivi.

3. La Commissione centrale di coordinamento dell'attività di vigilanza, nominata con decreto del Ministro del lavoro e delle politiche sociali, è composta dal Ministro del lavoro e delle politiche sociali o da un sottosegretario delegato, in qualità di presidente; dal direttore dell'Ispettorato nazionale del lavoro; dai direttori generali dell'INPS e dell'INAIL; dal Comandante del Comando carabinieri per la tutela del lavoro; dal Comandante generale della Guardia di finanza; dal Comandante del Nucleo speciale entrate della Guardia di finanza; dal Comandante generale dell'Arma dei carabinieri; dal Direttore generale dell'Agenzia delle entrate; da quattro rappresentanti dei datori di lavoro e quattro rappresentanti dei lavoratori designati dalle organizzazioni sindacali comparativamente più rappresentative a livello nazionale. I componenti della Commissione possono farsi rappresentare da membri supplenti appositamente delegati.

4. Alle sedute della Commissione centrale di coordinamento dell'attività di vigilanza possono essere invitati a partecipare i Direttori generali delle direzioni generali del Ministero del lavoro e delle politiche sociali, e i Direttori generali delle direzioni generali degli altri Ministeri interessati in materia. Alle sedute della Commissione centrale di coordinamento dell'attività di vigilanza può, su questioni di carattere generale attinenti alla problematica del lavoro illegale, essere altresì invitato il Capo della Polizia - Direttore generale della pubblica sicurezza.

5. Ai componenti della Commissione di coordinamento dell'attività di vigilanza ed ai soggetti eventualmente invitati a partecipare ai sensi del comma 4 non spetta alcun compenso, rimborso spese o indennità di missione. Al funzionamento della Commissione si provvede con le risorse assegnate a normativa vigente sui pertinenti capitoli di bilancio.»;

b) all'articolo 9, comma 1, primo periodo, le parole "alla Direzione generale" sono sostituite dalle seguenti "al Ministero del lavoro e delle politiche sociali";

c) all'articolo 13, comma 5, il primo capoverso è sostituito dal seguente "L'adozione della diffida interrompe i termini per la presentazione dei ricorsi di cui agli articoli 16 e 17 del presente decreto, fino alla scadenza del termine per compiere gli adempimenti di cui ai commi 2 e 3".

d) l'articolo 16 è sostituito dal seguente:

«Art. 16 (Ricorsi al direttore della sede territoriale dell'Ispettorato). - 1. Al fine di garantire l'uniforme applicazione delle disposizioni in materia di lavoro, legislazione sociale, nonché in materia contributiva e assicurativa, nei confronti dei relativi atti di accertamento adottati dagli ufficiali e agenti di polizia giudiziaria di cui all'articolo 13, comma 7, è ammesso ricorso davanti al direttore della sede territoriale dell'Ispettorato nazionale del lavoro, entro trenta giorni dalla notifica degli stessi.

2. Il ricorso va inoltrato alla sede territoriale competente dell'Ispettorato del lavoro ed è deciso, nel termine di sessanta giorni dal ricevimento, sulla base della documentazione prodotta dal ricorrente tempestivamente trasmessa dall'organo accertatore. Decorso inutilmente il termine previsto per la decisione il ricorso si intende respinto.»;

e) l'articolo 17 è sostituito dal seguente:

«Art. 17 (Ricorso al Comitato per i rapporti di lavoro). - 1.Presso le competenti sedi territoriali dell'Ispettorato è costituito il Comitato per i rapporti di lavoro, composto dal direttore della sede territoriale dell'Ispettorato nazionale del lavoro, che la presiede, dal direttore dell'INPS e dal direttore dell'INAIL del capo luogo di regione dove ha sede l'Ispettorato competente. Ai componenti dei comitati non spetta alcun compenso, rimborso spese o indennità di missione ed al funzionamento dei comitati stessi si provvede con le risorse assegnate a normativa vigente sui pertinenti capitoli di bilancio.

2. Tutti i ricorsi avverso gli atti di accertamento dell'Ispettorato nazionale del lavoro e gli atti di accertamento degli Enti previdenziali e assicurativi che abbiano ad oggetto la sussistenza o la qualificazione dei rapporti di lavoro, sono inoltrati entro 30 giorni dalla notifica degli stessi alla sede territoriale competente dell'Ispettorato e sono decisi, con provvedimento motivato, dal Comitato di cui al comma 1 nel termine di novanta giorni dal ricevimento, sulla base della documentazione prodotta dal ricorrente e di quella in possesso dell'Ispettorato. Decorso inutilmente il termine previsto per la decisione il ricorso si intende respinto.».

2. Ogni riferimento alle direzioni interregionali, regionali o territoriali del lavoro contenuto in provvedimenti di legge o in norme di rango secondario è da intendersi, in quanto compatibile,

alla sede territorialmente competente dell'Ispettorato.

3. Le disposizioni di cui alla legge 24 novembre 1981, n. 689 trovano applicazione, in quanto compatibili, nei confronti dell'Ispettorato, da intendersi quale Autorità competente a ricevere il rapporto ai sensi dell'articolo 17 della stessa legge 24 novembre 1981, n. 689.

4. L'Ispettorato può stipulare uno o più protocolli d'intesa che prevedono strumenti e forme di coordinamento, senza nuovi o maggiori oneri a carico della finanza pubblica, con i servizi ispettivi delle aziende sanitarie locali e delle agenzie regionali per la protezione ambientale. L'Ispettorato stipula altresì specifici protocolli d'intesa con le amministrazioni pubbliche regionali e locali e con le aziende di trasporto pubblico regionale e locale al fine di facilitare la mobilità del personale ispettivo nell'ambito dello svolgimento dei propri compiti.

5. L'INPS, l'INAIL e l'Agenzia delle entrate sono tenuti a mettere a disposizione dell'Ispettorato, anche attraverso l'accesso a specifici archivi informatici, dati e informazioni, sia in forma analitica che aggregata, utili alla programmazione e allo svolgimento dell'attività di vigilanza e di difesa in giudizio, al fine di orientare l'azione ispettiva nei confronti delle imprese che evidenzino fattori di rischio sul piano del lavoro irregolare ovvero della evasione od omissione contributiva e al fine di una maggiore efficacia della gestione del contenzioso. L'inosservanza delle disposizioni di cui al presente comma comporta l'applicazione delle norme in materia di responsabilità dirigenziale.

6. Al fine di uniformare l'attività di vigilanza ed evitare la sovrapposizione di interventi ispettivi, ogni altro organo di vigilanza che svolge accertamenti in materia di lavoro e legislazione sociale è tenuto a raccordarsi con le sedi centrale e territoriali dell'Ispettorato.

7. Fermo restando quanto previsto dal comma 5, il Ministero del lavoro e delle politiche sociali, l'INPS e l'INAIL assicurano altresì ogni forma di collaborazione utile ad un efficiente svolgimento dell'attività di vigilanza.

12. Disposizioni per l'operatività dell'Ispettorato. – 1. Il Ministro del lavoro e delle politiche sociali nomina un comitato operativo presieduto dal direttore dell'Ispettorato e formato da un esperto dei ruoli del Ministero del lavoro e delle politiche sociali, uno dell'INPS e uno dell'INAIL.

2. Il Comitato svolge le attività di cui al comma 3 per il periodo necessario a garantire la progressiva funzionalità dell'Ispettorato e comunque per un periodo non superiore a tre anni.

3. Il Comitato svolge in particolare le seguenti funzioni:

a) coadiuva il direttore dell'Ispettorato nella definizione degli atti di indirizzo dell'attività di vigilanza in materia di lavoro e legislazione sociale da sottoporre alla Commissione centrale di coordinamento di cui all'articolo 3 del decreto legislativo 23 aprile 2004, n. 124;

b) assicura ogni utile coordinamento tra l'Ispettorato, il Ministero del lavoro e delle politiche sociali, l'INPS e l'INAIL, sia ai fini di una corretta ed efficace gestione del personale ispettivo che della definizione degli obiettivi in relazione ai complessivi piani di attività delle stesse amministrazioni;

c) adotta, in raccordo con il direttore, misure finalizzate ad una più efficace uniformità dell'attività di vigilanza, ivi comprese misure di carattere economico e gestionale;

d) monitora le attività dell'Ispettorato, trascorsi dodici mesi dalla sua istituzione, al fine di valutarne la concreta funzionalità ed efficacia di azione.

4. Ai componenti del comitato non spetta alcun compenso, gettone di presenza o emolumento a qualsiasi titolo dovuti.

13. Entrata in vigore. – 1. Il presente decreto entra in vigore il giorno successivo a quello della sua pubblicazione nella *Gazzetta Ufficiale* della Repubblica italiana.

16.

D.L.vo 14 settembre 2015, n. 150. Disposizioni per il riordino della normativa in materia di servizi per il lavoro e di politiche attive, ai sensi dell'articolo 1, comma 3, della legge 10 dicembre 2014, n. 183 (Suppl. ord. alla *Gazzetta Ufficiale* Serie gen. - n. 221 del 23 settembre 2015).

Capo I
Rete dei servizi
per le politiche del lavoro

1. Rete Nazionale dei servizi per le politiche del lavoro. – 1. Il Ministro del lavoro e delle politiche sociali e le regioni e province autonome, per le parti di rispettiva competenza, esercitano il ruolo di indirizzo politico in materia di politiche attive per il lavoro, mediante l'individuazione di strategie, obiettivi e priorità che identificano la politica nazionale in materia, ivi comprese le attività relative al collocamento dei disabili di cui alla legge 12 marzo 1999, n. 68.

2. La rete dei servizi per le politiche del lavoro è costituita dai seguenti soggetti, pubblici o privati:

a) l'Agenzia Nazionale per le Politiche Attive del Lavoro, di cui all'articolo 4 del presente decreto, di seguito denominata «ANPAL»;

b) le strutture regionali per le Politiche Attive del Lavoro di cui all'articolo 11 del presente decreto;

c) l'INPS, in relazione alle competenze in materia di incentivi e strumenti a sostegno del reddito;

d) l'INAIL, in relazione alle competenze in materia di reinserimento e di integrazione lavorativa delle persone con disabilità da lavoro;

e) le Agenzie per il lavoro di cui all'articolo 4 del decreto legislativo 10 settembre 2003, n. 276, i soggetti autorizzati allo svolgimento delle attività di intermediazione ai sensi dell'articolo 6 del medesimo decreto legislativo e i soggetti accreditati ai servizi per il lavoro ai sensi dell'articolo 12 ([1]);

f) i fondi interprofessionali per la formazione continua di cui all'articolo 118 della legge 23 dicembre 2000, n. 388;

g) i fondi bilaterali di cui all'articolo 12, comma 4, del decreto legislativo n. 276 del 2003;

h) l'Istituto per lo sviluppo della formazione professionale dei lavoratori (ISFOL) e Italia Lavoro S.p.A.;

i) il sistema delle Camere di commercio, industria, artigianato e agricoltura, le università e gli istituti di scuola secondaria di secondo grado.

3. La rete dei servizi per le politiche del lavoro promuove l'effettività dei diritti al lavoro, alla formazione ed all'elevazione professionale previsti dagli articoli 1, 4, 35 e 37 della Costituzione ed il diritto di ogni individuo ad accedere a servizi di collocamento gratuito, di cui all'articolo 29 della Carta dei diritti fondamentali dell'Unione europea, mediante interventi e servizi volti a migliorare l'efficienza del mercato del lavoro, assicurando, tramite l'attività posta in essere dalle strutture pubbliche e private, accreditate o autorizzate, ai datori di lavoro il soddisfacimento dei fabbisogni di competenze ed ai lavoratori il sostegno nell'inserimento o nel reinserimento al lavoro.

4. L'ANPAL esercita il ruolo di coordinamento della rete dei servizi per le politiche del lavoro, nel rispetto delle competenze costituzionalmente riconosciute alle regioni e alle province autonome di Trento e Bolzano.

5. Le regioni a statuto speciale e le province autonome di Trento e Bolzano esercitano nelle materie disciplinate dal presente decreto le competenze ad esse spettanti ai sensi dei rispettivi statuti, delle relative norme di attuazione e delle norme speciali recanti deleghe di funzioni e, in riferimento alla provincia autonoma di Bolzano, anche in materia di uso della lingua tedesca e della lingua ladina nei rapporti dei cittadini con la pubblica amministrazione.

([1]) *Questa lettera è stata così sostituita dall'art. 4, comma 1, lett.* a), *del D.L.vo 24 settembre 2016, n. 185.*

2. Indirizzi generali in materia di politiche attive del lavoro. – 1. Con decreto del Ministro del lavoro e delle politiche sociali, previa intesa in sede di Conferenza permanente per i rapporti tra lo Stato, le Regioni e le Province autonome, sono fissate:

a) le linee di indirizzo triennali e gli obiettivi annuali dell'azione in materia di politiche attive, con particolare riguardo alla riduzione della durata media della disoccupazione, ai tempi di servizio, alla quota di intermediazione tra domanda e offerta di lavoro;

b) la specificazione dei livelli essenziali delle prestazioni che debbono essere erogate su tutto il territorio nazionale.

2. Con il decreto di cui al comma 1 possono, altresì, essere determinati i tempi entro i quali debbono essere convocate le diverse categorie di

utenti, ivi compresi i disoccupati che non siano beneficiari di prestazioni a sostegno del reddito collegate allo stato di disoccupazione, nonché i tempi e le modalità di definizione del relativo percorso di inserimento o di reinserimento lavorativo, prevedendo opportuni margini di adeguamento da parte delle regioni e province autonome.

3. Competenze del Ministero del lavoro e delle politiche sociali in materia di politiche attive del lavoro. – 1. Al Ministero del lavoro e delle politiche sociali spettano, oltre a quanto previsto dall'articolo 1, comma 1, il potere di indirizzo e vigilanza sull'ANPAL, nonché le competenze in materia di verifica e controllo del rispetto dei livelli essenziali delle prestazioni che devono essere garantiti su tutto il territorio nazionale, nonché quelle in materia di monitoraggio delle politiche occupazionali e del lavoro.

2. Il Ministero del lavoro e delle politiche sociali, esprime parere preventivo sui seguenti atti dell'ANPAL:

a) circolari e altri atti interpretativi di norme di legge o regolamento;

b) modalità operative e ammontare dell'assegno individuale di ricollocazione di cui all'articolo 23 del presente decreto;

c) atti di programmazione e riprogrammazione in relazione ai programmi comunitari gestiti dall'ANPAL in qualità di autorità di gestione.

3. Al Ministero del lavoro e delle politiche sociali compete inoltre, anche su proposta dell'ANPAL, l'adozione dei seguenti atti:

a) definizione del concetto di offerta di lavoro congrua ai fini di cui all'articolo 25 ([1]);

b) definizione delle linee di indirizzo per l'attuazione della normativa nazionale in materia di politiche attive del lavoro, servizi pubblici per il lavoro, ivi comprese quelle inerenti il collocamento della gente di mare di cui al decreto del Presidente della Repubblica del 18 aprile 2006, n. 231, di concerto con il Ministero delle infrastrutture e dei trasporti, il collocamento dei disabili di cui alla legge n. 68 del 1999 e l'inserimento lavorativo dei lavoratori stranieri;

c) indirizzo sul sistema della formazione professionale continua, ivi compresa quella finanziata dai fondi interprofessionali di cui all'articolo 118 della legge n. 388 del 2000, nonché dai fondi bilaterali di cui all'articolo 12, comma 4, del decreto legislativo n. 276 del 2003.

4. Con intesa in Conferenza permanente per i rapporti tra lo Stato, le regioni e le province autonome di Trento e Bolzano, sono definite linee guida per l'accreditamento degli enti di formazione.

([1]) *Questa lettera è stata così sostituita dall'art. 4, comma 1, lett.* b), *del D.L.vo 24 settembre 2016, n. 185.*

4. Istituzione dell'Agenzia Nazionale per le Politiche Attive del Lavoro ([1]). – 1. È istituita, a decorrere dal 1° gennaio 2016, senza nuovi o maggiori oneri a carico della finanza pubblica, l'ANPAL, al cui funzionamento si provvede con le risorse umane, finanziarie e strumentali già disponibili a legislazione vigente. Per quanto non specificamente previsto dal presente decreto, si applicano le disposizioni di cui all'articolo 8 del decreto legislativo 30 luglio 1999, n. 300.

2. L'ANPAL è dotata di personalità giuridica, autonomia organizzativa, regolamentare, amministrativa, contabile e di bilancio ed è posta sotto la vigilanza del Ministero del lavoro e delle politiche sociali che ne monitora periodicamente gli obiettivi e la corretta gestione delle risorse finanziarie.

3. L'ANPAL è sottoposta al controllo della Corte dei conti ai sensi dell'articolo 3, comma 4, della legge 14 gennaio 1994, n. 20, e successive modificazioni.

4. La dotazione organica dell'ANPAL, non superiore a 395 unità ripartite tra le diverse qualifiche, incluse le qualifiche dirigenziali, è definita con i decreti di cui al comma 9. Nell'ambito della predetta dotazione organica è prevista una posizione dirigenziale di livello generale, con funzioni di direttore generale, e sette posizioni dirigenziali di livello non generale, corrispondenti a quelle trasferite ai sensi del comma 5. Al personale dirigenziale e non dirigenziale di ruolo dell'ANPAL si applica, rispettivamente, la contrattazione collettiva dell'Area I e la contrattazione collettiva del comparto Ministeri.

5. In relazione al trasferimento di funzioni all'ANPAL la direzione generale per le politiche attive, i servizi per il lavoro e la formazione del Ministero del lavoro e delle politiche sociali è soppressa e i relativi posti funzione di un dirigente di livello generale e cinque dirigenti di livello non generale sono trasferiti all'ANPAL. Sono altresì trasferiti all'ANPAL ulteriori due uffici dirigenziali di livello non generale dalla direzione generale dei sistemi informativi, innovazione tecnologica e comunicazione nonché dalla direzione generale per le politiche del personale, l'innovazione orga-

nizzativa, il bilancio - ufficio procedimenti disciplinari.

6. L'ISFOL, negli anni 2016 e 2017, non può procedere ad assunzioni in relazione alle cessazioni di personale, avvenute negli anni 2015 e 2016, presso il medesimo Istituto e i risparmi derivanti da tali mancate assunzioni affluiscono al bilancio dell'ANPAL, a copertura degli oneri di funzionamento. Conseguentemente, il contributo istituzionale per l'ISFOL è ridotto per un importo pari ai risparmi conseguiti a decorrere dall'anno 2016 ed è trasferito all'ANPAL. Concorrono alla copertura di tali oneri di funzionamento anche le risorse derivanti dalle economie per le cessazioni del personale delle aree funzionali, già in servizio presso la Direzione generale per le politiche attive, i servizi per il lavoro e la formazione del Ministero del lavoro e delle politiche sociali, soppressa ai sensi del comma 5, avvenute nell'anno 2015, in relazione alle quali l'ANPAL, nell'anno 2016, non può procedere a nuove assunzioni.

7. In relazione ai trasferimenti di personale dal Ministero del lavoro e delle politiche sociali e dall'ISFOL, con i decreti di cui al comma 9 sono trasferite al bilancio dell'ANPAL le somme relative alla copertura degli oneri di funzionamento e di personale, ivi inclusa le componenti accessorie della retribuzione.

8. L'ANPAL ha sede in Roma e, in fase di prima applicazione e fino alla definizione di un piano logistico generale relativo agli enti coinvolti nella riorganizzazione utilizza le sedi già in uso al Ministero del Lavoro e delle politiche sociali e all'ISFOL.

9. Entro il termine di quarantacinque giorni dalla data di entrata in vigore del presente decreto, con decreti del Presidente del Consiglio dei Ministri, su proposta del Ministro del lavoro e delle politiche sociali, di concerto con il Ministro dell'economia e delle finanze e il Ministro per la semplificazione e la pubblica amministrazione si provvede alla individuazione dei beni e delle risorse finanziarie, umane e strumentali da trasferire dal Ministero del lavoro e dalle politiche sociali e dell'ISFOL all'ANPAL, ivi compresa la cessione dei contratti ancora in corso, nonché delle modalità e procedure di trasferimento. Gli schemi di decreto, corredati da relazione tecnica, sono trasmessi alla Camera dei deputati ed al Senato della Repubblica perchè su di essi siano espressi, entro trenta giorni dalla data di assegnazione i pareri delle Commissioni competenti per materia e per i profili finanziari. Ai dipendenti transitati nei ruoli dell'ANPAL è riconosciuto il diritto di opzione per il regime previdenziale dell'ente di provenienza. Al personale dell'ISFOL trasferito all'ANPAL continua ad applicarsi il contratto collettivo nazionale applicato dall'ente di provenienza ([2]).

10. Con i decreti ed entro il termine di cui al successivo comma 11 sono determinate le conseguenti riduzioni delle dotazioni organiche del Ministero del lavoro e delle politiche sociali e dell'ISFOL.

11. Fatto salvo quanto previsto dal decreto di cui all'articolo 1, comma 7, lettera *l*), della legge n. 183 del 2014, in applicazione delle disposizioni di cui al presente decreto legislativo sono apportate, entro il termine di novanta giorni dalla data di entrata in vigore del presente decreto, le conseguenti modifiche al decreto di organizzazione del Ministero del lavoro e delle politiche sociali, anche in relazione alla individuazione della struttura dello stesso Ministero del lavoro e delle politiche sociali assegnataria dei compiti di cui al comma 2. Per i medesimi scopi si provvede per l'ISFOL ai sensi dell'articolo 10. I provvedimenti di cui al presente comma sono adottati in modo da garantire l'invarianza di spesa della finanza pubblica.

12. Entro il termine di sessanta giorni dalla data di entrata in vigore del presente decreto, con decreti del Presidente della Repubblica, previa deliberazione del Consiglio dei ministri, adottata su proposta del Ministro del lavoro e delle politiche sociali è nominato il presidente dell'ANPAL di cui al successivo articolo 6.

13. A far data dalla nomina di cui al comma 12, ANPAL subentra nella titolarità delle azioni di Italia Lavoro S.p.A. ed il suo presidente ne diviene amministratore unico, senza diritto a compensi, con contestuale decadenza del consiglio di amministrazione di Italia Lavoro S.p.A. Nei successivi trenta giorni, Italia Lavoro S.p.A. adotta il nuovo statuto, che prevede forme di controllo da parte ANPAL tali da assicurare la funzione di struttura in *house* di Italia Lavoro S.p.A., ed è soggetto all'approvazione del Ministero del lavoro e delle politiche sociali di concerto con il Ministero dell'economia e delle finanze.

14. ANPAL non può trasferire la titolarità delle azioni di Italia Lavoro S.p.A., nè i diritti di opzione in sede di aumento del capitale sociale, nè i diritti di prelazione dei diritti inoptati, e non può concedere alcun altro diritto sulle azioni.

15. Una quota non inferiore al 50 per cento dei posti messi a concorso dall'ANPAL sono riservati a personale in possesso di specifici requisiti di professionalità e competenza acquisiti presso enti di ricerca sui temi della formazione e delle politiche sociali e del lavoro, ovvero enti per la formazione e la gestione di azioni nel campo delle politiche del lavoro, dell'occupazione e dell'inclusione, per un periodo non inferiore a un anno.

16. In relazione alle attività di cui all'articolo 14, comma 4, del decreto legislativo 27 ottobre 2009, n. 150, l'ANPAL si avvale dell'Organismo Indipendente di Valutazione della Performance del Ministero del lavoro e delle politiche sociali.

17. L'ANPAL, al fine di promuovere possibili sinergie logistiche, stipula apposite convenzioni a titolo gratuito con:

a) l'Ispettorato nazionale del lavoro, in relazione allo svolgimento di funzioni e compiti di vigilanza e controllo;

b) l'INPS, allo scopo di realizzare la necessaria collaborazione con l'Istituto, in relazione allo svolgimento di funzioni e compiti di gestione coordinata dei sistemi informativi;

c) l'INAIL, allo scopo di raccordare le attività in materia di collocamento e reinserimento lavorativo delle persone con disabilità da lavoro;

d) l'ISFOL, al fine di coordinare le attività istituzionali fra i due enti e il Ministero vigilante.

18. Entro quarantacinque giorni dall'entrata in vigore del presente decreto è adottato lo statuto dell'ANPAL, con decreto del Presidente della Repubblica ai sensi dell'articolo 17, comma 2, della legge 23 agosto 1988, n. 400, su proposta del Ministro del lavoro e delle politiche sociali di concerto con il Ministro dell'economia delle finanze e con il Ministro per la semplificazione e la pubblica amministrazione, in conformità ai principi e ai criteri direttivi stabiliti dall'articolo 8, comma 4, del decreto legislativo n. 300 del 1999.

(1) *Si veda il D.P.R. 26 maggio 2016, n. 108, Regolamento recante approvazione dello Statuto dell'Agenzia nazionale per le politiche attive del lavoro.*

(2) *L'ultimo periodo di questo comma è stato così sostituito dall'art. 4, comma 1, lett.* c), *del D.L.vo 24 settembre 2016, n. 185.*

5. Risorse finanziarie dell'Agenzia Nazionale per le Politiche Attive del Lavoro. – 1. Le risorse complessive attribuite all'ANPAL a decorrere dall'anno 2016 sono costituite:

a) dal finanziamento annuale, per il funzionamento dell'Agenzia, iscritto in appositi capitoli dello stato di previsione dal Ministero del lavoro e delle politiche sociali;

b) dal Fondo per le politiche attive del lavoro di cui all'articolo 1, comma 215, della legge 27 dicembre 2013, n. 147;

c) dal Fondo di rotazione di cui all'articolo 9, comma 5, del decreto legge 20 maggio 1993, n. 148, convertito, con modificazioni, dalla legge 19 luglio 1993, n. 236;

d) dalle risorse finanziarie trasferite da altre amministrazioni secondo quanto disposto dall'articolo 9, comma 2, del decreto legislativo n. 300 del 1999.

2. A decorrere dal 2016 le entrate del contributo integrativo, di cui all'articolo 25 della legge 21 dicembre 1978, n. 845, e successive modificazioni, relativo ai datori di lavoro non aderenti ai fondi interprofessionali per la formazione continua, sono versate per il 50 per cento al predetto Fondo di rotazione e per il restante 50 per cento al Fondo sociale per l'occupazione e la formazione, di cui all'articolo 18 del decreto legge 29 novembre 2008 n. 185, convertito, con modificazioni, in legge 28 gennaio 2009, n. 2.

3. Con il decreto di cui al successivo comma 4 può essere individuata una quota non superiore al 20 per cento delle entrate annue del Fondo di rotazione di cui all'articolo 9, comma 5, del decreto legge n. 148 del 1993, destinata a far fronte ad esigenze gestionali e operative, ivi incluso l'incremento della dotazione organica.

4. Con decreto del Ministro del lavoro e delle politiche sociali, di concerto con il Ministro dell'economia e delle finanze, da emanarsi entro il 31 gennaio di ogni anno, possono essere assegnate all'ANPAL quote di risorse relative agli anni decorrenti dal 2016:

a) alla quota parte del Fondo per l'occupazione alimentata secondo i criteri stabiliti con il comma 2;

b) all'articolo 68, comma 4, lettera *a*), della legge 17 maggio 1999, n. 144;

c) alle somme già destinate al piano gestionale di cui all'articolo 29, comma 2, del presente decreto.

4 *bis*. L'ANPAL effettua la verifica dei residui passivi a valere sul Fondo di rotazione di cui all'articolo 9, comma 5, del decreto legge n. 148 del 1993, relativi a impegni assunti prima della data di entrata in vigore della presente disposizione.

Con decreto del Ministero del lavoro e delle politiche sociali, di concerto con il Ministero dell'economia e delle finanze, sono individuate le risorse da disimpegnare a seguito della verifica di cui al primo periodo. Il 50 per cento delle risorse disimpegnate confluisce in una gestione a stralcio separata istituita nell'ambito dello stesso fondo di rotazione per essere destinate al finanziamento di iniziative del Ministero del lavoro e delle politiche sociali, il quale dispone delle risorse confluite nella gestione a stralcio separata delegando l'ANPAL ad effettuare i relativi pagamenti ([1]).

([1]) *Questo comma è stato aggiunto dall'art. 4, comma 1, lett.* d), *del D.L.vo 24 settembre 2016, n. 185.*

6. Organi dell'Agenzia Nazionale per le Politiche Attive del Lavoro. – 1. Sono organi dell'ANPAL e restano in carica per tre anni rinnovabili per una sola volta:

a) il presidente;
b) il consiglio di amministrazione;
c) il consiglio di vigilanza;
d) il collegio dei revisori.

2. Il presidente, scelto tra personalità di comprovata esperienza e professionalità nel campo delle politiche e delle istituzioni del mercato del lavoro, è nominato per un triennio con decreto del Presidente della Repubblica, previa deliberazione del Consiglio dei ministri, adottata su proposta del Ministro del lavoro e delle politiche sociali. Il trattamento economico del presidente è determinato con decreto del Ministro del lavoro e delle politiche sociali, di concerto con il Ministro dell'economia e delle finanze.

3. Il consiglio di amministrazione è composto dal presidente e da due membri, nominati per tre anni con decreto del Presidente del Consiglio dei Ministri, uno su proposta della Conferenza delle regioni e province autonome, uno su proposta del Ministro del lavoro e delle politiche sociali. I membri del consiglio di amministrazione sono scelti tra personalità di comprovata esperienza e professionalità nel campo delle politiche e delle istituzioni del mercato del lavoro e cessano dalle funzioni allo scadere del triennio, anche se nominati nel corso dello stesso in sostituzione di altri dimissionari, decaduti dalla carica o deceduti. Il trattamento economico dei consiglieri di amministrazione è determinato con decreto del Ministro del lavoro e delle politiche sociali, di concerto con il Ministro dell'economia e delle finanze, a valere sugli ordinari stanziamenti di bilancio dell'ANPAL e comunque senza nuovi o maggiori oneri a carico della finanza pubblica.

4. Il consiglio di vigilanza, composto da dieci membri scelti tra esperti di comprovata esperienza e professionalità nel campo delle politiche e delle istituzioni del mercato del lavoro, designati dalle associazioni dei datori di lavoro e dei lavoratori dipendenti comparativamente più rappresentative sul piano nazionale e nominati per tre anni con decreto del Presidente del Consiglio dei Ministri su proposta del Ministro del lavoro e delle politiche sociali. I membri del consiglio di vigilanza cessano dalle funzioni allo scadere del triennio, anche se nominati nel corso di esso in sostituzione di altri dimissionari, decaduti dalla carica o deceduti. I membri del consiglio di vigilanza non percepiscono alcun compenso, indennità, gettone di presenza o altro emolumento comunque denominato e hanno diritto unicamente al rimborso delle spese sostenute per la trasferta dal luogo di residenza. Il consiglio di vigilanza elegge al proprio interno il presidente.

5. Il collegio dei revisori è nominato con decreto del Ministro del lavoro e delle politiche sociali ed è composto da tre membri effettivi, di cui due in rappresentanza del Ministero del lavoro e delle politiche sociali e uno in rappresentanza del Ministero dell'economia e delle finanze. Con il medesimo decreto sono nominati i membri supplenti in rappresentanza dei predetti Ministeri. I componenti del collegio sono scelti tra dirigenti incaricati di funzioni di livello dirigenziale non generale delle amministrazioni di cui all'articolo 1, comma 2, del decreto legislativo 30 marzo 2001, n. 165, o altro personale di cui all'articolo 3 del medesimo decreto legislativo, iscritti al Registro dei revisori legali di cui al decreto legislativo 27 gennaio 2010, n. 39, ovvero tra soggetti in possesso di specifica professionalità in materia di controllo e contabilità pubblica. Ai componenti del collegio dei revisori compete, per lo svolgimento della loro attività, un compenso determinato con decreto del Ministro del lavoro e delle politiche sociali di concerto con il Ministro dell'economia e delle finanze, a valere sugli ordinari stanziamenti di bilancio dell'ANPAL e comunque senza nuovi o maggiori oneri a carico della finanza pubblica.

6. All'onere per gli organi dell'ANPAL si fa fronte mediante i risparmi di spesa di cui all'articolo 4, comma 6, e all'articolo 10, comma 1.

7. Attribuzioni degli organi dell'Agenzia Nazionale per le Politiche Attive del Lavoro. – 1. Il presidente ha la rappresentanza legale dell'ANPAL, presiede il consiglio di amministrazione, di cui convoca e presiede le riunioni e definisce l'ordine del giorno, può assistere alle sedute del consiglio di sorveglianza.

2. Il presidente è interlocutore unico del governo, dei ministeri, degli altri enti e istituzioni.

3. Il consiglio di amministrazione approva i piani annuali dell'azione in materia di politiche attive, da adottarsi con il decreto di cui all'articolo 2 del presente decreto, delibera il bilancio preventivo e il conto consuntivo, delibera i piani d'impiego dei fondi disponibili e adotta, su proposta del direttore generale, i regolamenti di contabilità e di organizzazione. Il consiglio esercita, inoltre, ogni altra funzione che non sia compresa nella sfera di competenza degli altri organi dell'ANPAL.

4. Il consiglio di vigilanza formula proposte sulle linee di indirizzo generale, propone gli obiettivi strategici e vigila sul perseguimento degli indirizzi e degli obiettivi strategici adottati dal consiglio di amministrazione.

8. Direttore generale. – 1. Il direttore generale è scelto tra esperti ovvero tra personale incaricato di funzioni di livello dirigenziale generale delle amministrazioni pubbliche di cui all'articolo 1, comma 2, del decreto legislativo n. 165 del 2001 o altro personale di cui all'articolo 3 del medesimo decreto legislativo, in possesso di provata esperienza e professionalità nelle materie di competenza dell'ANPAL ed è nominato con decreto del Presidente della Repubblica, previa deliberazione del Consiglio dei Ministri, su proposta del Ministro del lavoro e delle politiche sociali e, se dipendente delle amministrazioni pubbliche, previo collocamento fuori ruolo, aspettativa non retribuita, comando o analogo provvedimento secondo i rispettivi ordinamenti. Al fine di garantire l'invarianza finanziaria è reso indisponibile nella dotazione organica dell'amministrazione di provenienza e per tutta la durata del collocamento fuori ruolo un numero di posti equivalente dal punto di vista finanziario. Conformemente a quanto previsto dall'articolo 21 del decreto legislativo n. 165 del 2001, il mancato raggiungimento degli obiettivi, accertato attraverso le risultanze del sistema di valutazione di cui al Titolo II del decreto legislativo 27 ottobre 2009, n. 150, di attuazione della legge 4 marzo 2009, n. 15, ovvero l'inosservanza delle direttive impartite dal consiglio di amministrazione comportano, previa contestazione e ferma restando l'eventuale responsabilità disciplinare secondo la disciplina contenuta nel contratto collettivo, l'impossibilità di rinnovo dello stesso incarico dirigenziale, nonché, in relazione alla gravità dei casi, la revoca dell'incarico.

2. Il direttore generale predispone il bilancio, coordina l'organizzazione interna del personale, degli uffici e dei servizi, assicurandone l'unità operativa e di indirizzo, può assistere alle sedute del consiglio di amministrazione su invito dello stesso, formula proposte in materia di ristrutturazione operativa dell'ANPAL, consistenza degli organici e promozione dei dirigenti, ed esercita ogni altro potere attribuitogli dal presidente e dal consiglio di amministrazione.

3. Il direttore generale resta in carica per un periodo di tre anni, rinnovabile per una sola volta.

9. Funzioni e compiti dell'Agenzia Nazionale per le Politiche Attive del Lavoro. – 1. All'ANPAL sono conferite le seguenti funzioni:

a) coordinamento della gestione dell'Assicurazione Sociale per l'Impiego, dei servizi e delle misure di politica attiva del lavoro di cui all'articolo 18 ([1]), del collocamento dei disabili di cui alla legge n. 68 del 1999, nonché delle politiche di attivazione dei lavoratori disoccupati, con particolare riferimento ai beneficiari di prestazioni di sostegno del reddito collegate alla cessazione del rapporto di lavoro;

b) definizione degli standard di servizio in relazione alle misure di cui all'articolo 18 del presente decreto;

c) determinazione delle modalità operative e dell'ammontare dell'assegno di ricollocazione e di altre forme di coinvolgimento dei privati accreditati ai sensi dell'articolo 12;

d) coordinamento dell'attività della rete Eures, di cui alla decisione di esecuzione della Commissione del 26 novembre 2012 che attua il regolamento (UE) n. 492/2011 del Parlamento europeo e del consiglio del 5 aprile 2011;

e) definizione delle metodologie di profilazione degli utenti, allo scopo di determinarne il profilo personale di occupabilità, in linea con i migliori standard internazionali, nonché dei costi standard applicabili ai servizi e alle misure di cui all'articolo 18 del presente decreto;

f) promozione e coordinamento, in raccordo con l'Agenzia per la coesione territoriale, dei programmi cofinanziati dal Fondo Sociale Europeo, nonché di programmi cofinanziati con fondi nazionali negli ambiti di intervento del Fondo Sociale Europeo;

g) sviluppo e gestione integrata del sistema informativo unitario delle politiche del lavoro, di cui all'articolo 13 del presente decreto, ivi compresa la predisposizione di strumenti tecnologici per il supporto all'attività di intermediazione tra domanda e offerta di lavoro e l'interconnessione con gli altri soggetti pubblici e privati;

h) gestione dell'albo nazionale di cui all'articolo 4 del decreto legislativo n. 276 del 2003;

i) gestione dei programmi operativi nazionali nelle materie di competenza, nonché di progetti cofinanziati dai Fondi comunitari;

l) definizione e gestione di programmi per il riallineamento delle aree per le quali non siano rispettati i livelli essenziali delle prestazioni in materia di politiche attive del lavoro o vi sia un rischio di mancato rispetto dei medesimi livelli essenziali e supporto alle regioni, ove i livelli essenziali delle prestazioni non siano stati assicurati, mediante interventi di gestione diretta dei servizi per il lavoro e delle politiche attive del lavoro;

m) definizione di metodologie di incentivazione alla mobilità territoriale;

n) vigilanza sui fondi interprofessionali per la formazione continua di cui all'articolo 118 della legge n. 388 del 2000, nonché dei fondi bilaterali di cui all'articolo 12, comma 4, del decreto legislativo n. 276 del 2003;

o) assistenza e consulenza nella gestione delle crisi di aziende aventi unità produttive ubicate in diverse province della stessa regione o in più regioni e, a richiesta del gruppo di coordinamento e controllo del progetto di riconversione e riqualificazione industriale, assistenza e consulenza nella gestione delle crisi aziendali complesse di cui all'articolo 27 del decreto legge 22 giugno 2012, n. 83, convertito, con modificazioni, dalla legge 7 agosto 2012, n. 134;

p) gestione di programmi di reimpiego e ricollocazione in relazione a crisi di aziende aventi unità produttive ubicate in diverse province della stessa regione o in più regioni, di programmi per l'adeguamento alla globalizzazione cofinanziati con il Fondo Europeo di adeguamento alla globalizzazione (FEG), nonché di programmi sperimentali di politica attiva del lavoro;

q) gestione del Repertorio nazionale degli incentivi all'occupazione, di cui all'articolo 30;

q bis) svolgimento delle attività già in capo al Ministero del lavoro e delle politiche sociali in materia di promozione e coordinamento dei programmi formativi destinati alle persone disoccupate, ai fini della qualificazione e riqualificazione professionale, dell'autoimpiego e dell'immediato inserimento lavorativo, nel rispetto delle competenze delle regioni e delle province autonome di Trento e di Bolzano (2).

2. In aggiunta ai compiti di cui al comma 1, all'ANPAL possono essere attribuiti ulteriori compiti e funzioni, mediante la stipula di apposite convenzioni con le regioni e le province autonome, in materia di gestione diretta dei servizi per il lavoro e delle politiche attive del lavoro.

(1) *Le parole: «dei servizi per il lavoro» sono state così sosttuite dalle attuali: «dei servizi e delle misure di politica attiva del lavoro di cui all'articolo 18» dall'art. 4, comma 1, lett.* e), *n. 1), del D.L.vo 24 settembre 2016, n. 185.*

(2) *Questa lettera è stata aggiunta dall'art. 4, comma 1, lett.* e), *n. 2), del D.L.vo 24 settembre 2016, n. 185.*

10. Funzioni e compiti dell'Istituto per lo sviluppo della formazione professionale dei lavoratori. – 1. Entro quarantacinque giorni dalla data di entrata in vigore del presente decreto il Ministro del lavoro e delle politiche sociali provvede al rinnovo degli organi dell'ISFOL, con riduzione del consiglio di amministrazione a tre membri, di cui due designati dal Ministro del lavoro e delle politiche sociali, tra cui il presidente, e uno dalla Conferenza dei presidenti delle regioni, individuati nell'ambito degli assessorati regionali competenti nelle materie oggetto di attività dell'Istituto. In relazione a tale riduzione, il contributo istituzionale per l'ISFOL è ridotto di euro centomila a decorrere dall'anno 2016 e trasferito all'ANPAL.

2. Entro i sessanta giorni successivi al rinnovo degli organi dell'ISFOL di cui al comma 1, si provvede alla modifica dello statuto e del regolamento dell'ISFOL cui sono assegnate le seguenti funzioni:

a) studio, ricerca, monitoraggio e valutazione, coerentemente con gli indirizzi strategici stabiliti dal Ministro del lavoro e delle politiche sociali, degli esiti delle politiche statali e regionali in materia di istruzione e formazione professionale, formazione in apprendistato e percorsi formativi in alternanza, formazione continua, integrazione dei disabili nel mondo del lavoro, inclusione sociale dei soggetti che presentano maggiori difficoltà e misure di contrasto alla povertà, servizi per il lavoro e politiche attive del lavoro, anche avvalendosi dei dati di cui all'articolo 13;

b) studio, ricerca, monitoraggio e valutazione delle politiche del lavoro e dei servizi per il lavoro, ivi inclusa la verifica del raggiungimento degli obiettivi da parte dell'ANPAL, nonché delle spese per prestazioni connesse allo stato di disoccupazione, studio, monitoraggio e valutazione delle altre politiche pubbliche che direttamente o indirettamente producono effetti sul mercato del lavoro;

c) studio, ricerca, monitoraggio e valutazione in materia di terzo settore;

d) gestione di progetti comunitari, anche in collaborazione, con enti, istituzioni pubbliche, università o soggetti privati operanti nel campo della istruzione, formazione e della ricerca.

3. Per il monitoraggio e la valutazione delle politiche pubbliche di rispettiva competenza, l'INPS garantisce al Ministero del lavoro e delle politiche sociali, all'ANPAL e all'ISFOL il pieno accesso ai dati contenuti nei propri archivi gestionali.

3 *bis*. Con effetto dal 1° dicembre 2016, l'Istituto per lo sviluppo della formazione professionale dei lavoratori, costituito con decreto del Presidente della Repubblica 30 giugno 1973, n. 478, assume la denominazione di Istituto nazionale per l'analisi delle politiche pubbliche (INAPP) e conseguentemente ogni richiamo all'Istituto per lo sviluppo della formazione professionale dei lavoratori e all'ISFOL contenuto in disposizioni normative vigenti deve intendersi riferito, rispettivamente, all'Istituto nazionale per l'analisi delle politiche pubbliche e all'INAPP ([1]).

([1]) *Questo comma è stato aggiunto dall'art 4, comma 1, lett.* f), *del D.L.vo 24 settembre 2016, n. 185.*

11. Organizzazione dei servizi per il lavoro e delle politiche attive del lavoro a livello regionale e delle Province Autonome. – 1. Allo scopo di garantire livelli essenziali di prestazioni attraverso meccanismi coordinati di gestione amministrativa, il Ministero del lavoro e delle politiche sociali stipula, con ogni regione e con le province autonome di Trento e Bolzano, una convenzione finalizzata a regolare i relativi rapporti e obblighi in relazione alla gestione dei servizi per il lavoro e delle politiche attive del lavoro nel territorio della regione o provincia autonoma, nel rispetto del presente decreto nonché dei seguenti principi:

a) attribuzione delle funzioni e dei compiti amministrativi in materia di politiche attive del lavoro alle regioni e alle province autonome, che garantiscono l'esistenza e funzionalità di uffici territoriali aperti al pubblico, denominati centri per l'impiego;

b) individuazione, da parte delle strutture regionali, di misure di attivazione dei beneficiari di ammortizzatori sociali residenti nel territorio della regione o provincia autonoma, ai sensi degli articoli 21 e 22;

c) disponibilità di servizi e misure di politica attiva del lavoro a tutti i residenti sul territorio italiano, a prescindere dalla regione o provincia autonoma di residenza;

d) attribuzione alle regioni e province autonome delle funzioni e dei compiti di cui all'articolo 18, nonché dei seguenti compiti:

1. servizi per il collocamento dei disabili, di cui alla legge n. 68 del 1999;

2. avviamento a selezione nei casi previsti dall'articolo 16 della legge 28 febbraio 1987, n. 56;

e) possibilità di attribuire all'ANPAL, sulla base della convenzione, una o più funzioni di cui alla lettera *d*).

2. Alle regioni e province autonome restano inoltre assegnate le competenze in materia di programmazione di politiche attive del lavoro, e in particolare:

a) identificazione della strategia regionale per l'occupazione, in coerenza con gli indirizzi generali definiti ai sensi dell'articolo 2 del presente decreto;

b) accreditamento degli enti di formazione, nell'ambito dei criteri definiti ai sensi dell'articolo 3, comma 4.

3. Nel definire l'offerta formativa, le regioni e province autonome riservano una congrua quota di accesso alle persone in cerca di occupazione identificate e selezionate dai centri per l'impiego.

4. In via transitoria le convenzioni di cui al comma 1 possono prevedere che i compiti, le funzioni e gli obblighi in materia di politiche attive del lavoro, siano attribuiti, in tutto o in parte, a soggetti accreditati ai sensi dell'articolo 12.

12. Accreditamento dei servizi per il lavoro. – 1. Le Regioni e le Province autonome definiscono i propri regimi di accreditamento, ai sensi dell'articolo 7 del decreto legislativo n. 276 del 2003, secondo criteri definiti con decreto del Ministro del lavoro e delle politiche sociali, previa intesa in

Conferenza permanente per i rapporti tra lo Stato, le regioni e le province autonome di Trento e di Bolzano, sulla base dei seguenti principi:

a) coerenza con il sistema di autorizzazione allo svolgimento delle attività di somministrazione, intermediazione, ricerca e selezione del personale, supporto alla ricollocazione professionale, di cui agli articoli 4 e 6 del decreto legislativo n. 276 del 2003;

b) definizione di requisiti minimi di solidità economica ed organizzativa, nonché di esperienza professionale degli operatori, in relazione ai compiti da svolgere;

c) obbligo di interconnessione con il sistema informativo di cui all'articolo 13 del presente decreto, nonché l'invio all'ANPAL di ogni informazione utile a garantire un efficace coordinamento della rete dei servizi per le politiche del lavoro;

d) raccordo con il sistema regionale di accreditamento degli organismi di formazione;

e) definizione della procedura di accreditamento dei soggetti abilitati ad operare con lo strumento dell'assegno di ricollocazione di cui all'articolo 23.

2. Qualora ne facciano richiesta all'ANPAL, le agenzie per il lavoro di cui alle lettere *a*) e *c*) dell'articolo 4, comma 1, del decreto legislativo n. 276 del 2003 vengono accreditate ai servizi per il lavoro su tutto il territorio nazionale.

3. ANPAL istituisce l'albo nazionale dei soggetti accreditati a svolgere funzioni e compiti in materia di politiche attive del lavoro secondo i criteri di cui al comma 1, nel quale vengono iscritte le agenzie per il lavoro di cui al comma 2 nonché le agenzie che intendono operare nel territorio di regioni che non abbiano istituito un proprio regime di accreditamento.

4. All'articolo 6 del decreto legislativo n. 276 del 2003, dopo il comma 5 è aggiunto il seguente: (*Omissis*).

13. Sistema informativo unitario delle politiche del lavoro. – 1. In attesa della realizzazione di un sistema informativo unico, l'ANPAL realizza, in cooperazione con il Ministero del lavoro e delle politiche sociali, il Ministero dell'istruzione, dell'università e della ricerca ([1]), le regioni, le province autonome di Trento e Bolzano, l'INPS e l'ISFOL, valorizzando e riutilizzando le componenti informatizzate realizzate dalle predette amministrazioni, il sistema informativo unitario delle politiche del lavoro, che si compone del nodo di coordinamento nazionale e dei nodi di coordinamento regionali, nonché il portale unico per la registrazione alla Rete nazionale dei servizi per le politiche del lavoro.

2. Costituiscono elementi del sistema informativo unitario dei servizi per il lavoro:

a) il sistema informativo dei percettori di ammortizzatori sociali, di cui all'articolo 4, comma 35, della legge 28 giugno 2012, n. 92;

b) l'archivio informatizzato delle comunicazioni obbligatorie, di cui all'articolo 6 del decreto legislativo 19 dicembre 2002, n. 297;

c) i dati relativi alla gestione dei servizi per il lavoro e delle politiche attive del lavoro, ivi incluse la scheda anagrafica e professionale di cui al comma 3;

d) il sistema informativo della formazione professionale, di cui all'articolo 15 del presente decreto.

2 *bis*. Al sistema informativo unitario delle politiche del lavoro affluiscono i dati relativi alle schede anagrafico-professionali già nella disponibilità delle regioni e delle province autonome di Trento e di Bolzano e affluiscono, inoltre, sulla base di specifiche convenzioni, senza nuovi o maggiori oneri per la finanza pubblica, i dati contenuti nella banca dati reddituale, con riferimento alle dichiarazioni dei redditi con modello 730 o modello unico PF presentate dalle persone fisiche e alle dichiarazioni con modello 770 semplificato e alle certificazioni uniche presentate dai sostituti d'imposta, gli esiti delle consultazioni delle banche dati catastali e di pubblicità immobiliare e i dati contenuti nelle banche dati del Ministero dell'istruzione, dell'università e della ricerca, contenenti l'Anagrafe nazionale degli studenti e il Sistema nazionale delle anagrafi degli studenti di cui all'articolo 3 del decreto legislativo 15 aprile 2005, n. 76 nonché l'Anagrafe nazionale degli studenti universitari e dei laureati delle università di cui all'articolo 1 *bis* del decreto legge 9 maggio 2003, n. 105, convertito, con modificazioni, dalla legge 11 luglio 2003, n. 170 ([2]).

3. Il modello di scheda anagrafica e professionale dei lavoratori, di cui all'articolo 1 *bis* del decreto legislativo 21 aprile 2000, n. 181, viene definita dall'ANPAL, unitamente alle modalità di interconnessione tra i centri per l'impiego e il sistema informativo unitario delle politiche del lavoro.

4. Allo scopo di semplificare gli adempimenti per i datori di lavoro, le comunicazioni di assun-

zione, trasformazione e cessazione dei rapporti di lavoro di cui all'articolo 4 *bis* del decreto legislativo n. 181 del 2000, all'articolo 9 *bis*, comma 2, del decreto legge 1° ottobre 1996, n. 510, convertito, con modificazioni, dalla legge 28 novembre 1996, n. 608, all'articolo 11 del Decreto del Presidente della Repubblica 18 aprile 2006, n. 231, nonché all'articolo 21 della legge 29 aprile 1949, n. 264, sono comunicate per via telematica all'ANPAL che le mette a disposizione dei centri per l'impiego, del Ministero del lavoro e delle politiche sociali, dell'INPS, dell'INAIL e dell'Ispettorato nazionale del lavoro per le attività di rispettiva competenza.

5. Allo scopo di certificare i percorsi formativi seguiti e le esperienze lavorative effettuate, l'ANPAL definisce apposite modalità di lettura delle informazioni in esso contenute a favore di altri soggetti interessati, nel rispetto del diritto alla protezione dei dati personali di cui al decreto legislativo 30 giugno 2003, n. 196.

6. Allo scopo di monitorare gli esiti occupazionali dei giovani in uscita da percorsi di istruzione e formazione, l'ANPAL stipula una convenzione con il Ministero dell'istruzione, dell'università e della ricerca scientifica per lo scambio reciproco dei dati individuali e dei relativi risultati statistici.

7. Il sistema di cui al presente articolo viene sviluppato nell'ambito dei programmi operativi cofinanziati con fondi strutturali, nel rispetto dei regolamenti e degli atti di programmazione approvati dalla Commissione Europea.

(¹) *Le parole: «il Ministero dell'istruzione, dell'università e della ricerca,» sono state inserite dall'art. 4, comma 1, lett.* g), *n. 1), del D.L.vo 24 settembre 2016, n. 185.*

(²) *Questo comma è stato inserito dall'art. 4, comma 1, lett.* g), *n. 2), del D.L.vo 24 settembre 2016, n. 185.*

14. Fascicolo elettronico del lavoratore e coordinamento dei sistemi informativi. – 1. Le informazioni del sistema informativo unitario delle politiche del lavoro costituiscono il patrimonio informativo comune del Ministero del lavoro e delle politiche sociali, dell'INPS, dell'INAIL, dell'ISFOL, delle regioni e province autonome, nonché dei centri per l'impiego, per lo svolgimento dei rispettivi compiti istituzionali. Esse costituiscono, inoltre, la base informativa per la formazione e il rilascio del fascicolo elettronico del lavoratore, contenente le informazioni relative ai percorsi educativi e formativi, ai periodi lavorativi, alla fruizione di provvidenze pubbliche e ai versamenti contributivi ai fini della fruizione di ammortizzatori sociali. Il fascicolo è liberamente accessibile, a titolo gratuito, mediante metodi di lettura telematica, da parte dei singoli soggetti interessati.

2. L'ANPAL partecipa al Sistema Statistico Nazionale (SISTAN) di cui al decreto legislativo 6 settembre 1989, n. 322.

3. Il Ministero del lavoro e delle politiche sociali accede alla banca dati istituita presso l'ANPAL di cui all'articolo 13 del presente decreto, al fine dello svolgimento dei compiti istituzionali, nonché ai fini statistici e del monitoraggio sulle politiche attive e passive del lavoro e sulle attività svolte dall'ANPAL.

4. Al fine di garantire la interconnessione sistematica delle banche dati in possesso del Ministero del lavoro e delle politiche sociali, dell'ANPAL, dell'INPS, dell'INAIL e dell'ISFOL in tema di lavoro e la piena accessibilità reciproca delle stesse, è istituto un comitato presso il Ministero del lavoro e delle politiche sociali, così costituito:

a) il Ministro del lavoro e delle politiche sociali o un suo delegato, che lo presiede;

b) il Direttore generale dell'ANPAL o un suo delegato;

c) il Direttore generale dell'INPS o un suo delegato;

d) il Direttore generale dell'INAIL o un suo delegato;

d bis) il Presidente dell'Istat o un suo delegato (¹);

e) il Presidente dell'ISFOL o un suo delegato (²);

f) un rappresentante dell'AGID;

g) tre rappresentanti delle regioni e province autonome, designati dalla Conferenza delle regioni e province autonome.

5. Ai componenti del comitato non spetta alcun compenso, indennità, gettone di presenza, rimborso spese o altro emolumento comunque denominato.

6. Su indicazione del comitato di cui al comma 4 gli enti partecipanti stipulano convenzioni con altri soggetti del sistema statistico nazionale (SISTAN) al fine di integrare le banche dati.

(¹) *Questa lettera è stata inserita dall'art. 4, comma 1, lett.* h), n. 1) *dal D.L.vo 24 settembre 2016, n. 185.*

(²) *Questa lettera è stata così sostituita dall'art. 4, comma 1, lett.* h), *n. 2), del D.L.vo 24 settembre 2016, n. 185.*

15. Albo nazionale degli enti accreditati a svolgere attività di formazione professionale e sistema informativo della formazione professionale. – 1. Allo scopo di realizzare il fascicolo elettronico del lavoratore di cui all'articolo 14, l'ANPAL gestisce l'albo nazionale degli enti di formazione accreditati dalle regioni e province autonome, definendo le procedure per il conferimento dei dati da parte delle regioni e province autonome e realizza, in cooperazione con il Ministero del lavoro e delle politiche sociali, le regioni, le province autonome di Trento e Bolzano, il Ministero dell'Istruzione, dell'Università e della Ricerca, l'ISFOL ed i fondi interprofessionali per la formazione continua, un sistema informativo della formazione professionale, ove siano registrati i percorsi formativi svolti dai soggetti residenti in Italia, finanziati in tutto o in parte con risorse pubbliche.

2. Per la realizzazione del sistema informativo di cui al comma 1, l'ANPAL definisce le modalità e gli standard di conferimento dei dati da parte dei soggetti che vi partecipano.

3. Le informazioni contenute nel sistema informativo della formazione professionale sono messe a disposizione delle regioni e province autonome.

4. Le disposizioni della legislazione vigente che si riferiscono alla registrazione dei dati all'interno del libretto formativo di cui all'articolo 2, comma 1, lettera *i*), del decreto legislativo n. 276 del 2003, sono da intendersi riferite al fascicolo elettronico del lavoratore di cui al presente articolo.

5. Dall'attuazione delle disposizioni del presente articolo non devono derivare nuovi o maggiori oneri a carico della finanza pubblica.

16. Monitoraggio e valutazione. – 1. L'ANPAL svolge attività di monitoraggio e valutazione sulla gestione delle politiche attive e i servizi per il lavoro nonché sui risultati conseguiti dai soggetti pubblici o privati accreditati a svolgere tali funzioni, utilizzando il sistema informativo di cui all'articolo 13.

2. A fini di monitoraggio e valutazione il Ministero del lavoro e delle politiche sociali ha accesso a tutti i dati gestionali trattati dall'ANPAL. Per le medesime finalità l'ANPAL mette a disposizione dell'ISFOL i dati di cui al comma 1, nonché l'intera base dati di cui all'articolo 13.

3. L'ANPAL assicura, con cadenza almeno annuale, rapporti sullo stato di attuazione delle singole misure. Dagli esiti del monitoraggio e della valutazione di cui ai commi 1 e 2 sono desunti elementi per l'implementazione ovvero per eventuali correzioni delle misure e degli interventi introdotti, anche alla luce dell'evoluzione del quadro macroeconomico, degli andamenti produttivi, delle dinamiche del mercato del lavoro e, più in generale, di quelle sociali.

4. Allo scopo di assicurare la valutazione indipendente delle politiche del lavoro, l'ANPAL organizza banche dati informatizzate anonime, rendendole disponibili, a scopo di ricerca scientifica, a gruppi di ricerca collegati a università, enti di ricerca o enti che hanno anche finalità di ricerca italiani ed esteri. I risultati delle ricerche condotte mediante l'utilizzo delle banche dati sono resi pubblici e comunicati all'ANPAL ed al Ministero del lavoro e delle politiche sociali.

5. All'attuazione delle disposizioni del presente articolo si provvede nell'ambito delle risorse umane, finanziarie e strumentali disponibili a legislazione vigente e, comunque, senza nuovi o maggiori oneri a carico della finanza pubblica.

17. Fondi interprofessionali per la formazione continua. – 1. I primi due periodi dell'articolo 118, comma 2, della legge n. 388 del 2000 sono così riformulati: "L'attivazione dei fondi è subordinata al rilascio di autorizzazione da parte del Ministero del lavoro e delle politiche sociali, previa verifica della conformità alle finalità di cui al comma 1 dei criteri di gestione delle strutture di funzionamento dei fondi medesimi, della professionalità dei gestori, nonché dell'adozione di criteri di gestione improntati al principio di trasparenza. La vigilanza sulla gestione dei fondi è esercitata dall'ANPAL, istituita ai sensi dell'articolo 1, comma 4, lettera *c*), della legge 10 dicembre 2014, n. 183, che ne riferisce gli esiti al Ministero del lavoro e delle politiche sociali".

Capo II
Principi generali e comuni
in materia di politiche attive del lavoro

18. Servizi e misure di politica attiva del lavoro. – 1. Allo scopo di costruire i percorsi più adeguati per l'inserimento e il reinserimento nel mercato del lavoro, le regioni e le province autonome di Trento e Bolzano costituiscono propri uffici territoriali, denominati centri per l'impiego, per svolgere in forma integrata, nei confronti dei disoccupati, lavoratori beneficiari di strumenti di sostegno al reddito in costanza di rapporto di lavoro e a rischio di disoccupazione, le seguenti attività:

a) orientamento di base, analisi delle competenze in relazione alla situazione del mercato del lavoro locale e profilazione;

b) ausilio alla ricerca di una occupazione, anche mediante sessioni di gruppo, entro tre mesi dalla registrazione;

c) orientamento specialistico e individualizzato, mediante bilancio delle competenze ed analisi degli eventuali fabbisogni in termini di formazione, esperienze di lavoro o altre misure di politica attiva del lavoro, con riferimento all'adeguatezza del profilo alla domanda di lavoro espressa a livello territoriale, nazionale ed europea;

d) orientamento individualizzato all'autoimpiego e tutoraggio per le fasi successive all'avvio dell'impresa;

e) avviamento ad attività di formazione ai fini della qualificazione e riqualificazione professionale, dell'autoimpiego e dell'immediato inserimento lavorativo;

f) accompagnamento al lavoro, anche attraverso l'utilizzo dell'assegno individuale di ricollocazione;

g) promozione di esperienze lavorative ai fini di un incremento delle competenze, anche mediante lo strumento del tirocinio;

h) gestione, anche in forma indiretta, di incentivi all'attività di lavoro autonomo;

i) gestione di incentivi alla mobilità territoriale;

l) gestione di strumenti finalizzati alla conciliazione dei tempi di lavoro con gli obblighi di cura nei confronti di minori o di soggetti non autosufficienti;

m) promozione di prestazioni di lavoro socialmente utile, ai sensi dell'articolo 26 del presente decreto.

2. Le regioni e le province autonome svolgono le attività di cui al comma 1 direttamente ovvero, con l'esclusione di quelle previste dagli articoli 20 e 23, comma 2, mediante il coinvolgimento dei soggetti privati accreditati sulla base dei costi standard definiti dall'ANPAL e garantendo in ogni caso all'utente facoltà di scelta.

3. Le norme del presente Capo si applicano al collocamento dei disabili, di cui alla legge n. 68 del 1999, in quanto compatibili.

19. Stato di disoccupazione. – 1. Sono considerati disoccupati i soggetti privi di impiego che dichiarano, in forma telematica, al sistema informativo unitario delle politiche del lavoro di cui all'articolo 13, la propria immediata disponibilità allo svolgimento di attività lavorativa e alla partecipazione alle misure di politica attiva del lavoro concordate con il centro per l'impiego ([1]).

2. I riferimenti normativi allo stato di disoccupazione ai sensi dell'articolo 1, comma 2, lettera *c*), del decreto legislativo n. 181 del 2000, si intendono riferiti alla definizione di cui al presente articolo.

3. Lo stato di disoccupazione è sospeso in caso di rapporto di lavoro subordinato di durata fino a sei mesi.

4. Allo scopo di accelerare la presa in carico, i lavoratori dipendenti possono effettuare la registrazione di cui al comma 1 dal momento della ricezione della comunicazione di licenziamento, anche in pendenza del periodo di preavviso. Nei casi di cui al presente comma i lavoratori sono considerati "a rischio di disoccupazione".

5. Sulla base delle informazioni fornite in sede di registrazione, gli utenti dei servizi per l'impiego vengono assegnati ad una classe di profilazione, allo scopo di valutarne il livello di occupabilità, secondo una procedura automatizzata di elaborazione dei dati in linea con i migliori standard internazionali.

6. La classe di profilazione è aggiornata automaticamente ogni novanta giorni, tenendo conto della durata della disoccupazione e delle altre informazioni raccolte mediante le attività di servizio.

7. Allo scopo di evitare l'ingiustificata registrazione come disoccupato da parte di soggetti non disponibili allo svolgimento dell'attività lavorativa, a decorrere dalla data di entrata in vigore del presente decreto le norme nazionali o regionali ed i regolamenti comunali che condizionano prestazioni di carattere sociale allo stato di disoccupazione si intendono riferite alla condizione di non occupazione. Sulla base di specifiche convenzioni l'ANPAL consente alle amministrazioni pubbliche interessate l'accesso ai dati essenziali per la verifica telematica della condizione di non occupazione.

([1]) *Questo comma è stato così sostituito dall'art. 4, comma 1, lett.* i), *del D.L.vo 24 settembre 2016, n. 185.*

20. Patto di servizio personalizzato. – 1. Allo scopo di confermare lo stato di disoccupazione, i lavoratori disoccupati contattano i centri per l'impiego, con le modalità definite da questi, entro 30 giorni dalla data della dichiarazione di cui all'articolo 19, comma 1, e, in mancanza, sono convocati dai centri per l'impiego, entro il termine stabilito con il decreto di cui all'articolo 2, comma 1, per la profilazione e la stipula di un patto di servizio personalizzato.

2. Il patto di cui al comma 1 deve contenere almeno i seguenti elementi:

a) l'individuazione di un responsabile delle attività;

b) la definizione del profilo personale di occupabilità secondo le modalità tecniche predisposte dall'ANPAL;

c) la definizione degli atti di ricerca attiva che devono essere compiuti e la tempistica degli stessi;

d) la frequenza ordinaria di contatti con il responsabile delle attività;

e) le modalità con cui la ricerca attiva di lavoro è dimostrata al responsabile delle attività.

3. Nel patto di cui al comma 1 deve essere inoltre riportata la disponibilità del richiedente alle seguenti attività:

a) partecipazione a iniziative e laboratori per il rafforzamento delle competenze nella ricerca attiva di lavoro quali, in via esemplificativa, la stesura del curriculum vitae e la preparazione per sostenere colloqui di lavoro o altra iniziativa di orientamento;

b) partecipazione a iniziative di carattere formativo o di riqualificazione o altra iniziativa di politica attiva o di attivazione;

c) accettazione di congrue offerte di lavoro, come definite ai sensi dell'articolo 25 del presente decreto.

4. Trascorsi sessanta giorni dalla data di registrazione di cui all'articolo 19, comma 1, il disoccupato che non sia stato convocato dai centri per l'impiego ha diritto a richiedere all'ANPAL, tramite posta elettronica, le credenziali personalizzate per l'accesso diretto alla procedura telematica di profilazione predisposta dall'ANPAL al fine di ottenere l'assegno di ricollocazione di cui all'articolo 23.

21. Rafforzamento dei meccanismi di condizionalità e livelli essenziali delle prestazioni relative ai beneficiari di strumenti di sostegno al reddito. – 1. La domanda di Assicurazione Sociale per l'Impiego, di cui all'articolo 2 della legge n. 92 del 2012, di Nuova Assicurazione Sociale per l'Impiego (NASpI) o Indennità di disoccupazione per i lavoratori con rapporto di collaborazione coordinata (DIS-COLL), di cui agli articoli 1 e 15 del decreto legislativo 4 marzo 2015, n. 22, e la domanda di indennità di mobilità di cui all'articolo 7 della legge 23 luglio 1991, n. 223, resa dall'interessato all'INPS, equivale a dichiarazione di immediata disponibilità, ed è trasmessa dall'INPS all'ANPAL, ai fini dell'inserimento nel sistema informativo unitario delle politiche del lavoro ([1]).

2. I beneficiari delle prestazioni a sostegno del reddito di cui al comma 1, ancora privi di occupazione, contattano i centri per l'impiego, con le modalità definite da questi, entro il termine di 15 giorni dalla data di presentazione della domanda di cui al comma 1, e, in mancanza, sono convocati dal centro per l'impiego entro il termine stabilito con il decreto di cui all'articolo 2, comma 1, per stipulare il patto di servizio di cui all'articolo 20.

[3. Ai fini della concessione dell'Assegno di disoccupazione (ASDI) di cui all'articolo 16 del decreto legislativo n. 22 del 2015 è necessario che il richiedente abbia sottoscritto un patto di servizio personalizzato, redatto dal centro per l'impiego, in collaborazione con il richiedente, a seguito di uno o più colloqui individuali] ([2]).

4. Il beneficiario di prestazioni è tenuto ad attenersi ai comportamenti previsti nel patto di servizio personalizzato, di cui all'articolo 20, nei tempi ivi previsti, restando comunque fermi gli obblighi e le sanzioni di cui al presente articolo.

5. Oltre agli obblighi derivanti dalla specifica disciplina, il lavoratore che fruisce di benefici legati allo stato di disoccupazione soggiace agli obblighi di cui al presente articolo.

6. Oltre che per i contatti con il responsabile delle attività di cui all'articolo 20, comma 2, lettera *d*), previsti dal patto di servizio personalizzato, il beneficiario può essere convocato nei giorni feriali dai competenti servizi per il lavoro con preavviso di almeno 24 ore e non più di 72 ore secondo modalità concordate nel medesimo patto di servizio personalizzato.

7. Con riferimento all'Assicurazione Sociale per l'Impiego, alla Nuova Assicurazione Sociale per l'Impiego (NASpI), alla Indennità di disoccupazione per i lavoratori con rapporto di collaborazione coordinata (DIS-COLL) e all'indennità di mobilità, si applicano le seguenti sanzioni:

a) in caso di mancata presentazione, in assenza di giustificato motivo, alle convocazioni ovvero agli appuntamenti di cui all'articolo 20, commi 1 e 2, lettera *d*), e di commi 2 e 6 del presente articolo:

1) la decurtazione di un quarto di una mensilità, in caso di prima mancata presentazione;

2) la decurtazione di una mensilità, alla seconda mancata presentazione;

3) la decadenza dalla prestazione e dallo stato di disoccupazione, in caso di ulteriore mancata presentazione;

b) in caso di mancata partecipazione, in assenza di giustificato motivo, alle iniziative di orientamento di cui all'articolo 20, comma 3, lettera *a*), le medesime conseguenze di cui alla lettera *a*) del presente comma 7;

c) in caso di mancata partecipazione, in assenza di giustificato motivo, alle iniziative di cui all'articolo 20, comma 3, lettera *b*) e all'articolo 26 ([3]):

1) la decurtazione di una mensilità, alla prima mancata partecipazione;

2) la decadenza dalla prestazione e dallo stato di disoccupazione, in caso di ulteriore mancata presentazione;

d) in caso di mancata accettazione, in assenza di giustificato motivo, di un'offerta di lavoro congrua ai sensi dell'articolo 25, la decadenza dalla prestazione e dallo stato di disoccupazione ([4]).

[8. Con riferimento all'Assegno di disoccupazione (ASDI) si applicano le seguenti sanzioni:

a) in caso di mancata presentazione, in assenza di giustificato motivo, alle convocazioni ovvero agli appuntamenti di cui al comma 3:

1) la decurtazione di un quarto di una mensilità e la concessione dei soli incrementi per carichi familiari, in caso di prima mancata presentazione;

2) la decurtazione di una mensilità e la concessione dei soli incrementi per carichi familiari, alla seconda mancata presentazione;

3) la decadenza dalla prestazione e dallo stato di disoccupazione, in caso di ulteriore mancata presentazione;

b) in caso di mancata partecipazione, in assenza di giustificato motivo, alle iniziative di orientamento di cui all'articolo 20, comma 3, lettera *a*):

1) la decurtazione di una mensilità e la concessione dei soli incrementi per carichi familiari, in caso di prima mancata presentazione;

2) la decadenza dalla prestazione e dallo stato di disoccupazione;

c) in caso di mancata partecipazione, in assenza di giustificato motivo, alle iniziative di cui all'articolo 20, comma 3, lettera *b*), la decadenza dalla prestazione e dallo stato di disoccupazione;

d) in caso di mancata accettazione di un'offerta di lavoro congrua di cui all'articolo 20, comma 3, lettera *c*), in assenza di giustificato motivo, la decadenza dalla prestazione e dallo stato di disoccupazione] ([2]).

9. In caso di decadenza dallo stato di disoccupazione prodottasi ai sensi dei commi 7, 8 e dell'articolo 23, comma 4, non è possibile una nuova registrazione prima che siano decorsi due mesi.

10. In caso di violazione degli obblighi di cui ai commi 7 e 8, il centro per l'impiego adotta le relative sanzioni, inviando pronta comunicazione, per il tramite del sistema informativo di cui all'articolo 13, all'ANPAL ed all'INPS, che emette i provvedimenti conseguenti e provvede a recuperare le somme indebite eventualmente erogate.

11. La mancata adozione dei provvedimenti di decurtazione o decadenza della prestazione determina responsabilità disciplinare e contabile del funzionario responsabile, ai sensi dell'articolo 1 della legge n. 20 del 1994.

12. Avverso il provvedimento del centro per l'impiego di cui al comma 10 è ammesso ricorso all'ANPAL, che provvede ad istituire un apposito comitato, con la partecipazione delle parti sociali.

13. L'INPS provvede annualmente a versare le risorse non erogate in relazione a prestazioni oggetto di provvedimenti di decurtazione o decadenza per il 50 per cento al Fondo per le politiche attive di cui all'articolo 1, comma 215, della legge n. 147 del 2013, e per il restante 50 per cento alle regioni e province autonome cui fanno capo i centri per l'impiego che hanno adottato i relativi provvedimenti, per l'impiego in strumenti di incentivazione del personale connessi al raggiungimento di particolari obiettivi.

([1]) *Le parole: «delle politiche attive» sono state così sostituite dalle attuali: «delle politiche del lavoro» dell'art. 4, comma 1, lett.* l), *n. 1), del D.L.vo 24 settembre 2016, n. 185.*

([2]) *Questo comma è stato abrogato dall'art. 26, comma 2, lett.* b), *del D.L.vo 15 settembre 2017, n. 147, a decorrere dal 1° gennaio 2018.*

([3]) *Le parole: «e all'articolo 26» sono state inserite dall'art. 4, comma 1, lett.* l), *n. 2), punto 1.1), del D.L.vo 24 settembre 2016, n. 185.*

([4]) *Questa lettera è stata così sostituita dall'art. 4, comma 1, lett.* l), *n. 2), punto 1.2), del D.L.vo 24 settembre 2016, n. 185.*

22. Rafforzamento dei meccanismi di condizionalità e livelli essenziali delle prestazioni relative ai beneficiari di strumenti di sostegno al reddito in

costanza di rapporto di lavoro. – 1. I lavoratori dipendenti per i quali la riduzione di orario connessa all'attivazione di una procedura di sospensione o riduzione dell'attività lavorativa per integrazione salariale, contratto di solidarietà, o intervento dei fondi di solidarietà di cui agli articoli 26 e 28 del decreto legislativo adottato in attuazione dell'articolo 1, commi 1 e 2, della legge n. 183 del 2014, sia superiore al 50 per cento dell'orario di lavoro, calcolato in un periodo di dodici mesi, devono essere convocati in orario compatibile con la prestazione lavorativa, dal centro per l'impiego con le modalità ed i termini stabiliti con il decreto di cui all'articolo 2, comma 1, per stipulare il patto di servizio personalizzato di cui all'articolo 20, ad esclusione degli elementi di cui al comma 2, lettere *c*) ed *e*) del predetto articolo.

2. Allo scopo di mantenere o sviluppare le competenze in vista della conclusione della procedura di sospensione o riduzione dell'attività lavorativa ed in connessione con la domanda di lavoro espressa dal territorio, il patto di servizio personalizzato può essere stipulato sentito il datore di lavoro e con l'eventuale concorso dei fondi interprofessionali per la formazione continua di cui all'articolo 118 della legge n. 388 del 2000, e il lavoratore di cui al comma 1 può essere avviato alle attività di cui all'articolo 20, comma 3, lettera *a*) e *b*), ovvero alle attività socialmente utili di cui all'articolo 26, comma 1, del presente decreto.

3. Con riferimento ai lavoratori di cui al comma 1, si applicano le seguenti sanzioni:

a) in caso di mancata presentazione alle convocazioni ovvero agli appuntamenti di cui al comma 1 e mancata partecipazione alle iniziative di orientamento di cui all'articolo 20, comma 3, lettera *a*), in assenza di giustificato motivo:

1) la decurtazione di un quarto di una mensilità per la prima mancata presentazione;

2) la decurtazione di una mensilità, per la seconda mancata presentazione;

3) la decadenza dalla prestazione per la ulteriore mancata presentazione;

b) in caso di mancata partecipazione alle iniziative di cui all'articolo 20, comma 3, lettera *b*), ovvero alle iniziative di cui all'articolo 26:

1) la decurtazione di una mensilità per la prima mancata partecipazione;

2) la decadenza dalla prestazione per la ulteriore mancata presentazione.

4. In caso di violazione degli obblighi di cui al comma 3, trovano applicazione le disposizioni di cui all'articolo 21, commi da 10 a 13.

5. L'INPS provvede annualmente a versare le risorse non erogate in relazione a prestazioni oggetto di provvedimenti di sospensione o decadenza per il 50 per cento al Fondo per le politiche attive di cui all'articolo 1, comma 215, della legge n. 147 del 2013 e per il restante 50 per cento alle regioni e province autonome cui fanno capo i centri per l'impiego che hanno adottato i relativi provvedimenti, per essere impiegate in strumenti di incentivazione del personale connessi al raggiungimento di particolari obiettivi.

23. Assegno di ricollocazione. – 1. Ai disoccupati percettori della Nuova prestazione di Assicurazione Sociale per l'Impiego (NASpI) di cui al decreto legislativo 4 marzo 2015, n. 22, la cui durata di disoccupazione eccede i quattro mesi è riconosciuta, qualora ne facciano richiesta al centro per l'impiego presso il quale hanno stipulato il patto di servizio personalizzato di cui all'articolo 20, comma 1, ovvero mediante la procedura di cui all'articolo 20, comma 4, una somma denominata «assegno individuale di ricollocazione», graduata in funzione del profilo personale di occupabilità, spendibile presso i centri per l'impiego o presso i servizi accreditati ai sensi dell'articolo 12. L'assegno di ricollocazione è rilasciato nei limiti delle disponibilità assegnate a tale finalità per la regione o per la provincia autonoma di residenza ai sensi dell'articolo 24.

2. L'assegno di ricollocazione è rilasciato dal centro per l'impiego sulla base degli esiti della procedura di profilazione, ovvero alle condizioni e secondo le modalità di cui all'articolo 20, comma 4.

3. L'assegno di ricollocazione non concorre alla formazione del reddito complessivo ai fini dell'imposta sul reddito delle persone fisiche e non è assoggettato a contribuzione previdenziale e assistenziale.

4. L'assegno di cui al comma 1 è spendibile al fine di ottenere un servizio di assistenza intensiva nella ricerca di lavoro presso i centri per l'impiego o presso i soggetti privati accreditati ai sensi dell'articolo 12 del presente decreto, fatto salvo quanto previsto dal successivo comma 7. La scelta del centro per l'impiego o dell'operatore accreditato è riservata al disoccupato titolare dell'assegno di ricollocazione. Il servizio è richiesto dal

disoccupato, a pena di decadenza dallo stato di disoccupazione e dalla prestazione a sostegno del reddito, entro due mesi dalla data di rilascio dell'assegno e ha una durata di sei mesi, prorogabile per altri sei nel caso non sia stato consumato l'intero ammontare dell'assegno.

5. La richiesta del servizio di assistenza alla ricollocazione, per tutta la sua durata, sospende il patto di servizio personalizzato eventualmente stipulato ai sensi dell'articolo 20. Il servizio di assistenza alla ricollocazione deve prevedere:

a) l'affiancamento di un tutor al soggetto di cui al comma 1;

b) il programma di ricerca intensiva della nuova occupazione e la relativa area, con eventuale percorso di riqualificazione professionale mirata a sbocchi occupazionali esistenti nell'area stessa;

c) l'assunzione dell'onere del soggetto di cui al comma 1 di svolgere le attività individuate dal tutor;

d) l'assunzione dell'onere del soggetto di cui al comma 1 di accettare un'offerta di lavoro congrua ai sensi dell'articolo 25 ([1]);

e) l'obbligo per il soggetto erogatore del servizio di comunicare al centro per l'impiego e all'ANPAL il rifiuto ingiustificato, da parte della persona interessata, di svolgere una delle attività di cui alla lettera *c*), o di una offerta di lavoro congrua, a norma del punto *d*), al fine dell'irrogazione delle sanzioni di cui all'articolo 21, commi 7 e 8;

f) la sospensione del servizio nel caso di assunzione in prova, o a termine, con eventuale ripresa del servizio stesso dopo l'eventuale conclusione del rapporto entro il termine di sei mesi.

6. In caso di utilizzo dell'assegno di ricollocazione presso un soggetto accreditato ai sensi dell'articolo 12, lo stesso è tenuto a darne immediata comunicazione al centro per l'impiego che ha rilasciato al disoccupato l'assegno di ricollocazione. Il centro per l'impiego è di conseguenza tenuto ad aggiornare il patto di servizio.

7. Le modalità operative e l'ammontare dell'assegno di ricollocazione, sono definite con delibera consiglio di amministrazione dell'ANPAL, previa approvazione del Ministro del lavoro e delle politiche sociali, sulla base dei seguenti principi:

a) riconoscimento dell'assegno di ricollocazione prevalentemente a risultato occupazionale ottenuto;

b) definizione dell'ammontare dell'assegno di ricollocazione in maniera da mantenere l'economicità dell'attività, considerando una ragionevole percentuale di casi per i quali l'attività propedeutica alla ricollocazione non fornisca il risultato occupazionale;

c) graduazione dell'ammontare dell'assegno di ricollocazione in relazione al profilo personale di occupabilità;

d) obbligo, per il soggetto erogatore del servizio di cui al comma 5, di fornire un'assistenza appropriata nella ricerca della nuova occupazione, programmata, strutturata e gestita secondo le migliori tecniche del settore;

e) obbligo, per il soggetto erogatore del servizio di cui al comma 5, di comunicare le offerte di lavoro effettuate nei confronti degli aventi diritto.

8. L'ANPAL realizza il monitoraggio e la valutazione comparativa dei soggetti erogatori del servizio di cui al comma 5, con riferimento agli esiti di ricollocazione raggiunti nel breve e nel medio periodo per ogni profilo di occupabilità. A tal fine, l'ANPAL istituisce un sistema informatico al quale i centri per l'impiego e i soggetti erogatori del servizio di cui al comma 5 sono obbligati a conferire le informazioni relative alle richieste, all'utilizzo e all'esito del servizio. Gli esiti della valutazione sono pubblici e l'ANPAL ne cura la distribuzione ai centri per l'impiego. L'ANPAL segnala ai soggetti erogatori del servizio di cui al comma 5 gli elementi di criticità riscontrati nella fase di valutazione al fine di consentire le opportune azioni correttive. Decorso un anno dalla segnalazione, ove le criticità permangano, l'ANPAL valuta la revoca dalla facoltà di operare con lo strumento dell'assegno di ricollocazione.

([1]) *Questa lettera è stata così sostituita dall'art. 4, comma 1, lett.* m), *del D.L.vo 24 settembre 2016, n. 185.*

24. Finanziamento dell'assegno di ricollocazione. – 1. Al finanziamento dell'assegno di ricollocazione concorrono le seguenti risorse:

a) il Fondo di cui all'articolo 1, comma 215, della legge n. 147 del 2013;

b) risorse dei programmi operativi cofinanziati con fondi strutturali, nella misura da determinare ai sensi del comma 2.

2. Allo scopo di garantire il finanziamento dell'assegno di ricollocazione, il Ministero del lavoro e delle politiche sociali, previa verifica delle compatibilità finanziaria e dell'assenza di nuovi o maggiori oneri per la finanza pubblica da parte del Ministero dell'economia e delle finanze, le regioni e le province autonome, definiscono, con intesa

in sede di Conferenza permanente per i rapporti tra lo Stato, le Regioni e le Province autonome di Trento e Bolzano, un piano di utilizzo coordinato di fondi nazionali e regionali, nonché dei programmi operativi cofinanziati dal Fondo Sociale Europeo e di quelli cofinanziati con fondi nazionali negli ambiti di intervento del Fondo Sociale Europeo, nel rispetto dei regolamenti dell'Unione Europea in materia di fondi strutturali.

3. Nei casi di cui all'articolo 2, comma 10 *bis*, della legge n. 92 del 2012, l'INPS versa all'ANPAL una somma pari al trenta per cento dell'indennità mensile residua che sarebbe stata corrisposta al lavoratore, volta a finanziare il Fondo politiche attive del lavoro di cui all'articolo 1, comma 215, della legge n. 147 del 2013. All'articolo 2, comma 10 *bis*, della legge n. 92 del 2012, le parole "cinquanta per cento" sono sostituite dalle seguenti: «venti per cento».

25. Offerta di lavoro congrua. – 1. Il Ministero del lavoro e delle politiche sociali provvede alla definizione di offerta di lavoro congrua, su proposta dell'ANPAL, sulla base dei seguenti principi:

a) coerenza con le esperienze e le competenze maturate;

b) distanza dal domicilio e tempi di trasferimento mediante mezzi di trasporto pubblico;

c) durata della disoccupazione;

d) retribuzione superiore di almeno il 20 per cento rispetto alla indennità percepita nell'ultimo mese precedente, da computare senza considerare l'eventuale integrazione a carico dei fondi di solidarietà, di cui agli articoli 26 e seguenti del decreto legislativo attuativo della delega di cui all'articolo 1, comma 2, della legge n. 183 del 2014.

2. I fondi di solidarietà di cui agli articoli 26 e seguenti del decreto legislativo attuativo della delega di cui all'articolo 1, comma 2, della legge n. 183 del 2014, possono prevedere che le prestazioni integrative di cui all'articolo 3, comma 11, lettera *a*), della legge n. 92 del 2012, continuino ad applicarsi in caso di accettazione di una offerta di lavoro congrua, nella misura massima della differenza tra l'indennità complessiva inizialmente prevista, aumentata del 20 per cento, e la nuova retribuzione.

3. Fino alla data di adozione del provvedimento di cui al comma 1, trovano applicazione le disposizioni di cui all'articolo 4, comma 41, e 42 della legge 28 giugno 2012, n. 92.

26. Utilizzo diretto dei lavoratori titolari di strumenti di sostegno al reddito. – 1. Allo scopo di permettere il mantenimento e lo sviluppo delle competenze acquisite, i lavoratori che fruiscono di strumenti di sostegno del reddito in costanza di rapporto di lavoro nonché i lavoratori sottoposti a procedure di mobilità possono essere chiamati a svolgere attività a fini di pubblica utilità a beneficio della comunità territoriale di appartenenza, sotto la direzione e il coordinamento di amministrazioni pubbliche di cui all'articolo 1, comma 2, del decreto legislativo n. 165 del 2001, e successive modificazioni, nel territorio del comune ove siano residenti ([1]).

2. Allo scopo di dar corso alle attività di cui al comma 1, le regioni e province autonome stipulano, con le amministrazioni di cui all'articolo 1, comma 2, del decreto legislativo n. 165 del 2001, operanti sul territorio, specifiche convenzioni, sulla base della convenzione quadro predisposta dall'ANPAL.

3. L'utilizzazione dei lavoratori nelle attività di cui al comma 1 non determina l'instaurazione di un rapporto di lavoro e deve avvenire in modo da non incidere sul corretto svolgimento del rapporto di lavoro in corso.

4. I lavoratori utilizzati, percettori di trattamenti di sostegno al reddito, sono impegnati nei limiti massimi di orario settimanale corrispondente alla proporzione tra il trattamento stesso e il livello retributivo iniziale, calcolato al netto delle ritenute previdenziali ed assistenziali, previsto per i dipendenti che svolgono attività analoghe presso il soggetto promotore dell'intervento.

5. Le convenzioni di cui al comma 2 possono prevedere l'adibizione alle attività di cui al comma 1, da parte di lavoratori disoccupati, con più di sessanta anni, che non abbiano ancora maturato il diritto al pensionamento di vecchiaia o anticipato. I lavoratori di cui al presente comma, utilizzati in attività di cui al comma 1, non possono eccedere l'orario di lavoro di 20 ore settimanali e ad essi compete un importo mensile pari all'assegno sociale, eventualmente riproporzionato in caso di orario di lavoro inferiore alle 20 ore settimanali. Tale assegno è erogato dall'INPS previa certificazione delle presenze secondo le modalità fissate dall'INPS a cura dell'ente utilizzatore e per esso trovano applicazione, in quanto non diversamente disposto, le disposizioni in materia di Nuova Assicurazione Sociale per l'Impiego. Gli oneri restano a carico delle amministrazioni regionali e delle province autonome stipulanti.

6. All'assegno di cui al comma 5 si applicano le disposizioni di cui agli articoli 10 e 11 del decreto legislativo n. 22 del 2015.

7. L'assegno di cui al comma 5 è incompatibile con i trattamenti pensionistici diretti a carico dell'assicurazione generale obbligatoria per l'invalidità, la vecchiaia ed i superstiti dei lavoratori dipendenti, degli ordinamenti sostitutivi, esonerativi ed esclusivi dell'assicurazione medesima, nonché delle gestioni speciali dei lavoratori autonomi, e con i trattamenti di pensionamento anticipato. In caso di avvio alle attività di cui al comma 1, i titolari di assegno o di pensione di invalidità possono optare per il trattamento di cui al comma 5. Sono invece cumulabili con il trattamento di cui al predetto comma 5, gli assegni e le pensioni di invalidità civile nonché le pensioni privilegiate per infermità contratta a causa del servizio obbligatorio di leva.

8. I soggetti utilizzatori attivano in favore dei soggetti coinvolti nelle attività di cui al comma 1 idonee coperture assicurative presso l'Istituto nazionale per l'assicurazione contro gli infortuni sul lavoro (INAIL) contro gli infortuni e le malattie professionali connesse allo svolgimento dell'attività lavorativa, nonché per la responsabilità civile verso terzi.

9. Le attività di cui al comma 1 sono organizzate in modo che il lavoratore possa godere di un adeguato periodo di riposo, entro i termini di durata dell'impegno. Durante i periodi di riposo è corrisposto l'assegno.

10. Le assenze per malattia, purchè documentate, non comportano la sospensione dell'assegno di cui al comma 5. I soggetti utilizzatori stabiliscono tra le condizioni di utilizzo il periodo massimo di assenze per malattia compatibile con il buon andamento del progetto. Le assenze dovute a motivi personali, anche se giustificate, comportano la sospensione dell'assegno. È facoltà del soggetto utilizzatore concordare l'eventuale recupero delle ore non prestate e in tal caso non viene operata detta sospensione. Nel caso di assenze protratte e ripetute nel tempo che compromettano i risultati del progetto, è facoltà del soggetto utilizzatore richiedere la sostituzione del lavoratore. Nel caso di assenze per infortunio o malattia professionale al lavoratore viene corrisposto l'assegno per le giornate non coperte dall'indennità erogata dall'INAIL e viene riconosciuto il diritto a partecipare alle attività progettuali al termine del periodo di inabilità.

11. Per i periodi di impegno nelle attività di lavori socialmente utili per i quali è erogato l'assegno di cui al comma 5, trova applicazione il riconoscimento d'ufficio di cui al comma 9 dell'articolo 7 della legge n. 223 del 1991, ai soli fini dell'acquisizione dei requisiti assicurativi per il diritto al pensionamento. È comunque consentita la possibilità di riscatto dei periodi di utilizzazione nei lavori socialmente utili ai fini pensionistici, ai sensi della normativa vigente in materia, con particolare riguardo agli articoli 5 e seguenti del decreto legislativo 30 aprile 1997, n. 184.

12. Gli articoli 7 e 8 del decreto legislativo 1° dicembre 1997, n. 468, si applicano ai soli progetti di attività e lavori socialmente utili che hanno avuto inizio prima della data di adozione della convenzione quadro di cui al comma 2 ([2]).

([1]) *Questo comma è stato così sostituito dall'attuale dall'art. 1, comma 306, della L. 28 dicembre 2015, n. 208.*

([2]) *Le parole: «in corso alla data di entrata in vigore del presente decreto» sono state così sostituite dall'art. 1* bis, *del D.L. 1° ottobre 2015, n. 154, convertito, con modificazioni, nella L. 29 ottobre 2015, n. 189.*

27. Collocamento della gente di mare. – 1. Al collocamento della gente di mare si applicano le norme del presente decreto.

2. Le Capitanerie di porto possono svolgere attività di intermediazione tra domanda ed offerta di lavoro ai sensi dell'articolo 6 del decreto legislativo n. 276 del 2003, in raccordo con le strutture regionali e con l'ANPAL.

3. Sulla base di specifiche convenzioni tra l'ANPAL e il Ministero delle infrastrutture e dei trasporti vengono individuate le Capitanerie di porto autorizzate a svolgere attività di intermediazione ai sensi del comma 2, prevedendo altresì le modalità di accesso al sistema informativo di cui all'articolo 14 del presente decreto.

28. Livelli essenziali delle prestazioni. – 1. Ferma restando le necessità di prevedere obiettivi annuali ai sensi dell'articolo 2 del presente decreto, anche al fine di tener conto della situazione di fatto e delle peculiarità territoriali, costituiscono livelli essenziali delle prestazioni le norme contenute nei seguenti articoli del presente decreto:

a) articolo 11, comma 1, lettere da *a*) a *d*);
b) articolo 18;
c) articolo 20;
d) articolo 21, comma 2;
e) articolo 23.

Capo III
Riordino degli incentivi all'occupazione

29. Riordino degli incentivi. – 1. L'articolo 1 del decreto legge 28 giugno 2013, n. 76, convertito, con modificazioni, dalla legge 9 agosto 2013, n. 99, è abrogato. Sono fatti salvi gli effetti in relazione alle assunzioni e trasformazioni intervenute prima dell'entrata in vigore del presente decreto, fino a completa fruizione degli incentivi spettanti.

2. Presso il Fondo sociale per l'occupazione e la formazione di cui all'articolo 18, comma 1, lettera *a*), del decreto legge n. 185 del 2008, viene creato un apposito piano gestionale per il finanziamento di politiche attive del lavoro.

3. Sul piano gestionale di cui al comma 2 affluiscono le seguenti risorse:

a) le risorse di cui all'articolo 1, comma 12, del decreto legge n. 76 del 2013, relative agli anni 2015 e 2016;

b) le risorse di cui all'articolo 32, comma 5.

30. Repertorio nazionale degli incentivi all'occupazione. – 1. Allo scopo di assicurare la trasparenza e il coordinamento degli incentivi all'occupazione, è istituito, presso l'ANPAL, il repertorio nazionale degli incentivi occupazionali e del lavoro, contenente, in relazione a ciascuno schema incentivante, almeno le seguenti informazioni:

a) categorie di lavoratori interessati;

b) categorie di datori di lavoro interessati;

c) modalità di corresponsione dell'incentivo;

d) importo e durata dell'incentivo;

e) ambito territoriale interessato;

f) conformità alla normativa in materia di aiuti di stato.

2. Ai fini del presente decreto costituiscono incentivi all'occupazione i benefici normativi o economici riconosciuti ai datori di lavoro in relazione all'assunzione di specifiche categorie di lavoratori.

3. Le regioni e le province autonome che intendano prevedere un incentivo all'occupazione ne danno comunicazione all'ANPAL.

4. Allo scopo di assicurare la massima trasparenza e la riduzione degli oneri amministrativi, i benefici economici connessi ad un incentivo all'occupazione sono riconosciuti di regola mediante conguaglio sul versamento dei contributi previdenziali.

31. Principi generali di fruizione degli incentivi. – 1. Al fine di garantire un'omogenea applicazione degli incentivi si definiscono i seguenti principi:

a) gli incentivi non spettano se l'assunzione costituisce attuazione di un obbligo preesistente, stabilito da norme di legge o della contrattazione collettiva, anche nel caso in cui il lavoratore avente diritto all'assunzione viene utilizzato mediante contratto di somministrazione;

b) gli incentivi non spettano se l'assunzione viola il diritto di precedenza, stabilito dalla legge o dal contratto collettivo, alla riassunzione di un altro lavoratore licenziato da un rapporto a tempo indeterminato o cessato da un rapporto a termine, anche nel caso in cui, prima dell'utilizzo di un lavoratore mediante contratto di somministrazione, l'utilizzatore non abbia preventivamente offerto la riassunzione al lavoratore titolare di un diritto di precedenza per essere stato precedentemente licenziato da un rapporto a tempo indeterminato o cessato da un rapporto a termine;

c) gli incentivi non spettano se il datore di lavoro o l'utilizzatore con contratto di somministrazione hanno in atto sospensioni dal lavoro connesse ad una crisi o riorganizzazione aziendale, salvi i casi in cui l'assunzione, la trasformazione o la somministrazione siano finalizzate all'assunzione di lavoratori inquadrati ad un livello diverso da quello posseduto dai lavoratori sospesi o da impiegare in diverse unità produttive;

d) gli incentivi non spettano con riferimento a quei lavoratori che sono stati licenziati nei sei mesi precedenti da parte di un datore di lavoro che, al momento del licenziamento, presenta assetti proprietari sostanzialmente coincidenti con quelli del datore di lavoro che assume o utilizza in somministrazione, ovvero risulta con quest'ultimo in rapporto di collegamento o controllo;

e) con riferimento al contratto di somministrazione i benefici economici legati all'assunzione o alla trasformazione di un contratto di lavoro sono trasferiti in capo all'utilizzatore e, in caso di incentivo soggetto al regime de minimis, il beneficio viene computato in capo all'utilizzatore;

f) nei casi in cui le norme incentivanti richiedano un incremento occupazionale netto della forza lavoro mediamente occupata, il calcolo si effettua mensilmente, confrontando il numero di lavoratori dipendenti equivalente a tempo pieno del mese di riferimento con quello medio dei dodici mesi precedenti, avuto riguardo alla nozione di "impresa unica" di cui all'articolo 2, paragrafo 2, del Regolamento (UE) n. 1408/2013 della Commissione del 18 dicembre 2013, escludendo dal computo della base occupazionale media di riferimento sono esclusi i lavoratori che nel periodo di riferimento abbiano abbandonato il posto di lavoro a causa di dimissioni volontarie, invalidità, pensionamento per raggiunti limiti d'età, riduzione volontaria dell'orario di lavoro o licenziamento per giusta causa.

2. Ai fini della determinazione del diritto agli incentivi e della loro durata, si cumulano i periodi in cui il lavoratore ha prestato l'attività in favore dello stesso soggetto, a titolo di lavoro subordinato o somministrato; non si cumulano le prestazioni in somministrazione effettuate dallo stesso lavoratore nei confronti di diversi utilizzatori, anche se fornite dalla medesima agenzia di somministrazione di lavoro, di cui all'articolo 4, comma 1, lettere *a*) e *b*), del decreto legislativo n. 276 del 2003, salvo che tra gli utilizzatori ricorrano assetti proprietari sostanzialmente coincidenti ovvero intercorrano rapporti di collegamento o controllo.

3. L'inoltro tardivo delle comunicazioni telematiche obbligatorie inerenti l'instaurazione e la modifica di un rapporto di lavoro o di somministrazione producono la perdita di quella parte dell'incentivo relativa al periodo compreso tra la decorrenza del rapporto agevolato e la data della tardiva comunicazione.

32. Incentivi per il contratto di apprendistato per la qualifica, il diploma e il certificato di specializzazione tecnica superiore [e di alta formazione e ricerca] (1). – 1. A titolo sperimentale, per le assunzioni con contratto di apprendistato per la qualifica e il diploma professionale, il diploma di istruzione secondaria superiore e il certificato di specializzazione tecnica superiore a decorrere dalla data di entrata in vigore del presente provvedimento e fino al 31 dicembre 2016, si applicano i seguenti benefici:

a) non trova applicazione il contributo di licenziamento di cui all'articolo 2, commi 31 e 32, della legge n. 92 del 2012;

b) l'aliquota contributiva del 10 per cento di cui all'articolo 1, comma 773, della legge 27 dicembre 2006, n. 296, è ridotta al 5 per cento;

c) è riconosciuto lo sgravio totale dei contributi a carico del datore di lavoro di finanziamento dell'ASpI di cui all'articolo 42, comma 6, lettera *f*), del decreto legislativo 15 giugno 2015, n. 81 e dello 0,30 per cento, previsto dall'articolo 25 della legge n. 845 del 1978.

2. Agli incentivi di cui al comma 1 non si applica la previsione di cui all'articolo 47, comma 7, del decreto legislativo n. 81 del 2015.

3. Ai sensi degli articoli 41, comma 3, e 43, comma 1, del decreto legislativo 15 giugno 2015, n. 81, a titolo sperimentale per gli anni 2015, 2016 e 2017 (2), le risorse di cui all'articolo 68, comma 4, lettera *a*), della legge n. 144 del 1999, sono incrementate di 27 milioni di euro per l'anno 2015, di 27 milioni di euro per l'anno 2016 e di 27 milioni di euro per l'anno 2017 (3) da destinare al finanziamento dei percorsi formativi rivolti all'apprendistato per la qualifica e il diploma professionale, il diploma di istruzione secondaria superiore e il certificato di specializzazione tecnica superiore e dei percorsi formativi rivolti all'alternanza scuola lavoro ai sensi dell'articolo 1, comma 7, lettera *d*), della legge n. 183 del 2014 e del decreto legislativo 15 aprile 2005, n. 77 (4). La sperimentazione di cui al primo periodo del presente comma è finalizzata a elaborare modelli per l'occupazione dei giovani di cui all'articolo 43, comma 1, del decreto legislativo 15 giugno 2015, n. 81 ed è promossa dal Ministero del lavoro e delle politiche sociali, di concerto con il Ministero dell'istruzione dell'università e della ricerca, d'intesa con le Regioni e le province autonome di Trento e di Bolzano, anche avvalendosi degli enti di cui alla legge 14 febbraio 1987, n. 40, nei limiti delle risorse di cui al primo periodo del presente comma da destinare prioritariamente ai percorsi di formazione nell'ambito del sistema di istruzione e formazione professionale.

4. All'articolo 22, comma 2, della legge 12 novembre 2011, n. 183, le parole da «di cui il 50 per cento» fino alla fine del comma sono soppresse.

5. All'articolo 6 della legge 8 marzo 2000, n. 53 il comma 4 è abrogato. Le conseguenti relative risorse, pari a 7.500.000 euro per l'anno 2015 e a 14.993.706,97 euro annui a decorrere dal 2016, restano a carico del Fondo sociale per occupazione e formazione di cui all'articolo 18, comma 1, lettera *a*), del decreto legge 29 novembre 2008, n. 185, convertito, con modificazioni, dalla legge 28 gennaio 2009, n. 2 ed affluiscono al piano gestionale di cui all'articolo 29, comma 2.

6. Agli oneri derivanti dai commi 1, 2 e 3 del presente articolo, pari a 27 milioni di euro per ciascuno degli anni 2015 e 2016 per quanto attiene al comma 3 e valutati in 0,5 milioni di euro per l'anno 2015, 6,2 milioni di euro per l'anno 2016,

10,7 milioni di euro per ciascuno degli anni 2017 e 2018, 5,4 milioni di euro per l'anno 2019, 0,1 milioni di euro per l'anno 2020 per quanto attiene ai commi 1 e 2,si provvede:

a) quanto a 20 milioni di euro per l'anno 2015 mediante corrispondente riduzione del fondo di cui all'articolo 1, comma 107, della legge 23 dicembre 2014, n. 190;

b) quanto a 20 milioni di euro per l'anno 2016 mediante corrispondente riduzione del Fondo sociale per occupazione e formazione, di cui all'articolo 18, comma 1, lettera *a*), del decreto legge n. 185 del 2008, convertito, con modificazioni, dalla legge 28 gennaio 2009, n. 2;

c) quanto a 7,5 milioni di euro per l'anno 2015, 13,2 milioni di euro per l'anno 2016, 10,7 milioni di euro per ciascuno degli anni 2017 e 2018, 5,4 milioni di euro per l'anno 2019 e 0,1 milioni di euro per l'anno 2020 mediante corrispondente riduzione degli stanziamenti di cui all'articolo 29, comma 3.

7. Ai sensi dell'articolo 17, comma 12 della legge 31 dicembre 2009, n. 196, il Ministero dell'economia e delle finanze e il Ministero del lavoro e delle politiche sociali, anche avvalendosi del sistema permanente di monitoraggio e valutazione istituito ai sensi dell'articolo 1, comma 2, della legge n. 92 del 2012, provvedono al monitoraggio degli effetti finanziari derivanti dalla disposizione di cui ai commi 1 e 2 del presente articolo. Nel caso in cui si verifichino, o siano in procinto di verificarsi scostamenti rispetto alle previsioni delle minori relative entrate, il Ministro dell'economia e delle finanze provvede, sentito il Ministro del lavoro e delle politiche sociali, con proprio decreto alla rideterminazione dei benefici contributivi di cui al comma 1.

8. Per gli anni 2016 e 2017, per l'assicurazione contro gli infortuni sul lavoro e le malattie professionali degli allievi iscritti ai corsi ordinamentali di istruzione e formazione professionale curati dalle istituzioni formative e dagli istituti scolastici paritari, accreditati dalle Regioni per l'erogazione dei percorsi di istruzione e formazione professionale, è dovuto, in via sperimentale e limitatamente al predetto biennio, un premio speciale unitario ai sensi dell'articolo 42 del T.U. 1124/1965. Con Decreto del Ministro del lavoro e delle politiche sociali, di concerto con il Ministro dell'economia e delle finanze, su proposta dell'INAIL, sono stabiliti l'ammontare del premio speciale e le modalità di applicazione tali da assicurare anche il rigoroso rispetto del limite di spesa di cui al quarto periodo del presente comma. Ai fini della determinazione del premio e del suo aggiornamento annuo si fa riferimento al minimale giornaliero di rendita. Per favorire l'integrazione scuola-lavoro, nel calcolo per la determinazione del predetto premio speciale unitario non si tiene conto dei maggiori oneri inerenti i rischi lavorativi per i periodi di formazione svolti negli ambienti di lavoro nel limite massimo di minori entrate per premi per l'INAIL pari a 5 milioni di euro per ciascuno degli anni 2016 e 2017, in relazione alle quali è previsto un trasferimento di pari importo all'ente da parte del bilancio dello Stato. Ai relativi oneri pari a 5 milioni di euro per ciascuno degli anni 2016 e 2017 si provvede:

a) quanto a 1 milione di euro per l'anno 2016 e a 5 milioni di euro per l'anno 2017 mediante corrispondente riduzione del fondo di cui all'articolo 1, comma 107, della legge 23 dicembre 2014, n. 190;

b) quanto a 1 milione di euro per l'anno 2016 mediante corrispondente riduzione degli stanziamenti di cui all'articolo 29, comma 3;

c) quanto a 3 milioni di euro per l'anno 2016 mediante corrispondente riduzione del Fondo sociale per occupazione e formazione, di cui all'articolo 18, comma 1, lettera *a*), del decreto legge 29 novembre 2008, n. 185, convertito, con modificazioni, dalla legge 28 gennaio 2009, n. 2.

(1) *Le parole fra parentesi quadrate sono state soppresse dall'art 4, comma 1, lett.* n)*, n. 1), del D.L.vo 24 settembre 2016, n. 185.*

(2) *Le parole: «2015 e 2016» sono state così sostituite dalle seguenti: «2015, 2016 e 2017» dall'art. 1, comma 240, lett.* b)*, della L. 11 dicembre 2016, n. 232.*

(3) *Le parole: «sono incrementate di 27 milioni di euro per l'anno 2015 e di 27 milioni di euro per l'anno 2016» sono state così sostituite dalle seguenti: «sono incrementate di 27 milioni di euro per l'anno 2015, di 27 milioni di euro per l'anno 2016 e di 27 milioni di euro per l'anno 2017» dall'art. 1, comma 240, lett.* b)*, della L. 11 dicembre 2016, n. 232.*

(4) *Questo periodo è stato così sostituito dall'art. 4, comma 1, lett.* n)*, n. 2), del D.L.vo 24 settembre 2016, n. 185.*

Capo IV
Disposizioni urgenti e finali

33. Centri per l'impiego. – 1. Allo scopo di garantire livelli essenziali di prestazioni in materia di servizi e politiche attive del lavoro, l'importo di cui all'articolo 15, comma 3, del decreto legge 19 giugno 2015 n. 78, convertito, con modificazioni, dalla legge 6 agosto 2015, n. 125, è incrementato di 50 milioni di euro per ciascuno degli anni 2015 e 2016.

2. Ai fini di cui al comma 1 è apportata una riduzione pari a 50 milioni per ciascuno degli anni 2015 e 2016 della dotazione di cui all'articolo 1, comma 12, lettera *a*), del decreto legge n. 76 del 2013. Le predette risorse sono versate al Fondo di rotazione di cui all'articolo 9, comma 5, del decreto legge 20 maggio 1993, n. 148, convertito, con modificazioni, dalla legge 19 luglio 1993, n. 236.

34. Abrogazioni e norme di coordinamento. – 1. Dalla data di entrata in vigore del presente decreto sono abrogate le seguenti disposizioni:

a) articolo 2, comma 1, lettera *i*), del decreto legislativo 10 settembre 2003, n. 276;

b) articolo 4, comma 12, della legge 28 giugno 2012, n. 92;

c) articolo 17, comma 1, lettera *d*), della legge 24 giugno 1997, n. 196;

d) decreto legislativo 1° dicembre 1997, n. 468;

e) decreto legislativo 23 dicembre 1997, n. 469;

f) articolo 66, comma 2, della legge 17 maggio 1999, n. 144;

g) decreto legislativo 21 aprile 2000, n. 181, ad eccezione degli articoli 1 *bis* e 4 *bis*;

h) articolo 4, commi 13 e 15, della legge 28 giugno 2012, n. 92;

l) articolo 17, commi da 2 a 7, del decreto legislativo 4 marzo 2015, n. 22.

2. Fermo quanto previsto dall'articolo 25, comma 3, le disposizioni di cui all'articolo 4, commi da 40 a 45, della legge 28 giugno 2012, n. 92, sono abrogate a far data dall'adozione del decreto di cui agli articoli 20, comma 1, 21, comma 2 e 22, comma 2, e non trovano, comunque, applicazione a far data dalla stipula del patto di servizio personalizzato.

3. Al decreto legislativo 4 marzo 2015, n. 22, sono apportate le seguenti modificazioni: (*Omissis*)

35. Entrata in vigore. – 1. Il presente decreto entra in vigore il giorno successivo a quello della sua pubblicazione nella *Gazzetta Ufficiale* della Repubblica italiana.

17.

D.L.vo 14 settembre 2015, n. 151. Disposizioni di razionalizzazione e semplificazione delle procedure e degli adempimenti a carico di cittadini e imprese e altre disposizioni in materia di rapporto di lavoro e pari opportunità, in attuazione della legge 10 dicembre 2014, n. 183 (Suppl. ord. alla *Gazzetta Ufficiale* Serie gen. - n. 221 del 23 settembre 2015).

Titolo I
Razionalizzazione e semplificazione delle procedure e degli adempimenti e revisione del regime delle sanzioni

Capo I
Razionalizzazione e semplificazione in materia di inserimento mirato delle persone con disabilità

1. Collocamento mirato. – 1. Entro centottanta giorni dalla data di entrata in vigore del presente decreto legislativo, con uno o più decreti del Ministro del lavoro e delle politiche sociali, previa intesa in sede di Conferenza unificata ai sensi dell'articolo 3 del decreto legislativo 28 agosto 1997, n. 281, sono definite linee guida in materia di collocamento mirato delle persone con disabilità sulla base dei seguenti principi:

a) promozione di una rete integrata con i servizi sociali, sanitari, educativi e formativi del territorio, nonché con l'INAIL, in relazione alle competenze in materia di reinserimento e di integrazione lavorativa delle persone con disabilità da lavoro, per l'accompagnamento e il supporto della persona con disabilità presa in carico al fine di favorirne l'inserimento lavorativo;

b) promozione di accordi territoriali con le organizzazioni sindacali dei lavoratori e dei datori di lavoro comparativamente più rappresentative sul piano nazionale, le cooperative sociali di cui alla legge 8 novembre 1991, n. 381, le associazioni delle persone con disabilità e i loro familiari, nonché con le altre organizzazioni del terzo settore rilevanti, al fine di favorire l'inserimento lavorativo delle persone con disabilità;

c) individuazione, nelle more della revisione delle procedure di accertamento della disabilità, di modalità di valutazione bio-psico-sociale della disabilità, definizione dei criteri di predisposizione dei progetti di inserimento lavorativo che tengano conto delle barriere e dei facilitatori ambientali rilevati, definizione di indirizzi per gli uffici competenti funzionali alla valutazione e progettazione dell'inserimento lavorativo in ottica bio-psico-sociale;

d) analisi delle caratteristiche dei posti di lavoro da assegnare alle persone con disabilità, anche con riferimento agli accomodamenti ragionevoli che il datore di lavoro è tenuto ad adottare;

e) promozione dell'istituzione di un responsabile dell'inserimento lavorativo nei luoghi di lavoro, con compiti di predisposizione di progetti personalizzati per le persone con disabilità e di risoluzione dei problemi legati alle condizioni di lavoro dei lavoratori con disabilità, in raccordo con l'INAIL per le persone con disabilità da lavoro;

f) individuazione di buone pratiche di inclusione lavorativa delle persone con disabilità.

2. All'attuazione del presente articolo si provvede con le risorse umane, strumentali e finanziarie già disponibili a legislazione vigente e comunque senza nuovi o maggiori oneri a carico della finanza pubblica.

2 - 11. (*Omissis*) ([1]).

([1]) *Questi articoli contengono modifiche alla L. 12 marzo 1999, n. 68.*

12. Soppressione dell'albo nazionale dei centralinisti telefonici privi della vista. – 1. L'albo professionale nazionale dei centralinisti telefonici privi della vista, istituito dall'articolo 2 della legge 14 luglio 1957, n. 594, è soppresso.

13. Modificazioni alla legge 29 marzo 1985, n. 113. – 1. Alla legge 29 marzo 1985, n. 113, sono apportate le seguenti modificazioni: (*Omissis*).

2. I privi della vista iscritti in più di un elenco, oltre a quello tenuto dal servizio competente nel cui ambito territoriale hanno la residenza, scelgono l'elenco presso cui mantenere l'iscrizione entro trentasei mesi dall'entrata in vigore della presente disposizione.

Capo II
Razionalizzazione e semplificazione in materia di costituzione e gestione del rapporto di lavoro

14. Deposito contratti collettivi aziendali o territoriali. – 1. I benefici contributivi o fiscali e le altre agevolazioni connesse con la stipula di contratti collettivi aziendali o territoriali sono riconosciuti a condizione che tali contratti siano depositati in via telematica presso la Direzione territoriale del lavoro competente, che li mette a disposizione, con le medesime modalità, delle altre amministrazioni ed enti pubblici interessati.

15. Libro Unico del Lavoro. – 1. A decorrere dal 1° gennaio 2019 ([1]) ([2]), il libro unico del lavoro è tenuto, in modalità telematica, presso il Ministero del lavoro e delle politiche sociali.

2. Con decreto del Ministro del lavoro e delle politiche sociali, da emanare entro sei mesi dalla data di entrata in vigore del presente decreto legislativo, sono stabilite le modalità tecniche e organizzative per l'interoperabilità, la tenuta, l'aggiornamento e la conservazione dei dati contenuti nel libro unico del lavoro di cui all'articolo 39 del decreto legge 25 giugno 2008, n. 112, convertito, con modificazioni, dalla legge 6 agosto 2008, n. 133.

([1]) *Le parole: «gennaio 2018» sono state così sostituite dalle seguenti: «gennaio 2019» dall'art. 1, comma 1154, della L. 27 dicembre 2017, n. 205, a decorrere dal 1° gennaio 2018.*

([2]) *La parola: «2017» è stata così sostituita dall'attuale: «2018» dall'art. 3* quater *del D.L. 30 dicembre 2016, n. 244, convertito, con modificazioni, nella L. 27 febbraio 2017, n. 19.*

16. Comunicazioni telematiche. – 1. Tutte le comunicazioni in materia di rapporti di lavoro, collocamento mirato, tutela delle condizioni di lavoro, incentivi, politiche attive e formazione professionale, ivi compreso il nulla osta al lavoro subordinato per cittadini extracomunitari nel settore dello spettacolo, si effettuano esclusivamente in via telematica secondo i modelli di comunicazione, i dizionari terminologici e gli standard tecnici di cui al decreto del Ministro del lavoro e della previdenza sociale 30 ottobre 2007, pubblicato nella *Gazzetta Ufficiale* della Repubblica italiana 27 dicembre 2007, n. 299.

2. Con decreto del Ministro del lavoro e delle politiche sociali, di concerto con il Ministro per la semplificazione e la pubblica amministrazione, da emanare entro 90 giorni dalla data di entrata in vigore del presente decreto legislativo, sono individuate le comunicazioni di cui al comma 1 e si procede all'aggiornamento dei modelli esistenti, al fine di armonizzare e semplificare le informazioni richieste.

3. All'attuazione del presente articolo si provvede con le risorse umane, strumentali e finanziarie già previste a legislazione vigente e comunque senza nuovi o maggiori oneri a carico del bilancio dello Stato.

17. Banche dati in materia di politiche del lavoro. – 1. All'articolo 8 del decreto legge 28 giugno 2013, n. 76, convertito, con modificazioni, dalla legge 9 agosto 2013, n. 99 sono apportate le seguenti modificazioni: (*Omissis*).

2. Con uno o più decreti del Ministro del lavoro e delle politiche sociali, di concerto con il Ministro per la semplificazione e la pubblica amministrazione e il Ministro dell'interno, sono individuate le informazioni di cui all'articolo 8, comma 2, del decreto legge 28 giugno 2013, n. 76, convertito, con modificazioni, dalla legge 9 agosto 2013, n. 99, i soggetti che possono inserire, aggiornare e consultare le informazioni, nonché le modalità di inserimento, aggiornamento e consultazione, nel rispetto delle disposizioni del Codice in materia di protezione dei dati personali di cui al decreto legislativo 30 giugno 2003, n. 196 e fermo restando che la relativa trasmissione avviene nel rispetto dei principi e secondo le regole tecniche di cui al decreto legislativo 7 marzo 2005, n. 82.

3. Le disposizioni di cui al presente articolo sostituiscono la comunicazione al Garante per la protezione dei dati personali di cui all'articolo 39 del decreto legislativo n. 196 del 2003.

4. All'attuazione del presente articolo si provvede con le risorse umane, strumentali e finanziarie già disponibili a legislazione vigente e comunque senza nuovi o maggiori oneri a carico del bilancio dello Stato.

18. Abrogazione autorizzazione al lavoro estero. – 1. Al decreto legge 31 luglio 1987, n. 317, convertito, con modificazioni, dalla legge 3 ottobre 1987, n. 398, sono apportate le seguenti modificazioni: (*Omissis*).

2. Il decreto del Presidente della Repubblica 18 aprile 1994, n. 346 è abrogato.

19. Semplificazione in materia di collocamento della gente di mare. – 1. Al decreto del Presidente della Repubblica 18 aprile 2006, n. 231, sono apportate le seguenti modificazioni: (*Omissis*).

2. Con il decreto del Ministro del lavoro e delle politiche sociali di cui all'articolo 16, comma 2, si provvede ad apportare le opportune modificazioni al modello «BCNL» e al modello «scheda anagrafico-professionale».

Capo III
Razionalizzazione e semplificazione in materia di salute e sicurezza sul lavoro

20. Modificazioni al decreto legislativo 9 aprile 2008, n. 81. – 1. Al decreto legislativo 9 aprile 2008, n. 81, sono apportate le seguenti modificazioni: (*Omissis*).

21. Semplificazioni in materia di adempimenti formali concernenti gli infortuni sul lavoro e le malattie professionali. – 1. Al decreto del Presidente della Repubblica 30 giugno 1965, n. 1124, sono apportate le seguenti modificazioni: (*Omissis*).

2. Le modificazioni di cui al comma 1, lettere *b*), *c*), *d*), *e*) ed *f*), hanno efficacia a decorrere dal centottantesimo giorno successivo alla data di entrata in vigore del presente decreto e, contestualmente, sono abrogati i commi 6 e 7 dell'articolo 32 del decreto legge 21 giugno 2013, n. 69, convertito, con modificazioni, dalla legge 9 agosto 2013, n. 98.

3. A decorrere dal centottantesimo giorno successivo alla data di entrata in vigore del presente decreto, con la trasmissione per via telematica del certificato di malattia professionale, ai sensi degli articoli 53 e 251 del decreto del Presidente della Repubblica 30 giugno 1965, n. 1124, come modificati dal presente decreto, si intende assolto, per le malattie professionali indicate nell'elenco di cui all'articolo 139 del decreto del Presidente della Repubblica n. 1124 del 1965, l'obbligo di trasmissione della denuncia di cui al medesimo articolo 139 ai fini dell'alimentazione del Registro Nazionale delle malattie causate dal lavoro ovvero ad esso correlate, di cui all'articolo 10, comma 5, del decreto legislativo 23 febbraio 2000, n. 38.

4. A decorrere dal novantesimo giorno successivo alla data di entrata in vigore del presente decreto, è abolito l'obbligo di tenuta del registro infortuni.

5. Agli adempimenti derivanti dal presente articolo le amministrazioni competenti provvedono con le risorse umane, strumentali e finanziarie già disponibili a legislazione vigente e comunque senza nuovi o maggiori oneri a carico della finanza pubblica.

Capo IV
Revisione del regime delle sanzioni

22. Modifica di disposizioni sanzionatorie in materia di lavoro e legislazione sociale. – 1. All'articolo 3 del decreto legge 22 febbraio 2002, n. 12, convertito, con modificazioni, dalla legge 23 aprile 2002, n. 73, e successive modificazioni, il comma 3 è sostituito dai seguenti:

«3. Ferma restando l'applicazione delle sanzioni già previste dalla normativa in vigore, in caso di impiego di lavoratori subordinati senza preventiva comunicazione di instaurazione del rapporto di lavoro da parte del datore di lavoro privato, con la sola esclusione del datore di lavoro domestico, si applica altresì la sanzione amministrativa pecuniaria:

a) da euro 1.500 a euro 9.000 per ciascun lavoratore irregolare, in caso di impiego del lavoratore sino a trenta giorni di effettivo lavoro;

b) da euro 3.000 a euro 18.000 per ciascun lavoratore irregolare, in caso di impiego del lavoratore da trentuno e sino a sessanta giorni di effettivo lavoro;

c) da euro 6.000 a euro 36.000 per ciascun lavoratore irregolare, in caso di impiego del lavoratore oltre sessanta giorni di effettivo lavoro.

3 *bis*. In relazione alla violazione di cui al comma 3, fatta eccezione per le ipotesi di cui al comma 3 *quater*, trova applicazione la procedura di diffida di cui all'articolo 13 del decreto legislativo 23 aprile 2004, n. 124, e successive modificazioni.

3 *ter*. Nel caso di cui al comma 3 *bis*, la diffida prevede, in relazione ai lavoratori irregolari ancora in forza presso il datore di lavoro e fatta salva l'ipotesi in cui risultino regolarmente occupati per un periodo lavorativo successivo, la stipulazione di un contratto di lavoro subordinato a tempo indeterminato, anche a tempo parziale con riduzione dell'orario di lavoro non superiore al cinquanta per cento dell'orario a tempo pieno, o con contratto a tempo pieno e determinato di durata non inferiore a tre mesi, nonché il mantenimento in servizio degli stessi per almeno tre mesi. In tale ipotesi, la prova della avvenuta regolarizzazione e del pagamento delle sanzioni e dei contributi e premi previsti, ai sensi dell'articolo 13, comma 5, del decreto legislativo 23 aprile 2004, n. 124, è fornita entro il termine di centoventi giorni dalla notifica del relativo verbale.

3 *quater*. Le sanzioni sono aumentate del venti per cento in caso di impiego di lavoratori stranieri ai sensi dell'articolo 22, comma 12, del decreto legislativo 25 luglio 1998, n. 286, o di minori in età non lavorativa.

3 *quinquies*. In caso di irrogazione della sanzione di cui al comma 3, non trovano applicazione le sanzioni di cui all'articolo 19, commi 2 e 3, del decreto legislativo 10 settembre 2003, n. 276, nonché le sanzioni di cui all'articolo 39, comma 7, del decreto legge 25 giugno 2008, n. 112, convertito, con modificazioni, dalla legge 6 agosto 2008, n. 133.».

2. All'articolo 14, comma 1, del decreto legge 23 dicembre 2013, n. 145, convertito, con modificazioni, dalla legge 21 febbraio 2014, n. 9, sono apportate le seguenti modificazioni:

a) la lettera *b*) è abrogata;

b) alla lettera *d*), l'alinea è sostituito dal seguente:

«*d*) il trenta per cento dell'importo delle sanzioni amministrative di cui all'articolo 3 del decreto legge 22 febbraio 2002, n. 12, convertito, con modificazioni, dalla legge 23 aprile 2002, n. 73, e successive modificazioni, nonché delle somme aggiuntive di cui all'articolo 14, comma 4, lettera *c*), e comma 5, lettera *b*), del decreto legislativo 9 aprile 2008, n. 81, e successive modificazioni, ed i maggiori introiti derivanti dall'incremento delle sanzioni di cui alla lettera *c*) sono versati ad apposito capitolo dell'entrata del bilancio dello Stato per essere riassegnati:».

3. I maggiori introiti derivanti dall'incremento delle sanzioni amministrative e delle somme aggiuntive, previsto dall'articolo 14, comma 1, lettera *b*), del decreto legge n. 145 del 2013, nel testo vigente prima della data di entrata in vigore del presente decreto, con riferimento alle violazioni commesse prima della predetta data, continuano ad essere versati ad apposito capitolo dell'entrata del bilancio dello Stato per essere riassegnati alle destinazioni di cui all'articolo 14, comma 1, lettera *d*), n. 1) e 2), del medesimo decreto legge.

4. All'articolo 14 del decreto legislativo 9 aprile 2008, n. 81, sono apportate le seguenti modificazioni: (*Omissis*).

5. All'articolo 39 del decreto legge 25 giugno 2008, n. 112, convertito, con modificazioni, dalla legge 6 agosto 2008, n. 133, il comma 7 è sostituito dal seguente:

«7. Salvo i casi di errore meramente materiale, l'omessa o infedele registrazione dei dati di cui ai commi 1, 2 e 3 che determina differenti trattamenti retributivi, previdenziali o fiscali è punita con la sanzione amministrativa pecuniaria da 150 a 1.500 euro. Se la violazione si riferisce a più di cinque lavoratori ovvero a un periodo superiore a sei mesi la sanzione va da 500 a 3.000 euro. Se la violazione si riferisce a più di dieci lavoratori ovvero a un periodo superiore a dodici mesi la sanzione va da 1.000 a 6.000 euro. Ai fini del primo periodo, la nozione di omessa registrazione si riferisce alle scritture complessivamente omesse e non a ciascun singolo dato di cui manchi la registrazione e la nozione di infedele registrazione si riferisce alle scritturazioni dei dati di cui ai commi 1 e 2 diverse rispetto alla qualità o quantità della prestazione lavorativa effettivamente resa o alle somme effettivamente erogate. La mancata conservazione per il termine previsto dal decreto di cui al comma 4 è punita con la sanzione pecuniaria amministrativa da 100 a 600 euro. Alla contestazione delle sanzioni amministrative di cui al presente comma provvedono gli organi di vigilanza che effettuano accertamenti in materia di lavoro e previdenza. Autorità competente a ricevere il rapporto ai sensi dell'articolo 17 della legge 24 novembre 1981, n. 689, è la Direzione territoriale del lavoro territorialmente competente.».

6. All'articolo 82 del decreto del Presidente della Repubblica 30 maggio 1955, n. 797, il secondo comma è sostituito dal seguente: «Il datore di lavoro che non provvede, se tenutovi, alla corresponsione degli assegni è punito con la sanzione amministrativa pecuniaria da 500 a 5.000 euro. Se la violazione si riferisce a più di cinque lavoratori ovvero a un periodo superiore a sei mesi la sanzione va da 1.500 a 9.000 euro. Se la violazione si riferisce a più di dieci lavoratori ovvero a un periodo superiore a dodici mesi la sanzione va da 3.000 a 15.000 euro».

7. All'articolo 5 della legge 5 gennaio 1953, n. 4, il primo comma è sostituito dal seguente: «Salvo che il fatto costituisca reato, in caso di mancata o ritardata consegna al lavoratore del prospetto di paga, o di omissione o inesattezza nelle registrazioni apposte su detto prospetto paga, si applica al datore di lavoro la sanzione amministrativa pecuniaria da 150 a 900 euro. Se la violazione si riferisce a più di cinque lavoratori ovvero a un periodo superiore a sei mesi la sanzione va da 600 a 3.600 euro. Se la violazione si riferisce a più di dieci lavoratori ovvero a un periodo superiore a dodici mesi la sanzione va da 1.200 a 7.200 euro. Nell'ipotesi in cui il datore di lavoro adempia agli obblighi di cui agli articoli precedenti attraverso la consegna al lavoratore di copia delle scritturazioni effettuate nel libro unico del lavoro, non si applicano le sanzioni di cui al presente articolo ed il datore di lavoro è sanzionabile esclusivamente ai sensi dell'articolo 39, comma 7, del decreto legge 25 giugno 2008, n. 112, convertito, con modificazioni, dalla legge 6 agosto 2008, n. 133, e successive modificazioni.».

Titolo II
Disposizioni in materia
di rapporto di lavoro
e pari opportunità

Capo I
Disposizioni in materia
di rapporto di lavoro

23. Modifiche all'articolo 4 della legge 20 maggio 1970, n. 300 e all'articolo 171 del decreto legislativo 30 giugno 2003, n. 196. – 1. L'articolo 4 della legge 20 maggio 1970, n. 300 è sostituito dal seguente:(*Omissis*).

2. L'articolo 171 del decreto legislativo 30 giugno 2003, n. 196, è sostituito dal seguente:

«Art. 171 (Altre fattispecie). - 1. La violazione delle disposizioni di cui all'articolo 113 e all'articolo 4, primo e secondo comma, della legge 20 maggio 1970, n. 300, è punita con le sanzioni di cui all'articolo 38 della legge n. 300 del 1970.».

24. Cessione dei riposi e delle ferie. – 1. Fermi restando i diritti di cui al decreto legislativo 8 aprile 2003, n. 66, i lavoratori possono cedere a titolo gratuito i riposi e le ferie da loro maturati ai lavoratori dipendenti dallo stesso datore di lavoro, al fine di consentire a questi ultimi di assistere i figli minori che per le particolari condizioni di salute necessitano di cure costanti, nella misura, alle condizioni e secondo le modalità stabilite dai contratti collettivi stipulati dalle associazioni sindacali comparativamente più rappresentative sul piano nazionale applicabili al rapporto di lavoro.

25. Esenzioni dalla reperibilità. – 1. All'articolo 5, comma 13, del decreto legge 12 settembre 1983, n. 463, convertito, con modificazioni, dalla legge 11 novembre 1983, n. 638, è aggiunto, in fine, il seguente periodo: «Con il medesimo decreto sono stabilite le esenzioni dalla reperibilità per i lavoratori subordinati dipendenti dai datori di lavoro privati».

26. (1) **Dimissioni volontarie e risoluzione consensuale.** – 1. Al di fuori delle ipotesi di cui all'articolo 55, comma 4, del decreto legislativo 26 marzo 2001, n. 151, e successive modificazioni, le dimissioni e la risoluzione consensuale del rapporto di lavoro sono fatte, a pena di inefficacia, esclusivamente con modalità telematiche su appositi moduli resi disponibili dal Ministero del lavoro e delle politiche sociali attraverso il sito www.lavoro.gov.it e trasmessi al datore di lavoro e alla Direzione territoriale del lavoro competente con le modalità individuate con il decreto del Ministro del lavoro e delle politiche sociali di cui al comma 3.

2. Entro sette giorni dalla data di trasmissione del modulo di cui al comma 1 il lavoratore ha la facoltà di revocare le dimissioni e la risoluzione consensuale con le medesime modalità.

3. Con decreto del Ministro del lavoro e delle politiche sociali, da emanare entro 90 giorni dalla data di entrata in vigore del presente decreto legislativo, sono stabiliti i dati di identificazione del rapporto di lavoro da cui si intende recedere o che si intende risolvere, i dati di identificazione del datore di lavoro e del lavoratore, le modalità di trasmissione nonché gli standard tecnici atti a definire la data certa di trasmissione.

4. La trasmissione dei moduli di cui al comma 1 può avvenire anche per il tramite dei patronati, delle organizzazioni sindacali, dei consulenti del lavoro, delle sedi territoriali dell'Ispettorato nazionale del lavoro (2) nonché degli enti bilaterali e delle commissioni di certificazione di cui agli articoli 2, comma 1, lettera *h*), e articolo 76 del decreto legislativo 10 settembre 2003, n. 276.

5. Salvo che il fatto costituisca reato, il datore di lavoro che alteri i moduli di cui al comma 1 è punito con la sanzione amministrativa da euro 5.000 ad euro 30.000. L'accertamento e l'irrogazione della sanzione sono di competenza delle Direzioni territoriali del lavoro. Si applicano, in quanto compatibili, le disposizioni di cui alla legge 24 novembre 1981, n. 689.

6. All'attuazione del presente articolo si provvede con le risorse umane, strumentali e finanziarie già disponibili a legislazione vigente e comunque senza nuovi o maggiori oneri a carico del bilancio dello Stato.

7. I commi da 1 a 4 non sono applicabili al lavoro domestico e nel caso in cui le dimissioni o la risoluzione consensuale intervengono nelle sedi di cui all'articolo 2113, quarto comma, del codice civile o avanti alle commissioni di certificazione di cui all'articolo 76 del decreto legislativo n. 276 del 2003.

8. Le disposizioni di cui al presente articolo trovano applicazione a far data dal sessantesimo giorno successivo alla data di entrata in vigore del decreto di cui al comma 3 e dalla medesima data sono abrogati i commi da 17 a 23 *bis* dell'articolo 4 della legge 28 giugno 2012, n. 92.

8 *bis*. Le disposizioni di cui al presente articolo non si applicano ai rapporti di lavoro alle dipendenze delle amministrazioni pubbliche di cui all'articolo 1, comma 2, del decreto legislativo 30 marzo 2001, n. 165 (3).

(1) *Si veda il D.M. 15 dicembre 2015, in* Gazzetta Ufficiale *Serie gen. - n. 7 dell'11 gennaio 2016.*

(2) *Le parole: «, dei consulenti del lavoro, delle sedi territoriali dell'Ispettorato nazionale del lavoro» sono state inserite dall'art. 5, comma 3, lett.* b)*, del D.L.vo 24 settembre 2016, n. 185.*

(3) *Questo comma è stato aggiunto dall'art. 5, comma 3, lett.* a)*, del D.L.vo 24 settembre 2016, n. 185.*

Capo II
Disposizioni in materia di pari opportunità

27 - 41. (*Omissis*) (1).

(1) *Questi articoli contengono modifiche al D.L.vo 11 aprile 2006, n. 198*

42. Modifiche e abrogazioni. – (*Omissis*).

Titolo III
Disposizioni finali

43. Entrata in vigore. – 1. Il presente decreto entra in vigore il giorno successivo a quello della sua pubblicazione nella *Gazzetta Ufficiale* della Repubblica italiana.

18.

L. 22 maggio 2017, n. 81. Misure per la tutela del lavoro autonomo non imprenditoriale e misure volte a favorire l'articolazione flessibile nei tempi e nei luoghi del lavoro subordinato (*Gazzetta Ufficiale* Serie gen. - n. 135 del 13 giugno 2017).

(*Estratto*)

Capo I

Tutela del lavoro autonomo

1. Ambito di applicazione. – 1. Le disposizioni del presente capo si applicano ai rapporti di lavoro autonomo di cui al titolo III del libro quinto del codice civile, ivi inclusi i rapporti di lavoro autonomo che hanno una disciplina particolare ai sensi dell'articolo 2222 del codice civile.

2. Sono esclusi dall'ambito di applicazione del presente capo gli imprenditori, ivi compresi i piccoli imprenditori di cui all'articolo 2083 del codice civile.

2. Tutela del lavoratore autonomo nelle transazioni commerciali. – 1. Le disposizioni del decreto legislativo 9 ottobre 2002, n. 231, si applicano, in quanto compatibili, anche alle transazioni commerciali tra lavoratori autonomi e imprese, tra lavoratori autonomi e amministrazioni pubbliche di cui all'articolo 1, comma 2, del decreto legislativo 30 marzo 2001, n. 165, e successive modificazioni, o tra lavoratori autonomi, fatta salva l'applicazione di disposizioni più favorevoli.

3. Clausole e condotte abusive. – 1. Si considerano abusive e prive di effetto le clausole che attribuiscono al committente la facoltà di modificare unilateralmente le condizioni del contratto o, nel caso di contratto avente ad oggetto una prestazione continuativa, di recedere da esso senza congruo preavviso nonché le clausole mediante le quali le parti concordano termini di pagamento superiori a sessanta giorni dalla data del ricevimento da parte del committente della fattura o della richiesta di pagamento.

2. Si considera abusivo il rifiuto del committente di stipulare il contratto in forma scritta.

3. Nelle ipotesi di cui ai commi 1 e 2 il lavoratore autonomo ha diritto al risarcimento dei danni, anche promuovendo un tentativo di conciliazione mediante gli organismi abilitati.

4. Ai rapporti contrattuali di cui al presente capo si applica, in quanto compatibile, l'articolo 9 della legge 18 giugno 1998, n. 192, in materia di abuso di dipendenza economica.

4. Apporti originali e invenzioni del lavoratore. – 1. Salvo il caso in cui l'attività inventiva sia prevista come oggetto del contratto di lavoro e a tale scopo compensata, i diritti di utilizzazione economica relativi ad apporti originali e a invenzioni realizzati nell'esecuzione del contratto stesso spettano al lavoratore autonomo, secondo le disposizioni di cui alla legge 22 aprile 1941, n. 633, e al codice della proprietà industriale, di cui al decreto legislativo 10 febbraio 2005, n. 30.

5. Delega al Governo in materia di atti pubblici rimessi alle professioni organizzate in ordini o collegi. – 1. Al fine di semplificare l'attività delle amministrazioni pubbliche e di ridurne i tempi di produzione, il Governo è delegato ad adottare, entro dodici mesi dalla data di entrata in vigore della presente legge, uno o più decreti legislativi in materia di rimessione di atti pubblici alle professioni organizzate in ordini o collegi, nel rispetto dei seguenti principi e criteri direttivi:

a) individuazione degli atti delle amministrazioni pubbliche che possono essere rimessi anche alle professioni organizzate in ordini o collegi in relazione al carattere di terzietà di queste;

b) individuazione di misure che garantiscano il rispetto della disciplina in materia di tutela dei dati personali nella gestione degli atti rimessi ai professionisti iscritti a ordini o collegi;

c) individuazione delle circostanze che possano determinare condizioni di conflitto di interessi nell'esercizio delle funzioni rimesse ai professionisti ai sensi della lettera *a*).

2. Dall'attuazione dei decreti legislativi di cui al comma 1 non devono derivare nuovi o maggiori oneri a carico della finanza pubblica. Le amministrazioni competenti provvedono ai relativi adempimenti mediante le risorse umane, finanziarie e strumentali disponibili a legislazione vigente.

6. Deleghe al Governo in materia di sicurezza e protezione sociale dei professionisti iscritti a ordini o collegi e di ampliamento delle prestazioni di maternità e di malattia riconosciute ai lavoratori autonomi iscritti alla gestione separata. – 1. Al fine di rafforzare le prestazioni di sicurezza e di protezione sociale dei professionisti iscritti agli ordini o ai collegi, il Governo è delegato ad adottare, entro dodici mesi dalla data di entrata in vigore della presente legge, uno o più decreti legislativi nel rispetto del seguente principio e criterio direttivo: abilitazione degli enti di previdenza di diritto privato, anche in forma associata, ove autorizzati dagli organi di vigilanza, ad attivare, oltre a prestazioni complementari di tipo previdenziale e socio-sanitario, anche altre prestazioni sociali, finanziate da apposita contribuzione, con particolare riferimento agli iscritti che abbiano subito una significativa riduzione del reddito professionale per ragioni non dipendenti dalla propria volontà o che siano stati colpiti da gravi patologie.

2. Al fine di incrementare le prestazioni legate al versamento della contribuzione aggiuntiva per gli iscritti alla Gestione separata di cui all'articolo 2, comma 26, della legge 8 agosto 1995, n. 335, non titolari di pensione e non iscritti ad altre forme previdenziali, il Governo è delegato ad adottare, entro dodici mesi dalla data di entrata in vigore della presente legge, uno o più decreti legislativi nel rispetto dei seguenti principi e criteri direttivi:

a) riduzione dei requisiti di accesso alle prestazioni di maternità, incrementando il numero di mesi precedenti al periodo indennizzabile entro cui individuare le tre mensilità di contribuzione dovuta, nonché introduzione di minimali e massimali per le medesime prestazioni;

b) modifica dei requisiti dell'indennità di malattia di cui all'articolo 1, comma 788, della legge 27 dicembre 2006, n. 296, e all'articolo 24, comma 26, del decreto legge 6 dicembre 2011, n. 201, convertito, con modificazioni, dalla legge 22 dicembre 2011, n. 214, incrementando la platea dei beneficiari anche comprendendovi soggetti che abbiano superato il limite del 70 per cento del massimale di cui all'articolo 2, comma 18, della legge 8 agosto 1995, n. 335, ed eventualmente prevedendo l'esclusione della corresponsione dell'indennità per i soli eventi di durata inferiore a tre giorni;

c) previsione di un aumento dell'aliquota aggiuntiva di cui all'articolo 59, comma 16, della legge 27 dicembre 1997, n. 449, e successive modificazioni, in una misura possibilmente non superiore a 0,5 punti percentuali e comunque tale da assicurare il rispetto di quanto stabilito al primo periodo del comma 3 del presente articolo.

3. Dall'attuazione dei decreti legislativi di cui ai commi 1 e 2 non devono derivare nuovi o maggiori oneri a carico della finanza pubblica. Le amministrazioni competenti provvedono ai relativi adempimenti mediante le risorse umane, finanziarie e strumentali disponibili a legislazione vigente.

8. Disposizioni fiscali e sociali. – 1. All'articolo 54, comma 5, del testo unico delle imposte sui redditi, di cui al decreto del Presidente della Repubblica 22 dicembre 1986, n. 917, il secondo periodo è sostituito dai seguenti: (*Omissis*).

2. Le disposizioni di cui all'articolo 54, comma 5, del testo unico delle imposte sui redditi, di cui al decreto del Presidente della Repubblica 22 dicembre 1986, n. 917, come modificato dal comma 1 del presente articolo nonché dall'articolo 9, comma 1, si applicano a decorrere dal periodo d'imposta in corso al 31 dicembre 2017.

3. Alle minori entrate derivanti dal comma 1, valutate in 3 milioni di euro per l'anno 2018 e in 1,8 milioni di euro annui a decorrere dall'anno 2019, si provvede ai sensi dell'articolo 25, comma 3.

4. A decorrere dalla data di entrata in vigore della presente legge, le lavoratrici ed i lavoratori iscritti alla Gestione separata di cui all'articolo 2, comma 26, della legge 8 agosto 1995, n. 335, non titolari di pensione e non iscritti ad altre forme previdenziali obbligatorie, tenuti al versamento della contribuzione maggiorata di cui all'articolo 59, comma 16, della legge 27 dicembre 1997, n. 449, hanno diritto ad un trattamento economico per congedo parentale per un periodo massimo pari a sei mesi entro i primi tre anni di vita del bambino. I trattamenti economici per congedo parentale, ancorchè fruiti in altra gestione o cassa di previdenza, non possono complessivamente superare tra entrambi i genitori il limite complessivo di sei mesi.

5. Salvo quanto previsto al comma 6, il trattamento economico di cui al comma 4 è corrisposto a condizione che risultino accreditate almeno tre mensilità della predetta contribuzione maggiorata nei dodici mesi precedenti l'inizio del periodo indennizzabile. L'indennità è calcolata, per ciascuna giornata del periodo indennizzabile, in misura pari al 30 per cento del reddito di lavoro relativo alla predetta contribuzione, calcolato ai sensi dell'articolo 4 del decreto del Ministro del lavoro e delle politiche sociali 4 aprile 2002, pubblicato nella *Gazzetta Ufficiale* n. 136 del 12 giugno 2002.

6. Il trattamento economico per i periodi di congedo parentale fruiti entro il primo anno di vita del bambino è corrisposto, a prescindere dal requisito contributivo di cui al comma 5, anche alle lavoratrici ed ai lavoratori di cui al comma 4 che abbiano titolo all'indennità di maternità o paternità. In tale caso, l'indennità è calcolata in misura pari al 30 per cento del reddito preso a riferimen-

to per la corresponsione dell'indennità di maternità o paternità.

7. Le disposizioni di cui ai commi 4, 5 e 6 si applicano anche nei casi di adozione o affidamento preadottivo.

8. All'articolo 1, comma 788, della legge 27 dicembre 2006, n. 296, il settimo e l'ottavo periodo sono soppressi.

9. Agli oneri derivanti dall'attuazione dei commi da 4 a 8, valutati in 5,26 milioni di euro per l'anno 2017, 5,11 milioni di euro per l'anno 2018, 5 milioni di euro per l'anno 2019, 5,14 milioni di euro per l'anno 2020, 5,24 milioni di euro per l'anno 2021, 5,34 milioni di euro per l'anno 2022, 5,45 milioni di euro per l'anno 2023, 5,57 milioni di euro per l'anno 2024 e 5,68 milioni di euro annui a decorrere dall'anno 2025, si provvede ai sensi dell'articolo 25, comma 3.

10. Per gli iscritti alla Gestione separata di cui all'articolo 2, comma 26, della legge 8 agosto 1995, n. 335, i periodi di malattia, certificata come conseguente a trattamenti terapeutici di malattie oncologiche, o di gravi patologie cronico-degenerative ingravescenti o che comunque comportino una inabilità lavorativa temporanea del 100 per cento, sono equiparati alla degenza ospedaliera.

11. Agli oneri derivanti dall'attuazione del comma 10, valutati in 0,36 milioni di euro annui a decorrere dall'anno 2017, si provvede ai sensi dell'articolo 25, comma 3.

10. Accesso alle informazioni sul mercato e servizi personalizzati di orientamento, riqualificazione e ricollocazione. – 1. I centri per l'impiego e gli organismi autorizzati alle attività di intermediazione in materia di lavoro ai sensi della disciplina vigente si dotano, in ogni sede aperta al pubblico, di uno sportello dedicato al lavoro autonomo, anche stipulando convenzioni non onerose con gli ordini e i collegi professionali e le associazioni costituite ai sensi degli articoli 4, comma 1, e 5 della legge 14 gennaio 2013, n. 4, nonché con le associazioni comparativamente più rappresentative sul piano nazionale dei lavoratori autonomi iscritti e non iscritti ad albi professionali.

2. L'elenco dei soggetti convenzionati di cui al comma 1 è pubblicato dall'Agenzia nazionale per le politiche attive del lavoro (ANPAL) nel proprio sito internet. Le modalità di trasmissione all'ANPAL delle convenzioni e degli statuti dei soggetti convenzionati sono determinate con decreto del Ministero del lavoro e delle politiche sociali.

3. Lo sportello dedicato di cui al comma 1 raccoglie le domande e le offerte di lavoro autonomo, fornisce le relative informazioni ai professionisti ed alle imprese che ne facciano richiesta, fornisce informazioni relative alle procedure per l'avvio di attività autonome e per le eventuali trasformazioni e per l'accesso a commesse ed appalti pubblici, nonché relative alle opportunità di credito e alle agevolazioni pubbliche nazionali e locali.

4. Nello svolgimento delle attività di cui al comma 3, i centri per l'impiego, al fine di fornire informazioni e supporto ai lavoratori autonomi con disabilità, si avvalgono dei servizi per il collocamento mirato delle persone con disabilità di cui all'articolo 6 della legge 12 marzo 1999, n. 68.

5. Agli adempimenti di cui al presente articolo si provvede senza nuovi o maggiori oneri per la finanza pubblica, con le risorse umane, finanziarie e strumentali disponibili a legislazione vigente.

11. Delega al Governo in materia di semplificazione della normativa sulla salute e sicurezza degli studi professionali. – 1. Il Governo è delegato ad adottare, entro un anno dalla data di entrata in vigore della presente legge, uno o più decreti legislativi per il riassetto delle disposizioni vigenti in materia di sicurezza e tutela della salute dei lavoratori applicabili agli studi professionali, nel rispetto dei seguenti principi e criteri direttivi:

a) individuazione di specifiche misure di prevenzione e protezione idonee a garantire la tutela della salute e della sicurezza delle persone che svolgono attività lavorativa negli studi professionali, con o senza retribuzione e anche al fine di apprendere un'arte, un mestiere o una professione;

b) determinazione di misure tecniche ed amministrative di prevenzione compatibili con le caratteristiche gestionali ed organizzative degli studi professionali;

c) semplificazione degli adempimenti meramente formali in materia di salute e sicurezza negli studi professionali, anche per mezzo di forme di unificazione documentale;

d) riformulazione e razionalizzazione dell'apparato sanzionatorio, amministrativo e penale, per la violazione delle norme vigenti in materia di salute e sicurezza sul lavoro negli studi professionali, avuto riguardo ai poteri del soggetto contravventore e alla natura sostanziale o formale della violazione.

2. Dall'attuazione dei decreti legislativi di cui al comma 1 non devono derivare nuovi o maggiori

oneri a carico della finanza pubblica. Le amministrazioni competenti provvedono ai relativi adempimenti mediante le risorse umane, finanziarie e strumentali disponibili a legislazione vigente.

12. Informazioni e accesso agli appalti pubblici e ai bandi per l'assegnazione di incarichi e appalti privati. – 1. Le amministrazioni pubbliche promuovono, in qualità di stazioni appaltanti, la partecipazione dei lavoratori autonomi agli appalti pubblici per la prestazione di servizi o ai bandi per l'assegnazione di incarichi personali di consulenza o ricerca, in particolare favorendo il loro accesso alle informazioni relative alle gare pubbliche, anche attraverso gli sportelli di cui all'articolo 10, comma 1, e la loro partecipazione alle procedure di aggiudicazione.

2. Ai fini dell'accesso ai piani operativi regionali e nazionali a valere sui fondi strutturali europei, i soggetti di cui al presente capo sono equiparati alle piccole e medie imprese. All'articolo 1 della legge 28 dicembre 2015, n. 208, il comma 821 è abrogato.

3. Al fine di consentire la partecipazione ai bandi e concorrere all'assegnazione di incarichi e appalti privati, è riconosciuta ai soggetti che svolgono attività professionale, a prescindere dalla forma giuridica rivestita, la possibilità:

a) di costituire reti di esercenti la professione e consentire agli stessi di partecipare alle reti di imprese, in forma di reti miste, di cui all'articolo 3, commi 4 *ter* e seguenti, del decreto legge 10 febbraio 2009, n. 5, convertito, con modificazioni, dalla legge 9 aprile 2009, n. 33, con accesso alle relative provvidenze in materia;

b) di costituire consorzi stabili professionali;

c) di costituire associazioni temporanee professionali, secondo la disciplina prevista dall'articolo 48 del decreto legislativo 18 aprile 2016, n. 50, in quanto compatibile.

4. Agli adempimenti di cui al comma 1 si provvede senza nuovi o maggiori oneri per la finanza pubblica, con le risorse umane, finanziarie e strumentali disponibili a legislazione vigente.

14. Tutela della gravidanza, malattia e infortunio. – 1. La gravidanza, la malattia e l'infortunio dei lavoratori autonomi che prestano la loro attività in via continuativa per il committente non comportano l'estinzione del rapporto di lavoro, la cui esecuzione, su richiesta del lavoratore, rimane sospesa, senza diritto al corrispettivo, per un periodo non superiore a centocinquanta giorni per anno solare, fatto salvo il venir meno dell'interesse del committente.

2. In caso di maternità, previo consenso del committente, è prevista la possibilità di sostituzione delle lavoratrici autonome, già riconosciuta dall'articolo 4, comma 5, del testo unico di cui al decreto legislativo 26 marzo 2001, n. 151, da parte di altri lavoratori autonomi di fiducia delle lavoratrici stesse, in possesso dei necessari requisiti professionali, nonché dei soci, anche attraverso il riconoscimento di forme di compresenza della lavoratrice e del suo sostituto.

3. In caso di malattia o infortunio di gravità tale da impedire lo svolgimento dell'attività lavorativa per oltre sessanta giorni, il versamento dei contributi previdenziali e dei premi assicurativi è sospeso per l'intera durata della malattia o dell'infortunio fino ad un massimo di due anni, decorsi i quali il lavoratore è tenuto a versare i contributi e i premi maturati durante il periodo di sospensione in un numero di rate mensili pari a tre volte i mesi di sospensione.

4. Agli oneri derivanti dall'attuazione del comma 3, valutati in 70.000 euro per l'anno 2017, si provvede ai sensi dell'articolo 25, comma 3.

16. Procedura di adozione dei decreti legislativi di cui agli articoli 5, 6 e 11. – 1. Gli schemi dei decreti legislativi di cui all'articolo 5 sono adottati su proposta del Ministro delegato per la semplificazione e la pubblica amministrazione, di concerto con i Ministri competenti, previa intesa in sede di Conferenza unificata di cui all'articolo 8 del decreto legislativo 28 agosto 1997, n. 281, ai sensi dell'articolo 9, comma 2, lettera *b*), del medesimo decreto legislativo n. 281 del 1997. Gli schemi dei decreti legislativi di cui agli articoli 6 e 11 sono adottati su proposta del Ministro del lavoro e delle politiche sociali, di concerto con i Ministri competenti, sentita, per quanto riguarda i decreti legislativi di cui all'articolo 11, la Conferenza permanente per i rapporti tra lo Stato, le regioni e le province autonome di Trento e di Bolzano. Gli schemi dei decreti legislativi di cui al primo e al secondo periodo, a seguito di deliberazione preliminare del Consiglio dei ministri, sono trasmessi, corredati di relazione tecnica che dia conto della loro neutralità finanziaria, alla Camera dei deputati e al Senato della Repubblica perchè su di essi siano espressi, entro trenta giorni dalla data di trasmissione, i pareri delle Commissioni competenti per materia e per i profili finanziari. Decorso tale termine, i decreti possono essere adottati anche in mancanza dei pareri.

2. Entro dodici mesi dalla data di entrata in vigore di ciascuno dei decreti legislativi di cui al comma 1, nel rispetto dei principi e criteri direttivi stabiliti dagli articoli 5, 6 e 11, il Governo può adottare, con le medesime procedure di cui al comma 1 del presente articolo, disposizioni integrative e correttive dei decreti medesimi, tenuto conto delle evidenze attuative nel frattempo emerse.

3. Qualora il termine per l'espressione dei pareri parlamentari previsti dal comma 1 scada nei trenta giorni che precedono la scadenza dei termini di delega previsti dagli articoli 5, comma 1, 6, commi 1 e 2, o 11, comma 1, o dal comma 2 del presente articolo, ovvero successivamente, questi ultimi sono prorogati di tre mesi.

17. Tavolo tecnico di confronto permanente sul lavoro autonomo. – 1. Al fine di coordinare e di monitorare gli interventi in materia di lavoro autonomo, presso il Ministero del lavoro e delle politiche sociali è istituito un tavolo tecnico di confronto permanente sul lavoro autonomo, composto da rappresentanti designati dal Ministero del lavoro e delle politiche sociali, nonché dalle associazioni sindacali dei lavoratori e dei datori di lavoro e dalle associazioni di settore comparativamente più rappresentative a livello nazionale, con il compito di formulare proposte e indirizzi operativi in materia di politiche del lavoro autonomo con particolare riferimento a:

a) modelli previdenziali;

b) modelli di welfare;

c) formazione professionale.

2. Dall'attuazione del presente articolo non devono derivare nuovi o maggiori oneri a carico della finanza pubblica. Le attività previste dal presente articolo sono svolte dalle amministrazioni interessate nell'ambito delle risorse umane, finanziarie e strumentali già disponibili a legislazione vigente. Ai componenti del tavolo di cui al comma 1 non spetta alcun compenso, indennità, gettone di presenza, rimborso di spese o emolumento, comunque denominato.

Capo II
Lavoro agile

18. Lavoro agile. – 1. Le disposizioni del presente capo, allo scopo di incrementare la competitività e agevolare la conciliazione dei tempi di vita e di lavoro, promuovono il lavoro agile quale modalità di esecuzione del rapporto di lavoro subordinato stabilita mediante accordo tra le parti, anche con forme di organizzazione per fasi, cicli e obiettivi e senza precisi vincoli di orario o di luogo di lavoro, con il possibile utilizzo di strumenti tecnologici per lo svolgimento dell'attività lavorativa. La prestazione lavorativa viene eseguita, in parte all'interno di locali aziendali e in parte all'esterno senza una postazione fissa, entro i soli limiti di durata massima dell'orario di lavoro giornaliero e settimanale, derivanti dalla legge e dalla contrattazione collettiva.

2. Il datore di lavoro è responsabile della sicurezza e del buon funzionamento degli strumenti tecnologici assegnati al lavoratore per lo svolgimento dell'attività lavorativa.

3. Le disposizioni del presente capo si applicano, in quanto compatibili, anche nei rapporti di lavoro alle dipendenze delle amministrazioni pubbliche di cui all'articolo 1, comma 2, del decreto legislativo 30 marzo 2001, n. 165, e successive modificazioni, secondo le direttive emanate anche ai sensi dell'articolo 14 della legge 7 agosto 2015, n. 124, e fatta salva l'applicazione delle diverse disposizioni specificamente adottate per tali rapporti.

4. Gli incentivi di carattere fiscale e contributivo eventualmente riconosciuti in relazione agli incrementi di produttività ed efficienza del lavoro subordinato sono applicabili anche quando l'attività lavorativa sia prestata in modalità di lavoro agile.

5. Agli adempimenti di cui al presente articolo si provvede senza nuovi o maggiori oneri per la finanza pubblica, con le risorse umane, finanziarie e strumentali disponibili a legislazione vigente.

19. Forma e recesso. – 1. L'accordo relativo alla modalità di lavoro agile è stipulato per iscritto ai fini della regolarità amministrativa e della prova, e disciplina l'esecuzione della prestazione lavorativa svolta all'esterno dei locali aziendali, anche con riguardo alle forme di esercizio del potere direttivo del datore di lavoro ed agli strumenti utilizzati dal lavoratore. L'accordo individua altresì i tempi di riposo del lavoratore nonché le misure tecniche e organizzative necessarie per assicurare la disconnessione del lavoratore dalle strumentazioni tecnologiche di lavoro.

2. L'accordo di cui al comma 1 può essere a termine o a tempo indeterminato; in tale ultimo caso, il recesso può avvenire con un preavviso non inferiore a trenta giorni. Nel caso di lavoratori disabili ai sensi dell'articolo 1 della legge 12 marzo 1999, n. 68, il termine di preavviso del recesso da parte del

datore di lavoro non può essere inferiore a novanta giorni, al fine di consentire un'adeguata riorganizzazione dei percorsi di lavoro rispetto alle esigenze di vita e di cura del lavoratore. In presenza di un giustificato motivo, ciascuno dei contraenti può recedere prima della scadenza del termine nel caso di accordo a tempo determinato, o senza preavviso nel caso di accordo a tempo indeterminato.

20. Trattamento, diritto all'apprendimento continuo e certificazione delle competenze del lavoratore. – 1. Il lavoratore che svolge la prestazione in modalità di lavoro agile ha diritto ad un trattamento economico e normativo non inferiore a quello complessivamente applicato, in attuazione dei contratti collettivi di cui all'articolo 51 del decreto legislativo 15 giugno 2015, n. 81, nei confronti dei lavoratori che svolgono le medesime mansioni esclusivamente all'interno dell'azienda.

2. Al lavoratore impiegato in forme di lavoro agile ai sensi del presente capo può essere riconosciuto, nell'ambito dell'accordo di cui all'articolo 19, il diritto all'apprendimento permanente, in modalità formali, non formali o informali, e alla periodica certificazione delle relative competenze.

21. Potere di controllo e disciplinare. – 1. L'accordo relativo alla modalità di lavoro agile disciplina l'esercizio del potere di controllo del datore di lavoro sulla prestazione resa dal lavoratore all'esterno dei locali aziendali nel rispetto di quanto disposto dall'articolo 4 della legge 20 maggio 1970, n. 300, e successive modificazioni.

2. L'accordo di cui al comma 1 individua le condotte, connesse all'esecuzione della prestazione lavorativa all'esterno dei locali aziendali, che danno luogo all'applicazione di sanzioni disciplinari.

22. Sicurezza sul lavoro. – 1. Il datore di lavoro garantisce la salute e la sicurezza del lavoratore che svolge la prestazione in modalità di lavoro agile e a tal fine consegna al lavoratore e al rappresentante dei lavoratori per la sicurezza, con cadenza almeno annuale, un'informativa scritta nella quale sono individuati i rischi generali e i rischi specifici connessi alla particolare modalità di esecuzione del rapporto di lavoro.

2. Il lavoratore è tenuto a cooperare all'attuazione delle misure di prevenzione predisposte dal datore di lavoro per fronteggiare i rischi connessi all'esecuzione della prestazione all'esterno dei locali aziendali.

23. Assicurazione obbligatoria per gli infortuni e le malattie professionali. – 1. L'accordo per lo svolgimento della prestazione lavorativa in modalità di lavoro agile e le sue modificazioni sono oggetto delle comunicazioni di cui all'articolo 9 *bis* del decreto legge 1° ottobre 1996, n. 510, convertito, con modificazioni, dalla legge 28 novembre 1996, n. 608, e successive modificazioni.

2. Il lavoratore ha diritto alla tutela contro gli infortuni sul lavoro e le malattie professionali dipendenti da rischi connessi alla prestazione lavorativa resa all'esterno dei locali aziendali.

3. Il lavoratore ha diritto alla tutela contro gli infortuni sul lavoro occorsi durante il normale percorso di andata e ritorno dal luogo di abitazione a quello prescelto per lo svolgimento della prestazione lavorativa all'esterno dei locali aziendali, nei limiti e alle condizioni di cui al terzo comma dell'articolo 2 del testo unico delle disposizioni per l'assicurazione obbligatoria contro gli infortuni sul lavoro e le malattie professionali, di cui al decreto del Presidente della Repubblica 30 giugno 1965, n. 1124, e successive modificazioni, quando la scelta del luogo della prestazione sia dettata da esigenze connesse alla prestazione stessa o dalla necessità del lavoratore di conciliare le esigenze di vita con quelle lavorative e risponda a criteri di ragionevolezza.

24. Aliquote contributive applicate agli assistenti domiciliari all'infanzia, qualificati o accreditati presso la provincia autonoma di Bolzano. – 1. L'articolo 1, comma 793, della legge 27 dicembre 2006, n. 296, è abrogato a decorrere dal 1° settembre 2017.

Capo III
Disposizioni finali

25. Disposizioni finanziarie. – 1. L'autorizzazione di spesa di cui all'articolo 1, comma 204, della legge 28 dicembre 2015, n. 208, è incrementata di 4,5 milioni di euro per l'anno 2017, di 1,9 milioni di euro per l'anno 2018 e di 4,5 milioni di euro annui a decorrere dall'anno 2019.

2. Il Fondo sociale per occupazione e formazione, di cui all'articolo 18, comma 1, lettera *a*), del decreto legge 29 novembre 2008, n. 185, convertito, con modificazioni, dalla legge 28 gennaio 2009, n. 2, è incrementato di 35 milioni di euro per l'anno 2017.

3. Alle minori entrate e agli oneri derivanti dagli articoli 8, 9, 13 e 14, nonché dai commi 1 e 2 del presente articolo, complessivamente pari a 55,89 milioni di euro per l'anno 2017, 61,67 milioni di euro per l'anno 2018, 46,46 milioni di euro per

l'anno 2019, 46,7 milioni di euro per l'anno 2020, 47,3 milioni di euro per l'anno 2021, 47,5 milioni di euro per l'anno 2022, 47,91 milioni di euro per l'anno 2023, 48,13 milioni di euro per l'anno 2024 e 48,44 milioni di euro annui a decorrere dall'anno 2025, si provvede:

a) quanto a 46,21 milioni di euro per l'anno 2017, 43,61 milioni di euro per l'anno 2018, 41,96 milioni di euro per l'anno 2019, 42,20 milioni di euro per l'anno 2020, 42,80 milioni di euro per l'anno 2021, 43 milioni di euro per l'anno 2022, 43,41 milioni di euro per l'anno 2023, 43,63 milioni di euro per l'anno 2024 e 43,94 milioni di euro annui a decorrere dall'anno 2025, mediante corrispondente riduzione dell'autorizzazione di spesa di cui all'articolo 1, comma 204, della legge 28 dicembre 2015, n. 208;

b) quanto a 0,18 milioni di euro per l'anno 2017, mediante corrispondente riduzione dell'autorizzazione di spesa di cui all'articolo 10, comma 5, del decreto legge 29 novembre 2004, n. 282, convertito, con modificazioni, dalla legge 27 dicembre 2004, n. 307;

c) quanto a 5 milioni di euro per l'anno 2017, mediante corrispondente riduzione dello stanziamento del fondo speciale di parte corrente iscritto, ai fini del bilancio triennale 2017-2019, nell'ambito del programma «Fondi di riserva e speciali» della missione «Fondi da ripartire» dello stato di previsione del Ministero dell'economia e delle finanze per l'anno 2017, allo scopo parzialmente utilizzando l'accantonamento relativo al Ministero del lavoro e delle politiche sociali;

d) quanto a 16,16 milioni di euro per l'anno 2018, mediante il versamento all'entrata del bilancio dello Stato da parte dell'Istituto nazionale della previdenza sociale, in deroga a quanto previsto dall'articolo 5 del decreto legislativo 14 settembre 2015, n. 150, di una quota pari a 16,16 milioni di euro per l'anno 2018 delle entrate derivanti dall'aumento contributivo di cui all'articolo 25 della legge 21 dicembre 1978, n. 845, con esclusione delle somme destinate al finanziamento dei fondi paritetici interprofessionali nazionali per la formazione continua di cui all'articolo 118 della legge 23 dicembre 2000, n. 388, e successive modificazioni;

e) quanto a 4,5 milioni di euro per l'anno 2017, 1,9 milioni di euro per l'anno 2018 e 4,5 milioni di euro annui a decorrere dall'anno 2019, mediante corrispondente riduzione dell'autorizzazione di spesa di cui all'articolo 1, comma 107, della legge 23 dicembre 2014, n. 190.

4. Nel caso in cui siano in procinto di verificarsi nuovi o maggiori oneri rispetto alle previsioni di spesa indicate agli articoli 8, commi 9 e 11, 13, comma 2, e 14, comma 4, della presente legge, si applicano le procedure per la compensazione degli effetti finanziari previste dall'articolo 17, commi da 12 a 13, della legge 31 dicembre 2009, n. 196, e successive modificazioni, utilizzando prioritariamente le risorse accantonate e rese indisponibili, ai sensi del comma 5 del presente articolo, a valere sull'autorizzazione di spesa di cui all'articolo 1, comma 204, della legge 28 dicembre 2015, n. 208. A tal fine, il Ministro dell'economia e delle finanze, anche avvalendosi del sistema permanente di monitoraggio e valutazione istituito ai sensi dell'articolo 1, comma 2, della legge 28 giugno 2012, n. 92, con le risorse umane, strumentali e finanziarie disponibili a legislazione vigente e comunque senza nuovi o maggiori oneri a carico della finanza pubblica, provvede al monitoraggio degli oneri derivanti dagli articoli 8, commi da 4 a 10, 13, comma 1, e 14, comma 3, della presente legge.

5. In relazione a quanto previsto dal comma 4 del presente articolo, è accantonato e reso indisponibile a valere sull'autorizzazione di spesa di cui all'articolo 1, comma 204, della legge 28 dicembre 2015, n. 208, un importo complessivo pari al 50 per cento degli oneri indicati agli articoli 8, commi 9 e 11, 13, comma 2, e 14, comma 4, della presente legge, fino all'esito del monitoraggio previsto dal secondo periodo del citato comma 4 del presente articolo. Le somme accantonate e non utilizzate all'esito del monitoraggio sono conservate nel conto dei residui per essere destinate al Fondo sociale per occupazione e formazione, di cui all'articolo 18, comma 1, lettera *a*), del decreto legge 29 novembre 2008, n. 185, convertito, con modificazioni, dalla legge 28 gennaio 2009, n. 2.

6. Il Ministro dell'economia e delle finanze è autorizzato ad apportare, con propri decreti, le occorrenti variazioni di bilancio.

26. Entrata in vigore. – 1. La presente legge entra in vigore il giorno successivo a quello della sua pubblicazione nella *Gazzetta Ufficiale*.

1.

L. 27 luglio 1978, n. 392. Disciplina delle locazioni di immobili urbani (*Gazzetta Ufficiale* n. 211 del 29 luglio 1978) ([1]).

([1]) *Gli artt. 1, 3, 12 - 26, 54, 60 - 66, 75 - 78, 83 di questa legge sono stati abrogati dall'art. 14, comma 3, della L. 9 dicembre 1998, n. 431.*

(*Estratto*)

Titolo I
Del contratto di locazione

Capo I
Locazione di immobili urbani adibiti ad uso di abitazione

2. Disciplina della sublocazione. – Il conduttore non può sublocare totalmente l'immobile, né può cedere ad altri il contratto senza il consenso del locatore.

Salvo patto contrario il conduttore ha la facoltà di sublocare parzialmente l'immobile, previa comunicazione al locatore con lettera raccomandata che indichi la persona del subconduttore, la durata del contratto ed i vani sublocati.

4. Recesso del conduttore. – È in facoltà delle parti consentire contrattualmente che il conduttore possa recedere in qualsiasi momento dal contratto dandone avviso al locatore, con lettera raccomandata, almeno sei mesi prima della data in cui il recesso deve avere esecuzione.

Indipendentemente dalle previsioni contrattuali il conduttore, qualora ricorrano gravi motivi, può recedere in qualsiasi momento dal contratto con preavviso di almeno sei mesi da comunicarsi con lettera raccomandata.

5. Inadempimento del conduttore. – Salvo quanto previsto dall'art. 55, il mancato pagamento del canone decorsi venti giorni dalla scadenza prevista, ovvero il mancato pagamento, nel termine previsto, degli oneri accessori quando l'importo non pagato superi quello di due mensilità del canone, costituisce motivo di risoluzione, ai sensi dell'art. 1455 del codice civile.

6. ([1]) **Successione nel contratto.** – In caso di morte del conduttore, gli succedono nel contratto il coniuge, gli eredi ed i parenti ed affini con lui abitualmente conviventi.

In caso di separazione giudiziale, di scioglimento del matrimonio o di cessazione degli effetti civili dello stesso, nel contratto di locazione succede al conduttore l'altro coniuge, se il diritto di abitare nella casa familiare sia stato attribuito dal giudice a quest'ultimo.

In caso di separazione consensuale o di nullità matrimoniale al conduttore succede l'altro coniuge se tra i due si sia così convenuto.

([1]) *La Corte costituzionale, con sentenza n. 404 del 7 aprile 1988, ha dichiarato la illegittimità costituzionale di questo articolo, primo comma, nella parte in cui non prevede tra i successibili nella titolarità del contratto di locazione, in caso di morte del conduttore, il convivente* more uxorio; *del terzo comma, nella parte in cui non prevede che il coniuge separato di fatto succeda al conduttore, se tra i due si sia così convenuto; dell'intero articolo, nella parte in cui non prevede la successione nel contratto di locazione al conduttore che abbia cessato la convivenza, a favore del già convivente quando vi sia prole naturale.*

7. Clausola di scioglimento in caso di alienazione. – È nulla la clausola che prevede la risoluzione del contratto in caso di alienazione della cosa locata.

8. Spese di registrazione. – Le spese di registrazione del contratto di locazione sono a carico del conduttore e del locatore in parti uguali.

9. Oneri accessori. – Sono interamente a carico del conduttore, salvo patto contrario, le spese relative al servizio di pulizia, al funzionamento e all'ordinaria manutenzione dell'ascensore, alla fornitura dell'acqua, dell'energia elettrica, del riscaldamento e del condizionamento dell'aria, allo spurgo dei pozzi neri e delle latrine, nonché alla fornitura di altri servizi comuni.

Le spese per il servizio di portineria sono a carico del conduttore nella misura del 90 per cento, salvo che le parti abbiano convenuto una misura inferiore.

Il pagamento deve avvenire entro due mesi dalla richiesta. Prima di effettuare il pagamento il conduttore ha diritto di ottenere l'indicazione specifica delle spese di cui ai commi precedenti con la menzione dei criteri di ripartizione. Il conduttore ha inoltre diritto di prendere visione dei documenti giustificativi delle spese effettuate.

Gli oneri di cui al primo comma addebitati dal locatore al conduttore devono intendersi corrispettivi di prestazioni accessorie a quella di locazione ai sensi e per gli effetti dell'art. 12 del D.P.R. 26 ottobre 1972, n. 633 ([1]).

La disposizione di cui al quarto comma non si applica ove i servizi accessori al contratto di locazione forniti siano per loro particolare natura e caratteristiche riferibili a specifica attività imprenditoriale del locatore e configurino oggetto di un autonomo contratto di prestazione dei servizi stessi ([1]).

([1]) *Questo comma è stato aggiunto dall'art. 67, comma 11, del D.L. 30 agosto 1993, n. 331, convertito, con modificazioni, nella L. 29 ottobre 1993, n. 427.*

10. Partecipazione del conduttore all'assemblea dei condomini. – Il conduttore ha diritto di voto, in luogo del proprietario dell'appartamento locatogli, nelle delibere dell'assemblea condominiale relative alle spese e alle modalità di gestione dei servizi di riscaldamento e di condizionamento d'aria.

Egli ha inoltre diritto di intervenire, senza diritto di voto, sulle delibere relative alla modificazione degli altri servizi comuni.

La disciplina di cui al primo comma si applica anche qualora si tratti di edificio non in condominio.

In tale ipotesi i conduttori si riuniscono in apposita assemblea convocati dal proprietario dell'edificio o da almeno tre conduttori.

Si osservano, in quanto applicabili, le disposizioni del codice civile sull'assemblea dei condomini.

11. Deposito cauzionale. – Il deposito cauzionale non può essere superiore a tre mensilità del canone. Esso è produttivo di interessi legali che debbono essere corrisposti al conduttore alla fine di ogni anno.

Capo II
Locazione di immobili urbani
adibiti ad uso diverso
da quello di abitazione

27. Durata della locazione. – La durata delle locazioni e sublocazioni di immobili urbani non può essere inferiore a sei anni se gli immobili sono adibiti ad una delle attività appresso indicate industriali, commerciali e artigianali di interesse turistico, quali agenzie di viaggio e turismo, impianti sportivi e ricreativi, aziende di soggiorno ed altri organismi di promozione turistica e simili ([1]).

La disposizione di cui al comma precedente si applica anche ai contratti relativi ad immobili adibiti all'esercizio abituale e professionale di qualsiasi attività di lavoro autonomo.

La durata della locazione non può essere inferiore a nove anni se l'immobile urbano, anche se ammobiliato, è adibito ad attività alberghiere, all'esercizio di imprese assimilate ai sensi dell'articolo 1786 del codice civile o all'esercizio di attività teatrali ([1]).

Se è convenuta una durata inferiore o non è convenuta alcuna durata, la locazione si intende pattuita per la durata rispettivamente prevista nei commi precedenti.

Il contratto di locazione può essere stipulato per un periodo più breve qualora l'attività esercitata o da esercitare nell'immobile abbia, per sua natura, carattere transitorio.

Se la locazione ha carattere stagionale, il locatore è obbligato a locare l'immobile, per la medesima stagione dell'anno successivo, allo stesso conduttore che gliene abbia fatta richiesta con lettera raccomandata prima della scadenza del contratto. L'obbligo del locatore ha la durata massima di sei anni consecutivi o di nove se si tratta di utilizzazione alberghiera.

È in facoltà delle parti consentire contrattualmente che il conduttore possa recedere in qualsiasi momento dal contratto dandone avviso al locatore, mediante lettera raccomandata, almeno sei mesi prima della data in cui il recesso deve avere esecuzione.

Indipendentemente dalle previsioni contrattuali il conduttore, qualora ricorrano gravi motivi, può recedere in qualsiasi momento dal contratto con preavviso di almeno sei mesi da comunicarsi con lettera raccomandata.

([1]) *Questo comma è stato così sostituito dall'art. 52, comma 1, dell'allegato 1 al D.L.vo 23 maggio 2011, n. 79.*

28. Rinnovazione del contratto. – Per le locazioni di immobili nei quali siano esercitate le attività indicate nei commi primo e secondo dell'art. 27, il contratto si rinnova tacitamente di sei anni in sei anni e, per quelle di immobili adibiti ad attività alberghiere o all'esercizio di attività teatrali ([1]), di nove anni in nove anni; tale rinnovazione non ha luogo se sopravviene disdetta da comunicarsi all'altra parte, a mezzo di lettera raccomandata, rispettivamente almeno 12 o 18 mesi prima della scadenza.

Alla prima scadenza contrattuale, rispettivamente di sei o di nove anni, il locatore può esercitare la facoltà di diniego della rinnovazione soltanto per i motivi di cui all'art. 29 con le modalità e i termini ivi previsti.

([1]) *Le parole: «o all'esercizio di attività teatrali» sono state inserite dall'art. 7, comma 1, lett.* b), *della L. 8 febbraio 2007, n. 9.*

29. Diniego di rinnovazione del contratto alla prima scadenza. – Il diniego della rinnovazione del contratto alla prima scadenza di cui all'articolo precedente è consentito al locatore ove egli intenda:

a) adibire l'immobile ad abitazione propria o del coniuge o dei parenti entro il secondo grado in linea retta;

b) adibire l'immobile all'esercizio, in proprio o da parte del coniuge o dei parenti entro il secondo grado in linea retta, di una delle attività indicate nell'art. 27 o, se si tratta di pubbliche amministrazioni, enti pubblici o di diritto pubblico, all'esercizio di attività tendenti al conseguimento delle loro finalità istituzionali;

c) demolire l'immobile per ricostruirlo, ovvero procedere alla sua integrale ristrutturazione o completo restauro, ovvero eseguire su di esso un intervento sulla base di un programma comunale pluriennale di attuazione ai sensi delle leggi vigenti. Nei casi suddetti il possesso della prescritta licenza o concessione è condizione per l'azione di rilascio; gli effetti del provvedimento di rilascio si risolvono se, prima della sua esecuzione, siano scaduti i termini della licenza o della concessione e quest'ultima non sia stata nuovamente disposta;

d) ristrutturare l'immobile al fine di rendere la superficie dei locali adibiti alla vendita conforme a quanto previsto nell'art. 12 della L. 11 giugno 1971, n. 426, e ai relativi piani comunali, sempre che le opere da effettuarsi rendano incompatibile la permanenza del conduttore nell'immobile. Anche in tal caso il possesso della prescritta licenza o concessione è condizione per l'azione di rilascio; gli effetti del provvedimento di rilascio si risolvono alle condizioni previste nella precedente lettera *c*) ([1]).

Per le locazioni di immobili adibiti all'esercizio di albergo, pensione o locanda, anche se ammobiliati, il locatore può negare la rinnovazione del contratto nelle ipotesi previste dall'art. 7 della L. 2 marzo 1963, n. 191, modificato dall'art. 4 *bis* del D.L. 27 giugno 1967, n. 460, convertito, con modificazioni, nella L. 28 luglio 1967, n. 628, qualora l'immobile sia oggetto di intervento sulla base di un programma comunale pluriennale di attuazione ai sensi delle leggi vigenti. Nei casi suddetti il possesso della prescritta licenza o concessione è condizione per l'azione di rilascio. Gli effetti del provvedimento di rilascio si risolvono alle condizioni previste nella precedente lettera *c*). Il locatore può altresì negare la rinnovazione se intende esercitare personalmente nell'immobile o farvi esercitare dal coniuge o da parenti entro il secondo grado in linea retta la medesima attività del conduttore, osservate le disposizioni di cui all'art. 5 della L. 2 marzo 1963, n. 191, modificato dall'art. 4 *bis* del D.L. 27 giugno 1967, n. 460, convertito, con modificazioni, nella L. 28 luglio 1967, n. 628.

Ai fini di cui ai commi precedenti il locatore, a pena di decadenza, deve dichiarare la propria volontà di conseguire, alla scadenza del contratto, la disponibilità dell'immobile locato; tale dichiarazione deve essere effettuata, con lettera raccomandata, almeno 12 o 18 mesi prima della scadenza, rispettivamente per le attività indicate nei commi primo e secondo dell'art. 27 e per le attività alberghiere.

Nella comunicazione deve essere specificato, a pena di nullità, il motivo, tra quelli tassativamente indicati nei commi precedenti, sul quale la disdetta è fondata.

Se il locatore non adempie alle prescrizioni di cui ai precedenti commi il contratto s'intende rinnovato a norma dell'articolo precedente.

([1]) *La Corte costituzionale, con sentenza n. 348 del 9 ottobre 1998, ha dichiarato l'illegittimità costituzionale di questa lettera, ultima parte, in relazione alla lettera* c), *ultima parte, di questo articolo, nella parte in cui prevede che la scadenza, nel corso del processo, del termine per l'inizio dei lavori, indicato nella licenza o concessione, impedisce l'emanazione del provvedimento di rilascio.*

30. Procedura per il rilascio. – Avvenuta la comunicazione di cui al terzo comma dell'art. 29 e prima della data per la quale è richiesta la disponibilità ovvero quando tale data sia trascorsa senza che il conduttore abbia rilasciato l'immobile, il locatore può convenire in giudizio il conduttore, osservando le norme previste dall'art. 447 *bis* del codice di procedura civile ([1]).

(*Omissis*) ([2]).

[Competente per territorio è il giudice nella cui circoscrizione è posto l'immobile. Sono nulle le clausole derogative dalla competenza per territorio] ([3]).

Alla prima udienza, se il convenuto compare e non si oppone, il giudice ad istanza del locatore, pronunzia ordinanza di rilascio per la scadenza di cui alla comunicazione prevista dall'art. 29.

L'ordinanza costituisce titolo esecutivo e definisce il giudizio.

Nel caso di opposizione del convenuto il giudice esperisce il tentativo di conciliazione.

Se il tentativo riesce viene redatto verbale che costituisce titolo esecutivo. In caso contrario o nella contumacia del convenuto si procede a norma dell'art. 420 e seguenti del codice di procedura civile.

Il giudice, su istanza del ricorrente, alla prima udienza e comunque in ogni stato del giudizio, valutate le ragioni addotte dalle parti e le prove raccolte, può disporre il rilascio dell'immobile con ordinanza costituente titolo esecutivo.

([1]) *Le originarie parole «osservando le norme previste dall'art. 46» sono state sostituite dalle attuali dall'art. 89 della L. 26 novembre 1990, n. 353, a decorrere dal 30 aprile 1995.*

([2]) *Questo comma è stato abrogato dall'art. 6 della L. 30 luglio 1984, n. 399.*

([3]) *Questo comma è stato abrogato dall'art. 89 della L. 26 novembre 1990, n. 353, recante provvedimenti urgenti per il processo civile, a decorrere dal 30 aprile 1995. Da tale data si applica l'art. 447* bis *c.p.c.*

31. Sanzioni. – Il locatore che abbia ottenuto la disponibilità dell'immobile per uno dei motivi previsti dall'art. 29 e che, nel termine di sei mesi dall'avvenuta consegna, non abbia adibito l'immobile ad abitazione propria, del coniuge o dei parenti entro il secondo grado in linea retta, o non abbia adibito l'immobile ad esercizio in proprio di una delle attività indicate all'art. 27, ovvero non abbia rispettato i termini della concessione o quelli del piano comunale di intervento per quanto attiene l'inizio dei lavori di demolizione, ricostruzione, ristrutturazione o restauro dell'immobile ovvero, in caso di immobili adibiti ad esercizio di albergo, pensione o locanda, non abbia completato i lavori di ricostruzione nel termine stabilito dal Ministero del turismo e dello spettacolo, è tenuto, se il conduttore lo richiede, al ripristino del contratto, salvi i diritti acquistati da terzi in buona fede, e al rimborso delle spese di trasloco e degli altri oneri sopportati, ovvero al risarcimento del danno nei confronti del conduttore in misura non superiore a quarantotto mensilità del canone di locazione percepito prima della risoluzione del contratto, oltre alle indennità previste ai sensi dell'art. 34.

Il giudice, oltre a determinare il ripristino o il risarcimento del danno, ordina al locatore il pagamento di una somma da € 258 a € 1.032 da devolvere al comune nel cui territorio è sito l'immobile, ad integrazione del fondo sociale previsto dal Capo III della presente legge.

32. ([1]) **Aggiornamento del canone.** – Le parti possono convenire che il canone di locazione sia aggiornato annualmente su richiesta del locatore per eventuali variazioni del potere di acquisto della lira.

Le variazioni in aumento del canone, per i contratti stipulati per durata non superiore a quella di cui all'articolo 27, ([2]) non possono essere superiori al 75 per cento di quelle, accertate dall'ISTAT, dell'indice dei prezzi al consumo per le famiglie di operai e di impiegati.

Le disposizioni del presente articolo si applicano anche ai contratti di locazione stagionale ed a quelli in corso al momento dell'entrata in vigore del limite di aggiornamento di cui al secondo comma del presente articolo ([3]).

([1]) *Questo articolo è stato così sostituito dall'art. 1 del D.L. 7 febbraio 1985, n. 12, convertito, con modificazioni, nella L. 5 aprile 1985, n. 118.*

([2]) *Le parole:«, per i contratti stipulati per durata non superiore a quella di cui all'articolo 27,» sono state inserite dall'art. 41, comma 16* duodecies, *lett.* a), *del D.L. 30 dicembre 2008, n. 207, convertito, con modificazioni, nella L. 27 febbraio 2009, n. 14.*

([3]) *Le parole: «ed a quelli in corso al momento dell'entrata in vigore del limite di aggiornamento di cui al secondo comma del presente articolo» sono state aggiunte dall'art. 41, comma 16* duodecies, *lett.* b), *del D.L. 30 dicembre 2008, n. 207, convertito, con modificazioni, nella L. 27 febbraio 2009, n. 14.*

33. Canone delle locazioni stagionali. – Il canone delle locazioni stagionali può essere aggiornato con le modalità di cui all'art. 32.

34. Indennità per la perdita dell'avviamento. – In caso di cessazione del rapporto di locazione relativo agli immobili di cui all'art. 27, che non sia dovuta a risoluzione per inadempimento o disdetta o recesso del conduttore o a una delle procedure previste dal R.D. 16 marzo 1942, n. 267, il conduttore ha diritto, per le attività indicate ai nn. 1) e 2) dell'art. 27, ad una indennità pari a 18 mensilità dell'ultimo canone corrisposto; per le attività alberghiere l'indennità è pari a 21 mensilità (1).

Il conduttore ha diritto ad una ulteriore indennità pari all'importo di quelle rispettivamente sopra previste qualora l'immobile venga, da chiunque, adibito all'esercizio della stessa attività o di attività incluse nella medesima tabella merceologica che siano affini a quella già esercitata dal conduttore uscente ed ove il nuovo esercizio venga iniziato entro un anno dalla cessazione del precedente.

L'esecuzione del provvedimento di rilascio dell'immobile è condizionata dall'avvenuta corresponsione dell'indennità di cui al primo comma. L'indennità di cui al secondo comma deve essere corrisposta all'inizio del nuovo esercizio.

Nel giudizio relativo alla spettanza ed alla determinazione dell'indennità per la perdita dell'avviamento, le parti hanno l'onere di quantificare specificatamente l'entità della somma reclamata o offerta e la corresponsione dell'importo indicato dal conduttore o, in difetto, offerto dal locatore o comunque risultante dalla sentenza di primo grado consente, salvo conguaglio all'esito del giudizio, l'esecuzione del provvedimento di rilascio dell'immobile (2).

(1) *La Corte costituzionale, con sentenza n. 542 del 14 dicembre 1989, ha dichiarato l'illegittimità costituzionale di questo articolo, nella parte in cui non prevede i provvedimenti della Pubblica Amministrazione tra le cause di cessazione del rapporto di locazione che escludono il diritto del conduttore alla indennità per la perdita dell'avviamento.*

(2) *Questo comma è stato aggiunto dall'art. 9 del D.L. 30 dicembre 1988, n. 551, convertito, con modificazioni, nella L. 21 febbraio 1989, n. 61.*

35. Limiti. – Le disposizioni di cui all'articolo precedente non si applicano in caso di cessazione di rapporti di locazione relativi ad immobili utilizzati per lo svolgimento di attività che non comportino contatti diretti con il pubblico degli utenti e dei consumatori nonché destinati all'esercizio di attività professionali, ad attività di carattere transitorio, ed agli immobili complementari o interni a stazioni ferroviarie, porti, aeroporti, aree di servizio stradali o autostradali, alberghi e villaggi turistici.

36. Sublocazione e cessione del contratto di locazione. – Il conduttore può sublocare l'immobile o cedere il contratto di locazione anche senza il consenso del locatore, purché venga insieme ceduta o locata l'azienda, dandone comunicazione al locatore mediante lettera raccomandata con avviso di ricevimento. Il locatore può opporsi, per gravi motivi, entro trenta giorni dal ricevimento della comunicazione. Nel caso di cessione, il locatore, se non ha liberato il cedente, può agire contro il medesimo qualora il cessionario non adempia le obbligazioni assunte.

Le indennità previste dall'art. 34 sono liquidate a favore di colui che risulta conduttore al momento della cessazione effettiva della locazione.

37. Successione nel contratto. – In caso di morte del conduttore, gli succedono nel contratto coloro che, per successione o per precedente rapporto risultante da atto di data certa anteriore alla apertura della successione, hanno diritto a continuarne l'attività.

In caso di separazione legale o consensuale, di scioglimento o di cessazione degli effetti civili del matrimonio, il contratto di locazione si trasferisce al coniuge, anche se non conduttore, che continui nell'immobile la stessa attività già ivi esercitata assieme all'altro coniuge prima della separazione legale o consensuale ovvero prima dello scioglimento o della cessazione degli effetti civili del matrimonio.

Se l'immobile è adibito all'uso di più professionisti, artigiani o commercianti e uno solo di essi è titolare del contratto, in caso di morte gli succedono nel contratto, in concorso con gli aventi diritto di cui ai commi precedenti, gli altri professionisti, artigiani o commercianti.

Nelle ipotesi di recesso del titolare del contratto, succedono nello stesso gli altri professionisti, artigiani o commercianti. In tal caso il locatore può opporsi alla successione nel contratto, per gravi motivi, con le modalità di cui all'articolo precedente.

38. Diritto di prelazione. – Nel caso in cui il locatore intenda trasferire a titolo oneroso l'immobile locato, deve darne comunicazione al conduttore con atto notificato a mezzo di ufficiale giudiziario.

Nella comunicazione devono essere indicati il corrispettivo, da quantificare in ogni caso in denaro, le altre condizioni alle quali la compravendita dovrebbe essere conclusa e l'invito ad esercitare o meno il diritto di prelazione.

Il conduttore deve esercitare il diritto di prelazione entro il termine di sessanta giorni dalla ricezione della comunicazione, con atto notificato al proprietario a mezzo di ufficiale giudiziario, offrendo condizioni uguali a quelle comunicategli.

Ove il diritto di prelazione sia esercitato, il versamento del prezzo di acquisto, salvo diversa condizione indicata nella comunicazione del locatore, deve essere effettuato entro il termine di trenta giorni decorrenti dal sessantesimo giorno successivo a quello dell'avvenuta notificazione della comunicazione da parte del proprietario, contestualmente alla stipulazione del contratto di compravendita o del contratto preliminare.

Nel caso in cui l'immobile risulti locato a più persone, la comunicazione di cui al primo comma deve essere effettuata a ciascuna di esse.

Il diritto di prelazione può essere esercitato congiuntamente da tutti i conduttori, ovvero, qualora taluno vi rinunci, dai rimanenti o dal rimanente conduttore.

L'avente diritto che, entro trenta giorni dalla notificazione di cui al primo comma, non abbia comunicato agli altri aventi diritto la sua intenzione di avvalersi della prelazione, si considera avere rinunciato alla prelazione medesima.

Le norme del presente articolo non si applicano nelle ipotesi previste dall'art. 732 del codice civile, per le quali la prelazione opera a favore dei coeredi, e nell'ipotesi di trasferimento effettuato a favore del coniuge o dei parenti entro il secondo grado.

39. Diritto di riscatto. – Qualora il proprietario non provveda alla notificazione di cui all'articolo precedente, o il corrispettivo indicato sia superiore a quello risultante dall'atto di trasferimento a titolo oneroso dell'immobile, l'avente diritto alla prelazione può, entro sei mesi dalla trascrizione del contratto, riscattare l'immobile dall'acquirente e da ogni altro successivo avente causa.

Ove sia stato esercitato il diritto di riscatto, il versamento del prezzo deve essere effettuato entro il termine di tre mesi che decorrono, quando non vi sia opposizione al riscatto, dalla prima udienza del relativo giudizio, o dalla ricezione dell'atto notificato con cui l'acquirente o successivo avente causa comunichi prima di tale udienza di non opporsi al riscatto.

Se per qualsiasi motivo, l'acquirente o successivo avente causa faccia opposizione al riscatto, il termine di tre mesi decorre dal giorno del passaggio in giudicato della sentenza che definisce il giudizio.

40. Diritto di prelazione in caso di nuova locazione. – Il locatore che intende locare a terzi l'immobile, alla scadenza del contratto rinnovato ai sensi dell'art. 28, deve comunicare le offerte al conduttore, mediante raccomandata con avviso di ricevimento, almeno sessanta giorni prima della scadenza.

Tale obbligo non ricorre quando il conduttore abbia comunicato che non intende rinnovare la locazione e nei casi di cessazione del rapporto di locazione dovuti a risoluzione per inadempimento o recesso del conduttore o ad una delle procedure previste dal R.D. 16 marzo 1942, n. 267, e successive modificazioni, relative al conduttore medesimo.

Il conduttore ha diritto di prelazione se, nelle forme predette ed entro trenta giorni dalla ricezione della comunicazione di cui al primo comma, offra condizioni uguali a quelle comunicategli dal locatore.

Egli conserva tale diritto anche nel caso in cui il contratto tra il locatore e il nuovo conduttore sia sciolto entro un anno, ovvero quando il locatore abbia ottenuto il rilascio dell'immobile non intendendo locarlo a terzi, e, viceversa, lo abbia concesso in locazione entro i sei mesi successivi.

41. Norme applicabili. – Ai contratti previsti nell'art. 27 si applicano le disposizioni degli artt. da 7 a 11.

Le disposizioni di cui agli artt. 38, 39 e 40 non si applicano ai rapporti di locazione di cui all'art. 35.

42. Destinazione degli immobili a particolari attività. – I contratti di locazione e sublocazione di immobili urbani adibiti ad attività ricreative, assistenziali, culturali e scolastiche, nonché a sede di partiti o di sindacati, e quelli stipulati dallo Stato o da altri enti pubblici territoriali in qualità di conduttori, hanno la durata di cui al primo comma dell'art. 27.

A tali contratti si applicano le disposizioni degli artt. 32 e 41, nonché le disposizioni processuali di cui al titolo I, capo III (43 ss.), ed il preavviso per il rilascio di cui all'art. 28.

Capo III
Disposizioni processuali

43 - 44. (*Omissis*) ([1]).

([1]) *Questi articoli sono stati abrogati dall'art. 89 della L. 26 novembre 1990, n. 353, a decorrere dal 30 aprile 1995.*

45. Ricorso al giudice. – [Se il tentativo di conciliazione non riesce, o comunque decorso il termine di novanta giorni dalla presentazione della domanda di cui all'articolo precedente, le parti possono chiedere al giudice la determinazione del canone] ([1]).

[La controversia è di competenza del conciliatore qualora il canone di cui si chiede la determinazione, l'aggiornamento o l'adeguamento non sia superiore a lire 50.000 mensili; negli altri casi è di competenza del pretore] ([1]).

[Le controversie relative alle opere di conservazione dell'immobile di cui all'art. 23, alle indennità di cui all'art. 34 e alla indennità per i miglioramenti di cui agli artt. 1592 del c.c. e 12 del R.D.L. 18 gennaio 1937, n. 975, convertito, con modificazioni, nella L. 30 dicembre 1937, n. 2651, sono di competenza del pretore qualunque ne sia il valore] ([1]).

[Sono nulle le clausole derogative dalla competenza per territorio] ([1]).

In primo grado la parte può stare in giudizio personalmente, quando il valore della causa non eccede € 25,82 mensili nelle controversie aventi ad oggetto la determinazione, l'aggiornamento o l'adeguamento del canone, ed € 309,87 nelle controversie previste dal terzo comma ([2]).

Fino al termine del giudizio il conduttore è obbligato a corrispondere, salvo conguaglio, l'importo non contestato.

([1]) *Questo comma è stato abrogato dall'art. 89 della L. 26 novembre 1990, n. 353, a decorrere dal 30 aprile 1995.*

([2]) *Questo comma è stato così sostituito dall'art. 6 della L. 30 luglio 1984, n. 399.*

46 - 53. (*Omissis*) ([1]).

([1]) *Questi articoli sono stati abrogati dall'art. 89 della L. 26 novembre 1990, n. 353, a decorrere dal 30 aprile 1995.*

54. [Clausola compromissoria. – (*Omissis*)] ([1]).

([1]) *Questo articolo è stato abrogato dall'art. 14 della L. 9 dicembre 1998, n. 431.*

55. Termine per il pagamento dei canoni scaduti. – La morosità del conduttore nel pagamento dei canoni o degli oneri di cui all'art. 5 può essere sanata in sede giudiziale per non più di tre volte nel corso di un quadriennio se il conduttore alla prima udienza versa l'importo dovuto per tutti i canoni scaduti e per gli oneri accessori maturati sino a tale data, maggiorato degli interessi legali e delle spese processuali liquidate in tale sede dal giudice.

Ove il pagamento non avvenga in udienza, il giudice, dinanzi a comprovate condizioni di difficoltà del conduttore, può assegnare un termine non superiore a giorni novanta.

In tal caso rinvia l'udienza a non oltre dieci giorni dalla scadenza del termine assegnato.

La morosità può essere sanata, per non più di quattro volte complessivamente nel corso di un quadriennio, ed il termine di cui al secondo comma è di centoventi giorni, se l'inadempienza, protrattasi per non oltre due mesi, è conseguente alle precarie condizioni economiche del conduttore, insorte dopo la stipulazione del contratto e dipendenti da disoccupazione, malattie o gravi, comprovate condizioni di difficoltà.

Il pagamento, nei termini di cui ai commi precedenti, esclude la risoluzione del contratto.

56. ([1]) **Modalità per il rilascio.** – 1. Con il provvedimento che dispone il rilascio, il giudice, previa motivazione che tenga conto anche delle condizioni del conduttore comparate a quelle del locatore nonché delle ragioni per le quali viene disposto il rilascio stesso e, nei casi di finita locazione, del tempo trascorso dalla disdetta, fissa la data dell'esecuzione entro il termine massimo di sei mesi ovvero, in casi eccezionali, di dodici mesi dalla data del provvedimento.

2. Nelle ipotesi di cui all'articolo 55, per il caso in cui il conduttore non provveda al pagamento nel termine assegnato, la data dell'esecuzione non può essere fissata oltre sessanta giorni dalla scadenza del termine concesso per il pagamento.

3. Qualunque forma abbia il provvedimento di rilascio, il locatore e il conduttore possono, in qualsiasi momento e limitatamente alla data fissata per l'esecuzione, proporre al tribunale in composizione collegiale l'opposizione di cui all'articolo 6, comma 4, della legge 9 dicembre 1998, n. 431.

4. Trascorsa inutilmente la data fissata, il locatore promuove l'esecuzione ai sensi degli articoli 605 e seguenti del codice di procedura civile.

([1]) *Questo articolo è stato così sostituito dall'art. 7* bis *del D.L. 13 settembre 2004, n. 240, convertito, con modificazioni, nella L. 12 novembre 2004, n. 269.*

57. ([1]) **Esenzioni fiscali ed onorari professionali.** – Gli atti, i documenti ed i provvedimenti relativi alle controversie in materia di locazione il cui valore non eccede gli € 309,87, nonché i provvedimenti di cui all'articolo 44, sono esenti dall'imposta di bollo e di registro; negli stessi casi gli onorari di avvocato e procuratore sono ridotti alla metà.

È abrogata ogni altra disposizione incompatibile con la presente legge.

([1]) *Questo articolo è stato così sostituito dall'art. 6 della L. 30 luglio 1984, n. 399, in vigore dal 29 novembre 1984.*

Titolo II
Disciplina transitoria

Capo I
Contratti di locazione
di immobili adibiti
ad uso di abitazione

58. ([1]) ([2]) **Durata dei contratti in corso soggetti a proroga.** – I contratti di locazione e sublocazione di immobili urbani adibiti ad uso di abitazione e soggetti a proroga secondo la legislazione vigente si considerano prorogati ed hanno la durata prevista nell'art. 1 con le seguenti decorrenze:

a) dal 1° gennaio 1979, per i contratti stipulati anteriormente al 31 dicembre 1952;

b) dal 1° luglio 1979, per i contratti stipulati fra il 1° gennaio 1953 ed il 7 novembre 1963;

c) dal 1° gennaio 1980, per i contratti stipulati dopo il 7 novembre 1963.

([1]) *La Corte costituzionale, con sentenza n. 22 del 22 febbraio 1980, ha dichiarato l'illegittimità costituzionale del combinato disposto degli artt. 58, 59, n. 1, 65, nella parte in cui esclude il diritto di recesso per necessità del locatore dai contratti in corso alla data del 30 luglio 1978 e non soggetti a proroga.*

([2]) *La Corte costituzionale, con sentenza n. 250 del 15 luglio 1983, ha dichiarato l'illegittimità costituzionale del combinato disposto degli artt. 58, 59 nn. 2, 3, 4, 5, 6, 7 e 8 e 65, nella parte in cui esclude il diritto di recesso del locatore, per i motivi indicati nel citato art. 59 nn. 2, 3, 4, 5, 6, 7 e 8, dai contratti in corso alla data del 30 luglio 1978 e non soggetti a proroga.*

59. Recesso del locatore. – Nei casi di cui all'articolo precedente il locatore può recedere in ogni momento dal contratto dandone comunicazione al conduttore mediante lettera raccomandata e con un preavviso di almeno sei mesi:

1) quando abbia la necessità, verificatasi dopo la costituzione del rapporto locatizio, di destinare l'immobile ad uso abitativo, commerciale, artigianale o professionale proprio, del coniuge o dei parenti in linea retta entro il secondo grado ([1]);

2) quando, volendo disporre dell'immobile per abitazione propria, del coniuge o dei propri parenti in linea retta fino al secondo grado oppure quando, trattandosi di ente pubblico o comunque con finalità pubbliche, sociali, mutualistiche, cooperativistiche, assistenziali o di culto che voglia disporre dell'immobile per l'esercizio delle proprie funzioni, offra al conduttore altro immobile idoneo per cui sia dovuto un canone di locazione proporzionato alle condizioni del conduttore medesimo e comunque non superiore del 20 per cento al canone del precedente immobile e assuma a suo carico le spese di trasloco. Quando l'opposizione del conduttore all'azione del locatore risulti infondata, questi potrà essere esonerato dalle spese di trasloco ([2]);

3) quando l'immobile locato sia compreso in un edificio gravemente danneggiato che debba essere ricostruito o del quale debba essere assicurata la stabilità e la permanenza del conduttore impedisca di compiere gli indispensabili lavori ([2]);

4) quando il proprietario intenda demolire o trasformare notevolmente l'immobile locato per eseguire nuove costruzioni o, trattandosi di appartamento sito all'ultimo piano, quando intenda eseguire sopraelevazioni a norma di legge, e per eseguirle sia indispensabile per ragioni tecniche lo sgombero dell'appartamento stesso ([2]);

5) quando l'immobile locato sia di interesse artistico o storico, ai sensi della L. 1° giugno 1939, n. 1089, nel caso in cui la competente sovraintendenza riconosca necessario ed urgente che si proceda a riparazioni o restauri, la cui esecuzione sia resa impossibile dallo stato di occupazione dell'immobile ([2]);

6) quando il conduttore può disporre di altra abitazione idonea alle proprie esigenze familiari nello stesso comune ovvero in un comune confinante ([2]);

7) quando il conduttore, avendo sublocato parzialmente l'immobile, non lo occupa nemmeno in parte, con continuità. Si presume l'esistenza della sublocazione quando l'immobile risulta occupato da persone che non sono alle dipendenze del conduttore o che non sono a questo legate da vincoli di parentela o di affinità entro il quarto grado, salvo che si tratti di ospiti transitori. La presunzione non si applica nei confronti delle perso-

ne che si sono trasferite nell'immobile assieme al conduttore (2);

8) quando il conduttore non occupa continuativamente l'immobile senza giustificato motivo (2).

Nelle ipotesi di cui ai numeri 4) e 5) del precedente comma, il possesso della licenza o concessione è condizione per l'azione di rilascio. Gli effetti del provvedimento di rilascio si risolvono alle condizioni previste nella lettera *c*) dell'art. 29.

Alla procedura per il rilascio dell'immobile si applicano le norme di cui ai precedenti artt. 30 e 56.

(1) *La Corte costituzionale, con sentenza n. 22 del 22 febbraio 1980, ha dichiarato l'illegittimità costituzionale del combinato disposto degli artt. 58, 59, n. 1, 65, nella parte in cui esclude il diritto di recesso per necessità del locatore dai contratti in corso alla data del 30 luglio 1978 e non soggetti a proroga.*

(2) *La Corte costituzionale, con sentenza n. 250 del 15 luglio 1983, ha dichiarato l'illegittimità costituzionale del combinato disposto degli artt. 58, 59 nn. 2, 3, 4, 5, 6, 7 e 8 e 65, nella parte in cui esclude il diritto di recesso del locatore, per i motivi indicati nel citato art. 59 nn. 2, 3, 4, 5, 6, 7 e 8, dai contratti in corso alla data del 30 luglio 1978 e non soggetti a proroga.*

Capo II
Contratti di locazione di immobili adibiti ad uso diverso da quello di abitazione

67. Contratti in corso soggetti a proroga. – I contratti di locazione di cui all'art. 27 in corso al momento dell'entrata in vigore della presente legge e soggetti a proroga secondo la legislazione vigente si considerano prorogati ed hanno la seguente durata:

a) anni 4, i contratti stipulati prima del 31 dicembre 1964;

b) anni 5, i contratti stipulati tra il 1° gennaio 1965 ed il 31 dicembre 1973;

c) anni 6, i contratti stipulati dopo il 31 dicembre 1973.

La durata di cui sopra decorre dal giorno e dal mese, successivi all'entrata in vigore della presente legge, corrispondenti a quelli di scadenza previsti nel contratto di locazione; ove tale determinazione non sia possibile, dallo stesso giorno di entrata in vigore della presente legge.

È in facoltà delle parti di stipulare anche prima della scadenza sopra prevista un nuovo contratto di locazione secondo le disposizioni del capo II, titolo I, della presente legge (27 ss.).

68. Aumenti del canone. – Nei contratti di locazione o sublocazione di cui al precedente articolo il canone corrisposto dal conduttore, calcolato al netto degli oneri accessori, può essere a richiesta del locatore, aumentato a decorrere dal primo giorno del mese successivo a quello di entrata in vigore della presente legge per il restante periodo di durata del contratto, nelle misure seguenti:

1) non superiore al 15 per cento all'anno, per i contratti stipulati anteriormente al 31 dicembre 1964;

2) non superiore al 10 per cento all'anno per i contratti stipulati fra il 1° gennaio 1965 ed il 31 dicembre 1973;

3) non superiore al 5 per cento all'anno per i contratti stipulati dopo il 31 dicembre 1973.

69. (1) (2) **Diritto di prelazione in caso di nuova locazione e indennità per l'avviamento commerciale.** – Nei contratti di locazione di immobili adibiti ad uso diverso da quello di abitazione, di cui agli articoli 67 e 71 della presente legge, il locatore comunica, mediante raccomandata con avviso di ricevimento da inviarsi entro il 28 febbraio 1987, se ed a quali condizioni intende proseguire la locazione ovvero le condizioni offerte da terzi per la locazione dell'immobile.

L'obbligo ricorre anche quando il locatore non intende proseguire nella locazione per i motivi indicati all'articolo 29.

Tale obbligo non ricorre quando il conduttore abbia comunicato al locatore che non intende rinnovare la locazione e nei casi di cessazione del rapporto per inadempimento o recesso del conduttore o qualora sia in corso una delle procedure previste dal R.D. 16 marzo 1942, n. 267, e successive modificazioni, a carico del conduttore medesimo.

Il conduttore deve rendere noto al locatore, entro trenta giorni dalla comunicazione di cui al primo comma, se intende proseguire la locazione alle nuove condizioni.

Il conduttore ha diritto di prelazione se, entro trenta giorni dalla ricezione della comunicazione di cui al primo comma, offre condizioni uguali a quelle comunicategli dal locatore. Egli conserva tale diritto anche nell'ipotesi di cui al quarto comma dell'art. 40.

Il conduttore, se non accetta le condizioni offerte dal locatore ovvero non esercita la prelazione, ha diritto ad un compenso pari a 24 mensilità, ovvero a trenta per le locazioni con destinazione alberghiera, del canone richiesto dal locatore od offerto dal terzo.

Se il locatore non intende proseguire nella locazione il conduttore può, entro trenta giorni dalla comunicazione del locatore o in mancanza di questa, se dovuta, dalla scadenza del termine di cui al primo comma, offrire un nuovo canone, impegnandosi a costituire, all'atto del rinnovo e per la durata del contratto, una polizza assicurativa oppure una fidejussione bancaria per una somma pari a 12 mensilità del canone offerto.

Se il locatore non intende proseguire nella locazione, sulla base delle condizioni offerte, al conduttore è dovuta l'indennità per l'avviamento commerciale nella misura di 24 mensilità, ovvero di 30 per le locazioni con destinazione alberghiera, del canone offerto ai sensi del comma precedente.

In mancanza dell'offerta del nuovo canone da parte del conduttore nonché nei casi di rilascio dell'immobile per i motivi di cui all'art. 29 salvo quelli di cui al primo comma, lettera *a*), è dovuta l'indennità per avviamento commerciale nella misura di 21 mensilità, ovvero di 25 per le locazioni con destinazione alberghiera, del canone corrente di mercato per i locali aventi le stesse caratteristiche. In caso di rilascio dell'immobile per i motivi di cui all'art. 29, primo comma, lettera *a*), la predetta indennità è calcolata con riferimento al canone corrisposto. L'indennità dovuta è complessivamente di 24 mensilità, ovvero di 32 per le locazioni con destinazione alberghiera, nei casi di cui al secondo comma dell'articolo 34.

L'esecuzione del provvedimento di rilascio dell'immobile è condizionata all'avvenuta corresponsione dell'indennità di cui ai precedenti commi sesto, ottavo e nono.

Per i contratti di cui agli artt. 67 e 71 le disposizioni del presente articolo sono sostitutive di quelle degli artt. 34 e 40.

Le disposizioni del presente articolo si applicano anche ai contratti relativi ad immobili utilizzati per lo svolgimento di attività di cui all'art. 27, primo comma, che non comportano contatti diretti con il pubblico degli utenti e dei consumatori, di attività professionali e di attività di cui all'art. 42. In tali casi, il compenso spettante al conduttore ai sensi dei precedenti commi sesto, ottavo e nono, è limitato a dodici mensilità. Il compenso non è dovuto qualora il locatore intenda ottenere la disponibilità dell'immobile per i motivi di cui all'art. 29 (3).

(1) *Questo articolo, già sostituito dall'art. 1 del D.L. 7 febbraio 1985, n. 12, convertito nella L. 5 aprile 1985, n. 118, è stato di nuovo così sostituito dall'art. 1 del D.L. 9 dicembre 1986, n. 832, convertito nella L. 6 febbraio 1987, n. 15.*

(2) *La Corte costituzionale, con sentenza n. 242 del 3 giugno 1992, ha dichiarato la illegittimità costituzionale di questo articolo, nella parte in cui non prevede che l'obbligo del locatore di corrispondere al conduttore la indennità per l'avviamento commerciale non ricorre quando causa di cessazione del rapporto è un provvedimento della pubblica amministrazione che esclude indefinitamente la utilizzazione economica dell'immobile.*

(3) *La Corte costituzionale con sentenza n. 882 del 26 luglio 1988, ha dichiarato l'illegittimità costituzionale di questo comma.*

70. Immobili destinati a particolari attività soggetti a proroga. – Ai contratti di locazione di cui all'art. 42 si applicano le disposizioni degli artt. 67 e 68.

71. Contratti in corso non soggetti a proroga. – Le disposizioni degli artt. 27 e 42, primo comma, si applicano anche ai contratti in corso al momento dell'entrata in vigore della presente legge e non soggetti a proroga legale, detraendosi, per la determinazione della durata prevista in detta disposizione, il periodo di locazione già trascorso dall'inizio della locazione o, in caso di intervenuto rinnovo contrattuale, dalla data di esso.

La durata non può comunque essere inferiore a due anni dalla data di entrata in vigore della presente legge.

Le disposizioni di cui ai commi precedenti si applicano anche ai contratti di cui sopra per i quali, alla data di entrata in vigore della presente legge, è in corso procedimento per convalida di licenza o di sfratto.

Il canone potrà essere aggiornato annualmente su richiesta del locatore dal giorno della scadenza contrattualmente prevista, in base al 75 per cento della variazione, accertata dall'ISTAT, dell'indice dei prezzi al consumo per le famiglie di operai ed impiegati verificatasi nell'anno precedente.

72. Mutamento della destinazione. – I nuovi contratti di locazione di immobili il cui uso venga mutato da quello preesistente di abitazione non possono prevedere, per un periodo di quattro anni dalla data di entrata in vigore della presente legge, un canone superiore a quello di cui agli artt. 12 e 24, tranne che siano intervenute radicali trasformazioni dell'immobile stesso autorizzate ai sensi delle vigenti leggi.

73. ([1]) ([2]) ([3]) **Norme applicabili.** – Per i contratti previsti negli artt. 67, 70 e, ferme restando le scadenze convenzionali, nell'articolo 71 il locatore può recedere in base ai motivi di cui all'articolo 29 e con il preavviso di cui all'art. 59. Nei casi previsti dalle lettere *a*), *b*) e dall'ultimo periodo del secondo comma dell'articolo 29 tale facoltà è riconosciuta soltanto ove ricorra la necessità del locatore o del coniuge o dei parenti entro il secondo grado in linea retta, verificatasi dopo la costituzione del rapporto locatizio. Si applicano le disposizioni degli articoli 30 e 31 e degli articoli da 35 a 39 nonché quelle dell'articolo 69, settimo, ottavo e nono comma ([4]).

([1]) *Questo articolo è stato così modificato dall'art. 1* bis *del D.L. 30 gennaio 1979, n. 21, convertito, con modificazioni, nella L. 31 marzo 1979, n. 93.*

([2]) *La Corte costituzionale, con sentenza n. 300 del 5 ottobre 1983, ha dichiarato l'illegittimità costituzionale dell'art. 69*[7] *(nel testo antecedente la novella del 1986) e dell'art. 73 (come modif. dall'art. 1* bis *del D.L. n. 21/79) nella parte in cui, relativamente alle ipotesi di recesso del locatore dai contratti disciplinati dall'art. 67 stessa legge 27 luglio 1978, n. 392, motivate con la sopravvenuta necessità di adibire l'immobile ad abitazione propria o del coniuge o dei parenti in linea retta entro il secondo grado, prevede che l'indennità per l'avviamento commerciale dovuta al conduttore sia determinata sulla base del canone corrente di mercato per i locali aventi le stesse caratteristiche, anziché con riferimento all'ultimo canone corrisposto.*

([3]) *La Corte costituzionale, con sentenza n. 562 del 18 dicembre 1987, ha dichiarato l'illegittimità costituzionale dell'articolo, nella parte in cui non richiama espressamente l'obbligo di corrispondere l'indennità per la perdita dell'avviamento commerciale di cui all'art. 69, settimo, ottavo e nono comma della legge stessa nel testo originario.*

([4]) *Il riferimento ai commi settimo, ottavo e nono deve ora intendersi ai commi nono, decimo ed undicesimo del medesimo articolo, così come sostituito dal D.L. 9 dicembre 1986, n. 832, convertito, con modificazioni, nella L. 6 febbraio 1987, n. 15.*

Capo III
Disposizioni processuali

74. Rinvio. – Le disposizioni degli artt. da 43 a 57 sono applicabili alle locazioni previste nei capi I e II del presente titolo (58 ss.).

Titolo IV
Disposizioni finali

79. ([1]) **Patti contrari alla legge.** – È nulla ogni pattuizione diretta a limitare la durata legale del contratto o ad attribuire al locatore un canone maggiore rispetto a quello previsto dagli articoli precedenti ovvero ad attribuirgli altro vantaggio in contrasto con le disposizioni della presente legge.

Il conduttore con azione proponibile fino a sei mesi dopo la riconsegna dell'immobile locato, può ripetere le somme sotto qualsiasi forma corrisposte in violazione dei divieti e dei limiti previsti dalla presente legge.

In deroga alle disposizioni del primo comma, nei contratti di locazione di immobili adibiti ad uso diverso da quello di abitazione, anche se adibiti ad attività alberghiera, per i quali sia pattuito un canone annuo superiore ad euro 250.000, e che non siano riferiti a locali qualificati di interesse storico a seguito di provvedimento regionale o comunale, è facoltà delle parti concordare contrattualmente termini e condizioni in deroga alle disposizioni della presente legge. I contratti di cui al periodo precedente devono essere approvati per iscritto ([2]).

([1]) *Questo articolo è stato abrogato, limitatamente alle locazioni abitative, dall'art. 14, comma 4, della L. 9 dicembre 1998, n. 431.*

([2]) *Questo comma è stato aggiunto dall'art. 18, comma 1, del D.L. 12 settembre 2014, n. 133, convertito, con modificazioni, nella L. 11 novembre 2014, n. 164. A norma dell'art. 18, comma 2, del medesimo provvedimento le disposizioni di cui al comma 1 non si applicano ai contratti in corso alla data di entrata in vigore della legge di conversione del presente decreto. Ai giudizi in corso alla data di entrata in vigore della legge di conversione del presente decreto continuano ad applicarsi ad ogni effetto le disposizioni previgenti.*

80. Uso diverso da quello pattuito. – Se il conduttore adibisce l'immobile ad un uso diverso da quello pattuito, il locatore può chiedere la risoluzione del contratto entro tre mesi dal momento in cui ne ha avuto conoscenza e comunque entro un anno dal mutamento di destinazione ([1]).

Decorso tale termine senza che la risoluzione sia stata chiesta, al contratto si applica il regime giuridico corrispondente all'uso effettivo dell'immobile. Qualora la destinazione ad uso diverso da quello pattuito sia parziale, al contratto si applica il regime giuridico corrispondente all'uso prevalente.

([1]) *La Corte costituzionale, con sentenza n. 185 del 18 febbraio 1988, ha dichiarato l'illegittimità costituzionale della frase: «e comunque entro un anno dal mutamento di destinazione».*

81. Pubblicazione dei dati ISTAT nella *Gazzetta Ufficiale*. – Le variazioni dell'indice dei prezzi al consumo per le famiglie di operai e impiegati accertate dall'ISTAT sono pubblicate nella *Gazzetta Ufficiale* della Repubblica italiana.

82. Giudizi in corso. – Ai giudizi in corso al momento dell'entrata in vigore della presente legge continuano ad applicarsi ad ogni effetto le leggi precedenti.

84. Abrogazione. – Sono abrogate tutte le disposizioni incompatibili con la presente legge.

85. Entrata in vigore. – La presente legge entra in vigore il giorno successivo alla sua pubblicazione nella *Gazzetta Ufficiale*.

2.

L. 9 dicembre 1998, n. 431. Disciplina delle locazioni e del rilascio degli immobili adibiti ad uso abitativo (Suppl. ord. alla *Gazzetta Ufficiale* Serie gen. - n. 292 del 15 dicembre 1998).

Capo I
Locazione di immobili adibiti ad uso abitativo

1. Ambito di applicazione. – 1. I contratti di locazione di immobili adibiti ad uso abitativo, di seguito denominati «contratti di locazione», sono stipulati o rinnovati, successivamente alla data di entrata in vigore della presente legge, ai sensi dei commi 1 e 3 dell'articolo 2.

2. Le disposizioni di cui agli articoli 2, 3, 4, 4 *bis*, (1) 7, 8 e 13 della presente legge non si applicano:

a) ai contratti di locazione relativi agli immobili vincolati ai sensi della legge 1 giugno 1939, n. 1089, o inclusi nelle categorie catastali A/1, A/8 e A/9, che sono sottoposti esclusivamente alla disciplina di cui gli articoli 1571 e seguenti del codice civile qualora non siano stipulati secondo le modalità di cui al comma 3 dell'art. 2 della presente legge;

b) agli alloggi di edilizia residenziale pubblica, ai quali si applica la relativa normativa vigente, statale e regionale;

c) agli alloggi locati esclusivamente per finalità turistiche.

3. Le disposizioni di cui agli articoli 2, 3, 4, 4 *bis* (1), 7 e 13 della presente legge non si applicano ai contratti di locazione stipulati dagli enti locali in qualità di conduttori per soddisfare esigenze abitative di carattere transitorio, ai quali si applicano le disposizioni di cui agli articoli 1571 e seguenti del codice civile. A tali contratti non si applica l'articolo 56 della legge 27 luglio 1978, n. 392.

4. A decorrere dalla data di entrata in vigore della presente legge, per la stipula di validi contratti di locazione è richiesta la forma scritta.

(1) *Le parole*: «4 bis,» *sono state inserite dall'art. 2, comma 1, lett.* a), *della L. 8 gennaio 2002, n. 2.*

2. Modalità di stipula e di rinnovo dei contratti di locazione. – 1. Le parti possono stipulare contratti di locazione di durata non inferiore a quattro anni, decorsi i quali i contratti sono rinnovati per un periodo di quattro anni, fatti salvi i casi in cui il locatore intenda adibire l'immobile agli usi o effettuare sullo stesso le opere di cui all'articolo 3, ovvero vendere l'immobile alle condizioni e con le modalità di cui al medesimo articolo 3. Alla seconda scadenza del contratto, ciascuna delle parti ha diritto di attivare la procedura per il rinnovo a nuove condizioni o per la rinuncia al rinnovo del contratto, comunicando la propria intenzione con lettera raccomandata da inviare all'altra parte almeno sei mesi prima della scadenza. La parte interpellata deve rispondere a mezzo lettera raccomandata entro sessanta giorni dalla data di ricezione della raccomandata di cui al secondo periodo. In mancanza di risposta o di accordo il contratto si intenderà scaduto alla data di cessazione della locazione. In mancanza della comunicazione di cui al secondo periodo il contratto è rinnovato tacitamente alle medesime condizioni.

2. Per i contratti stipulati o rinnovati ai sensi del comma 1, i contraenti possono avvalersi dell'assistenza delle organizzazioni della proprietà edilizia e dei conduttori.

3. In alternativa a quanto previsto dal comma 1, le parti possono stipulare contratti di locazione, definendo il valore del canone, la durata del contratto, anche in relazione a quanto previsto dall'art. 5, comma 1, nel rispetto comunque di quanto previsto dal comma 5 del presente articolo, ed altre condizioni contrattuali sulla base di quanto stabilito in appositi accordi definiti in sede locale fra le organizzazioni della proprietà edilizia e le organizzazioni dei conduttori maggiormente rappresentative [, che provvedono alla definizione di contratti-tipo] (1). Al fine di promuovere i predetti accordi, i comuni, anche in forma associata, provvedono a convocare le predette organizzazio-

ni entro sessanta giorni dalla emanazione del decreto di cui al comma 2 dell'articolo 4. I medesimi accordi sono depositati, a cura delle organizzazioni firmatarie, presso ogni comune dell'area territoriale interessata (2).

4. Per favorire la realizzazione degli accordi di cui al comma 3, i comuni possono deliberare, nel rispetto dell'equilibrio di bilancio, aliquote dell'imposta comunale sugli immobili (Ici) più favorevoli per i proprietari che concedono in locazione a titolo di abitazione principale immobili alle condizioni definite dagli accordi stessi. I comuni che adottano tali delibere possono derogare al limite minimo stabilito, ai fini della determinazione delle aliquote, dalla normativa vigente al momento in cui le delibere stesse sono assunte. I comuni di cui all'articolo 1 del decreto legge 30 dicembre 1988, n. 551, convertito, con modificazioni, dalla legge 21 febbraio 1989, n. 61, e successive modificazioni, per la stessa finalità di cui al primo periodo possono derogare al limite massimo stabilito dalla normativa vigente in misura non superiore al 2 per mille, limitatamente agli immobili non locati per i quali non risultino essere stati registrati contratti di locazione da almeno due anni (3).

5. I contratti di locazione stipulati ai sensi del comma 3 non possono avere durata inferiore ai tre anni, ad eccezione di quelli di cui all'articolo 5. Alla prima scadenza del contratto, ove le parti non concordino sul rinnovo del medesimo, il contratto è prorogato di diritto per due anni fatta salva la facoltà di disdetta da parte del locatore che intenda adibire l'immobile agli usi o effettuare sullo stesso le opere di cui all'articolo 3, ovvero vendere l'immobile alle condizioni e con le modalità di cui al medesimo articolo 3. Alla scadenza del periodo di proroga biennale ciascuna delle parti ha diritto di attivare la procedura per il rinnovo a nuove condizioni o per la rinuncia al rinnovo del contratto comunicando la propria intenzione con lettera raccomandata da inviare all'altra parte almeno sei mesi prima della scadenza. In mancanza della comunicazione il contratto è rinnovato tacitamente alle medesime condizioni.

6. I contratti di locazione stipulati prima della data di entrata in vigore della presente legge che si rinnovino tacitamente sono disciplinati dal comma 1 del presente articolo.

(1) *Le parole fra parentesi quadre sono state soppresse dall'art. 2, comma 1, lett.* b), *della L. 8 gennaio 2002, n. 2.*

(2) *A norma dell'art. 1, comma 343, della L. 30 dicembre 2004, n. 311, le disposizioni degli articoli 52* bis *del testo unico delle disposizioni concernenti l'imposta di registro, di cui al decreto del Presidente della Repubblica 26 aprile 1986, n. 131, e 41* ter *del decreto del Presidente della Repubblica 29 settembre 1973, n. 600, non trovano applicazione nei confronti dei contratti di locazione di immobili ad uso abitativo stipulati o rinnovati a norma degli articoli 2, comma 3, e 4, commi 2 e 3, di questa legge.*

(3) *Si veda l'art. 2, comma 288, della L. 24 dicembre 2007, n. 244, il quale così dispone:*

«L'articolo 2, comma 4, della legge 9 dicembre 1998, n. 431, il quale prevede che i comuni, per favorire la realizzazione degli accordi tra le organizzazioni della proprietà edilizia e quelle dei conduttori, possono deliberare, nel rispetto dell'equilibrio di bilancio, aliquote dell'imposta comunale sugli immobili più favorevoli per i proprietari che concedono in locazione a titolo di abitazione principale immobili alle condizioni definite negli accordi stessi, con possibilità di deroga al limite minimo dell'aliquota, deve essere interpretato nel senso che tali aliquote possono arrivare fino all'esenzione dall'imposta».

3. Disdetta del contratto da parte del locatore. – 1. Alla prima scadenza dei contratti stipulati ai sensi del comma 1 dell'articolo 2 e alla prima scadenza dei contratti stipulati ai sensi del comma 3 del medesimo articolo, il locatore può avvalersi della facoltà di diniego del rinnovo del contratto, dandone comunicazione al conduttore con preavviso di almeno sei mesi, per i seguenti motivi:

a) quando il locatore intenda destinare l'immobile ad uso abitativo, commerciale, artigianale o professionale proprio, del coniuge, dei genitori, dei figli o dei parenti entro il secondo grado;

b) quando il locatore, persona giuridica, società o ente pubblico o comunque con finalità pubbliche, sociali, mutualistiche, cooperative, assistenziali, culturali o di culto intenda destinare l'immobile all'esercizio delle attività dirette a perseguire le predette finalità ed offra al conduttore altro immobile idoneo e di cui il locatore abbia la piena disponibilità;

c) quando il conduttore abbia la piena disponibilità di un alloggio libero ed idoneo nello stesso comune;

d) quando l'immobile sia compreso in un edificio gravemente danneggiato che debba essere ricostruito o del quale debba essere assicurata la stabilità e la permanenza del conduttore sia di ostacolo al compimento di indispensabili lavori;

e) quando l'immobile si trovi in uno stabile del quale è prevista l'integrale ristrutturazione, ovvero si intenda operare la demolizione o la radicale trasformazione per realizzare nuove costruzioni, ovvero, trattandosi di immobile sito all'ultimo piano, il proprietario intenda eseguire sopraelevazioni a norma di legge e per eseguirle sia indispensabile per ragioni tecniche lo sgombero dell'immobile stesso;

f) quando, senza che si sia verificata alcuna legittima successione nel contratto, il conduttore non occupi continuativamente l'immobile senza giustificato motivo;

g) quando il locatore intenda vendere l'immobile a terzi e non abbia la proprietà di altri immobili ad uso abitativo oltre a quello eventualmente adibito a propria abitazione. In tal caso al conduttore è riconosciuto il diritto di prelazione, da esercitare con le modalità di cui agli articoli 38 e 39 della legge 27 luglio 1978, n. 392.

2. Nei casi di disdetta del contratto da parte del locatore per i motivi di cui al comma 1, lettere *d*) ed *e*), il possesso, per l'esecuzione dei lavori ivi indicati, della concessione o dell'autorizzazione edilizia è condizione di procedibilità dell'azione di rilascio. I termini di validità della concessione o dell'autorizzazione decorrono dall'effettiva disponibilità a seguito del rilascio dell'immobile. Il conduttore ha diritto di prelazione, da esercitare con le modalità di cui all'articolo 40 della legge 27 luglio 1978, n. 392, se il proprietario, terminati i lavori, concede nuovamente in locazione l'immobile. Nella comunicazione del locatore deve essere specificato, a pena di nullità, il motivo, fra quelli tassativamente indicati al comma 1, sul quale la disdetta è fondata.

3. Qualora il locatore abbia riacquistato la disponibilità dell'alloggio a seguito di illegittimo esercizio della facoltà di disdetta ai sensi del presente articolo, il locatore stesso è tenuto a corrispondere un risarcimento al conduttore da determinare in misura non inferiore a trentasei mensilità dell'ultimo canone di locazione percepito.

4. Per la procedura di diniego di rinnovo si applica l'articolo 30 della legge 27 luglio 1978, n. 392, e successive modificazioni.

5. Nel caso in cui il locatore abbia riacquistato, anche con procedura giudiziaria, la disponibilità dell'alloggio e non lo adibisca nel termine di dodici mesi dalla data in cui ha riacquistato la disponibilità, agli usi per i quali ha esercitato facoltà di disdetta ai sensi del presente articolo, il conduttore ha diritto al ripristino del rapporto di locazione alle medesime condizioni di cui al contratto disdettato o, in alternativa, al risarcimento di cui al comma 3.

6. Il conduttore, qualora ricorrano gravi motivi, può recedere in qualsiasi momento dal contratto, dando comunicazione al locatore con preavviso di sei mesi.

Capo II
Contratti di locazione stipulati
in base ad accordi definiti
in sede locale

4. Convenzione nazionale. – 1. Al fine di favorire la realizzazione degli accordi di cui al comma 3 dell'articolo 2, il Ministro dei lavori pubblici convoca le organizzazioni della proprietà edilizia e dei conduttori maggiormente rappresentative a livello nazionale entro sessanta giorni dalla data di entrata in vigore della presente legge e, successivamente, ogni tre anni a decorrere dalla medesima data, al fine di promuovere una convenzione, di seguito denominata «convenzione nazionale», che individui i criteri generali per la definizione dei canoni, anche in relazione alla durata dei contratti, alla rendita catastale dell'immobile e ad altri parametri oggettivi, nonché delle modalità per garantire particolari esigenze delle parti. In caso di mancanza di accordo delle parti, i predetti criteri generali sono stabiliti dal Ministro dei lavori pubblici, di concerto con il Ministro delle finanze, con il decreto di cui al comma 2 del presente articolo, sulla base degli orientamenti prevalenti espressi dalle predette organizzazioni. I criteri generali definiti ai sensi del presente comma costituiscono la base per la realizzazione degli accordi locali di cui al comma 3 dell'articolo 2 e il loro rispetto, unitamente all'utilizzazione dei tipi di contratto di cui all'articolo 4 *bis*, (1) costituisce condizione per l'applicazione dei benefici di cui all'articolo 8.

2. I criteri generali di cui al comma 1 sono indicati in apposito decreto del Ministro dei lavori pubblici, di concerto con il Ministro delle finanze, da emanare entro trenta giorni dalla conclusione della convenzione nazionale ovvero dalla constatazione, da parte del Ministro dei lavori pubblici, della mancanza di accordo delle parti, trascorsi novanta giorni dalla loro convocazione. Con il medesimo decreto sono stabilite le modalità di applicazione dei benefici di cui all'articolo 8 per i contratti di locazione stipulati ai sensi del comma

3 dell'articolo 2 in conformità ai criteri generali di cui al comma 1 del presente articolo (²).

3. Entro quattro mesi dalla data di emanazione del decreto di cui al comma 2, il Ministro dei lavori pubblici, di concerto con il Ministro delle finanze, fissa con apposito decreto le condizioni alle quali possono essere stipulati i contratti di cui al comma 3 dell'articolo 2 nonché dell'articolo 5 (³), nel caso in cui non vengano convocate da parte dei comuni le organizzazioni della proprietà edilizia e dei conduttori ovvero non siano definiti gli accordi di cui al medesimo comma 3 dell'articolo 2 (²).

4. Fermo restando quanto stabilito dall'articolo 60, comma 1, lettera *e*), del decreto legislativo 31 marzo 1998, n. 112, con apposito atto di indirizzo e coordinamento, da adottare con decreto del Presidente della Repubblica, previa deliberazione del Consiglio dei ministri, ai sensi dell'articolo 8 della legge 15 marzo 1997, n. 59, sono definiti, in sostituzione di quelli facenti riferimento alla legge 27 luglio 1978, n. 392, e successive modificazioni, criteri in materia di determinazione da parte delle regioni dei canoni di locazione per gli alloggi di edilizia residenziale pubblica. Gli attuali criteri di determinazione dei canoni restano validi fino all'adeguamento da parte delle regioni ai criteri stabiliti ai sensi del presente comma.

(¹) *Le parole*: «*, unitamente all'utilizzazione dei tipi di contratto di cui all'articolo 4* bis,» *sono state aggiunte dall'art. 2, comma 1, lett.* c), *della L. 8 gennaio 2002, n. 2.*

(²) *A norma dell'art. 1, comma 343, della L. 30 dicembre 2004, n. 311, le disposizioni degli articoli 52* bis *del testo unico delle disposizioni concernenti l'imposta di registro, di cui al decreto del Presidente della Repubblica 26 aprile 1986, n. 131, e 41* ter *del decreto del Presidente della Repubblica 29 settembre 1973, n. 600, non trovano applicazione nei confronti dei contratti di locazione di immobili ad uso abitativo stipulati o rinnovati a norma degli articoli 2, comma 3, e 4, commi 2 e 3, di questa legge.*

(³) *Le parole*: «*nonché dell'articolo 5*» *sono state inserite dall'art. 7, comma 1, del D.L. 13 settembre 2004, n. 240, convertito, con modificazioni, nella L. 12 novembre 2004, n. 269.*

4 *bis*. (¹) **Tipi di contratto.** – 1. La convenzione nazionale di cui all'articolo 4, comma 1, approva i tipi di contratto per la stipula dei contratti agevolati di cui all'articolo 2, comma 3, nonché dei contratti di locazione di natura transitoria di cui all'articolo 5, comma 1, e dei contratti di locazione per studenti universitari di cui all'articolo 5, commi 2 e 3.

2. I tipi di contratto possono indicare scelte alternative, da definire negli accordi locali, in relazione a specifici aspetti contrattuali, con particolare riferimento ai criteri per la misurazione delle superfici degli immobili.

3. In caso di mancanza di accordo delle parti, i tipi di contratto sono definiti con il decreto di cui all'articolo 4, comma 2.

(¹) *Questo articolo è stato inserito dall'art. 1, comma 1, della L. 8 gennaio 2002, n. 2.*

5. Contratti di locazione di natura transitoria. – 1. Il decreto di cui al comma 2 dell'articolo 4 definisce le condizioni e le modalità per la stipula di contratti di locazione di natura transitoria anche di durata inferiore ai limiti previsti dalla presente legge per soddisfare particolari esigenze delle parti.

2. In alternativa a quanto previsto dal comma 1, possono essere stipulati contratti di locazione per soddisfare le esigenze abitative di studenti universitari sulla base dei tipi di contratto di cui all'art. 4 *bis* (¹).

3. È facoltà dei comuni sede di università o di corsi universitari distaccati, eventualmente d'intesa con comuni limitrofi, promuovere specifici accordi locali per la definizione, sulla base dei criteri stabiliti ai sensi del comma 2 dell'articolo 4, dei canoni di (²) locazione di immobili ad uso abitativo per studenti universitari. Agli accordi partecipano, oltre alle organizzazioni di cui al comma 3 dell'articolo 2, le aziende per il diritto allo studio e le associazioni degli studenti nonché cooperative ed enti non lucrativi operanti nel settore.

(¹) *Le parole*: «*dei tipi di contratto di cui all'art. 4* bis» *hanno sostituito le precedenti*: «*di contratti-tipo definiti dagli accordi di cui al comma 3*» *in virtù di quanto dispone l'art. 2, comma 1, lett.* d), *n. 1, della L. 8 gennaio 2002, n. 2.*

(²) *Le parole*: «*dei canoni di*» *hanno sostituito le precedenti*: «*di contratti-tipo relativi alla*» *in virtù di quanto dispone l'art. 2, comma 1, lett.* d), *n. 2, della L. 8 gennaio 2002, n. 2.*

Capo III
Esecuzione dei provvedimenti di rilascio degli immobili adibiti ad uso abitativo

6. Rilascio degli immobili. – 1. Nei comuni indicati all'articolo 1 del decreto legge 30 dicembre 1988, n. 551, convertito, con modificazioni, dalla legge 21 febbraio 1989, n. 61, e successive modificazioni, le esecuzioni dei provvedimenti di rilascio di immobili adibiti ad uso abitativo per finita locazione sono sospese per un periodo di centottanta giorni a decorrere dalla data di entrata in vigore della presente legge ([1]).

2. Il locatore ed il conduttore di immobili adibiti ad uso abitativo, per i quali penda provvedimento esecutivo di rilascio per finita locazione, avviano entro il termine di sospensione di cui al comma 1, a mezzo di lettera raccomandata con avviso di ricevimento, anche tramite le rispettive organizzazioni sindacali, trattative per la stipula di un nuovo contratto di locazione in base alle procedure definite all'articolo 2 della presente legge.

3. Trascorso il termine di cui al comma 1 ed in mancanza di accordo fra le parti per il rinnovo della locazione, i conduttori interessati possono chiedere, entro e non oltre i trenta giorni dalla scadenza del termine fissato dal comma 1, con istanza rivolta al pretore ([2]) competente ai sensi dell'articolo 26, primo comma, del codice di procedura civile, che sia nuovamente fissato il giorno dell'esecuzione. Si applicano i commi dal secondo al settimo dell'articolo 11 del decreto legge 23 gennaio 1982, n. 9, convertito, con modificazioni, dalla legge 25 marzo 1982, n. 94. Avverso il decreto del pretore ([2]) è ammessa opposizione al tribunale che giudica con le modalità di cui all'articolo 618 del codice di procedura civile. Il decreto con cui il pretore ([2]) fissa nuovamente la data dell'esecuzione vale anche come autorizzazione all'ufficiale giudiziario a servirsi dell'assistenza della forza pubblica.

4. Per i provvedimenti esecutivi di rilascio per finita locazione emessi dopo la data di entrata in vigore della presente legge, il conduttore può chiedere una sola volta, con istanza rivolta al pretore ([2]) competente ai sensi dell'articolo 26, primo comma, del codice di procedura civile, che sia nuovamente fissato il giorno dell'esecuzione entro un termine di sei mesi salvi i casi di cui al comma 5. Si applicano i commi dal secondo al settimo dell'articolo 11 del citato decreto legge n. 9 del 1982, convertito, con modificazioni ([2]), dalla legge n. 94 del 1982. Avverso il decreto del pretore ([2]) il locatore ed il conduttore possono proporre opposizione per qualsiasi motivo al tribunale che giudica con le modalità di cui all'articolo 618 del codice di procedura civile.

5. Il differimento del termine delle esecuzioni di cui ai commi 3 e 4 può essere fissato fino a diciotto mesi nei casi in cui il conduttore abbia compiuto i 65 anni di età, abbia cinque o più figli a carico, sia iscritto nelle liste di mobilità, percepisca un trattamento di disoccupazione o di integrazione salariale, sia formalmente assegnatario di alloggio di edilizia residenziale pubblica ovvero di ente previdenziale o assicurativo, sia prenotatario di alloggio cooperativo in corso di costruzione, sia acquirente di un alloggio in costruzione, sia proprietario di alloggio per il quale abbia iniziato azione di rilascio. Il medesimo differimento del termine delle esecuzioni può essere fissato nei casi in cui il conduttore o uno dei componenti il nucleo familiare, convivente con il conduttore da almeno sei mesi, sia portatore di *handicap* o malato terminale ([3]).

6. Durante i periodi di sospensione delle esecuzioni di cui al comma 1 del presente articolo e al comma 4 dell'articolo 11 del citato decreto legge n. 9 del 1982, convertito, con modificazioni, dalla legge n. 94 del 1982, nonché per i periodi di cui all'articolo 3 del citato decreto legge 30 dicembre 1988, n. 551, convertito, con modificazioni, dalla legge n. 61 del 1989, come successivamente prorogati, e comunque fino all'effettivo rilascio, i conduttori sono tenuti a corrispondere, ai sensi dell'articolo 1591 del codice civile, una somma mensile pari all'ammontare del canone dovuto alla cessazione del contratto, al quale si applicano automaticamente ogni anno aggiornamenti in misura pari al settantacinque per cento della variazione, accertata dall'Istituto nazionale di statistica (Istat), dell'indice dei prezzi al consumo per le famiglie di operai e impiegati verificatasi nell'anno precedente; l'importo così determinato è maggiorato del venti per cento. La corresponsione di tale maggiorazione esime il conduttore dall'obbligo di risarcire il maggior danno ai sensi dell'articolo 1591 del codice civile. Durante i predetti periodi di sospensione sono dovuti gli oneri accessori di cui all'articolo 9 della legge 27 luglio 1978, n. 392, e successive modificazioni. In caso di inadempimento, il conduttore decade dal beneficio, comunque concesso, della sospensione dell'esecuzione

del provvedimento di rilascio, fatto salvo quanto previsto dall'articolo 55 della citata legge n. 392 del 1978 ([4]).

7. Fatto salvo quanto previsto dai commi 2 *bis* e 2 *ter* dell'articolo 1 del citato decreto legge n. 551 del 1988, convertito, con modificazioni, dalla legge n. 61 del 1989 nonché quanto previsto dai commi primo, secondo e terzo dell'art. 17 del citato decreto legge n. 9 del 1982, convertito, con modificazioni, dalla legge n. 94 del 1982, è data priorità ai destinatari di provvedimenti di rilascio con data di esecuzione fissata entro il termine di tre mesi.

([1]) *Si vedano anche i commi 20, 21 e 22 dell'art. 80 della L. 23 dicembre 2000, n. 388, che di seguito si riportano, con avvertenza che il termine di efficacia della sospensione di cui al comma 22 è stato prorogato dapprima al 31 dicembre 2001 dall'art. 1 del D.L. 2 luglio 2001, n. 247, conv. in L. 4 agosto 2001, n. 332 e, successivamente, al 30 giugno 2002 dall'art. 1 del D.L. 27 dicembre 2001, n. 450, convertito, con modificazioni, in L. 27 febbraio 2002, n. 14 ed al 30 giugno 2003 dall'art. 1, comma 1, del D.L. 20 giugno 2002, n. 122, convertito, con modificazioni, in L. 1 agosto 2002, n. 185.*

([2]) *Ai sensi del D.L.vo 19 febbraio 1998, n. 51, l'ufficio del pretore è soppresso a decorrere dal 2 giugno 1999, fatta salva l'attività necessaria per l'esaurimento degli affari pendenti. Le relative competenze sono trasferite al tribunale ordinario, fuori dei casi in cui è diversamente disposto dal predetto provvedimento.*

([3]) *A norma dell'art. 1 del D.L. 25 febbraio 2000, n. 32, convertito, con modificazioni, nella L. 20 aprile 2000, n. 97, il termine dilatorio previsto da questo comma non può comunque essere inferiore a nove mesi, fermo restando il limite massimo di diciotto mesi di cui al medesimo articolo 6, comma 5. A norma dell'art. 1, comma 2, del citato D.L., l'esecuzione dei provvedimenti di rilascio già emessi ai sensi di questo comma, è differita di nove mesi a partire dal 1° gennaio 2000.*

([4]) *La Corte costituzionale, con sentenza n. 482 del 9 novembre 2000, ha dichiarato l'illegittimità costituzionale di questo comma, nella parte in cui esime il conduttore dall'obbligo di risarcire il maggior danno, ai sensi dell'art. 1591 del codice civile, anche nel periodo successivo alla scadenza del termine di sospensione della esecuzione stabilito* ope legis *o di quello giudizialmente fissato per il rilascio dell'immobile.*

7. ([1]) **Condizione per la messa in esecuzione del provvedimento di rilascio dell'immobile.** – 1. Condizione per la messa in esecuzione del provvedimento di rilascio dell'immobile locato è la dimostrazione che il contratto di locazione è stato registrato, che l'immobile è stato denunciato ai fini dell'applicazione dell'Ici e che il reddito derivante dall'immobile medesimo è stato dichiarato ai fini dell'applicazione delle imposte sui redditi ([2]). Ai fini della predetta dimostrazione, nel precetto di cui all'articolo 480 del codice di procedura civile devono essere indicati gli estremi di registrazione del contratto di locazione, gli estremi dell'ultima denuncia dell'unità immobiliare alla quale il contratto si riferisce ai fini dell'applicazione dell'Ici, gli estremi dell'ultima dichiarazione dei redditi nella quale il reddito derivante dal contratto è stato dichiarato nonché gli estremi delle ricevute di versamento dell'Ici relative all'anno precedente a quello di competenza.

([1]) *La Corte costituzionale, con sentenza n. 333 del 5 ottobre 2001, ha dichiarato l'illegittimità costituzionale di questo articolo laddove subordina la messa in esecuzione del provvedimento di rilascio dell'immobile locato ad uso abitativo alla dimostrazione, da parte del locatore, della regolarità della propria posizione fiscale quanto al pagamento dell'imposta di registro sul contratto di locazione, dell'Ici gravante sull'immobile e dell'imposta sui redditi relativi ai canoni.*

([2]) *A norma dell'art. 1, comma 3, del D.L. 25 febbraio 2000, n. 32, convertito, con modificazioni, nella L. 20 aprile 2000, n. 97, le disposizioni di cui al primo periodo di questo comma si dovevano interpretare nel senso che la dimostrazione dell'esistenza delle condizioni ivi indicate doveva essere effettuata anche con riferimento ai provvedimenti di rilascio emessi in data anteriore a quella di entrata in vigore della medesima legge. Ai fini dell'esecuzione di tali provvedimenti di rilascio, il locatore dell'immobile rendeva, ai sensi dell'articolo 3 della legge 15 maggio 1997, n. 127, apposita dichiarazione in carta libera, contenente gli elementi conoscitivi di cui al predetto articolo 7, che deve essere notificata all'intimato e consegnata all'ufficiale giudiziario, il quale la allegava al precetto.*

Capo IV
Misure di sostegno al mercato delle locazioni

8. Agevolazioni fiscali. – 1. Nei comuni di cui all'articolo 1 del decreto legge 30 dicembre 1988, n. 551, convertito, con modificazioni, dalla legge 21 febbraio 1989, n. 61, e successive modificazioni, il reddito imponibile derivante al proprietario dai contratti stipulati o rinnovati ai sensi del comma 3 dell'articolo 2 a seguito di accordo definito in sede locale e nel rispetto dei criteri indicati dal decreto di cui al comma 2 dell'articolo 4, ovvero nel rispetto delle condizioni fissate dal decreto di cui al comma 3 del medesimo articolo 4, determinato ai sensi dell'articolo 34 del testo unico delle imposte sui redditi, approvato con decreto del Presidente della Repubblica 22 dicembre 1986, n. 917, e successive modificazioni, è ulteriormente ridotto del 30 per cento. Per i suddetti contratti il corrispettivo annuo ai fini della determinazione della base imponibile per l'applicazione dell'imposta proporzionale di registro è assunto nella misura minima del 70 per cento.

[2. Il locatore, per usufruire dei benefici di cui al comma 1, deve indicare nella dichiarazione dei redditi gli estremi di registrazione del contratto di locazione nonché quelli della denuncia dell'immobile ai fini dell'applicazione dell'Ici] ([1]).

3. Le agevolazioni di cui al presente articolo non si applicano ai contratti di locazione volti a soddisfare esigenze abitative di natura transitoria, fatta eccezione per i contratti di cui al comma 2 dell'articolo 5 e per i contratti di cui al comma 3 dell'articolo 1.

4. Il Comitato interministeriale per la programmazione economica (Cipe), su proposta del Ministro dei lavori pubblici, di intesa con i Ministri dell'interno e di grazia e giustizia, provvede, ogni ventiquattro mesi, all'aggiornamento dell'elenco dei comuni di cui al comma 1, anche articolando ed ampliando i criteri previsti dall'articolo 1 del decreto legge 29 ottobre 1986, n. 708, convertito, con modificazioni, dalla legge 23 dicembre 1986, n. 899. La proposta del Ministro dei lavori pubblici è formulata avuto riguardo alle risultanze dell'attività dell'Osservatorio della condizione abitativa di cui all'articolo 12. Qualora le determinazioni del Cipe comportino un aumento del numero dei beneficiari dell'agevolazione fiscale prevista dal comma 1, è corrispondentemente aumentata, con decreto del Ministro delle finanze, di concerto con il Ministro del tesoro, del bilancio e della programmazione economica, la percentuale di determinazione della base imponibile prevista dal medesimo comma. Tale aumento non si applica ai contratti stipulati prima della data di entrata in vigore del predetto decreto del Ministro delle finanze.

5. Al comma 1 dell'articolo 23 del testo unico delle imposte sui redditi, approvato con decreto del Presidente della Repubblica 22 dicembre 1986, n. 917, sono aggiunti, in fine, i seguenti periodi: «I redditi derivanti da contratti di locazione di immobili ad uso abitativo, se non percepiti, non concorrono a formare il reddito dal momento della conclusione del procedimento giurisdizionale di convalida di sfratto per morosità del conduttore. Per le imposte versate sui canoni venuti a scadenza e non percepiti come da accertamento avvenuto nell'ambito del procedimento giurisdizionale di convalida di sfratto per morosità è riconosciuto un credito di imposta di pari ammontare».

6. - 7. (*Omissis*).

([1]) *A norma dell'art. 13, comma 4* octies, *del D.L. 30 dicembre 2016, n. 244, convertito, con modificazioni, nella L. 27 febbraio 2017, n. 19, questo comma è abrogato a decorrere dal periodo d'imposta successivo a quello in corso al 31 dicembre 2016.*

9. ([1]) [**Disposizioni per i fondi per la previdenza complementare. –** 1. I fondi per la previdenza complementare regolamentati dal decreto legislativo 21 aprile 1993, n. 124, che detengono direttamente beni immobili possono optare per la libera determinazione dei canoni di locazione oppure per l'applicazione dei contratti previsti dall'articolo 2, comma 3, della presente legge. Nel primo caso, tuttavia, i redditi derivanti dalle locazioni dei suddetti immobili sono soggetti all'Irpeg].

([1]) *Questo articolo è stato abrogato, a decorrere dal 1° gennaio 2001, dall'art. 7, comma 3, del D.L.vo 18 febbraio 2000, n. 47.*

10. Ulteriori agevolazioni fiscali. – 1. Con provvedimento collegato alla manovra finanziaria per il triennio 2000-2002 è istituito, a decorrere dall'anno 2001, un fondo per la copertura delle minori entrate derivanti dalla concessione, secondo modalità determinate dal medesimo provvedimento collegato, di una detrazione ai fini dell'imposta sul reddito delle persone fisiche in favore dei conduttori, appartenenti a determinate categorie di reddito, di alloggi locati a titolo di abitazione principale, da stabilire anche nell'ambito di una generale revisione dell'imposizione sugli immobili. Per gli esercizi successivi al triennio 2000-2002, alla dotazione del fondo si provvede con stanziamento determinato dalla legge finanziaria, ai sensi dell'articolo 11, comma 3, lettera *d*), della legge 5 agosto 1978, n. 468, e successive modificazioni.

2. Le detrazioni di cui al comma 1 non sono cumulabili con i contributi previsti dal comma 3 dell'articolo 11.

11. ([1]) **Fondo nazionale. –** 1. Presso il Ministero dei lavori pubblici è istituito il Fondo nazionale per il sostegno all'accesso alle abitazioni in locazione, la cui dotazione annua è determinata dalla legge finanziaria, ai sensi dell'articolo 11, comma 3, lettera *d*), della legge 5 agosto 1978, n. 468, e successive modificazioni.

2. Per ottenere i contributi di cui al comma 3 i conduttori devono dichiarare sotto la propria re-

sponsabilità che il contratto di locazione è stato registrato.

3. Le somme assegnate al Fondo di cui al comma 1 sono utilizzate per la concessione ai conduttori aventi i requisiti minimi individuati con le modalità di cui al comma 4 di contributi integrativi per il pagamento dei canoni di locazione dovuti ai proprietari degli immobili, di proprietà sia pubblica sia privata, e, tenendo conto anche delle disponibilità del Fondo, per sostenere le iniziative intraprese dai Comuni e dalle regioni anche attraverso la costituzione di agenzie o istituti per la locazione o fondi di garanzia o attraverso attività di promozione in convenzione con imprese di costruzione ed altri soggetti imprenditoriali, cooperative edilizie per la locazione, tese a favorire la mobilità nel settore della locazione, attraverso il reperimento di alloggi da concedere in locazione a canoni concordati, ovvero attraverso la rinegoziazione delle locazioni esistenti per consentire alle parti, con il supporto delle organizzazioni di rappresentanza dei proprietari e degli inquilini, la stipula di un nuovo contratto a canone inferiore. Le procedure previste per gli sfratti per morosità si applicano alle locazioni di cui al presente comma, anche se per finita locazione ([2]). I comuni possono, con delibera della propria giunta, prevedere che i contributi integrativi destinati ai conduttori vengano, in caso di morosità, erogati al locatore interessato a sanatoria della morosità medesima, anche tramite l'associazione della proprietà edilizia dallo stesso locatore per iscritto designata, che attesta l'avvenuta sanatoria con dichiarazione sottoscritta anche dal locatore ([3]) ([4]).

4. Il Ministro dei lavori pubblici, entro novanta giorni dalla data di entrata in vigore della presente legge, previa intesa in sede di Conferenza permanente per i rapporti fra lo Stato, le regioni e le province autonome di Trento e di Bolzano, definisce, con proprio decreto, i requisiti minimi necessari per beneficiare dei contributi integrativi di cui al comma 3 e i criteri per la determinazione dell'entità dei contributi stessi in relazione al reddito familiare e all'incidenza sul reddito medesimo del canone di locazione.

5. Le risorse assegnate al Fondo di cui al comma 1 sono ripartite, entro il 31 marzo di ogni anno, tra le regioni e le province autonome di Trento e di Bolzano. A decorrere dall'anno 2005 la ripartizione è effettuata dal Ministro delle infrastrutture e dei trasporti, previa intesa con la Conferenza permanente per i rapporti tra lo Stato, le regioni e le province autonome di Trento e di Bolzano, sulla base dei criteri fissati con apposito decreto del Ministro delle infrastrutture e dei trasporti, previa medesima intesa ed in rapporto alla quota di risorse messe a disposizione dalle singole regioni e province autonome, ai sensi del comma 6 ([5]).

6. Le regioni e le province autonome di Trento e di Bolzano possono concorrere al finanziamento degli interventi di cui al comma 3 con proprie risorse iscritte nei rispettivi bilanci e definire, sentiti i comuni, la finalità di utilizzo del Fondo ottimizzandone l'efficienza, anche in forma coordinata con il Fondo per gli inquilini morosi incolpevoli istituito dall'articolo 6, comma 5, del decreto legge 31 agosto 2013, n. 102, convertito con modificazioni dalla legge 28 ottobre 2013, n. 124 ([6]).

7. Le regioni e le province autonome di Trento e di Bolzano provvedono alla ripartizione fra i comuni delle risorse di cui al comma 6 nonché di quelle destinate al Fondo ad esse attribuite ai sensi del comma 5; le risorse destinate dalle regioni e dalle province autonome di Trento e di Bolzano alla costituzione di agenzie o istituti per la locazione o fondi di garanzia o alle attività di promozione in convenzione con imprese di costruzione ed altri soggetti imprenditoriali, cooperative edilizie per la locazione sono assegnate dalle stesse ai comuni sulla base di parametri che premino sia il numero di abbinamenti tra alloggi a canone concordato e nuclei familiari provenienti da alloggi di edilizia residenziale pubblica sovvenzionata o sottoposti a procedure di sfratto esecutivo, sia il numero di contratti di locazione a canone concordato complessivamente intermediati nel biennio precedente ([7]).

8. I comuni definiscono l'entità e le modalità di erogazione dei contributi di cui al comma 3, individuando con appositi bandi pubblici i requisiti dei conduttori che possono beneficiarne, nel rispetto dei criteri e dei requisiti minimi di cui al comma 4. I bandi per la concessione dei contributi integrativi devono essere emessi entro il 30 settembre di ogni anno con riferimento alle risorse assegnate, per l'anno di emissione del bando, dalla Legge finanziaria ([8]).

9. Per gli anni 1999, 2000 e 2001, ai fini della concessione dei contributi integrativi di cui al comma 3, è assegnata al Fondo una quota, pari a lire 600 miliardi per ciascuno degli anni 1999, 2000 e 2001, delle risorse di cui alla legge 14 febbraio 1963, n. 60, relative alle annualità 1996, 1997 e 1998. Tali disponibilità sono versate all'entrata del bilancio

dello Stato per essere riassegnate, con decreti del Ministro del tesoro, del bilancio e della programmazione economica, ad apposita unità previsionale di base dello stato di previsione del Ministero dei lavori pubblici. Le predette risorse, accantonate dalla deliberazione del Cipe del 6 maggio 1998, non sono trasferite ai sensi dell'articolo 61 del decreto legislativo 31 marzo 1998, n. 112, e restano nella disponibilità della Sezione autonoma della Cassa depositi e prestiti per il predetto versamento.

10. Il Ministero dei lavori pubblici provvederà, a valere sulle risorse del Fondo di cui al comma 1, ad effettuare il versamento all'entrata del bilancio dello Stato nell'anno 2003 delle somme occorrenti per la copertura delle ulteriori minori entrate derivanti, in tale esercizio, dall'applicazione dell'articolo 8, commi da 1 a 4, pari a lire 67,5 miliardi, intendendosi ridotta per un importo corrispondente l'autorizzazione di spesa per l'anno medesimo determinata ai sensi del comma 1 del presente articolo.

11. Le disponibilità del Fondo sociale, istituito ai sensi dell'articolo 75 della legge 27 luglio 1978, n. 392, sono versate all'entrata del bilancio dello Stato per essere riassegnate con decreto del Ministro del tesoro, del bilancio e della programmazione economica al Fondo di cui al comma 1.

(¹) *Si veda l'art. 6, comma 4, del D.L. 31 agosto 2013, n. 102, convertito, con modificazioni, nella L. 28 ottobre 2013, n. 124, che così dispone:*

«4. Al Fondo nazionale per il sostegno all'accesso alle abitazioni in locazione, istituito dalla legge 9 dicembre 1998, n. 431 è assegnata una dotazione di 100 milioni di euro per ciascuno degli anni 2014 e 2015» (*).

(*) *Questo comma è stato così sostituito dall'art. 1, comma 1, del D.L. 28 marzo 2014, n. 47, convertito, con modificazioni, nella L. 23 maggio 2014, n. 80.*

(²) *Le parole*: «*nonché, qualora le disponibilità del Fondo lo consentano, per sostenere le iniziative intraprese dai comuni anche attraverso la costituzione di agenzie o istituti per la locazione o attraverso attività di promozione in convenzione con cooperative edilizie per la locazione, tese a favorire la mobilità nel settore della locazione attraverso il reperimento di alloggi da concedere in locazione per periodi determinati*» *sono state così sostituite dalle seguenti*: «*e, tenendo conto anche delle disponibilità del Fondo, per sostenere le iniziative intraprese dai Comuni e dalle regioni anche attraverso la costituzione di agenzie o istituti per la locazione o fondi di garanzia o attraverso attività di promozione in convenzione con imprese di costruzione ed altri soggetti imprenditoriali, cooperative edilizie per la locazione, tese a favorire la mobilità nel settore della locazione, attraverso il reperimento di alloggi da concedere in locazione a canoni concordati, ovvero attraverso la rinegoziazione delle locazioni esistenti per consentire alle parti, con il supporto delle organizzazioni di rappresentanza dei proprietari e degli inquilini, la stipula di un nuovo contratto a canone inferiore. Le procedure previste per gli sfratti per morosità si applicano alle locazioni di cui al presente comma, anche se per finita locazione*» *dall'art. 2, comma 1, lett.* a), *del D.L. 28 marzo 2014, n. 47, convertito, con modificazioni, nella L. 23 maggio 2014, n. 80.*

(³) *L'ultimo periodo di questo comma è stato aggiunto dall'art. 7, comma 2* bis, *del D.L. 13 settembre 2004, n. 240, convertito, con modificazioni, nella L. 12 novembre 2004, n. 269.*

(⁴) *A norma dell'art. 2, comma 1* bis), *del D.L. 28 marzo 2014, n. 47, convertito, con modificazioni, nella L. 23 maggio 2014, n. 80, l'applicazione da parte dei comuni, al fine di contrastare l'emergenza abitativa, delle disposizioni di cui al presente comma, costituisce titolo di preferenza nell'assegnazione di contributi pubblici per qualsiasi tipo di edilizia economica e popolare.*

(⁵) *Questo comma è stato così da ultimo sostituito dall'art. 7, comma 2, del D.L. 13 settembre 2004, n. 240, convertito, con modificazioni, nella L. 12 novembre 2004, n. 269.*

(⁶) *Le parole*: «*e definire, sentiti i comuni, la finalità di utilizzo del Fondo ottimizzandone l'efficienza, anche in forma coordinata con il Fondo per gli inquilini morosi incolpevoli istituito dall'articolo 6, comma 5, del decreto legge 31 agosto 2013, n. 102, convertito con modificazioni dalla legge 28 ottobre 2013, n. 124*» *sono state aggiunte dall'art. 2, comma 1, lett.* b), *del D.L. 28 marzo 2014, n. 47, convertito, con modificazioni, nella L. 23 maggio 2014, n. 80.*

(⁷) *Questo comma è stato così sostituito dall'art. 2, comma 1, lett.* c), *del D.L. 28 marzo 2014, n. 47, convertito, con modificazioni, nella L. 23 maggio 2014, n. 80.*

(⁸) *Questo periodo è stato aggiunto dall'art. 1, comma 1* bis, *del D.L. 20 ottobre 2008, n. 158, convertito, con modificazioni, nella L. 18 dicembre 2008, n. 199.*

Capo V
Disposizioni finali

12. Osservatorio della condizione abitativa. – 1. L'Osservatorio della condizione abitativa, istituito dall'articolo 59 del decreto legislativo 31 marzo 1998, n. 112, è costituito presso il Ministero dei lavori pubblici ed effettua la raccolta dei dati nonché il monitoraggio permanente della situazione abitativa. Il Ministro dei lavori pubblici con proprio decreto da emanare entro sessanta giorni dalla data di entrata in vigore della presente legge, definisce l'organizzazione e le funzioni dell'Osservatorio, anche ai fini del collegamento con gli osservatori istituiti dalle regioni con propri provvedimenti.

13. ([1]) **Patti contrari alla legge.** – 1. È nulla ogni pattuizione volta a determinare un importo del canone di locazione superiore a quello risultante dal contratto scritto e registrato. È fatto carico al locatore di provvedere alla registrazione nel termine perentorio di trenta giorni, dandone documentata comunicazione, nei successivi sessanta giorni, al conduttore ed all'amministratore del condominio, anche ai fini dell'ottemperanza agli obblighi di tenuta dell'anagrafe condominiale di cui all'articolo 1130, numero 6), del codice civile.

2. Nei casi di nullità di cui al comma 1 il conduttore, con azione proponibile nel termine di sei mesi dalla riconsegna dell'immobile locato, può chiedere la restituzione delle somme corrisposte in misura superiore al canone risultante dal contratto scritto e registrato.

3. È nulla ogni pattuizione volta a derogare ai limiti di durata del contratto stabiliti dalla presente legge.

4. Per i contratti di cui al comma 3 dell'articolo 2 è nulla ogni pattuizione volta ad attribuire al locatore un canone superiore a quello massimo definito dagli accordi conclusi in sede locale per immobili aventi le medesime caratteristiche e appartenenti alle medesime tipologie. Per i contratti stipulati in base al comma 1 dell'articolo 2, è nulla, ove in contrasto con le disposizioni della presente legge, qualsiasi pattuizione diretta ad attribuire al locatore un canone superiore a quello contrattualmente stabilito.

5. Per i conduttori che, per gli effetti della disciplina di cui all'articolo 3, commi 8 e 9, del decreto legislativo 14 marzo 2011, n. 23, prorogati dall'articolo 5, comma 1 *ter*, del decreto legge 28 marzo 2014, n. 47, convertito, con modificazioni, dalla legge 23 maggio 2014, n. 80, hanno versato, nel periodo intercorso dalla data di entrata in vigore del decreto legislativo n. 23 del 2011 al giorno 16 luglio 2015, il canone annuo di locazione nella misura stabilita dalla disposizione di cui al citato articolo 3, comma 8, del decreto legislativo n. 23 del 2011, l'importo del canone di locazione dovuto ovvero dell'indennità di occupazione maturata, su base annua, è pari al triplo della rendita catastale dell'immobile, nel periodo considerato.

6. Nei casi di nullità di cui al comma 4 il conduttore, con azione proponibile nel termine di sei mesi dalla riconsegna dell'immobile locato, può richiedere la restituzione delle somme indebitamente versate. Nei medesimi casi il conduttore può altresì richiedere, con azione proponibile dinanzi all'autorità giudiziaria, che la locazione venga ricondotta a condizioni conformi a quanto previsto dal comma 1 dell'articolo 2 ovvero dal comma 3 dell'articolo 2. Tale azione è, altresì, consentita nei casi in cui il locatore non abbia provveduto alla prescritta registrazione del contratto nel termine di cui al comma 1 del presente articolo. Nel giudizio che accerta l'esistenza del contratto di locazione il giudice determina il canone dovuto, che non può eccedere quello del valore minimo definito ai sensi dell'articolo 2 ovvero quello definito ai sensi dell'articolo 5, commi 2 e 3, nel caso di conduttore che abiti stabilmente l'alloggio per i motivi ivi regolati. L'autorità giudiziaria stabilisce la restituzione delle somme eventualmente eccedenti.

7. Le disposizioni di cui al comma 6 devono ritenersi applicabili a tutte le ipotesi ivi previste insorte sin dall'entrata in vigore della presente legge.

8. I riferimenti alla registrazione del contratto di cui alla presente legge non producono effetti se non vi è obbligo di registrazione del contratto stesso.

([1]) *Questo articolo è stato così sostituito dall'art. 1, comma 59, della L. 28 dicembre 2015, n. 208.*

14. Disposizioni transitorie e abrogazione di norme. – 1. In sede di prima applicazione dell'articolo 4 della presente legge, non trova applicazione il termine di novanta giorni di cui al comma 2 del medesimo articolo 4.

2. Con l'attuazione del decreto legislativo 19 febbraio 1998, n. 51, nell'articolo 6 e nell'articolo 13, comma 5, della presente legge al pretore si intende sostituito il tribunale in composizione monocratica e al tribunale il tribunale in composizione collegiale.

3. Sono abrogati l'articolo 11 del decreto legge 11 luglio 1992, n. 333, convertito, con modificazioni, dalla legge 8 agosto 1992, n. 359, nonché gli articoli 1 *bis*, 2, 3, 4, 5 e 8 del decreto legge 30 dicembre 1988, n. 551, convertito, con modificazioni, dalla legge 21 febbraio 1989, n. 61.

4. Sono altresì abrogati gli articoli 1, 3, 12, 13, 14, 15, 16, 17, 18, 19, 20, 21, 22, 23, 24, 25, 26, 54, 60, 61, 62, 63, 64, 65, 66, 75, 76, 77, 78, 79, limitatamente alle locazioni abitative, e 83 della legge 27 luglio 1978, n. 392, e successive modificazioni.

5. Ai contratti per la loro intera durata ed ai giudizi in corso alla data di entrata in vigore della

presente legge continuano ad applicarsi ad ogni effetto le disposizioni normative in materia di locazioni vigenti prima di tale data.

15. Copertura finanziaria. – 1. All'onere derivante dall'attuazione dei commi da 1 a 5 dell'articolo 8, valutato in lire 4 miliardi per l'anno 1999 e in lire 420 miliardi a decorrere dall'anno 2000, si provvede mediante utilizzo delle proiezioni per i medesimi anni degli stanziamenti iscritti, ai fini del bilancio triennale 1998-2000, nell'ambito dell'unità previsionale di base di parte corrente «Fondo speciale» dello stato di previsione del Ministero del tesoro, del bilancio e della programmazione economica per l'anno finanziario 1998, allo scopo parzialmente utilizzando, quanto a lire 4 miliardi per l'anno 1999 e quanto a lire 299 miliardi per l'anno 2000, l'accantonamento relativo al Ministero dei lavori pubblici, nonché, quanto a lire 107 miliardi per l'anno 2000, l'accantonamento relativo alla Presidenza del Consiglio dei ministri e, quanto a lire 14 miliardi per l'anno 2000, l'accantonamento relativo al Ministero di grazia e giustizia.

2. Il Ministro del tesoro, del bilancio e della programmazione economica è autorizzato ad apportare, con propri decreti, le occorrenti variazioni di bilancio.

3.

D.L. 20 ottobre 2008, n. 158. Misure urgenti per contenere il disagio abitativo di particolari categorie sociali (*Gazzetta Ufficiale* Serie gen. - n. 246 del 20 ottobre 2008), convertito, con modificazioni, nella L. 18 dicembre 2008, n. **199** (*Gazzetta Ufficiale* Serie gen. - n. 296 del 19 dicembre 2008).

1. 1. Al fine di ridurre il disagio abitativo e di favorire il passaggio da casa a casa per le particolari categorie sociali individuate dall'articolo 1, comma 1, della legge 8 febbraio 2007, n. 9, in attesa della realizzazione delle misure e degli interventi previsti dal Piano nazionale di edilizia abitativa di cui all'articolo 11 del decreto legge 25 giugno 2008, n. 112, convertito, con modificazioni, dalla legge 6 agosto 2008, n. 133, l'esecuzione dei provvedimenti di rilascio per finita locazione degli immobili adibiti ad uso abitativo, già sospesa fino al 15 ottobre 2008 ai sensi dell'articolo 22 *ter* del decreto legge 31 dicembre 2007, n. 248, convertito, con modificazioni, dalla legge 28 febbraio 2008, n. 31, è ulteriormente differita al 31 dicembre 2012 (1) (2), nei Comuni di cui all'articolo 1, comma 1, della L. 8 febbraio 2007, n. 9.

1 *bis*. Al comma 8 dell'articolo 11 della legge 9 dicembre 1998, n. 431, è aggiunto, in fine, il seguente periodo: «I bandi per la concessione dei contributi integrativi devono essere emessi entro il 30 settembre di ogni anno con riferimento alle risorse assegnate, per l'anno di emissione del bando, dalla Legge finanziaria».

1 *ter*. La sospensione di cui al comma 1 non si applica ai provvedimenti esecutivi disposti a seguito di disdetta del contratto da parte del locatore ai sensi dell'articolo 3 della legge 9 dicembre 1998, n. 431.

2. Fino alla scadenza del termine di cui al comma 1 trovano applicazione le disposizioni dell'articolo 1, commi 2, 4, 5 e 6,della legge 8 febbraio 2007, n. 9, nonché, limitatamente ai Comuni di cui all'articolo 1, comma 2, del decreto legge 27 maggio 2005, n. 86, convertito, con modificazioni, dalla legge 26 luglio 2005, n. 148, i benefici fiscali di cui all'articolo 2 della medesima legge n. 9 del 2007.

3. Alle minori entrate derivanti dall'attuazione del presente articolo, valutate in 2,29 milioni di euro per l'anno 2009 e in 4,54 milioni di euro per l'anno 2010, si provvede mediante corrispondente riduzione dell'autorizzazione di spesa di cui all'articolo 10, comma 5, del decreto legge 29 novembre 2004, n. 282, convertito, con modificazioni, dalla legge 27 dicembre 2004, n. 307, relativa al Fondo per interventi strutturali di politica economica.

4. Il Ministro dell'economia e delle finanze provvede al monitoraggio degli oneri di cui al presente articolo, anche ai fini dell'adozione dei provvedimenti correttivi di cui all'articolo 11 *ter*, comma 7, della legge 5 agosto 1978, n. 468, e successive modificazioni. Il Ministro dell'economia e delle finanze è autorizzato ad apportare, con propri decreti, le occorrenti variazioni di bilancio.

4 *bis*. Al fine di adeguare gli strumenti di vigilanza per la realizzazione del Piano casa di cui all'articolo 11 del decreto legge 25 giugno 2008, n. 112, convertito, con modificazioni, dalla legge 6 agosto 2008, n. 133, alla voce n. 668 dell'allegato A di cui all'articolo 24 del medesimo decreto legge n. 112 del 2008, relativa al regio decreto 28 aprile 1938, n. 1165, le parole: «Articoli da 118 a 138» sono sostituite dalle seguenti: «Articoli da 118 a 124».

(1) *Le parole: «al 31 dicembre 2010» sono state dapprima sostituite dalle parole: «al 31 dicembre 2011» dall'art. 2, comma 12* sexies, *del D.L. 29 dicembre 2010,*

n. 225, convertito, con modificazioni, nella L. 26 febbraio 2011, n. 10. Successivamente, le parole: «al 31 dicembre 2011» sono state sostituite dalle parole: «al 31 dicembre 2012» dall'art. 29, comma 16, del D.L. 29 dicembre 2011, n. 216, convertito, con modificazioni, nella L. 24 febbraio 2012, n. 14. A norma dello stesso art. 29, comma 16, ai fini della determinazione della misura dell'acconto dell'imposta sul reddito delle persone fisiche dovuto per l'anno 2013 non si tiene conto dei benefici fiscali di cui all'articolo 2, comma 1, della legge 8 febbraio 2007, n. 9. A norma dell'art. 4, comma 8, del D.L. 30 dicembre 2013, n. 150, convertito, con modificazioni, nella L. 27 febbraio 2014, n. 15, ai fini della determinazione della misura dell'acconto dell'imposta sul reddito delle persone fisiche dovuto per l'anno 2015 non si tiene conto dei benefici fiscali di cui all'articolo 2, comma 1, della legge 8 febbraio 2007, n. 9.

(2) *A norma dell'art. 4, comma 8, del D.L. 30 dicembre 2013, n. 150, convertito, con modificazioni, nella L. 27 febbraio 2014, n. 15, questo termine è stato prorogato al 31 dicembre 2014.*

1 *bis*. 1. I provvedimenti giudiziari di rilascio per finita locazione degli immobili adibiti a uso abitativo sono valutati ai fini dell'attribuzione del punteggio per la predisposizione delle graduatorie per l'assegnazione degli alloggi di edilizia residenziale pubblica, solo se contengono l'esplicita enunciazione della data di registrazione del contratto di locazione e gli estremi della lettera raccomandata con avviso di ricevimento recante disdetta della locazione da parte del locatore.

1 *ter*. 1. All'articolo 11, comma 12, primo periodo, del decreto legge 25 giugno 2008, n. 112, convertito, con modificazioni, dalla legge 6 agosto 2008, n. 133, dopo le parole: «comma 1154 della legge 27 dicembre 2006, n. 296,» sono inserite le seguenti: «di cui all'articolo 3, comma 108, della legge 24 dicembre 2003, n. 350, sentite le Regioni,».

1 *quater*. 1. Gli immobili sottoposti a procedura esecutiva immobiliare o concorsuale, con le caratteristiche di quelli facenti parte del patrimonio di edilizia residenziale pubblica, e comunque non rientranti nelle categorie catastali A1 e A2, occupati a titolo di abitazione principale da un mutuatario insolvente, possono essere ceduti in proprietà agli istituti autonomi case popolari, comunque denominati o trasformati, che li acquistano a valere su risorse proprie e senza nuovi o maggiori oneri a carico della finanza pubblica, con le agevolazioni previste per l'acquisto della prima casa di abitazione, al fine di favorire la riduzione del disagio abitativo e la riduzione delle passività delle banche. Gli istituti autonomi case popolari, comunque denominati o trasformati, provvedono a stipulare contratti di locazione a canone sostenibile con i mutuatari che occupano gli alloggi a titolo di abitazione principale.

2. Sono definiti canoni sostenibili, per le finalità del presente articolo, i canoni di importo pari al 70 per cento del canone concordato calcolato ai sensi dell'articolo 2, comma 3, della legge 9 dicembre 1998, n. 431, e successive modificazioni, e comunque non inferiore al canone di edilizia residenziale pubblica vigente in ciascuna regione e provincia autonoma.

3. II canone sostenibile corrisposto a fronte del contratto di locazione è computabile a parziale restituzione delle somme pagate dagli istituti autonomi case popolari, comunque denominati o trasformati, per l'estinzione del mutuo relativo all'immobile e degli oneri accessori corrisposti. Resta ferma la facoltà di riacquisto dell'immobile prioritariamente da parte del mutuatario insolvente alla scadenza del contratto di locazione secondo le modalità stabilite da leggi regionali.

2. 1. Il presente decreto entra in vigore il giorno stesso della sua pubblicazione nella *Gazzetta Ufficiale* della Repubblica italiana e sarà presentato alle Camere per la conversione in legge.

1.

L. 1 dicembre 1970, n. 898. Disciplina dei casi di scioglimento del matrimonio (*Gazzetta Ufficiale* n. 306 del 3 dicembre 1970).

1. Il giudice pronuncia lo scioglimento del matrimonio contratto a norma del codice civile, quando, esperito inutilmente il tentativo di conciliazione di cui al successivo articolo 4, accerta che la comunione spirituale e materiale tra i coniugi non può essere mantenuta o ricostituita per l'esistenza di una delle cause previste dall'articolo 3.

2. Nei casi in cui il matrimonio sia stato celebrato con rito religioso regolarmente trascritto, il giudice, quando, esperito inutilmente il tentativo di conciliazione di cui al successivo articolo 4, accerta che la comunione spirituale e materiale tra i coniugi non può essere mantenuta o ricostituita per l'esistenza di una delle cause previste dall'articolo 3, pronuncia la cessazione degli effetti civili conseguenti alla trascrizione del matrimonio.

3. ([1]) Lo scioglimento o la cessazione degli effetti civili del matrimonio può essere domandato da uno dei coniugi:

1) quando, dopo la celebrazione del matrimonio, l'altro coniuge è stato condannato, con sentenza passata in giudicato, anche per fatti commessi in precedenza:

a) all'ergastolo ovvero ad una pena superiore ad anni quindici, anche con più sentenze, per uno o più delitti non colposi, esclusi reati politici e quelli commessi per motivi di particolare valore morale e sociale;

b) a qualsiasi pena detentiva per il delitto di cui all'articolo 564 del codice penale e per uno dei delitti di cui agli articoli 519, 521, 523 e 524 del codice penale, ovvero per induzione, costrizione, sfruttamento o favoreggiamento della prostituzione;

c) a qualsiasi pena per omicidio volontario di un figlio ovvero per tentato omicidio a danno del coniuge o di un figlio;

d) a qualsiasi pena detentiva, con due o più condanne, per i delitti di cui all'articolo 582, quando ricorra la circostanza aggravante di cui al secondo comma dell'articolo 583, e agli articoli 570, 572 e 643 del codice penale, in danno del coniuge o di un figlio.

Nelle ipotesi previste alla lettera *d*), il giudice competente a pronunciare lo scioglimento o la cessazione degli effetti civili del matrimonio accerta, anche in considerazione del comportamento successivo del convenuto, la di lui inidoneità a mantenere o ricostituire la convivenza familiare. Per tutte le ipotesi previste dal numero 1) del presente articolo la domanda non è proponibile dal coniuge che sia stato condannato per concorso nel reato ovvero quando la convivenza coniugale è ripresa;

2) nei casi in cui:

a) l'altro coniuge è stato assolto per vizio totale di mente da uno dei delitti previsti nelle lettere *b*) e *c*) del numero 1) del presente articolo, quando il giudice competente a pronunciare lo scioglimento o la cessazione degli effetti civili del matrimonio accerta l'inidoneità del convenuto a mantenere o ricostituire la convivenza familiare;

b) è stata pronunciata con sentenza passata in giudicato la separazione giudiziale fra i coniugi, ovvero è stata omologata la separazione consensuale ovvero è intervenuta separazione di fatto quando la separazione di fatto stessa è iniziata almeno due anni prima del 18 dicembre 1970.

In tutti i predetti casi, per la proposizione della domanda di scioglimento o di cessazione degli effetti civili del matrimonio, le separazioni devono essersi protratte ininterrottamente da almeno dodici mesi dall'avvenuta comparizione dei coniugi innanzi al presidente del tribunale nella procedura di separazione personale e da sei mesi nel caso di separazione consensuale, anche quando il giudizio contenzioso si sia trasformato in consensuale ([2]), ovvero dalla data certificata nell'accordo di separazione raggiunto a seguito di convenzione di negoziazione assistita da un avvocato ovvero dalla data dell'atto contenente l'accordo di separazione concluso innanzi all'ufficiale dello stato civile ([3]). L'eventuale interruzione della separazione deve essere eccepita dalla parte convenuta;

c) il procedimento penale promosso per i delitti previsti dalle lettere *b*) e *c*) del numero 1) del presente articolo si è concluso con sentenza di non doversi procedere per estinzione del reato, quando il giudice competente a pronunciare lo scioglimento o la cessazione degli effetti civili del matrimonio ritiene che nei fatti commessi sussistano gli elementi costitutivi e le condizioni di punibilità dei delitti stessi;

d) il procedimento penale per incesto si è concluso con sentenza di proscioglimento o di assoluzione che dichiari non punibile il fatto per mancanza di pubblico scandalo;

e) l'altro coniuge, cittadino straniero, ha ottenuto all'estero l'annullamento o lo scioglimento del matrimonio o ha contratto all'estero nuovo matrimonio;

f) il matrimonio non è stato consumato;

g) è passata in giudicato sentenza di rettificazione di attribuzione di sesso a norma della legge 14 aprile 1982, n. 164.

([1]) *Questo articolo è stato così modificato dalla L. 6 marzo 1987, n. 74.*

([2]) *Le parole «tre anni a far tempo dalla avvenuta comparizione dei coniugi innanzi al presidente del tribunale nella procedura di separazione personale anche quando il giudizio contenzioso si sia trasformato in consensuale» sono state così sostituite dalle attuali: «dodici mesi dall'avvenuta comparizione dei coniugi innanzi al presidente del tribunale nella procedura di separazione personale e da sei mesi nel caso di separazione consensuale, anche quando il giudizio contenzioso si sia trasformato in consensuale» dall'art. 1 della L. 6 maggio 2015, n. 55. A norma dell'art. 3 della medesima legge tali disposizioni si applicano ai procedimenti in corso alla data di entrata in vigore della presente legge* (G.U. *Serie gen. - n. 107 dell'11 maggio 2015), anche nei casi in cui il procedimento di separazione che ne costituisce il presupposto risulti ancora pendente alla medesima data.*

([3]) *Le parole: «, ovvero dalla data certificata nell'accordo di separazione raggiunto a seguito di convenzione di negoziazione assistita da un avvocato ovvero dalla data dell'atto contenente l'accordo di separazione concluso innanzi all'ufficiale dello stato civile.» sono state aggiunte dall'art. 12, comma 4, del D.L. 12 settembre 2014, n. 132, convertito, con modificazioni, nella L. 10 novembre 2014, n. 162, a decorrere dal trentesimo giorno successivo all'entrata in vigore della legge di conversione del presente decreto (Suppl. ord. alla G.U. Serie gen. - n. 261 del 10 novembre 2014).*

4. ([1]) 1. La domanda per ottenere lo scioglimento o la cessazione degli effetti civili del matrimonio si propone al tribunale del luogo dell'ultima residenza comune dei coniugi ovvero, in mancanza, del luogo in cui il coniuge convenuto ha residenza o domicilio. Qualora il coniuge convenuto sia residente all'estero o risulti irreperibile, la domanda si propone al tribunale del luogo di residenza o di domicilio del ricorrente e, se anche questi è residente all'estero, a qualunque tribunale della Repubblica. La domanda congiunta può essere proposta al tribunale del luogo di residenza o di domicilio dell'uno o dell'altro coniuge ([2]).

2. La domanda si propone con ricorso, che deve contenere l'esposizione dei fatti e degli elementi di diritto sui quali la domanda di scioglimento del matrimonio o di cessazione degli effetti civili dello stesso è fondata.

3. Del ricorso il cancelliere dà comunicazione all'ufficiale dello stato civile del luogo dove il matrimonio fu trascritto per l'annotazione in calce all'atto.

4. Nel ricorso deve essere indicata l'esistenza di figli di entrambi i coniugi ([3]).

5. Il presidente del tribunale, nei cinque giorni successivi al deposito in cancelleria, fissa con decreto la data di comparizione dei coniugi davanti a sé, che deve avvenire entro novanta giorni dal deposito del ricorso, il termine per la notificazione del ricorso e del decreto ed il termine entro cui il coniuge convenuto può depositare memoria difensiva e documenti. Il presidente nomina un curatore speciale quando il convenuto è malato di mente o legalmente incapace.

6. Al ricorso e alla prima memoria difensiva sono allegate le ultime dichiarazioni dei redditi rispettivamente presentate.

7. I coniugi devono comparire davanti al presidente del tribunale personalmente, salvo gravi e comprovati motivi, e con l'assistenza di un difensore. Se il ricorrente non si presenta o rinuncia, la domanda non ha effetto. Se non si presenta il coniuge convenuto, il presidente può fissare un nuovo giorno per la comparizione, ordinando che la notificazione del ricorso e del decreto gli sia rinnovata. All'udienza di comparizione, il presidente deve sentire i coniugi prima separatamente poi congiuntamente, tentando di conciliarli. Se i coniugi si conciliano, il presidente fa redigere processo verbale della conciliazione.

8. Se la conciliazione non riesce, il presidente, sentiti i coniugi e i rispettivi difensori nonché, disposto l'ascolto del figlio minore che abbia compiuto gli anni dodici e anche di età inferiore ove capace di discernimento ([4]), dà, anche d'ufficio, con ordinanza i provvedimenti temporanei e urgenti che reputa opportuni nell'interesse dei coniugi e della prole, nomina il giudice istruttore e fissa l'udienza di comparizione e trattazione dinanzi a questo. Nello stesso modo il presidente provvede, se il coniuge convenuto non compare, sentito il ricorrente e il suo difensore. L'ordinanza del presidente può essere revocata o modificata dal giudice istruttore. Si applica l'articolo 189 delle disposizioni di attuazione del codice di procedura civile.

9. Tra la data dell'ordinanza, ovvero tra la data entro cui la stessa deve essere notificata al convenuto non comparso, e quella dell'udienza di comparizione e trattazione devono intercorrere i termini di cui all'articolo 163 *bis* del codice di procedura civile ridotti a metà.

10. Con l'ordinanza di cui al comma 8, il presidente assegna altresì termine al ricorrente per il deposito in cancelleria di memoria integrativa, che deve avere il contenuto di cui all'articolo 163, terzo comma, numeri 2), 3), 4), 5) e 6), del codice di procedura civile e termine al convenuto per la costituzione in giudizio ai sensi degli articoli 166 e 167, primo e secondo comma, dello stesso codice nonché per la proposizione delle eccezioni processuali e di merito che non siano rilevabili d'ufficio. L'ordinanza deve contenere l'avvertimento al convenuto che la costituzione oltre il suddetto termine implica le decadenze di cui all'articolo 167 del codice di procedura civile e che oltre il termine stesso non potranno più essere proposte le eccezioni processuali e di merito non rilevabili d'ufficio.

11. All'udienza davanti al giudice istruttore si applicano le disposizioni di cui agli articoli 180 e 183, commi primo, secondo, quarto, quinto, sesto e settimo, del codice di procedura civile. Si applica altresì l'articolo 184 del medesimo codice.

12. Nel caso in cui il processo debba continuare per la determinazione dell'assegno, il tribunale emette sentenza non definitiva relativa allo scioglimento o alla cessazione degli effetti civili del matrimonio. Avverso tale sentenza è ammesso solo appello immediato. Appena formatosi il giudicato, si applica la previsione di cui all'articolo 10.

13. Quando vi sia stata la sentenza non definitiva, il tribunale, emettendo la sentenza che dispone l'obbligo della somministrazione dell'assegno, può disporre che tale obbligo produca effetti fin dal momento della domanda.

14. Per la parte relativa ai provvedimenti di natura economica la sentenza di primo grado è provvisoriamente esecutiva.

15. L'appello è deciso in camera di consiglio.

16. La domanda congiunta dei coniugi di scioglimento o di cessazione degli effetti civili del matrimonio che indichi anche compiutamente le condizioni inerenti alla prole e ai rapporti economici, è proposta con ricorso al tribunale in camera di consiglio. Il tribunale, sentiti i coniugi, verificata l'esistenza dei presupposti di legge e valutata la rispondenza delle condizioni all'interesse dei figli, decide con sentenza. Qualora il tribunale ravvisi che le condizioni relative ai figli sono in contrasto con gli interessi degli stessi, si applica la procedura di cui al comma 8.

([1]) *Questo articolo è stato così sostituito dall'art. 2, comma 3* bis, *del D.L. 14 marzo 2005, n. 35, convertito, con modificazioni, nella L. 14 maggio 2005, n. 80. Tale sostituzione decorre dal 1° marzo 2006, e si applica ai procedimenti instaurati successivamente a tale data, secondo quanto dispone l'art. 2, comma 3* quinquies, *del medesimo provvedimento, come sostituito dall'art. 1, comma 6, della L. 28 dicembre 2005, n. 263, e successivamente modificato dall'art. 39* quater *del D.L. 30 dicembre 2005, n. 273, convertito, con modificazioni, nella L. 23 febbraio 2006, n. 51.*

([2]) *La Corte costituzionale, con sentenza n. 169 del 23 maggio 2008, ha dichiarato l'illegittimità costituzionale di questo comma, limitatamente alle parole: «del luogo dell'ultima residenza comune dei coniugi ovvero, in mancanza,».*

([3]) *Questo comma è stato così sostituito dall'art. 98, comma 1, lett.* a), *del D.L.vo 28 dicembre 2013, n. 154, a decorrere dal trentesimo giorno successivo a quello della sua pubblicazione nella* Gazzetta Ufficiale *(G.U. n. 5 dell'8 gennaio 2014).*

([4]) *Le parole: «qualora lo ritenga strettamente necessario anche in considerazione della loro età, i figli minori» sono state così sostituite dalle seguenti: «disposto l'ascolto del figlio minore che abbia compiuto gli anni dodici e anche di età inferiore ove capace di discernimento» dall'art. 98, comma 1, lett.* a), *del D.L.vo 28 dicembre 2013, n. 154, a decorrere dal trentesimo giorno successivo a quello della sua pubblicazione nella* Gazzetta Ufficiale *(G.U. n. 5 dell'8 gennaio 2014).*

5. ([1]) Il tribunale adito, in contraddittorio delle parti e con l'intervento obbligatorio del pubblico ministero, accertata la sussistenza di uno dei casi di cui all'articolo 3, pronuncia con sentenza lo scioglimento o la cessazione degli effetti civili del matrimonio ed ordina all'ufficiale dello stato civile del luogo ove venne trascritto il matrimonio di procedere all'annotazione della sentenza.

La donna perde il cognome che aveva aggiunto al proprio a seguito del matrimonio.

Il tribunale, con la sentenza con cui pronuncia lo scioglimento o la cessazione degli effetti civili del matrimonio, può autorizzare la donna che ne faccia richiesta a conservare il cognome del marito aggiunto al proprio quando sussista un interesse suo o dei figli meritevole di tutela.

La decisione di cui al comma precedente può essere modificata con successiva sentenza, per motivi di particolare gravità, su istanza di una delle parti.

La sentenza è impugnabile da ciascuna delle parti. Il pubblico ministero può, ai sensi dell'articolo 72 del codice di procedura civile, proporre impugnazione limitatamente agli interessi patrimoniali dei figli minori o legalmente incapaci.

Con la sentenza che pronuncia lo scioglimento o la cessazione degli effetti civili del matrimonio, il tribunale, tenuto conto delle condizioni dei coniugi, delle ragioni della decisione, del contributo personale ed economico dato da ciascuno alla conduzione familiare ed alla formazione del patrimonio di ciascuno o di quello comune, del reddito di entrambi, e valutati tutti i suddetti elementi anche in rapporto alla durata del matrimonio, dispone l'obbligo per un coniuge di somministrare periodicamente a favore dell'altro un assegno quando quest'ultimo non ha mezzi adeguati o comunque non può procurarseli per ragioni oggettive.

La sentenza deve stabilire anche un criterio di adeguamento automatico dell'assegno, almeno con riferimento agli indici di svalutazione monetaria. Il tribunale può, in caso di palese iniquità, escludere la previsione con motivata decisione.

Su accordo delle parti la corresponsione può avvenire in unica soluzione ove questa sia ritenuta equa dal tribunale. In tal caso non può essere proposta alcuna successiva domanda di contenuto economico.

I coniugi devono presentare all'udienza di comparizione avanti al presidente del tribunale la dichiarazione personale dei redditi e ogni documentazione relativa ai loro redditi e al loro patrimonio personale e comune. In caso di contestazioni il tribunale dispone indagini sui redditi, sui patrimoni e sull'effettivo tenore di vita, valendosi, se del caso, anche della polizia tributaria.

L'obbligo di corresponsione dell'assegno cessa se il coniuge, al quale deve essere corrisposto, passa a nuove nozze.

Il coniuge, al quale non spetti l'assistenza sanitaria per nessun altro titolo, conserva il diritto nei confronti dell'ente mutualistico da cui sia assistito l'altro coniuge. Il diritto si estingue se egli passa a nuove nozze.

(1) *Questo articolo, come modificato dalla L. 1 agosto 1978, n. 436, è stato modificato dalla L. 6 marzo 1987, n. 74.*

6. (1) L'obbligo, ai sensi degli articoli 315 *bis* e 316 *bis* (2) del codice civile, di mantenere, educare ed istruire i figli nati o adottati durante il matrimonio di cui sia stato pronunciato lo scioglimento o la cessazione degli effetti civili, permane anche nel caso di passaggio a nuove nozze di uno o di entrambi i genitori.

Il Tribunale che pronuncia lo scioglimento o la cessazione degli effetti civili del matrimonio applica, riguardo ai figli, le disposizioni contenute nel capo II, del titolo IX, del libro primo, del codice civile (3).

[In particolare il tribunale stabilisce la misura ed il modo con cui il genitore non affidatario deve contribuire al mantenimento, all'istruzione e all'educazione dei figli, nonché le modalità di esercizio dei suoi diritti nei rapporti con essi] (4).

[Il genitore cui sono affidati i figli, salva diversa disposizione del tribunale, ha l'esercizio esclusivo della potestà su di essi; egli deve attenersi alle condizioni determinate dal tribunale. Salvo che non sia diversamente stabilito, le decisioni di maggiore interesse per i figli sono adottate da entrambi i genitori. Il genitore cui i figli non siano affidati ha il diritto ed il dovere di vigilare sulla loro istruzione ed educazione e può ricorrere al tribunale quando ritenga che siano state assunte decisioni pregiudizievoli al loro interesse] (4).

[Qualora il genitore affidatario non si attenga alle condizioni dettate, il tribunale valuterà detto comportamento al fine del cambio di affidamento] (4).

L'abitazione nella casa familiare spetta di preferenza al genitore cui vengono affidati i figli o con il quale i figli convivono oltre la maggiore età. In ogni caso ai fini dell'assegnazione il giudice dovrà valutare le condizioni economiche dei coniugi e le ragioni della decisione e favorire il coniuge più debole. L'assegnazione, in quanto trascritta, è opponibile al terzo acquirente ai sensi dell'articolo 1599 del codice civile.

Il tribunale dà inoltre disposizioni circa l'amministrazione dei beni dei figli e, nell'ipotesi in cui l'esercizio della responsabilità genitoriale ([5]) sia affidato ad entrambi i genitori, circa il concorso degli stessi al godimento dell'usufrutto legale.

[In caso di temporanea impossibilità di affidare il minore ad uno dei genitori, il tribunale procede all'affidamento familiare di cui all'articolo 2 della legge 4 maggio 1983, n. 184] ([4]).

[Nell'emanare i provvedimenti relativi all'affidamento dei figli e al contributo per il loro mantenimento, il giudice deve tener conto dell'accordo fra le parti: i provvedimenti possono essere diversi rispetto alle domande delle parti o al loro accordo, ed emessi dopo l'assunzione di mezzi di prova dedotti dalle parti o disposti d'ufficio dal giudice, ivi compresa, qualora sia strettamente necessario anche in considerazione della loro età, l'audizione dei figli minori] ([4]).

[All'attuazione dei provvedimenti relativi all'affidamento della prole provvede il giudice del merito, e, nel caso previsto dal comma 8, anche d'ufficio. A tal fine copia del provvedimento di affidamento è trasmessa, a cura del pubblico ministero, al giudice tutelare] ([4]).

[Nel fissare la misura dell'assegno di mantenimento relativo ai figli il tribunale determina anche un criterio di adeguamento automatico dello stesso, almeno con riferimento agli indici di svalutazione monetaria] ([4]).

[In presenza di figli minori, ciascuno dei genitori è obbligato a comunicare all'altro, entro il termine perentorio di trenta giorni, l'avvenuto cambiamento di residenza o di domicilio. La mancata comunicazione obbliga al risarcimento del danno eventualmente verificatosi a carico del coniuge o dei figli per la difficoltà di reperire il soggetto] ([4]).

([1]) *Questo articolo è stato così sostituito dall'art. 11 della L. 6 marzo 1987, n. 74.*

([2]) *Le parole: «147 e 148» sono state così sostituite dalle seguenti: «315* bis *e 316* bis*» dall'art. 98, comma 1, lett.* b)*, del D.L.vo 28 dicembre 2013, n. 154, a decorrere dal trentesimo giorno successivo a quello della sua pubblicazione nella* Gazzetta Ufficiale (G.U. *n. 5 dell'8 gennaio 2014).*

([3]) *Questo comma è stato così sostituito dall'art. 98, comma 1, lett.* b)*, del D.L.vo 28 dicembre 2013, n. 154, a decorrere dal trentesimo giorno successivo a quello della sua pubblicazione nella* Gazzetta Ufficiale (G.U. *n. 5 dell'8 gennaio 2014).*

([4]) *Questo comma è stato abrogato dall'art. 98, comma 1, lett.* b)*, del D.L.vo 28 dicembre 2013, n. 154, a decorrere dal trentesimo giorno successivo a quello della sua pubblicazione nella* Gazzetta Ufficiale (G.U. *n. 5 dell'8 gennaio 2014).*

([5]) *La parola: «potestà» è stata così sostituita dalle seguenti: «responsabilità genitoriale» dall'art. 98, comma 1, lett.* b)*, del D.L.vo 28 dicembre 2013, n. 154, a decorrere dal trentesimo giorno successivo a quello della sua pubblicazione nella* Gazzetta Ufficiale (G.U. *n. 5 dell'8 gennaio 2014).*

7. (*Omissis*) ([1]).

([1]) *Questo articolo risulta abrogato a seguito della L. 19 maggio 1975, n. 151.*

8. ([1]) Il tribunale che pronuncia lo scioglimento o la cessazione degli effetti civili del matrimonio può imporre all'obbligato di prestare idonea garanzia reale o personale se esiste il pericolo che egli possa sottrarsi all'adempimento degli obblighi di cui agli articoli 5 e 6.

La sentenza costituisce titolo per l'iscrizione dell'ipoteca giudiziale ai sensi dell'articolo 2818 del codice civile.

Il coniuge cui spetta la corresponsione periodica dell'assegno, dopo la costituzione in mora a mezzo raccomandata con avviso di ricevimento del coniuge obbligato e inadempiente per un periodo di almeno trenta giorni, può notificare il provvedimento in cui è stabilita la misura dell'assegno ai terzi tenuti a corrispondere periodicamente somme di denaro al coniuge obbligato con l'invito a versargli direttamente le somme dovute, dandone comunicazione al coniuge inadempiente.

Ove il terzo cui sia stato notificato il provvedimento non adempia, il coniuge creditore ha azione diretta esecutiva nei suoi confronti per il pagamento delle somme dovutegli quale assegno di mantenimento ai sensi degli articoli 5 e 6.

Qualora il credito del coniuge obbligato nei confronti dei suddetti terzi sia stato già pignorato al momento della notificazione, all'assegnazione e alla ripartizione delle somme fra il coniuge cui spetta la corresponsione periodica dell'assegno, il creditore procedente e i creditori intervenuti nell'esecuzione, provvede il giudice dell'esecuzione.

Lo Stato e gli altri enti indicati nell'articolo 1 del testo unico delle leggi concernenti il sequestro, il pignoramento e la cessione degli stipendi, salari e pensioni dei dipendenti delle pubbliche amministrazioni, approvato con decreto del Presidente della Repubblica 5 gennaio 1950, n. 180, nonché gli altri enti datori di lavoro cui sia stato notificato il provvedimento in cui è stabilita la misura dell'assegno e l'invito a pagare direttamente al coniuge cui spetta la corresponsione periodica, non possono versare a quest'ultimo oltre la metà delle somme dovute al coniuge obbligato, comprensive anche degli assegni e degli emolumenti accessori.

Per assicurare che siano soddisfatte o conservate le ragioni del creditore in ordine all'adempimento degli obblighi di cui agli articoli 5 e 6, su richiesta dell'avente diritto, il giudice può disporre il sequestro dei beni del coniuge obbligato a somministrare l'assegno. Le somme spettanti al coniuge obbligato alla corresponsione dell'assegno di cui al precedente comma sono soggette a sequestro e pignoramento fino alla concorrenza della metà per il soddisfacimento dell'assegno periodico di cui agli articoli 5 e 6.

(1) *Questo articolo è stato così modificato dall'art. 12 della L. 6 marzo 1987, n. 74.*

9. (1) (2) Qualora sopravvengano giustificati motivi dopo la sentenza che pronuncia lo scioglimento o la cessazione degli effetti civili del matrimonio, il tribunale, in camera di consiglio e, per i provvedimenti relativi ai figli, con la partecipazione del pubblico ministero, può, su istanza di parte, disporre la revisione delle disposizioni concernenti l'affidamento dei figli e di quelle relative alla misura e alle modalità dei contributi da corrispondersi ai sensi degli articoli 5 e 6.

In caso di morte dell'*ex* coniuge e in assenza di un coniuge superstite avente i requisiti per la pensione di reversibilità, il coniuge rispetto al quale è stata pronunciata sentenza di scioglimento o di cessazione degli effetti civili del matrimonio ha diritto, se non passato a nuove nozze e sempre che sia titolare di assegno ai sensi dell'articolo 5, alla pensione di reversibilità, sempre che il rapporto da cui trae origine il trattamento pensionistico sia anteriore alla sentenza (3).

Qualora esista un coniuge superstite avente i requisiti per la pensione di reversibilità, una quota della pensione e degli altri assegni a questi spettanti è attribuita dal tribunale, tenendo conto della durata del rapporto, al coniuge rispetto al quale è stata pronunciata la sentenza di scioglimento o di cessazione degli effetti civili del matrimonio e che sia titolare dell'assegno di cui all'articolo 5. Se in tale condizione si trovano più persone, il tribunale provvede a ripartire fra tutti la pensione e gli altri assegni, nonché a ripartire tra i restanti le quote attribuite a chi sia successivamente morto o passato a nuove nozze (3).

Restano fermi, nei limiti stabiliti dalla legislazione vigente, i diritti spettanti a figli, genitori o collaterali in merito al trattamento di reversibilità.

Alle domande giudiziali dirette al conseguimento della pensione di reversibilità o di parte di essa deve essere allegato un atto notorio, ai sensi della L. 4 gennaio 1968, n. 15, dal quale risultino tutti gli aventi diritto. In ogni caso, la sentenza che accoglie la domanda non pregiudica la tutela, nei confronti dei beneficiari, degli aventi diritto pretermessi, salva comunque l'applicabilità delle sanzioni penali per le dichiarazioni mendaci.

(1) *Questo articolo, già sostituito dall'art. 2 della L. 1 agosto 1978, n. 436, è stato poi così nuovamente sostituito dall'art. 13 della L. 6 marzo 1987, n. 74.*

(2) *Si veda l'art. 4 della L. 8 febbraio 2006, n. 54 che così dispone*:

«4. (Disposizioni finali). *1. Nei casi in cui il decreto di omologa dei patti di separazione consensuale, la sentenza di separazione giudiziale, di scioglimento, di annullamento o di cessazione degli effetti civili del matrimonio sia già stata emessa alla data di entrata in vigore della presente legge, ciascuno dei genitori può richiedere, nei modi previsti dall'articolo 710 del codice di procedura civile o dall'articolo 9 della legge 1° dicembre 1970, n. 898, e successive modificazioni, l'applicazione delle disposizioni della presente legge.*

«2. Le disposizioni della presente legge si applicano anche in caso di scioglimento, di cessazione degli effetti civili o di nullità del matrimonio, nonché ai procedimenti relativi ai figli di genitori non coniugati».

(3) *Ai sensi dell'art. 5, comma 1, della L. 28 dicembre 2005, n. 263, questo comma si interpreta nel senso che per titolarità dell'assegno ai sensi dell'articolo 5 deve intendersi l'avvenuto riconoscimento dell'assegno medesimo da parte del tribunale ai sensi del predetto articolo 5 della citata legge n. 898 del 1970.*

9 *bis*. (1) A colui al quale è stato riconosciuto il diritto alla corresponsione periodica di somme di denaro a norma dell'art. 5, qualora versi in stato di bisogno, il tribunale, dopo il decesso dell'obbligato, può attribuire un assegno periodico a carico dell'eredità tenendo conto dell'importo di quelle somme, della entità del bisogno, dell'eventuale pensione di reversibilità, delle sostanze ereditarie, del numero e della qualità degli eredi e delle loro condizioni economiche. L'assegno non spetta se gli obblighi patrimoniali previsti dall'articolo 5 sono stati soddisfatti in unica soluzione.

Su accordo delle parti la corresponsione dell'assegno può avvenire in unica soluzione. Il diritto all'assegno si estingue se il beneficiario passa a nuove nozze o viene meno il suo stato di bisogno. Qualora risorga lo stato di bisogno l'assegno può essere nuovamente attribuito.

([1]) *Questo articolo è stato aggiunto dall'art. 3 della L. 1° agosto 1978, n. 436.*

10. La sentenza che pronuncia lo scioglimento o la cessazione degli effetti civili del matrimonio, quando sia passata in giudicato, deve essere trasmessa in copia autentica, a cura del cancelliere del tribunale o della Corte che l'ha emessa, all'ufficiale dello stato civile del Comune in cui il matrimonio fu trascritto, per le annotazioni e le ulteriori incombenze di cui al regio decreto 9 luglio 1939, n. 1238 ([1]).

Lo scioglimento e la cessazione degli effetti civili del matrimonio, pronunciati nei casi rispettivamente previsti dagli articoli 1 e 2 della presente legge, hanno efficacia, a tutti gli effetti civili, dal giorno dell'annotazione della sentenza.

([1]) *Si veda ora il D.P.R. 3 novembre 2000, n. 396.*

11. (*Omissis*) ([1]).

([1]) *Questo articolo è stato abrogato dall'art. 14 della L. 6 marzo 1987, n. 74.*

12. ([1]) Le disposizioni del codice civile in tema di riconoscimento del figlio nato fuori del matrimonio ([2]) si applicano, per quanto di ragione, anche nel caso di scioglimento o di cessazione degli effetti civili del matrimonio.

([1]) *Questo articolo è stato così sostituito dall'art. 15 della L. 6 marzo 1987, n. 74.*

([2]) *La parola: «naturale» è stata così sostituita dalle seguenti: «nato fuori del matrimonio» dall'art. 98, comma 1, lett. c), del D.L.vo 28 dicembre 2013, n. 154, a decorrere dal trentesimo giorno successivo a quello della sua pubblicazione nella* Gazzetta Ufficiale *(G.U. n. 5 dell'8 gennaio 2014).*

12 *bis.* ([1]) Il coniuge nei cui confronti sia stata pronunciata sentenza di scioglimento o di cessazione degli effetti civili del matrimonio ha diritto, se non passato a nuove nozze e in quanto sia titolare di assegno ai sensi dell'articolo 5, ad una percentuale dell'indennità di fine rapporto percepita dall'altro coniuge all'atto della cessazione del rapporto di lavoro anche se l'indennità viene a maturare dopo la sentenza.

Tale percentuale è pari al quaranta per cento dell'indennità totale riferibile agli anni in cui il rapporto di lavoro è coinciso con il matrimonio.

([1]) *Questo articolo è stato aggiunto dall'art. 16 della L. 6 marzo 1987, n. 74.*

12 *ter.* ([1]) In caso di genitori rispetto ai quali sia stata pronunciata sentenza di scioglimento o di cessazione degli effetti civili del matrimonio, la pensione di reversibilità spettante ad essi per la morte di un figlio deceduto per fatti di servizio è attribuita automaticamente dall'ente erogante in parti uguali a ciascun genitore.

Alla morte di uno dei genitori, la quota-parte di pensione si consolida automaticamente in favore dell'altro.

Analogamente si provvede, in presenza della predetta sentenza, per la pensione di reversibilità spettante al genitore del dante causa secondo le disposizioni di cui agli articoli 83 e 87 del decreto del Presidente della Repubblica 29 dicembre 1973, n. 1092.

([1]) *Questo articolo è stato aggiunto dall'art. 17 della L. 6 marzo 1987, n. 74.*

12 *quater.* ([1]) Per le cause relative ai diritti di obbligazione di cui alla presente legge è competente anche il giudice del luogo in cui deve essere eseguita l'obbligazione dedotta in giudizio.

([1]) *Questo articolo è stato aggiunto dall'art. 18 della L. 6 marzo 1987, n. 74.*

12 *quinquies.* ([1]) Allo straniero, coniuge di cittadina italiana, la legge nazionale del quale non disciplina lo scioglimento o la cessazione degli effetti civili del matrimonio, si applicano le disposizioni di cui alla presente legge.

([1]) *Questo articolo è stato aggiunto dall'art. 20 della L. 6 marzo 1987, n. 74.*

12 *sexies.* ([1]) Al coniuge che si sottrae all'obbligo di corresponsione dell'assegno dovuto a norma degli articoli 5 e 6 della presente legge si applicano le pene previste dall'articolo 570 del codice penale.

([1]) *Questo articolo è stato aggiunto dall'art. 21 della L. 6 marzo 1987, n. 74. La L. 8 febbraio 2006, n. 54 recante «Disposizioni in materia di separazione dei genitori e affidamento condiviso dei figli», stabilisce, all'articolo 3, che esso si applichi anche «in caso di violazione degli obblighi di natura economica» senza ulteriori specificazioni.*

2.

L. 25 marzo 1985, n. 121. Ratifica ed esecuzione dell'accordo, con protocollo addizionale, firmato a Roma il 18 febbraio 1984, che apporta modificazioni al Concordato lateranense dell'11 febbraio 1929, tra la Repubblica italiana e la Santa Sede (Suppl. ord. alla *Gazzetta Ufficiale* n. 85 del 10 aprile 1985).

(*Estratto*)

8. Sono riconosciuti gli effetti civili ai matrimoni contratti secondo le norme del diritto canonico, a condizione che l'atto relativo sia trascritto nei registri dello stato civile, previe pubblicazioni nella casa comunale. Subito dopo la celebrazione, il parroco o il suo delegato spiegherà ai contraenti gli effetti civili del matrimonio, dando lettura degli articoli del codice civile riguardanti i diritti e i doveri dei coniugi, e redigerà quindi, in doppio originale, l'atto di matrimonio, nel quale potranno essere inserite le dichiarazioni dei coniugi consentite secondo la legge civile.

La Santa Sede prende atto che la trascrizione non potrà avere luogo:

a) quando gli sposi non rispondano ai requisiti della legge civile circa l'età richiesta per la celebrazione;

b) quando sussiste fra gli sposi un impedimento che la legge civile considera inderogabile.

La trascrizione è tuttavia ammessa quando, secondo la legge civile, l'azione di nullità o di annullamento non potrebbe essere più proposta.

La richiesta di trascrizione è fatta, per iscritto, dal parroco del luogo dove il matrimonio è stato celebrato, non oltre i cinque giorni dalla celebrazione. L'ufficiale dello stato civile, ove sussistano le condizioni per la trascrizione, la effettua entro ventiquattro ore dal ricevimento dell'atto e ne dà notizia al parroco.

Il matrimonio ha effetti civili dal momento della celebrazione, anche se l'ufficiale dello stato civile, per qualsiasi ragione, abbia effettuato la trascrizione oltre il termine prescritto.

La trascrizione può essere effettuata anche posteriormente su richiesta dei due contraenti, o anche di uno di essi, con la conoscenza e senza l'opposizione dell'altro, sempre che entrambi abbiano conservato ininterrottamente lo stato libero dal momento della celebrazione a quello della richiesta di trascrizione, e senza pregiudizio dei diritti legittimamente acquisiti dai terzi.

Le sentenze di nullità di matrimonio pronunciate dai tribunali ecclesiastici, che siano munite del decreto di esecutività del superiore organo ecclesiastico di controllo, sono, su domanda delle parti o di una di esse, dichiarate efficaci nella Repubblica italiana con sentenza della corte d'appello competente, quando questa accerti:

a) che il giudice ecclesiastico era il giudice competente a conoscere della causa in quanto matrimonio celebrato in conformità del presente articolo;

b) che nel procedimento davanti ai tribunali ecclesiastici è stato assicurato alle parti il diritto di agire e di resistere in giudizio in modo non difforme dai principi fondamentali dell'ordinamento italiano;

c) che ricorrano le altre condizioni richieste dalla legislazione italiana per la dichiarazione di efficacia delle sentenze straniere.

La corte d'appello potrà, nella sentenza intesa a rendere esecutiva una sentenza canonica, statuire provvedimenti economici provvisori a favore di uno dei coniugi il cui matrimonio sia stato dichiarato nullo, rimandando le parti al giudice competente per la decisione sulla materia.

Nell'accedere al presente regolamento della materia matrimoniale la Santa Sede sente l'esigenza di riaffermare il valore immutato della dottrina cattolica sul matrimonio e la sollecitudine della Chiesa per la dignità ed i valori della famiglia, fondamento della società.

3.

L. 10 giugno 1985, n. 301. Adesione alla convenzione sul riconoscimento dei divorzi e delle separazioni personali, adottata a l'Aja l'1 giugno 1970 (Suppl. ord. alla *Gazzetta Ufficiale* n. 149 del 26 giugno 1985).

1. La presente Convenzione si applica al riconoscimento in uno Stato contraente, dei divorzi e delle separazioni personali ottenute in un altro Stato contraente a seguito di una procedura giudiziaria o altra procedura ufficialmente riconosciuta in detto Stato e che vi abbiano effetto giuridico.

La Convenzione non concerne le disposizioni relative alle colpe, nè le misure o condanne accessorie contenute nella decisione di divorzio o di separazione personale, segnatamente le condanne pecuniarie o le disposizioni relative all'affidamento dei figli.

2. Tali divorzi e separazioni personali sono riconosciuti in tutti gli altri Stati contraenti, fatte salve le altre disposizioni della presente Convenzione se, alla data della richiesta nello Stato (qui di seguito denominato «Stato di origine») del divorzio e della separazione personale:

1) il convenuto vi aveva la sua residenza abituale; o

2) il richiedente vi aveva la sua residenza abituale ed era inoltre soddisfatta una delle condizioni seguenti:

a) tale residenza abituale era durata per almeno un anno immediatamente prima della data della domanda;

b) i coniugi vi avevano ultimamente risieduto abitualmente insieme; o

3) i due coniugi erano cittadini di tale Stato; o

4) il richiedente era un cittadino di detto Stato ed una delle seguenti condizioni era inoltre soddisfatta:

a) il richiedente vi aveva la sua residenza abituale; o

b) vi aveva risieduto abitualmente per un periodo continuativo di un anno compreso, almeno parzialmente, nei due anni precedenti la data della domanda; o

5) il richiedente di divorzio era cittadino di questo Stato ed erano inoltre soddisfatte le seguenti due condizioni:

a) il richiedente era presente in detto Stato alla data della domanda;

b) i coniugi avevano ultimamente risieduto abitualmente insieme in uno stato la cui legge non prevedeva il divorzio alla data della richiesta.

3. Qualora la competenza in materia di divorzio o di separazione personale si basi, nello Stato di origine, sul concetto di «domicilio», l'espressione «residenza abituale» nell'articolo 2 dovrà comprendere il domicilio secondo il senso attribuito a detto termine in questo Stato.

Tuttavia, il comma precedente non si applica al domicilio della moglie, quando questo è giuridicamente ricollegato al domicilio del coniuge.

4. Se è stata proposta una domanda di riconciliazione, il divorzio o la separazione personale intervenuti sulla domanda principale o sulla domanda riconvenzionale saranno riconosciuti se l'uno o l'altra soddisfano le condizioni di cui agli articoli 2 e 3.

5. Qualora una separazione personale, che sia conforme alle disposizioni della presente Convenzione, sia stata tramutata in divorzio nello Stato di origine, il riconoscimento del divorzio non potrà essere rifiutato per il motivo che le condizioni previste agli articoli 2 o 3 non erano più soddisfatte al momento della domanda di divorzio.

6. Qualora il convenuto sia comparso nella procedura, le autorità dello Stato nel quale è richiesto il riconoscimento di un divorzio o di una separazione personale saranno vincolate dalle constatazioni di fatto sulle quali si è basata la competenza.

Il riconoscimento del divorzio o della separazione personale non potrà essere rifiutato:

a) sia che la legge interna dello Stato nel quale tale riconoscimento è richiesto non permetta il divorzio o secondo i casi la separazione personale per i medesimi fatti;

b) sia che sia stata applicata una legge diversa da quella applicabile secondo i principi di diritto internazionale privato di questo Stato.

Fatto salvo quanto eventualmente necessario per l'applicazione di altre disposizioni della presente Convenzione, le autorità dello Stato nel quale è richiesto il riconoscimento di un divorzio o di una separazione personale, non possono procedere ad alcun esame di merito della decisione.

7. Ciascuno Stato contraente può rifiutare il riconoscimento di un divorzio tra due coniugi che, al momento in cui è stato ottenuto, erano cittadini solo di Stati la cui legislazione non prevede il divorzio.

8. Se, tenuto conto dell'insieme delle circostanze, non è stato effettuato quanto necessario per portare a conoscenza del convenuto la domanda di divorzio o di separazione personale, o se al convenuto non è stata data la possibilità di far valere i suoi diritti, il riconoscimento del divorzio o della separazione personale potrà essere negato.

9. Ciascuno Stato contraente può rifiutare il riconoscimento di un divorzio o di una separazione personale se ciò è incompatibile con una precedente decisione relativa allo stato matrimoniale dei coniugi pronunciata nello Stato in cui il riconoscimento è richiesto o da esso riconosciuta o che soddisfi le condizioni del riconoscimento in tale Stato.

10. Ciascuno Stato contraente può rifiutare il riconoscimento di un divorzio o di una separazione personale se è manifestamente incompatibile con il suo ordine pubblico.

11. Uno Stato tenuto a riconoscere un divorzio ai sensi della presente Convenzione non può vietare ad uno o all'altro coniuge di risposarsi, adducendo il motivo che la legge di un altro Stato non riconosce tale divorzio.

12. In ciascuno Stato contraente qualsiasi procedura di divorzio o di separazione personale potrà essere sospesa, qualora lo stato matrimoniale dell'uno o dell'altro coniuge sia oggetto di una causa pendente in un altro Stato contraente.

13. Per quanto riguarda i divorzi o le separazioni ottenuti o richiesti in Stati contraenti che prevedono in tali materie due o più ordinamenti giuridici applicabili in unità territoriali diverse:

1) ogni riferimento alla legge dello Stato d'origine s'intende come relativo alla legge del territorio nel quale è stato ottenuto il divorzio o la separazione personale;

2) ogni riferimento alla legge dello Stato di riconoscimento s'intende come relativo alla legge del foro;

3) ogni riferimento al domicilio o alla residenza nello Stato di origine indica il domicilio o la residenza nel territorio nel quale è stato ottenuto il divorzio o la separazione personale.

14. Per quanto riguarda l'applicazione degli articoli 2 e 3, quando lo Stato d'origine ha in materia di divorzio o di separazione personale due o più ordinamenti giuridici applicabili in unità territoriali diverse:

1) l'articolo 2, paragrafo 3, si applica quando i due coniugi erano cittadini dello Stato di cui l'unità territoriale — nella quale il divorzio o una separazione personale sono stati ottenuti — fa parte, e ciò a prescindere dalla residenza abituale dei coniugi;

2) l'articolo 2, paragrafi 4 e 5, si applica quando il richiedente sia cittadino dello Stato di cui l'unità territoriale nella quale il divorzio o la separazione personale sono stati ottenuti fa parte.

15. Per quanto concerne uno Stato contraente che ha, in materia di divorzio o di separazione personale, due o più ordinamenti giuridici applicabili a diverse categorie di persone, ogni riferimento alla legge di questo Stato indica l'ordinamento giuridico specificato dalla legge di detto Stato.

16. Qualora, ai fini dell'applicazione della presente Convenzione, si debba prendere in considerazione la legge di uno Stato, sia o no contraente, diverso dallo Stato di origine o di riconoscimento, che abbia, in materia di divorzio o di separazione personale, due o più ordinamenti giuridici di applicazione territoriale o personale, si farà riferimento all'ordinamento specificato dalla legge di detto Stato.

17. La presente Convenzione non ostacola l'applicazione, in uno Stato contraente, di norme giuridiche più favorevoli al riconoscimento di divorzi o di separazioni personali ottenuti all'estero.

18. La presente Convenzione non pregiudica l'applicazione di altre Convenzioni delle quali uno o più Stati contraenti sono o saranno parti e che contengano disposizioni sulle materie regolate dalla presente Convenzioni.

Gli Stati contraenti tuttavia dovranno astenersi dal concludere altre convenzioni in materia, incompatibili con le disposizioni della presente Convenzione, tranne che per ragioni particolari derivanti da vincoli regionali o altri; quali che siano le disposizioni di dette Convenzioni, gli Stati contraenti si impegnino a riconoscere, in virtù della presente Convenzione, i divorzi e le separazioni personali ottenuti in Stati contraenti che non siano parti di tali convenzioni.

19. Ciascuno Stato contraente potrà, al più tardi al momento della ratifica o dell'adesione, riservarsi il diritto:

1) di non riconoscere un divorzio o una separazione personale fra due coniugi che, nel momento in cui è stato ottenuto, erano solo suoi cittadini, qualora sia stata applicata una legge diversa da quella prevista dal suo diritto internazionale privato, a meno che detta applicazione non abbia portato allo stesso risultato che se si fossero osservate le norme di quest'ultimo;

2) di non riconoscere un divorzio fra due coniugi se, nel momento in cui fu ottenuto, entrambi avevano la loro residenza abituale in Stati che non prevedevano il divorzio. Uno Stato che fa uso della riserva prevista nel presente paragrafo non potrà rifiutare il riconoscimento per applicazione dell'art. 7.

20. Ciascuno Stato contraente la cui legge non preveda il divorzio potrà, al più tardi al momento della ratifica o dell'adesione, riservarsi il diritto di non riconoscere un divorzio se, nel momento in cui questo fu ottenuto, uno dei coniugi era cittadino di uno Stato contraente la cui legge non prevedeva il divorzio.

Detta riserva avrà effetto solo fino a che la legge dello Stato che ne fa uso non riconoscerà il divorzio.

21. Ciascuno Stato contraente la cui legge non preveda la separazione personale, potrà al più tardi al momento della ratifica o dell'adesione riservarsi il diritto di non riconoscere una separazione personale se, nel momento in cui questa fu ottenuto, uno dei coniugi era cittadino di uno Stato contraente la cui legge non prevedeva la separazione personale.

22. Ciascuno Stato contraente potrà dichiarare in ogni momento che determinate categorie di persone che hanno la sua nazionalità potranno non essere considerate come suoi cittadini ai fini dell'applicazione della presente Convenzione.

23. Ciascuno Stato contraente che abbia, in materia di divorzio o di separazione personale, due o più ordinamenti giuridici potrà, al momento della firma, della ratifica o dell'adesione, dichiarare che la presente Convenzione si estende a tutti questi ordinamenti giuridici o solo a uno o più di essi, e potrà in ogni momento modificare questa dichiarazione facendo una nuova dichiarazione.

Tali dichiarazioni saranno notificate al Ministero degli affari esteri dei Paesi Bassi, e indicheranno espressamente gli ordinamenti giuridici ai quali la Convenzione si applica.

Gli Stati contraenti possono rifiutare di riconoscere un divorzio o una separazione personale se, alla data in cui il riconoscimento è richiesto, la Convenzione non sia applicabile all'ordinamento giuridico secondo le cui norme questi sono stati ottenuti.

24. La presente Convenzione è applicabile a prescindere dalla data nella quale il divorzio o la separazione personale è stata ottenuta.

Tuttavia, uno Stato contraente potrà, al più tardi al momento della ratifica o dell'adesione, riservarsi il diritto di non applicare la presente Convenzione ad un divorzio o ad una separazione personale ottenuta prima della data della sua entrata in vigore in questo Stato.

25. Ciascuno Stato potrà, al più tardi al momento della ratifica o dell'adesione, formulare una o più riserve come previsto agli articoli 19, 20, 21 e 24 della presente Convenzione. Nessun'altra riserva sarà ammessa.

Ciascuno Stato contraente potrà anche, notificando una estensione della Convenzione in conformità all'articolo 29, formulare una o più di queste riserve con effetto limitato ai territori o ad alcuni dei territori indicati nella notifica di estensione.

Ciascuno Stato contraente potrà, in qualsiasi momento, ritirare una riserva precedentemente formulata. Tale ritiro sarà notificato al Ministero degli affari esteri dei Paesi Bassi.

L'effetto della riserva cesserà il sessantesimo giorno dopo la notifica di cui al comma precedente.

26. La presente Convenzione è aperta alla firma degli Stati rappresentati alla Undicesima sessione della Conferenza di diritto internazionale privato de L'Aja.

Essa sarà ratificata e gli strumenti di ratifica saranno depositati presso il Ministero degli affari esteri dei Paesi Bassi.

27. La presente Convenzione entrerà in vigore il sessantesimo giorno dopo il deposito del terzo strumento di ratifica di cui all'articolo 26, comma 2.

La Convenzione entrerà in vigore per ciascuno Stato firmatario che la ratifichi successivamente, il sessantesimo giorno dopo il deposito del suo strumento di ratifica.

28. Ciascuno Stato non rappresentato alla Undicesima sessione della Conferenza de l'Aja di diritto internazionale privato, che sia membro di tale conferenza o dell'Organizzazione delle Nazioni Unite o di un'Agenzia specializzata nell'ambito di tale Organizzazione, o sia parte dello Statuto della Corte internazionale di Giustizia, potrà aderire alla presente Convenzione dopo la sua entrata in vigore in conformità all'art. 27, comma primo.

Lo strumento di adesione sarà depositato presso il Ministero degli affari esteri dei Paesi Bassi.

La Convenzione entrerà in vigore, per lo Stato aderente, il sessantesimo giorno dopo il deposito del suo strumento di adesione.

L'adesione avrà effetto solo fra lo Stato aderente e gli Stati contraenti che avranno dichiarato di accettare tale adesione. Tale dichiarazione sarà depositata presso il Ministero degli affari esteri dei Paesi Bassi; quest'ultima ne invierà, per via diplomatica, copia certificata conforme a ciascuno stato contraente.

La Convenzione entrerà in vigore, fra lo Stato aderente e lo Stato che abbia dichiarato di accettare tale adesione, sessanta giorni dopo il deposito della dichiarazione di accettazione.

29. Qualsiasi Stato, al momento della firma, della ratifica o dell'adesione, potrà dichiarare che la presente Convenzione si estenderà all'insieme dei territori che rappresenta sul piano internazionale, o a uno o più di essi. Tale dichiarazione avrà effetto al momento dell'entrata in vigore della Convenzione per il suddetto Stato.

In seguito, ogni estensione di questo tipo sarà notificata al Ministero degli affari esteri dei Paesi Bassi.

L'estensione avrà effetto solo per gli Stati contraenti che avranno dichiarato di accettare tale estensione. Tale dichiarazione sarà depositata presso il Ministero degli affari esteri dei Paesi Bassi; detto Ministero ne farà pervenire, per via diplomatica, una copia certificata conforme a ciascuno Stato contraente.

L'estensione produrrà i suoi effetti in ogni caso sessanta giorni dopo il deposito della dichiarazione di accettazione.

30. La presente Convenzione avrà una durata di cinque anni a partire dalla data della sua entrata in vigore in conformità all'articolo 27, comma primo, anche per gli Stati che l'avranno ratificata o vi avranno successivamente aderito.

La Convenzione sarà tacitamente rinnovata allo scadere di ogni quinquennio, salvo denuncia.

La denuncia sarà, almeno sei mesi prima della scadenza termine di cinque anni, notificata al Ministero degli affari esteri dei Paesi Bassi.

Potrà essere limitata ad alcuni dei territori cui si applica la Convenzione.

La denuncia avrà effetto solo per quanto riguarda lo Stato che l'ha notificata.

La Convenzione rimarrà in vigore per gli altri Stati contraenti.

31. Il Ministero degli affari esteri dei Paesi Bassi notificherà agli Stati di cui all'articolo 26, ed agli Stati che vi avranno aderito in conformità alle disposizioni dell'articolo 28, quanto segue:

a) le firme e ratifiche indicate all'articolo 26;

b) la data in cui la presente Convenzione entrerà in vigore conformemente alle disposizioni dell'articolo 27, comma primo;

c) le adesioni previste all'articolo 28 e la data in cui entreranno in vigore;

d) le estensioni previste all'articolo 29 e la data in cui entreranno in vigore;

e) le denunce previste all'art. 30;

f) le riserve e i ritiri di riserva di cui agli artt. 19, 20, 21, 24 e 25;

g) le dichiarazioni di cui agli artt. 22, 23, 28 e 29.

4.

D.L. 12 settembre 2014, n. 132. Misure urgenti di degiurisdizionalizzazione ed altri interventi per la definizione dell'arretrato in materia di processo civile (*Gazzetta Ufficiale* Serie gen. - n. 212 del 12 settembre 2014), convertito, con modificazioni, nella L. 10 novembre 2014, n. **162** (Suppl. ord. alla *Gazzetta Ufficiale* Serie gen. - n. 261 del 10 novembre 2014).

(*Estratto*)

Capo III
Ulteriori disposizioni
per la semplificazione dei procedimenti
di separazione personale e di divorzio

12. Separazione consensuale, richiesta congiunta di scioglimento o di cessazione degli effetti civili del matrimonio e modifica delle condizioni di separazione o di divorzio innanzi all'ufficiale dello stato civile. – 1. I coniugi possono concludere, innanzi al sindaco, quale ufficiale dello stato civile a norma dell'articolo 1 del decreto del Presidente della Repubblica 3 novembre 2000, n. 396, del comune di residenza di uno di loro o del comune presso cui è iscritto o trascritto l'atto di matrimonio, con l'assistenza facoltativa di un avvocato, un accordo di separazione personale ovvero, nei casi di cui all'articolo 3, primo comma, numero 2), lettera *b*), della legge 1° dicembre 1970, n. 898, di scioglimento o di cessazione degli effetti civili del matrimonio, nonché di modifica delle condizioni di separazione o di divorzio.

2. Le disposizioni di cui al presente articolo non si applicano in presenza di figli minori, di figli maggiorenni incapaci o portatori di handicap grave ai sensi dell'articolo 3, comma 3, della legge 5 febbraio 1992, n. 104, ovvero economicamente non autosufficienti.

3. L'ufficiale dello stato civile riceve da ciascuna delle parti personalmente, con l'assistenza facoltativa di un avvocato, la dichiarazione che esse vogliono separarsi ovvero far cessare gli effetti civili del matrimonio o ottenerne lo scioglimento secondo condizioni tra di esse concordate. Allo stesso modo si procede per la modifica delle condizioni di separazione o di divorzio. L'accordo non può contenere patti di trasferimento patrimoniale. L'atto contenente l'accordo è compilato e sottoscritto immediatamente dopo il ricevimento delle dichiarazioni di cui al presente comma. L'accordo tiene luogo dei provvedimenti giudiziali che definiscono, nei casi di cui al comma 1, i procedimenti di separazione personale, di cessazione degli effetti civili del matrimonio, di scioglimento del matrimonio e di modifica delle condizioni di separazione o di divorzio. Nei soli casi di separazione personale, ovvero di cessazione degli effetti civili del matrimonio o di scioglimento del matrimonio secondo condizioni concordate, l'ufficiale dello stato civile, quando riceve le dichiarazioni dei coniugi, li invita a comparire di fronte a sé non prima di trenta giorni dalla ricezione per la conferma dell'accordo anche ai fini degli adempimenti di cui al comma 5. La mancata comparizione equivale a mancata conferma dell'accordo.

4. - 6. (*Omissis*).

7. Le disposizioni del presente articolo si applicano a decorrere dal trentesimo giorno successivo all'entrata in vigore della legge di conversione del presente decreto.

1.

D.L.vo 4 marzo 2010, n. 28. Attuazione dell'articolo 60 della legge 18 giugno 2009, n. 69, in materia di mediazione finalizzata alla conciliazione delle controversie civili e commerciali (*Gazzetta Ufficiale* Serie gen. - n. 53 del 5 marzo 2010).

Capo I
Disposizioni generali

1. Definizioni. – 1. Ai fini del presente decreto legislativo, si intende per:

a) mediazione: l'attività, comunque denominata, svolta da un terzo imparziale e finalizzata ad assistere due o più soggetti nella ricerca di un accordo amichevole per la composizione di una controversia, anche con formulazione di una proposta per la risoluzione della stessa ([1]);

b) mediatore: la persona o le persone fisiche che, individualmente o collegialmente, svolgono la mediazione rimanendo prive, in ogni caso, del potere di rendere giudizi o decisioni vincolanti per i destinatari del servizio medesimo;

c) conciliazione: la composizione di una controversia a seguito dello svolgimento della mediazione;

d) organismo: l'ente pubblico o privato, presso il quale può svolgersi il procedimento di mediazione ai sensi del presente decreto;

e) registro: il registro degli organismi istituito con decreto del Ministro della giustizia ai sensi dell'articolo 16 del presente decreto, nonché, sino all'emanazione di tale decreto, il registro degli organismi istituito con il decreto del Ministro della giustizia 23 luglio 2004, n. 222.

([1]) *Questa lettera è stata così sostituita dall'art. 84, comma 1, lett. 0a), del D.L. 21 giugno 2013, n. 69, convertito, con modificazioni, nella L. 9 agosto 2013, n. 98. A norma dell'art. 84, comma 2, dello stesso provvedimento tali disposizioni si applicano decorsi trenta giorni dall'entrata in vigore della legge di conversione del predetto decreto.*

2. Controversie oggetto di mediazione. – 1. Chiunque può accedere alla mediazione per la conciliazione di una controversia civile e commerciale vertente su diritti disponibili, secondo le disposizioni del presente decreto.

2. Il presente decreto non preclude le negoziazioni volontarie e paritetiche relative alle controversie civili e commerciali, nè le procedure di reclamo previste dalle carte dei servizi.

Capo II
Del procedimento di mediazione

3. Disciplina applicabile e forma degli atti. – 1. Al procedimento di mediazione si applica il regolamento dell'organismo scelto dalle parti.

2. Il regolamento deve in ogni caso garantire la riservatezza del procedimento ai sensi dell'articolo 9, nonché modalità di nomina del mediatore che ne assicurano l'imparzialità e l'idoneità al corretto e sollecito espletamento dell'incarico.

3. Gli atti del procedimento di mediazione non sono soggetti a formalità.

4. La mediazione può svolgersi secondo modalità telematiche previste dal regolamento dell'organismo.

4. Accesso alla mediazione. – 1. La domanda di mediazione relativa alle controversie di cui all'articolo 2 è presentata mediante deposito di un'istanza presso un organismo nel luogo del giudice territorialmente competente per la controversia. In caso di più domande relative alla stessa controversia, la mediazione si svolge davanti all'organismo territorialmente competente presso il quale è stata presentata la prima domanda. Per determinare il tempo della domanda si ha riguardo alla data del deposito dell'istanza ([1]).

2. L'istanza deve indicare l'organismo, le parti, l'oggetto e le ragioni della pretesa.

3. All'atto del conferimento dell'incarico, l'avvocato è tenuto a informare l'assistito della possibilità di avvalersi del procedimento di mediazione disciplinato dal presente decreto e delle agevola-

zioni fiscali di cui agli articoli 17 e 20. L'avvocato informa altresì l'assistito dei casi in cui l'esperimento del procedimento di mediazione è condizione di procedibilità della domanda giudiziale. L'informazione deve essere fornita chiaramente e per iscritto. In caso di violazione degli obblighi di informazione, il contratto tra l'avvocato e l'assistito è annullabile. Il documento che contiene l'informazione è sottoscritto dall'assistito e deve essere allegato all'atto introduttivo dell'eventuale giudizio. Il giudice che verifica la mancata allegazione del documento, se non provvede ai sensi dell'articolo 5, comma 1 *bis*, informa la parte della facoltà di chiedere la mediazione (2).

(1) *Questo comma è stato così sostituito dall'art. 84, comma 1, lett.* 0b), *del D.L. 21 giugno 2013, n. 69, convertito, con modificazioni, nella L. 9 agosto 2013, n. 98. A norma dell'art. 84, comma 2, dello stesso provvedimento, tali disposizioni si applicano decorsi trenta giorni dall'entrata in vigore della legge di conversione del predetto decreto.*

(2) *Questo comma è stato così sostituito dall'art. 84, comma 1, lett.* a), *del D.L. 21 giugno 2013, n. 69, convertito, con modificazioni, nella L. 9 agosto 2013, n. 98. A norma dell'art. 84, comma 2, dello stesso provvedimento, tali disposizioni si applicano decorsi trenta giorni dall'entrata in vigore della legge di conversione del predetto decreto.*

5. Condizione di procedibilità e rapporti con il processo. – 1. Chi intende esercitare in giudizio un'azione relativa ad una controversia in materia di condominio, diritti reali, divisione, successioni ereditarie, patti di famiglia, locazione, comodato, affitto di aziende, risarcimento del danno derivante dalla circolazione di veicoli e natanti, da responsabilità medica e da diffamazione con il mezzo della stampa o con altro mezzo di pubblicità, contratti assicurativi, bancari e finanziari, è tenuto preliminarmente a esperire il procedimento di mediazione ai sensi del presente decreto ovvero il procedimento di conciliazione previsto dal decreto legislativo 8 ottobre 2007, n. 179, ovvero il procedimento istituito in attuazione dell'articolo 128 *bis* del testo unico delle leggi in materia bancaria e creditizia di cui al decreto legislativo 1° settembre 1993, n. 385, e successive modificazioni, per le materie ivi regolate. L'esperimento del procedimento di mediazione è condizione di procedibilità della domanda giudiziale. L'improcedibilità deve essere eccepita dal convenuto, a pena di decadenza, o rilevata d'ufficio dal giudice, non oltre la prima udienza. Il giudice ove rilevi che la mediazione è già iniziata, ma non si è conclusa, fissa la successiva udienza dopo la scadenza del termine di cui all'articolo 6. Allo stesso modo provvede quando la mediazione non è stata esperita, assegnando contestualmente alle parti il termine di quindici giorni per la presentazione della domanda di mediazione. Il presente comma non si applica alle azioni previste dagli articoli 37, 140 e 140 *bis* del codice del consumo di cui al decreto legislativo 6 settembre 2005, n. 206, e successive modificazioni (1).

1 *bis*. Chi intende esercitare in giudizio un'azione relativa a una controversia in materia di condominio, diritti reali, divisione, successioni ereditarie, patti di famiglia, locazione, comodato, affitto di aziende, risarcimento del danno derivante da responsabilità medica e sanitaria e da diffamazione con mezzo della stampa o con altro mezzo di pubblicità, contratti assicurativi, bancari e finanziari, è tenuto, assistito dall'avvocato, preliminarmente a esperire il procedimento di mediazione ai sensi del presente decreto ovvero i procedimenti previsti (2) dal decreto legislativo 8 ottobre 2007, n. 179, e dai rispettivi regolamenti di attuazione (3) ovvero il procedimento istituito in attuazione dell'articolo 128 *bis* del testo unico delle leggi in materia bancaria e creditizia di cui al decreto legislativo 1° settembre 1993, n. 385, e successive modificazioni, per le materie ivi regolate. L'esperimento del procedimento di mediazione è condizione di procedibilità della domanda giudiziale. A decorrere dall'anno 2018, il Ministro della giustizia riferisce annualmente alle Camere sugli effetti prodotti e sui risultati conseguiti dall'applicazione delle disposizioni del presente comma (4). L'improcedibilità deve essere eccepita dal convenuto, a pena di decadenza, o rilevata d'ufficio dal giudice, non oltre la prima udienza. Il giudice ove rilevi che la mediazione è già iniziata, ma non si è conclusa, fissa la successiva udienza dopo la scadenza del termine di cui all'articolo 6. Allo stesso modo provvede quando la mediazione non è stata esperita, assegnando contestualmente alle parti il termine di quindici giorni per la presentazione della domanda di mediazione. Il presente comma non si applica alle azioni previste dagli articoli 37, 140 e 140 *bis* del codice del consumo di cui al decreto legislativo 6 settembre 2005, n. 206, e successive modificazioni (5).

2. Fermo quanto previsto dal comma 1 *bis* e salvo quanto disposto dai commi 3 e 4, il giudice, anche in sede di giudizio di appello, valutata la na-

tura della causa, lo stato dell'istruzione e il comportamento delle parti, può disporre l'esperimento del procedimento di mediazione; in tal caso l'esperimento del procedimento di mediazione è condizione di procedibilità della domanda giudiziale anche in sede di appello. Il provvedimento di cui al periodo precedente è adottato prima dell'udienza di precisazione delle conclusioni ovvero, quando tale udienza non è prevista, prima della discussione della causa. Il giudice fissa la successiva udienza dopo la scadenza del termine di cui all'articolo 6 e, quando la mediazione non è già stata avviata, assegna contestualmente alle parti il termine di quindici giorni per la presentazione della domanda di mediazione ([6]).

2 *bis*. Quando l'esperimento del procedimento di mediazione è condizione di procedibilità della domanda giudiziale la condizione si considera avverata se il primo incontro dinanzi al mediatore si conclude senza l'accordo ([7]).

3. Lo svolgimento della mediazione non preclude in ogni caso la concessione dei provvedimenti urgenti e cautelari, nè la trascrizione della domanda giudiziale.

4. I commi 1 *bis* e 2 non si applicano:

a) nei procedimenti per ingiunzione, inclusa l'opposizione, fino alla pronuncia sulle istanze di concessione e sospensione della provvisoria esecuzione;

b) nei procedimenti per convalida di licenza o sfratto, fino al mutamento del rito di cui all'articolo 667 del codice di procedura civile;

c) nei procedimenti di consulenza tecnica preventiva ai fini della composizione della lite, di cui all'articolo 696 *bis* del codice di procedura civile;

d) nei procedimenti possessori, fino alla pronuncia dei provvedimenti di cui all'articolo 703, terzo comma, del codice di procedura civile;

e) nei procedimenti di opposizione o incidentali di cognizione relativi all'esecuzione forzata;

f) nei procedimenti in camera di consiglio;

g) nell'azione civile esercitata nel processo penale ([8]).

5. Fermo quanto previsto dal comma 1 *bis* e salvo quanto disposto dai commi 3 e 4, se il contratto, lo statuto ovvero l'atto costitutivo dell'ente prevedono una clausola di mediazione o conciliazione e il tentativo non risulta esperito, il giudice o l'arbitro, su eccezione di parte, proposta nella prima difesa, assegna alle parti il termine di quindici giorni per la presentazione della domanda di mediazione e fissa la successiva udienza dopo la scadenza del termine di cui all'articolo 6. Allo stesso modo il giudice o l'arbitro fissa la successiva udienza quando la mediazione o il tentativo di conciliazione sono iniziati, ma non conclusi. La domanda è presentata davanti all'organismo indicato dalla clausola, se iscritto nel registro, ovvero, in mancanza, davanti ad un altro organismo iscritto, fermo il rispetto del criterio di cui all'articolo 4, comma 1. In ogni caso, le parti possono concordare, successivamente al contratto o allo statuto o all'atto costitutivo, l'individuazione di un diverso organismo iscritto ([9]).

6. Dal momento della comunicazione alle altre parti, la domanda di mediazione produce sulla prescrizione gli effetti della domanda giudiziale. Dalla stessa data, la domanda di mediazione impedisce altresì la decadenza per una sola volta, ma se il tentativo fallisce la domanda giudiziale deve essere proposta entro il medesimo termine di decadenza, decorrente dal deposito del verbale di cui all'articolo 11 presso la segreteria dell'organismo.

([1]) *La Corte costituzionale, con sentenza n. 272 del 6 dicembre 2012, ha dichiarato l'illegittimità costituzionale di questo comma.*

([2]) *Le parole: «il procedimento di conciliazione previsto» sono state così sostituite dalle attuali: «i procedimenti previsti» dall'art. 1* bis, *comma 2, del D.L.vo 6 agosto 2015, n. 130.*

([3]) *Le parole: «e dai rispettivi regolamenti di attuazione» sono state inserite dall'art. 1* bis, *comma 2, del D.L.vo 6 agosto 2015, n. 130.*

([4]) *Gli originari terzo e quarto periodo sono stati così sostituiti dall'attuale terzo periodo dall'art. 11* ter, *comma 1, del D.L. 24 aprile 2017, n. 50, convertito, con modificazioni, nella L. 21 giugno 2017, n. 96.*

([5]) *Questo comma è stato inserito dall'art. 84, comma 1, lett.* b), *del D.L. 21 giugno 2013, n. 69, convertito, con modificazioni, nella L. 9 agosto 2013, n. 98. A norma dell'art. 84, comma 2, dello stesso provvedimento, tali disposizioni si applicano decorsi trenta giorni dall'entrata in vigore della legge di conversione del predetto decreto.*

([6]) *Questo comma è stato così sostituito dall'art. 84, comma 1, lett.* c), *del D.L. 21 giugno 2013, n. 69, convertito, con modificazioni, nella L. 9 agosto 2013, n. 98. A norma dell'art. 84, comma 2, dello stesso provvedimento, tali disposizioni si applicano decorsi trenta giorni dall'entrata in vigore della legge di conversione del predetto decreto.*

([7]) *Questo comma è stato inserito dall'art. 84, comma 1, lett.* c bis), *del D.L. 21 giugno 2013, n. 69, convertito, con modificazioni, nella L. 9 agosto 2013, n. 98. A norma dell'art. 84, comma 2, dello stesso provvedimento, tali disposizioni si applicano decorsi trenta giorni dall'entrata in vigore della legge di conversione del predetto decreto.*

([8]) *Questo comma è stato così sostituito dall'art. 84, comma 1, lett.* d), *del D.L. 21 giugno 2013, n. 69, convertito, con modificazioni, nella L. 9 agosto 2013, n. 98. A norma dell'art. 84, comma 2, dello stesso provvedimento, tali disposizioni si applicano decorsi trenta giorni dall'entrata in vigore della legge di conversione del predetto decreto.*

([9]) *Questo comma è stato così sostituito dall'art. 84, comma 1, lett.* e), *del D.L. 21 giugno 2013, n. 69, convertito, con modificazioni, nella L. 9 agosto 2013, n. 98. A norma dell'art. 84, comma 2, dello stesso provvedimento, tali disposizioni si applicano decorsi trenta giorni dall'entrata in vigore della legge di conversione del predetto decreto.*

6. Durata. – 1. Il procedimento di mediazione ha una durata non superiore a tre ([1]) mesi.

2. Il termine di cui al comma 1 decorre dalla data di deposito della domanda di mediazione, ovvero dalla scadenza di quello fissato dal giudice per il deposito della stessa e, anche nei casi in cui il giudice dispone il rinvio della causa ai sensi del sesto o del settimo periodo del comma 1 *bis* dell'articolo 5 ovvero ai sensi del comma 2 dell'articolo 5, non è soggetto a sospensione feriale ([2]).

([1]) *La parola: «quattro» è stata così sostituita dall'attuale: «tre» dall'art. 84, comma 1, lett.* f), *del D.L. 21 giugno 2013, n. 69, convertito, con modificazioni, nella L. 9 agosto 2013, n. 98. A norma dell'art. 84, comma 2, dello stesso provvedimento, tali disposizioni si applicano decorsi trenta giorni dall'entrata in vigore della legge di conversione del predetto decreto.*

([2]) *Questo comma è stato così sostituito dall'art. 84, comma 1, lett.* f bis), *del D.L. 21 giugno 2013, n. 69, convertito, con modificazioni, nella L. 9 agosto 2013, n. 98. A norma dell'art. 84, comma 2, dello stesso provvedimento, tali disposizioni si applicano decorsi trenta giorni dall'entrata in vigore della legge di conversione del predetto decreto.*

7. Effetti sulla ragionevole durata del processo. – 1. Il periodo di cui all'articolo 6 e il periodo del rinvio disposto dal giudice ai sensi dell'articolo 5, commi 1 *bis* e 2, non si computano ai fini di cui all'articolo 2 della legge 24 marzo 2001, n. 89 ([1]).

([1]) *Questo comma è stato così sostituito dall'art. 84, comma 1, lett.* g), *del D.L. 21 giugno 2013, n. 69, convertito, con modificazioni, nella L. 9 agosto 2013, n. 98. A norma dell'art. 84, comma 2, dello stesso provvedimento, tali disposizioni si applicano decorsi trenta giorni dall'entrata in vigore della legge di conversione del predetto decreto.*

8. Procedimento. – 1. All'atto della presentazione della domanda di mediazione, il responsabile dell'organismo designa un mediatore e fissa il primo incontro tra le parti non oltre trenta ([1]) giorni dal deposito della domanda. La domanda e la data del primo incontro sono comunicate all'altra parte con ogni mezzo idoneo ad assicurarne la ricezione, anche a cura della parte istante. Al primo incontro e agli incontri successivi, fino al termine della procedura, le parti devono partecipare con l'assistenza dell'avvocato ([2]). Durante il primo incontro il mediatore chiarisce alle parti la funzione e le modalità di svolgimento della mediazione ([2]). Il mediatore, sempre nello stesso primo incontro, invita poi le parti e i loro avvocati a esprimersi sulla possibilità di iniziare la procedura di mediazione e, nel caso positivo, procede con lo svolgimento ([2]). Nelle controversie che richiedono specifiche competenze tecniche, l'organismo può nominare uno o più mediatori ausiliari.

2. Il procedimento si svolge senza formalità presso la sede dell'organismo di mediazione o nel luogo indicato dal regolamento di procedura dell'organismo.

3. Il mediatore si adopera affinchè le parti raggiungano un accordo amichevole di definizione della controversia.

4. Quando non può procedere ai sensi del comma 1, ultimo periodo, il mediatore può avvalersi di esperti iscritti negli albi dei consulenti presso i tribunali. Il regolamento di procedura dell'organismo deve prevedere le modalità di calcolo e liquidazione dei compensi spettanti agli esperti.

4 *bis*. Dalla mancata partecipazione senza giustificato motivo al procedimento di mediazione, il giudice può desumere argomenti di prova nel successivo giudizio ai sensi dell'articolo 116, secondo comma, del codice di procedura civile. Il giudice condanna la parte costituita che, nei casi previsti dall'articolo 5, non ha partecipato al procedimento senza giustificato motivo, al versamento all'entrata del bilancio dello Stato di una somma di importo corrispondente al contributo unificato dovuto per il giudizio ([3]).

5. Dalla mancata partecipazione senza giustificato motivo al procedimento di mediazione il giudice può desumere argomenti di prova nel successivo giudizio ai sensi dell'articolo 116, secondo comma, del codice di procedura civile. Il giudice condanna la parte costituita che, nei casi previ-

sti dall'articolo 5, non ha partecipato al procedimento senza giustificato motivo, al versamento all'entrata del bilancio dello Stato di una somma di importo corrispondente al contributo unificato dovuto per il giudizio ([4]) ([5]).

([1]) *Le parole: «non oltre quindici» sono state così sostituite dalle attuali: «non oltre trenta» dall'art. 84, comma 1, lett.* h), *del D.L. 21 giugno 2013, n. 69, convertito, con modificazioni, nella L. 9 agosto 2013, n. 98. A norma dell'art. 84, comma 2, dello stesso provvedimento, tali disposizioni si applicano decorsi trenta giorni dall'entrata in vigore della legge di conversione del presente decreto.*

([2]) *Questo periodo è stato inserito all'art. 84, comma 1, lett.* h), *del D.L. 21 giugno 2013, n. 69, convertito, con modificazioni, nella L. 9 agosto 2013, n. 98. A norma dell'art. 84, comma 2, dello stesso provvedimento, tali disposizioni si applicano decorsi trenta giorni dall'entrata in vigore della legge di conversione del predetto decreto.*

([3]) (Sic in G.U.) *Questo comma è stato aggiunto all'art. 84, comma 1, lett.* i), *del D.L. 21 giugno 2013, n. 69, convertito, con modificazioni, nella L. 9 agosto 2013, n. 98. A norma dell'art. 84, comma 2, dello stesso provvedimento, tali disposizioni si applicano decorsi trenta giorni dall'entrata in vigore della legge di conversione del predetto decreto.*

([4]) *Questo periodo è stato aggiunto dall'art. 2, comma 35* sexies, *del D.L. 13 agosto 2011, n. 138, convertito, con modificazioni, nella L. 14 settembre 2011, n. 148.*

([5]) *La Corte costituzionale, con sentenza n. 272 del 6 dicembre 2012, ha dichiarato l'illegittimità costituzionale di questo comma.*

9. Dovere di riservatezza. – 1. Chiunque presta la propria opera o il proprio servizio nell'organismo o comunque nell'ambito del procedimento di mediazione è tenuto all'obbligo di riservatezza rispetto alle dichiarazioni rese e alle informazioni acquisite durante il procedimento medesimo.

2. Rispetto alle dichiarazioni rese e alle informazioni acquisite nel corso delle sessioni separate e salvo consenso della parte dichiarante o dalla quale provengono le informazioni, il mediatore è altresì tenuto alla riservatezza nei confronti delle altre parti.

10. Inutilizzabilità e segreto professionale. – 1. Le dichiarazioni rese o le informazioni acquisite nel corso del procedimento di mediazione non possono essere utilizzate nel giudizio avente il medesimo oggetto anche parziale, iniziato, riassunto o proseguito dopo l'insuccesso della mediazione, salvo consenso della parte dichiarante o dalla quale provengono le informazioni. Sul contenuto delle stesse dichiarazioni e informazioni non è ammessa prova testimoniale e non può essere deferito giuramento decisorio.

2. Il mediatore non può essere tenuto a deporre sul contenuto delle dichiarazioni rese e delle informazioni acquisite nel procedimento di mediazione, nè davanti all'autorità giudiziaria nè davanti ad altra autorità. Al mediatore si applicano le disposizioni dell'articolo 200 del codice di procedura penale e si estendono le garanzie previste per il difensore dalle disposizioni dell'articolo 103 del codice di procedura penale in quanto applicabili.

11. Conciliazione. – 1. Se è raggiunto un accordo amichevole, il mediatore forma processo verbale al quale è allegato il testo dell'accordo medesimo. Quando l'accordo non è raggiunto, il mediatore può formulare una proposta di conciliazione. In ogni caso, il mediatore formula una proposta di conciliazione se le parti gliene fanno concorde richiesta in qualunque momento del procedimento. Prima della formulazione della proposta, il mediatore informa le parti delle possibili conseguenze di cui all'articolo 13 ([1]).

2. La proposta di conciliazione è comunicata alle parti per iscritto. Le parti fanno pervenire al mediatore, per iscritto ed entro sette giorni, l'accettazione o il rifiuto della proposta. In mancanza di risposta nel termine, la proposta si ha per rifiutata. Salvo diverso accordo delle parti, la proposta non può contenere alcun riferimento alle dichiarazioni rese o alle informazioni acquisite nel corso del procedimento.

3. Se è raggiunto l'accordo amichevole di cui al comma 1 ovvero se tutte le parti aderiscono alla proposta del mediatore, si forma processo verbale che deve essere sottoscritto dalle parti e dal mediatore, il quale certifica l'autografia della sottoscrizione delle parti o la loro impossibilità di sottoscrivere. Se con l'accordo le parti concludono uno dei contratti o compiono uno degli atti previsti dall'articolo 2643 del codice civile, per procedere alla trascrizione dello stesso la sottoscrizione del processo verbale deve essere autenticata da un pubblico ufficiale a ciò autorizzato. L'accordo raggiunto, anche a seguito della proposta, può prevedere il pagamento di una somma di denaro per ogni violazione o inosservanza degli obblighi stabiliti ovvero per il ritardo nel loro adempimento.

4. Se la conciliazione non riesce, il mediatore forma processo verbale con l'indicazione della proposta; il verbale è sottoscritto dalle parti e dal mediatore, il quale certifica l'autografia della sottoscrizione delle parti o la loro impossibilità di sottoscrivere. Nello stesso verbale, il mediatore dà atto della mancata partecipazione di una delle parti al procedimento di mediazione.

5. Il processo verbale è depositato presso la segreteria dell'organismo e di esso è rilasciata copia alle parti che lo richiedono.

(1) *Questo comma è stato così sostituito dall'art. 84, comma 1, lett.* l), *del D.L. 21 giugno 2013, n. 69, convertito, con modificazioni, nella L. 9 agosto 2013, n. 98. A norma dell'art. 84, comma 2, dello stesso provvedimento, tali disposizioni si applicano decorsi trenta giorni dall'entrata in vigore della legge di conversione del predetto decreto.*

12. Efficacia esecutiva ed esecuzione. – 1. Ove tutte le parti aderenti alla mediazione siano assistite da un avvocato, l'accordo che sia stato sottoscritto dalle parti e dagli stessi avvocati costituisce titolo esecutivo per l'espropriazione forzata, l'esecuzione per consegna e rilascio, l'esecuzione degli obblighi di fare e non fare, nonché per l'iscrizione di ipoteca giudiziale (1). Gli avvocati attestano e certificano la conformità dell'accordo alle norme imperative e all'ordine pubblico (1). L'accordo di cui al periodo precedente deve essere integralmente trascritto nel precetto ai sensi dell'articolo 480, secondo comma, del codice di procedura civile (2). In tutti gli altri casi l'accordo allegato al verbale è omologato, su istanza di parte, con decreto del presidente del tribunale, previo accertamento della regolarità formale e del rispetto delle norme imperative e dell'ordine pubblico (1). Nelle controversie transfrontaliere di cui all'articolo 2 della direttiva 2008/52/CE del Parlamento europeo e del Consiglio, del 21 maggio 2008, il verbale è omologato dal presidente del tribunale nel cui circondario l'accordo deve avere esecuzione.

2. Il verbale di cui al comma 1 costituisce titolo esecutivo per l'espropriazione forzata, per l'esecuzione in forma specifica e per l'iscrizione di ipoteca giudiziale.

(1) *Il primo periodo è stato così sostituito dagli attuali primo, secondo e terzo periodo dall'art. 84, comma 1, lett.* m), *del D.L. 21 giugno 2013, n. 69, convertito, con modificazioni, nella L. 9 agosto 2013, n. 98. A norma dell'art. 84, comma 2, dello stesso provvedimento, tali disposizioni si applicano decorsi trenta giorni dall'entrata in vigore della legge di conversione del predetto decreto.*

(2) *Questo periodo è stato inserito dall'art. 5, comma 4* bis, *del D.L. 12 settembre 2014, n. 132, convertito, con modificazioni, nella L. 10 novembre 2014, n. 162.*

13. (1) **Spese processuali.** – 1. Quando il provvedimento che definisce il giudizio corrisponde interamente al contenuto della proposta, il giudice esclude la ripetizione delle spese sostenute dalla parte vincitrice che ha rifiutato la proposta, riferibili al periodo successivo alla formulazione della stessa, e la condanna al rimborso delle spese sostenute dalla parte soccombente relative allo stesso periodo, nonché al versamento all'entrata del bilancio dello Stato di un'ulteriore somma di importo corrispondente al contributo unificato dovuto. Resta ferma l'applicabilità degli articoli 92 e 96 del codice di procedura civile. Le disposizioni di cui al presente comma si applicano altresì alle spese per l'indennità corrisposta al mediatore e per il compenso dovuto all'esperto di cui all'articolo 8, comma 4.

2. Quando il provvedimento che definisce il giudizio non corrisponde interamente al contenuto della proposta, il giudice, se ricorrono gravi ed eccezionali ragioni, può nondimeno escludere la ripetizione delle spese sostenute dalla parte vincitrice per l'indennità corrisposta al mediatore e per il compenso dovuto all'esperto di cui all'articolo 8, comma 4. Il giudice deve indicare esplicitamente, nella motivazione, le ragioni del provvedimento sulle spese di cui al periodo precedente.

3. Salvo diverso accordo le disposizioni dei commi 1 e 2 non si applicano ai procedimenti davanti agli arbitri.

(1) *Questo articolo è stato così sostituito dall'art. 84, comma 1, lett.* n), *del D.L. 21 giugno 2013, n. 69, convertito, con modificazioni, nella L. 9 agosto 2013, n. 98. A norma dell'art. 84, comma 2, dello stesso provvedimento, tali disposizioni si applicano decorsi trenta giorni dall'entrata in vigore della legge di conversione del predetto decreto.*

14. Obblighi del mediatore. – 1. Al mediatore e ai suoi ausiliari è fatto divieto di assumere diritti o obblighi connessi, direttamente o indirettamente, con gli affari trattati, fatta eccezione per quelli strettamente inerenti alla prestazione dell'opera o del servizio; è fatto loro divieto di percepire compensi direttamente dalle parti.

2. Al mediatore è fatto, altresì, obbligo di:

a) sottoscrivere, per ciascun affare per il quale è designato, una dichiarazione di imparzialità secondo le formule previste dal regolamento di procedura applicabile, nonché gli ulteriori impegni eventualmente previsti dal medesimo regolamento;

b) informare immediatamente l'organismo e le parti delle ragioni di possibile pregiudizio all'imparzialità nello svolgimento della mediazione;

c) formulare le proposte di conciliazione nel rispetto del limite dell'ordine pubblico e delle norme imperative;

d) corrispondere immediatamente a ogni richiesta organizzativa del responsabile dell'organismo.

3. Su istanza di parte, il responsabile dell'organismo provvede alla eventuale sostituzione del mediatore. Il regolamento individua la diversa competenza a decidere sull'istanza, quando la mediazione è svolta dal responsabile dell'organismo.

15. Mediazione nell'azione di classe. – 1. Quando è esercitata l'azione di classe prevista dall'articolo 140 *bis* del codice del consumo, di cui al decreto legislativo 6 settembre 2005, n. 206, e successive modificazioni, la conciliazione, intervenuta dopo la scadenza del termine per l'adesione, ha effetto anche nei confronti degli aderenti che vi abbiano espressamente consentito.

Capo III
Organismi di mediazione

16. Organismi di mediazione e registro. Elenco dei formatori. – 1. Gli enti pubblici o privati, che diano garanzie di serietà ed efficienza, sono abilitati a costituire organismi deputati, su istanza della parte interessata, a gestire il procedimento di mediazione nelle materie di cui all'articolo 2 del presente decreto. Gli organismi devono essere iscritti nel registro.

2. La formazione del registro e la sua revisione, l'iscrizione, la sospensione e la cancellazione degli iscritti, l'istituzione di separate sezioni del registro per la trattazione degli affari che richiedono specifiche competenze anche in materia di consumo e internazionali, nonché la determinazione delle indennità spettanti agli organismi sono disciplinati con appositi decreti del Ministro della giustizia, di concerto, relativamente alla materia del consumo, con il Ministro dello sviluppo economico. Fino all'adozione di tali decreti si applicano, in quanto compatibili, le disposizioni dei decreti del Ministro della giustizia 23 luglio 2004, n. 222 e 23 luglio 2004, n. 223. A tali disposizioni si conformano, sino alla medesima data, gli organismi di composizione extragiudiziale previsti dall'articolo 141 del codice del consumo, di cui al decreto legislativo 6 settembre 2005, n. 206, e successive modificazioni.

3. L'organismo, unitamente alla domanda di iscrizione nel registro, deposita presso il Ministero della giustizia il proprio regolamento di procedura e il codice etico, comunicando ogni successiva variazione. Nel regolamento devono essere previste, fermo quanto stabilito dal presente decreto, le procedure telematiche eventualmente utilizzate dall'organismo, in modo da garantire la sicurezza delle comunicazioni e il rispetto della riservatezza dei dati. Al regolamento devono essere allegate le tabelle delle indennità spettanti agli organismi costituiti da enti privati, proposte per l'approvazione a norma dell'articolo 17. Ai fini dell'iscrizione nel registro il Ministero della giustizia valuta l'idoneità del regolamento.

4. La vigilanza sul registro è esercitata dal Ministero della giustizia e, con riferimento alla sezione per la trattazione degli affari in materia di consumo di cui al comma 2, anche dal Ministero dello sviluppo economico.

4 *bis*. Gli avvocati iscritti all'albo sono di diritto mediatori. Gli avvocati iscritti ad organismi di mediazione devono essere adeguatamente formati in materia di mediazione e mantenere la propria preparazione con percorsi di aggiornamento teorico-pratici a ciò finalizzati, nel rispetto di quanto previsto dall'articolo 55 *bis* del codice deontologico forense. Dall'attuazione della presente disposizione non devono derivare nuovi o maggiori oneri a carico della finanza pubblica ([1]).

5. Presso il Ministero della giustizia è istituito, con decreto ministeriale, l'elenco dei formatori per la mediazione. Il decreto stabilisce i criteri per l'iscrizione, la sospensione e la cancellazione degli iscritti, nonché per lo svolgimento dell'attività di formazione, in modo da garantire elevati livelli di formazione dei mediatori. Con lo stesso decreto, è stabilita la data a decorrere dalla quale la partecipazione all'attività di formazione di cui al presente comma costituisce per il mediatore requisito di qualificazione professionale.

6. L'istituzione e la tenuta del registro e dell'elenco dei formatori avvengono nell'ambito delle risorse umane, finanziarie e strumentali già esi-

stenti, e disponibili a legislazione vigente, presso il Ministero della giustizia e il Ministero dello sviluppo economico, per la parte di rispettiva competenza, e, comunque, senza nuovi o maggiori oneri per il bilancio dello Stato.

(¹) *Questo comma è stato aggiunto dall'art. 84, comma 1, lett. o), del D.L. 21 giugno 2013, n. 69, convertito, con modificazioni, nella L. 9 agosto 2013, n. 98. A norma dell'art. 84, comma 2, dello stesso provvedimento, tali disposizioni si applicano decorsi trenta giorni dall'entrata in vigore della legge di conversione del predetto decreto.*

17. Risorse, regime tributario e indennità. – 1. In attuazione dell'articolo 60, comma 3, lettera o), della legge 18 giugno 2009, n. 69, le agevolazioni fiscali previste dal presente articolo, commi 2 e 3, e dall'articolo 20, rientrano tra le finalità del Ministero della giustizia finanziabili con la parte delle risorse affluite al «Fondo Unico Giustizia» attribuite al predetto Ministero, ai sensi del comma 7 dell'articolo 2, lettera *b*), del decreto legge 16 settembre 2008, n. 143, convertito, con modificazioni, dalla legge 13 novembre 2008, n. 181, e dei commi 3 e 4 dell'articolo 7 del decreto del Ministro dell'economia e delle finanze 30 luglio 2009, n. 127.

2. Tutti gli atti, documenti e provvedimenti relativi al procedimento di mediazione sono esenti dall'imposta di bollo e da ogni spesa, tassa o diritto di qualsiasi specie e natura.

3. Il verbale di accordo è esente dall'imposta di registro entro il limite di valore di 50.000 euro, altrimenti l'imposta è dovuta per la parte eccedente.

4. Fermo restando quanto previsto dai commi 5 *bis* e 5 *ter* del presente articolo, con il decreto di cui all'articolo 16, comma 2, sono determinati:

a) l'ammontare minimo e massimo delle indennità spettanti agli organismi pubblici, il criterio di calcolo e le modalità di ripartizione tra le parti;

b) i criteri per l'approvazione delle tabelle delle indennità proposte dagli organismi costituiti da enti privati;

c) le maggiorazioni massime delle indennità dovute, non superiori al 25 per cento, nell'ipotesi di successo della mediazione;

d) le riduzioni minime delle indennità dovute nelle ipotesi in cui la mediazione è condizione di procedibilità ai sensi dell'articolo 5, comma 1 *bis*, ovvero è disposta dal giudice ai sensi dell'articolo 5, comma 2 (¹).

5. Quando la mediazione è condizione di procedibilità della domanda ai sensi dell'articolo 5, comma 1, all'organismo non è dovuta alcuna indennità dalla parte che si trova nelle condizioni per l'ammissione al patrocinio a spese dello Stato, ai sensi dell'articolo 76 (L) del testo unico delle disposizioni legislative e regolamentari in materia di spese di giustizia di cui al decreto del Presidente della Repubblica del 30 maggio 2002, n. 115. A tale fine la parte è tenuta a depositare presso l'organismo apposita dichiarazione sostitutiva dell'atto di notorietà, la cui sottoscrizione può essere autenticata dal medesimo mediatore, nonché a produrre, a pena di inammissibilità, se l'organismo lo richiede, la documentazione necessaria a comprovare la veridicità di quanto dichiarato (²).

5 *bis*. Quando la mediazione è condizione di procedibilità della domanda ai sensi dell'articolo 5, comma 1 *bis*, ovvero è disposta dal giudice ai sensi dell'articolo 5, comma 2, del presente decreto, all'organismo non è dovuta alcuna indennità dalla parte che si trova nelle condizioni per l'ammissione al patrocinio a spese dello Stato, ai sensi dell'articolo 76 (L) del testo unico delle disposizioni legislative e regolamentari in materia di spese di giustizia, di cui al decreto del Presidente della Repubblica 30 maggio 2002, n. 115, e successive modificazioni. A tale fine la parte è tenuta a depositare presso l'organismo apposita dichiarazione sostitutiva dell'atto di notorietà, la cui sottoscrizione può essere autenticata dal medesimo mediatore, nonché a produrre, a pena di inammissibilità, se l'organismo lo richiede, la documentazione necessaria a comprovare la veridicità di quanto dichiarato (³).

5 *ter*. Nel caso di mancato accordo all'esito del primo incontro, nessun compenso è dovuto per l'organismo di mediazione (³).

6. Il Ministero della giustizia provvede, nell'ambito delle proprie attività istituzionali, al monitoraggio delle mediazioni concernenti i soggetti esonerati dal pagamento dell'indennità di mediazione. Dei risultati di tale monitoraggio si tiene conto per la determinazione, con il decreto di cui all'articolo 16, comma 2, delle indennità spettanti agli organismi pubblici, in modo da coprire anche il costo dell'attività prestata a favore dei soggetti aventi diritto all'esonero.

7. L'ammontare dell'indennità può essere rideterminato ogni tre anni in relazione alla variazione, accertata dall'Istituto Nazionale di Statistica, dell'indice dei prezzi al consumo per le famiglie

di operai e impiegati, verificatasi nel triennio precedente.

8. Alla copertura degli oneri derivanti dalle disposizioni dei commi 2 e 3, valutati in 5,9 milioni di euro per l'anno 2010 e 7,018 milioni di euro a decorrere dall'anno 2011, si provvede mediante corrispondente riduzione della quota delle risorse del «Fondo unico giustizia» di cui all'articolo 2, comma 7, lettera *b*) del decreto legge 16 settembre 2008, n. 143, convertito, con modificazioni, dalla legge 13 novembre 2008, n. 181, che, a tale fine, resta acquisita all'entrata del bilancio dello Stato.

9. Il Ministro dell'economia e delle finanze provvede al monitoraggio degli oneri di cui ai commi 2 e 3 ed in caso si verifichino scostamenti rispetto alle previsioni di cui al comma 8, resta acquisito all'entrata l'ulteriore importo necessario a garantire la copertura finanziaria del maggiore onere a valere sulla stessa quota del Fondo unico giustizia di cui al comma 8.

(1) *Questo comma è stato così sostituito dall'art. 84, comma 1, lett.* p), *n. 1), del D.L. 21 giugno 2013, n. 69, convertito, con modificazioni, nella L. 9 agosto 2013, n. 98. A norma dell'art. 84, comma 2, dello stesso provvedimento, tali disposizioni si applicano decorsi trenta giorni dall'entrata in vigore della legge di conversione del predetto decreto.*

(2) *La Corte costituzionale, con sentenza n. 272 del 6 dicembre 2012, ha dichiarato l'illegittimità costituzionale di questo comma.*

(3) *Questo comma è stato inserito dall'art. 84, comma 1, lett.* p), *n. 2), del D.L. 21 giugno 2013, n. 69, convertito, con modificazioni, nella L. 9 agosto 2013, n. 98. A norma dell'art. 84, comma 2, dello stesso provvedimento, tali disposizioni si applicano decorsi trenta giorni dall'entrata in vigore della legge di conversione del predetto decreto.*

18. Organismi presso i tribunali. – 1. I consigli degli ordini degli avvocati possono istituire organismi presso ciascun tribunale, avvalendosi di proprio personale e utilizzando i locali loro messi a disposizione dal presidente del tribunale. Gli organismi presso i tribunali sono iscritti al registro a semplice domanda, nel rispetto dei criteri stabiliti dai decreti di cui all'articolo 16.

19. Organismi presso i consigli degli ordini professionali e presso le camere di commercio. – 1. I consigli degli ordini professionali possono istituire, per le materie riservate alla loro competenza, previa autorizzazione del Ministero della giustizia, organismi speciali, avvalendosi di proprio personale e utilizzando locali nella propria disponibilità.

2. Gli organismi di cui al comma 1 e gli organismi istituiti ai sensi dell'articolo 2, comma 4, della legge 29 dicembre 1993, n. 580, dalle camere di commercio, industria, artigianato e agricoltura sono iscritti al registro a semplice domanda, nel rispetto dei criteri stabiliti dai decreti di cui all'articolo 16.

Capo IV
Disposizioni in materia fiscale e informativa

20. Credito d'imposta. – 1. Alle parti che corrispondono l'indennità ai soggetti abilitati a svolgere il procedimento di mediazione presso gli organismi è riconosciuto, in caso di successo della mediazione, un credito d'imposta commisurato all'indennità stessa, fino a concorrenza di euro cinquecento, determinato secondo quanto disposto dai commi 2 e 3. In caso di insuccesso della mediazione, il credito d'imposta è ridotto della metà.

2. A decorrere dall'anno 2011, con decreto del Ministro della giustizia, entro il 30 aprile di ciascun anno, è determinato l'ammontare delle risorse a valere sulla quota del «Fondo unico giustizia» di cui all'articolo 2, comma 7, lettera *b*), del decreto legge 16 settembre 2008, n. 143, convertito, con modificazioni, dalla legge 13 novembre 2008, n. 181, destinato alla copertura delle minori entrate derivanti dalla concessione del credito d'imposta di cui al comma 1 relativo alle mediazioni concluse nell'anno precedente. Con il medesimo decreto è individuato il credito d'imposta effettivamente spettante in relazione all'importo di ciascuna mediazione in misura proporzionale alle risorse stanziate e, comunque, nei limiti dell'importo indicato al comma 1.

3. Il Ministero della giustizia comunica all'interessato l'importo del credito d'imposta spettante entro 30 giorni dal termine indicato al comma 2 per la sua determinazione e trasmette, in via telematica, all'Agenzia delle entrate l'elenco dei beneficiari e i relativi importi a ciascuno comunicati.

4. Il credito d'imposta deve essere indicato, a pena di decadenza, nella dichiarazione dei redditi ed è utilizzabile a decorrere dalla data di ricevimento della comunicazione di cui al comma 3, in compensazione ai sensi dell'articolo 17 del decreto legislativo 9 luglio 1997, n. 241, nonché, da parte delle persone fisiche non titolari di redditi d'im-

presa o di lavoro autonomo, in diminuzione delle imposte sui redditi. Il credito d'imposta non dà luogo a rimborso e non concorre alla formazione del reddito ai fini delle imposte sui redditi, nè del valore della produzione netta ai fini dell'imposta regionale sulle attività produttive e non rileva ai fini del rapporto di cui agli articoli 61 e 109, comma 5, del testo unico delle imposte sui redditi, di cui al decreto del Presidente della Repubblica 22 dicembre 1986, n. 917.

5. Ai fini della copertura finanziaria delle minori entrate derivanti dal presente articolo il Ministero della giustizia provvede annualmente al versamento dell'importo corrispondente all'ammontare delle risorse destinate ai crediti d'imposta sulla contabilità speciale n. 1778 «Agenzia delle entrate - Fondi di bilancio».

21. Informazioni al pubblico. – 1. Il Ministero della giustizia cura, attraverso il Dipartimento per l'informazione e l'editoria della Presidenza del Consiglio dei Ministri e con i fondi previsti dalla legge 7 giugno 2000, n. 150, la divulgazione al pubblico attraverso apposite campagne pubblicitarie, in particolare via internet, di informazioni sul procedimento di mediazione e sugli organismi abilitati a svolgerlo.

Capo V
Abrogazioni, coordinamenti e disposizioni transitorie

22. Obblighi di segnalazione per la prevenzione del sistema finanziario a scopo di riciclaggio e di finanziamento del terrorismo. – 1. All'articolo 10, comma 2, lettera *e*), del decreto legislativo 21 novembre 2007, n. 231, dopo il numero 5) è aggiunto il seguente: «5 *bis*) mediazione, ai sensi dell'articolo 60 della legge 18 giugno 2009, n. 69;».

23. Abrogazioni. – 1. Sono abrogati gli articoli da 38 a 40 del decreto legislativo 17 gennaio 2003, n. 5, e i rinvii operati dalla legge a tali articoli si intendono riferiti alle corrispondenti disposizioni del presente decreto.

2. Restano ferme le disposizioni che prevedono i procedimenti obbligatori di conciliazione e mediazione, comunque denominati, nonché le disposizioni concernenti i procedimenti di conciliazione relativi alle controversie di cui all'articolo 409 del codice di procedura civile. I procedimenti di cui al periodo precedente sono esperiti in luogo di quelli previsti dal presente decreto.

24. (1) **Disposizioni transitorie e finali.** – 1. Le disposizioni di cui all'articolo 5, comma 1, acquistano efficacia decorsi dodici mesi dalla data di entrata in vigore del presente decreto e si applicano ai processi successivamente iniziati (2).

(1) *La Corte costituzionale, con sentenza n. 272 del 6 dicembre 2012, ha dichiarato l'illegittimità costituzionale di questo articolo.*

(2) *A norma dell'art. 2, comma 16* decies*, del D.L. 29 dicembre 2010, n. 225, convertito, con modificazioni, nella L. 26 febbraio 2011, n. 10, il termine previsto da questo articolo è prorogato di dodici mesi, limitatamente alle controversie in materia di condominio e di risarcimento del danno derivante dalla circolazione di veicoli e natanti.*

1.

D.L. 12 settembre 2014, n. 132. Misure urgenti di degiurisdizionalizzazione ed altri interventi per la definizione dell'arretrato in materia di processo civile (*Gazzetta Ufficiale* Serie gen. - n. 212 del 12 settembre 2014), convertito, con modificazioni, nella L. 10 novembre 2014, n. **162** (Suppl. ord. alla *Gazzetta Ufficiale* Serie gen. - n. 261 del 10 novembre 2014).

(*Estratto*)

Capo II
Procedura di negoziazione assistita da uno o più avvocati

2. Convenzione di negoziazione assistita da uno o più avvocati. – 1. La convenzione di negoziazione assistita da uno o più avvocati è un accordo mediante il quale le parti convengono di cooperare in buona fede e con lealtà per risolvere in via amichevole la controversia tramite l'assistenza di avvocati iscritti all'albo anche ai sensi dell'articolo 6 del decreto legislativo 2 febbraio 2001, n. 96.

1 *bis*. È fatto obbligo per le amministrazioni pubbliche di cui all'articolo 1, comma 2, del decreto legislativo 30 marzo 2001, n. 165, di affidare la convenzione di negoziazione alla propria avvocatura, ove presente.

2. La convenzione di negoziazione deve precisare:

a) il termine concordato dalle parti per l'espletamento della procedura, in ogni caso non inferiore a un mese e non superiore a tre mesi, prorogabile per ulteriori trenta giorni su accordo tra le parti;

b) l'oggetto della controversia, che non deve riguardare diritti indisponibili o vertere in materia di lavoro.

3. La convenzione è conclusa per un periodo di tempo determinato dalle parti, fermo restando il termine di cui al comma 2, lettera *a*).

4. La convenzione di negoziazione è redatta, a pena di nullità, in forma scritta.

5. La convenzione è conclusa con l'assistenza di uno o più avvocati.

6. Gli avvocati certificano l'autografia delle sottoscrizioni apposte alla convenzione sotto la propria responsabilità professionale.

7. È dovere deontologico degli avvocati informare il cliente all'atto del conferimento dell'incarico della possibilità di ricorrere alla convenzione di negoziazione assistita.

3. Improcedibilità. – 1. Chi intende esercitare in giudizio un'azione relativa a una controversia in materia di risarcimento del danno da circolazione di veicoli e natanti deve, tramite il suo avvocato, invitare l'altra parte a stipulare una convenzione di negoziazione assistita. Allo stesso modo deve procedere, fuori dei casi previsti dal periodo precedente e dall'articolo 5, comma 1 *bis*, del decreto legislativo 4 marzo 2010 n. 28, chi intende proporre in giudizio una domanda di pagamento a qualsiasi titolo di somme non eccedenti cinquantamila euro. L'esperimento del procedimento di negoziazione assistita è condizione di procedibilità della domanda giudiziale. L'improcedibilità deve essere eccepita dal convenuto, a pena di decadenza, o rilevata d'ufficio dal giudice, non oltre la prima udienza. Il giudice quando rileva che la negoziazione assistita è già iniziata, ma non si è conclusa, fissa la successiva udienza dopo la scadenza del termine di cui all'articolo 2 comma 3. Allo stesso modo provvede quando la negoziazione non è stata esperita, assegnando contestualmente alle parti il termine di quindici giorni per la comunicazione dell'invito. Il presente comma non si applica alle controversie concernenti obbligazioni contrattuali derivanti da contratti conclusi tra professionisti e consumatori.

2. Quando l'esperimento del procedimento di negoziazione assistita è condizione di procedibilità della domanda giudiziale la condizione si considera avverata se l'invito non è seguito da adesione o è seguito da rifiuto entro trenta giorni dalla

sua ricezione ovvero quando è decorso il periodo di tempo di cui all'articolo 2, comma 2, lettera *a*).

3. La disposizione di cui al comma 1 non si applica:

a) nei procedimenti per ingiunzione, inclusa l'opposizione;

b) nei procedimenti di consulenza tecnica preventiva ai fini della composizione della lite, di cui all'articolo 696 *bis* del codice di procedura civile;

c) nei procedimenti di opposizione o incidentali di cognizione relativi all'esecuzione forzata;

d) nei procedimenti in camera di consiglio;

e) nell'azione civile esercitata nel processo penale.

4. L'esperimento del procedimento di negoziazione assistita nei casi di cui al comma 1 non preclude la concessione di provvedimenti urgenti e cautelari, nè la trascrizione della domanda giudiziale.

5. Restano ferme le disposizioni che prevedono speciali procedimenti obbligatori di conciliazione e mediazione, comunque denominati. Il termine di cui ai commi 1 e 2, per materie soggette ad altri termini di procedibilità, decorre unitamente ai medesimi.

6. Quando il procedimento di negoziazione assistita è condizione di procedibilità della domanda, all'avvocato non è dovuto compenso dalla parte che si trova nelle condizioni per l'ammissione al patrocinio a spese dello Stato, ai sensi dell'articolo 76 (L) del testo unico delle disposizioni legislative e regolamentari in materia di spese di giustizia, di cui al decreto del Presidente della Repubblica 30 maggio 2002, n. 115 e successive modificazioni. A tale fine la parte è tenuta a depositare all'avvocato apposita dichiarazione sostitutiva dell'atto di notorietà, la cui sottoscrizione può essere autenticata dal medesimo avvocato, nonché a produrre, se l'avvocato lo richiede, la documentazione necessaria a comprovare la veridicità di quanto dichiarato.

7. La disposizione di cui al comma 1 non si applica quando la parte può stare in giudizio personalmente.

8. Le disposizioni di cui al presente articolo acquistano efficacia decorsi novanta giorni dall'entrata in vigore della legge di conversione del presente decreto.

4. Non accettazione dell'invito e mancato accordo. – 1. L'invito a stipulare la convenzione deve indicare l'oggetto della controversia e contenere l'avvertimento che la mancata risposta all'invito entro trenta giorni dalla ricezione o il suo rifiuto può essere valutato dal giudice ai fini delle spese del giudizio e di quanto previsto dagli articoli 96 e 642, primo comma, del codice di procedura civile.

2. La certificazione dell'autografia della firma apposta all'invito avviene ad opera dell'avvocato che formula l'invito.

3. La dichiarazione di mancato accordo è certificata dagli avvocati designati.

5. Esecutività dell'accordo raggiunto a seguito della convenzione e trascrizione. – 1. L'accordo che compone la controversia, sottoscritto dalle parti e dagli avvocati che le assistono, costituisce titolo esecutivo e per l'iscrizione di ipoteca giudiziale.

2. Gli avvocati certificano l'autografia delle firme e la conformità dell'accordo alle norme imperative e all'ordine pubblico.

2 *bis*. L'accordo di cui al comma 1 deve essere integralmente trascritto nel precetto ai sensi dell'articolo 480, secondo comma, del codice di procedura civile.

3. Se con l'accordo le parti concludono uno dei contratti o compiono uno degli atti soggetti a trascrizione, per procedere alla trascrizione dello stesso la sottoscrizione del processo verbale di accordo deve essere autenticata da un pubblico ufficiale a ciò autorizzato.

4. Costituisce illecito deontologico per l'avvocato impugnare un accordo alla cui redazione ha partecipato.

4 *bis*. All'articolo 12, comma 1, del decreto legislativo 4 marzo 2010, n. 28, dopo il secondo periodo è inserito il seguente: «L'accordo di cui al periodo precedente deve essere integralmente trascritto nel precetto ai sensi dell'articolo 480, secondo comma, del codice di procedura civile».

6. Convenzione di negoziazione assistita da uno o più avvocati per le soluzioni consensuali di separazione personale, di cessazione degli effetti civili o di scioglimento del matrimonio, di modifica delle condizioni di separazione o di divorzio. – 1. La convenzione di negoziazione assistita da almeno un avvocato per parte può essere conclusa tra coniugi al fine di raggiungere una soluzione consensuale di separazione personale, di cessazione degli effetti civili del matrimonio, di scioglimento del matrimonio nei casi di cui all'articolo 3, primo comma, numero 2), lettera *b*), della legge

1° dicembre 1970, n. 898, e successive modificazioni, di modifica delle condizioni di separazione o di divorzio.

2. In mancanza di figli minori, di figli maggiorenni incapaci o portatori di handicap grave ai sensi dell'articolo 3, comma 3, della legge 5 febbraio 1992, n. 104, ovvero economicamente non autosufficienti, l'accordo raggiunto a seguito di convenzione di negoziazione assistita è trasmesso al procuratore della Repubblica presso il tribunale competente il quale, quando non ravvisa irregolarità, comunica agli avvocati il nullaosta per gli adempimenti ai sensi del comma 3. In presenza di figli minori, di figli maggiorenni incapaci o portatori di handicap grave ovvero economicamente non autosufficienti, l'accordo raggiunto a seguito di convenzione di negoziazione assistita deve essere trasmesso entro il termine di dieci giorni al procuratore della Repubblica presso il tribunale competente, il quale, quando ritiene che l'accordo risponde all'interesse dei figli, lo autorizza. Quando ritiene che l'accordo non risponde all'interesse dei figli, il procuratore della Repubblica lo trasmette, entro cinque giorni, al presidente del tribunale, che fissa, entro i successivi trenta giorni, la comparizione delle parti e provvede senza ritardo. All'accordo autorizzato si applica il comma 3.

3. L'accordo raggiunto a seguito della convenzione produce gli effetti e tiene luogo dei provvedimenti giudiziali che definiscono, nei casi di cui al comma 1, i procedimenti di separazione personale, di cessazione degli effetti civili del matrimonio, di scioglimento del matrimonio e di modifica delle condizioni di separazione o di divorzio. Nell'accordo si dà atto che gli avvocati hanno tentato di conciliare le parti e le hanno informate della possibilità di esperire la mediazione familiare e che gli avvocati hanno informato le parti dell'importanza per il minore di trascorrere tempi adeguati con ciascuno dei genitori. L'avvocato della parte è obbligato a trasmettere, entro il termine di dieci giorni, all'ufficiale dello stato civile del Comune in cui il matrimonio fu iscritto o trascritto, copia, autenticata dallo stesso, dell'accordo munito delle certificazioni di cui all'articolo 5.

4. All'avvocato che viola l'obbligo di cui al comma 3, terzo periodo, è applicata la sanzione amministrativa pecuniaria da euro 2.000 ad euro 10.000. Alla irrogazione della sanzione di cui al periodo che precede è competente il Comune in cui devono essere eseguite le annotazioni previste dall'articolo 69 del decreto del Presidente della Repubblica 3 novembre 2000, n. 396.

5. Al decreto del Presidente della Repubblica 3 novembre 2000, n. 396 sono apportate le seguenti modificazioni: (*Omissis*)

8. Interruzione della prescrizione e della decadenza. – 1. Dal momento della comunicazione dell'invito a concludere una convenzione di negoziazione assistita ovvero della sottoscrizione della convenzione si producono sulla prescrizione gli effetti della domanda giudiziale. Dalla stessa data è impedita, per una sola volta, la decadenza, ma se l'invito è rifiutato o non è accettato nel termine di cui all'articolo 4, comma 1, la domanda giudiziale deve essere proposta entro il medesimo termine di decadenza decorrente dal rifiuto, dalla mancata accettazione nel termine ovvero dalla dichiarazione di mancato accordo certificata dagli avvocati.

9. Obblighi dei difensori e tutela della riservatezza. – 1. I difensori non possono essere nominati arbitri ai sensi dell'articolo 810 del codice di procedura civile nelle controversie aventi il medesimo oggetto o connesse.

2. È fatto obbligo agli avvocati e alle parti di comportarsi con lealtà e di tenere riservate le informazioni ricevute. Le dichiarazioni rese e le informazioni acquisite nel corso del procedimento non possono essere utilizzate nel giudizio avente in tutto o in parte il medesimo oggetto.

3. I difensori delle parti e coloro che partecipano al procedimento non possono essere tenuti a deporre sul contenuto delle dichiarazioni rese e delle informazioni acquisite.

4. A tutti coloro che partecipano al procedimento si applicano le disposizioni dell'articolo 200 del codice di procedura penale e si estendono le garanzie previste per il difensore dalle disposizioni dell'articolo 103 del medesimo codice di procedura penale in quanto applicabili.

4 *bis*. La violazione delle prescrizioni di cui al comma 1 e degli obblighi di lealtà e riservatezza di cui al comma 2 costituisce per l'avvocato illecito disciplinare.

11. Raccolta dei dati. – 1. I difensori che sottoscrivono l'accordo raggiunto dalle parti a seguito della convenzione sono tenuti a trasmetterne copia al Consiglio dell'ordine circondariale del luogo ove l'accordo è stato raggiunto, ovvero al Consiglio dell'ordine presso cui è iscritto uno degli avvocati.

2. Con cadenza annuale il Consiglio nazionale forense provvede al monitoraggio delle procedure di negoziazione assistita e ne trasmette i dati al Ministero della giustizia.

2 *bis*. Il Ministro della giustizia trasmette alle Camere, con cadenza annuale, una relazione sullo stato di attuazione delle disposizioni di cui al presente capo, contenente, in particolare, i dati trasmessi ai sensi del comma 2, distinti per tipologia di controversia, unitamente ai dati relativi alle controversie iscritte a ruolo nell'anno di riferimento, a loro volta distinti per tipologia.

2.

D.L. 27 giugno 2015, n. 83. Misure urgenti in materia fallimentare, civile e processuale civile e di organizzazione e funzionamento dell'amministrazione giudiziaria (*Gazzetta Ufficiale* Serie gen. - n. 147 del 27 giugno 2015), convertito, con modificazioni, nella L. 6 agosto 2015, n. **132** (Suppl. ord alla *Gazzetta Ufficiale* Serie gen. - n. 192 del 20 agosto 2015).

(*Estratto*)

Titolo IV
Proroga di termini
per l'efficienza della giustizia
e disposizioni per il processo telematico
nonché altre disposizioni
in materia di giustizia

21 *bis*. Incentivi fiscali alla degiurisdizionalizzazione. – 1. Alle parti che corrispondono o che hanno corrisposto il compenso agli avvocati abilitati ad assisterli nel procedimento di negoziazione assistita ai sensi del capo II del decreto legge 12 settembre 2014, n. 132, convertito, con modificazioni, dalla legge 10 novembre 2014, n. 162, nonché alle parti che corrispondono o che hanno corrisposto il compenso agli arbitri nel procedimento di cui al capo I del medesimo decreto, è riconosciuto, in caso di successo della negoziazione, ovvero di conclusione dell'arbitrato con lodo, un credito di imposta commisurato al compenso fino a concorrenza di 250 euro, nel limite di spesa di 5 milioni di euro annui a decorrere dall'anno 2016 ([1]).

2. Con decreto del Ministro della giustizia, di concerto con il Ministro dell'economia e delle finanze, da adottare entro il 30 marzo 2016 ([2]), sono stabiliti le modalità e la documentazione da esibire a corredo della richiesta del credito di imposta e i controlli sull'autenticità della stessa.

3. Il Ministero della giustizia comunica all'interessato, entro il 30 aprile di ciascun anno successivo a quello di corresponsione dei compensi di cui al comma 1 ([3]), l'importo del credito di imposta effettivamente spettante in relazione a ciascuno dei procedimenti di cui ai capi I e II del decreto legge 12 settembre 2014, n. 132, convertito, con modificazioni, dalla legge 10 novembre 2014, n. 162, determinato in misura proporzionale alle risorse stanziate e trasmette, in via telematica, all'Agenzia delle entrate, l'elenco dei beneficiari e i relativi importi a ciascuno comunicati.

4. Il credito di imposta deve essere indicato nella dichiarazione dei redditi [per l'anno 2015] ([4]) ed è utilizzabile a decorrere dalla data di ricevimento della comunicazione di cui al comma 3 del presente articolo, in compensazione ai sensi dell'articolo 17 del decreto legislativo 9 luglio 1997, n. 241, e successive modificazioni, nonché, da parte delle persone fisiche non titolari di redditi di impresa o di lavoro autonomo, in diminuzione delle imposte sui redditi. Il credito di imposta non dà luogo a rimborso e non concorre alla formazione del reddito ai fini delle imposte sui redditi, né del valore della produzione netta ai fini dell'imposta regionale sulle attività produttive e non rileva ai fini del rapporto di cui agli articoli 61 e 109, comma 5, del testo unico delle imposte sui redditi, di cui al decreto del Presidente della Repubblica 22 dicembre 1986, n. 917, e successive modificazioni.

5. Per l'attuazione del presente articolo è autorizzata la spesa di 5 milioni di euro annui a decorrere dall'anno 2016. Agli oneri per l'anno 2016 ([5]), si provvede mediante corrispondente riduzione del fondo di cui all'articolo 1, comma 96, della legge 23 dicembre 2014, n. 190.

6. Il Ministro dell'economia e delle finanze è autorizzato ad apportare, con propri decreti, le occorrenti variazioni di bilancio.

([1]) *Questo comma è stato così sostituito dall'art. 1, comma 618, lett.* a*), della L. 28 dicembre 2015, n. 208.*

([2]) *Le parole: «sessanta giorni dalla data di entrata in vigore della legge di conversione del presente decreto» sono state così sostituite dalle parole: «il 30 marzo 2016» dall'art. 1, comma 618, lett.* b*), della L. 28 dicembre 2015, n. 208.*

([3]) *Le parole: «dell'anno 2016» sono state così sostituite dalle parole: «di ciascun anno successivo a quello di corresponsione dei compensi di cui al comma 1» dall'art. 1, comma 618, lett.* c*), della L. 28 dicembre 2015, n. 208.*

(4) *Le parole fra parentesi quadrate sono state soppresse dall'art. 1, comma 618, lett.* d), *della L. 28 dicembre 2015, n. 208.*

(5) *Le parole: «Agli oneri derivanti dall'attuazione del presente articolo, pari a 5 milioni di euro per l'anno 2016,» sono state così sostituite dalle parole: «Per l'attuazione del presente articolo è autorizzata la spesa di 5 milioni di euro annui a decorrere dall'anno 2016. Agli oneri per l'anno 2016» dall'art. 1, comma 618, lett.* e), *della L. 28 dicembre 2015, n. 208.*

3.

D.M. 23 dicembre 2015. Incentivi fiscali nella forma del «credito d'imposta» nei procedimenti di negoziazione assistita (*Gazzetta Ufficiale* Serie gen. - n. 5 dell'8 gennaio 2016).

1. Definizioni e oggetto. – 1. Il presente decreto stabilisce le modalità e la documentazione da esibire a corredo della richiesta di credito di imposta da parte del richiedente, nonché i controlli sull'autenticità della stessa.

2. Ai fini del presente decreto, per "richiedente" si intende la parte che ha corrisposto, nell'anno precedente la presentazione della richiesta di credito di imposta (1), il compenso all'avvocato che lo ha assistito nel corso di uno o più procedimenti di negoziazione assistita conclusi con successo, ovvero agli arbitri nel procedimento di cui al capo I, del decreto- legge 12 settembre 2014, n. 132, convertito, con modificazioni, dalla legge 10 novembre 2014, n. 162, sempre che si sia concluso con lodo.

(1) *Le parole: «nell'anno 2015» sono state così sostituite dalle seguenti: «nell'anno precedente la presentazione della richiesta di credito di imposta» dall'art. 1, comma 1, lett.* a), *del D.M. 30 marzo 2017.*

2. Richiesta di attribuzione del credito di imposta. – 1. La richiesta di attribuzione del credito di imposta deve essere proposta compilando l'apposito modulo (FORM), disponibile [dal giorno 10 gennaio 2016] (1) in un'area dedicata, denominata "Incentivi fiscali alle misure di degiurisdizionalizzazione di cui al decreto legge n. 132 del 2014" del sito internet del Ministero della giustizia ("www. giustizia.it").

2. Alla richiesta deve essere allegata:

a) copia dell'accordo di negoziazione assistita e prova della trasmissione dello stesso al Consiglio dell'Ordine degli avvocati a norma dell'articolo 11 del decreto legge 12 settembre 2014, n. 132, convertito, con modificazioni, dalla legge 10 novembre 2014, n. 162, ovvero copia del lodo arbitrale che ha concluso il procedimento di cui al capo I del predetto decreto legge, nonché copia per immagine dell'originale o della copia autentica del provvedimento giudiziale di trasmissione del fascicolo adottato a norma dell'articolo 1, comma 2, del medesimo decreto legge;

b) copia della fattura, inerente la prestazione di cui sopra, rilasciata dall'avvocato o dall'arbitro;

c) copia della quietanza, del bonifico, dell'assegno o di altro documento attestante l'effettiva corresponsione del compenso nell'anno precedente la presentazione della richiesta di credito di imposta (2);

d) copia del documento di identità del richiedente;

3. In caso di definizione con successo di più negoziazioni assistite, ovvero di più arbitrati conclusi con lodo, per i quali è stato corrisposto un compenso all'avvocato o agli arbitri, è necessario compilare un numero di richieste corrispondente al numero di procedure.

(1) *Le parole tra parentesi quadrate sono state soppresse dall'art. 1, comma 1, lett.* b), *n.* 1) *del D.M. 30 marzo 2017.*

(2) *Le parole: «nell'anno 2015» sono state così sostituite dalle seguenti: «nell'anno precedente la presentazione della richiesta di credito di imposta» dall'art. 1, comma 1, lett.* b), *n.* 2) *del D.M. 30 marzo 2017.*

3. Modalità di trasmissione della richiesta. – 1. La richiesta del credito di imposta è trasmessa esclusivamente avvalendosi delle funzionalità del sito internet di cui all'articolo 2, comma 1. La trasmissione deve essere effettuata, per l'anno 2017, nel periodo compreso tra la data di pubblicazione nella *Gazzetta Ufficiale* del presente decreto e il 10 aprile dello stesso anno e, a decorrere dall'anno 2018, dal 10 gennaio al 10 febbraio di ogni anno (1). Le richieste trasmesse in violazione di quanto disposto dal periodo precedente sono inammissibili (1).

(1) *Il secondo periodo di questo comma: «La trasmissione deve essere effettuata non prima dell'11 gennaio 2016 e, a pena di decadenza, entro l'11 febbraio 2016» è stato così sostituito dagli attuali secondo e terzo periodo, dall'art. 1, comma 1, lett.* c) *del D.M. 30 marzo 2017.*

4. Limiti complessivi di spesa e relativo rispetto. – 1. Il credito di imposta, riconosciuto in caso di successo della negoziazione, ovvero di conclusione dell'arbitrato con lodo, è commisurato, secondo criteri di proporzionalità, al compenso corrisposto all'avvocato o all'arbitro fino alla concorrenza di 250 euro ed è determinato, secondo i medesimi criteri, in misura corrispondente alle risorse stanziate, nel limite di spesa di 5 milioni di euro annui a decorrere dall'anno 2016 ([1]).

2. Per consentire la regolazione contabile delle compensazioni esercitate ai sensi dell'art. 6 del presente decreto, le risorse stanziate sono trasferite sulla contabilità speciale n. 1778 "Agenzia delle entrate - fondi di bilancio", aperta presso la Banca d'Italia.

([1]) *Le parole: «nel limite di spesa di 5 milioni di euro per l'anno 2016» sono state così sostituite dalle seguenti: «nel limite di spesa di 5 milioni di euro annui a decorrere dall'anno 2016» dall'art. 1, comma 1, lett.* d) *del D.M. 30 marzo 2017.*

5. Modalità di comunicazione dell'esito della richiesta. – 1. Il Ministero della giustizia - Dipartimento per gli affari di giustizia, entro il 30 aprile dell'anno in cui è presentata la richiesta ([1]), comunica al richiedente l'importo del credito di imposta effettivamente spettante in relazione a ciascuno dei procedimenti di cui ai capi I e II del decreto legge 12 settembre 2014, n. 132. La comunicazione ha luogo con le modalità pubblicate nell'area dedicata di cui all'articolo 2, comma 1.

([1]) *Le parole: «entro il 30 aprile 2016» sono state così sostituite dalle seguenti: «entro il 30 aprile dell'anno in cui è presentata la richiesta» dall'art. 1, comma 1, lett.* e) *del D.M. 30 marzo 2017.*

6. Procedure di utilizzo del credito di imposta. – 1. Il credito d'imposta deve essere indicato nella dichiarazione dei redditi per l'anno in cui è avvenuto il pagamento del compenso all'avvocato ([1]) ed è utilizzabile in compensazione, ai sensi dell'art. 17 del decreto legislativo 9 luglio 1997, n. 241, e successive modificazioni, a decorrere dalla data di ricevimento della comunicazione ai beneficiari dell'importo spettante, effettuata dal Ministero della giustizia ai sensi dell'art. 5, comma 1, del presente decreto. A tal fine, il modello F24 deve essere presentato esclusivamente tramite i servizi telematici offerti dall'Agenzia delle entrate, pena il rifiuto dell'operazione di versamento. In alternativa, le persone fisiche non titolari di redditi di impresa o di lavoro autonomo possono utilizzare il credito spettante in diminuzione delle imposte dovute in base alla dichiarazione dei redditi.

2. L'ammontare del credito d'imposta utilizzato in compensazione tramite modello F24 non deve eccedere l'importo comunicato dal Ministero della giustizia, pena lo scarto dell'operazione di versamento. Ai fini del controllo di cui al periodo precedente, preventivamente alla comunicazione ai soggetti beneficiari di cui al comma 1, il Ministero della giustizia trasmette all'Agenzia delle entrate, con modalità telematiche definite d'intesa, l'elenco dei soggetti beneficiari e l'importo del credito spettante a ciascuno di essi, nonché le eventuali variazioni e revoche.

3. Il credito l'imposta non dà luogo a rimborso e non concorre alla formazione del reddito ai fini delle imposte sui redditi, nè del valore della produzione netta ai fini dell'imposta regionale sulle attività produttive e non rileva ai fini del rapporto di cui agli articoli 61 e 109, comma 5, del testo unico delle imposte sui redditi, di cui al decreto del Presidente della Repubblica 22 dicembre 1986, n. 917, e successive modificazioni.

([1]) *Le parole: «per l'anno 2015» sono state così sostituite dalle seguenti: «per l'anno in cui è avvenuto il pagamento del compenso all'avvocato» dall'art. 1, comma 1, lett.* f) *del D.M. 30 marzo 2017.*

7. Controlli e cause di revoca del credito di imposta. – 1. Ai fini di cui all'articolo 6, nonché allo scopo di agevolare la raccolta dei dati per le finalità di cui all'articolo 11 del decreto legge n. 132 del 2014, convertito, con modificazioni, dalla legge n. 162 del 2014, i Consigli degli Ordini forensi trasmettono al Ministero della giustizia, con cadenza trimestrale, un elenco degli accordi di negoziazione loro comunicati a norma del predetto articolo 11, comma 1, classificandoli con le modalità indicate con provvedimento del capo del Dipartimento per gli affari di giustizia e del capo del Dipartimento dell'organizzazione giudiziaria. Nel medesimo provvedimento saranno indicate anche le modalità per la trasmissione dei dati di cui al presente articolo.

2. Il credito di imposta è revocato nel caso venga accertata l'insussistenza dei requisiti soggettivi ed oggettivi di cui al presente decreto, ovvero nel caso la documentazione presentata, di cui all'articolo 2, contenga elementi non veritieri o sia incompleta rispetto a quella richiesta. Sono fatte salve le eventuali conseguenze di legge civile, penale ed amministrativa e, in ogni caso, si provvede al recupero del beneficio indebitamente fruito, ai sensi dell'articolo 8.

8. Procedure di recupero del credito di imposta illegittimamente fruito. – 1. Qualora, a seguito dei controlli effettuati dal Ministero della giustizia, si accerti l'indebita fruizione, anche parziale, del credito d'imposta di cui al presente decreto, per il mancato rispetto delle condizioni richieste ovvero a causa della non eleggibilità delle spese sulla base delle quali è stato determinato il beneficio, il Ministero, ai sensi dell'art. 1, comma 6, del decreto legge 25 marzo 2010, n. 40, convertito, con modificazioni, dalla legge 22 maggio 2010, n. 73, provvede al recupero del relativo importo, maggiorato di interessi e sanzioni secondo legge.

2. Ai fini dei controlli di cui al comma 1, l'Agenzia delle entrate trasmette al Ministero della giustizia, entro il mese di marzo dell'anno successivo alla presentazione della richiesta di credito di imposta, con modalità telematiche definite d'intesa, l'elenco dei soggetti che hanno utilizzato il credito d'imposta attraverso le dichiarazioni dei redditi e i modelli F24 ricevuti nell'anno precedente, con i relativi importi ([1]).

3. L'Agenzia delle entrate comunica telematicamente al Ministero della giustizia l'eventuale indebita fruizione, totale o parziale, del credito d'imposta di cui all'art. 1, accertata nell'ambito dell'ordinaria attività di controllo.

([1]) *Questo comma è stato così sostituito dall'art. 1, comma 1, lett.* g) *del D.M. 30 marzo 2017. Il testo previgente così disponeva:*

«2. Ai fini dei controlli di cui al comma 1, l'Agenzia delle entrate trasmette al Ministero della giustizia, entro il mese di marzo 2017, con modalità telematiche definite d'intesa, l'elenco dei soggetti che hanno utilizzato il credito d'imposta attraverso le dichiarazioni dei redditi e i modelli F24 ricevuti nell'anno 2016, con i relativi importi».

1.

D.P.R. 10 febbraio 2000, n. 361. Regolamento recante norme per la semplificazione dei procedimenti di riconoscimento di persone giuridiche private e di approvazione delle modifiche dell'atto costitutivo e dello statuto (n. 17 dell'allegato 1 della legge 15 marzo 1997, n. 59) (*Gazzetta Ufficiale* Serie gen. - n. 286 del 7 dicembre 2000).

1. Procedimento per l'acquisto della personalità giuridica. – 1. Salvo quanto previsto dagli articoli 7 e 9, le associazioni, le fondazioni e le altre istituzioni di carattere privato acquistano la personalità giuridica mediante il riconoscimento determinato dall'iscrizione nel registro delle persone giuridiche, istituito presso le prefetture.

2. La domanda per il riconoscimento di una persona giuridica, sottoscritta dal fondatore ovvero da coloro ai quali è conferita la rappresentanza dell'ente, è presentata alla prefettura nella cui provincia è stabilita la sede dell'ente. Alla domanda i richiedenti allegano copia autentica dell'atto costitutivo e dello statuto. La prefettura rilascia una ricevuta che attesta la data di presentazione della domanda.

3. Ai fini del riconoscimento è necessario che siano state soddisfatte le condizioni previste da norme di legge o di regolamento per la costituzione dell'ente, che lo scopo sia possibile e lecito e che il patrimonio risulti adeguato alla realizzazione dello scopo.

4. La consistenza del patrimonio deve essere dimostrata da idonea documentazione allegata alla domanda.

5. Entro il termine di centoventi giorni dalla data di presentazione della domanda il prefetto provvede all'iscrizione.

6. Qualora la prefettura ravvisi ragioni ostative all'iscrizione ovvero la necessità di integrare la documentazione presentata, entro il termine di cui al comma 5, ne dà motivata comunicazione ai richiedenti, i quali, nei successivi trenta giorni, possono presentare memorie e documenti. Se, nell'ulteriore termine di trenta giorni, il prefetto non comunica ai richiedenti il motivato diniego ovvero non provvede all'iscrizione, questa si intende negata.

7. Il riconoscimento delle fondazioni istituite per testamento può essere concesso dal prefetto, d'ufficio, in caso di ingiustificata inerzia del soggetto abilitato alla presentazione della domanda.

8. Le prefetture istituiscono il registro di cui al comma 1, entro novanta giorni dalla data di entrata in vigore del presente regolamento.

9. Le prefetture e le regioni provvedono, ai sensi dell'articolo 6 del decreto legislativo 28 agosto 1997, n. 281, ad attivare collegamenti telematici per lo scambio dei dati e delle informazioni.

10. Con decreto del Ministro per i beni e le attività culturali, da adottarsi entro novanta giorni dalla data di entrata in vigore del presente regolamento, sentito il Ministro dell'interno, sono determinati i casi in cui il riconoscimento delle persone giuridiche che operano nelle materie di competenza del Ministero per i beni e le attività culturali è subordinato al preventivo parere della stessa amministrazione, da esprimersi nel termine di sessanta giorni dalla richiesta del prefetto. In mancanza del parere il prefetto procede ai sensi dei commi 5 e 6 ([1]).

([1]) *Si veda il D.M. 7 maggio 2002* (G.U. *Serie gen. - n. 168 del 19 luglio 2002*).

2. Modificazioni dello statuto e dell'atto costitutivo. – 1. Le modificazioni dello statuto e dell'atto costitutivo sono approvate con le modalità e nei termini previsti per l'acquisto della personalità giuridica dell'articolo 1, salvo i casi di riconoscimento della personalità giuridica per atto legislativo.

2. Alla domanda sono allegati i documenti idonei a dimostrare la sussistenza dei requisiti previsti dall'articolo 21, secondo comma, del codice civile.

3. Per le fondazioni, alla domanda è allegata la documentazione necessaria a comprovare il rispetto delle disposizioni statutarie inerenti al procedimento di modifica dello statuto.

3. Registro delle persone giuridiche. – 1. Il registro di cui all'articolo 1, comma 1, consta di due parti, l'una generale e l'altra analitica.

2. Nella prima parte del registro sono iscritte le persone giuridiche con la sola indicazione della loro denominazione.

3. L'iscrizione è contrassegnata da un numero d'ordine ed è accompagnata dall'indicazione della data, del nome del richiedente, delle pagine riservate nella parte analitica alla stessa persona giuridica e del volume in cui sono contenuti lo statuto e l'atto costitutivo e di quello dove sono raccolte le copie delle deliberazioni e dei provvedimenti iscritti nel registro. Alla fine della parte generale il registro è munito di una rubrica alfabetica contenente il nome della persona giuridica, il numero della pagina in cui la stessa è iscritta e il riferimento alla parte analitica del registro.

4. Nella seconda parte del registro, distintamente per ogni persona giuridica, sono iscritti tutti gli elementi e i fatti indicati nell'articolo 4.

5. Ad ogni persona giuridica è riservato nella seconda parte del registro un intero foglio costituito da due pagine contrapposte. Le iscrizioni successive si fanno nello stesso foglio. Quando il foglio riservato ad una persona giuridica è esaurito, le iscrizioni sono fatte in un foglio successivo. La continuazione deve risultare chiaramente dalla pagina esaurita.

6. Il registro, prima di essere posto in uso, deve essere numerato e vidimato in ciascun foglio dal prefetto ovvero da un funzionario da questi delegato con decreto da iscriversi nella prima pagina del registro. Nell'ultima pagina il prefetto indica il numero dei fogli di cui è composto il registro.

7. Per ottenere l'iscrizione dei fatti indicati nell'articolo 4, comma 2, il richiedente deve presentare copia autentica in carta libera della deliberazione o del provvedimento da iscrivere. Tali copie restano depositate in prefettura e sono ordinate in volumi muniti di rubrica alfabetica.

8. Il registro e i documenti relativi possono essere esaminati da chiunque ne fa richiesta. La prefettura deve rilasciare gli estratti e i certificati che sono richiesti.

9. Agli adempimenti di cui al presente regolamento è data attuazione, ove possibile, mediante l'utilizzo dei mezzi telematici previsti dalle norme vigenti.

4. Iscrizioni nel registro. – 1. Nel registro devono essere indicati la data dell'atto costitutivo, la denominazione, lo scopo, il patrimonio, la durata, qualora sia stata determinata, la sede della persona giuridica e il cognome, il nome e il codice fiscale degli amministratori, con menzione di quelli ai quali è attribuita la rappresentanza.

2. Nel registro devono altresì essere iscritte le modificazioni dell'atto costitutivo e dello statuto, il trasferimento della sede e l'istituzione di sedi secondarie, la sostituzione degli amministratori, con indicazione di quelli ai quali è attribuita la rappresentanza, le deliberazioni di scioglimento, i provvedimenti che ordinano lo scioglimento o accertano l'estinzione, il cognome e nome dei liquidatori e tutti gli altri atti e fatti la cui iscrizione è espressamente prevista da norme di legge o di regolamento.

5. Decentramento amministrativo. – 1. Le funzioni amministrative già attribuite all'autorità governativa dalle norme del capo II, titolo II, libro I del codice civile, sono esercitate dalle prefetture ovvero dalle regioni o dalle province autonome competenti.

6. Estinzione della persona giuridica. – 1. La prefettura, la regione ovvero la provincia autonoma competente accerta, su istanza di qualunque interessato o anche d'ufficio, l'esistenza di una delle cause di estinzione della persona giuridica previste dall'articolo 27 del codice civile e dà comunicazione della dichiarazione di estinzione agli amministratori e al presidente del tribunale ai fini di cui all'articolo 11 delle disposizioni di attuazione del codice civile.

2. Chiusa la procedura di liquidazione, il presidente del tribunale provvede che ne sia data comunicazione ai competenti uffici per la conseguente cancellazione dell'ente dal registro delle persone giuridiche.

7. Competenze delle regioni e delle province autonome. – 1. Il riconoscimento delle persone giuridiche private che operano nelle materie attribuite alla competenza delle regioni dall'articolo 14 del decreto del Presidente della Repubblica 24 luglio 1977, n. 616, e le cui finalità statutarie si esauriscono nell'ambito di una sola regione, è determinato dall'iscrizione nel registro delle persone giuridiche istituito presso la stessa regione.

2. Entro novanta giorni dalla data di entrata in vigore del presente regolamento le regioni a statuto ordinario istituiscono il registro delle persone giuridiche di cui al comma 1. Fino a quando non abbiano provveduto, le regioni applicano le norme del presente regolamento.

3. Le regioni a statuto speciale e le province autonome di Trento e di Bolzano provvedono ad adeguare i rispettivi ordinamenti.

8. Coordinamento con il codice civile e con le norme di attuazione. – 1. I richiami a norme abrogate dal presente regolamento contenuti nel codice civile e nelle leggi speciali s'intendono riferiti alle corrispondenti disposizioni del regolamento medesimo. Ogni riferimento a competenze dell'autorità giudiziaria in tema di acquisto della personalità giuridica, di tenuta del registro delle persone giuridiche e di iscrizioni nello stesso s'intende fatto alla prefettura ovvero alla regione o provincia autonoma competenti.

2. Le sanzioni di cui all'articolo 35 del codice civile si applicano alle ipotesi di mancata richiesta di iscrizione nei termini e secondo le modalità previste nel presente regolamento.

9. Norme speciali. – 1. Le norme del presente regolamento sono applicabili ai procedimenti di riconoscimento delle associazioni previste dall'articolo 10 della legge 20 maggio 1985, n. 222, fatto salvo quanto disposto dal secondo e terzo comma del medesimo articolo.

2. Nulla è innovato nella disciplina degli enti ecclesiastici civilmente riconosciuti, in base alla legge 20 maggio 1985, n. 222, nonché degli enti civilmente riconosciuti in base alle leggi di approvazione di intese con le confessioni religiose ai sensi dell'articolo 8, terzo comma, della Costituzione. Nei confronti di tali enti trovano applicazione le disposizioni contenute negli articoli 3 e 4.

3. Sono fatte comunque salve le altre norme speciali derogatorie rispetto alla disciplina delle persone giuridiche di cui al libro I, titolo II, del codice civile, alle relative disposizioni di attuazione e alle norme del presente regolamento.

10. Norme finali e transitorie. – 1. I compiti spettanti in base alle disposizioni del presente regolamento al prefetto e alle prefetture si intendono riferiti, per le province autonome di Trento e di Bolzano ai commissari di governo e ai rispettivi uffici, e per la regione Valle d'Aosta al presidente della commissione di coordinamento e al suo ufficio.

2. Le amministrazioni dello Stato provvedono, entro novanta giorni dalla data di entrata in vigore del presente regolamento, a trasmettere alle prefetture competenti per territorio gli atti relativi ai procedimenti pendenti, nonché quelli concernenti le persone giuridiche private che hanno conseguito il riconoscimento nel vigore della precedente disciplina.

3. Entro il medesimo termine, le cancellerie dei tribunali trasmettono alle prefetture, alle regioni ovvero alle province autonome, secondo le rispettive competenze, gli atti relativi alle persone giuridiche iscritte nel registro.

4. I termini di conclusione di tutti i procedimenti pendenti alla data di entrata in vigore del presente regolamento, nonché di quelli relativi a domande presentate nelle more dell'istituzione del registro decorrono dalla data di istituzione del medesimo.

5. Fino al momento dell'effettivo trasferimento dei registri e dei relativi atti alle prefetture, ovvero alle regioni o province autonome, al rilascio dei certificati concernenti le persone giuridiche provvede la cancelleria del tribunale.

11. Abrogazioni. – (*Omissis*).

12. Entrata in vigore. – (*Omissis*).

1.

L. 8 marzo 2017, n. 24. Disposizioni in materia di sicurezza delle cure e della persona assistita, nonché in materia di responsabilità professionale degli esercenti le professioni sanitarie (*Gazzetta Ufficiale* Serie gen. - n. 64 del 17 marzo 2017).

1. Sicurezza delle cure in sanità. – 1. La sicurezza delle cure è parte costitutiva del diritto alla salute ed è perseguita nell'interesse dell'individuo e della collettività.

2. La sicurezza delle cure si realizza anche mediante l'insieme di tutte le attività finalizzate alla prevenzione e alla gestione del rischio connesso all'erogazione di prestazioni sanitarie e l'utilizzo appropriato delle risorse strutturali, tecnologiche e organizzative.

3. Alle attività di prevenzione del rischio messe in atto dalle strutture sanitarie e sociosanitarie, pubbliche e private, è tenuto a concorrere tutto il personale, compresi i liberi professionisti che vi operano in regime di convenzione con il Servizio sanitario nazionale.

2. Attribuzione della funzione di garante per il diritto alla salute al Difensore civico regionale o provinciale e istituzione dei Centri regionali per la gestione del rischio sanitario e la sicurezza del paziente. – 1. Le regioni e le province autonome di Trento e di Bolzano possono affidare all'ufficio del Difensore civico la funzione di garante per il diritto alla salute e disciplinarne la struttura organizzativa e il supporto tecnico.

2. Il Difensore civico, nella sua funzione di garante per il diritto alla salute, può essere adito gratuitamente da ciascun soggetto destinatario di prestazioni sanitarie, direttamente o mediante un proprio delegato, per la segnalazione di disfunzioni del sistema dell'assistenza sanitaria e sociosanitaria.

3. Il Difensore civico acquisisce, anche digitalmente, gli atti relativi alla segnalazione pervenuta e, qualora abbia verificato la fondatezza della segnalazione, interviene a tutela del diritto leso con i poteri e le modalità stabiliti dalla legislazione regionale.

4. In ogni regione è istituito, con le risorse umane, strumentali e finanziarie disponibili a legislazione vigente e comunque senza nuovi o maggiori oneri a carico della finanza pubblica, il Centro per la gestione del rischio sanitario e la sicurezza del paziente, che raccoglie dalle strutture sanitarie e sociosanitarie pubbliche e private i dati regionali sui rischi ed eventi avversi e sul contenzioso e li trasmette annualmente, mediante procedura telematica unificata a livello nazionale, all'Osservatorio nazionale delle buone pratiche sulla sicurezza nella sanità, di cui all'articolo 3.

5. All'articolo 1, comma 539, della legge 28 dicembre 2015, n. 208, è aggiunta, in fine, la seguente lettera:

«*d bis*) predisposizione di una relazione annuale consuntiva sugli eventi avversi verificatisi all'interno della struttura, sulle cause che hanno prodotto l'evento avverso e sulle conseguenti iniziative messe in atto. Detta relazione è pubblicata nel sito internet della struttura sanitaria».

3. Osservatorio nazionale delle buone pratiche sulla sicurezza nella sanità. – 1. Entro tre mesi dalla data di entrata in vigore della presente legge, con decreto del Ministro della salute, previa intesa in sede di Conferenza permanente per i rapporti tra lo Stato, le regioni e le province autonome di Trento e di Bolzano, è istituito, senza nuovi o maggiori oneri per la finanza pubblica, presso l'Agenzia nazionale per i servizi sanitari regionali (AGENAS), l'Osservatorio nazionale delle buone pratiche sulla sicurezza nella sanità, di seguito denominato «Osservatorio».

2. L'Osservatorio acquisisce dai Centri per la gestione del rischio sanitario e la sicurezza del paziente, di cui all'articolo 2, i dati regionali relativi ai rischi ed eventi avversi nonché alle cause, all'entità, alla frequenza e all'onere finanziario del

contenzioso e, anche mediante la predisposizione, con l'ausilio delle società scientifiche e delle associazioni tecnico-scientifiche delle professioni sanitarie di cui all'articolo 5, di linee di indirizzo, individua idonee misure per la prevenzione e la gestione del rischio sanitario e il monitoraggio delle buone pratiche per la sicurezza delle cure nonché per la formazione e l'aggiornamento del personale esercente le professioni sanitarie.

3. Il Ministro della salute trasmette annualmente alle Camere una relazione sull'attività svolta dall'Osservatorio.

4. L'Osservatorio, nell'esercizio delle sue funzioni, si avvale anche del Sistema informativo per il monitoraggio degli errori in sanità (SIMES), istituito con decreto del Ministro del lavoro, della salute e delle politiche sociali 11 dicembre 2009, pubblicato nella *Gazzetta Ufficiale* n. 8 del 12 gennaio 2010.

4. Trasparenza dei dati. – 1. Le prestazioni sanitarie erogate dalle strutture pubbliche e private sono soggette all'obbligo di trasparenza, nel rispetto del codice in materia di protezione dei dati personali, di cui al decreto legislativo 30 giugno 2003, n. 196.

2. La direzione sanitaria della struttura pubblica o privata, entro sette giorni dalla presentazione della richiesta da parte degli interessati aventi diritto, in conformità alla disciplina sull'accesso ai documenti amministrativi e a quanto previsto dal codice in materia di protezione dei dati personali, di cui al decreto legislativo 30 giugno 2003, n. 196, fornisce la documentazione sanitaria disponibile relativa al paziente, preferibilmente in formato elettronico; le eventuali integrazioni sono fornite, in ogni caso, entro il termine massimo di trenta giorni dalla presentazione della suddetta richiesta. Entro novanta giorni dalla data di entrata in vigore della presente legge, le strutture sanitarie pubbliche e private adeguano i regolamenti interni adottati in attuazione della legge 7 agosto 1990, n. 241, alle disposizioni del presente comma.

3. Le strutture sanitarie pubbliche e private rendono disponibili, mediante pubblicazione nel proprio sito internet, i dati relativi a tutti i risarcimenti erogati nell'ultimo quinquennio, verificati nell'ambito dell'esercizio della funzione di monitoraggio, prevenzione e gestione del rischio sanitario (risk management) di cui all'articolo 1, comma 539, della legge 28 dicembre 2015, n. 208, come modificato dagli articoli 2 e 16 della presente legge.

4. All'articolo 37 del regolamento di polizia mortuaria, di cui al decreto del Presidente della Repubblica 10 settembre 1990, n. 285, dopo il comma 2 è inserito il seguente:

«2 *bis*. I familiari o gli altri aventi titolo del deceduto possono concordare con il direttore sanitario o sociosanitario l'esecuzione del riscontro diagnostico, sia nel caso di decesso ospedaliero che in altro luogo, e possono disporre la presenza di un medico di loro fiducia.».

5. Buone pratiche clinico-assistenziali e raccomandazioni previste dalle linee guida. – 1. Gli esercenti le professioni sanitarie, nell'esecuzione delle prestazioni sanitarie con finalità preventive, diagnostiche, terapeutiche, palliative, riabilitative e di medicina legale, si attengono, salve le specificità del caso concreto, alle raccomandazioni previste dalle linee guida pubblicate ai sensi del comma 3 ed elaborate da enti e istituzioni pubblici e privati nonché dalle società scientifiche e dalle associazioni tecnico-scientifiche delle professioni sanitarie iscritte in apposito elenco istituito e regolamentato con decreto del Ministro della salute, da emanare entro novanta giorni dalla data di entrata in vigore della presente legge, e da aggiornare con cadenza biennale. In mancanza delle suddette raccomandazioni, gli esercenti le professioni sanitarie si attengono alle buone pratiche clinico-assistenziali.

2. Nel regolamentare l'iscrizione in apposito elenco delle società scientifiche e delle associazioni tecnico-scientifiche di cui al comma 1, il decreto del Ministro della salute stabilisce:

a) i requisiti minimi di rappresentatività sul territorio nazionale;

b) la costituzione mediante atto pubblico e le garanzie da prevedere nello statuto in riferimento al libero accesso dei professionisti aventi titolo e alla loro partecipazione alle decisioni, all'autonomia e all'indipendenza, all'assenza di scopo di lucro, alla pubblicazione nel sito istituzionale dei bilanci preventivi, dei consuntivi e degli incarichi retribuiti, alla dichiarazione e regolazione dei conflitti di interesse e all'individuazione di sistemi di verifica e controllo della qualità della produzione tecnico-scientifica;

c) le procedure di iscrizione all'elenco nonché le verifiche sul mantenimento dei requisiti e le modalità di sospensione o cancellazione dallo stesso.

3. Le linee guida e gli aggiornamenti delle stesse elaborati dai soggetti di cui al comma 1 sono integrati nel Sistema nazionale per le linee guida (SNLG), il quale è disciplinato nei compiti e nelle funzioni con decreto del Ministro della salute, da emanare, previa intesa in sede di Conferenza permanente per i rapporti tra lo Stato, le regioni e le province autonome di Trento e di Bolzano, con la procedura di cui all'articolo 1, comma 28, secondo periodo, della legge 23 dicembre 1996, n. 662, e successive modificazioni, entro centoventi giorni dalla data di entrata in vigore della presente legge. L'Istituto superiore di sanità pubblica nel proprio sito internet le linee guida e gli aggiornamenti delle stesse indicati dal SNLG, previa verifica della conformità della metodologia adottata a standard definiti e resi pubblici dallo stesso Istituto, nonché della rilevanza delle evidenze scientifiche dichiarate a supporto delle raccomandazioni.

4. Le attività di cui al comma 3 sono svolte nell'ambito delle risorse umane, finanziarie e strumentali già disponibili a legislazione vigente e comunque senza nuovi o maggiori oneri per la finanza pubblica.

6. Responsabilità penale dell'esercente la professione sanitaria. – 1. Dopo l'articolo 590 *quinquies* del codice penale è inserito il seguente:

«Art. 590 *sexies* (Responsabilità colposa per morte o lesioni personali in ambito sanitario). - Se i fatti di cui agli articoli 589 e 590 sono commessi nell'esercizio della professione sanitaria, si applicano le pene ivi previste salvo quanto disposto dal secondo comma.

Qualora l'evento si sia verificato a causa di imperizia, la punibilità è esclusa quando sono rispettate le raccomandazioni previste dalle linee guida come definite e pubblicate ai sensi di legge ovvero, in mancanza di queste, le buone pratiche clinico-assistenziali, sempre che le raccomandazioni previste dalle predette linee guida risultino adeguate alle specificità del caso concreto».

2. All'articolo 3 del decreto legge 13 settembre 2012, n. 158, convertito, con modificazioni, dalla legge 8 novembre 2012, n. 189, il comma 1 è abrogato.

7. Responsabilità civile della struttura e dell'esercente la professione sanitaria. – 1. La struttura sanitaria o sociosanitaria pubblica o privata che, nell'adempimento della propria obbligazione, si avvalga dell'opera di esercenti la professione sanitaria, anche se scelti dal paziente e ancorchè non dipendenti della struttura stessa, risponde, ai sensi degli articoli 1218 e 1228 del codice civile, delle loro condotte dolose o colpose.

2. La disposizione di cui al comma 1 si applica anche alle prestazioni sanitarie svolte in regime di libera professione intramuraria ovvero nell'ambito di attività di sperimentazione e di ricerca clinica ovvero in regime di convenzione con il Servizio sanitario nazionale nonché attraverso la telemedicina.

3. L'esercente la professione sanitaria di cui ai commi 1 e 2 risponde del proprio operato ai sensi dell'articolo 2043 del codice civile, salvo che abbia agito nell'adempimento di obbligazione contrattuale assunta con il paziente. Il giudice, nella determinazione del risarcimento del danno, tiene conto della condotta dell'esercente la professione sanitaria ai sensi dell'articolo 5 della presente legge e dell'articolo 590 *sexies* del codice penale, introdotto dall'articolo 6 della presente legge.

4. Il danno conseguente all'attività della struttura sanitaria o sociosanitaria, pubblica o privata, e dell'esercente la professione sanitaria è risarcito sulla base delle tabelle di cui agli articoli 138 e 139 del codice delle assicurazioni private, di cui al decreto legislativo 7 settembre 2005, n. 209, integrate, ove necessario, con la procedura di cui al comma 1 del predetto articolo 138 e sulla base dei criteri di cui ai citati articoli, per tener conto delle fattispecie da esse non previste, afferenti alle attività di cui al presente articolo.

5. Le disposizioni del presente articolo costituiscono norme imperative ai sensi del codice civile.

8. Tentativo obbligatorio di conciliazione. – 1. Chi intende esercitare un'azione innanzi al giudice civile relativa a una controversia di risarcimento del danno derivante da responsabilità sanitaria è tenuto preliminarmente a proporre ricorso ai sensi dell'articolo 696 *bis* del codice di procedura civile dinanzi al giudice competente.

2. La presentazione del ricorso di cui al comma 1 costituisce condizione di procedibilità della domanda di risarcimento. È fatta salva la possibilità di esperire in alternativa il procedimento di mediazione ai sensi dell'articolo 5, comma 1 *bis*, del decreto legislativo 4 marzo 2010, n. 28. In tali casi non trova invece applicazione l'articolo 3 del de-

creto legge 12 settembre 2014, n. 132, convertito, con modificazioni, dalla legge 10 novembre 2014, n. 162. L'improcedibilità deve essere eccepita dal convenuto, a pena di decadenza, o rilevata d'ufficio dal giudice, non oltre la prima udienza. Il giudice, ove rilevi che il procedimento di cui all'articolo 696 *bis* del codice di procedura civile non è stato espletato ovvero che è iniziato ma non si è concluso, assegna alle parti il termine di quindici giorni per la presentazione dinanzi a sè dell'istanza di consulenza tecnica in via preventiva ovvero di completamento del procedimento.

3. Ove la conciliazione non riesca o il procedimento non si concluda entro il termine perentorio di sei mesi dal deposito del ricorso, la domanda diviene procedibile e gli effetti della domanda sono salvi se, entro novanta giorni dal deposito della relazione o dalla scadenza del termine perentorio, è depositato, presso il giudice che ha trattato il procedimento di cui al comma 1, il ricorso di cui all'articolo 702 *bis* del codice di procedura civile. In tal caso il giudice fissa l'udienza di comparizione delle parti; si applicano gli articoli 702 *bis* e seguenti del codice di procedura civile.

4. La partecipazione al procedimento di consulenza tecnica preventiva di cui al presente articolo, effettuato secondo il disposto dell'articolo 15 della presente legge, è obbligatoria per tutte le parti, comprese le imprese di assicurazione di cui all'articolo 10, che hanno l'obbligo di formulare l'offerta di risarcimento del danno ovvero comunicare i motivi per cui ritengono di non formularla. In caso di sentenza a favore del danneggiato, quando l'impresa di assicurazione non ha formulato l'offerta di risarcimento nell'ambito del procedimento di consulenza tecnica preventiva di cui ai commi precedenti, il giudice trasmette copia della sentenza all'Istituto per la vigilanza sulle assicurazioni (IVASS) per gli adempimenti di propria competenza. In caso di mancata partecipazione, il giudice, con il provvedimento che definisce il giudizio, condanna le parti che non hanno partecipato al pagamento delle spese di consulenza e di lite, indipendentemente dall'esito del giudizio, oltre che ad una pena pecuniaria, determinata equitativamente, in favore della parte che è comparsa alla conciliazione.

9. Azione di rivalsa o di responsabilità amministrativa. – 1. L'azione di rivalsa nei confronti dell'esercente la professione sanitaria può essere esercitata solo in caso di dolo o colpa grave.

2. Se l'esercente la professione sanitaria non è stato parte del giudizio o della procedura stragiudiziale di risarcimento del danno, l'azione di rivalsa nei suoi confronti può essere esercitata soltanto successivamente al risarcimento avvenuto sulla base di titolo giudiziale o stragiudiziale ed è esercitata, a pena di decadenza, entro un anno dall'avvenuto pagamento.

3. La decisione pronunciata nel giudizio promosso contro la struttura sanitaria o sociosanitaria o contro l'impresa di assicurazione non fa stato nel giudizio di rivalsa se l'esercente la professione sanitaria non è stato parte del giudizio.

4. In nessun caso la transazione è opponibile all'esercente la professione sanitaria nel giudizio di rivalsa.

5. In caso di accoglimento della domanda di risarcimento proposta dal danneggiato nei confronti della struttura sanitaria o sociosanitaria pubblica, ai sensi dei commi 1 e 2 dell'articolo 7, o dell'esercente la professione sanitaria, ai sensi del comma 3 del medesimo articolo 7, l'azione di responsabilità amministrativa, per dolo o colpa grave, nei confronti dell'esercente la professione sanitaria è esercitata dal pubblico ministero presso la Corte dei conti. Ai fini della quantificazione del danno, fermo restando quanto previsto dall'articolo 1, comma 1 *bis*, della legge 14 gennaio 1994, n. 20, e dall'articolo 52, secondo comma, del testo unico di cui al regio decreto 12 luglio 1934, n. 1214, si tiene conto delle situazioni di fatto di particolare difficoltà, anche di natura organizzativa, della struttura sanitaria o sociosanitaria pubblica, in cui l'esercente la professione sanitaria ha operato. L'importo della condanna per la responsabilità amministrativa e della surrogazione di cui all'articolo 1916, primo comma, del codice civile, per singolo evento, in caso di colpa grave, non può superare una somma pari al valore maggiore della retribuzione lorda o del corrispettivo convenzionale conseguiti nell'anno di inizio della condotta causa dell'evento o nell'anno immediatamente precedente o successivo, moltiplicato per il triplo. Per i tre anni successivi al passaggio in giudicato della decisione di accoglimento della domanda di risarcimento proposta dal danneggiato, l'esercente la professione sanitaria, nell'ambito delle strutture sanitarie o sociosanitarie pubbliche, non può essere preposto ad incarichi professionali superiori rispetto a quelli ricoperti e il giudicato costituisce oggetto di specifica valutazione da parte

dei commissari nei pubblici concorsi per incarichi superiori.

6. In caso di accoglimento della domanda proposta dal danneggiato nei confronti della struttura sanitaria o sociosanitaria privata o nei confronti dell'impresa di assicurazione titolare di polizza con la medesima struttura, la misura della rivalsa e quella della surrogazione richiesta dall'impresa di assicurazione, ai sensi dell'articolo 1916, primo comma, del codice civile, per singolo evento, in caso di colpa grave, non possono superare una somma pari al valore maggiore del reddito professionale, ivi compresa la retribuzione lorda, conseguito nell'anno di inizio della condotta causa dell'evento o nell'anno immediatamente precedente o successivo, moltiplicato per il triplo. Il limite alla misura della rivalsa, di cui al periodo precedente, non si applica nei confronti degli esercenti la professione sanitaria di cui all'articolo 10, comma 2.

7. Nel giudizio di rivalsa e in quello di responsabilità amministrativa il giudice può desumere argomenti di prova dalle prove assunte nel giudizio instaurato dal danneggiato nei confronti della struttura sanitaria o sociosanitaria o dell'impresa di assicurazione se l'esercente la professione sanitaria ne è stato parte.

10. Obbligo di assicurazione. – 1. Le strutture sanitarie e sociosanitarie pubbliche e private devono essere provviste di copertura assicurativa o di altre analoghe misure per la responsabilità civile verso terzi e per la responsabilità civile verso prestatori d'opera, ai sensi dell'articolo 27, comma 1 *bis*, del decreto legge 24 giugno 2014, n. 90, convertito, con modificazioni, dalla legge 11 agosto 2014, n. 114, anche per danni cagionati dal personale a qualunque titolo operante presso le strutture sanitarie o sociosanitarie pubbliche e private, compresi coloro che svolgono attività di formazione, aggiornamento nonché di sperimentazione e di ricerca clinica. La disposizione del primo periodo si applica anche alle prestazioni sanitarie svolte in regime di libera professione intramuraria ovvero in regime di convenzione con il Servizio sanitario nazionale nonché attraverso la telemedicina. Le strutture di cui al primo periodo stipulano, altresì, polizze assicurative o adottano altre analoghe misure per la copertura della responsabilità civile verso terzi degli esercenti le professioni sanitarie anche ai sensi e per gli effetti delle disposizioni di cui al comma 3 dell'articolo 7, fermo restando quanto previsto dall'articolo 9. Le disposizioni di cui al periodo precedente non si applicano in relazione agli esercenti la professione sanitaria di cui al comma 2.

2. Per l'esercente la professione sanitaria che svolga la propria attività al di fuori di una delle strutture di cui al comma 1 del presente articolo o che presti la sua opera all'interno della stessa in regime libero-professionale ovvero che si avvalga della stessa nell'adempimento della propria obbligazione contrattuale assunta con il paziente ai sensi dell'articolo 7, comma 3, resta fermo l'obbligo di cui all'articolo 3, comma 5, lettera *e*), del decreto legge 13 agosto 2011, n. 138, convertito, con modificazioni, dalla legge 14 settembre 2011, n. 148, all'articolo 5 del regolamento di cui al decreto del Presidente della Repubblica 7 agosto 2012, n. 137, e all'articolo 3, comma 2, del decreto legge 13 settembre 2012, n. 158, convertito, con modificazioni, dalla legge 8 novembre 2012, n. 189.

3. Al fine di garantire efficacia alle azioni di cui all'articolo 9 e all'articolo 12, comma 3, ciascun esercente la professione sanitaria operante a qualunque titolo in strutture sanitarie o sociosanitarie pubbliche o private provvede alla stipula, con oneri a proprio carico, di un'adeguata polizza di assicurazione per colpa grave.

4. Le strutture di cui al comma 1 rendono nota, mediante pubblicazione nel proprio sito internet, la denominazione dell'impresa che presta la copertura assicurativa della responsabilità civile verso i terzi e verso i prestatori d'opera di cui al comma 1, indicando per esteso i contratti, le clausole assicurative ovvero le altre analoghe misure che determinano la copertura assicurativa.

5. Con decreto da emanare entro novanta giorni dalla data di entrata in vigore della presente legge, il Ministro dello sviluppo economico, di concerto con il Ministro della salute, definisce i criteri e le modalità per lo svolgimento delle funzioni di vigilanza e controllo esercitate dall'IVASS sulle imprese di assicurazione che intendano stipulare polizze con le strutture di cui al comma 1 e con gli esercenti la professione sanitaria.

6. Con decreto del Ministro dello sviluppo economico, da emanare entro centoventi giorni dalla data di entrata in vigore della presente legge, di concerto con il Ministro della salute e con il Ministro dell'economia e delle finanze, previa intesa in sede di Conferenza permanente per i rapporti tra lo Stato, le regioni e le province autonome di Trento e di Bolzano, sentiti l'IVASS, l'Associazio-

ne nazionale fra le imprese assicuratrici (ANIA), le Associazioni nazionali rappresentative delle strutture private che erogano prestazioni sanitarie e sociosanitarie, la Federazione nazionale degli ordini dei medici chirurghi e degli odontoiatri, le Federazioni nazionali degli ordini e dei collegi delle professioni sanitarie e le organizzazioni sindacali maggiormente rappresentative delle categorie professionali interessate, nonché le associazioni di tutela dei cittadini e dei pazienti, sono determinati i requisiti minimi delle polizze assicurative per le strutture sanitarie e sociosanitarie pubbliche e private e per gli esercenti le professioni sanitarie, prevedendo l'individuazione di classi di rischio a cui far corrispondere massimali differenziati. Il medesimo decreto stabilisce i requisiti minimi di garanzia e le condizioni generali di operatività delle altre analoghe misure, anche di assunzione diretta del rischio, richiamate dal comma 1; disciplina altresì le regole per il trasferimento del rischio nel caso di subentro contrattuale di un'impresa di assicurazione nonché la previsione nel bilancio delle strutture di un fondo rischi e di un fondo costituito dalla messa a riserva per competenza dei risarcimenti relativi ai sinistri denunciati. A tali fondi si applicano le disposizioni di cui all'articolo 1, commi 5 e 5 *bis*, del decreto legge 18 gennaio 1993, n. 9, convertito, con modificazioni, dalla legge 18 marzo 1993, n. 67.

7. Con decreto del Ministro dello sviluppo economico da emanare, di concerto con il Ministro della salute e sentito l'IVASS, entro centoventi giorni dalla data di entrata in vigore della presente legge, sono individuati i dati relativi alle polizze di assicurazione stipulate ai sensi dei commi 1 e 2, e alle altre analoghe misure adottate ai sensi dei commi 1 e 6 e sono stabiliti, altresì, le modalità e i termini per la comunicazione di tali dati da parte delle strutture sanitarie e sociosanitarie pubbliche e private e degli esercenti le professioni sanitarie all'Osservatorio. Il medesimo decreto stabilisce le modalità e i termini per l'accesso a tali dati.

11. Estensione della garanzia assicurativa. – 1. La garanzia assicurativa deve prevedere una operatività temporale anche per gli eventi accaduti nei dieci anni antecedenti la conclusione del contratto assicurativo, purchè denunciati all'impresa di assicurazione durante la vigenza temporale della polizza. In caso di cessazione definitiva dell'attività professionale per qualsiasi causa deve essere previsto un periodo di ultrattività della copertura per le richieste di risarcimento presentate per la prima volta entro i dieci anni successivi e riferite a fatti generatori della responsabilità verificatisi nel periodo di efficacia della polizza, incluso il periodo di retroattività della copertura. L'ultrattività è estesa agli eredi e non è assoggettabile alla clausola di disdetta.

12. Azione diretta del soggetto danneggiato. – 1. Fatte salve le disposizioni dell'articolo 8, il soggetto danneggiato ha diritto di agire direttamente, entro i limiti delle somme per le quali è stato stipulato il contratto di assicurazione, nei confronti dell'impresa di assicurazione che presta la copertura assicurativa alle strutture sanitarie o sociosanitarie pubbliche o private di cui al comma 1 dell'articolo 10 e all'esercente la professione sanitaria di cui al comma 2 del medesimo articolo 10.

2. Non sono opponibili al danneggiato, per l'intero massimale di polizza, eccezioni derivanti dal contratto diverse da quelle stabilite dal decreto di cui all'articolo 10, comma 6, che definisce i requisiti minimi delle polizze assicurative per le strutture sanitarie e sociosanitarie pubbliche e private e per gli esercenti le professioni sanitarie di cui all'articolo 10, comma 2.

3. L'impresa di assicurazione ha diritto di rivalsa verso l'assicurato nel rispetto dei requisiti minimi, non derogabili contrattualmente, stabiliti dal decreto di cui all'articolo 10, comma 6.

4. Nel giudizio promosso contro l'impresa di assicurazione della struttura sanitaria o sociosanitaria pubblica o privata a norma del comma 1 è litisconsorte necessario la struttura medesima; nel giudizio promosso contro l'impresa di assicurazione dell'esercente la professione sanitaria a norma del comma 1 è litisconsorte necessario l'esercente la professione sanitaria. L'impresa di assicurazione, l'esercente la professione sanitaria e il danneggiato hanno diritto di accesso alla documentazione della struttura relativa ai fatti dedotti in ogni fase della trattazione del sinistro.

5. L'azione diretta del danneggiato nei confronti dell'impresa di assicurazione è soggetta al termine di prescrizione pari a quello dell'azione verso la struttura sanitaria o sociosanitaria pubblica o privata o l'esercente la professione sanitaria.

6. Le disposizioni del presente articolo si applicano a decorrere dalla data di entrata in vigore del decreto di cui al comma 6 dell'articolo 10 con il quale sono determinati i requisiti minimi delle polizze assicurative per le strutture sanitarie e sociosanitarie e per gli esercenti le professioni sanitarie.

13. Obbligo di comunicazione all'esercente la professione sanitaria del giudizio basato sulla sua responsabilità. – 1. Le strutture sanitarie e sociosanitarie di cui all'articolo 7, comma 1, e le imprese di assicurazione che prestano la copertura assicurativa nei confronti dei soggetti di cui all'articolo 10, commi 1 e 2, comunicano all'esercente la professione sanitaria l'instaurazione del giudizio promosso nei loro confronti dal danneggiato, entro dieci giorni dalla ricezione della notifica dell'atto introduttivo, mediante posta elettronica certificata o lettera raccomandata con avviso di ricevimento contenente copia dell'atto introduttivo del giudizio. Le strutture sanitarie e sociosanitarie e le imprese di assicurazione entro dieci giorni comunicano all'esercente la professione sanitaria, mediante posta elettronica certificata o lettera raccomandata con avviso di ricevimento, l'avvio di trattative stragiudiziali con il danneggiato, con invito a prendervi parte. L'omissione, la tardività o l'incompletezza delle comunicazioni di cui al presente comma preclude l'ammissibilità delle azioni di rivalsa o di responsabilità amministrativa di cui all'articolo 9.

14. Fondo di garanzia per i danni derivanti da responsabilità sanitaria. – 1. È istituito, nello stato di previsione del Ministero della salute, il Fondo di garanzia per i danni derivanti da responsabilità sanitaria. Il Fondo di garanzia è alimentato dal versamento di un contributo annuale dovuto dalle imprese autorizzate all'esercizio delle assicurazioni per la responsabilità civile per i danni causati da responsabilità sanitaria. A tal fine il predetto contributo è versato all'entrata del bilancio dello Stato per essere riassegnato al Fondo di garanzia. Il Ministero della salute con apposita convenzione affida alla Concessionaria servizi assicurativi pubblici (CONSAP) Spa la gestione delle risorse del Fondo di garanzia.

2. Con regolamento adottato con decreto del Ministro della salute, da emanare entro centoventi giorni dalla data di entrata in vigore della presente legge, di concerto con il Ministro dello sviluppo economico e con il Ministro e dell'economia e delle finanze, sentite la Conferenza permanente per i rapporti tra lo Stato, le regioni e le province autonome di Trento e di Bolzano e le rappresentanze delle imprese di assicurazione, sono definiti:

a) la misura del contributo dovuto dalle imprese autorizzate all'esercizio delle assicurazioni per la responsabilità civile per i danni causati da responsabilità sanitaria;

b) le modalità di versamento del contributo di cui alla lettera *a*);

c) i principi cui dovrà uniformarsi la convenzione tra il Ministero della salute e la CONSAP Spa;

d) le modalità di intervento, il funzionamento e il regresso del Fondo di garanzia nei confronti del responsabile del sinistro.

3. Il Fondo di garanzia di cui al comma 1 concorre al risarcimento del danno nei limiti delle effettive disponibilità finanziarie.

4. La misura del contributo di cui al comma 2, lettera *a*), è aggiornata annualmente con apposito decreto del Ministro della salute, da adottare di concerto con il Ministro dello sviluppo economico e con il Ministro dell'economia e delle finanze, in relazione alle effettive esigenze della gestione del Fondo di garanzia.

5. Ai fini della rideterminazione del contributo di cui al comma 2, lettera *a*), la CONSAP Spa trasmette ogni anno al Ministero della salute e al Ministero dello sviluppo economico un rendiconto della gestione del Fondo di garanzia di cui al comma 1, riferito all'anno precedente, secondo le disposizioni stabilite dal regolamento di cui al comma 2.

6. Gli oneri per l'istruttoria e la gestione delle richieste di risarcimento sono posti a carico del Fondo di garanzia di cui al comma 1.

7. Il Fondo di garanzia di cui al comma 1 risarcisce i danni cagionati da responsabilità sanitaria nei seguenti casi:

a) qualora il danno sia di importo eccedente rispetto ai massimali previsti dai contratti di assicurazione stipulati dalla struttura sanitaria o sociosanitaria pubblica o privata ovvero dall'esercente la professione sanitaria ai sensi del decreto di cui all'articolo 10, comma 6;

b) qualora la struttura sanitaria o sociosanitaria pubblica o privata ovvero l'esercente la professione sanitaria risultino assicurati presso un'impresa che al momento del sinistro si trovi in stato di insolvenza o di liquidazione coatta amministrativa o vi venga posta successivamente;

c) qualora la struttura sanitaria o sociosanitaria pubblica o privata ovvero l'esercente la professione sanitaria siano sprovvisti di copertura assicurativa per recesso unilaterale dell'impresa assicuratrice ovvero per la sopravvenuta inesistenza o cancellazione dall'albo dell'impresa assicuratrice stessa.

8. Il decreto di cui all'articolo 10, comma 6, prevede che il massimale minimo sia rideterminato in relazione all'andamento del Fondo per le ipotesi di cui alla lettera *a*) del comma 7 del presente articolo.

9. Le disposizioni di cui al presente articolo si applicano ai sinistri denunciati per la prima volta dopo la data di entrata in vigore della presente legge.

10. Il Ministro dell'economia e delle finanze è autorizzato ad apportare, con propri decreti, le occorrenti variazioni di bilancio.

15. Nomina dei consulenti tecnici d'ufficio e dei periti nei giudizi di responsabilità sanitaria. – 1. Nei procedimenti civili e nei procedimenti penali aventi ad oggetto la responsabilità sanitaria, l'autorità giudiziaria affida l'espletamento della consulenza tecnica e della perizia a un medico specializzato in medicina legale e a uno o più specialisti nella disciplina che abbiano specifica e pratica conoscenza di quanto oggetto del procedimento, avendo cura che i soggetti da nominare, scelti tra gli iscritti negli albi di cui ai commi 2 e 3, non siano in posizione di conflitto di interessi nello specifico procedimento o in altri connessi e che i consulenti tecnici d'ufficio da nominare nell'ambito del procedimento di cui all'articolo 8, comma 1, siano in possesso di adeguate e comprovate competenze nell'ambito della conciliazione acquisite anche mediante specifici percorsi formativi.

2. Negli albi dei consulenti di cui all'articolo 13 delle disposizioni per l'attuazione del codice di procedura civile e disposizioni transitorie, di cui al regio decreto 18 dicembre 1941, n. 1368, e dei periti di cui all'articolo 67 delle norme di attuazione, di coordinamento e transitorie del codice di procedura penale, di cui al decreto legislativo 28 luglio 1989, n. 271, devono essere indicate e documentate le specializzazioni degli iscritti esperti in medicina. In sede di revisione degli albi è indicata, relativamente a ciascuno degli esperti di cui al periodo precedente, l'esperienza professionale maturata, con particolare riferimento al numero e alla tipologia degli incarichi conferiti e di quelli revocati.

3. Gli albi dei consulenti di cui all'articolo 13 delle disposizioni per l'attuazione del codice di procedura civile e disposizioni transitorie, di cui al regio decreto 18 dicembre 1941, n. 1368, e gli albi dei periti di cui all'articolo 67 delle norme di attuazione, di coordinamento e transitorie del codice di procedura penale, di cui al decreto legislativo 28 luglio 1989, n. 271, devono essere aggiornati con cadenza almeno quinquennale, al fine di garantire, oltre a quella medico-legale, un'idonea e adeguata rappresentanza di esperti delle discipline specialistiche riferite a tutte le professioni sanitarie, tra i quali scegliere per la nomina tenendo conto della disciplina interessata nel procedimento.

4. Nei casi di cui al comma 1, l'incarico è conferito al collegio e, nella determinazione del compenso globale, non si applica l'aumento del 40 per cento per ciascuno degli altri componenti del collegio previsto dall'articolo 53 del testo unico delle disposizioni legislative e regolamentari in materia di spese di giustizia, di cui al decreto del Presidente della Repubblica 30 maggio 2002, n. 115.

16. Modifiche alla legge 28 dicembre 2015, n. 208, in materia di responsabilità professionale del personale sanitario. – 1. All'articolo 1, comma 539, lettera *a*), della legge 28 dicembre 2015, n. 208, il secondo periodo è sostituito dal seguente: «I verbali e gli atti conseguenti all'attività di gestione del rischio clinico non possono essere acquisiti o utilizzati nell'ambito di procedimenti giudiziari».

2. All'articolo 1, comma 540, della legge 28 dicembre 2015, n. 208, le parole da: «ovvero» fino alla fine del comma sono sostituite dalle seguenti: «, in medicina legale ovvero da personale dipendente con adeguata formazione e comprovata esperienza almeno triennale nel settore».

17. Clausola di salvaguardia. – 1. Le disposizioni della presente legge sono applicabili nelle regioni a statuto speciale e nelle province autonome di Trento e di Bolzano compatibilmente con i rispettivi statuti e le relative norme di attuazione, anche con riferimento alla legge costituzionale 18 ottobre 2001, n. 3.

18. Clausola di invarianza finanziaria. – 1. Le amministrazioni interessate provvedono all'attuazione delle disposizioni di cui alla presente legge nell'ambito delle risorse umane, strumentali e finanziarie disponibili a legislazione vigente e comunque senza nuovi o maggiori oneri per la finanza pubblica.

1.

L. 27 gennaio 2012, n. 3. Disposizioni in materia di usura e di estorsione, nonché di composizione delle crisi da sovraindebitamento (*Gazzetta Ufficiale* Serie gen. - n. 24 del 30 gennaio 2012).

(*Estratto*)

Capo II

Procedimenti di composizione della crisi da sovraindebitamento e di liquidazione del patrimonio ([1])

([1]) *La precedente rubrica:* «Procedimento per la composizione delle crisi da sovraindebitamento» *è stata così sostituita dall'attuale dall'art. 18, comma 1, lett.* a), *del D.L. 18 ottobre 2012, n. 179, convertito, con modificazioni, nella L. 17 dicembre 2012, n. 221. A norma dell'art. 18, comma 2, del medesimo decreto, tali disposizioni si applicano ai procedimenti instaurati dal trentesimo giorno successivo a quello della data di entrata in vigore della legge di conversione del predetto decreto.*

Sezione I

Procedure di composizione della crisi da sovraindebitamento ([1])

([1]) *Questa sezione è stata inserita dall'art. 18, comma 1, lett.* b), *del D.L. 18 ottobre 2012, n. 179, convertito, con modificazioni, nella L. 17 dicembre 2012, n. 221. A norma dell'art. 18, comma 2, del medesimo decreto, tali disposizioni si applicano ai procedimenti instaurati dal trentesimo giorno successivo a quello della data di entrata in vigore della legge di conversione del predetto decreto.*

§. 1

Disposizioni generali ([1])

([1]) *Questo paragrafo è stato inserito dall'art. 18, comma 1, lett.* c), *del D.L. 18 ottobre 2012, n. 179, convertito, con modificazioni, nella L. 17 dicembre 2012, n. 221. A norma dell'art. 18, comma 2, del medesimo decreto, tali disposizioni si applicano ai procedimenti instaurati dal trentesimo giorno successivo a quello della data di entrata in vigore della legge di conversione del predetto decreto.*

6. Finalità e definizioni ([1]). – 1. Al fine di porre rimedio alle situazioni di sovraindebitamento non soggette nè assoggettabili a procedure concorsuali diverse da quelle regolate dal presente capo ([2]), è consentito al debitore concludere un accordo con i creditori nell'ambito della procedura di composizione della crisi disciplinata dalla presente sezione ([3]). Con le medesime finalità, il consumatore può anche proporre un piano fondato sulle previsioni di cui all'articolo 7, comma 1, ed avente il contenuto di cui all'articolo 8 ([4]).

2. Ai fini del presente capo, si intende:

a) per "sovraindebitamento": la situazione di perdurante squilibrio tra le obbligazioni assunte e il patrimonio prontamente liquidabile per farvi fronte, che determina la rilevante difficoltà di adempiere le proprie obbligazioni, ovvero la definitiva incapacità di adempierle regolarmente;

b) per "consumatore": il debitore persona fisica che ha assunto obbligazioni esclusivamente per scopi estranei all'attività imprenditoriale o professionale eventualmente svolta ([5]).

([1]) *La precedente rubrica: «Finalità» è stata così sostituita dall'attuale dall'art. 18, comma 1, lett.* d), *n.* 1), *del D.L. 18 ottobre 2012, n. 179, convertito, con modificazioni, nella L. 17 dicembre 2012, n. 221. A norma dell'art. 18, comma 2, del medesimo decreto, tali disposizioni si applicano ai procedimenti instaurati dal trentesimo giorno successivo a quello della data di entrata in vigore della legge di conversione del predetto decreto.*

([2]) *Le parole: «alle vigenti procedure concorsuali» sono state così sostituite dalle attuali: «a procedure concorsuali diverse da quelle regolate dal presente capo» dall'art. 18, comma 1, lett.* d), *n.* 2), *punto* a), *del D.L. 18 ottobre 2012, n. 179, convertito, con modificazioni, nella L. 17 dicembre 2012, n. 221. A norma dell'art. 18, comma 2, del medesimo decreto, tali disposizioni si applicano ai procedimenti instaurati dal trentesimo giorno successivo a quello della data di entrata in vigore della legge di conversione del predetto decreto.*

([3]) *Le parole: «dal presente capo» sono state così sostituite dalle attuali: «dalla presente sezione» dall'art. 18, comma 1, lett.* d), *n.* 2), *punto* b), *del D.L. 18 ottobre 2012, n. 179, convertito, con modificazioni, nella L. 17 dicembre 2012, n. 221. A norma dell'art. 18, comma 2, del medesimo decreto, tali disposizioni si applicano ai procedimenti instaurati dal trentesimo giorno successivo a quello della data di entrata in vigore della legge di conversione del predetto decreto.*

(4) *Questo periodo è stato aggiunto dall'art. 18, comma 1, lett.* d), *n. 2), punto c), del D.L. 18 ottobre 2012, n. 179, convertito, con modificazioni, nella L. 17 dicembre 2012, n. 221. A norma dell'art. 18, comma 2, del medesimo decreto, tali disposizioni si applicano ai procedimenti instaurati dal trentesimo giorno successivo a quello della data di entrata in vigore della legge di conversione del predetto decreto.*

(5) *Questo comma è stato così sostituito dall'art. 18, comma 1, lett.* d), *n. 3), del D.L. 18 ottobre 2012, n. 179, convertito, con modificazioni, nella L. 17 dicembre 2012, n. 221. A norma dell'art. 18, comma 2, del medesimo decreto, tali disposizioni si applicano ai procedimenti instaurati dal trentesimo giorno successivo a quello della data di entrata in vigore della legge di conversione del predetto decreto.*

7. Presupposti di ammissibilità. – 1. Il debitore in stato di sovraindebitamento può proporre ai creditori, con l'ausilio degli organismi di composizione della crisi di cui all'articolo 15 con sede nel circondario del tribunale competente ai sensi dell'articolo 9, comma 1, un accordo di ristrutturazione dei debiti e di soddisfazione dei crediti sulla base di un piano che, assicurato il regolare pagamento dei titolari di crediti impignorabili ai sensi dell'articolo 545 del codice di procedura civile e delle altre disposizioni contenute in leggi speciali, preveda scadenze e modalità di pagamento dei creditori, anche se suddivisi in classi, indichi le eventuali garanzie rilasciate per l'adempimento dei debiti e le modalità per l'eventuale liquidazione dei beni. È possibile prevedere che i crediti muniti di privilegio, pegno o ipoteca possono non essere soddisfatti integralmente, allorchè ne sia assicurato il pagamento in misura non inferiore a quella realizzabile, in ragione della collocazione preferenziale sul ricavato in caso di liquidazione, avuto riguardo al valore di mercato attribuibile ai beni o ai diritti sui quali insiste la causa di prelazione, come attestato dagli organismi di composizione della crisi. In ogni caso, con riguardo ai tributi costituenti risorse proprie dell'Unione europea, all'imposta sul valore aggiunto ed alle ritenute operate e non versate, il piano può prevedere esclusivamente la dilazione del pagamento. Fermo restando quanto previsto dall'articolo 13, comma 1, il piano può anche prevedere l'affidamento del patrimonio del debitore ad un gestore per la liquidazione, la custodia e la distribuzione del ricavato ai creditori, da individuarsi in un professionista in possesso dei requisiti di cui all'articolo 28 del regio decreto 16 marzo 1942, n. 267. Il gestore è nominato dal giudice (1).

1 *bis*. Fermo il diritto di proporre ai creditori un accordo ai sensi del comma 1, il consumatore in stato di sovraindebitamento può proporre, con l'ausilio degli organismi di composizione della crisi di cui all'articolo 15 con sede nel circondario del tribunale competente ai sensi dell'articolo 9, comma 1, un piano contenente le previsioni di cui al comma 1 (2).

2. La proposta non è ammissibile quando il debitore, anche consumatore:

a) è soggetto a procedure concorsuali diverse da quelle regolate dal presente capo;

b) ha fatto ricorso, nei precedenti cinque anni, ai procedimenti di cui al presente capo;

c) ha subito, per cause a lui imputabili, uno dei provvedimenti di cui agli articoli 14 e 14 *bis*;

d) ha fornito documentazione che non consente di ricostruire compiutamente la sua situazione economica e patrimoniale (3).

2 *bis*. Ferma l'applicazione del comma 2, lettere *b*), *c*) e *d*), l'imprenditore agricolo in stato di sovraindebitamento può proporre ai creditori un accordo di composizione della crisi secondo le disposizioni della presente sezione (4).

(1) *Questo comma è stato così sostituito dall'art. 18, comma 1, lett.* e), *n. 1), del D.L. 18 ottobre 2012, n. 179, convertito, con modificazioni, nella L. 17 dicembre 2012, n. 221. A norma dell'art. 18, comma 2, del medesimo decreto, tali disposizioni si applicano ai procedimenti instaurati dal trentesimo giorno successivo a quello della data di entrata in vigore della legge di conversione del predetto decreto.*

(2) *Questo comma è stato inserito dall'art. 18, comma 1, lett.* e), *n. 2), del D.L. 18 ottobre 2012, n. 179, convertito, con modificazioni, nella L. 17 dicembre 2012, n. 221. A norma dell'art. 18, comma 2, del medesimo decreto, tali disposizioni si applicano ai procedimenti instaurati dal trentesimo giorno successivo a quello della data di entrata in vigore della legge di conversione del predetto decreto.*

(3) *Questo comma è stato così sostituito dall'art. 18, comma 1, lett.* e), *n. 3), del D.L. 18 ottobre 2012, n. 179, convertito, con modificazioni, nella L. 17 dicembre 2012, n. 221. A norma dell'art. 18, comma 2, del medesimo decreto, tali disposizioni si applicano ai procedimenti instaurati dal trentesimo giorno successivo a quello della data di entrata in vigore della legge di conversione del predetto decreto.*

([4]) *Questo comma è stato aggiunto dall'art. 18, comma 1, lett.* e), *n.* 4), *del D.L. 18 ottobre 2012, n. 179, convertito, con modificazioni, nella L. 17 dicembre 2012, n. 221. A norma dell'art. 18, comma 2, del medesimo decreto, tali disposizioni si applicano ai procedimenti instaurati dal trentesimo giorno successivo a quello della data di entrata in vigore della legge di conversione del predetto decreto.*

8. Contenuto dell'accordo o del piano del consumatore ([1]). – 1. La proposta di accordo o di piano del consumatore ([2]) prevede la ristrutturazione dei debiti e la soddisfazione dei crediti attraverso qualsiasi forma, anche mediante cessione dei crediti ([3]) futuri.

2. Nei casi in cui i beni e i redditi ([4]) del debitore non siano sufficienti a garantire la fattibilità dell'accordo o del piano del consumatore ([5]), la proposta deve essere sottoscritta da uno o più terzi che consentono il conferimento, anche in garanzia, di redditi o beni sufficienti per assicurarne l'attuabilità ([6]).

3. Nella proposta di accordo sono indicate eventuali limitazioni all'accesso al mercato del credito al consumo, all'utilizzo degli strumenti di pagamento elettronico a credito e alla sottoscrizione di strumenti creditizi e finanziari.

3 *bis*. Con riferimento alla proposta di accordo o di piano del consumatore presentata da parte di chi svolge attività d'impresa, possono prestare le garanzie di cui al comma 2 i consorzi fidi autorizzati dalla Banca d'Italia ai sensi dell'articolo 107 del testo unico delle leggi in materia bancaria e creditizia, di cui al decreto legislativo 1° settembre 1993, n. 385, e successive modificazioni, nonché gli intermediari finanziari iscritti all'albo previsto dall'articolo 106 del medesimo testo unico di cui al decreto legislativo n. 385 del 1993, e successive modificazioni, assoggettati al controllo della Banca d'Italia. Le associazioni antiracket e antiusura iscritte nell'albo tenuto presso il Ministero dell'interno possono destinare contributi per la chiusura di precedenti esposizioni debitorie nel percorso di recupero da sovraindebitamento così come definito e disciplinato dalla presente legge. Il rimborso di tali contributi è regolato all'interno della proposta di accordo o di piano del consumatore ([7]).

4. La proposta di accordo con continuazione dell'attività d'impresa e il piano del consumatore possono prevedere una moratoria fino ad un anno dall'omologazione per il pagamento dei creditori muniti di privilegio, pegno o ipoteca, salvo che sia prevista la liquidazione dei beni o diritti sui quali sussiste la causa di prelazione ([8]).

([1]) *La precedente rubrica:* «Contenuto dell'accordo» *è stata così sostituita dall'attuale dall'art. 18, comma 1, lett.* f), *n.* 1), *del D.L. 18 ottobre 2012, n. 179, convertito, con modificazioni, nella L. 17 dicembre 2012, n. 221. A norma dell'art. 18, comma 2, del medesimo decreto, tali disposizioni si applicano ai procedimenti instaurati dal trentesimo giorno successivo a quello della data di entrata in vigore della legge di conversione del predetto decreto.*

([2]) *Le parole: «o di piano del consumatore» sono state inserite dall'art. 18, comma 1, lett.* f), *n.* 2), *punto* a), *del D.L. 18 ottobre 2012, n. 179, convertito, con modificazioni, nella L. 17 dicembre 2012, n. 221. A norma dell'art. 18, comma 2, del medesimo decreto, tali disposizioni si applicano ai procedimenti instaurati dal trentesimo giorno successivo a quello della data di entrata in vigore della legge di conversione del predetto decreto.*

([3]) *La parola: «redditi» è stata così sostituita dall'attuale: «crediti» dall'art. 18, comma 1, lett.* f), *n.* 2), *punto* b), *del D.L. 18 ottobre 2012, n. 179, convertito, con modificazioni, nella L. 17 dicembre 2012, n. 221. A norma dell'art. 18, comma 2, del medesimo decreto, tali disposizioni si applicano ai procedimenti instaurati dal trentesimo giorno successivo a quello della data di entrata in vigore della legge di conversione del predetto decreto.*

([4]) *Le parole: «i beni o i redditi» sono state così sostituite dalle attuali: «i beni e i redditi» dall'art. 18, comma 1, lett.* f), *n.* 3), *punto* a), *del D.L. 18 ottobre 2012, n. 179, convertito, con modificazioni, nella L. 17 dicembre 2012, n. 221. A norma dell'art. 18, comma 2, del medesimo decreto, tali disposizioni si applicano ai procedimenti instaurati dal trentesimo giorno successivo a quello della data di entrata in vigore della legge di conversione del predetto decreto.*

([5]) *Le parole: «del piano» sono state così sostituite dalle attuali: «dell'accordo o del piano del consumatore» dall'art. 18, comma 1, lett.* f), *n.* 3), *punto* b), *del D.L. 18 ottobre 2012, n. 179, convertito, con modificazioni, nella L. 17 dicembre 2012, n. 221. A norma dell'art. 18, comma 2, del medesimo decreto, tali disposizioni si applicano ai procedimenti instaurati dal trentesimo giorno successivo a quello della data di entrata in vigore della legge di conversione del predetto decreto.*

([6]) *Le parole: «l'attuabilità dell'accordo» sono state così sostituite dalle attuali: «assicurarne l'attuabilità» dall'art. 18, comma 1, lett.* f), *n.* 3), *punto* c), *del D.L. 18 ottobre 2012, n. 179, convertito, con modificazioni, nella L. 17 dicembre 2012, n. 221. A norma dell'art. 18, comma 2, del medesimo decreto, tali disposizioni si applicano ai procedimenti instaurati dal trentesimo giorno successivo a quello della data di entrata in vigore della legge di conversione del predetto decreto.*

(7) *Questo comma è stato inserito dall'art. 21 septies del D.L. 27 giugno 2015, n. 83, convertito, con modificazioni, nella L. 6 agosto 2015, n. 132.*

(8) *Questo comma è stato così sostituito dall'art. 18, comma 1, lett. f), n. 4), del D.L. 18 ottobre 2012, n. 179, convertito, con modificazioni, nella L. 17 dicembre 2012, n. 221. A norma dell'art. 18, comma 2, del medesimo decreto, tali disposizioni si applicano ai procedimenti instaurati dal trentesimo giorno successivo a quello della data di entrata in vigore della legge di conversione del predetto decreto.*

9. Deposito della proposta (1). – 1. La proposta di accordo è depositata presso il tribunale del luogo di residenza o sede principale (2) del debitore. Il consumatore deposita la proposta di piano presso il tribunale del luogo ove ha la residenza (3). La proposta, contestualmente al deposito presso il tribunale, e comunque non oltre tre giorni, deve essere presentata, a cura dell'organismo di composizione della crisi, all'agente della riscossione e agli uffici fiscali, anche presso gli enti locali, competenti sulla base dell'ultimo domicilio fiscale del proponente e contenere la ricostruzione della sua posizione fiscale e l'indicazione di eventuali contenziosi pendenti (3).

2. Unitamente alla proposta devono essere depositati (4) l'elenco di tutti i creditori, con l'indicazione delle somme dovute, di tutti i beni del debitore (5) e degli eventuali atti di disposizione compiuti negli ultimi cinque anni, corredati delle dichiarazioni dei redditi degli ultimi tre anni e dell'attestazione sulla fattibilità del piano, nonché l'elenco delle spese correnti necessarie al sostentamento suo e della sua famiglia, previa indicazione della composizione del nucleo familiare corredata del certificato dello stato di famiglia.

3. Il debitore che svolge attività d'impresa deposita altresì le scritture contabili degli ultimi tre esercizi, unitamente a dichiarazione che ne attesta la conformità all'originale.

3 *bis*. Alla proposta di piano del consumatore è altresì allegata una relazione particolareggiata dell'organismo di composizione della crisi che deve contenere:

a) l'indicazione delle cause dell'indebitamento e della diligenza impiegata dal consumatore nell'assumere volontariamente le obbligazioni;

b) l'esposizione delle ragioni dell'incapacità del debitore di adempiere le obbligazioni assunte;

c) il resoconto sulla solvibilità del consumatore negli ultimi cinque anni;

d) l'indicazione della eventuale esistenza di atti del debitore impugnati dai creditori;

e) il giudizio sulla completezza e attendibilità della documentazione depositata dal consumatore a corredo della proposta, nonché sulla probabile convenienza del piano rispetto all'alternativa liquidatoria (6).

3 *ter*. Il giudice può concedere un termine perentorio non superiore a quindici giorni per apportare integrazioni alla proposta e produrre nuovi documenti (6).

3 *quater*. Il deposito della proposta di accordo o di piano del consumatore sospende, ai soli effetti del concorso, il corso degli interessi convenzionali o legali, a meno che i crediti non siano garantiti da ipoteca, da pegno o privilegio, salvo quanto previsto dagli articoli 2749, 2788 e 2855, commi secondo e terzo, del codice civile (6).

(1) *La precedente rubrica: «Deposito della proposta di accordo» è stata così sostituita dall'attuale dall'art. 18, comma 1, lett. g), n. 1), del D.L. 18 ottobre 2012, n. 179, convertito, con modificazioni, nella L. 17 dicembre 2012, n. 221. A norma dell'art. 18, comma 2, del medesimo decreto, tali disposizioni si applicano ai procedimenti instaurati dal trentesimo giorno successivo a quello della data di entrata in vigore della legge di conversione del predetto decreto.*

(2) *La parola: «principale» è stata inserita dall'art. 18, comma 1, lett. g), n. 2), punto a), del D.L. 18 ottobre 2012, n. 179, convertito, con modificazioni, nella L. 17 dicembre 2012, n. 221. A norma dell'art. 18, comma 2, del medesimo decreto, tali disposizioni si applicano ai procedimenti instaurati dal trentesimo giorno successivo a quello della data di entrata in vigore della legge di conversione del predetto decreto.*

(3) *Questo periodo è stato aggiunto dall'art. 18, comma 1, lett. g), n. 2), punto b), del D.L. 18 ottobre 2012, n. 179, convertito, con modificazioni, nella L. 17 dicembre 2012, n. 221. A norma dell'art. 18, comma 2, del medesimo decreto, tali disposizioni si applicano ai procedimenti instaurati dal trentesimo giorno successivo a quello della data di entrata in vigore della legge di conversione del predetto decreto.*

(4) *Le parole: «Il debitore, unitamente alla proposta, deposita» sono state così sostituite dalle attuali: «Unitamente alla proposta devono essere depositati» dall'art. 18, comma 1, lett. g), n. 3), punto 1), del D.L. 18 ottobre 2012, n. 179, convertito, con modificazioni, nella L. 17 dicembre 2012, n. 221. A norma dell'art. 18, comma 2, del medesimo decreto, tali disposizioni si applicano ai procedimenti instaurati dal trentesimo giorno successivo a quello della data di entrata in vigore della legge di conversione del predetto decreto.*

(5) *Le parole: «dei beni» sono state così sostituite: «di tutti i beni del debitore» dall'art. 18, comma 1, lett. g), n. 3), punto 2), del D.L. 18 ottobre 2012, n. 179, convertito, con modificazioni, nella L. 17 dicembre 2012, n. 221. A norma dell'art. 18, comma 2, del medesimo*

decreto, tali disposizioni si applicano ai procedimenti instaurati dal trentesimo giorno successivo a quello della data di entrata in vigore della legge di conversione del predetto decreto.

([6]) *Questo comma è stato aggiunto dall'art. 18, comma 1, lett.* g), *n. 4), del D.L. 18 ottobre 2012, n. 179, convertito, con modificazioni, nella L. 17 dicembre 2012, n. 221. A norma dell'art. 18, comma 2, del medesimo decreto, tali disposizioni si applicano ai procedimenti instaurati dal trentesimo giorno successivo a quello della data di entrata in vigore della legge di conversione del predetto decreto.*

§. 2

Accordo di composizione della crisi ([1])

([1]) *Questo paragrafo è stato inserito dall'art. 18, comma 1, lett.* h), *del D.L. 18 ottobre 2012, n. 179, convertito, con modificazioni, nella L. 17 dicembre 2012, n. 221. A norma dell'art. 18, comma 2, del medesimo decreto, tali disposizioni si applicano ai procedimenti instaurati dal trentesimo giorno successivo a quello della data di entrata in vigore della legge di conversione del predetto decreto.*

10. Procedimento. – 1. Il giudice, se la proposta soddisfa i requisiti previsti dagli articoli 7, 8 ([1]) e 9, fissa immediatamente con decreto l'udienza, disponendo la comunicazione, almeno trenta giorni prima del termine di cui all'articolo 11, comma 1, ([2]) ai creditori presso la residenza o la sede legale, anche per telegramma o per lettera raccomandata con avviso di ricevimento o per telefax o per posta elettronica certificata, della proposta e del decreto [contenente l'avvertimento dei provvedimenti che egli può adottare ai sensi del comma 3 del presente articolo] ([3]). Tra il giorno del deposito della documentazione di cui all'articolo 9 e l'udienza non devono decorrere più di sessanta giorni ([4]).

2. Con il decreto di cui al comma 1, il giudice:

a) stabilisce idonea forma di pubblicità della proposta e del decreto, oltre, nel caso in cui il proponente svolga attività d'impresa, la pubblicazione degli stessi nel registro delle imprese;

b) ordina, ove il piano preveda la cessione o l'affidamento a terzi di beni immobili o di beni mobili registrati, la trascrizione del decreto, a cura dell'organismo di composizione della crisi, presso gli uffici competenti;

c) dispone che, sino al momento in cui il provvedimento di omologazione diventa definitivo, non possono, sotto pena di nullità, essere iniziate o proseguite azioni esecutive individuali nè disposti sequestri conservativi nè acquistati diritti di prelazione sul patrimonio del debitore che ha presentato la proposta di accordo, da parte dei creditori aventi titolo o causa anteriore; la sospensione non opera nei confronti dei titolari di crediti impignorabili ([5]).

3. All'udienza il giudice, accertata la presenza di iniziative o atti in frode ai creditori, dispone la revoca del decreto di cui al comma 1 e ordina la cancellazione della trascrizione dello stesso, nonché la cessazione di ogni altra forma di pubblicità disposta ([6]).

3 *bis*. A decorrere dalla data del provvedimento di cui al comma 2 e sino alla data di omologazione dell'accordo gli atti eccedenti l'ordinaria amministrazione compiuti senza l'autorizzazione del giudice sono inefficaci rispetto ai creditori anteriori al momento in cui è stata eseguita la pubblicità del decreto ([7]).

4. Durante il periodo previsto dal comma 2, lettera *c*) ([8]), le prescrizioni rimangono sospese e le decadenze non si verificano.

5. Il decreto di cui al comma 1 deve intendersi equiparato all'atto di pignoramento ([9]).

6. Si applicano, in quanto compatibili, gli articoli 737 e seguenti del codice di procedura civile. Il reclamo si propone al tribunale e del collegio non può far parte il giudice che ha pronunciato il provvedimento.

([1]) *Le parole: «, 8» sono state inserite dall'art. 18, comma 1, lett.* i), *n. 1), punto* a), *del D.L. 18 ottobre 2012, n. 179, convertito, con modificazioni, nella L. 17 dicembre 2012, n. 221. A norma dell'art. 18, comma 2, del medesimo decreto, tali disposizioni si applicano ai procedimenti instaurati dal trentesimo giorno successivo a quello della data di entrata in vigore della legge di conversione del predetto decreto.*

([2]) *Le parole: «, almeno trenta giorni prima del termine di cui all'articolo 11, comma 1,» sono state inserite dall'art. 18, comma 1, lett.* i), *n. 1), punto* b), *del D.L. 18 ottobre 2012, n. 179, convertito, con modificazioni, nella L. 17 dicembre 2012, n. 221. A norma dell'art. 18, comma 2, del medesimo decreto, tali disposizioni si applicano ai procedimenti instaurati dal trentesimo giorno successivo a quello della data di entrata in vigore della legge di conversione del predetto decreto.*

([3]) *Le parole fra parentesi quadrate sono state soppresse dall'art. 18, comma 1, lett.* i), *n. 1), punto* c), *del D.L. 18 ottobre 2012, n. 179, convertito, con modificazioni, nella L. 17 dicembre 2012, n. 221. A norma dell'art. 18, comma 2, del medesimo decreto, tali disposizioni si applicano ai procedimenti instaurati dal trentesimo giorno successivo a quello della data di entrata in vigore della legge di conversione del predetto decreto.*

([4]) *Questo periodo è stato aggiunto dall'art. 18, comma 1, lett.* i), *n. 1), punto* d), *del D.L. 18 ottobre 2012, n. 179, convertito, con modificazioni, nella L. 17 dicembre 2012, n. 221. A norma dell'art. 18, comma 2, del medesimo decreto, tali disposizioni si applicano ai procedimenti instaurati dal trentesimo giorno successivo a quello della data di entrata in vigore della legge di conversione del predetto decreto.*

([5]) *Questo comma è stato così sostituito dall'art. 18, comma 1, lett.* i), *n. 2), del D.L. 18 ottobre 2012, n. 179, convertito, con modificazioni, nella L. 17 dicembre 2012, n. 221. A norma dell'art. 18, comma 2, del medesimo decreto, tali disposizioni si applicano ai procedimenti instaurati dal trentesimo giorno successivo a quello della data di entrata in vigore della legge di conversione del predetto decreto.*

([6]) *Questo comma è stato così sostituito dall'art. 18, comma 1, lett.* i), *n. 3), del D.L. 18 ottobre 2012, n. 179, convertito, con modificazioni, nella L. 17 dicembre 2012, n. 221. A norma dell'art. 18, comma 2, del medesimo decreto, tali disposizioni si applicano ai procedimenti instaurati dal trentesimo giorno successivo a quello della data di entrata in vigore della legge di conversione del predetto decreto.*

([7]) *Questo comma è stato inserito dall'art. 18, comma 1, lett.* i), *n. 4), del D.L. 18 ottobre 2012, n. 179, convertito, con modificazioni, nella L. 17 dicembre 2012, n. 221. A norma dell'art. 18, comma 2, del medesimo decreto, tali disposizioni si applicano ai procedimenti instaurati dal trentesimo giorno successivo a quello della data di entrata in vigore della legge di conversione del predetto decreto.*

([8]) *Le parole: «dal comma 3» sono state così sostituite dalle attuali: «dal comma 2, lettera* c)*» dall'art. 18, comma 1, lett.* i), *n. 5), del D.L. 18 ottobre 2012, n. 179, convertito, con modificazioni, nella L. 17 dicembre 2012, n. 221. A norma dell'art. 18, comma 2, del medesimo decreto, tali disposizioni si applicano ai procedimenti instaurati dal trentesimo giorno successivo a quello della data di entrata in vigore della legge di conversione del predetto decreto.*

([9]) *Questo comma è stato così sostituito dall'art. 18, comma 1, lett.* i), *n. 6), del D.L. 18 ottobre 2012, n. 179, convertito, con modificazioni, nella L. 17 dicembre 2012, n. 221. A norma dell'art. 18, comma 2, del medesimo decreto, tali disposizioni si applicano ai procedimenti instaurati dal trentesimo giorno successivo a quello della data di entrata in vigore della legge di conversione del predetto decreto.*

11. Raggiungimento dell'accordo. – 1. I creditori fanno pervenire, anche per telegramma o per lettera raccomandata con avviso di ricevimento o per telefax o per posta elettronica certificata, all'organismo di composizione della crisi, dichiarazione sottoscritta del proprio consenso alla proposta, come eventualmente modificata almeno dieci giorni prima dell'udienza di cui all'articolo 10, comma 1. In mancanza, si ritiene che abbiano prestato consenso alla proposta nei termini in cui è stata loro comunicata ([1]).

2. Ai fini dell'omologazione di cui all'articolo 12, è necessario che l'accordo sia raggiunto con i creditori rappresentanti almeno il sessanta per cento dei crediti. I creditori muniti di privilegio, pegno o ipoteca dei quali la proposta prevede l'integrale pagamento non sono computati ai fini del raggiungimento della maggioranza e non hanno diritto di esprimersi sulla proposta, salvo che non rinuncino in tutto o in parte al diritto di prelazione. Non hanno diritto di esprimersi sulla proposta e non sono computati ai fini del raggiungimento della maggioranza il coniuge del debitore, i suoi parenti e affini fino al quarto grado, i cessionari o aggiudicatari dei loro crediti da meno di un anno prima della proposta ([2]).

3. L'accordo non pregiudica i diritti dei creditori nei confronti dei coobbligati, fideiussori del debitore e obbligati in via di regresso.

4. L'accordo non determina la novazione delle obbligazioni, salvo che sia diversamente stabilito.

5. L'accordo cessa, di diritto, di produrre effetti ([3]) se il debitore non esegue integralmente, entro novanta giorni dalle scadenze previste, i pagamenti dovuti secondo il piano ([4]) alle amministrazioni pubbliche ([5]) e agli enti gestori di forme di previdenza e assistenza obbligatorie. L'accordo è altresì revocato se risultano compiuti durante la procedura atti diretti a frodare le ragioni dei creditori ([6]). Il giudice provvede d'ufficio con decreto reclamabile, ai sensi dell'articolo 739 del codice di procedura civile, innanzi al tribunale e del collegio non può far parte il giudice che lo ha pronunciato ([6]).

([1]) *Le parole: «almeno dieci giorni prima dell'udienza di cui all'articolo 10, comma 1. In mancanza, si ritiene che abbiano prestato consenso alla proposta nei termini in cui è stata loro comunicata» sono state aggiunte dall'art. 18, comma 1, lett.* l), *n. 1), del D.L. 18 ottobre 2012, n. 179, convertito, con modificazioni, nella L. 17 dicembre 2012, n. 221. A norma dell'art. 18, comma 2, del medesimo decreto, tali disposizioni si applicano ai procedimenti instaurati dal trentesimo giorno successivo a quello della data di entrata in vigore della legge di conversione del predetto decreto.*

([2]) *Questo comma è stato così sostituito dall'art. 18, comma 1, lett.* l), *n. 2), del D.L. 18 ottobre 2012, n. 179, convertito, con modificazioni, nella L. 17 dicembre 2012, n. 221. A norma dell'art. 18, comma 2, del medesimo decreto, tali disposizioni si applicano ai pro-*

cedimenti instaurati dal trentesimo giorno successivo a quello della data di entrata in vigore della legge di conversione del predetto decreto.

(3) *Le parole: «è revocato di diritto» sono state così sostituite dalle attuali: «cessa, di diritto, di produrre effetti» dall'art. 18, comma 1, lett.* l), *n. 3), punto* a), *del D.L. 18 ottobre 2012, n. 179, convertito, con modificazioni, nella L. 17 dicembre 2012, n. 221. A norma dell'art. 18, comma 2, del medesimo decreto, tali disposizioni si applicano ai procedimenti instaurati dal trentesimo giorno successivo a quello della data di entrata in vigore della legge di conversione del predetto decreto.*

(4) *Le parole: «secondo il piano» sono state inserite dall'art. 18, comma 1, lett.* l), *n. 3), punto* b), *del D.L. 18 ottobre 2012, n. 179, convertito, con modificazioni, nella L. 17 dicembre 2012, n. 221. A norma dell'art. 18, comma 2, del medesimo decreto, tali disposizioni si applicano ai procedimenti instaurati dal trentesimo giorno successivo a quello della data di entrata in vigore della legge di conversione del predetto decreto.*

(5) *Le parole: «Agenzie fiscali» sono state così sostituite dalle attuali: «amministrazioni pubbliche» dall'art. 18, comma 1, lett.* l), *n. 3), punto* c), *del D.L. 18 ottobre 2012, n. 179, convertito, con modificazioni, nella L. 17 dicembre 2012, n. 221. A norma dell'art. 18, comma 2, del medesimo decreto, tali disposizioni si applicano ai procedimenti instaurati dal trentesimo giorno successivo a quello della data di entrata in vigore della legge di conversione del predetto decreto.*

(6) *Questo periodo è stato aggiunto dall'art. 18, comma 1, lett.* l), *n. 3), punto* d), *del D.L. 18 ottobre 2012, n. 179, convertito, con modificazioni, nella L. 17 dicembre 2012, n. 221. A norma dell'art. 18, comma 2, del medesimo decreto, tali disposizioni si applicano ai procedimenti instaurati dal trentesimo giorno successivo a quello della data di entrata in vigore della legge di conversione del predetto decreto.*

12. Omologazione dell'accordo. – 1. Se l'accordo è raggiunto, l'organismo di composizione della crisi trasmette a tutti i creditori una relazione sui consensi espressi e sul raggiungimento della percentuale di cui all'articolo 11, comma 2, allegando il testo dell'accordo stesso. Nei dieci giorni successivi al ricevimento della relazione, i creditori possono sollevare le eventuali contestazioni. Decorso tale ultimo termine, l'organismo di composizione della crisi trasmette al giudice la relazione, allegando le contestazioni ricevute, nonché un'attestazione definitiva sulla fattibilità del piano.

2. Il giudice omologa l'accordo e ne dispone l'immediata pubblicazione utilizzando tutte le forme di cui all'articolo 10, comma 2, quando, risolta ogni altra contestazione, ha verificato il raggiungimento della percentuale di cui all'articolo 11, comma 2, e l'idoneità del piano ad assicurare il pagamento integrale dei crediti impignorabili, nonché dei crediti di cui all'articolo 7, comma 1, terzo periodo (1). Quando uno dei creditori che non ha aderito o che risulta escluso o qualunque altro interessato contesta la convenienza dell'accordo, il giudice lo omologa se ritiene che il credito può essere soddisfatto dall'esecuzione dello stesso in misura non inferiore all'alternativa liquidatoria disciplinata dalla sezione seconda (1). Si applicano, in quanto compatibili, gli articoli 737 e seguenti del codice di procedura civile. Il reclamo, anche avverso il provvedimento di diniego, si propone al tribunale e del collegio non può far parte il giudice che ha pronunciato il provvedimento.

3. L'accordo omologato è obbligatorio per tutti i creditori anteriori al momento in cui è stata eseguita la pubblicità di cui all'articolo 10, comma 2. I creditori con causa o titolo posteriore non possono procedere esecutivamente sui beni oggetto del piano (2).

3 *bis*. L'omologazione deve intervenire nel termine di sei mesi dalla presentazione della proposta (3).

4. Gli effetti di cui al comma 3 vengono meno in caso di risoluzione dell'accordo o di mancato pagamento dei crediti impignorabili, nonché dei crediti di cui all'articolo 7, comma 1, terzo periodo. L'accertamento del mancato pagamento di tali crediti è chiesto al tribunale con ricorso da decidere in camera di consiglio, ai sensi degli articoli 737 e seguenti del codice di procedura civile. Il reclamo, anche avverso il provvedimento di diniego, si propone al tribunale e del collegio non può far parte il giudice che ha pronunciato il provvedimento (4).

5. La sentenza di fallimento pronunciata a carico del debitore risolve l'accordo. Gli atti, i pagamenti e le garanzie posti in essere in esecuzione dell'accordo omologato non sono soggetti all'azione revocatoria di cui all'articolo 67 del regio decreto 16 marzo 1942, n. 267 (5). A seguito della sentenza che dichiara il fallimento, i crediti derivanti da finanziamenti effettuati in esecuzione o in funzione dell'accordo omologato sono prededucibili a norma dell'articolo 111 del regio decreto 16 marzo 1942, n. 267 (5).

(1) *L'originario primo periodo è stato così sostituito dagli attuali primo e secondo periodo dall'art. 18, comma 1, lett.* m), *n. 1), del D.L. 18 ottobre 2012, n. 179, convertito, con modificazioni, nella L. 17 dicembre 2012, n. 221. A norma dell'art. 18, comma 2, del medesimo decreto, tali disposizioni si applicano ai procedimenti in-*

Leggi complementari

staurati dal trentesimo giorno successivo a quello della data di entrata in vigore della legge di conversione del predetto decreto.

(2) *Questo comma è stato così sostituito dall'art. 18, comma 1, lett.* m), *n. 2), del D.L. 18 ottobre 2012, n. 179, convertito, con modificazioni, nella L. 17 dicembre 2012, n. 221. A norma dell'art. 18, comma 2, del medesimo decreto, tali disposizioni si applicano ai procedimenti instaurati dal trentesimo giorno successivo a quello della data di entrata in vigore della legge di conversione del predetto decreto.*

(3) *Questo comma è stato inserito dall'art. 18, comma 1, lett.* m), *n. 3), del D.L. 18 ottobre 2012, n. 179, convertito, con modificazioni, nella L. 17 dicembre 2012, n. 221. A norma dell'art. 18, comma 2, del medesimo decreto, tali disposizioni si applicano ai procedimenti instaurati dal trentesimo giorno successivo a quello della data di entrata in vigore della legge di conversione del predetto decreto.*

(4) *Questo comma è stato così sostituito dall'art. 18, comma 1, lett.* m), *n. 4), del D.L. 18 ottobre 2012, n. 179, convertito, con modificazioni, nella L. 17 dicembre 2012, n. 221. A norma dell'art. 18, comma 2, del medesimo decreto, tali disposizioni si applicano ai procedimenti instaurati dal trentesimo giorno successivo a quello della data di entrata in vigore della legge di conversione del predetto decreto.*

(5) *Questo periodo è stato aggiunto dall'art. 18, comma 1, lett.* m), *n. 5), del D.L. 18 ottobre 2012, n. 179, convertito, con modificazioni, nella L. 17 dicembre 2012, n. 221. A norma dell'art. 18, comma 2, del medesimo decreto, tali disposizioni si applicano ai procedimenti instaurati dal trentesimo giorno successivo a quello della data di entrata in vigore della legge di conversione del predetto decreto.*

§. 3
Piano del consumatore (1)

(1) *Questo paragrafo è stato inserito dall'art. 18, comma 1, lett.* n), *del D.L. 18 ottobre 2012, n. 179, convertito, con modificazioni, nella L. 17 dicembre 2012, n. 221. A norma dell'art. 18, comma 2, del medesimo decreto, tali disposizioni si applicano ai procedimenti instaurati dal trentesimo giorno successivo a quello della data di entrata in vigore della legge di conversione del predetto decreto.*

12 *bis*. Procedimento di omologazione del piano del consumatore. – 1. l giudice, se la proposta soddisfa i requisiti previsti dagli articoli 7, 8 e 9 e verificata l'assenza di atti in frode ai creditori, fissa immediatamente con decreto l'udienza, disponendo, a cura dell'organismo di composizione della crisi, la comunicazione, almeno trenta giorni prima, a tutti i creditori della proposta e del decreto. Tra il giorno del deposito della documentazione di cui all'articolo 9 e l'udienza non devono decorrere più di sessanta giorni.

2. Quando, nelle more della convocazione dei creditori, la prosecuzione di specifici procedimenti di esecuzione forzata potrebbe pregiudicare la fattibilità del piano, il giudice, con lo stesso decreto, può disporre la sospensione degli stessi sino al momento in cui il provvedimento di omologazione diventa definitivo.

3. Verificata la fattibilità del piano e l'idoneità dello stesso ad assicurare il pagamento dei crediti impignorabili, nonché dei crediti di cui all'articolo 7, comma 1, terzo periodo, e risolta ogni altra contestazione anche in ordine all'effettivo ammontare dei crediti, il giudice, quando esclude che il consumatore ha assunto obbligazioni senza la ragionevole prospettiva di poterle adempiere ovvero che ha colposamente determinato il sovraindebitamento, anche per mezzo di un ricorso al credito non proporzionato alle proprie capacità patrimoniali, omologa il piano, disponendo per il relativo provvedimento una forma idonea di pubblicità. Quando il piano prevede la cessione o l'affidamento a terzi di beni immobili o di beni mobili registrati, il decreto deve essere trascritto, a cura dell'organismo di composizione della crisi. Con l'ordinanza di diniego il giudice dichiara l'inefficacia del provvedimento di sospensione di cui al comma 2, ove adottato.

4. Quando uno dei creditori o qualunque altro interessato contesta la convenienza del piano, il giudice lo omologa se ritiene che il credito possa essere soddisfatto dall'esecuzione del piano in misura non inferiore all'alternativa liquidatoria disciplinata dalla sezione seconda del presente capo.

5. Si applica l'articolo 12, comma 2, terzo e quarto periodo.

6. L'omologazione deve intervenire nel termine di sei mesi dalla presentazione della proposta.

7. Il decreto di cui al comma 3 deve intendersi equiparato all'atto di pignoramento.

12 *ter*. Effetti dell'omologazione del piano del consumatore. – 1. Dalla data dell'omologazione del piano i creditori con causa o titolo anteriore non possono iniziare o proseguire azioni esecutive individuali. Ad iniziativa dei medesimi creditori non possono essere iniziate o proseguite azioni cautelari nè acquistati diritti di prelazione sul patrimonio del debitore che ha presentato la proposta di piano.

2. Il piano omologato è obbligatorio per tutti i creditori anteriori al momento in cui è stata eseguita la pubblicità di cui all'articolo 12 *bis*, comma 3. I creditori con causa o titolo posteriore non possono procedere esecutivamente sui beni oggetto del piano.

3. L'omologazione del piano non pregiudica i diritti dei creditori nei confronti dei coobbligati, fideiussori del debitore e obbligati in via di regresso.

4. Gli effetti di cui al comma 1 vengono meno in caso di mancato pagamento dei titolari di crediti impignorabili, nonché dei crediti di cui all'articolo 7, comma 1, terzo periodo. L'accertamento del mancato pagamento di tali crediti è chiesto al tribunale e si applica l'articolo 12, comma 4.

§. 4

Esecuzione e cessazione degli effetti dell'accordo di composizione della crisi e del piano del consumatore ([1])

([1]) *Questo paragrafo è stato inserito dall'art. 18, comma 1, lett.* o), *del D.L. 18 ottobre 2012, n. 179, convertito, con modificazioni, nella L. 17 dicembre 2012, n. 221. A norma dell'art. 18, comma 2, del medesimo decreto, tali disposizioni si applicano ai procedimenti instaurati dal trentesimo giorno successivo a quello della data di entrata in vigore della legge di conversione del predetto decreto.*

13. Esecuzione dell'accordo o del piano del consumatore ([1]). – 1. Se per la soddisfazione dei crediti sono utilizzati beni sottoposti a pignoramento ovvero se previsto dall'accordo o dal piano del consumatore ([2]), il giudice, su proposta dell'organismo di composizione della crisi, nomina un liquidatore che dispone in via esclusiva degli stessi e delle somme incassate. Si applica l'articolo 28 del regio decreto 16 marzo 1942, n. 267.

2. L'organismo di composizione della crisi risolve le eventuali difficoltà insorte nell'esecuzione dell'accordo e vigila sull'esatto adempimento dello stesso, comunicando ai creditori ogni eventuale irregolarità. Sulle contestazioni che hanno ad oggetto la violazione di diritti soggettivi e sulla sostituzione del liquidatore per giustificati motivi decide il giudice investito della procedura.

3. Il giudice, sentito il liquidatore e verificata la conformità dell'atto dispositivo all'accordo o al piano del consumatore ([3]), anche con riferimento alla possibilità di pagamento dei crediti impignorabili e dei crediti di cui all'articolo 7, comma 1, terzo periodo ([4]), autorizza lo svincolo delle somme e ordina la cancellazione della trascrizione del pignoramento, delle iscrizioni relative ai diritti di prelazione, nonché di ogni altro vincolo, ivi compresa la trascrizione del decreto di cui agli articoli 10, comma 1 e 12 *bis*, comma 3, e la cessazione di ogni altra forma di pubblicità. In ogni caso il giudice può, con decreto motivato, sospendere gli atti di esecuzione dell'accordo qualora ricorrano gravi e giustificati motivi ([5]).

4. I pagamenti e gli atti dispositivi dei beni posti in essere in violazione dell'accordo o del piano del consumatore sono inefficaci rispetto ai creditori anteriori al momento in cui è stata eseguita la pubblicità di cui agli articoli 10, comma 2, e 12 *bis*, comma 3 ([6]).

4 *bis*. I crediti sorti in occasione o in funzione di uno dei procedimenti di cui alla presente sezione sono soddisfatti con preferenza rispetto agli altri, con esclusione di quanto ricavato dalla liquidazione dei beni oggetto di pegno e di ipoteca per la parte destinata ai creditori garantiti ([7]).

4 *ter*. Quando l'esecuzione dell'accordo o del piano del consumatore diviene impossibile per ragioni non imputabili al debitore, quest'ultimo, con l'ausilio dell'organismo di composizione della crisi, può modificare la proposta e si applicano le disposizioni di cui ai paragrafi 2 e 3 della presente sezione ([7]).

([1]) *La rubrica:* «Esecuzione dell'accordo» *è stata così sostituita dall'attuale dall'art. 18, comma 1, lett.* p), *n. 1), del D.L. 18 ottobre 2012, n. 179, convertito, con modificazioni, nella L. 17 dicembre 2012, n. 221. A norma dell'art. 18, comma 2, del medesimo decreto, tali disposizioni si applicano ai procedimenti instaurati dal trentesimo giorno successivo a quello della data di entrata in vigore della legge di conversione del predetto decreto.*

([2]) *Le parole: «o dal piano del consumatore,» sono state inserite dall'art. 18, comma 1, lett.* p), *n. 2), del D.L. 18 ottobre 2012, n. 179, convertito, con modificazioni, nella L. 17 dicembre 2012, n. 221. A norma dell'art. 18, comma 2, del medesimo decreto, tali disposizioni si applicano ai procedimenti instaurati dal trentesimo giorno successivo a quello della data di entrata in vigore della legge di conversione del predetto decreto.*

([3]) *Le parole: «all'accordo e al piano» sono state così sostituite dalle attuali: «all'accordo e al piano del consumatore» dall'art. 18, comma 1, lett.* o), *n. 3, punto a), del D.L. 18 ottobre 2012, n. 179, convertito, con modificazioni, nella L. 17 dicembre 2012, n. 221. A norma dell'art. 18, comma 2, del medesimo decreto, tali disposizioni si applicano ai procedimenti instaurati dal trentesimo giorno successivo a quello della data di entrata in vigore della legge di conversione del predetto decreto.*

([4]) *Le parole: «creditori estranei» sono state così sostituite dalle attuali: «crediti impignorabili e dei crediti di cui all'articolo 7, comma 1, terzo periodo» dall'art. 18, comma 1, lett.* p), *n. 3), punto* b), *del D.L. 18 ottobre 2012, n. 179, convertito, con modificazioni, nella L. 17 dicembre 2012, n. 221. A norma dell'art. 18, comma 2, del medesimo decreto, tali disposizioni si applicano ai procedimenti instaurati dal trentesimo giorno successivo a quello della data di entrata in vigore della legge di conversione del predetto decreto.*

([5]) *Le parole: «, ivi compresa la trascrizione del decreto di cui agli articoli 10, comma 1 e 12* bis, *comma 3, e la cessazione di ogni altra forma di pubblicità. In ogni caso il giudice può, con decreto motivato, sospendere gli atti di esecuzione dell'accordo qualora ricorrano gravi e giustificati motivi» dall'art. 18, comma 1, lett.* p), *n. 3), punto* c), *del D.L. 18 ottobre 2012, n. 179, convertito, con modificazioni, nella L. 17 dicembre 2012, n. 221. A norma dell'art. 18, comma 2, del medesimo decreto, tali disposizioni si applicano ai procedimenti instaurati dal trentesimo giorno successivo a quello della data di entrata in vigore della legge di conversione del predetto decreto.*

([6]) *Le parole: «dell'accordo e del piano sono nulli» sono state così sostituite dalle attuali: «dell'accordo o del piano del consumatore sono inefficaci rispetto ai creditori anteriori al momento in cui è stata eseguita la pubblicità di cui agli articoli 10, comma 2, e 12* bis, *comma 3» dall'art. 18, comma 1, lett.* p), *n. 4), del D.L. 18 ottobre 2012, n. 179, convertito, con modificazioni, nella L. 17 dicembre 2012, n. 221. A norma dell'art. 18, comma 2, del medesimo decreto, tali disposizioni si applicano ai procedimenti instaurati dal trentesimo giorno successivo a quello della data di entrata in vigore della legge di conversione del predetto decreto.*

([7]) *Questo comma è stato inserito dall'art. 18, comma 1, lett.* p), *n. 5), del D.L. 18 ottobre 2012, n. 179, convertito, con modificazioni, nella L. 17 dicembre 2012, n. 221. A norma dell'art. 18, comma 2, del medesimo decreto, tali disposizioni si applicano ai procedimenti instaurati dal trentesimo giorno successivo a quello della data di entrata in vigore della legge di conversione del predetto decreto.*

14. Impugnazione e risoluzione dell'accordo. – 1. L'accordo può essere annullato dal tribunale su istanza di ogni creditore, in contraddittorio con il debitore, quando è stato dolosamente o con colpa grave ([1]) aumentato o diminuito il passivo, ovvero sottratta o dissimulata una parte rilevante dell'attivo ovvero dolosamente simulate attività inesistenti. Non è ammessa alcuna altra azione di annullamento.

1 *bis*. Il ricorso per l'annullamento deve proporsi nel termine di sei mesi dalla scoperta e, in ogni caso, non oltre due anni dalla scadenza del termine fissato per l'ultimo adempimento previsto ([2]).

2. Se il proponente non adempie [regolarmente] ([3]) agli obblighi derivanti dall'accordo, se le garanzie promesse non vengono costituite o se l'esecuzione dell'accordo diviene impossibile per ragioni non imputabili al debitore, ciascun creditore può chiedere al tribunale la risoluzione dello stesso.

3. Il ricorso per la risoluzione è proposto, a pena di decadenza, entro sei mesi dalla scoperta e, in ogni caso, ([4]) entro un anno dalla scadenza del termine fissato per l'ultimo adempimento previsto dall'accordo.

4. L'annullamento e la risoluzione dell'accordo non pregiudicano i diritti acquistati dai terzi in buona fede.

5. Nei casi previsti dai commi 1 e 2, si applicano, in quanto compatibili, gli articoli 737 e seguenti del codice di procedura civile. Il reclamo si propone al tribunale e del collegio non può far parte il giudice che ha pronunciato il provvedimento ([5]).

([1]) *Le parole: «o con colpa grave» sono state inserite dall'art. 18, comma 1, lett.* q), *n. 1), del D.L. 18 ottobre 2012, n. 179, convertito, con modificazioni, nella L. 17 dicembre 2012, n. 221. A norma dell'art. 18, comma 2, del medesimo decreto, tali disposizioni si applicano ai procedimenti instaurati dal trentesimo giorno successivo a quello della data di entrata in vigore della legge di conversione del predetto decreto.*

([2]) *Questo comma è stato inserito dall'art. 18, comma 1, lett.* q), *n. 2), del D.L. 18 ottobre 2012, n. 179, convertito, con modificazioni, nella L. 17 dicembre 2012, n. 221. A norma dell'art. 18, comma 2, del medesimo decreto, tali disposizioni si applicano ai procedimenti instaurati dal trentesimo giorno successivo a quello della data di entrata in vigore della legge di conversione del predetto decreto.*

([3]) *La parola fra parentesi quadrata è stata soppressa dall'art. 18, comma 1, lett.* q), *n. 3), del D.L. 18 ottobre 2012, n. 179, convertito, con modificazioni, nella L. 17 dicembre 2012, n. 221. A norma dell'art. 18, comma 2, del medesimo decreto, tali disposizioni si applicano ai procedimenti instaurati dal trentesimo giorno successivo a quello della data di entrata in vigore della legge di conversione del predetto decreto.*

([4]) *Le parole: «entro sei mesi dalla scoperta e, in ogni caso,» sono state inserite dall'art. 18, comma 1, lett.* q), *n. 4), del D.L. 18 ottobre 2012, n. 179, convertito, con modificazioni, nella L. 17 dicembre 2012, n. 221. A norma dell'art. 18, comma 2, del medesimo decreto, tali disposizioni si applicano ai procedimenti instaurati dal trentesimo giorno successivo a quello della data di entrata in vigore della legge di conversione del predetto decreto.*

([5]) *Questo periodo è stato inserito dall'art. 18, comma 1, lett.* q), *n. 5), del D.L. 18 ottobre 2012, n. 179, convertito, con modificazioni, nella L. 17 dicembre 2012, n. 221. A norma dell'art. 18, comma 2, del medesimo decreto, tali disposizioni si applicano ai procedimenti instaurati dal trentesimo giorno successivo a quello della data di entrata in vigore della legge di conversione del predetto decreto.*

14 *bis*. ([1]) **Revoca e cessazione degli effetti dell'omologazione del piano del consumatore.** – 1. La revoca e la cessazione di diritto dell'efficacia dell'omologazione del piano del consumatore hanno luogo ai sensi dell'articolo 11, comma 5.

2. Il tribunale, su istanza di ogni creditore, in contraddittorio con il debitore, dichiara cessati gli effetti dell'omologazione del piano nelle seguenti ipotesi:

a) quando è stato dolosamente o con colpa grave aumentato o diminuito il passivo, ovvero sottratta o dissimulata una parte rilevante dell'attivo ovvero dolosamente simulate attività inesistenti;

b) se il proponente non adempie agli obblighi derivanti dal piano, se le garanzie promesse non vengono costituite o se l'esecuzione del piano diviene impossibile anche per ragioni non imputabili al debitore.

3. Il ricorso per la dichiarazione di cui al comma 2, lettera *a*), è proposto, a pena di decadenza, entro sei mesi dalla scoperta e, in ogni caso, non oltre due anni dalla scadenza del termine fissato per l'ultimo adempimento previsto.

4. Il ricorso per la dichiarazione di cui al comma 2, lettera *b*), è proposto, a pena di decadenza, entro sei mesi dalla scoperta e, in ogni caso, entro un anno dalla scadenza del termine fissato per l'ultimo adempimento previsto dall'accordo.

5. La dichiarazione di cessazione degli effetti dell'omologazione del piano non pregiudica i diritti acquistati dai terzi in buona fede.

6. Si applica l'articolo 14, comma 5.

([1]) *Questo articolo è stato inserito dall'art. 18, comma 1, lett.* r), *del D.L. 18 ottobre 2012, n. 179, convertito, con modificazioni, nella L. 17 dicembre 2012, n. 221. A norma dell'art. 18, comma 2, del medesimo decreto, tali disposizioni si applicano ai procedimenti instaurati dal trentesimo giorno successivo a quello della data di entrata in vigore della legge di conversione del predetto decreto.*

Sezione II
Liquidazione del patrimonio ([1])

([1]) *Questa sezione è stata inserita dall'art. 18, comma 1, lett.* s), *del D.L. 18 ottobre 2012, n. 179, convertito, con modificazioni, nella L. 17 dicembre 2012, n. 221. A norma dell'art. 18, comma 2, del medesimo decreto, tali disposizioni si applicano ai procedimenti instaurati dal trentesimo giorno successivo a quello della data di entrata in vigore della legge di conversione del predetto decreto.*

14 *ter*. Liquidazione dei beni. – 1. In alternativa alla proposta per la composizione della crisi, il debitore, in stato di sovraindebitamento e per il quale non ricorrono le condizioni di inammissibilità di cui all'articolo 7, comma 2, lettere *a*) e *b*), può chiedere la liquidazione di tutti i suoi beni.

2. La domanda di liquidazione è proposta al tribunale competente ai sensi dell'articolo 9, comma 1, e deve essere corredata dalla documentazione di cui all'articolo 9, commi 2 e 3.

3. Alla domanda sono altresì allegati l'inventario di tutti i beni del debitore, recante specifiche indicazioni sul possesso di ciascuno degli immobili e delle cose mobili, nonché una relazione particolareggiata dell'organismo di composizione della crisi che deve contenere:

a) l'indicazione delle cause dell'indebitamento e della diligenza impiegata dal debitore persona fisica nell'assumere volontariamente le obbligazioni;

b) l'esposizione delle ragioni dell'incapacità del debitore persona fisica di adempiere le obbligazioni assunte;

c) il resoconto sulla solvibilità del debitore persona fisica negli ultimi cinque anni;

d) l'indicazione della eventuale esistenza di atti del debitore impugnati dai creditori;

e) il giudizio sulla completezza e attendibilità della documentazione depositata a corredo della domanda.

4. L'organismo di composizione della crisi, entro tre giorni dalla richiesta di relazione di cui al comma 3, ne dà notizia all'agente della riscossione e agli uffici fiscali, anche presso gli enti locali, competenti sulla base dell'ultimo domicilio fiscale dell'istante.

5. La domanda di liquidazione è inammissibile se la documentazione prodotta non consente di ricostruire compiutamente la situazione economica e patrimoniale del debitore.

6. Non sono compresi nella liquidazione:

a) i crediti impignorabili ai sensi dell'articolo 545 del codice di procedura civile;

b) i crediti aventi carattere alimentare e di mantenimento, gli stipendi, pensioni, salari e ciò che il debitore guadagna con la sua attività, nei limiti di quanto occorra al mantenimento suo e della sua famiglia indicati dal giudice;

c) i frutti derivanti dall'usufrutto legale sui beni dei figli, i beni costituiti in fondo patrimoniale e i frutti di essi, salvo quanto disposto dall'articolo 170 del codice civile;

d) le cose che non possono essere pignorate per disposizione di legge.

7. Il deposito della domanda sospende, ai soli effetti del concorso, il corso degli interessi convenzionali o legali fino alla chiusura della liquidazione, a meno che i crediti non siano garantiti da ipoteca, da pegno o privilegio, salvo quanto previsto dagli articoli 2749, 2788 e 2855, commi secondo e terzo, del codice civile.

14 *quater*. Conversione della procedura di composizione in liquidazione. – 1. Il giudice, su istanza del debitore o di uno dei creditori, dispone, col decreto avente il contenuto di cui all'articolo 14 *quinquies*, comma 2, la conversione della procedura di composizione della crisi di cui alla sezione prima in quella di liquidazione del patrimonio nell'ipotesi di annullamento dell'accordo o di cessazione degli effetti dell'omologazione del piano del consumatore ai sensi dell'articolo 14 *bis*, comma 2, lettera *a*). La conversione è altresì disposta nei casi di cui agli articoli 11, comma 5, e 14 *bis*, comma 1, nonché di risoluzione dell'accordo o di cessazione degli effetti dell'omologazione del piano del consumatore ai sensi dell'articolo 14 *bis*, comma 2, lettera *b*), ove determinati da cause imputabili al debitore.

14 *quinquies*. Decreto di apertura della liquidazione. – 1. Il giudice, se la domanda soddisfa i requisiti di cui all'articolo 14 *ter*, verificata l'assenza di atti in frode ai creditori negli ultimi cinque anni, dichiara aperta la procedura di liquidazione. Si applica l'articolo 10, comma 6.

2. Con il decreto di cui al comma 1 il giudice:

a) ove non sia stato nominato ai sensi dell'articolo 13, comma 1, nomina un liquidatore, da individuarsi in un professionista in possesso dei requisiti di cui all'articolo 28 del regio decreto 16 marzo 1942, n. 267;

b) dispone che, sino al momento in cui il provvedimento di omologazione diventa definitivo, non possono, sotto pena di nullità, essere iniziate o proseguite azioni cautelari o esecutive nè acquistati diritti di prelazione sul patrimonio oggetto di liquidazione da parte dei creditori aventi titolo o causa anteriore;

c) stabilisce idonea forma di pubblicità della domanda e del decreto, nonché, nel caso in cui il debitore svolga attività d'impresa, l'annotazione nel registro delle imprese;

d) ordina, quando il patrimonio comprende beni immobili o beni mobili registrati, la trascrizione del decreto, a cura del liquidatore;

e) ordina la consegna o il rilascio dei beni facenti parte del patrimonio di liquidazione, salvo che non ritenga, in presenza di gravi e specifiche ragioni, di autorizzare il debitore ad utilizzare alcuni di essi. Il provvedimento è titolo esecutivo ed è posto in esecuzione a cura del liquidatore;

f) fissa i limiti di cui all'articolo 14 *ter*, comma 5, lettera *b*).

3. Il decreto di cui al comma 2 deve intendersi equiparato all'atto di pignoramento.

4. La procedura rimane aperta sino alla completa esecuzione del programma di liquidazione e, in ogni caso, ai fini di cui all'articolo 14 *undecies*, per i quattro anni successivi al deposito della domanda.

14 *sexies*. Inventario ed elenco dei creditori. – 1. Il liquidatore, verificato l'elenco dei creditori e l'attendibilità della documentazione di cui all'articolo 9, commi 2 e 3, forma l'inventario dei beni da liquidare e comunica ai creditori e ai titolari dei diritti reali e personali, mobiliari e immobiliari, su immobili o cose mobili in possesso o nella disponibilità del debitore:

a) che possono partecipare alla liquidazione, depositando o trasmettendo, anche a mezzo di posta elettronica certificata e purchè vi sia prova della ricezione, la domanda di partecipazione che abbia il contenuto previsto dall'articolo 14 *septies*, con l'avvertimento che in mancanza delle indicazioni di cui alla lettera *e*) del predetto articolo, le successive comunicazioni sono eseguite esclusivamente mediante deposito in cancelleria;

b) la data entro cui vanno presentate le domande;

c) la data entro cui sarà comunicata al debitore e ai creditori lo stato passivo e ogni altra utile informazione.

14 *septies*. Domanda di partecipazione alla liquidazione. – 1. La domanda di partecipazione alla liquidazione, di restituzione o rivendicazione di beni mobili o immobili è proposta con ricorso che contiene:

a) l'indicazione delle generalità del creditore;

b) la determinazione della somma che si intende far valere nella liquidazione, ovvero la descrizione del bene di cui si chiede la restituzione o la rivendicazione;

c) la succinta esposizione dei fatti e degli elementi di diritto che costituiscono la ragione della domanda;

d) l'eventuale indicazione di un titolo di prelazione;

e) l'indicazione dell'indirizzo di posta elettronica certificata, del numero di telefax o l'elezione di domicilio in un comune del circondario ove ha sede il tribunale competente.

2. Al ricorso sono allegati i documenti dimostrativi dei diritti fatti valere.

14 *octies*. Formazione del passivo. – 1. Il liquidatore esamina le domande di cui all'articolo 14 *septies* e, predisposto un progetto di stato passivo, comprendente un elenco dei titolari di diritti sui beni mobili e immobili di proprietà o in possesso del debitore, lo comunica agli interessati, assegnando un termine di quindici giorni per le eventuali osservazioni da comunicare con le modalità dell'articolo 14 *sexies*, comma 1, lettera *a*).

2. In assenza di osservazioni, il liquidatore approva lo stato passivo dandone comunicazione alle parti.

3. Quando sono formulate osservazioni e il liquidatore le ritiene fondate, entro il termine di quindici giorni dalla ricezione dell'ultima osservazione, predispone un nuovo progetto e lo comunica ai sensi del comma 1.

4. In presenza di contestazioni non superabili ai sensi del comma 3, il liquidatore rimette gli atti al giudice che lo ha nominato, il quale provvede alla definitiva formazione del passivo. Si applica l'articolo 10, comma 6.

14 *novies*. Liquidazione. – 1. Il liquidatore, entro trenta giorni dalla formazione dell'inventario, elabora un programma di liquidazione, che comunica al debitore ed ai creditori e deposita presso la cancelleria del giudice. Il programma deve assicurare la ragionevole durata della procedura.

2. Il liquidatore ha l'amministrazione dei beni che compongono il patrimonio di liquidazione. Fanno parte del patrimonio di liquidazione anche gli accessori, le pertinenze e i frutti prodotti dai beni del debitore. Il liquidatore cede i crediti, anche se oggetto di contestazione, dei quali non è probabile l'incasso nei quattro anni successivi al deposito della domanda. Le vendite e gli altri atti di liquidazione posti in essere in esecuzione del programma di liquidazione sono effettuati dal liquidatore tramite procedure competitive anche avvalendosi di soggetti specializzati, sulla base di stime effettuate, salvo il caso di beni di modesto valore, da parte di operatori esperti, assicurando, con adeguate forme di pubblicità, la massima informazione e partecipazione degli interessati. Prima del completamento delle operazioni di vendita, il liquidatore informa degli esiti delle procedure il debitore, i creditori e il giudice. In ogni caso, quando ricorrono gravi e giustificati motivi, il giudice può sospendere con decreto motivato gli atti di esecuzione del programma di liquidazione. Se alla data di apertura della procedura di liquidazione sono pendenti procedure esecutive il liquidatore può subentrarvi.

3. Il giudice, sentito il liquidatore e verificata la conformità degli atti dispositivi al programma di liquidazione, autorizza lo svincolo delle somme, ordina la cancellazione della trascrizione del pignoramento e delle iscrizioni relative ai diritti di prelazione, nonché di ogni altro vincolo, ivi compresa la trascrizione del decreto di cui all'articolo 14 *quinquies*, comma 1, dichiara la cessazione di ogni altra forma di pubblicità disposta.

4. I requisiti di onorabilità e professionalità dei soggetti specializzati e degli operatori esperti dei quali il liquidatore può avvalersi ai sensi del comma 1, nonché i mezzi di pubblicità e trasparenza delle operazioni di vendita sono quelli previsti dal regolamento del Ministro della giustizia di cui all'articolo 107, settimo comma, del regio decreto 16 marzo 1942, n. 267.

5. Accertata la completa esecuzione del programma di liquidazione e, comunque, non prima del decorso del termine di quattro anni dal deposito della domanda, il giudice dispone, con decreto, la chiusura della procedura.

14 *decies*. Azioni del liquidatore. – 1. Il liquidatore esercita ogni azione prevista dalla legge finalizzata a conseguire la disponibilità dei beni compresi nel patrimonio da liquidare e comunque correlata con lo svolgimento dell'attività di amministrazione di cui all'articolo 14 *novies*, comma 2. Il liquidatore può altresì esercitare le azioni volte al recupero dei crediti compresi nella liquidazione.

14 *undecies*. Beni e crediti sopravvenuti. – 1. I beni sopravvenuti nei quattro anni successivi al deposito della domanda di liquidazione di cui all'articolo 14 *ter* costituiscono oggetto della stessa, dedotte le passività incontrate per l'acquisto e la conservazione dei beni medesimi. Ai fini di cui al periodo precedente il debitore integra l'inventario di cui all'articolo 14 *ter*, comma 3.

14 *duodecies*. Creditori posteriori. – 1. I creditori con causa o titolo posteriore al momento dell'esecuzione della pubblicità di cui all'articolo 14 *quinquies*, comma 2, lettere *c*) e *d*), non possono procedere esecutivamente sui beni oggetto di liquidazione.

2. I crediti sorti in occasione o in funzione della liquidazione o di uno dei procedimenti di cui alla precedente sezione sono soddisfatti con preferenza rispetto agli altri, con esclusione di quanto ricavato dalla liquidazione dei beni oggetto di pegno ed ipoteca per la parte destinata ai creditori garantiti.

14 *terdecies*. Esdebitazione. – 1. Il debitore persona fisica è ammesso al beneficio della liberazione dei debiti residui nei confronti dei creditori concorsuali e non soddisfatti a condizione che:

a) abbia cooperato al regolare ed efficace svolgimento della procedura, fornendo tutte le informazioni e la documentazione utili, nonché adoperandosi per il proficuo svolgimento delle operazioni;

b) non abbia in alcun modo ritardato o contribuito a ritardare lo svolgimento della procedura;

c) non abbia beneficiato di altra esdebitazione negli otto anni precedenti la domanda;

d) non sia stato condannato, con sentenza passata in giudicato, per uno dei reati previsti dall'articolo 16;

e) abbia svolto, nei quattro anni di cui all'articolo 14 *undecies*, un'attività produttiva di reddito adeguata rispetto alle proprie competenze e alla situazione di mercato o, in ogni caso, abbia cercato un'occupazione e non abbia rifiutato, senza giustificato motivo, proposte di impiego;

f) siano stati soddisfatti, almeno in parte, i creditori per titolo e causa anteriore al decreto di apertura della liquidazione.

2. L'esdebitazione è esclusa:

a) quando il sovraindebitamento del debitore è imputabile ad un ricorso al credito colposo e sproporzionato rispetto alle sue capacità patrimoniali;

b) quando il debitore, nei cinque anni precedenti l'apertura della liquidazione o nel corso della stessa, ha posto in essere atti in frode ai creditori, pagamenti o altri atti dispositivi del proprio patrimonio, ovvero simulazioni di titoli di prelazione, allo scopo di favorire alcuni creditori a danno di altri.

3. L'esdebitazione non opera:

a) per i debiti derivanti da obblighi di mantenimento e alimentari;

b) per i debiti da risarcimento dei danni da fatto illecito extracontrattuale, nonché per le sanzioni penali ed amministrative di carattere pecuniario che non siano accessorie a debiti estinti;

c) per i debiti fiscali che, pur avendo causa anteriore al decreto di apertura delle procedure di cui alle sezioni prima e seconda del presente capo, sono stati successivamente accertati in ragione della sopravvenuta conoscenza di nuovi elementi.

4. Il giudice, con decreto adottato su ricorso del debitore interessato, presentato entro l'anno successivo alla chiusura della liquidazione, sentiti i creditori non integralmente soddisfatti e verificate le condizioni di cui ai commi 1 e 2, dichiara inesigibili nei suoi confronti i crediti non soddisfatti integralmente. I creditori non integralmente soddisfatti possono proporre reclamo ai sensi dell'articolo 739 del codice di procedura civile di fronte al tribunale e del collegio non fa parte il giudice che ha emesso il decreto.

5. Il provvedimento di esdebitazione è revocabile in ogni momento, su istanza dei creditori, se risulta:

a) che è stato concesso ricorrendo l'ipotesi del comma 2, lettera *b*);

b) che è stato dolosamente o con colpa grave aumentato o diminuito il passivo, ovvero sottratta o dissimulata una parte rilevante dell'attivo ovvero simulate attività inesistenti.

6. Si applicano, in quanto compatibili, gli articoli 737 e seguenti del codice di procedura civile. Il reclamo si propone al tribunale e del collegio non può far parte il giudice che ha pronunciato il provvedimento.

Sezione III
Disposizioni comuni ([1])

([1]) *Questa sezione, con gli articoli 15 e 16, sostituisce i precedenti articoli da 15 a 20, a norma dell'art. 18, comma 1, lett. t), del D.L. 18 ottobre 2012, n. 179, convertito, con modificazioni, nella L. 17 dicembre 2012, n. 221. A norma dell'art. 18, comma 2, del medesimo decreto, tali disposizioni si applicano ai procedimenti instaurati dal trentesimo giorno successivo a quello della data di entrata in vigore della legge di conversione del predetto decreto.*

15. Organismi di composizione della crisi. – 1. Possono costituire organismi per la composizione delle crisi da sovraindebitamento enti pubblici dotati di requisiti di indipendenza e professionalità determinati con il regolamento di cui al comma 3. Gli organismi di conciliazione costituiti presso le camere di commercio, industria, artigianato e agricoltura ai sensi dell'articolo 2 della legge 29 dicembre 1993, n. 580, e successive modificazioni, il segretariato sociale costituito ai sensi dell'articolo 22, comma 4, lettera *a*), della legge 8 novembre 2000, n. 328, gli ordini professionali degli avvocati, dei commercialisti ed esperti contabili e dei notai sono iscritti di diritto, a semplice domanda, nel registro di cui al comma 2.

2. Gli organismi di cui al comma 1 sono iscritti in un apposito registro tenuto presso il Ministero della giustizia.

3. I requisiti di cui al comma 1 e le modalità di iscrizione nel registro di cui al comma 2, sono stabiliti con regolamento adottato dal Ministro della giustizia, di concerto con il Ministro dello sviluppo economico ed il Ministro dell'economia e delle finanze, ai sensi dell'articolo 17, comma 3, della legge 23 agosto 1988, n. 400, entro novanta giorni dalla data di entrata in vigore del presente decreto. Con lo stesso decreto sono disciplinate le condizioni per l'iscrizione, la formazione dell'elenco e la sua revisione, la sospensione e la cancellazione degli iscritti, nonché la determinazione dei compensi e dei rimborsi spese spettanti agli organismi a carico dei soggetti che ricorrono alla procedura.

4. Dalla costituzione e dal funzionamento degli organismi indicati al comma 1 non devono derivare nuovi o maggiori oneri a carico della finanza pubblica, e le attività degli stessi devono essere svolte nell'ambito delle risorse umane, strumentali e finanziarie disponibili a legislazione vigente.

5. L'organismo di composizione della crisi, oltre a quanto previsto dalle sezioni prima e seconda del presente capo, assume ogni iniziativa funzionale alla predisposizione del piano di ristrutturazione e all'esecuzione dello stesso.

6. Lo stesso organismo verifica la veridicità dei dati contenuti nella proposta e nei documenti allegati, attesta la fattibilità del piano ai sensi dell'articolo 9, comma 2.

7. L'organismo esegue le pubblicità ed effettua le comunicazioni disposte dal giudice nell'ambito dei procedimenti previsti dalle sezioni prima e seconda del presente capo. Le comunicazioni sono effettuate a mezzo posta elettronica certificata se il relativo indirizzo del destinatario risulta dal registro delle imprese ovvero dall'Indice nazionale degli indirizzi di posta elettronica certificata delle imprese e dei professionisti e, in ogni altro caso, a mezzo telefax o lettera raccomandata.

8. Quando il giudice lo dispone ai sensi degli articoli 13, comma 1, o 14 *quinquies*, comma 2, l'organismo svolge le funzioni di liquidatore stabilite con le disposizioni del presente capo. Ove designato ai sensi dell'articolo 7, comma 1, svolge le funzioni di gestore per la liquidazione.

9. I compiti e le funzioni attribuiti agli organismi di composizione della crisi possono essere svolti anche da un professionista o da una società tra professionisti in possesso dei requisiti di cui all'articolo 28 del regio decreto 16 marzo 1942, n. 267, e successive modificazioni, ovvero da un notaio, nominati dal presidente del tribunale o dal giudice da lui delegato. Fino all'entrata in vigore del regolamento di cui al comma 3, i compensi sono determinati secondo i parametri previsti per i commissari giudiziali nelle procedure di concordato preventivo, quanto alle attività di cui alla sezione prima del presente capo, e per i curatori fallimentari, quanto alle attività di cui alla sezione seconda del presente capo. I predetti compensi sono ridotti del quaranta per cento.

10. Per lo svolgimento dei compiti e delle attività previsti dal presente capo, il giudice e, previa autorizzazione di quest'ultimo, gli organismi di composizione della crisi possono accedere ai dati contenuti nell'anagrafe tributaria, compresa la sezione prevista dall'articolo 7, sesto comma, del decreto del Presidente della Repubblica 29 settembre 1973, n. 605, nei sistemi di informazioni creditizie, nelle centrali rischi e nelle altre banche dati pubbliche, ivi compreso l'archivio centrale informatizzato di cui all'articolo 30 *ter*, comma 2, del decreto legislativo 13 agosto 2010, n. 141, nel rispetto delle disposizioni contenute nel codice in materia di protezione dei dati personali, di cui al

decreto legislativo 30 giugno 2003, n. 196, e del codice di deontologia e di buona condotta per i sistemi informativi gestiti da soggetti privati in tema di crediti al consumo, affidabilità e puntualità nei pagamenti, di cui alla deliberazione del Garante per la protezione dei dati personali 16 novembre 2004, n. 8, pubblicata nella *Gazzetta Ufficiale* n. 300 del 23 dicembre 2004.

11. I dati personali acquisiti a norma del presente articolo possono essere trattati e conservati per i soli fini e tempi della procedura e devono essere distrutti contestualmente alla sua conclusione o cessazione. Dell'avvenuta distruzione è data comunicazione al titolare dei suddetti dati, tramite lettera raccomandata con avviso di ricevimento o tramite posta elettronica certificata, non oltre quindici giorni dalla distruzione medesima.

16. Sanzioni. – 1. Salvo che il fatto costituisca più grave reato, è punito con la reclusione da sei mesi a due anni e con la multa da 1.000 a 50.000 euro il debitore che:

a) al fine di ottenere l'accesso alla procedura di composizione della crisi di cui alla sezione prima del presente capo aumenta o diminuisce il passivo ovvero sottrae o dissimula una parte rilevante dell'attivo ovvero dolosamente simula attività inesistenti;

b) al fine di ottenere l'accesso alle procedure di cui alle sezioni prima e seconda del presente capo, produce documentazione contraffatta o alterata, ovvero sottrae, occulta o distrugge, in tutto o in parte, la documentazione relativa alla propria situazione debitoria ovvero la propria documentazione contabile;

c) omette l'indicazione di beni nell'inventario di cui all'articolo 14 *ter*, comma 3;

d) nel corso della procedura di cui alla sezione prima del presente capo, effettua pagamenti in violazione dell'accordo o del piano del consumatore;

e) dopo il deposito della proposta di accordo o di piano del consumatore, e per tutta la durata della procedura, aggrava la sua posizione debitoria;

f) intenzionalmente non rispetta i contenuti dell'accordo o del piano del consumatore.

2. Il componente dell'organismo di composizione della crisi, ovvero il professionista di cui all'articolo 15, comma 9, che rende false attestazioni in ordine alla veridicità dei dati contenuti nella proposta o nei documenti ad essa allegati, alla fattibilità del piano ai sensi dell'articolo 9, comma 2, ovvero nella relazione di cui agli articoli 9, comma 3 *bis*, 12, comma 1 e 14 *ter*, comma 3, è punito con la reclusione da uno a tre anni e con la multa da 1.000 a 50.000 euro.

3. La stessa pena di cui al comma 2 si applica al componente dell'organismo di composizione della crisi, ovvero al professionista di cui all'articolo 15, comma 9, che cagiona danno ai creditori omettendo o rifiutando senza giustificato motivo un atto del suo ufficio.

17. ([1]) [**Compiti dell'organismo di composizione della crisi.** – 1. L'organismo di composizione della crisi, oltre a quanto previsto dagli articoli 11, 12 e 13, assume ogni opportuna iniziativa, funzionale alla predisposizione del piano di ristrutturazione, al raggiungimento dell'accordo e alla buona riuscita dello stesso, finalizzata al superamento della crisi da sovraindebitamento, e collabora con il debitore e con i creditori anche attraverso la modifica del piano oggetto della proposta di accordo.

2. Lo stesso organismo verifica la veridicità dei dati contenuti nella proposta e nei documenti allegati, attesta la fattibilità del piano ai sensi dell'articolo 9, comma 2, e trasmette al giudice la relazione sui consensi espressi e sulla maggioranza raggiunta ai sensi dell'articolo 12, comma 1.

3. L'organismo esegue la pubblicità della proposta e dell'accordo, ed effettua le comunicazioni disposte dal giudice nell'ambito del procedimento previsto dal presente capo].

([1]) *Questo articolo è stato abrogato dalla sostituzione degli originari articoli da 15 a 20 con l'attuale Sezione III, comprendente gli articoli 15 e 16, dall'art. 18, comma 1, lett.* t), *del D.L. 18 ottobre 2012, n. 179, convertito, con modificazioni, nella L. 17 dicembre 2012, n. 221. A norma dell'art. 18, comma 2, del medesimo decreto, tali disposizioni si applicano ai procedimenti instaurati dal trentesimo giorno successivo a quello della data di entrata in vigore della legge di conversione del predetto decreto.*

18. ([1]) [**Accesso alle banche dati pubbliche.** – 1. Per lo svolgimento dei compiti e delle attività previsti dal presente capo, il giudice e, previa autorizzazione di quest'ultimo, gli organismi di cui all'articolo 15 possono accedere ai dati contenuti nell'anagrafe tributaria, nei sistemi di informazioni creditizie, nelle centrali rischi e nelle altre banche dati pubbliche, nel rispetto delle disposizioni contenute nel codice in materia di protezione dei dati personali, di cui al decreto legislativo 30 giugno 2003, n. 196, e del codice di deontologia e di buona condotta per i sistemi informativi gestiti da soggetti privati in tema di crediti al consumo, affidabilità e puntualità nei pagamenti, di cui alla deliberazione del Garante per la protezione dei dati personali 16 novembre 2004, n. 8, pubblicata nella *Gazzetta Ufficiale* n. 300 del 23 dicembre 2004.

2. I dati personali acquisiti per le finalità di cui al comma 1 possono essere trattati e conservati per i soli fini e tempi della procedura e devono essere distrutti contestualmente alla sua conclusione o cessazione. Dell'avvenuta distruzione è data comunicazione al titolare dei suddetti dati, tramite lettera raccomandata con avviso di ricevimento o tramite posta elettronica certificata, non oltre quindici giorni dalla distruzione medesima].

(1) *Questo articolo è stato abrogato dalla sostituzione degli originari articoli da 15 a 20 con l'attuale Sezione III, comprendente gli articoli 15 e 16, dall'art. 18, comma 1, lett.* t), *del D.L. 18 ottobre 2012, n. 179, convertito, con modificazioni, nella L. 17 dicembre 2012, n. 221. A norma dell'art. 18, comma 2, del medesimo decreto, tali disposizioni si applicano ai procedimenti instaurati dal trentesimo giorno successivo a quello della data di entrata in vigore della legge di conversione del predetto decreto.*

19. (1) [**Sanzioni.** – 1. Salvo che il fatto costituisca più grave reato, è punito con la reclusione da sei mesi a due anni e con la multa da 1.000 a 50.000 euro il debitore che:

a) al fine di ottenere l'accesso alla procedura di composizione della crisi di cui al presente capo, aumenta o diminuisce il passivo ovvero sottrae o dissimula una parte rilevante dell'attivo ovvero dolosamente simula attività inesistenti;

b) al fine di ottenere l'accesso alla procedura di composizione della crisi di cui al presente capo, produce documentazione contraffatta o alterata, ovvero sottrae, occulta o distrugge, in tutto o in parte, la documentazione relativa alla propria situazione debitoria ovvero la propria documentazione contabile;

c) nel corso della procedura, effettua pagamenti non previsti nel piano oggetto dell'accordo, fatto salvo il regolare pagamento dei creditori estranei;

d) dopo il deposito della proposta di accordo di ristrutturazione dei debiti, e per tutta la durata della procedura, aggrava la sua posizione debitoria;

e) intenzionalmente non rispetta i contenuti dell'accordo.

2. Il componente dell'organismo di composizione della crisi che rende false attestazioni in ordine all'esito della votazione dei creditori sulla proposta di accordo formulata dal debitore ovvero in ordine alla veridicità dei dati contenuti in tale proposta o nei documenti ad essa allegati ovvero in ordine alla fattibilità del piano di ristrutturazione dei debiti proposto dal debitore è punito con la reclusione da uno a tre anni e con la multa da 1.000 a 50.000 euro.

3. La stessa pena di cui al comma 2 si applica al componente dell'organismo di composizione della crisi che cagiona danno ai creditori omettendo o rifiutando senza giustificato motivo un atto del suo ufficio].

(1) *Questo articolo è stato abrogato dalla sostituzione degli originari articoli da 15 a 20 con l'attuale Sezione III, comprendente gli articoli 15 e 16, dall'art. 18, comma 1, lett.* t), *del D.L. 18 ottobre 2012, n. 179, convertito, con modificazioni, nella L. 17 dicembre 2012, n. 221. A norma dell'art. 18, comma 2, del medesimo decreto, tali disposizioni si applicano ai procedimenti instaurati dal trentesimo giorno successivo a quello della data di entrata in vigore della legge di conversione del predetto decreto.*

20. (1) [**Disposizioni transitorie e finali.** – 1. Con uno o più decreti, il Ministro della giustizia stabilisce, anche per circondario di tribunale, la data a decorrere dalla quale i compiti e le funzioni che il presente capo attribuisce agli organismi di composizione della crisi di cui all'articolo 15 sono svolti in via esclusiva dai medesimi.

2. I compiti e le funzioni attribuiti agli organismi di composizione della crisi possono essere anche svolti da un professionista in possesso dei requisiti di cui all'articolo 28 del regio decreto 16 marzo 1942, n. 267, e successive modificazioni, ovvero da un notaio, nominati dal presidente del tribunale o dal giudice da lui delegato. Con decreto del Ministro della giustizia sono stabilite, in considerazione del valore della procedura e delle finalità sociali della medesima, le tariffe applicabili all'attività svolta dai professionisti, da porre a carico dei soggetti che ricorrono alla procedura.

3. Il professionista di cui al comma 2 è equiparato, anche agli effetti penali, al componente dell'organismo di composizione della crisi.

4. Il Ministro della giustizia trasmette alle Camere una relazione annuale sullo stato di attuazione della presente legge].

(1) *Questo articolo è stato abrogato dalla sostituzione degli originari articoli da 15 a 20 con l'attuale Sezione III, comprendente gli articoli 15 e 16, dall'art. 18, comma 1, lett.* t), *del D.L. 18 ottobre 2012, n. 179, conver-*

tito, con modificazioni, nella L. 17 dicembre 2012, n. 221. A norma dell'art. 18, comma 2, del medesimo decreto, tali disposizioni si applicano ai procedimenti instaurati dal trentesimo giorno successivo a quello della data di entrata in vigore della legge di conversione del predetto decreto.

Capo III
Entrata in vigore

21. Entrata in vigore. – 1. La presente legge entra in vigore il trentesimo giorno successivo a quello della sua pubblicazione nella *Gazzetta Ufficiale*.

1.

D.L.vo 6 settembre 2005, n. 206. Codice del consumo, a norma dell'articolo 7 della legge 29 luglio 2003, n. 229 (Suppl. ord. alla *Gazzetta Ufficiale* Serie gen. - n. 235 dell'8 ottobre 2005) ed *errata corrige* in *Gazzetta Ufficiale* Serie gen. - n. 2 del 3 gennaio 2006 (1).

(1) *A norma dell'art. 20, comma 1, del D.L.vo 23 ottobre 2007, n. 221, ogni riferimento nel Codice del consumo al Ministero o Ministro delle attività produttive deve intendersi riferito al Ministero o al Ministro dello sviluppo economico.*

Parte I
Disposizioni generali

Titolo I
Disposizioni generali e finalità

1. Finalità ed oggetto. – 1. Nel rispetto della Costituzione ed in conformità ai principi contenuti nei trattati istitutivi delle Comunità europee, nel trattato dell'Unione europea, nella normativa comunitaria con particolare riguardo all'articolo 153 del Trattato istitutivo della Comunità economica europea, nonché nei trattati internazionali, il presente codice armonizza e riordina le normative concernenti i processi di acquisto e consumo, al fine di assicurare un elevato livello di tutela dei consumatori e degli utenti.

2. Diritti dei consumatori. – 1. Sono riconosciuti e garantiti i diritti e gli interessi individuali e collettivi dei consumatori e degli utenti, ne è promossa la tutela in sede nazionale e locale, anche in forma collettiva e associativa, sono favorite le iniziative rivolte a perseguire tali finalità, anche attraverso la disciplina dei rapporti tra le associazioni dei consumatori e degli utenti e le pubbliche amministrazioni.

2. Ai consumatori ed agli utenti sono riconosciuti come fondamentali i diritti:

a) alla tutela della salute;

b) alla sicurezza e alla qualità dei prodotti e dei servizi;

c) ad una adeguata informazione e ad una corretta pubblicità;

c bis) all'esercizio delle pratiche commerciali secondo principi di buona fede, correttezza e lealtà (1);

d) all'educazione al consumo;

e) alla correttezza, alla trasparenza ed all'equità nei rapporti contrattuali;

f) alla promozione e allo sviluppo dell'associazionismo libero, volontario e democratico tra i consumatori e gli utenti;

g) all'erogazione di servizi pubblici secondo standard di qualità e di efficienza.

(1) *Questa lettera è stata inserita dall'art. 2, comma 1, del D.L.vo 23 ottobre 2007, n. 221.*

3. Definizioni. – 1. Ai fini del presente codice ove non diversamente previsto, (1) si intende per:

a) consumatore o utente: la persona fisica che agisce per scopi estranei all'attività imprenditoriale, commerciale, artigianale (2) o professionale eventualmente svolta;

b) associazioni dei consumatori e degli utenti: le formazioni sociali che abbiano per scopo statutario esclusivo la tutela dei diritti e degli interessi dei consumatori o degli utenti;

c) professionista: la persona fisica o giuridica che agisce nell'esercizio della propria attività imprenditoriale, commerciale, artigianale (3) o professionale, ovvero un suo intermediario;

d) produttore: fatto salvo quanto stabilito nell'articolo 103, comma 1, lettera *d*), e nell'articolo 115, comma 2 *bis* (4), il fabbricante del bene o il fornitore del servizio, o un suo intermediario, nonché l'importatore del bene o del servizio nel territorio dell'Unione europea o qualsiasi altra persona fisica o giuridica che si presenta come produttore identificando il bene o il servizio con il proprio nome, marchio o altro segno distintivo;

e) prodotto: fatto salvo quanto stabilito nell'articolo 18, comma 1, lettera *c*), e (5) nell'articolo 115, comma 1, qualsiasi prodotto destinato al consumatore, anche nel quadro di una prestazione di servizi, o suscettibile, in condizioni ragionevolmente prevedibili, di essere utilizzato dal consumatore, anche se non a lui destinato, fornito o reso disponibile a titolo oneroso o gratuito nell'ambito di un'attività commerciale, indipendentemente dal fatto che sia nuovo, usato o rimesso a nuovo; tale definizione non si applica ai prodotti usati, forniti come pezzi d'antiquariato, o come prodotti da riparare o da rimettere a nuovo prima dell'utilizzazione, purché il fornitore ne informi per iscritto la persona cui fornisce il prodotto;

f) codice: il presente decreto legislativo di riassetto delle disposizioni vigenti in materia di tutela dei consumatori.

([1]) *Le parole: «ove non diversamente previsto,» sono state inserite dall'art. 3, comma 1, del D.L.vo 23 ottobre 2007, n. 221.*

([2]) *Le parole: «, commerciale, artigianale» sono state inserite dall'art. 3, comma 2, del D.L.vo 23 ottobre 2007, n. 221.*

([3]) *Le parole: «, commerciale, artigianale» sono state inserite dall'art. 3, comma 3, del D.L.vo 23 ottobre 2007, n. 221.*

([4]) *Le parole: «articolo 115, comma 1» sono state così sostituite dalle attuali: «articolo 115, comma 2* bis*» dall'art. 3, comma 4, del D.L.vo 23 ottobre 2007, n. 221.*

([5]) *Le parole: «nell'articolo 18, comma 1, lettera* c*), e» sono state inserite dall'art. 3, comma 5, del D.L.vo 23 ottobre 2007, n. 221.*

Parte II
Educazione, informazione, pratiche commerciali, pubblicità ([1])

([1]) *La precedente rubrica: «EDUCAZIONE, INFORMAZIONE, PUBBLICITÀ» è stata così sostituita dalla attuale dall'art. 1, comma 3, del D.L.vo 2 agosto 2007, n. 146.*

Titolo I
Educazione del consumatore

4. Educazione del consumatore. – 1. L'educazione dei consumatori e degli utenti è orientata a favorire la consapevolezza dei loro diritti e interessi, lo sviluppo dei rapporti associativi, la partecipazione ai procedimenti amministrativi, nonché la rappresentanza negli organismi esponenziali.

2. Le attività destinate all'educazione dei consumatori, svolte da soggetti pubblici o privati, non hanno finalità promozionale, sono dirette ad esplicitare le caratteristiche di beni e servizi e a rendere chiaramente percepibili benefici e costi conseguenti alla loro scelta; prendono, inoltre, in particolare considerazione le categorie di consumatori maggiormente vulnerabili.

Titolo II
Informazioni ai consumatori

Capo I
Disposizioni generali

5. Obblighi generali. – 1. Fatto salvo quanto disposto dall'articolo 3, comma 1, lettera *a*), ai fini del presente titolo, si intende per consumatore o utente anche la persona fisica alla quale sono dirette le informazioni commerciali.

2. Sicurezza, composizione e qualità dei prodotti e dei servizi costituiscono contenuto essenziale degli obblighi informativi.

3. Le informazioni al consumatore, da chiunque provengano, devono essere adeguate alla tecnica di comunicazione impiegata ed espresse in modo chiaro e comprensibile, tenuto anche conto delle modalità di conclusione del contratto o delle caratteristiche del settore, tali da assicurare la consapevolezza del consumatore.

Capo II
Indicazione dei prodotti

6. Contenuto minimo delle informazioni. – 1. I prodotti o le confezioni dei prodotti destinati al consumatore, commercializzati sul territorio nazionale, riportano, chiaramente visibili e leggibili, almeno le indicazioni relative:

a) alla denominazione legale o merceologica del prodotto;

b) al nome o ragione sociale o marchio e alla sede legale del produttore o di un importatore stabilito nell'Unione europea;

c) al Paese di origine se situato fuori dell'Unione europea ([1]);

d) all'eventuale presenza di materiali o sostanze che possono arrecare danno all'uomo, alle cose o all'ambiente;

e) ai materiali impiegati ed ai metodi di lavorazione ove questi siano determinanti per la qualità o le caratteristiche merceologiche del prodotto;

f) alle istruzioni, alle eventuali precauzioni e alla destinazione d'uso, ove utili ai fini di fruizione e sicurezza del prodotto.

([1]) *A norma dell'art. 31* bis *del D.L. 30 dicembre 2005, n. 273, convertito, con modificazioni, nella L. 23 febbraio 2006, n. 51, l'efficacia di questa disposizione decorre dal 1° gennaio 2007 e, comunque, a partire dall'entrata in vigore del decreto di cui all'articolo 10 di questo codice.*

7. Modalità di indicazione. – 1. Le indicazioni di cui all'articolo 6 devono figurare sulle confezioni o sulle etichette dei prodotti nel momento in cui sono posti in vendita al consumatore. Le indicazioni di cui al comma 1, lettera *f*), dell'articolo 6 possono essere riportate, anziché sulle confezioni o sulle etichette dei prodotti, su altra documentazione illustrativa che viene fornita in accompagnamento dei prodotti stessi.

8. Ambito di applicazione. – 1. Sono esclusi dall'applicazione del presente capo i prodotti oggetto di specifiche disposizioni contenute in direttive o in altre disposizioni comunitarie e nelle relative norme nazionali di recepimento.

2. Per i prodotti oggetto di disposizioni nazionali in materia di informazione del consumatore, le norme del presente capo si applicano per gli aspetti non disciplinati.

9. Indicazioni in lingua italiana. – 1. Tutte le informazioni destinate ai consumatori e agli utenti devono essere rese almeno in lingua italiana.

2. Qualora le indicazioni di cui al presente titolo siano apposte in più lingue, le medesime sono apposte anche in lingua italiana e con caratteri di visibilità e leggibilità non inferiori a quelli usati per le altre lingue.

3. Sono consentite indicazioni che utilizzino espressioni non in lingua italiana divenute di uso comune.

10. Attuazione. – 1. Con decreto del Ministro dello sviluppo economico [1], di concerto con il Ministro per le politiche comunitarie e con il Ministro della giustizia, sentito il parere della Conferenza unificata di cui all'articolo 8 del decreto legislativo 28 agosto 1997, n. 281, sono adottate le norme di attuazione dell'articolo 6, al fine di assicurare, per i prodotti provenienti da Paesi dell'Unione europea, una applicazione compatibile con i principi del diritto comunitario, precisando le categorie di prodotti o le modalità di presentazione per le quali non è obbligatorio riportare le indicazioni di cui al comma 1, lettere *a*) e *b*), dell'articolo 6. Tali disposizioni di attuazione disciplinano inoltre i casi in cui sarà consentito riportare in lingua originaria alcuni dati contenuti nelle indicazioni di cui all'articolo 6.

2. Fino alla data di entrata in vigore del decreto di cui al comma 1, restano in vigore le disposizioni di cui al decreto del Ministro dell'industria, del commercio e dell'artigianato 8 febbraio 1997, n. 101.

[1] *Le parole: «delle attività produttive» sono state così sostituite dalle attuali: «dello sviluppo economico» dall'art. 1, comma 5, del D.L.vo 6 agosto 2015, n. 130.*

11. Divieti di commercializzazione. – 1. È vietato il commercio sul territorio nazionale di qualsiasi prodotto o confezione di prodotto che non riporti, in forme chiaramente visibili e leggibili, le indicazioni di cui agli articoli 6, 7 e 9 del presente capo.

12. Sanzioni. – 1. Fatto salvo quanto previsto nella parte IV, titolo II, e salvo che il fatto costituisca reato, per quanto attiene alle responsabilità del produttore, ai contravventori al divieto di cui all'articolo 11 si applica una sanzione amministrativa da 516 euro a 25.823 euro. La misura della sanzione è determinata, in ogni singolo caso, facendo riferimento al prezzo di listino di ciascun prodotto ed al numero delle unità poste in vendita.

2. Le sanzioni sono applicate ai sensi della legge 24 novembre 1981, n. 689. Fermo restando quanto previsto in ordine ai poteri di accertamento degli ufficiali e degli agenti di polizia giudiziaria dall'articolo 13 della predetta legge 24 novembre 1981, n. 689, all'accertamento delle violazioni provvedono d'ufficio o su denunzia, gli organi di polizia amministrativa. Il rapporto previsto dall'articolo 17 della legge 24 novembre 1981, n. 689, è presentato all'ufficio della camera di commercio, industria, artigianato e agricoltura della provincia in cui vi è la residenza o la sede legale del professionista.

Capo III
Particolari modalità
di informazione

Sezione I
Indicazione dei prezzi
per unità di misura

13. Definizioni. – 1. Ai fini del presente capo si intende per:

a) prezzo di vendita: il prezzo finale, valido per una unità di prodotto o per una determinata quantità del prodotto, comprensivo dell'IVA e di ogni altra imposta;

b) prezzo per unità di misura: il prezzo finale, comprensivo dell'IVA e di ogni altra imposta, valido per una quantità di un chilogrammo, di un litro, di un metro, di un metro quadrato o di un metro cubo del prodotto o per una singola unità di quantità diversa, se essa è impiegata generalmente e abitualmente per la commercializzazione di prodotti specifici;

c) prodotto commercializzato sfuso: un prodotto che non costituisce oggetto di alcuna confezione preliminare ed è misurato alla presenza del consumatore;

d) prodotto venduto al pezzo: un prodotto che non può essere frazionato senza subire una modifica della sua natura o delle sue proprietà;

e) prodotto venduto a collo: insieme di pezzi omogenei contenuti in un imballaggio;

f) prodotto preconfezionato: l'unità di vendita destinata ad essere presentata come tale al consumatore ed alle collettività, costituita da un prodotto e dall'imballaggio in cui è stato immesso prima di essere posto in vendita, avvolta interamente o in parte in tale imballaggio ma comunque in modo che il contenuto non possa essere modificato senza che la confezione sia aperta o alterata.

14. Campo di applicazione. – 1. Al fine di migliorare l'informazione del consumatore e di agevolare il raffronto dei prezzi, i prodotti offerti dai commercianti ai consumatori recano, oltre alla indicazione del prezzo di vendita, secondo le disposizioni vigenti, l'indicazione del prezzo per unità di misura, fatto salvo quanto previsto all'articolo 16.

2. Il prezzo per unità di misura non deve essere indicato quando è identico al prezzo di vendita.

3. Per i prodotti commercializzati sfusi è indicato soltanto il prezzo per unità di misura.

4. La pubblicità in tutte le sue forme ed i cataloghi recano l'indicazione del prezzo per unità di misura quando è indicato il prezzo di vendita, fatti salvi i casi di esenzione di cui all'articolo 16.

5. La presente sezione non si applica:

a) ai prodotti forniti in occasione di una prestazione di servizi, ivi compresa la somministrazione di alimenti e bevande;

b) ai prodotti offerti nelle vendite all'asta;

c) agli oggetti d'arte e d'antiquariato.

15. Modalità di indicazione del prezzo per unità di misura. – 1. Il prezzo per unità di misura si riferisce ad una quantità dichiarata conformemente alle disposizioni in vigore.

2. Per le modalità di indicazione del prezzo per unità di misura si applica quanto stabilito dall'articolo 14 del decreto legislativo 31 marzo 1998, n. 114, recante riforma della disciplina relativa al settore del commercio.

3. Per i prodotti alimentari preconfezionati immersi in un liquido di governo, anche congelati o surgelati, il prezzo per unità di misura si riferisce al peso netto del prodotto sgocciolato.

4. È ammessa l'indicazione del prezzo per unità di misura di multipli o sottomultipli, decimali delle unità di misura, nei casi in cui taluni prodotti sono generalmente ed abitualmente commercializzati in dette quantità.

5. I prezzi dei prodotti petroliferi per uso di autotrazione, esposti e pubblicizzati presso gli impianti automatici di distribuzione dei carburanti, devono essere esclusivamente quelli effettivamente praticati ai consumatori. È fatto obbligo di esporre in modo visibile dalla carreggiata stradale i prezzi praticati al consumo.

16. Esenzioni. – 1. Sono esenti dall'obbligo dell'indicazione del prezzo per unità di misura i prodotti per i quali tale indicazione non risulti utile a motivo della loro natura o della loro destinazione, o sia di natura tale da dare luogo a confusione. Sono da considerarsi tali i seguenti prodotti:

a) prodotti commercializzati sfusi che, in conformità alle disposizioni di esecuzione della legge 5 agosto 1981, n. 441, e successive modificazioni, recante disposizioni sulla vendita a peso netto delle merci, possono essere venduti a pezzo o a collo;

b) prodotti di diversa natura posti in una stessa confezione;

c) prodotti commercializzati nei distributori automatici;

d) prodotti destinati ad essere mescolati per una preparazione e contenuti in un unico imballaggio;

e) prodotti preconfezionati che siano esentati dall'obbligo di indicazione della quantità netta secondo quanto previsto dall'articolo 9 del decreto legislativo 27 gennaio 1992, n. 109, e successive modificazioni, concernenti l'attuazione delle direttive comunitarie in materia di etichettatura dei prodotti alimentari;

f) alimenti precucinati o preparati o da preparare, costituiti da due o più elementi separati, contenuti in un unico imballaggio, che necessitano di lavorazione da parte del consumatore per ottenere l'alimento finito;

g) prodotti di fantasia;

h) gelati monodose;

i) prodotti non alimentari che possono essere venduti unicamente al pezzo o a collo.

2. Il Ministro dello sviluppo economico ([1]), con proprio decreto, può aggiornare l'elenco delle esenzioni di cui al comma 1, nonché indicare espressamente prodotti o categorie di prodotti non alimentari ai quali non si applicano le predette esenzioni.

([1]) *Le parole: «delle attività produttive» sono state così sostituite dalle attuali: «dello sviluppo economico» dall'art. 1, comma 5, del D.L.vo 6 agosto 2015, n. 130.*

17. Sanzioni. – 1. Chiunque omette di indicare il prezzo per unità di misura o non lo indica secondo quanto previsto dalla presente sezione è soggetto alla sanzione di cui all'articolo 22, comma 3, del decreto legislativo 31 marzo 1998, n. 114, da irrogare con le modalità ivi previste.

Titolo III
Pratiche commerciali,pubblicità e altre comunicazioni commerciali ([1])

([1]) *Le parole: «PRATICHE COMMERCIALI,» sono state anteposte dall'art. 4, comma 1, del D.L.vo 23 ottobre 2007, n. 221.*

Capo I
Disposizioni generali

18. ([1]) **Definizioni.** – 1. Ai fini del presente titolo, si intende per:

a) «consumatore»: qualsiasi persona fisica che, nelle pratiche commerciali oggetto del presente titolo, agisce per fini che non rientrano nel quadro della sua attività commerciale, industriale, artigianale o professionale;

b) «professionista»: qualsiasi persona fisica o giuridica che, nelle pratiche commerciali oggetto del presente titolo, agisce nel quadro della sua attività commerciale, industriale, artigianale o professionale e chiunque agisce in nome o per conto di un professionista;

c) «prodotto»: qualsiasi bene o servizio, compresi i beni immobili, i diritti e le obbligazioni;

d) «pratiche commerciali tra professionisti e consumatori» (di seguito denominate: «pratiche commerciali»): qualsiasi azione, omissione, condotta o dichiarazione, comunicazione commerciale ivi compresa la pubblicità e la commercializzazione del prodotto, posta in essere da un professionista, in relazione alla promozione, vendita o fornitura di un prodotto ai consumatori;

d bis) «microimprese»: entità, società o associazioni che, a prescindere dalla forma giuridica, esercitano un'attività economica, anche a titolo individuale o familiare, occupando meno di dieci persone e realizzando un fatturato annuo oppure un totale di bilancio annuo non superiori a due milioni di euro, ai sensi dell'articolo 2, paragrafo 3, dell'allegato alla raccomandazione n. 2003/361/CE della Commissione, del 6 maggio 2003 ([2]);

e) «falsare in misura rilevante il comportamento economico dei consumatori»: l'impiego di una pratica commerciale idonea ad alterare sensibilmente la capacità del consumatore di prendere una decisione consapevole, inducendolo pertanto ad assumere una decisione di natura commerciale che non avrebbe altrimenti preso;

f) «codice di condotta»: un accordo o una normativa che non è imposta dalle disposizioni legislative, regolamentari o amministrative di uno Stato membro e che definisce il comportamento dei professionisti che si impegnano a rispettare tale codice in relazione a una o più pratiche commerciali o ad uno o più settori imprenditoriali specifici;

g) «responsabile del codice»: qualsiasi soggetto, compresi un professionista o un gruppo di professionisti, responsabile della formulazione e revisione di un codice di condotta ovvero del controllo del rispetto del codice da parte di coloro che si sono impegnati a rispettarlo;

h) «diligenza professionale»: il normale grado della specifica competenza ed attenzione che ragionevolmente i consumatori attendono da un professionista nei loro confronti rispetto ai principi generali di correttezza e di buona fede nel settore di attività del professionista;

i) «invito all'acquisto»: una comunicazione commerciale indicante le caratteristiche e il prezzo del prodotto in forme appropriate rispetto al mezzo impiegato per la comunicazione commerciale e pertanto tale da consentire al consumatore di effettuare un acquisto;

l) «indebito condizionamento»: lo sfruttamento di una posizione di potere rispetto al consumatore per esercitare una pressione, anche senza il ricorso alla forza fisica o la minaccia di tale ricorso, in modo da limitare notevolmente la capacità del consumatore di prendere una decisione consapevole;

m) «decisione di natura commerciale»: la decisione presa da un consumatore relativa a se acquistare o meno un prodotto, in che modo farlo e a quali condizioni, se pagare integralmente o parzialmente, se tenere un prodotto o disfarsene o se esercitare un diritto contrattuale in relazione al prodotto; tale decisione può portare il consumatore a compiere un'azione o all'astenersi dal compierla;

n) «professione regolamentata»: attività professionale, o insieme di attività professionali, l'accesso alle quali e il cui esercizio, o una delle cui modalità di esercizio, è subordinata direttamente o indirettamente, in base a disposizioni legislative, regolamentari o amministrative, al possesso di determinate qualifiche professionali.

(1) *Questo articolo è stato così sostituito dall'art. 1, comma 1, del D.L.vo 2 agosto 2007, n. 146.*

(2) *Questa lettera è stata inserita dall'art. 7, comma 1, del D.L. 24 gennaio 2012, n. 1, convertito, con modificazioni, nella L. 24 marzo 2012, n. 27.*

19. (1) **Ambito di applicazione.** – 1. Il presente titolo si applica alle pratiche commerciali scorrette tra professionisti e consumatori poste in essere prima, durante e dopo un'operazione commerciale relativa a un prodotto, nonché alle pratiche commerciali scorrette tra professionisti e microimprese. Per le microimprese la tutela in materia di pubblicità ingannevole e di pubblicità comparativa illecita è assicurata in via esclusiva dal decreto legislativo 2 agosto 2007, n. 145 (2).

2. Il presente titolo non pregiudica:

a) l'applicazione delle disposizioni normative in materia contrattuale, in particolare delle norme sulla formazione, validità od efficacia del contratto;

b) l'applicazione delle disposizioni normative, comunitarie o nazionali, in materia di salute e sicurezza dei prodotti;

c) l'applicazione delle disposizioni normative che determinano la competenza giurisdizionale;

d) l'applicazione delle disposizioni normative relative allo stabilimento, o ai regimi di autorizzazione, o i codici deontologici o altre norme specifiche che disciplinano le professioni regolamentate, per garantire livelli elevati di correttezza professionale.

3. In caso di contrasto, le disposizioni contenute in direttive o in altre disposizioni comunitarie e nelle relative norme nazionali di recepimento che disciplinano aspetti specifici delle pratiche commerciali scorrette prevalgono sulle disposizioni del presente titolo e si applicano a tali aspetti specifici.

4. Il presente titolo non è applicabile in materia di certificazione e di indicazioni concernenti il titolo degli articoli in metalli preziosi.

(1) *Questo articolo è stato così sostituito dall'art. 1, comma 1, del D.L.vo 2 agosto 2007, n. 146.*

(2) *Le parole*: «*, nonché alle pratiche commerciali scorrette tra professionisti e microimprese. Per le microimprese la tutela in materia di pubblicità ingannevole e di pubblicità comparativa illecita è assicurata in via esclusiva dal decreto legislativo 2 agosto 2007, n. 145.*» *sono state aggiunte dall'art. 7, comma 2, del D.L. 24 gennaio 2012, n. 1, convertito, con modificazioni, nella L. 24 marzo 2012, n. 27.*

Capo II

Pratiche commerciali scorrette (1)

(1) *L'attuale partizione sostituisce la precedente*: «*Capo II CARATTERI DELLA PUBBLICITÀ - Sezione I PUBBLICITÀ INGANNEVOLE E COMPARATIVA*» *originariamente posizionata prima dell'art. 19, a norma dell'art. 1, comma 1, del D.L.vo 2 agosto 2007, n. 146.*

20. (1) **Divieto delle pratiche commerciali scorrette.** – 1. Le pratiche commerciali scorrette sono vietate.

2. Una pratica commerciale è scorretta se è contraria alla diligenza professionale, ed è falsa o idonea a falsare in misura apprezzabile il comportamento economico, in relazione al prodotto, del consumatore medio che essa raggiunge o al quale è diretta o del membro medio di un gruppo qualora la pratica commerciale sia diretta a un determinato gruppo di consumatori.

3. Le pratiche commerciali che, pur raggiungendo gruppi più ampi di consumatori, sono idonee a falsare in misura apprezzabile il com-

portamento economico solo di un gruppo di consumatori chiaramente individuabile, particolarmente vulnerabili alla pratica o al prodotto cui essa si riferisce a motivo della loro infermità mentale o fisica, della loro età o ingenuità, in un modo che il professionista poteva ragionevolmente prevedere, sono valutate nell'ottica del membro medio di tale gruppo. È fatta salva la pratica pubblicitaria comune e legittima consistente in dichiarazioni esagerate o in dichiarazioni che non sono destinate ad essere prese alla lettera.

4. In particolare, sono scorrette le pratiche commerciali:

a) ingannevoli di cui agli articoli 21, 22 e 23 o

b) aggressive di cui agli articoli 24, 25 e 26.

5. Gli articoli 23 e 26 riportano l'elenco delle pratiche commerciali, rispettivamente ingannevoli e aggressive, considerate in ogni caso scorrette.

([1]) *Questo articolo è stato così sostituito dall'art. 1, comma 1, del D.L.vo 2 agosto 2007, n. 146.*

Sezione I
Pratiche commerciali ingannevoli ([1])

([1]) *L'attuale partizione sostituisce la precedente: «CAPO II CARATTERI DELLA PUBBLICITÀ - SEZIONE I PUBBLICITÀ INGANNEVOLE E COMPARATIVA» originariamente posizionata prima dell'art. 19, a norma dell'art. 1, comma 1, del D.L.vo 2 agosto 2007, n. 146.*

21. ([1]) **Azioni ingannevoli.** – 1. È considerata ingannevole una pratica commerciale che contiene informazioni non rispondenti al vero o, seppure di fatto corretta, in qualsiasi modo, anche nella sua presentazione complessiva, induce o è idonea ad indurre in errore il consumatore medio riguardo ad uno o più dei seguenti elementi e, in ogni caso, lo induce o è idonea a indurlo ad assumere una decisione di natura commerciale che non avrebbe altrimenti preso:

a) l'esistenza o la natura del prodotto;

b) le caratteristiche principali del prodotto, quali la sua disponibilità, i vantaggi, i rischi, l'esecuzione, la composizione, gli accessori, l'assistenza post-vendita al consumatore e il trattamento dei reclami, il metodo e la data di fabbricazione o della prestazione, la consegna, l'idoneità allo scopo, gli usi, la quantità, la descrizione, l'origine geografica o commerciale o i risultati che si possono attendere dal suo uso, o i risultati e le caratteristiche fondamentali di prove e controlli effettuati sul prodotto;

c) la portata degli impegni del professionista, i motivi della pratica commerciale e la natura del processo di vendita, qualsiasi dichiarazione o simbolo relativi alla sponsorizzazione o all'approvazione dirette o indirette del professionista o del prodotto;

d) il prezzo o il modo in cui questo è calcolato o l'esistenza di uno specifico vantaggio quanto al prezzo;

e) la necessità di una manutenzione, ricambio, sostituzione o riparazione;

f) la natura, le qualifiche e i diritti del professionista o del suo agente, quali l'identità, il patrimonio, le capacità, lo status, il riconoscimento, l'affiliazione o i collegamenti e i diritti di proprietà industriale, commerciale o intellettuale o i premi e i riconoscimenti;

g) i diritti del consumatore, incluso il diritto di sostituzione o di rimborso ai sensi dell'articolo 130 del presente Codice.

2. È altresì considerata ingannevole una pratica commerciale che, nella fattispecie concreta, tenuto conto di tutte le caratteristiche e circostanze del caso, induce o è idonea ad indurre il consumatore medio ad assumere una decisione di natura commerciale che non avrebbe altrimenti preso e comporti:

a) una qualsivoglia attività di commercializzazione del prodotto che ingenera confusione con i prodotti, i marchi, la denominazione sociale e altri segni distintivi di un concorrente, ivi compresa la pubblicità comparativa illecita;

b) il mancato rispetto da parte del professionista degli impegni contenuti nei codici di condotta che il medesimo si è impegnato a rispettare, ove si tratti di un impegno fermo e verificabile, e il professionista indichi in una pratica commerciale che è vincolato dal codice.

3. È considerata scorretta la pratica commerciale che, riguardando prodotti suscettibili di porre in pericolo la salute e la sicurezza dei consumatori, omette di darne notizia in modo da indurre i consumatori a trascurare le normali regole di prudenza e vigilanza.

3 *bis*. È considerata scorretta la pratica commerciale di una banca, di un istituto di credito o di un intermediario finanziario che, ai fini della stipula di un contratto di mutuo, obbliga il cliente alla sottoscrizione di una polizza assicurativa erogata dalla medesima banca, istituto o intermediario ovvero all'apertura di un conto corrente presso la medesima banca, istituto o intermediario ([2]) ([3]).

4. È considerata, altresì, scorretta la pratica commerciale che, in quanto suscettibile di raggiungere bambini ed adolescenti, può, anche indirettamente, minacciare la loro sicurezza.

4 *bis*. È considerata, altresì, scorretta la pratica commerciale che richieda un sovrapprezzo dei costi per il completamento di una transazione elettronica con un fornitore di beni o servizi ([4]).

([1]) *Questo articolo è stato così sostituito dall'art. 1, comma 1, del D.L.vo 2 agosto 2007, n. 146.*

([2]) *Le parole: «ovvero all'apertura di un conto corrente presso la medesima banca, istituto o intermediario» sono state aggiunte dall'art. 28, comma 3, del D.L. 24 gennaio 2012, n. 1, convertito, con modificazioni, nella L. 24 marzo 2012, n. 27.*

([3]) *Questo comma è stato inserito dall'art. 36* bis *del D.L. 6 dicembre 2011, n. 201, convertito, con modificazioni, nella L. 22 dicembre 2011, n. 214.*

([4]) *Questo comma è stato aggiunto dall'art. 15, comma 5* quater*, del D.L. 18 ottobre 2012, n. 179, convertito, con modificazioni, nella L. 17 dicembre 2012, n. 221.*

22. ([1]) **Omissioni ingannevoli.** – 1. È considerata ingannevole una pratica commerciale che nella fattispecie concreta, tenuto conto di tutte le caratteristiche e circostanze del caso, nonché dei limiti del mezzo di comunicazione impiegato, omette informazioni rilevanti di cui il consumatore medio ha bisogno in tale contesto per prendere una decisione consapevole di natura commerciale e induce o è idonea ad indurre in tal modo il consumatore medio ad assumere una decisione di natura commerciale che non avrebbe altrimenti preso ([2]).

2. Una pratica commerciale è altresì considerata un'omissione ingannevole quando un professionista occulta o presenta in modo oscuro, incomprensibile, ambiguo o intempestivo le informazioni rilevanti di cui al comma 1, tenendo conto degli aspetti di cui al detto comma, o non indica l'intento commerciale della pratica stessa qualora questi non risultino già evidente dal contesto nonché quando, nell'uno o nell'altro caso, ciò induce o è idoneo a indurre il consumatore medio ad assumere una decisione di natura commerciale che non avrebbe altrimenti preso.

3. Qualora il mezzo di comunicazione impiegato per la pratica commerciale imponga restrizioni in termini di spazio o di tempo, nel decidere se vi sia stata un'omissione di informazioni, si tiene conto di dette restrizioni e di qualunque misura adottata dal professionista per rendere disponibili le informazioni ai consumatori con altri mezzi.

4. Nel caso di un invito all'acquisto sono considerate rilevanti, ai sensi del comma 1, le informazioni seguenti, qualora non risultino già evidenti dal contesto:

a) le caratteristiche principali del prodotto in misura adeguata al mezzo di comunicazione e al prodotto stesso;

b) l'indirizzo geografico e l'identità del professionista, come la sua denominazione sociale e, ove questa informazione sia pertinente, l'indirizzo geografico e l'identità del professionista per conto del quale egli agisce;

c) il prezzo comprensivo delle imposte o, se la natura del prodotto comporta l'impossibilità di calcolare ragionevolmente il prezzo in anticipo, le modalità di calcolo del prezzo e, se del caso, tutte le spese aggiuntive di spedizione, consegna o postali oppure, qualora tali spese non possano ragionevolmente essere calcolate in anticipo, l'indicazione che tali spese potranno essere addebitate al consumatore;

d) le modalità di pagamento, consegna, esecuzione e trattamento dei reclami qualora esse siano difformi dagli obblighi imposti dalla diligenza professionale;

e) l'esistenza di un diritto di recesso o scioglimento del contratto per i prodotti e le operazioni commerciali che comportino tale diritto.

5. Sono considerati rilevanti, ai sensi del comma 1, gli obblighi di informazione, previsti dal diritto comunitario, connessi alle comunicazioni commerciali, compresa la pubblicità o la commercializzazione del prodotto.

([1]) *Questo articolo è stato così sostituito dall'art. 1, comma 1, del D.L.vo 2 agosto 2007, n. 146.*

([2]) *Per pratica commerciale ingannevole in materia di prodotti alimentari, si veda l'art. 5 della L. 3 febbraio 2011, n. 4.*

22 *bis*. ([1]) **Pubblicità ingannevole delle tariffe marittime.** – 1. È considerata ingannevole la pubblicità che, riguardando le tariffe praticate da compagnie marittime che operano sul territorio italiano direttamente o in code-sharing, reclamizzi il prezzo del biglietto dovuto alla compagnia marittima separatamente dagli oneri accessori, dalle tasse portuali e da tutti gli oneri comunque destinati a gravare sul consumatore, dovendo la compagnia marittima pubblicizzare un unico prezzo che includa tutte queste voci.

([1]) *Questo articolo è stato inserito dall'art. 22 della L. 23 luglio 2009, n. 99.*

23. ([1]) **Pratiche commerciali considerate in ogni caso ingannevoli.** – 1. Sono considerate in ogni caso ingannevoli le seguenti pratiche commerciali:

a) affermazione non rispondente al vero, da parte di un professionista, di essere firmatario di un codice di condotta;

b) esibire un marchio di fiducia, un marchio di qualità o un marchio equivalente senza aver ottenuto la necessaria autorizzazione;

c) asserire, contrariamente al vero, che un codice di condotta ha l'approvazione di un organismo pubblico o di altra natura;

d) asserire, contrariamente al vero, che un professionista, le sue pratiche commerciali o un suo prodotto sono stati autorizzati, accettati o approvati, da un organismo pubblico o privato o che sono state rispettate le condizioni dell'autorizzazione, dell'accettazione o dell'approvazione ricevuta;

e) invitare all'acquisto di prodotti ad un determinato prezzo senza rivelare l'esistenza di ragionevoli motivi che il professionista può avere per ritenere che non sarà in grado di fornire o di far fornire da un altro professionista quei prodotti o prodotti equivalenti a quel prezzo entro un periodo e in quantità ragionevoli in rapporto al prodotto, all'entità della pubblicità fatta del prodotto e al prezzo offerti;

f) invitare all'acquisto di prodotti ad un determinato prezzo e successivamente:

1) rifiutare di mostrare l'articolo pubblicizzato ai consumatori, oppure

2) rifiutare di accettare ordini per l'articolo o di consegnarlo entro un periodo di tempo ragionevole, oppure

3) fare la dimostrazione dell'articolo con un campione difettoso, con l'intenzione di promuovere un altro prodotto;

g) dichiarare, contrariamente al vero, che il prodotto sarà disponibile solo per un periodo molto limitato o che sarà disponibile solo a condizioni particolari per un periodo di tempo molto limitato, in modo da ottenere una decisione immediata e privare i consumatori della possibilità o del tempo sufficiente per prendere una decisione consapevole;

h) impegnarsi a fornire l'assistenza post-vendita a consumatori con i quali il professionista ha comunicato prima dell'operazione commerciale in una lingua diversa dalla lingua ufficiale dello Stato membro in cui il professionista è stabilito e poi offrire concretamente tale servizio soltanto in un'altra lingua, senza che questo sia chiaramente comunicato al consumatore prima del suo impegno a concludere l'operazione;

i) affermare, contrariamente al vero, o generare comunque l'impressione che la vendita del prodotto è lecita;

l) presentare i diritti conferiti ai consumatori dalla legge come una caratteristica propria dell'offerta fatta dal professionista;

m) salvo quanto previsto dal decreto legislativo 31 luglio 2005, n. 177, e successive modificazioni, impiegare contenuti redazionali nei mezzi di comunicazione per promuovere un prodotto, qualora i costi di tale promozione siano stati sostenuti dal professionista senza che ciò emerga dai contenuti o da immagini o suoni chiaramente individuabili per il consumatore;

n) formulare affermazioni di fatto inesatte per quanto riguarda la natura e la portata dei rischi per la sicurezza personale del consumatore o della sua famiglia se egli non acquistasse il prodotto;

o) promuovere un prodotto simile a quello fabbricato da un altro produttore in modo tale da fuorviare deliberatamente il consumatore inducendolo a ritenere, contrariamente al vero, che il prodotto è fabbricato dallo stesso produttore;

p) avviare, gestire o promuovere un sistema di promozione a carattere piramidale nel quale il consumatore fornisce un contributo in cambio della possibilità di ricevere un corrispettivo derivante principalmente dall'entrata di altri consumatori nel sistema piuttosto che dalla vendita o dal consumo di prodotti;

q) affermare, contrariamente al vero, che il professionista è in procinto di cessare l'attività o traslocare;

r) affermare che alcuni prodotti possono facilitare la vincita in giochi basati sulla sorte;

s) affermare, contrariamente al vero, che un prodotto ha la capacità di curare malattie, disfunzioni o malformazioni;

t) comunicare informazioni inesatte sulle condizioni di mercato o sulla possibilità di ottenere il prodotto allo scopo d'indurre il consumatore all'acquisto a condizioni meno favorevoli di quelle normali di mercato;

u) affermare in una pratica commerciale che si organizzano concorsi o promozioni a premi senza attribuire i premi descritti o un equivalente ragionevole;

v) descrivere un prodotto come gratuito o senza alcun onere, se il consumatore deve pagare un supplemento di prezzo rispetto al normale costo necessario per rispondere alla pratica commerciale e ritirare o farsi recapitare il prodotto;

z) includere nel materiale promozionale una fattura o analoga richiesta di pagamento che lasci intendere, contrariamente al vero, al consumatore di aver già ordinato il prodotto;

aa) dichiarare o lasciare intendere, contrariamente al vero, che il professionista non agisce nel quadro della sua attività commerciale, industriale, artigianale o professionale, o presentarsi, contrariamente al vero, come consumatore;

bb) lasciare intendere, contrariamente al vero, che i servizi post-vendita relativi a un prodotto siano disponibili in uno Stato membro diverso da quello in cui è venduto il prodotto.

(1) *Questo articolo è stato così sostituito dall'art. 1, comma 1, del D.L.vo 2 agosto 2007, n. 146.*

Sezione II
Pratiche commerciali
aggressive (1)

(1) *L'attuale partizione sostituisce la precedente*: «CAPO *II CARATTERI DELLA PUBBLICITÀ* - SEZIONE *I PUBBLICITÀ INGANNEVOLE E COMPARATIVA» originariamente posizionata prima dell'art. 19, a norma dell'art. 1, comma 1, del D.L.vo 2 agosto 2007, n. 146.*

24. (1) **Pratiche commerciali aggressive.** – 1. È considerata aggressiva una pratica commerciale che, nella fattispecie concreta, tenuto conto di tutte le caratteristiche e circostanze del caso, mediante molestie, coercizione, compreso il ricorso alla forza fisica o indebito condizionamento, limita o è idonea a limitare considerevolmente la libertà di scelta o di comportamento del consumatore medio in relazione al prodotto e, pertanto, lo induce o è idonea ad indurlo ad assumere una decisione di natura commerciale che non avrebbe altrimenti preso.

(1) *Questo articolo è stato così sostituito dall'art. 1, comma 1, del D.L.vo 2 agosto 2007, n. 146.*

25. (1) **Ricorso a molestie, coercizione o indebito condizionamento.** – 1. Nel determinare se una pratica commerciale comporta, ai fini del presente capo, molestie, coercizione, compreso il ricorso alla forza fisica, o indebito condizionamento, sono presi in considerazione i seguenti elementi:

a) i tempi, il luogo, la natura o la persistenza;

b) il ricorso alla minaccia fisica o verbale;

c) lo sfruttamento da parte del professionista di qualsivoglia evento tragico o circostanza specifica di gravità tale da alterare la capacità di valutazione del consumatore, al fine di influenzarne la decisione relativa al prodotto;

d) qualsiasi ostacolo non contrattuale, oneroso o sproporzionato, imposto dal professionista qualora un consumatore intenda esercitare diritti contrattuali, compresi il diritto di risolvere un contratto o quello di cambiare prodotto o rivolgersi ad un altro professionista;

e) qualsiasi minaccia di promuovere un'azione legale ove tale azione sia manifestamente temeraria o infondata.

(1) *Questo articolo è stato così sostituito dall'art. 1, comma 1, del D.L.vo 2 agosto 2007, n. 146.*

26. (1) **Pratiche commerciali considerate in ogni caso aggressive.** – 1. Sono considerate in ogni caso aggressive le seguenti pratiche commerciali:

a) creare l'impressione che il consumatore non possa lasciare i locali commerciali fino alla conclusione del contratto;

b) effettuare visite presso l'abitazione del consumatore, ignorando gli inviti del consumatore a lasciare la sua residenza o a non ritornarvi, fuorché nelle circostanze e nella misura in cui siano giustificate dalla legge nazionale ai fini dell'esecuzione di un'obbligazione contrattuale;

c) effettuare ripetute e non richieste sollecitazioni commerciali per telefono, via fax, per posta elettronica o mediante altro mezzo di comunicazione a distanza, fuorché nelle circostanze e nella misura in cui siano giustificate dalla legge nazionale ai fini dell'esecuzione di un'obbligazione contrattuale, fatti salvi l'articolo 58 e l'articolo 130 del decreto legislativo 30 giugno 2003, n. 196;

d) imporre al consumatore che intenda presentare una richiesta di risarcimento del danno in virtù di una polizza di assicurazione di esibire documenti che non possono ragionevolmente essere considerati pertinenti per stabilire la fondatezza della richiesta, o omettere sistematicamente di rispondere alla relativa corrispondenza, al fine di dissuadere un consumatore dall'esercizio dei suoi diritti contrattuali;

e) salvo quanto previsto dal decreto legislativo 31 luglio 2005, n. 177, e successive modificazioni, includere in un messaggio pubblicitario un'esortazione diretta ai bambini affinché acquistino o convincano i genitori o altri adulti ad acquistare loro i prodotti reclamizzati;

f) esigere il pagamento immediato o differito o la restituzione o la custodia di prodotti che il professionista ha fornito, ma che il consumatore non ha richiesto, salvo quanto previsto dall'articolo 66 *sexies*, comma 2 ([2]);

g) informare esplicitamente il consumatore che, se non acquista il prodotto o il servizio saranno in pericolo il lavoro o la sussistenza del professionista;

h) lasciare intendere, contrariamente al vero, che il consumatore abbia già vinto, vincerà o potrà vincere compiendo una determinata azione un premio o una vincita equivalente, mentre in effetti non esiste alcun premio nè vincita equivalente oppure che qualsiasi azione volta a reclamare il premio o altra vincita equivalente è subordinata al versamento di denaro o al sostenimento di costi da parte del consumatore.

([1]) *Questo articolo è stato così sostituito dall'art. 1, comma 1, del D.L.vo 2 agosto 2007, n. 146.*

([2]) *Le parole: «salvo quanto previsto dall'articolo 54, comma 2, secondo periodo» sono state così sostituite dalle attuali: «salvo quanto previsto dall'articolo 66* sexies, *comma 2» dall'art. 1, comma 3, del D.L.vo 21 febbraio 2014, n. 21. A norma dell'art. 2, comma 1, del medesimo decreto, tali disposizioni entrano in vigore dal 13 giugno 2014 e si applicano ai contratti conclusi dopo tale data.*

Capo III
Applicazione ([1])

([1]) *Questa partizione è stata introdotta dall'art. 1, comma 1, del D.L.vo 2 agosto 2007, n. 146.*

27. ([1]) **Tutela amministrativa e giurisdizionale.** – 1. L'Autorità garante della concorrenza e del mercato, di seguito denominata «Autorità», esercita le attribuzioni disciplinate dal presente articolo anche quale autorità competente per l'applicazione del regolamento 2006/2004/CE del Parlamento europeo e del Consiglio, del 27 ottobre 2004, sulla cooperazione tra le autorità nazionali responsabili dell'esecuzione della normativa che tutela i consumatori, nei limiti delle disposizioni di legge.

1 *bis*. Anche nei settori regolati, ai sensi dell'articolo 19, comma 3, la competenza ad intervenire nei confronti delle condotte dei professionisti che integrano una pratica commerciale scorretta, fermo restando il rispetto della regolazione vigente, spetta, in via esclusiva, all'Autorità garante della concorrenza e del mercato, che la esercita in base ai poteri di cui al presente articolo, acquisito il parere dell'Autorità di regolazione competente. Resta ferma la competenza delle Autorità di regolazione ad esercitare i propri poteri nelle ipotesi di violazione della regolazione che non integrino gli estremi di una pratica commerciale scorretta. Le Autorità possono disciplinare con protocolli di intesa gli aspetti applicativi e procedimentali della reciproca collaborazione, nel quadro delle rispettive competenze ([2]).

2. L'Autorità, d'ufficio o su istanza di ogni soggetto o organizzazione che ne abbia interesse, inibisce la continuazione delle pratiche commerciali scorrette e ne elimina gli effetti. A tale fine, l'Autorità si avvale dei poteri investigativi ed esecutivi di cui al citato regolamento 2006/2004/CE anche in relazione alle infrazioni non transfrontaliere. Per lo svolgimento dei compiti di cui al comma 1 l'Autorità può avvalersi della Guardia di finanza che agisce con i poteri ad essa attribuiti per l'accertamento dell'imposta sul valore aggiunto e dell'imposta sui redditi. L'intervento dell'Autorità è indipendente dalla circostanza che i consumatori interessati si trovino nel territorio dello Stato membro in cui è stabilito il professionista o in un altro Stato membro.

3. L'Autorità può disporre, con provvedimento motivato, la sospensione provvisoria delle pratiche commerciali scorrette, laddove sussiste particolare urgenza. In ogni caso, comunica l'apertura dell'istruttoria al professionista e, se il committente non è conosciuto, può richiedere al proprietario del mezzo che ha diffuso la pratica commerciale ogni informazione idonea ad identificarlo. L'Autorità può, altresì, richiedere a imprese, enti o persone che ne siano in possesso le informazioni ed i documenti rilevanti al fine dell'accertamento dell'infrazione. Si applicano le disposizioni previste dall'articolo 14, commi 2, 3 e 4, della legge 10 ottobre 1990, n. 287.

4. In caso di inottemperanza, senza giustificato motivo, a quanto disposto dall'Autorità ai sensi dell'articolo 14, comma 2, della legge 10 ottobre 1990, n. 287, l'Autorità applica una sanzione amministrativa pecuniaria da 2.000,00 euro a 20.000,00 euro. Qualora le informazioni o la documentazione fornite non siano veritiere, l'Autorità applica una sanzione amministrativa pecuniaria da 4.000,00 euro a 40.000,00 euro.

5. L'Autorità può disporre che il professionista fornisca prove sull'esattezza dei dati di fatto connessi alla pratica commerciale se, tenuto conto dei diritti o degli interessi legittimi del professionista e di qualsiasi altra parte nel procedimento, tale esigenza risulti giustificata, date le circostanze del caso specifico. Se tale prova è omessa o viene ri-

tenuta insufficiente, i dati di fatto sono considerati inesatti. Incombe, in ogni caso, al professionista l'onere di provare, con allegazioni fattuali, che egli non poteva ragionevolmente prevedere l'impatto della pratica commerciale sui consumatori, ai sensi dell'articolo 20, comma 3.

6. Quando la pratica commerciale è stata o deve essere diffusa attraverso la stampa periodica o quotidiana ovvero per via radiofonica o televisiva o altro mezzo di telecomunicazione, l'Autorità, prima di provvedere, richiede il parere dell'Autorità per le garanzie nelle comunicazioni.

7. Ad eccezione dei casi di manifesta scorrettezza e gravità della pratica commerciale, l'Autorità può ottenere dal professionista responsabile l'assunzione dell'impegno di porre fine all'infrazione, cessando la diffusione della stessa o modificandola in modo da eliminare i profili di illegittimità. L'Autorità può disporre la pubblicazione della dichiarazione dell'impegno in questione a cura e spese del professionista. In tali ipotesi, l'Autorità, valutata l'idoneità di tali impegni, può renderli obbligatori per il professionista e definire il procedimento senza procedere all'accertamento dell'infrazione.

8. L'Autorità, se ritiene la pratica commerciale scorretta, vieta la diffusione, qualora non ancora portata a conoscenza del pubblico, o la continuazione, qualora la pratica sia già iniziata. Con il medesimo provvedimento può essere disposta, a cura e spese del professionista, la pubblicazione della delibera, anche per estratto, ovvero di un'apposita dichiarazione rettificativa, in modo da impedire che le pratiche commerciali scorrette continuino a produrre effetti.

9. Con il provvedimento che vieta la pratica commerciale scorretta, l'Autorità dispone inoltre l'applicazione di una sanzione amministrativa pecuniaria da 5.000,00 euro a 5.000.000 euro ([3]), tenuto conto della gravità e della durata della violazione. Nel caso di pratiche commerciali scorrette ai sensi dell'articolo 21, commi 3 e 4, la sanzione non può essere inferiore a 50.000,00 euro.

10. Nei casi riguardanti comunicazioni commerciali inserite sulle confezioni di prodotti, l'Autorità, nell'adottare i provvedimenti indicati nei commi 3 e 8, assegna per la loro esecuzione un termine che tenga conto dei tempi tecnici necessari per l'adeguamento.

11. L'Autorità garante della concorrenza e del mercato, con proprio regolamento, disciplina la procedura istruttoria, in modo da garantire il contraddittorio, la piena cognizione degli atti e la verbalizzazione.

12. In caso di inottemperanza ai provvedimenti d'urgenza e a quelli inibitori o di rimozione degli effetti di cui ai commi 3, 8 e 10 ed in caso di mancato rispetto degli impegni assunti ai sensi del comma 7, l'Autorità applica una sanzione amministrativa pecuniaria da 10.000 a 5.000.000 euro ([4]). Nei casi di reiterata inottemperanza l'Autorità può disporre la sospensione dell'attività d'impresa per un periodo non superiore a trenta giorni.

13. [I ricorsi avverso le decisioni adottate dall'Autorità sono soggetti alla giurisdizione esclusiva del giudice amministrativo] ([5]). Per le sanzioni amministrative pecuniarie conseguenti alle violazioni del presente decreto si osservano, in quanto applicabili, le disposizioni contenute nel capo I, sezione I, e negli articoli 26, 27, 28 e 29 della legge 24 novembre 1981, n. 689, e successive modificazioni. Il pagamento delle sanzioni amministrative di cui al presente articolo deve essere effettuato entro trenta giorni dalla notifica del provvedimento dell'Autorità.

14. Ove la pratica commerciale sia stata assentita con provvedimento amministrativo, preordinato anche alla verifica del carattere non scorretto della stessa, la tutela dei soggetti e delle organizzazioni che vi abbiano interesse, è esperibile in via giurisdizionale con ricorso al giudice amministrativo avverso il predetto provvedimento.

15. È comunque fatta salva la giurisdizione del giudice ordinario in materia di atti di concorrenza sleale, a norma dell'articolo 2598 del codice civile, nonché, per quanto concerne la pubblicità comparativa, in materia di atti compiuti in violazione della disciplina sul diritto d'autore protetto dalla legge 22 aprile 1941, n. 633, e successive modificazioni, e dei marchi d'impresa protetto a norma del decreto legislativo 10 febbraio 2005, n. 30, e successive modificazioni, nonché delle denominazioni di origine riconosciute e protette in Italia e di altri segni distintivi di imprese, beni e servizi concorrenti.

([1]) *Questo articolo è stato così sostituito dall'art. 1, comma 1, del D.L.vo 2 agosto 2007, n. 146.*

([2]) *Questo comma è stato inserito dall'art. 1, comma 6, lett.* a), *del D.L.vo 21 febbraio 2014, n. 21.*

([3]) *Le parole: «500.000,00 euro» sono state così sostituite dalle attuali: «5.000.000 euro» dall'art. 1, comma 6, lett,* b), *del D.L.vo 21 febbraio 2014, n. 21.*

(4) *Le parole: «150.000 euro» sono state così sostituite dalle attuali: «5.000.000 euro» dall'art. 1, comma 6, lett, c), del D.L.vo 21 febbraio 2014, n. 21.*

(5) *Questo periodo è stato abrogato dall'art. 4, comma 1, dell'Allegato 4 del D.L.vo 2 luglio 2010, n. 104, a decorrere dal 16 settembre 2010.*

27 *bis*. (1) Codici di condotta. – 1. Le associazioni o le organizzazioni imprenditoriali e professionali possono adottare, in relazione a una o più pratiche commerciali o ad uno o più settori imprenditoriali specifici, appositi codici di condotta che definiscono il comportamento dei professionisti che si impegnano a rispettare tali codici con l'indicazione del soggetto responsabile o dell'organismo incaricato del controllo della loro applicazione.

2. Il codice di condotta è redatto in lingua italiana e inglese ed è reso accessibile dal soggetto o organismo responsabile al consumatore, anche per via telematica.

3. Nella redazione di codici di condotta deve essere garantita almeno la protezione dei minori e salvaguardata la dignità umana.

4. I codici di condotta di cui al comma 1 sono comunicati, per la relativa adesione, agli operatori dei rispettivi settori e conservati ed aggiornati a cura del responsabile del codice, con l'indicazione degli aderenti.

5. Dell'esistenza del codice di condotta, dei suoi contenuti e dell'adesione il professionista deve preventivamente informare i consumatori.

(1) *Questo articolo è stato inserito dall'art. 1, comma 2, del D.L.vo 2 agosto 2007, n. 146.*

27 *ter*. (1) Autodisciplina. – 1. I consumatori, i concorrenti, anche tramite le loro associazioni o organizzazioni, prima di avviare la procedura di cui all'articolo 27, possono convenire con il professionista di adire preventivamente, il soggetto responsabile o l'organismo incaricato del controllo del codice di condotta relativo ad uno specifico settore la risoluzione concordata della controversia volta a vietare o a far cessare la continuazione della pratica commerciale scorretta.

2. In ogni caso il ricorso ai sensi del presente articolo, qualunque sia l'esito della procedura, non pregiudica il diritto del consumatore di adire l'Autorità, ai sensi dell'articolo 27, o il giudice competente.

3. Iniziata la procedura davanti ad un organismo di autodisciplina, le parti possono convenire di astenersi dall'adire l'Autorità fino alla pronuncia definitiva, ovvero possono chiedere la sospensione del procedimento innanzi all'Autorità, ove lo stesso sia stato attivato anche da altro soggetto legittimato, in attesa della pronuncia dell'organismo di autodisciplina. L'Autorità, valutate tutte le circostanze, può disporre la sospensione del procedimento per un periodo non superiore a trenta giorni.

(1) *Questo articolo è stato inserito dall'art. 1, comma 2, del D.L.vo 2 agosto 2007, n. 146.*

27 *quater*. (1) Oneri di informazione. – 1. L'Autorità garante della concorrenza e del mercato e le associazioni o le organizzazioni imprenditoriali e professionali di cui all'articolo 27 *bis*, comunicano periodicamente al Ministero dello sviluppo economico le decisioni adottate ai sensi del presente titolo.

2. Il Ministero dello sviluppo economico provvederà affinché sul proprio sito siano disponibili:

a) le informazioni generali sulle procedure relative ai meccanismi di reclamo e ricorso disponibili in caso di controversie, nonché sui codici di condotta adottati ai sensi dell'articolo 27 *bis*;

b) gli estremi delle autorità, organizzazioni o associazioni presso le quali si possono ottenere ulteriori informazioni o assistenza;

c) gli estremi e la sintesi delle decisioni significative riguardo a controversie, comprese quelle adottate dagli organi di composizione extragiudiziale.

(1) *Questo articolo è stato inserito dall'art. 1, comma 2, del D.L.vo 2 agosto 2007, n. 146.*

Titolo IV (¹)
Particolari modalità della comunicazione pubblicitaria

(¹) *La precedente denominazione: «Capo III» è stata così sostituita dalla attuale denominazione: «Titolo IV» dall'art. 1, comma 4, del D.L.vo 2 agosto 2007, n. 146.*

Capo I (¹)
Rafforzamento della tutela del consumatore in materia di televendite

(¹) *La precedente denominazione: «Sezione I» è stata così sostituita dalla attuale denominazione: «Capo I» dall'art. 1, comma 4, del D.L.vo 2 agosto 2007, n. 146.*

28. Ambito di applicazione. – 1. Le disposizioni del presente capo (¹) si applicano alle televendite, come definite nel regolamento in materia di pubblicità radiotelevisiva e televendite, adottato dall'Autorità per le garanzie nelle comunicazioni con delibera n. 538/01/CSP del 26 luglio 2001, comprese quelle di astrologia, di cartomanzia ed assimilabili e di servizi relativi a concorsi o giochi comportanti ovvero strutturati in guisa di pronostici. Le medesime disposizioni si applicano altresì agli spot di televendita.

(¹) *La precedente parola: «sezione» è stata così sostituita dalla parola: «capo» dall'art. 1, comma 5, del D.L.vo 2 agosto 2007, n. 146.*

29. Prescrizioni. – 1. Le televendite devono evitare ogni forma di sfruttamento della superstizione, della credulità o della paura, non devono contenere scene di violenza fisica o morale o tali da offendere il gusto e la sensibilità dei consumatori per indecenza, volgarità o ripugnanza.

30. Divieti. – 1. È vietata la televendita che offenda la dignità umana, comporti discriminazioni di razza, sesso o nazionalità, offenda convinzioni religiose e politiche, induca a comportamenti pregiudizievoli per la salute o la sicurezza o la protezione dell'ambiente. È vietata la televendita di sigarette o di altri prodotti a base di tabacco.

2. Le televendite non devono contenere dichiarazioni o rappresentazioni che possono indurre in errore gli utenti o i consumatori, anche per mezzo di omissioni, ambiguità o esagerazioni, in particolare per ciò che riguarda le caratteristiche e gli effetti del servizio, il prezzo, le condizioni di vendita o di pagamento, le modalità della fornitura, gli eventuali premi, l'identità delle persone rappresentate.

31. Tutela dei minori. – 1. La televendita non deve esortare i minorenni a stipulare contratti di compravendita o di locazione di prodotti e di servizi. La televendita non deve arrecare pregiudizio morale o fisico ai minorenni e deve rispettare i seguenti criteri a loro tutela:

a) non esortare i minorenni ad acquistare un prodotto o un servizio, sfruttandone l'inesperienza o la credulità;

b) non esortare i minorenni a persuadere genitori o altri ad acquistare tali prodotti o servizi;

c) non sfruttare la particolare fiducia che i minorenni ripongono nei genitori, negli insegnanti o in altri;

d) non mostrare minorenni in situazioni pericolose.

32. Sanzioni. – 1. Salvo che il fatto costituisca reato, e fatte salve le disposizioni ed il regime sanzionatorio stabiliti per i contratti a distanza, così come disciplinati alla parte III, titolo III, capo I, sezione II, dall'articolo 50 all'articolo 61, del codice, nonché le ulteriori disposizioni stabilite in materia di pubblicità, alle televendite sono applicabili altresì le sanzioni di cui all'articolo 2, comma 20, lettera *c*), della legge 14 novembre 1995, n. 481, e di cui all'articolo 1, comma 31, della legge 31 luglio 1997, n. 249.

Parte III
Il rapporto di consumo

Titolo I
Dei contratti del consumatore in generale

33. Clausole vessatorie nel contratto tra professionista e consumatore. – 1. Nel contratto concluso tra il consumatore ed il professionista si considerano vessatorie le clausole che, malgrado la buona fede, determinano a carico del consumatore un significativo squilibrio dei diritti e degli obblighi derivanti dal contratto.

2. Si presumono vessatorie fino a prova contraria le clausole che hanno per oggetto, o per effetto, di:

a) escludere o limitare la responsabilità del professionista in caso di morte o danno ([1]) alla persona del consumatore, risultante da un fatto o da un'omissione del professionista;

b) escludere o limitare le azioni o i diritti del consumatore nei confronti del professionista o di un'altra parte in caso di inadempimento totale o parziale o di adempimento inesatto da parte del professionista;

c) escludere o limitare l'opportunità da parte del consumatore della compensazione di un debito nei confronti del professionista con un credito vantato nei confronti di quest'ultimo;

d) prevedere un impegno definitivo del consumatore mentre l'esecuzione della prestazione del professionista è subordinata ad una condizione il cui adempimento dipende unicamente dalla sua volontà;

e) consentire al professionista di trattenere una somma di denaro versata dal consumatore se quest'ultimo non conclude il contratto o recede da esso, senza prevedere il diritto del consumatore di esigere dal professionista il doppio della somma corrisposta se è quest'ultimo a non concludere il contratto oppure a recedere;

f) imporre al consumatore, in caso di inadempimento o di ritardo nell'adempimento, il pagamento di una somma di denaro a titolo di risarcimento, clausola penale o altro titolo equivalente d'importo manifestamente eccessivo;

g) riconoscere al solo professionista e non anche al consumatore la facoltà di recedere dal contratto, nonché consentire al professionista di trattenere anche solo in parte la somma versata dal consumatore a titolo di corrispettivo per prestazioni non ancora adempiute, quando sia il professionista a recedere dal contratto;

h) consentire al professionista di recedere da contratti a tempo indeterminato senza un ragionevole preavviso, tranne nel caso di giusta causa;

i) stabilire un termine eccessivamente anticipato rispetto alla scadenza del contratto per comunicare la disdetta al fine di evitare la tacita proroga o rinnovazione;

l) prevedere l'estensione dell'adesione del consumatore a clausole che non ha avuto la possibilità di conoscere prima della conclusione del contratto;

m) consentire al professionista di modificare unilateralmente le clausole del contratto, ovvero le caratteristiche del prodotto o del servizio da fornire, senza un giustificato motivo indicato nel contratto stesso;

n) stabilire che il prezzo dei beni o dei servizi sia determinato al momento della consegna o della prestazione;

o) consentire al professionista di aumentare il prezzo del bene o del servizio senza che il consumatore possa recedere se il prezzo finale è eccessivamente elevato rispetto a quello originariamente convenuto;

p) riservare al professionista il potere di accertare la conformità del bene venduto o del servizio prestato a quello previsto nel contratto o conferirgli il diritto esclusivo d'interpretare una clausola qualsiasi del contratto;

q) limitare la responsabilità del professionista rispetto alle obbligazioni derivanti dai contratti stipulati in suo nome dai mandatari o subordinare l'adempimento delle suddette obbligazioni al rispetto di particolari formalità;

r) limitare o escludere l'opponibilità dell'eccezione d'inadempimento da parte del consumatore;

s) consentire al professionista di sostituire a sè un terzo nei rapporti derivanti dal contratto, anche nel caso di preventivo consenso del consumatore, qualora risulti diminuita la tutela dei diritti di quest'ultimo;

t) sancire a carico del consumatore decadenze, limitazioni della facoltà di opporre eccezioni, deroghe alla competenza dell'autorità giudiziaria, limitazioni all'adduzione di prove, inversioni o modificazioni dell'onere della prova, restrizioni alla libertà contrattuale nei rapporti con i terzi;

u) stabilire come sede del foro competente sulle controversie località diversa da quella di residenza o domicilio elettivo del consumatore;

v) prevedere l'alienazione di un diritto o l'assunzione di un obbligo come subordinati ad una condizione sospensiva dipendente dalla mera volontà del professionista a fronte di un'obbligazione immediatamente efficace del consumatore. È fatto salvo il disposto dell'articolo 1355 del codice civile;

v bis) imporre al consumatore che voglia accedere ad una procedura di risoluzione extragiudiziale delle controversie prevista dal titolo II *bis* della parte V, di rivolgersi esclusivamente ad un'unica tipologia di organismi ADR o ad un unico organismo ADR (2);

v ter) rendere eccessivamente difficile per il consumatore l'esperimento della procedura di risoluzione extragiudiziale delle controversie prevista dal titolo II *bis* della parte V (2).

3. Se il contratto ha ad oggetto la prestazione di servizi finanziari a tempo indeterminato il professionista può, in deroga alle lettere *h*) e *m*) del comma 2:

a) recedere, qualora vi sia un giustificato motivo, senza preavviso, dandone immediata comunicazione al consumatore;

b) modificare, qualora sussista un giustificato motivo, le condizioni del contratto, preavvisando entro un congruo termine il consumatore, che ha diritto di recedere dal contratto.

4. Se il contratto ha ad oggetto la prestazione di servizi finanziari il professionista può modificare, senza preavviso, sempreché vi sia un giustificato motivo in deroga alle lettere *n*) e *o*) del comma 2, il tasso di interesse o l'importo di qualunque altro onere relativo alla prestazione finanziaria originariamente convenuti, dandone immediata comunicazione al consumatore che ha diritto di recedere dal contratto.

5. Le lettere *h*), *m*), *n*) e *o*) del comma 2 non si applicano ai contratti aventi ad oggetto valori mobiliari, strumenti finanziari ed altri prodotti o servizi il cui prezzo è collegato alle fluttuazioni di un corso e di un indice di borsa o di un tasso di mercato finanziario non controllato dal professionista, nonché la compravendita di valuta estera, di assegni di viaggio o di vaglia postali internazionali emessi in valuta estera.

6. Le lettere *n*) e *o*) del comma 2 non si applicano alle clausole di indicizzazione dei prezzi, ove consentite dalla legge, a condizione che le modalità di variazione siano espressamente descritte.

(1) *Nella stesura originaria di questo comma, la parola: «danno» era stata pubblicata come: «dando». In fase di verifica del testo, la redazione aveva individuato l'errore materiale e l'articolo 5, comma 1, del D.L.vo 23 ottobre 2007, n. 221, ha ora definitivamente corretto il termine: «dando» con: «danno».*

(2) *Questa lettera è stata aggiunta dall'art. 1, comma 9, del D.L.vo 6 agosto 2015, n. 130.*

A norma dell'art. 2, comma 1, dello stesso provvedimento le disposizioni concernenti l'attuazione del regolamento (UE) n. 524/2013 del Parlamento europeo e del Consiglio, del 21 maggio 2013, relativo alla risoluzione delle controversie online dei consumatori, si applicano a decorrere dal 9 gennaio 2016.

34. Accertamento della vessatorietà delle clausole. – 1. La vessatorietà di una clausola è valutata tenendo conto della natura del bene o del servizio oggetto del contratto e facendo riferimento alle circostanze esistenti al momento della sua conclusione ed alle altre clausole del contratto medesimo o di un altro collegato o da cui dipende.

2. La valutazione del carattere vessatorio della clausola non attiene alla determinazione dell'oggetto del contratto, né all'adeguatezza del corrispettivo dei beni e dei servizi, purché tali elementi siano individuati in modo chiaro e comprensibile.

3. Non sono vessatorie le clausole che riproducono disposizioni di legge ovvero che siano riproduttive di disposizioni o attuative di principi contenuti in convenzioni internazionali delle quali siano parti contraenti tutti gli Stati membri dell'Unione europea o l'Unione europea.

4. Non sono vessatorie le clausole o gli elementi di clausola che siano stati oggetto di trattativa individuale.

5. Nel contratto concluso mediante sottoscrizione di moduli o formulari predisposti per disciplinare in maniera uniforme determinati rapporti contrattuali, incombe sul professionista l'onere di provare che le clausole, o gli elementi di clausola, malgrado siano dal medesimo unilateralmente predisposti, siano stati oggetto di specifica trattativa con il consumatore.

35. Forma e interpretazione. – 1. Nel caso di contratti di cui tutte le clausole o talune clausole siano proposte al consumatore per iscritto, tali clausole devono sempre essere redatte in modo chiaro e comprensibile.

2. In caso di dubbio sul senso di una clausola, prevale l'interpretazione più favorevole al consumatore.

3. La disposizione di cui al comma 2 non si applica nei casi di cui all'articolo 37.

36. Nullità di protezione. – 1. Le clausole considerate vessatorie ai sensi degli articoli 33 e 34 sono nulle mentre il contratto rimane valido per il resto.

2. Sono nulle le clausole che, quantunque oggetto di trattativa, abbiano per oggetto o per effetto di:

a) escludere o limitare la responsabilità del professionista in caso di morte o danno alla persona del consumatore, risultante da un fatto o da un'omissione del professionista;

b) escludere o limitare le azioni del consumatore nei confronti del professionista o di un'altra parte in caso di inadempimento totale o parziale o di adempimento inesatto da parte del professionista;

c) prevedere l'adesione del consumatore come estesa a clausole che non ha avuto, di fatto, la possibilità di conoscere prima della conclusione del contratto.

3. La nullità opera soltanto a vantaggio del consumatore e può essere rilevata d'ufficio dal giudice.

4. Il venditore ha diritto di regresso nei confronti del fornitore per i danni che ha subito in conseguenza della declaratoria di nullità delle clausole dichiarate abusive.

5. È nulla ogni clausola contrattuale che, prevedendo l'applicabilità al contratto di una legislazione di un Paese extracomunitario, abbia l'effetto di privare il consumatore della protezione assicurata dal presente titolo, laddove il contratto presenti un collegamento più stretto con il territorio di uno Stato membro dell'Unione europea.

37. Azione inibitoria. – 1. Le associazioni rappresentative dei consumatori, di cui all'articolo 137, le associazioni rappresentative dei professionisti [e le camere di commercio, industria, artigianato e agricoltura] ([1]), possono convenire in giudizio il professionista o l'associazione di professionisti che utilizzano, o che raccomandano l'utilizzo di condizioni generali di contratto e richiedere al giudice competente che inibisca l'uso delle condizioni di cui sia accertata l'abusività ai sensi del presente titolo.

2. L'inibitoria può essere concessa, quando ricorrono giusti motivi di urgenza, ai sensi degli articoli 669 *bis* e seguenti del codice di procedura civile.

3. Il giudice può ordinare che il provvedimento sia pubblicato in uno o più giornali, di cui uno almeno a diffusione nazionale.

4. Per quanto non previsto dal presente articolo, alle azioni inibitorie esercitate dalle associazioni dei consumatori di cui al comma 1, si applicano le disposizioni dell'articolo 140.

([1]) *Le parole tra parentesi quadrate sono state soppresse dall'art. 5, comma 4, lett.* a)*, del D.L.vo 25 novembre 2016, n. 219.*

37 *bis*. ([1]) Tutela amministrativa contro le clausole vessatorie. – 1. L'Autorità garante della concorrenza e del mercato, sentite le associazioni di categoria rappresentative a livello nazionale [e le camere di commercio interessate o loro unioni,] ([2]) d'ufficio o su denuncia, ai soli fini di cui ai commi successivi, dichiara la vessatorietà delle clausole inserite nei contratti tra professionisti e consumatori che si concludono mediante adesione a condizioni generali di contratto o con la sottoscrizione di moduli, modelli o formulari. Si applicano le disposizioni previste dall'articolo 14, commi 2, 3 e 4, della legge 10 ottobre 1990, n. 287, secondo le modalità previste dal regolamento di cui al comma 5. In caso di inottemperanza, a quanto disposto dall'Autorità ai sensi dell'articolo 14, comma 2, della legge 10 ottobre 1990, n. 287, l'Autorità applica una sanzione amministrativa pecuniaria da 2.000 euro a 20.000 euro. Qualora le informazioni o la documentazione fornite non siano veritiere, l'Autorità applica una sanzione amministrativa pecuniaria da 4.000 euro a 40.000 euro.

2. Il provvedimento che accerta la vessatorietà della clausola è diffuso anche per estratto mediante pubblicazione su apposita sezione del sito internet istituzionale dell'Autorità, sul sito dell'operatore che adotta la clausola ritenuta vessatoria e mediante ogni altro mezzo ritenuto opportuno in relazione all'esigenza di informare compiutamente i consumatori a cura e spese dell'operatore. In caso di inottemperanza alle disposizioni di cui al presente comma, l'Autorità applica una sanzione amministrativa pecuniaria da 5.000 euro a 50.000 euro.

3. Le imprese interessate hanno facoltà di interpellare preventivamente l'Autorità in merito alla vessatorietà delle clausole che intendono utilizzare nei rapporti commerciali con i consumatori secondo le modalità previste dal regolamento di

cui al comma 5. L'Autorità si pronuncia sull'interpello entro il termine di centoventi giorni dalla richiesta, salvo che le informazioni fornite risultino gravemente inesatte, incomplete o non veritiere. Le clausole non ritenute vessatorie a seguito di interpello non possono essere successivamente valutate dall'Autorità per gli effetti di cui al comma 2. Resta in ogni caso ferma la responsabilità dei professionisti nei confronti dei consumatori.

4. In materia di tutela giurisdizionale, contro gli atti dell'Autorità, adottati in applicazione del presente articolo, è competente il giudice amministrativo. È fatta salva la giurisdizione del giudice ordinario sulla validità delle clausole vessatorie e sul risarcimento del danno.

5. L'Autorità, con proprio regolamento, disciplina la procedura istruttoria in modo da garantire il contraddittorio e l'accesso agli atti, nel rispetto dei legittimi motivi di riservatezza. Con lo stesso regolamento l'Autorità disciplina le modalità di consultazione con le associazioni di categoria rappresentative a livello nazionale [e con le camere di commercio interessate o loro unioni] (3) attraverso l'apposita sezione del sito internet di cui al comma 2 nonché la procedura di interpello. Nell'esercizio delle competenze di cui al presente articolo, l'Autorità può sentire le autorità di regolazione o vigilanza dei settori in cui i professionisti interessati operano [, nonché le camere di commercio interessate o le loro unioni] (4).

6. Le attività di cui al presente articolo sono svolte con le risorse umane, strumentali e finanziarie già disponibili a legislazione vigente.

(1) *Questo articolo è stato inserito dall'art. 5 del D.L. 24 gennaio 2012, n. 1, convertito, con modificazioni, nella L. 24 marzo 2012, n. 27.*

(2) *Le parole tra parentesi quadrate sono state soppresse dall'art. 5, comma 4, lett.* b)*, del D.L.vo 25 novembre 2016, n. 219.*

(3) *Le parole tra parentesi quadrate sono state soppresse dall'art. 5, comma 4, lett.* c)*, del D.L.vo 25 novembre 2016, n. 219.*

(4) *Le parole tra parentesi quadrate sono state soppresse dall'art. 5, comma 4, lett.* d)*, del D.L.vo 25 novembre 2016, n. 219.*

38. Rinvio. – 1. Per quanto non previsto dal presente (1) codice, ai contratti conclusi tra il consumatore ed il professionista si applicano le disposizioni del codice civile.

(1) *La parola: «presente» è stata inserita dall'art. 6, comma 1, del D.L.vo 23 ottobre 2007, n. 221.*

Titolo II
Esercizio dell'attività commerciale

Capo I
Disposizioni generali

39. Regole nelle attività commerciali. – 1. Le attività commerciali sono improntate al rispetto dei principi di buona fede, di correttezza e di lealtà, valutati anche alla stregua delle esigenze di protezione delle categorie di consumatori.

Capo II
Promozione delle vendite

Sezione I
Credito al consumo

40. (1) [**Credito al consumo.** – 1. Il Comitato interministeriale per il credito e il risparmio (CICR) provvede ad adeguare la normativa nazionale alla direttiva 98/7/CE del Parlamento europeo e del Consiglio, del 16 febbraio 1998, che modifica la direttiva 87/102/CEE, relativa al ravvicinamento delle disposizioni legislative, regolamentari e amministrative degli Stati membri in materia di credito al consumo, con particolare riguardo alla previsione di indicare il Tasso annuo effettivo globale (TAEG) mediante un esempio tipico].

(1) *Questo articolo è stato abrogato dall'art. 3, comma 1, lett.* a)*, del D.L.vo 13 agosto 2010, n. 141.*

41. (1) [**Tasso annuo effettivo globale e pubblicità.** – 1. Ai fini di cui all'articolo 40, il CICR, apporta, ai sensi degli articoli 122, comma 2, e 123, comma 2, del testo unico della legge in materia bancaria e creditizia, di cui al decreto legislativo 1° settembre 1993, n. 385, e successive modificazioni, le necessarie modifiche alla disciplina recata dal decreto del Ministro del tesoro in data 8 luglio 1992, pubblicato nella *Gazzetta Ufficiale* della Repubblica italiana n. 169 del 20 luglio 1992].

(1) *Questo articolo è stato abrogato dall'art. 3, comma 1, lett.* a)*, del D.L.vo 13 agosto 2010, n. 141.*

42. (1) [**Inadempimento del fornitore.** – 1. Nei casi di inadempimento del fornitore di beni e servizi, il consumatore che abbia effettuato inutilmente la costituzione in mora ha diritto di agire contro il finanziatore nei limiti del credito concesso, a condizione che vi sia un accordo che attribuisce al finanziatore l'esclusiva per la concessione di credito ai clienti del fornitore. La responsabilità si estende anche al terzo, al quale il finanziatore abbia ceduto i diritti derivanti dal contratto di concessione del credito].

([1]) *Questo articolo è stato abrogato dall'art. 3, comma 1, lett.* a), *del D.L.vo 13 agosto 2010, n. 141.*

43. Rinvio al testo unico bancario. – Per la [restante] ([1]) disciplina del credito al consumo si fa rinvio ai capi II e III del titolo VI del citato decreto legislativo n. 385 del 1993, e successive modificazioni, nonché agli articoli 144 e 145 del medesimo testo unico per l'applicazione delle relative sanzioni.

([1]) *La parola tra parentesi quadrate è stata soppressa dall'art. 3, comma 1, lett.* a), *del D.L.vo 13 agosto 2010, n. 141.*

Titolo III
Modalità contrattuali

44. Contratti negoziati nei locali commerciali. Rinvio. – 1. Ove non diversamente disciplinato dal presente codice, per la disciplina del settore del commercio si fa rinvio al decreto legislativo 31 marzo 1998, n. 114, recante riforma della disciplina relativa al settore del commercio, a norma dell'articolo 4, comma 4, della legge 15 marzo 1997, n. 59.

Capo I
Dei diritti dei consumatori
nei contratti ([1])

([1]) *Questo Capo, limitatamente agli articoli da 45 a 67, è stato così sostituito, dall'art. 1 del D.L.vo 21 febbraio 2014, n. 21. A norma dell'art. 2, comma 1, del medesimo provvedimento, tali modifiche entrano in vigore dal 13 giugno 2014 e si applicano ai contratti conclusi dopo tale data.*

45. Definizioni. – 1. Ai fini delle Sezioni da I a IV del presente capo, si intende per:

a) «consumatore»: la persona fisica, di cui all'articolo 3, comma 1, lettera *a*);

b) «professionista»: il soggetto, di cui all'articolo 3, comma 1, lettera *c*);

c) «bene»: qualsiasi bene mobile materiale ad esclusione dei beni oggetto di vendita forzata o comunque venduti secondo altre modalità dalle autorità giudiziarie; rientrano fra i beni oggetto della presente direttiva l'acqua, il gas e l'elettricità, quando sono messi in vendita in un volume delimitato o in quantità determinata;

d) «beni prodotti secondo le indicazioni del consumatore»: qualsiasi bene non prefabbricato prodotto in base a una scelta o decisione individuale del consumatore;

e) «contratto di vendita»: qualsiasi contratto in base al quale il professionista trasferisce o si impegna a trasferire la proprietà di beni al consumatore e il consumatore ne paga o si impegna a pagarne il prezzo, inclusi i contratti che hanno come oggetto sia beni che servizi;

f) «contratto di servizi»: qualsiasi contratto diverso da un contratto di vendita in base al quale il professionista fornisce o si impegna a fornire un servizio al consumatore e il consumatore paga o si impegna a pagarne il prezzo;

g) «contratto a distanza»: qualsiasi contratto concluso tra il professionista e il consumatore nel quadro di un regime organizzato di vendita o di prestazione di servizi a distanza senza la presenza fisica e simultanea del professionista e del consumatore, mediante l'uso esclusivo di uno o più mezzi di comunicazione a distanza fino alla conclusione del contratto, compresa la conclusione del contratto stesso;

h) «contratto negoziato fuori dei locali commerciali»: qualsiasi contratto tra il professionista e il consumatore:

1) concluso alla presenza fisica e simultanea del professionista e del consumatore, in un luogo diverso dai locali del professionista;

2) per cui è stata fatta un'offerta da parte del consumatore, nelle stesse circostanze di cui al numero 1;

3) concluso nei locali del professionista o mediante qualsiasi mezzo di comunicazione a distanza immediatamente dopo che il consumatore è stato avvicinato personalmente e singolarmente in un luogo diverso dai locali del professionista, alla presenza fisica e simultanea del professionista e del consumatore; oppure;

4) concluso durante un viaggio promozionale organizzato dal professionista e avente lo scopo o l'effetto di promuovere e vendere beni o servizi al consumatore;

i) «locali commerciali»:

1) qualsiasi locale immobile adibito alla vendita al dettaglio in cui il professionista esercita la sua attività su base permanente; oppure;

2) qualsiasi locale mobile adibito alla vendita al dettaglio in cui il professionista esercita la propria attività a carattere abituale;

l) «supporto durevole»: ogni strumento che permetta al consumatore o al professionista di conservare le informazioni che gli sono personalmente indirizzate in modo da potervi accedere in futuro per un periodo di tempo adeguato alle finalità cui esse sono destinate e che permetta la riproduzione identica delle informazioni memorizzate;

m) «contenuto digitale»: i dati prodotti e forniti in formato digitale;

n) «servizio finanziario»: qualsiasi servizio di natura bancaria, creditizia, assicurativa, servizi pensionistici individuali, di investimento o di pagamento;

o) «asta pubblica»: metodo di vendita in cui i beni o servizi sono offerti dal professionista ai consumatori che partecipano o cui è data la possibilità di partecipare all'asta di persona, mediante una trasparente procedura competitiva di offerte gestita da una casa d'aste e in cui l'aggiudicatario è vincolato all'acquisto dei beni o servizi;

p) «garanzia»: qualsiasi impegno di un professionista o di un produttore (il «garante»), assunto nei confronti del consumatore, in aggiunta agli obblighi di legge in merito alla garanzia di conformità, di rimborsare il prezzo pagato, sostituire, riparare, o intervenire altrimenti sul bene, qualora esso non corrisponda alle caratteristiche, o a qualsiasi altro requisito non relativo alla conformità, enunciati nella dichiarazione di garanzia o nella relativa pubblicità disponibile al momento o prima della conclusione del contratto;

q) «contratto accessorio»: un contratto mediante il quale il consumatore acquista beni o servizi connessi a un contratto a distanza o negoziato fuori dei locali commerciali e in cui tali beni o servizi sono forniti dal professionista o da un terzo in base ad un accordo tra il terzo e il professionista.

46. Ambito di applicazione. – 1. Le disposizioni delle Sezioni da I a IV del presente Capo si applicano, a qualsiasi contratto concluso tra un professionista e un consumatore, inclusi i contratti per la fornitura di acqua, gas, elettricità o teleriscaldamento, anche da parte di prestatori pubblici, nella misura in cui detti prodotti di base sono forniti su base contrattuale.

2. In caso di conflitto tra le disposizioni delle Sezioni da I a IV del presente Capo e una disposizione di un atto dell'Unione europea che disciplina settori specifici, quest'ultima e le relative norme nazionali di recepimento prevalgono e si applicano a tali settori specifici.

3. Le disposizioni delle Sezioni da I a IV del presente Capo non impediscono ai professionisti di offrire ai consumatori condizioni contrattuali più favorevoli rispetto alla tutela prevista da tali disposizioni.

47. Esclusioni. – 1. Le disposizioni delle Sezioni da I a IV del presente Capo non si applicano ai contratti:

a) per i servizi sociali, compresi gli alloggi popolari, l'assistenza all'infanzia e il sostegno alle famiglie e alle persone temporaneamente o permanentemente in stato di bisogno, ivi compresa l'assistenza a lungo termine;

b) di assistenza sanitaria, per i servizi prestati da professionisti sanitari a pazienti, al fine di valutare, mantenere o ristabilire il loro stato di salute, ivi compresa la prescrizione, la somministrazione e la fornitura di medicinali e dispositivi medici, sia essa fornita o meno attraverso le strutture di assistenza sanitaria;

c) di attività di azzardo che implicano una posta di valore pecuniario in giochi di fortuna, comprese le lotterie, i giochi d'azzardo nei casinò e le scommesse;

d) di servizi finanziari;

e) aventi ad oggetto la creazione di beni immobili o la costituzione o il trasferimento di diritti su beni immobili;

f) per la costruzione di nuovi edifici, la trasformazione sostanziale di edifici esistenti e per la locazione di alloggi a scopo residenziale;

g) che rientrano nell'ambito di applicazione della disciplina concernente i viaggi, le vacanze ed i circuiti "tutto compreso", di cui agli articoli da 32 a 51 del decreto legislativo 23 maggio 2011, n. 79;

h) che rientrano nell'ambito di applicazione della disciplina concernente la tutela dei consumatori per quanto riguarda taluni aspetti dei contratti di multiproprietà, dei contratti relativi ai prodotti per le vacanze di lungo termine e dei contratti di rivendita e di scambio, di cui agli articoli da 69 a 81 *bis* del presente Codice;

i) stipulati con l'intervento di un pubblico ufficiale, tenuto per legge all'indipendenza e all'imparzialità, il quale deve garantire, fornendo un'informazione giuridica completa, che il consumatore concluda il contratto soltanto sulla base di una decisione giuridica ponderata e con conoscenza della sua rilevanza giuridica;

l) di fornitura di alimenti, bevande o altri beni destinati al consumo corrente nella famiglia e fisicamente forniti da un professionista in giri frequenti e regolari al domicilio, alla residenza o al posto di lavoro del consumatore;

m) di servizi di trasporto passeggeri, fatti salvi l'articolo 51, comma 2, e gli articoli 62 e 65;

n) conclusi tramite distributori automatici o locali commerciali automatizzati;

o) conclusi con operatori delle telecomunicazioni impiegando telefoni pubblici a pagamento per il loro utilizzo o conclusi per l'utilizzo di un solo collegamento tramite telefono, Internet o fax, stabilito dal consumatore.

2. Le disposizioni delle Sezioni da I a IV del presente Capo non si applicano ai contratti negoziati fuori dei locali commerciali in base ai quali il corrispettivo che il consumatore deve pagare non è superiore a 50 euro. Tuttavia, si applicano le disposizioni del presente Capo nel caso di più contratti stipulati contestualmente tra le medesime parti, qualora l'entità del corrispettivo globale che il consumatore deve pagare, indipendentemente dall'importo dei singoli contratti, superi l'importo di 50 euro.

Sezione I
Informazioni precontrattuali per i consumatori nei contratti diversi dai contratti a distanza o negoziati fuori dei locali commerciali

48. Obblighi d'informazione nei contratti diversi dai contratti a distanza o negoziati fuori dei locali commerciali. – 1. Prima che il consumatore sia vincolato da un contratto diverso da un contratto a distanza o negoziato fuori dei locali commerciali o da una corrispondente offerta, il professionista fornisce al consumatore le seguenti informazioni in modo chiaro e comprensibile, qualora esse non siano già apparenti dal contesto:

a) le caratteristiche principali dei beni o servizi, nella misura adeguata al supporto e ai beni o servizi;

b) l'identità del professionista, l'indirizzo geografico in cui è stabilito e il numero di telefono e, ove questa informazione sia pertinente, l'indirizzo geografico e l'identità del professionista per conto del quale egli agisce;

c) il prezzo totale dei beni o servizi comprensivo delle imposte o, se la natura dei beni o dei servizi comporta l'impossibilità di calcolare ragionevolmente il prezzo in anticipo, le modalità di calcolo del prezzo e, se applicabili, tutte le spese aggiuntive di spedizione, consegna o postali oppure, qualora tali spese non possano ragionevolmente essere calcolate in anticipo, l'indicazione che tali spese potranno essere addebitate al consumatore;

d) se applicabili, le modalità di pagamento, consegna ed esecuzione, la data entro la quale il professionista si impegna a consegnare i beni o a prestare il servizio e il trattamento dei reclami da parte del professionista;

e) oltre a un richiamo dell'esistenza della garanzia legale di conformità per i beni, l'esistenza e le condizioni del servizio postvendita e delle garanzie commerciali, se applicabili;

f) la durata del contratto, se applicabile, o, se il contratto è a tempo indeterminato o è un contratto a rinnovo automatico, le condizioni di risoluzione del contratto;

g) se applicabile, la funzionalità del contenuto digitale, comprese le misure applicabili di protezione tecnica;

h) qualsiasi interoperabilità pertinente del contenuto digitale con l'*hardware* e il *software*, di cui il professionista sia a conoscenza o di cui ci si può ragionevolmente attendere che sia venuto a conoscenza, se applicabili.

2. Gli obblighi di informazione precontrattuali, di cui al comma 1, si applicano anche ai contratti per la fornitura di acqua, gas o elettricità, quando non sono messi in vendita in un volume limitato o in quantità determinata, di teleriscaldamento o di contenuto digitale non fornito su un supporto materiale.

3. Gli obblighi di informazione precontrattuali, di cui al comma 1, non si applicano ai contratti che implicano transazioni quotidiane e che sono eseguiti immediatamente al momento della loro conclusione.

4. È fatta salva la possibilità di prevedere o mantenere obblighi aggiuntivi di informazione precontrattuale per i contratti ai quali si applica il presente articolo.

5. Sono fatte salve le disposizioni di cui agli articoli da 6 a 12 del presente Codice.

Sezione II
Informazioni precontrattuali
per il consumatore e diritto di recesso
nei contratti a distanza
e nei contratti negoziati
fuori dei locali commerciali

49. Obblighi di informazione nei contratti a distanza e nei contratti negoziati fuori dei locali commerciali. – 1. Prima che il consumatore sia vincolato da un contratto a distanza o negoziato fuori dei locali commerciali o da una corrispondente offerta, il professionista fornisce al consumatore le informazioni seguenti, in maniera chiara e comprensibile:

a) le caratteristiche principali dei beni o servizi, nella misura adeguata al supporto e ai beni o servizi;

b) l'identità del professionista;

c) l'indirizzo geografico dove il professionista è stabilito e il suo numero di telefono, di fax e l'indirizzo elettronico, ove disponibili, per consentire al consumatore di contattare rapidamente il professionista e comunicare efficacemente con lui e, se applicabili, l'indirizzo geografico e l'identità del professionista per conto del quale agisce;

d) se diverso dall'indirizzo fornito in conformità della lettera *c*), l'indirizzo geografico della sede del professionista a cui il consumatore può indirizzare eventuali reclami e, se applicabile, quello del professionista per conto del quale agisce;

e) il prezzo totale dei beni o dei servizi comprensivo delle imposte o, se la natura dei beni o servizi comporta l'impossibilità di calcolare ragionevolmente il prezzo in anticipo, le modalità di calcolo del prezzo e, se del caso, tutte le spese aggiuntive di spedizione, consegna o postali e ogni altro costo oppure, qualora tali spese non possano ragionevolmente essere calcolate in anticipo, l'indicazione che tali spese potranno essere addebitate al consumatore; nel caso di un contratto a tempo indeterminato o di un contratto comprendente un abbonamento, il prezzo totale include i costi totali per periodo di fatturazione; quando tali contratti prevedono l'addebitamento di una tariffa fissa, il prezzo totale equivale anche ai costi mensili totali; se i costi totali non possono essere ragionevolmente calcolati in anticipo, devono essere fornite le modalità di calcolo del prezzo;

f) il costo dell'utilizzo del mezzo di comunicazione a distanza per la conclusione del contratto quando tale costo è calcolato su una base diversa dalla tariffa di base;

g) le modalità di pagamento, consegna ed esecuzione, la data entro la quale il professionista si impegna a consegnare i beni o a prestare i servizi e, se del caso, il trattamento dei reclami da parte del professionista;

h) in caso di sussistenza di un diritto di recesso, le condizioni, i termini e le procedure per esercitare tale diritto conformemente all'articolo 54, comma 1, nonché il modulo tipo di recesso di cui all'allegato I, parte B;

i) se applicabile, l'informazione che il consumatore dovrà sostenere il costo della restituzione dei beni in caso di recesso e in caso di contratti a distanza qualora i beni per loro natura non possano essere normalmente restituiti a mezzo posta;

l) che, se il consumatore esercita il diritto di recesso dopo aver presentato una richiesta ai sensi dell'articolo 50, comma 3, o dell'articolo 51, comma 8, egli è responsabile del pagamento al professionista di costi ragionevoli, ai sensi dell'articolo 57, comma 3;

m) se non è previsto un diritto di recesso ai sensi dell'articolo 59, l'informazione che il consumatore non beneficerà di un diritto di recesso o, se del caso, le circostanze in cui il consumatore perde il diritto di recesso;

n) un promemoria dell'esistenza della garanzia legale di conformità per i beni;

o) se applicabili, l'esistenza e le condizioni dell'assistenza postvendita al consumatore, dei servizi postvendita e delle garanzie commerciali;

p) l'esistenza di codici di condotta pertinenti, come definiti all'articolo 18, comma 1, lettera *f*), del presente Codice, e come possa esserne ottenuta copia, se del caso;

q) la durata del contratto, se applicabile, o, se il contratto è a tempo indeterminato o è un contratto a rinnovo automatico, le condizioni per recedere dal contratto;

r) se applicabile, la durata minima degli obblighi del consumatore a norma del contratto;

s) se applicabili, l'esistenza e le condizioni di depositi o altre garanzie finanziarie che il consumatore è tenuto a pagare o fornire su richiesta del professionista;

t) se applicabile, la funzionalità del contenuto digitale, comprese le misure applicabili di protezione tecnica;

u) qualsiasi interoperabilità pertinente del contenuto digitale con l'*hardware* e il *software*, di cui il professionista sia a conoscenza o di cui ci si può ragionevolmente attendere che sia venuto a conoscenza, se applicabile;

v) se applicabile, la possibilità di servirsi di un meccanismo extra-giudiziale di reclamo e ricorso cui il professionista è soggetto e le condizioni per avervi accesso.

2. Gli obblighi di informazione precontrattuali, di cui al comma 1, si applicano anche ai contratti per la fornitura di acqua, gas o elettricità, quando non sono messi in vendita in un volume limitato o in quantità determinata, di teleriscaldamento o di contenuto digitale non fornito su un supporto materiale.

3. Nel caso di un'asta pubblica, le informazioni di cui al comma 1, lettere *b*), *c*) e *d*), possono essere sostituite dai corrispondenti dati della casa d'aste.

4. Le informazioni di cui al comma 1, lettere *h*), *i*) e *l*), possono essere fornite mediante le istruzioni tipo sul recesso di cui all'allegato I, parte A. Il professionista ha adempiuto agli obblighi di informazione di cui al comma 1, lettere *h*), *i*) e *l*), se ha presentato dette istruzioni al consumatore, debitamente compilate.

5. Le informazioni di cui al comma 1 formano parte integrante del contratto a distanza o del contratto negoziato fuori dei locali commerciali e non possono essere modificate se non con accordo espresso delle parti.

6. Se il professionista non adempie agli obblighi di informazione sulle spese aggiuntive o gli altri costi di cui al comma 1, lettera *e*), o sui costi della restituzione dei beni di cui al comma 1, lettera *i*), il consumatore non deve sostenere tali spese o costi aggiuntivi.

7. Nel caso di utilizzazione di tecniche che consentono una comunicazione individuale, le informazioni di cui al comma 1 sono fornite, ove il consumatore lo richieda, in lingua italiana.

8. Gli obblighi di informazione stabiliti nella presente sezione si aggiungono agli obblighi di informazione contenuti nel decreto legislativo 26 marzo 2010, n. 59, e successive modificazioni, e nel decreto legislativo 9 aprile 2003, n. 70, e successive modificazioni, e non ostano ad obblighi di informazione aggiuntivi previsti in conformità a tali disposizioni.

9. Fatto salvo quanto previsto dal comma 8, in caso di conflitto tra una disposizione del decreto legislativo 26 marzo 2010, n. 59, e successive modificazioni, e del decreto legislativo 9 aprile 2003, n. 70, e successive modificazioni, sul contenuto e le modalità di rilascio delle informazioni e una disposizione della presente sezione, prevale quest'ultima.

10. L'onere della prova relativo all'adempimento degli obblighi di informazione di cui alla presente sezione incombe sul professionista.

50. Requisiti formali per i contratti negoziati fuori dei locali commerciali. – 1. Per quanto riguarda i contratti negoziati fuori dei locali commerciali il professionista fornisce al consumatore le informazioni di cui all'articolo 49, comma 1, su supporto cartaceo o, se il consumatore è d'accordo, su un altro mezzo durevole. Dette informazioni devono essere leggibili e presentate in un linguaggio semplice e comprensibile.

2. Il professionista fornisce al consumatore una copia del contratto firmato o la conferma del contratto su supporto cartaceo o, se il consumatore è d'accordo, su un altro mezzo durevole, compresa, se del caso, la conferma del previo consenso espresso e dell'accettazione del consumatore in conformità all'articolo 59, comma 1, lettera *o*).

3. Se un consumatore vuole che la prestazione dei servizi ovvero la fornitura di acqua, gas o elettricità, quando non sono messi in vendita in un volume limitato o in quantità determinata, o di teleriscaldamento inizi durante il periodo di recesso previsto all'articolo 52, comma 2, il professionista esige che il consumatore ne faccia esplicita richiesta su un supporto durevole.

4. Per i contratti negoziati fuori dei locali commerciali in cui il consumatore ha chiesto espressamente i servizi del professionista ai fini dell'effettuazione di lavori di riparazione o manutenzione e in virtù dei quali il professionista e il consumatore adempiono immediatamente ai propri obblighi contrattuali e l'importo a carico del consumatore non supera i 200 euro:

a) il professionista fornisce al consumatore, prima che questi sia vincolato dal contratto, le informazioni di cui all'articolo 49, comma 1, lettere *b*) e *c*), e le informazioni concernenti il prezzo o le modalità di calcolo del prezzo, accompagnate da una stima del prezzo totale, su supporto cartaceo o, se il consumatore è d'accordo, su un altro mezzo durevole. Il professionista fornisce le informazioni di cui all'articolo 49, comma 1, lettere *a*), *h*) ed *m*), ma può scegliere di non fornirle su formato cartaceo o su un altro mezzo durevole se il consumatore ha espressamente acconsentito;

b) la conferma del contratto fornita conformemente al comma 2 del presente articolo contiene tutte le informazioni di cui all'articolo 49, comma 1.

51. Requisiti formali per i contratti a distanza. – 1. Per quanto riguarda i contratti a distanza il professionista fornisce o mette a disposizione del consumatore le informazioni di cui all'articolo 49, comma 1, in modo appropriato al mezzo di comunicazione a distanza impiegato in un linguaggio semplice e comprensibile. Nella misura in cui dette informazioni sono presentate su un supporto durevole, esse devono essere leggibili.

2. Se un contratto a distanza che deve essere concluso con mezzi elettronici impone al consumatore l'obbligo di pagare, il professionista gli comunica in modo chiaro ed evidente le informazioni di cui all'articolo 49, comma 1, lettere *a*), *e*), *q*) ed *r*), direttamente prima che il consumatore inoltri l'ordine. Il professionista garantisce che, al momento di inoltrare l'ordine, il consumatore riconosca espressamente che l'ordine implica l'obbligo di pagare. Se l'inoltro dell'ordine implica di azionare un pulsante o una funzione analoga, il pulsante o la funzione analoga riportano in modo facilmente leggibile soltanto le parole "ordine con obbligo di pagare" o una formulazione corrispondente inequivocabile indicante che l'inoltro dell'ordine implica l'obbligo di pagare il professionista. Se il professionista non osserva il presente comma, il consumatore non è vincolato dal contratto o dall'ordine.

3. I siti di commercio elettronico indicano in modo chiaro e leggibile, al più tardi all'inizio del processo di ordinazione, se si applicano restrizioni relative alla consegna e quali mezzi di pagamento sono accettati.

4. Se il contratto è concluso mediante un mezzo di comunicazione a distanza che consente uno spazio o un tempo limitato per visualizzare le informazioni, il professionista fornisce, su quel mezzo in particolare e prima della conclusione del contratto, almeno le informazioni precontrattuali riguardanti le caratteristiche principali dei beni o servizi, l'identità del professionista, il prezzo totale, il diritto di recesso, la durata del contratto e, nel caso di contratti a tempo indeterminato, le condizioni di risoluzione del contratto, conformemente all'articolo 49, comma 1, lettere *a*), *b*), *e*), *h*) e *q*). Le altre informazioni di cui all'articolo 49, comma 1, sono fornite dal professionista in un modo appropriato conformemente al comma 1 del presente articolo.

5. Fatto salvo il comma 4, se il professionista telefona al consumatore al fine di concludere un contratto a distanza, all'inizio della conversazione con il consumatore egli deve rivelare la sua identità e, ove applicabile, l'identità della persona per conto della quale effettua la telefonata, nonché lo scopo commerciale della chiamata e l'informativa di cui all'articolo 10 del decreto del Presidente della Repubblica 7 settembre 2010, n. 178.

6. Quando un contratto a distanza deve essere concluso per telefono, il professionista deve confermare l'offerta al consumatore, il quale è vincolato solo dopo aver firmato l'offerta o dopo averla accettata per iscritto; in tali casi il documento informatico può essere sottoscritto con firma elettronica ai sensi dell'articolo 21 del decreto legislativo 7 marzo 2005, n. 82, e successive modificazioni. Dette conferme possono essere effettuate, se il consumatore acconsente, anche su un supporto durevole.

7. Il professionista fornisce al consumatore la conferma del contratto concluso su un mezzo durevole, entro un termine ragionevole dopo la conclusione del contratto a distanza e al più tardi al momento della consegna dei beni oppure prima che l'esecuzione del servizio abbia inizio. Tale conferma comprende:

a) tutte le informazioni di cui all'articolo 49, comma 1, a meno che il professionista non abbia già fornito l'informazione al consumatore su un mezzo durevole prima della conclusione del contratto a distanza; e

b) se del caso, la conferma del previo consenso espresso e dell'accettazione del consumatore conformemente all'articolo 59, lettera *o*).

8. Se un consumatore vuole che la prestazione di servizi ovvero la fornitura di acqua, gas o elettricità, quando non sono messi in vendita in un volume limitato o in quantità determinata, o di teleriscaldamento inizi durante il periodo di recesso previsto all'articolo 52, comma 2, il professionista esige che il consumatore ne faccia richiesta esplicita.

9. Il presente articolo lascia impregiudicate le disposizioni relative alla conclusione di contratti elettronici e all'inoltro di ordini per via elettronica conformemente agli articoli 12, commi 2 e 3, e 13 del decreto legislativo 9 aprile 2003, n. 70, e successive modificazioni.

52. Diritto di recesso. – 1. Fatte salve le eccezioni di cui all'articolo 59, il consumatore dispone di un periodo di quattordici giorni per recedere da un contratto a distanza o negoziato fuori dei locali commerciali senza dover fornire alcuna motivazione e senza dover sostenere costi diversi da quelli previsti all'articolo 56, comma 2, e all'articolo 57.

2. Fatto salvo l'articolo 53, il periodo di recesso di cui al comma 1 termina dopo quattordici giorni a partire:

a) nel caso dei contratti di servizi, dal giorno della conclusione del contratto;

b) nel caso di contratti di vendita, dal giorno in cui il consumatore o un terzo, diverso dal vettore e designato dal consumatore, acquisisce il possesso fisico dei beni o:

1) nel caso di beni multipli ordinati dal consumatore mediante un solo ordine e consegnati separatamente, dal giorno in cui il consumatore o un terzo, diverso dal vettore e designato dal consumatore, acquisisce il possesso fisico dell'ultimo bene;

2) nel caso di consegna di un bene costituito da lotti o pezzi multipli, dal giorno in cui il consumatore o un terzo, diverso dal vettore e designato dal consumatore, acquisisce il possesso fisico dell'ultimo lotto o pezzo;

3) nel caso di contratti per la consegna periodica di beni durante un determinato periodo di tempo, dal giorno in cui il consumatore o un terzo, diverso dal vettore e designato dal consumatore, acquisisce il possesso fisico del primo bene;

c) nel caso di contratti per la fornitura di acqua, gas o elettricità, quando non sono messi in vendita in un volume limitato o in quantità determinata, di teleriscaldamento o di contenuto digitale non fornito su un supporto materiale, dal giorno della conclusione del contratto.

3. Le parti del contratto possono adempiere ai loro obblighi contrattuali durante il periodo di recesso. Tuttavia, nel caso di contratti negoziati fuori dei locali commerciali, il professionista non può accettare, a titolo di corrispettivo, effetti cambiari che abbiano una scadenza inferiore a quindici giorni dalla conclusione del contratto per i contratti di servizi o dall'acquisizione del possesso fisico dei beni per i contratti di vendita e non può presentarli allo sconto prima di tale termine.

53. Non adempimento dell'obbligo d'informazione sul diritto di recesso. – 1. Se in violazione dell'articolo 49, comma 1, lettera *h*), il professionista non fornisce al consumatore le informazioni sul diritto di recesso, il periodo di recesso termina dodici mesi dopo la fine del periodo di recesso iniziale, come determinato a norma dell'articolo 52, comma 2.

2. Se il professionista fornisce al consumatore le informazioni di cui al comma 1 entro dodici mesi dalla data di cui all'articolo 52, comma 2, il periodo di recesso termina quattordici giorni dopo il giorno in cui il consumatore riceve le informazioni.

54. Esercizio del diritto di recesso. – 1. Prima della scadenza del periodo di recesso, il consumatore informa il professionista della sua decisione di esercitare il diritto di recesso dal contratto. A tal fine il consumatore può:

a) utilizzare il modulo tipo di recesso di cui all'allegato I, parte B; oppure

b) presentare una qualsiasi altra dichiarazione esplicita della sua decisione di recedere dal contratto.

2. Il consumatore ha esercitato il proprio diritto di recesso entro il periodo di recesso di cui all'articolo 52, comma 2, e all'articolo 53 se la comunicazione relativa all'esercizio del diritto di recesso è inviata dal consumatore prima della scadenza del periodo di recesso.

3. Il professionista, oltre alle possibilità di cui al comma 1, può offrire al consumatore l'opzione di compilare e inviare elettronicamente il modulo di recesso tipo riportato all'allegato I, parte B, o una qualsiasi altra dichiarazione esplicita sul sito web del professionista. In tali casi il professionista comunica senza indugio al consumatore una conferma di ricevimento, su un supporto durevole, del recesso esercitato.

4. L'onere della prova relativa all'esercizio del diritto di recesso conformemente al presente articolo incombe sul consumatore.

55. Effetti del recesso. – 1. L'esercizio del diritto di recesso pone termine agli obblighi delle parti:

a) di eseguire il contratto a distanza o negoziato fuori dei locali commerciali; oppure

b) di concludere un contratto a distanza o negoziato fuori dei locali commerciali nei casi in cui un'offerta sia stata fatta dal consumatore.

56. Obblighi del professionista nel caso di recesso. – 1. Il professionista rimborsa tutti i pagamenti ricevuti dal consumatore, eventualmente comprensivi delle spese di consegna, senza indebito ritardo e comunque entro quattordici giorni dal giorno in cui è informato della decisione del consumatore di recedere dal contratto ai sensi dell'articolo 54. Il professionista esegue il rimborso di cui al primo periodo utilizzando lo stesso mezzo di pagamento usato dal consumatore per la transazione iniziale, salvo che il consumatore abbia espressamente convenuto altrimenti e a condizione che questi non debba sostenere alcun costo quale conseguenza del rimborso. Nell'ipotesi in cui il pagamento sia stato effettuato per mezzo di effetti cambiari, qualora questi non siano stati ancora presentati all'incasso, deve procedersi alla loro restituzione. È nulla qualsiasi clausola che preveda limitazioni al rimborso nei confronti del consumatore delle somme versate in conseguenza dell'esercizio del diritto di recesso.

2. Fatto salvo il comma 1, il professionista non è tenuto a rimborsare i costi supplementari, qualora il consumatore abbia scelto espressamente un tipo di consegna diversa dal tipo meno costoso di consegna offerto dal professionista.

3. Salvo che il professionista abbia offerto di ritirare egli stesso i beni, con riguardo ai contratti di vendita, il professionista può trattenere il rimborso finchè non abbia ricevuto i beni oppure finchè il consumatore non abbia dimostrato di aver rispedito i beni, a seconda di quale situazione si verifichi per prima.

57. Obblighi del consumatore nel caso di recesso. – 1. A meno che il professionista abbia offerto di ritirare egli stesso i beni, il consumatore restituisce i beni o li consegna al professionista o a un terzo autorizzato dal professionista a ricevere i beni, senza indebito ritardo e in ogni caso entro quattordici giorni dalla data in cui ha comunicato al professionista la sua decisione di recedere dal contratto ai sensi dell'articolo 54. Il termine è rispettato se il consumatore rispedisce i beni prima della scadenza del periodo di quattordici giorni. Il consumatore sostiene solo il costo diretto della restituzione dei beni, purchè il professionista non abbia concordato di sostenerlo o abbia omesso di informare il consumatore che tale costo è a carico del consumatore. Nel caso di contratti negoziati fuori dei locali commerciali in cui i beni sono stati consegnati al domicilio del consumatore al momento della conclusione del contratto, il professionista ritira i beni a sue spese qualora i beni, per loro natura, non possano essere normalmente restituiti a mezzo posta.

2. Il consumatore è responsabile unicamente della diminuzione del valore dei beni risultante da una manipolazione dei beni diversa da quella necessaria per stabilire la natura, le caratteristiche e il funzionamento dei beni. Il consumatore non è in alcun caso responsabile per la diminuzione del valore dei beni se il professionista ha omesso di informare il consumatore del suo diritto di recesso a norma dell'articolo 49, comma 1, lettera *h*).

3. Qualora un consumatore eserciti il diritto di recesso dopo aver presentato una richiesta in conformità dell'articolo 50, comma 3, o dell'articolo 51, comma 8, il consumatore versa al professionista un importo proporzionale a quanto è stato fornito fino al momento in cui il consumatore ha informato il professionista dell'esercizio del diritto di recesso, rispetto a tutte le prestazioni previste dal contratto. L'importo proporzionale che il consumatore deve pagare al professionista è calcolato sulla base del prezzo totale concordato nel contratto. Se detto prezzo totale è eccessivo, l'importo proporzionale è calcolato sulla base del valore di mercato di quanto è stato fornito.

4. Il consumatore non sostiene alcun costo per:

a) la prestazione di servizi o la fornitura di acqua, gas o elettricità, quando non sono messi in vendita in un volume limitato o in quantità determinata, o di teleriscaldamento, in tutto o in parte, durante il periodo di recesso quando:

1) il professionista ha omesso di fornire informazioni in conformità all'articolo 49, comma 1, lettere *h*) ed *l*); oppure

2) il consumatore non ha espressamente chiesto che la prestazione iniziasse durante il periodo di recesso in conformità all'articolo 50, comma 3, e dell'articolo 51, comma 8; oppure

b) la fornitura, in tutto o in parte, del contenuto digitale che non è fornito su un supporto materiale quando:

1) il consumatore non ha dato il suo previo consenso espresso circa l'inizio della prestazione prima della fine del periodo di quattordici giorni di cui all'articolo 52;

2) il consumatore non ha riconosciuto di perdere il diritto di recesso quando ha espresso il suo consenso; oppure

3) il professionista ha omesso di fornire la conferma conformemente all'articolo 50, comma 2, o all'articolo 51, comma 7.

5. Fatto salvo quanto previsto nell'articolo 56, comma 2, e nel presente articolo, l'esercizio del diritto di recesso non comporta alcuna responsabilità per il consumatore.

58. Effetti dell'esercizio del diritto di recesso sui contratti accessori. – 1. Fatto salvo quanto previsto dal decreto legislativo 13 agosto 2010, n. 141, e successive modificazioni, in materia di contratti di credito ai consumatori, se il consumatore esercita il suo diritto di recesso da un contratto a distanza o concluso fuori dei locali commerciali a norma degli articoli da 52 a 57, eventuali contratti accessori sono risolti di diritto, senza costi per il consumatore, ad eccezione di quelli previsti dall'articolo 56, comma 2, e dall'articolo 57.

59. Eccezioni al diritto di recesso. – 1. Il diritto di recesso di cui agli articoli da 52 a 58 per i contratti a distanza e i contratti negoziati fuori dei locali commerciali è escluso relativamente a:

a) i contratti di servizi dopo la completa prestazione del servizio se l'esecuzione è iniziata con l'accordo espresso del consumatore e con l'accettazione della perdita del diritto di recesso a seguito della piena esecuzione del contratto da parte del professionista;

b) la fornitura di beni o servizi il cui prezzo è legato a fluttuazioni nel mercato finanziario che il professionista non è in grado di controllare e che possono verificarsi durante il periodo di recesso;

c) la fornitura di beni confezionati su misura o chiaramente personalizzati;

d) la fornitura di beni che rischiano di deteriorarsi o scadere rapidamente;

e) la fornitura di beni sigillati che non si prestano ad essere restituiti per motivi igienici o connessi alla protezione della salute e sono stati aperti dopo la consegna;

f) la fornitura di beni che, dopo la consegna, risultano, per loro natura, inscindibilmente mescolati con altri beni;

g) la fornitura di bevande alcoliche, il cui prezzo sia stato concordato al momento della conclusione del contratto di vendita, la cui consegna possa avvenire solo dopo trenta giorni e il cui valore effettivo dipenda da fluttuazioni sul mercato che non possono essere controllate dal professionista;

h) i contratti in cui il consumatore ha specificamente richiesto una visita da parte del professionista ai fini dell'effettuazione di lavori urgenti di riparazione o manutenzione. Se, in occasione di tale visita, il professionista fornisce servizi oltre a quelli specificamente richiesti dal consumatore o beni diversi dai pezzi di ricambio necessari per effettuare la manutenzione o le riparazioni, il diritto di recesso si applica a tali servizi o beni supplementari;

i) la fornitura di registrazioni audio o video sigillate o di *software* informatici sigillati che sono stati aperti dopo la consegna;

l) la fornitura di giornali, periodici e riviste ad eccezione dei contratti di abbonamento per la fornitura di tali pubblicazioni;

m) i contratti conclusi in occasione di un'asta pubblica;

n) la fornitura di alloggi per fini non residenziali, il trasporto di beni, i servizi di noleggio di autovetture, i servizi di *catering* o i servizi riguardanti le attività del tempo libero qualora il contratto preveda una data o un periodo di esecuzione specifici;

o) la fornitura di contenuto digitale mediante un supporto non materiale se l'esecuzione è iniziata con l'accordo espresso del consumatore e con la sua accettazione del fatto che in tal caso avrebbe perso il diritto di recesso.

Sezione III

Altri diritti del consumatore

60. Ambito di applicazione. – 1. Gli articoli 61 e 63 si applicano ai contratti di vendita. Detti articoli non si applicano ai contratti per la fornitura di acqua, gas o elettricità, quando non sono messi in vendita in un volume limitato o in quantità determinata, di teleriscaldamento o di contenuto digitale non fornito su un supporto materiale.

2. Gli articoli 62, 64 e 65 si applicano ai contratti di vendita, ai contratti di servizio e ai contratti di fornitura di acqua, gas, elettricità, teleriscaldamento o contenuto digitale.

61. Consegna. – 1. Salva diversa pattuizione delle parti del contratto di vendita, il professionista è obbligato a consegnare i beni al consumatore senza ritardo ingiustificato e al più tardi entro trenta giorni dalla data di conclusione del contratto.

2. L'obbligazione di consegna è adempiuta mediante il trasferimento della disponibilità materiale o comunque del controllo dei beni al consumatore.

3. Se il professionista non adempie all'obbligo di consegna dei beni entro il termine pattuito ovvero entro il termine di cui al comma 1, il con-

sumatore lo invita ad effettuare la consegna entro un termine supplementare appropriato alle circostanze. Se il termine supplementare così concesso scade senza che i beni gli siano stati consegnati, il consumatore è legittimato a risolvere il contratto, salvo il diritto al risarcimento dei danni.

4. Il consumatore non è gravato dall'onere di concedere al professionista il termine supplementare di cui al comma 3 se:

a) il professionista si è espressamente rifiutato di consegnare i beni, ovvero;

b) se il rispetto del termine pattuito dalle parti per la consegna del bene deve considerarsi essenziale, tenuto conto di tutte le circostanze che hanno accompagnato la conclusione del contratto, ovvero;

c) se il consumatore ha informato il professionista, prima della conclusione del contratto, che la consegna entro o ad una data determinata è essenziale.

5. Nei casi previsti dal comma 4, se non riceve in consegna il bene entro il termine pattuito con il professionista ovvero entro il termine di cui al comma 1, il consumatore è legittimato a risolvere immediatamente il contratto, salvo il diritto al risarcimento dei danni.

6. Nel caso di risoluzione posta in essere dal consumatore a norma dei commi 3 e 5, il professionista è tenuto a rimborsargli senza indebito ritardo tutte le somme versate in esecuzione del contratto.

7. È fatta salva la possibilità per il consumatore di far valere i diritti di cui al Capo XIV del Titolo II del Libro IV del codice civile.

62. Tariffe per l'utilizzo di mezzi di pagamento. – 1. Ai sensi dell'articolo 3, comma 4, del decreto legislativo 27 gennaio 2010, n. 11, i professionisti non possono imporre ai consumatori, in relazione all'uso di determinati strumenti di pagamento, spese per l'uso di detti strumenti, ovvero nei casi espressamente stabiliti, tariffe che superino quelle sostenute dal professionista.

2. L'istituto di emissione della carta di pagamento riaccredita al consumatore i pagamenti in caso di addebitamento eccedente rispetto al prezzo pattuito ovvero in caso di uso fraudolento della propria carta di pagamento da parte del professionista o di un terzo. L'istituto di emissione della carta di pagamento ha diritto di addebitare al professionista le somme riaccreditate al consumatore.

63. Passaggio del rischio. – 1. Nei contratti che pongono a carico del professionista l'obbligo di provvedere alla spedizione dei beni il rischio della perdita o del danneggiamento dei beni, per causa non imputabile al venditore, si trasferisce al consumatore soltanto nel momento in cui quest'ultimo, o un terzo da lui designato e diverso dal vettore, entra materialmente in possesso dei beni.

2. Tuttavia, il rischio si trasferisce al consumatore già nel momento della consegna del bene al vettore qualora quest'ultimo sia stato scelto dal consumatore e tale scelta non sia stata proposta dal professionista, fatti salvi i diritti del consumatore nei confronti del vettore.

64. Comunicazione telefonica. – 1. Qualora il professionista utilizza una linea telefonica allo scopo di essere contattato dal consumatore per telefono in merito al contratto concluso, il consumatore non è tenuto a pagare più della tariffa di base quando contatta il professionista, fermo restando il diritto dei fornitori dei servizi di comunicazione elettronica di applicare una tariffa per dette telefonate.

65. Pagamenti supplementari. – 1. Prima che il consumatore sia vincolato dal contratto o dall'offerta, il professionista chiede il consenso espresso del consumatore per qualsiasi pagamento supplementare oltre alla remunerazione concordata per l'obbligo contrattuale principale del professionista. Se il professionista non ottiene il consenso espresso del consumatore ma l'ha dedotto utilizzando opzioni prestabilite che il consumatore deve rifiutare per evitare il pagamento supplementare, il consumatore ha diritto al rimborso di tale pagamento.

Sezione IV
Disposizioni generali

66. Tutela amministrativa e giurisdizionale. – 1. Al fine di garantire il rispetto delle disposizioni contenute nelle Sezioni da I a IV del presente Capo da parte degli operatori, trovano applicazione le disposizioni di cui agli articoli 27, 139, 140, 140 *bis*, 141 e 144 del presente Codice.

2. L'Autorità Garante della Concorrenza e del Mercato, d'ufficio o su istanza di ogni soggetto o organizzazione che ne abbia interesse, accerta le violazioni delle norme di cui alle Sezioni da I a IV del presente Capo nonché dell'articolo 141 *sexies*, commi 1, 2 e 3 ([1]), ne inibisce la continuazione e ne elimina gli effetti.

3. In materia di accertamento e sanzione delle violazioni, si applica l'articolo 27, commi da 2 a 15, del presente Codice.

4. L'Autorità Garante della Concorrenza e del Mercato svolge le funzioni di autorità competente ai sensi dell'articolo 3, lettera *c*), del regolamento (CE) n. 2006/2004 del Parlamento europeo e del Consiglio, del 27 ottobre 2004, nelle materie di cui alle Sezioni da I a IV del presente Capo.

5. È comunque fatta salva la giurisdizione del giudice ordinario. È altresì fatta salva la possibilità di promuovere la risoluzione extragiudiziale delle controversie inerenti al rapporto di consumo, nelle materie di cui alle sezioni da I a IV del presente capo, mediante il ricorso alle procedure di cui alla parte V, titolo II *bis*, del presente codice (2).

(1) *Le parole: «nonché dell'articolo 141* sexies, *commi 1, 2 e 3» sono state inserite dall'art. 1, comma 6, del D.L.vo 6 agosto 2015, n. 130. A norma dell'art. 2, comma 1, dello stesso provvedimento le disposizioni concernenti l'attuazione del regolamento (UE) n. 524/2013 del Parlamento europeo e del Consiglio, del 21 maggio 2013, relativo alla risoluzione delle controversie online dei consumatori, si applicano a decorrere dal 9 gennaio 2016.*

(2) *Questo comma è stato così sostituito dall'art. 1, comma 7, del D.L.vo 6 agosto 2015, n. 130. A norma dell'art. 2, comma 1, dello stesso provvedimento le disposizioni concernenti l'attuazione del regolamento (UE) n. 524/2013 del Parlamento europeo e del Consiglio, del 21 maggio 2013, relativo alla risoluzione delle controversie online dei consumatori, si applicano a decorrere dal 9 gennaio 2016.*

66 *bis*. Foro competente. – 1. Per le controversie civili inerenti all'applicazione delle Sezioni da I a IV del presente capo la competenza territoriale inderogabile è del giudice del luogo di residenza o di domicilio del consumatore, se ubicati nel territorio dello Stato.

66 *ter*. Carattere imperativo. – 1. Se il diritto applicabile al contratto è quello di uno Stato membro dell'Unione europea, i consumatori residenti in Italia non possono rinunciare ai diritti conferiti loro dalle disposizioni delle Sezioni da I a IV del presente Capo.

2. Eventuali clausole contrattuali che escludano o limitino, direttamente o indirettamente, i diritti derivanti dalle disposizioni delle Sezioni da I a IV del presente Capo, non vincolano il consumatore.

66 *quater*. Informazione e ricorso extragiudiziale. – 1. Le comunicazioni e i documenti relativi ai contratti negoziati fuori dai locali commerciali e ai contratti a distanza, ivi compresi i moduli, i formulari, le note d'ordine, la pubblicità o le comunicazioni sui siti Internet, devono contenere un riferimento al presente Capo.

2. L'operatore può adottare appositi codici di condotta, secondo le modalità di cui all'articolo 27 *bis*.

3. Per la risoluzione delle controversie sorte dall'esatta applicazione dei contratti disciplinati dalle disposizioni delle sezioni da I a IV del presente capo è possibile ricorrere alle procedure di risoluzione extragiudiziale delle controversie, di cui alla parte V, titolo II *bis*, del presente codice (1).

(1) *Questo comma è stato così sostituito dall'art. 1, comma 8, del D.L.vo 6 agosto 2015, n. 130. A norma dell'art. 2, comma 1, dello stesso provvedimento le disposizioni concernenti l'attuazione del regolamento (UE) n. 524/2013 del Parlamento europeo e del Consiglio, del 21 maggio 2013, relativo alla risoluzione delle controversie online dei consumatori, si applicano a decorrere dal 9 gennaio 2016.*

66 *quinquies*. Fornitura non richiesta. – 1. Il consumatore è esonerato dall'obbligo di fornire qualsiasi prestazione corrispettiva in caso di fornitura non richiesta di beni, acqua, gas, elettricità, teleriscaldamento o contenuto digitale o di prestazione non richiesta di servizi, vietate dall'articolo 20, comma 5, e dall'articolo 26, comma 1, lettera *f*), del presente Codice. In tali casi, l'assenza di una risposta da parte del consumatore in seguito a tale fornitura non richiesta non costituisce consenso.

2. Salvo consenso del consumatore, da esprimersi prima o al momento della conclusione del contratto, il professionista non può adempiere eseguendo una fornitura diversa da quella pattuita, anche se di valore e qualità equivalenti o superiori.

67. Tutela in base ad altre disposizioni. – 1. Le disposizioni delle Sezioni da I a IV del presente Capo non escludono nè limitano i diritti che sono attribuiti al consumatore da altre norme dell'ordinamento giuridico di fonte comunitaria o adottate in conformità a norme comunitarie.

2. Per quanto non previsto dalle Sezioni da I a IV del presente Capo, si applicano le disposizioni del codice civile in tema di validità, formazione o efficacia dei contratti.

3. Ai contratti di cui alla sezione III del presente Capo si applicano altresì le disposizioni di cui agli articoli 18, 19 e 20 del decreto legislativo 31 marzo 1998, n. 114, e successive modificazioni, recante riforma della disciplina relativa al settore del commercio, a norma dell'articolo 4, comma 4, della legge 15 marzo 1997, n 59.

Sezione IV *bis*
Commercializzazione a distanza
di servizi finanziari ai consumatori [1]

[1] *Questa Sezione è stata inserita dall'art. 9, comma 1, del D.L.vo 23 ottobre 2007, n. 221.*

67 *bis*. Oggetto e campo di applicazione. – 1. Le disposizioni della presente sezione si applicano alla commercializzazione a distanza di servizi finanziari ai consumatori, anche quando una delle fasi della commercializzazione comporta la partecipazione, indipendentemente dalla sua natura giuridica, di un soggetto diverso dal fornitore.

2. Per i contratti riguardanti servizi finanziari costituiti da un accordo iniziale di servizio seguito da operazioni successive o da una serie di operazioni distinte della stessa natura scaglionate nel tempo, le disposizioni della presente sezione si applicano esclusivamente all'accordo iniziale. Se non vi è accordo iniziale di servizio, ma le operazioni successive o distinte della stessa natura scaglionate nel tempo sono eseguite tra le stesse parti contrattuali, gli articoli 67 *quater*, 67 *quinquies*, 67 *sexies*, 67 *septies*, 67 *octies*, 67 *novies* e 67 *decies* si applicano solo quando è eseguita la prima operazione. Tuttavia, se nessuna operazione della stessa natura è eseguita entro un periodo di un anno, l'operazione successiva è considerata come la prima di una nuova serie di operazioni e, di conseguenza, si applicano le disposizioni degli articoli 67 *quater*, 67 *quinquies*, 67 *sexies*, 67 *septies*, 67 *octies*, 67 *novies* e 67 *decies*.

3. Ferme restando le disposizioni che stabiliscono regimi di autorizzazione per la commercializzazione dei servizi finanziari in Italia, sono fatte salve, ove non espressamente derogate, le disposizioni in materia bancaria, finanziaria, assicurativa, dei sistemi di pagamento e di previdenza individuale, nonché le competenze delle autorità indipendenti di settore.

67 *ter*. Definizioni. – 1. Ai fini della presente sezione si intende per:

a) contratto a distanza: qualunque contratto avente per oggetto servizi finanziari, concluso tra un fornitore e un consumatore ai sensi dell'articolo 50, comma 1, lettera *a*);

b) servizio finanziario: qualsiasi servizio di natura bancaria, creditizia, di pagamento, di investimento, di assicurazione o di previdenza individuale;

c) fornitore: qualunque persona fisica o giuridica, soggetto pubblico o privato, che, nell'ambito delle proprie attività commerciali o professionali, è il fornitore contrattuale dei servizi finanziari oggetto di contratti a distanza;

d) consumatore: qualunque soggetto di cui all'articolo 3, comma 1, lettera *a*) del presente codice;

e) tecnica di comunicazione a distanza: qualunque mezzo che, ai sensi dell'articolo 50, comma 1, lettera *b*), del presente codice, possa impiegarsi per la commercializzazione a distanza di un servizio finanziario tra le parti;

f) supporto durevole: qualsiasi strumento che permetta al consumatore di memorizzare informazioni a lui personalmente dirette in modo che possano essere agevolmente recuperate durante un periodo di tempo adeguato ai fini cui sono destinate le informazioni stesse, e che consenta la riproduzione immutata delle informazioni memorizzate;

g) operatore o fornitore di tecnica di comunicazione a distanza: qualunque persona fisica o giuridica, pubblica o privata, la cui attività commerciale o professionale consista nel mettere a disposizione dei fornitori una o più tecniche di comunicazione a distanza;

h) reclamo del consumatore: una dichiarazione, sostenuta da validi elementi di prova, secondo cui un fornitore ha commesso o potrebbe commettere un'infrazione alla normativa sulla protezione degli interessi dei consumatori;

i) interessi collettivi dei consumatori: gli interessi di un numero di consumatori che sono stati o potrebbero essere danneggiati da un'infrazione.

67 *quater*. Informazione del consumatore prima della conclusione del contratto a distanza. – 1. Nella fase delle trattative e comunque prima che il consumatore sia vincolato da un contratto a distanza o da un'offerta, gli sono fornite le informazioni riguardanti:

a) il fornitore;

b) il servizio finanziario;

c) il contratto a distanza;

d) il ricorso.

2. Le informazioni di cui al comma 1, il cui fine commerciale deve risultare in maniera inequivocabile, sono fornite in modo chiaro e comprensibile con qualunque mezzo adeguato alla tecnica di comunicazione a distanza utilizzata, tenendo debitamente conto in particolare dei doveri di correttezza e buona fede nella fase precontrattuale

e dei principi che disciplinano la protezione degli incapaci di agire e dei minori.

3. Le informazioni relative agli obblighi contrattuali, da comunicare al consumatore nella fase precontrattuale, devono essere conformi agli obblighi contrattuali imposti dalla legge applicabile al contratto a distanza anche qualora la tecnica di comunicazione impiegata sia quella elettronica.

4. Se il fornitore ha sede in uno Stato non appartenente all'Unione europea, le informazioni di cui al comma 3 devono essere conformi agli obblighi contrattuali imposti dalla legge italiana qualora il contratto sia concluso.

67 *quinquies*. Informazioni relative al fornitore. – 1. Le informazioni relative al fornitore riguardano:

a) l'identità del fornitore e la sua attività principale, l'indirizzo geografico al quale il fornitore è stabilito e qualsiasi altro indirizzo geografico rilevante nei rapporti tra consumatore e fornitore;

b) l'identità del rappresentante del fornitore stabilito nello Stato membro di residenza del consumatore e l'indirizzo geografico rilevante nei rapporti tra consumatore e rappresentante, quando tale rappresentante esista ([1]);

c) se il consumatore ha relazioni commerciali con un professionista diverso dal fornitore, l'identità del professionista, la veste in cui agisce nei confronti del consumatore, nonché l'indirizzo geografico rilevante nei rapporti tra consumatore e professionista;

d) se il fornitore è iscritto in un registro commerciale o in un pubblico registro analogo, il registro di commercio in cui il fornitore è iscritto e il numero di registrazione o un elemento equivalente per identificarlo nel registro;

e) qualora l'attività del fornitore sia soggetta ad autorizzazione, gli estremi della competente autorità di controllo.

([1]) *Questa lettera è stata così sostituita dall'art. 5, comma 1, lett.* a), *della L. 15 dicembre 2011, n. 217.*

67 *sexies*. Informazioni relative al servizio finanziario. – 1. Le informazioni relative al servizio finanziario riguardano:

a) una descrizione delle principali caratteristiche del servizio finanziario;

b) il prezzo totale che il consumatore dovrà corrispondere al fornitore per il servizio finanziario, compresi tutti i relativi oneri, commissioni e spese e tutte le imposte versate tramite il fornitore o, se non è possibile indicare il prezzo esatto, la base di calcolo del prezzo, che consenta al consumatore di verificare quest'ultimo;

c) se del caso, un avviso indicante che il servizio finanziario è in rapporto con strumenti che implicano particolari rischi dovuti a loro specifiche caratteristiche o alle operazioni da effettuare, o il cui prezzo dipenda dalle fluttuazioni dei mercati finanziari su cui il fornitore non esercita alcuna influenza, e che i risultati ottenuti in passato non costituiscono elementi indicativi riguardo ai risultati futuri;

d) l'indicazione dell'eventuale esistenza di altre imposte e costi non versati tramite il fornitore o non fatturati da quest'ultimo;

e) qualsiasi limite del periodo durante il quale sono valide le informazioni fornite;

f) le modalità di pagamento e di esecuzione, nonché le caratteristiche essenziali delle condizioni di sicurezza delle operazioni di pagamento da effettuarsi nell'ambito dei contratti a distanza;

g) qualsiasi costo specifico aggiuntivo per il consumatore relativo all'utilizzazione della tecnica di comunicazione a distanza, se addebitato;

h) l'indicazione dell'esistenza di collegamenti o connessioni con altri servizi finanziari, con la illustrazione degli eventuali effetti complessivi derivanti dalla combinazione.

67 *septies*. Informazioni relative al contratto a distanza. – 1. Le informazioni relative al contratto a distanza riguardano:

a) l'esistenza o la mancanza del diritto di recesso conformemente all'articolo 67 *duodecies* e, se tale diritto esiste, la durata e le modalità d'esercizio, comprese le informazioni relative all'importo che il consumatore può essere tenuto a versare ai sensi dell'articolo 67 *ter decies*, comma 1, nonché alle conseguenze derivanti dal mancato esercizio di detto diritto;

b) la durata minima del contratto a distanza, in caso di prestazione permanente o periodica di servizi finanziari;

c) le informazioni relative agli eventuali diritti delle parti, secondo i termini del contratto a distanza, di mettere fine allo stesso prima della scadenza o unilateralmente, comprese le penali eventualmente stabilite dal contratto in tali casi;

d) le istruzioni pratiche per l'esercizio del diritto di recesso, comprendenti tra l'altro il mezzo, inclusa in ogni caso la lettera raccomandata con avviso di ricevimento, e l'indirizzo a cui deve essere inviata la comunicazione di recesso;

e) lo Stato membro o gli Stati membri sulla cui legislazione il fornitore si basa per instaurare rapporti con il consumatore prima della conclusione del contratto a distanza;

f) qualsiasi clausola contrattuale sulla legislazione applicabile al contratto a distanza e sul foro competente;

g) la lingua o le lingue in cui sono comunicate le condizioni contrattuali e le informazioni preliminari di cui al presente articolo, nonché la lingua o le lingue in cui il fornitore, con l'accordo del consumatore, si impegna a comunicare per la durata del contratto a distanza.

67 *octies*. Informazioni relative al ricorso. – 1. Le informazioni relative al ricorso riguardano:

a) l'esistenza o la mancanza di procedure extragiudiziali di reclamo e di ricorso accessibili al consumatore che è parte del contratto a distanza e, ove tali procedure esistono, le modalità che consentono al Consumatore di avvalersene;

b) l'esistenza di fondi di garanzia o di altri dispositivi di indennizzo.

67 *novies*. Comunicazioni mediante telefonia vocale. – 1. In caso di comunicazioni mediante telefonia vocale:

a) l'identità del fornitore e il fine commerciale della chiamata avviata dal fornitore sono dichiarati in maniera inequivoca all'inizio di qualsiasi conversazione con il consumatore;

b) devono essere fornite, previo consenso del consumatore, solo le informazioni seguenti:

1) l'identità della persona in contatto con il consumatore e il suo rapporto con il fornitore;

2) una descrizione delle principali caratteristiche del servizio finanziario;

3) il prezzo totale che il consumatore dovrà corrispondere al fornitore per il servizio finanziario, comprese tutte le imposte versate tramite il fornitore o, se non è possibile indicare il prezzo esatto, la base di calcolo del prezzo, che consenta al consumatore di verificare quest'ultimo;

4) l'indicazione dell'eventuale esistenza di altre imposte e/o costi non versati tramite il fornitore o non fatturati da quest'ultimo;

5) l'esistenza o la mancanza del diritto di recesso conformemente all'articolo 67 *duodecies* e, se tale diritto esiste, la durata e le modalità d'esercizio, comprese le informazioni relative all'importo che il consumatore può essere tenuto a versare ai sensi dell'articolo 67 *ter decies*, comma 1.

2. Il fornitore comunica al consumatore che altre informazioni sono disponibili su richiesta e ne precisa la natura. Il fornitore comunica in ogni caso le informazioni complete quando adempie ai propri obblighi ai sensi dell'articolo 67 *undecies*.

67 *decies*. Requisiti aggiuntivi in materia di informazioni. – 1. Oltre alle informazioni di cui agli articoli 67 *quater*, 67 *quinquies*, 67 *sexies*, 67 *septies* e 67 *octies* sono applicabili le disposizioni più rigorose previste dalla normativa di settore che disciplina l'offerta del servizio o del prodotto interessato.

2. Il Ministero dello sviluppo economico comunica alla Commissione europea le disposizioni nazionali sui requisiti di informazione preliminare che sono aggiuntive rispetto a quelle di cui all'articolo 3, paragrafo 1, della direttiva 2002/65/CE.

3. Le autorità di vigilanza del settore bancario, assicurativo, finanziario e della previdenza complementare comunicano al Ministero dello sviluppo economico le disposizioni di cui al comma 2, per le materie di rispettiva competenza.

4. Le informazioni di cui al comma 2 sono messe a disposizione dei consumatori e dei fornitori, anche mediante l'utilizzo di sistemi telematici, a cura del Ministero dello sviluppo economico.

67 *undecies*. Comunicazione delle condizioni contrattuali e delle informazioni preliminari. – 1. Il fornitore comunica al consumatore tutte le condizioni contrattuali, nonché le informazioni di cui agli articoli 67 *quater*, 67 *quinquies*, 67 *sexies*, 67 *septies*, 67 *octies*, 67 *novies* e 67 *decies*, su supporto cartaceo o su un altro supporto durevole, disponibile e accessibile per il consumatore in tempo utile, prima che lo stesso sia vincolato da un contratto a distanza o da un'offerta.

2. Il fornitore ottempera all'obbligo di cui al comma 1 subito dopo la conclusione del contratto a distanza, se quest'ultimo è stato concluso su richiesta del consumatore utilizzando una tecnica di comunicazione a distanza che non consente di trasmettere le condizioni contrattuali nè le informazioni ai sensi del comma 1.

3. In qualsiasi momento del rapporto contrattuale il consumatore, se lo richiede, ha il diritto di ricevere le condizioni contrattuali su supporto cartaceo. Inoltre lo stesso ha il diritto di cambiare la tecnica di comunicazione a distanza utilizzata,

a meno che ciò non sia incompatibile con il contratto concluso o con la natura del servizio finanziario prestato.

67 *duodecies*. Diritto di recesso. – 1. Il consumatore dispone di un termine di quattordici giorni per recedere dal contratto senza penali e senza dover indicare il motivo.

2. Il predetto termine è esteso a trenta giorni per i contratti a distanza aventi per oggetto le assicurazioni sulla vita di cui al decreto legislativo 7 settembre 2005, n. 209, recante Codice delle assicurazioni private, e le operazioni aventi ad oggetto gli schemi pensionistici individuali.

3. Il termine durante il quale può essere esercitato il diritto di recesso decorre alternativamente:

a) dalla data della conclusione del contratto, tranne nel caso delle assicurazioni sulla vita, per le quali il termine comincia a decorrere dal momento in cui al consumatore è comunicato che il contratto è stato concluso;

b) dalla data in cui il consumatore riceve le condizioni contrattuali e le informazioni di cui all'articolo 67 *undecies*, se tale data è successiva a quella di cui alla lettera *a*).

4. L'efficacia dei contratti relativi ai servizi di investimento è sospesa durante la decorrenza del termine previsto per l'esercizio del diritto di recesso.

5. Il diritto di recesso non si applica:

a) ai servizi finanziari, diversi dal servizio di gestione su base individuale di portafogli di investimento se gli investimenti non sono stati già avviati, il cui prezzo dipende da fluttuazioni del mercato finanziario che il fornitore non è in grado di controllare e che possono aver luogo durante il periodo di recesso, quali ad esempio i servizi riguardanti:

1) operazioni di cambio;

2) strumenti del mercato monetario;

3) valori mobiliari;

4) quote di un organismo di investimento collettivo;

5) contratti a termine fermo (*futures*) su strumenti finanziari, compresi gli strumenti equivalenti che si regolano in contanti;

6) contratti a termine su tassi di interesse (FRA);

7) contratti *swaps* su tassi d'interesse, su valute o contratti di scambio connessi ad azioni o a indici azionari (*equity swaps*);

8) opzioni per acquistare o vendere qualsiasi strumento previsto dalla presente lettera, compresi gli strumenti equivalenti che si regolano in contanti. Sono comprese in particolare in questa categoria le opzioni su valute e su tassi d'interesse;

b) alle polizze di assicurazione viaggio e bagagli o alle analoghe polizze assicurative a breve termine di durata inferiore a un mese;

c) ai contratti interamente eseguiti da entrambe le parti su esplicita richiesta scritta del consumatore prima che quest'ultimo eserciti il suo diritto di recesso, [nonché ai contratti di assicurazione obbligatoria della responsabilità civile per i danni derivanti dalla circolazione dei veicoli a motore e dei natanti, per i quali si sia verificato l'evento assicurato] ([1]);

d) alle dichiarazioni dei consumatori rilasciate dinanzi ad un pubblico ufficiale a condizione che il pubblico ufficiale confermi che al consumatore sono garantiti i diritti di cui all'articolo 67 *undecies*, comma 1.

6. Se esercita il diritto di recesso, il consumatore invia, prima dello scadere del termine e secondo le istruzioni che gli sono state date ai sensi dell'articolo 67 *septies*, comma 1, lettera *d*), una comunicazione scritta al fornitore, mediante lettera raccomandata con avviso di ricevimento o altro mezzo indicato ai sensi dell'articolo 67 *septies*, comma 1, lettera *d*).

7. Il presente articolo non si applica alla risoluzione dei contratti di credito disciplinata dagli articoli 67, comma 6, e 77.

8. Se ad un contratto a distanza relativo ad un determinato servizio finanziario è aggiunto un altro contratto a distanza riguardante servizi finanziari prestati da un fornitore o da un terzo sulla base di un accordo tra il terzo e il fornitore, questo contratto aggiuntivo è risolto, senza alcuna penale, qualora il consumatore eserciti il suo diritto di recesso secondo le modalità fissate dal presente articolo.

([1]) *Le parole fra parentesi quadrate sono state soppresse dall'art. 5, comma 1, lett.* b), *della L. 15 dicembre 2011, n. 217.*

67 *ter decies*. Pagamento del servizio fornito prima del recesso. – 1. Il consumatore che esercita il diritto di recesso previsto dall'articolo 67 *duodecies*, comma 1, è tenuto a pagare solo l'importo del servizio finanziario effettivamente prestato dal fornitore conformemente al contratto a distanza. L'esecuzione del contratto può iniziare solo previa richiesta del consumatore. Nei contratti di assicurazione l'impresa trattiene la frazione di premio relativa al periodo in cui il contratto ha avuto effetto.

2. L'importo di cui al comma 1 non può:

a) eccedere un importo proporzionale all'importanza del servizio già fornito in rapporto a tutte le prestazioni previste dal contratto a distanza;

b) essere di entità tale da poter costituire una penale.

3. Il fornitore non può esigere dal consumatore il pagamento di un importo in base al comma 1 se non è in grado di provare che il consumatore è stato debitamente informato dell'importo dovuto, in conformità all'articolo 67 *septies*, comma 1, lettera *a*). Egli non può tuttavia in alcun caso esigere tale pagamento se ha dato inizio all'esecuzione del contratto prima della scadenza del periodo di esercizio del diritto di recesso di cui all'articolo 67 *duodecies*, comma 1, senza che vi fosse una preventiva richiesta del consumatore.

4. Il fornitore è tenuto a rimborsare al consumatore, entro e non oltre trenta giorni [1], tutti gli importi da questo versatigli in conformità del contratto a distanza, ad eccezione dell'importo di cui al comma 1. Il periodo decorre dal giorno in cui il fornitore riceve la comunicazione di recesso. L'impresa di assicurazione deve adempiere alle obbligazioni derivanti dal contratto, concernenti il periodo in cui il contratto medesimo ha avuto effetto.

5. Il consumatore paga al fornitore il corrispettivo di cui al comma 1 e gli restituisce qualsiasi bene o importo che abbia ricevuto da quest'ultimo entro e non oltre trenta giorni [2] dall'invio della comunicazione di recesso. Non sono ripetibili gli indennizzi e le somme eventualmente corrisposte dall'impresa agli assicurati e agli altri aventi diritto a prestazioni assicurative.

6. Per i finanziamenti diretti principalmente a permettere di acquistare o mantenere diritti di proprietà su terreni o edifici esistenti o progettati, o di rinnovare o ristrutturare edifici, l'efficacia del recesso è subordinata alla restituzione di cui al comma 5.

(1) *Le parole: «entro quindici giorni» sono state così sostituite dalle attuali: «entro e non oltre trenta giorni» dall'art. 5, comma 1, lett.* c), *della L. 15 dicembre 2011, n. 217.*

(2) *Le parole: «entro quindici giorni» sono state così sostituite dalle attuali: «entro e non oltre trenta giorni» dall'art. 5, comma 1, lett.* d), *della L. 15 dicembre 2011, n. 217.*

67 *quater decies*. Pagamento dei servizi finanziari offerti a distanza. – 1. Il consumatore può effettuare il pagamento con carte di credito, debito o con altri strumenti di Pagamento, ove ciò sia previsto tra le modalità di pagamento, che gli sono comunicate ai sensi dell'articolo 67 *sexies*, comma 1, lettera *f*).

2. Fatta salva l'applicazione dell'articolo 12 del decreto legge 3 maggio 1991, n. 143, convertito, con modificazioni, dalla legge 5 luglio 1991, n. 197, l'ente che emette o fornisce lo strumento di pagamento riaccredita al consumatore i pagamenti non autorizzati o dei quali questi dimostri l'eccedenza rispetto al prezzo pattuito ovvero l'effettuazione mediante l'uso fraudolento della propria carta di pagamento da parte del fornitore o di un terzo. L'ente che emette o fornisce lo strumento di pagamento ha diritto di addebitare al fornitore le somme riaccreditate al consumatore.

3. Fermo restando quanto previsto dal decreto legislativo 7 marzo 2005, n. 82, e successive modifiche ed integrazioni, sul valore probatorio della firma elettronica e dei documenti elettronici, è in capo all'ente che emette o fornisce lo strumento di pagamento, l'onere di provare che la transazione di pagamento è stata autorizzata, accuratamente registrata e contabilizzata e che la medesima non è stata alterata da guasto tecnico o da altra carenza. L'uso dello strumento di pagamento non comporta necessariamente che il pagamento sia stato autorizzato.

4. Relativamente alle operazioni di pagamento da effettuarsi nell'ambito di contratti a distanza, il fornitore adotta condizioni di sicurezza conformi a quanto disposto ai sensi dell'articolo 146 del testo unico delle leggi in materia bancaria e creditizia, di cui al decreto legislativo 1° settembre 1993, n. 385, avendo riguardo, in particolare, alle esigenze di integrità, di autenticità e di tracciabilità delle operazioni medesime.

67 *quinquies decies*. Servizi non richiesti. – 1. Il consumatore non è tenuto ad alcuna prestazione corrispettiva in caso di fornitura non richiesta. In ogni caso, l'assenza di risposta non implica consenso del consumatore.

2. Salve le sanzioni previste dall'articolo 67 *septies decies*, ogni servizio non richiesto di cui al presente articolo costituisce pratica commerciale scorretta ai sensi degli articoli 21, 22, 23, 24, 25 e 26.

67 *sexies decies*. Comunicazioni non richieste. – 1. L'utilizzazione da parte di un fornitore delle seguenti tecniche di comunicazione a distanza richiede il previo consenso del consumatore:

a) sistemi di chiamata senza intervento di un operatore mediante dispositivo automatico;

b) telefax.

2. Le tecniche di comunicazione a distanza diverse da quelle indicate al comma 1, quando consentono una comunicazione individuale, non sono autorizzate se non è stato ottenuto il consenso del consumatore interessato.

3. Le misure di cui ai commi 1 e 2 non comportano costi per i consumatori.

3 *bis*. È fatta salva la disciplina prevista dall'articolo 130, comma 3 *bis*, del codice in materia di protezione dei dati personali, di cui al decreto legislativo 30 giugno 2003, n. 196, e successive modificazioni, per i trattamenti dei dati inclusi negli elenchi di abbonati a disposizione del pubblico ([1]).

([1]) *Questo comma è stato aggiunto dall'art. 6, comma 2, lett.* a bis), *del D.L. 13 maggio 2011, n. 70, convertito, con modificazioni, nella L. 12 luglio 2011, n. 106.*

67 *septies decies*. Sanzioni. – 1. Salvo che il fatto costituisca reato, il fornitore che contravviene alle norme di cui alla presente sezione, ovvero che ostacola l'esercizio del diritto di recesso da parte del consumatore ovvero non rimborsa al consumatore le somme da questi eventualmente pagate, è punito con la sanzione amministrativa pecuniaria, per ciascuna violazione, da euro cinquemila a euro cinquantamila.

2. Nei casi di particolare gravità o di recidiva, nonché nell'ipotesi della violazione dell'articolo 67 *novies decies*, comma 3, i limiti minimo e massimo della sanzione indicata al comma l sono raddoppiati.

3. Le autorità di vigilanza dei settori bancario, assicurativo, finanziario e della previdenza complementare e, ciascuna nel proprio ambito di competenza, accertano le violazioni alle disposizioni di cui alla presente sezione e le relative sanzioni sono irrogate secondo le procedure rispettivamente applicabili in ciascun settore.

4. Il contratto è nullo, nel caso in cui il fornitore ostacola l'esercizio del diritto di recesso da parte del contraente ovvero non rimborsa le somme da questi eventualmente pagate, ovvero viola gli obblighi di informativa precontrattuale in modo da alterare in modo significativo la rappresentazione delle sue caratteristiche.

5. La nullità può essere fatta valere solo dal consumatore e obbliga le parti alla restituzione di quanto ricevuto. Nei contratti di assicurazione l'impresa è tenuta alla restituzione dei premi pagati e deve adempiere alle obbligazioni concernenti il periodo in cui il contratto ha avuto esecuzione. Non sono ripetibili gli indennizzi e le somme eventualmente corrisposte dall'impresa agli assicurati e agli altri aventi diritto a prestazioni assicurative. È fatto salvo il diritto del Consumatore ad agire per il risarcimento dei danni.

6. Sono fatte salve le sanzioni previste nel decreto legislativo 30 giugno 2003, n. 196.

67 *octies decies*. Irrinunciabilità dei diritti. – 1. I diritti attribuiti al consumatore dalla presente sezione sono irrinunciabili. È nulla ogni pattuizione che abbia l'effetto di privare il consumatore della protezione assicurata dalle disposizioni della presente sezione. La nullità può essere fatta valere solo dal consumatore e può essere rilevata d'ufficio dal giudice.

2. Ove le parti abbiano scelto di applicare al contratto una legislazione diversa da quella italiana, al consumatore devono comunque essere riconosciute le condizioni di tutela previste dalla presente sezione.

67 *novies decies*. Ricorso giurisdizionale o amministrativo. – 1. Le associazioni dei consumatori iscritte all'elenco di cui all'articolo 137, sono legittimate a proporre alle competenti autorità di vigilanza, nell'ambito delle rispettive attribuzioni, al fine di tutelare gli interessi collettivi dei consumatori, reclamo per l'accertamento di violazioni delle disposizioni della presente sezione.

2. Le associazioni dei consumatori iscritte all'elenco di cui all'articolo 137, sono legittimate a proporre all'autorità giudiziaria l'azione inibitoria per far cessare le violazioni delle disposizioni della presente sezione nei confronti delle imprese o degli intermediari ai sensi dell'articolo 140.

3. Le autorità di vigilanza nei settori bancario, assicurativo, finanziario e della previdenza complementare, nell'esercizio dei rispettivi poteri, anche al di fuori dell'ipotesi di cui al comma 1, ordinano ai soggetti vigilati la cessazione o vietano l'inizio di pratiche non conformi alle disposizioni della presente sezione.

4. Sono fatte salve, ove non espressamente derogate, le disposizioni in materia bancaria, finanziaria, assicurativa e dei sistemi di pagamento, ivi comprese le attribuzioni delle rispettive autorità di vigilanza di settore.

67 *vicies*. Composizione extragiudiziale delle controversie. – 1. Il Ministero dell'economia e delle finanze, il Ministero dello sviluppo economico ed il Ministero della giustizia, sentite le autorità di vigilanza di settore, possono promuovere, nell'ambito degli ordinari stanziamenti di bilancio, l'istituzione di adeguate ed efficaci procedure extragiudiziali di reclamo e di ricorso per la composizione di controversie riguardanti i consumatori, conformi ai principi previsti dall'ordinamento comunitario e da quello nazionale e che operano nell'ambito della rete europea relativa ai servizi finanziari (FIN NET).

2. Gli organi di composizione extragiudiziale delle controversie comunicano ai Ministeri di cui al comma 1 le decisioni significative che adottano sulla commercializzazione a distanza dei servizi finanziari.

67 *vicies semel*. Onere della prova. – 1. Sul fornitore grava l'onere della prova riguardante:

a) l'adempimento agli obblighi di informazione del consumatore;

b) la prestazione del consenso del consumatore alla conclusione del contratto;

c) l'esecuzione del contratto;

d) la responsabilità per l'inadempimento delle obbligazioni derivanti dal contratto.

2. Le clausole che hanno per effetto l'inversione o la modifica dell'onere della prova di cui al comma 1 si presumono vessatorie ai sensi dell'articolo 33, comma 2, lettera *t*).

67 *vicies bis*. Misure transitorie. – 1. Le disposizioni della presente sezione si applicano anche nei confronti dei fornitori stabiliti in un altro Stato membro che non ha ancora recepito la direttiva 2002/65/CE e in cui non vigono obblighi corrispondenti a quelli in essa previsti.

Capo II
Commercio elettronico

68. Rinvio. – 1. Alle offerte di servizi della società dell'informazione, effettuate ai consumatori per via elettronica, si applicano, per gli aspetti non disciplinati dal presente codice, le disposizioni di cui al decreto legislativo 9 aprile 2003, n. 70, recante attuazione della direttiva 2000/31/CE del Parlamento europeo e del Consiglio, dell'8 giugno 2000, relativa a taluni aspetti giuridici dei servizi della società dell'informazione, in particolare il commercio elettronico, nel mercato interno.

Titolo IV
Disposizioni relative
ai singoli contratti

Capo I
Contratti di multiproprietà,
contratti relativi ai prodotti
per le vacanze di lungo termine,
contratti di rivendita e di scambio (1)

(1) *Questo capo è stato così sostituito dall'art. 2, comma 1, del D.L.vo 23 maggio 2011, n. 79.*

69. Definizioni. – 1. Ai fini del presente capo si intende per:

a) "contratto di multiproprietà": un contratto di durata superiore a un anno tramite il quale un consumatore acquisisce a titolo oneroso il diritto di godimento su uno o più alloggi per il pernottamento per più di un periodo di occupazione;

b) "contratto relativo a un prodotto per le vacanze di lungo termine": un contratto di durata superiore a un anno ai sensi del quale un consumatore acquisisce a titolo oneroso essenzialmente il diritto di ottenere sconti o altri vantaggi relativamente ad un alloggio, separatamente o unitamente al viaggio o ad altri servizi;

c) "contratto di rivendita": un contratto ai sensi del quale un operatore assiste a titolo oneroso un consumatore nella vendita o nell'acquisto di una multiproprietà o di un prodotto per le vacanze di lungo termine;

d) "contratto di scambio": un contratto ai sensi del quale un consumatore partecipa a titolo oneroso a un sistema di scambio che gli consente l'accesso all'alloggio per il pernottamento o ad altri servizi in cambio della concessione ad altri dell'accesso temporaneo ai vantaggi che risultano dai diritti derivanti dal suo contratto di multiproprietà;

e) "operatore": il "professionista", di cui all'articolo 3, comma 1, lettera *c*);

f) "consumatore": la persona fisica, di cui all'articolo 3, comma 1, lettera *a*);

g) "contratto accessorio": un contratto ai sensi del quale il consumatore acquista servizi connessi a un contratto di multiproprietà o a un contratto relativo a un prodotto per le vacanze di lungo termine e forniti dall'operatore o da un terzo sulla base di un accordo tra il terzo e l'operatore;

h) "supporto durevole": qualsiasi strumento che permetta al consumatore o all'operatore di memorizzare informazioni a lui personalmente dirette in modo che possano essere utilizzate per riferimento futuro per un periodo di tempo adeguato ai fini cui sono destinate le informazioni e che consenta la riproduzione immutata delle informazioni memorizzate;

i) "codice di condotta": un accordo o un insieme di regole che definisce il comportamento degli operatori che si impegnano a rispettare tale codice in relazione a una o più pratiche commerciali o ad uno o più settori d'attività specifici;

l) "responsabile del codice": qualsiasi soggetto, compresi un operatore o un gruppo di operatori responsabile dell'elaborazione e della revisione di un codice di condotta o del controllo dell'osservanza del codice da parte di coloro che si sono impegnati a rispettarlo.

2. Nel calcolo della durata di un contratto di multiproprietà o di un contratto relativo a un prodotto per le vacanze di lungo termine, quale definito al comma 1, rispettivamente alle lettere *a*) e *b*), si tiene conto di qualunque disposizione del contratto che ne consenta il rinnovo tacito o la proroga.

70. Pubblicità. – 1. Se un contratto di multiproprietà, un contratto relativo a un prodotto per le vacanze di lungo termine o un contratto di rivendita o di scambio viene offerto al consumatore in persona nell'ambito di una promozione o di un'iniziativa di vendita, l'operatore indica chiaramente nell'invito lo scopo commerciale e la natura dell'evento. Le informazioni di cui all'articolo 71, comma 1, sono a disposizione del consumatore in qualsiasi momento durante l'evento.

2. È fatto obbligo all'operatore di specificare in ogni pubblicità la possibilità di ottenere le informazioni di cui all'articolo 71, comma 1, e di indicare le modalità sul come ottenerle.

3. Una multiproprietà o un prodotto per le vacanze di lungo termine non sono commercializzati o venduti come investimenti.

71. Informazioni precontrattuali. – 1. In tempo utile prima che il consumatore sia vincolato da un contratto o da un'offerta, l'operatore fornisce al consumatore, in maniera chiara e comprensibile, informazioni accurate e sufficienti, secondo le seguenti modalità:

a) nel caso di un contratto di multiproprietà, tramite il formulario informativo di cui all'allegato II *bis* e le informazioni elencate nella parte 3 di detto formulario;

b) nel caso di un contratto relativo a un prodotto per le vacanze di lungo termine, tramite il formulario informativo di cui all'allegato II *ter* e le informazioni elencate nella parte 3 di detto formulario;

c) nel caso di un contratto di rivendita, tramite il formulario informativo di cui all'allegato II *quater* e le informazioni elencate nella parte 3 di detto formulario;

d) nel caso di un contratto di scambio, tramite il formulario informativo di cui all'allegato II *quinquies* e le informazioni elencate nella parte 3 di detto formulario.

2. Le informazioni di cui al comma 1 sono fornite a titolo gratuito dall'operatore su carta o altro supporto durevole facilmente accessibile al consumatore.

3. Le informazioni di cui al comma 1, sono redatte nella lingua italiana e in una delle lingue dello Stato dell'Unione europea in cui il consumatore risiede oppure di cui è cittadino, a scelta di quest'ultimo, purché si tratti di una lingua ufficiale della Unione europea.

72. Requisiti del contratto. – 1. Il contratto deve essere redatto per iscritto, a pena di nullità, su carta o altro supporto durevole, nella lingua italiana e in una delle lingue dello Stato dell'Unione europea in cui il consumatore risiede oppure di cui è cittadino, a sua scelta, purché si tratti di una lingua ufficiale della Unione europea.

2. Nel caso di un contratto di multiproprietà relativo a un bene immobile specifico, è fatto obbligo all'operatore di fornire al consumatore anche una traduzione conforme del contratto nella lingua dello Stato dell'Unione europea in cui è situato l'immobile.

3. In ogni caso, per qualsiasi tipo di contratto disciplinato dal presente Capo, all'operatore che svolge la propria attività di vendita nel territorio nazionale è fatto obbligo di fornire al consumatore il relativo contratto anche nella lingua italiana.

4. Le informazioni di cui all'articolo 71, comma 1, costituiscono parte integrante e sostanziale del contratto e non possono essere modificate salvo qualora vi sia l'accordo esplicito delle parti oppure qualora le modifiche siano causate da circostanze eccezionali e imprevedibili, indipendenti dalla volontà dell'operatore, le cui conseguenze non avrebbero potuto essere evitate neanche con la dovuta diligenza. Tali modifiche, indicate espressamente nel contratto, sono comunicate al

consumatore su carta o altro supporto durevole a lui facilmente accessibile, prima della conclusione del contratto.

5. Il contratto contiene, oltre alle informazioni di cui all'articolo 71, comma 1, i seguenti ulteriori elementi:

a) l'identità, il luogo di residenza e la firma di ciascuna delle parti;

b) la data e il luogo di conclusione del contratto.

6. Prima della conclusione del contratto l'operatore informa il consumatore sulle clausole contrattuali concernenti l'esistenza del diritto di recesso, la durata del periodo di recesso di cui all'articolo 73 e il divieto di versare acconti durante il periodo di recesso di cui all'articolo 76, le quali devono essere sottoscritte separatamente dal consumatore. Il contratto include un formulario separato di recesso, come riportato nell'allegato II *sexies*, inteso ad agevolare l'esercizio del diritto di recesso in conformità all'articolo 73.

7. Il consumatore riceve una copia o più copie del contratto all'atto della sua conclusione.

72 *bis*. Obbligo di fideiussione per i contratti di multiproprietà. – 1. L'operatore non avente la forma giuridica di società di capitali ovvero con un capitale sociale versato inferiore a 5.500.000 euro e non avente sede legale e sedi secondarie nel territorio dello Stato è obbligato a prestare idonea fideiussione bancaria o assicurativa a garanzia della corretta esecuzione del contratto.

2. L'operatore è in ogni caso obbligato a prestare fideiussione bancaria o assicurativa allorquando l'alloggio oggetto del contratto di multiproprietà sia in corso di costruzione, a garanzia dell'ultimazione dei lavori.

3. Delle fideiussioni deve farsi espressa menzione nel contratto di multiproprietà a pena di nullità.

4. Le garanzie di cui ai commi 1 e 2 non possono imporre al consumatore la preventiva esclusione dell'operatore.

73. Diritto di recesso. – 1. Al consumatore è concesso un periodo di quattordici giorni, naturali e consecutivi, per recedere, senza specificare il motivo, dal contratto di multiproprietà, dal contratto relativo a prodotti per le vacanze di lungo termine, dal contratto di rivendita e di scambio.

2. Il periodo di recesso si calcola:

a) dal giorno della conclusione del contratto definitivo o del contratto preliminare;

b) dal giorno in cui il consumatore riceve il contratto definitivo o il contratto preliminare, se posteriore alla data di cui alla lettera *a*).

3. Il periodo di recesso scade:

a) dopo un anno e quattordici giorni a decorrere dalla data di cui al comma 2 del presente articolo se il formulario di recesso separato previsto all'articolo 72, comma 4, non è stato compilato dall'operatore e consegnato al consumatore per iscritto, su carta o altro supporto durevole;

b) dopo tre mesi e quattordici giorni a partire dalla data di cui al comma 2 del presente articolo se le informazioni di cui all'articolo 71, comma 1, incluso il formulario informativo applicabile di cui agli allegati da III a VI, non sono state fornite al consumatore per iscritto, su carta o altro supporto durevole.

4. Se il formulario separato di recesso previsto all'articolo 72, comma 4, è stato compilato dall'operatore e consegnato al consumatore per iscritto, su carta o altro supporto durevole, entro un anno dalla data di cui al comma 2 del presente articolo, il periodo di recesso inizia a decorrere dal giorno in cui il consumatore riceve tale formulario. Analogamente, se le informazioni di cui all'articolo 71, comma 1, incluso il formulario informativo applicabile di cui agli allegati da III a VI, sono state fornite al consumatore per iscritto, su carta o altro supporto durevole, entro tre mesi dal giorno di cui al comma 2 del presente articolo, il periodo di recesso inizia a decorrere dal giorno in cui il consumatore riceve tali informazioni.

5. Nel caso in cui il contratto di scambio sia offerto al consumatore contestualmente al contratto di multiproprietà, ai due contratti si applica un unico periodo di recesso conformemente al comma 1. Il periodo di recesso per i due contratti è calcolato secondo le disposizioni del comma 2.

74. Modalità di esercizio ed effetti del diritto di recesso. – 1. Il diritto di recesso da parte del consumatore si esercita dandone comunicazione scritta, su carta o altro supporto durevole che assicuri la prova della spedizione anteriore alla scadenza del periodo di recesso, alla persona indicata nel contratto o, in mancanza, all'operatore.

2. All'uopo, il consumatore può utilizzare il formulario di recesso di cui all'allegato VII fornito dall'operatore a norma dell'articolo 72, comma 4.

3. L'esercizio del diritto di recesso da parte del consumatore, nei modi indicati al comma 1, pone fine all'obbligo delle parti di eseguire il contratto.

4. Il consumatore che esercita il diritto di recesso, non sostiene alcuna spesa, non è tenuto a pagare alcuna penalità, nè è debitore del valore corrispondente all'eventuale servizio reso prima del recesso.

75. Acconti. – 1. Per i contratti di multiproprietà, relativi a prodotti per le vacanze di lungo termine e di scambio è vietato qualunque versamento di danaro a titolo di acconto, prestazione di garanzie, l'accantonamento di denaro sotto forma di deposito bancario, il riconoscimento esplicito di debito od ogni altro onere da parte di un consumatore a favore dell'operatore o di un terzo prima della fine del periodo di recesso in conformità dell'articolo 73.

2. Per i contratti di rivendita è vietata qualunque forma di versamento di denaro a titolo di acconto, prestazione di garanzie, l'accantonamento di denaro sotto forma di deposito bancario, il riconoscimento esplicito del debito od ogni altro onere da parte di un consumatore a favore dell'operatore o di un terzo prima che la vendita abbia effettivamente luogo o che sia posta fine in altro modo al contratto di rivendita.

76. Disposizioni specifiche concernenti i contratti relativi a prodotti per le vacanze di lungo termine. – 1. Per i contratti relativi a prodotti per le vacanze di lungo termine, il pagamento è effettuato secondo scadenze periodiche. È vietato qualsiasi pagamento del prezzo specificato nel contratto che non sia conforme al piano di pagamento periodico concordato. I pagamenti, comprese le quote di affiliazione, sono ripartiti in rate annuali, ciascuna di pari valore, fermo restando gli adeguamenti riferiti ai sistemi di indicizzazione previsti dalla legge. L'operatore invia una richiesta scritta di pagamento, su carta o altro supporto durevole, almeno quattordici giorni, naturali e consecutivi, prima di ciascuna data di esigibilità.

2. Fatto salvo quanto previsto dall'articolo 73, a partire dal secondo pagamento rateale, il consumatore può porre fine al contratto senza incorrere in penali dando preavviso all'operatore entro quattordici giorni, naturali e consecutivi, dalla ricezione della richiesta di pagamento per ciascuna rata.

77. Risoluzione dei contratti accessori. – 1. L'esercizio da parte del consumatore del diritto di recesso dal contratto di multiproprietà o dal contratto relativo a un prodotto per le vacanze di lungo termine comporta automaticamente e senza alcuna spesa per il consumatore la risoluzione di tutti i contratti di scambio ad esso accessori e di qualsiasi altro contratto accessorio.

2. Fatto salvo quanto previsto dagli articoli 125 *ter* e 125 *quinquies* del decreto legislativo 1° settembre 1993, n. 385, in materia di contratti di credito ai consumatori, se il prezzo è interamente o parzialmente coperto da un credito concesso al consumatore dall'operatore o da un terzo in base a un accordo fra il terzo e l'operatore, il contratto di credito è risolto senza costi per il consumatore qualora il consumatore eserciti il diritto di recesso dal contratto di multiproprietà, dal contratto relativo a prodotti per le vacanze di lungo termine, o dal contratto di rivendita o di scambio.

78. Carattere imperativo delle disposizioni e applicazione in casi internazionali. – 1. Sono nulle le clausole contrattuali o i patti aggiunti di rinuncia del consumatore ai diritti previsti dal presente capo o di limitazione delle responsabilità previste a carico dell'operatore.

2. Per le controversie derivanti dall'applicazione del presente capo, la competenza territoriale inderogabile è del giudice del luogo di residenza o di domicilio del consumatore, se ubicati nel territorio dello Stato.

3. Ove le parti abbiano scelto di applicare ai contratti di cui al presente capo, una legislazione diversa da quella italiana, al consumatore devono comunque essere riconosciute le condizioni di tutela previste dal presente capo.

4. Ove la legge applicabile sia quella di un paese extracomunitario, i consumatori non possono essere privati della tutela garantita dal presente codice, nel caso di:

a) uno qualsiasi dei beni immobili interessati è situato sul territorio nazionale o di uno Stato dell'Unione europea;

b) nel caso di un contratto non direttamente collegato a beni immobili, l'operatore svolga attività commerciali o professionali in Italia o in uno Stato dell'Unione europea o diriga tali attività, con qualsiasi mezzo, verso l'Italia o uno Stato dell'Unione europea e il contratto rientri nell'ambito di dette attività.

79. Tutela amministrativa e giurisdizionale. – 1. Al fine di garantire il rispetto delle disposizioni contenute nel presente capo da parte degli operatori, i consumatori possono utilizzare gli strumenti specifici di cui agli articoli 27, 139, 140 e 140 *bis* del presente Codice.

2. È comunque fatta salva la giurisdizione del giudice ordinario.

80. Informazioni per i consumatori e ricorso extragiudiziale. – 1. L'operatore può adottare appositi codici di condotta, secondo le modalità di cui all'articolo 27 *bis*.

2. Per la risoluzione delle controversie sorte dall'esatta applicazione dei contratti disciplinati dal presente capo è possibile ricorrere alle procedure di mediazione, di cui al decreto legislativo 4 marzo 2010, n. 28. È fatta salva la possibilità di utilizzare le procedure di negoziazione volontaria e paritetica previste dall'articolo 2, comma 2, dello stesso decreto legislativo 4 marzo 2010, n. 28.

81. Sanzioni. – 1. Salvo che il fatto costituisca reato, l'operatore che contravviene alle norme di cui agli articoli 70, commi 1 e 2, 71, 72, 72 *bis*, 75, 76 e 77, è punito, per ogni singola violazione, con la sanzione amministrativa pecuniaria da 1.000 euro a 5.000 euro.

2. Si applica la sanzione amministrativa accessoria della sospensione dall'esercizio dell'attività da 30 giorni a sei mesi all'operatore che abbia commesso una ripetuta violazione delle disposizioni di cui al comma 1.

3. Ai fini dell'accertamento dell'infrazione e dell'applicazione della sanzione, si applica l'articolo 66 (1).

(1) *Le parole: «l'articolo 62, comma 3» sono state così sostituite dalle attuali: «l'articolo 66» dall'art. 1, comma 4, del D.L.vo 21 febbraio 2014, n. 21. A norma dell'art. 2, comma 1, del medesimo decreto, tali disposizioni entrano in vigore dal 13 giugno 2014 e si applicano ai contratti conclusi dopo tale data.*

81 *bis*. Tutela in base ad altre disposizioni. – 1. Le disposizioni del presente capo non escludono, nè limitano i diritti che sono attribuiti al consumatore da altre norme dell'ordinamento giuridico.

2. Per quanto non previsto dal presente capo, si applicano le disposizioni del codice civile in tema di contratti.

Capo II
Servizi turistici

82 - 100. (*Omissis*).(1)

(1) *Questi articoli sono stati abrogati dall'art. 3, comma 1, lett.* m), *del D.L.vo 23 maggio 2011, n. 79.*

Titolo V
Erogazione di servizi pubblici

Capo I
Servizi pubblici

101. Norma di rinvio. – 1. Lo Stato e le regioni, nell'ambito delle rispettive competenze, garantiscono i diritti degli utenti dei servizi pubblici attraverso la concreta e corretta attuazione dei principi e dei criteri previsti della normativa vigente in materia.

2. Il rapporto di utenza deve svolgersi nel rispetto di standard di qualità predeterminati e adeguatamente resi pubblici.

3. Agli utenti è garantita, attraverso forme rappresentative, la partecipazione alle procedure di definizione e di valutazione degli standard di qualità previsti dalle leggi.

4. La legge stabilisce per determinati enti erogatori di servizi pubblici l'obbligo di adottare, attraverso specifici meccanismi di attuazione diversificati in relazione ai settori, apposite carte dei servizi.

Parte IV
Sicurezza e qualità

Titolo I
Sicurezza dei prodotti

102. Finalità e campo di applicazione. – 1. Il presente titolo intende garantire che i prodotti immessi sul mercato ovvero in libera pratica siano sicuri.

2. Le disposizioni del presente titolo si applicano a tutti i prodotti definiti all'articolo 103, comma 1, lettera *a*). Ciascuna delle sue disposizioni si applica laddove non esistono, nell'ambito della normativa vigente, disposizioni specifiche aventi come obiettivo la sicurezza dei prodotti.

3. Se taluni prodotti sono soggetti a requisiti di sicurezza prescritti da normativa comunitaria, le disposizioni del presente titolo si applicano unicamente per gli aspetti ed i rischi o le categorie di rischio non soggetti a tali requisiti.

4. Ai prodotti di cui al comma 3 non si applicano l'articolo 103, comma 1, lettere *b*) e *c*), e gli articoli 104 e 105.

5. Ai prodotti di cui al comma 3 si applicano gli articoli da 104 a 108 se sugli aspetti disciplinati da tali articoli non esistono disposizioni specifiche riguardanti lo stesso obiettivo.

6. Le disposizioni del presente titolo non si applicano ai prodotti alimentari di cui al regolamento (CE) n. 178/2002, del Parlamento europeo e del Consiglio, del 28 gennaio 2002.

103. Definizioni. – 1. Ai fini del presente titolo si intende per:

a) prodotto sicuro: qualsiasi prodotto, come definito all'articolo 3, comma 1, lettera *e*), che, in condizioni di uso normali o ragionevolmente prevedibili, compresa la durata e, se del caso, la messa in servizio, l'installazione e la manutenzione, non presenti alcun rischio oppure presenti unicamente rischi minimi, compatibili con l'impiego del prodotto e considerati accettabili nell'osservanza di un livello elevato di tutela della salute e della sicurezza delle persone in funzione, in particolare, dei seguenti elementi:

1) delle caratteristiche del prodotto, in particolare la sua composizione, il suo imballaggio, le modalità del suo assemblaggio e, se del caso, della sua installazione e manutenzione;

2) dell'effetto del prodotto su altri prodotti, qualora sia ragionevolmente prevedibile l'utilizzazione del primo con i secondi;

3) della presentazione del prodotto, della sua etichettatura, delle eventuali avvertenze e istruzioni per il suo uso e la sua eliminazione, nonché di qualsiasi altra indicazione o informazione relativa al prodotto;

4) delle categorie di consumatori che si trovano in condizione di rischio nell'utilizzazione del prodotto, in particolare dei minori e degli anziani;

b) prodotto pericoloso: qualsiasi prodotto che non risponda alla definizione di prodotto sicuro di cui alla lettera *a*);

c) rischio grave: qualsiasi rischio grave compreso quello i cui effetti non sono immediati, che richiede un intervento rapido delle autorità pubbliche;

d) produttore: il fabbricante del prodotto stabilito nella Comunità e qualsiasi altra persona che si presenti come fabbricante apponendo sul prodotto il proprio nome, il proprio marchio o un altro segno distintivo, o colui che rimette a nuovo il prodotto; il rappresentante del fabbricante se quest'ultimo non è stabilito nella Comunità o, qualora non vi sia un rappresentante stabilito nella Comunità, l'importatore del prodotto; gli altri operatori professionali della catena di commercializzazione nella misura in cui la loro attività possa incidere sulle caratteristiche di sicurezza dei prodotti;

e) distributore: qualsiasi operatore professionale della catena di commercializzazione, la cui attività non incide sulle caratteristiche di sicurezza dei prodotti;

f) richiamo: le misure volte ad ottenere la restituzione di un prodotto pericoloso che il fabbricante o il distributore ha già fornito o reso disponibile ai consumatori;

g) ritiro: qualsiasi misura volta a impedire la distribuzione e l'esposizione di un prodotto pericoloso, nonché la sua offerta al consumatore.

2. La possibilità di raggiungere un livello di sicurezza superiore o di procurarsi altri prodotti che presentano un rischio minore non costituisce un motivo sufficiente per considerare un prodotto come non sicuro o pericoloso.

104. Obblighi del produttore e del distributore. – 1. Il produttore immette sul mercato solo prodotti sicuri.

2. Il produttore fornisce al consumatore tutte le informazioni utili alla valutazione e alla prevenzione dei rischi derivanti dall'uso normale o ragionevolmente prevedibile del prodotto, se non

sono immediatamente percettibili senza adeguate avvertenze, e alla prevenzione contro detti rischi. La presenza di tali avvertenze non esenta, comunque, dal rispetto degli altri obblighi previsti nel presente titolo.

3. Il produttore adotta misure proporzionate in funzione delle caratteristiche del prodotto fornito per consentire al consumatore di essere informato sui rischi connessi al suo uso e per intraprendere le iniziative opportune per evitare tali rischi, compresi il ritiro del prodotto dal mercato, il richiamo e l'informazione appropriata ed efficace dei consumatori.

4. Le misure di cui al comma 3 comprendono:

a) l'indicazione in base al prodotto o al suo imballaggio, dell'identità e degli estremi del produttore; il riferimento al tipo di prodotto o, eventualmente, alla partita di prodotti di cui fa parte, salva l'omissione di tale indicazione nei casi in cui sia giustificata;

b) i controlli a campione sui prodotti commercializzati, l'esame dei reclami e, se del caso, la tenuta di un registro degli stessi, nonché l'informazione ai distributori in merito a tale sorveglianza.

5. Le misure di ritiro, di richiamo e di informazione al consumatore, previste al comma 3, hanno luogo su base volontaria o su richiesta delle competenti autorità a norma dell'articolo 107. Il richiamo interviene quando altre azioni non siano sufficienti a prevenire i rischi del caso, ovvero quando i produttori lo ritengano necessario o vi siano tenuti in seguito a provvedimenti dell'autorità competente.

6. Il distributore deve agire con diligenza nell'esercizio della sua attività per contribuire a garantire l'immissione sul mercato di prodotti sicuri; in particolare è tenuto:

a) a non fornire prodotti di cui conosce o avrebbe dovuto conoscere la pericolosità in base alle informazioni in suo possesso e nella sua qualità di operatore professionale;

b) a partecipare al controllo di sicurezza del prodotto immesso sul mercato, trasmettendo le informazioni concernenti i rischi del prodotto al produttore e alle autorità competenti per le azioni di rispettiva competenza;

c) a collaborare alle azioni intraprese di cui alla lettera *b*), conservando e fornendo la documentazione idonea a rintracciare l'origine dei prodotti per un periodo di dieci anni dalla data di cessione al consumatore finale.

7. Qualora i produttori e i distributori sappiano o debbano sapere, sulla base delle informazioni in loro possesso e in quanto operatori professionali, che un prodotto da loro immesso sul mercato o altrimenti fornito al consumatore presenta per il consumatore stesso rischi incompatibili con l'obbligo generale di sicurezza, informano immediatamente le amministrazioni competenti, di cui all'articolo 106, comma 1, precisando le azioni intraprese per prevenire i rischi per i consumatori.

8. In caso di rischio grave, le informazioni da fornire comprendono almeno:

a) elementi specifici che consentano una precisa identificazione del prodotto o del lotto di prodotti in questione;

b) una descrizione completa del rischio presentato dai prodotti interessati;

c) tutte le informazioni disponibili che consentono di rintracciare il prodotto;

d) una descrizione dei provvedimenti adottati per prevenire i rischi per i consumatori.

9. Nei limiti delle rispettive attività, produttori e distributori collaborano con le Autorità competenti, ove richiesto dalle medesime, in ordine alle azioni intraprese per evitare i rischi presentati dai prodotti che essi forniscono o hanno fornito.

105. Presunzione e valutazione di sicurezza. – 1. In mancanza di specifiche disposizioni comunitarie che disciplinano gli aspetti di sicurezza, un prodotto si presume sicuro quando è conforme alla legislazione vigente nello Stato membro in cui il prodotto stesso è commercializzato e con riferimento ai requisiti cui deve rispondere sul piano sanitario e della sicurezza.

2. Si presume che un prodotto sia sicuro, per quanto concerne i rischi e le categorie di rischi disciplinati dalla normativa nazionale, quando è conforme alle norme nazionali non cogenti che recepiscono le norme europee i cui riferimenti sono stati pubblicati dalla Commissione europea nella *Gazzetta Ufficiale* delle Comunità europee a norma dell'articolo 4 della direttiva 2001/95/CE, del Parlamento europeo e del Consiglio, del 3 dicembre 2001.

3. In assenza delle norme di cui ai commi 1 e 2, la sicurezza del prodotto è valutata in base alle norme nazionali non cogenti che recepiscono norme europee, alle norme in vigore nello Stato membro in cui il prodotto è commercializzato, alle raccomandazioni della Commissione europea relative ad orientamenti sulla valutazione della si-

curezza dei prodotti, ai codici di buona condotta in materia di sicurezza vigenti nel settore interessato, agli ultimi ritrovati della tecnica, al livello di sicurezza che i consumatori possono ragionevolmente attendersi.

4. Fatte salve le disposizioni di cui ai commi 1, 2 e 3, le Autorità competenti adottano le misure necessarie per limitare o impedire l'immissione sul mercato o chiedere il ritiro o il richiamo dal mercato del prodotto, se questo si rivela, nonostante la conformità, pericoloso per la salute e la sicurezza del consumatore.

106. Procedure di consultazione e coordinamento. – 1. I Ministeri dello sviluppo economico ([1]), della salute, del lavoro e delle politiche sociali, dell'interno, dell'economia e delle finanze, delle infrastrutture e trasporti, nonché le altre amministrazioni pubbliche di volta in volta competenti per materia alla effettuazione dei controlli di cui all'articolo 107, provvedono, nell'ambito delle ordinarie disponibilità di bilancio e secondo le rispettive competenze, alla realizzazione di un sistema di scambio rapido di informazioni mediante un adeguato supporto informativo operante in via telematica, anche attraverso il Sistema pubblico di connettività, in conformità alle prescrizioni stabilite in sede comunitaria che consenta anche l'archiviazione e la diffusione delle informazioni.

2. I criteri per il coordinamento dei controlli previsti dall'articolo 107 sono stabiliti in una apposita conferenza di servizi fra i competenti uffici dei Ministeri e delle amministrazioni di cui al comma 1, convocata almeno due volte l'anno dal Ministro dello sviluppo economico ([1]); alla conferenza partecipano anche il Ministro della giustizia e le altre amministrazioni di cui al comma 1 di volta in volta competenti per materia.

3. La conferenza di cui al comma 2, tiene conto anche dei dati raccolti ed elaborati nell'ambito del sistema comunitario di informazione sugli incidenti domestici e del tempo libero.

4. Alla conferenza di cui al comma 2, possono presentare osservazioni gli organismi di categoria della produzione e della distribuzione, nonché le associazioni di tutela degli interessi dei consumatori e degli utenti iscritte all'elenco di cui all'articolo 137, secondo modalità definite dalla conferenza medesima.

([1]) *Le parole: «delle attività produttive» sono state così sostituite dalle attuali: «dello sviluppo economico» dall'art. 1, comma 5, del D.L.vo 6 agosto 2015, n. 130.*

107. Controlli. – 1. Le amministrazioni di cui all'articolo 106, comma 1, controllano che i prodotti immessi sul mercato siano sicuri. Il Ministero dello sviluppo economico ([1]) comunica alla Commissione europea l'elenco delle amministrazioni di cui al periodo che precede, nonché degli uffici e degli organi di cui esse si avvalgono, aggiornato annualmente su indicazione delle amministrazioni stesse.

2. Le amministrazioni di cui all'articolo 106 possono adottare tra l'altro le misure seguenti:

a) per qualsiasi prodotto:

1) disporre, anche dopo che un prodotto è stato immesso sul mercato come prodotto sicuro, adeguate verifiche delle sue caratteristiche di sicurezza fino allo stadio dell'utilizzo o del consumo, anche procedendo ad ispezioni presso gli stabilimenti di produzione e di confezionamento, presso i magazzini di stoccaggio e presso i magazzini di vendita;

2) esigere tutte le informazioni necessarie dalle parti interessate;

3) prelevare campioni di prodotti per sottoporli a prove ed analisi volte ad accertare la sicurezza, redigendone processo verbale di cui deve essere rilasciata copia agli interessati;

b) per qualsiasi prodotto che possa presentare rischi in determinate condizioni:

1) richiedere l'apposizione sul prodotto, in lingua italiana, di adeguate avvertenze sui rischi che esso può presentare, redatte in modo chiaro e facilmente comprensibile;

2) sottoporne l'immissione sul mercato a condizioni preventive, in modo da renderlo sicuro;

c) per qualsiasi prodotto che possa presentare rischi per determinati soggetti:

1) disporre che tali soggetti siano avvertiti tempestivamente ed in una forma adeguata di tale rischio, anche mediante la pubblicazione di avvisi specifici;

d) per qualsiasi prodotto che può essere pericoloso:

1) vietare, per il tempo necessario allo svolgimento dei controlli, delle verifiche o degli accertamenti sulla sicurezza del prodotto, di fornirlo, di proporne la fornitura o di esporlo;

2) disporre, entro un termine perentorio, l'adeguamento del prodotto o di un lotto di prodotti già commercializzati agli obblighi di sicurezza previsti dal presente titolo, qualora non vi sia un rischio imminente per la salute e l'incolumità pubblica;

e) per qualsiasi prodotto pericoloso:

1) vietarne l'immissione sul mercato e adottare le misure necessarie a garantire l'osservanza del divieto;

f) per qualsiasi prodotto pericoloso già immesso sul mercato rispetto al quale l'azione già intrapresa dai produttori e dai distributori sia insoddisfacente o insufficiente:

1) ordinare o organizzare il suo ritiro effettivo e immediato e l'informazione dei consumatori circa i rischi da esso presentati. I costi relativi sono posti a carico del produttore e, ove ciò non sia in tutto o in parte possibile, a carico del distributore;

2) ordinare o coordinare o, se del caso, organizzare con i produttori e i distributori, il suo richiamo anche dai consumatori e la sua distruzione in condizioni opportune. I costi relativi sono posti a carico dei produttori e dei distributori.

3. Nel caso di prodotti che presentano un rischio grave le amministrazioni di cui all'articolo 106 intraprendono le azioni necessarie per applicare, con la dovuta celerità, opportune misure analoghe a quelle previste al comma 2, lettere da *b*) a *f*), tenendo conto delle linee-guida che riguardano la gestione del RAPEX di cui all'allegato II.

4. Le amministrazioni competenti quando adottano misure analoghe a quelle di cui al comma 2 ed in particolare a quelle di cui alle lettere *d*), *e*) e *f*), tenendo conto del principio di precauzione, agiscono nel rispetto del Trattato istitutivo della Comunità europea, in particolare degli articoli 28 e 30, per attuarle in modo proporzionato alla gravità del rischio.

5. Le amministrazioni competenti, nell'ambito delle misure adottate sulla base del principio di precauzione e, senza maggiori oneri per la finanza pubblica, incoraggiano e favoriscono l'azione volontaria dei produttori e dei distributori di adeguamento agli obblighi imposti dal presente titolo, anche mediante l'eventuale elaborazione di codici di buona condotta ed accordi con le categorie di settore.

6. Per le finalità di cui al presente titolo e senza oneri aggiuntivi per la finanza pubblica, le amministrazioni di cui all'articolo 106, comma 1, si avvalgono della collaborazione dell'Agenzia delle dogane e della Guardia di finanza, le quali hanno accesso al sistema di scambio rapido delle informazioni gestite dal sistema RAPEX, di cui all'allegato II, ed agiscono secondo le norme e le facoltà ad esse attribuite dall'ordinamento.

7. Le misure di cui al presente articolo possono riguardare, rispettivamente:

a) il produttore;

b) il distributore, e, in particolare, il responsabile della prima immissione in commercio;

c) qualsiasi altro detentore del prodotto, qualora ciò sia necessario al fine di collaborare alle azioni intraprese per evitare i rischi derivanti dal prodotto stesso.

8. Per armonizzare l'attività di controllo derivante dal presente titolo con quella attuata per i prodotti per i quali gli obblighi di sicurezza sono disciplinati dalla normativa antincendio, il Ministero dell'interno si avvale, per gli aspetti di coordinamento, del proprio Dipartimento dei vigili del fuoco, del soccorso pubblico e della difesa civile-direzione centrale per la prevenzione e la sicurezza tecnica del Corpo nazionale dei vigili del fuoco, nonché degli organi periferici del Corpo nazionale dei vigili del fuoco per gli interventi sul territorio, nell'ambito delle dotazioni organiche esistenti e, comunque, senza oneri aggiuntivi a carico del bilancio dello Stato.

9. Il Ministero della salute, ai fini degli adempimenti comunitari derivanti dalle norme sulla sicurezza dei prodotti e dal presente titolo, si avvale anche dei propri uffici di sanità marittima, aerea e di frontiera nell'ambito delle dotazioni organiche esistenti e, comunque, senza oneri aggiuntivi a carico del bilancio dello Stato.

10. Fatti salvi gli obblighi previsti dalla normativa vigente, i soggetti di cui al comma 1 sono tenuti a non divulgare le informazioni acquisite che, per loro natura, sono coperte dal segreto professionale, a meno che la loro divulgazione sia necessaria alla tutela della salute o della pubblica o privata incolumità.

(¹) *Le parole: «delle attività produttive» sono state così sostituite dalle attuali: «dello sviluppo economico» dall'art. 1, comma 5, del D.L.vo 6 agosto 2015, n. 130.*

108. Disposizioni procedurali. – 1. Il provvedimento adottato ai sensi dell'articolo 107 che limita l'immissione sul mercato di un prodotto o ne dispone il ritiro o il richiamo, deve essere adeguatamente motivato, con l'indicazione dei termini e delle Autorità competenti cui è possibile ricorrere e deve essere notificato entro sette giorni dall'adozione.

2. Fatti salvi i casi di grave o immediato pericolo per la salute o per la pubblica o privata in-

columità, prima dell'adozione delle misure di cui all'articolo 107, commi 2 e 3, agli interessati deve essere consentito di partecipare alla fase del procedimento amministrativo e di presenziare agli accertamenti riguardanti i propri prodotti, in base agli articoli 7 e seguenti della legge 7 agosto 1990, n. 241; in particolare, gli interessati possono presentare all'Autorità competente osservazioni scritte e documenti.

3. Gli interessati possono presentare osservazioni scritte anche in seguito all'emanazione del provvedimento, anche quando, a causa dell'urgenza della misura da adottare, non hanno potuto partecipare al procedimento.

3 *bis*. La procedura istruttoria per l'adozione dei provvedimenti emanati ai sensi dell'articolo 107, è stabilita con regolamento emanato ai sensi dell'articolo 17, comma 1, della legge 23 agosto 1988, n. 400, su proposta dell'Amministrazione competente, in modo da garantire il contraddittorio, la piena cognizione degli atti e la verbalizzazione ([1]).

([1]) *Questo comma è stato aggiunto dall'art. 13, comma 1, del D.L.vo 23 ottobre 2007, n. 221.*

109. Sorveglianza del mercato. – 1. Per esercitare un'efficace sorveglianza del mercato, volta a garantire un elevato livello di protezione della salute e della sicurezza dei consumatori, le amministrazioni di cui all'articolo 106, anche indipendentemente dalla conferenza di servizi, assicurano:

a) l'istituzione, l'aggiornamento periodico e l'esecuzione di programmi settoriali di sorveglianza per categorie di prodotti o di rischi, nonché il monitoraggio delle attività di sorveglianza, delle osservazioni e dei risultati;

b) l'aggiornamento delle conoscenze scientifiche e tecniche relative alla sicurezza dei prodotti;

c) esami e valutazioni periodiche del funzionamento delle attività di controllo e della loro efficacia, come pure, se del caso, la revisione dei metodi dell'organizzazione della sorveglianza messa in opera.

2. Le Amministrazioni di cui all'articolo 106 assicurano, altresì, la gestione dei reclami presentati dai consumatori e dagli altri interessati con riguardo alla sicurezza dei prodotti e alle attività di controllo e sorveglianza. Le modalità operative di cui al presente comma vengono concordate in sede di conferenza di servizi.

3. Le strutture amministrative competenti a svolgere l'attività di cui al comma 2 vanno rese note in sede di conferenza di servizi convocata dopo la data di entrata in vigore del codice. In quella sede sono definite le modalità per informare i consumatori e le altre parti interessate delle procedure di reclamo.

4. Dall'attuazione del presente articolo non devono derivare nuovi o maggiori oneri per la finanza pubblica.

110. Notificazione e scambio di informazioni. – 1. Il Ministero dello sviluppo economico ([1]) notifica alla Commissione europea, precisando le ragioni che li hanno motivati, i provvedimenti di cui all'articolo 107, commi 2, lettere *b*), *c*), *d*), *e*) e *f*), e 3, nonché eventuali modifiche e revoche, fatta salva l'eventuale normativa comunitaria specifica vigente sulla procedura di notifica.

2. I provvedimenti, anche concordati con produttori e distributori, adottati per limitare o sottoporre a particolari condizioni la commercializzazione o l'uso di prodotti che presentano un rischio grave per i consumatori, vanno notificati alla Commissione europea secondo le prescrizioni del sistema RAPEX, tenendo conto dell'allegato II della direttiva 2001/95/CE, di cui all'allegato II.

3. Se il provvedimento adottato riguarda un rischio che si ritiene limitato al territorio nazionale, il Ministero dello sviluppo economico ([1]) procede, anche su richiesta delle altre amministrazioni competenti, alla notifica alla Commissione europea qualora il provvedimento contenga informazioni suscettibili di presentare un interesse, quanto alla sicurezza dei prodotti, per gli altri Stati membri, in particolare se tale provvedimento risponde ad un rischio nuovo, non ancora segnalato in altre notifiche.

4. Ai fini degli adempimenti di cui al comma 1, i provvedimenti adottati dalle amministrazioni competenti di cui all'articolo 106 devono essere comunicati tempestivamente al Ministero dello sviluppo economico ([1]); analoga comunicazione deve essere data a cura delle cancellerie ovvero delle segreterie degli organi giurisdizionali, relativamente ai provvedimenti, sia a carattere provvisorio, sia a carattere definitivo, emanati dagli stessi nell'ambito degli interventi di competenza.

5. Il Ministero dello sviluppo economico ([1]) comunica all'amministrazione competente le decisioni eventualmente adottate dalla Commissione europea relativamente a prodotti che presentano un rischio grave per la salute e la sicurezza dei consumatori in diversi Stati membri e che quindi ne-

cessitano, entro un termine di venti giorni, dell'adozione di provvedimenti idonei. È fatto salvo il rispetto del termine eventualmente inferiore previsto nella decisione della Commissione europea.

6. Le Autorità competenti assicurano alle parti interessate la possibilità di esprimere entro un mese dall'adozione della decisione di cui al comma 5, pareri ed osservazioni per il successivo inoltro alla Commissione.

7. Sono vietate le esportazioni al di fuori dell'Unione europea di prodotti pericolosi oggetto di una decisione di cui al comma 5, a meno che la decisione non disponga diversamente.

(1) *Le parole: «delle attività produttive» sono state così sostituite dalle attuali: «dello sviluppo economico» dall'art. 1, comma 5, del D.L.vo 6 agosto 2015, n. 130.*

111. Responsabilità del produttore. – 1. Sono fatte salve le disposizioni di cui al titolo secondo in materia di responsabilità per danno da prodotti difettosi.

112. Sanzioni. – 1. Salvo che il fatto costituisca più grave reato, il produttore o il distributore che immette sul mercato prodotti pericolosi in violazione del divieto di cui all'articolo 107, comma 2, lettera *e*), è punito con l'arresto da sei mesi ad un anno e con l'ammenda da 10.000 euro a 50.000 euro.

2. Salvo che il fatto costituisca più grave reato, il produttore che immette sul mercato prodotti pericolosi, è punito con l'arresto fino ad un anno e con l'ammenda da 10.000 euro a 50.000 euro.

3. Salvo che il fatto costituisca più grave reato, il produttore o il distributore che non ottempera ai provvedimenti emanati a norma dell'articolo 107, comma 2, lettere *b*), numeri 1) e 2), *c*) e *d*), numeri 1) e 2), è punito con l'ammenda da 10.000 euro a 25.000 euro (1).

4. Il produttore o il distributore che non assicura la dovuta collaborazione ai fini dello svolgimento delle attività di cui all'articolo 107, comma 2, lettera *a*), è soggetto alla sanzione amministrativa da 2.500 euro a 40.000 euro.

5. Salvo che il fatto costituisca reato, il produttore che violi le disposizioni di cui all'articolo 104, commi 2, 3, 5, 7, 8 e 9, ed il distributore che violi le disposizioni di cui al medesimo art. 104, commi 6, 7, 8 e 9, sono soggetti ad una sanzione amministrativa compresa fra 1.500 euro e 30.000 euro.

(1) *Questo reato è stato depenalizzato a norma dell'art. 1, comma 1, del D.L.vo 15 gennaio 2016, n. 8 (G.U. Serie gen. n. 17 del 22 gennaio 2016).*

A norma del medesimo art. 1, comma 5, la sanzione amministrativa pecuniaria è ora così determinata nella somma da euro 10.000 ad euro 50.000.

Ai sensi dell'art. 8, del medesimo provvedimento, le disposizioni che sostituiscono sanzioni penali con sanzioni amministrative si applicano anche alle violazioni commesse anteriormente alla data di entrata in vigore del decreto stesso, sempre che il procedimento penale non sia stato definito con sentenza o con decreto divenuti irrevocabili. Se i procedimenti penali per i reati depenalizzati dal presente decreto sono stati definiti, prima della sua entrata in vigore, con sentenza di condanna o decreto irrevocabili, il giudice dell'esecuzione revoca la sentenza o il decreto, dichiarando che il fatto non è previsto dalla legge come reato e adotta i provvedimenti conseguenti. Il giudice dell'esecuzione provvede con l'osservanza delle disposizioni dell'articolo 667, comma 4, del codice di procedura penale. Ai fatti commessi prima della data di entrata in vigore del presente decreto non può essere applicata una sanzione amministrativa pecuniaria per un importo superiore al massimo della pena originariamente inflitta per il reato, tenuto conto del criterio di ragguaglio di cui all'articolo 135 del codice penale. A tali fatti non si applicano le sanzioni amministrative accessorie introdotte dal presente decreto, salvo che le stesse sostituiscano corrispondenti pene accessorie.

113. Rinvio. – 1. Sono fatte salve le specifiche norme di settore che, con riferimento a particolari categorie merceologiche, obbligano a specifici standard di sicurezza.

2. Sono fatte salve le disposizioni regionali che disciplinano i controlli di competenza.

Titolo II
Responsabilità per danno da prodotti difettosi

114. Responsabilità del produttore. – 1. Il produttore è responsabile del danno cagionato da difetti del suo prodotto.

115. Prodotto e produttore (1). – 1. Prodotto, ai fini del presente titolo, è ogni bene mobile, anche se incorporato in altro bene mobile o immobile.

2. Si considera prodotto anche l'elettricità.

2 *bis*. Produttore, ai fini del presente titolo, è il fabbricante del prodotto finito o di una sua componente, il produttore della materia prima, nonché, per i prodotti agricoli del suolo e per quelli dell'allevamento, della pesca e della caccia, rispettivamente l'agricoltore, l'allevatore, il pescatore ed il cacciatore (2).

(1) *Questa rubrica è stata così sostituita dall'art. 14, comma 1, del D.L.vo 23 ottobre 2007, n. 221.*

(2) *Questo comma è stato aggiunto dall'art. 14, comma 2, del D.L.vo 23 ottobre 2007, n. 221.*

116. Responsabilità del fornitore. – 1. Quando il produttore non sia individuato, è sottoposto alla stessa responsabilità il fornitore che abbia distribuito il prodotto nell'esercizio di un'attività commerciale, se ha omesso di comunicare al danneggiato, entro il termine di tre mesi dalla richiesta, l'identità e il domicilio del produttore o della persona che gli ha fornito il prodotto.

2. La richiesta deve essere fatta per iscritto e deve indicare il prodotto che ha cagionato il danno, il luogo e, con ragionevole approssimazione, la data dell'acquisto; deve inoltre contenere l'offerta in visione del prodotto, se ancora esistente.

3. Se la notificazione dell'atto introduttivo del giudizio non è stata preceduta dalla richiesta prevista dal comma 2, il convenuto può effettuare la comunicazione entro i tre mesi successivi.

4. In ogni caso, su istanza del fornitore presentata alla prima udienza del giudizio di primo grado, il giudice, se le circostanze lo giustificano, può fissare un ulteriore termine non superiore a tre mesi per la comunicazione prevista dal comma 1.

5. Il terzo indicato come produttore o precedente fornitore può essere chiamato nel processo a norma dell'articolo 106 del codice di procedura civile e il fornitore convenuto può essere estromesso, se la persona indicata comparisce e non contesta l'indicazione. Nell'ipotesi prevista dal comma 3, il convenuto può chiedere la condanna dell'attore al rimborso delle spese cagionategli dalla chiamata in giudizio.

6. Le disposizioni del presente articolo si applicano al prodotto importato nella Unione europea, quando non sia individuato l'importatore, anche se sia noto il produttore.

117. Prodotto difettoso. – 1. Un prodotto è difettoso quando non offre la sicurezza che ci si può legittimamente attendere tenuto conto di tutte le circostanze, tra cui:

a) il modo in cui il prodotto è stato messo in circolazione, la sua presentazione, le sue caratteristiche palesi, le istruzioni e le avvertenze fornite;

b) l'uso al quale il prodotto può essere ragionevolmente destinato e i comportamenti che, in relazione ad esso, si possono ragionevolmente prevedere;

c) il tempo in cui il prodotto è stato messo in circolazione.

2. Un prodotto non può essere considerato difettoso per il solo fatto che un prodotto più perfezionato sia stato in qualunque tempo messo in commercio.

3. Un prodotto è difettoso se non offre la sicurezza offerta normalmente dagli altri esemplari della medesima serie.

118. Esclusione della responsabilità. – 1. La responsabilità è esclusa:

a) se il produttore non ha messo il prodotto in circolazione;

b) se il difetto che ha cagionato il danno non esisteva quando il produttore ha messo il prodotto in circolazione;

c) se il produttore non ha fabbricato il prodotto per la vendita o per qualsiasi altra forma di distribuzione a titolo oneroso, né lo ha fabbricato o distribuito nell'esercizio della sua attività professionale;

d) se il difetto è dovuto alla conformità del prodotto a una norma giuridica imperativa o a un provvedimento vincolante;

e) se lo stato delle conoscenze scientifiche e tecniche, al momento in cui il produttore ha messo in circolazione il prodotto, non permetteva ancora di considerare il prodotto come difettoso;

f) nel caso del produttore o fornitore di una parte componente o di una materia prima, se il difetto è interamente dovuto alla concezione del prodotto in cui è stata incorporata la parte o materia prima o alla conformità di questa alle istruzioni date dal produttore che la ha utilizzata.

119. Messa in circolazione del prodotto. – 1. Il prodotto è messo in circolazione quando sia consegnato all'acquirente, all'utilizzatore, o a un ausiliario di questi, anche in visione o in prova.

2. La messa in circolazione avviene anche mediante la consegna al vettore o allo spedizioniere per l'invio all'acquirente o all'utilizzatore.

3. La responsabilità non è esclusa se la messa in circolazione dipende da vendita forzata, salvo che il debitore abbia segnalato specificamente il difetto con dichiarazione resa all'ufficiale giudiziario all'atto del pignoramento o con atto notificato al creditore procedente e depositato presso la cancelleria del giudice dell'esecuzione entro quindici giorni dal pignoramento stesso.

120. Prova. – 1. Il danneggiato deve provare il difetto, il danno, e la connessione causale tra difetto e danno.

2. Il produttore deve provare i fatti che possono escludere la responsabilità secondo le disposizioni dell'articolo 118. Ai fini dell'esclusione da responsabilità prevista nell'articolo 118, comma 1, lettera *b*), è sufficiente dimostrare che, tenuto conto delle circostanze, è probabile che il difetto non esistesse ancora nel momento in cui il prodotto è stato messo in circolazione.

3. Se è verosimile che il danno sia stato causato da un difetto del prodotto, il giudice può ordinare che le spese della consulenza tecnica siano anticipate dal produttore.

121. Pluralità di responsabili. – 1. Se più persone sono responsabili del medesimo danno, tutte sono obbligate in solido al risarcimento.

2. Colui che ha risarcito il danno ha regresso contro gli altri nella misura determinata dalle dimensioni del rischio riferibile a ciascuno, dalla gravità delle eventuali colpe e dalla entità delle conseguenze che ne sono derivate. Nel dubbio la ripartizione avviene in parti uguali.

122. Colpa del danneggiato. – 1. Nelle ipotesi di concorso del fatto colposo del danneggiato il risarcimento si valuta secondo le disposizioni dell'articolo 1227 del codice civile.

2. Il risarcimento non è dovuto quando il danneggiato sia stato consapevole del difetto del prodotto e del pericolo che ne derivava e nondimeno vi si sia volontariamente esposto.

3. Nell'ipotesi di danno a cosa, la colpa del detentore di questa è parificata alla colpa del danneggiato.

123. Danno risarcibile. – 1. È risarcibile in base alle disposizioni del presente titolo:

a) il danno cagionato dalla morte o da lesioni personali;

b) la distruzione o il deterioramento di una cosa diversa dal prodotto difettoso, purché di tipo normalmente destinato all'uso o consumo privato e così principalmente utilizzata dal danneggiato.

2. Il danno a cose è risarcibile solo nella misura che ecceda la somma di euro trecentottantasette.

124. Clausole di esonero da responsabilità. – 1. È nullo qualsiasi patto che escluda o limiti preventivamente, nei confronti del danneggiato, la responsabilità prevista dal presente titolo.

125. Prescrizione. – 1. Il diritto al risarcimento si prescrive in tre anni dal giorno in cui il danneggiato ha avuto o avrebbe dovuto avere conoscenza del danno, del difetto e dell'identità del responsabile.

2. Nel caso di aggravamento del danno, la prescrizione non comincia a decorrere prima del giorno in cui il danneggiato ha avuto o avrebbe dovuto avere conoscenza di un danno di gravità sufficiente a giustificare l'esercizio di un'azione giudiziaria.

126. Decadenza. – 1. Il diritto al risarcimento si estingue alla scadenza di dieci anni dal giorno in cui il produttore o l'importatore nella Unione europea ha messo in circolazione il prodotto che ha cagionato il danno.

2. La decadenza è impedita solo dalla domanda giudiziale, salvo che il processo si estingua, dalla domanda di ammissione del credito in una procedura concorsuale o dal riconoscimento del diritto da parte del responsabile.

3. L'atto che impedisce la decadenza nei confronti di uno dei responsabili non ha effetto riguardo agli altri.

127. Responsabilità secondo altre disposizioni di legge. – 1. Le disposizioni del presente titolo non escludono né limitano i diritti attribuiti al danneggiato da altre leggi.

2. Le disposizioni del presente titolo non si applicano ai danni cagionati dagli incidenti nucleari previsti dalla legge 31 dicembre 1962, n. 1860, e successive modificazioni.

3. Le disposizioni del presente titolo non si applicano ai prodotti messi in circolazione prima del 30 luglio 1988.

Titolo III
Garanzia legale di conformità
e garanzie commerciali per i beni di consumo

Capo I
Della vendita dei beni di consumo

128. Ambito di applicazione e definizioni. – 1. Il presente capo disciplina taluni aspetti dei contratti di vendita e delle garanzie concernenti i beni di consumo. A tali fini ai contratti di vendita sono equiparati i contratti di permuta e di somministrazione nonché quelli di appalto, di opera e tutti gli altri contratti comunque finalizzati alla fornitura di beni di consumo da fabbricare o produrre.

2. Ai fini del presente capo si intende per:

a) beni di consumo: qualsiasi bene mobile, anche da assemblare, tranne:

1) i beni oggetto di vendita forzata o comunque venduti secondo altre modalità dalle autorità giudiziarie, anche mediante delega ai notai;

2) l'acqua e il gas, quando non confezionati per la vendita in un volume delimitato o in quantità determinata;

3) l'energia elettrica;

b) venditore: qualsiasi persona fisica o giuridica pubblica o privata che, nell'esercizio della propria attività imprenditoriale o professionale, utilizza i contratti di cui al comma 1;

c) garanzia convenzionale ulteriore: qualsiasi impegno di un venditore o di un produttore, assunto nei confronti del consumatore senza costi supplementari, di rimborsare il prezzo pagato, sostituire, riparare, o intervenire altrimenti sul bene di consumo, qualora esso non corrisponda alle condizioni enunciate nella dichiarazione di garanzia o nella relativa pubblicità;

d) riparazione: nel caso di difetto di conformità, il ripristino del bene di consumo per renderlo conforme al contratto di vendita.

3. Le disposizioni del presente capo si applicano alla vendita di beni di consumo usati, tenuto conto del tempo del pregresso utilizzo, limitatamente ai difetti non derivanti dall'uso normale della cosa.

129. Conformità al contratto. – 1. Il venditore ha l'obbligo di consegnare al consumatore beni conformi al contratto di vendita.

2. Si presume che i beni di consumo siano conformi al contratto se, ove pertinenti, coesistono le seguenti circostanze:

a) sono idonei all'uso al quale servono abitualmente beni dello stesso tipo;

b) sono conformi alla descrizione fatta dal venditore e possiedono le qualità del bene che il venditore ha presentato al consumatore come campione o modello;

c) presentano la qualità e le prestazioni abituali di un bene dello stesso tipo, che il consumatore può ragionevolmente aspettarsi, tenuto conto della natura del bene e, se del caso, delle dichiarazioni pubbliche sulle caratteristiche specifiche dei beni fatte al riguardo dal venditore, dal produttore o dal suo agente o rappresentante, in particolare nella pubblicità o sull'etichettatura;

d) sono altresì idonei all'uso particolare voluto dal consumatore e che sia stato da questi portato a conoscenza del venditore al momento della conclusione del contratto e che il venditore abbia accettato anche per fatti concludenti.

3. Non vi è difetto di conformità se, al momento della conclusione del contratto, il consumatore era a conoscenza del difetto non poteva ignorarlo con l'ordinaria diligenza o se il difetto di conformità deriva da istruzioni o materiali forniti dal consumatore.

4. Il venditore non è vincolato dalle dichiarazioni pubbliche di cui al comma 2, lettera *c*), quando, in via anche alternativa, dimostra che:

a) non era a conoscenza della dichiarazione e non poteva conoscerla con l'ordinaria diligenza;

b) la dichiarazione è stata adeguatamente corretta entro il momento della conclusione del contratto in modo da essere conoscibile al consumatore;

c) la decisione di acquistare il bene di consumo non è stata influenzata dalla dichiarazione.

5. Il difetto di conformità che deriva dall'imperfetta installazione del bene di consumo è equiparato al difetto di conformità del bene quando l'installazione è compresa nel contratto di vendita ed è stata effettuata dal venditore o sotto la sua responsabilità. Tale equiparazione si applica anche nel caso in cui il prodotto, concepito per essere installato dal consumatore, sia da questo installato in modo non corretto a causa di una carenza delle istruzioni di installazione.

130. Diritti del consumatore. – 1. Il venditore è responsabile nei confronti del consumatore per qualsiasi difetto di conformità esistente al momento della consegna del bene.

2. In caso di difetto di conformità, il consumatore ha diritto al ripristino, senza spese, della conformità del bene mediante riparazione o sostituzione, a norma dei commi 3, 4, 5 e 6, ovvero ad una

riduzione adeguata del prezzo o alla risoluzione del contratto, conformemente ai commi 7, 8 e 9.

3. Il consumatore può chiedere, a sua scelta, al venditore di riparare il bene o di sostituirlo, senza spese in entrambi i casi, salvo che il rimedio richiesto sia oggettivamente impossibile o eccessivamente oneroso rispetto all'altro.

4. Ai fini di cui al comma 3 è da considerare eccessivamente oneroso uno dei due rimedi se impone al venditore spese irragionevoli in confronto all'altro, tenendo conto:

a) del valore che il bene avrebbe se non vi fosse difetto di conformità;

b) dell'entità del difetto di conformità;

c) dell'eventualità che il rimedio alternativo possa essere esperito senza notevoli inconvenienti per il consumatore.

5. Le riparazioni o le sostituzioni devono essere effettuate entro un congruo termine dalla richiesta e non devono arrecare notevoli inconvenienti al consumatore, tenendo conto della natura del bene e dello scopo per il quale il consumatore ha acquistato il bene.

6. Le spese di cui ai commi 2 e 3 si riferiscono ai costi indispensabili per rendere conformi i beni, in particolare modo con riferimento alle spese effettuate per la spedizione, per la mano d'opera e per i materiali.

7. Il consumatore può richiedere, a sua scelta, una congrua riduzione del prezzo o la risoluzione del contratto ove ricorra una delle seguenti situazioni:

a) la riparazione e la sostituzione sono impossibili o eccessivamente onerose;

b) il venditore non ha provveduto alla riparazione o alla sostituzione del bene entro il termine congruo di cui al comma 5 ([1]);

c) la sostituzione o la riparazione precedentemente effettuata ha arrecato notevoli inconvenienti al consumatore.

8. Nel determinare l'importo della riduzione o la somma da restituire si tiene conto dell'uso del bene.

9. Dopo la denuncia del difetto di conformità, il venditore può offrire al consumatore qualsiasi altro rimedio disponibile, con i seguenti effetti:

a) qualora il consumatore abbia già richiesto uno specifico rimedio, il venditore resta obbligato ad attuarlo, con le necessarie conseguenze in ordine alla decorrenza del termine congruo di cui al comma 5 ([2]), salvo accettazione da parte del consumatore del rimedio alternativo proposto;

b) qualora il consumatore non abbia già richiesto uno specifico rimedio, il consumatore deve accettare la proposta o respingerla scegliendo un altro rimedio ai sensi del presente articolo.

10. Un difetto di conformità di lieve entità per il quale non è stato possibile o è eccessivamente oneroso esperire i rimedi della riparazione o della sostituzione, non dà diritto alla risoluzione del contratto.

([1]) *Le parole: «comma 6» sono state così sostituite dalle attuali: «comma 5» dall'art. 15, comma 1, del D.L.vo 23 ottobre 2007, n. 221.*

([2]) *Le parole: «comma 6» sono state così sostituite dalle attuali: «comma 5» dall'art. 15, comma 2, del D.L.vo 23 ottobre 2007, n. 221.*

131. Diritto di regresso. – 1. Il venditore finale, quando è responsabile nei confronti del consumatore a causa di un difetto di conformità imputabile ad un'azione o ad un'omissione del produttore, di un precedente venditore della medesima catena contrattuale distributiva o di qualsiasi altro intermediario, ha diritto di regresso, salvo patto contrario o rinuncia, nei confronti del soggetto o dei soggetti responsabili facenti parte della suddetta catena distributiva.

2. Il venditore finale che abbia ottemperato ai rimedi esperiti dal consumatore, può agire, entro un anno dall'esecuzione della prestazione, in regresso nei confronti del soggetto o dei soggetti responsabili per ottenere la reintegrazione di quanto prestato.

132. Termini. – 1. Il venditore è responsabile, a norma dell'articolo 130, quando il difetto di conformità si manifesta entro il termine di due anni dalla consegna del bene.

2. Il consumatore decade dai diritti previsti dall'articolo 130, comma 2, se non denuncia al venditore il difetto di conformità entro il termine di due mesi dalla data in cui ha scoperto il difetto. La denuncia non è necessaria se il venditore ha riconosciuto l'esistenza del difetto o lo ha occultato.

3. Salvo prova contraria, si presume che i difetti di conformità che si manifestano entro sei mesi dalla consegna del bene esistessero già a tale data, a meno che tale ipotesi sia incompatibile con la natura del bene o con la natura del difetto di conformità.

4. L'azione diretta a far valere i difetti non dolosamente occultati dal venditore si prescrive, in ogni caso, nel termine di ventisei mesi dalla consegna del bene; il consumatore, che sia convenuto per l'esecuzione del contratto, può tuttavia far valere sempre i diritti di cui all'articolo 130, comma 2, purché il difetto di conformità sia stato denunciato entro due mesi dalla scoperta e prima della scadenza del termine di cui al periodo precedente.

133. Garanzia convenzionale. – 1. La garanzia convenzionale vincola chi la offre secondo le modalità indicate nella dichiarazione di garanzia medesima o nella relativa pubblicità.

2. La garanzia deve, a cura di chi la offre, almeno indicare:

a) la specificazione che il consumatore è titolare dei diritti previsti dal presente paragrafo e che la garanzia medesima lascia impregiudicati tali diritti;

b) in modo chiaro e comprensibile l'oggetto della garanzia e gli elementi essenziali necessari per farla valere, compresi la durata e l'estensione territoriale della garanzia, nonché il nome o la ditta e il domicilio o la sede di chi la offre.

3. A richiesta del consumatore, la garanzia deve essere disponibile per iscritto o su altro supporto duraturo a lui accessibile.

4. La garanzia deve essere redatta in lingua italiana con caratteri non meno evidenti di quelli di eventuali altre lingue.

5. Una garanzia non rispondente ai requisiti di cui ai commi 2, 3 e 4, rimane comunque valida e il consumatore può continuare ad avvalersene ed esigerne l'applicazione.

134. Carattere imperativo delle disposizioni. – 1. È nullo ogni patto, anteriore alla comunicazione al venditore del difetto di conformità, volto ad escludere o limitare, anche in modo indiretto, i diritti riconosciuti dal presente paragrafo. La nullità può essere fatta valere solo dal consumatore e può essere rilevata d'ufficio dal giudice.

2. Nel caso di beni usati, le parti possono limitare la durata della responsabilità di cui all'articolo 132, comma primo, ad un periodo di tempo in ogni caso non inferiore ad un anno.

3. È nulla ogni clausola contrattuale che, prevedendo l'applicabilità al contratto di una legislazione di un Paese extracomunitario, abbia l'effetto di privare il consumatore della protezione assicurata dal presente paragrafo, laddove il contratto presenti uno stretto collegamento con il territorio di uno Stato membro dell'Unione europea.

135. Tutela in base ad altre disposizioni. – 1. Le disposizioni del presente capo non escludono né limitano i diritti che sono attribuiti al consumatore da altre norme dell'ordinamento giuridico.

2. Per quanto non previsto dal presente titolo, si applicano le disposizioni del codice civile in tema di contratto di vendita.

Parte V
Associazioni dei consumatori e accesso alla giustizia

Titolo I
Le associazioni rappresentative a livello nazionale

136. Consiglio nazionale dei consumatori e degli utenti. – 1. È istituito presso il Ministero dello sviluppo economico ([1]) il Consiglio nazionale dei consumatori e degli utenti, di seguito denominato: «Consiglio».

2. Il Consiglio, che si avvale, per le proprie iniziative, della struttura e del personale del Ministero dello sviluppo economico ([1]), è composto dai rappresentanti delle associazioni dei consumatori e degli utenti inserite nell'elenco di cui all'articolo 137 e da un rappresentante designato dalla Conferenza di cui all'articolo 8 del decreto legislativo 28 agosto 1997, n. 281 ed è presieduto dal Ministro dello sviluppo economico ([1]) o da un suo delegato. Il Consiglio è nominato con decreto del Presidente del Consiglio dei Ministri, su proposta del Ministro delle attività produttive, e dura in carica tre anni.

3. Il Consiglio invita alle proprie riunioni rappresentanti delle associazioni di tutela ambientale riconosciute e delle associazioni nazionali delle cooperative dei consumatori. Possono altresì essere invitati i rappresentanti di enti ed organismi che svolgono funzioni di regolamentazione o di normazione del mercato, delle categorie economiche e sociali interessate, delle pubbliche amministrazioni competenti, nonché esperti delle materie trattate.

4. È compito del Consiglio:

a) esprimere pareri, ove richiesto, sugli schemi di atti normativi che riguardino i diritti e gli interessi dei consumatori e degli utenti;

b) formulare proposte in materia di tutela dei consumatori e degli utenti, anche in riferimento ai programmi e alle politiche comunitarie;

c) promuovere studi, ricerche e conferenze sui problemi del consumo e sui diritti dei consumatori e degli utenti, ed il controllo della qualità e della sicurezza dei prodotti e dei servizi;

d) elaborare programmi per la diffusione delle informazioni presso i consumatori e gli utenti;

e) favorire iniziative volte a promuovere il potenziamento dell'accesso dei consumatori e degli utenti ai mezzi di giustizia previsti per la soluzione delle controversie;

f) favorire ogni forma di raccordo e coordinamento tra le politiche nazionali e regionali in materia di tutela dei consumatori e degli utenti, assumendo anche iniziative dirette a promuovere la più ampia rappresentanza degli interessi dei consumatori e degli utenti nell'ambito delle autonomie locali. A tale fine il presidente convoca una volta all'anno una sessione a carattere programmatico cui partecipano di diritto i presidenti degli organismi rappresentativi dei consumatori e degli utenti previsti dagli ordinamenti regionali e delle province autonome di Trento e di Bolzano;

g) stabilire rapporti con analoghi organismi pubblici o privati di altri Paesi e dell'Unione europea;

h) segnalare alla Presidenza del Consiglio dei Ministri – Dipartimento della funzione pubblica, eventuali difficoltà, impedimenti od ostacoli, relativi all'attuazione delle disposizioni in materia di semplificazione procedimentale e documentale nelle pubbliche amministrazioni. Le segnalazioni sono verificate dal predetto Dipartimento anche mediante l'Ispettorato della funzione pubblica e l'Ufficio per l'attività normativa e amministrativa di semplificazione delle norme e delle procedure.

([1]) *Le parole: «delle attività produttive» sono state così sostituite dalle attuali: «dello sviluppo economico» dall'art. 1, comma 5, del D.L.vo 6 agosto 2015, n. 130.*

137. ([1]) **Elenco delle associazioni dei consumatori e degli utenti rappresentative a livello nazionale.** – 1. Presso il Ministero dello sviluppo economico ([2]) è istituito l'elenco delle associazioni dei consumatori e degli utenti rappresentative a livello nazionale.

2. L'iscrizione nell'elenco è subordinata al possesso, da comprovare con la presentazione di documentazione conforme alle prescrizioni e alle procedure stabilite con decreto del Ministro dello sviluppo economico ([2]), dei seguenti requisiti:

a) avvenuta costituzione, per atto pubblico o per scrittura privata autenticata, da almeno tre anni e possesso di uno statuto che sancisca un ordinamento a base democratica e preveda come scopo esclusivo la tutela dei consumatori e degli utenti, senza fine di lucro;

b) tenuta di un elenco degli iscritti, aggiornato annualmente con l'indicazione delle quote versate direttamente all'associazione per gli scopi statutari;

c) numero di iscritti non inferiore allo 0,5 per mille della popolazione nazionale e presenza sul territorio di almeno cinque regioni o province autonome, con un numero di iscritti non inferiore allo 0,2 per mille degli abitanti di ciascuna di esse, da certificare con dichiarazione sostitutiva dell'atto di notorietà resa dal legale rappresentante dell'associazione con le modalità di cui agli articoli 46 e seguenti del testo unico delle disposizioni legislative e regolamentari in materia di documentazione amministrativa, di cui al decreto del Presidente della Repubblica 28 dicembre 2000, n. 445;

d) elaborazione di un bilancio annuale delle entrate e delle uscite con indicazione delle quote versate dagli associati e tenuta dei libri contabili, conformemente alle norme vigenti in materia di contabilità delle associazioni non riconosciute;

e) svolgimento di un'attività continuativa nei tre anni precedenti;

f) non avere i suoi rappresentanti legali subito alcuna condanna, passata in giudicato, in relazione all'attività dell'associazione medesima, e non rivestire i medesimi rappresentanti la qualifica di imprenditori o di amministratori di imprese di produzione e servizi in qualsiasi forma costituite, per gli stessi settori in cui opera l'associazione.

3. Alle associazioni dei consumatori e degli utenti è preclusa ogni attività di promozione o pubblicità commerciale avente per oggetto beni o servizi prodotti da terzi ed ogni connessione di interessi con imprese di produzione o di distribuzione.

4. Il Ministero dello sviluppo economico ([2]) provvede annualmente all'aggiornamento dell'elenco.

5. All'elenco di cui al presente articolo possono iscriversi anche le associazioni dei consumatori e degli utenti operanti esclusivamente nei territori ove risiedono minoranze linguistiche costituzionalmente riconosciute, in possesso dei requisiti di cui al comma 2, lettere *a*), *b*), *d*), *e*) e *f*), nonché con un numero di iscritti non inferiore allo 0,5 per mille degli abitanti della regione o provincia autonoma di riferimento, da certificare con dichiarazione sostitutiva dell'atto di notorietà resa dal legale rappresentante dell'associazione con le modalità di cui agli articoli 46 e seguenti del citato testo unico, di cui al decreto del Presidente della Repubblica n. 445 del 2000.

6. Il Ministero dello sviluppo economico ([2]) comunica alla Commissione europea l'elenco di cui al comma 1, comprensivo anche degli enti di cui all'articolo 139, comma 2, nonché i relativi aggiornamenti al fine dell'iscrizione nell'elenco degli enti legittimati a proporre azioni inibitorie a tutela degli interessi collettivi dei consumatori istituito presso la stessa Commissione europea.

([1]) *A norma dell'art. 1, comma 125, della L. 4 agosto 2017, n. 124, a decorrere dall'anno 2018, i soggetti di cui a questo articolo, nonché le associazioni, le Onlus e le fondazioni che intrattengono rapporti economici con le pubbliche amministrazioni e con i soggetti di cui all'articolo 2* bis *del decreto legislativo 14 marzo 2013, n. 33, nonché con società controllate di diritto o di fatto direttamente o indirettamente da pubbliche amministrazioni, ivi comprese quelle che emettono azioni quotate in mercati regolamentati e le società da loro partecipate, e con società in partecipazione pubblica, ivi comprese quelle che emettono azioni quotate in mercati regolamentati e le società da loro partecipate, pubblicano entro il 28 febbraio di ogni anno, nei propri siti o portali digitali, le informazioni relative a sovvenzioni, contributi, incarichi retribuiti e comunque a vantaggi economici di qualunque genere ricevuti dalle medesime pubbliche amministrazioni e dai medesimi soggetti nell'anno precedente. Le imprese che ricevono sovvenzioni, contributi, incarichi retribuiti e comunque vantaggi economici di qualunque genere dalle pubbliche amministrazioni e dai soggetti di cui al primo periodo sono tenute a pubblicare tali importi nella nota integrativa del bilancio di esercizio e nella nota integrativa dell'eventuale bilancio consolidato. L'inosservanza di tale obbligo comporta la restituzione delle somme ai soggetti eroganti entro tre mesi dalla data di cui al periodo precedente. Qualora i soggetti eroganti appartengano alle amministrazioni centrali dello Stato ed abbiano adempiuto agli obblighi di pubblicazione previsti dall'articolo 26 del decreto legislativo 14 marzo 2013, n. 33, le somme di cui al terzo periodo sono versate ad apposito capitolo dell'entrata del bilancio dello Stato per essere riassegnate ai pertinenti capitoli degli stati di previsione delle amministrazioni originariamente competenti per materia. Nel caso in cui i soggetti eroganti non abbiano adempiuto ai prescritti obblighi di pubblicazione di cui all'articolo 26 del decreto legislativo 14 marzo 2013, n. 33, le somme di cui al terzo periodo sono versate all'entrata del bilancio dello Stato per essere riassegnate al fondo per la lotta alla povertà e all'esclusione sociale, di cui all'articolo 1, comma 386, della legge 28 dicembre 2015, n. 208.*

([2]) *Le parole: «delle attività produttive» sono state così sostituite dalle attuali: «dello sviluppo economico» dall'art. 1, comma 5, del D.L.vo 6 agosto 2015, n. 130.*

138. ([1]) [**Agevolazioni e contributi. –** 1. Le agevolazioni e i contributi previsti dalla legge 5 agosto 1981, n. 416, e successive modificazioni, in materia di disciplina delle imprese editrici e provvidenze per l'editoria, sono estesi, con le modalità ed i criteri di graduazione definiti con apposito decreto del Presidente del Consiglio dei Ministri, alle attività editoriali delle associazioni iscritte nell'elenco di cui all'articolo 137].

([1]) *Questo articolo è stato abrogato dall'art. 32, comma 1, lett. m), del D.L.vo 15 maggio 2017, n. 70, a decorrere dal 1° gennaio 2019.*

Titolo II
Accesso alla giustizia ([1])

([1]) *La rubrica: «LE AZIONI INIBITORIE E L'ACCESSO ALLA GIUSTIZIA» è stata così sostituita dalla rubrica: «ACCESSO ALLA GIUSTIZIA» dall'art. 2, comma 449, della L. 24 dicembre 2007, n. 244. Ai sensi dell'art. 2, comma 447, della predetta legge, così come modificato dall'art. 19 del D.L. 30 dicembre 2008, n. 207, convertito, con modificazioni, nella L. 27 febbraio 2009, n. 14, le disposizioni di cui a questo articolo entrano in vigore decorsi diciotto mesi dopo l'entrata in vigore della legge n. 244/2007, avvenuta il 1° gennaio 2008.*

139. Legittimazione ad agire. – 1. Le associazioni dei consumatori e degli utenti inserite nell'elenco di cui all'articolo 137 sono legittimate ad agire, ai sensi dell'articolo 140, ([1]) a tutela degli interessi collettivi dei consumatori e degli utenti. Oltre a quanto disposto dall'articolo 2, le dette associazioni sono legittimate ad agire nelle ipotesi di violazione degli interessi collettivi dei consumatori contemplati nelle materie disciplinate dal presente codice, nonché dalle seguenti disposizioni legislative:

a) legge 6 agosto 1990, n. 223, e successive modificazioni, ivi comprese quelle di cui al testo unico della radiotelevisione, di cui al decreto legislativo 31 luglio 2005, n. 177, ([2]) e legge 30 aprile 1998, n. 122, concernenti l'esercizio delle attività televisive;

b) decreto legislativo 30 dicembre 1992, n. 541, come modificato dal decreto legislativo 18 febbraio 1997, n. 44, e legge 14 ottobre 1999, n. 362, concernente la pubblicità dei medicinali per uso umano;

b bis) decreto legislativo 26 marzo 2010, n. 59, recante attuazione della direttiva 2006/123/CE relativa ai servizi nel mercato interno ([3]);

b ter) regolamento (UE) n. 524/2013 del Parlamento europeo e del Consiglio, del 21 maggio 2013, sulla risoluzione delle controversie online per i consumatori (regolamento sull'ODR per i consumatori) ([4]).

2. Gli organismi pubblici indipendenti nazionali e le organizzazioni riconosciuti in altro Stato dell'Unione europea ed inseriti nell'elenco degli enti legittimati a proporre azioni inibitorie a tutela degli interessi collettivi dei consumatori, pubblicato nella *Gazzetta Ufficiale* delle Comunità europee, possono agire, ai sensi del presente articolo e secondo le modalità di cui all'articolo 140, nei confronti di atti o comportamenti lesivi per i consumatori del proprio Paese, posti in essere in tutto o in parte sul territorio dello Stato.

([1]) *Le parole: «, ai sensi dell'articolo 140,» sono state inserite dall'art. 16, comma 1, del D.L.vo 23 ottobre 2007, n. 221.*

([2]) *Le parole: «, e successive modificazioni, ivi comprese quelle di cui al testo unico della radiotelevisione, di cui al decreto legislativo 31 luglio 2005, n. 177,» sono state inserite dall'art. 16, comma 1, del D.L.vo 23 ottobre 2007, n. 221.*

([3]) *Questa lettera è stata aggiunta dall'art. 85, comma 5* bis, *del D.L.vo 26 marzo 2010, n. 59, come inserito dall'art. 20, comma 1, lett.* e), *del D.L.vo 6 agosto 2012, n. 147.*

([4]) *Questa lettera è stata aggiunta dall'art. 1, comma 4, del D.L.vo 6 agosto 2015, n. 130. A norma dell'art. 2, comma 1, dello stesso provvedimento le disposizioni concernenti l'attuazione del regolamento (UE) n. 524/2013 del Parlamento europeo e del Consiglio, del 21 maggio 2013, relativo alla risoluzione delle controversie online dei consumatori, si applicano a decorrere dal 9 gennaio 2016.*

140. Procedura. – 1. I soggetti di cui all'articolo 139 sono legittimati nei casi ivi previsti ([1]) ad agire a tutela degli interessi collettivi dei consumatori e degli utenti richiedendo al tribunale:

a) di inibire gli atti e i comportamenti lesivi degli interessi dei consumatori e degli utenti;

b) di adottare le misure idonee a correggere o eliminare gli effetti dannosi delle violazioni accertate;

c) di ordinare la pubblicazione del provvedimento su uno o più quotidiani a diffusione nazionale oppure locale nei casi in cui la pubblicità del provvedimento può contribuire a correggere o eliminare gli effetti delle violazioni accertate.

2. Le associazioni di cui al comma 1, nonché i soggetti di cui all'articolo 139, comma 2, possono attivare, prima del ricorso al giudice, la procedura di conciliazione dinanzi alla camera di commercio, industria, artigianato e agricoltura competente per territorio, a norma dell'articolo 2, comma 4, lettera *a*), della legge 29 dicembre 1993, n. 580, nonché agli altri organismi di composizione extragiudiziale per la composizione delle controversie in materia di consumo a norma dell'articolo 141. La procedura è, in ogni caso, definita entro sessanta giorni.

3. Il processo verbale di conciliazione, sottoscritto dalle parti e dal rappresentante dell'organismo di composizione extragiudiziale adito, è depositato per l'omologazione nella cancelleria del tribunale del luogo nel quale si è svolto il procedimento di conciliazione.

4. Il tribunale, in composizione monocratica, accertata la regolarità formale del processo verbale, lo dichiara esecutivo con decreto. Il verbale di conciliazione omologato costituisce titolo esecutivo.

5. In ogni caso l'azione di cui al comma 1 può essere proposta solo dopo che siano decorsi quindici giorni dalla data in cui le associazioni abbiano richiesto al soggetto da esse ritenuto responsabile, a mezzo lettera raccomandata con avviso di ricevimento, la cessazione del comportamento lesivo degli interessi dei consumatori e degli utenti.

6. Il soggetto al quale viene chiesta la cessazione del comportamento lesivo ai sensi del comma 5, o che sia stato chiamato in giudizio ai sensi del comma 1, può attivare la procedura di conciliazione di cui al comma 2 senza alcun pregiudizio per l'azione giudiziale da avviarsi o già avviata. La favorevole conclusione, anche nella fase esecutiva, del procedimento di conciliazione viene valutata ai fini della cessazione della materia del contendere.

7. Con il provvedimento che definisce il giudizio di cui al comma 1 il giudice fissa un termine per l'adempimento degli obblighi stabiliti e, anche su domanda della parte che ha agito in giudizio, dispone, in caso di inadempimento, il pagamento di una somma di denaro da 516 euro a 1.032 euro, per ogni inadempimento ovvero giorno di ritardo rapportati alla gravità del fatto. In caso di inadempimento degli obblighi risultanti dal verbale di conciliazione di cui al comma 3 le parti possono adire il tribunale con procedimento in camera di consiglio affinché, accertato l'inadempimento, disponga il pagamento delle dette somme di denaro. Tali somme di denaro sono versate all'entrata del bilancio dello Stato per essere riassegnate con decreto del Ministro dell'economia e delle finanze al fondo da istituire nell'ambito di apposita unità previsionale di base dello stato di previsione del

Ministero dello sviluppo economico ([2]), per finanziare iniziative a vantaggio dei consumatori.

8. Nei casi in cui ricorrano giusti motivi di urgenza, l'azione inibitoria si svolge a norma degli articoli da 669 *bis* a 669 *quaterdecies* del codice di procedura civile.

9. Fatte salve le norme sulla litispendenza, sulla continenza, sulla connessione e sulla riunione dei procedimenti, le disposizioni di cui al presente articolo non precludono il diritto ad azioni individuali dei consumatori che siano danneggiati dalle medesime violazioni.

10. Per le associazioni di cui all'articolo 139 l'azione inibitoria prevista dall'articolo 37 in materia di clausole vessatorie nei contratti stipulati con i consumatori, si esercita ai sensi del presente articolo.

11. Resta ferma la giurisdizione esclusiva del giudice amministrativo in materia di servizi pubblici ai sensi dell'articolo 133, comma 1, lettera *c*) del codice del processo amministrativo ([3]).

12. Restano salve le procedure conciliative di competenza dell'Autorità per le garanzie nelle comunicazioni di cui all'articolo 1, comma 11, della legge 31 luglio 1997, n. 249.

([1]) *Le parole: «nei casi ivi previsti» sono state inserite dall'art. 17, comma 1, del D.L.vo 23 ottobre 2007, n. 221.*

([2]) *Le parole: «delle attività produttive» sono state così sostituite dalle attuali: «dello sviluppo economico» dall'art. 1, comma 5, del D.L.vo 6 agosto 2015, n. 130.*

([3]) *Questo comma è stato così sostituito dall'art. 3, comma 17* bis, *dell'Allegato 4 al D.L.vo 2 luglio 2011, n. 104, così come inserito dall'art. 1, comma 3, lett.* a), *n. 3), del D.L.vo 15 novembre 2011, n. 195.*

140 *bis*. ([1]) **Azione di classe.** – 1. I diritti individuali omogenei dei consumatori e degli utenti di cui al comma 2 nonché gli interessi collettivi ([2]) sono tutelabili anche attraverso l'azione di classe, secondo le previsioni del presente articolo. A tal fine ciascun componente della classe, anche mediante associazioni cui dà mandato o comitati cui partecipa, può agire per l'accertamento della responsabilità e per la condanna al risarcimento del danno e alle restituzioni.

2. L'azione di classe ha per oggetto l'accertamento della responsabilità e la condanna al risarcimento del danno e alle restituzioni in favore degli utenti consumatori ([3]). L'azione tutela:

a) i diritti contrattuali di una pluralità di consumatori e utenti che versano nei confronti di una stessa impresa in situazione omogenea ([4]), inclusi i diritti relativi a contratti stipulati ai sensi degli articoli 1341 e 1342 del codice civile;

b) i diritti omogenei ([5]) spettanti ai consumatori finali di un determinato prodotto o servizio ([6]) nei confronti del relativo produttore, anche a prescindere da un diretto rapporto contrattuale;

c) i diritti omogenei ([7]) al ristoro del pregiudizio derivante agli stessi consumatori e utenti da pratiche commerciali scorrette o da comportamenti anticoncorrenziali.

3. I consumatori e utenti che intendono avvalersi della tutela di cui al presente articolo aderiscono all'azione di classe, senza ministero di difensore anche tramite posta elettronica certificata e fax ([8]). L'adesione comporta rinuncia a ogni azione restitutoria o risarcitoria individuale fondata sul medesimo titolo, salvo quanto previsto dal comma 15. L'atto di adesione, contenente, oltre all'elezione di domicilio, l'indicazione degli elementi costitutivi del diritto fatto valere con la relativa documentazione probatoria, è depositato in cancelleria, anche tramite l'attore, nel termine di cui al comma 9, lettera *b*). Gli effetti sulla prescrizione ai sensi degli articoli 2943 e 2945 del codice civile decorrono dalla notificazione della domanda e, per coloro che hanno aderito successivamente, dal deposito dell'atto di adesione.

4. La domanda è proposta al tribunale ordinario avente sede nel capoluogo della regione in cui ha sede l'impresa, ma per la Valle d'Aosta è competente il tribunale di Torino, per il Trentino-Alto Adige e il Friuli-Venezia Giulia è competente il tribunale di Venezia, per le Marche, l'Umbria, l'Abruzzo e il Molise è competente il tribunale di Roma e per la Basilicata e la Calabria è competente il tribunale di Napoli. Il tribunale tratta la causa in composizione collegiale.

5. La domanda si propone con atto di citazione notificato anche all'ufficio del pubblico ministero presso il tribunale adìto, il quale può intervenire limitatamente al giudizio di ammissibilità.

6. All'esito della prima udienza il tribunale decide con ordinanza sull'ammissibilità della domanda, ma può sospendere il giudizio quando sui fatti rilevanti ai fini del decidere è in corso un'istruttoria davanti a un'autorità indipendente ovvero un giudizio davanti al giudice amministrativo. La domanda è dichiarata inammissibile quando è manifestamente infondata, quando sussiste un conflitto di interessi ovvero quando il giudice non ravvisa l'omogeneità dei diritti indi-

viduali ([9]) tutelabili ai sensi del comma 2, nonché quando il proponente non appare in grado di curare adeguatamente l'interesse della classe.

7. L'ordinanza che decide sulla ammissibilità è reclamabile davanti alla corte d'appello nel termine perentorio di trenta giorni dalla sua comunicazione o notificazione se anteriore. Sul reclamo la corte d'appello decide con ordinanza in camera di consiglio non oltre quaranta giorni dal deposito del ricorso. Il reclamo dell'ordinanza ammissiva non sospende il procedimento davanti al tribunale.

8. Con l'ordinanza di inammissibilità, il giudice regola le spese, anche ai sensi dell'articolo 96 del codice di procedura civile, e ordina la più opportuna pubblicità a cura e spese del soccombente.

9. Con l'ordinanza con cui ammette l'azione il tribunale fissa termini e modalità della più opportuna pubblicità, ai fini della tempestiva adesione degli appartenenti alla classe. L'esecuzione della pubblicità è condizione di procedibilità della domanda. Con la stessa ordinanza il tribunale:

a) definisce i caratteri dei diritti individuali oggetto del giudizio, specificando i criteri in base ai quali i soggetti che chiedono di aderire sono inclusi nella classe o devono ritenersi esclusi dall'azione;

b) fissa un termine perentorio, non superiore a centoventi giorni dalla scadenza di quello per l'esecuzione della pubblicità, entro il quale gli atti di adesione, anche a mezzo dell'attore, sono depositati in cancelleria. Copia dell'ordinanza è trasmessa, a cura della cancelleria, al Ministero dello sviluppo economico che ne cura ulteriori forme di pubblicità, anche mediante la pubblicazione sul relativo sito internet.

10. È escluso l'intervento di terzi ai sensi dell'articolo 105 del codice di procedura civile.

11. Con l'ordinanza con cui ammette l'azione il tribunale determina altresì il corso della procedura assicurando, nel rispetto del contraddittorio, l'equa, efficace e sollecita gestione del processo. Con la stessa o con successiva ordinanza, modificabile o revocabile in ogni tempo, il tribunale prescrive le misure atte a evitare indebite ripetizioni o complicazioni nella presentazione di prove o argomenti; onera le parti della pubblicità ritenuta necessaria a tutela degli aderenti; regola nel modo che ritiene più opportuno l'istruzione probatoria e disciplina ogni altra questione di rito, omessa ogni formalità non essenziale al contraddittorio.

12. Se accoglie la domanda, il tribunale pronuncia sentenza di condanna con cui liquida, ai sensi dell'articolo 1226 del codice civile, le somme definitive dovute a coloro che hanno aderito all'azione o stabilisce il criterio omogeneo di calcolo per la liquidazione di dette somme. In questo ultimo caso il giudice assegna alle parti un termine, non superiore a novanta giorni, per addivenire ad un accordo sulla liquidazione del danno ([10]). Il processo verbale dell'accordo, sottoscritto dalle parti e dal giudice, costituisce titolo esecutivo ([10]). Scaduto il termine senza che l'accordo sia stato raggiunto, il giudice, su istanza di almeno una delle parti, liquida le somme dovute ai singoli aderenti ([10]). In caso di accoglimento di un'azione di classe proposta nei confronti di gestori di servizi pubblici o di pubblica utilità, il tribunale tiene conto di quanto riconosciuto in favore degli utenti e dei consumatori danneggiati nelle relative carte dei servizi eventualmente emanate. La sentenza diviene esecutiva decorsi centottanta giorni dalla pubblicazione. I pagamenti delle somme dovute effettuati durante tale periodo sono esenti da ogni diritto e incremento, anche per gli accessori di legge maturati dopo la pubblicazione della sentenza.

13. La corte d'appello, richiesta dei provvedimenti di cui all'articolo 283 del codice di procedura civile, tiene altresì conto dell'entità complessiva della somma gravante sul debitore, del numero dei creditori, nonché delle connesse difficoltà di ripetizione in caso di accoglimento del gravame. La corte può comunque disporre che, fino al passaggio in giudicato della sentenza, la somma complessivamente dovuta dal debitore sia depositata e resti vincolata nelle forme ritenute più opportune.

14. La sentenza che definisce il giudizio fa stato anche nei confronti degli aderenti. È fatta salva l'azione individuale dei soggetti che non aderiscono all'azione collettiva. Non sono proponibili ulteriori azioni di classe per i medesimi fatti e nei confronti della stessa impresa dopo la scadenza del termine per l'adesione assegnato dal giudice ai sensi del comma 9. Quelle proposte entro detto termine sono riunite d'ufficio se pendenti davanti allo stesso tribunale; altrimenti il giudice successivamente adìto ordina la cancellazione della causa dal ruolo, assegnando un termine perentorio non superiore a sessanta giorni per la riassunzione davanti al primo giudice.

15. Le rinunce e le transazioni intervenute tra le parti non pregiudicano i diritti degli aderenti che non vi hanno espressamente consentito. Gli stessi diritti sono fatti salvi anche nei casi di estinzione del giudizio o di chiusura anticipata del processo.

(1) *Questo articolo, inserito dall'art. 2, comma 446, della L. 24 dicembre 2007, n. 244, è stato così sostituito dall'art. 49 della L. 23 luglio 2009, n. 99. A norma dell'art. 49, comma 2, della legge n. 99/2009, tale disposizione si applica agli illeciti compiuti successivamente alla data di entrata in vigore della predetta legge. Ai sensi dell'art. 2, comma 447, della L. 22 dicembre 2007, n. 244, così come da ultimo modificato dall'art. 23, comma 16, del D.L. 1 luglio 2009, n. 78, convertito, con modificazioni, nella L. 3 agosto 2009, n. 102, le disposizioni di questo articolo entrano in vigore decorsi ventiquattro mesi dall'entrata in vigore della L. n. 244/2007, avvenuta il 1° gennaio 2008.*

(2) *Le parole: «nonché gli interessi collettivi» sono state inserite dall'art. 6, comma 1, lett.* a), *del D.L. 24 gennaio 2012, n. 1, convertito, con modificazioni, nella L. 24 marzo 2012, n. 27.*

(3) *Questo periodo è stato premesso dall'art. 6, comma 1, lett.* b), *del D.L. 24 gennaio 2012, n. 1, convertito, con modificazioni, nella L. 24 marzo 2012, n. 27.*

(4) *La parola: «identica» è stata così sostituita dalla parola: «omogenea» dall'art. 6, comma 1, lett.* c), *del D.L. 24 gennaio 2012, n. 1, convertito, con modificazioni, nella L. 24 marzo 2012, n. 27.*

(5) *La parola: «identici» è stata così sostituita dalla parola: «omogenei» dall'art. 6, comma 1, lett.* d), *del D.L. 24 gennaio 2012, n. 1, convertito, con modificazioni, nella L. 24 marzo 2012, n. 27.*

(6) *Le parole: «o servizio» sono state inserite dall'art. 6, comma 1, lett.* d), *del D.L. 24 gennaio 2012, n. 1, convertito, con modificazioni, nella L. 24 marzo 2012, n. 27.*

(7) *La parola: «identici» è stata così sostituita dalla parola: «omogenei» dall'art. 6, comma 1, lett.* e), *del D.L. 24 gennaio 2012, n. 1, convertito, con modificazioni, nella L. 24 marzo 2012, n. 27.*

(8) *Le parole: «anche tramite posta elettronica certificata e fax» sono state inserite dall'art. 6, comma 1, lett.* f), *del D.L. 24 gennaio 2012, n. 1, convertito, con modificazioni, nella L. 24 marzo 2012, n. 27.*

(9) *Le parole: «l'identità dei diritti individuali» sono state così sostituite dalle parole: «l'omogeneità dei diritti individuali» dall'art. 6, comma 1, lett.* g), *del D.L. 24 gennaio 2012, n. 1, convertito, con modificazioni, nella L. 24 marzo 2012, n. 27*

(10) *Questo periodo è stato inserito dall'art. 6, comma 1, lett.* h), *del D.L. 24 gennaio 2012, n. 1, convertito, con modificazioni, nella L. 24 marzo 2012, n. 27.*

Titolo II *bis*
Risoluzione extragiudiziale delle controversie (1)

(1) *Questo Titolo è stato inserito dall'art. 1, comma 1, del D.L.vo 6 agosto 2015, n. 130. A norma dell'art. 2, comma 1, dello stesso provvedimento le disposizioni concernenti l'attuazione del regolamento (UE) n. 524/2013 del Parlamento europeo e del Consiglio, del 21 maggio 2013, relativo alla risoluzione delle controversie online dei consumatori, si applicano a decorrere dal 9 gennaio 2016.*

141. (1) **Disposizioni generali: definizioni ed ambito di applicazione.** – 1. Ai fini del presente titolo, si intende per:

a) «consumatore»: la persona fisica, di cui all'articolo 3, comma 1, lettera *a*);

b) «professionista»: il soggetto, di cui all'articolo 3, comma 1, lettera *c*);

c) «contratto di vendita»: il contratto di cui all'articolo 45, comma 1, lettera *e*);

d) «contratto di servizi»: il contratto di cui all'articolo 45, comma 1, lettera *f*);

e) «controversia nazionale»: una controversia relativa ad obbligazioni contrattuali derivanti da un contratto di vendita o di servizi, nell'ambito della quale il consumatore, quando ordina i beni o i servizi, risiede nello stesso Stato membro dell'Unione europea in cui è stabilito il professionista;

f) «controversia transfrontaliera»: una controversia relativa ad obbligazioni contrattuali derivanti da un contratto di vendita o di servizi, nell'ambito della quale il consumatore, quando ordina i beni o i servizi, risiede in uno Stato membro dell'Unione europea diverso da quello in cui è stabilito il professionista;

g) «procedura ADR»: una procedura di risoluzione extragiudiziale delle controversie conforme ai requisiti di cui al presente titolo ed eseguita da un organismo ADR-Alternative Dispute Resolution;

h) «organismo ADR»: qualsiasi organismo, a prescindere dalla sua denominazione, istituito su base permanente, che offre la risoluzione di una controversia attraverso una procedura ADR ed è iscritto nell'elenco di cui all'articolo 141 *decies*;

i) «autorità competente»: le autorità indicate dall'articolo 141 *octies*;

l) «domanda»: la domanda presentata all'organismo per avviare la procedura ADR;

m) «servizi non economici di interesse generale»: i servizi di interesse generale che non sono prestati a fini economici, a prescindere dalla forma giuridica sotto la quale tali servizi sono prestati, e, in particolare i servizi prestati, senza corrispettivo economico, da pubbliche amministrazioni o per conto delle stesse.

2. Ai fini del presente titolo il professionista si considera stabilito:

a) se si tratta di una persona fisica, presso la sua sede di attività;

b) se si tratta di una società o di un'altra persona giuridica o di un'associazione di persone fisiche o giuridiche, presso la sua sede legale, la sua amministrazione centrale o la sua sede di attività, comprese le filiali, le agenzie o qualsiasi altra sede.

3. Ai fini del presente titolo, l'organismo ADR si considera stabilito:

a) se è gestito da una persona fisica, nel luogo in cui svolge le attività ADR;

b) se è gestito da una persona giuridica o da un'associazione di persone fisiche o di persone giuridiche, nel luogo in cui tale persona giuridica o associazione di persone fisiche o giuridiche svolge le attività ADR o ha la sua sede legale;

c) se è gestito da un'autorità o da un altro ente pubblico, nel luogo in cui tale autorità o altro ente pubblico ha la propria sede.

4. Le disposizioni di cui al presente titolo, si applicano alle procedure volontarie di composizione extragiudiziale per la risoluzione, anche in via telematica, delle controversie nazionali e transfrontaliere, tra consumatori e professionisti residenti e stabiliti nell'Unione europea, nell'ambito delle quali l'organismo ADR propone una soluzione o riunisce le parti al fine di agevolare una soluzione amichevole e, in particolare, agli organismi di mediazione per la trattazione degli affari in materia di consumo iscritti nella sezione speciale di cui all'articolo 16, commi 2 e 4, del decreto legislativo 4 marzo 2010, n. 28, e agli altri organismi ADR istituiti o iscritti presso gli elenchi tenuti e vigilati dalle autorità di cui al comma 1, lettera *i*), previa la verifica della sussistenza dei requisiti e della conformità della propria organizzazione e delle proprie procedure alle prescrizioni del presente titolo. Le disposizioni di cui al presente titolo si applicano, altresì, alle eventuali procedure, previste ai sensi del comma 7, in cui l'organismo ADR adotta una decisione.

5. Le disposizioni di cui al presente titolo si applicano altresì alle procedure di conciliazione paritetica di cui all'articolo 141 *ter*.

6. Sono fatte salve le seguenti disposizioni che prevedono l'obbligatorietà delle procedure di risoluzione extragiudiziale delle controversie:

a) articolo 5, comma 1 *bis*, del decreto legislativo 4 marzo 2010, n. 28, che disciplina i casi di condizione di procedibilità con riferimento alla mediazione finalizzata alla conciliazione delle controversie civili e commerciali;

b) articolo 1, comma 11, della legge 31 luglio 1997, n. 249, che prevede il tentativo obbligatorio di conciliazione nel settore delle comunicazioni elettroniche;

c) articolo 2, comma 24, lettera *b*), della legge 14 novembre 1995, n. 481, che prevede il tentativo obbligatorio di conciliazione nelle materie di competenza dell'Autorità per l'energia elettrica, il gas e il sistema idrico, e le cui modalità di svolgimento sono regolamentate dall'Autorità per l'energia elettrica, il gas e il sistema idrico con propri provvedimenti.

7. Le procedure svolte nei settori di competenza dell'Autorità per l'energia elettrica, il gas ed il sistema idrico, della Banca d'Italia, della Commissione nazionale per la società e la borsa e dell'Autorità per le garanzie nelle comunicazioni, ivi comprese quelle che prevedono la partecipazione obbligatoria del professionista, sono considerate procedure ADR ai sensi del presente Codice, se rispettano i principi, le procedure e i requisiti delle disposizioni di cui al presente titolo.

8. Le disposizioni di cui al presente titolo non si applicano:

a) alle procedure presso sistemi di trattamento dei reclami dei consumatori gestiti dal professionista;

b) ai servizi non economici d'interesse generale;

c) alle controversie fra professionisti;

d) alla negoziazione diretta tra consumatore e professionista;

e) ai tentativi di conciliazione giudiziale per la composizione della controversia nel corso di un procedimento giudiziario riguardante la controversia stessa;

f) alle procedure avviate da un professionista nei confronti di un consumatore;

g) ai servizi di assistenza sanitaria, prestati da professionisti sanitari a pazienti, al fine di valutare, mantenere o ristabilire il loro stato di salute, compresa la prescrizione, la somministrazione e la fornitura di medicinali e dispositivi medici;

h) agli organismi pubblici di istruzione superiore o di formazione continua.

9. Le disposizioni di cui al presente titolo non precludono il funzionamento di eventuali organismi ADR istituiti nell'ambito delle norme e provvedimenti, di cui ai commi 7 e 8, ed in cui i funzionari pubblici sono incaricati delle controversie e considerati rappresentanti sia degli interessi dei consumatori e sia degli interessi dei professionisti.

10. Il consumatore non può essere privato in nessun caso del diritto di adire il giudice competente qualunque sia l'esito della procedura di composizione extragiudiziale.

(1) *Questo articolo è stato così sostituito dall'art. 1, comma 2, del D.L.vo 6 agosto 2015, n. 130 ed inserito* sub *titolo* II bis *dopo la modifica apportata dall'art. 1, comma 1, dello stesso provvedimento. A norma dell'art. 2, comma 1, del medesimo provvedimento le disposizioni concernenti l'attuazione del regolamento (UE) n. 524/2013 del Parlamento europeo e del Consiglio, del 21 maggio 2013, relativo alla risoluzione delle controversie online dei consumatori, si applicano a decorrere dal 9 gennaio 2016.*

141 *bis*. (1) Obblighi, facoltà e requisiti degli organismi ADR. – 1. È fatto obbligo agli organismi ADR di:

a) mantenere un sito web aggiornato che fornisca alle parti un facile accesso alle informazioni concernenti il funzionamento della procedura ADR e che consenta ai consumatori di presentare la domanda e la documentazione di supporto necessaria in via telematica;

b) mettere a disposizione delle parti, su richiesta delle stesse, le informazioni di cui alla lettera *a*), su un supporto durevole, così come definito dall'articolo 45, comma 1, lettera *l*);

c) consentire al consumatore la possibilità, ove applicabile, di presentare la domanda anche in modalità diverse da quella telematica;

d) consentire lo scambio di informazioni tra le parti per via elettronica o, se applicabile, attraverso i servizi postali;

e) accettare sia le controversie nazionali sia quelle transfrontaliere, comprese le controversie oggetto del regolamento (UE) n. 524/2013, anche attraverso il ricorso a reti di organismi ADR;

f) adottare i provvedimenti necessari a garantire che il trattamento dei dati personali avvenga nel rispetto delle regole di cui al decreto legislativo 30 giugno 2003, n. 196, e successive modificazioni.

2. Gli organismi ADR possono, salve le diverse prescrizioni contenute in altre norme applicabili ovvero nelle deliberazioni delle autorità di regolazione di settore, mantenere e introdurre norme procedurali che consentano loro di rifiutare il trattamento di una determinata controversia per i seguenti motivi:

a) il consumatore non ha tentato di contattare il professionista interessato per discutere il proprio reclamo nè cercato, come primo passo, di risolvere la questione direttamente con il professionista;

b) la controversia è futile o temeraria;

c) la controversia è in corso di esame o è già stata esaminata da un altro organismo ADR o da un organo giurisdizionale;

d) il valore della controversia è inferiore o superiore a una soglia monetaria prestabilita a un livello tale da non nuocere in modo significativo all'accesso del consumatore al trattamento dei reclami;

e) il consumatore non ha presentato la domanda all'organismo ADR entro un limite di tempo prestabilito, che non deve essere inferiore a un anno dalla data in cui il consumatore ha presentato il reclamo al professionista;

f) il trattamento di questo tipo di controversia rischierebbe di nuocere significativamente all'efficace funzionamento dell'organismo ADR.

3. Qualora, conformemente alle proprie norme procedurali, un organismo ADR non è in grado di prendere in considerazione una controversia che gli è stata presentata, tale organismo ADR fornisce a entrambe le parti una spiegazione motivata delle ragioni della sua decisione di non prendere in considerazione la controversia entro ventuno giorni dal ricevimento del fascicolo della domanda. Tali norme procedurali non devono nuocere in modo significativo all'accesso da parte dei consumatori alle procedure ADR, compreso in caso di controversie transfrontaliere.

4. È fatto obbligo agli organismi ADR di prevedere e garantire che le persone fisiche da essi incaricate della risoluzione delle controversie siano:

a) in possesso delle conoscenze e delle competenze in materia di risoluzione alternativa o giudiziale delle controversie dei consumatori, inclusa una comprensione generale del diritto provvedendo, se del caso, alla loro formazione;

b) nominate per un incarico di durata sufficiente a garantire l'indipendenza dell'attività da svolgere, non potendo essere sostituito o revocato nell'incarico senza una giusta causa;

c) non soggette ad istruzioni dell'una o dell'altra delle parti o dei loro rappresentanti;

d) retribuite indipendentemente dall'esito della procedura.

5. È fatto altresì obbligo alle persone fisiche incaricate della risoluzione delle controversie, di comunicare tempestivamente all'organismo ADR tutte le circostanze, emerse durante l'intera procedura ADR, idonee ad incidere sulla loro indipendenza e imparzialità o capaci di generare conflitti di interessi con l'una o l'altra delle parti della controversia che sono chiamate a risolvere. In tale ipotesi, se le parti non sono soddisfatte delle prestazioni o del funzionamento della procedura medesima, l'organismo ADR deve:

a) sostituire la persona fisica interessata, affidando la conduzione della procedura ADR ad altra persona fisica; o in mancanza

b) garantire che la persona fisica interessata si astenga dal condurre la procedura ADR e, se possibile, proporre alle parti di presentare la controversia ad un altro organismo ADR competente a trattare la controversia; o in mancanza

c) consentire alla persona fisica interessata di continuare a condurre la procedura solo se le parti, dopo essere state informate delle circostanze e del loro diritto di opporsi, non hanno sollevato obiezioni.

6. Resta fermo il diritto delle parti di ritirarsi in qualsiasi momento dalla procedura ADR, salvo quanto previsto dall'articolo 141 *quater*, comma 5, lettera *a*).

7. Nell'ipotesi prevista dal comma 5, qualora l'organismo ADR sia costituito da una sola persona fisica, si applicano unicamente le lettere *b*) e *c*) del medesimo comma.

8. Qualora le persone fisiche incaricate della procedura ADR siano assunte o retribuite esclusivamente da un'organizzazione professionale o da un'associazione di imprese di cui il professionista è membro, è assicurato che, oltre ai requisiti del presente titolo e quelli generali di cui ai commi 4 e 9, esse abbiano a loro disposizione risorse di bilancio distinte e apposite che siano sufficienti ad assolvere i loro compiti. Il presente comma non si applica qualora le persone fisiche interessate facciano parte di un organismo collegiale composto da un numero uguale di rappresentanti dell'organizzazione professionale e dell'associazione di imprese da cui sono assunte o retribuite e di una o più associazioni dei consumatori e degli utenti di cui all'articolo 137.

9. È fatto obbligo agli organismi ADR in cui le persone fisiche incaricate della risoluzione delle controversie fanno parte di un organismo collegiale, disporre che il collegio sia composto da un numero uguale di rappresentanti degli interessi dei consumatori e di rappresentanti degli interessi dei professionisti.

10. Se gli organismi ADR, ai fini del comma 4, lettera *a*), del presente articolo, provvedono alla formazione delle persone fisiche incaricate della risoluzione extragiudiziale delle controversie, le autorità competenti provvedono a monitorare i programmi di formazione istituiti dagli organismi ADR in base alle informazioni comunicate loro ai sensi dell'articolo 141 *nonies*, comma 4, lettera *g*). I programmi di formazione possono essere promossi ed eseguiti dalle stesse autorità competenti, di cui all'articolo 141 *octies*. Restano ferme le disposizioni in materia di formazione dei mediatori di cui ai commi 4 *bis*, 5 e 6 dell'articolo 16 del decreto legislativo 4 marzo 2010, n. 28.

(1) *Questo articolo è stato inserito dall'art. 1, comma 3, del D.L.vo 6 agosto 2015, n. 130. A norma dell'art. 2, comma 1, dello stesso provvedimento le disposizioni concernenti l'attuazione del regolamento (UE) n. 524/2013 del Parlamento europeo e del Consiglio, del 21 maggio 2013, relativo alla risoluzione delle controversie online dei consumatori, si applicano a decorrere dal 9 gennaio 2016.*

141 *ter*. (1) **Negoziazioni paritetiche.** – 1. Le procedure svolte dinanzi agli organismi ADR in cui parte delle persone fisiche incaricate della risoluzione delle controversie sono assunte o retribuite esclusivamente dal professionista o da un'organizzazione professionale o da un'associazione di imprese di cui il professionista è membro, sono considerate procedure ADR, ai sensi del presente Codice, se, oltre all'osservanza delle disposizioni di cui al presente titolo, rispettano i seguenti ulteriori requisiti specifici di indipendenza e trasparenza:

a) le persone fisiche incaricate della risoluzione delle controversie devono far parte di una commissione paritetica composta da un numero uguale di rappresentanti delle associazioni dei consumatori e degli utenti, di cui all'articolo 137, e di rappresentanti del professionista, e sono nominate a seguito di una procedura trasparente;

b) le persone fisiche incaricate della risoluzione delle controversie devono ricevere un incarico di almeno tre anni per garantire l'indipendenza della loro azione;

c) è fatto obbligo al rappresentante delle associazioni dei consumatori e degli utenti, di cui all'articolo 137, di non avere alcun rapporto lavorativo con il professionista, con un'organizzazione professionale o un'associazione di imprese di cui il professionista sia membro, per l'intera durata dell'incarico e per un periodo di tre anni decorrenti dalla cessazione del proprio incarico nell'organismo ADR, nè di avere contributi finanziari diretti da parte degli stessi; gli eventuali contributi erogati dal professionista o dall'organizzazione professionale o dall'associazione di imprese di cui il professionista fa parte, quale parziale rimborso all'associazione dei consumatori per gli oneri sostenuti per prestare assistenza gratuita al consumatore nella procedura ADR, devono essere erogati in modo trasparente, informandone l'autorità competente o secondo le procedure dalla stessa stabilite;

d) è fatto, altresì, obbligo al rappresentante del professionista, se tale rapporto lavorativo non era già in corso al momento di conferimento dell'incarico, di non avere alcun rapporto lavorativo con il professionista, con un'organizzazione professionale o un'associazione di imprese di cui il professionista sia membro, per un periodo di tre anni decorrenti dalla cessazione del proprio incarico nell'organismo ADR;

e) l'organismo di risoluzione delle controversie, ove non abbia distinta soggettività giuridica rispetto al professionista o all'organizzazione professionale o all'associazione di imprese di cui il professionista fa parte, deve essere dotato di sufficiente autonomia e di un organo paritetico di garanzia privo di collegamenti gerarchici o funzionali con il professionista, deve essere chiaramente separato dagli organismi operativi del professionista ed avere a sua disposizione risorse finanziarie sufficienti, distinte dal bilancio generale del professionista, per lo svolgimento dei suoi compiti.

2. Rientrano nelle procedure di cui al comma 1 esclusivamente le negoziazioni paritetiche disciplinate da protocolli di intesa stipulati tra i professionisti o loro associazioni e un numero non inferiore a un terzo delle associazioni dei consumatori e degli utenti, di cui all'articolo 137, nonché quelle disciplinate da protocolli di intesa stipulati nel settore dei servizi pubblici locali secondo i criteri a tal fine indicati nell'accordo sancito in sede di Conferenza unificata Stato-regioni e Stato-città ed autonomie locali del 26 settembre 2013, pubblicato nella *Gazzetta Ufficiale* n. 254 del 29 ottobre 2013.

(1) *Questo articolo è stato inserito dall'art. 1, comma 3, del D.L.vo 6 agosto 2015, n. 130. A norma dell'art. 2, comma 1, dello stesso provvedimento le disposizioni concernenti l'attuazione del regolamento (UE) n. 524/2013 del Parlamento europeo e del Consiglio, del 21 maggio 2013, relativo alla risoluzione delle controversie online dei consumatori, si applicano a decorrere dal 9 gennaio 2016.*

141 *quater*. (1) **Trasparenza, efficacia, equità e libertà. –** 1. È fatto obbligo agli organismi ADR, di rendere disponibili al pubblico sui loro siti web, su supporto durevole su richiesta e in qualsiasi altra modalità funzionale al perseguimento delle finalità di trasparenza, efficacia, equità e libertà, informazioni chiare e facilmente comprensibili riguardanti:

a) le modalità di contatto, l'indirizzo postale e quello di posta elettronica;

b) il proprio inserimento nell'elenco di cui all'articolo 141 *decies*, secondo comma;

c) le persone fisiche incaricate della procedura ADR, i criteri seguiti per il conferimento dell'incarico nonché per la loro successiva designazione e la durata del loro incarico;

d) la competenza, l'imparzialità e l'indipendenza delle persone fisiche incaricate della procedura ADR qualora siano assunte o retribuite esclusivamente dal professionista;

e) l'eventuale appartenenza a reti di organismi ADR che agevolano la risoluzione delle controversie transfrontaliere;

f) il settore di competenza specifica, incluso, eventualmente, il limite di valore di competenza;

g) le norme che disciplinano la procedura di risoluzione stragiudiziale della controversia per la quale l'organismo di ADR è stato iscritto e i motivi per cui l'organismo ADR può rifiutare di trattare una determinata controversia ai sensi dell'articolo 141 *bis*, comma 2;

h) le lingue nelle quali possono essere presentati i reclami all'organismo ADR e secondo le quali si svolge la procedura ADR;

i) se l'organismo ADR risolve le controversie in base a disposizioni giuridiche, considerazioni di equità, codici di condotta o altri tipi di regole;

l) eventuali attività che le parti sono tenute a rispettare prima di avviare la procedura ADR, incluso il tentativo di risoluzione della controversia mediante negoziazione diretta con il professionista;

m) la possibilità o meno per le parti di ritirarsi dalla procedura;

n) gli eventuali costi che le parti dovranno sostenere, comprese le norme sulla ripartizione delle spese al termine della procedura;

o) la durata media della procedura ADR;

p) l'effetto giuridico dell'esito della procedura ADR;

q) l'esecutività della decisione ADR, nei casi eventualmente previsti dalle norme vigenti.

2. È fatto obbligo agli organismi ADR di rendere disponibili al pubblico sui loro siti web, su un supporto durevole su richiesta e in altra modalità funzionale al perseguimento delle finalità di trasparenza, le relazioni annuali d'attività. Tali relazioni, con riferimento alle controversie sia nazionali che transfrontaliere, devono comprendere le seguenti informazioni:

a) numero di reclami ricevuti e tipologie di controversie cui si riferiscono;

b) eventuali cause sistematiche o significative generatrici delle controversie tra consumatori e professionisti; tali informazioni possono essere accompagnate, se del caso, da raccomandazioni idonee ad evitare o risolvere problematiche analoghe in futuro, a migliorare le norme dei professionisti e ad agevolare lo scambio di informazioni e di migliori prassi;

c) la percentuale di controversie che l'organismo ADR ha rifiutato di trattare e la quota in percentuale dei tipi di motivo per i rifiuti di cui all'articolo 141 *bis*, comma 2;

d) nel caso di procedure di cui dell'articolo 141 *ter*, le quote percentuali di soluzioni proposte a favore del consumatore e a favore del professionista, e di controversie risolte con una composizione amichevole;

e) la quota percentuale delle procedure ADR interrotte e, se noti, i motivi della loro interruzione;

f) il tempo medio necessario per la risoluzione delle controversie;

g) la percentuale di rispetto, se nota, degli esiti delle procedure ADR;

h) l'eventuale cooperazione con organismi ADR all'interno di reti di organismi ADR che agevolano la risoluzione delle controversie transfrontaliere.

3. Le procedure ADR devono rispettare le seguenti prescrizioni:

a) essere disponibili e facilmente accessibili online e offline per entrambe le parti, a prescindere dalla loro ubicazione;

b) consentire la partecipazione alle parti senza obbligo di assistenza legale; è fatto sempre salvo il diritto delle parti di ricorrere al parere di un soggetto indipendente o di essere rappresentate o assistite da terzi in qualsiasi fase della procedura;

c) essere gratuite o disponibili a costi minimi per i consumatori;

d) l'organismo ADR che ha ricevuto una domanda dà alle parti comunicazione dell'avvio della procedura relativa alla controversia non appena riceve il fascicolo completo della domanda;

e) concludersi entro il termine di novanta giorni dalla data di ricevimento del fascicolo completo della domanda da parte dell'organismo ADR; in caso di controversie particolarmente complesse, l'organismo ADR può, a sua discrezione, prorogare il termine fino a un massimo di novanta giorni; le parti devono essere informate di tale proroga e del nuovo termine di conclusione della procedura.

4. Nell'ambito delle procedure ADR deve essere garantito altresì che:

a) le parti abbiano la possibilità, entro un periodo di tempo ragionevole di esprimere la loro opinione, di ottenere dall'organismo ADR le argomentazioni, le prove, i documenti e i fatti presentati dall'altra parte, salvo che la parte non abbia espressamente richiesto che gli stessi debbano restare riservati, le eventuali dichiarazioni rilasciate e opinioni espresse da esperti e di poter esprimere osservazioni in merito;

b) le parti siano informate del fatto che non sono obbligate a ricorrere a un avvocato o consulente legale, ma possono chiedere un parere indipendente o essere rappresentate o assistite da terzi in qualsiasi fase della procedura;

c) alle parti sia notificato l'esito della procedura ADR per iscritto o su un supporto durevole, e sia data comunicazione dei motivi sui quali è fondato.

5. Nell'ipotesi di procedure ADR volte a risolvere la controversia proponendo una soluzione, gli organismi ADR garantiscono che:

a) le parti abbiano la possibilità di ritirarsi dalla procedura in qualsiasi momento. Le parti sono informate di tale diritto prima dell'avvio della procedura. Nel caso in cui è previsto l'obbligo del professionista di aderire alle procedure ADR, la facoltà di ritirarsi dalla procedura spetta esclusivamente al consumatore;

b) le parti, prima di accettare o meno o di dare seguito a una soluzione proposta, siano informate del fatto che:

1) hanno la scelta se accettare o seguire la soluzione proposta o meno;

2) la partecipazione alla procedura non preclude la possibilità di chiedere un risarcimento attraverso un normale procedimento giudiziario;

3) la soluzione proposta potrebbe essere diversa dal risultato che potrebbe essere ottenuto con la decisione di un organo giurisdizionale che applichi norme giuridiche;

c) le parti, prima di accettare o meno o di dare seguito a una soluzione proposta, siano informate dell'effetto giuridico che da ciò consegue;

d) le parti, prima di accogliere una soluzione proposta o acconsentire a una soluzione amichevole, dispongano di un periodo di riflessione ragionevole.

(1) *Questo articolo è stato inserito dall'art. 1, comma 3, del D.L.vo 6 agosto 2015, n. 130. A norma dell'art. 2, comma 1, dello stesso provvedimento le disposizioni concernenti l'attuazione del regolamento (UE) n. 524/2013 del Parlamento europeo e del Consiglio, del 21 maggio 2013, relativo alla risoluzione delle controversie online dei consumatori, si applicano a decorrere dal 9 gennaio 2016.*

141 *quinquies*. (1) **Effetti della procedura ADR sui termini di prescrizione e decadenza.** – 1. Dalla data di ricevimento da parte dell'organismo ADR, la relativa domanda produce sulla prescrizione gli effetti della domanda giudiziale. Dalla stessa data, la domanda impedisce altresì la decadenza per una sola volta.

2. Se la procedura ADR fallisce, i relativi termini di prescrizione e decadenza iniziano a decorrere nuovamente dalla data della comunicazione alle parti della mancata definizione della controversia con modalità che abbiano valore di conoscenza legale.

3. Sono fatte salve le disposizioni relative alla prescrizione e alla decadenza contenute negli accordi internazionali di cui l'Italia è parte.

(1) *Questo articolo è stato inserito dall'art. 1, comma 3, del D.L.vo 6 agosto 2015, n. 130. A norma dell'art. 2, comma 1, dello stesso provvedimento le disposizioni concernenti l'attuazione del regolamento (UE) n. 524/2013 del Parlamento europeo e del Consiglio, del 21 maggio 2013, relativo alla risoluzione delle controversie online dei consumatori, si applicano a decorrere dal 9 gennaio 2016.*

141 *sexies*. (1) **Informazioni e assistenza ai consumatori.** – 1. I professionisti stabiliti in Italia che si sono impegnati a ricorrere ad uno o più organismi ADR per risolvere le controversie sorte con i consumatori, sono obbligati ad informare questi ultimi in merito all'organismo o agli organismi competenti per risolvere le controversie sorte con i consumatori. Tali informazioni includono l'indirizzo del sito web dell'organismo ADR pertinente o degli organismi ADR pertinenti.

2. Le informazioni di cui al comma 1 devono essere fornite in modo chiaro, comprensibile e facilmente accessibile sul sito web del professionista, ove esista, e nelle condizioni generali applicabili al contratto di vendita o di servizi stipulato tra il professionista ed il consumatore.

3. Nel caso in cui non sia possibile risolvere una controversia tra un consumatore e un professionista stabilito nel rispettivo territorio in seguito a un reclamo presentato direttamente dal consumatore al professionista, quest'ultimo fornisce al consumatore le informazioni di cui al comma 1, precisando se intenda avvalersi dei pertinenti organismi ADR per risolvere la controversia stessa. Tali informazioni sono fornite su supporto cartaceo o su altro supporto durevole.

4. È fatta salva l'applicazione delle disposizioni relative all'informazione dei consumatori sulle procedure di ricorso extragiudiziale contenute in altri provvedimenti normativi.

5. Con riferimento all'accesso dei consumatori alle controversie transfrontaliere, salvo quanto previsto dalla normativa di settore, gli stessi possono rivolgersi al Centro nazionale della rete europea per i consumatori (ECC-NET) per essere assistiti nell'accesso all'organismo ADR che opera in un altro Stato membro ed è competente a trattare la loro controversia transfrontaliera. Il medesimo Centro nazionale è designato anche come punto di contatto ODR ai sensi dell'articolo 7, paragrafo 1, del regolamento (UE) n. 524/2013 del Parlamento europeo e del Consiglio del 21 maggio 2013, relativo alla risoluzione delle controversie online dei consumatori.

6. È fatto obbligo agli organismi ADR e al Centro nazionale della rete europea per i consumatori (ECC-NET) di rendere disponibile al pub-

blico sui propri siti web, fornendo un link al sito della Commissione europea, e laddove possibile su supporto durevole nei propri locali, l'elenco degli organismi ADR elaborato e pubblicato dalla Commissione ai sensi dell'articolo 20, paragrafo 4, della direttiva 2013/11/UE del Parlamento europeo e del Consiglio del 21 maggio 2013, sulla risoluzione alternativa delle controversie dei consumatori.

7. L'elenco degli organismi ADR di cui al comma 6 è posto a disposizione delle associazioni di consumatori e delle associazioni di categoria di professionisti che possono renderlo disponibile al pubblico sui loro siti web o in qualsiasi altro modo esse ritengano appropriato.

8. Sul sito istituzionale di ciascuna autorità competente è assicurata la pubblicazione delle informazioni sulle modalità di accesso dei consumatori alle procedure ADR per risolvere le controversie contemplate dal presente titolo.

9. Le autorità competenti incoraggiano le associazioni dei consumatori e degli utenti, di cui all'articolo 137, e le organizzazioni professionali, a diffondere la conoscenza degli organismi e delle procedure ADR e a promuovere l'adozione dell'ADR da parte di professionisti e consumatori. Detti organismi sono altresì incoraggiati a fornire ai consumatori le informazioni relative agli organismi ADR competenti quando ricevono i reclami dai consumatori.

([1]) *Questo articolo è stato inserito dall'art. 1, comma 3, del D.L.vo 6 agosto 2015, n. 130. A norma dell'art. 2, comma 1, dello stesso provvedimento le disposizioni concernenti l'attuazione del regolamento (UE) n. 524/2013 del Parlamento europeo e del Consiglio, del 21 maggio 2013, relativo alla risoluzione delle controversie online dei consumatori, si applicano a decorrere dal 9 gennaio 2016.*

141 *septies*. ([1]) **Cooperazione.** – 1. Le autorità competenti assicurano la cooperazione tra gli organismi ADR nella risoluzione delle controversie transfrontaliere e i regolari scambi con gli altri Stati membri dell'Unione europea delle migliori prassi per quanto concerne la risoluzione delle controversie transfrontaliere e nazionali.

2. Se esiste una rete europea di organismi ADR che agevola la risoluzione delle controversie transfrontaliere in un determinato settore, le autorità competenti incoraggiano ad associarsi a detta rete gli organismi ADR che trattano le controversie di tale settore.

3. Le autorità competenti incoraggiano la cooperazione tra organismi ADR e autorità nazionali preposte all'attuazione degli atti giuridici dell'Unione sulla tutela dei consumatori. Tale cooperazione comprende, in particolare, lo scambio di informazioni sulle prassi vigenti in settori commerciali specifici nei confronti delle quali i consumatori hanno ripetutamente presentato reclami. È incluso anche lo scambio di valutazioni tecniche e informazioni, se già disponibili, da parte delle autorità nazionali agli organismi ADR che ne necessitano per il trattamento di singole controversie.

4. La cooperazione e lo scambio di informazioni di cui ai commi 1, 2 e 3 devono avvenire nel rispetto delle norme sulla protezione dei dati personali di cui al decreto legislativo 30 giugno 2003, n. 196.

5. Sono fatte salve le disposizioni in materia di segreto professionale e commerciale applicabili alle autorità nazionali di cui al comma 3. Gli organismi ADR sono sottoposti al segreto d'ufficio e agli altri vincoli equivalenti di riservatezza previsti dalla normativa vigente.

([1]) *Questo articolo è stato inserito dall'art. 1, comma 3, del D.L.vo 6 agosto 2015, n. 130. A norma dell'art. 2, comma 1, dello stesso provvedimento le disposizioni concernenti l'attuazione del regolamento (UE) n. 524/2013 del Parlamento europeo e del Consiglio, del 21 maggio 2013, relativo alla risoluzione delle controversie online dei consumatori, si applicano a decorrere dal 9 gennaio 2016.*

141 *octies*. ([1]) **Autorità competenti e punto di contatto unico.** – 1. Per lo svolgimento delle funzioni di cui agli articoli 141 *nonies* e 141 *decies*, sono designate le seguenti autorità competenti:

a) Ministero della giustizia unitamente al Ministero dello sviluppo economico, con riferimento al registro degli organismi di mediazione relativo alla materia del consumo, di cui all'articolo 16, commi 2 e 4, del decreto legislativo 4 marzo 2010, n. 28;

b) Commissione nazionale per le società e la borsa (CONSOB), di cui all'articolo 1 della legge 7 giugno 1974, n. 216, con riferimento ai sistemi di risoluzione stragiudiziale delle controversie disciplinati ai sensi dell'articolo 2 del decreto legislativo 8 ottobre 2007, n. 179, e dei regolamenti attuativi, e con oneri a carico delle risorse di cui all'articolo 40, comma 3, della legge 23 dicembre 1994,

n. 724, e successive modificazioni, nonché dei soggetti che si avvalgono delle procedure medesime;

c) Autorità per l'energia elettrica, il gas e il sistema idrico (AEEGSI), di cui all'articolo 2 della legge 14 novembre 1995, n. 481, per il settore di competenza;

d) Autorità per le garanzie nelle comunicazioni (AGCOM), di cui all'articolo 1 della legge 31 luglio 1997, n. 249, per il settore di competenza;

e) Banca d'Italia, con riferimento ai sistemi di risoluzione stragiudiziale delle controversie disciplinati ai sensi dell'articolo 128 *bis* del decreto legislativo 1° settembre 1993, n. 385;

f) altre autorità amministrative indipendenti, di regolazione di specifici settori, ove disciplinino specifiche procedure ADR secondo le proprie competenze;

g) Ministero dello sviluppo economico, con riferimento alle negoziazioni paritetiche di cui all'articolo 141 *ter* relative ai settori non regolamentati o per i quali le relative autorità indipendenti di regolazione non applicano o non adottano specifiche disposizioni, nonché con riferimento agli organismi di conciliazione istituiti ai sensi dell'articolo 2, comma 2, lettera *g*) e comma 4, della legge 29 dicembre 1993, n. 580, limitatamente alle controversie tra consumatori e professionisti, non rientranti nell'elenco di cui alla lettera *a*).

2. Il Ministero dello sviluppo economico è designato punto di contatto unico con la Commissione europea.

3. Al fine di definire uniformità di indirizzo nel compimento delle funzioni delle autorità competenti di cui al comma 1 è istituito presso il Ministero dello sviluppo economico un tavolo di coordinamento e di indirizzo. Lo stesso è composto da un rappresentante per ciascuna autorità competente. Al Ministero dello sviluppo economico è attribuito il compito di convocazione e di raccordo. Al tavolo sono assegnati compiti di definizione degli indirizzi relativi all'attività di iscrizione e di vigilanza delle autorità competenti, nonché ai criteri generali di trasparenza e imparzialità, e alla misura dell'indennità dovuta per il servizio prestato dagli organismi ADR. Ai componenti del predetto tavolo di coordinamento ed indirizzo non spetta alcun compenso, gettone di presenza o altro emolumento comunque denominato e a qualsiasi titolo dovuto.

(¹) *Questo articolo è stato inserito dall'art. 1, comma 3, del D.L.vo 6 agosto 2015, n. 130. A norma dell'art. 2, comma 1, dello stesso provvedimento le disposizioni concernenti l'attuazione del regolamento (UE) n. 524/2013 del Parlamento europeo e del Consiglio, del 21 maggio 2013, relativo alla risoluzione delle controversie online dei consumatori, si applicano a decorrere dal 9 gennaio 2016.*

141 *novies*. (¹) **Informazioni da trasmettere alle autorità competenti da parte degli organismi di risoluzione delle controversie.** – 1. Gli organismi di risoluzione delle controversie che intendono essere considerati organismi ADR ai sensi del presente titolo e inseriti in elenco conformemente all'articolo 141 *decies*, comma 2, devono presentare domanda di iscrizione alla rispettiva autorità competente, indicando:

a) il loro nome o denominazione, le informazioni di contatto e l'indirizzo del sito web;

b) informazioni sulla loro struttura e sul loro finanziamento, comprese le informazioni sulle persone fisiche incaricate della risoluzione delle controversie, sulla loro retribuzione, sul loro mandato e sul loro datore di lavoro;

c) le proprie norme procedurali;

d) le loro tariffe, se del caso;

e) la durata media delle procedure di risoluzione delle controversie;

f) la lingua o le lingue in cui possono essere presentati i reclami e in cui viene svolta la procedura di risoluzione delle controversie;

g) una dichiarazione sui tipi di controversie trattati mediante la procedura di risoluzione delle controversie;

h) i motivi per cui un organismo di risoluzione delle controversie può rifiutare il trattamento di una determinata controversia a norma dell'articolo 141 *bis*, comma 2;

i) una dichiarazione motivata dell'organismo di possedere o meno i requisiti di un organismo ADR che rientra nell'ambito d'applicazione della presente direttiva, e di rispettare o meno i requisiti di qualità di cui al presente titolo.

2. Qualora le informazioni di cui alle lettere da *a*) ad *h*) del comma 1 vengano modificate, gli organismi ADR informano senza indugio l'autorità competente in merito a tali modifiche.

3. Gli organismi di risoluzione delle controversie dinanzi ai quali si svolgono le procedure di cui all'articolo 141 *ter*, oltre a comunicare ai requisiti di cui al comma 1, devono altresì trasmettere le informazioni necessarie a valutare la loro conformità ai requisiti specifici aggiuntivi di indipen-

Leggi complementari

denza e di trasparenza di cui al comma 1 dell'articolo 141 *ter*.

4. A far data dal secondo anno di iscrizione al relativo elenco, con cadenza biennale, ogni organismo ADR trasmette alla rispettiva autorità competente informazioni concernenti:

a) il numero di reclami ricevuti ed i tipi di controversie alle quali si riferiscono;

b) la quota percentuale delle procedure ADR interrotte prima di raggiungere il risultato;

c) il tempo medio necessario per la risoluzione delle controversie ricevute;

d) la percentuale di rispetto, se nota, degli esiti delle procedure ADR;

e) eventuali problematiche sistematiche o significative che si verificano di frequente e causano controversie tra consumatori e professionisti. Le informazioni comunicate al riguardo possono essere accompagnate da raccomandazioni sul modo di evitare o risolvere problematiche analoghe in futuro;

f) se del caso, una valutazione dell'efficacia della loro cooperazione all'interno di reti di organismi ADR che agevolano la risoluzione delle controversie transfrontaliere;

g) se prevista, la formazione fornita alle persone fisiche incaricate delle risoluzioni delle controversie di cui all'articolo 141 *bis*, comma 4, lettera *a*);

h) la valutazione dell'efficacia della procedura ADR offerta dall'organismo e di eventuali modi per migliorarla.

(1) *Questo articolo è stato inserito dall'art. 1, comma 3, del D.L.vo 6 agosto 2015, n. 130. A norma dell'art. 2, comma 1, dello stesso provvedimento le disposizioni concernenti l'attuazione del regolamento (UE) n. 524/2013 del Parlamento europeo e del Consiglio, del 21 maggio 2013, relativo alla risoluzione delle controversie online dei consumatori, si applicano a decorrere dal 9 gennaio 2016.*

141 *decies*. (1) **Ruolo delle autorità competenti.** – 1. Presso ciascuna autorità competente è istituito, rispettivamente con decreto ministeriale o con provvedimenti interni, l'elenco degli organismi ADR deputati a gestire le controversie nazionali e transfrontaliere che rientrano nell'ambito di applicazione del presente titolo e che rispettano i requisiti previsti. Ciascuna autorità competente definisce il procedimento per l'iscrizione e verifica il rispetto dei requisiti di stabilità, efficienza, imparzialità, nonché il rispetto del principio di tendenziale non onerosità, per il consumatore, del servizio.

2. Ogni autorità competente provvede all'iscrizione, alla sospensione e alla cancellazione degli iscritti e vigila sull'elenco nonché sui singoli organismi ADR.

3. Ciascuna autorità competente sulla base di propri provvedimenti, tiene l'elenco e disciplina le modalità di iscrizione degli organismi ADR. Tale elenco comprende:

a) il nome, le informazioni di contatto e i siti internet degli organismi ADR di cui al comma 1;

b) le loro tariffe, se del caso;

c) la lingua o le lingue in cui possono essere presentati i reclami e in cui è svolta la procedura ADR;

d) i tipi di controversie contemplati dalla procedura ADR;

e) i settori e le categorie di controversie trattati da ciascun organismo ADR;

f) se del caso, l'esigenza della presenza fisica delle parti o dei loro rappresentanti, compresa una dichiarazione dell'organismo ADR relativa alla possibilità di svolgere la procedura ADR in forma orale o scritta;

g) i motivi per cui un organismo ADR può rifiutare il trattamento di una determinata controversia a norma dell'articolo 141 *bis*, comma 2.

4. Se un organismo ADR non soddisfa più i requisiti di cui al comma 1, l'autorità competente interessata lo contatta per segnalargli tale non conformità, invitandolo a ovviarvi immediatamente. Se allo scadere di un termine di tre mesi l'organismo ADR continua a non soddisfare i requisiti di cui al comma 1, l'autorità competente cancella l'organismo dall'elenco di cui al comma 2. Detto elenco è aggiornato senza indugio e le informazioni pertinenti sono trasmesse al Ministero dello sviluppo economico quale punto di contatto unico con la Commissione europea.

5. Ogni autorità competente notifica senza indugio l'elenco di cui ai commi 1 e 3, e ogni suo successivo aggiornamento, al Ministero dello sviluppo economico quale punto di contatto unico con la Commissione europea.

6. L'elenco e gli aggiornamenti di cui ai commi 2, 3 e 4 relativi agli organismi ADR stabiliti nel territorio della Repubblica italiana sono trasmessi alla Commissione europea dal Ministero dello sviluppo economico quale punto di contatto unico.

7. Ogni autorità competente mette a disposizione del pubblico l'elenco consolidato degli organismi ADR, elaborato dalla Commissione europea e notificato al Ministero dello sviluppo economico

quale punto di contatto unico, fornendo sul proprio sito internet un link al pertinente sito internet della Commissione europea. Inoltre, ogni autorità competente mette a disposizione del pubblico tale elenco consolidato su un supporto durevole.

8. Entro il 9 luglio 2018 e successivamente ogni quattro anni, il Ministero dello sviluppo economico, quale punto di contatto unico, con il contributo delle altre autorità competenti, pubblica e trasmette alla Commissione europea una relazione sullo sviluppo e sul funzionamento di tutti gli organismi ADR stabiliti sul territorio della Repubblica Italiana. In particolare, tale relazione:

a) identifica le migliori prassi degli organismi ADR;

b) sottolinea le insufficienze, comprovate da statistiche, che ostacolano il funzionamento degli organismi ADR per le controversie sia nazionali che transfrontaliere, se del caso;

c) elabora raccomandazioni su come migliorare l'efficacia e l'efficienza del funzionamento degli organismi ADR, se del caso.

(¹) *Questo articolo è stato inserito dall'art. 1, comma 3, del D.L.vo 6 agosto 2015, n. 130. A norma dell'art. 2, comma 1, dello stesso provvedimento le disposizioni concernenti l'attuazione del regolamento (UE) n. 524/2013 del Parlamento europeo e del Consiglio, del 21 maggio 2013, relativo alla risoluzione delle controversie online dei consumatori, si applicano a decorrere dal 9 gennaio 2016.*

Parte VI
Disposizioni finali

142. Modifiche al codice civile. – 1. Gli articoli 1469 *bis*, 1469 *ter*, 1469 *quater*, 1469 *quinquies* e 1469 *sexies* del codice civile sono sostituiti dal seguente:

«Art. 1469 *bis*. *Contratti del consumatore*. Le disposizioni del presente titolo si applicano ai contratti del consumatore, ove non derogate dal codice del consumo o da altre disposizioni più favorevoli per il consumatore.».

143. Irrinunciabilità dei diritti. – 1. I diritti attribuiti al consumatore dal codice sono irrinunciabili. È nulla ogni pattuizione in contrasto con le disposizioni del codice.

2. Ove le parti abbiano scelto di applicare al contratto una legislazione diversa da quella italiana, al consumatore devono comunque essere riconosciute le condizioni minime di tutela previste dal codice.

144. Aggiornamenti. – 1. Ogni intervento normativo incidente sul codice, o sulle materie dallo stesso disciplinate, va attuato mediante esplicita modifica, integrazione, deroga o sospensione delle specifiche disposizioni in esso contenute.

144 *bis*. (¹) **Cooperazione tra le autorità nazionali per la tutela dei consumatori.** – 1. Il Ministero dello sviluppo economico, salve le disposizioni in materia bancaria, finanziaria, assicurativa e di sistemi di pagamento e le competenze delle autorità indipendenti di settore, che continuano a svolgere le funzioni di autorità competente ai sensi dell'articolo 3, lettera c), del regolamento (CE) n. 2006/2004 del Parlamento europeo e del Consiglio, del 27 ottobre 2004, nonché le disposizioni vigenti nelle ulteriori materie per le quali è prevista la competenza di altre autorità nazionali, svolge le funzioni di autorità competente, ai sensi del medesimo articolo 3, lettera c), del citato regolamento (CE) n. 2006/2004, in materia di:

[*a*) servizi turistici, di cui alla parte III, titolo IV, capo II] (²);

[*b*) clausole abusive nei contratti stipulati con i consumatori, di cui alla parte III, titolo I] (²);

c) garanzia nella vendita dei beni di consumo, di cui alla parte IV, titolo III, capo I;

d) credito al consumo, di cui alla parte III, titolo II, capo II, sezione I;

e) commercio elettronico, di cui alla parte III, titolo III, capo II;

[*f*) contratti negoziati fuori dai locali commerciali, di cui alla parte III, titolo III, capo I, sezione I] (²);

[*g*) contratti a distanza, di cui alla parte III, titolo III, capo I, sezione II] (²);

h) contratti di multiproprietà, contratti relativi ai prodotti per le vacanze di lungo termine, contratti di rivendita e di scambio, di cui alla parte III, titolo IV, capo I (³).

2. Il Ministero dello sviluppo economico esercita tutti i poteri di cui al citato regolamento (CE) n. 2006/2004, nelle materie di cui al comma 1, anche con riferimento alle infrazioni lesive degli interessi collettivi dei consumatori in ambito nazionale.

3. Per lo svolgimento dei compiti di cui ai commi 1 e 2, il Ministero dello sviluppo economico può avvalersi delle camere di commercio, industria, artigianato e agricoltura, nonché del Corpo della Guardia di finanza che agisce con i poteri ad esso attribuiti per l'accertamento dell'imposta sul valo-

re aggiunto e delle imposte sui redditi. Può inoltre definire forme di collaborazione con altre pubbliche amministrazioni. Limitatamente ai poteri di cui all'articolo 139, può avvalersi delle associazioni dei consumatori e degli utenti di cui all'articolo 137.

4. Ferme restando la disciplina sanzionatoria in materia di indicazione dei prezzi di cui all'articolo 17 del presente codice e le disposizioni di cui all'articolo 22, comma 3, del decreto legislativo 31 marzo 1998, n. 114, ai fini dell'applicazione del regolamento (CE) n. 2006/2004 il Ministero dello sviluppo economico, per lo svolgimento delle funzioni di cui al comma 1, può avvalersi, in particolare, dei comuni.

5. Le procedure istruttorie relative ai poteri di cui al comma 2, nonché relativamente all'applicazione delle sanzioni di cui ai commi 6 e 7, sono stabilite con regolamento emanato ai sensi dell'articolo 17, comma 1, lettera d), della legge 23 agosto 1988, n. 400, in modo da garantire il contraddittorio, la piena cognizione degli atti e la verbalizzazione.

6. Nei casi di rifiuto, omissione o ritardo, senza giustificato motivo, di esibire i documenti o di fornire le informazioni richieste, nell'ambito delle proprie competenze, dal Ministero dello sviluppo economico, riguardanti fattispecie di infrazioni nazionali o intracomunitarie, nonché nel caso in cui siano esibiti documenti o fornite informazioni non veritiere, si applicano le sanzioni di cui all'articolo 27, comma 4.

7. Nei casi di inottemperanza ad impegni assunti nei confronti del Ministero dello sviluppo economico dai soggetti interessati, per porre fine a infrazioni nazionali o intracomunitarie, si applicano le sanzioni di cui all'articolo 27, comma 12.

8. Ai sensi degli articoli 3, lettera c), e 4, del citato regolamento (CE) n. 2006/2004, in materia di pratiche commerciali scorrette di cui alla parte II, titolo III, si applicano le disposizioni di cui all'articolo 27, commi 1 e 2, in relazione alle funzioni di autorità competente attribuite all'Autorità garante della concorrenza e del mercato. Per i profili sanzionatori, nell'ambito delle proprie competenze, l'Autorità garante della concorrenza e del mercato provvede ai sensi dell'articolo 27.

9. Il Ministero dello sviluppo economico designa l'ufficio unico di collegamento responsabile dell'applicazione del citato regolamento (CE) n. 2006/2004.

([1]) *Questo articolo inserito dall'art. 19 della L. 6 febbraio 2007, n. 13 è stato da ultimo così sostituito dall'art. 22, comma 1, lett.* b) *della L. 7 luglio 2009, n. 88.*

([2]) *Questa lettera è stata soppressa dall'art. 1, comma 5, del D.L.vo 21 febbraio 2014, n. 21. A norma dell'art. 2, comma 1, del medesimo decreto, tali disposizioni entrano in vigore dal 13 giugno 2014 e si applicano ai contratti conclusi dopo tale data.*

([3]) *Le parole: «contratti relativi all'acquisizione di un diritto di godimento ripartito di beni immobili, di cui alla parte III, titolo IV, capo I» sono state così sostituite dalle attuali: «contratti di multiproprietà, contratti relativi ai prodotti per le vacanze di lungo termine, contratti di rivendita e di scambio, di cui alla parte II-I, titolo IV, capo I» dall'art. 1, comma 5, del D.L.vo 21 febbraio 2014, n. 21. A norma dell'art. 2, comma 1, del medesimo decreto, tali disposizioni entrano in vigore dal 13 giugno 2014 e si applicano ai contratti conclusi dopo tale data.*

145. Competenze delle regioni e delle province autonome. – 1. Sono fatte salve le disposizioni adottate dalle regioni e dalle province autonome di Trento e di Bolzano nell'esercizio delle proprie competenze legislative in materia di educazione e informazione del consumatore.

146. Abrogazioni. – 1. Dalla data di entrata in vigore del presente codice sono abrogati:

a) il decreto del Presidente della Repubblica 24 maggio 1988, n. 224, così come modificato dal decreto legislativo 2 febbraio 2001, n. 25, recante attuazione della direttiva 85/374/CEE, relativa al ravvicinamento delle disposizioni legislative, regolamentari e amministrative degli Stati membri in materia di responsabilità per danno da prodotti difettosi, ai sensi dell'articolo 15 della legge 16 aprile 1987, n. 183;

b) la legge 10 aprile 1991, n. 126, così come modificata dalla legge 22 febbraio 1994, n. 146, recante norme per l'informazione del consumatore;

c) il decreto legislativo 15 gennaio 1992, n. 50, recante attuazione della direttiva 85/577/CEE, in materia di contratti negoziati fuori dei locali commerciali;

d) decreto legislativo 25 gennaio 1992, n. 74, così come modificato dal decreto legislativo 25 febbraio 2000, n. 67, recante attuazione della direttiva 84/450/CEE, in materia di pubblicità ingannevole e comparativa;

e) decreto legislativo 17 marzo 1995, n. 111, così come modificato dalla legge 5 marzo 2001, n. 57, recante attuazione della direttiva 90/314/CEE, concernente i viaggi, le vacanze ed i circuiti «tutto compreso»;

f) la legge 30 luglio 1998, n. 281, recante disciplina dei diritti dei consumatori e degli utenti, così come modificata dalla legge 24 novembre 2000, n. 340, dal decreto legislativo 23 aprile 2001, n. 224, e dall'articolo 11 della legge 1° marzo 2002, n. 39, recante disposizioni per l'adempimento di obblighi derivanti dall'appartenenza dell'Italia alle Comunità europee - legge comunitaria 2001, sono fatte salve le disposizioni di cui all'articolo 7, con riferimento alle attività promozionali del Consiglio nazionale dei consumatori e degli utenti di cui all'articolo 136 e alle agevolazioni di cui all'articolo 138;

g) il decreto legislativo 9 novembre 1998, n 427, recante attuazione della direttiva 94/47/CE, concernente la tutela dell'acquirente per taluni aspetti dei contratti relativi all'acquisizione di un diritto di godimento a tempo parziale di beni immobili;

h) il decreto legislativo 22 maggio 1999, n 185, recante attuazione della direttiva 97/7/CE, relativa alla protezione dei consumatori in materia di contratti a distanza;

i) il decreto legislativo 25 febbraio 2000, n 63, recante attuazione della direttiva 98/7/CE, che modifica la direttiva 87/102/CEE, in materia di credito al consumo;

l) il decreto legislativo 25 febbraio 2000, n. 67, recante attuazione della direttiva 97/55/CE, che modifica la direttiva 84/450/CEE, in materia di pubblicità ingannevole e comparativa;

m) il decreto legislativo 25 febbraio 2000, n. 84, recante attuazione della direttiva 98/6/CE, relativa alla protezione dei consumatori in materia di indicazione dei prezzi offerti ai medesimi;

n) il decreto legislativo 23 aprile 2001, n. 224, recante attuazione della direttiva 98/27/CE, relativa a provvedimenti inibitori a tutela degli interessi dei consumatori;

o) il decreto legislativo 21 maggio 2004, n. 172, recante attuazione della direttiva 2001/95/CE, relativa alla sicurezza generale dei prodotti;

p) il comma 7 dell'articolo 18 del decreto legislativo 31 marzo 1998, n. 114, recante riforma della disciplina relativa al settore del commercio, a norma dell'articolo 4, comma 4, della legge 15 marzo 1997, n. 59;

q) il comma 9 dell'articolo 19 del decreto legislativo 31 marzo 1998, n. 114, recante riforma della disciplina relativa al settore del commercio, a norma dell'articolo 4, comma 4, della legge 15 marzo 1997, n. 59;

r) commi 4 e 5 dell'articolo 125 del testo unico delle leggi in materia bancaria e creditizia, di cui al decreto legislativo 1° settembre 1993, n. 385, e successive modificazioni;

s) gli articoli 1519 *bis*, 1519 *ter*, 1519 *quater*, 1519 *quinquies*, 1519 *sexies*, 1519 *septies*, 1519 *octies* e 1519 *nonies* del codice civile;

t) la legge 6 aprile 2005, n. 49, recante modifiche all'articolo 7 del decreto legislativo 25 gennaio 1992, n. 74, in materia di messaggi pubblicitari ingannevoli diffusi attraverso mezzi di comunicazione.

2. Dalla data di entrata in vigore del presente codice restano abrogati:

a) il decreto del Presidente della Repubblica 23 agosto 1982, n. 903, recante attuazione della direttiva 79/581/CEE, relativa alla indicazione dei prezzi dei prodotti alimentari ai fini della protezione dei consumatori;

b) il decreto legislativo 25 gennaio 1992, n. 76, recante attuazione della direttiva 88/315/CEE, concernente l'indicazione dei prezzi dei prodotti alimentari ai fini della protezione dei consumatori;

c) il decreto legislativo 27 gennaio 1992, n. 78, recante attuazione della direttiva 88/314/CEE, concernente l'indicazione dei prezzi dei prodotti non alimentari ai fini della protezione dei consumatori;

d) il decreto legislativo 17 marzo 1995, n. 115, recante attuazione della direttiva 92/59/CEE, relativa alla sicurezza generale dei prodotti.

(*Si omettono gli allegati*)

2.

L. 17 agosto 2005, n. 173. Disciplina della vendita diretta a domicilio e tutela del consumatore dalle forme di vendita piramidali (*Gazzetta Ufficiale* Serie gen. - n. 204 del 2 settembre 2005).

1. Definizioni e ambito di applicazione della legge. – 1. Al fini della presente legge si intendono:

a) per «vendita diretta a domicilio», la forma speciale di vendita al dettaglio e di offerta di beni e servizi, di cui all'articolo 19 del decreto legislativo 31 marzo 1998, n. 114, effettuate tramite la raccolta di ordinativi di acquisto presso il domicilio del consumatore finale o nei locali nei quali il consumatore si trova, anche temporaneamente, per motivi personali, di lavoro, di studio, di intrattenimento o di svago;

b) per «incaricato alla vendita diretta a domicilio», colui che, con o senza vincolo di subordinazione, promuove, direttamente o indirettamente, la raccolta di ordinativi di acquisto presso privati consumatori per conto di imprese esercenti la vendita diretta a domicilio;

c) per «impresa» o «imprese», l'impresa o le imprese esercenti la vendita diretta a domicilio di cui alla lettera *a*).

2. Le disposizioni della presente legge, ad eccezione di quanto previsto dagli articoli 5, 6 e 7, non si applicano alla offerta, alla sottoscrizione e alla propaganda ai fini commerciali di:

a) prodotti e servizi finanziari;

b) prodotti e servizi assicurativi;

c) contratti per la costruzione, la vendita e la locazione di beni immobili.

2. Esercizio dell'attività di vendita diretta a domicilio. – 1. Alle attività di vendita diretta a domicilio di cui all'articolo 1, comma 1, lettera *a*), si applicano le disposizioni di cui agli articoli 19, 20 e 22, commi 1 e 2, del decreto legislativo 31 marzo 1998, n. 114, nonché le disposizioni vigenti in materia di commercializzazione dei beni e dei servizi offerti.

3. Attività di incaricato alla vendita diretta a domicilio. – 1. L'attività di incaricato alla vendita diretta a domicilio, con o senza vincolo di subordinazione, è soggetta all'obbligo del possesso del tesserino di riconoscimento di cui all'articolo 19, commi 5 e 6, del decreto legislativo 31 marzo 1998, n. 114, e può essere svolta da chi risulti in possesso dei requisiti di cui all'articolo 5, comma 2, del medesimo decreto legislativo.

2. L'attività di incaricato alla vendita diretta a domicilio senza vincolo di subordinazione può essere esercitata come oggetto di una obbligazione assunta con contratto di agenzia.

3. L'attività di incaricato alla vendita diretta a domicilio senza vincolo di subordinazione può essere altresì esercitata, senza necessità di stipulare un contratto di agenzia, da soggetti che svolgono l'attività in maniera abituale, ancorché non esclusiva, o in maniera occasionale, purché incaricati da una o più imprese.

4. La natura dell'attività di cui al comma 3 è di carattere occasionale sino al conseguimento di un reddito annuo, derivante da tale attività, non superiore a 5.000 euro.

5. Resta ferma la disciplina previdenziale recata dall'articolo 44, comma 2, ultimo periodo, del decreto legge 30 settembre 2003, n. 269, convertito, con modificazioni, dalla legge 24 novembre 2003, n. 326.

4. Disciplina del rapporto fra impresa affidante e incaricato alla vendita diretta a domicilio. Compenso dell'incaricato. – 1. All'incaricato alla vendita diretta a domicilio con vincolo di subordinazione si applica il contratto collettivo nazionale di lavoro applicato dall'impresa esercente la vendita diretta. All'incaricato alla vendita diretta a domicilio senza vincolo di subordinazione di cui all'articolo 3, comma 2, si applicano gli accordi economici collettivi di settore.

2. Per l'incaricato alla vendita diretta a domicilio senza vincolo di subordinazione di cui all'articolo 3, comma 3, l'incarico deve essere provato per iscritto e può essere liberamente rinunciato, anche per fatti concludenti con relativa presa d'atto dell'impresa affidante, o revocato per iscritto tramite lettera raccomandata con avviso di ricevimento o altro mezzo idoneo. L'atto di conferimento dell'incarico deve contenere l'indicazione dei diritti e degli obblighi di cui ai commi 3 e 6.

3. L'incaricato alla vendita diretta a domicilio senza vincolo di subordinazione di cui all'articolo 3, comma 3, ha diritto di recedere dall'incarico, senza obbligo di motivazione, inviando all'impresa affidante una comunicazione, a mezzo di lettera raccomandata con avviso di ricevimento, entro dieci giorni lavorativi dalla stipula dell'atto scritto di cui al comma 2. In tale caso, l'incaricato è tenuto a restituire a sua cura e spese i beni e i materiali

da dimostrazione eventualmente acquistati e l'impresa, entro trenta giorni dalla restituzione dei beni e dei materiali, rimborsa all'incaricato le somme da questi eventualmente pagate. Il rimborso è subordinato all'integrità dei beni e dei materiali restituiti.

4. Nei confronti dell'incaricato alla vendita diretta a domicilio non può essere stabilito alcun obbligo di acquisto:

a) di un qualsiasi ammontare di materiali o di beni commercializzati o distribuiti dall'impresa affidante, ad eccezione dei beni e dei materiali da dimostrazione strumentali alla sua attività che per tipologia e quantità sono assimilabili ad un campionario;

b) di servizi forniti, direttamente o indirettamente, dall'impresa affidante, non strettamente inerenti e necessari all'attività commerciale in questione, e comunque non proporzionati al volume dell'attività svolta.

5. Nel caso in cui l'incarico venga rinunciato o revocato, il tesserino di riconoscimento di cui all'articolo 3, comma 1, è ritirato.

6. In aggiunta al diritto di recesso di cui al comma 3, all'incaricato alla vendita diretta a domicilio è in ogni caso riconosciuto, in tutte le altre ipotesi di cessazione per qualsiasi causa del rapporto con l'impresa affidante, il diritto di restituzione e, entro trenta giorni, alla rifusione del prezzo relativamente ai beni e ai materiali integri eventualmente posseduti in misura non inferiore al 90 per cento del costo originario.

7. L'incaricato alla vendita diretta a domicilio deve attenersi alle modalità e alle condizioni generali di vendita stabilite dall'impresa affidante. In caso contrario, egli è responsabile dei danni derivanti dalle condotte difformi da lui adottate rispetto alle modalità e alle condizioni di cui al primo periodo.

8. L'incaricato alla vendita diretta a domicilio non ha, salvo espressa autorizzazione scritta, la facoltà di riscuotere il corrispettivo degli ordinativi di acquisto che abbiano avuto regolare esecuzione presso i privati consumatori nè di concedere sconti o dilazioni di pagamento.

9. Il compenso dell'incaricato alla vendita diretta a domicilio senza vincolo di subordinazione è costituito dalle provvigioni sugli affari che, accettati, hanno avuto regolare esecuzione. La misura delle provvigioni e le modalità di corresponsione devono essere stabilite per iscritto.

5. Divieto delle forme di vendita piramidali e di giochi o catene. – 1. Sono vietate la promozione e la realizzazione di attività e di strutture di vendita nelle quali l'incentivo economico primario dei componenti la struttura si fonda sul mero reclutamento di nuovi soggetti piuttosto che sulla loro capacità di vendere o promuovere la vendita di beni o servizi determinati direttamente o attraverso altri componenti la struttura ([1]).

2. È vietata, altresì, la promozione o l'organizzazione di tutte quelle operazioni, quali giochi, piani di sviluppo, «catene di Sant'Antonio», che configurano la possibilità di guadagno attraverso il puro e semplice reclutamento di altre persone e in cui il diritto a reclutare si trasferisce all'infinito previo il pagamento di un corrispettivo.

([1]) *A norma dell'art. 5 del D.L.vo 2 agosto 2007, n. 146, dalla data di entrata in vigore dello stesso decreto* (G.U. *Serie gen. - n. 207 del 6 settembre 2007*)*, questo comma è abrogato nella parte in cui riguarda forme di vendita piramidali tra consumatori e professionisti come definite all'articolo 23, comma 1, lettera* p)*, del decreto legislativo 6 settembre 2005, n. 206, recante Codice del consumo in cui è previsto o ipotizzabile un contributo da parte di un consumatore come definito dall'articolo 18, comma 1, lettera* a)*, del predetto codice. I suddetti articoli 5, comma 1, e 7, restano applicabili pertanto alle forme di promozione piramidale che coinvolgano qualsiasi persona fisica o giuridica che agisce nel quadro della sua attività commerciale, industriale, artigianale o professionale.*

6. Elementi presuntivi. – 1. Costituisce elemento presuntivo della sussistenza di una operazione o di una struttura di vendita vietate ai sensi dell'articolo 5 la ricorrenza di una delle seguenti circostanze:

a) l'eventuale obbligo del soggetto reclutato di acquistare dall'impresa organizzatrice, ovvero da altro componente la struttura, una rilevante quantità di prodotti senza diritto di restituzione o rifusione del prezzo relativamente ai beni ancora vendibili, in misura non inferiore al 90 per cento del costo originario, nel caso di mancata o parzialmente mancata vendita al pubblico;

b) l'eventuale obbligo del soggetto reclutato di corrispondere, all'atto del reclutamento e comunque quale condizione per la permanenza nell'organizzazione, all'impresa organizzatrice o ad altro componente la struttura, una somma di denaro o titoli di credito o altri valori mobiliari e benefici finanziari in genere di rilevante entità e in assenza di una reale controprestazione;

c) l'eventuale obbligo del soggetto reclutato di acquistare, dall'impresa organizzatrice o da altro componente la struttura, materiali, beni o servizi, ivi compresi materiali didattici e corsi di formazione, non strettamente inerenti e necessari alla attività commerciale in questione e comunque non proporzionati al volume dell'attività svolta.

7. ([1]) **Sanzioni.** – 1. Salvo che il fatto costituisca più grave reato, chiunque promuove o realizza le attività o le strutture di vendita o le operazioni di cui all'articolo 5, anche promuovendo iniziative di carattere collettivo o inducendo uno o più soggetti ad aderire, associarsi o affiliarsi alle organizzazioni od operazioni di cui al medesimo articolo, è punito con l'arresto da sei mesi ad un anno o con l'ammenda da 100.000 euro a 600.000 euro.

2. Per le violazioni di cui al comma 1 si applica la sanzione accessoria della pubblicazione del provvedimento con le modalità di cui all'articolo 36 del codice penale e della sua comunicazione alle associazioni dei consumatori e degli utenti rappresentative a livello nazionale.

3. All'impresa che non rispetti le disposizioni di cui all'articolo 4, commi 2, 3, 5, 6 e 9, si applica una sanzione amministrativa pecuniaria da 1.500 euro a 5.000 euro.

([1]) *A norma dell'art. 5 del D.L.vo 2 agosto 2007, n. 146, dalla data di entrata in vigore dello stesso decreto* (G.U. *Serie gen. - n. 207 del 6 settembre 2007*), *questo articolo è abrogato nella parte in cui riguarda forme di vendita piramidali tra consumatori e professionisti come definite all'articolo 23, comma 1, lettera* p), *del decreto legislativo 6 settembre 2005, n. 206, recante Codice del consumo in cui è previsto o ipotizzabile un contributo da parte di un consumatore come definito dall'articolo 18, comma 1, lettera* a), *del predetto codice. I suddetti articoli 5, comma 1, e 7, restano applicabili pertanto alle forme di promozione piramidale che coinvolgano qualsiasi persona fisica o giuridica che agisce nel quadro della sua attività commerciale, industriale, artigianale o professionale.*

1.

L. 20 maggio 2016, n. 76. Regolamentazione delle unioni civili tra persone dello stesso sesso e disciplina delle convivenze (*Gazzetta Ufficiale* Serie gen. - n. 118 del 21 maggio 2016).

1. 1. La presente legge istituisce l'unione civile tra persone dello stesso sesso quale specifica formazione sociale ai sensi degli articoli 2 e 3 della Costituzione e reca la disciplina delle convivenze di fatto.

2. Due persone maggiorenni dello stesso sesso costituiscono un'unione civile mediante dichiarazione di fronte all'ufficiale di stato civile ed alla presenza di due testimoni.

3. L'ufficiale di stato civile provvede alla registrazione degli atti di unione civile tra persone dello stesso sesso nell'archivio dello stato civile.

4. Sono cause impeditive per la costituzione dell'unione civile tra persone dello stesso sesso:

a) la sussistenza, per una delle parti, di un vincolo matrimoniale o di un'unione civile tra persone dello stesso sesso;

b) l'interdizione di una delle parti per infermità di mente; se l'istanza d'interdizione è soltanto promossa, il pubblico ministero può chiedere che si sospenda la costituzione dell'unione civile; in tal caso il procedimento non può aver luogo finchè la sentenza che ha pronunziato sull'istanza non sia passata in giudicato;

c) la sussistenza tra le parti dei rapporti di cui all'articolo 87, primo comma, del codice civile; non possono altresì contrarre unione civile tra persone dello stesso sesso lo zio e il nipote e la zia e la nipote; si applicano le disposizioni di cui al medesimo articolo 87;

d) la condanna definitiva di un contraente per omicidio consumato o tentato nei confronti di chi sia coniugato o unito civilmente con l'altra parte; se è stato disposto soltanto rinvio a giudizio ovvero sentenza di condanna di primo o secondo grado ovvero una misura cautelare la costituzione dell'unione civile tra persone dello stesso sesso è sospesa sino a quando non è pronunziata sentenza di proscioglimento.

5. La sussistenza di una delle cause impeditive di cui al comma 4 comporta la nullità dell'unione civile tra persone dello stesso sesso. All'unione civile tra persone dello stesso sesso si applicano gli articoli 65 e 68, nonché le disposizioni di cui agli articoli 119, 120, 123, 125, 126, 127, 128, 129 e 129 *bis* del codice civile.

6. L'unione civile costituita in violazione di una delle cause impeditive di cui al comma 4, ovvero in violazione dell'articolo 68 del codice civile, può essere impugnata da ciascuna delle parti dell'unione civile, dagli ascendenti prossimi, dal pubblico ministero e da tutti coloro che abbiano per impugnarla un interesse legittimo e attuale. L'unione civile costituita da una parte durante l'assenza dell'altra non può essere impugnata finchè dura l'assenza.

7. L'unione civile può essere impugnata dalla parte il cui consenso è stato estorto con violenza o determinato da timore di eccezionale gravità determinato da cause esterne alla parte stessa. Può essere altresì impugnata dalla parte il cui consenso è stato dato per effetto di errore sull'identità della persona o di errore essenziale su qualità personali dell'altra parte. L'azione non può essere proposta se vi è stata coabitazione per un anno dopo che è cessata la violenza o le cause che hanno determinato il timore ovvero sia stato scoperto l'errore. L'errore sulle qualità personali è essenziale qualora, tenute presenti le condizioni dell'altra parte, si accerti che la stessa non avrebbe prestato il suo consenso se le avesse esattamente conosciute e purchè l'errore riguardi:

a) l'esistenza di una malattia fisica o psichica, tale da impedire lo svolgimento della vita comune;

b) le circostanze di cui all'articolo 122, terzo comma, numeri 2), 3) e 4), del codice civile.

8. La parte può in qualunque tempo impugnare il matrimonio o l'unione civile dell'altra parte. Se si oppone la nullità della prima unione civile,

tale questione deve essere preventivamente giudicata.

9. L'unione civile tra persone dello stesso sesso è certificata dal relativo documento attestante la costituzione dell'unione, che deve contenere i dati anagrafici delle parti, l'indicazione del loro regime patrimoniale e della loro residenza, oltre ai dati anagrafici e alla residenza dei testimoni.

10. Mediante dichiarazione all'ufficiale di stato civile le parti possono stabilire di assumere, per la durata dell'unione civile tra persone dello stesso sesso, un cognome comune scegliendolo tra i loro cognomi. La parte può anteporre o posporre al cognome comune il proprio cognome, se diverso, facendone dichiarazione all'ufficiale di stato civile.

11. Con la costituzione dell'unione civile tra persone dello stesso sesso le parti acquistano gli stessi diritti e assumono i medesimi doveri; dall'unione civile deriva l'obbligo reciproco all'assistenza morale e materiale e alla coabitazione. Entrambe le parti sono tenute, ciascuna in relazione alle proprie sostanze e alla propria capacità di lavoro professionale e casalingo, a contribuire ai bisogni comuni.

12. Le parti concordano tra loro l'indirizzo della vita familiare e fissano la residenza comune; a ciascuna delle parti spetta il potere di attuare l'indirizzo concordato.

13. Il regime patrimoniale dell'unione civile tra persone dello stesso sesso, in mancanza di diversa convenzione patrimoniale, è costituito dalla comunione dei beni. In materia di forma, modifica, simulazione e capacità per la stipula delle convenzioni patrimoniali si applicano gli articoli 162, 163, 164 e 166 del codice civile. Le parti non possono derogare nè ai diritti nè ai doveri previsti dalla legge per effetto dell'unione civile. Si applicano le disposizioni di cui alle sezioni II, III, IV, V e VI del capo VI del titolo VI del libro primo del codice civile.

14. Quando la condotta della parte dell'unione civile è causa di grave pregiudizio all'integrità fisica o morale ovvero alla libertà dell'altra parte, il giudice, su istanza di parte, può adottare con decreto uno o più dei provvedimenti di cui all'articolo 342 *ter* del codice civile.

15. Nella scelta dell'amministratore di sostegno il giudice tutelare preferisce, ove possibile, la parte dell'unione civile tra persone dello stesso sesso. L'interdizione o l'inabilitazione possono essere promosse anche dalla parte dell'unione civile, la quale può presentare istanza di revoca quando ne cessa la causa.

16. La violenza è causa di annullamento del contratto anche quando il male minacciato riguarda la persona o i beni dell'altra parte dell'unione civile costituita dal contraente o da un discendente o ascendente di lui.

17. In caso di morte del prestatore di lavoro, le indennità indicate dagli articoli 2118 e 2120 del codice civile devono corrispondersi anche alla parte dell'unione civile.

18. La prescrizione rimane sospesa tra le parti dell'unione civile.

19. All'unione civile tra persone dello stesso sesso si applicano le disposizioni di cui al titolo XIII del libro primo del codice civile, nonché gli articoli 116, primo comma, 146, 2647, 2653, primo comma, numero 4), e 2659 del codice civile.

20. Al solo fine di assicurare l'effettività della tutela dei diritti e il pieno adempimento degli obblighi derivanti dall'unione civile tra persone dello stesso sesso, le disposizioni che si riferiscono al matrimonio e le disposizioni contenenti le parole «coniuge», «coniugi» o termini equivalenti, ovunque ricorrono nelle leggi, negli atti aventi forza di legge, nei regolamenti nonché negli atti amministrativi e nei contratti collettivi, si applicano anche ad ognuna delle parti dell'unione civile tra persone dello stesso sesso. La disposizione di cui al periodo precedente non si applica alle norme del codice civile non richiamate espressamente nella presente legge, nonché alle disposizioni di cui alla legge 4 maggio 1983, n. 184. Resta fermo quanto previsto e consentito in materia di adozione dalle norme vigenti.

21. Alle parti dell'unione civile tra persone dello stesso sesso si applicano le disposizioni previste dal capo III e dal capo X del titolo I, dal titolo II e dal capo II e dal capo V *bis* del titolo IV del libro secondo del codice civile.

22. La morte o la dichiarazione di morte presunta di una delle parti dell'unione civile ne determina lo scioglimento.

23. L'unione civile si scioglie altresì nei casi previsti dall'articolo 3, numero 1) e numero 2), lettere *a*), *c*), *d*) ed *e*), della legge 1° dicembre 1970, n. 898.

24. L'unione civile si scioglie, inoltre, quando le parti hanno manifestato anche disgiuntamente la volontà di scioglimento dinanzi all'ufficiale dello stato civile. In tale caso la domanda di scioglimento dell'unione civile è proposta decorsi tre

mesi dalla data della manifestazione di volontà di scioglimento dell'unione.

25. Si applicano, in quanto compatibili, gli articoli 4, 5, primo comma, e dal quinto all'undicesimo comma, 8, 9, 9 *bis*, 10, 12 *bis*, 12 *ter*, 12 *quater*, 12 *quinquies* e 12 *sexies* della legge 1° dicembre 1970, n. 898, nonché le disposizioni di cui al Titolo II del libro quarto del codice di procedura civile ed agli articoli 6 e 12 del decreto legge 12 settembre 2014, n. 132, convertito, con modificazioni, dalla legge 10 novembre 2014, n. 162.

26. La sentenza di rettificazione di attribuzione di sesso determina lo scioglimento dell'unione civile tra persone dello stesso sesso.

27. Alla rettificazione anagrafica di sesso, ove i coniugi abbiano manifestato la volontà di non sciogliere il matrimonio o di non cessarne gli effetti civili, consegue l'automatica instaurazione dell'unione civile tra persone dello stesso sesso.

28. Fatte salve le disposizioni di cui alla presente legge, il Governo è delegato ad adottare, entro sei mesi dalla data di entrata in vigore della presente legge, uno o più decreti legislativi in materia di unione civile tra persone dello stesso sesso nel rispetto dei seguenti principi e criteri direttivi:

a) adeguamento alle previsioni della presente legge delle disposizioni dell'ordinamento dello stato civile in materia di iscrizioni, trascrizioni e annotazioni;

b) modifica e riordino delle norme in materia di diritto internazionale privato, prevedendo l'applicazione della disciplina dell'unione civile tra persone dello stesso sesso regolata dalle leggi italiane alle coppie formate da persone dello stesso sesso che abbiano contratto all'estero matrimonio, unione civile o altro istituto analogo;

c) modificazioni ed integrazioni normative per il necessario coordinamento con la presente legge delle disposizioni contenute nelle leggi, negli atti aventi forza di legge, nei regolamenti e nei decreti.

29. I decreti legislativi di cui al comma 28 sono adottati su proposta del Ministro della giustizia, di concerto con il Ministro dell'interno, il Ministro del lavoro e delle politiche sociali e il Ministro degli affari esteri e della cooperazione internazionale.

30. Ciascuno schema di decreto legislativo di cui al comma 28, a seguito della deliberazione del Consiglio dei ministri, è trasmesso alla Camera dei deputati e al Senato della Repubblica perchè su di esso siano espressi, entro sessanta giorni dalla trasmissione, i pareri delle Commissioni parlamentari competenti per materia. Decorso tale termine il decreto può essere comunque adottato, anche in mancanza dei pareri. Qualora il termine per l'espressione dei pareri parlamentari scada nei trenta giorni che precedono la scadenza del termine previsto dal comma 28, quest'ultimo termine è prorogato di tre mesi. Il Governo, qualora non intenda conformarsi ai pareri parlamentari, trasmette nuovamente i testi alle Camere con le sue osservazioni e con eventuali modificazioni, corredate dei necessari elementi integrativi di informazione e motivazione. I pareri definitivi delle Commissioni competenti per materia sono espressi entro il termine di dieci giorni dalla data della nuova trasmissione. Decorso tale termine, i decreti possono essere comunque adottati.

31. Entro due anni dalla data di entrata in vigore di ciascun decreto legislativo adottato ai sensi del comma 28, il Governo può adottare disposizioni integrative e correttive del decreto medesimo, nel rispetto dei principi e criteri direttivi di cui al citato comma 28, con la procedura prevista nei commi 29 e 30.

32. - 33. (*Omissis*)

34. Con decreto del Presidente del Consiglio dei ministri, su proposta del Ministro dell'interno, da emanare entro trenta giorni dalla data di entrata in vigore della presente legge, sono stabilite le disposizioni transitorie necessarie per la tenuta dei registri nell'archivio dello stato civile nelle more dell'entrata in vigore dei decreti legislativi adottati ai sensi del comma 28, lettera *a*).

35. Le disposizioni di cui ai commi da 1 a 34 acquistano efficacia a decorrere dalla data di entrata in vigore della presente legge.

36. Ai fini delle disposizioni di cui ai commi da 37 a 67 si intendono per «conviventi di fatto» due persone maggiorenni unite stabilmente da legami affettivi di coppia e di reciproca assistenza morale e materiale, non vincolate da rapporti di parentela, affinità o adozione, da matrimonio o da un'unione civile.

37. Ferma restando la sussistenza dei presupposti di cui al comma 36, per l'accertamento della stabile convivenza si fa riferimento alla dichiarazione anagrafica di cui all'articolo 4 e alla lettera *b*) del comma 1 dell'articolo 13 del regolamento di cui al decreto del Presidente della Repubblica 30 maggio 1989, n. 223.

38. I conviventi di fatto hanno gli stessi diritti spettanti al coniuge nei casi previsti dall'ordinamento penitenziario.

39. In caso di malattia o di ricovero, i conviventi di fatto hanno diritto reciproco di visita, di assistenza nonché di accesso alle informazioni personali, secondo le regole di organizzazione delle strutture ospedaliere o di assistenza pubbliche, private o convenzionate, previste per i coniugi e i familiari.

40. Ciascun convivente di fatto può designare l'altro quale suo rappresentante con poteri pieni o limitati:

a) in caso di malattia che comporta incapacità di intendere e di volere, per le decisioni in materia di salute;

b) in caso di morte, per quanto riguarda la donazione di organi, le modalità di trattamento del corpo e le celebrazioni funerarie.

41. La designazione di cui al comma 40 è effettuata in forma scritta e autografa oppure, in caso di impossibilità di redigerla, alla presenza di un testimone.

42. Salvo quanto previsto dall'articolo 337 *sexies* del codice civile, in caso di morte del proprietario della casa di comune residenza il convivente di fatto superstite ha diritto di continuare ad abitare nella stessa per due anni o per un periodo pari alla convivenza se superiore a due anni e comunque non oltre i cinque anni. Ove nella stessa coabitino figli minori o figli disabili del convivente superstite, il medesimo ha diritto di continuare ad abitare nella casa di comune residenza per un periodo non inferiore a tre anni.

43. Il diritto di cui al comma 42 viene meno nel caso in cui il convivente superstite cessi di abitare stabilmente nella casa di comune residenza o in caso di matrimonio, di unione civile o di nuova convivenza di fatto.

44. Nei casi di morte del conduttore o di suo recesso dal contratto di locazione della casa di comune residenza, il convivente di fatto ha facoltà di succedergli nel contratto.

45. Nel caso in cui l'appartenenza ad un nucleo familiare costituisca titolo o causa di preferenza nelle graduatorie per l'assegnazione di alloggi di edilizia popolare, di tale titolo o causa di preferenza possono godere, a parità di condizioni, i conviventi di fatto.

46. Nella sezione VI del capo VI del titolo VI del libro primo del codice civile, dopo l'articolo 230 *bis* è aggiunto il seguente: (*Omissis*)

47. (*Omissis*)

48. Il convivente di fatto può essere nominato tutore, curatore o amministratore di sostegno, qualora l'altra parte sia dichiarata interdetta o inabilitata ai sensi delle norme vigenti ovvero ricorrano i presupposti di cui all'articolo 404 del codice civile.

49. In caso di decesso del convivente di fatto, derivante da fatto illecito di un terzo, nell'individuazione del danno risarcibile alla parte superstite si applicano i medesimi criteri individuati per il risarcimento del danno al coniuge superstite.

50. I conviventi di fatto possono disciplinare i rapporti patrimoniali relativi alla loro vita in comune con la sottoscrizione di un contratto di convivenza.

51. Il contratto di cui al comma 50, le sue modifiche e la sua risoluzione sono redatti in forma scritta, a pena di nullità, con atto pubblico o scrittura privata con sottoscrizione autenticata da un notaio o da un avvocato che ne attestano la conformità alle norme imperative e all'ordine pubblico.

52. Ai fini dell'opponibilità ai terzi, il professionista che ha ricevuto l'atto in forma pubblica o che ne ha autenticato la sottoscrizione ai sensi del comma 51 deve provvedere entro i successivi dieci giorni a trasmetterne copia al comune di residenza dei conviventi per l'iscrizione all'anagrafe ai sensi degli articoli 5 e 7 del regolamento di cui al decreto del Presidente della Repubblica 30 maggio 1989, n. 223.

53. Il contratto di cui al comma 50 reca l'indicazione dell'indirizzo indicato da ciascuna parte al quale sono effettuate le comunicazioni inerenti al contratto medesimo. Il contratto può contenere:

a) l'indicazione della residenza;

b) le modalità di contribuzione alle necessità della vita in comune, in relazione alle sostanze di ciascuno e alla capacità di lavoro professionale o casalingo;

c) il regime patrimoniale della comunione dei beni, di cui alla sezione III del capo VI del titolo VI del libro primo del codice civile.

54. Il regime patrimoniale scelto nel contratto di convivenza può essere modificato in qualunque momento nel corso della convivenza con le modalità di cui al comma 51.

55. Il trattamento dei dati personali contenuti nelle certificazioni anagrafiche deve avvenire conformemente alla normativa prevista dal codice in materia di protezione dei dati personali, di cui al decreto legislativo 30 giugno 2003, n. 196, garantendo il rispetto della dignità degli appartenenti al contratto di convivenza. I dati personali contenu-

ti nelle certificazioni anagrafiche non possono costituire elemento di discriminazione a carico delle parti del contratto di convivenza.

56. Il contratto di convivenza non può essere sottoposto a termine o condizione. Nel caso in cui le parti inseriscano termini o condizioni, questi si hanno per non apposti.

57. Il contratto di convivenza è affetto da nullità insanabile che può essere fatta valere da chiunque vi abbia interesse se concluso:

a) in presenza di un vincolo matrimoniale, di un'unione civile o di un altro contratto di convivenza;

b) in violazione del comma 36;

c) da persona minore di età;

d) da persona interdetta giudizialmente;

e) in caso di condanna per il delitto di cui all'articolo 88 del codice civile.

58. Gli effetti del contratto di convivenza restano sospesi in pendenza del procedimento di interdizione giudiziale o nel caso di rinvio a giudizio o di misura cautelare disposti per il delitto di cui all'articolo 88 del codice civile, fino a quando non sia pronunciata sentenza di proscioglimento.

59. Il contratto di convivenza si risolve per:

a) accordo delle parti;

b) recesso unilaterale;

c) matrimonio o unione civile tra i conviventi o tra un convivente ed altra persona;

d) morte di uno dei contraenti.

60. La risoluzione del contratto di convivenza per accordo delle parti o per recesso unilaterale deve essere redatta nelle forme di cui al comma 51. Qualora il contratto di convivenza preveda, a norma del comma 53, lettera *c*), il regime patrimoniale della comunione dei beni, la sua risoluzione determina lo scioglimento della comunione medesima e si applicano, in quanto compatibili, le disposizioni di cui alla sezione III del capo VI del titolo VI del libro primo del codice civile. Resta in ogni caso ferma la competenza del notaio per gli atti di trasferimento di diritti reali immobiliari comunque discendenti dal contratto di convivenza.

61. Nel caso di recesso unilaterale da un contratto di convivenza il professionista che riceve o che autentica l'atto è tenuto, oltre che agli adempimenti di cui al comma 52, a notificarne copia all'altro contraente all'indirizzo risultante dal contratto. Nel caso in cui la casa familiare sia nella disponibilità esclusiva del recedente, la dichiarazione di recesso, a pena di nullità, deve contenere il termine, non inferiore a novanta giorni, concesso al convivente per lasciare l'abitazione.

62. Nel caso di cui alla lettera *c*) del comma 59, il contraente che ha contratto matrimonio o unione civile deve notificare all'altro contraente, nonché al professionista che ha ricevuto o autenticato il contratto di convivenza, l'estratto di matrimonio o di unione civile.

63. Nel caso di cui alla lettera *d*) del comma 59, il contraente superstite o gli eredi del contraente deceduto devono notificare al professionista che ha ricevuto o autenticato il contratto di convivenza l'estratto dell'atto di morte affinchè provveda ad annotare a margine del contratto di convivenza l'avvenuta risoluzione del contratto e a notificarlo all'anagrafe del comune di residenza.

64. Dopo l'articolo 30 della legge 31 maggio 1995, n. 218, è inserito il seguente: (*Omissis*)

65. In caso di cessazione della convivenza di fatto, il giudice stabilisce il diritto del convivente di ricevere dall'altro convivente e gli alimenti qualora versi in stato di bisogno e non sia in grado di provvedere al proprio mantenimento. In tali casi, gli alimenti sono assegnati per un periodo proporzionale alla durata della convivenza e nella misura determinata ai sensi dell'articolo 438, secondo comma, del codice civile. Ai fini della determinazione dell'ordine degli obbligati ai sensi dell'articolo 433 del codice civile, l'obbligo alimentare del convivente di cui al presente comma è adempiuto con precedenza sui fratelli e sorelle.

66. Agli oneri derivanti dall'attuazione dei commi da 1 a 35 del presente articolo, valutati complessivamente in 3,7 milioni di euro per l'anno 2016, in 6,7 milioni di euro per l'anno 2017, in 8 milioni di euro per l'anno 2018, in 9,8 milioni di euro per l'anno 2019, in 11,7 milioni di euro per l'anno 2020, in 13,7 milioni di euro per l'anno 2021, in 15,8 milioni di euro per l'anno 2022, in 17,9 milioni di euro per l'anno 2023, in 20,3 milioni di euro per l'anno 2024 e in 22,7 milioni di euro annui a decorrere dall'anno 2025, si provvede:

a) quanto a 3,7 milioni di euro per l'anno 2016, a 1,3 milioni di euro per l'anno 2018, a 3,1 milioni di euro per l'anno 2019, a 5 milioni di euro per l'anno 2020, a 7 milioni di euro per l'anno 2021, a 9,1 milioni di euro per l'anno 2022, a 11,2 milioni di euro per l'anno 2023, a 13,6 milioni di euro per l'anno 2024 e a 16 milioni di euro annui a decorrere dall'anno 2025, mediante riduzione del Fondo per interventi strutturali di politica economica, di cui all'articolo 10, comma 5, del decreto legge 29 novembre 2004, n. 282, convertito, con modificazioni, dalla legge 27 dicembre 2004, n. 307;

b) quanto a 6,7 milioni di euro annui a decorrere dall'anno 2017, mediante corrispondente riduzione delle proiezioni, per gli anni 2017 e 2018, dello stanziamento del fondo speciale di parte corrente iscritto, ai fini del bilancio triennale 2016-2018, nell'ambito del programma «Fondi di riserva e speciali» della missione «Fondi da ripartire» dello stato di previsione del Ministero dell'economia e delle finanze per l'anno 2016, allo scopo parzialmente utilizzando l'accantonamento relativo al medesimo Ministero.

67. Ai sensi dell'articolo 17, comma 12, della legge 31 dicembre 2009, n. 196, il Ministro del lavoro e delle politiche sociali, sulla base dei dati comunicati dall'INPS, provvede al monitoraggio degli oneri di natura previdenziale ed assistenziale di cui ai commi da 11 a 20 del presente articolo e riferisce in merito al Ministro dell'economia e delle finanze. Nel caso si verifichino o siano in procinto di verificarsi scostamenti rispetto alle previsioni di cui al comma 66, il Ministro dell'economia e delle finanze, sentito il Ministro del lavoro e delle politiche sociali, provvede, con proprio decreto, alla riduzione, nella misura necessaria alla copertura finanziaria del maggior onere risultante dall'attività di monitoraggio, delle dotazioni finanziarie di parte corrente aventi la natura di spese rimodulabili, ai sensi dell'articolo 21, comma 5, lettera *b*), della legge 31 dicembre 2009, n. 196, nell'ambito dello stato di previsione del Ministero del lavoro e delle politiche sociali.

68. Il Ministro dell'economia e delle finanze riferisce senza ritardo alle Camere con apposita relazione in merito alle cause degli scostamenti e all'adozione delle misure di cui al comma 67.

69. Il Ministro dell'economia e delle finanze è autorizzato ad apportare, con propri decreti, le occorrenti variazioni di bilancio.

2.

D.P.C.M. 23 luglio 2016, n. 144. Regolamento recante disposizioni transitorie necessarie per la tenuta dei registri nell'archivio dello stato civile, ai sensi dell'articolo 1, comma 34, della legge 20 maggio 2016, n. 76 (*Gazzetta Ufficiale* Serie gen. - n. 175 del 28 luglio 2016).

1. Richiesta di costituzione dell'unione civile. – 1. Al fine di costituire un'unione civile, ai sensi della legge 20 maggio 2016, n. 76, di seguito denominata legge, due persone maggiorenni dello stesso sesso fanno congiuntamente richiesta all'ufficiale dello stato civile del comune di loro scelta.

2. Nella richiesta ciascuna parte deve dichiarare:

a) il nome e il cognome, la data e il luogo di nascita; la cittadinanza; il luogo di residenza;

b) l'insussistenza delle cause impeditive alla costituzione dell'unione di cui all'articolo 1, comma 4, della legge.

3. L'ufficiale dello stato civile, verificati i presupposti di cui al comma 1, redige immediatamente processo verbale della richiesta e lo sottoscrive unitamente alle parti, che invita, dandone conto nel verbale, a comparire di fronte a sè in una data, indicata dalle parti, immediatamente successiva al termine di cui all'articolo 2, comma 1, per rendere congiuntamente la dichiarazione costitutiva dell'unione.

4. Se una delle parti, per infermità o altro comprovato impedimento, è nell'impossibilità di recarsi alla casa comunale, l'ufficiale si trasferisce nel luogo in cui si trova la parte impedita e riceve la richiesta di cui al presente articolo, ivi presentata congiuntamente da entrambe le parti.

2. Verifiche. – 1. Entro quindici giorni dalla presentazione della richiesta, l'ufficiale dello stato civile verifica l'esattezza delle dichiarazioni di cui all'articolo 1, comma 2, e può acquisire d'ufficio eventuali documenti che ritenga necessari per provare l'inesistenza delle cause impeditive indicate nell'articolo 1, comma 4, della legge.

2. Ai fini di cui al comma 1 l'ufficiale adotta ogni misura per il sollecito svolgimento dell'istruttoria e può chiedere la rettifica di dichiarazioni erronee o incomplete nonché l'esibizione di documenti.

3. Se è accertata l'insussistenza dei presupposti o la sussistenza di una causa impeditiva, l'ufficiale ne dà a ciascuna delle parti immediata comunicazione.

3. Costituzione dell'unione e registrazione degli atti nell'archivio dello stato civile. – 1. Le parti, nel giorno indicato nell'invito, rendono personalmente e congiuntamente, alla presenza di due testimoni, avanti all'ufficiale dello stato civile del comune ove è stata presentata la richiesta, la dichiarazione di voler costituire un'unione civile. Nella dichiarazione le parti confermano l'assenza di cause impeditive di cui all'articolo 1, comma 4, della legge.

2. L'ufficiale, ricevuta la dichiarazione di cui al comma 1, fatta menzione del contenuto dei commi 11 e 12 dell'articolo 1 della legge, redige apposito processo verbale, sottoscritto unitamente alle parti e ai testimoni, cui allega il verbale della richiesta.

3. La registrazione degli atti dell'unione civile, costituita ai sensi del comma 2, è eseguita mediante iscrizione nel registro provvisorio delle unioni civili di cui all'articolo 9. Gli atti iscritti sono inoltre oggetto di annotazione nell'atto di nascita di ciascuna delle parti. A tal fine, l'ufficiale che ha redatto il processo verbale di cui al comma 2 lo trasmette immediatamente al comune di nascita di ciascuna delle parti, conservandone l'originale nei propri archivi.

4. Nella dichiarazione di cui al presente articolo le parti possono rendere la dichiarazione di scelta del regime patrimoniale della separazione dei beni ai sensi dell'articolo 1, comma 13, della legge.

5. La mancata comparizione, senza giustificato motivo, di una o di entrambe le parti nel giorno indicato nell'invito equivale a rinuncia. L'ufficiale redige processo verbale, sottoscritto anche dalla parte e dai testimoni ove presenti, e lo archivia unitamente al verbale della richiesta nel registro provvisorio.

6. Se una delle parti, per infermità o per altro comprovato impedimento, è nell'impossibilità di recarsi alla casa comunale, l'ufficiale si trasferisce nel luogo in cui si trova la parte impedita e, ivi, alla presenza di due testimoni, riceve la dichiarazione costitutiva di cui al presente articolo.

7. Nel caso di imminente pericolo di vita di una delle parti l'ufficiale dello stato civile riceve la dichiarazione costitutiva anche in assenza di richiesta, previo giuramento delle parti stesse sulla sussistenza dei presupposti per la costituzione dell'unione e sull'assenza di cause impeditive di cui all'articolo 1, comma 4, della legge.

4. Scelta del cognome comune. – 1. Nella dichiarazione di cui all'articolo 3, le parti possono indicare il cognome comune che hanno stabilito di assumere per l'intera durata dell'unione ai sensi dell'articolo 1, comma 10, della legge. La parte può dichiarare all'ufficiale di stato civile di voler anteporre o posporre il proprio cognome, se diverso, a quello comune.

2. A seguito della dichiarazione di cui al comma 1 i competenti uffici procedono alla annotazione nell'atto di nascita e all'aggiornamento della scheda anagrafica.

5. Unione costituita a seguito della rettificazione di sesso di uno dei coniugi. – 1. I coniugi che, a seguito della rettificazione di sesso di uno di loro, intendano avvalersi di quanto disposto dall'articolo 1, comma 27, della legge, rendono personalmente apposita dichiarazione congiunta all'ufficiale dello stato civile del comune nel quale fu iscritto o trascritto l'atto di matrimonio.

2. Per l'eventuale scelta del cognome comune si applica l'articolo 4.

3. Gli atti dell'unione civile di cui al presente articolo sono annotati nell'atto di matrimonio delle parti e nei relativi atti di nascita.

6. Scioglimento dell'unione civile per accordo delle parti. – 1. L'accordo delle parti concluso, ai sensi dell'articolo 12 del decreto legge 12 settembre 2014, n. 132, convertito, con modificazioni, dalla legge 10 novembre 2014, n. 162, ai fini dello scioglimento dell'unione civile è ricevuto dall'ufficiale di stato civile del comune di residenza di una delle parti o del comune presso cui è iscritta o trascritta la dichiarazione costitutiva dell'unione. L'accordo è iscritto nel registro provvisorio delle unioni civili ed è annotato negli atti di nascita di ciascuna delle parti, a cura dei competenti uffici.

2. L'accordo raggiunto a seguito della convenzione di negoziazione assistita, conclusa ai sensi dell'articolo 6 del decreto legge 12 settembre 2014, n. 132, convertito, con modificazioni, dalla legge 10 novembre 2014, n. 162, deve essere trascritto nel registro provvisorio delle unioni civili ed annotato negli atti di nascita di ciascuna delle parti, a cura dei competenti uffici.

3. Qualora lo scioglimento abbia ad oggetto l'unione civile costituita con le modalità di cui al precedente articolo 5, lo scioglimento è annotato anche nell'atto di matrimonio delle parti.

4. Ai fini dello scioglimento di cui all'articolo 1, comma 24, della legge, si osservano, in quanto compatibili, le disposizioni del presente articolo.

7. Documento attestante la costituzione dell'unione. – 1. Spetta all'ufficiale dello stato civile il rilascio del documento attestante la costituzione dell'unione, recante i dati anagrafici delle parti, l'indicazione del regime patrimoniale e della residenza, oltre ai dati anagrafici ed alla residenza dei testimoni ai sensi dell'articolo 1, comma 9, della legge.

2. Nei documenti e atti in cui è prevista l'indicazione dello stato civile, per le parti dell'unione civile sono riportate, a richiesta degli interessati, le seguenti formule: «unito civilmente» o «unita civilmente».

8. Trascrizioni e nulla osta. – 1. Sono trascritte negli archivi dello stato civile le unioni civili costituite all'estero secondo la legge italiana davanti al capo dell'ufficio consolare, competente in base alla residenza di una delle due parti.

2. Lo straniero che vuole costituire in Italia un'unione civile deve presentare all'ufficiale dello stato civile, nella richiesta di cui all'articolo 1, anche una dichiarazione dell'autorità competente del proprio Paese dalla quale risulti che, giusta le leggi cui è sottoposto, nulla osta all'unione civile.

3. Nelle more dell'adozione dei decreti legislativi di cui all'articolo 1, comma 28, lettera *a*), della legge gli atti di matrimonio o di unione civile tra persone dello stesso sesso formati all'estero, sono trasmessi dall'autorità consolare, ai sensi dell'articolo 17 del decreto del Presidente della Repubblica 3 novembre 2000, n. 396, ai fini della trascrizione nel registro provvisorio di cui all'articolo 9.

9. Registro provvisorio delle unioni civili e formule. – 1. È istituito presso ciascun comune il registro provvisorio delle unioni civili.

2. Gli atti di stato civile di cui al presente decreto sono redatti secondo le apposite formule da approvare con decreto del Ministro dell'interno, ai sensi dell'articolo 12 del decreto del Presidente della Repubblica 3 novembre 2000, n. 396, adottato entro il termine di cinque giorni dalla data di entrata in vigore del presente decreto.

10. Disposizioni finali. – 1. Le disposizioni del presente regolamento si applicano fino all'entrata in vigore dei decreti legislativi previsti nell'articolo 1, comma 28, della legge.

2. All'attuazione delle disposizioni del presente regolamento si provvede con le risorse umane, strumentali e finanziarie disponibili a legislazione vigente e, comunque, senza nuovi o maggiori oneri a carico della finanza pubblica.

11. Entrata in vigore. – 1. Il presente decreto entra in vigore il giorno successivo a quello della sua pubblicazione nella *Gazzetta Ufficiale* della Repubblica italiana.

MODIFICHE INTERVENUTE IN CORSO DI STAMPA

1.

D.D.L. 14 dicembre 2017. Norme in materia di consenso informato e di disposizioni anticipate di trattamento. ([1])

([1]) *Si pubblica il testo di questo provvedimento, approvato definitivamente dal Senato il 14 dicembre 2017, ed in attesa di pubblicazione in* Gazzetta Ufficiale *al momento della stampa di questo volume.*

1. Consenso informato. – 1. La presente legge, nel rispetto dei princìpi di cui agli articoli 2, 13 e 32 della Costituzione e degli articoli 1, 2 e 3 della Carta dei diritti fondamentali dell'Unione europea, tutela il diritto alla vita, alla salute, alla dignità e all'autodeterminazione della persona e stabilisce che nessun trattamento sanitario può essere iniziato o proseguito se privo del consenso libero e informato della persona interessata, tranne che nei casi espressamente previsti dalla legge.

2. È promossa e valorizzata la relazione di cura e di fiducia tra paziente e medico che si basa sul consenso informato nel quale si incontrano l'autonomia decisionale del paziente e la competenza, l'autonomia professionale e la responsabilità del medico. Contribuiscono alla relazione di cura, in base alle rispettive competenze, gli esercenti una professione sanitaria che compongono l'équipe sanitaria. In tale relazione sono coinvolti, se il paziente lo desidera, anche i suoi familiari o la parte dell'unione civile o il convivente ovvero una persona di fiducia del paziente medesimo.

3. Ogni persona ha il diritto di conoscere le proprie condizioni di salute e di essere informata in modo completo, aggiornato e a lei comprensibile riguardo alla diagnosi, alla prognosi, ai benefici e ai rischi degli accertamenti diagnostici e dei trattamenti sanitari indicati, nonché riguardo alle possibili alternative e alle conseguenze dell'eventuale rifiuto del trattamento sanitario e dell'accertamento diagnostico o della rinuncia ai medesimi. Può rifiutare in tutto o in parte di ricevere le informazioni ovvero indicare i familiari o una persona di sua fiducia incaricati di riceverle e di esprimere il consenso in sua vece se il paziente lo vuole. Il rifiuto o la rinuncia alle informazioni e l'eventuale indicazione di un incaricato sono registrati nella cartella clinica e nel fascicolo sanitario elettronico.

4. Il consenso informato, acquisito nei modi e con gli strumenti più consoni alle condizioni del paziente, è documentato in forma scritta o attraverso videoregistrazioni o, per la persona con disabilità, attraverso dispositivi che le consentano di comunicare. Il consenso informato, in qualunque forma espresso, è inserito nella cartella clinica e nel fascicolo sanitario elettronico.

5. Ogni persona capace di agire ha il diritto di rifiutare, in tutto o in parte, con le stesse forme di cui al comma 4, qualsiasi accertamento diagnostico o trattamento sanitario indicato dal medico per la sua patologia o singoli atti del trattamento stesso. Ha, inoltre, il diritto di revocare in qualsiasi momento, con le stesse forme di cui al comma 4, il consenso prestato, anche quando la revoca comporti l'interruzione del trattamento. Ai fini della presente legge, sono considerati trattamenti sanitari la nutrizione artificiale e l'idratazione artificiale, in quanto somministrazione, su prescrizione medica, di nutrienti mediante dispositivi medici. Qualora il paziente esprima la rinuncia o il rifiuto di trattamenti sanitari necessari alla propria sopravvivenza, il medico prospetta al paziente e, se questi acconsente, ai suoi familiari, le conseguenze di tale decisione e le possibili alternative e promuove ogni azione di sostegno al paziente medesimo, anche avvalendosi dei servizi di assistenza psicologica. Ferma restando la possibilità per il paziente di modificare la propria volontà, l'accettazione, la revoca e il rifiuto sono annotati nella cartella clinica e nel fascicolo sanitario elettronico.

6. Il medico è tenuto a rispettare la volontà espressa dal paziente di rifiutare il trattamento sanitario o di rinunciare al medesimo e, in conseguenza di ciò, è esente da responsabilità civile o penale. Il paziente non può esigere trattamenti

sanitari contrari a norme di legge, alla deontologia professionale o alle buone pratiche clinicoassistenziali; a fronte di tali richieste, il medico non ha obblighi professionali.

7. Nelle situazioni di emergenza o di urgenza il medico e i componenti dell'équipe sanitaria assicurano le cure necessarie, nel rispetto della volontà del paziente ove le sue condizioni cliniche e le circostanze consentano di recepirla.

8. Il tempo della comunicazione tra medico e paziente costituisce tempo di cura.

9. Ogni struttura sanitaria pubblica o privata garantisce con proprie modalità organizzative la piena e corretta attuazione dei princìpi di cui alla presente legge, assicurando l'informazione necessaria ai pazienti e l'adeguata formazione del personale.

10. La formazione iniziale e continua dei medici e degli altri esercenti le professioni sanitarie comprende la formazione in materia di relazione e di comunicazione con il paziente, di terapia del dolore e di cure palliative.

11. È fatta salva l'applicazione delle norme speciali che disciplinano l'acquisizione del consenso informato per determinati atti o trattamenti sanitari.

2. Terapia del dolore, divieto di ostinazione irragionevole nelle cure e dignità nella fase finale della vita. – 1. Il medico, avvalendosi di mezzi appropriati allo stato del paziente, deve adoperarsi per alleviarne le sofferenze, anche in caso di rifiuto o di revoca del consenso al trattamento sanitario indicato dal medico. A tal fine, è sempre garantita un'appropriata terapia del dolore, con il coinvolgimento del medico di medicina generale e l'erogazione delle cure palliative di cui alla legge 15 marzo 2010, n. 38.

2. Nei casi di paziente con prognosi infausta a breve termine o di imminenza di morte, il medico deve astenersi da ogni ostinazione irragionevole nella somministrazione delle cure e dal ricorso a trattamenti inutili o sproporzionati. In presenza di sofferenze refrattarie ai trattamenti sanitari, il medico può ricorrere alla sedazione palliativa profonda continua in associazione con la terapia del dolore, con il consenso del paziente.

3. Il ricorso alla sedazione palliativa profonda continua o il rifiuto della stessa sono motivati e sono annotati nella cartella clinica e nel fascicolo sanitario elettronico.

3. Minori e incapaci. – 1. La persona minore di età o incapace ha diritto alla valorizzazione delle proprie capacità di comprensione e di decisione, nel rispetto dei diritti di cui all'articolo 1, comma 1. Deve ricevere informazioni sulle scelte relative alla propria salute in modo consono alle sue capacità per essere messa nelle condizioni di esprimere la sua volontà.

2. Il consenso informato al trattamento sanitario del minore è espresso o rifiutato dagli esercenti la responsabilità genitoriale o dal tutore tenendo conto della volontà della persona minore, in relazione alla sua età e al suo grado di maturità, e avendo come scopo la tutela della salute psicofisica e della vita del minore nel pieno rispetto della sua dignità.

3. Il consenso informato della persona interdetta ai sensi dell'articolo 414 del codice civile è espresso o rifiutato dal tutore, sentito l'interdetto ove possibile, avendo come scopo la tutela della salute psicofisica e della vita della persona nel pieno rispetto della sua dignità.

4. Il consenso informato della persona inabilitata è espresso dalla medesima persona inabilitata. Nel caso in cui sia stato nominato un amministratore di sostegno la cui nomina preveda l'assistenza necessaria o la rappresentanza esclusiva in ambito sanitario, il consenso informato è espresso o rifiutato anche dall'amministratore di sostegno ovvero solo da quest'ultimo, tenendo conto della volontà del beneficiario, in relazione al suo grado di capacità di intendere e di volere.

5. Nel caso in cui il rappresentante legale della persona interdetta o inabilitata oppure l'amministratore di sostegno, in assenza delle disposizioni anticipate di trattamento (DAT) di cui all'articolo 4, o il rappresentante legale della persona minore rifiuti le cure proposte e il medico ritenga invece che queste siano appropriate e necessarie, la decisione è rimessa al giudice tutelare su ricorso del rappresentante legale della persona interessata o dei soggetti di cui agli articoli 406 e seguenti del codice civile o del medico o del rappresentante legale della struttura sanitaria.

4. Disposizioni anticipate di trattamento. – 1. Ogni persona maggiorenne e capace di intendere e di volere, in previsione di un'eventuale futura incapacità di autodeterminarsi e dopo avere acquisito adeguate informazioni mediche sulle conseguenze delle sue scelte, può, attraverso le DAT, esprimere le proprie volontà in materia di trattamenti sanitari, nonché il consenso o il rifiuto rispetto ad accertamenti diagnostici o scelte terapeutiche e a singoli trattamenti sanitari. Indica altresì una persona di sua fiducia, di seguito denominata «fiduciario», che ne faccia le veci e la rappresenti nelle relazioni con il medico e con le strutture sanitarie.

2. Il fiduciario deve essere una persona maggiorenne e capace di intendere e di volere. L'accettazione della nomina da parte del fiduciario avviene attraverso la sottoscrizione delle DAT o con atto successivo, che è allegato alle DAT. Al fiduciario è rilasciata una copia delle DAT. Il fiduciario può rinunciare alla nomina con atto scritto, che è comunicato al disponente.

3. L'incarico del fiduciario può essere revocato dal disponente in qualsiasi momento, con le stesse modalità previste per la nomina e senza obbligo di motivazione.

4. Nel caso in cui le DAT non contengano l'indicazione del fiduciario o questi vi abbia rinunciato o sia deceduto o sia divenuto incapace, le DAT mantengono efficacia in merito alle volontà del disponente. In caso di necessità, il giudice tutelare provvede alla nomina di un amministratore di sostegno, ai sensi del capo I del titolo XII del libro I del codice civile.

5. Fermo restando quanto previsto dal comma 6 dell'articolo 1, il medico è tenuto al rispetto delle DAT, le quali possono essere disattese, in tutto o in parte, dal medico stesso, in accordo con il fiduciario, qualora esse appaiano palesemente incongrue o non corrispondenti alla condizione clinica attuale del paziente ovvero sussistano terapie non prevedibili all'atto della sottoscrizione, capaci di offrire concrete possibilità di miglioramento delle condizioni di vita. Nel caso di conflitto tra il fiduciario e il medico, si procede ai sensi del comma 5 dell'articolo 3.

6. Le DAT devono essere redatte per atto pubblico o per scrittura privata autenticata ovvero per scrittura privata consegnata personalmente dal disponente presso l'ufficio dello stato civile del comune di residenza del disponente medesimo, che provvede all'annotazione in apposito registro, ove istituito, oppure presso le strutture sanitarie, qualora ricorrano i presupposti di cui al comma 7. Sono esenti dall'obbligo di registrazione, dall'imposta di bollo e da qualsiasi altro tributo, imposta, diritto e tassa. Nel caso in cui le condizioni fisiche del paziente non lo consentano, le DAT possono essere espresse attraverso videoregistrazione o dispositivi che consentano alla persona con disabilità di comunicare. Con le medesime forme esse sono rinnovabili, modificabili e revocabili in ogni momento. Nei casi in cui ragioni di emergenza e urgenza impedissero di procedere alla revoca delle DAT con le forme previste dai periodi precedenti, queste possono essere revocate con dichiarazione verbale raccolta o videoregistrata da un medico, con l'assistenza di due testimoni.

7. Le regioni che adottano modalità telematiche di gestione della cartella clinica o il fascicolo sanitario elettronico o altre modalità informatiche di gestione dei dati del singolo iscritto al Servizio sanitario nazionale possono, con proprio atto, regolamentare la raccolta di copia delle DAT, compresa l'indicazione del fiduciario, e il loro inserimento nella banca dati, lasciando comunque al firmatario la libertà di scegliere se darne copia o indicare dove esse siano reperibili.

8. Entro sessanta giorni dalla data di entrata in vigore della presente legge, il Ministero della salute, le regioni e le aziende sanitarie provvedono a informare della possibilità di redigere le DAT in base alla presente legge, anche attraverso i rispettivi siti internet.

5. Pianificazione condivisa delle cure. – 1. Nella relazione tra paziente e medico di cui all'articolo 1, comma 2, rispetto all'evolversi delle conseguenze di una patologia cronica e invalidante o caratterizzata da inarrestabile evoluzione con prognosi infausta, può essere realizzata una pianificazione delle cure condivisa tra il paziente e il medico, alla quale il medico e l'équipe sanitaria sono tenuti ad attenersi qualora il paziente venga a trovarsi nella condizione di non poter esprimere il proprio consenso o in una condizione di incapacità.

2. Il paziente e, con il suo consenso, i suoi familiari o la parte dell'unione civile o il convivente ovvero una persona di sua fiducia sono adeguatamente informati, ai sensi dell'articolo 1, comma 3, in particolare sul possibile evolversi della patologia in atto, su quanto il paziente può realisticamente attendersi in termini di qualità della vita, sulle possibilità cliniche di intervenire e sulle cure palliative.

3. Il paziente esprime il proprio consenso rispetto a quanto proposto dal medico ai sensi del comma 2 e i propri intendimenti per il futuro, compresa l'eventuale indicazione di un fiduciario.

4. Il consenso del paziente e l'eventuale indicazione di un fiduciario, di cui al comma 3, sono espressi in forma scritta ovvero, nel caso in cui le

condizioni fisiche del paziente non lo consentano, attraverso videoregistrazione o dispositivi che consentano alla persona con disabilità di comunicare, e sono inseriti nella cartella clinica e nel fascicolo sanitario elettronico. La pianificazione delle cure può essere aggiornata al progressivo evolversi della malattia, su richiesta del paziente o su suggerimento del medico.

5. Per quanto riguarda gli aspetti non espressamente disciplinati dal presente articolo si applicano le disposizioni dell'articolo 4.

6. Norma transitoria. – 1. Ai documenti atti ad esprimere le volontà del disponente in merito ai trattamenti sanitari, depositati presso il comune di residenza o presso un notaio prima della data di entrata in vigore della presente legge, si applicano le disposizioni della medesima legge.

7. Clausola di invarianza finanziaria. – 1. Le amministrazioni pubbliche interessate provvedono all'attuazione delle disposizioni della presente legge nell'ambito delle risorse umane, strumentali e finanziarie disponibili a legislazione vigente e, comunque, senza nuovi o maggiori oneri per la finanza pubblica.

8. Relazione alle Camere. – 1. Il Ministro della salute trasmette alle Camere, entro il 30 aprile di ogni anno, a decorrere dall'anno successivo a quello in corso alla data di entrata in vigore della presente legge, una relazione sull'applicazione della legge stessa. Le regioni sono tenute a fornire le informazioni necessarie entro il mese di febbraio di ciascun anno, sulla base di questionari predisposti dal Ministero della salute.

2.

L.27 dicembre 2017, n. 205. Bilancio di previsione dello Stato per l'anno finanziario 2018 e bilancio pluriennale per il triennio 2018-2020 (Suppl. ord. alla *Gazzetta Ufficiale* Serie gen. - n. 302 del 29 dicembre 2017).

(*Estratto*)

Parte I

Sezione I

Misure quantitative per la realizzazione degli obiettivi programmatici

1. 1. - 132. (*Omissis*).

133. Dopo l'articolo 22 del decreto legislativo 14 settembre 2015, n. 148, è inserito il seguente:

«Art. 22 *bis* (Proroga del periodo di cassa integrazione guadagni straordinaria per riorganizzazione o crisi aziendale). - 1. Per gli anni 2018 e 2019, in deroga agli articoli 4 e 22, comma 1, entro il limite massimo complessivo di spesa di 100 milioni di euro per ciascuno dei medesimi anni, per imprese con organico superiore a 100 unità lavorative e rilevanza economica strategica anche a livello regionale che presentino rilevanti problematiche occupazionali con esuberi significativi nel contesto territoriale, previo accordo stipulato in sede governativa presso il Ministero del lavoro e delle politiche sociali con la presenza della regione interessata, o delle regioni interessate nel caso di imprese con unità produttive coinvolte ubicate in due o più regioni, può essere concessa la proroga dell'intervento straordinario di integrazione salariale, sino al limite massimo di dodici mesi, qualora il programma di riorganizzazione aziendale di cui all'articolo 21, comma 2, sia caratterizzato da investimenti complessi non attuabili nel limite temporale di durata di ventiquattro mesi di cui all'articolo 22, comma 1, ovvero qualora il programma di riorganizzazione aziendale di cui all'articolo 21, comma 2, presenti piani di recupero occupazionale per la ricollocazione delle risorse umane e azioni di riqualificazione non attuabili nel medesimo limite temporale. Alle medesime condizioni e nel limite delle risorse finanziarie sopra indicate, in deroga ai limiti temporali di cui agli articoli 4 e 22, comma 2, può essere concessa la proroga dell'intervento di integrazione salariale straordinaria, sino al limite massimo di sei mesi, qualora il piano di risanamento di cui all'articolo 21, comma 3, presenti interventi correttivi complessi volti a garantire la continuazione dell'attività aziendale e la salvaguardia occupazionale, non attuabili nel limite temporale di durata di dodici mesi di cui all'articolo 22, comma 2.

2. Ai fini dell'ammissione all'intervento di cui al comma 1, l'impresa deve presentare piani di gestione volti alla salvaguardia occupazionale che prevedano specifiche azioni di politiche attive concordati con la regione interessata, o con le regioni interessate nel caso di imprese con unità produttive coinvolte ubicate in due o più regioni.

3. All'onere derivante dai commi 1 e 2, pari a 100 milioni di euro per ciascuno degli anni 2018 e 2019, si provvede a carico del Fondo sociale per occupazione e formazione, di cui all'articolo

18, comma 1, lettera *a*), del decreto legge 29 novembre 2008, n. 185, convertito, con modificazioni, dalla legge 28 gennaio 2009, n. 2.».

134. - 135. (*Omissis*).

136. Dopo l'articolo 24 del decreto legislativo 14 settembre 2015, n. 148, è inserito il seguente:

«Art. 24 *bis* (Accordo di ricollocazione) - 1. Al fine di limitare il ricorso al licenziamento all'esito dell'intervento straordinario di integrazione salariale, nei casi di riorganizzazione ovvero di crisi aziendale per i quali non sia espressamente previsto il completo recupero occupazionale, la procedura di consultazione di cui all'articolo 24 può concludersi con un accordo che preveda un piano di ricollocazione, con l'indicazione degli ambiti aziendali e dei profili professionali a rischio di esubero. I lavoratori rientranti nei predetti ambiti o profili possono richiedere all'Agenzia nazionale per le politiche attive del lavoro (ANPAL), entro trenta giorni dalla data di sottoscrizione dello stesso accordo, l'attribuzione anticipata dell'assegno di ricollocazione, di cui all'articolo 23 del decreto legislativo 14 settembre 2015, n. 150, nei limiti e alle condizioni previsti dai programmi presentati ai sensi dell'articolo 21, commi 2 e 3, del presente decreto. Il numero delle richieste non può in ogni caso eccedere i limiti di contingente previsti, per ciascun ambito o profilo, dal programma di riorganizzazione ovvero di crisi aziendale presentato ai sensi dell'articolo 21, commi 2 e 3.

2. In deroga all'articolo 23, comma 4, terzo periodo, del citato decreto legislativo n. 150 del 2015, l'assegno è spendibile in costanza di trattamento straordinario di integrazione salariale al fine di ottenere un servizio intensivo di assistenza nella ricerca di un altro lavoro. Il servizio ha una durata corrispondente a quella del trattamento straordinario di integrazione salariale e comunque non inferiore a sei mesi. Esso è prorogabile di ulteriori dodici mesi nel caso non sia stato utilizzato, entro il termine del trattamento straordinario di integrazione salariale, l'intero ammontare dell'assegno. In deroga all'articolo 25 del medesimo decreto legislativo n. 150 del 2015, ai lavoratori ammessi all'assegno di ricollocazione ai sensi del presente articolo non si applica l'obbligo di accettazione di un'offerta di lavoro congrua.

3. L'accordo di cui al comma 1 può altresì prevedere che i centri per l'impiego o i soggetti privati accreditati ai sensi dell'articolo 12 del citato decreto legislativo n. 150 del 2015 possano partecipare alle attività di mantenimento e sviluppo delle competenze, da realizzare con l'eventuale concorso dei fondi interprofessionali per la formazione continua, di cui all'articolo 118 della legge 23 dicembre 2000, n. 388.

4. Il lavoratore che, nel periodo in cui usufruisce del servizio di cui al comma 2, accetta l'offerta di un contratto di lavoro con altro datore, la cui impresa non presenta assetti proprietari sostanzialmente coincidenti con quelli dell'impresa del datore in essere, beneficia dell'esenzione dal reddito imponibile ai fini IRPEF delle somme percepite in dipendenza della cessazione del rapporto di lavoro, entro il limite massimo di nove mensilità della retribuzione di riferimento per il calcolo del trattamento di fine rapporto. Le eventuali ulteriori somme pattuite nella stessa sede sono soggette al regime fiscale applicabile ai sensi della disciplina vigente.

5. Nei casi di cui al comma 4, il lavoratore ha diritto altresì alla corresponsione di un contributo mensile pari al 50 per cento del trattamento straordinario di integrazione salariale che gli sarebbe stato altrimenti corrisposto.

6. Al datore di lavoro che assume il lavoratore di cui al comma 4 è riconosciuto, ferma restando l'aliquota di computo delle prestazioni pensionistiche, l'esonero dal versamento del 50 per cento dei complessivi contributi previdenziali a carico dei datori di lavoro, con esclusione dei premi e contributi dovuti all'INAIL, nel limite massimo di importo pari a 4.030 euro su base annua, annualmente rivalutato sulla base della variazione dell'indice ISTAT dei prezzi al consumo per le famiglie degli operai e degli impiegati. L'esonero è riconosciuto per una durata non superiore a:

a) diciotto mesi, in caso di assunzione con contratto a tempo indeterminato;

b) dodici mesi, in caso di assunzione con contratto a tempo determinato. Nel caso in cui, nel corso del suo svolgimento, il predetto contratto venga trasformato in contratto a tempo indeterminato, il beneficio contributivo spetta per ulteriori sei mesi».

137. - 355. (*Omissis*).

356. All'articolo 2, comma 2, lettera *d*), del decreto legislativo 15 giugno 2015, n. 81, sono aggiunte, in fine, le seguenti parole: «, nonché delle società sportive dilettantistiche lucrative».

357. - 417. (*Omissis*).

418. È istituita presso il Ministero della salute una banca dati destinata alla registrazione delle disposizioni anticipate di trattamento (DAT) at-

traverso le quali ogni persona maggiorenne e capace di intendere e di volere, in previsione di un'eventuale futura incapacità di autodeterminarsi, può esprimere le proprie volontà in materia di trattamenti sanitari, nonché il consenso o il rifiuto rispetto ad accertamenti diagnostici o scelte terapeutiche e a singoli trattamenti sanitari. Per l'attuazione del presente comma è autorizzata la spesa di 2 milioni di euro per l'anno 2018.

419. - 471. (*Omissis*).

472. A decorrere dalla data di entrata in vigore del decreto di cui all'articolo 2, comma 6 *ter*, del decreto legge 16 settembre 2008, n. 143, convertito, con modificazioni, dalla legge 13 novembre 2008, n. 181, all'articolo 34 del regio decreto 16 marzo 1942, n. 267, sono apportate le seguenti modificazioni:

a) nel primo comma, le parole da: «Su» fino a: «capitale» sono soppresse;

b) nel terzo comma, dopo la parola: «delegato» sono aggiunte le seguenti: «e, nel periodo di intestazione "Fondo unico giustizia" del conto corrente, su disposizione di Equitalia Giustizia SpA».

473. - 1102. (*Omissis*).

1103. Al testo unico di cui al decreto legislativo 1° settembre 1993, n. 385, sono apportate le seguenti modificazioni:

a) all'articolo 12, comma 4 *bis*, dopo le parole: «codice civile» sono aggiunte le seguenti: «, inclusi gli strumenti di debito chirografario di secondo livello di cui all'articolo 12 *bis*»;

b) al capo I del titolo II, dopo l'articolo 12 è aggiunto il seguente:

«Art. 12 *bis* (Strumenti di debito chirografario di secondo livello). - 1. Sono strumenti di debito chirografario di secondo livello le obbligazioni e gli altri titoli di debito, emessi da una banca o da una società del gruppo bancario, aventi le seguenti caratteristiche:

a) la durata originaria degli strumenti di debito è pari ad almeno dodici mesi;

b) gli strumenti di debito non sono strumenti finanziari derivati, come definiti dall'articolo 1, comma 3, del testo unico di cui al decreto legislativo 24 febbraio 1998, n. 58, non sono collegati a strumenti finanziari derivati, nè includono caratteristiche ad essi proprie;

c) la documentazione contrattuale e, se previsto, il prospetto di offerta o di ammissione a quotazione degli strumenti di debito indicano che il rimborso del capitale e il pagamento degli interessi e di eventuali altri importi dovuti ai titolari sono disciplinati secondo quanto previsto dall'articolo 91, comma 1 *bis*, lettera c *bis*).

2. L'applicazione dell'articolo 91, comma 1 *bis*, lettera c *bis*), è subordinata al rispetto delle condizioni di cui al comma 1. Le clausole che prevedono diversamente sono nulle e la loro nullità non comporta la nullità del contratto.

3. Una volta emessi, gli strumenti di debito chirografario di secondo livello non possono essere modificati in maniera tale da far venire meno le caratteristiche indicate al comma 1. È nulla ogni pattuizione difforme.

4. La Banca d'Italia può disciplinare l'emissione e le caratteristiche degli strumenti di debito chirografario di secondo livello»

c) all'articolo 91, comma 1 *bis*, dopo la lettera *c*) è inserita la seguente:

«c *bis*) i crediti per il rimborso del capitale e il pagamento degli interessi e di eventuali altri importi dovuti ai titolari degli strumenti di debito chirografario di secondo livello indicati dall'articolo 12 *bis* sono soddisfatti dopo tutti gli altri crediti chirografari e con preferenza rispetto ai crediti subordinati alla soddisfazione dei diritti di tutti i creditori non subordinati della società».

1104. Al capo II *bis* del titolo IV della parte II del testo unico di cui al decreto legislativo 24 febbraio 1998, n. 58, dopo l'articolo 60 *bis*.4 è aggiunto il seguente:

«Art. 60 *bis*.4 *bis*. (Strumenti di debito chirografario di secondo livello). - 1. Le Sim indicate all'articolo 55 *bis*, comma 1, possono emettere gli strumenti di debito chirografario di secondo livello ai sensi dell'articolo 12 *bis* del Testo unico bancario. Si applica l'articolo 91, comma 1 *bis*, lettera c *bis*), del Testo unico bancario»

1105. Il valore nominale unitario degli strumenti di debito chirografario di secondo livello previsti dall'articolo 12 *bis* del testo unico di cui al decreto legislativo n. 385 del 1993 è pari ad almeno 250.000 euro. I medesimi strumenti di debito possono essere oggetto di collocamento, in qualsiasi forma realizzato, rivolto a soli investitori qualificati.

1106. - 1181. (*Omissis*).

INDICE CRONOLOGICO

INDICE CRONOLOGICO

1978

1979

1982

1983

1984

1985

1986

1989

1990

1991

1992

1993

1994

1995

1998

1999

2000

2003

2004

2005

2006

2008

2010

2011

2012

2013

2014

2015

2016

2017

INDICE ANALITICO-ALFABETICO

INDICE ANALITICO-ALFABETICO

AVVERTENZA. I numeri rimandano agli articoli dei codici o delle relative norme di attuazione, e sono preceduti dalla abbreviazione opportuna.

A

Indici

B

C

Indici

D

Indici

E

F

G

I

L

M

O

P

Q

R

S

U

V

Z

Annotazioni

Annotazioni

Finito di stampare nel mese di gennaio 2018

L.E.G.O. S.p.A., stabilimento di Lavis (TN)

I codici vigenti 2018

F. Bartolini

CODICE CIVILE
E LEGGI COMPLEMENTARI

L'Opera è aggiornata con:

- la **L. 27 dicembre 2017, n. 205 (Legge di bilancio 2018)** che ha recato modifiche al Codice civile in materia di diritto societario e ha introdotto nuove norme sull'equo compenso per gli avvocati e sull'esercizio della professione forense in forma societaria, nonchè in materia di ammortizzatori sociali;
- il **DDL sul biotestamento approvato definitivamente dal Parlamento il 14 dicembre 2017.**

Argomenti affrontati:

- ADOZIONE
- ASSEGNO BANCARIO
- ASSICURAZIONI
- AVVOCATI
- BANCHE
- CAMBIALE
- CITTADINANZA
- DISABILI
- FALLIMENTO
- FRANCHISING
- IMPRESA SOCIALE
- INTERMEDIAZIONE FINANZIARIA
- LAVORO
- LOCAZIONI
- MATRIMONIO (SCIOGLIMENTO DEL)
- MEDIAZIONE
- NEGOZIAZIONE ASSISTITA
- PERSONE GIURIDICHE
- RESPONSABILITÀ SANITARIA
- SOVRAINDEBITAMENTO
- TUTELA DEI CONSUMATORI
- UNIONI CIVILI E CONVIVENZE DI FATTO

Questo volume si rivolge a:

avvocati, magistrati, studenti, concorsisti.

www.latribuna.it

ISBN 978-88-9317-587-6

9 788893 175876

LaTribuna

€ 20,00